S0-AJN-578

DIZIONARIO

FRANCESE-ITALIANO
ITALIANO-FRANCESE

di Claude Margueron

Professore alla Sorbona (Paris-IV)

e Gianfranco Folena

Professore all'Università di Padova

17, RUE DU MONTPARNASSE - 75298 PARIS CEDEX 06

Préface

Les auteurs de ce dictionnaire n'ont eu d'autre ambition que de mettre un instrument de travail pratique entre les mains des élèves de l'enseignement du second degré, des étudiants et, d'une façon générale, du public cultivé. Ils ont donné la préférence à l'usage moderne du français et de l'italien depuis un siècle. L'utilisateur y trouvera, en effet, nombre de mots et de locutions relevant de la langue familière, populaire, vulgaire, voire argotique, ainsi que des termes techniques et scientifiques : ceux-ci non dans un but encyclopédique, mais dans la mesure où un homme cultivé est de nos jours amené à les rencontrer dans ses lectures et à les employer hors de sa propre spécialité. Parallèlement à cet enrichissement du corpus, les auteurs ont éliminé tout ce qui, de la langue ancienne ou classique, n'est plus perçu comme vivant dans la conscience littéraire ou linguistique d'un contemporain qui n'est un historien ni de la littérature ni de la langue.

Dans toute la mesure du possible, les traductions proposées appartiennent au même niveau linguistique dans la langue de départ (LD) et dans la langue d'arrivée (LA); en cas de divergence, le niveau est précisé. Quant au signe (=), il précède moins une traduction qu'une équivalence explicative en cas d'absence de terme propre et de même niveau dans la LA.

Il n'a pas semblé expédient d'ériger en système la traduction d'une expression non marquée dans la LD par un idiotisme dans la LA. Si la LA possède aussi un idiotisme, celui-ci est donné, mais à la suite de la première traduction non marquée.

Vu le nombre considérable des formations diminutives, augmentatives, etc., des noms, des adjectifs et des adverbes en italien, il n'a pas été possible, sans augmenter dangereusement le volume de ce dictionnaire, de les recenser toutes ni de les faire figurer soit à leur ordre alphabétique soit en appendice au mot-souche. Elles ne figurent expressément que si elles présentent un sens particulier qui ne se laisse pas déduire du mot-souche ou bien une irrégularité de formation ; en ce cas, elles constituent une entrée autonome (*fioretto, fiorellino, cagnolino,* etc.).

Par mesure d'économie ont été de même exclus les adverbes régulièrement formés sur le féminin de l'adjectif suivi du suffixe *-ment* en français, *-mente* en italien, et quand leur sémantique ne diffère pas de celle de l'adjectif de base. En revanche, toute particularité de forme *(vaillamment)* et/ou de sens *(bonnement)* entraîne la présence de l'adverbe dans le dictionnaire.

Le genre des noms n'est indiqué qu'en cas de différence entre les deux langues ; il n'est jamais répété à l'intérieur de l'article. Un changement de genre au pluriel est toujours signalé. Seuls les pluriels irréguliers des noms et des adjectifs sont donnés à la suite de l'entrée.

La prononciation figurée repose sur l'alphabet phonétique international.

La section des noms propres comprend : 1. les prénoms (avec leurs diminutifs et hypocoristiques les plus usuels) et les noms propres de personnages historiques et mythologiques le plus fréquemment employés (y compris ceux des grands auteurs et artistes italiens qui ont été francisés, et des principaux écrivains ou philosophes de l'antiquité classique) ; 2. les noms de villes, de provinces, de pays, de monuments qui ont été francisés ou italianisés ou encore qui présentent des difficultés d'accentuation pour les francophones ou de prononciation pour les italophones.

Transcription phonétique - Trascrizione fonetica

	SUONI FRANCESI	ESEMPIO	CORRISPONDENZA IN ITALIANO
1. Vocali			
[a]	*a* anteriore	lac	senza corrispondenza
[ɑ]	*a* posteriore	âme	senza corrispondenza
[e]	*e* chiuso	ann*ée*	come in *vetro*
[ɛ]	*e* aperto	*ai*me	come in *metro*
[i]	*i*	v*i*lle	come in italiano
[o]	*o* chiuso	dr*ô*le	come in *molti*
[ɔ]	*o* aperto	n*o*te	come in *morta*
[y]	suono intermedio tra *i* e *u*	m*u*r	come *ü* lombardo e piemontese
[ø]	suono chiuso intermedio tra *e* chiuso e *o* chiuso	av*eu*	senza corrispondenza
[œ]	suono aperto intermedio tra *e* aperto e *o* aperto	p*eu*ple	senza corrispondenza
[ə]	vocale debole, neutra	m*e*	come *e* e *o* finali in napoletano
[u]	*u*	m*ou*	come in italiano
[ɑ̃]	vocale nasale	*an*ge	senza corrispondenza
[ɛ̃]	vocale nasale	m*ain*	senza corrispondenza
[ɔ̃]	vocale nasale	m*on*	senza corrispondenza
[œ̃]	vocale nasale	br*un*	senza corrispondenza
2. Semiconsonanti			
[j]	*i* semiconsonante	l*i*eu	come in italiano *baia*
[w]	*u* semiconsonante	*ou*i	come in italiano *uomo*
[ɥ]	*y* semiconsonante	n*u*it	senza corrispondenza
3. Consonanti			
[p]	*p*	*p*ot	come in italiano
[b]	*b*	*b*eau	come in italiano
[t]	*t*	*t*rain	come in italiano
[d]	*d*	*d*eux	come in italiano
[k]	*c*	*c*oq	come in italiano *capo*
[g]	*g*	*g*ant	come in italiano *gola*
[f]	*f*	*f*able	come in italiano
[v]	*v*	*v*oir	come in italiano
[s]	*s* sorda	*s*avant	come in italiano *sorso*
[z]	*s* sonora	*z*èle	come in italiano *rosa*
[ʃ]	*s* palatale sorda	*ch*at	come nella pronuncia toscana di *bacio*
[ʒ]	*s* palatale sonora	â*g*é	come nella pronuncia toscana di *grigio*
[l]	*l*	*l*ettre	come in italiano
[r]	*r* velare	*r*ire	senza corrispondenza
[m]	*m*	*m*ain	come in italiano
[n]	*n*	*n*uit	come in italiano
[ɲ]	*gn*	vi*gn*e	non rafforzato come in italiano *gnomo*, *gnocco*.

L'asterisco dinanzi ad una parola con *h-* iniziale segnala che l'*h-* è «aspirata», cioè non consente il legamento *(«liaison»)* della vocale con la consonante che precede.

Abréviations du dictionnaire - Abbreviazioni del dizionario

Abrév.	abréviation	abbr.
en abr.	en abrégé	
Absol.	absolument	assol.
act.	actif	att.
adj.	adjectif	agg.
adv.	adverbe	avv.
all.	allemand	ted.
angl.	anglais	ingl.
amér.	américain	amer.
ar.	arabe	ar.
Arg.	argot	Gerg.
art.	article	art.
Augm.	augmentatif	Accr.
aux.	auxiliaire	aus.
card.	cardinal	card.
cf.	confer	cfr.
circ.	circonstanciel	
compar.	comparatif	comp.
compl.	complément	compl.
cond.	conditionnel	cond.
conj.	conjonction	cong.
conjug.	conjugaison	coniug.
cons.	consonne	cons.
coord.	coordination	coord.
défect.	défectif	difett.
déf.	défini	def.
dém.	démonstratif	dim.
dériv.	dérivé	deriv.
dét.	déterminé	det.
Dial., dial.	dialectal	dial.
Dim.	diminutif	Dim.
dir.	direct	dir.
ellipt.	elliptique	ellitt.
émil.	émilien	emil.
emph.	emphatique	enf.
en compos.	en composition	
enf.	enfantin	
esp.	espagnol	sp.
euph.	euphémisme	euf.
ex.	exemple	es.
f.	féminin	f.
Fam., fam.	familier	Fam.
Fig.	figuré	Fig.
fr.	français	fr.
fut.	futur	fut.
gall.	gallicisme	gall.
gér.	gérondif	ger.
hyperb.	hyperbolique	iperb.
imparf.	imparfait	imperf.
impér.	impératif	imper.
impers.	impersonnel	impers.
incorr.	incorrect	scorr.
ind.	indirect	ind.
indéf.	indéfini	indef.
indic.	indicatif	indic.
infin.	infinitif	infin.
interj.	interjection	interiez.
interr.	interrogatif	interr.
intr.	intransitif	intr.
invar.	invariable	invar.
iron.	ironique	iron.
irr.	irrégulier	irr.
lat.	latin	lat.
L.C.	langue commune	L.C.
lig.	ligurien	lig.
Littér., littér., litt.	littéraire	lett.

Loc.	locution(s)	Loc.
Loc. adv.	locution(s) adverbiale(s)	Loc. avv.
Loc. conj.	locution(s) conjonctive(s)	Loc. cong.
Loc. prép.	locution(s) prépositive(s)	Loc. prep.
lomb.	lombard	lomb.
m.	masculin	m.
mérid.	méridional	merid.
mil.	milanais	mil.
n.	nom	n.
nap.	napolitain	nap.
N. B.	nota bene	N. B.
n. comm.	nom commun	n. com.
Néol.	néologisme	Neol.
n. pr.	nom propre	n. pr.
num.	numéral	num.
obj.	objet	ogg.
onomat.	onomatopée	onomat.
ord.	ordinal	ord.
part.	participe	part.
Particul.	particulièrement	
pass.	passif	pass.
Péjor.	péjoratif	Peggior.
pers.	personne, personnel	pers.
piém.	piémontais	piem.
plais.	plaisamment	scherz.
pl.	pluriel	pl.
Poét.	poétique	Poet.
Pop.	populaire	
poss.	possessif	poss.
pr.	pronominal	rifl.
Pr.	propre	Pr.
préf.	préfixe	préf.
prép.	préposition	prep.
prés.	présent	pres.
pron.	pronom	pron.
Prov.	proverbe	Prov.
p. simple	passé simple	p. rem.
qch.	quelque chose	qlco.
qn	quelqu'un	qlcu.
qual.	qualificatif	qual.
récipr.	réciproque	
rég.	régionalisme	reg.
relat.	relatif	relat.
rom.	dialecte romain	rom.
sard.	sarde	sard.
sept., septentr.	septentrional	settentr.
sicil.	sicilien	sicil.
sing.	singulier	sing.
subj.	subjonctif	cong.
substantiv.	substantivement	sostantiv.
suff.	suffixe	suff.
suj.	sujet	sogg.
superl. abs.	superlatif absolu	superl. ass.
superl. rel.	superlatif relatif	superl. rel.
tosc.	toscan	tosc.
tr.	transitif	tr.
Triv.	trivial	Triv.
v.	verbe	v.
V.	voir	V.
vén.	vénitien	ven.
Vx	vieux	Arc.
voy.	voyelle	voc.
Vulg.	vulgaire	Volg.

Rubriques - Categorie lessicali

Adm.	Administration	Amm.
Aér.	Aéronautique, Aviation	Aer.
Agr.	Agriculture, Agronomie	Agr.
Anat.	Anatomie	Anat.
Antiq.	Antiquité	Antic.
Archéol.	Archéologie	Archeol.
Archit.	Architecture	Archit.
Art	Art	Arte
Astr.	Astronomie	Astr.
Autom.	Automobilisme	Autom.
Biol.	Biologie	Biol.
Bot.	Botanique	Bot.
Ch. de f.	Chemins de fer	Ferr.
Chim.	Chimie	Chim.
Chim. org.	Chimie organique	Chim. org.
Chir.	Chirurgie	Chir.
Cin.	Cinéma	Cin.
Crit. litt.	Critique littéraire	
Comm.	Commerce	Comm.
Culin.	Art culinaire	Culin., Cuc.
Cybern.	Cybernétique	Cibern.
Écon.	Économie	Econ.
Électr.	Électricité	Elettr.
Électron.	Électronique	Elettron.
Féod.	Féodalité	Feud.
Fin.	Finances, Banque, Bourse	Fin.
Géogr.	Géographie	Geogr.
Géol.	Géologie	Geol.
Géom.	Géométrie	Geom.
Gramm.	Grammaire	Gramm.
Hérald.	Héraldique	Arald.
Hist.	Histoire	Stor.
Hist. litt.	Histoire littéraire	
Hist. mil.	Histoire militaire	
Ind.	Industrie	Ind.
Inf.	Informatique	Inf.
Jeu	Jeu	Gioco
Journ.	Journalisme	Giorn.
Jur.	Science et pratique du droit	Dir.
Ling.	Linguistique	Ling.
Log.	Logique	Log.
Mar.	Marine	Mar.
Math.	Mathématiques	Mat.
Méc.	Mécanique	Mecc.
Méd.	Médecine	Med.
Métall.	Métallurgie	Metall.
Météor.	Météorologie	Meteor.
Mil.	Art militaire	Mil.
Min.	Mines	Min.
Minér.	Minéralogie	Miner.
Mode	Mode	Moda
Mus.	Musique	Mus.
Myth.	Mythologie	Mit.
Opt.	Optique	Ott.
Pédag.	Pédagogie	Pedag.
Pharm.	Pharmacie	Farm.
Philol.	Philologie	Filol.
Philos.	Philosophie	Filos.
Phot.	Photographie	Fot.
Phys.	Physique	Fis.
Phys. nucl.	Physique nucléaire	Fis. nucl.
Physiol.	Physiologie	Fisiol.
Poés.	Poésie	Poes.
Polit.	Politique	Polit.
Psych.	Psychologie	Psic.
Psychan.	Psychanalyse	Psican.
Radio	Radio	Radio
Relig.	Religion	Relig.
Rhét.	Rhétorique	Ret.
Sport	Sport	Sport
Stat.	Statistique	Stat.
Techn.	Technique, Technologie	Tecn.
Télécom.	Télécommunications	Telec.
Text.	Textiles	Tess.
Théâtre	Théâtre	Teatro
Théol.	Théologie	Teol.
Transp.	Transports	Trasp.
T.V.	Télévision	TV
Typ.	Typographie	Tip.
Univ.	Écoles, Université	Univ.
Vétér.	Art vétérinaire	Veter.
Zool.	Zoologie	Zool.

Noms de personnes - Nomi di persona

Pour les noms français, on s'est borné à signaler les particularités ou difficultés de prononciation. Pour les noms italiens, on a accentué les noms proparoxytons et les noms terminés par *-ia*, *-io*, *-ea*, *-eo*, *-ao* ; l'accent aigu sur les voyelles toniques *e* et *o* indique une prononciation fermée, l'accent grave une prononciation ouverte. Nous avons ajouté quelques noms propres qui ne désignent pas des personnes.

Aaron, Aron m. Arònne
Abel m. Abèle
Abraham [-aam] m. Abramo
Achéens [-k] m. pl. Achèi
Adèle, dim. Adeline f. Adèle, dim. Adelina
Adonis [-s] m. Adóne
Adrien m. Adriano
Adrienne [-ɛn] f. Adriana
Agamemnon m. Agamènnone
Agathe f. Àgata
Aimeri m. Americo, Amerigo
Ajax m. Aiàce
Alain m. Alano
Alains m. pl. (Hist.) Alani
Alamans m. pl. Alamanni
Alceste m. (Litt.) Alcèste ; f. (Myth.) Alcèsti
Alcibiade m. Alcibìade
Alexandre, dim. Alex m. Alessandro, dim. Sandro, Sandrino ; *Alexandre le Grand*, Alessandro Magno
Alexandrine, dim. Sandrine f. Alessandra, dim. Alessandrina, Sandra, Sandrina
Alexis [(-i)] m. Alèssio
Alfred, dim. Fred m. Alfrédo, dim. Frédi
Alice, Alix f. Alice
Aline f. Alina.
Allobroges m. pl. Allòbrogi
Amadis [-s] m. Amadigi
Amazones f. pl. (Myth.) Amàzzoni
Ambroise m. Ambrògio
Amédée m. Amedèo
Amilcar m. Amìlcare
Amphitryon m. Anfitrióne
Amyntas [-s] m. Aminta
Anacréon m. Anacreónte
André, dim. Dédé m. Andrèa, dim. Drea
Andrée f. Andreìna
Andromaque f. Andròmaca
Andromède f. Andròmeda
Ange m. Àngelo, Àngiolo, (tosc., Vx) Agnolo
Angèle f. Àngela
Angélique f. Angèlica
Angles m. pl. (Hist.) Angli
Anne, dim. Annette f. Anna, dim. Annétta, Annina
Annibal m. Annìbale
Antoine, dim. Toinet, Tony m. Antònio, dim. (tosc.) Tonio, (sept.) Toni
Antoinette, dim. Toinette, Toinon f. Antònia, dim. Antoniétta
Antonin m. Antonino ; *Antonin le Pieux*, Antonio Pio
Aphrodite f. Afrodite
Apollinaire m. Apollinare
Apollon m. Apòllo
Arétin (l') m. (Litt.) l'Aretino
Ariane f. Arianna
Arioste (l') m. (Litt.) l'Ariòsto
Aristophane m. Aristòfane
Aristote m. Aristòtele
Arius [-s] m. Àrio
Arlequin m. Arlecchino
Arnaut m. Arnaldo
Artaxerxès [-ɛs] m. Artasèrse
Artémis [-s] f. Artèmide
Artémise f. Artemìsia
Arthur m. Arturo ; (Litt.) *Arthur, Arthus*, Artù
Asdrubal m. Asdrùbale
Asmodée m. Asmodèo
Aspasie f. Aspàsia
Athéna f. Atena
Atlas [-s] m. Atlante
Attila m. Àttila
Aulu-Gelle m. Àulo (Gèllio)
Aude f. Alda
Auguste m. Augusto
Augustin m. Agostino
Autharis [-s] m. Àutari
Averroès [-ɛs] m. Averroè
Aymeri m. v. Aimeri
Aymon m. Aimóne
Babette f. v. Élisabeth
Bacchus [-kys] m. Bacco
Balthazar m. Baldassare, Baldassarre
Baptiste [bat-], dim. Baptistin m. Battista
Barbe f. Bàrbara, (Vx) Bàrbera
Barbe-Bleue m. Barbablù
Barberousse m. (il) Barbaróssa
Barnabé m. Bàrnaba
Barthélemy m. Bartolomèo, (rare) Bartolommèo
Basile m. Basìlio
Bastien m. v. Sébastien
Bastienne f. v. Sébastienne
Baudoin m. Baldovino
Bayard m. Baiardo
Béatrice, Beatrix f. Beatrice, dim. Bice
Belle f. v. Isabelle
Belphégor m. (Myth., Litt.) Belfagòr
Belzébuth [-t] m. Belzebù
Bénédicte f. Benedetta
Benjamin m. Beniamino
Benoît m. Benedetto
Bérenger m. Berengàrio
Bérengère f. Berengària
Bias [-s] m. Biante
Bienvenu m. Benvenuto
Blaise m. Biàgio
Blanche f. Bianca ; *Blanche-Neige*, Biancanéve
Boccace m. Boccàccio
Boèce m. Boèzio
Bonaparte m. B(u)onaparte
Boniface m. Bonifàcio, Bonifàzio
Borée m. Bòrea
Bourbon m. et f. Borbone ; *les Bourbons*, i Borboni
Brigitte f. Brìgida
Brunehaut, Brunhilde f. Brunilde
Bruno m. Bruno
Bucéphale m. Bucèfalo
Burgondes m. pl. Burgundi
Caïn [kaɛ̃] m. Caìno
Caïphe m. Càifa
Calliope f. Callìope
Calvin m. Calvino
Camille m. Camillo, (tosc.) Cammillo
Camille f. Camilla
Capétiens m. pl. Capetingi
Capulets (les) m. pl. i Capulèti
Caravage (le) m. (il) Caravàggio
Carolingiens m. pl. Carolingi
Carrache (les) m. pl. i Carracci
Castor m. Myth. Càstore
Catherine, dim. Cathy f. Caterina, dim. Cate
Caton m. Catone ; *Caton d'Utique*, Catone Uticense
Cécile f. Cecìlia
Celtes m. pl. Cèlti
Cendrillon f. Cenerèntola
Cerbère m. Cèrbero
Cérès [-s] f. Cèrere
César m. Césare
Charlemagne m. Carlomagno
Charles, dim. Charlie, Charlot m. Carlo, dim. Carlino, Carluccio ; *Charles V, Charles Quint*, Carlo V (Quinto)
Charlotte f. Carla, dim. Carlotta
Charon [k-] m. Caronte
Chrétien, Christian m. Cristiano
Christ m. Cristo
Christiane f. Cristiana
Christine f. Cristina
Christophe m. Cristòforo
Chrysostome m. Crisòstomo, (Vx) Grisòstomo
Cicéron m. Ciceróne
Claire, Clara, Clarisse f. Chiara, Clara, Clarice, Clarissa, dim. Clairette, Clarétta
Claude m. Clàudio
Claude, dim. Claudine f. Clàudia
Clovis [-s] m. Clodovèo
Coclès [-ɛs] m. Còclite
Colas v. Nicolas
Colette f. v. Nicole
Colomb [-ɔ̃] m. Colombo
Côme m. Còsimo ; (san) Cosma
Conrad [-d], dim. Conradin m. Corrado, dim. Corradino
Constance m. (Hist.) Costanzo ; f. Costanza
Constant m. Costante
Constantin m. Costantino
Copernic [-k] m. Copèrnico
Cornélie f. Cornèlia
Cornelius nepos [-ys -os] m. Cornèlio Nepóte
Corrège (le) m. il Correggio
Crépin m. Crispino
Crésus [-s] m. Crèso
Cupidon m. Cupìdo
Curiace m. Curiàzio ; *les Curiaces*, i Curiazi
Cybèle f. Cibèle
Cyriaque m. Cirìaco
Cyrille [-il] m. Cirillo
Cyrus [-s] m. Ciro
Damase m. Dàmaso
Damien m. Damiàno
Damoclès [-ɛs] m. Dàmocle
Danaïdes f. pl. Danàidi
Daniel m. Danièle, Danièllo, Danilo
Danièle, Danielle f. Danièla
Daphné f. Dafne
Daphnis [-s] m. Dafni

DARIUS [-s] m. Dàrio
DAVID m. David, Dàvide, (poét., tosc.) Davidde
DÉDALE m. Dèdalo
DÉDÉ m. v. ANDRÉ
DÉJANIRE f. Deianira
DÉLIE f. Dèlia
DÉMÉTER [-ɛr] f. Demètra
DÉMOCRITE m. Demòcrito
DÉMOSTHÈNE m. Demòstene
DENIS, DENYS m. Dionigi, Dionìsio ; *saint Denis* ou *Denys*, San Dionigi ; *Denys l'Aréopagite*, Dionigi l'Areopagita
DENISE f. Dionìsia
DÉODAT, DIEUDONNÉ m. Deodato, Diodato
DESCARTES m. Cartesio, (Vx) delle Carte
DESDÉMONE f. Desdèmona
DÉSIRÉ, dim. DIDIER m. Desideràto, Desidèrio
DÉSIRÉE f. Desiderata
DIANE f. Diàna
DIDON f. Didóne
DIDYME m. Dìdimo
DIOGÈNE m. Diògene
DIOMÈDE m. Diomède
DIONÉE m. Dionèo
DIONYSOS [-s] m. Diòniso
DIOSCURES m. pl. Diòscuri
DOMINIQUE, dim. DOMINO m. Doménico
DOMINIQUE, dim. DOMINO f. Doménica
DONALD [-d] m. Donaldo ; (canard) Paperino
DOROTHÉE f. Dorotèa
DULCINÉE f. Dulcinèa
DURANDAL, DURENDAL f. Durlindana
ÉAQUE m. Èaco
ÉDUENS m. pl. Èdui
ÉDITH f. Editta
EDMÉE f. Edmèa
ÉDOUARD m. Edoàrdo
ÉGÉRIE f. Egèria
ÉLÉATES m. pl. Eleati, Eleàtici
ÉLECTRE f. Elèttra
ÉLEUTHÈRE m. Eleutèrio
ÉLIE m. Elìa
ÉLISABETH, dim. ÉLISE, ELSA, LISE, LISETTE, LISON, BABETTE f. Elisabètta, dim. Elisa, Elsa, Lisa, Lisétta, Bètta, Bettina
ÉLISÉE m. Elisèo
ÉLOI m. Elìgio
ÉMILE m. Emìlio
ÉMILIE f. Emìlia
EMMANUEL, dim. MANUEL m. Emanuèle, dim. Manuèle
EMMANUELLE f. Emanuèla, dim. Manuèla
EMPÉDOCLE m. Empèdocle
ÉNÉE m. Enèa
ENNIUS [-s] m. Ènnio
ÉNOCH [-k] m. Ènoc, Enòc
ÉOLE m. Èolo
ÉPICTÈTE m. Epittèto
ÉPICURE m. Epicuro
ÉRASME m. Erasmo
ÉRATO f. Èrato
ÉRIC, ÉRIK m. Erico
ÉRIN(N)YES f. pl. Erinni
ERNEST [-ɛst] m. Ernèsto
ERNESTINE f. Ernèsta
ÉROS [-s] m. Èros
ÉSAÏE m. v. ISAÏE
ÉSAÜ m. Esaù
ESCHINE m. Èschine
ESCHYLE m. Èschilo
ESCULAPE m. Esculàpio

ÉSOPE m. Esòpo
ÉTÉOCLE m. Etèocle
ÉTIENNE m. Stéfano
ÉTIENNETTE f. Stefània
EUCLIDE m. Euclide
EUDE(s) m. Oddone
EUGÈNE m. Eugènio
EUGÉNIE f. Eugènia
EULALIE f. Eulàlia
EUMÉNIDES f. pl. Eumènidi
EURIPIDE m. Eurìpide
EUSTACHE m. Eustàchio
ÈVE f. Èva
ÉVELINE, ÉVELYNE f. Evelina
ÉVHÉMÈRE m. Evèmero
ÉVRARD m. Eberardo
ÉZÉCHIAS [-kjas] m. Ezechìa
ÉZÉCHIEL [-k-] m. Ezechièle
FABIEN m. Fabiàno
FABIENNE f. Fabiàna
FABIOLA f. Fabìola
FABRICE m. Fabrìzio
FANCHETTE, FANCHON f. v. FRANÇOISE
FANNY f. v. STÉPHANIE
FARNÈSE m. Farnese ; *les Farnèse*, i Farnese
FAUST m. Fàust
FÉLICITÉ f. Felìcita
FÉLIX m. Felice
FIACRE (SAINT) m. san Fiacrio
FICIN (MARSILE) m. (Marsìlio) Ficino
FIESQUE n. Fiéschi
FIGARO m. Fìgaro
FLEUR f. Fióra
FLORA f. Flòra
FLORENCE f. Fiorènza
FLORENT m. Fiorènzo
FLORENTIN m. Fiorentino
FOULQUE(s) m. Fólco
FRANCE, dim. FRANCETTE, FRANCINE f. Frànca
FRANCIS [-s], FRANÇOIS, dim. FANFAN m. Francesco, dim. Ceccho, Cecchino, Checco, Checchino
FRANÇOISE, dim. FANCHETTE, FANCHON f. Francesca, dim. Cecca, Cecchina, Checca, Checchina
FRANK m. Franco
FRED m. v. ALFRED
FRÉDÉRIC, dim. FRÉDI m. Federico, Federigo
FRÉDÉRIQUE f. Federica
GABIN m. Gabìnio, Gavino
GABRIEL, dim. GABY m. Gabrièle, (rare) Gabriéllo
GABRIELLE, dim. GABY f. Gabrièl(l)a
GALIEN m. Gal(i)èno
GALILÉE m. Galilèo (Galilei)
GANELON m. Gano
GASPARD m. Gàspare
GAULOIS m. pl. Galli
GAUTIER m. Gualtièro
GENÈS, GENEST [-ɛ] m. Genèsio
GENEVIÈVE, dim. GINETTE f. Genovèffa
GEOFFROI m. Goffrédo
GEORGES m. Giórgio
GEORGETTE f. Giórgia, dim. Giorgina
GÉRALD [-d] m. Geraldo
GÉRALDINE f. Geraldina
GÉRARD m. G(h)erardo
GERTRUDE f. Geltrude, Gertrude
GERVAIS m. Gervàs(i)o
GILLES [-l] m. Egìdio
GISÈLE f. Gisèlla
GODEFROY m. v. GEOFFROI

GOLIATH [-t] m. Golìa
GONSALVE m. Consalvo
GONZAGUE m. et f. Gonzaga ; *les Gonzague*, i Gonzaga
GORGONE f. (Myth.) Gorgóne
GOTHS [go] m. pl. Goti
GRACCHUS [-s] m. Gracco ; *les Gracques*, i Gracchi
GRÉGOIRE m. Gregòrio
GUDULE f. Gùdula
GUENIÈVRE f. Ginévra
GUERCHIN (LE) m. il Guercino
GUI, GUY m. Guido
GUICHARDIN m. (il) Guicciardini
GUIDE (LE) m. Guìdo Rèni
GUILLAUME m. Guglièlmo
*HABSBOURG [apsbur] m. A(b)sburgo ; *les Habsbourg*, gli A(b)sburgo
*HADÈS [-s] m. Ade
*HAMLET [-t] m. Amlèto
HECTOR m. Èttore, (poét.) Ettòrre
HÉCUBE f. Ècuba
HÉLÈNE f. Èlena
HÉLOÏSE f. Eloìsa
HELVÈTES m. pl. Elvèzii
HENRI m. Enrico, Arrigo
HENRIETTE f. Enrica, dim. Enrichetta
HÉRA f. Èra
HÉRAKLÈS [-ɛs] m. Èracle
HERBERT m. Erberto, Ariberto
HERCULE m. Èrcole
HERMANN m. Ermanno
HERMÈS [-ɛs] m. Èrmes, Ermète
HÉRODE m. Eròde
HÉRODIADE, HÉRODIAS [-s] f. Erodìade
HÉRODOTE m. Eròdoto
HÉSIODE m. Esìodo
HIÉRON m. Geróne
HILAIRE m. Ilàrio
HIPPOCRATE m. Ippòcrate
HIPPOLYTE m. Ippòlito ; f. Ippòlita
HOMÈRE m. Omèro
HORACE m. Oràzio ; *les Horaces*, gli Orazi
HUBERT m. Uberto
*HUGUES m. Ugo, Ugóne
*HUGUETTE f. Ughétta
HUMBERT m. Umbèrto
*HUNS m. pl. Unni
*HURON m., HURONNE f. Uróne m., Uróna f.
*HYACINTHE m. Giacinto
HYGIE f. Igèa
HYMEN [-ɛn] m. Imène, Imenèo
HYPATHIE f. Ipàzia
IBÈRES m. pl. Ibèri
ICARE m. Icaro
IGNACE m. Ignàzio
ILLYRIENS m. pl. Illiri
INNOCENT m. Innocènte, Innocènzo, (Vx) Innocènzio
IO f. Ìo
IONIENS m. pl. Iòni
IPHIGÉNIE f. Ifigenìa
IRÈNE f. Irène
IRÉNÉE m. Irenèo
IRIS [-s] f. Ìride
ISAAC m. Isacco
ISABELLE, dim. ISA, BELLE f. Isabèlla, dim. Isa
ISAÏE m. Isaìa
ISAURE f. Isàura
ISCARIOTE m. Iscariòta
ISEUT f. Isòtta, (Vx) Isòlda
ISIS [-s] f. Ìside
IVAN m. Ivano
JACOB m. Giacòbbe

JACQUELINE f. Giacomina
JACQUES, dim. JACKIE, JACQUOT m. Giàcomo, (Vx) Jàcopo, dim. Giacomino
JANSÉNIUS [-s] m. Giansènio
JANUS [-s] m. Giàno
JANVIER m. Gennaro
JAPET m. Giapèto
JAPHET m. Iàfet, Giàfet
JEAN, dim. JEANNET [ʒanɛ], JEANNOT [ʒano] m. Giovanni, dim. Gianni, Vanni, Giovannino, Giannino, Nino
JEAN-BAPTISTE m. Giambattista, Gian Battista
JEAN-CLAUDE m. Gianclàudio
JEAN-FRANÇOIS m. Gianfrancesco, Gian Francesco, dim. Gianfranco, Gian Franco
JEAN-JACQUES m. Giangiàcomo
JEAN-MARIE m. Giammarìa, Gian Marìa
JEANNE, dim. JEANNETTE, JEANNETON, J(E)ANNINE f. Giovanna, dim. Gianna, Giovannina, Giannina, Nina, Vanna, Vannina
JÉHOVAH m. Gèova
JEHPTÉ f. Ièfte
JÉRÉMIE m. Geremìa
JÉRÔME m. Geròlamo, Giròlamo
JÉSUS m. Gesù; *Jésus-Christ* [kri], Gesù Cristo; *l'Enfant Jésus*, Gesù Bambino
JÉZABEL f. Gezabèle, Iezabèle
JOACHIM m. Gio(v)acchino, (Vx) Gio(v)achino
JOAS [-s] m. Jòas
JOB m. Giòbbe
JOCONDE f. Giocónda
JOËL m. Gioèle
JONAS [-s] m. Giòna
JONATHAN m. Giònata
JOSAPHAT m. Giosafatte
JOSÉ n. v. JOSEPH, JOSÈPHE
JOSEPH, dim. JOSÉ, JOJO m. Giusèppe, dim. Bèppe, Pèppe, Beppino, Peppino
JOSÈPHE, JOSÉPHINE, dim JOSÉ, JOSETTE, JOSIANE f. Giuseppa (rare), dim. Giuseppina, Bèppa, Pèppa, Beppina, Peppina
JOSUÉ m. Giosuè, (rares) Giòsue, Iòsua
JOURDAIN m. Giordano
JUBA m. Giuba
JUDAS m. Giuda
JUDITH f. Giuditta
JUGURTHA m. Giugurta
JULES, dim. JULOT m. Giùlio
JULIE, dim. JULIETTE f. Giùlia, dim. Giuliétta
JUNON f. Giunóne
JUPITER [-ɛr] m. Giòve
JUST [-st] m. Giusto
JUSTINIEN m. Giustiniano
JUVÉNAL m. Giovenale
KEPLER [-ɛr] m. Keplèro
LADISLAS [-s] m. Ladislào
LAETITIA [-tisja] f. Letìzia
LANCELOT m. Lancellòtto, Lancillòtto
LAOCOON [-kɔ̃] m. Laocoónte
LAURE f. Làura, dim. Laurétta
LAURENCE f. Lorenza, dim. Rènza
LAURENT m. Lorenzo, dim. Rènzo
LAZARE m. Làzzaro
LÉGER m. Leodegàrio
LÉNINE m. Lènin
LÉON m. Leóne
LÉONIDAS [-s] m. Leònida
LESBIE f. Lèsbia
LÉVI m. Lèvi
LIGURES m. pl. Lìguri
LILIANE f. Lilìana
LIN m. Lino
LINNÉ m. Linnèo
LISE, LISETTE, LISON f. v. ÉLISABETH
LIVIE f. Lìvia
LOTH [-t] m. Lòt
LOTHAIRE m. Lotàrio
LOUIS, dim. LOULOU m. Luìgi, dim. Gigi, Luigino, Gigino, Gino; *Louis le Pieux*, Ludovico il Pio; *Louis le Germanique*, Ludovico il Germànico
LOUISE, dim. LOUISETTE, LOUISON f. Luìgia, Luìsa, dim. Luigina, Gìgia, Gigina, Gina, Gigétta, Luisèlla
LOUP m. Lupo
LUC [-k], LUCAS m. Luca
LUCIE, dim. LUCE f. Lucìa, dim. Luciétta
LUCIEN m. Luciano
LUCIENNE f. Luciana
LUCIFER [-ɛr] m. Lucìfero
LUCILE f. Lucilla
LUCRÈCE m. Lucrèzio
LUCRÈCE f. Lucrèzia
LUCULLUS [-s] m. Lucullo
LUDOVIC [-k] m. Lodovico, Ludovico; *Ludovic le More*, Ludovico il Mòro
LUTHER [-ɛr] m. Lutèro
LYDIE f. Lìdia
MACHIAVEL [-k] m. Machiavèlli
MADELEINE, MAGDELAINE, MAGDELEINE, dim. MADELON, MADO f. Maddaléna, dim. Léna
MAHAUT [mao] f. Mafalda
MAHOMET m. Maométto
MAGELLAN m. Magellano
MANFRED [-d] m. Manfrédo; (Hist.) Manfrédi
MANUCE (ALDE) m. (Aldo) Manùzio
MANUEL m. Manuèle
MARC ANTOINE m. Marc'Antònio, Marco Antònio
MARC AURÈLE m. Marc'Aurèlio, Marco Aurèlio
MARGUERITE, dim. MARGOT f. Margherita, dim. Rita, Ghita
MARIANNE f. Marianna
MARIE, dim. MARIETTE, MARION, MANON, MIMI f. Marìa, dim. Marietta, Mariuccia, Mariolina
MARIE-JOSÉ f. Maria José
MARIE-LOUISE, dim. MARYSE f. Marìa Luìsa, dim. Marisa
MARIE-PIERRE f. Maria Piera
MARIN (LE CAVALIER) m. (Giambattista) Marino
MARIUS [-s] m. Màrio
MARS [-s] m. (Myth.) Marte
MARSYAS [-s] m. Màrsia
MATHILDE f. Matelda, Matilde, dim. Tilde
MATTHIAS [-s] m. Mattìa
MATTHIEU m. Mattèo
MAURICE m. Maurìzio
MAURICETTE f. Maurìzia
MAUSOLE m. Màusolo
MAXENCE m. Massènzio
MAXIME m. Màssimo
MAXIMILIEN m. Massimiliàno
MAZARIN m. Mazzarino
MÉCÈNE m. Mecenate
MÉDÉE f. Medèa
MÈDES m. pl. Mèdi
MÉDICIS [-s] n. Mèdici
MÉGÈRE f. Megèra
MÉLANIE f. Melània
MELCHIOR [-k-] m. Melchiòrre
MELPOMÈNE f. Melpòmene
MÉNÉLAS [-s] m. Menelào
MENTOR m. Mèntore
MÉPHISTOPHÉLÈS [-s] m. Mefistòfele
MERCURE m. Mercùrio
MERLIN L'ENCHANTEUR m. il Mago Merlino
MÉROPE f. Mèrope
MÉROVÉE m. Merovèo
MÉROVINGIENS m. pl. Merovingi
MÉTASTASE m. Metastàsio
MICHEL, dim. MICHOU m. Michèle, dim. Michelino
MICHEL-ANGE [-k] m. Michelangelo, Michelangiolo, (Vx) Michelagnolo
MICHÈLE, dim. MICHELINE f. Michèla, Micaèla, dim. Michelina
MICKEY (MOUSE) m. Litt. Topolino
MILTIADE m. Milzìade
MINOS [-s] m. Minòsse
MINOTAURE m. Minotàuro
MIREILLE f. Mirèlla
MOÏSE m. Mosè
MONIQUE f. Mònica
MYRRHA f. Mirra
NABUCHODONOSOR [-k-] m. Nabucodònosor, Nabucco
NAPOLÉON m. Napoleóne
NARCISSE m. Narciso, (rare) Narcisso
NAT(H)ALIE f. Natalia, dim. Natalina
NAUSICAA f. Nausìcaa
NAZAIRE m. Nazàrio, Nazzaro
NÉMÉSIS [-s] f. Nèmesi
NEMROD [-d] m. Nembròd, Nembròtte
NEPTUNE m. Nettuno
NÉRÉE m. Nerèo
NÉRÉIDES f. pl. Nerèidi
NÉRON m. Neróne
NESSUS [-s] m. Nèsso
NESTOR m. Nèstore
NICOLAS, dim. NICOU, COLAS m. Nicòla, Nic(c)olò, dim. Cola, Coluccìo
NICOL(L)E, dim. NICOLETTE, COLETTE, Nicolétta, dim. Nicolina
NINA, dim. NINON f. Nina
NIOBÉ f. Nìobe
NISUS [-s] m. Niso
NOÉ m. Noè
NOËL m. Natale, dim. Natalino
NOËLLE, dim. NOËLLETTE f. v. NAT(H)ALIE
OCÉANIDES f. pl. Oceànidi, Oceanìne
OCTAVE m. Ottàvio
OCTAVIE f. Ottàvia
OCTAVIEN m. Ottaviàno
ODETTE f. Odétta (rare)
ODILE f. Odila (rare)
ODILON m. Odilone
OD(D)IN m. (Myth.) Odino
ODON m. Oddone, Oddo
ŒDIPE m. Èdipo, Edìpo
OGIER LE DANOIS m. Ugg(i)èri il Danese
OLIVE m. Olivo
OLIVE f. Oliva
OLIVIER m. Olivièro, (Vx) Olivièri, Ulivièri

Olympias [-s] m. (Myth.) Olimpìade
Omphale f. (Myth.) Ònfale
Ophélie f. Ofèlia
Orphée m. Orfèo
Osée m. Osèa
Osiris [-s] f. Osìride
Osques m. pl. Osci, Oschi
Ostrogoths [-o] m. pl. Ostrogòti
Oswald [-vald] m. Osvaldo
Othello m. Otèllo
Othon m. Ottóne
Ovide m. Ovìdio
Pallas [-s] m. Palla, Pallante; f. Pàllade
Pamphile m. Pànfilo
Pan m. Pan(e)
Pancrace m. Pancràzio
Pandore f. Pandòra; *la boîte de Pandore,* il vaso di Pandora
Pantalon m. (Litt.) Pantalone
Panurge m. Panurgo
Paraclet m. Paraclèto, Paràclito
Pâris m. Pàride
Parques (les) f. pl. le Parche
Pascal m. Pasquàle, dim. Pasqualino
Pascale, dim. Pascaline f. Pasqualina
Pasiphaé f. Pasìfae, Pasife
Patrice m. Patrìzio
Patricia f. Patrìzia
Patrocle m. Pàtroclo
Paul [pɔl] m. Pàolo
Paule [pol] f., dim. Pauline f. Pàola, dim. Paolina
Paulin m. Paolino
Pégase m. Pègaso
Pélage m. Pelàgio
Pélagie f. Pelàgia
Pélasges [pelaʒ] m. pl. Pelasgi
Pélée m. Pèleo
Pénélope f. Penèlope
Pépin m. Pipino; *Pépin le Bref,* Pipino il Brève
Pergolèse m. (Mus.) Pergolési
Périclès m. Pèricle
Perpétue f. Perpètua
Persée m. Pèrseo, Persèo
Pérugin (le) m. il Perugino
Petit Poucet m. Pollicino, Puccettino
Pétrarque m. Petrarca
Phaéton m. Fetónte
Phalaris [-s] m. Falàride
Phébus [-s] m. Fèbo
Phèdre m. (Litt.) Fèdro; f. Fèdra
Phidias [-s] m. Fìdia
Philippe m. Filippo, dim. Pippo; *Philippe de Macédoine,* Philippo il Macèdone
Philon le Juif m. Filone Alessandrino
Pic de la Mirandole m. Pico della Miràndola
Pictes m. pl. Picti
Pie m. Pio
Pierre, dim. Pierrot m. Piètro, Pièro, dim. Pierino; *Pierre Damien,* Pièr Damiani
Pierrette f. Pièra, Pierina
Plantagenêt m. Plantagenèto
Pline m. Plinio; *Pline l'Ancien, le Jeune,* Plinio il Vecchio, il Giovane
Ploutos [-s], Plutus [-s] m. Pluto
Pluton m. Plutóne
Polichinelle m. Pulcinèlla
Politien (Le) m. (il) Poliziàno
Pollux m. Polluce
Polyeucte m. Polièucto, Poliùto
Pompée m. Pompèo
Ponce Pilate m. Pónzio Pilato
Poséidon m. Posidóne
Praxède f. Prassède
Priam [-m] m. Prìamo
Primatice (le) m. il Primatìccio
Prométhée m. Promèteo
Proserpine f. Prosèrpina
Protais m. Protàsio
Protée m. Pròteo
Prudence m. Prudènzio
Ptolémée m. Tolomèo
Pylade m. Pìlade
Pyrame m. Pìramo
Pyrrhos [-s], Pyrrhus [-s] m. Pirro
Pythagore m. Pitàgora
Pythie f. Pìzia
Quentin m. Quintino
Quichotte (don) m. don Chisciotte
Quintilien m. Quintiliàno
Rachel f. Rachèle
Raimbaut m. Rambaldo
Rainier m. Ranièri
Ramsès [-s] m. Ramsète
Raoul m. Ràul
Raphaël m. Raffaèle; (le peintre) Raffaèllo
Raphaëlle f. Raffaèlla
Raymond m. Raimóndo
Raymonde f. Raimónda
Régis [-s] m. Reginaldo
Régulus [-s] m. Règolo
Reine f. Regina
Remi, Remy m. Remìgio
Rémus [-s] m. Rèmo
Renaud m. Rinaldo
René m. Renato
Renée [rəne], dim. Nénette [nenɛt] f. Renata
Richard m. Riccardo
Riquet à la Houppe m. Ciuffettino
Roch [-k] m. Ròcco
Rodolphe m. Rodòlfo
Rodomont m. Rodomónte
Rodrigue m. Rod(e)rigo
Roger m. Ruggèro, (rare) Ruggièro
Roland m. Orlando, Rolando
Romain (Jules) m. (Art) Giùlio Romano
Roméo m. Romèo
Romulus [-s] m. Ròmolo
Rosalie f. Rosalìa, dim. Lìa
Rose, dim. Rosette, Rosine f. Ròsa, dim. Rosina, Rosétta, Rosita
Roseline f. Rosalinda
Rotharis m. Ròtari
Roxane f. Rossana
Ruth f. Rut
Rutules m. pl. Rùtuli
Sabelliens m. pl. Sabèlli
Samnites m. pl. Sanniti
Sancho Pança m. Sàncio Panza
Sarapis [-s], Sérapis m. Seràpide
Satan m. Sàtana
Saül m. Sàul, (poét.) Saùlle
Sauveur m. Salvatóre
Savin m. Sabino, Savino
Saxons m. pl. Sàssoni
Scaliger [-ɛr] m. Scalìgero, Della Scala
Scapin m. Scappino
Scaramouche m. Scaramuccia
Scot Érigène [skɔt] m. Scoto Eriùgena; *Duns Scot,* Duns Scoto
Scots [-t] m. pl. Scòti
Sébastien, dim. Bastien m. Sebastiano, dim. Bastiano
Sébastienne, dim. Bastienne f. Sebastiana, dim. Bastiana
Sémiramis [-s] f. Semiràmide
Sénèque m. Sèneca
Serge m. Sèrgio
Sévère, Séverin m. Sevèro, Severino; *Septime Sévère,* Settimio Severo
Sibylle f. (Myth.) Sibilla
Sicanes m. pl. Sicani
Sicules m. pl. Sìculi
Sidoine m. Sidònio; *Sidoine Apollinaire,* Sidonio Apollinare
Silvère m. Silvèrio
Sisyphe m. Sìsifo
Sixte m. Sisto; *Sixte V, Sixte Quint,* Sisto V, Sisto Quinto
Socrate m. Sòcrate
Sophie f. Sofìa
Sophocle m. Sòfocle
Sordel m. Sordèllo
Stace m. Stàzio
Staline m. Stàlin
Stanislas [-s] m. Stanislào
Stéphane m. Stéfano
Stéphanie, dim. Fanny [fani] f. Stefània
Stradivarius [-s] m. Stradivàrio
Stuart (Marie) f. Maria Stuarda
Sulla, Sylla m. Silla
Suétone m. Svetònio
Suèves m. pl. Svèvi
Suzanne, dim. Suzon, Suzy f. Susanna
Sylvain m. Silvano
Sylvaine f. Silvana
Sylvestre m. Silvèstro
Sylvie f. Sìlvia
Sylvius [-s] m. Sìlvio
Tacite m. Tàcito
Tancrède m. Tancrédi
Tantale m. Tàntalo
Tarquin m. Tarquìnio; *Tarquin l'Ancien,* Tarquinio Prisco
Tartuffe m. (Litt.) Tartufo
Tasse (le) m. (il) Tasso
Télémaque m. Telèmaco
Térence m. Terènzio
Terpsichore [-k-] f. Tersìcore
Teutons m. pl. Tèutoni
Thaïs f. Tàide
Thalès [-s] m. Talète
Thémistocle m. Temìstocle
Théobald [-ld] m. v. Thibaud
Théocrite m. Teòcrito
Théodora f. Teodòra
Théodore m. Teodòro
Théodoric [-k] m. Teodorico. v. Thierry
Théodule m. Teòdulo
Théophile m. Teòfilo
Thérèse f. Terèsa
Thésée m. Tèseo, Tesèo
Thespis [-s] m. Tèspi
Thétis [-s] f. Tèti
Thibaud, Thibaut m. Te(o)baldo. V. Théobald
Thierri, Thierry m. Teodorico
Thomas m. Tom(m)aso
Thucydide m. Tucìdide
Timée m. Timèo
Tintoret (le) m. (il) Tintorétto

…e m. Tito Lìvio

… (le) m. Tiziano, il Vecellio

Toussaint m. Sante, Santi, Santo

Trajan m. Traiàno

Trissin (le) m. (il) Trìssino

Ugolin m. Ugolino

Ulrich [-k] m. Ulrico

Ulysse m. Ulisse

Uranie f. Urània

Urbain m. Urbano

Ursule f. Órsola, Ùrsula

Valdès [-s], Valdo, de Vaux (Pierre), (Pietro) Valdo

Valentinois (duc de), il Valentino

Valère m. Valerio; *Valère Maxime*, Valerio Massimo

Valérie f. Valèria

Vandales m. pl. Vàndali

Venceslas [-s] m. Venceslào

Vénus [-s] f. Vènere

Vercingétorix m. Vercingetòrige

Véronèse (le) m. il Veronese

Véronique f. Verònica

Vespuce (Améric), (Amerigo) Vespucci

Vichnou, Vishnu [viʃnu] m. Visnù

Victor m. Vittóre, Vittòrio; *Victor-Amédée*, Vittorio Amedeo; *Victor-Emmanuel*, Vittorio Emanuele

Victoire f. Vittòria

Vikings m. pl. Vichinghi

Vincent m. Vincènzo, (Vx) Vincènzio

Virgile m. Virgìlio

Visigoths [-go] m. pl. Visigòti

Vitruve m. Vitrùvio

Viviane f. Viviàna, Vibiàna, Bibiàna

Vivien m. Viviàno

Volsques m. pl. Vòlsci

Vulcain m. (Myth.) Vulcano

Walburge [valbyrʒ], Walpurgis [-pyrʒis] f. Valpurga

Walkyrie f. Valchìria

Wilhelmine f. Guglielmina

Wisigoths m. pl. v. Visigoths

Wolfgang m. Volfango

Xanthippe f. Santippe

Xavier m. Savèrio

Xénophon m. Senofónte

Xerxès [-s] m. Serse

Yolande f. Iolanda

Yves, dim. Yvon m. Ivo

Yvette, Yvonne f. Ivetta

Zacharie [-k-] m. Zaccarìa

Zachée [-ʃ-] m. Zacchèo

Zénobie f. Zenòbia

Zénon m. Zenóne

Zeus [dzøs] m. Zèus

Zeuxis [-s] m. Zèusi

Zoé f. Zòe

Zwingli [zvingli] m. Zuìnglio, Zwingli

Noms de lieux - Nomi di luogo

Pour les noms italiens, on a accentué les noms proparoxytons et les noms terminés par *-ia*, *-io*, *-ea*, *-eo*, *-ao ;* l'accent aigu sur les voyelles toniques *e* et *o* indique une prononciation fermée, l'accent grave une prononciation ouverte. Pour le genre des noms de villes, souvent hésitant en français, se reporter au *Prospetto grammaticale*.

Abruzzes [abryts] m. pl. Abruzzi ; (rare) Abruzzo m. sing.
Abyssinie [abisini] f. Abissìnia
Achéron [akerɔ̃] m. Acherónte
Açores [asɔr] f. pl. Azzòrre
Acre [akr] m. Acri f.
Actium [aksjɔm] m. Àzio f.
Adige [adiʒ] m. Àdige. Haut-Adige, Alto Àdige
Adoua [adwa] m. Àdua f.
Adriatique [adrijatik] f. Adriàtico m.
Afghanistan [afganistɑ̃] m. Afgànistan
Afrique [afrik] f. Àfrica
Agrigente [agriʒɑ̃t] m. Agrigènto f.
Aix-la-Chapelle [ɛkslaʃapɛl] m. Aquisgrana f.
Albanie [albani] f. Albanìa
Aléoutiennes (îles) [ilzaleusjɛn] f. pl. (Isole) Aleutine
Alger [alʒe] m. Algèri f.
Algérie [alʒeri] f. Algerìa
Allemagne [almaɲ] f. Germània
Alpes [alp] f. pl. Alpi
Alsace [alzas] f. Alsàzia
Alverne [alvɛrn] m. La Vèrna f.
Amazone [amazɔn] m. (Rio delle) Amàzzoni ; Amazzoni
Amazonie [amazɔni] f. Amazzònia
Amérique [amerik] f. Amèrica
Anatolie [anatɔli] f. Anatòlia
Ancône [ɑ̃kon] m. Ancóna f.
Andalousie [ɑ̃daluzi] f. Andalusìa
Andes [ɑ̃d] f. pl. Ande
Andrinople [ɑ̃drinɔpl] f. Adrianòpoli
Angleterre [ɑ̃gltɛr] f. Inghiltèrra. *Nouvelle-Angleterre*, Nuova Inghilterra
Angoumois [ɑ̃gumwa] m. Angumése
Anjou [ɑ̃ʒu] m. Angiò
Antarctique [ɑ̃tarktik] m. Antàrtide f.
Antibes [ɑ̃tib] m. Antibes f. ; (Vx) Antibo f.
Antilles [ɑ̃tij] f. pl. Antille
Antioche [ɑ̃tjɔʃ] Antiòchia f.
Anvers [ɑ̃vɛr] m. Anversa f.
Aoste [ɔst] m. Aosta f.
Apennin(s) [apenɛ̃] m. Ap(p)ennino m. sing., Ap(p)ennini m. pl.
Appienne (Voie) [vwa apjɛn] f. (Via) Àppia
Apulie [apyli] f. Apùlia
Aquilée [akile] m. Aquilèia f.
Aquitaine [akitɛn] f. Aquitània
Arabie [arabi] f. Aràbia
Aragon [aragɔ̃] m. Aragona f.
Arcadie [arkadi] f. Arcàdia
Arcole [arkɔl] m. Àrcole f.
Arctique [arktik] m. Àrtide f.
Ardennes [ardɛn] f. pl. Ardenne
Aréthuse [aretyz] f. Aretusa
Argos [argos] f. Argo
Arménie [armeni] f. Armènia
Armorique [armɔrik] f. Armòrica
Asie [azi] f. Àsia
Assise [asiz] f. Assisi
Assyrie [asiri] f. Assìria
Asturies [astyri] f. pl. Astùrie
Athènes [atɛn] f. Atene
Augsbourg [ogsbur] m. Augusta f.
Aulis [olis], Aulide [olid] f. Àulide
Ausonie [ozɔni] f. Ausònia
Australasie [ostralazi] f. Australàsia
Australie [ostrali] f. Austràlia
Autriche [otriʃ] f. Àustria
Autriche-Hongrie [otriʃɔ̃gri] f. Àustria-Ungherìa
Auvergne [ovɛrɲ] f. Alvèrnia
Avares [avar] m. pl. Àvari
Aventin [avɑ̃tɛ̃] m. Aventino
Avignon [aviɲɔ̃] Avignone f.
Axoum [aksum] m. Àxum f.
Azerbaïdjan [azɛrbajdʒɑ̃] m. Azerbaigiàn

Babel [babɛl] f. Babèle
Babylone [babilɔn] f. Babilònia
Bade [bad] m. Baden f.
Bâle [bɑl] m. Basilèa f.
Baléares [balear] f. pl. Baleari
Balkans [balkɑ̃] m. pl. Balcani
Baloutchistan, Béloutchistan [balučistɑ̃, be-] m. Belùcistan
Baltimore [baltimɔr] m. Baltimora f.
Baltique (Mer) [mɛr baltik] f. (Mare) Bàltico m.
Bamberg [bɑ̃bɛrg] m. Bamberga f.
Banat [bana] m. Banato
Barcelone [barsəlɔn] m. Barcellona f.
Bardonèche [bardɔnɛʃ] f. Bardonécchia
Basilicate [bazilikat] f. Basilicata
Bastia [bastja] f. Bastìa
Bayonne [bajɔn] m. Baiona f.
Belgique [bɛlʒik] f. Bèlgio m.
Bellune [bɛlyn] m. Belluno f.
Bénévent [benevɑ̃] m. Benevènto f.
Bengale [bɛ̃gal] m. Bengala
Benghazi [bɛ̃gazi] m. Bengàsi f.
Béotie [beɔsi] f. Beòzia
Bergame [bɛrgam] m. Bèrgamo f.
Berlin [bɛrlɛ̃] m. Berlino f.
Berne [bɛrn] m. Berna f.
Bessarabie [besarabi] f. Bessaràbia
Bethléem [betleɛm] Betlemme f.
Birmanie [birmani] f. Birmània
Biscaye [biskaj] f. Biscàglia
Bohême [bɔɛm] f. Boèmia
Bologne [bɔlɔɲ] f. Bologna
Bonne-Espérance (Cap de) [kap də bɔn ɛsperɑ̃s] m. (Capo di) Buona Speranza
Bosnie [bɔsni] f. Bòsnia
Bosphore [bɔsfɔr] m. Bòsforo
Bourbonnais [burbɔnɛ] m. Borbonése
Bourgogne [burgɔɲ] f. Borgógna
Brabant [brabɑ̃] m. Brabante
Brandebourg [brɑ̃dbur] m. Brandeburgo
Brenner [brɛnɛr] m. Brènnero
Brésil [brezil] m. Brasile
Breslau [brɛzlo] m. Breslàvia f.
Bretagne [brətaɲ] f. Bretagna, (Vx) Brettagna
Bulgarie [bylgari] f. Bulgarìa
Byzance [bizɑ̃s] f. Bisànzio

Cadix [kadiks] m. Càdice f.
Caire (Le) [lə kɛr] m. Il Càiro
Calabre [kalabr] f. Calàbria
Calédonie [kaledɔni] f. Caledònia. Nouvelle-Calédonie, Nuova Caledonia
Cambodge [kɑ̃bɔdʒ] m. Cambògia f.
Campanie [kɑ̃pani] f. Campània
Canada [kanada] m. Canadà, (rare) Cànada
Candie [kɑ̃di] f. Càndia
Cannes [kan] f. Canne
Capitole [kapitɔl] m. Campidòglio
Capoue [kapu] f. Càpua
Carmel [karmɛl] m. Carmèlo, Càrmine
Carpates [karpat] m. pl. Carpazi
Carthage [kartaʒ] f. Cartàgine
Caserte [kazɛrt] f. Casèrta
Caspienne (Mer) [mɛr kaspjɛn] f. Mar Càspio m.
Cassin (Mont) [mɔ̃ kasɛ̃] m. Montecassino
Castille [kastij] f. Castìglia
Catalogne [katalɔɲ] f. Catalógna
Catane [katan] f. Catània
Caucase [kɔkaz] m. Càucaso
Cayenne [kajɛn] f. Caienna
Cenis (Mont) [mɔ̃ sni] m. Moncenìsio
Céphalonie [sefalɔni] f. Cefalònia
Cérisoles [serizɔl] Ceresòle
Chang-Hai [ʃɑ̃gaj] m. Sciangài
Charybde [karibd] f. Cariddi
Chili [ʃili] m. Cile
Chine [ʃin] f. Cina, (Vx) China
Chypre [ʃipr] f. Cipro
Clairvaux [klɛrvo] m. Chiaravalle f.
Cochinchine [kɔʃɛ̃ʃin] f. Cocincina
Cocyte [kɔsit] m. Cocito
Cœlius (Mont) [mɔ̃ seljys] m. (Monte) Cèlio
Coire [kwar] f. Còira
Colchide [kɔlʃid] f. Còlchide
Cologne [kɔlɔɲ] f. Colònia
Colombie [kɔlɔ̃bi] f. Colómbia
Côme [kom] m. Còmo f.
Coni [koni] m. Cùneo f.
Constance [kɔ̃stɑ̃s] f. Costanza
Constantinople [kɔstɑ̃tinɔpl] f. Costantinòpoli
Copenhague [kɔpənag] m. Copenaghen f.
Cordoue [kɔrdu] f. Còrdova
Corée [kɔre] f. Corèa
Corfou [kɔrfu] f. (île), m. (ville) Corfù f.
Corinthe [kɔrɛ̃t] f. Corinto
Cornouaille(s) [kɔrnwaj] f. Cornovàglia
Corse [kɔrs] f. Còrsica
Costa Rica [kɔsta rika] m. Costarica f.
Cortone [kɔrtɔn] f. Cortona
Cottiennes (Alpes) [alp kɔtjɛn] f. pl. Alpi Cozie
Cracovie [krakɔvi] f. Cracòvia
Crémone [kremɔn] f. Cremóna
Crète [krɛt] f. Crèta
Crimée [krime] f. Crimèa
Cyclades [siklad] f. pl. Cìcladi
Cyrénaïque [sirenaik] f. Cirenàica
Cyrène [sirɛn] f. Cirène

Dacie [dasi] f. Dàcia
Dalmatie [dalmasi] f. Dalmàzia
Damas [damɑs] f. Damasco
Danemark [danmark] m. Danimarca
Dantzig [dɑ̃tsig] m. Dànzica f.
Danube [danyb] m. Danùbio
Dardanelles [dardanɛl] m. pl. Dardanelli
Dauphiné [dofine] m. Delfinato
Délos [delos] f. Dèlo
Delphes [dɛlf] f. Dèlfi
Dijon [diʒɔ̃] m. Digióne f.
Djibouti [dʒibuti] m. Gibuti f.
Djouba [dʒuba] m. Giuba f.
Dobroudja [dɔbrudʒa] f. Dobrugia
Doire [dwar] f. Dòra. Doire Baltée, Dòra Bàltea. Doire Ripaire, Dòra Ripària
Dolomites [dɔlɔmit] f. pl. Dolomiti, Alpi dolomitiche
Domingue (Saint-) [sɛ̃ dɔmɛ̃g] m. San Domingo f.
Dordogne [dɔrdɔɲ] f. Dordógna
Douro [duro] m. Duero
Douvres [duvr] m. Dòver f.

DRESDE [drɛzd] m. Dresda f.
DUBLIN [dyblɛ̃] m. Dublino f.

ÈBRE [ɛbr] m. Èbro
ÉCOSSE [ekɔs] f. Scòzia. NOUVELLE-ÉCOSSE, Nuova Scòzia
ÉGADES [egad], ÉGATES [egat] f. pl. Ègadi
ÉGÉE [eʒe] m. Egèo
ÉGÉE (MER) [mɛr eʒe] f. (Mare) Egeo m.
ÉGYPTE [eʒipt] f. Egitto m.
ELBE [ɛlb] m. (fleuve), f. (île) Élba
ÉLÉE [ele] f. Elèa
ÉLEUSIS [eløzis] f. Elèusi
ÉLIDE [elid] f. Èlide
ÉLIS [elis] f. Èlide
ÉLYSÉES (CHAMPS) [ʃɑ̃zelize] m. pl. Campi Elisi
ÉMILIE [emili] f. Emìlia
EMMAÜS [ɛmays] m. Emmàus f.
ENGADINE [ɑ̃gadin] f. Engadina
ÉNOTRIE [ɛnɔtri] f. Enòtria
ÉOLIDE [eɔlid], ÉOLIE [eɔli] f. Eòlia
ÉOLIENNES (ÎLES) [ilzeɔljɛn] f. pl. Ìsole Eòlie
ÉPHÈSE [efɛz] f. Èfeso
ÉPIDAURE [epidɔr] f. Epidàuro
ÉPIRE [epir] m. Epiro
ÉQUATEUR [ekwatœr] m. Ecuadòr
ÉRÈBE [erɛb] m. Èrebo
ÉRIDAN [eridɑ̃] m. Erìdano
ÉRIN [erɛ̃] f. (Vx) Erina
ÉRYTHRÉE [eritre] f. Eritrèa
ÉRYX [eriks] m. Èrice f. ou m.
ESCAUT [esko] m. Schèlda f.
ESCLAVONIE [ɛsklavɔni] f. Schiavònia
ESCURIAL [eskyrjal] m. Escuriale
ESPAGNE [ɛspaɲ] f. Spagna
ESQUILIN [ɛskilɛ̃] m. Esquilino
ESTONIE [ɛstɔni] f. Estònia
ÉTATS-UNIS (D'AMÉRIQUE) [etazyni damerik] m. pl. Stati Uniti (d'América)
ÉTHIOPIE [etjɔpi] f. Etiòpia
ÉTOLIE [etɔli] f. Etòlia
ÉTRURIE [etryri] f. Etrùria
EUBÉE [øbe] f. Eubèa
EUPHRATE [øfrat] m. Eufrate
EURASIE [ørazi] f. Euràsia
EUROPE [ørɔp] f. Euròpa

FERRARE [ferar] f. Ferrara
FIDJI (ÎLES) [(il)fidʒi] f. pl. (Ìsole) Figi
FIÉSOLE [fjezɔl] f. Fièsole
FINLANDE [fɛ̃lɑ̃d] f. Finlàndia
FLANDRE f., FLANDRES pl. [flɑ̃dr] Fiandra, Fiandre
FLORENCE [flɔrɑ̃s] f. Firenze, (Vx) Fiorenza
FLORIDE [flɔrid] f. Florida
FORMOSE [fɔrmoz] f. Formósa
FORNOUE [fɔrnu] m. Fornòvo f.
FRANCE [frɑ̃s] f. Frància
FRANCFORT [frɑ̃kfɔr] m. Francoforte f. FRANCFORT-SUR-LE-MAIN, Francoforte sul Meno
FRANCHE-COMTÉ [frɑ̃ʃ kɔ̃te] f. Franca Contèa
FRANCONIE [frɑ̃kɔni] f. Francònia
FRIBOURG [fribur] m. Friburgo f.
FRIOUL [friul] m. Friùli
FRISE [friz] f. Frìsia
FUCIN (LAC) [lak fysɛ̃] m. (Lago) Fùcino

GAÈTE [gaɛt] f. Gaéta
GALICE [galis] f. Galìzia
GALICIE [galisi] f. Galìzia
GALILÉE [galile] f. Galilèa
GALLES (PAYS DE) [pei də gal] m. Gàlles m. NOUVELLE-GALLES DU SUD, Nuova Galles del Sud
GAMBIE [gɑ̃bi] f. Gàmbia
GANGE [gɑ̃ʒ] m. Gange
GARDE (LAC DE) [lakdəgard] m. Garda

GARONNE [garɔn] f. Garonna
GASCOGNE [gaskɔɲ] f. Guascogna
GAULE [gol] f. Gàllia
GÊNES [ʒɛn] Gènova f.
GENÈVE [ʒ(ə)nɛv] Ginévra f.
GENÈVRE (MONT) [mɔ̃ ʒ(ə)nɛvr] m. Monginévro
GERMANIE [ʒɛrmani] f. Germània
GETHSÉMANI [ʒɛtsemani] m. Getsèmani
GIBRALTAR [ʒibraltar] m. Gibilterra
GIRONDE [ʒirɔ̃d] f. Gironda
GOLGOTHA [gɔlgɔta] m. Gòlgota
GOTHARD (SAINT-) [sɛ̃ gɔtar] m. San Gottardo
GRAIES, GRÉES (ALPES) [alp gre] f. pl. Alpi Gràie
GRANDE-BRETAGNE [grɑ̃d bretaɲ] f. Gran Bretagna
GRANDE-GRÈCE [grɑ̃d grɛs] f. Magna Grècia
GRÈCE [grɛs] f. Grècia
GRENADE [grənad] f. Granata
GRISONS (LES) [le grizɔ̃] m. pl. i Grigioni
GROENLAND [grɔɛ̃lɑ̃d] m. Groenlàndia f.
GRONINGUE [grɔnɛ̃g] m. Groninga f.
GUADELOUPE [gwadlup] f. Guadalupa
GUINÉE [gine] f. Guinea. NOUVELLE-GUINÉE, Nuova Guinea
GUYANE [gɥijan] f. Guiana
GUYENNE [gɥijɛn] f. Guienna

HAÏFA [aifa] m. Hàifa f.
HAÏTI [aiti] m. Haìti f.
HANOI [anɔj] m. Hanòi f.
*HANOVRE [anɔvr] m. Hannòver f.
*HAVANE (LA) [la avan] f. L'Avana
*HAWAII (ÎLES) [ilawaj] f. pl. (Ìsole) Hawài
*HAYE (LA) [la ɛ] f. L'Aia
*HEIDELBERG [aidəlbɛrg] m. Heidelberg f.
HELLADE [ɛlad] f. Èllade
HELVÉTIE [ɛlvesi] f. Elvèzia
HERCULANUM [ɛrkylanɔm] m. Ercolano f.
HESPÉRIE [ɛsperi] f. Espèria
*HESSE [ɛs] f. Àssia
HIMALAYA [imalaja] m. Himàlaia
*HOLLANDE [ɔlɑ̃d] f. Olanda
*HONGRIE [ɔ̃gri] f. Ungherìa
HYMETTE [imɛt] m. Imètto

IBÉRIE [iberi] f. Ibèria
IÉNA [jena] m. Jèna f.
ILION [iljɔ̃] f. Ìlio
ILLYRIE [iliri] f. Illìria
IONIE [jɔni] f. Iònia
INDE(s) [ɛ̃d] f. Ìndia, (Vx) Indie
INDOCHINE [ɛ̃dɔʃin] f. Indocina
INDONÉSIE [ɛ̃dɔnezi] f. Indonèsia
INDUS [ɛ̃dys] m. Indo
INSULINDE [ɛ̃sylɛ̃d] f. Insulìndia
IRAK [irak] m. Irak, Iraq
IRAN [irɑ̃] m. Iran
IRLANDE [irlɑ̃d] f. Irlanda. NOUVELLE-IRLANDE, Nuova Irlanda
ISLANDE [islɑ̃d] f. Islanda
ISRAËL [israɛl] m. Israèle
ISTRIE [istri] f. Ìstria
ITALIE [itali] f. Itàlia
ITHAQUE [itak] f. Ìtaca
IVRÉE [ivre] f. Ivrèa

JANICULE [ʒanikyl] m. Gianìcolo
JAPON [ʒapɔ̃] m. Giappone
JAVA [ʒava] m. Giava
JÉRICHO [ʒeriko] m. Gèrico
JÉRUSALEM [ʒeryzalɛm] f. Gerusalèmme
JORDANIE [ʒɔrdani] f. Giordània
JOSAPHAT [ʒɔzafa] m. Giòsafat, Giosafatte
JOURDAIN [ʒurdɛ̃] m. Giordano
JUDÉE [ʒyde] f. Giudèa
JURA [ʒyra] m. Giura

KABOUL [kabul] m. Kabùl
KABYLIE [kabili] f. Cabìlia
KATMANDOU [katmɑ̃du] m. Katmandù f.
KHARTOUM [kartum] m. K(h)artùm f.
KREMLIN [krɛmlɛ̃] m. Cremlino
KURDISTAN [kyrdistɑ̃] m. Cùrdistan

LACÉDÉMONE [lasedemɔn] f. Lacedèmone
LANGUEDOC [lɑ̃gdɔk] m. Linguadoca f.
LAPONIE [lapɔni] f. Lappònia
LATIUM [lasjɔm] m. Làzio
LATRAN [latrɑ̃] m. Laterano
LAUSANNE [lozan] m. Losanna f.
LEIPZIG [lajptsig] m. Lìpsia f.
LÉMAN [lemɑ̃] m. Lemano
LEMNOS [lɛmnɔs] m. Lemno f.
LENINGRAD [leningrad] m. Leningrado f.
LÉPANTE [lepɑ̃t] m. Lèpanto f.
LÉPONTIENNES (ALPES) [alp lepɔ̃sjɛn] f. pl. Alpi Lepontine
LESBOS [lɛsbɔs] m. Lesbo
LÉTHÉ [lete] m. Lète, (Vx) Letè
LETTONIE [lɛtɔni] f. Lettònia
LEUCTRES [løktr] m. Lèuttra f.
LEYDE [lɛjd] m. Lèida f.
LIBAN [libɑ̃] m. Lìbano
LIBÉRIA [liberja] m. Libèria f.
LIBYE [libi] f. Lìbia
LIÈGE [ljɛʒ] m. Lièġi f.
LIGURIE [ligyri] f. Ligùria
LILYBÉE [lilibe] m. Lilibèo
LILLE [lil] m. Lilla f.
LIMBOURG [lɛ̃bur] m. Limburgo
LIMOUSIN [limuzɛ̃] m. Limosino
LISBONNE [lizbɔn] m. Lisbona f.
LITUANIE [litɥani] f. Lituània
LIVONIE [livɔni] f. Livònia
LIVOURNE [livurn] m. Livorno f.
LJUBLJANA [ljubljana] m. Lubiana f.
LOCRES [lɔkr] m. Locri f.
LOCRIDE [lɔkrid] f. Locride
LOIRE [lwar] f. Lòira
LOMBARDIE [lɔ̃bardi] f. Lombardìa
LONDRES [lɔ̃dr] m. Londra f.
LORETTE [lɔrɛt] m. Loréto f. *Notre-Dame de Lorette*, la Madonna di Loreto
LORRAINE [lɔrɛn] f. Lorèna
LOUISIANE [lwizjan] f. Luisiana
LOUVAIN [luvɛ̃] m. Lovànio f.
LÜBECK [lybɛk] m. Lubecca f.
LUBLIN [lublin] m. Lublino f.
LUCANIE [lykani] f. Lucània
LUCQUES [lyk] f. Lucca
LUSITANIE [lyzitani] f. Lusitània
LUTÈCE [lytɛs] f. Lutèzia
LUXEMBOURG [lyksɑ̃bur] m. Lussemburgo f. (ville), m. (grand-duché)
LYCAONIE [likaɔni] f. Licaònia
LYCIE [lisi] f. Lìcia
LYON [ljɔ̃] m. Lióne f.

MACÉDOINE [masedwan] f. Macedònia
MAGDEBOURG [magdəbur] m. Magdeburgo f.
MAIN [mɛ̃] m. Mèno
MAJORQUE [maʒɔrk] f. Maiorca
MALAISIE [malezi] f. Malèsia
MALTE [malt] f. Malta
MANCHE [mɑ̃ʃ] f. (bras de mer, département) Mànica
MANCHE f. (province d'Espagne) Mància
MANDCHOURIE [mɑ̃tʃuri] f. Manciùria
MANTOUE [mɑ̃tu] f. Màntova f.
MARATHON [maratɔ̃] m. Maratona f.
MARBOURG [marbur] m. Marburgo f.
MARCHES (LES) [lemarʃ] f. pl. Marche (le)
MARIANNES (ÎLES) [il marjan] f. pl. Marianne (Ìsole)
MARIBOR [maribɔr] m. Marburgo f.
MARIGNAN [mariɲɑ̃] m. Melegnano f.
MARNE [marn] f. Marna
MAROC [marɔk] m. Maròcco

MARQUISES (ÎLES) [il markiz] f. pl. Marchési (Ìsole)

MARSEILLE [marsɛj] Marsìglia f.

MARTINIQUE [martinik] f. Martinica

MASCAREIGNES (ÎLES) [il maskarɛɲ] f. pl. Ìsole Mascarène

MASSAOUAH [masawa] m. Massàua f.

MAURIENNE [mɔrjɛn] f. Val Moriana

MAURITANIE [mɔritani] f. Mauritània

MAYENCE [majɑ̃s] m. Magónza f.

MÉANDRE [meɑ̃dr] m. Meandro

MECQUE (LA) [la mɛk] f. La Mècca

MÉDIE [medi] f. Mèdia

MÉDINE [medin] m. Medina f.

MÉDITERRANÉE [mediterane] f. Mediterràneo m.

MÉGARE [megar] m. Mègara f.

MÉLANÉSIE [melanezi] f. Melanèsia

MEMPHIS [mɛ̃fis] m. Menfi f.

MENTON [mɑ̃tɔ̃] m. Mentone f.

MÉONIE [meɔni] f. Meònia

MÉSIE [mezi] f. Mèsia

MÉSOPOTAMIE [mezɔpɔtami] f. Mesopotàmia

MESSÈNE [mɛsɛn] m. Messène f.

MESSÉNIE [mɛseni] f. Messènia

MESSINE [mesin] Messina f.

MÉTAPONTE [metapɔ̃t] m. Metaponto f.

MÉTAURE [metɔr] m. Metàuro

MEUSE [møz] f. Mosa

MEXICO [mɛksiko] m. Città (f.) del Mèssico

MEXIQUE [mɛksik] m. Mèssico. NOUVEAU-MEXIQUE, Nuovo Mèssico

MICRONÉSIE [mikrɔnezi] f. Micronèsia

MILAN [milɑ̃] m. Milano f.

MILET [milɛ] m. Mileto f.

MINORQUE [minɔrk] f. Minorca

MINTURNES [mɛ̃tyrn] m. Minturno f.

MIRANDOLE [mirɑ̃dɔl] m. Miràndola f.

MISÈNE [mizɛn] m. Misèno.

MISSOURI [misuri] m. Missuri

MODÈNE [mɔdɛn] Mòdena f.

MOLDAU [mɔldɑw] f. Mòldava, Moldàva

MOLDAVIE [mɔldavi] f. Moldàvia

MONACO [mɔnako] m. Mònaco (di Francia) f.

MONGOLIE [mɔ̃gɔli] f. Mongòlia

MONTFERRAT [mɔ̃fɛra] m. Monferrato

MORAVA [mɔrava] f. Mòrava, Moràva

MORAVIE [mɔravi] f. Moravia

MORÉE [mɔre] f. Morèa

MORTE (MER) [mɛr mɔrt] f. Mar Morto m.

MOSCOU [mɔsku] m. Mósca f.

MOSELLE [mɔzɛl] f. Mosèlla

MOSKOVA [mɔskɔva] f. Moscòva

MOZAMBIQUE [mozɑ̃bik] m. Mozambico

MUNICH [mynik] m. Mònaco (di Baviera) f.

MYCÈNES [misɛn] m. Micene f.

MYSIE [mizi] f. Misia

MYTILÈNE [mitilɛn] f. Mitilène

NAMIBIE [namibi] f. Namìbia

NANKIN [nɑ̃kɛ̃] m. Nanchino f.

NAPLES [napl] m. Nàpoli f.

NARBONNAISE [narbɔnɛz] f. Gàllia Narbonése

NARBONNE [narbɔn] m. Narbóna f.

NAVARRE [navar] f. Navarra

NAZIANZE [nazjɑ̃z] m. Nazianzo

NÉMÉE [neme] f. Nemèa

NEUSTRIE [nøstri] f. Nèustria

NEW YORK [niu jɔrk] m. Nuova York f.

NEVA [neva] f. Nèva

NIBELUNGEN [nibɔlungən] m. pl. Nibelunghi

NICE [nis] m. Nizza f.

NICOMÉDIE [nikɔmedi] m. Nicomèdia f.

NICÉE [nise] m. Nicèa f.

NICOSIE [nikɔzi] m. Nicosìa

NIL [nil] m. Nilo

NIMÈGUE [nimɛg] m. Nimèga f.

NIVERNAIS [nivɛrnɛ] m. Nivernése

NOLE [nɔl] f. Nòla

NORMANDIE [nɔrmɑ̃di] f. Normandìa

NORVÈGE [nɔrvɛʒ] f. Norvègia

NOUVELLE-DELHI [nuvɛl deli] f. Nuova Delhi

NOUVELLE-ORLÉANS [nuvɛl ɔrleɑ̃] f. Nuova Orléans

NOUVELLES-HÉBRIDES [nuvɛlzebrid] f. pl. Nuove Èbridi

NOUVELLE-ZÉLANDE [nuvɛlzelɑ̃d] f. Nuova Zelanda

NOVARE [nɔvar] m. Novara f.

NUBIE [nybi] f. Nùbia

NUMANCE [nymɑ̃s] f. Numànzia

NUMIDIE [nymidi] f. Numìdia

NUREMBERG [nyrɛ̃bɛr] m. Norimberga f.

OCCITANIE [ɔksitani] f. Occitània

OCÉANIE [ɔseani] f. Oceània

OLYMPE [ɔlɛ̃p] m. Olimpo

OLYMPIE [ɔlɛ̃pi] f. Olìmpia

OMBRIE [ɔ̃bri] f. Ùmbria

ORAN [ɔrɑ̃] m. Orano f.

OSTENDE [ɔstɑ̃d] m. Ostenda f.

OSTIE [ɔsti] f. Òstia

OTRANTE [ɔtrɑ̃t] m. Òtranto f.

OUGANDA [ugɑ̃da] m. Uganda f.

OURAL, m. sing. OURALS m. pl. [ural] Ural, Urali

PADOUE [padu] f. Pàdova

PAESTUM [pestɔm] m. Paestum f.

PALATIN [palatɛ̃] m. Palatino

PALERME [palɛrm] m. Palèrmo f.

PALESTINE [palɛstin] f. Palestina

PANAMA [panama] m. Pànama m. ou f.

PANNONIE [panɔni] f. Pannònia

PAPOUASIE [papwazi] f. Papuàsia

PARIS [pari] m. Parigi f.

PARME [parm] m. Parma f.

PARNASSE [parnas] m. Parnaso, (Vx) Parnasso

PAROS [parɔs] m. Paro f.

PATAGONIE [patagɔni] f. Patagònia

PAVIE [pavi] f. Pavìa

PAYS-BAS [pei ba] m. pl. Paesi Bassi

PÉKIN [pekɛ̃] m. Pechino f.

PENNSYLVANIE [pɛnsilvani] f. Pensilvània

PERGAME [pɛrgam] m. Pèrgamo f.

PERMESSE [pɛrmɛs] m. Permèsso

PÉROUSE [peruz] f. Perùgia

PERSE [pɛrs] f. Pèrsia

PETROGRAD [petrɔgrad] m. Pietrogrado f.

PHARSALE [farsal] f. Fàrsalo, Farsàglia

PHÉNICIE [fenisi] f. Fenìcia

PHILIPPES [filip] m. Filippi f.

PHILIPPINES [filipin] f. pl. Filippine

PHLÉGRÉENS (CHAMPS) [ʃɑ̃ flegreɛ̃] m. pl. Campi Flegrèi

PHOCIDE [fɔsid] f. Fòcide

PHRYGIE [friʒi] f. Frìgia

PICARDIE [pikardi] f. Piccardìa

PIÉMONT [pjemɔ̃] m. Piemonte

PIGNEROL [piɲrɔl] m. Pineròlo f.

PISE [piz] f. Pisa

PISTOIE [pistwa] f. Pistóia

PLAISANCE [plezɑ̃s] f. Piacenza

PÔ [po] m. Pò, (poét.) Pado

POLOGNE [pɔlɔɲ] f. Polònia

POLYNÉSIE [pɔlinezi] f. Polinèsia

POMÉRANIE [pɔmerani] f. Pomerània

POMPÉI [pɔ̃pei] m. Pompèi f.

PONT-EUXIN [pɔ̃ tøksɛ̃] m. Ponto Eusino

PONTINS (MARAIS) [marɛ pɔ̃tɛ̃] m. pl. Paludi Pontine f. pl.

PORTUGAL [pɔrtygal] m. Portogallo

POSILIPPE [pɔzilip] m. Posìllipo

POSNANIE [pɔsnani] f. Posnània

POUILLE f. sing., POUILLES f. pl. [puj] Pùglia, Pùglie

POUZZOLES [putsɔl] m. Pozzuòli f.

PRESBOURG [prɛsbur] m. (Vx) Presburgo f.

PROVENCE [prɔvɑ̃s] f. Provènza

PRUSSE [prys] f. Prùssia

PYRÉNÉES [pirene] f. pl. Pirenèi m. pl.

QUIRINAL [kɥirinal] m. Quirinale

RAGUSE [ragyz] f. Ragusa

RATISBONNE [ratizbɔn] m. Ratisbóna f.

RAVENNE [ravɛn] f. Ravénna

RHÉNANIE [renani] f. Renània

RHÉTIE [resi] f. Rèzia

RHÉTIQUES (ALPES) [alp retik] f. pl. Alpi Rètiche

RHIN [rɛ̃] m. Rèno

RHODES [rɔd] m. ou f. Ròdi f.

RHODÉSIE [rɔdezi] f. Rodèsia

RHÔNE [ron] m. Ròdano

RIVOLI [rivɔli] m. Rìvoli f.

ROMAGNE [rɔmaɲ] f. Romagna

ROMANIA [rɔmanja] f. Romània

ROME [rɔm] f. Róma

RONCEVAUX [rɔ̃svo] m. Roncisvalle f.

ROUMANIE [rumani] f. Romanìa, (Vx) Rumenìa, Rumanìa

ROUMÉLIE [rumeli] f. Rumèlia

ROUSSILLON [rusijɔ̃] m. Rossiglióne

RUSSIE [rysi] f. Rùssia

SABA [saba] f. Saba

SABINE [sabin] f. Sabina

SAGONTE [sagɔ̃t] f. Sagunto

SAINT-ANGE (CHÂTEAU) [ʃato sɛ̃tɑ̃ʒ] m. Castel Sant'Àngelo

SAINTE-HÉLÈNE [sɛ̃t elɛn] f. Sant'Elena

SAINT-GALL [sɛ̃ gal] m. San Gallo m. et f.

SAINT-JACQUES [sɛ̃ ʒɑk] (-de-Compostelle) m. Santiàgo (di Compostèlla)

SAINT-MARIN [sɛ̃ marɛ̃] m. San Marino

SAINTONGE [sɛ̃tɔ̃ʒ] f. Santongése m.

SAINT-PÉTERSBOURG [sɛ̃ petɛrsbur] m. Pietroburgo

SALAMINE [salamin] f. Salamina

SALENTE [salɑ̃t] m. Salento

SALERNE [salɛrn] m. Salerno f.

SALONIQUE [salɔnik] f. Salonicco

SALUCES [salys] m. Saluzzo f.

SALZBOURG [saltsbur] m. Salisburgo f.

SAMARIE [samari] f. Samarìa

SAMOS [samɔs] m. Samo f.

SAMOTHRACE [samɔtras] f. Samotràcia

SAÔNE [son] f. Saóna

SARAGOSSE [saragɔs] m. Saragòzza f.

SARDAIGNE [sardɛɲ] f. Sardégna

SARRE [sar] f. Sàar

SAVOIE [savwa] f. Savòia

SAVONE [savɔn] f. Savóna

SAXE [saks] f. Sassònia

SCANDINAVIE [skɑ̃dinavi] f. Scandinàvia

SCHAFFOUSE [ʃafuz] m. Sciaffusa f.

SCYLLA [sila] f. Scilla

SÉGESTE [seʒɛst] f. Segesta

SEINE [sɛn] f. Sènna

SÉLINONTE [selinɔ̃t] f. Selinunte

SÉVILLE [sevil] f. Sivìglia

SICILE [sisil] f. Sicìlia

SIENNE [sjɛn] f. Sièna

SILÉSIE [silezi] f. Slèsia

SINGAPOUR [sɛ̃gapur] m. Singapore f.

SINOPE [sinɔp] f. Sinòpe

SIXTINE (CHAPELLE) [ʃapɛl sikstin] f. (Cappella) Sistina

SLAVONIE [slavɔni] f. Slavònia

SLOVAQUIE [slɔvaki] f. Slovàcchia

SMYRNE [smirn] m. Smirne f.

SODOME [sɔdɔm] f. Sòdoma

SOFIA [sɔfja] m. Sòfia f.

SOLEURE [sɔlœr] m. Soletta f.

SOMALIE [sɔmali] f. Somàlia. SOMALIS m. pl. Sòmali

SORBONNE [sɔrbɔn] f. Sorbóna

SORGUE [sɔrg] f. Sòrga
SORRENTE [sɔrɑ̃t] m. Sorrènto f.
SOUABE [swab] f. Svèvia
SOUSSE [sus] m. Susa f.
SPARTE [spart] f. Sparta
SPLIT [split] m. Spàlato f.
SPLÜGEN [splygən] m. Spluga
SPOLÈTE [spɔlɛt] m. Spoléto f.
SPORADES [sporad] f. pl. Spòradi
STABIES [stabi] f. Stàbia
STAFFARDE [stafard] f. Staffarda
STALINGRAD [stalingrad] m. Stalingrado f.
STETTIN [stetin] m. Stettino f.
STRASBOURG [strasbur] m. Strasburgo f.
STUTTGART [stutgart] m. Stoccarda f.
STYRIE [stiri] f. Stìria
STYX [stiks] m. Stige
SUÈDE [sɥɛd] f. Svèzia
SUISSE [sɥis] f. Svìzzera
SUSE [syz] f. Susa
SYBARIS [sibaris] m. Sìbari f.
SYRACUSE [sirakyz] f. Siracusa
SYRIE [siri] f. Sìria
SYRTE [sirt] f. Sirte

TAGE [taʒ] m. Tago
TAHITI [taiti] m. Tahìti
TAMISE [tamiz] f. Tamigi m.
TANAÏS [tanais] m. Tànai
TANGANYIKA [tɑ̃ganika] m. Tanganica
TANGER [tɑ̃ʒe] m. Tàngeri f.
TANZANIE [tɑ̃zani] f. Tanzània
TAORMINE [taɔrmin] f. Taormina
TARASCON [taraskɔ̃] m. Tarascóna f.
TARENTAISE [tarɑ̃tɛz] f. Tarantàsia
TARENTE [tarɑ̃t] f. Tàranto
TARPÉIENNE (ROCHE) [rɔʃtarpejɛn] f. Rupe Tarpea, Monte Tarpeo m.
TARQUINIES [tarkɥini] f. Tarquìnia
TASMANIE [tasmani] f. Tasmània
TAURIDE [tɔrid] f. Tàuride
TAURUS [tɔrys] m. Tàuro
TAYGÈTE [teʒɛt] m. Taigèto
TCHÉCOSLOVAQUIE [tʃekɔslɔvaki] f. Cecoslovàcchia
TENDE [tɑ̃d] f. Tenda
TERRACINE [tɛrasin] f. Terracina
TERRE DE FEU [tɛrdəfø] f. Terra del Fuoco
TERRE-NEUVE [tɛrnœv] f. Terranòva

TERRE SAINTE [tɛrsɛ̃t] f. Terrasanta
TESSIN [tesɛ̃] m. Ticino
TÉTOUAN [tetwɑ̃] m. Tetuàn f.
THABOR [tabɔr] m. Tàbor
THAÏLANDE [tailɑ̃d] f. Tailàndia
THÉBAÏDE [tebaid] f. Tebàide
THÈBES [tɛb] f. Tèbe
THERMOPYLES [tɛrmɔpil] f. pl. Termòpili
THESSALIE [tesali] f. Tessàglia
THULÉ [tyle] f. Tule
TIBÉRIADE (LAC DE) [lakdətiberjad] m. Lago di Tiberìade
TIBRE [tibr] m. Tévere
TIGRE [tigr] m. Tigri
TOLÈDE [tɔlɛd] m. Tolédo f.
TONKIN [tɔ̃kɛ̃] m. Tonchino
TOSCANE [tɔskan] f. Toscana
TOULON [tulɔ̃] m. Tolone f.
TOULOUSE [tuluz] m. Tolosa f.
TOURAINE [turɛn] f. Turèna, (moins correct) Turènna
TRANSJORDANIE [trɑ̃sʒɔrdani] f. Transgiordània
TRANSTÉVÈRE [trɑ̃stevɛr] m. Trastévere
TRANSYLVANIE [trɑ̃silvani] f. Transilvània
TRASIMÈNE [trazimɛn] m. Trasimèno
TRÉBIE [trebi] f. Trébbia
TRENTE [trɑ̃t] m. Trènto f.
TRENTIN [trɑ̃tɛ̃] m. Trentino
TRÈVES [trɛv] m. Trèviri f.
TRÉVISE [treviz] m. Treviso f.
TRIESTE [triɛst] f. Trieste
TRINACRIE [trinakri] f. Trinàcria
TRIPOLITAINE [tripɔlitɛn] f. Tripolitània
TROIE [trwa] f. Tròia
TUNIS [tynis] f. Tùnisi
TUNISIE [tynizi] f. Tunisìa
TURIN [tyrɛ̃] m. Torino f.
TYR [tir] f. Tiro
TYROL [tirɔl] m. Tiròlo
TYRRHÉNIENNE (MER) [mer tirenjɛn] f. (Mar) Tirrèno m.

UKRAINE [ykrɛn] f. Ucràina
ULM [ylm] m. Ulma f.
UPSAL [ypsal], UPPSALA [ypsala] m. Ùp(p)sala f.
URBIN [yrbɛ̃] m. Urbino f.
UTIQUE [ytik] f. Ùtica

VALACHIE [valaʃi] f. Valàcchia
VALAIS [valɛ] m. Vallése
VALENCE [valɑ̃s] f. (France, Espagne) Valènza
VALETTE (LA) [lavalɛt] f. La Vallétta
VALLOMBREUSE [valɔ̃brøz] f. Vallombrósa
VALTELINE [valtəlin] f. Valtellina
VAR [var] m. Varo
VARÈSE [varɛz] m. Varése f.
VARSOVIE [varsɔvi] f. Varsàvia
VATICAN [vatikɑ̃] m. Vaticano
VAUCLUSE [voklyz] m. Valchiusa f.
VÉIES [vɛj] f. Véio
VENAISSIN (COMTAT) [kɔ̃ta vənesɛ̃] m. Venassino (Contado)
VENDÉE [vɑ̃de] f. Vandèa
VÉNÉTIE [venesi] f. Vèneto m. VÉNÉTIE JULIENNE [ʒyljɛn] Venèzia Giùlia. VÉNÉTIE TRIDENTINE [tridɑ̃tin] Venèzia tridentina
VENISE [vəniz] f. Venèzia
VERCEIL [vɛrsɛj] m. Vercèlli f.
VÉRONE [verɔn] f. Veróna
VERSAILLES [vɛrsaj] m. Verságlia f.
VÉSUVE [vezyv] m. Vesùvio
VICENCE [visɑ̃s] f. Vicènza
VIENNE [viɛn] f. (Autriche, France) Viènna
VILNA [vilna] m. (Vx) Vilna f.
VIMINAL [viminal] m. Viminale
VINTIMILLE [vɛ̃timij] m. Ventimìglia f.
VISO (MONT) [mɔ̃ vizo] m. Monviso
VISTULE [vistyl] f. Vìstola
VITERBE [vitɛrb] m. Vitèrbo f.
VOSGES [voʒ] f. pl. Vòsgi m. pl.
VULTURNE [vyltyrn] m. Volturno

WALHALLA [valala] m. Valalla
WESTPHALIE [vɛstfali] f. Vestfàlia

YOUGOSLAVIE [jugɔslavi] f. Iugoslàvia

ZAGREB [zagrɛb] m. Zagàbria f.
ZAÏRE [zair] m. Zàire
ZAMBÈZE [zɑ̃bɛz] m. Zambési
ZAMBIE [zɑ̃bi] f. Zàmbia
ZANTE [zɑ̃t] f. Zacinto, Zante
ZÉLANDE [zelɑ̃d] f. Zelanda
ZURICH [zyrik] m. Zurigo f.

Abréviations et sigles français
Abbreviazioni e sigle francesi

A	Autoroute
A.C.	Action catholique
	Ancien combattant
A. C. F.	Automobile-Club de France
A. E. F.	Afrique équatoriale française
A. F.	Air-France
AFNOR	Association française de normalisation
A. F. P.	Agence France-Presse
A. G.	Assemblée générale
A. J.	Auberge de jeunesse
A. M.	Arts et métiers
A. N. P. E.	Agence nationale pour l'emploi
A. O. F.	Afrique occidentale française
A. S.	Association sportive
ASSEDIC	Association pour l'emploi dans l'industrie et le commerce
BALO	Bulletin des annonces légales obligatoires
B. C. G.	Bacille bilié Calmette-Guérin
B. D.	Bande dessinée
B. E. M.	Breveté d'État-Major
B. F.	Banque de France
B. I. T.	Bureau international du travail
B. N.	Bibliothèque nationale
B. O.	Bulletin officiel
B. P.	Boîte postale
BPF	Bon pour francs
B. R. I.	Banque des règlements internationaux
	Brigade de recherche et d'intervention
B. S. D. G.	Breveté sans garantie du gouvernement
B. T. S.	Brevet de technicien supérieur
B. U.	Bibliothèque universitaire
B. U. S.	Bureau universitaire de statistiques
C. A.	Corps d'armée
C. A. P.	Certificat d'aptitude professionnelle
c/c	compte courant
C. C.	Corps consulaire
CCP	Compte chèques postaux
C. C. U.	Comité consultatif des universités
C. D.	Corps diplomatique
C. E. A.	Commissariat à l'énergie atomique
CECA	Communauté européenne du charbon et de l'acier
CEDEX	Courrier d'entreprise à distribution exceptionnelle
C. E. E.	Communauté économique européenne
CERN	Conseil européen de recherche nucléaire
cf.	confer, voir
C. F. D. T.	Confédération française démocratique du travail
C. F. T. C.	Confédération française des travailleurs chrétiens
C. G. A.	Confédération générale de l'agriculture
C. G. C.	Confédération générale des cadres
C. G. T.	Compagnie générale transatlantique
	Confédération générale du travail
C. G. T.-F. O.	Confédération générale du travail-Force ouvrière
C. H. U.	Centre hospitalier universitaire
C. I. C.	Centre d'information civique
C. I. C. R.	Comité international de la Croix-Rouge
CIDEX	Courrier individuel à distribution exceptionnelle
Cie	Compagnie
C. I. O.	Comité international olympique
C. M. D.	Chef de mission diplomatique
CNES	Centre national d'études spatiales
CNEXO	Centre national d'exploitation des océans
CNIT	Centre national des industries et techniques
C. N. J. A.	Centre national des jeunes agriculteurs
C. N. P. F.	Conseil national du patronat français
C. N. R.	Conseil national de la Résistance
C. N. S. R.	Centre national de la recherche scientifique
c/o	care of (= aux bons soins de)
CODER	Commission de développement régional
COS	Coefficient d'occupation des sols
C. R.	Cadre de réserve
CREDIF	Centre de recherche et d'étude pour la diffusion du français
C. R. F.	Croix-Rouge française
CROUS	Centre régional des œuvres universitaires et scolaires
C. R. S.	Compagnies républicaines de sécurité
C. S. C. U.	Conseil supérieur des corps universitaires
C. U.	Charge utile
CV	Cheval-vapeur
D. A. T.	Défense antiaérienne du territoire
DATAR	Délégation à l'aménagement du territoire et à l'action régionale
D. B.	Division blindée
D. C. A.	Défense contre avions
DDASS	Direction départementale des affaires sanitaires et sociales
D. E. A.	Diplôme d'études approfondies
D. I.	Division d'infanterie
d°	dito
DOM	Département d'outre-mer
D. P	Défense passive
D. P. L. G.	Diplômé par le gouvernement
D. S. T.	Défense et sécurité du territoire
E. D. F.	Électricité de France
E.-M.	État-major
ENA	École nationale d'administration
E. N. S.	École normale supérieure
ENSI	École nationale supérieure d'ingénieurs
E. O. R.	Élève officier de réserve
E. R. F.	Église réformée de France
E. S.	Éducation surveillée
E. V.	en ville
F. A. I.	Fédération aéronautique internationale
F. A. O.	Food and Agriculture Organization
F. C.	Football-Club
FEN	Fédération de l'Éducation nationale

F. F. A.	Forces françaises en Allemagne
F. F. I.	Forces françaises de l'intérieur
F. F. L.	Forces françaises libres
F. L. N.	Front de libération nationale
F. M.	Franchise militaire
F. M. I.	Fonds monétaire international
FNAC	Fédération nationale des anciens combattants
FNOSS	Fédération nationale des organismes de sécurité sociale
F. N. S. E. A.	Fédération nationale des syndicats d'exploitants agricoles
F. S. I.	Fédération syndicale internationale
F. S. M.	Fédération syndicale mondiale
F. T. P.	Francs-tireurs et partisans
G. D. F.	Gaz de France
G. Q. G.	Grand quartier général
H. C.	hors concours
H. E. C.	Hautes études commerciales
H. L. M.	Habitation à loyer modéré
IDHEC	Institut des hautes études cinématographiques
IFOP	Institut français d'opinion publique
I. G. N.	Institut géographique national
I. L. M.	Immeuble à loyer moyen
I. L. N.	Immeuble à loyer normal
INA	Institut national de l'audiovisuel
INSEE	Institut national de la statistique et des études économiques
INSERM	Institut national de la santé et de la recherche médicale
I. V. G.	Interruption volontaire de grossesse
JAC	Jeunesse agricole chrétienne
JEC	Jeunesse étudiante chrétienne
J. M. F.	Jeunesses musicales de France
J. O.	Journal officiel
JOC	Jeunesse ouvrière chrétienne
Me	Maître
MF	Modulation de fréquence
M. F. E.	Mouvement fédéraliste européen
Mgr	Monseigneur
MODEF	Mouvement de défense des exploitations familiales
M. R. P.	Mouvement républicain populaire
ms.	manuscrit
mss	manuscrits
N	= Nom inconnu
N. B.	Nota bene
N.-D.	Notre-Dame
N. D. L. R.	Note de la rédaction
N.F.	Norme française
N. M. P. P.	Nouvelles messageries de la presse parisienne
n/o	notre ordre
N.-S. J.-C.	Notre-Seigneur Jésus-Christ
O. C. D. E.	Organisation de coopération et de développement économique
O. E. C. E.	Organisation européenne de coopération économique
O. F. A. J.	Office franco-allemand pour la jeunesse
O. F. M.	Ordre des frères mineurs
O. I. T.	Organisation internationale du travail
O. M. S.	Organisation mondiale de la santé
O. N. F.	Office national des forêts

ONISEP	Office national d'information sur les enseignements et les professions
O. N. M.	Office national météorologique
ONU	Organisation des Nations Unies
O. P.	Ordre des prêcheurs
OPA	Offre publique d'achat
O. R. T. F.	Office de radiodiffusion- télévision françaises
O. S. B.	Ordre de saint Benoît
OTAN	Organisation du traité de l'Atlantique Nord
P. C.	Poste de commandement
p. c. c.	pour copie conforme
P. C. F.	Parti communiste français
p. c. m.	par ces motifs
P. C. V.	à percevoir
P.-D. G.	Président-directeur général
P. E. G. C.	Professeur d'enseignement général des collèges
P. et T.	Postes et télécommunications
P. G.	Prisonnier de guerre
p. g. c. d.	plus grand commun diviseur
p. i.	par intérim
P. J.	Police judiciaire
Plan ORSEC	Plan d'organisation des secours
P. M.	Pistolet mitrailleur
	Poids mort
	Police militaire
P. M. E.	Petites et moyennes entreprises
	Préparation militaire élémentaire
P. M. S.	Préparation militaire supérieure
P. M. U.	Pari mutuel urbain
P. N. B.	Produit national brut
p.o.	par ordre
POS	Plan d'occupation des sols
p. p. c.	pour prendre congé
p. p. c. m.	plus petit commun multiple
P. R. S.	Parti radical-socialiste
P. S.	Parti socialiste
P.-S.	Post-scriptum
P. S. U.	Parti socialiste unifié
P. S. V.	Pilotage sans visibilité
P. T. T.	Postes, télécommunications et télédiffusion
P. V.	Procès-verbal
Q. G.	Quartier général
Q. I.	Quotient intellectuel
R	Recommandé(e)
R. A. T. P.	Régie autonome des transports parisiens
R. C.	Registre du commerce
R. D.	Route départementale
R. D. A.	République démocratique allemande
RER	Réseau express régional
R. F.	République française
R. F. A.	République fédérale allemande
R. I.	Régiment d'infanterie
R. M.	Registre des métiers
R. N.	Route nationale
R. P.	Recette principale
	Région parisienne
	Représentation proportionnelle
	Révérend Père
R. P. F.	Rassemblement du peuple français
R. S. V. P.	répondez, s'il vous plaît
	Section d'assaut
S. A.	Société anonyme
	Son Altesse
SAC	Service d'action civique
SAFER	Société d'aménagement foncier et d'établissement rural

SAMU	Service d'aide médicale d'urgence
S. A. R. L.	Société à responsabilité limitée
SAV	Service après vente
s.d.	sans date
S. D. C. E.	Service de documentation extérieure et de contre-espionnage
S. D. N.	Société des Nations
s.e. ou o.	sauf erreur ou omission
SEITA	Service d'exploitation industrielle des tabacs et des allumettes
S. F. I. O.	Section française de l'Internationale ouvrière
S. G. D. G.	sans garantie du gouvernement
SGEN	Syndicat général de l'Éducation Nationale
S. I.	syndicat d'initiative
S. J.	Société de Jésus
s. l.	sans lieu
s. l. n. d.	sans lieu ni date
S. M. I. C.	Salaire minimum interprofessionnel de croissance
S. N. C. F.	Société nationale des chemins de fer français
SNEP	Société nationale des entreprises de presse
SNES	Syndicat national de l'enseignement secondaire
SNESup	Syndicat national de l'enseignement supérieur
S. N. I.	Syndicat national des instituteurs
SOFRES	Société française d'enquête par la statistique
S. P.	Secteur postal
S. P. A.	Société protectrice des animaux
S. R.	Service de renseignements
S. S.	Sa Sainteté
	Sécurité sociale
S. T. O.	Service du travail obligatoire
s. v. p.	s'il vous plaît
t.	tome
T.	Tare
T. C. F.	Touring Club de France
T. D.	Travaux dirigés
T. G. V.	Train à grande vitesse
T. L.	Taxe locale
T. N. P.	Théâtre national populaire
TOM	Territoire d'outre-mer
T. P.	Travaux pratiques
	Travaux publics
T. S. F.	Télégraphie sans fil
T. S. V. P.	tournez, s'il vous plaît
TU	Temps universel
T. U. P.	Titre universel de paiement
T. V.	Télévision
T. V. A.	Taxe à la valeur ajoutée
U. E. P.	Union européenne des paiements
U. E. O.	Union de l'Europe occidentale
UNAF	Union nationale des associations familiales
UNEDIC	Union nationale pour l'emploi dans l'industrie et le commerce
UNEF	Union nationale des étudiants de France
UNESCO	Organisation des Nations Unies pour l'éducation, la science et la culture
UNICEF	Fonds international des Nations Unies pour l'aide à l'enfance
U. R. S. S.	Union des républiques socialistes soviétiques
URSSAF	Union pour le recouvrement des cotisations de sécurité sociale et allocations familiales
U. S. A.	États-Unis d'Amérique
v.	voir, voyez
var.	variante
v/c	votre compte
V. D. Q. S.	Vin délimité de qualité supérieure
V. I. P.	Very important person
v/o	votre ordre
v.o.	version originale
V. S. O. P.	Very special old pale
V. V. F.	Villages vacances familles
W.-C.	Water-closet
W. R.	Wagon-restaurant
X	= anonyme ; nom inconnu

Prospetto grammaticale

Articoli

	Articolo determinativo		Articolo indeterminativo		Articolo partitivo	
	m.	f.	m.	f.	m.	f.
sing.	*le (l')*	*la (l')*	*un*	*une*	*du (de l')*	*de la (de l')*
plur.	*les*		*des*		*des, de*	

Preposizioni articolate	
à + le	→ *au*
à + les	→ *aux*
de + le	→ *du*
de + les	→ *des*

Le forme apostrofate si usano dinanzi a vocale e *h* muta.

La preposizione articolata è obbligatoria dinanzi ai nomi partitivi.

Si usa *du, de la* dinanzi a consonante ed *h* aspirata, *de l'* dinanzi a vocale ed *h* muta.

Al plurale si usa la semplice preposizione *de* quando un aggettivo qualificativo precede il nome *(avoir de beaux yeux)* o quando la frase è negativa *(ne pas avoir d'argent)*.

Nomi

- Il genere dei nomi di persona segue per lo più il sesso maschile o femminile della persona.
- Il genere dei nomi di cosa è stabilito per convenzione :

Sono maschili i nomi coi suffissi : -AGE, -AIL, -AMENT, -EMENT, -IER, -ILLON, -IN, -IS, -ISME, -OIR, -TEUR.

Sono femminili i nomi coi suffissi : -ADE, -AIE, -AILLE, -AINE, -AISON, -ANCE, -ANDE, -ÉE, -IE, -ILLE, -ISE, -ISON, -ITUDE, -OIRE, -TÉ, -TION, -TRICE, -URE.

Il genere dei nomi di città sfugge ad ogni norma precisa, tranne quando esso è segnato dall'articolo che faccia parte del nome proprio : *Le Caire, La Haye, La Rochelle*, ecc. In regola generale prevale il maschile : *Alger est étendu* (ma sempre : *Alger la Blanche*), *le vieux Paris, Venise est beau* o *belle*, ecc., in ispecie quando il nome designa la popolazione della città : *tout Rome en parle*.

Formazione del femminile

- Regola generale : + -E *(parent, parente ; ami, amie)*.
- Se il maschile termina in

-E	:	invariabile *(artiste)*.
-AN, -IN	:	-ANE, -INE *(faisan, faisane ; cousin, cousine)*.
-EAU	:	-ELLE *(jumeau, jumelle)*.
-ER	:	-ÈRE *(boucher, bouchère)*.
-EUR	:	-EUSE *(prêteur, prêteuse)*.
-F, -P	:	-VE *(loup, louve ; veuf, veuve)*.
-IEN, ION	:	-IENNE, -IONNE *(chien, chienne ; lion, lionne)*.
-OUX	:	-OUSE *(époux, épouse)*.
-T	:	-TE *(candidat, candidate)*.
-TEUR	:	-TRICE *(acteur, actrice)*.

Le eccezioni verranno registrate nel dizionario.

Sono indipendenti dal nome base maschile : *cheval, jument ; oncle, tante ; coq, poule ;* ecc.

Formazione del plurale

- Regola generale : + -S *(sot, sots ; sotte, sottes)*.
- Se il nome termina in

-S, -X, -Z	:	invariabile.
-AIL	:	-AILS *(rail, rails)*.
-AL	:	-AUX *(cheval, chevaux)*.
-AU, -EAU, -EU	:	+ -X.
-OU	:	+ -S.

Le eccezioni verranno registrate nel dizionario.

Plurale dei nomi composti

Sono invariabili i nomi composti con due basi verbali *(laissez-passer)* o con una frase *(va-et-vient)*.

I nomi composti con verbo + complemento oggetto sono sia invariabili *(abat-jour)* sia variabili *(tire-bouchons)*.

I nomi composti di preposizione o avverbio + nome variano nel loro secondo elemento *(avant-postes, en-têtes).*

I nomi composti con due basi nominali coordinate, con aggettivo + nome *(francs-maçons)*, con nome + aggettivo *(arcs-boutants)*, con due aggettivi sostantivati *(clairs-obscurs)* variano in ambedue gli elementi.

Le difficoltà verranno chiarite nel dizionario.

Aggettivi

Formazione del femminile e del plurale

Le regole sono quelle medesime dei nomi.
Eccezioni : *antérieur, antérieure; doux, douce; roux, rousse;* ecc.

Invariabili i nomi usati come aggettivi di colore (*marron, orange,* ecc.), eccetto *mauve, pourpre* e *rose.*

Gli aggettivi composti con due aggettivi variano in ambedue gli elementi : *sourd-muet, sourde-muette, sourds-muets, sourdes-muettes.*

Gradi dell'aggettivo

Comparativo di maggioranza : *plus* + aggettivo + *que.*
Comparativo di minoranza : *moins* + aggettivo + *que.*
Comparativo di eguaglianza : *aussi* + aggettivo + *que* (anche *si* + aggettivo + *que* in una frase negativa).
Superlativo assoluto : *très, fort, bien* + aggettivo.
Superlativo relativo di maggioranza : *le plus, la plus, les plus* + aggettivo *(le plus beau livre, le livre le plus beau).*
Superlativo relativo di minoranza : *le moins, la moins, les moins* + aggettivo.

Eccezione : solo quando il superlativo relativo è preceduto da un possessivo o dalla preposizione *de* si tralascia l'articolo *(mon plus beau, mon moins beau livre; ce qu'il y a de plus, de moins intéressant).*

Forme irregolari : *meilleur, moindre, pire; le meilleur, le moindre, le pire.*

Nomi e aggettivi numerali

Numerali cardinali

1	*un* (m.), *une* (f.)	30	*trente*	1 500	*mille cinq cents*
2	*deux*	40	*quarante*		o *quinze cents*
3	*trois*	50	*cinquante*	1 600	*mille six cents*
4	*quatre*	60	*soixante*		o *seize cents*
5	*cinq*	70	*soixante-dix*	1 700	*mille sept cents*
6	*six*	71	*soixante et onze*		o *dix-sept cents*
7	*sept*	80	*quatre-vingts*	1 800	*mille huit cents*
8	*huit*	81	*quatre-vingt-un(e)*		o *dix-huit cents*
9	*neuf*	90	*quatre-vingt-dix*	1 900	*mille neuf cents*
10	*dix*	91	*quatre-vingt-onze*		o *dix-neuf-cents*
11	*onze*	100	*cent*	2 000	*deux mille*
12	*douze*	200	*deux cents*	1 000 000	*un million*
13	*treize*	1 000	*mille*	1 100 000	*un million cent mille*
14	*quatorze*	1 001	*mille un(e)*		o *onze cent mille*
15	*quinze*	1 100	*mille cent*	2 000 000	*deux millions*
16	*seize*		o *onze cents*	1 000 000 000	*un milliard*
17	*dix-sept*	1 200	*mille deux cents*		o (arc.) *un billion*
18	*dix-huit*		o *douze cents*	2 000 000 000	*deux milliards*
19	*dix-neuf*	1 300	*mille trois cents*		o (arc.) *deux billions*
20	*vingt*		o *treize cents*	0	*zéro*
21	*vingt et un(e)*	1 400	*mille quatre cents*		
22	*vingt-deux*		o *quatorze cents*		

Quatre-vingts, deux cents, ecc. prendono l'*s* del plurale quando si trovano alla fine di un numero; sono invariabili se non sono alla fine di un numero, ma viene tollerata l'ortografia *quatre-vingts-un, deux cents un,* ecc. Nelle date si usa *mille* o *mil.* Eccezionalmente si dice : *les Mille et une Nuits.*

Numerali ordinali

Sono variabili : *premier, première, premiers, premières; deuxième, deuxièmes* o *second, seconde, seconds, secondes,* ecc. Da *trois* in poi gli ordinali si formano regolarmente aggiungendo ai cardinali il suffisso *-ième,* ma tolta la *-e* finale a quelli che terminano con tale lettera. Vanno notate le forme *cinquième* et *neuvième.* Nei numeri composti, il suffisso si aggiunge soltanto all'ultimo elemento : *cent quarante-neuvième.*

Aggettivi possessivi

POSSESSORE		OGGETTO POSSEDUTO m.	f.	m. e f.
1ª pers.	sing.	*mon*	*ma, mon*	*notre*
	plur.	*mes*		*nos*
2ª pers	sing.	*ton*	*ta, ton*	*votre*
	plur.	*tes*		*vos*
3ª pers.	sing.	*son*	*sa, son*	*leur*
	plur.	*ses*		*leurs*

Innanzi a un nome o aggettivo femminile che cominci per vocale o *h* muta si usa *mon, ton, son* invece di *ma, ta, sa (mon épée, ton aimable fille, son hélice)*. Si dice indifferentemente : *Les élèves ont chacun son cahier* o *leur cahier*.

Aggettivi dimostrativi

m. sing. : *ce, cet*
f. sing. : *cette*
m. e f. plur. : *ces*

Si usa *cet* innanzi a vocale o *h* muta. La vicinanza viene precisata con la particella *-ci* e la lontananza con la particella *-là (ce livre-ci, cet homme-là, ces jours-ci, ces histoires-là)*.

Aggettivo relativo

m. sing. : *lequel*
f. sing. : *laquelle*
m. plur. : *lesquels*
f. plur. : *lesquelles*

L'aggettivo relativo è per lo più limitato alla lingua del foro. È usuale solo nella locuzione *auquel cas*.

Aggettivo esclamativo e interrogativo

m. sing. : *quel*
f. sing. : *quelle*
m. plur. : *quels*
f. plur. : *quelles*

Aggettivi indefiniti

		MASCHILE	FEMMINILE
Concetto di	qualità :	*certain, n'importe quel, je ne sais quel, quelque, quelconque.*	*certaine, n'importe quelle, je ne sais quelle, quelque, quelconque.*
	quantità :	*aucun, pas un, nul, divers, différents, plusieurs, plus d'un, maint, quelques, chaque, tout.*	*aucune, pas une, nulle, diverses, différentes, plusieurs, plus d'une, mainte, quelques, chaque, toute.*
	differenza :	*autre, quelque autre.*	*autre, quelque autre.*
	somiglianza :	*même, tel.*	*même, telle.*

Pronomi

Pronomi personali soggetti

		FORME ATONE m.	FORME ATONE f.	FORME TONICHE m.	FORME TONICHE f.
sing.	1ª persona	*me, m'*		*moi*	
	2ª persona	*te, t'*		*toi*	
	3ª persona	*le, l'*	*la, l'*	*lui*	*elle*
plur.	1ª persona	*nous*		*nous*	
	2ª persona	*vous*		*vous*	
	3ª persona	*les*		*eux*	*elles*

Come predicato nominale si usa *moi, toi, lui, elle, nous, vous, eux, elles* (*c'est moi qui*, ecc.).

Il, pronome neutro, funge da soggetto dei verbi impersonali *(Il pleut)* o preannuncia il soggetto reale che sarà espresso dopo il verbo *(Il vous arrivera malheur)*.

Pronomi personali complementi

Complemento oggetto

		FORME ATONE		FORME TONICHE	
		m.	f.	m.	f.
sing.	1ª persona	*je (j')*		*moi (-même)*	
	2ª persona	*tu*		*toi (-même)*	
	3ª persona	*il*	*elle*	*lui (-même)*	*elle (-même)*
plur.	1ª persona	*nous*		*nous (-mêmes)*	
	2ª persona	*vous*		*vous (-mêmes)*	
	3ª persona	*ils*	*elles*	*eux (-mêmes)*	*elles (-mêmes)*

Si usano le forme apostrofate *j', m', t', l'* innanzi a vocale o *h* muta (*j'aime, j'habite, j'en veux*, ecc.). Le forme atone dei pronomi personali complementi oggetto precedono il verbo, quelle toniche lo seguono.

Complemento di termine

		FORME ATONE	FORME TONICHE	
		m. e f.	m.	f.
sing.	1ª persona	*me*	*à moi*	
	2ª persona	*te*	*à toi*	
	3ª persona	*lui*	*à lui*	*à elle*
plur.	1ª persona	*nous*	*à nous*	
	2ª persona	*vous*	*à vous*	
	3ª persona	*leur*	*à eux*	*à elles*

Una preposizione regge sempre la forma tonica del pronome *(moi, toi, lui, elle, nous, vous, eux, elles).*

L'unica forma specifica del pronome riflessivo esiste alla 3ª persona sing. e plur. : *se, s'* (innanzi a vocale o *h* muta) forme atone, *soi* forma tonica *(L'égoïste ne pense qu'à soi* o *à lui-même. Chacun pense à soi. On pense à soi).*

En (invariabile) può essere pronome personale m. e f. sing. e plur. o neutro *(J'en parle. Je m'en vais).*

Y (invariabile) si usa come complemento di termine di persona o di cosa *(Je ne m'y fie pas. J'y pense).*

Vous è il pronome allocutivo di cortesia.

Pronomi possessivi

POSSESSORE		OGGETTO POSSEDUTO			
		m.	f.	m.	f.
1ª persona	sing.	*le mien*	*la mienne*	*le nôtre*	*la nôtre*
	plur.	*les miens*	*les miennes*	*les nôtres*	
2ª persona	sing.	*le tien*	*la tienne*	*le vôtre*	*la vôtre*
	plur.	*les tiens*	*les tiennes*	*les vôtres*	
3ª persona	sing.	*le sien*	*la sienne*	*le leur*	*la leur*
	plur.	*les siens*	*les siennes*	*les leurs*	

Come predicato nominale si usa il pronome possessivo senza l'articolo (*Ce livre est mien. Cet argent est vôtre*, ecc.). Per esprimere l'appartenenza si usa anche la preposizione *à* + pronome personale *(Ce livre est à moi, à toi, à lui, à elle, à nous, à vous, à eux, à elles).*

Pronomi dimostrativi

	m.	f.	neutro
sing.	*celui-ci, celui-là*	*celle-ci, celle-là*	*ce, c'; ceci, cela*
plur.	*ceux-ci, ceux-là*	*celles-ci, celles-là*	

C' dinanzi a vocale. Le particelle *-ci* e *-là* precisano rispettivamente la vicinanza o la lontananza dell'oggetto o della persona.

Pronomi relativi

FORME SEMPLICI : m. e f. sing. e plur. *qui, que, qu', dont, où.*
neutro *qui, que, qu', dont, où, quoi.*

FORME COMPOSTE : m. sing. *lequel, duquel, auquel.* | f. sing. *laquelle, de laquelle, à laquelle.*
m. plur. *lesquels, desquels, auxquels.* | f. plur. *lesquelles, desquelles, auxquelles.*

Si usa *qu'* innanzi a vocale o *h* muta.

Qui funge da soggetto *(les livres qui sont sur la table).*

Que funge da predicato nominale *(le naïf qu'il est),* da complemento oggetto *(le pain que j'ai acheté),* da complemento di tempo *(Il y a deux jours que je ne l'ai vu).*

La forma neutra *quoi* funge da complemento dopo una preposizione (*à quoi, de quoi,* ecc.) unitamente a *auquel,* ecc., *dont, duquel,* ecc., *avec, pour lequel,* ecc.

Où (sempre con un antecedente di cosa) può sostituire *dans lequel,* ecc., *pendant lequel,* ecc. quali complementi di luogo o di tempo *(la ville où il vit, le siècle où nous vivons).*

Lequel e le altre forme composte vengono adoperate :

1) se l'antecedente è un nome di cosa e se il relativo è preceduto da una preposizione *(la conscience avec laquelle tu travailles);*

2) al posto di *que* o *qui* quando c'è da evitare un'ambiguità *(le mari de la voisine, lequel* o *laquelle travaille en usine);*

3) al posto di *dont* complemento di un nome, esso stesso complemento indiretto *(les amis à la bienveillance desquels vous m'avez recommandé).*

Pronomi interrogativi

FORME SEMPLICI

	sing.	plur.	neutro
m. e f.	*qui?*	*qui?* (raro)	*quoi? que? qu'?*

Es. : *Qui vient? Qui sont-ils? Qui emmènerez-vous? A qui obéissez-vous? De qui a-t-on pris conseil? Avec qui ..., par qui...? Quoi de nouveau? Que se passe-t-il?*

FORME COMPOSTE :

m. sing. : *lequel? duquel? auquel?* | m. plur. : *lesquels? desquels? auxquels?*
f. sing. : *laquelle? de laquelle? à laquelle?* | f. plur. : *lesquelles? desquelles? auxquelles?*

Qu' dinanzi a vocale e *h* muta. La forma m. e f. *qui* si usa anche nell'interrogazione indiretta *(Je demande qui vient),* ma il neutro *quoi, que* viene sostituito da *ce qui, ce que, ce qu' (Je demande ce qui se passe, ce que coûte ce tableau, ce qu'il y a de nouveau).*

Pronomi indefiniti

maschile	femminile	neutro
aucun, nul, personne	*aucune, nulle, personne*	*rien*
n'importe qui, je ne sais qui	*n'importe qui, je ne sais qui*	*n'importe quoi, je ne sais quoi*
certains, plus d'un, plusieurs	*certaines, plus d'une, plusieurs*	
l'un, l'autre, un autre, autrui	*l'une, l'autre, une autre*	
on, quelqu'un, quelques-uns,	*on, quelqu'une, quelques-unes,*	*quelque chose*
chacun	*chacune*	
tel, le même, tout, tous	*telle, la même, toute, toutes*	*tout*
quiconque		

D'aucuns sinonimo di *certains, plusieurs (d'aucuns disent que...)* appartiene alla lingua letteraria.

Autrui viene usato solo come complemento *(à autrui, d'autrui).*

Nella lingua familiare e talvolta anche nella lingua letteraria *on* sostituisce i pronomi personali di 1ª, 2ª e 3ª persona; in tal caso il concetto femminile o plurale è espresso dalla forma del participio passato o dall'aggettivo che funge da predicato nominale *(On est vieille. On est bien fatigués. On a été retardés).*

In senso prettamente indefinito *personne* et *rien* significano *quelqu'un, quelque chose (A-t-on rien vu de pareil? A-t-on jamais vu personne de plus beau?)* e si usano senza negazione; in senso negativo devono essere accompagnati dall'avverbio negativo *ne (Je ne vois personne, rien)*, eccetto se preceduti dalla preposizione *sans (sans avoir rien appris, sans avoir vu personne)*.

Quiconque può anche essere relativo indefinito *(Quiconque a beaucoup lu peut avoir beaucoup retenu. Prêter de l'argent à quiconque vous en demande)*.

Avverbi

Avverbi di maniera

a) di origine latina : *bien, mal, mieux*, ecc. ;
b) aggettivi usati avverbialmente : *chanter juste ;*
c) locuzioni avverbiali : *rouler à gauche*, ecc. ;
d) avverbi ottenuti aggiungendo il suffisso *-ment* all'aggettivo femminile : *heureuse, heureusement.*

ECCEZIONI :

— se l'aggettivo maschile termina in *-ant* o *-ent*, l'avverbio si ottiene con la desinenza *-amment* o *-emment* (*savant, savamment ; diligent, diligemment ;* ecc.) ;

— *aveugle, précis, profond*, ecc. fanno *aveuglément, précisément, profondément*, ecc. ;

— *hardi, assidu, impuni, traître, bref*, ecc. fanno *hardiment, assidûment, impunément, traîtreusement, brièvement.*

Gli avverbi di maniera possono essere alterati come gli aggettivi : *plus, moins, très heureusement, le plus heureusement du monde ; bien, mieux, moins bien, très bien, le plus, le moins heureusement du monde.*

Avverbi di quantità : *trop, assez, autant, peu, beaucoup*, ecc.
Alcuni avverbi di quantità possono avere un complemento : *peu de fruits ; beaucoup de patience*, ecc.

Avverbi di luogo : *partout, nulle part, là, où, ici, ailleurs*, ecc.

Avverbi di tempo : *aujourd'hui, maintenant, hier, demain, toujours*, ecc.

Avverbi affermativi : *oui, si, certes, évidemment*, ecc. *Si* viene usato soltanto nelle risposte a domande di forma negativa : *Ne viendras-tu pas ? — Si.*

Avverbi negativi : *non ; ne ... pas, ne ... point, ne ... plus, ne ... que*, ecc.

Avverbi interrogativi : *quand ?, où ?, d'où ?, comment ?, pourquoi ?, combien ? ; est-ce que ?* (nell'interrogazione diretta), *si* (nell'interrogazione indiretta).

Verbi

Raggruppati in tre coniugazioni i verbi francesi si distinguono dalla desinenza dell'infinito :

1ª **-er ;** 2ª **-ir** (part. pres. **-issant**) ; 3ª **-ir** (part. pres. **-ant**), **-oir, -re.**

Osservazioni generali

Va notato che nella proposizione interrogativa diretta : 1) la *-e* muta della 1ª pers. sing. dell'indicativo presente della 1ª coniugazione si cambia in *-é : parlé-je ?* ; 2) la - *e* muta della 3ª pers. sing. dell'indicativo presente et la - *a* della 3ª pers. sing. dell'indicativo futuro si fanno seguire da una *t : parle-t-il ?, parlera-t-il ?*

I verbi in -CER prendono la cediglia dinanzi ad *a* e *o (plaçais, plaçons).*

I verbi in -GER prendono una *e* muta dinanzi ad *a* e *o (mangeais, mangeons).*

Il verbi che hanno una *e* muta nella penultima sillaba dell'infinito cambiano tale vocale in *è* ogni volta che la sillaba seguente ha una *e* muta (*je sème, tu sèmes, il sème, ils sèment, je sèmerai*, ecc.).

I verbi che hanno una *é* nella penultima sillaba dell'infinito cambiano tale vocale in *è* ogni volta che la sillaba seguente ha una *e* muta, eccetto al futuro e al condizionale (*révéler, je révèle, tu révèles, il révèle, ils révèlent ; je révélerai*, ecc. ; *je révélerais*, ecc.).

I verbi in -ELER raddoppiano la *l* dinanzi ad una sillaba che abbia una *e* muta (*j'appelle*, ecc.), eccetto *celer, ciseler, congeler, déceler, dégeler, démanteler, écarteler, geler, harceler, marteler, modeler, peler, receler, regeler*, i quali cambiano le *e* muta della penultima sillaba dell'infinito in *è* (*je cèle*, ecc.).

I verbi in -ETER raddoppiano la *t* dinanzi ad una sillaba che abbia una *e* muta (*je jette*, ecc.), eccetto *acheter, corseter, crocheter, fureter, haleter, racheter*, i quali cambiano la *e* muta della penultima sillaba dell'infinito in *è* (*j'achète*, ecc.).

Dinanzi ad una *e* muta i verbi in -YER cambiano l'*y* in *i (nettoyer, je nettoie*, ecc.) ; quelli in -AYER conservano l'*y* o lo cambiano in *i* (*payer, je paye* o *je paie*, ecc.) ; e quelli in -EYER conservano l'*y* (*grasseyer, je grasseye*, ecc.).

Nei verbi in -YER la 1ª e la 2ª pers. plur. dell'indicativo imperfetto e del congiuntivo presente si scrivono con *yi : (que) nous ployions, (que) vous ployiez.*

Una seconda forma del condizionale passato identica a quella del trapassato del congiuntivo è di uso solamente letterario : *Qui l'eût cru ?. Il eût été bien inspiré de venir.*

L'imperativo passato è di uso limitatissimo : *Aie terminé ton devoir ce soir. Soyez partis avant demain.*

Il gerundio presenta in forma invariabile sempre preceduta dalla preposizione *en* un complemento di circostanza in rapporto col verbo principale : *Il est tombé en sautant le fossé ; défiler en chantant.*

Verbi ausiliari

avoir

INFINITO

Presente	Passato
avoir [avwar]	avoir eu [avwary]

PARTICIPIO

Presente	Passato
ayant [ejɑ̃]	eu, eue [y]

INDICATIVO

Presente

j'	ai	[ɛ]
tu	as	[a]
il	a	[a]
nous	avons	[avɔ̃]
vous	avez	[ave]
ils	ont	[ɔ̃]

Passato prossimo

j'	ai	eu
tu	as	eu
il	a	eu
nous	avons	eu
vous	avez	eu
ils	ont	eu

Imperfetto

j'	avais	[avɛ]
tu	avais	[avɛ]
il	avait	[avɛ]
nous	avions	[avjɔ̃]
vous	aviez	[avje]
ils	avaient	[avɛ]

Trapassato prossimo

j'	avais	eu
tu	avais	eu
il	avait	eu
nous	avions	eu
vous	aviez	eu
ils	avaient	eu

Futuro semplice

j'	aurai	[ɔre]
tu	auras	[ɔra]
il	aura	[ɔra]
nous	aurons	[ɔrɔ̃]
vous	aurez	[ɔre]
ils	auront	[ɔrɔ̃]

Futuro anteriore

j'	aurai	eu
tu	auras	eu
il	aura	eu
nous	aurons	eu
vous	aurez	eu
ils	auront	eu

Passato remoto

j'	eus	[y]
tu	eus	[y]
il	eut	[y]
nous	eûmes	[ym]
vous	eûtes	[yt]
ils	eurent	[yr]

Trapassato remoto

j'	eus	eu
tu	eus	eu
il	eut	eu
nous	eûmes	eu
vous	eûtes	eu
ils	eurent	eu

CONGIUNTIVO

Presente

j'	aie	[ɛ]
tu	aies	[ɛ]
il	ait	[ɛ]
nous	ayons	[ejɔ̃]
vous	ayez	[eje]
ils	aient	[ɛ]

Passato

j'	aie	eu
tu	aies	eu
il	ait	eu
nous	ayons	eu
vous	ayez	eu
ils	aient	eu

Imperfetto

j'	eusse	[ys]
tu	eusses	[ys]
il	eût	[y]
nous	eussions	[ysjɔ̃]
vous	eussiez	[ysje]
ils	eussent	[ys]

Trapassato prossimo

j'	eusse	eu
tu	eusses	eu
il	eût	eu
nous	eussions	eu
vous	eussiez	eu
ils	eussent	eu

CONDIZIONALE

Presente

j'	aurais	[ɔrɛ]
tu	aurais	[ɔrɛ]
il	aurait	[ɔrɛ]
nous	aurions	[ɔrjɔ̃]
vous	auriez	[ɔrje]
ils	auraient	[ɔrɛ]

Passato

j'	aurais	eu
tu	aurais	eu
il	aurait	eu
nous	aurions	eu
vous	auriez	eu
ils	auraient	eu

IMPERATIVO

Presente

aie	[ɛ]
ayons	[ejɔ̃]
ayez	[eje]

Passato

aie	eu
ayons	eu
ayez	eu

être

INFINITO

Presente	Passato
être	avoir été
[ɛtr]	[avwarete]

PARTICIPIO

Presente	Passato
étant	été
[etɑ̃]	[ete]

INDICATIVO

	Presente			Passato prossimo	
je	suis	[sɥi]	j'	ai	été
tu	es	[ɛ]	tu	as	été
il	est	[ɛ]	il	a	été
nous	sommes	[sɔm]	nous	avons	été
vous	êtes	[ɛt]	vous	avez	été
ils	sont	[sɔ̃]	ils	ont	été

	Imperfetto			Trapassato prossimo	
j'	étais	[etɛ]	j'	avais	été
tu	étais	[etɛ]	tu	avais	été
il	était	[etɛ]	il	avait	été
nous	étions	[etjɔ̃]	nous	avions	été
vous	étiez	[etje]	vous	aviez	été
ils	étaient	[etɛ]	ils	avaient	été

	Futuro semplice			Futuro anteriore	
je	serai	[s(ə)re]	j'	aurai	été
tu	seras	[s(ə)ra]	tu	auras	été
il	sera	[s(ə)ra]	il	aura	été
nous	serons	[s(ə)rɔ̃]	nous	aurons	été
vous	serez	[s(ə)re]	vous	aurez	été
ils	seront	[s(ə)rɔ̃]	ils	auront	été

	Passato remoto			Trapassato remoto	
je	fus	[fy]	j'	eus	été
tu	fus	[fy]	tu	eus	été
il	fut	[fy]	il	eut	été
nous	fûmes	[fym]	nous	eûmes	été
vous	fûtes	[fyt]	vous	eûtes	été
ils	furent	[fyr]	ils	eurent	été

CONGIUNTIVO

	Presente			Passato	
je	sois	[swa]	j'	aie	été
tu	sois	[swa]	tu	aies	été
il	soit	[swa]	il	ait	été
nous	soyons	[swajɔ̃]	nous	ayons	été
vous	soyez	[swaje]	vous	ayez	été
ils	soient	[swa]	ils	aient	été

	Imperfetto			Trapassato prossimo	
je	fusse	[fys]	j'	eusse	été
tu	fusses	[fys]	tu	eusses	été
il	fût	[fy]	il	eût	été
nous	fussions	[fysjɔ̃]	nous	eussions	été
vous	fussiez	[fysje]	vous	eussiez	été
ils	fussent	[fys]	ils	eussent	été

CONDIZIONALE

	Presente			Passato	
je	serais	[s(ə)rɛ]	j'	aurais	été
tu	serais	[s(ə)rɛ]	tu	aurais	été
il	serait	[s(ə)rɛ]	il	aurait	été
nous	serions	[sərjɔ̃]	nous	aurions	été
vous	seriez	[sərje]	vous	auriez	été
ils	seraient	[s(ə)rɛ]	ils	auraient	été

IMPERATIVO

Presente		Passato	
sois	[swa]	aie	été
soyons	[swajɔ̃]	ayons	été
soyez	[swaje]	ayez	été

Verbi regolari

chanter

INFINITO

Presente	Passato
chanter	avoir chanté
[ʃɑ̃te]	[avwarʃɑ̃te]

PARTICIPIO

Presente	Passato
chantant	chanté, e
[ʃɑ̃tɑ̃]	[ʃɑ̃te]

INDICATIVO

	Presente			Passato prossimo	
je	chante	[ʃɑ̃t]	j'	ai	chanté
tu	chantes	[ʃɑ̃t]	tu	as	chanté
il	chante	[ʃɑ̃t]	il	a	chanté
nous	chantons	[ʃɑ̃tɔ̃]	nous	avons	chanté
vous	chantez	[ʃɑ̃te]	vous	avez	chanté
ils	chantent	[ʃɑ̃t]	ils	ont	chanté

	Imperfetto			Trapassato prossimo	
je	chantais	[ʃɑ̃tɛ]	j'	avais	chanté
tu	chantais	[ʃɑ̃tɛ]	tu	avais	chanté
il	chantait	[ʃɑ̃tɛ]	il	avait	chanté
nous	chantions	[ʃɑ̃tjɔ̃]	nous	avions	chanté
vous	chantiez	[ʃɑ̃tje]	vous	aviez	chanté
ils	chantaient	[ʃɑ̃tɛ]	ils	avaient	chanté

	Futuro semplice			Futuro anteriore	
je	chanterai	[ʃɑ̃tre]	j'	aurai	chanté
tu	chanteras	[ʃɑ̃tra]	tu	auras	chanté
il	chantera	[ʃɑ̃tra]	il	aura	chanté
nous	chanterons	[ʃɑ̃trɔ̃]	nous	aurons	chanté
vous	chanterez	[ʃɑ̃tre]	vous	aurez	chanté
ils	chanteront	[ʃɑ̃trɔ̃]	ils	auront	chanté

	Passato remoto			Trapassato remoto	
je	chantai	[ʃɑ̃te]	j'	eus	chanté
tu	chantas	[ʃɑ̃ta]	tu	eus	chanté
il	chanta	[ʃɑ̃ta]	il	eut	chanté
nous	chantâmes	[ʃɑ̃tam]	nous	eûmes	chanté
vous	chantâtes	[ʃɑ̃tat]	vous	eûtes	chanté
ils	chantèrent	[ʃɑ̃tɛr]	ils	eurent	chanté

CONGIUNTIVO

	Presente			Passato	
je	chante	[ʃɑ̃t]	j'	aie	chanté
tu	chantes	[ʃɑ̃t]	tu	aies	chanté
il	chante	[ʃɑ̃t]	il	ait	chanté
nous	chantions	[ʃɑ̃tjɔ̃]	nous	ayons	chanté
vous	chantiez	[ʃɑ̃tje]	vous	ayez	chanté
ils	chantent	[ʃɑ̃t]	ils	aient	chanté

	Imperfetto			Trapassato prossimo	
je	chantasse	[ʃɑ̃tas]	j'	eusse	chanté
tu	chantasses	[ʃɑ̃tas]	tu	eusses	chanté
il	chantât	[ʃɑ̃ta]	il	eût	chanté
nous	chantassions	[ʃɑ̃tasjɔ̃]	nous	eussions	chanté
vous	chantassiez	[ʃɑ̃tasje]	vous	eussiez	chanté
ils	chantassent	[ʃɑ̃tas]	ils	eussent	chanté

CONDIZIONALE

	Presente			Passato	
je	chanterais	[ʃɑ̃trɛ]	j'	aurais	chanté
tu	chanterais	[ʃɑ̃trɛ]	tu	aurais	chanté
il	chanterait	[ʃɑ̃trɛ]	il	aurait	chanté
nous	chanterions	[ʃɑ̃tərjɔ̃]	nous	aurions	chanté
vous	chanteriez	[ʃɑ̃tərje]	vous	auriez	chanté
ils	chanteraient	[ʃɑ̃trɛ]	ils	auraient	chanté

IMPERATIVO

Presente		Passato	
chante	[ʃɑ̃t]	aie	chanté
chantons	[ʃɑ̃tɔ̃]	ayons	chanté
chantez	[ʃɑ̃te]	ayez	chanté

finir

INFINITO

Presente	Passato
finir	avoir fini
[finir]	[avwarfini]

PARTICIPIO

Presente	Passato
finissant	fini, e
[finisɑ̃]	[fini]

INDICATIVO

Presente / **Passato prossimo**

je	finis	[fini]	j'	ai	fini
tu	finis	[fini]	tu	as	fini
il	finit	[fini]	il	a	fini
nous	finissons	[finisɔ̃]	nous	avons	fini
vous	finissez	[finise]	vous	avez	fini
ils	finissent	[finis]	ils	ont	fini

Imperfetto / **Trapassato prossimo**

je	finissais	[finisɛ]	j'	avais	fini
tu	finissais	[finisɛ]	tu	avais	fini
il	finissait	[finisɛ]	il	avait	fini
nous	finissions	[finisjɔ̃]	nous	avions	fini
vous	finissiez	[finisje]	vous	aviez	fini
ils	finissaient	[finisɛ]	ils	avaient	fini

Futuro semplice / **Futuro anteriore**

je	finirai	[finire]	j'	aurai	fini
tu	finiras	[finira]	tu	auras	fini
il	finira	[finira]	il	aura	fini
nous	finirons	[finirɔ̃]	nous	aurons	fini
vous	finirez	[finire]	vous	aurez	fini
ils	finiront	[finirɔ̃]	ils	auront	fini

Passato remoto / **Trapassato remoto**

je	finis	[fini]	j'	eus	fini
tu	finis	[fini]	tu	eus	fini
il	finit	[fini]	il	eut	fini
nous	finîmes	[finim]	nous	eûmes	fini
vous	finîtes	[finit]	vous	eûtes	fini
ils	finirent	[finir]	ils	eurent	fini

CONGIUNTIVO

Presente / **Passato**

je	finisse	[finis]	j'	aie	fini
tu	finisses	[finis]	tu	aies	fini
il	finisse	[finis]	il	ait	fini
nous	finissions	[finisjɔ̃]	nous	ayons	fini
vous	finissiez	[finisje]	vous	ayez	fini
ils	finissent	[finis]	ils	aient	fini

Imperfetto / **Trapassato prossimo**

je	finisse	[finis]	j'	eusse	fini
tu	finisses	[finis]	tu	eusses	fini
il	finît	[fini]	il	eût	fini
nous	finissions	[finisjɔ̃]	nous	eussions	fini
vous	finissiez	[finisje]	vous	eussiez	fini
ils	finissent	[finis]	ils	eussent	fini

CONDIZIONALE

Presente / **Passato**

je	finirais	[finirɛ]	j'	aurais	fini
tu	finirais	[finirɛ]	tu	aurais	fini
il	finirait	[finirɛ]	il	aurait	fini
nous	finirions	[finirjɔ̃]	nous	aurions	fini
vous	finiriez	[finirje]	vous	auriez	fini
ils	finiraient	[finirɛ]	ils	auraient	fini

IMPERATIVO

Presente		Passato	
finis	[fini]	aie	fini
finissons	[finisɔ̃]	ayons	fini
finissez	[finise]	ayez	fini

Principali verbi irregolari e difettivi

			absoudre*		**acquérir****		**aller**		**assaillir*****	
Ind.	pres.	j(e)	absous	[apsu]	acquiers	[akjɛr]	vais	[vɛ]	assaille	[asaj]
—	—	tu	absous	[apsu]	acquiers	[akjɛr]	vas	[va]	assailles	[asaj]
—	—	il	absout	[apsu]	acquiert	[akjɛr]	va	[va]	assaille	[asaj]
—	—	ns	absolvons	[apsɔlvɔ̃]	acquérons	[akerɔ̃]	allons	[alɔ̃]	assaillons	[asajɔ̃]
—	—	vs	absolvez	[apsɔlve]	acquérez	[akere]	allez	[ale]	assaillez	[asaje]
—	—	ils	absolvent	[apsɔlv]	acquièrent	[akjɛr]	vont	[vɔ̃]	assaillent	[asaj]
—	imperf.	j(e)	absolvais	[apsɔlvɛ]	acquérais	[akerɛ]	allais	[alɛ]	assaillais	[asajɛ]
—	pass. rem.	j(e)	*inus.*		acquis	[aki]	allai	[ale]	assaillis	[asaji]
—	fut.	j(e)	absoudrai	[apsudre]	acquerrai	[akɛrre]	irai	[ire]	assaillirai	[asajire]
Cond.	pres.	j(e)	absoudrais	[apsudrɛ]	acquerrais	[akɛrrɛ]	irais	[irɛ]	assaillirais	[asajirɛ]
Cong.	pres.	j(e)	absolve	[apsɔlv]	acquière	[akjɛr]	aille	[aj]	assaille	[asaj]
—	—	il	absolve	[apsɔlv]	acquière	[akjɛr]	aille	[aj]	assaille	[asaj]
—	—	ns	absolvions	[apsɔlvjɔ̃]	acquérions	[akerjɔ̃]	allions	[aljɔ̃]	assaillions	[asajjɔ̃]
—	—	ils	absolvent	[apsɔlv]	acquièrent	[akjɛr]	aillent	[aj]	assaillent	[asaj]
—	imperf.	il	absolût	[apsɔly]	acquît	[aki]	allât	[ala]	assaillît	[asaji]
Imper.	pres.		absous	[apsu]	acquiers	[akjɛr]	va	[va]	assaille	[asaj]
—	—		absolvons	[apsɔlvɔ̃]	acquérons	[akerɔ̃]	allons	[alɔ̃]	assaillons	[asajɔ̃]
—	—		absolvez	[apsɔlve]	acquérez	[akere]	allez	[ale]	assaillez	[asaje]
Part.	pres.		absolvant	[apsɔlvɑ̃]	acquérant	[akerɑ̃]	allant	[alɑ̃]	assaillant	[asajɑ̃]
—	pass.		absous, oute	[apsu, -ut]	acquis	[aki]	allé	[ale]	assailli	[asaji]

* *dissoudre ; **conquérir, requérir, s'enquérir ; ***défaillir, tressaillir.*

			asseoir		**battre**		**bénir**	**boire**	
Ind.	pres.	j(e)	assieds/assois	[asje/aswa]	bats	[ba]	come *finir*, tranne il part. pass. che può avere due forme : *béni, bénie ; bénit, bénite* nelle espressioni *pain bénit, eau bénite.*	bois	[bwa]
—	—	tu	assieds/assois	[asje/aswa]	bats	[ba]		bois	[bwa]
—	—	il	assied/assoit	[asje/aswa]	bat	[ba]		boit	[bwa]
—	—	ns	asseyons/assoyons	[asejɔ̃/aswajɔ̃]	battons	[batɔ̃]		buvons	[byvɔ̃]
—	—	vs	asseyez/assoyez	[aseje/aswaje]	battez	[bate]		buvez	[byve]
—	—	ils	asseyent/assoient	[asɛj/aswa]	battent	[bat]		boivent	[bwav]
—	imperf.	j(e)	asseyais/assoyais	[asejɛ/aswajɛ]	battais	[batɛ]		buvais	[byvɛ]
—	pass. rem.	j(e)	assis	[asi]	battis	[bati]		bus	[by]
—	fut.	j(e)	assiérai/assoirai	[asjere/asware]	battrai	[batre]		boirai	[bware]
Cond.	pres.	j(e)	assiérais/assoirais	[asjerɛ/aswarɛ]	battrais	[batrɛ]		boirais	[bwarɛ]
Cong.	pres.	j(e)	asseye/assoie	[asɛj/aswa]	batte	[bat]		boive	[bwav]
—	—	il	asseye/assoie	[asɛj/aswa]	batte	[bat]		boive	[bwav]
—	—	ns	asseyions/assoyions	[asejɔ̃/aswajjɔ̃]	battions	[batjɔ̃]		buvions	[byvjɔ̃]
—	—	ils	asseyent/assoient	[asɛj/aswa]	battent	[bat]		boivent	[bwav]
—	imperf.	il	assît	[asi]	battît	[bati]		bût	[by]
Imper.	pres.		assieds/assois	[asje/aswa]	bats	[ba]		bois	[bwa]
—	—		asseyons/assoyons	[asejɔ̃/aswajɔ̃]	battons	[batɔ̃]		buvons	[byvɔ̃]
—	—		asseyez/assoyez	[aseje/aswaje]	battez	[bate]		buvez	[byve]
Part.	pres.		asseyant/assoyant	[asejɑ̃/aswajɑ̃]	battant	[batɑ̃]		buvant	[byvɑ̃]
—	pass.		assis	[asi]	battu	[baty]		bu	[by]

			bruire		**bouillir**		**clore***		**conclure****	
Ind.	pres.	je	*inus.*		bous	[bu]	clos	[klo]	conclus	[kɔ̃kly]
—	—	tu	—		bous	[bu]	clos	[klo]	conclus	[kɔ̃kly]
—	—	il	bruit	[brɥi]	bout	[bu]	clôt	[klo]	conclut	[kɔ̃kly]
—	—	ns	*inus.*		bouillons	[bujɔ̃]	closons	[klozɔ̃]	concluons	[kɔ̃klyɔ̃]
—	—	vs	—		bouillez	[buje]	closez	[kloze]	concluez	[kɔ̃klye]
—	—	ils	bruissent	[brɥis]	bouillent	[buj]	closent	[kloz]	concluent	[kɔ̃kly]
—	imperf.	je	*inus.*		bouillais	[bujɛ]	*inus.*		concluais	[kɔ̃klyɛ]
—	imperf.	il	bruissait	[brɥisɛ]	bouillait	[bujɛ]	—		concluait	[kɔ̃klyɛ]
—	imperf.	ils	bruissaient	[brɥisɛ]	bouillaient	[bujɛ]	—		concluaient	[kɔ̃klyɛ]
—	pass. rem.	je	*inus.*		bouillis	[buji]	—		conclus	[kɔ̃kly]
—	fut.	je	—		bouillirai	[bujire]	clorai	[klore]	conclurai	[kɔ̃klyre]
Cond.	pres.	je	—		bouillirais	[bujirɛ]	clorais	[klorɛ]	conclurais	[kɔ̃klyrɛ]
Cong.	pres.	je	—		bouille	[buj]	close	[kloz]	conclue	[kɔ̃kly]
—	—	il	bruisse	[brɥis]	bouille	[buj]	close	[kloz]	conclue	[kɔ̃kly]
—	—	ns	*inus.*		bouillions	[bujjɔ̃]	closions	[klozjɔ̃]	concluions	[kɔ̃klyjɔ̃]
—	—	ils	bruissent	[brɥis]	bouillent	[buj]	closent	[kloz]	concluent	[kɔ̃kly]
—	imperf.	il	*inus.*		bouillît	[buji]	*inus.*		conclût	[kɔ̃kly]
Imper.	pres.		—		bous	[bu]	clos	[klo]	conclus	[kɔ̃kly]
—	—		—		bouillons	[bujɔ̃]	*inus.*		concluons	[kɔ̃klyɔ̃]
—	—		—		bouillez	[buje]	—		concluez	[kɔ̃klye]
Part.	pres.		bruissant	[brɥisɑ̃]	bouillant	[bujɑ̃]	—		concluant	[kɔ̃klyɑ̃]
—	pass.		*inus.*		bouilli	[buji]	clos	[klo]	conclu	[kɔ̃kly]

* *éclore, enclore ; **exclure, inclure,* tranne *inclus, incluse* (part. pass.).

			coudre		courir*		craindre**		conduire***	
Ind.	pres.	je	couds	[ku]	cours	[kur]	crains	[krɛ̃]	conduis	[kɔ̃dɥi]
—	—	tu	couds	[ku]	cours	[kur]	crains	[krɛ̃]	conduis	[kɔ̃dɥi]
—	—	il	coud	[ku]	court	[kur]	craint	[krɛ̃]	conduit	[kɔ̃dɥi]
—	—	ns	cousons	[kuzɔ̃]	courons	[kurɔ̃]	craignons	[kreɲɔ̃]	conduisons	[kɔ̃dɥizɔ̃]
—	—	vs	cousez	[kuze]	courez	[kure]	craignez	[kreɲe]	conduisez	[kɔ̃dɥize]
—	—	ils	cousent	[kuz]	courent	[kur]	craignent	[krɛɲ]	conduisent	[kɔ̃dɥiz]
—	imperf.	je	cousais	[kuzɛ]	courais	[kurɛ]	craignais	[krɛɲɛ]	conduisais	[kɔ̃dɥizɛ]
—	pass. rem.	je	cousis	[kuzi]	courus	[kury]	craignis	[kreɲi]	conduisis	[kɔ̃dɥizi]
—	fut.	je	coudrai	[kudre]	courrai	[kurre]	craindrai	[krɛ̃dre]	conduirai	[kɔ̃dɥire]
Cond.	pres.	je	coudrais	[kudrɛ]	courrais	[kurrɛ]	craindrais	[krɛ̃drɛ]	conduirais	[kɔ̃dɥirɛ]
Cong.	pres.	je	couse	[kuz]	coure	[kur]	craigne	[krɛɲ]	conduise	[kɔ̃dɥiz]
—	—	il	couse	[kuz]	coure	[kur]	craigne	[krɛɲ]	conduise	[kɔ̃dɥiz]
—	—	ns	cousions	[kuzjɔ̃]	courions	[kurjɔ̃]	craignions	[krɛɲɔ̃]	conduisions	[kɔ̃dɥizjɔ̃]
—	—	ils	cousent	[kuz]	courent	[kur]	craignent	[krɛɲ]	conduisent	[kɔ̃dɥiz]
—	imperf.	il	cousît	[kuzi]	courût	[kury]	craignît	[kreɲi]	conduisît	[kɔ̃dɥizi]
Imper.	pres.		couds	[ku]	cours	[kur]	crains	[krɛ̃]	conduis	[kɔ̃dɥi]
—	—		cousons	[kuzɔ̃]	courons	[kurɔ̃]	craignons	[kreɲjɔ̃]	conduisons	[kɔ̃dɥizɔ̃]
—	—		cousez	[kuze]	courez	[kure]	craignez	[kreɲe]	conduisez	[kɔ̃dɥize]
Part.	pres.		cousant	[kuzɑ̃]	courant	[kurɑ̃]	craignant	[kreɲɑ̃]	conduisant	[kɔ̃dɥizɑ̃]
—	pass.		cousu	[kuzy]	couru	[kury]	craint	[krɛ̃]	conduit	[kɔ̃dɥi]

* *secourir*; ***ceindre, geindre, joindre, oindre, peindre, teindre*; ****induire, réduire, séduire, nuire*, tranne *nui* (part. pass. invar.).

---

			connaître*		croire		croître		cueillir**	
Ind.	pres.	je	connais	[kɔnɛ]	crois	[krwa]	croîs	[krwa]	cueille	[kœj]
—	—	tu	connais	[kɔnɛ]	crois	[krwa]	croîs	[krwa]	cueilles	[kœj]
—	—	il	connaît	[kɔnɛ]	croit	[krwa]	croît	[krwa]	cueille	[kœj]
—	—	ns	connaissons	[kɔnesɔ̃]	croyons	[krwajɔ̃]	croissons	[krwasɔ̃]	cueillons	[køjɔ̃]
—	—	vs	connaissez	[kɔnese]	croyez	[krwaje]	croissez	[krwase]	cueillez	[kœje]
—	—	ils	connaissent	[kɔnɛs]	croient	[krwa]	croissent	[krwas]	cueillent	[kœj]
—	imperf.	je	connaissais	[kɔnesɛ]	croyais	[krwajɛ]	croissais	[krwasɛ]	cueillais	[kœjɛ]
—	pass. rem.	je	connus	[kɔny]	crus	[kry]	crûs	[kry]	cueillis	[køji]
—	fut.	je	connaîtrai	[kɔnetre]	croirai	[krware]	croîtrai	[krwatre]	cueillerai	[kœjre]
Cond.	pres.	je	connaîtrais	[kɔnetrɛ]	croirais	[krwarɛ]	croîtrais	[krwatrɛ]	cueillerais	[kœjrɛ]
Cong.	pres.	je	connaisse	[kɔnɛs]	croie	[krwa]	croisse	[krwas]	cueille	[kœj]
—	—	il	connaisse	[kɔnɛs]	croie	[krwa]	croisse	[krwas]	cueille	[kœj]
—	—	ns	connaissions	[kɔnesjɔ̃]	croyions	[krwajɔ̃]	croissions	[krwasjɔ̃]	cueillions	[køjjɔ̃]
—	—	ils	connaissent	[kɔnɛs]	croient	[krwa]	croissent	[krwas]	cueillent	[kœj]
—	imperf.	il	connût	[kɔny]	crût	[kry]	crût	[kry]	cueillît	[køji]
Imper.	pres.		connais	[kɔnɛ]	crois	[krwa]	croîs	[krwa]	cueille	[kœj]
—	—		connaissons	[kɔnesɔ̃]	croyons	[krwajɔ̃]	croissons	[krwasɔ̃]	cueillons	[køjɔ̃]
—	—		connaissez	[kɔnese]	croyez	[krwaje]	croissez	[krwase]	cueillez	[kœje]
Part.	pres.		connaissant	[kɔnesɑ̃]	croyant	[krwajɑ̃]	croissant	[krwasɑ̃]	cueillant	[køjɑ̃]
—	pass.		connu	[kɔny]	cru	[kry]	crû, crue, crus, crues	[kry]	cueilli	[køji]

**paraître, apparaître*; ***e composti.*

---

			déchoir*		défaillir		devoir		dire**	
Ind.	pres.	je	déchois	[deʃwa]	défaille	[defaj]	dois	[dwa]	dis	[di]
—	—	tu	déchois	[deʃwa]	défaille	[defaj]	dois	[dwa]	dis	[di]
—	—	il	déchoit	[deʃwa]	défaille	[defaj]	doit	[dwa]	dit	[di]
—	—	ns	déchoyons	[deʃwajɔ̃]	défaillons	[defajɔ̃]	devons	[dəvɔ̃]	disons	[dizɔ̃]
—	—	vs	déchoyez	[deʃwaje]	défaillez	[defaje]	devez	[dəve]	dites	[dit]
—	—	ils	déchoient	[deʃwa]	défaillent	[defaj]	doivent	[dwav]	disent	[diz]
—	imperf.	je	*inus.*		défaillais	[defajɛ]	devais	[dəvɛ]	disais	[dizɛ]
—	pass. rem.	je	déchus	[deʃy]	défaillis	[defaji]	dus	[dy]	dis	[di]
—	fut.	je	déchoirai	[deʃware]	défaillirai	[defajire]	devrai	[dəvre]	dirai	[dire]
Cond.	pres.	je	déchoirais	[deʃwarɛ]	défaillirais	[defajirɛ]	devrais	[dəvrɛ]	dirais	[dirɛ]
Cong.	pres.	je	déchoie	[deʃwa]	défaille	[defaj]	doive	[dwav]	dise	[diz]
—	—	il	déchoie	[deʃwa]	défaille	[defaj]	doive	[dwav]	dise	[diz]
—	—	ns	déchoyions	[deʃwajjɔ̃]	défaillions	[defajjɔ̃]	devions	[dəvjɔ̃]	disions	[dizjɔ̃]
—	—	ils	déchoient	[deʃwa]	défaillent	[defaj]	doivent	[dwav]	disent	[diz]
—	imperf.	il	déchût	[deʃy]	défaillît	[defaji]	dût	[dy]	dît	[di]
Imper.	pres.		*inus.*		défaille	[defaj]	*inus.*		dis	[di]
—	—		—		défaillons	[defajɔ̃]	—		disons	[dizɔ̃]
—	—		—		défaillez	[defaje]	—		dites	[dit]
Part.	pres.		—		défaillant	[defajɑ̃]	devant	[dəvɑ̃]	disant	[dizɑ̃]
—	pass.		déchu	[deʃy]	défailli	[defaji]	dû, due dus, dues	[dy]	dit	[di]

* *échoir* (ma futuro *il écherra*, part. *échéant*), *choir* (ma futuro *il choira* o *cherra*); ***redire; contredire, médire, prédire* (ma *contredisez, médisez, prédisez*), *maudire* (ma *maudissons, maudissez, maudissant*).

			dormir*		**écrire**		**faillir**		**faire**	
Ind.	pres.	je	dors	[dɔr]	écris	[ekri]	*inus.*		fais	[fɛ]
—	—	tu	dors	[dɔr]	écris	[ekri]	—		fais	[fɛ]
—	—	il	dort	[dɔr]	écrit	[ekri]	—		fait	[fɛ]
—	—	ns	dormons	[dɔrmɔ̃]	écrivons	[ekrivɔ̃]	—		faisons	[fəzɔ̃]
—	—	vs	dormez	[dɔrme]	écrivez	[ekrive]	—		faites	[fɛt]
—	—	ils	dorment	[dɔrm]	écrivent	[ekriv]	—		font	[fɔ̃]
—	imperf.	je	dormais	[dɔrmɛ]	écrivais	[ekrivɛ]	—		faisais	[fəzɛ]
—	pass. rem.	je	dormis	[dɔrmi]	écrivis	[ekrivi]	faillis	[faji]	fis	[fi]
—	fut.	je	dormirai	[dɔrmire]	écrirai	[ekrire]	faillirai	[fajire]	ferai	[fəre]
Cond.	pres.	je	dormirais	[dɔrmirɛ]	écrirais	[ekrirɛ]	faillirais	[fajirɛ]	ferais	[fərɛ]
Cong.	pres.	je	dorme	[dɔrm]	écrive	[ekriv]	*inus.*		fasse	[fas]
—	—	il	dorme	[dɔrm]	écrive	[ekriv]	—		fasse	[fas]
—	—	ns	dormions	[dɔrmjɔ̃]	écrivions	[ekrivjɔ̃]	—		fassions	[fasjɔ̃]
—	—	ils	dorment	[dɔrm]	écrivent	[ekriv]	—		fassent	[fas]
—	imperf.	il	dormît	[dɔrmi]	écrivît	[ekrivi]	—		fît	[fi]
Imper.	pres.		dors	[dɔr]	écris	[ekri]	—		fais	[fɛ]
—	—		dormons	[dɔrmɔ̃]	écrivons	[ekrivɔ̃]	—		faisons	[fəzɔ̃]
—	—		dormez	[dɔrme]	écrivez	[ecrive]	—		faites	[fɛt]
Part.	pres.		dormant	[dɔrmɑ̃]	écrivant	[ekrivɑ̃]	—		faisant	[fəzɑ̃]
—	pass.		dormi	[dɔrmi]	écrit	[ekri]	failli	[faji]	fait	[fɛ]

* *endormir* (tranne *endormi, endormie,* part. pass. variabile), *sortir* e composti (tranne *assortir,* che segue la coniugazione di *finir*).

---

			falloir		**fondre***		**frire**		**fuir****	
Ind.	pres.	je	*inus.*		fonds	[fɔ̃]	fris	[fri]	fuis	[fɥi]
—	—	tu	—		fonds	[fɔ̃]	fris	[fri]	fuis	[fɥi]
—	—	il	faut	[fo]	fond	[fɔ̃]	frit	[fri]	fuit	[fɥi]
—	—	ns	*inus.*		fondons	[fɔ̃dɔ̃]	*inus.*		fuyons	[fɥijɔ̃]
—	—	vs	—		fondez	[fɔ̃de]	—		fuyez	[fɥije]
—	—	ils	—		fondent	[fɔ̃d]	—		fuient	[fɥi]
—	imperf.	je	—		fondais	[fɔ̃dɛ]	—		fuyais	[fɥijɛ]
—	imperf.	il	fallait	[falɛ]	fondait	[fɔ̃dɛ]	—		fuyait	[fɥijɛ]
—	pass. rem.	je	*inus.*		fondis	[fɔ̃di]	—		fuis	[fɥi]
—	pass. rem.	il	fallut	[faly]	fondit	[fɔ̃di]	—		fuit	[fɥi]
—	fut.	je	*inus.*		fondrai	[fɔ̃dre]	frirai	[frire]	fuirai	[fɥire]
—	fut.	il	faudra	[fodra]	fondra	[fɔ̃dra]	frira	[frira]	fuira	[fɥira]
Cond.	pres.	je	*inus.*		fondrais	[fɔ̃drɛ]	frirais	[frirɛ]	fuirais	[fɥirɛ]
—	—	il	faudrait	[fodrɛ]	fondrait	[fɔ̃drɛ]	frirait	[frirɛ]	fuirait	[fɥirɛ]
Cong.	pres.	je	*inus.*		fonde	[fɔ̃d]	*inus.*		fuie	[fɥi]
—	—	il	faille	[faj]	fonde	[fɔ̃d]	—		fuie	[fɥi]
—	—	ns	*inus.*		fondions	[fɔ̃djɔ̃]	—		fuyions	[fɥijjɔ̃]
—	—	ils	—		fondent	[fɔ̃d]	—		fuient	[fɥi]
—	imperf.	il	fallût	[faly]	fondît	[fɔ̃di]	—		fuît	[fɥi]
Imper.	pres.		*inus.*		fonds	[fɔ̃]	fris	[fri]	fuis	[fɥi]
—	—		—		fondons	[fɔ̃dɔ̃]	*inus.*		fuyons	[fɥijɔ̃]
—	—		—		fondez	[fɔ̃de]	—		fuyez	[fɥije]
Part.	pres.		—		fondant	[fɔ̃dɑ̃]	—		fuyant	[fɥijɑ̃]
—	pass.		fallu	[faly]	fondu	[fɔ̃dy]	frit	[fri]	fui	[fɥi]

* *répondre, tondre;* ***s'enfuir.*

---

			gésir		**haïr**		**lire**		**mentir***	
Ind.	pres.	je	gis	[ʒi]	hais	[ɛ]	lis	[li]	mens	[mɑ̃]
—	—	tu	gis	[ʒi]	hais	[ɛ]	lis	[li]	mens	[mɑ̃]
—	—	il	gît	[ʒi]	hait	[ɛ]	lit	[li]	ment	[mɑ̃]
—	—	ns	gisons	[ʒizɔ̃]	haïssons	[aisɔ̃]	lisons	[lizɔ̃]	mentons	[mɑ̃tɔ̃]
—	—	vs	gisez	[ʒize]	haïssez	[aise]	lisez	[lize]	mentez	[mɑ̃te]
—	—	ils	gisent	[ʒiz]	haïssent	[ais]	lisent	[liz]	mentent	[mɑ̃t]
—	imperf.	je	gisais	[ʒizɛ]	haïssais	[aisɛ]	lisais	[lizɛ]	mentais	[mɑ̃tɛ]
—	pass. rem.	je	*inus.*		haïs	[ai]	lus	[ly]	mentis	[mɑ̃ti]
—	fut.	je	—		haïrai	[aire]	lirai	[lire]	mentirai	[mɑ̃tire]
Cond.	pres.	je	—		haïrais	[airɛ]	lirais	[lirɛ]	mentirais	[mɑ̃tirɛ]
Cong.	pres.	je	—		haïsse	[ais]	lise	[liz]	mente	[mɑ̃t]
—	—	il	—		haïsse	[ais]	lise	[liz]	mente	[mɑ̃t]
—	—	ns	—		haïssions	[aisjɔ̃]	lisions	[lizjɔ̃]	mentions	[mɑ̃tjɔ̃]
—	—	ils	—		haïssent	[ais]	lisent	[liz]	mentent	[mɑ̃t]
—	imperf.	il	—		haït	[ai]	lût	[ly]	mentît	[mɑ̃ti]
Imper.	pres.		—		hais	[ɛ]	lis	[li]	mens	[mɑ̃]
—	—		—		haïssons	[aisɔ̃]	lisons	[lizɔ̃]	mentons	[mɑ̃tɔ̃]
—	—		—		haïssez	[aise]	lisez	[lize]	mentez	[mɑ̃te]
Part.	pres.		gisant	[ʒizɑ̃]	haïssant	[aisɑ̃]	lisant	[lizɑ̃]	mentant	[mɑ̃tɑ̃]
—	pass.		*inus.*		haï	[ai]	lu	[ly]	menti	[mɑ̃ti]

* *sentir, ressentir, se repentir.*

			mettre*		**mordre****		**moudre**		**mourir**	
Ind.	pres.	je	mets	[mɛ]	mords	[mɔr]	mouds	[mu]	meurs	[mœr]
—	—	tu	mets	[mɛ]	mords	[mɔr]	mouds	[mu]	meurs	[mœr]
—	—	il	met	[mɛ]	mord	[mɔr]	moud	[mu]	meurt	[mœr]
—	—	ns	mettons	[metɔ̃]	mordons	[mɔrdɔ̃]	moulons	[mulɔ̃]	mourons	[murɔ̃]
—	—	vs	mettez	[mete]	mordez	[mɔrde]	moulez	[mule]	mourez	[mure]
—	—	ils	mettent	[mɛt]	mordent	[mɔrd]	moulent	[mul]	meurent	[mœr]
—	imperf.	je	mettais	[metɛ]	mordais	[mɔrdɛ]	moulais	[mulɛ]	mourais	[murɛ]
—	pass. rem.	je	mis	[mi]	mordis	[mɔrdi]	moulus	[muly]	mourus	[mury]
—	fut.	je	mettrai	[metre]	mordrai	[mɔrdre]	moudrai	[mudre]	mourrai	[murre]
Cond.	pres.	je	mettrais	[metrɛ]	mordrais	[mɔrdrɛ]	moudrais	[mudrɛ]	mourrais	[murrɛ]
Cong.	pres.	je	mette	[mɛt]	morde	[mɔrd]	moule	[mul]	meure	[mœr]
—	—	il	mette	[mɛt]	morde	[mɔrd]	moule	[mul]	meure	[mœr]
—	—	ns	mettions	[metjɔ̃]	mordions	[mɔrdjɔ̃]	moulions	[muljɔ̃]	mourions	[murjɔ̃]
—	—	ils	mettent	[mɛt]	mordent	[mɔrd]	moulent	[mul]	meurent	[mœr]
—	imperf.	il	mît	[mi]	mordît	[mɔrdi]	moulût	[muly]	mourût	[mury]
Imper.	pres.		mets	[mɛ]	mords	[mɔr]	mouds	[mu]	meurs	[mœr]
—	—		mettons	[metɔ̃]	mordons	[mɔrdɔ̃]	moulons	[mulɔ̃]	mourons	[murɔ̃]
—	—		mettez	[mete]	mordez	[mɔrde]	moulez	[mule]	mourez	[mure]
Part.	pres.		mettant	[metɑ̃]	mordant	[mɔrdɑ̃]	moulant	[mulɑ̃]	mourant	[murɑ̃]
—	pass.		mis	[mi]	mordu	[mɔrdy]	moulu	[muly]	mort	[mɔr]

* *admettre, commettre, compromettre, démettre, émettre, s'entremettre, omettre, permettre, promettre, réadmettre, remettre, retransmettre, soumettre, transmettre*; ***perdre*.

---

			mouvoir*		**naître**		**offrir****		**ouïr**
Ind.	pres.	je	meus	[mø]	nais	[nɛ]	offre	[ɔfr]	Si usano solo l'infinito, il participio passato *ouï* e i tempi composti.
—	—	tu	meus	[mø]	nais	[nɛ]	offres	[ɔfr]	
—	—	il	meut	[mø]	naît	[nɛ]	offre	[ɔfr]	
—	—	ns	mouvons	[muvɔ̃]	naissons	[nesɔ̃]	offrons	[ɔfrɔ̃]	
—	—	vs	mouvez	[muve]	naissez	[nese]	offrez	[ɔfre]	
—	—	ils	meuvent	[mœv]	naissent	[nɛs]	offrent	[ɔfr]	
—	imperf.	je	mouvais	[muvɛ]	naissais	[nɛsɛ]	offrais	[ɔfrɛ]	
—	pass. rem.	je	mus	[my]	naquis	[naki]	offris	[ɔfri]	
—	fut.	je	mouvrai	[muvre]	naîtrai	[netre]	offrirai	[ɔfrire]	
Cond.	pres.	je	mouvrais	[muvrɛ]	naîtrais	[nɛtrɛ]	offrirais	[ɔfrirɛ]	
Cong.	pres.	je	meuve	[mœv]	naisse	[nɛs]	offre	[ɔfr]	
—	—	il	meuve	[mœv]	naisse	[nɛs]	offre	[ɔfr]	
—	—	ns	mouvions	[muvjɔ̃]	naissions	[nesjɔ̃]	offrions	[ɔfrijɔ̃]	
—	—	ils	meuvent	[mœv]	naissent	[nɛs]	offrent	[ɔfr]	
—	imperf.	il	mût	[my]	naquît	[naki]	offrît	[ɔfri]	
Imper.	pres.		meus	[mø]	nais	[nɛ]	offre	[ɔfr]	
—	—		mouvons	[muvɔ̃]	naissons	[nesɔ̃]	offrons	[ɔfrɔ̃]	
—	—		mouvez	[muve]	naissez	[nese]	offrez	[ɔfre]	
Part.	pres.		mouvant	[muvɑ̃]	naissant	[nesɑ̃]	offrant	[ɔfrɑ̃]	
—	pass.		mû, mue mus, mues	[my]	né	[ne]	offert	[ɔfɛr]	

* e composti, tranne i part. pass. *ému* e *promu* che si scrivono senza accento circonflesso; ***couvrir, ouvrir, souffrir*.

---

			paître*		**paraître****		**partir*****		**plaire******	
Ind.	pres.	je	pais	[pɛ]	parais	[parɛ]	pars	[par]	plais	[plɛ]
—	—	tu	pais	[pɛ]	parais	[parɛ]	pars	[par]	plais	[plɛ]
—	—	il	paît	[pɛ]	paraît	[parɛ]	part	[par]	plaît	[plɛ]
—	—	ns	paissons	[pesɔ̃]	paraissons	[paresɔ̃]	partons	[partɔ̃]	plaisons	[plezɔ̃]
—	—	vs	paissez	[pese]	paraissez	[parese]	partez	[parte]	plaisez	[pleze]
—	—	ils	paissent	[pɛs]	paraissent	[parɛs]	partent	[part]	plaisent	[plɛz]
—	imperf.	je	paissais	[pesɛ]	paraissais	[paresɛ]	partais	[partɛ]	plaisais	[plɛzɛ]
—	pass. rem.	je	*inus.*		parus	[pary]	partis	[parti]	plus	[ply]
—	fut.	je	paîtrai	[petre]	paraîtrai	[paretre]	partirai	[partire]	plairai	[plere]
Cond.	pres.	je	paîtrais	[petrɛ]	paraîtrais	[paretrɛ]	partirais	[partirɛ]	plairais	[plɛrɛ]
Cong.	pres.	je	paisse	[pɛs]	paraisse	[parɛs]	parte	[part]	plaise	[plɛz]
—	—	il	paisse	[pɛs]	paraisse	[parɛs]	parte	[part]	plaise	[plɛz]
—	—	ns	paissions	[pesjɔ̃]	paraissions	[parɛsjɔ̃]	partions	[partjɔ̃]	plaisions	[plezjɔ̃]
—	—	ils	paissent	[pɛs]	paraissent	[parɛs]	partent	[part]	plaisent	[plɛz]
—	imperf.	il	*inus.*		parût	[pary]	partît	[parti]	plût	[ply]
Imper.	pres.		pais	[pɛ]	parais	[parɛ]	pars	[par]	plais	[plɛ]
—	—		paissons	[pesɔ̃]	paraissons	[paresɔ̃]	partons	[partɔ̃]	plaisons	[plezɔ̃]
—	—		paissez	[pese]	paraissez	[parese]	partez	[parte]	plaisez	[pleze]
Part.	pres.		paissant	[pesɑ̃]	paraissant	[paresɑ̃]	partant	[partɑ̃]	plaisant	[plezɑ̃]
—	pass.		*inus.*		paru	[pary]	parti	[parti]	plu	[ply]

* *repaître* (ma pass. rem. *je repus* [rəpy], cong. imperf. *je repusse* [rəpys], *il repût* [rəpy] et part. pass. *repu* [rəpy]; ***apparaître, comparaître, disparaître, reparaître*; ***e composti, tranne *répartir* che segue la coniugazione di *finir*; ***taire (ma *il tait*, senza accento circonflesso).

			pleuvoir*		**poindre****		**pourvoir**		**pouvoir**	
Ind.	pres.	je	*inus.*		*inus.*		pourvois	[purvwa]	peux/puis	[pø/pɥi]
—	—	tu	—		—		pourvois	[purvwa]	peux	[pø]
—	—	il	pleut	[plø]	point	[pwɛ̃]	pourvoit	[purvwa]	peut	[pø]
—	—	ns	*inus.*		*inus.*		pourvoyons	[purvwajɔ̃]	pouvons	[puvɔ̃]
—	—	vs	—		—		pourvoyez	[purvwaje]	pouvez	[puve]
—	—	ils	pleuvent	[plœv]	—		pourvoient	[purvwa]	peuvent	[pœv]
—	imperf.	je	*inus.*		—		pourvoyais	[purvvwajɛ]	pouvais	[puvɛ]
—	imperf.	il	pleuvait	[pløvɛ]	—		pourvoyait	[purvwajɛ]	pouvait	[puvɛ]
—	pass. rem.	je	*inus.*		—		pourvus	[purvy]	pus	[py]
—	pass. rem.	il	plut	[ply]	—		pourvut	[purvy]	put	[py]
—	fut.	je	*inus.*		—		pourvoirai	[purvware]	pourrai	[pure]
—	fut.	il	pleuvra	[pløvra]	poindra	[pwɛ̃dra]	pourvoira	[purvwara]	pourra	[pura]
Cond.	pres.	je	*inus.*		*inus.*		pourvoirais	[purvwarɛ]	pourrais	[purɛ]
—	—	il	pleuvrait	[pløvrɛ]	poindrait	[pwɛ̃drɛ]	pourvoirait	[purvwarɛ]	pourrait	[purɛ]
Cong.	pres.	je	*inus.*		*inus.*		pourvoie	[purvwa]	puisse	[pɥis]
—	—	il	pleuve	[plœv]	—		pourvoie	[purvwa]	puisse	[pɥis]
—	—	ns	*inus.*		—		pourvoyions	[purvwajjɔ̃]	puissions	[pɥisjɔ̃]
—	—	ils	pleuvent	[plœv]	—		pourvoient	[purvwa]	puissent	[pɥis]
—	imperf.	il	plût	[ply]	—		pourvût	[purvy]	pût	[py]
Imper.	pres.		*inus.*		—		pourvois	[purvwa]	*inus.*	
—	—		—		—		pourvoyons	[purvwajɔ̃]	—	
—	—		—		—		pourvoyez	[purvwaje]	—	
Part.	pres.		pleuvant	[pløvɑ̃]	—		pourvoyant	[purvwajɑ̃]	pouvant	[puvɑ̃]
—	pass.		plu	[ply]	point	[pwɛ̃]	pourvu	[purvy]	pu	[py]

* la 3ª pers. pl. esiste in senso figurato : *les injures pleuvent, les abus pleuvaient, les critiques pleuvront*; ***oindre*.

			prendre		**recevoir***		**résoudre**		**rire****	
Ind.	pres.	je	prends	[prɑ̃]	reçois	[rəswa]	résous	[rezu]	ris	[ri]
—	—	tu	prends	[prɑ̃]	reçois	[rəswa]	résous	[rezu]	ris	[ri]
—	—	il	prend	[prɑ̃]	reçoit	[rəswa]	résout	[rezu]	rit	[ri]
—	—	ns	prenons	[prənɔ̃]	recevons	[rəsəvɔ̃]	résolvons	[rezɔlvɔ̃]	rions	[rijɔ̃]
—	—	vs	prenez	[prəne]	recevez	[rəsəve]	résolvez	[rezɔlve]	riez	[rije]
—	—	ils	prennent	[prɛn]	reçoivent	[rəswav]	résolvent	[rezɔlv]	rient	[ri]
—	imperf.	je	prenais	[prənɛ]	recevais	[rəsəvɛ]	résolvais	[rezɔlvɛ]	riais	[rijɛ]
—	pass. rem.	je	pris	[pri]	reçus	[rəsy]	résolus	[rezɔly]	ris	[ri]
—	fut.	je	prendrai	[prɑ̃dre]	recevrai	[rəsəvre]	résoudrai	[rezudre]	rirai	[rire]
Cond.	pres.	je	prendrais	[prɑ̃drɛ]	recevrais	[rəsəvrɛ]	résoudrais	[rezudrɛ]	rirais	[rirɛ]
Cong.	pres.	je	prenne	[prɛn]	reçoive	[rəswav]	résolve	[rezɔlv]	rie	[ri]
—	—	il	prenne	[prɛn]	reçoive	[rəswav]	résolve	[rezɔlv]	rie	[ri]
—	—	ns	prenions	[prənjɔ̃]	recevions	[rəsəvjɔ̃]	résolvions	[rezɔlvjɔ̃]	riions	[rijjɔ̃]
—	—	ils	prennent	[prɛn]	reçoivent	[rəswav]	résolvent	[rezɔlv]	rient	[ri]
—	imperf.	il	prît	[pri]	reçût	[rəsy]	résolût	[rezɔly]	rît	[ri]
Imper.	pres.		prends	[prɑ̃]	reçois	[rəswa]	résous	[rezu]	ris	[ri]
—	—		prenons	[prənɔ̃]	recevons	[rəsəvɔ̃]	résolvons	[rezɔlvɔ̃]	rions	[rijɔ̃]
—	—		prenez	[prəne]	recevez	[rəsəve]	résolvez	[rezɔlve]	riez	[rije]
Part.	pres.		prenant	[prənɑ̃]	recevant	[rəsəvɑ̃]	résolvant	[rezɔlvɑ̃]	riant	[rijɑ̃]
—	pass.		pris	[pri]	reçu	[rəsy]	résolu	[rezɔly]	ri	[ri]

* *apercevoir, concevoir, décevoir, percevoir*; ***sourire*.

			rompre		**saillir**		**savoir**		**seoir**	
Ind.	pres.	je	romps	[rɔ̃]	*inus.*		sais	[sɛ]	*inus.*	
—	—	tu	romps	[rɔ̃]	—		sais	[sɛ]	—	
—	—	il	rompt	[rɔ̃]	saille	[saj]	sait	[sɛ]	sied	[sje]
—	—	ns	rompons	[rɔ̃pɔ̃]	*inus.*		savons	[savɔ̃]	*inus.*	
—	—	vs	rompez	[rɔ̃pe]	—		savez	[save]	—	
—	—	ils	rompent	[rɔ̃p]	saillent	[saj]	savent	[sav]	siéent	[sje]
—	imperf.	je	rompais	[rɔ̃pɛ]	*inus.*		savais	[savɛ]	*inus.*	
—	imperf.	il	rompait	[rɔ̃pɛ]	saillait	[sajɛ]	savait	[savɛ]	seyait	[sejɛ]
—	pass. rem.	je	rompis	[rɔ̃pi]	*inus.*		sus	[sy]	*inus.*	
—	pass. rem.	il	rompit	[rɔ̃pi]	saillit	[saji]	sut	[sy]	—	
—	fut.	je	romprai	[rɔpre]	*inus.*		saurai	[sore]	—	
—	fut.	il	rompra	[rɔ̃pra]	saillera	[sajra]	saura	[sora]	siéra	[sjera]
Cond.	pres.	je	romprais	[rɔ̃prɛ]	*inus.*		saurais	[sorɛ]	*inus.*	
—	—	il	romprait	[rɔ̃prɛ]	saillerait	[sajrɛ]	saurait	[sorɛ]	siérait	[sjerɛ]
—	—	je	rompe	[rɔ̃p]	*inus.*		sache	[saʃ]	*inus.*	
—	—	il	rompe	[rɔ̃p]	saille	[saj]	sache	[saʃ]	siée	[sje]
—	—	ns	rompions	[rɔ̃pjɔ̃]	*inus.*		sachions	[saʃjɔ̃]	*inus.*	
—	—	ils	rompent	[rɔ̃p]	saillent	[saj]	sachent	[saʃ]	siéent	[sje]
—	imperf.	il	rompît	[rɔ̃pi]	saillît	[saji]	sût	[sy]	*inus.*	
Imper.	pres.		romps	[rɔ̃]	—		sache	[saʃ]	—	
—	—		rompons	[rɔ̃pɔ̃]	—		sachons	[saʃɔ̃]	—	
—	—		rompez	[rɔ̃pe]	saillant	[sajɑ̃]	sachez	[saʃe]	—	
Part.	pres.		rompant	[rɔ̃pɑ̃]	sailli	[saji]	sachant	[saʃɑ̃]	seyant	[sejɑ̃]
—	pass.		rompu	[rɔ̃py]			su	[sy]	*inus.*	

			servir		sourdre		suffire*		suivre	
Ind.	pres.	je	sers	[sɛr]	*inus.*		suffis	[syfi]	suis	[sɥi]
—	—	tu	sers	[sɛr]	—		suffis	[syfi]	suis	[sɥi]
—	—	il	sert	[sɛr]	sourd	[sur]	suffit	[syfi]	suit	[sɥi]
—	—	ns	servons	[sɛrvɔ̃]	*inus.*		suffisons	[syfizɔ̃]	suivons	[sɥivɔ̃]
—	—	vs	servez	[sɛrve]	—		suffisez	[syfize]	suivez	[sɥive]
—	—	ils	servent	[sɛrv]	sourdent	[surd]	suffisent	[syfiz]	suivent	[sɥiv]
—	imperf.	je	servais	[sɛrvɛ]	*inus.*		suffisais	[syfizɛ]	suivais	[sɥivɛ]
—	pass. rem.	je	servis	[sɛrvi]	—		suffis	[syfi]	suivis	[sɥivi]
—	fut.	je	servirai	[sɛrvire]	—		suffirai	[syfire]	suivrai	[sɥivre]
Cond.	pres.	je	servirais	[sɛrvirɛ]	—		suffirais	[syfirɛ]	suivrais	[sɥivrɛ]
Cong.	pres.	je	serve	[sɛrv]	—		suffise	[syfiz]	suive	[sɥiv]
—	—	il	serve	[sɛrv]	—		suffise	[syfiz]	suive	[sɥiv]
—	—	ns	servions	[sɛrvjɔ̃]	—		suffisions	[syfizjɔ̃]	suivions	[sɥivjɔ̃]
—	—	ils	servent	[sɛrv]	—		suffisent	[syfiz]	suivent	[sɥiv]
—	imperf.	il	servît	[sɛrvi]	—		suffît	[syfi]	suivît	[sɥivi]
Imper.	pres.		sers	[sɛr]	—		suffis	[syfi]	suis	[sɥi]
—	—		servons	[sɛrvɔ̃]	—		suffisons	[syfizɔ̃]	suivons	[sɥivɔ̃]
—	—		servez	[sɛrve]	—		suffisez	[syfize]	suivez	[sɥive]
Part.	pres.		servant	[sɛrvɑ̃]	—		suffisant	[syfizɑ̃]	suivant	[sɥivɑ̃]
—	pass.		servi	[sɛrvi]	—		suffi	[syfi]	suivi	[sɥivi]

* *circoncire*, tranne part. pass. *circoncis*.

---

			surseoir		tendre*		tenir**		traire***	
Ind.	pres.	je	sursois	[syrswa]	tends	[tɑ̃]	tiens	[tjɛ̃]	trais	[trɛ]
—	—	tu	sursois	[syrswa]	tends	[tɑ̃]	tiens	[tjɛ̃]	trais	[trɛ]
—	—	il	sursoit	[syrswa]	tend	[tɑ̃]	tient	[tjɛ̃]	trait	[trɛ]
—	—	ns	sursoyons	[syrswajɔ̃]	tendons	[tɑ̃dɔ̃]	tenons	[tənɔ̃]	trayons	[trejɔ̃]
—	—	vs	sursoyez	[syrswaje]	tendez	[tɑ̃de]	tenez	[təne]	trayez	[treje]
—	—	ils	sursoient	[syrswa]	tendent	[tɑ̃d]	tiennent	[tjɛn]	traient	[trɛ]
—	imperf.	je	sursoyais	[syrswajɛ]	tendais	[tɑ̃dɛ]	tenais	[tənɛ]	trayais	[trɛjɛ]
—	pass. rem.	je	sursis	[syrsi]	tendis	[tɑ̃di]	tins	[tɛ̃]	*inus.*	
—	pass. rem.	ns	sursîmes	[syrsim]	tendîmes	[tɑ̃dim]	tînmes	[tɛ̃m]	*inus.*	
—	fut.	je	surseoirai	[syrsware]	tendrai	[tɑ̃dre]	tiendrai	[tjɛ̃dre]	trairai	[trere]
Cond.	pres.	je	surseoirais	[syrswarɛ]	tendrais	[tɑ̃drɛ]	tiendrais	[tjɛ̃drɛ]	trairais	[trɛrɛ]
Cong.	pres.	je	sursoie	[syrswa]	tende	[tɑ̃d]	tienne	[tjɛn]	traie	[trɛ]
—	—	il	sursoie	[syrswa]	tende	[tɑ̃d]	tienne	[tjɛn]	traie	[trɛ]
—	—	ns	sursoyions	[syrswajjɔ̃]	tendions	[tɑ̃djɔ̃]	tenions	[tənjɔ̃]	trayions	[trejjɔ̃]
—	—	ils	sursoient	[syrswa]	tendent	[tɑ̃d]	tiennent	[tjɛn]	traient	[trɛ]
—	imperf.	il	sursît	[syrsi]	tendît	[tɑ̃di]	tînt	[tɛ̃]	*inus.*	
Imper.	pres.		sursois	[syrswa]	tends	[tɑ̃]	tiens	[tjɛ̃]	trais	[trɛ]
—	—		sursoyons	[syrswajɔ̃]	tendons	[tɑ̃dɔ̃]	tenons	[tənɔ̃]	trayons	[trejɔ̃]
—	—		sursoyez	[syrswaje]	tendez	[tɑ̃de]	tenez	[təne]	trayez	[treje]
Part.	pres.		sursoyant	[syrswajɑ̃]	tendant	[tɑ̃dɑ̃]	tenant	[tənɑ̃]	trayant	[trejɑ̃]
—	pass.		sursis	[syrsi]	tendu	[tɑ̃dy]	tenu	[təny]	trait	[trɛ]

* *dépendre, descendre, épandre, fendre, pendre, rendre, vendre*; ** *venir, convenir*; ****abstraire, distraire, extraire, soustraire*; *braire* (ma solo alla 3ª pers. sing. e plur.).

---

			vaincre*		valoir**		vêtir		vivre	
Ind.	pres.	je	vaincs	[vɛ̃]	vaux	[vo]	vêts	[vɛ]	vis	[vi]
—	—	tu	vaincs	[vɛ̃]	vaux	[vo]	vêts	[vɛ]	vis	[vi]
—	—	il	vainc	[vɛ̃]	vaut	[vo]	vêt	[vɛ]	vit	[vi]
—	—	ns	vainquons	[vɛ̃kɔ̃]	valons	[valɔ̃]	vêtons	[vetɔ̃]	vivons	[vivɔ̃]
—	—	vs	vainquez	[vɛ̃ke]	valez	[vale]	vêtez	[vete]	vivez	[vive]
—	—	ils	vainquent	[vɛ̃k]	valent	[val]	vêtent	[vɛt]	vivent	[viv]
—	imperf.	je	vainquais	[vɛ̃kɛ]	valais	[valɛ]	vêtais	[vetɛ]	vivais	[vivɛ]
—	pass. rem.	je	vainquis	[vɛ̃ki]	valus	[valy]	vêtis	[veti]	vécus	[veky]
—	fut.	je	vaincrai	[vɛ̃kre]	vaudrai	[vodre]	vêtirai	[vetire]	vivrai	[vivre]
Cond.	pres.	je	vaincrais	[vɛ̃krɛ]	vaudrais	[vodrɛ]	vêtirais	[vetirɛ]	vivrais	[vivrɛ]
Cong.	pres.	je	vainque	[vɛ̃k]	vaille	[vaj]	vête	[vɛt]	vive	[viv]
—	—	il	vainque	[vɛ̃k]	vaille	[vaj]	vête	[vɛt]	vive	[viv]
—	—	ns	vainquions	[vɛ̃kjɔ̃]	valions	[valjɔ̃]	vêtions	[vetjɔ̃]	vivions	[vivjɔ̃]
—	—	ils	vainquent	[vɛ̃k]	vaillent	[vaj]	vêtent	[vɛt]	vivent	[viv]
—	imperf.	il	vainquît	[vɛ̃ki]	valût	[valy]	vêtît	[veti]	vécût	[veky]
Imper.	pres.		vaincs	[vɛ̃]	*inus.*		vêts	[vɛ]	vis	[vi]
—	—		vainquons	[vɛ̃kɔ̃]	—		vêtons	[vetɔ̃]	vivons	[vivɔ̃]
—	—		vainquez	[vɛ̃ke]	—		vêtez	[vete]	vivez	[vive]
Part.	pres.		vainquant	[vɛ̃kɑ̃]	valant	[valɑ̃]	vêtant	[vetɑ̃]	vivant	[vivɑ̃]
—	pass.		vaincu	[vɛ̃ky]	valu	[valy]	vêtu	[vety]	vécu	[veky]

* *convaincre*; ** *prévaloir* (ma cong. pres. *je prévale*); *revaloir* si usa solo all'infinito, al futuro dell'indicativo e al presente del condizionale.

			voir*	
Ind.	pres.	je	vois	[vwa]
—	—	tu	vois	[vwa]
—	—	il	voit	[vwa]
—	—	ns	voyons	[vwajɔ̃]
—	—	vs	voyez	[vwaje]
—	—	ils	voient	[vwa]
—	imperf.	je	voyais	[vwajɛ]
—	pass. rem.	je	vis	[vi]
—	fut.	je	verrai	[vere]
Cond.	pres.	je	verrais	[verɛ]
Cong.	pres.	je	voie	[vwa]
—	—	il	voie	[vwa]
—	—	ns	voyions	[vwajɔ̃]
—	—	ils	voient	[vwa]
—	imperf.	il	vît	[vi]
Imper.	pres.		vois	[vwa]
—	—		voyons	[vwajjɔ̃]
—	—		voyez	[vwaje]
Part.	pres.		voyant	[vwajɑ̃]
—	pass.		vu	[vy]

* *prévoir* (ma futuro *je prévoirai* e condizionale *je prévoirais*).

			vouloir	
Ind.	pres.	je	veux	[vø]
—	—	tu	veux	[vø]
—	—	il	veut	[vø]
—	—	ns	voulons	[vulɔ̃]
—	—	vs	voulez	[vule]
—	—	ils	veulent	[vœl]
—	imperf.	je	voulais	[vulɛ]
—	pass. rem.	je	voulus	[vuly]
—	fut.	je	voudrai	[vudre]
Cond.	pres.	je	voudrais	[vudrɛ]
Cong.	pres	je	veuille	[vœj]
—	—	il	veuille	[vœj]
—	—	ns	voulions	[vuljɔ̃]
—	—	ils	veuillent	[vœj]
—	imperf.	il	voulût	[vuly]
Imper.	pres		veuille	[vœj]
—	—		veuillons	[vœjɔ̃]
—	—		veuillez	[vœje]
part.	pres.		voulant	[vulɑ̃]
—	pass.		voulu	[vuly]

Sintassi

L'inversione del soggetto è obbligatoria :

1) nelle proposizioni interrogative dirette introdotte dal pronome *que* o dall'aggettivo *quel* : *Que désirez-vous ? Quelle est votre opinion ?*

2) negl'incisi : *Oui, répondit Pierre. Oui, répondit-il.*

3) nelle proposizioni ottative o ipotetiche o dopo le locuzioni *peu importe, qu'importe* : *Puisse votre projet réussir !. Soit un cercle de 10 m de diamètre. Qu'importe mon intérêt personnel ?*

4) nelle proposizioni che iniziano con un aggettivo che funge da predicato nominale : *Telle est mon opinion. Amer fut son réveil.*

Specialmente nella lingua parlata l'interrogazione diretta usa la locuzione *est-ce que* : *Est-ce qu'il viendra ?*

Per mettere in risalto una o più parole all'inizio di una frase si usano le locuzioni *c'est ... qui, c'est ... que, ce sont ... qui, ce sont ... que* : *C'est moi qui ai gagné. C'est nous qui avons gagné. C'est eux* o *ce sont eux qui ont gagné. C'est au nom de l'intérêt général qu'il faut se sacrifier.*

Il participio passato coniugato con *être* concorda col soggetto : *Charles a été puni. Élise a été punie. Les écoliers ont été punis. Les écolières ont été punies.*

Il participio passato coniugato con *avoir* concorda col complemento oggetto, se questo lo precede : *ce pays que j'ai visité ; les pays que j'ai visités ; la revue que j'ai lue ; les revues que j'ai lues.*

Nei verbi riflessivi il participio passato concorda col pronome solo quando questo è complemento oggetto : *Elle s'est coiffée devant son miroir,* ma : *Elle s'est, ils se sont, elles se sont lavé les mains. Nous nous sommes adressé la parole.*

Periodo ipotetico

CONDIZIONE	PROTASI	APODOSI
reale	Indicativo presente *Si je lis de bons auteurs, ...* *Si tu dis la vérité, ...*	Indicativo presente o futuro *... je contribue à former mon style.* *... je te pardonnerai.*
possibile	Indicativo imperfetto *Si tu me donnais son adresse, ...*	Condizionale presente *... je lui écrirais sans tarder.*
irreale o impossibile nel presente	Indicativo imperfetto *Si j'étais riche, ...*	Condizionale presente *... je ferais un beau voyage.*
irreale o impossibile nel passato	Indicativo trapassato *Si tout le monde s'était mis d'accord, ...* *Si tu avais travaillé, ...*	Condizionale presente o passato ... nous vivrions en paix. ... *tu aurais* (o *eusses*) *réussi ton examen.*

Il condizionale presente o passato viene adoperato nelle orazioni subordinate col valore di un futuro quando il verbo dell'orazione principale è a un tempo passato : *Il affirmait, affirma, a affirmé, avait affirmé qu'il viendrait dès qu'il aurait appris sa leçon.*

In una subordinata relativa il condizionale esprime il concetto di possibilità : *Un père qui haïrait son fils serait un être dénaturé.*

I verbi che esprimono un concetto di desiderio, di comando, d'impedimento, di timore vogliono la subordinata al congiuntivo *(désirer, vouloir, ordonner, empêcher, craindre, ecc.).*

Consecutio temporum

1) Quando l'orazione principale è all'indicativo presente o futuro, l'orazione subordinata, se va all'indicativo, si mette al presente, al passato prossimo o al futuro : *Je sais qu'il part, qu'il est parti, qu'il partira. Il verra que la raison est de mon côté.*

Il verbo *espérer* vuole l'indicativo : *J'espère qu'il est venu, qu'il viendra.* Ma regge il congiuntivo in una frase negativa, il futuro o il congiuntivo in una frase interrogativa : *Je n'espère pas qu'il vienne. Espères-tu qu'il vienne* o *qu'il viendra?*

2) Quando l'orazione principale è all'indicativo presente o futuro, la subordinata, se va al congiuntivo, si mette al presente o al passato : *Je crains qu'il ne vienne, qu'il ne soit venu.*

3) Quando l'orazione principale è a un tempo passato dell'indicativo, la subordinata, se va all'indicativo, vuole l'imperfetto o il trapassato prossimo dell'indicativo : *Je croyais, je crus, j'ai cru, j'avais cru qu'il venait, qu'il était venu.*

4) Quando l'orazione principale è a un tempo passato dell'indicativo, la subordinata, se va al congiuntivo, vuole l'imperfetto o il passato : *Je craignais, je craignis, j'ai craint, j'avais craint, j'eus craint qu'il ne vînt, qu'il ne fût venu.*

5) Dopo un verbo al presente condizionale come pure nel caso contemplato nel § 4) è ammesso il presente congiuntivo nella subordinata invece del congiuntivo imperfetto : *Il faudrait qu'il vînt* o *qu'il vienne; je craignais qu'il ne vînt* o *qu'il ne vienne.*

Sintassi delle congiunzioni di subordinazione

CONGIUNZIONI	MODO
avant que, jusqu'à ce que, en attendant que.	congiuntivo
après que, sitôt que, tandis que, tant que, pendant que, comme, dès que, depuis que, aussitôt que.	indicativo
parce que, puisque, comme, vu que, attendu que, sous prétexte que, du moment que....	ind. o cong.
non (pas) que, ce n'est pas que.	congiuntivo
afin que, pour que, que.	congiuntivo
de crainte que, de peur que.	congiuntivo
de telle sorte que, de telle manière que, au point que, si bien que.	indicativo
tel ... que, si ... que, tant ... que, tellement ... que.	ind. o cond.
de façon que, sans que, en sorte que, de manière que, trop ... pour que, assez ... pour que.	congiuntivo
quoique, bien que, loin que, encore que, malgré que.	congiuntivo
quelque ... que, si ... que.	congiuntivo
même si, sauf que.	indicativo
quand (bien) même, lors même que	condizionale
selon que, suivant que.	indicativo
à supposer que, pourvu que, à condition que, en admettant que, soit que ... soit que, à moins que, pour peu que.	congiuntivo
au cas où.	condizionale
de même que, ainsi que, tel que, comme.	ind. o cond.
aussi ... que, autant ... que, plus ... que, moins ... que, autre ... que.	ind. o cond.
d'autant plus ... que, dans la mesure où, à mesure que.	indicativo

FRANÇAIS-ITALIEN

a [ɑ] m., a f. ou m. ‖ Loc. *prouver par A + B*, provare come due e due fanno quattro, come quattro e quattro fanno otto; dimostrare a rigor di logica. | *ne savoir ni A ni B*, non sapere un'acca. | *de A à Z*, dall'a alla zeta, dal principio alla fine, per filo e per segno. ‖ *bombe A*, bomba atomica.
à [ɑ] prép.

I. Lieu : a, in.
II. Temps : a, in, di.
III. Appartenance : di.
IV. But ; usage : da, per.
V. Caractérisation : con, da, di.
VI. Moyen ; instrument ; manière : a, con.
VII. Agent : da.
VIII. Origine ; point de départ : da, a.
IX. Valeur ; prix : da, per, a.
X. Conséquence : da.
XI. Obligation ; devoir : da.
XII. Distribution ; succession ; fractionnement : a.
XIII. Introduisant : 1. un compl. d'attribution : a ; 2. un compl. indirect : a, con ; 3. le compl. d'un adjectif : a, da.

I. Lieu : a, in. **1.** [où l'on va] *aller au Danemark, au Japon, au Mexique, à Cuba*, andare in Danimarca ; nel, in Giappone ; nel, in Messico ; a Cuba. | *je vais à Rome*, vado a Roma. | *aller à l'école, à la maison, à l'église, au secrétariat, au jardin*, andare a scuola, a casa, in chiesa, in segreteria, in giardino. ‖ [lorsque le lieu où l'on va est déterminé par un adj., un compl. de n. ou une proposition, toujours *a* et l'art.] *je vais au jardin (public), à l'école primaire, au secrétariat de l'université*, vado al giardino, alla scuola elementare, alla segreteria dell'università. | *je me suis rendu à l'église Saint-Sulpice, à la maison où je suis né*, mi sono recato alla chiesa di S. Sulpizio, alla casa in cui sono nato. ‖ Pop. [à la place de « chez »] *aller au docteur, au coiffeur*, andare dal dottore, dal parrucchiere (L.C.). ‖ Fig. *tendre à la perfection*, tendere, mirare alla perfezione. ‖ **2.** [direction, orientation] *au nord, au sud, à l'est, à l'ouest*, a nord, a sud, a est, a ovest. ‖ **3.** [où l'on est] *vivre à la ville, à la campagne, à la maison*, vivere in città, in campagna, in casa. | *être à la maison tous les matins*, stare a casa, trovarsi in casa ogni mattina. | *vivre au Mexique, aux États-Unis*, vivere nel Messico, negli Stati Uniti.
— N. B. En règle générale, les petites îles sont introduites par la prép. *a* tant pour l'état que pour le mouvement (a Capri, all'Elba, al Giglio, a Ischia, etc.). Les grandes prennent la prép. *in* : in Sardegna, in Sicilia, nel Madagascar, etc. (exceptions : a Cipro, a Creta, a Cuba, etc.).
II. Temps : a, in, di. | *à sept heures*, alle sette. | *à midi, à minuit*, a mezzogiorno, a mezzanotte. | *au seizième siècle*, nel Cinquecento. | *au printemps, à l'automne*, di primavera, d'autunno. ‖ Loc. adv. *à jamais*, per sempre.
— N. B. *Di* indique généralement une habitude, un fait qui se répète : *au printemps les oiseaux chantent*, di primavera cantano gli uccelli. Mais : *mon chien est mort l'an dernier au printemps*, il mio cane morì l'anno scorso in primavera.
III. Appartenance : di. | *ce livre est à Pierre*, questo libro è di Pietro. | *à qui est ce cahier ? il est à moi*, di chi è questo quaderno ? è mio. | *il a un style à lui*, ha uno stile proprio, personale, tutto suo. ‖ Littér. *la barque à Charon*, la barca di Caronte. ‖ Pop. [à la place de « de »] *la tante à ma femme*, la zia di mia moglie (L.C.). ‖ [entre un n. et un pron.] *un ami à moi*, un amico mio. | *une idée à lui*, una idea sua. ‖ [tour] *c'est à moi*, tocca, spetta a me. | *c'est à toi à jouer*, spetta a te giocare. ‖ [devoir] *c'est à toi de veiller sur la santé de tes enfants*, tocca a te, ti tocca vegliare sulla salute dei tuoi figli.
IV. But ; usage : da, per. | *salle à manger*, sala da pranzo. | *papier à lettres*, carta da scrivere. | *tasse à café*, tazza da caffè. | *machine à écrire*, macchina per scrivere, (moins correct) da scrivere. | *boîte aux lettres*, buca delle, per le lettere.
V. Caractérisation : con, da, di. | *l'enfant aux yeux bleus*, il bambino cogli, dagli occhi azzurri. | *l'homme au chapeau noir*, l'uomo col, dal cappello nero. ‖ [métier, occupation] *l'homme aux chapeaux*, l'uomo dei cappelli. ‖ [« à » non suivi d'un art.] *une table à trois pieds*, un tavolo a tre gambe. | *un chien à six pattes*, un cane a sei zampe.
VI. Moyen ; instrument ; manière : a, con. | *taper à la machine*, battere a macchina. | *fermer à clef*, chiudere a chiave. | *pêcher à la ligne*, pescare con la lenza. | *couper au couteau*, tagliare col coltello. | *chauffage au gaz, au bois, à l'électricité*, riscaldamento a gas, a legna, ad elettricità. | *lampe à huile*, lume a olio. | *œufs au plat*, uova al tegame. ‖ [avec] *café au lait*, caffè e latte. | *cuisine à l'huile*, cucina all'olio. | *œufs au beurre*, uova al burro. | *macaroni au jus*, maccheroni al sugo. | *sardines à l'huile*, sardine sott'olio. | *prunes à l'eau-de-vie*, susine sotto spirito. ‖ [au moyen de] *à pied, à cheval, à bicyclette*, a piedi, a cavallo, in bicicletta. | *à la nage*, a nuoto. | *à pieds joints*, a piè pari. | *à peu de frais*, con poca spesa. ‖ [façon] *à la française*, alla francese. | *à la mode*, alla moda. | *prendre au sérieux*, prendere sul serio. | *prendre à la légère*, prendere alla leggera, sottogamba. | *travailler à la hâte, à contrecœur*, lavorare in fretta, di mala voglia. | *se porter à merveille*, star benissimo. ‖ [par, d'après] *reconnaître qn à son air*, riconoscere qlcu. dall', all'aspetto. | *une personne reconnaissable à son regard*, una persona riconoscibile dallo, allo sguardo. | *juger qn à ses premières paroles*, giudicare qlcu. dalle, alle prime parole.
VII. Agent : da. | *mangé aux vers*, roso dai vermi. | *je l'ai entendu dire à un ami*, l'ho sentito dire da un amico. | *à lui seul il a fait plus de travail que les trois*

autres réunis, da solo ha fatto più lavoro che gli altri tre insieme. | *à nous deux nous y arriverons*, in due ce la faremo.

VIII. ORIGINE ; POINT DE DÉPART : da, a. | *puiser de l'eau à la source*, attingere acqua dalla, alla sorgente. || FIG. *les deux auteurs ont puisé des idées à la même source*, i due autori hanno attinto idee alla stessa fonte. | *emprunter à un ami*, prendere in prestito da un amico. | *acheter un livre à qn*, comprare un libro da qlcu. | *recommencer au début*, rifarsi daccapo. | *aller à la ligne*, andare a capo, da capo.

IX. VALEUR ; PRIX : da. | *une place à dix francs*, un posto da dieci franchi. | *un timbre à vingt-cinq centimes*, un francobollo da venticinque centesimi. | *vendre dix francs de la marchandise à cinq francs*, vendere per, a dieci franchi della merce da cinque franchi. | *vendre, acheter à cent lires le kilo*, vendere, comprare a cento lire il chilo.

X. CONSÉQUENCE : da. | *un temps à rester chez soi*, un tempo da rimanere in casa. | *une obscurité à faire peur*, un buio da metter paura. | *il n'est pas homme à le faire*, non è uomo da farlo. || [au point de] *triste à (en) pleurer, à (en) mourir*, triste da piangere, a morte. | *être perplexe à ne savoir que faire*, essere perplesso da non sapere cosa fare.

XI. OBLIGATION ; DEVOIR : da. | *leçon à apprendre*, lezione da imparare. | *une idée à retenir*, un'idea da ricordare. | *un livre à acheter*, un libro da comprare.

XII. DISTRIBUTION ; SUCCESSION ; FRACTIONNEMENT : a. | *cinq litres aux cent (kilomètres)*, cinque litri ogni cento chilometri. | *rouler à cent à l'heure*, correre a cento all'ora. | *gagner par dix à zéro*, vincere per dieci a zero. | *un à un*, a uno a uno. | *peu à peu*, a poco a poco. | *(au fur et) à mesure*, a mano a mano, man mano. | *de vingt à trente hommes*, da venti a trenta uomini, venti o trenta uomini.

XIII. [introduisant un compl. d'attribution] *donner à un ami*, dare a un amico. || [introduisant un compl. ind.] *participer à un jeu*, prendere parte a un gioco. | *dire à qn*, dire a qlcu. | *parler à qn*, parlare con qlcu. || [introduisant le compl. d'un adj.] *fidèle à ses opinions*, fedele alle proprie opinioni. | *insensible au froid*, insensibile al freddo. | *facile, difficile à comprendre*, facile, difficile da capire, a capirsi. | *agréable, désagréable à faire*, piacevole, spiacevole da fare, a farsi.

— N. B. Dans l'usage courant, l'emploi de *a* tend à se généraliser : *facile à exécuter, à traduire, à comprendre*, facile a eseguire, a tradurre, a intendere.

abaissable [abɛsabl] adj. abbassabile. | *lampe abaissable*, lampada abbassabile. || [prix, tarif] ribassabile. V. BAISSE.

abaissant, e [abɛsɑ̃, ɑ̃t] adj. avvilente, degradante. | *conduite abaissante*, condotta avvilente. | *langage abaissant*, linguaggio degradante.

abaisse [abɛs] f. CULIN. pasta spianata.

abaisse-langue [abɛslɑ̃g] m. inv. MÉD. abbassalingua.

abaissement [abɛsmɑ̃] m. abbassamento. || FIG. [humiliation] *l'abaissement des grands vassaux*, l'abbassamento dei grandi vassalli. || [décadence] *l'abaissement des arts*, la decadenza delle arti. || [soumission] *l'abaissement devant Dieu*, la sottomissione alla volontà di Dio. || COMM. ribasso. V. BAISSE.

abaisser [abɛse] v. tr. abbassare, sbassare. | *abaisser les yeux*, abbassar gli occhi. | *abaisser un mur*, sbassare un muro. || [réduire] abbassare, ribassare, ridurre. | *abaisser les impôts*, ridurre le imposte. | *abaisser les prix*, ribassare i prezzi. || GÉOM. abbassare, tirare, calare. || FIG. [affaiblir, humilier] abbassare, sbassare, umiliare, deprimere. | *abaisser l'orgueil des puissants*, sbassare l'orgoglio dei potenti. ◆ v. pr. [hauteur] scendere, calare. || FIG. abbassarsi, umiliarsi, avvilirsi.

abaisseur [abɛsœr] adj. et n. m. abbassatore. || ANAT. *muscles abaisseurs*, muscoli depressori. || *abaisseur de l'œil*, depressore dell'occhio. ◆ n. m. ÉLECTR. *abaisseur de tension*, riduttore di tensione.

abajoue [abaʒu] f. ZOOL. tasca.

abandon [abɑ̃dɔ̃] m. **1.** abbandono. | *abandon d'une ville*, abbandono d'una città. | *être, laisser à l'abandon*, essere, lasciare in abbandono. || **2.** [renonciation] abbandono, rinuncia f. | *abandon de ses droits*, abbandono dei, rinuncia ai propri diritti. | *abandon de soi-même*, rinuncia a se stesso. || **3.** [négligence gracieuse] *un certain abandon dans les gestes*, un certo abbandono nei gesti. || **4.** [relâchement] *abandon dans les mœurs*, rilassatezza (f.) dei costumi. || **5.** [confiance] *abandon à Dieu, à la Providence*, rassegnazione (f.) alla volontà di Dio, alla Provvidenza. | *parler avec abandon*, parlare con abbandono, fiduciosamente. || **6.** JUR. *abandon du domicile conjugal, d'enfant, de famille, de poste*, abbandono del domicilio coniugale, di minore, dei famigliari, di posto. | *abandon d'actif*, cessione (f.) dell'attivo. || **7.** MAR. *abandon de navire*, abbandono di nave.

abandonné, e [abɑ̃dɔne] adj. abbandonato, derelitto.

abandonner [abɑ̃dɔne] v. tr. **1.** [délaisser, quitter] abbandonare, lasciare. | *abandonner sa maison*, abbandonare, lasciare la casa. | *abandonner sa famille*, abbandonare la famiglia. | *ses forces l'abandonnèrent*, le forze lo abbandonarono. | *je vous abandonne ce point*, vi concedo questo punto. || **2.** [renoncer à] abbandonare, rinunciare a, desistere da. | *le coureur abandonne la course*, il corridore abbandona la corsa, si ritira dalla gara. | *abandonner un projet*, abbandonare un progetto. | *abandonner ses droits*, rinunciare ai propri diritti. || **3.** [négliger] abbandonare, trascurare. | *abandonner ses devoirs*, trascurare i propri doveri. || **4.** [confier] *abandonner à qn le soin de ses affaires*, lasciare a qlcu. la cura dei propri affari. || **5.** [laisser aller] abbandonare. | *abandonner les rênes*, abbandonare le redini. || **6.** [livrer] *abandonner une ville au pillage*, abbandonare una città al saccheggio. | *abandonner un ecclésiastique au bras séculier*, abbandonare un ecclesiastico al braccio secolare. ◆ v. pr. [céder] abbandonarsi. | *s'abandonner à la passion, aux souvenirs, au vice*, abbandonarsi alla passione, ai ricordi, al vizio. | *s'abandonner à la joie*, darsi alla pazza gioia. | *s'abandonner à la douleur*, lasciarsi vincere dal dolore. || [se laisser aller] lasciarsi andare, perdersi d'animo, avvilirsi. || [se confier] abbandonarsi, affidarsi. | *s'abandonner entre les mains de qn*, (ri)mettersi nelle mani di qlcu., affidarsi a qlcu.

abaque [abak] m. ARCHIT. ab(b)aco.

abasourdir [abazurdir] v. tr. assordare, assordire, intronare, rintronare, stordire. || FIG., FAM. intontire, sbalordire ; stordire (L.C.).

abasourdissant, e [abazurdisɑ̃, ɑ̃t] adj. assordante. || FIG., FAM. sbalorditivo.

abasourdissement [abazurdismɑ̃] m. assordimento. || FIG., FAM. sbalordimento ; stupore, costernazione f. (L.C.).

abâtardir [abɑtardir] v. tr. imbastardire. || FIG. imbastardire, avvilire, degradare. | *une longue servitude abâtardit le courage*, una lunga schiavitù avvilisce il coraggio. ◆ v. pr. imbastardirsi ; imbastardire, tralignare, degenerare (v. intr.).

abâtardissement [abɑtardismɑ̃] m. imbastardimento, tralignamento; il tralignare. || FIG. avvilimento, degradamento.

abat-jour [abaʒur] m. inv. paralume m.

abats [aba] m. pl. [animal de boucherie] frattaglie f. pl. ; [volaille] rigaglie f. pl.

abat-son [abasɔ̃] m. inv. abbattisuono (néol.).

abattage [abataʒ] m. [arbres] abbattimento, atterramento, taglio. || [mur] abbattimento, atterramento. || [animaux] macellazione f. || MIN. taglio. || FIG., FAM. brio, maestria f., estro (L.C.). | *un acteur qui a de l'abattage*, un attore pieno di brio. || POP. *recevoir un abattage*, prendersi una lavata di capo (fam.).

abattant [abatɑ̃] m. ribalta f. | *secrétaire à abattant*, scrivania ribaltabile ; ribalta. ◆ adj. ribaltabile. | *table abattante*, tavola ribaltabile.

abattée [abate] f. MAR. abbattuta, poggiata. || AÉR. abbattuta.

abattement [abatmɑ̃] m. [affaiblissement] abbattimento, fiacchezza f., spossamento, spossatezza f., accasciamento. ‖ FIG. abbattimento, accasciamento, prostrazione f. ‖ FIN. [diminution] *abattement à la base*, deduzione (f.) alla base (dell'imponibile). | *abattements fiscaux*, detrazioni (f. pl.) fiscali. | *abattements pour charges de famille*, detrazioni per carichi di famiglia. ‖ COMM. abbuono, sconto, defalco. | *abattement de 5 % sur le prix convenu*, sconto del 5 % sul prezzo pattuito.

abatteur [abatœr] m. abbattitore. ‖ [arbres] tagliaboschi m. inv., taglialegna m. inv. ‖ [animaux] macellatore ‖ [carrière] abbattitore, cavatore. ‖ FIG. *abatteur de besogne*, sgobbone.

abatteuse [abatøz] f. MIN. abbattitrice.

abattis [abati] m. [arbres] tagliata f. ‖ MIL. tagliata. ◆ pl. CULIN. *abattis de poulet*, rigaglie (f. pl.) di pollo. ‖ POP. membra f. pl. (L.C.). | *numéroter ses abattis*, contarsi le ossa, fare il conto delle ossa.

abattoir [abatwar] m. macello, mattatoio, ammazzatoio. ‖ FIG. *aller tout droit à l'abattoir*, andar difilato al macello.

abattre [abatr] v. tr. **1.** [démolir, faire tomber] abbattere, atterrare, buttar giù. | *abattre un arbre, un avion*, abbattere un albero, un aereo. | *abattre un mur*, buttar giù un muro. ‖ FIG. *la pluie a abattu la poussière*, la pioggia ha spento la polvere. ‖ **2.** [tuer] ammazzare, uccidere, freddare. | *abattre une bête*, macellare una bestia. ‖ **3.** JEU *abattre son jeu*, V. JEU. ‖ **4.** FIG. [affaiblir, décourager] abbattere, fiaccare, spossare. | *la fièvre l'abat*, la febbre lo abbatte. | *cette nouvelle l'a abattu*, quella notizia l'ha abbattuto. | *se laisser abattre*, perdersi d'animo. ‖ **5.** [abaisser, faire cesser] *abattre l'orgueil de qn*, fiaccare, rintuzzare l'orgoglio di qlcu. | *abattre la résistance de l'ennemi*, vincere la resistenza del nemico, sopraffare il nemico. ‖ **6.** FAM. [accomplir] *abattre de la besogne*, V. BESOGNE. | *abattre des kilomètres*, divorare i chilometri. ◆ v. intr. MAR. [changer de direction] poggiare; andare, venire alla poggia. ◆ v. pr. [tomber] abbattersi, cadere. | *l'avion s'est abattu en flammes*, l'aereo è caduto, è precipitato in fiamme. | *son cheval s'abattit*, il suo cavallo stramazzò. | *le mur s'est abattu*, il muro è rovinato, è crollato. ‖ [fondre sur] avventarsi, piombare. | *l'aigle s'abat sur sa proie*, l'aquila piomba sulla sua preda. | *s'abattre sur qn*, piombare addosso a qlcu. ‖ MÉTÉOR. [vent] cadere, cessare di colpo.

abattu, e [abaty] adj. abbattuto, accasciato, spossato. | *à bride abattue*, V. BRIDE. ‖ FIG. accasciato, avvilito.

abat-vent [abavɑ̃] m. inv. frangivento (m. inv.) del fumaiolo.

abat-voix [abavwa] m. inv. cielo m. (di pulpito), paracielo m.

abbatial, e, aux [abasjal, o] adj. abbaziale. ◆ n. f. V. ABBAYE.

abbaye [abei] f. abbazia; badia (vx).

abbé [abe] m. [supérieur d'une abbaye] abate. ‖ [prêtre séculier] prete, sacerdote; reverendo (fam.); abate (vx).

abbesse [abɛs] f. badessa.

abc [abese] m. PR. et FIG. abbiccì m. inv.

abcès [apsɛ] m. ascesso, postema f. ‖ PR. *crever un abcès*, incidere un ascesso. ‖ FIG. *crever, vider l'abcès*, svuotare l'ascesso, togliere il marcio.

abdicataire [abdikatɛr] adj. abdicatario.

abdication [abdikasjɔ̃] f. abdicazione. ‖ JUR. *abdication de droits*, rinuncia a diritti.

abdiquer [abdike] v. tr. et intr. abdicare. | *abdiquer ses droits, sa liberté*, abdicare i propri diritti, rinunciare alla propria libertà. | *abdiquer (la couronne)*, abdicare (al trono), (rare) il trono. ‖ [céder] *abdiquer devant les difficultés*, cedere, desistere davanti alle difficoltà.

abdomen [abdɔmɛn] m. addome.

abdominal, e, aux [abdominal, o] adj. addominale.

abducteur [abdyktœr] adj. et n. m. [muscle, tube] abduttore.

abduction [abdyksjɔ̃] f. abduzione.

abécédaire [abesedɛr] m. abbecedario, sillabario. ◆ adj. *psaume abécédaire*, salmo abbecedario.

abée [abe] f. TECHN. cateratta.

abeille [abɛj] f. ape; pecchia (vx). | *abeille mâle*, fuco m. | *abeille ouvrière*, ape operaia. | *reine des abeilles*, ape regina. ‖ LOC. *nid d'abeilles*, V. NID.

aberrant, e [abɛrɑ̃, ɑ̃t] adj. aberrante, sbagliato.

aberration [abɛrasjɔ̃] f. ASTR., OPT. aberrazione. ‖ FIG. aberrazione.

aberrer [abɛre] v. intr. (rare) aberrare.

abêtir [abɛtir] v. tr. abbrutire, istupidire, incretinire, imbecillire (rare). ◆ v. pr. rimbecillire, rincitrullire, rincretinire, istupidire (v. intr.).

abêtissement [abɛtismɑ̃] m. abbrutimento.

abhorrer [abɔre] v. tr. aborrire, odiare.

abîme [abim] m. abisso. ‖ FIG. abisso, perdizione f., rovina f. | *être au bord de l'abîme*, essere sull'orlo dell'abisso. | *abîme de misère, de douleur*, abisso di miseria, di dolore. | *le cœur de l'homme est un abîme*, il cuore dell'uomo è un abisso. | *il y a un abîme entre ceci et cela*, c'è un abisso fra questo e quello. | *être un abîme de science*, essere un pozzo di scienza.

abîmer [abime] v. tr. [endommager] guastare, rovinare, sciupare. | *le mauvais vin abîme l'estomac*, il vino cattivo guasta lo stomaco. | *la pluie abîme les chemins*, la pioggia rovina i sentieri. ◆ v. pr. [se détériorer] guastarsi, sciuparsi. | *le tissu s'est abîmé rapidement*, il tessuto si è sciupato presto. ‖ [s'engloutir] inabissarsi, sprofondarsi. | *le navire s'abîma dans la mer*, la nave s'inabissò, affondò nel mare. ‖ FIG. [se plonger] sprofondarsi. | *s'abîmer dans sa douleur*, sprofondarsi, prostrarsi nel dolore.

ab intestat [abɛ̃tɛsta] loc. V. INTESTAT.

abject, e [abʒɛkt] adj. abietto, ignobile, vile.

abjection [abʒɛksjɔ̃] f. abiezione, viltà.

abjuration [abʒyrasjɔ̃] f. abiura. | *faire abjuration de*, far l'abiura di.

abjurer [abʒyre] v. tr. et intr. abiurare. | *abjurer ses erreurs*, abiurare i propri errori.

ablactation [ablaktasjɔ̃] f. ablattazione.

ablatif [ablatif] m. GRAMM. ablativo. | *ablatif absolu*, ablativo assoluto.

ablation [ablasjɔ̃] f. CHIR. ablazione. ‖ GÉOL. ablazione. | *ablation glaciaire*, ablazione glaciale.

ablégat [ablega] m. RELIG. ablegato.

ablette [ablɛt] f. ZOOL. alborella.

ablution [ablysjɔ̃] f. abluzione. ‖ FAM. *faire ses ablutions*, lavarsi (L.C.).

abnégation [abnegasjɔ̃] f. abnegazione, sacrificio m. | *faire abnégation de soi-même*, fare abnegazione di sé. | *faire abnégation de qch.*, rinunciare a qlco.

aboiement [abwamɑ̃] m. abbaio, latrato; [plaintif] guaito, mugolo, mugolìo. ‖ FIG. *les aboiements de la presse*, lo sbraitare della stampa.

abois [abwa] m. pl. [chasse] estremi, strette f. pl. | *cerf aux abois*, cervo alle strette. ‖ FIG. strette, disperazione f. | *un commerçant aux abois*, un negoziante alle strette, ridotto agli estremi.

abolir [abɔlir] v. tr. abolire. | *abolir une dette*, annullare un debito. | *abolir une loi*, abolire, abrogare una legge.

abolitif, ive [abolitif, iv] adj. abolitivo.

abolition [abɔlisjɔ̃] f. abolizione, annullamento m. | *abolition de la mémoire*, perdita della memoria.

abolitionnisme [abɔlisjɔnism] m. abolizionismo.

abolitionniste [abɔlisjɔnist] adj. abolizionistico. ◆ n. m. abolizionista.

abominable [abɔminabl] adj. abominevole, nefando; esecrando, pessimo. ‖ FAM. *temps abominable*, tempaccio m.

abominablement [abɔminabləmɑ̃] adv. abominevolmente. ‖ FAM. *chanter abominablement (mal)*, cantar malissimo (L.C.).

abomination [abɔminasjɔ̃] f. abominazione, abominio m. | *le mensonge suscite l'abomination des honnêtes gens*, la bugia suscita l'abominazione della gente onesta. | *c'est une abomination*, è un abominio. | *c'est l'abomination de la désolation*, è l'abominazione della desolazione.

abominer [abɔmine] v. tr. abominare, detestare.

abondance [abɔ̃dɑ̃s] f. [quantité] abbondanza, copia. ‖ [richesse] abbondanza, dovizia. | *corne d'abondance*,

cornucopia. || [vin largement étendu d'eau] vino copiosamente annacquato (L.C.). || FIG. abbondanza. | *parler avec abondance*, aver facondia. | *parler d'abondance*, improvvisare. | *écrire d'abondance*, scrivere a braccia.
abondant, e [abɔ̃dɑ̃, ɑ̃t] adj. abbondante, copioso. || FIG. abbondante, dovizioso.
abonder [abɔ̃de] v. intr. abbondare. || FIG. *abonder dans le sens de qn*, condividere a pieno il parere di qlcu.
— N. B. Au sens propre, *abbondare* se conjugue avec l'aux. *avere* lorsque ce qui abonde est compl., avec l'aux. *essere* lorsque ce qui abonde est suj.
abonné, e [abɔne] adj. et n. abbonato.
abonnement [abɔnmɑ̃] m. abbonamento. | *prendre un abonnement*, abbonarsi, fare l'abbonamento. || FIN. abbonamento.
abonner [abɔne] v. tr. abbonare. ◆ v. pr. (à) abbonarsi (a), sottoscrivere un abbonamento (a).
abonnir [abɔnir] v. tr. bonificare. | *abonnir un terrain*, bonificare una terra. ◆ v. pr. migliorare. | *ce vin s'est abonni en vieillissant*, questo vino è migliorato invecchiando.
abord [abɔr] m. accesso. || MAR. abbordo, approdo. | *île d'un abord difficile*, isola di difficile accesso. || FIG. accesso; abbordo (néol.). | *homme d'un abord facile*, uomo di facile accesso. ◆ pl. dintorni, pressi, vicinanze f. pl., adiacenze f. pl. ◆ loc. adv. ***d'abord***, (littér.) ***dès l'abord***, prima, anzitutto. || ***au premier abord, de prime abord***, a prima vista, alla prima, di primo acchito. || ***tout d'abord***, sulle prime, a tutta prima, all'inizio, subito.
abordable [abɔrdabl] adj. abbordabile, accessibile, accostabile. || FIG. [personne] abbordabile, accessibile, accostevole, alla mano. || FAM. [coût] accessibile; conveniente, ragionevole (L.C.). | *denrées d'un prix abordable*, merci di prezzo accessibile.
abordage [abɔrdaʒ] m. MAR. abbordaggio, abbordo, arrembaggio. | *monter à l'abordage*, andare all'abbordaggio. || [collision] collisione f., investimento, scontro.
aborder [abɔrde] v. intr. MAR. [toucher terre] approdare, sbarcare. | *aborder dans une île*, approdare a, sbarcare su un'isola. ◆ v. tr. **1.** [prendre d'assaut] abbordare. || **2.** [heurter] investire, urtare; scontrarsi (con). || **3.** [attaquer] investire, assalire, assaltare. || **4.** [accoster] accostarsi (a); rivolgere la parola, il discorso (a); abbordare (néol.). || **5.** [pénétrer, entrer dans] arrivare (a), entrare (in), inoltrarsi (in), penetrare (in), infilare. | *aborder un virage*, abbordare una curva. | *aborder le carrefour par la droite*, arrivare all'incrocio da destra. | *aborder une ligne droite*, entrare in, infilare un rettilineo. || **6.** FIG. *aborder la vie*, affrontare la vita. | *s'aborder amicalement*, rivolgersi amichevolmente la parola. || [entamer] cominciare, iniziare. | *aborder la lecture d'un texte*, cominciare la lettura d'un testo. || [s'attaquer à] *aborder un problème*, affrontare un problema. | *aborder une difficulté*, prendere a trattare, accingersi a trattare una difficoltà.
abordeur [abɔrdœr] adj. *navire abordeur*, nave investitrice.
aborigène [abɔriʒɛn] adj. et n. aborigeno.
abornement [abɔrnmɑ̃] m. delimitazione f., confinazione f.
aborner [abɔrne] v. tr. delimitare.
abortif, ive [abɔrtif, iv] adj. abortivo.
abot [abo] m. TECHN. pastoia f.
abouchement [abuʃmɑ̃] m. [jonction] abboccatura f., combaciamento. || FIG. [entrevue] abboccamento. || CHIR. anastomosi f.
aboucher [abuʃe] v. tr. [joindre] *aboucher deux tuyaux*, abboccare due tubi. || FIG. *aboucher deux personnes*, mettere due persone in relazione. ◆ v. pr. *s'aboucher avec qn*, abboccarsi, mettersi in relazione, prendere contatto con qlcu.
abouler [abule] v. tr. POP. *aboule le fric !*, scuci la grana !
aboulie [abuli] f. abulia.
aboulique [abulik] adj. et n. abulico.
about [abu] m. TECHN. estremità f., giuntura f., testa f.
aboutement [abutmɑ̃] m. congiungimento, attestatura f.
abouter [abute] v. tr. congiungere testa a testa, attestare. || AGR. *abouter la vigne*, potare la vite.
aboutir [abutir] v. tr. ind. **(à, dans)** [chemin] far capo (a), riuscire (in), sboccare (in). || [cours d'eau] sboccare (in), sfociare (in). || FIG. approdare. | *des tractations qui n'aboutissent à rien*, trattative che non approdano a nulla. ◆ v. intr. riuscire, aver buon esito. || MÉD. risolversi.
aboutissant [abutisɑ̃] m. (rare au sing.) risultato, termine (L.C.). | *la nation est l'aboutissant d'un long passé*, la nazione è il risultato d'un lungo passato. ◆ pl. JUR. V. TENANTS. || LOC. *connaître les tenants et les aboutissants d'une affaire*, conoscere un affare per filo e per segno.
aboutissement [abutismɑ̃] m. esito, risultato, riuscita f. || MÉD. risoluzione f.
aboyer [abwaje] v. intr. abbaiare, latrare; [plaintivement] mugolare, guaire. ◆ v. tr. ind. **(à, après, contre)** *le chien aboie contre, après les passants*, il cane abbaia contro, dietro i viandanti. | *aboyer à la lune*, latrare, abbaiare alla luna. || FIG. [invectiver] abbaiare (addosso a), inveire (contro), insolentire (v. tr.).
aboyeur, euse [abwajœr, øz] adj. abbaiatore, trice. ◆ n. FIG., FAM. strillone m., sbraitone, a.
abracadabrant, e [abrakadabrɑ̃, ɑ̃t] adj. FAM. strampalato, stravagante.
abraser [abraze] v. tr. abradere. || CHIR. abradere.
abrasif, ive [abrazif, iv] adj. abrasivo. ◆ n. m. abrasivo.
abrasion [abrazjɔ̃] f. abrasione.
abréaction [abreaksjɔ̃] f. PSYCH. abreazione.
abrégé [abreʒe] m. riassunto, sunto, compendio, sintesi f. || [ouvrage] compendio, prontuario. ◆ loc. adv. ***en abrégé***, in compendio, in breve. | *écrire en abrégé*, scrivere abbreviato, con abbreviazioni. | *c'est le monde en abrégé*, è il mondo in piccolo.
abrègement [abrɛʒmɑ̃] m. abbreviamento.
abréger [abreʒe] v. tr. abbreviare, accorciare, compendiare. | *le travail abrège les heures*, lavorando s'inganna il tempo. | *pour abréger*, per farla breve.
abreuvage [abrøvaʒ] ou **abreuvement** [abrøvmɑ̃] m. abbeverata f.
abreuver [abrøve] v. tr. abbeverare, far bere. || FIG. caricare. | *abreuver d'injures, d'humiliations*, coprire d'ingiurie, sottoporre a un cumulo di umiliazioni. || FIG. *abreuver la terre de ses larmes*, sciogliersi in un mare di lacrime. ◆ v. pr. abbeverarsi, dissetarsi. || FIG. *s'abreuver de science*, imbeversi di scienza.
abreuvoir [abrøvwar] m. abbeveratoio.
abréviateur [abrevjatœr] m. abbreviatore.
abréviatif, ive [abrevjatif, iv] adj. abbreviativo.
abréviation [abrevjasjɔ̃] f. abbreviatura, abbreviazione.
abréviativement [abrevjativmɑ̃] adv. abbreviatamente.
abri [abri] m. PR. et FIG. riparo, rifugio, ricovero. | *être à l'abri*, essere, stare al sicuro. | *chercher un abri*, cercare un riparo. | *chercher abri à l'étranger*, riparare all'estero. | *se mettre à l'abri*, mettersi al riparo, ripararsi. || *les sans-abri* (inv.), i senzatetto. || FIG. *un abri contre le malheur*, un rifugio contro le disgrazie. | *vivre à l'abri des passions*, vivere al riparo dalle passioni. || MIL. rifugio, ricovero. | *abri antiaérien*, rifugio antiaereo.
abricot [abriko] m. albicocca f.
abricotier [abrikɔtje] m. albicocco.
abriter [abrite] v. tr. riparare, proteggere. | *abriter de la pluie*, riparare dalla pioggia. || FIG. ricoverare, ospitare. | *abriter des réfugiés*, ricoverare dei profughi. ◆ v. pr. riparare (v. intr.), ricoverarsi; mettersi al coperto, in salvo, al sicuro. || FIG. *s'abriter derrière un ordre reçu*, nascondersi dietro un ordine.
abrivent [abrivɑ̃] m. AGR. rompivento m. inv. || MIL. frascato.

abrogatif, ive [abrɔgatif, iv] ou **abrogatoire** [abrɔgatwar] adj. JUR. abrogatorio.
abrogation [abrɔgasjɔ̃] f. abrogazione, revoca.
abrogeable [abrɔʒabl] adj. abrogabile, revocabile.
abroger [abrɔʒe] v. tr. abrogare, annullare, revocare.
abrupt, e [abrypt] adj. scosceso, dirupato, ripido. | *rocher, pic abrupt*, rupe scoscesa, picco scosceso. | *terrain abrupt*, terreno dirupato. | *montagne abrupte*, montagna scoscesa, dirupata. | *sentier abrupt*, sentiero scosceso, ripido. ‖ FIG. [caractère, style] aspro. | *manières abruptes*, modi bruschi, sgarbati. ◆ n. m. GÉOGR. pendio, dirupo, scoscendimento, balza f.
abruptement [abryptəmɑ̃] adv. ripidamente. ‖ FIG. aspramente, bruscamente, sgarbatamente.
abruti, e [abryti] adj. abbrutito. ‖ FIG., FAM. *abruti de travail*, sovraccarico, oberato di lavoro (L.C.). ◆ n. stupido, scemo.
abrutir [abrytir] v. tr. abbrutire, istupidire. ‖ FIG., FAM. *abrutir qn de travail*, sovraccaricare, opprimere qlcu. di lavoro (L.C.). ◆ v. pr. abbrutirsi. ‖ FIG., FAM. *s'abrutir de travail*, ammazzarsi di lavoro.
abrutissant, e [abrytisɑ̃, ɑ̃t] adj. avvilente.
abrutissement [abrytismɑ̃] m. abbrutimento, avvilimento.
abscisse [apsis] f. ascissa.
abscons, e [apskɔ̃, ɔ̃s] adj. oscuro, astruso.
absence [apsɑ̃s] f. [éloignement] assenza. | *en l'absence de*, in assenza di. ‖ FIG. [manque] assenza, mancanza. | *absence d'air*, assenza d'aria. | *absence de goût*, mancanza di gusto. ‖ [distraction] distrazione, disattenzione. | *avoir des absences*, andar soggetto a, soffrire di distrazioni. ‖ JUR. assenza. ‖ LOG. *table d'absence*, tavola d'assenza.
absent, e [apsɑ̃, ɑ̃t] adj. assente. ‖ FIG. assente, distratto, disattento. ◆ n. assente. ‖ JUR. assente.
absentéisme [apsɑ̃teism] m. assenteismo.
absentéiste [apsɑ̃teist] adj. et n. assenteista.
absenter (s') [sapsɑ̃te] **(de)** v. pr. assentarsi (da), allontanarsi (da).
absidal, e, aux [apsidal, o] adj. absidale.
abside [apsid] f. abside.
absidiole [apsidjol] f. absidiola.
absinthe [apsɛ̃t] f. [plante, liqueur] assenzio m.
absinthisme [apsɛ̃tism] m. absintismo.
absolu, e [apsɔly] adj. assoluto. ‖ CHIM. *alcool absolu*, alcole, alcool puro. ‖ GRAMM., MATH., PHILOS., PHYS. assoluto. | *l'être absolu*, l'ente assoluto, l'Assoluto. ‖ FIG. *ton absolu*, tono reciso, imperioso. ◆ n. m. PHILOS. assoluto.
absolument [apsɔlymɑ̃] adv. [complètement] assolutamente. ‖ [nécessairement] di necessità ; necessariamente. ‖ [malgré tout] comunque. ‖ GRAMM. assolutamente.
absolution [apsɔlysjɔ̃] f. RELIG. assoluzione. | *donner, refuser l'absolution*, dare, negare l'assoluzione. ‖ JUR. assoluzione, proscioglimento m. | *décision, sentence d'absolution*, sentenza assolutoria ; assolutoria n. f.
absolutisme [apsɔlytism] m. assolutismo.
absolutiste [apsɔlytist] adj. assolutistico. ◆ n. assolutista.
absolutoire [apsɔlytwar] adj. JUR. assolutorio. | *excuse absolutoire*, circostanza assolutoria.
absorbant, e [apsɔrbɑ̃, ɑ̃t] adj. assorbente. ‖ FIG. *travail absorbant*, lavoro assorbente. ◆ n. m. assorbente.
absorbé, e [apsɔrbe] adj. assorto, astratto, meditabondo. | *il marche l'air absorbé*, cammina con aria assorta.
absorber [apsɔrbe] v. tr. **1.** [s'imbiber de] assorbire, succhiare. | *l'éponge absorbe l'eau*, la spugna assorbe, assorbisce l'acqua. ‖ **2.** [manger, boire] assorbire, inghiottire, ingoiare, ingerire. | *absorber des aliments, un remède*, ingerire cibi, una medicina. ‖ **3.** [faire disparaître] assorbire. | *le noir absorbe la lumière*, il nero assorbe, assorbisce la luce. ‖ **4.** FIG. [consommer] assorbire, consumare. | *absorber de l'énergie*, assorbire, consumare energia. | *les procès ont absorbé sa fortune*, i processi hanno assorbito, consumato, esaurito la sua fortuna. ‖ **5.** [occuper fortement] assorbire, occupare. | *absorber l'attention*, assorbire l'attenzione. | *travail qui absorbe beaucoup de temps*, lavoro che assorbe, assorbisce, occupa, prende molto tempo. ‖ **6.** [assimiler, lire] assorbire, ingerire. | *absorber de nombreux romans*, ingerire, consumare numerosi romanzi. ◆ v. pr. FIG. immergersi, sprofondarsi, tuffarsi, ingolfarsi. | *s'absorber dans ses pensées*, immergersi nei propri pensieri.
absorption [apsorpsjɔ̃] f. PR. et FIG. assorbimento m., ingerimento m., ingestione. ‖ CHIM., ÉCON., PHYSIOL. assorbimento.
absoudre [apsudr] v. tr. JUR. *absoudre qn d'une accusation*, assolvere, prosciogliere qlcu. da un'accusa. ‖ RELIG. assolvere. ‖ [pardonner] assolvere, perdonare.
absoute [apsut] f. RELIG. assoluzione.
abstème [apstɛm] adj. et n. (rare) astemio.
abstenir (s') [sapstənir] v. pr. **(de)** astenersi (da). | *s'abstenir de vin, de fumer, de voter*, astenersi dal vino, dal fumare, dal votare.
abstention [apstɑ̃sjɔ̃] f. astensione.
abstentionnisme [apstɑ̃sjɔnism] m. astensionismo.
abstentionniste [apstɑ̃sjɔnist] adj. et n. astensionista.
abstinence [apstinɑ̃s] f. astinenza.
abstinent, e [apstinɑ̃, ɑ̃t] adj. et n. astinente.
abstracteur [apstraktœr] n. et adj. m. chi tende all'astrazione ; mente astratta. ‖ PÉJOR. *abstracteur de quintessence*, cavillatore.
abstractif, ive [apstraktif, iv] adj. astrattivo.
abstraction [apstraksjɔ̃] f. [action d'abstraire] astrazione. | *faculté d'abstraction*, facoltà d'astrazione. ‖ [ce qui est abstrait] astrattezza. | *l'abstraction métaphysique*, l'astrattezza metafisica. | *se perdre dans des abstractions*, perdersi nell'astratto. ‖ LOC. *faire abstraction de*, prescindere da, fare astrazione da. | *abstraction faite de cette exception*, prescindendo da, a prescindere da questa eccezione.
abstraire [apstrɛr] v. tr. astrarre. ◆ v. pr. astrarsi, sottrarsi. | *s'abstraire du monde présent*, astrarsi dal, sottrarsi al mondo presente.
abstrait, e [apstrɛ, ɛt] adj. astratto. ‖ GRAMM. astratto. ‖ ART *art abstrait*, arte astratta ; astrattismo m. | *peintre abstrait*, pittore astratto. ‖ [difficile à comprendre] astruso. ‖ MATH. *nombres abstraits*, numeri astratti. ◆ n. m. astratto. | *raisonner dans l'abstrait*, ragionare in astratto. ‖ [artiste] astrattista.
abstrus, e [apstry, yz] adj. astruso.
absurde [apsyrd] adj. assurdo. ◆ n. m. assurdo. | *tomber dans l'absurde*, cadere nell'assurdo. ‖ LOG. *démonstration par l'absurde*, dimostrazione per assurdo. ‖ PHILOS. *philosophie de l'absurde*, filosofia dell'assurdo.
absurdité [apsyrdite] f. assurdità. ‖ FAM. *dire des absurdités*, dire assurdità, sciocchezze.
abus [aby] m. abuso, eccesso. ‖ [injustice] abuso, prepotenza f., sopraffazione f., sopruso, soverchieria f. ‖ JUR. *abus de confiance*, abuso di fiducia. | *être poursuivi pour abus de confiance*, venir processato per tradita fiducia. | *abus d'autorité, de pouvoir*, abuso d'autorità, di potere. ‖ POP. *il y a de l'abus !*, esageri (*ou* esagera, esagerate, esagerano) [L.C.] !
abuser [abyze] v. tr. [tromper] ingannare, gabbare, abbindolare, raggirare. ◆ v. tr. ind. **(de)** abusare (di). | *abuser du tabac, de sa force*, abusare del tabacco, della propria forza. | *abuser de la bonne foi de qn*, abusare, approfittarsi della buona fede di qlcu. ‖ [faire violence à] *abuser d'une femme*, abusare di una donna. ◆ v. pr. ingannarsi, illudersi ; sbagliare (v. intr.). | *si je ne m'abuse*, se non sbaglio, se non erro.
abusif, ive [abyzif, iv] adj. abusivo. | *mère, veuve abusive*, madre, vedova invadente.
abyssal, e, aux [abisal, o] adj. abissale.
abysse [abis] m. abisso.
abyssin, ine [abisɛ̃, in] adj. et n. abissino.
acabit [akabi] m. FAM., PÉJOR. genere, risma f. | *des gens du même acabit*, gente della stessa risma.
acacia [akasja] m. acacia f.

académicien, enne [akademisjɛ̃, ɛn] n. accademico m.
académie [akademi] f. accademia. | *académie de musique, de chant, de danse*, scuola di musica, di canto, di danza. | *académie de billard*, circolo (m.) di biliardo. ‖ ART accademia, nudo m., studio (m.) di nudo dal vero. ‖ FAM. *une belle académie*, un bel corpo (L.C.). ‖ UNIV. = circoscrizione scolastico-amministrativa. | *inspecteur d'académie*, provveditore agli studi.
académique [akademik] adj. accademico. | *inspection académique*, provveditorato (m.) agli studi. | *palmes académiques* = decorazione «al merito scolastico». ‖ PÉJOR. retorico, aulico. | *style académique*, stile accademico.
académisme [akademism] m. accademismo.
acajou [akaʒu] m. [arbre] anacardio, acagiù. ‖ [bois, couleur] mogano.
acanthe [akɑ̃t] f. acanto m.
acare [akar] ou **acarus** [akarys] m. ZOOL. acaro; sarcopte della scabbia.
acariâtre [akarjɑtr] adj. scontroso, permaloso, bisbetico.
acariens [akarjɛ̃] m. pl. ZOOL. acari.
acarpe [akarp] adj. BOT. acarpo.
acarus m. V. ACARE.
acaule [akol] adj. BOT. acaule.
accablant, e [akablɑ̃, ɑ̃t] adj. opprimente. | *chaleur accablante*, caldo opprimente. | *nouvelle accablante*, notizia tremenda. | *indices accablants pour un accusé*, indizi schiaccianti per un imputato.
accablement [akabləmɑ̃] m. PR. abbattimento, accasciamento, spossatezza f. ‖ FIG. abbattimento, accasciamento, prostrazione f., avvilimento.
accabler [akable] v. tr. **1.** [écraser] opprimere. ‖ **2.** [vaincre] vincere, sopraffare, soverchiare. | *accabler un ennemi*, sopraffare un nemico. ‖ **3.** [abattre] *l'âge et les déboires accablent l'homme*, gli anni e i dispiaceri accasciano l'uomo. ‖ **4.** [surcharger] aggravare, sovraccaricare. | *accabler de travail*, aggravare di lavoro. | *accabler d'impôts*, caricare di tasse. | *accablé de dettes*, stracarico, oberato di debiti. | *accablé d'années*, carico d'anni. ‖ **5.** [combler] caricare, colmare. | *accabler d'injures*, coprire d'insulti. | *accabler de louanges*, colmare di lodi. ‖ **6.** [fatiguer] tempestare. | *accabler de questions*, tempestare di domande.
accalmie [akalmi] f. MÉTÉOR. accalmia, bonaccia. ‖ [éclaircie] schiarita. ‖ FIG. tregua, schiarita. | *une accalmie dans les relations internationales*, una schiarita nelle relazioni internazionali.
accaparement [akaparmɑ̃] m. COMM. incetta f., accaparramento. ‖ FIG. accaparramento.
accaparer [akapare] v. tr. COMM. incettare, accaparrare. ‖ FIG. accaparrare; impossessarsi di. | *accaparer qn*, impossessarsi di qlcu.
accapareur, euse [akaparœr, øz] n. incettatore, trice, accaparratore, trice.
accastillage [akastijaʒ] m. MAR. accastellamento.
accéder [aksede] v. tr. ind. **(à)** [arriver à] PR. et FIG. accedere (a). ‖ [consentir à] accedere, aderire, acconsentire (a).
accélérateur [akseleratœr] m. AUTOM., PHOT. acceleratore. ‖ PHYS. *accélérateur de particules*, acceleratore di particelle.
accélération [akselerasjɔ̃] f. acceleramento m., accelerazione. | *accélération des travaux*, accelerazione dei lavori. ‖ PHYS. accelerazione.
accéléré, e [akselere] adj. accelerato, affrettato; rapido, celere, spedito. | *pas, service accéléré*, passo, servizio rapido. ‖ PHYS. *mouvement accéléré*, moto accelerato. ◆ n. m. CIN. accelerato.
accélérer [akselere] v. tr. accelerare, affrettare. | *accélérer le pas*, accelerare, affrettare, allungare il passo. ◆ v. intr. accelerare.
accent [aksɑ̃] m. [élévation de la voix; prononciation; ton] accento. | *accents de colère*, accenti d'ira. ‖ [son] suono. ‖ GRAMM. accento. ‖ FIG. *mettre l'accent sur*, porre l'accento su, insistere su, dar risalto a. ◆ pl. *défiler aux accents de «la Marseillaise»*, sfilare agli accenti della Marsigliese.
accentuation [aksɑ̃tyasjɔ̃] f. [prononciation] accentazione. ‖ FIG. accentuazione, (l')accentuarsi. | *l'accentuation de la crise*, l'accentuarsi della crisi.
accentué, e [aksɑ̃tye] adj. GRAMM. accentato. ‖ FIG. *traits accentués*, lineamenti accentuati, marcati.
accentuer [aksɑ̃tye] v. tr. GRAMM. accentare. | *ce mot est accentué sur la dernière syllabe*, questa parola viene accentata sull'ultima sillaba. ‖ FIG. [souligner] accentuare, far spiccare. | *accentuer les contours d'un dessin*, accentuare i contorni di un disegno. ‖ [renforcer] accentuare, aumentare, accrescere. | *accentuer ses efforts*, accentuare i propri sforzi. ◆ v. pr. accentuarsi; aumentare, crescere (v. intr.). | *le déficit de la balance des paiements s'est accentué*, il deficit della bilancia dei pagamenti è aumentato.
acceptable [aksɛptabl] adj. accettabile.
acceptant, e [aksɛptɑ̃, ɑ̃t] adj. et n. JUR. accettante.
acceptation [aksɛptasjɔ̃] f. accettazione.
accepter [aksɛpte] v. tr. [admettre, consentir à] accettare, ammettere. | *accepter de venir*, accettare di venire. ‖ [supporter] accettare, tollerare. | *accepter sa souffrance*, accettare il proprio dolore. ‖ [agréer] gradire. | *veuillez accepter l'expression de mes sentiments respectueux*, gradisca i miei rispettosi saluti. ‖ COMM. *accepter une traite*, accettare una cambiale.
accepteur [aksɛptœr] m. COMM. accettante.
acception [aksɛpsjɔ̃] f. GRAMM. accezione. | *dans toute l'acception du mot*, in tutta l'estensione del vocabolo. ‖ [égard, préférence] preferenza, parzialità. | *sans acception de personne*, senza riguardo alle persone. | *la loi ne fait acception de personne*, la legge non fa distinzione di persone, non ammette personalismi.
accès [aksɛ] m. [entrée, approche] accesso, accostamento, adito, ingresso. | *un port d'accès facile*, un porto di facile accesso. | *accès interdit*, vietato l'accesso, l'ingresso. | *avoir accès aux archives*, avere libero accesso all'archivio. | *accès à une charge*, accesso a una carica. ‖ FIG. *personne d'accès facile*, persona di facile accesso. ‖ [attaque, crise] accesso, attacco. | *accès de fièvre*, accesso febbrile. ‖ [impulsion] accesso, impeto. | *accès de colère*, accesso d'ira.
accessibilité [aksɛsibilite] f. accessibilità.
accessible [aksɛsibl] adj. [abordable] accessibile. ‖ FIG. [réceptif] accessibile, affabile, alla mano. ‖ [prix] accessibile, conveniente, ragionevole.
accession [aksɛsjɔ̃] f. accessione. | *accession à l'indépendance, à la propriété*, accessione all'indipendenza, alla proprietà. | *accession à l'O. N. U.*, ammissione all'O. N. U. | *accession au pontificat, au trône*, assunzione, avvento (m.) [littér.] al pontificato, al trono. | *accession à un traité*, adesione a un trattato.
accessit [aksesit] m. UNIV. (lat.) accessit.
accessoire [aksɛswar] adj. accessorio. ◆ n. m. accessorio. ◆ n. m. pl. *les accessoires d'une voiture*, gli accessori di una macchina. ‖ THÉÂTRE attrezzi, attrezzeria f.
accessoiriste [aksɛswarist] m. THÉÂTRE, CIN. attrezzista; trovarobe m. inv.
accident [aksidɑ̃] m. [événement fortuit] accidente, caso. | *il arrive souvent des accidents étranges*, succedono spesso casi strani. | *les accidents de la vie*, le vicende della vita. | *par accident* (littér.), per accidente; per caso (L.C.). ‖ [malheur] incidente, sciagura f., disgrazia f., infortunio, sinistro. | *un accident sans gravité*, un incidente trascurabile. | *un grave accident de la route*, una sciagura stradale. | *accident du travail*, infortunio sul lavoro. | *accident de chemin de fer, d'avion*, incidente ferroviario, aereo. (On emploie plutôt *sciagura* ou *disgrazia* si l'accident est grave.) ‖ GÉOGR. accidente, ineguaglianza f. | *accident de terrain*, accidente del terreno. ‖ MUS. accidente. ‖ PHILOS. accidente.
accidenté, e [aksidɑ̃te] adj. [inégal] accidentato, vario, ineguale. | *terrain accidenté*, terreno accidentato. ‖ [agité] agitato, movimentato. ‖ [victime d'un accident] infortunato. | *voiture accidentée*, macchina

sinistrata. ◆ n. infortunato. | *un accidenté du travail*, un infortunato sul lavoro.

accidentel, elle [aksidɑ̃tɛl] adj. [fortuit] accidentale, casuale, fortuito. || MUS. *signe accidentel*, segno accidentale. || PHILOS. accidentale, accessorio.

accidentellement [aksidɑ̃tɛlmɑ̃] adv. accidentalmente, per caso.

accidenter [aksidɑ̃te] v. tr. FAM. *accidenter un cycliste, un piéton*, investire un ciclista, un pedone (L.C.).

acclamation [aklamasjɔ̃] f. acclamazione, applauso m. | *élire, voter par acclamation*, eleggere, votare per acclamazione. | *les acclamations de la foule*, gli applausi della folla.

acclamer [aklame] v. tr. acclamare ; inneggiare (a). | *la foule acclamait le vainqueur*, la folla inneggiava al vincitore.

acclimatation [aklimatasjɔ̃] f. *jardin d'acclimatation*, giardino d'acclimatazione. || FIG. ambientamento m.

acclimater [aklimate] v. tr. acclimatare. | *acclimater un animal*, acclimatare un animale. || FIG. *acclimater une idée*, adattare un'idea all'ambiente. ◆ v. pr. PR. et FIG. acclimatarsi, assuefarsi, ambientarsi.

accointances [akwɛ̃tɑ̃s] f. pl. relazioni ; pratica, familiarità, dimestichezza f.

accointer (s') [sakwɛ̃te] v. pr. **(avec)** FAM. far conoscenza (di), stringer relazione (con), mettersi in relazione (con) [L.C.].

accolade [akɔlad] f. abbraccio m. ; amplesso m. (littér.). | *donner l'accolade à*, abbracciare (v. tr.). || HIST. accollata, collata. | *donner, recevoir l'accolade*, dare, ricevere la collata. || TYP. graffa. || ARCHIT. *arc en accolade*, arco carenato, inflesso.

accolage [akɔlaʒ] m. AGR. accollatura f.

accolement [akɔlmɑ̃] m. congiungimento.

accoler [akɔle] v. tr. VX [embrasser] abbracciare (L.C.). || [joindre] congiungere, accoppiare, appaiare. || TYP. (ri)unire con (una) graffa. || AGR. *accoler la vigne*, accollare la vite ; legare la vite al palo.

accommodable [akɔmɔdabl] adj. accomodabile, adattabile.

accommodant, e [akɔmɔdɑ̃, ɑ̃t] adj. [complaisant] accomodante, compiacente, conciliante, remissivo. || [sociable] trattabile, socievole.

accommodateur, trice [akɔmɔdatœr, tris] adj. ANAT. *muscles accommodateurs de l'œil*, muscoli di accomodazione dell'occhio.

accommodation [akɔmɔdasjɔ̃] f. adattamento m. || PHYSIOL. adattamento. || OPT. accomodazione. || PSYCH. adattamento, acclimatazione.

accommodement [akɔmɔdmɑ̃] m. accomodamento. || JUR. accomodamento, composizione f., componimento. | *par voie d'accommodement*, in via amichevole.

accommoder [akɔmɔde] v. tr. **1.** [adapter] accomodare, adattare, aggiustare. || **2.** JUR. [concilier, régler] accomodare, sistemare. | *accommoder un différend*, accomodare una lite ; appianare, comporre una vertenza. || **3.** CULIN. [apprêter] preparare, ammannire. || **4.** [accoutrer] conciare. || **5.** IRON. [maltraiter] *il l'a bien accommodé !*, l'ha conciato per le feste, per il dì delle feste ! || **6.** PHYSIOL. accomodare. || **7.** PSYCH. adattare, ambientare. ◆ v. pr. **(à)** [s'adapter] adattarsi (a), abituarsi (a). || **(de)** [se contenter] (ac)contentarsi (di).

accompagnateur, trice [akɔ̃paɲatœr, tris] adj. et n. accompagnatore, trice. ◆ n. m. CH. DE F. agente di scorta.

accompagnement [akɔ̃paɲmɑ̃] m. accompagnamento. || MIL. accompagnamento, scorta f. | *tir d'accompagnement*, tiro d'accompagnamento. || MUS. accompagnamento.

accompagner [akɔ̃paɲe] v. tr. accompagnare. || [joindre, ajouter] *accompagner ses paroles d'un geste de menace*, accompagnare le proprie parole con un gesto minaccioso. || MIL. accompagnare, scortare. || MUS. accompagnare.

accompli, e [akɔ̃pli] adj. [terminé] compiuto. | *un travail accompli*, un lavoro compiuto. | *mettre qn devant le fait accompli*, mettere uno di fronte al fatto compiuto. | *il a vingt ans accomplis*, ha vent'anni compiuti. || [parfait] perfetto, provetto, consumato, finito. | *un artisan accompli*, un artigiano provetto. | *une beauté accomplie*, una bellezza perfetta. || IRON. *un brigand accompli*, un brigante finito.

accomplir [akɔ̃plir] v. tr. [achever] compiere, compire. | *accomplir un travail commencé depuis longtemps*, compiere un lavoro iniziato da (molto) tempo. || [exécuter] compiere, adempire, eseguire, espletare. | *accomplir un meurtre*, compiere un omicidio. | *accomplir un devoir, une promesse, un vœu*, compiere, adempire, adempiere un dovere, una promessa, un voto. | *accomplir une démarche*, espletare una pratica. | *accomplir une mission*, compiere una missione. ◆ v. pr. compiersi, compirsi, effettuarsi. || [se réaliser] compiersi, adempirsi, adempiersi, avverarsi, verificarsi. | *toutes ses prédictions s'accomplirent*, tutte le sue predizioni si compirono, si adempirono, si avverarono.

accomplissement [akɔ̃plismɑ̃] m. [achèvement] compimento, adempimento. || [exécution] compimento, esecuzione f., espletazione f. || PSYCHAN. *accomplissement de désir*, appagamento di desiderio.

accord [akɔr] m. [harmonie, entente] accordo, intesa f. | *vivre en parfait accord*, vivere in perfetto, in pieno accordo. | *être, tomber d'accord avec qn*, essere, rimanere d'accordo con qlcu. | *d'un commun accord*, di comune accordo. || [convention] accordo, patto. | *accord international*, accordo, patto internazionale. | *accord d'entreprise*, patto aziendale. | *accord à l'amiable*, accordo, patto amichevole. | *ne pas respecter un accord*, non stare ai patti. || GRAMM. concordanza f., accordo. || MUS. accordo. | *faux accord*, stonatura f. ◆ loc. adv. FAM. ***d'accord !***, d'accordo ! | *tout à fait d'accord !*, d'accordissimo !

accordable [akɔrdabl] adj. accordabile.

accordage [akɔrdaʒ] m. ou **accordement** [akɔrdəmɑ̃] m. accordatura f.

accordailles [akɔrdaj] f. pl. VX fidanzamento m. sing. (L.C.).

accordée [akɔrde] f. VX promessa sposa (L.C.) ; dama (fam. ; tosc.).

accordéon [akɔrdeɔ̃] m. fisarmonica f.

accordéoniste [akɔrdeɔnist] n. fisarmonicista.

accorder [akɔrde] v. tr. **1.** [mettre d'accord] accordare, conciliare. | *accorder deux adversaires, deux couleurs*, accordare due avversari, due colori. || **2.** MUS. accordare. || FAM. *accordez vos violons*, mettetevi d'accordo (L.C.). || **3.** GRAMM. concordare. || **4.** [octroyer, concéder] accordare, concedere. | *accorder une audience, une autorisation, une faveur, une grâce*, accordare, concedere un'udienza, un'autorizzazione, un favore, una grazia. | *accorder sa fille en mariage*, concedere la figlia in matrimonio. || **5.** [admettre] ammettere. | *accorder que l'on a tort*, ammettere di avere torto. | *vous m'accorderez que*, ammetterà (con me) che. ◆ v. pr. [se mettre d'accord] accordarsi. | *s'accorder sur le prix*, accordarsi sul prezzo. || [être d'accord] concordare ; andare d'accordo. | *s'accorder à reconnaître que*, concordare nel riconoscere che. | *deux hommes qui s'accordent bien*, due uomini che vanno d'accordo. || GRAMM. concordare (v. intr.).

accordeur [akɔrdœr] m. accordatore.

accordoir [akɔrdwar] m. MUS. chiave f. (di accordatore).

accore [akɔr] adj. MAR. accoro. ◆ m. puntello.

accorte [akɔrt] adj. f. leggiadra, avvenente, piacente. | *servante accorte*, servotta f.

accostable [akɔstabl] adj. accessibile, accostabile. | *une plage accostable*, una spiaggia accessibile. || FIG. accessibile, accostevole, accostabile, abbordabile.

accostage [akɔstaʒ] m. MAR. attracco, accostata f., accostamento.

accoster [akɔste] v. tr. et intr. MAR. accostare, attraccare, approdare (v. intr.). | *accoster le môle, le quai*, accostare, attraccare, approdare al molo, alla

banchina. ◆ v. tr. *accoster qn*, accostare, avvicinare qlcu., accostarsi a qlcu. ; abbordare qlcu. (gall.).
accotement [akɔtmɑ̃] m. [routier] banchina f. (stradale) ; [ferroviaire] pista f.
accoter [akɔte] v. tr. appoggiare. ◆ v. pr. appoggiarsi. | *s'accoter contre un mur*, appoggiarsi a un muro.
accotoir [akɔtwar] m. bracciolo.
accouchée [akuʃe] f. puerpera.
accouchement [akuʃmɑ̃] m. parto. | *accouchement dirigé, naturel, prématuré, sans douleur*, parto artificiale, naturale, prematuro, indolore. | *accouchement aux, par les fers*, parto col forcipe. | *clinique d'accouchement*, clinica ostetrica. || FIG. et FAM. parto.
accoucher [akuʃe] v. intr. et tr. ind. **(de)** partorire (v. tr.), sgravarsi (v. pr.). | *elle accoucha d'un garçon*, partorì un maschio. || FIG., FAM. *accoucher d'une souris*, partorire un topo. | *il a accouché de deux énormes volumes*, ha partorito due volumoni. || POP. *accouche !*, sputa fuori ! ; su, parla ! (L.C.). ◆ v. tr. assistere. | *le chirurgien a accouché une femme*, il chirurgo ha assistito una partoriente.
accoucheur, euse [akuʃœr, øz] n. ostetrico m. ; [sage-femme] ostetrica f., levatrice f. ; mammana f. (mérid.).
accouder (s') [sakude] v. pr. appoggiarsi sul, col gomito. | *s'accouder au balcon, à la fenêtre*, affacciarsi al balcone, alla finestra.
accoudoir [akudwar] m. [fauteuil, divan] bracciolo, appoggiatoio ; [prie-dieu] sbarra f.
accouplement [akupləmɑ̃] m. accoppiamento. || MÉC. accoppiamento, giunto, giunzione f. | *barre, bielle d'accouplement*, asse, biella d'accoppiamento.
accoupler [akuple] v. tr. [réunir par paire] accoppiare, abbinare, appaiare ; [chevaux] appaiare ; [bêtes à cornes] aggiogare. || ÉLECTR. *accoupler des piles*, accoppiare delle pile. ◆ v. pr. accoppiarsi.
accourir [akurir] v. intr. accorrere, correre. | *ses amis ont accouru, sont accourus pour l'aider*, i suoi amici sono (ac)corsi ad aiutarlo.
accoutrement [akutrəmɑ̃] m. arnese (vx).
accoutrer [akutre] v. tr. PÉJOR. infagottare.
accoutumance [akutymɑ̃s] f. assuefazione, abitudine. || MÉD. assuefazione.
accoutumé, e [akutyme] adj. abituato, assuefatto, avvezzo. | *une personne accoutumée au luxe*, una persona abituata, avvezza al lusso. || [habituel] solito, abituale, consueto. | *faire sa promenade accoutumée*, far la solita passeggiata. ◆ loc. adv. ***à l'accoutumée,*** di solito, abitualmente, consuetamente.
accoutumer [akutyme] v. tr. abituare, avvezzare, assuefare ; accostumare (vx). ◆ v. tr. ind. **(de)** *j'avais accoutumé de le faire* (littér.), avevo l'abitudine di farlo, ero solito farlo (L.C.). ◆ v. pr. **(à)** abituarsi (a), avvezzarsi (a), assuefarsi (a) ; accostumarsi (a) [vx].
accréditer [akredite] v. tr. [reconnaître, faire reconnaître] *accréditer un ambassadeur*, accreditare un ambasciatore. || [rendre digne de foi] accreditare, avvalorare. | *accréditer un faux bruit*, accreditare una notizia falsa. || COMM. *accréditer qn auprès d'une banque*, accreditare qlcu. presso una banca. ◆ v. pr. diffondersi, propagarsi, accreditarsi ; avvalorarsi (vx).
accréditeur [akreditœr] m. FIN. mallevadore, garante.
accréditif [akreditif] m. [crédit] credito, accredito, accreditamento. || [lettre ouvrant un crédit] lettera (f.) di credito.
accroc [akro] m. squarcio, strappo. | *faire un accroc à son habit*, farsi uno strappo al vestito ; farsi un sette nel vestito (fam.). | *un accroc dans un bas*, una smagliatura alla calza. || FIG., FAM. intoppo, inciampo ; ostacolo (L.C.). | *l'affaire n'alla pas sans accroc*, la cosa non andò liscia. | *il y eut de nombreux accrocs*, ci furono numerosi intoppi. | *accroc à la réputation*, intacco alla reputazione.
accrochage [akrɔʃaʒ] m. [action d'accrocher] agganciamento, (l')appendere. || FAM. [querelle] battibecco ; bisticcio (L.C.). || CH. DE F. agganciamento. || MIL. scontro, combattimento. || MIN. sbocco. || TRANSP. scontro, urto.
accroche-cœur [akrɔʃkœr] m. inv. tirabaci.
accrocher [akrɔʃe] v. tr. **1.** [suspendre] appendere, attaccare, agganciare. | *accrocher sa veste au portemanteau*, appendere la giacca all'attaccapanni. || [attacher] agganciare, attaccare. | *accrocher deux wagons*, agganciare due vagoni. || **2.** [heurter] urtare, scontrare. | *accrocher une auto*, urtare contro, scontrarsi con un'automobile. | *accrocher un piéton*, urtare, investire un pedone. || **3.** [retenir] aggrappare. | *les ronces accrochaient ses vêtements*, le spine gli si aggrappavano ai vestiti. | *j'ai accroché mon bas*, mi si è smagliata la calza. || **4.** MIL. *accrocher une patrouille ennemie*, attaccare una pattuglia nemica. || **5.** FIG., FAM. [saisir] carpire, arraffare. | *accrocher une bonne place*, arraffare un buon posto. | *accrocher quelques phrases au vol*, afferrare a volo qualche frase. || [attirer] attirare, attrarre, allettare. | *accrocher le regard*, attirare lo sguardo. | *une publicité qui accroche le client*, una pubblicità che attrae, che alletta il cliente. | *accrocher une jeune fille*, agganciare (néol.) una ragazza. ◆ v. pr. [se suspendre] appendersi, attaccarsi. || [s'attacher] attaccarsi, agganciarsi, aggrapparsi. || [se heurter] scontrarsi. || FIG., FAM. [importuner] attaccarsi, appiccicarsi, incollarsi. | *s'accrocher à qn*, appiccicarsi a qlcu. || [ne pas céder] ostinarsi, puntare i piedi.
accrocheur, euse [akrɔʃœr, øz] adj. FAM. tenace, pertinace, battagliero (L.C.). || [qui retient l'attention] vistoso. | *un titre accrocheur*, un titolo allettante.
accroire [akrwar] v. tr. *faire, laisser accroire*, dare ad intendere ; dare a bere (fam.). | *en faire accroire à qn*, darla a bere ad uno. || VX *s'en faire, s'en laisser accroire*, presumere troppo di sé ; credersi un gran che (fam.).
accroissement [akrwasmɑ̃] m. aumento, incremento, accrescimento, potenziamento.
accroître [akrwatr] v. tr. accrescere, aumentare, incrementare. ◆ v. pr. crescere, aumentare (v. intr.) ; accrescersi, incrementarsi.
accroupir (s') [sakrupir] v. pr. accoccolarsi, accosciarsi, accovacciarsi.
accroupissement [akrupismɑ̃] m. (l')accoccolarsi.
accu [aky] m. [abrév. fam. de ACCUMULATEUR] accumulatore. | *les accus sont à plat*, la batteria è scarica.
accueil [akœj] m. accoglienza f. | *faire, réserver un bon, un mauvais accueil*, fare buona, cattiva accoglienza ; fare buona, cattiva cera (littér.). | *centre d'accueil*, centro d'assistenza. | *terre d'accueil*, paese ospitale. || COMM. accettazione f., accoglimento. | *faire bon accueil à une traite*, onorare una tratta.
accueillant, e [akœjɑ̃, ɑ̃t] adj. accogliente, ospitale.
accueillir [akœjir] v. tr. accogliere, ricevere. | *accueillir à bras ouverts*, accogliere a braccia aperte. | *accueillir à coups de fusil*, accogliere a fucilate. || [héberger] accogliere, ospitare, albergare. || [accepter] accogliere, accettare, gradire. || MIL. aggredire, assalire. || COMM. *accueillir une traite*, accettare, accogliere una tratta.
acculer [akyle] v. tr. PR. et FIG. stringere (a), mettere con le spalle (a). | *on m'a acculé au mur*, mi hanno stretto al muro, messo con le spalle al muro. | *acculer l'ennemi à la mer*, mettere il nemico con le spalle al mare. | *acculer au suicide*, spingere, ridurre al suicidio. | *acculer à la faillite*, ridurre al fallimento. | *être acculé*, essere alle strette.
accumulateur [akymylatœr] m. V. ACCU.
accumulation [akymylasjɔ̃] f. accumulazione, ammassamento m., ammucchiamento m. || GÉOGR. sedimentazione. || TECHN. accumulazione.
accumuler [akymyle] v. tr. accumulare, ammassare, ammucchiare. ◆ v. pr. accumularsi, ammucchiarsi. | *de lourds nuages s'accumulent*, pesanti nubi si addensano.
accusateur, trice [akyzatœr, tris] adj. accusatorio. ◆ n. JUR. accusatore, trice. ◆ n. m. HIST. *accusateur public*, pubblico accusatore.
accusatif [akyzatif] m. GRAMM. accusativo.

accusation [akyzasjɔ̃] f. accusa, addebito m. | *lancer une accusation*, muovere, lanciare un'accusa. ‖ JUR. *chef d'accusation*, capo d'accusa. | *acte d'accusation*, atto d'accusa. | *(arrêt de) mise en accusation*, (sentenza di) rinvio a giudizio. | *chambre des mises en accusation*, sezione d'accusa. ‖ [ministère public] (pubblica) accusa.
accusatoire [akyzatwar] adj. JUR. accusatorio.
accusé, e [akyze] n. [personne] accusato. ‖ JUR. imputato. | *accusé libre*, imputato a piede libero. ◆ m. [attestation] *accusé de réception*, ricevuta f. | *lettre recommandée avec accusé de réception*, raccomandata con ricevuta di ritorno.
accuser [akyze] v. tr. [inculper] accusare, incolpare, imputare. | *accuser qn à tort de vol*, accusare a torto qlcu. di furto. ‖ [reprocher] accusare. | *accuser de négligence*, accusare di negligenza. ‖ [révéler] accusare, svelare, dimostrare. | *accuser de la fatigue, une douleur au bras, le coup*, accusare fatica, un dolore al braccio, il colpo. ‖ [accentuer] accentuare, far spiccare, far risaltare; dare risalto a. ‖ COMM. *accuser réception*, accusar ricevuta. ◆ v. pr. accusarsi. ‖ [s'accentuer] accentuarsi.
acéphale [asefal] adj. acefalo.
acerbe [asɛrb] adj. acerbo, aspro.
acerbité [asɛrbite] f. acerbità, asprezza.
acéré, e [asere] adj. [pointu] acuto, aguzzo, acuminato. ‖ [tranchant] tagliente, affilato. ‖ FIG. mordente, pungente, tagliente.
acérer [asere] v. tr. MÉTALL. acciaiare. ‖ FIG. dar mordente a, rendere pungente.
acétate [asetat] m. CHIM. acetato.
acétique [asetik] adj. CHIM. acetico.
acétone [asetɔn] f. CHIM. acetone m.
acétonémie [asetɔnemi] f. MÉD. acetonemia.
acétonurie [asetɔnyri] f. MÉD. acetonuria.
acétylène [asetilɛn] m. CHIM. acetilene.
achalandé, e [aʃalɑ̃de] adj. Vx [qui a des clients] a cui non mancano clienti (L.C.); (ben) avviato. ‖ FAM. [approvisionné] ben fornito, ben avviato (L.C.).
achalander [aʃalɑ̃de] v. tr. [pourvoir de clients] avviare.
acharné, e [aʃarne] adj. accanito.
acharnement [aʃarnəmɑ̃] m. accanimento. ‖ FIG. accanimento, ostinazione f., tenacia f.
acharner (s') [saʃarne] v. pr. accanirsi.
achat [aʃa] m. [action, objet] acquisto, comp(e)ra f. | *pouvoir d'achat*, potere d'acquisto. | *achat au comptant*, acquisto in, per contanti. | *achat à crédit, à terme*, acquisto a credito, a termine. | *prix d'achat*, prezzo d'acquisto. | *l'achat et la vente de marchandises*, la compravendita di merci. ‖ [emplette] acquisto, compra. | *faire des achats*, far delle comp(e)re.
ache [aʃ] f. BOT. appio m.
acheminement [aʃminmɑ̃] m. avvio, avviamento, inoltro. | *acheminement des trains*, avvio dei treni. | *acheminement du courrier, d'un dossier*, inoltro della posta, di una pratica. ‖ [avance, progression] progresso, progressione f.
acheminer [aʃmine] v. tr. [trains] avviare. ‖ [courrier, dossier] inoltrare. ‖ [marchandises, troupes] convogliare. ‖ ◆ v. pr. avviarsi, incamminarsi.
achetable [aʃtabl] adj. comprabile, acquistabile.
acheter [aʃte] v. tr. comprare, acquistare, acquisire. | *acheter comptant, à terme, à tempérament, à crédit*, comprare in contanti, a termine, a rate, a respiro. | *achetez français!* = comprate prodotti nazionali! ‖ FIG. [payer] comprare, pagare. ‖ [corrompre] comprare, corrompere, subornare.
acheteur, euse [aʃtœr, øz] n. compratore, trice.
achevé, e [aʃve] adj. [parfait] compiuto, compito, perfetto. | *modèle achevé de toutes les vertus*, modello compiuto di tutte le virtù. | *attitude d'un ridicule achevé*, atteggiamento sommamente ridicolo. | *un coquin achevé*, un furfante matricolato.
achèvement [aʃɛvmɑ̃] m. compimento, completamento, ultimazione f.
achever [aʃve] v. tr. [terminer] compiere, compire, finire, terminare, ultimare. | *achever de parler*, finire di parlare. ‖ [tuer] finire. | *achever un blessé*, dare il colpo di grazia a, finire un ferito. ‖ FIG. *la grippe m'a achevé*, l'influenza mi ha dato il colpo di grazia. ◆ v. pr. finire, terminare (v. intr.).
achillée [akile] f. BOT. achillea.
achoppement [aʃɔpmɑ̃] m. PR. et FIG. ostacolo, inciampo, intoppo. | *pierre d'achoppement*, inciampo.
achopper [aʃɔpe] v. intr. inciampare, incespicare.
achromatique [akrɔmatik] adj. acromatico.
acide [asid] adj. acido. | *devenir acide*, inacidire. ‖ FIG. acido, mordace. | *des propos acides*, parole acide. ◆ n. m. CHIM. acido.
acidification [asidifikasjɔ̃] f. acidificazione.
acidifier [asidifje] v. tr. acidificare. ◆ v. pr. inacidire (v. intr.), inacidirsi.
acidité [asidite] f. acidità.
acidose [asidoz] f. acidosi.
acidulé, e [asidyle] adj. acidulo. | *bonbon acidulé*, caramella, chicca (tosc.) acidula.
aciduler [asidyle] v. tr. acidulare.
acier [asje] m. acciaio. | *acier affiné, électrique, inoxydable, rapide, spécial, trempé*, acciaio affinato, elettrico, inossidabile, rapido, speciale, temperato. ‖ (poét.) [arme] acciaio, ferro. ‖ FIG. *muscles d'acier*, muscoli d'acciaio.
aciérage [asjeraʒ] m. ou **aciération** [asjerasjɔ̃] f. acciaiatura f.
aciérer [asjere] v. tr. acciaiare.
aciérie [asjeri] f. acciaieria.
acmé [akme] f. acme.
acné [akne] f. MÉD. acne.
acolyte [akɔlit] m. RELIG. accolito. ‖ FAM., PÉJOR. complice (L.C.).
acompte [acɔ̃t] m. acconto. | *en acompte*, in acconto.
aconit [akɔnit] m. BOT. aconito.
acoquiner (s') [sakɔkine] v. pr. PÉJOR. *s'acoquiner avec qn*, incanagliarsi, ingaglioffarsi con qlcu.
à-côté [akɔte] m. (pl. **à-côtés**) = aspetto secondario. | *ce sont les à-côtés de la question*, sono gli aspetti secondari del problema.
à-coup [aku] m. (pl. **à-coups**) scatto, strappo, scossa f. | *avancer par à-coups*, avanzare a scatti. | *pédaler par à-coups*, pedalare a strappi. ‖ FIG. inciampo, intoppo.
acoustique [akustik] adj. acustico. ◆ n. f. PHYS. acustica.
acquéreur [akerœr] m. acquirente, compratore. | *se rendre acquéreur de qch.*, acquistare (JUR. acquisire) qlco.
acquérir [akerir] v. tr. [devenir possesseur] acquistare, comprare. ‖ JUR. acquisire. ‖ FIG. [obtenir] acquistare, acquisire.
acquêts [akɛ] m. pl. JUR. acquisti. | *communauté réduite aux acquêts*, comunione limitata agli acquisti.
acquiescement [akjɛsmɑ̃] m. acquiescenza f., consenso, assenso.
acquiescer [akjɛse] v. tr. ind. **(à)** assentire (a), (ac)consentire (a), (ac)condiscendere (a). | *acquiescer au désir de qn*, accondiscendere al desiderio di qlcu. ◆ v. intr. *acquiescer d'un signe de tête*, annuire, assentire con un cenno del capo.
acquis, e [aki, iz] adj. [dévoué] devoto. | *être tout acquis à qn*, essere devotissimo a qlcu. | *je te suis tout acquis*, son tutto tuo. ‖ [obtenu] acquisito, acquistato. | *droits acquis*, diritti acquisiti. | *vitesse acquise*, velocità acquistata. ‖ BIOL., PSYCH. *caractères acquis*, caratteri acquisiti. ‖ FIG. *un fait acquis*, un fatto accertato, certo. ◆ n. m. cognizioni f. pl., esperienza f.
acquisition [akizisjɔ̃] f. [action] acquisto m., acquisizione. | *faire l'acquisition d'une maison*, far l'acquisto di, acquistare una casa. ‖ [objet] acquisto, comp(e)ra.
acquit [aki] m. quietanza f., ricevuta f. | *pour acquit*, per quietanza. ‖ FIG. *par acquit de conscience*, a sgravio, per sgravio, per scarico di coscienza. | *par manière d'acquit* (littér.), per disimpegno, per la forma; tanto per fare (L.C.).
acquit-à-caution [akiakosjɔ̃] m. (pl. **acquits-à-caution** [akizakosjɔ̃]) COMM. bolletta (f.) di transito.

acquittement [akitmɑ̃] m. [paiement] pagamento (liberatorio), assolvimento, corresponsione f. | *l'acquittement d'une facture*, il quietanzare una fattura. || JUR. assoluzione f., proscioglimento.
acquitter [akite] v. tr. COMM., FIN. [payer] pagare, quietanzare. | *acquitter une facture*, quietanzare una fattura. || [libérer] liberare. | *ce versement m'acquitte de ma dette envers lui*, questo versamento mi libera dal mio debito verso di lui. || JUR. assolvere, prosciogliere. || FIG. [tenir, remplir] adempi(e)re, compiere. ◆ v. pr. PR. et FIG. liberarsi, sdebitarsi, disobbligarsi. | *s'acquitter d'une dette*, assolvere un debito, sdebitarsi. || [accomplir] adempi(e)re, compiere, assolvere. | *s'acquitter d'une tâche*, assolvere un compito. | *s'acquitter d'une mission*, compiere una missione.
acre [akr] f. acro m.
âcre [ɑkr] adj. acre, aspro. | *odeur, saveur âcre*, odore, sapore acre.
âcreté [ɑkrəte] f. acredine, asprezza, acidità. || FIG. acredine, acrimonia.
acrimonie [akrimɔni] f. acrimonia, asprezza, acredine.
acrimonieux, euse [akrimɔnjø, øz] adj. acrimonioso, astioso.
acrobate [akrɔbat] n. acrobata.
acrobatie [akrɔbasi] f. acrobazia. | *exercices d'acrobatie*, esercizi acrobatici; acrobatismi m. pl. | *acrobaties aériennes*, acrobazie aeree. || [profession] acrobatica, acrobatismo m. || FIG. acrobazia, acrobatismo.
acrobatique [akrɔbatik] adj. acrobatico.
acropole [akrɔpɔl] f. acropoli.
acrostiche [akrɔstiʃ] m. POÉS. acrostico.
acrotère [akrɔtɛr] m. ARCHIT. acroterio.
actant [aktɑ̃] m. LING. attante.
acte [akt] m. **1.** atto. | *acte de bravoure, de violence*, atto di coraggio, di violenza. | *faire acte d'autorité, de bonne volonté, de présence*, fare atto di autorità, di buona volontà, di presenza. | *passer aux actes*, passare agli atti. || **2.** JUR. atto. | *acte d'accusation*, atto d'accusa. | *acte notarié*, atto notarile. | *acte sous seing privé*, atto privato. | *acte de naissance, de mariage, de décès*, atto di nascita, di matrimonio, di morte. | *dresser un acte*, stendere un atto. || **3.** COMM. *acte constitutif*, atto costitutivo. | *acte de cession*, atto di cessione. | *donner, prendre acte*, dare, prendere atto. | *dont acte*, ne diamo atto. || **4.** PHILOS. atto. || **5.** PSYCHAN. *acte manqué*, atto mancato. || **6.** RELIG. *acte de contrition, de foi*, atto di contrizione, di fede. ◆ pl. [recueil de textes : d'une société savante] atti. || RELIG. *les Actes des Apôtres*, gli Atti degli Apostoli.
acteur, trice [aktœr, tris] n. attore m., attrice f.
actif, ive [aktif, iv] adj. [homme] attivo, operoso, laborioso. || [chose] attivo, energico, efficace. || GRAMM. attivo. || MIL. *l'armée active, l'active*, l'esercito attivo. | *service actif*, servizio permanente. | *officier d'active*, ufficiale effettivo. || PÉDAG. *méthode active*, metodo attivo. ◆ n. m. COMM. attivo, attività f. | *l'actif d'un bilan*, l'attivo, le attività, le partite attive di un bilancio. || FIG. *porter à l'actif de qn*, attribuire, ascrivere a merito di qlcu. | *cet homme a de longues années de réussite à son actif*, quest'uomo ha lunghi anni di successo dalla sua.
actinie [aktini] f. attinia.
actinium [aktinjɔm] m. CHIM. attinio.
action [aksjɔ̃] f.

I. MANIFESTATION DE LA VOLONTÉ : azione, atto m., gesto m.
II. EFFET D'UNE ÉNERGIE : azione.
III. ACTIVITÉ : azione, moto m., movimento m.
IV. SENS MILITAIRE ET SPORTIF : azione.
V. SENS LITTÉRAIRE ET PHILOSOPHIQUE : azione.
VI SENS JURIDIQUE : causa, azione, processo m.
VII. FINANCES : azione.
VIII. RELIGION : azione.

I. MANIFESTATION DE LA VOLONTÉ : azione, atto m., gesto m. | *commettre une mauvaise action*, commettere una cattiva azione. | *c'est une action généreuse*, è un gesto generoso. | *faire une action d'éclat*, fare una prodezza. | *actions héroïques*, imprese eroiche, gesta f. pl.
II. EFFET D'UNE ÉNERGIE : azione. | *l'action du poison, du temps*, l'azione del veleno, del tempo.
III. ACTIVITÉ : azione, moto m., movimento m. | *être, mettre en action*, essere, mettere in azione, in moto. | *passer à l'action*, passare all'azione. | *champ d'action*, campo d'azione.
IV. SENS MILITAIRE ET SPORTIF : azione. | *une action de partisans*, un'azione partigiana. | *l'action offensive des avants*, l'azione offensiva degli attaccanti. | *dans le feu de l'action*, nel calore dell'azione. | *engager une action décisive*, iniziare un'azione decisiva. | *l'action a été chaude*, l'azione è stata violenta.
V. SENS LITTÉRAIRE ET PHILOSOPHIQUE : azione. | *mettre de l'action dans ses propos*, mettere calore, ardore nelle proprie parole. | *unité d'action*, unità d'azione. | *cette comédie manque d'action*, questa commedia difetta d'azione. | *l'action se déroule à Paris*, l'azione si svolge a Parigi.
VI. SENS JURIDIQUE : causa, azione, processo m. | *action civile en dommages-intérêts*, causa civile per risarcimento di danni. | *intenter une action en justice*, intentare, promuovere un'azione giudiziaria.
VII. FINANCES : azione. | *société par actions*, società per azioni. | *action cotée, libérée, nominative, au porteur, privilégiée*, azione quotata, liberata, nominale, al portatore, privilegiata. || PR. et FIG. *ses actions sont en baisse, en hausse*, le sue azioni sono in ribasso, in rialzo.
VIII. RELIGION : *actions de grâces*, azioni di grazia, ringraziamenti m. pl.

actionnaire [aksjɔnɛr] n. azionista m.
actionnariat [aksjɔnarja] m. azionariato.
actionner [aksjɔne] v. tr. MÉC. azionare. | *actionner un moteur*, azionare, mettere in moto un motore. || JUR. promuovere un'azione contro.
activation [aktivasjɔ̃] f. attivazione.
activer [aktive] v. tr. [accélérer] accelerare, affrettare, sollecitare. | *activer les travaux*, affrettare i lavori. || [rendre actif] attivare. | *activer le feu*, attizzare il fuoco. | *le vent active l'incendie*, il vento attiva l'incendio. || CHIM. attivare. | *charbon activé*, carbone attivo. || POLIT., ÉCON. attivizzare (néol.). || FAM. *activez !*, presto ! (L.C.). ◆ v. pr. affaccendarsi, affrettarsi.
activeur [aktivœr] m. CHIM. attivatore, attivante.
activisme [aktivism] m. POLIT. attivismo.
activiste [aktivist] n. et adj. attivista.
activité [aktivite] f. attività, operosità. | *une usine en pleine activité*, una fabbrica in piena attività. | *l'admirable activité d'un artiste*, l'ammirevole operosità di un artista. | *un volcan en activité*, un vulcano attivo. | *rapport d'activité*, relazione sull'attività. | *activités de plein air*, attività all'aria aperta. | *un fonctionnaire en activité*, un funzionario in attività. | *activité débordante*, attività traboccante.
actuaire [aktɥɛr] m. FIN., ANTIQ. attuario.
actualisation [aktɥalizasjɔ̃] f. attualizzazione.
actualiser [aktɥalize] v. tr. attualizzare.
actualisme [aktɥalism] m. PHILOS. attualismo.
actualité [aktɥalite] f. attualità. ◆ pl. CIN. cinegiornale m.
actuariel, elle [aktɥarjɛl] adj. FIN. attuariale.
actuel, elle [aktɥɛl] adj. attuale, presente. | *le régime actuel*, l'attuale regime. || PHILOS. attuale. || THÉOL. *péché actuel*, peccato attuale.
acuité [akɥite] f. acutezza. | *acuité de l'intelligence*, acutezza dell'ingegno; acume m. | *acuité d'une crise*, gravità di una crisi. || PHYSIOL. acutezza.
acuminé, e [akymine] adj. BOT. acuminato, appuntito.
acupuncteur ou **acuponcteur** [akypɔ̃ktœr] m. MÉD. chi pratica l'agopuntura.
acupuncture ou **acuponcture** [akypɔ̃ktyr] f. MÉD. agopuntura, acupuntura.
acutangle [akytɑ̃gl] adj. GÉOM. acutangolo.

acyclique [asiklik] adj. aciclico.

adage [adaʒ] m. adagio.

adagio [adadʒjo] m. (pl. **adagios**) et adv. Mus. adagio m. inv. et adv.

adamantin, e [adamɑ̃tɛ̃, in] adj. adamantino.

adamique [adamik] adj. adamitico.

adaptable [adaptabl] adj. adattabile.

adaptateur, trice [adaptatœr, tris] n. riduttore, trice. ◆ m. Électr. trasduttore.

adaptation [adaptasjɔ̃] f. adattamento m. ‖ Biol. Psych., adattamento. ‖ Opt., Physiol. adattamento, accomodazione.

adapter [adapte] v. tr. Pr. et fig. adattare. | *adapter les moyens au but*, adattare, adeguare i mezzi al fine. ◆ v. pr. [se conformer] adattarsi, accomodarsi, conformarsi, uniformarsi. | *s'adapter au milieu*, adattarsi all'ambiente, ambientarsi. ‖ [convenir, aller] adattarsi, convenire ; addirsi, confarsi (littér.).

additif, ive [aditif, iv] adj. additivo. | *clause additive*, clausola aggiunta. ◆ n. m. Chim. additivo. ‖ Fin. *additif au budget*, aggiunta (f.) al bilancio.

addition [adisjɔ̃] f. aggiunta, addizione. ‖ Math. addizione, somma. ‖ [au restaurant] conto m.

additionnel, elle [adisjɔnɛl] adj. addizionale. ‖ Fin. *centimes additionnels*, addizionale (n. f.) d'imposta. V. centime.

additionner [adisjɔne] v. tr. addizionare, sommare. ‖ [ajouter] aggiungere. | *additionner le vin d'eau*, aggiungere acqua al vino, annacquare il vino. | *une liqueur additionnée de sucre*, un liquore con aggiunta di zucchero.

adducteur [adyktœr] adj. et n. m. Anat., Techn. adduttore.

adduction [adyksjɔ̃] f. Anat. adduzione. ‖ Techn. *adduction d'eau, d'électricité, de gaz*, collegamento (m.) idrico, elettrico, di gas.

adénite [adenit] f. Méd. adenite.

adénoïde [adenɔid] adj. Méd. adenoide.

adent [adɑ̃] m. Techn. addentatura f.

adepte [adɛpt] n. adepto m., seguace m. ; fautore, trice.

adéquat, e [adekwa, at] adj. adeguato, adatto, idoneo.

adéquation [adekwasjɔ̃] f. adeguamento m.

adhérence [aderɑ̃s] f. aderenza.

adhérent, e [aderɑ̃, ɑ̃t] adj. aderente. ‖ Phys. *poids adhérent*, peso aderente. ◆ n. Fig. aderente ; fautore, trice.

adhérer [adere] v. tr. ind. **(à)** [tenir fortement] aderire (a). | *le lierre adhère au mur*, l'edera aderisce al muro. | *la voiture adhère bien dans les virages*, la macchina tiene bene le curve. ‖ [approuver] aderire a. | *adhérer à une proposition*, aderire, acconsentire ad una proposta.

adhésif, ive [adezif, iv] adj. adesivo. ◆ n. m. adesivo.

adhésion [adezjɔ̃] f. [union] adesione. | *force d'adhésion*, forza di adesione, forza adesiva. ‖ [participation] adesione. ‖ Jur. adesione. ‖ Fig. [consentement] adesione, consenso m., assentimento m.

ad hoc [adɔk] loc. adv. et adj. (lat.) ad hoc.

ad hominem [adɔminɛm] loc. adj. (lat.) ad hominem.

adiante [adjɑ̃t] m. Bot. adianto, capelvenere.

adieu [adjø] interj. addio ! ; fam. ciao ! | *adieu vacances !*, addio vacanze ! | *sans adieu !*, non dirmi addio, ma arrivederci ! ◆ m. addio. | *les adieux furent tristes*, l'addio fu triste. | *faire ses adieux*, dire addio ; prendere commiato, congedo, licenza ; accomiatarsi. | *dire adieu au monde*, dire addio al mondo. | *faire ses adieux à la scène*, dare l'addio alle scene.

à Dieu vat ! [adjøva] loc. interj. avvenga quel che vuole !, succeda quel che succeda !, in bocca al lupo !

adipeux, euse [adipø, øz] adj. adiposo.

adjacent, e [adʒasɑ̃, ɑ̃t] adj. adiacente, contiguo. ‖ Géom. *angles adjacents*, angoli adiacenti.

adjectif [adʒɛktif] m. aggettivo. ◆ adj. (f. ***adjective***) aggettivale.

adjoindre [adʒwɛ̃dr] v. tr. aggiungere, associare. | *on lui adjoignit un collaborateur*, gli associarono un collaboratore. ◆ v. pr. aggiungersi, associarsi.

adjoint, e [adʒwɛ̃, ɛ̃t] adj. aggiunto. | *officier adjoint*, ufficiale aggiunto. ◆ n. m. *adjoint d'enseignement* = incaricato (nei licei francesi). ‖ Adm. assessore. | *adjoint au maire*, assessore comunale.

adjonction [adʒɔ̃ksjɔ̃] f. aggiunta, giunta.

adjudant [adʒydɑ̃] m. [sous-officier] maresciallo. | *adjudant-chef*, maresciallo capo. | *adjudant de gendarmerie*, maresciallo dei carabinieri [contexte italien] ; = maresciallo dei gendarmi [contexte français]. ‖ [officier] aiutante. | *adjudant-major*, aiutante maggiore. ‖ Fam., péjor. *c'est un véritable adjudant !*, è un vero caporale !

adjudicataire [adʒydikatɛr] m. [entreprise] appaltatore, aggiudicatario. ‖ [aux enchères] aggiudicatario.

adjudication [adʒydikasjɔ̃] f. Jur. aggiudicazione. ‖ [marché] appalto m. | *donner, mettre, prendre en adjudication*, dare, mettere, prendere in appalto.

adjuger [adʒyʒe] v. tr. [jugement ou vente] aggiudicare, assegnare. | *adjugé !*, aggiudicato ! ‖ [concours] dare, concedere in appalto ; appaltare, aggiudicare. ‖ [récompense] assegnare. | *adjuger un prix, la victoire à une équipe*, assegnare un premio, la vittoria a una squadra. ◆ v. pr. [s'approprier] appropriarsi, attribuirsi ; impadronirsi (di). | *s'adjuger une découverte*, appropriarsi una scoperta. | *s'adjuger la meilleure part*, farsi la parte del leone. ‖ [gagner] vincere, riportare. | *s'adjuger un deuxième point*, vincere un secondo punto. | *s'adjuger la victoire*, riportare, conseguire la vittoria.

adjuration [adʒyrasjɔ̃] f. [supplication] scongiuro m., implorazione, supplica. ‖ [exorcisme] scongiuro, esorcismo m.

adjurer [adʒyre] v. tr. [supplier] scongiurare, implorare, supplicare. ‖ [exorciser] scongiurare, esorcizzare.

adjuvant, e [adʒyvɑ̃, ɑ̃t] adj. et n. m. coadiuvante.

ad libitum [adlibitɔm] loc. adv. (lat.) ad libitum.

admettre [admɛtr] v. tr. [recevoir] ammettere, accogliere, ricevere. | *être admis à l'École navale*, essere ammesso all'Accademia navale. | *admettre qn à un examen*, ammettere qlcu. a un esame. | *être admis dans la classe supérieure*, essere promosso alla classe superiore. ‖ [accueillir favorablement] ammettere, accogliere, accettare. | *admettre une requête*, accogliere una domanda. ‖ [reconnaître] ammettere, riconoscere (per valido). | *une vérité admise de tous*, una verità ammessa da tutti. | *vous admettrez que*, ammetterà, deve ammettere, riconoscere che. ‖ [supposer] ammettere, supporre. | *admettons que cela soit vrai*, ammettiamo, supponiamo che sia vero. | *en admettant que*, ammesso che, concesso che, posto che. ‖ [permettre] ammettere, permettere, soffrire, tollerare. | *ce texte admet plusieurs interprétations*, questo testo ammette più d'una interpretazione. | *une affaire qui n'admet pas le moindre retard*, un affare che non permette il minimo indugio.

adminicule [adminikyl] m. Jur. amminicolo.

administrateur, trice [administratœr, tris] n. amministratore, trice. | *administrateur civil, colonial, délégué, de société*, amministratore civile, coloniale, delegato, di società. ‖ Jur. *administrateur judiciaire*, amministratore giudiziario ; liquidatore. | *administrateur séquestre*, sequestratario giudiziale.

administratif, ive [administratif, iv] adj. amministrativo.

administration [administrasjɔ̃] f. [gestion] amministrazione. ‖ [service public] Amministrazione. ‖ Comm., Jur. *conseil d'administration*, consiglio d'amministrazione. ‖ Mil. *officier d'administration*, intendente militare. ‖ [action de fournir] Jur. allegazione, produzione. ‖ Méd. somministrazione. ‖ Relig. amministrazione.

administré, e [administre] n. amministrato.

administrer [administre] v. tr. [diriger] amministrare. ‖ [fournir] Jur. addurre, allegare, produrre. ‖ Méd. somministrare. ‖ Relig. [sacrement] amministrare. | *administrer un moribond*, amministrare, dare il viatico a un moribondo. ‖ Fam. [infliger] *administrer une volée* *de coups de bâton, une paire de gifles*, mollare, somministrare legnate, un paio di schiaffi.

admirable [admirabl] adj. ammirabile, meraviglioso, mirabile, ammirevole. ‖ IRON. sorprendente, stupendo, strano.

admirateur, trice [admiratœr, tris] n. ammiratore, trice.

admiratif, ive [admiratif, iv] adj. ammirativo. | *elle est très admirative pour tout ce qu'il dit*, è piena di ammirazione per tutto quello che egli dice.

admiration [admirasjɔ̃] f. ammirazione, meraviglia. | *déborder, être saisi d'admiration pour*, traboccare, essere preso d'ammirazione per. | *causer de l'admiration*, destare, suscitare ammirazione. | *être, faire l'admiration de*, essere l'ammirazione di, essere ammirato da.

admirativement [admirativmɑ̃] adv. ammirativamente. | *il le regarda admirativement*, egli lo guardò ammirato (adj.), con ammirazione.

admirer [admire] v. tr. ammirare. ‖ [s'étonner] meravigliarsi (di), stupirsi (di). ‖ IRON. *j'admire tes prétentions*, mi meraviglio, mi stupisco delle tue pretese. | *j'admire que tu aies tant de prétentions*, mi meraviglio, mi stupisco che tu abbia tante pretese. ◆ v. pr. ammirarsi.

admissibilité [admisibilite] f. ammissibilità. ‖ UNIV. *admissibilité à un examen*, ammissione agli orali (d'un esame).

admissible [admisibl] adj. [recevable] ammissibile, accettabile, valevole. ‖ UNIV. ammesso agli orali. ‖ TECHN. *charge admissible*, carico consentito, massimo. ◆ n. UNIV. candidato (a) ammesso (a) agli orali.

admission [admisjɔ̃] f. ammissione. ‖ TECHN. ammissione. | *soupape d'admission*, valvola d'ammissione. ‖ FIN. *admission temporaire (en douane)*, importazione temporanea (in franchigia doganale). | *admission à la cote*, ammissione alla quotazione.

admonestation [admɔnɛstasjɔ̃] f. rimprovero m., ammonimento m., ammonizione. ‖ JUR. ammonizione.

admonester [admɔnɛste] v. tr. ammonire, rimproverare, riprendere, sgridare. ‖ JUR. ammonire.

admonition [admɔnisjɔ̃] f. ammonimento m., ammonizione. | *les admonitions maternelles*, gli ammonimenti materni.

adolescence [adɔlɛsɑ̃s] f. età dello sviluppo; sviluppo m.; adolescenza (rare).

adolescent, e [adɔlɛsɑ̃, ɑ̃t] adj. giovane. ◆ n. giovane; ragazzo, ragazza; adolescente (rare).

adonis [adɔnis] m. IRON. adone. ◆ f. BOT. adonide; fior d'Adone (L.C.).

adonné, e [adɔne] adj. dedito, dedicato. | *adonné aux études littéraires, au vin*, dedito allo studio delle lettere, al vino.

adonner (s') [sadɔne] v. pr. darsi, dedicarsi, applicarsi. ‖ [se consacrer] *s'adonner au commerce*, darsi, dedicarsi al commercio. | *s'adonner aux études*, dedicarsi, applicarsi agli studi. ‖ [se laisser aller] *s'adonner au jeu*, darsi al gioco. | *s'adonner au vice*, abbandonarsi al vizio.

adoptant, e [adɔptɑ̃, ɑ̃t] n. adottante.

adopter [adɔpte] v. tr. JUR. adottare. ‖ [se rallier à] (gall.) adottare. | *adopter une opinion*, adottare, sposare un'opinione. ‖ [approuver] (gall.) adottare. | *adopter un projet de loi*, adottare, approvare un disegno di legge. ‖ FIG. [choisir] (gall.) adottare, scegliere, eleggere. | *adopter une mode*, seguire una moda.

adoptif, ive [adɔptif, iv] adj. adottivo. | *légitimation adoptive*, legittimazione per adozione.

adoption [adɔpsjɔ̃] f. adozione. | *fils par adoption*, figlio adottivo. | *patrie d'adoption*, patria d'adozione. | *adoption d'un projet de loi*, adozione (gall.), approvazione d'un disegno di legge.

adorable [adɔrabl] adj. [digne d'être adoré] adorabile. ‖ *une fille adorable*, una ragazza adorabile. | *une maison adorable*, una casa incantevole. ‖ IRON. delizioso.

adorateur, trice [adɔratœr, tris] n. adoratore, trice; ammiratore, trice; vagheggiatore, trice (VX).

adoration [adɔrasjɔ̃] f. adorazione, vagheggiamento m. | *être en adoration*, stare in adorazione.

adoré, e [adɔre] adj. adorato, idolatrato.

adorer [adɔre] v. tr. adorare, idolatrare; andar matto per (fam.). ‖ FAM. *adorer la musique*, essere un patito della musica.

adossé, e [adose] adj. addossato.

adosser [adose] v. tr. [appuyer] addossare, appoggiare. | *adosser un meuble au mur*, addossare un mobile alla parete. | *adosser un bâtiment à, contre un mur*, addossare, appoggiare un edificio a un muro. ◆ v. pr. addossarsi; appoggiarsi (con la schiena). | *un petit village adossé à une colline*, un paesetto a ridosso d'un colle.

adoubement [adubmɑ̃] m. HIST. vestizione cavalleresca. ‖ VX [armure] arnese.

adouber [adube] v. tr. HIST. dare l'investitura (di cavaliere) a; addobbare (VX). ‖ [échecs] aggiustare.

adoucir [adusir] v. tr. [rendre plus doux] addolcire, indolcire. | *adoucir une boisson*, addolcire una bevanda. | *adoucir l'eau*, dolcificare l'acqua. ‖ [polir un métal] levigare, polire. | *adoucir à la meule*, levigare con la mola. ‖ FIG. [calmer] addolcire, mitigare, alleviare, lenire; [animal] ammansire; [homme] ammansire, rabbonire. ‖ [modérer] *adoucir une critique*, addolcire, temperare una critica. | *adoucir les couleurs*, addolcire, attenuare, temperare i colori. | *adoucir sa voix*, addolcire la voce. | *la musique adoucit les mœurs*, la musica addolcisce i costumi. | *adoucir les angles*, smussare gli angoli. ◆ v. pr. addolcirsi, raddolcirsi, mitigarsi. | *le temps s'adoucit*, il tempo diventa più mite, si mitiga.

adoucissant, e [adusisɑ̃, ɑ̃t] adj. et n. m. MÉD. addolcitivo, lenitivo, sedativo, calmante.

adoucissement [adusismɑ̃] m. addolcimento. ‖ FIG. alleviamento, mitigazione f., temperamento. | *adoucissement d'une peine*, alleviamento, mitigazione d'una pena.

adragante [adragɑ̃t] adj. f. *gomme adragante*, gomma adragante.

adrénaline [adrenalin] f. MÉD. adrenalina.

1. adresse [adrɛs] f. [dextérité] destrezza, abilità, scioltezza. | *avec adresse*, con destrezza. | *exercice d'adresse*, esercizio di abilità. | *tour d'adresse*, gioco di prestigio. ‖ [finesse] destrezza, abilità, scaltrezza.

2. adresse f. [lettre] indirizzo m., recapito m. | *changer d'adresse*, cambiar indirizzo. ‖ FIG., FAM. *se tromper d'adresse*, sbagliare porta, indirizzo. ‖ [vœux d'une assemblée] indirizzo, messaggio m.

adresser [adrɛse] v. tr. [envoyer] mandare, inviare. | *adresser des vœux à qn*, inviare auguri a qlcu. | *les envois adressés à l'étranger*, gli invii diretti all'estero. | *adresser une demande au ministère*, inoltrare una domanda al ministero. ‖ [mettre en rapport des personnes] indirizzare, inviare. | *la firme m'a adressé son représentant*, la ditta mi ha indirizzato, inviato il suo rappresentante. ‖ [exprimer] rivolgere. | *adresser la parole, une question*, rivolgere la parola, una domanda. | *adresser des reproches*, muovere, rivolgere rimproveri. | *adresser une pétition*, rivolgere una petizione. ◆ v. pr. rivolgersi, dirigersi, indirizzarsi. | *adressez-vous au contrôleur*, si rivolga al controllore. | *ici l'auteur s'adresse à ses lecteurs*, qui l'autore si rivolge ai suoi lettori; qui l'autore apostrofa i suoi lettori (littér.). | *c'est à vous que ce discours s'adresse*, questo discorso si rivolge, è rivolto, è diretto a Lei.

adressier [adrɛsje] m. indirizzario.

adret [adrɛ] m. solatio; parte (f.) a solatio.

adroit, e [adrwa, at] adj. [corps] abile, destro, agile. | *être adroit de ses mains*, essere abile, destro di mani. | *un tireur adroit*, un tiratore abile, scelto (MIL.). ‖ [esprit] sveglio, abile, accorto, avveduto, scaltro.

adscrit, e [atskri, it] adj. GRAMM. ascritto.

adstrat [atstra] m. LING. adstrato.

adulateur, trice [adylatœr, tris] adj. et n. adulatore, trice; piaggiatore, trice (littér.).

adulation [adylasjɔ̃] f. adulazione; piaggeria (littér.).

aduler [adyle] v. tr. adulare; piaggiare (littér.).

adulte [adylt] adj. et n. adulto.

adultération [adylterasjɔ̃] f. adulterazione ; [aliments] sofisticazione, falsificazione. ‖ *adultération des monnaies*, adulterazione, falsificazione delle monete. ‖ PHILOL. *adultération d'un texte*, alterazione, manipolazione d'un testo.

adultère [adyltɛr] adj. adultero. ◆ n. [personne] adultero. ◆ n. m. [action] adulterio.

adultérer [adyltere] v. tr. adulterare, falsificare, manipolare, manomettere. ‖ [aliments] sofisticare. ‖ PHILOL. alterare, manipolare.

adultérin, e [adylterɛ̃, in] adj. et n. adulterino.

advenir [advənir] v. impers. avvenire, accadere, succedere, capitare. | *quoi qu'il advienne*, qualunque cosa avvenga, accada. | *s'il devait m'advenir qch.*, se mi dovesse capitare una disgrazia. | *advienne que pourra*, sarà quel che sarà. ‖ [résulter] *ce qu'il est advenu du régime*, quel che è risultato, conseguito per il regime. | *que peut-il advenir d'un pareil projet ?*, che cosa può risultare da un tale progetto ?

adventice [advɑ̃tis] adj. avventizio, accessorio. ‖ BOT. selvatico.

adventif, ive [advɑ̃tif, iv] adj. GÉOGR., JUR. avventizio. ‖ BOT. spontaneo.

adventiste [advɑ̃tist] adj. et n. RELIG. avventista.

adverbe [advɛrb] m. GRAMM. avverbio.

adverbial, e, aux [advɛrbjal, o] adj. GRAMM. avverbiale.

adversaire [advɛrsɛr] n. avversario ; [dans une dispute] contendente m., litigante m. ; [dans un duel] duellante m.

adversatif, ive [advɛrsatif, iv] adj. GRAMM. avversativo.

adverse [advɛrs] adj. [défavorable] avverso, contrario. ‖ [opposé] avverso, avversario. ‖ JUR. *la partie adverse*, la parte avversa.

adversité [advɛrsite] f. avversità, traversie pl., disgrazia, calamità.

adynamie [adinami] f. MÉD. adinamia.

aède [aɛd] m. aedo.

aérateur [aeratœr] m. aeratore.

aération [aerasjɔ̃] f. ou **aérage** [aeraʒ] m. aerazione f., ventilazione f.

aéré, e [aere] adj. aerato, arieggiato, arioso, ventilato. | *tissu aéré*, tessuto aerato.

aérer [aere] v. tr. aerare, arieggiare. ‖ FIG. *aérer un exposé par des exemples*, alleggerire con esempi una trattazione. ◆ v. pr. FAM. prendere una boccata d'aria.

aérien, enne [aerjɛ̃, ɛn] adj. aereo. | *ligne aérienne*, linea aerea ; aviolinea f. | *transport aérien*, trasporto aereo ; aerotrasporto m. | *photographie aérienne*, fotografia aerea ; aerofotografia f. | *navigation aérienne*, navigazione aerea ; aeronavigazione f. | *couloir aérien*, corridoio aereo ; aerovia f. (néol.). ‖ FIG. [vaporeux] aereo. | *démarche aérienne*, andatura aerea. ◆ n. m. TECHN. antenna f.

aérium [aerjɔm] m. istituto climatoterapico.

aérobie [aerobi] adj. et n. m. aerobio n. m.

aérocâble [aerokɑbl] m. teleferica f.

aéro-club [aeroklœb] m. aeroclub.

aérodrome [aerodrom] m. aerodromo.

aérodynamique [aerodinamik] adj. aerodinamico. ‖ [bien profilé] *ligne aérodynamique*, linea aerodinamica. ◆ n. f. aerodinamica.

aérofrein [aerofrɛ̃] m. aerofreno.

aérogare [aerogar] f. aerostazione. ‖ [lieu de regroupement des voyageurs en ville] air terminal m. (angl.).

aéroglisseur [aeroglisœr] m. veicolo a cuscino d'aria ; hovercraft (angl.).

aérogramme [aerɔgram] m. aerogramma.

aérolithe ou **aérolite** [aerolit] m. aerolito.

aéromaritime [aeromaritim] adj. aeromarittimo.

aéromètre [aeromɛtr] m. aerometro.

aéromobile [aerɔmɔbil] m. aeromobile.

aéromodélisme [aerɔmɔdelism] m. aeromodellismo.

aéronaute [aerɔnot] m. Vx aeronauta.

aéronautique [aerɔnotik] adj. aeronautico. ◆ n. f. aeronautica. ‖ [aviation] aeronautica, aviazione. | *aéronautique navale*, aviazione di marina.

aéronaval, e, als [aeronaval] adj. aeronavale. ◆ n. f. aviazione di marina.

aéronef [aerɔnɛf] m. aeronave f.

aérophagie [aerofaʒi] f. aerofagia.

aéroplane [aeroplan] m. aeroplano.

aéroport [aeropɔr] m. aeroporto.

aéroporté, e [aeropɔrte] adj. aerotrasportato, aviotrasportato.

aéropostal, e, aux [aeropɔstal, o] adj. aeropostale.

aérosol [aerosɔl] m. aerosol.

aérostat [aerosta] m. aerostato.

aérostatique [aerostatik] adj. aerostatico. ◆ n. f. aerostatica.

aérostier [aerostje] m. Vx aerostiere.

aérotrain [aerotrɛ̃] m. aerotreno.

affabilité [afabilite] f. affabilità, cortesia, amabilità.

affable [afabl] adj. affabile, cortese, amabile.

affabulation [afabylasjɔ̃] f. affabulazione. ‖ PÉJOR. invenzione, menzogna.

affabuler [afabyle] v. tr. affabulare. ‖ PÉJOR. inventare.

affadir [afadir] v. tr. rendere insipido, scipito. ‖ FIG. rendere insipido ; infiacchire. | *affadir une épigramme*, infiacchire, svigorire un epigramma. ◆ v. pr. diventare insipido, scipito. ‖ FIG. diventare sdolcinato, stucchevole.

affadissant, e [afadisɑ̃, ɑ̃t] adj. che infiacchisce, che affievolisce.

affadissement [afadismɑ̃] m. affievolimento.

affaibli, e [afɛbli] adj. indebolito, affievolito, infiacchito.

affaiblir [afɛblir] v. tr. [rendre faible] indebolire, affievolire, infiacchire, svigorire. ‖ PHYSIOL. debilitare. ‖ [atténuer] diminuire, smorzare, indebolire, temperare. | *affaiblir une teinte*, smorzare una tinta. | *affaiblir une expression*, temperare, indebolire un'espressione. ◆ v. pr. indebolirsi, affievolirsi, infiacchirsi. | *la vue s'affaiblit avec l'âge*, la vista s'indebolisce cogli anni. | *ses forces s'affaiblissent*, le sue forze s'indeboliscono, s'infiacchiscono.

affaiblissement [afɛblismɑ̃] m. indebolimento, affievolimento. | *l'affaiblissement de l'État*, l'indebolimento dello Stato. | *se remettre d'un affaiblissement passager*, riaversi, riprendersi da una debolezza passeggera.

affaire [afɛr] f.

I. OCCUPATION : faccenda, fatto m.
II. INTÉRÊT ; PRÉOCCUPATION : affare m. ; [querelle] vertenza.
III. PROBLÈME ; QUESTION : affare, faccenda, questione.
IV. DÉSAGRÉMENT : faccenda, impiccio m., guaio m.
V. COMMERCE : [entreprise] azienda, impresa ; [transaction] affare.
VI. SENS JURIDIQUE : lite, causa, processo m.
VII. SENS MILITAIRE : azione, combattimento m., scontro m.
VIII. AU PLURIEL : [intérêts publics ou privés] affari ; [commerce] affari ; [objets personnels] roba, vestito m., vestiti.

I. OCCUPATION : faccenda, fatto m. ‖ *avoir à régler une affaire urgente*, avere da sbrigare una faccenda urgente. | *vaquer à ses affaires*, accudire, attendere alle proprie faccende. | *être tout à son affaire*, essere tutto intento alle proprie faccende. ‖ FIG. *avoir son affaire bien en main*, avere il coltello per il manico. | *faire son affaire de qch.*, incaricarsi, occuparsi di qlco. | *j'en fais mon affaire*, ci penso io. | *il connaît son affaire*, sa il fatto suo.

II. INTÉRÊT ; PRÉOCCUPATION : affare m. ; vertenza. | *c'est mon affaire, ce sont mes affaires*, sono affari miei. | *s'occuper de ses propres affaires*, badare ai fatti propri. | *se mêler des affaires des autres*, immischiarsi, ficcare il naso (fam.) nelle faccende, negli affari altrui. | *il est à son affaire*, si trova a suo agio ; è nel suo

elemento. | *j'ai votre affaire*, ho quel che Le conviene, quel che Le occorre, quel che fa per Lei. | *affaire d'argent, de cœur, de conscience*, affare di denaro, di cuore, di coscienza. | *affaire d'État*, affare di Stato. || [querelle] *affaire d'honneur*, vertenza cavalleresca. | *l'affaire se vida sur le pré*, la vertenza si risolse sul terreno. || [but] *ce livre ne fait pas l'affaire*, questo libro non fa al caso mio, non fa per me. | *cet homme ne fait pas l'affaire*, non è l'uomo adatto. | *c'est l'affaire de la comédie de représenter les défauts des hommes*, è compito della commedia ritrarre i difetti degli uomini.
III. PROBLÈME; QUESTION : affare, faccenda, questione. | *c'est l'affaire de quelques minutes*, è affare, questione di pochi minuti. | *la peinture est affaire de goût*, la pittura è questione di gusto. | *c'est une autre affaire*, questa è un'altra faccenda; è un altro paio di maniche (fam.). | *tirer une affaire au clair*, chiarire una faccenda. | *cela ne change rien à l'affaire*, non cambia nulla. | *cela ne fait rien à l'affaire*, questo non c'entra; questo non basta a risolvere la questione. | *l'affaire est faite*, l'affare è risolto. | *avoir affaire à qn*, essere in relazione con uno; aver da fare, da parlare con uno. | *avoir affaire à forte partie*, trovarsi di fronte a un avversario temibile. | *il aura affaire à moi*, dovrà fare i conti con me. || FAM. *l'affaire est dans le sac*, è fatta; l'affare è a buon porto.
IV. DÉSAGRÉMENT : faccenda, impiccio, guaio. | *se tirer d'affaire*, tirarsi d'impiccio, cavarsela, sbrigarsela; FAM. farla franca. | *être dans une sale affaire*, essere in un brutto impiccio, nei pasticci, nei guai. | *c'est une sale affaire*, è une brutta faccenda, un bell'imbroglio. | *ce n'est pas une petite affaire*, è un affare serio, una faccenda seria; è una faccenduola da nulla (iron.). | *la belle affaire !*, cosa importa? | *son affaire est claire*, la sua condanna è sicura; è bell'e spacciato (fam.). | *le malade est tiré d'affaire*, il malato è fuori pericolo. || POP. *faire son affaire à qn*, far fuori uno; freddare uno.
V. COMMERCE : [entreprise] azienda, impresa. | *lancer, diriger, gérer une affaire*, varare, dirigere, gestire un'azienda, un'impresa. | *une affaire florissante*, un'azienda fiorente. || [transaction] affare. | *faire une bonne affaire, de belles, bonnes affaires, des affaires*, far un buon affare, buoni affari, affari. | *faire affaire avec qn*, concludere un affare con uno. | *chiffre d'affaires*, V. CHIFFRE.
VI. SENS JURIDIQUE : [procès] lite, causa. | *affaire civile, criminelle*, causa civile, penale. | *affaire contentieuse*, vertenza. | *instruire une affaire*, istruire una causa. | *saisir le tribunal d'une affaire*, deferire una lite al tribunale. | *affaire de mœurs, de vol*, processo per offesa al buon costume, per furto. | *tous les journaux parlent de l'affaire*, tutti i giornali parlano dell'affare. | *l'affaire Dreyfus*, il caso Dreyfus.
VII. SENS MILITAIRE : [action, engagement] azione, combattimento, scontro. | *l'affaire a été chaude*, lo scontro è stato violento.
VIII. AU PLURIEL : [intérêts publics ou privés] affari. | *affaires privées, publiques*, affari privati, pubblici. | *chargé d'affaires*, incaricato d'affari. | *ministère des Affaires étrangères*, ministero degli (Affari) Esteri. | *officier des Affaires indigènes* (vx) = funzionario coloniale. || ADM. *l'expédition des affaires courantes*, l'inoltro delle pratiche. | *toutes affaires cessantes*, sospeso ogni affare, senza por tempo in mezzo. || [commerce] *être en relation d'affaires*, essere in relazione d'affari. | *parler affaires*, parlare d'affari. | *être dans les affaires*, occuparsi di affari. | *les affaires sont les affaires*, gli affari sono affari. | *le cours, la stagnation des affaires*, il corso, il ristagno degli affari. | *homme, femme d'affaires*, uomo, donna d'affari. | *gérant, agent d'affaires*, gerente, agente d'affari. | *chiffre d'affaires*, cifra d'affari; fatturato m. || [objets personnels] roba, vestito. | *j'ai mis mes affaires dans la malle*, ho messo la mia roba nel baule. | *range tes affaires dans ton cartable*, riponi la tua roba nella cartella. | *poser ses affaires sur une chaise avant de se coucher*, porre i vestiti su una sedia prima di andare a letto. | *mettre ses affaires du dimanche*, mettere il vestito della domenica.

affairé, e [afɛre] adj. affaccendato, indaffarato.

affairement [afɛrmɑ̃] m. affaccendamento, (l')affaccendarsi.

affairer (s') [safere] v. pr. affaccendarsi, darsi da fare, affannarsi.

affairisme [afɛrism] m. affarismo.

affairiste [afɛrist] m. affarista.

affaissement [afɛsmɑ̃] m. [terrain] cedimento; (important) avvallamento. || [corps] spossamento. || FIG. [abattement] spossamento, abbattimento.

affaisser [afɛse] v. tr. [faire baisser] sprofondare, far avvallare. | *le poids du meuble a affaissé le carrelage*, il peso del mobile ha sprofondato il pavimento. | *les pluies affaissent le sol*, le piogge fanno avvallare il terreno. || FIG. [accabler] accasciare, prostrare. ◆ v. pr. PR. avvallarsi, sprofondarsi, cedere (v. intr.), imbarcarsi. || [tomber] rovinare, crollare. | *le mur s'est affaissé*, il muro ha ceduto, è crollato. || [personne ou animal] accasciarsi. | *pris de malaise, l'homme s'affaissa sur le trottoir*, colpito da malore, l'uomo s'accasciò sul marciapiede. || FIG. [s'affaiblir] accasciarsi, infiacchirsi, spossarsi.

affaler [afale] v. tr. MAR. calare, mollare. | *affaler un filet*, calare una rete. | *affaler un cordage*, mollare una fune. ◆ v. pr. FAM. [se laisser tomber] buttarsi giù, stravaccarsi. | *s'affaler dans un fauteuil*, buttarsi a sedere in una poltrona. | *s'affaler dans l'herbe*, stravaccarsi sull'erba.

affamé, e [afame] adj. et n. affamato. | *ventre affamé n'a point d'oreilles*, ventre digiuno non ode nessuno. || FIG. [avide] affamato, avido; bramoso (littér.). | *affamé de richesses*, affamato di ricchezze.

affamer [afame] v. tr. affamare.

affameur, euse [afamœr, øz] n. et adj. affamatore, trice.

affect [afɛkt] m. PSYCHAN. affetto.

1. affectation [afɛktasjɔ̃] f. [destination à un usage] destinazione, assegnazione, assegnamento m. | *affectation de la main-d'œuvre*, destinazione della manodopera. || FIN. stanziamento m. | *affectation d'une somme à la construction de bureaux*, stanziamento di una somma per la costruzione di uffici. || [désignation à une fonction, à un poste] destinazione, nomina, comando m. | *dans l'attente d'une affectation*, in attesa di destinazione, di nomina. || MIL. *affectation spéciale*, comando speciale; missione.

2. affectation f. [manière peu naturelle] affettazione, smanceria, ostentazione, leziosaggine. | *parler avec affectation*, parlare in punta di forchetta.

1. affecté, e [afɛkte] adj. [destiné] destinato, comandato; [d'un objet] adibito. || FIN. stanziato. | *impôt affecté*, imposta speciale. ◆ n. m. MIL. *affecté spécial*, comandato speciale.

2. affecté, e adj. [peu naturel] affettato, artefatto, lezioso, ostentato. | *langage affecté*, linguaggio affettato, artefatto. | *modestie affectée*, modestia affettata, artefatta, ostentata.

3. affecté, e adj. [frappé] colpito. || MÉD. affetto, colpito. || FIG. [impressionné] commosso, afflitto, turbato, addolorato. | *il en fut très affecté*, rimase molto turbato.

1. affecter [afɛkte] v. tr. **(à)** [destiner] destinare (a), assegnare (a). || FIN. stanziare. || [fonction, poste] destinare (a), comandare (presso). || MIL. *affecter à une garnison*, destinare a un presidio.

2. affecter v. tr. [faire ostentation de] affettare. | *affecter de grands airs*, darsi delle grandi arie. || [feindre] affettare, ostentare, fingere. | *affecter une attitude insouciante*, affettare un atteggiamento spensierato, la spensieratezza. || [avoir telle forme] *affecter la forme d'un cône*, assumere, prendere la forma di un cono.

3. affecter v. tr. [frapper] colpire, danneggiare. | *la grêle a affecté la récolte*, la grandine ha colpito, danneggiato il raccolto. || MÉD. colpire, danneggiare. || FIG. [impressionner] commuovere, affliggere, addolorare, turbare. ◆ v. pr. **(de)** affliggersi, commuoversi.

addolorarsi (di). | *s'affecter de son isolement*, affliggersi del proprio isolamento.

affectif, ive [afɛktif, iv] adj. affettivo.

affection [afɛksjɔ̃] f. [sens fort] affetto m. | *affections familiales*, affetti familiari. | *affection maternelle*, affetto materno. || [sens atténué] affezione. | *avoir de l'affection pour*, provare, avere affezione per. | *prendre qn en affection*, affezionarsi a qlcu. || MÉD., PSYCH. affezione.

affectionné, e [afɛksjɔne] adj. affezionato. || [à la fin d'une lettre] *votre très affectionné*, aff. mo [affezionatissimo] suo.

affectionner [afɛksjɔne] v. tr. amare; voler bene a, portare affetto a. || FIG. [avoir un goût marqué pour] dilettarsi di, amare. | *il affectionne la musique classique*, si diletta di musica classica; gli piace la musica classica. ◆ v. pr. VX *s'affectionner à qn*, affezionarsi a qlcu (L.C.).

affectivité [afɛktivite] f. PSYCH. affettività.

affectueusement [afɛktɥøzmɑ̃] adv. affettuosamente, amorevolmente.

affectueux, euse [afɛktɥø, øz] adj. affettuoso, amorevole.

afférent, e [aferɑ̃, ɑ̃t] adj. [relatif à] attinente, relativo. | *renseignements afférents à une affaire*, informazioni attinenti, relative a un affare. || [qui revient à] spettante, che spetta. | *la part afférente à chacun*, la parte spettante ad ognuno. || ANAT. afferente.

affermage [afɛrmaʒ] m. affitto, affittanza f.

affermer [afɛrme] v. tr. [donner à ferme] affittare, dare in affitto. || [prendre à ferme] affittare, prendere in affitto.

affermir [afɛrmir] v. tr. assodare, rinforzare, rafforzare, consolidare. || FIG. rinforzare, rafforzare, confermare, consolidare. | *affermir son pouvoir*, consolidare il proprio potere. | *affermir qn dans son opinion, dans sa résolution, dans sa foi*, rafforzare qlcu. nella sua opinione, nella sua risoluzione, nella sua fede. ◆ v. pr. rinforzarsi, assodarsi, consolidarsi. || FIG. confermarsi. | *s'affermir dans sa résolution*, confermarsi nella propria risoluzione.

affermissement [afɛrmismɑ̃] m. assodamento, rinforzamento, consolidamento. || FIG. rinforzamento, confermazione f.

affété, e [afete] adj. (littér.) affettato, manierato, lezioso.

afféterie [afetri] f. (littér.) affettazione, leziosaggine. | *afféterie de langage*, affettazione nel parlare.

affichage [afiʃaʒ] m. affissione f.

affiche [afiʃ] f. manifesto m., cartello m., affisso m., cartellone m. | *affiche lumineuse*, insegna luminosa. | *affiche publicitaire*, cartello, cartellone pubblicitario. || THÉÂTRE cartellone. | *ce spectacle tient l'affiche*, questo spettacolo tiene il cartellone. | *mettre une comédie à l'affiche*, mettere una commedia in cartellone. | *la comédie quitte l'affiche*, la commedia è tolta dal cartellone. | *être la tête d'affiche*, essere il primo del cartellone, in testa al cartellone.

afficher [afiʃe] v. tr. [placarder] affiggere. | *défense d'afficher*, è proibita l'affissione. | *afficher un manifeste*, affiggere un manifesto. | *afficher des photos dans une vitrine*, affiggere delle foto in una vetrina. || [exposer] affiggere, attaccare, fissare. || [annoncer] annunciare, pubblicare. | *afficher une vente publique*, annunciare una vendita pubblica. | *afficher « complet »*, annunciare il « tutto esaurito », l'esaurito. || FIG. ostentare, sfoggiare; fare sfoggio di. | *afficher sa douleur*, ostentare il proprio dolore. | *afficher son érudition*, sfoggiare la, fare sfoggio della propria erudizione. ◆ v. pr. mettersi in mostra, farsi scorgere, farsi notare. || PÉJOR. *s'afficher avec une femme*, esibirsi in compagnia d'una donna.

afficheur [afiʃœr] m. attacchino.

affichiste [afiʃist] n. cartellonista.

affidé, e [afide] adj. et n. PÉJOR. [sbire] sgherro, bravo.

affilage [afilaʒ] m. affilatura f., arrotatura f.

affilé, e [afile] adj. affilato, arrotato. || FIG. *avoir la langue bien affilée*, essere chiacchierone; [surtout péjor.] essere pettegolo, linguacciuto, avere la lingua lunga.

affilée (d') [dafile] loc. adv. di seguito, senza interruzione; filato (adj.).

affiler [afile] v. tr. [aiguiser] affilare, arrotare, aguzzare. || [étirer en forme de fil] trafilare.

affiliation [afiljasjɔ̃] f. affiliazione.

affilié, e [afilje] adj. et n. affiliato.

affilier [afilje] v. tr. affiliare, associare. ◆ v. pr. affiliarsi, iscriversi.

affiloir [afilwar] m. [pierre] cote f.; [acier] acciaiolo.

affinage [afinaʒ] m. MÉTALL., TEXT. affinazione f. || [mûrissement] *affinage des fromages*, stagionatura (f.) dei formaggi.

affinement [afinmɑ̃] m. FIG. affinamento, assottigliamento.

affiner [afine] v. tr. MÉTALL., TEXT. affinare. || [mûrir] stagionare. || FIG. affinare, assottigliare. | *affiner le goût*, affinare il gusto. | *affiner l'esprit*, assottigliare la mente.

affineur, euse [afinœr, øz] n. affinatore m., stagionatore m.

affinité [afinite] f. affinità, attinenza. | *affinités électives*, affinità elettive. || CHIM. affinità. || JUR. affinità.

affinoir [afinwar] m. TEXT. carda f.

affirmatif, ive [afirmatif, iv] adj. affermativo; asseverativo (littér.). | *parler sur un ton affirmatif*, parlare in tono perentorio. ◆ n. f. affermativa. | *répondre par l'affirmative*, rispondere affermativamente. | *dans l'affirmative*, in caso affermativo.

affirmation [afirmasjɔ̃] f. affermazione, asserzione, asseverazione. || JUR. *affirmation de compte, de créance*, attestazione di conto, di credito.

affirmer [afirme] v. tr. affermare, asserire; asseverare (littér.). || FIG. affermare, dimostrare, manifestare. | *affirmer sa personnalité*, affermare la propria personalità. ◆ v. pr. affermarsi, imporsi; farsi un nome, acquistare notorietà.

affixe [afix] m. GRAMM. affisso.

affleurer [aflœre] v. tr. [atteindre le niveau de] raggiungere, sfiorare. ◆ v. intr. [émerger] affiorare, emergere. || GÉOL. affiorare. || FIG. affiorare, trapelare.

afflictif, ive [afliktif, iv] adj. JUR. afflittivo.

affliction [afliksjɔ̃] f. afflizione, accoramento m.

affligé, e [afliʒe] adj. afflitto, accorato. ◆ n. m. afflitto.

affligeant, e [afliʒɑ̃, ɑ̃t] adj. affliggente, accorante, doloroso.

affliger [afliʒe] v. tr. [frapper] affliggere, tormentare. | *les infirmités qui affligent le corps*, le infermità che affliggono il corpo. | *être affligé de*, essere affetto, colpito da. | *être affligé d'une mauvaise vue*, avere la vista corta. || FAM. *il est affligé d'une terrible belle-mère*, ha la disgrazia di avere una suocera terribile. || [causer de la douleur] affliggere, accorare, addolorare. | *la mort de son ami l'a beaucoup affligé*, la morte del suo amico l'ha afflitto molto. ◆ v. pr. affliggersi, accorarsi, addolorarsi.

affluence [aflyɑ̃s] f. [foule] affluenza, afflusso m., affollamento m., concorso m. (di persone). | *les heures d'affluence*, le ore di punta, di massima affluenza, di traffico intenso. || [abondance] affluenza, abbondanza.

affluent, e [aflyɑ̃, ɑ̃t] adj. et n. m. affluente.

affluer [aflye] v. intr. affluire.

afflux [afly] m. afflusso.

affolant, e [afɔlɑ̃, ɑ̃t] adj. sconvolgente, pazzesco. | *une nouvelle affolante*, una notizia sconvolgente. | *c'est affolant !*, è pazzesco!

affolé, e [afɔle] adj. [éperdu] sbigottito, sgomento, sgomentato, smarrito, sperduto. || [rendu comme fou] impazzito, pazzo. | *un homme affolé de terreur*, un uomo impazzito, reso pazzo dal terrore. || FIG. *une boussole affolée*, una bussola impazzita.

affolement [afɔlmɑ̃] m. sbigottimento, sgomento, panico, smarrimento, disorientamento.

affoler [afɔle] v. tr. sbigottire, sgomentare, disorientare. ◆ v. pr. sbigottirsi, sgomentarsi, smarrirsi. || [sens atténué] perdere la testa, confondersi. | *il s'affole pour un rien*, perde la testa per un nonnulla.

affouage [afwaʒ] m. JUR. legnatico.
affouillement [afujmɑ̃] m. GÉOGR. erosione (f.) laterale.
affouiller [afuje] v. tr. GÉOGR. scavare, erodere.
affranchi, e [afrɑ̃ʃi] adj. [rendu libre] affrancato. ‖ FIG., FAM. [indépendant] spregiudicato (L.C.). ◆ n. schiavo affrancato ; [à Rome] liberto.
affranchir [afrɑ̃ʃir] v. tr. [libérer] affrancare, liberare. | *affranchir de la tyrannie, de la misère, de la crainte*, liberare dalla tirannide, dalla miseria, dal timore. ‖ [correspondance] affrancare. ‖ JUR. [exempter d'une charge] affrancare, esentare, esimere (da). ‖ POP. *affranchir qn*, mettere qlcu. al corrente, informare qlcu. (L.C.). ◆ v. pr. affrancarsi, liberarsi, esimersi.
affranchissement [afrɑ̃ʃismɑ̃] m. [libération] affrancazione f., affrancamento. ‖ [paiement d'un timbre] affrancatura f., francatura f. ‖ JUR. [exemption de charge] affrancazione.
affres [afr] f. pl. affanno m., tormento m., strazio m., angoscia, ambascia. | *les affres de la mort*, l'affanno della morte. | *enfants exposés aux affres de la faim*, bambini esposti ai tormenti, agli strazi della fame.
affrètement [afrɛtmɑ̃] m. MAR. noleggio, nolo.
affréter [afrete] v. tr. MAR. noleggiare, prendere a nolo.
affréteur [afretœr] m. MAR. noleggiatore.
affreux, euse [afrø, øz] adj. [effroyable] pauroso, spaventoso, spaventevole, orribile, orrendo, terribile, raccapricciante. ‖ [très laid] abominevole, orrendo, orribile, raccapricciante, orrido. | *un homme affreux*, un uomo orrendo. ‖ FAM. *un affreux bonhomme*, un tipo ripugnante. | *un crime affreux*, un delitto orribile. ‖ [très désagréable] abominevole, orribile, spaventoso. | *un temps affreux*, un tempo orribile. | *des temps affreux*, un'epoca abominevole. ◆ n. m. PÉJOR. racchione (pop.).
affriander [afrijɑ̃de] v. tr. (littér.) adescare. ‖ FIG. adescare, allettare, ingolosire.
affriolant, e [afrijɔlɑ̃, ɑ̃t] adj. appetitoso, allettante, seducente, piacevole.
affrioler [afrijɔle] v. tr. PR. et FIG. allettare, adescare, ingolosire.
affront [afrɔ̃] m. [offense] affronto, ingiuria f., insulto, offesa f., oltraggio. | *faire un affront*, fare, recare oltraggio. | *subir, essuyer un affront*, subire, ricevere un affronto, un'ingiuria, un oltraggio. | *laver un affront*, lavare un'offesa. ‖ [déshonneur] smacco, scorno. | *infliger un affront sévère*, infliggere un grave smacco. | *faire affront à sa famille*, recar vergogna alla propria famiglia. ‖ [honte] rimprovero, biasimo. | *faire affront à qn de qch.*, rimproverare qlco. a qlcu. ; fare, muovere un rimprovero a qlcu. ; svergognare qlcu.
affronté, e [afrɔ̃te] adj. HÉRALD. affrontato.
affrontement [afrɔ̃tmɑ̃] m. l'affrontarsi.
affronter [afrɔ̃te] v. tr. affrontare, fronteggiare. | *affronter l'ennemi, la mort*, affrontare il nemico, la morte. | *affronter les difficultés*, affrontare, fronteggiare le difficoltà. | *être affronté à*, essere alle prese con. ◆ v. pr. affrontarsi, scontrarsi ; venire alle mani.
affublement [afybləmɑ̃] m. FAM. arnese (vx).
affubler [afyble] v. tr. **[de]** PÉJOR. infagottare (in), imbacuccare (in), conciare. ‖ FIG. *affubler qn d'un sobriquet*, affibbiare, appioppare, appiccicare un soprannome a qlcu. ◆ v. pr. PÉJOR. **[de]** infagottarsi (in), imbacuccarsi (in). ‖ FAM. *s'affubler d'oripeaux*, vestirsi di stracci (L.C.).
affût [afy] m. MIL. affusto, treno. | *affût automoteur*, affusto semovente. ‖ [chasse] agguato, posta f. | *se mettre, être à l'affût*, stare in agguato, far la posta, mettersi alla posta. ‖ FIG. *être à l'affût des dernières nouvelles*, spiare le ultime notizie.
affûtage [afytaʒ] m. affilatura f., arrotatura f.
affûter [afyte] v. tr. affilare, arrotare.
affûteur [afytœr] m. arrotino.
affûtiaux [afytjo] m. pl. POP. cianfrusaglie f. pl., cianciafruscole f. pl.
afin de [afɛ̃ də] loc. prép. a fine di, per, allo scopo di. | *il l'attendit afin de lui parler*, l'aspettò per parlargli.
afin que [afɛ̃ kə] loc. conj. affinché, acciocché, perché. | *j'écrirai afin qu'il vienne*, scriverò affinché venga.
a fortiori [afɔrsjɔri] loc. adv. (lat.) a fortiori, a maggior ragione.
africain, e [afrikɛ̃, ɛn] adj. et n. africano.
agaçant, e [agasɑ̃, ɑ̃t] adj. [irritant] irritante, seccante, molesto, fastidioso ; che dà fastidio. | *un bruit agaçant*, un rumore irritante. ‖ [provocant] provocante, procace. | *regards agaçants*, sguardi provocanti, procaci.
agace ou **agasse** [agas] f. (dial.). V. PIE.
agacement [agasmɑ̃] m. PR. et FIG. irritazione f., fastidio, seccatura f. | *éprouver de l'agacement*, provar fastidio. ‖ [pour les dents seulement] allegamento.
agacer [agase] v. tr. [irriter] PR. et FIG. irritare, infastidire, seccare ; [dents] allegare. ‖ [exciter] provocare, eccitare. | *agacer un chien*, aizzare un cane. ‖ [chercher à séduire] provocare.
agacerie [agasri] f. [coquetterie] moina, lusinga, smanceria.
agape [agap] f. RELIG. agape. ‖ [banquet] (surtout au pl.) agape f. sing. (rare), convito (m. sing.) fra amici.
agar-agar [agaragar] m. agar-agar.
agaric [agarik] m. BOT. agarico.
agate [agat] f. MINÉR. agata.
agave [agav] ou **agavé** [agave] m. BOT. agave f.
age [aʒ] m. timone, bure f.
âge [ɑʒ] m. [durée, période de la vie] età f. | *la fleur de l'âge*, il fior degli anni. | *en bas âge, à un âge tendre*, in tenera età. | *jeune âge*, età giovanile. | *dans mon jeune âge*, ai miei tempi. | *âge ingrat*, età ingrata. | *âge de raison*, età della ragione, del giudizio, del discernimento. | *âge mûr*, età matura. | *âge critique*, età critica. | *retour d'âge*, climaterio m. | *le troisième âge*, la terza età. | *âge de la majorité*, maggiore età. | *limite d'âge*, limiti (m. pl.) d'età. | *être vieux avant l'âge*, essere vecchio prima del tempo. | *un homme entre deux âges*, un uomo di mezza età. | *un homme d'un certain âge*, un uomo di una certa età. | *un homme d'âge*, un uomo d'età. | *une femme d'un âge avancé*, una donna avanzata negli anni, di età avanzata. | *doyen d'âge*, decano. | *quel âge as-tu ?*, che età hai ?, quanti anni hai ? | *à l'âge de vingt ans*, all'età di vent'anni. | *être en âge de*, essere in età da. | *prendre de l'âge, avancer en âge*, andar avanti con gli anni. | *avec l'âge*, col passar degli anni. ‖ [époque, génération] età, epoca f., era f. | *l'âge actuel*, l'età presente, la nostra età. | *d'âge en âge*, di secolo in secolo, di generazione in generazione. | *le Moyen Âge*, il medioevo. | *l'âge héroïque*, i tempi eroici. ‖ MYTH. età. | *l'âge d'or*, l'età dell' oro. ‖ GÉOL. età. | *l'âge de la pierre polie*, l'età della pietra levigata. | *l'homme des premiers âges*, l'uomo primitivo, preistorico. ‖ ASTRON. *l'âge de la lune*, la fase lunare. ‖ MAR. *l'âge de la marée*, l'ora della marea. ‖ PSYCH. *âge mental*, età mentale.
âgé, e [ɑʒe] adj. in età di. | *âgé de seize ans*, in età di sedici anni ; sedicenne. | *le moins, le plus âgé de*, il minore, il maggiore di. | *être plus âgé que qn*, essere più anziano di qlcu. ‖ [vieux] attempato, anziano.
agence [aʒɑ̃s] f. agenzia. | *agence de placement, de renseignements, de voyages*, agenzia di collocamento, d'informazioni, di viaggi. | *agence de publicité*, agenzia pubblicitaria.
agencement [aʒɑ̃smɑ̃] m. sistemazione f., ordinamento, assestamento, distribuzione f., disposizione f. | *agencement d'un appartement*, disposizione d'un appartamento. | *agencement des épisodes d'un roman*, ordinamento degli episodi di un romanzo.
agencer [aʒɑ̃se] v. tr. sistemare, assestare, ordinare. | *agencer ses phrases*, ordinare le proprie frasi. | *agencer l'intrigue d'un drame*, sistemare l'intreccio d'un dramma. ◆ v. pr. combinarsi.
agenda [aʒɛ̃da] m. agenda f.
agenouillement [aʒnujmɑ̃] m. inginocchiamento, genuflessione f.
agenouiller (s') [saʒnuje] v. pr. PR. et FIG. inginocchiarsi ; genuflettersi (littér.).
agenouilloir [aʒnujwar] m. inginocchiatoio.

agent [aʒɑ̃] m. [force agissante] agente. | *agents atmosphériques, chimiques*, agenti atmosferici, chimici. ‖ GRAMM. *complément d'agent*, complemento d'agente. ‖ [qui agit pour le compte d'autrui] agente. | *agent d'affaires*, agente d'affari. | *agent de change*, agente di cambio, cambista. | *agent d'assurances*, assicuratore; agente, produttore di una compagnia di assicurazione. | *agent de liaison*, portaordini inv., staffetta f. | *agent provocateur*, agente provocatore. | *les agents de l'Administration*, i funzionari pubblici; gli statali. ‖ [services publics] *agent de la force publique, des services secrets*, agente di pubblica sicurezza, dei servizi segreti. | *agent (de police)*, agente di polizia, vigile, poliziotto, guardia f. | *agent des douanes*, guardia di finanza; finanziere. | *agent voyer* (VX), ispettore stradale (L.C.).

agglomérat [aglɔmera] m. GÉOL. agglomerato.

agglomération [aglɔmerasjɔ̃] f. [action] agglomerazione, agglomeramento m. ‖ [état] agglomerazione. ‖ [groupe d'habitations] abitato m., agglomerato urbano.

aggloméré, e [aglɔmere] adj. et n. m. agglomerato.

agglomérer [aglɔmere] v. tr. agglomerare. ‖ TECHN. *agglomérer par frittage*, agglomerare per compressione. ◆ v. pr. agglomerarsi.

agglutinant, e [aglytinɑ̃, ɑ̃t] adj. [collant] agglutinante. ‖ LING. *langue agglutinante*, lingua agglutinante. ◆ n. m. agglutinante.

agglutination [aglytinasjɔ̃] f. agglutinazione.

agglutiner [aglytine] v. tr. agglutinare. ◆ v. pr. agglutinarsi.

aggravant, e [agravɑ̃, ɑ̃t] adj. aggravante. ‖ JUR. *circonstances aggravantes*, aggravanti n. f. pl.

aggravation [agravasjɔ̃] f. aggravamento m., peggioramento m. | *aggravation de peine*, aggravamento di pena. ‖ [impôt] aumento m.

aggraver [agrave] v. tr. [rendre pire] aggravare, peggiorare. ‖ [augmenter] aumentare. ◆ v. pr. aggravarsi; peggiorare (v. intr.).

agile [aʒil] adj. agile, svelto. ‖ FIG. agile, pronto, vivace.

agilité [aʒilite] f. agilità, sveltezza, lestezza, scioltezza, destrezza. ‖ FIG. agilità, prontezza.

agio [aʒjo] m. FIN. aggio.

agiotage [aʒjɔtaʒ] m. FIN. aggiotaggio.

agioter [aʒjɔte] v. intr. FIN. speculare illecitamente.

agioteur [aʒjɔtœr] m. FIN. aggiotatore.

agir [aʒir] v. intr. [faire qch.] agire, operare. | *c'est le moment d'agir*, è tempo, è ora di agire. | *agir sur*, agire su. | *agir auprès de qn*, intervenire presso qlcu. ‖ [produire un effet] agire. | *remède qui agit*, medicina efficace, che ha effetto. | *le mécanisme n'agit plus*, il congegno non funziona, non agisce più. ‖ [se comporter] agire, comportarsi. | *agir par calcul*, agire per calcolo. | *agir en homme*, agire, comportarsi da uomo. ‖ JUR. *agir civilement*, adire le vie legali; intentare un'azione giudiziaria in sede civile; promuovere un giudizio. | *agir contre qn*, querelare, processare qlcu. ◆ v. pr. impers. **(de)** trattarsi (di). | *il s'agit de s'entendre*, è questione d'intendersi. ◆ loc. prép. ***s'agissant de,*** in quanto a.

agissant, e [aʒisɑ̃, ɑ̃t] adj. [homme] attivo, operoso, laborioso; solerte (littér.). ‖ [chose] attivo, operante, efficace. | *un remède agissant*, una medicina efficace.

agissements [aʒismɑ̃] m. pl. PÉJOR. mene f. pl., maneggi, manovre f. pl.

agitateur, trice [aʒitatœr, tris] m. PÉJOR. agitatore, trice; sobillatore, trice; mestatore, trice; arruffapopoli m. inv. ◆ n. m. CHIM. [instrument] agitatore.

agitation [aʒitasjɔ̃] f. [mouvement] agitazione, movimento m. ‖ FIG. [inquiétude de l'âme] agitazione, scompiglio m., smania. | *être en proie à une vive agitation*, essere in preda a una viva agitazione, dare in smanie. ‖ [troubles] agitazione, subbuglio m., scompiglio m., trambusto m., fermento m., tumulto m. | *agitation politique*, agitazione politica. | *toute la ville était dans une grande agitation*, tutta la città era in subbuglio.

agité, e [aʒite] adj. [en mouvement] agitato, mosso. | *mer agitée*, mare mosso, agitato. ‖ [inquiet, instable] agitato, instabile. | *enfant agité*, bambino irrequieto. | *esprit agité*, mente agitata, eccitata. ‖ [mouvementé] agitato, movimentato. | *vie agitée*, vita agitata. | *sommeil agité*, sonno agitato. | [malade nerveusement] agitato, smanioso, furioso. ◆ n. agitato. | *pavillon des agités*, reparto agitati.

agiter [aʒite] v. tr. [secouer] agitare, scuotere. | *agiter le flacon*, agitare la bottiglia. | *agiter un drapeau*, sventolare una bandiera. ‖ FIG. [troubler] agitare, turbare, commuovere. ‖ [exciter] agitare, eccitare. ‖ [discuter] *agiter un problème*, agitare, dibattere un problema. ◆ v. pr. agitarsi, gesticolare v. intr. ‖ FIG. agitarsi, turbarsi.

agnat [agna] m. JUR. agnato.

agnation [agnasjɔ̃] f. JUR. agnazione.

agneau, elle [aɲo, ɛl] n. agnello, agnella. | *agneau de lait*, abbacchio m. ‖ FIG. agnello. ‖ RELIG. agnello. ‖ FAM. *venez, mes agneaux*, venite, cari miei (L.C.).

agnelet [aɲəlɛ] m. agnellino, agnelletto.

agnès [aɲɛs] f. FIG. *une agnès* = una ragazza ingenua.

agnosticisme [agnɔstisism] m. PHILOS. agnosticismo.

agnostique [agnɔstik] adj. et n. PHILOS. agnostico.

agnus-castus [agnyskastys] m. BOT. agnocasto.

agonie [agɔni] f. PR. et FIG. agonia. | *être à l'agonie*, essere in agonia, agonizzare.

agonir [agɔnir] v. tr. *agonir d'injures*, coprire d'ingiurie.

agonisant, e [agɔnizɑ̃, ɑ̃t] adj. et n. agonizzante.

agoniser [agɔnize] v. intr. PR. et FIG. agonizzare.

agoraphobie [agɔrafɔbi] f. MÉD. agorafobia.

agrafage [agrafaʒ] f. affibbiatura.

agrafe [agraf] f. fibbia, fermaglio m., gancio m. ‖ [crampon] grappa, grappetta. | *agrafe de construction*, graffa, grappa. | *agrafe de courroie*, graffa per correggia. | *agrafe de bureau*, graffetta. ‖ [broche] fermaglio, spilla. ‖ CHIR. grappetta.

agrafer [agrafe] v. tr. affibbiare, agganciare; [papiers] cucire. ‖ TECHN. aggraffare. ‖ FIG., FAM. agganciare (néol.). | *la police a agrafé les voleurs*, la polizia ha acciuffato i ladri. | *agrafer un ami dans la rue*, agganciare, fermare (L.C.) un amico per istrada.

agrafeuse [agraføz] f. cucitrice (a punto, a filo). ‖ TECHN. aggraffatrice.

agraire [agrɛr] adj. agrario.

agrandir [agrɑ̃dir] v. tr. ingrandire. | *agrandir une maison, une photo*, ingrandire una casa, una foto. ‖ FIG. ingrandire, innalzare, aumentare, accrescere. | *la lecture agrandit l'âme*, la lettura allarga la mente. ◆ v. pr. ingrandirsi, crescere (v. intr.). | *la ville s'agrandit*, la città si ingrandisce. ‖ FIG. ingrandirsi.

agrandissement [agrɑ̃dismɑ̃] m. PR. et FIG. ingrandimento, accrescimento, ampliamento, incremento. | *agrandissement de la ville*, incremento urbano. ‖ PHOT. *lentille d'agrandissement*, lente d'ingrandimento.

agrandisseur [agrɑ̃disœr] m. PHOT. ingranditore.

agrarien, enne [agrarjɛ̃, ɛn] adj. et n. agrario.

agréable [agreabl] adj. piacevole, gradevole, gradito, dilettevole. | *personne, conversation agréable*, persona, conversazione piacevole. | *cadeau agréable*, regalo gradito, grato. | *visite agréable*, visita gradita. | *si cela vous est agréable*, se Lei gradisce, se Le riesce gradito. | *il m'est agréable de présenter le conférencier*, ho caro di presentare il conferenziere. ◆ n. m. dilettevole, piacevole, gradevole. | *joindre l'utile à l'agréable*, unire l'utile al dilettevole.

agréé, e [agree] adj. [reconnu] autorizzato | *expert agréé près le tribunal de commerce*, perito presso il tribunale di commercio. ◆ n. m. JUR. legale, patrocinatore.

agréer [agree] v. tr. [accepter] gradire, accettare, accogliere. | *agréer une demande*, gradire, accogliere una domanda. ‖ [formule de politesse] *veuillez agréer*, gradisca, accetti, voglia gradire. ‖ [recevoir] *se faire agréer dans la haute société*, farsi accettare nell'alta società. ◆ v. tr. ind. **(à)** gradire, piacere, aggradare (a). | *cela ne m'agrée pas*, ciò non mi aggrada, non mi piace.

agrégat [agrega] m. aggregato.

agrégatif, ive [agregatif, iv] adj. aggregativo. ◆ n.

UNIV., FAM. = candidato al concorso dell'« agrégation ».
agrégation [agregasjɔ̃] f. [groupement] aggregazione. ‖ PHYS. aggregazione. ‖ UNIV. = concorso a cattedre nelle scuole medie e nelle facoltà di legge, di farmacia e di medicina.
agrégé, e [agreʒe] adj. et n. aggregato. ‖ UNIV. = professore che ha vinto il concorso dell' « agrégation ».
agréger [agreʒe] v. tr. PHYS. aggregare. ‖ [admettre dans un groupe] aggregare, associare.
agrément [agremɑ̃] m. [approbation] assenso, consenso, approvazione f., gradimento. | *donner son agrément*, dare il proprio consenso, il proprio beneplacito. ‖ [qualité agréable] attrattiva f., fascino, delizia f. | *la solitude a ses agréments*, la solitudine ha il suo fascino. | *une lecture pleine d'agréments*, una lettura attraente, affascinante. | *un homme plein d'esprit et d'agrément*, un uomo spiritoso e simpatico. ‖ [plaisir] diletto, piacere, diporto. | *voyage d'agrément*, viaggio di piacere. | *jardin d'agrément*, giardino di diporto. | *les agréments de la vie*, i piaceri della vita. | *les arts d'agrément*, le arti d'ornamento. | *se donner de l'agrément*, fare, menare una vita piacevole. ‖ JUR. *lettre d'agrément*, garanzia statale. ‖ MUS. ornamento. ◆ pl. ornamenti, abbellimenti.
agrémenter [agremɑ̃te] v. tr. [ajouter un ornement, une qualité] ornare, adornare, abbellire, fiorettare. | *robe agrémentée de broderies*, veste ornata di ricami. | *sauce agrémentée de piment*, salsa condita con pimento. | *livre agrémenté d'anecdotes savoureuses*, libro condito con aneddoti gustosi.
agrès [agrɛ] m. pl. MAR. attrezzatura f. sing. ‖ SPORT attrezzi.
agresser [agrese] v. tr. aggredire, assalire.
agresseur [agrɛsœr] adj. m. et n. m. aggressore, assalitore.
agressif, ive [agrɛsif, iv] adj. [menaçant] aggressivo. | *mesure aggressive*, provvedimento aggressivo. ‖ [batailleur] aggressivo, violento, irruente, impetuoso. | *caractère agressif*, carattere aggressivo, irruente. ‖ [provocant] aggressivo, provocante.
agression [agrɛsjɔ̃] f. aggressione. | *agression à main armée*, grassazione.
agressivement [agrɛsivmɑ̃] adv. in modo aggressivo.
agressivité [agrɛsivite] f. aggressività, irruenza, violenza. ‖PSYCHAN. aggressività.
agreste [agrɛst] adj. agreste, campestre.
agricole [agrikɔl] adj. agricolo, agrario. | *produits agricoles*, prodotti agricoli. | *outillage agricole*, attrezzi agricoli. | *ouvrier agricole*, operaio agricolo ; bracciante n. m. | *coopérative agricole*, consorzio agrario.
agriculteur, trice [agrikyltœr, tris] n. agricoltore m. ; coltivatore, trice.
agriculture [agrikyltyr] f. agricoltura. | *école d'agriculture*, scuola agraria.
agriffer (s') [sagrife] v. pr. VX aggraffarsi, aggranfiarsi.
agripper [agripe] v. tr. afferrare, arraffare, ghermire, abbrancare. ◆ v. pr. aggrapparsi, appigliarsi, abbrancarsi.
agronome [agronɔm] m. agronomo. | *ingénieur agronome*, dottore in agraria.
agronomie [agronɔmi] f. agronomia.
agronomique [agronɔmik] adj. agronomico. | *institut agronomique* = facoltà d'agraria.
agrumes [agrym] m. pl. agrumi.
aguerrir [agɛrir] v. tr. PR. et FIG. agguerrire. ◆ v. pr. agguerrirsi.
aguets (aux) [ozagɛ] loc. adv. *être, se mettre, rester aux aguets*, stare, mettersi, restare in agguato.
aguichant, e [agiʃɑ̃, ɑ̃t] adj. FAM. stuzzicante ; allettante, adescante, provocante (L.C.). | *une femme aguichante*, una donna allettante, provocante.
aguicher [agiʃe] v. tr. FAM. stuzzicare ; adescare, provocare (L.C.).
aguicheur, euse [agiʃœr, øz] adj. et n. FAM. allettatore, trice, adescatore, trice (L.C.).
ah! [a] interj. ah ! ◆ n. m. inv. *pousser un ah ! d'admiration*, emettere un ah ! di meraviglia.
ahan [aɑ̃] m. VX = gemito di fatica.
ahaner [aane] v. intr. = penare.
ahuri, e [ayri] adj. et n. FAM. stordito, stupido (L.C.) ; sbalordito adj. (L.C.). | *tout ahuri*, trasecolato. | *quel air ahuri !*, che faccia di allocco ! | *c'est un ahuri*, è uno stordito.
ahurir [ayrir] v. tr. FAM. sbalordire, stordire, stupire (L.C.).
ahurissant, e [ayrisɑ̃, ɑ̃t] adj. FAM. sbalorditivo (L.C.).
ahurissement [ayrismɑ̃] m. sbalordimento, stupore.
aide [ɛd] f. aiuto m., soccorso m. | *l'Aide sociale*, l'assistenza sociale. | *demander de l'aide*, chiedere aiuto, soccorso. | *à l'aide !*, aiuto ! | *venir en aide à qn*, dare, portare aiuto a qlcu. | *Dieu vous vienne en aide !*, Dio vi aiuti ! ‖ [subside] aiuto, sussidio m. ◆ loc. prép. ***à l'aide de,*** con l'aiuto di, per mezzo di, grazie a, mediante. ◆ n. aiutante m., aiuto m., assistente. | *aide-comptable*, aiuto contabile. | *aide-maçon*, manovale, garzone. | *aide familiale*, collaboratrice domestica. ‖ MIL. *aide de camp*, aiutante di campo.
aide-mémoire [ɛdmemwar] m. inv. promemoria ; compendio m.
aider [ede] v. tr. aiutare, soccorrere, assistere. | *Dieu vous aide !*, Dio vi aiuti ! | *aider qn à faire qch.*, aiutare qlcu. a fare qlco. | *l'exemple aidant*, dato il buon esempio, il cattivo esempio. ◆ v. tr. ind. **(à)** [contribuer] aiutare ; giovare (a). | *le café aide à la digestion*, il caffè aiuta la, giova alla digestione. | *son activité a beaucoup aidé au succès de l'entreprise*, la sua attività ha contribuito molto al successo dell'impresa. ◆ v. pr. aiutarsi, giovarsi, servirsi. | *s'aider de ses mains*, aiutarsi con le mani. | *s'aider d'une échelle pour monter*, servirsi d'una scala per salire. ‖ PROV. *aide-toi, le ciel t'aidera*, aiutati che il ciel t'aiuta : chi s'aiuta Dio l'aiuta.
aïe! [aj] interj. ahi !
aïeul, e [ajœl] n. nonno, nonna ; avolo (VX, littér.). | *les aïeuls*, i nonni. | *les aïeux*, gli antenati, gli avi.
aigle [ɛgl] m. aquila f. | *aigle pêcheur*, aquila marina. | *un œil d'aigle*, un occhio d'aquila. ‖ TECHN. *papier grand aigle*, carta di gran formato. ‖ FIG. aquila f., cima f. ◆ f. PR. aquila femmina. ‖ [enseigne] *aigle à deux têtes*, aquila bicipite. | *aigles romaines, napoléoniennes*, aquile romane, napoleoniche.
aiglefin [ɛgləfɛ̃] m. ZOOL. V. ÉGLEFIN.
aiglon [ɛglɔ̃] m. aquilotto.
aigre [ɛgr] adj. agro ; [odeur] acre ; [fruit] aspro, acerbo ; [vin] acido. | *rendre aigre*, inasprire, inacidire. ‖ FIG. *voix aigre*, voce stridula, stridente. | *d'un ton aigre*, in tono aspro. | *paroles aigres*, parole agre, acide. | *caractère aigre*, carattere aspro, pungente, arcigno. | *un petit vent aigre*, un venticello frizzante. ◆ m. agro. | *le lait tourne à l'aigre*, il latte s'inacidisce, va a male. | *ce vin sent l'aigre*, questo vino ha un po' di spunto, sa d'aceto. | *le vin tourne à l'aigre*, il vino inacetisce. ‖ FIG., FAM. *ça tourne à l'aigre*, le cose prendono una brutta piega (L.C.).
aigre-doux, -douce [ɛgrədu, dus] adj. PR. et FIG. agrodolce.
aigrefin [ɛgrəfɛ̃] m. imbroglione, lestofante, truffatore, farabutto.
aigrelet, ette [ɛgrəlɛ, ɛt] adj. PR. et FIG. acidulo.
aigrette [ɛgrɛt] f. ZOOL. sgarza. ‖ [touffe de plumes] ciuffo m. ‖ [ornement] pennacchio m., pennacchietto m. ‖ PHYS. spazzola.
aigreur [ɛgrœr] f. agrezza, acidità, acredine, asprezza. ‖ FIG. asprezza, acredine, acrimonia, acidità. ◆ pl. *aigreurs d'estomac*, acidità (sing.) di stomaco.
aigri, e [egri] adj. inacidito. ‖ FIG. inacidito, inasprito, astioso.
aigrir [egrir] v. tr. PR. et FIG. inacidire, inacerbire, inasprire ; [vin] inacetire. ◆ v. intr. ou v. pr. inacidirsi, inasprirsi, inacerbirsi ; [vin] inacetire. | *le lait a aigri*, il latte (si) è inacidito.
aigrissement [egrismɑ̃] m. inasprimento, inacidimento.

aigu, ë [egy] adj. acuto, aguzzo, puntuto. | *angle aigu*, angolo acuto. | *note aiguë*, nota acuta. | *cri aigu*, grido acuto ; strillo n. m. || FIG. acuto. || GRAMM. acuto. || MÉD. acuto. ◆ n. m. acuto.
aiguade [ɛgad] f. Vx acquata.
aigue-marine [ɛgmarin] f. acquamarina.
aiguière [ɛgjɛr] f. acquamanile m., brocca.
aiguillage [egɥijaʒ] m. [rails] scambio ; [manœuvre] avviamento ; manovra (f.) degli scambi. | *l'aiguillage d'un train sur la voie de garage*, l'avviamento d'un treno sul binario morto. | *erreur d'aiguillage*, disguido. || FIG. avviamento, orientamento.
aiguille [egɥij] f. ago m. ; [phonographe] puntina ; [montre] lancetta ; [balance, boussole] ago. | *aiguille à coudre, à tricoter*, ago da cucire, da calza. | *travail à l'aiguille*, lavoro ad ago. || LOC. FIG. *de fil en aiguille* = a poco a poco, insensibilmente ; una parola tira l'altra. | *chercher une aiguille dans une botte de foin*, cercare un ago in un pagliaio. | *pointe d'aiguille*, bazzecola, inezia. || ARCHIT. guglia. || BOT. ago. || CH. DE F. ago. || GÉOGR. guglia. || MÉD. ago. | *aiguille à sutures*, ago chirurgico. | *aiguille à injection*, ago da siringa. || MIL. *fusil à aiguille*, fucile ad ago. || MINÉR. ago. || PHYS. ago. || ZOOL. [poisson] aguglia.
aiguillée [egɥije] f. gugliata, agugliata.
aiguiller [egɥije] v. tr. CH. DE F. avviare, dirigere. || FIG. avviare, dirigere, incanalare. | *aiguiller les recherches vers*, avviare le ricerche verso. | *aiguiller la circulation vers une autre route*, dirigere, incanalare il traffico verso un'altra strada.
aiguillette [egɥijɛt] f. [cordon] aghetto m., stringa. || CULIN. *aiguillette de canard*, trancia di anatra. ◆ pl. MIL. ghiglie.
aiguilleur [egɥijœr] m. CH. DE F. scambista, deviatore. || AÉR. *aiguilleur du ciel*, controllore del traffico aereo.
aiguillier [egɥije] m. agoraio.
aiguillon [egɥijɔ̃] m. [bâton] pungolo. || [dard] pungiglione, aculeo. || BOT. spina f., aculeo. || FIG. pungolo, stimolo, sprone, incitamento.
aiguillonner [egɥijɔne] v. tr. PR. pungere, pungolare. || FIG. pungere, pungolare, stimolare, spronare.
aiguisage [eg(ɥ)izaʒ] m. ou **aiguisement** [ɛg(ɥ)izmɑ̃] m. affilatura f., arrotatura f.
aiguiser [eg(ɥ)ize] v. tr. [rendre aigu] aguzzare, appuntare. || [rendre tranchant] affilare, arrotare. | *pierre à aiguiser*, cote f. || FIG. aguzzare, stimolare. | *aiguiser l'appétit*, aguzzare l'appetito.
aiguiseur [eg(ɥ)izœr] m. arrotino.
ail [aj] m. (pl. **aulx** [o] ou **ails**) aglio. | *gousse d'ail*, spicchio d'aglio.
aile [ɛl] f. [d'un volatile] ala. | *battre des ailes*, battere le ali ; [volaille] starnazzare. || (littér.) *les ailes de l'imagination, de la foi, de la gloire*, le ali dell'immaginazione, della fede, della gloria. || LOC. FIG. *battre de l'aile*, essere malconcio. | *avoir du plomb dans l'aile*, essere colpito nel vivo. | *prendre qn sous son aile*, raccogliere qlcu. sotto le proprie ali. | *se mettre sous l'aile de qn*, raccogliersi sotto le ali di qlcu. | *voler de ses propres ailes*, volare colle proprie ali, cavarsela da solo. | *rogner les ailes à qn*, tarpar le ali a qlcu. | *avoir des ailes*, aver le ali ai piedi. | *en avoir un coup dans l'aile* (fam.) = avere alzato il gomito, essere brillo. | *en avoir un bon, un sacré coup dans l'aile* (fam.) = essere ubriaco. || [partie latérale] ala. | *ailes d'un avion, d'un bâtiment, d'un moulin*, ali d'un aereo, d'un edificio, d'un mulino. | *aile d'une voiture*, parafango (m.) di un'automobile. || ANAT. *ailes du nez*, pinne, alette del naso. || BOT. ala. || MIL. ala. || SPORT ala. || FIG. *l'aile marchante*, gli elementi più audaci, più dinamici.
ailé, e [ele] adj. alato.
aileron [ɛlrɔ̃] m. ZOOL. [oiseau] aletta f. ; punta (f.) dell'ala ; [poisson] aletta, pinna f. | *ailerons du requin*, pinne del pescecane. || [avion] alettone ; [sous-marin] pinna.
ailette [ɛlɛt] f. aletta. || MIL. *bombe, torpille à ailettes*, bomba, siluro ad alette. || TECHN. *radiateur à ailettes*, radiatore ad alette. | *ailettes d'une turbine*, palette di una turbina.
ailier [elje] m. SPORT ala f. | *ailier droit, gauche*, ala destra, sinistra.
ailleurs [ajœr] adv. altrove. | *nulle part ailleurs*, in nessun altro posto, luogo. | *partout ailleurs*, sempre altrove. | FIG. *il est ailleurs*, è distratto, ha la testa fra le nuvole. ◆ loc. adv. ***d'ailleurs :*** [d'un autre lieu] da altre parti, da altri paesi ; [du reste] d'altronde, del resto, per altro. || ***par ailleurs,*** per altro.
ailloli ou **aïoli** [ajɔli] m. CULIN. agliata f.
aimable [ɛmabl] adj. [digne d'être aimé] amabile. || [de nature à plaire] amabile, piacevole. || [gentil, courtois] affabile, gentile, cortese. | *soyez assez aimable pour*, mi faccia la cortesia, il favore di ; abbia la bontà di. | *c'est bien aimable à vous*, bontà sua. | *trop aimable !*, è troppo gentile ! ; (iron.) troppa grazia ! | *faire l'aimable avec qn*, fare sfoggio di gentilezza con qlcu., sfoggiare gentilezza con qlcu.
aimant, e [ɛmɑ̃, ɑ̃t] adj. amorevole, affettuoso.
aimant [ɛmɑ̃] m. PHYS. calamita f. || FIG. (littér.) [attrait] calamita, attrattiva f.
aimantation [ɛmɑ̃tasjɔ̃] f. calamitazione, il calamitare.
aimanter [ɛmɑ̃te] v. tr. calamitare. | *aiguille aimantée*, ago calamitato.
aimé, e [eme] adj. amato, caro.
aimer [eme] v. tr. **1.** [avoir de l'affection pour] amare, voler bene a. | *aimer Dieu, son prochain, la gloire, sa patrie*, amare Dio, il prossimo, la gloria, la propria patria. | *aimer ses enfants, sa femme, ses parents*, amare i figlioli, la moglie, i genitori ; voler bene ai figlioli, alla moglie, ai genitori. | *il m'aime bien*, mi vuol bene. | *aimer de tout son cœur*, volere un bene dell'anima a. | *aimer éperdument, passionnément, à la folie*, amare perdutamente, svisceratamente, appassionatamente, alla follia. || **2.** [avoir un goût pour ; apprécier] amare ; piacere (v. intr.). | *j'aime les animaux, les romans*, amo gli animali, i romanzi ; mi piacciono gli animali, i romanzi. | *j'aime la campagne, la chasse, la musique*, mi piace la campagna, la caccia, la musica. | *il, elle aime les cerises*, gli, le piacciono le ciliegie. | *il aime une tasse de café à 11 h*, gli piace prendere un caffè alle 11. | *l'ours blanc aime les climats froids*, l'orso bianco ama i climi freddi. | *plante qui aime l'eau, le soleil*, pianta che ama l'acqua, il sole. | *j'aime la sûreté de son jugement*, apprezzo la sua sicurezza di giudizio. | *il aime aller au cinéma*, gli piace andare al cine. || **3.** *aimer mieux*, preferire. | *j'aime mieux chasser (plutôt) que pêcher*, preferisco cacciare piuttosto che pescare, preferisco la caccia alla pesca. || **4.** *aimer (à)* [suivi d'un inf.] amare, dilettarsi di, piacere. | *il aime (à) jouer, travailler*, gli piace giocare, lavorare. | *il aime à peindre*, ama dipingere ; si diletta di dipingere. | *j'aime à croire que*, voglio credere che ; spero che. || **5.** *aimer que* [suivi du subj.], aver piacere che, piacere. | *j'aime que tous soient heureux*, ho piacere che tutti siano felici. | *j'aimerais tant qu'il en soit ainsi !*, mi piacerebbe tanto che fosse così ! ◆ v. pr. [se plaire] amarsi ; amare la propria persona. || [affection réciproque] amarsi, volersi bene. | *aimez-vous les uns les autres*, amatevi gli uni gli altri.
— N.B. **1 :** *amare* implique une nuance d'amour passionné, *voler bene* une nuance d'affection plus calme ; **2, 4** et **5 :** *amare* traduit un sentiment plus profond que *piacere*.
aine [ɛn] f. inguine.
aîné, e [ene] adj. [premier-né] maggiore, primogenito. ◆ n. [premier-né] figlio maggiore ; primogenito. || [plus âgé] maggiore (adj.). | *il est mon aîné de cinq ans*, è maggiore di me di cinque anni ; ha cinque anni più di me. || (littér.) *nos aînés*, i nostri maggiori ; i nostri antenati (L.C.).
aînesse [ɛnɛs] f. primogenitura.
ainsi [ɛ̃si] adv. [de cette façon] così. | *s'il en est ainsi*, se le cose stanno così. | *ainsi va le monde*, le cose stanno così. | *pour ainsi dire*, per così dire. | *ainsi de suite*, e così via ; e via di seguito. | *ainsi soit-il*, così

sia. ‖ [par conséquent] così, dunque, sicché. | *ainsi on peut conclure que*, così, sicché, dunque possiamo concludere che. ‖ [comparaison] *comme..., ainsi*, come..., così. ◆ loc. conj. **ainsi que,** tanto... quanto ; come pure ; nonché. | *le français ainsi que l'italien dérivent du latin*, tanto il francese quanto l'italiano derivano dal latino. | *c'est ainsi que*, è così che ; così.

aïoli m. V. AILLOLI.

1. air [ɛr] m. [fluide gazeux] aria f. | *donner de l'air*, dare aria, arieggiare. | *prendre l'air, un peu d'air*, prendere una boccata d'aria. | *la vie en plein air, au grand air*, la vita all'aperto. | *planer dans les airs*, librarsi in aria. | *la voie des airs*, la via aerea. ‖ PR. et FIG. *changer d'air*, cambiare aria. ‖ FIG. *vivre de l'air du temps*, campare d'aria. | *la grippe est dans l'air*, c'è influenza nell'aria. | *ces idées étaient dans l'air*, queste idee erano nell'aria. | *il y a de la neige dans l'air*, ha l'aria di voler nevicare. | *il y a de l'orage dans l'air*, si sta preparando un temporale (pr.) ; spira aria cattiva, tira un'aria pericolosa (fig.). | *il ne supporte pas l'air de la province*, non sopporta la vita di provincia. ‖ [vent] aria, vento. | *courant d'air*, corrente (f.) d'aria ; riscontro. | *il n'y a pas un souffle d'air*, non c'è un filo d'aria, non tira un alito di vento. ‖ AÉR. *armée de l'air*, forze aeree. | *ministère de l'Air*, ministero dell'Aeronautica. ‖ TECHN. *manche à air*, manica a vento. | *chambre à air*, camera d'aria. | *air comprimé*, aria compressa. | *filtre à air*, filtro dell'aria. ‖ CHIM. *air liquide*, aria liquida. ◆ loc. adv. et adj. ***en l'air,*** in aria. | *regarder, tirer en l'air*, guardare, tirare in aria. | *parler en l'air*, parlare avventatamente, sventatamente. ‖ FAM. *ficher en l'air*, mandare a carte quarantotto. | *tête en l'air*, persona smemorata, svagata, svampita ; smemorato n. | *tout est en l'air*, [bouleversé] tutto è sottosopra ; [perdu] tutto è andato all'aria. | *paroles, promesses en l'air*, parole, promesse campate in aria. | *faire des projets en l'air*, far castelli in aria. | *rouler les quatre fers en l'air*, cadere a gambe all'aria.

2. air m. [apparence] aria f., aspetto. | *avoir un air puéril*, avere un'aria, un aspetto puerile. | *avoir bel air*, essere di bell'apparenza, aver un bell'aspetto. | *avoir grand air*, essere distinto, maestoso. | *prendre, se donner des airs, de grands airs*, prendere, darsi delle arie. | *prendre des airs de savant*, darsi l'aria d'un erudito. ‖ FAM. *prendre des airs penchés*, assumere un'aria malinconica (L.C.). | *avec l'air de ne pas y toucher*, con un'aria ingenua. | *cela n'a l'air de rien, mais*, sembra una cosa da nulla, ma. | *sans en avoir l'air*, senza averne l'aria. ‖ [manière d'être] aria, aspetto, piglio. | *d'un air embarrassé*, con aria impacciata. | *d'un air sérieux*, con aria seria ; serio nel viso (littér.). ‖ [ressemblance] aria. | *air de famille*, aria di famiglia. ‖ LOC. *avoir l'air*, avere l'aria, sembrare, parere. | *il, elle a l'air fatigué(e)*, ha l'aria stanca ; sembra, pare stanco, stanca. | *tu as l'air tout chose* (fam.), hai un'aria strana (L.C.). | *avoir l'air de*, sembrare, parere. | *il a l'air d'être malade*, sembra, pare che sia malato. | *ça m'a tout l'air d'(être) un mensonge, une plaisanterie*, mi sembra proprio una bugia, uno scherzo.

3. air m. MUS. aria f. | *air de danse*, ballabile. ‖ FIG., FAM. *en avoir l'air et la chanson*, essere realmente quello che uno sembra, corrispondere alle apparenze. ‖ POP. *en jouer un air*, svignarsela ; darsela a gambe (fam.).

airain [ɛrɛ̃] m. bronzo. ‖ FIG., (littér.) *cœur, front d'airain*, cuor, faccia di bronzo. | *l'airain tonne*, i bronzi tuonano. | *les sons lugubres de l'airain*, i rintocchi lugubri dei sacri bronzi. ‖ MYTH. *âge d'airain*, età del bronzo. ‖ ÉCON. *loi d'airain*, legge bronzea, ferrea.

airbus [ɛrbys] m. aerobus.

aire [ɛr] f. [où l'on bat le grain] aia. | *aire de grange*, pavimento m. (di terra battuta) del fienile. ‖ [nid d'un oiseau de proie] nido m. ‖ MAR. rombo m. ‖ MATH. area. ‖ [surface, territoire] area, zona, superficie, perimetro m. | *aire linguistique*, area linguistica. | *aire de stationnement*, zona di sosta ; parcheggio m. | *aire de jeu*, area, perimetro di gioco. ‖ AÉR. *aire d'atterrissage, de décollage*, area, pista di atterraggio, di decollo. | *aire de lancement*, area, perimetro di lancio. ‖ FIG. campo m., settore m. | *aire d'activité d'une entreprise*, campo d'azione d'un'impresa.

airelle [ɛrɛl] f. BOT. mirtillo m.

ais [ɛ] Vx asse f., tavola f. (L.C.).

aisance [ɛzɑ̃s] f. scioltezza, spigliatezza, disinvoltura. | *avoir de l'aisance dans ses mouvements*, essere sciolto nei movimenti. | *avec aisance*, con fare sciolto, spigliato, disinvolto. | *parler avec aisance*, parlare con disinvoltura, con spigliatezza. ‖ COMM. *aisance de la trésorerie*, disponibilità della tesoreria. ‖ [bien-être] agiatezza, agio m. | *vivre dans l'aisance*, vivere agiatamente, nell'agiatezza, negli agi. ◆ pl. *fosse d'aisances*, pozzo nero. | *lieux, cabinets d'aisances*, latrina, ritirata, cesso m., gabinetto m.

1. aise [ɛz] f. [plaisir] contentezza, gioia, piacere m. | *être transporté d'aise*, non stare in sé dalla contentezza, gongolare di gioia. ‖ [absence de gêne] agio m., comodità. | *être à l'aise*, star comodo. | *se mettre à l'aise, à son aise*, mettersi in libertà. | *être à son aise*, stare a proprio agio. | *être, se sentir mal à l'aise*, essere, sentirsi, trovarsi a disagio. | *travailler à son aise*, lavorare a proprio agio. | *mettre qn à l'aise*, mettere qlcu a suo agio. | *un homme qui vous met mal à l'aise*, un uomo che mette a disagio, che mette soggezione. ‖ FAM. *en prendre à son aise*, fare il proprio comodo, pigliarsela comoda. | *en parler à son aise*, far presto a dire. ‖ IRON. *à votre aise !*, faccia pure !, come vuole !, come Le accomoda ! ‖ FIG. *être à l'aise*, essere agiato, benestante. ◆ pl. agi m. pl., comodi m. pl., comodità. | *aimer ses aises*, amare i propri agi. | *prendre ses aises*, mettersi a proprio agio (pr.) ; fare il proprio comodo (fig.).

2. aise adj. lieto, contento.

aisé, e [ɛze] adj. [facile] agevole, facile. ‖ [naturel] sciolto, spigliato, disinvolto. | *avoir des manières aisées*, essere spigliato ; aver scioltezza di modi. | *mouvements aisés*, movimenti sciolti. | *style aisé*, stile disinvolto, scorrevole. ‖ [fortuné] agiato, benestante, abbiente.

aisselle [ɛsɛl] f. ANAT. ascella. | *creux de l'aisselle*, cavità ascellare.

ajonc [aʒɔ̃] m. BOT. ginestrone ; ginestra spinosa.

ajouré, e [aʒure] adj. traforato.

ajourer [aʒure] v. tr. traforare. | *ajourer une nappe*, ricamare (con punto) a giorno una tovaglia.

ajourné, e [aʒurne] adj. rinviato, procrastinato, differito ; aggiornato (néol.). ◆ adj. et n. MIL. rivedibile (adj.). ‖ UNIV. riprovato, rimandato, respinto.

ajournement [aʒurnəmɑ̃] m. differimento, rinvio ; aggiornamento (néol.). ‖ JUR. [assignation à comparaître] citazione f. ‖ MIL. rivedibilità f. ‖ UNIV. (il) respingere (agli esami).

ajourner [aʒurne] v. tr. rimandare, differire, rinviare ; aggiornare (néol.). | *ajourner un paiement*, differire un pagamento. | *ajourner un procès*, rimandare, rinviare un processo. ‖ JUR. citare. ‖ MIL. rinviare a una leva successiva ; dichiarare rivedibile (una recluta). ‖ UNIV. rimandare ; riprovare agli esami. ◆ v. pr. rinviare la seduta ; aggiornarsi (néol.).

ajout [aʒu] m. aggiunta f.

ajouté [aʒute] m. TYP. aggiunta f.

ajouter [aʒute] v. tr. aggiungere. | *ajouter foi à*, prestar fede a. ‖ [dire encore qch.] aggiungere, soggiungere. | *il ajouta quelques mots à ce qui avait déjà été dit*, aggiunse, soggiunse qualche parola a quanto era già stato detto. | *je reviendrai bientôt, ajouta-t-il*, tornerò presto, soggiunse. ‖ MATH. aggiungere, addizionare, sommare. ◆ v. tr. ind. **(à)** accrescere, aumentare (v. tr.). ◆ v. pr. **(à)** aggiungersi (a).

ajustage [aʒystaʒ] m. TECHN. aggiustaggio.

ajusté, e [aʒyste] adj. [mis au point] aggiustato, accomodato. ‖ [adapté] bene adatto. | *vêtement ajusté*, vestito attillato. | *ajusté à la taille*, segnato in vita. ‖ [précis] aggiustato, assestato. | *un coup bien ajusté*, un colpo bene assestato.

ajustement [aʒystəmɑ̃] m. adeguamento, adat-

tamento, aggiustamento. ‖ [conciliation] accomodamento, componimento. ‖ [d'un projet de loi] modifica f., rettifica f.
ajuster [aʒyste] v. tr. **1.** [rendre juste] aggiustare, accomodare, regolare. | *ajuster une balance*, aggiustare una bilancia. ‖ **2.** [viser] *ajuster un lièvre*, prendere di mira una lepre, mirare a una lepre. | *ajuster le tir*, aggiustare il tiro. ‖ **3.** [adapter] adattare, accomodare. | *ajuster un vêtement*, adattare bene un vestito. | *ajuster un couvercle à une boîte*, adattare un coperchio a una scatola. ‖ **4.** [concilier] comporre, accomodare, aggiustare. | *ajuster un différend*, comporre, accomodare una lite. | *ajuster deux points de vue opposés*, conciliare due punti di vista opposti. ‖ **5.** [arranger, disposer avec soin] acconciare, accomodare. | *ajuster ses cheveux, sa cravate*, ravviarsi i capelli, la cravatta. ‖ **6.** FAM. [asséner] assestare (L.C.). | *ajuster un coup de pied*, assestare una pedata. ◆ v. pr. [être bien adapté] adattarsi, adeguarsi ; aderire (v. intr.).
ajusteur [aʒystœr] m. aggiustatore.
alabastrite [alabastrit] f. MINÉR. alabastrite.
alacrité [alakrite] f. alacrità, solerzia.
alaire [alɛr] adj. alare.
alaise ou **alèse** [alɛz] f. traversa.
alambic [alɑ̃bik] m. alambicco, lambicco.
alambiqué, e [alɑ̃bike] adj. lambiccato, sforzato, artificioso.
alangui, e [alɑ̃gi] adj. languido.
alanguir [alɑ̃gir] v. tr. illanguidire, indebolire, infiacchire. ‖ FIG. indebolire, infiacchire. ◆ v. pr. illanguidire (v. intr.), indebolirsi, infiacchirsi, sdilinquirsi.
alanguissement [alɑ̃gismɑ̃] m. [action d'alanguir ou de s'alanguir] illanguidimento, infiacchimento. ‖ [état] languore, illanguidimento, infiacchimento, languidezza f.
alarmant, e [alarmɑ̃, ɑ̃t] adj. allarmante.
alarme [alarm] f. [alerte] allarme m. | *donner, sonner l'alarme*, dare, suonare l'allarme. ‖ [frayeur] allarme, timore m., spavento m. | *semer l'alarme*, seminare lo spavento, spargere l'allarme. ◆ pl. VX angoscie, affanni m. pl., ansie (L.C.). | *se remettre de ses alarmes*, liberarsi dalle proprie ansie. | *cessez vos alarmes*, non si preoccupi.
alarmer [alarme] v. tr. [effrayer] allarmare, spaventare. ‖ (littér.) *alarmer la pudeur*, offendere il pudore. ◆ v. pr. allarmarsi, spaventarsi.
alarmiste [alarmist] adj. allarmistico. ◆ n. allarmista.
albanais, e [albanɛ, ɛz] adj. et n. albanese.
albâtre [albɑtr] m. alabastro.
albatros [albatros] m. ZOOL. albatro ; diomedea f.
albigeois, e [albiʒwa, az] m. HIST. albigese ; cataro.
albinos [albinos] adj. et n. inv. albino adj. et n. m.
album [albɔm] m. album (inv.), albo.
albumen [albymɛn] m. albume.
albumine [albymin] f. albumina.
albumineux, euse [albyminø, øz] adj. albuminoso.
albuminoïde [albyminɔid] m. albuminoide.
albuminurie [albyminyri] f. MÉD. albuminuria.
alcaïque [alkaik] adj. POÉS. alcaico.
alcali [alkali] m. CHIM. alcali (inv.). | *alcali volatil*, ammoniaca f.
alcalin, e [alkalɛ̃, in] adj. CHIM. alcalino.
alcaloïde [alcalɔid] adj. CHIM. alcaloide.
alchimie [alʃimi] f. alchimia.
alchimiste [alʃimist] m. alchimista.
alcool [alkɔl] m. alcole ; alcool (inv.). | *alcool éthylique*, alcole etilico, spirito di vino. | *alcool camphré*, spirito canforato. | *lampe à alcool*, lampada a spirito. | *alcool à brûler*, spirito da ardere. | *taxe sur les alcools*, tassa sugli alcolici. | *sentir l'alcool*, emanare odore d'alcole ; puzzare d'alcole (péjor.). ‖ FAM. *donne-moi un petit alcool*, dammi un bicchierino.
alcoolat [alkɔla] m. CHIM. alcoolato.
alcoolique [alkɔlik] adj. [à base d'alcool] alco(o)lico. | *boisson alcoolique*, bevanda, bibita alco(o)lica ; alco(o)lico m. | *boisson non alcoolique*, bevanda, bibita analco(o)lica ; analco(o)lico m. ◆ adj. et n. [personne] alcolizzato.
alcoolisation [alkɔlizasjɔ̃] f. alcolizzazione.
alcooliser [alkɔlize] v. tr. alcolizzare. ◆ v. pr. FAM. ubriacarsi ; intossicarsi con alcole (L.C.).
alcoolisme [alkɔlism] m. alcolismo.
alcoomètre [alkɔmɛtr] m. alcolometro.
alcotest [alkɔtɛst] m. = prova (f.) dell'alcol.
alcôve [alkov] f. alcova.
alcyon [alsjɔ̃] m. MYTH. alcione.
aldéhyde [aldeid] m. CHIM. aldeide f.
aldin, e [aldɛ̃, in] adj. TYP. aldino.
aléa [alea] m. alea f., rischio.
aléatoire [aleatwar] adj. aleatorio.
alêne [alɛn] f. lesina.
alentour [alɑ̃tur] adv. intorno, d'intorno. | *rôder alentour*, gironzolare, aggirarsi nei dintorni, nelle vicinanze. | *tout alentour*, tutt'intorno.
alentours [alɑ̃tur] m. pl. dintorni, vicinanze f. pl. | *aux alentours de la ville*, nei dintorni, nelle vicinanze, nei pressi della città. | *aux alentours de huit heures*, verso le otto.
alérion [alerjɔ̃] m. HÉRALD. alerione.
1. alerte [alɛrt] f. allarme m. | *donner l'alerte*, dare l'allarme. | *alerte aérienne*, allarme aereo. | *fin d'alerte*, cessato allarme. ‖ PR. et FIG. *fausse alerte*, falso allarme. | *être en état d'alerte*, essere in stato d'allarme (pr.) ; stare all'erta (fig.). ◆ interj. all'erta !
2. alerte adj. vivace, vispo. | *style alerte*, stile vivace. ‖ [parlant d'une personne âgée] vegeto, arzillo.
alerter [alɛrte] v. tr. allarmare, mettere in allarme. ‖ FIG. avvertire, insospettire, mettere in sospetto, incuriosire.
alésage [alezaʒ] m. TECHN. [action] alesatura f., barenatura f. ‖ [diamètre] alesaggio.
alèse f. V. ALAISE.
aléser [aleze] v. tr. TECHN. alesare, barenare.
aléseur [alezœr] m. alesatore, barenatore.
aléseuse [alezøz] f. alesatrice, barenatrice.
alésoir [alezwar] m. alesatoio, bareno.
alevin [alvɛ̃] m. ZOOL. avannotto.
aleviner [alvine] v. tr. popolare con avannotti.
alexandrin, e [alɛksɑ̃drɛ̃, in] adj. et n. alessandrino. ◆ n. m. POÉS. alessandrino ; settenario doppio.
alexandrinisme [aleksɑ̃drinism] m. alessandrinismo.
alezan, e [alzɑ̃, an] adj. et n. sauro.
alfa [alfa] m. BOT. alfa f.
algarade [algarad] f. sfuriata ; uscita violenta. | *faire, essuyer une algarade*, fare, subire una scenata, una sfuriata.
algèbre [alʒɛbr] f. algebra. ‖ FIG. *pour lui, c'est de l'algèbre*, è arabo per lui.
algébrique [alʒebrik] adj. algebrico.
algébriste [alʒebrist] n. algebrista.
algérien, enne [alʒerjɛ̃, ɛn] n. et adj. algerino.
algérois, e [alʒerwa, az] n. et adj. algerese.
algue [alg] f. alga.
alias [aljas] adv. (lat.) alias ; altrimenti detto.
alibi [alibi] m. alibi (inv.). | *avancer, fournir, invoquer plusieurs alibis*, mettere innanzi, fornire, invocare parecchi alibi.
aliboron [alibɔrɔ̃] m. (littér.) asino, ciuco, somaro (L.C.). ‖ FIG. *être un maître Aliboron*, essere un asino calzato e vestito.
alidade [alidad] f. alidada.
aliénabilité [aljenabilite] f. alienabilità.
aliénable [aljenabl] adj. alienabile.
aliénation [aljenasjɔ̃] f. JUR. alienazione, alienamento m., perdita. | *aliénation de l'indépendance nationale*, perdita dell'indipendenza nazionale. ‖ FIG. aberrazione, alienazione. ‖ [folie] alienazione, pazzia.
aliéné, e [aljene] adj. JUR. alienato. ◆ adj. et n. alienato, pazzo. | *asile d'aliénés*, manicomio m.
aliéner [aljene] v. tr. JUR. alienare. ‖ FIG. *aliéner sa liberté*, alienare, cedere, abbandonare la propria libertà. ‖ [faire perdre] alienare, togliere, far perdere. | *aliéner l'esprit*, sconvolgere la mente. ◆ v. pr. alienarsi, inimicarsi. | *il s'est aliéné tout le monde*, si è alienato, inimicato tutti.
aliéniste [aljenist] m. alienista.
alignement [aliɲmɑ̃] m. [salaires, monnaie] allinea-

mento. || [personnes] allineamento, schieramento; [résultat] fila f. | *dans l'alignement*, sull'allineamento. || FIG. *l'alignement des partis sur des positions politiques communes*, l'allineamento dei partiti su posizioni politiche comuni. || ARCHIT. *plan d'alignement*, piano d'allineamento. || TYP. allineamento.
aligner [aliɲe] v. tr. [mettre sur une ligne] PR. et FIG. allineare, schierare. || [ajuster] *aligner sa politique sur celle des pays alliés*, allineare la propria politica su quella dei paesi alleati. || FIG. addurre, produrre, presentare. | *aligner des phrases*, infilare frasi vuote di senso. || POP. *aligner de l'argent*, scucire la grana. || TYP. allineare. ◆ v. pr. PR. et FIG. allinearsi, schierarsi. || POP. *tu peux toujours t'aligner!*, tu non ce la fai, non ce la farai, non ce la faresti! (fam.).
aliment [alimɑ̃] m. PR. et FIG. alimento, cibo, nutrimento. ◆ pl. JUR. alimenti.
alimentaire [alimɑ̃tɛr] adj. alimentare. | *denrées, produits alimentaires*, derrate, generi, prodotti alimentari; alimentari m. pl. || JUR. *pension alimentaire*, assegno alimentare.
alimentation [alimɑ̃tasjɔ̃] f. [personnes, animaux, machines] alimentazione. || [approvisionnement] approvvigionamento m., rifornimento m. | *services de l'alimentation*, annona f. | *carte d'alimentation*, tessera annonaria. | *magasin d'alimentation*, negozio di alimentari.
alimenter [alimɑ̃te] v. tr. PR. et FIG. alimentare, nutrire. || TECHN. rifornire. ◆ v. pr. alimentarsi, nutrirsi, cibarsi, pascersi.
alinéa [alinea] m. [paragraphe] alinea (inv.), comma. || [retrait] capoverso.
aliquante [alikɑ̃t] adj. MATH. *partie aliquante*, parte aliquanta.
aliquote [alikɔt] n. f. MATH. aliquota.
alise [aliz] f. BOT. sorba.
alisier [alizje] m. BOT. sorbo.
aliter [alite] v. tr. costringere a letto, allettare. ◆ v. pr. mettersi a letto, allettarsi.
alizé [alize] m. aliseo.
allaitement [alɛtmɑ̃] m. allattamento.
allaiter [alɛte] v. tr. allattare.
allant, e [alɑ̃, ɑ̃t] adj. [actif] vivace, vispo, vegeto, arzillo; in gamba. ◆ n. m. FAM. [entrain] alacrità f., ardore, brio. | *homme plein d'allant*, uomo alacre, brioso, vivace.
alléchant, e [aleʃɑ̃, ɑ̃t] adj. appetitoso, gustoso. || FIG. allettante, attraente, seducente.
allécher [aleʃe] v. tr. ingolosire, attirare, attrarre, invogliare. || FIG. allettare, adescare, attrarre.
allée [ale] f. viale m. || ARCHÉOL. *allée couverte* = galleria formata da dolmen. ◆ pl. *allées et venues*, andirivieni m. sing; viavai m. inv. (pr.); passi m. pl., pratiche (fig.).
allégation [alegasjɔ̃] f. allegazione.
allège [alɛʒ] f. ARCHIT. davanzale m. || MAR. alleggio m.
allégeance [aleʒɑ̃s] f. fedeltà, ubbidienza, sottomissione. | *serment d'allégeance*, giuramento di fedeltà. | *faire acte d'allégeance*, fare atto di sottomissione.
allégement [alɛʒmɑ̃] m. alleviamento, alleggerimento, sgravio. || FIG. *allégement fiscal*, sgravio fiscale.
alléger [aleʒe] v. tr. [navire] alleggiare; [fardeau] alleggerire; [peine] alleviare; [impôt] alleggerire, sgravare. || FAM. *il m'a allégé de cent francs*, mi ha spillato cento franchi.
allégorie [alegɔri] f. allegoria.
allégorique [alegɔrik] adj. allegorico.
allègre [alɛgr] adj. alacre, allegro, vivace.
allégresse [alegrɛs] f. [manifestation] allegria, gaiezza. || [sentiment] contentezza, gioia, allegrezza; gaudio m. (littér.). | *des cris (pleins) d'allégresse*, grida festose.
allégretto [alegreto] m. (pl. **allégrettos**) MUS. allegretto.
allégro [alegro] m. (pl. **allégros**) MUS. allegro.
alléguer [alege] v. tr. allegare, addurre, produrre. | *alléguer des excuses*, addurre scuse.
alléluia [aleluja] m. alleluia.
allemand, e [almɑ̃, ɑ̃d] adj. et n. tedesco. | *de langue allemande*, di lingua tedesca; germanofono (adj. et n.). || FAM., VX *c'est de l'allemand, du haut allemand pour moi*, è arabo per me. || *querelle d'Allemand*, questione di lana caprina. ◆ n. f. MUS. allemanda, alemanna.
1. aller [ale] v. intr.

I. SE MOUVOIR : andare, recarsi.
II. CONDUIRE VERS; ATTEINDRE : andare, condurre, portare, raggiungere.
III. SE PORTER : stare, andare.
IV. FONCTIONNER : funzionare, camminare.
V. S'ADAPTER; CONVENIR : andare, adattarsi, stare, calzare; S'ACCORDER : andare insieme; PLAIRE : piacere, andare, andare a genio, garbare.
VI. AVEC UN INFINITIF : [but] andare a; [futur proche] stare per.
VII. AVEC UN PARTICIPE PRÉSENT : andare.
VIII. LOCUTIONS. **1.** L.C.; **2.** FAM.
◆ v. pr. ***s'en aller :*** andarsene.

I. SE MOUVOIR : andare, recarsi. (V. À et EN.) | *aller chez qn, en Italie, à Paris*, andare, recarsi da qlcu., in Italia, a Parigi. | *aller aux nouvelles, aux informations, aux urnes*, andare in cerca di notizie, ad informarsi, alle urne. | *j'y vais de ce pas*, ci vado subito. | *aller à pied, à cheval, à bicyclette, en auto, en avion, en train*, andare, viaggiare a piedi, a cavallo, in bicicletta, in macchina, in aereo, in treno. | *façon d'aller*, modo di camminare; andatura f. || PR. et FIG. *aller loin*, andar lontano. || FIG. *aller trop loin*, avvantaggiarsi troppo. || [se rendre auprès de la personne à qui l'on parle, à qui l'on écrit] *j'irai chez toi (en Italie) dans un mois*, verrò a casa tua (in Italia) fra un mese. || [réponse à qui appelle] *j'y vais*, vengo.
II. CONDUIRE VERS; ATTEINDRE : andare, condurre, portare, raggiungere. | *cette rue va à la place*, questa via va, conduce, mette capo alla piazza. | *où va cette route?*, dove va, dove porta questa strada? | *la plaine va jusqu'à la mer*, la pianura va, si stende fino al mare. | *la montagne va jusqu'aux nues*, la montagna va, sale, si eleva fino alle nuvole. || FIG. *sa douleur alla jusqu'au désespoir*, il suo dolore andò fino alla, raggiunse la disperazione. | *cette réflexion va loin*, questa osservazione ha importanti conseguenze. | *aller à l'échec*, andare a vuoto.
III. SE PORTER : stare, andare. | *comment allez-vous?*, come sta? || FAM. *comment (ça) va? ça va?*, come va?, tutto bene? | *ça va (bien)*, va bene.
IV. FONCTIONNER : funzionare, camminare. | *la machine ne va plus*, la macchina non funziona più. | *les affaires vont mieux*, gli affari vanno, camminano meglio. | *mon travail ne va pas*, il mio lavoro non cammina, non procede. | *la chose n'alla pas sans mal, n'alla pas toute seule*, la faccenda non andò liscia. | *aller de mal en pis*, andare di male in peggio.
V. S'ADAPTER; CONVENIR : andare, stare, calzare. || [souliers, vêtements] calzare. | *ce costume ne te va pas*, quest'abito non ti va, non ti sta bene. || *cette clef va à la serrure*, questa chiave si adatta alla serratura. || FAM. *cela te va comme un gant*, ti sta a pennello. || FIG., IRON. *cela te va bien de faire le héros!*, proprio tu fai l'eroe! | *cela ne te va pas de faire l'imbécile*, non è da te fare il finto tonto. || [s'accorder] *ils vont bien ensemble*, vanno bene insieme, s'intendono bene. | *ces deux couleurs vont bien ensemble*, questi due colori vanno bene insieme, si armonizzano, s'intonano. || [plaire] *cette viande ne me va pas*, questa carne non mi va, non mi piace. | *son attitude ne me va pas*, il suo atteggiamento non mi va a genio. | *tes manières ne me vont pas*, i tuoi modi non mi garbano. || FAM. *ceci, ça me va*, mi conviene (L.C.). | *ça ira*, ce la faremo; andrà bene (L.C.).
VI. AVEC UN INFINITIF : [but] andare a. | *je vais acheter le journal*, vado a comprare il giornale. || [futur proche] stare per. | *il va arriver*, sta per arrivare;

[dans peu de temps] arriverà fra poco ; [dans très peu de temps] arriverà ora. | *je vais prendre le train cet après-midi*, prenderò il treno questo pomeriggio. | *j'allais sortir quand vous êtes arrivé*, stavo per uscire quando Lei è arrivato. | *je croyais qu'il allait se passer qch.*, credevo che stesse per succedere qlco.
VII. AVEC UN PARTICIPE PRÉSENT : *aller en augmentant ; aller croissant* (littér.) ; *aller en diminuant*, andare crescendo, diminuendo (L.C.).
VIII. LOCUTIONS. **1.** L.C. *laisser aller*, V. LAISSER. | *aller et venir*, andare e venire ; andare su e giù. | *je ne fais qu'aller et venir*, vado e vengo. | *aller sur ses quarante ans*, andare per i quaranta (anni). | *y aller de*, andarne di. | *il y va de mon honneur, de la vie*, ne va del mio onore, della vita ; ne va di mezzo il mio onore, ne va di mezzo la vita. | *ne pas aller sans*, essere inseparabile, inscindibile da. | *les joies de la famille ne vont pas sans soucis*, le gioie della famiglia non sono esenti, immuni da preoccupazioni. | *aller de soi, aller sans dire*, andare da sé. ‖ PR. et FIG. *aller à la dérive*, andare alla deriva. ‖ JEU *rien ne va plus*, il gioco è fatto ; rien ne va plus (fr.). ‖ MIL. *qui va là ?*, chi va là ? ‖ [suivi d'une comparaison] *il en va de cette affaire comme de l'autre*, capita in questa faccenda quel che è capitato nell'altra ; le due faccende vanno nello stesso modo. | *il n'en va pas de même pour lui*, per lui è tutt'altra cosa. | *il en irait bien mieux si tu acceptais*, andrebbe molto meglio, se tu accettassi. ‖ [à l'impér. ou au subj. nég.] *n'allez pas croire que*, Lei non deve credere che. | *pourvu qu'il n'aille pas le croire !*, purché non lo creda ! **2.** FAM. *y aller de sa bourse, de sa poche, de ses économies*, rimetterci del proprio, i propri risparmi (L.C.). | *il y va toujours de sa chanson*, non manca mai di cantare una canzonetta. | *y aller (fort), y aller mal*, esagerare ; andare troppo oltre (L.C.). | *comme tu y vas !*, che esagerazione ! (L.C.) ; [hâte] che furia ! ; che impazienza ! (L.C.). | *y aller de bon cœur*, fare qlco. di (tutto) cuore (L.C.). | *y aller doucement avec qn*, parlare a uno, agire con uno, trattare uno con dolcezza (L.C.). | *ne pas y aller par quatre chemins*, andare per le spicce. | *ne pas y aller de main morte*, [exagérer] non scherzare mica ; [frapper] picchiare sodo. ‖ JEU *j'y vais de dix francs*, scommetto, punto dieci franchi (L.C.). ‖ *ça va tout seul*, va da sé (L.C.). | *ça va !, ça va comme ça !, ça va très bien !*, basta (così) ! (L.C.). | *vas-y !*, su ! ; via ! ; forza ! ; [coups] dàgli ! | *va donc, imbécile*, va là, stupido ! | *allez !*, via ! ; comincі ! (L.C.) ; comincia ! (L.C.) | *allez ! on s'en va*, su ! ce ne andiamo ; su ! me ne vado. | *allez toujours !*, continui, faccia pure (L.C.). | *va, allez donc voir !*, vattelapesca (fam.) ; chi lo sa ? (L.C.). | *allez savoir ce qu'il a bien pu vouloir dire !*, chissà cos'avrà voluto dire ! (L.C.). | *allons donc !*, macché ! | *allez donc y comprendre qch !*, e chi ci capisce niente ? (L.C.). | *va pour des vacances en Espagne*, vada per le vacanze in Spagna. | *on y va*, [on vient] ecco ! ; subito ! ; vengo ! ; [on commence] su !, via ! (L.C.) ; [on part] via !, andiamo !, avanti ! (L.C.).
◆ v. pr. ***s'en aller,*** andarsene. ‖ [partir] *il s'en va à Venise*, se ne va a Venezia, parte per Venezia. ‖ [mourir] *le malade s'en est allé en quelques heures*, il malato se n'è andato in poche ore. ‖ [disparaître] *la tache s'en va*, la macchia se ne va, va via, scompare. | *l'eau s'en va du radiateur*, il radiatore perde. | *s'en aller en miettes*, andare in frantumi. | *s'en aller en fumée*, andare in fumo, sfumare. ‖ [avoir l'intention de] *je m'en vais lui jouer un tour*, ora gli farò uno scherzo.
2. aller m. andata f. | *voyage aller et retour*, viaggio di andata e ritorno. | *c'est un simple aller et retour*, vado e torno subito. ‖ SPORT *match aller*, girone di andata.
allergie [alɛrʒi] f. allergia.
allergique [alɛrʒik] adj. allergico.
alleu [alø] m. FÉOD. V. FRANC-ALLEU.
alliacé, e [aljase] adj. agliaceo.
alliage [aljaʒ] m. [métaux] lega f. | *alliage léger*, lega leggera. | *alliage pauvre*, bassa lega. | *alliages ferreux*, leghe di ferro, ferroleghe. ‖ FIG. mescolanza f.
alliance [aljɑ̃s] f. [union] alleanza. | *alliance offensive*, alleanza offensiva. | *contracter une alliance*, contrarre un'alleanza. ‖ HIST. *Triple Alliance*, Triplice Alleanza. ‖ [mariage] unione, matrimonio m. | *parent par alliance*, affine m., parente acquisito. ‖ [anneau de mariage] fede ; anello (m.) nuziale ; vera (septentr.). ‖ GRAMM. *alliance de mots*, accostamento m., combinazione di parole.
allié, e [alje] adj. et n. alleato. | *les (pays) alliés*, i paesi alleati, gli alleati. ‖ [parent par alliance] affine m. ; parente acquisito ; **(à)** imparentato (con) adj.
allier [alje] v. tr. CHIM. allegare. | *allier l'or et, avec l'argent*, fare una lega d'oro e argento. ‖ [unir] congiungere, unire. ‖ FIG. unire. ◆ v. pr. CHIM. legare (v. intr.). ‖ [s'apparenter] **(à)** imparentarsi (con). ‖ [se liguer] allearsi (con). ‖ FIG. [s'accorder] unirsi, accompagnarsi. | *deux couleurs qui s'allient mal*, due colori che stanno male insieme. | *en cette femme, la bonté s'allie à la beauté*, in questa donna la bontà si accompagna alla bellezza.
alligator [aligatɔr] m. ZOOL. alligatore.
allitération [aliterasjɔ̃] f. RHÉT. allitterazione.
allô ! [alo] interj. pronto !
allocataire [alɔkatɛr] m. assegnatario.
allocation [alɔkasjɔ̃] f. [action d'allouer] assegnazione. ‖ [prestation] assegno m., indennità. | *allocations familiales*, assegni familiari. | *allocation (de) logement*, indennità di alloggio. | *allocation militaire*, sussidio (m.) militare. | *allocation de chômage, de maladie, de maternité, (de) vieillesse*, indennità di disoccupazione, di malattia, di maternità, di vecchiaia. | *allocation en nature*, prestazione.
allocution [alɔkysjɔ̃] f. allocuzione.
allodial, e, aux [alɔdjal] adj. FÉOD. allodiale.
allogène [alɔʒɛn] adj. et n. allogeno.
allonge [alɔ̃ʒ] f. prolunga, giunta, aggiunta. ‖ [crochet de boucher] uncino m. ‖ [lettre de change] allunga, coda. ‖ SPORT allungo m.
allongement [alɔ̃ʒmɑ̃] m. allungamento.
allonger [alɔ̃ʒe] v. tr. [rendre plus long] allungare, prolungare. | *allonger une robe*, allungare un vestito. | *allonger la table*, allungare, prolungare la tavola. | *allonger le pas*, allungare il passo. ‖ [additionner d'un liquide] allungare, diluire, annacquare. | *allonger une sauce*, allungare, diluire una salsa. ‖ FIG., FAM. *allonger la sauce*, farla lunga. ‖ [étendre] allungare, stendere. | *allonger le bras, les jambes*, allungare, stendere il braccio, le gambe. | *allonger le cou*, allungare il collo. | *allonger un blessé*, coricare un ferito. ‖ FAM. *allonger une gifle, un coup de pied*, allungare, appioppare uno schiaffo, una pedata. ‖ [faire traîner en longueur] allungare, prolungare, protrarre. ‖ POP. [somme d'argent] scucire. | *allonger du fric*, scucire la grana. ◆ v. intr. allungarsi. | *les jours allongent*, i giorni si allungano. ◆ v. pr. allungarsi. | *la taille de cet enfant s'allonge à vue d'œil*, quel ragazzo si allunga, cresce a vista d'occhio. ‖ FIG. *à cette nouvelle sa figure, son visage, son nez s'allongea*, a quella notizia fece il muso lungo. ‖ [se tendre] allungarsi, tendersi. | *le caoutchouc s'allonge*, il caucciù si tende. ‖ [se coucher] adagiarsi, stendersi, sdraiarsi, coricarsi. ‖ FAM. [tomber] cadere lungo disteso. ‖ POP. *s'allonger une corvée*, sobbarcarsi a una sfacchinata (fam.).
allopathie [alɔpati] f. allopatia.
allouer [alwe] v. tr. assegnare, attribuire, stanziare.
allumage [alymaʒ] m. TECHN. accensione f. | *couper l'allumage*, staccare l'accensione. | *avance, retard à l'allumage*, anticipo, ritardo d'accensione. | *ce moteur a trop d'avance à l'allumage*, questo motore è troppo anticipato.
allume-gaz [alymgɑz] m. inv. accendigas.
allumer [alyme] v. tr. et intr. accendere. | *allumer une cigarette, une lampe, la radio*, accendere una sigaretta, una lampada, la radio. | *laisser allumé*, lasciare la luce accesa. | *allumer (la lumière dans) le couloir*, accendere (la luce) nel corridoio. ‖ FIG. [provoquer] accendere. | *allumer la guerre*, suscitare, far divam-

pare la guerra. | *allumer les passions*, accendere, eccitare le passioni. || FAM. [aguicher] allettare, attirare, infiammare. ◆ v. pr. accendersi ; [lumière] illuminarsi ; [combustible] incendiarsi, infiammarsi. || FIG. [guerre] accendersi ; divampare (v. intr.). || FIG. [devenir brillant, rouge] infiammarsi, accendersi. | *ses yeux s'allument*, i suoi occhi s'accendono. | *ses joues s'allumèrent*, gli s'infiammarono le guance.

allumette [alymɛt] f. fiammifero m. ; [soufrée] zolfanello m. | *marchand d'allumettes*, fiammiferaio. | *allumette de sûreté, suédoise*, fiammifero di sicurezza, svedese. | *allumette-bougie*, cerino m. || CULIN. pasta sfoglia (lunga e sottile). | *pommes-allumettes*, patate fritte a bastoncino. || FIG., FAM. *mince comme une allumette*, sottile come una festuca, come uno stecco.

allumettier, ère [alymetje, ɛr] n. fiammiferaio.

allumeur [alymœr] m. [personne ou dispositif] accenditore. | *allumeur de réverbères*, lampionaio.

allumeuse [alymøz] f. FIG., POP. [femme aguichante] adescatrice, allettatrice, maliarda (L.C.).

allumoir [alymwar] m. accenditoio.

allure [alyr] f. [façon de marcher] andatura, portamento m. || [vitesse] velocità. | *aller à vive allure*, [cheval, homme] andar di carriera ; [voiture] andare a gran velocità. | *aller à toute allure*, correre a rotta di collo, di gran carriera ; correre a tutta birra (fam.). || FIG. [maintien] contegno m., portamento m., modi m. pl. | *allures suspectes, louches*, modi sospetti, loschi. | *se donner des allures de*, darsi arie da. | *un homme qui a de l'allure*, un uomo dignitoso, di bel portamento, di classe. | *cela a de l'allure, grande allure*, ha (gran) classe, è di gran classe. || [tournure, évolution] andamento m., piega. | *l'affaire prend une mauvaise allure*, la faccenda prende una brutta piega. || MAR. andatura.

allusif, ive [alyzif, iv] adj. allusivo.

allusion [alyzjɔ̃] f. allusione, accenno m., riferimento m., cenno m. | *faire allusion à*, alludere a, accennare a. | *parler par allusions*, parlare allusivamente, per accenni. | *faire une allusion discrète à*, alludere, accennare discretamente a.

alluvial, e, aux [alyvjal, o] adj. alluvionale.

alluvion [alyvjɔ̃] f. alluvione.

alluvionnement [alyvjɔnmɑ̃] m. GÉOGR. interramento.

almanach [almana] m. almanacco, barbanera.

almée [alme] f. almea.

aloès [alɔɛs] m. BOT. aloè.

aloi [alwa] m. [alliage] lega f. || FIG. [qualité] lega. | *gens de bon, de mauvais aloi*, gente di buona, di bassa lega. | *plaisanterie de bon, de mauvais aloi*, scherzo di buona, di cattiva lega.

alopécie [alɔpesi] f. alopecia.

alors [alɔr] adv. [à ce moment-là] allora. | *jusqu'alors*, fin, sin allora. | *alors, nous étions jeunes*, allora eravamo giovani. || [en ce cas] allora. | *alors n'en parlons plus*, allora non parliamone più. || [valeur d'une interjection] *alors, tu viens ?*, allora vieni ? | *alors, raconte !*, su ! racconta ! | *ça, alors ! il est encore absent !*, guarda un po', è ancora assente ! | *alors là ! qu'est-ce que j'ai pris !*, vedi mai quante ne ho prese ! | *alors, voyons un peu*, dunque vediamo un po'. | *non mais alors ! à qui crois-tu avoir affaire ?*, no ma..., con chi credi di trattare ? | *et (puis) alors ?*, e poi ? ◆ loc. conj. ***alors que*** [temps] allorché, quando ; allorquando (littér.). || [concession] mentre, sebbene, nonostante (che). | *il l'a fait, alors que je le lui avais interdit*, l'ha fatto mentre glielo avevo vietato, sebbene glielo avessi proibito. || *alors même que*, quand'anche, anche se. | *alors même qu'il serait malade*, quand'anche fosse malato.

alose [aloz] f. ZOOL. alosa, cheppia. | [lacustre] agone m.

alouette [alwɛt] f. ZOOL. allodola, lodola. || FAM. *attendre que les alouettes tombent toutes rôties*, aspettar la pappa scodellata.

alourdir [alurdir] v. tr. appesantire, aggravare. || FIG. aggravare. ◆ v. pr. appesantirsi.

alourdissement [alurdismɑ̃] m. aggravamento.

aloyau [alwajo] m. lombata f.

alpaga [alpaga] m. ZOOL., TEXT. alpaca (inv.).

alpage [alpaʒ] m. alpeggio.

alpax [alpaks] m. alpacca f.

alpestre [alpɛstr] adj. alpestre.

alpha [alfa] m. alfa f. || LOC. *de l'alpha à l'oméga*, dall'alfa all'omega. || PHYS. *rayons alpha*, raggi alfa.

alphabet [alfabɛ] m. alfabeto ; abbiccì (inv.). || FIG. [début] alfabeto, abbiccì ; primi rudimenti pl.

alphabétique [alfabetik] adj. alfabetico.

alphabétisation [alfabetizasjɔ̃] f. alfabetizzazione.

alphanumérique [alfanymerik] adj. alfanumerico.

alpin, e [alpɛ̃, in] adj. alpino. || MIL. *(chasseur) alpin*, alpino m.

alpinisme [alpinism] m. alpinismo.

alpiniste [alpinist] n. alpinista.

alsacien, enne [alzasjɛ̃, ɛn] adj. et n. alsaziano.

altérabilité [alterabilite] f. alterabilità.

altérable [alterabl] adj. alterabile.

altération [alterasjɔ̃] f. [changement] alterazione. || [falsification] falsificazione, contraffazione. || [corruption] adulterazione, sofisticazione. | *altération des viandes*, sofisticazione delle carni. || MUS. alterazione. || PSYCHAN. *altération du moi*, modificazione dell'io.

altercation [altɛrkasjɔ̃] f. alterco m., lite, litigio m.

altéré, e [altere] adj. [assoiffé] assetato ; sitibondo (littér.). || FIG., (littér.) *tigre altéré de sang*, tigre assetata, sitibonda di sangue.

altérer [altere] v. tr. [changer en mal] alterare, adulterare, guastare. | *les abus altèrent la santé*, gli abusi alterano, guastano la salute. || [falsifier] alterare, falsificare, adulterare, sofisticare. | *altérer un texte*, falsificare, corrompere un testo. | *altérer une marchandise*, adulterare, sofisticare una merce. || [troubler] alterare, turbare. | *altérer l'amitié*, alterare l'amicizia. || [exciter la soif] *l'effort l'a altéré*, lo sforzo gli ha fatto venir sete, gli ha messo sete, l'ha assetato. ◆ v. pr. [se détériorer] alterarsi, guastarsi. || [se troubler, s'irriter] alterarsi, impazientirsi, adirarsi.

altérité [alterite] f. PHILOS. alterità.

alternance [altɛrnɑ̃s] f. alternanza, (l')alternarsi, avvicendamento m. || AGR. *alternance des cultures*, alternanza, avvicendamento, rotazione delle colture. || ÉLECTR. alternanza.

alternant, e [altɛrnɑ̃, ɑ̃t] adj. alternante. || AGR. *culture alternante*, rotazione agraria.

alternateur [altɛrnatœr] m. ÉLECTR. alternatore.

alternatif, ive [altɛrnatif, iv] adj. alternativo, alterno, alternato. | *mouvement alternatif*, movimento alterno. | *courant alternatif*, corrente alternata.

alternative [altɛrnativ] f. [alternance] alternativa, avvicendamento m. || [choix] alternativa.

alterne [altɛrn] adj. BOT., GÉOM. alterno.

alterner [altɛrne] v. tr. alternare. || AGR. *alterner les cultures*, avvicendare, ruotare le colture. ◆ v. intr. alternarsi, avvicendarsi. | *la nuit et le jour alternent*, la notte si alterna col, al giorno ; la notte e il giorno si alternano.

altesse [altɛs] f. altezza.

altier, ère [altje, ɛr] adj. altiero, altezzoso, superbo.

altimètre [altimɛtr] m. altimetro.

altiste [altist] n. MUS. violista.

altitude [altityd] f. GÉOGR. altitudine, altezza. || AÉR. quota. | *prendre de l'altitude*, prendere quota.

alto [alto] m. MUS. [instrument] viola f. || [voix] contralto.

altruisme [altrɥism] m. altruismo.

altruiste [altrɥist] adj. altruistico. ◆ n. altruista.

alumine [alymin] f. CHIM. allumina.

aluminium [alyminjɔm] m. alluminio.

alun [alœ̃] m. CHIM. allume.

alunage [alynaʒ] m. ou **aluminage** [alyminaʒ] m. alluda f., allumatura f., alluminatura f.

aluner [alyne] v. tr. allumare.

alunir [alynir] v. intr. allunare.

alunissage [alynisaʒ] m. allunaggio.

alvéolaire [alveɔlɛr] adj. alveolare.

alvéole [alveɔl] m. ou f. [ruche] cella f. || PHYSIOL. alveolo m.

amabilité [amabilite] f. amabilità, affabilità. ◆ pl. [politesses] *il m'a fait beaucoup d'amabilités*, mi ha usato molte gentilezze.
amadou [amadu] m. esca f. ‖ FIG. *prendre feu comme de l'amadou*, accendersi come un fiammifero.
amadouer [amadwe] v. tr. ammansire, addomesticare, rabbonire.
amaigrir [amegrir] v. tr. dimagrare, dimagrire, smagrire ; smagrare (rare).
amaigrissement [amegrismɑ̃] m. dimagramento. | *cure d'amaigrissement*, cura dimagrante.
amalgame [amalgam] m. CHIM. amalgama. ‖ FIG. amalgama, miscuglio, accozzaglia f.
amalgamer [amalgame] v. tr. CHIM. amalgamare. ‖ FIG. amalgamare, mescolare, fondere. ◆ v. pr. CHIM. amalgamarsi. ‖ FIG. amalgamarsi, unirsi, fondersi.
aman [aman] m. (ar.) *demander l'aman*, chiedere, implorare mercé.
amande [amɑ̃d] f. mandorla. | *lait d'amandes*, latte di mandorle. | *amandes grillées*, mandorle tostate. | *gâteau aux amandes*, mandorlato. | *yeux en amande*, occhi a mandorla. ‖ [graine d'un noyau] seme m., mandorla. | *amande de pêche, d'abricot*, seme di pesca, d'albicocca.
amandier [amɑ̃dje] m. mandorlo.
amanite [amanit] f. BOT. amanita. | *amanite des césars*, ovolo buono. | *amanite tue-mouches*, ovolaccio ; ovolo malefico.
amant, e [amɑ̃, ɑ̃t] n. [amoureux] LITTÉR. innamorato, amante. ‖ FIG. amante. | *amant de la nature, des muses*, amante della natura, delle muse. ◆ m. [lié par un amour illicite] amante ; drudo (VX) ; ganzo (péjor.).
amarante [amarɑ̃t] f. BOT. amaranto m. ◆ adj. inv. amaranto ; amarantino adj.
amarrage [amaraʒ] m. MAR. [action] fissazione f., legatura f. ; [position] ormeggio. | *câble d'amarrage*, cavo d'ormeggio ; gomena f. | *point d'amarrage*, ormeggio.
amarre [amar] f. MAR. amarra, cavo (m.) da ormeggio, gomena f. | *rompre les amarres*, rompere gli ormeggi (pr.) ; rompere i ponti (fig.).
amarrer [amare] v. tr. MAR. *amarrer un navire au quai*, a(m)marrare, ormeggiare una nave alla banchina. ◆ v. pr. ormeggiarsi.
amaryllis [amarilis] f. BOT. amarilli, amarillide.
amas [amɑ] m. mucchio, ammasso, cumulo ; congerie f. inv.
amasser [amɑse] v. tr. PR. et FIG. ammucchiare, accumulare, ammassare, mettere insieme. | *amasser des preuves*, accumulare prove. | *amasser péniblement*, raggranellare, racimolare, mettere insieme a stento. ◆ v. pr. [personnes] ammassarsi, affollarsi, stiparsi. ‖ [objets, liquides] ammassarsi, raccogliersi, stiparsi. ‖ PR. et FIG. *les nuages s'amassent à l'horizon*, le nuvole si addensano all'orizzonte.
amateur [amatœr] adj. et n. m. [qui a du goût pour] appassionato. | *amateur de cinéma, de musique*, appassionato di cinematografo, di musica. ‖ [collectionneur] collezionista. ‖ [qui pratique pour son plaisir] dilettante. | *orchestre de musiciens amateurs*, orchestra di dilettanti. | *troupe d'acteurs amateurs*, filodrammatica f. ; compagnia di dilettanti. | *épreuve pour amateurs*, gara per dilettanti. ‖ PÉJOR. [qui manque de compétence] dilettante. | *travail d'amateur*, lavoro dilettantesco. ‖ FAM. [disposé à acheter, à faire] compratore, trice ; cliente, candidato. | *si vous me faites un rabais, je suis amateur*, se mi fa lo sconto, lo compro. | *pas d'amateur ?*, nessun offerente ?
amateurisme [amatœrism] m. SPORT dilettantismo. ‖ PÉJOR. dilettantismo.
amazone [amazon] f. amazzone. | *monter en amazone*, cavalcare all'amazzone. ‖ [habit] amazzone.
ambages (sans) [sɑ̃zɑ̃baʒ] loc. adv. senz'ambagi, schiettamente.
ambassade [ɑ̃basad] f. ambasciata ; missione diplomatica. | *attaché d'ambassade*, addetto d'ambasciata.
ambassadeur, drice [ɑ̃basadœr, dris] n. ambasciatore, trice. ‖ FAM. [personne chargée d'un message] ambasciatore, ambasciatora.
ambe [ɑ̃b] m. JEU [loto] ambo.
ambiance [ɑ̃bjɑ̃s] f. ambiente m., atmosfera. ‖ [entrain] atmosfera.
ambiant, e [ɑ̃bjɑ̃, ɑ̃t] adj. ambiente, ambientale.
ambidextre [ɑ̃bidɛkstr] adj. et n. ambidestro.
ambigu, ë [ɑ̃bigy] adj. ambiguo.
ambiguïté [ɑ̃bigɥite] f. ambiguità. ‖ PHILOS. *morale de l'ambiguïté*, morale dell'ambiguità.
ambitieux, euse [ɑ̃bisjø, øz] adj. ambizioso, bramoso.
ambition [ɑ̃bisjɔ̃] f. ambizione.
ambitionner [ɑ̃bisjɔne] v. tr. ambire ; aspirare a, bramare.
ambivalence [ɑ̃bivalɑ̃s] f. ambivalenza.
ambivalent, e [ɑ̃bivalɑ̃, ɑ̃t] adj. ambivalente.
amble [ɑ̃bl] m. ambio. | *aller, marcher l'amble*, camminare all'ambio.
ambon [ɑ̃bɔ̃] m. ARCHIT. ambone.
ambre [ɑ̃br] m. ambra f. | *ambre jaune*, ambra gialla. | *ambre gris*, ambra grigia ; ambracane m. (VX). ‖ [couleur] ambra.
ambré, e [ɑ̃bre] adj. ambrato.
ambroisie [ɑ̃brwazi] f. ambrosia.
ambrosiaque [ɑ̃brozjak] adj. ambrosio.
ambrosien, enne [ɑ̃brozjɛ̃, ɛn] adj. RELIG. ambrosiano.
ambulance [ɑ̃bylɑ̃s] f. [établissement] ambulanza ; [voiture] (auto)ambulanza.
ambulancier, ère [ɑ̃bylɑ̃sje, ɛr] n. addetto a un'ambulanza ; lettighiere m.
ambulant, e [ɑ̃bylɑ̃, ɑ̃t] adj. ambulante. | *acteurs ambulants*, attori girovaghi. ‖ TÉLÉCOM. *bureau ambulant*, ambulante postale. ◆ n. m. ambulantista.
ambulatoire [ɑ̃bylatwar] adj. ambulatorio.
âme [ɑm] f. **1.** [principe de vie] anima. | *âme des choses, du monde*, anima delle cose, del mondo. | *donner âme à qch.*, dare anima, vita a qlco. ‖ [agent moteur] anima. | *âme d'un parti, d'un complot*, anima d'un partito, di una congiura. ‖ **2.** [par opposition au corps] anima. | *corps et âme*, anima e corpo. | *rendre l'âme*, rendere l'anima (a Dio), esalare l'anima. | *avoir l'âme sur les lèvres*, reggere l'anima coi denti. | *âmes du purgatoire*, anime del purgatorio, anime purganti. | *âme en peine*, anima in pena. ‖ FIG. *être l'âme damnée de qn*, essere l'anima dannata di qlcu. | *vendre son âme au diable*, vendere l'anima al diavolo. ‖ **3.** [facultés intellectuelles et morales] anima. | *âme noble, basse*, anima nobile, abietta. | *en mon âme et conscience*, in coscienza. ‖ *âme d'un peuple*, anima di un popolo. ‖ **4.** [siège des affections et des passions] anima, animo m., cuore m. | *âme tendre, sensible*, anima tenera, sensibile. | *chanter avec âme*, cantare con anima, con sentimento. | *ouvrir son âme à qn*, aprire il cuore a qlcu. | *fendre, arracher l'âme*, spezzare, strappare il cuore. | *avoir la mort dans l'âme*, avere la morte nel cuore. ‖ FAM. *avoir du vague à l'âme*, essere malinconico, avere il cuore triste (L.C.). | *aimer de toute son âme*, amare con tutta l'anima, amare svisceratamente, volere un bene dell'anima. | *homme sans âme*, uomo senza cuore. | *état d'âme*, stato d'animo. | *force d'âme*, forza d'animo. ‖ FIG. *être joueur, musicien dans l'âme*, essere un giocatore, un musicista nato. ‖ **5.** [personne] anima. | *âme sœur*, anima gemella. | *une ville de 20 000 âmes*, una città di 20 000 anime. | *on ne voyait âme qui vive*, non si vedeva anima viva. | *avoir charge d'âmes*, [en parlant d'un prêtre] aver cura d'anime ; [FAM. avoir une famille à sa charge] aver famiglia, aver moglie e figli. ‖ **6.** [partie centrale d'un objet] anima. | *âme d'un câble, d'un canon, d'un fusil, d'un violon*, anima d'un cavo, d'un cannone, d'un fucile, d'un violino. | *âme d'une bouteille*, fondo (m.) di bottiglia.
améliorable [ameljɔrabl] adj. migliorabile, perfettibile.
amélioration [ameljɔrasjɔ̃] f. miglioramento m. ; [sol, route, bâtiment] miglioria (néol.).
améliorer [ameljɔre] v. tr. migliorare. | *améliorer son style*, migliorare, perfezionare il proprio stile. ◆ v. pr. migliorare (v. intr.). | *le temps s'améliore*, il tempo

migliora, va migliorando. | *un malade dont la santé s'améliore*, un malato che va migliorando.
amen [amɛn] m. inv. amen. | *dire, répondre amen à tout*, dire sempre amen, acconsentire a tutto.
aménagement [amenaʒmɑ̃] m. sistemazione f., assettamento, ordinamento. | *aménagement d'une chute d'eau*, sistemazione, regolamento d'una cascata. | *aménagement d'une maison, d'une usine*, sistemazione d'una casa, di una fabbrica. | *plan d'aménagement*, piano regolatore. | *aménagement du territoire*, sistemazione del territorio nazionale. | *aménagement fiscal*, riordinamento fiscale.
aménager [amenaʒe] v. tr. sistemare, assestare, ordinare. | *aménager un appartement*, metter su, montare un appartamento. | *aménager une chute d'eau*, regolare una cascata.
amendable [amɑ̃dabl] adj. emendabile.
amende [amɑ̃d] f. multa, ammenda, contravvenzione. ‖ FAM. *tu es à l'amende !*, ti tocca far penitenza ! ‖ FIG. *mettre qn à l'amende*, far fare penitenza a qlcu. | *faire amende honorable*, ritrattarsi, fare ammenda. ‖ JUR. *notifier une amende*, contestare una multa. | *paiement de l'amende de composition*, oblazione f. | *payer l'amende de composition*, addivenire all'oblazione.
amendement [amɑ̃dmɑ̃] m. [correction] emendamento, correzione f. ‖ AGR. ammendamento. ‖ POLIT. emendamento.
amender [amɑ̃de] v. tr. [améliorer] ammendare, emendare, correggere. ‖ AGR. ammendare, bonificare. ‖ POLIT. emendare. ◆ v. pr. emendarsi, correggersi.
amène [amɛn] adj. ameno, piacevole.
amenée [amne] f. TECHN. adduzione.
amener [amne] v. tr. **1.** [faire venir ; apporter] portare, menare. | *amenez le cheval*, portate qui il cavallo. | *amener un ami à la maison*, portare un amico a casa. | *amener à soi*, tirare a sé. | *amener une truite de deux livres*, pescare una trota di due libbre. ‖ FAM. *amène le journal*, portami il giornale (L.C.). | *qu'est-ce qui t'amène ?*, per cosa vieni ? ‖ JUR. *mandat d'amener*, mandato di accompagnamento. ‖ **2.** [tirer à soi] MAR. *amener les voiles, le pavillon*, ammainare le vele, la bandiera. ‖ FIG. *amener pavillon* = capitolare, arrendersi ; ammainare le vele (littér.). ‖ MIL. *amener les couleurs*, ammainare la bandiera. ‖ **3.** [transporter] portare. | *l'autobus amène les voyageurs à la gare*, l'autobus porta i viaggiatori alla stazione. ‖ **4.** [présenter] *comparaison bien amenée*, similitudine introdotta bene. ‖ **5.** [entraîner] portare, arrecare, cagionare, generare, provocare. | *le vent amène la pluie*, il vento porta la pioggia. | *cela m'a amené un tas d'ennuis*, ciò mi ha arrecato un sacco di noie. | *une provocation qui amène la guerre*, una provocazione che conduce alla guerra. ‖ **6.** [diriger] orientare, indurre, condurre, portare. | *amener la conversation sur un sujet*, portare la conversazione su un argomento. | *amener qn à son point de vue*, trarre qlcu. dalla propria parte. | *tout cela m'amène à penser que*, tutto ciò m'induce a pensare che. | *amener qn à résipiscence*, indurre qlcu. a ravvedersi. | *la technique a été amenée à un haut degré de perfection*, la tecnica è stata spinta ad un alto livello di perfezione. ◆ v. pr. POP. venire, arrivare, giungere (L.C.).
aménité [amenite] f. amenità, affabilità, amorevolezza. | *un homme plein d'aménité*, un uomo affabilissimo. | *traiter qn sans aménité*, trattare qlcu. senza riguardo ; strapazzare qlcu. ‖ (littér.) amenità, mitezza. | *aménité d'un lieu*, amenità d'un luogo. | *aménité du climat*, mitezza del clima. ◆ pl. IRON. [paroles ou écrits blessants] *se dire des aménités*, scambiar insulti, ingiurie, parolacce.
amenuiser [amənɥize] v. tr. assottigliare, diminuire, ridurre. ◆ v. pr. assottigliarsi ; diminuire (v. intr.).
1. amer [amɛr] m. MAR. dromo.
2. amer, ère [amɛr] adj. amaro. ‖ PR. et FIG. *avoir la bouche amère*, aver la bocca amara. ‖ FIG. amaro, aspro, acerbo. | *douleur amère*, dolore aspro. | *amère surprise*, amara sorpresa. | *souvenir amer*, ricordo amaro. | *reproche amer*, amaro rimprovero. | *raillerie amère*, motteggio aspro. ◆ n. m. [boisson] amaro. ‖ [fiel] fiele.
américain, e [amerikɛ̃, ɛn] adj. et n. americano ; [du Nord] statunitense. ◆ n. f. SPORT americana.
américaniser [amerikanize] v. tr. americanizzare. ◆ v. pr. americanizzarsi.
américanisme [amerikanism] m. americanismo.
amérindien, enne [amerɛ̃djɛ̃, ɛn] adj. et n. amerindiano, amerindo.
amerrir [amerir] v. intr. ammarare.
amerrissage [amerisaʒ] m. ammaraggio.
amertume [amɛrtym] f. amarezza. ‖ FIG. [affliction] amarezza. | *les amertumes de la vie*, le amarezze, le asprezze, i dispiaceri della vita. ‖ LITTÉR. *la coupe d'amertume*, il calice amaro. ‖ [âpreté] asprezza, acredine, durezza. | *critiquer avec amertume*, criticare aspramente, con acredine. | *l'amertume de ses railleries*, l'asprezza, l'acredine dei suoi motteggi.
améthyste [ametist] f. ametista.
ameublement [amœbləmɑ̃] m. [action] ammobiliamento, arredamento. ‖ [meubles] mobilia f., arredamento, ammobiliamento, mobili m. pl. | *tissu d'ameublement*, tessuto d'arredamento.
ameublir [amœblir] v. tr. AGR. ammollire, ammorbidire.
ameublissement [amœblismɑ̃] m. AGR. ammollimento, ammorbidimento.
ameuter [amøte] v. tr. [chiens] radunare, raggruppare (per formare una muta). ‖ [foule] ammutinare, sollevare, mettere in subbuglio. ◆ v. pr. ammutinarsi, sollevarsi.
ami, e [ami] n. amico. | *il est de mes amis*, è un mio amico. | *un ami de la maison*, un amico di casa. | *chambre d'ami*, camera per gli ospiti. | *parler en ami*, parlare da amico. ‖ [vocatif] *ma bonne amie*, mia cara. ‖ PROV. *les bons comptes font les bons amis*, patti chiari, amici cari. ‖ [amoureux, amant] amico, amante. ‖ FAM. *bonne amie*, amica, ragazza ; morosa (pop.). | *ami de la bouteille, de la chopine*, beone m. ‖ LING. *faux ami*, falso amico ; tranello. ◆ adj. [qui éprouve attachement, affection, goût pour] amico.
amiable [amjabl] adj. amichevole. | *partage amiable*, spartizione, divisione amichevole. ‖ JUR. *amiable, compositeur*, arbitro (d'equità). ◆ loc. adv. ***à l'amiable,*** amichevole (adj.), in via amichevole. | *arrangement à l'amiable*, componimento amichevole. | *vente à l'amiable*, vendita consensuale. | *s'arranger à l'amiable*, venire a, accettare un componimento amichevole.
amiante [amjɑ̃t] m. amianto.
amibe [amib] f. ZOOL. ameba.
amibiase [amibjaz] f. amebiasi.
amibien, enne [amibjɛ̃, ɛn] adj. amebico.
amical, e, aux [amikal, o] adj. amichevole. ‖ SPORT *match amical*, incontro amichevole. ◆ n. f. associazione (amichevole).
amict [ami] m. RELIG. amitto.
amidon [amidɔ̃] m. amido.
amidonnage [amidɔnaʒ] m. inamidatura f.
amidonner [amidɔne] v. tr. inamidare.
amincir [amɛ̃sir] v. tr. assottigliare. | *cette robe t'amincit*, questo vestito ti snellisce. ◆ v. pr. assottigliarsi.
amincissement [amɛ̃sismɑ̃] m. assottigliamento, snellimento.
amine [amin] f. CHIM. a(m)mina.
aminé, e [amine] adj. CHIM. a(m)minato.
1. amiral [amiral] m. ammiraglio. | *amiral de la flotte*, grande ammiraglio.
2. amiral, e, aux [amiral, o] adj. ammiraglio. | *vaisseau, navire amiral*, nave ammiraglia ; ammiraglia f.
amiralat [amirala] m. ammiragliato.
amirale [amiral] f. moglie dell'ammiraglio.
amirauté [amirote] f. ammiragliato m.
amitié [amitje] f. amicizia ; amistà (littér.). | *marque d'amitié*, prova, testimonianza d'amicizia. | *amitié de longue date*, lunga amicizia, amicizia provata. | *amitié de fraîche date*, amicizia recente. | *une amitié à la vie à la mort*, un'amicizia imperitura. | *lier amitié, se lier*

d'amitié avec qn, fare, stringere amicizia con qlcu. | *se prendre d'amitié pour qn*, *prendre qn en amitié*, prendere qlcu. a ben volere. | *gagner l'amitié de qn*, amicarsi qlcu. | *amitié de pure forme*, amicizia puramente formale. || Loc. *je vous le dis en toute amitié*, glielo dico in piena confidenza. | *faites-moi l'amitié de*, mi faccia il piacere di, la gentilezza di. ◆ pl. [marques d'amitié] carezze, complimenti m. pl., gentilezze, cortesie. | *faites mes amitiés à Pierre*, mi saluti (cordialmente) Pietro. | *sincères amitiés de votre X*, creda nell'amicizia sincera del suo X.

ammoniac, aque [amɔnjak] adj. Chim. ammoniaco. ◆ n. m. ammoniaca f. ◆ n. f. ammoniaca liquida.

ammoniacal, e, aux [amɔnjakal, o] adj. Chim. ammoniacale.

ammonite [amɔnit] f. Géol. ammonite.

ammonium [amɔnjɔm] m. Chim. ammonio.

amnésie [amnezi] f. amnesia.

amnésique [amnezik] adj. et n. amnesico, amnestico.

amnistie [amnisti] f. amnistia.

amnistié, e [amnistje] adj. et n. amnistiato.

amnistier [amnistje] v. tr. amnistiare.

amocher [amɔʃe] v. tr. Pop. guastare, rovinare, sciupare, ferire (l.c.); conciare per le feste (fam.).

amodiataire [amɔdjatɛr] n. Jur. affittuario m.; fittavolo m. (septentr.); fittaiolo m. (tosc.).

amodiation [amɔdjasjɔ̃] f. Jur. affitto m.

amodier [amɔdje] v. tr. Jur. dare in affitto.

amoindrir [amwɛ̃drir] v. tr. menomare, diminuire, sminuire, scemare, minorare, rimpiccolire. ◆ v. pr. diminuire, scemare, minorare (v. intr.). | *sa fortune s'est amoindrie*, il suo patrimonio si è assottigliato.

amoindrissement [amwɛ̃drismɑ̃] m. diminuzione f., menomazione f., minorazione f., rimpiccolimento. || Fig. diminuzione, indebolimento.

amollir [amɔlir] v. tr. ammollire. || Fig. ammollire, rammollire. ◆ v. pr. Pr. ammollirsi. || Fig. indebolirsi, sdilinquirsi.

amollissant, e [amɔlisɑ̃, ɑ̃t] adj. che indebolisce, che infiacchisce.

amollissement [amɔlismɑ̃] m. ammollimento. || Fig. ammollimento, indebolimento.

amonceler [amɔ̃sle] v. tr. ammucchiare, ammonticchiare, accatastare. ◆ v. pr. ammucchiarsi, ammonticchiarsi, accatastarsi. || Pr. et fig. *de gros nuages s'amoncellent à l'horizon*, dei nuvoloni si addensano sull'orizzonte.

amoncellement [amɔ̃sɛlmɑ̃] m. [action d'amonceler] ammucchiamento, accatastamento, addensamento. || [action de s'amonceler] l'ammucchiarsi, l'addensarsi, l'accatastarsi. | *l'amoncellement des nuages annonçait la pluie*, l'addensarsi delle nuvole annunciava la pioggia. || [tas] mucchio, ammasso, pila f.

amont [amɔ̃] m. parte (f.), tratto a monte. ◆ loc. adv. ***en amont***, a monte. ◆ loc. prép. ***en amont de***, a monte di.

amoral, e, aux [amɔral, o] adj. amorale.

amoralisme [amɔralism] m. Philos. amoralismo.

amorçage [amɔrsaʒ] m. innescamento, adescamento, avvio. | *amorçage d'une pompe*, adescamento, avvio d'una pompa. || Mil. innescamento.

amorce [amɔrs] f. [appât] esca. || [explosif] innesco m., capsula. | *amorce fulminante*, capsula fulminante. || Fig. [début] inizio m., avvio m., primi passi m. pl.

amorcer [amɔrse] v. tr. [fixer l'appât] innescare. || [attirer] adescare, allettare. || Mil. innescare. || Fig. [commencer] iniziare, cominciare, avviare. | *métaphore amorcée par*, metafora introdotta da.

amordancer [amɔrdɑ̃se] v. tr. Text. mordenzare.

amorphe [amɔrf] adj. Pr. et fig. amorfo.

amortir [amɔrtir] v. tr. [affaiblir] smorzare, attutire. | *la neige amortit le bruit des pas*, la neve attutisce il rumore dei passi. | *amortir un coup*, ammorzare, frenare un colpo. || Fin. ammortare, ammortizzare, estinguere, redimere. || Méc. ammortizzare. || Sport *balle amortie*, (palla) smorzata.

amortissable [amɔrtisabl] adj. Fin. ammortabile, ammortizzabile, estinguibile, redimibile. | *non amortissable*, non ammortabile, ammortizzabile, estinguibile; irredimibile.

amortissement [amɔrtismɑ̃] m. Fin. ammortamento, ammortizzamento, estinzione f. || Archit. coronamento. || Phys. smorzamento. || Méc. ammortizzamento.

amortisseur [amɔrtisœr] m. ammortizzatore.

amour [amur] m. amore. | *avoir de l'amour pour qn*, provare amore per qlcu. | *on revient toujours à ses premières amours*, il primo amore non si scorda mai. | *filer le parfait amour*, filare il perfetto amore. || [acte sexuel] Fam. *faire l'amour*, fare all'amore. || [animaux] *être en amour*, essere in amore, in fregola; andare in calore, in fregola. | *saison des amours*, periodo della fregola. || [personne aimée] *mon amour !*, amore mio ! || Fam. *cet enfant est un amour*, quel bambino è un amore. || [attachement à une chose] *amour du travail*, amore del lavoro. | *travailler avec amour*, lavorare con amore. | *l'amour de la liberté, de la patrie*, amor di libertà, di patria. || Myth. amore. || Art amorino, putto. | *joli comme un amour*, grazioso come un amorino. || Loc. fam. *quel amour d'enfant !*, che amore di bambino ! | *un amour de petit chapeau*, un cappellino che è un amore. | *pour l'amour de*, per amor di. | *pour l'amour de Dieu !, du Ciel !*, per amor di Dio !, del Cielo !

amouracher (s') [samuraʃe] v. pr. **(de)** incapricciarsi (di), invaghirsi (di); prendere una cotta, una scuffia (per) [fam.].

amourette [amurɛt] f. amoretto m., passioncella.

amourettes [amurɛt] f. pl. Culin. schienale m.; midollo (m.) spinale.

amoureux, euse [amurø, øz] adj. [qui aime] innamorato, invaghito; cotto (fam.). | *tomber amoureux de*, innamorarsi di; prendere una cotta, una scuffia per (fam.). | *amoureux fou*, innamorato cotto. || Fig. innamorato. || [inspiré par l'amour; qui concerne l'amour] amoroso, amatorio. | *poésie amoureuse*, poesia amorosa, amatoria. | *intrigue, aventure amoureuse*, vicenda amorosa. ◆ n. innamorato, amoroso, amante. | *un amoureux transi*, un cascamorto.

amour-propre [amurprɔpr] m. amor proprio.

amovibilité [amɔvibilite] f. amovibilità.

amovible [amɔvibl] adj. amovibile, rimovibile.

ampérage [ɑ̃peraʒ] m. Électr. amperaggio.

ampère [ɑ̃pɛr] m. Électr. ampere.

ampèremètre [ɑ̃pɛrmɛtr] m. Électr. amperometro.

amphétamine [ɑ̃fetamin] f. Pharm. anfetamina.

amphibie [ɑ̃fibi] adj. et n. m. anfibio. | *véhicule, avion amphibie*, veicolo, aereo anfibio; anfibio m.

amphibiens [ɑ̃fibjɛ̃] m. pl. Zool. anfibi.

amphibologie [ɑ̃fibɔlɔʒi] f. anfibologia.

amphigouri [ɑ̃figuri] m. imbroglio, garbuglio, guazzabuglio; farragine f.

amphigourique [ɑ̃figurik] adj. imbrogliato, farraginoso.

amphithéâtre [ɑ̃fiteɑtr] m. Antiq. anfiteatro. | *en amphithéâtre*, ad anfiteatro. || Univ. anfiteatro; aula f. | *le grand amphithéâtre*, l'aula magna. || Géogr. anfiteatro.

amphitryon [ɑ̃fitriɔ̃] m. anfitrione.

amphore [ɑ̃fɔr] f. anfora.

ample [ɑ̃pl] adj. ampio, vasto. | *une jupe ample*, una gonna ampia. || Fig. ampio, abbondante, esteso, copioso. | *ample compte rendu*, ampia recensione. | *une vue ample de la situation*, un ampio esame della situazione. | *voix ample*, voce sonora. || Loc. *faire plus ample connaissance*, far più ampia conoscenza. | *pour de plus amples renseignements s'adresser à*, per ulteriori informazioni rivolgersi a. | *jusqu'à plus ample informé*, v. informé.

ampleur [ɑ̃plœr] f. ampiezza, vastità, estensione. | *cette étude critique a de l'ampleur*, questo studio critico è di ampio respiro. || [importance] importanza. | *l'ampleur des événements, des moyens employés*, l'importanza degli avvenimenti, dei mezzi impiegati. | *prendre de l'ampleur*, ampliarsi, crescere, aumentare.

ampliatif, ive [ɑ̃plijatif, iv] m. Jur. integrativo.

ampliation [ɑ̃plijasjɔ̃] f. Jur. duplicato m.; copia (conforme).

amplificateur, trice [ɑ̃plifikatœr, tris] adj. amplificatore, trice. ◆ n. m. *amplificateur de son*, amplificatore acustico.
amplification [ɑ̃plifikasjɔ̃] f. PR. et FIG. amplificazione ; ampliamento m. ‖ PHYS. amplificazione.
amplifier [ɑ̃plifje] v. tr. PR. et FIG. amplificare, ampliare, esagerare. ‖ PHYS. *amplifier les sons*, amplificare i suoni. ◆ v. pr. amplificarsi, ampliarsi.
amplitude [ɑ̃plityd] f. [étendue] ampiezza, estensione. | *amplitude d'un désastre*, vastità di un disastro. ‖ ASTRON. amplitudine. ‖ PHYS. ampiezza. | *amplitude thermique*, escursione termica.
ampoule [ɑ̃pul] f. fiala. | *ampoule de sérum*, fiala di siero. ‖ [petite fiole] ampolla, fiala, boccetta. ‖ [tumeur] bolla, vescica, vescicola. ‖ FIG., FAM. *ne pas se faire d'ampoules aux mains*, non farsi venire i calli alle mani. ‖ ÉLECTR. lampadina.
ampoulé, e [ɑ̃pule] adj. ampolloso, gonfio, tronfio.
amputation [ɑ̃pytasjɔ̃] f. amputazione. ‖ FIG. amputazione, falcidia, stralcio m., taglio m.
amputer [ɑ̃pyte] v. tr. amputare. | *amputer qn d'un bras*, amputare un braccio a qlcu. ‖ FIG. amputare, falcidiare, stralciare. | *amputer un article*, amputare, tagliare un articolo. | *amputer un texte d'un passage*, tagliare un brano da un testo.
amuïr (s') [samɥir] v. pr. LING. diventar muto.
amulette [amylɛt] f. amuleto m.
amusant, e [amyzɑ̃, ɑ̃t] adj. divertente, piacevole, dilettevole, spassoso.
amuse-gueule [amyzgœl] m. (inv. ou pl. **amuse-gueules**). FAM. stuzzichino ; salatino (L.C.).
amusement [amyzmɑ̃] m. divertimento, svago, spasso.
amuser [amyze] v. tr. divertire, dilettare, svagare. ‖ FIG. [tromper] ingannare, gabbare, imbrogliare. | *amuser l'ennemi*, ingannare il nemico. ‖ [faire perdre du temps] tenere a bada. | *il l'amuse par de vaines promesses*, lo tiene a bada con promesse vane. | *amuser le tapis*, tenere la gente a bada (con chiacchiere) ; menare il can per l'aia. ◆ v. pr. PR. divertirsi, svagarsi, distrarsi. ‖ [se moquer de] burlarsi di, beffarsi di, pigliarsi gioco di, prendere in giro. ‖ [perdre son temps] perdere tempo, indugiare, gingillarsi. | *ne nous amusons pas*, non perdiamo tempo ; il tempo incalza, stringe.
amusette [amyzɛt] f. FAM. trastullo m. | *c'est une amusette*, è uno scherzetto.
amuseur, euse [amyzœr, øz] n. buontempone, a ; buffone m. (péjor.).
amygdale [ami(g)dal] f. MÉD. tonsilla, amigdala.
amygdalite [ami(g)dalit] f. MÉD. tonsillite.
amylacé, e [amilase] adj. amidaceo, amilaceo.
amylase [amilaz] f. amilasi.
an [ɑ̃] m. [division du temps] anno. | *en l'an 1200*, nell'anno 1200, nel 1200. | *dans un an*, fra un anno. | *il y a un an*, un anno fa. | *en un an*, in un anno. | *au bout d'un an*, in capo ad un anno. | *tous les ans*, ogni anno. | *tous les quatre ans*, ogni quattro anni. | *deux fois l'an*, *par an*, due volte l'anno. | *le jour de l'an*, *le premier de l'an*, il capodanno. | *(messe du) bout de l'an*, messa in suffragio nel primo anniversario della morte. ‖ LOC. *bon an, mal an*, in media (annuale). ‖ FAM. *je m'en moque comme de l'an quarante*, me n'infischio ; non me n'importa un fico. ‖ [âge] anno. | *il a vingt ans*, ha vent'anni, è ventenne. | *à l'âge de trente et un ans*, a trentun anno, anni. (V. ANNÉE.) ◆ pl. vecchiaia f. ‖ LITTÉR. *l'outrage des ans*, l'ingiuria del tempo.
ana [ana] m. inv. raccolta (f.) di facezie.
anabaptiste [anabatist] n. anabattista m.
anachorète [anakɔrɛt] m. PR. et FIG. anacoreta.
anachronique [anakrɔnik] adj. anacronistico.
anachronisme [anakrɔnism] m. anacronismo.
anaclitique [anaklitik] adj. PSYCHAN. anaclitico ; per appoggio (loc. adv.).
anacoluthe [anakɔlyt] f. GRAMM. anacoluto m.
anacréontique [anakreɔ̃tik] adj. anacreontico. | *ode anacréontique*, (ode) anacreontica.
anacrouse [anakruz] f. MUS., POÉS. anacrusi.
anaérobie [anaerobi] adj. et n. m. an(a)erobio.
anagogie [anagɔʒi] f. anagogia.
anagogique [anagɔʒik] adj. anagogico.
anagramme [anagram] f. anagramma m.
anal, e, aux [anal, o] adj. anale.
analectes [analɛkt] m. pl. analetti.
analgésie [analʒezi] f. MÉD. analgesia.
analgésique [analʒezik] adj. et n. m. analgesico.
analogie [analɔʒi] f. analogia, affinità, somiglianza. | *par analogie*, per analogia ; analogicamente. ‖ PHILOL., PHILOS. analogia.
analogique [analɔʒik] adj. analogico.
analogue [analɔg] adj. analogo, affine, simile.
analphabète [analfabɛt] adj. et n. analfabeta.
analysable [analizabl] adj. analizzabile.
analyse [analiz] f. analisi. | *en dernière analyse*, in ultima, estrema analisi. ‖ COMM. *analyse de marché*, studio (m.) di mercato.
analyser [analize] v. tr. analizzare.
analyste [analist] n. analista.
analytique [analitik] adj. analitico.
anamorphose [anamɔrfoz] f. OPT. anamorfosi.
ananas [anana(s)] m. inv. BOT. ananas (invar.), ananasso m.
anapeste [anapɛst] m. POÉS. anapesto.
anaphonie [anafɔni] f. LING. anafonesi.
anaphore [anafɔr] f. RHÉT. anafora.
anaphylaxie [anafilaksi] f. MÉD. anafilassi.
anarchie [anarʃi] f. anarchia.
anarchique [anarʃik] adj. anarchico.
anarchisant, e [anarʃizɑ̃, ɑ̃t] adj. et n. anarcoide.
anarchiste [anarʃist] adj. et n., POP. **anarcho** [anarko], **anar** [anar] n. m. anarchico (L.C.).
anastigmatique [anastigmatik] adj. anastigmatico.
anastrophe [anastrɔf] f. RHÉT. anastrofe.
anathématiser [anatematize] v. tr. anatemizzare, anatematizzare.
anathème [anatɛm] m. [acte] anatema. | *jeter l'anathème contre qn*, scagliar l'anatema contro qlcu. ‖ [personne] persona anatematizzata, colpita da anatema.
anatomie [anatɔmi] f. anatomia. | *pièce d'anatomie*, pezzo anatomico. | *faire l'anatomie d'un cadavre*, anatomizzare un cadavere. ‖ FAM. [conformation du corps] corpo m., persona, personale m.
anatomique [anatɔmik] adj. anatomico.
anatomiste [anatɔmist] n. anatomico m., anatomista n.
ancestral, e, aux [ɑ̃sɛstral, o] adj. ancestrale, avito.
ancêtre [ɑ̃sɛtr] n. antenato, a ; avo, ava. ‖ [lointain initiateur] precursore m. ◆ m. pl. avi, antenati ; maggiori (littér.).
anche [ɑ̃ʃ] f. MUS. ancia.
anchois [ɑ̃ʃwa] m. acciuga f., alice f. | *pâte d'anchois*, pasta d'acciughe.
ancien, enne [ɑ̃sjɛ̃, ɛn] adj. antico, vecchio. | *un château ancien*, un castello antico. | *les textes, les écrivains anciens*, i testi, gli scrittori antichi. | *Caton l'Ancien*, Catone il Vecchio. | *Ancien Testament*, Antico, Vecchio Testamento. | *Ancien Régime*, Antico Regime ; Ancien Régime (fr.). ‖ [primitif, précédent] di prima, primitivo, precedente. | *reprendre son ancienne forme*, riprendere la forma primitiva. | *reprendre ses anciennes habitudes*, riprendere le abitudini di prima. | *revoir ses anciens amis*, rivedere gli amici di una volta. | *l'ancien propriétaire de la maison*, il proprietario precedente della casa. ‖ [qui n'exerce plus une activité] *ancien ministre*, già ministro, ex ministro. | *les anciens combattants*, gli ex combattenti. ◆ n. m. [homme du temps passé] antico. | *les Anciens*, gli Antichi. ‖ [plus âgé, d'une promotion précédente] anziano. | *les anciens du lycée*, gli ex allievi del liceo.
anciennement [ɑ̃sjɛnmɑ̃] adv. anticamente, una volta.
ancienneté [ɑ̃sjɛnte] f. antichità. ‖ [service, fonction] anzianità. | *par rang d'ancienneté*, in ordine d'anzianità. | *avancement à l'ancienneté*, avanzamento per anzianità. ◆ loc. adv. ***de toute ancienneté***, dalla più remota antichità, da tempo immemorabile.

ancillaire [ɑ̃silɛr] adj. ancillare.
ancolie [ɑ̃kɔli] f. BOT. aquilegia.
ancrage [ɑ̃kraʒ] m. MAR. [action et lieu] ormeggio, ancoraggio. | *droit d'ancrage*, ancoraggio. ‖ TECHN. *ancrage d'une poutre au mur*, attacco, fissazione (f.) d'una trave al muro.
ancre [ɑ̃kr] f. MAR. ancora. | *jeter l'ancre*, gettar l'ancora. | *être à l'ancre*, essere all'ancora, stare sull'ancora. | *lever l'ancre*, levare l'ancora, salpare. | *ancre de corps mort*, ancoressa. ‖ FIG. *ancre de salut*, ancora di salvezza. ‖ TECHN. ancora. | *montre à ancre*, orologio ad ancora.
ancré, e [ɑ̃kre] adj. MAR. ancorato, ormeggiato. ‖ FIG. ancorato, radicato.
ancrer [ɑ̃kre] v. tr. MAR. ancorare, ormeggiare. ‖ TECHN. ancorare, attaccare, fissare. | *ancrer une cheminée*, ancorare un fumaiolo. ‖ FIG. ancorare, ficcare. ◆ v. pr. ancorarsi, ormeggiarsi.
andain [ɑ̃dɛ̃] m. AGR. falciata f.
andante [ɑ̃dɑ̃te] adv. MUS. (con ritmo) andante. ◆ n. m. andante.
andantino [ɑ̃dɑ̃tino] m. MUS. andantino.
andouille [ɑ̃duj] f. salsiccione m. (ripieno di interiora). ‖ FAM. *dépendeur d'andouilles*, spilungone. ‖ POP. [imbécile] salame (fam.). | *faire l'andouille*, fare il finto tonto, lo sciocco.
andouiller [ɑ̃duje] m. palco.
andouillette [ɑ̃dujɛt] f. salsicciotto m. (riempito di interiora).
androgyne [ɑ̃drɔʒin] adj. et n. m. androgino.
âne [ɑn] m. asino ; ciuco (fam.). | *âne de bât*, somaro. | *transporter, chevaucher à dos d'âne*, trasportare, cavalcare a dorso d'asino. ‖ LOC. *un pont en dos d'âne*, une ponte a schiena d'asino. | *un dos d'âne*, un dosso, una gobba. | *c'est le pont aux ânes*, è il ponte dell'asino. ‖ FIG. [personne] asino, somaro, ignorante ; minchione (pop.). | *bête comme un âne*, stupido come una gallina. | *têtu comme un âne*, testardo come un asino. | *un âne bâté*, un asino, un somaro dalla testa ai piedi ; un asino, un somaro bardato (littér.). | *oreille d'âne*, orecchia d'asino. | *bonnet d'âne*, berretto colle orecchie d'asino. | *faire l'âne*, fare il minchione, il gonzo. | *faire l'âne pour avoir du son*, fare il gonzo per non pagar gabella. | *le coup de pied de l'âne*, il calcio dell'asino. ‖ PROV. *à laver la tête d'un âne on perd sa lessive*, a lavar la testa all'asino ci si perde il ranno e il sapone.
anéantir [aneɑ̃tir] v. tr. annientare, annichilire. ‖ FIG. annichilire, annientare, abbattere, avvilire, prostrare. ◆ v. pr. annientarsi, annichilirsi. ‖ FIG. svanire, sfumare, andare in fumo, andare a monte (v. intr.). | *tous nos espoirs s'anéantissent*, tutte le nostre speranze svaniscono, vanno in fumo.
anéantissement [aneɑ̃tismɑ̃] m. annientamento, annichilamento, annichilimento. ‖ FIG. [accablement] avvilimento, accasciamento, annientamento, annichilimento ; [destruction] annientamento, annichilimento, (lo) svanire, (il) venir meno.
anecdote [anɛkdɔt] f. aneddoto m.
anecdotique [anɛkdɔtik] adj. aneddotico.
anémie [anemi] f. anemia.
anémié, e [anemje] adj. anemico.
anémier [anemje] v. tr. rendere anemico. ‖ [affaiblir] indebolire, affievolire.
anémique [anemik] adj. anemico.
anémomètre [anemɔmɛtr] m. anemometro.
anémone [anemɔn] f. BOT. anemone m. ‖ ZOOL. *anémone de mer*, anemone di mare, attinia.
ânerie [ɑnri] f. FAM. [ignorance] asinaggine, asinità, ignoranza. ‖ [faute] asineria, asinità, asinata, bestialità. | *faire des âneries*, fare asinate, sciocchezze, bestialità.
ânesse [ɑnɛs] f. asina, somara ; ciuca (fam.).
anesthésiant, e [anɛstezjɑ̃, ɑ̃t] adj. et n. m. anestetico.
anesthésie [anɛstezi] f. anestesia.
anesthésier [anɛstezje] v. tr. anestetizzare.
anesthésique [anɛstezik] adj. et n. m. anestetico.
anesthésiste [anɛstezist] n. anestesista.
anévrisme [anevrism] m. MÉD. aneurisma.
anfractuosité [ɑ̃fraktɥozite] f. anfrattuosità, anfratto m.
1. ange [ɑ̃ʒ] m. RELIG. angelo, angiolo. | *le pain des anges*, il pane degli angeli. | *ange déchu*, angelo cattivo, angelo del male, delle tenebre. | *ange exterminateur*, angelo sterminatore. ‖ PR. et FIG. *ange gardien*, angelo custode. ‖ FIG. *être aux anges*, andare in visibilio, toccare il cielo con un dito, essere al settimo cielo. | *être un ange de douceur*, essere un angelo di bontà, essere buono come un angelo. | *être le bon ange de qn*, essere l'angelo tutelare, il buon genio di uno. | *beau comme un ange*, bello come un angelo. | *une patience d'ange*, una pazienza da santo. | *mon petit ange !*, tesoruccio mio ! | *rire aux anges*, ridere cogli angeli. | *un ange passe* = è morto un frate. ‖ FAM. *faiseuse d'anges* = donna che pratica aborti.
2. ange m. ZOOL. [poisson] pesce angelo.
angélique [ɑ̃ʒelik] adj. angelico. ◆ n. f. BOT. angelica.
angelot [ɑ̃ʒlo] m. angioletto, angiolino.
angélus [ɑ̃ʒelys] m. [prière] angelus ; ave(m)maria f. ‖ [sonnerie] ave(m)maria.
angine [ɑ̃ʒin] f. MÉD. angina. | *angine de poitrine*, angina pectoris (lat.).
angiome [ɑ̃ʒjom] m. MÉD. angioma.
angiospermes [ɑ̃ʒjospɛrm] f. pl. BOT. angiosperme.
anglais, e [ɑ̃glɛ, ɛz] adj. et n. inglese. | *filer à l'anglaise*, andarsene alla chetichella. ◆ n. f. [danse ; musique] inglese. ‖ [écriture] corsivo (m.) inglese. ◆ n. f. pl. [boucles] riccioli, boccoli, buccoli m. pl.
angle [ɑ̃gl] m. [coin] angolo. | *en forme d'angle*, ad angolo. | *à l'angle de la rue*, all'angolo della via, alla cantonata. | *angle de la maison*, angolo, spigolo della casa. ‖ FIG. *arrondir les angles*, smussare gli spigoli. ‖ [point de vue] punto di vista, aspetto. | *sous cet angle*, da questo punto di vista, sotto quest'aspetto. ‖ GÉOM. angolo. ‖ PHYS. *angle d'incidence*, angolo d'incidenza. ‖ MIL. *angle de tir*, angolo di tiro. | *angle mort*, angolo morto. ‖ TECHN. *angle de braquage*, angolo di sterzo. ‖ ANAT. *angle facial, visuel*, angolo facciale, visuale.
anglican, e [ɑ̃glikɑ̃, an] adj. et n. anglicano.
angliciser [ɑ̃glisize] v. tr. anglicizzare.
anglicisme [ɑ̃glisism] m. anglicismo.
anglomanie [ɑ̃glomani] f. anglomania.
anglo-normand, e [ɑ̃glonɔrmɑ̃, ɑ̃d] adj. et n. anglonormanno.
anglophile [ɑ̃glofil] adj. et n. anglofilo.
anglophobe [ɑ̃glofɔb] adj. et n. anglofobo.
anglo-saxon, onne [ɑ̃glosaksɔ̃, ɔn] adj. et n. anglosassone.
angoissant, e [ɑ̃gwasɑ̃, ɑ̃t] adj. angoscioso, affannoso. | *situation angoissante*, situazione angosciosa.
angoisse [ɑ̃gwas] f. angoscia, affanno m. ; ambascia (littér.). ‖ PSYCH. angoscia. ‖ HIST. *poire d'angoisse*, mordacchia.
angoissé, e [ɑ̃gwase] adj. angosciato, affannato. | *un cri angoissé*, un grido d'angoscia.
angoisser [ɑ̃gwase] v. tr. angosciare, affannare, tormentare.
angora [ɑ̃gɔra] adj. et n. *un (chat, lapin) angora*, un gatto, un coniglio d'Angora. | *laine angora*, lana d'Angora.
anguille [ɑ̃gij] f. ZOOL. anguilla. | *anguille de mer*, V. CONGRE. | *anguille électrique*, V. GYMNOTE. ‖ FIG. anguilla. | *échapper, glisser des mains comme une anguille*, (s)guizzar di mano come un'anguilla. ‖ MAR. anguilla. ‖ LOC. *il y a anguille sous roche* = gatta ci cova.
angulaire [ɑ̃gylɛr] adj. angolare. ‖ PR. et FIG. *pierre angulaire*, pietra angolare.
anguleux, euse [ɑ̃gylø, øz] adj. angoloso.
anhydre [anidr] adj. CHIM. anidro.
anhydride [anidrid] m. CHIM. anidride f.
anicroche [anikrɔʃ] f. FAM. inciampo m., intoppo m., impiccio m. ; contrattempo m., ostacolo m. (L.C.).
ânier, ère [ɑnje, ɛr] n. asinaio.
aniline [anilin] f. CHIM. anilina.
animadversion [animadvɛrsjɔ̃] f. (littér.) biasimo m., condanna, riprovazione (L.C.).

animal, aux [animal, o] m. animale. ‖ FIG. animale, bestia f., bruto. | *espèce d'animal!*, pezzo d'asino!
animal, e, aux [animal, o] adj. animale. ‖ [propre à l'animal] animalesco. | *vie animale*, vita animalesca.
animalcule [animalkyl] m. animaletto, animaluncolo.
animalier [animalje] adj. et n. m. ART animalista.
animalité [animalite] f. animalità.
animateur, trice [animatœr, tris] adj. et n. animatore, trice.
animation [animasjɔ̃] f. animazione. | *mettre de l'animation*, mettere animazione. | *il y a beaucoup d'animation dans les rues*, c'è molta animazione nelle vie. ‖ FIG. [chaleur, vivacité] animazione, calore m., vivacità. | *parler avec animation*, parlare con animazione, animatamente.
animé, e [anime] adj. [vivant] animato, vivente. | *être animé*, essere animato. ‖ [vif] animato, vivace, accalorato. | *discussion animée*, discussione animata. ‖ [plein de mouvement] animato, movimentato. | *une rue animée*, una via animata. ‖ CIN. *dessin animé*, cartone animato.
animer [anime] v. tr. [donner la vie] animare; dare vita a. | *l'arrivée des navires a animé le port*, l'arrivo delle navi ha animato il porto. ‖ FIG. [exciter] animare, incitare, incoraggiare; infondere coraggio a. ‖ [rendre plus intéressant] animare, accendere, avvivare. | *animer une conversation*, animare una conversazione. ◆ v. pr. animarsi. ‖ FIG. animarsi, accalorarsi, infervorarsi, accendersi.
animisme [animism] m. PHILOS. animismo.
animosité [animozite] f. [malveillance] animosità, malanimo m., rancore m., astio m. | *avoir de l'animosité contre qn*, provare animosità verso qlcu. ‖ [emportement] animosità, concitazione, veemenza.
anion [anjɔ̃] m. ÉLECTR. anione.
anis [ani(s)] m. BOT. anice. | *anis étoilé*, anice stellato.
aniser [anize] v. tr. profumare, aromatizzare con l'anice.
anisette [anizɛt] f. anisetta.
ankylose [ɑ̃kiloz] f. MÉD. anchilosi.
ankyloser [ɑ̃kiloze] v. tr. MÉD. anchilosare. ◆ v. pr. anchilosarsi.
annal, e [anal] adj. annuo, annuale.
annales [anal] f. pl. PR. et FIG. annali m. pl.
annaliste [analist] m. annalista.
anneau [ano] m. anello. | *anneau de mariage*, anello matrimoniale; fede f. ‖ ASTR. *les anneaux de Saturne*, gli anelli di Saturno. ‖ TECHN., ZOOL. anello. ◆ pl. POÉS. [chevelure] boccoli; anella f. pl. ‖ SPORT anelli.
année [ane] f. anno m. | *année de lumière*, anno luce. | *l'année dernière*, l'anno scorso. | *souhaits de bonne année*, auguri di capodanno, di buon anno. | *bonne année!*, buon anno! | *souhaiter la bonne année*, augurare un felice anno nuovo. ‖ FIN. *année budgétaire*, anno finanziario. ‖ LOC. *d'année en année*, d'anno in anno. | *d'un bout de l'année à l'autre*, da un capo dell'anno all'altro, dal principio alla fine dell'anno. | *il y a des années*, anni fa. | *les années 1970*, gli anni settanta. ‖ [âge] anno. | *les vertes années*, i verdi anni, gli anni verdi. | *chargé d'années*, carico d'anni; annoso (littér.). ‖ [revenu, récolte, rendement] annata, anno. | *une année catastrophique pour les paysans*, un'annata catastrofica per i contadini. | *l'année sportive a été positive*, l'annata sportiva è stata positiva. ‖ [revue] annata. ‖ [promotion, classe] anno. | *étudiant de troisième année*, studente del terzo anno. (V. AN.)
annelé, e [anle] adj. inanellato; anellato (rare). ◆ m. pl. ZOOL. anellidi.
anneler [anle] v. tr. inanellare.
annélides [anelid] f. pl. ZOOL. anellidi m. pl.
annexe [anɛks] adj. annesso, congiunto. ‖ [secondaire] secondario. ◆ n. f. [bâtiment] annesso m., dipendenza. ‖ [document] allegato m.
annexer [anɛkse] v. tr. annettere, allegare, unire. | *annexer des pièces à un dossier*, annettere, allegare documenti a un incartamento. ‖ POLIT. annettere. ◆ v. pr. *s'annexer qn*, accaparrare uno.
annexion [anɛksjɔ̃] f. annessione.
annihilation [aniilasjɔ̃] f. annichilimento m., annichilazione, annientamento m.
annihiler [aniile] v. tr. annichilire, annichilare, annientare.
anniversaire [anivɛrsɛr] adj. anniversario. ‖ ◆ n. m. anniversario, ricorrenza f. | *dixième anniversaire*, decimo anniversario; decennale. | *messe d'anniversaire*, messa di suffragio (per l'anniversario della morte). ‖ [de naissance] anniversario, compleanno.
annonce [anɔ̃s] f. [action] annuncio m., annunzio m. ‖ [avis] annuncio, avviso m., inserzione. | *petites annonces*, piccola pubblicità, pubblicità economica, avvisi economici. ‖ JEU [cartes] dichiarazione, licitazione. ‖ FIG. [signe] annuncio, indizio m., presagio m. ‖ RELIG. *l'Annonce faite à Marie*, l'Annunciazione.
annoncer [anɔ̃se] v. tr. [faire savoir] annunziare; informare di, dare notizia di. | *annoncer une décision*, annunziare una decisione. ‖ [annoncer officiellement] bandire. | *le ministère annonce l'ouverture d'un concours*, il ministero bandisce un concorso. ‖ [introduire] annunziare, introdurre. | *l'huissier annonce le visiteur*, l'usciere annunzia il visitatore. | *se faire annoncer au directeur*, farsi annunziare al direttore. ‖ [prêcher] predicare. | *annoncer l'Évangile*, predicare il Vangelo. ‖ [prophétiser] annunziare, profetare, profetizzare. | *annoncer la fin du monde*, profetizzare la fine del mondo. ‖ [présager] annunziare, preannunziare, precorrere. | *l'hirondelle annonce le printemps*, la rondine annunzia la primavera. ‖ [dénoter] denotare, rivelare. ‖ JEU [cartes] dichiarare, accusare. ◆ v. pr. [se présenter] presentarsi. | *il s'est annoncé pour midi*, ha annunziato il suo arrivo per mezzogiorno. ‖ FIG. presentarsi. | *l'affaire s'annonce mal*, l'affare si presenta male, prende una brutta piega.
annonceur [anɔ̃sœr] m. annunziatore, inserzionista.
annonciateur, trice [anɔ̃sjatœr, tris] adj. annunziatore, trice; precorritore, trice. | *signes annonciateurs*, segni annunciatori; indizi m. pl.
annonciation [anɔ̃sjasjɔ̃] f. RELIG. Annunciazione. ‖ [fête, tableau, etc.] Annunciazione, Annunziata.
annoncier, ère [anɔ̃sje, ɛr] n. annunziatore, trice; redattore, trice di annunzi.
annotateur, trice [anɔtatœr, tris] n. annotatore, trice; chiosatore, trice; postillatore, trice.
annotation [anɔtasjɔ̃] f. [action] annotazione. ‖ [note] annotazione, nota, postilla, chiosa.
annoter [anɔte] v. tr. annotare, postillare, chiosare.
annuaire [anɥɛr] m. annuario. | *annuaire du téléphone*, elenco telefonico.
annuel, elle [anɥɛl] adj. [qui dure un an] annuo, annuale. | *plante annuelle*, pianta annua. | *contrat annuel*, contratto annuale. ‖ [qui revient chaque année] annuale.
annuité [anɥite] f. annualità.
annulaire [anylɛr] adj. et n. m. anulare.
annulation [anylasjɔ̃] f. annullamento m., abolizione, abrogazione. | *annulation de dettes*, estinzione di debiti. | *annulation d'une élection*, invalidazione di una elezione.
annuler [anyle] v. tr. [déclarer, rendre nul] annullare, invalidare. ‖ [anéantir] annullare, annientare. | *annuler les efforts de toute une vie*, render vani, annullare gli sforzi di un'intera vita.
anobli, e [anɔbli] adj. nobilitato, annobilito.
anoblir [anɔblir] v. tr. nobilitare, annobilire. ◆ v. pr. darsi patenti di nobiltà.
anoblissement [anɔblismɑ̃] m. annobilimento, nobilitamento, nobilitazione f.
anode [anɔd] f. PHYS. anodo m.
anodin, e [anɔdɛ̃, in] adj. MÉD. [qui apaise la douleur] anodino, calmante. ‖ FIG. [insignifiant] anodino.
anomal, e, aux [anɔmal, o] adj. anomalo.
anomalie [anɔmali] f. [irrégularité] anomalia, irregolarità. ‖ ANAT., ASTR. anomalia.
ânon [ɑnɔ̃] m. asinello, somarello; ciuchino (fam.).
ânonnement [ɑnɔnmɑ̃] m. compitazione stentata.
ânonner [ɑnɔne] v. tr. et intr. compitare stentatamente.
anonymat [anɔnima] m. incognito. | *garder l'anony-*

mat, conservare l'incognito, mantenersi anonimo ; serbare l'anonimo (néol.).
anonyme [anɔnim] adj. et n. anonimo. | *auteur anonyme*, (autore) anonimo. | *écrit anonyme*, (scritto) anonimo.
anophèle [anɔfɛl] m. Zool. anofele.
anorak [anɔrak] m. giacca (f.) a vento.
anorexie [anɔrɛksi] f. Méd. anoressia.
anormal, e, aux [anɔrmal, o] adj. anormale, abnorme. || [perturbé mentalement] anormale, alienato, minorato. ◆ n. [physique] minorato ; [psychique] anormale, minorato.
anse [ɑ̃s] f. ansa, manico m. | *anse d'une tasse, d'un verre, d'un broc*, ansa d'una tazza, d'un bicchiere, d'una brocca. | *anse d'un panier, d'une marmite*, manico d'un paniere, d'una pentola. || Fam. *faire danser, sauter l'anse du panier*, fare la cresta sulla spesa, rubare sulla spesa. || Géogr. insenatura, ansa. || Archit. *(arc en) anse de panier*, arco (m.) a sesto ribassato. || Anat. ansa.
antagonisme [ɑ̃tagɔnism] m. antagonismo, rivalità f.
antagoniste [ɑ̃tagɔnist] adj. antagonistico. || Anat. *muscles antagonistes*, muscoli antagonisti. ◆ n. antagonista.
antan (d') [dɑ̃tɑ̃] loc. adj. (littér.) di una volta (l.c.). || Fam. *mais où sont les neiges d'antan ?* = è passato il tempo che Berta filava.
antarctique [ɑ̃tarktik] adj. antartico.
antebois [ɑ̃təbwa] ou **antibois** [ɑ̃tibwa] m. listello di protezione [della parete].
antécédent, e [ɑ̃tesedɑ̃, ɑ̃t] adj. antecedente. ◆ n. m. antecedente, antefatto. || Gramm., Math., Philos. antecedente. ◆ n. m. pl. precedenti. || Jur. precedenti (penali).
antéchrist [ɑ̃tekrist] m. anticristo.
antédiluvien, enne [ɑ̃tedilyvjɛ̃, ɛn] adj. antidiluviano.
antenne [ɑ̃tɛn] f. Mar., Zool. antenna. || Télécom. antenna. | *antenne extérieure*, aereo m. | *antenne d'émission, de réception*, antenna trasmittente, ricevente. || Méd. *antenne chirurgicale*, ambulanza chirurgica mobile ; nucleo chirurgico (dell'ospedale da campo). || Fig. [moyen d'information] *avoir des antennes partout*, avere mille orecchi. || Rad. *prendre l'antenne*, entrare in sintonia. | *rendre l'antenne*, uscire di sintonia.
antépénultième [ɑ̃tepenyltjɛm] adj. terzultimo. ◆ n. f. terzultima sillaba.
antéposé, e [ɑ̃tepɔze] adj. Gramm. anteposto, preposto.
antéposition [ɑ̃tepɔsitjɔ̃] f. anteposizione.
antérieur, e [ɑ̃terjœr] adj. anteriore. || Gramm. *futur antérieur*, futuro anteriore. | *passé antérieur*, trapassato remoto.
antériorité [ɑ̃terjɔrite] f. anteriorità.
anthologie [ɑ̃tɔlɔʒi] f. antologia.
anthozoaires [ɑ̃tɔzɔɛr] m. pl. Zool. antozoi.
anthracite [ɑ̃trasit] m. antracite f. ◆ adj. inv. grigio antracite.
anthrax [ɑ̃traks] m. Méd. antrace.
anthropoïde [ɑ̃trɔpɔid] adj. et n. m. Zool. antropoide.
anthropologie [ɑ̃trɔpɔlɔʒi] f. antropologia.
anthropologue [ɑ̃trɔpɔlɔg] ou **anthropologiste** [ɑ̃trɔpɔlɔʒist] n. antropologo m.
anthropométrie [ɑ̃trɔpɔmetri] f. antropometria.
anthropomorphe [ɑ̃trɔpɔmɔrf] adj. antropomorfo.
anthropomorphisme [ɑ̃trɔpɔmɔrfism] m. antropomorfismo.
anthropophage [ɑ̃trɔpɔfaʒ] adj. et n. antropofago, cannibale.
antiaérien, enne [ɑ̃tiaerjɛ̃, ɛn] adj. antiaereo, contraereo.
antialcoolique [ɑ̃tialkɔlik] adj. antialcoolico.
antibiotique [ɑ̃tibiɔtik] m. Méd. antibiotico.
antibois m. V. antebois.
antibrouillard [ɑ̃tibrujar] adj. fendinebbia, antinebbia (inv.).
anticancéreux, euse [ɑ̃tikɑ̃serø, øz] adj. anticanceroso.
anticathode [ɑ̃tikatɔd] f. Phys. anticatodo m.
antichambre [ɑ̃tiʃɑ̃br] f. anticamera. | *faire antichambre*, fare anticamera.
antichar [ɑ̃tiʃar] adj. anticarro, controcarro (inv.).
antichrétien, enne [ɑ̃tikretjɛ̃, ɛn] adj. anticristiano.
anticipation [ɑ̃tisipasjɔ̃] f. anticipazione, anticipo m. | *anticipation de paiement*, pagamento anticipato. | *roman d'anticipation*, romanzo avveniristico. || Mus., Philol. anticipazione. ◆ loc. adv. ***par anticipation***, anticipatamente.
anticipé, e [ɑ̃tisipe] adj. anticipato. | *paiement anticipé*, pagamento anticipato. | *nous vous adressons nos remerciements anticipés*, anticipatamente vi ringraziamo. || [prématuré] prematuro. | *mort anticipée*, morte prematura.
anticiper [ɑ̃tisipe] v. tr. [faire en avance] anticipare. | *anticiper un paiement*, anticipare un pagamento. || [prévoir] presagire, prevedere. | *anticiper l'avenir*, prevedere l'avvenire. ◆ v. tr. ind. **(sur)** precorrere (v. tr.). | *anticiper sur les faits*, precorrere gli eventi. || [dépenser par avance] *anticiper sur ses revenus*, spendere anticipatamente i propri redditi.
anticlérical, e, aux [ɑ̃tiklerikal, o] adj. et n. anticlericale.
anticlinal, e, aux [ɑ̃tiklinal, o] adj. et n. m. Géogr. anticlinale f.
anticoagulant, e [ɑ̃tikɔagylɑ̃, ɑ̃t] adj. et n. m. anticoagulante.
anticolonialisme [ɑ̃tikɔlɔnjalism] m. anticolonialismo.
anticolonialiste [ɑ̃tikɔlɔnjalist] adj. anticolonialistico. ◆ n. anticolonialista.
anticommunisme [ɑ̃tikɔmynism] m. anticomunismo.
anticommuniste [ɑ̃tikɔmynist] adj. anticomunistico, anticomunista. ◆ n. anticomunista.
anticonceptionnel, elle [ɑ̃tikɔ̃sɛpsjɔnɛl] adj. anticoncezionale.
anticonformisme [ɑ̃tikɔ̃fɔrmism] m. anticonformismo.
anticonformiste [ɑ̃tikɔ̃fɔrmist] adj. anticonformistico. ◆ n. anticonformista.
anticonstitutionnel, elle [ɑ̃tikɔ̃stitysjɔnɛl] adj. anticostituzionale.
anticorps [ɑ̃tikɔr] m. Méd. anticorpo.
anticyclone [ɑ̃tisiclon] m. anticiclone.
antidater [ɑ̃tidate] v. tr. retrodatare, antidatare.
antidérapant, e [ɑ̃tiderapɑ̃, ɑ̃t] adj. et n. m. antisdrucciolevole, antideraPante.
antidote [ɑ̃tidɔt] m. Pr. et fig. antidoto, contravveleno.
antienne [ɑ̃tjɛn] f. Mus. antifona. || Fig. *c'est toujours la même antienne*, è sempre la solita solfa.
antifriction [ɑ̃tifriksjɔ̃] adj. inv. antifrizione. ◆ n. m. lega (f.) antifrizione.
antigel [ɑ̃tiʒɛl] m. anticongelante ; antigelo (néol.). ◆ adj. inv. anticongelante adj.
antigouvernemental, e, aux [ɑ̃tiguvɛrnəmɑ̃tal, o] adj. antigovernativo.
antihygiénique [ɑ̃tiiʒjenik] adj. antigienico.
antillais, e [ɑ̃tijɛ, ɛz] adj. et n. delle Antille.
antilope [ɑ̃tilɔp] f. Zool. antilope.
antimatière [ɑ̃timatjɛr] f. Phys. antimateria.
antiméridien [ɑ̃timeridjɛ̃] m. antimeridiano.
antimilitarisme [ɑ̃timilitarism] m. antimilitarismo.
antimilitariste [ɑ̃timilitarist] adj. antimilitaristico, antimilitarista. ◆ n. antimilitarista.
antimite [ɑ̃timit] m. et adj. antitarmico.
antimoine [ɑ̃timwan] m. Chim. antimonio.
antimonarchique [ɑ̃timɔnarʃik] adj. et **antimonarchiste** [ɑ̃timɔnarʃist] adj. et n. antimonarchico.
antinévralgique [ɑ̃tinevralʒik] adj. antinevralgico.
antinomie [ɑ̃tinɔmi] f. Philos. antinomia.
antipape [ɑ̃tipap] m. antipapa.
antiparasite [ɑ̃tiparazit] adj. et n. m. Chim. antiparassitario. || Télécom. antidisturbo (inv.).

antiparlementaire [ɑ̃tiparləmɑ̃tɛr] adj. antiparlamentare.
antiparti [ɑ̃tiparti] adj. et n. m. POLIT. antipartito (inv.).
antiparticule [ɑ̃tipartikyl] f. PHYS. antiparticella.
antipathie [ɑ̃tipati] f. antipatia, avversione.
antipathique [ɑ̃tipatik] adj. antipatico.
antiphlogistique [ɑ̃tiflɔʒistik] adj. MÉD. antiflogistico.
antiphrase [ɑ̃tifraz] f. GRAMM. antifrasi.
antipode [ɑ̃tipɔd] m. antipode. ‖ FIG. *ton caractère est l'antipode du mien*, il tuo carattere rappresenta gli antipodi del mio. | *voyager aux antipodes*, viaggiare agli antipodi (pr.); viaggiare in paesi lontani (hyperb.).
antiproton [ɑ̃tiprɔtɔ̃] m. PHYS. antiprotone.
antipyrétique [ɑ̃tipiretik] adj. antipiretico, antifebbrile.
antipyrine [ɑ̃tipirin] f. MÉD. antipirina.
antiquaille [ɑ̃tikɑj] f. PÉJOR. anticaglia.
antiquaire [ɑ̃tikɛr] n. antiquario, a.
antique [ɑ̃tik] adj. [très ancien] antico. ‖ IRON. [démodé] antiquato. ◆ n. m. modello d'arte antica. ◆ n. f. opera d'arte antica. | *département des Antiques*, reparto delle antichità.
antiquité [ɑ̃tikite] f. antichità. | *l'antiquité la plus reculée*, la più remota antichità. | *de toute antiquité*, dalla più remota antichità, da tempo immemorabile. ◆ f. pl. antichità. | *magasin d'antiquités*, negozio d'antichità; antiquariato m.
antireligieux, euse [ɑ̃tirliʒjø, øz] adj. antireligioso.
antirépublicain, e [ɑ̃tirepyblikɛ̃, ɛn] adj. et n. antirepubblicano.
antirouille [ɑ̃tiruj] m. et adj. antiruggine (inv.).
antisémite [ɑ̃tisemit] adj. et n. antisemita.
antisémitisme [ɑ̃tisemitism] m. antisemitismo.
antisepsie [ɑ̃tisɛpsi] f. antisepsi.
antiseptique [ɑ̃tisɛptik] adj. antisettico.
antisocial, e, aux [ɑ̃tisɔsjal, o] adj. antisociale.
antispasmodique [ɑ̃tispasmɔdik] adj. et n. antispasmodico, antispastico.
antistrophe [ɑ̃tistrɔf] f. POÉS. antistrofe.
antitétanique [ɑ̃titetanik] adj. antitetanico.
antithèse [ɑ̃titɛz] f. antitesi.
antithétique [ɑ̃titetik] adj. antitetico.
antitoxine [ɑ̃titɔksin] f. antitossina.
antitrust [ɑ̃titrœst] adj. inv. (angl.) antitrust; antimonopolistico adj.
antituberculeux, euse [ɑ̃titybɛrkylø, øz] adj. antitubercolare.
antivol [ɑ̃tivɔl] adj. et n. m. antifurto (inv.).
antonyme [ɑ̃tɔnim] m. GRAMM. antonimo.
antre [ɑ̃tr] m. [caverne] antro, caverna f., spelonca f. ‖ FIG. antro, stamberga f. ‖ MÉD. antro.
anus [anys] m. ANAT. ano.
anxiété [ɑ̃ksjete] f. ansietà, ansia, affanno m.
anxieux, euse [ɑ̃ksjø, øz] adj. ansioso.
aoriste [aɔrist] m. GRAMM. aoristo.
aorte [aɔrt] f. ANAT. aorta.
août [u(t)] m. agosto.
aoûtat [auta] m. ZOOL. larva (f.) di trombidio.
apache [apaʃ] m. VX [bandit] teppista; apache (fr.).
apaisant, e [apɛzɑ̃, ɑ̃t] adj. calmante, tranquillizzante.
apaisement [apɛzmɑ̃] m. acqu(i)etamento, acchetamento. | *l'apaisement de la douleur*, il calmarsi, l'acquietamento del dolore. | *l'apaisement du vent*, il placarsi del vento. ‖ LOC. *donner des apaisements*, dare assicurazioni; rassicurare, tranquillizzare.
apaiser [apɛze] v. tr. acquietare, quietare, calmare, placare, sedare; acquetare, quetare (littér.). | *apaiser la douleur*, placare, sedare, mitigare il dolore. | *apaiser la colère*, placare, calmare l'ira. | *apaiser une querelle*, placare, comporre una lite. | *apaiser une révolte*, calmare, sedare una ribellione. | *apaiser les esprits*, calmare, placare gli spiriti. | *apaiser la faim*, appagare, quietare la fame. ◆ v. pr. acquietarsi, calmarsi, placarsi.
apanage [apanaʒ] m. HIST. appannaggio. ‖ FIG. appannaggio, prerogativa f.
aparté [aparte] m. THÉÂTRE = battuta pronunciata a parte da un attore. ‖ [conversation] *faire des apartés*, appartarsi; conversare a parte. ◆ loc. adv. ***en aparté***, a parte, in disparte.
apathie [apati] f. apatia, indolenza.
apathique [apatik] adj. apatico; apatista (VX).
apatride [apatrid] adj. et n. apolide.
aperception [apɛrsɛpsjɔ̃] f. PHILOS. appercezione.
apercevable [apɛrsəvabl] adj. discernibile, distinguibile, visibile.
apercevoir [apɛrsəvwar] v. tr. scorgere, avvistare. ‖ FIG. scorgere, intravedere. ‖ PHILOS. percepire. ◆ v. pr. [réciproque] scorgersi, intravedersi. ‖ [se rendre compte] accorgersi, avvedersi. | *sans s'en apercevoir*, senz'accorgersene, senz'avvedersene.
aperçu [apɛrsy] m. [première vue, idée] idea f., indicazione f., valutazione sommaria. ‖ [exposé sommaire] cenno, sunto, sguardo, idea, breve ragguaglio. ‖ [échantillon] saggio.
apéritif, ive [aperitif, iv] adj. et n. m. aperitivo.
apéro [apero] m. POP. V. APÉRITIF.
aperture [apɛrtyr] f. LING. apertura.
apesanteur [apəzɑ̃tœr] f. assenza di peso. | *en état d'apesanteur*, in condizioni di gravità zero.
apétale [apetal] adj. BOT. apetalo. ◆ n. f. pl. apetali.
à-peu-près [apøprɛ] m. inv. approssimazione f. ‖ VX mediocre gioco di parole.
apeuré, e [apœre] adj. impaurito.
apex [apɛks] m. inv. HIST. apice m.
aphanisis [afanizis] f. PSYCHAN. afanisi.
aphasie [afazi] f. MÉD. afasia.
aphélie [afeli] m. ASTR. afelio.
aphérèse [aferɛz] f. PHILOL. aferesi.
aphone [afɔn] adj. afono.
aphonie [afɔni] f. afonia.
aphorisme [afɔrism] m. aforisma, aforismo.
aphrodisiaque [afrɔdizjak] adj. et n. m. afrodisiaco.
aphte [aft] m. MÉD. afta f.
aphteux, euse [aftø, øz] adj. MÉD. *fièvre aphteuse*, afta epizootica, febbre aftosa.
api [api] m. BOT. appia f., appiola f. | *pomme d'api*, (mela) appia, appiola.
à-pic [apik] m. dirupo.
apical, e, aux [apikal, o] adj. et n. f. MÉD., LING. apicale.
apiculteur [apikyltœr] m. apicoltore.
apiculture [apikyltyr] f. apicoltura.
apitoiement [apitwamɑ̃] m. compassione f., compatimento, l'impietosirsi.
apitoyer [apitwaje] v. tr. impietosire, muovere a pietà. ◆ v. pr. **(sur)** impietosirsi (a); compatire, compiangere (v. tr.). | *s'apitoyer sur les maux d'autrui*, compatire, compiangere i mali altrui. | *s'apitoyer sur son sort*, compiangere la propria sorte.
aplanir [aplanir] v. tr. PR. et FIG. appianare, spianare. ◆ v. pr. appianarsi, spianarsi.
aplanissement [aplanismɑ̃] m. appianamento, spianamento.
aplat [apla] m. ART tinta piatta.
aplati, e [aplati] adj. piatto, schiacciato.
aplatir [aplatir] v. tr. [rendre plat] appiattire, schiacciare. ‖ FIG., FAM. [écraser] schiacciare, annientare. ◆ v. pr. [s'écraser] schiacciarsi, appiattirsi. | *la balle vint s'aplatir contre le mur*, la palla venne a schiacciarsi contro il muro. ‖ FAM. [s'allonger pour se cacher] appiattarsi. ‖ [tomber] cadere lungo disteso. ‖ FIG., PÉJOR. [s'humilier] umiliarsi, abbassarsi.
aplatissement [aplatismɑ̃] m. schiacciamento, appiattimento. ‖ FIG. schiacciamento, annientamento, umiliazione f., avvilimento.
aplomb [aplɔ̃] m. appiombo; aplomb (fr.). ‖ [stabilité] equilibrio. ‖ FIG. [assurance] sicurezza f., disinvoltura f., calma f.; aplomb (fr.). | *ne jamais perdre son aplomb*, non perdere mai la propria calma, il proprio sangue freddo. ‖ [santé] salute f. | *être d'aplomb*, essere in forma, in gamba. | *remettre d'aplomb*, rimettere in gamba; rinfrancare. ‖ PÉJOR. impudenza f., sfacciataggine f., sfrontatezza f.; aplomb (fr.). | *quel aplomb!*, che faccia tosta! | *avoir l'aplomb de*, avere la sfronta-

tezza di, essere tanto sfacciato da. | *avec aplomb*, con impudenza. ◆ loc. adv. ***d'aplomb,*** a piombo. ◆ pl. [cheval] appiombo.
apocalypse [apɔkalips] f. apocalisse.
apocalyptique [apɔkaliptik] adj. apocalittico.
apocope [apɔkɔp] f. GRAMM. apocope.
apocryphe [apɔkrif] adj. et n. m. apocrifo.
apode [apɔd] adj. ZOOL. apodo. ◆ n. m. pl. apodi.
apodictique [apɔdiktik] adj. PHILOS. apodittico.
apodose [apɔdoz] f. GRAMM. apodosi.
apogée [apɔʒe] m. ASTR. apogeo. ‖ FIG. apogeo, apice.
apographe [apɔgraf] adj. et n. m. PHILOL. apografo.
apolitique [apɔlitik] adj. apolitico.
apologétique [apɔlɔʒetik] adj. apologetico. ◆ n. f. RELIG. apologetica.
apologie [apɔlɔʒi] f. apologia.
apologiste [apɔlɔʒist] m. apologista.
apologue [apɔlɔg] m. apologo; favola f.
apophtegme [apɔftɛgm] m. RHÉT. apoftegma.
apophyse [apɔfiz] f. ANAT. apofisi.
apoplectique [apɔplɛktik] adj. et n. MÉD. apoplettico.
apoplexie [apɔplɛksi] f. MÉD. apoplessia. | *attaque d'apoplexie*, colpo apoplettico.
aporie [apɔri] f. PHILOS. aporia.
apostasie [apɔstazi] f. apostasia.
apostasier [apɔstazje] v. intr. apostatare.
apostat, e [apɔsta, at] adj. apostatico. ◆ n. apostata.
aposter [apɔste] v. tr. VX appostare (L.C.). [V. POSTER.]
a posteriori [apɔsterjɔri] loc. adv. et adj. inv. (lat.) a posteriori.
apostille [apɔstij] f. postilla.
apostiller [apɔstije] v. tr. postillare.
apostolat [apɔstɔla] m. apostolato.
apostolique [apɔstɔlik] adj. apostolico.
1. apostrophe [apɔstrɔf] f. RHÉT. apostrofe. ‖ FAM. invettiva (L.C.). ‖ GRAMM. *mot mis en apostrophe*, parola in funzione vocativa.
2. apostrophe f. [signe graphique] apostrofo m.
apostropher [apɔstrɔfe] v. tr. FAM. apostrofare (gall.).
apothème [apɔtɛm] m. GÉOM. apotema.
apothéose [apɔteoz] f. apoteosi.
apothicaire [apɔtikɛr] m. VX speziale; farmacista (L.C.). ‖ FIG., FAM. *compte d'apothicaire*, conto da speziale.
apôtre [apotr] m. apostolo. ‖ IRON. *faire le bon apôtre*, fare il santerello.
apparaître [aparɛtr] v. intr. [devenir visible] apparire, comparire. | *le soleil apparaît à l'horizon*, il sole appare, spunta all'orizzonte. | *apparaître en public*, comparire in pubblico. ‖ [sembler] apparire, parere, sembrare. | *il apparaît que*, risulta che. | *il apparaît, à la lecture du document, que*, dalla lettura del documento risulta che.
apparat [apara] m. [pompe] apparato, pompa f., gala f. | *cérémonie sans apparat*, cerimonia senza apparato. | *célébrer avec apparat*, celebrare con pompa. | *en grand apparat*, in pompa magna. | *dîner, habit d'apparat*, pranzo, vestito di gala. | *discours d'apparat*, discorso solenne. ‖ PHILOL. *apparat critique*, apparato critico.
appareil [aparɛj] m. **1.** (littér.) [préparatifs; apparat] apparecchio, apparato; allestimento (L.C.). ‖ EUPH. *dans le plus simple appareil*, in costume adamitico. ‖ **2.** [dispositif] apparecchio, macchina f. | *appareil photographique, de projection*, macchina fotografica, da proiezione. | *appareil de prothèse*, protesi f. | *appareil téléphonique*, apparecchio telefonico. | *qui est à l'appareil?*, chi parla?, con chi parlo? | *on te demande à l'appareil*, ti vogliono, ti chiamano al telefono. ‖ [avion] apparecchio, aereo. ‖ **3.** ADM. apparato. ‖ **4.** ANAT. apparato. ‖ **5.** ARCHIT. apparecchio, apparecchiatura f. ‖ **6.** PSYCH. *appareil psychique*, apparato psichico, mentale.
appareillage [aparɛjaʒ] m. MAR. (il) levare le ancore, (il) salpare. ‖ TECHN. apparecchiatura f., attrezzatura f., apparato. | *appareillage électrique*, apparecchiatura elettrica.
appareillement [aparɛjmɑ̃] m. accoppiamento.
1. appareiller [aparɛje] v. tr. [préparer] apparecchiare, approntare. ◆ v. intr. MAR. salpare.
2. appareiller v. tr. [assortir] appaiare, accoppiare, assortire. ◆ v. pr. appaiarsi, accoppiarsi. ‖ FIG. accordarsi, andare d'accordo.
apparemment [aparamɑ̃] adv. apparentemente, in apparenza, verosimilmente; è probabile, verosimile che (suivi du subj.).
apparence [aparɑ̃s] f. [extérieur] apparenza, aspetto m.; parvenza (littér.). | *un homme de belle apparence*, un uomo di bella apparenza. | *ne pas se fier aux apparences*, non fidarsi delle apparenze. | *sauver les apparences*, salvar le apparenze. | *la maison a une apparence misérable*, la casa ha un aspetto misero. ‖ [vraisemblance] *contre toute apparence*, contrariamente ad ogni aspettativa. | *selon toute apparence*, secondo ogni probabilità. | *il y a apparence que*, è probabile, verosimile che. ‖ PHILOS. *le monde des apparences*, il mondo fenomenico. ◆ loc. adv. ***en apparence,*** in apparenza.
apparent, e [aparɑ̃, ɑ̃t] adj. PR. et FIG. apparente. | *mobiles apparents*, moventi esterni. ‖ [évident] evidente, palese.
apparentement [aparɑ̃tmɑ̃] m. POLIT. apparentamento.
apparenter [aparɑ̃te] v. tr. apparentare, imparentare. ◆ v. pr. **(à)** apparentarsi, imparentarsi (con). ‖ FIG. [s'accorder] accordarsi, intonarsi, armonizzarsi. ‖ POLIT. apparentarsi.
apparier [aparje] v. tr. [assortir par paire] appaiare. ‖ [accoupler des oiseaux] accoppiare, appaiare. ◆ v. pr. accoppiarsi.
appariteur [aparitœr] m. bidello.
apparition [aparisjɔ̃] f. [manifestation] apparizione, comparsa. ‖ [vision] apparizione, visione. ‖ [fantôme] fantasma m., spettro m.
apparoir [aparwar] v. impers. JUR. *il appert que*, consta che, risulta che. | *à ce qu'il appert de*, a quanto risulta da.
appartement [apartəmɑ̃] m. appartamento, quartiere; alloggio (septentr.); quarto (mérid.).
appartenance [apartənɑ̃s] f. appartenenza.
appartenir [apartənir] v. tr. ind. **(à)** [être la propriété de] appartenere (a), essere (di). | *ce livre appartient à mon oncle*, questo libro appartiene a mio zio, è di mio zio. | *cette maison m'appartient*, questa casa m'appartiene, è mia. ‖ [faire partie de] appartenere (a), far parte (di). | *appartenir à une famille, à un parti*, appartenere a una famiglia, a un partito. ‖ [être le propre de] spettare (a), essere proprio (di), essere la prerogativa (di). | *la décision appartient à*, la decisione spetta a. | *tant de bonté n'appartient qu'à vous*, solo Lei è capace di tanta bontà. ◆ v. impers. toccare, spettare. | *c'est à moi qu'il appartient de décider*, spetta a me decidere. | *il n'appartient qu'à vous de choisir*, a Lei solo spetta scegliere. ◆ v. pr. *ne pas s'appartenir*, non disporre di sé.
appas [apɑ] m. pl. [attraits] bellezza f., grazia f., leggiadria f. ‖ FIG. lusinghe f. pl., allettamenti, attrattiva f. | *les appas de la gloire*, l'attrattiva della gloria.
appât [apɑ] m. esca f. | *mordre à l'appât*, abboccare all'amo. ‖ FIG. esca, lusinga f., allettamento, attrattiva f., fascino. | *l'appât du gain*, l'attrattiva del lucro.
appâter [apɑte] v. tr. innescare. ‖ [gaver] ingozzare. ‖ FIG. adescare, allettare.
appauvrir [apovrir] v. tr. PR. et FIG. impoverire, immiserire; depauperare (littér.). ◆ v. pr. impoverirsi, immiserirsi.
appauvrissement [apovrismɑ̃] m. PR. et FIG. impoverimento, immiserimento; depauperamento (littér.).
appeau [apo] m. [sifflet] fischietto. ‖ [oiseau] uccello di richiamo; richiamo, zimbello.
appel [apɛl] m. **1.** [action d'appeler] chiamata f., richiamo. | *l'appel de la forêt*, il richiamo della foresta. | *appel à l'aide, au secours*, chiamata, invocazione (f.) di aiuto. | *répondre aux appels de qn*, rispondere alla

chiamata, ai richiami di qlcu. | *appel du regard*, sguardo, occhiata di richiamo. | *faire un appel du pied*, fare piedino (pr.); fare un invito, invitare, esortare (fig.). || MIL. *battre, sonner l'appel*, battere, suonare l'adunata; chiamare a raccolta. || (littér.) *répondre à l'appel de la patrie*, rispondere all'appello, alla voce della patria. || TECHN. *appel téléphonique*, chiamata telefonica. | *indicatif d'appel*, indicativo di chiamata. || TYP. *appel de note*, richiamo. || **2.** [action d'appeler par le nom] appello, chiama f. | *faire l'appel*, far l'appello, la chiama. | *manquer à l'appel*, mancare all'appello, alla chiama. | *appel nominal*, appello nominale. || **3.** [convocation, invitation] appello, chiamata. | *appel au peuple*, appello al popolo. | *appel à la révolte*, appello alla ribellione. | *appel au calme*, appello, esortazione (f.) alla calma. | *faire appel à la générosité de qn*, fare appello, appellarsi alla generosità di qlcu. || MIL. *appel aux armes, sous les drapeaux*, chiamata alle armi. | *classe d'appel*, classe di leva. | *devancer l'appel*, anticipare la leva. || **4.** FIG. [impulsion, incitation] richiamo. | *appel des sens, de la religion, de la conscience*, richiamo dei sensi, della religione, della coscienza. || **5.** JUR. appello, ricorso. | *faire appel d'un jugement*, appellarsi. | *interjeter appel, se pourvoir en appel*, appellarsi; ricorrere in appello. | *appel à maxima, à minima*, appello del Pubblico Ministero per eccessiva gravità della pena; reformatio (f.) in pejus (lat.). | *jugement sans appel*, giudizio senz'appello, sentenza inappellabile. | *Cour d'appel*, Corte d'appello. || **6.** COMM. *appel d'offres*, licitazione privata. || FIN. *appel de fonds*, richiesta di fondi. || **7.** TECHN. *appel d'air*, presa (f.) d'aria; spiffero. || **8.** SPORT battuta f. | *prendre appel sur le, du pied droit*, battere di piede destro.

appelé [aple] m. MIL. recluta f. || RELIG. chiamato, vocato.

appeler [aple] v. tr. **1.** [faire venir] chiamare. | *appeler à l'aide, au secours*, chiamare aiuto, chiedere soccorso. | *appeler qn à son aide, à son secours*, chiamare qlcu. a soccorso, invocare l'aiuto di qlcu. || FIG. chiamare. | *la République, le devoir nous appelle*, la Repubblica, il dovere ci chiama. || MIL. *appeler sous les drapeaux*, chiamare alle armi. || **2.** JUR. *appeler en justice*, citare in giudizio. || **3.** [nommer] chiamare, nominare; appellare (littér.). | *on l'appelle Louis*, lo chiamano Luigi. | *il m'a appelé menteur*, mi ha chiamato bugiardo, mi ha dato del bugiardo. | *appeler les choses par leur nom*, chiamare le cose col giusto nome. || [désigner] chiamare, destinare, nominare. | *appeler qn à une charge*, chiamare qlcu. a una carica. || [rendre apte] destinare, predisporre. | *son mérite l'appelle à de hautes fonctions*, il suo merito lo chiama, lo destina ad alte cariche. || **4.** [entraîner] chiamare, suscitare, provocare, tirare. | *le mensonge appelle le mensonge*, una bugia tira l'altra. | *un malheur en appelle un autre*, una sciagura tira l'altra. || [attirer] richiamare, attirare. | *appeler l'attention sur*, richiamare l'attenzione su. | *appeler les regards*, attirare gli sguardi. || **5.** [requérir] richiedere. | *ce crime appelle la plus grande sévérité*, questo delitto richiede la massima severità. || [souhaiter, désirer] sospirare, desiderare; bramare (littér.). | *appeler de tout son cœur le retour de qn*, sospirare, bramare di tutto cuore il ritorno di qlcu. ◆ v. tr. indir. *en appeler à*, fare appello a, appellarsi a, invocare. || JUR. *en appeler de*, appellarsi di. ◆ v. pr. chiamarsi; aver nome. | *voilà qui s'appelle parler*, questo si chiama parlare.

appellation [apɛlasjɔ̃] f. appellazione, denominazione, nominazione; nome m., appellativo m. | *appellation injurieuse*, appellativo ingiurioso. || [garantie d'origine d'un produit] denominazione controllata, nome brevettato. | *vin d'appellation contrôlée*, vino a denominazione d'origine controllata.

appendice [apɛ̃dis] m. appendice f. || ANAT. appendice.

appendicite [apɛ̃disit] f. MÉD. appendicite.

appentis [apɑ̃ti] m. [toit] tettoia f. || [petit bâtiment] rimessa f.

appesantir [apəzɑ̃tir] v. tr. appesantire. || FIG. appesantire, aggravare; far sentire il peso di. ◆ v. pr. appesantirsi. || FIG. dilungarsi, attardarsi; insistere, indugiare a lungo (v. intr.).

appesantissement [apəzɑ̃tismɑ̃] m. l'appesantirsi; pesantezza f., gravezza f.

appétence [apetɑ̃s] f. appetenza.

appétissant, e [apetisɑ̃, ɑ̃t] adj. appetitoso.

appétit [apeti] m. appetito. | *manque d'appétit*, inappetenza f., disappetenza f. | *l'appétit vient en mangeant*, l'appetito vien mangiando. | *rester sur son appétit*, V. FAIM. || FIG. appetito, voglia f., brama f. | *satisfaire ses appétits*, soddisfare i propri appetiti, le proprie voglie.

applaudir [aplodir] v. tr. et intr. applaudire, acclamare; plaudere, plaudire (littér.). ◆ v. tr. ind. **(à)** [approuver] applaudire (a), acclamare (a). ◆ v. pr. **(de)** rallegrarsi (di), felicitarsi (di), compiacersi (di).

applaudissement [aplodismɑ̃] m. applauso, battimano; plauso (littér.). | *tonnerre d'applaudissements*, V. TONNERRE. || FIG. (littér.) *aux applaudissements de*, con il plauso di.

applicable [aplikabl] adj. applicabile.

application [aplikasjɔ̃] f. [apposition] applicazione. | *l'application d'un enduit sur un mur*, l'applicazione di un intonaco su un muro. || [mise en pratique] applicazione, messa in atto, attuazione. | *mettre en application*, mettere in atto, attuare. | *entrer en application*, entrare in vigore. | *champ d'application*, campo d'applicazione. | *école d'application*, scuola d'applicazione. | *en application de*, in base a. || [attention soutenue] applicazione, impegno m., zelo m.

applique [aplik] f. ornamento (m.) fissato alla parete; infisso m. || [lampe] lampada murale; applique (fr.).

appliqué, e [aplike] adj. applicato. | *sciences appliquées*, scienze applicate. || [studieux] attento, diligente, studioso.

appliquer [aplike] v. tr. **1.** [apposer] applicare. | *appliquer un emplâtre*, applicare un impiastro. | *appliquer l'oreille, l'œil au trou de la serrure*, applicare l'orecchio, l'occhio al buco della serratura. | *appliquer une couche de vernis*, dare una mano di vernice. || **2.** FIG., FAM. [donner] appioppare, allentare, assestare, affibbiare. | *appliquer une gifle à qn*, appioppare un ceffone a qlcu. || **3.** FIG. [utiliser] applicare, adattare. | *appliquer un remède à une maladie*, applicare una medicina ad una malattia. | *appliquer l'algèbre à la géométrie*, applicare l'algebra alla geometria. || **4.** [mettre en pratique] applicare; mettere in atto, in vigore. | *appliquer une théorie, une règle, une loi*, applicare una teoria, una regola, una legge. || **5.** [concentrer, diriger sur] applicare, rivolgere. | *appliquer son esprit à*, applicar la mente a. | *appliquer son attention à qch.*, rivolgere l'attenzione a qlco. ◆ v. pr. [être apposé] applicarsi. || [être utilisé] applicarsi, adattarsi. || [s'approprier] applicarsi, attribuirsi. | *s'appliquer des louanges*, attribuirsi delle lodi. || FIG. [travailler avec application] applicarsi. || [s'efforcer] studiarsi, ingegnarsi, industriarsi. | *s'appliquer à bien faire qch.*, studiarsi, ingegnarsi di far bene qlco.

appoint [apwɛ̃] m. complemento (di una somma), integrazione f. | *faire l'appoint*, completare una somma (con spiccioli). || FIG. [aide] contributo, concorso. | *apporter son appoint*, apportare il proprio contributo, prestare il proprio concorso.

appointements [apwɛ̃tmɑ̃] m. pl. stipendio m., salario m.

appointer [apwɛ̃te] v. tr. [payer] stipendiare.

appontage [apɔ̃taʒ] m. AÉR. appontaggio.

appontement [apɔ̃tmɑ̃] m. MAR. pontile.

apponter [apɔ̃te] v. intr. AÉR. appontare.

apport [apɔr] m. apporto, contributo. || FIN. *action d'apport*, azione di fondatore. || JUR. apporto. || TECHN. *métal d'apport*, metallo d'apporto.

apporter [apɔrte] v. tr. [porter] portare; apportare (littér.). | *apporter un livre*, portare un libro. || [fournir, donner] *apporter une somme d'argent dans une affaire*, investire una somma di denaro in un affare. | *apporter une nouvelle*, portare, recare una notizia. | *apporter des preuves, des exemples*, apportare, addurre, allegare prove, esempi. | *apporter des précautions*, prendere precauzioni. | *apporter tous ses soins à*, mettere ogni cura a. | *apporter de l'attention à faire qch.*, applicarsi a far qlco. | *apporter son concours*, prestare il proprio aiuto. || [causer] portare, arrecare, cagionare, causare, provocare; apportare (littér.). | *apporter des bouleversements*, portare, provocare sconvolgimenti. | *apporter des obstacles*, creare ostacoli.

apposé, e [apoze] adj. GRAMM. appositivo.

apposer [apoze] v. tr. [mettre, appliquer] apporre, mettere, applicare. | *apposer sa signature*, apporre la propria firma. | *apposer des affiches*, attaccare, incollare affissi; affiggere manifesti. || JUR. *apposer les scellés*, apporre i sigilli.

apposition [apozisjɔ̃] f. apposizione.

appréciable [apresjabl] adj. apprezzabile. || [assez important] apprezzabile, notevole, rilevante. | *obtenir des résultats appréciables*, conseguire risultati apprezzabili, notevoli.

appréciateur, trice [apresjatœr, tris] adj. et n. stimatore, trice; apprezzatore, trice.

appréciation [apresjasjɔ̃] f. apprezzamento m., valutazione, stima. || ÉCON., COMM. valutazione. || FIG. apprezzamento, giudizio m., opinione. | *s'en remettre à l'appréciation de qn*, rimettersi al giudizio di qlcu.

apprécier [apresje] v. tr. [évaluer] apprezzare, valutare, stimare. | *apprécier la valeur d'un objet*, apprezzare il valore di un, valutare un oggetto. || FIG. [avoir de l'estime pour] stimare, apprezzare. | *j'apprécie tes services*, apprezzo, gradisco i tuoi servizi. | *je n'apprécie pas ta plaisanterie*, gradisco poco il tuo scherzo. | *un cadeau apprécié*, un regalo gradito.

appréhender [apreɑ̃de] v. tr. [arrêter] arrestare, catturare; trarre in arresto. || [redouter] temere; paventare (littér.). | *j'appréhende qu'il ne soit trop tard*, temo che sia troppo tardi. || (littér.) [comprendre] percepire, concepire.

appréhensif, ive [apreɑ̃sif, iv] adj. apprensivo.

appréhension [apreɑ̃sjɔ̃] f. [crainte] apprensione, inquietudine, timore m. || (littér.) [compréhension] percezione, apprensione.

apprendre [aprɑ̃dr] v. tr. et tr. ind. **1.** [étudier] imparare, apprendere, studiare. | *apprendre à lire*, imparare a leggere. | *apprendre l'italien*, imparare, studiare l'italiano. | *apprends à te connaître, à te taire*, impara a conoscerti, a tacere. || **2.** [être informé] apprendere, sapere, risapere. | *il apprit la nouvelle*, apprese la notizia. | *il a appris ce que tu m'avais dit*, ha saputo, è venuto a sapere ciò che mi avevi detto. | *on apprend de Rome que*, si ha notizia da Roma che. || **3.** [enseigner] insegnare. | *apprendre l'italien aux élèves*, insegnare l'italiano agli alunni. | *l'histoire nous apprend que*, la storia ci insegna che. | *apprendre à lire à qn*, insegnare a leggere a qlcu. || **4.** [faire savoir] annunciare, comunicare. | *je lui ai appris la nouvelle*, gli ho comunicato, annunciato la notizia. || **5.** FAM. *ça t'apprendra!*, ti sta bene!

apprenti, e [aprɑ̃ti] n. apprendista. || FIG. novizio, novizia; principiante. | *apprenti sorcier*, apprendista stregone. || PÉJOR. *un travail d'apprenti*, un lavoro da novizio, da principiante.

apprentissage [aprɑ̃tisaʒ] m. [formation professionnelle] apprendistato, tirocinio, noviziato. | *école d'apprentissage*, scuola, istituto professionale. | *faire l'apprentissage de*, addestrarsi in, esercitarsi in, iniziarsi a, prepararsi a.

apprêt [aprɛ] m. TECHN. apparecchiatura f., imprimatura f. | *couche d'apprêt*, prima mano; imprimatura. | *papier d'apprêt*, carta di supporto. || TEXT. [action] apparecchiatura, apprettatura f.; [substance] appretto, salda f. || FIG. affettazione f., ricercatezza f. ◆ pl. preparativi; allestimento (sing.).

apprêté, e [aprɛte] adj. affettato, ricercato.

apprêter [aprɛte] v. tr. [préparer] preparare, apparecchiare, allestire. || CULIN. ammannire, cucinare. || TECHN. *apprêter les étoffes*, apprettare le stoffe, sottoporre le stoffe all'appretto. | *apprêter les peaux*, conciare, apprettare le pelli. ◆ v. pr. **(à, pour)** prepararsi (a), accingersi (a); stare (per). || ABSOL. prepararsi, abbigliarsi.

apprêteur, euse [aprɛtœr, øz] n. [étoffes, cuir] apparecchiatore, trice; apprettatore, trice. || ART pittore su vetro. ◆ f. [machine] apprettatrice.

apprivoisable [aprivwazabl] adj. addomesticabile.

apprivoisement [aprivwazmɑ̃] m. addomesticamento, addomesticatura f.

apprivoiser [aprivwaze] v. tr. [animal] addomesticare. || FIG. addomesticare, ammansire. ◆ v. pr. PR. et FIG. addomesticarsi, ammansirsi. || [s'habituer] addomesticarsi, abituarsi, familiarizzarsi.

approbateur, trice [aprɔbatœr, tris] adj. approvativo. ◆ n. approvatore, trice.

approbatif, ive [aprɔbatif, iv] adj. approvativo.

approbation [aprɔbasjɔ̃] f. [acceptation] approvazione, consenso m., assenso m. || [jugement favorable] approvazione, elogio m., lode; plauso m. (littér.). || [agrément] autorizzazione, permesso m.

approchable [aprɔʃabl] adj. accessibile, avvicinabile.

approchant, e [aprɔʃɑ̃, ɑ̃t] adj. [presque semblable] vicino, simile. || [approximatif] approssimativo. ◆ adv. [à peu près] giù di lì, circa, all'incirca, quasi. | *il a payé mille lires ou (qch. d') approchant*, ha pagato mille lire o giù di lì.

approche [aprɔʃ] f. [action de s'avancer] avvicinamento m., arrivo m. | *s'enfuir à l'approche de l'ennemi*, fuggire all'avvicinarsi del nemico. | *à mon approche il se tut*, al mio arrivo tacque. || FIG. (l')avvicinarsi, arrivo. | *à l'approche de l'hiver*, all'avvicinarsi, all'arrivo dell'inverno. || [démarche] procedimento m. || [tentative] tentativo m. | *travaux d'approche*, lavori d'approccio. || MIL. approccio m. | *marche d'approche*, marcia d'avvicinamento. || OPT. *lunette d'approche*, cannocchiale m. ◆ pl. [voisinage] vicinanze, dintorni m. pl. | *approches d'un port*, vicinanze, paraggi (m. pl.) d'un porto. || FIG. (l')approssimarsi.

approché, e [aprɔʃe] adj. | *connaissance approchée*, conoscenza approssimativa. | *calcul approché*, calcolo approssimato.

approcher [aprɔʃe] v. tr. [mettre près de] avvicinare, accostare, appressare, approssimare. | *approche ta chaise de la table*, avvicina la tua sedia al tavolo. ◆ v. tr. ind. **(de)** [avoir accès auprès de] PR. et FIG. avvicinare (v. tr.), avvicinarsi (a), accostarsi (a), appressarsi (a). || [être proche de] *approcher de la trentaine*, avvicinarsi ai trent'anni, essere sulla trentina. | *on approche de six heures*, siamo vicini alle sei. ◆ v. intr. [venir près] avvicinarsi, appressarsi, accostarsi, approssimarsi. || [menacer] *l'orage approche*, si avvicina il temporale. ◆ v. pr. **(de)** avvicinarsi (a), accostarsi (a), appressarsi (a), approssimarsi (a).

approfondir [aprɔfɔ̃dir] v. tr. approfondire. || FIG. approfondire, sviscerare. | *connaissance approfondie*, conoscenza approfondita.

approfondissement [aprɔfɔ̃dismɑ̃] m. approfondimento.

appropriation [aprɔprijasjɔ̃] f. [adaptation] adattamento m. || [action de s'approprier] appropriazione.

approprié, e [aprɔprije] adj. adatto, adeguato.

approprier [aprɔprije] v. tr. appropriare, adattare. ◆ v. pr. appropriarsi. | *s'approprier un héritage*, appropriarsi un'eredità.

approuver [apruve] v. tr. approvare. || JUR. approvare. | *lu et approuvé*, visto e approvato.

approvisionnement [aprɔvizjɔnmɑ̃] m. [action de pourvoir] approvvigionamento, rifornimento, vettovagliamento. || ADM. *services de l'approvisionnement*, Annona f. || [provisions] approvvigionamenti m. pl., rifornimento, provviste f. pl., vettovaglie f. pl. || IND. [stock] *les approvisionnements en matières premières*, le scorte di materie prime.

approvisionner [aprɔvizjɔne] v. tr. **(de, en)** approvvigionare, rifornire, fornire, provvedere (di). || [charger une arme] caricare. ◆ v. pr. approvvigionarsi, rifornirsi, fornirsi, provvedersi.

approximatif, ive [aprɔksimatif, iv] adj. approssimativo.

approximation [aprɔksimasjɔ̃] f. approssimazione. | *par approximation*, approssimativamente.
appui [apɥi] m. [soutien, support] appoggio, sostegno. | *point d'appui*, appiglio ; punto d'appoggio, di sostegno. | *mur d'appui*, muro di sostegno. | *l'appui de la fenêtre*, il davanzale della finestra. || MUS. *appui (vocal)*, posa f. || FIG. appoggio, aiuto. | *prêter son appui à qn*, appoggiare, aiutare qlcu. | *avec l'appui des lois*, con l'aiuto delle leggi. || MIL. *appui aérien*, appoggio aereo. || TECHN. *point d'appui d'un levier*, fulcro d'una leva. ◆ loc. prép. ***à l'appui de***, a sostegno di.
appui-bras m. (pl. **appuis-bras**) ou **appuie-bras** m. inv. [apɥibra] bracciolo.
appui-livre m. (pl. **appuis-livre**) ou **appuie-livre** m. inv. [apɥilivr] reggilibro ; reggilibri (inv.).
appui-main m. (pl. **appuis-main**) ou **appuie-main** m. inv. [apɥimɛ̃] appoggiamano (inv.).
appui-tête m. (pl. **appuis-tête**) ou **appuie-tête** m. inv. [apɥitɛt] (ap)poggiacapo, poggiacapo, appoggiatesta (inv.).
appuyer [apɥije] v. tr. **1.** [soutenir] sostenere, rinforzare, consolidare. | *appuyer un mur par des piliers*, rinforzare un muro con pilastri. | *appuyer par des étais*, puntellare. || **2.** [appliquer] appoggiare ; poggiare (littér.). | *appuyer une échelle au mur, contre le mur*, appoggiare una scala al muro. || **3.** [faire peser sur] premere con. | *appuyer le pied sur l'accélérateur*, premere l'acceleratore col piede. | *appuyer le doigt sur la gâchette*, premere il grilletto col dito. || **4.** FIG. [aider] appoggiare, sostenere, spalleggiare, aiutare. | *appuyer un candidat, une proposition*, appoggiare un candidato, una proposta. || [confirmer, renforcer] confermare, convalidare, rafforzare. | *les derniers événements ont appuyé ma thèse, mon opinion*, gli ultimi avvenimenti hanno confermato, rafforzato la mia tesi, la mia opinione. | *appuyer une théorie sur*, basare, fondare una teoria su. || **5.** MIL. [soutenir] sostenere. ◆ v. tr. ind. **(sur)** [être soutenu par, reposer sur] poggiare (su). | *la voûte appuie sur les piliers*, la volta poggia sui pilastri. || [presser] premere, pigiare, calcare. | *appuyer fort sur le bouton*, premere forte il pulsante. | *appuyer sur les pédales*, premere, pigiare i, sui pedali. | *appuyer sur la détente*, far scattare il grilletto. || [se porter vers] poggiare, spostarsi. | *appuyer sur la droite*, poggiare a destra. || FIG. [insister sur] insistere su, sottolineare. | *il appuya sur ce mot*, insistette su, calcò la voce su questa parola ; diede particolar rilievo a questa parola. | *appuyer sur une syllabe*, insistere su, calcare la voce su una sillaba. ◆ v. pr. appoggiarsi. | *s'appuyer à, contre un mur*, appoggiarsi a un muro. | *s'appuyer sur le bras de qn*, appoggiarsi sul braccio di qlcu. || [utiliser ; se fonder sur] fondarsi, basarsi. | *s'appuyer sur un texte*, fondarsi su un testo. || POP. *s'appuyer tout le travail*, addossarsi tutto il lavoro (L.C.). | *s'appuyer tous les frais*, accollarsi tutte le spese.
âpre [ɑpr] adj. [goût] aspro, acerbo, agro. || [toucher] aspro, ruvido. || FIG. *ton âpre*, tono aspro. | *caractère âpre*, carattere aspro, ruvido, duro. | *lutte âpre*, lotta aspra, violenta. | *froid âpre*, freddo rigido, crudo, pungente. || [avide] *âpre au gain*, avido di guadagno.
après [aprɛ] prép. **1.** [temps] dopo. | *après moi d'autres viendront*, dopo di me altri verranno. | *après examen du problème*, dopo aver studiato il problema ; previo esame del problema. | *après accord*, dopo accordo, in seguito ad accordo, previo accordo. | *après quoi*, dopo di che ; poi, quindi. | *après avis de*, dopo aver sentito il parere di. | *après souper*, dopo cena. || [avec inf.] *après avoir pardonné, il me serra la main*, dopo aver perdonato mi strinse la mano. | *après avoir fini son travail*, finito il lavoro. | *après avoir ôté sa veste*, toltasi la giacca. || **2.** [espace] dietro, dopo. | *première rue après l'église*, prima strada dopo la chiesa. | *entrer après qn*, entrar dietro qlcu. | *après vous !*, prima Lei ! | *l'un après l'autre*, uno dietro, dopo l'altro. || [à la poursuite de] dietro. | *courir après qn*, correre dietro qlcu. || FIG. *courir après l'argent*, essere avido di denaro. || **3.** FAM. [contre] contro ; addosso (a) [L.C.]. | *aboyer après qn*, abbaiare contro qlcu. || *crier après qn*, gridare contro qlcu., addosso a qlcu. || **4.** LOC. FAM. *attendre, chercher, demander après qn*, aspettare, cercare, domandare qlcu. (L.C.). | *être après qn*, star alle calcagna di qlcu. (L.C.). | *être après qch., après un travail*, star facendo qlco., un lavoro (L.C.). | *il y a du sang après ma veste*, c'è sangue sopra la mia giacca (L.C.). ◆ loc. prép. ***d'après*** [à l'imitation de] da. | *portrait d'après nature*, ritratto dal vero. || [selon] secondo ; stando a, in base a, sulla scorta di. | *d'après moi*, secondo me, a mio parere. | *d'après la loi*, secondo la legge. | *d'après ses dires*, a quanto dice. ◆ adv. [temps] dopo, appresso, poi. | *vingt ans après*, vent'anni dopo. | *peu après*, poco dopo, poco appresso. | *le jour (d') après*, il giorno dopo, il giorno seguente, l'indomani. | *nous en reparlerons après*, ne riparleremo dopo, poi ne riparleremo. || [lieu] dietro. | *lui devant, moi après*, lui davanti ed io dietro. || [interrogation] *tu as déchiré la lettre ! — et (puis) après ?*, hai stracciato la lettera ! — e poi ?, e con ciò ? ◆ loc. adv. ***après tout***, dopo tutto, in fin dei conti, tutto sommato, insomma, alla fin fine. || ***après coup***, a cose fatte, a fatti compiuti. ◆ loc. conj. ***après que***, dopo che. | *après que le train fut parti*, dopo che il treno fu partito.
après-bourse [aprɛburs] m. inv. et adj. inv. FIN. doposborsa.
après-demain [aprɛdmɛ̃] adv. dopodomani ; domani l'altro.
après-dîner [aprɛdine] m. (pl. **après-dîners**) dopocena (inv.).
après-guerre [aprɛgɛr] m. ou f. (pl. **après-guerres**) dopoguerra m. inv.
après-midi [aprɛmidi] m. inv. pomeriggio m., dopopranzo m.
âpreté [ɑprəte] f. [goût] asprezza, agrezza, acredine. || [toucher] ruvidezza, asprezza, scabrosità. || FIG. asprezza, acredine. || [rigueur] rigidezza, durezza, rigore m., crudezza. | *âpreté du climat*, rigidezza, rigore del clima. || [avidité] avidità.
a priori [apriɔri] loc. adv. (lat.) a priori. ◆ loc. adj. inv. aprioristico (adj.). ◆ n. m. inv. giudizio aprioristico ; apriori.
apriorisme [apriɔrism] m. apriorismo.
à-propos [aprɔpo] m. inv. opportunità f., convenienza f. | *répondre avec à-propos*, rispondere a proposito, a tono. | *esprit d'à-propos*, prontezza di spirito. || THÉÂTRE breve commedia ; componimento di circostanza, d'occasione.
apte [apt] adj. atto, idoneo, adatto, adeguato. || MIL. abile, idoneo.
aptère [aptɛr] adj. attero, aptero.
aptitude [aptityd] f. attitudine, capacità, disposizione.
apurement [apyrmɑ̃] m. verifica f.
apurer [apyre] v. tr. verificare, appurare, accertare.
aquaplane [akwaplan] m. SPORT acquaplano.
aquarelle [akwarɛl] f. acquerello m., acquarello m.
aquarelliste [akwarɛlist] n. acquerellista, acquarellista.
aquarium [akwariɔm] m. acquario.
aquatinte [akwatɛ̃t] f. ART acquatinta.
aquatique [akwatik] adj. acquatico.
aqueduc [akdyk] m. acquedotto.
aqueux, euse [akø, øz] adj. [de la nature de l'eau] acqueo. || ANAT. *humeur aqueuse*, umore acqueo. || [qui contient de l'eau] acquoso.
aquifère [akɥifɛr] adj. acquifero.
aquilin, e [akilɛ̃, in] adj. aquilino.
aquilon [akilɔ̃] m. aquilone.
arabe [arab] adj. arabo, arabico. | *cheval arabe*, cavallo arabo. | *chiffres arabes*, cifre arabiche. ◆ n. arabo.
arabesque [arabɛsk] f. arabesco m., rabesco m.
arabique [arabik] adj. arabico. | *gomme arabique*, gomma arabica.
arabisant, e [arabizɑ̃, ɑ̃t] n. arabista.
arable [arabl] adj. arabile.
arachide [araʃid] f. BOT. arachide. | *huile d'arachide*, olio di arachidi.

arachnéen, enne [arakneɛ̃, ɛn] adj. (littér.) aracneo. || FIG. leggerissimo, sottilissimo. | *gaze arachnéenne*, garza leggerissima, tela di ragno.
arachnoïde [araknɔid] f. ANAT. aracnoide.
araignée [areɲe] f. ZOOL. ragno m. | *toile d'araignée*, ragnatela ; ragna (littér.). | *araignée de mer*, granceola, grancevola. || [crochet] uncino m. || [filet] ragna. || FAM. *il a une araignée dans le plafond*, gli manca qualche venerdì.
araire [arɛr] m. aratro senza avantreno.
araméen, enne [arameɛ̃, ɛn] adj. aramaico. ◆ n. arameo. ◆ m. [langue] aramaico.
araser [araze] v. tr. livellare ; mettere a livello. || GÉOL. erodere.
aratoire [aratwar] adj. (che serve) per l'aratura ; agricolo.
arbalète [arbalɛt] f. balestra.
arbalétrier [arbaletrije] m. balestriere. || ZOOL. rondone. || ARCHIT. trave maestra.
arbitrage [arbitraʒ] m. JUR. arbitrato, lodo. || SPORT arbitraggio. || [Bourse] arbitraggio.
arbitraire [arbitrɛr] adj. arbitrario. | *acte arbitraire*, atto arbitrario ; arbitrio m. ◆ n. m. arbitrio.
arbitral, e, aux [arbitral, o] adj. arbitrale.
1. arbitre [arbitr] m. PHILOS. *libre, serf arbitre*, libero, servo arbitrio.
2. arbitre m. JUR., SPORT arbitro. || SPORT *arbitre de touche*, guardalinee, segnalinee (inv.). || FIG. *arbitre de la mode*, arbitro della moda ; arbiter elegantiarum (lat.).
arbitrer [arbitre] v. tr. arbitrare.
arborer [arbɔre] v. tr. [drapeau] inalberare, issare, innalzare. || FIG. *arborer l'étendard de la révolte*, inalberare, issare l'insegna, lo stendardo della rivolta. || [montrer ostensiblement] ostentare, sfoggiare, sbandierare. | *arborer un sourire*, sfoggiare un bel sorriso.
arborescent, e [arbɔrɛsɑ̃, ɑ̃t] adj. arborescente.
arboriculteur [arbɔrikyltœr] m. arboricoltore.
arboriculture [arbɔrikyltyr] f. arboricoltura.
arbouse [arbuz] f. BOT. corbezzola.
arbousier [arbuzje] m. BOT. corbezzolo, albatrello.
arbre [arbr] m. albero, pianta f. | *arbre fruitier*, albero da frutto, albero fruttifero. | *arbre de Noël*, albero di Natale. | *arbre à pain*, albero del pane. || LOC. *les arbres cachent la forêt* = i particolari impediscono di vedere il tutto. || FIG. *arbre généalogique*, albero genealogico. || ANAT. *arbre de vie*, albero della vita. || MÉC. *arbre à cames, coudé, moteur*, albero a camme, a gomito, motore.
arbrisseau [arbriso] m. arbusto, frutice.
arbuste [arbyst] m. arbusto, frutice.
arc [ark] m. [arme] arco. | *tirer à l'arc*, tirare con l'arco. || FIG. *avoir plus d'une corde à son arc*, avere diverse frecce al proprio arco, avere parecchie carte in mano. || ANAT. arco. || ARCHIT., GÉOM. arco. | *arc de triomphe*, arco trionfale. | *en arc*, ad arco. || ÉLECTR. arco. | *soudure à l'arc*, saldatura elettrica.
1. arcade [arkad] f. ARCHIT. [ouverture] arcata, arco m. || [galerie] arcata, portico m., porticato m. | *se promener sous les arcades*, passeggiare sotto i portici. | *arcades de verdure*, archi di verzura. || ANAT. arcata. | *arcade dentaire, orbitaire*, arcata dentaria, orbitale. | *arcade sourcilière*, arco sopracciliare.
2. arcade m. [membre de l'Académie romaine de l'Arcadia] arcade.
arcadien, enne [arkadjɛ̃, ɛn] adj. arcadico, arcade. ◆ n. arcade. ◆ m. [langue] arcadico.
arcane [arkan] m. arcano, enigma, mistero.
arcature [arkatyr] f. ARCHIT. arcatella.
arc-boutant [arkbutɑ̃] m. ARCHIT. arco rampante, arco a collo d'oca.
arc-bouter [arkbute] v. tr. | *arc-bouter une voûte*, rinforzare una volta con archi rampanti. ◆ v. pr. poggiare, inarcarsi, puntare.
arc-doubleau [arkdublo] m. ARCHIT. arco doppio.
arceau [arso] m. ARCHIT. arcata f. ; [au-dessus d'une porte ou d'une fenêtre] lunetta f. || [petit arc] archetto.
arc-en-ciel [arkɑ̃sjɛl] m. arcobaleno, iride f. ◆ adj. SPORT *le maillot arc-en-ciel*, la maglia iridata.
archaïque [arkaik] adj. arcaico.
archaïsant, e [arkaizɑ̃, ɑ̃t] adj. et n. m. arcaizzante, arcaicizzante.
archaïsme [arkaism] m. arcaismo.
archal [arʃal] m. *fil d'archal*, filo di ottone.
archange [arkɑ̃ʒ] m. arcangelo.
1. arche [arʃ] f. ARCHIT. arco m.
2. arche f. RELIG. arca. | *arche d'alliance, de Noé*, arca dell'alleanza, di Noè.
archéologie [arkeɔlɔʒi] f. archeologia.
archéologique [arkeɔlɔʒik] adj. archeologico.
archéologue [arkeɔlɔg] n. archeologo, archeologa.
archer [arʃe] m. arciere.
archère f. V. ARCHIÈRE.
archet [arʃɛ] m. MUS. archetto, arco. | *avoir un bon coup d'archet*, avere una buona arcata.
archétype [arketip] m. BIOL., PHILOL., PHILOS. archetipo.
archevêché [arʃəvɛʃe] m. arcivescovado, arcivescovato.
archevêque [arʃəvɛ̃k] m. arcivescovo.
archibondé, e [arʃibɔ̃de] adj. FAM. pieno zeppo ; affollatissimo, stipato (L.C.).
archicomble [arʃikɔ̃bl] adj. FAM. [choses] ricolmo, stracolmo. || [personnes] pieno zeppo ; affollatissimo, stipato (L.C.).
archiconfrérie [arʃikɔ̃freri] f. arciconfraternita.
archidiaconat [arʃidjakɔna] m. arcidiaconato.
archidiaconé [arʃidjakɔne] m. = territorio soggetto alla giurisdizione di un arcidiacono.
archidiacre [arʃidjakr] m. arcidiacono.
archidiocèse [arʃidjɔsɛz] m. arc(h)idiocesi f.
archiduc [arʃidyk] m. arciduca.
archiduché [arʃidyʃe] m. arciducato.
archiduchesse [arʃidyʃɛs] f. arciduchessa.
archiépiscopal, e, aux [arʃiepiskɔpal, o] adj. arcivescovile.
archiépiscopat [arʃiepiskɔpa] m. arcivescovado, arcivescovato.
archière [arʃjɛr] ou **archère** [arʃɛr] f. HIST. arciera, feritoia.
archifaux, fausse [arʃifo, fos] adj. FAM. arcifalso.
archifou, folle [arʃifu, fɔl] adj. FAM. matto da legare.
archimandrite [arʃimɑ̃drit] m. archimandrita.
archimillionnaire [arʃimiljɔnɛr] adj. et n. FAM. multimilionario.
archipel [arʃipɛl] m. arcipelago.
archiprêtre [arʃiprɛtr] m. arciprete.
architecte [arʃitɛkt] m. architetto.
architectonique [arʃitɛktɔnik] adj. architettonico. ◆ n. f. architettura, edilizia.
architectural, e, aux [arʃitɛktyral, o] adj. architettonico.
architecture [arʃitɛktyr] f. architettura. || FIG. architettura, struttura.
architrave [arʃitrav] f. ARCHIT. architrave m.
archiver [arʃive] v. tr. archiviare.
archives [arʃiv] f. pl. [documents] atti m. pl., documenti m. pl., memorie. | *pièces d'archives*, documenti d'archivio. || [lieu] archivio m. || *Archives nationales*, Archivio di Stato.
archiviste [arʃivist] n. archivista.
archivolte [arʃivɔlt] f. ARCHIT. archivolto m.
archonte [arkɔ̃t] m. HIST. arconte.
arçon [arsɔ̃] m. arcione. | *être ferme sur ses arçons*, stare ben saldo in sella. | *vider les arçons*, vuotar l'arcione, perdere le staffe.
arctique [arktik] adj. artico.
ardent, e [ardɑ̃, ɑ̃t] adj. **1.** [qui brûle] ardente. || RELIG. *buisson ardent*, roveto ardente. || FIG. *soif ardente*, arsura f. | *être sur des charbons ardents*, stare sui carboni accesi ; essere, stare sulle spine. || **2.** [qui chauffe fortement] ardente, scottante, cocente, infocato, rovente. || **3.** FIG. ardente, violento, veemente, appassionato. | *désir ardent*, desiderio ardente ; brama f., bramosia f. | *foi ardente*, fede ardente, fervida. || **4.** [plein d'ardeur] ardente, focoso, impetuoso, irruente. | *cheval ardent*, cavallo focoso, impetuoso. | *enfant ardent au travail*, ragazzo accanito al lavoro. || **5.** [tirant sur le roux] acceso, rosseggiante. ||

RELIG. *chapelle ardente*, cappella, camera ardente. ◆ n. m. pl. *le mal des ardents*, il fuoco di Sant'Antonio.
ardeur [ardœr] f. [chaleur] ardore m. | *l'ardeur du soleil*, l'ardore del sole. || [brûlure] *ardeur de la soif*, arsura. || [fougue] ardore. | *un cheval plein d'ardeur*, un cavallo pieno d'ardore, focoso. | *donner de l'ardeur*, dar vigore, coraggio. || [zèle] *redoubler d'ardeur au travail*, lavorare con rinnovato, raddoppiato ardore. || [impétuosité] *dans l'ardeur du combat*, nell'impeto del combattimento. || [passion] ardore, passione, fervore m. | *désirer avec ardeur*, desiderare ardentemente ; bramare. | *prier avec ardeur*, pregare con fervore. | *ardeur de posséder*, brama di possedere.
ardillon [ardijɔ̃] m. ardiglione, puntale (della fibbia).
ardoise [ardwaz] f. [roche] ardesia, lavagna. || [pour écrire] lavagna. || POP. *avoir une ardoise chez l'épicier*, piantar chiodi dal droghiere (fam.).
ardoisier [ardwazje] m. cavatore di ardesia, di lavagna.
ardoisière [ardwazjɛr] f. cava di ardesia, di lavagna.
ardu, e [ardy] adj. [escarpé] (rare) arduo ; ripido (L.C.). || FIG. [difficile] arduo, difficile, penoso.
are [ar] m. ara f.
arène [arɛn] f. GÉOL. [sable] arena, rena, sabbia. || [centre de l'amphithéâtre] arena. || FIG. *descendre dans l'arène littéraire, politique*, scendere nell'arena letteraria, politica. ◆ pl. [amphithéâtre romain] anfiteatro m., arena. | *arènes de Nîmes*, anfiteatro di Nîmes. | *arènes de Vérone*, arena di Verona. || [course de taureaux] arena.
aréneux, euse [arenø, øz] adj. arenoso, sabbioso.
aréole [areɔl] f. ANAT. areola.
aréomètre [areɔmɛtr] m. areometro.
aréopage [areɔpaʒ] m. PR. et FIG. areopago.
arête [arɛt] f. [de poisson] lisca, spina. | *la grande arête*, la spina dorsale, la lisca. || [ligne saillante] *l'arête du toit*, il colmo ; il comignolo (tosc.). | *l'arête du nez*, il dorso del naso. || [saillie anguleuse] spigolo m., angolo m., canto m. | *arête vive*, angolo vivo ; spigolo. | *émousser les arêtes*, smussare gli spigoli. || ARCHIT. *voûte d'arête*, volta a crociera ; crociera. || BOT. [barbe] resta, arista. || GÉOGR. crinale m. || MATH. spigolo.
argent [arʒɑ̃] m. [métal] argento. | *d'argent*, d'argento ; argenteo (adj.). || [monnaie] denaro, danaro, moneta f. ; quattrini m. pl., soldi m. pl. (fam.). | *payer en argent comptant*, pagare in denaro, in moneta contante, a pronti contanti, a pronti, a pronta cassa. | *argent de poche* = denaro per le minute spese. | *être à court d'argent*, essere a corto di quattrini. | *perdre son temps et son argent*, buttar via tempo e quattrini. | *jeter l'argent par les fenêtres*, buttare i soldi dalla finestra. | *l'argent lui fond dans les mains*, ha le mani bucate. || FAM. *faire de l'argent*, far quattrini. || *en avoir pour son argent*, non rimetterci (pr.) ; essere ripagato ad usura (fig.). || PR. et FIG. *en être pour son argent*, rimetterci del suo. | *faire argent de tout*, ricavar denaro da tutto. | *prendre pour argent comptant*, prendere per oro colato. || PROV. *l'argent ne fait pas le bonheur*, il denaro non è tutto. | *point d'argent, point de Suisse* = perché vada il carro, bisogna ungere le ruote ; per niente il prete non canta.
argenté, e [arʒɑ̃te] adj. [recouvert d'argent] argentato, inargentato. || FIG. [qui a la couleur de l'argent] argenteo, argentato, inargentato. | *les flots argentés*, le onde argentee. | *renard argenté*, volpe argentata. || FAM. [riche] danaroso (L.C.).
argenter [arʒɑ̃te] v. tr. PR. et FIG. argentare, inargentare. || POÉS. *la lune argentait les flots*, la luna inargentava le onde.
argenterie [arʒɑ̃tri] f. argenteria.
argenteur [arʒɑ̃tœr] m. argentatore.
argentier [arʒɑ̃tje] m. [meuble] = credenza (f.) in cui si ripone l'argenteria. || HIST. soprintendente alle Finanze. || FAM. *grand argentier*, ministro delle Finanze (L.C.).
argentifère [arʒɑ̃tifɛr] adj. argentifero.
argentin, e [arʒɑ̃tɛ̃, in] adj. et n. argentino.
argenture [arʒɑ̃tyr] f. argentatura.
argien, enne [arʒjɛ̃, ɛn] adj. et n. argivo.
argile [arʒil] f. argilla, creta. | *argile blanche*, argilla bianca ; caolino m. || FIG. *colosse aux pieds d'argile*, colosso dai piedi d'argilla, di creta.
argileux, euse [arʒilø, øz] adj. argilloso.
argon [argɔ̃] m. CHIM. argo, argon.
argonaute [argɔnot] m. MYTH., ZOOL. argonauta.
argot [argo] m. [langue verte] gergo. || [langage particulier] gergo, parlata f. | *argot scolaire*, gergo studentesco.
argotique [argɔtik] adj. gergale.
argousin [arguzɛ̃] m. HIST. aguzzino. || PÉJOR. [agent de police] (s)birro.
arguer [argɥe] v. tr. [déduire] dedurre. ◆ v. tr. ind. [prétexter] *arguer de qch.*, prendere qlco. a pretesto.
argument [argymɑ̃] m. [preuve] argomento, prova f. | *tirer argument d'un fait*, trarre argomento da un fatto. || [sommaire] argomento, sommario, tema.
argumentation [argymɑ̃tasjɔ̃] f. argomentazione.
argumenter [argymɑ̃te] v. intr. argomentare.
argus [argys] m. uomo perspicace. || [espion] informatore; spia f. || [journal] *l'argus de la presse*, l'eco della stampa. || ZOOL. [oiseau] argo.
argutie [argysi] f. sottigliezza, cavillo m.
1. aria [arja] m. FAM. seccatura f., grana f.
2. aria f. MUS. aria.
arianisme [arjanism] m. RELIG. arianesimo.
aride [arid] adj. PR. et FIG. arido.
aridité [aridite] f. PR. et FIG. aridità.
arien, enne [arjɛ̃, ɛn] adj. et n. RELIG. ariano.
ariette [arjɛt] f. MUS. arietta.
arioso [arjozo] m. MUS. arioso.
aristocrate [aristɔkrat] n., POP., PÉJOR. **aristo** [aristo] m. PR. aristocratico. || FIG. signore, signora.
aristocratie [aristɔkrasi] f. aristocrazia. || FIG. aristocrazia, fior fiore (m.) ; crema (pop.).
aristocratique [aristɔkratik] adj. aristocratico, signorile.
aristoloche [aristɔlɔʃ] f. BOT. aristolochia.
aristotélicien, enne [aristɔtelisjɛ̃, ɛn] adj. et n. aristotelico.
aristotélisme [aristɔtelism] m. PHILOS. aristotelismo.
arithméticien, enne [aritmetisjɛ̃, ɛn] n. aritmetico.
arithmétique [aritmetik] adj. aritmetico. ◆ n. f. aritmetica.
arlequin [arləkɛ̃] THÉÂTRE arlecchino. || FIG. arlecchino, buffone.
arlequinade [arləkinad] f. arlecchinata, buffonata.
armateur [armatœr] m. armatore.
armature [armatyr] f. armatura. || FIG. struttura.
arme [arm] f. **1.** [objet] arma. | *arme blanche, à feu*, arma bianca, da fuoco. | *un homme en armes*, un uomo armato. | *arme sur l'épaule !*, spallarm ! | *présentez armes !*, presentat'arm ! | *reposez armes !*, piedarm ! || **2.** FIG. arma. | *l'arme de la calomnie*, l'arma della calunnia. | *arme à double tranchant*, V. TRANCHANT. || **3.** LOC. *passer par les armes*, passare per le armi. | *être sous les armes, en armes*, essere armato. || PR. et FIG. *avec armes et bagages*, con armi e bagagli. | *en être à ses premières armes*, essere alle prime armi. || FAM. *passer l'arme à gauche*, tirare le cuoia (pop.) ; tirare il calzino (arg.). || **4.** [élément de l'armée] arma. ◆ pl. **1.** [métier, activité militaire] armi f. pl. | *suspension d'armes*, armistizio m. | *place d'armes*, piazza d'armi. || **2.** [escrime] scherma f. | *maître, salle d'armes*, maestro, sala di scherma. | *faire des armes*, tirare di scherma. | *passe d'armes*, schermaglia f. || **3.** [armoiries] arme f. sing., armi f. pl., stemma m.
armé, e [arme] adj. PR. et FIG. armato. || TECHN. *béton, ciment armé*, cemento armato. | *plastique armé*, plastica armata.
armée [arme] f. [forces militaires] esercito m. | *armée de métier*, esercito professionale, stabile. | *armée active*, forze effettive. | *armée permanente*, esercito stanziale. || [partie des forces armées] armata, arma. | *armée de l'air*, armata, arma aerea. | *armée de mer*, marina militare, armata navale. | *corps d'armée*, corpo d'armata. || FIG. [foule] *une armée de serviteurs*,

d'admirateurs, de créanciers, un esercito di ammiratori, di servitori, di creditori. ‖ *l'Armée du Salut*, l'Esercito della Salvezza. ‖ RELIG. *l'armée du Christ*, l'esercito di Cristo.

armement [arməmɑ̃] m. armamento. | *usine d'armement*, fabbrica d'armi. ‖ MAR. armamento. | *l'armement français*, il settore armatoriale francese. ‖ [équipage] armamento, equipaggio.

arménien, enne [armenjɛ̃, ɛn] adj. et n. armeno.

armer [arme] v. tr. **1.** armare. ‖ [charger] *armer un pistolet*, armare una pistola. ‖ [mobiliser] armare, mobilitare. ‖ HIST. *armer (un) chevalier*, armare (un) cavaliere. ‖ **2.** [munir] armare, fornire, dotare. | *armer le gouvernement de pouvoirs exceptionnels*, fornire, dotare il governo di poteri eccezionali. | *armer qn contre le froid*, premunire qlcu. contro il freddo. ‖ **3.** MAR. armare. ‖ **4.** MUS. *armer la clef*, armare la chiave. ‖ **5.** TECHN. armare, consolidare, rinforzare. ◆ v. intr. [se préparer à la guerre] armare. ◆ v. pr. PR. armarsi; prendere le armi. ‖ FIG. armarsi.

armillaire [armilɛr] adj. armillare.

armistice [armistis] m. armistizio.

armoire [armwar] f. armadio m. | *armoire à glace*, armadio a specchio. ‖ FIG., POP. *armoire à glace*, marcantonio m., pezzo d'uomo (fam.); colosso (L.C.).

armoiries [armwari] f. pl. stemma gentilizio; arme f. sing., scudo m., blasone m.

armoise [armwaz] f. BOT. artemisia.

armorial, e, aux [armɔrjal, o] adj. araldico. ◆ n. m. armerista m.

armorier [armɔrje] v. tr. = dipingere uno stemma gentilizio (su).

armure [armyr] f. HIST. armatura. ‖ FIG. difesa, protezione. ‖ TEXT. armatura.

armurerie [armyr(ə)ri] f. [fabrication] fabbricazione delle armi. ‖ [atelier] fabbrica d'armi. ‖ [magasin] bottega di armaiolo. ‖ [collection] armeria. ‖ MIL. armeria.

armurier [armyrje] m. [fabricant, marchand d'armes] armaiolo, armiere. ‖ MIL. armiere.

arnica [arnika] f. BOT. arnica.

aromate [arɔmat] m. aroma.

aromatique [arɔmatik] adj. aromatico.

aromatiser [arɔmatize] v. tr. aromatizzare.

arôme [arom] m. aroma.

aronde [arɔ̃d] f. ZOOL., VX rondine (L.C.). ‖ TECHN. *assemblage à queue d'aronde*, incastro a coda di rondine.

arpège [arpɛʒ] m. MUS. arpeggio.

arpéger [arpeʒe] v. intr. MUS. arpeggiare.

arpent [arpɑ̃] m. [mesure agraire] arpento. ‖ [lopin] *un arpent de terre*, un pezzetto di terra, un campicello, un appezzamento.

arpentage [arpɑ̃taʒ] m. agrimensura f.

arpenter [arpɑ̃te] v. tr. misurare. ‖ FIG., FAM. [parcourir] misurare a grandi passi; percorrere in su e in giù.

arpenteur [arpɑ̃tœr] m. agrimensore, geometra. | *chaîne d'arpenteur*, decametro m.

arpète [arpɛt] n. POP. apprendista (L.C.).

arqué, e [arke] adj. arcuato. | *nez arqué*, naso aquilino.

arquebusade [arkəbyzad] f. archibugiata.

arquebuse [arkəbyz] f. archibugio m.

arquebusier [arkəbyzje] m. archibugiere.

arquer [arke] v. tr. [courber] arcuare, inarcare, piegare ad arco, curvare. ◆ v. intr. [fléchir, se courber] inarcarsi, piegarsi.

arrachage [araʃaʒ] m. sradicamento, estirpazione f. | *l'arrachage des betteraves*, la raccolta delle barbabietole.

arraché [araʃe] m. [haltérophilie] strappo. ◆ loc. adv. FAM. ***à l'arraché***, di misura. | *remporter une victoire à l'arraché*, strappare una vittoria di misura.

arrache-clou [araʃklu] m. (pl. **arrache-clous**) cacciachiodo; cacciachiodi (inv.).

arrachement [araʃmɑ̃] m. sradicamento, estirpazione f. ‖ FIG. strazio, tormento. | *l'arrachement des adieux*, lo strazio degli addii. ‖ ARCHIT. ammorsatura f., morsa f.

arrache-pied (d') [daraʃpje] loc. adv. di lena, con impegno, a tutto spiano.

arracher [araʃe] v. tr. **1.** [enlever de terre] strappare, sradicare, estirpare, cavare; svellere, divellere (littér.). | *arracher les mauvaises herbes*, strappare, estirpare le erbacce. | *arracher un arbre*, sradicare un albero. | *arracher les pommes de terre*, raccogliere le patate. ‖ **2.** [enlever avec effort, avec violence] strappare, cavare, estirpare. | *arracher les cheveux*, strappare i capelli. | *arracher une dent*, cavare, estirpare un dente. | *on lui arracha son arme*, gli strapparono l'arma. | *arracher qn du lit*, tirar uno fuori dal letto. ‖ FIG., FAM. *arracher les yeux à qn*, saltare addosso a qlcu. | *arracher une épine du pied de qn*, levar una spina dal cuore a qlcu. ‖ SPORT *arracher un haltère*, sollevare un manubrio. ‖ **3.** [déchirer] strappare, stracciare, lacerare. | *arracher une affiche*, strappare un manifesto. ‖ FAM. *le chat lui arracha la joue*, il gatto gli lacerò la guancia (L.C.). ‖ **4.** FIG. [obtenir] strappare. | *arracher des aveux, une promesse*, strappare una confessione, una promessa. | *arracher de l'argent à qn*, strappare, cavar denari a qlcu. | *arracher des larmes*, strappare le lacrime. ‖ **5.** [soustraire] strappare, sottrarre. | *arracher qn à la mort*, strappare qlcu. alla morte. | *arracher qn à l'influence d'un autre*, sottrarre qlcu. all'influenza d'un altro. ◆ v. pr. [se détacher] staccarsi, svincolarsi. | *s'arracher d'un lieu*, staccarsi da un luogo. | *s'arracher au sommeil*, balzare dal sonno. ‖ FIG., FAM. [se disputer qn ou qch.] disputarsi, contendersi (L.C.). | *on se l'arrache* : [une personne] tutti se lo contendono, se lo disputano; [une chose] (questa cosa) va a ruba. | *s'arracher les cheveux*, strapparsi i capelli.

arracheur [araʃœr] m. PÉJOR. *arracheur de dents*, cavadenti (inv.). ‖ FAM. *mentir comme un arracheur de dents*, mentire spudoratamente (L.C.).

arraisonnement [arɛzɔnmɑ̃] m. AÉR., MAR. fermo.

arraisonner [arɛzɔne] v. tr. AÉR., MAR. fermare.

arrangeable [arɑ̃ʒabl] adj. aggiustabile, accomodabile.

arrangeant, e [arɑ̃ʒɑ̃, ɑ̃t] adj. conciliante, arrendevole, accomodante.

arrangement [arɑ̃ʒmɑ̃] m. [action de disposer] assetto, assestamento, ordinamento, sistemazione f. ‖ [accord] accordo, accomodamento, composizione f. | *conclure un arrangement*, concludere un accordo. ‖ MUS. arrangiamento (néol.); riduzione f.

arranger [arɑ̃ʒe] v. tr. **1.** [disposer, mettre en ordre] assettare, assestare, ordinare, sistemare. | *arranger ses cheveux*, aggiustarsi, ravviarsi i capelli. ‖ **2.** [réparer] riparare, accomodare, aggiustare, raccomodare. | *arranger une montre, un moteur*, riparare, aggiustare un orologio, un motore. | *arranger un vêtement*, aggiustare, accomodare un vestito. ‖ **3.** [adapter] arrangiare, ridurre. | *arranger une chanson*, arrangiare una canzonetta. | *arranger une comédie pour la radio*, ridurre una commedia per la radio. ‖ **4.** [terminer à l'amiable] accomodare, appianare, comporre. | *arranger un différend*, accomodare, comporre una lite. ‖ **5.** [organiser] combinare. | *arranger une entrevue, un mariage*, combinare un incontro, un matrimonio. ‖ **6.** FAM. [maltraiter] aggiustare, conciare. | *arranger qn*, aggiustare, conciare uno per le feste. ‖ **7.** [convenir] convenire, far comodo. | *cela m'arrange*, (ciò) mi fa comodo. ◆ v. pr. **1.** [se mettre en ordre] ordinarsi, assettarsi. | *ses idées s'arrangent peu à peu dans sa tête*, le idee gli si ordinano a poco a poco nella testa. ‖ **2.** [se remettre en ordre, en état] raccomodarsi, aggiustarsi. ‖ [ajuster sa coiffure, sa toilette] acconciarsi, racconciarsi, ravviarsi, assettarsi. | *elle est allée s'arranger*, è andata a ravviarsi. ‖ **3.** FAM. [embellir] farsi bello, bella. | *elle ne s'est pas arrangée*, si è fatta brutta. ‖ [s'améliorer] migliorare. | *la situation ne s'est pas arrangée*, la situazione non è migliorata. | *cela s'arrangera*, andrà meglio, s'accomoderà ogni cosa. ‖ **4.** [s'installer] accomodarsi. | *s'arranger dans un fauteuil*, accomodarsi in una poltrona. ‖ **5.** [prendre ses dispositions] *s'arranger pour, en vue de*, fare in modo da, procurare di, far tanto che. | *s'arranger pour* *venir de bonne heure*, fare in modo da venir presto. || PAR EXT. [se débrouiller] arrangiarsi. | *arrangez-vous !*, si arrangi ! || **6.** [se mettre d'accord] accomodarsi, aggiustarsi, arrangiarsi. | *pour le prix, nous nous arrangerons*, sul prezzo ci accomoderemo, ci aggiusteremo. | *arrangez-vous entre vous !*, arrangiatevi fra di voi ! || **7.** [se contenter] adattarsi, accontentarsi, appagarsi, contentarsi. | *il s'arrange de tout*, si adatta a tutto. | *s'en arranger*, accontentarsene, rassegnarcisi.

arrangeur [arɑ̃ʒœr] m. accomodatore, adattatore.

arrérages [areraʒ] m. pl. arretrati.

arrestation [arɛstasjɔ̃] f. arresto m., cattura, fermo m. | *mettre en état d'arrestation*, mettere, trarre in arresto ; mettere in stato di fermo.

arrêt [arɛ] m. **1.** [action d'arrêter, de s'arrêter] arresto, fermata f. | *temps d'arrêt*, battuta d'arresto. | *arrêt de travail :* [grève] sciopero ; [pour maladie] interruzione (f.) del lavoro. | *arrêt de la circulation*, arresto, incaglio del traffico. | *arrêt des hostilités*, cessazione (f.) delle ostilità. | *arrêt de la production, des affaires*, ristagno, stasi (f.) della produzione, degli affari. | *arrêt des paiements*, sospensione (f.), interruzione (f.) dei pagamenti. || [chasse] ferma f. | *chien d'arrêt*, cane da ferma. | *être, se mettre, tomber en arrêt*, stare, mettersi in punta, in ferma. | *tenir le gibier en arrêt*, puntare la selvaggina. || FIG. *tomber en arrêt devant qch.*, fermarsi incuriosito davanti a qlco. | *la lance en arrêt*, con la lancia in resta. || TECHN. *dispositif, levier, vis d'arrêt*, dispositivo, leva, vite d'arresto. | *couteau à cran d'arrêt*, coltello a serramanico. || **2.** [point d'arrêt] fermata. | *arrêt facultatif*, fermata facoltativa, fermata a richiesta. || **3.** [interruption, repos] sosta f., pausa f., intervallo, riposo, tregua f. | *sans arrêt*, senza sosta, ininterrottamente, senza tregua. || **4.** JUR. [arrestation] arresto. | *mandat d'arrêt*, mandato d'arresto, di cattura. | *maison d'arrêt*, carcere giudiziario, preventivo. || [jugement] sentenza f., giudizio. || FIG. [décision, décret] decisione f., decreto. | *les arrêts de la Providence*, i decreti della Provvidenza. ◆ pl. MIL. arresti. | *mettre aux arrêts simples, de rigueur, de forteresse*, mettere agli arresti semplici, di rigore, in fortezza.

1. arrêté [arete] m. decreto, provvedimento, ordinanza f., decisione f. | *arrêté de police*, provvedimento di polizia. | *arrêté ministériel*, decreto ministeriale. || COMM. *arrêté de compte*, saldo di conto. || JUR. sentenza f., giudizio.

2. arrêté, e adj. [ferme, immuable] fermo, deciso, saldo. | *une décision bien arrêtée*, una decisione ferma. || SPORT *départ arrêté*, partenza da fermo.

arrêter [arete] v. tr. **1.** [empêcher d'avancer, de fonctionner] arrestare, fermare. | *arrêter le moteur*, fermare il motore. || FIG. [empêcher d'agir] fermare, trattenere. | *rien ne peut l'arrêter*, niente lo può fermare. | *on eut beaucoup de mal à l'arrêter*, fu molto difficile fermarlo, trattenerlo. || **2.** [interrompre] interrompere, tagliare. | *il l'arrêta net au milieu de son discours*, lo interruppe recisamente in mezzo al discorso. || **3.** [faire cesser] por fine a, smettere, soffocare, stroncare, spegnere. | *arrêter les hostilités*, por fine alle, cessare le ostilità. | *arrêter le feu :* [éteindre] spegnere, soffocare il fuoco ; [arrêter de tirer] cessare il fuoco. | *arrêter une révolte*, por fine a, soffocare, stroncare una rivolta. | *arrêter un travail*, smettere, abbandonare un lavoro. || **4.** [appréhender] arrestare. | *arrêter un voleur*, arrestare un ladro. | *arrêter pour vérification d'identité*, fermare per accertamento d'identità. || **5.** [fixer] fissare. | *arrêter ses regards sur qn*, fissare gli occhi, lo sguardo su qlcu. | *arrêter une maille*, fermare un punto. || VX [retenir] fissare (L.C.). | *arrêter un cuisinier*, fissare, assumere un cuoco. || [décider] fissare, stabilire, decidere. | *arrêter son choix*, fissare la propria scelta. | *arrêter un plan*, stabilire un piano. | *arrêter un prix*, stabilire, fissare un prezzo. || **6.** COMM. [régler] saldare. | *arrêter un compte*, saldare un conto. ◆ v. intr. [cesser d'avancer] fermarsi. | *arrête !*, fermati ! || [cesser de faire qch.] smettere, cessare. | *arrête de parler*, smetti di parlare. | *arrête !*, smettila !, finiscila ! || [chasse] puntare (v. tr.). ◆ v. pr. **1.** [cesser de marcher, de fonctionner] fermarsi, arrestarsi. | *arrête-toi !*, fermati ! || [s'interrompre] smettere, cessare (v. intr.). | *s'arrêter de travailler*, cessare, smettere di lavorare. || **2.** [séjourner] fermarsi, trattenersi ; sostare, soggiornare (v. intr.). || **3.** [s'attarder] trattenersi, soffermarsi, attardarsi ; indugiare (v. intr.). | *s'arrêter sur un problème*, indugiare su un problema. | *s'arrêter à des bagatelles*, indugiare su dei nonnulla, su delle bazzecole. || **4.** [se décider] decidersi. | *s'arrêter à une décision, un parti*, decidersi ; prendere una decisione, un partito.

arrhes [ar] f. pl. arra f., caparra f. | *donner, verser des arrhes*, versare una caparra.

arriération [arjerasjɔ̃] f. PSYCH. *arriération mentale*, ritardo (m.) mentale, minorazione psichica.

arrière [arjɛr] adv. dietro, indietro. | *avoir vent arrière*, avere il vento in poppa. ◆ adj. inv. *roue, pont arrière*, ruota, ponte posteriore. | *feu arrière*, fanale, fanalino di coda. | *marche arrière*, retromarcia f. || FIG. *faire machine, marche arrière*, far marcia indietro ; retrocedere. ◆ interj. indietro !, alla larga ! ◆ loc. adv. ***en arrière,*** indietro. | *rester en arrière*, restar indietro. | *tomber en arrière*, cadere riverso, supino. || FIG. *regarder en arrière*, guardare indietro, volgersi verso il passato. ◆ loc. prép. ***en arrière de,*** dietro. ◆ n. m. didietro ; parte (f.) posteriore. | *l'arrière d'un navire*, la poppa d'una nave. || MIL. retrovia f. | *bombarder les arrières de l'ennemi*, bombardare le retrovie del nemico. || SPORT terzino. | *arrière central, droit, gauche*, centromediano, terzinodestro, terzinosinistro. || [rugby] portiere.

arriéré, e [arjere] adj. COMM. arretrato. || [sous-développé] arretrato, depresso. || [périmé] retrogrado, retrivo. || [en retard sur son âge] tardivo. | *enfant arriéré*, fanciullo tardivo, ritardato. ◆ n. m. COMM. arretrato. || FIG. [retard] ritardo.

arrière-ban [arjɛrbɑ̃] m. FÉOD. leva dei valvassori. | *le ban et l'arrière-ban*, la leva dei vassalli e dei valvassori. || FIG. insieme, totalità f. | *réunir le ban et l'arrière-ban de ses amis*, riunire gli amici dal primo all'ultimo, riunire tutti quanti gli amici.

arrière-boutique [arjɛrbutik] f. retrobottega (m. inv. ou f.).

arrière-cour [arjɛrkur] f. cortile posteriore, interno.

arrière-garde [arjɛrgard] f. MIL. retroguardia. || FIG. *combat d'arrière-garde* = battaglia perduta in anticipo.

arrière-goût [arjɛrgu] m. residuo ; retrosapore, retrogusto (néol.). || FIG. senso, fondo, ricordo, residuo. | *un arrière-goût d'amertume*, un residuo d'amarezza.

arrière-grand-mère [arjɛrgrɑ̃mɛr] f. bisnonna, proava.

arrière-grand-oncle [arjɛrgrɑ̃tɔ̃kl] m. fratello del bisnonno, della bisnonna.

arrière-grand-père [arjɛrgrɑ̃pɛr] m. bisnonno, proavo.

arrière-grands-parents [arjɛrgrɑ̃parɑ̃] m. pl. bisnonni.

arrière-grand-tante [arjɛrgrɑ̃tɑ̃t] f. sorella del bisnonno, della bisnonna.

arrière-neveu [arjɛrnəvø] m. pronipote. ◆ pl. LITTÉR. pronipoti, posteri ; discendenti (L.C.).

arrière-nièce [arjɛrnjɛs] f. pronipote.

arrière-pays [arjɛrpei] m. inv. retroterra.

arrière-pensée [arjɛrpɑ̃se] f. pensiero nascosto, riposto ; secondo fine, intento segreto. | *sans arrière-pensée*, senza scopi reconditi.

arrière-petite-fille [arjɛrpətitfij] f. pronipote.

arrière-petit-fils [arjɛrpətifis] m. pronipote.

arrière-petits-enfants [arjɛrpətizɑ̃fɑ̃] m. pl. pronipoti.

arrière-plan [arjɛrplɑ̃] m. sfondo. || THÉÂTRE fondale. || FIG. sfondo, secondo piano. | *à l'arrière-plan*, in secondo piano. | *reléguer qn à l'arrière-plan*, relegare qlcu. nell'ombra, mettere qlcu. in secondo piano.

arrière-port [arjɛrpɔr] m. porto interno.

arriérer [arjere] v. tr. COMM. ritardare, differire.

arrière-saison [arjɛrsɛzɔ̃] f. fine di stagione, tardo autunno, autunno inoltrato. || FIG. [vie] tramonto m.

arrière-scène [arjɛrsɛn] f. THÉÂTRE retroscena m. inv. ou f.
arrière-train [arjɛrtrɛ̃] m. [véhicule] treno posteriore. ‖ ZOOL. zampe (f. pl.) posteriori. ‖ POP. deretano ; sedere (fam.) ; didietro (L.C.).
arrière-vassal [arjɛrvasal] m. FÉOD. valvassore.
arrimage [arimaʒ] m. MAR. stivaggio, stivamento. ‖ [fixation] assestamento, assetto, sistemazione f., fissazione f.
arrimer [arime] v. tr. MAR. stivare. ‖ [fixer] sistemare, assicurare, fissare.
arrimeur [arimœr] m. MAR. stivatore.
arrivage [arivaʒ] m. [de marchandises] arrivo.
arrivant, e [arivɑ̃, ɑ̃t] n. *les premiers arrivants*, i primi arrivati.
arrivé, e [arive] adj. et n. arrivato. ‖ FIG. *un homme arrivé*, un uomo arrivato.
arrivée [arive] f. arrivo m. ‖ SPORT arrivo, traguardo m. ‖ FIG. arrivo, avvento m.
arriver [arive] v. intr. **1.** [parvenir] arrivare, giungere. | *arriver en ville, à la campagne*, arrivare, giungere in città, in campagna. | *arriver par le train*, arrivare col treno. | *arriver au port*, arrivare in porto. ‖ FIG. *arriver à bon port*, arrivare, giungere in porto. | *être arrivé à bon port*, essere in porto. ‖ **2.** [approcher, se diriger] venire, arrivare. | *le voici qui arrive*, eccolo che viene. | *le bateau, la voiture arrive sur nous*, la nave, la macchina ci viene incontro. | *la nuit arrive*, viene, scende, cala la notte. | *la saison des vendanges arrivait*, la stagione della vendemmia si avvicinava. ‖ FAM. *j'arrive !*, vengo ! | *arrive ici !*, vieni qua ! ‖ **3.** [atteindre] arrivare, venire. | *l'eau lui arrive à la ceinture*, l'acqua gli arriva alla cintola. ‖ FIG. arrivare, giungere, pervenire a ; raggiungere (v. tr.). | *arriver à un certain âge*, arrivare a una certa età. | *arriver à ses fins*, raggiungere lo scopo che ci si era proposto. | *n'arriver à rien*, non combinare niente. | *il ne lui arrive pas à la cheville*, non è degno di allacciargli le scarpe. ‖ ABSOL. [réussir] arrivare. ‖ **4.** *arriver à*, arrivare, pervenire, riuscire a. | *je n'arrive pas à comprendre*, non riesco a capire. | *en arriver à*, arrivare, pervenire a. | *j'en arrive à la conclusion*, arrivo alla conclusione. | *j'en arrive à penser que*, finisco col pensare che ; mi vien fatto di pensare che. ‖ **5.** [avoir lieu, survenir] accadere, succedere, avvenire, capitare. | *ce sont des choses qui arrivent chaque jour*, son cose che capitano, che succedono ogni giorno. | *je ne comprenais pas ce qui arrivait*, non capivo cosa stesse succedendo. | *cela ne m'arrivera plus*, non mi succederà mai più, non lo farò più. | *un jour arrivera où*, verrà un giorno in cui. ‖ FAM. *croire que c'est arrivé*, credersi arrivato. ◆ v. impers. accadere, avvenire, capitare, succedere. | *il m'est arrivé un malheur*, mi è capitata, toccata una disgrazia. | *quoi qu'il arrive*, checché, qualunque cosa accada. | *il arrive que*, accade, succede che ; può capitare, succedere che. | *s'il t'arrive de l'oublier, gare à toi !*, se per caso lo dimentichi, guai a te ! | *s'il m'arrivait de me tromper*, se mi capitasse di sbagliare, se per caso sbagliassi. ‖ FAM. *il n'y a qu'à moi qu'il arrive des choses pareilles !*, capitano tutte a me !
— N. B. Bien que ces nuances tendent aujourd'hui à s'estomper, *accadere* indique plutôt ce qui arrive par hasard, sans être prévu ou désiré ; *avvenire* s'emploie dans le cas d'un événement prévisible, prévu ou désiré ; *succedere* indique un événement qui est la conséquence, la suite d'un fait antécédent ; le sens de *succedere* se confond parfois avec celui de *capitare*, qui indique un événement purement fortuit, souvent désagréable.
arrivisme [arivism] m. arrivismo.
arriviste [arivist] n. arrivista.
arrogance [arɔgɑ̃s] f. arroganza, insolenza, boria.
arrogant, e [arɔgɑ̃, ɑ̃t] adj. arrogante, insolente, borioso.
arroger (s') [sarɔʒe] v. pr. arrogarsi, appropriarsi ; usurpare (v. tr.).
arrondi [arɔ̃di] m. [d'une robe] garbo. ‖ AÉR. richiamata f.
arrondir [arɔ̃dir] v. tr. arrotondare. ‖ FIG. [augmenter] arrotondare ; rotondare (rare). | *arrondir ses terres, son traitement*, arrotondare il proprio podere, lo stipendio. ‖ [rendre harmonieux] *arrondir une phrase*, arrotondare, tornire una frase. ‖ FIG. *arrondir les angles*, smussare gli angoli. ‖ [ramener à un chiffre rond] *arrondir une somme*, arrotondare una somma, far cifra tonda. ◆ v. pr. arrotondarsi. ‖ FIG. [prendre de l'embonpoint] ingrassare, arrotondarsi ; impinguire (littér.). ‖ [grossesse] essere incinta.
arrondissement [arɔ̃dismɑ̃] m. [action, état] arrotondamento. ‖ ADM. [subdivision d'un département] circondario. ‖ [Paris, Lyon, Marseille] = circoscrizione (f.) amministrativa ; quartiere, rione. ‖ [circonscription d'un réseau ferroviaire, d'une région maritime] compartimento.
arrosage [arozaʒ] m. annaffiamento, innaffiamento, annaffiatura f., innaffiatura f. | *un léger arrosage*, un'annaffiata, un'annacquata. | *voiture d'arrosage*, annaffiatrice f., autobotte f., idrante m.
arroser [aroze] v. tr. annaffiare, innaffiare. ‖ FIG. bagnare. | *arroser de ses larmes, de son sang*, bagnare delle proprie lagrime, del proprio sangue. | *la Seine arrose Paris*, la Senna bagna Parigi. ‖ FAM. [fêter] bagnare. | *arroser une promotion*, bagnare una promozione. ‖ [ajouter de l'alcool] *café arrosé*, caffè corretto ; caffè con lo schizzo (fam.). ‖ [soudoyer] *arroser qn*, ungere le ruote a qlcu. ; sbruffare uno, dare lo sbruffo a uno.
arroseuse [arozøz] f. annaffiatrice.
arrosoir [arozwar] m. annaffiatoio, innaffiatoio.
arsenal [arsənal] m. arsenale. | *ouvrier de l'arsenal*, arsenalotto. ‖ FIG. arsenale, armamentario.
arsenic [arsənik] m. CHIM. arsenico. | *arsenic blanc*, anidride arseniosa.
arsénical, e, aux [arsenikal, o] ou **arsénié, e** [arsenje] adj. CHIM. arsenicale, arsenicato. | *hydrogène arsénié*, idrogeno arsenicale.
arsénieux [arsenjø] adj. CHIM. arsenioso.
arsis [arsis] f. PHILOL. arsi.
arsouille [arsuj] f. POP. mascalzone, ribaldo, becero, scapestrato m.
art [ar] m. arte f. | *homme de l'art*, specialista ; [médecin] medico. | *art de la construction*, arte della costruzione ; edilizia f. | *art militaire*, arte della guerra, arte militare. | *arts décoratifs*, arti applicate. | *arts ménagers*, economia domestica. | *l'art narratif, oratoire*, la narrativa, l'oratoria. ‖ UNIV. *Conservatoire des arts et métiers* = Istituto tecnico d'ingegneria. ‖ [talent] arte. | *avec art*, con destrezza, con maestria, con garbo. | *art de persuader, de vivre, de traduire*, arte di persuadere, di vivere, del tradurre. ‖ [réalisation du beau] arte. | *œuvre d'art*, opera d'arte. | *arts d'agrément*, arti dilettevoli, arti d'ornamento. | *l'art pour l'art*, l'arte per l'arte, l'arte fine a se stessa.
artaban [artabɑ̃] m. *fier comme Artaban, comme un artaban*, superbo come un pavone.
artefact [artefakt] m. (angl.) artefatto.
artère [artɛr] f. ANAT., TRANSP. arteria.
artériel, elle [arterjɛl] adj. arterioso.
artériole [arterjɔl] f. ANAT. arteriola.
artériosclérose [arterjoskleroz] f. MÉD. arteriosclerosi.
artésien [artezjɛ̃] adj. *puits artésien*, pozzo artesiano, pozzo modenese.
arthrite [artrit] f. MÉD. artrite.
arthritique [artritik] adj. artritico.
arthropodes [artropɔd] m. pl. ZOOL. artropodi.
arthrose [artroz] f. MÉD. artrosi.
artichaut [artiʃo] m. carciofo. | *cœur, fond d'artichaut*, girello, fondo del carciofo. | FIG. *cœur d'artichaut*, cuore incostante, mutevole, volubile.
article [artikl] m. **1.** [division d'un traité, d'un code] articolo. | *article de loi*, articolo di legge. ‖ [point, sujet] punto, argomento. | *nous ne sommes pas d'accord sur cet article*, non siamo d'accordo su questo punto. ‖ RELIG. *article de foi*, articolo di fede. ‖ **2.** [écrit dans un journal ; publication] *article de tête, de fond*, articolo di fondo, di apertura. | *article de*

dictionnaire, voce (f.) di dizionario. ‖ **3.** [marchandise] articolo, genere. | *article de mode*, articolo di moda. | *les articles ménagers*, i casalinghi. | *articles de bureau, de voyage*, articoli per ufficio, da viaggio. | *article de consommation, d'exportation*, articolo di consumo, di esportazione. | *articles de Paris*, ninnoli fabbricati a Parigi. ‖ Pr. et fig. *faire l'article*, vantare la propria merce. ‖ **4.** Gramm. articolo. ‖ **5.** Loc. *être à l'article de la mort*, essere in articolo di morte.

articulaire [artikylɛr] adj. Anat. articolare.

articulation [artikylasjɔ̃] f. [prononciation] articolazione; pronuncia spiccata. ‖ Anat. articolazione, giuntura. ‖ Jur. *articulation des griefs*, inventario (m.) dei danni, dei torti. ‖ Techn. giunto m., articolazione.

articulé, e [artikyle] adj. articolato. ◆ m. pl. Zool. artropodi.

articuler [artikyle] v. tr. [prononcer] articolare. | *articuler les mots avec peine*, compitare le parole. ‖ [joindre] aggiuntare (per mezzo di una giuntura articolata). ‖ [énoncer] articolare, proferire, enunciare. ‖ Jur. *articuler des griefs*, muovere delle lagnanze. | *articuler une accusation*, proferire un'accusa. ◆ v. pr. Pr. et fig. **(avec, sur)** articolarsi (con, in).

artifice [artifis] m. [subtilité, ruse] artificio, artifizio, arte f. ‖ [moyen habile, ingénieux] artificio, ripiego, espediente, sotterfugio. | *style plein d'artifice*, stile artificioso. ‖ Pr. et fig. *feu d'artifice*, fuoco d'artificio.

artificiel, elle [artifisjɛl] adj. [non naturel] artificiale. ‖ Fig. artificioso, artefatto.

artificier [artifisje] m. artificiere.

artificieux, euse [artifisjø, øz] adj. artificioso, artefatto, astuto, furbo, insincero.

artillerie [artijri] f. artiglieria. | *pièce d'artillerie*, pezzo d'artiglieria. | *artillerie de campagne*, artiglieria da campagna, artiglieria campale. | *artillerie de marine, de montagne*, artiglieria navale, da montagna. | *artillerie montée*, artiglieria a cavallo, artiglieria ippotrainata. ‖ Fig. *sortir la grosse artillerie*, ricorrere ai grossi calibri.

artilleur [artijœr] m. artigliere.

artimon [artimɔ̃] m. Mar. *(mât d')artimon*, albero di mezzana.

artisan, e [artizɑ̃, an] n. artigiano m. ‖ Fig. artefice m., autore m.

artisanal, e, aux [artizanal, o] adj. artigiano, artigianale. | *l'industrie artisanale*, l'artigianato. ‖ Péjor. artigianale; artigianesco, banausico (littér.).

artisanat [artizana] m. artigianato.

artiste [artist] adj. artistico, da artista. | *un peuple artiste*, un popolo di artisti. | *écriture artiste*, stile raffinato. ◆ n. artista. | *artiste peintre*, pittore, pittrice. | *artiste lyrique*, artista lirico; cantante. | *artiste dramatique*, artista drammatico; attore, attrice.

artistement [artistəmɑ̃] adv. artisticamente, con maestria, con garbo; con gusto da artista.

artistique [artistik] adj. artistico.

arum [arɔm] m. Bot. aro, gigaro; [espèce ornementale] calla f.

aruspice [aryspis] m. Antiq. aruspice.

aryen, enne [arjɛ̃, ɛn] adj. et n. ariano.

arythmie [aritmi] f. Méd. aritmia.

arythmique [aritmik] adj. Méd. aritmico.

as [ɑs] m. Antiq. [monnaie] asse. ‖ [carte] asso. ‖ Fig. asso, campione. | *as du volant, de l'aviation*, asso del volante, dell'aviazione. | *c'est un as!*, è un asso, un virtuoso, un'aquila! ‖ Pop. *plein aux as*, straricco; ricco sfondato. | *passer à l'as*, sparire (L.C.). ‖ Fam. *fichu comme l'as de pique*, infagottato (L.C.).

ascaride [askarid] m. ou **ascaris** [askaris] m. Zool. ascaride.

ascendance [asɑ̃dɑ̃s] f. [générations antérieures] ascendenza. ‖ Astr. salita f.

ascendant, e [asɑ̃dɑ̃, ɑ̃t] adj. ascendente. ‖ Ling. *diphtongue ascendante*, dittongo ascendente. ◆ m. [ancêtre] ascendente, antenato. ‖ Fig. [influence dominante] ascendente, influenza f.; autorità (f.) morale; prestigio. ‖ [astrologie] ascendente.

ascenseur [asɑ̃sœr] m. ascensore.

ascension [asɑ̃sjɔ̃] f. [action de s'élever] salita, (l')innalzarsi. ‖ [action de gravir] ascensione, salita. ‖ Fig. ascensione, ascesa. ‖ Astr. *ascension droite*, ascensione retta. ‖ Relig. Ascensione.

ascensionnel, elle [asɑ̃sjɔnɛl] adj. ascensionale.

ascensionniste [asɑ̃sjɔnist] n. Vx ascensionista.

ascèse [asɛz] f. ascesi.

ascète [asɛt] n. asceta m.

ascétique [asetik] adj. ascetico. ◆ f. ascetica.

ascétisme [asetism] m. ascetismo.

asdic [asdik] m. Mar. asdic.

asclépiade [asklepjad] m. et adj. Poés. asclepiadeo.

aséité [aseite] f. Philos. aseità.

asepsie [asɛpsi] f. asepsi.

aseptique [asɛptik] adj. asettico.

aseptiser [asɛptize] v. tr. sterilizzare.

asexué, e [asɛksɥe] adj. asessuato.

asexuel, elle [asɛksɥɛl] adj. asessuale.

asiatique [azjatik] adj. et n. asiatico.

asile [azil] m. asilo. | *droit d'asile*, diritto d'asilo. ‖ [refuge] asilo, rifugio, riparo, ricovero. | *trouver asile dans la maison d'un ami*, trovar riparo, ricoverarsi in casa di un amico. | *donner asile*, dar asilo, ricoverare. ‖ [établissement] asilo, ospizio, ricovero. | *asile de nuit*, asilo notturno. | *asile de vieillards*, ospizio, ricovero; casa di riposo (per vecchi). | *asile de fous*, manicomio. ‖ Fig. ritiro. ‖ [protection] rifugio, difesa f., protezione f.

askari [askari] m. Mil. ascaro.

asocial, e, aux [asɔsjal, o] adj. asociale.

asparagus [asparagys] m. asparago.

aspe [asp] ou **asple** [aspl] m. Techn. aspo.

aspect [aspɛ] m. [vue] vista f. | *les animaux fuient à l'aspect du lion*, gli animali fuggono alla vista del leone. | *au premier aspect*, di primo acchito, a prima vista. ‖ [apparence extérieure] aspetto, apparenza f., sembianza f. | *changer d'aspect*, cambiare, mutare aspetto. ‖ Fig. aspetto. | *l'aspect d'une affaire*, l'aspetto d'un affare. ‖ [point de vue] aspetto; punto di vista. | *sous certains aspects, sous cet aspect*, da un certo punto di vista, da questo punto di vista.

asperge [aspɛrʒ] f. asparago m.; (a)sparagio m. (tosc.). ‖ Fig., fam. asparagio, spilungone m.

asperger [aspɛrʒe] v. tr. aspergere, spruzzare. ‖ Agr. irrorare. ‖ [salir] *asperger de boue*, inzaccherare. ◆ v. pr. spruzzarsi.

aspergès [aspɛrʒɛs] m. Relig. asperges.

aspérité [asperite] f. asperità, scabrosità, sporgenza. ‖ Fig. asperità.

aspersion [aspɛrsjɔ̃] f. aspersione.

aspersoir [aspɛrswar] m. Relig. aspersorio.

asphaltage [asfaltaʒ] m. asfaltatura f.

asphalte [asfalt] m. asfalto.

asphalter [asfalte] v. tr. asfaltare.

asphodèle [asfɔdɛl] m. Bot. asfodelo.

asphyxiant, e [asfiksjɑ̃, ɑ̃t] adj. asfissiante.

asphyxie [asfiksi] f. asfissia.

asphyxié, e [asfiksje] adj. asfissiato, asfittico. ◆ n. asfissiato, a.

asphyxier [asfiksje] v. tr. asfissiare. ◆ v. pr. asfissiarsi.

1. aspic [aspik] m. Zool. aspide. ‖ (littér.) *langue d'aspic*, (lingua di) vipera; linguaccia f. (L.C.). ‖ Culin. aspic (fr.).

2. aspic m. Bot. spigo.

aspirant, e [aspirɑ̃, ɑ̃t] adj. aspirante. ◆ n. aspirante, candidato. ‖ Mar. aspirante. ‖ Mil. aspirante ufficiale.

aspirateur, trice [aspiratœr, tris] adj. aspirante. ◆ n. m. [pour les gaz] aspiratore; [pour la poussière] aspirapolvere, aspiratore.

aspiration [aspirasjɔ̃] f. Pr. et fig., Gramm. aspirazione.

aspiré, e [aspire] adj. Gramm. aspirato. ◆ n. f. Gramm. aspirata.

aspirer [aspire] v. tr. aspirare. ‖ Gramm. aspirare. ◆ v. tr. ind. **(à)** [désirer] aspirare (a); agognare (v. tr.).

aspirine [aspirin] f. Pharm. aspirina.

asple m. V. aspe.

assagir [asaʒir] v. tr. far mettere giudizio a, far

rinsavire ; rinsavire (rare). || [diminuer] calmare, moderare, temperare. | *l'âge assagit les passions*, le passioni si moderano, si placano con gli anni. ◆ v. pr. rinsavire, mettere giudizio.
assagissement [asaʒismɑ̃] m. ravvedimento, rinsavimento, (il) rinsavire. || [modération] acquietamento.
assaillant, e [asajɑ̃, ɑ̃t] adj. et n. assalitore, assalitrice, aggressore, aggreditrice ; attaccante.
assaillir [asajir] v. tr. assalire, assaltare, aggredire, attaccare. || FIG. assalire. | *un doute m'assaillit soudain*, improvvisamente m'assalì un dubbio. || [harceler] *assaillir de questions*, tempestare, bersagliare di domande.
assainir [asenir] v. tr. risanare. || [bonifier] bonificare, risanare, sanare.
assainissement [asenismɑ̃] m. risanamento. || [bonification] bonifica f., risanamento. | *zone d'assainissement*, comprensorio (di bonifica).
assainisseur [asenisœr] m. TECHN. purificatore.
assaisonnement [asezɔnmɑ̃] m. condimento.
assaisonner [asezɔne] v. tr. condire. || FIG. condire ; infiorare (littér.). || POP. [brutaliser] conciare ; [réprimander] strapazzare.
assassin, e [asasɛ̃, in] adj. assassino, micidiale. | *main assassine*, mano assassina. || LITTÉR. [provocant] assassino. | *œillade assassine*, occhiata assassina. || HIST. *mouche assassine*, (mosca) assassina ; neo assassino. ◆ n. m. assassino. | *femme assassin*, assassina f.
assassinat [asasina] m. assassinio, omicidio.
assassiner [asasine] v. tr. assassinare. || FIG., FAM. assassinare ; rovinare (L.C.). || LITTÉR. [importuner] subissare (di) ; tempestare (di) ; importunare (con) (L.C.).
assaut [aso] m. assalto. | *partir, monter à l'assaut*, muovere all'assalto. | *donner l'assaut*, dar l'assalto. | *prendre d'assaut*, prendere d'assalto, espugnare. | *char d'assaut*, carro armato. || SPORT assalto. || FIG. *faire assaut de*, gareggiare in ; fare a gara di.
assèchement [asɛʃmɑ̃] m. prosciugamento.
assécher [aseʃe] v. tr. prosciugare. ◆ v. pr. seccare (v. intr.) ; inaridirsi, esaurirsi.
assemblage [asɑ̃blaʒ] m. **1.** [action] riunione f. || **2.** [ensemble organique] compagine f. || **3.** PR. et FIG. [réunion disparate] accozzo, accozzaglia f. || **4.** MÉC. assemblaggio. || **5.** TECHN. [par encastrement] incastro, intarsio. | *assemblage des pièces de bois*, incastro dei legnami. | *assemblage de maçonnerie*, intarsio di mattoni. || [sans encastrement] montaggio, giuntura f., collegamento, commettitura f., calettatura f. | *assemblage par vis, par soudure*, collegamento a vite, a saldatura.
assemblée [asɑ̃ble] f. [réunion] assemblea, adunanza, adunata ; accolta (littér.). || [élite, personnes autorisées] consesso m. || DIAL. [foire, fête] sagra (L.C.). || POLIT. assemblea.
assembler [asɑ̃ble] v. tr. [réunir] riunire. || [convoquer] riunire, radunare, adunare. | *assembler le parlement*, riunire, convocare il parlamento. || MÉC. congegnare, montare. | *assembler un moteur*, montare un motore. || TECHN. [par encastrement] incastrare ; [sans encastrement] collegare, commettere, calettare. ◆ v. pr. (r)adunarsi, riunirsi.
assener ou **asséner** [asene] v. tr. *assener un coup*, vibrare, assestare, menare un colpo.
assentiment [asɑ̃timɑ̃] m. assenso, consenso, assentimento.
asseoir [aswar] v. tr. mettere a sedere, porre a sedere. | *faire asseoir*, far sedere, fare accomodare. | *ne pas faire asseoir qn*, non invitare qlcu. a sedere, lasciare qlcu. in piedi. || PR. et FIG. [établir solidement] fondare, basare, stabilire. || FIN. *asseoir l'impôt*, stabilire l'imponibile. || FAM. [étonner] sbalordire. | *en être assis*, rimanere di stucco. ◆ v. pr. sedere (v. intr.), sedersi. | *je vous en prie, asseyez-vous !*, prego, si sieda, si metta a sedere, si accomodi ! || FIG. *s'asseoir sur le trône*, assidersi sul trono. || FAM. *je m'assieds dessus*, me n'infischio.
assermenté, e [asɛrmɑ̃te] adj. et n. giurato. || HIST. *prêtre assermenté*, prete giurato.
assermenter [asɛrmɑ̃te] v. tr. JUR. *assermenter qn*, far prestare giuramento a qlcu. ; vincolare qlcu. con giuramento.
assertion [asɛrsjɔ̃] f. asserzione, affermazione.
asservir [asɛrvir] v. tr. PR. et FIG. asservire, sottomettere. | *être asservi à*, essere schiavo di. ◆ v. pr. asservirsi, sottomettersi, rendersi servo.
asservissement [asɛrvismɑ̃] m. asservimento.
asservisseur [asɛrvisœr] m. TECHN. asservitore.
assesseur [asesœr] m. sostituto ; vice (inv.). | *juge assesseur*, sostituto del giudice. || UNIV. *assesseur du doyen*, vicepreside di facoltà.
assez [ase] adv. **1.** [suffisamment] abbastanza, bastantemente, sufficientemente, a sufficienza. | *en avoir assez, plus qu'assez*, averne abbastanza, più che a sufficienza. | *en avoir assez, plus qu'assez des récriminations de qn*, essere stufo, arcistufo delle recriminazioni di uno. | *j'ai assez de cent lires*, mi bastano cento lire. | *c'est assez qu'il vienne à sept heures*, basta che venga alle sette. | *être assez aimable pour*, essere tanto gentile da. | *assez de* (avec un n.), abbastanza ; sufficiente (adj.). | *avoir assez d'argent*, avere abbastanza denaro, avere denaro sufficiente. || **2.** [valeur exclamative] *assez parlé !, assez de paroles !*, basta con i discorsi ! ; ne ho, ne abbiamo abbastanza di discorsi ! | *c'est assez !, en voilà assez ! ; c'en est assez !* (littér.), adesso basta !, basta così ! (L.C.). || **3.** [passablement] discretamente, piuttosto, alquanto ; abbastanza (L.C : emploi impropre, mais courant). | *assez bien*, benino, discretamente. | *assez mal*, maluccio, mediocremente. | *un assez bon élève*, un discreto scolaro. | *une fille assez jolie*, una discreta ragazza. || **4.** [valeur intensive] bene, troppo. | *je t'ai assez vu*, sono stufo di vederti, ne ho abbastanza di vederti. | *suis-je assez sot !*, sono ben sciocco !
assibilation [asibilasjɔ̃] f. LING. assibilazione.
assidu, e [asidy] adj. assiduo.
assiduité [asidɥite] f. assiduità. ◆ pl. premure ; sollecitudine f., corteggiamento m. | *poursuivre une femme de ses assiduités*, far la corte a, corteggiare una donna con insistenza.
assiégé, e [asjeʒe] adj. et n. assediato.
assiégeant, e [asjeʒɑ̃, ɑ̃t] adj. et n. assediante.
assiéger [asjeʒe] v. tr. PR. et FIG. assediare.
assiette [asjɛt] f. **1.** [manière d'être placé] posizione, positura. || [équitation] *perdre son assiette*, perdere l'equilibrio. || **2.** [position stable, situation] posizione, stabilità, ubicazione, equilibrio m. | *assiette d'une poutre*, stabilità, solidità d'una trave. | *assiette d'une route*, assetto (m.) stradale. | *assiette d'un véhicule, d'un navire*, stabilità d'un veicolo, assetto d'una nave. || VX *assiette d'une ville*, posizione, situazione d'una città (L.C.). || **3.** [humeur] *sortir de son assiette*, perdere la propria calma ; turbarsi. || FAM. *n'être pas dans son assiette*, non stare bene, non sentirsi bene (L.C.) ; essere, sentirsi, trovarsi a disagio (L.C.). || **4.** [pièce de vaisselle] piatto m. | *assiette creuse*, scodella, piatto fondo ; fondina (région.). || [contenu d'une assiette plate] piatto ; [d'une assiette creuse] scodella, scodellata. | *assiette anglaise*, assortimento di carne fredda e salumi. || FIG., FAM. *assiette au beurre*, mangiatoia, greppia. || **5.** JUR. *assiette d'un impôt*, imponibile m.
assiettée [asjete] f. [d'une assiette plate] piatto m. ; [d'une assiette creuse] scodella, scodellata.
assignable [asiɲabl] adj. assegnabile.
assignat [asiɲa] m. HIST. assegnato.
assignation [asiɲasjɔ̃] f. [attribution] assegnazione, assegnamento m. || JUR. citazione. || JUR. *assignation à résidence*, V. RÉSIDENCE.
assigner [asiɲe] v. tr. JUR. citare. | *assigner à résidence*, V. RÉSIDENCE. || [attribuer] assegnare, attribuire, destinare ; [somme] stanziare. || [fixer] assegnare, stabilire, fissare. | *assigner une place*, assegnare, dare un posto. | *au lieu assigné*, al posto stabilito.
assimilable [asimilabl] adj. assimilabile.
assimilation [asimilasjɔ̃] f. [action de rendre semblable] assimilazione. || [action de considérer comme semblable] assimilazione, equiparazione. || BOT. *assimi-*

lation chlorophyllienne, funzione clorofilliana. ‖ LING. *assimilation progressive, régressive*, assimilazione progressiva, regressiva. ‖ PHYSIOL. [absorption] assimilazione. ‖ FIG. [de connaissances] assimilazione.
assimilé, e [asimile] adj. et n. assimilato. | *les fonctionnaires et assimilés*, gl'impiegati e assimilati, e le categorie assimilate.
assimiler [asimile] v. tr. [rendre semblable] assimilare, assomigliare. ‖ [considérer comme semblable] assimilare, assomigliare, equiparare. ‖ BOT., PHYSIOL. assimilare. ◆ v. pr. [devenir semblable] assimilarsi. | *des immigrants qui s'assimilent facilement*, immigranti che si assimilano facilmente. ‖ [se comparer] assimilarsi, paragonarsi. ‖ FIG. [faire sien] assimilare, assimilarsi, far proprio. | *s'assimiler les idées d'un autre*, assimilarsi, far proprie le idee d'un altro.
assis, e [asi, iz] adj. seduto. | *être assis*, star seduto ; sedere. | *places assises*, posti a sedere. ‖ [stable] stabile, solido, saldo. ‖ JUR. *magistrature assise*, magistratura giudicante. ◆ n. m. *voter par assis et levé*, votare per alzata e seduta.
assise [asiz] f. [rangée de pierres] corso m., base. ‖ FIG. base, fondamento m. ◆ pl. sedute. ‖ JUR. *cour d'assises*, corte d'assise.
assistanat [asistana] m. UNIV. assistentato.
assistance [asistɑ̃s] f. [présence] assistenza, presenza. | *assistance aux cours*, frequenza alle lezioni. ‖ [auditoire] uditorio m., pubblico m. ‖ [aide, secours] assistenza, soccorso m., aiuto m. | *prêter assistance à qn*, prestar aiuto a qlcu. | *assistance judiciaire*, gratuito patrocinio. | *assistance publique*, assistenza (e beneficenza) pubblica. | *assistance sociale*, assistenza sociale.
assistant, e [asistɑ̃, ɑ̃t] adj. [qui aide] assistente, aiutante. ◆ n. [aide] assistente, aiutante. | *assistante sociale*, assistente sociale. | *assistant du metteur en scène*, aiuto regista. ‖ UNIV. assistente universitario. | *assistant du chirurgien*, aiuto del chirurgo. ◆ m. pl. [personnes présentes] astanti, presenti.
assisté, e [asiste] adj. et n. assistito. | *les enfants assistés*, i trovatelli. ‖ AUTOM. *direction assistée*, servosterzo m.
assister [asiste] v. tr. ind. **(à)** [être présent] assistere a, presenziare a ; presenziare (v. tr.). ◆ v. tr. [seconder] assistere, aiutare. ‖ [aider, secourir] assistere, aiutare, soccorrere. | *assister un malade*, assistere un malato. | *assister les pauvres de sa bourse*, aiutare, soccorrere i poveri col proprio denaro.
associatif, ive [asɔsjatif, iv] adj. MATH., PSYCH. associativo.
association [asɔsjasjɔ̃] f. [action] associazione, (l')associare, (l')associarsi. ‖ [réunion, union] associazione, società. | *en association*, in società. | *association de banques*, associazione bancaria, consorzio bancario. | *association de malfaiteurs*, associazione a delinquere. ‖ PSYCH. *association des idées, des images*, associazione delle idee, delle immagini. ‖ [mots, couleurs] accostamento m.
associé, e [asɔsje] adj. et n. associato ; socio, consocio m.
associer [asɔsje] v. tr. [faire participer] associare. ‖ [unir, joindre] associare, riunire, unire. ◆ v. pr. ABSOL. associarsi. ‖ [participer] associarsi, unirsi. ‖ partecipare. | *s'associer au deuil de qn*, associarsi, partecipare al lutto di qlcu. ‖ [s'adjoindre] associare, associarsi. | *s'associer qn*, associarsi qlcu. ‖ [s'accorder, s'harmoniser] accordarsi, intonarsi, armonizzarsi. | *deux couleurs qui s'associent bien*, due colori che si armonizzano, si intonano.
assoiffé, e [aswafe] adj. assetato. ‖ FIG. assetato, avido, bramoso.
assoiffer [aswafe] v. tr. assetare.
assolement [asɔlmɑ̃] m. AGR. rotazione agraria, avvicendamento.
assombrir [asɔ̃brir] v. tr. oscurare, offuscare, ottenebrare. ‖ FIG. rattristare, amareggiare. ◆ v. pr. oscurarsi, ottenebrarsi, rabbuiarsi, offuscarsi. ‖ FIG. incupire (v. intr.), incupirsi, rabbuiarsi, oscurarsi. | *son visage s'assombrissait*, si rabbuiava in viso.
assombrissement [asɔ̃brismɑ̃] m. (l')oscurarsi.
assommant, e [asɔmɑ̃, ɑ̃t] adj. FAM. barboso, scocciante ; noiosissimo (L.C.). | *travail assommant*, lavoro massacrante. | *il est assommant avec ses hésitations*, è asfissiante con le sue esitazioni. | *c'est un homme assommant*, è un seccatore, uno scocciatore.
assommer [asɔme] v. tr. [étourdir] accoppare, tramortire. ‖ [tuer] ammazzare, accoppare. ‖ FIG. [abrutir] intontire, stordire. ‖ FAM. [accabler, importuner] bersagliare, tempestare. | *assommer qn de questions*, tempestare qlcu. di domande. ‖ [ennuyer] seccare, scocciare. ‖ POP. *assommer un client*, stangare un cliente (fam.).
assommeur [asɔmœr] m. ammazzatore.
assommoir [asɔmwar] m. mazzapicchio. ‖ FIG. *un coup d'assommoir*, una mazzata, una batosta. ‖ FAM. [débit de boissons] bettola f., osteria f., taverna f. (L.C.).
assomption [asɔ̃psjɔ̃] f. RELIG. Assunzione, Assunta. ‖ ART Assunta.
assonance [asɔnɑ̃s] f. POÉS. assonanza.
assonancé, e [asɔnɑ̃se] adj. POÉS. assonanzato.
assonant, e [asɔnɑ̃, ɑ̃t] adj. POÉS. assonante.
assoner [asɔne] v. intr. POÉS. assonare.
assorti, e [asɔrti] adj. [qui convient] assortito, intonato, confacente. | *des époux bien assortis*, una coppia bene assortita. ‖ [accompagné] accompagnato, corredato. ‖ [approvisionné] assortito, fornito, provvisto.
assortiment [asɔrtimɑ̃] m. [convenance] armonizzazione f., accordo, armonia f. | *assortiment des couleurs*, armonia dei colori. ‖ [assemblage] assortimento. | *assortiment de vaisselle*, assortimento di stoviglie. ‖ COMM. [collection] assortimento, partita f.
assortir [asɔrtir] v. tr. [assembler] assortire. | *assortir des couleurs, des personnes*, assortire dei colori, delle persone. ‖ [approvisionner] assortire, (ri)fornire, provvedere. ◆ v. pr. [être en accord, en harmonie] intonarsi, accordarsi, addirsi, confarsi ; convenire (v. intr.). ‖ [s'accompagner] accompagnarsi ; essere accompagnato, corredato. | *le texte s'assortit de belles illustrations*, il testo è corredato di belle illustrazioni.
assoupir [asupir] v. tr. assopire ; sopire (rare). ‖ FIG. (as)sopire, calmare, lenire. ◆ v. pr. assopirsi, appisolarsi. ‖ FIG. assopirsi, calmarsi.
assoupissement [asupismɑ̃] m. assopimento, sopore. ‖ FIG. [apaisement] assopimento, acchetamento. ‖ [torpeur] torpore.
assouplir [asuplir] v. tr. ammorbidire. | *assouplir une étoffe*, ammorbidire una stoffa. | *la gymnastique assouplit les muscles*, la ginnastica scioglie i muscoli. ‖ FIG. ammansire, mansuefare, addomesticare, mitigare. | *assouplir un caractère*, ammansire un carattere. | *assouplir des règles trop strictes*, mitigare, attenuare delle regole troppo rigorose. ◆ v. pr. ammorbidirsi ; farsi più agile, più elastico. ‖ FIG. farsi più docile, più mite.
assouplissement [asuplismɑ̃] m. ammorbidimento, rilassamento. ‖ SPORT *exercices d'assouplissement*, esercizi preparatori. ‖ FIG. addolcimento, rilassamento, mitigazione f. | *assouplissement du caractère*, addolcimento del carattere. | *assouplissement d'un régime dictatorial*, mitigazione di un regime dittatoriale.
assourdir [asurdir] v. tr. PR. et FIG. assordare, assordire, intronare, rintronare. ‖ [rendre moins sonore] attutire, attenuare, smorzare. ◆ v. pr. PHILOL. assordarsi, assordirsi, desonorizzarsi.
assourdissant, e [asurdisɑ̃, ɑ̃t] adj. assordante.
assourdissement [asurdismɑ̃] m. assordamento, assordimento. ‖ smorzamento, attutimento. ‖ PHILOL. assordimento, desonorizzazione f.
assouvir [asuvir] v. tr. saziare, appagare, soddisfare. | *assouvir sa faim*, saziare la propria fame ; saziarsi, sfamarsi ; satollarsi (littér.). ‖ FIG. appagare, soddisfare, contentare. | *assouvir une vengeance*, compiere una vendetta. ◆ v. pr. FIG. saziarsi, appagarsi.
assouvissement [asuvismɑ̃] m. [action] appagamento. ‖ [état] appagamento, sazietà f.
assuétude [asyetyd] f. assuefazione.
assujetti, e [asyʒeti] adj. soggetto, sottoposto.

assujettir [asyʒetir] v. tr. [asservir] assoggettare, sottomettere, asservire. ‖ [astreindre] sottomettere, costringere, obbligare. | *assujettir à l'obéissance*, costringere, obbligare all'ubbidienza. | *assujettir à l'impôt*, sottomettere, sottoporre all'imposta. ‖ [fixer] assicurare, fermare, fissare. | *assujettir une porte*, fermare, fissare una porta. ◆ v. pr. [se soumettre] assoggettarsi, sottomettersi.
assujettissant, e [asyʒetisɑ̃, ɑ̃t] adj. pesante, opprimente, impegnativo.
assujettissement [asyʒetismɑ̃] m. [action] assoggettamento, asservimento, sottomissione f. ‖ [état] soggezione f., sommissione f., assoggettamento, asservimento, sottomissione. | *assujettissement à la mode*, sottomissione, acquiescenza (f.) alla moda. | *assujettissement à l'impôt*, tassazione f.
assumer [asyme] v. tr. assumere, assumersi, addossarsi.
assurance [asyrɑ̃s] f. [certitude] certezza, sicurezza, convinzione. | *avoir l'assurance que*, esser certo, convinto che. | *veuillez agréer l'assurance de mon respect*, voglia gradire i miei ossequi. ‖ [garantie] assicurazione, garanzia. | *demander, donner des assurances*, chiedere, dare garanzie. | *prendre des assurances*, procurarsi garanzie ; garantirsi. | *il m'a donné l'assurance de son amitié*, mi ha assicurato della sua amicizia. ‖ [garantie par contrat] assicurazione. | *assurance contre l'incendie, contre la mortalité du bétail, (sur la) vie, accidents, automobile, tous risques, aux tiers*, assicurazione contro gl'incendi, sul bestiame, sulla vita, contro gli infortuni, auto, contro ogni rischio, di responsabilità civile. | *agent d'assurances*, assicuratore m. | *les assurances sociales*, la sicurezza sociale. ‖ [confiance en soi] sicurezza (di sé), fiducia, padronanza. | *être plein d'assurance*, essere fiducioso nelle proprie capacità. | *perdre son assurance*, perdere la padronanza di sé ; sconcertarsi, turbarsi.
assuré, e [asyre] adj. [ferme] sicuro. | *d'un pas assuré*, con passo sicuro. | *regard assuré*, sguardo sicuro. | *d'une voix mal assurée*, con voce incerta. ‖ [certain] certo, sicuro. | *succès assuré*, successo certo. | *peu assuré*, incerto, malsicuro. ‖ [garanti] assicurato. ◆ n. [personne garantie par contrat] assicurato. | *assuré social*, assistito (da un ente di assistenza sociale).
assurément [asyremɑ̃] adv. certo, certamente, sicuramente.
assurer [asyre] v. tr. **1.** [affirmer] assicurare, affermare. | *il m'assura qu'il le ferait*, mi assicurò che l'avrebbe fatto. ‖ [rendre certain] assicurare. | *assurer qn de sa reconnaissance*, assicurare qlcu. della propria gratitudine. ‖ MAR. *assurer son pavillon*, assicurare la bandiera. ‖ **2.** [effectuer, pourvoir à] provvedere a, fornire, effettuare, assicurare. | *assurer le ravitaillement*, provvedere al vettovagliamento. | *assurer le fonctionnement d'un service*, provvedere al funzionamento d'un servizio. | *assurer la présidence d'une assemblée*, tenere la presidenza di un'assemblea. | *assurer la garde d'un édifice*, assicurare la sorveglianza di un edifizio. | *assurer la relève*, dare il cambio. | *assurer le transport de*, effettuare il trasporto di. ‖ **3.** [préserver, garantir] assicurare. | *assurer sa maison contre l'incendie*, assicurare la casa contro gl'incendi. | *assurer ses frontières*, assicurare i propri confini. | *assurer ses arrières*, proteggere, rafforzare le retrovie (pr.) ; garantirsi, assicurarsi da eventuali rischi (fig.). | *assurer le bien-être de sa famille*, assicurare il benessere della famiglia. ‖ **4.** [rendre stable] assicurare, fermare, fissare. | *assurer une persienne, une poutre*, assicurare, fermare una persiana, una trave. ‖ MAR. *assurer un bout*, fermare, fissare un cordame. ‖ [alpinisme] assicurare. ◆ v. pr. **1.** [contrôler, vérifier] assicurarsi, accertarsi, sincerarsi. | *s'assurer si la porte est fermée*, accertarsi se la porta sia chiusa. | *s'assurer de l'authenticité de qch.*, accertarsi, sincerarsi dell'autenticità di qlco. ‖ LITTÉR. [se persuader] persuadersi, convincersi (L.C.). | *je m'assure qu'il viendra*, sono certo, convinto che verrà (L.C.). ‖ **2.** [se procurer] procurarsi, impossessarsi, impadronirsi. | *s'assurer des vivres pour l'hiver*, procurarsi dei viveri, fornirsi di viveri per l'inverno. | *s'assurer d'une place forte*, impossessarsi, impadronirsi di una piazzaforte. ‖ LITTÉR. *s'assurer de (la personne de) qn*, catturare, arrestare qlcu. (L.C.). ‖ [gagner] guadagnare, procurarsi. | *s'assurer la faveur, la protection, la complicité de qn*, guadagnarsi, assicurarsi il favore, la protezione, la complicità di qlcu. ‖ **3.** [se garantir] assicurarsi. | *s'assurer contre les accidents*, assicurarsi contro gl'infortuni. | *s'assurer contre les attaques de l'ennemi*, premunirsi contro gli attacchi del nemico. ‖ **4.** [prendre une position stable] assestarsi. | *s'assurer sur sa selle, sur ses jambes*, assestarsi sulla sella, sulle gambe.
assureur [asyrœr] n. assicuratore.
assyrien, enne [asirjɛ̃, ɛn] adj. et n. assiro.
assyriologie [asirjɔlɔʒi] f. assiriologia.
assyriologue [asirjɔlɔg] m. assiriologo.
aster [astɛr] m. BOT. aster.
astérie [asteri] f. ZOOL. asteria.
astérisque [asterisk] m. TYP. asterisco.
astéroïde [asterɔid] m. ASTR. asteroide.
asthénie [asteni] f. MÉD. astenia.
asthénique [astenik] adj. et n. MÉD. astenico.
asthmatique [asmatik] adj. et n. MÉD. asmatico.
asthme [asm] m. MÉD. asma f.
asticot [astiko] m. bacherozzo, bacherozzolo.
asticoter [astikɔte] v. tr. FAM. [tracasser, taquiner] stuzzicare, punzecchiare ; fare i dispetti a, molestare (L.C.).
astigmate [astigmat] adj. et n. MÉD. astigmatico.
astigmatisme [astigmatism] m. MÉD. astigmatismo.
astiquage [astikaʒ] m. lucidatura f., lustratura f.
astiquer [astike] v. tr. lucidare, lustrare, forbire.
astragale [astragal] m. ANAT., ARCHIT., BOT. astragalo.
astrakan [astrakɑ̃] m. [fourrure] astracan, astrakan.
astral, e, aux [astral, o] adj. astrale.
astre [astr] m. astro. | *être né sous un astre favorable*, essere nato sotto una buona stella. ‖ FAM. *beau comme un astre*, bello come il sole.
astreignant, e [astrɛɲɑ̃, ɑ̃t] adj. impegnativo.
astreindre [astrɛ̃dr] v. tr. costringere, obbligare, impegnare. ◆ v. pr. **(à)** sottomettersi (a), sottoporsi (a), costringersi (a), assoggettarsi (a), obbligarsi (a), impegnarsi (a).
astreinte [astrɛ̃t] f. costrizione, obbligo m. ‖ JUR. ammenda proporzionale, indennità di mora. | *astreinte par corps*, carcere (m.) per debiti.
astringent, e [astrɛ̃ʒɑ̃, ɑ̃t] adj. et n. m. MÉD. astringente.
astrolabe [astrɔlab] m. astrolabio.
astrologie [astrɔlɔʒi] f. astrologia.
astrologue [astrɔlɔg] m. astrologo.
astronaute [astrɔnot] n. astronauta.
astronautique [astrɔnotik] f. astronautica.
astronef [astrɔnɛf] m. astronave f.
astronome [astrɔnɔm] m. astronomo.
astronomie [astrɔnɔmi] f. astronomia.
astronomique [astrɔnɔmik] adj. astronomico. ‖ FIG., FAM. *prix astronomiques*, prezzi astronomici.
astrophysicien, enne [astrɔfizisjɛ̃, ɛn] n. astrofisico ; studiosa di astrofisica.
astrophysique [astrɔfizik] f. astrofisica.
astuce [astys] f. [adresse, finesse] astuzia, furberia, furbizia, scaltrezza. ‖ [manière d'agir] astuzia, malizia f. | *les astuces du métier*, le astuzie, i trucchi del mestiere. ‖ FAM. [plaisanterie, jeu de mots] arguzia, facezia, spiritosaggine (L.C.).
astucieux, euse [astysjø, øz] adj. [qui a de l'astuce] astuto, furbo, scaltro. ‖ [qui dénote de l'ingéniosité] astuto, ingegnoso. ‖ FAM. [spirituel] spiritoso, arguto, faceto (L.C.).
asymbolie [asɛ̃bɔli] f. PSYCH. asimbolia.
asymétrie [asimetri] f. asimmetria.
asymétrique [asimetrik] adj. asimmetrico.
asymptote [asɛ̃ptɔt] f. MATH. asintoto m. ◆ adj. asintotico.
asynchrone [asɛ̃kron] adj. asincrono.

asyndète [asɛ̃dɛt] f. GRAMM. asindeto m.
asyndétique [asɛ̃detik] adj. GRAMM. asindetico.
ataraxie [ataraksi] f. PHILOS. atarassia.
atavique [atavik] adj. atavico.
atavisme [atavism] m. atavismo.
ataxie [ataksi] f. MÉD. atassia.
ataxique [ataksik] adj. et n. MÉD. atassico.
atchoum! [atʃum] onomat. eccì!
atelier [atəlje] m. [d'artisan] laboratorio, bottega f.; [dans une usine] officina f., reparto; [d'artiste] studio; atelier (fr.). | *atelier de couture*, sartoria f.; atelier (fr.). | *ateliers de constructions mécaniques*, officine meccaniche. | *atelier de montage*, reparto montaggio. | *chef d'atelier*, caporeparto. ‖ ART [peintres anciens] bottega; [école d'art] studio, laboratorio; atelier (fr.).
atermoiement [atɛrmwamɑ̃] m. proroga f., dilazione f. ◆ pl. indugio, dilazione, temporeggiamento sing. | *chercher des atermoiements*, temporeggiare, indugiare.
atermoyer [atɛrmwaje] v. tr. differire, dilazionare. ◆ v. intr. temporeggiare, indugiare.
athée [ate] adj. ateo, ateistico. ◆ n. ateo, ateista.
athéisme [ateism] m. ateismo.
athénée [atene] m. ANTIQ. ateneo. ‖ UNIV. [Belgique et Suisse] scuola secondaria.
athénien, enne [atenjɛ̃, ɛn] adj. et n. ateniese. ◆ m. UNIV., FAM. = membro della Scuola archeologica francese di Atene.
athérome [aterom] m. MÉD. ateroma.
athérosclérose [ateroskleroz] f. V. ATHÉROME.
athlète [atlɛt] n. atleta.
athlétique [atletik] adj. atletico.
athlétisme [atletism] m. atletismo; atletica f.
atlante [atlɑ̃t] m. ARCHIT. atlante.
atlantique [atlɑ̃tik] adj. atlantico.
atlas m. [atlas] atlante. ‖ ANAT. atlante.
atmosphère [atmɔsfɛr] f. atmosfera. ‖ FIG. atmosfera, ambiente m. ‖ [unité] atmosfera.
atmosphérique [atmɔsferik] adj. atmosferico.
atoll [atɔl] m. atollo.
atome [atom] m. PR. et FIG. atomo.
atome-gramme [atɔmgram] m. grammo-atomo.
atomicité [atɔmisite] f. atomicità.
atomique [atɔmik] adj. atomico.
atomisé, e [atɔmize] adj. et n. atomizzato.
atomiser [atɔmize] v. tr. [réduire en fines particules] atomizzare. ‖ MIL. atomizzare.
atomiseur [atɔmizœr] m. atomizzatore.
atomisme [atɔmism] m. PHILOS. atomismo. ‖ PSYCHOL. atomismo, associazionismo.
atonal, e, aux [atɔnal, o] adj. MUS. atonale.
atonalité [atɔnalite] f. MUS. atonalità.
atone [atɔn] adj. atono, inerte. ‖ LING. atono.
atonie [atɔni] f. MÉD. atonia, inerzia.
atours [aturs] m. pl. ornamenti muliebri. | *se parer de ses plus beaux atours*, mettersi in ghingheri. ◆ sing. HIST. *dame d'atour*, camerista f.
atout [atu] m. briscola f.; atout (fr.). | *la couleur d'atout*, il seme di briscola. ‖ FIG. vantaggio. | *avoir, mettre tous les atouts dans son jeu*, avere, mettere tutte le carte in mano.
atrabilaire [atrabilɛr] adj. PR. et FIG. atrabiliare.
âtre [ɑtr] m. focolare.
atrium [atrjɔm] m. ARCH. atrio.
atroce [atrɔs] adj. [très cruel] atroce, feroce, efferato. ‖ [très douloureux] atroce. ‖ [horrible] atroce, orrendo, orribile, raccapricciante. ‖ FIG., FAM. [affreux] orrendo, spaventoso. | *temps atroce*, tempo spaventoso. | *laideur atroce*, bruttezza orrenda, schifosa. | *un atroce bavard*, un chiacchierone insopportabile. | *j'ai un travail atroce!*, ho un lavoro spaventoso!
atrocité [atrɔsite] f. [cruauté horrible] atrocità, efferatezza. ‖ [action atroce] atrocità, orrore m. ‖ [chose très laide] atrocità, orrore. | *ce tableau est une atrocité*, questo quadro è un orrore. ‖ FIG. *débiter des atrocités sur le compte de qn*, dire peste e corna di qlcu.
atrophie [atrɔfi] f. MÉD. atrofia.
atrophié, e [atrɔfje] adj. atrofico.
atrophier [atrɔfje] v. tr. PR. et FIG. atrofizzare. ◆ v. pr. PR. et FIG. atrofizzarsi.
atropine [atrɔpin] f. atropina.
attabler (s') [satable] v. pr. mettersi, sedersi, sedere a tavola.
attachant, e [ataʃɑ̃, ɑ̃t] adj. attraente, avvincente.
attache [ataʃ] f. legame m., vincolo m. | *l'attache d'un chien*, il guinzaglio, la catena d'un cane. ‖ PR. et FIG. *tenir à l'attache*, tenere a catena, mettere il guinzaglio a. ‖ MAR. *port d'attache*, porto d'immatricolazione. | *droit d'attache*, diritto di attracco. ‖ TECHN. attacco m., grappa, fibbia. | *attache de ski*, attacco dello sci. | *attache de bureau*, fermaglio m. ◆ pl. FIG. legami m. pl., vincoli m. pl., relazioni f. pl., aderenze f. pl., rapporti m. pl. | *garder des attaches dans sa ville natale*, serbare legami, relazioni, amicizie nella città natale. ‖ [parenté] vincoli di parentela. ‖ ANAT. giuntura. | *avoir les attaches fines*, avere le articolazioni fini.
attaché, e [ataʃe] adj. addetto. | *attaché au service de qn*, addetto al servizio di qlcu. ‖ FIG. attaccato, affezionato, legato. ◆ n. m. addetto. | *attaché de presse*, addetto stampa.
attaché-case [ataʃekɛz] m. ventiquattr'ore f. inv.
attachement [ataʃmɑ̃] m. affezione f., affetto. | *montrer de l'attachement pour qn*, dimostrare affezione per qlcu., essere affezionato a qlcu.
attacher [ataʃe] v. tr. **1.** [lier] attaccare, legare. ‖ FIG. legare, unire. | *les liens qui nous attachent au sol natal*, i vincoli che ci legano al suolo natale. | *une grande affection les attache l'un à l'autre*, un grande affetto li unisce uno all'altro. ‖ **2.** [engager] assumere, destinare. | *s'attacher qn*, aggiungersi qlcu. | *attacher un domestique à son service*, assumere un servitore. | *attacher un fonctionnaire à une ambassade*, destinare, assegnare un funzionario a un'ambasciata. | *attacher qn à son cabinet*, far entrare qlcu., assumere qlcu. nel proprio gabinetto. ‖ **3.** [arrêter, fixer] fissare. | *attacher ses regards sur qn*, fissare lo sguardo su qlcu. | *attacher son ambition à*, mettere la propria ambizione a. | *attacher son esprit à*, applicare la mente a. ‖ **4.** [captiver] appassionare, avvincere, cattivare, sedurre. | *cette lecture l'attache*, questa lettura lo appassiona, lo avvince. | *s'attacher qn*, amicarsi, propiziarsi, cattivarsi qlcu. ‖ **5.** [accorder, attribuer] *attacher de l'importance à*, dare, annettere importanza a; dar peso a. | *attacher du prix à qch.*, avere qlco. in pregio; pregiare qlco (littér.). | *attacher un sens à un mot*, dare, attribuire un significato a una parola. ◆ v. intr. [coller, adhérer] attaccare, attaccarsi. | *le riz a attaché à la casserole*, il riso si è attaccato alla pentola. | *une poêle de bonne qualité n'attache pas*, una padella di buona qualità non attacca. ◆ v. pr. [se lier] attaccarsi, legarsi. ‖ [adhérer] attaccarsi, aderire. ‖ [s'agripper, se cramponner] attaccarsi, appigliarsi, aggrapparsi. ‖ FIG. attaccarsi, appiccicarsi, appigliarsi, incollarsi. | *s'attacher à un parti*, appigliarsi a un partito. | *s'attacher aux pas de qn*, seguir qlcu. passo passo. ‖ [s'appliquer] applicarsi. | *s'attacher à l'étude de*, applicarsi allo studio di, impegnarsi nello studio di. | *s'attacher à comprendre*, applicarsi a, sforzarsi di capire. ‖ [se prendre d'affection] *s'attacher à qn*, affezionarsi a qlcu. ‖ [se fixer, en parlant de l'esprit, du regard] fissarsi, fermarsi.
attaquable [atakabl] adj. attaccabile, oppugnabile. ‖ JUR. impugnabile.
attaquant, e [atakɑ̃, ɑ̃t] adj. et n. attaccante.
attaque [atak] f. attacco m., assalto m. | *attaque à main armée*, grassazione. ‖ MÉD., MIN., MUS., SPORT attacco. ‖ FAM. *être d'attaque*, essere in forma, in gamba; essere gagliardo, vigoroso. | *ne pas être d'attaque*, non essere in vena.
attaquer [atake] v. tr. attaccare, assalire, aggredire. | *attaquer qn à coups de bâton*, attaccare, prendere qlcu. a legnate. ‖ FIG. attaccare. | *attaquer qn par son point faible*, attaccare qlcu. nel punto debole. ‖ [critiquer] attaccare, intaccare. | *attaquer la réputation de qn*, intaccare la reputazione di qlcu. | *cette comédie est violemment attaquée*, questa commedia è violente-

mente criticata. || [ronger, entamer] intaccare. | *la rouille attaque le fer*, la ruggine intacca il ferro. || JUR. impugnare, contestare. | *attaquer qn en justice*, citare qlcu. in giudizio. || MUS. *attaquer un morceau*, attaccare un brano. || FAM. [commencer] *attaquer un travail*, cominciare, iniziare un lavoro (L.C.). | *attaquer le fromage*, cominciare a mangiare il formaggio (L.C.). | *attaquons !*, su !, cominciamo ! ◆ v. pr. **(à)** [s'en prendre à] cimentarsi con, pigliarsela con, prendersela con ; affrontare (v. tr.). | *s'attaquer à plus fort que soi*, cimentarsi con più forte di sé. || [commencer] *s'attaquer à une besogne*, cominciare, iniziare un lavoro.

attardé, e [atarde] adj. ritardato ; che ha fatto tardi. || FIG. [enfant] tardivo ; [pays] arretrato.

attarder [atarde] v. tr. (rare) ritardare, trattenere. ◆ v. pr. attardarsi, soffermarsi ; indugiare (v. intr.).

atteindre [atɛ̃dr] v. tr. [toucher] colpire, cogliere, raggiungere ; attingere (littér.). | *atteindre qn d'une pierre*, cogliere, raggiungere qlcu. con una sassata. || FIG. *atteindre qn dans ses convictions*, colpire, ferire uno nelle proprie convinzioni. | *être atteint de tuberculose*, essere colpito da tubercolosi. || [parvenir à] raggiungere. | *atteindre son but*, raggiungere il proprio scopo, la propria meta. | *atteindre la cinquantaine*, essere sui cinquant'anni. || FIG. [émouvoir, troubler] turbare, commuovere. | *cette calomnie ne saurait l'atteindre*, questa calunnia non può turbarlo. | *les souffrances d'autrui ne l'atteignent pas*, le sofferenze altrui non lo toccano. ◆ v. tr. ind. **(à)** [parvenir] pervenire a, arrivare a ; raggiungere (v. tr.).

atteint, e [atɛ̃, ɛ̃t] adj. [frappé] colpito, colto. || MÉD. colpito, colto, leso.

atteinte [atɛ̃t] f. [portée] portata, tiro m. | *hors d'atteinte*, fuori di tiro, in salvo (pr.) ; irreprensibile, inattaccabile (fig.). | *réputation hors d'atteinte*, reputazione inattaccabile, irreprensibile. | *un malade hors d'atteinte*, un malato fuori pericolo. || [coup] colpo m., ferita. | *légère atteinte*, ferita leggera. | *atteinte mortelle*, ferita, colpo mortale. || FIG. [préjudice] offesa, danno m., pregiudizio m. | *atteintes du temps*, ingiurie, offese del tempo. | *porter atteinte à*, recar offesa a, recar danno a ; intaccare, ledere (v. tr.). | *porter atteinte à l'honneur de qn*, recar offesa all'onore di, ledere l'onore di qlcu. || JUR. *atteinte au droit de*, violazione, manomissione del diritto di. || MÉD. attacco m. | *les premières atteintes du mal*, i primi attacchi del male.

attelage [atlaʒ] m. [action] (l')attaccare, attaccatura f., attacco. || [ensemble de bêtes] tiro. | *attelage à quatre (chevaux)*, tiro a quattro. | *attelage de deux chevaux*, pariglia (f.), coppia (f.) di cavalli. | *attelage de bœufs*, coppia, paio di buoi. | *bêtes d'attelage*, bestie da tiro. || [bêtes et voiture] tiro, attacco. || TECHN. aggancio, agganciamento. | *attelage de wagon*, aggancio di vagone. | *crochet d'attelage*, gancio (per attaccare).

atteler [atle] v. tr. attaccare. || TECHN. [wagons] attaccare. || FAM. *atteler qn à un travail*, dare a uno un lavoro da fare (L.C.). ◆ v. pr. FIG. *s'atteler à une besogne*, cominciare, iniziare un lavoro (L.C.).

attelle [atɛl] f. [pièce du harnais] portatirelle (m. inv.) [del collare]. || CHIR. stecca.

attenant, e [atnɑ̃, ɑ̃t] adj. attiguo, contiguo, adiacente, vicino.

attendant (en) [ɑ̃atɑ̃dɑ̃] loc. adv. intanto, frattanto, nel frattempo, nel contempo. || [adversatif] intanto. ◆ loc. prép. ***en attendant de,*** in attesa di. ◆ loc. conj. ***en attendant que,*** in attesa che, aspettando che, finché, fino a che.

attendre [atɑ̃dr] v. tr. [avec plaisir ou déplaisir] aspettare ; [avec plaisir] attendere. | *attendre une réponse, une lettre*, attendere risposta, aspettare una lettera. | *le dîner nous attend*, la cena è pronta. | *le succès, l'échec l'attend à l'issue de cette année scolaire*, il successo, la bocciatura lo aspetta alla fine di questo anno scolastico. | *attendre un enfant*, aspettare un bambino. || IRON. *tu peux toujours l'attendre !*, aspettalo ! | *je t'y attendais !*, qui ti volevo !, qui t'aspettavo ! || FAM. *attendre qn au tournant*, aspettare qlcu. al varco. | *se faire attendre*, farsi aspettare. | *tu ne sais pas ce qui t'attend*, non sai ciò che ti aspetta. || [espérer, prévoir] aspettarsi, sperare, prevedere. | *tout le monde attendait une catastrophe*, tutti s'aspettavano una catastrofe. | *j'attendais mieux de toi*, da te m'aspettavo di meglio. ◆ v. tr. ind. FAM. *j'attends après cet argent*, ho bisogno, mi occorre quel denaro (L.C.). | *attendre après un taxi*, aspettare un tassì (L.C.). ◆ v. intr. aspettare, attendere. || [menace] *attends un peu !*, aspetta un po' !, aspetta che ti sistemo io ! | *tu ne perds rien pour attendre !*, aspetta che ci rivediamo ! || [rester intact] conservarsi. | *le poisson n'attendra pas à demain*, il pesce non andrà a domani. ◆ v. pr. [réciprocité] aspettarsi, attendersi. || [compter sur, espérer] aspettarsi. | *je m'attends à un coup de téléphone*, m'aspetto una telefonata. | *il s'attendait à te voir*, s'aspettava di vederti. | *s'y attendre*, aspettarsela. || *s'attendre que* (littér.), *à ce que* (L.C.), aspettarsi che (L.C.).

attendrir [atɑ̃drir] v. tr. ammorbidire, intenerire. | *attendrir la viande*, ammorbidire la carne. || FIG. intenerire, commuovere, impietosire, ammollire. ◆ v. pr. ammorbidirsi, ammollirsi, intenerirsi. || FIG. intenerirsi, commuoversi, impietosirsi, ammollirsi.

attendrissant, e [atɑ̃drisɑ̃, ɑ̃t] adj. commovente, pietoso, toccante.

attendrissement [atɑ̃drismɑ̃] m. ammorbidimento, ammollimento. || FIG. intenerimento, commozione f.

attendrisseur [atɑ̃drisœr] m. batticarne (inv.).

1. attendu, e [atɑ̃dy] adj. aspettato, atteso. ◆ n. m. pl. JUR. motivazione f., considerando m.

2. attendu prép. dato, visto, considerato (adj.). ◆ loc. conj. ***attendu que,*** atteso che, attesoché, dato che, visto che, considerando che, poiché.

attentat [atɑ̃ta] m. attentato. || FIG. attentato, oltraggio. | *attentat à la morale, à la pudeur*, offesa (f.) alla morale, oltraggio al pudore. | *attentat aux mœurs*, offesa al buon costume.

attentatoire [atɑ̃tatwar] adj. attentatorio.

attente [atɑ̃t] f. [action, temps] attesa, aspetto m., aspettazione, aspettativa. | *salle d'attente*, sala d'aspetto. | *dans l'attente de qch.*, nell'attesa di qlco. | *dans l'attente de vous lire*, in attesa di una sua risposta. || [espérance, prévision] attesa, aspettazione, aspettativa. | *répondre à l'attente de qn*, rispondere all'aspettativa di qlcu. | *tromper l'attente de qn*, venir meno all'aspettativa, deludere l'aspettazione di qlcu. | *dépasser toute attente*, essere superiore a ogni aspettativa. | *contre toute attente*, contro ogni attesa, ogni previsione. || ARCHIT. *pierre d'attente*, addentellato m., ammorsatura, morse f. pl.

attenter [atɑ̃te] v. tr. ind. **(à)** PR. et FIG. attentare (a). | *attenter à ses jours*, suicidarsi.

attentif, ive [atɑ̃tif, iv] adj. attento.

attention [atɑ̃sjɔ̃] f. attenzione. | *éveiller l'attention*, destare l'attenzione. | *tenir l'attention en éveil*, tenere sveglia, viva l'attenzione. | *prêter, faire attention à*, prestare, fare attenzione a ; star attento a ; [à des paroles] dar retta, ascolto a ; [accorder de l'importance à] far caso a ; [veiller à] badare a. | *fais attention à ce que je te dis*, sta' attento a ciò, ascolta ciò che ti dico ; [n'oublie pas] bada a ciò che ti dico. | *n'y fais pas attention*, non farci caso. | *(fais) attention à ce que tu fais*, bada a ciò che fai. | *fais attention de ne pas tomber*, bada di non cadere. | *appeler l'attention de qn sur qch.*, richiamare l'attenzione di qlcu. su qlco. | *faute d'attention, par manque d'attention*, per mancanza d'attenzione. || [sollicitude, égards] attenzione, premura, cortesia, riguardo m., sollecitudine. ◆ interj. attenzione !, attento ! (adj.), occhio ! | *attention à la marche !*, occhio al gradino !

attentionné, e [atɑ̃sjɔne] adj. premuroso, riguardoso.

attentisme [atɑ̃tism] m. attendismo, attesismo.

attentiste [atɑ̃tist] adj. et n. attendista, attesista.

atténuant, e [atenɥɑ̃, ɑ̃t] adj. JUR. attenuante. | *circonstances atténuantes*, (circostanze) attenuanti.

atténuation [atenɥasjɔ̃] f. attenuazione, attenua-

mento m. || JUR. *atténuation de peine*, riduzione di pena.
atténué, e [atenɥe] adj. attenuato.
atténuer [atenɥe] v. tr. attenuare. | *atténuer la lumière, les couleurs*, smorzare la luce, i colori. ◆ v. pr. attenuarsi.
atterrage [ateraʒ] m. MAR. atterraggio.
atterrer [atere] v. tr. VX atterrare (L.C.). || FIG. [consterner] atterrare, abbattere, prostrare, costernare. || [épouvanter] atterrire.
atterrir [aterir] v. intr. AÉR., MAR., SPORT atterrare.
atterrissage [aterisaʒ] m. AÉR., MAR. atterraggio. | *train d'atterrissage*, carrello d'atterraggio. | *atterrissage forcé, de fortune*, atterraggio forzato, di fortuna.
atterrissement [aterismɑ̃] m. GÉOGR. interramento.
attestation [atɛstasjɔ̃] f. attestazione, attestato m., certificato m.
attester [atɛste] v. tr. attestare, certificare. || [servir de preuve] provare, testimoniare, documentare. | *les larmes attestent son repentir*, le lagrime testimoniano il suo pentimento. || [prendre à témoin] chiamare in testimonio, appellarsi a. | *j'en atteste le ciel*, mi è, mi sia testimone il cielo.
atticisme [atisism] m. atticismo.
attiédir [atjedir] v. tr. int(i)epidire. || FIG. int(i)epidire, affievolire, raffreddare. ◆ v. pr. PR. int(i)epidirsi. || FIG. int(i)epidirsi, affievolirsi, raffreddarsi.
attiédissement [atjedismɑ̃] m. PR. et FIG. (l')intiepidire, (l')intiepidirsi. || FIG. affievolimento, raffreddamento.
attifement [atifmɑ̃] m. FAM. agghindamento. || PÉJOR. arnese.
attifer [atife] v. tr. FAM., PÉJOR. agghindare, infagottare. ◆ v. pr. FAM., PÉJOR. agghindarsi, infagottarsi.
attiger [atiʒe] v. intr. POP. esagerare, scherzare (L.C.).
attique [atik] adj. attico. ◆ n. m. ARCHIT. attico.
attirail [atiraj] m. occorrente, necessario, armamentario; [de soldat, de marin] corredo. || FAM. [bagages superflus] arsenale.
attirance [atirɑ̃s] f. [action d'attirer] attrattiva, fascino m. || [action d'être attiré] attrazione, richiamo m. || [goût] inclinazione, propensione.
attirant, e [atirɑ̃, ɑ̃t] adj. attraente, affascinante, seducente.
attirer [atire] v. tr. [tirer à soi] attirare, attrarre. | *l'aimant attire le fer*, la calamita attira, attrae il ferro. | *le miel attire les mouches*, il miele attira le mosche. | *attirer qn dans un guet-apens*, trarre qlcu., far cadere qlcu. in un agguato. || FIG. *attirer les regards*, attrarre gli sguardi. | *le programme de ce parti attire la jeunesse*, il programma di questo partito attira la gioventù. | *attirer l'attention*, destare, attirare l'attenzione. || [captiver, séduire] attrarre, allettare, adescare, sedurre. | *son charme attire tout le monde*, il suo fascino attrae tutti. || [provoquer, occasionner] procacciare, procurare, cagionare. | *sa conduite lui attirera des ennuis*, la sua condotta gli procurerà dei guai. | *sa franchise lui attira la sympathie de l'auditoire*, la sua franchezza gli guadagnò la simpatia dell'uditorio. ◆ v. pr. [réciprocité] attirarsi, attrarsi. || [encourir] attirarsi, buscarsi; tirarsi addosso. | *s'attirer la haine de qn*, tirarsi addosso l'odio di qlcu. | *s'attirer des ennuis*, attirarsi dei guai.
attiser [atize] v. tr. attizzare. || FIG. attizzare, aizzare, eccitare, fomentare.
attitré, e [atitre] adj. *représentant attitré*, rappresentante autorizzato. | *fournisseur attitré*, fornitore ordinario.
attitude [atityd] f. [posture] atteggiamento m., attitudine. || [comportement] atteggiamento, contegno m., comportamento m. | *l'attitude hostile de la presse*, l'atteggiamento ostile della stampa.
attouchement [atuʃmɑ̃] m. tocco, contatto.
attractif, ive [atraktif, iv] adj. attrattivo.
attraction [atraksjɔ̃] f. attrazione. || LING., PHYS. attrazione. || FIG. attrattiva, attrazione, fascino m. || [spectacle] attrazione; numero sensazionale. | *parc d'attractions*, parco dei divertimenti.
attrait [atrɛ] m. [action d'attirer; appel] attrazione f., allettamento, richiamo. || [charme] attrattiva f., fascino, incanto. || [penchant] inclinazione f., propensione f., gusto. ◆ m. pl. LITTÉR. [beauté] attrattive f. pl., fascino, bellezza f.
attrapade [atrapad] f. FAM. lavata di capo.
attrape [atrap] f. scherzo m., burla, tiro m. || [tromperie] inganno m., imbroglio m. | *farces et attrapes*, giochetti m. pl.; oggetti con cui si fanno scherzi.
attrape-mouches [atrapmuʃ] m. inv. BOT. dionea f. || [piège] acchiappamosche.
attrape-nigaud [atrapnigo] m. chiapparello; chiappagonzi (m. inv.), accalappiamento, raggiro, imbroglio grossolano; bidone, bidonata f. (pop.).
attraper [atrape] v. tr. **1.** [prendre par ruse, par adresse] acchiappare, accalappiare. | *attraper un loup, des papillons, un ballon*, acchiappare un lupo, delle farfalle, un pallone. || [prendre sur le fait] acchiappare, cogliere. | *je t'y attrape!*, ti ci acchiappo. || [arrêter] *attraper un voleur*, acciuffare, acchiappare un ladro. || [saisir rapidement] *attraper l'autobus*, prendere al volo l'autobus. || FIG. *attraper quelques mots d'une conversation, le sens d'une phrase*, afferrare qualche parola d'una conversazione, il senso d'una frase. || FAM. *attraper le bon numéro*, aver fortuna, essere fortunato. || [imiter] imitare, riprodurre, ricalcare. | *attraper le style d'un auteur*, imitare lo stile d'un autore. | *attraper la ressemblance du modèle*, cogliere la rassomiglianza del modello. | *attraper l'accent italien*, prendere l'accento italiano. || **2.** [duper] gabbare, ingannare, accalappiare, intrappolare, imbrogliare, raggirare; infinocchiare (fam.). | *attraper par des flatteries*, ingannare, infinocchiare con lusinghe. | *attraper qn*, gabbare, infinocchiare, abbindolare qlcu. | [décevoir] sorprendere, deludere. | *je fus bien attrapé!*, fui assai deluso!; rimasi con un palmo di naso! (fam.). | *tu serais bien attrapé, si tu savais!*, saresti molto sorpreso, meravigliato, deluso, se sapessi! || **3.** FAM. [réprimander] dare una lavata di capo a; rimproverare, sgridare (L.C.). || **4.** [atteindre, frapper] colpire, cogliere (L.C.). | *attraper le but*, cogliere nel segno, colpire il bersaglio. | *la pierre l'a attrapé en pleine poitrine*, la pietra l'ha colto, colpito in pieno petto. || **5.** FAM. [être atteint par, contracter] prendersi, buscarsi. | *attraper des coups, une maladie*, prendersi, buscarsi delle percosse, una malattia. ◆ v. pr. [jeu] (récipr.) acchiapparsi. || FAM. [se disputer] bisticciarsi; bisticciare, litigare (v. intr.). || [être contagieux] prendersi, essere contagioso.
attrayant, e [atrɛjɑ̃, ɑ̃t] adj. attraente, seducente.
attribuer [atribɥe] v. tr. [accorder] attribuire, conferire, assegnare. | *attribuer de l'importance à qch.*, dare, annettere importanza a qlco. | *attribuer un prix*, attribuire, assegnare un premio. || [imputer] attribuire, imputare, addebitare. ◆ v. pr. [s'approprier] attribuirsi, arrogarsi, appropriarsi.
attribut [atriby] m. attributo. || GRAMM. predicato nominale. ◆ adj. GRAMM. *adjectif attribut*, aggettivo predicativo.
attributif, ive [atribytif, iv] adj. attributivo. || GRAMM. attributivo, predicativo.
attribution [atribysjɔ̃] f. attribuzione; [d'une distinction] conferimento m.; [d'un poste, d'une somme, d'un prix] assegnazione; [de crédits] stanziamento m., erogazione. || GRAMM. *complément d'attribution*, complemento di termine. ◆ f. pl. [compétence, ressort] attribuzioni. | *cela entre dans, sort de mes attributions*, ciò rientra nelle, esorbita dalle mie attribuzioni.
attristant, e [atristɑ̃, ɑ̃t] adj. rattristante, affliggente.
attrister [atriste] v. tr. rattristare, accorare, addolorare; attristare (littér.). || [endeuiller une journée, une cérémonie] rattristare, funestare. ◆ v. pr. rattristarsi, addolorarsi, accorarsi, affliggersi.
attrition [atrisjɔ̃] f. attrito m., sfregamento m. || THÉOL. attrizione.
attroupement [atrupmɑ̃] m. assembramento, attruppamento.
attrouper (s') [satrupe] v. pr. assembrarsi, attrupparsi, accalcarsi; [autour, de part et d'autre] assieparsi.

aubade [obad] f. albata, mattinata. ‖ IRON. baccano m., schiamazzo m.
aubaine [obɛn] f. JUR. albinaggio m. ‖ FIG. fortuna insperata ; pacchia (fam.) ; bazza (pop.). | *profiter de l'aubaine*, approfittare della buona fortuna.
1. aube [ob] f. alba ; albore (littér.). | *l'aube naissait*, albeggiava. ‖ RELIG. camice m. ; alba (littér.).
2. aube f. MÉC. pala, paletta. | *roue à aubes*, ruota a pale.
aubépine [obepin] f. BOT. biancospino m. ; albaspina, prunalbo m. (littér.).
aubère [obɛr] adj. ubero, ubiero.
auberge [obɛrʒ] f. osteria, locanda. | *auberge de jeunesse*, albergo, ostello (m.) della gioventù. ‖ [hostellerie] ostaria.
aubergine [obɛrʒin] f. BOT. melanzana. ◆ adj. inv. color melanzana.
aubergiste [obɛrʒist] n. oste ; locandiere, locandiera. | *père, mère aubergiste*, oste, ostessa.
aubier [obje] m. BOT. alburno.
aubin [obɛ̃] m. traina f., traino.
auburn [obœrn] adj. inv. bruno rosso.
aucun, e [okœ̃, yn] adj. indéf. nessuno, alcuno ; veruno (littér.), niuno (vx). | *aucun homme, aucun savant n'y croit plus*, nessun uomo, nessuno scienziato ci crede più. | *n'avoir aucune information*, non avere alcuna informazione. | *on ne lui fit aucunes funérailles*, non gli fecero alcun funerale, nessun funerale. | *en aucune façon*, in nessun modo. | *à aucun prix*, a nessun prezzo. | *sans aucun égard*, senza alcun, nessun riguardo. ◆ pron. indéf. nessuno ; alcuno (rare). | *aucun de nous ne sortira*, nessuno di noi uscirà. | *aucun ne le sait*, nessuno lo sa, non lo sa nessuno. | *je n'en ai vu aucun*, non ne ho visto nessuno, alcuno. | *as-tu trouvé des acheteurs ? — aucun*, hai trovato dei compratori ? — nessuno. ‖ [positif] *je doute qu'aucun d'eux vienne m'aider*, dubito che uno di loro venga ad aiutarmi. ◆ pl. LITTÉR. ***d'aucuns***, certi, alcuni (L.C.).
aucunement [okynmɑ̃] adv. per nulla, per niente, in nessun modo ; non... affatto. ‖ [elliptiquement dans une réponse] niente affatto.
audace [odas] f. audacia, ardimento m., ardire m. ‖ PÉJOR. audacia, sfacciataggine, sfrontatezza, impudenza. | *quelle audace !*, che faccia tosta ! (fam.). ‖ *payer d'audace*, V. PAYER.
audacieux, euse [odasjø, øz] adj. et n. audace ; ardito (adj.). ‖ PÉJOR. audace, sfacciato, sfrontato, impudente.
au-dedans, au-dehors, au-delà, au-dessous, au-dessus, au-devant adv. V. DEDANS, DEHORS, DELÀ, DESSOUS, DESSUS, DEVANT.
au-delà [odəla] m. inv. al di là, aldilà.
audibilité [odibilite] f. udibilità.
audible [odibl] adj. udibile.
audience [odjɑ̃s] f. [attention, intérêt] ascolto m., attenzione, consenso m., udienza. | *donner audience à certains bruits*, dare ascolto a certi rumori. | *ce projet rencontre l'audience du gouvernement*, questo progetto incontra, ottiene il consenso del governo. | *obtenir une vaste audience*, trovare una vasta udienza, un vasto uditorio. ‖ [public] *audience clairsemée*, pubblico scarso. ‖ [réception] udienza. ‖ JUR. udienza.
audiencier [odjɑ̃sje] m. usciere (di tribunale).
audiogramme [odiogram] m. audiogramma.
audiomètre [odiomɛtr] m. audiometro.
audio-visuel, elle [odiovizɥɛl] adj. audiovisivo. ◆ n. m. mezzi audiovisivi. ‖ [enseignement] sussidi audiovisivi.
auditeur, trice [oditœr, tris] n. uditore, trice ; [de radio] ascoltatore, trice. ‖ UNIV. *auditeur libre*, uditore. ‖ ADM., JUR. (a)uditore.
auditif, ive [oditif, iv] adj. uditivo.
audition [odisjɔ̃] f. udito m. | *troubles de l'audition*, disturbi (a)uditivi. ‖ [fait d'écouter ou d'entendre] audizione. ‖ [essai d'un artiste] *faire passer une audition à qn*, fare un'audizione a qlcu. ‖ [séance musicale] saggio (m.) musicale. ‖ JUR. *audition des témoins*, audizione dei testi.
auditionner [odisjɔne] v. tr. fare un'audizione a. ◆ v. intr. dare un'audizione.
auditoire [oditwar] m. uditorio, pubblico.
auditorium [oditɔrjɔm] m. auditorio.
auge [oʒ] f. mangiatoia, trogolo m. ‖ TECHN. [de maçon] secchia, mastello m. | *roue à auges*, V. AUGET.
auget [oʒɛ] m. [pour oiseaux] beccatoio. ‖ [pour laveuses] cassetta f. ‖ TECHN. *roue à augets*, ruota idraulica.
augment [ogmɑ̃] m. LING. aumento.
augmentatif, ive [ogmɑ̃tatif, iv] adj. et n. m. GRAMM. accrescitivo.
augmentation [ogmɑ̃tasjɔ̃] f. aumento m., incremento m., accrescimento m.
augmenter [ogmɑ̃te] v. tr. aumentare, accrescere, incrementare. | *augmenter les salaires, les prix, les impôts, les dépenses*, aumentare i salari, i prezzi, le tasse, le spese. | *augmenter la production, le rendement, le volume des échanges*, accrescere, incrementare, aumentare la produzione, il rendimento, il volume degli scambi. | *augmenter la surface*, aumentare, accrescere, incrementare, ampliare la superficie. ‖ *augmenter les fonctionnaires*, aumentare lo stipendio dei funzionari. ◆ v. intr. aumentare, crescere ; accrescersi, incrementarsi. | *la production a augmenté*, la produzione è aumentata, è cresciuta, si è accresciuta, si è incrementata. | *le pain a augmenté*, il pane è cresciuto, è aumentato di prezzo.
augural, e, aux [ogyral, o] adj. augurale.
1. augure [ogyr] m. [devin] augure. ‖ IRON. augure, perito, specialista.
2. augure m. [présage] augurio, auspicio, presagio. | *de bon augure*, di buon augurio, di buon auspicio. | *de mauvais augure*, di cattivo augurio, di malaugurio. ‖ FIG. *oiseau de mauvais augure*, uccello del malaugurio.
augurer [ogyre] v. tr. [conjecturer] augurare, presagire, congetturare, aspettarsi, pronosticare. | *bien ou mal augurer de qch.*, augurare, presagire bene o male di qlco.
auguste [ogyst] adj. augusto. ◆ n. m. [clown] augusto.
augustin, e [ogystɛ̃, in] n. [religieux] agostiniano.
augustinien, enne [ogystinjɛ̃, ɛn] adj. et n. RELIG. agostiniano ; agostinista n. m.
augustinisme [ogystinism] m. RELIG. agostinianismo, agostinismo.
aujourd'hui [oʒurdɥi] adv. [ce jour] oggi. | *à partir d'aujourd'hui*, da oggi in poi. | *le journal d'aujourd'hui*, il giornale di oggi. | *jusqu'à aujourd'hui inclus*, (fino) a tutt'oggi. | *il y a huit jours aujourd'hui*, una settimana fa. | *il y a deux jours aujourd'hui que*, oggi sono due giorni che. | *d'aujourd'hui en quinze*, oggi a quindici. | *tu devras avoir fini d'aujourd'hui en huit*, dovrai aver finito oggi a otto, entro una settimana. ‖ [à notre époque] oggi, oggidì, oggigiorno. | *jusqu'à aujourd'hui*, fino ai nostri giorni, finora. | *de nos jours ; au jour d'aujourd'hui* (fam.), al giorno d'oggi, oggidì, oggigiorno. | *la science d'aujourd'hui*, la scienza odierna.
aulique [olik] adj. HIST. aulico.
aulnaie f. V. AUNAIE.
aulne m. V. AUNE I.
aumône [omon] f. elemosina. | *demander l'aumône*, chiedere l'elemosina, elemosinare. ‖ PR. et FIG. *faire l'aumône de*, far l'elemosina di.
aumônerie [omonri] f. cappellania.
aumônier [omonje] m. cappellano. | *aumônier militaire, des prisons*, cappellano militare, delle carceri. ‖ HIST. elemosiniere.
aumônière [omonjɛr] f. scarsella, borsa.
aumusse [omys] f. Vx. almuzia, almuzio m.
aunaie ou **aulnaie** [onɛ] f. ontaneto m.
1. aune ou **aulne** [on] m. BOT. ontano, alno.
2. aune f. [ancienne mesure] auna. ‖ FIG. *mesurer les autres à son aune*, misurar gli altri col proprio metro, alla propria stregua. | *savoir ce qu'en vaut l'aune*, conoscere il prezzo di qlco., ciò che vale qlco. | *une figure longue d'une aune*, un muso lungo lungo.

auparavant [oparavɑ̃] adv. prima.
auprès [oprɛ] adv. vicino, accanto. ◆ loc. prép. ***auprès de,*** vicino a, accanto a, accosto a, presso a. ‖ [chez] presso. | *il vit auprès de sa tante*, vive presso sua zia. ‖ [comparaison] appetto a, a confronto di, in confronto a; a paragone di, in paragone di, a; rispetto a.
auquel [okɛl] pron. rel. m. V. LEQUEL.
aura [ora] f. PHYSIOL., MÉD., FIG. aura.
auréole [oreɔl] f. PR. et FIG. aureola. ‖ ASTR. alone m.
auréoler [oreɔle] v. tr. aureolare. ‖ FIG. adornare, ornare. | *auréolé de toutes les vertus*, adorno, ornato di tutte le virtù.
auriculaire [orikylɛr] adj. auricolare. ◆ n. m. mignolo, auricolare.
auricule [orikyl] f. ANAT. [oreille] lobo (m.) dell'orecchio; padiglione m.; [cœur] auricola, orecchietta. ‖ BOT. auricola.
aurifère [orifɛr] adj. aurifero.
aurifier [orifje] v. tr. otturare, rivestire con oro.
aurige [oriʒ] m. ANTIQ. auriga.
aurique [orik] adj. MAR. *voile aurique*, (vela) aurica f.
aurochs [orɔk(s)] m. ZOOL. uro.
aurore [orɔr] f. aurora. ‖ FIG. [début] aurora, albori m. pl., alba.
auscultation [oskyltasjɔ̃] f. MÉD. ascoltazione; auscultazione (vx).
ausculter [oskylte] v. tr. ascoltare; auscultare (vx).
auspice [ospis] m. ANTIQ. auspicio. ‖ [présage] auspicio, augurio, presagio. ‖ FIG. *sous d'heureux, de fâcheux auspices*, sotto fausti, infausti auspici. | *sous les auspices de qn*, sotto gli auspici di qlcu.
aussi [osi] adv. **1.** [comparaison] *aussi... que*, (così)... come; (tanto)... quanto; al pari di; altrettanto. | *il est aussi grand que son père*, è alto come, così alto come, alto quanto, tanto alto quanto suo padre. | *il le fera aussi bien que toi*, egli lo farà così bene come te. | *il est aussi fort en mathématiques qu'en littérature*, è bravo in matematica quanto in letteratura, è bravo in matematica e altrettanto in letteratura. | *aussi bien que possible*, nel miglior modo possibile. ‖ **2.** [de même] anche, pure, altresì; ancora (vx). | *nous aussi*, anche noi, noi pure. | *il me l'a dit à moi aussi*, l'ha detto anche, pure a me. | *bon voyage! — merci, à vous aussi*, buon viaggio! — grazie, altrettanto. ‖ FAM. [non plus] neanche, nemmeno; neppure (L.C.). | *moi aussi, je ne suis pas de ton avis*, neanche io sono del tuo parere. ‖ **3.** [en outre] anche, pure, inoltre, altresì. ‖ **4.** [autant] così, tanto, altrettanto. | *je n'ai jamais vu un enfant aussi gentil*, non ho mai visto un ragazzo così gentile. | *il est aussi juste de dire que*, è altrettanto giusto dire che. | *tu ferais aussi bien, aussi mal de partir*, faresti meglio, peggio ad andartene. ‖ **5.** [conséquence] perciò, quindi, (e) così; onde (littér.). | *il est méchant, aussi chacun le fuit*, è cattivo, e così tutti lo sfuggono. | *il pleut, aussi ne pourrai-je sortir*, piove, quindi non potrò uscire. ‖ (littér.) *aussi bien*, tanto, dopo tutto, per altro, del resto, ad ogni modo, comunque (L.C.). | *aussi bien, j'étais perdu*, comunque ero perduto. | *aussi bien est-ce ma faute*, tanto, dopo tutto è colpa mia. ◆ loc. conj. coord. ***aussi bien que,*** così... come; tanto... quanto; come pure, nonché. | *aussi bien mon père que ma mère*, tanto mio padre quanto mia madre, mio padre come pure mia madre. | *son intelligence aussi bien que son honnêteté ont déterminé son succès*, la sua intelligenza come pure la sua probità, nonché la sua probità sono state le cause del suo successo.
aussière [osjɛr] f. MAR. alzaia.
aussitôt [osito] adv. subito, immediatamente. | *il est parti aussitôt*, è andato via subito. | *aussitôt après, avant*, subito dopo, prima. | *aussitôt après que*, subito dopo che. ‖ [devant un participe] appena. | *aussitôt arrivé, il télégraphia*, appena arrivato, telegrafò. ‖ LOC. *aussitôt dit, aussitôt fait*, detto fatto. ◆ prép. (rare) *aussitôt mon départ*, appena partito, subito dopo la mia partenza. ◆ loc. conj. ***aussitôt que,*** tosto che, (non) appena.
auster [ostɛr] m. POÉS. [vent] austro, ostro.
austère [ostɛr] adj. PR. et FIG. austero, severo.
austérité [osterite] f. austerità. ‖ ÉCON. austerità. ◆ pl. mortificazioni.
austral, e, aux [ostral, o] adj. australe.
australien, enne [ostraljɛ̃, ɛn] adj. et n. australiano.
austro-hongrois, e [ostroɔ̃grwa, waz] adj. austroungarico.
autan [otɑ̃] m. austro. ‖ POÉS. *les autans*, i venti (L.C.).
autant [otɑ̃] adv. **1.** [égalité] tanto, altrettanto. | *je ne me suis jamais autant amusé*, non mi sono mai divertito tanto. | *je lui en donne deux fois autant*, gliene do due volte tanto. ‖ [se rapportant à un nom] altrettanto (adj.). | *tu as deux cahiers, j'en veux autant*, hai due quaderni, ne voglio altrettanti. | *tu as trois poires, j'en veux autant*, hai tre pere, ne voglio altrettante. ‖ (littér.) [avec un adj.] *il est modeste autant qu'habile*, è modesto quanto abile (L.C.). ‖ **2.** [corrélation] *autant d'orateurs, autant de points de vue*, quanti gli oratori, tanti i punti di vista. | *autant de têtes, autant d'avis*, tante teste, tanti pareri. | *autant les langues classiques me passionnent, autant les langues vivantes m'ennuient*, tanto le lingue classiche mi appassionano, quanto le lingue estere mi annoiano. ‖ [suivi d'un inf.] *autant ne pas y aller*, tanto fa, tanto vale non andarci. | *autant mourir*, tanto vale morire. | *autant dire oublié*, come dire dimenticato. | *autant agir que de rester inactif*, tanto vale agire quanto rimanere inattivo. ‖ **3.** [comparaison] (tanto) quanto. | *il travaille autant que son frère*, lavora (tanto) quanto suo fratello. ‖ **4.** [quantité] tanto... quanto (adj.). | *j'ai autant de livres que de cahiers*, ho tanti libri quanti quaderni. | *il y avait autant d'hommes que de femmes*, c'erano tanti uomini quante donne. | *il a autant de livres que moi*, ha tanti libri quanti ne ho io. ◆ loc. adv. (littér.) ***autant vaut*** [presque], quasi, per così dire (L.C.). ‖ ***c'est (toujours) autant de :*** *c'est autant de gagné*, è tanto di guadagnato. ‖ ***d'autant,*** di altrettanto. | *verser un acompte, c'est diminuer d'autant ses dettes*, versare un acconto è diminuire di altrettanto i propri debiti. ‖ ***d'autant plus, moins, mieux,*** tanto più, meno, meglio. ‖ ***pour autant,*** per questo, per ciò; nondimeno. | *il n'en sera pas plus riche pour autant*, non sarà più ricco per questo, per ciò. ◆ loc. conj. ***autant que*** [aussi longtemps que], per quanto; per tutto il tempo; [dans la mesure où] per quanto. | *autant que je vivrai*, per quanto tempo vivrò. | *(pour autant) que je sache*, per quanto io sappia. ‖ ***d'autant que,*** dato che, visto che. ‖ ***d'autant plus, moins, mieux que,*** tanto più, meno, meglio che; tanto più, meno, meglio in quanto che. | *allons nous promener, d'autant plus qu'il fait beau temps*, andiamo a passeggio, tanto più che il tempo è bello. | *il a d'autant plus, d'autant moins de mérite que*, ha tanto maggior, tanto minor merito in quanto. ‖ ***pour autant que,*** per quanto. | *pour autant que je m'en souvienne*, per quanto me ne ricordi.
autarcie [otarsi] f. ÉCON. autarchia.
autarcique [otarsik] adj. ÉCON. autarchico.
autel [otɛl] m. ANTIQ. ara f. ‖ RELIG. altare. | *aller, conduire à l'autel*, andare, condurre all'altare. ‖ FIG. *le trône et l'autel*, il trono e l'altare. | *dresser des autels à qn*, incensare qlcu. | *sacrifier sa vie sur l'autel de l'honneur*, sacrificare la vita all'onore.
auteur [otœr] m. [créateur, inventeur, responsable] autore, trice. ‖ FAM. *l'auteur de mes jours*, l'autore dei miei giorni. ‖ [écrivain] autore, scrittore. | *femme auteur*, autrice, scrittrice. | *auteur de théâtre*, [drame] drammaturgo; [comédie] commediografo. | *auteur de scénarios*, soggettista. | *droits d'auteur*, diritti d'autore.
authenticité [otɑ̃tisite] f. autenticità. ‖ FIG. *un accent d'authenticité*, un accento di sincerità, di schiettezza.
authentification [otɑ̃tifikasjɔ̃] f. autenticazione.
authentifier [otɑ̃tifje] ou **authentiquer** [otɑ̃tike] v. tr. autenticare.
authentique [otɑ̃tik] adj. autentico. ‖ FIG. sincero, schietto.
auto [oto] f. FAM. auto inv. (V. AUTOMOBILE.)

auto-allumage [otɔalymaʒ] m. AUTOM. autoaccensione f.
auto-analyse [otɔanaliz] f. PSYCH. autoanalisi.
autobiographie [otɔbiɔgrafi] f. autobiografia.
autobiographique [otɔbiɔgrafik] adj. autobiografico.
autobus [otɔbys] m. inv. autobus.
autocar [otɔkar] m. [tourisme ; grandes lignes] torpedone ; (auto)pullman inv. ; [lignes locales] corriera f.
autochenille [otɔʃnij] f. autobruco m., cingoletta.
autochtone [otɔktɔn] adj. et n. autoctono.
autoclave [otɔklav] m. autoclave f.
autocollant [otɔcɔlɑ̃] adj. et n. m. autoadesivo.
autocrate [otɔkrat] m. autocrate.
autocratie [otɔkrasi] f. autocrazia.
autocratique [otɔkratik] adj. autocratico.
autocritique [otɔkritik] f. autocritica.
autocuiseur [otɔkɥizœr] m. pentola (f.) a pressione.
autodafé [otɔdafe] m. HIST. autodafé inv.
autodétermination [otɔdetɛrminasjɔ̃] f. autodeterminazione.
autodidacte [otɔdidakt] n. autodidatta.
autodrome [otɔdrom] m. autodromo.
auto-école [otɔekɔl] f. scuola guida ; autoscuola.
auto-érotisme [otɔerɔtism] m. PSYCHAN. autoerotismo.
autofécondation [otɔfekɔ̃dasjɔ̃] f. autofecondazione.
autofinancement [otɔfinɑ̃smɑ̃] m. autofinanziamento.
autogène [otɔʒɛn] adj. autogeno.
autogire [otɔʒir] m. AÉR. autogiro.
autographe [otɔgraf] adj. et n. m. autografo.
autoguidage [otɔgidaʒ] m. pilotaggio automatico.
auto-intoxication [otɔɛ̃tɔksikasjɔ̃] f. autointossicazione.
automate [otɔmat] m. PR. et FIG. automa.
automation [otɔmasjɔ̃] f. V. AUTOMATISATION.
automatique [otɔmatik] adj. automatico. ◆ n. m. TÉLÉCOM. telefono automatico.
automatiser [otɔmatize] v. tr. automatizzare.
automatisation [otɔmatizasjɔ̃] f. automazione, automatizzazione.
automatisme [otɔmatism] m. automatismo.
automitrailleuse [otɔmitrajøz] f. autoblindomitragliatrice ; autoblindo m. inv.
automnal, e, aux [otɔ(m)nal, o] adj. autunnale.
automne [otɔn] m. PR. et FIG. autunno.
automobile [otɔmɔbil] adj. semovente ; auto- (préf.). | *véhicule automobile*, autoveicolo m. | *canon automobile*, cannone semovente. | *pompe automobile*, autopompa f. | *canot automobile*, motoscafo m. ‖ [qui se rapporte à l'automobile] automobilistico. | *industrie automobile*, industria automobilistica. ◆ n. f. automobile, macchina. | *auto de course*, macchina da corsa. | *automobile blindée*, autoblindo m. | *parc d'automobiles*, autoparco m. | *accident d'automobile*, incidente automobilistico. | *course d'automobiles*, corsa automobilistica. | *monter en automobile*, salire in macchina. | *faire de l'automobile*, *aller en automobile*, andare in automobile.
automobilisme [otɔmɔbilism] m. automobilismo.
automobiliste [otɔmɔbilist] n. automobilista.
automoteur, trice [otɔmɔtœr, tris] adj. automotore, trice ; semovente. | *affût automoteur*, affusto semovente. ◆ n. m. [péniche] chiatta semovente. ◆ n. f. [autorail] automotrice.
autonome [otɔnɔm] adj. autonomo.
autonomie [otɔnɔmi] f. autonomia.
autonomiste [otɔnɔmist] n. autonomista.
autopompe [otɔpɔ̃p] f. autopompa.
autoportrait [otɔpɔrtrɛ] m. autoritratto.
autopsie [otɔpsi] f. MÉD. autopsia, necroscopia.
autopsier [otɔpsje] v. tr. far l'autopsia di.
autopunition [otɔpynisjɔ̃] f. PSYCH. autopunizione.
autoradio [otɔradio] m. autoradio inv.
autorail [otɔraj] m. automotrice f. ; littorina f. (vx).
autorisation [otɔrizasjɔ̃] f. autorizzazione, permesso m., consenso m.
autorisé, e [otɔrize] adj. autorevole.
autoriser [otɔrize] v. tr. autorizzare. ◆ v. pr. *s'autoriser d'un prétexte*, valersi di un pretesto.
autoritaire [otɔritɛr] adj. autoritario.
autoritarisme [otɔritarism] m. autoritarismo.
autorité [otɔrite] f. [puissance légale ou légitime ; administration] autorità, potere m. ; imperio m. (littér.). | *faire acte d'autorité*, fare atto d'imperio, d'autorità. ‖ JUR. *autorité paternelle*, patria potestà. | *autorité de la chose jugée*, autorità del giudicato. ‖ [influence] autorità, ascendente m. | *jouir d'une grande autorité*, godere di molta autorità. | *faire autorité*, far testo. ‖ LOC. *d'autorité*, *de sa propre autorité*, d'autorità, di propria autorità, di proprio arbitrio. ‖ [poids] *autorité d'un témoignage*, autorevolezza d'una testimonianza. ‖ PHILOS. *principe d'autorité*, principio d'autorità. ◆ pl. autorità.
autoroute [otɔrut] f. autostrada.
auto-stop [otɔstɔp] m. autostop. | *faire de l'auto-stop*, fare l'autostop.
auto-stoppeur, euse [otɔstɔpœr, øz] n. autostoppista.
autostrade [otɔstrad] f. autostrada.
autosuggestion [otɔsygʒɛstjɔ̃] f. PSYCH. autosuggestione.
1. autour [otur] m. ZOOL. astore.
2. autour adv. intorno. | *tout autour*, tutt'intorno, torno torno. ◆ loc. prép. ***autour de***, intorno a, attorno a. | *tout autour de*, tutt'intorno a. ‖ FAM. [à peu près] circa, all'incirca, su per giù, press'a poco, da (L.C.).
autre [otr] adj. indéf. altro. | *autre chose*, altra cosa ; altro. | *je ne veux pas autre chose*, non voglio altro. | *entre autres choses*, fra l'altro. | *deux autres fauteuils*, altre due poltrone. | *la difficulté est tout autre*, la difficoltà è tutt'altra. | *il est autre qu'il n'était*, è diverso da quel che era. ‖ [exclusif] *nous autres*, *vous autres*, noialtri, voialtri. ‖ [second] altro, secondo. | *c'est un autre Rossini*, è un altro, un secondo Rossini. ‖ LOC. *d'autres fois*, altre volte. | *l'autre jour*, l'altro giorno. | *autre part*, altrove. | *d'autre part*, d'altra parte, d'altronde, per altro. | *de l'autre côté*, dall'altra parte, dalla parte opposta. ‖ PROV. *autres temps*, *autres mœurs*, altri tempi, altre usanze. ◆ pron. indéf. *les autres*, gli altri. | *qui d'autre que toi pourrait l'expliquer ?*, chi se non te potrebbe spiegarlo ? | *que peux-tu ajouter d'autre ?*, che altro puoi aggiungere ? | *rien d'autre*, nient'altro. | *il a lu*, *entre autres*, « le Roland furieux », ha letto, tra l'altro, *l'Orlando furioso*. | *il y avait*, *entre autres*, *le préfet*, c'era, tra gli altri, il prefetto. ‖ LOC. *parler de choses et d'autres*, parlare di questo e di quello, del più e del meno. | *de temps à autre*, di quando in quando, di tanto in tanto, ogni tanto. | *l'un l'autre*, l'un l'altro, a vicenda. | *l'un dans l'autre*, tutto sommato, in complesso, complessivamente, più o meno. ‖ FAM. *à d'autres !*, non me la darai, la darete, la darà a bere ! | *tu n'en fais jamais d'autres !*, una delle tue ! | *en avoir vu (bien) d'autres*, averne viste tante. | *c'est tout l'un ou tout l'autre*, passa da un estremo all'altro. | *comme dit*, *dirait l'autre*, come si suol dire (L.C.). ◆ n. m. PHILOS. altro.
autrefois [otrəfwa] adv. una volta, un tempo, già. | *d'autrefois*, di prima, di una volta.
autrement [otrəmɑ̃] adv. [d'une autre façon] altrimenti, diversamente. | *on ne pouvait agir autrement*, non si poteva agire altrimenti, diversamente. | *autrement dit*, in altre parole. | *je pense autrement que toi*, io la penso diversamente da te. | *il parle (tout) autrement qu'il ne pense*, parla (ben) diversamente da come pensa. ‖ [dans le cas contraire] altrimenti ; se no. | *fais vite*, *autrement tu seras en retard*, fa presto : altrimenti, se no sarai in ritardo ; diversamente (fam.) sarai in ritardo. ‖ FAM. [(beaucoup) plus, tellement] *il a autrement plus de talent que moi*, ha molto più talento di me (L.C.). | *c'est autrement important*, è molto, è ben, è di gran lunga più importante (L.C.). | *il ne fut pas autrement étonné*, non si stupì affatto (L.C.). | *cela ne m'a pas autrement étonné*, questo non mi ha troppo stupito (L.C.). | *je ne suis pas autrement satis-*

fait de toi, non sono particolarmente soddisfatto di te (L.C.).

autrichien, enne [otriʃjɛ̃, ɛn] adj. et n. austriaco.

autruche [otryʃ] f. ZOOL. struzzo m. | *estomac d'autruche,* stomaco di struzzo. ‖ FIG. *pratiquer la politique de l'autruche,* fare lo struzzo, la politica dello struzzo.

autrui [otrɥi] pron. indéf. inv. (littér.) altri; gli altri (L.C.). | *d'autrui, à autrui,* altrui. | *les affaires d'autrui,* i fatti altrui. | *aux dépens d'autrui,* a spese altrui.

auvent [ovɑ̃] m. tettoia f., pensilina f.

auvergnat, e [ovɛrɲa, at] adj. et n. alverniate.

auxiliaire [oksiljɛr] adj. ausiliare, ausiliario. | *moteur auxiliaire,* motore ausiliario. ‖ GRAMM. *verbe auxiliaire,* (verbo) ausiliare. ‖ MAR. *navire auxiliaire,* nave ausiliaria. ‖ MIL. *service auxiliaire,* servizio sedentario. | *troupes auxiliaires,* truppe ausiliarie, sussidiarie. | *milices auxiliaires,* milizie ausiliari. | *médecin, pharmacien auxiliaire,* medico, farmacista ausiliario. ‖ ADM. *employé auxiliaire,* (impiegato) avventizio. ◆ n. m. ausiliare, avventizio. ‖ GRAMM. ausiliare. ‖ HIST. ausiliario.

avachi, e [avaʃi] adj. [vêtement] sformato; [corps] sfasciato. ‖ FIG. fiacco, infiacchito, frollo, infrollito.

avachir [avaʃir] v. tr. [vêtement] sformare; [corps] sfasciare. ‖ FIG. infiacchire. ◆ v. pr. [vêtement] sformarsi; [corps] sfasciarsi. ‖ FIG. accasciarsi; stravaccarsi (in una poltrona) [fam.]. ‖ [perdre son énergie] infiacchirsi.

1. aval [aval] m. parte (f.), tratto a valle (di un fiume). ◆ loc. adv. ***en aval,*** a valle. ◆ loc. prép. ***en aval de,*** a valle di.

2. aval m. COMM. avallo. | *bon pour aval,* per avallo.

avalanche [avalɑ̃ʃ] f. valanga. | *petite avalanche,* (s)lavina. | *avalanche de pierres,* (s)lavina, frana. | *avalanche de terre,* frana. ‖ FIG. valanga.

avaler [avale] v. tr. [absorber, dévorer] ingoiare, inghiottire, trangugiare, mandar giù; [liquides seulement] tracannare. | *avaler d'un trait,* tracannare d'un fiato. | *avaler de travers,* strozzarsi. ‖ FIG. *avaler un livre, des kilomètres,* divorare un libro, chilometri. ‖ FAM. [croire] bere. | *en faire avaler,* darla a bere. | *il avale tout,* le beve tutte. | *il l'a avalé,* se l'è bevuta. ‖ [endurer] ingoiare, incassare. | *avaler une insulte,* ingoiare, incassare, mandare giù un'ingiuria. | *ne pouvoir avaler qch.,* non potere ingoiare, mandare giù, digerire qlco. ‖ LOC. FIG. *avaler la pilule,* ingoiare la pillola. | *avaler des couleuvres,* ingoiare bocconi amari. | *avaler sa langue, sa salive,* perdere la lingua. | *avaler sa rage,* contenere la bile, mangiarsi il fegato. | *avaler des yeux,* divorare con gli occhi. | *avaler ses mots,* mangiarsi le parole. ‖ FAM. *avoir avalé un manche à balai, son parapluie,* aver mangiato il manico della scopa.

avaleur, euse [avalœr, øz] n. FAM. *avaleur de soupe,* ghiottone, a; mangione, a. | *avaleur de sabres,* mangiatore di spade.

avaliser [avalize] v. tr. COMM., FIG. avallare.

avaliseur [avalizœr] ou **avaliste** [avalist] adj. et n. m. COMM. avallante.

à-valoir [avalwar] m. inv. COMM. acconto m.

avance [avɑ̃s] f. [progression] progressione, avanzata. | *des obstacles de toutes sortes ralentissaient notre avance,* ostacoli di ogni specie rallentavano la nostra avanzata, la nostra marcia. ‖ MIL. avanzata. ‖ [action de devancer] vantaggio m. | *prendre de l'avance,* prendere, acquistar vantaggio; avvantaggiarsi. | *avoir de l'avance,* essere in anticipo, anticipare. ‖ SPORT distacco m. | *il arriva avec deux kilomètres, avec dix minutes d'avance sur le second,* arrivò con un vantaggio di due chilometri, di dieci minuti sul secondo. | *une avance de deux buts,* un vantaggio di due gol. ‖ IRON. *la belle avance!,* bel vantaggio! ‖ [paiement anticipé] anticipo m., prestito m., anticipazione. ‖ MÉC. avanzamento m. ‖ AUTOM. *avance à l'allumage,* anticipo d'accensione. ◆ pl. [premiers pas] approcci m. pl., primi passi, offerte, proposte. | *faire des avances à qn,* far delle proposte, delle avances (fr.) a qlcu. ◆ loc. adv. ***à l'avance, d'avance, par avance,*** in anticipo, anticipatamente. | *savourer d'avance,* gustare in anticipo; pregustare. | *avertir d'avance,* preavvisare, preavvertire. ‖ ***en avance,*** in anticipo. | *être en avance,* essere in anticipo; anticipare. | *ta montre est en avance,* il tuo orologio va avanti. | *tu es en avance,* hai fatto presto.

avancé, e [avɑ̃se] adj. COMM. anticipato. ‖ MIL. avanzato. ‖ FIG. avanzato, progredito, inoltrato. | *travail avancé,* lavoro portato avanti. | *âge avancé,* età avanzata. | *être d'un âge avancé,* essere innanzi negli anni. | *civilisation avancée,* civiltà progredita. | *à une heure avancée de la nuit,* a tarda notte, a notte inoltrata. | *être peu avancé dans ses études,* essere poco avanti negli studi. | IRON. FAM. *te voilà bien avancé!* sei restato con un pugno di mosche (in mano)! ‖ [d'avant-garde] *idées avancées,* idee avanzate. ‖ [près de se gâter] *viande avancée, gibier avancé,* carne, selvaggina troppo frolla. | *fruit avancé,* frutto mezzo.

avancée [avɑ̃se] f. ARCHIT. sporto m., aggetto m., sporgenza.

avancement [avɑ̃smɑ̃] m. [action de porter en avant] avanzamento, (l')avanzare. ‖ [saillie] sporgenza f., sporto, aggetto. ‖ FIG. [progression] avanzamento, progresso, progressione f. | *l'avancement des sciences,* il progresso delle scienze. | *l'avancement des travaux,* il progredire dei lavori. ‖ [promotion] avanzamento. | *donner de l'avancement à qn,* avanzare qlcu. di grado. | *avancement à l'ancienneté, au choix,* avanzamento per anzianità, a scelta. | *tableau d'avancement,* graduatoria f. ‖ JUR. *avancement d'hoirie,* anticipo su legato, su lascito.

avancer [avɑ̃se] v. tr. **1.** [porter, pousser en avant] avanzare; portare, spingere in avanti. | *avancer la table,* avanzare, portare avanti, avvicinare la tavola. | *avancer la main,* porgere, allungare la mano. | *avancer un pion,* muovere una pedina. | *avancer la voiture,* spostare la macchina in avanti, avvicinare la macchina. ‖ **2.** [faire progresser] far progredire, far avanzare, mandare avanti. | *avancer un travail,* mandare avanti un lavoro. | *faire avancer une affaire,* mandare avanti, far avanzare un affare. | *faire avancer un fonctionnaire,* promuovere un funzionario, avanzare (di grado) un funzionario. ‖ [hâter] anticipare; mandare avanti. | *avancer l'heure du dîner, le dîner, son départ,* anticipare la cena, la partenza. | *avancer sa montre d'une heure,* mettere avanti l'orologio d'un'ora. ‖ FAM. [servir] servire, giovare (L.C.). | *cela n'avance à rien,* ciò non serve a nulla. | *cela ne m'avance guère,* mi serve poco. ‖ **3.** [payer à l'avance] anticipare. | *avancer un mois de traitement,* anticipare un mese di stipendio. ‖ [prêter] prestare. | *il m'a avancé de l'argent pour le voyage,* mi ha prestato denaro per il viaggio. ‖ **4.** FIG. [mettre en avant] avanzare, porgere, presentare; mettere innanzi. | *avancer une proposition, une idée,* avanzare una proposta, un'idea. ◆ v. intr. [se porter en avant] avanzare; andare, venire avanti; procedere, progredire, avvicinarsi. | *l'ennemi avance,* il nemico avanza, il nemico viene avanti. | *avance!, avançons!, avancez!,* avanti! | *les travaux avancent lentement,* i lavori avanzano, procedono lentamente. | *avancer en âge,* andare avanti con gli anni. | *avancer en grade,* avanzare di grado. | *l'affaire avance,* l'affare è molto avanti, è a buon porto. | *ta montre avance; tu avances* (fam.), il tuo orologio va avanti (L.C.). ‖ [faire saillie] avanzare, sporgere. ◆ v. pr. [se porter en avant] avanzarsi, inoltrarsi, avvicinarsi; andare, venire avanti, procedere (v. intr.). | *s'avancer hors des rangs,* uscir dalla fila. ‖ [jour, saison] stare per finire, volgere alla fine, calare, declinare. ‖ FIG. [s'engager, se hasarder] avventurarsi, azzardarsi. | *trop s'avancer,* spingersi troppo avanti, presumere troppo di sé, passare i limiti, esagerare. | *il s'avança jusqu'à prétendre que,* pretese perfino che. ‖ [faire saillie] avanzare, sporgere.

avanie [avani] f. avania, angheria, sopruso m., sopraffazione, affronto m., offesa. | *essuyer une avanie,* subire un affronto.

avant [avɑ̃] prép. **1.** [temps] prima di, avanti, innanzi. | *avant l'aube*, innanzi, avanti l'alba; avanti giorno; prima dell'alba. | *avant la fin du mois*, prima della fine del mese, entro il mese. | *avant Jésus-Christ*, avanti Cristo. | *avant la lettre*, avanti lettera. | *avant l'heure*, prima dell'ora (prevista), innanzi tempo. || **2.** [lieu] *avant la ville*, prima della città. | *avant moi*, prima di me. || **3.** [priorité] *il est avant tous ses camarades*, sta innanzi a tutti i suoi compagni. | *placer son intérêt avant l'intérêt général*, anteporre il proprio interesse all'interesse generale. || **4.** Loc. *avant peu*, fra poco; presto. | *avant tout*, anzitutto, innanzitutto, prima di tutto. ◆ loc. prép. ***avant de; avant que de*** (littér.), prima di. || ***en avant de***, davanti a, innanzi a. ◆ adv. **1.** [temps] prima, avanti, innanzi. | *peu (de temps) avant*, poco prima, poc'anzi. | *le jour (d')avant*, il giorno prima, il giorno precedente. | *la page (d')avant*, la pagina precedente. || **2.** (littér.) [éloignement du point de départ] avanti, lontano, più in là. | *pénétrer avant dans le bois*, inoltrarsi, addentrarsi (profondamente) nel bosco. | *creuser plus avant*, scavare più profondamente. | *ne va pas plus avant*, non andare avanti, oltre. | *fort avant dans la nuit*, a tarda notte, a notte inoltrata. ◆ loc. adv. ***en avant***, avanti, davanti, innanzi, dinanzi. | *un pas en avant*, un passo (in) avanti. || *en avant!*, avanti! || Mil. *en avant! marche!*, avanti marsc'!, avanti marc'! || Fig. *mettre en avant une question, un document*, sollevare una questione, produrre un documento. | *se mettre en avant*, farsi avanti, farsi valere. ◆ loc. conj. ***avant que***, prima che. | *avant qu'il (ne) vienne*, prima che venga. ◆ n. m. parte (f.) anteriore. | *à l'avant*, davanti. || Mil. fronte. || Sport attaccante; avanti inv. || Mar. *à l'avant*, a proravia. || Pr. et fig. *aller de l'avant*, andar avanti, avanzare rapidamente; impegnarsi con risolutezza (fig.). ◆ adj. inv. anteriore. | *(voiture à) traction avant*, macchina a trazione anteriore. | *les roues avant*, le ruote anteriori. | *marche avant*, marcia avanti. || Mar. *canon avant*, cannone prodiero.

avantage [avɑ̃taʒ] m. [profit] vantaggio, utile, tornaconto, profitto. | *tirer avantage de qch., de tout*, trar profitto da qlco., di tutto. | *y trouver son avantage*, trovarci il proprio tornaconto. | *à l'avantage de*, a vantaggio di, a beneficio di, a favore di. | *tu es coiffé à ton avantage*, hai un'acconciatura che ti dona. | *avantages en nature*, compenso in natura; regalie f. pl. || [supériorité] vantaggio, sopravvento. | *avoir, prendre l'avantage sur qn*, avere, prendere il sopravvento su qlcu. | *profiter de son avantage*, approfittare del proprio vantaggio. | *garder, perdre l'avantage*, conservare, perdere il vantaggio. || [plaisir, honneur] piacere. | *j'ai l'avantage de connaître votre père*, ho il piacere di, mi onoro di conoscere suo padre. || Sport vantaggio, abbuono. | *un avantage de deux points en faveur de*, un vantaggio di due punti a favore di. || [tennis] *avoir l'avantage*, essere in vantaggio. | *avantage dehors, dedans*, vantaggio alla rimessa, alla battuta.

avantager [avɑ̃taʒe] v. tr. avvantaggiare, favorire. || [coiffure, vêtement] donare (v. tr. ind.). | *cette coiffure t'avantage*, quest'acconciatura ti dona.

avantageux, euse [avɑ̃taʒø, øz] adj. vantaggioso, proficuo, giovevole. | *affaire avantageuse*, affare vantaggioso, proficuo. || [flatteur] lusinghiero. | *tenir des propos avantageux sur qn*, dire parole lusinghiere sul conto di uno. || [qui sied bien] che dona. || [vaniteux] vanitoso, vanesio, fatuo.

avant-bec [avɑ̃bɛk] m. Archit. antibecco, avambecco.

avant-bras [avɑ̃bra] m. inv. avambraccio m.

avant-centre [avɑ̃sɑ̃tr] m. Sport centrattacco (pl. *centrattachi*); centravanti (inv.).

avant-corps [avɑ̃kɔr] m. inv. Archit. avancorpo m.

avant-cour [avɑ̃kur] f. primo cortile.

avant-coureur [avɑ̃kurœr] adj. m. precursore, premonitore, foriero.

avant-courrier, ère [avɑ̃kurje, ɛr] adj. (littér.) precorritore, trice. ◆ n. antesignano m. || Hist. battistrada (m. inv.).

avant-dernier, ère [avɑ̃dɛrnje, ɛr] adj. et n. penultimo.

avant-garde [avɑ̃gard] f. Mil., fig. avanguardia.

avant-goût [avɑ̃gu] m. pregustazione f., (primo) saggio, anticipazione f.

avant-guerre [avɑ̃gɛr] m. ou f. anteguerra (m. inv.).

avant-hier [avɑ̃tjɛr] loc. adv. ier(i) l'altro, l'altro ieri.

avant-port [avɑ̃pɔr] m. avamporto.

avant-poste [avɑ̃pɔst] m. Mil. avamposto.

avant-première [avɑ̃prəmjɛr] f. anteprima. || [article de journal] resoconto (m.) di un'anteprima.

avant-projet [avɑ̃prɔʒɛ] m. schema di progetto, piano preliminare.

avant-propos [avɑ̃prɔpo] m. inv. (breve) prefazione f.; premessa f.

avant-scène [avɑ̃sɛn] f. proscenio m., ribalta. || [loge] palco (m.) di proscenio.

avant-toit [avɑ̃twa] m. gronda f.

avant-train [avɑ̃trɛ̃] m. [véhicule] avantreno. || Zool. parte (f.) anteriore del corpo.

avant-veille [avɑ̃vɛj] f. antivigilia.

avare [avar] adj. et n. Pr. et fig. avaro.

avarice [avaris] f. avarizia.

avaricieux, euse [avarisjø, øz] adj. et n. taccagno, spilorcio, gretto, avaro.

avarie [avari] f. Mar. avaria. || [dégât] danno m., guasto m., avaria.

avarié, e [avarje] adj. avariato, guasto, deteriorato, danneggiato.

avarier [avarje] v. tr. avariare, guastare, danneggiare. ◆ v. pr. avariare (v. intr.); avariarsi, guastarsi.

avatar [avatar] m. Relig. avatara. || [réincarnation] (re)incarnazione f., metamorfosi f., trasformazione f. || Abusiv. disavventura f., contrarietà f., peripezia f.

ave [ave] ou **ave maria** [avemarja] m. avemmaria f.

avec [avɛk] prép. **1.** [en compagnie de] con, insieme con; insieme a, assieme a (moins correct). | *sortir avec ses amis*, uscire con gli amici. | *seul avec sa douleur*, solo col proprio dolore. | *il est avec nous*, è con noi (pr.); è dalla nostra parte (fig.). || **2.** [envers, contre] con, verso, contro. | *être aimable avec qn*, essere gentile con uno. | *être indulgent avec ses enfants*, essere indulgente coi, verso i figli. | *se battre avec un voyou*, battersi con un ragazzaccio. || **3.** [simultanéité] con. | *se lever avec le soleil*, alzarsi col sole. || **4.** [moyen, instrument, cause] con. | *avec de bonnes paroles*, con buone parole. | *attacher avec des cordes*, legare con funi. | *marcher avec des béquilles*, camminare colle grucce. | *frapper avec le marteau*, picchiare col martello. | *avec le temps il oubliera*, col tempo, con l'andar del tempo dimenticherà. || **5.** [manière] con. | *avec douleur, joie, courage*, con dolore, gioia, coraggio. | *un appartement avec vue sur la mer*, un appartamento con vista sul mare. || **6.** [concession] con, nonostante. | *avec tant de qualités, il a échoué dans son entreprise*, con, nonostante tutte le sue qualità è fallito nell'impresa. | *avec la meilleure volonté du monde*, con la migliore volontà. ◆ loc. prép. ***d'avec***, da. | *distinguer l'ami d'avec le flatteur*, distinguere l'amico dall'adulatore. | *divorcer d'avec sa femme*, divorziare dalla moglie. ◆ adv. Fam. *du pain et du chocolat avec*, pane con cioccolata (l.c.). | *il a pris sa canne et s'en est allé avec*, ha preso il bastone e se n'è andato (via) [l.c.]. | *Jeannot a un petit chien et joue avec*, Nino ha un cagnolino e ci gioca insieme. ◆ loc. adv. Fam. ***et avec ça?***, desidera altro? (l.c.). ◆ loc. conj. Fam. ***avec cela, ça que***, come se. | *avec ça que vous ne le saviez pas!*, come se non lo aveste saputo! | *avec ça qu'il ne s'est jamais trompé!*, come se non si fosse mai sbagliato!

aveline [avlin] f. Bot. avellana.

avelinier [avlinje] m. Bot. avellano.

aven [avɛn] m. Géol. dolina f., sprofondamento.

avenant, e [avnɑ̃, ɑ̃t] adj. avvenente, leggiadro, affabile, ameno, grazioso. | *des manières avenantes*, dei modi attraenti. ◆ loc. adv. ***à l'avenant***, in proporzione, in armonia, ugualmente, similmente. | *de jolis yeux, un teint à l'avenant*, begli occhi e una carnagione ugualmente bella, altrettanto bella. ◆ loc.

prép. ***à l'avenant de,*** all'immagine di, in proporzione di, in conformità di, in armonia con. | *son bureau est à l'avenant du reste de la maison*, il suo studio è in armonia col resto della casa. ◆ n. m. JUR. clausola (f.) addizionale (di un contratto) ; protocollo allegato (a un contratto).

avènement [avɛnmɑ̃] m. [venue] avvento, venuta f. | *l'avènement du Messie*, la venuta del Messia. || [accession] avvento, assunzione f., ascesa f.

avenir [avnir] m. [temps futur] avvenire, futuro. || [situation future] avvenire. | *homme, garçon d'avenir*, uomo, giovane d'avvenire, che farà carriera, che (si) farà strada nella vita. || [postérité] posterità f., posteri m. pl. ◆ loc. adv. ***à l'avenir,*** in avvenire, per l'avvenire, in futuro, d'ora in poi, d'ora innanzi.

avent [avɑ̃] m. RELIG. avvento.

aventure [avɑ̃tyr] f. avventura, vicenda, caso m. | *en quête d'aventures*, in cerca d'avventure. | *une étrange aventure*, una strana avventura, un caso strano. | *aventure galante*, avventura galante, amorosa. | *dire la bonne aventure*, predire la ventura, il futuro. || COMM. *prêt à la grosse aventure*, prestito a cambio marittimo. ◆ loc. adv. ***à l'aventure,*** alla ventura. | *marcher à l'aventure*, andare alla ventura. || ***d'aventure, par aventure,*** per avventura, per caso.

aventurer [avɑ̃tyre] v. tr. avventurare, arrischiare. ◆ v. pr. [à] avventurarsi (a), arrischiarsi (a), azzardarsi (a), attentarsi (di).

aventureux, euse [avɑ̃tyrø, øz] adj. avventuroso, rischioso.

aventurier, ère [avɑ̃tyrje, jɛr] n. avventuriero.

aventurine [avɑ̃tyrin] f. MINÉR. avventurina.

aventurisme [avɑ̃tyrism] m. avventurismo (néol.).

avenu, e [avny] adj. *nul et non avenu*, privo di valore, inesistente ; JUR. irrito.

avenue [avny] f. (littér.) [accès] accesso m. || [allée plantée d'arbres] viale m. || FIG. accesso m., adito m. | *les avenues du pouvoir*, le vie del potere.

avéré, e [avere] adj. avverato, accertato, appurato, assodato. | *il est avéré que*, consta che.

avérer (s') [savere] v. pr. [se révéler] apparire, risultare, rivelarsi. | *l'entreprise s'avère difficile*, l'impresa appare, risulta, si rivela difficile. | *le médicament s'avéra inutile*, la medicina risultò inutile. | *s'avérer exact*, avverarsi, verificarsi. || LOC. *il s'avère que, il s'est avéré que*, consta che.

avers [avɛr] m. diritto.

averse [avɛrs] f. acquazzone m., scroscio m., rovescio m. ; [avec du vent] piovasco m. | *essuyer une averse*, prendere un acquazzone.

aversion [avɛrsjɔ̃] f. avversione, antipatia. | *éprouver de l'aversion pour*, provare, nutrire avversione, antipatia per. | *avoir, prendre en aversion*, avere, prendere in antipatia.

averti, e [avɛrti] adj. accorto, esperto, avvertito, competente ; al corrente (di) ; che sa il fatto suo. || PROV. *un homme averti en vaut deux*, uomo avvisato, mezzo salvato.

avertir [avɛrtir] v. tr. [informer] avvertire, avvisare, informare. || [mettre en garde] avvisare, ammonire. | *je t'avertis de ne pas le faire*, ti avviso di non farlo. | *avertir un élève*, ammonire un alunno.

avertissement [avɛrtismɑ̃] m. [information] avviso, avvertimento. || [mise en garde] ammonimento, avvertenza f., ammonizione f., monito, diffida f. | *donner un avertissement à qn*, ammonire qlcu. || [sanction administrative] ammonizione. || [préface] avvertenza f., (breve) prefazione f. || [avis d'impôt] cartella f. (esattoriale).

avertisseur [avɛrtisœr] adj. m. *signal avertisseur*, segnale d'allarme. ◆ n. m. avvisatore. | *avertisseur d'incendie*, avvisatore d'incendio. | *avertisseur d'automobile*, avvisatore acustico ; clacson (inv.). || [théâtre] avvisatore ; buttafuori (inv.).

avestique [avɛstik] m. LING. avestico.

aveu [avø] m. [reconnaissance d'une faute] confessione f. | *faire des aveux complets*, far piena confessione. | *faire l'aveu de qch.*, far confessione di, confessare qlco. || [déclaration] dichiarazione f. | *tendres aveux*, dichiarazioni amorose. | *de l'aveu de tous*, per ammissione comune ; tutti lo riconoscono. | *sans mon aveu*, senza il mio consenso. || LOC. *homme sans aveu*, uomo di malaffare, tipo losco. | *gens sans aveu*, gente losca.

aveuglant, e [avœglɑ̃, ɑ̃t] adj. accecante, abbagliante, abbacinante. || FIG. *preuve aveuglante*, prova lampante.

aveugle [avœgl] adj. et n. cieco, orbo. | *aveugle de naissance*, cieco dalla nascita. | *devenir aveugle*, diventar cieco, accecare. || FIG. cieco. || ARCHIT. *fenêtre aveugle*, finestra cieca. ◆ loc. adv. ***en aveugle,*** alla cieca, ciecamente.

aveuglement [avœgləmɑ̃] m. accecamento, offuscamento, cecità f.

aveuglément [avœglemɑ̃] adv. cecamente.

aveugle-né, e [avœgləne] adj. et n. cieco nato.

aveugler [avœgle] v. tr. accecare. || [lumière] abbagliare. || FIG. accecare, offuscare, ottenebrare. || TECHN. [boucher] accecare, turare. | *aveugler une voie d'eau*, turare una falla. ◆ v. pr. **(sur)** illudersi (su), sbagliarsi (su).

aveuglette (à l') [alavœglɛt] loc. adv. PR. et FIG. alla cieca.

aveulir [avølir] v. tr. impoltronire, ammollire. ◆ v. pr. impoltronirsi, ammollirsi.

aveulissement [avølismɑ̃] m. ammollimento, (l')ammollire, (l')impoltronire.

aviateur, trice [avjatœr, tris] n. aviatore, trice. || MIL. aviere m.

aviation [avjasjɔ̃] f. aviazione. | *aviation de chasse*, aviazione da caccia. | *compagnie, ligne d'aviation*, compagnia, linea aerea.

avicole [avikɔl] adj. avicolo.

aviculteur [avikyltœr] m. avicoltore.

aviculture [avikyltyr] f. avicoltura.

avide [avid] adj. PR. avido, ingordo. || FIG. avido, assetato, cupido, bramoso.

avidité [avidite] f. PR. avidità, ingordigia. || FIG. avidità, cupidigia, brama.

avilir [avilir] v. tr. [rendre vil, méprisable] avvilire, degradare. || [déprécier] rinvilire, svilire, deprezzare. | *avilir une marchandise*, svilire una merce. ◆ v. pr. [se dégrader] invilirsi, degradarsi. || [se déprécier] svilirsi, deprezzarsi ; calar di valore, di prezzo.

avilissant, e [avilisɑ̃, ɑ̃t] adj. avvilente, degradante.

avilissement [avilismɑ̃] m. [personne] avvilimento, degradazione f. || [argent, monnaie, prix] deprezzamento, svilimento.

aviné, e [avine] adj. avvinazzato.

aviner [avine] v. tr. avvinare.

avion [avjɔ̃] m. aereo, aeroplano. | *avion à réaction*, aereo a reazione ; reattore, aviogetto. | *avion de reconnaissance*, aereo da ricognizione ; ricognitore. | *la défense contre avions* (D.C.A), la contraerea, la difesa antiaerei. | *avion de transport*, aereo da trasporto. | *avion de ligne*, aereo di linea. | *transporter par avion*, aerotrasportare. | *par avion*, per via aerea. | *voyager en avion*, viaggiare in aereo.

avion-cargo [avjɔ̃kargo] m. aereo da trasporto, da trasporto merci.

avion-citerne [avjɔ̃sitɛrn] m. velivolo rifornitore ; aerocisterna f.

avion-école [avjɔ̃ekɔl] m. aeroplano scuola.

avion-fusée [avjɔ̃fyze] m. aerorazzo.

avionneur [avjɔnœr] m. fabbricante di cellule di aerei.

aviron [avirɔ̃] m. remo. || SPORT canottaggio.

avis [avi] m. [opinion] parere, avviso ; opinione f. | *je suis d'avis que ; m'est avis que* (fam.), sono del parere che, mi pare che, a parer mio (L.C.). | *à notre avis*, a nostro parere, avviso. | *de l'avis de*, secondo il parere di. | *je suis de ton avis*, sono del tuo parere. | *donner son avis*, dare il proprio parere. || [jugement] giudizio, deliberazione f. | *avis favorable*, giudizio favorevole. | *après avis des experts*, dopo consultazione dei periti. || [conseil] parere, avviso, consiglio. | *prendre l'avis de qn*, sentire il parere di qlcu. || [information] avviso, avvertimento, notificazione f., bando, annuncio. |

donner avis de, dar avviso, notizia di. | *avis au public*, avviso al pubblico. | *avis officiel*, avviso, notificazione ufficiale. | *avis de concours*, bando di concorso. | *avis de décès*, notificazione di morte ; [dans un journal] annuncio mortuario. | *avis au lecteur*, avvertenza f. | *jusqu'à nouvel avis*, fino a nuovo ordine. | *sauf avis contraire*, salvo parere contrario. || COMM. avviso. | *avis de payement, de réception*, avviso di pagamento, di ricevimento. | *avis d'expédition*, avviso di spedizione.

avisé, e [avize] adj. avveduto, accorto.

aviser [avize] v. tr. [apercevoir] scorgere, avvistare, adocchiare. || [avertir] avvisare, avvertire. ◆ v. tr. ind. **(à)** por mente a, badare a, provvedere a. | *aviser au moyen de faire qch.*, cercare il mezzo, provvedere al mezzo di fare qlco. | *j'y aviserai*, ci provvederò io, me ne occuperò io. || ABSOL. *il faudra aviser*, bisognerà prendere una decisione. ◆ v. pr. [s'apercevoir] avvedersi, accorgersi. || [imaginer] immaginare, escogitare, ideare. | *il s'avisa d'un expédient*, immaginò, escogitò un espediente ; gli venne in mente un espediente. || [oser] attentarsi (di), ardire (di), provarsi (a). | *ne t'avise pas de toucher ce livre !*, non attentarti di toccare questo libro ! | *avise-toi de recommencer !*, guai a te se ti attenti di farlo di nuovo !

aviso [avizo] m. MAR. avviso.

avitaillement [avitajmɑ̃] m. MAR. rifornimento (di nafta).

avitailler [avitaje] v. tr. MAR. rifornire, vettovagliare.

avitailleur [avitajœr] m. MAR. nave cisterna f.

avitaminose [avitaminoz] f. MÉD. avitaminosi.

aviver [avive] v. tr. [rendre plus vif] avvivare, ravvivare. | *aviver le feu*, (r)avvivare il fuoco. | *aviver les couleurs*, avvivare i colori. || TECHN. [polir] levigare, lisciare ; polire (rare). || CHIR. [mettre à vif] *aviver une blessure, une plaie*, mettere a nudo una ferita, una piaga. || FIG. [exciter] inasprire, esacerbare, esasperare, eccitare. | *aviver une querelle, une douleur*, inasprire una lite, un dolore.

avocaillon [avɔkajɔ̃] m. FAM., PÉJOR. leguleio ; azzeccagarbugli inv. ; paglietta (mérid.).

avocasserie [avɔkasri] f. FAM. cavillo m., trappola avvocatesca.

avocassier, ère [avɔkasje, ɛr] adj. FAM., PÉJOR. avvocatesco ; di leguleio.

1. avocat, e [avɔka, at] n. avvocato, avvocatessa. | *profession d'avocat*, avvocatura f. | *avocat à la Cour de cassation*, avvocato presso la Corte di cassazione. | *avocat d'office*, avvocato d'ufficio. | *avocat général*, pubblico ministero. || FIG. avvocato, difensore m. | *se faire l'avocat du diable*, fare l'avvocato del diavolo.

2. avocat m. BOT. avocado.

avocatier [avɔkatje] m. BOT. avocado.

avocette [avɔsɛt] f. ZOOL. avocetta.

avoine [avwan] f. BOT. avena, biada. | *folle avoine*, avena matta. | *flocons d'avoine*, fiocchi d'avena.

1. avoir [avwar] v. tr.

I. POSSÉDER : **1.** [objets] avere, possedere. **2.** [qualités physiques, morales ; dimensions, âge] avere. **3.** [sensations, sentiments] avere, provare.
II. SE PROCURER ; OBTENIR : avere, ottenere, prendere.
III. LOCUTIONS : ***avoir à :*** avere da ; ***n'avoir qu'à :*** bastare ; ***en avoir :*** averne ; ***il y a :*** c'è, ci sono.
IV. AUXILIAIRE : avere, essere.

I. POSSÉDER : **1.** [objets] avere, possedere. | *avoir de quoi vivre*, aver di che vivere. | *a-t-il son livre ? — oui, il l'a*, ha il suo libro ? — sì, lo ha : ce l'ha il suo libro ? — sì, ce l'ha (fam.) | *as-tu une cigarette ? — non, je n'en ai pas*, hai una sigaretta ? — no, non ne ho : ce l'hai una sigaretta ? — no, non ce l'ho (fam.) | *avoir les cheveux blonds*, avere i capelli biondi, essere biondo di capelli. || [recevoir] avere, ricevere. | *avoir du monde à dîner*, avere degli invitati a pranzo. || [porter avec soi, sur soi] avere, portare, vestire, indossare, tenere. || [entretenir] avere, mantenere. | *avoir commerce avec qn*, aver relazioni, essere in relazioni con qlcu. || **2.** [qualités physiques, morales ; dimensions, âge] avere. | *avoir une petite taille*, avere una piccola statura, essere di piccola statura. | *avoir du courage*, aver coraggio. | *il a deux mètres de haut*, è alto due metri. | *le fleuve a deux mètres de profondeur*, il fiume è profondo due metri. | *il a vingt ans*, ha vent'anni, è ventenne. || **3.** [sensations ; sentiments] avere, provare. | *avoir faim, soif, froid, chaud*, aver fame, sete, freddo, caldo. | *avoir besoin, envie de*, aver bisogno, voglia di. | *avoir l'estomac, le ventre creux*, essere a stomaco vuoto, a pancia vuota. | *avoir (de) la fièvre*, aver la febbre. | *avoir peur, pitié, confiance*, aver paura, compassione, fiducia. | *avoir de la haine, de la sympathie pour*, provare odio, simpatia per. | *qu'a-t-il ?, qu'est-ce qu'il a ?*, cos'ha ? | *avoir qch. sur le cœur*, avere una spina nel cuore.

II. SE PROCURER ; OBTENIR : avere, ottenere, prendere. | *avoir la parole*, avere, ottenere la parola. | *j'ai eu le prix*, ho avuto, ottenuto il premio. | *avoir de bonnes notes*, prendere dei bei voti. | *j'ai dû courir pour avoir mon train*, ho dovuto correre per prendere il treno. || FAM. *avoir qn* : [l'emporter sur] vincere qlcu., superare qlcu., prendere il sopravvento su qlcu. (L.C.) ; [attraper] acciuffare qlcu. ; raggiungere qlcu. (L.C.) ; [tromper] infinocchiare ; imbrogliare (L.C.). | *courage, on les aura !*, coraggio, vinceremo ! | *avoir raison de qn*, avere ragione di qlcu., aver la meglio su qlcu. | *avoir raison d'une difficulté*, venire a capo di una difficoltà ; spuntarla (fam.).

III. LOCUTIONS : **1. *avoir à,*** avere da. | *avoir à faire*, avere da fare. | *tu n'as pas à t'en occuper*, non hai da occupartene, non te ne devi occupare, non devi occupartene. || **2. *n'avoir qu'à,*** bastare (v. impers.). | *tu n'as qu'à demander la permission*, basta che tu chieda il permesso. | *vous n'avez plus qu'à obéir*, non Le resta altro che ubbidire. || [menace] *vous n'avez qu'à y venir !*, venga pure !, si provi pure ! || **3. *en avoir,*** averne. | *en avoir pour deux heures*, averne per due ore. | *en avoir pour son argent*, V. ARGENT. | *en avoir assez*, averne abbastanza, essere stufo. | *en avoir par-dessus la tête*, averne fin sopra i capelli. | *en avoir dans l'aile*, essere colpito nel vivo. | *en avoir contre, à, après qn*, avercela con qlcu. | *malgré, quoi qu'il en ait*, suo malgrado. || ABSOL., POP. avere del fegato (L.C.). || **4.** *avoir beau*, V. BEAU. | *avoir l'air*, V. AIR. | *avoir lieu*, V. LIEU. || **5.** FAM. *tu as, vous avez des gens qui pensent que*, c'è gente che pensa che, c'è chi pensa che. || **6. *il y a,*** c'è, ci sono ; v'è, vi sono (littér.). | *il y en a encore*, ce n'è ancora | *il n'y en a plus*, non ce n'è più. | *merci ! — il n'y a pas de quoi !*, grazie ! — prego !, di niente !, non c'è di che ! | *il n'y a rien à faire*, non c'è niente da fare. | *il y a lieu de croire*, c'è ragione di credere. | *qu'y a-t-il ?, qu'est-ce qu'il y a ?*, che c'è ?, che cosa c'è ? ; [qu'arrive-t-il ?] cosa succede ? | *il y a que*, succede che. || [temps] *il est arrivé il y a huit jours*, è arrivato una settimana fa, da una settimana. | *il y a trois mois que je fais le voyage matin et soir*, da tre mesi faccio, sono tre mesi che faccio il viaggio mattina e sera. | *il y aura un mois demain que*, sarà un mese domani che.

IV. AUXILIAIRE : avere, essere. **1.** Correspondance entre français et italien (temps composés des verbes tr., des verbes intr. employés tr. et des verbes intr. exprimant une action physique ou morale) : avere. | *il a fait qch.*, ha fatto qlco. | *il a vécu des années tranquilles*, ha vissuto anni tranquilli. | *il a dormi*, ha dormito. | *j'ai obéi*, ho ubbidito. || **2.** Différence entre français et italien (conjugaison du verbe *être*, des verbes impers., de la plupart des verbes intr. de mouvement) : essere. | *j'ai été*, sono stato. | *il a beaucoup neigé*, è nevicato molto. | *il a grandi*, è cresciuto. | *il a vécu cent ans*, è vissuto cent'anni. || **3.** Avec les verbes *devoir, pouvoir, vouloir* suivis d'un inf., on emploie l'aux. exigé par le verbe qui suit (mais l'emploi de « avere » tend à se généraliser dans l'usage courant) : *j'ai dû faire*, ho dovuto fare. | *j'ai dû partir*, son dovuto partire.

2. avoir m. avere, sostanza f., patrimonio. ‖ COMM. avere, credito. | *le doit et l'avoir*, il dare e l'avere.
avoisinant, e [avwazinɑ̃, ɑ̃t] adj. vicino, confinante, circonvicino.
avoisiner [avwazine] v. tr. confinare con, star vicino a, essere vicino a.
avortement [avɔrtəmɑ̃] m. MÉD. aborto. ‖ FIG. aborto, fallimento, insuccesso, cattiva riuscita.
avorter [avɔrte] v. intr. MÉD. abortire. ‖ FIG. abortire, fallire ; andare in fumo, a monte. | *faire avorter*, mandare a monte, in fumo.
avorton [avɔrtɔ̃] m. aborto. ‖ FIG., PÉJOR. aborto, sgorbio.
avouable [avwabl] adj. confessabile.
avoué [avwe] m. JUR. (procuratore) legale.
avouer [avwe] v. tr. confessare. | *le coupable a avoué*, è reo confesso. | *avouer son amour*, dichiarare il proprio amore. | *avouer un ouvrage*, riconoscere la paternità di un libro. | *ne pas avoir d'ennemis avoués*, non avere nemici dichiarati. ◆ v. pr. darsi per. | *s'avouer vaincu*, darsi per vinto ; riconoscere, confessare di esser vinto.
avril [avril] m. aprile. | *poisson d'avril*, pesce d'aprile.
axe [aks] m. asse. | *axe routier*, asse stradale. ‖ ASTR., MATH. asse. ‖ MÉC. asse, pern(i)o. ‖ FIG., POLIT. asse.
axer [akse] v. tr. PR. disporre secondo un asse, orientare. ‖ FIG. imperniare, orientare.
axial, e, aux [aksjal, o] adj. assiale.
axillaire [aksilɛr] adj. ANAT., BOT. ascellare.
axiome [aksjom] m. assioma.
axis [aksis] m. ANAT. asse.
ayant cause [ɛjɑ̃koz] m. (pl. **ayants cause**) JUR. avente causa.
ayant droit [ɛjɑ̃drwa] m. (pl. **ayants droit**) JUR. avente diritto.
azalée [azale] f. BOT. azalea.
azerole [azrɔl] f. BOT. (l)azzeruola.
azerolier [azrɔlje] m. BOT. (l)azzeruolo.
azimut [azimyt] m. ASTR. azimut inv. ‖ MIL. *défense tous azimuts*, difesa in tutte le direzioni.
azotate [azɔtat] m. CHIM. nitrato.
azote [azɔt] m. CHIM. azoto.
azoté, e [azɔte] adj. CHIM. azotato.
azoteux, euse [azɔtø, øz] adj. CHIM. nitroso.
azotique [azɔtik] adj. CHIM. nitrico.
aztèque [aztɛk] adj. et n. m. azteco.
azur [azyr] m. azzurro. | *d'azur*, azzurro (adj.). | *pierre d'azur*, lapislazzuli. ‖ (littér.) [ciel] cielo (L.C.).
azuré, e [azyre] adj. azzurro ; [d'azur pâle] azzurrino. ‖ POÉS. *la voûte azurée*, la volta azzurra (del cielo).
azuréen, enne [azyreɛ̃, ɛn] adj. = della Costa azzurra.
azurer [azyre] v. tr. azzurrare.
azurite [azyrit] f. MINÉR. azzurrite.
azyme [azim] adj. azzimo ; non lievitato.

B

b [be] m. b (f. ou m.). ‖ LOC. *ne savoir ni A ni B*, V. A. | *en être au b a ba*, essere all'abbiccì.
1. baba [baba] m. CULIN. babà.
2. baba adj. inv. FAM. sbalordito. | *en rester baba*, rimanere di stucco.
babélique [babelik] adj. babelico.
babeurre [babœr] m. latticello.
babil [babil] m. (littér.) [personnes] cicaleccio, chiacchierìo (L.C.) ; [oiseaux] cinguettìo (L.C.) ; [source] mormorìo (L.C.).
babillage [babijaʒ] m. cicaleccio, chiacchiera f. ; [oiseaux] cinguettìo.
babillard, e [babijar, ard] adj. ciarliero, chiacchierino, garrulo. ◆ n. cicalone, a ; chiacchierone, a. ◆ n. f. POP. lettera (L.C).
babiller [babije] v. intr. cicalare, ciarlare, chiacchierare ; [enfants, oiseaux] cinguettare.
babine [babin] f. [animaux] labbro (m.) cascante. ‖ FAM. [personnes] labbro (L.C.). | *se (pour)lécher les babines*, leccarsi le labbra, i baffi, le dita.
babiole [babjɔl] f. gingillo m., inezia, bazzecola.
bâbord [bɑbɔr] m. MAR. babordo, sinistra f. | *à bâbord*, a babordo, a sinistra.
babouche [babuʃ] f. babbuccia.
babouin [babwɛ̃] m. ZOOL. babbuino. ‖ FIG., FAM. scimmiotto.
babouvisme [babuvism] m. HIST. babuvismo.
babylonien, enne [babilɔnjɛ̃, ɛn] adj. et n. babilonese.
baby-sitter [bebisitɛr] m. (angl.) baby-sitter m. ou f.
1. bac [bak] m. [bateau] chiatta f. ; barca (f.) di traghetto ; nave (f.) traghetto. | *traverser en bac*, traghettare ; tragittare (littér.). ‖ [auge] mastello, tinozza f. | *bac de l'évier*, vasca (f.) dell'acquaio. | *bac à glace*, vaschetta (f.) per ghiaccio. | *bac à légumes*, cassetto per la, della verdura. | *bac de l'accumulateur*, scatola f. ‖ PHOT. vaschetta.
2. bac m. FAM. V. BACCALAURÉAT.
baccalauréat [bakalɔrea] m. UNIV. [contexte français] baccalaureato ; [contexte italien] (esame di) maturità ; licenza liceale. | *passer le, son baccalauréat ; le, son bac* (fam.), dare l'esame di maturità ; dare la maturità. ‖ HIST. baccellierato.
baccara [bakara] m. JEU baccarà.
baccarat [bakara] m. cristallo di Baccarat.
bacchanale [bakanal] f. baccanale m.
bacchante [bakɑ̃t] f. baccante. ◆ pl. POP. baffi m. pl. (L.C.).
bâche [bɑʃ] f. [toile] copertone m. ; telo m., telone m. ‖ AGR. [caisse vitrée] cassone vetrato. ‖ [filet] rete a strascico. ‖ TECHN. [réservoir] serbatoio m. ; [carter de turbine hydraulique] camera.
bachelier, ère [baʃəlje, ɛr] n. licenziato liceale. ◆ m. HIST. baccelliere.
bâcher [bɑʃe] v. tr. coprire con un copertone.
bachique [baʃik] adj. bacchico.
1. bachot [baʃo] m. MAR. barchetta f., barchino, battello (a fondo piatto).
2. bachot m. UNIV., FAM. V. BACCALAURÉAT. | *boîte à bachot* = istituto privato per la preparazione alla maturità.
bachotage [baʃɔtaʒ] m. UNIV., FAM. = preparazione frettolosa e superficiale alla maturità ; abborracciatura f.
bachoter [baʃɔte] v. intr. UNIV., FAM. = prepararsi a strappare la maturità, un esame, un concorso con uno studio superficiale e intensivo ; abborracciare v. tr.

bachotte [baʃɔt] f. botte (per trasportare il pesce vivo).
bacillaire [basilɛr] adj. MÉD. bacillare. ◆ n. tubercolotico.
bacille [basil] m. MÉD. bacillo.
bâclage [bɑklaʒ] m. FAM. abborracciamento.
bâcle [bɑkl] f. VX spranga, stanga, sbarra (L.C.).
bâcler [bɑkle] v. tr. FAM. [travail] abborracciare; tirar via. | *travail bâclé*, lavoraccio; lavoro abborracciato.
bâcleur, euse [bɑklœr, øz] n. FAM. abborraciatore, trice; pasticcione, a.
bactéricide [bakterisid] adj. battericida.
bactérie [bakteri] f. batterio m.
bactérien, enne [bakterjɛ̃, ɛn] adj. batterico.
bactériologie [bakterjɔlɔʒi] f. batteriologia.
bactériologique [bakterjɔlɔʒik] adj. batteriologico.
bactériologiste [bakterjɔlɔʒist] n. batteriologo.
bactériophage [bakterjɔfaʒ] m. batteriofago.
badaud, e [bado, od] n. bighellone, a, gingillone, a. ◆ adj. sfaccendato.
badauder [badode] v. intr. bighellonare, gingillarsi.
baderne [badɛrn] f. MAR. baderna. || FIG., FAM. *vieille baderne*, vecchio barbogio; rudere m.
badge [badʒ] m. insegna f.
badigeon [badiʒɔ̃] m. [chaux] intonaco; [peinture] scialbo, scialbatura f.
badigeonnage [badiʒɔnaʒ] m. imbiancatura f. || MÉD. spennellatura f.
badigeonner [badiʒɔne] v. tr. imbiancare; dare il bianco a. || MÉD. spennellare.
badigeonneur [badiʒɔnœr] m. imbianchino. || PÉJOR. imbrattatele, imbrattamuri (inv.).
badin, e [badɛ̃, in] adj. faceto, scherzoso, giocoso. | *poésie badine*, poesia giocosa.
badinage [badinaʒ] m. gioco, celia f. | *un élégant badinage*, un celiare elegante.
badine [badin] f. bastoncino m., mazzettina.
badiner [badine] v. intr. scherzare, celiare. || PROV. *on ne badine pas avec l'amour*, coll'amore non si scherza.
badinerie [badinri] f. scherzo m., celia, burletta.
bafouer [bafwe] v. tr. schernire, dileggiare, beffare.
bafouillage [bafujaʒ] m. FAM. barbugliamento. || [discours confus] sproloquio.
bafouiller [bafuje] v. tr. FAM. barbugliare, farfugliare.
bafouilleur, euse [bafujœr, øz] n. FAM. barbuglione, a; ciangottone, a.
bâfrer [bɑfre] v. tr. et intr. POP. strippare; mangiare a crepapelle; abbuffarsi, rimpinzarsi (fam.).
bâfreur, euse [bɑfrœr, øz] n. POP. strippone, a; mangione, a (fam.).
bagage [bagaʒ] m. bagaglio. | *bagages enregistrés*, bagaglio appresso; bagaglio registrato (rare). | *enregistrer les bagages*, spedire bagaglio appresso. || FIG. corredo, bagaglio. | *bagage de connaissances*, corredo, bagaglio di cognizioni. | *un bon bagage littéraire*, una buona cultura letteraria. || FAM. *plier bagage* : [s'en aller] far fagotto, levar le tende; [mourir] far le valigie. || LOC. *partir avec armes et bagages*, andarsene con armi e bagagli.
bagagiste [bagaʒist] m. portabagagli inv.
bagarre [bagar] f. zuffa, tafferuglio m., tumulto m., rissa.
bagarrer [bagare] v. intr. FAM. lottare, darsi da fare (L.C.). | *bagarrer pour une idée*, lottare per un'idea. ◆ v. pr. FAM. azzuffarsi; litigare (v. intr.).
bagarreur, euse [bagarœr, øz] n. FAM. attaccabrighe m. inv. ◆ adj. rissoso (L.C.).
bagatelle [bagatɛl] f. inezia, bazzecola, bagattella. | *il perd ses journées en bagatelles*, perde le giornate in quisquilie. | *il a dépensé la bagatelle d'un million*, ha speso la bazzecola, la bella sommetta di un milione. || POP. *ne penser qu'à la bagatelle*, non pensare che a pipare.
bagnard [baɲar] m. forzato, ergastolano.
bagne [baɲ] m. ergastolo; bagno penale (vx). || FIG. galera f.
bagnole [baɲɔl] f. POP. [vieille voiture] macinino m. (fam.); [toute voiture] macchina (L.C.).
bagou ou **bagout** [bagu] m. FAM. parlantina f., scilinguagnolo. | *il a du bagou*, ha una bella parlantina, ha lo scilinguagnolo sciolto, ha la lingua sciolta.
baguage [bagaʒ] m. [oiseau] inanellamento. || AGR. anellatura f.
bague [bag] f. anello m. | *bague de fiançailles*, anello di fidanzamento. || ARCHIT. astragalo m. || HIST. *courir le jeu de bagues*, correre la giostra dell'anello. || TECHN. *bague d'arrêt*, anello d'arresto. | *bague de frottement*, anello collettore.
baguenauder [bagnode] v. intr. FAM. gingillarsi, baloccarsi v. pr., bighellonare.
baguenaudier [bagnodje] m. BOT. colutea f., vescicaria f.
baguer [bage] v. tr. VX [doigt] inanellare. || [oiseau] inanellare. || [couture] impunturare. || AGR. anellare.
baguette [bagɛt] f. bacchetta, verga. | *baguette magique, de fée*, bacchetta, verga magica. | *baguette de sourcier*, bacchetta divinatoria, bacchetta di rabdomante. | *faire passer par les baguettes*, fustigare con le verghe. || FIG. *mener à la baguette*, comandare a bacchetta. || FAM. *cheveux en baguettes de tambour*, capelli ispidi (come stecchi) [L.C.]. || ARCHIT. tondino m. || CULIN. [pain] filoncino m., sfilatino m., bastoncino m. || [couvert chinois] bacchetta. || MIL. *baguette de fusil*, bacchetta del fucile. || MUS. bacchetta. || [ornement de bas, chaussette] spighetta, (fr.) baguette.
bah! [bɑ] interj. [étonnement] ma guarda!; [doute] macché!; [insouciance] poh!
bahut [bay] m. [coffre] cofano; [buffet] credenza f. || ARG. collegio (L.C.). || ARCHIT. cresta convessa.
bai, e [bɛ] adj. et n. m. [cheval] baio.
1. baie [bɛ] f. ARCHIT. vano m., apertura.
2. baie f. BOT. bacca, coccola.
3. baie f. GÉOGR. baia, seno m.
baignade [bɛɲad] f. bagno m.
baigner [bɛɲe] v. tr. [plonger] bagnare, immergere. || [mouiller] *baigné de larmes*, bagnato di lagrime. | *baigné de rosée*, molle di rugiada. | *baigné de sueur*, madido di sudore. || [arroser] *la Seine baigne Paris*, la Senna bagna Parigi. || FIG. [imprégner] *baigné de lumière*, inondato di luce. | *baigné de tristesse*, soffuso di tristezza. ◆ v. intr. essere immerso. | *baigner dans son sang*, essere immerso in un lago, in una pozza di sangue. ◆ v. pr. bagnarsi, fare il bagno.
baigneur, euse [bɛɲœr, øz] n. [qui se baigne] bagnante. || [employé, e dans un établissement de bains] bagnino, bagnina. ◆ m. [poupée] bambolotto.
baignoire [bɛɲwar] f. vasca (da bagno), tinozza. || THÉÂTRE barcaccia; palco (m.) di proscenio.
bail [baj] m. (pl. **baux**) contratto d'affitto, locazione f. | *bail à ferme*, locazione a canone fisso. | *bail à cheptel*, soccida f. | *donner, prendre à bail*, dare, prendere in affitto. | *résilier le bail*, disdire l'affitto, risolvere la locazione. || FAM. *ça fait un bail!*, è un pezzo!
bâillement [bɑjmɑ̃] m. sbadiglio.
bailler [baje] v. tr. VX dare, concedere in affitto, locare (L.C.) || LOC. *la bailler belle*, darla a bere, ad intendere. | *tu me la bailles belle!*, me la vuoi dare a bere!
bâiller [bɑje] v. intr. sbadigliare. || FIG. *la porte bâille*, la porta è socchiusa. | *des chaussures qui bâillent*, scarpe che hanno fame (fam.).
bailleur, eresse [bajœr, bajrɛs] n. locatore, trice. | *bailleur de fonds*, finanziatore, trice; accomandante m.
bailli [baji] m. FÉOD. balivo. || HIST. balì, balivo.
bailliage [bajaʒ] m. HIST. baliaggio.
bâillon [bɑjɔ̃] m. PR. et FIG. bavaglio.
bâillonnement [bɑjɔnmɑ̃] m. PR. et FIG. imbavagliamento.
bâillonner [bɑjɔne] v. tr. PR. et FIG. imbavagliare.
bain [bɛ̃] m. bagno. | *bain de pieds*, pediluvio. | *bain de siège*, semicupio. | *prendre un bain*, fare il bagno. | *salle de bains*, (stanza da) bagno. | *bain de vapeur*,

de soleil, bagno di vapore, di sole. || [solution] *bain d'aniline*, bagno di anilina. | *bain de fixage*, bagno di fissaggio. || FIG., FAM. *être dans le bain :* [pris par une occupation] esserci dentro ; [compromis] essere compromesso (L.C.). ◆ pl. bagni. | *bains municipaux*, bagni pubblici. | *garçon, fille de bains*, bagnino, bagnina.
bain-de-soleil [bɛ̃dsɔlɛj] m. prendisole inv.
bain-marie [bɛ̃mari] m. CULIN. bagnomaria inv. | *au bain-marie*, a bagnomaria.
baïonnette [bajɔnɛt] f. baionetta. | *baïonnette au canon*, baionetta in canna. | *mettre baïonnette au fusil*, inastare la baionetta. | *coup de baïonnette*, baionettata. || ÉLECTR. *douille à baïonnette*, attacco (m.) a baionetta.
baisemain [bɛzmɛ̃] m. baciamano.
baisement [bɛzmɑ̃] m. RELIG. bacio (del piede).
1. baiser [beze] v. tr. baciare. | *je vous baise les mains*, bacio le mani. | *baiser sur le front*, baciare in fronte. || (littér.) *l'onde baise le rivage*, l'onda lambisce la riva. || POP. chiavare. || FIG., POP. *être baisé*, essere fregato. | *se faire baiser*, rimanere, restare fregato.
2. baiser m. bacio. | *envoyer des baisers*, mandare baci. | *baiser de Judas*, bacio di Giuda.
baisoter [bɛzɔte] v. tr. FAM. (s)baciucchiare.
baisse [bɛs] f. [abaissement] calo m. | *baisse des eaux*, calo delle acque. | *baisse de température*, calo di temperatura. | *baisse de tension*, caduta di tensione. || FIG. *baisse des forces, de la moralité*, declino (m.) delle forze, della moralità. || COMM., FIN. ribasso m. | *jouer à la baisse*, giocare al ribasso. | *en baisse*, in ribasso. | *tendance à la baisse*, tendenza depressiva.
baisser [bese] v. tr. [abaisser] abbassare, chinare. | *baisser la vitre*, aprire il finestrino. || [incliner] *baisser la tête, les yeux*, chinare il capo, gli occhi. || FIG. *baisser l'oreille*, abbassare le orecchie, la cresta ; essere mogio. | *baisser pavillon*, V. PAVILLON. | *se jeter tête baissée*, precipitarsi a capofitto. || COMM., FIN. calare, ribassare. | *baisser les prix*, calare i prezzi. | [diminuer d'intensité] *baisser la voix*, abbassare la voce. | *baisser les phares*, abbassare le luci. | *baisser la lumière*, smorzare la luce. ◆ v. intr. calare, decrescere, diminuire. | *les eaux baissent*, le acque calano. | *les prix baissent*, i prezzi calano. | *ma vue baisse*, mi s'indebolisce la vista. | *les jours baissent*, i giorni scemano. | *les actions baissent*, le azioni calano, sono in ribasso. || [santé] declinare. ◆ v. pr. chinarsi, abbassarsi. | *il n'y a qu'à se baisser pour les ramasser* = ce n'è, ce ne sono a bizzeffe.
baissier [besje] m. FIN. ribassista.
bajoue [baʒu] f. gota. || FAM. guancia cascante, floscia.
bakélite [bakelit] f. bachelite.
bal [bal] m. ballo, festa (f.) da ballo. | *bal masqué*, ballo in maschera. | *bal musette*, ballo popolare (al suono della fisarmonica). | *bal champêtre*, ballo campestre.
balade [balad] f. FAM. passeggiata (L.C.). | *en balade*, a passeggio, a spasso, in giro.
balader [balade] v. tr. FAM. portare in giro, a spasso. ◆ v. pr. FAM. gironzolare ; andare a spasso, a zonzo, in giro (v. intr.). ◆ v. intr. *envoyer qn balader*, mandare uno a quel paese, a farsi benedire.
baladeur, euse [baladœr, øz] adj. AUTOM. *train baladeur*, treno di ingranaggi scorrevoli. ◆ n. f. [charrette] carrettino m. || [tramway] giardiniera f. || [lampe] lampada trasportabile.
baladin [baladɛ̃] m. saltimbanco. || PÉJOR. buffone.
balafre [balafr] f. sfregio m.
balafrer [balafre] v. tr. sfregiare.
balai [balɛ] m. scopa f. ; [pour la terre, la neige] ramazza f. ; [en paille de sorgho] granata f. | *balai-brosse*, spazzolone. | *balai métallique*, frettazzo. | *donner un coup de balai*, dare una scopata, una spazzata (pr.) ; far piazza pulita (fig.). || FAM., VX *rôtir le balai*, correre la cavallina. || AÉR. *manche à balai*, cloche f. (fr.) || AUTOM. *balai d'essuie-glace*, spazzola (f.) del tergicristallo. || ÉLECTR. spazzola f. || *voiture-balai :* SPORT ramazza f. ; FAM. ultimo treno, ultimo tram (L.C.).
balais [balɛ] adj. m. MINÉR. balascio.
balalaïka [balalaika] f. balalaica.
balance [balɑ̃s] f. [instrument] bilancia. | *balance romaine*, bilancia romana ; stadera. | *la balance est en équilibre*, la bilancia è pari. || FIG. [équilibre] *la balance des forces*, l'equilibrio delle forze. | *tenir la balance égale*, tener pari la bilancia. | *faire pencher la, donner un coup de pouce à la balance*, dare il tratto, il crollo, il tracollo alla bilancia. || [indécision] *mettre en balance*, mettere a confronto ; vagliare il pro e il contro (absol.). || COMM. bilancia, pareggio m., conguaglio m. | *balance du commerce*, bilancia commerciale. | *balance des comptes*, pareggio, bilancio (m.) dei conti. | *établir la balance*, saldare il bilancio. || [filet de pêche] bilancia. || ASTR. Bilancia, Libra.
balancé, e [balɑ̃se] adj. *phrase bien balancée*, periodo cadenzato. || POP. *homme bien balancé*, uomo ben piantato (L.C.). | *femme bien balancée*, donna formosa (L.C.). ◆ n. m. [pas de danse] passo bilanciato.
balancelle [balɑ̃sɛl] f. MAR. paranzella, bilancella. || [siège] dondolo m.
balancement [balɑ̃smɑ̃] m. [mouvement] dondolamento, oscillazione f. || [hésitation] tentennamento, indecisione f. || FIG. *balancement d'une phrase*, cadenza (f.) d'una frase. || ART [symétrie] corrispondenza f. || COMM. pareggio, pareggiamento.
balancer [balɑ̃se] v. tr. [mouvoir] oscillare, dondolare, ciondolare. || [peser] bilanciare, pesare. | *balancer le pour et le contre*, pesare il pro e il contro. || ART *balancer les masses*, equilibrare le masse. || COMM. [équilibrer] bilanciare, pareggiare, conguagliare. | *balancer les comptes*, pareggiare i conti. | *balancer les recettes et les dépenses*, pareggiare le entrate con le spese. || [compenser] bilanciare, compensare. | *ses vertus balancent ses vices*, le sue virtù compensano i suoi vizi. || FAM. [se débarrasser de] sbolognare ; sbattere fuori. ◆ v. intr. [hésiter] tentennare, esitare. | *il n'y a pas à balancer*, non c'è da esitare. || [demeurer en suspens] stare in bilico, rimanere incerto. ◆ v. pr. dondolare (v. intr.), dondolarsi, bilanciarsi. || JEU fare all'altalena. || POP. [se moquer] *je m'en balance*, me ne faccio un baffo, me ne infischio (fam.).
balancier [balɑ̃sje] m. TECHN. bilanciere ; [de pendule] pendolo ; [de montre, de boussole] bilanciere. || [frappe de la monnaie] bilanciere. || [funambule] bilanciere. || VX [fabricant] bilanciaio.
balancine [balɑ̃sin] f. MAR. (a)mantiglio m. || AÉR. rotella.
balançoire [balɑ̃swar] f. altalena. || FIG., FAM. [baliverne] buffonata.
balane [balan] f. ZOOL. balano m.
balayage [balɛjaʒ] m. spazzatura f., scopatura f., pulizia f. || T.V. esplorazione f., analisi f., scansione f. | *trous de balayage*, fori del disco scandente. || MÉC. lavaggio.
balayer [baleje] v. tr. spazzare, scopare ; [avec un gros balai] ramazzare. || FIG. [chasser] *le vent balaye les nuages*, il vento spazza via le nuvole. | *balayer l'ennemi*, spazzar via il nemico. || [parcourir] *zone balayée par l'artillerie*, zona spazzata, battuta dall'artiglieria. || T.V. analizzare, esplorare.
balayette [balɛjɛt] f. scopetta, scopettina, scopino m.
balayeur [balɛjœr] m. scopatore, spazzino ; scopino (rom.) ; netturbino (néol.) ; [neige] spalatore.
balayeuse [balɛjøz] f. [voiture] autospazzatrice. || VX [volant de robe] balza ; balayeuse (fr.).
balayures [balɛjyr] f. pl. spazzatura sing.
balbutiement [balbysimɑ̃] m. balbettamento, balbettio. || FIG. *les balbutiements du cinéma*, i primi passi, i primi vagiti del cinema.
balbutier [balbysje] v. intr. et tr. balbettare.
balcon [balkɔ̃] m. balcone, terrazzino ; poggiolo (septentr.) ; verone (poét.). || THÉÂTRE balconata f. | *fauteuil, loge de balcon*, poltrona, palco di primo ordine.
baldaquin [baldakɛ̃] m. baldacchino.
baleine [balɛn] f. ZOOL. balena. || [tige] stecca. |

baleine de col, de corset, de parapluie, stecca di colletto, di busto, di ombrello.
baleiné, e [balɛne] adj. *col baleiné*, colletto con stecche di balena.
baleineau [balɛno] m. ZOOL. balenotto.
baleinier [balɛnje] m. [navire] (nave) baleniera f. ‖ [pêcheur] baleniere.
baleinière [balɛnjɛr] f. baleniera.
baleinoptère [balɛnɔptɛr] ou **balénoptère** [balenɔptɛr] m. ZOOL. balenottera f.
balèze [balɛz] adj. et n. POP. *c'est un balèze*, è un bel fusto (fam.).
balisage [balizaʒ] m. segnalazione f. | *le balisage des routes*, la segnalazione stradale. ‖ [ski] *le balisage d'une piste*, la palinatura d'una pista.
balise [baliz] f. AÉR. cinesino m. ‖ MAR. gavitello m. | *balise radioélectrique*, radiofaro m.
baliser [balize] v. tr. AÉR. segnalare con cinesini. ‖ MAR. segnalare con gavitelli. ‖ [ski] *piste balisée*, pista palinata.
balistique [balistik] adj. balistico. ◆ n. f. balistica.
baliveau [balivo] m. BOT. matricina f. ‖ TECHN. antenna (f.) di ponteggio.
baliverne [balivɛrn] f. frottola, fandonia. | *ne me conte pas de balivernes*, non mi raccontare frottole. | *s'amuser à des balivernes*, gingillarsi.
balkanique [balkanik] adj. balcanico.
ballade [balad] f. POÉS., MUS. ballata.
ballant, e [balɑ̃, ɑ̃t] adj. penzolante. | *se tenir les bras ballants*, stare con le braccia ciondoloni. ◆ n. m. [mouvement] oscillazione f.
ballast [balast] m. CH. DE F. massicciata f. ‖ MAR. cassa (f.) di zavorra.
balle [bal] f. palla. | *balle en caoutchouc*, palla di gomma. | *balle de tennis*, palla da tennis. | *balle au mur*, palla a muro. | *jouer à la balle*, giocare a palla. ‖ POP. *peau de balle !*, un corno ! ‖ FIG. *renvoyer la balle*, rispondere per le rime. ‖ PR. et FIG. *saisir la balle au bond*, cogliere la palla, la lepre al balzo. ‖ SPORT [tennis] *faire des balles*, palleggiare. | *échange de balles*, palleggio m. | *balle coupée*, palla tagliata. | *la balle de jeu, de set, de match*, la palla del gioco, del set, della partita. ‖ [projectile] pallottola, palla. | *criblé de balles*, crivellato di pallottole. | *tirer à balles*, sparare a palla. | *balle perforante, traçante*, pallottola perforante, tracciante. | *chargé à balle*, caricato a palla. | *se loger une balle dans la bouche, dans la tête*, piantarsi una palla, spararsi (un colpo) in bocca, nella testa. ‖ BOT. pula, lolla, loppa. ‖ [paquet] balla. | *balle de coton*, balla di cotone. ‖ LOC. *enfant de la balle*, figlio d'arte. ◆ pl. POP. *mille balles*, mille franchi (L.C.).
baller [bale] v. intr. penzolare, ciondolare.
ballerine [balrin] f. [danseuse ; chaussure] ballerina.
ballet [balɛ] m. balletto. | *corps de ballet*, corpo di ballo ; balletto. | *maître de ballet*, maestro di ballo.
ballon [balɔ̃] m. pallone, palla f. | *ballon ovale*, palla ovale. | *ballon rond*, pallone. | *jouer au ballon*, giocare al pallone, al calcio. ‖ AÉR. pallone. | *ballon d'observation*, pallone osservatorio. | *ballon captif, libre*, pallone frenato, libero. | *ballon dirigeable*, dirigibile. | *ballon d'essai*, pallone sonda (pr.) ; sondaggio, ballon d'essai (fr.) [fig.]. | *lancer un ballon d'essai*, effettuare un sondaggio. ‖ CHIM. pallone. ‖ GÉOGR. = cima tondeggiante. ‖ TECHN. *ballon d'oxygène*, bombola (f.) di ossigeno. ‖ [en forme de ballon] *pneu ballon*, palloncino. | *manche ballon*, manica a sboffi. | *verre ballon* = bicchiere a pancia tonda.
ballonné, e [balɔne] adj. gonfio.
ballonnement [balɔnmɑ̃] m. MÉD. gonfiore.
ballonner [balɔne] v. tr. gonfiare. ◆ v. pr. enfiarsi.
ballonnet [balɔnɛ] m. [jouet] palloncino. ‖ AÉR. pallonetto.
ballonnier [balɔnje] m. pallonaio.
ballon-sonde [balɔ̃sɔ̃d] m. pallone sonda (pl. *palloni sonda*).
ballot [balo] m. [paquet] involto, collo. ‖ POP. minchione ; gonzo (L.C.).
ballottage [balɔtaʒ] m. ballottaggio.
ballottement [balɔtmɑ̃] m. sballottamento.
ballotter [balɔte] v. tr. sballottare. ◆ v. intr. [être secoué] ballare.
ballottine [balɔtin] f. CULIN. galantina.
ball-trap [boltrap] m. (pl. **ball-traps**) SPORT lanciapiattelli inv.
balluchon ou **baluchon** [balyʃɔ̃] m. FAM. fagotto (L.C.). | *faire son balluchon*, far fagotto.
balnéaire [balneɛr] adj. balneare.
bâlois, e [bɑlwa, az] adj. et n. basilese.
balourd, e [balur, urd] adj. balordo, grullo, melenso. ◆ n. m. TECHN. squilibrio.
balourdise [balurdiz] f. [manière d'être] balordaggine, grullaggine, melensaggine. ‖ [geste, parole] balordaggine, grulleria, melensaggine. | *dire des balourdises*, dire delle scempiaggini.
balsamier [balzamje] ou **baumier** [bomje] m. BOT. balsamino.
balsamine [balzamin] f. BOT. balsamina.
balsamique [balzamik] adj. balsamico.
balte [balt] adj. et n. baltico.
baltique [baltik] adj. baltico.
balto-slave [baltoslav] adj. LING. balto-slavo.
baluchon m. V. BALLUCHON.
balustrade [balystrad] f. ARCHIT. balaustrata ; balaustra (moins correct). ‖ [métallique] ringhiera.
balustre [balystr] m. ARCHIT. balaustro. ‖ [compas] balaustrino.
balzacien, enne [balzasjɛ̃, ɛn] adj. balzachiano.
balzan, e [balzɑ̃, an] adj. balzano. ◆ n. f. balzana, balza.
bambin [bɑ̃bɛ̃] m. FAM. bimbo ; bambino (L.C.).
bambochade [bɑ̃bɔʃad] f. ART bambocciata.
bamboche [bɑ̃bɔʃ] f. FAM. baldoria, bisboccia, bagordo m., gozzoviglia.
bambocher [bɑ̃bɔʃe] v. intr. FAM. far baldoria, bagordare, bisbocciare, gozzovigliare.
bambocheur, euse [bɑ̃bɔʃœr, øz] n. FAM. bisboccione, a.
bambou [bɑ̃bu] m. BOT. bambù. ‖ [canne] bastone, bastoncino. ‖ FIG., FAM. *coup de bambou*, colpo di sole, insolazione f. (L.C.).
1. ban [bɑ̃] m. [proclamation] bando, pubblicazione f. | *publier les bans*, far le pubblicazioni. ‖ MIL. [roulement, sonnerie] rullo (di tamburo), squillo (di tromba). | *ouvrez, fermez le ban !*, rullate, fermate i tamburi ! ‖ [applaudissements] salva ritmata di applausi. ‖ HIST. [sentence] bando. | *mettre au ban de la société*, mettere al bando della società. ‖ FIG. *forçat en rupture de ban*, scampato di galera. ‖ PR. et FIG. *convoquer le ban et l'arrière-ban*, V. ARRIÈRE-BAN.
2. ban m. HIST. [Hongrie] bano.
1. banal, e, aux [banal, o] adj. HIST. banale, comune.
2. banal, e, als [banal] adj. FIG. banale, trito.
banalisation [banalizasjɔ̃] f. banalizzazione.
banaliser [banalize] v. tr. banalizzare.
banalité [banalite] f. HIST. vassallaggio m. ‖ FIG. banalità ; cosa fritta e rifritta, trita e ritrita.
banane [banan] f. BOT. banana. ‖ FIG., FAM. [médaille] patacca. ‖ AUTOM. mandorla del paraurti. ‖ ÉLECTR. spina.
bananeraie [bananrɛ] f. bananeto m.
bananier [bananje] m. BOT. banano. ‖ MAR. bananiera f.
banc [bɑ̃] m. [siège] banco, panca f. | *banc d'école*, banco di scuola. | *banc d'église*, panca, banco di chiesa. | *petit banc*, panchetto. | *banc public*, panchina f. ‖ *banc des accusés*, banco degli accusati. | *banc des députés*, banco dei deputati. | *banc d'œuvre*, banco dei fabbricieri. ‖ [étal] banco ; [de bouquiniste] bancarella f. ‖ *banc d'essai*, banco di prova. ‖ *banc de poissons*, banco di pesci. ‖ TECHN. [établi] pancone. ‖ GÉOL. banco. | *banc de sable*, banco di sabbia ; secca f.
bancable [bɑ̃kabl] adj. COMM. bancabile.
bancaire [bɑ̃kɛr] adj. bancario.
bancal, e, als [bɑ̃kal] adj. sciancato, sbilenco, storto. | *homme bancal*, uomo sciancato. | *chaise bancale*, sedia sgangherata, sbilenca. ◆ n. m. sciabola ricurva.

banco [bɑ̃ko] m. JEU *faire banco*, tenere il banco.
bancroche [bɑ̃krɔʃ] adj. FAM. sciancato, sbilenco, storto (L.C.).
bandage [bɑ̃daʒ] m. [action] fasciatura f., bendatura f. ‖ MÉD. cinto. | *bandage herniaire*, cinto erniario. ‖ TECHN. *bandage métallique*, cerchione metallico. | *bandage plein*, gomma piena. | *bandage de roue*, copertone di ruota.
bandagiste [bɑ̃daʒist] m. ortopedico.
1. bande [bɑ̃d] f. striscia. | *bande de papier, de terrain, de toile*, striscia di carta, di terreno, di tela. | *bande de ciel bleu*, striscia di cielo sereno. | *journal sous bande*, giornale sotto fascia. | *bande molletière*, mollettiera. | *bande de présentation*, fascetta di presentazione. ‖ [bordure] lista. | *les enveloppes de deuil sont bordées d'une bande noire*, le buste da lutto sono orlate d'una lista nera. ‖ [billard] sponda. | *faire une bande*, far un colpo di sponda. ‖ *bande magnétique*, nastro magnetico. | *bande publicitaire*, striscione pubblicitario. | *bande dessinée*, fumetto m. ‖ AUTOM. *bande de roulement*, battistrada m. inv. ‖ [route] *bande médiane*, spartitraffico m. inv. ‖ HÉRALD. banda. ‖ MAR. *donner de la bande*, andare alla banda, sbandare, ingavonarsi. ‖ MÉD. [pansement] benda, fascia. | *bande élastique*, fascia elastica. ‖ MIL. [ruban de cartouches] nastro m. ‖ TÉLÉCOM. *bande de fréquence*, banda di frequenza. ‖ LOC. FAM. *par la bande*, indirettamente (L.C.).
2. bande f. [ordonnée] schiera ; [joyeuse] brigata, compagnia ; [en marche] comitiva. ‖ PÉJOR. branco (m.), banda. | *bande de gamins*, branco di monelli. | *bande de voleurs*, banda di ladri. | *bande d'idiots !*, branco d'idioti ! ‖ [animaux] *bande de loups*, branco di lupi. | *bande d'oiseaux*, stormo (m.) di uccelli. ‖ MIL. banda, schiera. ‖ HIST. *les bandes noires*, le bande nere. ‖ LOC. *par bandes*, a frotte. | *faire bande à part*, tenersi in disparte. | *être de la même bande*, essere della stessa combriccola.
bandé, e [bɑ̃de] adj. HÉRALD. bandato.
bandeau [bɑ̃do] m. benda f., fascia f. | *coiffure à bandeaux*, acconciatura a bandeau (fr.). | *bandeau royal*, diadema. ‖ FIG. *avoir un bandeau sur les yeux*, avere gli occhi bendati. ‖ ARCHIT. frontale.
bandelette [bɑ̃dlɛt] f. benderella, fasciola. ‖ ARCHIT. tenia. ‖ ANTIQ. [de momie, de prêtre] benda.
bander [bɑ̃de] v. tr. fasciare, bendare. | *bander une plaie*, fasciare una ferita. | *bander les yeux*, bendare gli occhi. ‖ [tendre] *bander un arc*, tendere un arco. | *bander un ressort*, caricare una molla. ◆ v. intr. POP. chiavare (vulg.).
banderille [bɑ̃drij] f. banderilla.
banderole [bɑ̃drɔl] f. banderuola, fiamma, striscione m.
bandit [bɑ̃di] m. bandito. | *bandit de grand chemin*, grassatore, rapinatore.
banditisme [bɑ̃ditism] m. banditismo.
bandoulière [bɑ̃duljɛr] f. bandoliera, tracolla. | *en bandoulière*, ad armacollo, a tracolla.
banjo [bɑ̃(d)ʒo] m. banjo, bangio.
bank-note [bɑ̃knɔt] f. banconota.
banlieue [bɑ̃ljø] f. periferia, suburbio m. | *train de banlieue*, treno suburbaneo, foraneo.
banlieusard, e [bɑ̃ljøzar, ard] adj. della periferia. ◆ n. abitante della periferia ; pendolare m. (milan.).
banne [ban] f. [panier] cesta. ‖ [tombereau] sbarello (m.) da carbone. ‖ [toile] tenda.
banneret [banrɛ] m. HIST. banderese.
banni, e [bani] adj. confinato. ◆ n. m. confinato, fuoruscito, proscritto.
bannière [banjɛr] f. bandiera, gonfalone m., stendardo m., insegna. | *se ranger sous la bannière de qn*, militare sotto lo stendardo di uno. ‖ FAM. *ce fut la croix et la bannière*, c'è voluto del bello e del buono. ‖ HÉRALD. insegna.
bannir [banir] v. tr. [exiler] confinare, esiliare, bandire. ‖ [exclure] scacciare, bandire.
bannissement [banismɑ̃] m. confino, esilio, bando.
banque [bɑ̃k] f. banca, banco m. | *employé de banque*, impiegato di banca ; bancario. | *banque du crédit foncier*, banca fondiaria. | *banque d'escompte*, banca di sconto. | *compte en banque*, conto in banca. | *billet de banque*, biglietto di banca, foglio m. ‖ *Banque de Rome, de Sicile*, Banco di Roma, di Sicilia. ‖ JEU *tenir la banque*, tenere il banco. | *faire sauter la banque*, vincere il banco. ‖ MÉD. *banque des yeux*, banca degli occhi.
banqueroute [bɑ̃krut] f. bancarotta, fallimento m.
banqueroutier, ère [bɑ̃krutje, ɛr] n. bancarottiere, fallito.
banquet [bɑ̃kɛ] m. banchetto, convito, pranzo di gala ; simposio (littér.).
banqueter [bɑ̃kte] v. intr. banchettare.
banqueteur [bɑ̃ktœr] m. (rare) banchettante.
banquette [bɑ̃kɛt] f. [pierre, bois] panca ; [siège de voiture] sedile m. ; [de piano] sgabello m. ‖ [chemin] banchina. ‖ ARCHIT. davanzale m. ‖ MIL. *banquette de tir*, predella di tiro.
banquier, ère [bɑ̃kje, ɛr] adj. banchiere, a. ◆ n. m. banchiere.
banquise [bɑ̃kiz] f. banchisa.
baobab [baɔbab] m. BOT. baobab.
baptême [batɛm] m. battesimo. | *nom de baptême*, nome di battesimo. | *extrait de baptême*, fede (f.), certificato di battesimo. ‖ *baptême d'une cloche*, battesimo d'una campana. ‖ *baptême de l'air*, battesimo dell'aria. | *baptême de la ligne*, battesimo dell'equatore. | *baptême du feu*, battesimo del fuoco.
baptiser [batize] v. tr. PR. et FIG. battezzare. ‖ FAM. *baptiser le vin*, battezzare il vino. | *baptiser le lait*, annacquare il latte (L.C.).
baptismal, e, aux [batismal, o] adj. battesimale. | *les fonts baptismaux*, il fonte battesimale. | *tenir sur les fonts baptismaux*, tenere a battesimo.
baptiste [batist] adj. et n. battista.
baptistère [batistɛr] m. battistero.
baquet [bakɛ] m. tinozza f., mastello. ‖ *siège baquet*, sedile avvolgente.
1. bar [bar] m. ZOOL. spigola f., branzino ; pesce ragno (tosc.).
2. bar m. [débit de boissons ; meuble] bar inv. | *bar tabac* = bar con spaccio di tabacchi.
3. bar m. PHYS. bar inv.
baragouin [baragwɛ̃] ou **baragouinage** [baragwinaʒ] m. FAM. parole (f. pl.) biascicate.
baragouiner [baragwine] v. tr. et intr. FAM. biascicar parole. | *baragouiner une langue*, storpiare una lingua. | *baragouiner l'italien*, balbettare un po' d'italiano.
baraque [barak] f. baracca. | *baraque foraine*, baraccone m. ‖ FIG., FAM. baracca.
baraquement [barakmɑ̃] m. baraccamento.
baratin [baratɛ̃] m. POP. imbonimento (L.C.).
baratiner [baratine] v. intr. POP. imbonire (L.C.). ◆ v. tr. *baratiner qn*, far l'imbonimento a qlcu.
baratineur, euse [baratinœr, øz] n. POP. imbonitore, trice (L.C.).
barattage [barataʒ] m. burrificazione f.
baratte [barat] f. zangola.
baratter [barate] v. tr. sbattere (nella zangola).
barbacane [barbakan] f. barbacane m.
barbant, e [barbɑ̃, ɑ̃t] adj. FAM. seccante, scocciante.
barbare [barbar] adj. HIST. barbarico. ‖ [sauvage, cruel ; grossier] barbaro. ◆ n. m. HIST. barbaro.
barbaresque [barbarɛsk] adj. barbaresco.
barbarie [barbari] f. barbarie.
barbarisme [barbarism] m. GRAMM. barbarismo.
1. barbe [barb] f. barba. | *barbe en pointe*, barba a punta. | *barbe en collier*, barba a collare, alla Cavour. | *se faire la barbe*, farsi la barba. ‖ BOT. resta. ‖ [plume] barba. ‖ *barbe de pêne*, dentatura della stanghetta. ‖ FAM. *quelle barbe !*, che scocciatura !, che barba ! ‖ TECHN. [métal] sbavatura. ‖ FIG. *rire dans sa barbe*, ridere tra i baffi. | *à la barbe de qn*, in barba a uno. ‖ CULIN. *barbe à papa*, zucchero filato.
2. barbe adj. et n. m. ZOOL. berbero, barbero.
barbeau [barbo] m. ZOOL. barbo, barbio. ‖ BOT. fiordaliso. ‖ POP. [souteneur] magnaccia. ◆ adj. inv. *bleu barbeau*, azzurro pallido.
barbecue [barbəkju] m. (angl.) barbecue.

barbe-de-capucin [barbdəkapysɛ̃] f. barba di cappuccino.
barbelé, e [barbəlé] adj. [flèche] dentato. | *fil de fer barbelé*, filo spinato. ◆ n. m. reticolato.
barber [barbe] v. tr. FAM. seccare, scocciare. ◆ v. pr. seccarsi, scocciarsi.
barbet [barbɛ] m. ZOOL. can barbone.
barbette [barbɛt] f. [guimpe] soggolo m. ‖ MIL. barbetta.
barbiche [barbiʃ] f. pizzo m.
barbier [barbje] m. barbiere.
barbifier [barbifje] v. tr. FAM. [raser] sbarbificare. ‖ [ennuyer] seccare, scocciare. ◆ v. pr. seccarsi, scocciarsi.
barbillon [barbijɔ̃] m. ZOOL. barb(i)olino. ‖ ZOOL. [filament tactile] bargiglio. ‖ [flèche] barba ; [hameçon] uncinetto.
barbiturique [barbityrik] adj. et n. m. barbiturico.
barbon [barbɔ̃] m. PÉJOR. vecchio barbogio ; codino, vecchione.
barbotage [barbɔtaʒ] m. [alimentation du bétail] semolata f. ‖ TECHN. *graissage par barbotage*, lubrificazione a sbattimento. ‖ [passage d'un gaz dans un liquide] gorgoglio.
barbotement [barbɔtmɑ̃] m. *le barbotement des canards*, lo sguazzare delle anatre.
barbote ou **barbotte** [barbɔt] f. ZOOL. lasca.
barboter [barbɔte] v. intr. [s'agiter dans l'eau, dans la boue] sguazzare. ‖ [gaz] gorgogliare. ◆ v. tr. POP. [voler] sgraffignare.
barboteur [barbɔtœr] m. [pataugeur] uno che sguazza. ‖ [voleur] ladruncolo. ‖ TECHN. [gaz] gorgogliatore di lavaggio.
barboteuse [barbɔtøz] f. [vêtement d'enfant] pagliaccetto m.
barbotin [barbɔtɛ̃] m. TECHN. [engrenage] rocchetto dentato ; [roue dentée motrice] ruota motrice.
barbotine [barbɔtin] f. TECHN. pasta per ceramiche.
barbotte f. V. BARBOTE.
barbouillage [barbujaʒ] ou **barbouillis** [barbuji] m. [peinture] imbratto ; [écriture] scarabocchio.
barbouiller [barbuje] v. tr. [peindre] imbrattare ; [salir] imbrattare, imbrodolare, sbrodolare ; [écrire] scarabocchiare. ‖ FIG., FAM. *avoir le cœur barbouillé*, essere stomacato (L.C.). ◆ v. pr. imbrattarsi, imbrodolarsi, sbrodolarsi.
barbouilleur, euse [barbujœr, øz] n. [peintre] imbrattatele inv. ; [peintre en bâtiment] imbrattamuri inv. ; [écrivain] imbrattacarte inv.
barbouillis m. V. BARBOUILLAGE.
barbu, e [barby] adj. et n. barbuto.
barbue [barby] f. ZOOL. rombo liscio m.
barcarolle [barkarɔl] f. barcarola.
barcasse [barkas] f. barcaccia, barcone m.
barcelonnette f. V. BERCELONNETTE.
bard [bar] ou **bayart** [bajar] m. TECHN. barella f.
barda [barda] m. POP. bagagliume (fam.) ; armamentario, equipaggiamento (L.C.).
bardane [bardan] f. BOT. bardana.
1. barde [bard] m. HIST. bardo.
2. barde f. HIST. [armure de cheval] barda. ‖ CULIN. lardello m.
bardeau [bardo] m. ARCHIT. assicella f.
1. barder [barde] v. tr. [couvrir d'une armure] bardare. | *un guerrier tout bardé de fer*, un guerriero tutto chiuso nelle armi. ‖ CULIN. avvolgere con lardelli.
2. barder v. impers. POP. *ça barde !*, si mette brutta !, tira brutta aria ! (fam.).
bardis [bardi] m. MAR. cascio.
bardit [bardi] m. HIST. bardito.
bardot [bardo] m. ZOOL. bardotto.
barème [barɛm] m. [tarifs] tabella (f.) dei prezzi, tariffario. ‖ [calculs tout faits] prontuario di conti.
baréter [barete] v. intr. (rare). V. BARRIR.
1. barge [barʒ] f. [bateau] chiatta, barcone m. | *barge de débarquement*, chiatta da sbarco. ‖ [meule de foin] pagliaio quadrato.
2. barge f. ZOOL. pittima.
barguigner [bargiɲe] v. intr. VX tentennare, esitare (L.C.).
baricaut [bariko] m. barilotto, barilozzo.
barigel [bariʒɛl] m. HIST. bargello.
baril [baril] m. barile.
barillet [barijɛ] m. [tonnelet] bariletto, caratello. ‖ TECHN. [horloge] bariletto ; [revolver] tamburo ; [serrure] blocchetto, tamburo, cilindro.
bariolage [barjɔlaʒ] m. screziatura f.
bariolé, e [barjɔle] adj. screziato, variopinto.
barioler [barjɔle] v. tr. screziare.
barlong, gue [barlɔ̃, ɔ̃g] adj. bislungo.
barmaid [barmɛd] f. (angl.) barista.
barman [barman] m. (pl. **barmen**) [angl.] barista ; barman inv. (angl.).
barn [barn] m. PHYS. barn.
barographe [barɔgraf] m. PHYS. barografo.
baromètre [barɔmɛtr] m. barometro. | *baromètre enregistreur, à siphon*, barometro registratore, a sifone.
barométrie [barɔmetri] f. barometria.
barométrique [barɔmetrik] adj. barometrico.
baron [barɔ̃] m. barone. ‖ FIG., FAM. barone, pezzo grosso, alto papavero. ‖ CULIN. *baron d'agneau*, sella (f.) d'agnello con i cosciotti.
baronet ou **baronnet** [barɔnɛ] m. baronetto.
baronnage [barɔnaʒ] m. baronaggio.
baronne [barɔn] f. baronessa.
baronnie [barɔni] f. baronia.
baroque [barɔk] adj. barocco. | *perle baroque*, perla scaramazza. ‖ [bizarre] strambo. ◆ n. m. barocco.
baroscope [barɔscɔp] m. baroscopio.
baroud [barud] m. FAM. scaramuccia f. (L.C.). | *baroud d'honneur*, sortita disperata.
barouf [baruf] ou **baroufle** [barufl] m. POP. baccano, baruffa f. (L.C.).
barque [bark] f. barca. ‖ FIG. *bien mener sa barque*, mandare avanti la barca ; barcamenarsi.
barquette [barkɛt] f. MAR. barchetta. ‖ [pâtisserie] = pasta a forma di barchetta.
barrage [baraʒ] m. sbarramento. | *barrage de barbelés*, sbarramento di reticolati. | *barrage de police*, posto di blocco. ‖ TECHN. diga f. | *barrage-poids*, diga a gravità. | *barrage-voûte*, diga ad arco. ‖ FIG. *faire barrage à l'ambition de qn*, ostacolare l'ambizione di qlcu. ‖ MIL. *tir de barrage*, fuoco di sbarramento. | *barrage roulant*, tiro di accompagnamento. ‖ SPORT *match de barrage*, spareggio.
barre [bar] f. barra, sbarra. | *barre d'attelage*, barra di trazione. | *barre de direction*, tirante (m.) di sterzo. | *barre de torsion*, barra di torsione. | *barre à mine*, barramina. | *barre d'appui*, ringhiera. | *barre de chocolat*, stecca di cioccolata. ‖ [lingot] barra, verga. | *or en barre*, oro in barra, in verga. ‖ FIG. *c'est de l'or en barre*, è oro fino, è oro di coppella. ‖ [fermeture] spranga. ‖ [trait de plume] *faire des barres*, fare aste. ‖ GÉOGR. [banc rocheux et sableux] barra ; [crête rocheuse] giogaia. ‖ [déferlement des eaux] barra d'acqua. ‖ HÉRALD. sbarra. ‖ JUR. barra. | *paraître à la barre*, presentarsi alla sbarra. ‖ MAR. barra, timone m. | *être à la barre*, essere al timone, reggere il timone. ‖ FIG. *un coup de barre à gauche*, una sterzata a sinistra. ‖ MUS. stanghetta. ‖ SPORT sbarra. | *barre fixe*, sbarra fissa. ‖ LOC., FAM. *recevoir le coup de barre*, farsi pelare. | *avoir barre sur qn*, aver qlcu. in mano. ◆ pl. [espace dans la bouche du cheval] sbarre, barre. ‖ JEU *jouer aux barres*, giocare a barriera.
barré, e [bare] adj. sbarrato. | *rue barrée*, via chiusa al traffico. | *chèque barré*, assegno (s)barrato. ‖ [biffé] cancellato, espunto. ‖ ANAT. *dent barrée*, dente a radice bloccata. ‖ HÉRALD. sbarrato.
1. barreau [baro] m. sbarra f. ; [chaise] traversa f. ; [échelle] piolo. | *les barreaux d'une fenêtre*, l'inferriata. | *barreaux à l'italienne*, inferriata inginocchiata. ‖ [cage à oiseaux] (vertical) gretola f. ; (horizontal) staggio.
2. barreau m. [ordre des avocats] foro ; ordine forense. | *les avocats du barreau de Milan*, gli avvo-

cati del foro milanese. || [métier] *il a choisi le barreau*, ha scelto l'avvocatura.
barrer [bare] v. tr. sbarrare. || FIG. *barrer le chemin à qn*, precludere la via ad uno. || *barrer un chèque*, (s)barrare un assegno. || [biffer] cancellare, espungere. || [gouverner] reggere il timone. ◆ v. pr. POP. tagliar la corda.
barrette [barɛt] f. [des ecclésiastiques] berretta. || [bijou] fermaglio m. || [pour cheveux] molletta.
barreur [barœr] m. MAR. timoniere. || SPORT capovoga (pl. *capivoga*). | *deux avec barreur*, due con. | *quatre sans barreur*, quattro senza.
barricade [barikad] f. barricata.
barricader [barikade] v. tr. barricare, sbarrare. || [fermer solidement] stangare, sprangare. ◆ v. pr. barricarsi. || [s'enfermer] asserragliarsi.
barrière [barjɛr] f. [clôture] barriera, steccato m. | *barrière de passage à niveau*, barriera di passaggio a livello. || [obstacle naturel] barriera. || [entrée de ville] barriera, dazio m. || FIG. ostacolo m., impedimento m.
barrique [barik] f. barile m., botte.
barrir [barir] ou **baréter** [barete] v. intr. barrire.
barrissement [barismɑ̃] ou **barrit** [bari] m. barrito.
barrot [baro] m. MAR. baglio.
bartavelle [bartavɛl] f. ZOOL. coturnice.
barycentre [barisɑ̃tr] m. PHYS. baricentro.
barye [bari] f. PHYS. baria.
barymétrie [barimetri] f. PHYS. barimetria.
barysphère [barisfɛr] f. GÉOL. barisfera.
baryte [barit] f. CHIM. barite.
barytine [baritin] f. CHIM. baritina.
baryton [baritɔ̃] adj. et n. m. baritono.
baryum [barjɔm] m. CHIM. bario.
1. bas, basse [bɑ, bɑs] adj. **1.** [peu élevé] basso. | *chaise basse*, sedia bassa. || *marée basse*, bassa marea. || FIG. *ciel bas*, cielo chiuso. || **2.** [incliné] *la tête basse*, a capo chino. || FIG. *revenir l'oreille basse*, tornare cogli orecchi bassi. | *revenir la queue basse*, tornar colla coda tra le gambe. | *faire main basse sur*, fare man bassa di. || **3.** [inférieur géographiquement] *les basses terres*, la bassura, la bassa. | *basse Égypte*, basso Egitto. | *ville basse*, città bassa. || **4.** [inférieur socialement] *bas clergé*, basso clero. | *Chambre basse*, Camera bassa. | *bas peuple*, popolino. | *basse naissance*, bassa origine. | *les couches les plus basses de la population*, gli strati più bassi della popolazione. || **5.** [inférieur dans le temps] *Bas-Empire*, Basso Impero. | *bas latin*, basso latino. || **6.** [de faible intensité] basso, sommesso, corto. | *messe basse*, messa bassa. | *notes basses*, note basse. | *à voix basse*, con voce sommessa ; sottovoce adv. | *vue basse*, vista corta. || **7.** [inférieur en prix, en quantité] *à bas prix*, a poco prezzo. | *bas morceaux*, pezzi scadenti. | *au bas mot*, a dir poco. | *en bas âge*, in tenera età. || **8.** [vulgaire] basso, vile. | *en termes bas*, con modi triviali. | *basses injures*, insulti volgari. ◆ adv. [à un niveau inférieur] basso, giù. | *ici-bas*, quaggiù. | *là-bas*, laggiù. | *jeter bas*, buttar giù. | *mettre bas les armes*, deporre le armi. | *plus bas*, più giù, più sotto. | *tirer, viser, voler bas*, tirare, mirare, volare basso. || [animaux] *mettre bas*, figliare. || FIG. *il est bien bas*, è molto giù. || FAM. *bas les pattes !*, V. PATTE. || [à voix basse] *parler bas*, parlar sottovoce. | *se dire tout bas (à soi-même)*, dire tra sé e sé. | *rire tout bas*, ridere sommessamente. ◆ loc. adv. ***à bas !***, abbasso !, giù ! | *à bas les tyrans !*, abbasso i tiranni ! || ***en bas***, giù. | *tomber la tête en bas*, cadere col capo all'ingiù. | *par en bas*, da giù. | *d'en bas*, di sotto. || ***de bas en haut***, di sotto in su. || ***de haut en bas***, dall'alto in basso. ◆ loc. prép. ***au bas de, en bas de***, a piè di, in fondo a. | *en bas de (la) page*, a piè di pagina, in calce. ◆ n. m. basso ; parte (f.) inferiore. || FIG. *avoir des hauts et des bas*, avere degli alti e bassi. ◆ n. f. V. BASSE.
2. bas [bɑ] m. calza f. || FIG. *bas de laine*, gruzzoletto. || LOC. *aller comme un bas de soie*, calzare come un guanto.
basalte [bazalt] m. basalto.
basaltique [bazaltik] adj. basaltico.
basane [bazan] f. bazzana, alluda.
basané, e [bazane] adj. abbronzato, moro.
basaner [bazane] v. tr. abbronzare.
bas-bleu [bɑblø] m. saccentona f. ; bas-bleu (fr.).
bas-côté [bɑkote] m. [église] navata (f.) laterale. || [route] banchina f.
basculant, e [baskylɑ̃, ɑ̃t] adj. ribaltabile.
bascule [baskyl] f. [balance] basculla, bilancia a ponte, pesa. || [balançoire] altalena. | *cheval, fauteuil à bascule*, cavallino, poltrona a dondolo. || PR. et FIG. *jeu de bascule*, altalena.
basculement [baskylmɑ̃] m. ribaltamento.
basculer [baskyle] v. intr. [mouvement de bascule] oscillare. || [tomber] *basculer dans le vide*, precipitare nel vuoto. ◆ v. tr. [culbuter] capovolgere, ribaltare.
basculeur [baskylœr] m. TECHN. ribaltatore.
base [bɑz] f. base, basamento m. | *base d'une colonne, du crâne*, base d'una colonna, del cranio. || [fondement] base, fondamento m., premessa. | *raisonnement qui pèche par la base*, ragionamento che muove da premesse sbagliate. | *jeter les bases*, stabilire le basi, porre le premesse. | *sur la base de*, in base a. | *un principe de base*, un principio basilare. | *être à la base de*, essere alla base di, all'origine di. || CHIM. base. | *à base de soude*, a base di soda. || MIL. base. | *base aérienne*, base aerea ; aerobase f. | *base d'hydravions*, idroscalo m. || [masse d'individus] base.
base-ball [bɛzbol] m. palla (f.) a base ; baseball (angl.).
baser [bɑze] v. tr. basare, fondare. | *basé sur de parfaites connaissances techniques*, fondato su perfette cognizioni tecniche. ◆ v. pr. **(sur)** fondarsi, basarsi (su).
bas-fond [bɑfɔ̃] m. [terrain] bassura f. || [eau] basso fondo. ◆ pl. bassifondi.
basicité [bɑzisite] f. CHIM. basicità.
basilaire [bɑzilɛr] adj. basilare.
1. basilic [bazilik] m. MYTH., ZOOL. basilisco.
2. basilic m. BOT. basilico.
basilique [bazilik] f. basilica.
basin [bazɛ̃] m. TEXT. basino.
basique [bɑzik] adj. CHIM. basico.
basket-ball [baskɛtbol] m. pallacanestro f.
basketteur, euse [baskɛtœr, øz] n. cestista.
basoche [bazɔʃ] f. HIST. legali m. pl. || FAM. = ceto (m.) legale e giudiziario ; genti (f. pl.) di legge (L.C.).
basquais, e [baskɛ, ɛz] adj. et n. basco.
1. basque [bask] f. basca, baschina. | *être pendu aux basques de qn*, stare sempre attaccato ai panni di uno.
2. basque adj. et n. basco. | *béret basque*, basco m. | *tambour de basque*, tamburello a sonagli. | *pelote basque*, pelota f.
bas-relief [bɑrəljɛf] m. bassorilievo.
basse [bɑs] f. MUS. [voix ; instrument] basso m. | *basse continue*, basso continuo. | *basse chantante*, basso baritono. || MAR. bassofondo m.
basse-contre [bɑskɔ̃tr] f. MUS. basso profondo.
basse-cour [bɑskur] f. cortile m. ; (bassa) corte. | *(animaux de) basse-cour*, animali (m. pl.) da cortile.
basse-fosse [bɑsfos] f. segreta.
bassesse [bɑsɛs] f. bassezza, viltà.
basset [bɑsɛ] m. ZOOL. bassotto. || MUS. corno di bassetto.
basse-taille [bɑstaj] f. MUS. basso baritono.
bassette [basɛt] f. JEU VX bassetta.
bassin [basɛ̃] m. [récipient] bacino, bacile ; [pour malades] padella f. || [pièce d'eau] vasca f. || ANAT., GÉOGR., MAR., MIN. bacino.
bassine [basin] f. catino m.
bassiner [basine] v. tr. [chauffer] *bassiner le lit*, scaldare il letto. || [humecter] spruzzare. || POP. [ennuyer] scocciare.
bassinet [basinɛ] m. [cuvette] bacinello, bacinetto. || BOT. bottone d'oro. || HIST. [casque] bacinello, bacinetto. || FAM. *faire cracher au bassinet*, fare sputar soldi.
bassinoire [basinwar] f. scaldaletto m. || POP. [grosse montre] pataccone m. ; [personne ennuyeuse] rompiscatole m. inv.

bassiste [bɑsist] n. (contrab)bassista.

basson [bɑsɔ̃] m. Mus. [instrument] fagotto; [instrumentiste (bassoniste)] fagottista.

1. baste! [bast] interj. basta!

2. baste [panier du bât] f. cesto (m.) da basto. ‖ [récipient en bois] bigoncia f.

bastide [bastid] f. [en Provence] casino m. ‖ [ville fortifiée] bastia.

bastille [bastij] f. bastia.

bastillé [bastije] adj. Hérald. merlato.

bastingage [bastɛ̃gaʒ] m. Mar. impavesata f., bastingaggio.

bastion [bastjɔ̃] m. bastione, baluardo. ‖ Fig. baluardo.

bastionner [bastjɔne] v. tr. bastionare.

bastonnade [bastɔnad] f. bastonata, legnata, randellata.

bastringue [bastrɛ̃g] m. Pop. [tapage] cagnara f. (fam.); [bal] ballo d'osteriuccia (l.c.); [orchestre] orchestra chiassosa (l.c.).

bas-ventre [bavɑ̃tr] m. basso ventre.

bât [bɑ] m. basto. | *bête de bât*, animale da basto. ‖ Loc. *savoir où le bât blesse*, conoscere il punto dolente.

bataclan [bataklɑ̃] m. Fam. bagagliume; carabattole f. pl. (tosc.). | *et tout le bataclan*, e tutta la roba.

bataille [bataj] f. battaglia. | *bataille navale, rangée*, battaglia navale, campale. | *champ de bataille*, campo di battaglia. | *bataille électorale*, battaglia elettorale. ‖ Fig. *cheval de bataille*, cavallo di battaglia. | *cheveux en bataille*, capelli scarmigliati.

batailler [bataje] v. intr. battagliare. ‖ Fig. contrastare, contendere.

batailleur, euse [batajœr, øz] adj. battagliero, manesco. | *caractère batailleur*, indole battagliera. | *jeune homme batailleur*, giovanotto manesco. ◆ n. attaccabrighe inv.

bataillon [batajɔ̃] m. Mil. battaglione. | *chef de bataillon*, maggiore di fanteria. | *en bataillons serrés*, a fitte schiere.

bâtard, e [bɑtar, ard] adj. et n. Pr. et fig. bastardo. | *solution bâtarde*, soluzione bastarda, di compromesso. ◆ n. m. [pain] bastone. ◆ n. f. [écriture] bastarda.

bâtardeau [bɑtardo] m. tura f.

bâtardise [bɑtardiz] f. bastardaggine.

batave [batav] adj. et n. batavo.

batavia [batavja] f. = varietà di lattuga; batavia (néol.).

batavique [batavik] adj. *larme batavique*, lacrima batavica.

batayole [batajɔl] f. Mar. battagliola.

bâté, e [bɑte] adj. imbastato. ‖ Fig. *âne bâté*, asino calzato e vestito.

bateau [bato] m. [petit] battello, barca f.; [grand] nave f., piroscafo. | *bateau à voiles*, barca a vela, veliero. | *bateau à vapeur*, battello, nave a vapore; piroscafo. | *bateau à moteur*, motonave f. | *bateau de pêche*, barca da pesca, peschereccio m. | *bateau de commerce*, nave mercantile. | *bateau de plaisance*, battello natante, battello da diporto, panfilo. | *bateau de guerre*, nave da guerra. | *bateau de sauvetage*, barca, battello, lancia (f.) di salvataggio. | *bateau dragueur*, draga f. | *bateau pneumatique*, battello pneumatico. | *bateau remorqueur*, rimorchiatore. | *pont de bateaux*, ponte di barche. ‖ *bateau (de porte)*, passo carrabile. ‖ Fig., fam. *monter un bateau à qn, mener qn en bateau*, darla a bere a qlcu. ◆ adj. Fam. *un sujet bateau*, un tema trito. ◆ mots composés : ***bateau-citerne***, nave cisterna. | ***bateau-feu***, battello faro. | ***bateau-lavoir***, lavatoio galleggiante. | ***bateau-mouche***, vaporetto, battello. | ***bateau-pilote***, nave pilota. | ***bateau-pompe***, battello pompa. | ***bateau-porte***, battello porta.

batée [bate] f. batea.

batelage [batlaʒ] m. Mar. trasporto in battello. ‖ [droit] barcheggio.

batelée [batle] f. barcata.

bateler [batle] v. intr. = fare giochi di destrezza e agilità.

batelet [batlɛ] m. barchetta f.

bateleur, euse [batlœr, øz] n. giocoliere, a; saltimbanco, a.

batelier, ère [batəlje, ɛr] n. battelliere m.

batellerie [batɛlri] f. navigazione fluviale. ‖ [ensemble des bateaux de rivière] flotta fluviale.

bâter [bɑte] v. tr. imbastare.

bat-flanc [baflɑ̃] m. inv. [écurie] battifianco m.; [dortoir] tavolaccio m.

bath [bat] adj. inv. Pop. bello (l.c.). | *c'est bath!*, che pacchia! (fam.).

bathymètre [batimɛtr] m. batimetro.

bathymétrie [batimetri] f. batimetria.

bathymétrique [batimetrik] adj. batimetrico.

bathyscaphe [batiskaf] m. batiscafo.

bathysphère [batisfɛr] f. batisfera.

1. bâti [bɑti] m. [couture] imbastitura f. ‖ [charpente] intelaiatura f. ‖ [support de machine] incastellatura f.

2. bâti, e adj. Fam. *un homme bien bâti*, un uomo ben piantato.

batifolage [batifɔlaʒ] m. Fam. [action de jouer] ruzzo (l.c.); [badinage] scherzo (l.c.).

batifoler [batifɔle] v. intr. Fam. [jouer] ruzzare (l.c.); [badiner] scherzare (l.c.).

batik [batik] m. Text. batik.

bâtiment [bɑtimɑ̃] m. fabbricato, edificio, costruzione f. ‖ [industrie] edilizia f. | *les ouvriers du bâtiment*, gli edili. | *peintre en bâtiment*, imbianchino. ‖ Mar. bastimento.

bâtir [bɑtir] v. tr. fabbricare, edificare, costruire. | *terrain à bâtir*, area fabbricabile. ‖ Fig. architettare, edificare, costruire. | *bâtir sur le sable*, costruire sulla sabbia. | *bâtir des châteaux en Espagne*, far castelli in aria. ‖ [coudre] imbastire.

bâtisse [bɑtis] f. casamento m.

bâtisseur [bɑtisœr] m. costruttore, edificatore, fabbricatore. ‖ [fondateur] edificatore.

batiste [batist] f. batista.

bâton [bɑtɔ̃] m. bastone, mazza f. ‖ [police] *bâton blanc*, sfollagente inv. | *bâton de ski*, bastone da sci. ‖ Pr. et fig. *bâton de maréchal*, bastone di maresciallo. ‖ Loc. *c'est son bâton de maréchal* = è tutto quanto, è il massimo di quanto ha potuto raggiungere. | *coup de bâton*, bastonata f. ‖ *bâton de rouge à lèvres*, rosso per le labbra; rossetto. | *bâton de cire*, cannello di ceralacca. | *bâton de chocolat*, bastoncino, stecca (f.) di cioccolata. ‖ Fam. *jouer du bâton*, prendere, prendersi a bastonate. ‖ [écriture] *faire des bâtons*, fare le aste. ‖ Loc. *mettre des bâtons dans les roues*, mettere il bastone fra le ruote. | *à bâtons rompus* = a intervalli, a strappi. | *raconter, travailler à bâtons rompus*, raccontare, fare un lavoro a pezzi e bocconi. | *bâton de vieillesse*, bastone della vecchiaia.

bâtonnat [bɑtɔna] m. presidenza (f.) dell'ordine degli avvocati.

bâtonner [bɑtɔne] v. tr. bastonare.

bâtonnet [bɑtɔnɛ] m. bastoncino.

bâtonnier [bɑtɔnje] m. presidente dell'ordine degli avvocati.

batracien [batrasjɛ̃] m. Zool. batrace.

battage [bataʒ] m. battitura f.; [blé] battitura, trebbiatura f. ‖ Fig., fam. montatura pubblicitaria.

battant, e [batɑ̃, ɑ̃t] adj. battente. | *porte battante*, porta a vento. | *pluie battante*, pioggia dirotta. ‖ Fig. *tambour battant*, a tamburo battente. ‖ Fam. *(tout) battant neuf*, nuovo di zecca. ◆ n. m. [porte] battente. | *ouvrir à deux battants*, spalancare. ‖ [cloche] battaglio. ‖ Mar. battente. ‖ Fig. *avoir du battant*, avere un bel fegato, essere un fegataccio.

batte [bat] f. [de terrassier] mazzeranga; [de tonnelier] mazzapicchio m.; [de lavandière] asse. ‖ [de baratte] pistone m. ‖ [d'Arlequin] spatola. ‖ [action de battre l'or] battitura. ‖ Jeu mazza.

battellement [batɛlmɑ̃] m. gronda f.

battement [batmɑ̃] m. battito, battimento. | *battement de mains*, battimano. | *les battements du cœur*, i battiti del cuore. | *un battement de cœur*, un

batticuore. | *un battement d'ailes*, un batter, uno sbatter d'ali. || TECHN. [d'une persienne] battente. || PHYS. battimento. || FIG. [intervalle, délai] intervallo, respiro, dilazione f., indugio.
batterie [batri] f. MIL. batteria. | *dresser une batterie*, piantare una batteria. || *batterie de cuisine*, batteria da cucina. || MUS., ÉLECTR. batteria. ◆ pl. *dresser, démasquer ses batteries*, piazzare, scoprire le proprie batterie.
batteur [batœr] m. battitore. | *batteur d'or*, battiloro inv. || CULIN. frullatore. || MUS. batterista.
batteuse [batøz] f. AGR. battitrice, trebbiatrice.
battitures [batityr] f. pl. scaglie.
battoir [batwar] m. [de lavandière] mestola f. || JEU mazza f. || POP. [main] *il a de ces battoirs !*, ha certe mestole !
battologie [batɔlɔʒi] f. battologia.
battre [batr] v. tr. **1.** [frapper] battere, picchiare, percuotere, colpire. | *la mer bat la côte*, il mare percuote la riva. || FAM. *battre comme plâtre*, picchiare di santa ragione. || **2.** [vaincre] battere, sconfiggere, vincere. | *battre à plate couture*, sbaragliare, schiacciare. | *battre le record*, battere il primato. || PR. et FIG. *battre en brèche*, battere in breccia. || **3.** [frapper pour extraire ou mélanger] (s)battere, trebbiare, mescolare. | *battre le blé*, battere, trebbiare il grano. | *battre un tapis, des œufs*, sbattere un tappeto, le uova. | *battre les cartes*, mescolare, mischiare le carte. || **4.** [frapper pour façonner] *battre le fer*, battere il ferro. | *battre la faux*, martellare la falce. | *en terre battue*, in terra battuta. | *battre monnaie*, batter moneta. || FIG. *battre la semelle*, V. SEMELLE. || **5.** [parcourir, explorer] *battre la campagne*, V. CAMPAGNE. | *battre les buissons*, battere i cespugli (pr.) ; = ricercare accuratamente (fig.). | *battre le pavé*, V. PAVÉ. | *battre les bois*, perlustrare i boschi. || **6.** MIL. *battre le tambour*, battere, suonare il tamburo. | *battre le rappel*, suonare l'adunata (pr.) ; chiamare a raccolta (fig.). | *le canon bat la campagne*, il cannone martella la campagna. || MAR. *battre pavillon*, battere bandiera. || **7.** LOC. *battre la mesure*, battere il tempo. | *battre l'air*, annaspare (pr.) ; dar pugni in aria (fig.). | *battre le briquet*, battere l'acciarino. | *battre le fer pendant qu'il est chaud*, battere il ferro finché è caldo. ◆ v. intr. (s)battere, colpire, percuotere. | *la pluie bat contre les vitres*, la pioggia batte sui vetri. | *le volet bat*, l'imposta sbatte. || [cœur, pouls] *mon cœur bat*, mi batte il cuore. || LOC. *battre des mains, des ailes*, battere le mani, le ali. || FIG. *ne battre que d'une aile*, funzionare a regime ridotto ; fare, imbarcare acqua ; essere mal ridotto. | *la fête bat son plein*, la festa è al suo culmine. | *battre en retraite*, battere in ritirata. | *battre froid à qn*, mostrarsi freddo con qlcu. ◆ v. pr. battersi, picchiarsi. | *se battre en duel*, battersi in duello. | *se battre à coups de poing*, fare a pugni. || FAM. *se battre les flancs*, darsi un gran da fare (L.C.). || POP. *je m'en bats l'œil*, me ne impipo, mi fa un baffo.
battu, e [baty] adj. battuto, percosso, colpito. | *se tenir pour battu*, darsi per vinto. | *yeux battus*, occhi pesti. || [foulé] *chemin battu*, strada, via battuta. || FIG. *sortir des sentiers battus*, uscire dal sentiero battuto.
battue [baty] f. battuta.
bau [bo] m. MAR. baglio.
baud [bo] m. TÉLÉCOM. baud inv.
baudet [bodɛ] m. PR. et FIG. asino, ciuco, somaro. || [de scieur de bois] cavalletto.
baudrier [bodrije] m. HIST. balteo. || MIL. bandoliera f.
baudroie [bodrwa] f. ZOOL. rana pescatrice.
baudruche [bodryʃ] f. membrana elastica ; vescica. | *ballon de baudruche*, palloncino m. || FIG. *cet homme est une baudruche*, è un pallone gonfiato.
bauge [boʒ] f. [sanglier] covo m. ; [écureuil] buca. || [torchis] cemento (m.) di terra e paglia. || [lieu sale] porcile m.
1. baume [bom] m. PR. et FIG. balsamo.
2. baume f. VX [Provence] balma (L.C.).
baumier m. V. BALSAMIER.
bauquière [bokjɛr] f. MAR. dormiente m.
bauxite [boksit] f. bauxite.
bavard, e [bavar, ard] adj. chiacchierone, ciarliero. ◆ n. chiacchierone, a ; ciarlone, a.
bavardage [bavardaʒ] m. [action] cicalìo, cicaleccio, chiacchierìo, chiacchiericcio. || [propos] chiacchiera f., ciancia f.
bavarder [bavarde] v. intr. chiacchierare, ciarlare.
bavarois, e [bavarwa, az] adj. et n. bavarese. ◆ n. f. CULIN. bavarese.
bave [bav] f. bava. || FIG. veleno m.
baver [bave] v. intr. sbavare. || FIG. *baver sur qn*, sputar veleno su qlcu. || FAM. *ils nous en font baver*, ci fanno patire (L.C.).
bavette [bavɛt] f. [tablier] pettino m., pettorina. || [viande] spuntatura di lombo, di costa. || FIG., FAM. *tailler une bavette avec qn*, fare quattro chiacchiere con uno, attaccare un bottone a qlcu.
baveux, euse [bavø, øz] adj. bavoso. || *omelette baveuse*, frittata spumosa, morbida.
bavocher [bavɔʃe] v. intr. sbavare.
bavoir [bavwar] m. bavaglino.
bavolet [bavɔlɛ] m. [coiffe] cuffia f. || [ruban] gala f.
bavure [bavyr] f. sbavatura. || FIG. *sans bavures*, impeccabile, irreprensibile (adj.).
bayadère [bajadɛr] f. baiadera. ◆ adj. *tissu bayadère*, baiadera f.
bayart m. V. BARD.
bayer [baje] v. intr. *bayer aux corneilles*, guardar le mosche che volano, stare col naso per aria.
bazar [bazar] m. [marché oriental] bazar inv. || [magasin] bazar, emporio. || FIG., FAM. [bric-à-brac] baracca f. || [attirail] roba (L.C.). | *tout le bazar*, tutto quanto, tutta la roba (L.C.).
bazarder [bazarde] v. tr. FAM. liquidare (L.C.).
bazooka [bazuka] m. bazooka, lanciarazzi inv.
béant, e [beɑ̃, ɑ̃t] adj. spalancato, aperto. | *gouffre béant*, voragine spalancata. | *blessure béante*, ferita aperta. || MÉD. *artères béantes*, arterie beanti. || FIG. *être béant d'admiration*, restare a bocca aperta.
béat, e [bea, at] adj. VX, RELIG. beato (L.C.). || [calme] tranquillo. || PÉJOR. melenso. | *un sourire béat*, un sorriso melenso.
béatification [beatifikasjɔ̃] f. beatificazione.
béatifier [beatifje] v. tr. beatificare.
béatifique [beatifik] adj. beatifico.
béatilles [beatij] f. pl. VX, CULIN. rigaglie (L.C.).
béatitude [beatityd] f. beatitudine.
beau [bo] ou **bel, belle** [bɛl] adj. **1.** bello. || [qui plaît] *un bel homme*, un bell'uomo. | *une belle femme*, una bella donna. | *se faire beau*, farsi bello. | *le beau sexe*, il bel sesso. | *quelle belle fille !*, che bella ragazza ! | *les beaux jours*, i bei giorni. | *il fait beau (temps)*, fa bel tempo. || **2.** [distingué, bienséant] bello, scelto. | *un beau monsieur*, un signore. | *le beau monde*, il bel mondo. | *beau langage*, linguaggio scelto. | *un bel esprit*, V. ESPRIT. | *un beau joueur*, un giocatore che sa perdere. || [noble] nobile. | *une belle âme*, un'anima bella. | *ce n'est pas beau*, non sta bene. || **3.** [favorable] *faire une belle affaire*, fare un affarone. | *avoir la partie belle, avoir beau jeu*, aver buon gioco. | *tu me la bailles belle*, V. BAILLER. || **4.** [considérable] *une belle somme*, una bella somma. | *un bel âge*, una bell'età. || **5.** [flatteur, trompeur] *amuser par de belles paroles*, trastullare con belle parole. | *un beau parleur*, uno che vende fumo. || **6.** IRON. [désagréable] *il nous a fait un bel accueil !*, ci ha fatto una bella accoglienza ! | *être dans de beaux draps*, essere nei pasticci. | *en faire de belles*, farne delle belle. | *en dire de belles*, dirla bella, dirne delle belle. | *la belle affaire !*, che importa ! || **7.** [sens explétif] *un beau jour*, un bel giorno. | *au beau milieu*, nel bel mezzo. || **8.** LOC. *il y a belle lurette, beau temps que*, è un bel pezzo che. | *dormir à la belle étoile*, dormire sotto le stelle, al sereno, all'aperto, allo scoperto, all'addiaccio. | *mordre une pomme à belles dents*, addentare di gusto una mela. | *la Belle Époque*, la Belle Époque (fr.). | *mourir de sa belle mort*, morire di morte naturale. ◆ adj. f. *l'échapper belle*, scamparla bella. | *de plus belle*, sempre più. ◆ adv. *voir tout en beau*, vedere tutto roseo. | *tout beau !*, adagio !

|| *faire beau* (suivi d'un inf.) : *il fait beau voir*, è bello vedere. || *avoir beau* (suivi d'un inf.) : *il a beau dire, faire*, ha un bel dire, fare. ◆ loc. adv. ***bel et bien :*** *c'est bel et bien vrai*, è proprio vero. | *il est bel et bien perdu*, è bell'e spacciato. | *c'est bel et bien une traduction*, è una traduzione bella e buona. ◆ n. m. *le sens du beau*, il senso del bello. || MÉTÉOR. *beau fixe*, bello stabile. || PÉJOR. *un vieux beau*, un vecchio galante. || [chien] *faire le beau* = rizzarsi sulle zampe posteriori. ◆ n. f. bella. | *la Belle au bois dormant*, la Bella addormentata nel bosco. | *où allez-vous la belle ?*, dove si va, bellezza ? || [au jeu] bella.
beaucoup [boku] adv. molto, assai. | *travailler beaucoup*, lavorare molto, lavorare assai. | *beaucoup trop*, anche troppo. | *cela y est pour beaucoup*, questo c'entra molto. | *merci beaucoup*, tante grazie. | *c'est beaucoup dire*, è dir troppo. || *beaucoup de* (avec un nom), molto adj. | *beaucoup de travail*, molto lavoro. | *beaucoup de monde*, molta gente. | *beaucoup de choses*, molte cose. | *beaucoup de livres*, molti libri. || ABSOL. molti. | *il y a beaucoup d'appelés et peu d'élus*, molti sono i chiamati e pochi gli eletti. | *beaucoup ne disent pas ce qu'ils pensent*, molti non dicono quello che pensano. ◆ loc. adv. ***de beaucoup :*** *il est trop lourd de beaucoup*, è troppo pesante. | *il s'en faut de beaucoup*, ci manca assai.
beau-fils [bofis] m. [gendre] genero. || [fils d'un premier lit] figliastro.
beau-frère [bofrɛr] m. cognato.
beau-père [bopɛr] m. [père du conjoint] suocero. || [second mari de la mère] patrigno.
beaupré [bopre] m. MAR. bompresso.
beauté [bote] f. [qualité] bellezza. | *être de toute beauté*, essere bellissimo, proprio bello. | *grain de beauté*, neo m. | *c'est une beauté*, è una bellezza. || FAM. *se (re)faire une beauté*, (ri)farsi il viso. || LOC. *pour la beauté du geste*, per il bel gesto. | *finir, mourir en beauté*, finire, morire in bellezza.
beaux-arts [bozar] m. pl. belle arti f. pl.
beaux-parents [boparɑ̃] m. pl. suoceri.
bébé [bebe] m. bambino, bebè ; bébé inv. (fr.).
bec [bɛk] m. **1.** PR. becco ; [rapace] rostro. | *coup de bec*, beccata f. (pr.) ; frecciata f. (fig.). || FIG. *avoir bec et ongles*, tirar fuori le unghie essere ben armato, sapersi difendere. | *prise de bec*, battibecco. || **2.** FIG., FAM. *bec fin*, bocca fina. | *avoir bon bec*, aver la lingua sciolta. | *ferme ton bec*, chiudi il becco. | *clouer le bec*, chiudere il becco. | *claquer du bec*, avere lo stomaco vuoto (L.C.) ; avere una sguiscia (tosc.). | *tenir le bec dans l'eau* = tenere a bada. | *laisser le bec dans l'eau* = piantare in asso. | *rester le bec dans l'eau* = rimanere in secco. || **3.** [extrémité en forme de bec] (objet) beccuccio. || TECHN. *bec de gaz*, becco a gas ; [réverbère] lampione ; fanale a gas. | *bec Bunsen*, becco di Bunsen. || FIG., FAM. *tomber sur un bec*, trovare un osso duro. || **4.** GÉOGR. lingua (f.) di terra. || MUS. bocchino, imboccatura f. || MAR. [ancre] unghia f.
bécane [bekan] f. ARG., VX [vieille locomotive] caffettiera (fam.). || FAM. [bicyclette] bici.
bécard [bekar] m. ZOOL. salmone maschio.
bécarre [bekar] m. MUS. bequadro.
1. bécasse [bekas] f. ZOOL. beccaccia. || FAM. [femme sotte] oca.
2. bécasse f. [barque] barcaccia.
bécasseau [bekaso] m. ZOOL. piovanello.
bécassine [bekasin] f. ZOOL. beccaccino m. || FAM. [petite fille sotte] ochetta.
bec-croisé [bɛkkrwaze] m. ZOOL. crociere.
bec-d'âne m. V. BÉDANE.
bec-de-cane [bɛkdəkan] m. [serrure] paletto a scatto. || [poignée] maniglia (f.) a becco.
bec-de-corbeau [bɛkdəkɔrbo] m. becco di corvo.
bec-de-corbin [bɛkdəkɔrbɛ̃] m. becco corvino.
bec-de-lièvre [bɛkdəljɛvr] m. labbro leporino.
becfigue [bɛkfig] m. ZOOL. beccafico.
bec-fin [bɛkfɛ̃] m. = uccello di becco fino.
bêchage [bɛʃaʒ] m. vangatura f.
béchamel [beʃamɛl] f. CULIN. besciamella ; béchamel (fr.).
bêche [bɛʃ] f. vanga, badile m. | *coup de bêche*, vangata, badilata. || MIL. *bêche de crosse*, vomere m.
bêcher [bɛʃe] v. tr. vangare. || FIG., FAM. criticare aspramente (L.C.).
bêcheur, euse [bɛʃœr, øz] n. FIG., FAM. [qui critique] denigratore, maldicente, linguacciuto (L.C.). || [qui méprise] smorfioso.
bêchoir [bɛʃwar] m. marra f.
bécot [beko] m. FAM. bacino, bacetto.
bécoter [bekɔte] v. tr. FAM. (s)baciucchiare ; dare bacini a.
becquée [beke] f. (im)beccata. | *donner la becquée à un oiseau*, imbeccare un uccello. || FAM. *donner la becquée à un malade*, imboccare un malato (L.C.).
becquet ou **béquet** [bekɛ] m. TYP., THÉÂTRE aggiunta f.
becqueter [bɛkte] v. tr. beccare, becchettare. || POP. [manger] pappare ; beccare (fam.). ◆ v. pr. FAM. (s)baciucchiarsi.
bedaine [bədɛn] f. FAM. trippone m. ; buzzo m. (pop.).
bédane [bedan] ou **bec-d'âne** [bɛkdan] m. TECHN. sgorbia f., bedano.
bedeau [bədo] m. scaccino.
bedon [bədɔ̃] m. FAM. V. BEDAINE.
bedonnant, e [bədɔnɑ̃, ɑ̃t] adj. FAM. panciuto.
bedonner [bədɔne] v. intr. FAM. mettere su pancia.
bédouin, e [bedwɛ̃, in] adj. et n. beduino.
bée [be] adj. f. *rester bouche bée*, restare a bocca aperta. || FIG. *être bouche bée devant qn*, ammirare uno a bocca aperta.
béer [bee] v. intr. essere spalancato. || FIG. *béer d'admiration*, V. BÉANT.
beffroi [bɛfrwa] m. MIL. [tour roulante] battifredo. || [tour, clocher] torre campanaria, torre comunale. || [charpente du clocher] incastellatura f.
bégaiement [begɛmɑ̃] m. balbettamento.
bégard, beggard ou **béguard** [begar] m. HIST. begardo.
bégayer [begɛje] v. intr. et tr. balbettare.
bégonia [begɔnja] m. begonia f.
bègue [bɛg] adj. et n. balbuziente.
bégueule [begœl] f. santerellina. ◆ adj. pudibondo.
bégueulerie [begœlri] f. ou **bégueulisme** [begœlism] m. pudibonderia.
béguin [begɛ̃] m. RELIG. beghino ; [coiffe] cuffia f. || FIG., FAM. debole, scuffia f. | *avoir le béguin pour qn*, avere un debole per qlcu.
béguinage [beginaʒ] m. RELIG. beghinaggio.
béguine [begin] f. RELIG. beghina.
bégum [begɔm] f. begum.
béhaviorisme [beavjɔrism] ou **béhaviourisme** [beavjurism] m. PSYCH. behaviorismo, comportamentismo.
beige [bɛʒ] adj. color di lana greggia ; (color) beige (fr.).
beigne [bɛɲ] f. POP. sventola (fam.) ; sorba, sberla, sganascione m. (rég.).
beignet [bɛɲɛ] m. frittella f. ; bombolone (tosc.).
béjaune [beʒon] m. uccellino di primo pelo. || FIG. sbarbatello, pivello.
1. bel [bɛl] adj. V. BEAU.
2. bel m. PHYS. bel inv.
bêlement [bɛlmɑ̃] m. PR. et FIG. belato.
bêler [bɛle] v. intr. et tr. PR. et FIG. belare.
belette [bəlɛt] f. ZOOL. donnola.
belge [bɛlʒ] adj. et n. belga.
belgicisme [bɛlʒisism] m. belgicismo.
bélier [belje] m. ZOOL. ariete, montone. || ASTR. Ariete. || MIL. ariete. || TECHN. *bélier hydraulique*, ariete idraulico. | *coup de bélier*, colpo d'ariete.
bélière [beljɛr] f. [anneau] anello (m.) di sospensione ; [pour une cloche] ansola. || [sonnette de bélier] campanaccio m. || MIL. [lanière] cinturino m.
bélinogramme [belinɔgram] m. telefoto f. inv.
bélinographe [belinɔgraf] m. apparecchio per telefotografia.
bélître [belitr] m. VX gaglioffo (L.C.).
belladone [bɛladɔn] f. BOT. belladonna.

bellâtre [bɛlɑtr] adj. vanesio. ◆ n. m. bellimbusto.
belle adj. et n. V. BEAU.
belle-de-jour [bɛldəʒur] f. BOT. bella di giorno.
belle-de-nuit [bɛldənɥi] f. BOT. bella di notte.
belle-fille [bɛlfij] f. [bru] nuora. ‖ [fille d'un premier lit] figliastra.
bellement [bɛlmɑ̃] adv. Vx bellamente. ‖ [doucement] bel bello (L.C.).
belle-mère [bɛlmɛr] f. [mère du conjoint] suocera. ‖ [seconde femme du père] matrigna.
belles-lettres [bɛllɛtr] f. pl. belle lettere.
belle-sœur [bɛlsœr] f. cognata.
belliciste [bɛlisist] adj. et n. bellicista; guerrafondaio m.
belligérance [bɛliʒerɑ̃s] f. belligeranza.
belligérant, e [bɛliʒerɑ̃, ɑ̃t] adj. et n. belligerante.
belliqueux, euse [bɛlikø, øz] adj. bellicoso.
belluaire [bɛlɥɛr] m. HIST. bestiario. ‖ [dompteur] domatore.
belon [bəlɔ̃] f. = ostrica piatta o rotonda.
belote [bəlɔt] f. JEU belote (fr.).
béluga [belyga] ou **bélouga** [beluga] m. ZOOL. beluga.
belvédère [bɛlvedɛr] m. belvedere inv.; altana f.
bémol [bemɔl] adj. et n. m. MUS. bemolle.
ben [bɛ̃] interj. FAM. beh, be'.
bénédicité [benedisite] m. benedicite inv.
bénédictin, e [benediktɛ̃, in] adj. et n. benedettino. ‖ FIG. *une patience de bénédictin*, una pazienza da benedettino, da certosino. | *un travail de bénédictin*, un lavoro da certosino. ◆ n. f. [liqueur] benedettino.
bénédiction [benediksjɔ̃] f. PR. et FIG. benedizione. | *donner sa bénédiction*, dare la benedizione.
bénéfice [benefis] m. beneficio, guadagno, profitto, utile. | *bénéfice brut, net*, utile lordo, netto. | *au bénéfice de*, a beneficio di. ‖ JUR. *sous bénéfice d'inventaire*, con beneficio d'inventario. ‖ RELIG. beneficio. ‖ PSYCHAN. *bénéfices primaires et secondaires de la maladie*, utili primari e secondari della malattia.
bénéficiaire [benefisjɛr] n. beneficiario m., assegnatario m. ‖ JUR. *héritier bénéficiaire*, erede beneficiato. ◆ adj. COMM. *marge bénéficiaire*, margine di utile. | *part bénéficiaire*, parte di beneficio.
1. bénéficier [benefisje] m. beneficiato.
2. bénéficier v. tr. ind. **(de)** beneficiare (di), (usu)fruire (di).
bénéfique [benefik] adj. benefico.
benêt [bənɛ] adj. et n. m. babbeo; semplicione, a; sempliciotto; tonto (fam.) adj.
bénéventin, e [benevɑ̃tɛ̃, in] adj. et n. beneventano.
bénévole [benevɔl] adj. (littér.) benevolo; benevolente (rare). ‖ [qui travaille gratuitement] volontario. ‖ [à titre gracieux] gratuito.
bénévolement [benevɔlmɑ̃] adv. benevolmente; volontariamente, senza compenso.
bengali [bɛ̃gali] m. ZOOL. bengalino. ‖ LING. bengali, bengalese, bengalico.
bénignité [beniɲite] f. benignità.
bénin, igne [benɛ̃, iɲ] adj. benigno.
bénir [benir] v. tr. benedire. | *Dieu vous bénisse!*, Dio vi benedica! | *bénir une église*, consacrare una chiesa. | *je bénis le jour où je l'ai rencontré*, benedico il giorno in cui l'incontrai.
bénit, e [beni, it] adj. benedetto. | *eau bénite*, acqua santa. | *pain bénit*, pane benedetto. ‖ FIG., VX *eau bénite de cour* = adulazione f., lusinga f.; promesse campate in aria. ‖ IRON. *c'est pain bénit!*, ti, gli, le, vi sta bene!
bénisseur, euse [benisœr, øz] n. et adj. FAM. (persona) complimentosa (L.C.).
bénitier [benitje] m. acquasantiera f.; pila (f.) dell'acqua santa. ‖ FAM. *grenouille de bénitier*, baciapile n. inv. | *se démener comme un diable dans un bénitier*, V. DIABLE.
benjamin, e [bɛ̃ʒamɛ̃, in] n. [dernier-né] minore; ultimogenito, ultimogenita.
benjoin [bɛ̃ʒwɛ̃] m. BOT., MÉD. benzoino, benzoe.
benne [bɛn] f. MIN. [wagonnet] vagoncino m., vagonetto m.; [cage] benna; montacarichi m. inv. ‖ TRANSP. [camion] cassone (m.) ribaltabile; [grue] benna. | *benne preneuse*, benna mordente, automatica.
benoît, e [bənwa, at] adj. (littér.) benevolo. ‖ PÉJOR. untuoso, mellifluo.
benzène [bɛ̃zɛn] m. CHIM. benzene, benzolo.
benzine [bɛ̃zin] f. CHIM. benzina.
benzoate [bɛ̃zɔat] m. benzoato.
benzoïque [bɛ̃zɔik] adj. benzoico.
benzol [bɛ̃zɔl] m. CHIM. = miscela di benzene e di toluene.
béotien, enne [beɔsjɛ̃, ɛn] adj. HIST. beotico. ‖ FIG. beota. ◆ n. beota.
béquet m. V. BECQUET.
béquille [bekij] f. [canne] gruccia, stampella. ‖ [support] puntello (m.) di sicurezza; [de motocyclette] cavalletto (m.) di sostegno. ‖ AÉR. pattino (m.) di coda. ‖ MAR. puntello m. ‖ MIL. sostegno m. ‖ TECHN. [de serrure] gruccia.
béquiller [bekije] v. intr. camminare con le grucce, le stampelle. ◆ v. tr. MAR. puntellare.
ber [bɛr] m. MAR. invasatura f.
berbère [bɛrbɛr] adj. et n. berbero.
bercail [bɛrkaj] m. ovile. ‖ FIG. *revenir au bercail*, [après une fugue] tornare all'ovile; [revenir à l'orthodoxie] tornare in seno alla Chiesa.
berceau [bɛrso] m. [lit] culla f.; cuna f. (septentr.). ‖ FIG. *dès le berceau*, fin dalla culla. | *un enfant au berceau*, un bimbo in fasce. ‖ [lieu d'origine] *Florence est le berceau des arts*, Firenze è la culla delle belle arti. ‖ [tonnelle] pergolato, bersò. ‖ ARCHIT. *voûte en berceau*, volta a botte. ‖ MAR. invasatura f. ‖ MÉC. [d'un moteur] castello motore. ‖ MIL. culla f.
bercelonnette [bɛrsəlɔnɛt] ou **barcelonnette** [barsəlɔnɛt] f. culla a dondolo, a bilico.
bercement [bɛrsəmɑ̃] m. dondolio, (il) cullare.
bercer [bɛrse] v. tr. cullare, ninnare. ‖ FIG. *bercer de vaines promesses*, cullare con vane promesse. ◆ v. pr. cullarsi. ‖ FIG. *se bercer d'illusions*, cullarsi nelle illusioni.
berceur, euse [bɛrsœr, øz] adj. che culla. ◆ n. f. [chanson] ninnananna. ‖ [siège] sedia a dondolo.
béret [berɛ] m. (berretto) basco. | *béret d'étudiant*, berretto, cappello goliardico.
bergamote [bɛrgamɔt] f. BOT. [fruit] bergamotto m.; [poire] (pera) bergamotta.
bergamotier [bɛrgamɔtje] m. BOT. bergamotto.
berge [bɛrʒ] f. [rive] riva, sponda. ‖ [talus] argine m., spalletta. ‖ [chemin] scarpata.
berger, ère [bɛrʒe, ɛr] n. pastore m., pecoraio m.; pastora f.; [jeune] pastorella f. ‖ *étoile du Berger*, [matin] Venere f.; [soir] Vespero m. ‖ FIG. *heure du berger*, ora propizia per gl'innamorati. ‖ RELIG. *le Bon Berger*, il Buon Pastore. ◆ n. m. [chien] pastore. ◆ n. f. [fauteuil] bergère (fr.).
bergerie [bɛrʒəri] f. ovile m. ‖ FIG. *introduire le loup dans la bergerie*, mettere il lupo nell'ovile. ‖ POÉS. poesia (f.) pastorale.
bergeronnette [bɛrʒərɔnɛt] f. ZOOL. cutrettola.
béribéri [beriberi] m. MÉD. beriberi.
berline [bɛrlin] f. AUTOM. berlina. ‖ MIN. vagonetto m., vagoncino m.
berlingot [bɛrlɛ̃go] m. [bonbon] = caramella aromatizzata. ‖ [emballage] contenitore (m.) per liquidi (di carta plastificata); Tetrapack inv. (nom déposé).
berlue [bɛrly] f. LOC. *avoir la berlue*, avere le traveggole.
berme [bɛrm] f. berma.
bernardin, e [bɛrnardɛ̃, in] n. RELIG. bernardino.
bernard-l'ermite [bɛrnarlɛrmit] m. ZOOL. bernardo l'eremita; paguro.
berne [bɛrn] f. LOC. *en berne*, [détresse] in derno; [deuil] a mezz'asta.
berner [bɛrne] v. tr. (s)beffare, canzonare, schernire, deridere; farsi beffe di.
bernesque [bɛrnɛsk] adj. HIST. LITT. bernesco.
1. bernique [bɛrnik] ou **bernicle** [bɛrnikl] f. ZOOL. patella.
2. bernique! interj. FAM. stai fresco!
bernois, e [bɛrnwa, az] adj. et n. bernese.

berquinade [bɛrkinad] f. = opera letteraria insulsa.
bersaglier [bɛrsalje] m. MIL. bersagliere.
berthe [bɛrt] f. MODE VX berta. || [pot à lait] bidone m.
béryl [beril] m. LINÉR. berillo.
béryllium [beriljɔm] m. berillio.
besace [bəzas] f. bisaccia, sacca.
besant [bezɑ̃] m. [ancienne monnaie] bisante. || ARCHIT., HÉRALD. bisante.
bésef adv. V. BÉZEF.
beset [bəzɛ] ou **besas** [bəzɑs] m. JEU ambassi inv.
besicles [bə, bezikl] f. pl. IRON. lanterne, vetrine.
bésigue [bezig] m. JEU bazzica f.
besogne [bəzɔɲ] f. faccenda, lavoro m., daffare m. inv. | *pas mal de besogne*, un gran daffare. | *abattre de la besogne*, sbrigare un mucchio di lavoro, lavorare di lena ; sgobbare (fam.). | *se mettre à la besogne*, mettersi al lavoro. | *aller vite en besogne*, sbrigarsi, far presto, lavorare alla svelta. || IRON. *tu as fait de la belle besogne !*, hai fatto un bel lavoro !
besogner [bəzɔɲe] v. intr. IRON. sgobbare, sfaccendare, darsi daffare.
besogneux, euse [bəzɔɲø, øz] adj. et n. bisognoso.
besoin [bəzwɛ̃] m. [manque du nécessaire] bisogno ; fabbisogno sing. | *j'ai besoin de*, ho bisogno di ; mi occorre, mi occorrono. | *au besoin, si besoin est*, all'occorrenza, all'evenienza. | *en cas de besoin*, in caso di bisogno. | *faire besoin*, essere necessario. | *il n'est pas besoin de*, non occorre. || IRON. *j'avais bien besoin de cela !*, questo mi ci voleva ! || [détresse, indigence] bisogno, strettezze f. pl. | *être dans le besoin*, essere, trovarsi nel bisogno, nelle strettezze. | *pressé par le besoin*, spinto dalla necessità. || JUR. bisognatario. ◆ pl. bisogni. | *pourvoir aux besoins de ses enfants*, provvedere ai bisogni dei figli. || FIG. *faire ses besoins*, fare i bisogni.
bestiaire [bɛstjɛr] m. bestiario.
bestial, e, aux [bɛstjal, o] adj. bestiale.
bestialité [bɛstjalite] f. bestialità.
bestiaux [bɛstjo] m. pl. bestiame (grosso) sing. | *wagon à bestiaux*, carro bestiame.
bestiole [bɛstjɔl] f. bestiola, bestiolina.
1. bêta [bɛta] m. beta. || PHYS. *rayons bêta*, raggi beta.
2. bêta, asse [bɛtɑ, ɑs] adj. FAM. sciocco, scioccherello, sciocccherellino.
bétail [betaj] m. bestiame. | *gros, menu bétail*, bestiame grosso, minuto. | *tête de bétail*, capo di bestiame.
bêtatron [bɛtatrɔ̃] m. PHYS. betatrone.
bête [bɛt] f. [animal] bestia. | *bête féroce*, belva. | *bête sauvage, fauve*, fiera ; bestia selvatica. | *bête de somme, de trait*, bestia da soma, da tiro. | *bête à cornes*, bestia cornuta. | *bêtes carnassières*, bestie carnivore. | *bête à bon Dieu*, coccinella ; santalucia (rég.). || [animalité de l'homme] *la bête humaine*, la bestia umana. | *dompter la bête*, reprimere gli istinti animaleschi. || FIG., FAM. *bonne bête*, bonaccione m. | *c'est ma bête noire*, è il mio incubo, la mia bestia nera. | *bête à concours*, animale da concorsi. | *travailler comme une bête*, lavorare come una bestia. | *faire la bête*, fare lo gnorri, l'indiano, il finto tonto. || LOC. *chercher la petite bête*, cercare il pelo nell'uovo. | *reprendre du poil de la bête*, V. POIL. ◆ adj. stupido, sciocco. || FAM. *être bête comme ses pieds*, essere un pezzo d'asino, una gran bestia, un bestione. | *avoir l'air bête*, avere faccia da stupido. | *pas si bête !*, mica stupido ! | *c'est bête comme tout, comme chou*, è semplicissimo (L.C.).
bétel [betɛl] m. BOT. betel.
bêtement [bɛtmɑ̃] adv. stupidamente, scioccamente. || FAM. *tout bêtement*, semplicemente (L.C.).
bêtifier [bɛtifje] v. tr. [abêtir] istupidire. ◆ v. intr. [faire le niais] fare lo gnorri, l'indiano ; [en parlant] dire sciocchezze ; bamboleggiare.
bêtise [bɛtiz] f. [inintelligence] sciocchezza, stupidaggine, stupidità, scemenza. || [parole, action] sciocchezza, stupidaggine, sproposito m., scemenza, corbelleria. | *faire une bêtise*, fare una corbelleria. | *dire des bêtises*, dire sciocchezze. || [chose sans valeur] *je t'ai offert une bêtise*, ti ho regalato una sciocchezza. || *bêtise de Cambrai* = caramella alla menta.
bétoine [betwan] f. BOT. betonica.
béton [betɔ̃] m. calcestruzzo ; béton (fr.). | *béton armé, précontraint*, cemento armato, precompresso.
bétonner [betɔne] v. tr. costruire in calcestruzzo. | *abri bétonné*, ricovero di calcestruzzo.
bétonnière [betɔnjɛr] f. betoniera.
bette [bɛt] ou **blette** [blɛt] f. BOT. bietola.
betterave [bɛtrav] f. BOT. barbabietola. | *betterave fourragère, rouge, sucrière*, barbabietola da foraggio, da orto, da zucchero. | *la culture de la betterave*, la bieticoltura.
betteravier, ère [bɛtravje, ɛr] adj. bieticolo. ◆ n. m. bieticoltore.
beuglant [bøglɑ̃] m. VX, POP. = caffè concerto d'infimo ordine.
beuglante [bøglɑ̃t] f. POP., PÉJOR. canzone sbraitata (L.C.). || ARG. UNIV. cagnara (fam.).
beuglement [bøgləmɑ̃] m. [animal] muggito, mugghio. || [son d'une trompe] (lo) strombettare ; [d'une sirène] urlo. || FAM. barrito.
beugler [bøgle] v. intr. muggire, mugghiare. || FAM. [pousser des cris] sbraitare. ◆ v. tr. FAM. *beugler une chanson*, straziare una canzone.
beuh ! [bø] interj. FAM. puah !
beurre [bœr] m. burro. | *beurre noir*, burro rosso. | *beurre fondu*, burro fuso. | *battre le beurre*, battere il burro. | *étaler du beurre sur le pain*, spalmare burro sul pane. | *tartine de beurre*, fetta di pane imburrata, col burro. || CULIN. *beurre d'anchois, de cacao*, burro all'acciuga, di cacao. || FIG., FAM. *œil au beurre noir*, occhio pesto (L.C.). | *assiette au beurre*, V. ASSIETTE. | *faire son beurre*, farsi un bel gruzzoletto. | *mettre du beurre dans les épinards*, arrotondare le entrate.
beurré [bœre] m. pera butirra.
beurrée [bœre] f. [tartine] fetta di pane imburrata.
beurrer [bœre] v. tr. imburrare.
beurrerie [bœrri] f. [technique] burrificazione. || [lieu] burrificio m.
beurrier, ère [bœrje, ɛr] adj. del burro. ◆ n. m. burriera f.
beuverie [bœvri] f. sbicchierata.
bévatron [bevatrɔ̃] m. PHYS. bevatrone.
bévue [bevy] f. svista, sproposito m., topica, cantonata, dirizzone m. | *commettre une bévue*, fare una svista, uno sproposito ; prendere una cantonata, un dirizzone.
bey [bɛ] m. bei.
bézef ou **bésef** [bezɛf] adv. POP. *il n'y en a pas bézef*, non ce n'è a bizzeffe.
biais, e [bjɛ, bjɛz] adj. sghembo, obliquo, sghimbescio. || ARCHIT. *voûte biaise*, volta di sbieco. ◆ n. m. [obliquité] sbieco. || FIG. [moyen détourné] ripiego, espediente, scappatoia f. | *trouver un biais*, trovare un ripiego. | *on ne sait par quel biais le prendre*, non si sa per che verso prenderlo. ◆ loc. adv. ***de biais, en biais,*** di sbieco, di sghimbescio, di sghembo. | *couper en biais une étoffe*, tagliare in tralice un tessuto. | *regarder de biais*, guardare di sbieco, in tralice. | *aborder une question de biais*, affrontare per via indiretta una questione.
biaiser [bjɛze] v. intr. andare di sbieco, di sghembo. || FIG. usare ripieghi.
bibelot [biblo] m. soprammobile, gingillo, ninnolo ; bibelot (fr.).
biberon [bibrɔ̃] m. poppatoio ; biberon (fr.). | *nourrir au biberon*, allattare col poppatoio. ◆ adj. et n. FAM. beone n., bevitore, trice (L.C.) ; bevitora f. (pop.).
biberonner [bibrɔne] v. intr. FAM. sbevacchiare, sbevazzare.
1. bibi [bibi] m. FAM. cappellino (L.C.).
2. bibi pron. pers. FAM. io, me, il sottoscritto (L.C.).
bibine [bibin] f. POP. pessima bevanda (L.C.).
bible [bibl] f. bibbia. ◆ adj. *papier bible*, carta india.
bibliographe [biblijɔgraf] m. bibliografo.
bibliographie [biblijɔgrafi] f. bibliografia.
bibliographique [biblijɔgrafik] adj. bibliografico.
bibliomanie [biblijɔmani] f. bibliomania.

bibliophile [biblijɔfil] n. bibliofilo m.
bibliophilie [biblijɔfili] f. bibliofilia.
bibliothécaire [biblijɔtekɛr] n. bibliotecario.
bibliothèque [biblijɔtɛk] f. biblioteca. ‖ FIG., PÉJOR. *rat de bibliothèque*, topo di biblioteca.
biblique [biblik] adj. biblico.
bicamérisme [bikamerism] m. POLIT. bicamerismo.
bicarbonate [bikarbɔnat] m. CHIM. bicarbonato.
bicarré, e [bikare] adj. MATH. biquadrato.
bicéphale [bisefal] adj. bicefalo, bicipite. ‖ HÉRALD. *aigle bicéphale*, aquila bicipite.
biceps [bisɛps] m. ANAT. bicipite. ‖ FAM. *avoir du biceps*, essere forzuto.
biche [biʃ] f. ZOOL. cerva. ‖ FIG., FAM. *ma biche*, cocca mia.
bicher [biʃe] v. impers. POP. *ça biche* = va bene. ◆ v. intr. *il biche* = è contento.
bichlorure [biklɔryr] m. CHIM. bicloruro.
bichon, onne [biʃɔ̃, ɔn] n. [chien] cagnolino (m.) maltese. ‖ FIG., FAM. *mon bichon*, cocco mio, cocca mia.
bichonner [biʃɔne] v. tr. Vx [friser] arricciare (L.C.). ‖ FAM. acconciare, agghindare, azzimare. ◆ v. pr. acconciarsi, agghindarsi, azzimarsi.
bickford [bikfɔrd] m. miccia lenta ; miccia di sicurezza.
bico ou **bicot** [biko] m. PÉJOR. Nordafricano (L.C.).
bicolore [bikɔlɔr] adj. bicolore.
biconcave [bikɔ̃kav] adj. biconcavo.
biconvexe [bikɔ̃vɛks] adj. biconvesso.
bicoque [bikɔk] f. FAM., PÉJOR. bicocca, casupola.
bicorne [bikɔrn] adj. bicorne, bicornuto. ◆ n. m. cappello a due punte ; [d'académicien] feluca f. ; [de prêtre] bicorno ; [de carabinier] lucerna f.
1. bicot [biko] m. FAM. capretto.
2. bicot m. PÉJOR. V. BICO.
bicyclette [bisiklɛt] f. bicicletta. | *aller à bicyclette*, andare in bicicletta.
bide [bid] m. FAM. pancia f. (L.C.) ; buzzo (pop.).
bident [bidɑ̃] m. AGR. bidente.
bidet [bidɛ] m. piccolo cavallo (da sella), cavalluccio, ronzino. ‖ [cuvette] bidè inv.
bidoche [bidɔʃ] f. POP., PÉJOR. ciccia.
bidon [bidɔ̃] m. [récipient] bidone, latta f., stagnola f. ‖ MIL. borraccia f. ‖ FIG., POP. buzzo ; pancia f. (L.C.).
bidonnant, e [bidɔnɑ̃, ɑ̃t] adj. POP. buffissimo (L.C.).
bidonner (se) [səbidɔne] v. pr. POP. sbudellarsi dalle risa ; ridere a crepapelle (fam.).
bidonville [bidɔ̃vil] m. bidonville f. (fr.).
bidule [bidyl] m. POP. coso, cosino, arnese, aggeggio, affare.
bief [bjɛf] m. gora f. | *bief d'amont, d'aval*, gora a monte, a valle. ‖ [entre deux écluses] = tratto di canale fra due chiuse.
bielle [bjɛl] f. biella. ‖ AUTOM. *couler une bielle*, fondere una bronzina.
1. bien [bjɛ̃] adv. **1.** [de manière avantageuse, excellente] bene. | *bien lire, écrire*, leggere, scrivere bene. | *bien fait*, ben fatto. | *bien mis*, ben vestito. | *cette plante vient bien*, questa pianta cresce bene. | *ma montre va bien*, il mio orologio va bene. | *tout s'est bien passé*, tutto è andato bene. | *il fera bien, il a bien fait de venir*, farà, ha fatto bene di venire. ‖ PROV. *tout est bien qui finit bien*, tutto è bene quel che finisce bene. | *cela fait bien*, questo fa un bell'effetto. ‖ IRON. *bien fait pour toi, pour vous !*, ti, vi sta bene ! | *nous voilà bien (partis) !*, stiamo freschi ! ‖ **2.** [valeur intensive] bene, molto, proprio. | *être bien content*, essere ben felice. | *il est bien entendu que*, è ben inteso che. | *je sais bien que tu ne le diras pas*, ben lo so che non lo dirai. | *avoir bien tort*, aver proprio torto. | *je te demande bien pardon*, ti chiedo scusa. | *je t'avais bien prévenu*, te l'avevo ben detto. | *c'est bien mieux comme cela*, è molto, tanto meglio così. | *il est bien italien*, è proprio italiano. | *c'est bien lui*, è proprio lui. | *c'est bien possible*, può darsi. | *il y a bien quinze jours qu'il est parti*, è partito da ben quindici giorni. | *il est bien plus grand*, è molto più alto. ‖ **3.** [quantité] molto adj. | *bien des gens*, molta gente. | *bien des soucis*, molti pensieri. | *bien peu de*, pochissimo adj. ‖ FAM. *il m'a fait bien du mal*, mi ha fatto un bel torto. ‖ **4.** [opposition ; concession] bene, pure. | *il faut bien le faire*, bisogna pur farlo. | *nous verrons bien*, vedremo pure, bene. | *je te l'avais bien dit*, te l'avevo pur detto. | *ce n'est pas de la bonté, mais bien de la faiblesse*, non è bontà, bensì debolezza. ‖ **5.** [santé] *il va bien*, sta bene. | *portez-vous bien !*, stia bene ! | *être bien portant*, stare bene (di salute). ‖ **6.** [avec pouvoir] *que peut-il bien vouloir de moi ?*, che cosa vorrà da me ? ‖ [avec vouloir] *je veux bien*, ben volentieri. | *il a bien voulu me recevoir*, ha consentito a ricevermi, ha voluto cortesemente ricevermi. | *je voudrais, j'aimerais bien aller à Rome*, mi piacerebbe molto andare a Roma. ‖ **7.** LOC. *tant bien que mal*, alla bell'e meglio. | *pas très bien*, poco bene, piuttosto male. | *pas trop bien*, non tanto bene. ◆ loc. adv. ***bien plus,*** inoltre. ‖ ***aussi bien,*** V. AUSSI. ◆ interj. ***très bien !,*** benissimo ! ‖ ***bien sûr !,*** altro che !, senz'altro !, certo !, eh già ! ‖ ***eh bien ! :*** [étonnement] ma guarda ! ; [concession] ebbene ! ◆ loc. conj. ***bien que*** (subj.), benché, sebbene, per quanto (subj.). ‖ ***quand bien même*** (cond.) : [même si] anche se, quando pure, quand'anche (subj.) ; [bien que] benché, sebbene (subj.). ‖ ***si bien que*** (indic.), sicché, tanto che, di modo che (indic.).
2. bien adj. inv. [en bonne santé] *il est bien aujourd'hui*, oggi sta bene. ‖ [beau] *il, elle est bien de sa personne*, è un bel ragazzo, un bell'uomo ; una bella ragazza, una bella donna. ‖ [consciencieux] *c'est un homme, une femme, une fille, une personne bien*, è un uomo serio, una donna, una ragazza, una persona seria. ‖ [niveau social] *des gens bien*, gente bene. ‖ [confort] *on est bien dans ce fauteuil*, si sta bene in questa poltrona. ‖ [relations amicales] *il est bien avec tout le monde*, è in buoni rapporti con tutti.
3. bien m. [philosophique, moral] bene. | *souverain bien*, bene supremo, sommo bene. | *homme de bien*, uomo dabbene. | *faire le bien, du bien*, fare il bene, del bene. | *dire, penser du bien de*, dire, pensare bene di. | *vouloir du bien à qn*, voler bene a qlcu. | *mener à bien*, condurre a buon fine. ‖ [chose possédée] bene, roba f., averi m. pl., sostanze f. pl. | *les biens d'autrui*, la roba altrui. | *avoir du bien*, essere benestante. | *avoir du bien au soleil*, avere terre al sole. ‖ JUR. *biens de famille*, beni inalienabili. | *communauté des biens*, comunanza dei beni. | *séparation de corps et de biens*, separazione legale. ‖ MAR. *sombrer corps et biens*, V. CORPS.
bien-aimé, e [bjɛ̃neme] adj. (pre)diletto, benamato. ◆ n. (pre)diletto.
bien-dire [bjɛ̃dir] m. (il) ben parlare.
bien-disant, e [bjɛ̃dizɑ̃, ɑ̃t] adj. LITTÉR. facondo, eloquente, benparlante.
bien-être [bjɛ̃nɛtr] m. [corps, esprit] benessere. ‖ [situation matérielle] benessere, agiatezza f.
bienfaisance [bjɛ̃fəzɑ̃s] f. beneficenza. | *œuvre de bienfaisance*, istituto di beneficenza.
bienfaisant, e [bjɛ̃fəzɑ̃, ɑ̃t] adj. benefico. | *un remède bienfaisant*, un rimedio che fa bene.
bienfait [bjɛ̃fɛ] m. beneficio. | *un bienfait n'est jamais perdu*, una buona azione non è mai perduta. | *les bienfaits de la science*, i vantaggi della scienza.
bienfaiteur, trice [bjɛ̃fɛtœr, tris] n. benefattore, trice.
bien-fondé [bjɛ̃fɔ̃de] m. fondatezza f.
bien-fonds [bjɛ̃fɔ̃] m. bene immobile.
bienheureux, euse [bjɛ̃nøʀø, øz] adj. beato, felice. ◆ n. THÉOL. beato, a. ‖ FAM. *dormir comme un bienheureux*, dormire come un papa.
bien-jugé [bjɛ̃ʒyʒe] m. JUR. conformità (f.) alla legge.
biennal, e, aux [bjɛnal, o] adj. et n. f. biennale.
bienséance [bjɛ̃seɑ̃s] f. | convenienza, (buona) creanza, galateo m.
bienséant, e [bjɛ̃seɑ̃, ɑ̃t] adj. conveniente. | *il est bienséant de céder sa place aux dames*, è buona creanza cedere il posto alle signore.
bientôt [bjɛ̃to] adv. [peu après] poco dopo, presto. ‖ [dans peu de temps] fra poco, presto, tra breve. ‖ LOC.

à bientôt !, a presto ! | *cela est bientôt dit*, si fa presto a dirlo, è presto detto.
bienveillamment [bjɛ̃vɛjamɑ̃] adv. (rare) benevolmente (L.C.).
bienveillance [bjɛ̃vɛjɑ̃s] f. benevolenza.
bienveillant, e [bjɛ̃vɛjɑ̃, ɑ̃t] adj. benevolo, benigno.
bienvenu, e [bjɛ̃vny] adj. et n. benvenuto, benarrivato.
bienvenue [bjɛ̃vny] f. benvenuto, benarrivato. | *souhaiter la bienvenue*, dare il benvenuto, il benarrivato.
1. bière [bjɛr] f. birra. | *bière blonde, brune*, birra chiara, scura. | *bière de nourrice*, birra leggera. ‖ FAM. *ce n'est pas de la petite bière*, non sono mica scherzi (L.C.).
2. bière f. bara, cassa da morto, feretro m. | *mettre en bière*, comporre nella bara.
biffage [bifaʒ] m. cancellatura f.
biffe [bif] f. ARG. MIL. buffa f.
biffer [bife] v. tr. cancellare, cassare, depennare.
biffin [bifɛ̃] m. POP. [chiffonnier] cenciaiolo (L.C.). ‖ ARG. MIL. fantaccino (L.C.).
bifide [bifid] adj. bifido, biforcuto.
bifocal, e, aux [bifɔkal, o] adj. bifocale.
bifront [bifrɔ̃] adj. et n. m. bifronte.
bifteck [biftɛk] m. bistecca f. | *bifteck-frites*, bistecca con patate fritte. ‖ POP. *gagner son bifteck*, guadagnarsi il pane.
bifurcation [bifyrkasjɔ̃] f. biforcazione, bivio m.
bifurquer [bifyrke] v. intr. biforcarsi.
bigame [bigam] adj. et n. bigamo.
bigamie [bigami] f. bigamia.
bigarade [bigarad] f. BOT. melangola.
bigaradier [bigaradje] m. BOT. melangolo.
bigarré, e [bigare] adj. screziato, variegato, variopinto. ‖ FIG. *société bigarrée*, società disparata.
bigarreau [bigaro] m. BOT. ciliegia duracina.
bigarrer [bigare] v. tr. screziare.
bigarrure [bigaryr] f. screziatura. ‖ FIG., PÉJOR. miscuglio m., eterogeneità (L.C.).
bige [biʒ] m. ANTIQ. biga f.
bigéminé, e [biʒemine] adj. ARCHIT. quadriforo. | *fenêtre bigéminée*, quadrifora n. f.
bigle [bigl] adj. et n. m. guercio, strabico, losco.
bigler [bigle] v. intr. essere guercio, strabico, losco.
bignonia [biɲɔnja] m. ou **bignone** [biɲɔn] f. BOT. bignonia f.
bigorne [bigɔrn] f. TECHN. bicornia.
bigorneau [bigɔrno] m. ZOOL. littorina f., lumachina (f.) di mare.
bigot, e [bigo, ɔt] adj. bigotto. ◆ n. bigotto, a ; bacchettone, a ; baciapile inv. ; pinzochero, a.
bigoterie [bigɔtri] f. bigotteria, bigottismo m., bacchettoneria.
bigoudi [bigudi] m. bigodino, bigodì, diavoletto.
bigre ! [bigr] interj. FAM. corpo di Bacco ! diamine !, accidenti !
bigrement [bigrəmɑ̃] adv. FAM. maledettamente ; assai, moltissimo (L.C.).
bigue [big] f. TECHN. capra. ‖ MAR. biga.
bihebdomadaire [biɛbdɔmadɛr] adj. bisettimanale.
bijou [biʒu] m. PR. et FIG. gioiello ; bijou (fr.). ‖ FAM. *mon bijou*, tesoro mio.
bijouterie [biʒutri] f. [art, commerce, magasin] gioielleria. ‖ [bijoux] gioielli m. pl.
bijoutier, ère [biʒutje, ɛr] n. gioielliere, a.
bilabial, e, aux [bilabjal, o] adj. et n. f. LING. bilabiale.
bilabié, e [bilabje] adj. BOT. bilabiato.
bilame [bilam] m. TECHN. bimetallo.
bilan [bilɑ̃] m. bilancio. | *déposer son bilan*, depositare il bilancio. ‖ PR. et FIG. *faire, dresser, établir le bilan*, fare il bilancio.
bilatéral, e, aux [bilateral, o] adj. bilaterale.
bilboquet [bilbɔkɛ] m. bilboquet (fr.).
bile [bil] f. bile. ‖ FIG. *échauffer la bile*, muovere la bile. | *décharger sa bile sur*, sfogare la bile, sfogarsi su. ‖ FAM. *se faire de la bile*, guastarsi il sangue, il fegato.
biler (se) [səbile] v. pr. POP. guastarsi il sangue, rodersi il fegato (fam.).
biliaire [biljɛr] adj. biliare. | *vésicule biliaire*, vescichetta biliare ; cistifellea f.
bilieux, euse [biljø, øz] adj. PR. et FIG. bilioso, fegàtoso.
bilingue [bilɛ̃g] adj. et n. bilingue.
bilinguisme [bilɛ̃gɥism] m. bilinguismo.
billard [bijar] m. biliardo, bigliardo. | *billard électrique*, biliardo meccanico. ‖ FAM. [route] biliardo. ‖ LOC. FAM. *monter, passer sur le billard*, subire un'operazione (L.C.). | *c'est du billard !*, va liscia liscia !
1. bille [bij] f. [de billard] palla. ‖ MÉC. sfera. | *roulement à billes*, cuscinetto a sfere. | *stylo à bille*, penna a sfera ; biro f. inv. ‖ JEU pallina, bilia. ‖ FIG., POP. [visage] faccione m., facciona.
2. bille f. [pièce de bois] tronco m.
billet [bijɛ] m. biglietto. | *billet doux*, bigliettino galante. ‖ RELIG. *billet de confession*, biglietto di confessione ; polizzino. ‖ FIG., POP. *je te fiche mon billet que*, ti garantisco che (L.C.). ‖ [ticket] *billet de chemin de fer*, biglietto ferroviario. | *billet de loterie*, biglietto, cartella (f.) della lotteria. | *billet gagnant*, biglietto, cartella vincente. ‖ [monnaie] biglietto, banconota f. | *un billet de mille francs*, un biglietto da mille franchi. ‖ COMM. *billet à ordre*, effetto all'ordine ; pagherò inv. ‖ MIL. *billet de logement*, biglietto d'alloggio.
billette [bijɛt] f. [bois] cepperello m., ceppatello m. ‖ [acier] billetta. ‖ MIN. puntello m. ‖ ARCHIT. bolletta. ‖ HÉRALD. plinto m.
billevesée [bilvəze] f. cosa, discorso (m.) futile ; baia, inezia, futilità.
billion [biljɔ̃] m. bilione.
billon [bijɔ̃] m. [monnaie] biglione ; piccola moneta di rame. ‖ AGR. porca f.
billot [bijo] m. ceppo.
bilobé, e [bilɔbe] adj. bilobato, bilobo.
bimane [biman] adj. et n. bimano.
bimbeloterie [bɛ̃blɔtri] f. bigiotteria ; ninnoli m. pl.
bimensuel, elle [bimɑ̃sɥɛl] adj. bimensile, quindicinale.
bimestriel, elle [bimɛstrijɛl] adj. bimestrale.
bimétallisme [bimetalism] m. ÉCON. bimetallismo.
bimétalliste [bimetalist] m. ÉCON. bimetallista.
bimillénaire [bimilenɛr] m. bimillenario.
bimoteur [bimɔtœr] adj. et n. m. AÉR. bimotore.
binage [binaʒ] m. zappettatura f. ‖ RELIG. binazione f.
binaire [binɛr] adj. binario.
biner [bine] v. tr. zappettare. ◆ v. intr. RELIG. binare la messa.
1. binette [binɛt] f. zappetta.
2. binette f. FAM. [visage] muso m.
biniou [binju] m. = zampogna (f.) bretone.
binocle [binɔkl] m. occhiali (pl.) a molla ; stringinaso inv.
binoculaire [binɔkylɛr] adj. binoculare. ◆ n. m. binocolo.
binôme [binom] m. MATH. binomio.
biochimie [bjoʃimi] f. biochimica.
biogéographie [bjoʒeɔgrafi] f. biogeografia.
biographe [bjɔgraf] m. biografo.
biographie [bjɔgrafi] f. biografia.
biographique [bjɔgrafik] adj. biografico.
biologie [bjɔlɔʒi] f. biologia.
biologique [bjɔlɔʒik] adj. biologico.
biologiste [bjɔlɔʒist] n. biologo ; studiosa di biologia.
biopsie [bjɔpsi] f. MÉD. biopsia.
biosphère [bjɔsfɛr] f. biosfera.
biothérapie [bjɔterapi] f. bioterapia.
bioxyde [biɔksid] m. biossido.
biparti, e [biparti] ou **bipartite** [bipartit] adj. BOT. bipartito. ‖ POLIT. bipartitico.
bipartisme [bipartism] m. bipartismo.
bipartition [bipartisjɔ̃] f. bipartizione.
bipède [bipɛd] adj. et n. m. bipede.
bipenne [bipɛn] adj. con due ali. ◆ n. f. [hache] bipenne.

biplace [biplas] adj. biposto inv. ◆ n. m. AÉR. aereo biposto.
biplan [biplɑ̃] m. AÉR. biplano.
bipolaire [bipɔlɛr] adj. bipolare.
bique [bik] f. FAM. capra (L.C.). ‖ FIG., PÉJOR. *vieille bique*, vecchiaccia, strega.
biquet, ette [bikɛ, ɛt] n. FAM. capretto, a (L.C.). ‖ FIG., FAM. *mon biquet, ma biquette*, tesoruccio m.
biquotidien [bikɔtidjɛ̃] adj. biquotidiano.
biréacteur [bireaktœr] m. bireattore.
biréfringence [birefrɛ̃ʒɑ̃s] f. OPT. birifrangenza.
biréfringent, e [birefrɛ̃ʒɑ̃, ɑ̃t] adj. OPT. birifrangente.
birème [birɛm] f. ANTIQ., MAR. bireme.
biribi [biribi] m. ARG. MIL. = compagnia (f.) di disciplina.
biroute [birut] f. ARG. AÉR. manica a vento.
1. bis [bis] adj. adv., interj. et n. m. bis.
2. bis, e [bi, biz] adj. bigio. | *pain bis*, pan nero, pane inferigno.
bisaïeul, e [bizajœl] n. bisnonno, bisavolo.
bisannuel, elle [bizanɥɛl] adj. biennale.
bisbille [bisbij] f. FAM. battibecco m., bega. | *être en bisbille avec qn*, essere in urto con uno, litigare con uno.
biscaïen, enne [biskajɛ̃, ɛn] adj. et n. biscaglino.
biscornu, e [biskɔrny] adj. [irrégulier] storto, contorto. ‖ PÉJOR. [bizarre] strambo, strampalato, bislacco.
biscotin [biskɔtɛ̃] m. biscottino.
biscotte [biskɔt] f. biscotto m. | *biscotte de régime*, biscotto della salute.
biscuit [biskɥi] m. biscotto. ‖ [pain de soldat] galletta f. ‖ [porcelaine] biscuit (fr.).
biscuiter [biskɥite] v. tr. biscottare.
biscuiterie [biskɥitri] f. biscotteria.
1. bise [biz] f. [vent] tramontana, sizza; rovaio m. (littér.) ‖ POÉT. [hiver] bruma.
2. bise f. FAM. bacino m., bacetto m. | *faire une grosse bise*, dare un bacione.
biseau [bizo] m. ugnatura f. | *en biseau*, a ugnatura. ‖ [outil] sgorbia (f.) a lama piatta, scalpello a ugnatura.
biseautage [bizotaʒ] m. taglio a ugnatura.
biseauter [bizote] v. tr. ugnare. ‖ [cartes à jouer] segnare.
biset [bizɛ] m. ZOOL. colombo torraiolo; piccione di torre (rom.); torresano (septentr.).
bisexualité [bisɛksɥalite] f. PSYCHAN. bisessualità.
bismuth [bismyt] m. bismuto.
bison [bizɔ̃] m. bisonte.
1. bisque [bisk] f. CULIN. *bisque de homard*, passato (m.) di gamberi in zuppa.
2. bisque f. POP. dispetto m., malumore m. (L.C.).
bisquer [biske] v. intr. POP. stizzirsi (L.C.), andare, montare in bestia (L.C.) | *faire bisquer qn*, fare andare uno in bestia.
bissac [bisak] m. bisaccia f.
bissecteur, trice [bisɛktœr, tris] adj. GÉOM. bisecante. ◆ n. f. bisettrice.
bissection [bisɛksjɔ̃] f. bisezione.
bisser [bise] v. tr. bissare.
bissextile [bisɛkstil] adj. f. bisestile.
bissexué, e | [bisɛksɥe] ou **bissexuel, elle** [bisɛksɥɛl] adj. bisessuale.
bissoc [bisɔk] m. aratro a due vomeri.
bistouri [bisturi] m. CHIR. bisturi inv.; coltello anatomico.
bistournage [bisturnaʒ] m. VÉTÉR. castrazione f.
bistourner [bisturne] v. tr. *bistourner une lame d'acier*, storcere una lama d'acciaio. ‖ VÉTÉR. castrare.
bistre [bistr] m. inv. bistro. ◆ adj. inv. color bistro.
bistré, e [bistre] adj. bistrato.
bistrer [bistre] v. tr. colorire a bistro.
bistrot ou **bistro** [bistro] m. FAM. [café, bar] caffeuccio (péjor.); osteria (L.C.). ‖ VX [patron de café] bettoliere, oste (L.C.).
bisulfite [bisylfit] m. bisolfito.
bisulfure [bisylfyr] m. CHIM. bisolfuro.
bit [bit] m. CYBERN. (angl.) bit.
bitte [bit] f. *bitte d'amarrage*, bitta d'ormeggio. ‖ ARG. bischero m., cazzo m. (vulg.).
bitter [bitɛr] m. bitter inv.
bitumage [bitymaʒ] m. bitumatura f.
bitume [bitym] m. bitume.
bitumer [bityme] v. tr. bitumare.
bitumineux, euse [bityminø, øz] adj. bituminoso.
bitture ou **biture** [bityr] f. POP. sbornia.
bivalent, e [bivalɑ̃, ɑ̃t] adj. CHIM. bivalente.
bivalve [bivalv] adj. et n. m. bivalve.
biveau [bivo] m. calandrino.
bivouac [bivwak] m. bivacco.
bivouaquer [bivwake] v. intr. bivaccare.
bizarre [bizar] adj. bizzarro.
bizarrerie [bizarri] f. bizzarria.
bizut ou **bizuth** [bizy] m. ARG. UNIV. matricolino; matricola f.
bizutage [bizytaʒ] m. festa (f.) delle matricole.
blablabla [blablabla] ou **blabla** [blabla] m. inv. POP. chiacchiere f. pl., ciarle f. pl., ciance f. pl. (L.C.).
blackboulage [blakbulaʒ] m. FAM. [examen] bocciatura f., trombata f., trombatura f.; [élection] trombata, trombatura.
blackbouler [blakbule] v. tr. FAM. [examen] bocciare, trombare; [élection] trombare.
black-out [blakaut] m. inv. (angl.). PR. et FIG. oscuramento. ‖ FIG. *faire le black-out sur une information*, mantenere il silenzio su un'informazione.
blafard, e [blafar, ard] adj. scialbo, smorto.
blague [blag] f. *blague à tabac*, borsa da tabacco. ‖ FAM. [farce] scherzo m., beffa; [plaisanterie] fola, fandonia, frottola. | *dire des blagues*, spacciar fole, fandonie, frottole. | *sans blague !*, davvero !, sul serio ! (L.C.). | [action inconsidérée] *il a fait des blagues dans sa jeunesse*, ha fatto delle sciocchezze, delle fesserie (pop.) in gioventù.
blaguer [blage] v. intr. FAM. spacciar frottole, scherzare. ◆ v. tr. [railler] canzonare; prendere in giro.
blagueur, euse [blagœr, øz] adj. scherzoso, beffardo. ◆ n. burlone, a.
blair [blɛr] m. POP. naso (L.C.).
blaireau [blɛro] m. ZOOL. tasso. ‖ [pinceau] pennello. ‖ [pour la barbe] pennello da barba.
blairer [blɛre] v. tr. POP. *je ne peux pas le blairer*, non lo posso soffrire (L.C.).
blâmable [blɑmabl] adj. biasimevole.
blâme [blɑm] m. biasimo. | *encourir le blâme*, meritare biasimo. | *faire retomber le blâme sur qn*, far cadere il biasimo su qlcu.
blâmer [blɑme] v. tr. biasimare.
blanc, blanche [blɑ̃, blɑ̃ʃ] adj. [couleur] bianco. | *blanc comme (la) neige*, bianco come (la) neve, candido (pr.); innocente (fig.). | *à la barbe blanche*, dalla, con la barba bianca. | *aux cheveux blancs*, dai, coi capelli bianchi; canuto adj. | *papier blanc*, carta bianca. | *une page blanche*, un foglio bianco. | *pain, vin blanc*, pane, vino bianco. | *gelée blanche*, brina f. ‖ [pâle] pallido. | *blanc de colère*, pallido dalla collera. | *blanc comme un linge*, bianco come un panno lavato, come un cencio. ‖ [propre] bianco di bucato (pr.); pulito (fig.). ‖ FIG. *donner carte blanche à qn*, dar carta bianca a uno. | *bulletin blanc*, scheda bianca. | *coup blanc*, colpo fallito, colpo a vuoto. | *examen blanc*, esame probativo. | *nuit blanche*, notte bianca, insonne. | *voix blanche :* voce bianca (pr.); voce spenta (fig.). ‖ MIL. *arme blanche*, arma bianca. | *drapeau blanc*, bandiera bianca. ◆ adv. *dire tantôt blanc tantôt noir*, oggi dire bianco, domani dire nero. ◆ loc. adv. ***à blanc :*** *chauffer à blanc*, rendere incandescente (pr.); mettere sotto pressione (fig.). | *saigner à blanc*, dissanguare. | *tirer à blanc*, sparare a salva, a vuoto. ◆ n. m. [couleur] bianco. | *se marier en blanc*, sposarsi in bianco. | *blanc d'argent*, bianco argenteo. ‖ [matière] *blanc de zinc, de plomb*, biacca f. | *blanc de poulet*, petto di pollo. | *blanc d'œuf*, chiara (f.), bianco d'uovo. | *blanc de baleine*, spermaceti inv. | *le blanc de l'œil*, il bianco dell'occhio; la sclera. ‖ FIG. *regarder qn dans le blanc des yeux*,

guardare uno in fondo agli occhi. | *rougir jusqu'au blanc des yeux*, arrossire fino alla radice dei capelli. || [linge] bianco, biancheria f. | *exposition de blanc*, fiera del bianco. | *magasin de blanc*, negozio di biancheria. || [vide] *laisser un blanc*, lasciare un bianco. | *laisser, signer en blanc*, lasciare, firmare in bianco. ◆ n. [de race blanche] bianco. || HIST. *les blancs*, i monarchici, i legittimisti. ◆ n. f. MUS. minima.

blanc-bec [blɑ̃bɛk] m. sbarbatello, pivello.

blanchâtre [blɑ̃ʃɑtr] adj. biancastro, bianchiccio.

blanche adj. et n. f. V. BLANC.

blanchet [blɑ̃ʃɛ] m. [étoffe] stamigna f. || [filtre] filtro di panno. || TYP. cilindro con rivestimento di gomma.

blancheur [blɑ̃ʃœr] f. bianchezza, candore m., candidezza.

blanchiment [blɑ̃ʃimɑ̃] m. [mur] imbiancamento, imbiancatura f. || [tissu] imbiancatura, imbianchimento, candeggio. || [plante] imbiancamento. || CULIN. imbianchimento.

blanchir [blɑ̃ʃir] v. tr. imbiancare. | *la neige blanchit la colline*, la neve imbianca la collina. | *l'âge blanchit les cheveux*, l'età imbianca, incanutisce i capelli. | *blanchir les murs*, imbianchire, imbiancare (rare) le pareti. || [plante] imbianchire. || [linge] lavare ; mettere in bucato. || FAM. *blanchir qn :* [laver son linge] imbiancare uno. | *nourri et blanchi*, con vitto e servizio di bucato. || [tissu] imbianchire, candeggiare. || [sucre] imbianchire. || FIG. scolpare. || CULIN. imbianchire. || TYP. spazieggiare. ◆ v. pr. [se disculper] scolparsi. ◆ v. intr. *le ciel blanchit*, il cielo (s') imbianca. || [de rage, de peur] sbiancare, sbiancarsi. || [cheveux] imbiancare, incanutire. | *il a blanchi*, è imbiancato, incanutito. || FIG. *blanchir sous le harnais*, invecchiare in un mestiere.

blanchissage [blɑ̃ʃisaʒ] m. [linge] lavatura f., bucato. || [sucre] (im)bianchimento.

blanchissant, e [blɑ̃ʃisɑ̃, ɑ̃t] adj. biancheggiante.

blanchissement [blɑ̃ʃismɑ̃] m. [cheveux] (l')incanutire ; incanutimento ; imbiancamento (rare).

blanchisserie [blɑ̃ʃisri] f. lavanderia.

blanchisseur, euse [blɑ̃ʃisœr, øz] n. lavandaio, a.

blanc-manger [blɑ̃mɑ̃ʒe] m. CULIN. biancomangiare.

blanc-seing [blɑ̃sɛ̃] m. firma (f.) in bianco, biancosegno.

blandices [blɑ̃dis] f. pl. LITTÉR. blandizie.

blanquette [blɑ̃kɛt] f. CULIN. *blanquette de veau* = fricassea di vitello.

blasé, e [blaze] adj. indifferente, insensibile, disilluso, disincantato, sazio, scettico, stufo. | *blasé de divertissements*, sazio di svaghi. | *blasé de ce genre de littérature*, stufo di questo genere di letteratura. | *blasé sur tout*, indifferente a qualsiasi interesse. ◆ n. indifferente, scettico.

blaser [blaze] v. tr. rendere indifferente, insensibile ; stufare. ◆ v. pr. disgustarsi, stufarsi.

blason [blazɔ̃] m. [armoiries] blasone, stemma. | *redorer son blason*, V. REDORER. || [science] araldica f., blasone.

blasphémateur, trice [blasfematœr, tris] adj. et n. bestemmiatore, trice.

blasphématoire [blasfematwar] adj. blasfemo.

blasphème [blasfɛm] m. bestemmia f. | *proférer des blasphèmes*, pronunciare bestemmie.

blasphémer [blasfeme] v. tr. et intr. bestemmiare.

blatte [blat] f. ZOOL. blatta, scarafaggio m.

blé [ble] m. grano, frumento. | *blé dur*, grano duro. | *blé noir*, grano saraceno. | *blé de Turquie*, granturco. | *les champs de blé, les blés*, le biade. || LOC. *manger son blé en herbe*, mangiarsi il grano in erba.

bled [blɛd] m. retroterra inv. || POP. villaggio sperduto (L.C.).

blême [blɛm] adj. pallido, smorto, livido.

blêmir [blemir] v. intr. impallidire, illividire. | *blêmir de colère*, impallidire dalla collera.

blêmissement [blemismɑ̃] m. (l')impallidire.

blende [blɛ̃d] f. blenda.

blennorragie [blenɔraʒi] f. MÉD. blenorragia.

blépharite [blefarit] f. MÉD. blefarite.

bléser [bleze] v. intr. parlar bleso.

blésité [blezite] f. blesità.

blessant, e [blɛsɑ̃, ɑ̃t] adj. pungente, offensivo.

blessé, e [blese] adj. et n. PR. et FIG. ferito. || FIG. offeso, leso adj.

blesser [blese] v. tr. ferire. | *le clou m'a blessé*, il chiodo mi ha ferito. | *ses chaussures le blessent*, le scarpe gli scorticano il piede. || FIG. ferire, offendere, ledere. | *la lumière blesse les yeux*, la luce offende gli occhi. | *blesser dans sa dignité*, offendere nella dignità. | *blesser la réputation de qn*, ledere la reputazione di uno. ◆ v. pr. ferirsi.

blessure [blesyr] f. ferita. | *blessure par balle*, ferita d'arma da fuoco. | *mourir de ses blessures*, morire per le ferite riportate. || FIG. ferita, offesa.

blet, blette [blɛ, blɛt] adj. mézzo, strafatto.

blette f. V. BETTE.

blettir [bletir] v. intr. ammezzire ; diventare mézzo.

bleu, e [blø] adj. blu inv., azzurro. | *bleu clair, bleu ciel*, azzurro pallido, azzurro cielo : celeste. | *bleu foncé, sombre*, blu scuro, azzurro cupo ; turchino. | *crayon bleu*, matita blu. | *des yeux bleus*, occhi azzurri. | *des yeux bleu clair*, occhi celesti. | *bleu (d') acier*, blu acciaio. | *les eaux bleu foncé de la Méditerranée*, le acque turchine del Mediterraneo. | *bleu marine*, blu marino, azzurro mare. | *bleu-noir*, blu nero. | *bleu pervenche*, color pervinca. | *bleu pétrole*, blu petrolio. | *bleu turquoise*, turchino. | *bleu-vert*, verdazzurro. | *bifteck bleu*, bistecca scottata. | *enfant bleu*, bambino cianotico. | *maladie bleue*, morbo ceruleo ; cianosi f. || FAM. *peur bleue*, paura maledetta ; pauraccia ; fifa nera. | *avoir une peur bleue*, avere una fifa nera, prendersi un bello spavento. | *il a piqué une colère bleue*, è andato su tutte le furie. || MAR. *ruban bleu*, nastro azzurro. || *sang bleu*, sangue blu. || *contes bleus :* [contes de fée] fiabe f. pl. ; [sornettes] frottole f. pl. | *la fleur bleue*, il sentimentalismo. | *l'oiseau bleu*, l'uccello azzurro ; l'augellin belverde (littér.). || *avoir le nez tout bleu de froid*, avere il naso livido, paonazzo dal freddo. || FAM. *en rester bleu*, rimanere di stucco, di sasso. ◆ n. m. blu inv., azzurro. | *bleu d'outremer*, oltremare ; azzurro oltremarino. | *bleu de Prusse*, blu di Prussia. || CULIN. *truite au bleu*, trota al blu. || *passer le linge au bleu*, dare il turchinetto alla biancheria. || FIG. *passer un article au bleu*, cestinare un articolo. | *n'y voir que du bleu* = non accorgersi di nulla. | *il voit tout en bleu*, per lui tutto è rose e fiori. | *vouer au blanc et au bleu*, votare alla Madonna. || *bleu (de chauffe, de travail)*, tuta f. || [contusion] livido. | *avoir des bleus partout*, essere coperto di lividi. || MIL. recluta f. || UNIV. matricola f. ; matricolino. | *être un bleu*, essere un novizio, un nuovo ; essere inesperto. || VX *petit bleu :* [vin] vinetto rosso ; [lettre pneumatique] = espresso di città. ◆ n. f. allieva infermiera. || sigaretta di tabacco scuro ; gauloise (fr.). || *la Grande Bleue*, il Mediterraneo. || FAM. *en voir de bleues*, vederne di tutti i colori, di cotte e di crude.

bleuâtre [bløɑtr] adj. bluastro, azzurrognolo, turchiniccio.

bleuet [bløɛ] ou **bluet** [blyɛ] m. BOT. fiordaliso ; ciano (littér.).

bleuir [bløir] v. tr. rendere azzurro, azzurrare. | *le froid bleuit les mains*, il freddo illividisce le mani. ◆ v. intr. divenire azzurro.

bleuté, e [bløte] adj. azzurrino, turchiniccio.

blindage [blɛ̃daʒ] m. blindatura f. ; [d'un vaisseau] corazzatura f. || [étaiement] armatura f. || ÉLECTR. schermatura f.

blindé, e [blɛ̃de] adj. blindato, corazzato. | *train blindé*, treno blindato. | *auto blindée*, autoblinda f. | *division blindée*, divisione corazzata. | *engin blindé*, mezzo corazzato. || ÉLECTR. schermato. ◆ n. m. mezzo corazzato.

blinder [blɛ̃de] v. tr. blindare, corazzare. || FIG., FAM. agguerrire (L.C.). | *je suis blindé*, ci ho fatto il callo.

blindes [blɛ̃d] f. pl. blinde.

blizzard [blizar] m. tempesta (f.) di nevischio ; blizzard (amér.).

bloc [blɔk] m. blocco, masso. | *bloc de marbre*, blocco, masso di marmo. | *bloc de papier*, blocco di

carta. | *bloc de maisons*, caseggiato, isolato. || GÉOL. *bloc erratique*, masso erratico; trovante. || POLIT. blocco. | *faire bloc*, fare blocco. || POP. *mettre au bloc*, sbattere dentro, mettere in guardina. ◆ loc. adv. ***à bloc,*** a fondo, al massimo. || ***en bloc,*** in blocco. || ***tout d'un bloc,*** tutto d'un pezzo.
blocage [blɔkaʒ] m. blocco, bloccaggio. | *le blocage des prix*, il blocco dei prezzi. || ARCHIT. pietrisco. || TECHN. *vis de blocage*, vite di arresto.
bloc-diagramme [blɔkdjagram] m. plastico.
blockhaus [blɔkos] m. inv. MIL. fortino. || MAR. torretta blindata.
bloc-moteur [blɔkmɔtœr] m. AUTOM. blocco motore.
bloc-notes [blɔknɔt] m. blocco per appunti; bloc-notes (fr.).
bloc-système [blɔksistɛm] ou **bloc** [blɔk] m. CH. DE F. (sistema di) blocco.
blocus [blɔkys] m. blocco.
blond, e [blɔ̃, ɔ̃d] adj. et n. biondo. ◆ n. f. [dentelle] bionda.
blondasse [blɔ̃das] adj. biondastro, biondiccio.
blondeur [blɔ̃dœr] f. biondezza.
1. blondin, e [blɔ̃dɛ̃, in] adj. biondino. ◆ n. m. LITTÉR. damerino, vagheggino.
2. blondin n. m. TECHN. gru (f.) a funi.
blondinet, ette [blɔ̃dinɛ, ɛt] adj. et n. biondino.
blondir [blɔ̃dir] v. intr. biondeggiare, imbiondire.
bloquer [blɔke] v. tr. [faire le blocus] bloccare. | [empêcher le mouvement] bloccare. | *bloquer la balle, la circulation, les loyers, le moteur*, bloccare la palla, la circolazione, i fitti, il motore. || [serrer] *bloquer les freins*, bloccare i freni. | *bloquer une vis*, stringere a fondo una vite. || FIG., FAM. inibire (L.C.). || ARCHIT. turare. || LOC. *bloquer plusieurs questions*, riunire, raggruppare parecchie domande. ◆ v. pr. incepparsi.
blotti, e [blɔti] adj. rannicchiato.
blottir (se) [səblɔtir] v. pr. rannicchiarsi, appiattarsi.
1. blouse [bluz] f. [billard] bilia, buca.
2. blouse f. [de travail] blusa, camiciotto m. | *blouse blanche*, camice m. || [corsage] blusa, camicetta.
blouser [bluze] v. tr. FAM. abbindolare; ingannare (L.C.).
blouson [bluzɔ̃] m. giubbotto.
blouson-noir [bluzɔ̃nwar] m. teddy boy (angl.); giovane teppista.
blue-jean [bludʒin] m. (amér.) blue-jeans pl.
blues [bluz] m. MUS. (amér.) blues.
bluet [blyɛ] m. V. BLEUET.
bluette [blyɛt] f. = operetta senza pretese.
bluff [blœf] m. bluff (angl.); bidone, vanteria f., millanteria f., gonfiatura f. | *pratiquer le bluff*, bluffare sempre.
bluffer [blœfe] v. tr. ingannare, imbrogliare; vendere fumo a. ◆ v. intr. bluffare, vantarsi, millantare.
bluffeur, euse [blœfœr, øz] adj. et n. venditore, trice di fumo; spaccone n. m.
blutage [blytaʒ] m. abburattamento. | *taux de blutage*, percentuale di abburattamento.
bluter [blyte] v. tr. abburattare.
blutoir [blytwar] ou **bluteau** [blyto] m. buratto.
boa [bɔa] m. ZOOL. boa. || [plumes] boa.
bobard [bɔbar] m. FAM. balla f. (pop.); frottola (L.C.).
bobèche [bɔbɛʃ] f. [disque du chandelier] piattello m. || [partie supérieure du chandelier] bocciolo m.
bobinage [bɔbinaʒ] m. [action d'enrouler] incannatura f. || ÉLECTR. avvolgimento.
bobine [bɔbin] f. rocchetto m., rullo m., bobina. | *bobine de fil*, rocchetto, bobina di filo. | *bobine de film*, bobina, rullo di film. | *bobine de câble*, bobina di cavo. || ÉLECTR. *bobine d'induction*, bobina, rocchetto d'induzione. | *bobine de transformateur, d'allumage*, bobina di trasformatore, di accensione. || POP. [visage] grugno m., ghigna, grinta.
bobiner [bɔbine] v. tr. incannare, avvolgere.
bobinette [bɔbinɛt] f. saliscendi m. inv.
bobineur, euse [bɔbinœr, øz] n. [ouvrier] incannatore, trice. ◆ n. f. [machine] incannatrice.
bobinoir [bɔbinwar] m. incannatoio.
bobo [bobo] m. FAM. bua f. | *avoir bobo*, aver la bua.
bobsleigh [bɔbslɛg] m. guidoslitta f.; bobsleigh, bob (angl.).
bocage [bɔkaʒ] m. = paesaggio con campi divisi da siepi e gruppi d'alberi.
bocal [bɔkal] m. barattolo. | *bocal de pharmacie*, albarello. | *bocal à poissons rouges*, vaso per i pesci rossi.
bocard [bɔkar] m. MÉTALL. frantoio.
bocarder [bɔkarde] v. tr. MÉTALL. frantumare.
boche [bɔʃ] n. et adj. PÉJOR. teutone, tedescaccio, crucco.
bock [bɔk] m. bicchiere (da birra), gotto. || MÉD. clistere.
bœuf [bœf] m. (pl. **bœufs** [bø]) bue (pl. *buoi*); bove (littér.). | *nerf de bœuf*, nerbo di bue. || FIG. *travailler comme un bœuf*, lavorare come un mulo. | *mettre la charrue avant les bœufs*, mettere il carro innanzi ai buoi. || [viande] manzo. | *bouillon de bœuf*, brodo di manzo. | *bœuf mode*, stufato di manzo. ◆ adj. inv. FAM. *faire un effet bœuf*, fare un figurone. | *un succès bœuf*, un successone.
bogie ou **boggie** [bɔgi] m. carrello.
bogue [bɔg] f. [de la châtaigne] riccio m.
bohème [bɔɛm] m. bohémien (fr.); scapigliato. ◆ adj. da bohémien; scapigliato. ◆ n. f. *(vie de) bohème*, bohème (fr.); vita scapigliata. || HIST. LITT. [française] bohème (fr.); [italienne] scapigliatura.
bohémien, enne [bɔemjɛ̃, ɛn] adj. [de la Bohême] boemo. || [de nomade] zingaresco; zingaro (rare). ◆ n. [de Bohême] boemo, a. || [nomade] zingaro, a.
boïar m. V. BOYARD.
boire [bwar] v. tr. et intr. [avaler un liquide] bere. | *boire un coup*, fare una bevuta. | *boire par gorgées*, bere a sorsi, centellinare. | *boire d'un trait*, bere d'un fiato, tracannare. | *boire tout son soûl, à sa soif*, bere a sazietà. | *chanson à boire*, canzone bacchica. || ABSOL. [abuser de l'alcool] bere, bere forte. || FAM. *boire comme une éponge, un trou, un Polonais*, bere come una spugna, un otre, un Tedesco. | *boire la tasse*, bere; affogare (L.C.). || PROV. *quand le vin est tiré, il faut le boire*, quando uno è in ballo deve ballare. | *qui a bu boira*, la volpe perde il pelo ma non il vizio. || FIG. bere, assorbire. | *il boit tes paroles*, beve le tue parole. | *il la boit des yeux*, se la beve con gli occhi. | *boire les obstacles*, bere gli ostacoli. || LOC. *boire du petit-lait*, andare in brodo di giuggiole. | *boire son héritage*, bersi l'eredità. | *boire le calice jusqu'à la lie*, bere il calice fino alla feccia. | *il y a à boire et à manger*, c'è del buono e del cattivo. | *ce n'est pas la mer à boire*, non è poi tanto difficile. || LITTÉR. *il a toute honte bue*, non ha (più) un briciolo di pudore, è svergognato, è spudorato (L.C.). ◆ v. pr. *ce vin se boit frais*, è un vino da servire freddo. ◆ n. m. bere. || FIG. *en perdre le boire et le manger*, perdere il sonno.
bois [bwa] m. **1.** [matière] legno (per le industrie); legname (da opera). | *bois dur*, legno forte. | *bois blanc*, legno dolce, bianco. | *bois de chauffage*, legna f. (pl. *legna* et *legne*) per riscaldamento. | *bois de construction*, legname (da opera). | *bois de taille*, puntello. | *charbon de bois*, carbonella f. | *bois mort, petit bois sec*, stipa f. | *sculpture sur bois*, scultura lignea. || **2.** [objet en bois] | *bois de lit*, fusto, intelaiatura f.; ossatura (f.) del letto. | *les bois de justice*, il patibolo, la ghigliottina. || **3.** LOC. *tête de bois*, testa di legno. | *visage de bois*, espressione impenetrabile. | *trouver visage de bois*, trovare la porta chiusa. | *faire flèche de tout bois*, V. FLÈCHE. | *être du bois dont on fait les flûtes*, essere di pasta buona. | *il verra de quel bois je me chauffe*, gli farò vedere di che panni mi vesto. | *touchons du bois!*, tocchiamo ferro! || POP. *avoir la gueule de bois*, sentirsi un gran cerchio alla testa (L.C.). || **4.** [forêt] bosco. | *homme des bois*, zoticone. | *je n'aimerais pas le rencontrer au coin d'un bois*, non vorrei incontrarlo di notte. ◆ pl. [cornes] corna f. pl. || MUS. legni.
boisage [bwazaʒ] m. rivestimento di legno. || [galerie, puits] casseratura f. || MIN. armatura f.
boisé, e [bwaze] adj. boscoso.
boisement [bwazmɑ̃] m. imboschimento.

boiser [bwaze] v. tr. [planter] imboschire. ‖ MIN. armare.
boiserie [bwazri] f. rivestimento (m.) di legno.
boisseau [bwaso] m. [mesure : contenant et contenu] moggio (pl. *i moggi* ou *le moggia*) ; staio (pl. *le staia* [contenu] ou *gli stai* [contenant]). ‖ LOC. *mettre la lumière sous le boisseau*, mettere la fiaccola sotto il moggio.
boisselier [bwasəlje] m. = chi lavora il legno per farne misure di capacità e setacci.
boissellerie [bwasɛlri] f. [art] = mestiere e commercio di chi fa utensili di legno tornito. ‖ [objets] = utensili di legno lavorati al tornio.
boisson [bwasɔ̃] f. bevanda. | *boisson rafraîchissante*, bibita. | *débit de boissons*, bottiglieria f., mescita f., spaccio (m.) di vini, osteria f. ‖ LOC. *être pris de boisson*, essere ubriaco. | *s'adonner à la, être porté sur la boisson*, darsi al bere, aver tendenza al bere.
boîte [bwat] f. [récipient] scatola, cassetta. | *boîte d'allumettes*, scatola di fiammiferi. | *boîte à chapeau*, cappelliera. | *boîte de peinture*, cassetta dei colori. | *boîte aux lettres :* [à la poste] buca delle lettere ; [au domicile] cassetta delle lettere ; [personne] recapito clandestino. | *boîte postale*, casella postale. | *mettre une lettre à la boîte*, imbucare, impostare una lettera. | *on lève la boîte à huit heures*, la levata è alle otto. | *boîte à ordures*, cassetta della spazzatura. | *boîte de pharmacie*, cassetta pronto soccorso. | *boîte à gants*, guantiera ; AUTOM. vano portaguanti (del cruscotto). | *boîte à ouvrage*, cestino (m.) da lavoro. | *boîte à outils*, cassetta degli arnesi, degli attrezzi. ‖ ANAT. *boîte crânienne*, scatola cranica. ‖ [pétard] mortaretto m., castagnola. ‖ MIL. *boîte de ration*, scatoletta. ‖ TECHN. *boîte à engrenage*, scatola degli ingranaggi. | *boîte à feu*, cassa di combustione. | *boîte à fumée*, camera del fumo. | *boîte de vitesses*, cambio (m.) di velocità. | *boîte à musique*, scatola armonica ; carillon (fr.). ‖ POP. [maison] topaia (fam.) ; [lieu de travail] ufficio m., fabbrica (L.C.). | *boîte de nuit*, locale notturno ; tabarin m. (fr.). ‖ FIG., FAM. *fermer sa boîte*, chiudere il becco. | *mettre en boîte*, prendere in giro (L.C.).
boitement [bwatmɑ̃] m. zoppicamento.
boiter [bwate] v. intr. zoppicare. | *boiter du pied gauche*, zoppicare col piede sinistro. | *boiter bas*, zoppicare fortemente.
boiterie [bwatri] f. zoppicatura.
boiteux, euse [bwatø, øz] adj. zoppo, zoppicante. ‖ FIG. *chaise boiteuse*, sedia zoppicante. | *vers boiteux*, verso zoppicante. ◆ n. zoppo.
boîtier [bwatje] m. [coffre] cassetta (f.) a scompartimenti. ‖ [de montre] cassa f. ; [de lampe de poche] astuccio. ‖ POLIT. delegato (elettorale).
boitiller [bwatije] v. intr. zoppicare leggermente.
1. bol [bɔl] m. ciotola f. ‖ FIG. *prendre un bol d'air*, andare a respirare una boccata d'aria buona.
2. bol m. *bol alimentaire*, bolo.
3. bol m. POP. *avoir du bol*, aver fortuna (L.C.).
bolchevique [bɔlʃəvik] ou **bolcheviste** [bɔlʃəvist] adj. et n. bolscevico.
bolcheviser [bɔlʃəvise] v. tr. PÉJOR. bolscevizzare.
bolchevisme [bɔlʃəvism] m. bolscevismo.
bolduc [bɔldyk] m. fettuccia f.
bolée [bɔle] f. ciotolata.
boléro [bɔlero] m. [danse ; vêtement] bolero.
bolet [bɔlɛ] m. BOT. boleto, porcino.
bolide [bɔlid] m. bolide.
bolivien [bɔlivjɛ̃, ɛn] adj. et n. boliviano.
bollard [bɔlar] m. MAR. bitta (f.) d'ormeggio.
bolonais, e [bɔlɔnɛ, ɛz] adj. et n. bolognese.
bombance [bɔ̃bɑ̃s] f. FAM. gozzoviglia, baldoria, bisboccia. | *faire bombance*, far baldoria ; bisbocciare.
bombarde [bɔ̃bard] f. bombarda.
bombardement [bɔ̃bardəmɑ̃] m. bombardamento.
bombarder [bɔ̃barde] v. tr. bombardare. ‖ FIG., FAM. *bombarder de questions*, tempestare di domande. | *être bombardé directeur, général*, essere nominato, promosso inaspettamente direttore, generale.
bombardier [bɔ̃bardje] m. bombardiere.
1. bombe [bɔ̃b] f. bomba. | *bombe glacée* = gelato m. (a forma di bomba).
2. bombe f. FAM. *faire la bombe*, bagordare, gozzovigliare.
bombé, e [bɔ̃be] adj. convesso, rigonfio ; bombé (fr.). ‖ TECHN. bombato.
bombement [bɔ̃bəmɑ̃] m. convessità f., rigonfio.
bomber [bɔ̃be] v. tr. rendere convesso. | *bomber la poitrine*, gonfiare il petto. ◆ v. intr. far pancia, sporgere. | *ce mur bombe*, questo muro rigonfia.
bombyx [bɔ̃biks] m. ZOOL. bombice.
1. bon, bonne [bɔ̃, bɔn] adj. **1.** [approprié à sa nature ou à sa destination] buono, bravo. | *un bon cheval*, un buon, un bravo cavallo. | *un bon roman*, un buon romanzo. | *un bon conseil*, un buon consiglio. | *une bonne méthode*, un buon metodo. | *raconter de bonnes histoires*, raccontare storie divertenti. ‖ FAM. *elle est bien bonne !*, questa sì che è buona ! ‖ **2.** [capable] *un bon ouvrier*, un buon, un bravo operaio. | *être bon en latin*, essere bravo in latino. ‖ IRON. *en bon romantique*, da bravo, da incorreggibile romantico. ‖ **3.** [apte, approprié] *bon à rien, à tout*, buono a nulla, a tutto. | *bon pour le service (militaire)*, idoneo, abile al servizio (militare). ‖ FAM. *tu es bon pour payer*, ecco il fesso che paga (pop.). ‖ *c'est bon à jeter*, è da buttare. | *c'est bon pour la ferraille*, è roba da ferravecchi. | *c'est bon à savoir*, è bene a sapersi. | *c'est bon pour le rhume*, fa bene per il raffreddore. ‖ LOC. *à quoi bon ?*, a che pro ? | *à quoi bon aller le trouver ?*, a che serve andarlo a trovare ? ‖ **4.** [sens moral] *bon cœur*, buon cuore. | *bon fils, bon père*, buon figlio, buon padre. | *bonne conduite*, buona condotta. | *être bon pour les pauvres, les animaux*, esser buono con i poveri, con gli animali. | *bon ange*, angelo custode. | *de bonne foi*, in buona fede. ‖ [aimable] *vous êtes trop bon*, Lei è troppo buono. | *soyez assez bon pour*, sia tanto gentile da. ‖ PÉJOR. *c'est un bon garçon, une bonne fille*, è un bonaccione, una bonacciona. ‖ **5.** [avantageux, favorable] *une bonne place*, un buon posto. | *saisir le bon moment*, cogliere la buona occasione, il momento buono. | *quel bon vent vous amène ?*, qual buon vento vi mena ? | *souhaiter la bonne année*, augurare il buon anno. | *bonne nuit !*, buona notte ! ‖ [agréable] *bonne odeur*, buon odore. ‖ **6.** [grand, fort, considérable] *il y a une bonne heure, un bon moment, un bon bout de temps que je l'attends*, fa un' ora buona, è un bel po' che l'aspetto. | *arriver bon premier, bon dernier*, arrivare buon primo, buon ultimo. | *une bonne réprimande*, una bella lavata di capo. | *faire bon poids*, fare, dare buon peso. | *un bon kilo*, un chilo buono, abbondante. | *un bon nombre de personnes*, un buon numero di persone. ‖ **7.** LOC. *trouver bon de*, trovare a proposito di. | *faites comme bon vous semble, ce que bon vous semble*, faccia come crede, quel che le pare e piace. | *il est bon de remarquer*, giova notare. | *il ne fait pas bon le taquiner*, guai a stuzzicarlo. | *c'est bon !*, sta bene !, basta così ! ◆ adv. *sentir bon*, saper di buono. | *tenir bon*, tener sodo, duro. | *tout de bon, pour (tout) de bon*, (per) davvero, sul serio. | *il fait bon*, fa bel tempo. | *il fait bon ici :* [ambiance] si sta bene qui ; [chaleur] qui fa un bel calduccio ; [fraîcheur] qui fa un delizioso freschetto. | *il fait bon se reposer ici*, è bello riposarsi qui. ◆ interj. *(ah) bon !*, meno male ! | *allons bon !*, non ci mancava altro ! | *bon, nous sommes d'accord*, beh, siamo intesi. ◆ n. *les bons et les méchants*, i buoni e i cattivi. ‖ IRON. *mon bon, ma bonne*, caro mio, cara mia. ◆ n. m. buono. | *il y a du bon dans la vie*, c'è del buono nella vita. | *rien de bon*, niente di buono. ◆ n. f. *une bien bonne*, una proprio divertente. | *en voilà une bonne !*, che novità ! | *en raconter de bonnes*, dirne, raccontarne delle belle. | *il en a de bonnes !*, che modi strani sono i suoi !
2. bon m. COMM., FIN. *bon de commande, de livraison, du Trésor*, buono di ordinazione, di consegna, del Tesoro. | *bon de paiement*, ordine di pagamento. ‖ TYP. vive. | *bon à tirer*, visto si stampi. | *donner le bon à tirer*, licenziare le bozze.
bonace [bɔnas] f. MAR. bonaccia.

bonasse [bɔnas] adj. FAM. bonaccione, bonario. | *un air bonasse*, un'aria bonacciona.
bonasserie [bɔnasri] f. bonarietà, bonomia.
bon-bec [bɔ̃bɛk] m. lingua lunga, mala lingua, linguaccia f.
bonbon [bɔ̃bɔ̃] m. chicca f., caramella f.; bonbon (fr.). | *bonbon au chocolat*, cioccolatino.
bonbonne [bɔ̃bɔn] f. [vin] damigiana; [gaz, produit chimique] bombola.
bonbonnière [bɔ̃bɔnjɛr] f. bomboniera, confettiera. || FIG. [appartement] = appartamentino che sembra una bomboniera, un giocattolo.
bond [bɔ̃] m. (s)balzo, salto. | *avancer par bonds*, procedere a sbalzi. | *faire un bond en avant*, fare un balzo in avanti. | *d'un bond*, d'un balzo. | *par sauts et par bonds*, (a) balzelloni. | *se lever de sa chaise d'un bond*, balzare dalla sedia. | *faire un faux bond*, deviare, rimbalzare male. || LOC. *faire faux bond*, mancare di parola, mancare a un impegno. | *saisir la balle au bond*, cogliere la palla al balzo. || MIL. sbalzo.
bonde [bɔ̃d] f. [trou du tonneau] cocchiume m. || [bouchon du tonneau] cocchiume, zaffo m., zipolo m. || [d'un étang] chiusa. || [d'un évier] valvola di scarico. || FIG. *lâcher la bonde à sa colère*, sfogare la propria ira.
bondé, e [bɔ̃de] adj. gremito, pieno zeppo, sovraffollato, stipato.
bondieuserie [bɔ̃djøzri] f. PÉJOR. bigottismo m., bacchettoneria. ◆ pl. = oggetti di pietà dozzinali.
bondir [bɔ̃dir] v. intr. (s)balzare, scattare. | *bondir de joie*, saltare dalla gioia. | *bondir d'indignation*, fremere di indignazione. | *bondir sur qn*, balzare su qlcu. | *bondir sur ses pieds*, (s)balzare, scattare in piedi. || FIG. *faire bondir*, fare saltare per aria, fare andare in bestia.
bondissement [bɔ̃dismɑ̃] m. balzo, sbalzo.
bonheur [bɔnœr] m. [satisfaction] felicità f. | *souhaiter bien du bonheur*, augurare tanta felicità. | *au comble du bonheur*, al colmo della felicità. || [chance] fortuna f. | *porter bonheur*, portar fortuna. | *jouer de bonheur*, aver fortuna. | *au petit bonheur*, a casaccio. ◆ loc. adv. ***par bonheur,*** per fortuna; fortunatamente.
bonheur-du-jour [bɔ̃nœdyʒur] m. bonheur-du-jour (fr.); = piccolo scrittoio.
bonhomie [bɔnɔmi] f. [bonté] bonomia, bonarietà. || [naïveté] dabbenaggine.
bonhomme [bɔnɔm] m. (pl. **bonshommes** [bɔ̃zɔm]) buon uomo, buona pasta d'uomo. | *bonhomme de neige*, pupazzo, fantoccio di neve. | *bonhomme de papier*, pupazzo di carta. | *petit bonhomme*, omino, ragazzino. | *un vieux bonhomme*, un vecchietto. || LOC. FAM. *aller son petit bonhomme de chemin*, tirare avanti piano piano. | *c'est un grand bonhomme*, è un uomo in gamba. | *quel drôle de bonhomme !*, che tipo strano ! | *nom d'un petit bonhomme !*, accidempoli ! ◆ adj. bonaccione, bonario. | *prendre un air bonhomme*, fare il bonaccione.
boni [bɔni] m. utile, profitto, avanzo. | *boni de caisse*, avanzo di cassa.
bonification [bɔnifikasjɔ̃] f. AGR. miglioria, bonifica. || COMM. abbuono m., sconto m. || SPORT abbuono.
bonifier [bɔnifje] v. tr. AGR. far migliorie a, bonificare. || [améliorer] abbonare, bonificare. ◆ v. pr. migliorare.
boniment [bɔnimɑ̃] m. FAM. imbonimento; chiacchiere f. pl. | *pas tant de boniments !*, meno chiacchiere ! | *faire du boniment à qn*, imbonire qlcu.
bonimenteur [bɔnimɑ̃tœr] m. imbonitore.
bonite [bɔnit] f. ZOOL. palamita.
bonjour [bɔ̃ʒur] m. buongiorno. | *souhaiter le bonjour*, dare il buongiorno. || FAM. *Pierre vous souhaite bien le bonjour*, tanti saluti da parte di Pietro (L.C.). || FIG. *c'est facile, simple comme bonjour*, è come bere un uovo.
1. bonne [bɔn] f. donna di servizio, domestica, serva. | *bonne d'enfant*, bambinaia; bonne (fr.); nurse (angl.). | *bonne à tout faire*, domestica tuttofare.
2. bonne adj. et n. f. V. BON.
bonne-maman [bɔnmamɑ̃] f. FAM. nonna (L.C.).
bonnement [bɔnmɑ̃] adv. semplicemente. | *tout bonnement*, semplicemente, addirittura.
bonnet [bɔnɛ] m. berretto, berretta f. | *bonnet d'enfant*, cuffia f. | *bonnet de coton*, berretto di cotone. | *bonnet de nourrice*, cuffia della, da bambinaia. | *bonnet de police*, bustina f. | *bonnet de fou*, berretto a sonagli. | *bonnet à poil*, berretto a pelo. | *bonnet phrygien*, berretto frigio. | *bonnet carré*, berretta. | *bonnet de marin*, berretto da marinaio. | *bonnet d'étudiant*, cappello goliardico. | *bonnet de nuit* : [femme] cuffia da notte; [homme] berretta da notte. | *bonnet d'âne*, berretto d'asino. || ZOOL. reticolo. || LOC. FAM. *triste comme un bonnet de nuit* = triste come un funerale. | *prendre qch. sous son bonnet*, fare qlco. di testa propria (L.C.). | *deux têtes sous un même bonnet* = due anime in un nòcciolo. | *c'est bonnet blanc et blanc bonnet* = se non è zuppa è pan bagnato. | *opiner du bonnet*, V. OPINER. | *jeter son bonnet par-dessus les moulins* = dare un calcio alle convenienze. | *avoir la tête près du bonnet* = accendersi come un fiammifero, uno zolfanello. | *un gros bonnet*, un pezzo grosso.
bonneterie [bɔnɛtri] f. maglieria.
bonnetier, ère [bɔntje, ɛr] n. [fabricant] fabbricante di maglieria. || [commerçant] negoziante di maglieria. ◆ n. f. [meuble] armadietto m.
bonnette [bɔnɛt] f. MAR. coltellaccio m. || MIL. opera avanzata. || PHOT. lente addizionale.
bonniche [bɔniʃ] f. POP., PÉJOR. serva da strapazzo.
bon-papa [bɔ̃papa] m. FAM. nonno (L.C.).
bonsoir [bɔ̃swar] m. buonasera f. || FAM. *si la fièvre le reprend, alors bonsoir !*, se gli ritorna la febbre, buonanotte !
bonté [bɔ̃te] f. bontà. | *traiter avec bonté*, trattare con bontà. | *ayez la bonté de m'écouter*, abbia la gentilezza, la bontà di ascoltarmi. | *bonté divine !*, Dio santo ! || IRON. *quelle bonté !*, che degnazione ! ◆ pl. cortesie, gentilezze, premure. | *les bontés que vous avez eues pour moi*, le cortesie, le gentilezze da Lei usatemi.
bonze [bɔ̃z] m. bonzo.
bonzerie [bɔ̃zri] f. convento (m.) di bonzi.
bookmaker [bukmɛkœr] m. (angl.) allibratore; bookmaker.
1. boom [bum] m. (amér.) boom; balzo economico.
2. boom f. ARG. = festicciola.
boomerang ou **boumerang** [bumrɑ̃g] m. (angl.) boomerang.
boqueteau [bɔkto] m. boschetto; ciuffo d'alberi.
bora [bɔra] f. bora.
borassus [bɔrasys] m. BOT. borasso.
borate [bɔrat] m. CHIM. borato.
borax [bɔraks] m. CHIM. borace.
borborygme [bɔrbɔrigm] m. borborigmo.
bord [bɔr] m. **1.** [extrémité] orlo, margine. | *bord d'une table, d'un verre*, orlo di una tavola, d'un bicchiere. | *bord d'un fossé*, margine d'un fosso. | *bord de chapeau*, tesa f., falda f. | *remplir jusqu'au bord*, riempire fino all'orlo; colmare. || **2.** LOC. *à ras bord*, pieno fino all'orlo; colmo. | *au bord de*, sull'orlo di, in riva a. | *bord à bord*, bordo a bordo. || **3.** [bordure] orlo, bordo, lembo. | *bord d'une robe*, lembo, bordo d'una veste. | *le bord du lit*, la sponda del letto. || [cours d'eau] riva f., sponda; [mer] riva. || **4.** FIG. [côté] parte f. | *il n'est pas de notre bord*, non è dalla nostra parte. || **5.** MAR. bordo. | *monter à bord*, salire a bordo. | *jeter par-dessus bord*, gettare fuori di bordo, gettare in mare (pr.); buttare a mare (fig.). || PR. et FIG. *virer de bord*, virar di bordo. || AUTOM. *tableau de bord*, cruscotto. || **6.** LOC. FIG. *être au bord des larmes*, star per piangere. | *au bord de la faillite*, pronto a fallire.
bordage [bɔrdaʒ] m. orlatura f., bordatura f. || MAR. fasciame.
bordé [bɔrde] m. [galon] orlatura f. || MAR. fasciame.
bordeaux [bɔrdo] m. bordeaux (fr.). ◆ adj. inv. bordeaux (fr.); bordò.
bordée [bɔrde] f. MAR. bordata, scarica. || [équipage] guardia. | *bordée de bâbord, de tribord*, guardia di

sinistra, di destra. ‖ [salve] salva. ‖ FIG. *bordée d'injures*, bordata d'insulti, rovescio (m.) d'improperi. ‖ MAR. *tirer une bordée*, bordeggiare ; FIG., FAM. andare a bagordi (L.C.).

bordel [bɔrdɛl] m. bordello.

bordelais, e [bɔrdəlɛ, ɛz] adj. di Bordeaux. ◆ n. f. [bouteille] bottiglia bordolese ; [fût] bordolese m.

border [bɔrde] v. tr. [couture] bordare, orlare. ‖ [entourer] circondare, cingere. | *un papier bordé de noir*, una carta listata di nero, a lutto. ‖ FIG. [être le long de] fiancheggiare, contornare. ‖ [longer une côte] costeggiare. ‖ *border un lit*, rincalzare un letto. ‖ MAR. *border un navire*, coprire di fasciame una nave. | *border une voile*, bordare una vela.

bordereau [bɔrdəro] m. distinta f., borderò inv. | *bordereau de caisse*, distinta di versamento. | *bordereau d'envoi*, bolletta (f.) di spedizione.

bordure [bɔrdyr] f. orlatura, orlo m., bordatura, bordo m. | *en bordure de la route*, lungo la strada ; sull'orlo, sul ciglio della strada. ‖ [encadrement] cornice. ‖ [bande] lista. | *bordure de fleurs*, bordura di fiori. ‖ [d'un trottoir] cordone m. ‖ HÉRALD. bordura.

bore [bɔr] m. CHIM. boro.

boréal, e, als ou **aux** [bɔreal, o] adj. boreale. | *aurore boréale*, aurora boreale.

borée [bɔre] m. POÉT. borea.

borgne [bɔrɲ] adj. et n. cieco da un occhio, orbo ; monocolo (littér.). ◆ adj. FIG. *hôtel borgne*, albergo losco.

borique [bɔrik] adj. CHIM. borico.

bornage [bɔrnaʒ] m. JUR. delimitazione f. ‖ MAR. piccolo cabotaggio.

borne [bɔrn] f. limite m., termine m., confine m. | *borne milliaire*, pietra miliare. | *borne kilométrique*, colonnino (m.) segnachilometri. | *borne frontière*, pietra confinaria. ‖ ÉLECTR. terminale m., morsetto m. ‖ ARCHÉOL. *borne du cirque*, meta. ‖ *borne (cornière)*, paracarro m. ‖ POP. chilometro (L.C.). ◆ pl. FIG. *les bornes de l'esprit humain*, i limiti della mente umana. | *mettre des bornes*, porre dei limiti, un freno. | *dépasser les bornes*, oltrepassare ogni termine ; passare i limiti ; trascendere. | *tristesse, ambition sans bornes*, tristezza infinita ; smodata ambizione.

borné, e [bɔrne] adj. FIG. corto, ristretto. | *esprit borné*, mente ristretta, mentalità angusta.

borner [bɔrne] v. tr. delimitare. ‖ FIG. [modérer] limitare. ◆ v. pr. **(à)** limitarsi (a).

borraginacées [bɔraʒinase] f. pl. BOT. borraginacee.

bosquet [bɔskɛ] m. boschetto.

bossage [bɔsaʒ] m. ARCHIT. bugna f., bozza f. ‖ MÉC. sporgenza f., sporto.

bosse [bɔs] f. [protubérance] gobba. | *bosse du dromadaire*, gobba del dromedario. ‖ [sur un os] gobba, bozza ; [sur la tête] bernoccolo m., corno m. ‖ FIG., FAM. *rouler sa bosse*, girare mezzo mondo. | *avoir la bosse des affaires*, avere il bernoccolo degli affari. ‖ [enflure] bernoccolo. ‖ [irrégularité] *les bosses d'un terrain*, le gobbe di un terreno. ‖ ART modello (m.) in gesso. | *dessiner d'après la bosse*, copiare dal gesso. | *travail en bosse*, lavoro a sbalzo. | *en demi-bosse*, a mezzo tondo. | *en ronde bosse*, a tutto tondo. ‖ MAR. bozza, barbetta.

bosselage [bɔslaʒ] m. ART sbalzo.

bosselé, e [bɔsle] adj. ART sbalzato, lavorato a sbalzo ; [en creux] ammaccato ; [en relief] bitorzoluto.

bosseler [bɔsle] v. tr. [faire des bosses] ammaccare. ‖ ART sbalzare, lavorare a sbalzo. ◆ v. pr. ammaccarsi.

bosser [bɔse] v. tr. MAR. abbozzare. ◆ v. tr. et intr. POP. darci dentro (v. intr) ; sgobbare (v. intr.) [fam.]. | *bosser un examen*, sgobbare per un esame.

bossoir [bɔswar] m. MAR. gru f. inv.

bossu, e [bɔsy] adj. et n. gobbo. ‖ FAM. *rire comme un bossu*, sganasciarsi dalle risa, ridere a crepapelle.

bossuer [bɔsɥe] v. tr. ammaccare.

bot [bo] adj. *pied bot* : [dévié vers l'intérieur] piede varo ; [vers l'extérieur] piede valgo.

botanique [bɔtanik] adj. botanico. ◆ n. f. botanica.

botaniste [bɔtanist] n. botanico m., studiosa (f.) di botanica.

1. botte [bɔt] f. [fleurs, légumes] mazzo m. ; [fleurs, épis, herbes] fascio m. ; [foin] fastello m. | *botte d'asperges*, mazzetto (m.) di asparagi.

2. botte f. [chaussure] stivale m. | *bottes de chasse*, stivali da caccia. | *bottes à revers*, stivali con risvolti. | *bottes de cavalier*, stivali da equitazione. | *bottes fourrées*, stivali imbottiti. | *les bottes de sept lieues*, gli stivali delle sette leghe. | *coup de botte*, pedata. ‖ LOC. FAM. *lécher les bottes de qn*, lustrare gli stivali, leccare i piedi (pop.) a qlcu. | *se quereller à propos de bottes*, litigare per un nonnulla. | *être à la botte de qn*, essere succube di qlcu. | *pas plus haut qu'une botte*, alto quanto un soldo di cacio. | *avoir du foin dans ses bottes* = essere danaroso.

3. botte f. [coup] botta. | *botte secrète*, botta segreta. | *porter une botte*, tirare una botta (pr.) ; dare una bottata (fig.).

botté, e [bɔte] adj. stivalato. | *« le Chat botté »*, « Il gatto con gli stivali ».

bottelage [bɔtlaʒ] m. affastellamento.

botteler [bɔtle] v. tr. affastellare.

botteleur, euse [bɔtlœr, øz] n. affastellatore, trice.

botter [bɔte] v. tr. SPORT *botter le ballon*, calciare il pallone. ‖ FAM. *botter les fesses à qn*, prendere qlcu. a calci nel sedere. ‖ FIG., FAM. *ça me botte*, mi va a fagiolo, mi sfagiola. ◆ v. pr. mettersi gli stivali.

bottier [bɔtje] m. stivalaio. ‖ [chausseur sur mesure] calzolaio di lusso.

bottillon [bɔtijɔ̃] m. stivaletto felpato.

bottin [bɔtɛ̃] m. elenco telefonico.

bottine [bɔtin] f. stivaletto m.

boubouler [bubule] v. intr. gufare.

bouc [buk] m. ZOOL. becco, capro. ‖ [barbe] pizzo. ‖ FIG. *bouc émissaire*, capro espiatorio.

boucan [bukɑ̃] m. POP. baccano. | *faire du boucan* : [faire du bruit] far baccano ; [protester] protestare.

boucanage [bukanaʒ] m. affumicamento.

boucaner [bukane] v. tr. affumicare.

boucanier [bukanje] m. bucaniere.

bouchage [buʃaʒ] m. otturazione f.

boucharde [buʃard] f. [marteau] martellina, bocciarda. ‖ [rouleau] bocciarda, rullo m.

bouche [buʃ] f. **1.** [homme et certains animaux] bocca. | *avoir la bouche fendue jusqu'aux oreilles*, avere una bocca che arriva agli orecchi. | *porter à la bouche*, mettere in bocca. | *provisions de bouche*, munizioni di bocca. | *bouche du cheval, de la carpe*, bocca del cavallo, della carpa. ‖ LOC. *une fine bouche*, un palato fine, un buongustaio. | *avoir quatre bouches à nourrir*, avere quattro bocche da sfamare. | *faire la bouche en cœur*, fare il bocchino. | *faire venir l'eau à la bouche*, far venir l'acquolina in bocca. | *garder pour la bonne bouche*, serbare per la bocca buona. | *enlever le pain de la bouche de qn*, levare il pane di bocca a uno. ‖ **2.** [organe de la voix] bocca. | *fermer la bouche de qn*, tappar la bocca a uno. | *bouche cousue !*, acqua in bocca ! ‖ POP. *ta bouche, bébé !*, chiudi il becco ! (fam). ‖ FIG. *de bouche en bouche*, di bocca in bocca. | *être dans toutes les bouches*, essere sulla bocca di tutti. ‖ **3.** [orifice, ouverture] bocca. | *bouche du canon, du four*, bocca del cannone, del forno. | *bouche à feu*, bocca da fuoco. | *bouche de chaleur*, bocca dell'aria calda. | *bouche d'incendie*, bocca d'incendio. | *bouche d'égout*, bocca di fogna ; tombino m. (septentr.). | *bouche de métro*, entrata della metropolitana. ◆ pl. GÉOGR. [détroit] bocche. ‖ [embouchure] foci.

bouché, e [buʃe] adj. [obturé] turato, tappato. | *cidre bouché*, sidro in bottiglia. ‖ [obstrué] intasato. ‖ FIG. *temps bouché*, tempo coperto, chiuso. | *avenir bouché*, avvenire chiuso, sbarrato. | *carrière bouchée*, professione senza avvenire, senza prospettive. ‖ FAM. *esprit bouché*, mente tarda, tonta, ottusa.

bouche-à-bouche [buʃabuʃ] m. metodo bocca a bocca.

bouchée [buʃe] f. [morceau] boccone m. | *par bouchées*, a bocconi. ‖ CULIN. *bouchée à la reine*, vol-au-

vent m. (fr.). ‖ [chocolat] cioccolatino m. ‖ FIG. *ne faire qu'une bouchée*, mangiare in un boccone, farne un sol boccone. | *mettre les bouchées doubles* = rimettere il tempo perso.
1. boucher [buʃe] v. tr. [obturer] turare, otturare, tappare. | *boucher une fenêtre*, tappare una finestra. | *boucher une bouteille*, turare, tappare una bottiglia. | *boucher un trou*, tappare un buco. | *boucher une dent*, otturare un dente. ‖ [obstruer] intasare, otturare. | *boucher la vue, le passage*, impedire, ostruire la vista, il passo. ◆ v. pr. (ot)turarsi, tapparsi, intasarsi. | *la gouttière s'est bouchée*, la grondaia si è otturata. | *se boucher le nez*, turarsi, tapparsi il naso.
2. boucher, ère [buʃe, ɛr] n. macellaio, a ; beccaio. ◆ m. FIG. macellaio.
boucherie [buʃri] f. macelleria. ‖ FIG. macello m., strage.
bouche-trou [buʃtru] m. tappabuchi inv.
bouchon [buʃɔ̃] m. turacciolo, tappo. | *bouchon de tonneau*, cocchiume. | *bouchon de radiateur*, tappo del radiatore. ‖ VX [enseigne de cabaret] frasca f. ; [cabaret] osteria f., bettola f. ‖ [flotteur] sughero, galleggiante. ‖ [encombrement] ingorgo stradale. ‖ JEU *jouer au bouchon*, giocare, fare a sussi.
bouchonner [buʃɔne] v. tr. [cheval] asciugare con una manata di paglia o fieno. ‖ FIG., FAM. [cajoler] coccolare. ◆ v. pr. asciugarsi.
bouchot [buʃo] m. vivaio di mitili.
bouclage [buklaʒ] m. blocco.
boucle [bukl] f. [fermoir] fibbia. | *boucle d'oreille*, orecchino m., buccola. ‖ [agrafe] fermaglio m. ‖ [mèche] riccio m., ricciolo m. | *cheveux en boucles*, capelli ricciuti. ‖ [méandre] ansa. ‖ TECHN. anello m. ‖ AÉR. *boucler la boucle*, fare la gran volta.
bouclé, e [bukle] adj. arricciato, ricciuluto, ricciuto ; inanellato (littér.).
boucler [bukle] v. tr. [serrer avec une boucle] affibbiare. ‖ [encercler] bloccare. ‖ FAM. *boucler son budget*, pareggiare il bilancio (L.C.). ‖ [fermer] chiudere, serrare. | *boucler ses malles*, chiudere i bauli. | *boucler la porte*, serrare l'uscio. ‖ [friser] arricciare ; inanellare (littér.). ‖ *boucler un taureau*, infilare un anello nel naso di un toro. ‖ FAM. [emprisonner] metter dentro ; rinchiudere (L.C.). ‖ POP. *boucle-la !*, chiudi il becco !, chetati ! (fam.). ◆ v. intr. *mes cheveux bouclent*, i capelli mi si arricciano. ‖ ARCHIT. *ce mur boucle*, questo muro rigonfia.
bouclette [buklɛt] f. ricciolino m., riccetto m., riccioletto m.
bouclier [buklije] m. scudo. ‖ FIG. *faire à qn un bouclier de son corps*, fare scudo del proprio petto a qlcu. ‖ MIN. scudo d'avanzamento. ‖ LOC. *levée de boucliers*, levata di scudi.
bouddhique [budik] adj. buddistico.
bouddhisme [budism] m. buddismo.
bouddhiste [budist] n. et adj. buddista.
bouder [bude] v. intr. tenere il broncio, il muso. | *bouder dans son coin*, stare imbronciato in disparte. ‖ FAM. *bouder contre son ventre*, non mangiare per dispetto. ‖ FIG. *ne pas bouder à la besogne*, lavorare di (buona) lena, di buona voglia. ◆ v. tr. *bouder qn*, tenere il broncio, il muso a qlcu.
bouderie [budri] f. broncio m., musoneria.
boudeur, euse [budœr, øz] adj. imbronciato. ◆ n. musone m.
boudin [budɛ̃] m. CULIN. sanguinaccio. | *boudin blanc*, salame di pollo. | FAM. *s'en aller en eau de boudin*, andare in fumo. ‖ ARCHIT. toro. ‖ MIN. miccia f. ‖ CH. DE F. bordino. ‖ TECHN. *ressort à boudin*, V. RESSORT.
boudiné, e [budine] adj. [serré] *boudiné dans un corset*, stretto in un busto. ‖ [gras] *doigts boudinés*, dita grassocce.
boudiner [budine] v. tr. torcere.
boudoir [budwar] m. salottino.
boue [bu] f. fango m., mota. | *couvert de boue*, coperto di fango ; infangato. | *tache de boue*, macchia, schizzo di fango ; zacchera, pillacchera. ‖ FIG. *tirer qn de la boue*, togliere uno dal fango. | *traîner qn dans la boue*, trascinare uno nel fango. ◆ pl. GÉOL. fanghi. ‖ MÉD. fanghi termali.
bouée [bwe] f. boa, gavitello m. | *bouée lumineuse*, boa luminosa. | *bouée sonore*, boa a campana. | *bouée de sauvetage*, salvagente m. inv. ; ciambella di salvataggio.
boueur m. V. ÉBOUEUR.
boueux, euse [buø, øz] adj. fangoso, limaccioso. ◆ n. m. FAM. V. ÉBOUEUR.
bouffant, e [bufɑ̃, ɑ̃t] adj. gonfio. | *cheveux bouffants*, capelli gonfi. | *manche bouffante*, manica sbuffante, a sbuffo. ◆ n. m. sgonfio, sbuffo.
bouffarde [bufard] f. POP. pipa (L.C.).
1. bouffe [buf] adj. buffo. | *opéra bouffe*, opera buffa.
2. bouffe f. ou **bouffetance** [buftɑ̃s] f. POP. abbuffo m., abbuffata (mérid.) ; pappatoria (fam.). | *à la bouffe !*, all'abbuffo ! | *ne vivre que pour la bouffe*, vivere soltanto per la pappatoria.
bouffée [bufe] f. *bouffée d'air*, sbuffo m., buffo m., buffata. | *bouffée de vent*, folata. | *bouffée de fumée*, boccata di fumo. ‖ [exhalaison fétide] zaffata. ‖ *bouffée de chaleur*, vampata. ‖ FIG. [accès] impeto m. | *une bouffée d'orgueil*, una vampata d'orgoglio.
bouffer [bufe] v. intr. [se gonfler] (s)gonfiare. ‖ POP. [manger] strippare ; abbuffarsi (mérid.) ; pappare (fam.). ‖ FIG. *bouffer du kilomètre*, macinare chilometri (fam.).
bouffetance f. V. BOUFFE.
bouffette [bufɛt] f. [houppe] fiocco m., nappa.
bouffi, e [bufi] adj. gonfio. ‖ [joufflu] paffuto. ‖ FIG. gonfio, tronfio, ampolloso. | *bouffi d'orgueil*, gonfio di superbia, tronfio.
bouffir [bufir] v. tr. et intr. gonfiare. ◆ v. pr. gonfiarsi.
bouffissure [bufisyr] f. enfiagione. ‖ FIG. ampollosità.
bouffon, onne [bufɔ̃, ɔn] adj. buffonesco. ◆ n. m. buffone. ‖ FIG. *servir de bouffon*, far da giullare.
bouffonner [bufɔne] v. intr. buffoneggiare.
bouffonnerie [bufɔnri] f. buffonata, buffoneria.
bougainvillée [bugɛ̃vile] f. BOT. buganvillea.
bouge [buʒ] m. [local] stamberga f., tugurio ; [bar] bettolaccia f., tavernaccia f. ‖ [renflement] pancia f. ‖ MAR. bolzone.
bougeoir [buʒwar] m. candeliere, bugia f.
bougeotte [buʒɔt] f. smania di muoversi. | *avoir la bougeotte*, avere l'argento vivo addosso.
bouger [buʒe] v. intr. muoversi. | *ne bougez plus !*, fermi tutti ! | *le vent fait bouger les feuilles*, il vento muove le foglie. ‖ FIG. *le peuple bouge*, il popolo si agita. ◆ v. tr. muovere, spostare.
bougie [buʒi] f. candela. ‖ AUTOM. *bougie d'allumage*, candela d'accensione. ‖ CHIR. candeletta.
bougnat [buɲa] m. POP. carbonaio (L.C.).
bougon, onne [bugɔ̃, ɔn] adj. bisbetico. ◆ n. brontolone, a ; borbottone, a.
bougonnement [bugɔnmɑ̃] m. brontolìo, borbottìo.
bougonner [bugɔne] v. intr. FAM. brontolare, borbottare, bofonchiare, gracchiare.
bougran [bugrɑ̃] m. bucherame.
bougre, esse [bugr, ɛs] n. POP. tipaccio. | *un pauvre bougre*, un povero diavolo. | *ce n'est pas un mauvais bougre*, è piuttosto un buon diavolo. | *cette bougresse !*, quella tipaccia ! ◆ interj. *bougre !*, accidenti !, accidempoli ! | *bougre d'imbécile !*, pezzo d'imbecille !
bougrement adv. V. BIGREMENT.
boui-boui [bwibwi] m. POP., PÉJOR. = caffè concerto d'infimo ordine ; bettola f., osteriaccia f., gargotta f.
bouif [bwif] m. POP. ciabattino (L.C.).
bouillabaisse [bujabɛs] f. zuppa di pesce ; [spécialité de Livourne] cacciucco m.
bouillant, e [bujɑ̃, ɑ̃t] adj. bollente.
bouille [buj] f. [hotte] gerla. ‖ POP. *une bonne bouille*, un viso pacioccone (fam.) ; un faccione buono (L.C.).
bouilleur [bujœr] m. [distillateur] distillatore d'acquavite. | *bouilleur de cru*, distillatore proprietario. ‖ TECHN. bollitore. ‖ PHYS. NUCL. reattore nucleare.
bouilli [buji] m. CULIN. lesso, bollito.

bouillie [buji] f. pappa, farinata. ‖ AGR. *bouillie bordelaise*, (poltiglia) bordolese ; acqua celeste. ‖ FIG., FAM. *de la bouillie pour les chats* = fatica sprecata ; discorso (m.), testo (m.) incomprensibile. | *s'en aller en bouillie*, spappolarsi.
bouillir [bujir] v. intr. et tr. bollire. | *(faire) bouillir le lait*, far bollire, mettere a bollire il latte. ‖ FAM., FIG. *faire bouillir la marmite*, mandare avanti la baracca. ‖ FIG. *bouillir d'impatience*, bollire, fremere, friggere d'impazienza. | *son sang bout dans ses veines*, il sangue gli ribolle nelle vene. | *cela me fait bouillir*, questo mi fa bollire, fremere.
bouillissage [bujisaʒ] m. TECHN. bollitura f.
bouilloire [bujwar] f. bollitore m.
bouillon [bujɔ̃] m. [aliment] brodo. | *bouillon gras*, brodo di carne, brodo grasso. | *bouillon de légumes*, brodo di verdura. ‖ [bulle] bolla f. | *au premier bouillon*, al primo bollore. | *à gros bouillons :* [eau] a scroscio ; [sang] a fiotti. ‖ FAM. *boire un bouillon :* [en nageant] bere ; [perdre de l'argent] = subire una perdita di denaro. ‖ FIG. *bouillon d'onze heures*, bevanda avvelenata. ‖ VX [restaurant] trattoria f. (L.C.). ‖ BIOL. *bouillon de culture*, brodo di coltura. ◆ pl. [journaux] resa f. sing. ‖ [plis bouffants] sgonfi, sbuffi.
bouillon-blanc [bujɔ̃blɑ̃] m. BOT. verbasco, tassobarbasso.
bouillonnant, e [bujɔnɑ̃, ɑ̃t] adj. scrosciante, gorgogliante, tumultuante.
bouillonnement [bujɔnmɑ̃] m. ribollimento, gorgoglio ; [continu] gorgoglìo. ‖ FIG. ribollimento.
bouillonner [bujɔne] v. intr. scrosciare, gorgogliare. ‖ FIG. ribollire, fremere, fervere, tumultuare. | *son sang bouillonne*, il sangue gli ribolle. | *bouillonner de fureur*, fremere di furore. ‖ *les journaux bouillonnent à 10 % de leur tirage*, i giornali invenduti raggiungono il 10 % della tiratura. ◆ v. tr. fare sgonfi, sbuffi a.
bouillotte [bujɔt] f. [en métal] scaldiglia, scaldamani m. inv., scaldapiedi m. inv. ; [en caoutchouc] borsa dell'acqua calda. ‖ [bouilloire] bollitore m.
boulanger, ère [bulɑ̃ʒe, ɛr] n. fornaio, a ; panettiere, m. | *garçon boulanger*, garzone del fornaio.
boulangerie [bulɑ̃ʒri] f. [lieu de fabrication, boutique] panetteria, forno m. ‖ [entreprise industrielle] panificio m.
boule [bul] f. palla. | *boule d'ivoire*, palla d'avorio, pallino m. ‖ FIG. *faire boule de neige*, far valanga. | *avoir une boule dans la gorge*, avere un groppo alla gola. ‖ FAM. [tête] boccia. | *perdre la boule*, perdere la tramontana. ‖ LOC. *se rouler en boule*, appallottolarsi, (r)aggomitolarsi. | *se mettre en boule :* [se pelotonner] raggomitolarsi ; [se mettre en colère] impermalirsi. | *avoir les nerfs en boule*, avere i nervi tesi, i nervi a fior di pelle. ‖ JEU palla, pallina, boccia. | *une partie de boules*, una partita a bocce, alle bocce. ‖ MIL. *boule de pain*, pagnotta. ‖ VX POLIT. [dans un scrutin] palla.
bouleau [bulo] m. BOT. betulla f.
boule-de-neige [buldənɛʒ] f. BOT. pallone (m.) di maggio.
bouledogue [buldɔg] m. bulldog (angl.).
bouledozer m. V. BULLDOZER.
bouler [bule] v. intr. FAM. ruzzolare. ‖ POP. *envoyer bouler*, mandare a quel paese. ◆ v. tr. *bouler les cornes d'un taureau*, munire di palle di cuoio le corna d'un toro.
boulet [bulɛ] m. palla f. ‖ PR. et FIG. *tirer à boulets rouges*, tirare a palle infocate. ‖ FIG. *traîner un, son boulet*, trascinare le catene, avere una palla al piede, portare la propria croce. ‖ [charbon] ovolo. ‖ ANAT. [cheval] nocca f., nodello.
boulette [bulɛt] f. pallottola, pallottolina. | *boulette de papier*, pallottolina di carta. ‖ [viande hachée] polpetta, polpettina. ‖ FIG., FAM. sproposito m., granchio m. | *faire une boulette*, pigliare un granchio.
boulevard [bulvar] m. viale. | *boulevard extérieur*, viale di circonvallazione. ‖ MIL. baluardo.
boulevardier, ère [bulvardje, ɛr] adj. = tipico dei caffè e dei teatri dei « boulevards » parigini. ◆ n. m. = frequentatore dei ritrovi dei « boulevards » parigini.
bouleversant, e [bulvɛrsɑ̃, ɑ̃t] adj. sconvolgente, travolgente.
bouleversement [bulvɛrsəmɑ̃] m. sconvolgimento. ‖ FIG. sconvolgimento, scompiglio.
bouleverser [bulvɛrse] v. tr. sconvolgere, travolgere, scompigliare, mettere sottosopra. ‖ [causer une émotion] sconvolgere, scombussolare.
boulier [bulje] m. pallottoliere.
boulimie [bulimi] f. bulimia.
boulin [bulɛ̃] m. [alvéole de colombier] cassetta-nido f. (pl. *cassette-nido*). ‖ ARCHIT. [trou] covile ; [traverse] travicello.
bouline [bulin] f. MAR. bolina.
boulingrin [bulɛ̃grɛ̃] m. aiola alberata.
boulisme [bulism] m. JEU gioco delle bocce ; bocciofilia f.
bouliste [bulist] m. JEU bocciofilo.
boulodrome [bulɔdrom] m. campo di bocce.
bouloir [bulwar] m. bollero.
boulon [bulɔ̃] m. bullone. | *gros boulon*, chiavarda f. | *boulon de fondation*, bullone di fondazione. | *boulon à écrou*, bullone a dado. | *boulon à tête bombée*, bullone a testa semitonda.
boulonnage [bulɔnaʒ] m. bullonatura f.
boulonner [bulɔne] v. tr. bullonare. ◆ v. intr. POP. [travailler] darci dentro ; sgobbare ; tirare la carretta (fam.).
boulonnerie [bulɔnri] f. bulloneria.
boulot, otte [bulo, ɔt] adj. FAM. tozzo, atticciato, tarchiato ; tracagnotto (arg.). ◆ n. FAM. bombolo m., tombolo m., tomboletto m., tombolotto m. ◆ n. m. = pane di forma allungata e cilindrica. ‖ POP. [travail] sgobbo (fam.) ; lavoro, mestiere (L.C.).
boulotter [bulɔte] v. tr. POP. pappare (fam.) ; mangiare (L.C.).
boum ! [bum] interj. bum !
boumerang m. V. BOOMERANG.
boumer [bume] v. intr. POP. *ça boume !* = tutto va bene !, va a gonfie vele !
1. bouquet [bukɛ] m. mazzo. | *bouquet de mariée*, mazzo da sposa. | *bouquet garni*, mazzetto di odori. | *bouquet de cerises*, mazzetto, ciocca (f.) [tosc.] di ciliegie. | *bouquet de paille*, fascetto di paglia. ‖ *bouquet d'arbres*, gruppo, ciuffo d'alberi. ‖ FIG., IRON. *c'est le bouquet !*, è il più bello !, è il colmo ! ‖ [parfum du vin] aroma, fragranza f. ; bouquet (fr.). ‖ [feu d'artifice] (girandola [f.]) finale.
2. bouquet m. ZOOL. [crevette] gamberetto. | [lièvre] maschio della lepre ; [lapin] coniglio (maschio).
bouquetière [buktjɛr] f. fioraia.
bouquetin [buktɛ̃] m. ZOOL. stambecco.
1. bouquin [bukɛ̃] m. ZOOL. caprone, becco. ‖ [lièvre] maschio della lepre.
2. bouquin m. FAM. libro (L.C.).
bouquiner [bukine] v. intr. cercar libri d'occasione. ‖ FAM. [lire] leggere (L.C.).
bouquiniste [bukinist] n. venditore, trice di libri d'occasione ; bancarellista.
bourbe [burb] f. melma, fango m., fanghiglia.
bourbeux, euse [burbø, øz] adj. melmoso, fangoso.
bourbier [burbje] m. pantano. ‖ FIG. pantano, ginepraio, imbroglio, impiccio, pasticcio.
bourbillon [burbijɔ̃] m. MÉD. cencio necrotico.
bourbonien, enne [burbɔnjɛ̃, ɛn] adj. borbonico.
bourbonnais, e [burbɔnɛ, ɛz] adj. borbonese.
bourdaine [burdɛn] f. BOT. frangola.
bourde [burd] f. [mensonge] balla, fandonia, frottola. | *faire avaler des bourdes à qn*, darla a bere a uno. ‖ FAM. [bêtise] sfarfallone m. ; sproposito m., granchio m., cantonata (L.C.). | *faire une bourde*, pigliare un granchio, una cantonata.
1. bourdon [burdɔ̃] m. [bâton de pèlerin] bordone.
2. bourdon m. ZOOL. calabrone. | *faux bourdon*, fuco. ‖ [cloche] campanone. ‖ MUS. bordone.
3. bourdon m. TYP. lasciatura f., pesce.
bourdonnant, e [burdɔnɑ̃, ɑ̃t] adj. ronzante.
bourdonnement [burdɔnmɑ̃] m. ronzìo. | [de voix] vocìo, brusìo. | [d'oreilles] ronzìo.

bourdonner [burdɔne] v. intr. ronzare. ◆ v. tr. FAM. canterellare.
bourdonneur, euse [burdɔnœr, øz] adj. et n. ronzatore, trice.
bourg [bur] m. borgo.
bourgade [burgad] f. borgata.
bourgeois, e [burʒwa, az] adj. borghese. | *préjugés bourgeois*, pregiudizi da borghese. | *maison bourgeoise*, casa signorile. | *cuisine bourgeoise*, cucina casalinga. || PÉJOR. borghese. ◆ n. borghese. || (souvent PÉJOR.) borghese. | *grand bourgeois*, chi appartiene all'alta borghesia. | *la haine des bons bourgeois*, l'odio dei benpensanti. || [en civil] *en bourgeois*, in borghese. || FAM. *épater le bourgeois*, far colpo sui gonzi. (V. PETIT-BOURGEOIS.) ◆ n. f. POP. moglie (L.C.); padrona di casa (L.C.).
bourgeoisie [burʒwazi] f. borghesia. | *haute, moyenne, petite bourgeoisie*, alta, media, piccola borghesia. | *la société de la grande bourgeoisie*, la società alto-borghese.
bourgeon [burʒɔ̃] m. BOT. germoglio, gemma f. || ANAT. *bourgeon gustatif*, papilla gustativa. || BIOL. *bourgeon conjonctif*, protuberanza connettiva. || MÉD. bitorzolo.
bourgeonnement [burʒɔnmɑ̃] m. germogliamento, gemmazione f.
bourgeonner [burʒɔne] v. intr. BOT. germogliare, gemmare. || FIG., FAM. *son nez bourgeonne*, ha il naso bitorzoluto. || MÉD. *plaie qui bourgeonne*, piaga protuberante.
bourgeron [burʒərɔ̃] m. camiciotto di tela.
bourgmestre [burgmɛstr] m. borgomastro.
bourgogne [burgɔɲ] m. borgogna.
bourguignon, onne [burgiɲɔ̃, ɔn] adj. et n. borgognone. || CULIN. *bœuf bourguignon*, stufato di manzo cotto in una salsa a base di vino rosso.
bourlinguer [burlɛ̃ge] v. intr. MAR. rullare. || FAM. girare mezzo mondo.
bourrache [buraʃ] f. BOT. borragine, borrana.
bourrade [burad] f. spintone m., urtone m., pacca.
bourrage [buraʒ] m. riempimento, riempitura f., imbottitura f. || FIG., FAM. *bourrage de crâne*, imbottitura del cranio, del cervello, della testa.
bourrasque [burask] f. breve burrasca. || [colère] accesso (m.), impeto (m.) di collera, d'ira.
bourratif [buratif] adj. FAM. = che riempie.
bourre [bur] f. [poil, crin] borra, stoppaccio m. || TEXT. *bourre de laine*, cascame (m.) di lana ; borra. | *bourre de soie*, bava di seta. || [d'une cartouche] stoppaccio m. || BOT. lanugine. || LITTÉR. riempitivo m., zavorra (L.C.). | *il y a bien de la bourre en cet essai*, c'è molto di inutile, di superfluo in questo saggio.
bourreau [buro] m. boia inv., carnefice. || FIG. [homme cruel] carnefice, aguzzino. | *bourreau des cœurs*, rubacuori inv. | *bourreau de travail*, lavoratore instancabile ; sgobbone (fam.).
bourrée [bure] f. [fagot] fascina. || MUS. bourrée (fr.), burè.
bourreler [burle] v. tr. straziare, tormentare, torturare.
bourrelet [burlɛ] m. [coussinet] cercine, ciambella f. || [isolation] parafreddo inv. || [de chair, de graisse] cuscinetto.
bourrelier [burəlje] m. sellaio, bastaio.
bourrellerie [burɛlri] f. selleria.
bourrer [bure] v. tr. [rembourrer] imbottire. || [remplir] *bourrer qn de nourriture*, rimpinzare qlcu. di cibo. | *bourrer le poêle, sa pipe*, caricare la stufa, la pipa. || MIL., MIN. intasare. || *bourrer de coups*, caricare di botte. || FIG., FAM. *bourrer de latin*, caricare, rimpinzare di latino. | *bourrer le crâne*, imbottire il cranio, la testa, il cervello. ◆ v. pr. rimpinzarsi.
bourrette [burɛt] f. TEXT. bavella.
bourriche [buriʃ] f. cesta.
bourrichon [buriʃɔ̃] m. POP. *se monter le bourrichon*, montarsi la testa (fam.).
bourricot [buriko] m. somarello, asinello.
bourrique [burik] f. FAM. ciuco m. || FIG. somaro m., asino m., ciuco m. | *faire tourner en bourrique* = intontire.
bourriquet [burikɛ] m. MIN. arganello, verricello.
bourroir [burwar] m. MIN. calcatoio.
bourru, e [bury] adj. et n. burbero. | *bourru bienfaisant*, burbero benefico.
1. bourse [burs] f. borsa. | *bourse plate*, borsa vuota, asciutta. || [subside] borsa. | *bourse d'études*, borsa di studio. || ANAT. [sing.] borsa ; [pl.] scroto m. || LOC. *tenir la bourse*, tener la cassa. | *tenir serrés les cordons de la bourse*, tenere stretti i cordoni della borsa. | *faire bourse commune*, far borsa comune. | *sans bourse délier*, senza spendere un soldo. | *la bourse ou la vie !*, o la borsa o la vita !
2. Bourse f. COMM., FIN. Borsa. | *Bourse des valeurs*, Borsa valori. | *Bourse de commerce*, Borsa merci. | *jeu de Bourse*, gioco di Borsa. | *cote de la Bourse*, listino (m.) di Borsa. | *Bourse du travail*, Camera del lavoro.
boursicotage [bursikɔtaʒ] m. piccolo gioco di Borsa.
boursicoter [bursikɔte] v. intr. fare il piccolo gioco di Borsa.
1. boursier, ère [bursje, ɛr] n. UNIV. borsista.
2. boursier, ère adj. COMM. borsistico. ◆ n. m. operatore di Borsa.
boursouflage [bursuflaʒ] m. V. BOURSOUFLEMENT.
boursouflé, e [bursufle] adj. gonfio. || FIG. *style boursouflé*, stile ampolloso, tronfio.
boursouflement [bursufləmɑ̃] m. gonfiezza f., gonfiamento.
boursoufler [bursufle] v. tr. gonfiare. || FIG. rendere tronfio.
boursouflure [bursuflyr] f. gonfiore m., enfiagione, gonfiezza. || FIG. ampollosità.
bousculade [buskylad] f. [poussée violente] spintone m., urtone m. || [confusion] parapiglia m. inv., pigia pigia m. inv., scompiglio m. || [hâte] precipitazione, fretta, confusione.
bousculer [buskyle] v. tr. [heurter] urtare, spingere. | *bousculer l'ennemi, les manifestants*, disperdere il nemico, i manifestanti. || FIG. *bousculer la grammaire*, strapazzare la grammatica. || [mettre en désordre] mettere sottosopra, scompigliare. || [presser] incitare a far presto, a sbrigarsi. | *être bousculé*, essere sopraffatto (dalle occupazioni). ◆ v. pr. urtarsi. || FIG., FAM. far presto, sbrigarsi (L.C.).
bouse [buz] f. bovina ; sterco bovino.
bouseux [buzø] m. POP., PÉJOR. cafone.
bousier [buzje] m. ZOOL. scarabeo stercorario.
bousillage [buzijaʒ] m. malta (f.) di fango e stoppia. || FAM. [travail mal fait] abborracciamento, lavoro abborracciato. || [gâchis] guasto, rovina f. (L.C.).
bousiller [buzije] v. intr. murare con fango e stoppia. ◆ v. tr. FAM. [bâcler] abborracciare, acciabattare. || [endommager, détruire] scassare, guastare ; rovinare (L.C.) || [tuer] far fuori (pop.). | *se faire bousiller*, farsi ammazzare (L.C.).
bousilleur, euse [buzijœr, øz] n. et adj. FAM. [mauvais ouvrier] guastamestieri m. inv. ; abborraccione, a.
boussole [busɔl] f. bussola. || FIG., FAM. *perdre la boussole*, perdere la bussola, la tramontana.
boustifaille [bustifɑj] f. POP. bisboccia ; roba da mangiare (fam.).
boustrophédon [bustrɔfedɔ̃] m. LING. iscrizione, scrittura bustrofedica.
bout [bu] m. **1.** [extrémité, fin] punta f., capo, estremità f. | *bout du doigt, du nez*, punta del dito, del naso. | *bout d'une corde*, capo d'una fune. | *bout de la plume, de l'aile, de la table*, estremità della penna, dell'ala, della tavola. | *le haut bout de la table*, il capotavola. || LOC. *tenir le bon bout*, essere a cavallo. | *du bout du pied*, colla punta del piede. | *à bout portant*, a bruciapelo. | *savoir sa leçon sur le bout du doigt*, sapere la lezione a menadito. | *connaître son sujet sur le bout du doigt*, avere la materia sulla punta delle dita. | *avoir sur le bout de la langue*, avere sulla punta della lingua. | *manger du bout des dents*, mangiucchiare. | *rire du bout des lèvres*, ridere a fior

di labbra. | *aller au bout du monde*, andare in capo al mondo. | *ne pas voir plus loin que le bout de son nez*, non vedere più in là della punta del naso. | *ce n'est pas le bout du monde!* = non è poi tanto difficile! | *porter à bout de bras*, portar di peso. | *on ne sait par quel bout le prendre*, non si sa per che verso pigliarlo. | *passer le bout du nez*, far capolino. || [garniture terminale] puntale, punta f. | *bout ferré*, ghiera f. || **2.** [morceau] pezzo, pezzetto. | *bout de craie, de papier, de bois*, pezzetto di gesso, di carta, di legno. | *bout de pain*, pezzetto, briciola di pane. | *bout de la cigarette*, mozzicone della sigaretta. | *bout de chandelle*, v. CHANDELLE. | *bout de lettre*, letterina f. | *écris-moi un bout de lettre*, mandami due righe. | *bout d'essai*, provino. | *bout de rôle*, particina f. || Loc. *en savoir un (bon) bout*, saperla lunga (L.C.). | *bout de chemin*, tratto di strada. | *faire un bout de conduite*, accompagnare un pezzo. | *un bout de temps*, un bel pezzo, un bel po'. | *économies de bouts de chandelle*, V. CHANDELLE. | *un bout d'homme*, un omino. || FAM. *mettre les bouts*, tagliar la corda. || **3.** [fin] fine f. | *bout du mois, de l'an, de la vie*, fine del mese, dell'anno, della vita. | *messe du bout de l'an*, messa funebre anniversaria. || Loc. *joindre les deux bouts*, sbarcare il lunario. | *en voir le bout*, vederne la fine. | *jusqu'au bout*, fino alla fine, fino in fondo. | *au bout du compte*, in fin dei conti, tutto sommato, alla fin fine. | *pousser à bout*, far uscir dai gangheri. | *être à bout de patience*, V. PATIENCE. ◆ loc. prép. ***au bout de*** [espace] *au bout de la rue*, in capo, in fondo alla via. | *au bout du monde*, in capo al mondo. || PROV. *au bout du fossé la culbute*, tutti i nodi vengono al pettine. || [temps] *au bout d'un an*, in capo a un anno. | *au bout d'une heure, de quelque temps*, dopo un'ora, dopo un po'. | *être au bout de ses peines*, essere alla fine delle proprie pene. | *être au bout de sa carrière*, essere al termine della vita. || ***à bout de :*** *à bout de forces*, stremato (adj.). | *être à bout de souffle*, avere il fiato grosso, essere trafelato, affannato (pr.); essere spossato, esausto (fig.). | *venir à bout de qch.*, venire a capo di qlco. | *en venir à bout*, spuntarla. ◆ loc. adv. ***bout à bout,*** testa a testa, capo a capo. || ***d'un bout à l'autre, de bout en bout,*** da cima in fondo, da un capo all'altro, da un'estremità all'altra. || ***à tout bout de champ,*** ad ogni piè sospinto, ad ogni momento.

boutade [butad] f. [mot d'esprit] frizzo m., arguzia, motto m., battuta; boutade (fr.).

bout-dehors [budəɔr] m. MAR. buttafuori inv.

boute-en-train [butɑ̃trɛ̃] m. inv. capo ameno.

boutefeu [butfø] m. HIST. buttafuoco. || FIG. [agitateur] arruffapopoli inv., mettimale inv.

bouteille [butɛj] f. bottiglia; [gaz] bombola. | *bouteille isolante*, termos m. | *mettre, mise en bouteilles*, mettere in bottiglia, imbottigliare; imbottigliamento m. | *vin bouché*, vino in bottiglia. | FAM. *avoir, prendre de la bouteille*, PR. invecchiare (L.C.); FIG. aver esperienza (L.C.). || LOC. FAM. *c'est la bouteille à l'encre*, è un gran pasticcio. || ÉLECTR. *bouteille de Leyde*, bottiglia di Leida.

bouteillon [butɛjɔ̃] m. MIL. marmitta (f.) da campo.

bouter [bute] v. tr. VX *bouter dehors*, (s)cacciare (L.C.).

bouterolle [butrɔl] f. [de serrure] tacca. || [de fourreau d'épée] puntale m. || TECHN. butteruola.

bouteroue [butru] f. paracarro m. (di portone), scansaruote m. inv.

boute-selle [butsɛl] m. inv. MIL. buttasella.

boutique [butik] f. [lieu de vente] bottega. | *tenir boutique*, aver una bottega. | *ouvrir, fermer boutique*, aprire, chiudere bottega. | *fonds de boutique*, fondi di bottega. || [atelier] bottega. || [de mode] boutique (fr.). || FIG., FAM. baracca.

boutiquier, ère [butikje, ɛr] n. bottegaio, a.

boutoir [butwar] m. TECHN. [de maréchal-ferrant] raspa f.; [de corroyeur] scarnatoio. || ZOOL. [sanglier] grifo. || FIG. *un coup de boutoir*, una bottata; MIL. una puntata offensiva.

bouton [butɔ̃] m. BOT. boccio, bottone, bocciolo, gemma f. | *en bouton*, in boccio. || MÉD. bitorzolo, bolla f., vescica f., pustola f. | *bouton de chaleur*, (sfogo di) calore; sudamina f. || MODE bottone. | *boutons de manchettes*, gemelli pl. || *bouton de fleuret*, bottone, fioretto. | *bouton de porte*, maniglia f. || [interrupteur] bottone, pulsante; [radio, TV] bottone, manopola f.

bouton-d'argent [butɔ̃darʒɑ̃] m. BOT. botton d'argento.

bouton-d'or [butɔ̃dɔr] m. BOT. botton d'oro.

boutonnage [butɔnaʒ] m. abbottonatura f.

boutonner [butɔne] v. tr. abbottonare. ◆ v. intr. BOT. germogliare. || FAM. coprirsi di bitorzoli. ◆ v. pr. abbottonarsi.

boutonneux, euse [butɔnø, øz] adj. bitorzoluto.

boutonnier, ère [butɔnje, ɛr] n. bottonaio.

boutonnière [butɔnjɛr] f. occhiello m., asola. || POP. *faire une boutonnière dans le ventre de qn*, fare a uno un occhiello nel ventre.

bouton-pression [butɔ̃prɛsjɔ̃] m. automatico.

bout-rimé [burime] m. POÉS. poesia a rime obbligate. ◆ pl. rime obbligate.

bouturage [butyraʒ] m. BOT. riproduzione (f.) per mezzo di piantoni.

bouture [butyr] f. BOT. piantone m.

bouturer [butyre] v. intr. rampollare. ◆ v. tr. riprodurre per via di piantoni.

bouvier, ère [buvje, ɛr] n. bovaro, boaro m; guardiana (f.) di buoi.

bouvillon [buvijɔ̃] m. giovenco, manzo, manzetto.

bouvreuil [buvrœj] m. ZOOL. ciuffolotto; monachino (tosc.).

bovidés [bɔvide] m. pl. ZOOL. bovidi.

bovin, e [bɔvɛ̃, in] adj. bovino.

bovinés [bɔvine] ou **bovins** [bɔvɛ̃] m. pl. bovini.

bow-window [bowindo] m. bow-window (angl.), bovindo.

1. box [bɔks] m. (angl.) [écurie, garage] box. || [tribunal] banco, gabbia f.

2. box ou **box-calf** [bɔkskalf] m. pelle (f.) di vitello al cromo.

boxe [bɔks] f. pugilato m.; boxe (fr.).

1. boxer [bɔkse] v. intr. boxare. ◆ v. tr. FAM. prendere a pugni (L.C.).

2. boxer [bɔksɛr] m. (angl.) [chien] boxer.

boxeur [bɔksœr] m. pugile; pugilatore, pugilista (plus rare); boxeur (fr.).

box-office [bɔksɔfis] m. box-office (angl.).

boyard ou **boïar** [bɔjar] m. boiaro.

boyau [bwajo] m. ANAT. budello (pl. f. *budella*), intestino. || POP. *il a rendu tripes et boyaux*, ha vomitato le budella, l'anima sua. || MUS. *cordes à boyau*, corde di budello, di minugia (VX). || TECHN. [tuyau] budello (pl. *budelli*), tubo. || [passage] budello, cunicolo. || MIL. camminamento. || SPORT tubolare.

boycottage [bɔjkɔtaʒ] m. boicottaggio.

boycotter [bɔjkɔte] v. tr. boicottare.

boycotteur, euse [bɔjkɔtœr, øz] n. et adj. boicottatore, trice.

boy-scout [bɔjskut] m. [boy-]scout (angl.), giovane esploratore.

brabançon, onne [brabɑ̃sɔ̃, ɔn] adj. et n. brabantino.

brabant [brabɑ̃] m. aratro brabantino.

bracelet [braslɛ] m. braccialetto. || [de montre] cinturino.

bracelet-montre [braslɛmɔ̃tr] m. orologio da polso.

brachial, e, aux [brakjal, o] adj. brachiale.

brachycéphale [brakisefal] adj. et n. brachicefalo.

brachylogie [brakilɔʒi] f. LING. brachilogia.

braconnage [brakɔnaʒ] m. [chasse] caccia (f.) di frodo; bracconaggio; [pêche] pesca (f.) di frodo.

braconner [brakɔne] v. intr. cacciare, pescare di frodo.

braconnier [brakɔnje] m. cacciatore di frodo; bracconiere; pescatore di frodo.

bractée [brakte] f. BOT. brattea.

bradel [bradɛl] m. (ou *reliure à la Bradel*) legatura alla Bradel.

brader [brade] v. tr. COMM. svendere, liquidare.

braderie [bradri] f. svendita, liquidazione.
braguette [bragɛt] f. sparato (m.) dei calzoni ; togna (pop.).
brahmane [braman], **brahme** [bram] ou **brahmine** [bramin] m. bra(h)mano, bramino.
brahmanique [bramanik] adj. bra(h)manico, braminico.
brahmanisme [bramanism] m. bramanismo, bramanesimo.
brai [brɛ] m. pece f. ; pegola f. (vx).
braies [brɛ] f. pl. brache.
braillard, e [brɑjar, ard] ou **brailleur, euse** [brɑjœr, øz] adj. et n. FAM. sbraitone, a ; strillone, a ; schiamazzatore, trice.
braille [brɑj] m. braille f. (parfois m.) [fr.].
braillement [brɑjmɑ̃] m. sbraitamento, (lo) sbraitare.
brailler [brɑje] v. intr. sbraitare, strillare ; berciare (tosc.). ◆ v. tr. urlare.
brailleur, euse adj. et n. V. BRAILLARD.
braiment [brɛmɑ̃] m. raglio.
braire [brɛr] v. intr. PR. et FIG. ragliare.
braise [brɛz] f. brace, bragia. ‖ FIG. *être chaud comme braise*, essere ardente, focoso. | *yeux de braise*, occhi di brace. ‖ FAM. *être sur la braise*, essere sulle braci. ‖ Vx *tomber de la poêle dans la braise*, cadere dalla padella nella brace. ‖ ARG. [argent] grana.
braisé, e [brɛze] adj. CULIN. brasato.
braiser [brɛze] v. tr. CULIN. brasare.
1. brame [bram] f. MÉTALL. bramma, massello m.
2. brame ou **bramement** [brammɑ̃] m. bramito.
bramer [brame] v. intr. bramire. ‖ FIG. sbraitare.
bran [brɑ̃] m. cruscone. ‖ POP. cacca f., merda f.
brancard [brɑ̃kar] m. [civière] barella f. ‖ [d'attelage] stanga f. ‖ FIG., FAM. *ruer dans les brancards* = recalcitrare.
brancardier [brɑ̃kardje] m. barelliere ; MIL. portaferiti inv.
branchage [brɑ̃ʃaʒ] m. [ensemble des branches] ramatura f., rami pl., frasche f. pl. ; [amas de branches] ramaglia f.
branche [brɑ̃ʃ] f. [arbre] ramo m. | *branche maîtresse*, ramo maestro. | *petite branche*, ramoscello m. ‖ LOC. *comme l'oiseau sur la branche*, come l'uccello sulla frasca. ‖ FAM. *ma vieille branche*, vecchio mio. ‖ [subdivision] *les branches d'un fleuve*, i rami d'un fiume. | *les branches d'un candélabre*, i bracci d'un candelabro. | *branche de compas*, asta del compasso. | *branches de lunettes*, stanghette degli occhiali. ‖ ARCHIT. *branche d'une voûte*, costolone m. ‖ CULIN. *asperges en branche*, asparagi interi. ‖ FIG. [famille] ramo. | *avoir de la branche*, essere di razza. ‖ [catégorie] ramo, branca. ‖ ANAT., MATH. ramo.
branchement [brɑ̃ʃmɑ̃] m. ramificazione f., diramazione f. ‖ ÉLECTR. allacciamento, collegamento, innesto. | *branchement sur le secteur*, allacciamento alla rete.
brancher [brɑ̃ʃe] v. intr. appollaiarsi, posarsi (v. pr.). ◆ v. tr. collegare, allacciare, innestare. ‖ FAM. *être branché* = capire.
branchette [brɑ̃ʃɛt] f. ramoscello m., ramicello.
branchial, e, aux [brɑ̃ʃjal, o] adj. branchiale.
branchies [brɑ̃ʃi] f. pl. ZOOL. branchie.
branchu, e [brɑ̃ʃy] adj. ramoso.
brandade [brɑ̃dad] f. CULIN. = baccalà mantecato alla provenzale.
brande [brɑ̃d] f. BOT. brentolo m. ‖ [terre infertile] scopeto m.
brandebourg [brɑ̃dbur] m. alamaro.
brandebourgeois, e [brɑ̃dburʒwa, az] adj. et n. brandeburghese.
brandevin [brɑ̃dvɛ̃] m. Vx grappa f. (L.C.).
brandir [brɑ̃dir] v. tr. [pour frapper] brandire. ‖ [agiter] agitare, sventolare. ‖ FIG. *il brandit sa démission*, minacciò di dare le dimissioni.
brandon [brɑ̃dɔ̃] m. fiaccola (f.) di paglia. ‖ FIG. *brandon de discorde*, fiaccola della discordia.
brandy [brɑ̃di] m. brandy (angl.) ; acquavite f.
branlant, e [brɑ̃lɑ̃, ɑ̃t] adj. traballante, vacillante, crollante.
branle [brɑ̃l] m. oscillazione f. ‖ FIG. *donner le branle*, dar la prima spinta. | *mettre en branle*, mettere in moto. ‖ MUS. brando ; branle (fr.).
branle-bas [brɑ̃lba] m. inv. MAR. brandabbasso. | *branle-bas de combat*, preparazione (f.) al combattimento, assetto di combattimento. ‖ FIG. scompiglio, trambusto.
branler [brɑ̃le] v. tr. tentennare, crollare, scuotere. ◆ v. intr. tentennare, traballare. ‖ FIG, FAM. *branler dans le manche*, traballare (L.C.).
braquage [brakaʒ] m. sterzo, sterzata f. | *angle, rayon de braquage*, angolo, raggio di sterzo.
braque [brak] m. ZOOL. bracco. ◆ adj. FIG., FAM. mattoide ; sbadato, scervellato (L.C.).
braquer [brake] v. tr. puntare, spianare. | *braquer les yeux sur qn*, piantare gli occhi addosso a qlcu. ‖ [irriter] *braquer qn* = far sì che uno s'impunti. ◆ v. tr. et intr. AUTOM. sterzare. ◆ v. pr. [s'opposer] impuntarsi.
braquet [brakɛ] m. SPORT moltiplica f.
bras [bra] m. **1.** braccio (pl. : pr. *le braccia* ; fig. *i bracci*). | *serrer dans, entre ses bras*, stringere fra le braccia. | *porter dans ses bras un enfant*, portare in braccio, in collo un bambino. | *prendre le bras à qn*, tenere qlcu. sotto braccio, a braccetto. | *tenir dans ses bras*, tenere in braccio. | *donner, offrir le bras*, dare, offrire il braccio. | *(se) croiser les bras*, incrociare le braccia (pr. et fig.) ; star con le mani in mano (fig.). | *demeurer les bras croisés*, stare a braccia conserte (pr.) ; stare con le mani alla cintola, in mano (fig.). | *se jeter dans les bras de qn*, gettarsi fra le braccia, in braccio a qlcu. | *être au bras de qn*, essere a braccetto di qlcu. ‖ LOC. *en bras de chemise*, in maniche di camicia. ‖ **2.** FIG. *la promenade m'a coupé bras et jambes*, la passeggiata mi ha troncato le gambe. | *en avoir les bras coupés*, aver le braccia rotte dalla fatica. | *cette nouvelle me coupe bras et jambes*, a questa notizia mi sento cascare le braccia. | *les bras m'en tombent* = non me ne capacito. ‖ **3.** [personne] braccio. | *l'industrie manque de bras*, l'industria manca di braccia. | *être le bras droit de qn*, essere il braccio destro, il braccio forte di uno. ‖ **4.** [autorité] braccio. ‖ HIST. *le bras séculier*, il braccio secolare. ‖ **5.** [objet] braccio. | *bras d'une balance, d'une croix, d'une grue, d'un levier*, braccio d'una bilancia, d'una croce, d'una gru, d'una leva. | *bras de fleuve, de mer*, braccio di fiume, di mare. | *les bras d'un fauteuil*, i braccioli d'una poltrona. ‖ **6.** LOC. *avoir le bras long*, avere le braccia lunghe. | *avoir beaucoup d'affaires sur les bras*, aver molte faccende per le mani. | *avoir sur les bras une sale affaire*, trovarsi impegolato in una brutta faccenda. | *avoir une nombreuse famille sur les bras*, avere una numerosa famiglia sulle spalle. | *avoir sur les bras un importun*, avere un importuno fra i piedi. ‖ FAM. *gros comme le bras*, a tutto andare, a tutto spiano. | *être dans les bras de Morphée*, essere in braccio a Morfeo. | *tomber dans les bras d'un escroc*, darsi in braccio ad un imbroglione. | *vivre de ses bras*, campare con le proprie braccia. ◆ loc. adv. ***bras dessus, bras dessous***, a braccetto ; sotto braccio. ‖ ***à bras***, a braccia. | *transporter à bras*, trasportare a braccia. | *presse, charrette à bras*, torchio, carretto a mano. ‖ ***à force de bras***, a forza di braccio. ‖ ***à tour de bras :*** *travailler à tour de bras*, lavorare a tutto spiano. | *frapper à tour de bras, tomber à bras raccourcis sur*, picchiare sodo, con tutta la forza ; darle di santa ragione ; dar botte da orbi a. ‖ ***à bras ouverts***, a braccia aperte. ‖ ***à bras tendu***, a braccia, di peso. ‖ ***à pleins bras***, a bracciate. ‖ ***à bras-le-corps***, a mezza vita.
brasage [brazaʒ] m. TECHN. brasatura f.
braser [braze] v. tr. TECHN. brasare.
brasero [brazero] m. braciere ; caldano (tosc.).
brasier [brazje] m. PR. et FIG. braciere.
brassage [brasaʒ] m. [bière] = (il) mescolare l'orzo e il luppolo. ‖ FIG. [mélange] mescolanza f., fusione f.
brassard [brasar] m. [pièce d'armure] bracciale. ‖ [bande d'étoffe] bracciale.
brasse [bras] f. [mesure] braccio m. ‖ [nage] nuoto a

rana. | *brasse papillon*, nuoto a farfalla. || [brassée] bracciata f.
brassée [brase] f. bracciata. | *par brassées*, a bracciate. || SPORT bracciata.
1. brasser [brase] v. tr. MAR. bracciare.
2. brasser v. tr. [bière] = mescolare l'orzo e il luppolo. || [agiter] rimescolare, rimestare. || FIG. *brasser une intrigue*, macchinare un intrigo. | *brasser des affaires* = trattar più affari contemporaneamente. | *brasser de l'argent* = investire rilevanti capitali propri in imprese finanziarie.
brasserie [brasri] f. birreria, fabbrica di birra.
brasseur, euse [brasœr, øz] n. birraio m. || FIG. *brasseur d'affaires*, affarista m.
brassière [brasjɛr] f. camiciolina; coprifasce m. inv. ◆ pl. [bretelles] cinghie.
bravache [bravaʃ] m. bravaccio, spaccone, smargiasso. ◆ adj. spavaldo, arrogante, prepotente.
bravade [bravad] f. bravata, spacconata, smargiassata. | *avec un air de bravade*, con aria spavalda.
brave [brav] adj. (après le nom) [courageux] coraggioso, valoroso; prode (littér.); bravo (rare). || (avant le nom) [honnête] bravo, onesto, per bene. | *un brave homme*, un brav'uomo. | *ce sont de braves gens*, è brava, buona gente; è gente onesta, gente per bene. || FAM. *une brave vieille voiture*, una brava vecchia macchina. | *il est bien brave*, è tanto bravo, buono. | *mon brave homme!*, *ma brave femme!*, brav'uomo!, la mia buona donna! ◆ n. m. prode. | *se conduire en brave*, comportarsi da prode. || [arrogant] *faire le brave*, fare il bravo. || FAM. *hé! mon brave!*, ehi quell'uomo!
braver [brave] v. tr. affrontare, sfidare. | *braver le danger, la mort*, affrontare, sfidare il pericolo, la morte. | *braver son père*, sfidare, affrontare il padre; opporsi al padre. | *braver les années, le bon goût*, sfidare gli anni, il buon gusto.
bravissimo! [bravisimo] interj. bravissimo, bravissima [selon que l'on applaudit un, une artiste].
1. bravo! [bravo] interj. bravo, brava [selon que l'on applaudit un, une artiste]. ◆ n. m. [applaudissement] applauso, bravo.
2. bravo m. (pl. **bravi**) bravo, sgherro.
bravoure [bravur] f. [courage] coraggio m; bravura (rare). | *acte de bravoure*, atto di coraggio. || [habileté] bravura. | *morceau de bravoure*, pezzo di bravura.
brebis [brəbi] f. ZOOL. pecora. || FIG. *brebis galeuse*, pecora nera; peste. | *brebis égarée*, pecora smarrita, sbrancata.
1. brèche [brɛʃ] f. breccia. || [entaille] *faire une brèche à un couteau*, fare una tacca a un coltello. || FIG. *faire une brèche à sa fortune*, intaccare il patrimonio. | *être toujours sur la brèche*, essere sempre sulla breccia. || FIG., MIL., *battre en brèche*, battere in breccia.
2. brèche f. GÉOL. breccia.
brèche-dent [brɛʃdɑ̃] adj. et n. = con una finestra nei denti.
bréchet [breʃɛ] m. carena f.
bredouillage [brədujaʒ] ou **bredouillement** [brədujmɑ̃] m. barbagliamento.
bredouille [brəduj] adj. *revenir bredouille* = tornare con le pive nel sacco.
bredouiller [brəduje] v. tr. et intr. barbugliare. | *bredouiller une excuse*, barbugliare, balbettare una scusa.
bref, brève [brɛf, brɛv] adj. breve. | *dans le délai le plus bref*, a brevissima scadenza. | *soyez bref*, sia conciso. | *dire en bref*, dire in breve. || PHILOL. breve. || [impératif] reciso. | *ton bref*, tono reciso. | *réponse brève*, risposta recisa. ◆ n. m. RELIG. breve. ◆ n. f. LING. breve. ◆ adv. insomma, in breve.
bréhaigne [breɛɲ] adj. f. sterile.
brelan [brəlɑ̃] m. JEU *un brelan d'as*, un tris d'assi.
brêler ou **breller** [brɛle] v. tr. MAR. fissare con corde.
breloque [brəlɔk] f. ciondolo m. || FIG. *battre la breloque :* [montre] = funzionar male; (fam. [divaguer]) dare i numeri; vaneggiare (L.C.).
brème [brɛm] f. ZOOL. abramide m.
brésilien, enne [breziljɛ̃, ɛn] adj. et n. brasiliano.
brésillet [brezijɛ] m. BOT. brasile, verzino.
bretèche [brətɛʃ] ou **bretesse** [brətɛs] f. ARCHIT. bertesca.
bretelle [brətɛl] f. [courroie] tracolla. || MIL. *arme à la bretelle!*, bracciarm! || TRANSP. *bretelle de raccordement*, raccordo (m.) stradale; svincolo m. ◆ pl. [pantalon] bretelle; [lingerie] bretelle, spalline.
breton, onne [brətɔ̃, ɔn] adj. et n. bretone, brettone.
bretteur [brɛtœr] m. PÉJOR. spadaccino.
breuvage [brœvaʒ] m. bevanda f.; [pour les animaux] beveraggio, beverone. || PÉJOR. *breuvage insipide*, beverone.
brève adj. et n. f. V. BREF.
brevet [brəvɛ] m. brevetto, diploma; patente f. | *brevet d'études du premier cycle*, diploma di licenza media. | *brevet d'apprentissage*, diploma di apprendistato. | *brevet de pilote*, brevetto di pilota. || HIST. brevetto, diploma. || JUR. *brevet d'invention*, brevetto d'invenzione; [droit exclusif d'exploitation] privativa (f.) industriale.
breveté, e [brəvte] adj. et n. brevettato. | *invention brevetée*, invenzione brevettata. | *technicien breveté*, tecnico qualificato, diplomato. | *officier breveté d'état-major*, ufficiale diplomato di Stato Maggiore.
breveter [brəvte] v. tr. brevettare.
bréviaire [brevjɛr] m. PR. et FIG. breviario.
bréviligne [breviliɲ] adj. brevilineo.
brévité [brevite] f. LING. brevità.
bribe [brib] f. [petit morceau] briciolo m., minuzzolo m. ◆ pl. *les bribes d'un repas*, gli avanzi d'un pasto. || FIG. *des bribes de latin*, un'infarinatura di latino. | *les bribes d'une conversation*, le briciole d'una conversazione.
bric-à-brac [brikabrak] m. inv. cianfrusaglie f. pl. || [magasin] rigatteria f.
bric et de broc (de) [dəbrikedbrɔk] loc. adv. = con pezzi di fortuna. | *faire un travail de bric et de broc*, fare un lavoro a casaccio. | *connaissances acquises de bric et de broc*, cognizioni racimolate a destra e a sinistra, qua e là.
brick [brik] m. MAR. brigantino.
bricolage [brikɔlaʒ] m. FAM. lavoretto (domestico). || PÉJOR. acciarpatura f., lavoro abborracciato.
bricole [brikɔl] f. [harnais] pettorale m.; [bretelle] cinghia. || [hameçon] doppio amo. || [au billard] colpo (m.) di rimbalzo. || FIG. [menu travail] lavoruccio m. || [bagatelle] inezia, aggeggio m. | *s'occuper à des bricoles*, occuparsi d'inezie. ◆ pl. [chasse] reti.
bricoler [brikɔle] v. intr. FAM. lavoricchiare; aggeggiare (tosc.). ◆ v. tr. FAM. *bricoler un appareil de radio, un moteur*, ingegnarsi (v. pr.), aggeggiare (tosc.) intorno alla radio, al motore.
bricoleur, euse [brikɔlœr, øz] n. FAM. = chi fa lavoretti domestici. ◆ adj. ingegnoso.
bride [brid] f. briglia; redini f. pl. | *mener par la bride*, reggere, tenere in briglia. | *tourner bride*, far dietro front. | *à bride abattue*, a briglia sciolta. | *lâcher la bride*, allentare le briglie, le redini. || [jugulaire] soggolo m. || [ganse] maglietta. || TECHN. flangia. || FIG. [frein] briglia. | *tenir la bride serrée*, tirar la briglia. | *laisser la bride sur le cou*, lasciar la briglia, le redini sul collo.
bridé, e [bride] adj. imbrigliato. | *yeux bridés*, occhi alla cinese.
brider [bride] v. tr. [cheval] metter la briglia a, imbrigliare. || [réprimer] imbrigliare, trattenere. || [serrer] stringere. | *brider son casque*, soggolare l'elmetto. || CULIN. legare. || MAR. imbrigliare. || TECHN. serrare.
bridge [bridʒ] m. JEU bridge (angl.). || [prothèse dentaire] ponte.
bridger [bridʒe] v. intr. JEU giocare a bridge.
bridgeur, euse [bridʒœr, øz] n. bridgista.
brie [bri] m. brie (fr.).
brièvement [brijɛvmɑ̃] adv. brevemente; con poche parole.
brièveté [brijɛvte] f. brevità.

brigade [brigad] f. MIL. brigata. | *brigade aérienne*, aerobrigata. || [équipe] squadra.
brigadier [brigadje] m. [artillerie, cavalerie] caporale ; [gendarmerie] brigadiere. | *brigadier-chef*, caporal maggiore. || MAR. prodiere. || FAM. generale di brigata (L.C.).
brigand [brigɑ̃] m. brigante. || [vaurien] brigante, briccone.
brigandage [brigɑ̃daʒ] m. brigantaggio.
brigantin [brigɑ̃tɛ̃] m. MAR. brigantino.
brigantine [brigɑ̃tin] f. MAR. randa.
brigue [brig] f. LITTÉR. broglio m. ; intrigo m., raggiro m. (L.C.).
briguer [brige] v. tr. [ambitionner] brigare. ◆ v. intr. [intriguer] brigare, brogliare.
brillance [brijɑ̃s] f. PHYS. brillanza.
brillant, e [brijɑ̃, ɑ̃t] adj. brillante, lucido, lustro. | *yeux brillants*, occhi lucidi, lustri. | *chaussures brillantes*, scarpe lucide, lustre. || FIG. brillante. | *brillante carrière*, carriera brillante. | *avoir une brillante santé*, avere un'ottima salute. || FAM. *ce n'est pas brillant !*, non è un gran che ! ◆ n. m. brillante ; diamante sfaccettato. | *taillé en brillant*, tagliato a brillante. | *faux brillant*, diamante falso, fondo di bicchiere. || [éclat] splendore, lucentezza f., lustro. || FIG. *faux brillant*, falso lustro. | *avoir du brillant*, essere brillante.
brillanté [brijɑ̃te] adj. *style brillanté*, stile artefatto. ◆ n. m. giaconetta operata ; brillantino.
brillanter [brijɑ̃te] v. tr. brillantare, tagliare a brillante, sfaccettare.
brillantine [brijɑ̃tin] f. brillantina.
briller [brije] v. intr. brillare, (ri)splendere, rilucere, scintillare, sfavillare. || *les étoiles brillent dans le ciel*, le stelle brillano, scintillano nel cielo. | *tes yeux brillent de joie*, ti brillano, ti scintillano, ti sfavillano gli occhi di gioia. | *faire briller les chaussures*, lustrare le scarpe. || PROV. *tout ce qui brille n'est pas or*, non è tutt'oro quel che riluce. || FIG. *faire briller qch. aux yeux de qn*, far balenare qlco. agli occhi di qlcu. || [se distinguer] *il brille par son esprit*, brilla per il suo spirito. | *briller d'un faux éclat*, brillare di falso splendore. || IRON. *briller par son absence*, brillare per la propria assenza.
brimade [brimad] f. [bizutage] beffa ; scherzo (m.) di cattivo gusto. || [vexation] angheria, sopruso m., vessazione, prepotenza.
brimbaler [brɛ̃bale] v. tr. scuotere.
brimborion [brɛ̃bɔrjɔ̃] m. bazzecola f., cianfrusaglia f.
brimer [brime] v. tr. beffare, sbeffare ; sfottere (pop.). || [maltraiter] soverchiare, tormentare, angariare.
brin [brɛ̃] m. [fétu] fuscello. | *brin de paille*, fuscello di paglia. | *un brin de muguet*, uno stelo, un fiore di mughetto. | *un brin d'herbe*, un filo d'erba. || [pousse] getto. || FIG., FAM. *un beau brin de fille*, un fior di ragazza. || [petite quantité] filo, briciolo, pezzetto, brandello. | *un brin de vent, de vie*, un filo di vento, di vita. | *n'avoir pas un brin de jugeote, de dignité*, non avere un briciolo di giudizio, di dignità. | *faire un brin de toilette*, darsi una lisciatina. | *faire un brin de causette*, fare quattro chiacchiere. || TECHN. [de corde] legnolo ; [de câble] trefolo. | *à un brin*, a un capo solo. | *à brin double*, a due capi.
brindille [brɛ̃dij] f. fuscellino m., stecco m. ; [d'arbre fruitier] brindillo m.
1. bringue [brɛ̃g] f. POP. [fête] gozzoviglia, bisboccia, baldoria (L.C.). | *faire la bringue*, gozzovigliare.
2. bringue f. PÉJOR. *une grande bringue*, una spilungona.
bringuebaler [brɛ̃gbale] ou **brinquebaler** [brɛ̃kbale] v. intr. dondolare, traballare. ◆ v. tr. scuotere.
brio [brijo] m. brio.
brioche [brijɔʃ] f. CULIN. brioscia ; brioche (fr.). || VX, FIG. [bévue] topica, cantonata (L.C.). || POP. *prendre de la brioche*, metter su pancia (fam.).
brique [brik] f. mattone m. | *brique creuse, réfractaire*, mattone forato, refrattario. | *couleur brique*, color mattone. | *une brique de savon*, un pezzo di sapone. || POP. *bouffer des briques*, stare a stecchetto (fam.). || ARG. milione m. (L.C.).
briquer [brike] v. tr. FAM. lucidare, lustrare (L.C.).
briquet [brikɛ] m. accendisigaro, accendino. | *battre le briquet*, battere l'acciarino. || VX *sabre briquet*, sciabola f.
briquetage [briktaʒ] m. [maçonnerie] ammattonatura f. || [enduit] finta ammattonatura.
briqueter [brikte] v. tr. ammattonare.
briqueterie [briktri, brikɛtri] f. mattonificio m.
briqueteur [briktœr] m. mattonaio.
briquetier [briktje] m. fornaciaio.
briquette [brikɛt] f. formella.
bris [bri] m. rottura f., frattura f. || JUR. *bris de scellés*, violazione (f.) di sigilli. || [épave] rottame, relitto.
brisant [brizɑ̃] m. frangente, scoglio, scogliera f.
brise [briz] f. brezza.
brisé, e [brize] adj. rotto, spezzato, infranto. | *ligne brisée*, linea spezzata. | *cœur brisé*, cuore infranto. | *brisé de fatigue*, affranto dalla stanchezza. || ARCHIT. *arc brisé*, arco a sesto acuto.
brise-bise [brizbiz] m. inv. [rideau] mezza tendina ; [bourrelet] parafreddo m.
brisées [brize] f. pl. [chasse] rami spezzati ; peste. || FIG. *aller, marcher sur les brisées de qn* = rivaleggiare con uno (per soppiantarlo). | *suivre les brisées de qn*, seguire, calcare le orme di qlcu.
brise-fer [brizfɛr] n. inv. V. BRISE-TOUT.
brise-glace(s) [brizglas] m. inv. [protection d'un pont] rompighiaccio, sprone m. || [bateau] rompighiaccio.
brise-jet [brizʒɛ] m. inv. rompigetto.
brise-lames [brizlam] m. inv. frangiflutti.
brisement [brizmɑ̃] m. spezzamento. | *le brisement des vagues*, l'infrangersi delle onde. || FIG. *brisement de cœur*, strazio.
brise-mottes [brizmɔt] m. inv. frangizolle.
briser [brize] v. tr. rompere, spezzare, infrangere. | *briser en mille morceaux*, rompere, spezzare, infrangere in mille pezzi ; mandare in frantumi. | *briser une branche, une vitre*, spezzare, rompere un ramo, un vetro. || FIG. *briser les idoles*, abbattere gli idoli. | *briser ses chaînes, ses fers*, spezzare le catene, i ceppi. | *briser le joug*, rompere il giogo. || [abattre] *briser la résistance*, infrangere la resistenza. | *briser une révolte, une grève*, stroncare una rivolta, uno sciopero. | *briser le courage*, fiaccare, abbattere l'animo. | *briser la carrière de qn*, rovinare, troncare la carriera di uno. | *briser le cœur*, spezzare il cuore. || [interrompre] rompere, spezzare, troncare. ◆ v. intr. [rompre] rompere. | *briser avec qn*, rompere con uno. | *brisons là !*, finiamola !, piantiamola ! ◆ v. pr. rompersi, spezzarsi, infrangersi. | *la mer se brise*, il mare s'infrange.
brise-tout [briztu] n. inv. FAM. rompitutto.
briseur, euse [brizœr, øz] n. rompitore, trice. | *briseur de grève*, crumiro m.
brise-vent [brizvɑ̃] m. inv. frangivento.
brisque [brisk] f. MIL. gallone m. || JEU briscola.
bristol [bristɔl] m. bristol (angl.). || biglietto di, da visita.
brisure [brizyr] f. fenditura, fessura. || TECHN. giuntura.
britannique [britanik] adj. et n. britannico.
brittonique [britɔnik] adj. britanno. ◆ n. m. LING. britannico.
broc [bro] m. brocca f.
brocante [brɔkɑ̃t] f. FAM. rigatteria, commercio (m.) di anticaglie (L.C.).
brocanter [brɔkɑ̃te] v. intr. fare il rigattiere, commerciare in anticaglie. ◆ v. tr. commerciare in.
brocanteur, euse [brɔkɑ̃tœr, øz] n. rigattiere m., robivecchi m. inv., ferravecchio m.
1. brocard [brɔkar] m. [raillerie] stoccata f., frizzo, motteggio, frecciata f., canzonatura f. | *lancer des brocards à qn*, lanciare dei frizzi a uno.
2. brocard m. ZOOL. capriolo maschio di un anno.
brocarder [brɔkarde] v. tr. motteggiare, canzonare.
brocart [brɔkar] m. TEXT. broccato.

brocatelle [brɔkatɛl] f. [étoffe ; marbre] broccatello m.
brochage [brɔʃaʒ] m. TYP. brossura f.
brochant [brɔʃɑ̃] adj. *brochant sur le tout :* HÉRALD. attraversante sul tutto ; FIG., VX = per soprammercato.
broche [brɔʃ] f. spiedo m., schidione m. | *poulet à la broche*, pollo allo spiedo. || [bijou] fermaglio m., spilla ; broche (fr.). || [cheville] zeppa. || [dans une serrure] ago m. || MÉD. chiodo m. || TECHN. mandrino m. || TEXT. fuso m. ◆ pl. ZOOL. zanne (del cinghiale).
broché [brɔʃe] m. broccato.
brochée [brɔʃe] f. schidionata.
brocher [brɔʃe] v. tr. (tissu) broccare, tessere a brocchi. || [livre] legare in brossura.
brochet [brɔʃɛ] m. ZOOL. luccio.
brochette [brɔʃɛt] f. [petite broche] spiedino m. || CULIN. schidionata, filza. || [décorations] filza (di medaglie).
brocheur, euse [brɔʃœr, øz] n. legatore, trice (di brossura). ◆ f. legatrice meccanica.
brochure [brɔʃyr] f. [action] brossura. || [opuscule] opuscolo m. ; brochure (fr.). || TEXT. disegno (m.) a brocchi.
brocoli [brɔkɔli] m. broccolo.
brodequin [brɔdkɛ̃] m. stivaletto. || FIG., THÉÂTRE *chausser le brodequin*, calzare il socco. ◆ pl. [appareil de torture] stivaletto.
broder [brɔde] v. tr. ricamare. | *broder au tambour*, ricamare col tombolo, col tamburo. | *broder à la main, à la machine, au crochet*, ricamare a mano, a macchina, all'uncinetto. | *fil à broder*, filo da ricamo. || FIG., FAM. [exagérer] aggiungere frange a, ricamare su ; abbellire (L.C.). ◆ v. intr. FIG., FAM. ricamare. | *broder sur un fait*, ricamare su di un fatto.
broderie [brɔdri] f. ricamo m. | *broderie en couleurs*, ricamo a colori. | *broderie au tambour*, ricamo al tombolo. | *broderie en relief*, ricamo a rilievo. || FIG. abbellimento m. || MUS. abbellimento. ◆ pl. FIG., FAM. ricami m. ; abbellimenti m. (L.C.).
brodeur, euse [brɔdœr, øz] n. ricamatore, trice.
broie [brwa] f. gramola.
broiement m. V. BROYAGE.
bromate [brɔmat] m. CHIM. bromato.
brome [brom] m. CHIM. bromo.
bromure [bromyr] m. CHIM. bromuro.
bronche [brɔ̃ʃ] f. ANAT. bronco m.
broncher [brɔ̃ʃe] v. intr. VX [trébucher] inciampare, incespicare (L.C.). || FIG. muoversi (v. pr.), fiatare. | *sans broncher*, senza scomporsi, senza batter ciglio, senza esitazione.
bronchiole [brɔ̃ʃjɔl] f. ANAT. bronchiolo m.
bronchique [brɔ̃ʃik] adj. bronchiale.
bronchite [brɔ̃ʃit] f. MÉD. bronchite.
bronchitique [brɔ̃ʃitik] adj. et n. bronchitico.
broncho-pneumonie [brɔ̃kɔpnømɔni] f. MÉD. broncopolmonite.
bronchorrée [brɔ̃kɔre] f. MÉD. broncorrea.
bronchoscope [brɔ̃kɔskɔp] m. MÉD. broncoscopio.
bronchoscopie [brɔ̃kɔskɔpi] f. MÉD. broncoscopia.
brontosaure [brɔ̃tɔzɔr] m. brontosauro.
bronzage [brɔ̃zaʒ] m. [métal] bronzatura f. || [hâle] abbronzatura f. ; tintarella f. (rom.).
bronze [brɔ̃z] m. [alliage ; objet d'art] bronzo. | *de bronze*, bronzeo adj. | *l'âge du bronze*, l'età del bronzo. || FIG. *cœur de bronze*, cuore di bronzo.
bronzé, e [brɔ̃ze] adj. [couleur de bronze] abbronzato ; bronzato, bronzino (littér.). || [hâlé] abbronzato.
bronzer [brɔ̃ze] v. tr. (ab)bronzare. || [hâler] abbronzare. ◆ v. intr. et v. pr. [se brunir] abbronzarsi ; prendere la tintarella (rom.).
bronzier [brɔ̃zje] ou **bronzeur** [brɔ̃zœr] m. bronzista.
brossage [brɔsaʒ] m. spazzolatura f.
brosse [brɔs] f. spazzola. | *brosse à dents, à ongles*, spazzolino (m.) da denti, da unghie. | *balai-brosse*, V. BALAI. | *donner un coup de brosse*, dare una spazzolata. || FIG. *cheveux en brosse*, capelli a spazzola. || [pour le pansage] brusca ; [la peinture] pennello m., pennellessa. || FIG., FAM. *passer la brosse à reluire*, incensare (L.C.).
brosser [brɔse] v. tr. [nettoyer] spazzolare. || ART abbozzare, tratteggiare col pennello. || FIG. [évoquer] tratteggiare. ◆ v. pr. spazzolarsi. || POP., VX *se brosser le ventre*, restare a denti asciutti, a pancia vuota. || FAM. *tu peux te brosser !*, puoi farci su una croce !
brosserie [brɔsri] f. [fabrique] spazzolificio m. || [commerce] negozio (m.) di spazzole.
brossier, ère [brɔsje, ɛr] n. [fabricant] fabbricante di spazzole. || [commerçant] negoziante di spazzole.
brou [bru] m. mallo. | *brou de noix :* [liqueur] nocino ; [teinture] estratto di mallo di noce.
brouet [bruɛ] m. HIST. brodetto (nero), brodo nero. || PÉJOR. broda, brodaglia f., brodicchio.
brouette [bruɛt] f. carriola.
brouettée [bruete] f. carriola.
brouetter [bruete] v. tr. trasportare con la carriola.
brouhaha [bruaa] m. vocìo, brusìo.
brouillage [brujaʒ] m. RAD. disturbo.
brouillamini [brujamini] m. FAM. garbuglio, guazzabuglio.
brouillard [brujar] m. nebbia f. ; caligine f. (littér.). | *il y a du brouillard*, c'è nebbia. || FAM. *un brouillard à couper au couteau*, un nebbione che si può tagliare a fette. || COMM. [registre] brogliaccio. || FAM. *être dans le brouillard*, non avere idee chiare, essere brillo (L.C.).
brouillasser [brujase] v. intr. et impers. piovigginare.
brouille [bruj] ou **brouillerie** [brujri] f. FAM. dissapore m., screzio m. | *être en brouille avec qn*, avere uno screzio con qlcu. | *mettre la brouille entre deux personnes*, mettere, seminare la zizzania fra due persone.
brouillé, e [bruje] adj. [temps] nuvoloso, imbronciato ; [teint] sciupato ; [choses] mescolato, ingarbugliato ; [serrure] scassato. || CULIN. *œufs brouillés*, uova strapazzate. || FIG. *être brouillé avec qn*, essere in rotta, in urto con uno. | *être brouillé avec les chiffres, l'orthographe*, non andar d'accordo con i numeri, con l'ortografia.
brouiller [bruje] v. tr. [mélanger] mescolare. | *brouiller des fiches*, scompigliare delle schede. | *brouiller les dates, les pistes*, confondere le date, le tracce. | *brouiller les cartes*, imbrogliare le carte. || [troubler] *brouiller les idées de qn*, confondere le idee a qlcu. | *brouiller l'esprit*, turbare la mente. | *brouiller la vue*, annebbiare, offuscare la vista. | *des yeux brouillés de larmes*, degli occhi velati di lacrime. || RAD. disturbare. || [désunir] mettere, seminare la zizzania tra. ◆ v. pr. imbrogliarsi, confondersi. || [temps] guastarsi. || [être en désaccord] guastarsi.
brouillerie f. V. BROUILLE.
brouillon, onne [brujɔ̃, ɔn] adj. confusionario. ◆ n. arruffone, a ; confusionario m. ; pasticcione, a (fam.).
brouillon [brujɔ̃] m. brutta copia ; minuta f.
brouillonner [brujɔne] v. tr. fare la brutta copia, la minuta di.
broussaille [brusɑj] f. pruneto m., macchia, fratta ; [fourré] cespugli m. pl. | *cheveux en broussaille*, capelli arruffati.
broussailleux, euse [brusɑjø, øz] adj. cespuglioso. || [touffu] arruffato, cespuglioso.
brousse [brus] f. savanna. || FAM. campagna sperduta (L.C.).
brouter [brute] v. tr. brucare. ◆ v. intr. TECHN. funzionare a scatti, vibrare.
broutille [brutij] f. frasca. || FIG. frascheria, inezia, bazzecola.
browning [brawniŋ] m. browning (angl.).
broyage [brwajaʒ] ou **broiement** [brwamɑ̃] m. frantumazione f., stritolamento, triturazione f. ; [grain ; couleurs] macinatura f.
broyer [brwaje] v. tr. frantumare, tritare, stritolare, maciullare ; [grain ; couleurs] macinare. || FIG., FAM. *broyer du noir*, essere di umore nero, avere le paturnie.
broyeur, euse [brwajœr, øz] adj. et n. macinatore, trice. ◆ n. m. [machine] frantoio. | *broyeur à meules*, molazza f.

brrr! [brrr] interj. brrr!
bru [bry] f. nuora.
bruant [bryɑ̃] m. ZOOL. zigolo.
brucelles [brysɛl] f. pl. pinzette a molla.
brugnon [bryɲɔ̃] m. nocepesca f.
bruine [brɥin] f. acquerugiola.
bruiner [brɥine] v. impers. piovigginare.
bruineux, euse [brɥinø, øz] adj. piovigginoso.
bruire [brɥir] v. intr. [ruisseau] rumoreggiare, mormorare; [pluie] bruire; [feuilles] stormire, frusciare.
bruissement [brɥismɑ̃] m. fruscìo, (lo) stormire.
bruit [brɥi] m. **1.** [ensemble de sons] rumore. | *faire du bruit*, far rumore. | *bruit de fond*, rumore di fondo. || **2.** [foule] brusìo, frastuono; [voix] vocìo, strepito; [pas] calpestìo, scalpiccìo; [vent] fischio, sibilo; [eau] mormorio, strepito, scroscio; [feuilles] fruscìo, (lo) stormire; [tonnerre] rombo, frastuono; [canon, moteur] rombo; [verres, armes] (il) tintinnare, tintinnìo; [vaisselle] acciottolìo; [pierres, pluie] crepitìo, scroscio; [insectes] ronzìo; [ailes] frullo, frullìo. || **3.** [instrument de musique] suono; [trompette] squillo; clangore (littér.); [tambour] rullo; [cloche] squillo, scampanìo; [sonnette] tintinnìo, scampanellìo. || **4.** [bouillonnement] scroscio; [craquement] scricchiolìo; [détonation] fragore; [grincement] cigolìo. || **5.** [rumeur] voce f., notizia f. | *faire courir le bruit que*, spargere la voce che. | *le bruit court que*, corre voce che. | *ce sont des bruits en l'air*, sono voci infondate, notizie campate in aria. | *faire grand bruit*, fare, destare scalpore. || **6.** [tapage] chiasso, baccano, frastuono, strepito, schiamazzo, gazzarra f. | *un bruit infernal*, un chiasso del diavolo, un chiasso infernale. || PROV. *beaucoup de bruit pour rien*, molto rumore per nulla.
bruitage [brɥitaʒ] m. rumori m. pl. (di fondo).
bruiteur [brɥitœr] m. rumorista.
brûlage [brylaʒ] m. bruciamento.
brûlant, e [brylɑ̃, ɑ̃t] adj. ardente, bruciante, scottante, cocente. | *café brûlant*, caffè bollente. | *joues brûlantes*, guance infocate. || FIG. [ardent] ardente; bramoso (littér). | *brûlant de réussir*, smanioso di riuscire. || [épineux] scottante.
brûlé, e [bryle] adj. bruciato, arso, scottato, ustionato. | *vigne brûlée par la gelée*, vite bruciacchiata, bruciata dal gelo. || FIG. [démasqué] smascherato. || LOC. *tête brûlée*, V. CERVEAU. ◆ n. m. *cela sent le brûlé*, sa di bruciato (pr.); le cose si mettono male (fig.). || [blessé] *un grand brûlé*, un ustionato grave.
brûle-gueule [brylgœl] m. inv. POP. pipa f. (L.C.).
brûle-parfum [brylparfœ̃] m. inv. bruciaprofumi.
brûle-pourpoint (à) [abrylpurpwɛ̃] loc. adv. a bruciapelo.
brûler [bryle] v. tr. bruciare, ardere; [chauffage] ardere, bruciare. | *alcool à brûler*, alcole da ardere. | *brûler une cartouche*, bruciare una cartuccia. | *brûler la cervelle à qn*, bruciare le cervella a qlcu. || [en repassant] scottare; strinare (tosc.). || [causer une brûlure] bruciare, scottare, ustionare. || [distiller] distillare. || [griller] tostare. || FIG. *brûler ses vaisseaux*, tagliarsi i ponti alle spalle. | *brûler le pavé*, V. PAVÉ. || *brûler une voiture*, bruciare, sorpassare una macchina. | *brûler une gare*, saltare una stazione. | *brûler un feu rouge*, bruciare, non rispettare il semaforo. | *brûler les étapes*, bruciare le tappe. | *brûler la politesse à qn*, trattare scortesemente uno, fare uno sgarbo a uno. || THÉÂTRE *brûler les planches* = recitare con brio. ◆ v. intr. [se consumer] bruciare, ardere. | *brûler à feu couvert*, bruciare sotto la cenere. || [impression douloureuse] *les yeux me brûlent*, mi bruciano gli occhi. || FIG. [être enflammé] ardere; struggersi (v. pr.). || [désirer] smaniare; non veder l'ora. || LOC. *le torchon brûle*, c'è aria di burrasca in casa. || JEU *tu brûles!*, fuoco! ◆ v. pr. bruciarsi, scottarsi, ustionarsi. || PR. et FIG. *se brûler les ailes*, bruciarsi le ali.
brûlerie [brylri] f. [eau-de-vie] distilleria; [café] torrefazione.
brûleur [brylœr] m. TECHN. bruciatore. | *brûleur à gaz, à mazout*, bruciatore a gas, a nafta.
brûlis [bryli] m. AGR. debbio.
brûloir [brylwar] m. tostacaffè inv.; tostino (fam.).
brûlot [brylo] m. MAR. brulotto. || FIG. libello; giornale polemico.
brûlure [brylyr] f. bruciatura, scottatura, ustione. | *brûlures d'estomac*, bruciore (m. sing.) di stomaco.
brumaire [brymɛr] m. HIST. brumaio.
brumal, e, aux [brymal, o] adj. LITTÉR. brumale.
brume [brym] f. bruma, nebbia, foschìa; caligine (littér.). | *traînée de brume*, striscia di nebbia. | *les brumes du Nord*, le brume del Nord. || MAR. *banc de brume*, banco di nebbia. || FIG., LITTÉR. *être perdu dans les brumes*, vivere nelle nuvole (L.C.).
brumeux, euse [brymø, øz] adj. nebbioso, caliginoso; brumoso (littér.).
brun, e [brœ̃, bryn] adj. bruno, scuro. | *teint brun*, carnagione bruna. | *bière brune*, birra scura. | *tabac brun*, tabacco scuro. ◆ n. [personne] bruno. ◆ n. m. [couleur] bruno m. ◆ n. f. LITTÉR. *à la brune*, sull'imbrunire.
brunâtre [brynɑtr] adj. brunastro.
brunet, ette [brynɛ, ɛt] n. brunetto.
bruni [bryni] adj. abbrunito. || [bronzé] abbronzato. || TECHN. brunito.
brunir [brynir] v. tr. abbrunire. || [bronzer] abbronzare. || TECHN. brunire. ◆ v. intr. [devenir sombre] scurirsi; [devenir bronzé] abbronzarsi. ◆ v. pr. abbronzarsi.
brunissage [brynisaʒ] m. TECHN. brunitura f.
brunissoir [bryniswar] m. TECHN. brunitoio.
brunissure [brynisyr] f. TECHN. brunitura.
brusque [brysk] adj. brusco, improvviso, reciso. | *un départ brusque*, una partenza improvvisa. || [bourru] brusco. | *manières brusques*, modi bruschi.
brusqué, e [bryske] adj. improvviso, repentino. || MIL. *attaque brusquée*, attacco improvviso.
brusquer [bryske] v. tr. [hâter] affrettare, precipitare. | *ne pas brusquer les choses*, non precipitare le cose. || [rudoyer] maltrattare, strapazzare.
brusquerie [bryskəri] f. subitaneità. | *la brusquerie de l'attaque*, l'attacco improvviso. || [rudesse] sgarbatezza.
brut, e [bryt] adj. [non façonné] grezzo, greggio. | *laine, toile brute*, lana, tela grezza. | *diamant brut*, diamante grezzo. | *sucre, pétrole brut*, zucchero, petrolio greggio. || ÉCON. *poids, salaire brut*, peso, salario lordo. | *recette brute*, entrata lorda. || *(champagne) brut*, brut (fr.). || FIG. [non éduqué] rozzo, grezzo, bruto. | *force brute*, forza bruta. ◆ adv. *ce colis pèse brut 10 kilos*, il peso lordo di questo collo è di 10 chili.
brutal, e, aux [brytal, o] adj. brutale. || FIG. brutale, manesco. | *force brutale*, forza bruta. || [soudain] improvviso, repentino. ◆ n. m. bruto.
brutaliser [brytalize] v. tr. maltrattare, malmenare; trattare con brutalità.
brutalité [brytalite] f. brutalità. || [soudaineté] subitaneità, repentinità.
brute [bryt] f. bruto m. || [injure] *quelle (sombre) brute!*, che bestione!
bruxellois, e [brysɛlwa, az] adj. et n. brussellese.
bruyant, e [brɥijɑ̃, ɑ̃t] adj. [qui fait du bruit] rumoroso, chiassoso, fragoroso, strepitoso. | *rires bruyants*, risate rumorose. | *foule bruyante*, folla chiassosa. || [plein de bruit] rumoroso, chiassoso. | *rue bruyante*, strada rumorosa, chiassosa.
bruyère [bry-, brɥijɛr] f. erica, brugo (m.), scopa. || [terrain] brughiera. || *terre de bruyère*, terra di brughiera. | *pipe de bruyère*, pipa di radica (di scopa). | *coq de bruyère*, V. COQ.
buanderie [byɑ̃dri] f. lavanderia.
bubon [bybɔ̃] m. MÉD. bubbone.
bubonique [bybɔnik] adj. MÉD. bubbonico (m. pl. *bubbonici*).
buccal, e, aux [bykal, o] adj. boccale, orale. | *par voie buccale*, per via orale.
buccin [byksɛ̃] m. [trompette] buccina f. || ZOOL. buccina.
bucentaure [bysɑ̃tɔr] m. HIST. bucintoro.
bûche [byʃ] f. ceppo, ciocco m. || FIG. ciocco m., zuccone m. || CULIN. *bûche de Noël* = dolce natalizio

a forma di ceppo. ‖ FAM. *ramasser une bûche* = fare un capitombolo, un ruzzolone.
1. bûcher [byʃe] m. [local] legnaia f. ‖ [pour brûler les cadavres] rogo ; pira f. (littér.) ; [supplice] rogo.
2. bûcher v. tr. FAM. [travailler] = studiare con accanimento, prepararsi accanitamente a. ◆ v. intr. sgobbare.
bûcheron [byʃrɔ̃] m. boscaiolo ; taglialegna inv.
bûchette [byʃɛt] f. cepperello m.
bûcheur, euse [byʃœr, øz] n. FAM. sgobbone, a ; ARG. SCOL. secchia f.
bucolique [bykɔlik] adj. bucolico (m. pl. *bucolici*). ◆ n. f. POÉS. bucolica.
bucrane [bykran] m. ARCHIT. bucranio.
budget [bydʒɛ] m. bilancio (preventivo) ; budget (angl.). | *budget de l'État, familial*, bilancio dello Stato, familiare. | *budget de la publicité*, stanziamento, quota (f.) di bilancio per la pubblicità. | *inscrire au budget*, stanziare. | *équilibrer le budget*, pareggiare il bilancio.
budgétaire [bydʒetɛr] adj. del bilancio, finanziario ; budgetario (néol.). | *prévisions, recettes, ressources budgétaires*, previsioni, entrate, risorse di bilancio. | *contrôle budgétaire*, controllo del bilancio. | *collectif budgétaire*, V. COLLECTIF.
budgétivore [bydʒetivɔr] m. FAM., IRON. forchettone.
buée [bɥe] f. vapore m. | *vitre couverte de buée*, vetro appannato.
buffet [byfɛ] m. [armoire] credenza f. ; buffet, buffè (fr.). ‖ *buffet (de la gare)*, caffè-ristorante, buffet. ‖ [à une réception] buffet. | *buffet froid*, buffet freddo, tavola fredda. ‖ POP. *danser devant le buffet*, stare a stecchetto (fam.). ‖ MUS. *buffet d'orgue*, cassa (f.) dell'organo. ‖ POP. [estomac] *ne rien avoir dans le buffet*, essere a stomaco vuoto (L.C.).
buffle [byfl] m. ZOOL. bufalo.
buffleterie [byflətri, flɛtri] f. buffetterie pl.
bufflonne [byflɔn] f. ZOOL. bufala.
bugle [bygl] m. MUS. flicorno.
building [bildiŋ] m. edificio, fabbricato.
buis [bɥi] m. BOT. bosso.
buisson [bɥisɔ̃] m. cespuglio. | *buisson de roses*, cespo di rose. ‖ CULIN. *buisson d'écrevisses*, piramide (f.) di gamberi. ‖ RELIG. *buisson ardent*, roveto ardente. ‖ LOC. *battre les buissons*, V. BATTRE.
buissonneux, euse [bɥisɔnø, øz] adj. cespuglioso.
buissonnière [bɥisɔnjɛr] adj. f. *faire l'école buissonnière*, marinare, salare, bruciare, bigiare (septentr.) la scuola.
bulbe [bylb] m. ANAT., ARCHIT., BOT. bulbo. | *clocher à bulbe*, campanile a bulbo.
bulbeux, euse [bylbø, øz] adj. BOT., ANAT. bulboso.
bulbille [bylbij] f. BOT. bulbillo m.
bulgare [bylgar] adj. et n. bulgaro.
bullaire [bylɛr] m. bollario.
bulldozer [byldɔzɛr, zœr] ou **bouledozer** m. bulldozer (angl.) ; apripista inv.
bulle [byl] f. bolla. | *bulle de savon*, bolla di sapone. ‖ [clou] bulletta. ‖ MÉD. bolla. ‖ RELIG. bolla. | *bulle du pape*, bolla papale. ◆ adj. *papier bulle*, carta da imballaggio.
bulletin [byltɛ̃] m. [billet] bollettino, scheda f. | *bulletin de vote*, scheda elettorale. | *bulletin de la Bourse*, listino di Borsa. ‖ [publication] bollettino. | *bulletin officiel*, gazzetta ufficiale. | *bulletin financier, météorologique, médical, de guerre*, bollettino finanziario, meteorologico, medico, di guerra. ‖ [rapport] *bulletin de notes, d'écolier*, pagella f. ‖ [attestation] bolletta f., scontrino. | *bulletin de bagages*, scontrino dei bagagli. | *bulletin d'expédition*, bolletta di spedizione. | *bulletin de naissance*, fede (f.) di nascita. ‖ [article de journal] articolo di fondo. ‖ [titre de revue] bollettino, bullettino, notiziario.
bulleux, euse [bylø, øz] adj. bolloso.
bungalow [bœgalo] m. bungalow (angl.).
bupreste [byprɛst] m. ZOOL. bupreste.
buraliste [byralist] n. [postes] ricevitore, trice ; [tabac] tabaccaio.
1. bure [byr] f. [étoffe] bigello m. | *robe de bure*, saio m.
2. bure f. MIN. pozzo cieco.
bureau [byro] m. [table] scrivania f., scrittoio ; bureau (fr.). | *garniture de bureau*, accessori (m. pl.) da scrittoio. ‖ [pièce] studio. | *fournitures de bureau*, oggetti di cancelleria. ‖ ADM. ufficio. | *aller au bureau*, andare in ufficio. | *chef de bureau*, capufficio. | *garçon de bureau*, fattorino. ‖ [service] ufficio. | *bureau de poste*, ufficio postale. | *bureau de vote*, seggio elettorale. ‖ COMM. ufficio. | *bureau de tourisme*, ufficio turistico. | *bureau de tabac*, tabaccheria f. | *bureau de location*, botteghino. ‖ [comité] presidenza f., esecutivo. ‖ MIL. *le Deuxième Bureau*, il Servizio informazioni della difesa (SID).
bureaucrate [byrokrat] m. burocrate.
bureaucratie [byrokrasi] f. burocrazìa.
bureaucratique [byrokratik] adj. burocratico (m. pl. *burocratici*).
burette [byrɛt] f. [huilier] ampolla. ‖ CHIM. buretta. ‖ RELIG. ampollina. ‖ TECHN. oliatore m.
burgonde [byrgɔ̃d] adj. et n. burgundo.
burgrave [byrgrav] m. HIST. burgravio.
burin [byrɛ̃] m. bulino.
burinage [byrinaʒ] m. bulinatura f.
buriné, e [byrine] adj. *traits burinés*, lineamenti marcati. | *style buriné*, stile incisivo.
buriner [byrine] v. tr. bulinare.
burineur [byrinœr] m. bulinatore.
burlesque [byrlɛsk] adj. et n. burlesco.
burnous [byrnu(s)] m. burnus.
bus [bys] m. FAM. bus.
busard [byzar] m. ZOOL. albanella f.
busc [bysk] m. [de corset] stecca f.
1. buse [byz] f. ZOOL. poiana, bozzagro m., bozzago m. ‖ FIG., FAM. barbagianni m.
2. buse f. TECHN. condotto m. ; [machine thermique] ugello m.
busqué, e [byske] adj. arcuato. | *nez busqué*, naso aquilino, a becco di civetta.
busquer [byske] v. tr. munire di stecche. ‖ [courber] arcuare.
busserole [bysrɔl] f. BOT. uva orsina.
buste [byst] m. busto. | *portrait en buste*, busto ; ritratto a mezzo busto.
bustier [bystje] m. bustino.
but [by, byt] m. [point visé] scopo, meta f. | *toucher, manquer le but*, raggiungere, non conseguire lo scopo. | *placer un coup au but*, far centro, far segno. | *aller droit au but*, andare diritto alla meta. ‖ [intention] scopo, meta, fine f., intento. ‖ PSYCHAN. *but pulsionnel*, meta istintuale, pulsionale. ‖ SPORT [football] rete f., porta f. ; goal (angl.). | *tirer un but*, tirare in rete, in porta. | *marquer un but*, far rete ; segnare una rete, una porta, un goal. | *gardien de but*, portiere ; [boules] boccino, pallino. ◆ loc. adv. ***de but en blanc,*** di punto in bianco. ◆ loc. prép. ***dans le but de,*** allo scopo di.
butane [bytan] m. butano.
buté, e [byte] adj. caparbio, ostinato.
butée [byte] f. [de pont] coscia, spalla. ‖ TECHN. arresto m.
buter [byte] v. tr. [étayer] puntellare, rinfiancare. ‖ *buter qn*, far sì che uno s'impunti. ‖ ARG. [tuer] far fuori (pop.). ◆ v. intr. PR. et FIG. **(contre)** inciampare (in), incespicare (in), intoppare (in). ‖ SPORT calciare in porta. ◆ v. pr. [s'obstiner] impuntarsi, ostinarsi, incaponirsi.
buteur [bytœr] m. SPORT cannoniere.
butin [bytɛ̃] m. bottino. | *faire du butin*, far bottino. | *butin de guerre*, bottino di guerra. ‖ [produit d'un vol] refurtiva f., bottino. ‖ FIG. [acquisition] bottino.
butiner [bytine] v. intr. (littér.) far bottino, far preda (L.C.). ‖ *les abeilles butinent*, le api vanno di fiore in fiore.
butoir [bytwar] m. paraurti inv., fermacarro. | *butoir de pare-chocs*, oliva f.
butor [bytɔr] m. ZOOL. tarabuso. ‖ FIG. tanghero, zoticone.

1. butte [byt] f. [tertre] altura, rialto m. | *la Butte*, la collina di Montmartre. || MIL. *butte de tir*, parapalle m. inv. || MIN. puntello m.
2. butte f. LOC. *être en butte à*, essere fatto segno a.
butter [byte] v. tr. AGR. rincalzare.
buttoir [bytwar] ou **butteur** [bytœr] m. rincalzatore.
butyreux, euse [bytirø, øz] adj. butirroso.
butyrique [bytirik] adj. CHIM. butirrico.
butyromètre [bytirɔmɛtr] m. butirrometro.
buvable [byvabl] adj. bevibile. | *ampoule buvable*, fiala per via orale. || FIG., FAM. [supportable] potabile ; sopportabile, tollerabile (L.C.).
buvard [byvar] m. carta (f.) assorbente ; cartasuga f.
buvetier, ère [byvtje, ɛr] n. Vx barista (L.C.).
buvette [byvɛt] f. [de gare, de théâtre] bar m ; [d'établissements] buvette (fr.) ; [de quartier populaire] mescita, osteria ; [de station thermale] fonte termale.
buveur, euse [byvœr, øz] n. bevitore, trice.
byssus [bisys] m. ZOOL. bisso.
byzantin, e [bizɑ̃tɛ̃, in] adj. PR. et FIG. bizantino.

C

c [se] m. c (f. ou m.).
1. ça [sa] pron. dém. (ABRÉV. FAM. de ***cela***.) questo, ciò, quello (L.C.). | *donne-moi ça !*, dammelo ! | *c'est ça qui est agréable !*, questo sì che è piacevole ! ; [sans traduction] *ça va bientôt commencer*, sta per cominciare. | *ça sent l'essence*, c'è puzzo di benzina. | *qu'est-ce que ça peut bien te faire ?*, che te ne importa (a te) ? | *il y a plusieurs années de ça*, son trascorsi parecchi anni (da allora). | *tu l'as vu ? — qui çà ?*, l'hai visto ? — chi ? || LOC. *(comment) ça va ? — comme ci, comme ça*, come va ? — così così. | *ça y est*, eccoci, ci siamo. | *ça va, ça ira comme ça*, va bene così. | *comme ça, tu pars ?*, così, te ne vai ? | *il est haut comme ça*, è alto come un soldo di cacio. | *un homme (grand) comme ça*, un pezzo d'uomo. | *il faisait un nez comme ça*, restò con un palmo di naso. | *un film comme ça !*, un film sensazionale ! | *un type comme ça !*, un tipo in gamba, formidabile ! || *ça va, j'ai compris*, eh sì, va be', ho capito. | *il ne manquait plus que ça*, non ci mancava altro. | *c'est toujours ça*, è già qualcosa. | *c'est toujours ça de gagné*, tanto di guadagnato. | *pas de ça !*, questo poi no ! | *rien que ça !*, nientemeno ! | *ça alors !*, questa poi ! | *et avec ça, madame ?*, V. AVEC. || PÉJOR. *et ça ose dire le contraire ?*, e costui, costei pretende dire il contrario ? | *et ça se croit intelligent !*, costui, costei si crede intelligente !
2. ça m. PSYCHAN. es (all.).
çà [sa] adv. qui, qua. | *çà et là*, qua e là. | *courir çà et là*, correre in su e in giù, di qua e di là. | *écouter çà et là*, origliare, curiosare di qua e di là. || Vx *venez çà*, venite qua (L.C.). ◆ interj. *ah ! çà, répondras-tu ?*, risponderai, sì o no ? | *ah ! çà, que veux-tu dire ?*, ma insomma, che vuoi dire ?
cab [kab] m. (angl.) cab inv.
cabale [kabal] f. RELIG. cabala. || [science occulte] cabala. || [intrigue] cabala, imbroglio m., intrigo m., macchinazione, raggiro m. | *monter une cabale*, ordire una cabala. || [coterie] cricca, combriccola.
cabaler [kabale] v. intr. LITTÉR. tramare, macchinare (L.C.).
cabalette [kabalɛt] f. MUS. cabaletta.
cabaliste [kabalist] n. cabalista.
cabalistique [kabalistik] adj. cabalistico.
caban [kabɑ̃] m. giaccone, giacca (f.) a vento.
cabane [kaban] f. capanna. | *cabane de berger*, baita (septentr.). | *cabane de chasseur*, capanno m. | *cabane à lapins*, conigliera (pr.) ; topaia (fig.). || FIG. [masure] tugurio m., topaia. || POP. [prison] gattabuia. || [sériciculture] bosco m.
cabanon [kabanɔ̃] m. capannuccia f. || [en Provence] casetta (f.) di campagna. || Vx [prison] cella f., segreta f. || FAM. [asile d'aliénés] cella d'isolamento (L.C.). | *flanquer au cabanon*, spedire al manicomio (L.C.). | *il est bon pour le cabanon*, è matto da legare.
cabaret [kabarɛ] m. taverna f., osteria f., bettola f. ; mescita f. (tosc.). || *cabaret borgne*, bettolaccia f. || FAM. *c'est un pilier de cabaret* = pianta le tende all'osteria. || [établissement de spectacle] cabaret (fr.).
cabaretier, ère [kabartje, ɛr] n. oste, ostessa ; taverniere m. (littér.).
cabas [kaba] m. sporta f., cesto, paniere.
cabestan [kabɛstɑ̃] m. argano ; [dans une gare] cabestano.
cabillaud [kabijo] m. ZOOL. [églefin] eglefino. | [morue fraîche] merluzzo.
cabillot [kabijo] m. MAR. caviglia f. (per fissare i cordami).
cabine [kabin] f. MAR. cabina ; [sur un bateau de guerre] camerino m. || *cabine de bain*, cabina, capanno m. | *cabine d'essayage*, stanza di prova. | *cabine de déshabillage*, spogliatoio m. | *cabine téléphonique*, cabina telefonica. | *cabine (de pilotage)*, cabina (di pilotaggio). || *cabine d'aiguillage*, posto (m.), cabina di blocco, di manovra.
cabinet [kabinɛ] m. [pièce] stanzino. | *cabinet de débarras*, ripostiglio, sgabuzzino. | *cabinet de toilette*, gabinetto di toeletta. || [restaurant] salottino riservato ; réservé (fr.). || [bureau] *cabinet (de travail)*, studio, gabinetto ; scrittoio (tosc.). | *cabinet d'affaires*, studio commerciale. | *cabinet médical, dentaire*, gabinetto medico, dentistico. | *cabinet de lecture*, gabinetto di lettura. || [clientèle] *cet avocat a un bon cabinet*, quell'avvocato ha una buona clientela, uno studio ben avviato. || [ministres] gabinetto, ministero. | *attaché de cabinet*, addetto ministeriale. || [collections] gabinetto. || *cabinet des Médailles*, gabinetto delle Medaglie. || Vx [meuble] stipo (L.C.). ◆ pl. [lieux d'aisances] gabinetto ; ritirata f., cesso (pop.). | *aller aux cabinets*, andare al gabinetto.
câblage [kablaʒ] m. torcitura f. || ÉLECTR. cablaggio.
câble [kabl] m. cavo ; fune f., gomena f. ; [en chanvre] canapo ; [en fibres végétales] cima f. || ARCHIT. cordone. || ÉLECTR., TÉLÉCOMM. cavo. | *câble coaxial, sous-marin*, cavo coassiale, sottomarino. | *câble hertzien*, cavo hertziano ; ponte-radio (pl. *ponti-radio*). || [message] cablogramma, cablo. || MAR. cavo, gomena. | *câble d'amarrage, de remorque*, cavo d'amarraggio, da rimorchio ; [navigation fluviale] alzaia f. | *filer, mouiller un câble*, allentare un cavo.
câblé, e [kable] adj. et n. m. TEXT. ritorto.

câbler [kɑble] v. tr. TECHN. intrecciare. ‖ TÉLÉCOM. cablare, cablografare.
câblerie [kɑbləri] f. fabbrica di cavi, corderia.
câblier [kɑblije] m. fabbricante di cavi. ‖ [navire] posacavi f. inv.
câblogramme [kɑblɔgram] m. cablogramma, cablo.
cabochard, e [kabɔʃar, ard] adj. FAM. cocciuto; testardo, caparbio (L.C.). ◆ n. zuccone, a.
caboche [kabɔʃ] f. FAM. testone m., zucca. | *avoir la caboche dure*, essere uno zuccone. ‖ [clou] bulletta.
cabochon [kabɔʃɔ̃] m. (pierre précieuse) cabochon (fr.). | *émeraude en cabochon*, smeraldo a capocchia. ‖ [clou] borchia f.
cabosse [kabɔs] f. BOT. = baccello (m.) del cacao.
cabosser [kabɔse] v. tr. ammaccare, acciaccare.
1. cabot [kabo] m. ARG. [chien] cane (L.C.).
2. cabot m. ARG. MIL. caporale (L.C.).
3. cabot m. PÉJOR. V. CABOTIN.
cabotage [kabɔtaʒ] m. MAR. cabotaggio.
caboter [kabɔte] v. intr. MAR. cabotare, costeggiare.
caboteur [kabɔtœr] adj. et n. m. [navire] cabotiero; [marin] cabotiere.
cabotin, e [kabɔtɛ̃, in] n. ou **cabot** m. PÉJOR. [acteur] guitto, cane (m.); gigione, a. ‖ FIG., FAM. *faire le cabotin*, fare il buffone, l'istrione.
cabotinage [kabɔtinaʒ] m. PÉJOR. istrionismo, guitteria f.
cabotiner [kabɔtine] v. intr. PÉJOR. fare il buffone, l'istrione, il commediante.
caboulot [kabulo] m. POP. bettola f.
cabrage [kabraʒ] m. AÉR. (l')impennarsi; cabrata f. (gall.).
cabrer [kabre] v. tr. *cabrer un cheval*, far impennarsi un cavallo. ‖ AÉR. impennare; cabrare (gall.). ‖ FIG. *cabrer le fils contre le père*, aizzare il figlio contro il padre. ◆ v. pr. [cheval] impennarsi, inalberarsi. ‖ FIG. [se révolter] inalberarsi, ribellarsi. | *se cabrer contre un projet*, inalberarsi contro un progetto. ‖ [s'emporter] impennarsi, inalberarsi, adirarsi, stizzirsi; andare in collera. ‖ AÉR. cabrare v. intr.; impennarsi.
cabri [kabri] m. ZOOL. capretto.
cabriole [kabrijɔl] f. capriola. | *faire des cabrioles*, far capriole. ‖ [culbute] capitombolo m.
cabrioler [kabrijɔle] v. intr. far capriole.
cabriolet [kabrijɔlɛ] m. cabriolet (fr.), calessino. ‖ AUTOM. cabriolet; auto decappottabile.
cabus [kaby] m. BOT. cavolo cappuccio.
caca [kaka] m. POP. cacca f. | *faire caca*, far la cacca. ‖ [saleté] cacca. ‖ [couleur] *caca d'oie*, giallo zampa d'oca, giallo verdognolo.
cacaber [kakabe] v. intr. squittire, stridere.
cacahouète ou **cacahuète** [kakawɛt] f. BOT. nocciolina americana; arachide, spagnoletta; bagigi m. pl. (vénit., fam.).
cacao [kakao] m. BOT. [graine] baccello, seme del cacao. ‖ [poudre] cacao.
cacaoyer [kakaɔje] ou **cacaotier** [kakaɔtje] m. BOT. cacao.
cacarder [kakarde] v. intr. schiamazzare.
cacatoès [kakatɔɛs] m. ZOOL. cacatua inv., cacatoa inv.
cacatois [kakatwa] m. MAR. *les cacatois*, i controvelacci. | *grand cacatois*, controvelaccio. | *petit cacatois*, controvelaccino. | *cacatois de perruche*, controbelvedere.
cachalot [kaʃalo] m. ZOOL. capidoglio, capodoglio.
cache [kaʃ] f. nascondiglio m. ◆ m. PHOT. maschera f.
cache-cache [kaʃkaʃ] m. inv. JEU rimpiattino, nascondino; nascondarella f., nascondarello (rom.).
cache-col [kaʃkɔl] m. inv. sciarpa f. (da collo).
cache-corset [kaʃkɔrsɛ] m. inv. copribusto.
cachectique [kaʃɛktik] adj. et n. MÉD. cachettico.
cache-flamme [kaʃflam] m. inv. coprifiamma, parafiamma.
cachemire [kaʃmir] m. TEXT. cachemire (fr.), casimir; casimira f. ‖ [châle] = scialle (m.) di cachemire.
cache-misère [kaʃmizɛr] m. inv. FAM. coprimiserie.
cache-nez [kaʃne] m. inv. sciarpa f.
cache-pot [kaʃpo] m. inv. portavasi.
cache-poussière [kaʃpusjɛr] m. inv. spolverina f.
cacher [kaʃe] v. tr. nascondere, occultare, celare, dissimulare. | *le sens caché de qch.*, il senso recondito di qlco. ‖ [renfermer] *cette grotte cache un trésor*, questa caverna racchiude, contiene un tesoro. ‖ FIG. *cacher son jeu*, non scoprire il proprio gioco, dissimulare le proprie intenzioni. | *ne pas cacher son jeu*, giocare a carte scoperte, mettere le carte in tavola. | *cacher son nom*, tacere il proprio nome. | *je ne te cache pas que*, non ti nascondo che. | *les arbres cachent la forêt*, V. ARBRE. ◆ v. pr. nascondersi, dissimularsi, celarsi. | *se cacher de qn*, agire di nascosto da qlcu. | *elle s'en est cachée*, ha tenuto la cosa segreta, nascosta. | *elle ne s'en est pas cachée*, essa lo ha ammesso, non l'ha nascosto. | *sans se cacher*, a viso aperto. | *en se cachant*, di nascosto, di soppiatto.
cache-radiateur [kaʃradjatœr] m. inv. copritermosifone.
cachère adj. V. KASCHER.
cache-sexe [kaʃsɛks] m. inv. cache-sexe (fr.); triangolino m., slippino m.
cachet [kaʃɛ] m. [sceau] sigillo, bollo, timbro; suggello (littér.). | *cachet monté en bague*, sigillo incastonato. | *apposer son cachet*, apporre il proprio sigillo. | *fermer une enveloppe par un cachet de cire*, sigillare una busta con la ceralacca. ‖ FIG. *avoir un cachet sur la bouche*, non fiatare; aver le labbra cucite. ‖ HIST. *lettre de cachet*, lettera di sigillo; lettre de cachet (fr.); = ordine regio d'arresto. ‖ [tampon; timbre] *cachet de la poste*, timbro postale. | *cachet d'un fabricant*, marchio d'un fabbricante. ‖ FIG. impronta f., stile. | *le cachet d'une époque, d'un style*, l'impronta di un'epoca, di uno stile. | *cette maison a du cachet*, questa casa ha (dello) stile. ‖ [rétribution] cachet (fr.); compenso. | *travailler au cachet*, lavorare a cachet. ‖ FAM. *courir le cachet* = vivacchiare di ripetizioni. ‖ PHARM. cachet; cialdino, capsula f.
cachetage [kaʃtaʒ] m. sigillatura f.
cache-tampon [kaʃtɑ̃pɔ̃] m. inv. JEU caccia (f.) al tesoro.
cacheter [kaʃte] v. tr. sigillare, suggellare. | *cire à cacheter*, V. CIRE. | *cacheter une bouteille*, sigillare una bottiglia. | *cacheter une lettre*, chiudere una lettera.
cachette [kaʃɛt] f. nascondiglio m. ◆ loc. adv. ***en cachette***, di nascosto, di soppiatto; alla chetichella (fam.). | *rire en cachette*, ridere sotto i baffi. ◆ loc. prép. ***en cachette de*** : *faire qch. en cachette de qn*, far qlco di nascosto a qlcu.
cachexie [kaʃɛksi] f. MÉD. cachessia.
cachot [kaʃo] m. segreta f. ‖ [prison] prigione f.; gattabuia f. (fam.).
cachotterie [kaʃɔtri] f. FAM. segretuccio m.; piccolo mistero. | *faire des cachotteries*, far il misterioso.
cachottier, ère [kaʃɔtje, ɛr] adj. FAM. misterioso. ◆ n. misterioso; soppiattone, a. | *faire le cachottier*, fare il misterioso, fare misteri (per cose di poco conto).
cachou [kaʃu] m. cacciù, casciù, catecù, cat(t)ù. ◆ adj. inv. = di color bruno (come il cacciù).
cacique [kasik] m. [chef indien] cacic(c)o. ‖ ARG. UNIV. = chi risulta primo a un concorso. ‖ FAM., PÉJOR. capoccia.
cacochyme [kakɔʃim] adj. = malaticcio, debole, decrepito. | *vieillard cacochyme*, vecchio decrepito. ‖ [d'humeur bizarre] bisbetico, lunatico.
cacodylate [kakɔdilat] m. CHIM. cacodilato.
cacographie [kakɔgrafi] f. cacografia.
cacophonie [kakɔfɔni] f. cacofonia.
cacophonique [kakɔfɔnik] adj. cacofonico.
cactées [kakte] ou **cactacées** [kaktase] f. pl. BOT. cactacee.
cactus [kaktys] m. BOT. cactus, cacto.
cadastral, e, aux [kadastral, o] adj. catastale. | *plan, registre cadastral*, mappa (f.), libro catastale. | *revenu cadastral* = reddito catastale, dominicale, padronale.
cadastre [kadastr] m. catasto. | *bureau du cadastre*, ufficio del catasto.

cadastrer [kadastre] v. tr. accatastare ; segnare, mettere a catasto.
cadavéreux, euse [kadaverø, øz] adj. cereo, cadaverico. | *teint cadavéreux*, viso cadaverico.
cadavérique [kadaverik] adj. *pâleur cadavérique*, pallore cadaverico. | *rigidité cadavérique*, rigidità cadaverica.
cadavre [kadavr] m. cadavere. || Fig., fam. *c'est un cadavre ambulant*, è un cadavere ambulante, un morto che cammina. | *il y a un cadavre entre eux*, sono legati da un delitto comune. || Fam. [bouteille vide] = bottiglia vuota.
caddie [kadi] m. [golf] caddie (angl.).
cade [kad] m. Bot. ginepro rosso. || Pharm. *huile de cade*, olio di cade.
cadeau [kado] m. regalo, dono, presente. | *faire cadeau de qch. à qn*, regalar qlco. à qlcu.
cadenas [kadna] m. lucchetto. | *cadenas à combinaison*, lucchetto a cifra. || Jur. *loi du cadenas*, decreto catenaccio.
cadenasser [kadnase] v. tr. = chiudere con un lucchetto ; [verrouiller] = chiudere con tanto di paletto, a doppia mandata. ◆ v. pr. Fig. *se cadenasser chez soi*, tapparsi in casa.
cadence [kadɑ̃s] f. cadenza, misura, tempo m. | *cadence de marche*, tempo di marcia. | *marquer la cadence*, segnare il tempo. || Mus., Poés., Rhét. cadenza. || [rythme] ritmo m., scansione. | *la cadence des marteaux*, il ritmo dei martelli. ◆ loc. adv. ***en cadence***, in cadenza. | *marcher en cadence*, marciare a passo cadenzato. | *on entendait les rames frapper l'eau en cadence*, si sentiva il tuffo cadenzato dei remi.
cadencer [kadɑ̃se] v. tr. [régler] cadenzare, ritmare. | *cadencer son pas*, ritmare il proprio passo. || Poés., Rhét. scandire, cadenzare. | *cadencer ses phrases, des vers*, scandire le proprie frasi, dei versi.
cadet, ette [kadɛ, ɛt] adj. et n. cadetto ; [né le second, le troisième] secondogenito, terzogenito ; [né le dernier] ultimogenito, minore. | *il est mon cadet*, è più giovane di me. || Fam. *c'est le cadet de mes soucis*, è l'ultimo dei miei pensieri (l.c.). || Mil. cadetto. || Sport allievo (fra i quindici e i diciassette anni) ; junior (pl. *juniores*).
cadi [kadi] m. cadì.
cadmie [kadmi] f. Métall. cadmia.
cadmium [kadmjɔm] m. Chim. cadmio.
cadogan m. V. catogan.
cadrage [kadraʒ] m. inquadratura f.
cadran [kadrɑ̃] m. quadrante. | *cadran solaire*, meridiana f. | *cadran d'une montre, d'une boussole*, quadrante di un orologio, di una bussola. | *cadran (d'un appareil de radio)*, scala (f.) parlante, sintogramma m. (di una radio). || [téléphone] *cadran d'appel*, disco combinatore. || Fig., fam. *faire le tour du cadran* = dormire dodici ore d'un fiato, dodici ore filate.
cadrat [kadra] m. Typ. quadrato.
cadrature [kadratyr] f. rotismo m.
cadre [kadr] m. **1.** [bordure] cornice f. || **2.** Fig. cornice, corona f. | *cadre de verdure*, cornice di verde. | *cadre de collines*, cornice, corona di colli. || [décor] *vivre dans un cadre agréable*, vivere in un ambiente piacevole. || [contexte] *situer un mouvement dans le cadre historique d'une époque*, inquadrare un movimento nella storia di un'epoca. | *s'imposer un cadre de vie rigide*, imporsi un regime di vita severo. | *dans le cadre du Marché commun, de nos recherches, de nos attributions*, nell'ambito del Mercato comune, delle nostre ricerche, delle nostre attribuzioni. || [plan] *le cadre d'un ouvrage*, il disegno, lo schema d'un libro. || **3.** Techn. intelaiatura f., telaio. | *cadre de coffrage*, telaio d'armatura. | *cadre d'une galerie de mine*, puntellatura (f.), armatura (f.) di una galleria di miniera. | *cadre de déménagement*, cassa (f.) mobile ; intelaiatura. | *cadre d'emballage*, cassa da imballaggio. | *cadre de bicyclette*, telaio di bicicletta. || Agr. *cadre d'une ruche*, telaio d'un alveare. || Rad. antenna (f.) a telaio. || Mar. [couchette] branda f. || **4.** Mil. quadro. | *former des cadres*, addestrare dei quadri. | *officiers du cadre de réserve*, ufficiali di complemento. || [dirigeant, responsable] dirigente ; quadro (néol.). | *les cadres du parti*, i quadri del partito. | *conférence de cadres*, riunione di dirigenti, di quadri. || [personnel] *rayer des cadres*, radiare dai ruoli. || Adm. [catégorie] *le cadre des préfets*, la classe dei prefetti. | *hors cadre*, fuori classe.
cadrer [kadre] v. tr. inquadrare. ◆ v. intr. *cadrer avec qch.*, quadrare con, confarsi a qlco. | *cadrer avec la réalité*, corrispondere, adeguarsi alla realtà.
cadreur [kadrœr] m. Cin. operatore.
caduc, caduque [kadyk] adj. caduco. || Bot. *feuilles caduques*, foglie caduche. || Jur. caduco ; privo di effetti, senza effetti. || Méd. *mal caduc*, mal caduco. ◆ n. f. Anat. caduca.
caducée [kadyse] m. caduceo.
caducité [kadysite] f. caducità.
cæcal, e, aux [sekal, o] adj. Anat. c(i)ecale.
cæcum [sekɔm] m. Anat. intestino cieco.
cæsium ou **césium** [sezjɔm] m. Chim. cesio.
1. cafard, e [kafar, ard] adj. [hypocrite] ipocrita. | *air cafard*, aria ipocrita. ◆ n. [faux dévot] ipocrita, bigotto ; bacchettone, a ; baciapile inv. || Fam. [mouchard] spione, spia f. (l.c.).
2. cafard m. Zool. blatta f., scarafaggio. || Fig., fam. *avoir le cafard*, esser giù di corda.
cafardage [kafardaʒ] m. [mouchardage] spiata f., delazione f.
cafarder [kafarde] v. intr. Fam. = far la spia. ◆ v. tr. denunciare (l.c.).
cafardeux, euse [kafardø, øz] adj. Fam. [qui a le cafard] = giù (di morale), abbacchiato ; depresso, avvilito (l.c.) ; [qui donne le cafard] avvilente, deprimente (l.c.).
café [kafe] m. Bot. caffè inv. | *café vert, en grains*, caffè crudo, in chicchi. | *café grillé*, caffè tostato, torrefatto, abbrustolito. | *café en poudre, moulu*, caffè in polvere, macinato. || Comm. *marché du café*, mercato caffeario. || [boisson] caffè. | *tasse à, de café*, tazza da, di caffè. | *café express*, (caffè) espresso. | *café nature, noir*, caffè liscio, nero. | *café au lait*, caffellatte inv. ; [avec peu de lait] caffè macchiato. | *café crème*, cappuccino. | *café décaféiné*, caffè senza caffeina, caffè decaffeinizzato. || Fam. *c'est un peu fort de café*, quest'è un po'grossa ; questa poi... || [local] caffè, locale. | *garçon de café*, cameriere. | *café-chantant*, v. chantant. ◆ adj. inv. (color) caffè ; marrone. | *robe café-au-lait*, vestito caffellatte.
café-concert [kafekɔ̃sɛr] m. caffè notturno ; caffè concerto inv.
caféier [kafeje] m. Bot. (pianta del) caffè.
caféine [kafein] f. caffeina.
cafetan [kaftɑ̃] m. caffettano.
cafetier [kaftje] m. caffettiere.
cafetière [kaftjɛr] f. [appareil] caffettiera, macchinetta (del caffè) ; [récipient] caffettiera, bricco m. || Pop. [tête] zucca (fam.).
cafouillage [kafujaʒ] ou **cafouillis** [kafuji] m. Fam. guazzabuglio ; confusione f., disordine, accozzaglia f. (l.c.). | *quel cafouillage !*, che pasticcio !, che guazzabuglio !
cafouiller [kafuje] v. intr. Pop. annaspare, pasticciare ; arrabattarsi (v. pr.). || Méc. = funzionare male. | *le moteur cafouille*, il motore annaspa.
cafre [kafr] adj. et n. cafro.
cage [kaʒ] f. gabbia. | *cage à poules*, stia. | *cage à lapins*, conigliera (pr.) ; Fig., fam. = appartamentino m. | *mettre en cage*, mettere in gabbia, ingabbiare. || Fig., fam. [prison] gabbia, gattabuia. || Anat. *cage thoracique*, gabbia, cassa toracica. || Archit. *cage d'escalier*, tromba, pozzo (m.) delle scale. | *cage d'ascenseur*, gabbia dell'ascensore. || Électr. *cage de Faraday*, gabbia di Faraday. || Mar. [hune] gabbia, coffa. || Méc. gabbia. | *cage de l'hélice*, gabbia dell'elica. || Min. *cage d'extraction*, gabbia di estrazione.
cagée [kaʒe] f. gabbiata.
cageot [kaʒo] m. [pour volaille] stia f. ; [pour fruits, légumes] cassetta f., corba f.

cagerotte [kaʒrɔt] f. TECHN. = forma di vimini (per la stagionatura dei formaggi).
cagibi [kaʒibi] m. FAM. bugigattolo, sgabuzzino, stambugio.
cagna [kaɲa] f. ARG. MIL. ricovero m., rifugio m. ‖ POP. [maison] casupola, stamberga.
cagnard, e [kaɲar, ard] adj. et n. FAM. [paresseux] fannullone, a.
cagne ou **khâgne** [kɑɲ] f. ARG. UNIV. = classe preparatoria al concorso d'ammissione alla Scuola normale superiore (lettere).
1. cagneux, euse [kaɲø, øz] adj. et n. storto, varo. | *genoux cagneux*, ginocchio varo. | *cheval cagneux*, cavallo cagnolo.
2. cagneux, euse ou **khâgneux, euse** adj. et n. ARG. UNIV. = studente, studentessa di classe preparatoria alla Scuola normale superiore (lettere).
cagnotte [kaɲɔt] f. [caisse commune] = salvadanaio (dove si raccolgono le somme dovute dai membri di un gruppo); [somme recueillie] = somma contenuta nel salvadanaio. ‖ FAM. *manger la cagnotte* = fare un pranzo col denaro comune (pr.); arraffare e spendere il denaro di un gruppo (fig.).
cagot, e [kago, ɔt] adj. bigotto. ◆ n. baciapile inv., bacchettone, a.
cagoulard [kagular] m. HIST. cagoulard (fr.).
cagoule [kagul] f. [manteau de moine] cocolla. ‖ [capuchon] buffa. ‖ HIST. Cagoule (fr.).
cahier [kaje] m. quaderno. | *cahier de brouillon*, quaderno di brutta (copia). | *cahier de textes* : [de la classe] diario di classe ; [de l'élève] diario scolastico. ‖ JUR. *cahier des charges*, capitolato d'appalto, d'oneri. ‖ TYP. fascicolo, dispensa f., foglio. | *publication par cahiers*, pubblicazione a fascicoli, a dispense. ◆ pl. HIST. LITT. diario (sing.), memorie (f. pl.). ‖ HIST. *Cahiers du clergé*, Atti ecclesiastici.
cahin-caha [kaɛ̃kaa] loc. adv. alla (meno) peggio. | *avancer cahin-caha*, arrancare ; trascinarsi a stento, a fatica. | *sa santé va cahin-caha*, la sua salute va così così.
cahot [kao] m. sobbalzo, scossa f., sballottamento. | *il se réveillait au moindre cahot*, si svegliava al minimo sobbalzo. ‖ FIG. ostacolo, difficoltà f. | *les cahots de l'existence*, le difficoltà della vita.
cahotant, e [kaɔtɑ̃, ɑ̃t] adj. traballante ; = che fa traballare.
cahotement [kaɔtmɑ̃] m. sballottamento, traballìo. | *le cahotement du chariot*, il traballìo del carro. | *le cahotement du train*, le scosse del treno.
cahoter [kaɔte] v. tr. far traballare, far trabalzare ; sballottare. ‖ FIG. *la vie l'a cahoté*, la vita l'ha strapazzato. ◆ v. intr. traballare, sobbalzare. | *le carrosse cahote*, la carrozza traballa.
cahoteux, euse [kaɔtø, øz] adj. ineguale, accidentato.
cahute [kayt] f. capannuccia, casupola.
caïd [kaid] m. caid inv. ‖ POP. caporione, capoccia. | *les caïds de la pègre*, i caporioni della malavita. | *ne fais pas le, ne joue pas au caïd*, non fare il bullo.
caïeu ou **cayeu** [kajø] m. BOT. bulbillo.
caillage [kajaʒ] ou **caillement** [kajmɑ̃] m. accagliatura f., cagliatura f., coagulamento.
caillasse [kajas] f. GÉOL. breccia. ‖ FAM. [cailloux] brecciame m. (L.C.).
caille [kaj] f. ZOOL. quaglia. ‖ FAM. *gras comme une caille*, grasso come un tordo.
caillé [kaje] m. latte cagliato ; cagliolo ; cagliata f.
caillebotis [kajbɔti] m. MAR. carabottino. ‖ MIL. graticcio. ‖ [treillis] graticcio.
caillebotte [kajbɔt] f. cagliata.
caille-lait [kajlɛ] m. inv. BOT. caglio ; erba zolfina.
caillement m. V. CAILLAGE.
cailler [kaje] v. tr. coagulare, far cagliare. | *la présure caille le lait*, il presame fa cagliare il latte. | *lait caillé*, latte cagliato, rappreso. | *sang caillé*, sangue coagulato, aggrumato. ◆ v. intr. cagliare, rapprendere. | *le lait caille*, il latte caglia, rapprende. | *le sang caille*, il sangue si coagula. ‖ FIG., POP. *on caille ici !*, qui si gela ! (L.C.). ◆ v. pr. cagliare, coagularsi, rapprendersi ; rappigliarsi (rare) ; [sang] aggrumarsi.
cailletage [kajtaʒ] m. Vx chiacchiera f., ciarla f., cicaleccio, ciancia f. (L.C.).
cailleter [kajte] v. intr. Vx chiacchierare, ciarlare, cianciare (L.C.).
1. caillette [kajɛt] f. Vx ciarlone, a ; chiacchierone, a ; pettegolo, a (L.C.).
2. caillette f. ANAT. abomaso m., caglio m.
caillot [kajo] m. grumo, coagulo.
caillou [kaju] m. ciottolo, sasso. | *casser des cailloux*, spaccar sassi. ‖ FAM. [diamant] pietra preziosa, gemma f., diamante (L.C.). ‖ FIG., POP. [tête] zucca f. | *n'avoir plus un poil sur le caillou*, V. POIL.
cailloutage [kajutaʒ] m. [action] (l')acciottolare ; acciottolatura f. ‖ [passage de cailloux] acciottolato.
caillouter [kajute] v. tr. acciottolare.
caillouteux, euse [kajutø, øz] adj. ciottoloso, sassoso.
cailloutis [kajuti] m. pietrisco, ghiaia f., breccia f., brecciame.
caïman [kaimɑ̃] m. ZOOL. caimano. ‖ ARG. UNIV. = giovane laureato incaricato di esercitazioni alla Scuola normale superiore.
caïque [kaik] m. MAR. caicco.
caisse [kɛs] f. cassa. | *caisse d'emballage*, cassa d'imballaggio. | *caisse à outils*, cassetta degli attrezzi. | *caisse à fleurs*, cassetta da fiori. ‖ ANAT. *caisse du tympan*, cassa del timpano. ‖ AUTOM. cassa, scocca. ‖ CH. DE F. cassa. ‖ COMM., FIN. cassa. | *caisse enregistreuse*, registratore (m.) di cassa. | *pièce, bordereau de caisse*, documento, nota di cassa. | *tenir la caisse*, tener la cassa. | *faire la caisse*, fare i conti (di cassa). | *déficit de caisse*, ammanco, vuoto di cassa. | *excédent de caisse*, eccedenza di cassa. | *garçon de caisse*, commesso di cassa. | *tenir la caisse*, tenere la cassa. | *passez à la caisse*, si accomodi alla cassa. | *caisse noire* = fondi segreti. ‖ MAR. *caisse à eau*, serbatoio (m.) d'acqua ; tanca. | *caisse d'un mât*, maschio (m.) d'un albero. ‖ MIL. *caisse à munitions*, cofano m. ‖ MUS. cassa. | *grosse caisse*, grancassa. ‖ PHYS. *caisse catoptrique*, cassa catottrica. ‖ TECHN. *caisse de poulie, d'horlogerie*, cassa di carrucola, dell'orologio. ‖ FIG., POP. *s'en aller de la caisse*, esser tisico (L.C.). ‖ [organisme, établissement] *caisse d'assurances*, cassa assicurazioni. | *caisse d'épargne*, cassa di risparmio. | *Caisse des dépôts et consignations*, Cassa depositi e prestiti.
caisserie [kɛsri] f. fabbrica di casse.
caissette [kɛsɛt] f. cassetta.
caissier, ère [kesje, ɛr] n. cassiere, a.
caisson [kɛsɔ̃] m. cassone. ‖ ARCHIT. cassettone, formella f. | *plafond à caissons*, soffitto a cassettoni ; lacunare. ‖ MIL. [voiture] cassone. ‖ TECHN. cassone ; campana subacquea. | *caisson à air comprimé*, campana pneumatica, cassone ad aria compressa. ‖ FIG., POP. *se faire sauter le caisson*, bruciarsi le cervella (L.C.).
cajoler [kaʒɔle] v. intr. ZOOL. stridere. ◆ v. tr. [câliner] vezzeggiare, coccolare, accarezzare. ‖ [flatter] adulare, lusingare ; piaggiare (littér.).
cajolerie [kaʒɔlri] f. [caresse] carezza, vezzo m., moina. ‖ [flatterie] lusinga ; piaggeria (littér.).
cajoleur, euse [kaʒɔlœr, øz] adj. carezzevole. ‖ [flatteur] adulatore, trice. ◆ n. adulatore, trice. ‖ Vx [galant] corteggiatore, spasimante m.
cajou [kaʒu] m. BOT. anacardio, acagiù. | *noix de cajou*, noce di acagiù.
cake [kɛk] m. cake, plum-cake (angl.).
cal [kal] m. callo.
calabrais, e [kalabrɛ, ɛz] adj. et n. calabrese.
caladium [kaladjɔm] m. BOT. calla f., colocasia f.
1. calage [kalaʒ] m. MAR. *le calage des mâts* = l'abbassare gli alberi. ‖ AUTOM. *le calage du moteur*, il bloccarsi, l'arresto del motore ; il bloccare il motore.
2. calage m. [par cale] inzeppamento, inzeppatura f. ; [par clavette] imbiettatura f. ; [par étais] puntellatura f. ‖ AÉR. *calage d'une hélice* = angolo che fa una pala col mozzo dell'elica. ‖ CH. DE F. *calage des*

lames d'aiguilles, assicurazione degli aghi dello scambio. ‖ ÉLECTR. *calage d'une magnéto*, messa in fase di un magnete. | *(angle de) calage des balais*, posizione angolare delle spazzole.
calaison [kalɛzɔ̃] f. MAR. pescaggio m., pescagione.
calame [kalam] m. calamo.
calaminage [kalaminaʒ] m. incrostazione f.
calamine [kalamin] f. MINÉR. calamina. ‖ [résidu] calamina, deposito m.
calaminer (se) [səkalamine] v. pr. incrostarsi di calamina.
calamistré, e [kalamistre] adj. VX *cheveux calamistrés*, capelli calamistrati.
calamite [kalamit] f. MINÉR. calamita.
calamité [kalamite] f. calamità.
calamiteux, euse [kalamitø, øz] adj. LITTÉR. calamitoso.
calandrage [kalɑ̃draʒ] m. TECHN. [tissu] manganatura f. ; [papier ; tissu] calandratura f., cilindratura f.
1. calandre [kalɑ̃dr] f. ZOOL. calandra.
2. calandre f. TECHN. calandra, mangano m. ‖ AUTOM. calandra, mascherina.
calandrer [kalɑ̃dre] v. tr. calandrare, cilindrare, manganare.
calanque [kalɑ̃k] f. GÉOGR. cala, calanco m., insenatura.
calcaire [kalkɛr] adj. calcareo. ◆ n. m. MINÉR. calcare ; pietra calcarea. | *calcaire de concrétion*, calcare concrezionato.
calcanéum [kalkaneɔm] m. ANAT. calcagno.
calcédoine [kalsedwan] f. MINÉR. calcedonio m.
calcémie [kalsemi] f. MÉD. calcemia.
calcéolaire [kalseɔlɛr] f. BOT. calceolaria.
calcicole [kalsikɔl] adj. AGR. calcicolo.
calcification [kalsifikasjɔ̃] f. calcificazione.
calcifié, e [kalsifje] adj. calcificato.
calcin [kalsɛ̃] m. [dépôt calcaire] incrostazione, gromma calcarea. ‖ [débris de verre] polvere (f.) di vetro.
calcination [kalsinasjɔ̃] f. calcinazione.
calciner [kalsine] v. tr. calcinare. ‖ [brûler] carbonizzare ; bruciare completamente. ‖ FAM. *calciner un rôti*, bruciare un arrosto.
calcique [kalsik] adj. CHIM. calcico.
calcite [kalsit] f. MINÉR. calcite.
calcium [kalsjɔm] m. CHIM. calcio.
1. calcul [kalkyl] m. calcolo, computo, conto. | *calcul algébrique, différentiel, infinitésimal, mental*, calcolo algebrico, differenziale, infinitesimale, mentale. | *règle à calcul*, regolo calcolatore. ‖ FIG. *agir par calcul*, agire per calcolo. | *déjouer les calculs de qn*, mandare a vuoto i piani di qlcu., sventare i calcoli di qlcu. | *faire un mauvais calcul*, sbagliare i conti, le previsioni. | *d'après mes calculs*, secondo le mie previsioni.
2. calcul m. MÉD. calcolo.
calculable [kalkylabl] adj. calcolabile.
calculateur, trice [kalkylatœr, tris] adj. et n. PR. et FIG. calcolatore, trice. ◆ n. f. [machine] calcolatrice.
calculer [kalkyle] v. tr. calcolare. | *calculer de tête*, calcolar di testa. ‖ FIG. [évaluer] valutare, calcolare. | *calculer ses chances de succès*, valutare le possibilità di riuscita. | *calculer les avantages*, valutare i vantaggi. ‖ [régler, étudier] studiare, misurare, controllare. | *calculer ses gestes*, studiare i propri gesti. ◆ v. intr. calcolare, fare (i) calcoli, computare. | *dépenser sans calculer*, spendere a borsa sciolta, a tutto spiano, a palate, alla cieca ; non badare a spese. | *machine à calculer*, calcolatrice f. ‖ [réfléchir, combiner] calcolare, riflettere, ponderare. | *il calcule toujours avant d'agir*, calcola, pondera sempre prima di agire.
calculette [kalkylɛt] f. calcolatrice tascabile.
calculeux, euse [kalkylø, øz] adj. MÉD. calcoloso.
1. cale [kal] f. zeppa, bietta, calzatoia. | *mettre une cale à un meuble*, mettere una zeppa a un mobile. ‖ CH. DE F. *cale de blocage*, scarpa, sbarra. | *cale à griffes*, cuneo (m.) di serraggio. ‖ MÉC. bietta, zeppa.
2. cale f. MAR. [quai] calata. | *cale de chargement, de déchargement*, calata di carico, di scarico. ‖ [plan incliné] *cale de construction, de lancement*, scalo (m.) di costruzione, di varo. | *cale sèche, de radoub*, bacino (m.) di raddobbo, di carenaggio ; scalo di alaggio. ‖ [intérieur du navire] stiva. | *arrimer les marchandises dans la cale*, stivare le merci. ‖ FIG., FAM. *être à fond de cale*, essere al verde, all'asciutto, senza il becco d'un quattrino, in bolletta.
calé, e [kale] adj. FAM. [savant] ferrato, in gamba ; bravo (L.C.). ‖ [difficile] difficile, complicato (L.C.).
calebasse [kalbas] f. [fruit] zucca (allungata). ‖ [récipient] borraccia. ‖ POP. [tête] zucca.
calebassier [kalbasje] m. BOT. zucca (allungata).
calèche [kalɛʃ] f. calesse m.
caleçon [kalsɔ̃] m. mutande f. pl. (da uomo). | *caleçon de bain*, mutandine (f. pl.) da bagno.
calédonien, enne [kaledɔnjɛ̃, ɛn] adj. et n. caledoniano.
caléfaction [kalefaksjɔ̃] f. PHYS. calefazione.
calembour [kalɑ̃bur] m. bisticcio, gioco di parole, freddura f., spiritosaggine f.
calembredaine [kalɑ̃brədɛn] f. ciancia, bubbola, stupidaggine. | *débiter des calembredaines*, snocciolare ciance, stupidaggini.
calendes [kalɑ̃d] f. pl. HIST. calende. ‖ IRON. *renvoyer aux calendes grecques*, rimandare alle calende greche.
calendrier [kalɑ̃drije] m. calendario, lunario, almanacco. ‖ [programme] *calendrier sportif*, calendario sportivo.
cale-pied [kalpje] m. SPORT fermapiedi inv.
calepin [kalpɛ̃] m. taccuino.
1. caler [kale] v. tr. [assujettir avec des cales] inzeppare, imbiettare, rincalzare. | *caler un meuble*, mettere una zeppa a un mobile. | *caler les roues d'un chariot*, calzare, rincalzare le ruote d'un carro. ‖ [appuyer ; rendre stable] assettare, appoggiare. | *caler sa tête sur un coussin*, appoggiare comodamente, assettare la testa su un cuscino. | *caler une pile d'assiettes contre le mur*, appoggiare una pila di piatti contro il muro. ‖ TECHN. *caler un écrou*, stringere, bloccare un dado. | *caler un rail*, imbiettare, fermare una rotaia. | *caler des soupapes*, regolare delle valvole. ‖ FAM. *se sentir l'estomac calé*, sentirsi lo stomaco abbastanza, alquanto pieno. ◆ v. pr. [s'installer] sistemarsi comodamente. | *se caler dans un fauteuil*, accomodarsi, sprofondarsi in una poltrona. ‖ FAM. *se caler les joues*, mangiare a quattro palmenti ; rimpinzarsi (L.C.).
2. caler v. tr. MAR. [baisser] calare. | *caler les voiles*, calare, ammainare le vele. | *caler une vergue*, calare, abbassare un pennone. | *caler les filets*, calar le reti. ‖ AUTOM. *caler un moteur*, bloccare un motore. ◆ v. intr. MAR. pescare. | *ce bateau cale trop*, questa nave pesca troppo. ‖ AUTOM. *le moteur cale*, il motore si blocca, si ferma. ‖ FIG., FAM. [s'arrêter] *l'élève a calé*, l'alunno non ha risposto ; ha saltato la domanda. | [à table] *non merci, je cale*, grazie, mi arrendo, non ce la faccio più. ‖ [rabattre de ses prétentions] abbassare la cresta ; [céder] calar le brache (pop.) ; non farcela più (fam.) ; mollare (L.C.).
caleter v. intr. V. CALTER.
calfat [kalfa] m. MAR. calafato.
calfatage [kalfataʒ] m. calafataggio.
calfater [kalfate] v. tr. calafatare.
calfeutrage [kalføtraʒ] ou **calfeutrement** [kalføtrəmɑ̃] m. (il) tappare, (il) turare ; turamento (rare).
calfeutrer [kalføtre] v. tr. turare, tappare. | *calfeutrer portes et fenêtres*, turare le fessure delle porte e delle finestre. ◆ v. pr. *se calfeutrer chez soi, dans sa chambre*, tapparsi, turarsi, rintanarsi in casa, in camera.
calibrage [kalibraʒ] m. calibrazione f. | *calibrage du charbon*, pezzatura (f.) del carbone.
calibre [kalibr] m. MIL. calibro. ‖ TECHN. calibro. | *calibre mâchoire, à vis, d'alésage, de perçage*, calibro a forchetta, a vite, di alesatura, di perforazione. | *calibre de briquetier*, stampo, forma (f.) di fornaciaio. ‖ FIG., FAM. *ils sont tous du même calibre*, son tutti d'un calibro, dello stesso stampo ; della stessa risma (péjor.) ; dello stesso pelo e d'una lana (tosc.). | *une sottise de gros calibre*, uno sproposito di grosso calibro, uno sproposito madornale. ‖ ARG. [revolver] rivoltella f., pistola f. (L.C.).

calibrer [kalibre] v. tr. MIL., TECHN. calibrare. || [trier] *calibrer des fruits, des pommes de terre,* calibrare frutta, patate.
calice [kalis] m. ANAT., BOT., RELIG. calice. || FIG. *boire le calice jusqu'à la lie,* bere il calice fino alla feccia, fino in fondo.
calicot [kaliko] m. TEXT. calicò. || POP., VX = commesso di un negozio di mode.
calicule [kalikyl] m. BOT. calicetto.
calier [kalje] m. MAR. stivatore.
califat [kalifa] m. califfato.
calife [kalif] m. califfo.
californien, enne [kalifɔrnjɛ̃, ɛn] adj. et n. californiano.
californium [kalifɔrnjɔm] m. CHIM. californio.
califourchon (à) [akalifurʃɔ̃] loc. adv. a cavalcioni. | *porter qn à califourchon sur ses épaules,* portar qlcu. a cavalluccio.
câlin, e [kɑlɛ̃, in] adj. vezzoso, tenero, carezzevole. | *avec des manières câlines,* con maniere vezzose. | *regard câlin,* sguardo carezzevole. ◆ n. *faire le câlin,* far delle moine ; fare i daddoli (tosc., fam.).
câliner [kɑline] v. tr. coccolare, vezzeggiare, accarezzare.
câlinerie [kɑlinri] f. [ton] = modo m., tono m., parola carezzevole. || [manières câlines ; surtout au pl.] carezze, moine f. pl. ; vezzi m. pl. ; daddoli m. pl. (tosc.).
calleux, euse [kalø, øz] adj. calloso.
call-girl [kɔlgœrl] f. call-girl (angl.) ; ragazza squillo ; squillo f. inv.
calligraphe [kaligraf] m. calligrafo.
calligraphie [kaligrafi] f. calligrafia.
calligraphier [kaligrafje] v. tr. scrivere calligraficamente.
callipyge [kalipiʒ] adj. f. callipigia.
callosité [kalozite] f. callosità.
calmant, e [kalmɑ̃, ɑ̃t] adj. et n. m. calmante, sedativo, lenitivo, tranquillante.
calmar [kalmar] m. ZOOL. calamaro, calamaio.
1. calme [kalm] m. calma f., quiete f. | *agir avec calme,* agire con calma. | *garder son calme,* mantenere la calma. | *perdre son calme,* perdere la pazienza. | *rétablir le calme,* rimettere la calma. | *tout est rentré dans le calme,* è tornata la calma. | *du calme !,* calma ! || GÉOGR. *les calmes équatoriaux,* la calma equatoriale. || MAR. *calme plat,* bonaccia f.
2. calme adj. calmo, tranquillo, pacato, quieto. | *mer calme,* mare calmo. | *un endroit calme,* un posto tranquillo. | *passer une nuit calme,* passare, trascorrere una notte tranquilla. | *mener une vie calme,* condurre una vita tranquilla. || [serein] calmo, pacifico. || COMM. *les affaires sont calmes,* gli affari sono stazionari.
calmement [kalməmɑ̃] adv. con calma. | *prendre une chose, les choses calmement,* prendersela con calma.
calmer [kalme] v. tr. *calmer qn,* calmare, tranquillizzare, quietare qlcu. | *calmer les esprits,* calmare, tranquillizzare, quietare, placare gli animi. | *calmer la douleur,* lenire, sedare, placare il dolore. | *calmer sa soif,* togliersi, levarsi (v. pr.) la sete (di corpo). || [apaiser] abbonacciare. ◆ v. pr. calmarsi, tranquillizzarsi, quietarsi, placarsi. | *l'homme s'est calmé,* l'uomo si è calmato, tranquillizzato. | *la mer s'est calmée,* il mare si è calmato, placato, abbonacciato. || [diminuer] *la douleur s'est calmée,* il dolore si è calmato, attenuato.
calmir [kalmir] v. intr. MAR. calmarsi, placarsi (v. pr.).
calomel [kalɔmɛl] m. PHARM. calomelano.
calomniateur, trice [kalɔmnjatœr, tris] adj. et n. calunniatore, trice.
calomnie [kalɔmni] f. calunnia. | *en butte aux calomnies,* esposto alle calunnie.
calomnier [kalɔmnje] v. tr. calunniare.
calomnieux, euse [kalɔmnjœ, øz] adj. calunnioso.
calorie [kalɔri] f. caloria.
calorifère [kalɔrifɛr] adj. calorifico. ◆ n. m. calorifero. | *calorifère à air chaud,* calorifero ad aria calda. | *calorifère à eau chaude,* termosifone.
calorification [kalɔrifikasjɔ̃] f. termogenesi.
calorifique [kalɔrifik] adj. calorifico.
calorifuge [kalɔrifyʒ] adj. et n. m. coibente.
calorifugeage [kalɔrifyʒaʒ] m. isolamento termico.
calorifuger [kalɔrifyʒe] v. tr. isolare termicamente.
calorimètre [kalɔrimɛtr] m. calorimetro.
calorimétrie [kalɔrimetri] f. calorimetria.
calorimétrique [kalɔrimetrik] adj. calorimetrico.
calorique [kalɔrik] adj. calorico. | *ration calorique,* giornata calorica.
calorisation [kalɔrizasjɔ̃] f. MÉTALL. calorizzazione.
calot [kalo] m. MIL. bustina f.
calotin [kalɔtɛ̃] m. PÉJOR. baciapile inv., bigotto, bacchettone, baciasanti inv.
calotte [kalɔt] f. [coiffe] zucchetto m., papalina. || PÉJOR. [clergé] *à bas la calotte !,* abbasso i preti ! || FIG., FAM. [coup] scapaccione m., scappellotto m. || ANAT. *calotte crânienne,* calotta cranica. || GÉOGR. *calotte polaire,* calotta polare. || GÉOM. *calotte sphérique,* calotta sferica. || *la calotte des cieux,* la volta, la cappa del cielo.
calotter [kalɔte] v. tr. FAM. dare uno scappellotto, uno scapaccione ; prendere a scapaccioni, a scappellotti. || POP. [dérober] sgraffignare (L.C.).
calque [kalk] m. calco, lucido. | *papier-calque,* carta da calcare, da calco. || LING. calco. || FIG. imitazione (f.) servile.
calquer [kalke] v. tr. (ri)calcare. || FIG. [imiter] copiare, imitare.
calquoir [kalkwar] m. calcatoio.
calter, caleter [kalte] v. intr. ou **se calter** [səkalte] v. pr. POP. tagliare la corda, svignarsela, darsela a gambe (fam.).
calumet [kalymɛ] m. calumet inv. (fr.).
calvados [kalvados] ou FAM. **calva** [kalva] m. calvados (fr.) ; = acquavite (f.) di sidro.
calvaire [kalvɛr] m. PR. et FIG. calvario.
calville [kalvil] f. AGR. mela calvilla.
calvinisme [kalvinism] m. RELIG. calvinismo.
calviniste [kalvinist] adj. [concernant le calvinisme] calvinistico ; [adepte du calvinisme] calvinista. ◆ n. calvinista.
calvitie [kalvisi] f. calvizie inv.
camaïeu [kamajø] m. ART monocromato, chiaroscuro. | *peinture en camaïeu,* pittura monocromata, a chiaroscuro. || [camée] cammeo.
camail [kamaj] m. HIST. camaglio. || RELIG. mozzetta f. || ZOOL. collarino di penne.
camaldule [kamaldyl] n. RELIG. camaldolese.
camarade [kamarad] n. compagno, a ; camerata m. | *camarade de chambrée,* camerata. | *camarade de régiment,* compagno d'armi, commilitone. | *camarade d'école, de travail,* compagno di scuola, di lavoro. || MIL. et FIG. *faire camarade* = arrendersi. || [appellation dans les partis de gauche] compagno.
camaraderie [kamaradri] f. cameratismo. | *esprit de camaraderie,* spirito cameratesco.
camard, e [kamar, ard] adj. et n. camuso. | *un nez camard,* un naso camuso, rincagnato, schiacciato. | *la Camarde,* la Morte.
camarilla [kamarija] f. HIST. camarilla (esp.). || [clan] cricca, combriccola, consorteria.
cambial, e, aux [kɑ̃bjal, o] adj. FIN. cambiario.
cambiste [kɑ̃bist] m. cambiavalute inv. ; cambiatore, cambista (vx).
cambodgien, enne [kɑ̃bɔdʒjɛ̃, ɛn] adj. et n. cambogiano.
cambouis [kɑ̃bwi] m. morchia f. ; [aux moyeux] ralla f.
cambrage [kɑ̃braʒ] ou **cambrement** [kɑ̃brəmɑ̃] m. inarcamento, curvatura f. || MÉTALL. controcurvatura f.
cambrer [kɑ̃bre] v. tr. inarcare, arcuare, piegare ; curvare ad arco. || TECHN. centinare. | *poutre cambrée,* trave a centina. || *cambrer les reins, la taille,* inarcare (all'indietro) le reni, la vita. ◆ v. pr. inarcarsi. ||

[bomber le torse] rimpettirsi ; andare (r)impettito, pettoruto, col petto eretto.
cambrien, enne [kɑ̃brijɛ̃, ɛn] adj. et n. m. GÉOL. cambriano, cambrico.
cambriolage [kɑ̃brijɔlaʒ] m. furto (con scasso), svaligiamento. | *victime d'un cambriolage*, vittima di un furto. | *cambriolage d'un appartement*, svaligiamento di un appartamento.
cambrioler [kɑ̃brijɔle] v. tr. svaligiare, scassinare. | *cambrioler une maison*, svaligiare una casa. | *on m'a cambriolé*, m'hanno svaligiato, sono stato derubato.
cambrioleur, euse [kɑ̃brijɔlœr, øz] n. ladro ; scassinatore, trice ; svaligiatore, trice.
cambrousse [kɑ̃brus] f. FAM. campagna (L.C.).
cambrure [kɑ̃bryr] f. curvatura, inarcamento m. | *la cambrure de la taille*, l'inarcamento della vita. || AÉR. *la cambrure de l'aile*, la curvatura, il ventre dell'ala. || TECHN. centina, curvatura. | *la cambrure d'une chaussure*, la curvatura (della fiocca) di una scarpa.
cambuse [kɑ̃byz] f. MAR. cambusa. || [cantine d'un chantier] mensa, spaccio m. || POP. [logis pauvre] topaia, stamberga, tugurio m. (L.C.).
cambusier [kɑ̃byzje] m. MAR. cambusiere.
1. came [kam] f. MÉC. camma, eccentrico m. | *arbre à cames*, albero a camme. | *came de butée*, eccentrico d'arresto. | *came d'avance*, camma di spinta, eccentrico di comando, movimento spinta. | *came de renvoi*, camma di rinvio. | *came de correction*, eccentrico correttore.
2. came f. POP. [drogue] cocaina (L.C.).
camée [kame] m. [pierre] cammeo. || [camaïeu] pittura monocroma, a chiaroscuro.
caméléon [kameleɔ̃] m. camaleonte.
camélia [kamelja] m. BOT. camelia f.
camélidés [kamelide] m. pl. ZOOL. camelidi.
caméline [kamelin] ou **cameline** [kamlin] f. BOT. camel(l)ina.
1. camelot [kamlo] m. TEXT. cammellotto, cambellotto.
2. camelot m. venditore, merciaio ambulante ; rivendugliolo ; magliaro (néol.). || VX [crieur de journaux] strillone. || HIST. *camelot du roi* = venditore di giornali monarchici ; [militant] militante del movimento monarchico.
camelote [kamlɔt] f. FAM. roba di scarto, da dozzina, da poco ; roba dozzinale ; merce scadente (L.C.). | *c'est de la camelote*, è robetta ; è di pessima qualità (L.C.). || POP. [marchandise] roba, merce (L.C.). | *qu'est-ce que c'est que cette camelote ?*, cos'è questa roba ? | *c'est de la bonne camelote*, è roba buona.
camembert [kamɑ̃bɛr] m. camembert (fr.).
caméra [kamera] f. CIN. macchina da (ri)presa ; cinecamera. | *caméra de télévision*, telecamera. | *caméra d'amateur*, cinepresa. | *caméra-son*, macchina da presa sonora.
cameraman [kameraman] m. cameraman (angl.), operatore.
camérier [kamerje] m. [ecclésiastique] cameriere ; [laïque] *camérier de cape et d'épée*, cameriere di spada e cappa.
camériste [kamerist] f. HIST. camerista. || [femme de chambre] cameriera.
camerlingue [kamɛrlɛ̃g] m. RELIG. camerlengo.
camerounais, e [kamrunɛ, ɛz] adj. et n. camerunese.
camion [kamjɔ̃] m. camion inv. (fr.), autocarro. | *camion à, avec remorque*, autotreno. | *camion à benne (basculante)*, camion a cassone (ribaltabile). | *camion de déménagement*, furgone per, camion per traslochi. | *camion de dépannage*, carro attrezzi (pl. *carri attrezzi*), autosoccorso inv. | *camion d'enlèvement des ordures*, furgone della nettezza urbana, autoimmondizie. || [seau] secchio (da imbianchino).
camion-citerne [kamjɔ̃sitɛrn] m. autocisterna f., autobotte f.
camionnage [kamjɔnaʒ] m. [transport] trasporto con camion, autotrasporto. | *entreprise de camionnage*, impresa d'autotrasporti. || [prix] = (prezzo del) trasporto.
camionner [kamjɔne] v. tr. autotrasportare ; trasportare con autocarro.
camionnette [kamjɔnɛt] f. camioncino m., furgoncino m. || MIL. camionetta.
camionneur [kamjɔnœr] m. camionista.
camisard [kamizar] m. HIST. camisardo.
camisole [kamizɔl] f. *camisole de force*, camicia di forza.
camomille [kamɔmij] f. BOT. camomilla.
camouflage [kamuflaʒ] m. MIL. [sous un couvert] occultamento, mascheramento ; [par mimétisme] mimetizzazione f., camuffamento. | *camouflage d'un message*, cifratura parziale d'un messaggio. || FIG. camuffamento, mascheramento.
camoufler [kamufle] v. tr. MIL. occultare, mascherare ; [par mimétisme] mimetizzare, camuffare. | *camoufler un message*, cifrare parzialmente un messaggio. || FIG. camuffare, mascherare, occultare, travestire. | *camoufler ses ambitions*, camuffare, mascherare, dissimulare le proprie ambizioni. | *camoufler la vérité*, occultare, travestire la verità. ◆ v. pr. MIL. mascherarsi, mimetizzarsi, camuffarsi. || [se déguiser] travestirsi.
camouflet [kamuflɛ] m. [affront] scorno, smacco, umiliazione f., affronto. || MIL. contromina f.
camp [kɑ̃] m. MIL. campo, accampamento. | *établir son camp*, mettere, piantare il campo ; accamparsi (v. pr.). | *lever le camp*, levare, muovere il campo. | *camp retranché*, campo trincerato. | *aide de camp*, V. AIDE. || *camp de prisonniers, de concentration, de travail*, campo di prigionieri, di concentramento, di lavoro. | *camp de réfugiés*, campo di sfollati, di profughi. || SPORT *camp de base*, campo base. || FIG. *changer de camp*, voltare, mutar casacca. | *être du même camp*, essere della stessa parte. | *vivre en camp volant* = non avere una sistemazione definitiva. || POP. *ficher, foutre le camp*, tagliare la corda, levarsi dai piedi (fam.). | *fiche le camp d'ici !*, levati dai piedi !, taglia la corda !
campagnard, e [kɑ̃paɲar, ard] adj. et n. campagnolo, contadino ; rustico (littér.).
campagne [kɑ̃paɲ] f. campagna. | *habiter, aller à la campagne*, abitare, andare in campagna. | *la campagne romaine*, la campagna romana, l'Agro romano. | *les gens de la campagne*, i campagnoli, i rurali. | *partie de campagne*, scampagnata. | *travaux de la campagne*, lavori campestri. | *en rase campagne*, in aperta campagna. || MIL. *entrer en campagne*, entrare in guerra. | *artillerie de campagne*, artiglieria campale, da campagna. | *tenue de campagne*, tenuta da campo. | *les années de (service en) campagne*, gli anni di (servizio in) guerra. | *la campagne de Russie*, la campagna di Russia. || FIG. *se mettre en campagne*, partire in cerca, alla ricerca di qlco. | *faire campagne pour qn*, entrare in campo, far campagna in favore di qlcu. | *mener une campagne contre l'alcoolisme*, condurre una campagna contro l'alcolismo. | *campagne électorale, publicitaire, de presse*, campagna elettorale, pubblicitaria, di stampa. || [période d'activité] annata. | *la campagne de cette année a été bonne*, quest'annata è stata buona. | *campagne de pêche*, campagna di pesca. | *campagne de vente*, campagna di vendita. | *campagne d'un haut fourneau*, durata di marcia d'un altoforno. || LOC. *battre la campagne* : [être à la recherche de qch.] battere la campagna ; [divaguer] vaneggiare, farneticare ; [sortir du sujet] divagare ; uscire dal seminato. || FAM. *emmener qn à la campagne*, darla a bere a qlcu. || ARG. [prison] *aller à la campagne*, andare a vedere il sole a scacchi (fam.).
campagnol [kɑ̃paɲɔl] m. ZOOL. topo campagnolo ; arvicola f.
campanile [kɑ̃panil] m. [clocher italien] campanile ; [petit clocher avec une cloche ou une horloge] = torretta f.
campanule [kɑ̃panyl] f. BOT. campanula.
campé, e [kɑ̃pe] adj. *homme bien campé*, uomo ben piantato ; uomo robusto, aitante, gagliardo. | *récit bien campé*, racconto ben impostato, bene strutturato. |

personnage bien campé, personaggio ben delineato, ben individuato.
campêche [kɑ̃pɛʃ] m. Bot. campeggio, campeccio.
campement [kɑ̃pmɑ̃] m. accampamento, attendamento. | *établir un campement*, mettere l'accampamento. || Mil. accampamento. | *détachement chargé de préparer le campement*, furieri (m. pl.) d'alloggiamento. || Fig. *ma chambre est un campement*, la mia camera sembra un accampamento.
camper [kɑ̃pe] v. intr. Mil. accamparsi, attendarsi (v. pr.). | *l'armée campe dans la plaine*, l'esercito è accampato nella pianura. || Sport campeggiare, fare un campeggio. || Fig. [s'installer provisoirement] accamparsi. | *dans l'attente d'un appartement, nous avons dû camper à l'hôtel*, in attesa d'un appartamento, dovemmo accamparci all'albergo. ◆ v. tr. accampare. | *camper les troupes*, accampare le truppe. || [poser] *camper son chapeau sur sa tête*, mettersi, calcarsi il cappello in testa. || Fam. *camper là qn*, piantar qlcu. in asso. || Fig. *camper un personnage, un portrait*, schizzare un personaggio, un ritratto. ◆ v. pr. piantarsi. | *se camper devant qn, devant la porte*, piantarsi davanti a qlcu., davanti alla porta.
campeur, euse [kɑ̃pœr, øz] n. Sport campeggiatore, trice.
camphre [kɑ̃fr] m. Chim. canfora f.
camphré, e [kɑ̃fre] adj. Chim. canforato.
camphrier [kɑ̃frije] m. Bot. canforo.
camping [kɑ̃piŋ] m. campeggio; camping (angl.). | *faire du camping*, campeggiare, far campeggio. | *(terrain de) camping*, (terreno di) campeggio.
campos ou **campo** [kɑ̃po] m. Fam. vacanza f., riposo (l.c.). | *donner campos aux écoliers*, concedere una vacanza agli scolari.
campus [kɑ̃pys] m. campus.
camus, e [kamy, yz] adj. [nez] camuso, rincagnato, schiacciato. || [personne; visage] camuso.
canada [kanada] m. Agr. mela canada.
canadien, enne [kanadjɛ̃, ɛn] adj. et n. canadese. ◆ n. f. [veste] giacca canadese. || [canot] (canoa) canadese f.
canaille [kanaj] f. canaglia, furfante m., gaglioffo m., ribaldo m., mariolo m. | *franche canaille*, furfante matricolato, fior (m.) di furfante. | *se conduire comme une canaille*, agire, comportarsi da vera canaglia. || Iron. *(petite) canaille!*, birboncello!, bricconcello!, birbantello!, canaglietta! || Vx [populace] canaglia, plebaglia, gentaglia (l.c.); ciurmaglia (littér.). ◆ adj. triviale, sguaiato, sfrontato. | *manières canailles*, modi triviali, sguaiati. | *rire canaille*, riso sguaiato. | *air canaille*, aria sfrontata; [espiègle] aria birichina.
canaillerie [kanajri] f. [caractère] furfanteria, marioleria, ribalderia. || [action] canagliata, furfanteria, mascalzonata, ribalderia.
canal, aux [kanal, o] m. [cours d'eau artificiel] canale. | *canal navigable*, canale navigabile; naviglio. | *canal d'amenée*, canale d'adduzione, di carico; [bief d'amont] gora f. | *canal de dérivation*, canale di derivazione, canale derivato. | *canal d'irrigation*, canale d'irrigazione; roggia f. (lomb.). | *canal de drainage*, canale di drenaggio, di scolo. | *canal d'évacuation*, canale di scarico; [égout] canale di fognatura. || Fig. [intermédiaire] tramite, intermediario. | *par le canal de qn*, tramite qlcu. || Anat., Bot. canale, condotto. | *canaux médullaires*, canali midollari. | *canaux sanguins*, vasi, canali sanguigni. | *canal cystique*, condotto cistico. || Archit. canale, scanalatura f. || Géogr. canale. || Rad. *canal à plusieurs voies*, multicanale. || *le Grand Canal :* [Venise] il Canal Grande.
canalicule [kanalikyl] m. Anat. *canalicules biliaires*, condotti cistifellici.
canalisable [kanalizabl] adj. canalizzabile.
canalisation [kanalizasjɔ̃] f. [aménagement] canalizzazione, incanalamento m., incanalatura. || [réseau] canalizzazione, conduttura, tubatura. || [conduit] *canalisation d'eau, de gaz, de pétrole*, acquedotto m., gasdotto m., oleodotto m.; conduttura di acqua, di gas, di petrolio. | *les canalisations des égouts*, la fognatura. | *canalisation d'électricité*, conduttura d'elettricità.
canaliser [kanalize] v. tr. [rendre navigable] incanalare, canalizzare. || [pourvoir de canaux] canalizzare. || Techn. [acheminer] *canaliser du pétrole*, trasportare del petrolio per condotto, per oleodotto. || Fig. *canaliser les spectateurs, la circulation*, incanalare gli spettatori, il traffico.
canapé [kanape] m. canapè, divano, sofà. || Culin. canapè, tartina f. | *canapé d'anchois*, canapè di acciughe. | *bécasses sur canapé* = beccacce con crostoni.
canapé-lit [kanapeli] m. divano letto.
canard [kanar] m. Zool. anatra f., anitra f. | *petit canard*, anatroccolo, anatrino. | *canard mâle*, anatra maschio, maschio dell'anatra. | *canard siffleur*, fischione. | *canard plongeur*, anatra tuffatrice. | *canard sauvage*, anatra selvatica; germano reale. || [fausse nouvelle] canard (fr.); frottola f., serpente di mare. || Fam. [journal] giornale (l.c.); [mauvais journal] giornaluccio, giornale di quart'ordine. || [morceau de sucre] = zolletta di zucchero (intinta nel caffè, nell'acquavite). || Mus., fam., nota stonata, stecca f., stonatura f. (l.c.). | *faire un canard*, fare una stecca. || Loc. fam. *mon petit canard*, pulcino mio. | *un froid de canard*, un freddo cane. | *trempé comme un canard*, bagnato come un pulcino. | *marcher comme un canard*, camminare con i piedi di papera; camminare con i piedi alle botteghe (tosc.).
canardeau [kanardo] m. anatroccolo, anitroccolo.
canarder [kanarde] v. tr. Fam. = bersagliare; sparare addosso a, far fuoco contro (l.c.). ◆ v. intr. Mus., fam. fare una stecca, delle stecche. || Mar. beccheggiare.
canardière [kanardjɛr] f. [mare] = stagno (m.) per le anatre. || [cachette] appostamento m., capanno m. (per la caccia alle anatre selvatiche). || [fusil] spingarda.
canari [kanari] m. Zool. canarino. ◆ adj. inv. *jaune canari*, giallo canarino. | *gants canari*, guanti (color) canarino.
canasson [kanasɔ̃] m. Pop., péjor. ronzino, brocco, brenna f. (fam.). || Iron. cavallo m. (l.c.).
canasta [kanasta] f. Jeu canasta.
1. cancan [kɑ̃kɑ̃] m. Fam. pettegolezzo, diceria f., ciarla f., chiacchiera f. (l.c.). | *faire des cancans*, far pettegolezzi.
2. cancan m. [danse] cancan inv. (fr.).
cancaner [kɑ̃kane] v. intr. Zool. schiamazzare. || Fam. far pettegolezzi; spettegolare.
cancanier, ère [kɑ̃kanje, ɛr] adj. linguacciuto, pettegolo. ◆ n. pettegolo.
cancer [kɑ̃sɛr] m. Méd. cancro. || Astr. Cancro.
cancéreux, euse [kɑ̃serø, øz] adj. et n. canceroso.
cancérigène [kɑ̃seriʒɛn] adj. cancerogeno.
cancérisation [kɑ̃serizasjɔ̃] f. cancerizzazione.
cancérologie [kɑ̃serɔlɔʒi] f. cancerologia.
cancre [kɑ̃kr] m. Zool. granchio marino. || Péjor. [élève] scaldapanche inv., scaldabanchi inv.
cancrelat [kɑ̃krəla] m. scarafaggio, blatta f.
cancroïde [kɑ̃krɔid] m. Méd. cancroide.
candela [kɑ̃dela] f. Phys. candela.
candélabre [kɑ̃delabr] m. candelabro. || Vx [lampadaire] lampione (a candelabro).
candeur [kɑ̃dœr] f. candore m., ingenuità, innocenza.
candi [kɑ̃di] adj. candito.
candidat, e [kɑ̃dida, at] n. candidato. | *se porter candidat*, presentarsi candidato. | *candidat reçu, ajourné, recalé*, candidato promosso, rimandato, bocciato.
candidature [kɑ̃didatyr] f. candidatura. | *faire acte de, poser sa candidature*, presentare la propria candidatura.
candide [kɑ̃did] adj. candido, innocente, ingenuo, puro.
cane [kan] f. Zool. anatra (femmina).
canéphore [kanefɔr] f. Art canefora.
1. caner [kane] v. intr. Pop. [céder] calar le brache (pop.); mollare (l.c.).

2. caner ou **canner** v. intr. Pop. [mourir] tirar le cuoia.
caneton [kantɔ̃] m. Zool. anatroccolo, anitroccolo. ‖ [dériveur] caneton (fr.).
1. canette [kanɛt] f. Zool. anatroccola, anatrina (femmina).
2. canette f. *canette de bière*, bottiglia di birra.
3. canette f. [bobine] spoletta, spola, rocchetto m.
canevas [kanva] m. Text. canovaccio, filondente. ‖ [plan] canovaccio, schema, trama f. ‖ [topographie] triangolazione f.
caniche [kaniʃ] m. barbone.
caniculaire [kanikylɛr] adj. canicolare.
canicule [kanikyl] f. canicola, solleone m.
canif [kanif] m. temperino, coltellino. ‖ Fam. *donner un coup de canif dans le contrat*, fare uno strappo alla fedeltà coniugale.
canin, e [kanɛ̃, in] adj. canino.
canine [kanin] f. dente canino.
canitie [kanisi] f. Méd. canizie inv.
caniveau [kanivo] m. [rigole] cunetta f. ; basto rovescio ; canaletto (per lo scolo delle acque). ‖ [petit canal] condotto.
canna [kana] m. Bot. canna indica.
cannage [kanaʒ] m. impagliatura f. (con elementi vegetali intrecciati).
cannaie [kanɛ] f. [roseaux] canneto m. ; [canne à sucre] campo di canna da zucchero.
canne [kan] f. Bot. [roseau] canna. | *canne à sucre*, canna da zucchero. ‖ *canne à pêche*, canna da pesca. ‖ [bâton] mazza, bastone m. ; [de bambou] canna. | *coup de canne*, bastonata f. | *canne à épée*, bastone animato ; bastone, mazza da stocco. | *canne blanche*, bastone bianco (dei ciechi) ; [aveugle lui-même] cieco. ‖ Sport *canne de golf*, mazza, bastone da golf. ‖ Pop. *casser sa canne*, tirar le cuoia.
cannelé, e [kanle] adj. *colonne cannelée*, colonna scanalata. | *canon cannelé*, cannone scanalato, rigato. | *tissu cannelé*, tessuto rigato.
canneler [kanle] v. tr. scanalare, scannellare, solcare.
1. cannelle [kanɛl] f. Bot. cannella.
2. cannelle ou **canette** [kanɛt] f. [robinet] cannella, spina.
cannelloni [kanɛlɔni] m. pl. (ital.). Culin. cannelloni.
cannelure [kanlyr] f. Archit. scanalatura. ‖ Bot., Géol. striatura. | *cannelures glaciaires*, striature ghiacciate.
1. canner [kane] v. tr. impagliare (con elementi vegetali intrecciati).
2. canner v. intr. V. caner 2.
cannibale [kanibal] n. cannibale. | *de cannibale*, cannibalesco.
cannibalisme [kanibalism] m. cannibalismo.
canoë [kanɔe] m. canoa f.
canoéiste [kanɔeist] n. canoista.
1. canon [kanɔ̃] m. Mil. cannone. | *canon antiaérien*, cannone contraereo. | *canon antichar*, cannone anticarro, controcarro. | *canon à longue portée*, cannone di lunga portata. | *coup de canon*, cannonata f. | *boulet de canon*, palla (f.) da cannone. | *canon de 75 sans recul*, cannone, pezzo da 75 senza rinculo. ‖ Fam. *chair à canon*, carne da cannone. ‖ *canon paragrêle*, cannone antigrandine, grandinifugo. ‖ [tube] canna f. | *canon de fusil*, canna di fucile. | *les soldats avançaient baïonnette au canon*, i soldati avanzavano con la baionetta inastata, con la baionetta in canna. | *baïonnette au canon !*, baionett'cann' ! ‖ Techn. canna f., cannello, fusto. | *canon d'une clef, d'une seringue*, cannello d'una chiave, d'una siringa. ‖ Vx *canon de dentelle*, gala (f.) di trina. ‖ Zool. [os] cannone, stinco. | *canon d'une plume*, cannello d'una penna. ‖ Fig., pop. = bicchiere (di vino).
2. canon m. Relig. canone. | *canons de l'Église*, canoni della Chiesa. | *canon des Écritures, de la messe*, canone della Sacra Scrittura, della messa. | *canons d'autel*, cartagloria f. ‖ Mus. canone. ‖ [norme, modèle] canone. | *les canons de la raison, de la beauté, de la mode*, i canoni della ragione, della bellezza, della moda. ◆ adj. *droit canon*, diritto canonico.
cañon ou **canyon** [kaɲɔ̃, kaɲɔn] m. cañón (pl. *cañones*).
canonial, e, aux [kanɔnjal, o] adj. Relig. *heures canoniales*, ore canoniche. | *office canonial*, ufficio canonicale.
canonicité [kanɔnisite] f. Relig. canonicità.
canonique [kanɔnik] adj. Relig. canonico. | *livres canoniques*, libri canonici. | *droit canonique*, diritto canonico. | *âge canonique*, età canonica, sinodale. ‖ Philos. canonico. ‖ Fam. *ce n'est pas canonique*, non sta bene.
canonisation [kanɔnizasjɔ̃] f. Relig. canonizzazione.
canoniser [kanɔnize] v. tr. Relig. canonizzare.
canoniste [kanɔnist] m. Relig. canonista.
canonnade [kanɔnad] f. cannonate f. pl., cannoneggiamento m.
canonnage [kanɔnaʒ] m. [action de canonner] cannoneggiamento. ‖ Mar. arte (f.) del cannoniere.
canonner [kanɔne] v. tr. cannoneggiare.
canonnier [kanɔnje] m. cannoniere.
canonnière [kanɔnjɛr] f. Mar. cannoniera.
canope [kanɔp] m. Archéol. canopo.
canot [kano] m. Mar. scialuppa f. ; [à avirons seulement] lancia f., battello ; [à moteur] motolancia. | *canot major*, scialuppa degli ufficiali. | *canot de sauvetage*, battello, scialuppa, lancia di salvataggio. ‖ [bateau de plaisance] canotto. | *canot pneumatique*, canotto, battello pneumatico. | *canot à moteur*, canotto a motore. | *canot automobile*, motoscafo.
canotage [kanɔtaʒ] m. canottaggio.
canoter [kanɔte] v. intr. fare del canottaggio.
canoteur, euse [kanɔtœr, øz] n. canottiere m. ; chi pratica il canottaggio.
canotier [kanɔtje] m. Mar., Sport canottiere. ‖ [chapeau] paglietta f., canottiera f.
cantal [kɑ̃tal] m. cantal (fr.).
cantaloup [kɑ̃talu] m. Bot. cantalupo, zatta. f.
cantate [kɑ̃tat] f. cantata.
cantatrice [kɑ̃tatris] f. cantante (lirica) ; cantatrice.
cantharide [kɑ̃tarid] f. Zool. cantaride.
cantilène [kɑ̃tilɛn] f. Mus. cantilena, nenia.
cantilever [kɑ̃tiləvɛr] adj. et n. m. cantilever adj. et n. f. (angl.).
cantine [kɑ̃tin] f. mensa. | *cantine populaire*, mensa popolare. | *cantine d'entreprise*, mensa aziendale. ‖ Mil. spaccio m., mensa. ‖ [malle] baule m. (da militare). ‖ Univ. [service] refezione scolastica ; [local] refettorio m.
cantinier, ère [kɑ̃tinje, ɛr] n. Mil. vivandiere, a ; cantiniere, a. ‖ Univ. (surtout f.) = donna che lavora alla refezione scolastica.
cantique [kɑ̃tik] m. cantico. | *Cantique des cantiques*, « Cantico dei cantici ».
canton [kɑ̃tɔ̃] m. Adm. cantone. ‖ Hérald. cantone.
cantonade [kɑ̃tɔnad] f. Théâtre quinte f. pl. | *parler à la cantonade*, parlare verso le quinte (pr.) ; = parlare senza rivolgersi a nessuno in particolare (fig.). | *crier à la cantonade* (fig.) = gridare in giro ; gridare a tutti i venti.
cantonal, e, aux [kɑ̃tɔnal, o] adj. cantonale. | *élections cantonales*, elezioni cantonali.
cantonnement [kɑ̃tɔnmɑ̃] m. Mil. [action] acquartieramento ; accantonamento (néol.) ; [lieu] quartiere. | *rejoindre son cantonnement*, raggiungere il proprio quartiere. | *cantonnement d'hiver*, quartiere d'inverno. ‖ Jur. = delimitazione (f.) d'un terreno ; terreno delimitato. ‖ [limitation] limitazione f., riduzione f.
cantonner [kɑ̃tɔne] v. tr. accantonare, acquartierare. ◆ v. intr. acquartierarsi (v. pr.). ◆ v. pr. [s'isoler] isolarsi, confinarsi, rinchiudersi. | *se cantonner dans un coin*, confinarsi, appartarsi in un angolo ; tirarsi in disparte. | *se cantonner chez soi*, rinchiudersi, tapparsi in casa. ‖ Fig. limitarsi. | *se cantonner dans l'étude d'une époque*, limitarsi allo studio di una (sola) epoca.
cantonnier, ère [kɑ̃tɔnje, ɛr] adj. *maison cantonnière*, casa cantoniera. ◆ n. m. [route] cantoniere, stradino ; Ch. de f. casellante, cantoniere.
cantonnière [kɑ̃tɔnjɛr] f. capriccio m.

canulant, e [kanylɑ̃, ɑ̃t] FAM. scocciante, seccante.
canular [kanylar] m. FAM. scherzo, burla f. (L.C.).
canularesque [kanylarɛsk] adj. FAM. farsesco (L.C.).
canule [kanyl] f. cannula.
canuler [kanyle] v. tr. FAM. scocciare, seccare.
canut, use [kany, yz] n. setaiolo (m.) lionese.
canyon m. V. CAÑON.
caoutchouc [kautʃu] m. gomma f., caucciù. | *caoutchouc synthétique*, gomma sintetica. | *caoutchouc Mousse*, gommapiuma f. || [chaussure] caloscia f., galoscia f., soprascarpa f. ; [imperméable] impermeabile ; [ruban élastique] elastico. || BOT. ficus f.
caoutchoutage [kautʃutaʒ] m. gommatura f.
caoutchouter [kautʃute] v. tr. gommare. | *tissu caoutchouté*, tessuto gommato.
caoutchouteux, euse [kautʃutø, øz] adj. gommoso.
cap [kap] m. Vx [tête] capo m., testa f. (L.C.). || LOC. *de pied en cap*, da capo a piedi, dalla testa ai piedi. || GÉOGR. capo. | *doubler un cap*, doppiare un capo. || FIG. *doubler le cap de la trentaine, de la cinquantaine*, superare la trentina, la cinquantina (d'anni). | *franchir un cap difficile*, superare un brutto momento. || MAR. rotta f. | *mettre le cap sur*, far rotta per, alla volta di. | *changer de cap*, cambiar rotta. | *mettre le cap sur le large*, prendere il largo, dirigersi verso il largo.
C. A. P. m. V. CERTIFICAT.
capable [kapabl] adj. capace. | *il est tout à fait capable de*, è capacissimo di. | *homme capable*, uomo capace.
capacitaire [kapasitɛr] n. UNIV. = titolare della « capacité en droit ».
capacité [kapasite] f. [contenance] capacità, capienza. | *capacité de chargement*, capacità di carico ; portata. || FIG. [compétence] capacità. | *avoir de grandes capacités*, essere molto capace. | *faire preuve d'une grande capacité dans son travail*, dimostrarsi molto capace, competente, abile nel proprio lavoro. || [puissance] capacità, potenza, potere m., potenziale m. | *capacité de travail, de récupération*, capacità di lavoro, di ricupero. | *capacité de production, productive*, capacità produttiva, potenziale produttivo. || JUR. capacità. || PHYS. capacità. || UNIV. *capacité en droit* = diploma rilasciato dalla facoltà di legge (e riservato a studenti senza licenza liceale).
caparaçon [kaparasɔ̃] m. gualdrappa f.
caparaçonner [kaparasɔne] v. tr. ingualdrappare.
1. cape [kap] f. [manteau] cappa. | *roman, film de cape et d'épée*, romanzo, film di cappa e spada. || FIG. *sous cape*, di nascosto. | *rire sous cape*, ridere sotto i baffi. || [enveloppe de cigare] = foglia che avvolge il sigaro.
2. cape f. MAR. *être à la cape*, navigare alla cappa.
capelage [kaplaʒ] m. MAR. incappellaggio m.
capelan [kaplɑ̃] m. ZOOL. mormoro.
capeler [kaple] v. tr. MAR. incappellare.
capelet [kaplɛ] m. VÉTÉR. cappelletto.
capeline [kaplin] f. cappellina.
capésien, enne [kapesjɛ̃, ɛn] n. UNIV., FAM. = professore che ha superato l'esame di abilitazione.
capétien, enne [kapesjɛ̃, ɛn] adj. et n. HIST. capetingio.
capharnaüm [kafarnaɔm] m. [lieu] luogo di confusione ; sgabuzzino, ripostiglio ; [désordre] confusione f. (d'oggetti).
capillaire [kapilɛr] adj. *lotion capillaire*, lozione per i capelli. || FAM. *artiste capillaire*, barbiere (L.C.). || ANAT., BOT., PHYS. capillare. ◆ n. m. BOT. capelvenere. ◆ n. m. pl. ANAT. capillari.
capillarité [kapilarite] f. capillarità.
capilotade [kapilɔtad] f. FAM. *mettre en capilotade* = fare a pezzi, ridurre in poltiglia, far polpette di. | *avoir la tête en capilotade*, avere la testa a pezzi.
capitaine [kapitɛn] m. [chef d'armée] capitano ; capo militare ; condottiero. || MIL. capitano. | *à vos ordres, mon capitaine*, agli ordini, signor capitano. || MAR. *capitaine de corvette, de frégate, de vaisseau*, capitano di corvetta, di fregata, di vascello. | *capitaine au long cours*, capitano di lungo corso. || HIST. *capitaine (des libertés) du peuple*, capitano del popolo. || SPORT *capitaine de l'équipe*, capitano della squadra. || FIG. *capitaine d'industrie*, capitano d'industria.
capitainerie [kapitɛnri] f. *capitainerie du port*, capitaneria di porto.
1. capital, e, aux [kapital, o] adj. [dans tous les sens] capitale. | *sentence, peine capitale*, sentenza, pena capitale. | *d'une importance capitale*, di capitale importanza. | *les péchés capitaux*, i peccati capitali, mortali. | *lettre capitale*, maiuscola.
2. capital, aux m. capitale. | *capital-actions*, capitale azionario. | *capital-obligations*, capitale obbligazionario. | *capital d'apport*, capitale d'apporto. | *capital circulant, engagé, initial, oisif, improductif, mort*, capitale circolante, investito, iniziale, giacente, improduttivo, morto. | *capital de roulement*, capitale d'esercizio. | *capital social*, capitale sociale. || LOC. *entamer, manger* (fam.) *son capital*, intaccare il proprio capitale. | *épuiser son capital*, dar fondo al proprio capitale. ◆ pl. capitali. | *apport de capitaux*, apporto di capitali.
capitale [kapital] f. [ville] capitale. || TYP. (lettera) maiuscola, (carattere) maiuscolo. | *petite capitale*, maiuscoletto m. | *écrire en capitales*, scrivere in maiuscole.
capitalisation [kapitalizasjɔ̃] f. FIN. capitalizzazione, anatocismo m.
capitaliser [kapitalize] v. tr. FIN. capitalizzare. ◆ v. intr. = accumular denaro, risparmiare.
capitalisme [kapitalism] m. capitalismo.
capitaliste [kapitalist] adj. capitalistico. ◆ n. capitalista.
capitan [kapitɑ̃] m. Vx [bravache] spaccone, spaccamonti, gradasso, smargiasso, millantatore.
capitation [kapitasjɔ̃] f. HIST. capitazione.
capiteux, euse [kapitø, øz] adj. = che dà alla testa, che stordisce.
capitolin, e [kapitɔlɛ̃, in] adj. capitolino.
capiton [kapitɔ̃] m. = borra f.
capitonnage [kapitɔnaʒ] m. [action] imbottitura f. || [ouvrage capitonné] imbottitura ; capitonné (fr.).
capitonner [kapitɔne] v. tr. imbottire. | *porte capitonnée*, porta imbottita.
capitulaire [kapitylɛr] adj. RELIG. capitolare. | *assemblée, lettre, salle capitulaire*, assemblea, lettera, sala capitolare. ◆ n. m. HIST. capitolare.
capitulard [kapitylar] m. PÉJOR. = disfattista, vigliacco.
capitulation [kapitylasjɔ̃] f. PR. et FIG. capitolazione. | *capitulation sans condition*, capitolazione, resa incondizionata. ◆ pl. HIST. capitolazioni.
capitule [kapityl] m. BOT. capolino.
capituler [kapityle] v. intr. PR. et FIG. capitolare ; arrendersi (v. pr.).
capon, onne [kapɔ̃, ɔn] adj. FAM. vigliacco, codardo. ◆ n. m. vigliacco, codardo.
caponnière [kapɔnjɛr] f. MIL. capponiera.
caporal [kapɔral] m. MIL. caporale. | *caporal-chef*, caporale maggiore. || HIST. *le Petit Caporal*, il Piccolo Caporale. || [tabac] = trinciato comune.
caporalisme [kapɔralism] m. = autoritarismo ; maniere caporalesche f. pl.
1. capot [kapo] m. AUTOM. cofano. || MAR. [bâche] cappa f. ; [couvercle] tambucio, tambugio.
2. capot adj. inv. JEU *faire qn capot*, battere uno per cappotto ; far cappotto. || FIG. *rester capot*, rimanere mogio mogio, restare con un palmo di naso.
3. capot m. MAR. *faire capot*, far cuffia.
1. capotage [kapɔtaʒ] m. AUTOM., AÉR. [disposition de la capote] cappottatura f.
2. capotage m. [culbute] capotamento, cap(p)ottamento (gall.) ; capovolgimento.
capote [kapɔt] f. [manteau] cappotto m. (con cappuccio) ; MIL. cappotto. || AUTOM. cappotta ; capote (fr.). || [chapeau] cappotta. || POP. *capote anglaise*, guanto m.
1. capoter [kapɔte] v. tr. [adapter une capote à] adattare una cappotta a, mettere la cappotta di.
2. capoter v. intr. [se renverser] AÉR., AUTOM. capotare, cap(p)ottare (gall.) ; capovolgersi (v. pr.) ; MAR. capovolgersi, rovesciarsi (v. pr.) ; far cuffia.

câpre [kapr] f. Bot. cappero m.
capricant, e [kaprikɑ̃, ɑ̃t] adj. Méd. *pouls capricant*, polso irregolare.
caprice [kapris] m. [lubie] capriccio, ghiribizzo, grillo. | *agir par caprice*, agire a capriccio. | *il lui vint le caprice de*, gli saltò il ghiribizzo, il grillo, il ticchio di. | *satisfaire tous ses caprices*, cavarsi, levarsi tutti i capricci. ‖ [saute d'humeur] bizza f., capriccio. | *enfant qui fait des caprices*, bambino che fa le bizze, i capricci. | [amourette] capriccio ; amorazzo (péjor.). ‖ Fig. capriccio, bizzarria f. | *caprices de la fortune, de la mode*, capricci della fortuna, della moda. ‖ Mus. capriccio.
capricieux, euse [kaprisjø, øz] adj. capriccioso. ‖ [qui a des colères passagères] bizzoso. ‖ Fig. [changeant] capriccioso, mutevole, incostante, instabile. | *caractère capricieux*, carattere capriccioso.
capricorne [kaprikɔrn] m. Zool. longicorno, cerambice f. ‖ Astr. Capricorno.
câprier [kuprije] m. Bot. cappero.
caprification [kaprifikasjɔ̃] f. Agr. caprificazione.
caprin, e [kaprɛ̃, in] adj. caprino ; caprigno (littér.).
capron [kaprɔ̃] m. Bot. fragolone.
caprylique [kaprilik] adj. Chim. caprilico, ottanoico.
capsulage [kapsylaʒ] m. incapsulamento, capsulatura f.
capsulaire [kapsylɛr] adj. = a (forma di) capsula.
capsule [kapsyl] f. capsula. ‖ Mil. *capsule fulminante*, capsula fulminante, esplosiva ; fulminante m. ‖ Aér. *capsule spatiale*, capsula spaziale.
capsuler [kapsyle] v. tr. incapsulare.
captage [kaptaʒ] m. *captage des eaux*, captazione (f.) di acque.
captateur, trice [kaptatœr, tris] n. Jur. reo di captazione (d'eredità).
captation [kaptasjɔ̃] f. Jur. captazione.
capter [kapte] v. tr. Pr. captare. ‖ Fig. cattivarsi, captare. | *capter la faveur de qn*, captare, cattivarsi il favore di uno.
captieux, euse [kapsjø, øz] adj. capzioso.
captif, ive [kaptif, iv] adj. prigioniero ; captivo (littér.). ‖ Aér. *ballon captif*, pallone frenato, pallone drago. ‖ Fig. schiavo. ◆ n. prigioniero ; prigione m. (vx) ; captivo (littér.).
captivant, e [kaptivɑ̃, ɑ̃t] adj. avvincente, attraente, appassionante.
captiver [kaptive] v. tr. cattivare, cattivarsi, captare, avvincere, affascinare, appassionare, guadagnare. | *captiver l'attention*, cattivarsi l'attenzione. | *captiver l'auditoire*, avvincere, appassionare, cattivarsi l'uditorio.
captivité [kaptivite] f. [animaux] cattività. ‖ [emprisonnement] prigionia ; [esclavage] schiavitù. | *tenir qn en captivité*, tener qlcu. prigioniero. ‖ Hist. *la captivité de Babylone*, la cattività babilonese.
capture [kaptyr] f. cattura.
capturer [kaptyre] v. tr. catturare.
capuce [kapys] m. [de moine] cappuccio.
capuche [kapyʃ] f. cappuccio m.
capuchon [kapyʃɔ̃] m. cappuccio ; [pèlerine] impermeabile (con cappuccio). ‖ [de stylo, de cheminée] cappuccio.
capuchonner [kapyʃɔne] v. tr. *capuchonner une cheminée*, proteggere con un cappuccio l'orifizio di un fumaiolo.
capucin, e [kapysɛ̃, in] n. Relig. cappuccino. ◆ m. Zool. cappuccino.
capucine [kapysin] f. Bot. cappuccina, nasturzio indiano. ◆ adj. inv. color (dei fiori della) cappuccina.
caque [kak] f. barile m., barilotto m. (per le aringhe). ‖ Fam. *serrés comme harengs en caque*, pigiati come sardine. ‖ Prov. *la caque sent toujours le hareng* = chi di gallina nasce convien che razzoli.
caquer [kake] v. tr. = mettere in barile (delle aringhe).
caquet [kakɛ] m. Pr. coccodè inv. ‖ Fam. [bavardage] cicaleccio, chiacchierìo. | *avoir du caquet, un bon caquet*, aver la lingua sciolta, lo scilinguagnolo sciolto. | *rabattre le caquet à qn*, far abbassar la cresta a qlcu.
caquetage [kaktaʒ] m. cicaleccio, chiacchierìo, chiacchiericcio.
caqueter [kakte] v. intr. Pr. schiamazzare, fare coccodè. ‖ [bavarder] cicalare, ciarlare, chiacchierare.
1. car [kar] conj. perché, poiché, giacché.
2. car m. Transp. [excursions] pullman inv. (angl.), torpedone ; [desservant une ligne] corriera f.
carabe [karab] m. Zool. carabo.
carabin [karabɛ̃] m. Fam. = studente di medicina.
carabine [karabin] f. carabina.
carabiné, e [karabine] adj. Fam. fulminante (l.c.). | *fièvre carabinée*, febbrone m. ; febbre da cavallo. | *une râclée carabinée*, una sacrosanta bastonatura, un fiacco di legnate. ‖ Pop. *une engueulade carabinée*, una solenne lavata di capo (fam.).
carabinier [karabinje] m. [soldat] carabiniere. ‖ [gendarme en Italie] carabiniere ; [douanier en Espagne] doganiere.
caraco [karako] m. casacchina f., casacchino ; blusa f. (da donna).
caracole [karakɔl] f. caracollo m.
caracoler [karakɔle] v. intr. Pr. et fig. caracollare.
caractère [karaktɛr] m. **1.** [signe écrit] carattere, lettera f. | *en caractères d'imprimerie*, in stampatello. | *en gros caractères*, a lettere cubitali, a lettere di scatola. ‖ Typ. *caractère d'imprimerie*, carattere tipografico. | *caractère romain*, carattere tondo. | *caractère italique*, carattere corsivo, italico. | *caractère gras*, grassetto, neretto. ‖ **2.** [signe distinctif] carattere, caratteristica f. | *les caractères d'une maladie, d'un métal*, i caratteri, le caratteristiche d'una malattia, di un metallo. | *le caractère d'ambassadeur rend la personne inviolable*, la carica di ambasciatore rende inviolabile la persona. ‖ [empreinte] *donner un caractère de vérité à qch.*, dare un'impronta, un carattere di verità a qlco. ‖ [originalité] *le caractère d'une œuvre*, il carattere, l'originalità di un'opera. | *œuvre qui a du caractère*, opera originale. | *danse de caractère*, danza di carattere, danza caratteristica. ‖ **3.** [nature de l'homme] carattere, indole f., natura f., temperamento. | *mauvais caractère*, caratteraccio ; cattivo carattere. | *avoir bon caractère*, avere un buon carattere. | *caractère fort*, carattere fermo. | *caractère faible*, carattere debole, fiacco, sfibrato. | *caractère fermé*, carattere chiuso, riservato. | *trait de caractère*, tratto del carattere. ‖ **4.** [personnalité] *homme de caractère, sans caractère*, uomo di carattere, senza carattere. | *force de caractère*, fermezza di carattere, d'animo. | *faire preuve de caractère*, dar prova di carattere, dimostrar carattere, fermezza d'animo. ‖ **5.** Crit. litt. *comédie de caractère*, commedia di carattere. | *les Caractères*, i Caratteri.
caractériel, elle [karakterjɛl] adj. et n. Psych. caratteriale.
caractérisation [karakterizasjɔ̃] f. caratterizzazione.
caractérisé, e [karakterize] adj. palese, manifesto.
caractériser [karakterize] v. tr. caratterizzare. ◆ v. pr. essere caratterizzato. | *cet instrument se caractérise par son extrême maniabilité*, carattere di questo strumento è l'estrema maneggevolezza.
caractéristique [karakteristik] adj. caratteristico, tipico. ◆ n. f. caratteristica.
caractérologie [karakterɔlɔʒi] f. caratterologia.
caracul m. V. karakul.
carafe [karaf] f. caraffa, boccia. ‖ Fam. *laisser qn en carafe*, piantare qlcu. in asso.
carafon [karafɔ̃] m. caraffetta f., piccola caraffa.
carambolage [karɑ̃bɔlaʒ] m. [billard] carambola f. ‖ Fam. carambola ; scontro (di più veicoli).
caramboler [karɑ̃bɔle] v. intr. [billard] carambolare, far carambola. ◆ v. tr. et intr. Fam. urtare, investire (l.c.). ◆ v. pr. scontrarsi, urtarsi ; entrare in collisione.
carambouillage [karɑ̃bujaʒ] m. = rivendita fraudolenta di merce non pagata ; truffa f.
carambouiller [karɑ̃buje] v. intr. = rivendere fraudolentemente merci non pagate.
carambouilleur, euse [karɑ̃bujœr, øz] n. = chi rivende fraudolentemente merci non pagate.

caramel [karamɛl] m. CULIN. caramello. ‖ [bonbon] caramella f. (di zucchero cotto). ◆ adj. inv. (color) caramello.
caraméliser [karamelize] v. tr. caramellare.
carapace [karapas] f. carapace m. ‖ FIG. corazza.
carapater (se) [səkarapate] v. pr. POP. svignarsela (fam.); darsela a gambe (fam.).
carat [kara] m. carato. | *or à dix-huit carats*, oro a diciotto carati.
caravane [karavan] f. PR. carovana; [touristes] comitiva. ‖ [remorque de camping] roulotte (fr.); carovana (rare).
caravanier [karavanje] m. PR. carovaniere. ‖ [qui pratique le caravaning] roulottista.
caravan(n)ing [karavaniŋ] m. caravanning (angl.).
caravansérail [karavɑ̃seraj] m. caravanserraglio.
caravelle [karavɛl] f. caravella.
carbogène [karbɔʒɛn] m. carbogeno.
carbonade ou **carbonnade** [karbɔnad] f. carne ai ferri; carbonata (vx).
carbonarisme [karbɔnarism] m. HIST. carbonarismo.
carbonaro [karbɔnaro] m. HIST. carbonaro.
carbonate [karbɔnat] m. carbonato.
carbonater [karbɔnate] v. tr. carbonatare.
carbone [karbɔn] m. CHIM. carbonio. | *hydrate de carbone*, idrato di carbonio; carboidrato. | *(papier) carbone*, cartacarbone f. (pl. *cartecarbone*).
carbonifère [karbɔnifɛr] adj. carbonifero. ◆ adj. et n. m. GÉOL. carbonifero, carbonico.
carbonique [karbɔnik] adj. carbonico. | *neige carbonique*, neve carbonica, artificiale.
carbonisation [karbɔnizasjɔ̃] f. carbonizzazione.
carboniser [karbɔnize] v. tr. carbonizzare.
carbonnade f. V. CARBONADE.
carburant [karbyrɑ̃] adj. et n. m. carburante.
carburateur [karbyratœr] m. carburatore.
carburation [karbyrasjɔ̃] f. carburazione.
carbure [karbyr] m. carburo.
carburéacteur [karbyreaktœr] m. cherosene per aerei a reazione.
carburer [karbyre] v. intr. TECHN. carburare. ‖ POP. [fonctionner] carburare; funzionar bene, andar bene (L.C.).
carcan [karkɑ̃] m. gogna f. ‖ FIG. gravame, peso, pastoia f. | *le carcan de la discipline*, il peso, le pastoie della disciplina.
carcasse [karkas] f. [squelette] carcassa, carcame m.; IRON. [corps humain] carcassa. ‖ AÉR. *carcasse de fuselage*, intelaiatura, incastellatura della fusoliera. ‖ ARCHIT. armatura, incastellatura. ‖ AUTOM. telaio m., intelaiatura, carcassa. ‖ MAR. carcassa. ‖ TECHN., PÉJOR. carcame, rottame m.
carcéral, e [karseral] adj. carcerario.
carcinome [karsinom] m. MÉD. carcinoma.
cardage [kardaʒ] m. TEXT. cardatura f.
cardamine [kardamin] f. BOT. viola dei pesci; billeri m. pl.
cardamome [kardamɔm] m. BOT. cardamomo.
cardan [kardɑ̃] m. TECHN. cardano. | *joint de Cardan, transmission par cardan*, giunto di cardano, giunto cardanico.
1. carde [kard] f. BOT. costola commestibile della foglia del cardo.
2. carde f. TEXT. cardo m., scardasso m.
carder [karde] v. tr. TEXT. cardare, scardassare.
cardère [kardɛr] f. BOT. cardo (m.) dei lanaioli, scardaccione m.
cardeur, euse [kardœr, øz] n. TEXT. [ouvrier] cardatore, trice; scardassatore, trice. ◆ n. f. [machine] carda, cardatrice.
cardialgie [kardjalʒi] f. MÉD. cardialgia.
cardiaque [kardjak] adj. cardiaco. ◆ n. [malade] cardiopatico, cardiaco.
cardigan [kardigɑ̃] m. golf inv., cardigan inv. (angl.).
cardinal, e, aux [kardinal, o] adj. cardinale. ◆ n. m. cardinale. | *chapeau de cardinal*, cappello cardinalizio. ‖ ZOOL. cardinale.
cardinalat [kardinala] m. cardinalato.
cardinalice [kardinalis] adj. cardinalizio.
cardiogramme [kardjɔgram] m. cardiogramma.
cardiographe [kardjɔgraf] m. cardiografo.
cardiographie [kardjɔgrafi] f. cardiografia.
cardiologie [kardjɔlɔʒi] f. cardiologia.
cardiologue [kardjɔlɔg] m. cardiologo.
cardiopathie [kardjɔpati] f. cardiopatia.
cardiotonique [kardjɔtɔnik] adj. et n. m. cardiotonico.
cardio-vasculaire [kardjɔvaskylɛr] adj. cardiovascolare.
cardite [kardit] f. MÉD. cardite.
cardon [kardɔ̃] m. BOT. cardo.
carême [karɛm] m. quaresima f. ‖ FIG., PÉJOR. *figure, face de carême*, faccia da quaresima. ‖ LOC. *arriver comme mars en carême, arriver comme marée en carême*, V. MARÉE.
carême-prenant [karɛmprənɑ̃] m. = i tre giorni che precedono l'inizio della quaresima. ‖ VX [mardi gras] martedì grasso.
carénage [karenaʒ] m. MAR. carenaggio. | *bassin de carénage*, bacino di carenaggio. ‖ TECHN. carenatura f.
carence [karɑ̃s] f. JUR. carenza. ‖ [insolvabilité] insolvenza. | *certificat de carence*, certificato d'insolvenza. ‖ [impuissance, démission] inadempienza, carenza. | *la carence du gouvernement, du pouvoir*, la carenza del governo, del potere. ‖ MÉD. carenza, mancanza, insufficienza. | *maladie de, par carence*, malattia da carenza. ‖ PSYCH. *carence affective*, carenza affettiva.
carène [karɛn] f. carena.
caréner [karene] v. tr. carenare.
caressant, e [karɛsɑ̃, ɑ̃t] adj. PR. carezzevole. ‖ [tendre] carezzevole, soave, dolce, affettuoso.
caresse [karɛs] f. PR. et FIG. carezza.
caresser [karese] v. tr. (ac)carezzare. ‖ FAM., IRON. *caresser les épaules, le dos, les côtes à qn*, accarezzare le spalle, il groppone a qlcu. ‖ FAM. *caresser la bouteille* = essere un beone. ‖ [effleurer] accarezzare, sfiorare. | *la brise lui caressait le visage*, la brezza gli accarezzava il viso. | *caresser des yeux, du regard*, accarezzare con gli occhi. ‖ FIG. [flatter] accarezzare, lusingare. | *caresser la vanité des gens*, accarezzare la vanità della gente. ‖ [nourrir complaisamment] vagheggiare, accarezzare. | *caresser une idée, un projet*, vagheggiare un'idea, un progetto.
1. caret [karɛ] m. ZOOL. caretta f.
2. caret m. TECHN. aspo.
carex [karɛks] m. BOT. carice f.
cargaison [kargɛzɔ̃] f. carico m. ‖ FIG., FAM. sacco m., mucchio m. | *il a toujours une cargaison de crayons dans ses poches*, ha sempre un sacco di matite in tasca. | *une cargaison d'histoires drôles*, un sacco di barzellette.
cargo [kargo] m. MAR. nave (f.) da carico; cargo. | *cargo mixte*, nave mista.
cargue [karg] f. MAR. imbroglio m.
carguer [karge] v. tr. *carguer les voiles*, imbrogliar le vele.
cari, cary [kari] ou **curry** [kyri] m. curry.
cariatide ou **caryatide** [karjatid] f. cariatide.
caribou [karibu] m. ZOOL. caribù.
caricatural, e, aux [karikatyral, o] adj. caricaturale.
caricature [karikatyr] f. PR. et FIG. caricatura.
caricaturer [karikatyre] v. tr. [faire un dessin] far la caricatura di. ‖ [ridiculiser] mettere in caricatura.
caricaturiste [karikatyrist] n. caricaturista.
carie [kari] f. carie inv.
carier [karje] v. tr. cariare. ◆ v. pr. cariarsi.
carillon [karijɔ̃] m. [ensemble de cloches] carillon (fr.); concerto (m.) di campane. ‖ [sonnerie] scampanio. ‖ [horloge] orologio a carillon; [sonnette] campanello.
carillonnement [karijɔnmɑ̃] m. [cloches] scampanio; [sonnette] scampanellio, tintinnio.
carillonner [karijɔne] v. intr. PR. = suonare il carillon. ‖ [sonner joyeusement] scampanare; suonare a festa. ‖ FAM. *carillonner à la grille*, scampanellare al cancello. ◆ v. tr. suonare. | *horloge qui carillonne les heures*, orologio che suona le ore. ‖ FIG. [claironner] strombazzare. | *fête carillonnée*, festa solenne.

carillonneur [karijɔnœr] m. campanaro ; campanaio (tosc.).
1. carlin [karlɛ̃] m. [monnaie] carlino.
2. carlin m. ZOOL. carlino.
carlingue [karlɛ̃g] f. AÉR. carlinga. ‖ MAR. paramezzale m.
carliste [karlist] adj. et n. carlista.
carmagnole [karmaɲɔl] f. [veste ; chanson, danse] carmagnola.
carme [karm] m. RELIG. carmelitano.
carmélite [karmelit] f. RELIG. (suora) carmelitana.
carmin [karmɛ̃] m. carminio ; carmino (littér.). ◆ adj. inv. color carminio.
carminatif, ive [karminatif, iv] adj. PHARM. carminativo.
carminé, e [karmine] adj. rosso carminio inv.
carnage [karnaʒ] m. carneficina f., strage f., massacro.
1. carnassier, ère [karnasje, ɛr] adj. carnivoro. ◆ adj. et n. f. *(dent) carnassière*, dente carnivoro, ferino. ◆ n. m. pl. carnivori.
2. carnassière f. [sac] carniere m., carniera.
carnation [karnasjɔ̃] f. carnagione.
carnaval [karnaval] m. carnevale. | *figure de carnaval*, faccia da carnevale. ‖ FIG. *être (vêtu comme) un (vrai) carnaval* = essere vestito in modo ridicolo, essere vestito come un pagliaccio.
carnavalesque [karnavalɛsk] adj. carnevalesco.
carne [karn] f. POP. [viande] carnaccia. ‖ [cheval] brocco m., brenna, rozza, ronzino m.
carné, e [karne] adj. [à base de viande] carneo. ‖ [couleur de chair] carneo, carnicino.
carnet [karnɛ] m. [bloc-notes] taccuino, libretto, quadernetto, libriccino, blocchetto. | *carnet de bal*, carnet (fr.) di ballo. ‖ [assemblage de billets] libretto, blocchetto, carnet. | *carnet de timbres*, blocchetto di francobolli. | *carnet de chèques*, libretto degli assegni, carnet di assegni. | *carnet à souches*, bollettario ; libretto a madre e figlia. ‖ COMM. *carnet d'échantillons*, campionario. | *carnet d'expéditions, de livraisons*, registro delle spedizioni, delle consegne. | *carnet de commandes*, carnet ; ordinazioni f. pl. | *carnet d'échéances*, scadenzario. ‖ [école] *carnet de notes*, pagella f.
carnier [karnje] m. carniere, carniera f.
carnivore [karnivɔr] adj. et n. m. carnivoro.
carole [karɔl] f. MUS. carola.
carolingien, enne [karɔlɛ̃ʒjɛ̃, ɛn] adj. HIST. carolingio.
caronade [karɔnad] f. MIL. carronata.
caroncule [karɔ̃kyl] f. ANAT., BOT., ZOOL. caruncola.
carotène [karɔtɛn] m. CHIM. carotene.
carotide [karɔtid] f. ANAT. carotide.
carotidien, enne [karɔtidjɛ̃, ɛn] adj. carotideo.
carottage [karɔtaʒ] m. MIN. carotaggio. ‖ FIG., FAM. truffa f. (L.C.).
carotte [karɔt] f. BOT. carota. ‖ FAM. *les carottes sont cuites* = tutto è finito, non c'è più niente da fare. | *poil-de-carotte*, pel di carota. ‖ [feuilles de tabac] foglie di tabacco da masticare arrotolate a forma di carota ; [enseigne] = insegna del tabaccaio. ‖ FAM. [ruse] *tirer une carotte à qn*, spillare soldi a qlcu. ‖ MIN. carota. ◆ adj. inv. color carota.
carotter [karɔte] v. tr. MIN. carotare. ‖ FAM. *carotter qn*, fregare qlcu. (pop.) ; truffare qlcu. (L.C.). | *carotter de l'argent à qn*, spillare soldi a qlcu. | *carotter qch. à qn*, fregare qlco. a qlcu. (pop.) ; estorcere, carpire qlco. a qlcu. (L.C.).
carotteur, euse [karɔtœr, øz] n. FAM. scroccone, a, scroccatore, trice ; truffatore, trice (L.C.).
carottier [karɔtje] m. MIN. carotiera f.
caroube [karub] f. ou **carouge** [karuʒ] f. BOT. carruba.
caroubier [karubje] m. BOT. carrubo.
carpatique [karpatik] adj. V. KARPATIQUE.
1. carpe [karp] f. ZOOL. carpa. | *carpe cuir, carpe miroir*, carpa cuoio, carpa a specchio. ‖ FAM. *muet comme une carpe*, muto come un pesce. | *bâiller comme une carpe* = sbadigliare sgangheratamente. | *faire des yeux de carpe*, far l'occhio di triglia. ‖ SPORT *saut de carpe :* [gymnastique au sol] = salto che si esegue stando bocconi senza aiutarsi con le mani ; [plongeon] salto, tuffo carpiato.
2. carpe m. ANAT. carpo.
carpeau [karpo] m. ou **carpette** [karpɛt] f. ZOOL. carpa giovane.
carpelle [karpɛl] m. BOT. carpello.
1. carpette [karpɛt] f. tappetino m., scendiletto m. ‖ FAM. [personne servile] burattino m., fantoccio m.
2. carpette f. V. CARPEAU.
carpien, enne [karpjɛ̃, ɛn] adj. ANAT. carpale.
carpillon [karpijɔ̃] m. carpa giovanissima.
carpocapse [karpɔkaps] f. ZOOL. carpocapsa.
carquois [karkwa] m. faretra f., turcasso.
carrare [karar] m. MINÉR. = marmo (bianco) di Carrara.
carre [kar] f. [de ski] lamina.
carré, e [kare] adj. quadrato, quadro. ‖ [large] *épaules carrées*, spalle quadre, quadrate. | *front carré*, fronte quadrata. ‖ FIG., FAM. *une tête carrée :* [décidée ; au jugement solide] persona, mente quadrata ; testa quadra ; [têtue] testa quadra. ‖ [résolu, franc] deciso, risoluto, reciso. | *une réponse carrée*, una risposta recisa. | *homme carré en affaires*, uomo energico, risoluto negli affari. ‖ MATH. quadrato, quadro. ‖ MUS. *notes carrées*, note quadrate. ◆ n. m. [quadrilatère] quadrato. ‖ *un carré de terre*, un quadrato di terra. | *un carré de choux*, un quadrato di terra piantato a cavoli. | *un carré de tissu*, un riquadro, un quadrato di tessuto. | *carré de soie*, fazzoletto (da collo) di seta. ‖ CULIN. *carré de porc*, lombata, quadrello di maiale. ‖ JEU *carré d'as*, poker d'assi. ‖ MAR. [salle des officiers] quadrato. ‖ MATH. quadrato. | *élever un nombre au carré*, elevare un numero al quadrato. ‖ MIL. *former le carré*, formare il quadrato. ◆ n. f. ARG. camera (L.C.).
carreau [karo] m. [petit carré] quadretto. | *tissu à carreaux*, tessuto a quadretti, a scacchi. ‖ [plaque pour revêtement mural] piastrella f. ; [pour le sol] quadrello, mattonella f. ‖ [sol] pavimento. | *coucher sur le carreau*, dormire sul pavimento. ‖ FIG. *rester sur le carreau*, restare sul terreno. ‖ [vitre] vetro. | *regarder aux carreaux*, guardare dalla finestra (chiusa), guardare dietro i vetri. ‖ LOC. *le carreau des Halles* [à Paris] = il mercato centrale degli ortofrutticoli. ‖ MIN. *le carreau de la mine* = il piazzale, il deposito di minerale di una miniera. ‖ JEU quadri m. pl. | *l'as, le valet de carreau*, l'asso, il fante di quadri. ‖ FIG., FAM. *se garder, se tenir à carreau* = stare in guardia, stare attenti a non commettere il minimo fallo, essere prudenti, agire con prudenza (L.C.). ‖ MIL. [flèche] quadrello. ‖ TECHN. [coussin de dentellière] = cuscino, tombolo quadro. ‖ [fer de tailleur] ferro da stiro. ‖ [lime] = grossa lima quadrangolare.
carrée f. V. CARRÉ.
carrefour [karfur] m. crocevia inv., incrocio, crocicchio, quadrivio. ‖ [moment crucial] bivio. | *se trouver à un carrefour de son existence*, trovarsi a un bivio della propria vita. ‖ [lieu de rencontre] ritrovo, convegno ; luogo d'incontro. | *ce café est un carrefour d'artistes*, questo caffè è un ritrovo d'artisti. | *revue qui veut être un carrefour d'idées*, rivista che vuol essere un punto d'incontro d'idee. ‖ [colloque] convegno. | *organiser un carrefour sur la politique européenne*, organizzare, promuovere un convegno sulla politica europea.
carrelage [karlaʒ] m. [action] pavimentazione f., ammattonatura f. ‖ [revêtement du sol] ammattonato ; pavimento di mattonelle, di quadrelli ; [sur les murs] rivestimento di piastrelle.
carreler [karle] v. tr. pavimentare (con mattonelle, quadrelli, piastrelle), ammattonare.
carrelet [karlɛ] m. ZOOL. passera (f.) di mare. ‖ [filet de pêche] bilancia f. ‖ [règle quadrangulaire] righello. ‖ [aiguille] ago da sellaio.
carreleur [karlœr] m. pavimentista, pavimentatore, piastrellaio, piastrellista.
carrément [karemɑ̃] adv. decisamente, francamente,

risolutamente, recisamente. | *refuser carrément*, rifiutare recisamente. | *parler carrément*, parlar chiaro e tondo. | *agir carrément*, agire decisamente, con risolutezza, con decisione.
carrer [kare] v. tr. [rendre carré] squadrare. ‖ GÉOM. quadrare. ‖ MATH. quadrare; elevare al quadrato. ◆ v. pr. FIG. *se carrer dans un fauteuil*, sistemarsi comodamente, sprofondarsi in una poltrona.
carrier [karje] m. cavapietre inv., cavatore (di pietra).
1. carrière [karjɛr] f. [lieu d'extraction] cava.
2. carrière f. VX [terrain de courses] arena, lizza. ‖ LOC. (littér.) *donner carrière à*, dar campo libero a, dar libero corso a. | *donner carrière à ses caprices*, sbizzarrirsi, scapricciarsi. ‖ [profession] carriera, professione. | *faire une longue carrière dans l'Administration*, servire a lungo nell'Amministrazione. | *officier de carrière*, ufficiale di carriera. | *la Carrière*, la carriera diplomatica. ‖ (littér.) [cours de la vie] esistenza, vita (attiva).
carriole [karjɔl] f. carretta. ‖ PÉJOR. vecchia carretta.
carrossable [karɔsabl] adj. carrozzabile, carreggiabile.
carrossage [karɔsaʒ] m. [action de carrosser] (il) carrozzare. ‖ [inclinaison de la roue] campanatura f.
carrosse [karɔs] m. carrozza f., cocchio. ‖ FAM. *rouler carrosse* = fare una vita da gran signore. | *être la cinquième roue du carrosse*, essere l'ultima ruota del carro.
carrosser [karɔse] v. tr. carrozzare.
carrosserie [karɔsri] f. [industrie; bâti] carrozzeria.
carrossier [karɔsje] m. carrozziere.
carrousel [karuzɛl, sɛl] m. HIST. carosello. ‖ [manège] giostra f., carosello.
carroyage [karwajaʒ] m. quadrettatura f.
carroyer [karwaje] v. tr. quadrettare.
carrure [karyr] f. larghezza di spalle. | *un homme de forte carrure*, un uomo dalle spalle quadrate, quadre, larghe, massicce. | *veste trop étroite de carrure*, giacca troppo stretta di spalle. ‖ FIG. valore m., levatura.
cartable [kartabl] m. cartella f.
carte [kart] f. **1.** biglietto m., cartoncino m. | *carte de visite*, biglietto da visita. | *carte d'invitation, de vœux*, biglietto d'invito, d'auguri. | *carte postale*, cartolina. ‖ **2.** CULIN. lista, menù m. | *manger à la carte*, mangiare alla carta (gall.). | *carte des vins*, lista dei vini. ‖ **3.** ADM. tessera. | *carte d'identité*, carta d'identità. | *carte d'alimentation*, tessera annonaria. | *carte d'électeur*, certificato (m.) elettorale. | *carte grise*, libretto (m.) di circolazione. ‖ **4.** JEU *carte (à jouer)*, carta (da gioco). | *partie de cartes*, partita a carte. | *jouer aux cartes*, giocare a carte. | *battre les cartes*, mescolare le carte; scozzare (rare) le carte. | *tirer les cartes*, fare, leggere le carte. ‖ **5.** LOC. *donner carte blanche*, dare carta bianca. | *jouer, mettre cartes sur table*, giocare a carte scoperte, mettere le carte in tavola. | *connaître, découvrir le dessous des cartes*, scoprire gli altarini. | *jouer sa dernière carte*, giocare l'ultima, l'estrema carta. | *brouiller les cartes*, imbrogliare, mescolare le carte. | *château de cartes*, castello di carte. ‖ **6.** GÉOGR. *carte de géographie, géographique*, carta geografica. | *carte muette*, carta muta.
cartel [kartɛl] m. [défi] cartello (di sfida). ‖ [entente] cartello. ‖ [horloge murale] orologio a muro.
carte-lettre [kartəlɛtr] f. biglietto (m.) postale.
cartellisation [kartɛlizasjɔ̃] f. cartellizzazione.
carter [kartɛr] m. TECHN. carter (angl.). ‖ AUTOM. coppa (f.) dell'olio, carter. | *carter de la boîte de vitesses*, scatola (f.) del cambio di velocità. ‖ *carter de bicyclette*, carter della bicicletta; copricatena inv.
cartésien, enne [kartezjɛ̃, ɛn] adj. et n. cartesiano.
carthaginois, e [kartaʒinwa, az] adj. et n. cartaginese.
cartilage [kartilaʒ] m. cartilagine f.
cartilagineux, euse [kartilaʒinø, øz] adj. cartilaginoso, cartilagineo.
cartographe [kartɔgraf] m. cartografo.
cartographie [kartɔgrafi] f. cartografia.
cartographique [kartɔgrafik] adj. cartografico.
cartomancie [kartɔmɑ̃si] f. cartomanzia.
cartomancien, enne [kartɔmɑ̃sjɛ̃, ɛn] n. cartomante.
carton [kartɔ̃] m. [matière] cartone. ‖ [boîte] scatola (f.) di cartone. | *carton à chapeau*, cappelliera f. ‖ [portefeuille] cartella f. | *carton à dessin*, cartella per disegni. ‖ FIG. *dossier qui dort dans les cartons du ministère*, pratica che dorme nelle cartelle, incartamento che dorme nei raccoglitori del ministero. | *projet resté dans les cartons* = progetto mai realizzato, progetto in sospeso, progetto arenato. ‖ [cible] bersaglio (di cartone). ‖ FAM. *faire un carton* = tirare al bersaglio; colpire nel, centrare il bersaglio. ‖ ART [modèle] cartone.
cartonnage [kartɔnaʒ] m. [action] (il) cartonare. ‖ [objet] cartonaggio.
cartonner [kartɔne] v. tr. cartonare. | *livre cartonné*, libro cartonato; libro rilegato in cartone.
cartonnerie [kartɔnri] f. fabbrica di cartone; cartonificio m.
cartonnier [kartɔnje] m. [fabricant, marchand] = fabbricante, venditore di cartone, di oggetti in cartone. ‖ [meuble] cartellario; cartelliera f. ‖ ART = artista che esegue cartoni (d'arazzi).
carton-paille [kartɔ̃pɑj] m. cartone paglia.
carton-pâte [kartɔ̃pɑt] m. cartapesta f.
1. cartouche [kartuʃ] f. MIL. cartuccia. | *étui à cartouches*, cartucciera. | *cartouche (d'artillerie)*, cartoccio m. (d'artiglieria). ‖ [explosif] *cartouche de dynamite*, cartuccia, candelotto (m.) di dinamite, di tritolo. ‖ *cartouche de cigarettes*, stecca di sigarette. | *cartouche d'encre*, ricambio (m.) d'inchiostro (stilografico). ‖ LOC. *brûler sa dernière cartouche*, sparare l'ultima cartuccia.
2. cartouche m. ARCHIT. cartoccio, cartiglio. ‖ TYP. cartoccio.
cartoucherie [kartuʃri] f. fabbrica di cartucce.
cartouchière [kartuʃjɛr] f. cartucciera.
cartulaire [kartylɛr] m. cartulario.
caryatide f. V. CARIATIDE.
caryocinèse [karjɔsinɛz] f. BIOL. cariocinesi.
caryophyllacées [karjɔfilase] f. pl. BOT. cariofillacee.
cary m. V. CARI.
caryopse [karjɔps] m. BOT. cariosside f.
cas [kɑ] m. caso. | *cas de force majeure*, caso di forza maggiore. | *cas urgent*, caso urgente, caso di emergenza. | *cas d'espèce*, fattispecie f.; caso particolare. | *dans le cas présent*, nella fattispecie. | *cas de conscience*, caso di coscienza. | *cas limite*, caso limite. ‖ GRAMM. caso. | *cas sujet, oblique*, caso retto, obliquo. ‖ JUR. caso. ‖ MATH. *cas d'égalité*, caso d'uguaglianza. ‖ MÉD. caso. ‖ LOC. *prenons le cas de qn qui*, poniamo il caso di uno che. | *faire (grand) cas de*, far gran conto di. | *faire peu de cas de qch.*, tenere qlco. in poco conto. | *le cas échéant*, all'occorrenza, al caso, eventualmente. | *dans le cas contraire*, in caso contrario. ◆ loc. adv. ***en ce cas***, in questo caso. ‖ ***en pareil cas***, in tal caso. ‖ ***en tout cas, dans tous les cas***, in ogni caso. ‖ ***en aucun cas***, in nessun modo. ◆ loc. prép. ***en cas de***, in caso di. | *en cas de besoin*, in caso di bisogno, al bisogno. ◆ loc. conj. ***au cas, dans le cas, pour le cas où*** [suivis du cond.], nel caso che, caso mai, qualora [suivis du subj.].
casanier, ère [kazanje, ɛr] adj. casalingo.
casaque [kazak] f. casacca. ‖ FIG. *tourner casaque*, mutar, voltar casacca, gabbana.
casaquin [kazakɛ̃] m. VX casacchino, giubbetto (L.C.).
casbah [kazba] f. casba.
cascade [kaskad] f. cascata. ‖ FIG. scroscio m., valanga. | *une cascade d'applaudissements*, uno scroscio d'applausi. | *une cascade de citations, d'exemples*, una valanga di citazioni, di esempi. | *en cascade*, in serie. ‖ ÉLECTR. *montage en cascade*, collegamento in cascata, in serie. ‖ FIG. *en cascade*, in serie.
cascader [kaskade] v. intr. PR. = andar giù a cascata. ‖ POP. = fare scapataggini, far una vita disordinata.
cascadeur, euse [kaskadœr, øz] n. [cirque] cascatore, trice; acrobata. ‖ CIN. stunt man m. inv. (angl.); cadutista, cascatore (rare). ‖ FAM. vitaiolo m.

cascatelle [kaskatɛl] f. cascatella.
1. case [kɑz] f. [cabane] capanna.
2. case f. [compartiment] casella, scompartimento m., scomparto m. | *les cases d'une ruche*, le cellette di un alveare. || [carré, rectangle dessiné] casa, quadretto m., scacco m. | *les cases de l'échiquier*, le case della scacchiera. || FIG., FAM. *il a une case vide, une case en moins*, gli manca qualche rotella.
caséeux, euse [kazeø, øz] adj. caseoso.
caséification [kazeifikasjɔ̃] f. caseificazione.
caséine [kazein] f. caseina.
casemate [kazmat] f. MIL. casamatta (pl. *casematte*).
casemater [kazmate] v. tr. MIL. casamattare, fortificare con casematte.
caser [kɑze] v. tr. [ranger] mettere a posto, sistemare, riporre, ordinare. || FIG., FAM. [procurer un emploi] sistemare; procurare un impiego; [marier] sistemare, accasare. | *caser ses filles*, sistemare, accasare le proprie figlie. ◆ v. pr. FIG., FAM. [trouver un emploi] sistemarsi; trovare una sistemazione, un impiego; [se marier] sistemarsi, accasarsi.
caserne [kazɛrn] f. MIL. caserma. | *vie de caserne*, vita di caserma (pr.), da caserma (fig.). | *plaisanterie de caserne*, scherzo da caserma. || PÉJOR. [bâtiment] casermone m.
casernement [kazɛrnəmɑ̃] m. MIL. [action] accasermamento. || [ensemble des locaux] caserme f. pl.
caserner [kazɛrne] v. tr. MIL. accasermare.
cash [kaʃ] adv. (angl.) *payer cash*, pagare in contanti.
casher adj. V. KASCHER.
casier [kɑzje] m. [meuble] casellario. | *casier à musique, à disques, à bouteilles*, casellario per la musica, per i dischi, per bottiglie. || [pêche] nassa f. (per i crostacei). || JUR. [service administratif] casellario giudiziale; [relevé des condamnations] = registro delle condanne penali. | *extrait de casier judiciaire*, fedina (f.), certificato penale. | *avoir un casier judiciaire vierge, chargé*, aver la fedina pulita, sporca.
casino [kazino] m. JEU casinò inv.
casoar [kazɔar] m. ZOOL. casuario, casoario, casoaro. || MIL. [plumet] = pennacchio (rosso e bianco che gli allievi dell'accademia militare di Saint-Cyr portano sullo sciaccò).
casque [kask] m. casco, elmo, elmetto. | *casque à pointe*, elmo a chiodo. | *les Casques bleus*, i Caschi blu. | *casque de pompier, de mineur*, casco, elmetto da pompiere, da minatore. | *casque de coureur, d'aviateur*, camauro; casco da corridore, da aviatore. || [sèche-cheveux] asciugacapelli inv. (a casco); casco. || TÉLÉCOM. *casque (d'écoute)*, cuffia f.
casqué, e [kaske] adj. = con l'elmo, l'elmetto, il casco (in testa).
casquer [kaske] v. intr. et tr. POP. scucire, sganciare (la grana). | *j'ai casqué deux mille balles*, ho scucito due biglietti da mille.
casquette [kaskɛt] f. berretto m. (a visiera).
cassable [kasabl] adj. fragile, friabile.
cassant, e [kasɑ̃, ɑ̃t] adj. [fragile] = che si rompe, che si spezza facilmente; fragile. || FIG. [dur, tranchant] brusco, reciso. | *ton cassant*, tono reciso.
cassate [kasat] f. CULIN. cassata.
1. cassation [kasasjɔ̃] f. JUR. cassazione. | *Cour de cassation*, Corte di cassazione. | *se pourvoir en cassation*, ricorrere in cassazione. || MIL. degradazione.
2. cassation f. MUS. cassazione.
1. casse [kɑs] f. [action de briser] (il) rompere, (lo) spezzare; rottura. || [objets cassés] cocci m. pl., rottami m. pl. || AUTOM. rottamazione (di auto, di macchine) [néol.]. | *vendre une voiture à la casse* = vendere una macchina come rottame. || [altération du vin] casse (fr.); = malattia del vino. || FIG. *payer la casse*, pagare i danni. || POP. *envoyer des soldats à la casse*, mandar soldati al macello. | *le bombardement d'hier a fait beaucoup de casse* = il bombardamento di ieri ha causato gravi danni, molte perdite (L.C.). || POP. *il y aura de la casse*, non andrà liscia (fam.). | *je ne réponds pas de la casse* = declino ogni responsabilità; (in caso di danni, d'insuccesso) non voglio andarci di mezzo. ◆ m. ARG. furto (m.) con scasso (L.C.).
2. casse f. TECHN. [coupelle] crogiolo m.
3. casse f. TYP. cassa (tipografica). | *haut, bas de casse*, cassa alta, bassa.
4. casse f. BOT. cassia.
cassé, e [kase] adj. [vieux, infirme] cadente, curvo. | *voix cassée*, voce fioca, rauca. | *blanc cassé* = bianco sfumato (di nero, di giallo).
casse-cou [kasku] m. inv. [lieu et personne] rompicollo, scavezzacollo. | *crier casse-cou* = mettere qlcu. sull'avviso.
casse-croûte [kaskrut] m. inv. FAM. spuntino, merenda f. | *casse-croûte à toute heure*, ristoro ad ogni ora.
casse-gueule [kasgœl] m. inv. POP. [eau-de-vie] (VX) = acquavite (fortissima). || [endroit dangereux] rompicollo, scavezzacollo. || LOC. *aller au casse-gueule*, V. CASSE-PIPE(S). ◆ adj. inv. POP. [dangereux] pericoloso (L.C.); [téméraire] temerario (L.C.).
cassement [kasmɑ̃] m. rottura f., rompimento. || FIG. *cassement de tête*, grattacapo, rompicapo.
casse-noisettes [kasnwazɛt] m. inv. schiaccianoci.
casse-noix [kasnwa] m. inv. schiaccianoci. || ZOOL. nocciolaia f.
casse-pieds [kaspje] n. inv. FAM. seccatore, trice; scocciatore, trice; rompiscatole n. inv.
casse-pierres [kaspjɛr] m. inv. mazza f. (dello spaccapietre). || BOT. sassifraga f.
casse-pipe(s) [kaspip] m. inv. POP. guerra f. (L.C.). | *aller au casse-pipe*, partire per la guerra (L.C.); andare al macello (fam.).
casser [kase] v. tr. [briser] rompere, spezzare. | *casser la pointe d'une plume*, spuntare un pennino. || [en frappant] rompere, spezzare, fare a pezzi; mandare in pezzi, in frantumi; spaccare, schiantare. | *casser des cailloux, du bois*, spaccar sassi, legna. | *casser en mille morceaux*, mandare in frantumi. || FAM. [endommager involontairement] *j'ai cassé ma montre, ma bicyclette*, mi si è rotto l'orologio, mi si è rotta la bicicletta. || [mettre hors d'usage volontairement] *avec un marteau, il a cassé ma bicyclette*, con un martello mi ha rotto la bicicletta. || FIG. *cette nouvelle lui a cassé bras et jambes*, quella notizia gli ha troncato braccia e gambe. | *payer les pots cassés*, V. PAYER. || LOC. FAM. *casser la figure, la gueule* (pop.) *à qn*, rompere, spaccare la testa, la faccia, il muso (pop.) a qlcu. | *casser la tête, les oreilles*, rompere il capo, gli orecchi. | *casser les pieds*, seccare, scocciare; rompere le tasche, le scatole (pop.). | *casser les oreilles* (fig.), assordare. | *en avoir les oreilles cassées*, restare assordato, frastornato; esserne arcistufo; averne fin sopra i capelli. | *tu nous les casses*, ci scocci. | *casser sa pipe*, tirare le cuoia. | *casser la croûte*, fare uno spuntino; mangiare (L.C.). | *casser les vitres*, far baccano, fare un putiferio. | *casser les reins à qn*, stroncare, rovinare qlcu. | *casser du sucre sur le dos de qn*, tagliare i panni addosso a qlcu. | *il m'a cassé qch. !*, mi ha dato una bella strigliata, una bella lavatina di capo! | *qu'est-ce qu'il m'a cassé*, che bella strigliata, lavatina di capo mi son presa! | *ne rien casser* = non aver niente di straordinario, di geniale, di originale, di peregrino. | *à tout casser :* [à toute vitesse] a rotta di collo, a rompicollo; [extraordinaire] sensazionale, straordinario (L.C.). | *un spectacle à tout casser*, uno spettacolo sensazionale, mondiale. | *un vacarme à tout casser*, un baccano del diavolo. || PROV. *qui casse les verres les paie*, chi rompe paga e i cocci sono suoi. | *on ne fait pas d'omelette sans casser d'œufs*, non si può far la frittata senza rompere le uova. || ADM. *casser un fonctionnaire*, destituire un funzionario (dall'incarico). || MIL. *casser un officier*, degradare un ufficiale. || JUR. cassare, revocare, annullare. | *casser un décret, un jugement*, annullare, cassare un decreto, una sentenza. || *casser des fiançailles*, rompere un fidanzamento. ◆ v. intr. rompersi, spezzarsi. ◆ v. pr. [se briser] rompersi, spezzarsi; [en morceaux] andare a pezzi, in frantumi; frantumarsi. | *se casser la jambe*, rompersi una gamba. || FIG. *se*

casser la voix, sciuparsi la voce. ‖ FAM. *il ne se casse pas*, non si stanca (L.C.). | *se casser la tête*, lambiccarsi, stillarsi il cervello ; rompersi il capo, la testa ; scervellarsi. | *se casser la tête contre les murs*, sbattere la testa contro il muro. | *se casser le nez*, V. NEZ. | *se casser les dents sur un obstacle*, rompersi le corna contro un ostacolo.

casserole [kasrɔl] f. casseruola.

casse-tête [kastɛt] m. inv. [massue] clava f., mazza f. ‖ [devinette] rompicapo, indovinello. ‖ [travail difficile] rompicapo. ‖ [bruit] baccano, fragore ; strepito assordante.

cassette [kasɛt] f. cassetta, cofanetto m. ; [de bande magnétique] cassetta. ‖ VX *payer sur sa cassette*, pagare con la propria borsa (L.C.).

casseur [kasœr] m. *casseur de pierres*, spaccapietre m. inv. ‖ AUTOM. sfattino ; sfasciacarrozze m. inv. ‖ FIG. [fanfaron] spaccon , smargiasso. | *casseur de vitres*, attaccabrighe m. inv. | *jouer les casseurs*, fare il duro. ‖ ARG. [cambrioleur] scassinatore (L.C.).

cassie [kasi] f. BOT. gaggia.

1. cassis [kasis] m. BOT. ribes nero. ‖ [liqueur] cassis (fr.) ; = liquore fatto con le bacche del ribes nero.

2. cassis [kɑsi(s)] m. [dépression] cunetta f.

cassolette [kasɔlɛt] f. [boîte à parfum] profumiera ; [brûle-parfum] bruciaprofumi m. inv.

cassonade [kasɔnad] f. zucchero greggio di canna.

cassoulet [kasulɛ] m. cassoulet (fr.) ; = stufato (di carne d'oca, di montone, di maiale) con fagioli bianchi.

cassure [kasyr] f. frattura, rottura, spaccatura. ‖ FIG. frattura, rottura. ‖ GÉOL. frattura. ‖ [pli] *la cassure du pantalon* = il modo come cadono i pantaloni.

castagnettes [kastaɲɛt] f. pl. nacchere, castagnette.

caste [kast] f. casta. | *esprit de caste*, spirito di casta.

castel [kastɛl] m. castello.

castor [kastɔr] m. [animal ; fourrure] castoro.

castoréum [kastɔreɔm] m. PHARM. castoreo.

castrat [kastra] m. castrato.

castration [kastrasjɔ̃] f. castratura, castrazione.

castrer [kastre] v. tr. castrare.

casuel, elle [kazɥɛl] adj. casuale. ◆ n. m. = emolumenti m. pl., entrate casuali f. pl., incerti m. pl.

casuiste [kazɥist] m. THÉOL. casista. ‖ [qui argumente subtilement] casista.

casuistique [kazɥistik] f. THÉOL. casistica.

casus belli [kazysbɛli] m. (loc. lat.) casus belli.

catabolisme [katabɔlism] m. BIOL. catabolismo.

catachrèse [katakrɛz] f. RHÉT. catacresi.

cataclysme [kataklism] m. cataclisma.

catacombes [katakɔ̃b] f. pl. catacombe.

catadioptre [katadjɔptr] m. PHYS. catadiottro, catarifrangente.

catadioptrique [katadjɔptrik] adj. PHYS. catadiottrico.

catafalque [katafalk] m. catafalco.

catalan, e [katalɑ̃, an] adj. et n. catalano.

catalectique [katalɛktik] adj. POÉS. catalettico.

catalepsie [katalɛpsi] f. MÉD. catalessi, catalessia.

cataleptique [katalɛptik] adj. et n. MÉD. catalettico.

catalogue [katalɔg] m. catalogo. ‖ COMM. *catalogue d'échantillons*, campionario. | *prix (de) catalogue*, prezzo di listino.

cataloguer [katalɔge] v. tr. catalogare.

catalpa [katalpa] m. BOT. catalpa f.

catalyse [kataliz] f. CHIM. catalisi.

catalyser [katalize] v. tr. CHIM. et FIG. catalizzare.

catalyseur [katalizœr] m. CHIM. et FIG. catalizzatore.

catamaran [katamarɑ̃] m. MAR. catamarano ; catamaran inv. (angl.).

cataphote [katafɔt] m. catarifrangente.

cataplasme [kataplasm] m. MÉD. cataplasma, impiastro. ‖ FAM. [aliment indigeste] cemento armato.

catapultage [katapyltaʒ] m. catapultamento.

catapulte [katapylt] f. catapulta.

catapulter [katapylte] v. tr. GÉOGR., MÉD. et FIG. catapultare.

cataracte [katarakt] f. GÉOGR., MÉD. cateratta.

catarrhal, e, aux [kataral, o] adj. catarrale.

catarrhe [katar] m. catarro.

catarrheux, euse [katarø, øz] adj. catarroso.

catastrophe [katastrɔf] f. catastrofe. ‖ [exclamation] accidenti ! ◆ loc. adv. ***en catastrophe.*** *atterrissage en catastrophe*, atterraggio di fortuna. | *arriver en catastrophe*, arrivare all'improvviso.

catastropher [katastrɔfe] v. tr. FAM. sconvolgere, avvilire, abbattere (L.C.).

catastrophique [katastrɔfik] adj. catastrofico.

catch [katʃ] m. catch (angl.).

catcher [katʃe] v. intr. praticare il catch.

catcheur, euse [katʃœr, øz] n. = chi pratica il catch ; lottatore, trice. | *il a des épaules de catcheur*, ha delle spalle da lottatore.

catéchèse [kateʃɛz] f. RELIG. catechesi.

catéchisation [kateʃizasjɔ̃] f. (il) catechizzare.

catéchiser [kateʃize] v. tr. catechizzare.

catéchisme [kateʃism] m. catechismo.

catéchiste [kateʃist] n. catechista.

catéchumène [katekymɛn] n. catecumeno, a.

catégorème [kategɔrɛm] m. PHILOS. categorema.

catégorie [kategɔri] f. categoria. ‖ [classe] categoria ; specie inv. ‖ FAM. razza, sorta. | *des gens de la même catégorie*, gente della stessa razza, sorta.

catégoriel, elle [kategɔrjɛl] adj. = di categoria.

catégorique [kategɔrik] adj. categorico.

caténaire [katenɛr] adj. CH. DE F. a catenaria. | *suspension caténaire*, sospensione a catenaria. ◆ n. f. linea di contatto. | *caténaire inclinée, polygonale*, linea di contatto sghemba, poligonata.

catgut [katgyt] m. catgut (angl.).

cathare [katar] adj. et n. HIST. cataro.

catharsis [katarsis] f. catarsi.

cathartique [katartik] adj. catartico.

cathédrale [katedral] f. cattedrale ; [dans un contexte italien] duomo m. ◆ adj. inv. *verre cathédrale*, vetro cattedrale.

catherinette [katrinɛt] f. FAM. caterinetta.

cathéter [katetɛr] m. catetere.

cathétérisme [kateterism] m. cateterismo.

cathétomètre [katetɔmɛtr] m. catetometro.

cathode [katɔd] f. catodo m.

cathodique [katɔdik] adj. catodico.

catholicisme [katɔlisism] m. cattolicesimo, cattolicismo.

catholicité [katɔlisite] f. cattolicità.

catholique [katɔlik] adj. et n. cattolico. ‖ FIG., FAM. *conduite pas très catholique*, condotta poco raccomandabile (L.C.). | *individu, affaire pas très catholique*, individuo, affare losco (L.C.).

cati [kati] m. TEXT. appretto ; salda f.

catilinaire [katilinɛr] f. *les Catilinaires*, le Catilinarie. ‖ FIG. catilinaria, invettiva.

catimini (en) [ɑ̃katimini] loc. adv. FAM. alla chetichella ; di soppiatto, di nascosto (L.C.).

catin [katɛ̃] f. FAM. sgualdrina.

cation [katjɔ̃] m. PHYS. catione.

catir [katir] v. tr. TEXT. lustrare.

catissage [katisaʒ] m. TEXT. lustratura f., lucidatura f.

catoblépas [katɔblepas] m. MYTH. catoblepa.

catogan [katɔgɑ̃] ou **cadogan** [kadɔgɑ̃] m. catogan, cadogan.

cattleya [katlɛja] f. BOT. cattleya.

caucasien, enne [kokazjɛ̃, ɛn] adj. et n. caucasico.

cauchemar [koʃmar] m. PR. et FIG. incubo.

cauchemarder [koʃmarde] v. intr. FAM. = avere degl'incubi.

caudal, e, aux [kodal, o] adj. caudale.

caudataire [kodatɛr] m. caudatario. ‖ FIG. adulatore.

causal, e [kozal] adj. causale. ◆ n. f. LING. proposizione causale.

causalisme [kozalism] m. causalismo.

causalité [kozalite] f. causalità.

causant, e [kozɑ̃, ɑ̃t] adj. FAM. chiacchierone, a ; loquace.

causatif [kozatif, iv] adj. et n. m. LING. causativo.

cause [koz] f. 1. [motif] causa, ragione, motivo m. |

cause concomitante, concausa. | *être (la) cause de*, esser causa di. | *être cause que*, esser la causa per cui. | *ce n'est pas sans cause*, non è senza motivo. | *il est satisfait, et pour cause !*, è soddisfatto, non senza perché, e c'è la sua buona ragione, et pour cause (fr.) ! | *faire la cour (à une jeune fille) pour la bonne cause*, far la corte (a una ragazza) con intenzioni serie. ‖ **2.** PHILOS. causa. ‖ **3.** JUR. causa. | *plaider, défendre une cause*, patrocinare, sostenere una causa. | *avocat sans cause*, avvocato senza clientela. | *avocat des causes perdues*, avvocato delle cause perse. ‖ **4.** LOC. *obtenir gain de cause*, vincere una causa ; averla vinta (fig.). | *donner gain de cause à qn*, giudicare a favore di qlcu. (pr.) ; dar causa vinta a qlcu. (pr. et fig.) ; darla vinta a qlcu. (fig.). | *juger en connaissance de cause* (pr. et fig.), giudicare con cognizione di causa. | *être hors de cause* (pr. et fig.), essere fuori causa. | *mettre en cause*, chiamare in causa (pr.) ; mettere in questione, in discussione (fig.). | *faire cause commune avec qn* (pr. et fig.) = unire i propri interessi a quelli di qlcu. | *prendre fait et cause pour qn*, difendere qlcu. a spada tratta. | *pour les besoins de la cause*, per il bene, per la riuscita della causa. | *en tout état de cause*, in ogni caso ; comunque. ◆ loc. prép. ***à cause de***, per causa di, per colpa di, per via di. | *à cause de toi, de lui, d'eux*, per colpa tua, sua, loro. | *à cause du mauvais temps*, per via, per causa del brutto tempo. ‖ [en considération de] per riguardo verso. | *je viendrai à cause de mon oncle*, verrò per riguardo verso mio zio. ‖ ***pour cause de***, per. | *fermé pour cause de décès*, chiuso per lutto.

1. causer [koze] v. tr. causare, cagionare, provocare, determinare.

2. causer v. intr. ou tr. ind. parlare, discorrere, conversare, chiacchierare. ‖ FAM. *assez causé !*, basta così !, basta con le chiacchiere ! | *cause toujours !* = hai un bel parlare, non ti do retta ! ‖ [parler inconsidérément] ciarlare, cicalare, spettegolare. | *causer sur qn*, spettegolare su uno. | *causer de choses et d'autres*, parlare del più e del meno. | *causer (d')affaires, (de) politique*, parlare di affari, di politica. | *causer avec qn*, conversare con uno. | FAM. *causer à qn*, parlare con qlcu (L.C.). | *trouver à qui causer*, trovare con chi parlare.

causerie [kozri] f. [conversation] conversazione, chiacchierata. | *causerie à bâtons rompus*, conversazione a pezzi e bocconi. | *causerie au coin du feu*, V. COIN.

causette [kozɛt] f. FAM. chiacchieratina. | *faire la causette, un brin, un bout de causette (avec qn)*, far quattro chiacchiere (con qlcu.).

causeur, euse [kozœr, øz] adj. loquace ; chiacchierone, a. ◆ n. [parleur] parlatore, trice ; conversatore, trice. ‖ [bavard] chiacchierone. ◆ n. f. causeuse (fr.) ; = divanetto a due posti.

causse [kos] m. GÉOGR. causse (fr.) ; = altopiano calcareo.

causticité [kostisite] f. CHIM. causticità. ‖ FIG. causticità, mordacità.

caustique [kostik] adj. caustico. ‖ FIG. caustico, mordace, pungente.

cautèle [kotɛl] f. LITTÉR. sospettosa cautela.

cauteleux, euse [kotlø, øz] adj. cauteloso.

cautère [kotɛr] m. MÉD. cauterio. ‖ FAM. *c'est un cautère sur une jambe de bois* = sono pannicelli caldi.

cautérisation [koterizasjɔ̃] f. MÉD. cauterizzazione.

cautériser [koterize] v. tr. MÉD. cauterizzare.

caution [kosjɔ̃] f. [garantie] cauzione, garanzia, malleveria, mallevadoria. | *liberté sous caution*, libertà dietro cauzione. | *nouvelle sujette à caution*, notizia non accertata, poco attendibile. ‖ [personne garante] garante m., mallevadore m. | *se porter caution pour qn*, rendersi mallevadore di qlcu., garante per qlcu. | *se porter caution de qch.*, garantire qlco.

cautionnement [kosjɔnmɑ̃] m. [contrat] contratto cauzionale ; [somme] deposito cauzionale.

cautionner [kosjɔne] v. tr. garantire per ; rendersi garante, mallevadore di. ‖ [soutenir] *cautionner une politique*, rendersi mallevadore di una politica.

cavalcade [kavalkad] f. cavalcata.

cavalcader [kavalkade] v. intr. VX = cavalcare in compagnia (L.C.). ‖ FAM. = correre disordinatamente.

cavale [kaval] f. POÉT. cavalla, giumenta (L.C.).

cavaler [kavale] v. intr. FAM. correre, galoppare (L.C.). | *il cavale toute la journée*, galoppa tutto il santo giorno. ◆ v. pr. FAM. darsela a gambe, fuggire a gambe levate, svignarsela, squagliarsi.

cavalerie [kavalri] f. MIL. cavalleria. | *cavalerie légère*, cavalleria leggera. | *grosse cavalerie*, cavalleria pesante ; FIG., FAM. = oggetti robusti ma poco eleganti ; oggetti di poco valore. ‖ FIG. *la cavalerie de saint Georges* = il denaro inglese. ‖ COMM. *effets de cavalerie*, cambiali di favore.

cavalier, ère [kavalje, ɛr] adj. = per i cavalieri. | *piste cavalière*, galoppatoio m. ‖ FIG. [désinvolte] disinvolto, spigliato. | *air cavalier*, aria disinvolta. ‖ [arrogant] insolente, arrogante, borioso, altezzoso. | *réponse cavalière*, risposta insolente, arrogante. | *ton cavalier*, tono arrogante. ‖ GÉOM. *perspective cavalière*, prospettiva cavaliera. ◆ n. m. [qui monte un cheval] cavalcatore. | *c'est un bon, un médiocre cavalier*, è un esperto, un povero cavalcatore. ‖ FIG. cavaliere. | *servir de cavalier à une dame*, fare da cavaliere a una signora. ‖ [plaque fixée sur une fiche] cavalierino. ‖ [pièce des échecs] cavallo. ‖ MIL. [soldat] cavaliere, soldato a cavallo ; [fortification] cavaliere. ‖ [clou en U] cambretta f., cavallottino. ‖ LOC. *faire cavalier seul* = agire da solo. ◆ n. f. [qui monte un cheval] cavalcatrice, amazzone. ‖ [partenaire d'un danseur] dama.

cavalièrement [kavaljɛrmɑ̃] adv. [avec désinvolture] con disinvoltura, spigliatezza. ‖ [avec arrogance] arrogantemente, insolentemente, sgarbatamente ; con arroganza, insolenza, boria, sfacciataggine. | *agir cavalièrement envers qn*, comportarsi con troppa disinvoltura, sfacciatamente con qlcu.

1. cave [kav] adj. [creux] *joues caves*, guance incavate. | *yeux caves*, occhi infossati. ‖ ANAT. *veine cave*, vena cava.

2. cave f. cantina, scantinato m. | *je vais à la cave*, vado in cantina. ‖ [vins] *avoir une bonne cave*, avere una cantina ben fornita. ‖ [meuble] *cave à liqueurs*, bar m. inv. (angl.). ‖ [cabaret] cabaret (fr.) [sistemato in un sottosuolo]. ‖ JEU [fonds d'argent] = riserva di denaro (che un giocatore depone sul tavolo vicino a sé per prelevarne le poste successive).

3. cave m. ARG. minchione (pop.) ; sciocco, imbecille (L.C.).

caveau [kavo] m. piccola cantina. ‖ [cabaret] caveau, cabaret (fr.) [sistemato in un sottosuolo]. ‖ [tombe] tomba f.

caveçon [kavsɔ̃] m. cavezza f., cavezzone.

1. caver [kave] v. tr. scavare, incavare, corrodere. ◆ v. pr. incavarsi, affossarsi, infossarsi. | *ses yeux se cavent*, gli si affossano gli occhi.

2. caver v. intr. et tr. JEU puntare ; versare la posta. | *caver (de) mille francs*, puntare mille franchi. ◆ v. pr. puntare.

caverne [kavɛrn] f. caverna, antro m., spelonca. ‖ [repaire] *caverne de brigands*, covo (m.), spelonca di briganti. ‖ MÉD. caverna.

caverneux, euse [kavɛrnø, øz] adj. PR. et FIG. cavernoso. | *voix caverneuse*, voce cupa. ‖ ANAT. *corps caverneux*, corpo cavernoso.

cavernicole [kavɛrnikɔl] adj. et n. m. cavernicolo.

caviar [kavjar] m. caviale. ‖ FIG. *passer au caviar*, V. CAVIARDER.

caviarder [kavjarde] v. tr. = [supprimer] cancellare, depennare ; [censurer] censurare.

caviste [kavist] m. cantiniere.

cavité [kavite] f. cavità.

cawcher adj. V. KASHER.

cayeu m. V. CAÏEU.

ce [sə], **cet, cette** [sɛt], **ces** [se] adj. dém. **1.** [près de celui qui parle] questo ; sto (langue parlée). | *cet homme (que voici), cet homme-ci*, quest'uomo. ‖ [proche dans le temps] *ce matin*, questa mattina, stamattina, stamani. | *ce soir*, questa sera, stasera. |

cet été : [prochain] quest'estate ; l'estate prossima ; [passé] l'estate scorsa. ‖ **2.** [près de celui à qui l'on parle] codesto, cotesto. | *donne-moi ce livre*, dammi codesto libro. ‖ PÉJOR. *je n'aime pas beaucoup ces amis que tu as invités*, non mi piacciono molto codesti amici che hai invitato. ‖ **3.** [éloigné de celui qui parle et de l'interlocuteur] quello. | *donne-moi ce livre(-là)*, dammi quel libro. ‖ **4.** [éloigné dans le temps] *en cette année(-là)*, in quell'anno. ‖ [valeur emph.] *une de ces peurs !*, una di quelle paure ! ‖ LOC. *cette question !*, ma che domanda è questa ?, non ci son problemi ! ; è ovvio ! (littér.).
— N. B. **1.** *codesto* perd du terrain hors de Toscane dans la langue parlée, où il est de plus en plus remplacé par *questo ;* il se maintient dans l'italien littér. et dans le style adm.
2. Il arrive, mais moins souvent qu'en français, que *questo* soit renforcé par *qui* ou *qua*, et *quello* par *lì* ou *là*.

ce [sə], **c'** [s] pron. dém. inv. **1.** [avec les verbes *être*, *devoir*, *pouvoir :* ne se traduit pas] *c'est vrai, ce n'est pas vrai*, è vero, non è vero. | *ce sont de bons amis*, sono buoni amici. | *ce doit être, ce peut être vrai*, dev'essere, può essere (vero). | *ce ne saurait être vrai*, non può essere (vero) ; è impossibile che sia vero. ‖ **2.** [forme emph.] *c'est la gloire, ce sont les plaisirs qu'il cherche*, è la gloria, sono i piaceri che ricerca. | *c'est d'eux que je veux parler*, è di loro che voglio parlare. | *c'est moi, c'est toi, c'est lui*, sono io, sei tu, è lui. ‖ *c'est nous, c'est vous, ce sont eux*, siamo noi, siete voi, sono loro. | *ce sont eux qui l'ont fait*, l'hanno fatto loro ; sono stati loro a farlo ; sono loro che l'hanno fatto. ‖ **3.** [forme interr.] *c'est à moi que tu parles ?*, a me parli ? | *qui est-ce ?*, chi è ? | *qu'est-ce (que c'est) ?*, (che) cos'è ? | *est-ce toi ?, c'est toi ?* (fam.), sei tu ? | *est-ce toi, c'est toi qui l'as fait ?*, l'hai fatto tu ?, sei stato tu a farlo ?, sei tu che l'hai fatto ? | *sera-ce des pommes ou des poires ?*, saranno mele o pere ? ‖ **4.** [antécédent de rel.] *ce que, ce qui*, quel(lo) che, ciò che. | *ce dont*, quello di cui. | *tout ce que, tout ce qui*, quanto ; tutto ciò che. ‖ **5.** LOC. *c'est à toi de surveiller les élèves :* [ton tour ; ton devoir] tocca a te, spetta a te sorvegliare gli alunni. | *sur ce*, dopo di che. | *s'il n'est pas venu, c'est qu'il n'a pas pu*, se non è venuto, è che, è perché non ha potuto. | *c'est un fait que*, sta di fatto che ; gli è che (tosc.). | *c'est-à-dire que*, cioè ; vale a dire che. | *si ce n'est*, eccetto, tranne. | *c'est pourquoi*, perciò. | *c'est ce que nous verrons !, c'est ce que nous allons voir !*, (adesso) la vedremo ! ‖ FAM. *ce n'est pas pour dire, mais*, non faccio per dire, ma ; non è per dire, ma. | *c'est à mourir de rire !*, c'è da morire dalle risa ! ◆ loc. conj. ***de ce que,*** per il fatto che, perché (indic.) ; che (subj.). | *il se plaint de ce que vous ne le lui avez pas dit*, si lamenta perché Lei non gliel'ha detto, che Lei non gliel'abbia detto.

céans [seɑ̃] adv. Vx qui, qua (L.C.). ‖ LOC. *le maître de céans*, il padrone di casa.

ceci [səsi] pron. dém. questo, ciò. | *ceci ne me plaît pas*, questo, ciò non mi piace. | *ceci et cela*, questo e quello. | *que veut dire ceci ?*, che significa questo, codesto ? | *et avec ceci monsieur ?*, V. AVEC. | *comme ceci*, così.

cécité [sesite] f. PR. et FIG. cecità.

cédant, e [sedɑ̃, ɑ̃t] adj. et n. JUR. cedente, trasferente.

céder [sede] v. tr. cedere. ‖ PR. et FIG. *céder du terrain*, cedere terreno. ‖ [vendre] cedere, vendere. ‖ FIG. *ne le céder en courage à personne*, in fatto di coraggio non cederla a nessuno. ‖ JUR. *céder ses droits*, cedere i propri diritti. ◆ v. tr. ind. et intr. cedere ; mollare (fam.). | *céder devant l'évidence (des faits)*, arrendersi all'evidenza (dei fatti). | *il ne faut pas céder*, non bisogna mollare. | *sous la poussée la porte céda*, la porta cedette sotto la spinta.

cédille [sedij] f. GRAMM. cediglia.

cédrat [sedra] m. [fruit] cedro.

cédratier [sedratje] m. [arbre] cedro.

cèdre [sɛdr] m. BOT. cedro.

cédulaire [sedylɛr] adj. FIN. cedolare. | *impôt cédulaire*, (imposta) cedolare f.

cédule [sedyl] f. FIN. cedola. ‖ ÉCON. *cédule hypothécaire*, cedola ipotecaria. ‖ JUR. *cédule de citation* = citazione notificata dal giudice conciliatore.

cégétiste [seʒetist] adj. et n. (membro) della Confederazione generale del lavoro.

ceindre [sɛ̃dr] v. tr. [entourer] cingere. | *ceindre ses épaules d'une écharpe*, avvolgersi una sciarpa intorno alle spalle, cingersi le spalle con una sciarpa. | *ceindre une ville de murailles*, (re)cingere, circondare una città di mura. ‖ LOC. *ceindre la couronne, l'épée*, cingere la corona, la spada. | *ceindre l'écharpe municipale*, cingere, rivestire la sciarpa di sindaco.

cinturage [sɛ̃tyraʒ] m. TECHN. cerchiatura f.

ceinture [sɛ̃tyr] f. cintura, cinghia, cintola. | *coup de ceinture*, cinghiata f. | *boucler sa ceinture*, affibbiarsi la cinghia. | *ceinture de sécurité*, cintura di sicurezza. | *ceinture de sauvetage*, cintura di salvataggio ; salvagente m. ‖ MÉD. *ceinture herniaire*, cinto erniario ; brachiere m. ‖ POÉT. *ceinture de Vénus*, cinto di Venere. ‖ SPORT [prise] cintura. | *ceinture avant*, cintura anteriore. ‖ [au judo] *ceinture noire*, cintura nera. ‖ LOC. *être toujours pendu à la ceinture de qn*, star cucito alla cintola di qlcu. ‖ POP. *se mettre, se serrer la ceinture*, tirare la cinghia, stare a stecchetto. ‖ [taille] cintola, cintura, vita. | *jupe serrée à la ceinture*, gonna stretta alla cintola, alla vita. ‖ FIG. [ce qui entoure] cerchia, cinta. | *ceinture de collines*, cerchia di colline. ‖ CH. DE F. *(ligne de) grande, petite ceinture*, (linea di) circonvallazione esterna, interna. ‖ TECHN. *ceinture d'un obus*, corona di forzamento di un proiettile. | *ceinture d'une roue*, cerchione (m.) di una ruota.

ceinturer [sɛ̃tyre] v. tr. cingere. ‖ SPORT cinturare. ‖ *ceinturer un voleur*, immobilizzare un ladro.

ceinturon [sɛ̃tyrɔ̃] m. cinturone.

cela [səla] pron. dém. [opposé à ceci] quello. | *ceci est mieux que cela*, questo è meglio di quello. ‖ [rappelant ce qui précède] questo, ciò. | *cela, tu me l'as déjà dit hier*, questo, me l'hai già detto ieri. ‖ *il avait dit cela sans réfléchir*, l'aveva detto senza riflettere. | *c'est pour cela que nous sommes venus*, per questo siamo venuti. | *cela est vrai*, questo, ciò è vero. | *cela dit*, detto ciò, questo. | *c'est bien cela*, è proprio questo. | *il ne s'agit pas de cela*, non si tratta di questo. | *en cela je ne peux lui donner tort*, per questo non posso dargli torto. | *en dépit de cela, malgré cela*, ciononostante, ciò nonostante. ‖ LOC. *il ne manquait plus que cela*, ci mancava solo questa, non ci mancava altro. | *comment cela ?*, come ?, come mai ? | *cela ne fait rien*, non importa, non fa niente. | *et avec cela ?*, V. AVEC. | *pour cela*, per questo, per ciò. | *il y a deux ans de cela*, due anni fa, due anni sono. | *comme cela*, così. (V. aussi ÇA.)

céladon [seladɔ̃] m. verdolino. ‖ [amoureux] = cascamorto, sentimentalone. ◆ adj. inv. verde chiaro ; verdolino.

célébrant [selebrɑ̃] m. celebrante.

célébration [selebrasjɔ̃] f. celebrazione.

célèbre [selɛbr] adj. celebre, famoso. | *très célèbre*, molto, assai celebre ; famosissimo ; celeberrimo (littér.).

célébrer [selebre] v. tr. celebrare, esaltare ; inneggiare a. | *le poète célébrait le vainqueur*, il poeta celebrava, esaltava il vincitore, il poeta inneggiava al vincitore. ‖ [fêter] celebrare, solennizzare, festeggiare. ‖ [accomplir solennellement] *célébrer la messe, un mariage*, celebrare la messa, un matrimonio.

celebret [selebrɛt] m. (lat.) RELIG. celebret.

célébrité [selebrite] f. [renommée ; personne] celebrità.

celer [səle] v. tr. LITTÉR. celare ; nascondere (L.C.).

céleri [sɛlri] m. BOT. sedano.

célérité [selerite] f. celerità.

céleste [selɛst] adj. celeste. | *corps célestes*, corpi celesti. | *bleu céleste*, celeste. ‖ LOC. *le Céleste Empire*, il Celeste Impero. ‖ FIG. [divin] celeste. | *les esprits célestes*, i celesti. ‖ [parfait, très beau] celestiale,

céleste. | *musique, beauté céleste,* musica, bellezza celestiale.
célestin [selɛstɛ̃] m. RELIG. celestino.
célibat [seliba] m. celibato.
célibataire [selibatɛr] adj. [homme] celibe, scapolo; [femme] celibe, nubile. ◆ n. [homme] celibe m., scapolo m. | *célibataire endurci,* scapolo ostinato, impenitente. | *vieux célibataire,* scapolone m. || [femme jeune] nubile f.; [d'un certain âge] zitella (péjor.).
celle, celles [sɛl] pron. dém. f. V. CELUI.
cellérier [selerje] m. cellerario.
cellier [selje] m. cantina f., celliere; [d'un couvent] dispensa f.
Cellophane [selɔfan] f. cellophane m. (fr.).; cellofan m. (néol.).
cellulaire [selylɛr] adj. BIOL. cellulare, celluloso. | *tissu cellulaire,* tessuto cellulare, celluloso. || ADM. cellulare. | *prison, voiture cellulaire,* prigione, furgone cellulare.
cellule [selyl] f. [pièce] cella. | *cellule disciplinaire,* cella di rigore. || [cavité] *les cellules de la ruche,* le cellette, le celle dell'alveare. || ANAT., BOT. cellula. || AÉR. cellula. || PHYS. *cellule photoélectrique,* cellula fotoelettrica. || [groupement] *cellule du parti communiste,* cellula del partito comunista.
cellulite [selylit] f. cellulite.
Celluloïd [selylɔid] m. celluloide f.
cellulose [selyloz] f. cellulosa, cellulosio m.
cellulosique [selylozik] adj. cellulosico.
celte [sɛlt] ou **celtique** [sɛltik] adj. et n. celtico.
celui, celle [səlɥi, sɛl], **ceux, celles** [sø, sɛl] pron. dém. **1.** [suivi d'un rel. ou d'un compl.] quello; [s'appliquant à une personne] colui, colei, coloro. | *celui qui travaille,* quello, colui che lavora. | *celui qui voudrait pourrait,* chi volesse potrebbe, colui che volesse potrebbe. | *celui de nos amis qui,* colui fra i nostri amici che. | *ta fille et celle de ta sœur,* tua figlia e quella di tua sorella. || **2.** [proximité] *celui-ci, celle-ci* : [près de celui qui parle] questo; questi (m. sing., pour une personne); [près de l'interlocuteur] codesto, cotesto; costui m., costei f. (pour une personne). | *ceux-ci, celles-ci,* codesti, cotesti; costoro (pour des personnes). | *quelle fleur veux-tu? — celle-ci?,* quale fiore vuoi? — [près de moi] questo?; [près de toi] codesto? || PÉJOR. *que veut-il celui-ci?,* (che) cosa vuole costui? || **3.** [opposition, éloignement de celui qui parle et de l'interlocuteur] *celui-là, celle-là,* quello; colui m., colei f. (pour une personne). | *ceux-là, celles-là,* quelli; coloro (pour des personnes). | *j'aime celui-ci, mais pas celui-là,* mi piace questo, ma non quello. || PÉJOR. *que te voulait-elle celle-là?,* cosa desiderava da te colei, quella là?
— N.B. **1.** *questi* m. sing. ne subsiste que dans la langue littér.; il se réfère à une personne dont on vient de parler et ne s'emploie guère que comme sujet.
2. *costui, costei, costoro* indiquent une ou des personnes proches de celle à qui l'on parle, mais aussi de celle qui parle ou que l'on vient de nommer. En raison de leur possible valeur péjor., on leur préfère généralement *questo.*
3. *colui, colei, coloro,* d'un emploi courant devant un pron. rel., prennent, employés absol., une valeur péjor. On leur préfère généralement *quello.*
cément [semɑ̃] m. ANAT. cemento. || MÉTALL. = polvere (f.) per cementazione.
cémentation [semɑ̃tasjɔ̃] f. MÉTALL. cementazione.
cémenter [semɑ̃te] v. tr. MÉTALL. cementare.
cénacle [senakl] m. PR. et FIG. cenacolo.
cendre [sɑ̃dr] f. cenere. | *réduire en cendres,* ridurre in cenere; incenerire. | *cendre encore chaude,* cenerina. || MINÉR. *cendre bleue,* azzurrite. || CHIM. *cendres de varech,* cenere di mare. || FIG. *couver sous la cendre,* covare sotto la cenere. ◆ pl. [restes du corps] ceneri. | *renaître de ses cendres,* risorgere dalle proprie ceneri. || RELIG. *les Cendres,* le Ceneri.
cendré, e [sɑ̃dre] adj. cenere inv., cenerino, cenericcio, cinereo. | *blond cendré,* biondo cenerino. | *cheveux cendrés,* capelli cenere. | *lumière cendrée,* luce cenerognola; ASTR. luce cinerea. ◆ n. f. MÉTALL. scoria di piombo. || [piste du stade] pista (di cenere). || [menu plomb] migliarola.
cendreux, euse [sɑ̃drø, øz] adj. [plein de cendre] = coperto, sporco di cenere; ceneroso (rare). || [couleur] cinereo. | *visage au teint cendreux,* volto cinereo.
cendrier [sɑ̃drije] m. [d'un foyer] ceneraio; raccattacenere inv.; [pour fumeurs] portacenere, posacenere inv.
cendrillon [sɑ̃drijɔ̃] f. FIG., FAM. cenerentola.
cène [sɛn] f. RELIG. Ultima Cena. | [communion chez les protestants] Cena Santa. || ART cena, cenacolo m.
cénesthésie ou **cœnesthésie** [senɛstezi] f. MÉD. cenestesi, cenestesia.
cénesthésique [senɛstezik] adj. cenestesico.
cénobite [senɔbit] m. RELIG. cenobita. | *vivre en cénobite,* far vita cenobitica.
cénobitique [senɔbitik] adj. cenobitico.
cénotaphe [senɔtaf] m. cenotafio.
cens [sɑ̃s] m. ANTIQ. censo. || FÉOD. censo. || *cens électoral,* censo elettorale.
censé, e [sɑ̃se] adj. *nul n'est censé ignorer la loi,* si presume, si ritiene che nessuno ignori la legge. | *je ne suis pas censé le savoir,* non si ritiene che io lo sappia.
censément [sɑ̃semɑ̃] adv. presumibilmente.
censeur [sɑ̃sœr] m. PR. et FIG. censore.
censitaire [sɑ̃sitɛr] adj. *suffrage censitaire,* suffragio censitario. ◆ n. m. HIST. censuario.
censorat [sɑ̃sɔra] m. censorato.
censorial, e, aux [sɑ̃sɔrial, o] adj. censoriale.
censure [sɑ̃syr] f. censura. || POLIT. *motion de censure,* mozione di censura.
censurer [sɑ̃syre] v. tr. censurare.
1. cent [sɑ̃] adj. num. card. cento inv. | *trois cents, trois cent dix,* trecento, trecentodieci. | *tous les trois cents ans,* ogni trecento anni. | *parier à cent contre un,* scommettere uno contro cento. || [= centième] cento, centesimo. | *page cent,* pagina cento. | *en mille huit cent,* nel milleottocento. || FAM. *être aux cent coups,* non sapere dove battere la testa. | *faire les cent, les quatre cents coups,* condurre una vita scapestrata. | *faire les quatre cents coups pour obtenir qlch.,* fare il diavolo a quattro per ottenere qlco. | *être à cent lieues de croire que,* esser lontano (le) mille miglia dal credere che. | *répéter cent fois qch.,* ripetere cento volte qlco. || LOC. *faire les cent pas,* camminare su e giù. | *en un mot comme en cent* = insomma. | *je te le donne en cent!,* chi l'indovina è bravo!, indovinala, grillo! || HIST. *la guerre de Cent Ans,* la guerra dei Cento Anni. | *les Cent Jours,* i Cento Giorni. ◆ n. m. *à trois pour cent, à cent pour cent,* al tre per cento, al cento per cento. | *être à cent contre un,* essere in cento contro uno. || [= centaine] *un cent, deux cents d'œufs,* un centinaio, due centinaia d'uova. || FAM. *gagner des mille et des cents* = guadagnare un sacco di soldi.
2. cent [sɛnt] m. [monnaie] cent.
centaine [sɑ̃tɛn] f. centinaio m. (pl. f. *centinaia*). | *plusieurs centaines,* parecchie centinaia. | *par centaines,* a centinaia. || [âge] *arriver à la centaine,* arrivare al secolo, ai cento anni. | *dépasser la centaine,* passare il secolo, i cento anni.
centaure [sɑ̃tɔr] m. MYTH. centauro.
centaurée [sɑ̃tɔre] f. BOT. centaurea, biondella.
centenaire [sɑ̃tnɛr] adj. et n. centenario.
centenier [sɑ̃tənje] m. MIL. [Rome] centurione; [Moyen Age] centenario.
centennal, e, aux [sɑ̃tɛnal, o] adj. centennale.
centésimal, e, aux [sɑ̃tezimal, o] adj. centesimale.
centiare [sɑ̃tjar] m. centiara f., centiaro.
centième [sɑ̃tjɛm] adj. ord. et n. m. centesimo.
centigrade [sɑ̃tigrad] adj. centigrado.
centigramme [sɑ̃tigram] m. centigrammo.
centilitre [sɑ̃tilitr] m. centilitro.
centime [sɑ̃tim] m. centesimo. || FIN. *centimes additionnels* = sovrimposta f.; addizionale (f.) d'imposta (comunale, provinciale).
centimètre [sɑ̃timɛtr] m. centimetro.
centon [sɑ̃tɔ̃] m. centone.
centrage [sɑ̃traʒ] m. TECHN. centratura f.

central, e, aux [sɑ̃tral, o] adj. centrale. | *chauffage central*, (riscaldamento a) termosifone m. ◆ n. m. *central téléphonique*, centrale telefonica. ◆ n. f. [usine] *centrale électrique, atomique*, centrale elettrica, atomica. || [syndicat] *centrale ouvrière*, sindacato operaio. || ÉCON. *centrale d'achats*, centro acquisti.
centralisateur, trice [sɑ̃tralizatœr, tris] adj. centralizzatore, trice.
centralisation [sɑ̃tralizasjɔ̃] f. accentramento m., centralizzazione.
centraliser [sɑ̃tralize] v. tr. accentrare, centralizzare.
centre [sɑ̃tr] m. PR. et FIG. centro. | *centre d'intérêt*, centro d'interesse. || [lieu] *centre ville*, centro ; centro città. || [organisme] *centre d'accueil*, v. ACCUEIL. | *centre d'apprentissage*, istituto professionale. || MÉD. *centres nerveux*, centri nervosi. || MIL. *centre mobilisateur*, centro di mobilitazione. || PHYS. *centre de gravité*, baricentro ; centro di gravità.
centre-américain, e [sɑ̃tramerikɛ̃, ɛn] adj. centroamericano.
centrer [sɑ̃tre] v. tr. SPORT, MÉC. centrare. || FIG. *centrer une œuvre sur un drame de conscience*, imperniare un'opera su un dramma di coscienza.
centreur [sɑ̃trœr] m. MÉC. centratore.
centrifugation [sɑ̃trifygasjɔ̃] f. centrifugazione.
centrifuge [sɑ̃trifyʒ] adj. centrifugo (m. pl. *centrifughi*).
centrifuger [sɑ̃trifyʒe] v. tr. centrifugare.
centrifugeur, euse [sɑ̃trifyʒœr, øz] adj. centrifugo. ◆ n. f. centrifuga.
centripète [sɑ̃tripɛt] adj. centripeto.
centriste [sɑ̃trist] adj. et n. centrista.
centuple [sɑ̃typl] adj. et n. m. centuplo. | *rendre au centuple*, restituire centuplicato (adj.).
centupler [sɑ̃typle] v. tr. centuplicare.
centurie [sɑ̃tyri] f. ANTIQ. centuria.
centurion [sɑ̃tyrjɔ̃] m. ANTIQ. centurione.
cénure ou **cœnure** [senyr] m. ZOOL. cenuro.
cep [sɛp] m. BOT. ceppo (di vite). || TECHN. [charrue] V. SEP.
cépage [sepaʒ] m. vitigno.
cèpe [sɛp] m. BOT. porcino, ceppatello ; moreccio (tosc.).
cépée [sepe] f. [touffe de tiges] ceppaia. || [taillis] = bosco ceduo di uno o due anni.
cependant [səpɑ̃dɑ̃] adv. VX [pendant ce temps] intanto, nel frattempo, frattanto, in quel mentre (L.C.). ◆ conj. [toutefois] però, tuttavia, eppure. ◆ loc. conj. ***cependant que***, mentre.
céphalée [sefale] f. ou **céphalalgie** [sefalalʒi] f. MÉD. cefalea, cefalalgia.
céphalique [sefalik] adj. cefalico.
céphalopodes [sefalɔpɔd] m. pl. ZOOL. cefalopodi.
céphalo-rachidien, enne [sefalɔraʃidjɛ̃, ɛn] adj. ANAT. cefalorachidiano.
céphalothorax [sefalɔtɔraks] m. ZOOL. cefalotorace.
céphéide [sefeid] f. ASTR. cefeide.
cérambycidés [serɑ̃biside] m. pl. ZOOL. cerambicidi.
cérame [seram] m. ARCHÉOL. = vaso di terracotta. ◆ adj. *grès cérame*, arenaria f.
céramique [seramik] adj. ceramico. ◆ n. f. ceramica.
céramiste [seramist] n. ceramista.
céraste [serast] m. ZOOL. ceraste.
cérat [sera] m. PHARM. cerato.
cerbère [sɛrbɛr] m. cerbero.
cerce [sɛrs] f. TECHN. sagoma.
cerceau [sɛrso] m. cerchio. | *jambes en cerceau*, gambe arcuate. ◆ pl. [plumes] = penne (dell'estremità delle ali degli uccelli da preda).
cerclage [sɛrklaʒ] m. cerchiatura f.
cercle [sɛrkl] m. GÉOM. cerchio, circolo. | *grand cercle, petit cercle d'une sphère*, cerchio, circolo massimo, minore d'una sfera. || [rond] *en forme de cercle*, a forma di cerchio. | *faire cercle autour de qn*, far cerchio, far corona intorno a qlcu. | *l'oiseau décrit des cercles dans le ciel*, l'uccello rotea nel cielo. || [lieu de réunion] circolo ; club (angl.). | *le cercle des officiers*, il circolo ufficiali. | *cercle littéraire*, circolo, cenacolo letterario. || [groupe] cerchia f. | *cercle d'amis*, cerchia d'amici. || ADM. = circolo ; circoscrizione amministrativa. || GÉOGR. circolo. | *cercle polaire*, circolo polare. || LOG. *cercle vicieux*, circolo vizioso. || TECHN. cerchio. | *cercle de tonneau*, cerchio di botte. | *cercle d'étalonnage*, cerchio di calibratura.
cercler [sɛrkle] v. tr. cerchiare.
cercopithèque [sɛrkɔpitɛk] m. ZOOL. cercopiteco.
cercueil [sɛrkœj] m. bara f. ; feretro ; cassa f. (da morto).
céréale [sereal] adj. f. cereale. ◆ n. f. pl. cereali m. pl. | *la culture des céréales*, la cerealicoltura.
céréalier, ère [serealje, ɛr] adj. cerealicolo. ◆ n. m. cerealicoltore. || [navire] = nave (f.) per trasporto cereali.
cérébelleux, euse [serebɛlø, øz] adj. ANAT. cerebellare.
cérébral, e, aux [serebral, o] adj. PR. et FIG. cerebrale.
cérébro-spinal, e, aux [serebrɔspinal, o] adj. ANAT. cerebrospinale.
cérémonial [seremɔnjal] m. cerimoniale.
cérémonie [seremɔni] f. cerimonia. | *maître des cérémonies*, maestro delle cerimonie ; cerimoniere. || [politesse] *faire des cérémonies*, far cerimonie, complimenti. || LOC. *sans cérémonie*, senza complimenti, senza cerimonie, alla buona.
cérémonieux, euse [seremɔnjø, øz] adj. cerimonioso, complimentoso.
cerf [sɛr] m. cervo.
cerfeuil [sɛrfœj] m. cerfoglio.
cerf-volant [sɛrvɔlɑ̃] m. ZOOL. cervo volante. || [jouet] aquilone ; cervo volante ; cometa f.
cerisaie [sərizɛ] f. ciliegeto m. || HIST. LITT. *la Cerisaie*, « il Giardino dei ciliegi ».
cerise [səriz] f. ciliegia. | *cerises à l'eau-de-vie*, ciliegie sotto spirito. ◆ adj. inv. (color) ciliegia.
cerisette [sərizɛt] f. ciliegia secca. || [boisson] = bevanda a base di sciroppo di ciliegie.
cerisier [sərizje] m. ciliegio.
cérium [serjɔm] m. CHIM. cerio.
cerne [sɛrn] m. BOT. anello, cerchio annuale (degli alberi). || MÉD. = aureola livida ; livido ; [autour des yeux] occhiaia f., calamaro. || [auréole laissée par un détachant] alone. || [contour accentué] contorno.
cerneau [sɛrno] m. gheriglio.
cerner [sɛrne] v. tr. [encercler] accerchiare, circondare. || [délimiter] circondare, circoscrivere, delineare. || [dessiner] *cerner une silhouette*, delineare (i contorni di) una figura. || [circonscrire] *cerner un problème, une question*, circoscrivere, delimitare un problema, una questione. || AGR. *cerner un arbre*, incidere (la corteccia di) un albero ; fare un'incisione circolare sulla corteccia di un albero. | *cerner des noix*, sgusciar noci (acerbe). || LOC. *avoir les yeux cernés*, aver gli occhi cerchiati, pesti ; avere i calamari.
céroplastique [serɔplastik] f. ART ceroplastica.
1. certain, e [sɛrtɛ̃, ɛn] adj. [assuré] certo, sicuro, indubbio, indubitato. | *donner pour certain*, dar per certo. | *certain de son affaire*, certo del proprio fatto. | *il est certain que*, è certo che. || [déterminé] certo, determinato, fisso. | *date certaine*, data certa, fissa. || COMM. *prix, taux certain*, prezzo, tasso fisso. ◆ n. m. certo.
2. certain, e adj. indéf. certo, taluno. | *certaines gens*, certa gente. | *certains écrivains*, certi, taluni scrittori. | *d'une certaine façon*, in un certo modo. | *à un certain moment*, a un certo punto. | *un certain je ne sais quoi*, un certo non so che. | *elle ne manque pas d'un certain charme*, non è priva di un qualche fascino. | *il a eu un certain pressentiment*, ha avuto un certo presentimento ; ha avuto un tal quale presentimento (fam.). | *un certain monsieur X*, un certo, un tale signor X. || [assez grand] certo. | *d'un certain âge, d'une certaine importance*, di una certa età, importanza. | *un certain nombre de livres*, un certo numero di libri ; parecchi libri. ◆ pron. indéf. pl. certi, taluni, certuni. | *certains disent que*, certuni, taluni dicono che ; c'è chi dice che.

certainement [sɛrtɛnmɑ̃] adv. certamente, certo.
certes [sɛrt] adv. certo, certamente, senz'altro.
certificat [sɛrtifika] m. certificato, attestato, fede f. | *certificat médical*, certificato medico. | *certificat d'aptitude*, certificato d'idoneità. | *certificat de scolarité*, attestato di scolarità. | *certificat de bons (et loyaux) services*, benservito m. | *certificat de complaisance*, certificato di favore. | *certificat de bonne vie et mœurs*, attestato, certificato di buona condotta. || COMM., TECHN. *certificat de réception, d'essai*, certificato di collaudo, di prova. || FIN. *certificat de dépôt*, fede di deposito. || JUR. *certificat de carence*, V. CARENCE. || [diplôme] *certificat (d'études primaires)*, licenza elementare. | *certificat d'aptitude professionnelle (C. A. P.)*, licenza di scuola professionale. | *certificat d'aptitude pédagogique à l'enseignement secondaire (C. A. P. E. S.)*, abilitazione (f.) all'insegnamento secondario. | *certificat d'études supérieures* = esame universitario.
certificateur [sɛrtifikatœr] adj. et n. m. JUR. garante, mallevadore.
certification [sɛrtifikasjɔ̃] f. JUR. autenticazione, certificazione. | *certification de signature*, autenticazione di firma. | *certification de caution*, fideiussione a favore del fideiussore.
certifié, e [sɛrtifje] adj. et n. UNIV. abilitato.
certifier [sɛrtifje] v. tr. [attester] certificare, attestare. || [affirmer] affermare, assicurare. || JUR. autenticare. | *certifier une signature*, antenticare una firma. | *certifié conforme*, V. CONFORME.
certitude [sɛrtityd] f. certezza. | *avoir la certitude que*, esser certo che, sapere con certezza che.
céruléen, enne [seryleɛ̃, ɛn] adj. ceruleo.
cérumen [serymɛn] m. cerume.
céruse [seryz] f. biacca, cerussa.
cérusite [seryzit] f. MINÉR. cerussite.
cerveau [sɛrvo] m. ANAT. cervello. || MÉD. *rhume de cerveau*, raffreddore di testa; rinite f. | *transport au cerveau*, congestione cerebrale. || [tête] *vin qui monte au cerveau*, vino che dà alla testa. || FAM. *cerveau brûlé*, testa matta; cervello balzano, strampalato, stravagante. | *avoir le cerveau fêlé*, esser un po' tocco nel cervello, un po' picchiatello. | *se creuser le cerveau*, lambiccarsi, stillarsi il cervello. || FIG. *c'est un (grand) cerveau*, è un cervello, una gran testa. | *c'est lui le cerveau de l'entreprise*, è lui il cervello dell'impresa. || ÉLECTRON. *cerveau électronique*, cervello elettronico.
cervelas [sɛrvəla] m. CULIN. cervellata f.
cervelet [sɛrvəlɛ] m. ANAT. cervelletto.
cervelle [sɛrvɛl] f. ANAT., CULIN. cervello m. || FIG. cervello, testa, giudizio m. | *tête sans cervelle*, uomo senza cervello, uomo scervellato. || FAM. *se creuser la cervelle*, V. CERVEAU. | *se mettre qch. dans la cervelle*, mettersi, ficcarsi qlco. in testa. || *ça lui trotte dans la cervelle*, questo gli frulla per il cervello. | *se brûler, se faire sauter la cervelle*, bruciarsi le cervella, farsi saltare le cervella.
cervical, e, aux [sɛrvikal, o] adj. cervicale.
cervidés [sɛrvide] m. pl. ZOOL. cervidi.
cervoise [sɛrvwaz] f. cervogia.
ces adj. dém. pl. V. CE.
césar [sezar] m. FIG. cesare, imperatore.
1. césarien, enne [sezarjɛ̃, ɛn] adj. cesareo. ◆ n. m. [partisan de César] cesariano.
2. césarienne f. CHIR. taglio cesareo.
césarisme [sezarism] m. cesarismo.
césium m. V. CÆSIUM.
cessant, e [sɛsɑ̃, ɑ̃t] adj. *toutes affaires cessantes*, sospesa ogni altra cosa; immediatamente.
cessation [sɛsasjɔ̃] f. cessazione, sospensione. | *cessation de commerce*, cessazione di esercizio. | *cessation de paiements, du travail, des hostilités*, sospensione dei pagamenti, dei lavori, delle ostilità.
cesse [sɛs] f. *n'avoir de cesse que*, non darsi tregua finché (indic. ou subj.). | *il n'avait (point) de cesse qu'il n'eût fini son travail*, non si dava tregua finché, non aveva, non avesse finito il suo lavoro. ◆ loc. adv. ***sans cesse***, senza posa, senza sosta, senza tregua.
cesser [sese] v. tr. cessare, smettere, interrompere. | *cesser le travail*, interrompere il lavoro, smettere di lavorare. | *cesser les paiements, les hostilités*, sospendere i pagamenti, le ostilità. | *cessez vos cris, vos plaintes, vos bavardages*, smettete di gridare, di lamentarvi, di chiacchierare; smettetela con le grida, le lamentazioni, le chiacchiere. ◆ v. tr. ind. **(de)** cessare, smettere (di); smetterla, finirla (di) [fam.]. ◆ v. intr. cessare, smettere; smetterla (fam.). | *le vent a cessé*, il vento è cessato. | *mais veux-tu cesser, à la fin?*, ma insomma, la vuoi smettere?
cessez-le-feu [seselfø] m. inv. sospensione (f.) delle ostilità.
cessibilité [sesibilite] f. cedibilità.
cessible [sesibl] adj. cedibile.
cession [sɛsjɔ̃] f. cessione. | *cession de créance, de fonds de commerce*, cessione di credito, d'azienda.
cessionnaire [sɛsjɔnɛr] m. JUR. cessionario.
c'est-à-dire [sɛtadir] loc. adv. cioè; vale a dire.
ceste [sɛst] m. cesto.
cestodes [sɛstɔd] m. pl. ZOOL. cestodi.
césure [sezyr] f. POÉS. cesura.
cet, cette adj. dém. V. CE.
cétacés [setase] m. pl. ZOOL. cetacei.
cétane [setan] m. CHIM. cetano; esadecano normale. | *indice de cétane*, numero di cetano.
cétérac [seterak] m. BOT. cedracca f., ceterach, erba ruggine.
cétogène [setɔʒɛn] adj. chetogeno.
cétoine [setwan] f. ZOOL. cetonia.
cétone [setɔn] f. chetone m.
ceux pron. dém. pl. V. CELUI.
chabrol [ʃabrɔl] ou **chabrot** [ʃabro] m. (rég.) *faire chabrol* = aggiungere vino al brodo nella scodella.
chacal, als [ʃakal] m. ZOOL. sciacallo.
chaconne [ʃakɔn] f. MUS. ciaccona.
chacun, e [ʃakœ̃, yn] pron. indéf. ciascuno, ognuno; tutti. | *chacun, chacune de vous*, ciascuno, ciascuna di voi. | *chacun était présent*, erano tutti presenti. | *chacun en rit*, tutti ne ridono. || COMM. cadauno. | *ces livres coûtent 3 000 lires chacun*, questi libri costano 3 000 lire cadauno, l'uno. || [distribution] *ils eurent chacun une pomme*, ebbero una mela ciascuno, una mela per uno. | *prenez chacun votre part*, prendete ognuno, ciascuno la vostra parte; ognuno di voi prenda la sua parte. | *chacun à son tour*, ciascuno a suo turno; uno per volta.
chadouf [ʃaduf] m. (ar.) altaleno.
chafouin, e [ʃafwɛ̃, in] adj. PÉJOR. sornione. ◆ n. sornione, a.
1. chagrin, e [ʃagrɛ̃, in] adj. [triste] mesto, triste, accorato. || [maussade] tetro, burbero. | *humeur chagrine*, umor tetro. | *esprit chagrin*, natura triste, pessimistica.
2. chagrin m. [selon l'intensité] dispiacere, pena f., dolore, accoramento, afflizione f. | *grand, gros chagrin*, gran dispiacere. | *petit chagrin*, dispiacerino, dispiaceruccio. | *chagrin d'enfant*, dispiacere, pena infantile. | *chagrin d'amour*, pena d'amore. | *je ne voudrais pas te faire du chagrin*, non vorrei affliggerti. | *la nouvelle l'a plongé dans un profond chagrin*, la notizia lo ha profondamente afflitto, lo ha addolorato. | *avoir du chagrin*, essere afflitto. | *avoir beaucoup de chagrin*, essere addolorato, accorato. || FAM. *noyer son chagrin*, V. NOYER.
3. chagrin m. [cuir] zigrino.
chagrinant, e [ʃagrinɑ̃, ɑ̃t] adj. penoso, rattristante, accorante.
1. chagriner [ʃagrine] v. tr. rattristare, accorare, addolorare, affliggere. || [déplaire] dar dispiacere a, far pena a.
2. chagriner v. tr. TECHN. zigrinare.
châh ou **shâh** [ʃa] m. scià.
chahut [ʃay] m. FAM. [tapage] baccano, cagnara f., pandemonio, bailamme, gazzarra f. | *faire du chahut*, V. CHAHUTER v. intr. | *faire un chahut monstre*, fare un baccano del diavolo, piantare una cagnara dell'inferno; piantare un bordello del diavolo (pop.).
chahuter [ʃayte] v. intr. FAM. far gazzarra, baccano,

cagnara. ◆ v. tr. [bousculer] mettere sottosopra. | *chahuter les meubles d'une pièce*, mettere sottosopra i mobili di una stanza. || [malmener] molestare, importunare ; far dispetti a. | *chahuter un professeur* = far gazzarra nella classe d'un professore.

chahuteur, euse [ʃaytœr, øz] adj. chiassone. ◆ n. chiassone, a.

chai [ʃɛ] m. = cantina a pianterreno (per l'immagazzinamento di vini e liquori).

chaînage [ʃɛnaʒ] m. [action de mesurer] misurazione f. (con catena di agrimensore). || [armature] catenatura f.

chaîne [ʃɛn] f. **1.** catena. | *maillon de chaîne*, anello di catena. | *chaîne d'arpenteur*, catena agrimensoria. | *chaîne de remorque*, catena di traino. || **2.** Fig. *travail à la chaîne*, lavoro a catena. || [servitude] catena. | *tenir qn à la chaîne*, tener qlcu. a catena. || [enchaînement] *réaction en chaîne*, reazione a catena. | *la chaîne des causes et des effets*, la concatenazione delle cause e degli effetti. || **3.** Comm. *chaîne de magasins*, catena di negozi. || **4.** Mar. *chaîne d'arrimage*, *d'ancre*, catena di stivaggio, dell'ancora. || Méc. catena, nastro m., trasportatore m. | *chaîne à crochets*, *à rouleaux*, *à maillons*, catena a ganci, a rulli, a maglie. | *chaîne à godets*, nastro a tazze. | *chaîne transporteuse*, nastro trasportatore ; trasportatrice, convogliatrice. | *chaîne de montage*, catena di montaggio. || **5.** Archit. tirante m., catena. || **6.** Géogr. *chaîne de montagnes*, catena di montagne ; giogaia. || **7.** [radio] programma m. || T. V. canale m. | *première*, *deuxième chaîne*, primo, secondo canale ; [programme] primo, secondo programma. || **8.** Text. ordito m. ◆ pl. Autom. catene da neve, per neve. | *chaînes antidérapantes*, catene antisdrucciolevoli. || [servitude] *briser ses chaînes*, spezzare le catene, i ceppi.

chaîner [ʃene] v. tr. [mesurer] = misurare (con la catena agrimensoria). || Archit. incatenare ; rafforzare con catene, con tiranti.

chaînette [ʃɛnɛt] f. catenella. || Text. *point de chaînette*, punto a catenella. || Méc. catenaria.

chaînon [ʃɛnɔ̃] m. anello (di catena). || Géogr. = piccola catena di monti.

chair [ʃɛr] f. carne ; [pulpe] polpa. | *chair à saucisse*, carne suina tritata. || Fig. *chair à canon*, carne da cannone, da macello. || Relig. *les tentations*, *la résurrection de la chair*, le tentazioni, la resurrezione della carne. || Loc. *en chair et en os*, in carne ed ossa. | *entre cuir et chair*, tra pelle e pelle. | *être (bien) en chair*, essere bene in carne. | *couleur (de) chair*, color carne, color nudo. | *n'être ni chair ni poisson*, non essere né carne né pesce. | *donner la chair de poule*, far venire la pelle d'oca, fare accapponare la pelle. | *réduire en chair à pâté*, ridurre in polpette, far polpette di.

chaire [ʃɛr] f. Relig. cattedra, pulpito m. | *monter en chaire*, salire sul pulpito. | *du haut de la chaire*, dalla cattedra. | *la chaire de saint Pierre*, la cattedra di San Pietro. | *l'éloquence de la chaire*, l'eloquenza del pergamo, l'oratoria sacra. || Univ. [estrade, fonction de professeur] cattedra. | *créer une chaire*, istituire una cattedra.

chaise [ʃɛz] f. sedia, seggiola. | *chaise d'enfant*, seggiolone m. | *chaise percée*, seggetta ; sedia comoda. | *chaise longue*, sedia a sdraio ; sdraia. | *chaise à bascule*, sedia a dondolo. | *chaise (à porteurs)*, portantina. | *chaise de poste*, diligenza. || Techn. sede. | *chaise-support de l'arbre d'hélice*, braccio dell'asse portaelica. || Fam. *être assis entre deux chaises* = trovarsi in una situazione instabile, malsicura.

chaisier, ère [ʃɛzje, ɛr] n. [fabricant] seggiolaio. || [qui fait payer la place] = chi affitta sedie.

1. chaland [ʃalɑ̃] m. Mar. chiatta f., barcone. | *train de chalands*, fila di chiatte rimorchiate. || Mil. *chaland de débarquement*, mezzo da sbarco.

2. chaland, e n. Vx avventore, trice ; cliente (l.c.).

chalaze [kalaz] f. Zool., Bot. calaza.

chalazion [kalazjɔ̃] m. Méd. calazio.

chalcographie [kalkɔgrafi] f. calcografia.

chalcopyrite [kalkɔpirit] f. Minér. calcopirite.

chalcosine ou **chalcosite** [kalkɔzin, zit] f. Minér. calcosina.

chaldéen, enne [kaldeɛ̃, ɛn] adj. et n. caldeo.

châle [ʃɑl] m. scialle. ◆ adj. *col châle*, collo a scialle.

chalet [ʃalɛ] m. chalet (fr.), villetta f., casetta f. || Vx *chalet de nécessité* = gabinetti pubblici.

chaleur [ʃalœr] f. calore m., caldo m. | *chaleur orageuse*, *étouffante*, caldo afoso, soffocante ; afa. | *chaleur torride*, arsura, bollore m. | *les grandes chaleurs (de l'été)*, il gran caldo estivo ; la calura estiva (littér.). | *par cette chaleur*, con questo caldo. || [ferveur] calore, fervore m., ardore m. | *dans la chaleur de la discussion*, nel calore, nel fervore della discussione. || Physiol. *chaleur animale*, calore animale. | *être en chaleur*, essere in calore.

chaleureux, euse [ʃalørø, øz] adj. caloroso.

châlit [ʃɑli] m. fusto di letto ; lettiera f.

challenge [ʃalɑ̃ʒ] m. Sport challenge (angl.) ; sfida f., gara f.

challenger [ʃalɑ̃ʒœr, tʃalɛndʒœr] ou **challengeur** m. Sport challenger (angl.) ; sfidante.

challenger [ʃalɑ̃ʒe] v. tr. Sport sfidare.

chaloir [ʃalwar] v. tr. ind. Littér. *peu me chaut*, poco mi cale ; m'importa poco (l.c.).

chaloupe [ʃalup] f. scialuppa, lancia.

chalouper [ʃalupe] v. intr. = camminare dondolando le spalle.

chalumeau [ʃalymo] m. Bot. cannuccia f., cannello. || Mus. cennamella f. || Techn. cannello.

chalut [ʃaly] m. sciabica f.

chalutier [ʃalytje] m. [pêcheur] = chi pesca con la sciabica ; [bateau] peschereccio. | *chalutier à vapeur*, piropeschereccio. | *chalutier à moteur*, motopeschereccio.

chamade [ʃamad] f. Hist. mil. = segnale (m.) di resa. || Fig. *son cœur bat la chamade*, ha il cuore in gola.

chamailler (se) [səʃamaje] v. pr. bisticciarsi ; litigare v. intr.

chamaillerie [ʃamajri] ou **chamaille** [ʃamaj] f. lite, baruffa.

chamailleur, euse [ʃamajœr, øz] adj. litigioso. ◆ n. litigone, a ; attaccabrighe inv.

chamarrer [ʃamare] v. tr. gallonare, fregiare. || Fig. *chamarrer de citations*, infarcire di citazioni.

chamarrure [ʃamaryr] f. [ornements divers] (au pl.) fregi m., fronzoli m., gale. || [ornement de mauvais goût] bardatura.

chambard [ʃɑ̃bar] m. Fam. baccano, cagnara f. | *un chambard du diable*, *à tout casser*, un baccano del diavolo ; un putiferio, un finimondo.

chambardement [ʃɑ̃bardəmɑ̃] m. Fam. scompiglio, soqquadro, sconquasso.

chambarder [ʃɑ̃barde] v. tr. Fam. mettere a soqquadro ; scompigliare.

chambellan [ʃɑ̃bɛlɑ̃] m. ciambellano.

chambouler [ʃɑ̃bule] v. tr. Fam. sconvolgere, mettere a soqquadro, mettere sottosopra, buttare all'aria (l.c.).

chambranle [ʃɑ̃brɑ̃l] m. stipite.

chambre [ʃɑ̃br] f. [pièce] camera, stanza. | *chambre à coucher*, *d'amis*, camera da letto, degli ospiti. | *chambre mansardée*, camera a mansarda. | *faire chambre à part*, dormire in camere separate. | *garder la chambre*, rimanere in camera. | *valet de chambre*, cameriere. | *femme de chambre*, cameriera. | *robe de chambre*, veste da camera ; vestaglia. | *pot de chambre*, vaso da notte ; orinale. || *chambre de sûreté*, camera di sicurezza. | *chambre à gaz*, camera a gas. || Jur. sezione. | *chambre correctionnelle (d'un tribunal)*, sezione penale (di un tribunale). | *chambre d'accusation*, v. accusation. || [association] camera. | *Chambre de commerce*, *d'agriculture*, Camera di commercio, dell'agricoltura. | *Chambre des notaires*, Collegio (m.) notarile. | *chambre syndicale*, sindacato padronale. || Polit. *Chambre des députés*, Camera dei deputati. || Mar. *chambre de veille*, *des cartes*, *de navigation* : [navire de commerce] sala nautica ; [navire de guerre] casotto (m.) di rotta. || Techn. *chambre noire*, *claire*, camera oscura, chiara. | *chambre à air*, camera d'aria. | *chambre*

d'explosion, camera di scoppio. | *chambre de chauffe*, camera di riscaldamento. | *chambre froide*, cella frigorifera.
chambrée [ʃɑ̃bre] f. camerata.
chambrer [ʃɑ̃bre] v. tr. rinchiudere in una camera. | *chambrer le vin* = portare il vino a temperatura ambiente. || FIG., FAM. *chambrer qn* = isolare qlcu. (per circuirlo, per convincerlo).
chambrette [ʃɑ̃brɛt] f. cameretta.
chambrière [ʃɑ̃brijɛr] f. Vx [bonne] cameriera. || [fouet] frusta (da maneggio). || [béquille] = puntello m. (per mantenere orizzontale un carro a due ruote).
chameau [ʃamo] m. ZOOL. cammello. || FIG., FAM. *quel chameau !*, che carogna ! (pop.).
chamelier [ʃaməlje] m. cammelliere.
chamelle [ʃamɛl] f. ZOOL. cammella.
chamois [ʃamwa] m. ZOOL. camoscio. || [cuir] *gants de chamois*, guanti di camoscio. | *peau de chamois*, pelle scamosciata, scamoscia. ◆ adj. inv. color camoscio.
chamoisage [ʃamwazaʒ] m. scamosciatura f.
chamoiser [ʃamwaze] v. tr. scamosciare.
champ [ʃɑ̃] m. AGR. campo. | *champ en friche*, terreno incolto ; sodaglia f. | *champ de blé*, campo di grano, campo coltivato a grano. | *fleurs des champs*, fiori di campo. | *travaux des champs*, lavori campestri. | *à travers champs*, attraverso i campi. || [terrain] *champ d'aviation*, campo d'aviazione. || MIL. *champ de Mars*, campo marzio, di Marte. | *champ de mines*, campo minato, di mine. | *champ de tir*, poligono di tiro. || LOC. *mourir au champ d'honneur*, morire sul campo dell'onore. | *se battre en champ clos*, battersi in campo chiuso. || FIG. campo, ambito, settore. | *champ d'action*, campo d'azione. | *donner libre champ à sa colère*, dar libero corso, dare sfogo alla propria collera. | *prendre la clef des champs*, prendere il volo ; svignarsela, tagliare la corda (fam.). || [espace] *prendre du champ*, indietreggiare, allontanarsi ; SPORT prendere distanza ; staccarsi ; aumentare il distacco. | *le conducteur prit du champ pour mieux aborder le virage*, il conducente prese distanza dalla banchina per prendere meglio la curva. || CHIR. *champ opératoire*, campo operatorio. || CIN., PHOT. campo. || MINÉR. *champ d'exploitation*, campo di coltivazione. | *champ de pétrole*, campo petrolifero. || PHYS. *champ visuel*, campo visivo. ◆ loc. adv. ***sur-le-champ,*** subito, senza indugio, su due piedi, lì per lì, sul momento. || ***à tout bout de champ,*** ad ogni piè sospinto.
champagne [ʃɑ̃paɲ] m. champagne (fr.) ; sciampagna inv. ◆ adj. *fine champagne*, fine champagne (fr.) ; = acquavite (prodotta nelle Charentes).
champart [ʃɑ̃par] m. AGR. = frumento, orzo e segala seminati insieme. || FÉOD. = censo pagato sul raccolto.
champêtre [ʃɑ̃pɛtr] adj. campestre. | *garde champêtre*, V. GARDE.
champignon [ʃɑ̃piɲɔ̃] m. BOT. fungo. | *champignon de couche* = prataiolo coltivato (in fungaie artificiali). || FIG. *pousser comme un champignon*, venir su, crescere come i funghi. | *ville-champignon*, città fungo. || TECHN. *champignon de pulvérisateur*, fungo di polverizzatore. || FAM. *appuyer sur, écraser le champignon*, andare a tavoletta.
champignonnière [ʃɑ̃piɲɔnjɛr] f. fungaia, fungheto m.
champignonniste [ʃɑ̃piɲɔnist] m. funghicoltore.
champion, onne [ʃɑ̃pjɔ̃, ɔn] n. campione, campionessa. | *se faire le champion de la foi*, farsi il campione della fede. ◆ adj. m. FAM. *c'est champion !*, fantastico !
championnat [ʃɑ̃pjɔna] m. campionato.
champlever [ʃɑ̃ləve] v. tr. = scanalare, intagliare (col bulino, con la sgorbia). | *émail champlevé*, smalto champlevé ; champlevé m. ; smalto degli orafi.
chance [ʃɑ̃s] f. sorte, fortuna. | *la bonne, la mauvaise chance*, la buona, la cattiva sorte. | *la chance a tourné*, la fortuna ha girato. | *la chance lui sourit*, la fortuna gli arride. | *tenter, courir sa chance*, tentare la sorte, correre l'alea. || [occasion] probabilità, possibilità, caso m. | *il n'a aucune chance de réussir*, non c'è caso che riesca ; non ha nessuna probabilità di riuscire. | *il y a de grandes chances, peu de chances que cela arrive*, è molto probabile, poco probabile che ciò avvenga. | *c'est notre dernière chance*, è la nostra ultima possibilità. | *calculer ses chances*, valutare le proprie possibilità (di riuscita). || LOC. *bonne chance !*, buona fortuna ! ; in bocca al lupo ! (fam.). | *par chance*, per fortuna, per sorte. | *coup de chance*, colpo di fortuna. | *avoir de la chance*, aver fortuna, esser fortunato. | *ne pas avoir de chance*, essere sfortunato ; essere scalognato (fam.). | *porter chance*, portar fortuna. || [hasard] *c'est une chance que tu m'aies trouvé*, è stata una vera combinazione che tu m'abbia trovato.
chancelant, e [ʃɑ̃slɑ̃, ɑ̃t] adj. *pas chancelant*, passo vacillante. | *allure chancelante*, andatura barcollante. || FIG. malfermo, malsicuro, instabile, oscillante. | *santé chancelante*, salute incerta, malferma. | *foi chancelante*, fede vacillante.
chanceler [ʃɑ̃sle] v. intr. barcollare, vacillare. || FIG. vacillare, traballare, oscillare.
chancelier [ʃɑ̃səlje] m. cancelliere. | *chancelier de l'Échiquier*, cancelliere dello Scacchiere. || HIST. guardasigilli.
chancelière [ʃɑ̃səljɛr] f. moglie del cancelliere. || [sac fourré] = sacca foderata per tener caldi i piedi.
chancellerie [ʃɑ̃sɛlri] f. cancelleria. | *style de chancellerie*, stile cancelleresco.
chanceux, euse [ʃɑ̃sø, øz] adj. [qui a de la chance] fortunato. || [aléatoire] aleatorio, casuale, rischioso, avventato.
chancre [ʃɑ̃kr] m. MÉD. ulcera f. | *chancre induré, mou*, ulcera dura, molle. || BOT. cancro. || FIG. cancro.
chancreux, euse [ʃɑ̃krø, øz] adj. ulceroso.
chandail [ʃɑ̃daj] m. maglione ; golf (angl.).
chandeleur [ʃɑ̃dlœr] f. candelora.
chandelier [ʃɑ̃dəlje] m. candeliere. || FAM., VX [homme] candeliere.
chandelle [ʃɑ̃dɛl] f. candela. | *bout de chandelle*, moccolo m. ; mozzicone (m.) di candela. || FIG. *faire des économies de bouts de chandelle*, far economie meschine, economie da spilorcio. | *brûler la chandelle par les deux bouts :* [argent] spendere e spandere ; scialacquare ; [forces] sperperare le proprie forze, rimetterci la salute. | *la chandelle brûle*, il tempo stringe. | *voir trente-six chandelles*, veder le stelle. | *tenir la chandelle*, reggere il moccolo, tenere la candela. | *devoir une fière chandelle à qn* = dover molto a qlcu. | *le jeu n'en vaut pas la chandelle*, il gioco non vale la candela. || FAM. [morve] candela, moccio m. || AÉR. candela. || [football] *faire une chandelle*, calciare a candela.
1. chanfrein [ʃɑ̃frɛ̃] m. ZOOL. fronte f. (del cavallo). || [armure du cheval] testiera f.
2. chanfrein m. ARCHIT., TECHN. modanatura f., smussatura f. ; cianfrinatura (gall.).
chanfreiner [ʃɑ̃frɛne] v. tr. smussare, scanalare ; cianfrinare (gall.).
change [ʃɑ̃ʒ] m. FIN. cambio. | *marché des changes*, mercato dei cambi. | *cours du change*, corso del cambio. | *agent de change*, agente di cambio ; cambiavalute m. inv. | *lettre de change*, cambiale f. || [chasse] cambio. || LOC. *gagner au change*, guadagnarci. | *perdre au change*, rimetterci, scapitarci. | *donner le change à qn*, imbrogliare, ingannare qlcu. ; infinocchiare qlcu. (fam.).
changeable [ʃɑ̃ʒabl] adj. mutabile, cambiabile. || FIN. convertibile.
changeant, e [ʃɑ̃ʒɑ̃, ɑ̃t] adj. [temps ; caractère] mutevole, volubile, incostante. | *couleur changeante, tissu changeant*, color cangiante, tessuto cangiante.
changement [ʃɑ̃ʒmɑ̃] m. cambiamento, mutamento, variazione f. | *changements de température*, variazioni di temperatura. || ADM. trasferimento. || MAR. *changement de cap*, cambiamento, inversione (f.) di rotta. | *changement de quart*, cambiamento di turno, di quarto. || TECHN. *changement de vitesse*, cambio di velocità.
changer [ʃɑ̃ʒe] v. tr. [échanger] cambiare, barattare. || FIG. *je ne changerais pas ma place pour la sienne*, non vorrei essere nei suoi panni. || [déplacer] *changer*

qch. de place, spostare qlco. ‖ FIN. *changer de l'argent, des devises*, cambiar denaro, valute. ‖ [remplacer] cambiare, sostituire. | *changer les draps, les meubles*, cambiare le lenzuola, i mobili. | *changer un enfant*, cambiare un bambino. ‖ [modifier] cambiare, modificare ; alterare (péjor.). | *changer ses plans*, cambiare, modificare i piani. ‖ [transformer complètement] cambiare, mutare, trasformare, tramutare. | *changer l'eau en vin*, cambiare, trasformare l'acqua in vino. ‖ LOC. *changer d'idée comme de chemise* = essere un, una voltagabbana. | *changer son fusil d'épaule*, mutare disposizione, mutare progetto. ‖ MAR. *changer la barre*, invertire la rotta. ‖ *changer (de train)*, cambiare. ◆ v. intr. cambiare ; mutarsi v. pr. | *il a changé*, è cambiato ; non è più quello (di prima, di una volta). | *comme tu as changé !*, come sei cambiato ! | *les temps ont changé*, i tempi son cambiati ; non è più il tempo che Berta filava (prov.). | *le temps change*, il tempo cambia. | *le vent a changé*, il vento è cambiato. ‖ FAM. *il faut que ça change*, bisogna che le cose cambino, che le cose vadano in altro modo. | *pour changer, histoire de changer*, (tanto) per cambiare. ◆ v. tr. ind. **(de)** cambiare, mutare v. tr. | *changer de maison, de chemise, de place, de couleur*, cambiar casa, camicia, posto, colore. | *changer d'avis, d'opinion*, cambiar parere, opinione ; ricredersi. | *changer de visage*, cambiar viso, cambiarsi in viso. | *changer de main :* [colis] cambiar di mano ; [propriété] cambiar di mano, cambiar padrone. ‖ AUTOM. *changer de vitesse*, cambiar marcia. ‖ MAR. *changer de cap, de route*, invertire la rotta. ◆ v. pr. [se modifier] cambiarsi, mutarsi, trasformarsi, tramutarsi. | *la neige s'est changée en eau*, la neve si è cambiata, trasformata in acqua. ‖ [changer de vêtements] cambiarsi (d'abito).

changeur [ʃɑ̃ʒœr] m. FIN. cambiavalute inv. ; cambista, cambiatore (vx). ‖ [pour les disques] cambiadischi inv.

chanoine [ʃanwan] m. canonico.

chanoinesse [ʃanwanɛs] f. canonichessa.

chanson [ʃɑ̃sɔ̃] f. canzone, canto m. | *chansons d'étudiants*, canti goliardici. | *chanson à boire*, canto conviviale (littér.). | *chanson de charme*, canzonetta sentimentale. ‖ FIG. *l'air ne fait pas la chanson*, l'abito non fa il monaco. ‖ FAM. *c'est toujours la même chanson, on connaît la chanson*, (è) sempre la solita musica, solfa, canzone. | *c'est une autre chanson !*, è un altro paio di maniche ; questo è un nuovo impiccio. ‖ POÉS. canzone. | *chanson de geste*, canzone di gesta. ◆ pl. [sornettes] baie, ciance, frottole, fandonie, chiacchiere. | *chansons que tout cela !*, son tutte baie !

chansonner [ʃɑ̃sɔne] v. tr. *chansonner qn, le gouvernement* = comporre una canzone satirica contro qlcu., contro il governo.

chansonnette [ʃɑ̃sɔnɛt] f. canzonetta.

chansonnier [ʃɑ̃sɔnje] m. [recueil de poésies] canzoniere m. ; [recueil de chansons] raccolta di canzoni, di canzonette. ‖ [auteur de chansons satiriques] chansonnier (fr.).

1. chant [ʃɑ̃] m. canto. | *chant à une seule voix*, assolo ; canto a solo. ‖ [oiseaux] canto. ‖ FIG. *le chant du cygne*, il canto del cigno. ‖ [d'un poème] canto.

2. chant m. taglio. | *poser une brique de chant, sur chant*, porre un mattone di taglio, a coltello.

chantage [ʃɑ̃taʒ] m. ricatto. | *lettre de chantage*, lettera ricattatoria. | *exercer un chantage sur qn*, ricattare qlcu. | *pratiquer le chantage*, fare un ricatto. | *c'est du chantage !*, è un ricatto !

chantant, e [ʃɑ̃tɑ̃, ɑ̃t] adj. [qui chante, aime chanter] cantante. ‖ [mélodieux] musicale, canoro, melodioso. | *l'italien est une langue chantante*, l'italiano è una lingua musicale. | *voix chantante*, voce canora, melodiosa. | *ton chantant*, tono cantilenante. ‖ [où l'on chante] *café chantant*, caffè concerto. ‖ [qui se chante aisément] *mélodie très chantante*, melodia cantabilissima.

chanteau [ʃɑ̃to] m. [morceau de pain] = pezzo, fetta (f.) di pane ; [d'étoffe] = pezzo, ritaglio di stoffa. ‖ MUS. = asse (aggiunta a un tavolo di violino per aumentarne la larghezza).

chantefable [ʃɑ̃tfabl] f. HIST. LITT. cantafavola.

chantepleure [ʃɑ̃tplœr] f. [entonnoir] imbottavino m., pevera. ‖ [robinet] spina. ‖ [fente d'écoulement] scolatoio m.

chanter [ʃɑ̃te] v. intr. cantare. | *chanter juste, faux*, essere intonato, stonato. | *chanter en mesure*, cantare a tempo. | *chanter à tue-tête, à pleins poumons, à pleine voix*, cantare a piena voce, a gola spiegata. ‖ FAM. *c'est comme si on chantait*, è come parlare al muro. | *faire chanter qn*, ricattare qlcu. ◆ v. tr. FIG. *il chante toujours la même chanson*, canta sempre la stessa canzone, la stessa solfa. ‖ [célébrer] cantare, celebrare, esaltare. | *chanter victoire*, cantar vittoria. | *chanter les louanges du vainqueur*, inneggiare al vincitore, tessere le lodi del vincitore. ◆ v. tr. ind. FAM. *cela ne me chante guère*, questo non mi va (a fagiolo), non mi va a genio.

1. chanterelle [ʃɑ̃trɛl] f. MUS. cantino m. ‖ FIG. *appuyer sur la chanterelle* = insistere vivamente su un punto delicato. ‖ [à la chasse] uccello (m.) da richiamo.

2. chanterelle f. BOT. cantarello m., gallinaccio m.

chanteur, euse [ʃɑ̃tœr, øz] n. cantante. | *chanteur de charme*, cantante di grazia. | *chanteur, chanteuse de café concert*, canzonettista n. ‖ FIG. *maître chanteur*, ricattatore, trice. ‖ MUS. « *les Maîtres chanteurs* », « i Maestri cantori ». ◆ adj. *oiseaux chanteurs*, uccelli cantatori, canori.

chantier [ʃɑ̃tje] m. cantiere. | *être au, sur le chantier*, essere in cantiere. | *mettre un navire, un mur en chantier*, impostare una nave, un muro. | *mettre un travail en chantier*, mettere un lavoro in cantiere. ‖ [entrepôt] deposito, magazzino. | *chantier de bois, de charbon*, deposito di legna, di carbone. ‖ [cale] calastra f.

chantonnement [ʃɑ̃tɔnmɑ̃] m. (il) canterellare, (il) canticchiare ; canterellio.

chantonner [ʃɑ̃tɔne] v. intr. et tr. canticchiare, canterellare.

chantoung [ʃɑ̃tuŋ] m. TEXT. sciantung.

chantourner [ʃɑ̃turne] v. tr. TECHN. traforare (secondo un determinato profilo). | *scie à chantourner*, sega (f.) da traforo ; gattuccio m.

chantre [ʃɑ̃tr] m. PR. et FIG. cantore.

chanvre [ʃɑ̃vr] m. BOT. canapa f. | *chanvre brut*, canapa greggia. | *câble de chanvre*, canapo.

chanvrier, ère [ʃɑ̃vrije, ɛr] adj. [industrie] canapiero ; [culture] canapicolo. ◆ n. [ouvrier] canapaio ; [cultivateur] canapicoltore m.

chaos [kao] m. PR. et FIG. caos.

chaotique [kaɔtik] adj. caotico.

chapardage [ʃapardaʒ] m. [action] (il) rubacchiare. ‖ [vol] furto, furterello ; [à l'étalage] taccheggio.

chaparder [ʃaparde] v. tr. rubacchiare.

chapardeur, euse [ʃapardœr, øz] n. ladruncolo, a, ladroncello, a.

chape [ʃap] f. RELIG. piviale m., cappa. ‖ ARCHIT. cappa. ‖ AUTOM. *chape (du pneu)*, battistrada m. inv. | *chape de frein*, giogo (m.) del freno. ‖ TECHN. coperchio m., rivestimento m. ; [de poulie] staffa.

chapeau [ʃapo] m. cappello. | *chapeau mou*, cappello a cencio. | *chapeau melon*, cappello duro ; bombetta f. | *chapeau haut de forme*, cappello a tuba, a cilindro, a staio ; tuba f. ; cilindro. | *chapeau claque*, cappello a soffietto, a molla. | *chapeau cloche*, cappello a campana. | *les bords du chapeau*, la tesa (del cappello). | *coup de chapeau*, scappellata f. | *saluer d'un grand coup de chapeau*, salutare con tanto di cappello. | *porter le chapeau sur l'oreille*, portare il cappello sulle ventitré. | *chapeau bas !*, giù il cappello ! ‖ FAM. *faire porter le chapeau à qn* = incolpare uno di qlco., far carico ad uno di qlco. | *je lui tire mon chapeau*, gli faccio tanto di cappello. | *il travaille du chapeau*, dà i numeri ; gli manca qualche rotella. ‖ RELIG. *recevoir le chapeau*, ottenere il cappello cardinalizio ; essere elevato alla porpora. ‖ AUTOM. *chapeau de roue*, coppa f. ‖ FAM. *prendre un virage sur les chapeaux de roue*, prendere una curva a tutta birra. ‖ BOT. *chapeau* *de champignon*, cappello, cappella (f.) di fungo. ‖ Mus. *chapeau chinois*, cappello cinese, turco ; mezzaluna f. ‖ Techn. cappello, coperchio, calotta f. | *chapeau antiparasite*, schermo antenna radio. ‖ Typ. cappello.

chapeauter [ʃapote] v. tr. Fam. mettere il cappello a. | *sortir ganté et chapeauté*, uscire con i guanti infilati e il cappello in testa. ‖ Fig. patrocinare.

chapelain [ʃaplɛ̃] m. cappellano.

chapelet [ʃaplɛ] m. Relig. rosario, corona f. | *dire son chapelet*, dire il rosario. ‖ Fig., fam. *vider son chapelet*, vuotare il sacco. ‖ [série] filza f., serie f. | *un chapelet d'oignons, de figues*, una resta, una treccia di cipolle, di fichi. | *chapelet d'injures*, filza d'ingiurie. | *dévider un chapelet d'injures*, snocciolar insulti. ‖ Techn. *chapelet hydraulique*, noria f., bindolo.

chapelier, ère [ʃapəlje, ɛr] n. cappellaio, a. ◆ f. [valise] cappelliera.

chapelle [ʃapɛl] f. cappella, chiesuola. | *chapelle ardente*, camera ardente. ‖ Fam. [clan] chiesuola, cricca. | *esprit de chapelle*, spirito di conventicola. ‖ Mus. cappella. | *maître de chapelle*, maestro di cappella. ‖ Techn. *chapelle d'aspiration*, cassa d'aspirazione.

chapellerie [ʃapɛlri] f. cappelleria.

chapelure [ʃaplyr] f. pangrattato m.

chaperon [ʃaprɔ̃] m. cappuccio. | « *le Petit Chaperon rouge* », « Cappuccetto Rosso ». ‖ Fig. chaperon (fr.), dama (f.) di compagnia. ‖ [chasse] cappuccio (del falco). ‖ Archit. cappello.

chaperonner [ʃaprɔne] v. tr. far da chaperon a ; = accompagnare. ‖ [chasse] *chaperonner un faucon*, incappellare un falco.

chapiteau [ʃapito] m. Archit. capitello. | *chapiteaux historiés, jumelés*, capitelli figurati, (ab)binati. ‖ [tente de cirque] tendone (del circo), circo. ‖ [haut d'un alambic] = duomo, capitello, elmo.

chapitre [ʃapitr] m. capitolo. | *chapitre un*, capitolo primo. ‖ [sujet] argomento, materia f. | *être inflexible sur le chapitre de la discipline*, essere inflessibile in materia di disciplina. ‖ Relig. capitolo. ‖ Loc. *avoir voix au chapitre*, aver voce in capitolo. | *tenir chapitre*, tener cattedra, tener concione.

chapitrer [ʃapitre] v. tr. rimproverare, rimbrottare, redarguire.

chapon [ʃapɔ̃] m. [volaille] cappone. ‖ Culin. = crosta di pane sfregata con aglio.

chaponnage [ʃapɔnaʒ] m. accapponatura f.

chaponner [ʃapɔne] v. tr. accapponare.

chaptaliser [ʃaptalise] v. tr. Chim. = aggiungere zucchero (al mosto, prima della fermentazione).

chaque [ʃak] adj. indéf. sing. ogni inv. ; ciascuno. | *chaque fois*, ogni volta. | *chaque écolier, écolière*, ciascuno scolaro, ciascuna scolara. ◆ pron. indéf. Fam. *ces chemises coûtent 50 francs chaque*, queste camicie costano 50 franchi ciascuna (l.c.).

char [ʃar] m. carro. | *char à bancs*, giardiniera f. | *char de carnaval*, carro carnavalesco. | *char funèbre*, carro funebre. ‖ Mil. *char d'assaut*, carro armato. | *char lourd*, carro pesante.

charabia [ʃarabja] m. = linguaggio incomprensibile. | *c'est du charabia*, è incomprensibile.

charade [ʃarad] f. sciarada.

charançon [ʃarɑ̃sɔ̃] m. Zool. punteruolo, tonchio, curculione. | *charançon du blé*, calandra (f.) del grano.

charbon [ʃarbɔ̃] m. carbone. | *charbon de bois*, v. bois. | *charbon animal*, carbone animale. | *charbon de terre*, carbone fossile. ‖ Art *charbon à dessiner*, carboncino. | *dessin au charbon* (disegno a) carboncino. ‖ Fig. *être sur des charbons ardents*, essere sui carboni accesi. ‖ Agr., Bot. carbone, carbonchio. ‖ Méd. carbonchio.

charbonnage [ʃarbɔnaʒ] m. [houillère] miniera (f.) di carbone.

charbonner [ʃarbɔne] v. tr. [réduire en charbon] carbonizzare. ‖ [écrire, dessiner] scarabocchiare con carbone ; disegnare (rozzamente con un carboncino). ◆ v. intr. [se réduire en charbon] carbonizzarsi v. pr. | *la mèche charbonne* = lo stoppino brucia male. ‖ Mar. carbonare.

charbonnerie [ʃarbɔnri] f. Hist. carboneria.

charbonnette [ʃarbɔnɛt] f. = legna minuta (per far carbonella).

charbonneux, euse [ʃarbɔnø, øz] adj. carbonioso. ‖ Méd. carbonchioso.

charbonnier, ère [ʃarbɔnje, ɛr] adj. carboniero. ◆ n. m. [qui fait, vend du charbon] carbonaio. ‖ Loc. *la foi du charbonnier*, una fede ingenua. ‖ Prov. *charbonnier est maître chez soi*, in casa sua ciascuno è re. ‖ [navire] carboniera f. ◆ n. f. = radura (dove viene eretta la carbonaia per la fabbricazione della carbonella). ‖ Zool. cinciallegra.

charcuter [ʃarkyte] v. tr. [découper maladroitement] = tagliuzzare goffamente. ‖ Fam. [opérer maladroitement] massacrare.

charcuterie [ʃarkytri] f. [magasin] salumeria, pizzicheria ; norcineria (rom.). ‖ [produits] salumi m. pl. ; [en tranches] affettati m. pl. ; [saucisses, saucissons] insaccati m. pl.

charcutier, ère [ʃarkytje, ɛr] n. salumaio, a ; salumiere, pizzicagnolo m. ; norcino m. (rom.). ◆ m. Fam. [chirurgien] = chirurgo da strapazzo, cattivo chirurgo.

chardon [ʃardɔ̃] m. Bot. cardo. | *chardon à foulon*, cardo dei lanaioli. ‖ [pointes de fer] = spuntoni ricurvi (posti in cima a un cancello, a un muro).

chardonneret [ʃardɔnrɛ] m. Zool. cardellino.

charge [ʃarʒ] f. **1.** [poids] carico m. | *charge de rupture*, carico di rottura. ‖ [capacité] carico, portata. | *charge utile*, carico utile. | *charge d'un navire*, portata d'una nave. ‖ Fig. carico, peso m., cura. | *être à charge à qn*, essere di peso a qlcu. | *être à la charge de qn*, essere a carico di qlcu. | *cette vie lui est à charge*, questa vita gli pesa. | *avoir charge d'âmes*, aver cura d'anime. | *avoir charge d'enfants, avoir des enfants à sa charge* : [ses propres enfants] aver dei figli da mantenere, dei figli a carico ; [d'autres enfants] aver la cura di bambini. ‖ Loc. *à charge de revanche*, a buon rendere ; con buona restituzione. ‖ **2.** Adm. carica, ufficio m. ‖ [mission] incarico m. | *s'acquitter des devoirs de sa charge*, assolvere i doveri del proprio ufficio. | *par les devoirs de sa charge*, per ragioni di ufficio. | *charge de notaire*, studio notarile. | *femme de charge*, donna di servizio. ‖ **3.** [obligation onéreuse] *charges familiales*, carichi di famiglia. | *charges fiscales, sociales*, oneri fiscali, sociali. | *charges d'exploitation*, spese d'esercizio. ‖ **4.** Jur. imputazione, indizio (m.) a carico. | *témoin à charge*, testimonio a carico. ‖ **5.** Mil. carica, assalto m. | *pas de charge*, passo di carica. ‖ Fig. *revenir à la charge*, tornare alla carica. ‖ **6.** Techn. carica. | *charge propulsive, explosive*, carica di lancio, di scoppio. | *charge creuse*, carica cava. | *charge d'un haut fourneau, d'un accumulateur*, carica di un altoforno, di un accumulatore. ‖ **7.** [caricature] caricatura ; ritratto caricato ; [satire] satira.

chargé, e [ʃarʒe] adj. Pr. et fig. carico. | *fusil chargé*, fucile carico. | *chargé d'ans, de dettes*, carico d'anni, di debiti. | *langue chargée*, lingua sporca. | *lettre chargée*, (lettera) assicurata f. ◆ n. m. incaricato. | *chargé de cours*, (professore) incaricato. | *chargé d'affaires*, incaricato d'affari.

chargement [ʃarʒəmɑ̃] m. [action] caricamento. | *rampe de chargement*, piano caricatore, banchina di carico. ‖ [charge] carico. ‖ *chargement d'une lettre*, assicurazione (f.) d'una lettera.

charger [ʃarʒe] v. tr. caricare. | *charger un mulet, un navire*, caricare un mulo, una nave. | *charger une lettre*, assicurare una lettera. ‖ Techn. *charger un fourneau, une arme, un appareil de photo, un haut fourneau, une batterie d'accumulateurs*, caricare una stufa, un'arma, una macchina fotografica, un altoforno, una batteria d'accumulatori. ‖ Fam. *charger qn dans sa voiture*, prendere qlcu. sulla macchina. ‖ Fig. *charger d'impôts*, caricare, gravare d'imposte. ‖ [donner mission de] incaricare. | *charger qn d'une affaire*, incaricare qlcu. d'un affare. ‖ Jur. *charger un accusé*, testimoniare a carico d'un, contro un imputato. ‖

[exagérer] esagerare, caricare. | *charger un portrait*, fare un ritratto caricato. ‖ MIL. [attaquer] caricare. ◆ v. pr. **(de)** caricarsi (di). | *le ciel se charge de nuages*, il cielo si copre di nuvole. ‖ [s'occuper de] incaricarsi (di), occuparsi (di). | *je m'en charge*, ci penso io, me ne prendo l'incarico.

chargeur [ʃarʒœr] m. [ouvrier] caricatore. ‖ MAR. [affréteur] caricatore, noleggiatore, spedizioniere. ‖ [dispositif] *chargeur de mitraillette, d'appareil de photo*, caricatore di mitra, di macchina fotografica. | *chargeur de batterie* = caricabatterie (inv.).

chargeuse [ʃarʒøz] f. MIN. caricatrice.

chariot [ʃarjo] m. [voiture] carretto, carrello. | *chariot à bagages*, carrello portabagagli. | *chariot élévateur*, carrello elevatore. ‖ [pour apprendre aux enfants à marcher] girello. ‖ [pièce mobile] *chariot de machine à écrire*, carrello della macchina per scrivere. | *chariot de machine-outil*, slitta (f.) di macchina utensile.

charisme [karism] m. carisma.

charitable [ʃaritabl] adj. caritatevole, pietoso. | *institution charitable*, istituto caritativo.

charité [ʃarite] f. carità. | *dame de charité*, dama di carità. | *vente de charité*, vendita, fiera di beneficenza. | *faire la charité*, fare la carità, l'elemosina. | *vivre de la charité publique*, vivere d'elemosina. ‖ [faveur] *faites-moi la charité de*, mi faccia la carità di. ‖ RELIG. *les Filles de la Charité*, le Figlie della Carità. ‖ PROV. *charité bien ordonnée commence par soi-même*, prima a te e ai tuoi, poi agli altri se puoi ; il primo prossimo è se stesso.

charivari [ʃarivari] m. PR., VX scampanata f. ‖ [tapage] cagnara f., baccano, chiasso. ‖ FIG. musica stonata.

charlatan [ʃarlatɑ̃] m. ciarlatano, imbonitore. ‖ [imposteur] ciarlatano, imbroglione, gabbamondo. ‖ PÉJOR. [guérisseur] praticone ; empirico (L.C.).

charlatanerie [ʃarlatanri] f. [comportement] ciarlataneria ; [agissement] ciarlatanata, ciarlataneria.

charlatanesque [ʃarlatanɛsk] adj. ciarlatanesco.

charlatanisme [ʃarlatanism] m. ciarlatanismo.

charlemagne (faire) [fɛrʃarləmaɲ] loc. verb. JEU = ritirarsi dal gioco (dopo avere vinto e senza accordar la rivincita agli avversari).

charlotte [ʃarlɔt] f. [entremets ; chapeau] charlotte (fr.), carlotta.

charmant, e [ʃarmɑ̃, ɑ̃t] adj. incantevole, affascinante, (molto) piacevole ; [en parlant d'une personne] vezzoso. | *paysage charmant*, paesaggio incantevole. | *enfant charmant*, bambino carino, delizioso. | *Prince charmant*, Principe Azzurro. ‖ IRON. *c'est charmant !*, che piacere !

1. charme [ʃarm] m. [enchantement] incantesimo, fascino. | *être sous le charme de*, essere affascinato da. | *rompre le charme*, rompere l'incantesimo. ‖ [attrait] fascino, incanto, attrattiva f. | *les charmes de la nature*, le bellezze della natura. ‖ FIG. *faire du charme à qn*, far la corte a qlcu. (per ingraziarselo). | *se porter comme un charme*, essere sano come un pesce. ◆ pl. [beauté d'une femme] bellezza, grazia, leggiadria f.

2. charme m. BOT. carpine, carpino.

charmer [ʃarme] v. tr. [fasciner] incantare, affascinare ; [ensorceler] ammaliare, affatturare, stregare. | *charmer les serpents*, incantare i serpenti. ‖ [plaire énormément] incantare, affascinare. ‖ [distraire] allietare, alleviare. | *la lecture charme sa solitude*, la lettura allieta la sua solitudine. | *charmer la douleur*, lenire, alleviare il dolore. ‖ LOC. *(je suis) charmé de faire votre connaissance !*, tanto piacere !, sono molto lieto di conoscerla !

charmeur, euse [ʃarmœr, øz] adj. incantatore, trice ; seducente, affascinante, maliardo. ◆ n. incantatore, trice ; ammaliatore, trice. | *charmeur de serpents*, incantatore di serpenti. ‖ [qui séduit par son attrait] incantatore, maliardo. | *c'est un charmeur*, è un uomo seducente. | *c'est une charmeuse*, è una maliarda.

charmille [ʃarmij] f. [allée de charmes] viale (m.) di carpini. ‖ [berceau de verdure] bersò m.

charnel, elle [ʃarnɛl] adj. carnale. | *liens charnels*, rapporti carnali. | *amour charnel*, amore sensuale. ‖ LITTÉR. *biens charnels*, beni terreni, materiali (L.C.).

charnier [ʃarnje] m. [cadavres] carnaio. ‖ [ossements] ossario m.

charnière [ʃarnjɛr] f. cerniera. ‖ FIG. cardine m. ‖ GÉOL. cresta. ‖ [papier gommé] linguella. ‖ ZOOL. [des mollusques] cardine.

charnu, e [ʃarny] adj. carnoso, polposo.

charognard [ʃarɔɲar] m. ZOOL. avvoltoio. ‖ POP. avvoltoio, sciacallo.

charogne [ʃarɔɲ] f. carogna.

charpente [ʃarpɑ̃t] f. armatura, ossatura. | *bois de charpente*, legname (m.) da costruzione, da carpenteria. | *travaux de charpente*, lavori di carpenteria. ‖ FIG. ossatura, schema m. ‖ ANAT. ossatura.

charpenté, e [ʃarpɑ̃te] adj. *récit bien charpenté*, racconto bene strutturato. | *un homme solidement charpenté*, un uomo ben piantato, un pezzo d'uomo.

charpenter [ʃarpɑ̃te] v. tr. [tailler du bois] digrossare, squadrare, sgrossare. ‖ FIG. imbastire, strutturare.

charpenterie [ʃarpɑ̃tri] f. carpenteria.

charpentier [ʃarpɑ̃tje] m. carpentiere.

charpie [ʃarpi] f. filaccia. | *viande en charpie*, carne sfilacciosa. | *mettre qn en charpie*, far a pezzi qlcu., far polpette di qlcu.

charretée [ʃarte] f. carrettata.

charretier, ère [ʃartje, ɛr] adj. *porte charretière*, porta carraia. | *chemin charretier*, strada carreggiabile. ◆ n. m. carrettiere, bar(r)occiaio. ‖ LOC. *jurer comme un charretier*, bestemmiare come un carrettiere.

charrette [ʃarɛt] f. carretta, carretto m. | *charrette à bras*, carretta a mano.

charriage [ʃarjaʒ] m. carreggio. ‖ GÉOL. carreggiamento, sovrascorrimento. | *nappe de charriage*, falda di carreggiamento.

charrier [ʃarje] v. tr. carreggiare. ‖ [emporter dans son cours] convogliare. ‖ POP. [se moquer de] sfottere ; prendere in giro (L.C.). ◆ v. intr. POP. esagerare (L.C.).

charroi [ʃarwa] m. carreggio. ‖ HIST. LITT. *Charroi de Nîmes*, Carriaggio di Nîmes. ◆ pl. VX, MIL. carriaggi.

charron [ʃarɔ̃] m. carradore, carraio.

charronnage [ʃarɔnaʒ] m. = arte (f.), lavoro del carradore.

charroyer [ʃarwaje] v. tr. carreggiare.

charroyeur [ʃarwajœr] m. carrettiere.

charrue [ʃary] f. aratro m. | *charrue monosoc, bisoc*, aratro monovomere, bivomere. | *charrue défonceuse*, aratro da scasso, per scasso. | *charrue émotteuse*, frangizolle m. inv. ‖ FIG. *mettre la charrue avant les bœufs*, mettere il carro innanzi ai buoi.

charte [ʃart] f. carta. | *la Grande Charte (d'Angleterre)*, la Magna Carta (d'Inghilterra). | *la charte de l'Atlantique*, la carta dell'Atlantico. ‖ UNIV. *École nationale des chartes* = Scuola nazionale francese di paleografia e archivistica.

charte-partie [ʃartəparti] f. MAR. contratto (m.) di noleggio.

charter [(t)ʃartœr, ʃartɛr] m. (angl.) AÉR. charter ; volo a noleggio, a domanda.

chartiste [ʃartist] n. UNIV. = studente, ex allievo della « École des chartes ».

chartreux, euse [ʃartrø, øz] n. RELIG. certosino, a. ◆ f. [couvent] certosa. ‖ [liqueur] certosino m. ; chartreuse (fr.).

chartrier [ʃartrije] m. [recueil] cartulario. ‖ [lieu] archivio.

Charybde en Scylla (de) [dəkaribdɑ̃sila] loc. *tomber de Charybde en Scylla*, cadere da Scilla in Cariddi ; cadere dalla padella nella brace.

chas [ʃa] m. cruna f.

chasse [ʃas] f. caccia. | *saison de la chasse*, stagione della caccia, stagione venatoria. | *à la chasse*, a caccia. | *permis de chasse*, licenza di caccia. | *chien de chasse*, cane da caccia. | *chasse à courre*, caccia all'inseguimento ; grande, piccola venaria. | *chasse au gros gibier*, caccia grossa. | *chasse sous-marine*, caccia, pesca subacquea. ‖ PROV. *qui va à la chasse perd sa place*, chi va via perde il posto all'osteria. ‖

[terrain] caccia. | *chasse gardée, réserve de chasse*, riserva, bandita di caccia. || FIG. *se mettre en chasse de*, andare alla caccia di. || MAR., AÉR. caccia. | *prendre un navire, un avion en chasse*, dar caccia a una nave, a un aereo. | *avion de chasse*, aereo da caccia ; caccia m. inv. || TECHN. *chasse d'eau*, sciacquone m.

châsse [ʃɑs] f. RELIG. reliquiario m. || TECHN. montatura.

chassé [ʃase] m. [danse] chassé (fr.).

chasse-clou [ʃasklu] m. = punzone (a punta piana per conficcare profondamente i chiodi).

chassé-croisé [ʃasekrwaze] m. [danse] chassé-croisé (fr.). || FIG. (l')alternarsi, (l')incrociarsi ; (l')andare e venire.

chasse-goupille [ʃasgupij] m. cacciacopiglie inv.

chasselas [ʃasla] m. [raisin] chasselas (fr.).

chasse-mouches [ʃasmuʃ] m. inv. scacciamosche.

chasse-neige [ʃasnɛʒ] m. inv. spazzaneve, spartineve.

chasse-pierres [ʃaspjɛr] m. inv. cacciapietre.

chasser [ʃase] v. tr. cacciare. || [pousser devant soi] spingere (davanti a sé). | *chasser les vaches au pré*, spingere le vacche al prato. | *le vent chasse la neige*, il vento spazza via la neve. || [mettre dehors] scacciare ; cacciar via. || PROV. *un clou chasse l'autre*, chiodo scaccia chiodo. ◆ v. intr. cacciare, andare a caccia. || FIG. *chasser sur les terres de qn* = usurpare i diritti di qlcu. ; pestare i piedi a qlcu. || TECHN. slittare. | *les roues chassent sur la boue*, le ruote slittano sul fango. || MAR. *les ancres chassent*, le ancore arano. | *le navire chasse sur ses ancres*, la nave ara. || PROV. *bon chien chasse de race*, buon sangue non mente.

chasseresse [ʃasrɛs] n. et adj. f. POÉT. cacciatrice (L.C.).

chasse-roues [ʃasru] m. inv. paracarro m.

chasseur, euse [ʃasœr, øz] n. cacciatore, trice. || MIL. cacciatore. | *chasseur alpin*, alpino m. | *chasseur de sous-marins*, cacciasommergibili inv. | *chasseur bombardier*, cacciabombardiere. | [avion de chasse] caccia (inv.). || [groom] fattorino m.

chassie [ʃasi] f. MÉD. cispa.

chassieux, euse [ʃasjø, øz] adj. cisposo.

châssis [ʃɑsi] m. [cadre] intelaiatura f., telaio. | *châssis d'un tableau, d'une fenêtre*, telaio d'un quadro, d'una finestra. || [toiture vitrée] invetriata f. | *châssis à tabatière*, abbaino. || AGR. cassone. || AUTOM. telaio, autotelaio ; châssis (fr.). || MIN. castello, armatura f. | PHOT. châssis (fr.).

châssis-presse [ʃɑsiprɛs] m. PHOT. torchietto.

chaste [ʃast] adj. casto.

chasteté [ʃastəte] f. castità. | *vivre dans la chasteté*, vivere in castità.

chasuble [ʃazybl] f. RELIG. pianeta. || MODE V. ROBE.

chasublerie [ʃazybləri] f. = fabbricazione, commercio delle pianete.

chat, chatte [ʃa, ʃat] n. gatto, gatta. | *chat tigré*, soriano, gatto tigrato. | *chat de gouttière*, gatto tettaiolo. || [terme d'affection] *mon petit chat, ma petite chatte*, tesoro mio. || [fouet] *chat à neuf queues*, gatto dalle nove code. || LOC. *être comme chien et chat*, essere come cani e gatti. | *acheter chat en poche*, comprare ad occhi chiusi, a scatola chiusa. | *il n'y a pas un chat*, non c'è un cane. | *avoir d'autres chats à fouetter*, avere altre gatte da pelare. | *(ne pas) éveiller le chat qui dort*, (non) destare i cani che dormono. | *appeler un chat un chat*, dir pane al pane e vino al vino. | *avoir un chat dans la gorge*, avere la raucedine. || PROV. *quand le chat n'est pas là, les souris dansent*, quando manca la gatta, quando la gatta non è in paese, i topi ballano. | *à bon chat, bon rat*, a furbo, furbo e mezzo. | *chat échaudé craint l'eau froide*, cane scottato teme l'acqua fredda. || *donner sa langue au chat* = rinunciare a trovare, a capire. || JEU *jouer à chat* = giocare a rincorrersi. | *jouer à chat perché*, giocare a chiapparello. || HIST. LITT. « *le Chat botté* », « il Gatto con gli stivali ».

châtaigne [ʃɑtɛɲ] f. castagna. | *châtaignes bouillies*, castagne lessate ; caldallesse. | *châtaignes rôties*, castagne arrostite ; caldarroste. || POP. [coup] cazzotto m. ; pugno m. (L.C.).

châtaigneraie [ʃɑtɛɲrɛ] f. castagneto m.

châtaignier [ʃɑtɛɲe] m. castagno.

châtain [ʃɑtɛ̃] adj. et n. m. castano.

château [ʃɑto] m. castello. | *château fort*, roccaforte f., rocca f. | *château royal*, reggia f. || FIG. *château de cartes*, castello di sabbia. | *faire des châteaux en Espagne*, far castelli in aria. | *mener une vie de château*, vivere da gran signore. || MAR. *château d'avant, d'arrière*, castello di prua, di poppa. || TECHN. *château d'eau*, castello d'acqua.

chateaubriand ou **châteaubriant** [ʃɑtobrijɑ̃] m. CULIN. chateaubriand (fr.) ; = filetto di manzo ai ferri.

châtelain, e [ʃɑtlɛ̃, ɛn] n. castellano, a. ◆ f. [chaîne] = catenella (appesa alla cintura).

châtelet [ʃɑtlɛ] m. castelletto.

châtellenie [ʃɑtɛlni] f. FÉOD. castellaneria, castellania.

chat-huant [ʃaɥɑ̃] m. ZOOL. allocco.

châtier [ʃɑtje] v. tr. castigare, punire. | *châtier son corps*, mortificarsi. || FIG. castigare, emendare. | *châtier son langage*, castigare il proprio linguaggio. || PROV. *qui aime bien châtie bien*, chi ben ama ben castiga.

chatière [ʃatjɛr] f. [dans une porte] gattaiola. || [trou d'aération] buco (m.), foro (m.) d'aerazione. || [piège] trappola (per gatti).

châtiment [ʃɑtimɑ̃] m. castigo, punizione f.

chatoiement [ʃatwamɑ̃] m. riflessi (pl.) cangianti ; iridescenza f. || MINÉR. gatteggiamento.

1. chaton [ʃatɔ̃] m. gattino. || BOT. amento, gattino.

2. chaton m. [bague] castone.

chatouille [ʃatuj] f. FAM. solletico m. (L.C.). | *faire des chatouilles*, far il solletico.

chatouillement [ʃatujmɑ̃] m. solletico. || [démangeaison] pizzicore, prurito, pizzicorino.

chatouiller [ʃatuje] v. tr. solleticare ; [légèrement] vellicare, titillare. || [picoter légèrement] pizzicare, dar prurito a, prudere. | *odeur qui chatouille le nez*, odore che pizzica il naso. || FIG. solleticare, vellicare, titillare. | *chatouiller l'amour-propre de qn*, solleticare l'amor proprio di qlcu. || [provoquer] *chatouiller un adversaire*, stuzzicare un avversario.

chatouilleux, euse [ʃatujø, -øz] adj. PR. sensibile al solletico. || FIG. suscettibile, permaloso, ombroso, puntiglioso. | *homme à l'amour-propre chatouilleux*, uomo di puntiglio.

chatoyant, e [ʃatwajɑ̃, ɑ̃t] adj. cangiante, gatteggiante.

chatoyer [ʃatwaje] v. intr. aver riflessi cangianti, gatteggiare.

châtrer [ʃɑtre] v. tr. castrare.

chatte f. V. CHAT.

chattemite [ʃatmit] f. FAM. *faire la chattemite*, far la gattamorta.

chatterie [ʃatri] f. moina, carezza. || [friandise] leccornia, ghiottoneria.

chatterton [ʃatɛrtɔn] m. nastro (adesivo) isolante.

chaud, e [ʃo, ʃod] adj. PR. et FIG. caldo. | *couleur, odeur chaude*, colore, odore caldo. | *voix chaude*, voce calda. | *une nouvelle toute chaude*, una notizia calda calda. | *tête chaude*, testa calda. | *sang chaud*, sangue caldo, rissoso. | *fièvre chaude*, delirio febbrile. || LOC. *pleurer à chaudes larmes*, piangere a calde lagrime. || FAM. *c'est un chaud lapin* = ha un temperamento ardente. || JEU *main chaude*, mano calda ; schiaffo m. (del soldato). || MIL. *la lutte fut chaude*, la lotta fu accanita. | *une affaire chaude*, uno scontro violento. | *point chaud*, zona calda, punto nevralgico. ◆ adv. *avoir (très, trop) chaud*, avere (molto, troppo) caldo. | *il fait chaud*, fa caldo. | *cela ne me fait ni chaud ni froid*, non mi fa né caldo né freddo. | *manger chaud*, mangiare cibi caldi. | *cette veste lui tient chaud*, questa giacca è calda, gli tiene caldo. || FAM. *cela coûte chaud*, costa parecchio. | *il a eu chaud !*, l'ha scampata bella ! | *cela m'a donné chaud*, mi ha fatto sudare. ◆ n. m. caldo, calore. |

attraper un chaud et froid, prendersi una scalmana. | *garder des mets au chaud*, tenere cibi di caldo. | *rester au chaud*, stare, tenersi in caldo. || PR. et FIG. *opérer, intervenir à chaud*, operare, intervenire a caldo. ◆ n. f. fiammata. || TECHN. calda.

chaud-froid [ʃofrwa] m. CULIN. = piatto di pollame, di selvaggina servito freddo con gelatina.

chaudière [ʃodjɛr] f. caldaia.

chaudron [ʃodrɔ̃] m. paiolo, caldaio, calderotto.

chaudronnerie [ʃodrɔnri] f. [métier ; lieu de vente] = arte, bottega del calderaio. || [pièces fabriquées] = oggetti fabbricati dal calderaio. || IND. fonderia meccanica.

chaudronnier [ʃodrɔnje] m. calderaio, ramaio.

chauffage [ʃofaʒ] m. riscaldamento. | *bois de chauffage*, legna f. | *chauffage au gaz, au charbon, au mazout*, riscaldamento a gas, a carbone, a nafta. | *chauffage central*, (riscaldamento a) termosifone.

chauffant, e [ʃofɑ̃, ɑ̃t] adj. = che riscalda. | *couverture chauffante*, termocoperta (néol.).

chauffard [ʃofar] m. FAM. automobilastro.

chauffe [ʃof] f. riscaldamento m. | *chauffe au charbon*, riscaldamento a carbone. | *surface de chauffe*, superficie riscaldata. || [four] camera di combustione.

chauffe-assiettes [ʃofasjɛt] m. inv. scaldapiatti.

chauffe-bain [ʃofbɛ̃] m. scaldabagno.

chauffe-eau [ʃofo] m. inv. scaldaacqua, scaldacqua.

chauffe-lit [ʃofli] m. scaldaletto.

chauffe-pieds [ʃofpje] m. inv. scaldapiedi.

chauffe-plats [ʃofpla] m. inv. scaldapiatti.

chauffer [ʃofe] v. tr. (ri)scaldare. | *chauffer au charbon*, scaldare con carbone. | *chauffer au rouge*, arroventare. | *chauffer à blanc* = rendere incandescente (pr.) ; arroventare (fig.). || FIG., FAM. *chauffer une affaire*, sollecitare un affare. | *chauffer un candidat* = tenere sotto pressione, fare sgobbare un candidato. || ARG. [voler] sgraffignare (fam.) ; fregare (pop.). ◆ v. intr. scaldare ; diventar caldo. | *le moteur chauffe*, il motore scalda. || FIG., FAM. *ça va chauffer !*, si mette brutta ! ◆ v. pr. scaldarsi. || LOC. *montrer de quel bois on se chauffe*, far vedere di che panni ci si veste, di che stampo si è fatti.

chaufferette [ʃofrɛt] f. scaldapiedi m. inv., scaldino m.

chaufferie [ʃofri] f. locale (m.), sala delle caldaie.

chauffeur [ʃofœr] m. [ouvrier] fochista. || [conducteur] autista ; conducente n.

chauffeuse [ʃoføz] f. = sedia, poltrona bassa (per sedere vicino al fuoco).

chaufour [ʃofur] m. forno per calce ; calcara f.

chaufournier [ʃofurnje] m. = fochista (di forno per calce) ; fornaciaio.

chaulage [ʃolaʒ] m. AGR. calcinatura f.

chauler [ʃole] v. tr. AGR. calcinare. || [enduire de lait de chaux] imbiancare.

chaume [ʃom] m. [tige] culmo. || [reste de la tige après la moisson] stoppia f. | *toit de chaume*, tetto di paglia ; capanna f. (poét.). ◆ pl. [champ] stoppie.

chaumière [ʃomjɛr] f. capanna (con tetto di paglia).

chaumine [ʃomin] f. capannuccia.

chausse [ʃos] f. = filtro m. (di feltro). ◆ pl. [hauts-de-chausses] pantaloni m. pl. ; [bas-de-chausses] calzoni corti.

chaussée [ʃose] f. carreggiata ; selciato m., strada. | *chaussée défoncée*, fondo (stradale) dissestato. | *chaussée rétrécie, glissante*, strada stretta, sdrucciolevole. || ADM. *les Ponts et Chaussées*, V. PONT. || [digue] argine m. || GÉOGR. = scogliera sottomarina.

chausse-pied [ʃospje] m. calzatoio, calzante.

chausser [ʃose] v. tr. calzare. | *chausser ses pantoufles*, calzare, infilare le pantofole. | *chausser du 40*, calzare, portare il numero 40. | *ces chaussures me chaussent bien*, queste scarpe mi calzano, mi stanno bene. || FAM. *chausser ses lunettes*, inforcare gli occhiali. || AGR. rincalzare. ◆ v. intr. calzare, star bene. | *ces bottes ne chaussent pas bien*, questi stivali non calzano bene. ◆ v. pr. calzarsi ; metter(si), infilar(si) le scarpe. || *se chausser chez X*, comprar le scarpe, fornirsi di scarpe da X.

chausse-trape [ʃostrap] f. [piège] trappola. || FAM. [ruse] trappola, tranello m., trabocchetto m., insidia. || HIST. MIL. tribolo m.

chaussette [ʃosɛt] f. calzino m., calzetta ; pedalino m. (rég.). | *chaussette de laine*, calzerotto m. | *chaussette montante*, calzettone m. | *chaussette russe*, pezza da piedi. || POP. *jus de chaussette(s)*, broda f., brodaccia f.

chausseur [ʃosœr] m. calzolaio.

chausson [ʃosɔ̃] m. pantofola f. | *chausson de danse*, calcetto, scarpetta (f.) da ballo. || [couture] *point de chausson*, punto mosca. || CULIN. *chausson aux pommes* = calzone (ripieno di composta) di mele.

chaussure [ʃosyr] f. scarpa, calzatura. | *fabrique de chaussures*, calzaturificio m. | *chaussures montantes, basses*, scarpe alte, basse. | *chaussures de montagne, de ski*, scarponi da montagna, da sci. || FIG. *trouver chaussure à son pied* : [ce qui convient] trovare ciò che conviene ; [fam., la femme idéale] trovare la moglie adatta. || COMM., IND. *la chaussure* = l'industria calzaturiera, il commercio calzaturiero. | *les ouvriers de la chaussure*, i calzaturieri.

chauve [ʃov] adj. calvo ; [sur les tempes] stempiato. | *chauve comme un œuf*, calvo come un ginocchio. || LITTÉR. [aride] brullo, arido. ◆ n. m. calvo.

chauve-souris [ʃovsuri] f. ZOOL. pipistrello m.

chauvin, e [ʃovɛ̃, in] adj. [personne] sciovinista ; [doctrine] sciovinistico. ◆ n. sciovinista.

chauvinisme [ʃovinism] m. sciovinismo.

chaux [ʃo] f. calce. | *chaux vive, éteinte*, calce viva, spenta. | *lait de chaux*, latte di calce. | *pierre à chaux*, pietra calcarea. || FIG. *être bâti à chaux et à sable, à chaux et à ciment* = essere di costituzione robusta.

chavirement [ʃavirmɑ̃] m. capovolgimento.

chavirer [ʃavire] v. intr. rovesciarsi, capovolgersi (v. pr.). || MAR. capovolgersi ; far cuffia. || FIG. barcollare, vacillare. | *ses yeux chavirèrent*, stralunò gli occhi. ◆ v. tr. rovesciare, capovolgere. || FIG. *être tout chaviré*, essere sconvolto, scombussolato.

chéchia [ʃeʃja] f. = fez a forma di calotta piatta.

cheddite [ʃɛdit] f. cheddite.

chef [ʃɛf] m. LITTÉR. [tête] capo, testa f. (L.C.). || [qui dirige] capo. | *chef d'État*, capo di Stato. | *chef de file*, capofila. | *chef de cellule*, capocellula. | *chef de famille*, capofamiglia. | *chef de bande*, capobanda. | *chef de bureau*, capufficio. | *chef de gare*, capostazione. | *chef de train*, capotreno. | *chef (cuisinier)*, capocuoco ; chef (fr.). | *chef de rayon*, caporeparto. | *chef des ventes*, direttore delle vendite. || MIL. *chef d'état-major*, capo di stato maggiore. | *chef de bataillon*, maggiore. | *chef de pièce*, capopezzo. | *chef de char*, capocarro. || MUS. *chef d'orchestre*, direttore d'orchestra. || SPORT *chef de cordée*, capocordata. | *chef de nage*, capovoga. || [scoutisme] *chef éclaireur*, capogruppo (pl. *capigruppo*). || TECHN. *chef d'atelier*, capotecnico ; capo officina. | *chef d'équipe*, caposquadra. | *chef de chantier*, capomastro. || THÉÂTRE *chef de troupe*, capocomico. || JUR. *chef d'accusation*, capo d'accusa. ◆ loc. adv. **en chef,** in capo. | *rédacteur en chef*, caporedattore. | *général en chef*, comandante in capo, comandante supremo ; generalissimo. || **au premier chef,** in primo grado, in primo luogo. || **de son chef,** di testa propria. ◆ loc. prép. JUR. **du chef de,** per parte di. | *avoir des biens du chef de son père*, aver beni ereditati dal padre, beni per parte del padre.

chef-d'œuvre [ʃɛdœvr] m. capolavoro.

chef-lieu [ʃɛfljø] m. capoluogo.

cheftaine [ʃɛftɛn] f. = ragazza capogruppo.

cheikh [ʃɛk] m. sceicco.

chéilite [keilit] f. MÉD. cheilite.

chelem [ʃlɛm] m. JEU slam (angl.).

chélidoine [kelidwan] f. BOT. celidonia.

chelléen, enne [ʃɛleɛ̃, ɛn] adj. chelleano.

chéloniens [kelɔnjɛ̃] m. pl. ZOOL. chelonii.

chemin [ʃəmɛ̃] m. **1.** strada f., stradicola f., sentiero. | *chemin vicinal*, strada comunale. | *chemin forestier*, sentiero (nella foresta). | *chemin de halage*, alzaia f. | *chemin de traverse*, scorciatoia f. | *chemin creux*, stradina incassata. | *chemin carrossable*, strada carreggiabile. | *chemin de ronde*, cammino di ronda. || Loc. *voleur, bandit de grand chemin*, brigante di strada; grassatore, rapinatore. || Prov. *tous les chemins mènent à Rome*, tutte le strade conducono a Roma. || **2.** [action de cheminer] cammino, strada, via f. | *prendre le chemin de*, prendere la via per. | *se mettre en chemin*, incamminarsi. | *passer son chemin*, tirar via; passar oltre. | *à mi-chemin*, a mezza strada. | *en chemin*, per via. | *chemin faisant*, strada facendo, cammin facendo. || **3.** Pr. et fig. *chemin battu*, strada battuta. | *se frayer un chemin*, aprirsi un varco. | *barrer le chemin à qn*, tagliare il cammino, la strada a qlcu. | *être sur le bon chemin*, essere sulla retta via. | *le chemin des écoliers*, la strada più lunga. || Relig. *chemin de croix*, via crucis (lat.). || **4.** Fig. *le chemin de l'honneur*, la via dell'onore. | *faire son chemin*, farsi strada, far carriera. | *revenir sur le droit chemin*, rimettersi in carreggiata. | *aller son petit bonhomme de chemin* = andar avanti; progredire pian pianino (ma sicuramente). | *ne pas y aller par quatre chemins*, andar per le spicce. || **5.** Techn. *le chemin d'un piston*, la corsa d'un pistone. || **6.** *chemin de table*, striscia da tavola.

chemin de fer [ʃəmɛ̃dfɛr] m. ferrovia f. | *chemin de fer monorail*, monorotaia f. | *pont, ligne de chemin de fer*, ponte ferroviario, linea ferroviaria. || [tringle] bacchetta f. (per tenda). || [jouet] *chemin de fer électrique*, trenino elettrico. || [jeu de hasard] chemin de fer (fr.). ◆ pl. Adm. ferrovie.

chemineau [ʃəmino] m. vagabondo, girovago.

cheminée [ʃəmine] f. [conduit] camino m. | *ramoner une cheminée*, spazzare un camino. | *feu de cheminée*, incendio di caminetto. || [à l'intérieur d'une pièce] (selon la taille) camino, caminetto m. | *le manteau de la cheminée*, la cappa del camino. | *une cheminée de marbre*, un caminetto di marmo. || [à l'extérieur] fumaiolo m., comignolo m. | *cheminée d'usine*, camino, ciminiera (di fabbrica). | *cheminée de navire*, ciminiera, fumaiolo d'una nave. | *cheminée d'une locomotive*, camino, fumaiolo d'una locomotiva. || Géogr. *cheminée des fées*, fungo (m.) d'erosione. | *cheminée volcanique*, camino vulcanico. || Min. *cheminée d'aération*, pozzo (m.) di ventilazione. || [alpinisme] camino, caminetto.

cheminement [ʃəminmɑ̃] m. (il) camminare; camminata f., (lungo) cammino. || Fig. progressione f., (il) progredire; cammino. | *le lent cheminement de la pensée*, il lento progredire del pensiero. || Mil. camminamento.

cheminer [ʃəmine] v. intr. camminare (a lungo). | *cheminer avec peine*, camminare faticosamente, a stento. || Fig. camminare, procedere, progredire.

cheminot [ʃəmino] m. ferroviere.

chemise [ʃəmiz] f. camicia. | *chemise d'homme, de nuit*, camicia da uomo, da notte. | *chemise veste*, camiciotto m. | *en bras de chemise*, in maniche di camicia. || Fam. *se soucier de qch. comme de sa première chemise*, infischiarsi di qlco; fregarsene (pop.). | *il y a laissé jusqu'à sa dernière chemise*, ci ha lasciato anche la camicia. || [classeur] camicia, cartella, fodera. || Hist. *Chemises rouges, noires, brunes*, Camicie rosse, nere, brune. || Techn. camicia. | *chemise du cylindre*, camicia del cilindro. | *chemise d'eau*, camicia d'acqua.

chemiser [ʃəmize] v. tr. Techn. rivestire.

chemiserie [ʃəmizri] f. camiceria.

chemisette [ʃəmizɛt] f. [d'homme] camiciola; camiciotto m. (a maniche corte); [de femme] camicetta, blusa; camiciotto (a maniche corte).

chemisier, ère [ʃəmizje, ɛr] n. [qui fait ou vend des chemises] camiciaio, a. ◆ m. [corsage] camicetta f. | *robe-chemisier*, chemisier (fr.).

chênaie [ʃɛnɛ] f. querceto m.

chenal [ʃənal] m. Mar. canale, stretto. || [d'un moulin] gora f. || Métall. canale.

chenapan [ʃənapɑ̃] m. mascalzone, birbante, furfante.

chêne [ʃɛn] m. quercia f. | *(chêne) rouvre*, rovere f. ou m. | *chêne vert*, leccio, cerro.

chéneau [ʃeno] m. grondaia f.

chêne-liège [ʃɛnljɛʒ] m. sughero.

chenet [ʃənɛ] m. alare.

chènevière [ʃɛnvjɛr] f. canapaia.

chènevis [ʃɛnvi] m. canapuccia f.

chenil [ʃənil, ni] m. canile. || Fig. [taudis] porcile, letamaio.

chenille [ʃənij] f. Zool. bruco m. || [passement] ciniglia. || Techn. cingolo m. | *tracteur à chenilles*, trattore cingolato.

chenillé, e [ʃənije] adj. Techn. *véhicule chenillé*, mezzo cingolato.

chenillère [ʃənijɛr] f. nido (m.) di bruchi.

chenillette [ʃənijɛt] f. Mil. cingoletta.

chénopode [kenɔpɔd] m. Bot. chenopodio.

chenu, e [ʃəny] adj. canuto. || Littér. *monts chenus*, monti canuti.

cheptel [ʃətɛl, ʃɛptɛl] m. Vx [contrat] soccida f. | *cheptel à moitié, simple*, soccida parziaria, semplice. || [capital d'exploitation] scorte f. pl. | *cheptel vif, mort*, scorte vive, morte. || [bétail] bestiame. | *cheptel bovin, ovin de l'Italie*, patrimonio bovino, ovino dell'Italia.

chèque [ʃɛk] m. assegno; chèque (fr.). | *chèque bancaire, postal, barré, en blanc, au porteur*, assegno bancario, postale, sbarrato, in bianco, al portatore. | *chèque sans provision*, assegno a vuoto, allo scoperto. | *chèque de voyage*, assegno turistico. | *carnet de chèques*, libretto di assegni. | *talon de chèque*, madre (f.), matrice (f.) di assegno. | *faire, rédiger, émettre, toucher un chèque*, fare, compilare, emettere, riscuotere un assegno.

chéquier [ʃekje] m. libretto d'assegni.

cher, chère [ʃɛr] adj. [aimé] caro, diletto, amato. | *mon cher, ma chère*, caro mio, cara mia. | *mon cher monsieur*, (il mio) caro signore. | *(mes) très chers frères*, carissimi fratelli. | *un enfant cher à sa famille*, un bambino amato dalla, caro alla sua famiglia. | *une idée, une expression, une amitié qui lui est chère*, un'idea, un'espressione, un'amicizia a lui (m.), a lei (f.) cara. || [coûteux] caro, costoso. | *la vie chère*, il carovita inv., il caroviveri inv. ◆ adv. caro. | *cela coûte cher*, costa caro, costa molto. || Fam. *ça ne vaut pas cher, il ne vaut pas cher*, non val gran che, non val niente, non val nulla.

chercher [ʃɛrʃe] v. tr. cercare. | *chercher qn*, cercare (di) qlcu. | *chercher femme*, cercar moglie. | *chercher noise, querelle*, cercar lite (L.C.); cercar rogna (fam.). | *aller chercher, venir chercher qn*, andare a, venire a prendere uno. | *envoyer chercher qn*, far chiamare qlcu., mandare a chiamare qlcu. || Loc. fam. *chercher la petite bête*, cercar il pelo nell'uovo. | *chercher midi à quatorze heures* = cercare complicazioni inutili. | *chercher une aiguille dans une botte de foin*, cercar un ago nel pagliaio. | *il l'a cherché*, l'ha voluto lui. | *chercher qn*, provocare, sfidare qlcu. (L.C.). | *ça va chercher dans les mille francs*, il prezzo si aggira sui mille franchi (L.C.). || Pop. *chercher après qn*, cercare (di) qlcu. || **chercher à** (inf.), cercare di, sforzarsi di, procurare di (inf.). | *chercher à ce que*, procurare di (inf.), procurare che (subj.).

chercheur, euse [ʃɛrʃœr, øz] adj. cercatore, trice. | *fusée à tête chercheuse*, razzo, missile a testa automatica. ◆ n. cercatore, trice. | *chercheur d'or*, cercatore d'oro. || [savant] ricercatore, trice. | *chercheur scientifique*, ricercatore scientifico.

chère [ʃɛr] f. (il) mangiare; cibo m., vivande f. pl. | *il aime la bonne chère, faire bonne chère*, gli piace mangiar bene. || Vx [accueil] *faire bonne chère à qn*, far buona cera a qlcu.

chèrement [ʃɛrmɑ̃] adv. Littér. [affectueusement] caramente (L.C.). | *aimer chèrement qn*, voler un gran bene, un bene dell'anima a qlcu. (L.C.). || [à haut prix] caro adj.; a caro prezzo. || [vaillamment] *vendre chèrement sa vie*, vendere cara la vita, vendere la vita a caro prezzo.

chéri, e [ʃeri] adj. caro, diletto, amato. | *l'enfant chéri de la famille*, il cucco, il beniamino della famiglia. ◆ n. *(mon) chéri, (ma) chérie*, tesoro (mio), amore (mio).

chérif [ʃerif] m. sceriffo.

chérir [ʃerir] v. tr. [une personne] amare teneramente ; voler molto bene a ; voler un bene dell'anima a ; prediligere. ‖ [une chose] amare, compiacersi di. | *chérir la solitude*, amare la solitudine, compiacersi della solitudine.
chérot [ʃero] adj. m. POP. caruccio (fam.).
cherry [ʃɛri] m. cherry-brandy (angl.) ; liquore di ciliegie ; [spécialité des Abruzzes] cerasella f.
cherté [ʃɛrte] f. prezzo elevato, alto prezzo ; carezza. | *la cherté de la vie*, il carovita inv., il caroviveri inv.
chérubin [ʃerybɛ̃] m. cherubino.
chervis [ʃɛrvi] m. BOT. sisaro.
chétif, ive [ʃetif, iv] adj. [malingre] gracile, malaticcio, deboluccio, mingherlino. ‖ [sans valeur] meschino, misero.
chevaine, chevesne ou **chevenne** [ʃəvɛn] m. ZOOL. cavedano ; cavedine f.
cheval, aux [ʃ(ə)val, o] m. cavallo. | *cheval de trait, de labour, de selle, de course*, cavallo da tiro, da lavoro, da sella, da corsa. | *monter à, descendre de cheval*, montare a, smontare da cavallo. | *aller à cheval*, andare a cavallo, cavalcare. | *atteler, dételer un cheval*, attaccare, staccare un cavallo. | *viande de cheval*, carne equina. ‖ LOC. *(être assis) à cheval sur*, essere a cavallo di, a cavalcioni di. | *porter qn à cheval sur ses épaules*, portar qlcu. a cavalluccio. | *être à cheval sur les principes*, essere di rigidi principi, essere rigido sui principi. ‖ FAM. *fièvre de cheval*, febbrone da cavallo. | *c'est un vrai cheval !*, è un cavallone ! | *travailler comme un cheval*, lavorare come un mulo. | *c'est son cheval de bataille*, è il suo cavallo di battaglia. | *monter sur ses grands chevaux*, andare su tutte le furie. ‖ POP. *vieux cheval de retour*, recidivo (L.C.). ‖ AUTOM. *une deux-chevaux*, una due cavalli. | *chevaux fiscaux*, cavalli fiscali. ‖ JEU *cheval à bascule*, cavallo a dondolo. | *manège de chevaux de bois*, carosello m., giostra f. ‖ MIL. *cheval de frise*, cavallo di Frisia. ‖ ZOOL. *cheval marin*, cavalluccio marino.
cheval-arçons [ʃəvalarsɔ̃] m. SPORT cavallo.
chevalement [ʃəvalmɑ̃] m. ARCHIT. puntellatura f., armatura f. ‖ MIN. castelletto.
chevaler [ʃəvale] v. tr. [étayer] puntellare. ‖ TECHN. porre su cavalletto.
chevaleresque [ʃəvalrɛsk] adj. cavalleresco.
chevalerie [ʃəvalri] f. cavalleria. | *romans de chevalerie*, romanzi cavallereschi.
chevalet [ʃəvalɛ] m. [support] cavalletto, supporto, sella f. ; ART cavalletto. ‖ [partie du violon] ponticello. ‖ [instrument de torture] cavalletto.
chevalier [ʃəvalje] m. cavaliere. | *chevalier errant*, cavaliere errante, cavaliere di ventura. ‖ FAM., IRON. *chevalier servant*, cavalier servente ; [au XVIIIᵉ s.] cicisbeo. ‖ PÉJOR. *chevalier d'industrie*, cavalier d'industria ; imbroglione m. ‖ ZOOL. gambetta f., combattente.
chevalière [ʃəvaljɛr] f. = anello m. (con monogramma).
chevalin, e [ʃəvalɛ̃, in] adj. equino. | *boucherie, race chevaline*, macelleria, razza equina. | *profil chevalin*, profilo da cavallo.
cheval-vapeur [ʃəvalvapœr] m. cavallo (vapore).
chevauchant, e [ʃəvoʃɑ̃, ɑ̃t] adj. accavallato.
chevauchée [ʃəvoʃe] f. cavalcata.
chevauchement [ʃəvoʃmɑ̃] m. TECHN. accavallamento. ‖ TYP. accavalcatura f.
chevaucher [ʃəvoʃe] v. intr. [aller à cheval] cavalcare. ‖ [se recouvrir partiellement] accavallarsi v. pr. | *faire chevaucher*, accavallare. ◆ v. tr. cavalcare.
chevau-léger [ʃəvoleʒe] m. MIL. cavallegg(i)ero.
chevêche [ʃəvɛʃ] f. ZOOL. civetta.
chevelu, e [ʃəvly] adj. capelluto. | *cuir chevelu*, cuoio capelluto.
chevelure [ʃəvlyr] f. capigliatura ; chioma (littér.). ‖ ASTRON. *chevelure d'une comète*, coda di una cometa. ‖ LITTÉR. *la chevelure des arbres*, la chioma degli alberi.
chevenne, chevesne f. V. CHEVAINE.
chevet [ʃəvɛ] m. capezzale. | *lampe, table de chevet*, lampadina, comodino da notte. | *livre de chevet*, libro prediletto. ‖ ARCHIT. abside f.
chevêtre [ʃəvɛtr] f. ARCHIT. = trave (nella quale s'incastrano i travicelli che sostengono l'impiantito). ‖ CHIR. = fasciatura (del mascellare inferiore).
cheveu [ʃəvø] m. capello. | *épingle à cheveux*, forcella f. ‖ *cheveux d'ange* : [vermicelle] capellini, capelli d'angelo ; [guirlande] = fili argentati (per la decorazione dell'albero di Natale). ‖ LOC. FAM. *femme en cheveux*, donna in capelli, senza cappello. | *se prendre aux cheveux*, accapigliarsi, acciuffarsi. | *s'arracher les cheveux (de désespoir)*, cacciarsi, mettersi le mani nei capelli (dalla disperazione). | *sentir ses cheveux se dresser sur sa tête*, sentire i capelli rizzarsi in capo. | *ne pas toucher un cheveu (de la tête de qn)*, non torcere un capello (a qlcu.). | *saisir l'occasion aux, par les cheveux*, afferrare la fortuna per i capelli. | *raisonnement tiré par les cheveux*, ragionamento tirato per i capelli, stiracchiato. | *couper les cheveux en quatre*, spaccare un capello in quattro. | *il n'a tenu qu'à un cheveu qu'il ne meure*, per un pelo non è morto, non morì. | *il s'en est fallu d'un cheveu*, c'è mancato un capello, un pelo. | *il y a un cheveu*, c'è un guaio. | *arriver comme un cheveu sur la soupe* = capitare, sopraggiungere a sproposito (L.C.). | *se faire des cheveux*, guastarsi il sangue. | *avoir mal aux cheveux*, aver i postumi della sbornia, aver il cerchio alla testa.
cheveu-de-Vénus [ʃəvød(e)venys] m. BOT. capelvenere.
chevillage [ʃəvijaʒ] m. TECHN. incavigliatura f.
chevillard ou **chevilleur** [ʃəvijar, jœr] m. = venditore di carne all'ingrosso.
cheville [ʃəvij] f. **1.** ANAT. caviglia. ‖ FIG. *ne pas arriver à la cheville de qn*, non esser degno di legar le scarpe a qlcu. ‖ **2.** [redondance] zeppa. ‖ **3.** MUS. caviglia, bischero m. ‖ **4.** TECHN. caviglia, cavicchio m., perno m., spina. | *cheville ouvrière*, perno della ralla, spinotto di unione. ‖ FIG. *la cheville ouvrière d'un complot*, l'anima d'un complotto. ‖ **5.** *vente à la cheville*, vendita alla caviglia.
cheviller [ʃəvije] v. tr. TECHN. incavigliare, accavigliare. ‖ FIG. *avoir l'âme chevillée au corps*, aver sette vite, sette anime.
chevillette [ʃəvijɛt] f. caviglietta.
chevilleur m. V. CHEVILLARD.
chevillier [ʃəvije] m. MUS. cavigliere.
cheviotte [ʃəvjɔt] f. TEXT. cheviot m. (angl.).
chèvre [ʃɛvr] f. capra. | *lait de chèvre*, latte di capra, latte caprino. ‖ FAM. *ménager la chèvre et le chou*, salvare capra e cavoli, capra e cavolo. ‖ TECHN. [pour élever ou soutenir] capra.
chevreau [ʃəvro] m. capretto. ‖ [peau] capretto.
chèvrefeuille [ʃɛvrəfœj] m. BOT. caprifoglio, abbracciabosco.
chevrette [ʃəvrɛt] f. [jeune chèvre] capretta ; [femelle du chevreuil] femmina del capriolo. ‖ [crevette] gamberetto m. ‖ [trépied] treppiedi m. inv.
chevreuil [ʃəvrœj] m. capriolo.
chevrier, ère [ʃəvrije, ɛr] n. capraio, a.
chevron [ʃəvrɔ̃] m. [menuiserie] falso puntone ; correntino, travicello. ‖ HÉRALD. scaglione. ‖ MIL. = gallone (a forma di V rovesciata). ‖ TECHN. *engrenages à chevrons*, ingranaggi con dentatura a cuspide ; ingranaggi a spina di pesce. ‖ TEXT. *étoffe à chevrons*, tessuto a spina (di pesce), tessuto a spiga, tessuto spigato.
chevronné, e [ʃəvrɔne] adj. HÉRALD. scaglionato. ‖ MIL. *soldat chevronné* = veterano m. ; soldato agguerrito. ‖ FAM. [expérimenté] consumato, esperto.
chevronner [ʃəvrɔne] v. tr. *chevronner un toit*, mettere i correntini di un tetto.
chevrotant, e [ʃəvrɔtɑ̃, ɑ̃t] adj. tremulo.
chevrotement [ʃəvrɔtmɑ̃] m. tremolio (della voce).
chevroter [ʃəvrɔte] v. intr. belare ; parlare con voce tremula. | *voix qui chevrote*, voce che trema, voce tremula.
chevrotine [ʃəvrɔtin] f. pallettone m. (da caccia).

chewing-gum [ʃwingɔm] m. chewing-gum (angl.); gomma (f.) da masticare.
chez [ʃe] prép. [avec mouvement] da, a casa di. | *je vais chez moi, chez toi,* vado a casa mia, a casa tua. | *je vais chez Pierre, chez mes grands-parents,* vado a casa di Pietro, a casa dei (miei) nonni; vado da Pietro, dai (miei) nonni. | *je reviens de chez toi,* ritorno da casa tua. | *je reviens de chez Pierre, de chez mes grands-parents,* ritorno dalla casa di Pietro, dalla casa dei nonni. | *du côté de chez,* dal lato di. ‖ [sans mouvement] a casa di; da, presso. | *je reste chez moi,* resto a casa (mia), resto in casa. | *chez Pierre, chez lui, chez eux,* a casa di Pietro, a casa sua, a casa loro. | *il habite chez ses grands-parents,* abita dai nonni, presso i nonni, a casa dei nonni. | *écris-moi chez monsieur X,* scrivimi presso il signor X. | *près de chez moi,* vicino a casa mia. ‖ [pays] *il veut revenir chez lui,* vuol tornare in patria, a casa. | *il est de chez nous,* è delle nostre parti; è un compaesano, un concittadino, un compatriota. | *chez les Italiens,* in Italia. ‖ [époque] *chez les Romains,* presso i Romani. ‖ [dans l'œuvre de] nelle opere di; in. | *chez Leopardi,* nel Leopardi, nell'opera del Leopardi. ‖ [concernant] *fréquent chez les enfants, l'animal,* frequente nei bambini, nell'animale.
chez-soi [ʃeswa], **chez-moi** [ʃemwa], etc. m. inv. casa f., abitazione f. | *avoir un chez-soi,* avere una casa propria, avere casa.
chiader [ʃjade] v. tr. et intr. Pop. sgobbare (fam.).
chialer [ʃjale] v. intr. Pop. piangere, piagnucolare (L.C.).
chiasme [kjasm] m. Rhét. chiasmo, chiasma.
chiasse [ʃjas] f. Zool. cacatura (d'insetti). ‖ Pop. diarrea (L.C.).
chic [ʃik] m. Fam. [adresse] dono (L.C.). | *il a le chic pour convaincre les gens,* è molto abile per, ha il dono di convincere la gente. | *peindre de chic* = dipingere senza modello, a memoria. | *écrire de chic* = scrivere di getto. | *travailler de chic* = lavorare di fantasia. ‖ [élégance] eleganza f., raffinatezza f. (L.C.). | *chapeau qui a du chic,* cappello elegante. | *une femme qui a du chic,* una donna chic. | *ce veston est d'un chic (fou)!,* questa giacca è uno chic, una sciccheria! (pop.). ◆ adj. inv. (en genre) [élégant, distingué] chic; scicche (pop.); elegante, fine, raffinato. ‖ [gentil, sympathique] in gamba; generoso, simpatico (L.C.). | *un chic type,* un tipo in gamba; un bravo ragazzo, un brav'uomo. | *il est chic avec moi,* è gentile, generoso con me. | *c'est chic de sa part,* è bello, molto gentile da parte sua. ‖ [agréable] *un chic voyage,* un bel viaggetto (L.C.). ◆ interj. *chic (alors)!,* che bellezza!, che pacchia!, fantastico!
chicane [ʃikan] f. [argutie, tracasserie] arzigogolo m., cavillo m. ‖ Péjor. *gens de chicane,* leguleí m. pl. ‖ [querelle] bega, briga, lite. | *chercher chicane,* attaccar briga. ‖ [obstacle] = passaggio (m.) a zigzag.
chicaner [ʃikane] v. intr. cavillare, arzigogolare. | *chicaner sur un sujet, sur les mots,* cavillare su un argomento, sul senso delle parole. ◆ v. tr. *chicaner qn,* attaccar briga, brighe con qlcu.
chicanerie [ʃikanri] f. cavillo m.
chicaneur, euse [ʃikanœr, øz] ou **chicanier, ère** [ʃikanje, ɛr] adj. cavilloso, litigioso. ◆ n. cavillatore, trice; arzigogolone, a; attaccabrighe inv. (fam.).
1. chiche [ʃiʃ] adj. [avare] avaro, gretto, tirato. | *être chiche de compliments,* essere avaro di complimenti. ‖ [peu abondant] meschino, misero, scarso. | *un repas chiche,* un pranzo meschino, scarso.
2. chiche adj. Fam. *être chiche de faire qch.,* aver la faccia tosta di fare qlco. | *je suis chiche de faire ce travail en deux heures,* scommetto che farò questo lavoro in due ore. | *chiche que tu ne le fais pas!,* scommetto, scommettiamo che non lo fai! ◆ interj. [acceptation d'un défi] d'accordo!
3. chiche adj. *pois chiche,* cece m.
chichement [ʃiʃmɑ̃] adv. grettamente, con avarizia.
chichi [ʃiʃi] m. Fam. smanceria f., smorfia f. | *faire du chichi, des chichis,* fare lo smorfioso, la smorfiosa, lo schifiltoso, la schifiltosa, lo schizzinoso, la schizzinosa. | *ne fais pas de chichis,* non far tanti complimenti.
chichiteux, euse [ʃiʃitø, øz] adj. Fam. smorfioso, schifiltoso, schizzinoso.
chicorée [ʃikɔre] f. Bot. cicoria.
chicot [ʃiko] m. Bot. toppo, troncone. ‖ Fam. = (resto d'un) dente rotto.
chien, enne [ʃjɛ̃, ʃjɛn] n. cane m., cagna f. | *petit chien,* cagnolino. | *chien de garde, de berger, de ferme, de chasse,* cane da guardia, da pastore, da pagliaio, da caccia. | *chien policier,* cane poliziotto. | *chien d'arrêt, chien couchant,* cane da ferma, cane da punta. ‖ Loc. *entre chien et loup,* tra il lusco e il brusco; sull'imbrunire. | *dormir en chien de fusil,* dormire raggomitolato. | *se coiffer à la chien* = pettinarsi con frange. ‖ Loc. fam. *une vie de chien,* una vita da cani. | *un coup de chien :* [tempête en mer] burrasca f.; [émeute] tumulto m., sedizione f., sommossa f. | *avoir un mal de chien à faire qch.* [difficulté], far una fatica da cani per far qlco. | *avoir un mal de chien* [douleur], avere un male cane. | *temps de chien,* tempo cane, tempo da lupi. | *traiter qn comme un chien,* trattar qlcu. come un cane. | *vivre comme chien et chat,* vivere come cane e gatto. | *garder à qn un chien de sa chienne* = legarsela al dito. | *se regarder en chiens de faïence,* guardarsi in cagnesco. | *recevoir qn comme un chien dans un jeu de quilles,* accogliere qlcu. come un cane in chiesa. | *rompre les chiens* = cambiare discorso. | *être bon à jeter aux chiens,* non valere un corno, un fico. | *faire le chien couchant,* fare il leccapiedi. | *avoir un caractère de chien* = avere un pessimo carattere, avere un caratteraccio. ‖ Péjor. *le chien du commissaire* = il segretario del commissario di Pubblica Sicurezza. ‖ Prov. *bon chien chasse de race,* v. chasser. | *chien en vie vaut mieux que lion mort,* meglio un asino vivo che un dottore morto. ‖ [interj.] *nom d'un chien!,* perdiana! | *chienne de vie!,* mondo cane! ‖ Fam. *elle a du chien* = è una donna graziosa, affascinante, eccitante (L.C.). ‖ Zool. *chien de mer,* gattuccio. ‖ Techn. [cliquet] nottolino; [d'une arme à feu] cane. ◆ adj. inv. Fam. [avare] spilorcio, pitocco, avaro.
chiendent [ʃjɛ̃dɑ̃] m. Bot. gramigna f. ‖ Fam. [difficulté] *voilà le chiendent!,* qui sta il busillis!
chienlit [ʃjɑ̃li] m. Fam. [masque] = maschera (f.) da carnevale; [mascarade] mascherata f. ◆ f. [désordre] babilonia, scompiglio m.; caos (L.C.).
chien-loup [ʃjɛ̃lu] m. cane lupo.
chienne f. V. chien.
chiennerie [ʃjɛnri] f. Fam. [ladrerie] spilorceria, tirchieria, taccagneria. ‖ [chose ou vie impudique] = oscenità.
chier [ʃje] v. intr. Pop. cacare.
chiffe [ʃif] f. cencio m.; stoffa floscia. ‖ Fig. *c'est une chiffe molle, il est mou comme une chiffe,* è di pasta frolla, è una pappa molle.
chiffon [ʃifɔ̃] m. cencio, straccio. | *un chiffon de papier :* [papier froissé] una cartaccia; [fig., contrat sans valeur] un chiffon de papier (fr.); una cartastraccia. ‖ Fam. *parler chiffons* = parlare di stoffe, di abiti, di moda.
chiffonner [ʃifɔne] v. tr. spiegazzare, sgualcire. ‖ Fig. [contrarier] contrariare, dar noia a, seccare. ‖ [fatiguer] *visage chiffonné,* viso sciupato.
chiffonnier, ère [ʃifɔnje, ɛr] n. [personne] cenciaiolo, a; cenciaio, a; straccivendolo, a. ‖ [meuble] stipetto.
chiffrable [ʃifrabl] adj. calcolabile, computabile.
chiffrage [ʃifraʒ] ou **chiffrement** [ʃifrəmɑ̃] m. [calcul] calcolo, computo, conteggio, valutazione f. ‖ [cryptographie] cifratura f. ‖ Mus. numerazione f.
chiffre [ʃifr] m. cifra f., numero. | *arrondir un chiffre,* far cifra tonda. ‖ Comm. cifra. | *chiffre d'affaires,* giro m., cifra, volume m. d'affari; fatturato m. ‖ [cryptogramme] cifra. ‖ [combinaison d'une serrure] combinazione f. ‖ [monogramme] cifra, monogramma m.
chiffrer [ʃifre] v. intr. [compter] far conti, calcolare. ‖ [coûter cher] costar molto, parecchio. ◆ v. tr. [numéroter] numerare. ‖ [évaluer] calcolare, valutare.

|| [cryptographie] cifrare. || MUS. numerare. || [appliquer des initiales] cifrare. ◆ v. pr. *les dépenses se chiffrent à*, le spese ammontano a, sommano a, ascendono a.
chiffreur [ʃifrœr] m. cifrista.
chignole [ʃiɲɔl] f. TECHN. trapano m.
chignon [ʃiɲɔ̃] m. chignon (fr.); crocchia f.
chilien, enne [ʃiljɛ̃, ɛn] adj. et n. cileno.
chimère [ʃimɛr] f. PR. chimera. || FIG. chimera, fantasticheria.
chimérique [ʃimerik] adj. chimerico.
chimie [ʃimi] f. chimica.
chimiothérapie [ʃimjɔterapi] f. chemioterapia.
chimique [ʃimik] adj. chimico.
chimiste [ʃimist] n. chimico m.; studiosa (f.) di chimica.
chimpanzé [ʃɛ̃pɑ̃ze] m. scimpanzé inv.
chinage [ʃinaʒ] m. TEXT. screziatura f.
chinchilla [ʃɛ̃ʃila] m. cincilla.
1. chine [ʃin] m. [papier] carta (f.) riso. || [porcelaine] porcellana (f.) cinese.
2. chine f. POP. [brocante] rigatteria; commercio (m.) di anticaglie.
chiné, e [ʃine] adj. screziato, variegato.
1. chiner [ʃine] v. tr. TEXT. screziare.
2. chiner v. intr. [être brocanteur] fare il rigattiere, commerciare in anticaglie. || [chercher des occasions] andare in cerca di anticaglie.
3. chiner v. tr. FAM. [railler] sfottere (pop.); canzonare, prendere in giro (L.C.). || [réclamer] = chiedere insistentemente; mendicare.
1. chineur, euse [ʃinœr, øz] n. FAM. [railleur] canzonatore, trice.
2. chineur, euse n. POP. [brocanteur] rivendugliolo m., rigattiere m.
chinois, e [ʃinwa, az] adj. et n. cinese. || FIG. complicatissimo. ◆ m. LING. cinese. || FIG. *c'est du chinois pour moi*, per me è arabo. || BOT. chinotto. || CULIN. colino (di forma conica).
chinoiserie [ʃinwazri] f. [bibelot] cineseria. || FIG. [tracasserie] sottigliezza, formalità (eccessiva), cavillosità, cineseria.
chintz [ʃintz] m. TEXT. chintz (angl.), cintz.
chiot [ʃjo] m. cucciolo.
chiottes [ʃjɔt] f. pl. POP. cesso m.; latrine f. pl. (L.C.). | *aux chiottes!*, abbasso! (L.C.).
chiourme [ʃjurm] f. ciurma.
chiper [ʃipe] v. tr. FAM. sgraffignare; fregare (pop.). || FIG. *j'ai chipé un bon rhume*, mi sono buscato un bel raffreddore.
chipie [ʃipi] f. FAM. megera, arpia, strega.
chipolata [ʃipɔlata] f. = piccola salsiccia.
chipotage [ʃipɔtaʒ] m. FAM. (il) cavillare; cavillo.
chipoter [ʃipɔte] v. intr. FAM. mangiucchiare. || [chicaner] cavillare, arzigogolare (L.C.). || [marchander] mercanteggiare meschinamente, tirare sul prezzo.
chipoteur, euse [ʃipɔtœr, øz] n. FAM. cavillatore, trice, arzigogolone, a (L.C.).
chips [ʃips] adj. et n. f. ou m. pl. CULIN. *(pommes) chips*, (patatine) chips.
1. chique [ʃik] f. ZOOL. pulce penetrante.
2. chique f. [tabac] cicca. || LOC. FAM. *couper la chique à qn*: [l'interrompre brusquement] chiudere il becco a qlcu.; [l'étonner vivement] mozzare, troncare il fiato a qlcu. || *être mou comme une chique*, essere una pappa molle, essere di pasta frolla.
chiqué [ʃike] m. FAM. vanteria f., millanteria f., bluff (angl.) [L.C.]. | *faire du chiqué, le faire au chiqué*, bluffare; millantarsi; darsi delle arie. | *c'est du chiqué*, è un bluff, una spacconata, una sbruffonata, una smargiassata.
chiquenaude [ʃiknod] f. buffetto m.
chiquer [ʃike] v. intr. ciccare. ◆ v. tr. masticare.
chiqueur [ʃikœr] m. = chi cicca.
chirographaire [kirɔgrafɛr] adj. JUR. chirografario.
chiromancie [kirɔmɑ̃si] f. chiromanzia.
chiromancien, enne [kirɔmɑ̃sjɛ̃, ɛn] n. chiromante.
chiropracteur [kirɔpraktœr] m. MÉD. = medico che esercita la chiropratica.
chiropractie [kirɔprakti] ou **chiropraxie** [kirɔpraksi] f. MÉD. chiropratica.
chiroptères [kirɔptɛr] m. pl. ZOOL. chirotteri.
chirurgical, e, aux [ʃiryrʒikal, o] adj. chirurgico.
chirurgie [ʃiryrʒi] f. chirurgia.
chirurgien [ʃiryrʒjɛ̃] m. chirurgo.
chirurgien-dentiste [ʃiryrʒjɛ̃dɑ̃tist] m. (medico) dentista; odontoiatra.
chistera [ʃistera] f. SPORT [pelote basque] chistera.
chitine [kitin] f. BIOL. chitina.
chiton [kitɔ̃] m. [tunique] chitone. || ZOOL. chitone.
chiure [ʃjyr] f. cacatura (d'insetti).
chlamyde [klamid] f. [manteau] clamide.
chloral [klɔral] m. CHIM. cloralio.
chlorate [klɔrat] m. CHIM. clorato.
chlore [klɔr] m. CHIM. cloro.
chlorhydrique [klɔridrik] adj. cloridrico.
chlorique [klɔrik] adj. CHIM. clorico.
chloroforme [klɔrɔfɔrm] m. CHIM. cloroformio.
chloroformer [klɔrɔfɔrme] v. tr. cloroformizzare.
chlorophylle [klɔrɔfil] f. clorofilla.
chlorose [klɔroz] f. MÉD. clorosi.
chlorotique [klɔrɔtik] adj. et n. clorotico.
chlorure [klɔryr] m. CHIM. cloruro.
choc [ʃɔk] m. [heurt] urto, scontro, cozzo. | *subir un choc*, essere urtato. | *tenir, soutenir, supporter le choc*, resistere all'urto, agli urti. || MIL. *troupes de choc*, truppe d'assalto. || [conflit] urto, conflitto, contrasto. | *le choc des idées*, il conflitto delle idee. || [émotion] choc (fr.), shock (angl.), colpo. | *sa mort m'a donné un choc*, la sua morte fu per me uno choc. || MÉD. *choc post-opératoire*, choc, shock postoperatorio. | *traitement de choc*, terapia d'urto, trattamento intensivo, cura intensiva; [électrodes] shockterapia f. || TECHN. *choc électrique*, scossa elettrica. | *choc en retour*, colpo di rimbalzo. ◆ adj. inv. *prix choc*, prezzo straordinario.
chocolat [ʃɔkɔla] m. cioccolato, cioccolata f. | *bouchée au chocolat*, cioccolatino. ◆ adj. inv. color cioccolato. || FAM. *être, rester chocolat*, restare con un palmo di naso.
chocolaterie [ʃɔkɔlatri] f. fabbrica di cioccolato, a.
chocolatier, ère [ʃɔkɔlatje, ɛr] n. cioccolataio, a; cioccolatiere, a. ◆ f. [récipient] cioccolatiera.
chœur [kœr] m. ARCHIT., MUS. coro. | *enfant de chœur*, chierichetto. || FIG. coro. ◆ loc. adv. ***en chœur***, in coro.
choir [ʃwar] v. intr. cadere. || FAM. *laisser choir qn*, piantare qlcu. in asso; abbandonare, dimenticare qlcu. (L.C.).
choisi, e [ʃwazi] adj. scelto. | *œuvres choisies*, opere scelte. | *morceaux choisis*, brani scelti, pagine scelte; antologia f. || [recherché] *langage choisi*, lingua scelta. | *public choisi*, scelto pubblico.
choisir [ʃwazir] v. tr. scegliere. | *choisir un métier*, scegliere un mestiere. | *choisir de partir*, scegliere, decidere di partire. | *choisir si l'on part ou si l'on reste*, decidere se partire o restare. | *le moment est mal choisi*, non è il momento opportuno, adatto.
choix [ʃwa] m. scelta f. | *au choix*, a scelta. | *(c'est) à votre choix*, a sua scelta. | *vous avez le choix*, scelga lei. | *je n'ai pas le choix*, non c'è altro da fare, non ci sono altre soluzioni. | *avoir l'embarras du choix*, avere l'imbarazzo della scelta. || [qualité] qualità f. | *marchandise de choix*, roba scelta. | *vin, tissu de choix*, vino, tessuto di qualità. | *de premier choix*, di prima scelta, di prima qualità. || ADM. *avancement au choix, au grand choix*, promozione a scelta, a scelta assoluta.
cholécystite [kɔlesistit] f. MÉD. colecistite.
cholédoque [kɔledɔk] adj. m. ANAT. coledoco.
choléra [kɔlera] m. MÉD. colera.
cholérine [kɔlerin] f. MÉD. colerina.
cholérique [kɔlerik] adj. et n. MÉD. colerico, coleroso.
cholestérine [kɔlɛsterin] f. colesterina.
cholestérol [kɔlɛsterɔl] m. colesterolo.
chômable [ʃomabl] adj. festivo, non lavorativo.
chômage [ʃomaʒ] m. [arrêt du travail] riposo, inattività f. | *le chômage du dimanche*, il riposo della

domenica. || [manque de travail] disoccupazione f. | *le chômage d'une usine*, la chiusura di una fabbrica. | *chômage partiel*, sottoccupazione f. | *être en chômage*, essere disoccupati. | *allocation, indemnité de chômage*, sussidio di disoccupazione. | *mettre au chômage*, mettere in cassa integrazione stipendi.

chômé, e [ʃome] adj. *jour chômé*, giorno festivo.

chômer [ʃome] v. intr. [se reposer] non lavorare, far festa. || [être sans emploi] essere disoccupati. || FIN. *laisser chômer un capital*, lasciare improduttivo un capitale. ◆ v. tr. festeggiare (smettendo il lavoro). | *chômer le 1er mai*, festeggiare il 1° (primo) maggio.

chômeur, euse [ʃomœr, øz] n. disoccupato, a. | *chômeur partiel*, disoccupato parziale ; sottoccupato.

chope [ʃɔp] f. [contenant] chope m. (fr.) ; boccale (m.) da birra ; gotto m. (septentr.). || [contenu] *chope de bière*, chope, boccale, gotto di birra.

choper [ʃɔpe] v. tr. POP. [voler] fregare ; sgraffignare (fam.). || [attraper] acchiappare, cogliere (L.C.). | *choper la balle au bond*, cogliere la palla al balzo. | *se faire choper*, farsi pizzicare. | *choper un rhume*, buscarsi un raffreddore.

chopin [ʃɔpɛ̃] m. FAM. [aubaine] *quel chopin !*, che bazza !

chopine [ʃɔpin] f. VX = mezzo litro. || POP. bottiglia (L.C.).

chopiner [ʃɔpine] v. intr. POP. sbevazzare.

chopper [ʃɔpe] v. intr. [trébucher] inciampare, incespicare. || VX [se tromper] prendere una cantonata, un abbaglio, un granchio (L.C.).

choquant, e [ʃɔkɑ̃, ɑ̃t] adj. urtante, indisponente, indecente.

choquer [ʃɔke] v. tr. PR. *choquer les verres*, brindare. || [contrarier] urtare, indignare, scandalizzare. || [commotionner] shockare. || FIG. *choquer la vue, les oreilles*, offendere la vista, l'udito.

choral, e, aux [kɔral, o] adj. corale. ◆ n. f. [chanteurs] corale. ◆ n. m. [cantique] corale.

chorée [kɔre] f. MÉD. corea.

chorégraphe [kɔregraf] m. coreografo.

chorégraphie [kɔregrafi] f. coreografia.

chorégraphique [kɔregrafik] adj. coreografico.

choriambe [kɔrjɑ̃b] m. POÉS. coriambo.

choriste [kɔrist] n. corista.

chorographie [kɔrɔgrafi] f. corografia.

choroïde [kɔrɔid] f. ANAT. coroide.

chorus [kɔrys] m. coro. || FAM. *faire chorus avec qn*, far coro a qlcu.

chose [ʃoz] f. **1.** [objet] cosa. | *offrir quelques petites choses*, offrire qualche cosuccia. || **2.** [ce qui est ; événement ; affaire] cosa, faccenda, caso m. | *voir les choses telles qu'elles sont*, veder le cose come stanno. | *leçon de choses* = lezione di materie pratiche. | *aller au fond des choses*, andare al fondo delle cose. | *les choses tournent mal*, le cose si mettono male. | *dans cet état de choses*, stando così le cose. | *parler de choses et d'autres*, parlare del più e del meno. | *appeler les choses par leur nom*, chiamar le cose con il loro nome ; dir pane al pane e vino al vino. | *je ne sais comment il prendra la chose*, non so come prenderà la cosa, la faccenda. | *c'est une chose étonnante*, è una cosa strana, un caso strano. | *ce n'est pas une chose à faire*, non è da farsi. || LOC. *dites à Pierre bien des choses*, tante cose a Pietro. || **3.** ***quelque chose,*** V. QUELQUE CHOSE. || ***peu de chose, pas grand-chose,*** poco ; poche cose ; poche storie (fam.). | *qu'est-ce que tu as bu ? — pas grand-chose, une bière*, cos'hai bevuto ? — mica tanto, una birra. | *à peu de chose près*, su per giù. || PÉJOR. *ne pas faire, ne pas valoir grand-chose*, non lavorare, non valere (un) gran che. | *c'est un pas grand-chose*, è un poco di buono. || ***autre chose,*** altro. || ***la même chose,*** lo stesso. | *voulez-vous autre chose ? — non, la même chose*, vuole altro ? — no, lo stesso, la stessa cosa. | *c'est (une) autre chose !*, (quest') è un'altra cosa !, è diverso ! | *c'est la même chose*, è lo stesso, la stessa cosa, tutt'uno. | *(c'est) toujours la même chose !*, (è) sempre la stessa storia, la medesima storia ! || **4.** LOC. *la chose publique*, la cosa pubblica. | *la chose jugée*, la cosa giudicata. || PROV. *chose promise, chose due*, ogni promessa è debito. | *une chose en entraîne une autre*, da cosa nasce cosa. | *à chose faite pas de remède*, cosa fatta capo ha. ◆ m. FAM. *donne-moi le chose*, dammi il coso. | *j'ai vu monsieur Chose*, ho visto il signor Coso. ◆ adj. *se sentir tout chose :* [décontenancé] sentirsi scombussolato ; [mal à l'aise physiquement, moralement] sentirsi sfasato.

chou [ʃu] m. **1.** BOT. cavolo. | *chou pommé*, cavolo cappuccio. | *chou frisé*, cavolo verza, verzotto, riccio ; verza f. | *chou de Bruxelles*, cavolo di Bruxelles. | *chou-fleur*, cavolfiore. | *chou-navet*, navone, ravizzone. | *chou-palmiste*, cavolo palmizio. | *chou-rave*, cavolo rapa. || **2.** FIG., FAM. *feuille de chou*, giornaluccio m. (L.C.). | *oreilles en feuilles de chou*, orecchi a cavolfiore. | *c'est un bout de chou*, è alto come un soldo di cacio. || LOC. *aller planter ses choux*, andare a piantar cavoli. | *envoyer qn planter ses choux* = silurare, licenziare qlcu. | *être dans les choux* = essere in imbarazzo, nei guai ; SPORT aver perduto (la partita, la corsa). | *faire chou blanc*, far fiasco, far cilecca. | *faire ses choux gras de qch.* = ricavar profitto, utile di qlco. | *s'y entendre comme à ramer les choux* = non intendersene affatto ; non avere nessuna capacità, nessuna pratica in materia. | *c'est bête comme chou* = è una cosa semplicissima. | *il est bête comme chou*, è un broccolone. | *ménager la chèvre et le chou*, V. CHÈVRE. || **3.** [terme d'affection] *mon (petit) chou*, tesoro (mio), coccolino mio. || **4.** [nœud de rubans] fiocco ; chou (fr.). || **5.** CULIN. *chou à la crème*, bignè ; chou (fr.). ◆ adj. inv. (en genre) FAM. [joli] carino. || [gentil] gentile (L.C.).

choucas [ʃuka] m. ZOOL. taccola f.

chouchou, oute [ʃuʃu, ut] n. FAM. cocco, a ; prediletto, a ; beniamino, a.

chouchouter [ʃuʃute] v. tr. FAM. coccolare.

choucroute [ʃukrut] f. CULIN. crauti m. pl. | *choucroute garnie* = crauti con salsicce, prosciutto e carne di maiale.

1. chouette [ʃwɛt] f. ZOOL. civetta. || FAM., PÉJOR. strega.

2. chouette adj. POP. chic, in gamba (fam.). | *ce spectacle, cette voiture est (drôlement) chouette !*, è una cannonata questo spettacolo, questa macchina !

chou-fleur m., **chou-navet** m., **chou-palmiste** m., **chou-rave** m. V. CHOU.

chouriner v. tr. V. SURINER.

choyer [ʃwaje] v. tr. [un individu] vezzeggiare, coccolare, accarezzare ; [une idée] accarezzare, coltivare.

chrême [krɛm] m. RELIG. crisma.

chrestomathie [krɛstɔmasi, ti] f. crestomazia.

chrétien, enne [kretjɛ̃, ɛn] adj. et n. cristiano. || HIST. *le Roi Très Chrétien*, il (Re) Cristianissimo.

chrétienté [kretjɛ̃te] f. cristianità.

chrisme [krism] m. = monogramma di Cristo.

christ [krist] m. cristo.

christiania [kristjanja] m. [ski] cristiania.

christianiser [kristjanize] v. tr. cristianizzare.

christianisme [kristjanism] m. cristianesimo.

christocentrisme [kristɔsɑ̃trism] m. THÉOL. cristocentrismo.

christologie [kristɔlɔʒi] f. cristologia.

chromage [krɔmaʒ] m. TECHN. cromatura f.

chromate [krɔmat] m. CHIM. cromato.

chromatique [krɔmatik] adj. [couleurs ; MUS.] cromatico. || BIOL. cromosomico.

chrome [krom] m. CHIM. cromo.

chromer [krome] v. tr. TECHN. cromare. | *acier chromé*, acciaio cromato.

chromiste [krɔmist] m. PHOT. ritoccatore.

chromolithographie [krɔmɔlitɔgrafi] f. cromolitografia. ◆ ***chromo*** m. PÉJOR. = cromolitografia (f.) di scarso valore (L.C.).

chromosome [krɔmɔzom] m. BIOL. cromosoma.

chromosphère [krɔmɔsfɛr] f. ASTR. cromosfera.

chronicité [krɔnisite] f. MÉD. cronicità.

1. chronique [krɔnik] f. cronaca. || LOC. *il défrayait la chronique*, faceva molto parlar di sé.

2. chronique adj. cronico.

chroniqueur [krɔnikœr] m. cronista.
chronographe [krɔnɔgraf] m. cronografo.
chronologie [krɔnɔlɔʒi] f. cronologia.
chronologique [krɔnɔlɔʒik] adj. cronologico.
chronométrage [krɔnɔmetraʒ] m. cronometraggio.
chronomètre [krɔnɔmɛtr] m. cronometro.
chronométrer [krɔnɔmetre] v. tr. cronometrare.
chronométreur [krɔnɔmetrœr] m. cronometrista.
chrysalide [krizalid] f. crisalide.
chrysanthème [krizɑ̃tɛm] m. BOT. crisantemo.
chuchotement [ʃuʃɔtmɑ̃] m. bisbiglio, sussurro.
chuchoter [ʃuʃɔte] v. intr. et tr. bisbigliare, sussurrare.
chuchoterie [ʃuʃɔtri] f. FAM. bisbiglio m., sussurrìo m.
chuchoteur, euse [ʃuʃɔtœr, øz] n. bisbiglione, a; sussurrone, a.
chuintante [ʃɥɛ̃tɑ̃t] f. GRAMM. fricativa prepalatale.
chuintement [ʃɥɛ̃tmɑ̃] m. GRAMM. = pronuncia di una sibilante come se fosse una fricativa prepalatale. || [sifflement] fischio, sibilo.
chuinter [ʃɥɛ̃te] v. intr. [cri de la chouette] squittire, chiurlare, gridare. || GRAMM. = pronunciare una sibilante come se fosse una fricativa prepalatale.
chut! [ʃyt] interj. st!, sss!
chute [ʃyt] f. **1.** [action de tomber] caduta, cascata. | *la chute des corps*, la caduta dei gravi. | *chute libre*, caduta libera. | *chute de cheval*, caduta da cavallo. | *chute de neige*, caduta di neve; nevicata. | *chute de grêle*, caduta di grandine; grandinata. | *chute d'eau*, caduta d'acqua; cascata. || MIL. *point de chute*, punto di caduta. || FIG. *se ménager un point de chute* = assicurarsi l'avvenire. || THÉÂTRE *la chute du rideau*, il calar del sipario. || **2.** [morceau restant] *chutes de tissu*, ritagli di tessuto. | *chutes d'acier*, rottami d'acciaio. || **3.** FIG. *la chute du jour*, il calare, il declinare del giorno. || [jeu de cartes] *deux de chute*, due (prese) sotto. || **4.** [capitulation] caduta, resa, capitolazione. | *chute d'une ville*, caduta, resa di una città. || [échec] *la chute d'une pièce de théâtre*, il fiasco di un'opera teatrale. || POLIT. *la chute d'un ministère, d'un gouvernement*, la caduta di un ministero, di un governo. | *la chute d'un régime*, il crollo di un regime. || RELIG. [péché] caduta. | *la chute des anges*, la caduta degli angeli. || [déchéance] fallo m., colpa, peccato m. || **5.** [extrémité] *la chute du toit*, l'orlo del tetto. || *la chute d'un sonnet*, la chiusa d'un sonetto. || ANAT. *la chute des reins* = la parte inferiore, il fondo della schiena. || **6.** FIN. *la chute d'une devise*, la caduta, il crollo di una valuta. || **7.** LING. dileguo m.
1. chuter [ʃyte] v. intr. FAM. cadere, cascare (L.C.). || [jeu de cartes] andar sotto.
2. chuter v. tr. [dire chut à] zittire.
chyle [ʃil] m. PHYSIOL. chilo.
chyme [ʃim] m. PHYSIOL. chimo.
ci [si] adv. qui, qua. | *cet homme-ci*, quest'uomo. ◆ loc. adv. ***par-ci par-là,*** qua e là. || ***de-ci de-là,*** di qua di là. || ***ci-après,*** più avanti; sotto. || ***ci-contre,*** qui accanto, a fianco, a lato, di fronte. || ***ci-dessous,*** qui sotto, in calce. || ***ci-dessus,*** qui sopra, di sopra. ◆ pron. dém. *comme ci comme ça*, così così.
cible [sibl] f. bersaglio m., segno m. | *tir à la cible*, tiro a segno, al bersaglio. || FIG. *servir de cible aux critiques*, far da bersaglio alle critiche. | *être la cible des quolibets*, esser fatto segno ai lazzi.
ciboire [sibwar] m. RELIG. pisside f., ciborio.
ciboule [sibul] f. BOT. cipolletta; cipolla d'inverno.
ciboulette [sibulɛt] f. BOT. cipollina.
ciboulot [sibulo] m. POP. capoccia f. (fam.), testa f. (L.C.). | *avoir une idée dans le ciboulot*, avere un'idea in testa, per il capo. | *se creuser le ciboulot*, lambiccarsi, stillarsi il cervello.
cicatrice [sikatris] f. cicatrice.
cicatrisable [sikatrizabl] adj. cicatrizzabile.
cicatrisation [sikatrizasjɔ̃] f. cicatrizzazione.
cicatriser [sikatrize] v. tr. PR. et FIG. cicatrizzare. ◆ v. pr. cicatrizzarsi.
cicérone [siserɔn] m. (ital.) cicerone; guida (turistica).
cicindèle [sisɛ̃dɛl] f. ZOOL. cicindela.
ci-contre, ci-dessous, ci-dessus loc. adv. V. CI.
ci-devant [sidvɑ̃] loc. adv. prima, avanti, per l'addietro, una volta. ◆ n. inv. HIST. = aristocratico. | *le ci-devant X*, l'ex nobile X.
cidre [sidr] m. sidro.
ciel [sjɛl] m. (pl. **cieux** ou **ciels**) cielo. | *à ciel ouvert*, a cielo scoperto, aperto. || [climat] cielo, clima. || FIG. *élever qn au ciel*, portar qlcu. al cielo, alle stelle. | *tomber du ciel*, arrivare inaspettatamente, capitare a proposito. | *remuer ciel et terre* = darsi un gran daffare. | *être au septième ciel*, toccare il cielo con un dito. | *entre ciel et terre*, nel vuoto; sospeso adj. || ART (pl. **ciels**) cielo. || RELIG. cielo. | *monter au ciel*, salire al cielo. || PROV. *aide-toi, le ciel t'aidera*, aiutati che il ciel t'aiuta. || [dais] *ciel de lit*, cielo di letto. | TECHN. *ciel d'une carrière*, volta (f.) di una cava (di pietre). ◆ interj. *au nom du ciel!*, per amor del cielo! | *juste ciel!*, santo cielo!, giusto cielo!
cierge [sjɛrʒ] m. cero. || BOT. cereo.
cigale [sigal] f. ZOOL. cicala. || MAR. cicala (dell'ancora).
cigare [sigar] m. sigaro.
cigarette [sigarɛt] f. sigaretta.
cigarière [sigarjɛr] f. sigaraia.
ci-gît [siʒi] loc. verb. qui giace.
cigogne [sigɔɲ] f. ZOOL. cicogna. || TECHN. = leva a gomito.
cigogneau [sigɔɲo] m. cicognino.
ciguë [sigy] f. cicuta.
ci-inclus adj. V. INCLUS.
ci-joint adj. V. JOINT.
cil [sil] m. ciglio.
ciliaire [siljɛr] adj. ci(g)liare.
cilice [silis] m. cilicio.
cilié, e [silje] adj. cigliato. ◆ m. pl. ZOOL. cigliati.
cillement [sijmɑ̃] m. = (il) batter le ciglia.
ciller [sije] v. intr. batter le ciglia, batter le palpebre. || FAM. *personne n'ose ciller devant lui*, nessuno osa batter ciglio alla sua presenza.
cimaise [simɛz] f. ARCHIT. [sur une corniche] cimasa; [sur un mur] modanatura (alla parte superiore dello zoccolo). || FIG. = galleria. | *avoir les honneurs de la cimaise*, veder i propri quadri ammessi in una galleria, in una mostra.
cime [sim] f. cima, vetta.
ciment [simɑ̃] m. cemento. | *ciment prompt*, cemento a presa rapida. || FIG. *à chaux et à ciment*, V. CHAUX.
cimenter [simɑ̃te] v. tr. PR. et FIG. cementare.
cimenterie [simɑ̃tri] f. cementificio m.
cimentier [simɑ̃tje] m. [industriel] cementiere. || [ouvrier qui fabrique le ciment] cementiero; [qui l'emploie] cementista.
cimeterre [simtɛr] m. scimitarra f.
cimetière [simtjɛr] m. cimitero; [catholique] camposanto.
cimier [simje] m. MIL., HÉRALD. cimiero. || [pièce de viande] culaccio, culatta f.
cinabre [sinabr] m. cinabro.
cinéaste [sineast] m. cineasta. | *cinéaste amateur*, cineamatore.
ciné-club [sineklœb] m. cineclub.
cinéma [sinema] m. cinema m. inv., cinematografo. | *cinéma d'essai*, cinema sperimentale. | *faire du cinéma*, far del cinema (pr.); fare, recitare la commedia (fig.); drammatizzare (fig.). || [salle] cinema; cine (fam.). | *cinéma de quartier*, cinema rionale. | *cinéma d'exclusivité*, cinema in cui si proiettano film in esclusività.
Cinémascope [sinemaskɔp] m. cinemascope.
cinémathèque [sinematɛk] f. cineteca.
cinématique [sinematik] f. PHYS. cinematica.
cinématographe [sinematɔgraf] m. cinematografo.
cinématographie [sinematɔgrafi] f. cinematografia.
cinématographier [sinematɔgrafje] v. tr. Vx cinematografare (L.C.).
cinématographique [sinematɔgrafik] adj. cinematografico.
cinéphile [sinefil] m. cinedilettante.

cinéraire [sinerɛr] adj. cinerario. ◆ n. f. BOT. cineraria.
Cinérama [sinerama] m. cinerama.
cinéroman [sinerɔmɑ̃] m. cineromanzo.
cinétique [sinetik] adj. PHYS. cinetico.
cinghalais, e ou **cingalais, e** [sɛ̃galɛ, ɛz] adj. et n. singalese.
cinglant, e [sɛ̃glɑ̃, ɑ̃t] adj. PR. et FIG. sferzante.
cinglé, e [sɛ̃gle] adj. POP. picchiatello, tocco (fam.). | *il est cinglé*, gli manca qualche rotella.
1. cingler [sɛ̃gle] v. intr. MAR. far rotta, far vela.
2. cingler v. tr. PR. et FIG. sferzare. || MÉTALL. fucinare, forgiare.
cinq [sɛ̃k, sɛ̃] adj. num. card. inv. cinque. | *cinq mille*, cinquemila. || LOC. FAM. *il était moins cinq !*, c'è mancato un filo ! | *en cinq sec* = in quattro e quattr'otto. | *dire les cinq lettres, le mot de cinq lettres* = dire una parolaccia. ◆ adj. num. ord. quinto. | *chapitre cinq*, capitolo quinto. | *Paul V*, Paolo V (quinto). | *à la page cinq*, a pagina cinque. ◆ n. m. cinque. || JEU *le cinq de cœur*, il cinque di cuori. ◆ n. m. ***cinq-à-sept***, cocktail (angl.).
cinquantaine [sɛ̃kɑ̃tɛn] f. cinquantina. | *un homme d'une cinquantaine d'années, sur la cinquantaine*, un uomo d'una cinquantina d'anni, un uomo sui cinquanta, sulla cinquantina.
cinquante [sɛ̃kɑ̃t] adj. num. card. inv. cinquanta. || LOC. *les années cinquante*, gli anni cinquanta. ◆ adj. num. ord. *chapitre cinquante*, capitolo cinquantesimo. | *page cinquante*, pagina cinquanta. ◆ n. m. cinquanta.
cinquantenaire [sɛ̃kɑ̃tnɛr] adj. et n. cinquantenne. ◆ n. m. [anniversaire] cinquantenario.
cinquantième [sɛ̃kɑ̃tjɛm] adj. num. ord. et n. cinquantesimo.
cinquième [sɛ̃kjɛm] adj. num. ord. et n. quinto. ◆ n. f. UNIV. = seconda media.
cinquièmement [sɛ̃kjɛmmɑ̃] adv. in quinto luogo.
cintrage [sɛ̃traʒ] m. TECHN. centinatura f.
cintre [sɛ̃tr] m. ARCHIT. curvatura f. | *arc en plein cintre*, arco a tutto sesto. || [échafaudage] centina f. || THÉÂTRE soffitta f. || [pour un vêtement] gruccia f. (per abiti), stampella f. ; ometto (rég.).
cintré, e [sɛ̃tre] adj. POP. picchiatello, tocco (fam.). | *il est cintré*, dà i numeri.
cintrer [sɛ̃tre] v. tr. curvare, incurvare. || TECHN. centinare. || MODE attillare. | *veste cintrée*, giacca a vita stretta ; giacca attillata, aderente.
cipaye [sipaj] m. sepoy inv.
cipolin [sipɔlɛ̃] m. MINÉR. cipollino.
cippe [sip] m. ARCHIT. cippo.
cirage [siraʒ] m. [action] lucidatura f. || [matière] lucido, crema f. ; cera f. (da scarpe). | *noir comme du cirage*, nero come il carbone. || LOC. *être dans le cirage* : [Arg. : marine, aviation] = trovarsi nel buio pesto (per via della nebbia) ; [Pop. : ne pas avoir les idées claires] = non raccapezzarsi ; essere intontito, stordito, semiincosciente.
circaète [sirkaɛt] m. ZOOL. biancone.
circassien, enne [sirkasjɛ̃, ɛn] adj. et n. circasso.
circoncire [sirkɔ̃sir] v. tr. circoncidere.
circoncision [sirkɔ̃sizjɔ̃] f. circoncisione.
circonférence [sirkɔ̃ferɑ̃s] f. circonferenza.
circonflexe [sirkɔ̃flɛks] adj. circonflesso.
circonlocution [sirkɔ̃lɔkysjɔ̃] f. circonlocuzione ; giro (m.) di parole.
circonscription [sirkɔ̃skripsjɔ̃] f. MATH. circoscrizione. || ADM. circoscrizione, circondario m.
circonscrire [sirkɔ̃skrir] v. tr. PR. et FIG. circoscrivere.
circonspect, e [sirkɔ̃spɛ, ɛkt] adj. circospetto, guardingo, cauto.
circonspection [sirkɔ̃spɛksjɔ̃] f. circospezione, cautela.
circonstance [sirkɔ̃stɑ̃s] f. circostanza. | *prendre un air de circonstance*, prendere un'aria di circostanza, l'aria che fa al caso. ◆ pl. [conjoncture] circostanze ; casi m. pl. | *selon les circonstances*, secondo i casi. | *les circonstances de la vie*, i casi della vita. || JUR. *circonstances atténuantes, aggravantes*, (circostanze) attenuanti, aggravanti. | *les circonstances et dépendances*, le pertinenze.
circonstancié, e [sirkɔ̃stɑ̃sje] adj. circostanziato, dettagliato.
circonstanciel, elle [sirkɔ̃stɑ̃sjɛl] adj. GRAMM. = specificante.
circonvallation [sirkɔ̃valasjɔ̃] f. MIL. circonvallazione.
circonvenir [sirkɔ̃vənir] v. tr. raggirare, circonvenire, circuire.
circonvoisin, e [sirkɔ̃vwazɛ̃, in] adj. circonvicino.
circonvolution [sirkɔ̃vɔlysjɔ̃] f. circonvoluzione. || ANAT. *circonvolutions cérébrales*, circonvoluzioni cerebrali.
circuit [sirkɥi] m. circuito. || [détour] giro ; [voyage organisé] giro. || ÉCON. circuito. || ÉLECTR. circuito. | *couper, fermer le circuit*, chiudere il circuito. | *circuit imprimé*, circuito stampato. || SPORT circuito. || PR. et FIG. *en circuit fermé*, a circuito chiuso.
circulaire [sirkylɛr] adj. circolare. | *scie circulaire*, sega circolare. || *chemin de fer circulaire*, ferrovia circolare, ferrovia di circonvallazione. | *billet circulaire*, biglietto circolare. || MATH. *fonctions circulaires*, funzioni circolari. ◆ n. f. [lettre] circolare.
circulation [sirkylasjɔ̃] f. circolazione. | *circulation automobile*, circolazione automobilistica ; traffico m. | *circulation routière*, circolazione, traffico stradale. | *accident de la circulation*, incidente stradale. || ANAT., ÉCON., FIN. circolazione. || PR. et FIG. *mettre en circulation*, mettere in circolazione. | *retirer de la circulation*, togliere, levare dalla circolazione.
circulatoire [sirkylatwar] adj. ANAT. circolatorio.
circuler [sirkyle] v. intr. circolare. | *défense de circuler*, vietato il transito. | *circulez !*, circolare ! | *faire circuler une pétition*, far girare una petizione. | *faire circuler une nouvelle*, diffondere una notizia, mandare in giro una notizia. | *le bruit circule que*, circola la voce che, corre voce che.
circumduction [sirkɔmdyksjɔ̃] f. circonduzione.
circumnavigation [sirkɔmnavigasjɔ̃] f. circumnavigazione.
circumpolaire [sirkɔmpɔlɛr] adj. circumpolare.
cire [sir] f. cera. | *cire à parquet*, cera per pavimenti. | *cire à cacheter*, ceralacca. | *un visage jaune comme de la cire*, un viso cereo, di cera. || TECHN. *procédé de la cire perdue*, procedimento a cera persa. || FIG. *c'est un caractère de cire, une cire molle*, è un carattere malleabile. || [cérumen] cerume m.
ciré, e [sire] adj. *toile cirée*, tela cerata ; incerata f. | *parquet ciré*, pavimento lustro, lucido. ◆ n. m. [imperméable] incerata f.
cirer [sire] v. tr. [avec de la cire] incerare, lucidare. | *cirer le parquet*, lucidare il pavimento (di legno). || [avec du cirage] lucidare, lustrare.
cireur, euse [sirœr, øz] n. lucidatore, trice. | *cireur de chaussures*, lustrascarpe m. inv. ◆ n. f. [machine] lucidatrice.
cireux, euse [sirø, øz] adj. cereo. | *visage cireux*, viso cereo, di cera.
cirier, ère [sirje, ɛr] adj. *abeille cirière*, ape ceraia. ◆ n. m. [qui fabrique de la cire] ceraio ; [qui travaille la cire, fabrique ou vend des cierges] ceraiolo.
ciron [sirɔ̃] m. ZOOL. acaro.
cirque [sirk] m. circo. || FAM. *quel cirque !*, che confusione !, che baraonda !, che babilonia !
cirre ou **cirrhe** [sir] m. BOT. cirro, viticcio. || ZOOL. cirro.
cirrhose [siroz] f. MÉD. cirrosi.
cirrus [sirys] m. cirro.
cisaille [sizaj] f. [machine] cesoiatrice. | [lame perforée] banda finestrata ; = ritagli m. pl. ◆ pl. [outil] cesoia f. sing.
cisaillement [sizajmɑ̃] m. cesoiata f. || TECHN. taglio.
cisailler [sizaje] v. tr. tagliare (con cesoie, con una trancia).
ciseau [sizo] m. TECHN. scalpello. | *ciseau à bois*, scalpello da falegname. | *ciseau à pierre*, scalpello per pietre. | *ciseau à froid*, tagliolo a freddo. || SPORT

forbice f. ◆ pl. forbici f. pl. | *coup de ciseaux*, forbiciata f. | *ciseaux à ongles*, forbicine da unghie. || SPORT *sauter en ciseaux*, saltare a forbici.
ciseler [sizle] v. tr. [métaux] cesellare ; [pierre] scalpellare. || FIG. *ciseler des vers*, cesellar versi.
ciselet [sizlɛ] m. TECHN. cesello.
ciseleur [sizlœr] m. cesellatore.
ciselure [sizlyr] f. ART cesellatura.
ciste [sist] m. BOT. cisto.
cistercien, enne [sistɛrsjɛ̃, ɛn] adj. et n. cistercense.
cistre [sistr] m. MUS. cetra f.
citadelle [sitadɛl] f. PR. et FIG. cittadella, rocca ; roccaforte (pl. *roccheforti*).
citadin, e [sitadɛ̃, in] adj. et n. cittadino.
citation [sitasjɔ̃] f. citazione. || LOC. *fin de citation*, chiusura delle virgolette.
cité [site] f. [ville] città. || [État] Stato m. || [habitants] città, cittadinanza f. || [logements] *cité ouvrière*, quartiere operaio. | *cité universitaire*, città, residenza universitaria. || HIST. *droit de cité*, (diritto di) cittadinanza.
cité-jardin [siteʒardɛ̃] f. città giardino.
citer [site] v. tr. citare. | *citer en exemple*, citare ad esempio. | *citer un soldat à l'ordre du jour*, citare un soldato all'ordine del giorno.
citerne [sitɛrn] f. cisterna.
cithare [sitar] f. MUS. cetra.
cithariste [sitarist] n. citarista.
citoyen, enne [sitwajɛ̃, ɛn] n. cittadino, a. || FAM. *un drôle de citoyen*, un tipo strano.
citoyenneté [sitwajɛnte] f. cittadinanza.
citrate [sitrat] m. citrato.
citrin, e [sitrɛ̃, in] adj. giallo limone. ◆ n. f. MINÉR. citrino m.
citrique [sitrik] adj. citrico.
citron [sitrɔ̃] m. limone. | *citron pressé*, spremuta di limone. | *zeste de citron*, scorza di limone. || FAM. *presser qn comme un citron*, spremere qlcu. | *on l'a pressé comme un citron*, è un limone spremuto. || POP. [tête] zucca f. (fam.). ◆ adj. inv. (color) limone.
citronnade [sitrɔnad] f. limonata.
citronnelle [sitrɔnɛl] f. BOT. citronella, limoncina. || [liqueur] = liquore preparato con la scorza del limone.
citronnier [sitrɔnje] m. limone.
citrouille [sitruj] f. zucca. || POP. [tête] zucca (fam.).
civelle [sivɛl] f. ZOOL. c(i)eca.
civet [sivɛ] m. CULIN. civet (fr.) ; salmì. | *mettre un lièvre en civet*, cucinare una lepre in salmì.
1. civette [sivɛt] f. ZOOL. zibetto m. || [parfum] zibetto. || [fourrure] pelliccia di zibetto.
2. civette f. V. CIBOULETTE.
civière [sivjɛr] f. barella.
civil, e [sivil] adj. civile. | *dans la vie civile*, da borghese. || ADM. *état civil*, V. ÉTAT. | *mariage, enterrement civil*, matrimonio, funerale civile. | *Code civil*, Codice civile. || JUR. *se porter partie civile*, costituirsi parte civile. || [courtois] civile, cortese, garbato. ◆ m. [ni militaire ni religieux] borghese. | *dans le civil il est instituteur*, nella vita civile è maestro di scuola. | *en civil*, in borghese. || JUR. procedura civile. | *juger une affaire au civil*, giudicare un affare civilmente.
civilement [sivilmɑ̃] adv. ADM., JUR. civilmente. || [poliment] civilmente, garbatamente, cortesemente.
civilisable [sivilizabl] adj. = che può essere incivilito ; civilizzabile (néol.).
civilisateur, trice [sivilizatœr, tris] adj. et n. civilizzatore, trice.
civilisation [sivilizasjɔ̃] f. [action de civiliser, de se civiliser] incivilimento m. ; civilizzazione (néol.). || [forme de la vie d'une société] civiltà.
civilisé, e [sivilize] adj. *les peuples civilisés*, i popoli civili. ◆ n. m. *les civilisés*, i popoli civili, la gente civile.
civiliser [sivilize] v. tr. incivilire ; civilizzare (néol.). || [rendre plus poli] ingentilire, dirozzare.
civiliste [sivilist] m. JUR. civilista.
civilité [sivilite] f. civiltà, urbanità, garbo m., cortesia, signorilità. | *traiter qn avec civilité*, trattar qlcu. con civiltà, urbanità. | *les règles de la civilité*, le regole della buona creanza ; il galateo. ◆ pl. complimenti m. pl., ossequi m. pl. | *présenter ses civilités à qn*, porgere i propri ossequi a qlcu.
civique [sivik] adj. civico, civile. | *droits civiques*, diritti civili. | *courage civique*, coraggio civile. | *instruction civique*, educazione civica. | *garde civique*, guardia civica.
civisme [sivism] m. civismo.
clabaud [klabo] m. = cane da caccia (che abbaia forte, spesso a sproposito). || FAM. [personne] abbaione, a ; sbraitone, a.
clabaudage [klabodaʒ] m. [chien] = (l')abbaiare a sproposito. || FIG. [criaillerie] schiamazzo, strepito, gridio ; [médisance] pettegolezzo, maldicenza f.
clabauder [klabode] v. intr. [chien] = abbaiare a sproposito. || FIG. [crier] schiamazzare, spettegolare ; [médire] far pettegolezzi. | *clabauder sur, contre qn*, far pettegolezzi su qlcu.
clabauderie [klabodri] f. V. CLABAUDAGE.
clabaudeur, euse [klabodœr, øz] n. [qui crie] abbaione, a ; sbraitone, a ; schiamazzatore, trice ; [qui médit] malalingua f., maldicente n.
clabot [klabo] m. MÉC. innesto a denti.
clabotage [klabɔtaʒ] m. MÉC. = accoppiamento per mezzo di un innesto a denti.
1. claboter [klabɔte] v. tr. = accoppiare per mezzo di un innesto a denti.
2. claboter v. intr. POP. [mourir] tirar le cuoia (fam.).
clac ! [klak] interj. zac !, paf !
clafoutis [klafuti] m. CULIN. = dolce di ciliegie cotte in una pasta.
claie [klɛ] f. [treillis] graticcio m., graticciato m., canniccio m. || [clôture] graticciata, graticolato m.
clair, e [klɛr] adj. chiaro. | *des étoffes rouge clair*, stoffe rosso chiaro. | *une salle claire*, una stanza chiara, luminosa. | *des vitres claires*, vetri puliti. | *temps, ciel clair*, tempo, cielo sereno. | *eau claire*, acqua limpida. | *sauce claire*, salsa liquida. | *bois clair* [clairsemé], bosco poco fitto, bosco rado. | *étoffe claire* [usée], stoffa rada. || [intelligible] *parler de façon claire*, esprimersi con chiarezza, cantare a chiare note, parlar chiaro e tondo. | *est-ce clair ?*, chiaro ? | *c'est clair*, è chiaro, è evidente, è ovvio. | *clair comme de l'eau de source, de l'eau de roche*, è chiaro come il sole, come la luce del sole ; è lampante. ◆ adv. chiaro. | *voir clair*, veder chiaro. | *parler clair et net*, parlar chiaro e tondo, cantare a chiare note. | *je commence à y voir clair*, comincio a vederci (chiaro), a raccapezzarmi(ci). ◆ n. m. chiaro. | *clair de lune*, chiaro di luna, lume di luna. | *les clairs d'une tapisserie, d'un tableau*, le parti chiare di una tappezzeria, di un quadro. || FIG. *une dépêche en clair*, un dispaccio non cifrato. | *mettre au clair*, mettere in bella (copia). | *tirer qch. au clair*, mettere qlco. in chiaro. || LOC. *passer le plus clair de son temps à*, passar la maggior parte del tempo a. | *mettre sabre au clair*, sguainare la sciabola.
claire [klɛr] f. = bacino per l'ostricoltura.
clairet, ette [klɛrɛ, ɛt] adj. = piuttosto chiaro. || FIG. *voix clairette*, voce stridula, acuta. ◆ adj. et n. m. *(vin) clairet*, chiaretto, chiarello ; claretto (vx). ◆ n. f. = vinello bianco spumante.
claire-voie [klɛrvwa] f. graticciata, graticolato m. ; chiusura a giorno. || ARCHIT. = fila di finestre (alla parte superiore della navata di una chiesa gotica). || MAR. osteriggio m. ◆ loc. adv. ***à claire-voie***, a giorno.
clairière [klɛrjɛr] f. radura. || TEXT. chiarella.
clair-obscur [klɛrɔpskyr] m. ART chiaroscuro.
clairon [klɛrɔ̃] m. [instrument] tromba f. || [instrumentiste] trombetta, trombettiere, tromba f.
claironnant, e [klɛrɔnɑ̃, ɑ̃t] adj. squillante.
claironner [klɛrɔne] v. intr. suonare la tromba. ◆ v. tr. FIG. strombazzare, strombettare.
clairsemé, e [klɛrsəme] adj. rado, raro. | *arbres clairsemés*, alberi radi, rari. | *cheveux clairsemés*, capelli radi. | *population clairsemée*, popolazione rada.

clairvoyance [klɛrvwajɑ̃s] f. chiaroveggenza, avvedutezza, lungimiranza.
clairvoyant, e [klɛrvwajɑ̃, ɑ̃t] adj. Pr. veggente. || Fig. chiaroveggente, avveduto, lungimirante.
clameaux [klamo] m. pl. Techn. grappa f.
clam [klam] m. Zool. vongola f.
clamer [klame] v. tr. gridare, proclamare.
clameur [klamœr] m. clamore.
clan [klɑ̃] m. clan (angl.). || Fig. clan; cricca f., congrega f., combriccola f., consorteria f. | *esprit de clan*, spirito di parte.
clandestin, e [klɑ̃dɛstɛ̃, in] adj. clandestino.
clandestinement [klɑ̃dɛstinmɑ̃] adv. clandestinamente. | *imprimer clandestinement*, stampare alla macchia.
clandestinité [klɑ̃dɛstinite] f. clandestinità.
clapet [klapɛ] m. Techn. valvola f. | *clapet de refoulement*, valvola di rigurgito, di ritorno. || Fam. *ferme ton clapet !*, chiudi il becco ! | *quel clapet !*, hai, ha una chiacchiera !
clapier [klapje] m. conigliera f.
clapir [klapir] v. intr. [lapin] zigare. ◆ v. pr. [se blottir] rintanarsi.
clapotement [klapɔtmɑ̃] m. sciabordio, sciacquio.
clapoter [klapɔte] v. intr. sciabordare.
clapotis [klapɔti] m. V. clapotement.
clappement [klapmɑ̃] m. schiocco della lingua.
clapper [klape] v. intr. fare schioccare la lingua.
claquage [klakaʒ] m. Méd. stiramento (di muscolo, di tendine).
claquant, e [klakɑ̃, ɑ̃t] adj. Pop. estenuante, spossante, snervante (l.c.).
claque [klak] f. [coup] schiaffo m., ceffone m. || Fam. *flanquer une claque*, mollare, misurare uno schiaffo. | *tête à claques*, faccia da schiaffi. | *prendre ses cliques et ses claques* = far fagotto, far le valigie. | *en avoir sa claque :* [être excédé] averne fin sopra i capelli, essere stufo ; [être fatigué] essere stanco morto (l.c.). || [applaudissements] claque (fr.). ◆ n. m. V. chapeau.
claqué, e [klake] adj. Fam. stracco ; stanco morto.
claquement [klakmɑ̃] m. schiocco, schioccata f. | *claquement de fouet*, schiocco di frusta. | *claquement de langue, de doigts*, schiocco con la lingua, con le dita. | *le claquement des dents*, il battere dei denti. || [d'arme à feu] scoppio.
claquemurer [klakmyre] v. tr. rinchiudere. ◆ v. pr. rinchiudersi ; rintanarsi in casa.
claquer [klake] v. tr. et intr. schioccare, battere, sbattere, sbatacchiare. | *le fouet claque*, la frusta schiocca. | *les portes, les fenêtres claquent*, le porte, le finestre sbattono, sbatacchiano. | *claquer des dents*, battere i denti. | *claquer la langue, faire claquer sa langue*, schioccare la lingua. | *faire claquer son fouet, ses doigts*, schioccare la frusta, le dita. | *claquer des talons*, v. talon. | *(faire) claquer la porte*, sbattere, sbatacchiare la porta. || Fam. *l'affaire lui a claqué entre les mains*, l'affare gli è andato male, è andato a monte (l.c.). || Pop. [mourir] crepare ; tirare le cuoia (fam.). | *claquer du bec*, crepare di fame. ◆ v. tr. [gifler] schiaffeggiare. || [fermer violemment] sbattere. || Fam. [éreinter] straccare. || Pop. [dépenser] *claquer un billet de cent*, spendere un biglietto da cento (franchi) [l.c.]. | *claquer tout son argent*, spendere, sprecare, sperperare tutto il proprio denaro. ◆ v. pr. Fam. rovinarsi la salute ; straccarsi, sfiancarsi. || Méd. *se claquer un muscle*, farsi uno stiramento, uno strappo muscolare.
claquet [klakɛ] m. Techn. battola f. (in un mulino).
claqueter [klakte] v. intr. [cigogne] schiamazzare.
claquette [klakɛt] f. Cin. ciac m. ◆ pl. [pour danser] claquettes (fr.) ; placchette metalliche. || [danse] tip tap m., tap dance f. (angl.).
claqueur [klakœr] m. Théâtre claqueur (fr.) ; clacchista.
clarification [klarifikasjɔ̃] f. Chim. chiarificazione. || Fig. schiarimento m.
clarifier [klarifje] v. tr. Chim. chiarificare. | *clarifier du sucre*, raffinare dello zucchero. || Fig. chiarire, chiarificare.
clarine [klarin] f. campanaccio m.
clarinette [klarinɛt] f. clarinetto m.
clarinettiste [klarinetist] n. clarinettista.
clarisse [klaris] f. Relig. clarissa.
clarté [klarte] f. luce, chiarezza. | *faible clarté*, chiarore m. | *clarté du soleil*, luce del sole. | *clarté du ciel*, chiarezza del cielo. || [limpidité] limpidezza, chiarezza, trasparenza. || Fig. chiarezza.
classe [klas] f. **1.** [catégorie sociale] classe, ceto m. | *classe ouvrière*, classe operaia. | *classe moyenne*, ceto medio. | *lutte des classes*, lotta di classe. || **2.** [classification] classe. | *la classe des ruminants*, la classe dei ruminanti. | *hors classe*, fuori classe. | *produits de première classe*, prodotti di prima scelta. || **3.** Fig. *avoir de la classe*, aver classe. || **4.** Mil. *classe de recrutement*, classe di leva. | *faire ses classes*, essere all'addestramento reclute. || Loc. fam. *être de la classe* = andare (presto) in congedo (pr.) ; = aver (quasi) finito (un lavoro, una giornata) [fig.]. | *ne pas être de la classe*, esser lungi dall'aver finito (pr. et fig.). || **5.** Univ. *aller en classe*, andare a scuola. | *camarade de classe*, compagno di scuola. | *la rentrée des classes*, la riapertura delle scuole. | *livres de classe*, libri scolastici. | *faire (la) classe*, fare scuola, far lezione. || [degré d'études] classe, anno m. | *en quelle classe es-tu ?*, in che classe, in che anno sei ?, che classe, che anno fai ? | *être en (classe de) seconde*, far la prima liceo. | *redoubler la classe*, ripetere l'anno. | *la (salle de) classe*, la classe, l'aula. || [élèves] *classe mixte*, classe mista. || [leçon] lezione. | *aller en classe d'histoire*, andare a lezione di storia. | *il n'y a pas classe*, non c'è lezione.
classement [klasmɑ̃] m. [action] classificazione f. || [résultat] classifica f. | *être en tête du classement*, essere in testa alla classifica. | *classement de l'étape*, classifica della tappa.
classer [klase] v. tr. classificare ; classare (gall.). | *classer les dossiers*, classificare le pratiche. || Jur. et fig. *classer une affaire*, archiviare una pratica, passare agli atti. | *c'est une affaire classée*, è un affare finito, dimenticato.
classeur [klasœr] m. [portefeuille] classificatore, raccoglitore, cartella f. ; [meuble] classificatore, schedario.
classicisme [klasisism] m. classicismo.
classificateur [klasifikatœr] m. classificatore.
classification [klasifikasjɔ̃] f. classificazione.
classifier [klasifje] v. tr. classificare.
classique [klasik] adj. et n. m. classico. || [habituel] solito, consueto. | *formule, solution classique*, formula, soluzione classica. || Fam. *c'est le coup classique*, è il solito tiro.
claudicant, e [klodikɑ̃, ɑ̃t] adj. (littér.) claudicante.
claudication [klodikasjɔ̃] f. (littér.) claudicazione.
claudiquer [klodike] v. intr. (littér.) claudicare.
clause [kloz] f. Jur. clausola. | *clause additionnelle, compromissoire*, clausola aggiunta, arbitrale. | *clause de style*, clausola d'uso.
claustral, e, aux [klostral, o] adj. claustrale.
claustration [klostrasjɔ̃] f. isolamento m.
claustrer [klostre] v. tr. chiudere in un chiostro. || [tenir enfermé] tener rinchiuso ; segregare.
claustrophobie [klostrɔfɔbi] f. claustrofobia.
clausule [klozyl] f. Littér. clausola.
clavaire [klavɛr] f. Bot. ditola, clavaria.
claveau [klavo] m. Archit. cuneo.
clavecin [klavsɛ̃] m. clavicembalo.
claveciniste [klavsinist] m. clavicembalista.
clavelée [klavle] f. Vétér. = vaiolo (m.) del bestiame.
claveter [klavte] v. tr. Méc. (in)chiavettare.
clavette [klavɛt] f. Méc. chiavetta. | *clavette à rainure*, chiavetta a scanalatura ; bietta. | *clavette à talon*, chiavetta a nasello. | *clavette fendue*, chiavetta divisa.
clavicule [klavikyl] f. Anat. clavicola.
clavier [klavje] m. Mus. tastiera f. | *clavier de la machine à écrire*, tastiera della macchina da scrivere,

per scrivere. ‖ FIG. *le clavier des sentiments*, il registro, la gamma dei sentimenti.
clayon [klɛjɔ̃] m. [petite claie] graticcio. ‖ [clôture] graticolato, graticciata f.
clayonnage [klɛjɔnaʒ] m. (in)graticciata f. (per mantenere la terra su un pendio). ‖ [pose de la claie] (l')ingraticciare.
clayonner [klɛjɔne] v. tr. ingraticciare. | *clayonner le bord d'une rivière, un talus*, consolidare con graticci il terreno sull'argine d'un fiume, la scarpata di una strada.
clearing [kliriŋ] m. FIN. clearing (angl.).
clebs [klɛps] m. POP. cane (L.C.).
clef ou **clé** [kle] f. chiave. | *fermer à clef*, chiudere a chiave. | *donner un tour de clef*, chiudere con un giro di chiave. | *sous clef*, sotto chiave. ‖ FIG. [solution] chiave. | *roman à clefs*, romanzo a chiave. ‖ ARCHIT. et FIG. *clef de voûte*, chiave di volta. ‖ MUS. chiave. | *les sept clefs*, il setticlavio. ‖ RELIG. *les clefs de saint Pierre*, le chiavi di San Pietro; le somme, le sacre chiavi. ‖ TECHN. *clef anglaise, réglable*, chiave inglese, registrabile. | *clef plate*, chiave a bocca. | *clef à bougies, à pipe*, chiave per candele, a tubo. | *clef à molette*, chiave a stella. ‖ LOC. *prendre la clef des champs*, V. CHAMP. | *mettre la clef sous la porte*, svignarsela alla chetichella; sgomberare, sloggiare; chiudere bottega. ◆ adj. *position clef*, posizione chiave.
clématite [klematit] f. BOT. clematide.
clémence [klemɑ̃s] f. clemenza.
clément, e [klemɑ̃, ɑ̃t] adj. clemente.
clémentine [klemɑ̃tin] f. BOT. mandarancio m., clementina.
clenche [klɑ̃ʃ] f. ou **clenchette** [klɑ̃ʃɛt] f. TECHN. spranghetta (del saliscendi).
clepsydre [klɛpsidr] f. clessidra (ad acqua).
cleptomane [klɛptɔman] adj. et n. cleptomane.
cleptomanie [klɛptɔmani] f. cleptomania.
clerc [klɛr] m. RELIG. chierico. ‖ [savant] erudito, esperto. | *être, ne pas être (grand) clerc en la matière*, essere, non essere esperto in materia. ‖ [intellectuel] chierico, letterato. | *la trahison des clercs*, il tradimento dei letterati. ‖ [employé] scrivano, scritturale, giovane. | *clerc de notaire* = scrivano, impiegato in uno studio notarile. | *premier clerc (de notaire)* = sostituto notaio. ‖ FIG. *faire un pas de clerc*, fare un passo falso; prendersi un abbaglio.
clergé [klɛrʒe] m. clero.
clergeon [klɛrʒɔ̃] m. FAM. chierichetto.
clérical, e, aux [klerikal, o] adj. et n. m. clericale.
cléricalisme [klerikalism] m. clericalismo.
cléricature [klerikatyr] f. chiericato m.
clic! [klik] interj. clic!
clichage [kliʃaʒ] m. TYP. (preparazione delle lastre per la) stereotipia f.
cliché [kliʃe] m. TYP. cliché (fr.). ‖ PHOT. negativa f. ‖ FIG. cliché; luogo comune.
clicher [kliʃe] v. tr. TYP. = eseguire dei cliché.
clicheur [kliʃœr] m. = operaio addetto all'esecuzione dei cliché; zincografo.
client, e [klijɑ̃, ɑ̃t] n. ANTIQ. cliente. ‖ COMM. [d'un médecin, d'un avocat] cliente; [dans un magasin] cliente; avventore, a. ◆ m. PÉJOR. tipo.
clientèle [klijɑ̃tɛl] f. PR. et FIG. clientela.
clignement [kliɲmɑ̃] m. strizzata (f.) d'occhio; ammicco.
cligner [kliɲe] v. intr. et tr. *cligner des, les yeux*, strizzare gli occhi; battere le palpebre. | *cligner de l'œil*, strizzare l'occhio; ammiccare; far l'occhiolino.
clignotant, e [kliɲɔtɑ̃, ɑ̃t] adj. = che batte le palpebre. | *yeux clignotants*, occhi che sbattono. ‖ FIG. lampeggiante, intermittente. | *feu clignotant*, luce intermittente. ◆ n. m. AUTOM. lampeggiatore. ‖ ÉCON. *le clignotant de la hausse des prix*, il segnale d'allarme del rincaro dei prezzi.
clignotement [kliɲɔtmɑ̃] m. = (il) battere delle palpebre. ‖ [scintillement] lampeggiamento.
clignoter [kliɲɔte] v. intr. = battere le palpebre. | *le soleil fait clignoter les yeux*, il sole fa battere le palpebre. ‖ [lumière] lampeggiare.
climat [klima] m. clima. ‖ FIG. clima, atmosfera f.
climatérique [klimaterik] adj. climaterico.
climatique [klimatik] adj. climatico.
climatisation [klimatizasjɔ̃] f. climatizzazione.
climatiser [klimatize] v. tr. *climatiser une chambre*, condizionare l'aria di una stanza. | *un magasin climatisé*, un negozio con aria condizionata.
climatologie [klimatɔlɔʒi] f. climatologia.
climatologique [klimatɔlɔʒik] adj. climatologico.
climatologue [klimatɔlɔg] m. climatologo.
clin [klɛ̃] m. *clin d'œil*, strizzata (f.), strizzatina (f.) d'occhio; ammicco. | *faire un clin d'œil*, strizzare l'occhio. | *lancer un clin d'œil à qn*, ammiccare a qlcu. ‖ LOC. *en un clin d'œil*, in un batter d'occhio.
clinicien [klinisjɛ̃] m. clinico.
clinique [klinik] adj. clinico. ◆ n. f. clinica.
clinomètre [klinɔmɛtr] m. clinometro.
clinquant [klɛ̃kɑ̃] m. lustrino. | *bijou de clinquant*, gioiello d'orpello; gioiello inorpellato, falso, finto. ‖ [faux brillant] orpello, lustrino. ‖ FIG. *un style plein de clinquant*, uno stile pieno di (vuota) retorica. ◆ adj. = troppo vistoso; volgare.
clip [klip] m. (angl.) clip; [broche] fermaglio; [boucle d'oreille] orecchino a molla; [agrafe] spilla (f.) a molla.
clipper [klipœr] m. (angl.) clipper.
1. clique [klik] f. FAM. cricca, combriccola, consorteria. ‖ MUS. fanfara.
2. cliques f. pl. V. CLAQUE.
cliquet [klikɛ] m. MÉC. nottolino.
cliqueter [klikte] v. intr. ticchettare.
cliquetis [klikti] m. clicchettio, ticchettio. | *cliquetis de vaisselle*, acciottolio (di stoviglie). | *cliquetis de verres*, tintinnio di bicchieri. ‖ FIG. *un cliquetis de mots* = un susseguirsi brioso (ma poco convincente) di parole. ‖ AUTOM. *cliquetis du moteur*, battito in testa.
cliquette [klikɛt] f. nacchera.
cliquettement [klikɛtmɑ̃] m. V. CLIQUETIS.
clisse [klis] f. [claie d'osier] graticcio m. ‖ [enveloppe pour bouteille] impagliatura.
clisser [klise] v. tr. impagliare.
clitoris [klitɔris] m. ANAT. clitoride m. ou f.
clivage [klivaʒ] m. MINÉR. sfaldatura f. | *plan de clivage*, superficie di sfaldatura. ‖ FIG. divisione f., frattura f. | *le clivage des couches sociales*, il divario tra i ceti sociali. ‖ PSYCHAN. *clivage de l'objet, du moi*, scissione (f.) dell'oggetto, dell'io.
cliver [klive] v. tr. MINÉR. sfaldare.
cloaque [klɔak] m. PR. et FIG. cloaca f., fogna f. ‖ ZOOL. cloaca.
clochard, e [klɔʃar, ard] n. FAM. vagabondo, a, accattone, a (L.C.); barbone m. (lomb.).
1. cloche [klɔʃ] f. campana. | *un coup de cloche*, un tocco di campana. ‖ *cloche à fromage*, copriformaggio m. | *cloche à plongeur*, campana da palombaro, campana pneumatica. ‖ BOT. fiore campanulato, fiore a campana. ‖ MÉD. *cloche à oxygène*, tenda a ossigeno. ‖ [en apposition] *jupe, chapeau cloche*, gonna a campana, cappello a campana. ‖ LOC. FAM. *déménager à la cloche de bois*, sgomberare di soppiatto, alla chetichella. | *sonner les cloches à qn*, dare una lavata di capo, una strigliata a qlcu. | *se faire sonner les cloches*, prendersi una strigliata, una lavata di capo. | *écouter les deux sons de cloche*, sentire tutt'e due le campane. | *et voici l'autre son de cloche*, ed ecco l'altra campana. ‖ POP. *se taper la cloche* = rimpinzarsi; fare una scorpacciata.
2. cloche f. POP. imbecille, cretino (L.C.). ‖ [les clochards] *la cloche*, i vagabondi (L.C.); i barboni (lomb.).
cloche-pied (à) [aklɔʃpje] loc. adv. a piè zoppo.
1. clocher [klɔʃe] m. campanile; torre campanaria. ‖ LOC. *esprit de clocher*, campanilismo. | *il n'a jamais quitté son clocher*, non s'è mai allontanato dal suo paese.
2. clocher v. intr. zoppicare; claudicare (littér.). ‖

FIG. zoppicare. ‖ FAM. *il y a qch. qui cloche*, c'è qlco. che non va, che non funziona (L.C.).
clocheton [klɔʃtɔ̃] m. [petit clocher] campaniletto. ‖ [ornement archit.] guglietta f., pinnacolo.
clochette [klɔʃɛt] f. campanella. ‖ BOT. campanula, campanella.
cloison [klwazɔ̃] f. (muro di) tramezzo m.; parete (divisoria). | *cloison de planches*, tramezzo di assi; assito m. | *cloison étanche*, paratia stagna. ‖ FIG. *les cloisons sociales*, le barriere tra i ceti sociali. ‖ ANAT. *cloison du nez*, setto nasale. ‖ BOT. diaframma m.
cloisonnage [klwazɔnaʒ] ou **cloisonnement** [klwazɔnmɑ̃] m. [action] tramezzatura f.; tramezzamento, (il) tramezzare (rare). ‖ [ouvrage] tramezzatura. ‖ FIG. compartizione f., scompartimento.
cloisonné, e [klwazɔne] adj. *émail cloisonné*, smalto cloisonné; smalto tramezzato.
cloisonner [klwazɔne] v. tr. tramezzare. ‖ FIG. scompartire.
cloître [klwatr] m. [enceinte] chiostro. ‖ [couvent] monastero, convento.
cloîtré, e [klwatre] adj. *couvent cloîtré*, convento di clausura.
cloîtrer [klwatre] v. tr. rinchiudere in un convento. ‖ [enfermer] rinchiudere. ◆ v. pr. farsi monaco, monaca. ‖ [s'isoler] vivere isolato; tapparsi; rinserrarsi in casa.
clopin-clopant [klɔpɛ̃klɔpɑ̃] loc. adv. zoppicando; a fatica; zoppiconi (rare).
clopiner [klɔpine] v. intr. FAM. camminare zoppiconi, zoppicando (leggermente); zoppicare leggermente, camminare a fatica.
cloporte [klɔpɔrt] m. ZOOL. onisco. ‖ FIG. *vivre comme un cloporte* = vivere tappato in casa. ‖ FAM., PÉJOR. portinaio (L.C.).
cloque [klɔk] f. MÉD. bolla, vescichetta. ‖ BOT. bolla.
cloqué, e [klɔke] adj. BOT. *feuille cloquée*, foglia bollosa. ◆ n. m. TEXT. cloqué (fr.); tessuto goffrato.
cloquer [klɔke] v. intr. far bolle. ◆ v. tr. TEXT. goffrare.
clore [klɔr] v. tr. chiudere, recingere. ‖ FIG. chiudere. ‖ LOC. FAM. *clore le bec à qn*, chiudere il becco a qlcu.
1. clos, e [klo, oz] adj. chiuso. | *champ clos*, campo chiuso. ‖ LOC. *à huis clos*, a porte chiuse. | *agir les yeux clos*, agire ad occhi chiusi. | *à la nuit close*, a notte fonda, fatta. | *vivre en vase clos* = vivere (del tutto) isolato. | *maison close*, casa chiusa.
2. clos m. recinto; [vignoble] vigneto; [verger] frutteto; [potager] orto.
closerie [klozri] f. [petit clos] piccolo recinto; orto m., frutteto m. ‖ [petite propriété] poderetto.
clôture [klotyr] f. [enceinte] recinto m., cinta. | *clôture de haies vives*, siepe. | *clôture à claire-voie*, graticolato m., graticciata. ‖ FIG. [fermeture] chiusura. ‖ RELIG. clausura.
clôturer [klotyre] v. tr. recingere, recintare; chiudere con uno steccato, una palizzata. ‖ FIG. chiudere; por fine a. | *clôturer une session*, chiudere una sessione.
clou [klu] m. **1.** chiodo. | *clou à tête plate*, chiodo a testa piatta. | *clou de chaussure*, bulletta f. | *clou de tapissier*, borchia f. | *clou en U, à deux pointes*, cambretta f. | *clou à rivet*, chiodo ribadito. ‖ **2.** FAM. [réussite] = grande attrazione, punto culminante; clou (fr.). | *le clou de l'exposition*, l'opera di maggior rilievo della mostra. ‖ [vieille bicyclette] ferrovecchio. ‖ POP. *mettre un objet au clou*, impegnare un oggetto al monte di pietà (L.C.). ‖ **3.** BOT. *clou de girofle*, chiodo di garofano. ‖ **4.** MÉD. foruncolo. ‖ **5.** LOC. FAM. *river son clou à qn*, chiudere il becco a qlcu.; rispondere per le rime a qlcu. | *maigre comme un clou*, magro come un chiodo, come un'acciuga. | *cela ne vaut pas un clou*, non vale un fico. ‖ POP. *des clous !*, un corno ! ‖ PROV. *un clou chasse l'autre*, chiodo scaccia chiodo. ◆ pl. FAM. [passage clouté] V. CLOUTÉ.
clouage [kluaʒ] m. (in)chiodatura f.
clouer [klue] v. tr. (in)chiodare. ‖ FIG. *cloué au lit par la maladie*, inchiodato nel letto da una malattia. | *rester cloué sur place (de stupeur)* = rimanere di sasso, di stucco. ‖ FAM. *clouer le bec*, V. CLORE.
clouté, e [klute] adj. *semelles cloutées*, suole chiodate, imbullettate. ‖ [pour piétons] VX *passage clouté*, V. PASSAGE.
clouter [klute] v. tr. (in)chiodare, imbullettare.
cloutier [klutje] m. chiodaiolo.
clovisse [klɔvis] f. ZOOL. vongola.
clown [klun] m. clown (angl.); pagliaccio. ‖ FIG. *faire le clown*, fare il pagliaccio.
clownerie [klunri] f. pagliacciata.
clownesque [klunɛsk] adj. pagliaccesco.
club [klœb] m. [politique, culturel] club (angl.); circolo; [sportif] club. ‖ *(fauteuil) club*, poltrona f. (di cuoio). ‖ [au golf] mazza (f.), bastone da golf.
clunisien, enne [klynizjɛ̃, ɛn] adj. RELIG. cluniacense.
cluniste [klynist] m. RELIG. cluniacense.
cluse [klyz] f. GÉOGR. chiusa.
clystère [klistɛr] m. VX, MÉD. clistere.
cnidaires [knidɛr] m. pl. ZOOL. cnidari.
coaccusé, e [kɔakyze] n. coaccusato, coimputato.
coacquéreur [kɔakerœr] m. coacquirente.
coactif, ive [kɔaktif, iv] adj. coattivo.
coaction [kɔaksjɔ̃] f. coazione.
coadjuteur, trice [kɔadʒytœr, tris] n. RELIG. coadiutore, trice.
coagulable [kɔagylabl] adj. coagulabile.
coagulant, e [kɔagylɑ̃, ɑ̃t] adj. et n. m. coagulante.
coagulation [kɔagylasjɔ̃] f. coagulazione.
coaguler [kɔagyle] v. tr. coagulare. ◆ v. pr. coagularsi.
coalisé, e [kɔalize] adj. et n. coalizzato.
coaliser [kɔalize] v. tr. coalizzare. ◆ v. pr. coalizzarsi.
coalition [kɔalisjɔ̃] f. ÉCON., POLIT. coalizione.
coaltar [koltar] m. (angl.) catrame di carbone.
coassement [kɔasmɑ̃] m. gracidio, gracidamento, (il) gracidare.
coasser [kɔase] v. intr. gracidare.
coassocié, e [kɔasɔsje] n. consocio m.
coassurance [kɔasyrɑ̃s] f. coassicurazione.
coauteur [kootœr] m. coautore. ‖ JUR. correo.
coaxial, e, aux [kɔaksjal, o] adj. coassiale.
cobalt [kɔbalt] m. cobalto.
cobaye [kɔbaj] m. ZOOL. cavia f. ‖ FIG. *servir de cobaye*, servire da, fare da cavia.
cobelligérant, e [kɔbeliʒerɑ̃, ɑ̃t] adj. et n. m. cobelligerante.
cobra [kɔbra] m. ZOOL. cobra.
coca [kɔka] f. ou m. [arbuste] coca f. ◆ n. f. [substance extraite] coca.
cocagne [kɔkaɲ] f. cuccagna. | *pays de cocagne*, paese di cuccagna. | *mât de cocagne*, albero della cuccagna.
cocaïne [kɔkain] f. cocaina.
cocaïnomane [kɔkainɔman] n. cocainomane.
cocaïnomanie [kɔkainɔmani] f. cocainomania.
cocarde [kɔkard] f. coccarda. ‖ POP. [tête] zucca (fam.) | *vin qui tape sur la cocarde*, vino che dà alla testa (L.C.).
cocardier, ère [kɔkardje, ɛr] adj. PÉJOR. = militaristico. | *patriotisme cocardier*, sciovinismo, nazionalismo. ◆ n. = militarista.
cocasse [kɔkas] adj. FAM. [ridicule] strampalato; buffo, ridicolo (L.C.). ‖ [drôle, original] spassoso, faceto, comico (L.C.).
cocasserie [kɔkasri] f. [caractère cocasse] FAM. strampaleria; buffo m., comico m. (L.C.). ‖ [chose cocasse] bislaccheria, strampaleria; facezia (L.C.).
coccidiose [kɔksidjoz] f. MÉD. coccidiosi.
coccinelle [kɔksinɛl] f. ZOOL. coccinella.
coccyx [kɔksis] m. ANAT. coccige.
1. coche [kɔʃ] m. (grande) diligenza f. ‖ FAM. *rater le coche*, perdere un'occasione, lasciarsi sfuggire un'occasione (favorevole). | *faire la mouche du coche*, far la mosca cocchiera.
2. coche m. *coche d'eau* = battello (per il trasporto di viaggiatori, di merci).

3. coche f. [entaille] tacca, intaccatura. | *coche de la flèche*, cocca della freccia.
4. coche f. [truie] troia, scrofa.
cochenille [kɔʃnij] f. ZOOL. cocciniglia.
1. cocher [kɔʃe] m. cocchiere, vetturino. | *cocher de fiacre*, vetturino ; fiaccheraio (tosc.).
2. cocher v. tr. [d'un trait] spuntare ; [d'une entaille] vx = segnare con una tacca.
côcher [koʃe] v. tr. coprire (la femmina).
cochère [kɔʃɛr] adj. f. *porte cochère*, portone m.
cochet [kɔʃɛ] m. ZOOL. galletto.
cochevis [kɔʃvi] m. ZOOL. cappellaccia f.
cochon [kɔʃɔ̃] m. maiale, porco. | *cochon de lait*, porcellino di latte ; lattonzolo ; [cuit] porchetta f. | *cochon d'Inde*, porcellino d'India ; cavia f. | *cochon de mer*, marsovino ; focena f. ‖ FIG., FAM. *sale comme un cochon*, sudicio quanto un maiale. | *manger comme un cochon*, mangiare come un porco. | *tête de cochon*, zuccone. | *nous n'avons pas gardé les cochons ensemble*, non siamo stati a balia insieme. | *jouer un tour de cochon à qn*, far un brutto tiro a qlcu. | *un temps de cochon*, tempo da cani, da lupi. | *un cochon n'y retrouverait pas ses petits* = c'è un gran disordine (L.C.). ◆ adj. (f. *cochonne*) [sale] sporco, sudicio. ‖ [inconvenant] licenzioso, lascivo, salace. | *histoire cochonne*, storiella licenziosa.
cochonnaille [kɔʃɔnaj] f. FAM. salumi m. pl. (L.C.).
cochonner [kɔʃɔne] v. intr. [truie] figliare. ◆ v. tr. FAM. [exécuter salement] abborracciare, acciabattare ; [salir] sporcare.
cochonnerie [kɔʃɔnri] f. POP. porcheria.
cochonnet [kɔʃɔnɛ] m. ZOOL. porcellino. ‖ JEU [dé] dado a dodici facce ; [aux boules] boccino, pallino.
cochylis [kɔkilis] m. ZOOL. tignola (f.) dell'uva.
cocker [kɔkɛr] m. ZOOL. cocker (angl.) inv.
cockpit [kɔkpit] m. (angl.) AÉR. cockpit, abitacolo ; cabina (f.) di comando, di pilotaggio. ‖ MAR. cockpit, pozzetto ; fonte f.
cocktail [kɔktɛl] m. [boisson] cocktail (angl.) ; arlecchino (néol.). ‖ [réunion] cocktail, cocktail-party. ‖ MIL. *cocktail Molotov*, bottiglia (f.) Molotov.
1. coco [koko] m. BOT. cocco. | *noix de coco*, noce di cocco. ‖ [boisson] = bibita fatta con succo di liquirizia ed acqua. ‖ POP. [tête] zucca f. (fam.) ; capoccia f. (rom.). | *ne plus avoir un poil sur le coco*, aver la zucca pelata. ‖ ARG. [ventre] pancia f. (fam.). | *ne rien avoir dans le coco*, aver la pancia vuota.
2. coco m. FAM. [œuf] cocco. ‖ [terme affectueux] *mon (petit) coco*, cocco mio, tesoro mio.
3. coco m. FAM., PÉJOR. [individu] tipo ; individuo (L.C.). | *c'est un joli coco !*, è un bel tipo !, un bel figuro !
4. coco m. PÉJOR. V. COMMUNISTE.
5. coco f. FAM. V. COCAÏNE.
cocon [kɔkɔ̃] m. bozzolo.
cocorico [kɔkɔriko] m. chicchirichì.
cocotier [kɔkɔtje] m. BOT. cocco ; palma (f.) da cocco.
1. cocotte [kɔkɔt] f. FAM. [poule] gallina (L.C.). | *cocotte en papier*, barchetta di carta. ‖ [terme affectueux] cocca, coccola. ‖ PÉJOR. [femme légère] sgualdrina f. ; cocotte (fr.) ; donna di facili costumi.
2. cocotte f. [marmite] cocotte (fr.) ; pentola (di ghisa).
coction [kɔksjɔ̃] f. cottura.
cocu, e [kɔky] adj. POP. cornuto. ◆ n. m. becco, cornuto.
cocuage [kɔkɥaʒ] m. POP. (l')essere cornuto.
cocufier [kɔkyfje] v. tr. POP. cornificare.
codage [kɔdaʒ] m. cifratura f., codifica f.
code [kɔd] m. PR. et FIG. codice. | *Code Napoléon*, codice napoleonico. | *Code de la route*, codice stradale. ‖ AUTOM. *(phares) code*, (fari) antiabbaglianti ; anabbaglianti. | *se mettre en code*, accendere gli anabbaglianti.
codébiteur, trice [kɔdebitœr, tris] n. JUR. condebitore, trice.
codéine [kɔdein] f. PHARM. codeina.
codemandeur, deresse [kɔdmɑ̃dœr, drɛs] n. JUR. coattore, trice.
coder [kɔde] v. tr. cifrare.
codétenteur, trice [kɔdetɑ̃tœr, tris] n. JUR. condetentore, trice.
codétenu, e [kɔdetny] n. compagno, compagna di prigionia.
codex [kɔdɛks] m. PHARM. farmacopea f.
codicille [kɔdisil] m. JUR. codicillo.
codification [kɔdifikasjɔ̃] f. JUR. codificazione, codifica.
codifier [kɔdifje] v. tr. codificare.
codirecteur, trice [kɔdirɛktœr, tris] n. condirettore, trice.
coéducation [kɔedykasjɔ̃] f. coeducazione.
coefficient [kɔefisjɑ̃] m. coefficiente.
cœlacanthe [selakɑ̃t] m. ZOOL. celacanto.
cœlentérés [selɑ̃tere] m. pl. ZOOL. celenterati.
cœliaque [seljak] adj. ANAT. celiaco.
cœnesthésie f. V. CÉNESTHÉSIE.
cœnure m. V. CÉNURE.
coéquation [kɔekwasjɔ̃] f. perequazione (tributaria).
coéquipier, ère [kɔekipje, ɛr] n. compagno, compagna di squadra ; [cyclisme] gregario m.
coercible [kɔɛrsibl] adj. coercibile.
coercitif, ive [kɔɛrsitif, iv] adj. coercitivo.
coercition [kɔɛrsisjɔ̃] f. coercizione.
coéternel, elle [kɔetɛrnɛl] adj. coeterno.
cœur [kœr] m. **1.** ANAT. cuore. | *il a une maladie de cœur*, è malato di cuore. | *opération à cœur ouvert*, operazione a cuore aperto, a cuore esangue. ‖ [poitrine] *mettre la main sur son cœur*, portarsi la mano al cuore. | *presser qn sur son cœur*, stringersi qlcu. al cuore. ‖ [estomac] stomaco. | *avoir mal au cœur*, avere la nausea, provare nausea. | *avoir le dîner sur le cœur*, avere il pranzo sullo stomaco. | *cela lève, soulève le cœur*, è roba che fa stomaco, che muove, che rivolta lo stomaco. ‖ FAM. *avoir le cœur bien accroché*, avere i nervi saldi. ‖ **2.** [affection] cuore. | *aimer de tout son cœur*, amare con tutto il cuore. | *affaires de cœur*, affari di cuore. | *courrier du cœur*, posta del cuore. | *l'ami de cœur*, l'amico del cuore. | *un cœur volage :* [femme] una farfallina ; [homme] un farfallone. | *un bourreau des cœurs*, un rubacuori. ‖ [terme affectueux] *mon cœur !*, cuore !, cuoricino mio !, anima mia ! ‖ LOC. *faire le joli cœur*, fare il damerino, il vagheggino. | *il est joli comme un cœur*, è un amore. ‖ [bonté] *avoir le cœur sur la main*, avere il cuore in mano. ‖ **3.** [ardeur] *prendre qch. à cœur*, prendersi a cuore qlco. | *cela me tient à cœur*, questo mi sta a cuore. | *avoir du cœur à l'ouvrage*, lavorare di gusto. | *si le cœur vous en dit*, se ne avete voglia. ‖ **4.** [courage] *avoir du cœur, un cœur de lion*, avere cuore, un cuor da leone. ‖ FAM. *avoir du cœur au ventre*, aver fegato. | *je n'ai pas le cœur de faire, de dire*, non me la sento di fare, di dire. | *le cœur me manque*, non mi regge, non mi basta il cuore. | *haut les cœurs !*, in alto i cuori ! | *faire contre mauvaise fortune bon cœur*, far buon viso a cattivo gioco. | *noblesse de cœur*, nobiltà d'animo. | **5.** *en forme de cœur*, a cuore, a cuori. ‖ FAM. *faire la bouche en cœur*, far il bocchino tondo. ‖ [centre] cuore. ‖ [aiguillage] cuore. ‖ JEU [cartes] cuori. ‖ **6.** LOC. *s'en donner à cœur joie*, divertirsi un mondo. | *parler à cœur ouvert*, parlare col cuore in mano. | *de gaîté de cœur*, di buon animo, di gusto. | *rire de (très) bon cœur*, ridere di (tutto) cuore. | *apprendre par cœur*, imparare, mandare a memoria. | *savoir, connaître par cœur*, sapere, conoscere a menadito. | *le cœur battant*, col cuore in gola. ‖ FAM. *dîner par cœur* = saltare il pranzo.
coexistant, e [kɔɛgzistɑ̃, ɑ̃t] adj. coesistente.
coexistence [kɔɛgzistɑ̃s] f. coesistenza.
coexister [kɔɛgziste] v. intr. coesistere.
coffin [kɔfɛ̃] m. astuccio, guaina f. (della cote).
coffrage [kɔfraʒ] m. TECHN. [mines] armatura f. ; [tunnel, puits] casseratura f. ‖ [pour le béton] cassaforma f., cassero.
coffre [kɔfr] m. [pour effets] cassapanca f. ; [objets précieux] cofano, forziere. ‖ [banque] cassetta (f.) di

sicurezza. ‖ FIG. *les coffres de l'État*, le casse dello Stato. ‖ FAM. *avoir du coffre*, aver fiato (L.C.). | *avoir le coffre solide* = essere robusto. ‖ AUTOM. bagagliaio. ‖ MAR. boa f. (d'ormeggio). ‖ MUS. [piano] cassa f. ‖ TECHN. [pour le béton] cassaforma f., cassero.

coffre-fort [kɔfrəfɔr] m. cassaforte f.

coffrer [kɔfre] v. tr. TECHN. armare. ‖ FAM. [emprisonner] schiaffar dentro, metter dentro.

coffret [kɔfrɛ] m. cofanetto. | *coffret à bijoux*, cofanetto ; portagioie m. inv., portagioielli m. inv.

cogérance [kɔʒerɑ̃s] f. cogerenza.

cogérant, e [kɔʒerɑ̃, ɑ̃t] n. cogerente.

cogestion [kɔʒestjɔ̃] f. cogestione.

cogitation [kɔʒitasjɔ̃] f. cogitazione.

cogiter [kɔʒite] v. intr. IRON. cogitare. | *que cogites-tu ?*, cosa stai cogitando ?

cognac [kɔɲak] m. [français] cognac ; [italien] brandy.

cognassier [kɔɲasje] m. BOT. cotogno.

cognat [kɔgna] m. JUR. cognato, consanguineo.

cognation [kɔgnasjɔ̃] f. JUR. cognazione.

cogne [kɔɲ] m. POP. *un cogne, les cognes*, una madama, la madama (arg.).

cognée [kɔɲe] f. accetta. ‖ LOC. *jeter le manche après la cognée*, piantar baracca e burattini.

cogner [kɔɲe] v. tr. (frapper) picchiare. ‖ [heurter] urtare. ◆ v. intr. *cogner dur*, picchiare sodo, di santa ragione. | *cogner à la porte*, battere, bussare ; [pas très fort] picchiare all'uscio. | *cogner du poing sur la table*, battere il pugno sul tavolo. ‖ AUTOM. *le moteur cogne*, il motore picchia, batte in testa. ‖ ARG. [sentir mauvais] puzzare (L.C.). ◆ v. pr. [se frapper] cozzarsi, scontrarsi, urtarsi. ‖ [se heurter] urtarsi. | *se cogner la tête contre un mur*, urtare, cozzare il capo contro un muro. ‖ FIG. *se cogner la tête contre les murs*, imbattersi in una difficoltà, incappare in un osso duro.

cognitif, ive [kɔgnitif, iv] adj. conoscitivo.

cognition [kɔgnisjɔ̃] f. PHILOS. cognizione.

cohabitation [kɔabitasjɔ̃] f. coabitazione.

cohabiter [kɔabite] v. intr. coabitare.

cohérence [kɔerɑ̃s] f. coerenza.

cohérent, e [kɔerɑ̃, ɑ̃t] adj. coerente. ‖ FIG. *cohérent avec lui-même*, coerente a se stesso.

cohéreur [kɔerœr] m. RAD. coesore ; coherer (angl.).

cohéritier, ère [kɔeritje, ɛr] n. coerede.

cohésif, ive [kɔezif, iv] adj. coesivo.

cohésion [kɔezjɔ̃] f. PR. et FIG. coesione.

cohorte [kɔɔrt] f. HIST. coorte. ‖ LITTÉR. coorte, schiera. ‖ FAM. [troupe de gens] brigata, comitiva, frotta.

cohue [kɔy] f. [foule] calca, ressa. ‖ [tumulte] bailamme m., baraonda, caos m., confusione.

coi, coite [kwa, at] adj. *rester, se tenir coi*, starsene cheto, quatto, quatto quatto.

coiffe [kwaf] cuffia. | *coiffe de chapeau*, fodera di cappello. ‖ ANAT. [membrane fœtale] cuffia ; [péritoine d'un animal] omento m., rete. ‖ BOT., TECHN. cuffia.

coiffé, e [kwafe] adj. FAM. *être coiffé de qn*, prendere una scuffia per qlcu. (pop) ; essere invaghito, incapricciato di qlcu (L.C.). ‖ LOC. *être né coiffé*, esser nato con la camicia.

coiffer [kwafe] v. tr. **1.** coprire il capo. | *coiffer qn d'un bonnet*, mettere un berretto in testa a uno. | *coiffer un chapeau*, portare un cappello. | *coiffer du 50*, portar cappelli n° 50. | *ce bonnet coiffe bien*, questo berretto calza bene. ‖ **2.** [couvrir] coprire. | *le toit qui coiffe la maison*, il tetto che copre la casa. ‖ FAM. [superviser] *organisme qui coiffe plusieurs services*, organismo al quale fanno capo parecchi servizi. ‖ LOC. *coiffer sainte Catherine* = compiere i venticinque anni senza essere sposata. ‖ **3.** [peigner] pettinare ; acconciare i capelli. | *ce coiffeur coiffe bien*, questo parrucchiere pettina con arte. ‖ **4.** MIL. *coiffer un objectif* : [tir] raggiungere, colpire, centrare un obiettivo ; [conquête] conquistare un obiettivo. ‖ **5.** SPORT *coiffer sur le poteau*, battere sul traguardo. ◆ v. pr. *se coiffer d'un vieux chapeau*, mettersi un vecchio cappello in testa. ‖ [se peigner] pettinarsi ; acconciarsi i capelli. ‖ FAM. [s'enticher] incapricciarsi, invaghirsi, innamorarsi (L.C.).

coiffeur, euse [kwafœr, øz] n. parrucchiere, a ; barbiere m. ; pettinatrice f. | *coiffeur pour hommes*, barbiere, parrucchiere. | *coiffeur pour dames*, parrucchiere per signora ; coiffeur (fr.) m. ◆ n. f. [meuble] pettiniera, specchiera.

coiffure [kwafyr] f. [cheveux] acconciatura, pettinatura. | *salon de coiffure*, bottega, salone di parrucchiere ; [sur une enseigne] (fr.) coiffeur. ‖ [chapeau] copricapo m., cappello m.

coin [kwɛ̃] m. **1.** [angle] canto ; [intérieur] angolo ; [saillant] spigolo. | *tourner au coin de la rue*, girare l'angolo della strada, la cantonata ; [pour fuir ou éviter qn] scantonare. | *maison qui fait le coin (de la rue)*, casa che fa angolo. | *un coin de la pièce*, un angolo della stanza. | *meuble de coin*, cantoniera f., cantonale m. | *heurter de la tête le coin de la table*, battere la testa contro lo spigolo della tavola. ‖ JEU *jouer aux quatre coins*, giocare ai quattro cantoni. ‖ *les coins de la nappe, du tablier, du mouchoir*, le cocche della tovaglia, del grembiule, del fazzoletto. | *les coins de la bouche, des yeux*, gli angoli della bocca, degli occhi. ‖ **2.** [portion, étendue] pezzo, lembo. | *un coin de terre*, un pezzo di terra, un poderetto. | *un coin de ciel*, un lembo di cielo. ‖ **3.** [endroit écarté] posto, angolo. | *vivre dans un coin tranquille*, vivere in un posto tranquillo. | *les gens du coin*, la gente del posto. | *un coin perdu de province*, un posticino, un angolo sperduto di provincia. | *un joli coin*, un bel posticino. ‖ **4.** LOC. *mettre un enfant au coin*, mettere un bambino in castigo (in un angolo). | *lancer un regard en coin*, guardare di sottecchi, in tralice. | *regarder du coin de l'œil*, guardar con la coda dell'occhio. ‖ PR. et FIG. *rester dans un, dans son coin*, starsene in un angolo. | *se réunir au coin du feu*, riunirsi attorno al fuoco. ‖ FIG. *rester au coin du feu*, non uscir di casa, dal proprio cantuccio. | *causerie au coin du feu*, intervista alla buona. | *mourir au coin d'un bois*, morire come un cane. ‖ FAM. *aller au petit coin*, andare al gabinetto (L.C.). | *en boucher un coin à qn* = sbalordire qlcu. ‖ POP. *blague dans le coin*, scherzi a parte ; bando agli scherzi. ‖ **5.** TECHN. [pour frapper monnaie] conio, punzone. ‖ [poinçon de garantie] marchio (di garanzia). ‖ FIG. *œuvre marquée au coin du génie*, opera che porta l'impronta del genio. ‖ [instrument pour fendre] cuneo, bietta f., conio ; [pour caler, serrer] bietta.

coinçage [kwɛ̃saʒ] m. TECHN. imbiettatura f.

coincement [kwɛ̃smɑ̃] m. inceppamento.

coincer [kwɛ̃se] v. tr. TECHN. imbiettare. ‖ FIG. [bloquer] bloccare. ‖ [serrer, écraser] stringere, schiacciare. ‖ FAM. [acculer] mettere alle strette ; incastrare (pop.). | *on ne peut jamais le coincer*, non si fa mai incastrare. | *coincer qn*, mettere qlcu. tra l'uscio e il muro. | *coincer un voleur*, pizzicare un ladro. ◆ v. pr. *il s'est coincé un doigt entre la caisse et le couvercle*, un dito gli è rimasto preso, bloccato, stretto, incastrato fra la cassa e il coperchio. ‖ TECHN. incepparsi, bloccarsi.

coïncidence [kɔɛ̃sidɑ̃s] f. MATH. [identité] coincidenza. ‖ [rencontre fortuite] coincidenza, combinazione. | *heureuse coïncidence*, fortunata coincidenza. | *quelle (étrange) coïncidence !*, guarda che (strana) combinazione !

coïncider [kɔɛ̃side] v. intr. PR. et FIG. coincidere, collimare.

coin-coin [kwɛ̃kwɛ̃] m. inv. qua qua.

coïnculpé, e [kɔɛ̃kylpe] n. coimputato, a.

coing [kwɛ̃] m. BOT. (mela) cotogna f. | *jaune comme un coing*, giallo come un limone.

coïntéressé, e [kɔɛ̃terese] adj. et n. cointeressato.

coït [kɔit] m. coito.

coitte f. V. COUETTE.

cojouissance [kɔʒwisɑ̃s] f. JUR. godimento (m.) in comune.

coke [kɔk] m. coke (angl.) ; coche, cocche.

cokerie [kɔkri] f. cokeria.

col [kɔl] m. **1.** Vx [cou] collo. ‖ **2.** [partie étroite] collo.

| *le col de la bouteille, d'un vase*, il collo della bottiglia, di un vaso. ‖ ANAT. *col de la vessie, du fémur*, collo della vescica, del femore. ‖ **3.** MODE [chemise, tricot] colletto, collo ; [manteau, veste] bavero. | *col rond, empesé, dur, souple*, colletto rotondo, inamidato, duro, floscio. | *col ouvert*, collo a risvolto. | *col amovible*, colletto staccato. | *faux col*, solino. | *col cassé*, colletto da sparato. | *col châle, roulé*, collo sciallato, rovesciato. | *col marin :* [vrai] solino ; [imité] colletto alla marinara. ‖ FIG. *un col blanc* = un impiegato. | *les cols blancs* = la classe impiegatizia. ‖ FAM. *un demi sans faux col*, una birra senza spuma (L.C.). ‖ **4.** GÉOGR. valico, passo, colle. ‖ **5.** TECHN. *col de cygne*, collo di cigno, d'oca.

cola ou **kola** [kɔla] m. BOT. cola f.

colback [kɔlbak] m. MIL. colbacco. ‖ ARG. [col] bavero (L.C.).

col-bleu [kɔlblø] m. FAM. [marin] marinaio (L.C.).

colchique [kɔlʃik] m. BOT. colchico.

coléoptère [kɔleɔptɛr] m. ZOOL. coleottero.

colère [kɔlɛr] f. collera, ira. | *être en colère contre qn*, essere, stare in collera con uno ; concepire ira contro qlcu. | *mettre en colère*, far andare in collera. | *se mettre en colère*, entrare in collera. | *accès de colère*, accesso, impeto, scatto d'ira. | *écumer de colère*, ardere, avvampare d'ira. | *être aveuglé par la colère*, essere accecato dall'ira, non veder più lume, aver perso il lume degli occhi. ‖ FAM. *piquer une colère*, montare in collera. ‖ [caprice] *faire une colère, des colères*, fare un capriccio, i capricci, le bizze ; andare, montare in bizza. ‖ FIG. *colère des flots, des vents, du ciel*, ira del mare ; ira, collera dei venti; ira di Dio.

coléreux, euse [kɔlerø, øz] et **colérique** [kɔlerik] adj. collerico, irascibile, iracondo.

colibacille [kɔlibasil] m. BIOL. colibacillo.

colibacillose [kɔlibasiloz] f. MÉD. colibacillosi.

colibri [kɔlibri] m. ZOOL. colibrì inv. ; uccello mosca.

colicitant [kɔlisitɑ̃] m. JUR. covenditore.

colifichet [kɔlifiʃɛ] m. [babiole] fronzolo, gingillo ; [de mauvais goût] cianfrusaglia f.

colimaçon [kɔlimasɔ̃] m. lumaca f. ‖ FIG. *escalier en colimaçon*, scala a chiocciola.

colin [kɔlɛ̃] m. ZOOL. merluzzo, nasello.

colin-maillard [kɔlɛ̃majar] m. *jouer à colin-maillard*, giocare a mosca cieca.

colin-tampon [kɔlɛ̃tɑ̃pɔ̃] m. *se soucier de qch. comme de colin-tampon*, infischiarsi di qlco.

colique [kɔlik] f. MÉD. colica. ‖ POP. *donner la colique*, essere un lavativo ; seccare (L.C.). | *quelle colique ! :* [parlant d'une personne] che lavativo !, che impiastro !, che rompiscatole ! ; [d'une chose] che scocciatura ! ‖ FIG., FAM. *avoir la colique*, farsela addosso, aver fifa.

colis [kɔli] m. pacco, collo ; balla f.

colite [kɔlit] f. MÉD. colite.

collaborateur, trice [kɔlabɔratœr, tris] n. collaboratore, trice ; [avec l'ennemi] collaborazionista.

collaboration [kɔlabɔrasjɔ̃] f. collaborazione ; [avec l'ennemi] collaborazionismo m.

collaborer [kɔlabɔre] v. intr. collaborare.

collage [kɔlaʒ] m. incollatura f., incollamento, appiccicatura f. ‖ TECHN. [étoffe] imbozzimatura f. ‖ [vin] chiarificazione f. ‖ ART collage (fr.). ‖ FAM. [concubinage] concubinaggio, concubinato (L.C.).

collant, e [kɔlɑ̃, ɑ̃t] adj. appiccicaticcio, appiccicoso. | *papier collant*, carta gommata. | *ruban de papier collant*, nastro adesivo. ‖ *vêtement collant*, vestito aderente, collant (fr.). ‖ FAM. [importun] attaccaticcio, appiccicaticcio, appiccicoso. ◆ n. m. [de danseur] calzamaglia f. ; [sous-vêtement] collant (fr.).

collante [kɔlɑ̃t] f. ARG. UNIV. = biglietto di convocazione all'orale di un esame.

collapsus [kɔlapsys] m. MÉD. collasso.

collatéral, e, aux [kɔlateral, o] adj. ANAT., GÉOGR., JUR. collaterale. ◆ adj. et n. m. ARCHIT. *collatéral, nef collatérale*, navata minore, laterale.

collateur [kɔlatœr] m. RELIG. collatore.

collation [kɔlasjɔ̃] f. [attribution d'un bénéfice] collazione ; [d'un grade] conferimento m. ‖ [comparaison] collazione. ‖ [léger repas] merenda, spuntino m.

collationner [kɔlasjɔne] v. tr. [comparer] collazionare. ◆ v. intr. far merenda, fare uno spuntino.

colle [kɔl] f. colla. | *tube, pot de colle*, tubetto, pentolino di colla. ‖ ARG. UNIV. [séance d'interrogation] = interrogazione; [punition] castigo m. ‖ FAM. [question difficile] *poser une colle à qn* = rivolgere un quesito, una domanda imbarazzante, difficile a qlcu. ‖ ARG. TECHN. [mortier] malta f. (L.C.).

collecte [kɔlɛkt] f. colletta.

collecter [kɔlɛkte] v. tr. collettare.

collecteur [kɔlɛktœr] adj. et n. m. collettore.

collectif, ive [kɔlɛktif, iv] adj. collettivo. | *billet collectif*, biglietto collettivo. ◆ n. m. FIN. *collectif budgétaire* = disegno di legge modificativa del bilancio preventivo. ‖ GRAMM. nome collettivo. ‖ NÉOL. [réunion] collettivo.

collection [kɔlɛksjɔ̃] f. collezione ; [publications] collezione, collana.

collectionner [kɔlɛksjɔne] v. tr. collezionare.

collectionneur, euse [kɔlɛksjɔnœr, øz] n. collezionista.

collectivisation [kɔlɛktivisasjɔ̃] f. collettivizzazione.

collectiviser [kɔlɛktivize] v. tr. collettivizzare.

collectivisme [kɔlɛktivism] m. collettivismo.

collectiviste [kɔlɛktivist] adj. [relatif à une personne] collettivista ; [à une politique] collettivistico. ◆ n. collettivista.

collectivité [kɔlɛktivite] f. [groupe] collettività. ‖ [possession en commun] comunanza. | *la collectivité des moyens de production*, la comunanza, la gestione collettiva dei mezzi di produzione. ‖ ADM. *les collectivités locales* = i comuni e dipartimenti (in Francia).

collège [kɔlɛʒ] m. POLIT., RELIG. collegio. ‖ UNIV. [établissement scolaire] scuola secondaria ; [pensionnat] collegio, convitto.

collégial, e, aux [kɔleʒjal, o] adj. collegiale. | *(église) collégiale*, collegiata f.

collégien, enne [kɔleʒjɛ̃, ɛn] n. [élève] ginnasiale, liceale. ‖ [pensionnaire] collegiale ; convittore, trice.

collègue [kɔlɛg] n. collega.

coller [kɔle] v. tr. **1.** [faire adhérer] incollare, appiccicare. | *coller une affiche*, incollare, attaccare un manifesto. | *coller un timbre, une étiquette*, appiccicare, incollare un francobollo, un'etichetta. ‖ [agglutiner] *le sang colle ses cheveux*, il sangue gli appiccica i capelli. ‖ [enduire de colle] *coller un tissu*, imbozzimare un tessuto. | *coller le papier*, incollare la carta. ‖ TECHN. *coller le vin*, chiarificare il vino. ‖ **2.** FIG. [presser contre] appoggiare. | *coller son front à la vitre, son oreille au trou de la serrure*, appoggiare la fronte al vetro, l'orecchio al buco della serratura. ‖ FAM. [importuner] *coller qn*, appiccicarsi a uno. ‖ **3.** FAM. [appliquer, mettre] *coller une gifle, un surnom*, appioppare uno schiaffo, un soprannome. | *coller un coup de poing*, assestare, mollare un pugno. | *coller une amende*, affibbiare, appioppare, appiccicare una multa. | *coller une marchandise avariée au client*, appioppare una merce avariata al cliente. | *colle ça dans un sac*, schiaffa questo in un sacco. | *coller qn en prison*, schiaffare qlcu. in prigione. ‖ **4.** ARG. UNIV. [faire sécher] = rivolgere un quesito insolubile a ; [refuser à l'examen] bocciare, stangare (fam.) ; trombare, silurare (pop.) ; [infliger une retenue] privare di libera uscita ; castigare. ◆ v. intr. et tr. ind. **(à)** aderire, attaccare. | *ce papier collant colle mal*, questa carta gommata non attacca. | *coller à la route*, aderire alla strada. | *ce vêtement colle bien*, questo vestito calza, aderisce perfettamente. ‖ FAM. *un exemple qui colle*, un esempio che calza a pennello. | *ça colle !*, va bene (L.C.). ◆ v. pr. PR. et FIG. appiccicarsi, attaccarsi. | *se coller aux basques de tout le monde*, appiccicarsi a tutti. ‖ FAM. [vivre en concubinage] unirsi illegalmente ; vivere in concubinato.

collerette [kɔlrɛt] f. colletto m. ; gorgiera (VX). ‖ MÉC. flangia.

collet [kɔlɛ] m. [col] colletto, bavero. ‖ [petite pèlerine] mantelletta f., mantellina f. ‖ [nœud coulant] laccio, calappio. || FIG. *mettre la main au collet de qn, prendre qn au collet*, acciuffare, pizzicare qlcu. (fam.). || ANAT., BOT. colletto. || CULIN. *collet de veau, de mouton*, collo di vitello, di castrato. || MÉC. collare, flangia f. ◆ loc. adj. inv. ***collet monté*** = manierato, compassato adj. ; che affetta rigidezza (di principi morali).

colleter (se) [səkɔlte] v. pr. [se battre] *se colleter avec qn*, azzuffarsi, acciuffarsi con uno. || FIG. *se colleter avec la misère*, lottare contro la miseria.

colleteur [kɔltœr] m. = chi tende lacci.

colleur, euse [kɔlœr, øz] n. incollatore, trice. | *colleur d'affiches*, attacchino. || TEXT. imbozzimatore, trice. ◆ n. f. TECHN. [bois] incollatrice ; [étoffe] imbozzimatrice.

collier [kɔlje] m. collana f., vezzo ; [précieux] monile ; [d'un ordre] collare ; [du chien, du cheval] collare. || [barbe] *porter le collier*, portar la barba a collana, alla Cavour. || ANAT. *collier de Vénus*, collana di Venere. || [pelage, plumes] collare. || TECHN. collare. | *collier de butée*, collare di serraggio. || LOC. *cheval franc du collier* = buon cavallo da tiro ; cavallo volonteroso. | *homme franc du collier*, uomo schietto, franco, leale. || FAM. *reprendre le collier*, rimettersi a sgobbare. | *donner un coup de collier*, fare una sgobbata, una sgobbataccia, una bella tirata.

colliger [kɔliʒe] v. tr. raccogliere ; fare una raccolta di.

collimateur [kɔlimatœr] m. OPT. collimatore.

collimation [kɔlimasjɔ̃] f. OPT. collimazione.

colline [kɔlin] f. collina, colle m., poggio m. | *région de collines*, paese collinoso. || GÉOGR. zona collinare. | *habitant des collines*, colligiano m.

collision [kɔlizjɔ̃] f. collisione. | *une collision entre des voitures*, uno scontro automobilistico. | *entrer en collision*, entrare in collisione ; scontrarsi, urtarsi (v. pr.). || FIG. collisione, scontro.

collocation [kɔlɔkasjɔ̃] f. JUR. collocazione.

collodion [kɔlɔdjɔ̃] m. CHIM. collodio, collodione.

colloïdal, e, aux [kɔlɔidal, o] adj. CHIM. colloidale.

colloïde [kɔlɔid] m. CHIM. colloide.

colloque [kɔlɔk] m. [entretien] colloquio, abboccamento. || [congrès] convegno, colloquio.

collusion [kɔlyzjɔ̃] f. collusione.

collusoire [kɔlyzwar] adj. JUR. collusorio.

collutoire [kɔlytwar] m. PHARM. collutorio.

collyre [kɔlir] m. PHARM. collirio.

colmatage [kɔlmataʒ] m. colmata f., colmatura f.

colmater [kɔlmate] v. tr. AGR., GÉOGR. colmare. || [boucher] tappare, turare, otturare, accecare. | *colmater une voie d'eau*, turare una falla. || FIG. *colmater la situation*, tamponare le falle. || MIL. *colmater une brèche*, chiudere una breccia.

colocataire [kɔlɔkatɛr] n. coinquilino m.

cologarithme [kɔlɔgaritm] m. MATH. cologaritmo.

colombage [kɔlɔ̃baʒ] m. ARCHIT. = [struttura (f.) a] graticcio.

colombe [kɔlɔ̃b] f. colomba. || POÉT. [pigeon] colombo m., piccione m. (L.C.).

colombier [kɔlɔ̃bje] m. colombaia f., piccionaia f.

colombin, e [kɔlɔ̃bɛ̃, in] adj. colombino. ◆ m. pl. ZOOL. colombiformi. ◆ n. f. [fiente] colombina.

colombophile [kɔlɔ̃bɔfil] adj. et n. colombofilo.

colon [kɔlɔ̃] m. [habitant d'une colonie] colono. || [métayer] mezzadro, colono. || HIST. colono. || NÉOL. [dans une colonie de vacances] colonista n. || ARG. MIL. colonnello (L.C.).

côlon [kolɔ̃] m. ANAT. colon.

colonel [kɔlɔnɛl] m. MIL. colonnello.

colonial, e, aux [kɔlɔnjal, o] adj. et n. m. coloniale. | *les denrées coloniales*, i (generi) coloniali.

colonialisme [[kɔlɔnjalism] m. colonialismo.

colonialiste [kɔlɔnjalist] adj. colonialistico. ◆ n. colonialista.

colonie [kɔlɔni] f. colonia.

colonisateur, trice [kɔlɔnizatœr, tris] adj. et n. colonizzatore, trice.

colonisation [kɔlɔnizasjɔ̃] f. colonizzazione.

coloniser [kɔlɔnize] v. tr. colonizzare.

colonnade [kɔlɔnad] f. colonnato m.

colonne [kɔlɔn] f. ARCHIT. colonna. || [d'un lit] colonna. || *colonne montante*, colonna montante. || ANAT. *colonne vertébrale*, colonna vertebrale. || MIL. colonna. | *la cinquième colonne*, la quinta colonna. | *se mettre en colonne*, incolonnarsi. | *disposer en colonnes*, incolonnare. || PHYS. *colonne barométrique*, colonna del mercurio. || TYP. colonna.

colonnette [kɔlɔnɛt] f. colonnetta, colonnina.

colophane [kɔlɔfan] f. colofonia.

coloquinte [kɔlɔkɛ̃t] f. BOT. coloquintide. || POP. [tête] pera, zucca (fam.).

colorant, e [kɔlɔrɑ̃, ɑ̃t] adj. et n. m. colorante.

coloration [kɔlɔrasjɔ̃] f. colorazione, coloratura, coloramento m.

coloré, e [kɔlɔre] adj. [imagé] *style, récit coloré*, stile, racconto colorito.

colorer [kɔlɔre] v. tr. PR. et FIG. colorare, colorire. || FIG. [farder] colorire.

coloriage [kɔlɔrjaʒ] m. coloritura f.

colorier [kɔlɔrje] v. tr. colorire.

colorimètre [kɔlɔrimɛtr] m. CHIM. colorimetro.

coloris [kɔlɔri] m. colorito.

coloriste [kɔlɔrist] n. colorista.

colossal, e, aux [kɔlɔsal, o] adj. PR. et FIG. colossale.

colosse [kɔlɔs] m. colosso.

colportage [kɔlpɔrtaʒ] m. commercio ambulante. || FIG. divulgazione f., propagazione f.

colporter [kɔlpɔrte] v. tr. = portare in giro (a scopo di vendita) ; smerciare. || [divulguer] divulgare, propagare ; propalare (littér.) ; spifferare (fam.).

colporteur, euse [kɔlpɔrtœr, øz] n. venditore, trice ambulante. || [propagateur] propagatore, trice ; divulgatore, trice ; propalatore, trice (littér.).

coltinage [kɔltinaʒ] m. facchinaggio.

coltiner [kɔltine] v. tr. portare, trasportare. ◆ v. pr. FAM. *se coltiner un travail*, addossarsi un lavoro, sobbarcarsi a un lavoro (L.C.).

coltineur [kɔltinœr] m. facchino.

columbarium [kɔlɔ̃bariɔm] m. (lat.) colombario.

col-vert [kɔlvɛr] m. ZOOL. colloverde.

colza [kɔlza] m. BOT. colza m. ou f.

coma [kɔma] m. MÉD. coma. | *entrer dans le coma*, entrare in coma.

comateux, euse [kɔmatø, øz] adj. comatoso.

combat [kɔ̃ba] m. combattimento, battaglia f., scontro, lotta f. | *livrer combat*, dare, ingaggiare battaglia. | *combat aérien*, combattimento aereo. | *char de combat*, carro armato. | *mettre hors (de) combat*, mettere fuori combattimento. | *combat singulier*, duello ; singolar tenzone (littér.). || FIG. lotta. || SPORT *combat de coqs*, combattimento di galli. | *combat de boxe*, incontro pugilistico, di pugilato.

combatif, ive [kɔ̃batif, iv] adj. combattivo, battagliero ; pugnace (littér.).

combativité [kɔ̃bativite] f. combattività.

combattant, e [kɔ̃batɑ̃, ɑ̃t] adj. et n. combattente. | *un ancien combattant*, un ex-combattente. ◆ n. m. ZOOL. combattente.

combattre [kɔ̃batr] v. intr. et tr. PR. et FIG. combattere, lottare. | *combattre (contre) l'envahisseur*, combattere, lottare contro l'invasore. | *combattre pour un idéal*, combattere, lottare per un ideale.

combe [kɔ̃b] f. GÉOGR. = conca.

combien [kɔ̃bjɛ̃] adv. [quantité] quanto adv. et adj. | *combien mesures-tu ?*, quanto sei alto ? | *combien veux-tu ?*, quanto vuoi ? | *combien êtes-vous ?* (in) quanti siete ? || ***combien de,*** quanto adj. | *combien (de temps) faut-il pour aller à ?*, quanto (tempo) ci vuole per andare a ? | *combien de livres ?*, quanti libri ? || [intensité] quanto, come. | *vous verrez combien les gens sont méchants*, vedrà quanto, come è cattiva la gente. | *combien il est riche !*, come, quanto è ricco ! || [très] molto. | *une politique discrète, mais combien efficace*, una politica discreta ma molto efficace, ma efficacissima. ◆ n. m. inv. FAM. [date] *le combien*

sommes-nous ?, quanti ne abbiamo ? || [rang] *le combien es-tu ?*, che posto hai ?
combinaison [kɔ̃binɛzɔ̃] f. CHIM., TECHN. combinazione. || [sous-vêtement] sottoveste, sottana ; combinazione (néol.). || [vêtement de travail] tuta. || FIG. macchinazione, combinazione, espediente m., mezzo m.
combinard, e [kɔ̃binar, ard] n. POP. imbroglione, a ; truccone m. ; volpone, a.
combinat [kɔ̃bina] m. complesso industriale.
combinateur [kɔ̃binatœr] m. ÉLECTR. combinatore (di marcia).
combinatoire [kɔ̃binatwar] adj. combinatorio.
combine [kɔ̃bin] f. POP. trucco m., espediente m., sotterfugio m. (L.C.). | *il connaît toutes les combines*, ne sa una più del diavolo. | *c'est le roi de la combine*, è un volpone, un imbroglione, un truccone. | *il l'a obtenu par combine*, l'ha ottenuto per vie traverse. | *marcher dans la combine* = essere d'accordo con, partecipare a una macchinazione ; entrarci. | *il a trouvé une (bonne) combine*, ha un canonicato ; ha trovato una pacchia. || ABR. FAM. V. COMBINAISON [sous-vêtement].
combiné, e [kɔ̃bine] adj. MIL. *opérations combinées*, operazioni combinate. ◆ n. m. AÉR. composito. || CHIM. composto. || RAD. *combiné radio-phonographe*, radiofonografo, radiogrammofono. || SPORT combinata f. || [téléphone] microtelefono, microfono, ricevitore ; cornetta f. (fam.).
combiner [kɔ̃bine] v. tr. combinare. | *combiner des couleurs*, combinare dei colori. || FIG. *combiner un voyage*, combinare un viaggio. | *combiner un plan*, concertare un piano. || CHIM. combinare. ◆ v. pr. combinarsi.
1. comble [kɔ̃bl] adj. PR. et FIG. colmo. | *salle comble*, sala piena zeppa, sala gremita. | *la mesure est comble*, la misura è colma.
2. comble m. ARCHIT. tetto. | *habiter sous les combles*, abitare in soffitta, sotto i tetti. || FIG. colmo. | *le comble de la perfection*, il colmo della perfezione. | *c'est un comble, le comble !*, è il colmo ! | *pour comble de malheur*, per colmo di sventura. ◆ loc. adv. ***de fond en comble,*** da cima a fondo.
comblement [kɔ̃bləmɑ̃] m. colmata f., colmatura f.
combler [kɔ̃ble] v. tr. colmare. || FIG. *combler de joie*, colmare, riempire di gioia. | *combler la mesure*, oltrepassare la misura, i limiti. | *tu me combles*, la tua gentilezza mi confonde.
comburant, e [kɔ̃byrɑ̃, ɑ̃t] adj. et n. m. comburente.
combustibilité [kɔ̃bystibilite] f. combustibilità.
combustible [kɔ̃bystibl] adj. et n. m. combustibile.
combustion [kɔ̃bystjɔ̃] f. combustione.
comédie [kɔmedi] f. commedia. || FIG. *jouer la comédie*, recitare, fare la commedia. || FAM. *toujours la même comédie !*, sempre la stessa storia ! | *faire toute une comédie pour*, fare tante storie per.
comédien, enne [kɔmedjɛ̃, ɛn] n. attore (comico), attrice (comica) ; commediante (vx). || FIG. commediante. ◆ adj. affettato, ipocrita ; ipocrito (vx).
comédon [kɔmedɔ̃] m. ANAT. comedone.
comestible [kɔmestibl] adj. commestibile. ◆ m. pl. commestibili.
comète [kɔmɛt] f. ASTR. cometa. || FIG. *tirer des plans sur la comète*, almanaccare.
comices [kɔmis] m. pl. ANTIQ. comizi. || [réunion] riunione f., comizio m. | *comice agricole*, fiera agricola.
comique [kɔmik] adj. et n. m. comico.
comité [kɔmite] m. comitato, commissione f. | *comité directeur*, comitato direttivo. | *comité d'entreprise*, commissione interna. | *comité de lecture*, comitato di lettura. || HIST. *comité de salut public*, comitato di salute pubblica. || FIG. *en petit comité*, in pochi ; fra amici.
comma [kɔma] m. MUS. comma.
commandant [kɔmɑ̃dɑ̃] m. MIL. comandante ; [chef de bataillon] maggiore. | *oui, mon commandant !*, sì, signor comandante !, signorsì ! || MAR. comandante. | *commandant en second*, comandante in seconda.
commande [kɔmɑ̃d] f. [ordre] *sur commande du roi*, per commissione, per ordine del re. || COMM. ordinazione, commissione, ordine m., commessa. | *faire, passer une commande*, fare, dare un'ordinazione. | *livrer la commande*, consegnare la merce ordinata. | *carnet de commandes*, registro delle ordinazioni. | *travail fait sur commande*, lavoro eseguito su, dietro ordinazione. || FIG. *sourire de commande*, sorriso d'obbligo, di convenienza. || TECHN. comando. | *commande par levier*, comando a leva. || FIG. *tenir les commandes*, tener le redini.
commandement [kɔmɑ̃dmɑ̃] m. [action, pouvoir] comando. | *le haut commandement (des armées)*, il comando supremo (delle forze armate). || [ordre] comando, ordine. || FIG. *avoir à son commandement*, avere a disposizione. || JUR. [sommation] ingiunzione f., precetto. || RELIG. comandamento.
commander [kɔmɑ̃de] v. tr. ordinare, comandare. | *c'est moi qui commande ici*, qui comando io. || FIG. [imposer] incutere, imporre. | *conduite qui commande le respect*, comportamento che incute, che ispira rispetto. || [dominer] dominare, sovrastare. | *la forteresse commande la vallée*, la fortezza domina la valle. || COMM. ordinare, commissionare, commettere. || TECHN. comandare. ◆ v. tr. indir. **(à)** comandare (a). || [être maître de] controllare, dominare (v. tr.). | *commander à ses passions*, controllare, dominare, padroneggiare le proprie passioni. ◆ v. pr. = dipendere dalla volontà. | *la sympathie ne se commande pas*, la simpatia è indipendente dalla volontà ; alla simpatia non ci si può forzare. || [communiquer] *ces pièces se commandent*, queste stanze comunicano, sono comunicanti.
commanderie [kɔmɑ̃dri] f. commenda.
commandeur [kɔmɑ̃dœr] m. commendatore.
commanditaire [kɔmɑ̃ditɛr] m. COMM. accomandante.
commandite [kɔmɑ̃dit] f. COMM. *(société en) commandite*, (società in) accomandita. || [fraction de capital] quota. || TYP. cooperativa tipografica.
commanditer [kɔmɑ̃dite] v. tr. COMM. finanziare.
commando [kɔmɑ̃do] m. MIL. commando (pl. *commandos*).
comme [kɔm] adv. [intensité] come, quanto. | *comme il t'aime !*, come, quanto ti ama ! | *comme il est beau !*, come, quant'è bello ! ◆ conj. [temps] mentre, come. | *nous arrivâmes comme il partait*, arrivammo allorché partiva, (proprio) mentre partiva. | *comme j'allais m'endormir, j'entendis*, mentre stavo, come stavo per addormentarmi, sentii. || [cause] siccome, poiché, giacché, dato che. | *comme il était tard, je revins à la maison*, dato che era tardi, giacché era tardi, tornai a casa. | *comme il devait venir lui aussi, je l'attendis*, siccome doveva venire anche lui, lo aspettai. ◆ adv. et conj. [comparaison] come, quanto. | *muet comme une carpe*, muto come un pesce. | *dans un cœur comme le sien*, in un cuore quale il suo. | *il fait comme toi*, fa come te. | *il me paraît grand comme toi*, mi pare alto come te, quanto te. || [manière] come. | *comme ça*, così. | *fais comme je te dis*, fa come ti dico. ◆ LOC. **1.** [comparaison] *tout comme*, proprio come. | *comme si*, come se, quasi (avec subj. imparf. ou plus-que-parfait). | *c'est tout comme* (fam.), è proprio lo stesso (L.C.). | *il est laid comme tout*, è brutto come il demonio. || **2.** [addition] e, come. | *il vendit tout, la maison comme le reste*, vendette tutto, la casa e tutto il resto. || **3.** [atténuation] come. | *il se produisit comme un miracle*, avvenne una specie di miracolo, avvenne come un miracolo. | *il était comme mort*, era come morto, come se fosse morto. || **4.** [manière] *comme ça* (fam. exclam.), V. ÇA. | *comme ci comme ça*, così così. | *un enfant comme il faut*, un ragazzo per bene. | *comme de raison, comme il se doit*, giustamente, a ragione, con ragione, debitamente. | *comme de juste*, naturalmente, evidentemente. | *comme qui dirait* (fam.), per così dire. | *il apporta un certificat comme quoi il était malade* (fam.), egli portò un certificato che diceva che era malato. || [valeur consécutive] *il est mort : comme quoi tu ne peux l'avoir rencontré* (fam.), è morto : dunque non hai potuto

incontrarlo (L.C.). ‖ 5. [en qualité de] come, in qualità di. | *il est venu comme ambassadeur*, è venuto come, in qualità di ambasciatore. | *comme médecin il est très consciencieux*, come medico è molto coscienzioso. ‖ 6. [comment] *il l'a fait il faut voir comme !*, bisogna vedere come l'ha fatto ! | *Dieu sait comme !*, Dio sa come !

commémoratif, ive [kɔmemɔratif, iv] adj. commemorativo.

commémoraison [kɔmemɔrɛzɔ̃] f. RELIG. commemorazione.

commémoration [kɔmemɔrasjɔ̃] f. commemorazione.

commémorer [kɔmemɔre] v. tr. commemorare.

commençant, e [kɔmɑ̃sɑ̃, ɑ̃t] adj. et n. principiante, esordiente ; debuttante (gall.).

commencement [kɔmɑ̃smɑ̃] m. inizio, principio. | *commencer par le commencement*, cominciare dall'inizio, dal principio.

commencer [kɔmɑ̃se] v. tr. cominciare, incominciare, iniziare. ◆ v. tr. ind. *commencer à, de* (inf.), cominciare a, prendere a. | *il commença à le frapper*, cominciò a, prese a picchiarlo. | *commencer par faire, par dire*, cominciare col fare, col dire. | *commencer par la fin*, cominciare dalla fine. ◆ v. intr. cominciare. | [sujet chose] *l'hiver a commencé tôt*, l'inverno è cominciato presto. | [sujet personne] *il a commencé hier*, ha cominciato ieri.

commensal, e, aux [kɔmɑ̃sal, o] n. commensale.

commensalisme [kɔmɑ̃salism] m. BIOL. commensalismo.

commensurable [kɔmɑ̃syrabl] adj. commensurabile.

comment [kɔmɑ̃] adv. come, in che modo. | *je ne sais comment*, non so come. | *comment (dis-tu, as-tu dit) ?*, come (dici, hai detto) ? ; cosa ? (fam.). | *comment cela ?*, come ? spiegati ! ; come ? si spieghi ! | *comment se fait-il (que) ?*, come mai ? | *comment n'y as-tu pas pensé plus tôt ?*, come mai non ci hai pensato prima ? ◆ interj. come (mai) ! | *mais comment donc ! ; et comment !* (pop.), come no !, eccome !, altro che !, magari ! ◆ m. *(dire, savoir, demander) le pourquoi et le comment*, (dire, sapere, chiedere) il come e il perché ; il perché e il percome (fam.).

commentaire [kɔmɑ̃tɛr] m. commento ; commentario (littér.). ‖ FAM. *cela se passe de commentaire*, non occorrono commenti. | *sans commentaire !*, senza commenti ! ◆ pl. [propos malveillants] commenti, chiacchiere f. pl. ; interpretazioni maligne. | *faire des commentaires sur qn*, far commenti su qlcu. ‖ *les « Commentaires » de César*, i « Commentari » di Cesare.

commentateur, trice [kɔmɑ̃tatœr, tris] n. commentatore, trice.

commenter [kɔmɑ̃te] v. tr. commentare.

commérage [kɔmeraʒ] m. FAM. pettegolezzo, ciarla f. | *faire des commérages*, spettegolare.

commerçant, e [kɔmɛrsɑ̃, ɑ̃t] n. commerciante, negoziante. | *commerçant en gros*, commerciante all'ingrosso ; grossista m. | *commerçant en vins*, commerciante in vini, negoziante di vini. ◆ adj. commerciale. | *ville commerçante*, città commerciale.

commerce [kɔmɛrs] m. commercio. | *être dans le commerce*, fare il commerciante, il negoziante. | *faire du commerce*, commerciare. | *maison de commerce*, casa di commercio ; casa commerciale ; ditta f. | *chambre, code, tribunal de commerce*, camera, codice, tribunale di commercio. ‖ [magasin] negozio, bottega f. | *commerce d'alimentation*, negozio di (generi) alimentari. ‖ LITTÉR. [relations] commercio. | *commerce épistolaire*, commercio epistolare. | *avoir commerce avec qn*, aver commercio con uno. ‖ [comportement] *être d'un commerce agréable*, essere di piacevole compagnia. ‖ PÉJOR. [trafic] *faire commerce des choses les plus sacrées*, far commercio delle cose più sante.

commercer [kɔmɛrse] v. intr. commerciare.

commercial, e, aux [kɔmɛrsjal, o] adj. commerciale. ◆ n. f. AUTOM. giardinetta f.

commercialiser [kɔmɛrsjalize] v. tr. commercializzare.

commère [kɔmɛr] f. VX [marraine] comare. ‖ FAM. [bavarde] pettegola, comare. ‖ THÉÂTRE [comparse] spalla.

commérer [kɔmere] v. intr. FAM. spettegolare ; fare pettegolezzi ; malignare.

commettant [kɔmɛtɑ̃] m. committente.

commettre [kɔmɛtr] v. tr. [faire] commettere, compiere, fare. ‖ [préposer] incaricare, preporre. | *commettre qn à un emploi*, incaricare qlcu. di un impiego, preporre qlcu. a un impiego. ‖ VX [confier] commettere ; affidare (L.C.). ‖ JUR. *commettre un rapporteur*, nominare, designare un relatore. ‖ MAR. *commettre un cordage*, commettere un cavo. ◆ v. pr. [avoir lieu] venir commesso. ‖ [se compromettre] compromettersi.

comminatoire [kɔminatwar] adj. JUR. comminatorio.

commis [kɔmi] m. [vendeur] commesso, venditore. | *commis voyageur*, commesso viaggiatore. ‖ [employé] commesso, garzone, giovane. | *commis de banque*, commesso di banca. | *commis boulanger*, garzone fornaio. ‖ COMM. commissionario. ‖ MAR. *commis aux vivres*, commesso ai viveri. ‖ LOC. *grand commis de l'État*, alto funzionario dello Stato.

commisération [kɔmizerasjɔ̃] f. commiserazione.

commissaire [kɔmisɛr] m. commissario. | *commissaire de police*, commissario di polizia, di Pubblica Sicurezza. | *commissaire adjoint*, vicecommissario. ‖ COMM. *commissaire aux comptes*, revisore dei conti, sindaco di una società. ‖ MAR. *commissaire du bord*, commissario di bordo.

commissaire-priseur [kɔmisɛrprizœr] m. banditore.

commissariat [kɔmisarja] m. commissariato. | *commissariat de police*, commissariato di polizia, di Pubblica Sicurezza.

commission [kɔmisjɔ̃] f. [charge] commissione f. | *confier une commission à qn*, affidare una commissione a qlcu. | *charger qn d'une commission*, incaricare qlcu. di una commissione. ‖ [comité] commissione. | *commission d'examen, d'arbitrage, d'enquête*, commissione esaminatrice, arbitrale, d'inchiesta. ‖ COMM. *contrat de commission*, contratto di commissione. | *toucher une commission de 2 p. 100 sur les ventes*, percepire una provvigione, una commissione del due per cento sulle vendite. | *travailler à la commission*, lavorare a provvigione. ‖ JUR. *commission rogatoire*, rogatoria f. ◆ pl. *faire les commissions*, far le commissioni, la spesa.

commissionnaire [kɔmisjɔnɛr] m. COMM. commissionario. | *commissionnaire de transport*, spedizioniere. | *commissionnaire en douane* = addetto allo svincolo delle merci in dogana. ‖ [coursier] fattorino, commesso. ‖ [qui fait une commission] = chi fa (occasionalmente) una commissione ; chi fa la spesa (per conto d'altri). | *cet enfant est un bon commissionnaire*, questo bambino fa bene le commissioni.

commissionner [kɔmisjɔne] v. tr. [charger de vendre] commettere. ‖ [déléguer] commettere, delegare, incaricare. | *fonctionnaire commissionné par le gouvernement*, funzionario delegato dal governo.

commissoire [kɔmiswar] adj. JUR. commissorio.

commissure [kɔmisyr] f. ANAT. commettitura, commessura. | *les commissures des lèvres*, gli angoli della bocca. ‖ [du cerveau] commessura.

1. commode [kɔmɔd] adj. [pratique] comodo. ‖ FAM. [facile] facile, comodo. | *c'est trop commode !*, è troppo facile ! ‖ [arrangeant] accomodante, conciliante. | *c'est un homme commode*, è un uomo accomodante. | *il n'est pas commode !*, è un carattere difficile !, ci ha il suo caratterino ! ‖ PÉJOR. *mari commode*, V. COMPLAISANT. | *morale commode*, morale facile.

2. commode f. cassettone m., comò m.

commodité [kɔmɔdite] f. comodità, comodo m. ◆ pl. [agréments] comodità pl., agi m. pl. ‖ pl. VX [lieux d'aisance] gabinetto m. (L.C.).

commodore [kɔmɔdɔr] m. (angl.). commodoro.

commotion [kɔmɔsjɔ̃] f. commozione. ‖ FIG. commozione, colpo m.

commotionner [kɔmɔsjɔne] v. tr. traumatizzare.

commuabilité [kɔmɥabilite] f. commutabilità.

commuable [kɔmɥabl] adj. commutabile.

commuer [kɔmɥe] v. tr. commutare.

commun, e [kɔmœ̃, yn] adj. comune. | *avoir qch. de commun*, avere qlco in comune. | *faire cause commune pour*, far causa comune a favore di. | *le sens commun*, il senso comune, il buon senso. | *lieu commun*, luogo comune, frase fatta ; RHÉT. topos (pl. *topoi*). || PÉJOR. *manières communes*, modi comuni, ordinari, grossolani. || GRAMM. *nom commun*, nome comune. || JUR. *droit commun*, diritto comune. | *condamné de droit commun*, condannato comune, condannato per reati comuni. || LING. *langue commune*, V. KOINÈ. || MATH. *plus grand commun diviseur, plus petit commun multiple*, V. DIVISEUR ; MULTIPLE. ◆ n. m. comune. | *la vie en commun*, la convivenza. | *un homme du commun*, un uomo di basso ceto, del volgo. | *hors du commun*, fuor del comune. | *le commun des mortels*, i comuni mortali, la maggior parte degli uomini. || RELIG. comune. ◆ m. pl. [locaux] dipendenze f. pl. ◆ loc. adv. ***en commun,*** *avoir en commun avec d'autres*, avere in comune, a comune con altri. || ***d'un commun accord,*** di comune accordo.
communal, e, aux [kɔmynal, o] adj. comunale, municipale. | *école communale*, scuola elementare. || Vx *médecin communal*, medico condotto. ◆ m. pl. beni comunali.
communaliser [kɔmynalize] v. tr. municipalizzare.
communard [kɔmynar] m. HIST. comunardo.
communautaire [kɔmynotɛr] adj. comunitario.
communauté [kɔmynote] f. [état de ce qui est commun] comunanza, comunione. | *communauté des biens, des intérêts*, comunanza dei beni, degl'interessi. || JUR. *régime de la communauté*, comunione dei beni tra coniugi. || [collectivité] comunità. | *communauté nationale*, comunità nazionale. | *Communauté européenne*, Comunità europea. | *communauté religieuse*, comunità, comunanza religiosa.
commune [kɔmyn] f. ADM. comune m. ; [en Chine] comune f. (popolare) ; comunità agricola popolare. || HIST. [Moyen Âge] comune ; [à Paris] Comune f. || POLIT. *la Chambre des communes*, la Camera dei Comuni.
communiant, e [kɔmynjɑ̃, ɑ̃t] n. RELIG. comunicando, a.
communicable [kɔmynikabl] adj. comunicabile.
communicant, e [kɔmynikɑ̃, ɑ̃t] adj. comunicante.
communicatif, ive [kɔmynikatif, iv] adj. comunicativo.
communication [kɔmynikasjɔ̃] f. [transmission ; conversation ; message ; liaison] comunicazione. | *être, mettre en communication*, essere, mettere in comunicazione. | *moyens de communication*, mezzi di comunicazione. | *les voies de communication*, le comunicazioni.
communier [kɔmynje] v. intr. RELIG. ricevere la comunione ; comunicarsi v. pr. || FIG. = essere in comunione (di sentimenti, d'ideali). | *cette catastrophe les a fait communier dans une même douleur*, quella catastrofe li ha accomunati nello stesso dolore. ◆ v. tr. (rare) RELIG. comunicare.
communion [kɔmynjɔ̃] f. comunione.
communiqué [kɔmynike] m. comunicato. | *communiqué de presse*, comunicato stampa.
communiquer [kɔmynike] v. tr. comunicare, trasmettere. || JUR. comunicare. ◆ v. intr. comunicare. | *pièces qui communiquent*, locali che comunicano. ◆ v. pr. [échanger] scambiarsi. | *se communiquer des renseignements*, scambiarsi delle informazioni. || [se propager] comunicarsi, trasmettersi. | *la maladie se communique à l'homme*, la malattia si comunica, si trasmette all'uomo. | *la peur, la joie se communiqua à tous les présents*, la paura, l'allegria si comunicò a tutti gli astanti.
communisant, e [kɔmynizɑ̃, ɑ̃t] adj. et n. simpatizzante comunista.
communisme [kɔmynism] m. comunismo.
communiste [kɔmynist] adj. comunista ; comunistico (rare). ◆ n. comunista.
commutateur [kɔmytatœr] m. commutatore.
commutatif, ive [kɔmytatif, iv] adj. JUR., MATH. commutativo.
commutation [kɔmytasjɔ̃] f. ÉLECTR., JUR. commutazione.
commutatrice [kɔmytatris] f. commutatrice.
compacité [kɔ̃pasite] f. compattezza.
compact, e [kɔ̃pakt] adj. compatto.
compagne [kɔ̃paɲ] f. compagna.
compagnie [kɔ̃paɲi] f. [action d'accompagner] compagnia. | *tenir compagnie à qn*, tenere, far compagnia a qlcu. | *fausser compagnie à qn*, piantar qlcu. in asso. || [groupe] compagnia, brigata, comitiva. | *une joyeuse compagnie d'enfants*, un'allegra brigata, comitiva, compagnia di ragazzi. || FAM. *Pierre, Paul et (toute la) compagnie*, Pietro, Paolo e compagnia (bella). || *compagnie théâtrale*, compagnia teatrale. || MIL. compagnia. || RELIG. *Compagnie de Jésus*, Compagnia di Gesù. || ZOOL. [animaux] branco m. ; [oiseaux] stormo m. || COMM. società, compagnia. | *compagnie d'assurances, de navigation*, società, compagnia di assicurazioni, di navigazione. | *compagnie des téléphones*, società dei telefoni. | *Martin et Compagnie, et Cie*, Martini e Compagni, e C.
compagnon [kɔ̃paɲɔ̃] m. compagno. | *compagnon d'armes*, compagno d'armi ; commilitone. | *compagnon de misère, de route*, compagno di sventura, di strada. || [ouvrier du bâtiment] = operaio che lavora alle dipendenze di un'impresa edilizia. || [franc-maçon] compagno. || HIST. compagnon (fr.). || LOC. *un joyeux compagnon*, un buoncompagno, un buontempone, un compagnone.
compagnonnage [kɔ̃paɲɔnaʒ] m. HIST. compagnonnage (fr.) ; = tempo durante il quale l'operaio lavorava alle dipendenze d'altri (prima di essere artigiano, capofabbrica).
comparable [kɔ̃parabl] adj. comparabile, paragonabile.
comparaison [kɔ̃parɛzɔ̃] f. confronto m., paragone m. ; comparazione (rare). | *soutenir la comparaison*, reggere il paragone. | *sans comparaison*, senza confronti, senza paragone. || GRAMM. comparazione, paragone. ◆ loc. adv. ***par comparaison,*** a paragone, in confronto. ◆ loc. prép. ***en comparaison de,*** in confronto di, a paragone di.
comparaître [kɔ̃parɛtr] v. intr. comparire.
comparant, e [kɔ̃parɑ̃, ɑ̃t] n. JUR. comparente m.
comparateur [kɔ̃paratœr] m. TECHN. comparatore.
comparatif, ive [kɔ̃paratif, iv] adj. comparativo. ◆ n. m. GRAMM. comparativo.
comparatiste [kɔ̃paratist] n. comparatista.
comparé, e [kɔ̃pare] adj. comparato.
comparer [kɔ̃pare] v. tr. **(avec)** [confronter] confrontare (con), paragonare (a). || **(à)** [mettre en parallèle] paragonare (a). ◆ v. pr. **(à)** paragonarsi (con).
comparse [kɔ̃pars] n. THÉÂTRE et FIG. comparsa f.
compartiment [kɔ̃partimɑ̃] m. PR. et FIG. (s)compartimento. || ARCHIT. *plafond à compartiments*, soffitto a cassettoni. || CH. DE F. scompartimento. || MAR. compartimento, locale. | *compartiment des machines*, locale macchine. | *compartiments étanches*, compartimenti stagni.
compartimentage [kɔ̃partimɑ̃taʒ] m. compartizione f.
compartimenter [kɔ̃partimɑ̃te] v. tr. compartire, suddividere.
comparution [kɔ̃parysjɔ̃] f. JUR. comparizione.
compas [kɔ̃pa] m. compasso. || FAM. *avoir le compas dans l'œil* = avere un occhio infallibile. || MAR. bussola f. (magnetica), compasso.
compassé, e [kɔ̃pase] adj. compassato, affettato, manierato.
compasser [kɔ̃pase] v. tr. TECHN. compassare.
compassion [kɔ̃pasjɔ̃] f. compassione.
compatibilité [kɔ̃patibilite] f. compatibilità.
compatible [kɔ̃patibl] adj. compatibile.
compatir [kɔ̃patir] v. tr. ind. **(à)** compatire, compiangere v. tr. | *compatir aux malheurs de qn*, compatire, compiangere qlcu. per le sue disgrazie.
compatissant, e [kɔ̃patisɑ̃, ɑ̃t] adj. compassionevole. | *compatissant envers*, pietoso con.

compatriote [kɔ̃patrijɔt] n. [même nation] compatriot(t)a, connazionale ; [même région] compaesano.
compendium [kɔ̃pɛ̃djɔm] m. (lat.) compendio, sommario.
compensable [kɔ̃pɑ̃sabl] adj. compensabile.
compensateur, trice [kɔ̃pɑ̃satœr, tris] adj. et n. m. compensatore, trice.
compensation [kɔ̃pɑ̃sasjɔ̃] f. ÉCON., FIN., JUR. compensazione. ‖ [dédommagement] compenso m. | *en compensation*, in compenso.
compensatoire [kɔ̃pɑ̃satwar] adj. compensatorio.
compensé, e [kɔ̃pɑ̃se] adj. *semelles compensées*, suole di compensato. ‖ MÉD. compensato.
compenser [kɔ̃pɑ̃se] v. tr. compensare. ‖ JUR. *compenser les dépens*, compensare le spese. ‖ MAR. compensare. ◆ v. pr. [s'équilibrer] bilanciarsi, pareggiarsi.
compère [kɔ̃pɛr] m. VX [parrain] compare. ‖ FAM. [terme d'amitié] compare. | *un joyeux compère*, un compagnone, un buontempone, un allegrone. ‖ [dans une fable] *compère l'Ours*, compare Orso. ‖ [complice] compare, complice. | *un rusé compère*, un volpone. ‖ THÉÂTRE compare ; spalla f.
compère-loriot [kɔ̃pɛrlɔrjo] m. MÉD. orzaiolo.
compétence [kɔ̃petɑ̃s] f. competenza. | *de ma compétence*, di mia competenza.
compétent, e [kɔ̃petɑ̃, ɑ̃t] adj. competente.
compétiteur, trice [kɔ̃petitœr, tris] n. competitore, trice.
compétitif, ive [kɔ̃petitif, iv] adj. competitivo.
compétition [kɔ̃petisjɔ̃] f. competizione, gara.
compilateur, trice [kɔ̃pilatœr, tris] n. compilatore, trice.
compilation [kɔ̃pilasjɔ̃] f. compilazione.
compiler [kɔ̃pile] v. tr. compilare.
complainte [kɔ̃plɛ̃t] f. lamento m., nenia.
complaire [kɔ̃plɛr] v. tr. ind. compiacere. ◆ v. pr. compiacersi. | *se complaire à faire qch.*, compiacersi di far qlco. | *se complaire dans ses illusions*, cullarsi, compiacersi nelle proprie illusioni. | *se complaire dans l'observation de son prochain*, compiacersi, deliziarsi nell'osservazione del prossimo. | *se complaire dans le vice*, crogiolarsi, compiacersi nel vizio.
complaisance [kɔ̃plɛzɑ̃s] f. [amabilité] gentilezza, compiacenza, cortesia. | *ayez la complaisance de*, abbia la gentilezza di, mi faccia la cortesia di. ‖ [indulgence] compiacimento m., soddisfazione. | *se regarder avec complaisance*, guardarsi con compiacimento, guardarsi compiaciuto (adj.). | *être sans complaisance envers soi-même*, essere senz'indulgenza verso se stesso. | *avoir des complaisances pour qn*, favoreggiare qlcu. ‖ PÉJOR. *billet, signature de complaisance*, biglietto, firma di favore. ‖ PSYCHAN. *complaisance somatique*, compiacenza somatica.
complaisant, e [kɔ̃plɛzɑ̃, ɑ̃t] adj. [favorable] compiacente, gentile, servizievole. | *prêter une oreille complaisante*, ascoltare compiaciuto (adj.). ‖ [indulgent] compiaciuto. | *se regarder d'un air complaisant*, guardarsi con aria compiaciuta. ‖ PÉJOR. *mari complaisant*, marito compiacente, accomodante.
complément [kɔ̃plemɑ̃] m. complemento. ‖ GRAMM. complemento. ‖ JUR. *ordonner un complément d'instruction*, disporre un supplemento di istruttoria.
complémentaire [kɔ̃plemɑ̃tɛr] adj. **(de)** complementare (a).
complet, ète [kɔ̃plɛ, ɛt] adj. PR. et FIG. completo, integrale, intero. | *édition complète*, edizione completa, integrale. | *pain complet*, pane integrale. | *café, thé complet*, caffè, tè completo. | *faire un tour complet*, fare un giro intero. | *silence complet*, silenzio totale, assoluto. | *quand la nuit fut complète*, a notte fatta. | *homme complet*, uomo completo. | *ruine, victoire complète*, rovina, vittoria totale. ‖ [plein] pieno ; al completo. | *train complet, archicomplet*, treno al completo, pieno zeppo. ‖ FAM. *c'est complet !*, ci mancava questa !, non ci mancava altro ! | *ce serait complet !*, sarebbe il colmo !, (non) ci mancherebbe altro ! ◆ n. m. [vêtement] completo. ◆ loc. adv. ***au (grand) complet***, al (gran) completo. | *sommes-nous au complet ?*, ci siamo tutti ?
1. complètement [kɔ̃plɛtmɑ̃] adv. completamente, del tutto.
2. complètement m. completamento.
compléter [kɔ̃plete] v. tr. completare, integrare. ◆ v. pr. [former un tout] completarsi, integrarsi. ‖ [devenir complet] = venir completato, integrato.
complétif, ive [kɔ̃pletif, iv] adj. completivo.
complexe [kɔ̃plɛks] adj. [composé ; compliqué] complesso. | *intrigue, caractère complexe*, intreccio, carattere complesso. | *question complexe*, questione complessa. ‖ CHIM., GRAMM., MATH. complesso. ◆ n. m. ÉCON., IND. complesso. ‖ PSYCHAN. *complexe d'Œdipe*, complesso edipico, di Edipo. ‖ FAM. *avoir des complexes* = essere timido, inibito.
complexé, e [kɔ̃plekse] adj. FAM. = timido, inibito.
complexion [kɔ̃plɛksjɔ̃] f. [physique] costituzione. ‖ [tempérament] temperamento m., carattere m., indole.
complexité [kɔ̃plɛksite] f. complessità.
complication [kɔ̃plikasjɔ̃] f. complicazione.
complice [kɔ̃plis] adj. et n. complice. ‖ JUR. correo m. ‖ FIG. complice, connivente. | *un coup d'œil complice*, un'occhiata di connivenza.
complicité [kɔ̃plisite] f. complicità.
complies [kɔ̃pli] f. pl. RELIG. compieta f.
compliment [kɔ̃plimɑ̃] m. complimento, congratulazione. ‖ [politesse] *présenter ses compliments*, presentare i propri ossequi, i propri omaggi. ‖ IRON. *tous mes compliments !*, (i miei) complimenti ! ‖ *faire compliment à qn de qch.*, complimentarsi con qlcu. per qlco. ‖ [bref discours] = breve componimento ; discorsetto d'occasione ; fervorino.
complimenter [kɔ̃plimɑ̃te] v. tr. complimentare ; complimentarsi con, congratularsi con v. pr. ‖ ABSOL. *perdre son temps à complimenter*, perdersi in cerimonie.
complimenteur, euse [kɔ̃plimɑ̃tœr, øz] adj. complimentoso, cerimonioso. ◆ n. = persona complimentosa, cerimoniosa ; incensatore, trice.
compliqué, e [kɔ̃plike] adj. complicato, complesso. ‖ FIG. *personne compliquée*, persona manierata, complicata. | *esprit compliqué*, mente contorta, tortuosa.
compliquer [kɔ̃plike] v. tr. complicare. ◆ v. pr. complicarsi.
complot [kɔ̃plo] m. congiura f., cospirazione f. ; complotto (gall.).
comploter [kɔ̃plɔte] v. intr. et tr. ind. **(contre)** congiurare (contro), cospirare (contro) ; complottare (gall.). ◆ v. tr. ordire, tramare, macchinare.
comploteur [kɔ̃plɔtœr] m. cospiratore, congiuratore, congiurato.
componction [kɔ̃pɔ̃ksjɔ̃] f. compunzione. | *avec componction*, con aria compunta.
comportement [kɔ̃pɔrtəmɑ̃] m. comportamento, condotta f., contegno. | *psychologie du comportement*, comportamentismo.
comporter [kɔ̃pɔrte] v. tr. [admettre] comportare, tollerare, permettere, ammettere. | *état de santé qui ne comporte aucun travail*, salute che non comporta, permette nessun lavoro. | *ta conduite ne comporte pas d'excuses*, la tua condotta non ammette scuse. ‖ [contenir ; impliquer] constare di ; contenere, implicare. | *travail qui comporte des risques*, lavoro che implica, comporta rischi. | *ce service comporte plusieurs bureaux*, quel servizio è composto di parecchi uffici. ◆ v. pr. comportarsi.
composant, e [kɔ̃pozɑ̃, ɑ̃t] adj. componente. ◆ n. m. CHIM. componente. ◆ n. f. MATH, MÉC. componente.
composé, e [kɔ̃poze] adj. PR. composto. ‖ [affecté] affettato, artificioso, artefatto ; composto (VX). ◆ n. m. composto, amalgama. ‖ CHIM., GRAMM. composto. ◆ f. pl. BOT. composite.
composer [kɔ̃poze] v. tr. PR. comporre. ‖ FIG. *composer son visage*, comporre, atteggiare il proprio volto. | *composer son attitude*, studiare il proprio atteggiamento. ‖ TYP. comporre. | *machine à composer*, compositrice. ◆ v. intr. [transiger] transigere ;

venire a patti. || Univ. = fare un compito in classe. ◆ v. pr. **(de)** comporsi (di), constare (di).
composite [kɔ̃pozit] adj. Pr. et fig. composito.
compositeur, trice [kɔ̃pozitœr, tris] n. Mus., Typ. compositore, trice. || Jur. arbitro m.
composition [kɔ̃pozisjɔ̃] f. composizione. || Chim., Mus., Typ. composizione. || Univ. [examen] = compito (m.) in classe, esperimento m. ; prova, esame (m.) [trimestrale]. || [devoir] tema m., componimento m. || Pr. et fig. *venir à composition*, venire a patti, a transazione. || *personne de bonne composition*, persona arrendevole, accomodante.
compost [kɔ̃pɔst] m. Agr. composta f., terricciato.
1. composter [kɔ̃pɔste] v. tr. Agr. = ammendare con composta, con terricciato.
2. composter v. tr. [marquer] vidimare. || Typ. = comporre a mano (col compositoio).
composteur [kɔ̃pɔstœr] m. = apparecchio con lettere, con cifre amovibili per timbrare ; = timbro. || Typ. compositoio.
compote [kɔ̃pɔt] f. Culin. composta. || Fam. *réduire en compote*, ridurre in poltiglia. | *visage en compote* = viso tutto ammaccato.
compotier [kɔ̃pɔtje] m. compostiera f.
compound [kɔ̃pund] adj. inv. (angl.) Techn. composto. | *machine compound*, macchina a espansione composta.
compréhensibilité [kɔ̃preɑ̃sibilite] f. comprensibilità.
compréhensible [kɔ̃preɑ̃sibl] adj. comprensibile.
compréhensif, ive [kɔ̃preɑ̃sif, iv] adj. comprensivo.
compréhension [kɔ̃preɑ̃sjɔ̃] f. comprensione.
comprendre [kɔ̃prɑ̃dr] v. tr. [contenir] comprendere, contenere, racchiudere. || [inclure] comprendere, includere. | *service compris*, servizio compreso, tutto compreso. | *service non compris*, senza il servizio. || [concevoir, saisir] capire, intendere, comprendere. | *comme je te comprends !*, come ti sono vicino ! | *cela se comprend*, si capisce. || Fam. *compris ?*, capito ? ◆ loc. inv. ***y compris,*** compreso, incluso adj. || ***tout compris,*** tutto compreso. ◆ v. pr. [s'accorder] capirsi, intendersi, comprendersi.
comprenette [kɔ̃prənɛt] f. Fam. comprendonio m. | *il n'a pas la comprenette facile*, è duro di comprendonio.
compresse [kɔ̃prɛs] f. compressa.
compresseur [kɔ̃prɛsœr] adj. et n. m. Techn. compressore. | *rouleau compresseur*, (rullo) compressore ; compressore stradale.
compressibilité [kɔ̃prɛsibilite] f. compressibilità, comprimibilità.
compressible [kɔ̃prɛsibl] adj. compressibile, comprimibile.
compression [kɔ̃prɛsjɔ̃] f. compressione. || [réduction] *compression budgétaire*, riduzione del bilancio (preventivo). | *compression de personnel*, riduzione di personale.
comprimé [kɔ̃prime] m. compressa f.
comprimer [kɔ̃prime] v. tr. comprimere. || [réduire] ridurre. | *comprimer les dépenses, les effectifs*, ridurre le spese, il personale. || [réprimer] reprimere, trattenere, comprimere. | *comprimer ses larmes*, reprimere, trattenere le lagrime.
compris, e adj. V. comprendre.
compromettant, e [kɔ̃prɔmɛtɑ̃, ɑ̃t] adj. compromettente.
compromettre [kɔ̃prɔmɛtr] v. tr. compromettere. | *compromettre sa réputation*, compromettere, esporre la propria riputazione. ◆ v. pr. compromettersi.
compromis [kɔ̃prɔmi] m. compromesso.
compromission [kɔ̃prɔmisjɔ̃] f. compromissione.
comptabiliser [kɔ̃tabilize] v. tr. contabilizzare, conteggiare ; mettere in conto.
comptabilité [kɔ̃tabilite] f. [science des comptes] ragioneria, contabilità. || [ensemble des comptes ; service] contabilità. | *chef de comptabilité*, capo contabile, ragioniere capo. | *comptabilité en partie double*, contabilità in partita doppia.
comptable [kɔ̃tabl] adj. contabile. | *plan comptable*, piano contabile. || Fig. responsabile. | *être comptable de ses actions envers qn*, essere contabile delle proprie azioni davanti a qlcu., di fronte a qlcu. ◆ n. m. contabile, computista. | *expert-comptable*, ragioniere.
comptant [kɔ̃tɑ̃] adj. et n. m. contante. | *argent comptant*, denaro contante. | *vendre, acheter au comptant*, vendere, comprare in contanti. || Fig. *prendre pour argent comptant*, prendere per oro colato. ◆ adv. *payer, vendre, acheter comptant*, pagare, vendere, comprare in contanti.
compte [kɔ̃t] m. conto. | *compte rond*, conto tondo. | *les comptes ne tombent pas juste*, i conti non tornano. | *compte rendu :* [rapport] resoconto, rendiconto ; Écon. consuntivo ; [analyse d'une œuvre littér.] recensione f. | *rendre compte de*, rendere conto di ; [d'une œuvre littér.] recensire. | *se rendre compte de*, rendersi conto di. || Comm., Écon., Fin. *compte courant postal*, conto corrente postale. | *Cour des comptes*, Corte dei conti. | *compte (des) profits et pertes*, conto profitti e perdite. | *passer au compte des profits et pertes*, passare a perdite e profitti. || Loc. *à ce compte-là*, a questa stregua. | *mettre sur le compte de qn, de qch.*, mettere sul conto di qlcu., di qlco. | *tenir compte de*, tener conto di, tenere in conto. | *y trouver son compte*, trovarci il proprio conto, il proprio tornaconto. | *faire entrer en ligne de compte*, prendere in considerazione. | *cela n'entre pas en ligne de compte*, questo non va preso in considerazione, questo non c'entra. | *pour le compte de*, per conto di. | *prendre à son compte*, prendere su di sé. | *reprendre une idée à son compte*, far propria un'idea. | *donner son compte à qn*, licenziare qlcu. | *recevoir son compte* = avere, ricevere quel che ci si merita ; essere licenziato. || Fam. *avoir son compte :* [être battu] essere bell'e spacciato ; [être ivre] = essere ubriaco. | *aller à terre pour le compte* [boxe] = essere messo fuori combattimento. | *être de compte à demi avec qn*, fare a mezzo con qlcu. | *être, travailler à son compte*, lavorare in proprio. | *publication à compte d'auteur*, pubblicazione a spese dell'autore. | *se renseigner sur le compte de qn*, informarsi intorno a, sul conto di qlcu. | *demander des comptes à qn*, chiedere spiegazioni a qlcu. | *demander compte de qch.*, chiedere conto di qlco. | *être en compte avec qn*, avere un conto presso qlcu. | *nous sommes loin du compte*, ci manca molto. | *cela ne fait pas mon compte*, non ci trovo il mio conto, non son soddisfatto. | *régler ses comptes avec qn*, fare i conti con qlcu. || Fam. *régler son compte à qn*, conciar qlcu. per le feste, far la festa a qlcu. || Fig. *règlement de comptes*, regolamento di conti. | *à chacun son compte*, ad ognuno il suo. || Prov. *les bons comptes font les bons amis*, patti chiari, amici cari. | *erreur n'est pas compte*, errore non paga debito. ◆ loc. adv. ***à bon compte,*** a buon mercato. | *en être quitte, s'en tirer à bon compte*, cavarsela a buon prezzo. || ***au bout du compte,*** in fin dei conti. | ***en fin de compte,*** tutto sommato. | ***tout compte fait,*** a conti fatti.
compte-fils [kɔ̃tfil] m. inv. Opt. contafili.
compte-gouttes [kɔ̃tgut] m. inv. contagocce. ◆ loc. adv. Fam. ***au compte-gouttes,*** col contagocce.
compter [kɔ̃te] v. tr. **1.** [dénombrer] contare. || Fig. *à pas comptés*, a piccoli passi, a passi lenti. || [avoir atteint] contare. | *compter quinze années de service*, contare, vantare quindici anni di servizio. | *la ville compte cent mille habitants*, la città conta, ha centomila abitanti. | *il faut compter deux heures pour aller de Milan à Bologne*, ci vogliono due ore per andare da Milano a Bologna. || **2.** [mettre au nombre de] annoverare. | *compter qn parmi ses amis*, annoverare qlcu. fra i propri amici. || **3.** [payer] pagare. | *compter mille francs à qn*, pagare mille franchi a qlcu. || [faire payer] chiedere. | *il m'a compté dix francs de l'heure*, mi ha chiesto, mi ha fatto pagare dieci franchi l'ora. || *sans compter*, senza misura, smisuratamente. | *dépenser sans compter*, spendere e spandere. || **4.** [considérer] considerare, giudicare, ritenere. | *on le compta pour mort*, lo ritennero morto. || **5.** (suivi de l'inf.) [envisager] contare di, intendere di, proporsi di (inf.).

|| [espérer] *je comptais que tu lui avais écrit*, contavo che tu gli avessi scritto. ◆ v. intr. [effectuer un calcul] contare. || [faire nombre] contare. | *syllabe qui ne compte pas*, sillaba che non conta. || [être important] *cela ne compte pas*, ciò non conta, non mette conto, non ha importanza. || [se fier à] *compter sur qn*, contare su qlcu., fare affidamento su qlcu. | *compter sur la chance*, contare sulla, confidare nella buona fortuna. || IRON. *vous obtiendrez ce que vous voulez, comptez-y ! — j'y compte bien !*, lei otterrà ciò che vuole, senz'altro ! — voglio sperarlo ! | *n'y comptez pas !, comptez-y !*, non se l'aspetti !, non si faccia illusioni ! || [tenir compte de] *compter avec qn, avec qch.*, tener conto di qlcu., di qlco. ◆ loc. prép. ***à compter de,*** a partire da, a datare da. | *à compter d'aujourd'hui*, a partire da oggi, da oggi in poi. ◆ loc. conj. ***sans compter que,*** senza contare che.

compte-tours [kɔ̃ttur] m. inv. contagiri.

compteur [kɔ̃tœr] m. contatore. | *compteur à eau, à gaz, d'électricité*, contatore dell'acqua, del gas, della luce. || AUTOM. *compteur de vitesse*, tachimetro. | *compteur kilométrique*, contachilometri m. inv.

comptine [kɔ̃tin] f. = filastrocca (che si recita per far la conta). | *réciter une comptine* = far la conta, fare il tocco.

comptoir [kɔ̃twar] m. [table] banco. || [établissement bancaire] *comptoir d'escompte*, banco di sconto. | *la Banque de France a des comptoirs dans toutes les villes*, la Banca di Francia ha delle agenzie in tutte le città. || [agence de commerce] = agenzia commerciale. || [cartel de vente] = cooperativa di vendita.

compulser [kɔ̃pylse] v. tr. JUR. = esaminare ; prendere in esame. || [consulter] consultare, scartabellare ; compulsare (gall.).

compulsion [kɔ̃pylsjɔ̃] f. PSYCHAN. *compulsion de répétition*, coazione a ripetere.

compulsionnel, elle [kɔ̃pylsjɔnɛl] adj. PSYCHAN. coattivo.

comput [kɔ̃pyt] m. computo.

comtal, e, aux [kɔ̃tal, o] adj. comitale.

comte [kɔ̃t] m. conte.

comté [kɔ̃te] m. contea f.

comtesse [kɔ̃tɛs] f. contessa.

con, conne [kɔ̃, kɔn] adj. et n. POP. fesso, a ; mona m.

concassage [kɔ̃kasaʒ] m. frantumazione f.

concassé [kɔ̃kase] m. pietrisco.

concasser [kɔ̃kase] v. tr. frantumare, macinare.

concasseur [kɔ̃kasœr] m. frantoio, frantumatrice f.

concave [kɔ̃kav] adj. concavo.

concavité [kɔ̃kavite] f. concavità. || [cavité] concavità ; concavo m. (rare).

concéder [kɔ̃sede] v. tr. concedere. | *concéder qch. à qn*, concedere qlco. a qlcu. | *je concède que tu as raison sur ce point*, concedo che tu abbia ragione su questo punto.

concentration [kɔ̃sɑ̃trasjɔ̃] f. concentramento m., concentrazione. | *camp de concentration*, campo di concentramento. || FIG. [tension] concentrazione. || CHIM. concentrazione. || ÉCON. concentrazione, concentramento. || POLIT. accentramento m., concentramento. | *concentration des pouvoirs*, accentramento dei poteri.

concentrationnaire [kɔ̃sɑ̃trasjɔnɛr] adj. = relativo ai campi di concentramento. | *l'univers concentrationnaire* = il mondo isolato dei campi di concentramento.

concentré, e [kɔ̃sɑ̃tre] adj. concentrato. ◆ n. m. CULIN. concentrato, estratto.

concentrer [kɔ̃sɑ̃tre] v. tr. concentrare. ◆ v. pr. concentrarsi.

concentrique [kɔ̃sɑ̃trik] adj. concentrico.

concept [kɔ̃sɛpt] m. concetto.

conception [kɔ̃sɛpsjɔ̃] f. PHYSIOL. concepimento m., concezione. || THÉOL. *l'Immaculée Conception*, l'Immacolata Concezione. || [faculté de comprendre] concezione, concepimento. || [idée] concezione, concetto m.

conceptualiser [kɔ̃septɥalize] v. tr. NÉOL. concettualizzare.

conceptuel, elle [kɔ̃sɛptɥɛl] adj. concettuale.

concerné, e [kɔ̃sɛrne] adj. *se sentir, être concerné par qch.* = essere interessato da qlco., esser preso da qlco.

concerner [kɔ̃sɛrne] v. tr. concernere, riguardare. | *en ce qui me concerne*, per quanto mi riguarda, mi concerne. || [intéresser] *je suis, je me sens concerné par ce problème*, questo problema mi tocca da vicino.

concert [kɔ̃sɛr] m. PR. et FIG. concerto. | *concert de louanges, de lamentations*, coro di lodi, di piagnistei. ◆ loc. adv. ***de concert,*** di concerto, d'accordo.

concertant, e [kɔ̃sɛrtɑ̃, ɑ̃t] adj. concertante.

concertation [kɔ̃sɛrtasjɔ̃] f. concertazione.

concerter [kɔ̃sɛrte] v. tr. concertare. | *plan concerté*, piano concertato, concordato. ◆ v. pr. concertarsi, accordarsi.

concertiste [kɔ̃sɛrtist] n. concertista.

concerto [kɔ̃sɛrto] m. (ital.) concerto.

concessif, ive [kɔ̃sɛsif, iv] adj. *proposition concessive*, proposizione concessiva.

concession [kɔ̃sɛsjɔ̃] f. PR. et FIG. concessione. | *faire des concessions*, fare delle concessioni. || [sépulture] *concession temporaire, à perpétuité*, concessione temporanea, a perpetuità.

concessionnaire [kɔ̃sɛsjɔnɛr] m. concessionario.

concevable [kɔ̃svabl] adj. concepibile.

concevoir [kɔ̃svwar] v. tr. PHYSIOL. concepire. || [inventer] concepire, ideare, inventare. || [comprendre] concepire, capire, comprendere. || [ressentir] concepire, provare. || [rédiger] *le télégramme était ainsi conçu*, il telegramma diceva che... | *l'inscription était ainsi conçue*, la scritta era così concepita ; la scritta diceva che... || [agencer] *bien conçu*, ben congegnato. | *mal conçu*, congegnato male. ◆ v. pr. FAM. *ça se conçoit !*, si capisce !

conchoïde [kɔ̃kɔid] f. MATH. concoide.

conchylien, enne [kɔ̃kiljɛ̃, ɛn] adj. GÉOL. conchiglifero.

concierge [kɔ̃sjɛrʒ] n. [maison modeste] portinaio, a ; [immeuble, édifice public] portiere, a. || FAM. *c'est une vraie concierge !*, è una pettegola !

conciergerie [kɔ̃sjɛrʒəri] f. portineria.

concile [kɔ̃sil] m. concilio.

conciliable [kɔ̃siljabl] adj. conciliabile.

conciliabule [kɔ̃siljabyl] m. conciliabolo.

conciliaire [kɔ̃siljɛr] adj. conciliare.

conciliant, e [kɔ̃siljɑ̃, ɑ̃t] adj. [tolérant] conciliante. || [favorisant un accord] conciliativo. | *paroles conciliantes*, parole conciliative, di conciliazione.

conciliateur, trice [kɔ̃siljatœr, tris] n. conciliatore, trice.

conciliation [kɔ̃siljasjɔ̃] f. conciliazione. | *paroles de conciliation*, V. CONCILIANT.

concilier [kɔ̃silje] v. tr. conciliare. ◆ v. pr. *se concilier les bonnes grâces de qn*, conciliarsi i favori di qlcu.

concis, e [kɔ̃si, iz] adj. conciso.

concision [kɔ̃sizjɔ̃] f. concisione.

concitoyen, enne [kɔ̃sitwajɛ̃, ɛn] n. [du même État] compatriotta, connazionale ; [de la même ville] concittadino.

conclave [kɔ̃klav] m. conclave.

conclaviste [kɔ̃klavist] m. conclavista.

concluant, e [kɔ̃klyɑ̃, ɑ̃t] adj. concludente, convincente. | *argument concluant*, argomento concludente, convincente. | *l'expérience n'est pas concluante*, l'esperienza non è probante.

conclure [kɔ̃klyr] v. tr. [mener à bonne fin] concludere. || [tirer une conséquence] dedurre, arguire, argomentare, concludere. ◆ v. tr. ind. **(à)** *les jurés ont conclu à l'homicide*, i giurati hanno emesso verdetto di omicidio. | *les juges ont conclu à l'acquittement*, i giudici si sono pronunziati per l'assoluzione, hanno pronunziato una sentenza di assoluzione. | *conclure à l'accident*, concludere che, giungere alla conclusione che si tratta di un incidente. ◆ v. intr. *le témoignage conclut contre lui, ne conclut pas en sa faveur*, la testimonianza gli risulta contraria. | *l'argument ne conclut pas*, l'argomento non conclude.

conclusion [kɔ̃klyzjɔ̃] f. conclusione. ◆ pl. JUR. *dépo-*

ser des conclusions, presentare conclusioni. ◆ loc. adv. ***en conclusion,*** in conclusione, concludendo, insomma.
concombre [kɔ̃kɔ̃bre] m. cetriolo.
concomitance [kɔ̃kɔmitɑ̃s] f. concomitanza.
concomitant, e [kɔ̃kɔmitɑ̃, ɑ̃t] adj. concomitante. | *cause concomitante*, concausa f.
concordance [kɔ̃kɔrdɑ̃s] f. concordanza.
concordant, e [kɔ̃kɔrdɑ̃, ɑ̃t] adj. concordante.
concordat [kɔ̃kɔrda] m. concordato.
concordataire [kɔ̃kɔrdatɛr] adj. concordatario.
concorde [kɔ̃kɔrd] f. concordia.
concorder [kɔ̃kɔrde] v. intr. concordare.
concourant, e [kɔ̃kurɑ̃, ɑ̃t] adj. concorrente.
concourir [kɔ̃kurir] v. tr. ind. **(à)** *concourir au succès de*, concorrere al, contribuire al successo di. ◆ v. intr. *concourir pour une chaire*, concorrere a una cattedra.
concours [kɔ̃kur] m. concorso. | *un grand concours de spectateurs*, un gran concorso, una grande affluenza di spettatori. | *un concours de circonstances*, un concorso di circostanze, una coincidenza. | *apporter, prêter son concours à qn*, apportare il proprio contributo, il proprio concorso a qlcu. ; prestar aiuto a qlcu. | *ouvrir un concours*, bandire un concorso. | *mettre au concours*, mettere a concorso. | *être reçu à un concours*, vincere un concorso. | *hors concours*, fuori concorso. || Univ. *Concours général* = concorso annuale fra i migliori liceali degli ultimi due anni. || Sport *concours hippique*, concorso ippico.
concret, ète [kɔ̃krɛ, ɛt] adj. concreto. ◆ n. m. [ce qui est concret] concreto. || [caractère concret] concretezza f.
concréter [kɔ̃krete] v. tr. (rare) = solidificare ; rendere solido, compatto.
concrétion [kɔ̃kresjɔ̃] f. [action] = solidificazione ; (il) diventar compatto, consistente. || Géol., Méd. concrezione.
concrétiser [kɔ̃kretize] v. tr. concretare, concretizzare. ◆ v. pr. *le programme commence à se concrétiser*, il programma comincia a concretarsi. | *le projet s'est concrétisé*, il progetto si è concretizzato.
concubin, e [kɔ̃kybɛ̃, in] n. concubino, a.
concubinage [kɔ̃kybinaʒ] m. concubinato, concubinaggio.
concupiscence [kɔ̃kypisɑ̃s] f. concupiscenza.
concupiscent, e [kɔ̃kypisɑ̃, ɑ̃t] adj. concupiscente.
concurremment [kɔ̃kyramɑ̃] adv. congiuntamente, unitamente, di concerto.
concurrence [kɔ̃kyrɑ̃s] f. concorrenza. | *entrer en concurrence avec*, entrare in concorrenza con. | *défier toute concurrence*, non temere la concorrenza. ◆ loc. prép. ***jusqu'à concurrence de,*** fino alla concorrenza di.
concurrencer [kɔ̃kyrɑ̃se] v. tr. far concorrenza a.
concurrent, e [kɔ̃kyrɑ̃, ɑ̃t] adj. et n. concorrente.
concurrentiel, elle [kɔ̃kyrɑ̃sjɛl] adj. concorrenziale.
concussion [kɔ̃kysjɔ̃] f. concussione.
concussionnaire [kɔ̃kysjɔnɛr] m. concussionario.
condamnable [kɔ̃danabl] adj. condannabile.
condamnation [kɔ̃danasjɔ̃] f. Pr. et fig. condanna.
condamné, e [kɔ̃dane] n. condannato, a.
condamner [kɔ̃dane] v. tr. Pr. et fig. condannare. | *condamner au silence*, condannare, costringere al silenzio. || [blâmer] *condamner un usage*, riprovare, condannare un uso. || [interdire] proibire, vietare. || [murer] *condamner une fenêtre, une porte*, condannare, murare una finestra, una porta. || [déclarer incurable] *condamner un malade*, condannare, spacciare (fam.) un malato.
condensable [kɔ̃dɑ̃sabl] adj. condensabile.
condensateur [kɔ̃dɑ̃satœr] m. Électr. condensatore, capacitore. || Phot. condensatore.
condensation [kɔ̃dɑ̃sasjɔ̃] f. Phys. et fig. condensamento m., condensazione. || Chim. condensazione.
condensé [kɔ̃dɑ̃se] m. [résumé] compendio, riassunto.
condenser [kɔ̃dɑ̃se] v. tr. condensare. || Fig. condensare, compendiare, riassumere. ◆ v. pr. condensarsi.
condenseur [kɔ̃dɑ̃sœr] m. Techn. condensatore. | *condenseur barométrique*, condensatore barometrico.
condescendance [kɔ̃dɛsɑ̃dɑ̃s] f. Péjor. sufficienza, degnazione.
condescendant, e [kɔ̃dɛsɑ̃dɑ̃, ɑ̃t] adj. Péjor. altezzoso. | *un air, un sourire condescendant*, un'aria, un sorriso di degnazione.
condescendre [kɔ̃dɛsɑ̃dr] v. tr. ind. **[à]** (ac)condiscendere a.
condiment [kɔ̃dimɑ̃] m. condimento.
condisciple [kɔ̃disipl] n. condiscepolo, a.
condition [kɔ̃disjɔ̃] f. [rang ; position sociale] condizione, posizione. | *de basse condition*, di umile condizione. | *gens de condition*, gente d'alto rango, di alta posizione sociale. || [circonstance] condizione. | *conditions de santé, de vente, de paiement*, condizioni di salute, di vendita, di pagamento. || Loc. *les conditions requises*, i requisiti necessari. | *poser ses conditions*, porre le proprie condizioni. | *dans ces conditions*, stando così le cose. | *sous condition*, sotto condizione. | *sans conditions*, senza condizioni, incondizionatamente. | *capitulation sans conditions*, resa incondizionata. | *mettre en condition*, condizionare. || Comm. *achat à condition*, acquisto a, sotto condizione. ◆ loc. prép. ***à condition de,*** a patto di, a condizione di. ◆ loc. conj. ***à condition que,*** a patto che, a condizione che.
conditionné, e [kɔ̃disjɔne] adj. condizionato.
conditionnel, elle [kɔ̃disjɔnɛl] adj. condizionale. ◆ n. m. Gramm. condizionale.
conditionnement [kɔ̃disjɔnmɑ̃] m. [blé, fruits] condizionamento ; [papier, cuir, textile] condizionatura f. ; [air] condizionamento, climatizzazione f. || Psych. condizionamento. || [emballage] condizionamento, imballaggio.
conditionner [kɔ̃disjɔne] v. tr. condizionare.
conditionneur [kɔ̃disjɔnœr] m. condizionatore.
condoléances [kɔ̃dɔleɑ̃s] f. pl. condoglianze.
condominium [kɔ̃dɔminjɔm] m. condominio.
condor [kɔ̃dɔr] m. Zool. condor(e).
condottiere [kɔ̃dɔtjɛr] m. (ital.) condottiero ; condottiere (vx).
conductance [kɔ̃dyktɑ̃s] f. Électr. conduttanza.
conducteur, trice [kɔ̃dyktœr, tris] adj. conduttore, trice. ◆ n. [chauffeur] automobilista, conducente m. ; [professionnel] autista ; [de tram, de train] conducente m., macchinista m. | *conducteur de travaux*, capo cantiere m., capomastro m. || Typ. macchinista. || Électr. conduttore.
conductibilité [kɔ̃dyktibilite] f. conducibilità.
conductible [kɔ̃dyktibl] adj. conducibile.
conduction [kɔ̃dyksjɔ̃] f. Électr. conduzione.
conductivité [kɔ̃dyktivite] f. Électr. conduttività.
conduire [kɔ̃dɥir] v. tr. [guider] condurre, guidare. | *conduire un cheval, une voiture, une automobile*, condurre, guidare un cavallo, una vettura, una macchina. || [mener] condurre, portare, accompagnare. | *conduire un enfant à l'école*, condurre, portare, accompagnare un bambino a scuola. | *conduire qn en prison*, portare qlcu. in prigione. | *cette rue conduit à la place*, questa via porta in piazza. || [commander] comandare. | *conduire une armée, une flotte*, comandare un esercito, una flotta. | *conduire l'orchestre*, dirigere l'orchestra. || [entraîner] portare, indurre. | *conduire au désespoir*, portare, indurre alla disperazione. | *conduire à la victoire*, condurre alla vittoria. ◆ v. intr. Autom. guidare. | *permis de conduire*, patente f. (di guida). ◆ v. pr. comportarsi. | *se conduire bien, mal*, comportarsi, portarsi bene, male.
conduit [kɔ̃dɥi] m. Anat., Techn. condotto.
conduite [kɔ̃dɥit] f. [comportement] condotta, comportamento m. || Fam. *faire un bout de conduite à qn* = accompagnare qlcu. | [direction] direzione, guida. | *chargé de la conduite des travaux*, incaricato della direzione dei lavori. | *étudier sous la conduite d'un professeur*, studiare sotto la guida di un professore. || Autom. *conduite à droite, à gauche*, guida a destra, a sinistra. | *conduite sportive*, guida sportiva. | *conduite assistée*, servosterzo m. | *conduite intérieure*, guida

interna. || TECHN. [fluides] condotta. | *conduite forcée*, condotta forzata. || [canalisations] conduttura.
condyle [kɔ̃dyl] m. ANAT. condilo.
cône [kon] m. GÉOM. cono. | *cône de révolution*, cono di rotazione. | *cône droit*, cono retto. | *cône tronqué*, *tronc de cône*, tronco di cono. || ANAT. *les cônes de la rétine*, i coni retinici. || ASTR. *cône d'ombre*, cono d'ombra. || BOT. *cône de pin*, cono, pigna (f.) del pino. || GÉOL. *cône de déjection*, cono di deiezione ; conoide m. || MIL. *cône de torpille*, testa (f.) di siluro. || TECHN. *cône de poulie*, cono di pulegge, cono a gradini. || [mollusque] cono.
confection [kɔ̃fɛksjɔ̃] f. [exécution] confezione, preparazione, fabbricazione. | *ce gâteau est de ma confection*, questo dolce è opera mia. || MODE *la confection* = la fabbricazione industriale di vestiti. | *les vêtements de confection*, gli abiti (per uomo, per signora) di serie, le confezioni. | *magasin de confection*, negozio di vestiti, di indumenti di confezione.
confectionner [kɔ̃fɛksjɔne] v. tr. confezionare, preparare. || CULIN. preparare.
confectionneur, euse [kɔ̃fɛksjɔnœr, øz] n. confezionista.
confédéral, e, aux [kɔ̃federal, o] adj. confederale.
confédération [kɔ̃federasjɔ̃] f. confederazione.
confédéré, e [kɔ̃federe] adj. et n. m. confederato.
confédérer [kɔ̃federe] v. tr. confederare. ◆ v. pr. confederarsi.
confer [kɔ̃fɛr] lat. (abr. : **conf.**, **cf.**) confronta (abr. : *cfr.*).
conférence [kɔ̃ferɑ̃s] f. conferenza. | *être en conférence*, essere in riunione. | *conférence de presse*, conferenza stampa. || UNIV. *maître de conférences* = (professore) incaricato.
conférencier, ère [kɔ̃ferɑ̃sje, ɛr] n. conferenziere, a.
conférer [kɔ̃fere] v. tr. [donner] conferire. || [comparer] collazionare, confrontare ; conferire (vx). | *conférer deux documents*, confrontare due documenti. ◆ v. intr. *conférer avec qn*, conferire, intrattenersi con qlcu.
confesse [kɔ̃fɛs] f. RELIG. confessione. | *aller à confesse*, andare a confessarsi. | *revenir de confesse*, tornare dalla confessione.
confesser [kɔ̃fese] v. tr. [avouer] confessare. || [entendre en confession] confessare. || FAM. *confesser qn*, far cantare qlcu. ; far parlare qlcu. (L.C.). ◆ v. pr. confessarsi.
confesseur [kɔ̃fɛsœr] m. confessore.
confession [kɔ̃fɛsjɔ̃] f. [tous sens] confessione. || LOC. *on lui donnerait le bon Dieu sans confession* : [parlant d'un garçon] sembra un angioletto ; [d'une fille] è una madonnina infilzata.
confessionnal [kɔ̃fɛsjɔnal] m. confessionale.
confessionnel, elle [kɔ̃fɛsjɔnɛl] adj. confessionale. | *école confessionnelle* = collegio privato, istituto privato d'ispirazione religiosa.
confetti [kɔ̃feti] m. (ital.) coriandolo.
confiance [kɔ̃fjɑ̃s] f. fiducia. | *homme de confiance*, uomo di fiducia, uomo fidato. | *avoir, perdre la confiance de qn*, godere, perdere la fiducia di qlcu. | *faire confiance à qn*, fidarsi di qlcu. | *manquer de confiance en soi*, diffidare di sé, mancare di fiducia in se stesso. || POLIT. *vote, question de confiance*, voto, questione di fiducia. ◆ loc. adv. ***de confiance, en (toute) confiance***, con piena fiducia, ad occhi chiusi.
confiant, e [kɔ̃fjɑ̃, ɑ̃t] adj. fiducioso.
confidence [kɔ̃fidɑ̃s] f. confidenza. | *mettre qn dans la confidence*, mettere qlcu. a parte di un progetto (segreto), di un segreto. | *être dans la confidence*, essere a conoscenza di un progetto (segreto), di un segreto. ◆ loc. adv. ***en confidence,*** in confidenza, in segreto.
confident, e [kɔ̃fidɑ̃, ɑ̃t] n. confidente.
confidentiel, elle [kɔ̃fidɑ̃sjɛl] adj. confidenziale.
confier [kɔ̃fje] v. tr. [remettre] affidare. || [communiquer] confidare, rivelare. | *confier un secret, ses craintes à qn*, confidare un segreto, i propri timori a qlcu. ◆ v. pr. [s'en remettre] *se confier en qn*, affidarsi a qlcu. || [faire des confidences] *se confier à qn*, confidarsi con qlcu.
configuration [kɔ̃figyrasjɔ̃] f. configurazione.
configurer [kɔ̃figyre] v. tr. configurare.
confiné, e [kɔ̃fine] adj. [enfermé] confinato. || [vicié] *air confiné*, aria chiusa, viziata.
confiner [kɔ̃fine] v. tr. ind. **(à)** [être proche de] confinare (con). || FIG. rasentare v. tr., confinare (con). ◆ v. tr. [reléguer] confinare, relegare. ◆ v. pr. [s'isoler] confinarsi, isolarsi, appartarsi. || [se cantonner] limitarsi. | *se confiner dans un rôle subalterne*, limitarsi a, rinchiudersi in un ruolo subalterno.
confins [kɔ̃fɛ̃] m. pl. PR. et FIG. confine m., confini, limiti.
confire [kɔ̃fir] v. tr. CULIN. [au sucre] candire ; [à l'huile] mettere, conservare sott'olio ; [au vinaigre] mettere, conservare sott'aceto.
confirmand, e [kɔ̃firmɑ̃, ɑ̃d] n. RELIG. cresimando, a.
confirmatif, ive [kɔ̃firmatif, iv] adj. JUR. confermativo.
confirmation [kɔ̃firmasjɔ̃] f. conferma. || JUR. convalida. || RELIG. cresima ; confermazione (littér.).
confirmé, e [kɔ̃firme] adj. sperimentato.
confirmer [kɔ̃firme] v. tr. [affermir] confermare, rafforzare. | *confirmer qn dans son opinion*, confermare, rafforzare qlcu. nella sua opinione. | *confirmer qn dans son entreprise*, incoraggiare uno nella sua impresa. || [certifier] *confirmer une nouvelle, un témoignage*, confermare una notizia, una testimonianza. | *je te confirmerai mon arrivée*, ti confermerò il mio arrivo. || [maintenir] *confirmer qn dans ses fonctions*, confermare qlcu. nelle sue funzioni. || JUR. *confirmer une donation, un privilège*, confermare una donazione, un privilegio. || RELIG. cresimare ; confermare nella fede. ◆ v. impers. *il se confirme que*, consta che.
confiscation [kɔ̃fiskasjɔ̃] f. confisca.
confiserie [kɔ̃fizri] f. [magasin] confetteria. || [sucrerie] dolciume m., dolce m.
confiseur, euse [kɔ̃fizœr, øz] n. confettiere, a. || FAM. *la trêve des confiseurs* = la tregua parlamentare (da Natale a Capodanno).
confisquer [kɔ̃fiske] v. tr. JUR. confiscare. | *confisquer les biens d'un condamné*, confiscare i beni di un condannato. | *confisquer des marchandises de contrebande*, confiscare, sequestrare merci di contrabbando. || *le professeur a confisqué un livre défendu*, il professore ha sequestrato un libro proibito.
confit, e [kɔ̃fi, it] adj. [fruit] candito ; [légume] conservato sott'olio, sott'aceto. || FIG. **(en)** compreso (di), compenetrato (da). | *confit en dévotion*, tutto devozione. ◆ n. m. *confit d'oie, de canard* = carne d'oca, d'anatra conservata nel grasso della cottura.
confiture [kɔ̃fityr] f. marmellata ; conserva di frutta ; confettura (gall.).
confiturerie [kɔ̃fityrri] f. = industria, fabbrica di marmellate.
confiturier [kɔ̃fityrje] m. fabbricante di marmellate. || [récipient] vasetto per la marmellata.
conflagration [kɔ̃flagrasjɔ̃] f. conflagrazione.
conflictuel, elle [kɔ̃fliktɥɛl] adj. conflittuale.
conflit [kɔ̃fli] m. conflitto.
confluence [kɔ̃flyɑ̃s] f. confluenza.
confluent, e [kɔ̃flyɑ̃, ɑ̃t] adj. confluente, convergente. ◆ n. m. confluente ; confluenza f.
confluer [kɔ̃flye] v. intr. confluire.
confondre [kɔ̃fɔ̃dr] v. tr. [mêler] confondere, mescolare. || [prendre l'un pour l'autre] *confondre une personne avec une autre*, confondere una persona con un'altra, scambiare una persona per un'altra. || [humilier] confondere, umiliare, mortificare. | *confondre les orgueilleux*, confondere, umiliare i superbi. || [déconcerter] sconcertare, stupire, confondere. | *tant d'insolence le confondit*, tanta insolenza lo sconcertò. || [embarrasser] *vos compliments me confondent*, i suoi complimenti mi confondono, mi mettono in imbarazzo. || [réduire au silence] *confondre un hypocrite, un imposteur*, smascherare, sbugiardare un ipocrita, un impostore. | *confondre qn par des arguments*

inattaquables, costringere, ridurre qlcu. al silenzio con argomenti inoppugnabili. | *confondre un accusé*, confondere un accusato. ◆ v. pr. [se mélanger] confondersi, mescolarsi. ‖ [se troubler] confondersi, turbarsi, smarrirsi. ‖ Loc. *se confondre en remerciements*, profondersi in ringraziamenti.
conformation [kɔ̃fɔrmasjɔ̃] f. conformazione.
conforme [kɔ̃fɔrm] adj. conforme. | *copie conforme*, copia conforme. | *signature certifiée conforme*, firma autenticata, certificata. ‖ PSYCHAN. *conforme au moi*, corrispondente all'io, egosintonico.
conformément [kɔ̃fɔrmemɑ̃] adv. **(à)** conformemente (a), in conformità (di).
conformer [kɔ̃fɔrme] v. tr. conformare, accordare, uniformare. ◆ v. pr. conformarsi, uniformarsi.
conformisme [kɔ̃fɔrmism] m. conformismo.
conformiste [kɔ̃fɔrmist] adj. conformistico. ◆ n. conformista.
conformité [kɔ̃fɔrmite] f. PR. et FIG. conformità. ◆ loc. prép. ***en conformité de, avec***, in conformità di, conformemente a.
confort [kɔ̃fɔr] m. comodità f. pl., agi m. pl. | *hôtel (avec) tout (le) confort*, albergo con tutte le comodità.
confortable [kɔ̃fɔrtabl] adj. comodo, confortevole.
confortablement [kɔ̃fɔrtabləmɑ̃] adv. comodamente, con comodità, in modo confortevole.
conforter [kɔ̃fɔrte] v. tr. rafforzare.
confraternel, elle [kɔ̃fratɛrnɛl] adj. *rapports confraternels*, rapporti di colleganza.
confraternité [kɔ̃fratɛrnite] f. = rapporti di colleganza, spirito di colleganza.
confrère [kɔ̃frɛr] m. RELIG. confratello. | [même profession] collega.
confrérie [kɔ̃freri] f. confraternita.
confrontation [kɔ̃frɔ̃tasjɔ̃] f. confronto m., raffronto m., riscontro m. ‖ JUR. confronto.
confronter [kɔ̃frɔ̃te] v. tr. confrontare, raffrontare. ‖ JUR. raffrontare.
confus, e [kɔ̃fy, yz] adj. confuso. ‖ [gêné] *je suis confus de ta bonté*, sono confuso della tua bontà. ‖ [désordonné] *esprit confus*, mente confusionaria.
confusion [kɔ̃fyzjɔ̃] f. confusione. | *jeter la confusion*, mettere, portare la confusione. | *à la confusion de*, a confusione di.
confusionnisme [kɔ̃fyzjɔnism] m. confusionismo.
congé [kɔ̃ʒe] m. **1.** [autorisation de partir] congedo, commiato. | *donner congé à qn*, dar commiato, congedo a qlcu. ; congedare qlcu. | *prendre congé de qn*, prender congedo, commiato da qlcu. ; accommiatarsi, congedarsi da qlcu. ‖ **2.** [autorisation de s'absenter] congedo. | *congé de maladie, pour raison de santé*, congedo per malattia, per motivi di salute. | *congé pour convenances personnelles*, aspettativa per necessità personali. ‖ **3.** [vacances] ferie f. pl., vacanza f. | *congés payés*, ferie retribuite. | *un jour de congé*, un giorno di vacanza. ‖ **4.** [renvoi] licenziamento. | *donner son congé à un employé*, licenziare un impiegato. | *le domestique a donné son congé*, il domestico si è licenziato. ‖ JUR. *donner congé à un locataire*, dare la disdetta a un inquilino. ‖ **5.** ARCHIT. guscio. ‖ **6.** COMM. = licenza di trasporto (rilasciata dal fisco).
congédiable [kɔ̃ʒedjabl] adj. = che può essere congedato.
congédiement [kɔ̃ʒedimɑ̃] m. licenziamento.
congédier [kɔ̃ʒedje] v. tr. [éconduire] mandar via, scacciare, congedare. | [renvoyer] *congédier un employé*, licenziare un impiegato.
congelable [kɔ̃ʒlabl] adj. = che può essere congelato.
congélateur [kɔ̃ʒelatœr] m. congelatore.
congélation [kɔ̃ʒelasjɔ̃] f. congelamento m. ; congelazione (rare).
congeler [kɔ̃ʒle] v. tr. congelare. ◆ v. pr. congelarsi.
congénère [kɔ̃ʒenɛr] adj. et n. congenere. ‖ FAM. *vous et vos congénères*, voi e i vostri compagni, i vostri simili.
congénital, e, aux [kɔ̃ʒenital, o] adj. congenito.
congère [kɔ̃ʒɛr] f. cumulo (m.) di neve.
congestif, ive [kɔ̃ʒɛstif, iv] adj. MÉD. congestizio.
congestion [kɔ̃ʒɛstjɔ̃] f. MÉD. congestione.
congestionner [kɔ̃ʒɛstjɔne] v. tr. congestionare.
conglomérat [kɔ̃glɔmera] m. conglomerato.
conglomérer [kɔ̃glɔmere] v. tr. conglomerare.
conglutinant, e [kɔ̃glytinɑ̃, ɑ̃t] adj. conglutinante.
conglutination [kɔ̃glytinasjɔ̃] f. conglutinamento m., conglutinazione.
conglutiner [kɔ̃glytine] v. tr. conglutinare.
congolais, e [kɔ̃gɔlɛ, ɛz] adj. et n. congolese.
congratulations [kɔ̃gratylasjɔ̃] f. pl. congratulazioni.
congratuler [kɔ̃gratyle] v. tr. congratularsi, rallegrarsi v. pr. | *congratuler qn pour sa nomination*, congratularsi per la nomina di qlcu., rallegrarsi con uno per la sua nomina. ◆ v. pr. (récipr.) congratularsi a vicenda.
congre [kɔ̃gr] m. ZOOL. grongo.
congréganiste [kɔ̃greganist] adj. et n. congregazionista.
congrégation [kɔ̃gregasjɔ̃] f. congregazione.
congrégationalisme [kɔ̃gregasjɔnalism] m. congregazionalismo.
congrès [kɔ̃grɛ] m. POLIT. congresso. ‖ [réunion] congresso, convegno.
congressiste [kɔ̃grɛsist] n. congressista ; convegnista (rare).
congru, e [kɔ̃gry] adj. [qui convient] congruo. ‖ MATH. *nombres congrus*, numeri congrui. ‖ LOC. *la portion congrue* : RELIG. la congrua ; [ressources réduites] lo stretto necessario. | *en être réduit à la portion congrue*, non avere che lo stretto necessario per vivere.
congruence [kɔ̃gryɑ̃s] f. congruenza.
congruent, e [kɔ̃gryɑ̃, ɑ̃t] adj. MATH. V. CONGRU.
conicité [kɔnisite] f. conicità.
conifères [kɔnifɛr] m. pl. BOT. conifere f. pl.
conique [kɔnik] adj. conico.
conjectural, e, aux [kɔ̃ʒɛktyral, o] adj. congetturale.
conjecture [kɔ̃ʒɛktyr] f. congettura. ‖ PHILOL. congettura. ◆ pl. previsioni. | *se perdre en conjectures*, almanaccare, (a)strologare.
conjecturer [kɔ̃ʒɛktyre] v. tr. congetturare.
conjoint, e [kɔ̃ʒwɛ̃, ɛ̃t] adj. congiunto. ‖ JUR. *débiteurs conjoints*, debitori congiunti. ‖ MUS. *degrés conjoints*, gradi congiunti. ◆ n. coniuge ; sposo, sposa.
conjointement [kɔ̃ʒwɛ̃tmɑ̃] adv. congiuntamente, insieme.
conjoncteur [kɔ̃ʒɔ̃ktœr] m. *conjoncteur-disjoncteur*, interruttore automatico, congiuntore-disgiuntore.
conjonctif, ive [kɔ̃ʒɔ̃ktif, iv] adj. GRAMM. congiuntivo. ‖ ANAT. *tissu conjonctif*, tessuto connettivo.
conjonction [kɔ̃ʒɔ̃ksjɔ̃] f. [rencontre] congiunzione, riunione. ‖ ASTR., GRAMM. congiunzione.
conjonctive [kɔ̃ʒɔ̃ktiv] f. ANAT. congiuntiva.
conjonctivite [kɔ̃ʒɔ̃ktivit] f. MÉD. congiuntivite.
conjoncture [kɔ̃ʒɔ̃ktyr] f. congiuntura.
conjoncturel, elle [kɔ̃ʒɔ̃ktyrɛl] adj. congiunturale.
conjugable [kɔ̃ʒygabl] adj. coniugabile.
conjugaison [kɔ̃ʒygɛzɔ̃] f. BIOL., GRAMM. coniugazione.
conjugal, e, aux [kɔ̃ʒygal, o] adj. coniugale.
conjugué, e [kɔ̃ʒyge] adj. coniugato. ◆ n. f. pl. BOT. coniugate.
conjuguer [kɔ̃ʒyge] v. tr. [unir] (ri)unire. ‖ GRAMM. coniugare.
conjurateur [kɔ̃ʒyratœr] m. [magicien] scongiuratore. ‖ [conspirateur] congiuratore, congiurato.
conjuration [kɔ̃ʒyrasjɔ̃] f. [conspiration] congiura ; congiurazione (rare). ‖ [formule magique] scongiuro m. ◆ pl. [supplications] implorazioni, suppliche.
conjuré, e [kɔ̃ʒyre] n. cospiratore, trice ; congiurato m.
conjurer [kɔ̃ʒyre] v. tr. [comploter] tramare, macchinare. ‖ [exorciser] scongiurare. ‖ [détourner, éloigner] scongiurare, allontanare. ‖ [supplier] scongiurare, supplicare, implorare. ◆ v. pr. congiurare v. intr., fare una congiura.
connaissable [kɔnɛsabl] adj. conoscibile.

connaissance [kɔnɛsɑ̃s] f. [action de connaître et résultat] conoscenza, cognizione. | *à ma connaissance*, per quanto io sappia. | *faire connaissance*, far conoscenza. | *être en pays de connaissance*, trovarsi in terreno conosciuto, muoversi in terreno familiare. | *connaissance du bien et du mal*, cognizione del bene e del male. | *prendre connaissance d'un texte* = leggere un testo. ‖ [personne connue] conoscente n., conoscenza. | *c'est une de mes connaissances*, è un mio, una mia conoscente. ‖ [conscience] conoscenza, sensi m. pl. | *garder (toute) sa connaissance*, serbare la conoscenza. | *perdre connaissance*, perdere la conoscenza, i sensi; svenire. | *reprendre connaissance*, riprendere conoscenza, riacquistar i sensi, rinvenire. ‖ JUR. cognizione. ‖ PR. et FIG. *en connaissance de cause*, con cognizione di causa. ◆ pl. [savoir] cognizioni, conoscenze.

connaissement [kɔnɛsmɑ̃] m. MAR. polizza (f.) di carico.

connaisseur, euse [kɔnɛsœr, øz] adj. = da conoscitore, da intenditore. | *d'un air connaisseur*, con aria esperta; da conoscitore. ◆ n. conoscitore, trice; intenditore, trice; esperto m. | *connaisseur en musique*, intenditore di musica.

connaître [kɔnɛtr] v. tr. conoscere. | *connaître l'italien*, conoscere, sapere l'italiano. | [rapports sexuels] conoscere. ‖ LOC. *connaître le monde*, conoscere il mondo. | *je ne le connais ni d'Ève ni d'Adam*, non lo conosco né punto né poco. | *je ne le connais que trop*, lo conosco troppo (bene). | *bien connaître une ville*, conoscere bene una città, esser pratico di una città. | *connaître comme sa poche*, conoscere come le proprie tasche; conoscere perfettamente, a fondo. | *il connaît son affaire*, sa il fatto suo. ‖ FAM. *connaître son monde*, conoscere i propri polli. ◆ v. tr. ind. JUR. *connaître de qch., d'une cause*, conoscere di qlco., di una causa. ◆ v. pr. [réciprocité] *se connaître de vue*, conoscersi di vista. ‖ [réfléchi] *connais-toi toi-même*, conosci te stesso. ‖ [être expert] *s'y connaître en*, intendersi di. | *il s'y connaît*, è esperto, conosce il fatto suo. ‖ LOC. *ne plus se connaître*, essere fuori di sé (dalla rabbia).

connecter [kɔnɛkte] v. tr. connettere, collegare.

connecteur [kɔnɛktœr] m. connettore.

connectif [kɔnɛktif] m. ANAT., BOT. connettivo.

connerie [kɔnri] f. POP. fesseria.

connétable [kɔnetabl] m. HIST. conestabile; contestabile (vx).

connexe [kɔnɛks] adj. connesso.

connexion [kɔnɛksjɔ̃] f. connessione. ‖ ÉLECTR. connessione, collegamento m.

connexité [kɔnɛksite] f. connessione.

connivence [kɔnivɑ̃s] f. connivenza. | *être de connivence avec qn*, essere complice di qlcu., connivente con qlcu. | *agir de connivence avec qn*, agire di concerto con qlcu.

connotation [kɔnɔtasjɔ̃] f. connotazione.

connu, e [kɔny] adj. conosciuto, noto, saputo. | *un écrivain connu*, un noto scrittore, uno scrittore conosciuto. | *c'est (bien) connu!*, è una cosa nota a tutti, una cosa risaputa! ‖ LOC. *connu comme le loup blanc*, conosciuto come la bettonica, più della bettonica. ‖ FAM. *ni vu ni connu* = senza far finta di nulla, con la massima discrezione.

conoïde [kɔnɔid] adj. = a forma di conoide. ◆ n. m. conoide.

conque [kɔ̃k] f. ZOOL. conchiglia; conca (littér.). ‖ ANAT. conca (auricolare).

conquérant, e [kɔ̃kerɑ̃, ɑ̃t] adj. et n. conquistatore, trice. ‖ FIG. *il a un air conquérant*, ha un'aria da conquistatore, l'aria del conquistatore.

conquérir [kɔ̃kerir] v. tr. PR. et FIG. conquistare.

conquête [kɔ̃kɛt] f. conquista.

consacré, e [kɔ̃sakre] adj. *expression consacrée*, espressione consacrata (dall'uso).

consacrer [kɔ̃sakre] v. tr. RELIG. consacrare. ‖ FIG. dedicare, consacrare. | *consacrer son temps à*, dedicare, consacrare il proprio tempo a. ◆ v. pr. **(à)** consacrarsi, dedicarsi (a).

consanguin, e [kɔ̃sɑ̃gɛ̃, in] adj. consanguineo.

consanguinité [kɔ̃sɑ̃gɥinite] f. consanguineità.

consciemment [kɔ̃sjamɑ̃] adv. coscientemente.

conscience [kɔ̃sjɑ̃s] f. coscienza. | *directeur de conscience*, direttore spirituale. | *avoir la conscience tranquille*, avere la coscienza tranquilla, la coscienza a posto. | *bonne, mauvaise conscience*, buona, cattiva coscienza. | *avoir un poids sur la conscience*, avere un peso sulla coscienza. | *avoir qch. sur la conscience*, avere la coscienza sporca. | *agir selon sa conscience*, agire secondo coscienza, come la coscienza detta. ‖ POLIT. *objecteur de conscience*, obiettore di coscienza. ‖ LOC. *par acquit de conscience*, V. ACQUIT. | *perdre conscience*, perdere coscienza, perdere i sensi; svenire. | *en mon, ton âme et conscience*, secondo la mia, la tua coscienza; in fede. ◆ loc. adv. ***en conscience,*** in coscienza.

consciencieux, euse [kɔ̃sjɑ̃sjø, jøz] adj. coscienzioso.

conscient, e [kɔ̃sjɑ̃, ɑ̃t] adj. cosciente.

conscription [kɔ̃skripsjɔ̃] f. MIL. coscrizione.

conscrit [kɔ̃skri] m. MIL. coscritto.

consécration [kɔ̃sekrasjɔ̃] f. RELIG. et FIG. consacrazione.

consécutif, ive [kɔ̃sekytif, iv] adj. [qui suit] consecutivo. ‖ [qui résulte de] conseguente. | *la fatigue consécutive au voyage*, la stanchezza conseguente al viaggio. ‖ GRAMM. *proposition consécutive*, proposizione consecutiva.

conseil [kɔ̃sɛj] m. [avis] consiglio. | *sur le conseil de*, sul consiglio di; [style adm.] dietro consiglio di. | *être de bon conseil*, dar buoni consigli. ‖ PROV. *la nuit porte conseil*, la notte porta consiglio. ‖ [assemblée] consiglio, collegio. | *convoquer, réunir le conseil*, convocare, riunire il consiglio. | *conseil d'administration, de cabinet, de discipline, de famille, de gestion, de guerre, des ministres*, consiglio d'amministrazione, di gabinetto, di disciplina, di famiglia, di gestione, di guerra, dei ministri. | *conseil municipal*, consiglio comunale, municipale. | *conseil de révision*, commissione (f.) di leva. | *Conseil d'État, de l'Europe, de Sécurité*, Consiglio di Stato, d'Europa, di Sicurezza. | *conseil de prud'hommes*, collegio dei probiviri. ‖ [personne] consulente. | *avocat-conseil*, consulente legale, giuridico. | *ingénieur-conseil*, consulente tecnico.

conseillable [kɔ̃sɛjabl] adj. consigliabile.

conseiller [kɔ̃seje] v. tr. consigliare.

conseiller, ère [kɔ̃seje, ɛr] n. PR. et FIG. consigliere, a. | *conseiller municipal*, consigliere comunale. | *la colère est mauvaise conseillère*, l'ira è cattiva consigliera. | *conseiller technique*, consulente tecnico.

conseilleur, euse [kɔ̃sɛjœr, øz] n. consigliatore, trice (rare). | *les conseilleurs ne sont pas les payeurs* = è facile consigliare quando son gli altri che pagano.

consensus [kɔ̃sɛ̃sys] m. (lat.) consenso.

consentant, e [kɔ̃sɑ̃tɑ̃, ɑ̃t] adj. consenziente.

consentement [kɔ̃sɑ̃tmɑ̃] m. consenso, consentimento. | *consentement tacite*, tacito consenso. | *consentement exprès*, consenso espresso. | *du consentement de tous*, di comune consenso, con il consentimento di tutti.

consentir [kɔ̃sɑ̃tir] v. tr. ind. **(à)** consentire, acconsentire (a); accettare. | *j'y consens*, lo accetto, sono d'accordo. ‖ PROV. *qui ne dit mot consent*, chi tace acconsente. ◆ v. tr. [autoriser] concedere, accordare, consentire. | *consentir un prêt*, concedere un prestito.

conséquemment [kɔ̃sekamɑ̃] adv. [par conséquent] quindi, perciò. ◆ loc. prép. *conséquemment à*, in conseguenza di, a causa di.

conséquence [kɔ̃sekɑ̃s] f. [effet, suite] conseguenza. ‖ [importance] importanza. | *c'est une affaire de conséquence*, è un affare importante. | *affaire sans conséquence*, affare senza importanza. | *ne pas tirer à conséquence*, essere senza importanza. ◆ loc. adv. ***en conséquence,*** di, in, per conseguenza. ◆ loc. prép. ***en conséquence de,*** in conseguenza di.

conséquent, e [kɔ̃sekɑ̃, ɑ̃t] adj. conseguente. | *conclusion conséquente aux prémisses*, conclusione conseguente alle premesse. ‖ [qui raisonne avec logique]

coerente ; conseguente (néol., gall.). | *être conséquent avec soi-même*, essere coerente con se stesso. || FAM. [important] importante, rilevante, ragguardevole (L.C.). ◆ loc. adv. ***par conséquent,*** di conseguenza ; quindi.
conservateur, trice [kɔ̃sɛrvatœr, tris] adj. et n. conservatore, trice.
conservation [kɔ̃sɛrvasjɔ̃] f. [action ; état] conservazione. || [fonction ; local] conservatoria.
conservatisme [kɔ̃servatism] m. conservatorismo.
conservatoire [kɔ̃sɛrvatwar] adj. conservativo. || JUR. *saisie conservatoire*, sequestro conservativo. ◆ n. m. conservatorio.
conserve [kɔ̃sɛrv] f. CULIN. conserva. | *se nourrir de conserves*, nutrirsi di scatolame. ◆ loc. adv. ***de conserve.*** MAR. di conserva. || FIG. di conserva, insieme, d'accordo.
conserver [kɔ̃sɛrve] v. tr. PR. et FIG. conservare, serbare, mantenere. | *conserver un objet*, conservare, serbare un oggetto. | *conserver un secret*, mantenere, serbare un segreto. | *conserver son calme*, conservare la propria calma. | *une personne bien conservée*, una persona ben conservata. ◆ v. pr. conservarsi.
conserverie [kɔ̃sɛrvəri] f. conservificio m.
considérable [kɔ̃siderabl] adj. considerevole, ragguardevole, notevole.
considérant [kɔ̃siderɑ̃] m. JUR. considerando inv.
considération [kɔ̃siderasjɔ̃] f. [examen, réflexion] considerazione, consideratezza, prudenza. | *agir avec considération*, agire avvedutamente. | *sans considération*, sconsideratamente. || [estime] considerazione, stima. || LOC. *agréez l'expression de ma parfaite considération, de ma considération distinguée* = gradisca l'espressione, i sensi della mia viva stima ; ADM. con sensi di viva stima, con (la massima) osservanza. ◆ loc. prép. ***en considération de,*** in considerazione di, tenuto conto di, per rispetto a.
considérer [kɔ̃sidere] v. tr. PR. et FIG. considerare. | *considérer le pour et le contre*, considerare il pro e il contro. | *tout bien considéré*, tutto considerato, tutto sommato. || [tenir pour] *on le considère comme très habile*, lo si considera, lo si ritiene molto abile. || [apprécier] *un homme très considéré*, un uomo molto considerato. || LOC. *considérant que*, considerato che, atteso che.
consignataire [kɔ̃siɲatɛr] m. COMM. depositario, consegnatario. || MAR. *consignataire de la cargaison*, consegnatario. | *consignataire de la coque*, raccomandatario ; agente marittimo.
consignation [kɔ̃siɲasjɔ̃] f. COMM. consegna, deposito m. | *Caisse des dépôts et consignations*, Cassa depositi e prestiti.
consigne [kɔ̃siɲ] f. [instruction] consegna. | *transmettre, passer les consignes*, dare le consegne. | *forcer la consigne*, forzare la consegna. || [ordre quelconque] ordine m. || FAM. *manger la consigne* = mettere nel dimenticatoio le direttive ricevute. || MIL., UNIV. [punition] consegna ; privazione di libera uscita. || [garde des bagages] deposito m. (bagagli). || COMM. deposito. | *30 centimes de consigne par bouteille*, 30 centesimi di deposito per ogni bottiglia.
consigner [kɔ̃siɲe] v. tr. [mettre en dépôt] consegnare, depositare. || [facturer provisoirement] *consigner l'emballage*, far pagare il deposito per l'imballaggio. | *verre non consigné*, vetro incluso. || MIL. [priver de sortie] consegnare ; privare di libera uscita. || [interdire l'accès de] vietare l'accesso a. || [enregistrer par écrit] registrare.
consistance [kɔ̃sistɑ̃s] f. consistenza.
consistant, e [kɔ̃sistɑ̃, ɑ̃t] adj. consistente.
consister [kɔ̃siste] v. tr. indir. **(dans, en)** consistere (in), risiedere (in), stare (in), constare (di). | *son patrimoine consiste en terres*, il suo patrimonio consiste in terre, consta di terre. | *le bonheur consiste dans la vertu*, la felicità consiste, risiede, sta nella virtù. || [avec l'inf.] *toute son habileté consiste à savoir se faire servir*, tutta la sua abilità consiste nel, sta nel sapersi far servire.
consistoire [kɔ̃sistwar] m. RELIG. concistoro.
consistorial, e, aux [kɔ̃sistɔrjal, o] adj. concistoriale.
consœur [kɔ̃sœr] f. consorella.
consolable [kɔ̃sɔlabl] adj. consolabile.
consolant, e [kɔ̃sɔlɑ̃, ɑ̃t] adj. consolante.
consolateur, trice [kɔ̃sɔlatœr, tris] adj. et n. consolatore, trice.
consolation [kɔ̃sɔlasjɔ̃] f. consolazione, conforto m. | *prix de consolation*, premio di consolazione.
console [kɔ̃sɔl] f. ARCHIT. mensola. || [table ; d'ordinateur] console (fr.) ; consolle. || [orgue] console.
consoler [kɔ̃sɔle] v. tr. consolare, confortare. ◆ v. pr. consolarsi.
consolidation [kɔ̃sɔlidasjɔ̃] f. PR. et FIG. consolidamento m.
consolider [kɔ̃sɔlide] v. tr. PR. et FIG. consolidare. || FIN. consolidare. ◆ v. pr. consolidarsi, rinsaldarsi, rafforzarsi.
consommable [kɔ̃sɔmabl] adj. consumabile.
consommateur [kɔ̃sɔmatœr] m. consumatore. || [dans un café, un restaurant] cliente.
consommation [kɔ̃sɔmasjɔ̃] f. [action] consumo m. || [produit consommé] consumazione. || ÉCON. *société de consommation*, società dei consumi, società consumistica. || FIG. [accomplissement] consumazione.
consommé, e [kɔ̃sɔme] adj. [expert] consumato. || [parfait] *habileté consommée*, consumata, estrema abilità. ◆ n. m. CULIN. = brodo ristretto (di carne) ; consommé (fr.).
consommer [kɔ̃sɔme] v. tr. [user ; brûler] consumare. || [absorber] consumare ; prendere (una consumazione). || [accomplir] consumare, compiere.
consomption [kɔ̃sɔ̃psjɔ̃] f. MÉD. consunzione.
consonance [kɔ̃sɔnɑ̃s] f. consonanza.
consonantisme [kɔ̃sɔnɑ̃tism] m. consonantismo.
consonne [kɔ̃sɔn] f. consonante.
consort [kɔ̃sɔr] adj. *prince consort*, principe consorte. ◆ n. m. pl. PÉJOR. *et consorts*, e compagni, e compagnia bella.
consortium [kɔ̃sɔrsjɔm] m. (lat.). ÉCON. consorzio.
conspirateur, trice [kɔ̃spiratœr, tris] n. cospiratore, trice.
conspiration [kɔ̃spirasjɔ̃] f. cospirazione.
conspirer [kɔ̃spire] v. tr. Vx macchinare. || [préparer] cospirare a. | *conspirer la ruine de qn*, cospirare alla rovina di qlcu. ◆ v. intr. cospirare, congiurare ; complottare (gall.). | *conspirer contre*, cospirare contro. ◆ v. tr. ind. **(à)** LITTÉR. concorrere (a), contribuire (a), cooperare (a). | *tout conspire à son bonheur*, tutto concorre alla sua felicità.
conspuer [kɔ̃spɥe] v. tr. vilipendere, svillaneggiare, fischiare. | *le public conspua les acteurs, la pièce*, il pubblico fischiò gli attori, la rappresentazione.
constamment [kɔ̃stamɑ̃] adv. costantemente, di continuo, ininterrottamente.
constance [kɔ̃stɑ̃s] f. [force morale] fermezza, fortezza. || [persévérance] costanza, perseveranza, fermezza, pertinacia. || FAM. pazienza (L.C.).
constant, e [kɔ̃stɑ̃, ɑ̃t] adj. [persévérant] costante, fermo, saldo, perseverante. | *un homme constant dans ses opinions*, un uomo costante, fermo nelle proprie opinioni. || [fort] forte, saldo. | *constant dans l'adversité*, forte nelle avversità. ◆ n. f. MATH., PHYS. costante.
constantan [kɔ̃stɑ̃tɑ̃] m. MÉTALL. costantana f.
constat [kɔ̃sta] m. constatazione f. ; (processo) verbale m. | *constat d'adultère, de décès*, constatazione d'adulterio, di morte. | *constat d'huissier*, constatazione a mezzo di ufficiale giudiziario. | *dresser un constat d'échec*, redigere un verbale di mancato accordo. || AUTOM. *constat amiable*, constatazione (f.) amichevole.
constatation [kɔ̃statasjɔ̃] f. costatazione, constatazione.
constater [kɔ̃state] v. tr. costatare, constatare.
constellation [kɔ̃stɛlasjɔ̃] f. costellazione.
consteller [kɔ̃stɛle] v. tr. PR. et FIG. costellare.
consternation [kɔ̃stɛrnasjɔ̃] f. costernazione.
consterner [kɔ̃stɛrne] v. tr. costernare.

constipation [kɔ̃stipasjɔ̃] f. Méd. stitichezza, costipazione, stipsi.
constiper [kɔ̃stipe] v. tr. costipare; provocare costipazione, stitichezza. ‖ Fig. *avoir l'air constipé* = avere un'aria impacciata.
constituant, e [kɔ̃stitɥɑ̃, ɑ̃t] adj. costituente. ◆ n. m. Chim. costituente. ◆ n. f. Polit. Costituente.
constitué, e [kɔ̃stitɥe] adj. costituito. | *personne normalement constituée*, persona di sana costituzione. ‖ Polit. *les autorités constituées*, l'autorità costituita.
constituer [kɔ̃stitɥe] v. tr. costituire. | *constituer un gouvernement*, costituire, formare un governo. | *ce fait ne constitue pas un délit*, questo fatto non costituisce un reato. | *famille constituée de cinq personnes*, famiglia costituita, composta di cinque persone. ‖ Jur. *constituer qn son héritier*, costituire qlcu. erede. | *constituer avocat*, nominare avvocato. ◆ v. pr. costituirsi. | *se constituer prisonnier*, costituirsi alla polizia. ‖ Jur. *se constituer partie civile*, costituirsi parte civile.
constitutif, ive [kɔ̃stitytif, iv] adj. costitutivo.
constitution [kɔ̃stitysjɔ̃] f. costituzione. | *constitution d'un gouvernement*, formazione di un governo. ‖ Phys. *constitution moléculaire*, costituzione molecolare. ‖ *un homme d'une forte constitution*, un uomo di costituzione forte. ‖ Jur. *constitution de rente*, costituzione di rendita. | *constitution de partie civile*, costituzione di parte civile. ‖ Polit. costituzione. | *la Constitution de 1848*, lo Statuto del '48.
constitutionnaliser [kɔ̃stitysjɔnalize] v. tr. costituzionalizzare.
constitutionnalité [kɔ̃stitysjɔnalite] f. costituzionalità.
constitutionnel, elle [kɔ̃stitysjɔnɛl] adj. costituzionale.
constricteur [kɔ̃striktœr] adj. m. Anat. costrittore. ‖ Zool. *boa constricteur* ou **constrictor** m. inv. boa constrictor.
constrictif, ive [kɔ̃striktif, iv] adj. Ling. costrittivo. ◆ n. f. costrittiva.
constriction [kɔ̃striksjɔ̃] f. Méd. contrazione, spasmo m.
constringent, e [kɔ̃strɛ̃ʒɑ̃, ɑ̃t] adj. costrittivo.
constructeur, trice [kɔ̃stryktœr, tris] adj. et n. costruttore, trice.
constructif, ive [kɔ̃stryktif, iv] adj. costruttivo.
construction [kɔ̃stryksjɔ̃] f. costruzione. | *matériaux de construction*, materiali da costruzione. | *constructions mécaniques, aéronautiques, navales*, costruzioni meccaniche, aeronautiche, navali. | *la construction automobile*, l'industria dell'automobile. ‖ [édifice] costruzione, fabbricato m. ; edificio m. ‖ [jouet] *jeux de construction*, giochi di costruzione; costruzioni. ‖ Fig. *construction d'un poème* : [structure] struttura ; [élaboration] elaborazione. ‖ Gramm. [action] costruzione ; [résultat] costrutto m.
construire [kɔ̃strɥir] v. tr. [bâtir] *construire une maison, un avion*, costruire una casa, un aereo. ‖ [tracer] *construire un carré*, disegnare un quadrato. ‖ [composer] *construire un roman*, strutturare un romanzo. | *construire une théorie*, elaborare una teoria. ‖ Gramm. costruire.
consubstantialité [kɔ̃sypstɑ̃sjalite] f. Relig. consustanzialità.
consubstantiation [kɔ̃sypstɑ̃sjasjɔ̃] f. Relig. consustanziazione.
consubstantiel, elle [kɔ̃sypstɑ̃sjɛl] adj. consustanziale.
consul [kɔ̃syl] m. console.
consulaire [kɔ̃sylɛr] adj. consolare.
consulat [kɔ̃syla] m. consolato.
consultant, e [kɔ̃syltɑ̃, ɑ̃t] adj. et n. consulente. | *avocat consultant*, consulente (legale). | *médecin consultant*, medico consulente.
consultatif, ive [kɔ̃syltatif, iv] adj. consultivo.
consultation [kɔ̃syltasjɔ̃] f. [examen] consultazione. ‖ Méd. *cabinet, salle de consultation*, ambulatorio m. ; sala di consultazioni. | *heures de consultation* = ore di visita. ‖ [échange de vues] consulto m. | *appeler en consultation*, chiamare a consulto.
consulte [kɔ̃sylt] f. Hist. consulta.
consulter [kɔ̃sylte] v. tr. consultare. ◆ v. intr. [recevoir des malades] = ricevere. ◆ v. pr. consultarsi.
consulteur [kɔ̃syltœr] m. *consulteur du Saint-Office*, consultore del Sant'Uffizio.
consumer [kɔ̃syme] v. tr. [détruire] consumare, distruggere. ‖ [brûler] bruciare. ‖ Fig. [épuiser] consumare, logorare. ◆ v. pr. [brûler] consumarsi. ‖ Fig. *se consumer de douleur*, consumarsi, struggersi dal dolore.
contact [kɔ̃takt] m. Pr. et fig. contatto. | *être en contact avec*, essere in contatto con. | *prendre contact avec*, abboccarsi con. | *prise de contact*, abboccamento m. | *au contact de*, a contatto di. ‖ Autom. *clef de contact*, chiave di accensione. | *mettre, couper le contact*, stabilire, interrompere il contatto. ‖ Électr. *contact à la terre*, contatto di terra. | *mauvais contact*, contatto difettoso. ‖ Mil. *rompre le contact*, rompere il contatto. | *prise de contact*, presa di contatto. ‖ Opt. *verres de contact*, lenti a contatto.
contacter [kɔ̃takte] v. tr. Fam. mettersi in contatto con ; contattare (néol.).
contacteur [kɔ̃taktœr] m. Techn. contattore.
contagieux, euse [kɔ̃taʒjø, øz] adj. Pr. et fig. contagioso.
contagion [kɔ̃taʒjɔ̃] f. contagio m. ; contagione (vx).
contagiosité [kɔ̃taʒjɔzite] f. contagiosità.
container [kɔ̃tɛnɛr] m. (angl.) [réservoir] serbatoio. | *container à gaz*, bombola (f.) per gas. ‖ [caisse] contenitore.
contamination [kɔ̃taminasjɔ̃] f. contaminazione.
contaminer [kɔ̃tamine] v. tr. Pr. et fig. contaminare.
conte [kɔ̃t] m. racconto, novella f. | *les contes de Boccace*, le novelle del Boccaccio. | *conte de fées*, fiaba f. ‖ [invraisemblance] fiaba, fandonia f., frottola f. | *contes que tout cela !*, son tutte frottole !
contemplateur, trice [kɔ̃tɑ̃platœr, tris] adj. et n. contemplatore, trice.
contemplatif, ive [kɔ̃tɑ̃platif, iv] adj. et n. contemplativo.
contemplation [kɔ̃tɑ̃plasjɔ̃] f. contemplazione.
contempler [kɔ̃tɑ̃ple] v. tr. contemplare.
contemporain, e [kɔ̃tɑ̃pɔrɛ̃, ɛn] adj. et n. [du même temps] contemporaneo (di) ; coetaneo ; coevo (a) [littér.]. ‖ [du temps actuel] contemporaneo.
contemporanéité [kɔ̃tɑ̃pɔraneite] f. contemporaneità.
contempteur, trice [kɔ̃tɑ̃ptœr, tris] n. Littér. dispregiatore, trice ; (di)sprezzatore, trice (l.c.).
contenance [kɔ̃tnɑ̃s] f. [capacité] capienza, capacità. ‖ [étendue] superficie. ‖ [maintien] contegno m. | *se donner une contenance*, darsi un contegno. | *faire bonne contenance*, conservare la propria calma ; mostrar fermezza, risolutezza. | *perdre contenance*, sconcertarsi, confondersi, smarrirsi.
contenant [kɔ̃tnɑ̃] m. contenente.
conteneur m. V. container.
contenir [kɔ̃tnir] v. tr. contenere. ‖ [réprimer, maintenir] contenere, trattenere. | *contenir la foule*, contenere, trattenere la folla. | *contenir sa colère*, contenere, trattenere, reprimere, frenare la propria collera. | *émotion contenue*, emozione dominata. ◆ v. pr. [se maîtriser] contenersi, dominarsi.
content, e [kɔ̃tɑ̃, ɑ̃t] adj. [joyeux] contento, lieto. ‖ [satisfait] contento, soddisfatto. ◆ n. m. *avoir son content de qch.*, aver qlco. a sazietà.
contentement [kɔ̃tɑ̃tmɑ̃] m. [action] soddisfazione f. ‖ [joie] contentezza f., gioia f., lietezza f., felicità f. | *contentement de soi*, autosoddisfazione f.
contenter [kɔ̃tɑ̃te] v. tr. (ac)contentare, appagare, soddisfare. | *contenter qn*, (ac)contentare qlcu. | *contenter ses désirs*, appagare, soddisfare i propri desideri. ‖ [payer] *contenter ses créanciers*, pagare i creditori. ◆ v. pr. **[de]** (ac)contentarsi (di).
contentieux, euse [kɔ̃tɑ̃sjø, øz] adj. [litigieux] litigioso. ‖ Jur. *juridiction contentieuse*, giurisdizione contenziosa. ◆ n. m. Jur. contenzioso. | *contentieux*

administratif, fiscal, contenzioso amministrativo, tributario.
1. contention [kɔ̃tɑ̃sjɔ̃] f. Vx [dispute] contesa (L.C.). ‖ [application] applicazione, concentrazione (mentale).
2. contention f. MÉD. contenzione.
contenu [kɔ̃tny] m. contenuto.
conter [kɔ̃te] v. tr. raccontare, narrare. ‖ FAM. *en conter de belles*, (rac)contarne delle belle. | *s'en laisser conter*, lasciarsi ingannare, lasciarsi raggirare. | *conter fleurette*, V. FLEURETTE.
contestable [kɔ̃tɛstabl] adj. contestabile.
contestataire [kɔ̃tɛstatɛr] adj. contestatario.
contestation [kɔ̃tɛstasjɔ̃] f. [objection] contestazione. ‖ [conflit] contrasto m. ‖ [remise en cause] contestazione.
conteste (sans) [sɑ̃kɔ̃tɛst] loc. adv. incontestabilmente, senza dubbio.
contester [kɔ̃tɛster] v. tr. mettere in dubbio; negare. ‖ JUR. impugnare, contestare. | *contester une imputation*, contestare un addebito. | *contester un testament*, impugnare un testamento. ◆ v. tr. ind. **(sur)** [discuter] litigare (per), discutere (intorno a), disputare (su).
conteur, euse [kɔ̃tœr, øz] n. narratore, trice; [écrivain] novelliere, a; novellista.
contexte [kɔ̃tɛkst] m. contesto.
contexture [kɔ̃tɛkstyr] f. contestura, tessitura. ‖ FIG. [structure] tessitura, trama, struttura.
contigu, ë [kɔ̃tigy] adj. contiguo, attiguo.
contiguïté [kɔ̃tigɥite] f. contiguità.
continence [kɔ̃tinɑ̃s] f. continenza.
1. continent, e [kɔ̃tinɑ̃, ɑ̃t] adj. continente.
2. continent m. continente. | *Ancien, Nouveau Continent*, Antico, Nuovo Continente.
continental, e, aux [kɔ̃tinɑ̃tal, o] adj. continentale.
contingence [kɔ̃tɛ̃ʒɑ̃s] f. contingenza. ◆ pl. eventualità, circostanze. | *tenir compte des contingences*, tener conto delle circostanze.
1. contingent, e [kɔ̃tɛ̃ʒɑ̃, ɑ̃t] adj. PHILOS. contingente.
2. contingent m. [part] contingente, quota f., contribuzione f. ‖ MIL. contingente.
contingentement [kɔ̃tɛ̃ʒɑ̃tmɑ̃] m. ÉCON. contingentamento.
contingenter [kɔ̃tɛ̃ʒɑ̃te] v. tr. ÉCON. contingentare.
continu, e [kɔ̃tiny] adj. continuo. | *journée continue*, orario continuato (di lavoro). ‖ ÉLECTR. *courant continu*, corrente continua.
continuateur, trice [kɔ̃tinɥatœr, tris] n. continuatore, trice.
continuation [kɔ̃tinɥasjɔ̃] f. continuazione, prosecuzione, proseguimento m. ‖ FAM. *bonne continuation!*, buon proseguimento!
continuel, elle [kɔ̃tinɥɛl] adj. continuo.
continuer [kɔ̃tinɥe] v. tr. [poursuivre] continuare, proseguire, seguitare. ‖ [prolonger] prolungare. | *continuer un mur*, prolungare un muro. ◆ v. intr. continuare. | *la route continue au-delà du village*, la strada continua oltre il villaggio. | *il continua vers Paris*, egli proseguì (il viaggio, il cammino) verso Parigi. ◆ v. tr. ind. **(à, de)** continuare (a), seguitare (a).
continuité [kɔ̃tinɥite] f. continuità. | *solution de continuité*, soluzione di continuità.
continuum [kɔ̃tinɥɔm] m. (lat.) PHYS. continuo.
contondant, e [kɔ̃tɔ̃dɑ̃, ɑ̃t] adj. contundente.
contorsion [kɔ̃tɔrsjɔ̃] f. contorsione, contorcimento m.
contorsionner (se) [səkɔ̃tɔrsjɔne] v. pr. contorcersi.
contorsionniste [kɔ̃tɔrsjɔnist] n. contorsionista.
contour [kɔ̃tur] m. [limite, pourtour] contorno. ‖ [détour] meandro, curva f.
contourné, e [kɔ̃turne] adj. contorto. | *raisonnement, style contourné*, ragionamento, stile contorto. ‖ HÉRALD. rivolto, rivoltato.
contourner [kɔ̃turne] v. tr. [dessiner] tracciare, delineare, contornare. ‖ [faire le tour de] fare il giro di; girare. | *le fleuve contourne la ville*, il fiume gira la città, fa il giro della città. ‖ [éviter] *contourner l'obstacle*, aggirare l'ostacolo. ‖ FIG. *contourner la loi*, eludere la legge.
contraceptif, ive [kɔ̃trasɛptif, iv] adj. et n. m. anticoncezionale, antifecondativo, anticoncettivo.
contraception [kɔ̃trasɛpsjɔ̃] f. uso (m.) di antifecondativi.
contractant, e [kɔ̃traktɑ̃, ɑ̃t] adj. et n. contraente. | *parties contractantes*, parti contraenti.
contracte [kɔ̃trakt] adj. GRAMM. contratto.
contracté, e [kɔ̃trakte] adj. contratto. ‖ GRAMM. *article contracté*, preposizione articolata.
1. contracter [kɔ̃trakte] v. tr. [s'engager par contrat] contrarre. | *contracter une alliance*, contrarre un'alleanza. | *contracter mariage*, contrarre matrimonio. ‖ [acquérir] *contracter une habitude, une maladie*, contrarre un'abitudine, una malattia. ‖ *contracter des dettes*, contrarre debiti.
2. contracter v. tr. [réduire] contrarre. ◆ v. pr. contrarsi.
contractile [kɔ̃traktil] adj. contrattile.
contraction [kɔ̃traksjɔ̃] f. contrazione.
contractuel, elle [kɔ̃traktɥɛl] adj. contrattuale. ◆ n. m. [agent, employé] contrattista n. ‖ ADM. (impiegato) avventizio.
contracture [kɔ̃traktyr] f. ARCHIT. rastremazione. ‖ MÉD. contrattura.
contradicteur, trice [kɔ̃tradiktœr, tris] n. contraddittore, trice.
contradiction [kɔ̃tradiksjɔ̃] f. contraddizione. | *esprit de contradiction*, spirito di contraddizione; spirito bisbetico.
contradictoire [kɔ̃tradiktwar] adj. contraddittorio. | *réunion contradictoire*, riunione in contraddittorio.
contradictoirement [kɔ̃tradiktwarmɑ̃] adv. JUR. in contraddittorio.
contraignable [kɔ̃trɛɲabl] adj. JUR. soggetto a costrizione.
contraignant, e [kɔ̃trɛɲɑ̃, ɑ̃t] adj. [qui contraint] costrittivo. ‖ [pénible] impellente, penoso.
contraindre [kɔ̃trɛ̃dr] v. tr. [forcer] costringere, obbligare. ‖ [contenir] *contraindre ses passions*, contenere, reprimere le proprie passioni. ◆ v. pr. dominarsi, contenersi.
contraint, e [kɔ̃trɛ̃, ɛ̃t] adj. *rire contraint*, riso forzato. | *air contraint*, aria impacciata.
contrainte [kɔ̃trɛ̃t] f. [entrave] costrizione, obbligo m. ‖ [obligation] *contraintes morales*, costrizioni morali. | *les contraintes de la politesse, de la rime*, le esigenze della cortesia, della rima. ‖ [oppression] oppressione. | *régime de contrainte*, regime d'oppressione. | *agir sous, par contrainte*, agire per costrizione. | *obtenir par la contrainte*, ottenere con la forza. | *sans contrainte*, liberamente. ‖ JUR. *contrainte par corps* = carcerazione per debiti. ‖ MÉC. sollecitazione.
contraire [kɔ̃trɛr] adj. contrario. ‖ [hostile] avverso. ◆ n. m. contrario, opposto. | *jusqu'à preuve du contraire*, fino a prova contraria. ◆ loc. adv. ***au contraire,*** invece, al contrario; [après proposition négative] anzi, all'opposto. | *tout, bien au contraire*, tutto, proprio al contrario; [en réponse à une interrogation] *veux-tu que je lui en parle? — non, bien au contraire*, vuoi che gliene parli? — tutt'altro! ◆ loc. prép. ***au contraire de,*** al contrario di.
contrairement [kɔ̃trɛrmɑ̃] adv. **(à)** al contrario (di), contrariamente (a).
contralto [kɔ̃tralto] m. [voix] contralto. ‖ [femme] contralto m. ou (rare) f.
contrariant, e [kɔ̃trarjɑ̃, ɑ̃t] adj. [qui se plaît à contrarier] propenso a contrariare, a contraddire; contrariante. | *être contrariant*, fare il Bastian contrario (fam.). ‖ [fâcheux] irritante, noioso, indisponente, fastidioso. | *pluie contrariante*, pioggia noiosa, fastidiosa. | *que c'est contrariant!*, che seccatura!, che fastidio!
contrarié, e [kɔ̃trarje] adj. [dépité] contrariato, irritato, seccato, indispettito. ‖ [combattu] *amour contrarié*, amore contrastato. | *projet contrarié*, progetto ostacolato.

contrarier [kɔ̃trarje] v. tr. [faire obstacle à] ostacolare, contrastare, contrariare. | *contrarier les projets de qn*, ostacolare, contrastare i progetti di qlcu. || [mécontenter] irritare, indispettire, seccare. | *sa conduite me contrarie*, il suo comportamento mi indispettisce. || ART *contrarier des couleurs*, giustapporre colori contrastanti.
contrariété [kɔ̃trarjete] f. contrarietà, irritazione, stizza.
contraste [kɔ̃trast] m. contrasto. | *faire contraste*, far contrasto, contrastare.
contraster [kɔ̃traste] v. intr. contrastare, far contrasto. ◆ v. tr. mettere in contrasto.
contrat [kɔ̃tra] m. contratto. | *signer, passer, annuler, résilier un contrat*, firmare, stipulare, annullare, rescindere un contratto. | *contrat de travail*, contratto di lavoro. | *contrat de mariage*, convenzione (f.) matrimoniale. | *contrat social*, contratto sociale. || [bridge] *réaliser son contrat*, mantenere il contratto, l'impegno.
contravention [kɔ̃travɑ̃sjɔ̃] f. [infraction] contravvenzione. || [sanction] contravvenzione, multa, ammenda. | *dresser une contravention*, dare una multa, elevare una contravvenzione. | *notifier une contravention*, contestare, intimare una contravvenzione.
contre [kɔ̃tr] prép. [opposition] contro. | *contre l'ennemi*, contro il nemico. | *contre son gré*, contro voglia. | *remède contre la grippe*, rimedio per, contro l'influenza. | *se protéger contre le froid*, proteggersi dal freddo. | *s'irriter contre qn*, stizzirsi con qlcu. || [contact] contro, a, su. | *pousser le meuble contre le mur*, spingere il mobile contro il muro. | *serrer qch. contre sa poitrine*, stringersi qlco. al, sul petto; stringere qlco. contro il proprio petto. || [échange] con, contro. | *échanger une chose contre une autre*, scambiare una cosa con un'altra. | *contre paiement*, pagando; contro pagamento. | *contre remboursement*, contro assegno. || LOC. *envers et contre tous*, a dispetto di tutti. ◆ adv. contro. | *s'appuyer contre*, appoggiarsi contro. | *voter contre*, votare contro. | *avoir qch.*, *n'avoir rien contre*, aver qlco., non aver nulla in contrario. ◆ loc. adv. ***par contre,*** per contro, al contrario; invece. || ***là-contre:*** *aller là-contre*, opporvisi. ◆ n. m. contro. | *le pour et le contre*, il pro e il contro. || [bridge] contre (fr.); contro.
contre-accusation [kɔ̃trakyzasjɔ̃] f. JUR. controaccusa.
contre-alizé [kɔ̃tralize] adj. et n. m. controaliseo.
contre-allée [kɔ̃trale] f. controviale m.
contre-amiral [kɔ̃tramiral] m. contrammiraglio.
contre-appel [kɔ̃trapɛl] m. contrappello.
contre-assurance [kɔ̃trasyrɑ̃s] f. controassicurazione.
contre-attaque [kɔ̃tratak] f. contrattacco m.
contre-attaquer [kɔ̃tratake] v. tr. contrattaccare.
contrebalancer [kɔ̃trəbalɑ̃se] v. tr. [faire équilibre] controbilanciare. || [compenser] equilibrare, controbilanciare, compensare.
contrebande [kɔ̃trəbɑ̃d] f. contrabbando m. | *en contrebande*, di contrabbando. || [marchandise] merce di contrabbando.
contrebandier, ère [kɔ̃trəbɑ̃dje, ɛr] adj. et n. contrabbandiere, a; [qui porte les marchandises sur son dos] spallone m. (fam.).
contrebas (en) [ɑ̃kɔ̃trəba] loc. adv. [vers le bas] (dall'alto) in basso. | *regarder en contrebas*, guardare in basso. || [à un niveau inférieur] sotto; più giù. | *la route passe à une vingtaine de mètres en contrebas*, la strada passa a una ventina di metri sotto, più giù.
contrebasse [kɔ̃trəbas] f. contrabbasso m.
contrebassiste [kɔ̃trəbasist] n. contrabbassista.
contrebasson [kɔ̃trəbasɔ̃] m. controfagotto.
contrebatterie [kɔ̃trəbatri] f. MIL. controbatteria.
contre-boutant [kɔ̃trəbutɑ̃] m. puntello (di un muro). ◆ adj. *mur contre-boutant*, muro di sostegno.
contre-bouter [kɔ̃trəbute] ou **contre-buter** [kɔ̃trəbyte] v. tr. puntellare.
contrecarrer [kɔ̃trəkare] v. tr. contrastare, ostacolare.
contrechamp [kɔ̃trəʃɑ̃] m. CIN. controcampo.
contre-chant [kɔ̃trəʃɑ̃] m. MUS. controcanto.
contre-châssis [kɔ̃trəʃasi] m. controvetrata f.
contreclef [kɔ̃trəkle] f. ARCHIT. controchiave.
1. contrecœur [kɔ̃trəkœr] m. [de cheminée] fondo (del focolare); [plaque métallique] frontone. || CH. DE F. controrotaia.
2. contrecœur (à) loc. adv. controvoglia, a malincuore, di malavoglia.
contrecoup [kɔ̃trəku] m. contraccolpo.
contre-courant [kɔ̃trəkurɑ̃] m. controcorrente f. ◆ loc. adv. ***à contre-courant,*** contro corrente.
contredanse [kɔ̃trədɑ̃s] f. MUS. contraddanza. || POP. [contravention] contravvenzione, multa (L.C.).
contre-digue [kɔ̃trədig] f. diga di rinforzo.
contredire [kɔ̃trədir] v. tr. contraddire (a [littér.]). | *ses actes contredisent ses principes*, le sue azioni contraddicono i suoi principi, ai suoi principi. ◆ v. pr. contraddirsi.
contredit (sans) [sɑ̃kɔ̃trədi] loc. adv. incontestabilmente, senza alcun dubbio.
contrée [kɔ̃tre] f. regione, paese m.; contrada (vx, littér.).
contre-écrou [kɔ̃trekru] m. controdado.
contre-électromotrice [kɔ̃trelɛktrəmɔtris] adj. f. controelettromotrice.
contre-empreinte [kɔ̃trɑ̃prɛ̃t] f. controimpronta.
contre-enquête [kɔ̃trɑ̃kɛt] f. controinchiesta.
contre-épreuve [kɔ̃treprœv] f. [seconde épreuve; vote] controprova. || TYP. controstampa.
contre-espionnage [kɔ̃trɛspjɔnaʒ] m. controspionaggio.
contre-expertise [kɔ̃trɛkspɛrtiz] f. controperizia.
contrefaçon [kɔ̃trəfasɔ̃] f. contraffazione, falsificazione.
contrefacteur [kɔ̃trəfaktœr] m. JUR. contraffattore.
contrefaction [kɔ̃trəfaksjɔ̃] f. V. CONTREFAÇON.
contrefaire [kɔ̃trəfɛr] v. tr. [imiter] contraffare, imitare; [tourner en ridicule] scimmiottare; [tromper] simulare. || [imiter frauduleusement] contraffare, falsificare. || [déguiser] *contrefaire sa voix*, contraffare la voce.
contrefait, e [kɔ̃trəfɛ, ɛt] adj. [imité] contraffatto, falsificato. || [difforme] deforme.
contre-fenêtre [kɔ̃trəfnɛtr] f. controvetrata.
contre-feu [kɔ̃trəfø] m. controfuoco.
contre-fiche [kɔ̃trəfiʃ] f. [étai] puntello m. || [pièce de charpente] saettone m.
contreficher (se) [səkɔ̃trəfiʃe] v. pr. POP. infischiarsi altamente, strafregarsi, strafottersi, impiparsi.
contre-fil [kɔ̃trəfil] m. = senso contrario. | *le contre-fil du bois*, il controfilo del legno. | *le contre-fil de l'eau*, la controcorrente dell'acqua. ◆ loc. adv. ***à contre-fil,*** in senso contrario.
contre-filet [kɔ̃trəfilɛ] m. CULIN. controfiletto.
contrefort [kɔ̃trəfɔr] m. ARCHIT., GÉOGR. contrafforte. || TECHN. [chaussure] forte.
contrefoutre (se) [səkɔ̃trəfutr] v. pr. POP. V. CONTREFICHER (SE).
contre-haut (en) [ɑ̃kɔ̃trəo] loc. adv. [de bas en haut] (di sotto) in su. | *regarder en contre-haut*, guardare (in) su, verso l'alto. || [à un niveau supérieur] più su, più in alto. | *la route passe en contre-haut*, la strada passa (al di) sopra. | *maison en contre-haut de la route*, casa che domina la strada.
contre-indication [kɔ̃trɛ̃dikasjɔ̃] f. contr(o)indicazione.
contre-indiquer [kɔ̃trɛ̃dike] v. tr. contr(o)indicare.
contre-investissement [kɔ̃trɛ̃vɛstismɑ̃] m. PSYCHAN. controcarica f., controinvestimento.
contre-jour [kɔ̃trəʒur] m. controluce f. inv. ◆ loc. adv. ***à contre-jour,*** contro luce.
contre-lettre [kɔ̃trəlɛtr] f. COMM., JUR. controdichiarazione; clausola aggiuntiva, appendice di un contratto.
contremaître, esse [kɔ̃trəmɛtr, ɛs] n. IND. caporeparto m. (pl. *capireparto*), capofabbrica m. (pl. *capi-*

fabbrica). ‖ ARCHIT. capomastro (pl. *capomastri*). ‖ TYP. proto.
contremander [kɔ̃trəmɑ̃de] v. tr. contrordinare.
contre-manifestant, e [kɔ̃trəmanifɛstɑ̃, ɑ̃t] n. contromanifestante, controdimostrante.
contre-manifestation [kɔ̃trəmanifɛstasjɔ̃] f. contromanifestazione, controdimostrazione.
contre-manifester [kɔ̃trəmanifɛste] v. intr. contromanifestare, controdimostrare.
contremarche [kɔ̃trəmarʃ] f. ARCHIT. alzata, frontalino m. ‖ MIL. contromarcia.
contremarque [kɔ̃trəmark] f. [seconde marque] contrassegno m. ‖ [ticket] contromarca.
contremarquer [kɔ̃trəmarke] v. tr. contrassegnare.
contre-mesure [kɔ̃trəmzyr] f. contromisura. ‖ MUS. *à contre-mesure*, a contrattempo.
contre-mine [kɔ̃trəmin] f. contromina.
contre-mur [kɔ̃trəmyr] m. muro di rinforzo ; contromuro.
contre-offensive [kɔ̃trɔfɑ̃siv] f. controffensiva.
contrepartie [kɔ̃trəparti] f. COMM., FIN. [en comptabilité] contropartita ; [dans un contrat] controparte. | *se rendre contrepartie*, divenire contraente in proprio. ‖ [compensation] contropartita, compenso m. ‖ [avis contraire] contrario m. ; tesi opposta. ‖ JEU rivincita. ‖ MUS. contrapparte.
contre-passer [kɔ̃trəpase] v. tr. COMM. stornare, annullare. | *contrepasser un effet*, girare un effetto all'emittente.
contre-pente [kɔ̃trəpɑ̃t] f. contropendenza.
contre-performance [kɔ̃trəpɛrfɔrmɑ̃s] f. = prestazione inferiore all'aspettativa ; insuccesso m.
contrepèterie ou **contrepetterie** [kɔ̃trəpɛtri] f. = papera volontaria.
contre-pied [kɔ̃trəpje] m. [chasse] *les chiens ont pris le contre-pied de la biche*, i cani hanno seguito a rovescio la pista della cerva. ‖ FIG. [contraire] contrario, opposto. | *prendre le contre-pied de qn*, fare, dire il contrario di ciò che fa, di ciò che dice qlcu. ‖ SPORT *prendre l'adversaire à contre-pied*, prendere l'avversario in contropiede.
contre-placage [kɔ̃trəplakaʒ] m. = incollatura di lamine di legno sovrapposte.
contre-plaqué [kɔ̃trəplake] m. (legno) compensato m.
contre-plaquer [kɔ̃trəplake] v. tr. incollare (lamine di legno sovrapposte).
contre-plongée [kɔ̃trəplɔ̃ʒe] f. CIN. ripresa dal basso in alto.
contrepoids [kɔ̃trəpwa] m. contrappeso. ‖ FIG. *faire contrepoids à*, fare da contrappeso a.
contre-poil (à) [akɔ̃trəpwal] loc. adv. contropelo. | *raser qn, caresser un chat à contre-poil*, radere qlcu., accarezzare un gatto contropelo. ‖ FAM. *prendre qn à contre-poil*, prendere qlcu. contropelo. | *prendre une affaire à contre-poil*, prendere un affare per il verso sbagliato, alla rovescia.
contrepoint [kɔ̃trəpwɛ̃] m. MUS. et FIG. contrappunto.
contrepoison [kɔ̃trəpwazɔ̃] m. contravveleno.
contre-porte [kɔ̃trəpɔrt] f. controporta, contrapporta.
contre-projet [kɔ̃trəprɔʒɛ] m. controprogetto.
contre-proposition [kɔ̃trəprɔpozisjɔ̃] f. controproposta.
contrer [kɔ̃tre] v. tr. et intr. [bridge] contrare. ‖ SPORT *contrer l'adversaire*, contrare l'avversario. ‖ FAM. *contrer qn*, opporsi a qlcu., chiudere il becco a qlcu.
contre-rail [kɔ̃trəraj] m. controrotaia f.
contre-réforme [kɔ̃trərefɔrm] f. HIST. controriforma.
contre-révolution [kɔ̃trərevɔlysjɔ̃] f. controrivoluzione.
contre-révolutionnaire [kɔ̃trərevɔlysjɔnɛr] adj. et n. controrivoluzionario.
contrescarpe [kɔ̃trɛskarp] f. controscarpa, contrascarpa.
contreseing [kɔ̃trəsɛ̃] m. controfirma f.
contresens [kɔ̃trəsɑ̃s] m. [erreur] controsenso, svarione. ‖ [sens inverse] *prendre le contresens d'une étoffe*, prendere una stoffa nel senso contrario. ‖ FIG. *sa conduite est un contresens*, la sua condotta è un controsenso. ◆ loc. adv. ***à contresens,*** a rovescio, alla rovescia, in senso contrario.
contresignataire [kɔ̃trəsiɲatɛr] m. controfirmatario.
contresigner [kɔ̃trəsiɲe] v. tr. controfirmare.
contre-taille [kɔ̃trətaj] f. ART controtaglio m.
contretemps [kɔ̃trətɑ̃] m. [incident] contrattempo. ‖ MUS. controtempo. ◆ loc. adv. ***à contretemps,*** a sproposito, inopportunamente.
contre-terrorisme [kɔ̃trətɛrɔrism] m. controterrorismo.
contre-terroriste [kɔ̃trətɛrɔrist] adj. controterroristico. ◆ n. controterrorista.
contre-timbre [kɔ̃trətɛ̃br] m. controbollo.
contretorpilleur [kɔ̃trətɔrpijœr] m. MAR. cacciatorpediniere inv., antisilurante.
contre-transfert [kɔ̃trətrɑ̃sfɛr] m. PSYCHAN. controtransfert.
contretype [kɔ̃trətip] m. PHOT. controtipo.
contrevaleur [kɔ̃trəvalœr] f. controvalore m.
contrevenant, e [kɔ̃trəvnɑ̃, ɑ̃t] n. contravventore, trice ; trasgressore m.
contrevenir [kɔ̃trəvnir] v. intr. **(à)** contravvenire (a).
contrevent [kɔ̃trəvɑ̃] m. [volet] imposta f. ‖ [charpente] controvento.
contrevérité [kɔ̃trəverite] f. affermazione falsa ; falsità.
contre-visite [kɔ̃trəvizit] f. controvisita.
contre-voie [kɔ̃trəvwa] f. binario (m.) illegale. ◆ loc. adv. ***à contre-voie :*** *convoi qui circule à contre-voie*, convoglio che transita sul binario illegale. | *descendre à contre-voie*, scendere dalla parte dei binari.
contribuable [kɔ̃tribɥabl] m. contribuente.
contribuer [kɔ̃tribɥe] v. intr. contribuire.
contributif, ive [kɔ̃tribytif, iv] adj. contributivo.
contribution [kɔ̃tribysjɔ̃] f. [action] contribuzione. ‖ [apport] contributo m., contribuzione. | *mettre qn à contribution*, ricorrere a qlcu. | *mettre qch. à contribution*, giovarsi di qlco. ‖ [impôt] contribuzione, imposta. | *contributions directes, indirectes*, contribuzioni dirette, indirette. | *receveur, rôle, bureau des contributions*, ricevitore, ruolo, ufficio delle imposte.
contrister [kɔ̃triste] v. tr. contristare, rattristare, addolorare.
contrit, e [kɔ̃tri, it] adj. RELIG. contrito. ‖ [penaud] mortificato, confuso.
contrition [kɔ̃trisjɔ̃] f. contrizione. | *faire acte de contrition*, far atto di contrizione.
contrôlable [kɔ̃trolabl] adj. controllabile.
contrôle [kɔ̃trol] m. [vérification] controllo. | *contrôle des billets, des changes, des dépenses, des prix*, controllo dei biglietti, dei cambi, delle spese, dei prezzi. | *contrôle sanitaire*, controllo sanitario. | *visite de contrôle*, visita di controllo. ‖ [bureau] ufficio del controllo. ‖ [marque apposée par l'État] marchio. ‖ FIG. [surveillance] sorveglianza f., controllo. | *perdre le contrôle de ses nerfs*, perdere il controllo, il dominio di sé. ‖ [examen] *accepter une assertion sans contrôle*, accettare un'asserzione senza critica. ‖ JUR. *contrôle de légitimité*, controllo di legittimità. ‖ MÉD. *contrôle des naissances*, controllo delle nascite. ‖ MIL. [registre] ruolo. | *rayer un officier des contrôles*, radiare un ufficiale dai ruoli.
contrôler [kɔ̃trole] v. tr. PR. et FIG. controllare. | *contrôler un pays, les mers*, controllare, dominare un paese, i mari. | *savoir contrôler ses nerfs*, sapere controllarsi, dominarsi. ‖ ADM. *contrôler les comptes d'une administration*, controllare, sindacare i conti di un'amministrazione. ‖ SPORT *contrôler le ballon*, controllare il pallone. ‖ [poinçonner] *contrôler des bijoux*, marchiare, bollare gioielli. ◆ v. pr. controllarsi.
contrôleur, euse [kɔ̃trolœr, øz] n. controllore, a. | *contrôleur des contributions directes, indirectes*, ispettore delle imposte dirette, indirette. | *contrôleur du trafic aérien*, controllore del traffico aereo. ◆ m. [appareil] apparecchio di controllo. | *contrôleur de pression*, manometro.

contrordre [kɔ̃trɔrdr] m. contrordine. | *sauf contrordre*, salvo contrordine.
controuvé, e [kɔ̃truve] adj. LITTÉR. inventato (di sana pianta).
controverse [kɔ̃trɔvɛrs] f. controversia.
controversé, e [kɔ̃trɔvɛrse] adj. controverso.
controverser [kɔ̃trɔvɛrse] v. tr. contrastare ; controvertere (rare) [défect.].
contumace [kɔ̃tymas] f. JUR. contumacia. | *condamner par contumace*, condannare in contumacia. ◆ adj. et n. [personne] contumace.
contumax [kɔ̃tymaks] adj. et n. V. CONTUMACE.
contus, e [kɔ̃ty, yz] adj. contuso.
contusion [kɔ̃tyzjɔ̃] f. contusione.
contusionner [kɔ̃tyzjɔne] v. tr. contundere.
conurbation [kɔnyrbasjɔ̃] f. conurbazione.
convaincant, e [kɔ̃vɛ̃kɑ̃, ɑ̃t] adj. convincente.
convaincre [kɔ̃vɛ̃kr] v. tr. convincere. | *convaincre qn de tenter l'examen*, convincere qlcu. a tentare l'esame. ‖ JUR. *convaincre qn de crime*, convincere qlcu di omicidio.
convaincu, e [kɔ̃vɛ̃ky] adj. convinto.
convalescence [kɔ̃valɛsɑ̃s] f. convalescenza.
convalescent, e [kɔ̃valɛsɑ̃, ɑ̃t] adj. et n. convalescente.
convecteur [kɔ̃vɛktœr] m. PHYS. (termo)convettore.
convection ou **convexion** [kɔ̃vɛksjɔ̃] f. PHYS., MÉTÉOR. convezione.
convenable [kɔ̃vnabl] adj. [approprié] giusto, conveniente, adatto, adeguato, opportuno. | *prix convenable*, prezzo giusto, onesto. | *moment convenable*, momento opportuno, adatto. ‖ [décent] decente, decoroso, conveniente. | *tenue convenable*, comportamento decente. | *il n'est pas convenable que*, non sta bene che.
convenablement [kɔ̃vnabləmɑ̃] adv. [justement] convenientemente, in modo conveniente. ‖ [correctement] decentemente, correttamente.
convenance [kɔ̃vnɑ̃s] f. [conformité] convenienza. ‖ [commodité, utilité] convenienza, vantaggio m., interesse m. | *mariage de convenance*, matrimonio di convenienza. | *congé pour convenances personnelles*, congedo per motivi personali. | *être à la convenance de qn*, andare a genio, piacere a qlcu. ◆ pl. [bienséance] convenienze ; (buona) creanza.
convenir [kɔ̃vnir] v. tr. ind. ***convenir de, que :*** [tomber d'accord sur, décider] decidere, convenire. | *convenir d'une date, d'un rendez-vous*, fissare una data, un appuntamento. | *une date a été convenue*, è stata fissata una data. | *nous avons convenu, nous sommes convenus* (littér.) *de convoquer le comité*, abbiamo stabilito di convocare il comitato. ‖ [impers.] *il a été convenu avec moi que nous commencerions demain*, abbiamo convenuto insieme di cominciare domani. | *c'est convenu ?*, siamo intesi ?, d'accordo ? | *il est convenu que tu partiras demain*, è inteso che partirai domani. ‖ [avouer] convenire, ammettere. | *convenez que j'ai raison*, convenga, ammetta che ho ragione. | *convenir de son erreur*, confessare il proprio errore. | *j'en conviens*, lo ammetto, lo confesso. | *je conviens avoir dit cela*, ammetto, confesso di averlo detto. ‖ ***convenir à :*** [être approprié à] convenire a. | *la joie convient à la jeunesse*, l'allegria conviene, si confà, si addice alla gioventù. | *ce rôle m'aurait convenu*, una simile parte mi sarebbe convenuta. | *l'homme qui convient*, l'uomo adatto. ‖ [plaire] *si cela te convient*, se ti va bene, se ti fa comodo. ‖ [impers.] *comme il convient à*, come conviene a, come si addice a. | *boire plus qu'il ne convient*, bere più del dovuto. ‖ [être souhaitable] convenire, bisognare ; essere opportuno. | *il convient que chacun fasse un effort*, conviene, bisogna che ognuno faccia uno sforzo. | *il convient de le faire immédiatement*, conviene, bisogna farlo subito.
convention [kɔ̃vɑ̃sjɔ̃] f. [accord] convenzione, accordo m. | *convention collective de travail*, contratto collettivo di lavoro. ‖ JUR. *sauf convention contraire*, salvo patto contrario. ‖ [congrès] congresso m., raduno m., assemblea. ‖ HIST. *Convention (nationale)*, Convenzione (nazionale). ◆ pl. [bienséance] convenzioni. | *esclave des conventions*, schiavo delle convenzioni. ◆ loc. adv. ***de convention,*** di convenzione ; convenzionale adj.
conventionné, e [kɔ̃vɑ̃sjɔne] adj. convenzionato.
conventionnel, elle [kɔ̃vɑ̃sjɔnɛl] adj. convenzionale. ‖ CYBERN., MIL. convenzionale. | *armes conventionnelles*, armi convenzionali. ◆ n. m. HIST. convenzionale.
conventuel, elle [kɔ̃vɑ̃tɥɛl] adj. conventuale.
convenu, e [kɔ̃vny] adj. [décidé] convenuto. | *prix convenu*, prezzo convenuto, stabilito, pattuito. ‖ [banal] convenzionale, banale. | *langage convenu*, linguaggio convenzionale, prestabilito.
convergence [kɔ̃vɛrʒɑ̃s] f. convergenza.
convergent, e [kɔ̃vɛrʒɑ̃, ɑ̃t] adj. convergente.
converger [kɔ̃vɛrʒe] v. intr. convergere.
convers, e [kɔ̃vɛr, ɛrs] adj. *frère convers, sœur converse*, converso, conversa.
conversation [kɔ̃vɛrsasjɔ̃] f. conversazione. | *engager, entamer la conversation*, avviare, intavolare la conversazione. | *lier conversation avec qn*, attaccar discorso con qlcu. | *changer de conversation*, cambiar discorso. | *sur le ton de la conversation*, in tono colloquiale ; in tono conversevole (littér.). | *l'italien de la conversation*, l'italiano colloquiale. | *avoir de la conversation*, essere un brillante conversatore.
converser [kɔ̃vɛrse] v. intr. conversare.
conversion [kɔ̃vɛrsjɔ̃] f. FIN., MATH., RELIG. conversione.
converti, e [kɔ̃vɛrti] adj. et n. convertito. ‖ LOC. *prêcher un converti*, fare la predica all'eremita.
convertibilité [kɔ̃vɛrtibilite] f. convertibilità.
convertible [kɔ̃vɛrtibl] adj. convertibile. ◆ n. m. AÉR. convertiplano.
convertir [kɔ̃vɛrtir] v. tr. *convertir à une idée*, convertire a un'idea. | *convertir en or*, convertire in oro. ◆ v. pr. convertirsi.
convertissage [kɔ̃vɛrtisaʒ] m. conversione f.
convertisseur [kɔ̃vɛrtisœr] m. convertitore.
convexe [kɔ̃vɛks] adj. convesso.
convexion f. V. CONVECTION.
convexité [kɔ̃vɛksite] f. convessità.
conviction [kɔ̃viksjɔ̃] f. [certitude] convinzione. ‖ [sérieux] impegno m., serietà. | *travailler avec, sans conviction*, lavorare con, senza impegno. ‖ JUR. *pièce à conviction* = elemento di prova (a carico dell'imputato) ; corpo del reato.
convier [kɔ̃vje] v. tr. invitare ; convitare (littér.). ‖ FIG. invitare.
convive [kɔ̃viv] n. commensale ; convitato m. ; conviva m. (littér.).
convocation [kɔ̃vɔkasjɔ̃] f. convocazione. ‖ MIL., UNIV. chiamata.
convoi [kɔ̃vwa] m. [cortège funèbre] corteo, convoglio funebre. ‖ [groupe] *convoi routier, ferroviaire, de prisonniers*, convoglio stradale, ferroviario, di prigionieri. ‖ MIL. *convoi de troupes*, tradotta f. ‖ [train] treno. | *convoi de voyageurs*, treno passeggeri. | *convoi de marchandises*, treno merci.
convoiement [kɔ̃vwamɑ̃] m. [action] (il) convogliare. ‖ [escorte] scorta f.
convoitable [kɔ̃vwatabl] adj. desiderabile.
convoiter [kɔ̃vwate] v. tr. desiderare, ambire ; bramare (littér.).
convoitise [kɔ̃vwatiz] f. avidità ; bramosia (rare) ; cupidigia, cupidità (littér.).
convoler [kɔ̃vɔle] v. intr. IRON. sposarsi. | *convoler en justes noces*, convolare a (giuste) nozze.
convoquer [kɔ̃vɔke] v. tr. convocare. | *convoquer l'assemblée générale*, convocare l'assemblea generale. | *convoquer un employé*, convocare un impiegato.
convoyage [kɔ̃vwajaʒ] m. V. CONVOIEMENT.
convoyer [kɔ̃vwaje] v. tr. scortare ; convogliare (rare).
convoyeur [kɔ̃vwajœr] m. [personne] accompagnatore. ‖ MAR. *(navire) convoyeur*, nave (f.) scorta ; scortaconvoglio f. ‖ [transporteur automatique] convogliatore ; (nastro) trasportatore. ‖ MIN. trasportatore.
convulsé, e [kɔ̃vylse] adj. contratto, convulso.

convulser [kɔ̃vylse] v. tr. contrarre, contorcere, stravolgere.
convulsif, ive [kɔ̃vylsif, iv] adj. convulso, convulsivo.
convulsion [kɔ̃vylsjɔ̃] f. convulsione.
convulsionnaire [kɔ̃vylsjɔnɛr] adj. et n. convulsionario. ◆ n. m. pl. HIST. convulsionari.
convulsionner [kɔ̃vylsjɔne] v. tr. far venire le convulsioni a, il convulso a.
coopérant [kɔɔperɑ̃] m. [militaire, civil] cooperatore.
coopérateur, trice [kɔɔperatœr, tris] n. cooperatore, trice.
coopératif, ive [kɔɔperatif, iv] adj. cooperativo. ◆ n. f. cooperativa. | *coopérative de consommation*, cooperativa di consumo. | *coopérative agricole*, cooperativa agricola, consorzio agrario.
coopération [kɔɔperasjɔ̃] f. cooperazione.
coopératisme [kɔɔperatism] m. cooperativismo.
coopérative f. V. COOPÉRATIF.
coopérer [kɔɔpere] v. intr. cooperare, collaborare. ◆ v. tr. ind. **[à]** cooperare, collaborare, contribuire, concorrere (a).
cooptation [kɔɔptasjɔ̃] f. cooptazione.
coopter [kɔɔpte] v. tr. cooptare.
coordination [kɔɔrdinasjɔ̃] f. [action] coordinamento m., coordinazione. || [état] coordinazione. || GRAMM. *conjonctions de coordination*, congiunzioni coordinative.
coordinateur ou **coordonnateur, trice** [kɔɔrdinatœr, kɔɔrdɔnatœr, tris] adj. et n. coordinatore, trice.
coordonné, e [kɔɔrdɔne] adj. coordinato. || GRAMM. *(proposition) coordonnée*, proposizione coordinata. ◆ n. f. pl. GÉOGR., MATH. coordinate. || FAM. *laissez-moi vos coordonnées*, mi lasci il suo indirizzo, il suo recapito, i suoi dati personali (L.C.).
copain ou **copin, copine** [kɔpɛ̃, kɔpin] n. FAM. compagno, a; amico, a (L.C.). || PÉJOR. complice. ◆ adj. FAM. *être copain, très copain avec qn*, essere in buoni, in ottimi rapporti con qlcu. (L.C.).
copal [kɔpal] m. cop(p)ale f.
copayer [kɔpaje] m. copaive f.
copartage [kɔpartaʒ] m. JUR. condivisione f.
copartageant [kɔpartaʒɑ̃] m. JUR. condividente.
copartager [kɔpartaʒe] v. tr. JUR. condividere.
coparticipant, e [kɔpartisipɑ̃, ɑ̃t] adj. JUR. compartecipe. ◆ n. compartecipante.
coparticipation [kɔpartisipasjɔ̃] f. JUR. compartecipazione, compartecipanza.
copeau [kɔpo] m. truciolo.
copiage [kɔpjaʒ] m. UNIV. = (il) copiare. || TECHN. copiatura f.
copie [kɔpi] f. [action] copiatura. | *bureau de copie*, copisteria f. || [résultat] copia. || JUR. *copie conforme*, copia conforme. || [plagiat] copiatura, copia. || FIG. *cet homme est la copie de son père*, quest'uomo è la copia di suo padre. || UNIV. [devoir] compito m. || [feuille] foglio m. | *bloc de cent copies*, blocco di cento fogli. | *remettre copie blanche à un examen*, consegnare il foglio in bianco a un esame. || [exemplaire] copia, esemplare m.
copier [kɔpje] v. tr. copiare. | *copier au propre, au net*, copiare in bella; mettere in bella (copia). | *copier sur un camarade*, copiare da un compagno. || FIG. copiare, imitare, scimmiottare. | *copier un acteur*, copiare, imitare un attore.
copieux, euse [kɔpjø øz] adj. copioso.
copilote [kɔpilɔt] m. pilota ausiliare, secondo pilota.
copin, e n. V. COPAIN.
copiner [kɔpine] v. intr. FAM. *copiner avec qn*, essere in buoni rapporti con uno (L.C.).
copiste [kɔpist] m. copista, amanuense. || PÉJOR. [plagiaire] scribacchino; imbrattacarte inv.
copossession [kɔpɔsɛsjɔ̃] f. JUR. compossesso m., compossessione.
copra(h) [kɔpra] m. copra f.
coprin [kɔprɛ̃] m. coprino.
coproduction [kɔprɔdyksjɔ̃] f. coproduzione.
coprophage [kɔprɔfaʒ] n. m. et adj. coprofago.
copropriétaire [kɔprɔprijetɛr] n. comproprietario, a, condomino, a.
copropriété [kɔprɔprijete] f. comproprietà; condominio m. | *immeuble en copropriété*, (immobile in) condominio.
copte [kɔpt] adj. et n. copto.
copulatif, ive [kɔpylatif, iv] adj. copulativo.
copulation [kɔpylasjɔ̃] f. copula, copulazione, accoppiamento m.
copule [kɔpyl] f. copula.
copyright [kɔpirajt] m. copyright (angl.).
1. coq [kɔk] m. gallo. | *coq de bruyère*, urogallo; (gallo) cedrone. | *coq de roche*, rupicola f. | *coq d'Inde*, gallo d'India; tacchino. || [mâle] *coq faisan*, fagiano (maschio). || LOC. *se lever au chant du coq*, alzarsi al canto del gallo. | *être rouge comme un coq*, essere rosso come un gambero. | *être comme un coq en pâte*, stare come un papa, come un pascià. | *passer du coq à l'âne*, V. COQ-À-L'ÂNE. || FAM. *être le coq du village*, essere il gallo della checca. | *rendre fier comme un coq*, ringalluzzire. || SPORT *poids coq*, peso gallo.
2. coq m. MAR. cuoco.
coq-à-l'âne [kɔkalɑn] m. inv. [propos décousus] = discorsi sconnessi. || LOC. *faire des coq-à-l'âne*, saltare di palo in frasca.
coque [kɔk] f. guscio m. | *œuf à la coque*, uovo à la coque (fr.), alla cocca (tosc.). || FIG. *coque de noix*, guscio di noce; imbarcazione piccolissima. || *coque de cheveux*, ciocca di capelli. | *coque de rubans*, fiocco m. || AÉR., MAR. scafo m. || AUTOM. scocca. || BIOL. cocco. || BOT. bozzolo m. || ZOOL. tellina.
coquecigrue [kɔksigry] f. Vx [baliverne] fandonia, frottola (L.C.).
coquelicot [kɔkliko] m. rosolaccio, papavero.
coqueluche [kɔklyʃ] f. MÉD. pertosse; tosse canina, asinina, cavallina. || FAM. *il est la coqueluche du public*, è il beniamino, l'idolo, il cocco del pubblico.
coquemar [kɔkmar] m. Vx bollitore; [pour le lait, le café] bricco, cuccuma f.
coquet, ette [kɔkɛ, ɛt] adj. et n. [qui cherche à plaire] *(femme) coquette*, civetta, civettona. | *faire la coquette*, fare la civetta, civettare. | *homme coquet*, uomo galante; [d'un certain âge] civettone. | *faire le coquet*, fare il galante, il lezioso, il civettone. || [provocant] provocante, allettante, civettuolo. | *œillades coquettes*, occhiate provocanti. || [élégant] = accurato nel vestire, elegante, grazioso. | *jeune fille coquette*, ragazza elegante, graziosa. || [soigné] carino, grazioso, civettuolo. | *coiffure coquette*, pettinatura graziosa. | *petite ville coquette*, cittadina carina, graziosa. || FAM. [assez considérable] considerevole, importante (L.C.). | *une somme coquette*, una bella sommetta.
coqueter [kɔkte] v. intr. FAM. [sujet femme] civettare; [sujet homme] fare il galante, il civettone.
coquetier [kɔktje] m. portauovo inv. || [marchand d'œufs] pollaiolo; ovaio (rare).
coquetterie [kɔkɛtri] f. [désir de plaire] civetteria. || [goût] gusto m., eleganza.
coquillage [kɔkijaʒ] m. [animal] (mollusco) conchifero; frutto di mare. | *manger des coquillages*, mangiare frutti di mare. || [coquille] conchiglia f.
coquillart [kɔkijar] m. GÉOL. calcare conchiglifero.
coquille [kɔkij] f. [enveloppe calcaire] conchiglia. | *coquille Saint-Jacques*, pettine m., ventaglio m.; conchiglia di San Giacomo, del pellegrino. || ARCHIT. conchiglia. || CULIN. *coquille de beurre*, riccio (m.) di burro. | *coquille de viande, de poisson* = antipasto di carne, di pesce servito in una conchiglia. || [garde de l'épée] coccia. || [œuf; fruit] guscio m. | *coquille de noix*, guscio di noce (pr. et fig.). || FIG., FAM. *rester dans sa coquille*, chiudersi nel proprio guscio, bozzolo. | *sortir de sa coquille*, uscire dal guscio, dal bozzolo. || TYP. [faute] refuso m.
coquillettes [kɔkijɛt] f. pl. CULIN. conchiglie.
coquillier, ère [kɔkije, ɛr] adj. conchiglifero.
coquin, e [kɔkɛ̃, kɔkin] adj. [espiègle] birichino, malizioso. || [égrillard] procace. | *regard coquin*, sguardo procace. ◆ n. [bandit] canaglia f., furfante m.; bric-

cone, a. | *un fieffé coquin*, una canaglia matricolata. || [garnement] briccone, a ; bricconcello m. ; birba f., birbante m. | *un tour de coquin*, una bricconata. || [exclam.] *coquin de sort !*, accidenti !, diamine !

coquinerie [kɔkinri] f. bricconata, birbanteria, bricconeria.

1. cor [kɔr] m. [instrument] corno. | *cor anglais, de basset, de chasse*, corno inglese, di bassetto, da caccia. || [musicien] cornista. || Zool. *un cerf dix cors, un dix-cors* = un cervo di sette anni. ◆ loc. adv. ***à cor et à cri*** = con grande strepito, con insistenza.

2. cor m. [durillon] callo.

corail, aux [kɔraj, o] m. Zool. corallo. || *serpent corail*, serpente corallo. || Fig. [couleur] *lèvres (de) corail*, labbra coralline.

corailleur [kɔrajœr] m. = [pêcheur] chi pesca il corallo ; [artisan] corallaio.

corallien, enne [kɔraljɛ̃, ɛn] adj. corallino.

corallin, e [kɔralɛ̃, in] adj. corallino. ◆ n. f. Bot. corallina.

coranique [kɔranik] adj. coranico.

corbeau [kɔrbo] m. Zool. corvo. | *noir comme un corbeau* = nero come il carbone. || Archit. beccatello. || Fig., péjor. prete (l.c.).

corbeille [kɔrbɛj] f. cestino m., canestro m. | *corbeille à pain, à ouvrage, à papier*, cestino del pane, da lavoro, della cartaccia. || [contenu] *corbeille de fleurs*, canestro di fiori. || [parterre de fleurs] aiola (rotonda) di fiori. || Archit. vaso m. || [à la Bourse] recinto (m.) delle grida ; corbeille (fr.). || Théâtre = ordine di posti soprastante la platea. || Fig. *corbeille de mariage, de noces* = regali di nozze offerti dal fidanzato.

corbeille-d'argent [kɔrbɛjdarʒɑ̃] f. alisso bianco.

corbillard [kɔrbijar] m. carro funebre.

corbillon [kɔrbijɔ̃] m. cestello.

corbleu ! [kɔrblø] interj. Vx corpo di Bacco !, perbacco ! (l.c.).

cordage [kɔrdaʒ] m. cavo, fune f. ; Mar. cima f. | *les cordages*, i cavi, il cordame.

corde [kɔrd] f. corda, fune. | *les cordes du violon*, le corde del violino. || Anat. *cordes vocales*, corde vocali. || Sport *saut à la corde*, salto della corda. | *corde de rappel*, corda doppia. | *courir à la corde*, correre alla corda. | *prendre un virage à la corde*, prendere una curva stretta. | *corde à nœuds*, corda a nodi. || Text. *tapis qui montre la corde, usé jusqu'à la corde*, tappeto che mostra la corda. || Loc. *avoir plusieurs cordes à son arc*, avere diverse frecce al proprio arco, diverse possibilità. | *ce n'est pas dans mes cordes* = non è di mia competenza. | *toucher, faire vibrer la corde sensible*, toccare il tasto giusto, far vibrare la corda del cuore. | *trop tirer sur la corde*, tirare troppo la corda. | *être, marcher sur la corde raide* = trovarsi in una situazione delicatissima. | *homme de sac et de corde*, pendaglio (m.) da forca. | *il ne vaut pas la corde pour le pendre* = non vale un soldo, uno zero. | *parler de corde dans la maison d'un pendu*, parlare di corda in casa dell'impiccato. | *se mettre la corde au cou*, v. cou.

cordé, e [kɔrde] adj. cordato, cuoriforme.

cordeau [kɔrdo] m. cordicella f., funicella f. | *tracer une ligne au cordeau*, tracciare una linea con la cordicella (ingessata). | *allée tracée au cordeau*, viale dritto dritto. || [ligne de fond] lenza (f.) di fondo. || [mèche] *cordeau détonant*, miccia detonante.

cordée [kɔrde] f. fastello m., fascio m. | *cordée de bois*, fastello di legna. || [alpinisme] cordata. | *premier de cordée*, capocordata m.

cordelette [kɔrdəlɛt] f. cordicella.

1. cordelier, ère [kɔrdəlje, ɛr] n. Relig. cordigliero, cordigliere m. ; francescana f. || Hist. *club des cordeliers*, club dei cordiglieri.

2. cordelière [kɔrdəljɛr] f. [ceinture ; ameublement] cordone m. ; [des franciscains] cordiglio m., cordone. || Archit. cordone m.

corder [kɔrde] v. tr. [tordre en corde] accordellare. || [lier] legare (con corde). || [mesurer] *corder du bois* = misurare legna (con una corda). || *corder une raquette*, incordare una racchetta.

corderie [kɔrdəri] f. [atelier] corderia. || [métier, commerce] = arte, commercio (m.) del cordaio.

cordial, e, aux [kɔrdjal, o] adj. cordiale. ◆ n. m. cordiale.

cordialité [kɔrdjalite] f. cordialità.

cordier [kɔrdje] m. [ouvrier] cordaio. || [partie du violon] cordiera f.

cordillère [kɔrdijɛr] f. Géogr. cordigliera.

cordite [kɔrdit] f. cordite.

cordon [kɔrdɔ̃] m. cordone, cordoncino ; [rideau] cordone ; [soulier] stringa f., laccio, legaccio ; [corset] stringa. || [décoration] *grand cordon*, gran cordone. || Fig. *cordon de troupes*, cordone di truppe. | *cordon sanitaire*, cordone sanitario. || Anat. *cordon ombilical*, cordone ombelicale. || Archit. cordone. || Bot. cordone. || [de monnaie] cordone. || Géogr. *cordon littoral*, cordone littorale ; lido. || Min. *cordon Bickford*, v. Bickford. || Loc. *tenir les cordons de la bourse* = maneggiare, amministrare il denaro (della famiglia, di una collettività). | *il n'est pas digne de délier les cordons de ses souliers* = non è degno di lustrargli le scarpe. || Vx *demander le cordon* = chiedere al portiere l'apertura della porta di strada, del portone.

cordon-bleu [kɔrdɔ̃blø] m. = ottima, bravissima cuoca ; cuoca consumata.

cordonnerie [kɔrdɔnri] f. [atelier] calzoleria. || [métier] arte del calzolaio ; calzoleria (vx).

cordonnet [kɔrdɔnɛt] m. cordoncino, cordonetto. || [fil pour broderie] cordonetto.

cordonnier [kɔrdɔnje] m. calzolaio.

coréen, enne [kɔreɛ̃, ɛn] adj. et n. coreano.

coreligionnaire [kɔrəliʒjɔnɛr] n. correligionario, a.

coriace [kɔrjas] adj. coriaceo. || Fig., fam. coriaceo ; duro, ostinato (l.c.).

coriandre [kɔrjɑ̃dr] m. coriandolo.

coricide [kɔrisid] m. Pharm. callifugo.

corindon [kɔrɛ̃dɔ̃] m. Minér. corindone.

corinthien, enne [kɔrɛ̃tjɛ̃, ɛn] adj. et n. corinzio.

corme [kɔrm] f. Bot. sorba.

cormier [kɔrmje] m. Bot. sorbo.

cormoran [kɔrmɔrɑ̃] m. Zool. cormorano, marangone.

cornac [kɔrnak] m. cornac. || Fam. guida f. (l.c.).

cornaline [kɔrnalin] f. Minér. cornalina, corniola.

cornard [kɔrnar] m. Pop. (marito) cornuto.

corne [kɔrn] f. Zool. corno m. (pl. *le corna*). | *coup de corne*, cornata f. | *bêtes à cornes*, bovini m. pl. ; bestie cornute. || [qui a forme de corne] corno m. (pl. *i corni*). | *les cornes de l'enclume, de la lune*, i corni dell'incudine, della luna. | *chapeau à deux, à trois cornes*, bicorno m., tricorno m. ; cappello a due, a tre punte. | *faire une corne à une page*, fare un orecchio a una pagina. || [matière] corno. | *de corne*, di corno ; corneo adj. || [objet] corno. | *corne de chasse*, corno da caccia. | *corne à chaussures*, corno da scarpe ; calzascarpe m. inv., calzatoio m. | *corne d'abondance*, corno dell'abbondanza ; cornucopia. | *corne de brume*, boa a campana. | *corne d'automobile*, tromba dell'automobile. || Mar. [vergue] picco m. || [coin, angle] angolo m. || Loc. *prendre le taureau par les cornes*, prendere il toro per le corna. | *porter les cornes*, portar le corna. | *faire porter les cornes à qn*, cornificare qlcu. | *faire les cornes*, far le corna.

corné, e [kɔrne] adj. corneo.

corned-beef [kɔrndbif] m. corned beef (angl.) ; carne (f.) in scatola.

cornée [kɔrne] f. Anat. cornea.

corneille [kɔrnɛj] f. Zool. cornacchia. | *corneille d'église*, taccola. || Loc. *bayer aux corneilles*, v. bayer.

cornélien, enne [kɔrneljɛ̃, ɛn] adj. corneliano.

cornemuse [kɔrnəmyz] f. cornamusa ; cennamella, zampogna (rég.) ; piva (vx).

cornemuseur [kɔrnəmyzœr] m. sonatore di cornamusa ; zampognaro (mérid.).

1. corner [kɔrne] v. intr. Mus. suonare. || Autom. strombettare. || Fig., fam. *corner aux oreilles de qn*, gridare negli orecchi di qlcu., intronar gli orecchi di qlcu. || [bourdonner] ronzare. | *les oreilles me cornent*,

mi ronzano le orecchie. ◆ v. tr. *corner une carte de visite, une page*, far un orecchio a un biglietto di visita, a una pagina. || *corner qn* = [appeler en sonnant de la corne] suonare il corno per chiamare qlcu. ; [avertir par un coup de Klaxon] strombettare per avvertire qlcu. || FAM. [claironner] *corner une nouvelle*, strombazzare una notizia.
2. corner [kɔrnɛr] m. (angl.) [football] corner ; calcio d'angolo.
cornet [kɔrnɛ] m. MUS. cornetto. | *cornet à pistons*, cornetta f. || [cornettiste] cornettista ; cornetta f. || [qui a forme de cône] *cornet acoustique*, cornetto acustico. | *cornet de papier*, cartoccio. | *un cornet de bonbons, de frites*, un cartoccio di caramelle, di patate fritte. | *cornet de glace*, cono gelato. | *cornet à dés*, bossolo per dadi. || ANAT. cornetto.
cornette [kɔrnɛt] f. [coiffe] cornetta. || [étendard] cornetta ; bandierina a due punte. ◆ n. m. MIL. (vx) cornetta (f.).
cornettiste [kɔrnɛtist] m. cornettista ; cornetta f.
corniaud ou **corniot** [kɔrnjo] m. [chien] bastardo. || POP. cretino (L.C.).
1. corniche [kɔrniʃ] f. ARCHIT. cornicione m. ; cornice, cimasa. || *route en corniche* = strada panoramica a strapiombo.
2. corniche f. ARG. UNIV. = corso preparatorio all'Accademia militare.
cornichon [kɔrniʃɔ̃] m. BOT. cetriolo, cetriolino. || FAM. [niais] salame ; cretino (L.C.).
cornier, ère [kɔrnje, ɛr] adj. = d'angolo. ◆ n. f. [rigole] compluvio m. ; [du toit] conversa. || [pièce en équerre] angolare m.
corniot m. V. CORNIAUD.
corniste [kɔrnist] m. cornista.
cornouille [kɔrnuj] f. corniola.
cornouiller [kɔrnuje] m. corniolo.
cornu, e [kɔrny] adj. cornuto. || VX [biscornu] strambo, bislacco, stravagante (L.C.).
cornue [kɔrny] f. CHIM. storta. || IND., MÉTALL. convertitore m.
corollaire [kɔrɔlɛr] adj. conseguente. ◆ n. m. corollario.
corolle [kɔrɔl] f. corolla.
coron [kɔrɔ̃] m. = blocco di case operaie (nelle zone minerarie del nord della Francia).
coronaire [kɔrɔnɛr] adj. coronario.
coronal, e, aux [kɔrɔnal, o] adj. coronale.
coronarite [kɔrɔnarit] f. coronaropatia.
coronelle [kɔrɔnɛl] f. coronella.
corozo [kɔrozo] m. corozo.
corporal [kɔrpɔral] m. corporale.
corporatif, ive [kɔrpɔratif, iv] adj. corporativo.
corporation [kɔrpɔrasjɔ̃] f. corporazione.
corporatisme [kɔrpɔratism] m. corporativismo.
corporatiste [kɔrpɔratist] adj. corporativistico.
corporel, elle [kɔrpɔrɛl] adj. corporale, corporeo. || JUR. *biens corporels*, beni materiali.
corps [kɔr] m. 1. [partie matérielle de l'être animé] corpo. | *garde du corps*, guardia del corpo. | *faire l'autopsie d'un corps*, praticare l'autopsia di un cadavere. || JUR. *séparation de corps*, separazione legale. | *contrainte par corps*, V. CONTRAINTE. || **2.** [partie principale] *corps de bâtiment, d'un article*, corpo di fabbrica, di un articolo. || JUR. *corps du délit*, corpo del reato. || MAR. *sombrer corps et biens*, perdersi anime e beni. || **3.** [objet matériel] ASTR., CHIM., PHYS. corpo. | *corps étranger*, corpo estraneo. || ANAT. *corps jaune, strié, vitré*, corpo luteo, striato, vitreo. || TYP. (forza del) corpo. || **4.** [ensemble organisé] *corps diplomatique, électoral, enseignant*, corpo diplomatico, elettorale, insegnante. | *corps de ballet*, corpo di ballo. || ADM. *les corps constitués*, gli organismi dell'amministrazione statale. | *les grands corps de l'État*, le amministrazioni dello Stato. | *esprit de corps*, spirito di corpo. || MIL. battaglione, reggimento. | *chef de corps*, maggiore, colonnello. | *rejoindre son corps*, rientrare al corpo. | *corps d'armée, de garde*, corpo d'armata, di guardia. | *corps franc*, corpo franco. | *corps de métiers*, categoria professionale. || JUR. [recueil] *corps des lois*, corpo delle leggi. || **5.** [consistance] consistenza f. ; [vin] corpo. | *donner corps à qch.*, dar corpo a qlco. | *prendre corps*, prender corpo. || **6.** LOC. FAM. *n'avoir rien dans le corps* = essere digiuno. | *je saurai ce qu'il a dans le corps*, saprò quel che ha in corpo. | *avoir le diable au corps*, avere il diavolo in corpo. || FIG. *faire corps avec*, aderire a, essere solidale con, agire in stretta collaborazione con, far causa comune con. | *passer sur le corps à qn*, passare sul cadavere di qlcu. | *pleurer toutes les larmes de son corps*, piangere a calde lacrime. | *se présenter en corps*, presentarsi in corpo. | *se donner corps et âme à une entreprise*, darsi, gettarsi anima e corpo in un' impresa. | *fille folle de son corps*, ragazza calda, ragazza dai sensi accesi. ◆ loc. adv. ***à bras-le-corps** : saisir à bras-le-corps*, abbracciare (alla vita) ; SPORT cinturare ; [affronter] prendere di petto, affrontare. | *tenir à bras-le-corps*, tenere abbracciato. || ***à corps perdu,*** a corpo morto. || ***à son corps défendant,*** V. DÉFENDRE. || ***corps à corps,*** a corpo a corpo. | *un corps à corps*, un corpo a corpo.
corps-mort [kɔrmɔr] m. MAR. corpo morto ; tartaruga f.
corpulence [kɔrpylɑ̃s] f. corpulenza.
corpulent, e [kɔrpylɑ̃, ɑ̃t] adj. corpulento.
corpus [kɔrpys] m. corpus (lat.) ; raccolta f.
corpusculaire [kɔrpyskylɛr] adj. corpuscolare.
corpuscule [kɔrpyskyl] m. corpuscolo.
corrasion [kɔrazjɔ̃] f. GÉOGR. corrasione.
correct, e [kɔrɛkt] adj. PR. et FIG. corretto. || [acceptable] *devoir tout juste correct*, compito appena sufficiente. | *repas correct*, pranzo onesto, discreto. | *prix correct*, prezzo onesto, ragionevole. | *maison correcte*, casa di discreto aspetto.
correcteur, trice [kɔrɛktœr, tris] n. UNIV. esaminatore, trice. || TYP. correttore, trice ; revisore m.
correctif, ive [kɔrɛktif, iv] adj. et n. m. correttivo.
correction [kɔrɛksjɔ̃] f. [rectification] correzione. || [punition] correzione, lezione, punizione. | *maison de correction*, casa di correzione ; riformatorio m. || [châtiment corporel] *il a reçu une (fameuse, belle) correction*, si è preso un sacco di botte, una bella lezione. || [qualité de ce qui est correct] PR. et FIG. correttezza.
correctionnaliser [kɔrɛksjɔnalize] v. tr. JUR. rinviare al tribunale penale.
correctionnel, elle [kɔrɛksjɔnɛl] adj. JUR. correzionale. ◆ n. f. *passer en correctionnelle*, comparire davanti al tribunale (penale).
corrélatif, ive [kɔrelatif, iv] adj. correlativo.
corrélation [kɔrelasjɔ̃] f. correlazione.
correspondance [kɔrɛspɔ̃dɑ̃s] f. [conformité] corrispondenza, conformità, concordanza. | [échange de lettres] corrispondenza, carteggio m. | *faire sa correspondance*, sbrigare la corrispondenza. | *cours, vente par correspondance*, corso, vendita per corrispondenza. || [lettres] corrispondenza, epistolario m. ; [écrites et reçues] carteggio m. | *publier la correspondance d'un écrivain*, pubblicare l'epistolario di uno scrittore. || TRANSP. coincidenza. | *manquer, rater la correspondance*, perdere la coincidenza. | *assurer la correspondance avec*, essere in coincidenza con.
correspondant, e [kɔrɛspɔ̃dɑ̃, ɑ̃t] adj. corrispondente. ◆ n. [destinataire ; journaliste] corrispondente. || [d'une société, d'une académie] (socio) corrispondente. || [d'un interne] = persona incaricata della sorveglianza d'un convittore in libera uscita.
correspondre [kɔrɛspɔ̃dr] v. tr. indir. *correspondre avec qn*, corrispondere con qlcu. ; intrattenere, mantenere relazioni (epistolari) con qlcu. || [être conforme avec] corrispondere (a). | *ses actes ne correspondent pas à ses paroles*, i suoi atti non corrispondono alle, non sono conformi alle sue parole. ◆ v. intr. *deux pièces qui correspondent*, due stanze che comunicano, che corrispondono.
corrida [kɔrida] f. PR. corrida (esp.). || FIG., FAM. pigia pigia m. inv., trambusto m., parapiglia m. inv.
corridor [kɔridɔr] m. corridoio, andito. || [entre deux territoires] corridoio.

corrigé [kɔriʒe] m. UNIV. = modello d'esercizio svolto dal professore.
corriger [kɔriʒe] v. tr. [rendre meilleur] correggere, emendare. | *corriger le caractère de qn*, correggere, emendare il carattere di qlcu. ‖ [relever les fautes] *corriger des devoirs, des épreuves d'imprimerie*, correggere compiti, bozze di stampa. ‖ [punir] castigare, punire. ‖ [adoucir] addolcire, mitigare. | *corriger l'acidité d'une boisson*, addolcire una bevanda. | *corriger la dureté de ses affirmations*, mitigare la durezza delle proprie affermazioni. ◆ v. pr. correggersi, emendarsi.
corrigeur, euse [kɔriʒœr, øz] n. TYP. correttore, trice.
corroborer [kɔrɔbɔre] v. tr. corroborare.
corrodant, e [kɔrɔdɑ̃, ɑ̃t] adj. et n. m. corrosivo.
corroder [kɔrɔde] v. tr. corrodere.
corroi [kɔrwa] m. concia f. (del cuoio).
corroierie [kɔrwari] f. [préparation] concia, conciatura. ‖ [atelier] conceria.
corrompre [kɔrɔ̃pr] v. tr. PR. et FIG. corrompere. | *la chaleur corrompt la viande*, il caldo corrompe, guasta la carne. | *corrompre le goût*, corrompere, alterare il gusto. | *corrompre les jeunes*, corrompere, pervertire, depravare i giovani. | *corrompre un fonctionnaire*, corrompere, subornare un funzionario.
corrosif, ive [kɔrɔzif, iv] adj. et n. m. corrosivo.
corrosion [kɔrɔzjɔ̃] f. corrosione.
corroyage [kɔrwajaʒ] m. [cuir] concia f. ‖ [métal] saldatura (f.) per fusione, saldatura a caldo. ‖ [bois] sgrossatura f.
corroyer [kɔrwaje] v. tr. [cuir] conciare. ‖ [métal] saldare a caldo. ‖ [bois] sgrossare.
corroyeur [kɔrwajœr] m. [cuir] conciatore.
corrupteur, trice [kɔryptœr, tris] adj. et n. corruttore, trice.
corruptibilité [kɔryptibilite] f. corruttibilità.
corruptible [kɔryptibl] adj. corruttibile.
corruption [kɔrypsjɔ̃] f. PR. et FIG. corruzione. | *corruption d'un texte, du goût*, corruzione, alterazione d'un testo, del gusto. | *la corruption (des mœurs)*, la depravazione, la corruzione (dei costumi), la corruttela. | *corruption de mineurs*, corruzione di minorenni. | *corruption de fonctionnaire*, corruzione, subornazione di funzionario.
corsage [kɔrsaʒ] m. [blouse] camicetta f. ‖ [partie haute d'une robe] bustino, corpetto, corpino.
corsaire [kɔrsɛr] m. [navire] nave corsara. ‖ [marin] corsaro. ‖ [pirate] pirata, corsaro. ◆ adj. *pantalon corsaire*, pantaloni (m. pl.) alla pescatora, alla corsara.
corse [kɔrs] adj. et n. corso.
corsé, e [kɔrse] adj. *repas corsé*, pranzo copioso. | *vin corsé*, vino corposo, gagliardo. | *café corsé*, caffè carico, forte. | *sauce corsée*, salsa di sapore forte, salsa piccante. ‖ FIG. *histoire corsée*, storia piccante.
corselet [kɔrsəlɛ] m. [cuirasse] corsaletto. ‖ [costume régional] corsaletto, busto. ‖ ZOOL. corsaletto.
corser [kɔrse] v. tr. dar consistenza, corpo a. | *corser un repas*, rendere un pranzo più copioso. ‖ FIG. *corser un récit*, dar mordente, incisività a un racconto. ◆ v. pr. complicarsi. | *l'affaire, l'histoire se corse*, la faccenda, la storia si complica.
corset [kɔrsɛ] m. busto, bustino, corsetto. | *corset orthopédique*, busto, corsetto ortopedico.
corseter [kɔrsəte] v. tr. PR. stringere in un busto. FIG. disciplinare.
corsetière [kɔrsətjɛr] f. bustaia.
corso [kɔrso] m. (ital.) *corso fleuri*, corso dei fiori.
cortège [kɔrtɛʒ] m. corteo, corteggio. ‖ FIG. *cortège d'infirmités*, sequela (f.) di acciacchi. ‖ PÉJOR. *un cortège de flatteurs*, un codazzo di adulatori.
cortex [kɔrtɛks] m. ANAT. corteccia f.
cortical, e, aux [kɔrtikal, o] adj. ANAT., BOT. corticale.
cortisone [kɔrtizɔn] f. MÉD. cortisone m.
coruscant, e [kɔryskɑ̃, ɑ̃t] adj. LITTÉR. corruscante, corrusco.
corvéable [kɔrveabl] adj. HIST. soggetto a prestazione d'opera, à corvée, corvéable (fr.). ‖ FIG. soggetto a qualsiasi lavoro ingrato, a qualsiasi faticaccia, a qualsiasi corvée.
corvée [kɔrve] f. HIST. prestazione d'opera ; corvée (fr.). ‖ MIL. comandata, corvè. | *être de corvée de vivres*, essere di comandata (per i) viveri. ‖ FIG. corvè, faticaccia ; lavoro ingrato e pesante.
corvette [kɔrvɛt] f. MAR. corvetta.
corvidés [kɔrvide] m. pl. ZOOL. corvidi.
corymbe [kɔrɛ̃b] m. BOT. corimbo.
coryphée [kɔrife] m. corifeo.
coryza [kɔriza] m. MÉD. coriz(z)a f.
cosaque [kɔzak] m. PR. et FIG. cosacco.
cosécante [kɔsekɑ̃t] f. MATH. cosecante.
cosignataire [kɔsiɲatɛr] adj. et n. cofirmatario.
cosinus [kɔsinys] m. MATH. coseno.
cosmétique [kɔsmetik] adj. et n. m. cosmetico. ‖ [pour fixer les cheveux] fissatore per capelli.
cosmétologie [kɔsmetɔlɔʒi] f. cosmesi, cosmetica.
cosmique [kɔsmik] adj. cosmico.
cosmogonie [kɔsmɔgɔni] f. cosmogonia.
cosmographe [kɔsmɔgraf] m. cosmografo.
cosmographie [kɔsmɔgrafi] f. cosmografia.
cosmologie [kɔsmɔlɔʒi] f. cosmologia.
cosmonaute [kɔsmɔnot] n. cosmonauta.
cosmopolite [kɔsmɔpɔlit] adj. cosmopolita, cosmopolitico. | *existence, quartier, ville cosmopolite*, esistenza, quartiere, città cosmopolita. | *idées, habitudes cosmopolites*, idee, abitudini cosmopolitiche. ◆ n. cosmopolita.
cosmopolitisme [kɔsmɔpɔlitism] m. cosmopolitismo.
cosmos [kɔsmos] m. cosmo.
cossard, e [kɔsar, ard] adj. POP. pigro (L.C.). ◆ n. fannullone, a ; scansafatiche inv. (fam.).
1. cosse [kɔs] f. BOT. baccello m. ‖ ÉLECTR. capocorda m.
2. cosse f. POP. pigrizia, fiacca (L.C.). | *avoir la cosse*, avere la fiacca.
cossu, e [kɔsy] adj. [riche] danaroso, facoltoso, ricco. | *homme cossu*, uomo facoltoso. ‖ [qui dénote l'opulence] ricco, sontuoso. | *une maison cossue*, una casa sontuosa.
costal, e, aux [kɔstal, o] adj. costale.
costaud [kɔsto] adj. POP. robusto, nerboruto (L.C.). ◆ n. m. pezzo d'uomo ; giovanottone.
costume [kɔstym] m. [habillement typique] costume. ‖ [habit] abito, vestito.
costumer [kɔstyme] v. tr. (tra)vestire. | *costumé en Polichinelle*, travestito da Pulcinella. | *bal costumé*, ballo in costume.
costumier, ère [kɔstymje, ɛr] n. costumista, vestiarista.
cosy [kɔzi] ou **cosy-corner** [kɔzikɔrnœr] m. cosy, cosy-corner (angl.) ; divano, biblioteca d'angolo.
cotangente [kɔtɑ̃ʒɑ̃t] f. MATH. cotangente.
cotation [kɔtasjɔ̃] f. quotazione.
cote [kɔt] f. **1.** FIN. [montant d'une contribution] *cote mobilière, foncière*, aliquota d'imposta mobiliare, d'imposta fondiaria. ‖ **2.** [marque d'inventaire] segnatura. ‖ **3.** COMM. quotazione. | *cote des changes, des voitures d'occasion*, quotazione dei cambi, delle automobili d'occasione. ‖ [Bourse] *cote de fermeture*, quotazione, corso di chiusura. | *opération hors cote*, operazione su titoli non quotati in Borsa. | *cote de la Bourse*, listino (m.) di Borsa. ‖ **4.** [classement] *cote d'un cheval*, quotazione di un cavallo. ‖ UNIV. *cote d'un devoir*, voto assegnato a un compito. ‖ **5.** MATH., GÉOGR. [dimension, niveau] quota, dimensione. | *cote d'alerte d'un fleuve*, guardia di un fiume. ‖ **6.** LOC. FAM. *avoir la cote, une bonne cote*, essere stimato, ben quotato. | *soigner sa cote*, prendersi cura della propria reputazione. | *cote d'amour*, pregiudizio favorevole. ‖ FIG. *l'indice du coût de la vie a atteint la cote d'alerte*, l'indice del costo della vita ha raggiunto il livello critico. | *cote mal taillée*, compromesso m.
côte [kot] f. ANAT. costola, costa ; [en boucherie] costola, costoletta. ‖ [saillie] *les côtes d'une voûte, d'une feuille de chou*, le costole di una volta, di una foglia di cavolo. | *velours à côtes*, velluto a coste. ‖

FIG. *on lui voit les côtes*, mostra le costole, gli si vedono le costole. | *se tenir les côtes de rire*, sbellicarsi dalle risa, tenersi la pancia. || [pente] costa, pendio m. || [montée] salita. | *une côte raide*, una salita ripida. || [rivage] costa, litorale m. | *la Côte d'Azur, d'Argent, d'Émeraude*, la Costa Azzurra, d'Argento, di Smeraldo. | *le long de la côte*, lungo il litorale, lungo la costa. || MAR. *aller à la côte*, arenarsi (vicino alla riva). | *un bateau jeté à la côte*, un bastimento sbattuto contro la costa. || GÉOGR. [relief] cuesta. || AGR. *les vins de côte, les côtes*, i vini di costa. ◆ loc. adv. ***côte à côte***, fianco a fianco ; di pari passo. || ***à mi-côte***, a mezza costa.

coté, e [kɔte] adj. PR. quotato. || FIG. quotato, stimato, apprezzato.

côté [kote] m. **1.** ANAT. fianco. | *couché sur le côté*, disteso sul fianco. || MÉD. *point de côté*, fitta alla milza, al cuore. || **2.** [partie latérale] lato, fianco. | *les deux côtés de la route*, i due lati della strada. | *le côté gauche de la maison*, il lato, il fianco sinistro della casa. | *le côté d'un navire*, il fianco di una nave. || GÉOM. lato. || **3.** [direction, sens] parte f. | *de quel côté allons-nous ?*, da che parte andiamo ? | *côté épître, côté évangile*, corno dell'epistola, corno del vangelo. | *côté cour, côté jardin*, lato destro, lato sinistro (del palcoscenico, visto dallo spettatore). | *de tous côtés*, da tutte le parti, in ogni senso, in ogni direzione. | *de mon, de ton côté*, da parte mia, tua ; per conto mio, tuo. | *d'un autre côté*, d'altronde, d'altra parte, d'altro lato. || **4.** [parenté] *un cousin du côté paternel*, un cugino per parte, da parte del padre. || **5.** [aspect] lato, aspetto. | *voir le bon côté des choses*, vedere il lato buono delle cose. | *le côté faible de qn*, il punto debole di qlcu. || **6.** [parti] *être du côté du plus fort*, essere dalla parte del più forte. ◆ loc. adv. ***à côté***, accanto, vicino, di fianco. || ***de côté*** [en biais] *marcher de côté*, camminare di sbieco, di traverso, obliquamente. | *regarder de côté*, guardare in tralice. || [à l'écart] *laisser, mettre de côté*, lasciare, mettere da parte. ◆ loc. prép. ***à côté de***, accanto a, vicino a, a fianco di. | *il est petit à côté de toi*, è piccolo a paragone di te. || FIG. *être à côté du sujet*, essere fuori argomento. | *passer à côté du sujet*, non trattare l'argomento, uscire dal seminato ; UNIV. andare fuori tema. || ***du côté de :*** *habiter du côté de X*, abitare dalle parti di, nella regione di X. | *aller du côté de l'Italie*, andare verso l'Italia, in direzione dell'Italia.

coteau [kɔto] m. poggio, collina f., collinetta f.

côtelé, e [kotle] adj. a coste. | *velours côtelé*, velluto a coste ; côtelé (fr.).

côtelette [kotlɛt] f. costoletta ; cotoletta (gall.).

coter [kɔte] v. tr. [Bourse] quotare. || [numéroter] numerare. || [marquer le prix] *coter une marchandise*, segnare il prezzo di una merce. || GÉOGR. quotare. || UNIV. *coter les devoirs*, dar voti ai compiti. || [estimer] valutare, stimare, apprezzare.

coterie [kɔtri] f. consorteria ; combriccola (péjor.).

cothurne [kɔtyrn] m. coturno.

côtier, ère [kotje, ɛr] adj. costiero.

cotillon [kɔtijɔ̃] m. Vx [jupe] gonna f., gonnella f., sottana f. (L.C.). || FAM. *courir le cotillon*, correre dietro alle gonnelle, alle sottane. | *trousseur de cotillons*, donnaiolo. || [danse ; accessoire] cotillon (fr.).

cotisant, e [kɔtizɑ̃, ɑ̃t] adj. et n. = che, chi paga una quota, una contribuzione.

cotisation [kɔtizasjɔ̃] f. quota, contributo m. | *cotisation à la Sécurité sociale*, contributo previdenziale.

cotiser [kɔtize] v. intr. pagare la quota ; quotarsi v. pr. | *cotiser à la Sécurité sociale*, pagare il contributo previdenziale. ◆ v. pr. quotarsi.

coton [kɔtɔ̃] m. cotone. | *coton à repriser, à broder*, cotone da rammendo, da ricamo. | *coton hydrophile*, cotone idrofilo. || FIG. *élever ses enfants dans du coton*, tenere i figli nella bambagia, nell'ovatta. || FAM. *filer un mauvais coton :* [affaires, conduite] trovarsi in cattive acque, trovarsi nei guai ; essere a mal partito ; [santé] essere in cattive condizioni di salute, essere malandato di salute (L.C.). | *avoir les jambes en coton*, avere le gambe molli. ◆ adj. FAM. *c'est coton !*, è proprio difficile ! (L.C.).

cotonnade [kɔtɔnad] f. cotonina.

cotonner (se) [səkɔtɔne] v. pr. coprirsi di peluria.

cotonnerie [kɔtɔnri] f. [fabrique] cotonificio m. || [plantation] piantagione di cotone. || [culture] coltura del cotone.

cotonneux, euse [kɔtɔnø, øz] adj. cotonoso. || FIG. *ciel cotonneux*, cielo a pecorelle.

cotonnier, ère [kɔtɔnje, ɛr] adj. cotoniero. ◆ n. m. [ouvrier] cotoniero. || BOT. [plante] cotone.

coton-poudre [kɔtɔ̃pudr] m. cotone fulminante ; fulmicotone.

côtoyer [kotwaje] v. tr. [aller le long de] costeggiare. || FIG. [être proche de] rasentare, sfiorare.

cotre [kɔtr] m. MAR. cutter (angl.).

cottage [kɔtɛdʒ] m. cottage (angl.) ; villino.

cotte [kɔt] f. Vx [jupe] gonna (di contadina) [L.C.]. || [tunique] cotta. || *cotte d'armes*, cotta d'arme. | *cotte de mailles*, (cotta di) maglia f. ; giaco m. || [bleu de travail] tuta.

cotutelle [kɔtytɛl] f. JUR. cotutela.

cotuteur, trice [kɔtytœr, tris] n. JUR. cotutore, trice.

cotylédon [kɔtiledɔ̃] m. BOT. cotiledone.

cou [ku] m. collo. | *sauter, se jeter au cou de qn*, buttarsi al collo di qlcu., buttar le braccia al collo di qlcu. | *tordre le cou à un poulet*, tirare il collo a un pollo. || LOC. *se casser, se rompre le cou :* [se blesser] ferirsi gravemente ; [se tuer] rompersi l'osso del collo ; FAM. [échouer] far fiasco ; fallire (L.C.). | *être dans les dettes jusqu'au cou*, essere indebitato fino al collo. | *se mettre la corde au cou*, mettersi la corda al collo. | *prendre ses jambes à son cou*, fuggire a gambe levate, darsela a gambe, mettersi le gambe in capo. | *laisser la bride sur le cou*, V. BRIDE. | *tendre le cou*, prestarsi, offrirsi come vittima. | *tordre le cou aux libertés*, strangolare le libertà.

couac [kwak] m. stecca f. ; nota falsa.

couard, e [kwar, ard] adj. et n. vigliacco ; codardo (littér.).

couardise [kwardiz] f. vigliaccheria ; codardia (littér.).

couchage [kuʃaʒ] m. [action] (il) pernottare ; pernottamento. || [matériel servant au coucher] effetti letterecci. | *sac de couchage*, V. SAC.

couchant, e [kuʃɑ̃, ɑ̃t] adj. *soleil couchant*, sole calante, sole al tramonto. | *au (soleil) couchant :* [direction] a ponente ; [moment de la journée] al tramonto. || *chien couchant*, cane da fermo, da punta ; FIG. uomo strisciante ; leccapiedi inv. ◆ n. m. ponente, tramonto. || FIG. [déclin] tramonto, declino.

couche [kuʃ] f. POÉT. [lit] piume f. pl. ; letto m. (L.C.). || [lange] pannolino m. || [accouchement] *les couches*, il parto. | *femme en couches*, partoriente f. | *faire ses couches*, partorire. | *fausse couche*, aborto m. | *faire une fausse couche*, abortire. || [épaisseur] strato m. | *une couche de poussière*, uno strato di polvere. | *une couche de vernis*, una mano, uno strato di vernice. | *passer une couche de vernis*, dare una mano di vernice. || GÉOL. strato. || FIG. *les couches sociales*, i ceti ; gli strati sociali. || FAM. *en avoir, en tenir une (bonne) couche*, essere duro di comprendonio.

couché, e [kuʃe] adj. *écriture couchée*, calligrafia inclinata. || TECHN. *papier couché*, carta patinata.

coucher [kuʃe] v. tr. [mettre au lit] coricare ; mettere a letto. | *coucher les enfants*, mettere i bambini a letto. || [étendre] stendere, adagiare. | *coucher le blessé sur un lit*, adagiare, stendere il ferito sul letto. || [courber, plier] piegare, allettare. | *la pluie a couché les blés*, la pioggia ha allettato, piegato il grano. || JEU *coucher mille lires sur le rouge*, puntare mille lire sul rosso. || LOC. *coucher qn en joue*, V. JOUE. | *coucher qch. par écrit*, stendere qlco. per iscritto. | *coucher qn sur son testament*, mettere qlcu. sul proprio testamento. ◆ v. intr. dormire ; passare la notte ; pernottare. | *coucher chez soi*, dormire a casa. | *coucher à l'hôtel*, dormire, pernottare in albergo. | *chambre à coucher*, camera da letto. | *coucher avec qn*, dormire con qlcu. ; FAM. [avoir des relations sexuelles] andare a letto con qlcu. ‖ [à un chien] *(allez) coucher!, couche!* (passa a) cuccia! ‖ MAR. sbandare. ◆ v. pr. *(aller) se coucher,* andare a letto. | *se coucher comme les poules,* andare a letto con le galline. ‖ POP. *va te coucher!,* non rompermi le scatole!; lasciami in pace! (L.C.). ‖ [s'étendre] (di)stendersi, allungarsi, sdraiarsi. ‖ MIL. *couchez-vous!,* a terra! ‖ [se courber] piegarsi, inclinarsi, allettarsi, coricarsi. | *les roseaux se couchent sous le vent,* le canne si piegano, si allettano sotto il vento. ‖ [astre] tramontare v. intr. | *le soleil s'est couché tôt,* il sole è tramontato presto. ◆ n. m. (il) coricarsi; (l')andare a letto. | *la nourriture et le coucher,* il vitto e l'alloggio. ‖ [astre] tramonto. | *le coucher du soleil,* il calar del sole, il tramonto. ‖ HIST. *le coucher (du roi),* il coucher [fr.] del re di Francia.

coucherie [kuʃri] f. POP. amore (illecito); amorazzo m.

couchette [kuʃɛt] f. cuccetta.

coucheur [kuʃœr] m. FAM. *c'est un mauvais coucheur,* ha un caratteraccio; è un uomo piccoso.

couci-couça [kusikusa] loc. adv. FAM. così così.

coucou [kuku] m. ZOOL. cuculo, cucù. ‖ [pendule] (orologio a) cucù. ‖ BOT. [primevère] primavera f.; primula odorosa; [jonquille] giunchiglia f. ‖ ARG. AÉR. = aeroplano antiquato. ‖ FAM. [voiture en mauvais état] macinino. ◆ interj. cucù!

coucoumelle [kukumɛl] f. BOT. bubbolina.

coude [kud] m. ANAT. gomito. | *coup de coude,* gomitata f. | *pousser qn du coude,* dar di gomito a qlcu. ‖ *les coudes de la veste,* i gomiti della giacca. ‖ [courbure] *la route fait un coude,* la strada fa un gomito. ‖ [tuyauterie] gomito. ‖ PR. et FIG. *jouer des coudes,* cacciarsi avanti, farsi largo a (furia di) gomitate. | *coude à coude,* gomito a gomito; (a) fianco a fianco. | *le coude à coude,* la solidarietà. ‖ FAM. *lever le coude,* alzare il gomito. ‖ FIG. *se serrer les coudes,* aiutarsi a vicenda. ‖ FIG., FAM. *huile de coude,* olio di gomiti. | *ne pas se moucher du coude,* V. MOUCHER.

coudé, e [kude] adj. MÉC. *arbre coudé,* albero a gomiti.

coudée [kude] f. [mesure] cubito m. ‖ FIG. *avoir les coudées franches,* avere (piena) libertà d'azione, avere le mani libere. | *dépasser qn de cent coudées,* essere di gran lunga superiore a qlcu.

cou-de-pied [kudpje] m. collo del piede.

couder [kude] v. tr. piegare (a gomito), curvare.

coudoiement [kudwamɑ̃] m. (l')essere gomito a gomito.

coudoyer [kudwaje] v. tr. [heurter] urtare col gomito. ‖ [être en contact avec] essere a contatto con; incontrare, frequentare. | *dans la rue on coudoie des gens de toutes sortes,* per la strada s'incontra gente di ogni specie. ‖ [être très proche de] essere molto vicino a; rasentare.

coudraie [kudrɛ] f. noccioleto m.

coudre [kudr] v. tr. cucire. | *machine à coudre,* macchina per cucire, da cucire. | *fil à coudre,* cucirino m. (V. aussi COUSU.)

coudrier [kudrije] m. nocciolo.

couenne [kwan] f. cotenna; cotica (rég.).

couenneux, euse [kwanø, øz] adj. cotennoso. ‖ MÉD. *angine couenneuse,* angina difterica.

1. couette [kuɛt] f. DIAL. [lit] materasso (m.) di piuma; coltrice (littér.). ‖ MAR. (ou **coitte**) vaso m. ‖ TECHN. ralla.

2. couette f. [petite queue] (piccola) coda; codina. | *couette de lapin,* coda di coniglio. ‖ [mèche de cheveux] codino m.

couffe [kuf] f. ou **couffin** [kufɛ̃] m. canestro m., cesta f.

couic! [kwik] interj. et adv. zac! ‖ FAM. *faire couic,* tirare le cuoia, il calzino. | *n'y voir que couic,* non veder un baffo, un cavolo. | *on n'y voit que couic,* non ci si vede dal naso alla bocca. | *il n'y a vu, compris que couic,* non s'è accorto di nulla (L.C.).

couille [kuj] f. POP. coglione m.

couillon [kujɔ̃] adj. et n. m. POP. coglione m., minchione m. | *j'en suis resté tout couillon,* sono rimasto con un palmo di naso (L.C.).

couillonnade [kujɔnad] f. POP. coglioneria, coglionata.

couillonner [kujɔne] v. tr. POP. infinocchiare (fam.); imbrogliare, gabbare (L.C.).

couiner [kwine] v. intr. [sujet animal] zigare. ‖ PAR ANAL. emettere piccoli gridi striduli. ‖ [pleurnicher] piagnucolare, frignare.

coulage [kulaʒ] m. [action de couler] colatura f. ‖ [perte de liquide] colaggio. ‖ MÉTALL. colata f. ‖ [gaspillage] spreco, scialo, sperpero.

coulant, e [kulɑ̃, ɑ̃t] adj. *nœud coulant,* nodo scorsoio. ‖ FIG. [aisé] fluido, scorrevole. | *style coulant,* stile scorrevole. ‖ [accommodant] accomodante, conciliante. ‖ [indulgent] indulgente, di manica larga. ◆ n. m. [anneau] anello mobile. ‖ BOT. stolone.

1. coule [kul] f. RELIG. cocolla.

2. coule (à la) [alakul] loc. adv. POP. *être à la coule,* saperci fare, essere in gamba (fam.).

coulé [kule] m. MUS. legatura f. ‖ [danse] passo strisciato.

coulée [kule] f. *(écriture) coulée,* calligrafia inclinata e legata. ‖ GÉOL. *coulée de lave,* colata di lava. ‖ MÉTALL. *coulée de fonte,* colata, getto (m.) di ghisa. ‖ [traînée] scolatura f. ‖ [natation] progressione sott' acqua (senza sforzo motore, dopo un tuffo).

coulemelle [kulmɛl] f. BOT. bubbola.

couler [kule] v. intr. scorrere, fluire. | *couler goutte à goutte,* colare, stillare, gocciolare. | *faire couler le sang,* spargere il sangue. ‖ [passer] *les années coulent vite,* gli anni scorrono presto. ‖ FIG. *ce sujet a fait couler des flots d'encre,* su quest' argomento si sono versati fiumi d'inchiostro. | *cela coule de source,* è evidente, è ovvio; fluisce senza sforzo. ‖ [fuir] perdere, colare, gocciolare. | *le tonneau coule,* la botte perde. | *ton nez coule,* ti gocciola il naso. ‖ [glisser] *se laisser couler le long d'une corde,* lasciarsi scivolare lungo una corda. ‖ BOT. non (al)legare. ‖ MAR. affondare; colare a picco. ◆ v. tr. *couler la lessive,* versare il ranno sui panni, fare il bucato. ‖ ART *couler une statue,* fondere, gettare una statua. ‖ [faire passer] *couler un billet dans la main de qn,* introdurre furtivamente un biglietto nella mano di qlcu. | *couler un mot à l'oreille de qn,* bisbigliare una parola all'orecchio di qlcu. | *couler un regard à qn,* lanciare un'occhiata (furtiva) a qlcu. ‖ FIG. *couler des jours heureux,* trascorrere giorni felici. ‖ FAM. *se la couler douce,* spassarsela. ‖ MAR. affondare; mandare a fondo, colare a picco. ‖ [ruiner] *couler une maison de commerce,* rovinare, mandare a monte una ditta. | *couler qn,* rovinare, silurare qlcu. ‖ AUTOM. *couler une bielle,* fondere una bronzina. ‖ TECHN. fondere, colare. ◆ v. pr. insinuarsi, infilarsi; introdursi (furtivamente). | *se couler dans ses draps,* infilarsi tra le lenzuola. | *se couler le long des murs,* rasentare i muri.

couleur [kulœr] f. **1.** colore m., tinta. | *papier de couleur,* carta colorata. | *crayon de couleur,* matita colorata, matita a colori. ‖ **2.** [teint] colore, colorito m. | *avoir de belles couleurs,* avere un bel colorito, dei bei colori. | *prendre des couleurs,* prendere un bel colorito, riprendere il colore. | *changer de couleur,* impallidire; trascolorare (littér.). | *passer par toutes les couleurs,* farsi di tutti i colori. | *haut en couleur :* [rouge de teint] colorito, rubicondo; [plein de verve] pittoresco. ‖ *gens de couleur,* gente di colore. ‖ **3.** [colorant; coloration] colore; colorante m. ‖ FIG. *style haut en couleur, sans couleur,* stile colorito, privo di colore. | *couleur locale,* colore locale. ‖ [cartes à jouer] colore, seme m. | *annoncer la couleur,* dichiarare il proprio gioco (pr.); dichiarare le proprie intenzioni (fig.). ‖ [opinion] *changer de couleur suivant les occasions,* mutar colore, mutar bandiera secondo le occasioni. ‖ TECHN. *tirage, photo, film en couleurs,* tiratura, foto, film a colori. ‖ **4.** LOC. *en dire, en faire voir de toutes les couleurs à qn,* dirne, farne di tutti i colori a qlcu. | *on dit qu'il a beaucoup d'argent, mais personne n'en a jamais vu la couleur,* dicono che abbia molti soldi, ma chi li ha visti? | *des goûts et des couleurs,* V. GOÛT. ◆ pl. [drapeau] *les couleurs nationales,* i colori nazionali. | *navire arborant les couleurs* *italiennes*, nave che batte bandiera italiana. || MIL. *envoyer les couleurs*, fare l'alzabandiera (m. inv.). ◆ loc. prép. ***sous couleur de,*** col pretesto di ; sotto colore di (littér.).

couleuvre [kulœvr] f. ZOOL. biscia. || FIG. *avaler des couleuvres*, ingoiare un rospo.

couleuvrine [kulœvrin] f. MIL. colubrina.

coulis [kuli] m. CULIN. (sugo) concentrato. || TECHN. [mortier] malta f. ◆ adj. et n. m. *(vent) coulis*, spiffero (fam.).

coulissant, e [kulisɑ̃, ɑ̃t] adj. scorrevole.

coulisse [kulis] f. FIN. borsino m., dopoborsa m. inv. || MÉC. glifo m. || MODE fettuccia. || TECHN. guida (di scorrimento), incavo m., scanalatura, corsoio m. | *porte à coulisse*, porta scorrevole. | *pied à coulisse*, calibro m. (a cursore). || FIG. *regarder en coulisse*, guardare con la coda dell'occhio, guardare di sottecchi ; sbirciare. ◆ pl. THÉATRE quinte, retroscena f. || FIG. retroscena m. inv. | *se tenir dans la coulisse*, star nascosto. | *les coulisses de la politique*, i retroscena della politica.

coulisseau [kuliso] m. [petite coulisse] piccola guida (di scorrimento). || [languette] cursore.

coulissement [kulismɑ̃] m. scorrimento.

coulisser [kulise] v. intr. TECHN. scorrere. ◆ v. tr. munire di guide (di scorrimento). || MODE stringere con una fettuccia, con un nastro.

coulissier [kulisje] m. FIN. mediatore che opera fuori Borsa.

couloir [kulwar] m. corridoio. | *couloir aérien*, corridoio aereo. | *couloir d'avalanche*, canalone. || [sur un court de tennis] corridoio ; [sur une piste] corsia f. || FIG. *bruits de couloirs*, chiacchiere di corridoio.

coulomb [kulɔ̃] m. PHYS. coulomb (fr.).

coulpe [kulp] f. LOC. *battre sa coulpe*, battersi il petto.

coulure [kulyr] f. BOT. cascola. || MÉTALL. sbavatura.

coup [ku] m. **1.** colpo, botta f., bussa f., percossa f. || LOC. *coup de bâton, de couteau, de chapeau, de poing*, etc., v. le mot compl. || *rouer qn de coups*, dar un sacco di botte a qlcu., menar botte da orbi a qlcu., bastonare qlcu. di santa ragione. | *en venir aux coups*, venire alle mani. || PR. et FIG. *accuser le coup*, accusare il colpo. || JUR. *coups et blessures*, colpi e lesioni. | *coups et blessures ayant entraîné la mort sans intention de la donner*, omicidio preterintenzionale. || **2.** [bruit] colpo ; [explosion] scoppio ; [détonation] sparo ; [cloche, horloge] rintocco. | *coup de grisou*, scoppio di grisù. | *fusil à deux coups*, fucile a doppia canna, doppietta f. | *les coups (de feu) se rapprochaient*, gli spari si avvicinavano. | *il arriva sur le coup de six heures*, arrivò verso le sei. || **3.** FAM. [gorgée] sorso, bicchiere. | *bois un coup !*, bevi (un sorso) ! | *allons boire un coup !*, andiamo a bere un bicchiere, un boccale ! | *boire à petits coups*, bere a piccoli sorsi ; sorseggiare, centellinare. | *il a bu un coup de trop*, ne ha bevuto uno di troppo. || **4.** JEU, SPORT [échecs, dames] mossa f. || *coup bas :* [boxe] colpo basso ; FIG. colpo basso, colpo mancino. | *faire coup double :* [à la chasse] uccidere due bestie con un colpo solo ; FIG. prendere due piccioni con una fava. || [football] *coup franc*, calcio di punizione. || [tennis] *coup droit*, (colpo) diritto. || FIG. *compter les coups* = restar neutrale. || **5.** [entreprise] *réussir un (beau) coup*, fare un bel colpo. | *manquer son coup*, fallire il colpo. | *sans coup férir*, senza colpo ferire. | *tenter, risquer le coup*, tentare il colpo. | *cela vaut, ne vaut pas le coup*, vale, non vale la pena. | *être dans le coup :* [partie prenante] partecipare al colpo, all'impresa ; essere complice ; [au courant] essere informato, al corrente. | *faire un mauvais coup*, commettere una cattiva azione, una birbonata. | *coup monté*, colpo preparato di nascosto ; cospirazione f. || FIG. *faire un mauvais coup, faire le coup du père François, porter un coup bas à qn*, fare un brutto tiro, un tiro mancino a qlcu. ; dar un colpo basso, un colpo mancino a qlcu. | *coup de Jarnac* = colpo mancino. | *coup de Trafalgar* = disgrazia improvvisa ; batosta f. | *faire les quatre cents coups*, farne di tutti i colori ; far vita disordinata. | *être aux cents coups*, essere in ansia, in una situazione critica. | *monter le coup à qn*, V. MONTER. | *marquer le coup*, celebrare, festeggiare (una riuscita, un anniversario). || **6.** LOC. *avoir le coup*, essere abile (a far qlco., in un lavoro) ; saperci fare. | *il a pris le coup*, ci ha fatto la mano. | *prendre un coup de vieux*, invecchiare di colpo. | *en mettre un (bon) coup*, lavorare con impegno (L.C.) ; darci dentro, mettercela tutta (pop.). | *respirer un bon coup*, respirare a fondo. | *tousse un bon coup*, tossisci una buona volta. || FAM. *un coup dur ;* POP. *un sale coup*, un colpo duro (L.C.). | *tenir le coup :* [résister] reggere (all' urto), resistere ; [se tirer d'affaire] cavarsela. ◆ loc. adv. ***du premier coup,*** di primo acchito. || ***d'un (seul) coup,*** con un colpo solo, in una volta, improvvisamente, di colpo. || ***à tout coup,*** ogni volta, ad ogni colpo. || ***à coup sûr,*** a colpo sicuro. || ***tout à coup, tout d'un coup,*** di colpo, ad un tratto, improvvisamente. || ***du coup,*** stando così le cose. || ***pour le coup, ce coup-ci,*** questa volta. | *mais ça, pour le coup, non !*, ma questa, poi, no ! || ***du même coup,*** nello stesso tempo. || ***sur le coup,*** sul colpo. || ***après coup,*** a cose fatte, a posteriori. || ***coup sur coup,*** uno dopo l'altro, una dopo l'altra. | *lire trois livres coup sur coup*, leggere tre libri uno dopo l'altro, di seguito. ◆ loc. prép. ***à coups de,*** a suon di, a furia di, a forza di. | *gagner à coups de billets de banque*, vincere a suon di banconote. | *à coups de pied*, a suon di, a furia di calci. || ***sous le coup de*** = sotto l'influenza di, sotto il rigore di. | *il est encore sous le coup de l'émotion*, non si è ancora rimesso dall'emozione. | *tomber sous le coup de la loi*, andar contro la legge, incorrere in una sanzione penale, incorrere nei rigori della legge.

coupable [kupabl] adj. colpevole. ◆ n. colpevole. || JUR. reo m.

coupage [kupaʒ] m. [mélange] taglio.

coupailler [kupaje] v. tr. tagliuzzare.

coupant, e [kupɑ̃, ɑ̃t] adj. tagliente. || FIG. tagliente, reciso. | *sur un ton coupant*, in tono reciso. ◆ n. m. tagliente, taglio.

coup-de-poing [kudpwɛ̃] m. *coup-de-poing américain*, tirapugni inv., pugno americano. || [préhistoire] amigdala f.

1. coupe [kup] f. [verre, vase] coppa. || [trophée ; compétition] coppa. || FIG. *il y a loin de la coupe aux lèvres*, tra il dire e il fare c'è di mezzo il mare. | *boire la coupe jusqu'à la lie*, V. CALICE.

2. coupe f. [cheveux ; habit] taglio m. | *coupe d'étoffe*, taglio di stoffa. || [arbres] taglio. | *coupe de nettoiement*, ripulitura. | *coupe claire*, taglio di sfollo, diradamento m. | *coupe sombre, d'ensemencement*, taglio di semina. | *coupe réglée*, taglio sistematico. || FIG. *mettre un pays en coupe réglée*, sfruttare sistematicamente un paese ; dissanguare, taglieggiare un paese. || ART [dessin] spaccato m. ; sezione. || [jeu de cartes] alzata, taglio. || POÉS. [pause] pausa. || MINÉR. [taille] taglio. || SPORT (vx) *nager à la coupe*, nuotare di braccetto. || LOC. *être sous la coupe de qn*, essere sotto il dominio di, in potere di, alle dipendenze di qlcu. | *avoir qn sous sa coupe*, aver qlcu. sotto il proprio dominio, la propria autorità, alle proprie dipendenze. | *faire des coupes sombres dans un manuscrit*, far tagli importanti in un manoscritto. | *faire des coupes sombres dans le budget*, operare importanti riduzioni del bilancio. | *faire des coupes sombres dans le personnel d'un bureau*, fare una ripulita in un ufficio.

coupé, e [kupe] adj. *lait coupé*, latte annacquato. | *livre non coupé*, libro intonso. | *chien coupé*, cane castrato. || ARCHIT. *pan coupé*, angolo smussato. || HÉRALD. *écu coupé*, scudo troncato, spaccato. || SPORT *balle coupée*, colpo tagliato. ◆ n. m. [voiture] coupé (fr.). || [danse] coupé. || MUS. staccato. || [escrime] coupé.

coupe-cigares [kupsigar] m. inv. tagliasigari.

coupe-circuit [kupsirkɥi] m. inv. ÉLECTR. valvola f., fusibile m.

coupe-coupe [kupkup] m. inv. machete m. (esp.).

coupée [kupe] f. MAR. barcarizzo m.

coupe-feu [kupfø] m. inv. (viale, zona, muro) tagliafuoco adj. et m. inv.
coupe-file [kupfil] m. inv. lasciapassare.
coupe-gorge [kupgɔrʒ] m. inv. = luogo malfamato e malsicuro.
coupe-jarret [kupʒarɛ] m. inv. brigante m., assassino m.
coupe-légumes [kuplegym] m. inv. tritatutto.
coupellation [kupɛlasjɔ̃] f. MÉTALL. coppellazione.
coupelle [kupɛl] f. piccola coppa ; coppetta. ‖ MÉTALL. coppella.
coupeller [kupele] v. tr. MÉTALL. coppellare.
coupe-ongles [kupɔ̃gl] m. inv. [ciseaux] forbici (f. pl.) per unghie ; [pince] tronchesina f.
coupe-papier [kuppapje] m. inv. tagliacarte.
coupe-pâte [kuppɑt] m. inv. radimadia f. inv.
couper [kupe] v. intr. [être tranchant] tagliare. ‖ [aller directement] *couper à travers champs*, tagliare attraverso i campi. ‖ FIG. *couper court*, tagliare corto. ◆ v. tr. ind. FAM. *couper à qch.*, sfuggire a qlco., sottrarsi a qlco. (L.C.). | *cette fois-ci tu n'y couperas pas*, questa volta non potrai sottrarti, non la passerai liscia, non te la caverai, non la scamperai. ◆ v. tr. **1.** [trancher, découper] tagliare. | *couper en deux*, tagliare, dividere in due (pezzi) ; dimezzare. | *couper en tranches*, affettare. | *couper en morceaux*, tagliare a pezzi. | *couper la gorge à qn*, tagliar la gola a qlcu. | *couper le pain, la viande, les cheveux, les pages d'un livre, un vêtement*, tagliare il pane, la carne, i capelli, le pagine di un libro, un vestito. ‖ [abréger] *couper un article*, tagliáre un articolo. ‖ FIG. *froid qui coupe le visage*, freddo che taglia il viso. | *couper l'herbe sous le pied à qn*, dare, fare lo sgambetto a qlcu. | *couper les cheveux en quatre*, spaccare un capello in quattro. | *être coupé de son milieu*, essere tagliato fuori dal proprio ceto. | *couper les jambes*, troncar le gambe. | *couper les ponts*, tagliare i ponti. | *brouillard à couper au couteau*, nebbia da affettarsi col coltello. | *bêtise à couper au couteau*, stupidaggine colossale. ‖ **2.** [passer au milieu, au travers de] tagliare, attraversare, intersecare. | *route qui en coupe une autre*, strada che ne taglia un'altra. | *droite qui coupe un cercle en deux points*, retta che taglia, che interseca una circonferenza in due punti. ‖ **3.** [(inter)rompre] interrompere, togliere, tagliare, troncare. | *couper les relations*, tagliare, interrompere le comunicazioni. | *couper une communication (téléphonique)*, interrompere, togliere una comunicazione. | *couper la lumière*, spegnere la luce. | *couper le courant, le contact*, interrompere, togliere la corrente, il contatto. | *couper la soif*, togliere la sete, dissetare. | *couper l'appétit*, togliere l'appetito. | *couper la fièvre*, troncare la febbre. | *couper les vivres à qn*, tagliare i viveri a qlcu. | *couper la route, la retraite à l'ennemi*, tagliare la strada, la ritirata al nemico. | *couper la parole à qn*, troncar la parola (in bocca) a qlcu., togliere la parola a qlcu., interrompere qlcu. | *couper le souffle*, mozzare, troncare il respiro, il fiato. ‖ POP. *ça te la coupe !, ça te coupe la chique, le sifflet !*, (roba) da restar senza fiato ! (L.C.). ‖ **4.** [mêler] tagliare. | *couper un vin*, tagliare un vino. | *couper son vin avec de l'eau*, annacquare il vino. ‖ **5.** [jeu de cartes] tagliare, alzare. ‖ [châtrer] castrare. ‖ SPORT *couper une balle :* [tennis] tagliare la palla ; [Ping-Pong] tagliare la pallina. ◆ v. pr. [se faire une coupure] tagliarsi. | *se couper un doigt*, tagliarsi un dito. ‖ FIG. *se couper de la réalité*, perdere il contatto con la realtà, essere tagliato fuori dalla realtà. ‖ FAM. [se trahir] tradirsi (L.C.) ; [se contredire] contraddirsi (L.C.).
couperet [kuprɛ] m. mannaia f.
couperose [kuproz] f. MÉD. acne rosacea ; couperose (fr.).
couperosé, e [kuproze] adj. affetto da acne rosacea ; arrossato.
coupeur, euse [kupœr, øz] n. tagliatore, trice. ‖ FAM. *coupeur de bourses*, borsaiolo m., tagliaborse m. inv.
coupe-vent [kupvɑ̃] m. inv. tagliavento.
couplage [kuplaʒ] m. ÉLECTR., MÉC. accoppiamento.
1. couple [kupl] m. coppia f. ‖ *un couple bien assorti*, una coppia bene assortita. | *couple d'amis, de voleurs, de bœufs (attelés à la même charrue)*, coppia d'amici, di ladri, di buoi (attaccati al medesimo aratro). ‖ AÉR., MAR. ordinata f. ‖ ÉLECTR., MÉC., PHYS. coppia.
2. couple f. [réunion accidentelle] coppia, paio m. | *une couple d'œufs*, un paio d'uova ; una coppia (tosc.) d'uova ; due uova. | *une couple de bécasses rôties, de serviettes de table*, un paio di beccacce arroste, di tovaglioli. ‖ [lien] accoppiatoio m.
couplé [kuple] m. [turf] (scommessa) accoppiata f.
coupler [kuple] v. tr. accoppiare, appaiare. ‖ TECHN. accoppiare, appaiare, abbinare.
couplet [kuplɛ] m. [strophe] strofa f. (di canzone). ‖ [tirade] tirata f. ‖ FAM. ritornello, solfa f. | *il a réussi à placer son couplet sur la vie chère*, è riuscito a piazzare il suo ritornello sul carovita. ◆ pl. [chanson] canzone f. sing.
coupleur [kuplœr] m. TECHN. giunto.
coupoir [kupwar] m. cesoia f., trancia f.
coupole [kupɔl] f. ARCHIT. cupola. ‖ MIL. cupola. ‖ LOC. FAM. *être reçu sous la Coupole* = essere accolto all'Accademia francese.
coupon [kupɔ̃] m. [étoffe] scampolo. ‖ [titre] cedola f., tagliando ; coupon (fr.) ; cupone (gall.). | *coupon détaché*, cedola staccata. ‖ [ticket] buono, tagliando. | *coupon d'essence*, buono (per la) benzina. ‖ [carte] *coupon-réponse*, buono (m.) risposta.
coupure [kupyr] f. PR. et FIG. taglio m. | *faire des coupures dans un article*, far dei tagli in un articolo. ‖ [électricité, gaz, eau] interruzione (momentanea). ‖ [billet] banconota. ‖ *coupures de journaux*, ritagli di giornali. ‖ GÉOL. fosso m., frattura.
cour [kur] f. **1.** [espace clos] cortile m., corte. | *côté cour*, V. CÔTÉ. | *appartement sur cour*, appartamento che guarda il cortile, in cortile, sul cortile. | *cour d'honneur :* [palais] gran cortile ; [bâtiment officiel] corte d'onore. ‖ **2.** [le souverain et son entourage] corte. | *sur ordre de la cour*, per ordine della reggia. | *aller à la cour*, andare a corte. | *dame, gentilhomme de la cour*, dama, gentiluomo di corte. | *poète de la cour*, poeta di corte, poeta cesareo. | *être bien, mal en cour auprès de qn*, essere in favore, in disfavore presso qlcu. ; essere bene, male accetto a qlcu. ; essere, non essere in buona grazia a qlcu. (fam.). ‖ PÉJOR. *abbé de cour*, abatino m. | *donner de l'encens de cour à qn*, lusingare uno. ‖ **3.** FIG. *cour d'admirateurs*, corte d'ammiratori. | *faire la cour à une jeune fille*, far la corte a una ragazza. ‖ **4.** JUR. corte. | *Messieurs, la cour !*, entra la corte !
courage [kuraʒ] m. coraggio, animo. | *perdre courage*, perdere coraggio, perdersi d'animo ; scoraggiarsi v. pr. | *avoir le courage d'affronter le danger*, avere il coraggio, l'animo di affrontare il pericolo. | *il n'a pas eu le courage de le lui dire*, non ha avuto il coraggio, non gli è bastato l'animo di dirglielo. | *avoir le courage de ses opinions*, avere il coraggio delle proprie opinioni. ‖ [ardeur, zèle] ardore, zelo, energia f. | *il travaille avec courage*, lavora con ardore, con impegno. ‖ [vertu cardinale] fortezza f. ‖ FAM. *prendre son courage à deux mains*, raccogliere le proprie forze, le proprie energie (L.C.).
courageusement [kuraʒøzmɑ̃] adv. coraggiosamente. ‖ [avec ardeur] con ardore, zelo, energia, impegno.
courageux, euse [kuraʒø, øz] adj. coraggioso. ‖ [zélé] zelante, assiduo. | *élève courageux*, alunno assiduo, studioso.
couramment [kuramɑ̃] adv. [facilement] correntemente. ‖ [ordinairement] correntemente, usualmente.
1. courant, e [kurɑ̃, ɑ̃t] adj. PR. et FIG. corrente. | *(mois) courant*, corrente mese. | *le 10 courant*, il dieci corrente mese. ‖ COMM. *compte courant*, conto corrente. | *main courante*, brogliaccio m. ‖ [chasse] *chien courant*, cane da seguito, cane da muta. ‖ ARCHIT. *main courante*, corrimano m. ‖ [ordinaire] *affaires courantes*, affari di ordinaria amministrazione, affari ordinari.
2. courant m. [déplacement d'un fluide] corrente f. ‖ ÉLECTR. *courant alternatif, continu*, corrente alter-

nata, continua. ‖ MAR. *courant marin, de marée,* corrente marina, di marea. ‖ PR. et FIG. *suivre, remonter le courant,* seguire, risalire la corrente. ‖ FIG. [mouvement] corrente. | *courant d'opinion,* corrente d'opinione. | *courant révolutionnaire,* corrente rivoluzionaria. ‖ [déplacement] flusso, movimento. | *courants de population,* flussi, migrazioni di popolazione. | *courants migrateurs,* movimenti migratori, correnti migratorie. ‖ [cours] corso. | *le courant de l'histoire,* il corso, il cammino, il progresso della storia. | *dans le courant du mois,* nel corso del mese. ◆ loc. adv. et prép. ***au courant (de).*** | *mettre au courant,* informare ; mettere al corrente (gall.). | *se mettre au courant de qch.,* informarsi di qlco. ; mettersi al corrente di qlco. (gall.). | *tenir qn au courant,* tenere uno informato ; tenere uno al corrente (gall.). | *être au courant,* essere informato ; essere al corrente (gall.). | *écrire au courant de la plume,* scrivere a penna corrente, scrivere di getto.

courante [kurɑ̃t] f. [danse] corrente. ‖ [écriture] corsivo m., scrittura corsiva. ‖ POP. [diarrhée] sciolta ; diarrea (L.C.).

courbatu, e [kurbaty] adj. [cheval] bolso. ‖ [personne] indolenzito, sfinito.

courbature [kurbatyr] f. [personne] indolenzimento m. ‖ [cheval] bolsaggine.

courbaturé, e [kurbatyre] adj. indolenzito.

courbaturer [kurbatyre] v. tr. indolenzire.

courbe [kurb] adj. curvo. ◆ n. f. GÉOGR., GÉOM. curva. | *courbe de niveau,* curva di livello.

courber [kurbe] v. tr. curvare, piegare. ◆ v. intr. piegare. ◆ v. pr. curvarsi, piegarsi ; piegare. ‖ [pour saluer] inchinarsi. ‖ FIG. [se soumettre] piegarsi, sottomettersi ; cedere v. intr.

courbette [kurbɛt] f. [équitation] corvetta. ‖ [salut obséquieux] inchino m. (ossequioso), riverenza. ‖ FIG. *faire des courbettes à, devant ses supérieurs,* far tanto d'inchini ai superiori, strisciarsi ai superiori.

courbure [kurbyr] f. curvatura.

courette [kurɛt] f. piccolo cortile ; cortiletto m.

coureur, euse [kurœr, øz] n. SPORT corridore m. | *coureur, coureuse à pied,* podista n. | *coureur, coureuse de cent mètres,* centista, centometrista n. ‖ FAM. *coureur de bals, de bars, de cinémas,* frequentatore di balli, di bar, di cinematografi (L.C.). | *coureur de dots,* cacciatore di doti. | *coureur de filles, de jupons,* donnaiolo. ◆ adj. *être (très) coureur,* correre la cavallina, essere un donnaiolo. | *être (très) coureuse,* essere una ragazza, una donna di facili costumi.

courge [kurʒ] f. zucca.

courgette [kurʒɛt] f. zucchina, zucchino m.

courir [kurir] v. intr. **1.** [aller rapidement] correre. | *courir au-devant de qn,* correre incontro a qlcu. | *courir à toutes jambes,* correre a gambe levate. | *j'ai couru à la cuisine,* son corso in cucina. | *j'ai couru le voir,* son corso a vederlo. ‖ **2.** ABSOL. *j'ai couru,* ho corso. | *courir de-ci, de-là,* correre qua e là ; scorrazzare. | *s'enfuir en courant,* fuggire di corsa. | *monter l'escalier en courant,* salire la scala di corsa, correndo. | *descendre les escaliers en courant,* correre giù per le scale. ‖ [disputer une épreuve] correre. ‖ **3.** FIG. [couler, s'écouler] *le temps court,* il tempo corre, vola. | *l'eau court à travers les prés,* l'acqua scorre nei prati. | *le sang court dans les veines,* il sangue corre, scorre nelle vene. ‖ LOC. *par le temps qui court,* nelle circostanze attuali, al giorno d'oggi ; oggigiorno. ‖ **4.** [s'étendre] correre. | *la route court le long de la mer,* la strada corre lungo il mare. ‖ [se propager, circuler] correre, circolare. | *le bruit court que,* corre voce che, circola la voce che. ‖ COMM. decorrere. | *le loyer court (à partir) du premier janvier,* il fitto decorre dal primo gennaio. ‖ **5.** LOC. *courir après un voleur,* correre dietro a un ladro, inseguire un ladro. | *courir après l'argent,* correre dietro al denaro. | *courir après les femmes,* correre la cavallina, essere un donnaiolo. ‖ FIG. *courir à sa perte,* correre incontro alla propria rovina. | *courir au plus pressé,* badare al più urgente, ai problemi più urgenti. | *faire qch. en courant,* far qlco. alla svelta. | *faire courir toute la ville,* mobilitare tutta la città. ‖ FAM. *laisser courir,* lasciar correre, lasciar perdere. ‖ POP. *tu peux, il peut, vous pouvez, ils peuvent (toujours) courir,* niente da fare !, neanche da parlarne ! | *courir sur le système, sur le haricot à qn,* scocciare qlcu. | *tu nous cours,* ci scocci. ‖ PROV. *rien ne sert de courir, il faut partir à point,* chi ha tempo non aspetti tempo. ◆ v. tr. **1.** [parcourir] percorrere, girare, correre. | *courir la campagne,* percorrere, battere la campagna. | *courir le monde,* girare, correre il mondo. ‖ FAM. *ça court les rues,* sono idee banali, risapute (L.C.). ‖ **2.** [poursuivre] inseguire. | *courir le cerf,* inseguire il cervo. ‖ FIG. *courir les honneurs,* ricercare gli onori. | *courir le cachet :* UNIV. ricercare, dare le ripetizioni ; CIN., THÉÂTRE ricercare le scritture (di poca importanza) ; vivacchiare. ‖ FAM. *courir le jupon, les femmes, les filles,* correre dietro alle gonnelle, alle donne, alle ragazze ; correre la cavallina, essere un donnaiolo. ‖ **3.** [fréquenter] frequentare ; andare in giro per. | *courir les expositions,* frequentare le mostre, andare in giro per le mostre. ‖ **4.** [s'exposer à] *courir un danger,* correre un pericolo, essere in pericolo. | *courir le risque de,* correre rischio di. ‖ **5.** SPORT *courir le cent mètres,* correre i cento metri ; essere un centista, un centometrista.

courlis [kurli] m. ZOOL. chiurlo.

couronne [kurɔn] f. corona. | *couronne mortuaire,* corona (funebre). | *(pain en) couronne,* ciambella. ‖ HIST., POLIT. *ceindre la couronne,* cingere la corona. | *renoncer à la couronne,* abdicare. | *discours de la couronne,* discorso della corona. ‖ RELIG. *triple couronne,* tiara (pontificia). | *couronne d'épines, du martyre,* corona di spine, del martirio. ‖ [tonsure] chierica. ‖ FIG. *ville entourée d'une couronne de montagnes,* città circondata da una cerchia, da una corona di monti. ‖ ANAT., ASTR., MATH., TECHN. corona. ‖ [monnaie] corona. ‖ [prothèse dentaire] corona.

couronnement [kurɔnmɑ̃] m. [cérémonie] incoronazione f. ‖ ARCHIT. coronamento. ‖ [achèvement] coronamento.

couronner [kurɔne] v. tr. [coiffer d'une couronne] incoronare ; coronare (rare). ‖ [décerner un prix à] premiare. | *couronner un élève, un ouvrage,* premiare un alunno, un'opera. ‖ [récompenser] coronare. | *le succès a couronné ses efforts,* il successo ha coronato le sue fatiche. | *entreprise couronnée de succès,* impresa coronata dal successo. ‖ [entourer] incoronare, cingere, circondare. | *plaine couronnée de collines,* pianura incoronata, cinta di colli. ‖ ARCHIT. coronare. | *tour couronnée de créneaux,* torre coronata di merli. ‖ [parachever] coronare. | *œuvre qui couronne une carrière,* opera che corona una carriera. ‖ CHIR. *couronner une dent,* mettere una corona a un dente. ◆ v. pr. PR. incoronarsi. ‖ [se couvrir] (ri)coprirsi. | *les arbres se couronnent de fleurs,* gli alberi si coprono di fiori. ‖ [se blesser] ferirsi al ginocchio.

courrier [kurje] m. [homme ; moyen de transport] corriere. ‖ [ensemble des lettres] posta f., corriere, corrispondenza f. | *y a-t-il du courrier pour moi ?,* c'è posta per me ? | *le courrier est-il arrivé ?,* è arrivata la posta ?, è arrivato il corriere ? | *lire, faire son courrier,* leggere, sbrigare la (propria) corrispondenza. | *répondre par retour du courrier,* rispondere a volta di corriere, a (stretto) giro di posta. ‖ [chronique] *le courrier des spectacles,* la cronaca degli spettacoli. | *courrier littéraire,* cronaca, rubrica letteraria. | *le courrier des lecteurs, des auditeurs,* la rubrica dei lettori, degli ascoltatori. | *le courrier du cœur,* la rubrica del cuore.

courriériste [kurjerist] n. cronista.

courroie [kurwa] f. [lien] cinghia, correggia. ‖ TECHN. cinghia.

courroucer [kuruse] v. tr. LITTÉR. corrucciare, adirare, sdegnare. ◆ v. pr. corrucciarsi, adirarsi, sdegnarsi.

courroux [kuru] m. LITTÉR. corruccio, sdegno ; collera f. (L.C.).

cours [kur] m. **1.** PR. corso. | *le cours du Rhône, des astres,* il corso del Rodano, degli astri. ‖ FIG. *le cours d'une maladie,* il corso di una malattia. | *donner libre* *cours à*, dare (libero) sfogo a. | *être en cours, hors cours*, essere in corso, fuori corso. || **2.** [avenue] corso, viale. || **3.** FIN. corso. | *pièces qui n'ont plus cours*, monete (che sono) fuori corso. | *cours d'ouverture de la Bourse*, prezzi, corso d'apertura della Borsa. || FIG. *avoir cours*, aver corso; essere in uso. | *n'avoir pas cours*, non aver corso; essere fuori (d') uso. | *mots, techniques qui n'ont plus cours*, parole, tecniche fuori (d') uso, disusate, cadute in disuso. || **4.** MAR. *capitaine au long cours*, capitano di lungo corso. || **5.** UNIV. *cours sur Dante*, corso su Dante. | *cours du soir*, corsi, scuole serali. | *les cours télévisés*, la telescuola. || [école] *cours privé*, istituto. || [enseignement primaire] *cours élémentaire 1re année, 2e année*, secondo, terzo anno della scuola elementare. || [enseignement] *faire, avoir cours*, fare, avere lezione. | *salle de cours*, aula f. | *donner des cours particuliers*, dar lezioni private, dar ripetizioni. | *publier un cours de droit civil*, pubblicare un corso di diritto civile. ◆ loc. prép. ***au cours de, dans le cours de,*** nel corso di, durante. || ***en cours de,*** in corso di. | *en cours de route*, strada facendo; per via. | *en cours d'exécution*, in corso d'esecuzione.

course [kurs] f. **1.** PR. corsa. | *au pas de course*, a passo di corsa. || SPORT corsa, gara. | *course à pied*, corsa a piedi. | *course de chevaux*, corsa ippica. | *course de taureaux*, corrida; corsa di tori. | *course cycliste, d'automobiles*, corsa, gara ciclistica, automobilistica. | *course de plat, d'obstacles*, corsa piana, a ostacoli. || FIG., FAM. *n'être pas dans la course*, non essere al corrente; non essere in grado di capire. | *n'être plus dans la course*, essere superato. || **2.** [parcours] corsa, percorso m., gita. | *une course en montagne*, una gita, un'escursione in montagna. || TRANSP. *prix de la course*, prezzo della corsa. || **3.** [commission] comp(e)ra, acquisto m. | *faire des courses*, far delle compere. | *faire les courses*, far la spesa. | *garçon de courses*, fattorino m.; galoppino m. (fam.). || **4.** FIG. *la course des nuages, des astres, des années*, la corsa delle nuvole, degli astri, degli anni. || **5.** [expédition de corsaire] corsa. || **6.** TECHN. corsa. | *la course du piston*, la corsa dello stantuffo.

1. coursier [kursje] m. LITTÉR. [cheval] corsiero, destriero.

2. coursier [kursje] m. fattorino.

coursive [kursiv] f. ARCHIT. ballatoio m. || MAR. corridoio m.

1. court, e [kur, kurt] adj. [petit] corto. | *cheveux, vêtements courts*, capelli, vestiti corti. | *de courte taille*, di bassa statura. || LOC. *tirer à la courte paille*, fare alle bruschette. | *faire la courte échelle à qn*, V. ÉCHELLE. || PR. et FIG. *avoir la vue courte*, avere la vista corta. | *une politique à courte vue*, una politica miope, di vedute limitate. | *avoir le souffle court*, aver poco fiato; avere il fiato grosso. || [bref] corto, breve. | *la vie est courte*, la vita è breve. | *avoir la mémoire courte*, esser corto di memoria; essere di memoria labile (littér.). | *à court terme*, a breve scadenza. ◆ adv. *cheveux coupés court*, capelli tagliati corti. | *une femme court vêtue*, una donna con un abito corto, succinto. || FIG. *rester court*, perdere il filo (del discorso, del ragionamento); rimanere interdetto. | *couper court*, tagliar corto, netto. | *aller au plus court*, prendere la via più corta. | *tourner court*, interrompersi bruscamente; incagliarsi. | *le projet a tourné court*, il progetto si è arenato, incagliato; il progetto ha fatto fiasco. | *prendre qn de court*, cogliere qlcu. di sorpresa, alla sprovvista. ◆ loc. adv. ***tout court,*** tout court (fr.); senz'altro, semplicemente, di botto. | *appelez-moi « monsieur » tout court*, mi chiami semplicemente « signore ». | *s'arrêter tout court*, fermarsi, interrompersi di botto. ◆ loc. prép. ***à court de,*** a corto di. | *à court d'argent, d'arguments*, a corto di quattrini, d'argomenti.

2. court m. SPORT court (angl.); campo di tennis.

courtage [kurtaʒ] m. COMM. commissione f., senseria f., mediazione f.

courtaud, e [kurto, od] adj. bassotto, tracagnotto.

court-bouillon [kurbujɔ̃] m. court-bouillon (fr.). | *poisson au court-bouillon*, pesce lesso.

court-circuit [kursirkɥi] m. cortocircuito.

court-circuiter [kursirkɥite] v. tr. ÉLECTR. mettere in cortocircuito. || FIG., FAM. *court-circuiter la voie hiérarchique*, passare oltre, non rispettare la via gerarchica (L.C.). | *court-circuiter qn*, passare al di sopra di qlcu. (L.C.).

courtepointe [kurtəpwɛ̃t] f. trapunta.

courtier [kurtje] m. COMM. sensale, mediatore.

courtilière [kurtiljɛr] f. ZOOL. grillotalpa f. ou m., zuccaiola.

courtine [kurtin] f. [rideau de lit] cortina. || HÉRALD., MIL. cortina.

courtisan, e [kurtizɑ̃, an] adj. et n. m. PR. et FIG. cortigiano. || FIG., PÉJOR. cortigianesco. ◆ n. f. LITTÉR. cortigiana; [Grèce antique] etera.

courtisanerie [kurtizanri] f. cortigianeria.

courtiser [kurtize] v. tr. far la corte a; corteggiare.

courtois, e [kurtwa, az] adj. cortese. | *littérature courtoise*, letteratura cortese.

courtoisie [kurtwazi] f. cortesia.

court-vêtu [kurvɛty] adj. = in abito succinto.

couru, e [kury] adj. *spectacle très couru*, spettacolo molto ricercato, apprezzato. || FAM. *c'est couru!*, è certo, è sicuro!

couscous [kuskus] m. inv. [arabe] cuscus; [sicilien] cuscussù.

cousette [kuzɛt] f. [nécessaire à couture] nécessaire (fr.) da cucito. || FAM. [couturière] sartina.

couseuse [kuzøz] f. [femme qui coud] cucitrice. || [brocheuse] cucitrice. || [machine] cucitrice.

1. cousin, e [kuzɛ̃, in] n. cugino, cugina. | *cousins issus de germains*, cugini di secondo grado. || LOC. *le roi n'est pas son cousin* = ma chi si crede di essere?

2. cousin m. ZOOL. culice, cugino.

cousinage [kuzinaʒ] m. cuginanza f. || [ensemble des parents] parentado, parentela f.

cousiner [kuzine] v. intr. **(avec)** = trattare (v. tr.) familiarmente.

coussin [kusɛ̃] m. cuscino. || TECHN. *coussin d'air*, cuscino d'aria.

coussinet [kusinɛ] m. [petit coussin] cuscinetto. || MÉC. cuscinetto. || CH. DE F. cuscinetto, supporto.

cousu, e [kuzy] adj. *cousu main*, fatto a mano. || FAM. *c'est du cousu main!*, è merce, roba sopraffina! || LOC. *être cousu d'or*, essere ricco sfondato. | *bouche cousue!*, acqua in bocca! | *c'est cousu de fil blanc* = è fin troppo evidente.

coût [ku] m. costo. | *coût de production, de distribution*, costo di produzione, di distribuzione. | *indice du coût de la vie*, indice del costo della vita.

coûtant [kutɑ̃] adj. m. *prix coûtant*, prezzo di costo.

couteau [kuto] m. coltello. | *coup de couteau*, coltellata f. | *couteau de cuisine, de table, à dessert*, coltello da cucina, da tavola, da frutta. | *couteau à découper*, trinciante. | *couteau à cran d'arrêt*, V. CRAN. || *couteau de la balance*, coltello della bilancia. || LOC. *une figure en lame de couteau*, un viso affilato. | *avoir le couteau sur, sous la gorge*, avere l'acqua alla gola, avere le spalle al muro. | *mettre le couteau sur, sous la gorge à qn*, pigliare qlcu. per la gola, mettere qlcu. con le spalle al muro. | *être à couteaux tirés*, essere ai ferri corti. | *à couper au couteau*, V. COUPER. || ART *couteau à palette*, spatola f., mestichino. | *peindre au couteau*, dipingere a spatola. || [coquillage] cannolicchio.

coutelas [kutlɑ] m. coltellaccio, coltella f. || [sabre] squarcina f.

coutelier, ère [kutəlje, ɛr] adj. *industrie coutelière*, coltelleria. | *ouvrier coutelier*, coltellinaio.

coutellerie [kutɛlri] f. coltelleria.

coûter [kute] v. intr. costare. | *coûter cher*, costar caro. | *cela ne coûte pas cher*, non costa molto. | *combien cela t'a-t-il coûté?*, quanto ti è costato? || FAM. *coûter chaud, les yeux de la tête*, costar salato, un occhio (della testa). || FIG. *cela te coûtera cher*, ti costerà caro. || [être pénible] *cette confession m'a beaucoup coûté*, questa confessione mi è costata molto. | *il m'en coûte de te laisser*, quanto mi costa di

doverti lasciare ! ◆ v. tr. *coûter des sacrifices, des larmes à qn*, costar tanti sacrifici, tante lagrime a qlcu. | *coûter la vie*, costar la vita. ‖ LOC. *coûte que coûte*, costi quel che costi, ad ogni costo, a qualsiasi prezzo.
coûteux, euse [kutø, øz] adj. costoso.
coutil [kuti] m. TEXT. traliccio.
coutre [kutr] m. AGR. coltro.
coutume [kutym] f. costume m., abitudine, consuetudine. | *avoir coutume de faire, de dire*, esser solito fare, dire. | *chaque pays a ses coutumes*, ogni paese ha i propri costumi ; paese che vai, usanza che trovi (prov.). | *les coutumes du pays*, le usanze, gli usi, i costumi del paese. ‖ LOC. *une fois n'est pas coutume*, una rondine non fa primavera. ‖ JUR. consuetudine ; coutume (fr.). ◆ loc. adv. ***de coutume,*** di solito, abitualmente. | *il fait plus froid que de coutume*, fa più freddo del solito, più freddo che di solito. | *comme de coutume*, come al solito.
coutumier, ère [kutymje, ɛr] adj. solito, abituale, consueto. ‖ (souvent PÉJOR.) *être coutumier du fait*, esser solito far qlco. ‖ JUR. *droit coutumier*, diritto consuetudinario. ◆ n. m. raccolta (f.) delle consuetudini (di una regione).
couture [kutyr] f. [action ; art] cucito m. | *faire de la couture*, far del cucito. ‖ [profession] sartoria. | *la couture italienne*, la sartoria italiana. | *haute couture*, alta moda ; haute couture (fr.). | *maison de couture*, sartoria ; negozio di mode. | *travailler dans la couture*, far il sarto, la sarta. ‖ [suite de points] cucitura, costura. | *couture faite à la main*, cucitura fatta a mano. ‖ LOC. FAM. *examiner sous toutes les coutures*, esaminare a fondo, da cima a fondo. | *battre à plate couture*, sbaragliare ; sconfiggere su tutta la linea. ‖ [cicatrice] cicatrice. | *visage plein de coutures*, viso pieno di cicatrici, di sfregi.
couturé, e [kutyre] adj. coperto di cicatrici, di sfregi.
couturier [kutyrje] m. sarto (per signora). ◆ adj. et n. m. *(muscle) couturier*, muscolo sartorio.
couturière [kutyrjɛr] f. sarta. ‖ THÉÂTRE *la répétition des couturières, la couturière*, l'ultima prova in costume (prima della prova generale).
couvain [kuvɛ̃] m. covaia f.
couvaison [kuvɛzɔ̃] f. cova, covatura.
couvée [kuve] f. [œufs] covata ; [petits] covata, chiocciata, nidiata. ‖ FAM. [famille] covata.
couvent [kuvɑ̃] m. convento. | *entrer au couvent*, entrare in convento. ‖ [pensionnat] educandato (religioso).
couventine [kuvɑ̃tin] f. RELIG. monaca. ‖ [jeune fille] educanda.
couver [kuve] v. tr. covare. ‖ FIG. *couver une maladie*, covare una malattia. | *couver qn des yeux*, covar qlcu. con gli occhi. | *couver un enfant*, tenere, allevare un bambino nella bambagia. ◆ v. intr. covare. ‖ PR. et FIG. *le feu couve sous la cendre*, il fuoco cova sotto la cenere. ‖ FIG. *le complot couvait depuis longtemps*, il complotto si tramava da tempo.
couvercle [kuvɛrkl] m. coperchio.
1. couvert, e [kuvɛr, ɛrt] adj. *temps, ciel couvert*, tempo, cielo coperto, nuvoloso. ‖ [habillé] *couvert de haillons*, coperto di stracci. | *en hiver il faut être bien couvert*, d'inverno conviene tenersi ben coperti. | *restez couvert !*, tenga il cappello !, tenga in capo ! ‖ [boisé] *pays couvert*, paese boscoso. ‖ FIG. *couvert de honte*, pieno di vergogna. | *à mots couverts*, con parole velate.
2. couvert m. [abri] *le vivre et le couvert*, il vitto e l'alloggio. | *sous le couvert des arbres*, al riparo degli alberi. ‖ [accessoires de table] coperto. | *repas de dix couverts*, pranzo di dieci coperti. | *mettre, ôter le couvert*, apparecchiare, sparecchiare (la tavola). ‖ [cuiller, fourchette et couteau] posata f. ◆ loc. adv. ***à couvert :*** *être à couvert*, essere garantito. | *se mettre à couvert*, mettersi al coperto. ◆ loc. prép. ***sous le couvert de :*** *sous le couvert des parents*, sotto la responsabilità dei genitori. | *sous le couvert de l'amitié*, sotto il manto, la maschera dell'amicizia. | *sous le couvert d'une visite à faire*, col pretesto di una visita da fare.
couverture [kuvɛrtyr] f. [en tissu] coperta f. ; coltre (littér.). ‖ [de livre] copertina. ‖ ARCHIT. copertura. ‖ COMM., FIN. copertura. | *couverture or*, riserva aurea. | *couverture bancaire*, copertura bancaria. ‖ JOURN. servizio m. | *couverture assurée par*, servizio di. ‖ MIL. copertura. ‖ FAM. *tirer la couverture à soi*, tirar l'acqua al proprio mulino. | FIG. *sous couverture de*, col pretesto di.
couveuse [kuvøz] f. [animal] chioccia. ‖ [appareil] incubatrice.
couvi [kuvi] adj. m. *des œufs couvis*, uova barlacce (tosc.).
couvoir [kuvwar] m. [nid] nido (della chioccia). ‖ [local] incubatoio.
couvre-chef [kuvrəʃɛf] m. FAM. copricapo (L.C.).
couvre-feu [kuvrəfø] m. coprifuoco.
couvre-joint [kuvrəjwɛ̃] m. coprigiunto.
couvre-lit [kuvrəli] m. copriletto.
couvre-livre [kuvrəlivr] m. sopraccoperta f.
couvre-pieds [kuvrəpje] m. inv. copripiedi.
couvre-plat [kuvrəpla] m. copripiatti, coprivivande inv.
couvreur [kuvrœr] m. copritetto, copritetti, conciatetti inv.
couvrir [kuvrir] v. tr. coprire. | *la neige couvre le chemin*, la neve (ri)copre il sentiero. | *le bruit du moteur couvrait sa voix*, il rumore del motore copriva la sua voce. | *couvrir une distance*, coprire, percorrere una distanza. | *couvrir qn d'insultes*, coprire, caricare qlcu. d'insulti. | *couvrir les fautes d'un subordonné*, coprire le mancanze di un subordinato. | *je vous couvre*, ne rispondo io. | *être couvert par les ordres reçus*, essere coperto dagli ordini superiori. ‖ [presse] *couvrir un événement*, riferire su un avvenimento. ‖ FIN. *les recettes couvrent les dépenses*, gl'incassi coprono, compensano le spese. | *l'emprunt a été couvert en deux heures*, il prestito è stato coperto in due ore. | *couvrir les risques*, coprire, garantire i rischi. ‖ JEU *couvrir une carte*, coprire una carta, mettere la posta sulla carta. | *couvrir, cacher son jeu*, coprire il proprio gioco ; [ne pas être franc] dissimulare il proprio gioco. ‖ MIL. *couvrir la retraite*, coprire la ritirata. ‖ ZOOL. *couvrir une jument*, coprire una cavalla. ◆ v. pr. [mettre un vêtement] coprirsi ; [une coiffure] mettersi il cappello, il berretto. | *couvrez-vous !*, si copra ! ‖ [se charger] coprirsi, riempirsi. | *se couvrir de gloire*, coprirsi di gloria. | *la place se couvrit de curieux*, la piazza si coprì, si riempì di curiosi. ‖ MÉTÉOR. coprirsi, rabbuiarsi, rannuvolarsi. ‖ FIG. [se garantir] *se couvrir contre un risque*, coprirsi, garantirsi contro un rischio. ‖ [escrime, boxe] coprirsi.
cover-girl [kɔvœrgœrl] f. cover-girl (angl.) ; fotomodella.
coxalgie [kɔksalʒi] f. MÉD. coxalgia.
coxarthrie [kɔksartri] f. ou **coxarthrose** [kɔksartroz] f. MÉD. coxite, coxartrite.
coyote [kɔjɔt] m. ZOOL. coyote.
C.Q.F.D. V. DÉMONTRER.
crabe [krab] m. ZOOL. granchio. ‖ FIG. *marcher en crabe*, camminare di sghimbescio. ‖ FAM. *un panier de crabes*, un covo di vipere.
crabot [krabo] m. V. CLABOT.
crac ! [krak] interj. crac !
crachat [kraʃa] m. sputo. ‖ IRON. [décoration] patacca f.
craché, e [kraʃe] adj. FAM. *c'est son père tout craché*, è suo padre nato e sputato.
crachement [kraʃmɑ̃] m. (lo) sputare ; sputo. ‖ MÉD. *crachement de sang*, sbocco, getto di sangue. ‖ [projection de gaz, d'étincelles] getto, sprizzo. ‖ RAD. [crépitement] crepitio.
cracher [kraʃe] v. tr. sputare. | *le volcan crache des laves*, il vulcano sputa lava, erutta lava. | *cracher du sang*, sputar sangue. ‖ FIG. *cracher des injures sur qn*, vomitare, sputare ingiurie addosso a qlcu. ‖ POP. *cracher des millions*, scucire dei milioni. | *cracher le morceau*, sputare l'osso. ◆ v. intr. sputare. | *défense de cracher*, vietato sputare. ‖ FAM. *autant cracher en l'air*, è come parlare al vento. ‖ [éclabousser] schizzare. |

stylo qui crache, penna (stilografica) che schizza. ‖ Fig., fam. [dédaigner] disprezzare, disdegnare. | *ne pas cracher sur le vin,* non disdegnare il vino. ‖ Pop. [payer] scucire (la grana).

crachin [kraʃɛ̃] m. pioggerellina f., acquerugiola f.

crachoir [kraʃwar] m. sputacchiera f. ‖ Loc. fam. *tenir le crachoir,* far le spese della conversazione (l.c.). | *tenir le crachoir à qn,* attaccare un bottone a qlcu.

crachoter [kraʃɔte] v. intr. sputacchiare.

crack [krak] m. [cheval] crack (angl.). ‖ Fig., fam. *c'est un crack!,* è un cannone!

cracking [krakiŋ] m. ou **craquage** [krakaʒ] m. Ind. cracking (angl.); piroscissione f.

craie [krɛ] f. gesso m. | *écrire à la craie,* scrivere col gesso. | *bâton de craie,* gessetto m.

crailler [kraje] v. intr. [corneille] gracchiare.

craindre [krɛ̃dr] v. tr. temere. | *je crains qu'il ne vienne, qu'il ne vienne pas,* temo che venga, che non venga. | *il ne craint pas de dire ce qu'il pense,* non ha timore di dire ciò che pensa. | *il craint l'obscurité,* ha paura del buio. | *plante qui craint la chaleur,* pianta che teme il caldo. | *un père craint de ses enfants,* un padre temuto dai figli. ‖ Loc. *il ne craint ni Dieu ni diable,* neanche il diavolo gli fa paura.

crainte [krɛ̃t] f. timore m., paura; tema (littér.). | *sois sans crainte, n'aie crainte,* non temere, non aver paura. | *il vit dans la crainte qu'on ne le reconnaisse,* vive col timore di essere riconosciuto. ‖ [respect] *la crainte de Dieu,* il timore di Dio. ◆ loc. conj. ***de crainte que... ne*** (subj.), ***de crainte de*** (inf.), per timore di, per il timore di, per la paura di (inf.).

craintif, ive [krɛ̃tif, iv] adj. timoroso, pauroso.

crambe [krɑ̃b] ou **crambé** [krɑ̃be] m. Bot. crambe f.

cramer [krame] v. tr. Pop. *cramer le rôti,* bruciare l'arrosto. | *cramer le linge,* scottare, strinare (tosc.) la biancheria. ◆ v. intr. Pop. essere arso, incendiato (l.c.).

cramoisi, e [kramwazi] adj. et n. m. cremisi inv. | *devenir cramoisi,* divenire scarlatto in viso.

crampe [krɑ̃p] f. Méd. crampo m.; granchio m. (pop.). | *crampes d'estomac,* crampi allo stomaco. ‖ Loc. *la crampe de l'écrivain,* il grafospasmo.

crampillon [krɑ̃pijɔ̃] m. Techn. cambretta f., cavallottino.

crampon [krɑ̃pɔ̃] m. Techn. grappa f., graffa f. ‖ [alpinisme] rampone. ‖ Bot. radice avventizia. ‖ Fam. [importun] attaccabottoni inv., mignatta f.; seccatore, trice (l.c.).

cramponner [krɑ̃pɔne] v. tr. Techn. assicurare, fissare con grappe. ‖ Fam. [importuner] scocciare. ◆ v. pr. aggrapparsi, appigliarsi, attaccarsi. ‖ Bot. abbarbicarsi. ‖ Fig. *se cramponner à n'importe quel prétexte,* appigliarsi a qualsiasi pretesto. | *vieillard qui se cramponne à la vie,* vecchio che si abbarbica alla vita.

cran [krɑ̃] m. [entaille] tacca f., intaccatura f. | *les crans du bras d'une balance,* le tacche, i denti del braccio di una stadera. | *cran de sûreté,* sicura f. | *mettre le cran de sûreté,* mettere la sicura. | *couteau à cran d'arrêt,* coltello a serramanico. ‖ [trou] *les crans d'une ceinture, d'une courroie,* i buchi di una cintura, di una correggia. | *serrer sa ceinture d'un cran,* stringersi la cintola d'un buco (pr.). | *se serrer d'un cran* = privarsi di qlco., fare a meno di qlco., stare a stecchetto (fig.). ‖ [degré] grado, gradino. | *monter, descendre d'un cran,* salire, scendere di un gradino. ‖ [coiffure] ondulazione f., onda f. ‖ Fam. [fermeté] fegato; audacia f., coraggio (l.c.). | *il a du cran,* è un uomo di fegato. ‖ Loc. fam. *être à cran,* avere i nervi. | *mettre qn à cran,* far venire i nervi a qlcu.

1. crâne [krɑn] m. Anat. cranio; [squelette] teschio. ‖ [tête] testa f.; zucca f. (fam.). | *crâne pelé,* testa, zucca pelata. | *avoir mal au crâne,* avere un mal di testa (l.c.). ‖ [cerveau] cranio, cervello; mente f. | *je ne réussis pas à me le mettre dans le crâne,* non riesco a farmelo entrare nel cranio. | *bourrer le crâne,* v. bourrer.

2. crâne adj. [courageux] coraggioso, deciso, ardito. | *attitude crâne,* atteggiamento coraggioso, deciso. ◆ n. m. *faire le crâne,* fare lo spavaldo.

crânement [krɑnmɑ̃] adv. spavaldamente, con coraggio, con risolutezza. ‖ Péjor. orgogliosamente.

crâner [krɑne] v. intr. Péjor. fare lo spavaldo, lo spaccone; darsi delle arie.

crânerie [krɑnri] f. [courage] audacia, coraggio m., spavalderia. ‖ Péjor. [fanfaronnade] millanteria, spacconata.

crâneur, euse [krɑnœr, øz] adj. Péjor. spavaldo. ◆ n. Péjor. spaccone, a.

crânien, enne [krɑnjɛ̃, ɛn] adj. cranico.

cranter [krɑ̃te] v. tr. far delle tacche a.

crapaud [krapo] m. Zool. rospo. ‖ *(fauteuil) crapaud,* poltrona bassa e imbottita. | *(piano) crapaud,* piccolo piano a coda. ‖ [défaut du diamant] macchia f. ‖ Mar. *crapaud de mouillage,* tartaruga f. ‖ Loc. fam. *c'est un vilain crapaud, il est laid comme un crapaud,* è brutto come la fame. | *nager, sauter comme un crapaud,* nuotare, saltare goffamente. | *avaler un crapaud,* ingoiare un rospo.

crapaudière [krapodjɛr] f. = luogo in cui vivono molti rospi. ‖ Fig. = luogo umido e sudicio.

crapaudine [krapodin] f. Bot. sideritis. ‖ Minér. bufonite, siderite. ‖ Techn. [pivot d'un arbre vertical] supporto m. (di base); [recevant le pivot d'une porte] ralla. ‖ [grille] filtro m. ‖ Culin. *à la crapaudine,* alla griglia.

crapouillot [krapujo] m. Arg. mil. bombarda f.; mortaio da trincea (l.c.).

crapule [krapyl] f. [débauché] crapulone m.; [malhonnête] canaglia, farabutto m., mascalzone m. ‖ [à un enfant] *petite crapule,* birichino, a; birbante m. ◆ adj. *un air crapule,* un'aria da mascalzone.

crapulerie [krapylri] f. [action] canagliata, mascalzonata.

crapuleux, euse [krapylø, øz] adj. dissoluto, scostumato, abietto. | *homme crapuleux,* crapulone; uomo abietto; canaglia f. | *vie crapuleuse,* vita dissoluta. ‖ Loc. *crime crapuleux,* turpe delitto (commesso a scopo di rapina, di lucro).

craquage [krakaʒ] m. V. cracking.

craque [krak] f. Pop. fandonia, frottola (l.c.).

craqueler [krakle] v. tr. screpolare.

craquelure [kraklyr] f. screpolatura.

craquement [krakmɑ̃] m. scricchiolio, schianto. | *le craquement des feuilles sèches sous les pas,* il crepitio delle foglie secche sotto i piedi.

craquer [krake] v. intr. scricchiolare, crocchiare. | *la neige durcie craque sous les pieds,* la neve indurita scricchiola sotto i piedi. | *faire craquer ses doigts,* far scricchiolare le dita. ‖ [se déchirer] rompersi, cedere. | *la couture a craqué,* la cucitura ha ceduto. | *plein à craquer,* pieno da scoppiare. ‖ Fig. [être ébranlé] *le ministère craque,* il ministero è in pericolo, il ministero vacilla. | *projet qui a craqué,* progetto fallito, progetto andato a monte. | *ses nerfs ont craqué,* i suoi nervi hanno ceduto; è crollato nervosamente. ‖ Ind. effettuare il cracking, la piroscissione. ◆ v. tr. *craquer une allumette,* accendere un fiammifero. ‖ Fam. *j'ai craqué mon bas,* mi si è smagliata la calza (l.c.).

craquètement ou **craquettement** [kraketmɑ̃] m. scoppiettio, scricchiolio. ‖ Zool. [cigogne] schiamazzo; [grue] (il) gracchiare.

craqueter [krakte] v. intr. scoppiettare, scricchiolare. ‖ Zool. [cigogne] schiamazzare; [grue] gracchiare.

crase [kraz] f. Gramm., Méd. crasi.

crash [kraʃ] m. Aér. crash (angl.).

crassane [krasan] f. (specie di) pera butirra.

1. crasse [kras] f. sporcizia, sudiciume m., morchia. ‖ Fig. *tirer qn de la crasse,* tirar (su) qlcu. dalla miseria. ‖ Fam. [méchanceté] porcheria; brutto tiro, tiro mancino (l.c.). ‖ Métall. scoria f.

2. crasse adj. crasso. | *ignorance crasse,* ignoranza crassa.

crasseux, euse [krasø, øz] adj. sporco, sudicio, sozzo.

crassier [krasje] m. Techn. mucchio di scorie.

cratère [kratɛr] m. cratere.

craterelle [kratrɛl] f. BOT. corno dell'abbondanza.
cravache [kravaʃ] f. scudiscio m., frustino m. | *coup de cravache*, scudisciata f.
cravacher [kravaʃe] v. tr. scudisciare, frustare, sferzare. ◆ v. intr. FAM. [marcher vite] camminar forte, andare a tutta velocità ; [travailler vite] = impegnarsi a fondo (in un lavoro).
cravate [kravat] f. cravatta. ‖ IRON. *cravate de chanvre*, capestro m. (dell'impiccato). ‖ *cravate de drapeau*, cravatta, nastro di bandiera. ‖ MAR., SPORT cravatta. ‖ LOC. POP. *s'en jeter un derrière la cravate*, tracannare un bicchiere (L.C.).
cravater [kravate] v. tr. mettere la cravatta a. ‖ POP. [attraper] afferrare per il collo, acciuffare, pizzicare. | *la police a cravaté le voleur*, la polizia ha pizzicato il ladro. ‖ POP. [tromper] infinocchiare (fam.).
crawl [krol] m. crawl (angl.).
crayeux, euse [krɛjø, øz] adj. gessoso. ‖ [crétacé] cretaceo.
crayon [krɛjɔ̃] m. matita f., lapis. | *crayon noir, de couleur*, matita nera, colorata. | *crayon à encre*, matita copiativa. | *crayon-feutre*, pennarello. | *écrire au crayon*, scrivere a matita, con la matita. | *crayon à bille*, penna (f.) a sfera ; biro f. inv. | *crayon de rouge à lèvres, pour les yeux*, matita per le labbra, per gli occhi. ‖ [dessin fait au crayon] disegno, schizzo a matita ; [portrait] ritratto m. (a matita). | *avoir un bon coup de crayon*, avere una buona mano (per il disegno).
crayonnage [krɛjɔnaʒ] m. [action] = (lo) scrivere, (il) disegnare a matita. ‖ [résultat] disegno, schizzo a matita.
crayonner [krɛjɔne] v. tr. scrivere, disegnare a matita. ‖ [esquisser] abbozzare, schizzare.
créance [kreɑ̃s] f. [croyance] credito m., credenza. ‖ JUR., COMM. credito. ‖ [titre] titolo (m.) di credito. ‖ POLIT. *lettres de créance*, (lettere) credenziali f. pl.
créancier, ère [kreɑ̃sje, ɛr] n. creditore, trice.
créateur, trice [kreatœr, tris] adj. et n. creatore, trice. ‖ [auteur, inventeur] autore, trice ; inventore, trice. ‖ THÉOL. *le Créateur*, il Creatore.
créatif, ive [kreatif, iv] adj. creativo.
créatine [kreatin] f. CHIM. creatina.
création [kreasjɔ̃] f. creazione. ‖ [action d'inventer] creazione, invenzione ; [de fonder] fondazione ; [de réaliser] realizzazione. | *création d'une société*, fondazione, creazione di una società. ‖ [chose créée] creazione. | *les dernières créations de ce couturier*, le ultimi creazioni, gli ultimi modelli di quel sarto. ‖ RELIG. [monde créé] creato m. ‖ THÉÂTRE *la création d'une comédie*, la prima recita, rappresentazione di una commedia.
créativité [kreativité] f. creatività.
créature [kreatyr] f. creatura. ‖ PÉJOR. [protégé] creatura ; creato m. (VX) ; [femme de mauvaise vie] sgualdrina.
crécelle [kresɛl] f. MUS. raganella, battola ; RELIG. crepitacolo m. ‖ FIG. [bavard] cicalone, a. | *voix de crécelle* = voce stridula.
crécerelle [kresrɛl] f. ZOOL. gheppio.
crèche [krɛʃ] f. [mangeoire] mangiatoia, greppia. ‖ RELIG. presepio m. ‖ [garderie pour enfants] asilo nido m., nido d'infanzia. ‖ POP. [chambre] stanza ; [maison] casa (L.C.).
crécher [kreʃe] v. intr. POP. abitare (L.C.).
crédence [kredɑ̃s] f. credenza.
crédibilité [kredibilite] f. credibilità ; attendibilità (néol.).
crédit [kredi] m. [foi] credito, credenza f. | *n'accorder aucun crédit à une nouvelle*, non dar nessun credito a una notizia. ‖ [considération] credito, stima f., considerazione f. | *jouir d'un grand crédit*, godere di molta stima, di molta considerazione, di molto credito. | *cet avocat a perdu tout crédit*, quell'avvocato ha perso ogni credito. ‖ COMM., FIN. credito. | *faire crédit à qn* : [délai de paiement] far credito a qlcu. ; [confiance] aver fiducia nell'avvenire di qlcu. | *vendre à crédit*, vendere a credito, a rate. | *lettre de crédit*, lettera di credito. | *crédit-bail*, credito-affitto. ‖ [comptabilité] *débit et crédit*, dare e avere. | *porter au crédit de qn*, passare, portare a credito, in avere a qlcu. ‖ [établissement] *crédit agricole, foncier*, credito agrario, fondiario.
créditer [kredite] v. tr. *créditer qn d'une somme de 1 000 lires*, accreditar qlcu. per una somma di 1 000 lire, ascrivere una somma di 1 000 lire a credito di qlcu. | *créditer un compte de 1 000 lires*, versare 1 000 lire su un conto.
créditeur, trice [kreditœr, tris] adj. et n. creditore, trice. | *compte créditeur*, avere m.
credo [kredo] m. inv. PR. et FIG. credo (lat.).
crédule [kredyl] adj. credulo.
crédulité [kredylite] f. credulità.
créer [kree] v. tr. creare. ‖ [inventer, fonder] creare, inventare, fondare. ‖ [causer] *créer des difficultés à qn*, crear difficoltà a qlcu. ‖ THÉÂTRE *créer un rôle*, creare una parte.
crémaillère [kremajɛr] f. catena (del camino). ‖ MÉC. cremagliera. | *chemin de fer à crémaillère*, ferrovia a cremagliera. ‖ FIG. *pendre la crémaillère* = festeggiare l'ingresso in una nuova casa.
crémation [kremasjɔ̃] f. cremazione.
crématoire [krematwar] adj. *four crématoire*, forno crematorio.
crème [krɛm] f. panna, crema. | *crème fouettée*, panna montata. | *crème Chantilly*, panna montata. ‖ FIG. [ce qu'il y a de meilleur] crema ; fior fiore m. | *la crème de l'aristocratie*, la crema, il fior fiore dell'aristocrazia. ‖ [entremets] crema. ‖ [potage] *crème de poulet*, crema di pollo. ‖ [liqueur] *crème de cacao*, crema cacao. ‖ [cosmétologie] *crème de beauté*, crema di bellezza. | *crème à raser*, crema per barba. ‖ [cirage] *crème pour chaussures*, crema per calzatura. ‖ CHIM. cremore m. | *crème de tartre*, cremore di tartaro ; cremortartaro m. ◆ adj. inv. (color) crema.
crémerie [kremri] f. latteria ; cremeria (rég.).
crémeux, euse [kremø, øz] adj. cremoso.
crémier, ère [kremje, ɛr] n. lattivendolo, a ; lattaio, a.
crémone [kremɔn] f. (serratura) cremonese.
créneau [kreno] m. ARCHIT. merlo. ‖ MIL. [meurtrière dans un parapet de tranchée] feritoia f. ‖ AUTOM. *faire un créneau*, posteggiare a marcia indietro tra due macchine. ‖ RAD. tempo di parola.
crénelage [krenlaʒ] m. TECHN. granitura f., zigrinatura f.
crénelé, e [krenle] adj. ARCHIT. merlato. ‖ BOT. crenato. ‖ TECHN. zigrinato, granito. ‖ MÉC., ZOOL. dentato.
créneler [krenle] v. tr. ARCHIT. merlare ; guarnire di merli. ‖ TECHN. zigrinare, granire.
crénelure [krenlyr] f. ARCHIT. merlatura. ‖ [dentelure] dentellatura. ‖ BOT. crenatura. ‖ MÉC. dentatura.
crénothérapie [krenɔterapi] f. crenoterapia.
créole [kreɔl] adj. et n. creolo.
créosote [kreɔzɔt] f. CHIM. creosoto m.
crêpage [krɛpaʒ] m. [cheveux] cotonatura f. ‖ TEXT. increspatura f. ‖ FAM. *crêpage de chignon* = zuffa (f.), baruffa (f.) fra donne.
1. crêpe [krɛp] f. CULIN. crêpe (fr.), crespello m., frittella.
2. crêpe m. TEXT. crespo. | *crêpe de Chine*, crespo di Cina. ‖ [signe de deuil] fascia (f.) di lutto, di bruno. | *mettre un crêpe à un drapeau*, abbrunare una bandiera. ‖ [caoutchouc] *semelles de crêpe*, suole di para (f.).
crêpelé, e [kreple] adj. crespo.
crêper [krepe] v. tr. [cheveux] (ac)cotonare. ‖ TEXT. increspare, crespare. ◆ v. pr. FAM. *se crêper le chignon*, accapigliarsi ; prendersi per i capelli ; azzuffarsi (L.C.).
crêperie [krɛpri] f. = locale pubblico dove si preparano e si servono le frittelle.
crépi [krepi] m. [enduit] intonaco ; [première couche] arricciato, rinzaffo.
crêpier, ère [krɛpje, ɛr] n. = chi gestisce una « crêperie ».
crépine [krepin] f. [frange] frangia. ‖ [membrane]

rete ; omento m. || [boîte métallique] pigna, succhierola.
crépinette [krepinɛt] f. = salsiccia piatta (avvolta in un omento di maiale).
crépins [krepɛ̃] m. pl. arnesi (del calzolaio).
crépir [krepir] v. tr. [enduire] intonacare ; [mettre la première couche] arricciare, rinzaffare.
crépissage [krepisaʒ] m. intonacatura f. ; arricciatura f., rinzaffatura f.
crépitation [krepitasjɔ̃] f. ou **crépitement** [krepitmɑ̃] m. crepito m. (rare) ; crepitio m. ; [du feu] scoppiettio m. ; [d'une arme] il crepitare ; [de la grêle] picchiettio m. || MÉD. = crepitio respiratorio.
crépiter [krepite] v. intr. crepitare, scoppiettare, picchiettare.
crépon [krepɔ̃] m. TEXT. crespone. || [faux cheveux] ripieno. ◆ adj. m. *papier crépon*, carta crespata.
crépu, e [krepy] adj. crespo.
crépusculaire [krepyskylɛr] adj. crepuscolare.
crépuscule [krepyskyl] m. crepuscolo.
crescendo [krɛʃɛ̃do] m. inv. (ital.) MUS. et FIG. crescendo. ◆ adv. *son mal va crescendo*, il suo male va crescendo, aumentando.
cresson [krɛsɔ̃] m. crescione.
cressonnière [kresɔnjɛr] f. = bacino adibito alla coltivazione del crescione.
crésus [krezys] m. FAM. creso, riccone.
crêt [krɛ] m. [d'une combe] cornice (f.) di una comba ; [arête] cresta f.
crétacé, e [kretase] adj. et n. m. GÉOL. cretaceo, cretacico.
crête [krɛt] f. ZOOL. cresta. || [sommet] *crête d'une montagne*, cresta d'un monte. | *ligne de crête*, linea di cresta ; [d'une chaîne de montagnes] crinale m. | *crête de la vague*, cresta dell'onda. | *crête du toit*, colmo (m.), comignolo (m.) del tetto.
crêté, e [krete] adj. crestato.
crête-de-coq [krɛtdəkɔk] f. BOT. cresta di gallo.
crétin, e [kretɛ̃, in] n. MÉD. et FAM. cretino.
crétinerie [kretinri] f. FAM. cretineria.
crétinisme [kretinism] m. MÉD. et FAM. cretinismo.
crétois, e [kretwa, az] adj. et n. cretese.
cretonne [krətɔn] f. TEXT. cretonne (fr.).
creusage [krøzaʒ] ou **creusement** [krøzmɑ̃] m. scavo ; perforazione f.
creuser [krøze] v. tr. [évider] incavare. | *creuser une pierre*, incavare una pietra. || [faire une cavité] scavare. | *creuser un puits, une galerie*, scavare un pozzo, una galleria. || FIG. [approfondir] *creuser un sujet*, approfondire, sviscerare un argomento. | *si l'on creuse, on s'aperçoit qu'il ne sait rien*, scava scava e ti accorgi che non sa niente. || [mettre en appétit] *la promenade creuse (l'estomac)*, la passeggiata mette appetito. ◆ v. pr. incavarsi, infossarsi. | *tes joues se creusent*, ti s'infossano, ti s'incavano le guance. || FAM. *se creuser la cervelle, les méninges*, lambiccarsi il cervello, spremersi le meningi ; scervellarsi.
creuset [krøzɛ] m. IND. crogiolo. || FIG. *le creuset de l'expérience, de la souffrance*, il crogiolo dell'esperienza, della sofferenza.
creux, euse [krø, øz] adj. cavo, incavato, infossato. | *arbre creux*, albero cavo. | *joues creuses*, guance incavate. | *yeux creux*, occhi infossati, incavati. | *assiette creuse*, piatto fondo ; scodella f. ; fondina f. (rég.). | *chemin creux*, sentiero incassato. | *dent creuse*, dente guasto, cariato. | *ventre creux*, pancia vuota. | *voix creuse*, voce cavernosa. || [vide] vuoto. | *tête creuse*, testa vuota. | *paroles creuses*, parole vuote. || [peu animé] *heures creuses*, ore calme, ore di poco traffico. | *saison creuse*, stagione morta, bassa stagione. || FAM. *avoir le nez creux*, avere buon naso. ◆ adv. *sonner creux* : [indiquer le vide] sonare a vuoto ; [être vide de sens] esser vuoto di senso, non reggersi. ◆ n. m. [cavité] cavità f., cavo. | *creux du sol*, cavità del suolo. || [concavité] cavo, concavità f., incavo. | *creux de la main*, cavo della mano. | *creux de l'aisselle*, incavo dell'ascella. | *se blottir au creux de l'épaule de qn* = abbandonarsi sulla spalla di qlcu. | *creux de l'estomac*, bocca (f.) dello stomaco ; ANAT. epigastrio. || FIG. *avoir un creux dans l'estomac* = avere lo stomaco vuoto. | *glisser dans le creux de l'oreille*, sussurrare all'orecchio. || MUS. *avoir un bon creux*, avere una buona voce di basso. || MAR. ventre (dell'onda). || FIG. [moindre activité] stasi f., ristagno. | *être au creux de la vague* = essere in un periodo di stasi. | *les relations entre ces deux pays, les affaires subissent un creux*, c'è un forte ristagno nelle relazioni tra questi due paesi, negli affari.
crevaison [krəvɛzɔ̃] f. foratura.
crevant, e [krəvɑ̃, ɑ̃t] adj. POP. [drôle] buffo, divertentissimo (L.C.). || [épuisant] spossante, estenuante (L.C.).
crevasse [krəvas] f. fenditura, crepa, spaccatura. || [aux mains] screpolatura. || GÉOL. crepaccio m.
crevasser [krəvase] v. tr. screpolare. | *le froid crevasse la peau*, il freddo screpola la pelle. ◆ v. intr. et pr. screpolarsi. | *mur qui (se) crevasse*, muro che si screpola.
crève [krɛv] f. POP. [mal] *attraper la crève*, buscarsi un raffreddore (fam.). || [mort] *risquer la crève*, rischiare di morire (L.C.).
crevé, e [kreve] adj. POP. [éreinté] spossato, sfibrato (L.C.) ; [mort] crepato. ◆ n. m. MODE spacco.
crève-cœur [krɛvkœr] m. inv. crepacuore m.
crève-la-faim [krɛvlafɛ̃] m. inv. pezzente, spiantato ; morto di fame.
crever [krəve] v. intr. [s'ouvrir, éclater] scoppiare. | *l'abcès creva*, l'ascesso scoppiò. | *les nuages crèvent au-dessus de la plaine*, le nubi si squarciano sulla pianura. | *le pneu a crevé*, si è forata la gomma. || [être plein] scoppiare, crepare. || FAM. *crever d'embonpoint*, essere grasso da scoppiare. | *manger à crever*, mangiare fino a scoppiare ; mangiare a crepapancia, a crepapelle. | *crever de rire*, ridere a crepapelle ; crepare, scoppiare, sbudellarsi, sbellicarsi dalle risa. | *crever de rage, d'envie*, crepare di rabbia, d'invidia. || [mourir] morire, crepare. || FAM. *crever de faim, la faim* ; POP. *la crever*, crepare di, dalla fame. | *crever de chaleur*, crepare dal caldo. || [avoir un pneu crevé] *le coureur a crevé deux fois*, il corridore ha forato due volte. ◆ v. tr. [percer] bucare, forare. | *crever un pneu*, forare un pneumatico. | *crever les yeux à qn* = cavare gli occhi a qlcu. || FIG. *cela crève les yeux*, salta agli occhi, è evidente. | *tu ne le vois pas ? — il te crève les yeux*, non lo vedi ? — l'hai (proprio) sotto il naso. || [faire éclater] far scoppiare ; schiantare. | *crever un ballon*, far scoppiare, schiantare un pallone. | *crever un abcès*, v. ABCÈS. | *cela me crève le cœur*, (questo) mi schianta il cuore. || [éreinter] spossare, stancare. | *crever un cheval*, sfiancare, spossare un cavallo. || POP. *ce travail me crève*, questo lavoro mi spossa (L.C.). ◆ v. pr. FAM. *se crever les yeux*, cavarsi gli occhi ; rovinarsi la vista (L.C.). | *se crever au travail*, ammazzarsi al lavoro, di lavoro.
crevette [krəvɛt] f. ZOOL. gamberetto m. (di mare).
cri [kri] m. [humain] grido (pl. *gridi, grida*). | *cri aigu*, strillo. | *cri strident*, strido (pl. *stridi, strida*). | *jeter, pousser un cri*, mandare, cacciare un grido. | *les cris des enfants*, le grida dei bambini. | *cri de guerre*, grido di guerra. || FIG. *le cri du cœur, de la conscience*, il grido del cuore, della coscienza. || FAM. *ce chapeau est le dernier cri, du dernier cri*, questo cappello è l'ultimo, all'ultimo grido della moda. || LOC. *jeter, pousser les hauts cris*, protestare vivacemente ; strillare. || [animal] grido, verso. | *les cris des oiseaux*, i gridi degli uccelli. ◆ loc. adv ***à cor et à cri,*** a gran voce, con grande strepito.
criaillement [krijajmɑ̃] m. gridio ; [volatile] schiamazzo.
criailler [krijaje] v. intr. [volatile] schiamazzare. || FAM. [protester] gridare, strillare.
criaillerie [krijajri] f. [cri] gridio m., schiamazzo m. ◆ pl. [plaintes] piagnistei m. pl.
criant, e [krijɑ̃, ɑ̃t] adj. *injustice criante*, ingiustizia palese, palmare, che grida vendetta. | *preuves criantes*, prove palesi, schiaccianti. | *portrait criant de vérité* = ritratto di una somiglianza impressionante.
criard, e [krijar, ard] adj. [qui crie] = che strilla, che

urla. | *une femme criarde*, una donna che strilla (sempre), una sbraitona. || [aigu] *voix criarde*, voce stridula, stridente. || [qui choque] *couleurs criardes*, colori chiassosi. || LOC. *dettes criardes*, debiti improrogabili, debiti da saldare immediatamente.
criblage [kriblaʒ] m. vagliatura f., crivellatura f.
crible [kribl] m. vaglio, crivello. || PR. et FIG. *passer au crible*, passare al vaglio ; vagliare.
criblé, e [krible] adj. *criblé de trous*, bucherellato. | *criblé de dettes*, carico di debiti. | *visage criblé par la petite vérole*, viso butterato dal vaiolo.
cribler [krible] v. tr. vagliare, crivellare. | *cribler de balles*, crivellare di pallottole. || [accabler] tempestare, caricare, coprire. | *cribler de coups de poing*, tempestare di pugni. | *cribler d'injures*, coprire d'ingiurie.
1. cric [krik] interj. cric !
2. cric m. TECHN. cricco, cric, martinetto, binda f.
cricri [krikri] m. FAM. grillo (L.C.).
criée [krije] f. asta. | *vente à la criée*, vendita all'asta.
crier [krije] v. intr. gridare, urlare, strillare. | *crier à tue-tête*, gridare a squarciagola. | *crier de douleur ;* gridare dal dolore. || [grincer] cigolare, stridere. | *la roue crie*, la ruota cigola. || [dénoncer] *crier à l'injustice, au miracle, au scandale*, gridare all'ingiustizia, al miracolo, allo scandalo. | *crier au secours*, gridare aiuto. | *crier au voleur*, gridare al ladro. || FAM. *crier contre, après qn*, gridare, strillare qlcu. ◆ v. tr. gridare. | *crier des ordres*, gridare ordini. | *crier bravo, vengeance*, gridar bravo, vendetta. | *crier merci, grâce*, implorare pietà. | *crier casse-cou*, V. CASSE-COU. || FIG. *crier son innocence*, gridare, proclamare, protestare la propria innocenza. | *crier famine, misère*, piangere miseria. | *crier sur les toits*, V. TOIT.
crieur, euse [krijœr, øz] n. banditore, trice. | *crieur public*, banditore pubblico. | *crieur de journaux*, strillone m.
crime [krim] m. delitto, crimine. || LITTÉR. *faire un crime à qn de qch.*, ascrivere qlco. a delitto a qlcu.
criminaliser [kriminalize] v. tr. JUR. convertire in azione penale.
criminaliste [kriminalist] n. JUR. criminalista, penalista m.
criminalité [kriminalite] f. criminalità.
criminel, elle [kriminɛl] adj. et n. [personne] criminale. || [action] criminale, criminoso. || JUR. *procédure criminelle*, procedura penale. | *tribunal criminel*, tribunale penale. | *poursuivre au criminel*, perseguire penalmente.
criminologie [kriminɔlɔʒi] f. criminologia.
criminologiste [kriminɔlɔʒist] m. criminologo.
crin [krɛ̃] m. crine. | *crin végétal*, crine vegetale. || LOC. FAM. *être comme un crin* = essere scontroso, intrattabile. | *à tous crins*, fino alle midolla, fino in fondo all'animo, fino all'osso, per la pelle.
crincrin [krɛ̃krɛ̃] m. PÉJOR. cattivo violino.
crinière [krinjɛr] f. criniera. || FAM. [chevelure] criniera.
crinoïdes [krinɔid] m. pl. ZOOL. crinoidei, crinoidi.
crinoline [krinɔlin] f. crinolina.
criocère [krijɔsɛr] m. ZOOL. criocera f.
crique [krik] f. cala ; (piccola) insenatura.
criquet [krikɛ] m. ZOOL. cavalletta f.
crise [kriz] f. MÉD. crisi ; attacco m. | *crise de nerfs, de larmes*, crisi di nervi, di pianto. | *crise d'appendicite, d'asthme*, attacco d'appendicite, d'asma. || FIG. crisi. | *crise du logement*, crisi degli alloggi. || POLIT. *crise ministérielle*, crisi ministeriale. || FAM. *piquer une crise*, dare in escandescenze. || [lubie] ghiribizzo, grillo. | *travailler par crises*, lavorare a sbalzi. | *j'ai tout rangé, ça m'a pris comme une crise*, mi è saltato il ghiribizzo, il grillo di mettere tutto in ordine.
crispant, e [krispɑ̃, ɑ̃t] adj. che dà ai nervi ; irritante, esasperante.
crispation [krispasjɔ̃] f. TECHN. raggrinzamento m. || MÉD. contrazione. || FIG. *donner des crispations*, dare ai nervi.
crisper [krispe] v. tr. TECHN. raggrinzire, raggrinzare. || MÉD. contrarre. | *douleur qui crispe les muscles*, dolore che contrae i muscoli. || FAM. [irriter] dare ai nervi (L.C.). ◆ v. pr. [se contracter] contrarsi.
1. crispin [krispɛ̃] m. manopola f. (di certi guanti).
2. crispin m. VX [valet de comédie] crispino.
crissement [krismɑ̃] m. [dents] stridore. || [grincement] scricchiolio.
crisser [krise] v. intr. *crisser des dents*, stridere. || [grincer] scricchiolare, cricchiare.
cristal [kristal] m. MINÉR. cristallo. | *cristal de roche, de montagne*, cristallo di rocca, di monte. || [verre] cristallo, vetro. | *cristal de Bohême*, cristallo di Boemia. ◆ pl. [objets] cristalli. || CHIM., FAM. = carbonato di sodio. || *cristaux de neige*, cristalli (prismatici, stellari) di neve.
cristallerie [kristalrie] f. cristalleria.
1. cristallin, e [kristalɛ̃, in] adj. cristallino. || FIG. *eau, voix cristalline*, acqua, voce cristallina.
2. cristallin m. ANAT. cristallino.
cristallisation [kristalisasjɔ̃] f. CHIM. et FIG. cristallizzazione.
cristalliser [kristalize] v. tr. CHIM. et FIG. cristallizzare. ◆ v. intr. et v. pr. CHIM. et FIG. cristallizzarsi.
cristallographie [kristalɔgrafi] f. cristallografia.
cristalloïde [kristalɔid] adj. et n. m. cristalloide.
critère [kritɛr] m. [principe ; preuve] criterio.
critérium [kriterjɔm] m. VX [principe] V. CRITÈRE. || SPORT criterium inv.
criticisme [kritisism] m. PHILOS. criticismo.
critiquable [kritikabl] adj. criticabile.
critique [kritik] adj. critico. | *esprit critique*, spirito critico. | *édition critique*, edizione critica. | *température critique*, temperatura critica. | *point critique*, punto critico. || [inquiétant] *moment critique*, momento critico. ◆ n. m. critico. | *critique littéraire, d'art*, critico letterario, artistico. ◆ n. f. critica. | *la critique des textes*, la critica dei testi, la critica testuale. | *faire la critique d'un livre, d'un film, d'une pièce*, recensire un libro, un film, un'opera drammatica ; far la recensione di un libro, di un film, di un'opera drammatica. | *roman bien accueilli par la critique*, romanzo accolto bene dalla critica.
critiquer [kritike] v. tr. criticare.
critiqueur, euse [kritikœr, øz] n. criticone, a.
croassement [krɔasmɑ̃] m. (il) gracchiare.
croasser [krɔase] v. intr. gracchiare.
croc [kro] m. gancio, uncino. || AGR. gancio (a forca). || MAR. alighiero, gaffa f. || ZOOL. [dent] zanna f. | *saisir entre ses crocs*, azzannare. || LOC. *moustaches en crocs* = baffi alla Guglielmo II. || FIG., FAM. *montrer les crocs*, mostrare i denti. || POP. *avoir les crocs* = aver fame.
croc-en-jambe [krɔkɑ̃ʒɑ̃b] m. PR. et FIG. sgambetto.
croche [krɔʃ] f. MUS. croma. || *double, triple, quadruple croche*, semicroma, biscroma, semibiscroma.
croche-pied [krɔʃpje] m. V. CROC-EN-JAMBE.
crocher [krɔʃe] v. tr. MAR. incocciare.
crochet [krɔʃɛ] m. gancio, uncino. || AGR. gancio (a forca). || CH. DE F. gancio d'attacco, di trazione. || [clou] rampino, arpione. || MODE [agrafe] uncinello, uncinetto. || [aiguille à encoche] uncinetto. | *travailler au crochet*, lavorare all'uncinetto. | *ouvrage au crochet*, lavoro a maglia eseguito con l'uncinetto, col croscè ; crochet (fr.). || TECHN. [de balance] stadera f. ; [de menuisier] granchio ; [de serrurier] grimaldello. || FIG. [détour] svolta f., giro. | *j'ai dû faire un crochet*, ho dovuto fare un giro. || LOC. *vivre aux crochets de qn*, vivere alle spalle di qlcu. || SPORT [boxe] gancio ; crochet (fr.) ; hook (angl.). | *crochet du droit, du gauche*, gancio destro, sinistro. || TYP. parentesi (f.) quadra. | *mettre entre crochets*, racchiudere tra parentesi quadre, quadrate. ◆ pl. ZOOL. = denti velenosi (del serpente).
crochetage [krɔʃtaʒ] m. [d'une serrure] scasso (col grimaldello).
crocheter [krɔʃte] v. tr. [ouvrir une serrure] scassinare (col grimaldello). || [saisir avec un crochet] uncinare.
crocheteur [krɔʃtœr] m. VX [portefaix] facchino. || *crocheteur de serrures*, scassinatore di serrature.

crochu, e [krɔʃy] adunco, uncinato. | *bec, nez crochu*, becco, naso adunco. ‖ FAM. *avoir des atomes crochus avec qn* = provare simpatia istintiva per qlcu. | *avoir les mains crochues* = essere avido ; essere pronto a rubare.

crocodile [krɔkɔdil] m. ZOOL. coccodrillo. ‖ FIG. *larmes de crocodile*, lagrime di coccodrillo. ‖ CH. DE F. coccodrillo.

crocus [krɔkys] m. BOT. croco.

croire [krwar] v. tr. credere. ‖ [conviction : avec indic.] *je crois que Dieu existe*, credo che Dio esiste. ‖ [nuance de doute : avec subj.] *je crois qu'il pleut*, credo che piova. | *je croyais qu'il était venu, qu'il venait, qu'il viendrait*, credevo che fosse venuto, che venisse, che sarebbe venuto. | *je crois que oui, que non*, credo di sì, di no. | *je croyais avoir fini*, credevo di aver finito. ‖ [tenir pour] *on le croit fou*, lo si crede pazzo. ‖ LOC. *à t'en croire*, stando a quello che tu dici. | *si vous m'en croyez*, se mi vuol dar retta. | *tu dois être heureux — je te crois !*, tu devi essere felice — eccome ! ; altro che ! | *me croira qui voudra, mais*, mi creda chi vuole, ma. | *je veux bien le croire, mais*, sarà anche vero, ma. | *ne pas en croire ses yeux, ses oreilles*, non credere ai propri occhi, orecchi. ◆ v. intr. RELIG. credere ; avere la fede. ◆ v. tr. ind. **(à, en)** credere (in). | *croire en Dieu, en qn*, credere in Dio, in qlcu. | *croire au progrès*, credere nel progresso. | *croire à la science*, credere nella, alla scienza. ◆ v. pr. [se tenir pour] credersi. | *il se croit intelligent*, si crede intelligente. | *se croire beaucoup, se croire qn, s'en croire*, credersi un gran che, credersi chissà chi.

croisade [krwazad] f. PR. et FIG. crociata. | *prêcher la croisade*, bandire, predicare la crociata.

croisé, e [krwaze] adj. incrociato. | *les bras croisés*, con le braccia incrociate ; con le braccia conserte (littér.). | *mots croisés*, parole incrociate ; cruciverba m. inv. | *veston croisé*, giacca (a) doppio petto. ‖ BIOL. *race croisée*, razza incrociata. ‖ MIL. *feux croisés*, fuoco incrociato. ‖ POÉS. *rimes croisées*, rime alternate. ◆ n. m. HIST. crociato. ‖ TEXT. diagonale f.

croisée [krwaze] f. incrocio m. | *croisée de deux chemins*, incrocio di due vie. ‖ ARCHIT. *croisée (du transept)*, crociera (del transetto). | *croisée d'ogives*, volta a crociera. ‖ TECHN. *la croisée de la fenêtre*, il telaio, il vetrato della finestra. ‖ [fenêtre] finestra.

croisement [krwazmɑ̃] m. [action] (l')incrociare, (l')incrociarsi ; incrocio. ‖ [routes] crocevia inv., crocicchio, incrocio. ‖ AUTOM. *feux de croisement*, anabbaglianti m. pl. ‖ BIOL. incrocio.

croiser [krwaze] v. tr. incrociare. | *croiser les bras*, incrociare le braccia. | *croiser les jambes*, incrociare, accavallare le gambe. ‖ LOC. *croiser le fer avec qn*, incrociare i ferri, battersi in duello con qlcu. | *croiser la baïonnette*, puntare la baionetta. ‖ [couper, traverser] incrociare, attraversare. | *cette route croise une avenue*, questa strada incrocia, attraversa un viale. ‖ [rencontrer] *croiser qn dans la rue*, incontrare, incrociare qlcu. per strada. ‖ AUTOM. incrociare. | *voiture qui croise un camion*, automobile che incrocia un camion. ‖ BIOL. *croiser deux races*, incrociare due razze. ◆ v. intr. MAR. incrociare, crociare. ◆ v. pr. incrociarsi, incontrarsi. | *routes, voitures qui se croisent*, strade, automobili che s'incrociano. | *personnes qui se croisent*, persone che s'incrociano, che s'incontrano. ‖ FIG. *se croiser les bras*, stare con le mani in mano. ‖ BIOL. incrociarsi. ‖ HIST. [partir en croisade] crociarsi.

croiseur [krwazœr] m. MAR. incrociatore.

croisière [krwazjɛr] f. crociera. | *vitesse de croisière*, velocità di crociera.

croisillon [krwazijɔ̃] m. [d'une croix ; d'une fenêtre] traversa f. ‖ [transept] transetto.

croissance [krwasɑ̃s] f. crescita, crescenza, accrescimento m. | *croissance d'une fleur, d'un garçon*, crescita di un fiore, di un ragazzo. | *croissance d'un enfant, d'un animal, d'un arbre*, accrescimento di un bambino, di un animale, di un albero. | *maladies, fièvre de croissance*, malattie della crescenza, febbre di crescenza. ‖ ÉCON. *croissance de la production*, incremento della produzione ; sviluppo economico.

1. croissant, e [krwasɑ̃, ɑ̃t] adj. crescente.

2. croissant m. [lune] falce f. ; luna calante, crescente. ‖ [emblème] mezzaluna f. ‖ [pâtisserie] cornetto ; croissant (fr.). ‖ [fer pour élaguer] roncola f.

croît [krwa] m. accrescimento annuo (del bestiame per via di generazione).

croître [krwatr] v. intr. crescere.

croix [krwa] f. croce. | *croix gammée*, croce uncinata, gammata ; svastica f. | *croix de Lorraine*, croce patriarcale, croce doppia, croce di Lorena. | *croix de Saint-André*, croce decussata, croce di Sant'Andrea. | *croix de Malte*, croce di Malta e di Santo Stefano. ‖ *la Croix-Rouge*, la Croce Rossa. | *infirmière de la Croix-Rouge*, crocerossina. ‖ [décoration] *croix de guerre*, croce di guerra. | *croix du mérite*, croce al merito. ‖ [broderie] *point de croix*, punto in croce. ‖ RELIG. *chemin de croix*, via crucis (lat.). | *faire le signe de croix*, fare, farsi il segno della croce. ‖ LOC. *chacun a sa croix, porte sa croix*, ciascuno ha la sua croce. | *faire une croix sur qch.*, fare una croce, un crocione su qlco. | *c'est la croix et la bannière*, V. BANNIÈRE. ◆ loc. adv. ***en croix***, a croce, in croce. | *les bras en croix*, con le braccia in croce.

cromorne [krɔmɔrn] m. MUS. cromorno.

1. croquant, e [krɔkɑ̃, ɑ̃t] adj. croccante.

2. croquant m. [paysan] villanzone, zotico. ‖ HIST. = contadino rivoltoso ; croquant (fr.).

croque au sel (à la) [alakrɔkosɛl] loc. adv. = crudo e condito solo con sale.

croque-madame [krɔkmadam] ou **croque-monsieur** [krɔkməsjø] m. inv. = tosto caldo imbottito di prosciutto e formaggio.

croquembouche [krɔkɑ̃buʃ] f. = dolce caramellato fatto con choux ripieni di crema.

croquemitaine [krɔkmitɛn] m. babau, spauracchio.

croque-mort [krɔkmɔr] m. FAM. beccamorti ; becchino (L.C.).

croquenot [krɔkno] m. POP. scarpa (L.C.).

croquer [krɔke] v. intr. crocchiare. ◆ v. tr. *croquer des bonbons*, sgranocchiar caramelle. ‖ [manger avidement] mangiare (con avidità), divorare. | *le chat a croqué la souris*, il gatto ha divorato il sorcio. ‖ FIG. *croquer une fortune, un héritage*, mangiarsi una fortuna, un'eredità. ‖ FIG., FAM. *croquer le marmot* = aspettare a lungo. ‖ ART *croquer un personnage*, schizzare un personaggio. ‖ FAM. *joli à croquer*, proprio grazioso ; adorabile.

1. croquet [krɔkɛ] m. croquet (angl.).

2. croquet m. MODE serpentina (f.) di guarnizione.

croquette [krɔkɛt] f. CULIN. [légumes] crocchetta ; [poisson, viande] polpetta.

croquignole [krɔkiɲɔl] f. = pasticcino (m.) croccante.

croquignolet, ette [krɔkiɲɔlɛ, ɛt] adj. FAM. = (piccolo e) carino.

croquis [krɔki] m. schizzo, abbozzo.

cross-country [krɔskuntri] m. cross country (angl.) ; corsa (f.) campestre.

crosse [krɔs] f. RELIG. pastorale m. ‖ SPORT *crosse de hockey*, bastone (m.), mazza da hockey. ‖ ANAT. *crosse de l'aorte*, arco aortico. ‖ MIL. *crosse du fusil*, calcio (m.) del fucile. | *crosse du canon*, coda (dell'affusto) del cannone. ‖ MUS. *crosse du violon*, riccio (m.), chiocciola del violino. ‖ TECHN. *crosse du piston*, testa a croce dello stantuffo. ‖ POP. *chercher des crosses à qn*, cercar rogne a qlcu.

crossoptérigyens [krɔsɔpteriʒjɛ̃] m. pl. ZOOL. crossopterigi.

crotale [krɔtal] m. MUS., ZOOL. crotalo.

croton [krɔtɔ̃] m. BOT. croton inv.

crotte [krɔt] f. sterco m. ‖ FIG., FAM. *c'est de la crotte de bique*, è robaccia, è roba da nulla. ‖ [boue] fango m., mota. ‖ CULIN. *crotte de chocolat*, cioccolatino m. ◆ interj. *crotte ! :* [dépit] accidenti ! ; [impatience] uff !, uffa !, auff !, auffa !

crotter [krɔte] v. intr. [animaux] cacare. ◆ v. tr. [salir] infangare, inzaccherare. ◆ v. pr. inzaccherarsi.

crottin [krɔtɛ̃] m. escrementi m. pl., sterco (di equini).
croulant, e [krulɑ̃, ɑ̃t] adj. pericolante. ◆ n. m. Fam. = vecchio decrepito ; Pop. matusa. | *mes croulants :* [mes parents] i miei vecchi.
crouler [krule] v. intr. [construction] crollare, sprofondare, rovinare. ‖ Fig. *crouler sous les valises, les cadeaux,* essere sovraccarico di valigie, di regali. | *objection qui fait crouler tout le système,* obiezione che rovina, che inficia (littér.) tutto il sistema. ‖ [s'affaler] buttarsi giù. ‖ *la salle croulait sous les applaudissements* = gli applausi scrosciavano nella sala.
croup [krup] m. Méd. crup, grup, gruppe.
croupe [krup] f. groppa. ‖ Pop. *tortiller, onduler de la croupe,* sculettare. ‖ Géogr. *la croupe d'une colline,* la groppa di una collina. ‖ Loc. *en croupe :* [sur un cheval] in groppa ; [sur une moto] in sella ; dietro adv.
croupetons (à) [akruptɔ̃] loc. adv. coccoloni.
croupi, e [krupi] adj. *eau croupie,* acqua marcia.
croupier [krupje] m. croupier (fr.).
croupière [krupjɛr] f. groppiera. ‖ Loc. *tailler des croupières à qn* = creare difficoltà a qlcu.
croupion [krupjɔ̃] m. Zool. codrione. ‖ Fam. [coccyx] codrione ; coccige (l.c.). ‖ Hist. *Parlement croupion,* Parlamento tronco.
croupir [krupir] v. intr. imputridire, marcire. ‖ Fig. marcire.
croupissant, e [krupisɑ̃, ɑ̃t] adj. Pr. et fig. stagnante.
croupon [krupɔ̃] m. = parte della pelle che corrisponde al dorso di un animale.
croustade [krustad] f. Culin. crostata, timballo m.
croustillant, e [krustijɑ̃, ɑ̃t] adj. croccante. ‖ [grivois] salace.
croustiller [krustije] v. intr. crocchiare, cricchiolare (sotto i denti).
croûte [krut] f. [pain] crosta. ‖ Fam. *casser la croûte* = fare uno spuntino ; mangiare. | *gagner sa croûte,* buscarsi il pane ; guadagnarsi il pane (l.c.). ‖ Culin. *croûte aux champignons,* crosta con funghi. | *pâté en croûte,* v. pâté. ‖ [couche durcie] crosta. | *croûte de calcaire,* crosta, incrostazione calcarea. ‖ Géol. *croûte terrestre,* crosta terrestre. ‖ Méd. *la croûte d'une plaie,* la crosta di una piaga. | *croûtes de lait,* lattime m. ‖ Fam. [mauvais tableau] crosta. ‖ Fam. [homme routinier] V. crouton ; [imbécile] *quelle croûte !,* che imbecille !, che cretino ! (l.c.).
croûter [krute] v. intr. Pop. mangiare (l.c.).
croûteux, euse [krutø, øz] adj. crostoso.
croûton [krutɔ̃] m. cantuccio, tozzo (di pane). ‖ Culin. crostino. ‖ Fam. [homme routinier] vecchio barbogio.
croyable [krwajabl] adj. credibile.
croyance [krwajɑ̃s] f. [foi] credenza, fede. ‖ [opinion] credenza, opinione, idea.
croyant, e [krwajɑ̃, ɑ̃t] adj. et n. credente.
1. cru, e [kry] adj. [non cuit] crudo. | *viande crue,* carne cruda. ‖ *eau crue,* acqua cruda. ‖ [non travaillé] crudo, greggio. | *métal cru,* metallo crudo. | *soie crue,* seta greggia, cruda. ‖ Fig. [brutal] crudo. | *lumière crue,* luce cruda. | *couleur crue,* colore crudo. | *une vérité toute crue,* una verità nuda e cruda. | *description crue,* descrizione cruda, realistica. ‖ [choquant] *paroles, histoires crues,* parole, storie salaci, scurrili. ◆ loc. adv. ***à cru*** = direttamente. | *lumière qui tombe à cru* = luce brutale, non smorzata. | *monter à cru,* cavalcare a pelo. | *construction à cru* = costruzione senza fondamenta.
2. cru m. vigneto ; cru (fr.). | *les vins du cru,* i vini locali. | *un bon cru,* un buon vino, un vino di qualità. | *les grands crus,* i vini speciali, di lusso. | *bouilleur de cru,* v. bouilleur. ‖ Fig. *il a dit une chose de son cru* = è farina del suo sacco. ‖ Fam. *les gens du cru,* la gente del posto.
cruauté [kryote] f. crudeltà.
cruche [kryʃ] f. brocca. ‖ Fig., fam. [sot] oca ; citrullo, a. ◆ adj. *avoir l'air cruche* = essere un'oca, un babbeo.
cruchon [kryʃɔ̃] m. piccola brocca ; brocchetta f.
crucial, e, aux [krysjal, o] adj. [en forme de croix] cruciforme. ‖ [décisif ; fondamental] cruciale.
crucifère [krysifɛr] adj. crocifero.
crucifiement [krysifimɑ̃] m. crocifissione f.
crucifié, e [krysifje] adj. et n. crocifisso.
crucifier [krysifje] v. tr. crocifiggere. ‖ Fig. crocifiggere ; mettere in croce, far soffrire.
crucifix [krysifi] m. crocifisso.
crucifixion [krysifiksjɔ̃] f. crocifissione.
cruciforme [krysifɔrm] adj. cruciforme.
cruciverbiste [krysivɛrbist] n. cruciverbista.
crudité [krydite] f. [état de ce qui est cru] (l')essere crudo ; crudezza ; crudità (littér.). ‖ Fig. *crudité de la lumière, du langage,* crudezza della luce, di linguaggio. ◆ pl. verdure, frutta crude.
crue [kry] f. piena. ‖ [inondation] inondazione, alluvione.
cruel, elle [kryɛl] adj. crudele.
crûment [krymɑ̃] adv. crudamente, con crudezza, con asprezza. | *s'exprimer crûment,* esprimersi crudamente.
cruor [kryɔr] m. Physiol. cruore.
crural, e, aux [kryral, o] adj. Anat. crurale.
crustacé [krystase] m. Zool. crostaceo.
cruzeiro [kruzejru] m. cruzeiro.
cryogène [krijɔʒɛn] adj. criogeno, frigorigeno.
cryolithe [krijɔlit] f. Minér. criolite.
cryoscopie [krijɔskɔpi] ou **cryométrie** [krijɔmetri] f. Phys. crioscopia, criometria.
cryothérapie [krijɔterapi] f. Méd. crioterapia.
crypte [kript] f. cripta.
cryptogame [kriptɔgam] adj. et n. m. Bot. crittogama adj. et n. f.
cryptogamie [kriptɔgami] f. Bot. crittogamia.
cryptogramme [kriptɔgram] m. crittogramma.
cryptographie [kriptɔgrafi] f. crittografia.
cubage [kybaʒ] m. cubatura f.
cube [kyb] m. cubo. ◆ adj. *mètre cube,* metro cubo.
cuber [kybe] v. tr. *cuber un nombre,* elevare un numero al cubo. ‖ [mesurer] cubare. ◆ v. intr. [contenir] contenere ; avere una capacità di. | *ce tonneau cube 200 litres,* questa botte ha una capacità di 200 litri. ‖ Fam. [atteindre un total élevé] ammontare a una somma ingente (l.c.).
cubilot [kybilo] m. Métall. cubilotto.
cubique [kybik] adj. cubico.
cubisme [kybism] m. Art cubismo.
cubiste [kybist] adj. et n. Art cubista.
cubital, e, aux [kybital, o] adj. Anat. cubitale.
cubitus [kybitys] m. (lat.) Anat. cubito.
cucu ou **cucul** [kyky] adj. inv. Fam. babbeo, bagggiano, grullo, maccherone.
cucurbitacées [kykyrbitase] f. pl. Bot. cucurbitacee.
cucurbite [kykyrbit] f. cucurbita.
cueillette [kœjɛt] f. raccolta ; coglitura (tosc.). | *vivre de la cueillette,* vivere di raccolta.
cueillir [kœjir] v. tr. cogliere. ‖ Fig. *cueillir des lauriers,* cogliere, mietere allori. | *cueillir un baiser,* baciare di sfuggita. ‖ Fam. *cueillir un voleur,* acciuffare, pizzicare un ladro. | *j'irai te cueillir à la gare,* verrò a prenderti alla stazione (l.c.).
cueilloir [kœjwar] m. ingolla f.
cuiller ou **cuillère** [kɥijɛr] f. cucchiaio m. | *cuiller à pot,* ramaiolo m. | *cuiller de bois,* mestola ; [petite] mestolo m. | *cuiller à soupe,* cucchiaio da minestra. | *cuiller à café, à thé,* cucchiaino da caffè, da tè. ‖ Fam. *en deux coups de cuiller à pot,* in quattro e quattr'otto. | *à ramasser à la petite cuiller,* da prendere, da raccattare col cucchiaio. | *ne pas y aller avec le dos de la cuiller* = agire senza (tanti) riguardi. | *il te l'a fait payer 100 francs ! il n'y est pas allé avec le dos de la cuiller !,* te l'ha fatto pagare 100 franchi ! ti ha stangato ! ‖ Pop. [main] *serrer la cuiller à qn,* stringere la zampa a qlcu. ‖ [pêche] cucchiaino. ‖ Métall. cucchiaione m. | *cuiller de coulée,* secchio (m.) di colata.
cuillerée [kɥijəre] f. cucchiaiata.
cuir [kɥir] m. [peau épaisse] pelle f. | *le cuir du*

rhinocéros, la pelle del rinoceronte. || [peau tannée] cuoio, pelle. | *sac en cuir*, borsa di cuoio. || ANAT. *cuir chevelu*, cuoio capelluto. || TECHN. *cuir à rasoir*, coramella f. || LOC. FAM. *faire des cuirs* = fare dei legamenti scorretti. | *tanner le cuir à qn*, sonarle a qlcu., picchiare uno di santa ragione.
cuirasse [kɥiras] f. corazza. || FIG. *le défaut de la cuirasse*, il punto debole, il tallone d'Achille.
cuirassé, e [kɥirase] adj. PR. et FIG. corazzato. ◆ n. m. MAR. corazzata f.
cuirasser [kɥirase] v. tr. PR. et FIG. corazzare. ◆ v. pr. PR. et FIG. corazzarsi.
cuirassier [kɥirasje] m. MIL. corazziere.
cuire [kɥir] v. intr. et tr. cuocere. | *la soupe cuit, est en train de cuire*, la minestra sta cocendo. | *faire cuire au four*, (far) cuocere al forno. | *faire cuire le riz, les châtaignes*, bollire il riso, le castagne. || [être douloureux] bruciare. | *les yeux me cuisent*, mi bruciano gli occhi. || LOC. FAM. *on cuit dans cette pièce !*, si muore di caldo, si soffoca in questa stanza ! | *c'est un dur à cuire*, è un osso duro. | *il pourrait t'en cuire*, potresti (avere da) pentirtene. | *laisser cuire qn dans son jus*, lasciar cuocere, lasciar bollire qlcu. nel suo brodo. | *nous sommes cuits*, siamo fritti, spacciati. | *c'est cuit*, è finita. | *c'est du tout cuit* = è una cosa certa, una cosa facile (da ottenere); la pappa è fatta.
cuisant, e [kɥizɑ̃, ɑ̃t] adj. [aigu] cocente. | *une douleur cuisante*, un dolore cocente. || [blessant] pungente. | *reproches cuisants*, rimproveri pungenti, aspri.
cuiseur [kɥizœr] m. calderone.
cuisine [kɥizin] f. [lieu ; art ; nourriture] cucina. | *manger dans la cuisine*, mangiare in cucina. | *faire (de) la cuisine*, fare da mangiare ; cucinare ; fare da, la cucina. | *livre de cuisine*, libro di cucina. | *cuisine maison*, cucina casalinga. || MIL. *cuisine roulante*, cucina da campo. || FIG., FAM. maneggio m., intrigo m. | *cuisine électorale*, maneggi elettorali. || LOC. *latin de cuisine*, latino maccheronico.
cuisiner [kɥizine] v. intr. cucinare. ◆ v. tr. preparare, cucinare. | *cuisiner un plat de viande*, preparare un piatto di carne. || FAM. [interroger] interrogare (con insistenza), torchiare.
cuisinier, ère [kɥizinje, ɛr] n. cuoco, cuoca. | *chef cuisinier*, capocuoco. ◆ f. [fourneau] fornello m., cucina.
cuissage [kɥisaʒ] m. FÉOD. *droit de cuissage*, ius coxandi, ius primae noctis (lat.).
cuissard [kɥisar] m. MIL. cosciale. || [culotte de cycliste] calzoncini (pl.) [da ciclista].
cuisse [kɥis] f. coscia. || FAM. *se croire sorti de la cuisse de Jupiter* = credersi uscito dalla costola d'Adamo ; credersi chissà chi.
cuisseau [kɥiso] m. coscio, cosciotto (di vitello).
cuisson [kɥisɔ̃] f. cottura. || [douleur] bruciore m.
cuissot [kɥiso] m. coscio (di selvaggina).
cuistance [kɥistɑ̃s] f. POP. cucina (L.C.).
cuistot [kɥisto] m. FAM. cuoco, cuciniere (L.C.).
cuistre [kɥistr] m. FAM. pignolo ; pedante (L.C.).
cuistrerie [kɥistrəri] f. FAM. pignoleria ; pedanteria (L.C.).
cuit, e [kɥi, it] adj. *vin cuit*, vino cotto. || FAM. V. CUIRE.
cuite [kɥit] f. TECHN. cottura. || POP. [ivresse] sbornia ; sbronza (fam.). | *prendre une cuite*, V. CUITER (SE).
cuiter (se) [səkɥite] v. pr. POP. prendersi una sbornia ; prendersi una sbronza, sbronzarsi (fam.).
cuivrage [kɥivraʒ] m. ramatura f.
cuivre [kɥivr] m. [rouge] rame. | *cuivre jaune*, ottone. | *cuivre blanc*, rame bianco. | *cuivre de Rosette*, rame rosetta. || ART [gravure] (incisione su) rame. ◆ pl. rami. | *faire les cuivres*, lucidare, fare i rami. || MUS. ottoni m. pl.
cuivré, e [kɥivre] adj. [couleur] color (di) rame ; abbronzato. | *teint cuivré*, colorito abbronzato. || [sonorité] squillante, sonoro. | *voix cuivrée*, voce squillante.
cuivrer [kɥivre] v. tr. [recouvrir de cuivre] ramare. || [teinter] dare il colore del rame ; abbronzare.
cuivreux, euse [kɥivrø, øz] adj. = che contiene rame ; cuprico (littér.). || [couleur] color (di) rame ; cupreo (littér.). || CHIM. rameoso.
cul [ky] m. POP. culo. || LOC. *renverser cul par-dessus tête*, rovesciare, capovolgere (L.C.). | *faire la bouche en cul de poule* = fare il bocchino. | *bas-du-cul* = tra(c)cagnotto, bassotto. | *trou du cul*, culo ; ANAT. ano. | *coup de pied au cul* = affronto, ingiuria f. | *lécher le cul à qn* = leccare i piedi a qlcu. | *être comme cul et chemise*, essere culo e camicia. | *en avoir plein le cul* = averne le tasche piene. | *quel cul !*, che minchione ! || [fond] *cul de bouteille*, culo della bottiglia. | *faire cul sec*, tracannare (L.C.).
culasse [kylas] f. [moteur] testa, testata. | *joint de culasse*, guarnizione (f.) della testata. || [canon] culatta.
cul-blanc [kyblɑ̃] m. ZOOL. culbianco.
culbute [kylbyt] f. [cabriole] capriola. || [chute] caduta, capitombolo m. || FIG., FAM. *faire la culbute :* [être ruiné] fare un capitombolo, far la capriola ; [revendre un prix double] rivendere al doppio del prezzo d'acquisto.
culbuter [kylbyte] v. intr. [se renverser] rovesciarsi, ribaltarsi. | *la voiture a culbuté dans le fossé*, la macchina si è rovesciata nel fosso. || [tomber] capitombolare ; cadere all'indietro. ◆ v. tr. [renverser] rovesciare, ribaltare. || [vaincre] sbaragliare, sgominare, travolgere.
culbuteur [kylbytœr] m. AUTOM. bilanciere. || MÉC. ribaltatore.
cul-de-basse-fosse [kydbasfos] m. segreta sotterranea.
cul-de-four [kydfur] m. ARCHIT. semicatino.
cul-de-jatte [kydʒat] n. = persona priva delle gambe.
cul-de-lampe [kydlɑ̃p] m. ARCHIT. = mensola sormontata da una colonnina, un arco, una statua ; cul-delampe (fr.). || TYP. finale, finalino, finaletto.
cul-de-sac [kydsak] m. via senz'uscita, vicolo cieco ; angiporto (littér.). || FIG. vicolo cieco. || ANAT. = fondo di una cavità.
culée [kyle] f. [d'une voûte] spalla ; [d'un pont] coscia.
culeron [kylrɔ̃] m. sottocoda, posolino.
culière [kyljɛr] f. posola.
culinaire [kylinɛr] adj. culinario.
culminant, e [kylminɑ̃, ɑ̃t] adj. culminante.
culminer [kylmine] v. intr. culminare.
culot [kylo] m. [dépôt dans une pipe] gromma f., gruma f. || [fond d'une lampe] zoccolo ; [d'une ampoule électrique] attacco ; [d'une cartouche] fondello. || *culot de la bougie*, corpo della candela. || FAM. [dernier-né] ultimo nato ; [dernier reçu] ultimo promosso (in un concorso). || FAM. [audace] sfacciataggine f., sfrontatezza f. (L.C.). | *quel culot !*, che faccia tosta !
culottage [kylɔtaʒ] m. [action] *le culottage d'une pipe*, (l')ingrommare una pipa. || [résultat] gromma f., gruma f.
culotte [kylɔt] f. [vêtement masculin] calzoni m. pl. | *culottes courtes*, calzoncini m. pl. || [sous-vêtement féminin] mutandine f. pl ; culotte f. pl (gall.). || CULIN. [bœuf] culatta, culaccio m. ; scamone m. (lomb.) ; mela, melino m. (tosc.) ; pezza (rom.). || FAM. *une vieille culotte de peau* = un (vecchio) militare ottuso, retrogrado. || POP. *porter la culotte*, portare i calzoni. | *prendre une culotte :* [perdre au jeu] farsi pelare, prendersi una pelata al gioco ; [s'enivrer] prendersi una sbornia.
culotté, e [kylɔte] adj. FAM. sfrontato, sfacciato.
1. culotter [kylɔte] v. tr. [vêtir] mettere i calzoni, le mutandine a.
2. culotter v. tr. [noircir la pipe] (in)grommare.
culottière [kylɔtjɛr] f. pantalonaia.
culpabilité [kylpabilite] f. colpevolezza.
culte [kylt] m. PR. et FIG. culto.
cul-terreux [kytɛrø] m. FAM. zappaterra inv., villano ; burino (rom.) ; cafone (mérid.).
cultisme [kyltism] ou **cultéranisme** [kylteranism] m. HIST. LITT. cultismo, culteranismo.
cultivable [kyltivabl] adj. coltivabile.
cultivateur, trice [kyltivatœr, tris] n. coltivatore,

trice ; agricoltore, trice. ◆ n. m. [instrument] coltivatore.
cultivé, e [kyltive] adj. [instruit] colto. | *esprit cultivé*, mente colta.
cultiver [kyltive] v. tr. AGR. coltivare. ‖ FIG. [faire travailler] *cultiver son esprit*, arricchire, ornare la mente. | *cultiver sa mémoire*, sviluppare la memoria. ‖ [s'adonner à] *cultiver la poésie*, dedicarsi alla poesia, essere un cultore di poesia. | *écrivain qui cultive le paradoxe*, scrittore che predilige i paradossi. | *cultiver qn, des relations*, coltivare qlcu., delle relazioni. ◆ v. pr. ornarsi la mente, acquistare una buona cultura.
cultuel, elle [kyltɥɛl] adj. cultuale.
cultural, e, aux [kyltyral, o] adj. colturale.
culture [kyltyr] f. AGR. coltura, coltivazione. | *culture intensive, extensive*, coltivazione intensiva, estensiva. | *culture des céréales*, cerealicoltura. ‖ [terrain cultivé] coltura. ‖ BIOL. *culture microbienne*, coltura dei microbi. | *bouillon de culture*, brodocoltura. ‖ MÉD. *culture des tissus*, coltura dei tessuti. ‖ *perles de culture*, perle coltivate. ‖ [savoir] cultura. | *maison de la culture* = centro culturale. ‖ SPORT *culture physique*, cultura fisica.
culturel, elle [kyltyrɛl] adj. culturale.
cumin [kymɛ̃] m. cumino, comino.
cumul [kymyl] m. cumulo. ‖ JUR. *cumul des peines*, cumulo di pene.
cumulard, e [kymylar, ard] n. FAM. cumulatore, trice.
cumuler [kymyle] v. tr. cumulare.
cumulo-nimbus [kymylɔnɛ̃bys] m. inv. cumulonembo m.
cumulo-stratus [kymylɔstratys] m. inv. stratocumulo m.
cunéiforme [kyneifɔrm] adj. cuneiforme. ◆ n. m. ANAT. (osso) cuneiforme.
cuniculiculture [kynikylikyltyr] f. cunicoltura, conigliocoltura.
cupide [kypid] adj. cupido.
cupidité [kypidite] f. cupidigia ; cupidità (littér.).
cuprifère [kyprifɛr] adj. cuprifero.
cuprique [kyprik] adj. CHIM. cuprico.
cupule [kypyl] f. BOT. cupula.
curable [kyrabl] adj. curabile.
curaçao [kyraso] m. curaçao, curassò.
curage [kyraʒ] m. pulitura f., spurgo.
curare [kyrar] m. curaro.
curatelle [kyratɛl] f. JUR. curatela.
curateur, trice [kyratœr, tris] n. JUR. curatore, trice.
curatif, ive [kyratif, iv] adj. MÉD. curativo.
1. cure [kyr] f. MÉD. cura. | *cure thermale, amaigrissante*, cura termale, dimagrante. | *cure de sommeil*, cura del sonno. | *cure de repos*, cura di riposo. | *cure de raisin*, cura d'uva. ‖ LOC. *n'avoir cure de qch.*, non curarsi di qlco., non darsi cura di qlco.
2. cure f. [fonction du curé] cura. | *obtenir une cure*, ottenere una parrocchia. ‖ [maison] canonica.
curé [kyre] m. parroco (pl. *parroci*), curato ; pievano, prevosto (rég.). | *« Journal d'un curé de campagne »*, diario di un curato, di un parroco di campagna. ‖ FAM., parfois PÉJOR. prete. | *les curés*, i preti. | *vouloir se faire curé*, volere farsi prete. ‖ POP. *manger, bouffer du curé* = essere violentemente anticlericale (L.C.).
cure-dent [kyrdɑ̃] m. stuzzicadenti inv., stecchino.
curée [kyre] f. [viande] = parte dell'animale ucciso che si dà in pasto ai cani ; [distribution de viande] = pasto (m.) dei cani. ‖ FIG. *la curée des places*, la caccia ai posti. | *être âpre à la curée*, essere cupido, avido.
cure-ongles [kyrɔ̃gl] m. inv. pulisciunghie.
cure-oreilles [kyrɔrɛj] m. inv. pulisciorecchi.
cure-pied [kyrpje] m. [de maréchal-ferrant] curasnetta f.
cure-pipe [kyrpip] m. curapipe inv.
curer [kyre] v. tr. pulire, nettare, purgare. ◆ v. pr. pulirsi, nettarsi. | *se curer les ongles, les oreilles*, pulirsi le unghie, gli orecchi. | *se curer les dents*, stuzzicarsi i denti.
curetage [kyrtaʒ] m. CHIR. raschiamento. | [de l'utérus] revisione (f.) dell'utero.
cureter [kyrte] v. tr. CHIR. raschiare.
curette [kyrɛt] f. raschietto m., raschiatoio m. ‖ CHIR. raschiatoio.
1. curie [kyri] f. ANTIQ., RELIG. curia.
2. curie m. PHYS. curie inv.
curieux, euse [kyrjø, øz] adj. [qui veut savoir] curioso. ‖ [étrange] curioso, strano. ◆ n. m. [personne] curioso. ‖ [côté étrange] strano, insolito, curioso.
curion [kyrjɔ̃] m. ANTIQ. curione.
curiosité [kyriozite] f. curiosità. | *piquer, éveiller la curiosité*, stuzzicare, destare la curiosità. | *satisfaire sa curiosité*, levarsi, togliersi, cavarsi la curiosità. ◆ pl. curiosità.
curiste [kyrist] n. = chi fa una cura termale.
curium [kyrjɔm] m. PHYS. curio.
curriculum vitae [kyrikylɔmvite] m. inv. curriculum vitae (lat.).
curry m. V. CARI.
curseur [kyrsœr] m. cursore.
cursif, ive [kyrsif, iv] adj. corsivo. ‖ FIG. [lecture] cursorio, rapido. ◆ n. f. [écriture] corsivo m.
curule [kyryl] adj. ANTIQ. curule.
curviligne [kyrviliɲ] adj. curvilineo.
curvimètre [kyrvimɛtr] m. TECHN. curvimetro.
cuspide [kyspid] f. BOT. cuspide.
custode [kystɔd] f. AUTOM. = pannello laterale posteriore. ‖ RELIG. [pour les hosties] teca ; [du ciboire] velo m. ; [du maître-autel] paramento m.
cutané, e [kytane] adj. cutaneo.
cuticule [kytikyl] f. ANAT., BOT. cuticola.
cuti-réaction [kytireaksjɔ̃] f. MÉD. cutireazione.
cuvage [kyvaʒ] m. ou **cuvaison** [kyvɛzɔ̃] f. fermentazione (del vino nei tini).
cuve [kyv] f. [à vin] tino m. ‖ TECHN. *cuve du carburateur*, vaschetta del carburatore. | *cuve de développement*, bacinella per sviluppo.
cuveau [kyvo] m. piccolo tino ; tinello, tinozza f.
cuvée [kyve] f. [contenu d'une cuve] = contenuto di un tino. | *vin de la première cuvée*, vino del primo tino. ‖ [produit d'une vigne] = vino di un podere. ‖ FIG. *de la même cuvée*, della stessa origine. | *de première cuvée*, di prima qualità. | *de la dernière cuvée* = recente, nuovo.
cuvelage [kyvlaʒ] m. MIN. rivestimento (di un pozzo).
cuver [kyve] v. intr. fermentare (nei tini). ◆ v. tr. far fermentare (nei tini). ‖ FAM. *cuver son vin*, smaltire la sbornia.
cuvette [kyvɛt] f. [récipient] catinella, bacinella ; catino m. ‖ *cuvette des cabinets*, tazza, vaso (m.) del gabinetto. | *cuvette du baromètre*, vaschetta del barometro. ‖ GÉOGR. conca, catino. ‖ MÉC. cassa f., gabbia f. (dei cuscinetti a sfere).
cuvier [kyvje] m. tinozza f.
cyanose [sjanoz] f. MÉD. cianosi.
cyanure [sjanyr] m. CHIM. cianuro.
cybernéticien, enne [sibɛrnetisjɛ̃, ɛn] n. studioso, a di cibernetica.
cybernétique [sibɛrnetik] f. cibernetica.
cyclable [siklabl] adj. ciclabile.
cyclamen [siklamɛn] m. ciclamino.
cycle [sikl] m. ciclo. | *cycle solaire, lunaire, des saisons*, ciclo solare, lunare, delle stagioni. ‖ GÉOL. *cycle d'érosion*, ciclo d'erosione. ‖ HIST. LITT. *cycle breton, carolingien*, ciclo brettone, carolingio. ‖ MÉC. ciclo. | *cycle à quatre temps*, ciclo a quattro tempi. ‖ [bicyclette] ciclo ; bicicletta f. ‖ UNIV. [secondaire] *premier cycle* = primi quattro anni delle scuole secondarie. | *second cycle* = liceo. ‖ [supérieur] *premier cycle* = primi due anni degli studi universitari (di lettere, legge e scienze). | *deuxième cycle* = terzo e quarto anno di studi universitari (che porta alla tesi di laurea). | *troisième cycle* = periodo di studi universitari e ricerche posteriore alla laurea. | *doctorat de troisième cycle*, dottorato di specializzazione.
cyclique [siklik] adj. ciclico.
cyclisme [siklism] m. ciclismo.

cycliste [siklist] adj. ciclistico. ◆ n. ciclista.
cyclo-cross [siklɔkrɔs] m. ciclocross.
cycloïdal, e, aux [siklɔidal, o] adj. cicloidale.
cycloïde [siklɔid] f. Math. cicloide.
cyclomoteur [siklɔmɔtœr] m. ciclomotore, micromotore, motorino.
cyclomotoriste [siklɔmɔtɔrist] n. ciclomotorista.
cyclone [siklon] m. Pr. et fig. ciclone.
cyclope [siklɔp] m. Myth. ciclope. ‖ Zool. ciclope.
cyclopéen, enne [siklɔpeɛ̃, ɛn] adj. Pr. et fig. ciclopico.
cyclothymie [siklɔtimi] f. Méd. ciclotimia.
cyclothymique [siklɔtimik] adj. et n. ciclotimico.
cyclotron [siklɔtrɔ̃] m. Phys. ciclotrone.
cygne [siɲ] m. Zool. cigno. ‖ Fig. *le chant du cygne*, il canto del cigno. ‖ Techn. *col de cygne*, collo d'oca.
cylindrage [silɛ̃draʒ] m. cilindratura f.
cylindre [silɛ̃dr] m. Géom. cilindro. ‖ Ind. cilindro, rullo. | *cylindre d'impression*, cilindro stampatore. ‖ Méc. cilindro. ‖ [rouleau compresseur] rullo compressore, compressore stradale ; schiacciasassi m. inv. ‖ *bureau à cylindre*, scrivania (f.) a cilindro.
cylindrée [silɛ̃dre] f. cilindrata.
cylindrer [silɛ̃dre] v. tr. cilindrare.
cylindrique [silɛ̃drik] adj. cilindrico.
cymbales [sɛ̃bal] f. pl. piatti m. pl.
cymbalier [sɛ̃balje] ou **cymbaliste** [sɛ̃balist] m. suonatore di piatti.
cyme [sim] f. Bot. cima.
cynégétique [sineʒetik] adj. cinegetico. ◆ n. f. cinegetica.
cynique [sinik] adj. et n. cinico.
cynisme [sinism] m. cinismo.
cynocéphale [sinɔsefal] m. cinocefalo.
cynodrome [sinɔdrom] m. cinodromo.
cynophile [sinɔfil] adj. et n. m. cinofilo.
cyphose [sifoz] f. Méd. cifosi.
cyprès [siprɛ] m. cipresso.
cyprière [sipriјɛr] f. cipresseto m.
cyprin [siprɛ̃] m. ciprino.
cypriote [siprijɔt] adj. et n. cipriota.
cyrillique [sirilik] adj. cirillico.
cystique [sistik] adj. Anat. cistico.
cystite [sistit] f. Méd. cistite.
cytise [sitiz] m. citiso.
cytologie [sitɔlɔʒi] f. citologia.
czar [ksar] m. V. tsar.

D

d [de] m. d f. ou m. ‖ Fam. *pratiquer le système D*, sapere cavarsela da solo ; sbrigarsela, sbrogliarsela.
da [da] interj. Fam. *oui-da !*, certo ! (l.c.).
dace [das] adj. dacico.
dacoroumain, e [dakɔrumɛ̃, ɛn] adj. et n. m. Ling. dacoromeno.
dactyle [daktil] m. Poés. dattilo. ‖ Bot. dattilide f.
dactylo [daktilo] f. [technique] dattilografia. ‖ [personne] dattilografa. ‖ [attribut : m. ou f.] *êtes-vous dactylo ?*, siete dattilografo, a ?
dactylographe [daktilɔgraf] n. dattilografo, a.
dactylographie [daktilɔgrafi] f. dattilografia.
dactylographié, e [daktilɔgrafje] adj. dattiloscritto.
dactylographier [daktilɔgrafje] v. tr. dattilografare ; scrivere, battere a macchina.
dactylographique [daktilɔgrafik] adj. dattilografico.
dactyloscopie [daktilɔskɔpi] f. dattiloscopia.
dada [dada] m. Fam. [cheval] cavallino. ‖ [marotte] *c'est son dada*, è il suo chiodo. ◆ adj. Art *école, peintre dada*, scuola, pittore dada. | *le mouvement dada*, il movimento dadaista.
dadais [dadɛ] m. citrullo, babbeo.
dadaïsme [dadaism] m. Art dadaismo, dada.
dague [dag] f. daga.
daguerréotype [dagɛreɔtip] m. dagherrotipo.
daguerréotypie [dagɛreɔtipi] f. dagherrotipia.
dahlia [dalja] m. dalia f.
daigner [deɲe] v. tr. degnarsi di, compiacersi di (v. pr.).
daim [dɛ̃] m. Zool. daino. ‖ [cuir] *gants de daim*, guanti di camoscio. | *chaussures façon daim*, scarpe scamosciate.
daine [dɛn] f. Zool. daina ; damma (littér.).
dais [dɛ] m. baldacchino. ‖ Fig. *un dais de feuillage*, un tetto, una volta di verzura.
dallage [dalaʒ] m. [action] (rue) lastricatura f., pavimentazione f. ; [intérieur] pavimentazione. ‖ [revêtement] (rue) lastricato, lastrico, pavimento ; [intérieur] pavimento, ammattonato.
1. dalle [dal] f. lastra, mattonella. | *dalle funéraire*, pietra tombale. ‖ [de béton] soletta. ‖ Géol. lastrone m. ‖ Pop. *se rincer la dalle*, sciacquarsi la gola, bagnarsi il gargarozzo, l'ugola (fam.).
2. dalle f. Pop. [exclam.] *que dalle !*, un cavolo ! ‖ *n'y comprendre que dalle*, non capirci un'acca (fam.).
daller [dale] v. tr. [rue] lastricare, pavimentare ; [intérieur] pavimentare.
dalleur [dalœr] m. lastricatore ; pavimentatore.
dalmate [dalmat] adj. dalmata, dalmatico. ◆ n. dalmata. ◆ n. m. Ling. dalmatico.
dalmatique [dalmatik] f. dalmatica.
dalot [dalo] m. [trou] ombrinale. ‖ [canal] canaletto di scolo.
daltonien, enne [daltɔnjɛ̃, jɛn] adj. et n. daltonico.
daltonisme [daltɔnism] m. daltonismo.
dam [dɑ̃] m. *au (grand) dam de*, a tutto danno di. ‖ Théol. dannazione f.
damas [dama] m. [étoffe] damasco. ‖ Bot. amoscina f. ; susina damaschina.
damasquinage [damaskinaʒ] m. damaschinatura f.
damasquiner [damaskine] v. tr. damaschinare.
damasquineur [damaskinœr] m. damaschinatore.
damassé, e [damase] adj. et n. m. damascato.
damasser [damase] v. tr. damascare.
damassure [damasyr] f. damascatura.
dame [dam] f. [femme noble] donna, dama, signora. | *servir sa dame*, servire la propria donna. | *noble dame*, nobildonna, gentildonna. | *dame Belette*, madama la donnoletta. | *dame de compagnie*, dama di compagnia. | *dame d'honneur*, dama d'onore, di corte. ‖ [femme, épouse] signora. | *se donner des airs de grande dame*, darsi arie da gran dama. | *coiffeur pour dames*, parrucchiere per signora. ‖ Jeu [cartes] *dame de cœur*, donna di cuori. ‖ [pions] *jeu de dames*, gioco della dama. | *jouer aux dames*, giocare a dama. | *aller à*

dame, andare a dama. ‖ [échecs] regina. ‖ MAR. *dame (de nage)*, scalmo m., scalmiera. ‖ RELIG. *Notre-Dame*, Nostra Signora. ‖ TECHN. [pilon] mazzeranga, mazzapicchio m., pillo m. ◆ interj. diamine!, perbacco!, sfido io!

dame-d'onze-heures [damdɔ̃zœr] f. BOT. ornitogalo m.; latte (m.) di gallina.

dame-jeanne [damʒan] f. damigiana.

damer [dame] v. tr. JEU damare. ‖ FIG., FAM. *damer le pion à qn*, V. PION. ‖ TECHN. costipare, rassodare.

dameret [damrɛ] m. LITTÉR. damerino.

damier [damje] m. damiera f.; scacchiera f. (moins correct). ‖ *étoffe à damier*, tessuto a scacchi.

damnable [dɑnabl] adj. dannabile.

damnation [dɑnasjɔ̃] f. et interj. dannazione.

damné, e [dɑne] n. et adj. dannato. ‖ FIG. *être l'âme damnée de qn*, essere l'anima dannata di qlcu. | *crier comme un damné*, gridare come un ossesso. | *souffrir comme un damné*, patire, soffrire le pene dell'inferno, soffrire come un'anima dannata. ‖ FAM. *une damnée curiosité*, una maledetta curiosità.

damner [dɑne] v. tr. dannare. ‖ FIG. *faire damner qn*, far dannare qlcu. ◆ v. pr. dannarsi.

damoiseau [damwazo] m. HIST. damigello, donzello. ‖ PÉJOR. damerino.

damoiselle [damwazɛl] f. HIST. damigella, donzella.

dancing [dɑ̃siŋ] m. dancing (angl.); sala (f.), locale da ballo; balera f. (septentr.).

dandin [dɑ̃dɛ̃] m. FAM. tonto.

dandinement [dɑ̃dinmɑ̃] m. dondolamento, (il) dondolarsi.

dandiner (se) [sədɑ̃dine] v. pr. dondolarsi; [en marchant] ancheggiare; sculettare v. intr.

dandy [dɑ̃di] m. dandy (angl.); zerbinotto.

dandysme [dɑ̃dism] m. dandismo.

danger [dɑ̃ʒe] m. pericolo, rischio. | *danger de mort*, pericolo di morte. | *être en danger*, essere in pericolo. | *mettre en danger*, mettere a repentaglio, in pericolo. | *être hors de danger*, essere fuori pericolo. ‖ LOC. *danger public*, pericolo pubblico; pericolo pubblico numero 1.

dangereux, euse [dɑ̃ʒrø, øz] adj. pericoloso, rischioso. | *il est dangereux de se pencher au-dehors*, è pericoloso sporgersi.

danois, e [danwa, az] adj. et n. danese.

dans [dɑ̃] prép. **1.** [lieu] in. | *je lirai dans le train*, leggerò in treno. | *je lirai dans le train de Paris*, leggerò nel treno di Parigi. | *dans la poche*, in tasca. | *dans la poche de sa veste*, nella tasca della sua giacca. | *porter dans les bras*, portare in braccio, in collo. | *monter dans le train*, salire sul treno. | *je n'habite plus en banlieue, mais dans Paris*, non abito più in periferia, ma a Parigi. ‖ [au milieu de] tra. | *périr dans les flammes*, perire tra le fiamme. | *être dans la foule*, essere tra la folla. ‖ [avec mouvement] per. | *défiler dans les rues*, sfilare per le vie. | *se promener dans le jardin*, passeggiare per il giardino. ‖ FIG. *dans (l'œuvre de) Molière*, nell'opera di Molière, in Molière. ‖ **2.** [temps] in. | *je viendrai dans la semaine, dans le mois, dans l'année*, verrò in settimana, in questo mese, in quest'anno. ‖ [avenir] fra, tra, entro. | *je le ferai dans une semaine, dans un an*, lo farò tra una settimana, fra un anno. | *dans un délai de trois mois*, entro tre mesi. ‖ [passé] *dans le temps*, tempo fa, un tempo. ‖ **3.** [manière; situation] *vivre dans la joie*, vivere in allegria. | *être dans le commerce*, essere nel commercio. | *écrire dans un style élégant*, scrivere in stile elegante. | *dans l'attente de*, in, nell'attesa di. | *dans le but de*, allo, con lo scopo di. | *dans l'intention, l'espoir, la pensée de*, con l'intento, con la speranza, col pensiero di. | *dans la perfection*, a perfezione. | *il est dans mon caractère de faire...*, è mio carattere fare... ‖ **4.** [approximation] FAM. *avoir dans les vingt ans*, essere sui vent'anni (L.C.). | *coûter dans les trois mille francs*, costare sui tremila franchi, un tremila franchi (L.C.).

dansant, e [dɑ̃sɑ̃, ɑ̃t] adj. danzante. | *soirée dansante*, serata di ballo; serata danzante (gall.). | *thé dansant*, tè con danze; tè danzante (gall.). | *musique dansante*, musica ballabile.

danse [dɑ̃s] f. ballo m., danza. | *cours, professeur de danse*, scuola, maestro di ballo. | *un air de danse*, un ballabile. | *danse macabre*, danza macabra. | *salle de danse*, sala da ballo. ‖ FAM. *mener la danse*, condurre il ballo. | *entrer dans la danse*, entrare in ballo. ‖ POP. [coups] bastonatura (L.C.). ‖ MÉD. *danse de Saint-Guy*, ballo di san Vito.

danser [dɑ̃se] v. intr. [chorégraphie] danzare; [divertissement] ballare; danzare (rare). | *faire danser*, accompagnare (un ballo) con uno strumento. | *faire danser une jeune fille*, ballare con una ragazza. ‖ [voltiger] *les flocons, les feuilles dansent dans l'air*, i fiocchi, le foglie danzano, ballano nell'aria. ‖ LOC. *faire danser l'anse du panier*, V. ANSE. | *ne pas savoir sur quel pied danser*, non saper che pesci pigliare. ◆ v. tr. *danser une valse*, ballare, danzare un valzer. ◆ v. pr. *la pavane ne se danse plus*, la pavana non si balla più.

danseur, euse [dɑ̃sœr, øz] n. ballerino, a; danzatore, trice. ‖ [artiste] ballerino. | *danseuse étoile*, prima ballerina. | *danseur de corde*, funambolo m. ‖ [cyclisme] *monter en danseuse*, danzare sui pedali.

dansotter [dɑ̃sɔte] v. intr. FAM. far quattro salti.

dantesque [dɑ̃tɛsk] adj. dantesco.

dantologue [dɑ̃tɔlɔg] m. dantista.

danubien, enne [danybjɛ̃, ɛn] adj. danubiano.

daphné [dafne] m. BOT. dafne f.

daphnie [dafni] f. ZOOL. dafnia.

dard [dar] m. ARCHIT., BOT., HIST. dardo. ‖ [langue du serpent] lingua f. ‖ [aiguillon] pungiglione.

darder [darde] v. tr. PR. [flèche] scagliare. ‖ FIG. *le soleil darde ses rayons*, il sole dardeggia, raggia, fiammeggia (v. intr.); il sole saetta raggi roventi. | *le soleil darde ses rayons sur la ville*, il sole dardeggia la città. | *darder des regards furieux*, saettare sguardi furiosi. | *darder sur qn des regards terribles*, dardeggiare uno di occhiate terribili.

dare-dare [dardar] loc. adv. FAM. in fretta in fretta; in fretta e furia.

darne [darn] f. fetta di pesce.

darse [dars] f. MAR. darsena.

dartre [dartr] f. dermatosi squamosa; crosta.

dartreux, euse [dartrø, øz] adj. affetto da dermatosi squamosa; coperto di croste; crostoso.

darwinien, enne [darwinjɛ̃, ɛn] et **darwiniste** [darwinist] adj. darviniano. ◆ n. darvinista.

darwinisme [darwinism] m. darvinismo.

dasyure [daziyr] m. ZOOL. dasiuro.

datable [databl] adj. databile.

dataire [datɛr] m. RELIG. datario.

datation [datasjɔ̃] f. datazione.

date [dat] f. data. | *faire date*, far epoca. | *prendre date*, fissare la data. | *de fraîche, de longue date*, di fresca, di lunga data. | *premier en date*, primo in ordine di tempo.

dater [date] v. tr. datare. | *lettre datée de Rome du 26 décembre 1900*, lettera datata in Roma 26 dicembre 1900. | *il faut dater ce manuscrit de 1487*, conviene datare questo manoscritto al 1487. | *ce manuscrit peut être daté de 1487*, questo codice è databile al 1487. | *dater une locution de Boccace*, datare una locuzione dal Boccaccio. ◆ v. intr. *notre amitié date de la guerre*, la nostra amicizia risale alla guerra. ‖ [faire date] far epoca; essere importante, notevole. ‖ [être démodé] *vêtement, livre qui date*, vestito, libro antiquato. ◆ loc. prép. ***à dater de***, a partire da, a decorrere da, partendo da; a datare da (moins correct).

daterie [datri] f. RELIG. dataria.

dateur [datœr] adj. et n. m. *(timbre) dateur*, datario.

datif, ive [datif, iv] adj. JUR. *tuteur datif*, tutore dativo. ◆ n. m. GRAMM. dativo.

dation [dasjɔ̃] f. JUR. dazione.

datte [dat] f. dattero m.

dattier [datje] m. palma da dattero, palma dattilifera.

daube [dob] f. CULIN. stufato m. | *bœuf en daube*, manzo stufato; stracotto di manzo.

1. dauber [dobe] v. tr. et intr. LITTÉR. *dauber (sur)*

qn, deridere uno; tagliare i panni addosso a qlcu. (fam.).

2. dauber v. tr. CULIN. stufare; cuocere in stufato.

daubière [dobjɛr] f. stufaiola.

1. dauphin [dofɛ̃] m. ASTR., HÉRALD., ZOOL. delfino.

2. dauphin m. HIST. delfino. ‖ [successeur] delfino.

dauphine [dofin] f. delfina.

dauphinelle [dofinɛl] f. BOT. speronella; sperone (m.) di cavaliere.

dauphinois, e [dofinwa, az] adj. delfinatese.

daurade ou **dorade** [dɔrad] f. ZOOL. orata.

davantage [davɑ̃taʒ] adv. [quantité] più, di più. | *il faut davantage de travail*, occorre più lavoro. | *il en a davantage*, ne ha di più. ‖ [temps] *ne reste pas davantage*, non restare più a lungo. ‖ [degré] *davantage que*, più di, più che. | *je l'aime davantage que son frère*, lo amo più del fratello, gli voglio bene più che a suo fratello.

davier [davje] m. CHIR. pinze (f. pl.) per estrazione.

1. de [də] prép.

I. LIEU D'ORIGINE : da, di.
II. TEMPS : da, di, in, a.
III. POSSESSION : di.
IV. MATIÈRE; CONTENU : di.
V. ORIGINE; CAUSE : di, da, per.
VI. MANIÈRE : a, di, con, secondo.
VII. MOYEN; INSTRUMENT : a, di, con.
VIII. DESTINATION : di, da.
IX. VALEUR : da.
X. CARACTÉRISATION; LIMITATION : di.
XI. APPOSITION : di.
XII. DEVANT INF. DE NARRATION : a.
XIII. DEVANT INF. SUJET.
XIV. DEVANT ADJ. OU PART. PASSÉ ATTRIBUT DE NOM.
XV. DANS LOC. SUPERL.
XVI. PARTIE D'UN ENSEMBLE : di, fra, tra.

I. LIEU D'ORIGINE : da, di. | *partir de Milan*, partire da Milano. | *venir de Venise, d'Italie, de France, de Toscane*, venire da Venezia, dall'Italia; venire di, dalla Francia; venire di, dalla Toscana. | *de ma chambre je vois le lac*, dalla mia camera vedo il lago. | *sortir de la maison, de l'église, de l'école, de prison*, uscir di casa, di chiesa; uscir di, da scuola; uscir di, dalla prigione. | *revenir des champs*, tornare dai campi. | *ôter des mains*, togliere dalle mani. ‖ [lieu déterminé par un adj., un compl. de n. ou une prop. : toujours *da* et l'art.] *il sort de l'école primaire, de la prison de Rome, de la maison où il est né*, esce dalla scuola elementare, dalla prigione di Roma, dalla casa in cui è nato. ‖ *eau de source*, acqua di sorgente. | *originaire de Toscane*, originario, oriundo di Toscana. | *être de Paris*, essere di Parigi. | *né de parents inconnus*, nato da genitori ignoti; figlio d'ignoti. | *né de père noble*, nato da un padre nobile. | *le vent souffle de l'ouest*, il vento soffia, tira da ponente. | *thé de Chine*, tè di Cina. ‖ FIG. *apprendre de source sûre*, apprendere da fonte sicura. | *traduire un roman de l'italien*, tradurre un romanzo dall'italiano. ‖ **de... à,** da... a. | *de Marseille à Lyon*, da Marsiglia a Lione. | *d'une branche à l'autre*, da un ramo all'altro. ‖ **de... en,** di... in. | *de branche en branche*, di ramo in ramo. | *compter de dix en dix*, contare di dieci in dieci. | *de mal en pis*, di male in peggio.

II. TEMPS : da, di, in, a. ‖ [point de départ] da, di. | *c'est d'aujourd'hui que...*, da oggi... | *de pauvre il devint riche*, di povero divenne ricco. | *aveugle de naissance*, cieco dalla nascita. ‖ **de... à,** da... a. | *de six à neuf (heures)*, dalle sei alle nove. | *d'un jour à l'autre*, da un giorno all'altro. ‖ **de... en.** | *de demain en huit, en quinze*, domani a otto, a quindici. | *de jour en jour*, di giorno in giorno. ‖ [moment] *de bon matin*, di buon mattino. | *de ma vie*, in vita mia. | *de mon temps*, ai miei tempi. | *travailler de jour, de nuit*, lavorare di giorno, di notte. ‖ [durée] *ne rien faire de toute la journée*, non far niente tutto il santo giorno.

III. POSSESSION : di. | *le livre de Pierre*, il libro di Pietro.

IV. MATIÈRE; CONTENU : di. | *tas de sable*, mucchio di sabbia. | *porte de bronze*, porta di bronzo. | *verre d'eau*, bicchier d'acqua.

V. ORIGINE; CAUSE : di, da, per. | *mourir de faim, de soif*, morire di, dalla fame, di, dalla sete. | *pleurer de joie*, piangere di, dalla gioia. | *l'œuvre de Dante*, l'opera di Dante. | *le fils de Pierre*, il figlio di Pietro. | *punir qn de ses fautes*, punire uno per i suoi falli, dei suoi falli. ‖ [compl. d'agent] *être aimé de qn*, essere amato da qlcu. | *se faire détester de tout le monde*, farsi odiare da tutti.

VI. MANIÈRE : a, di, con, secondo. | *citer de mémoire*, citare a memoria. | *agir de concert, d'(un commun) accord*, agire di concerto, d'accordo, di comune accordo. | *d'une voix forte*, con voce forte. | *d'un pas rapide*, a passi veloci. | *d'un bon pas*, con passo veloce. | *de tout cœur*, di tutto cuore. | *de grand cœur*, con tutto il cuore. | *de l'avis de tous*, secondo il parere di tutti, a giudizio di tutti.

VII. MOYEN; INSTRUMENT : a, di, con. | *prendre une ville de force*, prendere d'assalto una città. | *de vive force*, a viva forza. | *de toutes mes, tes forces*, con tutte le forze. | *prendre de la main droite*, prendere con la mano destra. | *montrer du doigt*, mostrare a dito, col dito. | *couvrir de baisers*, coprire di baci. | *se couvrir le visage de ses mains*, coprirsi il viso con le mani. | *orner de roses*, ornare di rose.

VIII. DESTINATION : di, da. | *salle d'attente, de danse, de séjour*, sala d'aspetto, da ballo, di soggiorno. | *carte de visite*, biglietto di, da visita.

IX. VALEUR : da. | *billet de mille lires*, biglietto da mille (lire).

X. CARACTÉRISATION; LIMITATION : di. | *rouge de figure*, rosso di viso. | *roux de cheveux*, rosso di pelo. | *large d'épaules*, largo di spalle.

XI. APPOSITION : di. | *la ville de Rome*, la città di Roma. | *cet imbécile de garçon*, quest'imbecille di un ragazzo. | *le mot de liberté*, la parola libertà.

XII. DEVANT INF. DE NARRATION : a. | *et tout le monde d'applaudir*, e tutti ad applaudire. | *et lui de courir aussitôt*, e lui subito a correre.

XIII. DEVANT INF. SUJET : *il est dangereux de se pencher au dehors*, è pericoloso sporgersi.

XIV. DEVANT ADJ. OU PART. PASSÉ ATTRIBUT DE NOM : *nous aurons trois jours de libres*, avremo tre giorni liberi, di libertà. | *encore un carreau de cassé*, ancora un vetro rotto.

XV. DANS LOC. SUPERL. : *as des as, champion des champions*, campionissimo. | *le fin du fin*, il colmo della raffinatezza.

XVI. PARTIE D'UN ENSEMBLE : di, fra, tra. | *il est de mes amis*, lo annovero fra i miei amici. | *un de nous*, uno di noi. | *le plus travailleur de nous deux c'est toi*, il più studioso di noi due sei tu. | *c'est le meilleur de tous*, è il migliore di tutti, fra tutti. | *de tous les moines c'est le plus pieux*, di tutti i monaci, tra tutti i monaci è il più devoto.

2. de, de l' [də, dəl], **du** [dy], **de la** [dəla], **des** [de] art. partitif di, del, dello, dell', della, dell', dei, degli, degl'. ‖ [devant un nom concret] *boire de la bière*, bere (della) birra. | *manger de la purée, du veau, des légumes*, mangiare della purè, del vitello, della verdura. | *il faut de l'argent, du bois*, occorre del denaro, del legno. | *avoir de la température*, aver la febbre. | *faire du cent à l'heure*, fare i cento all'ora. ‖ [devant un nom abstrait] *éprouver de la répulsion*, sentire, provare ripulsione. | *jouer de la musique, du Bach*, sonare musica, (un pezzo di) Bach. | *lire du Valéry*, leggere (un po' di, qualcosa di) Valéry. | *il y a du bon et du mauvais*, c'è del buono e del cattivo.

3. de devant un adj. V. DES. 3.

1. dé [de] m. [à coudre] ditale. ‖ FIG. *un dé à coudre de liqueur*, un dito di liquore.

2. dé m. JEU dado. | *dés pipés*, dadi truccati. | *coup de dé(s)*, getto di dadi (pr.); impresa aleatoria (fig.). ‖ FIG. *les dés sont jetés*, il dado è tratto. ‖ [piédestal] dado.

déambulatoire [deɑ̃bylatwar] m. ARCHIT. deambulatorio.

déambuler [deɑ̃byle] v. intr. IRON. (littér.) deambulare ; passeggiare (L.C.).
débâcle [debɑkl] f. GÉOL. scioglimento (m.) dei ghiacci. ‖ FIG. disfatta, rovina, sfacelo m.
déballage [debalaʒ] m. sballatura f.
déballer [debale] v. tr. sballare. ‖ FIG., FAM. spiattellare.
débandade [debɑ̃dad] f. sbandamento m. ◆ loc. adv. ***à la débandade,*** alla rinfusa, in disordine.
1. débander [debɑ̃de] v. tr. [disperser] sbandare. ◆ v. pr. sbandarsi.
2. débander v. tr. [ôter une bande] sbendare. ‖ [détendre] allentare.
débaptiser [debatize] v. tr. sbattezzare.
débarbouillage [debarbujaʒ] m. FAM. lavatina f.
débarbouiller [debarbuje] v. tr. FAM. lavare il muso a, dare una lavatina a. ◆ v. pr. lavarsi il muso, darsi una lavatina.
débarcadère [debarkadɛr] m. sbarcatoio, banchina f., pontile, scalo, imbarcadero.
débarder [debarde] v. tr. [décharger] scaricare, sbarcare. ‖ [bois] trasportare legname fuori del bosco ; [pierres] trasportare, pietre fuori della cava.
débardeur [debardœr] m. scaricatore.
débarquement [debarkəmɑ̃] m. MAR. sbarco. ‖ MIL. *débarquement aérien,* sbarco aereo ; aviosbarco. | *troupes de débarquement,* truppe da sbarco.
débarquer [debarke] v. tr. sbarcare. ‖ FIG., FAM. *débarquer qn,* sbolognare qlcu. ◆ v. intr. sbarcare. | *les passagers ont débarqué,* i passeggeri sono sbarcati. ‖ FAM. *débarquer chez qn,* capitare, piombare in casa di uno.
débarras [debara] m. [action] sgombero. ‖ [lieu] ripostiglio, sgabuzzino ; stanza (f.) di sbratto. ‖ FAM. *bon débarras !,* che liberazione !
débarrasser [debarase] v. tr. [dégager] sbarazzare, sgombrare, sbrattare, sbrogliare. | *débarrasser un tiroir,* sgombrare un cassetto. | *débarrasser la table,* sbarazzare, sgombrare, sbrattare la tavola ; [desservir] sparecchiare. | *débarrasser de qch.,* sbarazzare da, di qlco. ◆ v. pr. sbarazzarsi, liberarsi. | *se débarrasser d'un ennemi,* sbarazzarsi di un nemico, liberarsi da un nemico.
débat [deba] m. [discussion] dibattito, discussione f. | *vider un débat,* esaurire un dibattito. ◆ pl. JUR. dibattimento. ‖ POLIT. dibattito.
débâter [debɑte] v. tr. togliere il basto a.
débâtir [debɑtir] v. tr. sbastire.
débattement [debatmɑ̃] m. AUTOM. escursione massima.
débattre [debatr] v. tr. dibattere, discutere. | *débattre un prix,* contrattare. | *prix à débattre,* prezzo da convenire. ◆ v. pr. dibattersi, divincolarsi. ‖ FIG. dibattersi.
débauchage [deboʃaʒ] m. incitamento, istigazione (f.) a non lavorare. ‖ [licenciement] licenziamento.
débauche [deboʃ] f. [inconduite] sregolatezza, dissolutezza, scostumatezza, stravizio m., bagordo m. | *mener une vie de débauche(s),* fare una vita dissoluta, darsi ai bagordi. ‖ [excès de table] gozzoviglia, stravizio m. ‖ FIG. [excès] orgia, profusione. | *débauche de couleurs,* orgia di colori.
débauché, e [deboʃe] adj. dissoluto, depravato. ◆ n. depravato m.
débaucher [deboʃe] v. tr. [entraîner à l'inconduite] traviare, corrompere. ‖ [détourner du travail] distogliere dal lavoro. ‖ [licencier] licenziare. ◆ v. intr. FAM. [quitter le travail] *les ouvriers débauchent tous les jours à 5 heures,* gli operai staccano ogni giorno alle 5.
débaucheur, euse [deboʃœr, øz] n. corruttore, trice ; pervertitore, trice.
débile [debil] adj. debole, fiacco. | *de santé débile,* cagionevole. ◆ n. *débile mental,* minorato, minorata mentale.
débilitant, e [debilitɑ̃, ɑ̃t] adj. debilitante.
débilité [debilite] f. MÉD. debolezza, debilitamento m., fiacca ; debilità (littér.). | *débilité mentale,* debolezza mentale.
débiliter [debilite] v. tr. debilitare, indebolire, infiacchire.
débine [debin] f. POP. *être dans la débine,* essere al verde, in bolletta (fam.).
débiner [debine] v. tr. POP. [dénigrer] tagliare i panni addosso a (fam.) ; sparlare di (L.C.). ◆ v. pr. POP. tagliar la corda, svignarsela (fam.).
débirentier [debirɑ̃tje] m. JUR. debitore di una rendita.
1. débit [debi] m. [vente] smercio, spaccio, esito. ‖ [boutique] spaccio, esercizio. | *débit de vin,* fiaschetteria f., mescita f. | *débit de tabac,* tabaccheria f., spaccio di (sali e) tabacchi. ‖ [écoulement] efflusso, flusso. | *débit d'un fleuve, d'une pompe,* portata (f.) di un fiume, di una pompa. ‖ [production d'une pompe à air, d'un tuyau de gaz] erogazione f. ; [d'une machine] produzione f. ; [d'un puits de pétrole] resa f. ‖ [coupe de bois] taglio. ‖ [élocution] parlata f., loquela f. | *avoir le débit facile,* aver la parola facile. ‖ TRANSP. *débit d'une ligne de chemin de fer,* potenzialità (f.) di una linea ferroviaria.
2. débit m. [somme due] debito, dare. | *débit et crédit,* debito e credito, dare e avere. | *porter au débit de,* porre, ascrivere a debito di ; addebitare a. ‖ [dans un magasin] *faire un débit* = accompagnare il cliente alla cassa.
débitage [debitaʒ] m. taglio.
débitant, e [debitɑ̃, ɑ̃t] n. dettagliante, esercente ; rivenditore, trice al minuto ; [de tabac] tabaccaio ; tabacchino m. (rég.) ; [de café] caffettiere m.
1. débiter [debite] v. tr. [couper] *débiter un chêne,* spaccare, tagliare una quercia. | *débiter un bœuf,* tagliare a pezzi un bue, squartare un bue. ‖ [écouler une marchandise] smerciare, spacciare, esitare ; vendere al minuto. ‖ [fournir des produits] produrre ; [produire de l'énergie] erogare, fornire, produrre. | *courant débité par la dynamo,* corrente erogata dalla dinamo. ‖ FIG. [dire] *débiter un discours,* recitare, pronunziare un discorso. | *débiter des mensonges,* sballare fandonie, sciorinare bugie.
2. débiter v. tr. *débiter un compte de vingt mille francs,* addebitare un conto di ventimila franchi.
débiteur, trice [debitœr, tris] n. debitore, trice. | *être le débiteur de qn,* essere debitore di qlcu. ◆ adj. m. *compte débiteur,* addebito m., dare m.
déblai [deblɛ] m. sterro ; pulizia (f.) del terreno. ◆ pl. rifiuti.
déblaiement [deblɛmɑ̃] ou **déblayage** [deblɛjaʒ] m. sgombro, (lo) sgombrare, (lo) sbarazzare. ‖ [terre] sterramento.
déblatérer [deblatere] v. intr. **(contre)** FAM. blaterare, inveire contro (L.C.).
déblayer [debleje] v. tr. sgombrare, sbarazzare, sbrattare. | *déblayer la cour de la neige,* spalare la neve dal cortile ; dare una spalata alla neve del cortile. ‖ FIG. *déblayer le terrain,* ripulire il terreno, appianare le difficoltà.
déblocage [deblɔkaʒ] m. COMM. sblocco, svincolo, svincolamento. | *déblocage des crédits,* sblocco dei crediti. ‖ TECHN. sblocco.
débloquer [deblɔke] v. tr. COMM. sbloccare, svincolare. ‖ MIL. sbloccare. ‖ TECHN. *débloquer les freins,* sbloccare i freni. ◆ v. intr. POP. dare i numeri (fam.).
déboire [debwar] m. delusione f., disinganno, dispiacere.
déboisement [debwazmɑ̃] m. diboscamento, sboscamento.
déboiser [debwaze] v. tr. diboscare, sboscare. ◆ v. pr. impoverirsi di alberi.
déboîtement [debwatmɑ̃] m. MÉD. slogatura f., slogamento, lussazione f. ‖ AUTOM. l'uscire di fila.
déboîter [debwate] v. tr. MÉD. slogare, lussare. ‖ TECHN. staccare, smontare, disgiungere, separare. ◆ v. intr. [sortir d'une file, d'une colonne] uscir di fila, di colonna. ◆ v. pr. slogarsi, lussarsi.
débonder [debɔ̃de] v. tr. [un tonneau] togliere il cocchiume a ; sturare, stappare.

débonnaire [debɔnɛr] adj. bonario, bonaccione, mansueto. ‖ HIST. *Louis le Débonnaire*, Ludovico il Pio.
débonnaireté [debɔnɛrte] f. bonarietà.
débordant, e [debɔrdɑ̃, ɑ̃t] adj. traboccante. ‖ FIG. *cœur débordant de joie*, cuore traboccante di gioia. | *une joie débordante*, una gioia strabocchevole.
débordé, e [debɔrde] adj. *débordé de travail*, stracarico, sovraccarico di lavoro ; sopraffatto dal lavoro. | *débordé par les événements*, sopraffatto, soverchiato dagli avvenimenti.
débordement [debɔrdəmɑ̃] m. trabocco, traboccamento ; [fleuve] straripamento. ‖ FIG. *débordement d'injures*, profluvio d'ingiurie. ‖ MIL. aggiramento. ◆ pl. [excès] eccessi.
déborder [debɔrde] v. intr. traboccare. | *le lait déborde*, il latte trabocca. | *déborder à flots*, rigurgitare. ‖ FIG. *la goutte qui fait déborder la coupe, le vase*, la goccia che fa traboccare il vaso. ‖ [fleuve] straripare, tracimare. | *le Pô a débordé*, il Po ha straripato, è straripato, ha tracimato. ‖ FIG. [déferler] *la foule débordait du trottoir*, la folla dilagava dal marciapiede. | *laisser déborder sa colère*, dare sfogo alla collera. ‖ [être saillant] sporgere. | *cet appui déborde trop de la façade*, questo davanzale sporge troppo dalla facciata. ◆ v. tr. ind. **(de)** *son cœur déborde de joie*, il suo cuore trabocca di gioia. | *cet enfant déborde de vie, de santé*, questo bambino rigurgita di vita, scoppia di salute, sprizza di salute da tutti i pori. ◆ v. tr. [en couture] togliere l'orlo a. ‖ [dépasser] oltrepassare. | *la ville déborde son enceinte*, la città oltrepassa le mura di cinta. ‖ FIG. *déborder le cadre de*, esulare da. ‖ MAR. scostare. ‖ MIL. aggirare.
débosseler [debɔsle] v. tr. appianare, spianare ; togliere le ammaccature a.
débotté ou **débotter** [debɔte] m. LOC. FIG. *prendre qn au débotté, au débotter*, rivolgere la parola a uno appena arrivato, all'improvviso, a bruciapelo.
débotter [debɔte] v. tr. togliere gli stivali a.
débouché [debuʃe] m. [tous sens] sbocco.
débouchement [debuʃmɑ̃] ou **débouchage** [debuʃaʒ] m. sturamento.
déboucher [debuʃe] v. tr. [ôter ce qui bouche] sturare, stasare ; [le bouchon] stappare, sturare. ◆ v. intr. [cortège ; rue] sboccare, sfociare ; [véhicule] sboccare. ‖ [avoir comme conséquence] *déboucher sur*, sboccare, sfociare, risolversi in. ‖ GÉOGR. sfociare.
débouchoir [debuʃwar] m. sturalavandini inv.
déboucler [debukle] v. tr. sfibbiare. | *déboucler le ceinturon*, sfibbiare, sfibbiarsi il cinturone. ‖ [cheveux] disfare i riccioli.
déboulé [debule] m. [danse] déboulé (fr.). ‖ SPORT volata f. ‖ [chasse] *au déboulé* = quando la lepre, il coniglio sbuca dalla tana. | *on entendait le déboulé du gibier*, si udiva la selvaggina sbucare dalla tana.
débouler [debule] v. intr. [gibier] schizzar via, fuggire. ‖ FAM. *débouler dans l'escalier*, ruzzolare per le scale (L.C.). ◆ v. tr. FAM. *débouler l'escalier*, scendere le scale a precipizio (L.C.).
déboulonnage [debulɔnaʒ] ou **déboulonnement** [debulɔnmɑ̃] m. TECHN. lo sbullonare.
déboulonner [debulɔne] v. tr. TECHN. sbullonare, schiavardare. | *déboulonner une statue*, buttar giù, atterrare una statua. ‖ FAM. *déboulonner qn* : [chasser d'un emploi] sbolognare, defenestrare qlcu. ; [détruire le prestige] demolire qlcu.
débouquement [debukmɑ̃] m. (lo) sboccare (da un canale). ‖ sbocco (di canale).
débouquer [debuke] v. intr. sboccare (da un canale).
débourbage [deburbaʒ] m. MIN. sfangamento.
débourber [deburbe] v. tr. [ôter la bourbe] spurgare. ‖ [laver un minerai] sfangare. ‖ [tirer de la bourbe] spantanare. ‖ [tirer d'embarras] trarre d'impiccio.
débourbeur [deburbœr] m. sfangatore.
débourrage [deburaʒ] m. [des peaux] depilazione f. ‖ TEXT. *débourrage des garnitures de carde*, pulitura (f.) dei denti delle carde.
débourrement [deburmɑ̃] m. AGR. (il) germogliare.
débourrer [debure] v. tr. [peaux] depilare. ‖ *débourrer sa pipe*, (s)vuotare la pipa. ◆ v. intr. germogliare.
débours [debur] m. (e)sborso, spesa f. | *rentrer dans ses débours*, rientrare nelle spese.
débourser [deburse] v. tr. (e)sborsare.
déboussolé, e [debusɔle] adj. FAM. scombussolato.
debout [dəbu] adv. [vertical] in piedi ; ritto adj. | *être debout*, stare, essere in piedi. | *mettre debout*, mettere in piedi ; rizzare. | *se mettre debout*, alzarsi (in piedi). | *se tenir debout*, reggersi in piedi, star ritto. | *laisser qn debout*, lasciare uno in piedi. | *ne plus tenir debout*, non reggersi più. | *dresser une poutre debout*, rizzare una trave. ‖ [hors du lit] in piedi ; alzato adj. | *mon père était encore debout à onze heures*, mio padre era ancora in piedi, ancora alzato alle undici. ‖ [encore existant ; valable] *cette ruine tient toujours debout*, questa rovina regge sempre. | *cette loi tient toujours debout*, questa legge è sempre valida. | *ce raisonnement ne tient pas debout*, questo ragionamento non sta in piedi, non regge. | *histoire à dormir debout*, V. DORMIR. ◆ adj. inv. *place debout*, posto in piedi. ‖ JUR. *magistrature debout*, magistrati della Procura. ‖ MAR. *vent debout*, vento a prua. ◆ interj. in piedi !
débouté [debute] m. JUR. *jugement de débouté*, sentenza di reiezione.
débouter [debute] v. tr. JUR. rigettare, respingere. | *il a été débouté de sa demande*, la sua istanza è stata rigettata, respinta.
déboutonner [debutɔne] v. tr. sbottonare. ‖ FAM. *rire à ventre déboutonné*, ridere a crepapancia, a crepapelle ; sbellicarsi, spanciarsi dalle risa. | *manger à ventre déboutonné*, mangiare a crepapancia, a crepapelle. ◆ v. pr. PR. et FIG., FAM. sbottonarsi.
débraillé, e [debrɑje] adj. sciatto, sciamannato, sbracato, discinto ; sbracalato (fam.). ‖ FIG. *manières débraillées*, modi trasandati, sguaiati. ◆ n. m. sciatteria f.
débrailler (se) [sədebrɑje] v. pr. FAM. sbracarsi. ‖ FIG. *la conversation se débraille*, la conversazione si fa sguaiata.
débranchement [debrɑ̃ʃmɑ̃] m. ÉLECTR. disinnesto, disinserzione f. ‖ CH. DE F. smistamento.
débrancher [debrɑ̃ʃe] v. tr. ÉLECTR. disinnestare, disinserire. ‖ CH. DE F. smistare.
débrayage [debrɛjaʒ] m. TECHN. disinnesto. ‖ AUTOM. frizione f. ; debraiata (gall.). | *pédale de débrayage*, pedale della frizione. | *double débrayage*, doppietta f. ; doppia debraiata (gall.). ‖ FIG. cessazione (f.) del lavoro ; [grève] sciopero.
débrayer [debreje] v. tr. AUTOM., ÉLECTR. disinnestare. ◆ v. intr. FIG. staccare ; [se mettre en grève] mettersi in sciopero.
débridé, e [debride] adj. sbrigliato. | *imagination débridée*, fantasia sfrenata, sbrigliata.
débrider [debride] v. tr. [cheval] sbrigliare. ‖ FIG. *sans débrider*, di fila, senza posa. ‖ CULIN. tagliare i fili. ‖ CHIR. sbrigliare.
débris [debri] m. pl. [ruines] macerie f. pl., resti. ‖ [fragments] rottami, frantumi. | *débris de verre*, frammenti di vetro. | *débris de fer*, rottami di ferro. | *débris de porcelaine*, cocci di porcellana. ‖ FIG. [restes] avanzi, resti, rimasugli. ◆ sing. FAM. *un vieux débris*, un rottame.
débrochage [debrɔʃaʒ] m. [d'un livre] scucitura f.
débrocher [debrɔʃe] v. tr. [une volaille] sfilare dallo spiedo. ‖ [un livre] scucire.
débrouillage [debrujaʒ] ou **débrouillement** [debrujmɑ̃] m. sbrogliamento, districamento.
débrouillard, e [debrujar, ard] adj. et n. FAM. che se la sa cavare ; dritto ; scaltro, ingegnoso adj. (L.C.).
débrouillardise [debrujardiz] f. FAM. abilità nello sbrogliarsela ; scaltrezza (L.C.).
débrouiller [debruje] v. tr. PR. et FIG. sbrogliare, strigare, dipanare, districare. ‖ FAM. *débrouiller qn*, insegnare a uno a cavarsela, a sbrogliarsela. | *débrouiller un élève en*, insegnare a un alunno le nozioni essenziali di, iniziare un alunno allo studio di (L.C.). ◆ v. pr. FAM. sbrogliarsela ; strigarsela (rare).

débroussailler [debrusαje] v. tr. sterpare, sfoltire, dissodare.
débucher [debyʃe] v. tr. fare uscire dal folto del bosco. ◆ v. intr. uscire dal folto del bosco. ◆ n. m. *sonner le débucher* = sonare i corni da caccia per annunciare che la selvaggina è uscita dal folto del bosco.
débusquer [debyske] v. tr. [chasse] fare uscire dal folto del bosco. ‖ MIL. sloggiare. ◆ v. intr. uscire dal folto del bosco.
début [deby] m. principio, inizio, esordio. | *au début*, al principio, all'inizio. | *au début de mai*, ai primi, all'inizio, al principio di maggio. | *dès le début*, sin dal principio, sin dall'inizio. ‖ [commencement d'une carrière] debutto (gall.); esordio. | *des débuts prometteurs*, esordio promettente. | *faire ses débuts*, fare, muovere i primi passi; esordire; debuttare (gall.).
débutant, e [debytɑ̃, ɑ̃t] n. principiante, esordiente; debuttante (gall.). | *le bal des débutantes*, il ballo delle debuttanti.
débuter [debyte] v. intr. principiare, esordire, cominciare, iniziare; debuttare (gall.). ‖ THÉÂTRE esordire; debuttare (gall.). ◆ v. tr. (incorrect) cominciare, iniziare; dare inizio a. | *débuter un discours par une citation*, cominciare, iniziare un discorso con una citazione, dare inizio a un discorso con una citazione (L.C.).
deçà [dəsa] adv. di qua. | *deçà (et) delà*, di qua (e) di là. ◆ loc. prép. PR. et FIG. ***en deçà de***, di qua da.
décacheter [dekaʃte] v. tr. dissigillare. | *décacheter une lettre*, aprire una lettera.
décade [dekad] f. [dix jours] decade. ‖ [dix ans] decennio m. ‖ HIST. deca. ‖ [dix livres] *les «Décades» de Tite-Live*, le «Deche» di Tito Livio.
décadence [dekadɑ̃s] f. decadenza, decadimento m. | *tomber en décadence*, decadere.
décadent, e [dekadɑ̃, ɑ̃t] adj. et n. decadente.
décadentisme [dekadɑ̃tism] m. HIST. LITT. decadentismo.
décaèdre [dekaɛdr] adj. decaedrico. ◆ n. m. decaedro.
décaféiner [dekafeine] v. tr. decaffeinizzare, decaffeinare. | *café décaféiné*, caffè decaffeinato, caffè senza caffeina.
décagonal, e, aux [dekagɔnal, o] adj. decagonale.
décagone [dekagɔn] adj. decagonale. ◆ n. m. decagono.
décagramme [dekagram] m. decagrammo.
décaissement [dekɛsmɑ̃] m. [déballage] scassatura f. (rare). ‖ [paiement] sborso; COMM. sborso per cassa.
décaisser [dekese] v. tr. [déballer] scassare. ‖ [payer] sborsare; COMM. sborsare per cassa.
décalage [dekalaʒ] m. [espace ou temps] spostamento. | *décalage d'un meuble*, spostamento di un mobile. | *décalage des prix*, divario, sfasamento dei prezzi. | *décalage horaire*, sfasamento d'orario. | *décalage des rayons d'une bibliothèque*, sfalsamento dei ripiani d'uno scaffale. ‖ [fait d'ôter une cale] sbiettatura f. ‖ ÉLECTR. V. DÉPHASAGE.
décalaminer [dekalamine] v. tr. togliere la calamina a.
décalcifiant, e [dekalsifjɑ̃, ɑ̃t] adj. decalcificante.
décalcification [dekalsifikasjɔ̃] f. decalcificazione.
décalcifier [dekalsifje] v. tr. decalcificare.
décalcomanie [dekalkɔmani] f. decalcomania.
décaler [dekale] v. tr. [espace ou temps] spostare. | *décaler l'heure du départ*, spostare l'ora della partenza. | *décaler les rayons d'une étagère*, sfalsare i ripiani d'uno scaffale. ‖ [ôter une cale] sbiettare.
décalitre [dekalitr] m. decalitro.
décalogue [dekalɔg] m. decalogo.
décalquage [dekalkaʒ] ou **décalque** [dekalk] m. [action] ricalco. ‖ [résultat] calco.
décalquer [dekalke] v. tr. (ri)calcare. | *papier à décalquer*, carta da ricalco.
décamètre [dekamɛtr] m. decametro.
décamper [dekɑ̃pe] v. intr. Vx levar le tende, decampare. ‖ FIG., FAM. svignarsela, squagliarsela, battersela, far fagotto. | *décampe!*, sloggia!, fuori!, via!
décan [dekɑ̃] m. ASTR. decano.
décanal, e, aux [dekanal, o] adj. decanale.
décanat [dekana] m. decanato.
décaniller [dekanije] v. intr. POP. V. DÉCAMPER (fam.).
décantation [dekɑ̃tasjɔ̃] f. ou **décantage** [dekɑ̃taʒ] m. decantazione f. | *bassin de décantation*, vasca di decantazione.
décanter [dekɑ̃te] v. tr. PR. et FIG. decantare.
décapage [dekapaʒ] ou **décapement** [dekapmɑ̃] m. decapaggio (gall.).
décapant [dekapɑ̃] m. decapante (gall.).
décaper [dekape] v. tr. decapare (gall.). ‖ FIG. raschiare, scrostare, pulire.
décapitation [dekapitasjɔ̃] f. decapitazione, decollazione.
décapiter [dekapite] v. tr. PR. decapitare. ‖ [un arbre] scapitozzare, scapezzare; [une tour] decapitare, scapezzare. ‖ FIG. decapitare, annientare.
décapodes [dekapɔd] m. pl. ZOOL. decapodi.
décapotable [dekapɔtabl] adj. decappottabile.
décapoter [dekapɔte] v. tr. decappottare.
décapsuler [dekapsyle] v. tr. scapsulare.
décapsuleur [dekapsylœr] m. apribottiglie inv.
décarbonater [dekarbɔnate] v. tr. CHIM. sottoporre a decarbonatazione.
décarburant, e [dekarbyrɑ̃, ɑ̃t] adj. et n. m. decarburante.
décarburation [dekarbyrasjɔ̃] f. MÉTALL. decarburazione.
décarburer [dekarbyre] v. tr. MÉTALL. decarburare.
décarcasser (se) [sədekarkase] v. pr. FAM. arrabattarsi; darsi da fare (L.C.).
décarreler [dekarle] v. tr. smattonare.
décartellisation [dekartelizasjɔ̃] f. ÉCON. decartellizzazione.
décasyllabe [dekasilab] adj. et n. m. ou **décasyllabique** [dekasilabik] adj. decasillabo.
décathlon [dekatlɔ̃] m. SPORT decat(h)lon.
décati, e [dekati] adj. FAM. sciupato.
décatir [dekatir] v. tr. TEXT. decatizzare, delucidare.
décatissage [dekatisaʒ] m. decatissaggio.
décavé, e [dekave] adj. et n. FIG., FAM. spiantato, sbancato.
décaver [dekave] v. tr. sbancare.
décéder [desede] v. intr. morire, trapassare; decedere (rare).
décelable [deslabl] adj. rilevabile.
déceler [desle] v. tr. [découvrir] scoprire, svelare. ‖ [révéler] palesare, manifestare.
décélération [deselerasjɔ̃] f. decelerazione.
décembre [desɑ̃br] m. dicembre.
décemment [desamɑ̃] adv. decentemente, convenientemente, opportunamente. | *tu dois décemment lui rendre visite*, è opportuno che tu gli faccia una visita.
décemvir [desɛmvir] m. decenviro, decemviro.
décence [desɑ̃s] f. decenza, convenienza, opportunità.
décennal, e, aux [desenal, o] adj. decennale.
décennie [deseni] f. decennio m.
décent, e [desɑ̃, ɑ̃t] adj. decente, conveniente, opportuno.
décentralisation [desɑ̃tralizasjɔ̃] f. decentramento m.; decentralizzazione (gall.).
décentraliser [desɑ̃tralize] v. tr. decentrare.
décentrement [desɑ̃trəmɑ̃] m. ou **décentration** [desɑ̃trasjɔ̃] f. OPT. decentraggio m. ‖ PHOT. decentramento m.
décentrer [desɑ̃tre] v. tr. decentrare.
déception [desɛpsjɔ̃] f. delusione, disinganno m.
décercler [desɛrkle] v. tr. togliere i cerchi a.
décerner [desɛrne] v. tr. [accorder] assegnare, conferire. | *décerner un prix, une distinction honorifique*, conferire un premio, una onorificenza. ‖ JUR. *décerner un mandat d'arrêt*, spiccare un mandato di cattura.
décès [desɛ] m. morte f., decesso. | *acte de décès*, atto di morte. | *fermé pour cause de décès*, chiuso per lutto.
décevant, e [desvɑ̃, ɑ̃t] adj. deludente.
décevoir [desvwar] v. tr. deludere.

déchaîné, e [deʃene] adj. scatenato, sfrenato.
déchaînement [deʃɛnmɑ̃] m. (lo) scatenarsi, (l')imperversare ; scatenamento (rare). | *le déchaînement des passions*, lo scatenarsi delle passioni. | *le déchaînement de la tempête*, l'imperversare della tempesta.
déchaîner [deʃene] v. tr. Pr. et fig. scatenare. ◆ v. pr. scatenarsi ; imperversare, infuriare v. intr. | *se déchaîner contre qn*, scatenarsi contro qlcu.
déchant [deʃɑ̃] m. Mus. discanto.
déchanter [deʃɑ̃te] v. intr. Fam. abbassare la cresta ; restare deluso (l.c.).
déchaperonner [deʃaprɔne] v. tr. [un faucon] scappellare, scappucciare. ‖ [un mur] togliere il cappello a.
décharge [deʃarʒ] f. [dépôt d'ordures] scarico m., scaricatoio m. ‖ *arc de décharge*, arco di scarico. | *tuyau de décharge*, (tubo di) scarico ; scaricatoio. ‖ Comm. quietanza. | *donner décharge*, dare quietanza ; liberare v. tr. ‖ Électr. scarica. ‖ Jur. discarico m., discolpa. | *témoin à décharge*, testimone a discarico. ‖ Mil. scarica. ‖ Physiol., Psych. scarica, deflusso m. ‖ Loc. *pour la décharge de ma conscience*, a sgravio, per sgravio di coscienza. | *que diras-tu à ta décharge ?*, che cosa dirai a tua discolpa ?
déchargement [deʃarʒəmɑ̃] m. scarico, scaricamento. | *navire en déchargement*, nave sotto scarico.
décharger [deʃarʒe] v. tr. scaricare. | *décharger le bateau, les caisses sur le trottoir*, scaricare la nave, le casse sul marciapiede. ‖ Fig. [soulager ; dispenser] scaricare, sgravare, liberare, dispensare. | *décharger sa conscience*, togliersi un peso dalla coscienza ; mettersi in pace con la coscienza. | *décharger un ami d'une obligation*, dispensare, liberare, sciogliere un amico da un obbligo. ‖ [donner libre cours à] scaricare, sfogare. | *décharger sa bile*, sfogare la bile. | *décharger sa colère*, scaricare, sfogare l'ira. | *décharger son cœur*, sfogarsi. ‖ Électr. *décharger une batterie*, scaricare una batteria. ‖ Jur. scagionare, scolpare. ‖ Mil. *décharger son fusil*, scaricare il fucile. ◆ v. pr. [sens passif] *cette arme se décharge toute seule*, quest'arma si scarica da sé. | *la batterie s'est déchargée*, la batteria si è scaricata. ‖ [sens réfléchi] scaricarsi. ‖ Fig. *se décharger d'un poids*, liberarsi da un peso. ‖ Géogr. scaricarsi ; sboccare v. intr.
déchargeur [deʃarʒœr] m. scaricatore.
décharné, e [deʃarne] adj. scarno, smunto, spolpato, stecchito.
décharner [deʃarne] v. tr. [ôter les chairs] scarnire, scarnificare, spolpare. ‖ [amaigrir] far dimagrire.
déchaumer [deʃome] v. tr. *déchaumer un champ* = interrare le stoppie di un campo.
déchaumeuse [deʃomøz] f. aratro a dischi (per rompere e interrare le stoppie).
déchaussage [deʃosaʒ] ou **déchaussement** [deʃosmɑ̃] m. scalzamento.
déchaussé, e [deʃose] adj. scalzo. ‖ Relig. *carmes déchaussés*, carmelitani scalzi.
déchausser [deʃose] v. tr. scalzare. ‖ [mettre à nu] *déchausser un mur, une plante, une dent*, scalzare un muro, una pianta, un dente. ◆ v. pr. scalzarsi. | *mes dents se déchaussent*, mi si scalzano i denti.
déchausseuse [deʃosøz] f. Agr. aratro (m.) per vigneti.
déchaux [deʃo] adj. Relig. V. déchaussé.
dèche [dɛʃ] f. Pop. miseria (l.c.). | *être dans la dèche*, essere al verde, in bolletta (fam.).
déchéance [deʃeɑ̃s] f. Jur. decadenza. | *déchéance de la nationalité, de la puissance paternelle*, decadenza dalla cittadinanza, dalla patria potestà. | *déchéance d'un souverain*, decadenza d'un sovrano. ‖ Fig. decadenza, scadimento m., decadimento m. | *déchéance morale*, decadenza morale.
déchet [deʃɛ] m. [perte] calo, perdita f. | *en voyageant, la marchandise subit un déchet*, la merce viaggiando subisce un calo. | *il y a beaucoup de déchet dans cette fabrication*, ci sono molte perdite in questa fabbricazione. ◆ pl. [débris] ritagli, rimasugli. | *déchets de viande*, ritagli di carne. ‖ [métal, bois, textile] cascami. ‖ *déchets radioactifs*, residui radioattivi.
déchevelé, e [deʃəvle] adj. scapigliato, spettinato, scarmigliato.
déchiffrable [deʃifrabl] adj. decifrabile.
déchiffrage [deʃifraʒ] m. Mus. deciframento ; lettura (f.) a prima vista.
déchiffrement [deʃifrəmɑ̃] m. deciframento, decifrazione f. ‖ Mil. deciframento.
déchiffrer [deʃifre] v. tr. Pr. et fig. decifrare.
déchiffreur, euse [deʃifrœr, øz] n. decifratore, trice.
déchiquetage [deʃiktaʒ] m. (il) dilaniare, (il) lacerare, (il) frastagliare.
déchiqueté, e [deʃikte] adj. Bot. frastagliato.
déchiqueter [deʃikte] v. tr. [couper menu] tagliuzzare, spezzettare. ‖ [mettre en lambeaux] dilaniare, sbranare.
déchiqueture [deʃiktyr] f. frastagliatura.
déchirant, e [deʃirɑ̃, ɑ̃t] adj. Fig. straziante, lacerante.
déchirement [deʃirmɑ̃] m. laceramento. ‖ Fig. [douleur] strazio, tormento. ‖ [discorde] strazio, dissidio.
déchirer [deʃire] v. tr. lacerare, strappare, squarciare, sbranare, dilaniare (pr. et fig.) ; stracciare (pr.) ; straziare (fig.). ‖ Pr. *déchirer sa proie*, dilaniare, sbranare la preda. | *en tombant, il a déchiré son vêtement*, cadendo si è strappato, stracciato, lacerato il vestito. | *la balle lui déchira le ventre*, la pallottola gli squarciò il ventre. | *il a déchiré le livre en deux*, ha strappato il libro in due. | *déchirer une lettre*, strappare, lacerare, stracciare una lettera. ‖ Fig. *le remords déchire le cœur*, il rimorso strazia, lacera il cuore. | *il est déchiré par la jalousie*, è dilaniato dalla gelosia. | *la douleur lui a déchiré l'âme*, il dolore gli ha straziato l'anima. | *déchirer les oreilles*, straziare, lacerare gli orecchi. ‖ [diviser] dilaniare. ‖ [calomnier] *déchirer qn*, dire peste e corna di qlcu. ◆ v. pr. lacerarsi, stracciarsi, strapparsi, squarciarsi, sbranarsi, dilaniarsi. ‖ Fig. *mon cœur se déchire*, mi si strazia il cuore.
déchirure [deʃiryr] f. strappo m., squarcio m., lacerazione. ‖ Méd. *déchirure musculaire*, strappo muscolare.
déchlorurer [deklɔryre] v. tr. declorurare.
déchoir [deʃwar] v. intr. decadere, scadere. | *déchoir de sa grandeur*, decadere dalla propria grandezza.
déchristianiser [dekristjanize] v. tr. scristianizzare.
déchu, e [deʃy] adj. *ange, souverain déchu*, angelo, sovrano decaduto. | *déchu de ses droits*, decaduto dai suoi diritti.
décibel [desibɛl] m. Phys. decibel.
décidé, e [deside] adj. [résolu] deciso, risoluto. ‖ [arrêté par décision] deciso. ‖ Littér. [certain] *un goût décidé (pour)*, un gusto spiccato (per) [l.c.].
décidément [desidemɑ̃] adv. Vx decisamente, risolutamente (l.c.). ‖ Fig. senza dubbio, insomma, in definitiva.
décider [deside] v. tr. decidere. | *décider la date de la rencontre*, decidere la data dell'incontro. | *le chirurgien a décidé l'amputation du membre*, il chirurgo ha deciso di amputare l'arto. | *décider de partir*, decidere, risolvere di partire. | *il décide qu'il partira demain*, decide di partire domani. | *je l'ai décidé à parler*, l'ho deciso, indotto a parlare. ‖ (litt.) *décider un différend*, decidere una vertenza. ‖ Absol. *c'est moi qui décide*, decido io. ◆ v. tr. ind. **(de)** decidere (di). | *cette intervention peut décider de notre départ*, quest'intervento può decidere della nostra partenza ; da quest'intervento può dipendere la nostra partenza. ◆ v. pr. **(à)** decidersi, risolversi (a). | *se décider à partir*, decidersi, risolversi a partire. | *le départ se décidera en peu de jours*, la partenza si deciderà in pochi giorni. ‖ [choisir] *se décider pour la mer*, decidere di andare al mare. | *se décider pour une carrière*, decidersi per una carriera, scegliere una carriera. | *se décider pour un chapeau*, scegliere un cappello. ‖ Absol. *il ne se décide jamais*, non si decide mai.
décigramme [desigram] m. decigrammo.
décile [desil] m. decile.
décilitre [desilitr] m. decilitro.
décimal, e, aux [desimal, o] adj. decimale. | *système*

décimal, sistema (m.) decimale. | *fraction décimale*, frazione decimale. ◆ n. f. decimale.
décimation [desimasjɔ̃] f. decimazione.
décime [desim] m. decimo.
décimer [desime] v. tr. HIST. et FIG. decimare.
décimètre [desimɛtr] m. decimetro. | *double décimètre*, doppio decimetro.
decimo [desimo] adv. (lat.) in decimo luogo.
décintrage [desɛ̃traʒ] ou **décintrement** [desɛ̃trəmɑ̃] m. disarmo.
décintrer [desɛ̃tre] v. tr. disarmare.
décisif, ive [desizif, iv] adj. decisivo, risolutivo, conclusivo, determinante, cruciale. ‖ FIG. *ton décisif*, tono reciso.
décision [desizjɔ̃] f. decisione, risoluzione. ‖ [caractère] risolutezza. | *pour agir il faut de la décision*, per agire ci vuole risolutezza. ‖ ADM. *par décision ministérielle*, per decisione ministeriale. ‖ JUR. [jugement] decisione.
décisoire [desizwar] adj. JUR. decisorio.
déclamateur, trice [deklamatœr, tris] adj. PÉJOR. declamatorio. ◆ n. declamatore, trice.
déclamation [deklamasjɔ̃] f. declamazione. ‖ PÉJOR. declamazione, magniloquenza.
déclamatoire [deklamatwar] adj. PÉJOR. declamatorio, magniloquente.
déclamer [deklame] v. tr. declamare. ◆ v. intr. declamare; parlare con enfasi, in modo enfatico. | *déclamer contre une injustice*, protestare, inveire contro una ingiustizia.
déclarant, e [deklarɑ̃, ɑ̃t] adj. et n. dichiarante.
déclaratif, ive [deklaratif, iv] adj. JUR. dichiarativo. ‖ GRAMM. *verbe déclaratif*, verbo dichiarativo; verbum dicendi (lat.).
déclaration [deklarasjɔ̃] f. dichiarazione. | *déclaration de guerre, d'amour*, dichiarazione di guerra, d'amore. ‖ ADM. denunzia, dichiarazione. | *déclaration de valeur*, denunzia, dichiarazione di valore. ‖ FIN. *déclaration des revenus*, denunzia, dichiarazione dei redditi.
déclaratoire [deklaratwar] adj. declaratorio.
déclarer [deklare] v. tr. dichiarare. | *déclarer la guerre, ses intentions, son amour*, dichiarare la guerra, le proprie intenzioni, il proprio amore. ‖ ADM., FIN. dichiarare, denunziare. | *déclarer ses revenus*, dichiarare, denunziare i redditi. | *rien à déclarer?*, niente da dichiarare? ‖ FIG. *ennemi déclaré*, nemico dichiarato. ◆ v. pr. dichiararsi. | *il se déclara satisfait*, si dichiarò, si proclamò soddisfatto. ‖ [prendre parti] *se déclarer pour un candidat*, dichiararsi in favore di un candidato. ‖ [se manifester] *la maladie se déclare*, la malattia si manifesta. | *le feu s'est déclaré*, è scoppiato un incendio.
déclassé, e [deklase] adj. et n. declassato.
déclassement [deklasmɑ̃] m. [social] declassamento. | *le déclassement des fonctionnaires par rapport au secteur privé*, la disparità dei funzionari rispetto al settore privato. ‖ [wagon; hôtel] declassamento. ‖ [d'un voyageur] cambiamento di classe; [d'un sportif] retrocessione f.
déclasser [deklase] v. tr. [socialement] declassare. ‖ [wagon; hôtel] declassare. | *déclasser un voyageur*, far cambiar classe a un viaggiatore. ‖ [papiers, livres] spostare. ◆ v. pr. [socialement] declassarsi. ‖ [voyageur] cambiar classe.
déclaveter [deklavte] v. tr. TECHN. togliere le chiavette; scavigliare.
déclenche [deklɑ̃ʃ] f. V. DÉCLENCHEUR.
déclenchement [deklɑ̃ʃmɑ̃] m. TECHN. scatto. ‖ MIL. *déclenchement d'une attaque*, inizio di un attacco.
déclencher [deklɑ̃ʃe] v. tr. [séparer] disinnestare. ‖ [mettre en mouvement] *déclencher la sonnerie de la pendule*, far scattare il meccanismo di suoneria dell'orologio. ‖ [provoquer] sferrare, lanciare, scatenare. | *déclencher une attaque*, sferrare, lanciare un attacco. | *déclencher la guerre*, scatenare una guerra. ◆ v. pr. *la tempête se déclenche*, la tempesta si scatena.
déclencheur [deklɑ̃ʃœr] m. TECHN. (congegno, dispositivo di) scatto. | *déclencheur d'allumage*, sincronizzatore. ‖ PHOT. *déclencheur automatique*, autoscatto.
déclic [deklik] m. [dispositif] (congegno, dispositivo di) scatto. ‖ [bruit] rumore dello scatto.
déclin [deklɛ̃] m. PR. et FIG. il declinare; tramonto, declino. | *le déclin du jour*, il declinare del giorno. | *être sur son déclin*, essere al tramonto. | *le déclin de la vie*, il declino, il tramonto, l'autunno della vita. | *le déclin d'un empire*, il declino, la decadenza di un impero. | *auteur sur son déclin*, autore in fase di declino. | *le déclin d'un auteur*, la decadenza di un autore.
déclinable [deklinabl] adj. declinabile.
déclinaison [deklinɛzɔ̃] f. ASTR., PHYS. declinazione. | *déclinaison magnétique*, declinazione magnetica. ‖ GRAMM. declinazione.
déclinatoire [deklinatwar] adj. JUR. declinatorio. | *exception déclinatoire*, (eccezione) declinatoria f. ◆ ASTR. declinatore, declinometro.
décliner [dekline] v. tr. GRAMM. declinare. ‖ [indiquer] *décliner son identité*, dare, declinare le proprie generalità. ‖ [refuser] rifiutare, recusare, declinare. ‖ JUR. *décliner la compétence*, declinare la competenza. ◆ v. intr. ASTR. declinare, tramontare, calare. ‖ FIG. declinare, scemare, calare, tramontare. | *ses forces déclinent*, le sue forze declinano, scemano, calano. ‖ PHYS. declinare. ◆ v. pr. GRAMM. declinarsi.
décliqueter [deklikte] v. tr. far scattare.
déclive [dekliv] adj. declive. ◆ n. f. *en déclive*, in declivio, in pendenza.
déclivité [deklivite] f. declivio m., pendio m.
déclouer [deklue] v. tr. schiodare.
décocher [dekɔʃe] v. tr. *décocher une flèche*, scoccare una freccia. | *décocher un coup de poing*, sferrare un pugno. | *décocher un regard sévère*, lanciare uno sguardo severo.
décoction [dekɔksjɔ̃] f. [action] decozione. ‖ [produit] decotto m., decozione.
décodage [dekɔdaʒ] m. deciframento, decifrazione f., decodifica f.
décoder [dekɔde] v. tr. decifrare, decodificare.
décoffrage [dekɔfraʒ] m. disarmo.
décoffrer [dekɔfre] v. tr. disarmare.
décoiffer [dekwafe] v. tr. [dépeigner] spettinare, scapigliare, scarmigliare. ‖ TECHN. *décoiffer une fusée*, togliere il cappuccio a un razzo.
décoincer [dekwɛ̃se] v. tr. TECHN. sbiettare, disinceppare. ‖ [dégager] svincolare.
décolérer [dekɔlere] v. intr. *ne pas décolérer*, essere sempre furibondo, sempre fuori di sé.
décollage [dekɔlaʒ] m. AÉR. decollo, decollaggio, involo. ‖ ÉCON. *le décollage des pays sous-développés*, il decollo delle aree depresse.
décollation [dekɔlasjɔ̃] f. decollazione, decapitazione.
décollé, e [dekɔle] adj. *oreilles décollées*, orecchi a sventola.
décollement [dekɔlmɑ̃] m. scollamento, distacco. ‖ MÉD. *décollement de la rétine*, distacco della retina.
décoller [dekɔle] v. tr. scollare, staccare. ◆ v. tr. ind. FAM. *ne pas décoller d'un endroit*, non staccarsi da un luogo. ‖ SPORT *décoller du peloton*, distaccare il gruppo. ◆ v. intr. AÉR. involare, decollare. ‖ FAM. [maigrir] *il a décollé*, è dimagrito, si è sciupato (L.C.). ◆ v. pr. staccarsi. ‖ [meubles] scollarsi, staccarsi.
décolletage [dekɔltaʒ] m. AGR. scollettatura f. ‖ MÉC. filettatura f. ‖ MODE scollatura f.; décolleté (fr.).
décolleté, e [dekɔlte] adj. scollato. | *elle était trop décolletée*, era scollacciata. ◆ n. m. scollatura f., scollo; décolleté (fr.).
décolleter [dekɔlte] v. tr. AGR. scollettare. ‖ MÉC. filettare. ‖ MODE scollare. ◆ v. pr. scollarsi.
décolleteur, euse [dekɔltœr, øz] n. [ouvrier] filettatore, trice. ◆ f. [machine] filettatrice. ‖ AGR. [betteraves] scollettatrice.
décolonisation [dekɔlɔnizasjɔ̃] f. decolonizzazione.
décoloniser [dekɔlɔnize] v. tr. decolonizzare.

décolorant, e [dekɔlɔrɑ̃, ɑ̃t] adj. et n. m. decolorante.
décoloration [dekɔlɔrasjɔ̃] f. *décoloration d'un tissu (au soleil)*, scolorimento m., scoloramento (littér.) di un tessuto al sole. | *décoloration des vins, d'un tissu (en teinturerie), d'une huile*, decolorazione dei vini, di un tessuto (in tintoria), di un olio. | *décoloration des cheveux (chez le coiffeur)*, decolorazione dei capelli (dal parrucchiere).
décoloré, e [dekɔlɔre] adj. [par le soleil] scolorito, sbiadito ; scolorato (littér.) ; [par un décolorant] decolorato.
décolorer [dekɔlɔre] v. tr. scolorire, sbiadire ; scolorare (littér.). ‖ CHIM. decolorare. ◆ v. pr. scolorirsi ; scolorarsi (littér.).
décombres [dekɔ̃br] m. pl. [gravats] macerie f. pl., calcinacci. ‖ [ruines] rovine f. pl., ruderi.
décommander [dekɔmɑ̃de] v. tr. disdire, annullare.
décompensation [dekɔ̃pɑ̃sasjɔ̃n] f. scompenso m.
décompensé, e [dekɔ̃pɑ̃se] adj. scompensato.
décomposable [dekɔ̃pozabl] adj. scomponibile, decomponibile.
décomposer [dekɔ̃poze] v. tr. [diviser] scomporre, decomporre. ‖ [putréfier] guastare, corrompere. ‖ [troubler] *cette nouvelle lui a décomposé le visage*, questa notizia gli ha sconvolto, scomposto il volto. ◆ v. pr. PR. scomporsi. ‖ [s'altérer] guastarsi, corrompersi. ‖ [se désorganiser] disfarsi, decomporsi ; andare a male.
décomposition [dekɔ̃pozisjɔ̃] f. decomposizione, scomposizione. ‖ [pourriture] decomposizione ; (il) guastarsi ; disfacimento m. (littér.). | *cadavre en décomposition*, cadavere in putrefazione. ‖ [profonde désorganisation] sfacelo m., putrefazione, disfacimento, rovina. ‖ CHIM., PHYS. decomposizione, scomposizione. ‖ GRAMM. scomposizione.
décompresseur [dekɔ̃prɛsœr] n. et adj. m. decompressore.
décompression [dekɔ̃prɛsjɔ̃] f. decompressione.
décomprimer [dekɔ̃prime] v. tr. decomprimere.
décompte [dekɔ̃t] m. [détail] distinta f. ‖ [déduction] defalco, deduzione f.
décompter [dekɔ̃te] v. tr. [déduire] defalcare, detrarre, dedurre.
déconcentration [dekɔ̃sɑ̃trasjɔ̃] f. ADM. decentramento m.
déconcertant, e [dekɔ̃sɛrtɑ̃, ɑ̃t] adj. sconcertante.
déconcerter [dekɔ̃sɛrte] v. tr. sconcertare, turbare.
déconfit, e [dekɔ̃fi, it] adj. sconcertato, imbarazzato, vergognoso, confuso.
déconfiture [dekɔ̃fityr] f. FAM. [échec] fiasco m. ; disastro completo, sfacelo m., rotta, disfatta (L.C.). ‖ [ruine] fallimento m., rovina (L.C.). ‖ JUR. [insolvabilité] insolvenza.
décongélation [dekɔ̃ʒelasjɔ̃] f. disgelo m.
décongeler [dekɔ̃ʒle] v. tr. disgelare ; sgelare (plus courant).
décongestionner [dekɔ̃ʒɛstjɔne] v. tr. PR. et FIG. decongestionare. | *décongestionner le trafic*, snellire il traffico.
déconnecter [dekɔnɛkte] v. tr. sconnettere, scollegare.
déconner [dekɔne] v. intr. POP. dire delle fesserie ; dire fregnacce (rom.).
déconnexion [dekɔnɛksjɔ̃] f. scollegamento m.
déconseiller [dekɔ̃seje] v. tr. sconsigliare, dissuadere. | *à déconseiller*, sconsigliabile, da sconsigliare.
déconsidération [dekɔ̃siderasjɔ̃] f. discredito m., disistima.
déconsidérer [dekɔ̃sidere] v. tr. screditare. ◆ v. pr. *il s'est déconsidéré par ses agissements*, si è screditato con i suoi maneggi.
déconsigner [dekɔ̃siɲe] v. tr. MIL. togliere la consegna a. ‖ LOC. *déconsigner une valise*, ritirare una valigia (dal deposito bagagli). | *déconsigner une bouteille*, rimborsare il vuoto.
décontenancer [dekɔ̃tnɑ̃se] v. tr. sconcertare, turbare. ◆ v. pr. sconcertarsi, confondersi, turbarsi.
décontracté, e [dekɔ̃trakte] adj. PR. [muscle] rilassato. | *après le bain on se sent décontracté*, dopo il bagno uno si sente rilassato. ‖ [détendu moralement] rilassato, disteso. ‖ [nonchalant] spensierato, incurante, noncurante ; apatico.
décontracter [dekɔ̃trakte] v. tr. rilassare, distendere. ◆ v. pr. rilassarsi, distendersi ; calmare la tensione. | *après l'examen je me suis décontracté*, dopo l'esame mi sono disteso. | *je vais au cinéma pour me décontracter*, vado al cinema per distendere i nervi.
décontraction [dekɔ̃traksjɔ̃] f. rilassamento m., distensione. ‖ [morale] distensione dello spirito.
déconvenue [dekɔ̃vny] f. disappunto m., smacco m.
décor [dekɔr] m. decorazione f. ; decoro (gall.). ‖ THÉÂTRE scenario m. ‖ PR. et FIG. *changement de décor*, cambiamento di scena. ‖ FIG. scenario, sfondo. | *le décor grandiose des Alpes*, il grandioso scenario, sfondo delle Alpi. | *vivre dans un décor somptueux*, vivere in un ambiente, in un arredamento suntuoso. ‖ FAM. *aller, entrer dans le décor, les décors*, uscire di strada (L.C.).
décorateur, trice [dekɔratœr, tris] n. decoratore, trice. ‖ CIN., THÉÂTRE scenografo m., ambientatore, trice.
décoratif, ive [dekɔratif, iv] adj. decorativo.
décoration [dekɔrasjɔ̃] f. [art ; action] decorazione. ‖ [d'un intérieur] arredamento m., ambientazione. ‖ [insigne] decorazione, onorificenza.
décorer [dekɔre] v. tr. [orner] decorare, ornare. ‖ [donner un insigne] decorare, insignire.
décorner [dekɔrne] v. tr. PR. scornare. ‖ LOC. *un vent à décorner les bœufs* = un vento fortissimo.
décorticage [dekɔrtikaʒ] m. [riz, millet, avoine, etc.] brillatura f. ; [maïs] spannocchiatura f. ; [noix, amandes] sgusciatura f.
décortication [dekɔrtikasjɔ̃] f. [d'un arbre] scortecciatura, decorticazione. ‖ CHIR. decorticazione.
décortiquer [dekɔrtike] v. tr. [arbre] decorticare, scortecciare ; [riz, millet, avoine, etc.] brillare ; [maïs] spannocchiare ; [noix, amandes] sgusciare. ‖ FIG., FAM. *décortiquer un texte*, sviscerare un testo.
décorum [dekɔrɔm] m. (lat.) decoro, dignità f. ‖ [bienséance] convenienze f. pl. ‖ [apparence] lustro, decoro.
décote [dekɔt] f. FIN. riduzione scalare dell'imposta sul reddito.
découcher [dekuʃe] v. intr. passare la notte fuori di casa.
découdre [dekudr] v. tr. scucire, sdrucire. ‖ [éventrer] *le sanglier découd un chien*, il cinghiale dilania un cane. ◆ v. intr. FAM. *en découdre*, darsele.
découler [dekule] v. intr. VX [couler peu à peu] (s)colare, (s)gocciolare, stillare (L. C.) ‖ FIG. [résulter] **(de)** conseguire, risultare, derivare (da).
découpage [dekupaʒ] m. taglio ; [du bois] traforo ; [de la viande] taglio, (lo) scalcare, trinciatura f. ; [selon un contour] (il) ritagliare, ritaglio. | *faire du découpage*, ritagliare figurine. ‖ CIN. sceneggiatura f., copione. ‖ POLIT. *le découpage électoral*, lo stabilire le circoscrizioni elettorali. ‖ TECHN. taglio.
découpe [dekup] f. taglio m. ‖ [en couture] intaglio m.
découpé, e [dekupe] adj. (fra)stagliato. | *côte découpée*, costa frastagliata.
découper [dekupe] v. tr. [diviser en morceaux] tagliare ; [viande] tagliare, trinciare, scalcare. ‖ [irrégulièrement] (fra)stagliare ; [selon un contour] ritagliare. ‖ TECHN. tagliare. | *découper au chalumeau*, tagliare col cannello, alla fiamma ossidrica. ◆ v. pr. FIG. stagliarsi, delinearsi.
découpeur, euse [dekupœr, øz] n. tagliatore, trice ; tagliatora (f. pop.). ◆ n. f. [machine] tranciatrice, trancia.
découplé, e [dekuple] adj. *bien découplé*, aitante, ben piantato.
découpler [dekuple] v. tr. [chasse] sguinzagliare. ‖ TECHN. disaccoppiare, disinnestare.
découpure [dekupyr] f. [action] taglio m. ‖ [résultat] ritaglio m. ‖ GÉOGR. *les découpures d'une côte*, le frastagliature d'una costa.
décourageant, e [dekuraʒɑ̃, ɑ̃t] adj. scoraggiante.

découragement [dekuraʒmɑ̃] m. sconforto, scoraggiamento, avvilimento ; scoramento (littér.).
décourager [dekuraʒe] v. tr. scoraggiare. ◆ v. pr. scoraggiarsi, avvilirsi ; perdersi d'animo.
découronner [dekurɔne] v. tr. [un roi] detronizzare ; togliere la corona a. ‖ [un arbre] (s)capitozzare, scoronare.
décousu, e [dekuzy] adj. Pr. scucito, sdrucito. ‖ Fig. [confus ; incohérent] sconnesso, scucito, slegato, sconclusionato. | *vie décousue*, vita sconclusionata. ◆ n. m. *le décousu du style*, l'incoerenza, la sconnessione dello stile.
découvert, e [dekuvɛr, ɛrt] adj. scoperto. | *terrain découvert*, terreno scoperto. | *voiture découverte*, carozza, automobile scoperta. | *aller la tête découverte*, andare a capo scoperto. ‖ Fig. *parler à visage découvert*, parlare a viso aperto. ◆ n. m. Comm. scoperto. ◆ loc. adv. Pr. et fig. ***à découvert,*** allo scoperto. ‖ Comm. *mon compte est à découvert*, il mio conto è scoperto.
découverte [dekuvɛrt] f. [action] scoperta, ritrovamento m. | *la découverte de l'Amérique*, la scoperta dell'America. | *la découverte de documents anciens*, la scoperta, il ritrovamento di documenti antichi. | *aller à la découverte*, andare alla scoperta. ‖ [objet] scoperta, invenzione, ritrovato m.
découvreur [dekuvrœr] m. scopritore.
découvrir [dekuvrir] v. tr. [ôter ce qui couvre] scoprire. | *la marmite est découverte*, la pentola è scoperta, scoperchiata. | *découvrir ses bras*, scoprirsi le braccia. ‖ [révéler] scoprire, palesare, svelare, rivelare. | *découvrir son jeu*, scoprire, rivelare il proprio gioco. | *le mensonge a été découvert*, la bugia è stata scoperta. ‖ Mil. scoprire. ‖ [trouver] *découvrir une nouvelle loi physique*, scoprire una nuova legge fisica. ‖ [apercevoir] scoprire. | *d'ici on découvre le mont Blanc*, di qui si scopre il monte Bianco. ◆ v. pr. [s'exposer aux coups] scoprirsi. ‖ [ôter son chapeau] scoprirsi (il capo) ; togliersi, levarsi il cappello, il berretto. ‖ Météor. *le ciel s'est découvert*, il cielo si è rasserenato. ‖ [révéler sa pensée] rivelarsi, smascherarsi.
décrassage [dekrasaʒ] ou **décrassement** [dekrasmɑ̃] m. (ri)pulitura f.
décrasser [dekrase] v. tr. [nettoyer] ripulire. ‖ Fig., fam. dirozzare (l.c.). ◆ v. pr. Fam. (ri)pulirsi (l.c.).
décrément [dekremɑ̃] m. Math. decremento.
décrépir [dekrepir] v. tr. scalcinare, scrostare, raschiare. ◆ v. pr. scalcinarsi, scrostarsi.
décrépit, e [dekrepi, it] adj. decrepito.
décrépitude [dekrepityd] f. decrepitezza. ‖ Fig. sfacelo m.
decrescendo [dekreʃɛ̃do] adv. et n. m. Mus. decrescendo, diminuendo. ‖ Fig. *aller decrescendo*, andar diminuendo.
décret [dekrɛ] m. decreto.
décréter [dekrete] v. tr. [par décret] decretare. ‖ [décider] decidere.
décrétale [dekretal] f. Relig. decretale.
décret-loi [dekrɛlwa] m. decreto legge (pl. *decreti legge*).
décrier [dekrije] v. tr. screditare, denigrare.
décrire [dekrir] v. tr. [raconter ; tracer] descrivere.
décrochage [dekrɔʃaʒ] m. *le décrochage d'un tableau, des rideaux*, lo staccare un quadro, le tende. | *décrochage des wagons*, sganciamento dei vagoni. ‖ Mil. sganciamento ; rottura (f.) di contatto. ‖ Fam. = ritiro, riposo, pensione f.
décrochement [dekrɔʃmɑ̃] m. [tableau, rideaux] V. décrochage. ‖ Géol. dislivello. ‖ [partie en retrait] *décrochement d'un mur*, rientranza (f.) di un muro.
décrocher [dekrɔʃe] v. tr. [tableau] staccare ; [wagon] staccare, sganciare. ‖ Fam. [obtenir] strappare ; ottenere, conseguire, riuscire ad avere (l.c.). | *décrocher la timbale*, spuntarla, farcela. ◆ v. intr. Mil. sganciarsi, disimpegnarsi v. pr. ‖ Sport, fam. abbandonare (la competizione) [l.c.] ; [cyclisme] attaccare la bicicletta al chiodo ; [boxe] attaccare i guantoni al chiodo. ◆ v. pr. staccarsi ; sganciarsi. ‖ Fam. *bâiller, rire à se décrocher la mâchoire*, sganasciarsi, smascellarsi dagli sbadigli, dalle risa.
décrochez-moi-ça [dekrɔʃemwasa] m. inv. Fam. bottega (f.) di rigattiere (l.c.). | *je l'ai acheté au décrochez-moi-ça*, l'ho comprato dal rigattiere.
décroiser [dekrwaze] v. tr. [bras] sciogliere ; [jambes] scavallare.
décroissance [dekrwasɑ̃s] f. ou **décroissement** [dekrwasmɑ̃] m. decrescenza f., diminuzione f.
décroît [dekrwa] m. Astr. *la lune est dans, sur son décroît*, la luna è nella fase decrescente.
décroître [dekrwatr] v. intr. decrescere, scemare. ‖ Astr. *la lune décroît*, la luna decresce, cala.
décrotter [dekrɔte] v. tr. togliere il sudiciume, il fango a. ‖ Fig., fam. dirozzare (l.c.).
décrotteur [dekrɔtœr] m. [cireur] lustrascarpe inv., lustrino. ‖ Agr. pulitrice f. (per barbabietole).
décrottoir [dekrɔtwar] m. puliscipiedi (inv.), nettapiedi (inv.) metallico.
décrue [dekry] f. decrescenza, ritiro (m.) delle acque.
décrypter [dekripte] v. tr. decriptare, decrittare.
déçu, e [desy] adj. deluso.
décubitus [dekybitys] m. (lat.) decubito.
de cujus [dəkyʒys] n. (lat.) Jur. de cuius.
déculotter [dekylɔte] v. tr. togliere i calzoni a, sbracare. ◆ v. pr. togliersi i calzoni, sbracarsi.
décuple [dekypl] adj. et n. m. decuplo.
décupler [dekyple] v. tr. Pr. et fig. decuplicare. ◆ v. intr. decuplicarsi v. pr.
décurion [dekyrjɔ̃] m. Antiq. decurione.
décurrent, e [dekyrɑ̃, ɑ̃t] adj. Bot. decorrente.
décuscuteuse [dekyskytøz] f. Agr. decuscutatore m.
décussé, e [dekyse] adj. Bot. decussato.
décuvage [dekyvaʒ] m. ou **décuvaison** [dekyvɛzɔ̃] f. svinatura.
décuver [dekyve] v. tr. svinare.
dédaignable [dedɛɲabl] adj. disprezzabile, trascurabile.
dédaigner [dedeɲe] v. tr. (di)sdegnare, (di)sprezzare, spregiare. | *dédaigner de* (inf.), non degnarsi di (inf.).
dédaigneusement [dedɛɲøzmɑ̃] adv. (di)sdegnosamente, sprezzantemente.
dédaigneux, euse [dedɛɲø, øz] adj. (di)sdegnoso, sprezzante. | *silence dédaigneux*, silenzio sprezzante. ◆ n. *faire le dédaigneux, la dédaigneuse*, fare lo sdegnoso, la sdegnosa.
dédain [dedɛ̃] m. disdegno, disprezzo.
dédale [dedal] m. dedalo, labirinto.
dedans [dədɑ̃] adv. dentro. | *je t'attends dedans*, ti aspetto dentro. ‖ Fam. *mettre qn dedans :* [emprisonner] mettere dentro qlcu. ; [tromper] imbrogliare qlcu. ; fregare qlcu. (pop.). | *se mettre dedans*, ingannarsi, sbagliare, prendere una cantonata (l.c.). | *il m'est rentré dedans*, mi ha dato dentro. | *le dedans de la voiture*, l'interno, il didentro della macchina. | *mettre en plein dedans*, cogliere nel segno, far centro (l.c.). ◆ n. m. interno ; didentro (fam.). | *les ennemis du dedans et du dehors*, i nemici di dentro e di fuori. | *du dedans au dehors*, dal di dentro all' infuori ; di dentro in fuori. ‖ Sport *avantage dedans*, v. avantage. ◆ loc. adv. ***au-dedans,*** dentro, all'interno. | *être calme au-dedans*, essere calmo dentro di sé. ‖ ***là-dedans :*** [loin] là dentro, lì dentro ; [près] qua dentro, qui dentro. | *il n'y a rien de vrai là-dedans*, lì non c'è niente di vero. ‖ ***de dedans,*** dal di dentro, dall'interno. ‖ ***en dedans,*** (in) dentro, all'interno. | *la clé est en dedans*, la chiave è all'interno. | *tube tourné en dedans*, tubo piegato in dentro. | *avoir les pieds en dedans*, avere i piedi in dentro. ◆ loc. prép. ***au-dedans de,*** dentro (a). | *au-dedans de l'armoire*, dentro l'armadio, all'armadio. ‖ [devant un pron. pers.] dentro di. | *au-dedans de moi, de toi*, dentro di me, dentro di te. ‖ ***en dedans de,*** dentro a.
dédicace [dedikas] f. [église] dedicazione. ‖ [livre] dedica.
dédicacer [dedikase] v. tr. fare, apporre una dedica a ; dedicare.

dédicataire [dedikatɛr] n. = persona a cui è dedicata un'opera.
dédicatoire [dedikatwar] adj. *lettre dédicatoire*, (epistola) dedicatoria f.
dédier [dedje] v. tr. dedicare.
dédire [dedir] v. tr. disdire. ◆ v. pr. disdirsi. | *il se dédit de son engagement*, disdice il suo impegno.
dédit [dedi] m. JUR. disdetta f. | *payer un dédit*, pagare una penale.
dédommagement [dedɔmaʒmɑ̃] m. [réparation d'un dommage] risarcimento, indennizzo. || [paiement] compenso.
dédommager [dedɔmaʒe] v. tr. [réparer un dommage] risarcire, indennizzare. | *il m'a dédommagé des dégâts causés à ma voiture*, mi ha risarcito, indennizzato dei danni provocati alla mia macchina. || [payer] compensare. || [récompenser] ricompensare. ◆ v. pr. rifarsi.
dédorer [dedɔre] v. tr. sdorare.
dédouanement [dedwanmɑ̃] m. sdoganamento.
dédouaner [dedwane] v. tr. sdoganare. || FIG. riscattare, scolpare.
dédoublage [dedublaʒ] m. [d'un vêtement] lo sfoderare. || TEXT. sdoppiamento di un filo. || [de l'alcool] il dimezzare.
dédoublement [dedubləmɑ̃] m. sdoppiamento, raddoppio. | *dédoublement de la personnalité*, sdoppiamento della personalità.
dédoubler [deduble] v. tr. sdoppiare, raddoppiare. | *dédoubler une classe*, sdoppiare una classe. | *dédoubler un train*, raddoppiare un treno. || [vêtement] sfoderare. || [alcool] dimezzare. || FAM. *je ne peux pas me dédoubler*, non ho il dono di ubiquità.
dédramatiser [dedramatize] v. tr. sdrammatizzare.
déductif, ive [dedyktif, iv] adj. PHILOS. deduttivo.
déduction [dedyksjɔ̃] f. [soustraction] deduzione, defalco m., detrazione. | *déduction faite de*, dopo defalco di. || [conséquence] deduzione, illazione.
déduire [dedɥir] v. tr. [soustraire] dedurre, detrarre, defalcare. || [inférer] dedurre, arguire.
déesse [deɛs] f. dea.
de facto [defakto] loc. adv. de facto (lat.).
défaillance [defajɑ̃s] f. [évanouissement] svenimento m., deliquio m., mancamento m. | *tomber en défaillance*, cadere in deliquio. | *défaillance cardiaque*, sincope. || [affaiblissement] debolezza, indebolimento m. || [manque] mancanza, deficienza. || JUR. inadempimento m., inosservanza. || MÉC. funzionamento difettoso. ◆ loc. adv. ***sans défaillance***, continuo, incessante, costante adj.
défaillant, e [defajɑ̃, ɑ̃t] adj. [qui s'affaiblit] fiacco, debole, manchevole ; che vien meno. || [absent] assente. || JUR. contumace, inadempiente.
défaillir [defajir] v. intr. [s'évanouir] svenire, mancare ; venir meno.
défaire [defɛr] v. tr. [détruire ce qui est fait] disfare, sfare. | *défaire un travail, un lit*, disfare un lavoro, un letto. | *défaire un nœud*, sciogliere un nodo. || FIG. [détruire, affaiblir] disfare, sfibrare. | *la maladie l'a défait*, la malattia l'ha disfatto, sfibrato. || MIL. disfare, sconfiggere. || [débarrasser] liberare. ◆ v. pr. **(de)** [vendre, donner] *se défaire de qch.*, dar via qlco. || [se débarrasser de] *il se défait de son paquet*, si disfà del pacco. | *se défaire d'un raseur*, liberarsi di, da un seccatore. | *se défaire d'une habitude*, liberarsi di un'abitudine.
défait, e [defɛ, ɛt] adj. *visage défait*, viso disfatto, sfatto.
défaite [defɛt] f. disfatta, sconfitta.
défaitisme [defetism] m. disfattismo.
défaitiste [defetist] adj. et n. disfattista. | *propagande défaitiste*, propaganda disfattista. | *caractère, attitude défaitiste*, carattere, atteggiamento rinunziatario.
défalcation [defalkasjɔ̃] f. defalco m., defalcazione. | *défalcation faite de*, dopo defalco di.
défalquer [defalke] v. tr. defalcare, detrarre, sottrarre. | *défalquer les acomptes du montant d'une facture*, defalcare, detrarre, sottrarre gli acconti dall'importo di una fattura.
défaufiler [defofile] v. tr. sbastire.
défausser [defose] v. tr. TECHN. raddrizzare. ◆ v. pr. [jeu de cartes] *se défausser à cœur, de ses cœurs*, sfagliare a cuori, scartare i cuori. | *se défausser de l'as de cœur*, scartare, sfagliare l'asso di cuori.
défaut [defo] m. **1.** [manque ; insuffisance] difetto, mancanza f., deficienza f. | *défaut de vivres*, deficienza di viveri. | *faire défaut*, fare difetto, mancare, difettare. | *l'argent, la mémoire me fait défaut*, il denaro, la memoria mi fa difetto, mi manca, mi difetta. || MATH., PHYS. *total approché par défaut*, approssimazione per difetto. || **2.** [imperfection matérielle, physique] difetto. | *défaut de fabrication*, difetto di fabbricazione. | *sans défaut*, senza difetti. | *défaut de la cuirasse*, V. CUIRASSE. || **3.** [imperfection morale] difetto. | *être en défaut*, essere, trovarsi in difetto, in fallo. | *prendre en défaut*, cogliere in fallo. || **4.** JUR. *faire défaut*, non comparire. | *jugement par défaut*, sentenza contumaciale, in contumacia. || **5.** ANAT. *défaut de l'épaule*, attaccatura (f.) della spalla. ◆ loc. prép. ***à défaut de***, in mancanza di. | *à défaut de mieux*, in mancanza di meglio.
défaveur [defavœr] f. sfavore m., discredito m. ; disfavore m. (littér.).
défavorable [defavɔrabl] adj. sfavorevole.
défavorisé, e [defavɔrize] adj. svantaggiato, sfavorito.
défavoriser [defavɔrize] v. tr. sfavorire ; disfavorire (littér.).
défécation [defekasjɔ̃] f. CHIM., PHYSIOL. defecazione.
défectif, ive [defɛktif, iv] adj. GRAMM. difettivo.
défection [defɛksjɔ̃] f. defezione, diserzione. | *faire défection*, defezionare ; mancare a un impegno.
défectueux, euse [defɛktɥø, øz] adj. difettoso.
défectuosité [defɛktɥɔzite] f. difetto m., imperfezione.
défendable [defɑ̃dabl] adj. MIL. difendibile. || FIG. *ce n'est pas défendable*, è insostenibile.
défendeur, deresse [defɑ̃dœr, drɛs] n. JUR. convenuto m.
défendre [defɑ̃dr] v. tr. [se battre pour] difendere. | *défendre sa patrie, sa vie, sa peau*, difendere la patria, la vita, la pelle. || [soutenir] *défendre une cause, un idéal*, difendere, propugnare una causa, un ideale. || [protéger, garantir] *défendre de, contre*, difendere, riparare, proteggere da. || [interdire] vietare, proibire. | *défendre à qn de répondre*, vietare, proibire a uno di rispondere. | *il est défendu sous peine d'amende, de mort*, è vietato, proibito sotto pena di multa, di morte. | *il est défendu de fumer*, è vietato, proibito fumare. ◆ loc. adv. ***à son corps défendant***, controvoglia, a malincuore, suo malgrado. ◆ v. pr. difendersi. || [se protéger] **(de)** difendersi, ripararsi, proteggersi (da). | *se défendre des coups*, difendersi, schermirsi, ripararsi dai colpi. || [se disculper] *se défendre d'une accusation*, difendersi da un'accusa ; discolparsi. || FAM. *ça se défend*, regge ; è sostenibile. || [s'en tirer ; résister] difendersi, cavarsela. | *elle a 75 ans, mais elle se défend*, ha 75 anni ma li porta bene. || [s'empêcher] *il ne peut se défendre de rire*, non può fare a meno di ridere. || [nier] negare. | *je ne m'en défends pas*, non lo nego.
défendu, e [defɑ̃dy] adj. *le fruit défendu*, il frutto proibito.
défenestration [defənɛstrasjɔ̃] f. *défenestration de Prague*, defenestrazione di Praga.
défense [defɑ̃s] f. **1.** [protection] difesa. || [action ; moyen] *légitime défense*, legittima difesa. | *il a pris la défense de Paul*, ha preso la difesa, le difese di Paolo. | *défense nationale, passive*, difesa nazionale, passiva. | *armes de défense*, armi da difesa, armi difensive. | *être sans défense*, essere senza difesa ; essere indifeso, inerme. || **2.** JUR. difesa. | *avocat de la défense*, avvocato difensore. | *donner parole à la défense*, dar la parola alla difesa. || [justification] *pour sa défense*, a sua difesa. || **3.** MIL. *défense antiaérienne*, difesa antiaerea. || PSYCHAN. *mécanismes de défense*, meccanismi di difesa. || SPORT difesa. || **4.** ZOOL. [dent] zanna,

difesa. ‖ **5.** [règlement] divieto m., proibizione. | *défense de dépasser, de stationner, d'afficher*, divieto di sorpasso, di sosta, d'affissione. ‖ [interdiction de faire] *défense de fumer*, vietato fumare.
défenseur [defɑ̃sœr] m. difensore. ‖ FIG. *défenseur d'une idée*, propugnatore di un'idea. ‖ JUR. difensore, patrocinatore.
défensif, ive [defɑ̃sif, iv] adj. difensivo. | *ligne, alliance, arme défensive*, linea, alleanza, arma difensiva. ◆ n. f. difensiva. ‖ PR. et FIG. *être sur la défensive*, mettersi, porsi, stare sulla difensiva. | *rester sur la défensive*, rimanere sulla difensiva.
déféquer [defeke] v. tr. CHIM. defecare. ◆ v. intr. PHYSIOL. defecare.
déférence [deferɑ̃s] f. deferenza. | *avoir de la déférence pour qn*, aver deferenza verso qlcu.
déférent, e [deferɑ̃, ɑ̃t] adj. deferente. ‖ ANAT. *canal déférent*, canale deferente.
déférer [defere] v. tr. JUR. deferire. | *déférer qn en justice*, deferire qlcu. alla giustizia. ◆ v. tr. ind. **(à)** [céder devant] deferire (a). | *déférer à une requête*, accogliere un'istanza, accedere a una richiesta.
déferlement [defɛrləmɑ̃] m. (il) frangersi, (l')infrangersi. ‖ FIG. (il) dilagare ; dilagamento.
déferler [defɛrle] v. tr. MAR. mollare (le vele). ◆ v. intr. (in)frangersi. | *les vagues déferlaient avec violence*, le onde s'infrangevano, si frangevano con violenza. ‖ FIG. dilagare. | *la foule déferle à travers les rues*, la folla dilaga per le vie.
déferrer [defere] v. tr. [un objet] togliere il ferro a ; [une bête de somme] sferrare. ◆ v. pr. *le cheval s'est déferré*, il cavallo ha perduto i ferri.
défervescence [defɛrvɛsɑ̃s] f. CHIM., MÉD. defervescenza.
défeuillage [defœjaʒ] m. sfogliata f., sfogliatura f.
défeuillaison [defœjɛzɔ̃] f. BOT. caduta delle foglie, defogliazione, filloptosi ; (auto)corismo m.
défeuiller [defœje] v. tr. sfogliare.
défi [defi] m. sfida f. ; disfida f. (littér.). | *lancer, relever un défi*, lanciare, accettare una sfida. | *mettre qn au défi de faire qch.*, sfidare uno a fare qlco. ‖ FIG. *défi au bon sens*, insulto al buonsenso.
défiance [defjɑ̃s] f. sfiducia, diffidenza. | *vote de défiance*, voto di sfiducia.
défiant, e [defjɑ̃, ɑ̃t] adj. diffidente.
défibrage [defibraʒ] m. sfibratura.
défibrer [defibre] v. tr. sfibrare.
défibreur, euse [defibrœr, øz] n. [machine] sfibratore m., sfibratrice f.
déficeler [defisle] v. tr. slegare.
déficience [defisjɑ̃s] f. deficienza.
déficient, e [defisjɑ̃, ɑ̃t] adj. deficiente. ◆ n. *déficient mental*, insufficiente, deficiente mentale.
déficit [defisit] m. deficit inv., ammanco, disavanzo. | *être en déficit*, essere in deficit, in disavanzo.
déficitaire [defisitɛr] adj. deficitario.
défier [defje] v. tr. sfidare. | *défier qn à la course*, sfidare uno alla corsa. | *je te défie de me prouver le contraire*, ti sfido a dimostrarmi il contrario. | *je t'en défie !* = non te ne credo capace ! ‖ FIG. [braver] sfidare. | *défier un danger*, sfidare un pericolo. | *défier les siècles*, sfidare i secoli. | *prix qui défient toute concurrence*, prezzi che non temono confronti. ◆ v. pr. [se méfier] diffidare v. intr. | *se défier de qn, de tout le monde*, diffidare di uno, di tutti. ‖ [s'affronter] sfidarsi.
défigurer [defigyre] v. tr. sfigurare. | *cadavre défiguré*, cadavere irriconoscibile. ‖ FIG. *défigurer la vérité, les faits, les paroles de qn*, travisare la verità, i fatti, le parole di qlcu.
défilage [defilaʒ] m. TEXT. sfilacciatura f.
1. défilé [defile] m. GÉOGR. stretta f., gola f., passo. ‖ MIL. sfilata f. ‖ [cortège] corteo. ‖ *défilé de mannequins*, sfilata di moda, di indossatrici ; défilé (fr.). ‖ FIG. *un défilé de souvenirs, de visites*, un succedersi di ricordi, di visite.
2. défilé, e adj. MIL. *zone défilée*, zona defilata, mascherata.
défilement [defilmɑ̃] m. MIL. defilamento.
1. défiler [defile] v. tr. [enlever le fil] sfilare. ‖ [défaire un tissu] sfilacciare. ‖ MIL. defilare. ◆ v. pr. FAM. [se dérober] svignarsela, squagliarsela.
2. défiler v. intr. [se succéder] sfilare. | *les souvenirs défilaient dans ma mémoire*, i ricordi mi sfilavano nella memoria. ‖ MIL. sfilare.
défileuse [defiløz] f. sfilacciatrice.
défini, e [defini] adj. GRAMM. *passé défini*, passato remoto. | *article défini*, articolo determinativo.
définir [definir] v. tr. definire. | *définir en deux mots*, definire in due parole.
définissable [definisabl] adj. definibile.
définitif, ive [definitif, iv] adj. definitivo. ‖ ANAT. *dentition définitive*, dentizione permanente. ‖ JUR. *arrêt définitif*, decreto definitivo. ◆ loc. adv. ***en définitive***, tutto sommato, in conclusione, in definitiva.
définition [definisjɔ̃] f. definizione. ‖ T.V. definizione.
déflagrant, e [deflagrɑ̃, ɑ̃t] adj. *matière déflagrante*, sostanza deflagrante.
déflagrateur [deflagratœr] m. deflagratore.
déflagration [deflagrasjɔ̃] f. deflagrazione. ‖ FIG. *déflagration mondiale*, conflagrazione universale.
déflagrer [deflagre] v. intr. deflagrare.
déflation [deflasjɔ̃] f. ÉCON., GÉOL. deflazione.
déflationniste [deflasjɔnist] adj. deflazionistico, deflatorio.
déflecteur [deflɛktœr] m. AUTOM., TECHN. deflettore.
défleurir [deflœrir] v. intr. sfiorire. ◆ v. tr. far sfiorire.
déflexion [deflɛksjɔ̃] f. deflessione.
défloraison [deflɔrɛzɔ̃] f. sfioritura.
défloration [deflɔrasjɔ̃] f. MÉD. deflorazione.
déflorer [deflɔre] v. tr. deflorare, sverginare. ‖ FIG. togliere la novità a, far sfiorire ; sverginare (plais.).
défoliant [defɔljɑ̃] m. defoliante.
défoliation [defɔljasjɔ̃] f. [naturelle] V. DÉFEUILLAISON ; [artificielle] sfogliatura ; [par gaz toxiques] chemocorismo m.
défonçage [defɔ̃saʒ] ou **défoncement** [defɔ̃smɑ̃] m. scassamento.
défoncer [defɔ̃se] v. tr. sfondare. | *défoncer un toit, un mur, une valise*, sfondare un tetto, un muro, una valigia. | *défoncer une route*, rompere il fondo stradale. | *chaussée défoncée*, fondo (stradale) dissestato. ‖ AGR. scassare.
défonceuse [defɔ̃søz] f. AGR. aratro (m.) da scasso.
déformation [defɔrmasjɔ̃] f. deformazione.
déformer [defɔrme] v. tr. deformare, sformare. | *la cicatrice déforme son visage*, la cicatrice gli deforma il volto. | *il déforme son chapeau*, sforma il cappello. ‖ FIG. deformare, svisare, storpiare. | *déformer le sens d'un mot*, deformare, svisare il significato di una parola. | *mots déformés*, parole storpiate. ◆ v. pr. [être modifié] deformarsi, sformarsi.
défoulement [defulmɑ̃] m. sfogo. ‖ PSYCHAN. abreazione f.
défouler (se) [sədefule] v. pr. sfogarsi.
défourner [defurne] v. tr. sfornare.
défraîchir [defreʃir] v. tr. far appassire, far avvizzire ; [une étoffe] sbiadire. ◆ v. pr. appassire, avvizzire, perdere la freschezza ; [étoffe] sbiadire v. intr.
défrayer [defreje] v. tr. spesare ; pagare le spese di. | *défrayer qn de tout*, spesare qlcu. di tutto, pagare tutto per qlcu. ‖ FIG. *défrayer la conversation :* [la soutenir] tener viva, alimentare la conversazione ; [en être l'objet] far le spese della conversazione. | *il défrayait la chronique*, faceva molto parlar di sé.
défrichage [defriʃaʒ] ou **défrichement** [defriʃmɑ̃] m. dissodamento.
défricher [defriʃe] v. tr. PR. et FIG. dissodare.
défriper [defripe] v. tr. togliere le pieghe a.
défriser [defrize] v. tr. disfare i riccioli, i ricci a. ‖ FAM. [contrarier] deludere, contrariare (L.C.).
défroisser [defrwase] v. tr. togliere le pieghe a ; distendere.
défroncer [defrɔ̃se] v. tr. *défroncer une étoffe*, spia-

nare le crespe di una stoffa. | *défroncer les sourcils* = spianare la fronte.
défroque [defrɔk] f. PÉJOR. spoglio m. ; vestito smesso.
défroqué, e [defrɔke] adj. et n. [prêtre] spretato ; [religieux] sfratato ; [religieuse] smonacata.
défroquer (se) [sədefrɔke] v. pr. [prêtre] spretarsi ; gettare la tonaca alle ortiche (fam.) ; [religieux] sfratarsi ; [religieuse] smonacarsi.
défunt, e [defœ̃, œ̃t] adj. et n. defunto. | *mon défunt père*, il mio povero babbo, la buon'anima di mio padre.
dégagé, e [degaʒe] adj. PR. sgombro. | *ciel, terrain dégagé*, cielo, terreno sgombro. || [aisé ; assuré] spigliato, disinvolto. | *il parle d'un ton dégagé*, parla con tono spigliato, disinvolto. | *allure dégagée*, portamento disinvolto, spigliato. | *un air dégagé*, un fare spigliato, disinvolto. | *mouvements dégagés*, movimenti sciolti. | *taille dégagée*, vita snella.
dégagement [degaʒmɑ̃] m. [retrait d'un gage, d'une obligation] disimpegno. || [déblaiement] sgombro. | *dégagement des décombres*, sgombro delle macerie. | *dégagement de la rue*, sgombro della strada. || ADM. *dégagement des cadres*, snellimento dei quadri. || ARCHIT. (vano di) disimpegno. || CHIM. sprigionamento, emanazione f., esalazione f. | *dégagement d'oxygène, de vapeurs*, sprigionamento d'ossigeno, di vapori. || MÉD. disimpegno. || PHYS. *dégagement de chaleur*, sprigionamento di calore. || SPORT disimpegno ; [escrime] cavazione f. || TRANSP. *voie de dégagement*, via di disimpegno. | *itinéraire de dégagement*, itinerario di snellimento.
dégager [degaʒe] v. tr. [récupérer] disimpegnare. | *dégager sa montre du mont-de-piété*, disimpegnare l'orologio dal monte di pietà. || [soustraire à une obligation] disimpegnare, sciogliere. | *dégager qn du secret professionnel, de sa promesse*, disimpegnare, sciogliere qlcu. dal segreto professionale, dalla promessa. | *dégager sa parole*, disimpegnare, sciogliere la propria parola. || [débarrasser] disimpegnare, sgombrare. | *dégager le passage, la rue*, sgombrare, disimpegnare il passo, la strada. | *dégager une voiture*, liberare una macchina. || [soulager] sgombrare, liberare. | *dégager son esprit d'idées fausses*, sgombrare, liberare la mente da idee false. || [tirer] *dégager une idée*, enucleare, mettere in evidenza, cogliere un'idea. || CHIM. sprigionare, sviluppare, emanare, esalare. || MATH. *dégager l'inconnue*, ricavare l'incognita. || MIL. *dégager un bataillon de l'encerclement*, disimpegnare un battaglione dall'accerchiamento. || PHYS. *dégager de la chaleur*, sviluppare, sprigionare calore. || SPORT [escrime] svincolare il ferro. ◆ v. pr. [se libérer] disimpegnarsi, svincolarsi, sciogliersi. || FIG. liberarsi, sgombrarsi. || [se manifester] svilupparsi ; risultare v. intr. || [émaner] sprigionarsi ; esalare, emanare v. intr.
dégaine [degɛn] f. FAM. = andatura goffa e ridicola ; goffaggine.
dégainer [degene] v. tr. sfoderare, sguainare. ◆ v. intr. metter mano alla spada.
déganter (se) [sədegɑ̃te] v. pr. togliersi i guanti.
dégarnir [degarnir] v. tr. [ôter la garniture ; vider] sguarnire. || MIL. *dégarnir le front*, sguarnire il fronte. ◆ v. pr. *la salle se dégarnit*, la sala si sfolla, si svuota. | *l'arbre se dégarnit de ses feuilles*, l'albero si spoglia delle foglie. || [perdre ses cheveux] perdere i capelli ; stempiarsi ; pelarsi (fam.). | *homme aux tempes dégarnies*, uomo stempiato.
dégât [dega] m. danno, guasto. | *dégâts causés par la tempête*, danni arrecati, causati dalla tempesta. || FAM. *il y a du dégât*, le cose si mettono male. | *ça fera des dégâts*, non andrà liscia.
dégauchir [degoʃir] v. tr. spianare. || FIG. sveltire, dirozzare.
dégauchissage [degoʃisaʒ] ou **dégauchissement** [degoʃismɑ̃] m. spianatura f., spianamento. || FIG. dirozzamento.
dégauchisseuse [degoʃisøz] f. TECHN. piallatrice da legno.
dégel [deʒɛl] m. PR. et FIG. disgelo, sgelo.
dégelée [deʒle] f. POP. scarica, gragnola (L.C.), fracco (m.) [septentr.] di legnate, di botte, di bastonate, di pugni.
dégeler [deʒle] v. tr. et v. intr. (di)sgelare. || FIG., FAM. *dégeler qn*, trarre qlcu. di soggezione (L.C.). || ÉCON. *dégeler les crédits*, scongelare, sbloccare i crediti.
dégénération [degenerasjɔ̃] f. degenerazione.
dégénéré, e [degenere] adj. degenere, degenerato. ◆ n. degenerato.
dégénérer [degenere] v. intr. degenerare, tralignare. || FIG. degenerare. || MÉD. degenerare.
dégénérescence [degeneresɑ̃s] f. degenerazione, tralignamento m. || FIG. degenerazione. || MÉD. degenerazione.
dégermer [degɛrme] v. tr. togliere il germe a.
dégingandé, e [deʒɛ̃gɑ̃de] adj. dinoccolato.
dégivrage [deʒivraʒ] m. sbrinamento.
dégivrer [deʒivre] v. tr. sbrinare.
dégivreur [deʒivrœr] m. sbrinatore.
déglacer [deglase] v. tr. disgelare. || CULIN. deglassare.
déglinguer [deglɛ̃ge] v. tr. FAM. sconquassare, sfasciare. | *bicyclette déglinguée*, bicicletta scassata.
déglutination [deglytinasjɔ̃] f. LING. deglutinazione.
déglutir [deglytir] v. tr. deglutire.
déglutition [deglytisjɔ̃] f. deglutizione.
dégobiller [degɔbije] v. tr. et intr. FAM. vomitare (L.C.).
dégoiser [degwaze] v. tr. FAM. snocciolare, spifferare, spiattellare. ◆ v. intr. ciarlare, cianciare.
dégommer [degɔme] v. tr. PR. sgommare. || FIG., FAM. [renvoyer] silurare, defenestrare, buttar fuori, sbalzare di sella.
dégonflement [degɔ̃fləmɑ̃] m. sgonfiamento.
dégonfler [degɔ̃fle] v. tr. sgonfiare. ◆ v. pr. PR. sgonfiarsi. || FIG., FAM. sgonfiarsi ; calare le brache.
dégorgement [degɔrʒmɑ̃] m. [écoulement] sgorgo, scolo. || [conduit] tubo di sgorgo. || TEXT. purgatura f.
dégorger [degɔrʒe] v. tr. [déboucher] spurgare, stasare. || TEXT. purgare. ◆ v. intr. [se déverser] sboccare, sgorgare. || CULIN. *faire dégorger de la viande*, mettere a mollo, a bagno un pezzo di carne. | *faire dégorger les escargots*, far spurgare le lumache. | *faire dégorger un concombre*, tirar fuori l'acqua di un cetriolo. || [déborder] traboccare, straripare.
dégoter ou **dégotter** [degɔte] v. tr. POP. pescare, scovare (fam.).
dégouliner [deguline] v. intr. FAM. sgocciolare, colare (L.C.).
dégourdi, e [degurdi] adj. svelto, sveglio, scaltro, avveduto, accorto, spigliato, smaliziato. ◆ n. furbo, a. || FAM. *ce n'est pas un dégourdi*, è un cetriolo.
dégourdir [degurdir] v. tr. [jambes] sgranchire ; [eau] scrudire, scrudolire, intiepidire. || [déniaiser] sveltire, scaltrire, smaliziare. ◆ v. pr. [jambes] sgranchirsi ; [eau] scrudirsi, intiepidirsi. || [devenir moins naïf] sveltirsi, scaltrirsi, smaliziarsi.
dégoût [degu] m. schifo, disgusto, ripugnanza f. | *éprouver du dégoût pour qn, pour qch.*, provare schifo, disgusto, ripugnanza per qlcu., per qlco. | *prendre qn, qch. en dégoût*, avere a schifo qlcu., qlco. ; schifarsi di qlcu., di qlco. || FIG. *dégoût de l'étude*, avversione (f.) allo studio.
dégoûtant, e [degutɑ̃, ɑ̃t] adj. schifoso, disgustoso, ripugnante. || FAM. [révoltant] *c'est dégoûtant !*, che schifo !, che rabbia ! ◆ n. m. sporcaccione.
dégoûtation [degutasjɔ̃] f. POP. schifezza (L.C.).
dégoûté, e [degute] adj. et n. schifiltoso, schizzinoso, difficile.
dégoûter [degute] v. tr. [répugner] fare schifo a, disgustare, stomacare, nauseare. || [ôter le désir] togliere la voglia a, svogliare. | *cela l'a dégoûté du travail*, ciò gli ha tolto la voglia di lavorare. | *dégoûté de la vie*, disgustato, nauseato, schifato della vita. ◆ v. pr. **(de)** disgustarsi (di).
dégoutter [degute] v. intr. (s)gocciolare. | *l'eau dégoutte du toit*, l'acqua (s)gocciola dal tetto. | *la*

sueur lui dégoutte du front, il sudore gli gronda, gli gocciola dalla fronte.
dégradant, e [degradɑ̃, ɑ̃t] adj. avvilente, degradante.
1. dégradation [degradasjɔ̃] f. [détérioration] danno m., deterioramento m., deteriorazione. || [avilissement] avvilimento m. || JUR., MIL. degradazione.
2. dégradation f. [changement de couleur] sfumatura, sfumato m., digradazione.
dégradé [degrade] m. V. DÉGRADATION 2.
1. dégrader [degrade] v. tr. [endommager] deteriorare, danneggiare. || [avilir] avvilire, degradare. || JUR., MIL. degradare. ◆ v. pr. [se détériorer] deteriorarsi; peggiorare v. intr. | *la situation se dégrade*, la situazione peggiora, si deteriora.
2. dégrader v. tr. [couleurs] sfumare, digradare.
dégrafer [degrafe] v. tr. [boucle] sfibbiare; [crochets] sganciare. ◆ v. pr. sfibbiarsi; sganciarsi.
dégraissage [degrɛsaʒ] m. sgrassatura f., digrassatura f. || [nettoyage] smacchiatura f., sgrassatura.
dégraissant [degrɛsɑ̃] m. smacchiatore.
dégraisser [degrese] v. tr. [vêtement; bouillon] sgrassare, digrassare. || [nettoyer] smacchiare, sgrassare.
degré [dəgre] m. [marche] gradino, scalino. || *degré de parenté*, grado di parentela. || FIG. *monter, descendre d'un degré dans la considération de qn*, salire, scendere di un gradino nella considerazione di qlcu. | *monter, descendre les degrés de l'échelle sociale*, salire, scendere i gradini della scala sociale. | *à un haut degré*, in alto grado. | *au plus haut, au dernier degré*, in sommo grado, al massimo grado. || GÉOGR., GRAMM., MATH., MUS., PHYS. grado. | *degré de longitude, de latitude*, grado di longitudine, di latitudine. | *degré de comparaison*, grado di comparazione. | *équation du second degré*, equazione di secondo grado. | *angle de 45 degrés*, angolo di 45 gradi. | *degré conjoint, disjoint*, grado congiunto, disgiunto. | *degré de chaleur, d'humidité*, grado di calore, d'umidità. | *quarante degrés*, quaranta gradi. || MÉD. *le degré d'une maladie*, lo stadio d'una malattia. | *brûlure du deuxième degré*, ustione del secondo grado. | *avoir 40 degrés de fièvre*, avere 40 gradi, linee di febbre. || [titre d'alcool] *vin à 9 degrés, alcool à 90 degrés*, vino a 9 gradi, alcole a 90 gradi. || UNIV. *enseignement du premier degré*, istruzione primaria, elementare. | *enseignement du second degré*, istruzione secondaria, media. ◆ loc. adv. ***par degrés,*** a gradi; a grado a grado.
dégréer [degree] v. tr. MAR. disattrezzare.
dégressif, ive [degresif, iv] adj. decrescente, regressivo, scalare. | *mouvement dégressif*, movimento decrescente. | *impôt dégressif*, imposta regressiva. | *tarif dégressif*, tariffa scalare. | *taux dégressif*, aliquota regressiva.
dégrèvement [degrɛvmɑ̃] m. FIN. sgravio (fiscale). | *dégrèvement de base*, abbattimento alla base; franchigia f.
dégrever [degrəve] v. tr. sgravare.
dégringolade [degrɛ̃gɔlad] f. FAM. capitombolo m., ruzzolone m. || FIG. tracollo m., crollo m. | *dégringolade des prix, des cours en Bourse*, crollo dei prezzi, dei titoli in Borsa. | *dégringolade financière*, tracollo finanziario.
dégringoler [degrɛ̃gɔle] v. intr. FAM. capitombolare, ruzzolare. || FIG. capitombolare, rovinare. | *les prix dégringolent*, i prezzi crollano. ◆ v. tr. FAM. scendere a precipizio (L.C.).
dégrisement [degrizmɑ̃] m. eliminazione (f.) dell'ubriacatura. || FIG. disinganno.
dégriser [degrize] v. tr. far passare l'ubriacatura, liberare dai fumi dell'alcole. || FIG. disingannare. ◆ v. pr. liberarsi dall'ubriacatura, dai fumi dell'alcole. || FIG. disingannarsi.
dégrosser [degrose] v. tr. MÉTALL. trafilare.
dégrossir [degrosir] v. tr. TECHN. digrossare, sgrossare, dirozzare. | *dégrossir au rabot*, digrossare, sgrossare con la pialla. || FIG. [ébaucher] digrossare, sgrossare. || [rendre moins grossier] dirozzare, scozzonare.
dégrossissage [degrosisaʒ] ou **dégrossissement** [degrosismɑ̃] m. digrossamento, digrossatura f., sgrossamento, sgrossatura f. | *banc de dégrossissage*, banco di sgrossatura.
dégrouiller (se) [sədegruje] v. pr. POP. V. GROUILLER (SE).
déguenillé, e [degnije] adj. sbrindellato, cencioso.
déguerpir [degɛrpir] v. intr. FAM. squagliarsela, battersela.
dégueulasse [degœlas] adj. POP. disgustoso, schifoso, stomachevole (L.C.).
déguisement [degizmɑ̃] m. [état] travestimento, mascheramento, mascheratura f. || [vêtement] travestimento, maschera f. || FIG. [dissimulation] travisamento, travestimento.
déguiser [degize] v. tr. travestire, mascherare. | *déguiser en homme*, travestire, mascherare da uomo. || FIG. [dissimuler] travisare, svisare, dissimulare, mascherare. | *il déguise la vérité*, travisa, svisa, dissimula la verità. | *déguiser un sentiment*, mascherare un sentimento. | *déguiser sa voix*, contraffare la voce. | *sans rien déguiser*, senza dissimular niente. ◆ v. pr. **(en)** travestirsi, mascherarsi (da).
dégustateur [degystatœr] m. assaggiatore, degustatore.
dégustation [degystasjɔ̃] f. assaggio m., degustazione.
déguster [degyste] v. tr. [goûter] assaggiare, degustare. || [savourer] *déguster un mets*, gustare, assaporare un cibo. || POP. [subir] *déguster les coups de poing de qn*, assaggiare i pugni di qlcu. || ABSOL. *qu'est-ce qu'on a dégusté !*, quante ne abbiamo buscate ! (fam.).
déhaler [deale] v. tr. MAR. tonneggiare.
déhanchement [deɑ̃ʃmɑ̃] m. (l')ancheggiare, (lo) sculettare.
déhanché, e [deɑ̃ʃe] adj. [appuyé sur une jambe] sciancato. || [qui se dandine] ancheggiante.
déhancher (se) [sədeɑ̃ʃe] v. pr. [s'appuyer sur une jambe] sciancarsi. || [se dandiner] dimenare i fianchi; ancheggiare.
dehors [dəɔr] adv. fuori. | *aller dehors*, andar fuori. | *mettre qn dehors*, metter fuori qlcu., mandar via qlcu. || MAR. *mettre toutes voiles dehors*, spiegare tutte le vele. ◆ loc. adv. ***au-dehors,*** (al di) fuori; esteriormente. || ***de dehors, par-dehors,*** di fuori, dal di fuori. || ***en dehors,*** in fuori. ◆ loc. prép. ***en dehors de,*** (al di) fuori di. | *c'est en dehors de la question*, questo è fuori argomento. | *en dehors des heures de service*, al di fuori delle ore di servizio. | *en dehors du service*, fuori servizio. | *cela s'est passé en dehors de moi*, il fatto è successo a mia insaputa. || ***au-dehors de,*** (al di) fuori di. ◆ n. m. di fuori; esterno. | *les ennemis du dedans et du dehors*, i nemici di dentro e di fuori. | *du dehors au dedans*, dal di fuori all'interno. | *vu du dehors*, visto dal di fuori. ◆ m. pl. apparenze f. pl. | *dehors trompeurs*, apparenze ingannevoli. | VX *garder les dehors*, salvare le apparenze (L.C.).
déicide [deisid] adj. et n. [meurtrier] deicida. ◆ n. m. [meurtre] deicidio.
déification [deifikasjɔ̃] f. deificazione.
déifier [deifje] v. tr. PR. et FIG. deificare.
déisme [deism] m. PHILOS. deismo.
déiste [deist] adj. deistico. ◆ n. deista.
déjà [deʒa] adv. (di) già. | *d'ores et déjà*, fin d'ora, fin da ora. | *quel est ton nom déjà ?*, com'è dunque che ti chiami ? | *c'est déjà qch.*, è già qualcosa.
déjanter [deʒɑ̃te] v. tr. togliere dal cerchione.
déjection [deʒɛksjɔ̃] f. deiezione. || GÉOL. *cône de déjection*, cono di deiezione. || MÉD. deiezione.
déjeté, e [deʒte] adj. storto, incurvato. || GÉOL. *pli déjeté*, piega dissimmetrica. || FAM. *être tout déjeté*, essere storto, sbilenco (L.C.).
déjeter [deʒte] v. tr. storcere, piegare, incurvare. ◆ v. pr. storcersi, piegarsi.
déjeuner [deʒœne] v. intr. [matin] far colazione (Centre et Sud); far la prima colazione (Nord). || [midi] pranzare (Centre et Sud); desinare (tosc.); far colazione (Nord). | *aller déjeuner*, andare a colazione, a pranzo, a desinare. | *inviter à déjeuner*, invitare a

colazione, a pranzo, a desinare. ◆ n. m. [matin] colazione f. (Centre et Sud); prima colazione (Nord). | *prendre son petit déjeuner*, far (la prima) colazione. || [midi] pranzo (Centre et Sud); desinare (tosc.); (seconda) colazione (Nord). | *à l'heure du déjeuner*, all'ora di pranzo. | *déjeuner sur l'herbe*, colazione al sacco. || [tasse et soucoupe] servizio da (prima) colazione. || Loc. *déjeuner de soleil* = cosa effimera.

déjouer [deʒwe] v. tr. sventare; mandar a vuoto, a monte; far fallire. | *déjouer les projets de qn*, sventare i progetti di qlcu. | *déjouer la surveillance*, eludere la sorveglianza.

déjuger [deʒyʒe] v. tr. Jur. revocare, cassare. ◆ v. pr. Fig. ricredersi, disdirsi.

de jure [deʒyre] loc. adv. de jure (lat.); di diritto.

delà [dəla] adv. *de-ci, de-là*, di qua (e) di là, qua e là. ◆ loc. adv. ***au-delà***, al di là, più in là, più oltre, oltre. | *aller au-delà*, andare al di là. || Fig. *il n'y a rien au-delà*, non c'è niente di meglio. | *dix francs et au-delà*, dieci franchi e anche più, e passa. ◆ loc. prép. ***au-delà de***, di là da, al di là di, oltre. | *au-delà des Alpes*, di là dalle Alpi. | *au-delà de mes désirs*, oltre i miei desideri. || ***par-delà*** : *par-delà les mers*, di là dai mari, al di là dei mari. | *par-delà le bien et le mal*, al di là del bene e del male.

délabré, e [delabre] adj. Pr. rovinato, diroccato, scalcinato. || Fig. *santé délabrée*, salute rovinata. | *estomac délabré*, stomaco rovinato.

délabrement [delabrəmɑ̃] m. rovina f., cattivo stato. || Fig. deperimento, deterioramento. | *délabrement de la santé*, deperimento fisico.

délabrer [delabre] v. tr. [détériorer] sciupare, rovinare, deteriorare, guastare. || Fig. *délabrer sa santé*, rovinarsi, guastarsi la salute. ◆ v. pr. andar in rovina, guastarsi.

délacer [delase] v. tr. slacciare, slegare. ◆ v. pr. slacciarsi.

délai [delɛ] m. [temps accordé] termine, dilazione f. | *accorder, observer, prolonger, fixer un délai*, concedere, osservare, prolungare, fissare una dilazione, un termine. | *le délai expire*, il termine scade. | *délai de livraison*, termine di consegna. | *dans le délai d'un mois*, nel termine di un mese, entro un mese. | *dans le plus bref délai*, nel più breve termine di tempo. | *dernier délai*, ultimo termine. | *à bref délai*, a breve scadenza. | *dans les délais*, entro i termini prescritti. || [prolongation] indugio. | *sans délai*, senza indugio. || Comm. *délai de paiement*, dilazione di pagamento. | *délai-congé*, termine di preavviso.

délaissé, e [delese] adj. derelitto, abbandonato, negletto, trascurato.

délaissement [delɛsmɑ̃] m. derelizione f., abbandono.

délaisser [delese] v. tr. abbandonare, negligere, trascurare.

délassant, e [delɑsɑ̃, ɑ̃t] adj. distensivo.

délassement [delɑsmɑ̃] m. [détente] distensione f., rilassamento; [distraction] svago. | *délassement de l'esprit*, distensione della mente; riposo, svago intellettuale.

délasser [delɑse] v. tr. distendere, rilassare. ◆ v. pr. distendersi, rilassarsi.

délateur, trice [delatœr, tris] n. delatore, trice.

délation [delasjɔ̃] f. delazione. || Jur. *délation de serment*, delazione del giuramento.

délavé, e [delave] adj. sbiadito, slavato. | *terre délavée*, terra inzuppata di acqua. | *bleu délavé*, azzurro pallido.

délaver [delave] v. tr. dilavare, fare sbiadire. || [imbiber d'eau] inzuppare. || Art lavare.

délayage [delɛjaʒ] m. diluzione f., stemperamento. || Fig. discorso sbrodolato; vaniloquio (littér.).

délayer [deleje] v. tr. diluire, stemperare, annacquare. || Fig. sbrodolare.

Delco [dɛlko] m. Autom. Delco, spinterogeno.

deleatur [deleatyr] m. inv. deleatur (lat.).

délébile [delebil] adj. (rare) delebile.

délectable [delɛktabl] adj. dilettevole, gradevole. | *une lecture délectable*, una lettura dilettevole. | *un plat délectable*, un piatto delizioso.

délectation [delɛktasjɔ̃] f. dilettazione, diletto m., delizia, piacere m.

délecter [delekte] v. tr. Littér. deliziare, dilettare. ◆ v. pr. *se délecter à faire qch.*, deliziarsi nel fare, dilettarsi a fare qlco. | *se délecter de qch.*, deliziarsi di, in, con qlco., dilettarsi di qlco.

délégation [delegasjɔ̃] f. [acte] delega, delegazione. | *délégation de pouvoirs*, delega di poteri. | *par délégation*, per delega. || [groupe de personnes] delegazione, rappresentanza. || Univ. *délégation (rectorale)*, incarico m.

délégué, e [delege] adj. et n. delegato. | *délégué du personnel*, membro della commissione interna. || Univ. incaricato.

déléguer [delege] v. tr. delegare.

délestage [delɛstaʒ] m. Aér., Mar. scarico della zavorra. || Électr. disinserzione f.

délester [delɛste] v. tr. Aér., Mar. gettar via, scaricare la zavorra di. || Électr. disinserire. || Fam. [dérober] alleggerire.

délétère [deletɛr] adj. Pr. et fig. deleterio.

délibérant, e [deliberɑ̃, ɑ̃t] adj. deliberante.

délibératif, ive [deliberatif, iv] adj. deliberativo.

délibération [deliberasjɔ̃] f. [discussion] deliberazione. | *mettre en délibération*, mettere in discussione. || [résolution] deliberazione, deliberato m. || Fig. *après mûre délibération*, dopo matura riflessione. || Univ. deliberazione; [du conseil de classe] scrutinio m.

délibéré, e [delibere] adj. [bien réfléchi] deliberato. | *de propos délibéré*, con animo deliberato. || [résolu] deliberato, risoluto. ◆ n. m. Jur. deliberazione (f.) in camera di consiglio. | *mettre en délibéré*, porre in deliberazione.

délibérément [deliberemɑ̃] adv. volutamente, di proposito, deliberatamente.

délibérer [delibere] v. intr. [discuter] deliberare. || [réfléchir] riflettere. ◆ v. tr. ind. *délibérer de fuir*, decidere, risolvere di fuggire.

délicat, e [delika, at] adj. [agréable au goût] delicato, prelibato, squisito. || [fragile, frêle] delicato. | *couleur, fleur délicate*, colore, fiore delicato. | *d'une touche délicate*, con un tocco delicato. | *d'un pinceau délicat*, con una pennellata delicata. | *de santé délicate*, delicato di salute; cagionevole. || [embarrassant] delicato. | *affaire, situation délicate*, questione, situazione delicata. || [courtois; scrupuleux] *sentiment délicat, pensée délicate*, sentimento, pensiero delicato, squisito. | *amant peu délicat*, amante poco delicato. || [exigeant] schifiltoso, schizzinoso. ◆ n. schifiltoso, schizzinoso. | *faire la délicate*, fare la schifiltosa, la schizzinosa.

délicatesse [delikatɛs] f. [finesse] delicatezza, squisitezza. || [fragilité] delicatezza. | *délicatesse d'un tissu*, delicatezza di un tessuto. || [faiblesse] debolezza. | *délicatesse de la santé*, debolezza della salute. || [sensibilité; exigence] *délicatesse du goût*, delicatezza, squisitezza del gusto. || [gentillesse] delicatezza, gentilezza. | *manque de délicatesse*, mancanza di delicatezza. || Vx [difficulté] difficoltà, complessità. | *affaire d'une grande délicatesse*, faccenda estremamente delicata.

délice [delis] m. delizia f. | *avec délice*, con delizia. ◆ f. pl. delizia f. sing. | *plein de délices*, pieno di delizia. | *ce livre fait mes délices*, questo libro è la mia delizia. || Loc. *les délices de Capoue*, gli ozi di Capua.

délicieux, euse [delisjø, øz] adj. delizioso.

délictueux, euse [deliktɥø, øz] adj. Jur. delittuoso.

délié, e [delje] adj. [mince] sottile, fine, fino. | *taille déliée*, vita sottile, fina. || Fig. [subtil] sottile. | *esprit délié*, ingegno sottile. ◆ n. m. [écriture] filetto.

délier [delje] v. tr. [détacher] slegare, sciogliere. || Fig. *délier la langue*, sciogliere la lingua. || [libérer] sciogliere. | *délier qn d'un serment*, sciogliere qlcu. da un giuramento. || Loc. *sans bourse délier*, senza spendere un soldo.

délimitation [delimitasjɔ̃] f. delimitazione.

délimiter [delimite] v. tr. delimitare.

délinéament [delineamɑ̃] m. delineamento.

délinéer [delinee] v. tr. delineare.
délinquance [delɛ̃kɑ̃s] f. delinquenza. | *délinquance juvénile*, delinquenza minorile.
délinquant, e [delɛ̃kɑ̃, ɑ̃t] n. delinquente. | *délinquant primaire*, delinquente primario, delinquente senza precedenti penali.
déliquescence [delikesɑ̃s] f. CHIM. deliquescenza. ‖ FIG. decadenza.
déliquescent, e [delikesɑ̃, ɑ̃t] adj. CHIM. deliquescente. ‖ FIG. (de)cadente.
délirant, e [delirɑ̃, ɑ̃t] adj. MÉD. delirante, in delirio. ‖ FIG. *joie délirante*, gioia sfrenata ; tripudio m. | *histoire délirante*, storia strampalata.
délire [delir] m. PR. et FIG. delirio. | *foule en délire*, folla in delirio. ‖ VX [inspiration] *délire poétique*, estro poetico.
délirer [delire] v. intr. PR. et FIG. delirare.
delirium tremens [delirjɔmtremɛ̃s] m. MÉD. delirium tremens (lat.).
délit [deli] m. JUR. reato, delitto. | *délit politique, de droit commun*, reato politico, comune. | *délit civil, pénal*, illecito civile, penale. | *délit de fuite*, (reato di) omissione di soccorso. | *corps du délit*, corpo del reato. | *prendre qn en flagrant délit*, cogliere qlcu. in flagrante.
déliter (se) [sədelite] v. pr. [se fragmenter] sfaldarsi, sgretolarsi.
délivrance [delivrɑ̃s] f. [libération] liberazione. ‖ [remise] *délivrance d'un certificat*, rilascio (m.) di un certificato. ‖ MÉD. [accouchement] parto m., sgravio m.
délivrer [delivre] v. tr. [libérer] liberare. | *délivrer les prisonniers*, liberare i prigionieri. | *il est délivré de préoccupations matérielles*, è liberato da preoccupazioni materiali. ‖ [remettre] rilasciare. | *délivrer un visa, un billet*, rilasciare un visto, un biglietto. ◆ v. pr. liberarsi. ‖ [sens pass.] *bureau où se délivrent les passeports*, ufficio in cui sono rilasciati i passaporti.
déloger [delɔʒe] v. tr. sloggiare. | *déloger l'ennemi de ses positions*, sloggiare il nemico dalle posizioni. ◆ v. intr. sloggiare, sgombrare. ‖ MIL. sloggiare. ‖ FAM. *déloger sans tambour ni trompette*, sloggiare, sgombrare alla chetichella.
déloyal, e, aux [delwajal, o] sleale.
déloyauté [delwajote] f. slealtà.
delta [dɛlta] m. GÉOGR., LING. delta inv. ‖ AÉR. *aile en delta*, ala a delta.
deltaïque [dɛltaik] adj. GÉOGR. deltizio.
deltoïde [dɛltɔid] adj. ANAT. deltoideo. ◆ n. m. deltoide.
déluge [delyʒ] m. THÉOL. diluvio. ‖ [inondation] diluvio. ‖ FIG. diluvio, profluvio, subisso. ‖ LOC. *après moi le déluge*, dopo di me il diluvio. | *remonter au Déluge* = risalire ad Adamo ed Eva.
déluré, e [delyre] adj. [dégourdi] scaltro, sveglio, scaltrito, smaliziato. ‖ PÉJOR. [effronté] sfacciato, sfrontato.
délurer [delyre] v. tr. (rare) sveltire, smaliziare (L.C.).
délustrage [delystraʒ] m. TEXT. delucidazione f., decatissaggio.
délustrer [delystre] v. tr. TEXT. delucidare, decatizzare.
démagnétisation [demaɲetizasjɔ̃] f. PHYS. smagnetizzazione.
démagnétiser [demaɲetize] v. tr. PHYS. smagnetizzare.
démagogie [demagɔʒi] f. demagogia.
démagogique [demagɔʒik] adj. demagogico.
démagogue [demagɔg] m. demagogo (pl. *demagoghi*) ; arruffapopoli m. inv. (littér.).
démaillage [demɑjaʒ] m. (lo) smagliare.
démailler [demɑje] v. tr. smagliare. | *bas démaillé*, calza smagliata, sfilata.
démailloter [demajɔte] v. tr. sfasciare.
demain [dəmɛ̃] adv. domani. | *demain matin*, domani mattina ; domattina. | *dès demain*, fin da domani. | *demain en huit*, domani a otto. ‖ [ultérieurement] *remettre à demain*, rimandare a domani.
démancher [demɑ̃ʃe] v. tr. smanicare. ‖ FAM. *il m'a démanché le bras*, mi ha slogato il braccio (L.C.). ‖ [désunir] disunire. ◆ v. intr. MUS. smanicare. ◆ v. pr. smanicarsi. ‖ [se disloquer] slogarsi. ‖ FAM. [se démener] farsi in quattro.
demande [dəmɑ̃d] f. [prière, requête] domanda, richiesta. | *à la, sur la demande de*, a richiesta di, a istanza di, dietro domanda di. | *à la demande générale*, a richiesta generale. | *demande en mariage*, domanda, richiesta di matrimonio. ‖ [écrit] richiesta, domanda, istanza. | *demande d'emploi*, domanda d'impiego. ‖ [question] domanda. | *demande de renseignements*, domanda d'informazioni. ‖ JUR. istanza, domanda. | *faire droit à une demande*, accogliere un'istanza. ‖ COMM. domanda. | *la demande est supérieure à l'offre*, la domanda supera l'offerta.
demandé, e [dəmɑ̃de] adj. richiesto.
demander [dəmɑ̃de] v. tr. **1.** [chercher à obtenir] chiedere, domandare. | *demander la permission, une audience, un rendez-vous*, chiedere il permesso, un'udienza, un appuntamento. | *demander l'aumône*, chiedere, domandare l'elemosina. | *demander la parole*, domandare la parola. | *demander pardon*, chiedere perdono. | *nous ne demandons pas mieux*, non chiediamo di meglio. ‖ **2.** [solliciter, prier] (ri)chiedere. | *demander qn, demander après qn* (fam.), domandare di qlcu (L.C.). | *on te demande au téléphone*, ti chiamano al telefono. | *demander à cor et à cri*, reclamare a gran voce. | *demander des comptes*, chieder conto. | *demander un emploi*, (ri)chiedere un impiego. | *demander en mariage*, chiedere in matrimonio, in isposa. | *demander la main de*, chiedere la mano di. | *on demande une femme de chambre*, si cerca una cameriera ; [dans une annonce] cercasi cameriera. ‖ **3.** [nécessiter, exiger] richiedere. | *cela demande une explication*, questo richiede una spiegazione. | *ce travail demande du temps*, questo lavoro richiede tempo. | *demander beaucoup à qn*, esigere molto da uno. ‖ **4.** [désirer, vouloir] *demander à parler à qn*, chiedere di parlare a qlcu. | *je te demande de me remplacer*, ti domando di sostituirmi. ‖ **5.** JUR. chiedere. | *demander des dommages-intérêts*, chiedere il risarcimento dei danni. ‖ **6.** FAM. *je te, je vous demande un peu !*, figurati, figuratevi un po'!, si figuri, si figurino un po'! ◆ v. pr. [s'interroger] domandarsi, chiedersi. ‖ [sens pass.] *cela ne se demande pas*, è cosa che non si chiede.
1. demandeur, euse [dəmɑ̃dœr, øz] n. *demandeur d'emploi*, richiedente d'impiego. ‖ TÉLÉCOM. richiedente.
2. demandeur, deresse [dəmɑ̃dœr, drɛs] n. JUR. attore m. ; parte attrice.
démangeaison [demɑ̃ʒɛzɔ̃] f. prurito m., pizzicore m. ; [picotement léger] prurigine. | *il a des démangeaisons au bras*, ha il prurito, il pizzicore al braccio ; gli prude il braccio. ‖ FIG. *démangeaison de parler*, prurito, prurigine di parlare.
démanger [demɑ̃ʒe] v. intr. prudere, pizzicare. | *le dos me démange*, mi prude, mi pizzica la schiena. ‖ FIG. *la langue me démange*, mi prude la lingua. | *la main me démange*, mi sento prudere, pizzicare le mani. | *gratter qn où ça le démange*, grattare uno dove gli prude.
démantèlement [demɑ̃tɛlmɑ̃] m. MIL. smantellamento. ‖ FIG. demolizione f.
démanteler [demɑ̃tle] v. tr. MIL. smantellare. ‖ FIG. demolire.
démantibuler [demɑ̃tibyle] v. tr. FAM. sconquassare, sgangherare. ◆ v. pr. sconquassarsi, guastarsi.
démaquillage [demakijaʒ] m. strucco.
démaquillant, e [demakijɑ̃, ɑ̃t] adj. et n. m. démaquillant (fr.).
démaquiller [demakije] v. tr. struccare ; togliere il trucco a. ◆ v. pr. struccarsi ; togliersi il trucco.
démarcatif, ive [demarkatif, iv] adj. divisorio, di separazione. ‖ LING. *accent démarcatif*, accento demarcativo, delimitativo.
démarcation [demarkasjɔ̃] f. demarcazione, separazione. | *ligne de démarcation*, linea di demarcazione, di separazione. ‖ FIG. separazione.

démarchage [demarʃaʒ] m. = ricerca (f.) a domicilio del compratore eventuale.
démarche [demarʃ] f. [allure] portamento m., andatura, passo m. ‖ [tentative] pratica, passo. | *faire des démarches en faveur de qn*, fare dei passi, delle pratiche a favore di qlcu. ‖ [manière de penser] procedimento m.
démarcheur, euse [demarʃœr, øz] n. piazzista m. ; [pour une société] produttore, trice ; propagandista.
démarier [demarje] v. tr. Vx, Jur. separare. ‖ Agr. diradare.
démarquage [demarkaʒ] m. (il) togliere la marca, l'etichetta. ‖ Fig. [plagiat] plagio. ‖ Comm. (il) ribassare i prezzi. ‖ Sport smarcamento.
démarquer [demarke] v. tr. [ôter la marque] togliere la marca, l'etichetta. ‖ Fig. [plagier] copiare alterando, plagiare. ‖ Comm. calare il prezzo di. ‖ Sport smarcare.
démarrage [demaraʒ] m. [moteur, véhicule] avviamento, partenza f. ‖ [coureur] scatto, partenza. ‖ Fig. *démarrage d'une entreprise*, avviamento, avvio di un'impresa.
démarrer [demare] v. tr. Mar. disormeggiare. ‖ (rare) *démarrer sa voiture*, avviare, mettere in moto la macchina. ‖ Fam. [commencer] cominciare, iniziare, avviare (l.c.). ◆ v. intr. Mar. salpare. ‖ [moteur] partire ; avviarsi, mettersi in moto v. pr. ‖ [coureur] scattare, partire. ‖ [entreprise] avviarsi. ‖ Fig., fam. *ne pas démarrer de son projet*, non rinunziare al proprio progetto (l.c.). | *ne démarre pas d'ici !*, non ti muovere di qui ! (l.c.).
démarreur [demarœr] m. Autom. motorino d'avviamento ; avviatore.
démasquer [demaske] v. tr. Pr. et fig. smascherare. | *démasquer ses batteries*, scoprire le proprie batterie. ◆ v. pr. Pr. et fig. smascherarsi.
démâter [demate] v. tr. Mar. disalberare. ◆ v. intr. Mar. perdere l'alberatura.
dématérialiser [dematerjalize] v. tr. smaterializzare.
démêlage [demɛlaʒ] m. (lo) sbrogliare, (il) districare. ‖ Text. cardatura f. ‖ [brasserie] impasto.
démêlé [demele] m. contesa f. ; [verbal] alterco, diverbio. | *avoir des démêlés avec qn*, aver che dire con qlcu. | *avoir des démêlés avec la justice*, avere a che fare con la giustizia.
démêlement [demɛlmɑ̃] m. (lo) sbrogliare, (il) districare.
démêler [demele] v. tr. Pr. et fig. sbrogliare, strigare, districare, (s)dipanare, sgrovigliare. ‖ [discerner] distinguere, discernere.
démêloir [demɛlwar] m. pettine rado.
démembrement [demɑ̃brəmɑ̃] m. smembramento. ‖ Hist. *le démembrement de la Pologne*, lo smembramento della Polonia.
démembrer [demɑ̃bre] v. tr. smembrare.
déménagement [demenaʒmɑ̃] m. trasloco, sgombero.
déménager [demenaʒe] v. intr. traslocare, sgomberare ; traslocarsi v. pr. ‖ Fam. *déménager à la cloche de bois* = sgomberare alla chetichella. | *faire déménager qn*, cacciar via uno (l.c.). ‖ Fig., fam. [déraisonner] dare i numeri ; sconnettere, vaneggiare, farneticare (l.c.). ◆ v. tr. *déménager une pièce*, sgombrare una stanza. | *il déménage les meubles*, trasloca i mobili.
déménageur [demenaʒœr] m. [entrepreneur] imprenditore di traslochi ; [ouvrier] facchino ; sgomberatore (rare).
démence [demɑ̃s] f. Jur., Méd., Psych. demenza. ‖ Fam. *c'est de la démence !*, è un assurdo bell'e buono !
démener (se) [sədemne] v. pr. [se débattre] dimenarsi, dibattersi, divincolarsi. ‖ [se donner de la peine] arrabattarsi, darsi da fare, affaccendarsi, affannarsi, sbracciarsi ; armeggiare v. intr.
dément, e [demɑ̃, ɑ̃t] adj. et n. Jur., Méd., Psych. demente. ‖ Fam. *une entreprise démente*, un'impresa assurda.
démenti [demɑ̃ti] m. smentita f. | *donner un démenti à qn*, dare una smentita a qlcu., smentire qlcu.
démentiel, elle [demɑ̃sjɛl] adj. pazzesco. | *programmes démentiels*, programmi pazzeschi. ‖ Méd. demenziale.
démentir [demɑ̃tir] v. tr. smentire. | *démentir une nouvelle, qn*, smentire una notizia, qlcu. ◆ v. pr. [cesser] *son amitié ne s'est jamais démentie*, la sua amicizia non è mai venuta meno. ‖ [cesser d'être ce qu'on est] non smentire se stesso, non smentirsi.
démerder (se) [sədemɛrde] v. pr. Pop. togliersi dai pasticci, cavarsi d'impaccio (fam.). | *savoir se démerder*, sapere come sbrogliarsela (fam.).
démérite [demerit] m. demerito.
démériter [demerite] v. tr. ind. **(de)** demeritare (di).
démesure [deməzyr] f. dismisura.
démesuré, e [deməsyre] adj. Pr. et fig. smisurato, spropositato.
démettre [demɛtr] v. tr. Méd. slogare, lussare. ‖ Fig. [destituer] dimettere, destituire. | *il a été démis de ses fonctions*, è stato dimesso, destituito dalle sue funzioni. ◆ v. pr. Méd. slogarsi. | *il s'est démis le pied*, si è slogato il piede. ‖ Fig. *se démettre d'un emploi*, dimettersi da un impiego. ‖ [abandonner] dimettersi.
démeubler [demœble] v. tr. smobiliare.
demeurant (au) [odəmœrɑ̃] loc. adv. del resto, tutto sommato.
1. demeure [dəmœr] f. [domicile] dimora, casa. | *dernière demeure*, ultima dimora. ◆ loc. adv. ***à demeure***, in modo stabile, in permanenza. | *être à demeure chez qn*, essere in modo stabile presso qlcu. | *nous avons un domestique à demeure*, abbiamo un domestico fisso.
2. demeure f. Loc. *mettre qn en demeure de*, intimare a qlcu. di, diffidare qlcu. a, ingiungere a qlcu. di. | *mise en demeure*, intimazione, ingiunzione, diffida. | *il n'y a pas péril en la demeure*, si può aspettare senza nessun rischio.
demeuré, e [dəmœre] adj. et n. scemo.
demeurer [dəmœre] v. intr. [habiter] dimorare, abitare ; star di casa. | *il demeure à Paris*, dimora, abita a Parigi, sta di casa a Parigi. ‖ [rester] stare, rimanere, restare. | *demeurer sur place*, restare, rimanere sul posto. | *il ne demeure pas en place*, non sta fermo. | *demeurer en reste*, rimanere in debito. | *en demeurer là* [sujet chose], non aver seguito ; finir lì. | *demeurons-en là !* [sujet personne], tronchiamola !, piantiamola !
demi, e [dəmi] adj. mezzo. | *une demi-heure*, una mezz'ora. | *un et demi*, uno e mezzo. | *trois lieues et demie*, tre leghe e mezzo. | *deux heures et demie :* [durée] due ore e mezzo ; [heure] le due e mezzo. ‖ [incomplet] mezzo. | *demi-obscurité*, semioscurità. | *demi-succès*, mezzo successo. ◆ loc. adv. ***à demi***, a metà, per metà, a mezzo. | *à demi nu*, seminudo. | *à demi cuit*, mezzo cotto. | *à demi mort*, mezzo morto, semimorto ; semivivo (littér.). | *faire les choses à demi*, fare le cose a metà. ◆ n. m. mezzo m., metà f. ‖ [verre de bière] bicchiere di birra alla spina. ‖ Sport mediano. | *demi de mêlée, d'ouverture*, mediano di mischia, di apertura. ◆ n. f. mezza. | *sonner la demie*, suonare la mezza.
demi-bas [dəmiba] m. calzettone.
demi-bosse [dəmibɔs] f. Art mezzotondo m.
demi-brigade [dəmibrigad] f. Mil. [régiment] mezza brigata. ‖ [plusieurs bataillons] = unità tattica di due o tre battaglioni comandati da un colonnello.
demi-cercle [dəmisɛrkl] m. semicerchio ; mezzo cerchio.
demi-circulaire [dəmisirkylɛr] adj. semicircolare.
demi-deuil [dəmidœj] m. mezzo lutto.
demi-dieu [dəmidjø] m. semidio.
demi-droite [dəmidrwat] f. semiretta.
démieller [demjele] v. tr. smielare, smelare.
demi-fin, e [dəmifɛ̃, fin] adj. *bijoux demi-fins*, gioielli d'oro di bassa lega. | *petits pois demi-fins*, piselli mezzi fini. ◆ n. m. [alliage] oro di bassa lega.
demi-finale [dəmifinal] f. Sport semifinale.
demi-fini, e [dəmifini] adj. semifinito.
demi-fond [dəmifɔ̃] m. inv. Sport mezzofondo. | *coureur de demi-fond*, mezzofondista m.
demi-frère [dəmifrɛr] m. fratellastro.

demi-gros [dəmigro] m. = commercio al mezzo grosso.
demi-heure [dəmijœr] f. mezz'ora.
demi-jour [dəmiʒur] m. mezza luce f., penombra f.
demi-journée [dəmiʒurne] f. mezza giornata.
démilitarisation [demilitarizasjɔ̃] f. smilitarizzazione.
démilitariser [demilitarize] v. tr. smilitarizzare.
demi-lune [dəmilyn] f. MIL. mezzaluna. ‖ CH. DE F. mezzaluna. ‖ *table en demi-lune,* tavola a mezzaluna.
demi-mal [dəmimal] m. *il n'y a que demi-mal,* potrebbe essere anche peggio, non è poi tanto male, è un mezzo male.
demi-mesure [dəmimʒyr] f. MUS. mezza misura, mezza battuta. ‖ FIG. mezza misura. ‖ MODE *confection en demi-mesure,* semiconfezione.
demi-mondaine [dəmimɔ̃dɛn] f. mondana ; donnina (allegra).
demi-monde [dəmimɔ̃d] m. demi-monde (fr.) ; mondo, vita f. ; società equivoca (littér.).
demi-mot (à) [admimo] loc. adv. *comprendre à demi-mot,* capire a volo.
déminage [deminaʒ] m. sminamento.
déminer [demine] v. tr. sminare.
déminéralisation [demineralizasjɔ̃] f. demineralizzazione.
déminéraliser [demineralize] v. tr. demineralizzare.
démineur [deminœr] m. sminatore.
demi-ouvré, e [dəmiuvre] adj. semilavorato.
demi-pause [dəmipoz] f. MUS. pausa di minima.
demi-pension [dəmipɑ̃sjɔ̃] f. mezza pensione. ‖ [école] semiconvitto m.
demi-pensionnaire [dəmipɑ̃sjɔnɛr] n. semiconvittore, trice.
demi-place [dəmiplas] f. metà biglietto ; biglietto a metà prezzo.
demi-portion [dəmipɔrsjɔ̃] f. FAM. mezza cartuccia.
demi-produit [dəmiprɔdɥi] m. semiprodotto.
demi-queue [dəmikø] m. inv. pianoforte (m.) mezza coda.
demi-reliure [dəmirəljyr] f. legatura in mezzapelle, in mezzatela.
demi-ronde [dəmirɔ̃d] f. lima mezzotonda.
demi-saison [dəmisɛzɔ̃] f. *un pardessus de demi-saison,* un soprabito di mezza stagione.
demi-sang [dəmisɑ̃] m. inv. mezzo sangue.
demi-sec [dəmisɛk] adj. semisecco.
demi-sel [dəmisɛl] adj. inv. *beurre demi-sel,* burro leggermente salato. ◆ m. inv. formaggio fresco leggermente salato.
demi-sœur [dəmisœr] f. sorellastra.
demi-solde [dəmisɔld] f. mezza paga. | *en demi-solde,* a mezza paga. ◆ m. HIST. ufficiale mezza paga.
demi-sommeil [dəmisɔmɛj] m. dormiveglia m. inv.
demi-soupir [dəmisupir] m. MUS. pausa (f.) di una croma.
démission [demisjɔ̃] f. dimissione. | *donner sa démission d'un emploi,* dare, rassegnare le dimissioni da un impiego ; dimettersi da un impiego.
démissionnaire [demisjɔnɛr] adj. et n. dimissionario.
démissionner [demisjɔne] v. intr. **(de)** dare, rassegnare le dimissioni (da) ; dimettersi (da). ◆ v. tr. [démettre] dimettere, licenziare, destituire.
demi-tarif [dəmitarif] m. *abonnement, billet à demi-tarif,* abbonamento al 50 p. 100, biglietto a metà prezzo.
demi-teinte [dəmitɛ̃t] f. ART mezza tinta ; sfumato m. ‖ FIG. sfumatura.
demi-ton [dəmitɔ̃] m. MUS. semitono.
demi-tour [dəmitur] m. MIL. dietro front. | *demi-tour, droite !, gauche !,* dietro front a destr' !, a sinistr' !
démiurge [demjyrʒ] m. demiurgo.
demi-vierge [dəmivjɛrʒ] f. semivergine.
demi-voix (à) [adəmivwa] loc. adv. sottovoce.
démobilisation [demɔbilizasjɔ̃] f. MIL. smobilitazione.
démobiliser [demɔbilize] v. tr. MIL. smobilitare.
démocrate [demɔkrat] adj. et n. democratico.
démocrate-chrétien, enne [demɔkratkretjɛ̃, ɛn] adj. et n. democratico cristiano ; democristiano.
démocratie [demɔkrasi] f. democrazia.
démocratique [demɔkratik] adj. democratico.
démocratiser [demɔkratize] v. tr. democratizzare.
démodé, e [demɔde] adj. passato di moda, fuori di moda. ‖ FIG. sorpassato, superato.
démoder (se) [sədemɔde] v. pr. passare di moda v. intr.
démographie [demɔgrafi] f. demografia.
demoiselle [dəmwazɛl] f. signorina. | *rester demoiselle,* rimanere signorina. | *vieille demoiselle,* zitella. | *demoiselle d'honneur :* [cour] damigella ; [mariage] damigella d'onore. | *demoiselle de compagnie,* dama di compagnia. | *demoiselle de magasin,* commessa di negozio. ‖ GÉOGR. fungo (m.) d'erosione. ‖ TECHN. [pilon] V. DAME. ‖ [ganterie] apriguanti m. inv., allargaguanti m. inv. ‖ ZOOL. libellula ; anima bianca (dial.). | *demoiselle de Numidie,* damigella di Numidia.
démolir [demɔlir] v. tr. demolire, distruggere, stroncare, diroccare. ‖ FIG. [ruiner] demolire. ‖ FAM. *démolir qn,* demolire qlcu. | *démolir sa santé,* distruggere la propria salute. | *démolir un film, un livre,* stroncare un film, un libro.
démolissage [demɔlisaʒ] m. FIG. stroncatura.
démolisseur [demɔlisœr] m. PR. demolitore. ‖ FIG. stroncatore.
démolition [demɔlisjɔ̃] f. [action de démolir] demolizione, distruzione, diroccamento m. ◆ pl. [matériaux] macerie ; materiale (m.) di spoglio.
démon [demɔ̃] m. MYTH. demone. | *le démon de Socrate,* il demone di Socrate. ‖ FIG. *démon familier,* genio familiare. | *démon du jeu, de l'envie, de la colère, de l'avarice,* demone del gioco, dell'invidia, dell'ira, dell'avarizia. ‖ RELIG. demonio. | *être possédé du démon,* essere posseduto dal demonio, avere il demonio addosso, essere indemoniato. ‖ [personne méchante] demonio.
démonétiser [demɔnetize] v. tr. FIN. demonetizzare. ‖ FIG. screditare.
démoniaque [demɔnjak] adj. MYTH. demonico. ‖ RELIG. demoniaco. ◆ n. indemoniato, a.
démonisme [demɔnism] m. demonismo.
démonologie [demɔnɔlɔʒi] f. demonologia.
démonomanie [demɔnɔmani] f. PSYCH. demonomania.
démonstrateur, trice [demɔ̃stratœr, tris] n. COMM. dimostratore, trice.
démonstratif, ive [demɔ̃stratif, iv] adj. [probant] dimostrativo. ‖ [exubérant] espansivo. | *caractère démonstratif,* carattere espansivo. ◆ adj. et n. m. GRAMM. dimostrativo.
démonstration [demɔ̃strasjɔ̃] f. [raisonnement] dimostrazione. ‖ [signe] *démonstration de sympathie,* dimostrazione di simpatia. ‖ COMM., MIL. dimostrazione.
démontable [demɔ̃tabl] adj. smontabile.
démontage [demɔ̃taʒ] m. smontaggio, smontatura f.
démonté, e [demɔ̃te] adj. [houleux] scatenato, infuriato.
démonte-pneu [demɔ̃təpnø] m. smontagomme inv. ; leva (f.) smontapneumatici.
démonter [demɔ̃te] v. tr. [désassembler] smontare. ‖ [faire tomber] disarcionare, scavalcare. ‖ FIG. [déconcerter] sconcertare, turbare. ◆ v. pr. [être démontable] smontarsi. ‖ FIG. [se troubler] sconcertarsi, turbarsi, abbattersi.
démontrer [demɔ̃tre] v. tr. dimostrare. | *ce qu'il fallait démontrer (C.Q.F.D.),* come volevasi, dovevasi dimostrare (C.V.D., C.D.D.).
démoralisant, e [demɔralizɑ̃, ɑ̃t] adj. [décourageant] scoraggiante, avvilente, deprimente, demoralizzante. ‖ [corrupteur] depravante, corruttore.
démoralisation [demɔralizasjɔ̃] f. [découragement] demoralizzazione, scoraggiamento m., avvilimento m. ; scoramento m. (littér.). ‖ VX [corruption] depravazione, corruzione (L.C.).
démoralisateur, trice [demɔralizatœr, tris] adj.

et n. corruttore, trice ; [qui enlève le courage] disfattista.
démoraliser [demɔralize] v. tr. [décourager] demoralizzare, scoraggiare, avvilire. ‖ Vx [corrompre] depravare, corrompere (L.C.). ◆ v. pr. demoralizzarsi, scoraggiarsi, avvilirsi.
démordre [demɔrdr] v. tr. ind. **(de)** desistere, recedere (da). ‖ FAM. *il n'en démord pas*, non si dà per vinto, non cede (L.C.).
démotique [demɔtik] adj. ANTIQ. demotico.
démoucheter [demuʃte] v. tr. togliere, levare il bottone a.
démoulage [demulaʒ] m. sformatura.
démouler [demule] v. tr. sformare.
démoustication [demustikasjɔ̃] f. distruzione delle zanzare ; disinsettazione.
démoustiquer [demustike] v. tr. distruggere le zanzare ; disinsettare.
démultiplicateur [demyltiplikatœr] m. TECHN. riduttore ; ingranaggio di riduzione ; demoltiplica f. ‖ ÉLECTRON. demoltiplicatore.
démultiplier [demyltiplije] v. tr. TECHN. demoltiplicare.
démultiplication [demyltiplikasjɔ̃] f. TECHN. demoltiplica, demoltiplicazione.
démuni, e [demyni] adj. [pauvre] sfornito di denari.
démunir [demynir] v. tr. *démunir qn de qch.*, sprovvedere, sfornire qlcu. di qlco. ◆ v. pr. **(de)** sprovvedersi, sfornirsi (di).
démurer [demyre] v. tr. smurare.
démuseler [demyzle] v. tr. togliere la museruola a.
démystifiant [demistifjɑ̃] adj. demistificante.
démystification [demistifikasjɔ̃] f. demistificazione.
démystifier [demistifje] v. tr. demistificare, smascherare.
démythification [demitifikasjɔ̃] f. smitizzazione.
démythifier [demitifje] v. tr. smitizzare ; svuotare il mito di.
dénasalisation [denazalizasjɔ̃] f. LING. denasalizzazione.
dénasaliser [denazalize] v. tr. LING. denasalizzare.
dénatalité [denatalite] f. denatalità.
dénationalisation [denasjɔnalizasjɔ̃] f. snazionalizzazione.
dénationaliser [denasjɔnalize] v. tr. snazionalizzare.
dénatter [denate] v. tr. disfare la treccia di ; strecciare.
dénaturalisation [denatyralizasjɔ̃] f. JUR. denaturalizzazione.
dénaturaliser [denatyralize] v. tr. JUR. denaturalizzare.
dénaturation [denatyrasjɔ̃] f. snaturamento m. ‖ CHIM. denaturazione.
dénaturé, e [denatyre] adj. snaturato. | *parents dénaturés*, genitori snaturati. ‖ CHIM. denaturato.
dénaturer [denatyre] v. tr. snaturare. ‖ FIG. *dénaturer la pensée d'un auteur*, snaturare il pensiero di un autore. ‖ CHIM. denaturare.
dénazification [denazifikasjɔ̃] f. denazificazione.
dénazifier [denazifje] v. tr. denazificare.
dendrite [dɑ̃drit] f. MINÉR. dendrite.
dénébulation [denebylasjɔ̃] f. snebbiamento m.
dénégation [denegasjɔ̃] f. denegazione, diniego m. | *faire un geste, un signe de dénégation*, fare un gesto, un cenno di diniego. ‖ JUR. *dénégation d'écriture*, disconoscimento (m.) di scrittura. | *dénégation de responsabilité*, diniego di responsabilità.
déneiger [deneʒe] v. tr. sgombrare dalla neve ; spalare la neve da.
déni [deni] m. JUR. diniego, rifiuto. | *déni de justice*, diniego di giustizia.
déniaiser [denjeze] v. tr. scaltrire, smaliziare.
dénicher [deniʃe] v. tr. snidare, scovare. | *dénicher des oiseaux*, snidare uccelli. ‖ [chasser] sloggiare, snidare. ‖ FAM. [découvrir] scovare, pescare. | *il a déniché un emploi*, ha scovato un impiego.
dénicheur [deniʃœr] m. PR. = chi snida gli uccelli. ‖ FIG., FAM. scopritore (L.C.).
dénicotiniser [denikɔtinize] v. tr. denicotinizzare.
dénicotiniseur [denikɔtinizœr] m. filtro (per sigarette).
denier [dənje] m. HIST. denaro, danaro. ‖ TEXT. denaro. ‖ RELIG. *denier de Saint-Pierre*, obolo, denaro di san Pietro. | *denier du culte* = offerte destinate al clero. ‖ LOC. *denier à Dieu* = mancia che il nuovo inquilino dà al portiere. ◆ pl. *les deniers publics*, il pubblico danaro. | *il l'a acheté de ses propres deniers*, l'ha comprato col proprio denaro.
dénier [denje] v. tr. [nier] negare. ‖ [refuser] rifiutare, negare. ‖ JUR. (de)negare, respingere, disconoscere.
dénigrement [denigrəmɑ̃] m. denigrazione f., diffamazione f.
dénigrer [denigre] v. tr. denigrare, diffamare, screditare.
dénigreur, euse [denigrœr, øz] n. denigratore, trice.
dénitrification [denitrifikasjɔ̃] f. CHIM. denitrificazione.
dénitrifier [denitrifje] v. tr. CHIM. denitrificare.
déniveler [denivle] v. tr. rendere ineguale.
dénivellation [denivɛlasjɔ̃] f. ou **dénivellement** [denivɛlmɑ̃] m. dislivello m.
dénombrable [denɔ̃brabl] adj. calcolabile, computabile.
dénombrement [denɔ̃brəmɑ̃] m. enumerazione f., conteggio, calcolo, computo. | *dénombrement des voix*, computo dei voti. | *dénombrement de la population*, censimento della popolazione.
dénombrer [denɔ̃bre] v. tr. enumerare, contare, censire, computare.
dénominateur [denɔminatœr] m. MATH. denominatore. | *dénominateur commun*, denominatore comune. | *plus grand dénominateur commun*, massimo comun denominatore.
dénominatif, ive [denɔminatif, iv] adj. et n. m. LING. denominativo adj.
dénomination [denɔminasjɔ̃] f. denominazione.
dénommer [denɔme] v. tr. denominare, chiamare. ‖ ADM. *le dénommé Dupont*, certo, tale Dupont. ◆ v. pr. denominarsi, chiamarsi.
dénoncer [denɔ̃se] v. tr. [signaler à la justice, à l'opinion] denunziare, denunciare. ‖ [manifester] *son attitude dénonce une bonne éducation*, il suo atteggiamento rivela, manifesta una buona educazione. ‖ JUR. [annuler] disdire, disdettare, denunciare. ◆ v. pr. [s'accuser] denunziarsi, denunciarsi.
dénonciateur, trice [denɔ̃sjatœr, tris] n. denunziatore, trice ; denunciatore, trice ; delatore, trice.
dénonciation [denɔ̃sjasjɔ̃] f. denunzia, denuncia. ‖ JUR. disdetta.
dénotation [denɔtasjɔ̃] f. denotazione.
dénoter [denɔte] v. tr. denotare.
dénouement [denumɑ̃] m. scioglimento, epilogo, finale.
dénouer [denwe] v. tr. sciogliere, snodare. ‖ FIG. *dénouer la langue à qn*, sciogliere la lingua a qlcu. | *dénouer l'intrigue d'un drame*, sciogliere l'intreccio di un dramma. | *dénouer la crise*, sciogliere la crisi. ◆ v. pr. sciogliersi, snodarsi. ‖ FIG. sciogliersi.
dénoyauter [denwajote] v. tr. snocciolare.
denrée [dɑ̃re] f. derrata, genere m., prodotto m. | *les denrées alimentaires*, le derrate, i generi alimentari. | *les denrées coloniales*, i (prodotti, generi) coloniali.
dense [dɑ̃s] adj. denso, fitto, folto. | *brouillard dense*, nebbia fitta. | *population dense*, popolazione densa. | *foule dense*, folta calca. ‖ FIG. *discours dense*, discorso denso. ‖ PHYS. denso.
densité [dɑ̃site] f. PHYS. densità. | *densité de la population, du trafic*, densità della popolazione, del traffico.
dent [dɑ̃] f. ANAT. dente m. | *dent de lait, de devant, de derrière, de sagesse, incisive*, dente di latte, anteriore, posteriore, del giudizio, incisivo. | *dent creuse, cariée*, dente cariato. | *mal de dents*, mal di denti. | *brosse à dents*, spazzolino (m.) da denti. ‖ [d'un animal] dente, zanna. ‖ [broderie] punta. ‖ GÉOGR., TECHN. dente. | *dent de fourche, de fourchette*, rebbio m. | *en dents de scie*, a dente di sega ; frastagliato adj. ‖ LOC. *claquer des dents*, battere i denti. | *grincer*

des dents, digrignare, arrotare i denti. | *donner un coup de dent :* [morsure] dare un morso, una dentata ; [médisance] dare una frecciata, una botta. | *montrer les dents*, mostrare i denti (pr. et fig.). | *faire ses dents*, mettere i denti. | *croquer, manger, mordre à belles dents*, addentare di gusto. | *manger du bout des dents*, mangiucchiare. | *ne rien avoir à se mettre sous la dent*, non aver niente da mettersi sotto i denti. || PROV. *œil pour œil, dent pour dent*, occhio per occhio, dente per dente. | *prendre le mors aux dents*, V. MORS. || POP. *avoir la dent*, aver fame (L.C.). || FIG. *avoir la dent dure*, essere mordace. | *avoir les dents longues*, essere vorace, ambizioso. | *avoir une dent contre qn*, avere il dente avvelenato contro qlcu., avercela con uno. | *déchirer qn à belles dents*, fare strazio di qlcu., dire peste e corna di qlcu. | *se casser les dents*, fallire ; far fiasco. | *être sur les dents*, essere stanco morto. | *mettre qn sur les dents*, sfinire, prostrare qlcu. | *rire du bout des dents*, ridere a fior di labbra. | *ne pas desserrer les dents*, non aprir bocca. | *armé jusqu'aux dents*, armato fino ai denti. | *menteur comme un arracheur de dents*, V. ARRACHEUR. | *quand les poules auront des dents*, V. POULE.

dentaire [dɑ̃tɛr] adj. dentario, dentistico. | *prothèse dentaire*, protesi dentaria. | *cabinet dentaire*, gabinetto dentistico. ◆ n. f. BOT. dentaria.

dental, e, aux [dɑ̃tal, o] adj. dentale. ◆ n. f. LING. dentale.

dentale [dɑ̃tal] m. ZOOL. dentalio.

dent-de-lion [dɑ̃dəljɔ̃] f. BOT. dente (m.) di leone ; bugia ; soffione m.

denté, e [dɑ̃te] adj. dentato. ◆ m. ZOOL. dentice.

dentelé, e [dɑ̃tle] adj. *feuille dentelée*, foglia dentellata. || ANAT. *muscles dentelés*, muscoli dentati. || GÉOGR. *côte dentelée*, costa frastagliata. || HÉRALD. *pièces dentelées*, pezze dentate. ◆ n. m. ANAT. dentato.

denteler [dɑ̃tle] v. tr. dentellare.

dentelle [dɑ̃tɛl] f. merletto m., trina, pizzo m. | *col de dentelle*, colletto di trina. | *dentelle de Chantilly*, pizzo di Chantilly. | *dentelle de papier*, carta smerlata. ◆ adj. inv. CULIN. *crêpes dentelle*, crespelli finissimi, frittelline finissime.

dentellière [dɑ̃təljɛr] f. merlettaia, trinaia. ◆ adj. *industrie dentellière*, industria del merletto.

dentelure [dɑ̃tlyr] f. dentellatura. || GÉOGR. frastagliatura.

denticule [dɑ̃tikyl] m. dentino. || ARCHIT. dentello.

denticulée, e [dɑ̃tikyle] adj. ARCHIT. dentellato. || BOT. denticolato.

dentier [dɑ̃tje] m. dentiera f.

dentifrice [dɑ̃tifris] adj. et n. m. dentifricio.

dentine [dɑ̃tin] f. ANAT. dentina, avorio m.

dentiste [dɑ̃tist] n. dentista m., odontoiatra n. | *cabinet de dentiste*, gabinetto dentistico.

dentition [dɑ̃tisjɔ̃] f. [formation] dentizione. || [ensemble des dents] dentatura.

denture [dɑ̃tyr] f. ANAT., TECHN. dentatura.

dénudé, e [denyde] adj. denudato. || FIG. *arbre dénudé*, albero spoglio. | *paysage dénudé*, paesaggio brullo. | *crâne dénudé*, testa pelata.

dénuder [denyde] v. tr. denudare.

dénué, e [denɥe] adj. **(de)** privo, sprovvisto (di).

dénuement [denymɑ̃] m. estrema indigenza f., squallore.

dénuer (se) [sədenɥe] v. pr. LITTÉR. privarsi, spogliarsi (L.C.).

dénutrition [denytrisjɔ̃] f. denutrizione.

déodorant [deɔdɔrɑ̃] m. V. DÉSODORISANT.

déontologie [deɔ̃tɔlɔʒi] f. deontologia.

déontologique [deɔ̃tɔlɔʒik] adj. deontologico.

dépaillage [depɑjaʒ] m. spagliamento, spagliatura f.

dépailler [depɑje] v. tr. spagliare.

dépannage [depanaʒ] m. TECHN. riparazione (f.) d'urgenza. || AUTOM. soccorso stradale. | *voiture de dépannage*, carro attrezzi. | *service de dépannage*, servizio di riparazioni.

dépanner [depane] v. tr. AUTOM., TECHN. riparare d'urgenza. || FAM. [secourir] cavare d'impaccio.

dépanneur, euse [depanœr, øz] n. riparatore, trice ; AUTOM. meccanico m. ◆ n. f. [voiture] carro (m.) attrezzi.

dépaqueter [depakte] v. tr. spacchettare.

déparaffinage [deparafinaʒ] m. deparaffinazione f.

dépareillé, e [depareje] adj. scompagnato, spaiato, scompagno. | *service dépareillé*, servizio scompagnato. | *gants dépareillés*, guanti scompagni.

dépareiller [depareje] v. tr. scompagnare, spaiare.

déparer [depare] v. tr. rovinare, disabbellire.

1. départ [depar] m. **1.** [action de partir] partenza f. | *donner le départ*, dare la partenza, il via. | *être sur son départ*, essere di partenza. | *bagages au départ*, bagagli in partenza. | *exiger le départ d'un fonctionnaire*, esigere l'allontanamento di un funzionario. | *le grand départ*, l'estremo viaggio. || **2.** [début] principio, inizio. | *le départ de l'escalier*, il principio delle scale. | *l'affaire prend un bon départ*, l'affare si avvia bene. | *au départ*, all'inizio. || COMM. *prix au départ*, prezzo base. || **3.** MÉC. avviamento. || SPORT *ligne de départ*, linea di partenza. | *prendre le départ*, prendere il via. | *manquer le départ*, perdere la partenza. | *faux départ*, falsa partenza ; inizio sbagliato (fig.).

2. départ m. LITTÉR. [différence] cernita f. ; distinzione f., separazione f. (L.C.). | *faire le départ entre deux choses, le départ du bien et du mal*, distinguere due cose, il bene e il male.

départager [departaʒe] v. tr. *départager les concurrents par la photographie*, classificare i concorrenti grazie alla fotografia. | *départager les suffrages*, determinare la maggioranza dei voti.

département [departəmɑ̃] m. [division de la France auj., de l'Italie à l'époque napoléonienne] dipartimento. || [administration] dicastero, ministero. || LOC. *ce n'est pas de mon département*, non è di mia competenza, ciò non mi compete.

départemental, e, aux [departəmɑ̃tal, o] adj. *commission départementale*, commissione, giunta dipartimentale. | *route départementale*, strada provinciale.

départir [departir] v. tr. LITTÉR. concedere, dispensare (L.C.). ◆ v. pr. **(de)** rinunciare (a), desistere (da). | *sans se départir de son calme*, senza perdere la calma.

dépassant [depɑsɑ̃] m. MODE = guarnizione che spunta.

dépassement [depɑsmɑ̃] m. superamento. || AUTOM. superamento, sorpasso. | *dépassement interdit*, divieto di sorpasso.

dépassé, e [depɑse] adj. FIG. *dépassé par les événements*, soverchiato dagli avvenimenti. | *point de vue dépassé*, punto di vista superato.

dépasser [depɑse] v. tr. et intr. [aller au-delà] oltrepassare, superare. | *il dépasse les limites*, oltrepassa i limiti. | *dépasser son but*, oltrepassare il proprio scopo. || FIG. *cela dépasse les bornes*, ciò passa i limiti. | *cela dépasse ses forces*, è superiore alle sue forze. || [être plus grand, haut, long] sporgere, spuntare, superare. | *le clocher dépasse les toits*, il campanile sporge dai tetti. | *son bras dépasse de la portière*, il suo braccio sporge dallo sportello. | *son mouchoir dépassait de sa poche*, il suo fazzoletto spuntava dal taschino. | *ma combinaison dépasse*, la sottoveste mi esce fuori. | *il le dépasse d'une tête*, lo supera di una testa. || [excéder] superare, eccedere. | *la population dépasse trois millions d'habitants*, la popolazione supera, eccede i tre milioni d'abitanti. || [devancer] *dépasser qn, un véhicule*, sorpassare, superare qlcu., un veicolo. || [être supérieur] superare. | *cela dépasse toute attente, l'imagination*, supera ogni aspettativa, ogni immaginazione. | *il dépasse tout le monde par sa culture*, supera tutti per la sua cultura. || FAM. *cela me dépasse* = per me è incomprensibile. || ARCHIT. sporgere.

dépavage [depavaʒ] m. (il) disselciare.

dépaver [depave] v. tr. disselciare.

dépaysé, e [depeize] adj. spaesato, disambientato. | *je me sens tout dépaysé*, mi sento tutto spaesato.

dépaysement [depeizmɑ̃] m. (il) mutar paese. || FIG. disorientamento.

dépayser [depeize] v. tr. trasferire ; far cambiare paese, ambiente a. ‖ FIG. [dérouter] disorientare, sconcertare.
dépècement [depɛsmɑ̃] ou **dépeçage** [depəsaʒ] m. [petits morceaux] spezzettamento, (lo) spezzettare, spezzettatura f. ; [gros morceaux] (lo) squartare.
dépecer [depəse] v. tr. [petits morceaux] spezzettare ; [gros morceaux] squartare.
dépeceur [depəsœr] m. spezzatore ; squartatore.
dépêche [depɛʃ] f. [lettre] dispaccio m. | *dépêche chiffrée, diplomatique*, dispaccio cifrato, diplomatico. ‖ [télégramme] telegramma m. | *par dépêche*, per dispaccio ; telegraficamente.
dépêcher [depeʃe] v. tr. [envoyer] inviare in fretta. ‖ ABSOL. *dépêchons !*, sbrighiamoci ! ◆ v. pr. sbrigarsi, affrettarsi, spicciarsi.
dépeigner [depeɲe] v. tr. spettinare.
dépeindre [depɛ̃dr] v. tr. descrivere, dipingere, narrare.
dépenaillé, e [depənaje] adj. [en lambeaux] a brandelli ; lacero, sbrindellato. ‖ [mal vêtu] sciatto.
dépendance [depɑ̃dɑ̃s] f. dipendenza. | *être dans, sous la dépendance de qn*, essere alle dipendenze di qlcu., dipendere da qlcu. ◆ f. pl. [bâtiments, terrains] dipendenze, attinenze.
dépendant, e [depɑ̃dɑ̃, ɑ̃t] adj. dipendente.
dépendeur [depɑ̃dœr] m. *dépendeur d'andouilles*, V. ANDOUILLE.
1. dépendre [depɑ̃dr] v. tr. [détacher] staccare.
2. dépendre v. tr. ind. **(de)** [être subordonné à ; faire partie de] dipendere (da). | *il dépend de ses parents*, dipende dai genitori. | *ce bureau dépend du ministère*, quest'ufficio dipende dal ministero. ‖ FIG. *ça dépend*, dipende ; secondo. ‖ [impers.] *il dépend de toi d'accepter ou de refuser*, dipende da te accettare o rifiutare. | *il dépend de toi que je parte ou non*, dipende da te che io parta o meno.
dépens [depɑ̃] m. pl. JUR. spese f. pl. (giudiziali). | *condamner aux dépens*, condannare alle spese. ◆ loc. prép. ***aux dépens de :*** *aux dépens de qch.*, a scapito di qlco. | *aux dépens de qn*, a spese di qlcu., alle spalle di qlcu. | *apprendre à ses dépens*, imparare a proprie spese. | *rire aux dépens de qn*, ridere alle spalle di qlcu.
dépense [depɑ̃s] f. spesa. | *menues dépenses*, spese minute. | *ne pas regarder à la dépense*, non badare a spese. ‖ [usage] dispendio m., consumo m. ‖ PHYS. consumo. | *dépense d'électricité*, consumo di elettricità. ‖ [lieu où l'on conserve] dispensa.
dépenser [depɑ̃se] v. tr. PR. et FIG. spendere. | *il dépense sans compter*, spende senza misura. | *dépenser ses forces*, spendere le proprie forze. ‖ [consommer] consumare. ◆ v. pr. [sens pass.] spendersi. ‖ FIG. [sens réfl.] *se dépenser pour*, prodigarsi per, darsi da fare per.
dépensier, ère [depɑ̃sje, ɛr] adj. spendereccio, sprecone. ‖ FIG. prodigo. ◆ n. sprecone, a, spendaccione, a. ‖ [dans une communauté] dispensiere, a.
déperdition [depɛrdisjɔ̃] f. perdita, diminuzione.
dépérir [deperir] v. intr. deperire, intristire. ‖ FIG. *cette entreprise dépérit*, questa impresa languisce.
dépérissement [deperismɑ̃] m. deperimento. ‖ FIG. *le dépérissement d'une race*, la decadenza di una razza. | *le dépérissement d'un art*, il decadimento di un'arte.
dépersonnalisation [depɛrsɔnalizasjɔ̃] f. spersonalizzazione. ‖ PSYCH. depersonalizzazione.
dépersonnaliser [depɛrsɔnalize] v. tr. spersonalizzare.
dépêtrer [depetre] v. tr. [tirer d'embarras] trarre d'impaccio, spastoiare. ◆ v. pr. spastoiarsi. ‖ FIG. trarsi d'impaccio. ‖ FAM. *se dépêtrer de qn*, sganciarsi da qlcu.
dépeuplement [depœpləmɑ̃] m. spopolamento. | *dépeuplement d'une forêt :* [animaux] spopolamento di una foresta ; [arbres] di(s)boscamento. | *dépeuplement d'un fleuve*, spopolamento di un fiume.
dépeupler [depœple] v. tr. spopolare. ‖ [animaux] spopolare ; [arbres] di(s)boscare. ◆ v. pr. spopolarsi.
déphasage [defazaʒ] m. PR. et FIG. sfasamento.
déphasé, e [defaze] adj. PR. et FIG. sfasato.
déphosphoration [defɔsfɔrasjɔ̃] f. MÉTALL. defosforazione.
déphosphorer [defɔsfɔre] v. tr. MÉTALL. defosforare.
dépiauter [depjote] v. tr. FAM. scorticare, spellare, scoiare (L.C.).
dépilage [depilaʒ] m. [tannerie] depilazione f.
dépilatoire [depilatwar] adj. et n. m. depilatorio. | *crème dépilatoire*, ceretta depilatoria.
1. dépiler [depile] v. tr. [tannerie] depilare.
2. dépiler v. tr. MIN. abbattere i pilastri.
dépiquage [depikaʒ] m. battitura f., sgranatura f.
1. dépiquer [depike] v. tr. MODE scucire. ‖ AGR. trapiantare.
2. dépiquer v. tr. AGR. [céréales] battere, sgranare.
dépistage [depistaʒ] m. il rintracciare ; rintracciamento, scoprimento (rare). ‖ MÉD. prevenzione f.
dépister [depiste] v. tr. [chasse] rintracciare. ‖ FIG. rintracciare, scoprire. ‖ MÉD. prevenire. ‖ [faire perdre la trace] sviare.
dépit [depi] m. stizza f., dispetto. | *dépit amoureux*, dispetto amoroso. | *de dépit*, per dispetto. ◆ loc. prép. ***en dépit de,*** a dispetto di, a onta di, malgrado, nonostante. | *affaire dirigée en dépit du bon sens*, azienda gestita contro ogni logica.
dépiter [depite] v. tr. indispettire, stizzire. ◆ v. pr. indispettirsi, stizzirsi. | *se dépiter contre qch.*, indispettirsi per qlco.
déplacé, e [deplase] adj. *personne déplacée*, profugo (m. pl. *profughi*). ‖ FIG. [inconvenant] fuori luogo ; sconveniente, inopportuno. | *c'est déplacé*, è fuori luogo.
déplacement [deplasmɑ̃] m. spostamento, rimozione f. | *déplacement d'air*, spostamento d'aria. ‖ ADM. [d'un fonctionnaire] trasferimento ; [temporaire] trasferta f. | *frais de déplacement*, spese di trasferta. | *indemnité de déplacement*, (indennità di) trasferta. | *être en déplacement*, essere in trasferta. ‖ [voyage] viaggio. | *être en déplacement*, essere in viaggio. ‖ COMM., FIN. trasferimento, spostamento. ‖ MAR. [volume d'eau] dislocamento.
déplacer [deplase] v. tr. [objets] spostare, rimuovere, traslocare ; [personnel, entreprise] trasferire, spostare, traslocare. ‖ MAR. dislocare. ‖ MIL. *déplacer les troupes*, dislocare le truppe. ‖ FIG. *déplacer la question*, spostare il problema. ◆ v. pr. spostarsi ; [personnel, entreprise] spostarsi, traslocarsi, trasferirsi.
déplafonnement [deplafɔnmɑ̃] m. soppressione (f.) dei massimali.
déplafonner [deplafɔne] v. tr. sopprimere i massimali di.
déplaire [deplɛr] v. tr. ind. **(à)** et intr. spiacere, dispiacere, non piacere. | *ce sont des faits qui me déplaisent*, son fatti che mi dispiacciono, che non mi piacciono. | *cet individu me déplaît*, non mi piace proprio quest'individuo. ‖ [impers.] IRON. *ne vous en déplaise*, vi dispiaccia o no ; con vostra licenza. | *n'en déplaise à*, con buona pace di. ◆ v. pr. *il se déplaît à la campagne*, in campagna non si trova bene, non gli piace la campagna.
déplaisant, e [deplezɑ̃, ɑ̃t] adj. spiacevole, sgradevole.
déplaisir [deplezir] m. dispiacere.
déplanter [deplɑ̃te] v. tr. spiantare.
déplantoir [deplɑ̃twar] m. trapiantatoio.
déplâtrage [deplɑtraʒ] m. (il) togliere il gesso. ‖ MÉD. (il) togliere l'ingessatura.
déplâtrer [deplɑtre] v. tr. togliere il gesso a. ‖ MÉD. togliere l'ingessatura a.
dépliage [deplijaʒ] ou **dépliement** [deplimɑ̃] m. spiegatura f.
dépliant [deplijɑ̃] m. pieghevole ; dépliant (fr.).
déplier [deplije] v. tr. spiegare.
déplisser [deplise] v. tr. disfare le pieghe di.
déploiement [deplwamɑ̃] m. PR. spiegamento. ‖ FIG. spiegamento, sfoggio. ‖ MIL. schieramento.
déplombage [deplɔ̃baʒ] m. (lo) spiombare.

déplomber [deplɔ̃be] v. tr. spiombare.
déplorable [deplɔrabl] adj. [digne de pitié] deplorevole, pietoso, miserevole. || [regrettable] spiacevole, increscioso. | *il est déplorable que tu sois absent*, è spiacevole, increscioso che tu sia assente. || [blâmable] deplorevole, deplorabile.
déplorer [deplɔre] v. tr. [pleurer ; regretter] deplorare, lamentare. || [blâmer] deplorare.
déployer [deplwaje] v. tr. spiegare ; dispiegare (littér.). | *déployer les voiles, les ailes*, spiegare le vele, le ali. || FIG. [étaler] sfoggiare, ostentare. | *déployer toutes ses forces*, fare sfoggio di tutte le proprie forze. | *déployer un grand luxe*, sfoggiare, ostentare un gran lusso. || [manifester] mostrare, svolgere. | *déployer un grand courage*, mostrare molto coraggio. | *déployer une grande activité*, svolgere una grande attività. || MIL. schierare, spiegare. || LOC. *rire à gorge déployée*, sganasciarsi dalle risa, ridere a crepapelle. ◆ v. pr. spiegarsi.
déplumé, e [deplyme] adj. FAM. *avoir le crâne déplumé*, essere spelacchiato.
déplumer [deplyme] v. tr. spennare, spiumare. ◆ v. pr. spennarsi. || FAM. diventare pelato ; spelarsi.
dépoétiser [depɔetize] v. tr. spoetizzare.
dépoitraillé, e [depwatraje] adj. scollacciato.
dépolarisant, e [depɔlarizɑ̃, ɑ̃t] adj. et n. m. ÉLECTR. depolarizzante.
dépolarisation [depɔlarizasjɔ̃] f. ÉLECTR. depolarizzazione.
dépolariser [depɔlarize] v. tr. ÉLECTR. depolarizzare.
dépolir [depɔlir] v. tr. TECHN. smerigliare.
dépolissage [depɔlisaʒ] m. TECHN. smerigliatura f.
dépolitisation [depɔlitizasjɔ̃] f. spoliticizzazione.
dépolitiser [depɔlitize] v. tr. spoliticizzare.
dépolluer [depɔlɥe] v. tr. disinquinare.
dépollution [depɔlysjɔ̃] f. disinquinamento m.
dépolymérisation [depɔlimerizasjɔ̃] f. CHIM. depolimerizzazione.
déponent, e [depɔnɑ̃, ɑ̃t] adj. et n. m. GRAMM. deponente.
dépopulation [depɔpylasjɔ̃] f. spopolamento m.
1. déport [depɔr] m. JUR. [fait de se récuser] astensione f.
2. déport m. FIN. [écart boursier] deporto.
déportation [depɔrtasjɔ̃] f. deportazione.
déporté, e [depɔrte] adj. et n. deportato. || FIN. *titres déportés*, titoli a deporto.
déportement [depɔrtəmɑ̃] m. [déviation] sbandamento, sbandata f. ◆ pl. LITTÉR. trascorsi ; dissolutezza f. sing.
déporter [depɔrte] v. tr. JUR., POLIT. deportare. || AUTOM. far sbandare. ◆ v. pr. JUR. astenersi. || AUTOM. sbandare.
déposant, e [depozɑ̃, ɑ̃t] n. JUR. teste. || FIN. depositante.
dépose [depoz] f. TECHN. rimozione.
déposer [depoze] v. tr. [poser] posare, deporre, depositare. | *déposer par terre*, posare, deporre a terra. | *défense de déposer des ordures*, divieto di deporre le immondizie. || [donner en garde] depositare. || [destituer ; renoncer à] deporre. | *déposer un roi*, deporre un re. | *déposer la couronne, sa charge*, deporre la corona, la carica. || FIG. *déposer le masque*, gettare, metter giù la maschera. || COMM. [brevet ; bilan] depositare. | *marque déposée*, marchio depositato. || JUR. *déposer une plainte*, sporgere querela. || MIL. *déposer les armes*, deporre le armi. || TECHN. rimuovere, togliere. || LOC. *déposer une demande*, depositare una richiesta. | *déposer un projet de loi*, presentare un disegno, un progetto di legge. | *où ma voiture peut-elle vous déposer ?*, dove La posso lasciare con la macchina ? ◆ v. intr. CHIM., GÉOL. depositare. | *le vin dépose*, il vino deposita. || JUR. deporre. ◆ v. pr. CHIM. *la lie se dépose*, la feccia deposita.
dépositaire [depozitɛr] n. PR. et FIG. depositario m. | *dépositaire d'un secret*, depositario di un segreto. || COMM. *dépositaire (de journaux)*, edicolante, edicolista.
déposition [depozisjɔ̃] f. JUR., POLIT. deposizione. || RELIG. *déposition de Croix*, deposizione dalla Croce. || ART [fresque] distacco m.
déposséder [depɔsede] v. tr. *déposséder qn de qch.*, spossessare, spodestare uno di qlco.
dépossession [depɔsesjɔ̃] f. JUR. spodestamento m.
dépôt [depo] m. **1.** [action de poser, de donner en garde] deposito. | *avoir, donner, mettre qch. en dépôt*, tenere, dare, mettere qlco. in deposito. | *bulletin de dépôt*, scontrino di deposito. || **2.** [lieu] *dépôt de marchandises*, deposito merci. | *dépôt de vivres*, magazzino viveri. | *dépôt d'ordures*, deposito d'immondizie. | *dépôt de locomotives, de tramways, d'autobus*, deposito locomotive, tram, autobus. | *dépôt d'essence*, deposito carburante. || [police] *dépôt central* = prigione centrale e provvisoria di polizia (a Parigi). || **3.** [action de déposer] *dépôt d'une demande, d'un projet de loi*, deposito di una richiesta, di un disegno di legge. || COMM. *dépôt d'un brevet, d'une marque, d'une signature*, deposito di un brevetto, di un marchio, di una firma. | *caisse des dépôts*, cassa depositi. || JUR. *dépôt légal*, deposito legale. | *mandat de dépôt*, mandato di arresto, di cattura. || MIL. deposito. || **4.** [matière solide] CHIM. deposito. || [dans une chaudière] incrostazione f. || GÉOL. *dépôt d'alluvions*, deposito alluvionale.
dépoter [depɔte] v. tr. [plante] svasare. || [liquide] travasare.
dépotoir [depɔtwar] m. [usine] stabilimento industriale per lo smaltimento delle immondizie. || [lieu] scarico, scaricatoio. || FIG., FAM. stanza (f.) degli sgombri ; cafarnao ; sgabuzzino (tosc.).
dépouille [depuj] f. [animal] spoglia ; [reptile] spoglia, scoglia. || [corps humain] *dépouille mortelle*, spoglia mortale ; salma. ◆ pl. PR. et FIG. spoglie ; bottino di guerra.
dépouillé, e [depuje] adj. spoglio. || FIG. *style dépouillé*, stile spoglio, disadorno, scarno.
dépouillement [depujmɑ̃] m. [compte, examen] spoglio. || FIG. rinunzia f. || [style] sobrietà f.
dépouiller [depuje] v. tr. spellare, scorticare. | *dépouiller un lièvre*, spellare, scorticare una lepre. || [priver] *dépouiller qn de ses biens*, spogliare qlcu. dei suoi beni. | *dépouiller un arbre de ses feuilles*, spogliare un albero delle foglie. || [ôter] *dépouiller ses vêtements*, togliersi i vestiti, spogliarsi. | *le serpent dépouille sa peau*, la serpe si spoglia della pelle. || FIG. *dépouiller toute honte*, perdere ogni ritegno. || [faire le relevé, l'examen de] spogliare. ◆ v. pr. togliersi i vestiti, spogliarsi. || [perdre ; abandonner] spogliarsi. | *se dépouiller de qch.*, spogliarsi di qlco., rinunziare a qlco.
dépourvu, e [depurvy] adj. privo, sprovvisto, sfornito. | *dépourvu d'imagination, d'argent*, privo, sprovvisto d'immaginazione, di denaro. ◆ loc. adv. ***au dépourvu***, alla sprovvista.
dépoussiérage [depusjeraʒ] m. spolveratura f.
dépoussiérer [depusjere] v. tr. spolverare.
dépravation [depravasjɔ̃] f. PR. et FIG. depravazione.
dépravé, e [deprave] adj. depravato, perverso, pervertito, corrotto. ◆ n. depravato, a.
dépraver [deprave] v. tr. depravare, pervertire, corrompere. ◆ v. pr. pervertirsi, depravarsi, corrompersi.
déprécation [deprekasjɔ̃] f. deprecazione.
dépréciateur, euse [depresjatœr, øz] n. spregiatore, trice.
dépréciatif, ive [depresjatif, iv] adj. LING. spregiativo.
dépréciation [depresjasjɔ̃] f. deprezzamento m., svilimento m. | *dépréciation de la monnaie*, deprezzamento della moneta. || FIG. *dépréciation du mérite*, svalutazione del merito.
déprécier [depresje] v. tr. [dévaluer] deprezzare, svalutare, svilire. | *déprécier les marchandises*, deprezzare, svalutare, svilire le merci. || [rabaisser] svalutare, svilire. | *déprécier un auteur*, svalutare, svilire un autore. ◆ v. pr. svalutarsi.
déprédateur, trice [depredatœr, tris] adj. et n. depredatore, trice.

déprédation [depredasjɔ̃] f. [pillage] saccheggio m., depredazione. ‖ [malversation] malversazione. ‖ [dégradation] *déprédation de la nature*, danni recati alla natura. ‖ JUR. *déprédation des biens du pupille*, appropriazione indebita, dilapidazione dei beni del pupillo ◆ pl. [dégâts] danni ; danneggiamento m. (rare).
déprendre (se) [sədeprɑ̃dr] v. pr. **(de)** staccarsi, liberarsi (da).
dépressif, ive [depresif, iv] adj. [action ; état] depressivo. | *état dépressif*, stato depressivo.
dépression [depresjɔ̃] f. depressione. ‖ ÉCON., GÉOL., MÉTÉOR., PHYS. depressione. ‖ MÉD. esaurimento m., depressione, abbattimento m., spossamento m. | *dépression nerveuse*, esaurimento nervoso.
déprimant, e [deprimɑ̃, ɑ̃t] adj. deprimente.
déprimer [deprime] v. tr. [enfoncer] deprimere. ‖ [démoraliser] deprimere, abbattere.
dépuceler [depysle] v. tr. POP. sverginare, deflorare (L.C.).
depuis [dəpɥi] prép. [temps] da. | *depuis ce jour-là*, da quel giorno. | *depuis peu*, da poco tempo. | *depuis longtemps*, da molto tempo. | *depuis quand ?*, da quando ? | *depuis ce temps-là*, da quel tempo. | *depuis lors*, da allora. | *depuis Aristote, tous les philosophes en ont parlé*, da Aristotele in poi tutti i filosofi ne hanno parlato. ‖ [lieu] da. | *depuis le haut jusqu'en bas*, dall'alto in basso. ‖ RAD., T. V. (incorrect) *émission depuis Paris*, emissione da Parigi (L.C.). ‖ [rang] *depuis le premier jusqu'au dernier*, dal primo all'ultimo. ◆ adv. *je n'ai pas dormi depuis*, da allora non ho dormito. | *depuis il est parti*, è partito da allora. ◆ loc. conj. ***depuis que,*** da quando.
dépulper [depylpe] v. tr. spolpare.
dépuratif, ive [depyratif, iv] adj. et n. m. depurativo.
dépuration [depyrasjɔ̃] f. depurazione.
dépurer [depyre] v. tr. depurare.
députation [depytasjɔ̃] f. deputazione.
député [depyte] m. deputato, onorevole. | *j'ai parlé avec mon député*, ho parlato col deputato, con l'onorevole. | *Chambre des députés*, Camera dei deputati. | *Mme N. est député*, (rare) *députée*, la signora N. è deputato, deputata. ‖ [titre] *le député Untel*, l'onorevole (abr. *on.*) Tal dei Tali.
députer [depyte] v. tr. deputare, delegare.
déraciné, e [derasine] adj. FIG. sradicato, spaesato ; déraciné (fr.). ◆ n. sradicato, déraciné (fr.).
déracinement [derasinmɑ̃] m. PR. et FIG. sradicamento, estirpamento.
déraciner [derasine] v. tr. PR. et FIG. sradicare, estirpare.
déraillement [derajmɑ̃] m. CH. DE F. deragliamento, sviamento.
dérailler [deraje] v. intr. deragliare, sviare. ‖ FIG., FAM. sragionare (L.C.).
dérailleur [derajœr] m. [bicyclette] cambio (di velocità). ‖ CH. DE F. scambio.
déraison [derɛzɔ̃] f. (lo) sragionare ; irragionevolezza, irrazionalità.
déraisonnable [derɛzɔnabl] adj. irragionevole, sragionevole, irrazionale.
déraisonner [derɛzɔne] v. intr. sragionare, vaneggiare, farneticare.
dérangement [derɑ̃ʒmɑ̃] m. [gêne] disturbo, incomodo, scomodo, fastidio. | *il me cause du dérangement*, mi dà fastidio, mi disturba. ‖ [désordre] disordine, scompiglio. ‖ FIG. *dérangement de l'esprit*, dissesto mentale. ‖ MÉD. disturbo. | *dérangement intestinal*, disturbo intestinale. ‖ TECHN. guasto. | *la ligne est en dérangement*, la linea ha un guasto, è guasta.
déranger [derɑ̃ʒe] v. tr. [une personne] disturbare, incomodare, scomodare. | *déranger qn dans son travail*, disturbare qlcu. nel suo lavoro. | *déranger un voleur*, disturbare un ladro. ‖ [des objets] mettere in disordine, disordinare, scompigliare, scomporre, scombinare. ‖ [un fonctionnement] sconcertare, sconvolgere, disturbare. | *déranger les projets de qn*, sconcertare, sconvolgere i progetti di qlcu. | *il dérange la classe*, disturba la classe. ‖ FIG. *déranger l'esprit*, far dar di volta il cervello, alterare la mente. ‖ MÉD. disturbare. ‖ TECHN. guastare. ◆ v. pr. [sens réfl.] *ne vous dérangez pas*, non disturbatevi. | *il s'est dérangé exprès*, è venuto apposta. | *s'être dérangé pour rien*, essere venuto per nulla. ‖ FIG. [moralement] sviarsi, traviarsi.
dérapage [derapaʒ] m. AUTOM. slittamento, sbandamento ; derapaggio (gall.). | *dérapage contrôlé*, derapaggio controllato. ‖ AÉR., SPORT derapaggio, derapata f. ‖ FIG. *dérapage des prix, du franc*, slittamento dei prezzi, del franco.
déraper [derape] v. intr. slittare, sbandare ; derapare (gall.). ‖ AÉR., SPORT derapare. ‖ MAR. arrare. ‖ FIG. slittare.
déraser [deraze] v. tr. *déraser un mur*, abbassare il livello di un muro.
dératé, e [derate] n. LOC. *courir comme un dératé*, correre a rotta di collo.
dératisation [deratizasjɔ̃] f. derattizzazione.
dératiser [deratize] v. tr. derattizzare.
derby [dɛrbi] m. derby (angl.).
derechef [dərəʃɛf] adv. LITTÉR. da capo, di nuovo (L.C.).
déréglé, e [deregle] adj. [détraqué] *cette montre est déréglée*, quest'orologio funziona irregolarmente, è guasto. ‖ [immodéré] *imagination déréglée*, fantasia sregolata. ‖ [irrégulier] *pouls déréglé*, polso irregolare. ‖ [débauché] sregolato, sfasato.
dérèglement [derɛgləmɑ̃] m. [perturbation] irregolarità f. | *dérèglement d'un mécanisme*, irregolarità di un meccanismo. | *dérèglement des saisons*, sfasamento delle stagioni. | *dérèglement du pouls*, irregolarità del polso. ‖ [égarement] *dérèglement de l'imagination*, sregolatezza (f.) della fantasia. ‖ [débauche] sregolatezza. ◆ pl. [moraux] disordini.
dérégler [deregle] v. tr. guastare, rovinare. ◆ v. pr. guastarsi, rovinarsi. ‖ [moralement] sviarsi, guastarsi.
déréliction [dereliksjɔ̃] f. abbandono m., derelizione.
dérider [deride] v. tr. far scomparire le rughe. ‖ [égayer] rallegrare, rasserenare. ◆ v. pr. distendersi, rallegrarsi ; sorridere v. intr.
dérision [derizjɔ̃] f. derisione, dileggio m., scherno m. | *tourner qn en dérision*, schernire, dileggiare, deridere qlcu., farsi beffe di qlcu. | *il devient un objet de dérision*, diviene oggetto di derisione, di dileggio, di scherno. | *par dérision*, per scherno, per dileggio.
dérisoire [derizwar] adj. derisorio, irrisorio. ‖ [insignifiant] *prix dérisoire*, prezzo irrisorio.
dérivatif, ive [derivatif, iv] adj. derivativo. ◆ n. m. MÉD. derivativo. ‖ FIG. diversivo.
1. dérivation [derivasjɔ̃] f. [action ; résultat] derivazione. | *dérivation d'un cours d'eau*, deviazione, diversione del corso delle acque. | *canal de dérivation*, canale derivatore. ‖ ÉLECTR., GRAMM., MÉD. derivazione.
2. dérivation f. AÉR., MAR. deriva. ‖ MIL. derivazione, scostamento m.
dérive [deriv] f. MAR. [sous l'effet d'un courant] deriva ; [sous l'effet du vent] scarroccio m. ; [dispositif s'opposant à la dérive] (chiglia di) deriva. ‖ AÉR. [déplacement] deriva ; [dispositif] (piano di) deriva. ‖ GÉOGR. *dérive des continents*, deriva dei continenti. ‖ PR. et FIG. *aller à la dérive*, andare alla deriva.
dérivé, e [derive] adj. derivato. ‖ ÉLECTR. *courant dérivé*, corrente derivata. ◆ n. m. CHIM., GRAMM. derivato. ◆ n. f. MATH. derivata.
1. dériver [derive] v. tr. [détourner de son cours] derivare. ‖ ÉLECTR., GRAMM., MATH. derivare. ◆ v. tr. ind. **(de)** PR. et FIG. derivare (da).
2. dériver v. intr. [être déporté sous l'effet d'un courant] derivare ; [sous l'effet du vent] scarrocciare.
3. dériver ou **dériveter** [derivte] v. tr. TECHN. sbadire.
dériveur [derivœr] m. [voile] randa (f.) di fortuna. ‖ [voilier] veliero con deriva.
dermatite [dɛrmatit] ou **dermite** [dɛrmit] f. MÉD. dermatite, dermite.
dermatologie [dɛrmatɔlɔʒi] f. MÉD. dermatologia.

dermatologiste [dɛrmatɔlɔʒist] ou **dermatologue** [dɛrmatɔlɔg] m. MÉD. dermatologo.

dermatose [dɛrmatoz] f. MÉD. dermatosi.

derme [dɛrm] m. ANAT. derma.

dermite f. V. DERMATITE.

dernier, ère [dɛrnje, ɛr] adj. **1.** [temps] ultimo. | *la toute dernière minute*, l'ultimissimo minuto, proprio l'ultimo minuto. | *en dernier lieu*, in ultimo, da ultimo, all'ultimo. | *pour la dernière fois*, per l'ultima volta. | *les trois dernières minutes*, gli ultimi tre minuti. ‖ **2.** [lieu, catégorie] ultimo. | *la dernière maison, la dernière place, les dernières marches*, l'ultima casa, l'ultimo posto, gli ultimi scalini. ‖ **3.** [précédent] scorso, passato. | *le mois dernier*, il mese scorso, passato. | *jeudi dernier*, giovedì scorso, passato. ‖ [le plus récent] ultimo. | *les dernières nouvelles*, le ultime notizie. ‖ JOURN., RAD., T. V. *les nouvelles de dernière minute*, le ultime, le recentissime. ‖ FIG. *le dernier cri*, l'ultimo grido, l'ultima novità; il dernier cri (fr.). | *ces derniers temps*, in questi ultimi tempi. | *son dernier enfant*, il suo ultimo figlio, l'ultimogenito. ‖ **4.** [le plus haut; extrême] ultimo. | *dernière enchère*, ultima offerta. | *c'est du dernier ridicule*, è il colmo del ridicolo. | *c'est de la dernière impolitesse*, è il colmo della maleducazione. | *être du dernier bien avec qn*, essere legatissimo a qlcu. | *protester avec la dernière énergie*, protestare con estrema energia, con la massima energia. | *faire subir les derniers outrages*, far subire infamanti violenze. ‖ **5.** [le plus bas] ultimo. | *c'est mon dernier prix*, è il mio ultimo prezzo. ‖ FIG. *le dernier des hommes, des imbéciles*, l'ultimo degli uomini, degli imbecilli. | *de dernier ordre*, d'infimo ordine. ‖ **6.** LOC. *dernière demeure*, ultima dimora. | *les dernières volontés*, le ultime volontà. | *rendre le dernier soupir*, dare, rendere, esalare l'ultimo respiro. | *en venir aux dernières extrémités*, giungere agli estremi. | *en dernier ressort*, in ultima analisi. | *avoir le dernier mot*, avere l'ultima parola. | *mettre la dernière main à qlch.*, dare l'ultima mano a qlco. | *payer jusqu'au dernier centime*, pagare fino all'ultimo centesimo. | *le jugement dernier*, il giudizio universale. ◆ n. ultimo. | *le dernier des deux*, l'ultimo dei due. | *jusqu'au dernier*, fino all'ultimo. | *le dernier venu*, l'ultimo arrivato, venuto. | *arriver bon dernier*, arrivare buon ultimo. | *entrer le dernier*, entrare per ultimo. | *le petit dernier*, il più piccolo. | *oui, dit ce dernier*, sì, disse questi. | *la dernière des guerres*, POP. *la der des ders*, l'ultima delle guerre (L.C.). ‖ FIG. [le plus vil] ultimo.

dernièrement [dɛrnjɛrmɑ̃] adv. [récemment] ultimamente, recentemente.

dernier-né [dɛrnjene], **dernière-née** [dɛrnjɛrne] n. ultimogenito, a; ultimo nato, ultima nata.

dérobade [derɔbad] f. [cheval] scarto m., scartata, sfaglio m. ‖ FIG. (il) tirarsi indietro.

dérobé, e [derɔbe] adj. FIG. *escalier dérobé*, scala segreta. ◆ loc. adv. ***à la dérobée,*** di nascosto, di soppiatto, di straforo.

dérober [derɔbe] v. tr. [voler] rubare, trafugare, sottrarre. ‖ FIG. *dérober un baiser, un secret*, rubare un bacio, un segreto. ‖ [arracher] *dérober qn aux flammes*, sottrarre, strappare qlcu. alle fiamme. ‖ [cacher] nascondere, celare. | *il dérobe son visage*, si nasconde il viso. | *il le dérobe aux yeux de tous*, lo nasconde, lo sottrae agli sguardi di tutti. ◆ v. pr. [cheval] scartare; fare uno scarto; sfagliare. ‖ [se soustraire] sottrarsi. ‖ FIG. *mes genoux se dérobent sous moi*, mi si piegano le ginocchia. | *le sol se dérobe sous moi*, mi sento mancare la terra sotto i piedi. ‖ MIL. evitare il contatto.

dérochage [derɔʃaʒ] m. MÉTALL. decapaggio.

dérochement [derɔʃmɑ̃] m. spietramento.

dérocher [derɔʃe] v. tr. liberare dalle pietre. | *dérocher un terrain*, togliere le pietre da un terreno. ‖ MÉTALL. decapare; togliere le incrostazioni da. ◆ v. intr. [alpinisme] precipitare.

dérogation [derɔgasjɔ̃] f. deroga, derogazione. | *dérogation aux ordres*, deroga, derogazione agli ordini. ‖ JUR. *par dérogation à*, in deroga a.

déroger [derɔʒe] v. intr. **(à)** JUR. derogare (a). ‖ ABSOL. venir meno alla propria dignità.

dérouillée [deruje] f. POP. *prendre, recevoir une dérouillée*, buscarsi una bastonatura, un sacco di botte (fam.).

dérouiller [deruje] v. tr. TECHN. diruggginire, sruggginire. ‖ FIG. *dérouiller sa mémoire*, tenere in esercizio, esercitare la memoria. ◆ v. intr. FIG., FAM. *il a dérouillé*, ne ha buscate di santa ragione. ◆ v. pr. FIG., FAM. *se dérouiller les jambes*, sgranchirsi le gambe.

déroulement [derulmɑ̃] m. svolgimento, (lo) srotolare, (lo) svolgere. ‖ FIG. svolgimento, sviluppo.

dérouler [derule] v. tr. srotolare, svolgere. ‖ FIG. svolgere, sviluppare. ◆ v. pr. srotolarsi, svolgersi. ‖ FIG. svolgersi, svilupparsi. | *l'action se déroule en France*, l'azione ha luogo, si svolge in Francia. | *le paysage se déroulait sous nos yeux*, il paesaggio si svolgeva sotto i nostri occhi.

dérouleur [derulœr] m. ÉLECTR. tamburo magnetico.

dérouleuse [deruløz] f. [bois] sfogliatrice.

déroutant, e [derutɑ̃, ɑ̃t] adj. sconcertante.

déroute [derut] f. rotta. | *mettre en déroute*, mettere in rotta, sbaragliare, sgominare. ‖ [grave échec] disastro m.

déroutement [derutmɑ̃] m. AÉR., MAR. dirottamento, (il) dirottare.

dérouter [derute] v. tr. [faire perdre la trace] far perdere le tracce a. | *ils ont dérouté les chiens*, hanno fatto perdere le tracce ai cani. ‖ AÉR., MAR. dirottare. ‖ FIG. disorientare, sconcertare.

derrick [derik] m. torre (f.) di trivellazione; derrick (angl.).

derrière [dɛrjɛr] prép. dietro (a). | *jouer derrière la maison*, giocare dietro la casa, dietro alla casa. | *être, courir derrière qn*, stare, correre dietro a qlcu. | *l'un derrière l'autre*, uno dietro l'altro. ‖ [devant pron. pers.] dietro di. | *regarder derrière soi*, guardare dietro di sé; guardarsi dietro. | *derrière moi il n'y avait personne*, dietro di me non c'era nessuno. ◆ loc. prép. ***de derrière,*** da dietro. | *il sort de derrière un paravent*, esce da dietro un paravento. | *avoir une idée de derrière la tête*, aver in mente qlco. ‖ ***par derrière,*** dietro. | *passer par derrière la maison*, passare dietro la casa. ◆ adv. dietro, indietro. | *courir derrière*, correre dietro. | *laisser qn derrière*, lasciare qlcu. indietro. | *ma chambre donne derrière*, la mia camera guarda dietro. | *là derrière*, lì dietro. ◆ loc. adv. ***par-derrière,*** (per) di dietro. | *passer par-derrière*, passare (per) di dietro. | *attaquer par-derrière*, attaccare alle spalle, a tergo. | *dire du mal de qn par-derrière*, sparlare alle spalle di qlcu. ‖ ***sens devant derrière,*** alla rovescia. | *mettre un tricot sens devant derrière*, indossare una maglia alla rovescia. ◆ n. m. [partie arrière] didietro; parte (f.) posteriore. | *le derrière de la maison*, il didietro, il retro della casa. | *le derrière d'un bateau*, la parte posteriore di una nave. | *porte de derrière*, porta posteriore. | *les pattes de derrière*, le zampe di dietro, le zampe posteriori. | *roue de derrière*, ruota di dietro, ruota posteriore. | *le derrière d'une plaque*, il rovescio d'una targa. ‖ FAM. [partie du corps] sedere, didietro, deretano. ‖ FIG. *il est tombé sur le derrière*, è rimasto di stucco. ◆ n. m. pl. MIL. retrovie f. pl.

derviche [dɛrviʃ] ou **dervis** [dɛrvis] m. derviscio, dervis.

1. des [de] art. déf. pl. contracté. V. DE 1. | *ôter des mains*, togliere dalle mani. | *revenir des champs*, tornare dai campi.

2. des art. partitif. V. DE 2.

3. des art. indéf. (pl. de *un, une*) [**de** devant un adj.] *donne-moi des pommes, de belles pommes*, dammi delle mele, delle belle mele. | *je mange des gâteaux*, mangio dei dolci; mangio dolci (rare). ‖ [dans une énumération] *donne-moi des pommes et des poires, des épinards et des betteraves*, dammi mele e pere, spinaci e bietole. ‖ [devant un n. déterminé par un compl.] *je mange des gâteaux faits à la maison, des épinards hâtifs*, mangio dolci casalinghi, spinaci primaticci. ‖

[devant un n. propre pris comme n. commun] *j'ai vu des Rembrandt, des Picasso,* ho visto dei Rembrandt, dei Picasso.
dès [dɛ] prép. [à partir de] da (in poi). | *dès lundi tu travailleras à la maison,* da lunedì (in poi) lavorerai a casa. ‖ [déjà] fin da, sin da. | *il commence à chanter dès le petit matin,* comincia a cantare fin dal primo mattino. | *il partira dès aujourd'hui,* partirà fin da oggi. ‖ [sens locatif] *dès l'entrée,* fin dall'ingresso. ‖ [aussitôt après] *dès mon arrivée,* arrivato che fui, appena arrivato. ◆ loc. prép. ***dès avant :*** *dès avant le lever du jour,* già prima dello spuntar del sole. ◆ loc. adv. ***dès lors,*** (fin) da allora ; da allora in poi. ‖ [par conséquent] perciò, di conseguenza. | *il a avoué, dès lors les choses sont claires,* ha confessato, perciò le cose sono chiare. ‖ ***dès à présent,*** fin d'ora ; d'ora in poi. ◆ loc. conj. ***dès que,*** non appena. | *dès qu'il fut parti,* partito che fu, non appena partito. ‖ ***dès lors que :*** [temps] dal momento che ; [cause] visto che.
désabonnement [dezabɔnmɑ̃] m. disdetta (f.) di abbonamento.
désabonner (se) [sədezabɔne] v. pr. **(de)** disdire l'abbonamento (a).
désabusé, e [dezabyze] adj. disingannato, senza illusioni, disincantato, smaliziato.
désabusement [dezabyzmɑ̃] m. LITTÉR. disillusione f., disinganno (L.C.).
désabuser [dezabyze] v. tr. disilludere, disingannare. ◆ v. pr. disilludersi, disingannarsi.
désaccord [dezakɔr] m. disaccordo, discrepanza f., dissidio, dissapore. | *être en désaccord avec qn,* essere in disaccordo con qlcu., dissentire da qlcu. | *il y a désaccord entre les époux,* ci sono dei dissapori tra i coniugi. ‖ MUS. scordatura f.
désaccordé, e [dezakɔrde] adj. MUS. stonato, scordato.
désaccorder [dezakɔrde] v. tr. mettere il disaccordo, la discordia fra. ‖ MUS. scordare, disaccordare. ◆ v. pr. MUS. scordarsi, disaccordarsi.
désaccoupler [dezakuple] v. tr. disaccoppiare, spaiare. ‖ TECHN. disinnestare.
désaccoutumer [dezakutyme] v. tr. **(de)** disabituare, disavvezzare (da) ; divezzare, disassuefare (da) [rare]. ◆ v. pr. **(de)** disabituarsi, disavvezzarsi (da) ; divezzarsi (da) [rare].
désacraliser [desakralize] v. tr. dissacrare.
désaérer [dezaere] v. tr. disaerare.
désaffectation [dezafɛktasjɔ̃] f. destinazione ad altro uso ; [d'un édifice religieux] sconsacrazione.
désaffecté, e [dezafɛkte] adj. adibito ad altro uso, abbandonato, inutilizzato ; [édifice religieux] sconsacrato.
désaffecter [dezafɛkte] v. tr. adibire ad altro uso ; [un édifice religieux] sconsacrare.
désaffection [dezafɛksjɔ̃] f. disaffezione, disamore m.
désaffectionner (se) [sədezafɛksjɔne] v. pr. **(de)** disamorarsi (da).
désagréable [dezagreabl] adj. spiacevole, sgradevole.
désagrégation [dezagregasjɔ̃] f. [décomposition] disgregazione. ‖ FIG. decomposizione, disgregazione. | *la désagrégation de l'empire,* lo sfacelo dell'impero. | *la désagrégation d'une société,* il disfacimento, il disgregarsi di una società. ‖ PSYCH. *désagrégation de la personnalité,* disgregazione della personalità.
désagréger [dezagreʒe] v. tr. disgregare. ◆ v. pr. disgregarsi, sfasciarsi, frantumarsi.
désagrément [dezagremɑ̃] m. fastidio, dispiacere, contrarietà f.
désaimantation [dezɛmɑ̃tasjɔ̃] f. smagnetizzazione.
désaimanter [dezɛmɑ̃te] v. tr. smagnetizzare.
désaltérant, e [dezalterɑ̃, ɑ̃t] adj. dissetante.
désaltérer [dezaltere] v. tr. dissetare. ‖ FIG. appagare, dissetare. ◆ v. pr. dissetarsi. ‖ FIG. appagarsi, dissetarsi.
désamorçage [dezamɔrsaʒ] m. [d'une mine] disinnesco, disattivazione f. ; [d'une pompe] disattivazione.
désamorcer [dezamɔrse] v. tr. [mine] disinnescare, disattivare ; [pompe] disattivare. ‖ FIG. *désamorcer un conflit,* disinnescare un conflitto. | *désamorcer une grève,* disattivare uno sciopero.
désappointement [dezapwɛ̃tmɑ̃] m. disappunto, delusione f.
désappointer [dezapwɛ̃te] v. tr. deludere.
désapprendre [dezaprɑ̃dr] v. tr. disimparare, disapprendere.
désapprobateur, trice [dezaprɔbatœr, tris] adj. che disapprova. | *signe désapprobateur,* cenno di disapprovazione. ◆ n. riprovatore, trice.
désapprobation [dezaprɔbasjɔ̃] f. disapprovazione, riprovazione, dissenso m., biasimo m.
désapprouver [dezapruve] v. tr. disapprovare ; dissentire da v. intr.
désapprovisionné, e [dezaprɔvizjɔne] adj. *compte désapprovisionné,* conto (allo) scoperto.
désarçonner [dezarsɔne] v. tr. [faire tomber de cheval] disarcionare, scavalcare. ‖ FIG., FAM. sconcertare.
désargenté, e [dezarʒɑ̃te] adj. FAM. *se trouver désargenté,* essere squattrinato, al verde.
désargenter [dezarʒɑ̃te] v. tr. disargentare. ‖ FIG., FAM. ridurre senza un soldo ; squattrinare (rare).
désarmant, e [dezarmɑ̃, ɑ̃t] adj. disarmante, scoraggiante.
désarmement [dezarməmɑ̃] m. MAR., MIL. disarmo.
désarmer [dezarme] v. tr. MAR., MIL. disarmare. | *désarmer un revolver,* disarmare una rivoltella. ‖ FIG. [fléchir] *désarmer qn,* disarmare qlcu. | *désarmer la colère de qn,* placare l'ira di qlcu. ◆ v. intr. PR. et FIG. disarmare. | *il ne désarme pas,* non disarma. | *sa haine ne désarme pas,* il suo odio non si placa.
désarrimer [dezarime] v. tr. MAR. disistivare.
désarroi [dezarwa] m. FIG. sgomento, smarrimento, scompiglio. | *semer le désarroi,* portare lo scompiglio.
désarticulation [dezartikylasjɔ̃] f. MÉD. disarticolazione.
désarticuler [dezartikyle] v. tr. MÉD., CHIR. disarticolare. ◆ v. pr. [clown] eseguire contorsioni ; aver le ossa di gomma (fam.).
désassemblage [dezasɑ̃blaʒ] m. TECHN. (il) disgiungere, (lo) sconnettere.
désassembler [dezasɑ̃ble] v. tr. TECHN. disgiungere, sconnettere.
désassimilation [dezasimilasjɔ̃] f. PHYSIOL. dissasimilazione.
désassimiler [dezasimile] v. tr. PHYSIOL. disassimilare.
désassorti, e [dezasɔrti] adj. scompagnato. ‖ COMM. *être désassorti,* non avere assortimento.
désassortiment [dezasɔrtimɑ̃] m. COMM. non assortimento.
désassortir [dezasɔrtir] v. tr. scompagnare.
désastre [dezastr] m. disastro. ‖ FAM., IRON. disastro, catastrofe f., macello.
désastreux, euse [dezastrø, øz] adj. disastroso, rovinoso.
désavantage [dezavɑ̃taʒ] m. svantaggio, scapito. | *avoir le désavantage du nombre,* aver lo svantaggio del numero. | *les choses ont tourné à son désavantage,* le cose sono andate a suo danno, a suo scapito, a suo sfavore.
désavantager [dezavɑ̃taʒe] v. tr. sfavorire.
désavantageux, euse [dezavɑ̃taʒø, øz] adj. svantaggioso, sfavorevole.
désaveu [dezavø] m. [reniement] sconfessione f. | *désaveu de paternité,* disconoscimento di paternità. ‖ [désaccord] sconfessione, disapprovazione f., riprovazione f.
désavouer [dezavwe] v. tr. [renier] sconfessare. | *désavouer (la paternité d')un enfant,* disconoscere la paternità di un figlio. ‖ [être en désaccord] sconfessare, disapprovare, riprovare.
désaxé, e [dezakse] adj. FIG. *un esprit désaxé,* una mente squilibrata, sfasata. ◆ n. squinternato.
désaxer [dezakse] v. tr. TECHN. metter fuori asse. ‖ FIG. squilibrare, sfasare, squinternare.

descellement [desɛlmɑ̃] m. JUR. (il) dissigillare. ‖ TECHN. (lo) smurare.
desceller [desele] v. tr. JUR. dissigillare. ‖ TECHN. smurare.
descendance [desɑ̃dɑ̃s] f. [origine ; personnes] discendenza.
descendant, e [desɑ̃dɑ̃, ɑ̃t] adj. discendente. ‖ LOC. *train descendant*, treno discendente. | *marée descendante*, marea decrescente. | *ligne descendante*, linea discendente. ‖ MIL. *la garde descendante*, la guardia smontante. ‖ MUS., LING. discendente. ◆ n. discendente. ◆ n. m. pl. discendenti ; discendenza f. sing.
descendeur, euse [desɑ̃dœr, øz] n. SPORT discesista.
descendre [desɑ̃dr] v. intr. (di)scendere. | *descendre du train, de voiture, de cheval*, scendere, smontare dal treno, di macchina, da cavallo. | *descendre à terre*, scendere a terra. | *descendre en courant*, scendere di corsa. | *descends !*, scendi ! ; scendi giù ! ; giù ! (fam.). | *descendre à l'hôtel*, scendere all'albergo. | *descendre à la prochaine*, scendere alla prossima (fermata). | *descendre dans le Midi*, andare, recarsi nel Mezzogiorno. ‖ FIG. *descendre dans le détail*, scendere nei particolari. | *descendre en soi-même*, sprofondarsi in se stesso. | *descendre jusqu'à faire qch.*, condiscendere a fare qlco. | *il est descendu jusqu'à devoir emprunter*, si è abbassato fino a chiedere del denaro in prestito. | *la nuit descend*, cala, scende la notte. ‖ [manifester] *descendre dans la rue*, manifestare. ‖ [provenir] scendere ; venir giù. | *le fleuve descend de la montagne dans la vallée*, il fiume scende dalla montagna a valle. ‖ [tirer son origine de] *descendre d'un ancêtre célèbre*, discendere da nobile famiglia, da un illustre antenato. | *la pluie descend*, la pioggia vien giù. ‖ FIG. *le chemin descend*, il cammino è in discesa, il cammino scende. | *descendre à pic*, scendere, calare a picco. | *le sol descend*, il suolo si avvalla. | *sa barbe descend jusqu'à sa poitrine*, gli scende la barba fino al petto. | *le thermomètre descend*, cala, scende il termometro. ‖ AÉR. perdere quota, scendere. ‖ JUR. *descendre sur les lieux*, fare un sopralluogo. | *la police est descendue dans cet hôtel*, la polizia ha fatto irruzione in quest'albergo. ‖ MAR. *la marée descend*, la marea decresce, discende. ‖ MUS. *descendre d'un ton*, calare di un tono. ◆ v. tr. (di)scendere. | *descendre l'escalier*, (di)scendere le scale. | *la voiture descend la côte*, la macchina (di)scende la china. | *le bateau descend le fleuve*, la nave scende il fiume. | *descends le seau à la cave*, porta giù il secchio in cantina. | *descendre le store*, abbassare, calare la stuoia. | *descendre un tableau*, abbassare un quadro. | *je te descendrai devant ta porte*, ti lascerò davanti a casa tua. ‖ [avaler] mandar giù. ‖ POP. [tuer] *descendre son adversaire*, far fuori l'avversario. ‖ FIG., FAM. *descendre qn en flammes*, stroncare qlcu. (L.C.). ‖ AÉR. *descendre un avion*, abbattere un aereo.
descente [desɑ̃t] f. [action] (di)scesa. | *accueillir qn à sa descente d'avion*, accogliere qlcu. all'arrivo dell'aereo. | *à sa descente de voiture il fit une déclaration*, scendendo dalla macchina fece una dichiarazione. | *attention, descente dangereuse*, attenzione, discesa pericolosa. | *descente à terre*, sbarco m. | *descente de Croix*, discesa dalla Croce. | *descente aux enfers*, discesa all'inferno. | *descente de lit*, scendiletto m. inv. ‖ [pente] china, pendio m., declivio m. ; [chemin en pente] scesa. ‖ [irruption ; attaque] *descente de police*, irruzione della polizia. | *la descente des Barbares*, la calata dei Barbari. ‖ AÉR. *descente en parachute, en piqué*, discesa col paracadute, in picchiata. ‖ JUR. *descente sur les lieux*, accesso (m.) in luogo ; sopralluogo m. ‖ MÉD. [organe] abbassamento m. ‖ SPORT [ski] discesa libera. ‖ TECHN. *(tuyau de) descente*, tubo (m.) di scarico ; doccia.
descriptible [dɛskriptibl] adj. descrivibile.
descriptif, ive [dɛskriptif, iv] adj. descrittivo. ◆ n. m. [document qui décrit] preventivo tecnico, preventivo d'impianto.
description [dɛskripsjɔ̃] f. descrizione.
déséchouer [dezeʃwe] v. tr. disincagliare.
déségrégation [desegregasjɔ̃] f. desegregazione.
désembourber [dezɑ̃burbe] v. tr. PR. et FIG. spantanare.
désembourgeoiser [dezɑ̃burʒwaze] v. tr. combattere l'imborghesimento di.
désemparé, e [dezɑ̃pare] adj. MAR. smantellato dalla tempesta ; = in balia delle onde, alla deriva (per avarie). ‖ FIG. sgomento, sconcertato.
désemparer [dezɑ̃pare] v. tr. MAR. smantellare. ‖ LOC. *sans désemparer*, a tutto spiano, senza interruzione, ininterrottamente.
désemplir [dezɑ̃plir] v. intr. *ne pas désemplir*, essere sempre pieno.
désencadrer [dezɑ̃kadre] v. tr. scorniciare.
désenchaîner [dezɑ̃ʃene] v. tr. sciogliere, liberare dalle catene ; scatenare (vx).
désenchantement [dezɑ̃ʃɑ̃tmɑ̃] m. disincanto. ‖ FIG. disillusione f., delusione f., disinganno.
désenchanter [dezɑ̃ʃɑ̃te] v. tr. disincantare. ‖ FIG. disilludere, deludere, disincantare, disingannare.
désenclaver [dezɑ̃klave] v. tr. ÉCON. = togliere dall'isolamento.
désencombrer [dezɑ̃kɔ̃bre] v. tr. sgombrare.
désencrasser [dezɑ̃krase] v. tr. togliere il sudiciume da.
désénerver [dezenɛrve] v. tr. calmare.
désenfiler [dezɑ̃file] v. tr. sfilare.
désenfler [dezɑ̃fle] v. intr. sgonfiare, sgonfiarsi.
désengagement [dezɑ̃gaʒmɑ̃] m. disimpegno ; disingaggio (néol.). | *désengagement d'une alliance*, disimpegno da un'alleanza. | *le désengagement américain en Asie*, il disimpegno americano in Asia.
désengager [dezɑ̃gaʒe] v. tr. disimpegnare ; liberare da un impegno. ◆ v. pr. disimpegnarsi.
désengorger [dezɑ̃gɔrʒe] v. tr. stasare.
désenivrer [dezɑ̃nivre] v. tr. far passare l'ubriacatura a. ◆ v. intr. *ne pas désenivrer*, essere sempre ubriaco.
désenlacer [dezɑ̃lase] v. tr. slacciare. ◆ v. pr. separarsi, (di)staccarsi.
désennuyer [dezɑ̃nɥije] v. tr. svagare, distrarre. ◆ v. pr. svagarsi, distrarsi.
désensablement [dezɑ̃sabləmɑ̃] m. [d'un chenal] dragaggio. ‖ [d'une embarcation] disincaglio.
désensabler [dezɑ̃sable] v. tr. [un chenal] dragare. ‖ [une embarcation] disincagliare.
désensibilisateur [desɑ̃sibilizatœr] m. PHOT. desensibilizzatore.
désensibilisation [desɑ̃sibilizasjɔ̃] f. MÉD., PHOT. desensibilizzazione.
désensibiliser [desɑ̃sibilize] v. tr. MÉD., PHOT. desensibilizzare.
désensorceler [dezɑ̃sɔrsəle] v. tr. sciogliere dall'incantesimo, disincantare.
désentoilage [dezɑ̃twalaʒ] m. rintelatura f.
désentoiler [dezɑ̃twale] v. tr. rintelare.
désentortiller [dezɑ̃tɔrtije] v. tr. PR. et FIG. sgrovigliare. ‖ FIG. sbrogliare.
désentraver [dezɑ̃trave] v. tr. spastoiare.
désenvenimer [dezɑ̃vnime] v. tr. PR. et FIG. svelenire.
déséquilibre [dezekilibr] m. PR. et FIG. squilibrio.
déséquilibré [dezekilibre] adj. et n. squilibrato.
déséquilibrer [dezekilibre] v. tr. PR. et FIG. squilibrare. ◆ v. pr. squilibrarsi.
désert, e [dezɛr, ɛrt] adj. deserto. ◆ n. m. deserto. ‖ LOC. *prêcher dans le désert*, predicare al deserto.
déserter [dezɛrte] v. tr. [quitter] disertare. ‖ FIG. [un parti, une cause] abbandonare, disertare ; [une religion] rinnegare. | *ses amis l'ont déserté*, i suoi amici l'hanno abbandonato. ◆ v. intr. MIL. disertare.
déserteur [dezɛrtœr] m. PR. et FIG. disertore. | *il est porté déserteur*, è dato, dichiarato disertore.
désertion [dezɛrsjɔ̃] f. PR. et FIG. diserzione. | *la désertion d'un parti*, la diserzione da un partito.
désertique [dezɛrtik] adj. desertico (m. pl. *desertici*).
désespérance [desɛsperɑ̃s] f. disperazione.
désespérant, e [dezɛsperɑ̃, ɑ̃t] adj. sconfortante, scoraggiante, deprimente. | *c'est un enfant désespé-*

rant, questo bambino è una disperazione. | *un temps désespérant*, un tempo deprimente.
désespéré, e [dezɛspere] adj. et n. disperato.
désespérer [dezɛspere] v. intr. et tr. ind. **(de)** disperare (di). | *c'est à désespérer*, è senza speranza, è un caso disperato. ◆ v. tr. *désespérer ses parents*, far disperare i genitori. | *je désespère qu'il réussisse*, dispero che egli possa riuscire. ◆ v. pr. disperarsi.
désespoir [dezɛspwar] m. disperazione f. | *être au désespoir*, essere disperato. | *mettre au désespoir*, far disperare. | *sombrer dans le désespoir*, darsi alla disperazione. | *de désespoir*, per disperazione. || [regret] *à mon grand désespoir*, con mio grande rincrescimento. | *je suis au désespoir de ne pouvoir venir*, sono dolente, spiacentissimo di non poter venire. | *en désespoir de cause*, come ultima risorsa.
déshabillage [dezabijaʒ] m. (lo) spogliare, (lo) spogliarsi ; spogliamento (rare).
déshabillé [dezabije] m. MODE déshabillé (fr.).
déshabiller [dezabije] v. tr. spogliare, svestire. || FIG. mettere a nudo, scoprire, svelare, smascherare. ◆ v. pr. spogliarsi, svestirsi.
déshabituer [dezabitɥe] v. tr. disabituare, disavvezzare. | *déshabituer un enfant de mentir*, disabituare, disavvezzare un bambino dal mentire ; far perdere a un bambino l'abitudine di mentire. ◆ v. pr. **(de)** disabituarsi, disavvezzarsi (da).
désherbage [dezɛrbaʒ] m. diserbo, scerbatura, diserbatura f.
désherbant [dezɛrbɑ̃] m. erbicida, diserbante.
désherber [dezɛrbe] v. tr. diserbare, scerbare.
déshérence [dezerɑ̃s] f. JUR. assenza di successibili. | *biens tombés en déshérence*, beni di successione senza successibili.
déshérité, e [dezerite] adj. et n. PR. et FIG. diseredato.
déshériter [dezerite] v. tr. diseredare.
déshonnête [dezɔnɛt] adj. [malséant] indecente, sconveniente, sconcio.
déshonnêteté [dezɔnɛtte] f. VX [malséance] indecenza, sconvenienza, sconcezza (L.C.).
déshonneur [dezɔnœr] m. disonore. | *il n'y a pas de déshonneur (à cela)*, non c'è disonore (in questo).
déshonorant, e [dezɔnɔrɑ̃, ɑ̃t] adj. disonorevole, disonorante.
déshonorer [dezɔnɔre] v. tr. disonorare. | *déshonorer une femme*, disonorare una donna. || FIG. rovinare. ◆ v. pr. disonorarsi.
déshuiler [dezɥile] v. tr. disoliare.
déshydratation [dezidratasjɔ̃] f. disidratazione.
déshydrater [dezidrate] v. tr. disidratare.
déshydrogénation [dezidrɔʒenasjɔ̃] f. CHIM. deidrogenazione.
déshydrogéner [dezidrɔʒene] v. tr. CHIM. deidrogenare.
déshypothéquer [dezipɔteke] v. tr. JUR. liberare da ipoteca.
désidérabilité [deziderabilite] f. ÉCON. desiderabilità ; utilità economica.
desiderata [deziderata] m. pl. desiderata (lat.).
design [dizajn] m. (industrial) design (angl.).
désignation [deziɲasjɔ̃] f. designazione.
designer [dizainœr] m. designer (angl.), progettista.
désigner [deziɲe] v. tr. [indiquer] designare, indicare. | *désigner (du doigt)*, mostrare a dito, additare. || [qualifier] *il est tout désigné pour ce rôle*, è proprio indicato, adatto per questa funzione. || [signifier ; être le symbole de] designare, significare, denominare. || [choisir] designare. | *désigner qn pour successeur*, designare qlcu. come successore. | *successeur désigné*, successore designato. || LOC. *désigner qn à l'attention de*, additare uno all'attenzione di.
désillusion [dezilyzjɔ̃] f. delusione, disillusione, disinganno m.
désillusionner [dezilyzjɔne] v. tr. deludere, disilludere, disingannare.
désincarné, e [dezɛ̃karne] adj. disincarnato.
désincrustant, e [dezɛ̃krystɑ̃, ɑ̃t] adj. et n. m. disincrostante.
désincrustation [dezɛ̃krystasjɔ̃] f. disincrostazione.
désincruster [dezɛ̃kryste] v. tr. disincrostare.
désinence [dezinɑ̃s] f. GRAMM. desinenza.
désinentiel, elle [dezinɑ̃sjɛl] adj. GRAMM. desinenziale.
désinfectant, e [dezɛ̃fɛktɑ̃, ɑ̃t] adj. et n. m. disinfettante.
désinfecter [dezɛ̃fɛkte] v. tr. disinfettare.
désinfection [dezɛ̃fɛksjɔ̃] f. disinfezione.
désintégration [dezɛ̃tegrasjɔ̃] f. GÉOL., PHYS. disintegrazione. | *désintégration de l'atome*, disintegrazione dell'atomo.
désintégrer [dezɛ̃tegre] v. tr. PR. et FIG. disintegrare. ◆ v. pr. disintegrarsi.
désintéressé, e [dezɛ̃terese] adj. *un ami, un conseil désintéressé*, un amico, un consiglio disinteressato.
désintéressement [dezɛ̃terɛsmɑ̃] m. PR. et FIG. disinteresse. || JUR. tacitamento, rimborso.
désintéresser [dezɛ̃terese] v. tr. JUR. tacitare, rimborsare, indennizzare. ◆ v. pr. **(de)** disinteressarsi (di).
désintérêt [dezɛ̃terɛ] m. LITTÉR. disinteresse.
désintoxication [dezɛ̃tɔksikasjɔ̃] f. MÉD. disintossicazione.
désintoxiquer [dezɛ̃tɔksike] v. tr. disintossicare.
désinvestissement [dezɛ̃vɛstismɑ̃] m. PSYCHAN. sottrazione (f.) di carica, disinvestimento.
désinvolte [dezɛ̃vɔlt] adj. [à l'aise] disinvolto, spigliato, scanzonato. || [impertinent] disinvolto, impertinente.
désinvolture [dezɛ̃vɔltyr] f. [aisance] disinvoltura, spigliatezza. || [impertinence] disinvoltura, impertinenza.
désir [dezir] m. desiderio. | *exprimer, réaliser un désir*, esprimere, realizzare un desiderio. | *selon mon désir*, secondo il mio desiderio. | *désir ardent*, brama f., smania f. ; bramosia f. ; anelito (littér.). | *désir impatient*, smania, ansia f.
désirable [dezirabl] adj. desiderabile.
désirer [dezire] v. tr. [souhaiter] desiderare. | *il désirait te voir*, desiderava vederti. | *désirer ardemment*, bramare, agognare ; anelare (littér.). || LOC. *Monsieur désire ?*, il signore desidera ? | *se faire désirer*, farsi desiderare. | *cela laisse à désirer*, ciò lascia a desiderare.
désireux, euse [dezirø, øz] adj. desideroso.
désistement [dezistəmɑ̃] m. JUR. rinunzia f. || [d'un candidat] ritiro, desistenza f., remissione f. | *désistement d'instance*, remissione, recesso di querela.
désister (se) [sədeziste] v. pr. JUR. **(de)** desistere (da). | *se désister en faveur de*, desistere, rinunciare a vantaggio di, a favore di.
désobéir [dezɔbeir] v. tr. ind. **(à)** disubbidire, disobbedire (a).
désobéissance [dezɔbeisɑ̃s] f. disubbidienza, disobbedienza.
désobéissant, e [dezɔbeisɑ̃, ɑ̃t] adj. disubbidiente, disobbediente.
désobligeance [dezɔbliʒɑ̃s] f. scortesia, sgarbatezza.
désobligeant, e [dezɔbliʒɑ̃, ɑ̃t] adj. scortese, sgarbato, scompiacente.
désobliger [dezɔbliʒe] v. tr. contrariare, scontentare ; fare dispiacere a.
désobstruer [dezɔbstrye] v. tr. MÉD., TECHN. stasare ; deostruire (rare).
désodorisant, e [dezɔdɔrizɑ̃, ɑ̃t] adj. et n. m. deodorante.
désodoriser [dezɔdɔrize] v. tr. deodorare.
désœuvré, e [dezœvre] adj. et n. sfaccendato, scioperato.
désœuvrement [dezœvrəmɑ̃] m. inoperosità f., disoccupazione f., ozio. || PÉJOR. scioperataggine f.
désolant, e [dezɔlɑ̃, ɑ̃t] adj. desolante, sconfortante, sconsolante. || [ennuyeux] spiacevole, fastidioso. || LOC. *c'est vraiment désolant*, è proprio un peccato.
désolation [dezɔlasjɔ̃] f. [dévastation] devastazione. || FIG. [affliction] desolazione, squallore m., afflizione.
désolé, e [dezɔle] adj. *paysage désolé*, paesaggio

squallido, desolato. ‖ FIG. *je suis désolé*, mi dispiace tanto, sono spiacente.
désoler [dezɔle] v. tr. VX ou LITTÉR. [dévaster] devastare, desolare. ‖ FIG. [affliger] desolare, affliggere. ◆ v. pr. desolarsi, affliggersi.
désolidariser (se) [sədesɔlidarize] v. pr. **(de)** non essere più solidale (con); allontanarsi, staccarsi (da).
désoperculer [dezɔpɛrkyle] v. tr. AGR. disopercolare.
désopilant, e [dezɔpilɑ̃, ɑ̃t] adj. divertentissimo, buffissimo ; da scoppiar da ridere.
désopiler [dezɔpile] v. tr. FIG. *désopiler la rate*, fare scoppiare dalle risa. ◆ v. pr. divertirsi un mondo.
désordonné, e [dezɔrdɔne] adj. PR. et FIG. disordinato.
désordre [dezɔrdr] m. PR. et FIG. disordine. | *cheveux en désordre*, capelli in disordine, capelli scompigliati. ‖ MÉD. *désordres nerveux*, disturbi nervosi. ◆ pl. [émeutes ; troubles polit.] disordini, torbidi, tumulti.
désorganisation [dezɔrganizasjɔ̃] f. disorganizzazione.
désorganiser [dezɔrganize] v. tr. disorganizzare. ◆ v. pr. disorganizzarsi.
désorientation [dezɔrjɑ̃tasjɔ̃] f. disorientamento m.
désorienté, e [dezɔrjɑ̃te] adj. disorientato, smarrito.
désorienter [dezɔrjɑ̃te] v. tr. PR. et FIG. disorientare.
désormais [dezɔrmɛ] adv. ormai, oramai, d'ora innanzi, d'ora in avanti.
désossé, e [dezɔse] adj. FIG. disarticolato, dinoccolato, smidollato.
désosser [dezɔse] v. tr. disossare. | *désosser un poulet*, disossare un pollo. | *désosser un poisson*, togliere la lisca a un pesce ; diliscare un pesce (rare). ‖ FIG., FAM. *désosser un texte*, esaminare accuratamente, analizzare un testo (L.C.). ◆ v. pr. FIG. V. DÉSARTICULER V. pr.
désoxydant, e [dezɔksidɑ̃, ɑ̃t] adj. et n. m. disossidante.
désoxydation [dezɔksidasjɔ̃] f. disossidazione.
désoxyder [dezɔkside] v. tr. disossidare.
despote [dɛspɔt] m. despota.
despotique [dɛspɔtik] adj. dispotico.
despotisme [dɛspɔtism] m. dispotismo. | *despotisme éclairé*, dispotismo illuminato.
desquamation [dɛskwamasjɔ̃] f. desquamazione.
desquamer [dɛskwame] v. tr. squamare. ◆ v. pr. squamarsi.
dessaisir [desezir] v. tr. JUR. *dessaisir un tribunal*, dichiarare l'incompetenza di un tribunale. ◆ v. pr. **(de)** disfarsi, spossessarsi, privarsi (di). ‖ JUR. dichiararsi incompetente.
dessaisissement [desezismɑ̃] m. cessione f., abbandono, spossessamento. | *dessaisissement d'une créance*, liberazione (f.) da un credito.
dessalé, e [desale] adj. FIG., FAM. = che la sa lunga ; scaltro, smaliziato (L.C.) ; dritto (arg.).
dessaler [desale] v. tr. dissalare. ‖ FIG., FAM. scaltrire, smaliziare, sveltire (L.C.). ◆ v. intr. MAR. capovolgersi.
dessèchement [desɛʃmɑ̃] m. disseccazione f. ; (il) seccarsi. ‖ [plante] appassimento. ‖ AGR. [assèchement] prosciugamento. ‖ FIG. (l')inaridirsi. ‖ MÉD. prosciugamento.
dessécher [deseʃe] v. tr. [rendre sec] disseccare, seccare. | *le froid, le soleil, le vent dessèche la végétation*, il freddo, il sole, il vento dissecca, secca la vegetazione. | *bouche, gorge desséchée par la fièvre*, bocca, gola seccata dall'arsura della febbre. ‖ [amaigrir] scheletrire. | *la maladie l'a desséché*, la malattia lo ha scheletrito. | *vieillard desséché*, vecchio ridotto (quasi) uno scheletro. ‖ FIG. [rendre insensible] inaridire. | *la douleur a desséché son cœur*, il dolore gli ha inaridito il cuore. ◆ v. pr. seccarsi, disseccarsi. ‖ [se décharner] scheletrirsi. ‖ FIG. *se dessécher d'ennui*, morire di noia. | *se dessécher de chagrin*, struggersi, languire dal dispiacere.
dessein [desɛ̃] m. [projet, résolution] disegno, progetto. | *former le dessein de*, fare il disegno di. | *il a de vastes desseins*, ha vasti disegni, progetti. ‖ [conception, plan] disegno, piano. ‖ [intention] disegno, proposito, intendimento, proponimento. | *avoir de mauvais desseins*, avere cattivi disegni, intenti. | *avoir le dessein de*, avere il proposito di. | *dans le dessein de*, in vista di, nell'intenzione di. ◆ loc. adv. ***à dessein***, apposta, a bella posta, di proposito.
desseller [desele] v. tr. dissellare.
desserrage [desɛraʒ] m. TECHN. allentamento.
desserre [desɛr] f. FAM. *être dur à la desserre*, V. DÉTENTE.
desserrer [desere] v. tr. [défaire ; dévisser] allentare. ‖ FIG. *desserrer les liens*, allentare i vincoli. | *ne pas desserrer les dents*, non aprir bocca. ◆ v. pr. allentarsi. | *l'étreinte se desserre*, la stretta si allenta.
dessert [desɛr] m. dessert (fr.) ; ultima portata (di un pasto) ; frutta f. ; dolce. | *au dessert*, alle frutta. | *vin de dessert*, vino da dessert.
1. desserte [desɛrt] f. [meuble] credenza, credenzina.
2. desserte f. RELIG. funzione, servizio m. ‖ TRANSP. *l'autobus assure la desserte de la plage*, l'autobus assicura il servizio della spiaggia.
dessertir [desɛrtir] v. tr. smontare.
dessertissage [desɛrtisaʒ] m. smontatura f.
desservant [desɛrvɑ̃] m. RELIG. parroco, curato ; cappellano.
1. desservir [desɛrvir] v. tr. [table] sparecchiare. ‖ FIG. *desservir qn*, sfavorire qlcu., nuocere a qlcu.
2. desservir v. tr. RELIG. *desservir une paroisse*, assicurare il servizio in una parrocchia. ‖ TRANSP. *l'autobus dessert ce village*, l'autobus serve questo paese. ‖ *cet escalier dessert tous les appartements*, questa scala serve tutti gli appartamenti. ‖ TECHN. *desservir une machine*, assicurare il servizio di una macchina.
dessiccateur [desikatœr] m. TECHN. essiccatoio.
dessiccatif, ive [desikatif, iv] adj. V. SICCATIF.
dessiccation [desikasjɔ̃] f. essiccazione, disseccazione.
dessiller [desije] v. tr. FIG. *dessiller les yeux à qn, de qn*, aprire gli occhi a qlcu. ◆ v. pr. *mes yeux se dessillent*, mi si aprono gli occhi, mi è caduta la benda dagli occhi.
dessin [desɛ̃] m. disegno. | *dessin d'après nature, à main levée, au crayon, à la plume, au fusain, à l'encre de Chine, au trait*, disegno dal vero, a mano libera, a matita, a penna, a carboncino, a inchiostro di China, a contorno. | *dessin humoristique*, vignetta umoristica. | *papier à dessin*, carta da disegno. | *réduire, agrandir, hachurer un dessin*, ridurre, ingrandire, tratteggiare un disegno. ‖ FIG. disegno. ‖ CIN. *dessin animé*, disegni, cartoni animati. ‖ MATH. *dessin coté*, disegno quotato. ‖ TECHN. disegno, piano, modello.
dessinateur, trice [desinatœr, tris] n. disegnatore, trice. | *dessinateur, dessinatrice de mode*, figurinista m. et f. | *dessinateur publicitaire*, disegnatore pubblicitario ; cartellonista. | *dessinateur industriel*, disegnatore industriale. | *dessinateur humoristique*, vignettista.
dessiner [desine] v. tr. disegnare. | *il dessine à la craie, de mémoire*, disegna col gesso, a memoria. | *dessiner un modèle*, disegnare un modello. | *bande dessinée*, V. BANDE. ‖ [indiquer] *dessiner un caractère*, disegnare, dipingere un carattere. ‖ [faire ressortir] segnare, far risaltare. | *cette robe dessine les formes*, questa veste fa risaltare le forme. ‖ FIG. [esquisser] disegnare, abbozzare. | *il dessine les grandes lignes d'un nouveau roman*, disegna, abbozza le grandi linee di un nuovo romanzo. ◆ v. pr. disegnarsi. ‖ [ressortir] risaltare v. intr. ‖ FIG. [prendre tournure] delinearsi, prendere forma.
dessoler [desɔle] v. tr. *dessoler un cheval*, togliere la suola a un cavallo.
dessouder [desude] v. tr. dissaldare. ◆ v. pr. dissaldarsi.
dessoudure [desudyr] m. dissaldatura.
dessoûler [desule] v. tr. FAM. far passare la sbornia a. ◆ v. intr. FAM. *ne pas dessoûler*, avere la sbornia fissa.
dessous [dəsu] adv. sotto. | *être dessous*, essere

sotto. | *sens dessus dessous*, sottosopra. ◆ loc. adv. **au-dessous,** sotto, di sotto, al di sotto. || **ci-dessous,** qui sotto. || **en dessous,** di sotto. || FIG. *manœuvres en dessous*, manovre occulte, maneggi m. pl. | *regarder en dessous*, guardare di sottecchi, di sotto in su. | *rire en dessous*, ridere, ridersela sotto i baffi. || MUS. *l'octave en dessous*, l'ottava inferiore. || **là-dessous,** là sotto. || FIG. *il y a qch. là-dessous*, c'è qlco. sotto; gatta ci cova. || **par-dessous,** di sotto. ◆ loc. prép. **au-dessous de,** al di sotto di; sotto. | *au-dessous de zéro*, sotto zero. | *au-dessous de Paris*, sotto Parigi. | *au-dessous de quatre ans*, sotto i quattro anni. | *être au-dessous de qn*, essere inferiore a qlcu. | *être au-dessous de tout :* [personne] valere zero; [chose] far pietà, essere fiacchissimo. || **de dessous,** di sotto. | *sortir de dessous la table*, uscire di sotto la tavola. || **par-dessous,** sotto. | *passer par-dessous le fil*, passare sotto il filo. || FIG. *faire un travail par-dessous la jambe*, fare un lavoro sottogamba, sotto gamba. ◆ n. m. [partie inférieure] il di sotto; il disotto; il sotto. | *dessous de pied*, pianta (f.) del piede. | *l'étage du dessous*, il piano di sotto. | *dessous de bouteille*, sottobottiglia m. || [envers] *le dessous d'une étoffe*, il rovescio di una stoffa. || THÉÂTRE sottopalco. || LOC. *avoir le dessous*, aver la peggio. | *être dans le trente-sixième dessous*, essere ridotto uno straccio. || FIG. *dessous des cartes, du jeu* = maneggio occulto. ◆ m. pl. [lingerie] biancheria (intima). || [côté caché] *les dessous de la politique*, il retroscena della politica. | *les dessous d'une affaire*, il retroscena di un affare.

dessous-de-bras [dəsudbra] m. sottoascella f.

dessous-de-plat [dəsudpla] m. sottopiatto.

dessous-de-table [dəsudtabl] m. differenza (f.) di prezzo da pagarsi sottomano; somma data sottobanco; bustarella f.

dessus [dəsy] adv. [sur] sopra, di sopra, su, addosso. | *être, se mettre dessus*, essere, mettersi sopra. || [contre] *il m'a tiré dessus*, mi ha sparato addosso. || FIG. *tu as mis le doigt dessus*, hai dato nel segno; l'hai azzeccata. | *mettre la main dessus*, trovare. | *si je mets la main dessus, je te prêterai le livre*, se mi riesce di trovarlo, se mi capita tra le mani, ti presterò il libro. || LOC. *sens dessus dessous*, sottosopra. | *bras dessus bras dessous*, sottobraccio, a braccetto. ◆ loc adv. **au-dessus,** sopra, di sopra. || FIG. *il n'y a rien au-dessus*, non c'è niente di meglio. | *ces chaussures coûtent cinquante francs et au-dessus*, queste scarpe costano dai cinquanta franchi in su. || **ci-dessus,** (qui) sopra; più su. | *les exemples cités ci-dessus*, gli esempi sopra citati. || **en dessus,** di sopra. | *vêtement noir en dessus, vert en dessous*, vestito nero (di) sopra, verde (di) sotto. || **là-dessus,** là sopra, lì sopra. | *là-dessus il entra*, allora entrò. | *j'ai là-dessus des idées précises*, ho in proposito delle idee precise. || FIG. *il compte là-dessus*, ci fa assegnamento, fa assegnamento su questo. || **par-dessus,** (per di) sopra. | *étendre par-dessus*, stendere (per di) sopra. || FIG. *passer par-dessus*, passare (oltre). ◆ loc. prép. **au-dessus de,** sopra (a), al di sopra di. | *au-dessus des nuages*, sopra le nuvole, al di sopra delle nuvole. | *le clocher pointe au-dessus des toits*, il campanile spunta sopra i tetti, al di sopra dei tetti. | *c'est au-dessus de mes forces*, è al di sopra delle mie forze, è superiore alle mie forze. | *il est au-dessus de cela*, è superiore a questo. | *au-dessus de quatre ans*, sopra i quattro anni. | *l'un au-dessus de l'autre*, uno sopra l'altro. || [devant pron. pers.] sopra di. | *au-dessus de moi, de toi*, sopra di me, di te. || **par-dessus,** sopra. | *l'un par-dessus l'autre*, uno sopra l'altro. | *par-dessus tout*, sopra ogni cosa; soprattutto. || FIG. *en avoir par-dessus la tête*, averne fin sopra i capelli; = averne le tasche piene. | *jeter par-dessus bord*, gettar fuori bordo. | *par-dessus le marché*, per giunta, per soprammercato. | *faire un travail par-dessus la jambe*, fare un lavoro sottogamba, sotto gamba. ◆ n. m. [partie supérieure] il disopra, il sopra, il piano. | *le dessus de la main*, il disopra, il dorso della mano. | *le dessus d'un meuble, d'une table*, la parte superiore, il piano di un mobile, di una tavola. | *dessus de table*, centro da tavola. | *les voisins du dessus*, i vicini del piano di sopra. || FIG. *le dessus du panier*, il fior fiore. || [endroit] *le dessus d'une étoffe*, il diritto di una stoffa. || [supériorité] *avoir le dessus*, avere la meglio, il sopravvento. | *reprendre le dessus*, tirarsi su, riaversi. || MAR. *le dessus du vent*, il sopravvento. || MUS. discanto.

dessus-de-lit [dəsydli] m. copriletto, sopraccoperta f.

destin [dɛstɛ̃] m. destino, fato. | *ça a été un coup du destin*, è stato il destino, così ha voluto il destino.

destinataire [dɛstinatɛr] n. destinatario, a.

destination [dɛstinasjɔ̃] f. destinazione. | *arriver à destination*, arrivare a destinazione. | *à destination de*, a destinazione di; diretto (adj.) a.

destinée [dɛstine] f. destino m., sorte.

destiner [dɛstine] v. tr. destinare. | *son père l'a destiné à cette carrière*, suo padre l'ha destinato a questa carriera. | *à qui est destiné ce livre ?*, per chi è questo libro? ◆ v. pr. **(à)** destinarsi (a).

destituer [dɛstitɥe] v. tr. destituire, rimuovere.

destitution [dɛstitysjɔ̃] f. destituzione, rimozione.

destrier [dɛstrije] m. HIST. destriero, destriere.

destroyer [dɛstrwaje, trɔjœr] m. (angl.) MAR. cacciatorpediniere inv.

destructeur, trice [dɛstryktœr, tris] adj. et n. distruttore, trice.

destructible [dɛstryktibl] adj. distruttibile.

destructif, ive [dɛstryktif, iv] adj. distruttivo.

destruction [dɛstryksjɔ̃] f. distruzione.

destructurer [destryktyre] v. tr. togliere la struttura a.

désuet, ète [desɥɛ, ɛt] adj. disusato, antiquato; vieto, desueto (littér.).

désuétude [desɥetyd] f. *tomber en désuétude*, cadere in disuso; cadere in desuetudine, in dissuetudine (littér.).

désunion [dezynjɔ̃] f. disgiunzione. || FIG. disunione, dissenso m., disaccordo m. || PSYCHAN. *désunion des pulsions*, defusione delle pulsioni.

désunir [dezynir] v. tr. disgiungere. || FIG. disunire. | *désunir deux amants*, disunire due amanti.

détachable [detaʃabl] adj. *coupon détachable*, cedola, tagliando staccabile.

détachage [detaʃaʒ] m. smacchiatura f.

détachant [detaʃɑ̃] m. smacchiatore.

détaché, e [detaʃe] adj. (di)staccato. || [distinct] spiccato. | *mots détachés*, parole spiccate, distaccate. || FIG. *air détaché*, aria distaccata, disinvolta, indifferente. || ADM. distaccato, comandato. || MIL. *forts détachés*, forti avanzati. || TECHN. *pièce détachée*, pezzo staccato. ◆ n. m. MUS. staccato.

détachement [detaʃmɑ̃] m. [indifférence] distacco. || ADM. comando. | *être en détachement*, essere comandato. || MIL. distaccamento, drappello. | *détachement d'artillerie*, distaccamento di artiglieria.

1. détacher [detaʃe] v. tr. [délier] slegare. | *détacher un prisonnier*, slegare un prigioniero. | *détacher le chien*, sguinzagliare, slegare il cane. | *détacher les lacets*, sciogliere, slegare i lacci. || [disjoindre, enlever] staccare, spiccare. | *détacher une feuille d'un bloc*, staccare un foglio da un blocco. | *détacher un fruit d'une branche*, spiccare, staccare un frutto da un ramo. || [faire ressortir] far spiccare, far risaltare. || [séparer] *détacher les lettres, les notes*, staccare le lettere, le note. || FIG. staccare, distogliere. | *il ne peut détacher ses yeux de ce tableau*, non può staccare, distogliere gli occhi da questo quadro. | *la mère est détachée de son fils*, la madre non ha più affetto per suo figlio. || ADM. *détacher qn en province*, distaccare, comandare qlcu. in provincia. || MIL. distaccare, dislocare. || CH. DE F. *détacher un wagon*, sganciare, staccare un vagone. ◆ v. pr. [se disjoindre] (di)staccarsi. || [se libérer] staccarsi, slegarsi. | *une pierre se détache*, una pietra si stacca. | *se détacher de ses liens*, slegarsi dai lacci. | *se détacher de qn*, distaccarsi da, disaffezionarsi da, disamorarsi di qlcu. || [ressortir] spiccare, risaltare v. intr.

2. détacher v. tr. [nettoyer] smacchiare. | *poudre à détacher*, polvere da smacchiare.

détacheur [detaʃœr] m. [personne ; produit] smacchiatore.
détail [detaj] m. particolare, particolarità f., dettaglio. | *détails d'une affaire*, particolari di una faccenda. | *c'est un détail*, è una inezia, una quisquilia, una cosa da niente, un dettaglio. | *détail d'un tableau*, particolare di un quadro. | *ne pas entrer dans les détails*, non entrare nei particolari, nei dettagli. | *raconter avec un grand luxe de détails*, raccontare con gran lusso di particolari. | *pour plus de détails, voir...*, per altri particolari vedere... || MIL. *officier de détail*, ufficiale di sussistenza. || COMM. *commerce de détail*, commercio al minuto, al dettaglio. | *acheter, vendre au détail*, comprare, vendere al minuto, al dettaglio. | *détail des marchandises expédiées*, specifica (f.) delle merci spedite. || JUR. *détail d'un procès* = relazione particolareggiata di un processo. ◆ loc. adv. ***en détail***, minutamente, particolareggiatamente.
détaillant, e [detajɑ̃, ɑ̃t] n. venditore, trice al minuto ; dettagliante.
détailler [detaje] v. tr. [couper en pièces] tagliare a pezzi. | *détailler un veau*, tagliare a pezzi un vitello. || FIG. [raconter en détail] esporre minutamente, particolareggiare. || COMM. [vendre] vendere al minuto, dettagliare. || FAM. [regarder attentivement] analizzare, spogliare, squadrare ; sgamare (rom.).
détaler [detale] v. intr. FAM. darsela a gambe, svignarsela in fretta.
détartrage [detartraʒ] m. [d'une chaudière] disincrostazione f. ; [des dents] (il) togliere il tartaro.
détartrer [detartre] v. tr. [chaudière] disincrostare ; [dents] togliere, levare il tartaro da.
détartreur [detartrœr] ou **détartrant** [detartrɑ̃] m. disincrostante.
détaxe [detaks] f. FIN. sgravio (m.) fiscale ; soppressione, riduzione di tassa.
détaxer [detakse] v. tr. FIN. togliere, ridurre la tassa ; sgravare.
détecter [detɛkte] v. tr. TECHN. rivelare. || FIG. scoprire.
détecteur, trice [detɛktœr, tris] adj. rivelatore, trice. ◆ n. m. *détecteur sous-marin*, segnalatore subacqueo. | *détecteur de mines*, cercamine m. inv., rivelatore di mine. || RAD. rivelatore. | *détecteur électromagnétique*, localizzatore elettromagnetico. | *détecteur de mensonge* = siero della verità.
détection [detɛksjɔ̃] f. RAD. rivelazione.
détective [detɛktiv] m. detective (angl.). | *détective privé*, investigatore, poliziotto privato ; detective.
déteindre [detɛ̃dr] v. tr. stingere, scolorire. ◆ v. intr. stingersi, scolorire. || FIG. *son caractère a déteint sur le mien*, il suo carattere ha influenzato il mio.
dételer [detle] v. tr. [animaux] staccare. | *dételer les bœufs*, staccare i buoi, togliere il giogo ai buoi. || [wagons] sganciare. ◆ v. intr. staccare i cavalli, i buoi. || FIG., FAM. [cesser] smettere, smobilitare. | *sans dételer*, senza smettere, senza soluzione di continuità ; difilato adv.
détendeur [detɑ̃dœr] m. TECHN. riduttore di pressione, valvola (f.) di scarico.
détendre [detɑ̃dr] v. tr. [relâcher] distendere, allentare. | *détendre l'arc*, allentare l'arco. | *détendre un ressort*, far scattare una molla. || [détacher] *détendre le linge*, staccare la biancheria. || FIG. *détendre les nerfs*, distendere, rilassare i nervi. || PHYS. *détendre un gaz*, espandere un gas. ◆ v. pr. allentarsi ; scattare v. intr. || FIG. rilassarsi, distendersi. | *l'atmosphère se détend*, l'atmosfera si rasserena, si distende.
détendu, e [detɑ̃dy] adj. [apaisé] disteso, rilassato, calmo. | *rapports détendus*, rapporti distesi.
détenir [detnir] v. tr. detenere. || JUR. detenere.
détenu, e [detny] adj. et n. detenuto.
détente [detɑ̃t] f. [mouvement brusque] scatto m. | *détente d'un ressort*, scatto di una molla. || [relâchement] distensione. | *détente des muscles*, distensione, scatto dei muscoli. || FIG. [relâche ; repos] distensione, rilassamento m. | *détente dans les relations internationales*, distensione nei rapporti internazionali. | *détente physique et intellectuelle*, distensione fisica e intellettuale. || MIL. *permission de détente*, licenza. || PHYS. *détente de la vapeur*, espansione del vapore. || [arme à feu] grilletto m. | *presser sur la détente*, premere il grilletto. || FIG., FAM. *être dur à la détente*, essere tirato nello spendere ; tener la borsa stretta ; esser taccagno, tirchio.
détenteur, trice [detɑ̃tœr, tris] adj. et n. detentore, trice. | *être détenteur d'un record*, essere detentore di un primato. || JUR. *tiers détenteur*, terzo acquirente (d'un immobile ipotecato).
détention [detɑ̃sjɔ̃] f. [possession] detenzione. || JUR. detenzione. | *détention préventive*, carcere giudiziario.
détergent, e [detɛrʒɑ̃, ɑ̃t] adj. et n. m. V. DÉTERSIF.
déterger [detɛrʒe] v. tr. detergere.
détérioration [deterjɔrasjɔ̃] f. deterioramento m., deteriorazione. || FIG. *détérioration des relations, des finances*, deterioramento dei rapporti, delle finanze.
détérioré, e [deterjɔre] adj. guasto, deteriorato.
détériorer [deterjɔre] v. tr. PR. et FIG. deteriorare, guastare ; danneggiare. ◆ v. pr. deteriorarsi.
déterminable [detɛrminabl] adj. determinabile.
déterminant, e [detɛrminɑ̃, ɑ̃t] adj. determinante. ◆ n. m. MATH. determinante f.
déterminatif, ive [detɛrminatif, iv] adj. GRAMM. determinativo. ◆ n. m. GRAMM. pronome, aggettivo, articolo determinativo.
détermination [detɛrminasjɔ̃] f. determinazione.
déterminé, e [detɛrmine] adj. [précisé] determinato. || [résolu] *d'un air déterminé*, con aria risoluta, determinata.
déterminer [detɛrmine] v. tr. [fixer, préciser] determinare, fissare, stabilire. | *déterminer les pouvoirs, les bénéfices de qn*, determinare i poteri, i benefizi di qlcu. || [décider] *déterminer qn à faire qch.*, indurre, decidere, determinare qlcu. a fare qlco. || [causer] determinare, provocare. ◆ v. pr. **(à)** decidersi, risolversi, determinarsi (a).
déterminisme [detɛrminism] m. determinismo.
déterministe [detɛrminist] n. determinista. ◆ adj. deterministico.
déterrage [detɛraʒ] m. [chasse] (lo) stanare.
déterré, e [detere] n. FAM. *avoir une mine de déterré*, avere un aspetto cadaverico (L.C.).
déterrement [detɛrmɑ̃] m. dissotterramento, riesumazione f.
déterrer [detere] v. tr. PR. et FIG. dissotterrare, disseppellire, riesumare.
détersif, ive [detɛrsif, iv] adj. et n. detersivo, detergente.
détersion [detɛrsjɔ̃] f. detersione.
détestable [detɛstabl] adj. detestabile, abominevole. || [temps] odioso, abominevole. || FIG. *humeur détestable*, pessimo umore. | *habitude détestable*, pessima abitudine.
détester [detɛste] v. tr. detestare, odiare. | *se faire détester de tout le monde*, farsi detestare da tutti. | *détester la pluie*, detestare, odiare la pioggia. | *détester (de) fumer*, detestare fumare. | *je ne déteste pas fumer*, non mi spiace fumare.
détirer [detire] v. tr. stirare.
détonant, e [detɔnɑ̃, ɑ̃t] adj. detonante. | *mélange détonant*, miscela detonante, esplosiva.
détonateur [detɔnatœr] m. detonatore.
détonation [detɔnasjɔ̃] f. detonazione.
détoner [detɔne] v. intr. detonare.
détonner [detɔne] v. intr. [sons ; couleurs] stonare.
détordre [detɔrdr] v. tr. [corde, etc.] svolgere ; [objet] raddrizzare.
détors, e [detɔr, ɔrs] adj. TEXT. = che non è più torso.
détortiller [detɔrtije] v. tr. sbrogliare.
détour [detur] m. [sinuosité] svolta f., curva f., giravolta f. | *à un détour de la route*, a una svolta della strada. || [chemin plus long] deviazione f. | *faire un détour de dix kilomètres*, allungare la strada di dieci chilometri. || FIG. sotterfugio, rigiro. | *les détours de la loi*, le scappatoie, i rigiri della legge. | *prendre des détours*, usare (ri)giri di parole. | *parler sans*

détour, parlare senza rigiri, senz'ambagi. | *pas tant de détours !*, basta con le storie !

détournement [deturnəmɑ̃] m. deviazione f., deviamento. | *détournement d'avion*, dirottamento aereo. || COMM. sottrazione f., distrazione f. || JUR. *détournement de mineur*, sottrazione di minore, seduzione di minorenne. | *détournement de pouvoir*, sviamento di potere. | *commettre des détournements*, commettere delle appropriazioni indebite.

détourné, e [deturne] adj. *chemin, lieu détourné*, cammino, luogo fuori mano. || FIG. *reproche détourné*, rimprovero indiretto. | *par des moyens détournés, par des voies détournées*, per vie traverse.

détourner [deturne] v. tr. **1.** [tourner d'un autre côté] distogliere, voltare. | *détourner les yeux de*, distogliere lo sguardo da. | *détourner le visage, la tête*, voltare il viso, la testa. || [dévier] deviare, sviare. | *détourner un fleuve, la circulation*, deviare un fiume, il traffico. || LOC. *détourner qn de son chemin*, deviare qlcu. dalla strada (pr.); deviare, allontanare qlcu. dalla retta via (fig.). || **2.** FIG. *détourner la foudre*, sviare il fulmine, il colpo. | *détourner le sens d'une phrase*, falsare, alterare il significato di una frase. | *détourner la conversation, les soupçons*, sviare il discorso, i sospetti. || **3.** COMM. [argent] sottrarre, distrarre ; appropriarsi indebitamente di. || **4.** ÉLECTR. deviare, derivare. || **5.** FIG. distogliere, stornare. | *détourner qn de son travail*, distogliere qlcu. dal suo lavoro. | *détourner qn de qlch.*, stornare, dissuadere qlcu. da qlco. || [moralement] traviare, deviare, corrompere. || **6.** JUR. [un mineur] sottrarre, sedurre. ◆ v. pr. voltarsi dall'altra parte. | *se détourner de qn*, allontanarsi da qlcu. | *se détourner d'un projet*, recedere, desistere da un progetto.

détracteur, trice [detraktœr, tris] n. detrattore, trice. ◆ adj. denigratorio, detrattorio.

détraqué, e [detrake] adj. guasto, malandato, rovinato ; scassato (fam.). | *avoir l'estomac détraqué*, avere lo stomaco rovinato. || FIG., FAM. [fou] squilibrato, mezzo matto (L.C.). ◆ n. squilibrato.

détraquement [detrakmɑ̃] m. guasto. || FIG. squilibrio.

détraquer [detrake] v. tr. guastare ; scassare (fam.). | *détraquer une pendule, un moteur*, guastare, scassare un orologio, un motore. || FAM. *se détraquer l'estomac, la santé*, guastarsi, rovinarsi lo stomaco, la salute. || FIG., FAM. [troubler] sconvolgere, squilibrare (L.C.).

1. détrempe [detrɑ̃p] f. ART tempera. | *peindre à la détrempe*, dipingere a tempera.

2. détrempe f. MÉTALL. addolcimento m., stemperamento m., stemperatura (rare).

1. détremper [detrɑ̃pe] v. tr. inzuppare. || ART stemperare.

2. détremper v. tr. MÉTALL. stemperare, addolcire.

détresse [detrɛs] f. [morale] smarrimento m., sconforto m. | *cri de détresse*, grido di disperazione, di sconforto. || [matérielle] miseria. | *être dans la détresse*, essere ridotto alla disperazione. || [péril] pericolo m. | *signal de détresse*, segnale di pericolo. | *navire en détresse*, nave in pericolo. || PSYCHAN. *l'état de détresse*, l'essere senza aiuto.

détriment [detrimɑ̃] m. detrimento, danno. | *cela tourne à son détriment*, le cose volgono a suo danno. ◆ loc. prép. ***au détriment de,*** a scapito, a danno, a detrimento di.

détritique [detritik] adj. GÉOL. detritico.

détritus [detritys] m. detrito, rifiuto.

détroit [detrwa] m. stretto.

détromper [detrɔ̃pe] v. tr. disingannare, far ricredere. ◆ v. pr. ricredersi. | *détrompez-vous*, non si illuda.

détrôner [detrone] v. tr. PR. et FIG. detronizzare.

détrousser [detruse] v. tr. depredare, rapinare.

détrousseur [detrusœr] m. rapinatore, grassatore.

détruire [detrɥir] v. tr. PR. et FIG. distruggere. | *détruire une légende*, sfatare, distruggere una leggenda. ◆ v. pr. [sens pass.] *ces maisons se détruisent peu à peu*, queste case crollano a poco a poco, vanno a pezzi piano piano. || [sens réfl.] distruggersi. | *se détruire la santé*, rovinarsi la salute. || [sens récipr.] distruggersi.

dette [dɛt] f. debito m. | *dette de jeu*, debito di gioco. | *avoir, faire, contracter, remettre des dettes*, avere, fare, contrarre, condonare debiti. | *être dans les dettes jusqu'au cou*, essere indebitato fino al collo. || FIG. debito. | *dette de reconnaissance*, debito di riconoscenza. | *avoir une dette envers qn*, essere in debito verso, con qlcu. || [prison] *payer sa dette à la société*, scontare una pena, espiar la pena. || COMM. debito. | *amortissement, rémission d'une dette*, ammortamento, remissione d'un debito. || FIN. *la dette publique*, il debito pubblico.

deuil [dœj] m. lutto. | *être en deuil (de qn)*, essere in lutto (per la morte di qlcu.). || [signes extérieurs] lutto, gramaglie f. pl., bruno. | *porter le deuil*, portare il lutto. | *vêtu de deuil*, vestito a lutto, a bruno ; in gramaglie. | *vêtements de deuil*, abiti da lutto. | *grand deuil, demi-deuil*, lutto stretto, mezzo lutto. | *papier de deuil*, carta listata a lutto. | *mener le deuil*, guidare il corteo funebre. | *quitter le deuil*, smettere il lutto. || FIG. *faire son deuil de qch.*, fare, tirare una croce sopra qlco., farci una croce.

deutérium [døterjɔm] m. CHIM. deuterio.

deutérocanonique [døterɔkanɔnik] adj. RELIG. deuterocanonico.

deux [dø] adj. num. card. due. | *deux cents*, duecento. | *les deux cinquièmes*, i due quinti. | *deux fois autant*, due volte tanto. | *ils étaient deux*, erano (in) due. | *et de deux !*, e due ! || [deux en tout] *les deux frères*, i due fratelli ; ambedue, entrambi i fratelli (littér.). | *tous (les) deux*, tutt'e due ; ambedue, entrambi (littér.). | *les deux côtés*, dalle due parti ; da ambedue i lati (littér.). || PR. et FIG. *arme à deux tranchants*, arma a doppio taglio. | *fusil à deux canons*, fucile a due canne ; doppietta f. || [quelques] *à deux pas*, a due passi. | *j'ai deux mots à te dire*, ho da dirti due parole. | *en deux mots*, in due parole. | *il est passé à deux doigts de la mort*, ha rasentato, sfiorato la morte. || LOC. *de deux choses l'une*, delle due l'una ; una delle due. | *un jour sur deux*, un giorno sì e uno no. | *tous les deux mois*, ogni due mesi. || PROV. *un tiens vaut mieux que deux tu l'auras*, meglio fringuello in mano che tordo in frasca ; meglio un uovo oggi che una gallina domani. ◆ adj. num. ord. secondo, due. | *chapitre deux*, capitolo secondo. | *numéro deux*, numero due. | *à la puissance deux*, alla seconda potenza. | *Henri II*, Enrico II (secondo). | *samedi 2 mai*, sabato 2 (due) maggio. | *nous sommes le 2 (mai)*, ne abbiamo due, è il due (di maggio). | *en scène pour le deux*, in scena per il secondo (atto). | *tous les deux du mois*, ogni secondo giorno del mese. ◆ n. m. due. | *un et un font deux*, uno e uno fanno due. | *diviser en deux*, dividere in due ; dimezzare. || LOC. *jamais deux sans trois*, non c'è due senza tre. | *ni bien ni mal, entre les deux*, né bene né male, così così. || FAM. *en moins de deux*, in quattro e quattr'otto. | *ne faire ni une ni deux*, decidersi su due piedi, non pensarci su due volte. | *à nous deux*, facciamo i conti ; vediamocela tra noi. || [danse] *pas de deux*, passo a due. || JEU [cartes] *le deux de cœur*, il due di cuori. || [dominos] *double deux*, doppio due. || [aviron] *deux avec, sans barreur*, due con, due senza. ◆ loc. adv. ***à deux,*** in due. | *deux à deux, deux par deux*, a due a due, in fila per due, due per volta.

deuxième [døzjɛm] adj. num. ord. secondo. | *appartement au deuxième (étage)*, appartamento al secondo piano. ◆ n. *arriver le, la deuxième*, arrivare secondo, seconda.

deuxièmement [døzjɛmmɑ̃] adv. in secondo luogo, secondariamente.

deux-mâts [døma] m. inv. due alberi.

deux-pièces [døpjɛs] m. inv. [appartement] alloggio di due vani ; [vêtement] due pezzi.

deux-points [døpwɛ̃] m. inv. GRAMM. due punti.

deux-roues [døru] m. inv. ADM. *un deux-roues* = una bicicletta, un ciclomotore, uno scooter, una motocicletta.

deux-temps [døtɑ̃] m. inv. TECHN. motore a due tempi, motore bicilindrico.
dévaler [devale] v. intr., tr. dir. et tr. ind. **(de)** scendere (a precipizio) [da]; ruzzolare, rotolare (da). | *l'homme dévalait la pente*, l'uomo scendeva a precipizio per il pendio. | *les pierres dévalent de la montagne*, le pietre ruzzolano, rotolano dalla montagna.
dévaliser [devalize] v. tr. svaligiare. ‖ FIG., FAM. *ce commerçant a été dévalisé*, le merci di quel negozio sono andate a ruba.
dévalorisation [devalɔrizasjɔ̃] f. deprezzamento m. ‖ [monnaie] svalutazione.
dévaloriser [devalɔrize] v. tr. PR et FIG. svalutare, deprezzare.
dévaluation [devalɥasjɔ̃] f. FIN. svalutazione, devalutazione.
dévaluer [devalɥe] v. tr. svalutare.
devancement [dəvɑ̃smɑ̃] m. MIL. *devancement d'appel*, anticipazione (f.) di leva.
devancer [dəvɑ̃se] v. tr. [précéder, dépasser] precedere, anticipare. | *devancer qn de cinq minutes*, precedere qlcu. di cinque minuti. ‖ [surpasser] *devancer ses rivaux, l'adversaire*, superare i concorrenti, l'avversario. ‖ [être en avance sur] anticipare, precorrere. | *devancer les événements*, anticipare, precorrere gli eventi. ‖ MIL. *devancer l'appel*, anticipare la leva. ‖ FIG. *devancer une objection*, prevenire un'obiezione. | *devancer (les intentions de) qn*, precorrere, prevenire (le intenzioni di) qlcu.
devancier, ère [dəvɑ̃sje, ɛr] n. predecessore, antecessore m.; precorritrice f. (littér.). ◆ m. pl. antenati.
devant [dəvɑ̃] prép. [en face, en avant, le long de] davanti, dinanzi, innanzi a. | *il est devant la porte*, sta davanti, dinanzi, innanzi alla porta. | *passer, marcher, courir devant qn*, passare, camminare, correre davanti a qlcu. | *devant mes yeux*, davanti, innanzi ai miei occhi. | *regarder devant soi*, guardare dinanzi a sé, guardarsi davanti. | *aller droit devant soi*, andar dritto. | *la maison devant l'étang*, la casa davanti allo stagno. | *passer devant la maison*, passare davanti alla casa. ‖ [en présence de, face à] davanti, dinanzi, innanzi a; in, al cospetto di. | *tous les hommes sont égaux devant la loi*, tutti gli uomini sono uguali davanti, dinanzi alla legge. | *devant le danger*, davanti, dinanzi al pericolo. ‖ LOC. *paraître devant Dieu*, comparire davanti a Dio, al cospetto di Dio. | *il a beaucoup de travail devant lui*, ha molto lavoro davanti a sé. | *avoir du temps devant soi*, avere ancor tempo. | *avoir de l'argent devant soi*, aver denaro da parte. ◆ loc. prép. ***de devant : ***ôte-toi de devant mes yeux*, sparisci dal mio cospetto. ‖ ***par-devant : ***par-devant notaire*, dinanzi a notaio. ‖ ***au-devant de,*** incontro a. | *il venait au-devant de moi*, mi veniva incontro. | *aller au-devant d'un désir*, venire incontro a, prevenire un desiderio. ◆ adv. [en face] davanti, dinanzi, innanzi. | *s'asseoir devant*, sedersi davanti. | *devant et derrière*, davanti e dietro. ‖ [en tête, en avant] (d)avanti, dinanzi, innanzi. | *aller, mettre devant*, andare, mettere davanti. | *passe devant*, passa davanti. | *partir les pieds devant*, uscir coi piedi avanti. ‖ LOC. *sens devant derrière*, alla rovescia, all'incontrario. ‖ [temps] *comme devant*, come prima. ‖ PROV. *Gros Jean comme devant*, con le pive nel sacco. ◆ loc. adv. ***par-devant : ***ouvrir par-devant*, aprire dal davanti. ◆ n. m. [partie antérieure] davanti. | *le devant d'une maison, d'une chemise*, il davanti di una casa, di una camicia. | *habiter sur le devant*, abitare sul davanti. | *pattes de devant*, zampe davanti, anteriori. | *porte, pièce de devant*, porta, stanza davanti. ‖ LOC. *prendre les devants* : [partir avant] partire prima; [agir avant] prevenire; premunirsi.
devanture [dəvɑ̃tyr] f. [façade] facciata. ‖ [étalage] mostra, vetrina.
dévastateur, trice [devastatœr, tris] adj. et n. devastatore, trice.
dévastation [devastasjɔ̃] f. devastazione.
dévaster [devaste] v. tr. devastare.
déveine [devɛn] f. FAM. scalogna; sfortuna, disdetta (L.C.).
développable [devlɔpabl] adj. GÉOM. sviluppabile.
développante [devlɔpɑ̃t] f. MATH. evolvente.
développé [devlɔpe] m. SPORT distensione f.
développée [devlɔpe] f. MATH. evoluta.
développement [devlɔpmɑ̃] m. [action; résultat] svolgimento. | *développement d'une pièce d'étoffe*, svolgimento di una pezza di stoffa. ‖ [croissance] sviluppo. | *en plein développement*, in pieno sviluppo. | *développement physique et mental de l'enfant*, sviluppo fisico e mentale del bambino. | *développement d'une entreprise, de la grande industrie, des arts*, sviluppo di un'impresa, della grande industria, delle arti. ‖ [exposition] svolgimento, esposizione f. | *développement d'un projet*, svolgimento d'un progetto. ‖ CIN., PHOT. sviluppo. ‖ GÉOM. sviluppo. ‖ MÉC. rapporto. ‖ MIL. spiegamento, schieramento.
développer [devlɔpe] v. tr. [dérouler, déplier] svolgere. | *développer une pièce d'étoffe*, svolgere una pezza di stoffa. | *développer un paquet*, svolgere, scartare un pacco. | *développer une carte*, dispiegare, svolgere una carta geografica. ‖ [faire croître] sviluppare. | *on développe l'industrie*, si sviluppa l'industria. | *l'exercice développe le corps, l'esprit*, l'esercizio sviluppa il corpo, la mente. ‖ [exposer] svolgere, sviluppare. | *développer une idée, un sujet*, svolgere, sviluppare un'idea, un argomento. ‖ CIN., PHOT. sviluppare. ‖ GÉOM. sviluppare. ‖ MÉC. avere un rapporto di. ‖ MIL., spiegare. ◆ v. pr. [se dérouler] svolgersi. ‖ [croître] svilupparsi.
devenir [dəvnir] v. intr. [changer d'état] divenire, diventare; farsi v. pr. | *devenir grand, riche, professeur, roi*, diventare, divenire grande, ricco, professore, re. | *devenir belle, moine*, farsi bella, monaco. ‖ [advenir de] *qu'est devenu ton fils ?*, che ne è di tuo figlio ? | *je ne sais pas ce qu'est devenu mon frère*, non so dove sia, non so cosa faccia mio fratello. ‖ FAM. *que deviens-tu ?*, cosa fai di bello ? ‖ PHILOS. divenire. ◆ n. m. divenire.
déverbal [devɛrbal] ou **déverbatif** [devɛrbatif] m. LING. deverbale, deverbativo.
dévergondage [devɛrgɔ̃daʒ] m. spudoratezza f., dissolutezza f., svergognatezza f., scostumatezza f. ‖ FIG. sfrenatezza f.
dévergondé, e [devɛrgɔ̃de] adj. et n. dissoluto, svergognato, spudorato, scostumato.
dévergonder (se) [sədevɛrgɔ̃de] v. pr. darsi a una vita dissoluta.
déverrouiller [devɛruje] v. tr. scatenacciare; aprire il catenaccio di. ‖ [arme à feu] aprire l'otturatore di.
devers [dəvɛr] prép. *par-devers le juge*, dinanzi al giudice. | *retenir par-devers soi*, ritenere in proprio possesso.
dévers [devɛr] m. inclinazione f., pendenza f. ‖ [route, ch. de f.] sopr(a)elevazione f., sopr(a)elevamento.
déversement [devɛrsəmɑ̃] m. scarico, riversamento. | *déversement des eaux*, scarico delle acque. ‖ [inclinaison] inclinazione f., pendenza f.
déverser [devɛrse] v. tr. scaricare, (ri)versare, rovesciare. | *déverser des ordures*, scaricare, rovesciare immondizie. ‖ FIG. *déverser un flot de paroles*, riversare, rovesciare un fiume, un profluvio di parole. ◆ v. intr. [pencher] pencolare. ◆ v. pr. scaricarsi, riversarsi, rovesciarsi. ‖ FIG. riversarsi. | *la foule se déverse sur la place*, la folla si riversa nella piazza. ‖ GÉOGR. riversarsi; sboccare, sfociare v. intr.
déversoir [devɛrswar] m. stramazzo, sfioratore.
dévêtir [devetir] v. tr. svestire. ◆ v. pr. svestirsi.
déviance [devjɑ̃s] f. devianza.
déviant, e [devjɑ̃, ɑ̃t] adj. et n. deviante.
déviateur, trice [devjatœr, tris] adj. deviatore, trice. ◆ n. m. AÉR. deviatore di getto, invertitore di spinta.
déviation [devjasjɔ̃] f. deviazione, deviamento m.; [route] deviazione. ‖ FIG. deviazione, sviamento m., deviamento. ‖ MÉD., PHYS., TECHN. deviazione.
déviationnisme [devjasjɔnism] m. deviazionismo.
déviationniste [devjasjɔnist] adj. deviazionistico. ◆ n. deviazionista.
dévidage [devidaʒ] m. [en écheveau] aspatura f.; [en pelote] dipanatura f.; dipanamento (rare).

dévider [devide] v. tr. dipanare. ‖ FIG. sbrogliare, dipanare, districare. ‖ LOC. *dévider son chapelet*, sgranare il rosario, sfilar la corona.
dévidoir [devidwar] m. TEXT. arcolaio, aspo, bindolo ; dipanatoio, guindolo (rare). ‖ [pour tuyaux] carrello avvolgitubi.
dévier [devje] v. intr. deviare. ‖ FIG. *dévier de son chemin*, deviare dalla propria strada, dalla retta via. | *faire dévier les soupçons sur qn*, deviare, sviare i sospetti su qlcu. ‖ MÉD. deviare. ‖ PHYS. [aiguille] deflettere. ◆ v. tr. deviare, sviare.
devin [dəvɛ̃] m. indovino ; divinatore (littér.).
deviner [dəvine] v. tr. [prédire] (rare) indovinare (L.C.) ; divinare (littér.). ‖ [pressentir, découvrir] indovinare, presagire, intuire. | *je le devine à son visage*, lo indovino, lo intuisco dal suo viso. | *il a deviné ma pensée*, ha intuito il mio pensiero. ‖ FIG. [pénétrer] *deviner les intentions de qn*, indovinare, divinare le intenzioni di qlcu. | *tu as deviné juste*, hai visto giusto ; l'hai azzeccata, imbroccata (fam.). ‖ LOC. *je te le laisse à deviner*, te lo lascio immaginare.
devineresse [dəvinrɛs] f. indovina ; divinatrice (littér.).
devinette [dəvinɛt] f. indovinello m.
devis [dəvi] m. preventivo (di costo e spesa).
dévisager [devizaʒe] v. tr. squadrare.
devise [dəviz] f. [phrase] divisa, motto m. ‖ [emblème] impresa. ‖ COMM., FIN. divisa, valuta. | *devise forte*, valuta forte.
deviser [dəvize] v. intr. LITTÉR. conversare familiarmente, chiacchierare (L.C.).
dévisser [devise] v. tr. svitare. ◆ v. intr. [alpinisme] precipitare.
de visu [devizy] loc. adv. de visu (lat.).
dévitalisation [devitalizasjɔ̃] f. MÉD. devitalizzazione.
dévitaliser [devitalize] v. tr. MÉD. devitalizzare.
dévitrification [devitrifikasjɔ̃] f. TECHN. devetrificazione.
dévitrifier [devitrifje] v. tr. TECHN. devetrificare.
dévoiement [devwamɑ̃] m. ARCHIT. deviazione f.
dévoiler [devwale] v. tr. scoprire. ‖ FIG. svelare. | *dévoiler un secret, un complot*, svelare un segreto, un complotto. ‖ TECHN. [redresser] raddrizzare. ◆ v. pr. FIG. svelarsi.
1. devoir [dəvwar] v. tr. **1.** [avoir à payer] dovere. | *combien te dois-je ?*, quanto ti devo ? | *devoir à tout le monde*, dover denaro a tutti. ‖ **2.** [être tenu à] dovere. | *il lui doit le respect*, gli deve rispetto. ‖ **3.** [être redevable à] dovere. | *il doit sa fortune à ses parents*, deve la sua fortuna ai genitori. | *il me doit d'être devenu riche*, se è diventato ricco lo deve a me. ‖ **4.** avec un inf. [obligation absolue] dovere. | *tous les hommes doivent mourir*, tutti gli uomini devono morire. | *cela devait arriver tôt ou tard*, prima o poi doveva accadere. ‖ [obligation morale] dovere. | *on ne doit pas voler*, non si deve rubare. | *fais ce que dois, advienne que pourra*, fa' ciò che devi, avvenga quel che vuole. ‖ [intention] dovere. ‖ [probabilité, présomption] *il doit venir*, deve venire, forse verrà. | *cela doit être vrai*, sarà vero, deve essere vero. | *il doit être arrivé*, sarà arrivato, deve esser giunto. | *il doit être six heures*, saranno le sei. ‖ [politesse] *vous devez vous tromper*, credo che Lei sbagli. ◆ v. pr. [sens réfl.] *il se doit à sa famille*, ha dei doveri verso la famiglia. ‖ [dignité personnelle] *je me dois de le prévenir*, è mio dovere avvisarlo ; sono in dovere di, ho il dovere di, sono tenuto ad avvisarlo. ‖ [sens récipr.] *se devoir assistance*, doversi assistenza. ‖ [sens pass.] *cela se doit*, è d'obbligo. | *comme il se doit*, come si deve ; a dovere.
2. devoir m. [obligation] dovere. | *sentiment du devoir*, sentimento del dovere. | *faire, remplir, accomplir son devoir*, fare, compiere il proprio dovere. | *manquer à son devoir*, mancare al, venir meno al proprio dovere. | *il est de mon devoir de tout dire*, è mio dovere dire tutto. | *se faire un devoir de*, sentirsi obbligato a. | *croire de son devoir de*, credere doveroso di. | *ce devoir m'incombe*, m'incombe questo dovere. ‖ FIG. *se mettre en devoir de*, accingersi a. ‖ UNIV. compito ; lavoro scolastico. | *devoir supplémentaire*, compito straordinario ; penso. ◆ pl. [hommages] ossequi, omaggi ; doveri (gall.). | *rendre ses devoirs à qn*, presentare i propri ossequi, omaggi a qlcu. | *les derniers devoirs*, gli estremi onori, le estreme onoranze.
dévoltage [devɔltaʒ] m. ÉLECTR. diminuzione (f.) di tensione.
dévolter [devɔlte] v. tr. ÉLECTR. abbassare la tensione di.
dévolu, e [devɔly] adj. JUR. devoluto. | *être dévolu à qn*, toccare, spettare a qlcu. ◆ n. m. *jeter son dévolu sur*, mettere gli occhi su.
dévolution [devɔlysjɔ̃] f. JUR. devoluzione.
devon [dəvɔ̃] m. (angl.) esca (f.) artificiale.
dévorant, e [devɔrɑ̃, ɑ̃t] adj. *flamme dévorante*, fiamma divorante. | *appétit dévorant*, fame da lupi. ‖ FIG. *soucis dévorants*, preoccupazioni assillanti.
dévorateur, trice [devɔratœr, tris] adj. PR. et FIG. divoratore, trice.
dévorer [devɔre] v. tr. PR. [personnes, animaux] divorare. ‖ [tourmenter] divorare, struggere. | *la fièvre, la passion le dévore*, la febbre, la passione lo divora, lo strugge. ‖ FIG. *dévorer des yeux*, divorare con gli occhi. | *dévorer un livre*, divorare un libro. ◆ v. pr. [sens récipr.] divorarsi.
dévoreur, euse [devɔrœr, øz] n. PR. et FIG. divoratore, trice ; diluviatore, trice. | *dévoreur de livres*, divoratore di libri. ‖ [vorace] diluviatore ; = vorace mangiatore.
dévot, e [devo, ɔt] adj. devoto. ◆ n. devoto m. ; donna pia, religiosa. ‖ PÉJOR. bigotto m., bacchettone, a ; baciapile n. inv.
dévotion [devosjɔ̃] f. devozione. | *faire ses dévotions*, dire le devozioni, le preghiere. | *être confit en dévotion*, essere tutto devozione. ‖ PÉJOR. *fausse dévotion*, bacchettoneria, bigotteria. ‖ [dévouement] devozione. | *être à la dévotion de qn*, essere devotissimo a qlcu.
dévoué, e [devwe] adj. devoto. ‖ [formule de politesse] *votre tout dévoué*, Suo devotissimo (abr. *dev.mo*).
dévouement [devumɑ̃] m. dedizione f., attaccamento. | *dévouement total*, dedizione assoluta. | *dévouement à autrui, à la science*, dedizione agli altri, alla scienza. ‖ [formule de politesse] *agréez l'expression de mon entier dévouement*, mi creda Suo dev.mo.
dévouer (se) [sədevwe] v. pr. dedicarsi. | *se dévouer à la patrie*, consacrarsi alla patria. | *se dévouer à sa famille*, dedicarsi, consacrarsi alla famiglia. ‖ FAM. *personne ne veut y aller ? je me dévouerai*, nessuno ci vuole andare ? mi sacrificherò io.
dévoyé, e [devwaje] adj. traviato, sviato, pervertito, scapestrato. ◆ n. traviato, sviato ; scapestrato m.
dévoyer [devwaje] v. tr. PR. et FIG. traviare, sviare.
dextérité [dɛksterite] f. PR. et FIG. destrezza, abilità.
dextralité [dɛkstralite] f. destrismo m.
dextre [dɛkstr] f. VX destra (L.C.).
dextrine [dɛkstrin] f. CHIM. destrina.
dextrogyre [dɛkstrɔʒir] adj. PHYS. destrogiro.
dextrorsum [dɛkstrɔrsɔm] adj. inv. et adv. (lat.) destrorso adj.
dextrose [dɛkstroz] m. CHIM. destrosio.
dey [dɛ] m. HIST. dey, dei.
dia ! [dja] interj. [cri des charretiers] arri !, a sinistra ! ‖ LOC. *l'un tire à hue et l'autre à dia*, uno a destra e l'altro a manca ; chi va a destra e chi a manca.
diabète [djabɛt] m. MÉD. diabete.
diabétique [djabetik] adj. et n. MÉD. diabetico.
diable [djabl] m. RELIG. [démon] diavolo, demonio. | *donner, vendre son âme au diable*, vender l'anima al diavolo. ‖ [personne méchante] diavolo. | *un diable d'homme*, un diavolo d'uomo. ‖ FAM. *un bon, un pauvre diable*, un buon, un povero diavolo. | *un grand diable*, uno spilungone. | *un petit diable*, un diavoletto, un frugoletto. ‖ [chose] *un diable de temps*, un tempo del diavolo. | *la beauté du diable*, la bellezza dell'asino. ‖ TECHN. [voiture] carrello a mano, carretto (da scalo). ‖ LOC. *être comme possédé du diable*, essere indemo-

niato. | *avoir le diable au corps*, avere il diavolo in corpo, il diavolo addosso. | *il ne croit ni à Dieu ni à diable*, non crede né a Cristo né al diavolo. | *que le diable l'emporte*, il diavolo se lo porti. | *ce serait bien le diable si...*, sarebbe una vera combinazione se... | *c'est le diable pour...*, ci vuole del bello e del buono per... ; ci vorrebbero tutti i santi per... | *faire une vie de tous les diables*, gridare come un ossesso. | *quand le diable s'en mêle*, quando il diavolo ci mette la coda, le corna, lo zampino. | *quand le diable y serait*, quand'anche ci fosse di mezzo il diavolo. | *se démener comme un diable dans un bénitier*, dimenarsi come un ossesso. | *faire le diable à quatre*, fare il diavolo a quattro. | *il tire le diable par la queue*, non può accozzare il pranzo con la cena ; fa fatica a sbarcare il lunario. | *ce qui vient du diable retourne au diable*, la farina del diavolo va tutta in crusca. | *se faire l'avocat du diable*, far l'avvocato del diavolo. | *bruit, vent du diable*, chiasso, vento del diavolo. | *il a eu une peur du diable*, ha avuto una paura del diavolo. ◆ loc. adv. ***à la diable,*** alla diavola ; alla meno peggio. || CULIN. alla diavola. || ***au diable (vauvert),*** al diavolo. | *il habite au diable*, abita a casa del diavolo. | *envoyer au diable*, mandar al diavolo, a quel paese. || ***en diable,*** maledettamente. ◆ interj. diavolo !, diamine ! | *comment diable !*, come diavolo ! | *au diable les soucis !*, al diavolo i pensieri !

diablement [djabləmɑ̃] adv. FAM. maledettamente, diabolicamente.

diablerie [djabləri] f. [action diabolique ; malice] diavoleria. || THÉÂTRE (vx) diablerie (fr.).

diablesse [djablɛs] f. diavolessa.

diablotin [djablɔtɛ̃] m. diavoletto, demonietto, frugoletto.

diabolique [djabɔlik] adj. diabolico (m. pl. *diabolici*).

diabolo [djabɔlo] m. [jeu] diabolo. || [boisson] spuma f. | *un diabolo menthe*, una gassosa, una spuma alla menta.

diachronie [djakrɔni] f. LING. diacronia.

diachronique [djakrɔnik] adj. LING. diacronico.

diaclase [djaklaz] f. GÉOL. diaclasi.

diaconat [djakɔna] m. RELIG. diaconato.

diaconesse [djakɔnɛs] f. RELIG. diaconessa.

diacre [djakr] m. RELIG. diacono.

diacritique [djakritik] adj. LING. diacritico.

diadème [djadɛm] m. PR. et FIG. diadema.

diagnose [djagnoz] f. MÉD. diagnostica. || BOT. diagnosi.

diagnostic [djagnɔstik] m. MÉD. diagnosi f.

diagnostiquer [djagnɔstike] v. tr. MÉD. diagnosticare.

diagonal, e, aux [djagɔnal, o] adj. et n. f. GÉOM. diagonale. || MATH. *matrice diagonale*, matrice diagonale. ◆ loc. adv. ***en diagonale,*** in diagonale, di sbieco. | *traverser la rue en diagonale*, attraversare la strada di sbieco, obliquamente. | *lire en diagonale*, scorrere.

diagramme [djagram] m. diagramma.

diagraphe [djagraf] m. diagrafo.

dialectal, e, aux [djalɛktal, o] adj. dialettale.

dialecte [djalɛkt] m. dialetto (regionale).

dialecticien [djalɛktisjɛ̃] m. PHILOS. dialettico.

dialectique [djalɛktik] adj. PHILOS. dialettico. ◆ n. f. dialettica.

dialectologie [djalɛktɔlɔʒi] f. dialettologia.

dialogue [djalɔg] m. dialogo (pl. *dialoghi*). | *sous forme de dialogue*, in forma dialogata. || [discussion ; relations] *établir, renouer le dialogue*, prendere, riprendere contatto. | *entrevoir une possibilité de dialogue*, intravvedere una possibilità di dialogo. | *rompre le dialogue*, rompere i contatti.

dialoguer [djalɔge] v. intr. et tr. dialogare.

dialoguiste [djalɔgist] n. dialoghista.

dialysateur [djalizatœr] m. CHIM., MÉD. dializzatore.

dialyse [djaliz] f. CHIM., MÉD. dialisi.

dialyser [djalize] v. tr. CHIM. dializzare.

diamagnétique [djamaɲetik] adj. PHYS. diamagnetico.

diamagnétisme [djamaɲetism] m. PHYS. diamagnetismo.

diamant [djamɑ̃] m. diamante. | *diamant taillé à facettes*, diamante sfaccettato. || LOC. *noces de diamant*, nozze di diamante. | *édition diamant*, edizione diamante. || ARCHIT. *bossage en pointes de diamant*, bugnato a punta di diamante. || MAR. diamante. || TECHN. [de vitrier] diamante.

diamantaire [djamɑ̃tɛr] adj. adamantino ; diamantino (littér.). ◆ n. m. diamantaio.

diamanté, e [djamɑ̃te] adj. [garni d'une pointe de diamant] diamantato.

diamantifère [djamɑ̃tifɛr] adj. diamantifero.

diamantin, e [djamɑ̃tɛ̃, in] adj. adamantino ; diamantino (littér.).

diamétral, e, aux [djametral, o] adj. diametrale.

diamétralement [djametralmɑ̃] adv. | *diamétralement opposé*, diametralmente opposto (pr.) ; assolutamente contrario (fig.).

diamètre [djamɛtr] m. diametro. | *diamètre apparent*, diametro apparente.

diane [djan] f. MIL. diana, sveglia ; MAR. diana.

diantre ! [djɑ̃tr] interj. diamine !, caspita !

diantrement [djɑ̃trəmɑ̃] adv. maledettamente, terribilmente.

diapason [djapazɔ̃] m. MUS. diapason. || FIG. *être, se mettre au diapason de qn*, essere, mettersi all'unisono con qlcu. || PÉJOR. *baisser le diapason*, abbassare il tono.

diaphane [djafan] adj. diafano.

diaphanéité [djafaneite] f. diafanità.

diaphorèse [djafɔrɛz] f. MÉD. diaforesi.

diaphragme [djafragm] m. ANAT. diaframma. || BOT. setto, diaframma. || PHOT., TECHN. diaframma. ◆ adj. ARCHIT. *mur diaphragme* = muro trasversale di sostegno.

diaphragmer [djafragme] v. intr. PHOT. diaframmare.

diaphyse [djafiz] f. ANAT. diafisi.

diapositive [djapozitiv] f. PHOT. diapositiva.

diapré, e [djapre] adj. screziato, iridato, iridescente.

diaprer [djapre] v. tr. [couleurs] screziare, iridare.

diaprure [djapryr] f. screziatura, iridescenza.

diarrhée [djare] f. MÉD. diarrea.

diarrhéique [djareik] adj. diarroico adj. et n. m.

diarthrose [djartroz] f. ANAT. diartrosi.

diaspora [djaspɔra] f. diaspora.

diastase [djastɑz] f. BIOL., CHIM. diastasi.

diastole [djastɔl] f. MÉD. diastole.

diathermie [djatɛrmi] f. MÉD. diatermia.

diatonique [djatɔnik] adj. MUS. diatonico (m. pl. *diatonici*).

diatribe [djatrib] f. diatriba.

dichotome [dikɔtɔm] adj. ASTR., BOT. dicotomo.

dichotomie [dikɔtɔmi] f. ASTR., BOT. dicotomia. || JUR. [partage d'honoraires] illecita spartizione di onorari (tra medici).

dico [diko] m. abr. fam. V. DICTIONNAIRE.

dicotylédone [dikɔtiledɔn] ou **dicotylédoné, e** [dikɔtiledɔne] adj. et n. f. BOT. dicotiledone.

dictame [diktam] m. BOT. dittamo. || FIG. balsamo.

Dictaphone [diktafɔn] m. TECHN. dittafono.

dictateur [diktatœr] m. dittatore.

dictatorial, e, aux [diktatɔrjal, o] adj. dittatoriale, dittatorio.

dictature [diktatyr] f. dittatura.

dictée [dikte] f. [action] *écrire sous la dictée de qn*, scrivere sotto dettatura di qlcu. || [écrit] *corriger une dictée*, correggere un dettato. || FIG. *agir sous la dictée des circonstances, d'un sentiment*, agire sotto lo stimolo, la spinta delle circostanze, d'un sentimento.

dicter [dikte] v. tr. PR. et FIG. dettare.

diction [diksjɔ̃] f. dizione.

dictionnaire [diksjɔnɛr] m. [d'une langue] dizionario, vocabolario ; [d'une discipline, d'un auteur, d'un dialecte] dizionario. | *dictionnaire bilingue, technique, de poche*, dizionario bilingue, tecnico, tascabile. | *dictionnaire de rimes*, rimario. | *dictionnaire étymologique*, dizionario, vocabolario etimologico. || FIG., FAM. *c'est un vrai dictionnaire*, è un'enciclopedia.

dicton [diktɔ̃] m. detto, sentenza f.
didactique [didaktik] adj. didattico (m. pl. *didattici*); didascalico (m. pl. *didascalici*). | *poème didactique*, poema didascalico. ◆ n. f. didattica.
didactyle [didaktil] adj. ZOOL. didattilo.
didascalie [didaskali] f. LITTÉR. didascalia.
dièdre [djɛdr] adj. et n. m. diedro.
diélectrique [djelɛktrik] adj. et n. m. PHYS. dielettrico (m. pl. *dielettrici*).
diencéphale [diɑ̃sefal] m. ANAT. diencefalo.
diérèse [djerɛz] f. GRAMM., CHIR. dieresi.
dièse [djɛz] adj. et n. m. MUS. diesis.
diesel [djezɛl] adj. et n. m. TECHN. diesel.
diéser [djeze] v. tr. MUS. diesare.
1. diète [djɛt] f. POLIT. dieta.
2. diète f. MÉD. dieta. | *diète absolue*, dieta rigorosa, digiuno stretto. | *être, mettre à la diète*, stare, mettere a dieta.
diététicien, enne [djetetisjɛ̃, ɛn] n. dietista, dietetista, dietologo.
diététique [djetetik] adj. dietetico (m. pl. *dietetici*). ◆ n. f. dietetica.
dieu [djø] m. **1.** [avec maj. : monothéisme] Dio. | *Dieu le Père*, Dio padre. | *Dieu en trois personnes*, Dio in tre persone, Dio uno e trino. | *l'Homme-Dieu*, l'Uomo Dio. | *le bon Dieu*, il buon Dio. | *sans Dieu*, senza Dio. | *à l'image de Dieu*, a immagine di Dio. ‖ **2.** LOC. *avec l'aide de Dieu*, con l'aiuto di Dio. | *pour l'amour de Dieu*, per amor di Dio. | *au nom de Dieu*, in nome di Dio. | *par la grâce de Dieu*, per grazia di Dio. | *vivre selon Dieu*, vivere secondo i divini precetti. | *recevoir le bon Dieu*, fare la (santa) comunione. | *bête à bon Dieu*, v. BÊTE. | *ne craindre ni Dieu ni diable*, non temere né Dio né il diavolo. ‖ PROV. *l'homme propose et Dieu dispose*, l'uomo propone e Dio dispone. | *ce que femme veut, Dieu le veut*, ciò che donna vuole, ottiene. ‖ **3.** [avec minusc. : polythéisme] dio (pl. *gli dei*); nume (littér.). | *demi-dieu*, semidio (pl. *semidei*; *semidii* [rare]). | *les dieux infernaux*, gli inferi, gli dei infernali. | *les dieux lares*, i lari. ‖ LOC. *être dans le secret des dieux*, essere dentro alle segrete cose. | *bénir les dieux*, rallegrarsi (di). | *jurer sur ses grands dieux*, giurare e spergiurare. ‖ **4.** FIG. dio. | *faire de qn un dieu, son dieu*, fare di qlcu. un dio, il proprio dio. ‖ **5.** [expressions exclam. ; souhait, prière] *Dieu !, mon Dieu !*, Dio !, Dio mio ! ‖ POP. *ce n'est pas Dieu possible !*, mamma mia ! non è possibile ! | *grand Dieu !*, santo Cielo ! | *juste Dieu !*, giusto Cielo ! | *grands dieux !*, santi numi ! | *Dieu soit loué !*, Dio sia lodato ! | *Dieu merci !* grazie a Dio ! | *Dieu le sait*, lo sa Dio. | *Dieu sait comment il s'en sortira*, lo sa Dio come se la caverà. | *que Dieu ait son âme !*, che Dio accolga la sua anima ! | *Dieu t'entende !*, che il Cielo t'ascolti ! | *plaise à Dieu !, plût à Dieu !*, piaccia a Dio !, voglia Iddio ! ; piacesse a Dio !, Dio volesse ! ; magari ! (fam.). | *à Dieu ne plaise !*, non voglia Iddio ! | *Dieu nous en garde, nous en préserve !*, Dio ci scampi e liberi ! | *à la grâce de Dieu !*, alla grazia di Dio ! | *à Dieu vat !*, che Dio ci assista !
diffamant, e [difamɑ̃, ɑ̃t] adj. diffamante.
diffamateur, trice [difamatœr, tris] adj. et n. diffamatore, trice.
diffamation [difamasjɔ̃] f. diffamazione. | *poursuivre en diffamation*, querelare per diffamazione.
diffamatoire [difamatwar] adj. diffamatorio.
diffamer [difame] v. tr. diffamare.
différé, e [difere] adj. differito. ◆ n. m. *transmission en différé*, trasmissione differita.
différemment [diferamɑ̃] adv. diversamente, differentemente. | *différemment d'un autre*, diversamente da un altro. | *différemment qu'il ne l'avait vu*, diversamente da come l'aveva veduto.
différence [diferɑ̃s] f. **(entre, avec)** differenza, diversità, divario m. (tra, da). | *différence de niveau*, dislivello m. | *à cette différence près*, con questa differenza. | *avec cette différence que*, con questa differenza che. ‖ COMM., ÉLECTR., FIN., MATH., differenza. ◆ loc. prép. ***à la différence de***, a differenza di.
différenciation [diferɑ̃sjasjɔ̃] f. differenziazione. ‖ BIOL. differenziamento m.
différencier [diferɑ̃sje] v. tr. differenziare, distinguere.
différend [diferɑ̃] m. vertenza f., controversia f. | *régler un différend*, comporre una vertenza, una controversia.
différent, e [diferɑ̃, ɑ̃t] adj. [dissemblable] **(de)** differente, diverso (da). ◆ pl. [divers, plusieurs] *différentes personnes*, diverse, parecchie, varie persone. | *différents livres*, diversi, parecchi, vari libri. | *à différentes reprises*, a varie, a più riprese.
différentiation [diferɑ̃sjasjɔ̃] f. MATH. differenziazione.
différentiel, elle [diferɑ̃sjɛl] adj. differenziale. | *calcul différentiel*, calcolo differenziale. ◆ n. m. AUTOM. differenziale. ◆ n. f. MATH. differenziale.
différer [difere] v. tr. [retarder] differire, rinviare, procrastinare. | *sans différer*, senza indugio. | *il diffère son départ*, differisce, rinvia la partenza. ◆ v. intr. [être différent] differire. | *différer du tout au tout*, differire del tutto. ‖ [être en désaccord] *nous différons sur ce point*, differiamo (nelle opinioni) su questo punto.
difficile [difisil] adj. difficile. | *caractère difficile*, carattere difficile. | *il est difficile à vivre*, è difficile viverci insieme. | *difficile à faire, à dire, à traiter, à digérer*, difficile a farsi, a dirsi, da trattare, da digerire. | *être difficile sur la nourriture*, essere schifiltoso per il cibo, difficile nel mangiare. | *être difficile dans le choix de qch.*, essere difficile nella scelta di qlco. ◆ n. m. *le difficile est de comprendre les intentions de l'auteur*, il punto difficile, la difficoltà è capire le intenzioni dell'autore. ◆ n. *faire le, la difficile*, fare il, la difficile, lo schifiltoso, la schifiltosa ; torcere il naso.
difficilement [difisilmɑ̃] adv. difficilmente ; a stento.
difficulté [difikylte] f. difficoltà. | *avoir de la difficulté à marcher*, camminare con difficoltà, camminare a stento, stentare a camminare. | *avoir des difficultés d'argent*, essere in grandi difficoltà finanziarie, dibattersi nelle difficoltà economiche. | *être, mettre en difficulté*, essere, mettere in difficoltà. | *faire des difficultés*, fare, sollevare difficoltà. | *faire difficulté*, presentare alcuna difficoltà. ‖ FIG. *avoir des difficultés avec qn*, avere degli screzi, dei dissapori, delle difficoltà con qlcu.
difficultueux, euse [difikyltɥø, øz] adj. VX difficoltoso.
diffluent, e [diflyɑ̃, ɑ̃t] adj. diffluente.
difforme [difɔrm] adj. deforme.
difformité [difɔrmite] f. deformità.
diffracter [difrakte] v. tr. PHYS. diffrangere.
diffraction [difraksjɔ̃] f. PHYS. diffrazione.
diffus, e [dify, yz] adj. PR. et FIG. diffuso.
diffuser [difyze] v. tr. PHYS. diffondere. ‖ FIG. [propager] diffondere, diramare. ‖ COMM. distribuire. ‖ TÉLÉCOM. diffondere, trasmettere.
diffuseur [difyzœr] m. TECHN. diffusore. ‖ COMM. distributore.
diffusible [difyzibl] adj. diffusibile.
diffusion [difyzjɔ̃] f. PHYS. diffusione. ‖ TÉLÉCOM. diffusione, trasmissione ; [nouvelles] diffusione.
digérer [diʒere] v. tr. PHYSIOL. digerire. | *un aliment difficile à digérer*, un alimento difficile da digerire, un alimento di digestione difficile. ‖ FIG. [assimiler] *avoir du mal à digérer un livre*, stentare a digerire un libro. ‖ FAM. [accepter, croire] digerire, mandar giù, ingoiare.
digest [dajdʒɔst] m. digest (angl.).
1. digeste [diʒɛst] m. JUR. digesto.
2. digeste adj. FAM. (facilmente) digeribile.
digestibilité [diʒɛstibilite] f. digeribilità.
digestible [diʒɛstibl] adj. digeribile.
digestif, ive [diʒɛstif, iv] adj. ANAT. *appareil, tube digestif*, apparato, tubo digerente. ‖ [qui facilite] digestivo. ◆ n. m. digestivo.
digestion [diʒɛstjɔ̃] f. PHYSIOL. digestione. ‖ VX, FAM. *visite de digestion*, visita di digestione.

digital, e, aux [diʒital, o] adj. digitale. | *empreintes digitales*, impronte digitali. ◆ n. f. BOT. digitale.

digitaline [diʒitalin] f. PHARM. digitalina.

digité, e [diʒite] adj. BOT., ZOOL. digitato.

digitigrade [diʒitigrad] adj. et n. ZOOL. digitigrado.

digne [diɲ] adj. [qui mérite] degno. | *digne de ses ancêtres*, degno degli antenati. | *ce n'est pas digne de toi d'agir ainsi*, non è da te agire così. ‖ [honorable, honnête] dignitoso. | *conduite digne*, condotta dignitosa. ‖ LITTÉR. *un digne homme*, un uomo da bene (L.C.). ‖ [plein de gravité, de retenue] *un homme digne*, un uomo dignitoso, contegnoso. | *un maintien digne*, un contegno dignitoso, decoroso. | *digne de ce nom*, degno di questo nome. ‖ IRON. *prendre un air digne*, assumere un'aria piena di sussiego, sussiegosa.

dignement [diɲmɑ̃] adv. degnamente, dignitosamente, decorosamente.

dignitaire [diɲitɛr] m. dignitario ; [dans la hiérarchie fasciste] gerarca (pl. *gerarchi*).

dignité [diɲite] f. dignità. ‖ [respectabilité ; retenue] *il se comporte avec dignité*, si comporta con dignità, si comporta dignitosamente. | *il prend un air de dignité offensée*, prende un'aria di dignità offesa. | *perdre toute dignité*, perdere ogni dignità, ogni ritegno. ‖ [fonction] *dignité épiscopale, sénatoriale*, dignità vescovile, senatoria.

digraphie [digrafi] f. COMM. contabilità in partita doppia.

digression [digrɛsjɔ̃] f. digressione. ‖ ASTR. elongazione.

digue [dig] f. diga, argine m. | *digue de pierre*, diga in pietra. | *digue à déversoir*, diga a stramazzo. ‖ FIG. diga, argine, freno m. | *rompre les digues*, rompere gli argini.

diktat [diktat] m. diktat (all.).

dilacération [dilaserasjɔ̃] f. dilacerazione.

dilacérer [dilasere] v. tr. dilacerare.

dilapidateur, trice [dilapidatœr, tris] adj. et n. dilapidatore, trice.

dilapidation [dilapidasjɔ̃] f. dilapidazione, sperpero m.

dilapider [dilapide] v. tr. dilapidare, sperperare.

dilatabilité [dilatabilite] f. dilatabilità.

dilatable [dilatabl] adj. dilatabile.

dilatant, e [dilatɑ̃, ɑ̃t] adj. dilatante.

dilatateur [dilatatœr] m. CHIR. dilatatore.

dilatation [dilatasjɔ̃] f. dilatazione.

dilater [dilate] v. tr. PR. et FIG. dilatare. ◆ v. pr. dilatarsi. ‖ FAM. *se dilater la rate*, scompisciarsi dalle risa.

dilatoire [dilatwar] adj. JUR. dilatorio. | *manœuvres dilatoires*, manovre dilatorie.

dilection [dilɛksjɔ̃] f. LITTÉR. dilezione.

dilemme [dilɛm] m. dilemma.

dilettante [dilɛtɑ̃t] n. (ital.) [passionné] appassionato, a (di musica, di arte). ‖ [amateur] dilettante. ‖ PÉJOR. *travailler en dilettante*, lavorare da dilettante.

dilettantisme [dilɛtɑ̃tism] m. dilettantismo.

diligence [diliʒɑ̃s] f. [zèle] diligenza, zelo m. ‖ [rapidité] premura, sollecitudine. | *faire diligence*, sbrigarsi. ‖ HIST. [voiture] diligenza, carrozzone m. ‖ JUR. *à la diligence de*, a istanza di, a cura di.

diligent, e [diliʒɑ̃, ɑ̃t] adj. [zélé] diligente, zelante ; solerte (littér.). ‖ [prompt] sollecito.

diluer [dilɥe] v. tr. diluire.

dilution [dilysjɔ̃] f. diluizione ; diluzione (rare).

diluvial, e, aux [dilyvjal, o] adj. GÉOL. diluviale.

diluvien, enne [dilyvjɛ̃, ɛn] adj. THÉOL. del diluvio. ‖ FIG. *pluie diluvienne*, diluvio m. ; pioggia diluviale, dirotta.

dimanche [dimɑ̃ʃ] m. domenica f. | *dimanche des Rameaux, de la Pentecôte*, domenica delle Palme, di Pentecoste. | *le dimanche, nous nous reposons*, di domenica, la domenica ci riposiamo. | *habits du dimanche*, vestiti da festa. | *peintre du dimanche*, pittore dilettante. | *chauffeur du dimanche*, guidatore da strapazzo.

dîme [dim] f. HIST. decima.

dimension [dimɑ̃sjɔ̃] f. dimensione. | *les dimensions d'une fenêtre*, le dimensioni di una finestra. | *les dimensions d'une œuvre littéraire*, le dimensioni di un'opera letteraria. | *la quatrième dimension*, la quarta dimensione. | *une sottise de belle dimension*, un errore madornale. | *à deux, à trois dimensions*, a due, a tre dimensioni ; bidimensionale, tridimensionale adj.

diminué, e [diminɥe] adj. minorato. ‖ ARCHIT. *colonne diminuée*, colonna rastremata. ‖ MUS. diminuito. ◆ n. minorato, a.

diminuer [diminɥe] v. tr. diminuire, ridurre. | *diminuer une robe, une perche*, ridurre una veste, una pertica. | *diminuer les prix*, diminuire, calare i prezzi. ‖ [tricot] diminuire, calare. ‖ FIG. diminuire, sminuire, menomare. | *diminuer (le mérite de) qn*, diminuire, sminuire (il merito di) qlcu. | *son patron l'a diminué, a diminué son salaire*, il padrone ha ridotto il suo stipendio. ◆ v. intr. diminuire. | *diminuer de moitié*, dimezzare. | *diminuer de valeur*, diminuire di valore. | *les jours diminuent*, i giorni calano, si accorciano. | *la fièvre a diminué*, la febbre è diminuita, è calata. | *le vent diminue*, il vento cala. | *les prix ne diminuent pas*, i prezzi non calano.

diminutif, ive [diminytif, iv] adj. et n. m. GRAMM. diminutivo.

diminution [diminysjɔ̃] f. diminuzione. | *diminution d'un prix*, diminuzione, riduzione di un prezzo. ‖ FIG. [dépréciation] deprezzamento m., svalutazione, menomazione. ‖ ARCHIT. *diminution d'une colonne*, rastremazione di una colonna.

dimissoire [dimiswar] m. RELIG. lettera dimissoria.

dimorphe [dimɔrf] adj. dimorfo.

dimorphisme [dimɔrfism] m. dimorfismo.

dinanderie [dinɑ̃dri] f. [objets] ottoname m. ; = oggetti (m. pl.) di ottone. ‖ [fabrique] = fabbrica di oggetti in ottone.

dinar [dinar] m. [arabe] dinar inv. ; [yougoslave] dinaro.

dînatoire [dinatwar] adj. FAM. *goûter dînatoire*, merenda copiosa.

dinde [dɛ̃d] f. tacchino m. (femmina). | *la dinde de Noël*, il tacchino di Natale. ‖ FIG., FAM. *c'est une (grande) dinde*, è un'oca (integrale).

dindon [dɛ̃dɔ̃] m. tacchino ; gallinaccio (dial.). ‖ FIG., FAM. *c'est un (franc) dindon*, è stupido come una gallina. | *être le dindon de la farce*, rimanere col danno e con le beffe.

dîner [dine] v. intr. cenare ; [dîner d'apparat] pranzare. | *inviter qn à dîner*, invitare qlcu. a cena. | *dîner en ville*, cenare fuori. | *dîner sur le pouce*, cenare alla lesta e in piedi. | *dîner par cœur*, saltare il pasto. ◆ n. m. cena f. ; [d'apparat] pranzo. | *dîner à la carte*, cena alla carta. | *un dîner à l'ambassade*, un pranzo all'ambasciata.

dînette [dinɛt] f. [jeu] pranzetto (m.) per le bambole. ‖ [vaisselle] servizietto (m.) per bambole. ‖ [repas familier] spuntino (m.) tra amici.

dîneur, euse [dinœr, øz] n. commensale m. | *un fort dîneur*, un buon commensale.

dinghy [dingi] m. dinghy (angl.).

1. dingo [dɛ̃go] m. ZOOL. dingo inv.

2. dingo ou **dingue** [dɛ̃g] adj. FAM. picchiatello, mattoide, tocco, toccato. ◆ n. picchiatello, a ; mattoide m.

dinguer [dɛ̃ge] v. intr. FAM. *envoyer dinguer qn*, mandar qlcu. a quel paese.

dinosaure [dinɔzɔr] ou **dinosaurien** [dinɔzɔrjɛ̃] m. dinosauro.

diocésain, e [djɔsezɛ̃, ɛn] adj. diocesano.

diocèse [djɔsɛz] m. diocesi f.

diode [djɔd] f. ÉLECTR. diodo m.

dionée [djɔne] f. BOT. dionea.

dionysiaque [djɔnizjak] adj. dionisiaco (m. pl. *dionisiaci*).

dioptre [djɔptr] m. PHYS. diottro.

dioptrie [djɔptri] f. PHYS. diottria.

dioptrique [djɔptrik] f. PHYS. diottrica.

diorama [djɔrama] m. diorama.

diorite [djɔrit] f. GÉOL. diorite.

diphasé, e [difaze] adj. ÉLECTR. bifase.

diphtérie [difteri] f. MÉD. difterite.
diphtérique [difterik] adj. et n. difterico (m. pl. *difterici*).
diphtongaison [diftɔ̃gɛzɔ̃] f. dittongazione.
diphtongue [diftɔ̃g] f. dittongo m.
diphtonguer [diftɔ̃ge] v. tr. dittongare.
diplodocus [diplodokys] m. diplodoco.
diplomate [diplɔmat] adj. PR. et FIG. diplomatico (m. pl. *diplomatici*). | *savoir se montrer diplomate*, agire in modo diplomatico, agire diplomaticamente. ◆ n. m. PR. et FIG. diplomatico. || CULIN. diplomatico.
diplomatie [diplɔmasi] f. diplomazia. | *entrer dans la diplomatie*, entrare in diplomazia. || FIG. *agir avec diplomatie*, agire con diplomazia, con circospezione.
diplomatique [diplɔmatik] adj. PR. et FIG. diplomatico (m. pl. *diplomatici*). ◆ n. f. diplomatica.
diplôme [diplom] m. [pièce officielle] diploma. | *un diplôme sur parchemin*, un diploma su pergamena. || UNIV. *passer son diplôme*, dar l'esame. || [titre] *un diplôme d'ingénieur*, un diploma d'ingegnere.
diplômé, e [diplome] adj. et n. [études secondaires] diplomato ; [études supérieures] laureato. | *ingénieur diplômé*, dottore ingegnere.
diplopie [diplɔpi] f. MÉD. diplopia.
dipolaire [dipɔlɛr] adj. PHYS. dipolare.
dipôle [dipol] m. PHYS. dipolo.
dipsomane [dipsɔman] adj. MÉD. dipsomane.
dipsomanie [dipsɔmani] f. MÉD. dipsomania.
diptère [diptɛr] adj. ARCHIT. diptero, dittero. ◆ m. pl. ZOOL. ditteri.
diptyque [diptik] m. ART et FIG. dittico.
1. dire [dir] v. tr. **1.** [émettre, exprimer] dire. | *dire qlch. à qn, de qn*, dire qlco. a qlcu., di qlcu. | *dire (que) oui*, dire di sì. | *je ne dis pas non*, non dico di no. | *dire à qn son fait, ses quatre vérités*, dire a qlcu. il fatto suo. | *ne dire mot*, non dire una parola. | *sans mot dire*, senza proferir parola, senza dir verbo. | *il a son mot à dire*, ha da dire la sua. | *c'est vite dit*, si fa presto a dirlo ; è una parola. | *dites toujours*, dica pure. | *dites donc !*, dica un po' ! | *tu me le donnes, dis*, me lo dai, di'. | *vous dites ?*, cosa dice ? ; prego ? | *tu m'en diras tant !*, ah !, capisco ! | *comme je (te) l'ai dit*, come (ti) ho detto. | *dire son avis*, dare, esprimere il proprio parere. | *qu'on ne saurait dire*, da non dirsi. | *autrement dit*, ossia ; in altri termini. | *dis-lui bien des choses de ma part*, digli tante cose, fagli molti saluti da parte mia. || FIG. *son visage ne dit rien*, il suo viso non dice nulla. || [réciter] *dire une poésie, son chapelet*, dire, recitare una poesia, il rosario. | *art de bien dire*, arte del dire. | *dire la messe*, dir messa. | *dire tu, vous à qn*, dare del tu, del voi, del Lei a qlcu. || **2.** [raconter] dire. | *j'entends dire qu'il est malade*, sento dire che è malato. | *on dit que*, si dice che, dicono che. | *à ce qu'on m'a dit*, a quanto m'hanno detto. || **3.** [penser] dire. | *qu'en dis-tu ?*, cosa ne dici ? | *qui l'eût dit !*, chi l'avrebbe detto ! | *que veux-tu dire par là ?*, cosa vuoi dire con questo ? || [croire] *on dirait un roi*, si direbbe un re. | *comme qui dirait*, come dire. || **4.** [prétendre] dire, affermare. | *il dit qu'il était chez lui à cette heure*, dice che era in casa a quell'ora. | *il va jusqu'à dire que tu mens*, arriva a dire che menti. || [objecter] *il n'y a rien à dire*, non c'è che dire. | *il n'y a pas à dire*, c'è poco da dire. || **5.** [ordonner] dire. | *dis-lui de venir*, digli di venire. || **6.** [plaire] *cela ne me dit rien de sortir*, uscire non mi dice niente. | *si le cœur t'en dit*, se ne hai voglia. || **7.** [rappeler] *ce mouchoir ne te dit rien ?*, questo fazzoletto non ti ricorda niente ? || **8.** LOC. *vouloir dire*, voler dire. | *cela ne veut pas dire grand-chose*, non vuol dire gran che. | *à vrai dire*, a dir vero, a dire il vero. | *autant dire que*, tanto vale dire che. | *c'est-à-dire*, cioè. | *qu'est-ce à dire ?*, (come) sarebbe a dire ? | *pour ainsi dire*, per così dire. | *pour mieux dire*, per meglio dire. | *pour tout dire*, per farla breve ; insomma. | *cela va sans dire*, è ovvio ; naturalmente. | *ce n'est pas pour dire*, non fo per dire. | *je n'en dirai pas plus*, non dico altro. | *que dis-je !*, che dico ! ; anzi ! | *c'est beaucoup dire*, non esageriamo ; è dire troppo. | *c'est tout dire*, è tutto dire. | *comme dit l'autre*, come si dice. | *avoir beau dire*, avere un bel dire. | *sitôt dit, sitôt fait*, detto fatto. | *soit dit entre nous*, detto fra di noi. | *soit dit en passant*, sia detto di sfuggita, incidentalmente ; en passant (fr.). | *c'est dit*, siamo intesi. ◆ v. pr. dirsi. | *je me disais*, dicevo tra me. || [se prétendre] *se dire médecin*, dirsi, pretendersi medico ; dire di essere medico. || [croire] *on se dirait en Italie*, sembra di essere in Italia. || [sens récipr.] *ils se disent tu*, si danno del tu. || [sens pass.] *il se dit des choses*, si dicono certe cose, vengono dette delle cose. | *cela ne se dit pas*, non si dice.
2. dire m. dire. | *les dires des gens*, le dicerie della gente. | *au dire des gens, des témoins*, a detta della gente, dei testimoni. | *selon ses dires*, secondo il suo dire ; stando al suo dire ; a sua detta. || JUR. *à dire d'expert*, a detta di periti.
direct, e [dirɛkt] adj. diretto. | *en ligne directe*, in linea diretta. || [franc] *caractère direct*, carattere franco. || FIN. *impôt direct*, imposta diretta. || GRAMM. *complément, discours direct*, complemento, discorso diretto. ◆ n. m. TÉLÉCOM. *émission en direct* : RAD. trasmissione in collegamento diretto ; T.V. emissione in ripresa diretta. || [boxe] diretto.
directeur, trice [dirɛktœr, tris] adj. direttore, trice ; direttivo. || FIG. *principe directeur*, principio, criterio direttivo. || TECHN. *roue directrice*, ruota direttrice. ◆ n. direttore, trice. | *directeur d'école*, direttore di scuola, direttore didattico. || FIG. *directeur de conscience*, direttore spirituale. || LOC. *monsieur le directeur*, il signor direttore. | *bonjour, monsieur le directeur*, buongiorno, (signor) direttore. ◆ n. f. MATH. direttrice.
direction [dirɛksjɔ̃] f. direzione. | *direction du vent*, direzione del vento. | *dans la direction de*, in direzione di, alla volta di. | *la direction d'une usine*, la direzione di una fabbrica. || FIG. *donner une bonne direction*, dare un buon orientamento. | *fausse direction*, direzione sbagliata. || AUTOM. guida, sterzo m.
directionnel, elle [dirɛksjɔnɛl] adj. TÉLÉCOM. direzionale, direttivo.
directive [dirɛktiv] f. direttiva.
directoire [dirɛktwar] m. direttorio. || HIST. Direttorio. || ART *style Directoire*, stile Direttorio.
directorial, e, aux [dirɛktɔrjal, o] adj. direttoriale. || HIST. del Direttorio.
dirigeable [diriʒabl] adj. et n. m. dirigibile.
dirigeant, e [diriʒɑ̃, ɑ̃t] adj. et n. dirigente. | *les classes dirigeantes*, le classi dirigenti.
diriger [diriʒe] v. tr. [tourner vers] dirigere. | *diriger ses pas vers*, dirigere i passi verso. | *diriger son regard, son attention sur qlch.*, (ri)volgere, dirigere lo sguardo, l'attenzione su qlco. || [envoyer] dirigere, indirizzare. || FIG. *diriger ses accusations contre qn*, rivolgere le proprie accuse contro qlcu. || [avoir la direction de] dirigere, comandare, guidare. || ÉCON. *économie dirigée*, economia controllata, di intervento. ◆ v. pr. *se diriger vers*, dirigersi verso, avviarsi a. || FIG. *se diriger d'après les prescriptions de la morale*, regolarsi secondo i precetti della morale.
dirigisme [diriʒism] m. ÉCON. dirigismo.
dirigiste [diriʒist] m. ÉCON. dirigista.
dirimant, e [dirimɑ̃, ɑ̃t] adj. JUR. dirimente.
discal, e, aux [diskal, o] adj. MÉD. del disco ; discale.
discernable [disɛrnabl] adj. discernibile.
discernement [disɛrnəmɑ̃] m. [distinction] discernimento ; severamento (rare). | *discernement des nuances*, discernimento delle sfumature. | *discernement du bien et du mal, de la vérité d'avec l'erreur*, discernimento del bene dal male, del vero dall'errore. || [clairvoyance] discernimento, senno. | *agir sans discernement*, agire senza discernimento, senza senno.
discerner [disɛrne] v. tr. [séparer] **(de)** discernere, distinguere (da) ; severare (da) [littér.]. || [percevoir] discernere, distinguere. || FIG. *discerner les intentions de qn*, scoprire le intenzioni di qlcu.
disciple [disipl] m. discepolo.
disciplinaire [disiplinɛr] adj. disciplinare. | *mesures disciplinaires*, provvedimenti disciplinari. | *bataillon*

disciplinaire, compagnia di disciplina. ◆ n. m. soldato di una compagnia di disciplina.
discipline [disiplin] f. disciplina. | *conseil de discipline*, consiglio di disciplina. ‖ FIG. *discipline de soi*, autodisciplina ; padronanza di sé. ‖ [instrument de pénitence] disciplina, flagello m. ‖ [matière d'enseignement] disciplina.
discipliner [disipline] v. tr. disciplinare. ◆ v. pr. disciplinarsi.
discobole [diskɔbɔl] m. discobolo.
discoïde [diskɔid] adj. discoide, discoidale.
discontinu, e [diskɔ̃tiny] adj. discontinuo, saltuario.
discontinuation [diskɔ̃tinɥasjɔ̃] f. JUR. *discontinuation de poursuites*, sospensione di un procedimento esecutivo.
discontinuer [diskɔ̃tinɥe] v. tr. interrompere, troncare. ◆ v. intr. cessare, smettere ; interrompersi v. pr. | *sans discontinuer*, ininterrottamente.
discontinuité [diskɔ̃tinɥite] f. discontinuità, saltuarietà.
disconvenance [diskɔ̃vnɑ̃s] f. discordanza.
disconvenir [diskɔ̃vnir] v. tr. ind. [nier] negare v. tr. | *je ne disconviens pas que cela (ne) soit vrai*, non nego che ciò sia vero. | *il ne peut en disconvenir*, non lo può negare. | *je n'en disconviens pas*, non dico di no.
discophile [diskɔfil] m. discofilo.
discordance [diskɔrdɑ̃s] f. discordanza. ‖ FIG. *discordance d'opinions*, discordanza, discrepanza di opinioni. ‖ GÉOL. discordanza.
discordant, e [diskɔrdɑ̃, ɑ̃t] adj. discorde, discordante. ‖ FIG. discorde, discordante, contrastante.
discorde [diskɔrd] f. discordia. | *fomenter, semer la discorde*, fomentare, seminare la discordia. ‖ LOC. *pomme de discorde*, pomo della discordia.
discothèque [diskɔtɛk] f. discoteca.
discount [diskaunt] m. (angl.) sconto.
discoureur, euse [diskurœr, øz] n. parlatore, trice ; parlatora (f. fam.) ; parolaio, a, chiacchierone, a (fam.).
discourir [diskurir] v. intr. discorrere. ‖ PÉJOR. chiacchierare.
discours [diskur] m. discorso. | *faire, prononcer, tenir un discours*, fare, pronunciare, tenere un discorso. | *trêve de discours*, bando alle chiacchiere. | *discours du trône*, discorso della corona. | *discours inaugural*, prolusione f. ; discorso inaugurale. ‖ IRON. *faire de grands discours*, concionare. ‖ GRAMM. *discours indirect*, discorso indiretto.
discourtois, e [diskurtwa, az] adj. scortese, sgarbato.
discrédit [diskredi] m. discredito. | *jeter le discrédit sur qn*, screditare qlcu. | *être en discrédit auprès de qn*, essere in discredito presso qlcu.
discréditer [diskredite] v. tr. screditare, esautorare. | *discréditer un commerçant, une maison de commerce*, screditare un negoziante, una ditta. | *discréditer une théorie, une opinion*, esautorare una teoria, un'opinione. ◆ v. pr. screditarsi.
discret, ète [diskrɛ, ɛt] adj. discreto. ‖ [sobre] *avoir une robe discrète*, avere un vestito molto sobrio. ‖ LING., MATH., MÉD., PHYS. discreto.
discrétion [diskresjɔ̃] f. [retenue] discrezione, discretezza. | *agir avec discrétion*, agire con discrezione, con discretezza. | *s'habiller avec discrétion*, vestirsi con discrezione. ‖ [exactitude à garder les secrets] discrezione, discretezza. | *compter sur la discrétion de qn*, contare sulla, fidarsi della, affidarsi alla discretezza, discrezione di qlcu. ◆ loc. adv. ***à discrétion***, a discrezione, a piacimento. | *pain à discrétion*, pane a discrezione, a piacimento, a volontà. | *se rendre à discrétion*, arrendersi a discrezione (del nemico). ◆ loc. prép. ***à la discrétion de***, alla, a discrezione di.
discrétionnaire [diskresjɔnɛr] adj. JUR. discrezionale.
discriminant, e [diskriminɑ̃, ɑ̃t] adj. discriminante. ◆ n. m. MATH. discriminante.
discrimination [diskriminasjɔ̃] f. discriminazione. | *discrimination raciale*, discriminazione razziale.
discriminer [diskrimine] v. tr. discriminare.
disculpation [diskylpasjɔ̃] f. discolpa.
disculper [diskylpe] v. tr. (di)scolpare, scagionare. ◆ v. pr. **(de)** (di)scolparsi, scagionarsi (da).
discursif, ive [diskyrsif, iv] adj. discorsivo.
discussion [diskysjɔ̃] f. discussione. | *sujet à discussion*, discutibile, opinabile adj. | *un sujet de discussion*, un oggetto di discussione. ‖ JUR. escussione. | *sans discussion ni division*, congiuntamente e solidalmente.
discutable [diskytabl] adj. discutibile. | *c'est d'un goût discutable* (euph.), è d'un gusto discutibile.
discutailler [diskytaje] v. intr. FAM. = perdere tempo in discussioni (inutili).
discuté, e [diskyte] adj. [chose] discusso, dibattuto ; [personne] = non unanimemente apprezzato, accettato.
discuter [diskyte] v. tr. discutere. | *discuter une loi*, discutere una legge. | *discuter un prix*, discutere sul prezzo. ‖ FAM. *discuter le coup*, chiacchierare, discorrere (L.C.). ◆ v. intr. [échanger des opinions] *discuter (de) politique*, discutere di politica. | *sans discuter*, senza discutere. ‖ [se disputer] discutere, litigare.
discuteur, euse [diskytœr, øz] adj. PÉJOR. polemico, cavilloso. ◆ n. polemista ; cavillatore, trice.
disert, e [dizɛr, ɛrt] adj. LITTÉR. diserto ; facondo (L.C.).
disette [dizɛt] f. [pénurie] carestia, penuria, mancanza, scarsità ; [de vivres] carestia. ‖ FIG. scarsità.
diseur, euse [dizœr, øz] n. *diseur de bons mots*, motteggiatore, trice ; freddurista n. | *diseur de riens*, parolaio. | *diseuse de bonne aventure*, indovina ; pitonessa (iron.). ‖ THÉÂTRE *fin diseur*, fine dicitore.
disgrâce [disgrɑs] f. [défaveur] disgrazia ; disfavore m. (littér.). | *tomber en disgrâce*, cadere in disgrazia. ‖ [infortune] disgrazia, sfortuna.
disgracié, e [disgrasje] adj. [laid] sgraziato.
disgracier [disgrasje] v. tr. privare del favore.
disgracieux, euse [disgrasjø, øz] adj. [laid] sgraziato. ‖ [désagréable] scortese, sgarbato.
disjoindre [disʒwɛ̃dr] v. tr. disgiungere, separare, sconnettere. ◆ v. pr. disgiungersi.
disjoint, e [disʒwɛ̃, ɛ̃t] adj. disgiunto, separato, sconnesso. ‖ MUS. *degré disjoint*, grado disgiunto.
disjoncteur [disʒɔ̃ktœr] m. ÉLECTR. disgiuntore ; interruttore automatico.
disjonctif, ive [disʒɔ̃ktif, iv] adj. GRAMM., LOG. disgiuntivo.
disjonction [disʒɔ̃ksjɔ̃] f. disgiunzione. ‖ JUR. *disjonction de deux causes*, separazione di cause.
dislocation [dislɔkasjɔ̃] f. TECHN. sconnessione, disgiunzione. ‖ GÉOL. dislocazione. ‖ MÉD. slogatura. ‖ [démembrement] smembramento m. ‖ [dispersion] *(d'une troupe)* dislocazione, spostamento m. ; *(d'un cortège)* scioglimento m.
disloquer [dislɔke] v. tr. TECHN. sconnettere, disgiungere, sfasciare, sgangherare. ‖ FIG. smembrare. ‖ GÉOL. dislocare. ‖ MÉD. slogare. ◆ v. pr. TECHN. sfasciarsi. ‖ FIG. smembrarsi. ‖ MÉD. slogarsi. ‖ [se disperser] sciogliersi.
disparaître [disparɛtr] v. intr. [cesser d'être visible] sparire, scomparire. | *le soleil a disparu derrière les nuages*, il sole è sparito, è scomparso dietro le nuvole. | *la tache a disparu, est disparue*, la macchia è sparita, è scomparsa. ‖ [s'esquiver] sparire. | *il a disparu de chez lui*, è scomparso di casa. | *avoir l'art de disparaître sans être vu*, possedere l'arte di sparir via senza esser veduto. ‖ [être soustrait, égaré] sparire. | *mes gants ont disparu*, mi sono spariti i guanti. ‖ [être détruit] *faire disparaître*, far sparire. ‖ [être escamoté] *faire disparaître de l'argent*, far sparire denaro, sottrarre denaro. ‖ [mourir] scomparire.
disparate [disparat] adj. disparato. ◆ n. f. disparità, contrasto m.
disparité [disparite] f. disparità, squilibrio m. | *disparité de traitement*, disparità di trattamento. | *disparités régionales*, squilibri regionali. | *disparités structurelles*, disparità, squilibri strutturali. | *disparité des revenus, des salaires*, sperequazione dei redditi, dei salari.
disparition [disparisjɔ̃] f. sparizione, scomparsa. |

disparition de la couleur, sparizione del colore. | *disparition du brouillard*, dileguo (m.) della nebbia. | *une mystérieuse disparition de bijoux*, una misteriosa sparizione di gioielli. | *la disparition imprévue des ennemis, des prisonniers*, l'improvvisa scomparsa dei nemici, dei prigionieri. | *la disparition de la peste en Europe*, la scomparsa della peste dall'Europa. || [mort] *la disparition d'un journal, d'un ami*, la scomparsa di un giornale, di un amico.

disparu, e [dispary] adj. et n. MIL. disperso. | *porter disparu*, dare per disperso.

dispatching [dispatʃiŋ] m. CH. DE F. dirigenza (f.) centrale ; dispatching (angl.).

dispendieux, euse [dispɑ̃djø, øz] adj. dispendioso.

dispensaire [dispɑ̃sɛr] m. dispensario, ambulatorio.

dispensateur, trice [dispɑ̃satœr, tris] n. dispensatore, trice.

dispense [dispɑ̃s] f. dispensa, esonero m. | *dispense d'impôts, de jeûne*, dispensa dalle tasse, dal digiuno. | *dispense de mariage*, dispensa matrimoniale. | *dispense du service militaire*, esonero dal servizio militare. | *dispense d'âge*, esonero dai limiti di età.

dispenser [dispɑ̃se] v. tr. [distribuer] dispensare. | *dispenser un renseignement*, dare un'informazione. || [exempter] *dispenser qn de*, dispensare, esonerare, esimere qlcu. da. | *dispenser du service militaire*, esonerare dall'obbligo di leva, dal servizio militare. | *je te dispense de m'accompagner* (euph.), puoi fare a meno di accompagnarmi. ◆ v. pr. esentarsi, esimersi, liberarsi dall'obbligo di.

dispersement [dispɛrsəmɑ̃] m. dispersione f.

disperser [dispɛrse] v. tr. [répandre] spargere. || [répartir çà et là] disperdere. || [mettre en fuite] *la police dispersa les manifestants*, la polizia disperse i dimostranti. || FIG. *disperser ses forces*, disperdere le proprie forze. || [vendre] *disperser une collection*, vendere una collezione. || PHYS. disperdere. ◆ v. pr. PR. et FIG., MIL. disperdersi.

dispersif, ive [dispɛrsif, iv] adj. PHYS. dispersivo.

dispersion [dispɛrsjɔ̃] f. PR. et FIG. dispersione.

disponibilité [dispɔnibilite] f. disponibilità. | *disponibilité d'esprit*, disponibilità di spirito. || ADM., MIL. aspettativa. | *être, mettre en disponibilité*, essere, collocare in aspettativa. ◆ pl. COMM. *avoir des disponibilités*, avere disponibilità ; avere del denaro disponibile.

disponible [dispɔnibl] adj. disponibile. | *capitaux, marchandises disponibles*, capitali, merci disponibili. ◆ n. m. COMM. *vendre en disponible*, vendere per consegna immediata.

dispos, e [dispo, oz] adj. in gamba, in forma ; gagliardo.

disposant, e [dispozɑ̃, ɑ̃t] n. JUR. disponente.

disposer [dispoze] v. tr. [arranger] disporre, collocare. | *disposer par rangées*, disporre in file. || [préparer] disporre, preparare. | *disposé à travailler*, disposto a lavorare. | *être bien, mal disposé envers qn*, esser ben, mal disposto verso qlcu. | *être bien, mal disposé*, essere di buon, di cattivo umore. || [inciter] esortare, disporre. || MIL. schierare, spiegare. ◆ v. tr. ind. [être maître] *disposer de soi, de son temps*, disporre di sé, del proprio tempo. ◆ v. intr. *vous pouvez disposer*, è libero di andare, può andare. ◆ v. pr. *se disposer à partir*, disporsi, accingersi a partire.

dispositif [dispozitif] m. JUR., MIL., TECHN. dispositivo.

disposition [dispozisjɔ̃] f. [arrangement] disposizione. | *la disposition des pièces d'un appartement*, la disposizione delle stanze d'un appartamento. || [pouvoir] *avoir à sa disposition*, avere a disposizione. | *à ma disposition*, a mia disposizione. | *être à la disposition de qn*, essere a disposizione di qlcu. || FIG. *en bonne, mauvaise disposition*, in buona, cattiva disposizione. | *être dans de bonnes dispositions à l'égard de qn*, essere favorevolmente disposto verso qlcu., nei riguardi di qlcu. | *disposition d'esprit*, disposizione di spirito. | *avoir des dispositions pour la musique*, avere disposizione per la musica. ◆ pl. [mesures] disposizioni. || ADM. provvedimenti m. pl. || JUR. *les dispositions d'une loi*, le disposizioni di una legge. | *dispositions testamentaires*, disposizioni testamentarie.

disproportion [disprɔpɔrsjɔ̃] f. sproporzione.

disproportionné, e [disprɔpɔrsjɔne] adj. sproporzionato.

dispute [dispyt] f. disputa (littér.). || [discussion] disputa, discussione. || [querelle] contesa, alterco m. | *chercher dispute à qn*, cercar briga, lite con qlcu.

disputer [dispyte] v. tr. ind. **(de)** [discuter] disputare, discutere (di) ; discettare (di) [littér.]. | *disputer de littérature*, disputare, discutere di letteratura. | *disputer sur un sujet avec qn*, discutere con qlcu. su un argomento, intorno ad un argomento. || LITTÉR. [rivaliser] rivaleggiare (di, in), gareggiare (in). ◆ v. tr. [contester] contendere, disputare. | *disputer un droit à qn*, contendere, disputare un diritto a qlcu. | *disputer à qn le mérite d'une découverte*, contendere ad uno il merito di una scoperta. | *disputer le terrain pied à pied*, disputare, difendere il terreno a palmo a palmo. || [lutter pour obtenir] litigare, disputare. | *disputer qch. à qn*, litigare, disputare qlco. a qlcu. | *disputer un match*, disputare un incontro. || FAM. [réprimander] sgridare. ◆ v. pr. contendersi, litigarsi, disputarsi. | *se disputer le pouvoir, un prix, un os*, contendersi, disputarsi il potere, un premio, un osso. | *se disputer un poste, un titre, une femme*, litigarsi un posto, un titolo, una donna. | *le match s'est disputé hier*, l'incontro si disputò ieri. | *on se le dispute*, tutti se lo contendono. || FAM. *se disputer avec qn*, litigare (v. intr.) con qlcu.

disquaire [diskɛr] m. negoziante di dischi ; discaio (néol.).

disqualification [diskalifikasjɔ̃] f. SPORT squalifica.

disqualifier [diskalifje] v. tr. SPORT squalificare. || FIG. screditare. ◆ v. pr. squalificarsi, screditarsi.

disque [disk] m. disco. | *disque solaire*, disco solare. | *disque microsillon*, disco microsolco. || FAM. *change de disque !*, cambia disco ! || ANAT., SPORT disco. || TRANSP. *disque de signalisation*, disco di segnalazione. | *disque de stationnement*, disco orario.

dissection [disɛksjɔ̃] f. MÉD. dissezione.

dissemblable [disɑ̃blabl] adj. dissimile, dissomigliante.

dissemblance [disɑ̃blɑ̃s] f. dissomiglianza.

dissémination [diseminasjɔ̃] f. BOT. disseminazione. || [dispersion] dispersione.

disséminer [disemine] v. tr. BOT. disseminare. || [répandre] disperdere. ◆ v. pr. spargersi.

dissension [disɑ̃sjɔ̃] f. dissenso m., dissensione.

dissentiment [disɑ̃timɑ̃] m. dissapore, dissenso, screzio, dispiacere.

disséquer [diseke] v. tr. MÉD. anatomizzare, sezionare. || [analyser] anatomizzare, sviscerare.

dissertation [disɛrtasjɔ̃] f. dissertazione. || UNIV. tema m., componimento m.

disserter [disɛrte] v. intr. dissertare.

dissidence [disidɑ̃s] f. [action, état] dissidenza. | *entrer en dissidence*, far secessione. || [groupe] dissidenti m. pl.

dissident, e [disidɑ̃, ɑ̃t] adj. et n. dissidente.

dissimilation [disimilasjɔ̃] f. LING. dissimilazione.

dissimulateur, trice [disimylatœr, tris] adj. et n. dissimulatore, trice.

dissimulation [disimylasjɔ̃] f. dissimulazione. | *dissimulation d'actif*, dissimulazione, occultamento (m.) di attivo.

dissimulé, e [disimyle] adj. *caractère dissimulé*, carattere dissimulatore, falso.

dissimuler [disimyle] v. tr. [cacher] dissimulare, nascondere ; celare (littér.). | *dissimuler une partie des bénéfices*, dissimulare, occultare una parte degli utili. || ABSOL. [feindre] dissimulare, fingere. ◆ v. pr. nascondersi. || FIG. *se dissimuler la vérité*, rifiutare di vedere la verità.

dissipateur, trice [disipatœr, tris] n. dissipatore, trice.

dissipation [disipasjɔ̃] f. [disparition] dissipazione, dileguo m. | *la dissipation du brouillard*, la dissipazione, il dileguo, il dileguarsi della nebbia. || FIG.

dissipation d'un doute, d'un soupçon, dileguo di un dubbio, di un sospetto. || [dilapidation] *la dissipation de l'héritage*, la dissipazione, lo sperperamento dell'eredità ; lo scialacquare l'eredità. || [indiscipline] distrazione, indisciplina, irrequietezza. || LITTÉR. [débauche] dissolutezza.

dissipé, e [disipe] adj. [indiscipliné] irrequieto, turbolento. || [débauché] dissipato, depravato, dissoluto.

dissiper [disipe] v. tr. [faire disparaître] dissipare, disperdere, dileguare. | *le soleil a dissipé le brouillard, les nuages*, il sole ha dissipato, disperso, dileguato la nebbia, le nuvole. || FIG. [faire cesser] dissipare, dileguare, allontanare. | *dissiper tout doute, les soupçons*, dissipare, dileguare, allontanare ogni dubbio, i sospetti. || [dépenser follement] dissipare, sperperare, scialacquare. | *dissiper sa fortune*, dissipare, sperperare, scialacquare il proprio patrimonio. || [distraire] distrarre, svagare. | *dissiper un camarade*, distrarre, svagare un compagno. ◆ v. pr. *les ténèbres se sont dissipées*, le tenebre si sono dissipate, dileguate. || FIG. *le doute s'est dissipé*, il dubbio si è dissipato, dileguato. | *se dissiper en fumée*, andare (v. intr.), dileguarsi in fumo. | *cet enfant se dissipe en classe*, questo ragazzo si distrae, è indisciplinato, è irrequieto a scuola. || LITTÉR. [se débaucher] sviarsi, pervertirsi (L.C.).

dissociable [disɔsjabl] adj. dissociabile.

dissociation [disɔsjasjɔ̃] f. dissociazione.

dissocier [disɔsje] v. tr. dissociare.

dissolu, e [disɔly] adj. et n. dissoluto.

dissolubilité [disɔlybilite] f. dissolubilità.

dissoluble [disɔlybl] adj. dissolubile.

dissolutif, ive [disɔlytif, iv] adj. dissolutivo.

dissolution [disɔlysjɔ̃] f. [action] dissoluzione, dissolvimento m., scioglimento m. || [résultat] *dissolution de caoutchouc*, soluzione, mastice (m.) per gomme. || [séparation] disfacimento m., dissoluzione, scioglimento, smembramento m. | *dissolution d'un empire*, smembramento di un impero. | *dissolution du parlement*, scioglimento del parlamento. || FIG. [dérèglement] dissolutezza. || JUR. *dissolution d'un mariage, d'une société*, scioglimento di un matrimonio, di una società.

dissolvant, e [disɔlvɑ̃, ɑ̃t] adj. solvente. || FIG. = che corrompe. ◆ n. m. solvente.

dissonance [disɔnɑ̃s] f. PR. et FIG. dissonanza, discordanza.

dissonant, e [disɔnɑ̃, ɑ̃t] adj. dissonante, discordante. | *être dissonant*, essere dissonante ; dissonare v. intr.

dissoudre [disudr] v. tr. CHIM. sciogliere. || FIG. *dissoudre une société, un mariage, le parlement*, sciogliere una società, un matrimonio, il parlamento. ◆ v. pr. sciogliersi.

dissous, oute [disu, ut] adj. (di)sciolto.

dissuader [disɥade] v. tr. *dissuader qn de qch.*, dissuadere qlcu. da qlco. | *dissuader qn de faire qch.*, dissuadere qlcu. dal fare qlco.

dissuasif, ive [disɥazif, iv] adj. dissuasivo.

dissuasion [disɥazjɔ̃] f. dissuasione. || MIL. *force de dissuasion*, forza di dissuasione.

dissyllabe [disilab] ou **dissyllabique** [disilabik] adj. disillabo ; disillabico (m. pl. *disillabici)* ; bisillabo. ◆ n. m. disillabo, bisillabo.

dissymétrie [disimetri] f. asimmetria.

dissymétrique [disimetrik] adj. asimmetrico (m. pl. *asimmetrici*).

distance [distɑ̃s] f. distanza. | *à peu de distance de*, a poca distanza da, poco distante da. | *à quelle distance est l'église ?*, quanto dista la chiesa ? | *de distance en distance*, a intervalli. | *à égale distance*, a uguale distanza. || FIG. *prendre, garder ses distances à l'égard de qn*, assumere un atteggiamento distante, mantenere le distanze nei confronti di qlcu. || FIG. [différence] distanza. | *la distance qu'il y a entre vouloir et faire*, la distanza che c'è, che corre tra il volere e il fare. || PHYS. *distance focale*, distanza focale. || MIL., SPORT distanza, percorso m. ◆ loc. adv. ***à distance :*** [espace] a distanza ; [temps] a distanza di tempo. || PR. et FIG. *tenir qn à distance*, tenere uno a distanza.

distancer [distɑ̃se] v. tr. distanziare, superare, sorpassare.

distant, e [distɑ̃, ɑ̃t] adj. distante. | *les deux villages sont distants l'un de l'autre de dix kilomètres*, i due villaggi sono distanti l'uno dall'altro dieci chilometri. || FIG. distante, distaccato, riservato, indifferente.

distendre [distɑ̃dr] v. tr. [tendre] (dis)tendere, tirare. || [gonfler] *distendre l'estomac*, dilatare lo stomaco. || [relâcher] distendere, allargare, allentare. ◆ v. pr. (dis)tendersi, tirarsi, allentarsi.

distension [distɑ̃sjɔ̃] f. MÉD. tensione eccessiva ; gonfiore m.

distillat [distila] m. CHIM. distillato.

distillateur [distilatœr] m. [ouvrier ; appareil] distillatore.

distillation [distilasjɔ̃] f. CHIM. distillazione. | *cornue de distillation*, storta di distillazione. | *un produit de distillation*, un distillato.

distiller [distile] v. tr. distillare. || FIG. *distiller le venin*, schizzar veleno. | *distiller l'ennui*, diffondere la noia. ◆ v. intr. distillare.

distillerie [distilri] f. distilleria.

distinct, e [distɛ̃, ɛ̃kt] adj. [différent] distinto, diverso. || [perceptible] distinto. | *formes distinctes*, forme distinte. || [clair, net] *parole distincte*, parola distinta, chiara.

distinctif, ive [distɛ̃ktif, iv] adj. distintivo.

distinction [distɛ̃ksjɔ̃] f. [action de ne pas confondre] distinzione. | *faire la distinction entre deux couleurs*, fare la distinzione tra due colori. || [différence] distinzione. | *sans distinction de*, senza distinzione di. || FIG. [courtoisie] distinzione, signorilità. || [honneur accordé] distinzione. | *distinction honorifique*, distinzione onorifica ; onorificenza f.

distingué, e [distɛ̃ge] adj. FIG. distinto, signorile. | *salutations distinguées*, distinti saluti. || [célèbre] notevole, illustre.

distinguer [distɛ̃ge] v. tr. [différencier, séparer, percevoir] distinguere, differenziare, discernere. | *distinguer le vrai du faux*, distinguere il vero dal falso. || [reconnaître] distinguere. | *il le distingua dans la foule du premier coup*, lo distinse nella folla a prima vista. || [caractériser ; mettre au-dessus] distinguere. ◆ v. pr. distinguersi.

distinguo [distɛ̃go] m. FAM. distinzione f. (L.C.).

distique [distik] m. POÉS. distico.

distordre [distɔrdr] v. tr. (di)storcere.

distorsion [distɔrsjɔ̃] f. MÉD., TECHN. distorsione.

distraction [distraksjɔ̃] f. [inattention] distrazione. || [divertissement] distrazione, svago m., spasso m. || [prélèvement d'argent] distrazione.

distraire [distrɛr] v. tr. *distraire qn de son travail*, distrarre, distogliere qlcu. dal lavoro. || [divertir] distrarre, svagare. || JUR. distrarre, sottrarre. ◆ v. pr. FIG. distrarsi, divertirsi, svagarsi.

distrait, e [distrɛ, ɛt] adj. et n. distratto.

distrayant, e [distrɛjɑ̃, ɑ̃t] adj. divertente ; che svaga.

distribuer [distribye] v. tr. distribuire. | *distribuer le courrier*, distribuire la posta. | *distribuer le courant, le gaz*, erogare la corrente, il gas. | *distribuer les rôles*, distribuire, assegnare le parti. | *distribuer des coups de poing*, distribuire pugni. || [agencer] *distribuer un appartement*, disporre un appartamento.

distributeur, trice [distribytœr, tris] n. distributore, trice. ◆ m. AUTOM. *distributeur d'allumage*, spinterogeno. || TECHN. *distributeur d'essence*, distributore (di benzina). | *distributeur automatique*, distributore automatico.

distributif, ive [distribytif, iv] adj. distributivo.

distribution [distribysjɔ̃] f. [remise] distribuzione, assegnazione. | *distribution de cadeaux, des billets, du courrier*, distribuzione di regali, dei biglietti, della posta ; [des prix] premiazione. || [agencement] *distribution d'un appartement*, disposizione di un appartamento. || CIN., THÉÂTRE [rôles] cast m. (angl.) ; complesso, elenco artistico. || IND. CIN. [diffusion] distribuzione. || TECHN. *distribution d'eau, de gaz*, distribu-

zione, erogazione d'acqua, di gas. || MÉC. distribuzione. || ÉCON. [commerce] distribuzione ; commercio interno.
district [distrik(t)] m. distretto.
dit, e [di, dit] adj. *tenez-vous le pour dit*, tenetevelo per detto. | *à l'heure dite*, all'ora convenuta, fissata, stabilita. || [nommé] *Robert dit le Pieux*, Roberto detto il Pio. || [susnommé] *ledit, ladite, lesdits, lesdites*, il suddetto, la suddetta, i suddetti, le suddette. ◆ n. m. detto, sentenza f.
dithyrambe [ditirɑ̃b] m. ditirambo.
dithyrambique [ditirɑ̃bik] adj. ditirambico (m. pl. *ditirambici*).
dito [dito] mot inv. COMM. come sopra ; idem.
diurèse [djyrɛz] f. MÉD. diuresi.
diurétique [djyretik] adj. MÉD. diuretico.
diurne [djyrn] adj. diurno.
diva [diva] f. (ital.) diva.
divagation [divagasjɔ̃] f. GÉOGR. deviazione, straripamento m. || [action d'errer] divagazione. || [digression] divagazione, digressione. || FIG. [délire] (surtout pl.) divagazioni f. pl., vaneggiamento m., (il) vaneggiare.
divaguer [divage] v. intr. GÉOGR. deviare, straripare. || [errer] vagabondare. || FIG. [déraisonner] divagare, vaneggiare.
divan [divɑ̃] m. divano. || HIST., POÉS. divano. || PSYCHAN. lettino.
divergence [divɛrʒɑ̃s] f. PR. et FIG. divergenza.
divergent, e [divɛrʒɑ̃, ɑ̃t] adj. PR. et FIG. divergente.
diverger [divɛrʒe] v. intr. divergere. | *nos intérêts, nos routes divergent*, i nostri interessi, le strade divergono. | *ils divergent sur ce point*, divergono in questo punto. | *mon opinion diverge de la tienne*, la mia opinione diverge, differisce, si discosta dalla tua.
divers, e [divɛr, ɛrs] adj. [varié, différent] diverso, vario. | *en divers lieux*, in vari luoghi. | *faits divers*, V. FAIT 2. ◆ pl. [plusieurs] diversi, diverse ; parecchi, parecchie ; vari, varie. || LOC. *à diverses reprises*, a più riprese. | *à divers égards*, per diversi rispetti. | *diverses sortes de*, parecchie, diverse, varie specie di.
diversifier [divɛrsifje] v. tr. diversificare, variare.
diversiforme [divɛrsifɔrm] adj. di forma variabile, mutevole.
diversion [divɛrsjɔ̃] f. MIL. diversione. | *attaque de diversion*, attacco di diversione, attacco diversivo. || [action de détourner l'esprit] diversivo m., distrazione. | *pour faire diversion*, a scopo diversivo.
diversité [divɛrsite] f. diversità.
diverticule [divɛrtikyl] n. ANAT. diverticolo.
divertir [divɛrtir] v. tr. [détourner l'esprit, amuser] distrarre, divertire. || JUR. [détourner] sottrarre, distrarre. ◆ v. pr. distrarsi, divertirsi. | *il se divertit aux dépens de*, si diverte a spese di. | *se divertir à faire qch.*, divertirsi a fare qlco.
divertissant, e [divɛrtisɑ̃, ɑ̃t] adj. divertente, spassoso.
divertissement [divɛrtismɑ̃] m. divertimento. || MUS. divertimento. || THÉÂTRE intermezzo.
divette [divɛt] f. [d'opérette] cantante di operetta, canzonettista ; [de café-concert] canzonettista ; sciantosa (gall.).
dividende [dividɑ̃d] m. COMM., MATH. dividendo.
divin, e [divɛ̃, in] adj. PR. et FIG. divino. | *service divin*, funzione religiosa. || HIST. *de droit divin*, di diritto divino. ◆ n. m. divino.
divinateur, trice [divinatœr, tris] adj. et n. divinatore, trice.
divination [divinasjɔ̃] f. PR. et FIG. divinazione.
divinatoire [divinatwar] adj. PR. et FIG. divinatorio.
divinisation [divinizasjɔ̃] f. divinizzazione.
diviniser [divinize] v. tr. divinizzare.
divinité [divinite] f. [être divin] divinità ; nume m. (littér.). || [nature divine] divinità, deità.
diviser [divize] v. tr. dividere. | *diviser en deux*, dividere in due, dimezzare. | *diviser un mot*, dividere una parola. || MATH. dividere. || TECHN. *machine à diviser*, macchina a dividere. || FIG. [désunir] dividere. ◆ v. pr. PR. et FIG. dividersi. || [route] biforcarsi.
diviseur [divizœr] m. divisore. | *le plus grand commun diviseur*, il massimo comun divisore.
divisibilité [divizibilite] f. divisibilità.
divisible [divizibl] adj. divisibile.
division [divizjɔ̃] f. divisione. | *division des pouvoirs, du travail*, divisione dei poteri, del lavoro. || MATH., MIL., SPORT divisione. | *chef de division*, capo divisione. || BIOL. *division cellulaire*, divisione cellulare. || FIG. [discorde] divisione, discordia.
divisionnaire [divizjɔnɛr] adj. MIL. divisionale, divisionario. ◆ n. m. MIL. generale di divisione.
divisionnisme [divizjɔnism] m. ART divisionismo.
divorce [divɔrs] m. JUR. divorzio. | *action en divorce*, istanza di divorzio. || FIG. [rupture] divorzio, contrasto.
divorcer [divɔrse] v. intr. PR. et FIG. divorziare.
divulgateur, trice [divylgatœr, tris] n. divulgatore, trice.
divulgation [divylgasjɔ̃] f. divulgazione, divulgamento m.
divulguer [divylge] v. tr. divulgare.
dix [dis] adj. num. card. dieci. | *une pièce de dix francs*, una moneta da dieci franchi. | *le dix juillet*, il dieci luglio. | *ils sont dix*, sono in dieci. | *période de dix ans*, decennio m. | *âgé(e) de dix ans*, decenne adj. et n. ◆ adj. num. ord. *Léon X*, Leone X (decimo). | *chapitre X*, capitolo X (decimo). ◆ n. m. dieci. | *nous sommes le dix du mois*, ne abbiamo dieci ; siamo al dieci del mese. || JEU *le dix de cœur*, il dieci di cuori.
dix-cors m. V. COR.
dix-huit [dizɥit] adj. num. card. et n. m. diciotto. | *le dix-huit septembre 1800, dix-huit cents*, il diciotto (di) settembre milleottocento. | *dix-huit cents francs*, milleottocento franchi. | *âgé(e) de dix-huit ans*, diciottenne adj. et n. ◆ adj. num. ord. *Louis XVIII*, Luigi XVIII (diciottesimo, decimottavo). | *chapitre XVIII*, capitolo XVIII (diciottesimo).
dix-huitième [dizɥitjɛm] adj. num. ord. diciottesimo ; decimottavo (littér.). | *le dix-huitième siècle*, il secolo diciottesimo, decimottavo ; il Settecento. | *du dix-huitième, dans l'esprit, la manière du dix-huitième (siècle)*, settecentesco adj. ◆ n. m. [fraction] diciottesimo.
dixième [dizjɛm] adj. num. ord. decimo. | *le dixième anniversaire*, il decennale. ◆ n. m. [fraction] decimo. ◆ n. f. UNIV. *la (classe de) dixième*, la seconda elementare.
dixièmement [dizjɛmmɑ̃] adv. in decimo luogo.
dix-neuf [diznœf] adj. num. card. et n. m. diciannove. | *dix-neuf cents francs*, millenovecento franchi. | *en 1900*, nel 1900, nel millenovecento. | *âgé(e) de dix-neuf ans*, diciannovenne adj. et n. ◆ adj. num. ord. *Jean XIX*, Giovanni XIX (diciannovesimo, decimonono). | *chapitre XIX*, capitolo XIX (diciannovesimo).
dix-neuvième [diznœvjɛm] adj. num. ord. diciannovesimo ; decimonono (littér.). | *le dix-neuvième siècle*, il secolo diciannovesimo, decimonono ; l'Ottocento. | *du dix-neuvième, dans l'esprit, la manière du dix-neuvième (siècle)*, ottocentesco adj. ◆ n. m. [fraction] diciannovesimo.
dix-sept [disɛt] adj. num. card. et n. m. diciassette. | *dix-sept cents francs*, millesettecento franchi. | *en 1700*, nel 1700, nel millesettecento. | *âgé(e) de dix-sept ans*, diciassettenne adj. et n. ◆ adj. num. ord. *Jean XVII*, Giovanni XVII (diciassettesimo, decimosettimo). | *chapitre XVII*, capitolo diciassettesimo.
dix-septième [disɛtjɛm] adj. num. ord. diciassettesimo ; decimosettimo (littér.). | *le dix-septième siècle*, il secolo diciassettesimo, decimosettimo ; il Seicento. | *du dix-septième, dans l'esprit, la manière du dix-septième (siècle)*, se(i)centesco adj. ◆ n. m. [fraction] diciassettesimo.
dizain [dizɛ̃] m. POÉS. strofa di dieci versi.
dizaine [dizɛn] f. [dix] d(i)ecina. || RELIG. *une dizaine de chapelet*, una posta del rosario. || [environ dix] *une dizaine de jours*, una diecina di giorni, un dieci giorni.
djebel [dʒebɛl] m. (ar.) GÉOGR. gebel.
do [do] m. inv. MUS. do.
docile [dɔsil] adj. docile, arrendevole.
docilité [dɔsilite] f. docilità.

docimasie [dɔsimazi] f. ANTIQ., CHIM., MÉD. docimasia.
dock [dɔk] m. (angl.) MAR. [bassin] dock ; bacino portuale ; scalo, calata f. | *dock flottant*, bacino galleggiante. ‖ [magasins] *les docks*, i magazzini (portuali).
docker [dɔkɛr] m. scaricatore di porto.
docte [dɔkt] adj. dotto.
doctement [dɔktəmɑ̃] adv. dottamente. ‖ IRON. in modo pedante ; saputamente.
docteur [dɔktœr] m. dottore. | *docteur ès lettres, ès sciences*, dottore in lettere, in scienze. | *docteur en droit*, dottore in giurisprudenza. ‖ [médecine] dottore. ‖ FAM. *appeler le docteur*, chiamare il dottore, il medico (L.C.). | *(monsieur) le docteur est arrivé*, è arrivato il (signor) dottore. | *bonjour, (monsieur le) docteur*, buon giorno, (signor) dottore. ‖ RELIG. *docteurs de l'Église, de la loi*, dottori della Chiesa, della legge.
doctoral, e, aux [dɔktɔral, o] adj. dottorale. ‖ PÉJOR. dottorale, dottoresco, cattedratico.
doctorat [dɔktɔra] m. dottorato, laurea f.
doctoresse [dɔktɔrɛs] f. dottoressa.
doctrinaire [dɔktrinɛr] adj. et n. m. dottrinario.
doctrinal, e, aux [dɔktrinal, o] adj. dottrinale.
doctrine [dɔktrin] f. dottrina.
document [dɔkymɑ̃] m. documento. ‖ COMM. documento, bolletta (f.) di spedizione. | *documents comptables*, documenti contabili, pezze (f. pl.) d'appoggio.
documentaire [dɔkymɑ̃tɛr] adj. documentario. | *à titre documentaire*, a titolo documentario. ◆ n. m. CIN. documentario.
documentaliste [dɔkymɑ̃talist] n. documentalista.
documentation [dɔkymɑ̃tasjɔ̃] f. documentazione.
documenter [dɔkymɑ̃te] v. tr. documentare, informare. | *documenter qn sur une ville*, dare informazioni a qlcu., documentare qlcu. su una città. ◆ v. pr. **(sur)** documentarsi, informarsi (su).
dodécaèdre [dɔdekaɛdr] m. dodecaedro.
dodécagone [dɔdekagɔn] m. dodecagono.
dodécaphonique [dɔdekafɔnik] adj. dodecafonico.
dodécaphonisme [dɔdekafɔnism] m. dodecafonia f.
dodécaphoniste [dɔdekafɔnist] n. dodecafonista.
dodécasyllabe [dɔdekasilab] m. dodecasillabo.
dodécasyllabique [dɔdekasilabik] adj. dodecasillabo.
dodeliner [dɔdline] v. intr. *dodeliner de la tête*, tentennare il capo. | *dodeliner du corps*, dondolarsi.
dodo [dodo] m. FAM. [somme] nanna. | *faire dodo*, fare la nanna. | *aller au dodo*, andare a nanna. ‖ [lit] lettino (L.C.).
dodu, e [dɔdy] adj. FAM. grassoccio, paffuto, paffutello, cicciuto.
dogaresse [dɔgarɛs] f. dogaressa.
dogat [dɔga] m. dogato, dogado.
doge [dɔʒ] m. doge.
dogmatique [dɔgmatik] adj. PR. et FIG. dogmatico, dommatico (m. pl. *dogmatici, dommatici*). ◆ n. m. dogmatico, dommatico. ◆ n. f. dogmatica, dommatica.
dogmatiser [dɔgmatize] v. intr. PR. et FIG. dogmatizzare, dommatizzare.
dogmatisme [dɔgmatism] m. PR. et FIG. dogmatismo, dommatismo.
dogme [dɔgm] m. PR. et FIG. dogma, domma.
dogue [dɔg] m. ZOOL. mastino. ‖ FIG. cerbero. | *être d'une humeur de dogue*, esser d'umore nero ; esser nero (fam.).
doigt [dwa] m. [d'homme] dito (pl. *diti* m. ou *dita* f.). | *doigt de pied*, dito del piede. | *bout du doigt*, punta del dito. | *le petit doigt*, il mignolo. | *montrer qn du doigt* : additare qlcu. (pr.) ; mostrare a dito qlcu. (pr. et fig.). ‖ FIG. *mettre le doigt sur la plaie*, mettere il dito sulla piaga. | *mettre le doigt dessus*, colpire nel segno ; azzeccarci, azzeccarla. | *donner sur les doigts à qn*, dare una tirata d'orecchi, una lavatina di capo a qlcu. | *glisser entre les doigts*, sgusciare, guizzare, scivolare di mano. | *être habile de ses doigts*, essere svelto di mano, avere le dita d'oro. | *ne savoir rien faire de ses dix doigts*, non sapere far nulla di nulla. | *jusqu'au bout des doigts*, fino alla radice dei capelli. | *toucher le but du doigt* = raggiungere quasi lo scopo. | *se brûler les doigts*, rimanere scottato. ‖ FAM. *savoir sur le bout du doigt*, sapere a menadito, sapere sulla punta delle dita. | *se mettre, se fourrer le doigt dans l'œil*, prendere un granchio. | *obéir au doigt et à l'œil*, obbedire a bacchetta. | *ne pas remuer le petit doigt pour aider qn*, non muovere un dito per aiutare qlcu. | *avoir les doigts crochus*, avere le unghie lunghe. | *être comme les deux doigts de la main*, essere come pane e cacio, come carne e unghia. | *c'est mon petit doigt qui me l'a dit*, me l'ha detto l'uccellino. ‖ [d'un animal] dito. ‖ [de gant] dito. ‖ [mesure] *deux doigts de vin*, due dita di vino. ‖ FIG. *faire un doigt de cour à une jeune fille*, fare un pizzico di corte a una ragazza. | *à deux doigts de*, a un pelo da. ‖ TECHN. nottolino.
doigté [dwate] m. MUS. [annotation] diteggiatura f., digitazione f. ‖ [art] *le doigté d'un pianiste*, il tocco di un pianista. ‖ [adresse] destrezza f. ‖ FIG. *avoir du doigté*, aver tatto, diplomazia.
doigter [dwate] v. intr. MUS. diteggiare. ◆ v. tr. scrivere la diteggiatura su.
doigtier [dwatje] m. ditale ; dito di gomma.
doit [dwa] m. COMM. dare. | *doit et avoir*, dare e avere.
dol [dɔl] m. JUR. dolo.
doléances [dɔleɑ̃s] f. pl. lagnanze, lamentele, rimostranze. ‖ HIST. *cahiers de doléances* = memoriali delle lagnanze (degli Stati generali).
dolent, e [dɔlɑ̃, ɑ̃t] adj. [mal à son aise] indisposto. ‖ [plaintif] dolente, lamentoso, flebile ; querulo (littér.).
doler [dɔle] v. tr. TECHN. spianare, sgrossare.
dolichocéphale [dɔlikɔsefal] adj. et n. dolicocefalo.
doline [dɔlin] f. GÉOGR. dolina.
dollar [dɔlar] m. dollaro.
dolman [dɔlmɑ̃] m. dolman inv.
dolmen [dɔlmɛn] m. dolmen inv.
doloire [dɔlwar] f. [de tonnelier] ascia ; [de maçon] marra.
dolomie [dɔlɔmi] f. dolomia.
dolomite [dɔlɔmit] f. dolomite.
dolomitique [dɔlɔmitik] adj. dolomitico.
dolorisme [dɔlɔrism] m. dolorismo.
dolosif, ive [dɔlɔzif, iv] adj. JUR. doloso.
dom [dɔ̃] m. don.
domaine [dɔmɛn] m. [propriété] tenuta f., proprietà f., fondo, dominio. | *du domaine public*, di dominio pubblico (pr. et fig.) ; di pubblico dominio (fig.). | *tomber dans le domaine public*, divenire di dominio pubblico (pr. et fig.). ‖ ADM. [biens] *le domaine de l'État, le Domaine*, il demanio. | *l'Administration des domaines*, il demanio. ‖ JUR. *domaine de la Couronne*, demanio della Corona. ‖ FIG. campo, dominio, ambito, sfera f. | *domaine privé*, settore privato. | *domaine de la science, de la littérature*, campo della scienza, della letteratura. | *ce n'est pas de mon domaine*, non è di mia competenza.
domanial, e, aux [dɔmanjal, o] adj. demaniale.
1. dôme [dom] m. [église] duomo.
2. dôme m. ARCHIT. cupola f. ‖ FIG. *dôme de verdure*, cupola di fogliame. | *le dôme du ciel*, la volta del cielo. ‖ GÉOGR. duomo. ‖ MÉC. duomo.
domestication [dɔmɛstikasjɔ̃] f. addomesticamento m.
domesticité [dɔmɛstisite] f. [état ; personnel] servitù. ‖ [condition des animaux] domesticità.
domestique [dɔmɛstik] adj. domestico. | *soucis domestiques*, preoccupazioni domestiche. | *économie domestique*, economia domestica. ‖ ANTIQ. *les dieux domestiques*, le divinità domestiche, i penati, i lari, i mani. | *animaux domestiques*, animali domestici. ◆ n. [serviteur] domestico, a, servo, a. | *traiter comme un domestique*, trattare come un servo. ◆ m. pl. [personnel] domestici ; persone (f. pl.) di servizio.
domestiquer [dɔmɛstike] v. tr. addomesticare. ‖ FIG. asservire, assoggettare.
domicile [dɔmisil] m. domicilio, dimora f. | *changer de domicile*, cambiare (di) domicilio. ‖ JUR. domicilio.

| *violation de domicile*, violazione di domicilio. | *sans domicile fixe*, senza fissa dimora. | *élire domicile*, eleggere il suo domicilio ; stabilire la sua dimora (L.C.). ◆ loc. adv. ***à domicile***, a domicilio.
domiciliaire [dɔmisiljɛr] adj. domiciliare. | *perquisition, visite domiciliaire*, perquisizione domiciliare.
domiciliataire [dɔmisiljatɛr] m. JUR. domiciliatario.
domiciliation [dɔmisiljasjɔ̃] f. JUR. domiciliazione.
domicilier [dɔmisilje] v. tr. ADM., JUR. domiciliare. | *domicilier un effet*, domiciliare una cambiale. ◆ v. pr. **(à)** domiciliarsi (a), prendere domicilio (a).
dominance [dɔminɑ̃s] f. BIOL. dominanza.
dominant, e [dɔminɑ̃, ɑ̃t] adj. dominante, prevalente. | *idées, opinions dominantes*, idee, opinioni dominanti, prevalenti. | *vents dominants*, venti dominanti. ◆ n. f. MUS. et FIG. dominante. | *la dominante d'un caractère*, l'aspetto precipuo, predominante, saliente di un carattere. | *la dominante d'une œuvre*, l'aspetto saliente, il tema predominante di un'opera.
dominateur, trice [dɔminatœr, tris] adj. et n. dominatore, trice.
domination [dɔminasjɔ̃] f. dominio m., dominazione. | *être sous la domination de qn*, essere sotto il dominio, la dominazione di qlcu. | *domination suprême*, dominio supremo. || [maîtrise] padronanza, dominio. ◆ pl. RELIG. Dominazioni.
dominer [dɔmine] v. intr. [être le maître] dominare, primeggiare. || [prédominer] prevalere, (pre)dominare. | *le vert domine dans ce tableau*, il verde domina, prevale in questo quadro. || [être plus haut] dominare, torreggiare. || SPORT dominare, primeggiare, sovrastare. ◆ v. tr. dominare, padroneggiare, signoreggiare. | *dominer la situation*, dominare la situazione. | *dominer un sujet*, dominare una materia. || [maîtriser] dominare. | *il domine ses passions, sa peur*, domina le sue passioni, la sua paura. || [surplomber] dominare, sovrastare. | *le château domine la plaine*, il castello domina, sovrasta la pianura. || MIL. dominare. ◆ v. pr. dominarsi.
dominicain, e [dɔminikɛ̃, ɛn] adj. et n. RELIG. domenicano. || GÉOGR. dominicano.
dominical, e, aux [dɔminikal, o] adj. [du dimanche] domenicale. | *repos dominical*, riposo domenicale. || [du Seigneur] domenicale. | *oraison, prière dominicale*, orazione, preghiera domenicale.
dominion [dɔminjɔn] m. POLIT. dominion (angl.).
domino [dɔmino] m. JEU domino inv. | *jouer aux dominos*, giocare a domino. || [costume de bal] domino inv.
dommage [dɔmaʒ] m. [dégât, préjudice] danno. | *causer du dommage*, causare, recare danno. | *dommages de guerre*, danni di guerra. | *sans dommage*, senza danni. || JUR. *dommages et intérêts, dommages-intérêts*, risarcimento dei danni. | *intenter une action en dommages-intérêts*, intentare un'azione in risarcimento di danni. || LOC. *(c'est) dommage !*, (è un) peccato ! | *quel dommage !*, che peccato ! | *dommage que*, peccato che.
dommageable [dɔmaʒabl] adj. dannoso, pregiudizievole.
domptable [dɔ̃tabl] adj. domabile.
domptage [dɔ̃taʒ] m. (il) domare ; domatura f., addomesticamento.
dompter [dɔ̃te] v. tr. domare.
dompteur, euse [dɔ̃tœr, øz] n. domatore, trice.
dompte-venin [dɔ̃təvnɛ̃] m. inv. BOT. vincetossico m.
1. don [dɔ̃] m. dono, regalo. | *faire don de*, donare, offrire in dono ; far dono di. || FIG. [aptitude] dono, attitudine f., dote f. | *avoir le don de la parole*, avere il dono della parola. | *avoir le don de la musique*, avere attitudine alla musica. | *une belle voix est un don de la nature*, una bella voce è una dote di natura. | *avoir des dons de conteur*, avere delle buone doti di narratore. || RELIG. *les sept dons du Saint-Esprit*, i sette doni dello Spirito Santo.
2. don m. [titre d'honneur] don.
doña [dɔɲa] f. doña ; [contexte ital.] donna.
donataire [dɔnatɛr] n. JUR. donatario, a.
donateur, trice [dɔnatœr, tris] n. donatore, trice.
donation [dɔnasjɔ̃] f. JUR. donazione.
donatisme [dɔnatism] m. RELIG. donatismo.
donatiste [dɔnatist] m. RELIG. donatista.
donc [dɔ̃(k)] conj. [conclusion] dunque, quindi. || [enchaînement] *ainsi donc*, (così) dunque. || [dans une interrogation] *qu'a-t-il donc à crier ?*, cosa ha mai da gridare ? | *comment donc !*, come mai ! || [renforcement] *mangez donc !*, mangiate pure ! | *taisez-vous donc !*, tacete ! | *dis donc !*, senti ! || [doute] *allons donc !*, macché ! | *pensez donc*, s'immagini, si figuri.
dondon [dɔ̃dɔ̃] f. FAM. cicciona, grassona.
donjon [dɔ̃ʒɔ̃] m. HIST. mastio, maschio, torrione. || MAR. torrione.
don juan [dɔ̃ʒyɑ̃] m. dongiovanni.
donnant, e [dɔnɑ̃, ɑ̃t] adj. VX generoso (L.C.). || LOC. *donnant donnant*, niente per niente ; do ut des (lat.).
donne [dɔn] f. [au jeu] distribuzione. | *fausse donne*, errata distribuzione.
donné [dɔne] m. PSYCH. dato.
donnée [dɔne] f. dato m. || [d'un ouvrage] argomento m., tema m. || MATH. dato.
donner [dɔne] v. tr.

I. OFFRIR : dare, regalare, donare.
II. REMETTRE : dare, consegnare, distribuire.
III. ATTRIBUER : dare, conferire, assegnare, concedere, accordare.
IV. COMMUNIQUER : dare, comunicare, trasmettere.
V. CONSACRER : dedicare, consacrare, sacrificare.
VI. CAUSER : dare, arrecare, provocare.
VII. ÉMETTRE : dare, emettere.
VIII. PRODUIRE : dare, rendere, fruttare, produrre.
IX. AVEC PRÉP. : ***à ; de ; en ; pour.*** || loc. prép. || loc. conj. ◆ v. intr. ◆ v. pr.

I. OFFRIR : dare, regalare, donare. | *donner un livre à qn*, dare, regalare un libro a qlcu. | *donner de l'air*, dar aria ; aerare, arieggiare. | *donner sa démission*, dare le dimissioni ; dimettersi v. pr. || FIG. *donner carte blanche à qn*, dare carta bianca a qlcu. || [confier] dare, affidare. | *donner sa parole, sa confiance*, dare la propria parola, la propria fiducia. || [céder] cedere. | *donner le passage, sa place à une dame*, cedere il passo, il posto a una signora. || [vendre bon marché] *c'est donné*, è regalato. || LOC. *donner le sein à un enfant*, dare il latte a, allattare un bambino. | *donner le bonjour à*, salutare. | *donner sa bénédiction*, dare la benedizione. | *donner libre cours à*, dare libero corso, sfogo a.
II. REMETTRE : dare, consegnare, distribuire. | *donner son billet, ses bagages à enregistrer*, consegnare il biglietto, i bagagli per la spedizione. | *donner une lettre au facteur*, consegnare una lettera al postino. | *donner son parapluie au vestiaire*, lasciare l'ombrello in guardaroba. | *donner la main à qn*, dare, porgere la mano a qlcu. ; [épouser] dare la mano a qlcu. | *donner un coup de main*, dare una mano. | *ici on donne les tickets*, qui si danno, si distribuiscono i biglietti. || JEU *donner les cartes*, distribuire le carte. | *c'est à toi de donner*, tocca a te distribuire le carte. || [dénoncer] *donner un complice*, denunciare un complice. || [administrer] *donner un médicament, l'extrême-onction*, dare, somministrare una medicina, l'estrema unzione. || [payer] *combien as-tu donné pour ce chapeau ?*, quanto hai dato, pagato per questo cappello ?
III. ATTRIBUER : dare, conferire, assegnare, concedere, accordare. | *donner une récompense*, dare una ricompensa. | *donner un prix, un titre*, conferire un premio, un titolo. | *donner une décoration*, concedere un'onorificenza. | *donner un devoir à un élève*, assegnare un compito a un alunno. || LOC. *il n'est pas donné à tout le monde de*, non è dato, concesso a tutti di. || FIG. *donner vingt ans à qn*, dare a uno vent'anni. | *on ne lui donne pas son âge*, non dimostra la sua età. || COMM. *donner son aval à un effet*, avallare una cambiale. | *donner au plus offrant*, aggiudicare al

miglior offerente. ‖ JUR. *donner droit à qch.*, dare diritto a qlco. | *donner acte de*, dare atto di.
IV. COMMUNIQUER : dare, comunicare, trasmettere. | *donner l'heure*, dir l'ora. | *donner des précisions*, dare delle precisazioni. | *donner des cours intéressants*, tenere lezioni interessanti. | *donner l'ordre de*, dare, impartire l'ordine di. | *donner un jour pour un rendez-vous*, fissare, stabilire un giorno per un appuntamento. | *à une heure donnée*, a una data ora. | *donner communication de qch.*, comunicare qlco. | *donner connaissance*, dar comunicazione. | *donner lecture*, dare lettura. | *donner une maladie*, passare una malattia. | *donner congé à qn*, dar commiato a uno; congedare, licenziare uno. ‖ JUR. *donner congé à un locataire*, dare la disdetta a un inquilino.
V. CONSACRER : dedicare, consacrare, sacrificare. | *donner son temps aux études*, dedicare il proprio tempo allo studio. | *donner sa vie pour la patrie*, dare la vita per la patria.
VI. CAUSER : dare, arrecare, provocare. | *donner faim, soif*, dare, provocare fame, sete. | *donner du souci*, dare delle preoccupazioni. | *donner une grande joie*, arrecare una gran gioia. | *ce travail me donne beaucoup de peine*, questo lavoro mi dà molto da fare. | *donner la mort*, dar la morte. ‖ [enfanter] *donner le jour, la vie à un enfant*, dare alla luce un bambino.
VII. ÉMETTRE : dare, emettere. | *donner un son*, dare, emettere un suono. | *donner de l'ombre*, far ombra. | *donner son avis*, dare il proprio parere.
VIII. PRODUIRE : dare, rendere, fruttare, produrre. | *cet arbre donne beaucoup de pommes*, quest'albero dà, produce molte mele. ‖ FIG. *qu'est-ce que ça va donner?*, che cosa ne verrà fuori? ‖ [publier] *il donne un roman tous les ans*, pubblica un romanzo ogni anno. ‖ [représenter] *ce soir on donne « Iphigénie »*, stasera si dà, si recita « Ifigenia ».
IX. AVEC PRÉP. ***à*** **:** *donner une leçon à apprendre*, dare, assegnare una lezione da imparare. | *donner à réfléchir*, dar da pensare. | *donner à rire*, provocare il riso. | *donner à manger, à boire*, dar da mangiare, da bere. | *donner à entendre*, far intendere. ‖ ***de*** **:** *le Ciel m'a donné de supporter cette infortune*, il Cielo mi ha concesso di sopportare questa disgrazia. ‖ ***en*** **:** *donner en mariage*, dare in matrimonio. | *donner en partage*, ripartire, spartire. | *donner en échange*, dare in cambio. | *je te le donne en cent, en mille!*, chi l'indovina è bravo!; indovinala, grillo! ‖ ***pour*** **:** *donner qch. pour certain*, dare una cosa per certa.
◆ loc. prép. inv. ***étant donné,*** dato, i, a, e.
◆ loc. conj. ***étant donné que,*** dato che.
◆ v. intr. **1.** [produire] *le blé a peu donné*, la raccolta del grano è stata scarsa. ‖ **2.** [heurter] *donner de la tête contre un arbre*, (s)battere la testa contro un albero. ‖ FAM. *ne pas savoir où donner de la tête*, non sapere dove battere la testa. ‖ FIG. *le soleil donne dans la pièce*, il sole batte nella stanza. ‖ **3.** [tomber] PR. et FIG. *donner dans un piège, dans le panneau*, cadere in trappola. | *donner dans le vice*, abbandonarsi al vizio. ‖ **4.** [entrer en action] intervenire. | *la troupe a donné contre la foule*, la truppa è intervenuta contro la folla. | *faire donner les blindés*, fare intervenire i mezzi corazzati. | *le chien donne de la voix*, il cane abbaia. ‖ TECHN. *faire donner les machines*, mettere in moto le macchine. ‖ **5.** [être situé] *donner à, sur*, dare su; guardare a, su. | *cette fenêtre donne au nord*, questa finestra guarda a settentrione. | *les pièces donnent sur le jardin*, le stanze danno, riescono sul giardino. ‖ **6.** TEXT. *cette toile donne à l'usage*, questa tela cede, si allenta con l'uso.
◆ v. pr. **1.** [s'adonner] darsi. | *se donner corps et âme*, darsi anima e corpo. ‖ **2.** [se faire passer] *il se donna pour son frère*, si spacciò per suo fratello. ‖ **3.** [s'attribuer] *se donner un compagnon*, scegliersi un compagno. | *se donner du mouvement*, darsi da fare, agitarsi. | *se donner la mort*, darsi la morte. | *se donner du bon temps*, darsi bel tempo; spassarsela. | *donne-toi la peine de t'asseoir*, prego, siediti. | *s'en donner à cœur joie*, godersela un mondo. | *se donner de la peine*, darsi da fare. ‖ **4.** [sens récipr.] *se donner la main, le bras*, darsi la mano, il braccio. ‖ **5.** [sens pass.] MÉD. *cette maladie se donne*, questa malattia si attacca. ‖ **6.** THÉÂTRE *cette pièce se donne samedi*, questa commedia si dà, si rappresenta, si recita sabato.

donneur, euse [dɔnœr, øz] n. PÉJOR. *donneur d'avis, de conseils*, consigliatore, trice (rare); mettibocca n. inv. ‖ POP. denunziatore, trice (L.C.). ‖ JEU [cartes] mazziere m. ‖ COMM. *donneur d'aval*, avallante. | *donneur d'ordre*, mandante; datore di un ordine. ‖ MÉD. *donneur de sang*, donatore, datore di sangue. | *donneuse de sang*, donatrice, datrice (rare) di sangue. | *donneur universel*, donatore universale.

don quichotte [dɔ̃kiʃɔt] m. donchisciotte.

donquichottisme [dɔ̃kiʃɔtism] m. donchisciottismo.

dont [dɔ̃] pron. rel. **1.** [compl. de n.] *l'homme dont je vois le costume bleu*, l'uomo di cui, del quale vedo l'abito blu. | *cette jeune fille dont la mère vante la vertu*, questa ragazza di cui, della quale la madre vanta la virtù. ‖ [rel. suivi d'un subst. dont il est compl.] *cette jeune fille dont la mère est morte*, questa ragazza la cui madre è morta. ‖ **2.** [compl. de verbe ou d'adj.] *la femme dont nous parlons*, la donna di cui, della quale parliamo. | *l'enfant dont tu es satisfait*, il bambino di cui, del quale sei soddisfatto. ‖ **3.** [partitif] *il y avait beaucoup de livres dont le mien*, c'erano molti libri tra i quali il mio. ‖ **4.** [compl. circonstanciel] (agent) *il se retourna vers celui dont il se croyait méprisé*, si voltò verso quello da cui, quello dal quale si credeva disprezzato. ‖ [cause] *la maladie dont il est mort se soigne facilement*, la malattia di cui, della quale è morto si cura facilmente. ‖ [provenance] *la famille dont il descend est noble*, la famiglia da cui, dalla quale discende è nobile. ‖ [moyen] *il prit une pierre dont il le frappa*, prese un sasso con cui, col quale lo colpì. ‖ [manière] *la façon dont il s'exprime est vulgaire*, il modo in cui, nel quale si esprime è volgare. ‖ **5.** LOC. *ce dont il s'agit*, ciò di cui si tratta.

donzelle [dɔ̃zɛl] f. FAM. = donna, ragazza pretensiosa; donna, ragazza di facili costumi. ‖ HIST. donzella.

dopage [dɔpaʒ] ou **doping** [dɔpiŋ] m. drogatura f.; doping (angl.).

doper [dɔpe] v. tr. drogare. ◆ v. pr. drogarsi.

dorade f. V. DAURADE.

dorage [dɔraʒ] m. (in)doratura f.

doré, e [dɔre] adj. dorato. | *argent doré*, argento dorato. | *boutons dorés*, bottoni dorati. | *livre doré sur tranche*, libro con taglio dorato. ‖ [couleur] *fruit doré*, frutto dorato. | *cheveux dorés*, capelli dorati. | *les sommets dorés des montagnes*, le cime indorate dei monti. ‖ ZOOL. *faisan doré*, fagiano dorato. ‖ PÉJOR. *jeunesse dorée*, jeunesse dorée (fr.). ◆ n. m. [dorure] (in)doratura f.

dorénavant [dɔrenavɑ̃] adv. d'ora in poi, d'ora innanzi, d'ora in avanti.

dorer [dɔre] v. tr. PR. dorare; indorare (rare). | *dorer un cadre*, dorare una cornice. ‖ LITTÉR. *le soleil dore le sommet des monts*, il sole indora le cime dei monti. ‖ LOC. FIG. *dorer la pilule*, indorare la pillola. ‖ CULIN. indorare, rosolare. ◆ v. intr. CULIN. *le rôti, le gâteau dore dans le four*, l'arrosto, il dolce si sta rosolando nel forno. ◆ v. pr. *se dorer au soleil*, indorarsi al sole.

doreur, euse [dɔrœr, øz] n. (in)doratore, trice.

dorien, enne [dɔrjɛ̃, ɛn] adj. dorico. ◆ n. m. LING. dialetto dorico.

dorique [dɔrik] adj. ARCHIT. dorico (m. pl. *dorici*).

dorloter [dɔrlɔte] v. tr. FAM. coccolare. ◆ v. pr. coccolarsi, crogiolarsi.

dormant, e [dɔrmɑ̃, ɑ̃t] adj. dormiente. | *une eau dormante*, un'acqua stagnante. | *la Belle au bois dormant*, V. BEAU. ‖ MAR. *manœuvres dormantes*, manovre dormienti. ‖ TECHN. *châssis dormant*, telaio fisso. ‖ [pêche] *filet dormant, ligne dormante*, rete, lenza dormiente. ◆ n. m. RELIG. *les sept dormants d'Éphèse*, i sette dormienti di Efeso. ‖ TECHN. telaio fisso.

dormeur, euse [dɔrmœr, øz] n. dormiglione, a. ◆ n. m. ZOOL. granciporro. ◆ n. f. [boucle d'oreille] buccola a perno. ‖ [divan] dormeuse (fr.).

dormir [dɔrmir] v. intr. dormire. | *il dort à poings fermés*, dorme della grossa. | *il dormait comme un loir*, dormiva come un ghiro. | *dormir son content*, dormire a sazietà. | *il dort les yeux ouverts*, dorme ad occhi aperti. | *il ne dort que d'un œil*, dorme con un occhio solo. | *dormir du sommeil du juste*, dormire il sonno del giusto. | *dormir par terre*, dormire per terra. | *dormir à la belle étoile*, dormire all'aperto, all'addiaccio. | *dormir debout*, dormire in piedi, cascare dal sonno. || FIG. *la campagne dort sous la neige*, la campagna dorme sotto la neve. | *eau qui dort*, acqua che stagna. | *laisser dormir un dossier*, mettere a dormire una pratica, trascurare una pratica. || LOC. *dormir sur ses deux oreilles*, dormire fra due guanciali. | *dormir son dernier sommeil*, dormire l'ultimo sonno. | *méfiez-vous de l'eau qui dort*, attenzione all'acqua cheta. | *histoire à dormir debout*, storia strampalata, inverosimile, che non sta né in cielo né in terra. || COMM. *laisser dormir un capital*, lasciare inattivo un capitale.

dormitif, ive [dɔrmitif, iv] adj. et n. m. MÉD. sonnifero.

dorsal, e, aux [dɔrsal, o] adj. et n. f. dorsale.

dortoir [dɔrtwar] m. dormitorio, camerata f.

dorure [dɔryr] f. (in)doratura.

doryphore [dɔrifɔr] m. ZOOL. dorifora f.

dos [do] m. [homme ; animal] dorso, spalle f. pl., schiena f. | *dormir, tomber sur le dos*, dormire, cadere supino. | *tourner le dos à qn*, voltare le spalle a qlcu. | *à dos d'homme*, a spalla (d'uomo). | *à dos de mulet*, a dorso, a schiena di mulo. | *sac au dos !*, zaino in spalla ! | *faire le gros dos* [chat], fare la gobba, inarcare la schiena. || [partie supérieure, postérieure ; revers] dorso, tergo, rovescio. | *dos d'un couteau, de la main, d'un livre*, dorso di un coltello, della mano, di un libro. | *dos d'une reliure*, costola (f.) della rilegatura. | *dos d'une lettre*, rovescio, tergo di una lettera. | *dos d'un chèque*, rovescio di un assegno. | *dos d'une chaise*, spalliera (f.) di una sedia. | *voir au dos*, vedi a tergo, vedi retro. | *route, pont en dos d'âne*, strada, ponte a schiena d'asino. || FIG., FAM. *avoir bon dos*, avere le spalle grosse. | *en avoir plein le dos*, V. PLEIN. || LOC. *se mettre tout le monde à dos*, inimicarsi tutti. | *ça me fait froid dans le dos*, mi fa venire i brividi addosso, nella schiena. | *il m'a tiré dans le dos*, mi ha sparato alle spalle (pr.) ; mi ha giocato un tiro mancino (fig.). | *passer la main dans le dos de qn*, lisciare qlcu. | *avoir les mains liées derrière le dos*, aver le mani legate dietro la schiena. | *il l'a fait derrière mon dos*, me l'ha fatta dietro le spalle. | *dos à dos* (pr.), schiena contro schiena. | *renvoyer dos à dos* (fig.), non dar ragione a nessuno dei due. | *tomber sur le dos de qn*, piombare addosso a qlcu. | *mettre la faute sur le dos de qn*, riversare la colpa su qlcu. | *avoir qn sur le dos*, avere qlcu. sulle spalle ; sciropparsi, giulebbarsi, sorbire qlcu. (fam.). | *n'avoir rien à se mettre sur le dos*, non aver niente da mettersi addosso.

dosage [dozaʒ] m. dosatura f. ; dosaggio (gall.).

dos-d'âne [dodɑn] m. inv. dosso m.

dose [doz] f. dose. | *à forte dose*, a grandi dosi. | *doubler la dose*, raddoppiare la dose.

doser [doze] v. tr. PR. et FIG. dosare.

doseur [dozœr] m. dosatore.

dossard [dɔsar] m. numero di gara.

dosse [dɔs] f. [planche] sciavero m. || [étai] asse di sostegno.

dosseret [dɔsrɛ] m. ARCHIT. piedritto.

dossier [dosje] m. [d'un siège] spalliera f., schienale. || ADM. pratica f., incartamento, incarto, fascicolo ; dossier (fr.). | *constituer un dossier*, aprire una pratica, fare le pratiche. | *joindre au dossier*, allegare alla pratica, all'incartamento. | *consulter le dossier*, consultare la pratica. || [chemise, carton] cartella f.

dossière [dosjɛr] f. [harnais] portastanghe m. inv. || [armure] schiena (della corazza).

dot [dɔt] f. dote.

dotal, e, aux [dɔtal, o] adj. dotale.

dotation [dɔtasjɔ̃] f. dotazione.

doter [dɔte] v. tr. PR. et FIG. dotare.

douaire [dwɛr] m. dovario ; vedovile (rare).

douairière [dwɛrjɛr] f. PR. = titolare di un dovario. | *la reine douairière*, la regina madre. || [femme âgée de la haute société] = signora anziana dell'alta società.

douane [dwan] f. dogana. | *à la douane*, in dogana. | *déclaration en douane*, dichiarazione doganale. || [droit] dogana. | *soumis à la douane*, sottoposto a dogana.

douanier, ère [dwanje, ɛr] adj. doganale. | *tarif douanier, union douanière*, tariffa, unione doganale. ◆ n. m. doganiere ; guardia (f.) di finanza, finanziere.

doublage [dublaʒ] m. [action ; résultat] raddoppiamento. || CIN. doppiaggio. || MAR. doppiatura f. || TECHN. [métal] placcatura f. || TEXT. addoppiatura f. || THÉÂTRE sostituzione f.

double [dubl] adj. [multiplié par deux ; répété deux fois] doppio ; [formé de deux choses] duplice. | *double fenêtre*, doppia finestra. | *double menton*, doppio mento ; pappagorgia f. | *doubles rideaux*, tenda f. | *faire un double nœud*, fare un doppio nodo. | *coup double*, coppiola f., doppietta f. | *à double fond, paroi, face*, a doppio fondo, a doppia parete, a doppia faccia. | *route à double voie*, strada a carreggiata doppia. | *à double sens*, a doppio senso. | *ce problème présente une double difficulté*, questo problema presenta una duplice difficoltà. | *mot à double entente*, parola a duplice interpretazione. | *en double exemplaire*, in doppia, in duplice copia. || BOT. *fleurs doubles*, fiori doppi. || COMM. *comptabilité en partie double*, contabilità a partita doppia. || MUS. *double croche*, semicroma f. || LOC. *faire coup double*, fare un viaggio e due servizi, prendere due piccioni con una fava. | *faire double emploi*, servire a due usi. | *fermer à double tour*, chiudere a doppia mandata, a doppio giro. | *jouer un double jeu*, fare il doppio gioco. | *agent double* = agente segreto che fa il doppio gioco. | *double vue*, seconda vista. | *mener une vie double*, fare due vite. ◆ n. m. doppio. | *il a payé le double*, ha pagato il doppio. | *avoir le double de l'âge de qn*, avere il doppio dell'età di qlcu. || [copie] doppione, duplicato, copia f. || [sosie] *c'est mon double*, è un altro me stesso, è il mio alter ego. || JEU [domino] *double-as*, doppio asso. | *double-six*, doppio sei. || SPORT *double messieurs, dames, mixte*, doppio maschile, femminile, misto. ◆ adv. *voir double*, vedere doppio. ◆ loc. adv. **en double** : *faire en double*, fare, eseguire in duplice copia. | *clef en double*, chiave di ricambio.

1. doublé [duble] m. TECHN. metallo placcato. || [coup double] doppietta f., coppiola f. ; [billard] raddoppio. || FIN. opzione (f.) del doppio.

2. doublé, e adj. *c'est un musicien doublé d'un poète*, oltre a essere un musicista è anche un poeta.

doubleau [dublo] adj. *arc doubleau* = arco trasversale di rinforzo.

doublement [dubləmɑ̃] m. raddoppiamento.

doubler [duble] v. tr. [porter au double] raddoppiare. || [mettre en double] *il a doublé la feuille de papier*, ha piegato in due il foglio di carta. | *doubler une corde, un fil*, addoppiare una corda, un filo. || [dépasser] *doubler une automobile*, sorpassare un'automobile. | *doubler le cap*, doppiare il capo. | *doubler le poteau*, passare il traguardo. || FIG. *doubler le cap de la quarantaine*, superare la quarantina. || [vêtement] foderare. || CIN. *doubler un film*, doppiare un film. || MIL. raddoppiare. || THÉÂTRE *doubler un acteur*, sostituire un attore. || TECHN. placcare. || LOC. *doubler le pas*, raddoppiare il passo. | *doubler une classe*, ripetere una classe. ◆ v. intr. [devenir double] raddoppiare. | *la population a doublé*, la popolazione è raddoppiata. | *les prix doublent*, i prezzi raddoppiano.

doublet [dublɛ] m. GRAMM. doppione, allotropo.

1. doublon [dublɔ̃] m. [monnaie] doblone.

2. doublon m. TYP. duplicato.

doublure [dublyr] f. [vêtement] fodera. || CIN. controfigura. || FIN. opzione del doppio. || THÉÂTRE doppio m.

douce adj. et n. f. V. DOUX.

douce-amère [dusamɛr] f. BOT. dulcamara.

douceâtre [dusɑtr] adj. dolciastro, dolcigno. || FIG. dolciastro, sdolcinato.

doucement [dusmɑ̃] adv. [agréablement] dolcemente,

con dolcezza. ‖ [à voix basse ; sans bruit] piano, sottovoce. | *frapper doucement*, picchiare piano. | *parler doucement*, parlare piano, sottovoce. ‖ [lentement] piano, adagio. | *conduire doucement*, guidare adagio. ‖ [avec bonté] *parler doucement à un enfant*, parlare con dolcezza a un bambino. ‖ PÉJOR. [médiocrement] *les affaires vont doucement*, gli affari vanno a rilento. ◆ interj. piano ! | *tout doucement !*, piano piano !

doucereux, euse [dusrø, øz] adj. dolciastro. ‖ FIG. dolciastro, sdolcinato, mellifluo, melato. | *paroles doucereuses*, parole melliflue, melate. ◆ n. f. *faire la doucereuse*, fare la sdolcinata.

doucet, ette [dusɛ, ɛt] adj. mellifluo. ◆ n. f. BOT. dolcetta.

doucettement [dusɛtmɑ̃] adv. FAM. pian pianino.

douceur [dusœr] f. [goût] dolcezza. | *la douceur du miel*, la dolcezza del miele. ‖ [impression agréable] *douceur de la peau*, morbidezza, dolcezza della pelle. | *douceur du climat*, mitezza, dolcezza del clima. | *douceur de la voix*, soavità, dolcezza della voce. | *douceur d'une étoffe*, morbidezza di una stoffa. ‖ FIG. dolcezza. | *avec douceur*, con dolcezza. | *prendre par la douceur*, prendere con le buone. | *en douceur*, con cautela. | *la douceur de vivre*, la dolcezza del vivere. ◆ pl. [sucreries] dolciume m., dolci m. pl. ‖ [agréments] *douceurs de la vie*, piaceri, dolcezze della vita. ‖ FIG. *dire des douceurs*, dire parole dolci.

douche [duʃ] f. doccia. ‖ FIG. *douche froide, écossaise*, doccia fredda, scozzese. ‖ FAM. [réprimande] lavata di capo ; strigliata.

doucher [duʃe] v. tr. far la doccia a ; docciare (rare). ‖ FIG. [décevoir] dare una doccia fredda a. ‖ FAM. [réprimander] dare una lavata di capo, una strigliata a. ◆ v. pr. far, prendere la doccia.

doucine [dusin] f. ARCHIT. gola.

doucir [dusir] v. tr. levigare.

doué, e [dwe] adj. dotato. | *être doué pour*, avere disposizione, attitudine per ; avere il dono di ; essere dotato per.

douer [dwe] v. tr. **(de)** dotare (di).

douille [duj] f. TECHN. manicotto m. ‖ [cartouche] bossolo m. ‖ ÉLECTR. portalampada m. inv.

douillet, ette [dujɛ, ɛt] adj. [doux] morbido, soffice. ‖ [trop sensible] ipersensibile ; molto delicato. ◆ n. ipersensibile ; persona troppo delicata. ◆ n. f. [manteau d'enfant] paltoncino ovattato ; [de prêtre] zimarra.

douleur [dulœr] f. [physique et morale] dolore m. ; doglia (littér.). | *causer de la douleur*, recare dolore. | *crier de douleur*, gridare di, dal dolore. | *les douleurs (de l'accouchement)*, le doglie, i dolori (del parto).

douloureux, euse [dulurø, øz] adj. [physiquement] doloroso. ‖ [endolori] dolente. ‖ [moralement] doloroso, addolorato. ◆ n. f. FAM. [facture] conto m. (L.C.).

doute [dut] m. [incertitude] dubbio. | *mettre en doute*, mettere in dubbio. | *être hors de doute*, essere fuor di dubbio. | *nul doute, il n'y a pas de doute*, non c'è dubbio. ‖ [soupçon] dubbio, sospetto. | *avoir des doutes sur qn*, aver dei dubbi su qlcu. | *j'ai des doutes là-dessus*, ho i miei dubbi in proposito. ◆ loc. adv. ***sans aucun doute***, senza (nessun) dubbio ; indubbiamente ; fuori d'ogni dubbio. ‖ ***sans doute***, forse, probabilmente. ‖ [restriction] *sans doute cet élève est bavard, mais il faut le supporter*, certo quest'alunno è chiacchierone, ma bisogna sopportarlo.

douter [dute] v. tr. ind. **(de)** dubitare (di). | *douter d'un ami, de qch.*, dubitare di un amico, di qlco. | *n'en doutez pas*, non dubiti. | *à n'en pas douter*, senza possibilità di dubbio. ‖ FIG. *il ne doute de rien*, è sicuro di sé ; ha una bella faccia tosta (péjor.). ◆ v. tr. *je doute qu'il soit sérieux*, dubito che sia serio. ◆ v. pr. **(de)** sospettare v. tr. | *il ne s'en doute guère*, non lo sospetta neppure, non ha il minimo sospetto. | *il se doute de qlch.*, sospetta qlco. | *je me doute que c'est difficile*, sospetto che sia difficile. | *je m'en doutais*, lo sapevo.

douteux, euse [dutø, øz] adj. [incertain] dubbio, dubbioso, incerto. | *issue douteuse*, esito dubbio. ‖ *clarté douteuse*, luce incerta. | *temps douteux*, tempo incerto. ‖ FIG. [équivoque] *mœurs douteuses*, costumi dubbi, equivoci.

1. douve [duv] f. [fossé] fossato m. ; [steeple-chase] fossato, riviera. ‖ [planche courbe] doga.

2. douve f. ZOOL. distoma m., fasciola epatica.

doux [du], **douce** [dus] adj. [goût] dolce. | *vin doux*, mosto m. | *piment doux*, peperone m. | *eau douce*, acqua dolce. | *poisson d'eau douce*, pesce di acqua dolce. | *marin d'eau douce*, v. MARIN. ‖ [toucher] morbido, soffice. | *matelas doux*, materasso morbido, soffice. | *peau, étoffe douce*, pelle, stoffa morbida. ‖ MÉTÉOR. *temps, climat, hiver doux*, tempo, clima, inverno mite, dolce, clemente. | *il fait doux*, fa un tempo mite. ‖ [vue] *lumière douce*, luce tenue, morbida. ‖ [ouïe] *voix, musique douce*, voce, musica dolce, soave. ‖ [odorat] *doux parfum*, profumo dolce, soave. ‖ LING. *consonne douce*, consonante tenue. | *esprit doux*, spirito lene. ‖ FIG. *caractère doux*, carattere dolce, mite, mansueto. | *pente douce*, dolce, lieve pendio. | *avoir la vie douce*, aver la vita facile. | *prix doux*, prezzo di favore. | *douce folie, manie*, pazzia, mania innocua. | *doux regard*, sguardo amoroso. | *billet doux*, biglietto galante. ‖ FAM. *se la couler douce*, godersela, spassarsela. ‖ LOC. *faire les yeux doux*, far gli occhi dolci, gli occhi di triglia. | *cuire à feu doux*, cuocere a fuoco lento. ‖ TECHN. *fer doux*, ferro dolce. ◆ adv. *filer doux*, rigar diritto. | *tout doux !*, adagio !, piano ! ◆ loc. adv. FAM. ***en douce,*** alla chetichella. ◆ n. persona mite, buona pasta. ◆ n. m. vino dolce. ◆ n. f. FAM. [terme d'affection] *ma douce*, la mia bella, la mia innamorata | *oui, ma douce*, sì, amore mio.

douzain [duzɛ̃] m. POÉS. = lirica (f.) di dodici versi.

douzaine [duzɛn] f. dozzina. | *acheter à la douzaine*, comprare alla dozzina. | *demi-douzaine*, mezza dozzina. ‖ [environ douze] *une douzaine de jours*, una dozzina di giorni, un dodici giorni. | *treize à la douzaine* = tredici per il prezzo di una dozzina. ‖ FAM. *à la douzaine*, a bizzeffe ; in grandissima quantità (L.C.).

douze [duz] adj. num. card. dodici. | *le 12 octobre*, il dodici (di) ottobre. | *douze cents*, milleduecento. | *période de douze ans*, dodicennio m. | *âgé(e) de douze ans*, dodicenne. ◆ adj. num. ord. *Louis XII*, Luigi XII (dodicesimo). | *chapitre douze*, capitolo dodicesimo. ◆ n. m. dodici.

douzième [duzjɛm] adj. num. ord. dodicesimo ; decimo secondo ; duodecimo (rare). ◆ n. m. [fraction] dodicesimo. ‖ FIN. *douzième provisoire* = esercizio finanziario provvisorio di un mese ; dodicesimo provvisorio (gall.).

douzièmement [duzjɛmmɑ̃] adv. in dodicesimo luogo.

doxologie [dɔksɔlɔʒi] f. THÉOL. dossologia.

doyen, enne [dwajɛ̃, ɛn] n. decano m. | *la doyenne des Françaises*, la Francese più anziana. ‖ RELIG. decano. ‖ UNIV. [Italie] preside n. (di Facoltà) ; [autres pays] decano.

doyenné [dwajene] m. RELIG. [dignité] decanato ; [circonscription] = circoscrizione amministrativa del decano. ◆ f. [poire] decana.

drachme [drakm] f. dracma, dramma.

draconien, enne [drakɔnjɛ̃, ɛn] adj. draconiano, drastico.

dragage [dragaʒ] m. dragaggio. | *dragage de mines*, dragaggio di mine.

dragée [draʒe] f. confetto m. ‖ FIG. *tenir la dragée haute à qn*, farla sospirare a qlcu. ‖ [plomb de chasse] pallini m. pl.

dragéifier [draʒeifje] v. tr. confettare.

drageoir [draʒwar] m. confettiera f.

drageon [draʒɔ̃] m. BOT. pollone, rimessiticcio.

dragon [dragɔ̃] m. drago, dragone. ‖ MIL. dragone. ‖ FIG., FAM. dragonessa f., cerbero. ‖ LOC. *c'est un dragon de vertu*, è un mostro di virtù.

dragonnade [dragɔnad] f. HIST. dragonnade (fr.) ; dragonata.

dragonne [dragɔn] f. MIL. dragona.

dragonnier [dragɔnje] m. BOT. dracena f.

drague [drag] f. TECHN. draga. | *drague à godets*, draga a tazze, draga a catena di tazze.
draguer [drage] v. tr. TECHN. dragare. || FIG., POP. agganciare, rimorchiare (fam.).
dragueur [dragœr] m. [personne] draghista. | *dragueur de mines*, dragamine. || FIG., POP. pappagallo.
1. draille [draj] f. [chemin de transhumance] tratturo m. ; trazzera (sicil.).
2. draille f. [cordage] draglia.
drain [drɛ̃] m. AGR. tubo di drenaggio, collettore di scolo. || MÉD. tubo di drenaggio.
drainage [drɛnaʒ] m. drenaggio.
drainer [drene] v. tr. AGR., MÉD. drenare. || FIG. convogliare ; attirare a sé.
draisienne [drɛzjɛn] f. draisina.
draisine [drɛzin] f. carrello m.
dramatique [dramatik] adj. PR. et FIG. drammatico (m. pl. *drammatici*). ◆ n. f. T.V. commedia televisiva.
dramatiser [dramatize] v. tr. PR. et FIG. drammatizzare.
dramaturge [dramatyrʒ] m. drammaturgo.
dramaturgie [dramatyrʒi] f. drammaturgia.
drame [dram] m. THÉÂTRE dramma. | *drame lyrique*, melodramma m. | *drame pastoral*, dramma pastorale. || FIG. [événement] dramma m. || FAM. *il en fait un drame*, ne fa un dramma, una tragedia.
drap [dra] m. [tissu de laine] panno, drappo. | *drap (de lit)*, lenzuolo. | *drap housse*, lenzuolo con angoli. | *la blanchisseuse a lavé beaucoup de draps, un panier de draps*, la lavandaia ha lavato molti lenzuoli, un cesto di lenzuoli. | *une douzaine de draps*, una dozzina di lenzuoli. | *une paire de draps*, un paio di lenzuola. | *changer les draps*, mutare le lenzuola (del letto). | *se fourrer sous les draps*, cacciarsi sotto le lenzuola. | *mettre des draps blancs*, mettere lenzuola di bucato. | *drap mortuaire*, panno mortuario, drappo funebre. || FIG., FAM. *être dans de beaux draps*, trovarsi in un bel pasticcio.
drapé [drape] m. [vêtement, draperie] drappeggio, panneggio. || ART panneggio.
drapeau [drapo] m. bandiera f. | *arborer le drapeau*, inalberare la bandiera. | *drapeaux en berne*, bandiere a mezz'asta. | *drapeau blanc*, bandiera bianca. || FIG. bandiera. ◆ pl. MIL. *être appelé sous les drapeaux*, essere chiamato alle armi. | *être sous les drapeaux*, essere sotto le armi.
draper [drape] v. tr. [couvrir] drappeggiare ; avvolgere in drappeggi. || [disposer en plis] drappeggiare, panneggiare. || ART panneggiare. ◆ v. pr. drappeggiarsi ; avvolgersi in drappeggi. || FIG. *il se drape dans sa dignité*, si ammanta della propria dignità.
draperie [drapri] f. [manufacture] fabbrica di tessuti di lana ; lanificio m. || [objets] tessuti (m. pl.) di lana, drapperia f. | *les draperies d'un baldaquin*, i drappeggi di un baldacchino. || [commerce] commercio (m.) di tessuti di lana ; drapperia. || ART panneggio m., panneggiamento m.
drapier, ère [drapje, ɛr] n. [fabricant] fabbricante di tessuti di lana ; laniere ; drappiere (vx). || [commerçant] negoziante di tessuti di lana.
drastique [drastik] adj. PR. et FIG. drastico.
dravidien, enne [dravidjɛ̃, ɛn] adj. GÉOGR., LING. dravidico.
drelin [drəlɛ̃] onomat. drindrin.
dressage [drɛsaʒ] m. [action de mettre droit] erezione f. || TECHN. [planche] spianatura f., piallatura f. ; [pierre] squadratura f. || [éducation d'un animal] addomesticamento, ammaestramento, addestramento.
dresser [drese] v. tr. [ériger] (d)rizzare, erigere, elevare, innalzare ; metter su. | *dresser un monument, un autel*, erigere, elevare, innalzare un monumento, un altare. | *dresser une tente*, piantare una tenda, metter su una tenda. | *dresser un échafaudage*, erigere, rizzare un'impalcatura. | *dresser un étal*, metter su un banco. || [mettre debout] drizzare. | *il a dressé une échelle contre l'arbre*, ha drizzato una scala contro l'albero. || FIG. *dresser une personne contre une autre*, metter su, aizzare una persona contro un'altra. | *à faire dresser les cheveux sur la tête*, da far rizzare i capelli sulla testa. | *dresser la table*, apparecchiare ; imbandire la mensa (littér.). | *dresser une carte, un plan*, stabilire una carta, una pianta. | *dresser un piège*, tendere una trappola, un tranello. | *dresser ses batteries*, piantare le proprie batterie. || JUR. *dresser un procès-verbal, un contrat, un inventaire*, stendere, redigere un verbale, un contratto, un inventario. || TECHN. *dresser une planche*, piallare un'asse. | *dresser une pierre*, squadrare una pietra. | *dresser au tour*, tornire. || FIG. *dresser l'oreille*, drizzare le orecchie, rizzare gli orecchi. || [rendre soumis un animal] ammaestrare, addestrare, addomesticare. || [instruire une personne] addestrare, ammaestrare, istruire, educare. | *il dressait un apprenti*, addestrava un apprendista. || MIL. addestrare, istruire. || PÉJOR. [mener dur] domare. ◆ v. pr. [se mettre debout] (d)rizzarsi, alzarsi. | *se dresser sur son séant*, drizzarsi a sedere. | *se dresser sur la pointe des pieds*, rizzarsi in punta di piedi. || FIG. [s'opposer] *se dresser contre qn, qlch.*, insorgere contro qlcu., qlco. || [être vertical] sorgere, ergersi. | *montagne qui se dresse à l'horizon*, montagna che sorge, si erge, svetta all'orizzonte. || FIG. *mes cheveux se dressent sur ma tête*, mi si rizzano i capelli sulla testa.
dresseur, euse [drɛsœr, øz] n. ammaestratore, trice ; addestratore, trice.
dressoir [drɛswar] m. credenza f. ; buffet (fr.).
dribble [dribl] m. (angl.) SPORT dribbling (angl.), palleggio.
dribbler [drible] v. intr. SPORT dribblare, palleggiare. ◆ v. tr. scartare, schivare, dribblare, piantare in asso.
drift [drift] m. GÉOL. drift (angl.).
drill [drij] m. ZOOL. drillo.
1. drille [drij] m. *un joyeux drille*, un buontempone.
2. drille f. TECHN. trapano (m.) a mano.
drisse [dris] f. MAR. drizza, sagola.
drive [drajv] m. (angl.) [tennis] colpo diritto.
drogman [drɔgmɑ̃] m. dragomanno, turcimanno.
drogue [drɔg] f. PÉJOR. medicamentuccio m. || [mauvaise boisson] beverone m., intruglio m. || [stupéfiant] droga.
droguer [drɔge] v. tr. [médicament] somministrare troppe medicine a, imbottire di medicine. || [drogue] drogare. ◆ v. pr. [médicament] prendere troppe medicine. || [drogue] drogarsi.
droguerie [drɔgri] f. = commercio (m.), negozio (m.) di prodotti per le manutenzioni domestiche e l'igiene ; mesticheria (tosc.).
droguiste [drɔgist] n. = negoziante di prodotti per le manutenzioni domestiche e l'igiene : mesticatore m. (tosc.).
1. droit [drwa] m. **1.** JUR. diritto. || [science] legge f., giurisprudenza f. | *faculté de droit*, facoltà di legge. | *faire son droit*, studiare, fare legge. | *docteur en droit*, dottore in legge. || **2.** LOC. *par voie de droit*, per vie legali. | *de droit*, di diritto. | *contre le droit*, contro il diritto. | *de droit commun*, di diritto comune. || **3.** FIG. [justice] diritto. | *avoir le (bon) droit pour soi*, avere la legge dalla propria parte. | *conforme au droit*, conforme al diritto. || **4.** [faculté de faire, de disposer, d'exiger] *on n'a pas le droit de bavarder en classe*, non è permesso, non si deve chiacchierare in classe. | *ai-je le droit de sortir ce soir ?*, mi è permesso uscire questa sera ? | *de quel droit ?*, con quale diritto ? | *avoir le droit de*, avere il diritto di. | *avoir un droit sur qn, sur qlch.*, avere un diritto su qlcu., su qlco. | *avoir droit à qlch.*, avere diritto a qlco. | *avoir droit de vie et de mort sur qn*, aver diritto di vita e di morte su qlcu. | *faire valoir ses droits*, rivendicare i propri diritti. | *faire droit à une demande*, far luogo a una domanda. | *cela me revient de droit*, questo mi spetta di diritto. | *s'adresser à qui de droit*, rivolgersi a chi di dovere. | *un ayant droit*, V. AYANT DROIT. | *tous droits réservés*, tutti i diritti riservati. | *droit de cité*, V. CITÉ. || **5.** [taxe] diritto, dazio, tassa f. | *droits d'auteur*, diritti d'autore. | *droit de douane*, tassa, dazio doganale. | *droits d'octroi*, dazi interni. | *droit d'importation*, dazio d'importazione. | *droits d'enregistrement*, diritti di registro. | *droits de mutation*,

tassa di registro sui trasferimenti. | *droits de succession*, imposta di successione. | *exempt de droits*, esente da dazio. ◆ loc. adv. ***à bon droit***, a buon diritto. || ***de plein droit***, con pieno diritto.
2. droit, droite [drwa, drwat] adj. [sans déviation] retto, d(i)ritto. | *ligne droite*, linea retta; [route] rettifilo m. || [vertical] d(i)ritto. | *être, se tenir droit*, essere, stare diritto. | *droit comme un i*, diritto come un fuso. | *le mur est droit*, il muro è dritto. || FIG. [juste] *le droit chemin*, la retta via. | *conscience droite*, coscienza diritta. || [sincère] *cœur droit*, cuore leale. || MATH. retto. | *angle droit*, angolo retto. || SPORT *coup droit*, diritto m. || [opposé à gauche] destro. | *à main droite*, a mano destra. | *sur le côté droit*, sul lato destro. || MIL. *aile droite*, ala destra. || FIG. *être le bras droit de qn*, essere il braccio destro di qlcu. ◆ adv. d(i)ritto. | *tout droit*, diritto diritto; dritto dritto. || FIG. *aller droit au but*, andare d(i)ritto allo scopo. | *aller droit au fait*, andare al sodo. || PR. et FIG. *marcher droit devant soi*, camminare diritto davanti a sé. | *marcher droit*, camminare dritto (pr.); rigare diritto (fig.). ◆ n. m. SPORT [boxe] destro. ◆ n. f. [main droite] destra. || [côté droit] *à ma droite il y a une maison*, alla mia destra c'è una casa. | *prendre, garder, tenir sa droite*, prendere, tenere la destra. || MATH. retta. || POLIT. destra. ◆ loc. adv. ***à droite***, a destra; a dritta (rare). | *à droite et à gauche*, a destra e a sinistra, da tutte le parti, un po' dovunque. || MIL. *à droite droite!*, fianco destr'! || TECHN. *pas de vis à droite*, passo della vite destrorso.
droit-fil [drwafil] m. drittofilo inv.
droitier, ère [drwatje, ɛr] adj. et n. = che, chi usa abitualmente la mano destra. || POLIT. (uomo) di destra; IRON. destrorso, destroide.
droiture [drwatyr] f. FIG. rettitudine, dirittura.
drolatique [drɔlatik] adj. faceto, giocoso, lepido. | *contes drolatiques*, racconti faceti.
drôle [drol] adj. [amusant, spirituel] spassoso, divertente, buffo, faceto. | *ce n'est pas drôle*, non è divertente, non è piacevole; è penoso. | *tu n'es pas drôle ce soir*, come sei noioso stasera. || [bizarre] strano, bizzarro. | *un drôle d'homme*, un uomo strano, bizzarro, curioso. | *c'est un drôle de pistolet*, è un bel tipo, una sagoma. | *cela m'a paru drôle*, mi è parso strano. || FAM. *ça me fait drôle*, mi fa un'impressione strana (L.C.). | *se sentir tout drôle*, sentirsi stranito, sfasato. || FAM. [intensif] *elle a une drôle de patience avec lui*, ha una bella pazienza con lui. | *une drôle de raclée*, un (bel) sacco di botte. || LOC. *la drôle de guerre* = la strana guerra. ◆ n. m. *(mauvais) drôle*, briccone, furfante, mariolo; ragazzo (mérid.).
drôlement [drolmɑ̃] adv. [de manière bizarre] *elle est drôlement habillée*, è vestita in modo strano, è vestita stranamente. || FAM. [très] *il fait drôlement froid*, fa un freddo birbone. | *histoire drôlement intéressante*, racconto terribilmente interessante.
drôlerie [drolri] f. [caractère comique] comicità. | *la drôlerie de la situation*, il lato comico della situazione. || [bouffonnerie] buffonata.
drôlesse [drolɛs] f. PÉJOR. donnaccia, sgualdrina, bagascia.
dromadaire [drɔmadɛr] m. ZOOL. dromedario.
drome [drom] f. MAR. droma, dara.
dromon [drɔmɔ̃] m. MAR., HIST. dromone.
drop-goal [drɔpgol] m. (angl.) SPORT drop; calcio di rimbalzo.
drosera [drɔzera] m. BOT. drosera f.
drosophile [drozɔfil] f. ZOOL. drosofila.
drosse [drɔs] f. MAR. frenello m.
drosser [drɔse] v. tr. MAR. [courant] far derivare; [vent] far scarrocciare. | *le navire fut drossé à la côte*, la nave fu trascinata verso la costa.
dru, e [dry] adj. [serré] fitto, spesso. ◆ adv. *la pluie tombe dru*, la pioggia cade fitta.
drugstore [drœgstɔr] m. drugstore (angl.).
druide [drɥid] m. druido, druida.
druidesse [drɥidɛs] f. druida, druidessa.
druidique [drɥidik] adj. druidico (m. pl. *druidici*).
drupe [dryp] f. BOT. drupa.
dry [draj] adj. et n. m. inv. dry (angl.) adj.
dryade [drijad] f. MYTH. driade.
du art. V. DE I et 2.
dû, due [dy] adj. dovuto, debito. | JUR. *en bonne et due forme*, nella debita forma. ◆ n. m. dovuto. | *exiger son dû*, esigere il dovuto, il debito. | *à chacun son dû*, a ciascuno il suo.
dualisme [dɥalism] m. PR. et FIG. dualismo.
dualiste [dɥalist] n. dualista. ◆ adj. dualistico (m. pl. *dualistici*).
dualité [dɥalite] f. dualità.
dubitatif, ive [dybitatif, iv] adj. dubitativo.
duc [dyk] m. duca. | *duc et pair*, duca e pari. || ZOOL. *grand duc*, gufo reale. | *moyen duc*, gufo comune. | *petit duc*, assiolo.
ducal, e, aux [dykal, o] adj. ducale.
ducat [dyka] m. ducato.
duché [dyʃe] m. ducato. | *duché-pairie*, ducato-paria.
duchesse [dyʃɛs] f. duchessa. || IRON. *faire la duchesse*, darsi arie da gran signora. || AGR. *poire duchesse*, pera duchessa d'Angoulême. || [divan] duchesse (fr.).
ducroire [dykrwar] m. COMM. star del credere.
ductile [dyktil] adj. duttile.
ductilité [dyktilite] f. duttilità.
duègne [dɥɛɲ] f. dama di compagnia, governante. || PÉJOR. megera.
1. duel [dɥɛl] m. duello. | *duel au pistolet*, duello alla pistola. | *provoquer qn en duel*, sfidare qlcu. a duello. | *se battre en duel*, battersi in duello. || FIG. *duel oratoire*, duello oratorio.
2. duel m. GRAMM. duale.
duelliste [dɥelist] m. [qui se bat en duel] duellante; duellatore (rare). || [qui cherche à se battre, bretteur] duellista.
duettiste [dɥetist] n. duettista; chi canta, chi suona in duetto.
duffel-coat ou **duffle-coat** [dœfœlkot] m. montgomery (angl.), mongomeri.
dugon(g) [dygɔ̃(g)] m. ZOOL. dugongo.
duit [dɥi] m. [chaussée] pescaia f. || [lit artificiel] letto artificiale di un fiume.
dulcinée [dylsine] f. FAM., IRON. dulcinea.
dulie [dyli] f. THÉOL. *culte de dulie*, culto di dulia.
dum-dum [dumdum] adj. inv. MIL. *balle dum-dum*, pallottola dum-dum.
dûment [dymɑ̃] adv. debitamente.
dumping [dœ̃-, dœmpiŋ] m. COMM. dumping (angl.).
dune [dyn] f. duna.
dunette [dynɛt] f. MAR. cassero, casseretto.
duo [dɥo] m. MUS. duetto; [couple d'exécutants] duo. || MÉTALL. duo; laminatoio a due cilindri.
duodécimal, e, aux [dɥɔdesimal, o] adj. duodecimale.
duodénal, e, aux [dɥɔdenal, o] adj. ANAT. duodenale.
duodénite [dɥɔdenit] f. MÉD. duodenite.
duodénum [dɥɔdenɔm] m. ANAT. duodeno.
dupe [dyp] f. gonzo m., vittima, zimbello m. | *faire un marché de dupes*, farsi truffare, farsi imbrogliare. | *être la dupe dans une affaire*, rimetterci, far le spese in un affare. | *jeu de dupes*, imbroglio m. ◆ adj. *être dupe*, lasciarsi abbindolare. | *ne crois pas qu'elle soit dupe*, non credere di fargliela (fam.).
duper [dype] v. tr. ingannare, abbindolare, imbrogliare, intrappolare; infinocchiare (fam.). ◆ v. pr. *se duper soi-même*, illudersi.
duperie [dypri] f. inganno m., imbroglio m.
dupeur, euse [dypœr, øz] n. imbroglione, a; ingannatore, trice.
duplex [dyplɛks] m. [logement] alloggio duplex. || TÉLÉCOM. duplex.
duplicata [dyplikata] m. (lat.) duplicato. | *en duplicata*, in duplice copia, in doppia copia.
duplicateur [dyplikatœr] m. duplicatore.
duplication [dyplikasjɔ̃] f. [action de doubler] duplicazione, raddoppiamento m. || [obtention d'un double] duplicazione. || TÉLÉCOM. duplex m.

duplicité [dyplisite] f. doppiezza, ipocrisia ; duplicità (rare).

dur, e [dyr] adj. [ferme] duro. | *dur comme la pierre*, duro come la pietra. | *bois dur*, legno duro. | *devenir dur*, divenire duro. | *œuf dur*, uovo sodo. | *eau, viande dure*, acqua, carne dura. || FIG. *il mange du pain dur*, mangia pane duro. | *col dur*, colletto inamidato, solino duro. | *couleur dure*, colore crudo, violento. || [rude, difficile] duro, difficile. | *hiver dur*, inverno rigido. | *travail dur*, lavoro duro, pesante. | *être dur d'oreille*, *avoir l'oreille dure*, essere duro d'orecchio. | *il est dur à la détente*, è tirato, tirchio nello spendere. | *avoir la tête dure*, aver la testa dura, essere duro di comprendonio. | *dur comme fer*, irremovibile. | *temps durs*, tempi duri, difficili. | *avoir la peau dure*, aver la pelle dura. || FAM. *ce n'est pas dur d'apprendre l'italien*, non è difficile imparare l'italiano. | *c'est dur à faire*, è difficile da fare. || [strict ; cruel] duro. | *loi dure*, legge dura, severa. | *cœur dur*, cuore duro. | *être dur pour qn*, essere duro con qlcu. | *regard dur*, sguardo duro. | *d'une voix dure*, con voce dura. | *il lui rend la vie dure*, gli rende la vita difficile. ◆ adv. *travailler dur*, lavorare sodo ; sgobbare, sfacchinare (fam.). | *frapper, cogner dur*, picchiare sodo. | *il y croit dur comme fer*, ci crede fermamente. ◆ n. m. FAM. *c'est un dur à cuire*, è un osso duro. | *jouer les durs*, fare il bullo, il duro. || ARG. [train] treno (L.C.). || LOC. *une baraque en dur*, una baracca in muratura. ◆ n. f. *ils couchent sur la dure*, dormono per terra. | *élever à la dure*, educare alla spartana. | *il en a vu de dures*, ne ha viste di cotte e di crude.

durabilité [dyrabilite] f. durevolezza : durabilità (rare).

durable [dyrabl] adj. durevole, duraturo ; durabile (rare).

Duralumin [dyralymɛ̃] m. duralluminio.

duramen [dyramɛn] m. BOT. durame.

durant [dyrɑ̃] prép. durante, per. | *durant la guerre*, durante la guerra. | *deux heures durant*, per due ore. | *sa vie durant*, vita natural durante, per tutta la sua vita.

duratif, ive [dyratif, iv] adj. LING. durativo.

durcir [dyrsir] v. tr. PR. et FIG. irrigidire, indurire. | *durcir sa position*, irrigidire il proprio atteggiamento. ◆ v. intr. et v. pr. irrigidirsi, indurirsi.

durcissement [dyrsismɑ̃] m. irrigidimento, indurimento. | *durcissement de la politique d'un pays*, irrigidimento della politica di un paese. || TECHN. [ciment] presa f.

durée [dyre] f. durata. | *de courte durée*, di breve durata. | *de longue durée*, di (lunga) durata. || MUS. [valeur] durata, valore m.

dure-mère [dyrmɛr] f. ANAT. dura madre.

durer [dyre] v. intr. [continuer d'être] durare. | *la pluie a duré trois jours*, la pioggia è durata tre giorni. | *faire durer le plaisir*, prolungare il piacere. | *durer longtemps*, perdurare. | *je crains qu'il ne dure pas longtemps*, temo che viva poco. || [résister] durare. | *cette fleur ne dure pas*, questo fiore non dura. | *ce vêtement m'a duré deux hivers*, questo vestito mi è durato due inverni. || FIG. *le temps me dure*, il tempo mi pare lungo. | *le temps me dure de*, non vedo l'ora di. || LOC. *pourvu que ça dure !* = finché va...

dureté [dyrte] f. [solidité, résistance] durezza. | *dureté d'une teinte*, crudezza di una tinta. | *dureté de la voix*, durezza della voce. | *dureté d'oreille*, durezza d'orecchio. | *dureté de l'hiver*, rigidezza, rigore m., asprezza dell' inverno. || FIG. durezza, asprezza. | *dureté de cœur*, durezza, asprezza del cuore. | *dureté des temps*, difficoltà dei tempi. || VX *dire à qn des duretés*, dire delle parole dure, aspre a qlcu. (L.C.).

durillon [dyrijɔ̃] m. MÉD. durone.

Durit [dyrit] f. AUTOM. = tubo (m.) di circolazione dell'acqua di raffreddamento.

duumvir [dyɔmvir] m. (lat.) HIST. duumviro.

duumvirat [dyɔmvira] m. HIST. duumvirato.

duvet [dyvɛ] m. [plumes] peluria f. || [poils] peluria, lanugine f. || [édredon] piumino. || [sac de couchage] sacco a pelo. || BOT. lanugine, peluria.

duveté, e [dyvte] ou **duveteux, euse** [dyvtø, øz] adj. lanuginoso.

dynamique [dinamik] adj. PR. et FIG. dinamico (m. pl. *dinamici*). ◆ n. f. PHYS. dinamica.

dynamisme [dinamism] m. dinamismo.

dynamitage [dinamitaʒ] m. (il) dinamitare.

dynamite [dinamit] f. dinamite.

dynamiter [dinamite] v. tr. dinamitare ; far saltare con la dinamite.

dynamiteur, euse [dinamitœr, øz] n. dinamitardo m.

dynamo [dinamo] f. dinamo inv.

dynamographe [dinamɔgraf] m. PHYSIOL. dinamografo.

dynamomètre [dinamɔmɛtr] m. PHYS. dinamometro.

dynastie [dinasti] f. dinastia.

dynastique [dinastik] adj. dinastico (m. pl. *dinastici*).

dyne [din] f. PHYS. dina.

dyschromie [diskrɔmi] f. MÉD. discromia.

dyscrasie [diskrazi] f. MÉD. discrasia.

dysenterie [disɑ̃tri] f. MÉD. dissenteria.

dysentérique [disɑ̃terik] adj. et n. dissenterico.

dysfonctionnement [disfɔ̃ksjɔnmɑ̃] m. MÉD. disfunzione f.

dyslexie [dislɛksi] f. MÉD. dislessia.

dyspepsie [dispɛpsi] f. MÉD. dispepsia.

dysphonie [disfɔni] f. MÉD. disfonia.

dyspnée [dispne] f. MÉD. dispnea.

dytique [ditik] m. ZOOL. ditisco.

e [ə] m. e f. ou m. | *e muet, ouvert*, e muta, aperta. | *e fermé*, e chiusa, stretta.

eau [o] f. acqua. | *eau de source*, acqua sorgiva, viva. | *eau de pluie*, acqua piovana. | *eau de puits*, acqua di pozzo. | *eau minérale*, acqua minerale. | *vapeur d'eau*, vapore acqueo. | *cours d'eau*, corso d'acqua. | *jet d'eau*, getto d'acqua ; zampillo. | *flaque d'eau*, pozza, pozzanghera. || [pluie] acqua, pioggia. | *le temps se met à l'eau*, il tempo si mette all'acqua. || [liquide distillé] acqua, spirito m., essenza. | *eau de Cologne*, acqua di Colonia, acqua colonia. | *eau de rose*, acqua di rose. | *eau de mélisse*, spirito, essenza di melissa. || ADM. *Eaux et Forêts*, Corpo forestale (dello Stato). || CHIM. *eau de Javel*, varechina, candeggina. | *eau dure, lourde, régale*, acqua dura, pesante, regia. | *eau oxygénée*, acqua ossigenata. | *eau mère*, acqua madre.

|| GÉOGR. *basses eaux*, magra f. | *hautes eaux*, piena f. || MAR. *eaux territoriales*, acque territoriali. | *faire de l'eau*, far acqua, rifornirsi d'acqua dolce. | *faire eau* (pr. et fig.), far acqua. || MÉD. [liquide amniotique] *perdre les eaux*, perdere le acque. | *eaux thermales*, acque termali. | *aller aux eaux*, andare a fare una cura termale. | *prendre les eaux*, passare le acque. | *ville d'eaux*, città termale. || MINÉR. *diamant d'une belle eau*, diamante d'una bell'acqua. | *de la plus belle eau* (pr. et fig.), della più bell'acqua. || RELIG. *eau bénite*, acqua benedetta ; acquasanta. || *les grandes eaux*, il pieno regime di fontane, di giochi d'acqua. || LOC. FIG. *battre l'eau*, pestar l'acqua nel mortaio. | *donner un coup d'épée dans l'eau*, V. ÉPÉE. | *être au pain et à l'eau*, essere a pane e acqua. | *être comme l'eau et le feu*, essere il diavolo e l'acquasanta. | *être comme un poisson dans l'eau*, trovarsi nel proprio elemento : andare a nozze. | *être comme un poisson hors de l'eau*, essere un pesce fuor d'acqua. | *être dans les eaux de qn*, navigare nella scia di qlcu. | *être (tout) en eau*, essere fradicio di sudore. | *faire venir l'eau à la bouche*, far venire l'acquolina in bocca. | *amener de l'eau à son moulin*, tirar l'acqua al proprio mulino. | *jeter de l'eau sur le feu*, metter acqua sul fuoco. | *se jeter à l'eau*, arrischiarsi, avventurarsi. | *mettre de l'eau dans son vin*, metter acqua nel vino. ; (fig., fam.) moderare le proprie esigenze (L.C.). | *nager entre deux eaux* : (pr.) nuotare fra le due acque, nuotare a mezz'acqua ; (fig.) stare, tenersi fra le due acque ; barcamenarsi. | *se noyer dans un verre d'eau*, affogare in un bicchier d'acqua. | *pêcher en eau trouble*, pescar nel torbido. | *porter de l'eau à la rivière*, portar acqua al mare. | *être le bec dans l'eau*, V. BEC. || PR. et FIG. *revenir sur l'eau*, tornare a galla. | *suer sang et eau*, sudar sangue. | *tomber à l'eau*, andare a monte ; sfumare. || PROV. *l'eau va à la rivière* = non si dona che ai ricchi. | *il n'est pire eau que l'eau qui dort*, acqua cheta rovina i ponti.

eau-de-vie [odvi] f. (pl. **eaux-de-vie**) acquavite. | *eau-de-vie de marc*, grappa. | *eau-de-vie de prune*, prunella.

eau-forte [ofɔrt] f. (pl. **eaux-fortes**) acquaforte (pl. *acqueforti*).

ébahi, e [ebai] adj. strabiliato, trasecolato, stupito, stupefatto.

ébahir [ebair] v. tr. stupire, stupefare, meravigliare. ◆ v. pr. strabiliare, trasecolare v. intr.: stupirsi, meravigliarsi.

ébahissement [ebaismɑ̃] m. stupore, sbalordimento, stupefazione f.

ébarbage [ebarbaʒ] m. AGR. potatura f., tosatura f. || TECHN. sbavatura f. || TYP. raffilatura f, rifilatura f.

ébarber [ebarbe] v. tr. AGR. potare, tosare. || TECHN. sbavare. || TYP. raffilare, rifilare.

ébarbeur [ebarbœr] m. ou **ébarbeuse** [ebarbøz] f. MÉTALL. sbavatrice f.

ébarboir [ebarbwar] m. TECHN. sbavatore.

ébarbure [ebarbyr] f. TECHN. sbavatura. || TYP. raffilatura, rifilatura.

ébats [eba] m. pl. gi(u)ochi, sollazzi, divertimenti. | *prendre ses ébats*, V. ÉBATTRE (S').

ébattre (s') [sebatr] v. pr. sollazzarsi, divertirsi ; folleggiare v. intr.

ébaubi, e [ebobi] adj.FAM. V. ÉBAHI.

ébaubir (s') [sebobir] v. pr. LITTER. V. ÉBAHIR (S') v. pr.

ébauchage [eboʃaʒ] m. sbozzatura f.

ébauche [eboʃ] f. abbozzo m., schizzo m., bozzetto m. | *faire une rapide ébauche*, dare un'abbozzata. || FIG. abbozzo, accenno m. | *ce n'est qu'une mauvaise ébauche*, è un abbozzaticcio.

ébaucher [eboʃe] v. tr. abbozzare, sbozzare. || FIG. abbozzare, accennare.

ébaucheur [eboʃœr] m. sbozzatore.

ébauchoir [eboʃwar] m. scalpello.

ébaudir (s') [sebodir] v. pr. Vx rallegrarsi, divertirsi (L.C.).

ébène [ebɛn] m. BOT. ebano. | *bois d'ébène* : (pr.) legno d'ebano ; [nom donné aux Noirs] avorio nero.

ébénier [ebenje] m. BOT. ebano. | *faux ébénier*, citiso.

ébéniste [ebenist] m. ebanista, stipettaio.

ébénisterie [ebenist(ə)ri] f. ebanisteria.

éberlué, e [ebɛrlɥe] adj. sbalordito, stupito, strabiliato, trasecolato.

éberluer [ebɛrlɥe] v. tr. stupire, sbalordire, stupefare.

éblouir [ebluir] v. tr. PR. abbagliare, abbacinare, abbarbagliare, accecare. || FIG. abbagliare. | *se laisser éblouir par les apparences*, lasciarsi abbagliare, ingannare dalle apparenze. | *une beauté qui éblouit*, una bellezza che abbaglia, una bellezza affascinante. | *ses succès l'ont ébloui*, i successi l'hanno insuperbito.

éblouissant, e [ebluisɑ̃, ɑ̃t] adj. PR. abbagliante, abbacinante, abbarbagliante. || FIG. stupendo, meraviglioso.

éblouissement [ebluismɑ̃] m. PR. abbagliamento, abbarbagliamento, abbacinamento. || [vertige] capogiro, vertigine f. || FIG. abbagliamento, stupore.

ébonite [ebɔnit] f. ebanite.

éborgnage [ebɔrɲaʒ] m. AGR. accecamento, scacchiatura f., spollonatura f.

éborgner [ebɔrɲe] v. tr. levare un occhio a, accecare d'un occhio. || AGR. accecare, scacchiare, spollonare. ◆ v. pr. levarsi un occhio, accecarsi da un occhio.

éboueur [ebwœr] m. netturbino, spazzaturaio.

ébouillanter [ebujɑ̃te] v. tr. sbollentare. || [brûler] scottare, bruciare, ustionare.

éboulement [ebulmɑ̃] m. [chute] franamento, frana f., lavina f. || [matériaux tombés] frana.

ébouler [ebule] v. tr. (rare) far crollare, far franare (L.C.). ◆ v. pr. franare, crollare ; rovinar giù (v. intr.).

éboulis [ebuli] m. frana f., franamento.

ébourgeonner [eburʒɔne] v. tr. AGR. scacchiare, spollonare.

ébouriffant, e [eburifɑ̃, ɑ̃t] adj. FAM. sbalorditivo, stupendo, strabiliante (L.C.).

ébouriffé, e [eburife] adj. arruffato, scapigliato, scarmigliato.

ébouriffer [eburife] v. tr. arruffare, scapigliare, scarmigliare, scompigliare. || FAM. [ahurir] stupire, stupefare, sbalordire, strabiliare, far trasecolare (L.C.).

ébouter [ebute] v. tr. spuntare ; dare una spuntata a.

ébranchage [ebrɑ̃ʃaʒ] ou **ébranchement** [ebrɑ̃ʃmɑ̃] m. AGR. diramatura f.

ébrancher [ebrɑ̃ʃe] v. tr. diramare.

ébranchoir [ebrɑ̃ʃwar] m. roncola f.

ébranlement [ebrɑ̃lmɑ̃] m. scrollo, scrollamento, scossa f., scotimento, dissesto. | *l'ébranlement d'un mur*, lo scotimento di un muro. || FIG. incrinatura f., turbamento, dissesto. || MÉD. perturbazione f., perturbamento. | *l'ébranlement de la santé*, il perturbamento della salute. | *ébranlement nerveux*, perturbazione nervosa.

ébranler [ebrɑ̃le] v. tr. [faire trembler] far tremare. | *le train en passant ébranle les vitres*, il passaggio del treno fa tremare i vetri. || [diminuer la solidité par des secousses] scrollare, scuotere. | *ébranler un arbre*, scrollare un albero. | *les explosions ont ébranlé la maison*, le esplosioni hanno scosso la casa. || [mettre en branle, en mouvement] muovere, smuovere, rimuovere. | *il n'y eut pas moyen d'ébranler l'armoire, le camion*, non ci fu verso di smuovere l'armadio, il camion. || FIG. [affaiblir, compromettre] scuotere, turbare, perturbare, intaccare. | *ébranler la santé*, perturbare, compromettere la salute. | *ébranler l'économie*, dissestare l'economia. | *ébranler le trône*, scuotere il trono. | *ébranler l'autorité de qn*, intaccare, compromettere l'autorità di qlcu. | *ébranler la volonté*, smussare la volontà. | *ébranler les convictions de qn*, scuotere, intaccare le convinzioni di qlcu. || [émouvoir] commuovere, eccitare. | *ébranler le cœur de qn*, commuovere qlcu. ; muovere qlcu. a compassione. ◆ v. pr. muoversi, mettersi in moto, avviarsi.

ébrasement [ebrazmɑ̃] m. ou **ébrasure** [ebrazyr] f. ARCHIT. strombatura f., strombo m.

ébraser [ebraze] v. tr. ARCHIT. strombare.

ébrasure f. V. ÉBRASEMENT.

ébrécher [ebreʃe] v. tr. intaccare, slabbrare, sbreccare. | *ébrécher une lame*, intaccare una lama. | *ébrécher un verre, une assiette*, sbreccare, slabbrare un bicchiere, un piatto. || FIG. [entamer] intaccare. | *ébrécher sa fortune*, intaccare il patrimonio. ◆ v. pr. intaccarsi, slabbrarsi.

ébréchure [ebreʃyr] f. intaccatura ; [vaisselle] slabbratura.

ébriété [ebrijete] f. ub(b)riachezza ; eb(b)rezza (littér.).

ébrouement [ebrumɑ̃] m. sbuffo, sbuffata f.

ébrouer (s') [sebrue] v. pr. [souffler] sbuffare. | *le cheval s'ébroue*, il cavallo sbuffa. || [s'agiter, s'ébattre] scuotersi, agitarsi, scrollarsi ; [oiseaux] battere le ali, starnazzare v. intr. || FAM. [folâtrer] rotolarsi ; giocare, folleggiare, ruzzare v. intr.

ébruiter [ebrɥite] v. tr. divulgare, diffondere, spargere. ◆ v. pr. divulgarsi, spargersi ; trapelare v. intr.

ébullition [ebylisjɔ̃] f. ebollizione. || FIG. subbuglio m.

éburnéen, enne [ebyrneɛ̃, ɛn] adj. eburneo.

écaillage [ekajaʒ] m. [coquillage] sgusciatura f. ; [poisson] squamatura f. || [vernis, glace] scrostatura f.

écaille [ekaj] f. [poisson, reptile] scaglia, squama ; [tortue] guscio m., scudo m. ; [coquillage] valva. || [mur ; vernis] scrostatura, scaglia. || [matière] tartaruga. || LOC. *les écailles me sont tombées des yeux*, mi è caduto il velo dagli occhi.

écailler [ekaje] v. tr. [poisson] squamare ; [coquillage] sgusciare. | *écailler les huîtres*, aprire le ostriche. ◆ v. pr. [mur ; vernis] scrostarsi.

écailler, ère [ekaje, ɛr] n. ostricaio, a.

écailleux, euse [ekajø, øz] adj. squamoso, scaglioso. | *ardoise écailleuse*, ardesia scagliosa.

écaillure [ekajyr] f. scrostatura.

écale [ekal] f. mallo m.

écaler [ekale] v. tr. smallare.

écalure [ekalyr] f. [noix, amande] mallo m. ; [café] guscio m.

écarlate [ekarlat] adj. scarlatto. ◆ n. f. [couleur ; étoffe] scarlatto m.

écarquillement [ekarkijmɑ̃] m. spalancamento, (lo) spalancare.

écarquiller [ekarkije] v. tr. sbarrare, spalancare.

écart [ekar] m. [distance] scartamento, distanza f. | *écart entre deux rails*, distanza fra due rotaie, scartamento di un binario. | *écart des branches d'un compas*, apertura (f.) delle aste d'un compasso. || [danse] *grand écart*, scoscio, spaccata f. || FIG. [différence] scarto, differenza f., divario. | *un écart de trois minutes*, uno scarto, un distacco di tre minuti. | *l'écart entre le nord et le sud*, il divario, lo scarto fra nord e sud. || [variation des prix, de la température] sbalzo, variazione f. || PHYSIOL. *écarts de pression, de tension*, pressione differenziale. || [action de se détourner soudain de son chemin] scarto, scartata f. ; [véhicule seulement] sbandamento, sbandata f. | *le cheval fit un brusque écart*, il cavallo fece, ebbe un brusco scarto, sfaglio. | *la voiture fit un écart*, la macchina sbandò, fece una sbandata. || FIG. mancanza f., fallo, errore, trascorso, intemperanza f., scappata f. | *écarts de jeunesse*, trascorsi, scappate, errori di gioventù. | *écart de langage*, intemperanza di linguaggio. | *écart de régime alimentaire*, strappo al regime. | *écarts d'imagination*, fantasticherie f. pl. || ADM. [agglomération] frazione f. ◆ loc. adv. ***à l'écart***, in disparte. | *se tenir à l'écart*, starsene in disparte. | *tenir à l'écart* (pr. et fig.), tener da parte. | *une maison à l'écart*, una casa fuori (di) mano, una casa appartata. ◆ loc. prép. ***à l'écart de***, fuori di, lontano (adj.) da. || FIG. *laisser qn à l'écart d'une affaire*, lasciar qlcu. all'oscuro d'un affare.

écarté, e [ekarte] adj. [séparé] allargato, divaricato. | *être assis les jambes écartées*, essere seduto a gambe larghe. || [solitaire] appartato ; fuori (di) mano ; isolato, lontano. ◆ n. m. JEU écarté (fr.).

écartelé, e [ekartəle] adj. et n. m. HÉRALD. inquartato.

écartèlement [ekartɛlmɑ̃] m. squartamento.

écarteler [ekartəle] v. tr. squartare. || FIG. lacerare, straziare. || HÉRALD. inquartare.

écartement [ekartəmɑ̃] m. [action d'éloigner] allargamento, allontanamento, divaricazione f. | *écartement des bras*, allargamento delle braccia. | *écartement de qn de la vie politique*, allontanamento di qlcu. dalla vita politica. || [distance] scartamento, scarto. | *écartement des roues d'un véhicule*, scartamento delle ruote di un veicolo. | *écartement des essieux*, passo. | *voie à écartement normal, réduit*, binario a scartamento normale, ridotto.

écarter [ekarte] v. tr. [séparer] allargare, divaricare. | *écarter les bras*, allargare le braccia. | *écarter les jambes*, allargare, divaricare le gambe. | *écarter les rideaux*, scostare le tende. | *le pouce est écarté (des autres doigts)*, il pollice è divaricato. | *arbre à feuilles écartées*, albero dalle foglie divaricate. || [déplacer] rimuovere, levare, allontanare ; togliere di mezzo. | *écarter les obstacles*, rimuovere gli ostacoli. || [repousser] respingere, allontanare (pr.) ; scartare, respingere, rigettare (fig.). | *écarter un importun, la foule*, respingere un seccatore, la folla. | *écarter une proposition*, scartare, respingere una proposta. || [dévier] sviare, deviare (pr.) ; allontanare, sviare (fig.). | *écarter un coup*, sviare un colpo. | *écarter les soupçons*, allontanare i sospetti. | *écarter qn du droit chemin*, sviare qlcu. della retta via. || JEU scartare. ◆ v. pr. [se séparer] allargarsi, divaricarsi. || [se mettre de côté] tirarsi da parte, scansarsi, scostarsi, spostarsi. || [dévier] PR. et FIG. sviare, deviare, allontanarsi. | *s'écarter de son chemin*, deviare dal proprio cammino. | *s'écarter de son sujet*, allontanarsi dall'argomento. | *s'écarter du droit chemin*, deviare dalla diritta via (pr.), dalla retta via (fig.). | *s'écarter de qn*, allontanarsi di qlcu. | *cheval qui s'écarte souvent*, cavallo che scarta, che sfaglia spesso. | *la voiture s'écarta brusquement de sa route*, la macchina sbandò improvvisamente.

ecce homo [ɛkseɔmo] m. inv. ecce homo (lat.).

eccéité [ɛkseite] f. PHILOS. ecceità.

ecchymose [ekimoz] f. MÉD. ecchimosi.

ecclésial, e, aux [eklezjal, o] adj. ecclesiale.

ecclésiastique [eklezjastik] adj. et n. m. ecclesiastico.

écervelé, e [esɛrvəle] adj. et n. sventato, scapato, sbadato, scervellato.

échafaud [eʃafo] m. VX [échafaudage] palco, ponte, piattaforma f. | *échafaud volant*, piattaforma volante. || JUR. palco, patibolo. || LOC. *mériter l'échafaud*, meritare il patibolo, la forca. | *finir sur l'échafaud*, finire sulla forca.

échafaudage [eʃafodaʒ] m. ARCHIT. [élément] palco, ponte ; [ensemble] impalcatura f., ponteggio. || [action d'échafauder] costruzione (f.), erezione (f.) d'un'impalcatura. || [entassement] catasta f., pila f., mucchio. | *un échafaudage de livres*, una catasta, una pila di libri. || FIG. [accumulation] accumulazione f., cumulo, ammasso. | *un échafaudage artificiel de preuves*, un cumulo artificioso di prove. || FIG. [construction] edificio, combinazione f. | *tout ce bel échafaudage s'est écroulé*, tutto quel bell'edificio è crollato.

échafauder [eʃafode] v. intr. alzare, edificare un palco, un'impalcatura. ◆ v. tr. accatastare, ammucchiare. || FIG. [combiner] architettare, ordire, imbastire, impostare. | *échafauder des plans*, architettare dei piani. | *échafauder un système*, architettare, ideare un sistema. | *échafauder un roman*, architettare, impostare un romanzo. | *échafauder un complot*, ordire, macchinare un complotto.

échalas [eʃala] m. palo, sostegno. || FIG., FAM. pertica f., perticone, a ; spilungone, a.

échalasser [eʃalase] v. tr. impalare ; palare (rare).

échalote [eʃalɔt] f. BOT. scalogno m. ; scalogna (rare).

échancrer [eʃɑ̃kre] v. tr. scollare. | *échancrer le col d'une robe*, scollare una veste. | *échancrer les manches*, scavare le maniche.

échancrure [eʃɑ̃kryr] f. scollatura, scavatura. || GÉOGR. insenatura.

échange [eʃɑ̃ʒ] m. [troc] scambio, baratto. | *faire l'échange d'une chose contre une autre*, scambiare, barattare una cosa con un'altra. || JUR. permuta f. ||

FIG. scambio. | *échange d'injures, de politesses, d'idées,* scambio d'ingiurie, di convenevoli, di idee. | *échange de lettres,* scambio di lettere ; carteggio. | *échanges culturels,* scambi culturali. | *échanges de populations,* scambi di popolazioni. || [tennis] *échange de balles,* palleggio. || COMM. baratto, scambio. | *monnaie d'échange,* moneta di scambio. ◆ loc. adv. ***en échange,*** in contraccambio, in compenso. ◆ loc. prép. ***en échange de,*** in cambio di.

échangeable [eʃɑ̃ʒabl] adj. che si può scambiare ; di scambio ; scambievole (rare). || JUR. permutabile.

échanger [eʃɑ̃ʒe] v. tr. scambiare, barattare. | *échanger une chose contre une autre,* scambiare, barattare una cosa con un'altra. || JUR. permutare. || FIG. scambiare, ricambiare, barattare. | *échanger des regards,* scambiare, scambiarsi occhiate. | *ils échangèrent quelques mots,* (si) scambiarono quattro parole. | *échanger des coups,* scambiar colpi ; azzuffarsi. || COMM. scambiare. ◆ v. pr. [sens pass.] scambiarsi, barattarsi.

échangeur [eʃɑ̃ʒœr] m. TECHN. scambiatore. || TRANSP. raccordo anulare.

échangiste [eʃɑ̃ʒist] n. JUR. permutante.

échanson [eʃɑ̃sɔ̃] m. HIST. et FAM. coppiere.

échantillon [eʃɑ̃tijɔ̃] m. COMM. campione, saggio. | *collection d'échantillons,* campionario m. | *vente sur échantillon,* vendita su campione. || STAT. *échantillon de population,* campione di popolazione. || FIG. saggio. | *donner un échantillon de sa valeur,* dare un saggio del proprio valore.

échantillonnage [eʃɑ̃tijɔnaʒ] m. [série d'échantillons] campionario. || [comparaison avec l'échantillon] verifica f., controllo ; [préparation d'échantillons] campionatura f., campionamento ; [en vue d'une enquête] campionamento ; metodo del campione.

échantillonner [eʃɑ̃tijɔne] v. tr. [comparer à l'échantillon] verificare, controllare (la conformità di una merce col campione). || [couper des échantillons] campionare. || [en vue d'une enquête] campionare.

échappatoire [eʃapatwar] f. scappatoia ; via d'uscita, di scampo ; ripiego m.

échappé, e [eʃape] adj. et n. evaso. | *un échappé des Petites-Maisons, de Charenton,* un evaso dal manicomio, un pazzo da legare.

échappée [eʃape] f. [action de s'échapper] scappata, gita. || SPORT fuga. || [espace laissé libre] breve apertura ; veduta, vista. | *une échappée sur la mer,* una breve apertura, uno spiraglio sul mare. | *une belle échappée sur la campagne,* una bella vista sulla campagna. | *une échappée de ciel bleu,* uno squarcio, un lembo di cielo azzurro. || ART *une échappée de lumière,* uno sprazzo di luce. || [court intervalle] intervallo m., istante m., momento m. | *quelques échappées de soleil, de beau temps,* qualche momento di sole, di bel tempo. || FIG. *de rares échappées de bon sens,* rari momenti di buon senso. | *par échappées,* saltuariamente, a salti, ad intervalli. || [aperçu] scorcio m., accenno m., cenno m. || [espace pour un passage] accesso m., adito m., uscita. | *l'échappée d'un garage,* l'accesso ad una rimessa. || ARCHIT. [d'un escalier] altezza fra due pianerottoli.

échappement [eʃapmɑ̃] m. TECHN. [vapeur, gaz] scappamento, scarico. | *gaz d'échappement,* gas di scarico. || AUTOM. *soupape d'échappement,* valvola di scappamento, di scarico. | *tuyau d'échappement,* scappamento ; tubo di scarico. | *pot d'échappement,* marmitta f. | *échappement libre,* scappamento libero. || [horlogerie] scappamento. || MUS. [piano] scappamento.

échapper [eʃape] v. intr. [fuir] scappare, fuggire. || [se soustraire à] sfuggire, sottrarsi. | *échapper à un danger,* sfuggire a un pericolo. | *échapper aux impôts,* evadere le, alle imposte. || [tomber] scappare, cadere. | *échapper des mains,* scappare, cadere dalle mani. || FIG. [ne pas être remarqué] sfuggire, scappare. | *échapper à la vue, au regard,* sfuggire alla vista, allo sguardo. | *une faute a échappé au correcteur,* uno sbaglio è sfuggito al correttore. | *laisser échapper une occasion,* lasciarsi sfuggire, scappare un'occasione. || [être oublié] sfuggire ; scappare di mente, sfuggire di mente. | *le terme exact m'échappe,* il termine esatto mi sfugge (di mente). || [être fait, dit involontairement] scappare, sfuggire ; [un mot] *cela m'a échappé,* mi è scappato detto. || TECHN. [une maille] saltare. ◆ v. tr. FIG. *l'échapper belle,* scamparla bella. ◆ v. pr. [s'enfuir] scappare, fuggire, evadere. | *s'échapper de prison,* scappare, evadere dal carcere. | *je n'ai pu m'échapper (un moment),* non son potuto scappare. || (liquide) [se répandre] uscire ; [jaillir] sgorgare, scaturire ; [déborder] traboccare, straripare ; [suinter, filtrer] trapelare. || [gaz, vapeur, odeur] sprigionarsi, esalare. || [son] uscire ; venir fuori. | *le son qui s'échappe d'un instrument,* il suono che viene fuori da uno strumento. | *les sanglots qui s'échappaient de sa bouche,* i singhiozzi che gli uscivano dalla bocca.

écharde [eʃard] f. scheggia (incarnita).

écharner [eʃarne] v. tr. scarnare.

écharpe [eʃarp] f. [fichu, cache-nez] sciarpa. || [officielle] sciarpa, fascia, fusciacca. || [bandage] fascia. || TECHN. traversa. ◆ loc. adv. ***en écharpe :*** [en bandoulière] a tracolla ; a bandoliera (gall.). | *porter un bras en écharpe,* avere un braccio al collo. || [obliquement] di striscio. | *prendre en écharpe,* colpire, investire di striscio.

écharper [eʃarpe] v. tr. [tailler en pièces] fare a pezzi, sbranare, dilaniare. || [blesser grièvement] dilaniare, tagliuzzare. | *écharper le visage,* sfigurare, sfregiare il viso. || FAM. *se faire écharper,* farsi criticare, insultare (L.C.)

échasse [eʃas] f. trampolo m. || FAM. [longue jambe] *il a de ces échasses !,* ha certi trampoli !

échassier [eʃasje] m. ZOOL. trampoliere.

échaudage [eʃodaʒ] m. [action d'échauder] scottata f., scottatura f. || [action de blanchir] imbiancatura f., imbiancamento. || [lait de chaux pour blanchir] imbiancatura.

échauder [eʃode] v. tr. [vaisselle ; tonneau] tuffare, immergere nell'acqua bollente ; riempire d'acqua bollente. || [brûler avec un liquide] scottare, ustionare, bruciare. || CULIN. scottare, sbollentare. || TECHN. imbiancare a calce. || FIG., FAM. scottare. | *j'ai été échaudé,* sono stato scottato. || [faire payer un prix excessif] scorticare, stangare. || PROV. *chat échaudé craint l'eau froide* = quando uno è rimasto scottato una volta... ◆ v. pr. scottarsi, ustionarsi, bruciarsi.

échauffant, e [eʃofɑ̃, ɑ̃t] adj. riscaldante, calorifico. || FAM. che incalorisce ; che provoca costipazione (L.C.).

échauffement [eʃofmɑ̃] m. (ri)scaldamento. || FIG. impeto, fervore, effervescenza f. || MÉD. riscaldamento, incalorimento. || MÉC. riscaldamento.

échauffer [eʃofe] v. tr. (ri)scaldare. || FIG. riscaldare, infiammare, eccitare. | *échauffer la tête, la bile, les oreilles, le sang de qn, à qn,* scottare, irritare qlcu. ; far andar qlcu. in furia. || FAM. incalorire ; provocare costipazione (L.C.). ◆ v. pr. [sens pass.] riscaldarsi, scaldarsi, accaldarsi. || FIG. accalorarsi, infervorarsi, riscaldarsi, infiammarsi, eccitarsi. | *la discussion s'échauffe peu à peu,* la discussione si accalora a poco a poco. || MÉC. riscaldarsi. || SPORT scaldarsi.

échauffourée [eʃofure] f. MIL. scaramuccia, scontro m. || [bagarre] baruffa, zuffa, rissa, tafferuglio m.

échauguette [eʃogɛt] f. ARCHIT. guardiola.

échéance [eʃeɑ̃s] f. COMM. [date] scadenza. | *venir à échéance,* venire a scadenza ; scadere. | *respecter ses échéances,* rispettare i termini, le scadenze. || [versement] rata. | *paiement par échéances,* pagamento rateale. || [délai] scadenza, termine m. | *prêt à courte, à longue échéance,* prestito a breve, a lunga scadenza ; prestito a breve, a lungo termine. || FIG. scadenza. | *à brève échéance,* a breve scadenza, fra poco.

échéancier [eʃeɑ̃sje] m. COMM. scadenzario.

échéant, e [eʃeɑ̃, ɑ̃t] adj. COMM. scadente. ◆ loc. adv. ***le cas échéant,*** all'occorrenza ; dandosi il caso.

échec [eʃɛk] m. [insuccès] scacco, insuccesso ; fiasco (fam.) ; [humiliation] smacco ; [faillite d'un projet, d'une entreprise] fallimento. | *faire échec à qn,* opporsi a qlcu. | *faire échec à qch.,* opporsi a qlco., impedire qlco. | *tenir en échec,* tenere in scacco. | *essuyer un grave échec,* subire un grave smacco. || JEU *échec au* *roi*, scacco al re. || THÉÂTRE fiasco. || UNIV. bocciatura f. ◆ pl. JEU scacchi. | *partie d'échecs*, partita a scacchi. | *jouer aux échecs*, giocare a scacchi. | *joueur, joueuse d'échecs*, scacchista n. | *tournoi d'échecs*, torneo, convegno scacchistico. ◆ adj. *faire, être échec et mat*, dare, essere scacco matto.

échelle [eʃɛl] f. scala (a pioli). | *échelle double*, scala a libretto; scaleo m. | *échelle de corde*, scala di corda, scala volante; MAR. biscaglina. | *échelle coulissante*, scala aerea, volante; scala Porta. | *grande échelle (des pompiers)*, autoscala (dei pompieri). | *échelle des couleurs*, scala dei colori. | *échelle du thermomètre*, scala termometrica. | *échelle des sons*, scala musicale. || [hiérarchie] scala, gerarchia. | *échelle des êtres*, scala degli esseri. | *échelle sociale*, gerarchia sociale. || ÉCON. *échelle mobile*, scala mobile. | *échelle des salaires*, scala dei salari. || GÉOGR. scala. | *carte à l'échelle de 1/100 000*, carta in scala uno a centomila. || MAR. scala. | *échelle de coupée*, scalandrone m., passerella. || MAR., HIST. scalo m. | *les échelles du Levant*, gli scali del Levante. || TECHN. *échelle de débit, d'étiage*, idrometro m. || LOC. *sur une grande échelle*, su ampia, vasta scala. | *sur une échelle plus réduite*, in scala più ridotta. | *à l'échelle de*, proporzionato (adj.) a. | *après lui, il n'y a plus qu'à tirer l'échelle* = dopo di lui nessuno potrà far meglio. | *si vous ne savez même pas cela, il n'y a plus qu'à tirer l'échelle*, se non sa nemmeno questo, è festa finita. | *faire la courte échelle à qn* : [l'aider à monter] fare scala a qlcu.; [le seconder] spalleggiare, aiutare qlcu.

échelon [eʃlɔ̃] m. [barreau d'échelle] piolo. || FIG. [hiérarchie] scalino, gradino. || ADM. [avancement] scatto. || MIL. scaglione. || [niveau] scala f., livello, piano. | *prendre des mesures à l'échelon communal, gouvernemental, national*, prendere provvedimenti su scala comunale, governativa, nazionale.

échelonnement [eʃlɔnmɑ̃] m. COMM. scaglionamento.

échelonner [eʃlɔne] v. tr. COMM. scaglionare, rateare, rateizzare. || MIL. scaglionare. || [espacer, étaler] scaglionare, ripartire. | *échelonner son travail sur plusieurs mois*, ripartire il proprio lavoro su parecchi mesi. | *cultures échelonnées*, colture alterne. | *échelonner les salaires d'après le rendement*, scalare i salari a seconda del rendimento. ◆ v. pr. ripartirsi, scalarsi.

échenillage [eʃnijaʒ] m. AGR. = disinfestazione f. (dai bruchi).

écheniller [eʃnije] v. tr. AGR. = disinfestare (dai bruchi). || FIG., FAM. *écheniller un texte*, correggere un testo (L.C.).

échenilloir [eʃnijwar] m. AGR. = potatoio (a manico lungo).

écheveau [eʃvo] m. TEXT. matassa f. || FIG. matassa. | *chercher à débrouiller l'écheveau*, tentare di dipanare la matassa, cercare il bandolo della matassa.

échevelé, e [eʃəvle] adj. scapigliato, scarmigliato, arruffato. || FIG. sfrenato. | *fuite échevelée*, fuga sfrenata, all'impazzata. | *danse échevelée*, danza sfrenata.

écheveler [eʃəvle] v. tr. scapigliare, scarmigliare; arruffare i capelli a.

échevin [eʃvɛ̃] m. HIST. scabino.

échidné [ekidne] m. ZOOL. echidna f.

échine [eʃin] f. spina dorsale, schiena. || PR. et FIG. *se rompre l'échine*, rompersi il collo, la schiena. || FIG. *courber, plier l'échine*, piegare la schiena. | *avoir l'échine souple*, non avere spina dorsale. | *caresser, frotter l'échine à qn*, accarezzare le spalle a qlcu. || CULIN. *échine de porc*, costolette di maiale.

échiner [eʃine] v. tr. [rompre l'échine] rompere la schiena a. || [battre, tuer] accoppare. ◆ v. pr. FAM. sfacchinare, sgobbare v. intr., sgropparsi.

échinodermes [ekinɔdɛrm] m. pl. ZOOL. echinodermi.

échiquier [eʃikje] m. JEU scacchiera f. || LOC. *en échiquier*, a scacchiera. || FIG. scacchiere. | *l'échiquier parlementaire, européen*, lo scacchiere parlamentare, europeo. || POLIT. *chancelier de l'Échiquier*, cancelliere dello Scacchiere.

écho [eko] m. eco f. (pl. m. *echi*). | *faire écho*, echeggiare. || FIG. eco, ripercussione f., risonanza f. | *se faire l'écho de qch.*, farsi eco di qlco. | *trouver un écho*, trovare eco, risonanza. | *à tous les échos*, a tutti i venti. | *les échos d'un scandale*, gli echi di uno scandalo. || [nouvelle] *les échos du jour*, i fatti del giorno, la cronaca del giorno, gli echi di cronaca. || [titre de périodique] gazzetta f., eco. | *l'Écho des tribunaux, de la mode*, l'Eco dei tribunali, della moda. || RAD., T. V. eco.

échoir [eʃwar] v. tr. ind. défect. toccare, spettare. | *le prix lui échut*, gli toccò il premio. ◆ v. intr. COMM. [arriver à échéance] scadere.

écholalie [ekɔlali] f. ecolalia.

1. échoppe [eʃɔp] f. [boutique] botteguccia. || [à Bordeaux] = casa bassa.

2. échoppe f. [burin] bulino m.

échotier [ekɔtje] m. cronista.

échouage [eʃwaʒ] m. [lieu] MAR. secca f.

échouement [eʃumɑ̃] m. MAR. arenamento, (l')arenarsi, incaglio, (l')incagliarsi.

échouer [eʃwe] v. intr. MAR. arenarsi, incagliarsi; andare, dare in secca. || FAM. [s'arrêter] andare a finire. | *nous échouâmes sur une plage déserte*, andammo a finire su una spiaggia deserta. || FIG. [ne pas réussir] fallire; [entreprise seulement] naufragare; andare a monte, all'aria; arenarsi, incagliarsi. || UNIV. *échouer à un examen*, essere bocciato a un esame. || LOC. FIG. *échouer au port*, far naufragio, naufragare in porto. ◆ v. tr. MAR. mettere, portare in secca. ◆ v. pr. MAR. arenarsi, incagliarsi.

écimage [esimaʒ] m. AGR. cimatura f., svettatura f.

écimer [esime] v. tr. AGR. cimare, svettare.

éclaboussement [eklabusmɑ̃] m. spruzzatura f.

éclabousser [eklabuse] v. tr. [boue] inzaccherare, impillaccherare, infangare; [liquide quelconque] schizzare, spruzzare. || FIG. macchiare, infangare, insudiciare. | *le scandale a éclaboussé ses amis*, lo scandalo ha infangato i suoi amici. | *le parvenu veut éclabousser son prochain*, l'uomo arrivato cerca d'avvilire, d'umiliare il prossimo.

éclaboussure [eklabusyr] f. [boue] zacchera, pillacchera; [liquide quelconque] schizzo m., spruzzo m. || FIG. [scandale] conseguenza, ripercussione.

éclair [eklɛr] m. lampo, baleno. | *il y a des éclairs*, lampeggia, balena. | *éclairs de chaleur*, lampi di caldo. | *rapide comme l'éclair*, rapido come un lampo. | *courir comme un éclair*, correre come un lampo. || FIG. [lueur] lampo, baleno, barbaglio. | *ses yeux lançaient des éclairs*, gli balenavano gli occhi. | *le diamant jetait des éclairs*, il diamante mandava barbagli. | *un éclair de génie, de raison, d'intelligence*, un lampo, un baleno di genio, di ragione, d'intelligenza. || LOC. *en un éclair*, in un lampo, in un baleno. || CULIN. [gâteau] = sorta di cannoncino. || PHOT. *éclair au magnésium*, lampo al magnesio. ◆ adj. inv. *visite éclair*, visita lampo. | *guerre éclair*, guerra lampo. | *fermeture éclair*, chiusura, cerniera lampo.

éclairage [eklɛraʒ] m. illuminazione f. | *éclairage au gaz, au néon*, illuminazione a gas, al neon. | *éclairage public*, illuminazione pubblica. | *gaz d'éclairage*, gas illuminante. | *éclairage indirect*, illuminazione, luce indiretta. | *l'éclairage est insuffisant*, la luce è insufficiente. || AUTOM. [lumière] luce f. | *éclairage arrière*, luce posteriore. || FIG. [aspect] aspetto. | *sous cet éclairage*, sotto, da questo punto di vista; sotto quest'aspetto. || ART *l'éclairage d'un tableau*, la luce d'un quadro.

éclairagisme [eklɛraʒism] m. illuminotecnica f.

éclairagiste [eklɛraʒist] m. illuminotecnico.

éclairant, e [eklɛrɑ̃, ɑ̃t] adj. illuminante. || MIL. *fusée éclairante*, razzo illuminante. || FIG. chiarificatore, trice.

éclaircie [eklɛrsi] f. MÉTÉOR. schiarita. || [clairière] radura. || FIG. schiarita.

éclaircir [eklɛrsir] v. tr. [rendre plus clair] schiarire. | *éclaircir une couleur*, schiarire un colore. | *éclaircir la voix*, rischiarare la voce. || [rendre moins épais] sfoltire, diluire. | *éclaircir un bois*, sfoltire, diradare un bosco. | *éclaircir une sauce*, diluire una salsa. || [rendre moins serré] diradare. | *éclaircir les rangs*, diradare le file. || AGR. *éclaircir les salades*, diradare le insalate. || FIG. [expliquer] chiarire, schiarire, delucidare, dilucidare. | *éclaircir un doute, une question, une affaire*, chiarire un dubbio, un problema, un affare. ◆ v. pr. *s'éclaircir la voix* schiarirsi la gola, la voce; spurgarsi (la voce). | *s'éclaircir les cheveux*, schiarirsi i capelli. || [sens pass.] *sa voix s'éclaircit*, la sua voce si schiarisce, si rischiara. | *le ciel s'éclaircit*, il cielo si rischiara, si rasserena. | *le brouillard s'éclaircit*, la nebbia si dirada. | *ses cheveux s'éclaircissent*, i suoi capelli si diradano. | *les rangs s'éclaircissent*, le file si diradano. || FIG. (s)chiarirsi. | *la situation, le mystère s'éclaircit*, la situazione, il mistero si chiarisce.

éclaircissage [eklɛrsisaʒ] m. [d'un bois, des salades] diradamento.

éclaircissement [eklɛrsismɑ̃] m. (s)chiarimento, spiegazione f., delucidazione f. | *demander des éclaircissements*, chiedere schiarimenti.

éclairé, e [eklere] adj. illuminato. | *esprit, public éclairé*, spirito, pubblico illuminato. | *despotisme éclairé*, dispotismo illuminato.

éclairer [eklere] v. tr. illuminare, rischiarare. | *le soleil éclaire la terre*, il sole illumina, rischiara la terra. || [donner de la lumière avec un appareil] far luce, lume. | *éclairer qn dans le couloir*, far luce a qlcu. nel corridoio. || FIG. [instruire] istruire. | *l'expérience nous éclaire*, l'esperienza ci istruisce. || [expliquer] (s)chiarire. | *témoignage qui éclaire le mystère*, testimonianza che chiarisce il mistero. || [rendre radieux] illuminare. | *un beau sourire éclaira ton visage*, un bel sorriso ti illuminò il viso. ◆ v. intr. [jeter une lueur] brillare, scintillare. | *la nuit, les vers luisants éclairent*, di notte le lucciole brillano, scintillano. || [produire de la lumière] far luce. | *ampoule qui éclaire peu*, lampadina che fa poca luce. ◆ v. impers. (rare) lampeggiare, balenare. ◆ v. pr. [sens pass.] accendersi, illuminarsi. || [lieu] illuminarsi. | *la pièce, le couloir s'éclaira*, la stanza, il corridoio s'illuminò. || FIG. [devenir radieux] illuminarsi, rischiararsi. || [devenir compréhensible] chiarirsi. || [sens réfl.] farsi luce. | *s'éclairer à la bougie, à l'électricité*, avere l'illuminazione a candele, l'illuminazione elettrica.

éclaireur, euse [eklɛrœr, øz] n. [scoutisme] esploratore, trice. ◆ m. MIL. esploratore, battistrada (inv.). | *en éclaireur*, in avanscoperta. || MAR. esploratore.

éclampsie [eklɑ̃psi] f. MÉD. eclampsia.

éclat [ekla] m. **1.** [fragment] scheggia f. | *voler en éclats*, andare in frantumi; frantumarsi, scheggiarsi. || **2.** [bruit] fragore, strepito, fracasso, scoppio, schianto. | *éclat de voix*, scoppio di voce; grido, strido. | *rire aux éclats*, ridere rumorosamente; ridere a crepapelle (fam.). || **3.** FIG. rumore, chiasso, colpo, schiamazzo. | *faire beaucoup d'éclat*, far molto rumore, far colpo. || [action retentissante] *action d'éclat*, prodezza. | *actions d'éclat*, gesta f. pl. | *coup d'éclat*, colpo maestro; prodezza (iron.). || [scandale] *faire un éclat*, fare (uno) scandalo. || **4.** [intensité d'une lumière] bagliore, splendore, fulgore, lucentezza f., sfavillio. | *avoir de l'éclat*, brillare, rilucere, risplendere, rifulgere. | *éclat des couleurs*, splendore, lucentezza, intensità (f.) dei colori. | *éclat d'une étoile*, luminosità (f.) d'una stella. | *éclat métallique*, lucentezza metallica. | *éclat de la soie*, lucentezza della seta. | *éclat du soleil*, splendore del sole. || FIG. *éclat tapageur*, vistosità f. | *éclat du teint*, luminosità della carnagione. | *éclat des yeux*, splendore degli occhi. || **5.** [beauté, gloire] splendore, fulgore. | *dans tout l'éclat de la jeunesse*, nel pieno fulgore della giovinezza. | *l'éclat des cours de la Renaissance*, lo splendore, lo sfarzo, la magnificenza delle corti del Rinascimento.

éclatant, e [eklatɑ̃, ɑ̃t] adj. [son] squillante, rumoroso, fragoroso. | *voix éclatante*, voce squillante. | *le son éclatant des trompettes*, lo squillo, lo squillare delle trombe. | *un rire éclatant*, un riso squillante, fragoroso. || FIG. strepitoso, clamoroso, fragoroso. | *succès éclatant*, successo strepitoso. || [lumière] splendente, splendido, radioso, fulgido, raggiante. | *un soleil éclatant*, un sole radioso, splendido. | *lumière éclatante*, luce sfolgorante, radiosa. || FIG. radioso, raggiante, splendido. | *beauté éclatante*, bellezza radiosa, splendida. | *éclatant de beauté, de jeunesse, de santé*, raggiante di bellezza, di giovinezza, di salute. || [évident] lampante. | *vérité, preuve éclatante*, verità, prova lampante.

éclatement [eklatmɑ̃] m. scoppio, esplosione f.; [mine] brillamento. || [son] scoppio, esplosione. || TRANSP. *gare, port d'éclatement*, stazione, porto di smistamento. || FIG. disgregazione f., sfacelo, frazionamento, scissione f. | *l'éclatement d'une société*, la disgregazione, lo sfacelo di una società. | *l'éclatement d'un parti*, la scissione d'un partito.

éclater [eklate] v. intr. [se briser sous l'effet d'une pression] scoppiare, esplodere. | *la bombe, le pneu éclate*, la bomba, la gomma scoppia. | *la peau, l'écorce éclate*, la pelle, la scorza scoppia. || FIG. disgregarsi, sciogliersi, dividersi, scindersi. | *le parti éclata*, il partito si spezzò, si scisse. || [produire un bruit soudain] risuonare, rimbombare. | *un coup de feu éclata*, uno sparo risuonò. | *le tonnerre éclata soudain*, improvvisamente rimbombò il tuono. || LOC. FIG. *éclater de rire*, scoppiare, sbottare a ridere. | *éclater en sanglots*, scoppiare, sbottare a piangere; scoppiare, prorompere in pianto. | *éclater en injures*, prorompere in invettive. | *ne pouvant se contenir plus longtemps, il éclata*, non potendo contenersi più a lungo, sbottò. | *les rires éclatèrent*, le risa scoppiarono, proruppero. | *sa colère éclata*, scoppiò dalla rabbia. || [se déclencher] *la guerre éclate*, scoppia la guerra. || [briller] brillare, rilucere, rifulgere, risplendere. | *la joie éclate dans ses yeux*, la gioia gli brilla, gli risplende negli occhi. | *son visage éclate de joie*, il viso gli risplende dalla gioia. || [se manifester] *sa médiocrité éclate à chaque page*, la sua mediocrità risulta ad ogni pagina.

éclateur [eklatœr] m. ÉLECTR. spinterometro.

éclectique [eklɛktik] adj. et n. eclettico.

éclectisme [eklɛktism] m. eclettismo.

éclipse [eklips] f. ASTR. eclissi, eclisse. | *éclipse de Soleil, de Lune*, eclissi solare, lunare. || TECHN. *phare à éclipses*, faro a luce intermittente. || FIG. eclisse.

éclipser [eklipse] v. tr. ASTR. eclissare. || [cacher] nascondere, oscurare, offuscare, ottenebrare. || FIG. [surpasser] eclissare, oscurare, superare. ◆ v. pr. ASTR. eclissarsi. || [devenir invisible] scomparire, nascondersi. || FIG. [disparaître] eclissarsi, scomparire, svanire, dileguarsi. | *les nuages se sont éclipsés*, le nuvole si sono dileguate. | *il s'éclipsa pendant trois mois de la scène politique*, scomparve per tre mesi dalla scena politica. | *ainsi s'éclipsèrent mes derniers espoirs*, così svanirono, si dileguarono le mie ultime speranze. || [s'éloigner furtivement] eclissarsi (fam.); svignarsela, squagliarsi (pop.).

écliptique [ekliptik] m. ASTR. eclittica f.

éclisse [eklis] f. [éclat de bois] scheggia. || [pour égoutter les fromages] scolatoio m. || CHIR. stecca. || MUS. [de violon] fascia. || CH. DE F. ganascia.

éclisser [eklise] v. tr. CHIR. steccare. || CH. DE F. collegare con ganasce.

éclopé, e [eklɔpe] adj. et n. [boiteux] zoppo, sciancato. || [estropié] storpio. || LOC. FAM. *être tout éclopé*, avere le ossa rotte.

éclore [eklɔr] v. intr. [sortir de l'œuf] uscir dall'uovo, nascere, sgusciare. || [bourgeon, fleur] sbocciare, schiudersi. || FIG. spuntare, sbocciare, nascere. | *le jour vient d'éclore*, il giorno è appena spuntato. | *projet sur le point d'éclore*, progetto che sta per nascere.

éclosion [eklozjɔ̃] f. [oiseau, insecte] nascita. || [plante] sboccio m., (lo) sbocciare, (lo) schiudersi. || FIG. nascita, (l')apparire. | *l'éclosion d'une idée*, la nascita d'un'idea.

écluse [eklyz] f. [dispositif] conca (di navigazione); chiusa con conca. | *porte d'écluse en amont*, portina. | *porte d'écluse en aval*, portone m. || FIG. *les écluses de la passion*, il freno, gli argini della passione.

éclusée [eklyze] f. concata.

écluser [eklyze] v. tr. = sbarrare per mezzo di

una chiusa. | *écluser un bateau* = far passare una imbarcazione attraverso una conca.
éclusier, ère [eklyzje, ɛr] n. = addetto, addetta a una conca.
écobuage [ekɔbɥaʒ] m. AGR. debbio.
écobuer [ekɔbɥe] v. tr. AGR. debbiare.
écœurant, e [ekœrɑ̃, ɑ̃t] adj. PR. et FIG. stomachevole, schifoso, disgustoso, nauseante.
écœuré, e [ekœre] adj. PR. et FIG. nauseato, disgustato, stomacato.
écœurement [ekœrmɑ̃] m. PR. et FIG. nausea f., schifo, disgusto.
écœurer [ekœre] v. tr. PR. et FIG. stomacare, disgustare, nauseare ; fare schifo (a). || FIG. [décourager] scoraggiare.
écoinçon [ekwɛ̃sɔ̃] m. ARCH. vela f.
écolâtre [ekɔlɑtr] m. HIST. = ispettore ecclesiastico delle scuole di una diocesi.
école [ekɔl] f. scuola. | *faire l'école*, fare scuola ; insegnare. | *aller à l'école*, andare a scuola. | *fréquenter, manquer l'école*, frequentare, salare la scuola. | *faire l'école buissonnière*, marinare la scuola. | *école de garçons, de filles, du soir*, scuola maschile, femminile, serale. | *école mixte*, scuola mista, promiscua. | *école maternelle*, scuola materna, asilo (m.) infantile. | *école primaire, professionnelle*, scuola elementare, professionale. | *école secondaire*, scuola media, secondaria. | *école de commerce*, scuola commerciale. | *école normale d'instituteurs, d'institutrices*, scuola magistrale. | *grandes écoles*, scuole superiori, istituti superiori. | *École normale supérieure*, Scuola normale superiore. | *école des beaux-arts*, accademia di belle arti. | *école navale, militaire*, accademia navale, militare. | *école de guerre*, istituto superiore di guerra. | *École polytechnique, centrale des arts et manufactures, des arts et métiers, des Mines* = istituti superiori francesi d'ingegneria. || [écoliers et personnel enseignant] scuola : [écoliers] scolaresca f. || FIG. [source d'enseignement] scuola, tirocinio m. | *être à bonne école* = avere una buona scuola. | *être à dure, rude école*, sottostare a un duro tirocinio. | *faire école*, fare scuola. | *aller à l'école de qn*, andare a scuola da qlcu. || ART, HIST. LITT., PHILOS. scuola. || MIL. [cavalerie] *haute école*, alta scuola. || [instruction] *école du soldat* = istruzione militare elementare. | *école à feu* = esercitazione di tiro d'artiglieria. || LOC. *de la vieille école*, di vecchio stampo.
écolier, ère [ekɔlje, ɛr] n. et adj. scolaro. | *papier écolier*, carta rigata, quadrettata. || LITTÉR. *la gent écolière*, la scolaresca (L.C.). || FIG. [novice] novizio m. | *faute, travail d'écolier*, sbaglio, lavoro da novizio. || LOC. *prendre le chemin des écoliers* = fare la via più lunga.
écologie [ekɔlɔʒi] f. BIOL. ecologia.
éconduire [ekɔ̃dɥir] v. tr. congedare ; mandar via, metter fuori, scacciare. | *éconduire un visiteur*, rifiutarsi, rifiutare di ricevere un visitatore. | *éconduire un soupirant*, respingere uno spasimante.
économat [ekɔnɔma] m. economato.
économe [ekɔnɔm] adj. et n. economo.
économétrie [ekɔnɔmetri] f. econometria.
économie [ekɔnɔmi] f. economia. | *économie dirigée*, economia controllata, economia di intervento. | *économie mixte*, economia mista. | *économie politique*, economia politica. | *planification de l'économie*, pianificazione dell'economia. || [vertu d'épargne] economia, parsimonia. || [chose épargnée] risparmio m., economia. | *faire des économies de bouts de chandelle* = fare economie insignificanti. | *tout faire à l'économie*, fare ogni cosa in economia. || FIG. [organisation d'un ensemble] *l'économie d'un roman*, l'economia di un romanzo. ◆ pl. [sommes épargnées] risparmi m. pl. | *prendre sur ses économies*, intaccare i propri risparmi.
économique [ekɔnɔmik] adj. [relatif à l'économie] economico. || [peu cher] economico, a buon prezzo.
économiser [ekɔnɔmize] v. tr. PR. et FIG. economizzare, risparmiare. ◆ v. intr. *économiser sur la nourriture*, economizzare, risparmiare sul cibo, far risparmi di cibo.
économiseur [ekɔnɔmizœr] m. TECHN. economizzatore.
économiste [ekɔnɔmist] m. economista.
écope [ekɔp] f. MAR. gottazza, sessola, votazza.
écoper [ekɔpe] v. tr. MAR. aggottare, sgottare. ◆ v. intr. FAM. [prendre des coups] prendersi una batosta ; [être puni] prendersi una sgridata, andarci di mezzo. ◆ v. tr. ind. POP. *c'est toujours moi qui écope des corvées*, sono sempre io a buscarmi tutte le sfacchinate.
écorce [ekɔrs] f. BOT. corteccia, scorza ; [d'une pousse] buccia. | *arbre qui perd son écorce*, albero che si scortecccia. || [de certains fruits] buccia, scorza. | *écorce d'orange, de citron, de melon*, buccia, scorza d'arancia, di limone, di popone. || FIG. [apparence] scorza, corteccia, apparenza. || ANAT. corteccia. || GÉOL. *écorce terrestre*, crosta terrestre.
écorcer [ekɔrse] v. tr. scortecciare, sbucciare.
écorché [ekɔrʃe] m. ANAT., ART tavola (f.) muscolare. || FIG. *c'est un écorché*, ha i nervi a fior di pelle.
écorcher [ekɔrʃe] v. tr. [ôter la peau] scorticare, scuoiare, spellare. | *écorcher un lapin*, scorticare, spellare un coniglio. | *écorcher un cheval*, scuoiare un cavallo. || [égratigner] sbucciare, scorticare. | *ses chaussures lui ont écorché les pieds*, le scarpe gli hanno sbucciato, scorticato i piedi. || FIG., FAM. [faire payer trop cher] scorticare, pelare, stangare. || [dénaturer] *écorcher un mot*, storpiare una parola. || [déchirer] straziare. | *une voix aiguë qui écorche les oreilles*, una voce stridula che strazia gli orecchi. ◆ v. pr. [s'égratigner] scorticarsi, sbucciarsi.
écorcheur, euse [ekɔrʃœr, øz] n. [qui dépouille les bêtes] scorticatore, trice. || FIG. scortichino m. ; strozzino, a.
écorchure [ekɔrʃyr] f. sbucciatura, scorticatura, spellatura, escoriazione.
écorner [ekɔrne] v. tr. [rompre les cornes] scornare. || [briser les angles] scantonare. | *écorner un meuble*, scantonare un mobile. | *écorner un livre* = strappare un libro agli angoli. || FIG. [entamer] intaccare. | *écorner sa fortune*, intaccare il proprio patrimonio.
écornifler [ekɔrnifle] v. tr. VX scroccare (L.C.).
écornifleur, euse [ekɔrniflœr, øz] n. FAM. scroccone, a ; leccapiatti inv.
écossais, e [ekɔsɛ, ɛz] adj. et n. scozzese. | *(tissu) écossais*, tessuto scozzese. || FIG. *douche écossaise*, doccia scozzese. ◆ n. f. MUS. scozzese.
écosser [ekɔse] v. tr. sgusciare.
écot [eko] m. quota f. | *payer son écot*, pagare la propria quota. | *il paie bien son écot*, è un buon commensale, paga bene il suo debito.
écoulement [ekulmɑ̃] m. scolo, deflusso ; [action] (il) defluire, (lo) scorrere. | *l'écoulement des eaux de pluie*, lo scolo delle acque piovane. | *tuyau, canal d'écoulement*, tubo, canale di scolo ; scolatoio. || [passage] *l'écoulement du trafic*, lo smaltimento, lo scorrimento del traffico. | *l'écoulement du temps*, lo scorrere, il passare, l'andare del tempo. || COMM. [vente, débouché] smercio, spaccio, smaltimento. | *écoulement d'un article*, smercio d'un articolo. | *écoulement d'un stock*, smaltimento, vendita (f.) d'una partita. || GÉOGR. smaltimento. || MÉD. perdita f., fuoruscita f. ; scolo (fam.).
écouler [ekule] v. tr. [vendre] smerciare, spacciare, smaltire, vendere. ◆ v. pr. [liquide] colare, scorrere, (de)fluire v. intr. | *s'écouler peu à peu, goutte à goutte*, colare, stillare, sgocciolare. | *s'écouler à flots*, defluire, scorrere a fiumi. || [s'évacuer] *le public s'écoulait lentement*, il pubblico defluiva, sfollava lentamente. || [temps] scorrere, passare, trascorrere v. intr. || [se vendre] spacciarsi, smerciarsi, smaltirsi, vendersi.
écoumène [ekumɛn] f. GÉOGR. ecumene.
écourgeon [ekurʒɔ̃] m. V. ESCOURGEON.
écourter [ekurte] v. tr. [diminuer] accorciare, troncare, mozzare. | *écourter un manteau*, accorciare un mantello. || FIG. [abréger] accorciare, abbreviare, troncare. | *écourter une visite, un discours*, accorciare, abbreviare una visita, un discorso. | *écourter une citation*, troncare una citazione.
1. écoute [ekut] f. ascolto m. | *poste d'écoute*, posto

d'ascolto. | *heure de grande écoute*, ora di maggiore ascolto. || Loc. *être aux écoutes*, stare in ascolto, in agguato. || TÉLÉCOM. ascolto. | *être à l'écoute*, essere in ascolto. | *se mettre à, prendre l'écoute*, mettersi in ascolto. | *table d'écoute*, impianto di ascolto.
2. écoute f. MAR. scotta.
écouter [ekute] v. tr. [prêter l'oreille] ascoltare. | *n'écouter que d'une oreille*, ascoltar con un orecchio solo. | *écoute, écoutez!*, senti, sentite, senta! || POP. *écoute voir!*, senti un po'! (fam.). || [épier] origliare. | *écouter aux portes*, origliare alle porte. || FIG. [accueillir, exaucer] ascoltare, esaudire. | *écouter une prière*, ascoltare, esaudire una preghiera. || [tenir compte de] ascoltare; dar retta a. | *écouter les conseils d'un ami*, ascoltare i consigli, dar retta ai consigli di un amico. | *n'écouter personne*, non dar retta a nessuno. | *un homme très écouté*, un uomo ascoltatissimo. || [céder, obéir] ascoltare, ubbidire. | *n'écouter que son cœur, que sa douleur*, non ascoltare che il proprio cuore, il proprio dolore. | *il n'écoute pas*, non dà retta, non ubbidisce, è disubbidiente. ◆ v. pr. FIG. ascoltarsi. | *s'écouter parler*, ascoltarsi parlare. || FAM. *ce malade s'écoute trop*, questo malato si ascolta troppo. | *si je m'écoutais, je ne sortirais pas*, se dessi retta a me, non uscirei.
écouteur, euse [ekutœr, øz] n. (rare) curioso adj. (L.C.); ficcanaso n. (fam.). ◆ n. m. TÉLÉCOM. ricevitore.
écoutille [ekutij] f. MAR. boccaporto m.
écouvillon [ekuvijɔ̃] m. [d'arme; de bouteille] scovolo. || [pour le four] spazzaforno; spazzatoio (rare).
écrabouiller [ekrabuje] v. tr. FAM. spappolare; schiacciare, stritolare (L.C.).
écran [ekrɑ̃] m. [protection] schermo, riparo. | *écran de cheminée*, parafuoco. | *disparaître derrière un écran de fumée*, scomparire dietro una cortina di fumo. || MIL. *écran de fumée*, cortina fumogena. || FIG. *faire écran à*, intralciare, ostacolare v. tr. || CIN., T.V. schermo. | *l'écran de télévision: le petit écran* (fam.), lo schermo televisivo. | *porter un roman à l'écran*, adattare un romanzo al cinema, ridurre un romanzo per lo schermo. || PHOT. filtro. || MIL. *écran radar*, schermo radar. || PSYCHAN. *écran du rêve*, schermo del sogno.
écrasant, e [ekrazɑ̃, ɑ̃t] adj. schiacciante, pesantissimo. | *charge écrasante*, carico pesantissimo. || FIG. opprimente, gravosissimo. | *chaleur écrasante*, caldo opprimente, soffocante, afoso. | *une charge écrasante*, una carica gravosissima. | *impôts écrasants*, tasse gravosissime. | *travail écrasant*, lavoro estenuante, opprimente. || [très net] schiacciante. | *supériorité, majorité écrasante*, superiorità, maggioranza schiacciante. | *défaite écrasante*, sconfitta durissima, gravissima.
écrasement [ekrazmɑ̃] m. schiacciamento. || FIG. annientamento, disfatta f., sbaraglio. || SPORT disfatta.
écraser [ekraze] v. tr. schiacciare. || [meurtrir] pestare. | *écraser le pied de qn*, pestare il piede, camminare sul piede di qlcu. || [accidenter] investire, travolgere. | *enfant écrasé par une voiture*, bambino investito, travolto da una macchina. | *une voiture écrasée par un train*, una macchina investita, schiacciata, stritolata da un treno. || FIG. [accabler] aggravare, caricare, sovraccaricare. | *écraser de travail*, sovraccaricare, subissare di lavoro. | *écraser d'impôts*, oberare di tasse. || [anéantir] schiacciare, annientare, sbaragliare. | *écraser l'adversaire*, schiacciare, annientare l'avversario; SPORT schiacciare, stravincere l'avversario. || [humilier] umiliare. | *écraser ses voisins par un luxe insolent*, umiliare i vicini con un lusso insolente. | *écraser qn de sa supériorité*, umiliare qlcu. con la propria superiorità. || LOC. POP. *écrase!*, piantala!, chiudi il becco! (fam.). | *en écraser*, dormire della grossa (fam.). ◆ v. pr. [sens pass.] schiacciarsi. || [exploser; se disloquer] abbattersi, cadere, schiacciarsi, schiantarsi. || FIG. [se presser] accalcarsi. || POP. [se taire] calare, calarsi le brache; sgonfiarsi (fam.).
écrémage [ekremaʒ] m. scrematura f., spannatura f.
écrémer [ekreme] v. tr. scremare, spannare, sfiorare. || FIG. [prendre le meilleur] prendere il meglio, il fior fiore di.
écrémeuse [ekremøz] f. scrematrice.
écrêtement [ekrɛtmɑ̃] m. MIL. smantellamento, spianamento (della parte più alta di una fortificazione).
écrêter [ekrɛte] v. tr. togliere la cresta a. || MIL. smantellare, spianare.
écrevisse [ekrəvis] f. ZOOL. gambero m. || FIG. *marcher comme les écrevisses*, andare come i gamberi. | *rouge comme une écrevisse*, rosso come un gambero.
écrier (s') [sekrije] v. pr. esclamare, saltare su, prorompere v. intr. | *il s'écrie que*, esclama che. | «*c'est faux!*», *s'écria l'autre*, «è falso!», esclamò, saltò su, proruppe l'altro.
écrin [ekrɛ̃] m. scrigno; portagioie inv.
écrire [ekrir] v. tr. scrivere. | *écrire à la machine*, scrivere, battere a macchina. | *machine à écrire*, macchina da scrivere, per scrivere (plus correct). || Loc. *écrire à la diable*, scrivere, buttar giù come vien viene. || [rédiger] scrivere, redigere, stendere. | *écrire une symphonie*, comporre una sinfonia. || FIG. *c'est, c'était écrit*, è, era scritto; è, era destino. | *le désappointement était écrit sur son visage*, gli si leggeva la delusione in viso. ◆ v. pr. [sens pass. et récipr.] scriversi.
écrit [ekri] m. scritto, opera f. || UNIV. (esame) scritto. ◆ loc. adv. ***par écrit***, per (i)scritto, in iscritto, in carta.
écriteau [ekrito] m. scritta f., cartello.
écritoire [ekritwar] f. Vx = cassetta contenente il necessario per scrivere.
écriture [ekrityr] f. scrittura. || FAM. *écriture de chat*, zampe (f. pl.) di gallina. || [style] stile m. || RELIG. *Écriture (sainte), Saintes Écritures*, Sacra Scrittura. ◆ pl. *faire des écritures*, fare lo scribacchino. || [comptabilité] conti m. pl. | *tenir les écritures*, tenere i conti. || JUR. *écritures privées, publiques*, scritture private, pubbliche. | *faux en écritures privées, publiques*, falso in atto privato, pubblico.
écrivailler [ekrivaje] ou **écrivasser** [ekrivase] v. intr. FAM. scribacchiare.
écrivailleur [ekrivajœr] m. et **écrivassier, ère** [ekrivasje, ɛr] n. FAM. scribacchino m., imbrattacarte inv.
écrivain [ekrivɛ̃] m. scrittore, autore. | *femme écrivain*, scrittrice, autrice. || Vx *écrivain public*, scrivano pubblico.
1. écrou [ekru] m. TECHN. dado. | *écrou carré, hexagonal*, dado quadrato, esagonale. | *écrou à oreilles, à encoches, borgne*, dado ad alette, a intagli, cieco. | *écrou de blocage*, dado di bloccaggio.
2. écrou m. JUR. carcerazione f. | *ordre, registre d'écrou*, ordine, registro di carcerazione. | *levée d'écrou*, scarcerazione f.
écrouelles [ekruɛl] f. pl. MÉD. scrofola f., scrofolosi f.
écrouer [ekrue] v. tr. JUR. carcerare, imprigionare.
écrouir [ekruir] v. tr. martellare a freddo.
écrouissage [ekruisaʒ] m. martellatura (f.) a freddo.
écroulement [ekrulmɑ̃] m. crollo, rovina f. || FIG. crollo, rovina, sfacelo.
écrouler (s') [sekrule] v. pr. crollare, rovinare v. intr. || [tomber lourdement] stramazzare v. intr., accasciarsi. || FIG. crollare, rovinare, precipitare, fallire, andare a monte v. intr.
écru, e [ekry] adj. crudo, greggio. | *soie écrue*, seta greggia, cruda. | *fil écru*, filo crudo. | *toile écrue*, tela cruda, greggia. | *métal, fer écru*, metallo, ferro crudo.
ectoplasme [ɛktɔplasm] m. ectoplasma. || FAM. invertebrato.
écu [eky] m. HIST. [bouclier; monnaie] scudo. || HÉRALD. scudo. | *écu plein*, scudo pieno, piano. ◆ pl. FIG. [argent] soldi; denaro sing. | *entasser des écus*, ammassare ricchezze.
écubier [ekybje] m. MAR. cubia f.
écueil [ekœj] m. [récif] scoglio. | *les écueils*, gli scogli, la scogliera, i frangenti. | *donner contre, (s')échouer sur un écueil*, urtare uno scoglio, incagliarsi su uno

scoglio. ‖ FIG. scoglio, frangente, ostacolo, incaglio, intoppo.
écuelle [ekɥɛl] f. [contenant] scodella ; [contenu] scodella, scodellata.
écuellée [ekɥele] f. scodellata.
éculé, e [ekyle] adj. scalcagnato. ‖ FIG. trito, logoro.
écumage [ekymaʒ] m. schiumatura f.
écumant, e [ekymɑ̃, ɑ̃t] adj. schiumoso, spumoso, spumante. | *mer écumante*, mare schiumoso. ‖ FIG. *écumant de rage*, divorato dalla rabbia, che ha la schiuma alla bocca.
écume [ekym] f. [mousse] schiuma, spuma. ‖ [bave] schiuma, bava, spuma. ‖ PR. et FIG. *avoir l'écume à la bouche*, aver la schiuma, la bava alla bocca. ‖ [sueur du cheval] schiuma. ‖ FIG. [lie] schiuma, feccia. ‖ MINÉR. *écume de mer*, schiuma di mare.
écumer [ekyme] v. intr. [produire de l'écume] schiumare, spumare, far la schiuma. ‖ FIG. *écumer de rage*, sbavare, spumare dalla rabbia. ◆ v. tr. *écumer la soupe*, schiumare la minestra. ‖ FIG. [prendre çà et là] *écumer des nouvelles*, racimolare notizie. | *écumer les bibliothèques*, piluccare le biblioteche. ‖ MAR. *écumer les mers*, corseggiare, pirateggiare v. intr.
écumeur [ekymœr] m. MAR. *écumeur des mers*, pirata, corsaro.
écumeux, euse [ekymø, øz] adj. schiumoso, spumoso.
écumoire [ekymwar] f. schiumaiola, schiumarola.
écurer [ekyre] v. tr. [nettoyer] pulire, spurgare, nettare. ‖ [frotter] V. RÉCURER.
écureuil [ekyrœj] m. ZOOL. scoiattolo.
écurie [ekyri] f. [chevaux] stalla, scuderia. | *mettre à l'écurie*, mettere in scuderia. ‖ LOC. *sentir l'écurie*, sentire l'odore della stalla. | *nettoyer les écuries d'Augias*, ripulire le stalle di Augìa. ‖ SPORT [chevaux ; voitures de course ; coureurs] scuderia. ‖ FAM. [écrivains, artistes] scuderia. ‖ FIG., FAM. [lieu malpropre] stalla, porcile m.
écusson [ekysɔ̃] m. HÉRALD. scudo, stemma. ‖ MIL. mostrina f. ‖ BOT. *greffe en écusson*, innesto a scudo. ‖ [sur une serrure] scudetto.
écussonner [ekysɔne] v. tr. BOT. innestare a scudo.
écuyer [ekɥije] m. HIST. scudiero, scudiere. | *grand écuyer*, grande scudiere. | *écuyer tranchant*, scalco. ‖ [instructeur] cavallerizzo. ‖ [personne montant bien à cheval] cavalcatore, cavaliere.
écuyère [ekɥijɛr] f. cavalcatrice, cavallerizza. ‖ LOC. *à l'écuyère*, alla scudiera.
eczéma [ɛgzema] m. MÉD. eczema.
eczémateux, euse [ɛgzematø, øz] adj. et n. eczematoso.
edelweiss [edɛlvɛs] m. BOT. stella alpina ; edelweiss (all.).
éden [edɛn] m. eden.
édenté, e [edɑ̃te] adj. sdentato. ◆ m. pl. ZOOL. sdentati.
édenter [edɑ̃te] v. tr. sdentare.
édicter [edikte] v. tr. emanare, decretare, pubblicare.
édicule [edikyl] m. edicola f.
édifiant, e [edifjɑ̃, ɑ̃t] adj. edificante.
édification [edifikasjɔ̃] f. [construction] edificazione, costruzione. ‖ [morale] edificazione.
édifice [edifis] m. PR. et FIG. edificio, edifizio.
édifier [edifje] v. tr. [bâtir] edificare, costruire, erigere, fabbricare. ‖ FIG. edificare, costruire, creare, fondare. | *édifier un empire*, edificare un impero. | *édifier un système, une théorie*, costruire, edificare, architettare un sistema, una teoria. ‖ [morale, religion] edificare. ‖ [instruire, renseigner] istruire, informare, ragguagliare. | *me voilà édifié sur ses intentions !*, ora conosco, capisco le sue intenzioni !
édile [edil] m. HIST. edile. ‖ [magistrat municipal] = consigliere comunale ; magistrato (littér.). | *nos édiles*, i nostri dirigenti, amministratori (municipali) ; i nostri servizi, uffici municipali.
édilitaire [edilitɛr] adj. edilizio.
édilité [edilite] f. edilità.
édit [edi] m. editto ; grida f. (vx).
éditer [edite] v. tr. [publier, mettre en vente] pubblicare. | *cette maison édite beaucoup de traductions*, questa casa editrice pubblica molte traduzioni. ‖ [préparer pour une publication] curare, pubblicare. | *ce philologue a édité « le Décaméron »*, questo filologo ha curato l'edizione del « Decameron ».
éditeur, trice [editœr, tris] n. et adj. [qui publie] editore, trice. ‖ [qui prépare] curatore, trice. ‖ [maison d'édition] editore ; casa editrice.
édition [edisjɔ̃] f. edizione. | *maison d'édition*, casa editrice. ‖ [tirage] edizione. | *édition spéciale*, edizione straordinaria. ‖ [industrie et commerce du livre] editoria.
éditorial, e, aux [editɔrjal, o] adj. editoriale. ◆ n. m. editoriale.
éditorialiste [editɔrjalist] m. editorialista.
édredon [edrədɔ̃] m. piumino.
éducable [edykabl] adj. educabile.
éducateur, trice [edykatœr, tris] n. et adj. educatore, trice.
éducatif, ive [edykatif, iv] adj. educativo.
éducation [edykasjɔ̃] f. educazione. ‖ [formation] educazione, istruzione, formazione, cultura. ‖ LOC. *éducation physique*, educazione fisica ; ginnastica. | *éducation surveillée*, educazione sorvegliata. | *éducation professionnelle*, istruzione professionale. | *ministère de l'Éducation nationale*, ministero della Pubblica Istruzione. | *faire l'éducation de qn :* [former] ammaestrare, addestrare qlcu. ; [instruire] istruire qlcu. ‖ [bonnes manières] educazione, creanza, garbo m., garbatezza. | *avoir de l'éducation*, avere una buona educazione ; essere educato, costumato. | *faire preuve d'éducation*, comportarsi da persona educata, garbata. | *homme sans éducation*, uomo senza educazione, uomo screanzato.
édulcorer [edylkɔre] v. tr. dolcificare, addolcire ; edulcorare (rare). ‖ FIG. addolcire, edulcorare.
éduquer [edyke] v. tr. *éduquer ses enfants, le peuple*, educare i figli, il popolo. | *éduquer ses réflexes, le sens musical*, educare i riflessi, il senso musicale. | *personne bien, mal éduquée*, persona ben, mal educata.
effaçable [efasabl] adj. cancellabile.
effacé, e [efase] adj. cancellato. ‖ FIG. [modeste] umile, dimesso, scialbo. | *personne effacée*, persona scialba. | *vie effacée*, vita dimessa, appartata. | *un rôle effacé*, una parte modesta, umile.
effacement [efasmɑ̃] m. cancellatura f. ; ADM. cancellazione f. | *effacement d'un enregistrement magnétique*, cancellazione di una registrazione magnetica. ‖ FIG. [affaiblissement, disparition] scomparsa f., tramonto. ‖ [discrétion] modestia f., discrezione f. | *l'effacement de soi*, il sacrificio di sé. | *vivre dans l'effacement*, vivere in disparte, restare nell'ombra.
effacer [efase] v. tr. [frotter, gratter] cancellare, cassare. ‖ [rayer] **(de)** cancellare, depennare (da). ‖ [détruire] cancellare, far scomparire. | *effacer toute trace*, cancellare, far scomparire ogni traccia. | *le soleil efface les couleurs*, il sole fa sbiadire i colori. ‖ LOC. *effacer les épaules*, rientrar le spalle, stringersi nelle spalle. ‖ FIG. [faire disparaître] cancellare, far scomparire, far dimenticare. | *effacer de sa mémoire*, cancellare dalla propria memoria. | *effacer un affront, un échec*, cancellare, far dimenticare un'offesa, uno smacco. ‖ [éclipser] eclissare, oscurare, superare. | *femme qui efface les autres par sa beauté*, donna che eclissa, supera le altre per la bellezza. | *effacer la renommée de qn*, eclissare, oscurare la fama di qlcu. ◆ v. pr. [sens pass.] cancellarsi. ‖ [s'évanouir] dileguarsi ; svanire, sbiadire v. intr. ‖ [se mettre de côté] scansarsi, tirarsi da parte, spostarsi, scostarsi. | *s'effacer pour laisser le passage*, scansarsi per lasciare il passaggio. ‖ [disparaître] svanire, sparire, scomparire v. intr., dileguarsi. | *souvenir qui s'efface difficilement*, ricordo che svanisce, scompare difficilmente. ‖ [céder, s'incliner] inchinarsi, cedere, ritirarsi. | *s'effacer devant qn*, inchinarsi, cedere di fronte a qlcu.
effaçure [efasyr] f. cancellatura ; segno lasciato nel cancellare.
effarant, e [efarɑ̃, ɑ̃t] adj. sbalorditivo, strabiliante.
effaré, e [efare] adj. sbigottito, sgomento.

effarement [efarmɑ̃] m. sbigottimento, smarrimento, sgomento, sbalordimento.
effarer [efare] v. tr. sbigottire, sgomentare, sbalordire, strabiliare.
effarouché, e [efaruʃe] adj. intimidito, intimorito, timoroso.
effaroucher [efaruʃe] v. tr. [effrayer, faire fuir] spaurire, impaurire, spaventare. ‖ [troubler, intimider] intimidire, intimorire, turbare, sgomentare. ◆ v. pr. spaurirsi, impaurirsi, turbarsi, sgomentarsi ; [cheval] adombrarsi.
effectif, ive [efɛktif, iv] adj. effettivo. ‖ TECHN. *puissance effective*, potenza effettiva. ◆ n. m. effettivo.
effectuer [efɛktɥe] v. tr. effettuare, fare, operare, realizzare, eseguire, svolgere. | *effectuer un parcours*, compiere un percorso. | *effectuer des démarches, une enquête*, fare, svolgere pratiche, un'inchiesta. | *effectuer un travail*, fare, eseguire un lavoro. ‖ COMM. *effectuer un paiement*, effettuare, fare un pagamento. ◆ v. pr. effettuarsi, farsi.
efféminé, e [efemine] adj. et n. effeminato.
efféminer [efemine] v. tr. effeminare.
efférent, e [eferɑ̃, ɑ̃t] adj. ANAT. efferente.
effervescence [efɛrvesɑ̃s] f. PR. effervescenza. ‖ FIG. effervescenza, agitazione, fermento m., subbuglio m. | *mettre en effervescence*, mettere in subbuglio. | *la ville entière était en effervescence*, tutta la città era in effervescenza, in subbuglio, in gran fermento.
effervescent, e [efɛrvesɑ̃, ɑ̃t] adj. PR. et FIG. effervescente.
effet [efɛ] m. [action ; résultat] effetto. | *avoir, produire de l'effet*, avere, produrre un effetto. | *faire effet*, far effetto, agire. | *sans effet*, senza effetto. | *mettre à effet*, mandare ad effetto, eseguire, realizzare, effettuare. | *en venir à l'effet*, venire all'atto pratico, alle realizzazioni. ‖ [but] effetto, scopo, fine. | *à cet effet*, a tale scopo, a tal fine. | *à l'effet de*, allo scopo, all'effetto di. ‖ FIG. [impression, sensation] effetto, impressione f., sensazione f. | *littérature à effet*, letteratura a sensazione, che mira a far colpo, a far sensazione. | *viser à l'effet*, mirare all'effetto, a far colpo, a far sensazione. | *faire bon, mauvais effet*, fare un buon effetto, un brutto, un cattivo effetto. | *faire de l'effet*, far effetto, colpo, sensazione. | *faire l'effet de*, far l'effetto di ; parere, sembrare. ‖ COMM. effetto. | *effet de complaisance*, effetto di comodo. ‖ JUR. *effet rétroactif*, effetto retroattivo ; retroattività f. ‖ SPORT, JEU effetto. ‖ TECHN. effetto. | *effet à retardement*, effetto ritardato. ◆ pl. [vêtements] effetti ; roba f., vestito m. ‖ FIN. *effets publics*, effetti, titoli pubblici. ‖ JUR. *effets mobiliers*, effetti, beni mobili. ‖ FIG. [attitude affectée] ostentazione f. | *faire des effets de voix, de jambes*, mettere in mostra la voce, le gambe. | *couper ses effets à qn*, tagliar le ali a qlcu. ◆ loc. adv. ***en effet :*** [effectivement, réellement] effettivamente, realmente ; [assurément (pour confirmer)] infatti, difatti, invero, già. ◆ loc. conj. [car] infatti, difatti, perché.
effeuillage [efœjaʒ] m. BOT. sfogliatura f.
effeuillaison [efœjɛzɔ̃] f. caduta delle foglie.
effeuiller [efœje] v. tr. sfogliare. ‖ LOC. *effeuiller la marguerite :* sfogliare la margherita ; FIG. amoreggiare, fare all'amore. ◆ v. pr. perdere le foglie, sfogliarsi.
efficace [efikas] adj. efficace. ‖ RELIG. *grâce efficace*, grazia efficace.
efficacité [efikasite] f. efficacia.
efficience [efisjɑ̃s] f. efficienza.
efficient, e [efisjɑ̃, ɑ̃t] adj. efficiente. ‖ PHILOS. *cause efficiente*, causa efficiente.
effigie [efiʒi] f. effigie. | *à l'effigie de*, con l'effigie di. | *brûler, pendre en effigie*, bruciare, impiccare in effigie. ‖ FIG. effigie, immagine.
effilage [efilaʒ] ou **effilement** [efilmɑ̃] m. [tissu] sfilacciatura f. ‖ [cheveux] sfumatura f.
effilé, e [efile] adj. [mince] affilato, esile, sottile. | *visage effilé*, viso affilato. | *taille effilée*, vita sottile. ◆ n. m. frangia f.
effiler [efile] v. tr. [détisser] sfilacciare, sfilare. ‖ [affiler] affilare. ‖ [désépaissir] *effiler les cheveux*, sfumare i capelli. ‖ [une volaille] sviscerare, sventrare. ◆ v. pr. [se défaire] sfilacciarsi, sfilarsi. ‖ [s'amincir] affilarsi, assottigliarsi.
effileuse f. V. EFFILOCHEUSE.
effilochage [efilɔʃaʒ] m. sfilacciatura f.
effilocher [efilɔʃe] v. tr. sfilacciare.
effilocheuse [efilɔʃøz] ou **effileuse** [efiløz] f. sfilacciatrice f.
effilochure [efilɔʃyr] ou **effilure** [efilyr] f. sfilacciatura f.
efflanqué, e [eflɑ̃ke] adj. [animal] sfiancato ; [personne] scarno, allampanato.
effleurage [eflœraʒ] m. [massage léger] sfioramento.
effleurement [eflœrmɑ̃] m. sfioramento.
effleurer [eflœre] v. tr. [frôler] sfiorare, rasentare. ‖ FIG. *effleurer un sujet*, sfiorare un argomento, accennare a un argomento. | (litt.) *effleurer l'honneur de qn*, intaccare la reputazione di qlcu (L.C.).
efflorescence [eflɔresɑ̃s] f. BOT., CHIM., MÉD. efflorescenza.
efflorescent, e [eflɔresɑ̃, ɑ̃t] adj. efflorescente.
effluent, e [eflyɑ̃, ɑ̃t] adj. effluente. ◆ n. m. efflusso, sgorgo.
effluve [eflyv] m. esalazione f., emanazione f. ; effluvio (littér.). ‖ ÉLECTR. effluvio.
effondré, e [efɔ̃dre] adj. FIG. abbattuto, avvilito.
effondrement [efɔ̃drəmɑ̃] m. [écroulement] crollo. | *effondrement du toit*, crollo del tetto. ‖ AGR. scasso. ‖ COMM. crollo. | *effondrement des cours, des prix*, crollo dei corsi, dei prezzi. ‖ GÉOL. avvallamento. ‖ [abattement] crollo ; esaurimento (nervoso). ‖ SPORT collasso.
effondrer [efɔ̃dre] v. tr. [défoncer] sfondare, scassare, scassinare. ‖ AGR. scassare. ◆ v. pr. [s'écrouler, s'affaisser] crollare, sprofondarsi, avvallarsi, accasciarsi. ‖ SPORT scoppiare v. intr. ‖ FIG. crollare, rovinare, andare a monte v. intr.
efforcer (s') [sefɔrse] v. pr. **(de, à)** sforzarsi, studiarsi, ingegnarsi (di).
effort [efɔr] m. sforzo ; conato (littér.). | *tous leurs efforts furent vains*, ogni loro conato riuscì sempre vano. | *redoubler d'efforts*, raddoppiare gli sforzi. | *ne reculer devant aucun effort*, fare ogni sforzo. | *ménager ses efforts*, regolare i propri sforzi. | *ne pas ménager ses efforts*, non risparmiare la propria fatica. | *travail qui exige de longs efforts*, lavoro che richiede lunghi sforzi. | *sans effort*, senza sforzo, senza stento. | *avec effort*, a stento, a fatica, a mala pena. | *faire (un) effort sur soi-même*, fare uno sforzo su se stesso. | *faire un effort pour rire*, sforzarsi di ridere ; ridere a stento, a fatica. ‖ MÉD. ernia f., strappo. | *se donner un effort*, prodursi un'ernia. ‖ VÉTÉR. storta f. ‖ MÉC. *effort de traction, de torsion*, sforzo di trazione, di torsione.
effraction [efraksjɔ̃] f. effrazione, scasso m. | *vol avec effraction*, furto con scasso.
effraie [efrɛ] f. ZOOL. barbagianni m.
effranger [efrɑ̃ʒe] v. tr. sfrangiare.
effrayant, e [efrɛjɑ̃, ɑ̃t] adj. spaventoso, spaventevole, pauroso. ‖ FAM. [excessif] terribile, spaventoso, madornale, incredibile, sbalorditivo.
effrayer [efreje] v. tr. spaventare, impaurire, intimorire, spaurire, sgomentare. ‖ [décourager] spaventare. ◆ v. pr. spaventarsi, impaurirsi, intimorirsi. | *s'effrayer de qch.*, spaventarsi di, per qlco., prendere spavento di qlco.
effréné, e [efrene] adj. sfrenato.
effritement [efritmɑ̃] m. sgretolamento, sfaldamento, sgretolio, scrostatura f.
effriter [efrite] v. tr. sgretolare, sfaldare. ◆ v. pr. [tomber en miettes, en poussière] sgretolarsi, sfaldarsi. ‖ [s'écailler] scrostarsi. ‖ FIG. [se désagréger] sgretolarsi, disgregarsi.
effroi [efrwa] m. spavento, terrore.
effronté, e [efrɔ̃te] adj. sfacciato, sfrontato, impudente. ◆ n. sfacciato, a ; faccia tosta.
effronterie [efrɔ̃tri] f. sfacciataggine, sfrontatezza, impudenza.

effroyable [efrwajabl] adj. [épouvantable] spaventoso, spaventevole, pauroso. ‖ [repoussant] raccapricciante, orrendo, orribile. ‖ [extrême] spaventoso, estremo.

effusion [efyzjɔ̃] f. Pr. effusione, spandimento m., spargimento m. | *effusion de sang*, spargimento di sangue. ‖ Fig. [manifestation] effusione.

égailler (s') [segaje] v. pr. disperdersi, sparpagliarsi.

égal, e, aux [egal, o] adj. **1.** [qualité ; quantité ; valeur] *égal à qch.*, uguale, eguale, pari (inv.), identico a qlco. | *d'âge égal*, della stessa età. | *à armes égales*, ad armi uguali. | *la partie n'est pas égale*, la partita non è equilibrata. | *tous les citoyens sont égaux devant la loi*, tutti i cittadini sono uguali davanti alla legge. ‖ **2.** [uni] uguale, pari, piano. | *route égale*, strada piana. ‖ **3.** [régulier, constant] uguale, costante, uniforme, regolare. | *pouls égal*, polso regolare. | *d'un pas égal*, con passo uguale, di passo regolare. | *d'humeur égale*, d'umore costante. | *égal à lui-même*, uguale a se stesso. ‖ **4.** Fam. [indifférent] indifferente (L.C.). | *ça m'est égal*, per me fa lo stesso ; me n'infischio (pop.). | *ça m'est tout à fait, complètement égal*, non m'importa affatto (L.C.) ; non me ne importa un corno, un fico (pop.). ‖ **5.** Math. uguale. ‖ Sport, Jeu *faire jeu égal*, essere pari. ‖ **6.** Loc. *tenir la balance égale (entre plusieurs personnes, plusieurs choses)* = non far differenza (fra più persone, fra più cose). | *toutes choses égales d'ailleurs*, a parità di condizioni. ‖ Fam. *c'est égal, il aurait pu me téléphoner*, comunque, avrebbe potuto telefonarmi (L.C.). ◆ n. uguale, eguale ; pari m. inv. ‖ Loc. *être l'égal(e) de qn*, essere l'uguale di qlcu., stare alla pari con qlcu. | *être sans égal, ne pas avoir son égal*, essere senza pari, non avere l'uguale. | *son courage n'a d'égal(e) que sa prudence*, il suo coraggio è pari alla sua prudenza. | *traiter d'égal à égal*, trattar qlcu. da pari a pari. ◆ loc. prép. ***à l'égal de,*** al pari di, quanto.

égalable [egalabl] adj. agguagliabile.

également [egalmɑ̃] adv. [d'une manière égale] ugualmente, parimenti, del pari. ‖ [aussi] anche, pure, ugualmente.

égaler [egale] v. tr. [rendre égal à] uguagliare, pareggiare. ‖ [être égal à] uguagliare, pareggiare, agguagliare. | *égaler qn en qch.*, uguagliare, agguagliare qlcu. in qlco. | *égaler un record*, raggiungere un primato. ‖ Fig. [mettre sur le même pied] uguagliare, pareggiare. ‖ [atteindre] raggiungere. | *d'une valeur jamais égalée*, d'un valore mai raggiunto. ◆ v. pr. [sens pass.] uguagliarsi, pareggiarsi. ‖ [sens réfl.] agguagliarsi, paragonarsi. | *s'égaler à qn*, agguagliarsi a qlcu.

égalisation [egalizasjɔ̃] f. uguagliamento m., pareggiamento m., pareggio m. ‖ Sport pareggio.

égaliser [egalize] v. tr. [rendre égal] agguagliare, pareggiare. ‖ [rendre uni, plan] pareggiare, spianare, livellare. ‖ Sport pareggiare.

égalitaire [egalitɛr] adj. Polit. ugualitario.

égalitarisme [egalitarism] m. Polit. ugualitarismo.

égalité [egalite] f. uguaglianza, parità. | *à égalité de prix*, a prezzi uguali. | *sur un pied d'égalité*, a parità di condizioni, in condizioni di parità. ‖ Math. uguaglianza. ‖ [surface plane] uniformità. ‖ [uniformité] uguaglianza, parità, uniformità. ‖ Sport pareggio m., parità. | *être à égalité*, essere pari.

égard [egar] m. *avoir égard à qch.*, aver riguardo a qlco., badare a qlco. ◆ pl. [considération] riguardo, premura f., deferenza f., cortesia f. ◆ loc. adv. ***à cet égard,*** sotto quest' aspetto. ‖ ***à tous égards,*** sotto ogni aspetto. ◆ loc. prép. ***à l'égard de,*** riguardo a, rispetto a, nei confronti di. ‖ ***eu égard à,*** riguardo a ; dato, visto adj. | *eu égard à son âge*, riguardo alla sua età, data, vista la sua età. ‖ ***par égard envers, pour,*** per riguardo verso. ‖ ***sans égard pour,*** senza riguardo per.

égaré, e [egare] adj. [troublé] smarrito, sperduto, sbigottito, stralunato, stranito. | *air égaré*, aria smarrita, stranita. | *des yeux égarés*, occhi stralunati.

égarement [egarmɑ̃] m. [erreur] smarrimento, turbamento. ‖ [dérèglement] trascorso, traviamento. | *les égarements de la jeunesse*, i trascorsi di gioventù.

égarer [egare] v. tr. [faire perdre son chemin à] f(u)orviare, sviare, traviare. ‖ [perdre momentanément] smarrire. ‖ Fig. forviare, sviare, traviare. | *égarer la jeunesse*, forviare, sviare la gioventù. | *égarer les recherches*, sviare le indagini. ‖ [troubler] turbare. | *égarer les esprits*, turbare, disorientare gli spiriti. ◆ v. pr. smarrirsi ; (personne seulement) forviare. ‖ Fig. [se tromper] ingannarsi ; sbagliare v. intr. ‖ [divaguer] divagare, farneticare ; vaneggiare v. intr. ‖ [exagérer, passer les bornes] trascendere v. intr. ‖ Polit. *des voix se sont égarées*, dei voti si sono dispersi.

égayer [egeje] v. tr. [rendre gai] rallegrare, allietare. | *égayer la conversation*, allietare la conversazione. ‖ [orner] *un bouquet de fleurs qui égaie le salon*, un mazzo di fiori che rallegra il salotto. ◆ v. pr. rallegrarsi, divertirsi. ‖ Fig. *s'égayer aux dépens de qn, s'égayer de qch.*, divertirsi alle spalle di qlcu. ; ridersi, beffarsi di qlcu., di qlco.

égéen, enne [eʒeɛ̃, ɛn] adj. egeo.

égérie [eʒeri] f. Iron. ninfa Egeria.

égide [eʒid] f. Myth. egida. ‖ Loc. *sous l'égide de*, sotto l'egida di.

églantier [eglɑ̃tje] m. Bot. rosaio selvatico, rosaio di macchia.

églantine [eglɑ̃tin] f. Bot. rosa di macchia ; rosa canina, selvatica.

églefin [egləfɛ̃] ou **aiglefin** [ɛgləfɛ̃] m. Zool. eglefino.

église [egliz] f. (avec maj.) [institution] Chiesa f. | *les Pères de l'Église*, i Padri della Chiesa. | *d'Église*, di Chiesa, ecclesiastico, chiesastico. ‖ [clergé] Chiesa, clero m. ‖ [communauté] Chiesa. ‖ (avec minusc.) [édifice] chiesa. | *aller à l'église*, andare in chiesa. ‖ Fig. *pilier d'église*, baciapile m. inv.

églogue [eglɔg] f. egloga.

égocentrique [egosɑ̃trik] adj. egocentrico.

égocentrisme [egosɑ̃trism] m. egocentrismo.

égoïne [egɔin] f. saracco m.

égoïsme [egɔism] m. egoismo.

égoïste [egɔist] adj. egoistico. ◆ n. egoista.

égorger [egɔrʒe] v. tr. [couper la gorge] scannare, sgozzare ; [en boucherie] macellare, ammazzare. ‖ [massacrer] massacrare, trucidare. ‖ Fam. [faire payer trop cher] strozzare, stangare.

égorgeur [egɔrʒœr] m. scannatore, sgozzatore.

égosiller (s') [segɔzije] v. pr. spolmonarsi, sfiatarsi, sgolarsi.

égotisme [egɔtism] m. egotismo.

égout [egu] m. Vx [eau qui coule du toit] sgrondo (L.C.). ‖ [versant] spiovente. ‖ [canalisation] fogna f. | *les égouts, le réseau d'égouts*, le fogne, la fognatura. | *bouche d'égout*, chiusino m. ; tombino m. (septentr.). ‖ Fig. [lieu corrompu] fogna, sentina f.

égoutier [egutje] m. fognaiolo.

égouttage [egutaʒ] m. scolo. | *égouttage du fromage, des légumes*, scolo del formaggio, dei legumi.

égouttement [egutmɑ̃] m. [action de s'égoutter] sgocciolio, scolo, scolìo. | *l'égouttement des feuilles après la pluie*, lo sgocciolio delle foglie dopo la pioggia. ‖ [action d'égoutter] scolo.

égoutter [egute] v. tr. sgrondare, sgocciolare, scolare, scrollare. | *égoutter son parapluie*, sgrondare l'ombrello. | *égoutter le linge*, sciorinare la biancheria. | *fromage égoutté*, formaggio sgocciolato. ◆ v. pr. (s)gocciolare v. intr.

égouttoir [egutwar] m. scolatoio.

égrapper [egrape] v. tr. sgranellare, schiccare.

égratigner [egratiɲe] v. tr. graffiare, scalfire. ‖ Fig., fam. graffiare, pungere. ◆ v. pr. graffiarsi.

égratignure [egratiɲyr] f. (s)graffio m., graffiata, (s)graffiatura, scalfittura. ‖ Fig. scalfittura.

égrener [egrəne] v. tr. [blé] sgranare ; [raisin] sgranellare, piluccare ; spippolare (tosc.). ‖ [marquer l'heure] scoccare. ‖ Loc. *égrener son chapelet*, sgranare il rosario. ‖ Fig., fam. *égrener un chapelet, une kyrielle de reproches*, snocciolare una filza di rimproveri.

◆ v. pr. sgranarsi. ‖ [s'allonger en file] allungarsi, sgranarsi.
égreneuse [egrənøz] f. sgranatrice.
égrillard, e [egrijar, ard] adj. procace, scollacciato.
égriser [egrize] v. tr. TECHN. = pulire (con polvere di diamante).
égrotant, e [egrɔtɑ̃, ɑ̃t] adj. (rare) malaticcio (L.C.).
égruger [egryʒe] v. tr. [broyer] pestare.
égyptien, enne [eʒipsjɛ̃, ɛn] adj. et n. egiziano ; [de l'ancienne Égypte] egizio.
égyptologie [eʒiptɔlɔʒi] f. egittologia.
égyptologue [eʒiptɔlɔg] m. egittologo.
eh! [e] interj. [surprise ; admiration] oh !, ohi ! ; [interpellation] ehi !. ‖ LOC. *eh bien ! :* [admiration] oh !, ohi ! ; [menace] eh !, ehi ! ; [conclusion ; décision] orbene !, ebbene !, allora ! | *eh quoi ! :* [surprise ; indignation] come !
éhonté, e [eɔ̃te] adj. svergognato, spudorato, sfacciato, sfrontato.
eider [edɛr] m. ZOOL. edredone.
eidétique [ɛjdetik] adj. eidetico.
éjaculation [eʒakylasjɔ̃] f. eiaculazione.
éjaculer [eʒakyle] v. tr. eiaculare.
éjectable [eʒɛktabl] adj. *siège éjectable,* sedile, seggiolino eiettabile.
éjecter [eʒɛkte] v. tr. espellere, eiaculare. ‖ FAM. [expulser] mandar via, cacciar fuori, espellere (L.C.).
éjecteur [eʒɛktœr] m. [pour liquide, fluide] eiettore. ‖ MIL., TECHN. espulsore.
éjection [eʒɛksjɔ̃] f. [action] eiezione, deiezione ; [résultat] deiezione. ‖ MIL., TECHN. espulsione.
éjointer [eʒwɛ̃te] v. tr. tarpare le ali a.
élaboration [elabɔrasjɔ̃] f. elaborazione.
élaboré, e [elabɔre] adj. elaborato.
élaborer [elabɔre] v. tr. elaborare. ◆ v. pr. elaborarsi.
élagage [elagaʒ] m. AGR. potatura f.
élaguer [elage] v. tr. AGR. potare, sfrondare. ‖ FIG. [retrancher] sfrondare, snellire.
élagueur [elagœr] m. [personne] potatore, sfrondatore. ‖ [outil] roncola f., ronca f.
1. élan [elɑ̃] m. ZOOL. alce.
2. élan m. [mouvement pour s'élancer] rincorsa f. | *prendre son élan,* prendere la rincorsa. ‖ [vitesse acquise] slancio, impeto. | *perdre son élan,* perdere lo slancio. | *arrêter qn dans son élan, briser l'élan de qn,* trattenere lo slancio di qlcu. ‖ [mouvement brusque, passionné] slancio, impeto. | *élan d'affection,* slancio d'affetto. | *élan de colère,* impeto d'ira, di collera. | *élans du cœur,* impulsi, impeti del cuore. | *élan patriotique,* slancio patriottico. ‖ LOC. *par élans,* a balzi, a salti. | *d'un seul élan,* di slancio, d'un balzo. ‖ PHILOS. *élan vital,* slancio vitale. ‖ SPORT *saut avec élan,* salto con rincorsa. | *saut sans élan,* salto da fermo.
élancé, e [elɑ̃se] adj. slanciato, snello, svelto.
élancement [elɑ̃smɑ̃] m. [aspiration] trasporto, slancio. ‖ [douleur vive] fitta f., trafitta f.
élancer [elɑ̃se] v. intr. [faire mal] = dolere (con fitte). | *la dent m'élance,* ho, provo delle fitte al dente. ◆ v. pr. (s)lanciarsi, avventarsi, scagliarsi ; scattare. | *s'élancer sur qn,* avventarsi, slanciarsi addosso a, su qlcu., scagliarsi contro qlcu. | *s'élancer à la poursuite de qn,* (s)lanciarsi all'inseguimento di qlcu. | *s'élancer à l'attaque,* lanciarsi, scattare all'attacco. ‖ FIG. [âme] slanciarsi. ‖ [se dresser avec sveltesse] slanciarsi, protendersi.
élargir [elarʒir] v. tr. allargare, dilatare. ‖ FIG. *élargir ses connaissances,* ampliare le proprie cognizioni. | *élargir le débat, l'horizon de qn,* allargare il dibattito, l'orizzonte di qlcu. | *le gouvernement veut élargir la majorité,* il governo vuole allargare la maggioranza. ‖ JUR. scarcerare. ◆ v. pr. allargarsi, dilatarsi.
élargissement [elarʒismɑ̃] m. allargamento. ‖ FIG. allargamento, accrescimento. ‖ JUR. scarcerazione f.
élasticité [elastisite] f. PR. et FIG. elasticità.
élastique [elastik] adj. PR. et FIG. elastico. ◆ n. m. elastico.
eldorado [ɛldɔrado] m. eldorado.
électeur, trice [elɛktœr, tris] n. elettore, trice. ◆ m. HIST. Elettore.
électif, ive [elɛktif, iv] adj. elettivo.
élection [elɛksjɔ̃] f. [choix] elezione. | *élection de domicile,* elezione di domicilio. | *patrie d'élection,* patria d'elezione. ‖ POLIT. elezione. ◆ pl. elezioni.
électoral, e, aux [elɛktɔral, o] adj. *liste, réunion, propagande électorale,* lista, riunione, propaganda elettorale.
électorat [elɛktɔra] m. HIST., ADM. elettorato.
électricien, enne [elɛktrisjɛ̃, ɛn] n. et adj. [qui construit, installe, répare] elettrotecnico ; elettricista n. m. | *monteur électricien,* montatore elettricista. | *ingénieur électricien,* ingegnere elettrotecnico. | *électricien auto,* elettrauto (inv.). ‖ [qui travaille dans l'ind. électr.] elettrico. | *syndicat des électriciens,* sindacato degli elèttrici.
électricité [elɛktrisite] f. elettricità. | *se chauffer à l'électricité,* avere il riscaldamento elettrico. | *s'éclairer à l'électricité,* avere l'illuminazione elettrica. | *électricité automobile,* [atelier] elettrauto (m. inv.). ‖ [lumière] luce elettrica.
électrification [elɛktrifikasjɔ̃] f. elettrificazione.
électrifier [elɛktrifje] v. tr. elettrificare.
électrique [elɛktrik] adj. elettrico. | *usine, centrale électrique,* centrale elettrica. | *appareil électrique,* apparecchio elettrico ; [arts ménagers] elettrodomestico m. | *moteur électrique,* motore elettrico, elettromotore m. | *motrice électrique,* elettromotrice f. | *train électrique,* elettrotreno m. ; [jouet] trenino elettrico.
électriser [elɛktrize] v. tr. PR. et FIG. elettrizzare.
électro-aimant [elɛktroɛmɑ̃] m. elettrocalamita f., elettromagnete f.
électrocardiogramme [elɛktrokardiɔgram] m. elettrocardiogramma.
électrocardiographe [elɛktrokardjɔgraf] m. elettrocardiografo.
électrochimie [elɛktroʃimi] f. elettrochimica.
électrochoc [elɛktroʃɔk] m. elettroshock.
électrocuter [elɛktrokyte] v. tr. fulminare, folgorare.
électrocution [elɛktrokysjɔ̃] f. fulminazione, folgorazione, elettrocuzione.
électrode [elɛktrɔd] f. elettrodo m.
électroencéphalogramme [elɛktroɑ̃sefalɔgram] m. elettroencefalogramma.
électrogène [elɛktroʒɛn] adj. *groupe électrogène,* gruppo elettrogeno.
électrolyse [elɛktroliz] f. elettrolisi.
électrolyser [elɛktrolize] v. tr. elettrolizzare.
électrolyte [elɛktrolit] m. elettrolito.
électromagnétique [elɛktromaɲetik] adj. elettromagnetico.
électromécanique [elɛktromekanik] adj. elettromeccanico. ◆ n. f. elettromeccanica.
électroménager [elɛktromenaʒe] adj. elettrodomestico. | *appareil électroménager,* elettrodomestico m.
électrométallurgie [elɛktrometalyrʒi] f. elettrosiderurgia.
électromoteur, trice [elɛktromɔtœr, tris] adj. elettromotore, trice. ◆ n. m. elettromotore.
électron [elɛktrɔ̃] m. elettrone.
électronicien, enne [elɛktronisjɛ̃, ɛn] n. elettronico (m.) ; diplomata (f.) in elettronica.
électronique [elɛktronik] adj. elettronico. ◆ n. f. elettronica.
électron-volt [elɛktrɔ̃vɔlt] m. elettrone volt ; volt elettrone.
électrophone [elɛktrofɔn] m. elettrogrammofono.
électroscope [elɛktroskɔp] m. elettroscopio.
électrostatique [elɛktrostatik] adj. elettrostatico. ◆ n. f. elettrostatica.
électrotechnique [elɛktrotɛknik] adj. elettrotecnico. ◆ n. f. elettrotecnica.
électrothérapie [elɛktroterapi] f. elettroterapia.
électrum [elɛktrɔm] m. elettro.
électuaire [elɛktɥɛr] m. MÉD. elettuario.
élégance [elegɑ̃s] f. eleganza. ‖ [aisance] *s'en tirer*

avec élégance, cavarsela elegantemente. ◆ pl. *élégances de style*, eleganze, ricercatezze di stile.

élégant, e [elegɑ̃, ɑ̃t] adj. elegante. | *style, écrivain élégant*, stile, scrittore elegante. | *démonstration, solution élégante*, dimostrazione, soluzione elegante. ‖ LOC. *ce n'est pas très élégant de sa part*, non agisce, non ha agito con molta correttezza. ◆ n. uomo, signora elegante ; elegantone, a (péjor.).

élégiaque [eleʒjak] adj. et n. m. elegiaco.

élégie [eleʒi] f. elegia.

élément [elemɑ̃] m. [principe constitutif] elemento ; componente m. et f. | *décomposer un corps en ses éléments*, isolare gli elementi d'un corpo. ‖ [personne d'un groupe] *les meilleurs éléments de la classe*, i migliori elementi della classe. ‖ PHYS., CHIM., TECHN. elemento. ‖ FIG. [milieu] elemento, ambiente. | *être dans son élément*, essere nel proprio elemento. ‖ [facteur] elemento, fattore. | *être un élément de trouble*, essere un elemento, un fattore di disordine. ◆ pl. [notions de base] elementi. ‖ [forces de la nature] *les éléments déchaînés*, la furia degli elementi.

élémentaire [elemɑ̃tɛr] adj. elementare. | *corps élémentaires*, corpi elementari. ‖ [de base] elementare. | *principes élémentaires*, principi elementari. | *écoles élémentaires* (scuole) elementari f. pl. ‖ [très simple] elementare.

éléphant [elefɑ̃] m. ZOOL. elefante. | *éléphant de mer*, elefante di mare.

éléphanteau [elefɑ̃to] m. elefantino.

éléphantesque [elefɑ̃tɛsk] adj. elefantesco, elefantiaco.

éléphantiasis [elefɑ̃tjazis] m. MÉD. elefantiasi f.

élevage [elvaʒ] m. allevamento. | *élevage de volailles*, allevamento di pollame ; pollicoltura f. | *élevage d'abeilles*, allevamento d'api : apicoltura f. | *élevage du ver à soie*, allevamento del baco da seta ; bachicoltura, sericoltura f. ‖ [activité économique] pastorizia f., allevamento.

élévateur, trice [elevatœr, tris] adj. et n. m. ANAT., TECHN. elevatore, trice.

élévation [elevasjɔ̃] f. [hausse] *élévation de la température, du niveau de l'eau*, elevazione, aumento (m.) della temperatura, del livello dell'acqua. | *élévation des prix*, rialzo (m.), aumento dei prezzi. ‖ [construction] erezione, edificazione, innalzamento m. ‖ FIG. *élévation à la dignité de cardinal*, elevazione, innalzamento alla dignità cardinalizia. ‖ [noblesse] elevatezza, dignità, nobiltà. | *élévation morale*, elevatezza morale. ‖ [éclat] *sans élévation de la voix*, senza elevazione della voce. ‖ [terrain élevé] altura, rialzo m., rialto m. ‖ ASTR. elevazione. ‖ GÉOM. proiezione. ‖ RELIG. Elevazione.

élève [elɛv] n. alunno, a, allievo, a, scolaro, a, studente, essa. | *élève d'école primaire*, scolaro della scuola elementare. | *élève de lycée*, studente liceale ; liceale n. | *élève de l'École normale supérieure*, studente della Scuola normale superiore ; normalista n. | *élève officier*, allievo ufficiale. ‖ [disciple] discepolo, a, allievo, alunno, scolaro. ‖ [animal, plante] allievo.

élevé, e [elve] adj. elevato, alto. | *prix élevé*, prezzo elevato. | *température élevée*, alta temperatura. ‖ FIG. elevato, alto, nobile, sublime, eletto. | *style élevé*, stile alto, sublime. | *sentiments élevés*, sentimenti eletti, nobili. ‖ [formé] educato, allevato. | *bien élevé*, ben educato. | *mal élevé*, maleducato.

élever [elve] v. tr. [hausser, exhausser] (sopr)elevare, sollevare, (ri)alzare. | *élever les mains*, elevare, alzar le mani. | *élever une maison d'un étage*, soprelevare, rialzare una casa di un piano. ‖ GÉOM. *élever une perpendiculaire*, innalzare una perpendicolare. ‖ MATH. *élever un nombre au carré, au cube*, elevare un numero al quadrato, al cubo. ‖ [augmenter] *élever les prix*, rialzare, aumentare i prezzi. | *élever le taux de l'escompte*, rialzare il tasso di sconto. ‖ [construire] erigere, innalzare, edificare, costruire. ‖ FIG. *élever à une dignité*, elevare, innalzare a una dignità. | *élever au pontificat, au trône*, assumere al pontificato, al trono. | *élever son âme à Dieu*, elevare l'anima a Dio. | *élever jusqu'aux nues*, tenere in palma di mano ; esaltare, magnificare, decantare. | *lecture qui élève l'esprit*, lettura che eleva, nobilita, ingentilisce la mente. | *élever la voix, le ton*, alzare la voce, il tono. ‖ [formuler] *élever un doute, une protestation*, elevare, esprimere un dubbio, una protesta. ‖ [éduquer des enfants] allevare, educare. ‖ [nourrir des animaux, soigner des plantes] allevare. ◆ v. pr. [monter] innalzarsi, elevarsi, sollevarsi ; salire v. intr. | *s'élever en l'air*, salire in aria. | *l'avion s'éleva de la piste*, l'aereo si sollevò dalla pista. | *la flamme s'élève*, la fiamma sale. ‖ [augmenter] salire, aumentare, crescere. | *la température, le niveau de l'eau s'élève*, la temperatura, il livello dell'acqua sale, aumenta, cresce. | *les prix s'élèvent*, i prezzi salgono, crescono, aumentano. ‖ [atteindre] *s'élever à la somme de*, ammontare a, alla somma di ; assommare a. ‖ [être construit] sorgere, innalzarsi, elevarsi. ‖ FIG. [se hausser] salire, innalzarsi ; assurgere (littér.). | *s'élever au trône*, salire, assurgere al trono. | *le ton s'éleva*, il tono salì. ‖ [se manifester] sorgere, scoppiare. | *une voix, un cri s'éleva soudain*, una voce, un grido sorse, risuonò improvvisamente. | *un orage s'éleva*, scoppiò un temporale. | *il s'éleva une discussion*, sorse una discussione. | *une dispute s'éleva*, scoppiò una disputa. ‖ [protester] *s'élever contre qch.*, inveire, insorgere, scagliarsi contro qlco. ‖ [être éduqué] allevarsi, educarsi. | *un enfant qui s'élève facilement*, un ragazzo facile da allevare, da educare.

éleveur, euse [elvœr, øz] n. allevatore, trice. ‖ [vins] produttore m., cantiniere m. ◆ n. f. AGR. allevatrice.

élevon [elvɔ̃] m. AÉR. elevone.

elfe [ɛlf] m. MYTH. elfo.

élider [elide] v. tr. GRAMM. elidere.

éligibilité [eliʒibilite] f. POLIT. eleggibilità.

éligible [eliʒibl] adj. eleggibile.

élimé, e [elime] adj. logoro, liso, frusto.

élimer [elime] v. tr. logorare. ◆ v. pr. logorarsi.

élimination [eliminasjɔ̃] f. [action d'écarter] eliminazione, rimozione. ‖ CHIM., PHYSIOL. eliminazione, escrezione. | *élimination des toxines*, eliminazione delle tossine.

éliminatoire [eliminatwar] adj. eliminatorio. ◆ n. f. SPORT eliminatoria, batteria.

éliminer [elimine] v. tr. [faire sortir, exclure] **(de)** eliminare, escludere, estromettere, espellere (da). ‖ [enlever, supprimer] eliminare, rimuovere, levare, togliere. | *éliminer un obstacle*, rimuovere un ostacolo. ‖ [supprimer, tuer] eliminare ; togliere di mezzo (fam.) ; far fuori (pop.). ‖ MATH. *éliminer une inconnue*, eliminare un'incognita. ‖ PHYSIOL. espellere, eliminare. ◆ v. pr. eliminarsi, rimuoversi.

élingue [elɛ̃g] f. MAR. (im)braca.

élinguer [elɛ̃ge] v. tr. MAR. imbracare.

élire [elir] v. tr. eleggere. | *élire qn député*, eleggere qlcu. (a) deputato. ‖ FIG. scegliere ; eleggere (littér.). ‖ JUR. *élire domicile*, eleggere domicilio.

élision [elizjɔ̃] f. GRAMM. elisione.

élite [elit] f. élite (fr.), fiore m., fior fiore m., crema ; eletta (littér.). | *d'élite*, eletto, scelto adj. ‖ MIL. *troupes d'élite*, truppe scelte.

élitisme [elitism] m. élitisme (fr.).

élixir [eliksir] m. MÉD. elisir inv.

elle [ɛl] pron. pers. f. sing. : [sujet] essa (personne [rare], animal, chose) ; lei (personne) ; ella (cérémonieux) ; [compl.] lei, essa ; sé (réfl.). | *elle-même m'a dit*, essa stessa, lei stessa mi ha detto. | *elle l'a acheté pour elle-même*, essa l'ha comprato per se stessa. | *d'elle-même, par elle-même*, da sé, da sola. | *ce livre est à elle*, questo libro è suo. | *c'est elle !*, è lei ! | *c'est elle qui l'a fait*, l'ha fatto lei, è lei che l'ha fatto, è stata lei a farlo. ◆ pl. [sujet] esse, loro ; [compl.] loro, esse.

ellébore [elebɔr] f. BOT. elleboro m.

ellipse [elips] f. GÉOM. ellisse. ‖ GRAMM. ellissi.

ellipsoïdal, e, aux [elipsɔidal, o] adj. GÉOM. ellissoidale.

ellipsoïde [elipsɔid] m. GÉOM. ellissoide.

elliptique [eliptik] adj. GÉOM., GRAMM. ellittico.

élocution [elɔkysjɔ̃] f. eloquio m., elocuzione, parlata.

éloge [elɔʒ] m. [discours] elogio. ‖ [louange] elogio, lode f. ; encomio (littér.). | *faire l'éloge de qn*, fare, tessere l'elogio di qlcu. ; lodare, elogiare qlcu. | *recevoir des éloges*, riscuotere lodi. | *digne d'éloges*, lodevole, encomiabile, degno d'elogio. | *c'est (tout) à ton, son, votre éloge*, torna a tua, sua, vostra lode. | *je dois dire à son éloge*, devo dire in sua lode.

élogieux, euse [elɔʒjø, øz] adj. laudativo, encomiastico.

éloigné, e [elwaɲe] adj. lontano, remoto ; in disparte. | *se tenir éloigné de*, star lontano da, tenersi a distanza da. ‖ FIG. lontano, remoto. | *souvenirs éloignés*, lontani ricordi. | *parents éloignés*, parenti lontani. | *causes éloignées*, cause remote. ‖ LOC. *être peu éloigné de croire que*, essere poco lontano, non essere lontano dal credere che. | *je suis bien éloigné d'y consentir*, sono ben lontano, ben lungi (littér.) dal consentire.

éloignement [elwaɲmɑ̃] m. [action] allontanamento. ‖ [état, distance] allontanamento, lontananza f., distanza f. | *dans l'éloignement*, in lontananza. ‖ [absence] lontananza, assenza f. ‖ FIG. [aversion] antipatia f., avversione f.

éloigner [elwaɲe] v. tr. allontanare. ‖ [écarter] allontanare, respingere. ‖ [retarder] allontanare, ritardare, rimandare, rinviare. | *éloigner une échéance*, ritardare, dilazionare una scadenza. ‖ FIG. [détacher, détourner] allontanare, staccare, sviare. | *éloigner qn de son devoir*, allontanare, sviare qlcu. dal suo dovere. ‖ [rejeter, repousser] allontanare, scartare, respingere. | *éloigner une idée*, allontanare, scartare un'idea. ◆ v. pr. allontanarsi. ‖ FIG. allontanarsi, scostarsi. | *s'éloigner du sujet*, allontanarsi, scostarsi, uscire dall'argomento.

élongation [elɔ̃gasjɔ̃] f. ASTR. elongazione. ‖ MÉD. [accidentelle] strappo m. ; [thérapeutique] allungamento. ‖ PHYS. allungamento.

éloquence [elɔkɑ̃s] f. eloquenza, oratoria. | *traité d'éloquence*, trattato di eloquenza. | *éloquence religieuse*, eloquenza, oratoria religiosa, sacra. | *éloquence politique, judiciaire, académique*, eloquenza, oratoria politica, forense, accademica. ‖ [caractère expressif, probant] eloquenza.

éloquent, e [elɔkɑ̃, ɑ̃t] adj. [persuasif] eloquente. ‖ [révélateur] eloquente, espressivo. ‖ [probant] eloquente, probante.

élu, e [ely] adj. et n. PR. et FIG. eletto.

élucidation [elysidasjɔ̃] f. dilucidazione, (s)chiarimento m., spiegazione.

élucider [elyside] v. tr. dilucidare, chiarire, spiegare.

élucubration [elykybrasjɔ̃] f. PÉJOR. elucubrazione.

éluder [elyde] v. tr. eludere, evitare, schivare. | *éluder une question*, eludere una domanda.

éluvion [elyvjɔ̃] f. eluvione ; eluvium m.

élyséen, enne [elizeɛ̃, ɛn] adj. MYTH. elisio.

élytre [elitr] m. ZOOL. elitra f.

elzévir [ɛlzevir] m. elzeviro.

émacié, e [emasje] adj. emaciato, smunto, scarno.

émacier (s') [semasje] v. pr. emaciarsi.

émail [emaj] m. (pl. **émaux**) smalto. ‖ ANAT., HÉRALD. smalto.

émaillage [emajaʒ] m. smaltatura f.

émailler [emaje] v. tr. smaltare. ‖ FIG. [parsemer] cospargere. ‖ POÉT. [orner] smaltare.

émailleur [emajœr] m. smaltatore, smaltista.

émanation [emanasjɔ̃] f. PHYS., CHIM. emanazione, esalazione. ‖ FIG. emanazione, espressione, manifestazione. ‖ PHILOS. emanatismo m.

émanatiste [emanatist] adj. PHILOS. emanatistico. ◆ n. emanatista.

émancipateur, trice [emɑ̃sipatœr, tris] adj. et n. emancipatore, trice.

émancipation [emɑ̃sipasjɔ̃] f. JUR., POLIT. emancipazione.

émancipé, e [emɑ̃sipe] adj. FIG. emancipato, spregiudicato.

émanciper [emɑ̃sipe] v. tr. JUR., POLIT. emancipare. ◆ v. pr. JUR., POLIT. emanciparsi. ‖ [comportement] spregiudicarsi ; liberarsi dalle convenzioni.

émaner [emane] v. intr. **(de)** emanare, esalarsi, sprigionarsi (da). ‖ FIG. emanare, derivare, procedere (da).

émargement [emarʒəmɑ̃] m. ADM., COMM. firma f. (in margine). | *feuille d'émargement*, foglio di presenza.

émarger [emarʒe] v. tr. [couper les marges] smarginare. ‖ ADM., COMM. firmare (in margine). ◆ v. tr. ind **(à)** riscuotere uno stipendio (da). | *émarger au budget*, ricevere uno stipendio dallo Stato.

émasculation [emaskylasjɔ̃] f. MÉD. et FIG. evirazione.

émasculer [emaskyle] v. tr. MÉD. et FIG. evirare.

embâcle [ɑ̃bɑkl] m. = ghiaccio che ostruisce un corso d'acqua.

emballage [ɑ̃balaʒ] m. [action] imballaggio. ‖ [ce qui sert à emballer] imballaggio, involucro. | *papier d'emballage*, carta da imballaggio. | *sans emballage, emballage non compris*, imballaggio escluso.

emballement [ɑ̃balmɑ̃] m. [cheval] imbizzarrimento. ‖ [moteur] (l')imballarsi. ‖ FIG., FAM. [mouvement irréfléchi] impeto (d'ira, d'entusiasmo, d'ammirazione) ; [amour] cotta f., infatuazione f.

emballer [ɑ̃bale] v. tr. [empaqueter] imballare. | *emballer dans une caisse*, incassare. ‖ FAM. [réprimander] sgridare (L.C.). ‖ POP. [arrêter] impacchettare, acciuffare (fam.). ‖ AUTOM. *emballer le moteur*, imballare il motore. ‖ FIG., FAM. [enthousiasmer] entusiasmare, infervorare, estasiare (L.C.). | *être emballé par qn, qch.*, essere entusiasta per, di qlcu., qlco. ◆ v. pr. [cheval] imbizzarrirsi. ‖ [moteur] imballarsi. ‖ FIG. FAM. [colère] imbizzarrirsi, accendersi, eccitarsi (L.C.) ; [amour] entusiasmarsi, incapricciarsi, invaghirsi, infatuarsi (L.C.). ‖ FAM. [se hâter trop] precipitarsi (L.C.). | *ne nous emballons pas*, abbi (2e pers.), abbia (3e pers.) pazienza. | *il ne s'emballe pas*, se la prende con calma.

emballeur [ɑ̃balœr] m. imballatore.

embarbouiller [ɑ̃barbuje] v. tr. imbrattare. ‖ FAM. imbrogliare. ◆ v. pr. FAM. imbrogliarsi.

embarcadère [ɑ̃barkadɛr] m. MAR. pontile, imbarcatoio, imbarcadero, imbarco.

embarcation [ɑ̃barkasjɔ̃] f. imbarcazione, natante m.

embardée [ɑ̃barde] f. MAR., AUTOM. sbandata, sbandamento m. | *faire une, des embardées*, sbandare v. intr. ‖ AÉR. imbardata.

embargo [ɑ̃bargo] m. COMM., MAR. embargo. | *mettre, lever l'embargo sur qch.*, mettere, togliere l'embargo su qlco.

embarqué, e [ɑ̃barke] adj. *aviation embarquée*, aerei su una portaerei.

embarquement [ɑ̃barkəmɑ̃] m. MAR. imbarco. ‖ [inscription d'un marin] iscrizione (f.) nel ruolo d'equipaggio. | *fiche d'embarquement*, carta d'imbarco.

embarquer [ɑ̃barke] v. tr. MAR. imbarcare. | *embarquer de l'eau*, imbarcare acqua. ‖ FIG. [engager] imbarcare. | *embarquer qn dans une affaire*, imbarcare qlcu. in un affare. | *être embarqué sur la même galère*, essere tutti nella stessa barca. ‖ FAM. [emprisonner] impacchettare ; [dérober] = portar qlco. con sé. ◆ v. intr. [sur navire et autres véhicules] imbarcarsi. ◆ v. pr. imbarcarsi. ‖ FIG. *s'embarquer dans une sale affaire*, imbarcarsi, cacciarsi, impelagarsi in un brutto affare.

embarras [ɑ̃bara] m. [obstacle] ostacolo, impaccio, intralcio, impedimento, imbarazzo. | *créer des embarras à qn*, ostacolare, intralciare qlcu. ; creare ostacoli, impedimenti a qlcu. ‖ [encombrement] ingombro, ingorgo. | *embarras de voitures*, imbottigliamento, ingorgo di macchine ; congestione f. ‖ [confusion] confusione f., imbroglio. ‖ FIG. [difficulté, gêne] imbarazzo, disagio, noia f., impiccio, difficoltà f. | *être, mettre dans l'embarras*, essere, mettere in imbarazzo ; stare, mettere a disagio. | *se tirer d'embarras*, trarsi d'impiccio. | *embarras (d'argent)*, difficoltà finanziarie, strettezze f. pl. | *vivre dans l'embarras*, vivere in strettezze. ‖ [irrésolution, perplexité] imbarazzo, perplessità f., irresolutezza f. ‖ [trouble] disagio, confusione, turbamento, imbarazzo. ‖ MÉD. *embarras gastrique*, imbarazzo di stomaco. ◆ pl. FIG., PÉJOR. *faire des embarras*, far complimenti, smancerie. | *faiseur d'embarras*, (uomo) complimentoso, smanceroso, lezioso, affettato.

embarrassant, e [ɑ̃barasɑ̃, ɑ̃t] adj. [qui encombre] ingombrante. ‖ [incommode] ingombrante, incomodo, scomodo. ‖ [difficile] imbarazzante.

embarrassé, e [ɑ̃barase] adj. [gêné] imbarazzato, impacciato, impedito. | *être embarrassé de sa personne*, essere impacciato. ‖ FIG. [embrouillé] imbrogliato, intricato. | *affaire embarrassée*, affare imbrogliato, intricato. | *prononciation embarrassée*, pronunzia stentata. ‖ [troublé] imbarazzato, sconcertato, turbato ; [irrésolu] irresoluto, perplesso. | *il est embarrassé pour répondre*, è imbarazzato a rispondere. ‖ MÉD. imbarazzato.

embarrasser [ɑ̃barase] v. tr. imbarazzare. ‖ [encombrer] ingombrare, imbarazzare, impacciare. | *ce manteau m'embarrasse*, questo mantello m'imbarazza, m'ingombra. ‖ [gêner] dar noia, fastidio a ; mettere a disagio, in imbarazzo. | *cette visite m'embarrasse*, questa visita m'imbarazza, mi mette in imbarazzo, mi dà fastidio. ‖ FIG. [troubler] imbarazzare, turbare, sconcertare ; mettere a disagio, in imbarazzo. | *ta question m'embarrasse*, la tua domanda m'imbarazza, mi mette in imbarazzo. | *rien ne l'embarrasse*, niente lo imbarazza, turba, sconcerta ; non si turba, non si sconcerta per nulla. ‖ MÉD. imbarazzare. ◆ v. pr. *s'embarrasser les pieds dans qch.*, impigliarsi i piedi in qlco. ‖ [s'encombrer] *s'embarrasser de bagages*, ingombrarsi, imbarazzarsi di bagagli. ‖ FIG. [se charger] *s'embarrasser de qn, d'une affaire*, incaricarsi, occuparsi di qlcu., di un affare. ‖ [s'embrouiller] imbrogliarsi, confondersi. | *s'embarrasser dans ses mensonges*, imbrogliarsi nelle proprie bugie. ‖ [se troubler] turbarsi, sconcertarsi, sgomentarsi.

embase [ɑ̃bɑz] f. basamento, supporto m.

embastiller [ɑ̃bastije] v. tr. [à la Bastille] incarcerare, imprigionare nella Bastiglia (vx). ‖ [en prison] imprigionare, incarcerare.

embattage [ɑ̃bataʒ] m. cerchiatura (f.) a caldo.

embattre [ɑ̃batr] v. tr. cerchiare a caldo.

embauchage [ɑ̃boʃaʒ] m. ou **embauche** [ɑ̃boʃ] f. assunzione f. | *bureau d'embauche*, ufficio di assunzione dei lavoratori.

embaucher [ɑ̃boʃe] v. tr. assumere. ‖ FAM. [entraîner] reclutare.

embaucheur, euse [ɑ̃boʃœr, øz] n. [privé] datore, datrice di lavoro ; [officiel] collocatore, trice.

embauchoir [ɑ̃boʃwar] m. forma f. (da scarpe).

embaumement [ɑ̃bommɑ̃] m. imbalsamazione f.

embaumer [ɑ̃bome] v. tr. [un mort] imbalsamare. ‖ [parfumer] profumare. | *la lavande embaume le linge*, la lavanda profuma la biancheria. ‖ [répandre une bonne odeur] odorare di. | *le jardin embaume le jasmin*, il giardino odora di gelsomino. ◆ v. intr. odorare ; olezzare (littér.). | *qui embaume*, odoroso, olezzante adj.

embaumeur, euse [ɑ̃bomœr, øz] n. imbalsamatore, trice.

embecquer [ɑ̃beke] v. tr. [un oiseau] imbeccare. ‖ *embecquer l'hameçon*, innescare l'amo.

embéguiner (s') [sɑ̃begine] v. pr. FIG., FAM. *s'embéguiner pour qn, pour qch.*, infatuarsi, incapricciarsi di qlcu., di qlco. (L.C.).

embellie [ɑ̃beli] f. schiarita.

embellir [ɑ̃belir] v. tr. [rendre beau] abbellire, imbellire. ‖ [orner] abbellire, adornare. ‖ FIG. [enjoliver] abbellire, imbellire, imbellettare. | *un récit très embelli*, un racconto molto abbellito, con tante frange. ◆ v. intr. imbellire. | *elle a embelli*, è imbellita, si è fatta bella.

embellissement [ɑ̃belismɑ̃] m. [action d'embellir ; ornement] abbellimento.

emberlificoter [ɑ̃bɛrlifikɔte] v. tr. FAM. impigliare ; aggrovigliare (L.C.). | *être emberlificoté dans une corde*, essere impigliato in una corda. | *fil emberlificoté*, filo aggrovigliato. ‖ FIG. [faire tomber dans un piège] infinocchiare ; imbrogliare, raggirare (L.C.). ◆ v. pr. *s'emberlificoter dans sa traîne*, impigliarsi nello strascico (L.C.). ‖ FIG. *s'emberlificoter dans ses explications*, ingarbugliarsi nelle proprie spiegazioni.

embêtant, e [ɑ̃bɛtɑ̃, ɑ̃t] adj. FAM. seccante ; noioso, fastidioso, molesto (L.C.). ◆ n. m. *l'embêtant c'est que*, la seccatura, il brutto è che.

embêtement [ɑ̃bɛtmɑ̃] m. FAM. seccatura f. ; scocciatura f. (pop.). | *être dans les embêtements jusqu'au cou*, essere nei pasticci fino al collo.

embêter [ɑ̃bete] v. tr. FAM. [ennuyer] seccare ; annoiare, infastidire (L.C.). ‖ [agacer] seccare ; rompere le scatole a, scocciare (pop.). ‖ [causer des soucis] preoccupare, impensierire. ◆ v. pr. FAM. [s'ennuyer] seccarsi ; scocciarsi (pop.) ; annoiarsi (L.C.). | *ce qu'on s'embête !*, che barba !

emblave [ɑ̃blav] f. AGR. novale.

emblaver [ɑ̃blave] v. tr. AGR. [blé] seminare a grano ; [autre céréale] seminare.

emblavure [ɑ̃blavyr] f. terreno seminato a grano.

emblée (d') [dɑ̃ble] loc. adv. di primo acchito, a tutta prima, fin da principio, subito, di colpo, di punto in bianco.

emblématique [ɑ̃blematik] adj. emblematico.

emblème [ɑ̃blɛm] m. emblema.

embobeliner [ɑ̃bɔbline] v. tr. FAM. imbrogliare (L.C.) ; incastrare (pop.).

embobiner [ɑ̃bɔbine] v. tr. TECHN. [enrouler] avvolgere su un rocchetto, su una bobina. ‖ FAM. [enjôler] V. EMBOBELINER.

emboîtage [ɑ̃bwataʒ] m. TECHN. incassatura f. ‖ [reliure] cofanetto, custodia f.

emboîtement [ɑ̃bwatmɑ̃] m. TECHN. incastro.

emboîter [ɑ̃bwate] v. tr. TECHN. incassare. ‖ LOC. *emboîter le pas à qn* = [marcher derrière qn] seguire i passi di qlcu. ; [imiter qn] calcare le orme di qlcu. ◆ v. pr. incassarsi.

embolie [ɑ̃bɔli] f. MÉD. embolia.

embonpoint [ɑ̃bɔ̃pwɛ̃] m. grassezza f., pinguedine f. | *prendre de l'embonpoint*, ingrassare, impinguire v. intr. ; ingrassarsi v. pr.

embossage [ɑ̃bɔsaʒ] m. MAR. imbozzatura f. | *ligne d'embossage*, linea d'ancoraggio.

embosser [ɑ̃bɔse] v. tr. MAR. imbozzare, abbozzare. ◆ v. pr. MAR. imbozzarsi.

embouche [ɑ̃buʃ] f. *(pré d') embouche* = prato per l'ingrasso di bovini. ‖ [engraissement] = ingrasso (m.) di bovini.

embouché, e [ɑ̃buʃe] adj. FIG., FAM. *mal embouché*, sboccato.

emboucher [ɑ̃buʃe] v. tr. MUS. imboccare. ‖ FIG. *emboucher la trompette*, dar fiato alle trombe.

embouchure [ɑ̃buʃyr] f. [de cours d'eau] foce. | *avoir son embouchure dans la Méditerranée*, sfociare, metter foce, sboccare nel Mediterraneo. ‖ [ouverture] imboccatura ; [d'un porte-voix] boccaglio m. ‖ MUS. imboccatura, boccaglio. ‖ [du mors] imboccatura.

embouquer [ɑ̃buke] v. tr. et intr. MAR. imboccare.

embourber [ɑ̃burbe] v. tr. affondare (nel fango). ◆ v. pr. impantanarsi, impaludarsi ; affondare v. intr. ‖ FIG. impelagarsi, impegolarsi.

embourgeoisement [ɑ̃burʒwazmɑ̃] m. imborghesimento.

embourgeoiser [ɑ̃burʒwaze] v. tr. imborghesire. ◆ v. pr. imborghesirsi ; imborghesire v. intr.

embourrer [ɑ̃bure] v. tr. imbottire (con borra), felpare.

embout [ɑ̃bu] m. [canne ; outil] ghiera f. ‖ [seringue] attacco.

embouteillage [ɑ̃butɛjaʒ] m. imbottigliamento. ‖ FIG. [encombrement] imbottigliamento, ingorgo, congestione f.

embouteiller [ɑ̃buteje] v. tr. imbottigliare. ‖ FIG. [obstruer] imbottigliare, ingorgare, congestionare.

emboutir [ɑ̃butir] v. tr. TECHN. imbutire. | *presse à emboutir*, pressa per imbutitura. | *tôle emboutie*, lamiera imbutita. ‖ FIG., FAM. [heurter violemment] investire, urtare (L.C.). | *le camion a embouti l'arrière de ma voiture*, il camion ha investito, urtato la parte posteriore della mia macchina. | *j'ai embouti une aile*, ho danneggiato, sfondato un parafango. ◆ v. pr. *s'emboutir contre un arbre*, investire, urtare un albero.

emboutissage [ɑ̃butisaʒ] m. TECHN. imbutitura f. ; imbutissaggio (gall.).

emboutisseur [ɑ̃butisœr] m. [ouvrier] imbutitore.
emboutissoir [ɑ̃butiswar] m. ou **emboutisseuse** [ɑ̃butisøz] f. [machine] imbutitrice f. ; [marteau] imbutitoio m.
embranchement [ɑ̃brɑ̃ʃmɑ̃] m. BOT. ramificazione f., propaggine f., diramazione f. ‖ FIG. [voies, routes, tuyaux] diramazione, ramo, propaggine, bivio, biforcazione f. ‖ ZOOL. ramificazione.
embrancher [ɑ̃brɑ̃ʃe] v. tr. collegare, congiungere, riunire. ◆ v. pr. collegarsi, congiungersi, innestarsi.
embrasement [ɑ̃brazmɑ̃] m. [incendie] grande, vasto incendio. ‖ [rougeoiement] *l'embrasement du ciel*, l'avvampare del cielo. ‖ [feu d'artifice] = pezzo finale di maggior effetto. ‖ [illumination] illuminazione (f.) a giorno. ‖ FIG. *l'embrasement des passions*, il divampare delle passioni. ‖ [guerre, révolution] conflagrazione f.
embraser [ɑ̃braze] v. tr. LITTÉR. incendiare, infiammare (L.C.). | *le soleil couchant embrase l'horizon*, il sole al tramonto incendia l'orizzonte. ‖ [chauffer] infocare. | *le soleil embrase le sable*, il sole infuoca, arroventa la sabbia. ‖ FIG. *embraser d'amour*, accendere d'amore. | *embraser les cœurs*, infiammare i cuori. ◆ v. pr. [brûler] divampare v. intr. ‖ LITTÉR. *le ciel s'embrasa au couchant*, il cielo avvampò ad occidente. ‖ FIG. accendersi, infiammarsi.
embrassade [ɑ̃brasad] f. ou **embrassement** [ɑ̃brasmɑ̃] m. abbraccio m. ; amplesso m. (littér.).
embrasse [ɑ̃bras] f. bracciale (m.) reggitenda (inv.).
embrasser [ɑ̃brase] v. tr. [entourer de ses bras] abbracciare. ‖ [baiser] baciare. | *embrasser sur le front*, baciare sulla fronte, in fronte. ‖ [entourer] abbracciare, cingere, circondare. ‖ FIG. [contenir ; s'étendre sur] abbracciare, comprendere, contenere ; stendersi su, per. | *embrasser du regard*, abbracciare con lo sguardo. ‖ [adopter] abbracciare, scegliere ; dedicarsi a. | *embrasser une carrière, le parti de qn*, abbracciare una carriera, il partito di qlcu. ‖ PROV. *qui trop embrasse mal étreint*, chi troppo abbraccia nulla stringe. ◆ v. pr. [se serrer mutuellement dans les bras] abbracciarsi. ‖ [échanger des baisers] baciarsi.
embrasure [ɑ̃brazyr] f. ARCHIT. vano m., strombatura, strombo m. ‖ MIL. cannoniera.
embrayage [ɑ̃brɛjaʒ] m. [action] innesto, innestamento. ‖ [mécanisme] innesto ; AUTOM. frizione f. | *embrayage automatique*, frizione automatica.
embrayer [ɑ̃breje] v. tr. innestare. ‖ FAM. [reprendre le travail] attaccare. ‖ [commencer à discourir] *embrayer sur la cherté de la vie*, partire sul carovita.
embrayeur [ɑ̃brejœr] m. MÉC. leva (f.) d'innesto. ‖ LING. commutatore.
embrigader [ɑ̃brigade] v. tr. VX, MIL. = riunire in una brigata. ‖ FIG. [réunir] arruolare, mobilitare, reclutare. ‖ PÉJOR. *se laisser embrigader dans un parti*, lasciarsi inregimentare in un partito.
embringuer [ɑ̃brɛ̃ge] v. tr. FAM. V. EMBRIGADER FIG. | *se laisser embringuer dans une sale affaire*, lasciarsi coinvolgere in una faccendaccia.
embrocation [ɑ̃brɔkasjɔ̃] f. PHARM. embrocazione.
embrocher [ɑ̃brɔʃe] v. tr. infilzare (nello spiedo). ‖ FAM. [transpercer] infilzare ; trafiggere (L.C.).
embrouillamini [ɑ̃brujamini] m. FAM. imbroglio, pasticcio, garbuglio.
embrouillement [ɑ̃brujmɑ̃] m. imbroglio, confusione f.
embrouiller [ɑ̃bruje] v. tr. imbrogliare, ingarbugliare, aggrovigliare, intricare. ‖ FIG. [compliquer] *embrouiller une affaire*, imbrogliare, ingarbugliare un affare. ‖ [troubler] *embrouiller qn*, imbrogliare, ingarbugliare, raggirare qlcu. ◆ v. pr. imbrogliarsi, aggrovigliarsi, intricarsi. ‖ FIG. *s'embrouiller dans ses discours*, imbrogliarsi, ingarbugliarsi nei propri discorsi.
embroussaillé, e [ɑ̃brusaje] adj. *terrain embroussaillé*, terreno inselvatichito, sterposo, prunoso, spinoso ; spineto m., sterpeto m., pruneto m., sterpaia f., prunaio m. ‖ FIG. [en désordre] arruffato, irto. | *cheveux embroussaillés*, capelli arruffati.
embruiné, e [ɑ̃brɥine] adj. coperto di acquerugiola.
embrumer [ɑ̃bryme] v. tr. annebbiare. ‖ FIG. annebbiare, oscurare, ottenebrare.
embruns [ɑ̃brœ̃] m. pl. spruzzi delle onde.
embryologie [ɑ̃brijɔlɔʒi] f. MÉD. embriologia.
embryon [ɑ̃brijɔ̃] m. BIOL. et FIG. embrione.
embryonnaire [ɑ̃brijɔnɛr] adj. BIOL. et FIG. embrionale.
embu, e [ɑ̃by] adj. smorto, annerito. ◆ n. m. annerimento.
embûche [ɑ̃byʃ] f. insidia, tranello m., trappola.
embuer [ɑ̃bɥe] v. tr. appannare.
embuscade [ɑ̃byskad] f. imboscata, agguato m., insidia, tranello m.
embusqué [ɑ̃byske] adj. et n. m. FAM. imboscato.
embusquer [ɑ̃byske] v. tr. mettere, porre in agguato, in imboscata. ◆ v. pr. appostarsi, mettersi in agguato. ‖ FAM. imboscarsi.
éméché, e [emeʃe] adj. FAM. brillo, alticcio.
émécher [emeʃe] v. tr. FAM. sbronzare.
émeraude [emrod] f. MINÉR. smeraldo m. | *d'émeraude*, di smeraldo : smeraldino adj. ◆ adj. inv. smeraldino.
émergence [emɛrʒɑ̃s] f. PHYS. emergenza.
émergent, e [emɛrʒɑ̃, ɑ̃t] adj. emergente.
émerger [emɛrʒe] v. intr. [sortir de l'eau] emergere, affiorare. ‖ [se montrer, sortir] spuntare, apparire, uscire. | *le soleil émergea des nuages*, il sole spuntò fuori, emerse, uscì dalle nuvole. ‖ FIG. emergere, segnalarsi, distinguersi.
émeri [emri] m. smeriglio. | *bouchon à l'émeri*, tappo smerigliato. | *papier, toile (d') émeri*, carta, tela smerigliata : carta, tela smeriglio. | *passer à l'émeri*, smerigliare. ‖ FIG., FAM. *bouché à l'émeri*, duro di comprendonio : zuccone, a (adj. et n.).
émerillon [emrijɔ̃] m. ZOOL. smeriglio. ‖ TECHN., MAR. gancio a mulinello.
émérite [emerit] adj. [expérimenté] esperto, bravo, valente, emerito. | *tireur émérite*, tiratore scelto, emerito. ‖ VX [honoraire] *professeur émérite*, professore emerito.
émersion [emɛrsjɔ̃] f. ASTR. emersione. ‖ PHYS. emergenza.
émerveillement [emɛrvɛjmɑ̃] m. meraviglia f., maraviglia f., stupore.
émerveiller [emɛrveje] v. tr. meravigliare, stupire. ◆ v. pr. meravigliarsi, stupirsi ; trasecolare, strabiliare v. intr.
émétique [emetik] adj. et n. m. emetico.
émetteur, trice [emɛtœr, tris] adj. et n. COMM. traente. ‖ RAD., T.V. trasmittente. | *(poste) émetteur*, radiotrasmettitore, radiotrasmittente ; T.V. teletrasmettitore. | *station émettrice*, (stazione) trasmittente f.
émettre [emɛtr] v. tr. [produire] emettere ; mandar fuori, produrre. ‖ FIG. [exprimer] *émettre un vœu, une opinion*, esprimere un voto, un'opinione. | *émettre un jugement*, emettere un giudizio. | *émettre un ordre*, emettere, emanare un ordine. ‖ COMM. *émettre une traite*, emettere, spiccare una tratta. | *émettre un chèque*, emettere un assegno. ‖ FIN. *émettre des billets, un emprunt*, emettere dei biglietti, un prestito. ‖ TÉLÉCOM. trasmettere ; RAD. radiotrasmettere ; T.V. teletrasmettere.
émeu [emø] m. ZOOL. emù.
émeute [emøt] f. sommossa, tumulto m.
émeutier [emøtje] m. rivoltoso, sedizioso.
émiettement [emjɛtmɑ̃] m. sbriciolamento, sminuzzamento, spezzettamento. ‖ FIG. *émiettement du pouvoir, des responsabilités*, frazionamento del potere, delle responsabilità. | *émiettement des énergies*, dispersione (f.) delle energie.
émietter [emjete] v. tr. sbriciolare, sminuzzare, spezzettare, frantumare. | *émietter une propriété*, spezzettare, frazionare una proprietà. ◆ v. pr. sbriciolarsi, sminuzzarsi, spezzettarsi, frantumarsi.
émigrant, e [emigrɑ̃, ɑ̃t] n. emigrante.
émigration [emigrasjɔ̃] f. emigrazione, espatrio m. ; [animaux] migrazione. | *bureau d'émigration*, ufficio

emigrazione. | *émigration de capitaux*, emigrazione di capitali.
émigré, e [emigre] adj. et n. emigrato.
émigrer [emigre] v. intr. emigrare, espatriare ; [animaux] migrare ; emigrare (rare).
émincé [emɛ̃se] m. CULIN. = fetta sottile (di carne, di pollo).
émincer [emɛ̃se] v. tr. affettare ; tagliare a fette.
éminence [eminɑ̃s] f. [hauteur] eminenza, altura. || [saillie] prominenza, sporgenza. || [qualité] eminenza. || [titre] Eminenza. || FIG. *éminence grise*, eminenza grigia.
éminent, e [eminɑ̃, ɑ̃t] adj. VX [élevé] eminente (littér.). || FIG. [insigne] *éminents services*, eminenti servigi. || [remarquable] *un éminent personnage*, un eminente personaggio. | *mon éminent collègue*, il mio esimio collega.
émir [emir] m. emiro.
émirat [emira] m. emirato.
émissaire [emisɛr] adj. mandatario. || LOC. *bouc émissaire*, capro espiatorio. ◆ n. m. emissario, mandatario. || GÉOGR. emissario.
émission [emisjɔ̃] f. [production ; mise en circulation] emissione. | *institut d'émission*, istituto d'emissione. | *émission d'un emprunt*, lancio (m.) d'un prestito. || MÉD. *émission d'urine*, eliminazione, espulsione d'urina. || PHYS. emissione. || RAD., T.V. trasmissione ; RAD. radiotrasmissione ; T.V. teletrasmissione. | *émission en direct*, ripresa diretta. | *émission en différé*, (trasmissione d'una) registrazione.
emmagasinage [ɑ̃magazinaʒ] m. immagazzinamento.
emmagasiner [ɑ̃magazine] v. tr. PR. et FIG. immagazzinare.
emmailloter [ɑ̃majɔte] v. tr. fasciare.
emmancher [ɑ̃mɑ̃ʃe] v. tr. mettere un manico a. ◆ v. pr. FIG., FAM. [commencer] avviarsi. | *l'affaire s'emmanche mal*, l'affare è mal avviato.
emmanchure [ɑ̃mɑ̃ʃyr] f. attacco (m.) della manica.
emmêler [ɑ̃mele] v. tr. imbrogliare, aggrovigliare, ingarbugliare, intricare. | *emmêler un écheveau*, imbrogliare una matassa. || FIG. imbrogliare, complicare, ingarbugliare. ◆ v. pr. intricarsi, aggrovigliarsi, ingarbugliarsi.
emménagement [ɑ̃menaʒmɑ̃] m. installazione (f.), sistemazione (f.) in un nuovo alloggio.
emménager [ɑ̃menaʒe] v. intr. installarsi, sistemarsi (v. pr.) in un nuovo alloggio.
emmener [ɑ̃mne] v. tr. portare (via), condurre (via). | *emmener un ami avec soi*, portare un amico con sé. | *les gendarmes emmenèrent le voleur*, i carabinieri portarono via, condussero via il ladro.
emmerdant, e [ɑ̃mɛrdɑ̃, ɑ̃t] adj. POP. scocciante (fam.).
emmerdement [ɑ̃mɛrdəmɑ̃] m. POP. scocciatura f. (fam.).
emmerder [ɑ̃mɛrde] v. tr. POP. rompere le scatole a ; scocciare (fam.). ◆ v. pr. POP. seccarsi (fam.).
emmerdeur, euse [ɑ̃mɛrdœr, øz] n. POP. rompiscatole n. inv. ; scocciatore, trice (fam.).
emmétrope [ɑ̃metrɔp] adj. et n. emmetrope.
emmiellé, e [ɑ̃mjele] adj. [flatteur] melato, mellifluo.
emmieller [ɑ̃mjele] v. tr. (euph.) [importuner] V. EMMERDER.
emmitoufler [ɑ̃mitufle] v. tr. imbacuccare, infagottare. ◆ v. pr. imbacuccarsi, infagottarsi.
emmurer [ɑ̃myre] v. tr. PR. et FIG. murare. ◆ v. pr. murarsi, (rin)chiudersi.
émoi [emwa] m. [trouble] subbuglio, fermento, effervescenza f. | *mettre, être en émoi*, mettere, essere in subbuglio. || [émotion] emozione f., sgomento.
émollient, e [emɔljɑ̃, ɑ̃t] adj. et n. m. emolliente.
émolument [emɔlymɑ̃] m. JUR. quota ereditaria. ◆ pl. [rétribution] emolumenti ; onorario m. sing.
émondage [emɔ̃daʒ] m. sfrondatura f., potatura f.
émonder [emɔ̃de] v. tr. sfrondare, potare.
émondeur [emɔ̃dœr] m. potatore.
émotif, ive [emɔtif, iv] adj. [qui a rapport à l'émotion] emotivo. || [qui s'émeut] emotivo, impressionabile, sensibile.
émotion [emosjɔ̃] f. emozione, turbamento m.
émotionnant, e [emosjɔnɑ̃, ɑ̃t] adj. emozionante.
émotionner [emosjɔne] v. tr. emozionare, impressionare.
émotivité [emɔtivite] f. emotività.
émotter [emɔte] v. tr. AGR. frangere le zolle di.
émotteuse [emɔtøz] f. AGR. frangizolle m. inv.
émouchet [emuʃɛ] m. ZOOL. gheppio.
émouchette [emuʃɛt] f. moscaiola (per cavalli).
émoulu, e [emuly] adj. LOC. *frais émoulu de*, appena uscito da. | *frais émoulu de l'école*, fresco di studi.
émousser [emuse] v. tr. smussare ; ottundere (littér.). || FIG. smussare, attenuare, fiaccare ; ottundere (littér.). | *émousser le courage*, smussare, fiaccare il coraggio. ◆ v. pr. smussarsi. || FIG. smussarsi, attenuarsi, fiaccarsi.
émoustillant, e [emustijɑ̃, ɑ̃t] adj. FAM. stuzzicante, eccitante (L.C.).
émoustiller [emustije] v. tr. FAM. stuzzicare, eccitare (L.C.).
émouvant, e [emuvɑ̃, ɑ̃t] adj. commovente.
émouvoir [emuvwar] v. tr. [troubler, toucher] commuovere, turbare, intenerire, impietosire. ◆ v. pr. commuoversi, turbarsi, intenerirsi, impietosirsi. | *s'émouvoir de qch.*, rimaner commosso, essere turbato da qlco. ; inquietarsi di qlco.
empaillage [ɑ̃pajaʒ] ou **empaillement** [ɑ̃pajmɑ̃] m. impagliatura f.
empailler [ɑ̃paje] v. tr. impagliare.
empailleur, euse [ɑ̃pajœr, øz] n. impagliatore, trice.
empaler [ɑ̃pale] v. tr. impalare. ◆ v. pr. *s'empaler sur qch.*, infilzarsi su qlco.
empan [ɑ̃pɑ̃] m. palmo, spanna f.
empanaché, e [ɑ̃panaʃe] adj. impennacchiato, pennacchiuto.
empanacher [ɑ̃panaʃe] v. tr. impennacchiare.
empaquetage [ɑ̃paktaʒ] m. [action] (l')impacchettare. || [résultat] pacco m.
empaqueter [ɑ̃pakte] v. tr. impacchettare.
emparer (s') [sɑ̃pare] v. pr. **(de)** PR. et FIG. impadronirsi, impossessarsi (di).
empâté, e [ɑ̃pɑte] adj. *visage empâté*, viso imbolsito. || ART impastato.
empâtement [ɑ̃pɑtmɑ̃] m. AGR. ingrassamento, ingrasso, impinguamento. | *empâtement de la volaille*, ingrasso del pollame. || ART impasto. || [des traits, de la silhouette] ingrassamento ; pinguedine (f.) incipiente. || [de la langue] patina f. (linguale).
empâter [ɑ̃pɑte] v. tr. AGR. impinzare, impinguare, ingrassare. || ART impastare. ◆ v. pr. appesantirsi ; imbolsire, ingrossare v. intr.
empattement [ɑ̃patmɑ̃] m. ARCHIT. basamento, zoccolo. || AUTOM. interasse, passo. || TECHN. calettamento, calettatura f.
empaumer [ɑ̃pome] v. tr. POP. infinocchiare (fam.).
empêchement [ɑ̃pɛʃmɑ̃] m. impedimento, ostacolo, difficoltà f. | *j'ai eu un empêchement*, sono stato impedito. | *ne pas faire, mettre d'empêchement*, non fare, suscitare difficoltà ; assentire. || JUR. impedimento.
empêché, e [ɑ̃peʃe] adj. occupato, impegnato.
empêcher [ɑ̃peʃe] v. tr. impedire ; [interdire] proibire ; [gêner] ostacolare, impacciare. | *rien n'empêche qu'il (ne) soit heureux*, niente impedisce ch'egli sia felice. | *empêcher qn de faire qch.*, impedire a qlcu. di fare qlco. || LOC. *cela n'empêche pas que, (il) n'empêche que* (ind.), ciò non toglie che (subj.) ; con tutto ciò ; nonostante tutto. ◆ v. pr. **(de)** trattenersi, astenersi (dal) ; fare a meno (di).
empêcheur, euse [ɑ̃pɛʃœr, øz] n. FAM. *empêcheur, empêcheuse de danser en rond*, guastafeste inv.
empeigne [ɑ̃pɛɲ] f. tomaio m., tomaia. || POP. *gueule d'empeigne*, brutto ceffo.
empennage [ɑ̃pɛnaʒ] m. AÉR. impennaggio.
empenne [ɑ̃pɛn] f. impennatura.
empenné, e [ɑ̃pɛne] adj. impennato.
empereur [ɑ̃prœr] m. imperatore.

emperler [ɑ̃pɛrle] v. tr. PR. et FIG. imperlare.
empesage [ɑ̃pəzaʒ] m. inamidatura f., insaldatura f.
empesé, e [ɑ̃pəze] adj. FIG. affettato, inamidato.
empeser [ɑ̃pəze] v. tr. inamidare, insaldare.
empester [ɑ̃pɛste] v. tr. PR. (rare) et FIG. appestare, ammorbare, contaminare. ‖ [mauvaise odeur] appestare, appuzzare. ◆ v. intr. puzzare.
empêtré, e [ɑ̃petre] adj. FIG. impacciato, goffo.
empêtrer [ɑ̃petre] v. tr. PR. [entraver] impastoiare. ‖ FIG. *empêtrer qn dans une mauvaise affaire*, mettere, cacciar qlcu. in un brutto affare. ◆ v. pr. impigliarsi, intricarsi. | *s'empêtrer dans un filet*, impigliarsi in una rete. ‖ FIG. impigliarsi ; (absol.) impegolarsi, impelagarsi. ‖ [s'embarrasser] impacciarsi, ingombrarsi.
emphase [ɑ̃fɑz] f. enfasi.
emphatique [ɑ̃fatik] adj. enfatico.
emphysème [ɑ̃fizɛm] m. MÉD. enfisema.
emphytéose [ɑ̃fiteoz] f. JUR. enfiteusi.
emphytéotique [ɑ̃fiteɔtik] adj. JUR. *bail emphytéotique*, locazione enfiteutica.
empiècement [ɑ̃pjɛsmɑ̃] m. MODE sprone ; carré (fr.).
empierrement [ɑ̃pjɛrmɑ̃] m. imbrecciatura f.
empierrer [ɑ̃pjere] v. tr. imbrecciare.
empiétement [ɑ̃pjɛtmɑ̃] m. **(sur)** sconfinamento (in). ‖ [extension] *empiétement de la mer sur les terres*, avanzata (f.) del mare sopra le terre. ‖ FIG. usurpazione f., abuso, sopruso.
empiéter [ɑ̃pjete] v. intr. **(sur)** sconfinare (in). ‖ [s'étendre] *la mer empiète sur les terres*, il mare avanza sopra le terre. ‖ FIG. invadere, usurpare, ledere. | *empiéter sur (les droits de) qn*, invadere, usurpare i diritti di qlcu. ; camminare sul seminato di qlcu.
empiffrer (s') [sɑ̃pifre] v. pr. FAM. abbuffarsi, abboffarsi (pop.) ; rimpinzarsi (L.C.).
empilage [ɑ̃pilaʒ] ou **empilement** [ɑ̃pilmɑ̃] m. accatastamento, (l')accatastare.
empiler [ɑ̃pile] v. tr. accatastare, ammucchiare. ‖ POP. [duper] infinocchiare ; imbrogliare, accalappiare (fam.) ; ingannare (L.C.). ◆ v. pr. ammucchiarsi, ammassarsi ; [chose seulement] accatastarsi.
empire [ɑ̃pir] m. impero ; imperio (littér.). | *le Saint Empire romain germanique*, il Sacro Romano Impero Germanico. | *style Empire*, stile Impero. ‖ FIG. [autorité, influence] *sous l'empire de*, in balia di, in signoria di, sotto l'influsso di. | *avoir de l'empire sur qn*, avere ascendente su qlcu. | *avoir de l'empire sur soi-même*, essere padrone di se stesso, dei propri nervi. ‖ LOC. [dans une phrase nég.] *pour un empire*, nemmeno per un impero.
empirer [ɑ̃pire] v. tr. peggiorare. ◆ v. intr. peggiorare. | *la situation a empiré*, la situazione è peggiorata.
empirique [ɑ̃pirik] adj. empirico. ◆ n. m. [guérisseur] empirico, guaritore ; medicone (pop.).
empirisme [ɑ̃pirism] m. empirismo.
empiriste [ɑ̃pirist] n. empirista.
emplacement [ɑ̃plasmɑ̃] m. posto, sito, luogo, posizione f., situazione f., area f. ; ubicazione f. (ADM.). | *emplacement d'une ville antique*, sito di un'antica città. | *emplacement d'un terrain de sport*, area di un campo sportivo. | *emplacement du futur ministère sur le plan d'urbanisation*, ubicazione sul piano regolatore del costruendo ministero. ‖ MIL. *emplacement des pièces d'artillerie*, postazione (f.) dei pezzi di artiglieria.
emplâtre [ɑ̃plɑtr] m. MÉD. impiastro. ‖ FAM. [personne apathique] mollaccione.
emplette [ɑ̃plɛt] f. comp(e)ra, acquisto m.
emplir [ɑ̃plir] v. tr. PR. et FIG. (ri)empire, colmare. ◆ v. pr. (ri)empirsi.
emplissage [ɑ̃plisaʒ] m. (rare) V. REMPLISSAGE.
emploi [ɑ̃plwa] m. [usage] uso, impiego. | *emploi des mots*, uso delle parole. | *emploi du temps :* [occupations] impiego del tempo ; [horaire] orario. | *mode d'emploi*, istruzioni per l'uso. | *faire double emploi avec*, fare il doppio con. | *ne pas avoir l'emploi de qch.*, non sapere cosa fare, cosa farsi di qlco. ‖ COMM. *emploi d'une somme*, impiego d'una somma. ‖ [occupation, fonction] impiego. | *offre, demande d'emploi*, offerta, richiesta d'impiego, di lavoro. | *être sans emploi*, essere senza impiego, senza lavoro ; essere disoccupato. | *plein emploi*, pieno impiego, piena occupazione. ‖ THÉÂTRE [rôle] parte f. ; ruolo (gall.). | *avoir le physique de l'emploi*, avere il fisico della parte, il fisico adatto.
employable [ɑ̃plwajabl] adj. impiegabile, usabile.
employé, e [ɑ̃plwaje] n. impiegato, a ; dipendente. | *employé de magasin, de bureau*, impiegato di negozio, d'ufficio. | *employé aux écritures*, copista m., scrivano m. | *les 2000 employés de cette usine*, i 2000 dipendenti di questa fabbrica. | *employé de banque*, impiegato di banca ; bancario m. | *employé du chemin de fer*, impiegato delle ferrovie ; ferroviere m. | *employé des postes*, postelegrafonico m. | *employée de maison*, lavoratrice domestica. | *les employés de l'État*, gli (impiegati) statali.
employer [ɑ̃plwaje] v. tr. [utiliser] impiegare, adoperare, usare ; servirsi di. | *employer tous les moyens*, impiegare ogni mezzo. ‖ [donner un emploi à] impiegare. ◆ v. pr. [sens pass.] impiegarsi, adoperarsi, usarsi. ‖ [sens réfl.] **(à)** studiarsi (di). | *s'employer en faveur de qn*, adoperarsi, darsi da fare in favore di qlcu., per qlcu.
employeur, euse [ɑ̃plwajœr, øz] n. datore, datrice di lavoro.
emplumer [ɑ̃plyme] v. tr. impiumare, impennare.
empocher [ɑ̃pɔʃe] v. tr. intascare.
empoignade [ɑ̃pwaɲad] f. FAM. alterco m., diverbio m. (L.C.).
empoigne [ɑ̃pwaɲ] f. FAM. *c'est la foire d'empoigne*, tutti si buttano all'arrembaggio ; è un arraffa arraffa.
empoigner [ɑ̃pwaɲe] v. tr. impugnare, afferrare. | *empoigner qn au collet*, afferrare qlcu. per il colletto. | *empoigner l'épée*, impugnare la spada. | *empoigner la rampe*, afferrare la ringhiera. ‖ FAM. *empoigner un voleur*, acciuffare un ladro. ‖ FIG. [émouvoir] commuovere. ◆ v. pr. [se battre] azzuffarsi, accapigliarsi.
empois [ɑ̃pwa] m. salda f.
empoisonnant, e [ɑ̃pwazɔnɑ̃, ɑ̃t] adj. FAM. seccante.
empoisonnement [ɑ̃pwazɔnmɑ̃] m. avvelenamento ; [crime] veneficio. ‖ FIG., FAM. seccatura f., grana f.
empoisonner [ɑ̃pwazɔne] v. tr. avvelenare. ‖ [infecter] appestare, ammorbare, infettare. ‖ FIG. [rendre amer] avvelenare, amareggiare, rovinare. | *empoisonner l'existence de qn*, avvelenare la vita di qlcu. ‖ [corrompre] corrompere, depravare, viziare. | *lectures qui empoisonnent la jeunesse*, letture che corrompono i giovani. ‖ FIG., FAM. *empoisonner qn*, seccare uno ; rompere le scatole a uno (pop.). ‖ [répandre une mauvaise odeur] appestare. ◆ v. intr. [puer] puzzare. ◆ v. pr. [sens réfl.] avvelenarsi. ‖ FIG. *s'empoisonner l'existence*, avvelenarsi l'esistenza, amareggiarsi. ‖ POP. [s'ennuyer] annoiarsi (L.C.).
empoisonneur, euse [ɑ̃pwazɔnœr, øz] n. avvelenatore, trice. ‖ FIG., FAM. seccatore, trice ; rompiscatole inv. (pop.).
empoisser [ɑ̃pwase] v. tr. impeciare.
empoissonner [ɑ̃pwasɔne] v. tr. = popolare di pesci, d'avannotti.
emport [ɑ̃pɔr] m. AÉR. *capacité d'emport*, capacità di carico.
emporté, e [ɑ̃pɔrte] adj. collerico, violento.
emportement [ɑ̃pɔrtəmɑ̃] m. sfuriata f. ; impeto, sfogo d'ira.
emporte-pièce [ɑ̃pɔrtəpjɛs] m. inv. TECHN. fustella f. ‖ LOC. FIG. *à l'emporte-pièce*, aspro, brusco, reciso, mordace, pungente adj.
emporter [ɑ̃pɔrte] v. tr. [avec soi] portare (con sé), prendere. | *emporter son secret dans la tombe*, portare il proprio segreto nella tomba. | *a-t-il emporté son livre ?*, ha preso il suo libro ? ‖ [hors d'un lieu] portar via, asportare. ‖ LOC. *(que) le diable l'emporte !*, (che) il diavolo se lo porti ! ‖ [arracher, entraîner] portar via, asportare, strappare, travolgere ; spazzare via. | *l'eau emporta un pont*, l'acqua travolse un ponte. | *le vent emporte les semences*, il vento porta via i semi. |

emporter la bouche, infiammare la bocca. | *ça m'emporte la bouche*, mi prendre fuoco la bocca ; ho il fuoco in bocca. ‖ FIG. [tuer] portar via. ‖ [entraîner] travolgere, sopraffare, vincere. | *se laisser emporter par la colère*, lasciarsi travolgere, sopraffare dall'ira. ‖ MIL. [s'emparer de] espugnare. ‖ [enlever, gagner] vincere, ottenere, conquistare. | *emporter une adjudication, un prix*, vincere, ottenere un appalto, un premio. | *emporter la décision, le morceau* (fam.), aver la meglio ; spuntarla (fam.). ‖ ABSOL. *l'emporter* : [être vainqueur] spuntarla, vincerla (fam.) ; [prévaloir] prevalere, trionfare. ‖ FAM. *il ne l'emportera pas en paradis*, me la pagherà. | *l'emporter sur*, vincere v. tr., trionfare di ; prendere il sopravvento, aver la meglio su. ◆ v. pr. FIG. [se mettre en colère] infuriarsi, incollerirsi ; andare su tutte le furie (fam.). | *s'emporter contre qn*, infuriarsi contro qlcu. ‖ [cheval] imbizzarrirsi.

empoté, e [ɑ̃pɔte] adj. FAM. impalato ; impacciato, goffo (L.C.).

empoter [ɑ̃pɔte] v. tr. invasare.

empourprer [ɑ̃purpre] v. tr. imporporare. ◆ v. pr. imporporarsi ; arrossire v. intr.

empoussiérer [ɑ̃pusjere] v. tr. impolverare.

empreindre [ɑ̃prɛ̃dr] v. tr. VX imprimere (L.C.). | *empreindre ses pas sur la neige*, imprimere le proprie orme sulla neve. ◆ v. pr. **(de)** improntarsi (a, di).

empreint, e [ɑ̃prɛ̃, ɛ̃t] adj. impresso, dipinto. | *la méchanceté empreinte sur son visage*, la cattiveria impressa, dipinta sul suo viso. | *visage empreint de tristesse*, volto improntato a, di tristezza.

empreinte [ɑ̃prɛ̃t] f. impronta, traccia ; [pieds] orma. | *empreinte digitale*, impronta digitale. ‖ FIG. impronta. | *marquer de son empreinte*, lasciare la propria impronta su. ‖ GÉOL. impronta. ‖ TECHN. impronta, calco m.

empressé, e [ɑ̃prese] adj. premuroso, sollecito. | *salutations empressées*, devotissimi saluti. | *faire l'empressé*, fare il premuroso, lo zelante. ‖ [impatient] *empressé à se rendre utile*, desideroso di rendersi utile.

empressement [ɑ̃prɛsmɑ̃] m. premura f., sollecitudine f. | *faire preuve d'empressement*, dimostrar premura. | *avec empressement*, con premura, premurosamente.

empresser (s') [sɑ̃prese] v. pr. *s'empresser de faire qch.*, affrettarsi a far qlco. | *s'empresser auprès, autour de qn*, dimostrar premura per, usar premura verso qlcu.

emprésurer [ɑ̃prezyre] v. tr. aggiungere il caglio a.

emprise [ɑ̃priz] f. ascendente m., influenza, autorità. | *avoir de l'emprise sur qn*, avere ascendente su qlcu. ‖ PSYCHAN. *pulsion d'emprise*, pulsione, istinto (m.) d'impossessamento.

emprisonnement [ɑ̃prizɔnmɑ̃] m. [action] imprigionamento, incarceramento, carcerazione f. ‖ [état] prigionia f., prigione f., carcerazione, detenzione f.

emprisonner [ɑ̃prizɔne] v. tr. JUR. imprigionare, (in)carcerare. ‖ [enfermer ; contenir] imprigionare, rinchiudere. | *rester emprisonné dans sa chambre*, star rinchiuso in camera. | *le fleuve est emprisonné entre de hautes digues*, il fiume è imprigionato, contenuto fra alti argini.

emprunt [ɑ̃prœ̃] m. [action ; somme] prestito, mutuo. | *faire un emprunt à qn*, fare un debito con qlcu., prendere denaro in prestito da qlcu. ‖ ÉCON., FIN. *emprunt à court, à moyen, à long terme*, prestito, mutuo a breve, a medio, a lungo termine, a breve, a media, a lunga scadenza. | *emprunt or*, prestito con garanzia aurea. | *emprunt perpétuel*, prestito irredimibile. | *faire appel à l'emprunt*, ricorrere al prestito. ‖ FIG. [imitation] prestito. | *faire des emprunts fréquents à Dante*, attingere molto da Dante. | *un emprunt à la poésie religieuse*, un prestito dalla poesia religiosa. ‖ LING. *mot d'emprunt*, (im)prestito ; parola d'accatto. | *ce mot est un emprunt au latin*, è una parola presa, mutuata dal latino ; è un (im)prestito dal latino. ◆ loc. adj. ***d'emprunt*** : PR. preso in prestito ; FIG. d'accatto ; falso, finto adj. | *bijoux d'emprunt*, gioielli presi in prestito. | *science d'emprunt*, sapienza d'accatto. | *beauté d'emprunt*, bellezza fittizia. | *vertu d'emprunt*, finta virtù. | *nom d'emprunt*, falso nome ; pseudonimo.

emprunté, e [ɑ̃prœ̃te] adj. [non authentique] fittizio, accattato, artificiale, falso, finto. ‖ [gauche] impacciato, goffo.

emprunter [ɑ̃prœ̃te] v. tr. [argent, objet] *emprunter qch. à qn*, prendere qlco. in prestito da qlcu. ‖ [idée, mot] prendere, mutuare. | *emprunter un mot au latin*, mutuare una parola dal latino. ‖ [recevoir] trarre, ricevere. | *la Lune emprunte sa lumière au Soleil*, la Luna riceve la sua luce dal Sole. ‖ FIG. *emprunter une route*, prendere, imboccare una strada.

emprunteur, euse [ɑ̃prœ̃tœr, øz] n. = chi prende in prestito. ‖ ÉCON. mutuatario m.

empuantir [ɑ̃pɥɑ̃tir] v. tr. appuzzare, appestare.

empyrée [ɑ̃pire] m. MYTH. empireo.

ému, e [emy] adj. commosso. | *ému de pitié*, mosso a pietà ; impietosito. | *souvenir ému*, ricordo commosso. | *d'une voix émue*, con voce commossa.

émulation [emylasjɔ̃] f. emulazione.

émule [emyl] n. emulo, a. | *être l'émule de qn*, essere emulo di qlcu., emulare qlcu.

émulseur [emylsœr] m. emulsionatore.

émulsif, ive [emylsif, iv] adj. emulsivo.

émulsion [emylsjɔ̃] f. CHIM. *émulsion d'huile dans l'eau*, emulsione acqua in olio. ‖ PHOT. emulsione.

émulsionner [emylsjɔne] v. tr. emulsionare.

1. en [ɑ̃] prép. **1.** [sens local] in. | *aller, vivre en Italie, en Belgique, en Afrique, en Afrique du Sud*, andare, vivere in Italia, nel Belgio, in Africa, in Africa del Sud, nel Sudafrica. | *en classe, en ville, en public, en voyage, en mer, en rase campagne*, in classe, in città, in pubblico, in viaggio, in mare, in aperta campagna. | *en l'air*, in aria. | *en plein air*, all'aperto. | *se mettre en route*, mettersi in (i)strada. | *en chemin*, per (i)strada ; strada facendo. ‖ [avec un pronom] *en soi*, in sé. | *il se dit en lui-même*, disse tra sé, fra sé. ‖ [contenant] *vin en bouteille*, vino in bottiglia. | *viande en boîte*, carne in scatola. ‖ [moyen] *voyager en chemin de fer*, viaggiare in, col treno. ‖ **2.** [sens temporel] in, di, a. (V. À.) | *en été*, in, d'estate. | *nous sommes en hiver, en octobre*, siamo in inverno, in ottobre. | *nous nous reverrons en février*, ci rivedremo in, a febbraio. | *en ce temps-là*, in, a quel tempo, a quei tempi. | *en 1900*, nel 1900. ‖ [durée] in. | *en deux ans*, in due anni. | *en peu de temps*, in poco tempo. | *vous me ferez ce travail en quinze jours*, mi farete questo lavoro entro quindici giorni, di qui a quindici giorni. ‖ **3.** [manière d'être ; état ; matière] a, di, in, da. | *en forme de*, a forma di. | *en amande*, a mandorla. | *en pointe*, a punta. | *en forme de poire*, a pera. | *en zigzag*, a zigzag. | *en demi-cercle*, a, in semicerchio. | *film en couleurs*, film a colori. | *être en chemise*, essere in camicia. | *être en haillons*, essere vestito di cenci. | *habillé en civil*, vestito in borghese. | *être en colère*, essere in collera. | *être en bonne santé*, essere in buona salute, star bene in salute. | *être en armes*, essere in armi, essere armato. | *agir en honnête homme*, agire da galantuomo. | *en bois*, di legno ; in legno (moins correct). | *peindre en noir*, dipingere di nero, in nero (moins correct). | *docteur en droit*, dottore in legge. | *peintre en bâtiment*, imbianchino m. ‖ **4.** [progression ; transformation] in, a. | *de jour en jour*, di giorno in giorno. | *de temps en temps*, di tanto in tanto, ogni tanto. | *de père en fils*, di padre in figlio. | *de plus en plus*, sempre più. | *de mal en pis*, di male in peggio. | *d'aujourd'hui en huit, en quinze*, oggi a otto, a quindici. | *de fond en comble*, da cima a fondo. | *de pied en cap*, da capo a piedi. | *traduire (d'italien) en français*, tradurre (dall'italiano) in francese. ‖ **5.** [compl. d'obj. ind.] in. | *croire en Dieu*, credere in Dio. | *se fier en la parole de qn*, fidarsi della parola di uno. | *avoir confiance en qn*, aver fiducia in uno. ‖ **6.** [avec part. prés.] *en riant, en marchant*, ridendo, camminando (gér.). ‖ LOC. *en attendant*, intanto, frattanto, nel frattempo.

2. en adv. de lieu et pr. pers. ne. | *tu as été à Paris ? — oui, j'en viens à l'instant*, sei stato a Parigi ? — sì, ne torno ora. | *qui en est le propriétaire ?*, chi ne è

proprietario? | *je t'en remercie*, te ne ringrazio. | *je vous en prie*, La prego. | *pour combien en a-t-il?* : [temps] quanto tempo gli ci vuole? : [argent] quanto gli è costato?
enamouré, e [ɑ̃namure] ou **énamouré, e** [enamure] adj. LITTÉR. amoroso (L.C.).
enamourer (s') [sɑ̃namure] ou **énamourer (s')** [senamure] v. pr. LITTÉR. innamorarsi, invaghirsi (L.C.).
énarque [enark] m. FAM. = allievo, tecnocrate ex-allievo della scuola nazionale di amministrazione.
encabanage [ɑ̃kabanaʒ] m. = preparazione (f.) del bosco.
encabaner [ɑ̃kabane] v. tr. *encabaner les vers à soie*, preparare il bosco per i bachi da seta.
encablure [ɑ̃kablyr] f. MAR. = misura di 200 metri.
encadrement [ɑ̃kadrəmɑ̃] m. [d'un tableau] incorniciatura f.; [cadre] cornice f. || ARCHIT. modanatura f. || MIL. inquadramento. || ÉCON. *encadrement du crédit*, restrizioni creditizie.
encadrer [ɑ̃kadre] v. tr. incorniciare, inquadrare. | *encadrer un tableau*, incorniciare un quadro. | *une barbe touffue lui encadrait le visage*, una folta barba gli incorniciava il viso. | *encadrer de noir, de rouge*, listare di nero, di rosso. || [entourer] circondare, attorniare. | *les gendarmes encadraient le voleur*, i carabinieri fiancheggiavano il ladro. | *encadrer une digression entre deux épisodes*, inserire una digressione fra due episodi. || MIL. inquadrare.
encadreur [ɑ̃kadrœr] m. corniciaio.
encagement [ɑ̃kaʒmɑ̃] m. MIL. *tir d'encagement*, tiro di ingabbiamento.
encager [ɑ̃kaʒe] v. tr. ingabbiare.
encaissable [ɑ̃kɛsabl] adj. risc(u)otibile.
encaisse [ɑ̃kɛs] f. COMM. incasso m. | *encaisse or*, incasso oro.
encaissé, e [ɑ̃kese] adj. incassato.
encaissement [ɑ̃kɛsmɑ̃] m. [mise en caisse] (rare) incassamento (L.C.). || COMM. riscossione f., incasso. || [fleuve, route] incassatura f.
encaisser [ɑ̃kese] v. tr. [mettre en caisse] (rare) incassare (L.C.). || COMM. incassare, riscuotere. || [boxe] incassare. || FAM. *encaisser des coups*, incassare, ricevere, prendersi delle botte. | *encaisser des injures, des reproches*, incassare, sopportare, mandar giù ingiurie, rimproveri. | *ne pas pouvoir encaisser qn*, non poter soffrire, sopportare qlcu.
encaisseur [ɑ̃kɛsœr] m. COMM. esattore.
encan [ɑ̃kɑ̃] m. JUR. *vendre à l'encan*, vendere all'asta; vendere all'incanto (rare). || FIG. *mettre la justice à l'encan*, far mercato della giustizia. | *mettre sa conscience à l'encan*, far mercato della propria coscienza, vendere la propria coscienza.
encanailler (s') [sɑ̃kanaje] v. pr. ingaglioffarsi, incanagliarsi; incanaglire v. intr.
encapuchonner [ɑ̃kapyʃɔne] v. tr. incappucciare. ◆ v. pr. incappucciarsi.
encaquer [ɑ̃kake] v. tr. PR. imbarilare. || FAM. [entasser] stipare, inzeppare.
encart [ɑ̃kar] m. TYP. inserto.
encartage [ɑ̃kartaʒ] m. TYP. inserimento.
encarter [ɑ̃karte] v. tr. TYP. inserire.
en-cas [ɑ̃kɑ] m. [objet, moyen pour parer à l'imprévu] = oggetto (di riserva) per far fronte ad ogni eventualità. || [collation] spuntino. || [parapluie] ombrello.
encaserner [ɑ̃kazɛrne] v. tr. MIL. accasermare.
encastrement [ɑ̃kastrəmɑ̃] m. [action] incastro, incastratura f., (l')incastrare; [résultat] incastro. || [entaille] incastro.
encastrer [ɑ̃kastre] v. tr. incastrare.
encaustique [ɑ̃kɔstik] f. cera da pavimento, da mobili. || ART [peinture] encausto m.
encaustiquer [ɑ̃kɔstike] v. tr. lustrare (con cera), incerare.
encaver [ɑ̃kave] v. tr. = mettere in cantina.
1. enceinte [ɑ̃sɛ̃t] f. [ce qui entoure] cinta, cerchia. | *l'enceinte d'une ville*, la cinta, le mura di una città. || [espace clos] recinto m., chiuso m. | *l'enceinte du tribunal*, l'aula del tribunale. || TECHN. *enceinte acoustique*, serie (f.) circolare di altoparlanti a tromba multipla.
2. enceinte adj. f. incinta, gravida.
encens [ɑ̃sɑ̃] m. PR. incenso. || FIG. elogio, lode f., encomio, adulazione f. | *brûler de l'encens devant qn*, incensare qlcu.
encensement [ɑ̃sɑ̃smɑ̃] m. PR. incensamento. || FIG. incensamento; piaggeria f. (littér.).
encenser [ɑ̃sɑ̃se] v. tr. PR. incensare. || FIG. incensare, adulare, elogiare; piaggiare (littér.).
encenseur [ɑ̃sɑ̃sœr] m. [flatteur] incensatore, adulatore.
encensoir [ɑ̃sɑ̃swar] m. incensiere, turibolo. || FIG., FAM. *donner des coups d'encensoir à qn*, incensare qlcu. | *coup d'encensoir*, incensata f.
encéphale [ɑ̃sefal] m. ANAT. encefalo.
encéphalique [ɑ̃sefalik] adj. encefalitico.
encéphalite [ɑ̃sefalit] f. MÉD. encefalite.
encéphalographie [ɑ̃sefalɔgrafi] f. encefalografia.
encerclement [ɑ̃sɛrkləmɑ̃] m. [action; résultat] accerchiamento, aggiramento.
encercler [ɑ̃sɛrkle] v. tr. accerchiare, aggirare, circondare.
enchaîné [ɑ̃ʃene] m. CIN. dissolvenza incrociata.
enchaînement [ɑ̃ʃɛnmɑ̃] m. PR. incatenamento. || FIG. [agencement; liaison] concatenamento, connessione f. | *enchaînement des idées*, concatenazione (f.) delle idee. | *enchaînement de circonstances*, concatenazione, seguito di circostanze. || MUS. concatenazione.
enchaîner [ɑ̃ʃene] v. tr. PR. incatenare. || FIG. [captiver] cattivare, guadagnare. || [soumettre, retenir] incatenare, legare, avvinghiare; avvincere (littér.). | *enchaîner un peuple*, incatenare un popolo. || [coordonner, relier] concatenare, connettere. | *enchaîner ses idées*, concatenare le proprie idee. ◆ v. intr. FIG. [continuer] continuare, proseguire. || CIN., THÉÂTRE riattaccare. ◆ v. pr. PR. incatenarsi. || FIG. [être coordonné] concatenarsi, connettersi.
enchanté, e [ɑ̃ʃɑ̃te] adj. [très heureux] lietissimo, contentissimo.
enchantement [ɑ̃ʃɑ̃tmɑ̃] m. [magie : action et résultat] incantesimo, incanto, malia f., sortilegio. | *comme par enchantement*, come per incanto. || [pouvoir de séduction] incantesimo, incanto, fascino, malia. | *l'enchantement d'une belle nuit d'été*, l'incantesimo di una bella notte d'estate. || [chose merveilleuse] incanto. | *sa voix est un enchantement*, la sua voce è un incanto. || [joie très vive] incanto, rapimento, estasi f. | *être dans l'enchantement*, essere in estasi; andare in sollucchero (fam.).
enchanter [ɑ̃ʃɑ̃te] v. tr. [magie] incantare, stregare. || [charmer, ravir] incantare, ammaliare, rapire, affascinare. | *sa grâce m'enchante*, la sua grazia m'incanta. || [combler, satisfaire] allietare; rendere lieto, contento. | *cette visite m'enchante*, questa visita mi allieta, sono lietissimo di questa visita.
enchanteur, teresse [ɑ̃ʃɑ̃tœr, trɛs] adj. incantevole, seducente. ◆ n. incantatore, trice; mago, a.
enchâssement [ɑ̃ʃɑsmɑ̃] m. incastonamento, incastonatura f. || LING. inclusione f.
enchâsser [ɑ̃ʃɑse] v. tr. [pierre précieuse] incastonare. | *enchâsser une relique*, mettere una reliquia in una teca, in un reliqu(i)ario. || FIG. [insérer] incastonare, inserire.
enchatonnement [ɑ̃ʃatɔnmɑ̃] m. incastonatura f.
enchatonner [ɑ̃ʃatɔne] v. tr. incastonare.
enchère [ɑ̃ʃɛr] f. JUR. offerta. | *porter une enchère*, fare un'offerta. | *couvrir l'enchère*, fare un'offerta superiore. | *folle enchère* = offerta superiore alle possibilità dell'offerente. ◆ pl. *mettre aux enchères*, mettere all'asta. | *vente aux enchères*, vendita all'asta, all'incanto. || [jeu de cartes] incanto m., dichiarazione f., licitazione f.
enchérir [ɑ̃ʃerir] v. intr. JUR. [mettre une enchère] fare un'offerta superiore. || FIG. *enchérir sur la cruauté de son prédécesseur*, sorpassare, superare in crudeltà il suo predecessore. | *enchérir sur les détails*, eccedere nei particolari.

enchérisseur [ɑ̃ʃerisœr] m. offerente. | *dernier enchérisseur*, maggiore, migliore offerente.
enchevalement [ɑ̃ʃəvalmɑ̃] m. TECHN. puntellatura f. (d'un muro, d'un edificio).
enchevaucher [ɑ̃ʃəvoʃe] v. tr. TECHN. accavallare.
enchevêtrement [ɑ̃ʃəvɛtrəmɑ̃] m. PR. groviglio, intrico. || FIG. groviglio, intrico, garbuglio, viluppo.
enchevêtrer [ɑ̃ʃəvɛtre] v. tr. [mettre le licou] incavezzare; incapestrare (rare). || TECHN. [charpente] incastrare. || [embrouiller] imbrogliare, aggrovigliare, intricare, ingarbugliare. ◆ v. pr. [s'embrouiller] imbrogliarsi, aggrovigliarsi, intricarsi.
enchifrené, e [ɑ̃ʃifrəne] adj. raffreddato.
enclave [ɑ̃klav] f. [territoire] enclave (fr.), cuneo m.
enclaver [ɑ̃klave] v. tr. [territoire] incuneare. || TECHN. incastrare.
enclenchement [ɑ̃klɑ̃ʃmɑ̃] m. collegamento.
enclencher [ɑ̃klɑ̃ʃe] v. tr. collegare.
enclin, e [ɑ̃klɛ̃, in] adj. **(à)** propenso, incline (a); proclive (a) [littér.].
encliquetage [ɑ̃kliktaʒ] m. MÉC. nottolino.
encliqueter [ɑ̃klikte] v. tr. MÉC. bloccare col nottolino.
enclise [ɑ̃kliz] f. LING. enclisi.
enclitique [ɑ̃klitik] adj. LING. enclitico. ◆ m. ou f. enclitica f.
enclore [ɑ̃klɔr] v. tr. (re)cingere, chiudere. | *enclore d'une haie*, (re)cingere con una siepe.
enclos [ɑ̃klo] m. [espace] recinto. | *enclos pour le bétail*, recinto, chiuso per il bestiame. || [clôture] recinto, steccato. || [petit domaine] appezzamento recintato.
enclouer [ɑ̃klue] v. tr. VÉTÉR. *enclouer un cheval en le ferrant*, ferire il cavallo durante la ferratura. || CHIR. inchiodare. || [canon] inchiodare.
enclouure [ɑ̃kluyr] f. VÉTÉR. inchiodatura.
enclume [ɑ̃klym] f. incudine. || LOC. *se trouver entre l'enclume et le marteau*, trovarsi, essere tra l'incudine e il martello. || ANAT. incudine.
encoche [ɑ̃kɔʃ] f. [entaille] tacca, intaccatura; [sur une flèche] cocca. || [rainure de la clef] scanalatura.
encocher [ɑ̃kɔʃe] v. tr. intaccare; [flèche] incoccare.
encoignure [ɑ̃kɔɲyr] f. angolo m., canto m. || [meuble] cantonale m., cantoniera, angoliera.
encollage [ɑ̃kɔlaʒ] m. incollatura f.
encoller [ɑ̃kɔle] v. tr. incollare.
encolure [ɑ̃kɔlyr] f. [cheval] incollatura. || [homme] incollatura, collo m. || [tour de cou] numero di collo. || [partie du vêtement] scollatura.
encombrant, e [ɑ̃kɔ̃brɑ̃, ɑ̃t] adj. PR. ingombrante. || FIG. imbarazzante, ingombrante, importuno.
encombre (sans) [sɑ̃zɑ̃kɔ̃br] loc. adv. senza intoppo, senza intralcio.
encombré, e [ɑ̃kɔ̃bre] adj. ingombro, affollato, stipato. || [carrière] senza sbocchi.
encombrement [ɑ̃kɔ̃brəmɑ̃] m. ingombro; [personnes seulement] affollamento. | *encombrement de voitures*, ingombro di macchine. || [dimensions] ingombro, volume, dimensioni f. pl.
encombrer [ɑ̃kɔ̃bre] v. tr. [obstruer, embarrasser] ingombrare, ostruire. || FIG. [surcharger] ingombrare. | *encombrer sa mémoire de détails inutiles*, ingombrare la memoria di particolari inutili. ◆ v. pr. FAM. imbarazzarsi, impacciarsi. | *s'encombrer de qn*, impacciarsi di qlcu.
encontre de (à l') [alɑ̃kɔ̃trədə] loc. prép. all'opposto, al contrario di; contrariamente a. | *aller à l'encontre de*, opporsi a; contrariare, contraddire v. tr.
encorbellement [ɑ̃kɔrbɛlmɑ̃] m. ARCHIT. aggetto, sporto. | *en encorbellement*, sporgente adj.
encorder (s') [sɑ̃kɔrde] v. pr. [alpinisme] legarsi in cordata.
encore [ɑ̃kɔr] adv. [jusqu'à présent] ancora, finora. | *pas encore*, non ancora. | *une étude critique manque encore*, uno studio critico manca a tutt'oggi. || [toujours] ancora, tuttora, tuttavia, sempre. | *il neige encore*, nevica ancora. | *tu es encore ici!*, sei ancora qui!: sempre qui! || [plus longtemps] ancora, oltre; più a lungo. | *pourquoi en parler encore?*, perché parlarne ancora, oltre? || [de nouveau] ancora, di nuovo, un'altra volta. | *encore toi!*, ancora tu! | *je le ferais encore*, lo farei ancora, di nuovo. || [davantage] ancora, di più. | *je voudrais encore du pain*, vorrei ancora del pane. | *j'en voudrais encore*, ne vorrei ancora, di più. | *donnez-moi encore 10 lires*, mi dia ancora 10 lire, mi dia altre 10 lire. || [de plus, en outre] ancora, di più. | *et quoi encore?*, e cosa ancora?, e cosa poi? | *non seulement..., mais encore...* non solo..., ma ancora...; non soltanto..., ma anche... || [cependant] però, tuttavia, eppure, ma. | *c'est un bon travail, encore n'est-il pas suffisant*, è un buon lavoro, ma, tuttavia non è sufficiente. | *encore faut-il savoir en jouer, s'en servir*, bisogna poi saperlo suonare, sapere servirsene. || [du moins] almeno. | *si encore il travaillait*, se almeno lavorasse. | *il te le paiera cent francs, et encore!*, te lo pagherà, sì e no, cento franchi. ◆ loc. conj. **encore que** (subj.), ancorché, benché, per quanto, quantunque, sebbene (subj.).
encorné, e [ɑ̃kɔrne] adj. cornuto.
encorner [ɑ̃kɔrne] v. tr. incornare.
encourageant, e [ɑ̃kuraʒɑ̃, ɑ̃t] adj. incoraggiante.
encouragement [ɑ̃kuraʒmɑ̃] m. incoraggiamento, incitamento, incentivo. || ÉCON. *mesures d'encouragement à la production, aux investissements, aux exportations*, provvedimenti d'incoraggiamento, d'incentivo alla produzione, agli investimenti, alle esportazioni.
encourager [ɑ̃kuraʒe] v. tr. [inspirer du courage] incoraggiare; infondere coraggio a; rincorare, confortare. || [inciter, déterminer] spingere, incoraggiare, incitare. | *encourager qn à faire qch.*, incitare, spingere qlcu. a far qlco. || [favoriser, stimuler] incoraggiare, stimolare, favorire, assecondare. | *encourager l'industrie*, incoraggiare, stimolare l'industria. | *encourager une initiative*, incoraggiare, favorire, assecondare un'iniziativa.
encourir [ɑ̃kurir] v. tr. attirarsi; tirarsi addosso; cadere in, incorrere in. | *encourir une disgrâce*, cadere in disgrazia. | *encourir la haine de qn*, attirarsi l'odio di qlcu. | *encourir une peine, une amende*, incorrere in una pena, in una multa. | *risquer d'encourir*, esporsi a.
encrage [ɑ̃kraʒ] m. TYP. inchiostrazione f.
encrassement [ɑ̃krasmɑ̃] m. [action] (l')insudiciarsi, (lo) sporcarsi; imbrattamento. || [résultat] sudiceria f., sporcizia f., sozzura f., lordura f.; [tuyaux] incrostamento, incrostazione f.
encrasser [ɑ̃krase] v. tr. insudiciare, sporcare, sozzare; [tuyaux] incrostare. ◆ v. pr. insudiciarsi, sporcarsi, sozzarsi; [tuyaux] incrostarsi.
encre [ɑ̃kr] f. inchiostro m. | *encre sympathique*, inchiostro simpatico. | *encre à copier, communicative*, inchiostro copiativo. | *encre d'imprimerie, typographique*, inchiostro tipografico, da stampa. | *encre de Chine*, inchiostro di China. || LOC. *c'est la bouteille à l'encre* = è un bell'imbroglio. || FIG. *écrire de sa meilleure encre*, scrivere nel migliore stile. || ZOOL. inchiostro.
encrer [ɑ̃kre] v. tr. inchiostrare.
encreur [ɑ̃krœr] adj. m. inchiostratore.
encrier [ɑ̃krije] m. calamaio.
encroûté, e [ɑ̃krute] adj. FIG. incallito, fossilizzato.
encroûtement [ɑ̃krutmɑ̃] m. FIG. intontimento, abbrutimento, intorpidimento.
encroûter [ɑ̃krute] v. tr. incrostare. ◆ v. pr. incrostarsi. || FIG. rintontirsi, abbrutirsi, incallirsi, fossilizzarsi.
encyclique [ɑ̃siklik] f. enciclica.
encyclopédie [ɑ̃siklɔpedi] f. enciclopedia.
encyclopédique [ɑ̃siklɔpedik] adj. enciclopedico.
encyclopédiste [ɑ̃siklɔpedist] m. enciclopedista.
endémie [ɑ̃demi] f. endemia.
endémique [ɑ̃demik] adj. endemico.
endenter [ɑ̃dɑ̃te] v. tr. MÉC. [garnir de dents] dentare; [engager dans les dents] indentare. || [pièces de bois] incastrare mediante più denti.
endettement [ɑ̃dɛtmɑ̃] m. [action; résultat] indebitamento; [résultat] debito.

endetter [ɑ̃dete] v. tr. indebitare. ◆ v. pr. indebitarsi.
endeuiller [ɑ̃dœje] v. tr. funestare ; recar lutto a ; [personnes] addolorare, affliggere. | *mort qui endeuille une famille*, morte che addolora, affligge una famiglia. | *malheur qui endeuilla la fin de nos vacances*, sciagura che funestò la fine delle nostre vacanze.
endêver [ɑ̃deve] v. intr. FAM. *faire endêver qn*, tormentare qlcu., far impazzire qlcu. (L.C.).
endiablé, e [ɑ̃djable] adj. indiavolato.
endiguement [ɑ̃digmɑ̃] m. PR. et FIG. arginamento. ‖ FIG. imbrigliamento.
endiguer [ɑ̃dige] v. tr. PR. arginare. ‖ FIG. imbrigliare, contenere, frenare, ostacolare. | *endiguer la marche du progrès*, frenare, ostacolare il progresso.
endimancher [ɑ̃dimɑ̃ʃe] v. tr. vestire a festa. | *avoir l'air endimanché*, essere impacciato, goffo. ◆ v. pr. vestirsi a festa.
endive [ɑ̃div] f. BOT. endivia, indivia.
endoblaste [ɑ̃dɔblast] ou **endoderme** [ɑ̃dɔderm] m. endoblasto, endoderma.
endocarde [ɑ̃dɔkard] m. ANAT. endocardio.
endocardite [ɑ̃dɔkardit] f. MÉD. endocardite.
endocarpe [ɑ̃dɔkarp] m. BOT. endocarpo.
endocrine [ɑ̃dɔkrin] adj. ANAT. endocrino.
endoctriner [ɑ̃dɔktrine] v. tr. [gagner à ses idées] catechizzare, addottrinare.
endoderme m. V. ENDOBLASTE.
endogamie [ɑ̃dɔgami] f. endogamia.
endolorir [ɑ̃dɔlɔrir] v. tr. indolenzire.
endolorissement [ɑ̃dɔlɔrismɑ̃] m. indolenzimento.
endommagement [ɑ̃dɔmaʒmɑ̃] m. danneggiamento.
endommager [ɑ̃dɔmaʒe] v. tr. danneggiare, guastare. ◆ v. pr. [sens pass.] danneggiarsi, guastarsi.
endormant, e [ɑ̃dɔrmɑ̃, ɑ̃t] adj. [ennuyeux] soporifero.
endormeur, euse [ɑ̃dɔrmœr, øz] n. [qui berne] ingannatore, trice.
endormi, e [ɑ̃dɔrmi] adj. [assoupi] sonnacchioso, insonnolito. ‖ FIG. *une ville endormie*, una città addormentata, in letargo. ‖ FAM. [sans énergie] indolente, svogliato (L.C.). ◆ adj. et n. [paresseux] pigro.
endormir [ɑ̃dɔrmir] v. tr. addormentare. ‖ [calmer] assopire, calmare. ‖ FIG. [ennuyer] addormentare, annoiare. ‖ [berner] ingannare, abbindolare, raggirare, imbrogliare. ‖ MÉD. anestetizzare, narcotizzare. ◆ v. pr. addormentarsi. ‖ FIG. [ralentir son activité] addormentarsi. | *ne pas s'endormir*, non perdere tempo. ‖ LOC. *s'endormir sur ses lauriers*, dormire, riposare sugli allori.
endos [ɑ̃do] ou **endossement** [ɑ̃dɔsmɑ̃] m. COMM. girata f. | *bénéficiaire d'un endos*, giratario.
endoscope [ɑ̃dɔskɔp] m. MÉD. endoscopio.
endoscopie [ɑ̃dɔskɔpi] f. endoscopia.
endosmose [ɑ̃dɔsmoz] f. PHYS. endosmosi.
endossataire [ɑ̃dɔsatɛr] m. COMM. giratario.
endosse [ɑ̃dɔs] f. responsabilità.
endossement m. V. ENDOS.
endosser [ɑ̃dɔse] v. tr. [vêtir] indossare, vestire. ‖ FIG. addossarsi, assumere, assumersi. | *faire endosser qch. à qn*, addossare qlco. a qlcu. ‖ COMM. girare.
endosseur [ɑ̃dɔsœr] m. COMM. girante.
endroit [ɑ̃drwa] m. [lieu] luogo, posto. | *le bon endroit*, il posto buono. | *à l'endroit où*, al posto in cui. | *de quel endroit ?* : [sans mouvement] di dove ? ; [avec mouvement] di, da dove ? | *par endroits*, a tratti. | *en différents, plusieurs endroits*, in diversi, più posti ; in diverse, più parti. ‖ FAM. *le petit endroit*, la ritirata, il gabinetto ; il, quel posticino (tosc.). ‖ [localité] posto, luogo, località f. ‖ [bon côté d'un objet] dritto. ◆ loc. adv. ***à l'endroit***, dritto adj. ◆ loc. prép. LITTÉR. ***à l'endroit de***, verso (L.C.). | *à l'endroit de qn*, verso qlcu., nei riguardi di qlcu. | *à mon, ton endroit*, nei miei, tuoi riguardi ; verso di me, di te.
enduire [ɑ̃dɥir] v. tr. **(de)** spalmare (di). ‖ [mur] intonacare, spalmare. | *enduire de crépi*, intonacare. | *mur enduit à la chaux*, muro intonacato a calce.
enduit [ɑ̃dɥi] m. [couche] mano f., strato, spalmata f., verniciata f. | *passer une couche d'enduit sur qch.*, dare una spalmata a qlco. ‖ [chaux, ciment] intonaco m. ‖ MAR. spalmo. | *enduit de poix*, spalmo di pece.
endurable [ɑ̃dyrabl] adj. sopportabile, tollerabile.
endurance [ɑ̃dyrɑ̃s] f. resistenza. ‖ FIG. sopportazione.
endurant, e [ɑ̃dyrɑ̃, ɑ̃t] adj. resistente. ‖ FIG. paziente, tollerante.
endurci, e [ɑ̃dyrsi] adj. [insensible] indurito. ‖ [invétéré] impenitente, incorreggibile, inveterato. | *célibataire endurci*, scapolo ostinato.
endurcir [ɑ̃dyrsir] v. tr. PR. et FIG. indurire. ‖ [accoutumer] agguerrire, irrobustire, temprare. ◆ v. pr. PR. et FIG. indurirsi. ‖ FIG. [s'accoutumer] indurirsi, incallirsi, temprarsi. | *s'endurcir au travail*, fare il callo al lavoro. | *s'endurcir dans le vice*, incallirsi nel vizio.
endurcissement [ɑ̃dyrsismɑ̃] m. PR. et FIG. indurimento. ‖ [accoutumance] avvezzamento, incallimento, assuefazione f.
endurer [ɑ̃dyre] v. tr. [résister à] resistere a. ‖ [supporter] sopportare, patire, tollerare. | *endurer la faim, le froid*, patire la fame, il freddo. | *endurer les injures de qn*, sopportare le ingiurie di qlcu.
énergétique [enɛrʒetik] adj. energetico.
énergie [enɛrʒi] f. PHYS., PHYSIOL. energia. | *énergie cinétique, rayonnante, potentielle*, energia cinetica, raggiante, potenziale. ‖ ECON. *sources d'énergie*, fonti di energia, fonti energetiche. | *crise de l'énergie*, crisi dell'energia. ‖ [efficacité] efficacia. ‖ [force morale] energia, vigore m., forza. ‖ PSYCHAN. *énergie d'investissement*, energia di carica, d'investimento.
énergique [enɛrʒik] adj. [personne] energico ; [remède, mesure] energico, drastico.
énergumène [enɛrgymɛn] m. energumeno.
énervant, e [enɛrvɑ̃, ɑ̃t] adj. LITTÉR. [qui abat] snervante, spossante. ‖ [agaçant] irritante, seccante, noioso, fastidioso.
énervation [enɛrvasjɔ̃] f. CHIR. enervazione.
énervé, e [enɛrve] adj. [agacé] irritato, seccato, nervoso, innervosito.
énervement [enɛrvəmɑ̃] m. eccitazione f., nervosismo, irritabilità f.
énerver [enɛrve] v. tr. CHIR. enervare. ‖ LITTÉR. [abattre] snervare, spossare. ‖ [agacer] irritare, seccare, innervosire. ◆ v. pr. eccitarsi, innervosirsi, impazientirsi.
enfance [ɑ̃fɑ̃s] f. [jusqu'à 6 ans environ] infanzia ; [de 6 à 12 ans environ] fanciullezza ; puerizia (littér.). | *première enfance*, prima infanzia. | *dès la plus tendre enfance*, dalla più tenera infanzia. | *dans ma, ta, sa, tendre enfance*, da bambino. | *dans mon, ton, son enfance*, da ragazzo. | *retomber en enfance*, rimbambire. ‖ [sens collectif] infanzia. | *aide à l'enfance*, soccorso all'infanzia. ‖ FIG. [commencement] infanzia, fanciullezza. ‖ LOC. *c'est l'enfance de l'art*, è uno scherzo, è la cosa più facile del mondo.
enfant [ɑ̃fɑ̃] n. bambino, a ; bimbo, a (tosc.) ; creatura f., fanciulla f., ragazza f. | *enfant au maillot*, bambino in fasce. | *enfant trouvé(e)*, trovatello, a. | *chambre d'enfants*, camera dei bambini. | *jardin d'enfants*, giardino d'infanzia. | *voiture d'enfant*, carrozzina f., carrozzella f. ‖ [de 6 à 12 ans] fanciullo, a ; ragazzo, a. | *jeune enfant*, fanciullino, a ; ragazzino, a. ‖ [de 12 ans à la puberté] ragazzo, a. ‖ [fils, fille] (petit) bambino ; creatura (mérid.) ; [en général] figlio, figli(u)olo. | *il a deux enfants : un garçon et une fille*, ha due figli, bambini, ragazzi : un maschio e una femmina. | *sans enfants*, senza figli ; senza prole (f. sing.). | *l'enfant chéri*, il figlio prediletto, il cocco. ‖ RELIG. *l'Enfant Jésus*, il bambino Gesù. ‖ LOC. *enfant de la balle*, V. BALLE. | *enfant de chœur*, chierichetto (pr. et fig.) ; FIG. angioletto, ingenuo. | *enfant de la rue, des rues*, ragazzo di strada. | *enfant de troupe* = allievo (di scuola militare preparatoria). | *enfant du peuple*, figlio del popolo. | *enfant prodige*, bambino, ragazzo prodigio. | *l'enfant prodigue*, il figliuol prodigo. | *enfant terrible* : PR. fanciullo terribile ; PR. et FIG. enfant terrible (fr.). | *innocent comme l'enfant qui vient de naître*, innocente come un bimbo

in fasce. | *allons, les enfants!*, su, ragazzi! || FIG. *faire l'enfant*, fare il bambino. | *avoir l'air bon enfant*, sembrare un bravo figliuolo; avere un'aria bonaria, bonacciona. ◆ m. pl. [descendants] figli m. pl., prole f. sing., discendenti m. pl.

enfantement [ɑ̃fɑ̃tmɑ̃] m. PR. et FIG. parto.

enfanter [ɑ̃fɑ̃te] v. tr. PR. partorire. || FIG. partorire, generare, (pro)creare, produrre.

enfantillage [ɑ̃fɑ̃tijaʒ] m. ragazzata f., fanciullaggine f., birichinata f.

enfantin, e [ɑ̃fɑ̃tɛ̃, in] adj. infantile, fanciullesco, puerile. || PÉJOR. puerile, infantile.

enfariné, e [ɑ̃farine] adj. infarinato. || FIG., FAM. *la bouche enfarinée, le bec enfariné* = con una fiducia ingenua e sciocca, con ipocrisia.

enfer [ɑ̃fɛr] m. PR. et FIG. inferno. | *d'enfer*, d'inferno; infernale, tremendo adj. | *aller un train d'enfer*, tenere un ritmo infernale, andar a rotta di collo. ◆ pl. MYTH. inferi.

enfermer [ɑ̃fɛrme] v. tr. [mettre dans] (rin)chiudere, rinserrare. || [emprisonner] (in)carcerare, imprigionare; [dans un asile d'aliénés] ricoverare. || [entourer] cingere, circondare. || FIG. [contenir, comprendre] racchiudere, contenere. ◆ v. pr. (rin)chiudersi.

enferrer [ɑ̃fere] v. tr. PR. trafiggere, infilzare, trapassare. ◆ v. pr. PR. infilzarsi. || FIG. imbrogliarsi, ingarbugliarsi; darsi la zappa sui piedi (fam.).

enfiévrer [ɑ̃fjevre] v. tr. PR. dar la febbre a. || FIG. appassionare, eccitare, esaltare.

enfilade [ɑ̃filad] f. infilata, fuga. | *en enfilade*, d'infilata. || MIL. *tir d'enfilade*, tiro d'infilata.

enfiler [ɑ̃file] v. tr. [aiguille] infilare; [perles] infilare, infilzare. || [percer de part en part] infilzare, infilare, trapassare, trafiggere. || [s'engager dans] infilare, imboccare. || FAM. [vêtir] infilare; indossare (L.C.). ◆ v. pr. FAM. [avaler] sbafare.

enfin [ɑ̃fɛ̃] adv. [terme d'une série] infine, alla fine. || [fin d'une attente] finalmente. || [conclusion; résumé] infine, in conclusione, insomma, da ultimo. || [précision, restriction, résignation] insomma, almeno. | *ton devoir est assez bon, enfin il n'est pas mauvais*, il tuo compito è discreto, insomma, non è male. | *il n'a pas d'enfants, enfin pas que je sache*, non ha figli, almeno per quel che ne so.

enflammé, e [ɑ̃flame] adj. PR. et FIG. infiammato, acceso; [plein d'ardeur] ardente, appassionato. || MÉD. infiammato.

enflammer [ɑ̃flame] v. tr. infiammare, incendiare, accendere. || FIG. [exciter] infiammare, eccitare, infervorare. || MÉD. infiammare. ◆ v. pr. infiammarsi, accendersi, incendiarsi. || FIG. infiammarsi, accendersi, infervorarsi, accalorarsi. | *s'enflammer d'amour*, infiammarsi d'amore, innamorarsi. | *s'enflammer pour qch.*, entusiasmarsi per qlco. || MÉD. infiammarsi.

enflé, e [ɑ̃fle] adj. gonfio; enfio (littér.). || FIG. [exagéré] gonfiato, gonfio, esagerato. | *enflé d'orgueil*, gonfio di orgoglio, di superbia; tronfio.

enfler [ɑ̃fle] v. tr. [gonfler] gonfiare; enfiare (littér.). || [grossir] ingrossare, gonfiare. | *la pluie enfle la rivière*, la pioggia ingrossa il fiume. | *enfler la voix*, alzare, gonfiare la voce. || FIG. gonfiare, esagerare. ◆ v. intr. et v. pr. gonfiare, gonfiarsi, dilatarsi.

enflure [ɑ̃flyr] f. MÉD. gonfiore m., enfiagione. || FIG. [emphase] gonfiezza, tronfiezza, enfasi, ampollosità.

enfoncement [ɑ̃fɔ̃smɑ̃] m. [action de faire pénétrer] conficcamento; [action de briser] sfondamento. || [creux] infossamento, avvallamento. || [partie en retrait] incavo, vano, rientranza f. || MIL. sfondamento.

enfoncer [ɑ̃fɔ̃se] v. tr. [faire pénétrer] conficcare, piantare; ficcare (fam.). | *il lui enfonça le couteau dans le cœur*, gli affondò il coltello nel cuore. | *enfoncer les mains dans ses poches*, ficcarsi, cacciarsi le mani in tasca. | *enfoncer son chapeau sur sa tête*, calcarsi il cappello in testa. | *rester enfoncé dans la boue*, restare sprofondato, invischiato nel fango. | *yeux enfoncés dans les orbites*, occhi incavati, infossati. || LOC. FIG. *enfoncer le clou*, battere sempre sullo stesso tasto. || FAM. *enfonce-toi bien ça dans la tête*, ficcati bene questo in testa. || [briser, défoncer] sfondare. | *enfoncer la porte*, sfondare la porta. || FIG. *enfoncer une porte ouverte*, sfondare una porta aperta. || FAM. *enfoncer qn*, vincere, superare qlcu. (L.C.). || MIL. *enfoncer les lignes ennemies*, sfondare le linee nemiche. | *enfoncer l'ennemi*, sbaragliare il nemico. ◆ v. intr. [aller au fond] affondare, sprofondarsi. ◆ v. pr. [sens pass.] conficcarsi, ficcarsi. || [aller au fond] affondare, sprofondare, sprofondarsi, inabissarsi. | *le navire s'enfonce*, la nave affonda, si sprofonda, s'inabissa. | *son pied s'enfonce dans le sable*, il suo piede affonda nella sabbia. || [s'affaisser] sprofondare, sprofondarsi, avvallarsi. | *le plancher, la glace s'enfonce*, l'impiantito, il ghiaccio sprofonda. || [pénétrer] penetrare v. intr., inoltrarsi, internarsi. | *s'enfoncer dans les bois*, inoltrarsi nei boschi. | *s'enfoncer sous les couvertures*, v. ENFOUIR (S'). || FIG. [se ruiner, péricliter] inabissarsi; precipitare, rovinare v. intr. | *il s'enfonce de plus en plus*, va sempre più giù, sempre più in basso. || [s'absorber] sprofondarsi, immergersi, tuffarsi. | *s'enfoncer dans l'étude, la lecture*, sprofondarsi, immergersi nello studio, nella lettura.

enfouir [ɑ̃fwir] v. tr. [enterrer] sotterrare. || AGR. sovesciare. || [cacher] nascondere, seppellire. | *enfouir sa rancœur, sa douleur*, nascondere il proprio rancore, il proprio dolore. | *enfouir ses mains dans ses poches*, affondare, nascondere le mani nelle tasche. ◆ v. pr. [s'enterrer] nascondersi, seppellirsi. || [se cacher] cacciarsi, infilarsi, nascondersi, rintanarsi. | *s'enfouir sous ses couvertures*, cacciarsi, infilarsi sotto le coperte. || FIG. [se réfugier] seppellirsi, rifugiarsi; cercar rifugio.

enfouissement [ɑ̃fwismɑ̃] m. sotterramento; nascondimento (littér.). || AGR. sovescio m.

enfourcher [ɑ̃furʃe] v. tr. inforcare. || [se mettre à califourchon sur] inforcare. || FIG., FAM. *voici qu'il enfourche son dada*, ecco che (ri)attacca col suo chiodo fisso, col suo pallino.

enfourner [ɑ̃furne] v. tr. infornare. || FAM. [manger] mandar giù, inghiottire, sbafare.

enfreindre [ɑ̃frɛ̃dr] v. tr. trasgredire, infrangere, violare.

enfuir (s') [sɑ̃fɥir] v. pr. fuggire, evadere v. intr; scappare (fam.) v. intr. || FIG. fuggire, svanire v. intr.

enfumer [ɑ̃fyme] v. tr. affumicare. || [noircir] affumicare, annerire. || [gêner par la fumée] affumicare. ◆ v. pr. affumicarsi.

engagé, e [ɑ̃gaʒe] adj. ARCHIT. *colonne engagée*, mezza colonna. || FIG. [qui prend position] impegnato; engagé (fr.). ◆ n. m. MIL. volontario.

engageant, e [ɑ̃gaʒɑ̃, ɑ̃t] adj. attraente, avvincente, allettante, incoraggiante, insinuante.

engagement [ɑ̃gaʒmɑ̃] m. **1.** [action de mettre en gage] (l')impegnare. || **2.** [obligation] impegno, obbligo, promessa f.; assunto (littér.). | *prendre l'engagement de*, prendersi, assumersi l'impegno di; impegnarsi a. | *faire honneur à ses engagements*, fare onore, soddisfare ai propri impegni. || **3.** [embauche] assunzione f.; [d'un acteur] ingaggio; [contrat] scrittura f. || **4.** [insertion de capitaux] investimento; [de dépenses] impegno. | *engagement politique*, impegno politico. || MÉD. impegno. || **5.** [incitation] incitazione f., invito. || **6.** SPORT [début du jeu] inizio. || [recrutement du joueur] ingaggio. || **7.** MIL. [combat] scontro; breve combattimento. | *engagement de troupes dans la bataille*, impegno di truppe nella battaglia. || [recrutement] arruolamento.

engager [ɑ̃gaʒe] v. tr. **1.** [mettre en gage] impegnare, dare in pegno. || **2.** [lier, obliger] impegnare. | *engager sa parole*, impegnare la propria parola. | *sa parole l'engage*, la sua parola lo impegna. | *cela n'engage à rien*, questo non obbliga a nulla, non comporta nessun obbligo. || **3.** [prendre à son service] assumere. || CIN., THÉÂTRE scritturare, ingaggiare. || **4.** [inciter à] incitare, invitare, esortare, spingere, indurre. | *engager qn à (faire) qch.*, incitare qlcu. a (far) qlco. || **5.** [faire entrer dans] introdurre, cacciare; ficcare (fam.). | *engager son doigt dans le trou*, introdurre, ficcare il dito nel buco. | *engager des capitaux dans une affaire*, investire capitali in un affare. | *engager qn dans une affaire louche*, immischiare, cacciare qlcu. in un affare losco.

|| **6.** [commencer] cominciare, iniziare, attaccare, ingaggiare. | *engager une discussion*, cominciare una discussione. | *engager la conversation avec qn*, attaccar discorso con qlcu. || **7.** SPORT [recruter] ingaggiare. | *engager la partie*, ingaggiare la partita. || **8.** JUR. *engager une action (judiciaire)*, intentare un'azione (giudiziaria). || **9.** MIL. [enrôler] arruolare, assoldare, ingaggiare. | *engager le combat*, cominciare, ingaggiare la battaglia. | *engager des troupes dans la bataille*, impegnare truppe nella battaglia. || **10.** TECHN. ingranare, innestare, incastrare. | *engager une vitesse*, ingranare, innestare una marcia. ◆ v. pr. **1.** [se lier] impegnarsi, obbligarsi. | *s'engager au service de qn*, entrare al servizio di qlcu. || **2.** [entrer dans ; prendre telle voie] inoltrarsi, internarsi, addentrarsi, infilarsi ; cacciarsi (fam.) ; [Code de la route] immettersi. | *s'engager dans une affaire*, impegnarsi in un affare ; ingolfarsi, cacciarsi, intricarsi, impigliarsi in un affare (péjor.). || [politiquement] impegnarsi. || MÉD. impegnarsi. || **3.** [commencer] cominciare, iniziare v. intr. || **4.** MIL. arruolarsi.

engeance [ɑ̃ʒɑ̃s] f. PÉJOR. genia.

engelure [ɑ̃ʒlyr] f. MÉD. gelone m.

engendrer [ɑ̃ʒɑ̃dre] v. tr. generare, procreare. || FIG. generare, originare, causare, cagionare.

engerber [ɑ̃ʒɛrbe] v. tr. AGR. accovonare.

engin [ɑ̃ʒɛ̃] m. ordigno, congegno. | *engin de levage*, montacarichi inv. | *engin de mort*, ordigno di morte. || MIL. mezzo, veicolo. | *engins motorisés*, mezzi motorizzati, automezzi m. pl. | *engins blindés*, autoblindi m. pl., carri armati. || [fusée] missile. || FAM. [objet mal spécifié] arnese, coso.

englober [ɑ̃glɔbe] v. tr. comprendere, riunire, includere ; conglobare (littér.).

engloutir [ɑ̃glutir] v. tr. [manger] inghiottire, ingoiare, ingozzare, trangugiare, divorare, mandar giù ; [boire] tracannare. || [submerger] inghiottire, sommergere. || FIG. [dissiper] sperperare, scialacquare, dilapidare, consumare. ◆ v. pr. *le navire s'est englouti dans la mer*, il mare ha inghiottito la nave.

engloutissement [ɑ̃glutismɑ̃] m. inghiottimento. || [naufrage] naufragio, inghiottimento. || FIG. sperpero, scialo, spreco.

engluage [ɑ̃glyaʒ] ou **engluement** [ɑ̃glymɑ̃] m. PR. et FIG. invescamento.

engluer [ɑ̃glye] v. tr. PR. et FIG. impaniare, invischiare. || FIG. intrappolare. ◆ v. pr. PR. et FIG. impaniarsi, invischiarsi.

engobe [ɑ̃gɔb] m. ART ingobbio.

engober [ɑ̃gɔbe] v. tr. ingobbiare.

engoncer [ɑ̃gɔ̃se] v. tr. infagottare, insaccare. | *cet habit t'engonce*, questo vestito ti infagotta.

engorgement [ɑ̃gɔrʒəmɑ̃] m. TECHN. intasamento, ingorgo. || MÉD. ingorgo. || FIG. ingorgo, ingombro.

engorger [ɑ̃gɔrʒe] v. tr. intasare, ostruire ; ingorgare (moins correct). || MÉD. ingorgare, ostruire. ◆ v. pr. intasarsi, ingorgarsi, ostruirsi.

engouement [ɑ̃gumɑ̃] m. MÉD. ostruzione f., ingorgo. || FIG. [admiration exagérée] infatuazione f., invaghimento, invasamento.

engouer (s') [sɑ̃gwe] v. pr. **(de)** infatuarsi, invaghirsi, incapricciarsi (di).

engouffrer [ɑ̃gufre] v. tr. PR. inabissare. || [avaler] inghiottire, ingozzare, ingoiare. || FIG. [dilapider] inghiottire. ◆ v. pr. avventarsi, precipitarsi, irrompere ; penetrare con violenza, con impeto. | *les eaux s'engouffrent dans la galerie*, le acque si precipitano, le acque irrompono nella galleria. | *le vent s'engouffre dans la cheminée, dans la rue*, il vento s'ingolfa nel camino, nella via. | *s'engouffrer dans le métro*, precipitarsi nella metropolitana.

engoulevent [ɑ̃gulvɑ̃] m. ZOOL. caprimulgo, nottolone ; succiacapre inv. (fam.).

engourdi, e [ɑ̃gurdi] adj. PR. et FIG. torpido.

engourdir [ɑ̃gurdir] v. tr. [raidir] aggranchire, intirizzire, irrigidire, rattrappire. || [rendre insensible] aggranchire, intorpidire. || FIG. [endormir] intorpidire. ◆ v. pr. aggranchirsi, intirizzirsi, irrigidirsi, rattrappirsi. || FIG. intorpidirsi.

engourdissement [ɑ̃gurdismɑ̃] m. [raidissement] irrigidimento, aggranchimento, intirizzimento. || [insensibilité] intirizzimento, aggranchimento, torpore. || FIG. [torpeur] intorpidimento ; [état] torpore. || ZOOL. letargo.

engrais [ɑ̃grɛ] m. [engraissement] ingrasso, ingrassamento. | *mettre les bœufs à l'engrais*, mettere i buoi all'ingrasso. | *bêtes à l'engrais, d'engrais*, bestie da ingrasso. || [fertilisant] fertilizzante, concime. | *engrais verts*, concimi verdi. | *engrais organiques*, concimi organici, naturali. | *engrais minéraux*, concimi minerali, chimici.

engraissage [ɑ̃grɛsaʒ] ou **engraissement** [ɑ̃grɛsmɑ̃] m. ingrassamento, ingrasso.

engraisser [ɑ̃grese] v. tr. [rendre gras] ingrassare. || [fertiliser] concimare. || FIG. [enrichir] ingrassare, arricchire ; impinguare (rare). ◆ v. intr. et v. pr. ingrassare, impinguare, ingrassarsi, impinguarsi. | *il a engraissé*, è ingrassato. || FIG. impinguarsi, arricchirsi.

engraisseur [ɑ̃grɛsœr] m. = addetto all'ingrassamento (degli animali).

engrangement [ɑ̃grɑ̃ʒmɑ̃] m. (il) riporre nel granaio, nel fienile.

engranger [ɑ̃grɑ̃ʒe] v. tr. riporre nel granaio, nel fienile. || FIG. immagazzinare.

engrenage [ɑ̃grənaʒ] m. TECHN. [action] ingranamento ; [appareil] ingranaggio. | *engrenage à chevrons*, ingranaggio bielicoidale. | *engrenage à roue, à vis sans fin*, ingranaggio a ruota, a vite senza fine. | *engrenage à crémaillère*, ingranaggio a cremagliera, a dentiera. | *train d'engrenages*, r(u)otismo. || FIG. *être pris dans l'engrenage*, esser preso nell'ingranaggio. | *être pris dans un engrenage de mensonges*, trovarsi coinvolto in un ingranaggio di menzogne.

engrènement [ɑ̃grɛnmɑ̃] m. TECHN. ingranamento. || AGR. = (l')immettere il grano (nella tramoggia del mulino), i covoni (nella trebbiatrice).

engrener [ɑ̃grəne] v. tr. AGR. = immettere il grano (nella tramoggia del mulino), i covoni (nella trebbiatrice). || TECHN. ingranare. ◆ v. intr. et v. pr. ingranare, incastrarsi.

engrosser [ɑ̃grose] v. tr. POP. ingravidare (L.C.).

engueulade [ɑ̃gœlad] f. POP. lavata di capo, intemerata (fam.).

engueuler [ɑ̃gœle] v. tr. POP. fare una lavata di capo, un'intemerata a (fam.).

enguirlander [ɑ̃girlɑ̃de] v. tr. inghirlandare. || FAM. fare una lavata di capo a.

enhardir [ɑ̃ardir] v. tr. imbaldanzire. ◆ v. pr. imbaldanzirsi ; insuperbire v. intr. | *s'enhardir à faire qch.*, ardire (di), prendersi l'ardire di far qlco.

enharmonie [ɑ̃narmɔni] f. MUS. enarmonia.

enharmonique [ɑ̃narmɔnik] adj. MUS. enarmonico.

enherber [ɑ̃nɛrbe] v. tr. inerbire.

énième [enjɛm] adj. FAM. ennesimo.

énigmatique [enigmatik] adj. enigmatico. || [obscur] enigmatico, astruso, oscuro.

énigme [enigm] f. PR. et FIG. enigma m., enimma m. | *le mot de l'énigme*, la soluzione, la chiave dell'enigma.

enivrant, e [ɑ̃nivrɑ̃, ɑ̃t] adj. PR. et FIG. inebriante.

enivrement [ɑ̃nivrəmɑ̃] m. [action] ubriacatura f., (l')inebriare, (l')inebriarsi, inebriamento. || [résultat] ubriachezza f., ebbrezza f. || FIG. ebbrezza, esaltazione f.

enivrer [ɑ̃nivre] v. tr. PR. inebriare, ubriacare. || FIG. inebriare, esaltare. | *musique qui enivre*, musica che inebria. | *enivré par le succès*, inebriato dal successo. ◆ v. pr. *s'enivrer d'odeurs*, inebriarsi di profumi. | *s'enivrer de vitesse*, provare l'ebbrezza della velocità.

enjambée [ɑ̃ʒɑ̃be] f. passo m. | *faire de, marcher à grandes enjambées*, camminare a gran passi. | *franchir le ruisseau d'une enjambée*, passare il ruscello con un sol passo.

enjambement [ɑ̃ʒɑ̃bmɑ̃] m. POÉS. enjambement (fr.), accavallamento ; inarcatura f. (rare).

enjamber [ɑ̃ʒɑ̃be] v. tr. [un obstacle] scavalcare. | *ce pont enjambe la rivière*, questo ponte scavalca, varca il fiume. ◆ v. intr. ARCHIT. avanzare, sporgere.

aggettare. | *poutre qui enjambe sur l'immeuble voisin*, trave che aggetta sull'edificio vicino. || POÉS. accavallarsi. | *des vers qui enjambent l'un sur l'autre*, dei versi che si accavallano.

enjeu [ɑ̃ʒø] m. PR. et FIG. posta f.

enjoindre [ɑ̃ʒwɛ̃dr] v. tr. ingiungere, intimare, comandare, imporre, ordinare.

enjôler [ɑ̃ʒole] v. tr. allettare, sedurre, abbindolare, raggirare, circuire.

enjôleur, euse [ɑ̃ʒolœr, øz] adj. seduttore, trice; rubacuori inv. | *sourire enjôleur*, sorriso di seduzione, sorriso rubacuori. ◆ n. bindolo m.; abbindolatore, trice; seduttore, trice; raggiratore, trice; rubacuori.

enjolivement [ɑ̃ʒɔlivmɑ̃] m. ou **enjolivure** [ɑ̃ʒɔlivyr] f. abbellimento m., adornamento m. || FIG. *les enjolivements d'un récit*, le frange d'un racconto.

enjoliver [ɑ̃ʒɔlive] v. tr. abbellire, adornare, aggraziare. || FIG. abbellire.

enjoliveur, euse [ɑ̃ʒɔlivœr, øz] n. chi abbellisce un racconto. ◆ n. m. AUTOM. fregio cromato; [sur le moyeu] coprimozzo.

enjolivure f. V. ENJOLIVEMENT.

enjoué, e [ɑ̃ʒwe] adj. allegro, gaio, gioioso, vivace, brioso.

enjouement [ɑ̃ʒumɑ̃] m. allegrezza f., gaiezza f., vivacità f., brio.

enjuiver [ɑ̃ʒɥive] v. tr. PÉJOR. giudaizzare.

enkysté, e [ɑ̃kiste] adj. MÉD. incistato.

enkystement [ɑ̃kistəmɑ̃] m. MÉD. incistamento.

enkyster (s') [sɑ̃kiste] v. pr. MÉD. incistarsi.

enlacement [ɑ̃lasmɑ̃] m. [personnes] stretta f., abbraccio; amplesso (littér.). || [choses] avviticchiamento, intrecciamento; [état] intreccio.

enlacer [ɑ̃lase] v. tr. [personnes] abbracciare, stringere. || [choses] allacciare, avviticchiare, avvinghiare. ◆ v. pr. [personnes] abbracciarsi, stringersi. || [choses] avviticchiarsi, avvinghiarsi.

enlaidir [ɑ̃lɛdir] v. tr. imbruttire, deturpare. ◆ v. intr. imbruttire. | *il a enlaidi*, è imbruttito.

enlaidissement [ɑ̃lɛdismɑ̃] m. imbruttimento, deturpazione f.

enlevé, e [ɑ̃lve] adj. FIG. riuscito, brioso, estroso.

enlèvement [ɑ̃lɛvmɑ̃] m. asportazione f., rimozione f., ritiro, prelievo, soppressione f. | *enlèvement des ordures ménagères*, raccolta (f.) delle immondizie. | *enlèvement des bagages*, ritiro, prelievo dei bagagli. | *enlèvement d'une tache*, smacchiatura f. || [rapt] ratto, rapimento. || MIL. espugnazione f.

enlever [ɑ̃lve] v. tr. **1.** [porter vers le haut] (sol)levare. || **2.** [ôter] togliere, levare. | *enlever ses vêtements*, togliersi i vestiti, spogliarsi. | *enlever son chapeau*, togliersi, levarsi il cappello. | *enlever une dent*, cavare, levare un dente. | *enlever avec les dents*, strappare, staccare, levare coi denti. | *enlever la peau*, togliere la pelle; spellare, scuoiare. || **3.** [déplacer] portar via, asportare, rimuovere, prelevare, togliere, levare. | *enlever les bagages*, prelevare i bagagli. | *enlever un obstacle*, levare, togliere di mezzo un ostacolo. | *enlever les blessés*, portar via i feriti. || **4.** [faire disparaître] togliere. | *enlever une tache*, togliere una macchia, smacchiare. || **5.** [rapt] rapire. | *enlever un enfant*, rapire un bambino. | *je vous enlève votre ami pour un moment*. Le porto via l'amico per un momento. | *la mort nous l'a enlevé*, la morte ce l'ha tolto, rapito. || **6.** FIG. [enthousiasmer] rapire, entusiasmare; estasiare (rare). || **7.** [obtenir par une lutte] vincere, conseguire, ottenere, riportare. | *enlever la victoire*, ottenere, riportare la vittoria. || MIL. *enlever une ville*, espugnare una città. || MUS. *enlever un morceau*, eseguire un pezzo con brio. || SPORT *enlever un cheval*, mettere un cavallo al galoppo. ◆ v. pr. levarsi, togliersi, strapparsi, staccarsi. | *cette tache ne peut pas s'enlever*, questa macchia non si può togliere, non va via. || COMM. [se vendre] vendersi, spacciarsi. || FAM. *s'enlever comme des petits pains*, andare a ruba, vendersi benissimo (L.C.). || AÉR. innalzarsi.

enlisement [ɑ̃lizmɑ̃] m. affondamento (in sabbie mobili, nel fango), insabbiamento. || FIG. incaglio, insabbiamento.

enliser [ɑ̃lize] v. tr. affondare (nelle, in sabbie mobili, nel fango), insabbiare. ◆ v. pr. affondare v. intr., insabbiarsi, impantanarsi. || FIG. impantanarsi, impegolarsi.

enluminer [ɑ̃lymine] v. tr. miniare; alluminare (vx). || FIG. *la fièvre enlumine le visage*, la febbre accende il volto. || [orner, colorer] miniare, colorire. | *enluminer son style*, colorire il proprio stile.

enlumineur, euse [ɑ̃lyminœr, øz] n. miniatore, trice.

enluminure [ɑ̃lyminyr] f. miniatura.

ennéagone [ɛneagɔn] adj. ennagonale. ◆ n. m. ennagono.

ennéasyllabe [ɛneasilab] adj. et n. m. POÉS. enneasillabo.

enneigé, e [ɑ̃neʒe] adj. nevoso, (in)nevato.

enneigement [ɑ̃nɛʒmɑ̃] m. innevamento. | *bulletin d'enneigement*, bollettino delle nevi.

enneiger [ɑ̃neʒe] v. tr. coprire di neve.

ennemi, e [ɛnmi] adj. et n. PR. et FIG. nemico. | *ennemi public, juré*, nemico pubblico, giurato. | *ennemi des bavardages*, nemico delle chiacchiere. | *passer à l'ennemi*, passare al nemico. | *tué à l'ennemi*, caduto in guerra. | *se faire un ennemi de qn*, inimicarsi uno. | *c'est autant de pris sur l'ennemi*, è tanto di guadagnato. | *se faire des ennemis*, farsi dei nemici. | *le mieux est l'ennemi du bien*, il meglio è nemico del bene.

ennoblir [ɑ̃nɔblir] v. tr. nobilitare.

ennoblissement [ɑ̃nɔblismɑ̃] m. nobilitazione f., nobilitamento.

ennuager (s') [sɑ̃nɥaʒe] v. pr. (r)annuvolarsi.

ennui [ɑ̃nɥi] m. [lassitude] noia f.; tedio, uggia f. (littér.). | *mourir d'ennui*, morire di noia. || [difficulté, souci] noia, molestia f., seccatura f., fastidio. | *avoir beaucoup d'ennuis*, avere molti fastidi, molte noie; essere nei guai. | *causer des ennuis*, procurar noie, fastidi.

ennuyer [ɑ̃nɥije] v. tr. annoiare; recar noia, tedio (littér.) a; tediare (littér.). || [contrarier] dispiacere a. | *cela m'ennuie de vous faire attendre*, mi dispiace farla aspettare. || [importuner] infastidire; recar fastidio a, dar noia a, seccare, molestare. | *il m'ennuie avec ses discours*, mi secca, mi dà ai nervi coi suoi discorsi. ◆ v. pr. annoiarsi; provar noia, tedio.

ennuyeux, euse [ɑ̃nɥijø, øz] adj. noioso, tedioso, uggioso. | *ennuyeux à mourir, comme la pluie* : [chose] da morir di noia; [personne] noiosissimo. || [qui contrarie] spiacevole, increscioso. || [qui importune] noioso, fastidioso, molesto.

énoncé [enɔ̃se] m. enunciato.

énoncer [enɔ̃se] v. tr. enunciare, esporre, esprimere.

énonciatif, ive [enɔ̃sjatif, iv] adj. GRAMM. enunciativo.

énonciation [enɔ̃sjasjɔ̃] f. enunciazione. || JUR. dichiarazione.

enorgueillir [ɑ̃nɔrgœjir] v. tr. inorgoglire, insuperbire. ◆ v. pr. inorgoglirsi, insuperbirsi; insuperbire v. intr. | *s'enorgueillir de qch.*, esser fiero, orgoglioso di qlco., andare superbo di qlco. || [prestige] vantare v. tr. | *les chefs-d'œuvre dont s'enorgueillit la ville*, i capolavori che vanta la città.

énorme [enɔrm] adj. enorme, immane, ingente. | *écrit en lettres énormes*, scritto a lettere cubitali, a lettere di scatola. | *erreur énorme*, errore enorme, marchiano, madornale. || FIG., FAM. *c'est un type énorme !*, è un cannone ! | *c'est énorme !*, è inaudito ! (L.C.).

énormément [enɔrmemɑ̃] adv. enormemente, moltissimo. | *faire énormément de fautes*, fare una quantità di spropositi.

énormité [enɔrmite] f. PR. et FIG. enormità. | *dire des énormités*, dire enormità.

enquérir (s') [sɑ̃kerir] v. pr. **(de)** informarsi, chiedere (di).

enquête [ɑ̃kɛt] f. inchiesta, indagine, investigazione. || JUR. *enquête sur place, sur les lieux*, sopralluogo m.

enquêter [ɑ̃kete] v. intr. indagare; fare un'inchiesta; condurre indagini, investigazioni; investigare, inquisire.

enquêteur, euse [ɑ̃kɛtœr, øz] adj. et n. indagatore,

trice ; investigatore, trice ; inquisitore, trice. || JUR. *commissaire, juge enquêteur*, commissario, giudice inquirente, inquisitore. || LING. raccoglitore, trice.
enquiquiner [ɑ̃kikine] v. tr. FAM. scocciare ; rompere le scatole a (pop.) ; seccare, molestare (L.C.). ◆ v. pr. FAM. scocciarsi.
enracinement [ɑ̃rasinmɑ̃] m. PR. radicamento, abbarbicamento. || FIG. *l'enracinement d'une erreur, d'un préjugé*, il radicarsi di un errore, di un pregiudizio.
enraciner [ɑ̃rasine] v. tr. PR. far mettere le radici a, far attecchire. || FIG. istillare ; ficcare, piantare (fam.). | *enraciner une idée dans la tête de qn*, piantare, ficcare un'idea in testa a qlcu. ◆ v. pr. PR. et FIG. abbarbicarsi ; radicare, abbarbicare, attecchire v. intr. ; mettere (le) radici.
enragé, e [ɑ̃raʒe] adj. *chien enragé*, cane arrabbiato, rabbioso, idrofobo. || FIG. [en colère] arrabbiato, rabbioso, furioso. || [excessif] *joueur enragé*, giocatore arrabbiato, accanito. | *musique enragée*, musica indiavolata. | *bruit enragé*, baccano del diavolo. || LOC. FAM. *manger de la vache enragée*, vivere di stenti (L.C.). | *mener une vie enragée*, far una vita da cani. ◆ n. arrabbiato, scalmanato. | *se démener comme un enragé*, scalmanarsi come un forsennato. || SPORT tifoso.
enrageant, e [ɑ̃raʒɑ̃, ɑ̃t] adj. irritante, fastidioso, che fa rabbia.
enrager [ɑ̃raʒe] v. intr. [être vexé, furieux] arrabbiarsi. | *il enrage d'avoir été recalé à l'examen*, si arrabbia di essere stato bocciato all'esame. | *faire enrager qn*, far arrabbiare qlcu. || VX [éprouver une furieuse envie] smaniare, struggersi (L.C.). | *il enrage de vous connaître*, smania, si strugge di conoscerla.
enraiement [ɑ̃rɛmɑ̃] ou **enrayement** [ɑ̃rɛjmɑ̃] m. MÉD. *enraiement d'une épidémie*, arresto di un'epidemia. || MIL. *enraiement de l'avance*, arresto dell'avanzata.
enrayage [ɑ̃rɛjaʒ] m. MÉC. inceppamento. | *enrayage d'une arme*, inceppamento d'un'arma.
enrayer [ɑ̃reje] v. tr. [munir de rais] incastrare (i raggi della ruota). || [bloquer] inceppare. || FIG. [contenir] contenere, arginare. || MIL., SPORT *enrayer une attaque*, contenere, bloccare un attacco. ◆ v. pr. incepparsi. | *le mécanisme, l'arme s'enraya*, il meccanismo, l'arma s'inceppò.
enrayure [ɑ̃rɛjyr] f. TECHN. travatura (f.) a raggiera. || AGR. = il primo solco fatto dall'aratro ; traccia f.
enrégimenter [ɑ̃reʒimɑ̃te] v. tr. MIL. irregimentare. || FIG. irregimentare, inquadrare.
enregistrable [ɑ̃rəʒistrabl] adj. registrabile.
enregistrement [ɑ̃rəʒistrəmɑ̃] m. ADM., CIN., COMM., RAD. registrazione f. | *droits d'enregistrement*, tassa di registrazione. | *bureau de l'enregistrement*, ufficio del registro. | *enregistrement des bagages*, registrazione dei bagagli (alla spedizione).
enregistrer [ɑ̃rəʒistre] v. tr. ADM., CIN., COMM., RAD. registrare. | *bagages enregistrés*, bagagli appresso. || FIG. *enregistrer qch. dans sa mémoire*, registrare qlco. nella propria memoria.
enregistreur, euse [ɑ̃rəʒistrœr, øz] adj. et n. registratore, trice n. | *caisse enregistreuse*, registratore di cassa.
enrhumer [ɑ̃ryme] v. tr. raffreddare, infreddare, costipare. | *être enrhumé*, essere raffreddato, infreddato, costipato. | *être très enrhumé*, essere raffreddatissimo. ◆ v. pr. raffreddarsi, costiparsi.
enrichi, e [ɑ̃riʃi] adj. et n. arricchito. || PHYS. *uranium enrichi*, uranio arricchito.
enrichir [ɑ̃riʃir] v. tr. PR. et FIG. arricchire. ◆ v. pr. arricchirsi.
enrichissant, e [ɑ̃riʃisɑ̃, ɑ̃t] adj. arricchente (gall.).
enrichissement [ɑ̃riʃismɑ̃] m. PR. et FIG. arricchimento.
enrobage [ɑ̃rɔbaʒ] ou **enrobement** [ɑ̃rɔbmɑ̃] m. avvolgimento.
enrober [ɑ̃rɔbe] v. tr. ricoprire, involgere, avvolgere. || FIG. avvolgere, mascherare. | *enrober ses reproches de paroles mielleuses*, avvolgere i rimproveri in parole melliflue.
enrochement [ɑ̃rɔʃmɑ̃] m. scogliera (f.) artificiale.
enrôlement [ɑ̃rolmɑ̃] m. arruolamento.
enrôler [ɑ̃role] v. tr. MIL. arruolare. || FIG. arruolare, reclutare. ◆ v. pr. MIL. arruolarsi. || FIG. arruolarsi, iscriversi, affiliarsi. | *s'enrôler dans un parti*, iscriversi a un partito.
enrouement [ɑ̃rumɑ̃] m. raucedine f.
enroué, e [ɑ̃rwe] adj. [personne] arrochito, rauco ; [voix, son] rauco, fioco.
enrouer [ɑ̃rwe] v. tr. arrochire. ◆ v. pr. arrochire v. intr.
enroulement [ɑ̃rulmɑ̃] m. avvolgimento, avviticchiamento, arrotolamento. || ÉLECTR. avvolgimento.
enrouler [ɑ̃rule] v. tr. avvolgere, arrotolare. ◆ v. pr. [sur soi-même] arrotolarsi, avvolgersi ; [autour de qch.] avvolgersi, avviticchiarsi, avvinghiarsi.
enrubanner [ɑ̃rybane] v. tr. ornare di nastri, infioccare, infiocchettare.
ensablement [ɑ̃sabləmɑ̃] m. insabbiamento, interramento.
ensabler [ɑ̃sable] v. tr. [engorger de sable] insabbiare, interrare. || MAR. [échouer] far arenare, incagliare ; portare in secca. ◆ v. pr. insabbiarsi, interrarsi. || MAR. [s'échouer] arenarsi, incagliarsi, andare in secca.
ensachage [ɑ̃saʃaʒ] m. insaccatura f.
ensacher [ɑ̃saʃe] v. tr. insaccare.
ensanglanter [ɑ̃sɑ̃glɑ̃te] v. tr. PR. et FIG. insanguinare.
enseignant, e [ɑ̃sɛɲɑ̃, ɑ̃t] adj. et n. insegnante. | *les enseignants*, il corpo insegnante ; gl'insegnanti, i docenti.
enseigne [ɑ̃sɛɲ] f. COMM. insegna. || FIG. *être logé à la même enseigne*, essere tutti nella stessa barca. || [marque distinctive] insegna, marca, marchio m. || [drapeau] insegna, bandiera. ◆ loc. conj. ***à telle(s) enseigne(s) que***, a tal segno che. ◆ m. HIST. MIL. alfiere, portabandiera inv. || MAR. *enseigne de vaisseau de 2e classe*, guardiamarina inv. | *enseigne de vaisseau de 1re classe*, sottotenente di vascello.
enseignement [ɑ̃sɛɲmɑ̃] m. UNIV. insegnamento ; scuola f. | *être dans l'enseignement*, essere insegnante. | *enseignement ménager*, insegnamento di economia domestica. | *enseignement primaire, public, privé*, scuola elementare, pubblica, privata. || FIG. insegnamento, precetto, lezione f. | *tirer d'utiles enseignements de qch.*, ricavare utili insegnamenti da qlco.
enseigner [ɑ̃sɛɲe] v. tr. [apprendre aux autres] insegnare. | *enseigner la grammaire*, insegnare la grammatica. || [montrer, indiquer] insegnare, mostrare, indicare. | *enseigner le chemin*, indicare, insegnare la strada. || VX [instruire] istruire (L.C.). | *enseigner les enfants*, istruire i bambini.
ensemble [ɑ̃sɑ̃bl] adv. insieme. | *être bien, mal ensemble*, andare, non andare d'accordo. | *aller bien ensemble*, accordarsi, armonizzarsi ; [personnes seulement] andare d'accordo, d'amore e d'accordo. ◆ m. [résultat d'une union] insieme, complesso, totalità f. | *vue d'ensemble*, vista (f.) d'insieme ; panorama. | *dans l'ensemble*, nell'insieme, nel complesso, complessivamente. || [unité] affiatamento, insieme, unità f., armonia f. | *avec ensemble*, con affiatamento. | *manquer d'ensemble*, mancare d'affiatamento. || MATH. *théorie des ensembles*, teoria degli insiemi. || MODE insieme, vestito. || [groupe, collection] insieme, complesso. | *ensemble de maisons*, insieme di case ; caseggiato. | *grand ensemble* = agglomerato urbano (moderno). || THÉÂTRE, MUS. complesso, compagnia f., orchestra f.
ensemblier [ɑ̃sɑ̃blije] m. arredatore. || CIN., THÉÂTRE ambientatore.
ensemencement [ɑ̃smɑ̃smɑ̃] m. semina f., seminagione f., seminatura f.
ensemencer [ɑ̃smɑ̃se] v. tr. AGR. seminare. | *ensemencer un champ avec du blé*, seminare un campo a grano. || BIOL. inseminare.
enserrer [ɑ̃sere] v. tr. stringere ; cingere strettamente.
ensevelir [ɑ̃səvlir] v. tr. [dans un linceul] avvolgere nel drappo funebre ; [au tombeau] seppellire, inumare. || [enfouir] seppellire, sotterrare. | *village enseveli sous la neige*, villaggio sepolto sotto la neve. || FIG. [cacher]

seppellire, nascondere. ◆ v. pr. FIG. seppellirsi, appartarsi, sprofondarsi. | *s'ensevelir à la campagne*, seppellirsi in campagna.

ensevelissement [ɑ̃səvlismɑ̃] m. (l')avvolgere un morto nel drappo funebre; [enterrement] seppellimento, inumazione f. || [enfouissement] seppellimento, sotterramento.

ensilage [ɑ̃silaʒ] m. AGR. insilamento.

ensiler [ɑ̃sile] v. tr. AGR. insilare.

ensoleillé, e [ɑ̃sɔleje] adj. soleggiato, assolato, solatio.

ensoleiller [ɑ̃sɔleje] v. tr. rischiarare, illuminare. || FIG. [égayer] allietare, rallegrare.

ensommeillé, e [ɑ̃sɔmeje] adj. assonnato, insonnolito, sonnacchioso.

ensorcelant, e [ɑ̃sɔrsəlɑ̃, ɑ̃t] adj. ammaliante, affascinante.

ensorceler [ɑ̃sɔrsəle] v. tr. ammaliare, stregare. || [séduire] ammaliare, affascinare, incantare.

ensorceleur, euse [ɑ̃sɔrsəlœr, øz] adj. PR. et FIG. ammaliante, affascinante; ammaliatore, trice; maliardo. || FIG. seduttore, trice; rubacuori inv. ◆ n. mago, a; stregone m., strega f. || PR. et FIG. maliardo, a (rare).

ensorcellement [ɑ̃sɔrsɛlmɑ̃] m. ammaliamento, malia f., incantamento, incanto, stregamento, stregoneria f. || [art] malia, stregoneria. || FIG. [charme] fascino, seduzione f., ammaliamento.

ensuite [ɑ̃sɥit] adv. poi, dopo, quindi, in seguito; indi, poscia (littér.). | *l'auteur discute ensuite*, l'autore passa a discutere.

ensuivre (s') [sɑ̃sɥivr] v. pr. défect. seguire, risultare, derivare. || LOC. *et tout ce qui s'ensuit*, e tutto quel che segue, che ne risulta, che ne deriva. ◆ v. impers. *il s'ensuit que* (indic.), ne consegue, ne risulta che (indic.). | *il ne s'ensuit pas que* (subj.), non ne consegue, non ne risulta che (subj.).

entablement [ɑ̃tabləmɑ̃] m. ARCHIT. trabeazione f.

entacher [ɑ̃taʃe] v. tr. macchiare. || JUR. *entaché d'illégalité, de nullité*, viziato d'illegittimità, di nullità.

entaille [ɑ̃taj] f. tacca, intaccatura. | *faire une entaille à qch.*, fare una tacca a, intaccare qlco. || [blessure] taglio m.

entailler [ɑ̃taje] v. tr. intaccare. || [blesser] tagliare, fare un taglio a.

entame [ɑ̃tam] f. primo taglio, prima fetta.

entamer [ɑ̃tame] v. tr. tagliare il primo pezzo, la prima fetta di; attaccare, intaccare; incignare (rare). | *entamer un pain, un morceau de viande*, attaccare un pane, un pezzo di carne. || FIG. [commencer] *entamer un discours, une conversation*, cominciare, impostare, attaccare un discorso, una conversazione. | *entamer des négociations*, iniziare, intavolare trattative. || [porter atteinte à] intaccare, ledere. | *entamer la réputation de qn*, intaccare la reputazione di qlcu. | *entamer la conviction de qn*, smuovere uno dalla sua convinzione.

entartrage [ɑ̃tartraʒ] m. incrostazione f., incrostamento.

entartrer [ɑ̃tartre] v. tr. incrostare. | *dents entartrées*, denti incrostati di tartaro.

entassement [ɑ̃tasmɑ̃] m. [action et résultat] ammucchiamento, ammassamento, accatastamento, accumulazione f.; [résultat seul] mucchio, ammasso, cumulo. || [foule] affollamento.

entasser [ɑ̃tase] v. tr. ammucchiare, ammassare, accumulare, accatastare, stipare. ◆ v. pr. ammucchiarsi, accumularsi, ammassarsi, stiparsi; [personnes seulement] affollarsi, assieparsi.

ente [ɑ̃t] f. BOT. innesto m., marza.

entéléchie [ɑ̃teleʃi] f. PHILOS. entelechia.

entendement [ɑ̃tɑ̃dmɑ̃] m. PHILOS. intelletto. | *l'entendement humain*, l'intelletto umano. || [faculté de comprendre] intelletto, intendimento.

entendeur [ɑ̃tɑ̃dœr] m. LOC. *à bon entendeur salut*, a buon intenditor poche parole.

entendre [ɑ̃tɑ̃dr] v. tr. **1.** [percevoir] sentire, udire, intendere. | *ne pas entendre de l'oreille gauche*, non sentire dall'orecchio sinistro. || **2.** [apprendre par ouï-dire] sentire. | *entendre dire*, sentir dire; intendere. | *à l'entendre*, a sentirlo, a quanto dice. || **3.** [écouter, assister à] sentire, udire, ascoltare. | *entendre un orateur*, sentire, ascoltare un oratore. || JUR. *entendre des témoins*, escutere, ascoltare testimoni. || **4.** [exaucer] ascoltare, esaudire. | *que le Ciel vous entende!*, il Cielo l'ascolti, la esaudisca! || **5.** [comprendre] intendere, capire. | *entendre à demi-mot*, capire a volo. | *laisser entendre à qn que*, lasciar intendere a qlcu. che. | *il ne veut rien entendre*, non vuol saperne, non vuol capire. | *entendre la plaisanterie*, capire lo scherzo. | *entendre raison*, sentir ragione. | *donner à entendre*, dare ad intendere. | *n'y rien entendre*, non capirci nulla, non intendersene. || **6.** [concevoir] intendere, capire. | *qu'entendez-vous par là?*, cosa intende dire? | *comment l'entends-tu?*, come lo intendi, capisci, spieghi? || **7.** [avoir l'intention, le désir] intendere, desiderare, volere. | *qu'entendez-vous faire?*, cosa intende fare? | *comme tu l'entendras*, come vorrai. | *j'entendais rentrer de bonne heure*, avevo intenzione di, intendevo tornare presto. || **8.** [exiger] intendere, esigere, pretendere. | *j'entends être obéi*, intendo essere ubbidito. ◆ v. pr. **1.** [sens pass.] sentirsi, udirsi, intendersi. | *ce bruit s'entend de loin*, questo rumore si sente da lontano. || FIG. *cela s'entend*, si capisce. || **2.** [sens réfl.] *on ne s'entend plus*, non ci si sente più (parlare). || FIG. [être capable] intendersi. | *s'entendre à, en qch.*, intendersi di qlco. | *il s'y entend*, se ne intende, sa il fatto suo. || [convenir; être d'accord] intendersi, accordarsi. | *s'entendre sur qch. avec qn*, intendersi, accordarsi su qlco. con qlcu. | *bien s'entendre avec qn*, andare d'amore e d'accordo con qlcu. || LOC. *s'entendre comme chien et chat*, essere come cane e gatto; essere come il diavolo e l'acquasanta.

entendu, e [ɑ̃tɑ̃dy] adj. [convenu] inteso. | *c'est entendu*, siamo intesi. | *c'est une affaire entendue*, siamo d'accordo. | *il est entendu que*, resta inteso che. || [capable] pratico, accorto, esperto. | *homme entendu aux affaires*, uomo pratico, esperto degli affari. || LOC. *prendre un air entendu*, fare il saputo, mostrare di saperla lunga; darsi arie (péjor.). | *un clin d'œil, un sourire entendu*, un'occhiata, un sorriso complice. ◆ n. m. *faire l'entendu*, fare il saccente. ◆ loc. adv. ***bien entendu***, beninteso, naturalmente, si capisce.

enténébrer [ɑ̃tenebre] v. tr. oscurare.

entente [ɑ̃tɑ̃t] f. [accord] intesa, accordo m. | *terrain d'entente*, terreno d'intesa. || COMM., ÉCON. intesa. || HIST. *Entente cordiale*, Intesa cordiale. | *Triple-Entente*, Triplice Intesa. | *Petite Entente*, Piccola Intesa. || FIG. *bonne entente*, buona intelligenza; amicizia, armonia. | *à double entente*, a doppio senso.

enter [ɑ̃te] v. tr. BOT. innestare. || TECHN. incastrare.

entérinement [ɑ̃terinmɑ̃] m. JUR. interinazione f.

entériner [ɑ̃terine] v. tr. JUR. interinare.

entérite [ɑ̃terit] f. MÉD. enterite.

entérocolite [ɑ̃terokɔlit] f. MÉD. enterocolite.

enterrement [ɑ̃tɛrmɑ̃] m. [action] seppellimento, inumazione f. || [cérémonie] funerale, esequie f. pl. || [cortège] funerale, corteo funebre. || FIG. *avoir une mine d'enterrement*, avere una faccia da funerale. || [abandon] *enterrement d'un projet de loi*, insabbiamento, arenamento di un disegno di legge.

enterrer [ɑ̃tere] v. tr. seppellire, tumulare, inumare. || LOC. *il nous enterrera tous*, ci seppellirà tutti. || [enfouir] sotterrare, interrare. | *enterrer un trésor*, sotterrare un tesoro. || FIG. *enterrer un projet*, seppellire un progetto. | *enterrer une histoire, un souvenir*, seppellire, dimenticare una storia, un ricordo. || LOC. FAM. *enterrer sa vie de garçon*, mettere una pietra sulla, dire addio alla vita di scapolo. | *vous vouliez m'enterrer, hein?*, mi volevate morto, nevvero? ◆ v. pr. FIG. seppellirsi, appartarsi, sprofondarsi. | *s'enterrer à la campagne*, seppellirsi in campagna.

en-tête [ɑ̃tɛt] m. intestazione f., testata f. | *papier à en-tête*, carta intestata.

entêté, e [ɑ̃tete] adj. et n. caparbio, testardo, ostinato; cocciuto adj. (fam.).

entêtement [ɑ̃tɛtmɑ̃] m. caparbietà f., testardag-

gine f., ostinazione f., caparbieria f. ; cocciutaggine f. (fam.). | *mettre de l'entêtement à refuser*, intestarsi, incaponirsi, ostinarsi a rifiutare.
entêter [ɑ̃tete] v. tr. [étourdir] dare alla testa. | *parfum qui entête*, profumo che dà alla testa. ◆ v. pr. ostinarsi, intestarsi, incaponirsi, incaparbirsi. | *s'entêter à faire qch.*, ostinarsi a far qlco. | *s'entêter dans une idée*, ostinarsi, intestarsi in un'idea.
enthousiasme [ɑ̃tuzjasm] m. entusiasmo. | *sans enthousiasme*, senza entusiasmo, svogliatamente.
enthousiasmer [ɑ̃tuzjasme] v. tr. entusiasmare, estasiare, infervorare, esaltare. ◆ v. pr. **(pour)** entusiasmarsi, estasiarsi, andare in estasi (per).
enthousiaste [ɑ̃tuzjast] adj. [personne] entusiasta ; [parole, cri] entusiastico. ◆ n. entusiasta.
enticher (s') [sɑ̃tiʃe] v. pr. **(de)** incapricciarsi, invaghirsi, infatuarsi, innamorarsi (di). | *entiché de sa personne*, infatuato, fatuo, vanesio.
entier, ère [ɑ̃tje, ɛr] adj. intero. | *tout entier*, tutt'intero. || [intact] intero, intatto, integro. || [sans réserve] intero, pieno, assoluto. | *confiance entière*, fiducia totale. || FIG. intero, integro. | *caractère entier*, carattere intero, integro, tutto d'un pezzo. | *la question reste entière*, la questione rimane intatta, tale quale. || MATH. *nombres entiers*, numeri interi. || ZOOL. *cheval entier*, stallone m. ◆ n. m. intero, interezza f., totalità f. | *lire un ouvrage dans son, en son entier, en entier*, leggere un libro per intero, interamente.
entité [ɑ̃tite] f. PHILOS. entità. || JUR. *entité supranationale*, entità sopranazionale. | *entité de droit public*, ente (m.) di diritto pubblico. | *entité juridique*, ente giuridico.
entoilage [ɑ̃twalaʒ] m. intelatura f.
entoiler [ɑ̃twale] v. tr. intelare.
entoir [ɑ̃twar] m. AGR. innestatoio.
entôlage [ɑ̃tolaʒ] m. ARG. furto (L.C.).
entôler [ɑ̃tole] v. tr. ARG. *entôler qn*, portar via i soldi, il portafoglio, l'orologio di qlcu. (fam.).
entomologie [ɑ̃tomolɔʒi] f. entomologia.
entomologiste [ɑ̃tomolɔʒist] m. entomologo.
1. entonner [ɑ̃tɔne] v. tr. [verser dans un tonneau] imbottare.
2. entonner v. tr. [commencer à chanter] intonare. || FIG. *entonner les louanges de qn*, intonar le lodi, l'elogio di qlcu.
entonnoir [ɑ̃tɔnwar] m. imbuto. | *en (forme d')entonnoir*, a (forma di) imbuto. || MIL. buca f. (di bomba).
entorse [ɑ̃tɔrs] f. MÉD. storta, distorsione. | *se faire une entorse*, prendere, prendersi una storta. || FIG. infrazione, violazione, trasgressione, strappo m. | *entorse à la loi*, infrazione, trasgressione della legge. | *entorse à la fidélité conjugale*, strappo alla fedeltà coniugale.
entortillement [ɑ̃tɔrtijmɑ̃] m. attorcigliamento, avviticchiamento.
entortiller [ɑ̃tɔrtije] v. tr. attorcigliare, avviticchiare. || FAM. *entortiller qn*, abbindolare, raggirare, imbrogliare, ingarbugliare qlcu. || FIG. *réponse entortillée*, risposta ingarbugliata. ◆ v. pr. attorcigliarsi, avviticchiarsi. || FIG. [s'empêtrer] impigliarsi, imbrogliarsi.
entour [ɑ̃tur] m. VX *les entours*, i dintorni (L.C.). ◆ loc. adv. ***à l'entour,*** intorno, all'intorno. ◆ loc. prép. ***à l'entour de,*** intorno a ; all'intorno, nei dintorni, nelle vicinanze di.
entourage [ɑ̃turaʒ] m. [ornement] orlo, contorno. || [ensemble de personnes] seguito, cerchia f., ambiente ; entourage (fr.). | *une personne de son entourage*, una persona del suo seguito, della sua cerchia.
entouré, e [ɑ̃ture] adj. *une personne très entourée*, una persona molto corteggiata, molto ricercata.
entourer [ɑ̃ture] v. tr. circondare ; [suj. personnes] attorniare ; [mur, clôture] cingere. | *entourer d'un mur*, circondare, cingere con un muro. | *entourer de ses bras*, cingere con le braccia, abbracciare. || FIG. *entourer de soins, de tendresse*, circondare, colmare di premure, di tenerezza. | *entourer de mystère*, circondare di mistero. ◆ v. pr. PR. et FIG. circondarsi.
entourloupette [ɑ̃turlupɛt] f. FAM. brutto tiro ; tiro mancino.
entournure [ɑ̃turnyr] f. giro (m.) manica. || FIG., FAM. *être gêné aux, dans les entournures*, essere impacciato, stare a disagio, essere in difficoltà. (V. GÊNE ; GÊNER.)
entraccuser (s') [sɑ̃trakyze] v. pr. accusarsi a vicenda.
entracte [ɑ̃trakt] m. intervallo.
entraide [ɑ̃trɛd] f. mutuo soccorso.
entraider (s') [sɑ̃trede] v. pr. aiutarsi a vicenda, soccorrersi mutuamente.
entrailles [ɑ̃traj] f. pl. ANAT. interiora f. pl., interiori m. pl., visceri m. pl., viscere f. pl. || FIG. viscere. | *le fruit de ses entrailles*, il frutto delle sue viscere. | *dans les entrailles de la terre*, nelle viscere della terra. || [sensibilité] *un homme sans entrailles*, un uomo senza cuore.
entr'aimer (s') [sɑ̃treme] v. pr. amarsi a vicenda.
entrain [ɑ̃trɛ̃] m. [ardeur] alacrità f. | *plein d'entrain*, pieno di brio ; alacre. | *avec entrain*, alacremente, di lena. | *sans entrain*, svogliatamente. || [gaieté ; mouvement] *l'entrain d'une fête*, l'animazione d'una festa. | *atmosphère pleine d'entrain*, atmosfera festosa, piena di festosità. | *comédie pleine d'entrain*, commedia vivace, briosa. | *donner, apporter de l'entrain*, animare ; suscitar l'allegrezza.
entraînable [ɑ̃trɛnabl] adj. FIG. che si lascia trascinare, influenzare.
entraînant, e [ɑ̃trɛnɑ̃, ɑ̃t] adj. FIG. avvincente, alacre, brioso ; che infonde brio, gioia, allegrezza.
entraînement [ɑ̃trɛnmɑ̃] m. [impulsion] impulso, allettamento, adescamento, seduzione f., travolgimento. | *céder à un entraînement*, cedere a una seduzione, a un allettamento. | *l'entraînement des passions*, il travolgimento delle passioni. || SPORT allenamento, affiatamento, addestramento. | *avoir de l'entraînement*, essere allenato. || TECHN. trasmissione f.
entraîner [ɑ̃trene] v. tr. [tirer, emporter avec soi] trascinare, travolgere. | *locomotive qui entraîne un lourd convoi*, locomotiva che trascina un treno pesante. | *torrent qui entraîne tout sur son passage*, torrente che travolge tutto sul suo passaggio. || [emmener] tirare. | *entraîner qn à l'écart*, tirare qlcu. in disparte. || FIG. trascinare, portare. | *entraîner les foules*, trascinare le folle. | *cela nous entraînerait trop loin*, ci porterebbe troppo lontano. | *entraîner qn dans une affaire louche*, trascinare, coinvolgere qlcu. in un affare losco. || [séduire] allettare, sedurre. || [avoir pour conséquence] cagionare, comportare, arrecare ; portare a ; determinare, causare, produrre, provocare. || SPORT allenare, addestrare, affiatare. || TECHN. muovere, spingere. ◆ v. pr. SPORT allenarsi, addestrarsi ; [surtout pour une équipe] affiatarsi.
entraîneur [ɑ̃trenœr] m. SPORT allenatore. || FIG. *entraîneur (d'hommes, de foules)*, trascinatore (d'uomini, di folle).
entraîneuse [ɑ̃trɛnøz] f. entraîneuse (fr.) ; intrattenitrice (néol.).
entrant, e [ɑ̃trɑ̃, ɑ̃t] adj. et n. *les élèves, les députés entrants*, i nuovi alunni, deputati. | *les entrants et les sortants*, quelli che entrano e quelli che escono.
entr'apercevoir [ɑ̃trapɛrsəvwar] v. tr. intravedere.
entrave [ɑ̃trav] f. [pour un animal] pastoia ; [un prisonnier] ferri m. pl., ceppi m. pl. || FIG. [obstacle] inceppo m., intralcio m., ostacolo m., pastoia, impedimento m. | *mettre des entraves à*, inceppare, ostacolare, intralciare ; mettere le pastoie a.
1. entraver [ɑ̃trave] v. tr. [un animal] impastoiare ; [un prisonnier] inceppare. || FIG. [gêner] intralciare, inceppare, ostacolare, frenare, impastoiare, impedire.
2. entraver v. tr. POP. *je n'y entrave que dalle*, non ci capisco un'acca (fam.).
entre [ɑ̃tr] prép. fra, tra. **1.** [intervalle qui sépare] *entre Rome et Florence*, tra Roma e Firenze. | *entre les deux rues*, tra le due strade. || FIG. *être, se trouver entre deux feux*, trovarsi fra due fuochi. || **2.** [moment intermédiaire] *entre huit et neuf (heures)*, fra le otto e le nove. | *entre midi et deux heures*, fra mezzogiorno e le due. || **3.** [état intermédiaire] *entre deux rangées de*

chênes, tra due filari di querce. | *entre deux ponts*, tra un ponte e l'altro. | *être entre la vie et la mort*, essere fra la vita e la morte. | *poser, mettre entre*, frapporre, frammettere, interporre. | *entre deux âges*, né vecchio né giovane. || **4.** [choix ; comparaison] *le meilleur d'entre tous*, il migliore fra tutti. | *brave entre tous*, prode fra i prodi. | *le plus intelligent d'entre les animaux*, il più intelligente fra gli animali. | *l'un d'entre eux*, uno tra di loro, uno di loro. | *l'un d'entre nous*, uno tra noi. | *qui d'entre vous partira ?*, chi tra di voi partirà ? | *entre autres (choses)*, fra l'altro (loc. inv.). || **5.** [relation ; réciprocité] *entre frères, entre amis (ça ne se fait pas)*, tra fratelli, tra amici (non si fa così). | *(soit dit) entre nous*, detto fra noi. | *entre les deux*, così così. | *est-il bon ou méchant ? entre les deux*, è buono o cattivo ? né l'uno né l'altro. || **6.** LOC. *tomber entre les mains de l'ennemi*, cadere in mano al nemico. | *entre quatre yeux*, a quattr'occhi ; a tu per tu.

entrebâillement [ɑ̃trəbajmɑ̃] m. spiraglio, apertura f.

entrebâiller [ɑ̃trəbaje] v. tr. socchiudere.

entrebâilleur [ɑ̃trəbajœr] m. catenella, asticella (f.) di sicurezza.

entrechat [ɑ̃trəʃa] m. scambietto.

entrechoquer [ɑ̃trəʃɔke] v. tr. urtare. || [dans un toast] toccare. ◆ v. pr. PR. et FIG. urtarsi, cozzarsi, scontrarsi. || [dans un toast] toccarsi.

entrecolonne [ɑ̃trəkɔlɔn] ou **entrecolonnement** [ɑ̃trəkɔlɔnmɑ̃] m. ARCHIT. intercolunnio.

entrecôte [ɑ̃trəkot] f. CULIN. entrecôte (fr.) ; costata, bistecca (di manzo).

entrecouper [ɑ̃trəkupe] v. tr. (inter)rompere, intramezzare, alternare. | *voix entrecoupée de sanglots*, voce rotta da singhiozzi. | *champs entrecoupés de prairies*, campi alternanti con prati. ◆ v. pr. [lignes, dessins] intersecarsi.

entrecroisement [ɑ̃trəkrwazmɑ̃] m. intreccio, incrocio.

entrecroiser [ɑ̃trəkrwaze] v. tr. intrecciare, incrociare. ◆ v. pr. intrecciarsi, incrociarsi, intersecarsi.

entre-déchirer (s') [sɑ̃trədeʃire] v. pr. PR. et FIG. dilaniarsi, straziarsi a vicenda.

entre-deux [ɑ̃trədø] m. inv. intervallo, spazio m. || [dentelle] entredeux (fr.) ; falsatura f., tramezzo m. || [basket-ball] rimessa (f.) in gioco a due.

entre-deux-guerres [ɑ̃trədøgɛr] m. ou f. inv. periodo (m.) tra due guerre.

entre-dévorer (s') [sɑ̃trədevɔre] v. pr. PR. divorarsi a vicenda. || FIG. distruggersi a vicenda.

entrée [ɑ̃tre] f. **1.** [action d'entrer] entrata ; [solennelle] ingresso m. || **2.** [possibilité d'entrée] ingresso, entrata, accesso m., entratura (rare). | *entrée libre*, ingresso libero. | *examen d'entrée*, esame d'ammissione. | *carte d'entrée*, tessera d'ingresso. | *refuser l'entrée à qn*, rifiutare, negare l'ingresso, l'accesso a qlcu. || **3.** [moyen d'accès] entrata, ingresso. | *porte d'entrée*, porta d'ingresso ; uscio m. | *entrée des artistes*, entrata di servizio. | *entrée de service*, porta di servizio. || [vestibule dans un appartement] anticamera ; [hall dans un édifice] atrio m., vestibolo m. || **4.** FIG. [commencement] inizio m., principio m. | *entrée en matière*, introduzione, prologo m. | *à l'entrée de l'hiver*, all'inizio dell'inverno. | *d'entrée*, subito ; fin dall'inizio, dal principio. | *d'entrée de jeu*, a tutta prima. || **5.** ADM., JUR. *entrée en charge*, entrata, entratura (rare) in carica. | *entrée en vigueur, en service, en possession*, entrata in vigore, in funzione, in possesso. | *visa d'entrée*, visto (m.) d'ingresso, d'entrata. || **6.** COMM. entrata. || **7.** CULIN. prima portata ; entrée (fr.). || **8.** LING. [dans un dictionnaire] lemma m., esponente m., voce. || **9.** MATH. *tableau à deux entrées*, tabella a doppia entrata. || **10.** TECHN. entrata, arrivo m., immissione. | *entrée d'air*, presa d'aria. | *tuyau d'entrée des gaz*, tubo d'entrata, d'immissione dei gas. || **11.** THÉÂTRE *entrée (en scène)*, entrata in scena ; uscita (rare). ◆ pl. *avoir ses entrées auprès de qn, dans une maison*, avere entratura presso qlcu., in una casa. | *avoir ses entrées dans un théâtre*, avere ingresso libero in un teatro.

entrefaite [ɑ̃trəfɛt] f. LOC. *sur ces entrefaites*, allora, in quel momento, in quel mentre.

entrefilet [ɑ̃trəfilɛ] m. [article] trafiletto, stelloncino, articoletto.

entregent [ɑ̃trəʒɑ̃] m. = abilità nei contatti umani ; appoggi m. pl. | *avoir de l'entregent*, saperci fare in società (fam.).

entr'égorger (s') [sɑ̃tregɔrʒe] v. pr. sgozzarsi, scannarsi a vicenda.

entrejambe [ɑ̃trəʒɑ̃b] m. cavallo.

entrelacement [ɑ̃trəlasmɑ̃] m. intreccio.

entrelacer [ɑ̃trəlase] v. tr. intrecciare. ◆ v. pr. intrecciarsi.

entrelacs [ɑ̃trəla] m. ARCHIT. intreccio, rabesco.

entrelardé, e [ɑ̃trəlarde] adj. *viande entrelardée*, carne inframmezzata di grasso.

entrelarder [ɑ̃trəlarde] v. tr. lardellare. || FIG. lardellare, infarcire.

entremêler [ɑ̃trəmele] v. tr. frammischiare. || FIG. inzeppare, lardellare.

entremets [ɑ̃trəmɛ] m. CULIN. budino, dolce.

entremetteur, euse [ɑ̃trəmɛtœr, øz] n. mediatore, trice ; mezzano, a. || PÉJOR. mezzano, a, ruffiano, a ; galeotto m. (littér.).

entremettre (s') [sɑ̃trəmɛtr] v. pr. intromettersi, inframmettersi, immischiarsi ; interferire v. intr. | *s'entremettre en faveur de qn*, intromettersi, interferire a favore di qlcu.

entremise [ɑ̃trəmiz] f. intromissione, mediazione, inframmettenza, interferenza, intervento m. ◆ loc. prép. ***par l'entremise de***, tramite ; per mezzo di, per l'intervento di, grazie a.

entrepont [ɑ̃trəpɔ̃] m. MAR. interponte. | *descendre à l'entrepont*, scendere sottocoperta.

entreposer [ɑ̃trəpoze] v. tr. depositare, immagazzinare.

entrepôt [ɑ̃trəpo] m. deposito, magazzino, emporio.

entreprenant, e [ɑ̃trəprənɑ̃, ɑ̃t] adj. [audacieux ; galant] intraprendente.

entreprendre [ɑ̃trəprɑ̃dr] v. tr. intraprendere ; imprendere (rare). || FIG., FAM. *entreprendre qn*, cercare di convincere qlcu., metter di mezzo qlcu. ; assillare, circuire qlcu. | *entreprendre de faire qch.*, accingersi, incominciare, provarsi a fare qlco., tentare di fare qlco. | *entreprendre de se justifier*, tentare di giustificarsi.

entrepreneur [ɑ̃trəprənœr] m. imprenditore ; [par adjudication] appaltatore, impresario. | *entrepreneur de maçonnerie, de bâtiments*, imprenditore, appaltatore edile.

entreprise [ɑ̃trəpriz] f. [action] impresa. | *une entreprise périlleuse*, un'impresa pericolosa. || FIG. impresa, iniziativa. | *esprit d'entreprise*, intraprendenza. || ÉCON. *la libre entreprise*, la libera impresa. | *entreprise privée, publique, mixte*, impresa privata, pubblica, mista. || COMM. impresa, azienda, ditta. | *entreprise commerciale*, impresa commerciale, ditta. | *entreprise industrielle*, impresa industriale, azienda. | *entreprise agricole*, azienda agricola. | *entreprise artisanale*, impresa artigiana. | *comité d'entreprise*, commissione interna, comitato aziendale. | *chef d'entreprise*, imprenditore. | *activité de l'entreprise*, attività aziendale.

entrer [ɑ̃tre] v. intr. entrare, penetrare. | *défense d'entrer*, vietato l'ingresso. | *entrer à l'université, en deuxième année, dans l'Administration, au service de qn*, entrare all'università, in secondo anno, nell'Amministrazione, al servizio di qlcu. | *entrer dans les ordres*, prendere gli ordini. | *entrer au parti*, iscriversi al partito. | *faites entrer !*, faccia entrare ! | *entrez !*, avanti ! | *tout n'entrera pas dans ce sac*, non tutto entrerà nel sacco. || FIG. *entrer dans les détails*, entrare nei particolari. | *entrer en fonctions, en ligne de compte, en matière, en vigueur*, entrare in carica, in linea di conto, in argomento, in vigore. | ***entrer en jeu***, V. JEU. | ***entrer en action***, entrare in azione. | ***entrer en rapport avec qn***, entrare in relazione con qlcu. | *entrer en fureur*, andare su tutte le furie. | *entrer dans les* *attributions de qn*, rientrare nelle attribuzioni di qlcu. | *entrer dans les idées de qn*, aderire alle, sposare le idee di qlcu. | *cette considération est entrée dans son choix*, questa considerazione è stata un elemento della sua scelta. | *n'entrer pour rien (dans une affaire)*, non entrarci. | *faire entrer dans la tête de qn*, far entrare, ficcare nella testa di qlcu. || FAM. *entrer dans un arbre*, andare a cozzare contro un albero; finire in un albero. ◆ v. tr. [introduire] introdurre, far entrare, far penetrare. | *entrer des marchandises dans un pays*, introdurre merci in un paese.

entresol [ɑ̃trəsɔl] m. ammezzato, mezzanino.

entre-temps [ɑ̃trətɑ̃] adv. nel frattempo; intanto, frattanto.

entretenir [ɑ̃trətnir] v. tr. [maintenir en état] mantenere, curare. | *entretenir un jardin*, mantenere un giardino. | *entretenir le feu*, mantenere, alimentare il fuoco. | *entretenir l'amitié*, conservare l'amicizia. | *entretenir de bonnes relations avec qn*, mantenere, conservare, avere delle buone relazioni con qlcu. | *entretenir qn dans l'erreur*, mantenere uno nell'errore. || [pourvoir aux besoins de] mantenere, sostentare; mandare avanti. | *entretenir sa famille*, mantenere la famiglia. || PÉJOR. *personne entretenue*, persona mantenuta. || [parler avec] intrattenere; parlare a, con; conferire con; raccontare a. | *entretenir qn de qch.*, intrattenere qlcu. di qlco. ◆ v. pr. [se maintenir] mantenersi, conservarsi; tenersi in esercizio. || [converser] intrattenersi; conversare, conferire, parlare, discorrere v. intr. | *s'entretenir de qch. avec qn*, intrattenersi di qlco. con qlcu.

entretien [ɑ̃trətjɛ̃] m. mantenimento, manutenzione f. | *entretien des routes*, manutenzione delle strade. | *entretien d'une voiture*, manutenzione d'una macchina. | *frais d'entretien*, spese di manutenzione. | *atelier d'entretien*, officina di manutenzione. || [alimentation] mantenimento, sostentamento. || [conversation] conversazione f., colloquio.

entretoise [ɑ̃trətwaz] f. TECHN. distanziale m.

entretoiser [ɑ̃trətwaze] v. tr. TECHN. controventare.

entre-tuer (s') [sɑ̃trətɥe] v. pr. ammazzarsi, uccidersi a vicenda.

entre-voie [ɑ̃trəvwa] f. CH. DE F. interbinario m.

entrevoir [ɑ̃trəvwar] v. tr. intravedere. | *il n'a fait qu'entrevoir la scène*, ha solo intravisto la scena. || FIG. [pressentir] intravedere, intuire, presentire, prevedere.

entrevue [ɑ̃trəvy] f. incontro m., colloquio m., abboccamento m. || JOURN. intervista.

entropie [ɑ̃trɔpi] f. PHYS. entropia.

entrouvert, e [ɑ̃truvɛr, ɛrt] adj. socchiuso, semiaperto.

entrouvrir [ɑ̃truvrir] v. tr. socchiudere. | *entrouvrir les rideaux*, scostare le tende. ◆ v. pr. socchiudersi.

enture [ɑ̃tyr] f. AGR. spacco (m.) dell'innesto.

énucléation [enykleasjɔ̃] f. CHIR. enucleazione.

énucléer [enyklee] v. tr. CHIR. enucleare.

énumératif, ive [enymeratif, iv] adj. enumerativo.

énumération [enymerasjɔ̃] f. enumerazione.

énumérer [enymere] v. tr. enumerare.

énurésie [enyrezi] f. MÉD. enuresi.

envahir [ɑ̃vair] v. tr. MIL. invadere, occupare. | *envahir un pays*, invadere un paese. || [se répandre sur, dans] invadere, allagare; dilagare (per) v. intr. | *le machinisme envahit tout*, il macchinismo invade tutto, dilaga dovunque. || FIG. *envahi par la peur*, invaso dalla paura.

envahissant, e [ɑ̃vaisɑ̃, ɑ̃t] adj. PR. et FIG. invadente.

envahissement [ɑ̃vaismɑ̃] m. invasione f. || FIG. prevaricazione f., abuso, invadenza f., prepotenza f. | *les envahissements du pouvoir*, le prevaricazioni, gli abusi del potere.

envahisseur [ɑ̃vaisœr] m. invasore.

envasement [ɑ̃vazmɑ̃] m. interramento.

envaser (s') [sɑ̃vaze] v. pr. [canal, port] interrarsi; [embarcation] affondare nella melma.

enveloppant, e [ɑ̃vlɔpɑ̃, ɑ̃t] adj. GÉOM. *(ligne) enveloppante*, curva inviluppante; inviluppo m. || MIL. *manœuvre enveloppante*, manovra avvolgente. || FIG. capzioso, insinuante.

enveloppe [ɑ̃vlɔp] f. involucro m., involto m. | *enveloppe protectrice*, involucro di protezione. | *entourer d'une enveloppe*, avvolgere in un involucro, avviluppare. || [lettre] busta. | *mettre sous enveloppe*, mettere in una, nella busta. || FIG. apparenza, crosta. | *enveloppe trompeuse*, apparenza ingannevole. || AUTOM. *enveloppe de pneu*, copertone m. || BOT. involucro, corteccia. || ÉCON. *enveloppe budgétaire* = dotazione. || GÉOM. inviluppo m. || RELIG. *notre enveloppe charnelle*, la nostra spoglia carnale. || TECHN. camicia, guaina, involucro.

enveloppée [ɑ̃vlɔpe] f. GÉOM. curva tangente all'inviluppo.

enveloppement [ɑ̃vlɔpmɑ̃] m. [action] avvolgimento. || MÉD. impacco, impiastro, cataplasma. | *enveloppement humide*, impacco umido. || MIL. avvolgimento.

envelopper [ɑ̃vlɔpe] v. tr. avvolgere, involgere, avviluppare. | *envelopper un enfant dans une couverture*, avviluppare, avvolgere un bambino in una coperta. | *envelopper un objet dans du papier*, avvolgere, involgere un oggetto nella carta; incartare un oggetto. || [cacher] nascondere, celare, dissimulare. | *envelopper sa pensée sous d'habiles périphrases*, nascondere, celare, dissimulare il proprio pensiero sotto abili perifrasi. | *envelopper de mystère une négociation*, circondare di mistero una trattativa. || FIG. *envelopper qn d'un regard tendre*, avvolgere qlcu. con un tenero sguardo. || MIL. avviluppare, aggirare, accerchiare. ◆ v. pr. avvolgersi. | *s'envelopper de sa cape*, avvolgersi nella cappa.

envenimer [ɑ̃vnime] v. tr. infettare. || FIG. invelenire. ◆ v. pr. infettarsi. || FIG. invelenirsi, inasprirsi.

enverguer [ɑ̃vɛrge] v. tr. MAR. invergare, inferire.

envergure [ɑ̃vɛrgyr] f. [oiseau] apertura (f.) alare. || FIG. *esprit de grande envergure*, spirito di grande apertura. | *œuvre de grande envergure*, opera di largo respiro. || AÉR. apertura (alare). || MAR. inferitura. || MIL. *opération de grande envergure*, operazione a vasto raggio.

1. envers [ɑ̃vɛr] prép. verso, per, con; nei riguardi di; [avec pron. pers.] verso di. | *indulgent envers tout le monde*, indulgente verso, con tutti. | *loyal envers toi*, leale verso di te. | *bon même envers ses ennemis*, buono perfino con i nemici. | *traître envers la patrie*, traditore della patria. | *il s'est mal conduit envers son père, envers moi, toi, lui, elle*, si è comportato male nei riguardi del babbo, nei miei, tuoi, suoi riguardi. ◆ loc. adv. ***envers et contre tous***, malgrado tutti, a dispetto di tutti.

2. envers m. rovescio. || FIG. contrario; lato nascosto. ◆ loc. adv. ***à l'envers***, a rovescio, alla rovescia; sottosopra. || FIG. *avoir la tête à l'envers*, essere sottosopra; essere turbato, sconvolto (adj.).

envi (à l') [alɑ̃vi] loc. adv. a gara.

enviable [ɑ̃vjabl] adj. invidiabile.

envie [ɑ̃vi] f. [jalousie] invidia. || [désir; besoin] voglia, desiderio m. | *avoir envie de qch., de manger*, aver voglia di qlco., di mangiare. | *l'envie me prend, il me vient l'envie de rire*, mi viene voglia di ridere, mi viene da ridere. | *faire envie*, far gola. || [pellicule de peau] pipita. || [tache sur la peau] voglia. || PSYCHAN. *envie du pénis*, invidia del pene.

envier [ɑ̃vje] v. tr. [jalouser] invidiare. || [désirer] desiderare; bramare (littér.). | *envier la gloire*, bramare la gloria.

envieux, euse [ɑ̃vjø, øz] adj. et n. invidioso; invido adj. (littér.).

environ [ɑ̃virɔ̃] adv. [à peu près] circa, all'incirca, press'a poco, su per giù. ◆ n. m. pl. dintorni, vicinanze f. pl., pressi, periferia f. sing. ◆ loc. prép. ***aux environs de :*** [lieu; temps] verso.

environnant, e [ɑ̃virɔnɑ̃, ɑ̃t] adj. circostante, circonvicino.

environnement [ɑ̃virɔnmɑ̃] m. PR. et FIG. ambiente. || LING. contesto.

environner [ɑ̃virɔne] v. tr. PR. et FIG. circondare.

envisager [ɑ̃vizaʒe] v. tr. [examiner] considerare,

esaminare, contemplare. | *le cas n'est pas envisagé*, il caso non è contemplato. || [projeter] progettare, pensare. | *envisager de partir*, progettare di, pensare di, proporsi di partire.

envoi [ɑ̃vwa] m. invio. | *faire un envoi*, fare un invio ; inviare. || COMM. spedizione f., invio. | *frais d'envoi*, spese di spedizione. || JUR. *envoi en possession*, immissione (f.) in possesso. || POÉS. commiato, congedo. || LOC. *coup d'envoi* : [football] calcio d'inizio ; FIG. inizio.

envol [ɑ̃vɔl] m. [oiseau] = (il) volar via, (l')alzarsi a volo. || AÉR. decollo, involo. || FIG. *prendre son envol*, spiccare il volo.

envolée [ɑ̃vɔle] f. *une envolée de moineaux*, un alzarsi a volo di passeri. || FIG. volo m., volata. | *envolée lyrique*, volo lirico, volata lirica.

envoler (s') [sɑ̃vɔle] v. pr. spiccare il volo, volar via. || FIG. volare, fuggire v. intr. | *le temps s'envole*, il tempo vola. || [disparaître] involarsi, dileguarsi ; sparire v. intr. | *les illusions se sont envolées*, le illusioni si sono dileguate. || AÉR. decollare v. intr.

envoûtant, e [ɑ̃vutɑ̃, ɑ̃t] adj. affascinante, avvincente.

envoûtement [ɑ̃vutmɑ̃] m. PR. maleficio, fattura f., incantesimo. || FIG. incanto, fascino, malia f.

envoûter [ɑ̃vute] v. tr. PR. stregare, affatturare. || FIG. stregare, ammaliare, incantare, soggiogare.

envoûteur, euse [ɑ̃vutœr, øz] n. PR. ammaliatore, trice ; incantatore, trice.

envoyé, e [ɑ̃vwaje] n. inviato, a, messaggero, a.

envoyer [ɑ̃vwaje] v. tr. inviare, mandare, spedire. | *envoyer chercher qch., qn*, mandare a prendere qlco., qlcu. || FIG., FAM. *envoyer au diable*, mandare al diavolo, all'inferno, alla malora. | *envoyer promener, paître, coucher*, mandare a spasso, a quel paese, a farsi benedire. | *envoyer qn dans l'autre monde*, mandare qlcu. all'altro mondo, al creatore. | *ne pas l'envoyer dire, ne pas envoyer dire ce que l'on pense*, non aver peli sulla lingua. || [donner, lancer] dare, mandare, lanciare ; mollare (fam.). | *envoyer un coup de pied dans le tibia*, tirare un calcio nello stinco. | *envoyer le ballon*, lanciare il pallone. | *envoyer des pierres*, lanciare, tirare sassi. || FAM. *c'est (bien) envoyé !*, questa è proprio indovinata, azzeccata ! || JUR. *envoyer en possession*, immettere in possesso. || MAR. *envoyer par le fond*, affondare. || MIL. *envoyer les couleurs*, issare la bandiera. || SPORT *envoyer au tapis*, mandare al tappeto. ◆ v. pr. [sens récipr.] inviarsi, mandarsi, spedirsi. || FAM. [prendre, absorber] inghiottire, mandar giù ; [liquide] tracannare. | *s'envoyer un verre*, mandar giù, tracannare un bicchiere. || [faire] fare, sobbarcarsi. | *s'envoyer tout le travail*, sobbarcarsi tutto il lavoro.

envoyeur, euse [ɑ̃vwajœr, øz] n. mittente. (V. aussi EXPÉDITEUR.)

enzootie [ɑ̃zɔɔti] f. VÉTÉR. enzoozia.

enzyme [ɑ̃zim] m. ou f. CHIM. enzima m.

éocène [eɔsɛn] adj. GÉOL. eocenico. ◆ n. m. eocene.

éolien, enne [eɔljɛ̃, ɛn] adj. eolico, eolio. || GÉOL. *dépôts éoliens*, depositi eolici. || MUS. *harpe éolienne*, arpa eolia. ◆ n. f. pompa (f.) a vento.

éon [eɔ̃] m. PHILOS. eone.

épacte [epakt] f. ASTR. epatta.

épagneul, e [epaɲœl] n. ZOOL. épagneul m. (fr.).

épais, aisse [epɛ, ɛs] adj. spesso, alto. | *épais de six centimètres*, spesso sei centimetri. | *la neige est épaisse*, la neve è alta, spessa. || [dense] spesso, denso, fitto. | *brouillard épais*, nebbia fitta, spessa, densa. | *nuit épaisse*, notte fitta, cupa, profonda. || [dru, serré] spesso, folto, fitto, denso. | *bois, feuillage épais*, bosco, fogliame spesso, folto, fitto. | *pluie épaisse*, pioggia fitta. | *herbe épaisse*, erba folta, fitta. || [peu liquide] denso, compatto, spesso. | *huile épaisse*, olio denso, spesso. | *vin épais*, vino grosso, denso. | *sang épais*, sangue grosso. || LOC. *avoir la langue épaisse*, avere la lingua grossa. || FIG. [grossier] grossolano, rozzo. | *esprit épais*, ingegno rozzo, grossolano. ◆ adv. fitto, denso. | *semer épais*, seminare fitto. ◆ n. m. folto, fitto.

épaisseur [epɛsœr] f. spessore m., grossezza. | *l'épaisseur d'une planche*, lo spessore d'un'asse. | *de deux mètres d'épaisseur*, di due metri di spessore ; spesso (adj.) due metri. | *l'épaisseur de la neige*, lo spessore, l'altezza della neve. || [densité] densità, spessore, spessezza ; fittezza (rare). | *l'épaisseur du brouillard, de l'obscurité*, la densità della nebbia, del buio. | *l'épaisseur d'un liquide*, la densità, la spessezza di un liquido. | *pénétrer dans l'épaisseur des ténèbres*, penetrare nel fitto delle tenebre. || [état de ce qui est serré] spessore, foltezza. | *l'épaisseur d'une forêt*, la foltezza di una foresta. || FIG. [esprit] grossolanità, rozzezza.

épaissir [epesir] v. tr. ispessire, infittire, addensare, appesantire. | *épaissir un mur*, ispessire un muro. | *épaissir l'obscurité*, infittire l'oscurità. | *la fumée épaissit l'air*, il fumo addensa l'aria. | *un vêtement qui épaissit la taille*, un vestito che appesantisce la vita. | *épaissir une sauce, un sirop*, ispessire una salsa, uno sciroppo. ◆ v. intr. et v. pr. [densité] addensarsi, ispessire, infittire ; [devenir plus serré] infoltire. | *le brouillard (s')épaissit*, la nebbia infittisce. | *les nuages s'épaississent*, le nuvole si addensano, infittiscono. | *liquide qui s'épaissit*, liquido che s'ispessisce. | *la forêt s'épaissit*, la foresta infittisce, infoltisce. || [grossir] ingrossarsi, ingrassarsi. | *sa taille épaissit, il épaissit*, (s')ingrossa, (s')ingrassa.

épaississement [epesismɑ̃] m. [densité] addensamento, (l')addensare, (l')addensarsi, (l')infittire, (l')infittirsi ; [fait de devenir plus serré] (l')infoltire, (l')infoltirsi. | *l'épaississement d'un liquide*, l'addensamento, il condensamento di un liquido. || [engraissement] ingrossamento, (l')ingrassare, (l')ingrassarsi.

épanchement [epɑ̃ʃmɑ̃] m. MÉD. versamento, travaso, fuoruscita f. | *épanchement pleural*, versamento pleurico. | *épanchement synovial, de synovie*, versamento di sinovia. | *épanchement de bile, de sang*, travaso, fuoruscita di bile, di sangue. || GÉOGR. *épanchement de lave*, colata lavica, di lava. || FIG. sfogo, effusione f. | *les épanchements du cœur*, le effusioni del cuore. | *avoir besoin d'épanchement*, aver bisogno di sfogo.

épancher [epɑ̃ʃe] v. tr. VX spandere, versare (L.C.). || FIG. sfogare ; dare (libero) sfogo a. | *épancher sa colère sur qn*, sfogare la propria collera su qlcu. | *épancher son cœur*, sfogare il proprio cuore ; sfogarsi. ◆ v. pr. VX spandersi, sgorgare (L.C.). || MÉD. stravasarsi. || FIG. sfogarsi.

épandage [epɑ̃daʒ] m. AGR. spandimento, spargimento. | *épandage du fumier*, spargimento del letame. | *champ d'épandage* = campo irrigato con acque reflue.

épandeur, euse [epɑ̃dœr, øz] n. [d'engrais] spargiconcime m. inv. ; [de fumier] spargiletame m. inv. ; [de sable] spargisabbia m. inv.

épandre [epɑ̃dr] v. tr. spandere, spargere. ◆ v. pr. spargersi, stendersi, diffondersi ; dilagare v. intr.

épanoui, e [epanwi] adj. [radieux] giocondo, radioso. || [bien développé] pieno, rigoglioso.

épanouir [epanwir] v. tr. BOT. far sbocciare. || FIG. rallegrare, allietare, esilarare. | *le bonheur épanouit le cœur*, la felicità allarga il cuore. ◆ v. pr. BOT. sbocciare, schiudersi. || FIG. [se développer librement] sbocciare, risplendere v. intr. | *sa beauté s'épanouit de jour en jour*, la sua bellezza risplende ogni giorno di più. | *enfant qui s'épanouit*, ragazzo che sboccia. | *œuvre d'art qui s'épanouit dans un milieu favorable*, opera d'arte che sboccia in un ambiente favorevole. || [devenir gai, radieux] rischiararsi, illuminarsi ; diventar radioso. | *son visage s'épanouit*, il suo viso s'illumina (di gioia).

épanouissement [epanwismɑ̃] m. BOT. sboccio. || [entier développement, plénitude] espansione f., piena f., rigoglio. | *l'épanouissement des sentiments*, la piena dei sentimenti. | *l'épanouissement de la beauté*, il rigoglio della bellezza. | *enfant en plein épanouissement*, fanciullo in pieno rigoglio. || FIG. [manifestation de joie] contentezza f., felicità f.

épar ou **épart** [epar] m. TECHN. [barre] sbarra f., spranga f., stanga f. ; [poutre] traversa f.
éparchie [eparʃi] f. HIST. eparchia.
épargnant, e [eparɲɑ̃, ɑ̃t] n. risparmiatore, trice.
épargne [eparɲ] f. risparmio m. | *caisse d'épargne*, cassa di risparmio. | *livret de caisse d'épargne*, libretto di risparmio. ◆ pl. risparmi m. pl., economie. | *vivre de ses épargnes*, vivere con i. dei propri risparmi.
épargner [eparɲe] v. tr. PR. et FIG. risparmiare, economizzare. | *n'épargner ni son temps ni sa peine*, non risparmiare né tempo né fatica. | *épargner ses forces*, risparmiare le proprie forze. | *n'épargner personne*, non risparmiare nessuno. || LOC. *épargne-moi tes explications*, risparmiami le tue spiegazioni. || ABSOL. *épargner (sur)*, risparmiare, economizzare (su). ◆ v. pr. risparmiarsi.
éparpillement [eparpijmɑ̃] m. sparpagliamento, sparpaglio, (lo) sparpagliare, (lo) sparpagliarsi, dispersione f. || FIG. dispersione.
éparpiller [eparpije] v. tr. sparpagliare, disperdere, spargere. || FIG. disperdere. ◆ v. pr. sparpagliarsi, disperdersi.
éparque [epark] m. HIST. eparco.
épars, e [epar, ars] adj. sparso.
épart m. V. ÉPAR.
épatant, e [epatɑ̃, ɑ̃t] adj. FAM. stupendo, eccellente, strabiliante (L.C.).
épate [epat] f. FAM. *faire de l'épate*, fare lo spaccone, darsi delle arie.
épaté, e [epate] adj. *nez épaté*, naso rincagnato.
épatement [epatmɑ̃] m. schiacciamento. || FIG., FAM. stupore, sbalordimento (L.C.).
épater [epate] v. tr. FAM. stupire, strabiliare, meravigliare, colpire, far colpo (L.C.). | *épater le bourgeois, la galerie*, far colpo sui borghesi, sui gonzi ; incantare i gonzi.
épaulard [epolar] m. ZOOL. orca f.
épaule [epol] f. spalla ; omero m. (littér.). | *être large d'épaules*, aver le spalle larghe. | *effacer, rentrer les épaules*, rientrar le spalle. | *hausser les épaules*, alzar le spalle, stringersi nelle spalle. | *coup d'épaule*, spallata f. | *porter sur les, ses épaules*, portare a spalle, sulle spalle. | *épaule contre épaule*, spalla a spalla. | *le fusil à l'épaule*, fucile in spalla. || CULIN. spalla. || MODE spalla. || LOC. FAM. *donner un coup d'épaule à qn*, spalleggiare qlcu. | *avoir les épaules solides*, avere le spalle quadrate. | *avoir la tête sur les épaules*, aver la testa sulle spalle. | *faire qch. par-dessus l'épaule*, far qlco. alla bell'e meglio, alla carlona.
épaulement [epolmɑ̃] m. ARCHIT. muro di sostegno : spalla f. || MIL. parapetto, gabbionata f.
épauler [epole] v. tr. [rompre l'épaule] = rompere la spalla a ; spallare (VX). || [appuyer contre l'épaule] *épauler le fusil*, spianare il fucile. || FIG. [aider] spalleggiare, aiutare, sostenere.
épaulette [epolɛt] f. spallina.
épave [epav] f. MAR. relitto m. || [objet abandonné] resto m., relitto. || FIG. [débris] avanzo m., residuo m. | *les épaves d'une fortune*, gli avanzi di una fortuna. || [personne misérable] *cet homme est une épave de la société*, quest'uomo è un relitto della società.
épeautre [epotr] m. AGR. farro, spelta f.
épée [epe] f. spada ; brando m. (poét.). | *coup d'épée*, colpo di spada, stoccata f. | *s'élancer l'épée nue*, slanciarsi a spada tratta. || FIG. *à la pointe de l'épée*, V. POINTE. | *donner un coup d'épée dans l'eau*, fare un buco nell'acqua. | *mettre l'épée dans les reins de qn*, pungolare uno. | *passer au fil de l'épée*, passare a fil di spada. || [état militaire] armi f. pl. | *noblesse d'épée*, nobiltà militare. || VX *quitter l'épée*, abbandonare il mestiere delle armi, le armi, la milizia (L.C.). || LOC. *épée de Damoclès*, spada di Damocle.
épeire [epɛr] f. ZOOL. epeira.
épéiste [epeist] m. spadista.
épeler [eple] v. tr. compitare.
épellation [epɛlasjɔ̃] f. compitazione, (il) compitare.
épenthèse [epɑ̃tɛz] f. LING. epentesi.
épépiner [epepine] v. tr. togliere i semi di.
éperdu, e [epɛrdy] adj. [personne] smarrito, sgomento, sgomentato, sbigottito, sperduto. | *éperdu de douleur*, smarrito dal dolore. | *éperdu de joie*, ebbro di gioia. || [amour] appassionato. || [chose] sgomento, sfrenato. | *visage éperdu*, viso sgomento. | *fuite, course éperdue*, fuga, corsa sfrenata.
éperdument [epɛrdymɑ̃] adv. perdutamente. | *éperdument amoureux*, perdutamente innamorato. || FIG., FAM. *je m'en moque éperdument*, me n'infischio completamente ; me ne strafrego (vulg.).
éperlan [epɛrlɑ̃] m. ZOOL. eperlano.
éperon [eprɔ̃] m. sp(e)rone. | *chausser ses éperons*, calzar gli speroni. | *donner de l'éperon*, dar di sprone. | *coup d'éperon*, speronata f. (pr.) ; spronata f. (pr. et fig.). || FIG. sprone, stimolo, incitamento. || ARCHIT., BOT., GÉOGR., MAR., ZOOL. sperone.
éperonné, e [eprɔne] adj. speronato. | *les pattes éperonnées du coq*, le zampe speronate del gallo. | *monter à cheval botté et éperonné*, montare a cavallo con gli stivali e gli speroni.
éperonner [eprɔne] v. tr. PR. spronare. || FIG. [stimuler] spronare, stimolare, incitare. || MAR. speronare.
épervier [epɛrvje] m. ZOOL. sparviere, sparviero. || [filet de pêche] giacchio.
épervière [epɛrvjɛr] f. BOT. ieracia.
éphèbe [efɛb] m. HIST. et PÉJOR. efebo.
éphémère [efemɛr] adj. [d'un jour] effimero. || [de courte durée] effimero, fuggevole, fugace. ◆ n. m. ZOOL. efemera f., effimera f.
éphéméride [efemerid] f. ef(f)emeride. ◆ pl. ASTR. ef(f)emeride sing.
épi [epi] m. BOT. [blé] spiga f. ; [maïs] pannocchia f. || [cheveux] ritrosa f. || ARCHIT. [digue] briglia f. || LOC. *en épi*, a spiga.
épiage [epjaʒ] m. spigatura f.
épice [epis] f. aroma m., droga. | *les épices*, le spezie. | *pain d'épice*, panpepato.
épicé, e [epise] adj. PR. piccante. || FIG. piccante, salace, scurrile.
épicéa [episea] m. BOT. abete rosso. || [bois] peccia f.
épicène [episɛn] adj. GRAMM. epiceno, promiscuo, ambigenere.
épicentre [episɑ̃tr] m. epicentro.
épicer [epise] v. tr. PR. drogare, aromatizzare ; condire con spezie. || FIG. rendere piccante, salace.
épicerie [episri] f. [denrées] alimentari m. pl., (generi) coloniali m. pl. | *épicerie fine* = generi coloniali di lusso. || [magasin] drogheria, spezieria, pizzicheria.
épicier, ère [episje, ɛr] n. droghiere, a ; pizzicagnolo, a ; speziale m. (VX). || FIG., PÉJOR. = filisteo m., borghese m.
épicurien, enne [epikyrjɛ̃, ɛn] adj. et n. PHILOS. epicureo.
épicurisme [epikyrism] m. PHILOS. epicureismo.
épicycle [episikl] m. ASTR. epiciclo.
épidémie [epidemi] f. MÉD. epidemia, moria. || FIG. epidemia.
épidémique [epidemik] adj. epidemico.
épiderme [epidɛrm] m. ANAT., BOT. epidermide f. || FIG. *avoir l'épiderme sensible*, avere l'epidermide delicata. | *chatouiller (agréablement) l'épiderme de qn*, lisciare uno.
épidermique [epidɛrmik] adj. epidermico.
épier [epje] v. tr. PR. et FIG. spiare.
épierrer [epiere] v. tr. AGR. togliere le pietre, i sassi da.
épieu [epjø] m. spiedo.
épigastre [epigastr] m. ANAT. epigastrio.
épiglotte [epiglɔt] f. ANAT. epiglottide.
épigone [epigɔn] m. epigono.
épigramme [epigram] f. [pièce de vers] epigramma m. || [raillerie] frizzo m. || CULIN. cotoletta d'agnello panata.
épigraphe [epigraf] f. epigrafe.
épigraphie [epigrafi] f. epigrafia.
épigraphique [epigrafik] adj. epigrafico.
épigraphiste [epigrafist] m. epigrafista.
épilation [epilasjɔ̃] f. depilazione.
épilatoire [epilatwar] adj. depilatorio.
épilepsie [epilɛpsi] f. MÉD. epilessia.

épileptique [epilɛptik] adj. et n. MÉD. epilettico.
épiler [epile] v. tr. depilare. | *crème à épiler*, crema depilatoria.
épilogue [epilɔg] m. epilogo. ‖ [dénouement] epilogo, conclusione f., fine f.
épiloguer [epilɔge] v. tr. ind. **(sur)** raziocinare, discorrere (su). ‖ [critiquer] criticare v. tr., avere da ridire (su).
épiloir [epilwar] m. pinzetta (f.) per depilare.
épinard [epinar] m. BOT. spinacio ; spinace (rare). ‖ LOC. FAM. *mettre du beurre dans les épinards*. V. BEURRE.
épine [epin] f. BOT. spina. ‖ FIG. spina. | *être sur des épines*, star sulle spine. | *tirer à qn une épine du pied*, levar una spina dal cuore a qlcu. | *la vie est hérissée d'épines*, la vita è irta di spine. ‖ ANAT. *épine dorsale*, spina dorsale. ‖ [broderie] *point d'épine*, punto a spina.
épinette [epinɛt] f. MUS. spinetta.
épineux, euse [epinø, øz] adj. PR. et FIG. spinoso.
épingle [epɛ̃gl] f. spillo m. ; [bijou] spilla. | *la tête de l'épingle*, la capocchia dello spillo. | *épingle double, de sûreté, de nourrice, anglaise*, spillo da balia, di sicurezza. | *épingle de cravate*, spilla da cravatta. | *épingle à cheveux*, forcina, forcella. | *épingle à chapeau*, spillone m. | *épingle à linge*, pinza, molletta da bucato. ‖ FIG. *virage en épingle à cheveux*, (curva a) gomito m. | *coups d'épingles*, colpi di spillo. ‖ LOC. *être tiré à quatre épingles*, essere in ghingheri. | *tirer son épingle du jeu*, cavarsela abilmente. | *chercher une épingle dans une botte, une meule de foin*, cercare un ago nel pagliaio. | *monter en épingle*, esagerare, gonfiare.
épingler [epɛ̃gle] v. tr. appuntare (con uno spillo). ‖ FAM. [arrêter] acciuffare, acchiappare.
épinière [epinjɛr] adj. f. ANAT. *moelle épinière*, midollo (m.) spinale.
épinoche [epinɔʃ] f. ZOOL. spinarello m.
épiphanie [epifani] f. RELIG. Epifania.
épiphénomène [epifenɔmɛn] m. PHILOS. epifenomeno.
épiphonème [epifɔnɛm] m. RHÉT. epifonema.
épiphyse [epifiz] f. ANAT. epifisi.
épiphyte [epifit] adj. et n. m. BOT. epifita f. | *(plantes) épiphytes*, epifite.
épiploon [epiplɔɔ̃] m. ANAT. omento.
épique [epik] adj. epico.
épiscopal, e, aux [episkɔpal, o] adj. episcopale, vescovile. | *conférence épiscopale*, conferenza episcopale. | *palais épiscopal*, palazzo vescovile, vescovado ; episcopio (littér.). | *Église épiscopale*, Chiesa anglicana.
épiscopat [episkɔpa] m. [dignité ; fonction ; durée] episcopato, vescovato, vescovado. ‖ [ensemble des évêques] episcopato.
épiscope [episkɔp] m. episcopio.
épisode [epizɔd] m. [péripétie] episodio. ‖ [division d'une action] *film en plusieurs épisodes, à épisodes*, film a episodi. ‖ [fait accessoire] episodio, vicenda f., caso.
épisodique [epizɔdik] adj. episodico.
épisser [epise] v. tr. MAR. impiombare.
épissure [episyr] f. MAR. impiombatura.
épistaxis [epistaksis] f. MÉD. epistassi.
épistémologie [epistemɔlɔʒi] f. PHILOS. epistemologia.
épistolaire [epistɔlɛr] adj. epistolare.
épistolier, ère [epistɔlje, ɛr] n. epistolografo, a.
épistolographie [epistɔlɔgrafi] f. epistolografia.
épitaphe [epitaf] f. epitaffio m.
épithalame [epitalam] m. epitalamio.
épithélium [epiteljɔm] m. ANAT. epitelio.
épithèse [epitɛz] f. LING. epitesi.
épithète [epitɛt] adj. GRAMM. *adjectif épithète*, aggettivo attributivo ; attributo m. ◆ n. f. GRAMM. epiteto m. ‖ LOC. *ils échangèrent des épithètes injurieuses*, si scagliarono certi epiteti ! | *être à court d'épithètes* : [injurieuses] essere a corto di epiteti ingiuriosi ; [laudatives] essere a corto di parole laudative.
épithétique [epitetik] adj. LING. epitetico.
épitoge [epitɔʒ] f. batalo m., batolo m.
épitomé [epitɔme] m. epitome f., compendio, riassunto.
épître [epitr] f. epistola. | *épître dédicatoire*, lettera dedicatoria. ‖ FAM. epistola.
épizootie [epizɔɔti] f. VÉTÉR. epizoozia, moria.
épizootique [epizɔɔtik] adj. epizootico.
éploré, e [eplɔre] adj. afflitto, addolorato, accorato ; in lacrime.
épluchage [eplyʃaʒ] m. mondatura f. ; [action d'enlever la peau] (lo) sbucciare ; sbucciamento (rare). ‖ FIG. [examen minutieux] spulciatura f. (fam.). | *l'épluchage d'un livre*, la spulciatura, l'esame minuzioso d'un libro. | *l'épluchage des comptes d'une entreprise*, il controllo dei conti di un'impresa. ‖ TEXT. garzatura f., spelaiatura, (lo) spelazzare.
éplucher [eplyʃe] v. tr. [nettoyer] mondare. | *éplucher la salade*, mondare l'insalata. ‖ [enlever la peau] sbucciare. | *éplucher les légumes, les fruits*, sbucciare i legumi, le frutta. ‖ FIG. controllare, sindacare ; spulciare (fam.). | *éplucher la gestion d'une société*, controllare, sindacare la gestione di una società. ‖ TEXT. garzare, spelazzare.
éplucheur, euse [eplyʃœr, øz] n. sbucciatore, trice ; mondatore, trice. ‖ FIG. spulciatore, trice ; pignolo. ◆ m. [couteau] mondapatate, sbucciapatate inv.
épluchure [eplyʃyr] f. mondatura, buccia.
épode [epɔd] f. POÉS. epodo m.
épointer [epwɛ̃te] v. tr. spuntare, smussare. | *épointer un crayon, les cheveux*, spuntare una matita, i capelli.
éponge [epɔ̃ʒ] f. ZOOL. spugna. ‖ [matière] spugna. ‖ PR. et FIG. *passer l'éponge, un coup d'éponge sur qch.*, passare la spugna sopra qlco. ‖ [boxe] *jet de l'éponge*, getto della spugna. ‖ LOC. *boire comme une éponge*, bere come una spugna. | *serviette-éponge, tissu-éponge*, V. SERVIETTE ; TISSU.
éponger [epɔ̃ʒe] v. tr. spugnare ; lavare, pulire, asciugare con una spugna. | *éponger de l'eau avec un chiffon*, asciugare l'acqua con uno straccio. ‖ FIG. (ri)assorbire. | *éponger un excédent de circulation fiduciaire*, riassorbire un eccedente di circolazione fiduciaria. ◆ v. pr. asciugarsi.
éponyme [epɔnim] adj. et n. m. HIST., MYTH. eponimo.
épopée [epɔpe] f. epopea.
époque [epɔk] f. GÉOL., HIST. epoca. ‖ [temps, moment, date] tempo m. | *à cette époque(-là)*, in quel tempo, in quei tempi, a quei tempi. ‖ LOC. *la Belle Époque*, la Belle Époque (fr.) ; gli anni felici. | *meubles d'époque*, mobili di stile originali. ‖ FIG. *faire époque*, fare epoca. ◆ pl. MÉD. mestrui m. pl.
épouiller [epuje] v. tr. spidocchiare.
époumoner (s') [sepumɔne] v. pr. spolmonarsi, sfiatarsi, sgolarsi.
épousailles [epuzaj] f. pl. VX sposalizio m. (L.C.) ; sponsali m. pl. (littér.).
épouse [epuz] f. sposa, moglie. | *Pierrette X, épouse Y*, Pierina X, sposata Y ; Pierina X in Y (tosc.).
épousée [epuze] f. VX sposina (L.C.).
épouser [epuze] v. tr. sposare ; sposarsi con ; [suj. femme] maritarsi con ; [suj. homme] ammogliarsi con. ‖ FIG. [s'attacher à] sposare, abbracciare. ‖ [s'adapter à] *épouser la forme de qch.*, prendere la forma di qlco.
épouseur [epuzœr] m. IRON. pretendente, spasimante.
époussetage [epustaʒ] m. spolvero, spolveratura f. ; [sommaire] spolverata f.
épousseter [epuste] v. tr. spolverare.
époustouflant, e [epustuflɑ̃, ɑ̃t] adj. FAM. sbalorditivo, strabiliante (L.C.).
époustoufler [epustufle] v. tr. FAM. sbalordire, strabiliare.
épouvantable [epuvɑ̃tabl] adj. spaventoso, spaventevole, pauroso.
épouvantail [epuvɑ̃taj] m. spauracchio ; spaventapasseri inv. ‖ FIG. spauracchio.
épouvante [epuvɑ̃t] f. spavento m., terrore m. | *glacé d'épouvante, par l'épouvante*, agghiacciato dallo spavento. | *semer l'épouvante*, spargere, diffondere, semi-

nare lo spavento. | *film d'épouvante*, film del terrore.
épouvanter [epuvɑ̃te] v. tr. spaventare, sgomentare. ◆ v. pr. spaventarsi, impaurirsi, sgomentarsi.
époux [epu] m. sposo, coniuge. ◆ pl. *les époux*, gli sposi, i coniugi. | *les jeunes époux*, gli sposini, gli sposi novelli.
éprendre (s') [seprɑ̃dr] v. pr. **(de)** invaghirsi, incapricciarsi, innamorarsi (di).
épreuve [eprœv] f. [essai] prova, saggio m., esperimento m. | *mettre à l'épreuve*, mettere alla prova, provare, sperimentare. | *mettre à rude épreuve*, mettere a dura prova. | *mettre à l'épreuve sa patience*, mettere a cimento, cimentare la propria pazienza. | *faire l'épreuve de qch.*, far la prova, l'esperimento di qlco. | *résister à l'épreuve*, reggere la prova. ‖ UNIV. *épreuves écrites, orales*, prove scritte, orali. ‖ LOC. *à l'épreuve de*, a prova di. | *à l'épreuve des bombes*, a prova di bomba. ‖ PR. et FIG. *à toute épreuve*, a tutta prova. ‖ FIG. [difficulté] prova, cimento m. | *passer par de rudes épreuves*, subire prove difficili. ‖ HIST. *épreuve du feu*, prova del fuoco. ‖ PHOT. prova. ‖ PSYCHAN. *épreuve de réalité*, esame (m.) di realtà. ‖ SPORT prova. | *(épreuves) éliminatoires*, (prove) eliminatorie; batteria f. sing. ‖ TECHN. prova, collaudo m. ‖ TYP. bozza.
épris, e [epri, iz] adj. innamorato, invaghito.
éprouvant, e [epruvɑ̃, ɑ̃t] adj. = che causa pena, fatica, disagio; affaticante.
éprouvé, e [epruve] adj. [sûr] provato, fedele. ‖ [expert] provetto, esperto. ‖ [frappé par le malheur] provato, colpito.
éprouver [epruve] v. tr. [mettre à l'épreuve] provare, saggiare. | *éprouver sa force*, provare, saggiare la propria forza. | *éprouver (la fidélité de) qn*, mettere alla prova (la fedeltà di) qlcu. ‖ FIG. [subir, supporter] provare, subire. | *éprouver des difficultés*, incontrare difficoltà. | *éprouver des pertes, des revers de fortune*, subire perdite, dei rovesci di fortuna. ‖ [ressentir] provare, sentire. ‖ [faire souffrir] provare, colpire. | *la mort de son père l'a cruellement éprouvé*, la morte di suo padre lo ha dolorosamente, duramente provato. ‖ TECHN. provare, collaudare.
éprouvette [epruvɛt] f. CHIM. provetta.
épucer [epyse] v. tr. spulciare.
épuisable [epɥizabl] adj. esauribile.
épuisant, e [epɥizɑ̃, ɑ̃t] adj. spossante, estenuante, snervante, sfibrante.
épuisé, e [epɥize] adj. [édition; mine, sol] esaurito; [source, puits; imagination] inaridito. ‖ [fatigué] esaurito, esausto, spossato, sfinito, stremato.
épuisement [epɥizmɑ̃] m. [appauvrissement] esaurimento. ‖ [fatigue] esaurimento, spossamento, sfinimento; [état seulement] spossatezza f., estenuazione f. | *mourir d'épuisement*, morire di sfinimento. ‖ COMM. esaurimento.
épuiser [epɥize] v. tr. esaurire; [puits] esaurire, svuotare; [sol, mine] esaurire; [provisions, munitions] esaurire; dar fondo a. ‖ FIG. [fatiguer] esaurire, spossare, sfinire, fiaccare, sfiancare, estenuare. ‖ [traiter à fond] esaurire; trattare compiutamente. | *épuiser une question*, esaurire una questione. ‖ [user] esaurire. | *épuiser la patience de qn*, esaurire la pazienza di qlcu. ◆ v. pr. [se tarir] esaurirsi. ‖ [se fatiguer] esaurirsi, spossarsi, estenuarsi, consumarsi.
épuisette [epɥizɛt] f. [filet] guadino m., guadello m. ‖ [écope] got(t)azza, sassola, sessola.
épurateur [epyratœr] adj. depuratorio. ◆ n. m. TECHN. depuratore. ‖ AUTOM. *épurateur d'air*, filtro dell'aria.
épuration [epyrasjɔ̃] f. depurazione, purificazione. | *bassin, station d'épuration*, depuratorio m. ‖ FIG. *épuration des mœurs*, risanamento (m.) dei costumi. ‖ [élimination de personnes] epurazione.
épure [epyr] f. ARCHIT. disegno m., pianta.
épurement [epyrmɑ̃] m. FIG. *épurement du style*, raffinamento dello stile. | *épurement d'un texte*, emendamento di un testo.
épurer [epyre] v. tr. depurare, purgare, purificare. ‖ FIG. depurare, purificare. | *épurer le goût, la langue*, purificare il gusto, la lingua. | *épurer les mœurs*, risanare, purificare i costumi. ‖ POLIT., ADM. epurare.
équanimité [ekwanimite] f. equanimità.
équarrir [ekarir] v. tr. [pierre; poutre] squadrare, riquadrare. ‖ [boucherie] squartare.
équarrissage [ekarisaʒ] m. [pierre; poutre] squadratura f. ‖ [boucherie] squartamento.
équarrisseur [ekarisœr] m. [boucherie] squartatore.
équateur [ekwatœr] m. equatore.
équation [ekwasjɔ̃] f. equazione.
équatorial, e, aux [ekwatɔrjal, o] adj. et n. m. equatoriale.
équerre [ekɛr] f. [instrument] squadra. | *fausse équerre*, squadra zoppa, falsa squadra. ‖ LOC. *d'équerre, à l'équerre*, a squadra. | *mettre d'équerre*, mettere in squadra. | *ne pas être d'équerre*, essere fuori squadra. ‖ TECHN. squadra.
équestre [ekɛstr] adj. equestre.
équeuter [ekøte] v. tr. depicciolare.
équiangle [ekɥiɑ̃gl] adj. GÉOM. equiangolo.
équidés [ekide; ekɥide] m. pl. ZOOL. equidi.
équidistant, e [ekɥidistɑ̃, ɑ̃t] adj. equidistante. | *être équidistants*, essere equidistanti; equidistare (rare).
équilatéral, e, aux [ekɥilateral, o] adj. equilatero.
équilibrage [ekilibraʒ] m. equilibramento, equilibratura f.
équilibre [ekilibr] m. PR. et FIG. equilibrio. | *en équilibre instable*, in bilico. ‖ FIN. *équilibre budgétaire*, pareggio del bilancio.
équilibré, e [ekilibre] adj. equilibrato, bilanciato, ponderato.
équilibrer [ekilibre] v. tr. equilibrare, bilanciare. | *équilibrer une poussée*, equilibrare, bilanciare una spinta. ‖ FIG. equilibrare, armonizzare. ‖ [contrebalancer] equilibrare, bilanciare. ‖ FIN. pareggiare, equilibrare. | *équilibrer le budget*, pareggiare il bilancio. ◆ v. pr. equilibrarsi, bilanciarsi.
équilibreur [ekilibrœr] m. AÉR., MIL. equilibratore.
équilibriste [ekilibrist] n. equilibrista.
équille [ekij] f. ZOOL. cicirello m., ciccerello m.
équin, e [ekɛ̃, in] adj. equino.
équinoxe [ekinɔks] m. equinozio.
équinoxial, e, aux [ekinɔksjal, o] adj. equinoziale.
équipage [ekipaʒ] m. AÉR., MAR. equipaggio. ‖ [suite] treno, scorta f., accompagnamento. | *équipage de chasse*, equipaggio da caccia. ‖ [voiture] equipaggio. ‖ [attirail] equipaggio. ‖ LOC. FIG. *dans un étrange équipage*, stranamente conciato, vestito. | *en piteux équipage*, in cattive condizioni; ridotto a mal partito.
équipe [ekip] f. squadra; équipe (fr.). | *chef d'équipe*, caposquadra m. ‖ FIG. *esprit d'équipe*, spirito di «équipe». | *un bon esprit d'équipe*, un buon affiatamento. | *faire équipe avec*, collaborare con. ‖ CH. DE F. *homme d'équipe* = manovale ferroviario.
équipée [ekipe] f. scappata, scappatina.
équipement [ekipmɑ̃] m. [action] equipaggiamento, allestimento, apparecchiamento. | *accroissement de l'équipement*, potenziamento. ‖ [résultat] attrezzatura f., apparecchiatura f. | *équipement électrique*, apparecchiatura elettrica, impianto elettrico. | *équipement industriel, hôtelier, portuaire, socioculturel*, attrezzatura industriale, alberghiera, portuale, socioculturale. ‖ [matériel] equipaggiamento, materiale; [vêtements] corredo, indumenti m. pl.; armamentario (iron.). | *équipement de campagne, de montagne, de chasse, de pêche*, equipaggiamento da campagna, da montagna, da caccia, da pesca. ‖ ÉCON. *biens d'équipement*, beni strumentali. ‖ MAR. attrezzatura f. ‖ MIL. *l'équipement du soldat*, l'equipaggiamento, il corredo del soldato.
équiper [ekipe] v. tr. attrezzare, equipaggiare. | *équiper un bateau, une région, une usine*, attrezzare una nave, una regione, una fabbrica. | *équiper de qch.*, (ri)fornire di qlco. ‖ MIL. *équiper une armée*, equipaggiare un esercito. ◆ v. pr. equipaggiarsi.
équipier, ère [ekipje, ɛr] n. SPORT giocatore, trice; componente di una squadra.
équipollence [ekipɔlɑ̃s] f. MATH. equipollenza.
équipollent, e [ekipɔlɑ̃, ɑ̃t] adj. MATH. equipollente.

équipotentiel, elle [ekɥipɔtɑ̃sjɛl] adj. ÉLECTR. equipotenziale.
équitable [ekitabl] adj. equo, giusto.
équitation [ekitasjɔ̃] f. equitazione.
équité [ekite] f. equità. | *avec, en toute équité*, con equità ; equamente. | *jugement empreint d'équité*, giudizio equitativo. | *juger en équité*, giudicare secondo equità.
équivalence [ekivalɑ̃s] f. equivalenza. ‖ UNIV. equipollenza. ‖ LOC. *à équivalence de*, a parità di.
équivalent, e [ekivalɑ̃, ɑ̃t] adj. equivalente, corrispettivo. | *être équivalent*, equivalersi v. pr. | *notions équivalentes*, concetti che si equivalgono. ◆ n. m. equivalente, corrispettivo. | *donner l'équivalent en lires*, dare il corrispettivo in lire. ‖ GRAMM. sinonimo.
équivaloir [ekivalwar] v. tr. ind. **(à)** equivalere (a). ‖ [revenir à] equivalere (a), essere lo stesso che.
équivoque [ekivɔk] adj. [ambigu] equivoco, ambiguo. ‖ [douteux, suspect] dubbio, sospetto, equivoco. | *de réputation équivoque*, di dubbia reputazione ; di reputazione sospetta, equivoca. ◆ n. f. equivoco m. | *sans équivoque*, senza equivoco ; inequivocabile adj., inequivocabilmente adv. ‖ [jeu de mots] bisticcio m., freddura. ‖ [incertitude] incertezza, dubbio m.
érable [erabl] m. BOT. acero.
éradication [eradikasjɔ̃] f. sradicamento m., estirpazione ; estirpamento m. (rare). | *éradication des amygdales*, tonsillectomia. | *éradication du paludisme*, estirpazione della malaria.
éraflement [eraflәmɑ̃] m. (lo) scalfire.
érafler [erafle] v. tr. scalfire, graffiare. ‖ [rayer] rigare, scalfire. ◆ v. pr. *s'érafler le genou*, farsi una sbucciatura al ginocchio ; scalfirsi il ginocchio.
éraflure [eraflyr] f. scalfittura ; [peau] sbucciatura, graffiatura ; [mur, peinture] scrostatura.
éraillé, e [eraje] adj. [œil] scerpellino ; [voix] roco, rauco.
érailler [eraje] v. tr. TEXT. ragnare. ◆ v. pr. *s'érailler la voix (à force de crier)*, arrochire v. intr. (per avere gridato troppo).
éraillure [erajyr] f. TEXT. ragnatura.
ère [ɛr] f. era. ‖ FIG. era, epoca.
érectile [erɛktil] adj. ANAT. erettile.
érection [erɛksjɔ̃] f. [construction] erezione, innalzamento m., elevamento m. ‖ [établissement] istituzione, creazione. | *l'érection d'un tribunal*, l'istituzione di un tribunale. ‖ PHYSIOL. erezione.
éreintant, e [erɛ̃tɑ̃, ɑ̃t] adj. FAM. spossante, sfibrante (L.C.).
éreinté, e [erɛ̃te] adj. FAM. esausto, sfinito, spossato (L.C.).
éreintement [erɛ̃tmɑ̃] m. stroncamento. ‖ [fatigue] sfiancamento, spossamento ; [résultat seulement] spossatezza f. ‖ FAM. [critique] stroncatura f.
éreinter [erɛ̃te] v. tr. [rompre les reins d'un animal] rompere la schiena a, stroncare. ‖ [briser de fatigue] slombare, sfiancare, spossare, sfibrare. ‖ FAM. [critiquer] stroncare. ◆ v. pr. slombarsi, sfiancarsi, spossarsi, sfibrarsi.
éreinteur [erɛ̃tœr] m. FAM. stroncatore.
érémitique [eremitik] adj. eremitico.
érésipèle m. V. ÉRYSIPÈLE.
éréthisme [eretism] m. MÉD. eretismo.
1. erg [ɛrg] m. PHYS. erg inv.
2. erg m. GÉOGR. erg inv.
ergastule [ɛrgastyl] m. HIST. ergastolo.
ergonomie [ɛrgɔnɔmi] f. ergotecnica.
ergot [ɛrgo] m. ZOOL. sperone. ‖ FIG. *monter, se dresser sur ses ergots*, inalberarsi ; darsi arie. ‖ BOT. ergotina f. ‖ TECHN. sporgenza f.
ergoter [ɛrgɔte] v. intr. cavillare, sofisticare.
ergoteur, euse [ɛrgɔtœr, øz] adj. et n. cavillatore, trice, sofistico.
ériger [eriʒe] v. tr. [élever] erigere, innalzare, elevare, edificare. ‖ [instituer] erigere, istituire, fondare, creare. ‖ [donner le caractère de] *ériger une église en cathédrale, une province en duché*, erigere una chiesa a cattedrale, una provincia a ducato. ◆ v. pr. **(en)** erigersi, atteggiarsi (a).
ermitage [ɛrmitaʒ] m. eremo, eremitaggio, romitaggio, romitorio. ‖ [maison retirée] eremo, eremitaggio.
ermite [ɛrmit] m. PR. et FIG. eremita, romito.
éroder [erɔde] v. tr. erodere.
érogène [erɔʒɛn] adj. *zone érogène*, zone erogena.
éros [erɔs] m. PSYCHAN. eros.
érosif, ive [erɔzif, iv] adj. erosivo.
érosion [erɔzjɔ̃] f. erosione.
érotique [erɔtik] adj. erotico.
érotisme [erɔtism] m. erotismo.
érotomane [erɔtɔman] adj. et n. erotomane.
érotomanie [erɔtɔmani] f. erotomania.
erpétologie [ɛrpetɔlɔʒi] f. ZOOL. erpetologia.
errance [ɛrɑ̃s] f. LITTÉR. (l')errare, vagabondaggio m., peregrinazioni f. pl.
errant, e [ɛrɑ̃, ɑ̃t] adj. errante, vagabondo, vagante, ramingo, randagio, errabondo. | *le Juif errant*, l'Ebreo errante. | *chevalier errant*, cavaliere errante. | *peuples errants*, popoli erranti, nomadi. | *étoiles errantes*, stelle vaganti. | *chien errant*, cane randagio.
errata [ɛrata] m. inv. TYP. errata corrige (lat.).
erratique [ɛratik] adj. GÉOL., MÉD. erratico.
erratum [ɛratɔm] m. TYP. errore di stampa ; refuso.
erre [ɛr] f. MAR. abbrivo residuo. | *prendre de l'erre*, abbrivare v. intr. ; prendere l'abbrivo. ‖ LOC. *aller grand erre*, camminare di buon passo. ◆ pl. [chasse] tracce, orme.
errements [ɛrmɑ̃] m. pl. PÉJOR. errori. | *retomber dans ses anciens errements*, ricadere negli antichi errori.
errer [ɛre] v. intr. [aller çà et là] errare, vagare, girovagare, vagabondare. ‖ FIG. vagare, spaziare. | *son regard errait d'objet en objet*, il suo sguardo vagava, andava da un oggetto all'altro. | *laisser errer sa pensée, sa plume*, lasciar correre il pensiero, la penna. ‖ [faire erreur] errare, sbagliare.
erreur [ɛrœr] f. errore m., sbaglio m., inganno m. | *commettre une erreur*, commettere un errore. | *être dans l'erreur, faire erreur*, essere in errore ; errare, sbagliare v. intr. ; ingannarsi v. pr. | *induire en erreur*, indurre in errore, trarre in inganno. | *revenir de son erreur*, ravvedersi v. pr. | *réparer une erreur*, riparare un errore. | *erreur judiciaire*, errore giudiziario. ◆ loc. adv. ***par erreur,*** per sbaglio. ‖ ***sauf erreur,*** salvo errore. ◆ pl. FIG. errori, trascorsi, falli m. pl. | *erreurs de jeunesse*, errori di gioventù.
erroné, e [ɛrɔne] adj. erroneo, errato, sbagliato.
ers [ɛr] m. BOT. ervo.
ersatz [ɛrzats] m. inv. (all.) surrogato, succedaneo.
1. erse [ɛrs] f. MAR. sbirro m.
2. erse adj. [relatif à l'Écosse] erso. ◆ n. m. LING. erso.
érubescence [erybɛsɑ̃s] f. erubescenza.
érubescent, e [erybɛsɑ̃, ɑ̃t] adj. erubescente.
éructation [eryktasjɔ̃] f. eruttazione.
éructer [erykte] v. intr. eruttare. ◆ v. tr. *éructer des injures*, eruttare, vomitare ingiurie.
érudit, e [erydi, it] adj. et n. erudito.
érudition [erydisjɔ̃] f. erudizione.
éruptif, ive [eryptif, iv] adj. GÉOL., MÉD. eruttivo.
éruption [erypsjɔ̃] f. GÉOL., MÉD. eruzione. | *l'éruption des dents*, lo spuntare, l'apparizione dei denti ; la dentizione.
érysipèle [erizipɛl] ou **érésipèle** [erezipɛl] m. MÉD. erisipela f., risipola f.
érythème [eritɛm] m. MÉD. eritema.
érythréen, enne [eritreɛ̃, ɛn] adj. et n. eritreo.
ès [ɛs] prép. in. | *docteur, licencié ès lettres, ès sciences*, dottore, laureato in lettere, in scienze.
esbigner (s') [sɛsbiɲe] v. pr. POP. svignarsela (fam.).
esbroufe [ɛsbruf] f. FAM. millanteria, fanfaronata, smargiassata, spacconata, bluff m. (L.C.). | *faire de l'esbroufe*, sbruffare (région.), vanagloriarsi, millantarsi. | *ce n'est que de l'esbroufe* = è tutta una commedia. ‖ LOC. *vol à l'esbroufe* = furto eseguito urtando la vittima ; borseggio m.
esbroufer [ɛsbrufe] v. tr. FAM. sbruffare (région.) ; bluffare v. intr.

escabeau [ɛskabo] m. [siège] sgabello. ‖ [échelle] scaleo ; scaletta (f.) ribaltabile.
escadre [ɛskadr] f. AÉR., MAR. squadra.
escadrille [ɛskadrij] f. AÉR., MAR. squadriglia.
escadron [ɛskadrɔ̃] m. MIL. squadrone. | *chef d'escadrons :* [cavalerie ; blindés] comandante. | *chef d'escadron :* [cavalerie] capitano ; [autres armes] comandante.
escalade [ɛskalad] f. MIL. scalata. ‖ SPORT scalata, arrampicata. | *escalade artificielle, libre,* scalata artificiale, libera. ‖ FIG. *escalade des prix,* esplosione, levitazione dei prezzi. | *escalade de la violence,* esplosione della violenza.
escalader [ɛskalade] v. tr. scalare ; dare la scalata a ; arrampicarsi su, per (v. pr.). | *escalader un mur, un rocher, le mont Blanc,* scalare un muro, una roccia, il monte Bianco. ‖ [franchir] scavalcare.
Escalator [ɛskalatɔr] m. scala (f.) mobile.
escale [ɛskal] f. scalo m. | *faire escale,* fare scalo.
escalier [ɛskalje] m. scala f., scalea f., scale f. pl. | *escalier suspendu, en colimaçon, dérobé, de service,* scala sospesa, a chiocciola, segreta, di servizio. | *escalier mécanique, roulant,* v. ESCALATOR. | *cage, marches, palier de l'escalier,* tromba, gradini, pianerottolo delle scale. | *escalier monumental,* scalone. | *escalier extérieur,* scalinata f. ‖ FIG., FAM. *avoir l'esprit de l'escalier,* avere il senno di poi.
escalope [ɛskalɔp] f. CULIN. scaloppa.
escamotable [ɛskamɔtabl] adj. retrattile.
escamotage [ɛskamɔtaʒ] m. = (il) fare sparire. | *escamotage d'un mot,* salto di una parola. ‖ [vol] furto, rapina f. ‖ FIG. *l'escamotage d'une question,* l'elusione di, il sottrarsi a, l'eludere, lo schivare una questione.
escamoter [ɛskamɔte] v. tr. [faire disparaître] fare sparire, fare scomparire. | *escamoter un mot,* saltare, mangiarsi una parola. ‖ [voler] rubare, sgraffignare, fare sparire. ‖ FIG. *escamoter une question,* eludere, schivare una questione. ‖ AÉR. *escamoter le train d'atterrissage,* ritirare il carrello.
escamoteur, euse [ɛskamɔtœr, øz] n. [illusionniste] prestigiatore, trice ; prestidigitatore, trice. ‖ [voleur] borsaiolo, ladro. | *escamoteur de montres,* ladro di orologi.
escampette [ɛskɑ̃pɛt] f. LOC. FAM. *prendre la poudre d'escampette,* darsela a gambe, svignarsela, sgattaiolare.
escapade [ɛskapad] f. scappata.
escarbille [ɛskarbij] f. bruscolo m.
escarbot [ɛskarbo] m. ZOOL. scarabeo.
escarboucle [ɛskarbukl] f. MINÉR. carbonchio m. ‖ HÉRALD. raggio (m.) di carbonchio.
escarcelle [ɛskarsɛl] f. scarsella.
escargot [ɛskargo] m. ZOOL. chiocciola f. ‖ FIG. *aller comme un escargot,* camminare come una lumaca.
escarmouche [ɛskarmuʃ] f. MIL. scaramuccia. ‖ FIG. scaramuccia, schermaglia.
1. escarpe [ɛskarp] f. MIL. scarpata, scarpa.
2. escarpe m. assassino, bandito.
escarpé, e [ɛskarpe] adj. scosceso, dirupato, ripido, erto.
escarpement [ɛskarpəmɑ̃] m. [pente] scarpata f., scoscendimento, dirupo. ‖ [état] (rare) ripidezza f.
escarpin [ɛskarpɛ̃] m. scarpino ; scarpetta (f.) da sera.
escarpolette [ɛskarpɔlɛt] f. altalena.
escarre [ɛskar] f. MÉD. escara.
eschatologie [ɛskatɔlɔʒi] f. THÉOL. escatologia.
eschatologique [ɛskatɔlɔʒik] adj. escatologico.
escient [ɛsjɑ̃] m. LOC. *à bon escient,* a ragion veduta ; consapevolmente.
esclaffer (s') [sɛsklafe] v. pr. scoppiare a ridere.
esclandre [ɛsklɑ̃dr] m. scandalo. ‖ [tapage] schiamazzo, scandalo, putiferio, scenata f.
esclavage [ɛsklavaʒ] m. schiavitù f. | *réduire en esclavage,* ridurre in schiavitù. ‖ FIG. schiavitù, soggezione f.
esclavagisme [ɛsklavaʒism] m. schiavismo.
esclavagiste [ɛsklavaʒist] adj. et n. schiavista.
esclave [ɛsklav] adj. et n. PR. et FIG. schiavo.
escoffier [ɛskɔfje] v. tr. POP. far fuori.
escogriffe [ɛskɔgrif] m. FAM. spilungone.
escomptable [ɛskɔ̃tabl] adj. scontabile.
escompte [ɛskɔ̃t] m. COMM. sconto. | *taux d'escompte,* tasso di sconto.
escompter [ɛskɔ̃te] v. tr. COMM. scontare. ‖ FIG. [espérer] sperare, aspettarsi, dare per scontato. | *escompter le succès,* aspettarsi il successo.
escompteur [ɛskɔ̃tœr] adj. et n. m. scontante ; scontatore n. m.
escopette [ɛskɔpɛt] f. MIL. schioppetto m.
escorte [ɛskɔrt] f. scorta. | *faire escorte à,* far da scorta a, la scorta a ; scortare.
escorter [ɛskɔrte] v. tr. scortare.
escorteur [ɛskɔrtœr] m. MAR. nave (f.) scorta.
escouade [ɛskwad] f. MIL. squadra. | *chef d'escouade,* caposquadra.
escourgeon [ɛskurʒɔ̃] m. BOT. orzo autunnale precoce.
escrime [ɛskrim] f. scherma. | *faire de l'escrime,* tirare di scherma.
escrimer (s') [sɛskrime] v. pr. *s'escrimer à faire qch.,* ingegnarsi a, arrovellarsi per far qlco. ; affaticarsi, affaccendarsi a far qlco. | *s'escrimer sur un problème, sur une version,* arrovellarsi per risolvere un problema, per fare una versione.
escrimeur, euse [ɛskrimœr, øz] n. schermitore, trice.
escroc [ɛskro] m. truffatore, imbroglione, lestofante.
escroquer [ɛskrɔke] v. tr. [une personne] truffare ; [une chose] truffare, scroccare.
escroquerie [ɛskrɔkri] f. truffa, frode, scrocco m. ; impresa truffaldina.
esgourde [ɛsgurd] f. ARG. orecchio m. (L.C.).
ésopique [ezɔpik] adj. esopico.
ésotérique [ezɔterik] adj. PHILOS. esoterico.
ésotérisme [ezɔterism] m. PHILOS. esoterismo.
espace [ɛspas] m. [étendue finie ou illimitée] spazio. ‖ LOC. *espace vital,* spazio vitale. | *espaces verts,* zone verdi. ‖ [intervalle] spazio, intervallo. ‖ [durée] spazio. | *en, dans l'espace de deux mois,* nello spazio, nel giro di due mesi. ‖ MUS. spazio. ◆ n. f. TYP. spazio m.
espacé, e [ɛspase] adj. intervallato. | *arbres régulièrement espacés,* alberi disposti ad intervalli regolari. ‖ [rare] raro, sporadico. | *trains espacés,* treni rari, poco frequenti. | *visites espacées,* rare visite, visite sporadiche.
espacement [ɛspasmɑ̃] m. spazio, intervallo. | *espacement des trains,* intervallo fra i treni. ‖ TYP. spaziatura f., spazieggiatura f.
espacer [ɛspase] v. tr. spaziare, spazieggiare, intervallare. | *espacer les trains,* intervallare i treni. | *espacer les visites,* diradare le visite. ‖ TYP. spaziare, spazieggiare. ◆ v. pr. diradarsi.
espace-temps [ɛspastɑ̃] m. spazio-tempo, cronotopo.
espadon [ɛspadɔ̃] m. [épée] spadone. ‖ ZOOL. pesce spada.
espadrille [ɛspadrij] f. scarpa, scarpetta di corda ; espadrille (fr.).
espagnol, e [ɛspaɲɔl] adj. et n. spagnolo.
espagnolette [ɛspaɲɔlɛt] f. spagnoletta.
espalier [ɛspalje] m. BOT. spalliera f. | *en espalier,* a spalliera.
espèce [ɛspɛs] f. specie inv., sorta, qualità. | *de toute espèce,* di ogni specie, di ogni sorta. | *une espèce de nain,* una specie di nano. ‖ JUR. *cas d'espèce,* caso speciale. | *en l'espèce,* nel caso presente, nella fattispecie. ‖ FIG., PÉJOR. specie, stampo m., conio m., risma. ‖ (interj.) *espèce de.. !,* pezzo di.. ! ‖ BOT., ZOOL. specie. ◆ pl. [monnaie] contanti m. pl. | *payer en espèces,* pagare in contanti. | *espèces sonnantes,* moneta sonante. ‖ THÉOL. specie.
espérance [ɛsperɑ̃s] f. speranza ; speme (poét.). | *mettre son espérance en qch.,* (ri)porre le speranze in qlco. | *plein d'espérance,* pieno di speranza ; speranzoso adj. | *un avenir plein d'espérance,* un avvenire pieno di (belle) speranze. ◆ pl. [héritage] eredità (sperata, in vista). | *tante à espérances* = zia di cui si

aspetta l'eredità. || [naissance] *avoir des espérances*, aspettare (la nascita di) un bambino.
espérantiste [ɛsperɑ̃tist] n. esperantista.
espéranto [ɛsperɑ̃to] m. esperanto.
espérer [ɛspere] v. tr. sperare, aspettare, attendere. | *espérer beaucoup de choses*, sperare tante cose. | *je n'espère pas grand-chose de...*, non m'aspetto, non spero molto da... | *plus que je n'en espérais*, più di quanto sperassi. | *espérons que oui*, speriamo di sì, speriamo bene. ◆ v. intr. [avoir confiance] **(en)** sperare (in).
espiègle [ɛspjɛgl] adj. birichino, malizioso, maliziosetto. ◆ n. birichino.
espièglerie [ɛspjɛgləri] f. [caractère] malizia. || [farce] birichinata.
espion, onne [ɛspjɔ̃, ɔn] n. spia f. | *faire l'espion*, far la spia.
espionnage [ɛspjɔnaʒ] m. spionaggio.
espionner [ɛspjɔne] v. tr. spiare.
esplanade [ɛsplanad] f. spianata, spiazzo m., piazzale m.
espoir [ɛspwar] m. speranza f. | *avoir de l'espoir*, avere speranza. | *mettre tous ses espoirs en*, riporre tutte le speranze in, mettere ogni speranza in. | *perdre, abandonner tout espoir*, perdere, lasciare ogni speranza. | *contre tout espoir*, contrariamente ad ogni speranza. | *sans espoir*, senza speranza ; disperato adj. | *plein d'espoir*, pieno di speranza ; speranzoso adj. || FIG. [personne] *c'est un grand espoir du cinéma*, è una grande speranza del cinema.
esprit [ɛspri] m. **1.** [âme ; souffle] spirito. | *rendre l'esprit*, rendere, esalare (littér.) l'ultimo respiro ; rendere l'anima a Dio. | *esprit divin, de Dieu*, spirito divino. || **2.** [être incorporel] spirito. || RELIG. *Saint Esprit*, Spirito Santo. | *esprit malin*, spirito maligno. | *esprits célestes*, spiriti celesti. || **3.** [fantôme] spirito, fantasma, spettro. || **4.** [intelligence, jugement] spirito, mente f., intelletto, intelligenza f., animo, ingegno, senno. | *homme d'esprit*, uomo di spirito, d'ingegno. | *affinité d'esprit*, affinità mentale. | *simple d'esprit*, V. SIMPLE. | *tournure d'esprit*, atteggiamento mentale, forma di spirito ; forma mentis (lat.). | *étroitesse d'esprit*, grettezza d'animo. | *avoir l'esprit clair*, avere la mente chiara. | *avoir l'esprit borné*, avere la mente ottusa, il cervello ottuso. | *avoir l'esprit de travers*, essere strambo, bislacco. | *perdre l'esprit*, perdere il senno. || **5.** [attention ; mémoire] mente. | *venir à l'esprit*, venire in mente. | *se mettre qch. dans l'esprit*, mettersi, ficcarsi (fam.) qlco. in testa. | *une pensée traverse mon esprit*, mi balena un pensiero (in mente). | *avoir l'esprit ailleurs*, avere la mente, l'animo altrove. | *où avais-tu l'esprit ?*, a cosa pensavi ?, cosa avevi in mente ? || **6.** [disposition] *état d'esprit*, stato d'animo. | *avoir mauvais esprit*, giudicare, reagire con malanimo. | *avoir le bon esprit de*, avere il buon senso di. | *changer d'esprit*, cambiare abito mentale. | *esprit de corps, de contradiction*, spirito di corpo, di contraddizione. | *esprit de clocher*, campanilismo. | *dans cet esprit*, in questo spirito, con quest'intento. | *esprit d'équipe*, V. ÉQUIPE. | *avoir l'esprit de suite*, essere perseverante. || **7.** [ingéniosité] spirito, arguzia f., sale. | *trait d'esprit*, battuta (di spirito). | *avoir de l'esprit*, essere spiritoso. | *faire de l'esprit*, fare dello spirito, dire delle spiritosaggini. | *sans esprit*, senza spirito, senza sale. | *avoir de la présence d'esprit*, avere della presenza di spirito. || **8.** [personne pensante] spirito, mente, cervello, ingegno, personalità, carattere. | *esprit faux*, uomo che ragiona male. | *esprit fort*, libero pensatore. || VX *un bel esprit*, un bello spirito ; un uomo fatuo (péjor.). | *éclairer les esprits*, illuminare gli spiriti. || IRON. *les grands esprits se rencontrent*, i geni s'incontrano sempre. || **9.** [caractère propre] *l'esprit d'une époque, d'un livre*, lo spirito d'un'epoca, d'un libro. || **10.** CHIM. spirito. || ***esprit-de-bois,*** alcole metilico. || ***esprit-de-sel,*** soluzione (f.) di acido cloridrico. || ***esprit-de-vin,*** alcole etilico. || **11.** GRAMM. *esprit doux, rude*, spirito dolce, aspro. ◆ pl. [conscience] sensi. | *perdre ses esprits*, perdere i sensi ; svenire ; venir meno. | *reprendre ses esprits*, riacquistare i sensi ; riaversi ; tornare in sé.
esquif [ɛskif] m. MAR. schifo.
esquille [ɛskij] f. MÉD. scheggia d'osso.
esquimau, aude [ɛskimo, od] adj. et n. eschimese. ◆ n. m. [glace] pinguino.
esquintant, e [ɛskɛ̃tɑ̃, ɑ̃t] adj. FAM. spossante, sfibrante (L.C.).
esquinter [ɛskɛ̃te] v. tr. FAM. [fatiguer] slombare, spossare, sfiancare, sfibrare (L.C.). || [détériorer] guastare, danneggiare, deteriorare, sciupare, maltrattare, ridurre a mal partito (L.C.). || FIG. [critiquer] stroncare. ◆ v. pr. FAM. slombarsi, spossarsi, sfiancarsi, sfibrarsi (L.C.). | *s'esquinter au travail*, sfiancarsi per il lavoro. || [se détériorer] guastarsi, deteriorarsi, sciuparsi (L.C.).
esquisse [ɛskis] f. schizzo m., abbozzo m., bozzetto m. || FIG. *l'esquisse d'un sourire*, l'abbozzo d'un sorriso.
esquisser [ɛskise] v. tr. schizzare, abbozzare. || FIG. *esquisser un sourire*, abbozzare un sorriso.
esquive [ɛskiv] f. SPORT schivata.
esquiver [ɛskive] v. tr. schivare, evitare, scansare. || FIG. schivare, evitare, eludere. ◆ v. pr. allontanarsi quatto quatto ; sgattaiolare v. intr., svignarsela, squagliarsi, squagliarsela, battersela (fam.).
essai [esɛ] m. prova f., esperimento, saggio. || LOC. *à l'essai, à titre d'essai*, in prova. | *faire l'essai de*, provare. | *prendre à l'essai*, prendere in prova. | *mettre à l'essai*, sottoporre a prova. | *coup d'essai*, prima prova. | *cinéma d'essai*, cinema sperimentale. || PR. et FIG. *il n'en est pas à son coup d'essai*, non è un novellino. | *ballon d'essai*, pallone sonda (pr.) ; ballon d'essai (fr.), sondaggio (fig.). || AÉR. *vol d'essai*, volo di collaudo. | *pilote d'essai*, (pilota) collaudatore m. || CHIM. *tube à essai*, provetta f. || CIN. *bout d'essai*, pellicola (f.) di prova. || HIST. LITT. saggio. || SPORT [rugby] meta f. || TECHN. prova, collaudo. | *banc d'essai*, banco di prova. | *essai de charge, de rupture*, prova di carico, di rottura.
essaim [esɛ̃] m. PR. et FIG. sciame.
essaimage [esɛmaʒ] m. [action] sciamatura f. || [époque] epoca (f.) della sciamatura.
essaimer [eseme] v. intr. PR. et FIG. sciamare.
essanger [esɑ̃ʒe] v. tr. ammollare.
essartage [esartaʒ] ou **essartement** [esartəmɑ̃] m. AGR. debbio.
essarter [esarte] v. tr. AGR. debbiare.
essarts [esar] m. pl. AGR. terreno debbiato.
essayage [esɛjaʒ] m. prova f.
essayer [eseje] v. tr. provare, saggiare, cimentare. | *essayer ses forces*, provare, saggiare le proprie forze. | *essayer un vêtement*, provare un vestito. || TECHN. [machine] provare, collaudare, sperimentare. | *essayer une voiture*, provare, collaudare una macchina. || [métal] saggiare ; cimentare (VX). ◆ v. tr. ind. [tenter] provare, tentare. | *essayer de qch.*, provare qlco. | *essayer de faire qch.*, provare a, provarsi a, tentare di far qlco. ◆ v. intr. *essayons !*, proviamo ! | *essayez donc !*, provi !, si provi pure ! ◆ v. pr. **(à)** provarsi (a).
essayeur, euse [esɛjœr, øz] n. [monnaie ; métal précieux] saggiatore, trice. || [tailleur, couturière] = sarto, sarta che mette i vestiti in prova.
essayiste [esɛjist] n. saggista.
esse [ɛs] f. uncino (m.) a esse.
essence [esɑ̃s] f. PHILOS. essenza. | *par essence*, per essenza. || IRON. *se croire d'une essence supérieure*, credersi di una natura superiore. || [substance] essenza, sostanza f. | *dans son essence*, nella sua essenza, sostanza. || BOT. essenza, specie inv. | *des essences d'arbres différentes*, essenze d'alberi diverse. || CHIM. essenza, estratto m. | *essence de café*, estratto di caffè. | *essence de rose*, essenza di rose. | *essence de térébenthine*, trementina. || [carburant] benzina. | *poste d'essence, pompe à essence*, distributore, pompa di benzina.
essentiel, elle [esɑ̃sjɛl] adj. [de l'être] essenziale. || [indispensable] essenziale, indispensabile. || FIG. [capital] essenziale, capitale. ◆ n. m. essenziale. | *n'empor-*

ter que l'essentiel, portare con sé lo stretto necessario. | *c'est l'essentiel !*, ecco l'essenziale !
esseulé, e [esœle] adj. solo ; solingo (poét.).
essieu [esjø] m. TECHN. asse ; sala f. ; [automobile] assale. | *écartement des essieux*, passo (di un veicolo). | *essieu moteur*, assale motore.
essor [esɔr] m. [oiseau] volo. | *prendre son essor*, prendere il volo. ‖ FIG. sviluppo, progresso, crescita f. | *ville en plein essor*, città in pieno sviluppo. | *paralyser l'essor de qch.*, paralizzare lo sviluppo, il progresso di qlco.
essorage [esɔraʒ] m. [à main ; avec machine à rouleaux] strizzatura f. ; [avec essoreuse centrifuge] asciugatura f.
essorer [esɔre] v. tr. [à la main] strizzare, torcere ; [avec essoreuse à rouleaux] strizzare ; [avec essoreuse centrifuge] asciugare.
essoreuse [esɔrøz] f. [à rouleaux] strizzatoio m. ; [centrifuge] asciugatrice, (asciugatrice) centrifuga f.
essoufflement [esufləmɑ̃] m. affanno.
essouffler [esufle] v. tr. affannare. ◆ v. pr. perdere il fiato, sfiatarsi, affannarsi. ‖ FIG. *cet élève s'essouffle (à suivre)*, quest'alunno stenta a seguire. ‖ ÉCON. *ce secteur s'essouffle*, questo settore segna il passo, perde quota.
essuie-glace [esɥiglas] m. AUTOM. tergicristallo.
essuie-mains [esɥimɛ̃] m. inv. asciugamano m.
essuie-pieds [esɥipje] m. inv. nettapiedi ; stoino, zerbino m.
essuyage [esɥijaʒ] m. asciugatura f., asciugamento.
essuyer [esɥije] v. tr. (r)asciugare ; tergere (littér.). | *essuyer la vaisselle*, asciugare i piatti. | *essuyer la sueur, ses larmes*, asciugarsi il sudore, le lacrime. ‖ FIG. [subir] subire, riportare. | *essuyer un échec, un affront, une défaite*, subire uno scacco, un affronto, una sconfitta. | *nous avons essuyé des coups de feu*, siamo stati presi di mira, ci hanno sparato contro. ‖ LOC. FAM. *essuyer les plâtres* = andare a vivere in una casa nuova, appena finita di costruire (pr.) ; far le spese di qlco., subire gli incomodi di qlco. (fig.).
est [ɛst] m. est, levante. | *de l'est*, orientale adj. | *à l'est (de)*, ad est, a oriente (di).
establishment [ɛstabliʃmɛnt] m. establishment (angl.) ; classe (f.) dirigente.
estacade [ɛstakad] f. MAR. sbarramento (m.) di pali ; steccaia, steccato m.
estafette [ɛstafɛt] f. staffetta.
estafier [ɛstafje] m. staffiere. ‖ PÉJOR. spadaccino, sgherro.
estafilade [ɛstafilad] f. sfregio m., taglio m. | *faire une estafilade à qn*, sfregiare qlcu., fare uno sfregio a qlcu.
estaminet [ɛstaminɛ] m. bettola f.
estampage [ɛstɑ̃paʒ] m. TECHN. stampatura f. ‖ FAM. [vol] truffa f., stangata f. (a un cliente).
estampe [ɛstɑ̃p] f. [image] stampa. ‖ [outil] stampo m.
estamper [ɛstɑ̃pe] v. tr. ART stampare. ‖ FAM. [duper] truffare, stangare, pelare.
estampeur, euse [ɛstɑ̃pœr, øz] n. ART stampatore, trice. ‖ FAM. [escroc] truffatore, trice ; lestofante m. ◆ n. f. [machine] stampatrice.
estampillage [ɛstɑ̃pijaʒ] m. stampigliatura f.
estampille [ɛstɑ̃pij] f. stampiglia.
estampiller [ɛstɑ̃pije] v. tr. stampigliare.
1. ester [ɛste] v. intr. défect. JUR. *ester en justice*, stare in giudizio.
2. ester [ɛstɛr] m. CHIM. estere.
esthète [ɛstɛt] n. esteta.
esthéticien, enne [ɛstetisjɛ̃, ɛn] n. cultore, trice d'estetica ; estetico. ◆ n. f. estetista.
esthétique [ɛstetik] adj. estetico. ◆ n. f. [science] estetica.
esthétisme [ɛstetism] m. estetismo.
estimable [ɛstimabl] adj. stimabile, pregevole, apprezzabile.
estimateur [ɛstimatœr] m. (e)stimatore, perito.
estimatif, ive [ɛstimatif, iv] adj. (e)stimativo. | *devis estimatif*, preventivo m.
estimation [ɛstimasjɔ̃] f. stima, valutazione, estimo m. | *faire l'estimation de qch.*, far la stima di qlco. | *estimation à vue d'œil*, stima a occhio, stima approssimativa.
estime [ɛstim] f. stima. | *avoir de l'estime pour qn, tenir qn en estime*, avere stima di qlcu. | *jouir de l'estime de*, godere della stima di. ‖ MAR. stima. ◆ loc. adv. FIG. ***à l'estime***, a occhio e croce.
estimer [ɛstime] v. tr. [évaluer] stimare, valutare, apprezzare ; estimare (littér.). | *estimer qch. à mille francs*, stimare, valutare qlco. mille franchi. ‖ FIG. [faire cas de] stimare, apprezzare ; pregiare (littér.). | *se faire estimer*, guadagnarsi la stima. ‖ [considérer] stimare, giudicare, considerare, ritenere, reputare. | *estimer sage de faire qch.*, giudicare, ritenere opportuno far qlco. | *estimer que*, stimare, giudicare, ritenere che. ◆ v. pr. stimarsi. ‖ FIG. [se considérer comme] ritenersi, considerarsi, stimarsi.
estivage [ɛstivaʒ] m. AGR. estivazione f., alpeggio.
estival, e, aux [ɛstival, o] adj. estivo ; dell'estate.
estivant, e [ɛstivɑ̃, ɑ̃t] n. villeggiante.
estive [ɛstiv] f. MAR. stivaggio m., stivamento m.
estiver [ɛstive] v. intr. AGR. estivare, alpeggiare.
estoc [ɛstɔk] m. [épée] stocco. ‖ LOC. *frapper d'estoc et de taille*, colpire di punta e di taglio.
estocade [ɛstɔkad] f. PR. et FIG. stoccata. ‖ FIG. *donner l'estocade*, dare il colpo di grazia.
estomac [ɛstɔma] m. ANAT. stomaco. | *le creux de l'estomac*, l'incavo dello stomaco. | *dérangement d'estomac*, disturbo di stomaco. ‖ LOC. *avoir l'estomac creux, l'estomac dans les talons*, aver lo stomaco vuoto, il ventre che piange. | *avoir un estomac d'autruche*, avere uno stomaco di ferro, di struzzo. ‖ PR. et FIG. *retourner l'estomac*, stomacare ; rivoltare lo stomaco, dare il voltastomaco. ‖ FAM. [hardiesse] stomaco ; audacia f., spudoratezza f. (L.C.). | *avoir de l'estomac*, avere del fegato ; essere ardito, audace, spudorato (L.C.). | *faire qch. à l'estomac*, far qlco. spudoratamente (L.C.).
estomaquer [ɛstɔmake] v. tr. FAM. stupire, strabiliare (L.C.).
estompe [ɛstɔ̃p] f. sfumino m.
estomper [ɛstɔ̃pe] v. tr. [un dessin] sfumare ; [couvrir d'une ombre dégradée] ombreggiare. ‖ FIG. [adoucir, voiler] sfumare, smorzare. | *estomper un son*, attutire, smorzare un suono. ◆ v. pr. FIG. sfumare ; dileguarsi, dissiparsi ; svanire v. intr. | *souvenirs qui s'estompent*, ricordi che sfumano.
estonien, enne [ɛstɔnjɛ̃, ɛn] adj. et n. estone.
estourbir [ɛsturbir] v. tr. POP. far fuori.
1. estrade [ɛstrad] f. [plancher surélevé] predella, pedana. ‖ [tribune] palco m., podio m.
2. estrade f. LOC. *batteur d'estrade*, avventuriero.
estragon [ɛstragɔ̃] m. BOT. targone, dragoncello, estragone.
estrapade [ɛstrapad] f. [supplice] corda, colla. ‖ [gymnastique] strappata.
estrapader [ɛstrapade] v. tr. collare ; dare la corda (a).
estropié, e [ɛstrɔpje] adj. storpio, storpiato. ◆ n. storpio, a.
estropier [ɛstrɔpje] v. tr. storpiare. ‖ FIG. *estropier un texte, une langue, un mot, un vers, une citation*, storpiare un testo, una lingua, una parola, un verso, una citazione. ◆ v. pr. storpiarsi.
estuaire [ɛstɥɛr] m. GÉOGR. estuario.
estudiantin, e [ɛstydjɑ̃tɛ̃, in] adj. studentesco.
esturgeon [ɛstyrʒɔ̃] m. ZOOL. storione.
et [e] conj. coord. e ; ed (devant voyelle). | *midi et quart*, mezzogiorno e un quarto. | *et moi ?*, ed io ? | *et voici que*, ed ecco che. ‖ LOC. *et ainsi de suite*, e così via, e via di seguito. | *et comment (donc) !* : [affirmation] eccome !, altro che ! ; [souhait] magari ! ‖ FAM. *et de deux !, et de trois !*, e due !, e tre !
étable [etabl] f. PR. et FIG. stalla. | *mettre à l'étable*, mettere in stalla, nella stalla ; stallare. | *étable à cochons*, porcile m.
1. établi [etabli] m. TECHN. banco, pancone ; [plus petit] desco, deschetto. | *établi du menuisier*, banco

del falegname. | *établi du cordonnier*, desco, deschetto del calzolaio.

2. établi, e adj. *coutume bien établie*, costume invalso, ben radicato. | *opinion bien établie*, opinione ben radicata. | *réputation établie*, solida reputazione. | *l'ordre établi*, l'ordine stabilito, vigente. | *le gouvernement établi*, il governo in carica, al potere.

établir [etablir] v. tr. [fixer, installer] edificare, costruire, erigere, impiantare, istituire. | *établir une digue*, edificare, costruire una diga. | *établir une usine*, impiantare una fabbrica. | *établir un commerce*, impiantare, metter su un negozio. | *établir un tribunal*, istituire un tribunale. | *établir des impôts*, stabilire, istituire imposte. | *établir son domicile, sa demeure*, stabilire, fissare la propria dimora. | *établir son camp*, installare, mettere il campo : porre l'accampamento : accamparsi. | *établir ses enfants*, sistemare, accasare, maritare i figli. ‖ [dresser : rédiger] fare, redigere, stendere. | *établir une liste, le bilan*, fare una lista, il bilancio. | *établir un passeport*, rilasciare un passaporto. | *établir une quittance, un chèque*, redigere una quietanza, un assegno. | *établir un passeport, un chèque au nom de*, intestare un passaporto, un assegno al nome di. | *établir un compte*, fare un conto. ‖ [créer] *établir un équilibre*, creare, instaurare un equilibrio. ‖ ÉLECTR. *établir le contact*, stabilire il contatto. ‖ [prouver] accertare, assodare, provare, appurare. | *établir un fait*, accertare, assodare un fatto. ◆ v. pr. [s'installer] stabilirsi, installarsi ; [industrie] impiantarsi, fissarsi ; [commerçant] metter su bottega. ‖ FIG. stabilirsi, diffondersi ; invalere (littér.) v. intr. | *l'usage s'est établi de*, si è stabilita, diffusa l'usanza di ; è invalsa l'usanza di.

établissement [etablismɑ̃] m. [action de fixer, d'installer] edificazione f., costruzione f., erezione f., impianto, istituzione f. | *établissement d'un barrage*, edificazione, costruzione d'una diga. | *établissement d'une usine*, impianto d'una fabbrica. | *établissement d'une règle*, istituzione d'una regola. | *depuis son établissement dans cette ville*, da quando si è stabilito in questa città. | *l'établissement de ses enfants*, la sistemazione dei figli. ‖ [action de rédiger, de faire] stabilimento, (l')instaurare, (l')instaurarsi. | *établissement de relations diplomatiques*, stabilimento di relazioni diplomatiche. | *établissement d'un passeport*, rilascio d'un passaporto. | *établissement du bilan*, redazione (f.) del bilancio. | *établissement d'un inventaire*, compilazione (f.) d'un inventario. ‖ [action de démontrer] accertamento, assodamento, prova f. ‖ [organisme] *établissement bancaire, de crédit, public, scolaire*, istituto bancario, di credito, pubblico, scolastico. | *chef d'établissement* [dans l'enseignement secondaire] preside, direttore. ‖ COMM., IND. stabilimento. | *droit d'établissement*, diritto di stabilimento. | *établissement thermal*, stabilimento termale. | *établissement de bains*, stabilimento balneare. | *établissement industriel*, stabilimento industriale, fabbrica f., opificio. | *établissement commercial*, ditta (f.), azienda (f.) commerciale. | *établissement hospitalier*, ospedale. ◆ pl. COMM. ditta ; IND. ditta, impresa f., azienda. ‖ HIST. [colonies] possedimenti.

étage [etaʒ] m. piano. | (VX) *bel étage*, piano nobile. ‖ [division, couche] piano, strato, scaglione. | *par étages*, a strati. | *colline qui descend en étages*, colle digradante. ‖ FIG. livello, lega f. | *de bas étage :* [condition humble] di bassa lega, di bassa condizione ; [qualité médiocre] di infimo ordine. ‖ AÉR. *fusée, missile à trois étages*, razzo, missile a tre stadi. ‖ GÉOL. stadio.

étagement [etaʒmɑ̃] m. disposizione (f.) a piani sovrapposti, a scalinata. | *l'étagement des vignes sur le coteau*, la disposizione a terrazze delle viti, il digradare delle viti sul poggio.

étager [etaʒe] v. tr. disporre a piani sovrapposti. ‖ [échelonner] scaglionare. | *étager des maisons sur une pente*, scaglionare delle case su un pendio. ◆ v. pr. essere disposto a piani sovrapposti, essere scaglionato.

étagère [etaʒɛr] f. [meuble] scaffale m., scansia. ‖ [tablette] mensola, ripiano m.

étai [etɛ] m. TECHN. puntello. ‖ FIG. puntello, sostegno, appoggio. ‖ MAR. strallo, straglio.

étaiement m. V. ÉTAYAGE.

étain [etɛ̃] m. stagno. | *papier d'étain*, (carta) stagnola f. | *soudure à l'étain*, saldatura con lo stagno. | *soudeur à l'étain*, stagnaio, stagnino.

étal [etal] m. (pl. **étals** ou **étaux**) banco ; bancarella f. ‖ [boucherie] macelleria f.

étalage [etalaʒ] m. [exposition] mostra f., esposizione f. | *à l'étalage*, in mostra. ‖ [devanture] (dans un magasin) vetrina f., mostra ; (sur un marché) banco, bancarella f. ‖ [marchandises] *un bel étalage*, un bell'assortimento di merci. ‖ FIG. mostra, ostentazione f., esibizione f., sfoggio.

étalagiste [etalaʒist] n. vetrinista.

étale [etal] adj. MAR. immobile. | *mer étale*, mare liscio, calmo, immobile. | *navire étale*, nave ferma, immobile. ‖ FIG. stazionario, costante. | *situation étale*, situazione stazionaria. ◆ n. m. stanca f.

étalement [etalmɑ̃] m. [dans l'espace] *l'étalement des papiers sur la table :* [ordonné] il porre, il disporre le carte sul tavolo ; [désordonné] lo sparpagliamento delle carte sul tavolo. | *l'étalement d'une carte routière*, l'aprire, lo spiegare una carta stradale. | *l'étalement du fumier*, lo spandimento del letame. ‖ [dans le temps] *étalement des paiements*, scaglionamento dei pagamenti. | *étalement d'une réforme sur plusieurs années*, scaglionamento di una riforma su parecchi anni. | *étalement des vacances*, ripartizione (f.), scaglionamento delle vacanze.

étaler [etale] v. tr. [mettre en vente] mettere in mostra, esporre. ‖ [déployer] spiegare, stendere. | *étaler des journaux sur la table*, stendere, aprire dei giornali sul tavolo. ‖ PR. et FIG. *étaler son jeu*, scoprire le carte. ‖ [étendre] stendere, spalmare. | *étaler du beurre sur le pain*, spalmare burro sul pane. ‖ FAM. [abattre, étendre] stendere ; atterrare (L.C.). | *il l'étala d'un seul coup de poing*, con un pugno solo lo stese, lo atterrò, lo fece stramazzare. ‖ FIG. [exhiber] ostentare ; fare sfoggio, mostra di. | *étaler ses richesses*, fare sfoggio, mostra delle proprie ricchezze. ‖ COMM. *étaler les paiements*, scaglionare i pagamenti. ◆ v. pr. [s'étendre] stendersi, adagiarsi ; [personnes seulement] sdraiarsi. | *une plaine s'étalait à leurs pieds*, una pianura si stendeva ai loro piedi. ‖ FAM. [tomber] cadere lungo disteso (L.C.).

1. étalon [etalɔ̃] m. [cheval] stallone.

2. étalon m. [de mesure] campione, misura (f.) standard. ‖ [monétaire] moneta (f.) standard ; tallone. | *étalon-or*, tallone aureo.

étalonnage [etalɔnaʒ] ou **étalonnement** [etalɔnmɑ̃] m. [vérification] campionatura f., campionamento. ‖ [graduation] taratura f.

étalonner [etalɔne] v. tr. [vérifier] campionare. ‖ PSYCH. campionare. ‖ [graduer] tarare.

étalonneur [etalɔnœr] m. [qui vérifie] campionatore. ‖ [qui gradue] taratore.

étamage [etamaʒ] m. stagnatura f.

étambot [etɑ̃bo] m. MAR. dritto (m.) del timone, di poppa.

étamer [etame] v. tr. [couche d'étain] stagnare. ‖ [tain de glace] (in)argentare.

étameur [etamœr] m. stagnaio, stagnino.

1. étamine [etamin] f. TEXT. stamigna, stamina.

2. étamine f. BOT. stame m.

étampage [etɑ̃paʒ] m. stampaggio.

étampe [etɑ̃p] f. stampo m.

étamper [etɑ̃pe] v. tr. stampare.

étampeur [etɑ̃pœr] m. stampista, stampatore.

étanche [etɑ̃ʃ] adj. stagno. | *rendre étanche*, stagnare. ‖ MAR. *cloison, compartiment étanche*, paratia stagna, compartimento stagno. ‖ FIG. *cloison étanche entre des classes sociales*, barriera insuperabile, separazione ermetica tra classi sociali.

étanchéité [etɑ̃ʃeite] f. tenuta, impermeabilità ; (l')essere stagno.

étancher [etɑ̃ʃe] v. tr. [rendre étanche] stagnare. ‖ [arrêter l'écoulement de] stagnare. ‖ FIG. *étancher la soif*, cavare, levare la sete.

étançon [etɑ̃sɔ̃] m. TECHN. puntello.
étançonner [etɑ̃sɔne] v. tr. puntellare.
étang [etɑ̃] m. stagno.
étape [etap] f. tappa. | *faire étape*, sostare v. intr., fermarsi v. pr. || PR. et FIG. *brûler les étapes*, bruciar le tappe. || FIG. [période, degré] tappa, periodo m., grado m. | *les étapes de la vie, d'une carrière*, le tappe della vita, d'una carriera. | *procéder par étapes*, procedere per gradi. | *faire un travail par étapes*, fare un lavoro a pezzi e bocconi, un po' per volta. || SPORT *étape contre la montre*, tappa a cronometro.
état [eta] m. **1.** [manière d'être] stato, condizione f. | *être en bon, en mauvais état*, essere in buono, in cattivo stato. | *mettre en état*, assettare, accomodare, aggiustare; mettere in ordine. | *remettre en état*, accomodare, riparare, restaurare, rassettare. | *remettre en l'état*, rimettere nello stato di prima. | *moteur en état de marche*, motore in condizione, in grado di funzionare. | *hors d'état de marche*, fuori uso. | *dans cet état de choses*, stando così le cose, data la situazione. | *en tout état de cause*, in ogni caso, in ogni modo, comunque. | *état de siège*, stato d'assedio. | *état de santé*, stato di salute. | *être en état, hors d'état de faire qch.*, essere in grado di, nell'incapacità di far qlco. | *mettre hors d'état de*, mettere nell'impossibilità di. | *femme dans un état intéressant*, donna in uno stato interessante. | *état de veuf*, stato vedovile. | *état d'âme*, stato d'animo. | *état d'esprit*, abito mentale. | *état de grâce*, stato di grazia. | *dans quel état t'es-tu mis !*, come ti sei ridotto !, in che stato ti sei messo ! | *en état d'arrestation*, in stato d'arresto. || FAM. *être dans tous ses états*, essere agitatissimo, ansiosissimo (L.C.). || PHYS. *état gazeux*, stato gassoso. || **2.** [situation professionnelle; condition] stato, professione f., mestiere. | *améliorer son état*, migliorare il proprio stato, la propria condizione. | *il est menuisier de son état*, fa il (mestiere di) falegname. | *il est avocat de son état*, è avvocato di professione. | *état ecclésiastique*, stato ecclesiastico. || HIST. *tiers état*, terzo stato. | *états généraux*, stati generali. || ADM. *état civil* : [condition] stato civile; dati anagrafici; [service] stato civile, anagrafe f.; [registre] anagrafe. | *devoir d'état*, doveri (pl.) del proprio stato. | *grâce d'état*, grazia di stato (pr.); grazia particolare (fig.). || **3.** [liste] elenco. | *état estimatif*, stima f. | *faire un état*, compilare, redigere un prospetto. | *états de services*, ruolo di servizio. | *état des lieux*, (inventario delle) condizioni dei locali. || COMM. stato, prospetto, tabella f., elenco. | *état des dépenses et des recettes*, prospetto delle spese e delle entrate. | *état des salaires*, tabella dei salari. || LOC. *faire état de* : [compter sur] far affidamento, assegnamento su; [faire cas de] far caso, tener conto di; [s'appuyer sur] appoggiarsi, basarsi, fondarsi su; mettere innanzi, accampare. || **4.** POLIT. Stato. | *État tampon*, Stato cuscinetto. | *affaire, coup d'État*, affare, colpo di Stato. | *homme d'État*, uomo di Stato; statista m. | *de l'État, d'État*, dello Stato, di Stato; statale adj. | *État patron*, Stato padrone.
étatique [etatik] adj. statalistico.
étatisation [etatizasjɔ̃] f. statalizzazione, statizzazione.
étatiser [etatize] v. tr. statalizzare, statizzare.
étatisme [etatism] m. statalismo.
étatiste [etatist] adj. statalistico. ◆ n. statalista.
état-major [etamaʒɔr] m. stato maggiore.
étau [eto] m. PR. et FIG. morsa f. | *les mâchoires de l'étau*, le ganasce della morsa.
étayage [etɛjaʒ] ou **étaiement** [etɛmɑ̃] m. puntellamento, puntellatura f. || PSYCHAN. *étayage*, appoggio; anaclisi f.
étayer [eteje] v. tr. puntellare. || FIG. **(de, sur)** puntellare, suffragare (con); appoggiare (su).
et cætera ou **et cetera** [ɛtsetera] loc. adv. (lat.) eccetera. ◆ abr. ***etc.***, ecc.
été [ete] m. estate f. | *en été*, in estate, d'estate. | *en plein été*, in piena estate. | *vacances d'été*, vacanze estive, d'estate. | *vêtement d'été*, vestito da estate, estivo. | *été de la Saint-Martin*, estate di San Martino. || LOC. FAM. *se mettre en été*, vestirsi da estate. || FIG. *être dans l'été de sa vie*, essere nell'estate della vita.
éteigneur, euse [etɛɲœr, øz] n. spegnitore, trice.
éteignoir [etɛɲwar] m. spegnitoio. || FIG. [rabat-joie] guastafeste n. inv., funerale.
éteindre [etɛ̃dr] v. tr. spegnere. | *éteindre le feu, sa cigarette, le gaz, la lumière, la radio*, spegnere il fuoco, la sigaretta, il gas, la luce, la radio. || FAM. *éteindre une pièce*, spegnere in una stanza. || [couleur] smorzare. || FIG. [faire cesser] *éteindre la soif*, estinguere, spegnere la sete. | *éteindre une dette*, estinguere un debito. | *éteindre une révolte*, soffocare una ribellione. | *éteindre une race*, sterminare una razza. || CHIM. *éteindre la chaux*, spegnere la calce. ◆ v. pr. spegnersi. || FIG. spegnersi, estinguersi; finire, morire v. intr. | *le jour s'éteint*, il giorno muore. | *le malade s'éteint*, il malato si spegne, sta morendo.
éteint, e [etɛ̃, ɛ̃t] adj. [couleur] spento, smorzato. || FIG. *dette éteinte*, debito estinto. | *yeux éteints*, occhi spenti. | *d'une voix éteinte*, con voce spenta, fioca. | *races éteintes*, razze estinte. || CHIM. *chaux éteinte*, calce spenta.
étendard [etɑ̃dar] m. MIL. stendardo, insegna f. || BOT. stendardo. || FIG. *lever l'étendard de la révolte*, alzare, issare lo stendardo della rivolta.
étendoir [etɑ̃dwar] m. stenditoio.
étendre [etɑ̃dr] v. tr. [agrandir] estendere, accrescere. | *étendre sa propriété*, estendere la proprietà. || [répandre] spandere, spargere. | *étendre du fumier*, spandere, spargere letame. || [étaler] stendere, spalmare. | *étendre du beurre sur le pain*, spalmare, stendere burro sul pane; imburrare il pane. | *étendre une couche de vernis*, stendere, spalmare una mano di vernice. || FIG. [accroître] *étendre son pouvoir*, estendere, accrescere il proprio potere. | *étendre son action à qch.*, estendere la propria azione a qlco. | *étendre ses connaissances*, estendere, sviluppare le proprie conoscenze. || [diluer] allungare, annacquare, diluire. || [déployer] stendere, allungare, distendere. | *étendre les bras, les jambes*, stendere, allungare le braccia, le gambe. | *étendre les ailes*, stendere, spiegare le ali. | *étendre le linge*, sciorinare, stendere la biancheria. || [poser, allonger] (di)stendere. || LOC. FAM. *étendre qn sur le carreau*, stendere qlcu. a terra. | *se faire étendre à un examen*, farsi stangare, bocciare a un esame. ◆ v. pr. [occuper plus d'espace] estendersi, accrescersi, ampliarsi. || [se propager] estendersi, diffondersi. | *l'incendie s'étend*, l'incendio si estende, si diffonde. || [occuper un certain espace] (e)stendersi. | *la plaine s'étendait à perte de vue*, la pianura si stendeva a perdita d'occhio. || [se coucher] (di)stendersi, sdraiarsi, coricarsi. || FIG. dilungarsi, stendersi, diffondersi. | *s'étendre sur un sujet*, dilungarsi su un argomento.
étendu, e [etɑ̃dy] adj. [vaste] esteso, vasto. | *vue étendue*, vista estesa. | *voix étendue*, voce estesa. || FIG. *pouvoirs étendus*, poteri estesi. | *connaissances étendues*, conoscenze estese; ampie, vaste conoscenze. || [dilué] allungato, annacquato, diluito.
étendue [etɑ̃dy] f. [dimension] estensione, distesa, tratto m. | *de vastes étendues de sable*, ampie distese di sabbia. | *on découvrait une brève étendue de mer*, si scorgeva un breve tratto di mare. || [durée] *étendue de la vie*, durata della vita. || FIG. [longueur] *étendue d'un discours*, lunghezza d'un discorso. || [importance] importanza, ampiezza, entità. | *étendue d'un désastre, des dommages*, ampiezza, entità di un disastro, dei danni. | *étendue d'une entreprise*, importanza, ampiezza d'un'impresa. || PHILOS. dimensione. || MUS. *étendue de la voix*, estensione della voce, registro (m.) vocale.
éternel, elle [etɛrnɛl] adj. eterno. || FIG. *discussions éternelles*, eterne discussioni. || RELIG. *feu, séjour éternel*, fuoco, regno eterno. ◆ n. m. eterno. || [Dieu] Padre Eterno, Padreterno.
éterniser [etɛrnize] v. tr. eternare. || FIG. [faire traîner en longueur] tirare in lungo. ◆ v. pr. FIG. [rester longtemps] attardarsi, indugiarsi a lungo; dilungarsi; non farla più finita. | *s'éterniser sur un sujet*, non farla più finita con un argomento.

éternité [etɛrnite] f. PR. et FIG. eternità. | *pour l'éternité*, per (tutta) l'eternità, per sempre. | *de toute éternité*, da sempre, da che mondo è mondo, da tempo immemorabile.
éternuement [etɛrnymɑ̃] m. starnuto, sternuto ; starnutazione f. (rare).
éternuer [etɛrnɥe] v. intr. starnutire, starnutare, sternutare, sternutire.
étésien [etezjɛ̃] adj. *vents étésiens*, (venti) etesii m. pl.
étêtage [etɛtaʒ] ou **étêtement** [etɛtmɑ̃] m. AGR. svettatura f., cimatura f.
étêter [etɛte] v. tr. [arbre] svettare, cimare, scapezzare, (s)capitozzare. ‖ [clou] scapezzare.
éteule [etœl] f. AGR. stoppia.
éther [etɛr] m. CHIM., POÉS. etere.
éthéré, e [etere] adj. CHIM. etereo. ‖ FIG. *la voûte éthérée*, la volta eterea, gli spazi eterei.
éthérisation [eterizasjɔ̃] f. MÉD. eterizzazione.
éthériser [eterize] v. tr. MÉD. eterizzare.
éthiopien, enne [etjɔpjɛ̃, ɛn] adj. etiopico, etiope. ◆ n. etiope.
éthique [etik] adj. etico. ◆ n. f. etica.
ethnie [ɛtni] f. etnia.
ethnique [ɛtnik] adj. etnico.
ethnocentrisme [ɛtnɔsɑ̃trism] m. etnocentrismo.
ethnographie [ɛtnɔgrafi] f. etnografia.
ethnologie [ɛtnɔlɔʒi] f. etnologia.
ethnologue [ɛtnɔlɔg] m. etnologo.
éthologie [etolɔʒi] f. etologia.
éthyle [etil] m. CHIM. etile.
éthylène [etilɛn] m. CHIM. etilene.
éthylique [etilik] adj. CHIM. etilico. ◆ adj. et n. MÉD. alco(o)lizzato.
éthylisme [etilism] m. MÉD. etilismo.
étiage [etjaʒ] m. magra f.
étincelant, e [etɛ̃slɑ̃, ɑ̃t] adj. scintillante, sfavillante. ‖ FIG. scintillante, sfavillante, splendente, raggiante. | *regards étincelants*, sguardi sfavillanti, raggianti. | *esprit étincelant*, ingegno scintillante, brillantissimo.
étinceler [etɛ̃sle] v. intr. scintillare, sfavillare, splendere, sfolgorare ; sfolgoreggiare (littér.). | *étinceler au soleil*, scintillare, sfavillare, splendere al sole, sfolgorare sotto il sole. ‖ FIG. sfavillare, scintillare, (ri)splendere. | *regard qui étincelle de joie*, sguardo che sfavilla, risplende di, dalla gioia.
étincelle [etɛ̃sɛl] f. PR. et FIG. favilla, scintilla. | *lancer des étincelles*, mandar faville, scintille ; sfavillare, scintillare. | *des gerbes d'étincelles*, sprazzi di faville. | *l'étincelle du génie*, la scintilla del genio. ‖ FIG., FAM. *faire des étincelles*, fare, sprizzare faville.
étincellement [etɛ̃sɛlmɑ̃] m. sfavillìo, scintillìo.
étiolement [etjolmɑ̃] m. [plante] intristimento ; [personne] deperimento. ‖ FIG. indebolimento, impoverimento, illanguidimento.
étioler [etjɔle] v. tr. far intristire ; far deperire. ‖ FIG. indebolire, impoverire. ◆ v. pr. intristire, deperire v. intr. ‖ FIG. indebolirsi, impoverirsi ; languire v. intr.
étiologie [etjɔlɔʒi] f. MÉD. eziologia, etiologia.
étique [etik] adj. scarno, allampanato.
étiquetage [etiktaʒ] m. etichettatura f. (néol.).
étiqueter [etikte] v. tr. etichettare (néol.). ‖ FIG. etichettare, classificare.
étiquette [etikɛt] f. [écriteau] etichetta ; bottello m. (vx). ‖ FAM. [appartenance] etichetta. ‖ FIG. [cérémonial] etichetta, cerimoniale m.
étirable [etirabl] adj. stirabile, estendibile.
étirage [etiraʒ] m. stiratura f.
étirer [etire] v. tr. stirare, allungare, estendere. ‖ TECHN. stirare, trafilare. ◆ v. pr. allungarsi. ‖ FAM. [les membres] stirarsi, stiracchiarsi.
étireuse [etirøz] f. TECHN. trafilatrice.
étoffe [etɔf] f. stoffa, tessuto m., panno m. ; [de luxe] drappo m. ‖ FIG. stoffa. | *avoir de l'étoffe*, avere stoffa. | *avoir l'étoffe d'un écrivain*, avere la stoffa dello scrittore.
étoffé, e [etɔfe] adj. [gras, dodu] pienotto, grassoccio. ‖ [robuste, musclé] robusto, gagliardo, vigoroso. | *cheval étoffé*, cavallo robusto, muscoloso. ‖ [abondant, riche] *style étoffé*, stile copioso. | *discours étoffé*, discorso nutrito. | *voix étoffée*, voce piena.
étoffer [etɔfe] v. tr. FIG. = dar consistenza, spessore a ; arricchire, irrobustire.
étoile [etwal] f. ASTR. stella. | *étoile filante*, stella filante, cadente. | *parsemé, criblé d'étoiles*, cosparso di stelle, (co)stellato. ‖ LOC. *à la belle étoile*, V. BEAU. ‖ FIG. [destinée] *né sous une bonne, une mauvaise étoile*, nato sotto buona, cattiva stella. | *croire en son étoile*, credere alla propria stella. ‖ [artiste] *étoile (de cinéma)*, stella (del cinema). | *danseur, danseuse étoile*, primo ballerino assoluto, prima ballerina assoluta. ‖ [ornement] stella. ‖ MIL. stelletta. ‖ TECHN. *montage, moteur en étoile*, disposizione, motore stellare, a stella. ‖ ZOOL. *étoile de mer*, stella di mare.
étoilé, e [etwale] adj. [semé d'étoiles] (co)stellato. | *bannière étoilée*, bandiera stellata. ‖ [en forme d'étoile] stellato. ‖ [fêlé en étoile] = incrinato a stella.
étoiler [etwale] v. tr. stellare. ‖ [fêler en étoile] = incrinare a stella. | *étoiler un carreau*, incrinare un vetro a stella.
étole [etɔl] f. RELIG., MODE stola.
étonnant, e [etɔnɑ̃, ɑ̃t] adj. stupendo, meraviglioso. | *cela n'a rien d'étonnant*, non c'è da stupirsi. ‖ [extraordinaire] stupendo, meraviglioso, splendido, straordinario.
étonnement [etɔnmɑ̃] m. meraviglia f., sorpresa f., stupore. | *susciter l'étonnement*, destare la meraviglia, lo stupore. | *frapper qn d'étonnement*, meravigliare, stupire qlcu. | *frappé d'étonnement*, meravigliato ; colto, preso da stupore ; stupito. | *au grand étonnement de tous*, con stupore di tutti. ‖ ARCHIT., V. LÉZARDE.
étonner [etɔne] v. tr. meravigliare, sorprendere, stupire. | *cela m'étonne que*, mi meraviglio, mi stupisco, mi fa meraviglia che. ◆ v. pr. meravigliarsi, stupirsi. | *il s'étonna de mon retard, de me voir*, si meravigliò, si stupì del mio ritardo, di vedermi. | *je m'étonne qu'il ne soit pas encore arrivé*, mi meraviglio, mi stupisco che non sia ancora arrivato.
étouffant, e [etufɑ̃, ɑ̃t] adj. soffocante, opprimente. | *chaleur étouffante*, caldo soffocante : afa f.
étouffé, e [etufe] adj. FIG. *d'une voix étouffée*, con voce sommessa ; sommessamente adv. | *rires, cris étouffés*, risa, grida soffocate. ◆ n. f. CULIN. *poulet, pommes à l'étouffée*, stufato (m.) di pollo, di patate. | *cuire à l'étouffée*, cuocere in stufato ; stufare.
étouffe-chrétien [etufkretjɛ̃] m. inv. FAM. cemento armato.
étouffement [etufmɑ̃] m. soffocazione f., soffocamento.
étouffer [etufe] v. tr. soffocare ; [dans un liquide] affogare. ‖ [rendre la respiration difficile] soffocare, opprimere. | *chaleur qui étouffe*, caldo soffocante, opprimente. ‖ [amortir] attutire, smorzare, attenuare. | *tapis qui étouffe les pas*, tappeto che soffoca, attutisce il rumore dei passi. ‖ FIG. *étouffer un scandale, une révolte*, soffocare uno scandalo, una rivolta. ‖ [réprimer] *étouffer ses sanglots*, soffocare, contenere, reprimere i propri singhiozzi. ‖ LOC. FAM. *ce ne sont pas les scrupules qui l'étouffent*, gli scrupoli non gli tolgono il sonno. | *ce n'est pas la bonne foi qui l'étouffe*, la carità non lo uccide, non lo fa scoppiare. ◆ v. intr. [perdre haleine] soffocare. ‖ [respirer difficilement] soffocare ; respirare a fatica. | *on étouffe ici*, qui si soffoca. ‖ FIG. *étouffer de rire, de rage*, scoppiare (L.C.), crepare (fam.) dalle risa, di rabbia. ◆ v. pr. soffocare v. intr., strozzarsi.
étouffoir [etufwar] m. VX [récipient] = tipo di caldano per conservare la brace. ‖ FIG., FAM. [salle trop chaude] forno. ‖ [dans un piano] smorzatore.
étoupe [etup] f. stoppa, capecchio m.
étouper [etupe] v. tr. stoppare.
étoupille [etupij] f. MIL. stoppino m.
étourderie [eturdəri] f. [caractère ; action] storditaggine, sbadataggine, sventatezza, balordaggine.
étourdi, e [eturdi] adj. stordito, sventato, scapato, sbadato, smemorato. ◆ n. stordito, a, smemorato, a.

◆ loc. adv. ***à l'étourdie,*** storditamente, sbadatamente.
étourdir [eturdir] v. tr. stordire, sbalordire, intontire. | *étourdir qn d'un coup de bâton*, stordire, tramortire qlcu. con una bastonata. | *la chaleur l'étourdit*, il caldo lo stordisce, l'intontisce. ‖ FIG. [calmer] addormentare, calmare, lenire, assopire. ‖ [fatiguer] stordire, intontire ; [assourdir] assordare. | *cet enfant m'étourdit*, questo bambino mi stordisce. ◆ v. pr. FIG. stordirsi.
étourdissant, e [eturdisɑ̃, ɑ̃t] adj. assordante. ‖ FIG. sbalorditivo, strabiliante.
étourdissement [eturdismɑ̃] m. stordimento, sbalordimento, intontimento. ‖ FIG. sbalordimento, stupore. ‖ MÉD. stordimento, deliquio.
étourneau [eturno] m. ZOOL. storno, stornello. ‖ FIG., FAM. cervellino, a.
étrange [etrɑ̃ʒ] adj. strano.
étranger, ère [etrɑ̃ʒe, ɛr] adj. [à un groupe] estraneo. | *étranger à la famille, à la discussion*, estraneo alla famiglia, alla discussione. ‖ [à la ville, à la région] forestiero. ‖ [à la nation] straniero. | *langues étrangères*, lingue straniere. ‖ COMM. estero. | *tabacs étrangers*, tabacchi esteri. ‖ MÉD. *corps étranger*, corpo estraneo. ‖ MIL. *Légion étrangère*, Legione straniera. ‖ POLIT. estero. | *ministère des Affaires étrangères*, ministero degli (Affari) Esteri. ‖ [non connu] *ce visage m'est étranger*, questo volto mi è estraneo, mi è nuovo. ◆ n. estraneo, a ; forestiero, a ; straniero, a. ◆ n. m. [pays] estero. | *à l'étranger*, all'estero.
étrangeté [etrɑ̃ʒte] f. stranezza.
étranglé, e [etrɑ̃gle] adj. FIG. *voix étranglée*, voce strozzata, soffocata.
étranglement [etrɑ̃gləmɑ̃] m. [action] strangolamento, strozzamento, strozzatura f. ‖ [rétrécissement] strozzatura, restringimento. ‖ FIG. soffocamento. | *étranglement de la liberté*, soffocamento della libertà. ‖ ÉCON. *goulot d'étranglement*, strozzatura. ‖ GÉOGR. strozzatura, restringimento, stretta f. | *l'étranglement de la vallée*, il restringimento della valle. | *un étranglement entre deux monts*, una stretta fra due monti. ‖ MÉD. strozzatura. | *étranglement herniaire*, ernia strozzata, strozzamento erniario.
étrangler [etrɑ̃gle] v. tr. strangolare, strozzare. ‖ [gêner la respiration de] strangolare, soffocare. | *sa cravate l'étrangle*, la cravatta lo soffoca. ‖ [rétrécir] strozzare. | *rochers tombés qui étranglent la route*, massi caduti che strozzano, ostruiscono la strada. ‖ FIG. soffocare. | *étrangler les libertés*, soffocare le libertà. ‖ [ruiner] *usurier qui étrangle les gens*, usuraio che strozza la gente. ‖ MAR. *étrangler une voile*, strangolare una vela. ◆ v. pr. strozzarsi, strangolarsi. ‖ [étouffer] strozzarsi, soffocare. | *s'étrangler de rire*, soffocare dalle risa. ‖ FIG. *sa voix s'étrangla*, la voce gli si soffocò.
étrangleur, euse [etrɑ̃glœr, øz] n. strangolatore, trice.
étrave [etrav] f. MAR. tagliamare m. inv.
1. être [ɛtr] v. intr. **I.** EXISTER. **1.** [avoir une réalité] essere, esistere, vivere. | *je pense, donc je suis*, penso, dunque sono. | *qui sait si nous serons demain ?*, chissà se vivremo domani ? | *il n'est plus*, è morto. | *que la lumière soit*, sia fatta la luce. | *cela peut être*, può essere, può darsi. | *comme si de rien n'était*, come se niente fosse. | *ainsi soit-il*, e così sia. | *soit un triangle*, dato un triangolo. | *soit l'aire d'un rectangle*, data l'area d'un rettangolo. ‖ **2.** [impers.] *il est des gens qui*, c'è chi. | *toujours est-il que*, fatto sta che. | *il n'est que de*, la cosa migliore è ; basta. | *un coquin s'il en est, s'il en fut*, un furfante matricolato. | *il est 1 h*, è l'una. | *il est 2 h*, sono le due.
II. VERBE COPULE : essere. | *la Terre est ronde*, la Terra è rotonda.
III. AVEC ADV., PRÉP. **1.** [état] *être bien, mal, mieux*, star bene, male, meglio. | *comment es-tu ?*, come stai ? | *être d'attaque*, essere in forma. ‖ **2.** [rapport] *l'image est à l'esprit ce que la cellule est au corps*, l'immagine sta allo spirito come la cellula al corpo. ‖ **3.** [situation] *les mouchoirs sont dans l'armoire*, i fazzoletti sono, si trovano nell'armadio. | *être ailleurs*, aver la mente altrove, essere distratto. ‖ **4.** ***y être :*** *j'y suis*, capisco. | *tu n'y es pas du tout*, non indovini, non capisci affatto. ‖ PR. et FIG. *nous y sommes !*, ci siamo ! ‖ [être prêt] *tu y es ? - oui, j'y suis*, sei pronto ? - sì, sono pronto ; sì, eccomi qua. | *ça y est !*, ecco fatto !, ci siamo ! | *je n'y suis plus du tout*, non mi ci raccapezzo. | *je n'y suis pour rien*, non c'entro per niente. ‖ **5.** [aller ; temps du passé seulement] essere, andare. | *il a été à Rome l'an dernier*, è stato, è andato a Roma l'anno scorso. | *il s'en fut*, se ne andò. | *je fus le voir*, andai a vederlo. ‖ **6.** [avec prép.] ***être à :*** [possession] *c'est à moi, à toi, à Pierre*, è mio, è tuo, è di Pietro. ‖ FIG. *je suis (tout) à toi*, sono a tua completa disposizione. | *être à travailler*, star lavorando. | *être toujours à travailler*, star sempre a lavorare. | *être au travail*, essere al lavoro. ‖ [but] *être à louer*, essere da affittare. ‖ [nécessité] *il est à plaindre*, è da compatire. ‖ ***être de :*** [provenance] *être de Lyon*, essere di Lione. ‖ [participation] *il est des nôtres, de la famille*, è dei nostri, della famiglia. ‖ ***être pour :*** *être pour qch. dans une affaire*, avere una parte in una faccenda. ‖ ***en être :*** [faire partie] *nous organisons une excursion, veux-tu en être ?*, organizziamo una gita, vuoi partecipare ?, vuoi essere del numero ?, vuoi essere della partita ? (gall.). ‖ [se trouver] *nous en sommes à la moitié du chemin*, siamo a metà strada. | *où en es-tu ?*, a che punto sei ? | *les choses en sont là*, le cose sono a questo punto. | *il n'en est rien*, non è affatto così, le cose non vanno così. ‖ ***être sans :*** *tu n'es pas sans savoir*, tu sai certamente.
IV. C'EST ; EST-CE : [présentation] *c'est moi, toi, lui*, sono io, sei tu, è lui. | *c'est moi qui l'ai dit*, l'ho detto io. | *c'est alors que tout vacilla*, fu allora che tutto vacillò. | *c'est à lui à y aller*, tocca a lui andarci. | *(si ce) n'était l'amitié que j'ai pour lui*, senza l'amicizia che ho per lui. | *ne serait-ce, ne fût-ce que la moitié*, fosse pure la metà. ‖ [interrogation] *est-ce que tu viens ?*, vieni ? | *n'est-ce pas ?*, nevvero ? | *n'est-ce pas que j'ai raison ?*, nevvero che ho ragione ?
V. VERBE AUX. : essere. | *être aimé*, essere amato. | *nous étions partis*, eravamo partiti. | *elles se sont retrouvées*, si sono ritrovate. | *nous nous étions laissé habiller*, ci eravamo lasciati vestire. | *ils se sont attiré une excommunication*, si sono attirati, attirata una scomunica. | *il s'est lavé les mains*, si è lavato, lavate le mani. | *elle s'est lavé les mains*, si è lavata, lavate le mani.
2. être m. [existence] essere, esistenza f. | *le non-être*, il non essere. ‖ [essence] essere, essenza f. | *c'est la pensée qui est l'être de l'homme*, è il pensiero l'essenza dell'uomo. ‖ [créature] essere, creatura f. | *les êtres vivants*, gli esseri viventi. | *l'Être suprême*, l'Essere, l'Ente supremo. ‖ IRON. *pauvres êtres !*, povere creature ! | *pauvres petits êtres !*, poveri esserini !, povere creaturine ! ‖ EUPH. *quel être !*, che tipo !
étreindre [etrɛ̃dr] v. tr. stringere, abbracciare. ‖ FIG. *étreindre le cœur*, stringere, opprimere il cuore. ‖ PROV. *qui trop embrasse mal étreint*, chi troppo vuole, chi troppo abbraccia, nulla stringe. ◆ v. pr. stringersi, abbracciarsi.
étreinte [etrɛ̃t] f. stretta. ‖ [embrassement] abbraccio m., stretta ; amplesso m. (littér.).
étrenne [etrɛn] f. VX *avoir l'étrenne de qch.*, inaugurare (L.C.), rinnovare (tosc.) qlco. ◆ f. pl. strenne.
étrenner [etrene] v. tr. [utiliser pour la première fois] inaugurare ; rinnovare (tosc.). ◆ v. intr. [être le premier à subir un inconvénient] fare le spese di qlco., essere il primo ad andarci di mezzo.
êtres ou **aîtres** [ɛtr] VX m. pl. LOC. *bien connaître les êtres d'une maison*, conoscere una casa da cima a fondo, essere pratico di una casa.
étrésillon [etrezijɔ̃] m. TECHN. puntello.
étrier [etrije] m. staffa f. ‖ PR. et FIG. *vider les étriers*, perdere le staffe. | *courir à franc étrier*, correre a spron battuto. ‖ FIG. *avoir le pied à l'étrier*, essere con il piede nella staffa. | *être ferme sur ses étriers* = essere irremovibile. | *tenir l'étrier à qn*, spalleggiare,

favorire qlcu. | *il m'a mis le pied à l'étrier*, mi ha dato l'avvio, mi ha iniziato. | *boire le coup de l'étrier*, bere il bicchiere della staffa. ‖ ANAT., TECHN. staffa.
étrillage [etrijaʒ] m. strigliatura f.
étrille [etrij] f. striglia. | *coup d'étrille*, strigliata f. ‖ ZOOL. portuno m.
étriller [etrije] v. tr. strigliare. ‖ FAM. [malmener] bastonare, picchiare. | *étriller l'ennemi*, sbaragliare il nemico (L.C.). ‖ FAM. [faire payer trop cher] stangare.
étripage [etripaʒ] m. sventramento, sbudellamento. ‖ FAM. massacro, macello (L.C.).
étriper [etripe] v. tr. sventrare, sbudellare ; sbuzzare (tosc.). ◆ v. pr. FAM. ammazzarsi a vicenda (L.C.).
étriqué, e [etrike] adj. [vêtement] stretto, striminzito ; troppo attillato. ‖ [homme] striminzito. ‖ FIG. *discours étriqué*, discorso striminzito, scarno. | *esprit étriqué*, animo meschino.
étriquer [etrike] v. tr. PR. et FIG. restringere. | *étriquer une robe, un discours*, restringere troppo un abito, un discorso.
étrivière [etrivjɛr] f. staffile m. ‖ LOC. *donner les étrivières à qn*, staffilare qlcu.
étroit, e [etrwa, at] adj. stretto, angusto. | *taille étroite*, vita sottile, fine. ‖ [serré] *nœud étroit*, nodo stretto. ‖ FIG. [rigoureux] stretto, rigoroso. | *obligation étroite*, obbligo stretto, rigoroso. | *au sens étroit du terme*, nel senso stretto del termine. ‖ [intime] stretto, intimo. | *liés d'une étroite amitié*, legati da (una) stretta amicizia. ‖ [borné] angusto, meschino, gretto. | *esprit étroit*, animo angusto. | *homme aux vues étroites*, uomo di vedute, di idee meschine. ◆ adv. *souliers qui chaussent étroit*, scarpe che calzano stretto. ◆ loc. adv. ***à l'étroit,*** strettamente adv., stretto adj. | *être logé à l'étroit*, stare stretti in casa. ‖ FIG. *vivre à l'étroit*, vivere nelle strettezze.
étroitement [etrwatmɑ̃] adv. strettamente. ‖ FIG. *famille étroitement unie*, famiglia strettamente unita. | *s'en tenir étroitement aux règles*, attenersi strettamente alle norme. | *problèmes étroitement unis*, problemi strettamente connessi. | *surveiller étroitement un prisonnier*, esercitare una stretta sorveglianza su un prigioniero.
étroitesse [etrwatɛs] f. strettezza. ‖ FIG. [de l'esprit] grettezza, meschinità.
étron [etrɔ̃] m. stronzo.
étrusque [etrysk] adj. et n. etrusco.
étude [etyd] f. studio m. | *étude d'une science, d'un texte, d'un morceau de musique*, studio d'una scienza, di un testo, di un pezzo musicale. ‖ [examen] studio, esame m. | *mettre un projet à l'étude*, intraprendere, cominciare lo studio, l'esame d'un progetto. | *faire l'étude de qch.*, studiare qlco. | *étude de marché*, V. MARCHÉ. ‖ [travail préparatoire] studio, progetto m., abbozzo m. ‖ ART bozzetto m., abbozzo. ‖ HIST. LITT. studio, saggio m. ‖ MUS. studio. ‖ [salle de travail dans une école] sala di studio. | *maître d'étude*, istitutore m. ‖ [charge] *étude de notaire*, ufficio, studio notarile. ◆ pl. studi. | *études primaires, secondaires, supérieures*, studi elementari, secondari, universitari. ‖ LOC. *faire ses études*, fare gli studi. | *diplôme de fin d'études*, diploma di licenza (elementare, ginnasiale, liceale). | *faire des études d'anglais*, studiare l'inglese.
étudiant, e [etydjɑ̃, ɑ̃t] n. studente, studentessa. | *étudiant en médecine*, studente di medicina. ◆ adj. et n. *d'étudiant(s)*, studentesco adj. | *milieux (d')étudiants*, ambienti studenteschi.
étudié, e [etydje] adj. FIG. [affecté] studiato, ricercato, affettato. | *un calme étudié*, una calma studiata, affettata. ‖ COMM. *prix étudiés*, prezzi fissati al minimo.
étudier [etydje] v. tr. studiare. | *étudier les sciences, le latin, la médecine, la musique, un rôle*, studiare le scienze, il latino, medicina, musica, una parte. ‖ [examiner] studiare, esaminare. | *étudier un projet, un problème*, studiare un progetto, un problema. ◆ v. pr. studiarsi. ‖ FIG. [s'appliquer] **(à)** studiarsi (di), ingegnarsi (di, a), sforzarsi (di). | *s'étudier à plaire*, ingegnarsi di piacere.
étui [etɥi] m. astuccio, custodia f. | *étui à lunettes*, astuccio degli occhiali. | *étui à couteaux*, astuccio, scatola (f.) da coltelli. | *étui à cigarettes*, portasigarette inv. | *étui à aiguilles*, agoraio. ‖ MIL. *étui de cartouche*, bossolo. | *étui de revolver*, fondina (f.) della pistola.
étuve [etyv] f. [bain] bagno turco. ‖ FIG. *être (comme) dans une étuve*, essere in un bagno turco, in un forno. ‖ MÉD. autoclave. ‖ TECHN. essiccatoio m., essiccatore m.
étuvée [etyve] f. LOC. ***à l'étuvée,*** V. ÉTOUFFÉE n. f.
étuver [etyve] v. tr. [cuire à l'étouffée] stufare. ‖ [sécher dans une étuve] essiccare.
étymologie [etimɔlɔʒi] f. etimologia, etimo m.
étymologique [etimɔlɔʒik] adj. etimologico.
étymologiste [etimɔlɔʒist] n. etimologista ; etimologo, a.
eucalyptus [økaliptys] m. BOT. eucalipto, eucalitto.
eucharistie [økaristi] f. RELIG. eucaristia, eucarestia.
eucharistique [økaristik] adj. RELIG. eucaristico.
euclidien, enne [øklidjɛ̃, ɛn] adj. euclideo.
eudémonisme [ødemɔnism] m. PHILOS. eudemonismo.
eudiomètre [ødjɔmɛtr] m. PHYS. eudiometro.
euganéen [øganeɛ̃] adj. GÉOGR. euganeo.
eugénisme [øʒenism] m. eugenetica f., eugenia f.
eugéniste [øʒenist] n. eugenista.
euh ! [ø] interj. mah !, ehm !
eunuque [ønyk] m. eunuco.
euphémique [øfemik] adj. eufemistico.
euphémisme [øfemism] m. eufemismo.
euphonie [øfɔni] f. eufonia.
euphonique [øfɔnik] adj. eufonico.
euphorbe [øfɔrb] f. BOT. euforbia.
euphorie [øfɔri] f. euforia.
euphorique [øfɔrik] adj. euforico.
euphorisant, e [øfɔrizɑ̃, ɑ̃t] adj. *médicaments euphorisants*, medicine che danno un sentimento di euforia.
eurasien, enne [ørazjɛ̃, ɛn] adj. eurasiano, eurasiatico. ◆ n. eurasiano, a.
eurodevise [ørodəviz] f. FIN. eurodivisa.
eurodollar [ørodɔlar] m. FIN. eurodollaro.
européaniser [ørɔpeanize] v. tr. europeizzare.
européanisme [ørɔpeanism] m. europeismo.
européen, enne [ørɔpeɛ̃, ɛn] adj. et n. europeo.
eurovision [ørovizjɔ̃] f. TÉLÉCOM. eurovisione.
eurythmie [øritmi] f. euritmia.
euthanasie [øtanazi] f. eutanasia.
eux [ø] pron. pers. m. pl. [compl.] loro, essi. | *avec eux*, con loro. | *c'est à eux*, tocca a loro. | *quelques-uns d'entre eux*, alcuni di essi, di loro. ‖ [sujet] essi, loro. | *ce sont eux qui l'ont fait*, l'hanno fatto loro, sono loro che l'hanno fatto. | *eux ne veulent pas, moi si*, loro non vogliono, io sì. | *eux aussi partiront demain*, anche loro partiranno domani. | *comme eux*, come loro. | *pas même eux*, nemmeno loro. | *eux partant*, partendo loro. | *eux partis*, partiti loro.
évacuateur, trice [evakɥatœr, tris] adj. scaricatore, trice. ◆ n. m. scaricatore.
évacuation [evakɥasjɔ̃] f. MÉD. evacuazione, spurgo m. ‖ [matières évacuées] spurgo, scarico m. ‖ [action de faire sortir d'un lieu] evacuazione, evacuamento m., sfollamento m., sgombero m. | *évacuation d'une ville, de la population*, sfollamento, evacuazione di una città, della popolazione. | *le juge ordonne l'évacuation de la salle*, il giudice ordina l'evacuazione, lo sgombero dell'aula. ‖ TECHN. evacuazione, scarico.
évacué [evakɥe] n. sfollato.
évacuer [evakɥe] v. tr. MÉD. evacuare. ‖ [lieu ; gens] evacuare, sgomberare, sfollare. ‖ TECHN. evacuare.
évadé, e [evade] adj. evaso, fuggito, scappato. ◆ n. evaso, a.
évader (s') [sevade] v. pr. PR. et FIG. evadere, fuggire, scappare v. intr. | *il s'est évadé de prison*, è evaso, fuggito, scappato dal carcere. ‖ [avec ellipse du pron. pers.] *faire évader qn*, far evadere qlcu.
évaluable [evalɥabl] adj. valutabile.
évaluation [evalɥasjɔ̃] f. valutazione, stima, calcolo m.
évaluer [evalɥe] v. tr. valutare, stimare. | *évaluer trop*

bas, sottovalutare. | *évaluer trop haut*, sopravvalutare. | *évaluer en gros, sommairement*, valutare a occhio e croce. || [fixer approximativement] calcolare, stimare, supputare. | *évaluer ses chances de réussite*, calcolare le proprie possibilità di riuscita.

évanescence [evanɛsɑ̃s] f. evanescenza.

évanescent, e [evanɛsɑ̃, ɑ̃t] adj. evanescente.

évangélique [evɑ̃ʒelik] adj. evangelico.

évangélisation [evɑ̃ʒelizasjɔ̃] f. evangelizzazione.

évangéliser [evɑ̃ʒelize] v. tr. evangelizzare.

évangéliste [evɑ̃ʒelist] m. evangelista.

évangile [evɑ̃ʒil] m. RELIG. vangelo. || FIG. vangelo. | *parole d'évangile*, vangelo. | *côté de l'Évangile*, corno del Vangelo.

évanouir (s') [sevanwir] v. pr. [perdre connaissance] svenire; venir meno, tramortire v. intr. || FIG. [disparaître] svanire, dileguarsi, sfumare, andare in fumo. | *tous mes espoirs se sont évanouis*, tutte le mie speranze sono svanite, sfumate, andate in fumo.

évanouissement [evanwismɑ̃] m. [perte de connaissance] svenimento, deliquio, tramortimento. || FIG. [disparition] svanimento. || TÉLÉCOM. V. FADING.

évaporation [evapɔrasjɔ̃] f. evaporazione, evaporamento m., svaporamento m.

évaporé, e [evapɔre] adj. FIG. [étourdi, léger] svaporato, sventato, stordito, scapato. ◆ n. scapato, stordito m.

évaporer [evapɔre] v. tr. evaporare. | *faire évaporer un liquide*, far evaporare, fare svaporare un liquido. ◆ v. pr. evaporare, svaporare v. intr. || FIG. [disparaître] svanire v. intr., dileguarsi, squagliarsi.

évasé, e [evaze] adj. svasato.

évasement [evazmɑ̃] m. svasatura f., svasamento. || ARCHIT. svasatura, svaso.

évaser [evaze] v. tr. svasare.

évasif, ive [evazif, iv] adj. evasivo.

évasion [evazjɔ̃] f. PR. et FIG. evasione. || FIN. *évasion de capitaux*, evasione di capitali. | *évasion fiscale*, evasione fiscale.

évêché [eveʃe] m. [dignité; territoire; siège] vescovado, vescovato.

éveil [evɛj] m. [action de s'éveiller, de se manifester] risveglio; svegliata f. (rare). | *l'éveil de la nature, des sens*, il risveglio della natura, dei sensi. || [état de veille] veglia f. || FIG. avviso, sveglia f., allarme. | *donner l'éveil*, dar l'allarme, la sveglia. | *tenir en éveil*, tenere sveglio. | *être, se tenir en éveil*, stare sull'avviso, all'erta.

éveillé, e [eveje] adj. PR. *mal éveillé*, mal desto. | *être éveillé*, essere sveglio, desto. || FIG. sveglio.

éveiller [eveje] v. tr. PR. (littér.) svegliare, destare (L.C.). || FIG. [provoquer] destare, (ri)svegliare. | *éveiller l'attention*, destare, risvegliare l'attenzione. | *éveiller la jalousie*, destare la gelosia. || [exciter] svegliare, stimolare, eccitare. ◆ v. pr. svegliarsi, destarsi.

événement [evɛnmɑ̃] m. avvenimento, evento. || FAM. *c'est tout un événement!*, è un affare di stato!

événementiel, elle [evɛnmɑ̃sjɛl] adj. = dei fatti, prammatico. | *histoire événementielle*, storia, storiografia prammatica, evenemenziale (gall.).

évent [evɑ̃] m. TECHN., ZOOL. sfiatatoio.

éventail [evɑ̃taj] m. [petit écran] ventaglio. || [disposition] ventaglio, raggiera f. | *un éventail de rues partait de la place centrale*, un ventaglio, una raggiera di vie partiva dalla piazza centrale. | *en éventail*, a ventaglio, a raggiera. || [gamme] ventaglio. | *l'éventail des prix, des salaires*, il ventaglio, la gamma dei prezzi, dei salari.

éventaire [evɑ̃tɛr] m. [plateau] banco, bancarella f. || [étalage] mostra f., vetrina f.

éventé, e [evɑ̃te] adj. [épice, liquide, parfum] alterato, guasto; [vin] spuntato. || FIG. sventato.

éventer [evɑ̃te] v. tr. [exposer au vent] dare aria a, ventilare, arieggiare. | *éventer les vêtements*, dare aria ai vestiti. | *éventer le grain*, ventilare il grano. || [avec un éventail] sventagliare. || FIG. [découvrir] *éventer un complot, un secret, un piège, la mèche* (fam.), sventare una congiura, un segreto, un'insidia, la trama (L.C.). ◆ v. pr. [sens réfl.] farsi vento; sventagliarsi. || [sens pass.] alterarsi (a contatto dell'aria), guastarsi.

éventration [evɑ̃trasjɔ̃] f. MÉD. sventramento m.

éventrer [evɑ̃tre] v. tr. sventrare. || [démolir, défoncer] sventrare, squarciare, sfondare. | *éventrer un quartier*, sventrare un quartiere. | *éventrer une valise*, sfondare una valigia.

éventualité [evɑ̃tɥalite] f. [possibilité] eventualità. || [fait qui peut se produire] eventualità, evenienza. | *être prêt, parer à toute éventualité*, esser pronto, riparare ad ogni evenienza.

éventuel, elle [evɑ̃tɥɛl] adj. eventuale.

évêque [evɛk] m. RELIG. vescovo. || CULIN. [croupion] cod(r)ione; boccon del prete (fam.). || LOC. *plier en bonnet d'évêque* = piegare a forma di mitria.

évertuer (s') [sevɛrtɥe] v. pr. **(à)** ingegnarsi (di, a), industriarsi (di), arrabattarsi (per), affannarsi (a), affaticarsi (a, per), arrovellarsi (per).

éviction [eviksjɔ̃] f. JUR. evizione. || [expulsion] espulsione, cacciata.

évidement [evidmɑ̃] m. [action] scavo, scavamento. || [résultat; partie évidée] scavo, scavatura f., cavità f.

évidence [evidɑ̃s] f. evidenza. | *mettre en évidence*, mettere in evidenza, in risalto; dar risalto a. | *se mettre en évidence*, mettersi in evidenza, in vista; farsi notare. | *être en évidence*, essere in evidenza, in mostra. | *se rendre à l'évidence*, arrendersi all'evidenza. ◆ loc. adv. ***de toute évidence***, secondo ogni evidenza.

évident, e [evidɑ̃, ɑ̃t] adj. evidente, ovvio, palese, manifesto. | *il est évident que*, è ovvio, evidente che.

évider [evide] v. tr. scavare, incavare.

évier [evje] m. acquaio.

évincement [evɛ̃smɑ̃] m. (il) soppiantare, (l')allontanare. (V. aussi ÉVICTION.)

évincer [evɛ̃se] v. tr. JUR. evincere. || [chasser] scacciare, espellere. || FIG. *évincer un concurrent*, soppiantare un concorrente. | *évincer un soupirant*, respingere uno spasimante.

évitable [evitabl] adj. evitabile.

éviter [evite] v. tr. scansare, evitare, schivare. | *éviter un piéton, une difficulté, un obstacle, un coup*, scansare, evitare, schivare un pedone, una difficoltà, un ostacolo, un colpo. | *tous l'évitent*, tutti lo scansano. | *éviter de crier*, evitare di gridare. | *évitez qu'il ne se découvre*, evitate che egli si scopra; fate in modo che egli non si scopra. | *éviter les mots oiseux*, astenersi dalle, evitare le parole inutili. | *éviter à qn un voyage inutile*, evitare, risparmiare a qlcu. un viaggio inutile. ◆ v. intr. MAR. guinare, guizzare.

évocateur, trice [evɔkatœr, tris] adj. evocativo; evocatore, trice. | *prose évocatrice*, prosa evocativa. | *pages évocatrices du passé*, pagine evocatrici del passato.

évocation [evɔkasjɔ̃] f. [des esprits] evocazione. || [action de rappeler] (ri)evocazione. || JUR. avocazione.

évolué, e [evɔlɥe] adj. evoluto, progredito. | *jeune fille évoluée*, ragazza evoluta, emancipata.

évoluer [evɔlɥe] v. intr. [exécuter des évolutions] compiere, fare evoluzioni; MIL. evoluire (rare). || [se mouvoir] *évoluer avec aisance dans un salon*, muoversi con spigliatezza in un salone. || [se transformer] evolversi, svolgersi, progredire. | *la civilisation évolue peu à peu*, la civiltà si evolve a poco a poco. || [changer] cambiare, mutare. | *il a beaucoup évolué*, è molto cambiato.

évolutif, ive [evɔlytif, iv] adj. evolutivo.

évolution [evɔlysjɔ̃] f. evoluzione, sviluppo m. || BIOL., MIL., SPORT evoluzione.

évolutionnisme [evɔlysjɔnism] m. PHILOS. evoluzionismo.

évolutionniste [evɔlysjɔnist] adj. evoluzionistico. ◆ n. evoluzionista.

évoquer [evɔke] v. tr. [les esprits] evocare. || [des souvenirs] (ri)evocare. || [faire apparaître à l'esprit] accennare, evocare. | *évoquer un problème, la situation internationale*, accennare un problema, la situazione internazionale. | *évoquer l'avenir*, accennare l'avvenire. || JUR. avocare.

ex- [ɛks] préf. ex (lat.), già. | *ex-directeur*, ex, già direttore.
ex abrupto [ɛksabrypto] loc. adv. ex abrupto (lat.).
exacerbation [ɛgzasɛrbasjɔ̃] f. esacerbazione, esacerbamento m.
exacerber [ɛgzasɛrbe] v. tr. esacerbare, inasprire. ◆ v. pr. esacerbarsi, inasprirsi.
exact, e [ɛgza, akt] adj. [précis, juste] esatto. | *sciences exactes*, scienze esatte. ‖ [ponctuel] puntuale.
exaction [egzaksjɔ̃] f. = esazione abusiva, indebita; estorsione.
exactitude [egzaktityd] f. [justesse] esattezza. ‖ [ponctualité] puntualità.
ex aequo [ɛgzeko] loc. adv. ex aequo (lat.); a pari merito. ◆ n. inv. *les ex aequo*, i candidati classificati ex aequo.
exagérateur, trice [ɛgzaʒeratœr, tris] adj. et n. Vx esageratore, trice (L.C.).
exagération [ɛgzaʒerasjɔ̃] f. esagerazione.
exagéré, e [ɛgzaʒere] adj. esagerato, eccessivo. | *prix exagérés*, prezzi esosi.
exagérer [ɛgzaʒere] v. tr. esagerare.
exaltant, e [ɛgzaltɑ̃, ɑ̃t] adj. esaltante, entusiasmante.
exaltation [ɛgzaltasjɔ̃] f. [glorification] esaltazione, glorificazione. ‖ [excitation] *exaltation des sens*, eccitazione, eccitamento (m.) dei sensi. ‖ [de l'esprit] eccitazione (psichica). | *parler avec exaltation*, parlare con concitazione. ‖ RELIG. *exaltation de la sainte Croix*, esaltazione della Croce.
exalté, e [ɛgzalte] adj. [surexcité] esaltato, sovreccitato. ◆ n. esaltato, a.
exalter [ɛgzalte] v. tr. [glorifier] esaltare, glorificare. ‖ [surexciter] esaltare, eccitare. ‖ FIG. [enthousiasmer] esaltare, eccitare, entusiasmare. ◆ v. pr. esaltarsi, sovreccitarsi, entusiasmarsi.
examen [ɛgzamɛ̃] m. esame, disamina f. | *faire l'examen de qch.*, prendere qlco. in esame; esaminare qlco. | *soumettre à un examen approfondi*, sottoporre ad un esame approfondito, a disamina. | *après mûr examen*, dopo maturo esame. | *examen de conscience*, esame di coscienza. | *libre examen*, libero esame. ‖ MÉD. esame. ‖ UNIV. esame. | *passer, subir un examen*, dare un esame, presentarsi a un esame. | *passer (avec succès), réussir un examen*, passare, superare un esame. | *être reçu, échouer à un examen*, esser promosso, bocciato a un esame. | *examen d'aptitude*, esame attitudinale. | *examen de passage, de rattrapage*, esame di promozione, di riparazione. | *candidat à un examen*, candidato, esaminando. | *examen blanc* = esame fittizio.
examinateur, trice [ɛgzaminatœr, tris] n. esaminatore, trice.
examiner [ɛgzamine] v. tr. esaminare. | *examiner en détail, minutieusement*, esaminare minutamente, dettagliatamente, in dettaglio; vagliare. | *examiner une question de près*, esaminare una questione da vicino, vagliare una questione. | *examiner de la tête aux pieds, à fond, sur toutes les coutures*, esaminare da cima a fondo, da capo a piedi. ‖ MÉD. [ausculter] visitare. ‖ UNIV. *examiner les candidats*, esaminare i candidati. ◆ v. pr. *s'examiner dans un miroir*, guardarsi attentamente in uno specchio.
exanthème [ɛgzɑ̃tɛm] m. MÉD. esantema.
exarchat [ɛgzarka] m. HIST., RELIG. esarcato.
exarque [ɛgzark] m. HIST., RELIG. esarca.
exaspérant, e [ɛgzasperɑ̃, ɑ̃t] adj. esasperante.
exaspération [ɛgzasperasjɔ̃] f. [irritation] esasperazione. ‖ [aggravation] esasperazione, esacerbazione, esacerbamento m., inasprimento m. | *exaspération de la douleur*, esasperazione, esacerbazione del dolore. ‖ [excitation] esasperazione, esacerbazione. | *exaspération d'un désir*, esasperazione d'un desiderio.
exaspérer [ɛgzaspere] v. tr. [irriter] esasperare. ‖ [rendre plus intense] esasperare, esacerbare, inasprire. ◆ v. pr. esasperarsi, esacerbarsi, inasprirsi.
exaucement [ɛgzosmɑ̃] m. esaudimento.
exaucer [ɛgzose] v. tr. esaudire.
ex cathedra [ɛkskatedra] loc. adv. ex cathedra (lat.).
excavateur, trice [ɛkskavatœr, tris] n. TECHN. (e)scavatore, trice.
excavation [ɛkskavasjɔ̃] f. escavazione, scavo m.
excaver [ɛkskave] v. tr. scavare; escavare (rare).
excédant, e [ɛksedɑ̃, ɑ̃t] adj. PR. *somme excédante*, somma eccedente. ‖ FIG. [agaçant] stucchevole, esasperante.
excédent [ɛksedɑ̃] m. eccedente, sovrappiù; eccedenza f. | *enlever l'excédent*, togliere l'eccedente. | *l'excédent des importations sur les exportations, des recettes sur les dépenses*, l'eccedenza delle importazioni sulle esportazioni, delle entrate sulle uscite. | *excédent de bagages, de marchandises*, bagagli, merci in eccedenza. | *en excédent*, in eccedenza.
excédentaire [ɛksedɑ̃tɛr] adj. [qui est en excédent] eccedente, in eccedenza. | *écouler la production excédentaire de blé*, smerciare la produzione eccedente, le eccedenze di grano. | *production largement excédentaire* = produzione che eccede di molto i bisogni. ‖ [qui fournit des excédents] = che ha produzione eccedente, che ha sovrapproduzione. | *région excédentaire*, regione con sovrapproduzione. | *balance des paiements excédentaire*, bilancia dei pagamenti attiva.
excéder [ɛksede] v. tr. [dépasser] eccedere, superare. ‖ [outrepasser] oltrepassare. | *excéder les bornes, les limites*, oltrepassare i limiti; ABSOL., FIG. eccedere, trascendere. | *excéder ses pouvoirs*, oltrepassare i, abusare dei propri poteri. ‖ FIG. [fatiguer] spossare, sfinire, esaurire. ‖ [exaspérer] esasperare.
excellence [ɛksɛlɑ̃s] f. eccellenza. ‖ [titre] *Son, Votre Excellence*, Sua, Vostra Eccellenza. ‖ UNIV. *prix d'excellence*, V. PRIX. ◆ loc. adv. ***par excellence***, per eccellenza.
excellent, e [ɛksɛlɑ̃, ɑ̃t] adj. eccellente, ottimo.
exceller [ɛksele] v. intr. eccellere. | *exceller en qch., à faire qch.*, eccellere in qlco., nel far qlco.
excentrer [ɛksɑ̃tre] v. tr. TECHN. scentrare.
excentricité [ɛksɑ̃trisite] f. PR. eccentricità. ‖ FIG. eccentricità, stravaganza.
excentrique [ɛksɑ̃trik] adj. GÉOM. eccentrico. | *quartier excentrique*, quartiere eccentrico. ‖ FIG. eccentrico, stravagante. ◆ n. FIG. persona eccentrica. ◆ n. m. TECHN. eccentrico.
excepté, e [ɛksɛpte] adj. eccettuato; eccetto prép. | *sa mère exceptée*, eccettuata, eccetto sua madre. ◆ prép. eccetto, salvo, tranne; a prescindere da (littér.). | *excepté sa mère*, eccetto, salvo, tranne sua madre. ◆ loc. conj. ***excepté que***, eccetto che, salvo (il fatto) che.
excepter [ɛksɛpte] v. tr. eccettuare; prescindere v. intr. | *il faut excepter les questions personnelles*, conviene eccettuare le questioni personali, prescindere dalle questioni personali.
exception [ɛksɛpsjɔ̃] f. eccezione. | *faire exception à la règle*, far eccezione alla regola. | *sans exception*, senza eccezione. | *par exception*, per eccezione, eccezionalmente, in via eccezionale. | *à quelques exceptions près*, salvo poche eccezioni. | *exception faite pour*, ad eccezione di; prescindendo da, a prescindere da (littér.). ‖ JUR. eccezione. | *loi, tribunal d'exception*, legge, tribunale speciale. | *opposer une exception*, opporre un'eccezione. ◆ loc. prép. ***à l'exception de***, ad eccezione di, eccetto, tranne, fuorché.
exceptionnel, elle [ɛksɛpsjɔnɛl] adj. eccezionale.
exceptionnellement [ɛksɛpsjɔnɛlmɑ̃] adv. eccezionalmente, in via eccezionale.
excès [ɛksɛ] m. [quantité en trop] eccesso, eccedenza f. | *excès d'air, de poids, de population*, eccesso, eccedenza d'aria, di peso, di popolazione. | *approximation par excès*, approssimazione per eccesso. ‖ PROV. *l'excès en tout est un défaut*, il troppo stroppia. ‖ [ce qui dépasse la mesure] eccesso. | *commettre un excès*, commettere un eccesso. | *excès de travail, de vitesse*, eccesso di lavoro, di velocità. | *excès de charge*, carico eccessivo; sovraccarico. | *excès de langage*, intemperanza (f.) di linguaggio. ‖ JUR. *excès de pouvoir*, eccesso di potere. ◆ pl. FIG. eccessi. | *se livrer, se laisser aller à des excès*, lasciarsi andare a degli eccessi. | *commettre des excès (de table)*, commettere

eccessi nel mangiare. ◆ loc. adv. **à l'excès,** all'eccesso : oltremodo. | *fatigué à l'excès*, stanchissimo, spossato.
excessif, ive [ɛksesif, iv] adj. eccessivo.
excessivement [ɛksesivmɑ̃] adv. eccessivamente, all'eccesso, esageratamente. || [très] molto, assai.
exciper [ɛksipe] v. tr. ind. **(de)** JUR. eccepire v. tr. | *exciper de l'autorité de la chose jugée*, eccepire l'autorità del giudicato. || ABSOL. eccepire. || LITTÉR. [faire état de] allegare, addurre, eccepire v. tr. | *exciper de sa bonne foi*, allegare, addurre, eccepire la propria buona fede, farsi forte della propria buona fede.
excipient [ɛksipjɑ̃] m. PHARM. eccipiente.
exciser [ɛksize] v. tr. CHIR. praticare l'escissione di.
excision [ɛksizjɔ̃] f. CHIR. escissione.
excitabilité [ɛksitabilite] f. eccitabilità.
excitable [ɛksitabl] adj. eccitabile.
excitant, e [ɛksitɑ̃, ɑ̃t] adj. MÉD. et FIG. eccitante. ◆ n. m. MÉD. eccitante.
excitateur, trice [ɛksitatœr, tris] adj. eccitatore, trice. ◆ n. m. ÉLECTR. eccitatore. ◆ n. f. ÉLECTR. eccitatrice.
excitation [ɛksitasjɔ̃] f. [action] eccitazione, eccitamento m. || [encouragement] eccitamento, incitamento m., istigazione. | *excitation à la violence*, istigazione, incitamento alla violenza. || [état] eccitazione. || ÉLECTR. eccitazione.
exciter [ɛksite] v. tr. eccitare. || [encourager] eccitare, istigare, aizzare. | *exciter à la haine, à la révolte*, eccitare, istigare all'odio, alla rivolta. | *exciter un chien*, aizzare un cane. || [provoquer] eccitare, provocare, suscitare. | *exciter la faim*, stuzzicare la fame. | *exciter l'admiration*, suscitare, destare l'ammirazione. | *exciter la haine de qn*, suscitare l'odio di qlcu. || ÉLECTR. eccitare. ◆ v. pr. eccitarsi.
exclamatif, ive [ɛksklamatif, iv] adj. esclamativo.
exclamation [ɛksklamasjɔ̃] f. esclamazione. | *point d'exclamation*, punto esclamativo.
exclamer (s') [sɛksklame] v. pr. esclamare v. intr.
exclure [ɛksklyr] v. tr. **(de)** escludere (da). | *l'un n'exclut pas l'autre*, una cosa non esclude l'altra. | *principe du tiers exclu*, V. TIERS.
exclusif, ive [ɛksklyzif, iv] adj. esclusivo. || FIG. esclusivo. | *homme exclusif, femme exclusive*, uomo esclusivo, donna esclusiva ; esclusivista n.
exclusion [ɛksklyzjɔ̃] f. esclusione. ◆ loc. prép. **à l'exclusion de,** ad esclusione di, tranne, fuorché.
exclusive [ɛksklyziv] f. JUR., RELIG. esclusiva. || [sentence d'exclusion] esclusione, esclusiva. | *prononcer l'exclusive contre qn*, decidere l'esclusione di qlcu., escludere qlcu.
exclusivement [ɛksklyzivmɑ̃] adv. [uniquement] esclusivamente. || [non compris] escluso adj. | *du mois de janvier au mois d'août exclusivement*, dal mese di gennaio al mese di agosto escluso. | *du lundi au dimanche exclusivement*, dal lunedì alla domenica esclusa.
exclusivisme [ɛksklyzivism] m. esclusivismo.
exclusivité [ɛksklyzivite] f. esclusiva, esclusività. | *avoir l'exclusivité de qch.*, avere l'esclusiva di qlco. | *information en exclusivité*, informazione in esclusiva. || CIN. *salle d'exclusivité*, cinema di prima visione. | *film en exclusivité*, film in prima visione.
excommunication [ɛkskɔmynikasjɔ̃] f. RELIG. scomunica. || [exclusion] esclusione.
excommunier [ɛkskɔmynje] v. tr. RELIG. scomunicare. || [exclure] escludere.
excoriation [ɛkskɔrjasjɔ̃] f. MÉD. escoriazione.
excorier [ɛkskɔrje] v. tr. MÉD. escoriare. ◆ v. pr. escoriarsi.
excrément [ɛkskremɑ̃] m. escremento.
excréter [ɛkskrete] v. tr. PHYSIOL. evacuare, espellere, secernere.
excréteur, trice [ɛkskretœr, tris] adj. escretore, trice ; escretorio.
excroissance [ɛkskrwasɑ̃s] f. MÉD., BOT. escrescenza. || FIG. [développement parasitaire] proliferazione.
excursion [ɛkskyrsjɔ̃] f. gita, escursione.
excursionner [ɛkskyrsjɔne] v. intr. fare una gita, un'escursione.
excursionniste [ɛkskyrsjɔnist] n. escursionista.
excusable [ɛkskyzabl] adj. scusabile.
excuse [ɛkskyz] f. scusa. | *donner pour excuse*, addurre come scusa, a scusa. | *il n'y a pas d'excuse qui tienne*, non c'è scusa che tenga. | *sans excuse*, imperdonabile, inescusabile (rare). | *pour mon excuse*, a mia scusante. || JUR. giustificazione. || POP. *faites excuse*, scusi ; chiedo scusa (L.C.). ◆ pl. *je vous fais toutes mes excuses*, le chiedo mille scuse.
excuser [ɛkskyze] v. tr. [disculper] scusare, discolpare, scagionare. | *tu es tout excusé !*, hai tutte le scuse !, sei scusatissimo ! || IRON. *excusez du peu !*, scusate se è poco ! ◆ v. pr. scusarsi ; chiedere scusa. | *s'excuser de qch. auprès de qn*, chiedere scusa di qlco. a qlcu. || FIG. [décliner l'offre] disdire (un invito) ; giustificarsi (per un'assenza). | *plusieurs membres se sont excusés*, parecchi membri sono assenti giustificati.
exeat [ɛgzeat] m. inv. exeat (lat.). || FIG. *donner son exeat à qn*, congedare, licenziare qlcu.
exécrable [ɛgzekrabl] adj. [qui inspire l'horreur] esecrabile ; esecrando (littér.). || [très mauvais] pessimo.
exécration [ɛgzekrasjɔ̃] f. esecrazione. | *avoir en exécration*, esecrare ; avere in orrore.
exécrer [ɛgzekre] v. tr. esecrare, detestare ; avere in orrore.
exécutable [ɛgzekytabl] adj. eseguibile.
exécutant, e [ɛgzekytɑ̃, ɑ̃t] n. PR. et MUS. esecutore, trice.
exécuter [ɛgzekyte] v. tr. [mettre à effet] eseguire, attuare, realizzare, effettuare, compiere, fare. || [obéir à, remplir] eseguire, adempiere. | *exécuter un ordre*, eseguire un ordine. | *exécuter une promesse*, adempiere una promessa. || [mettre à mort] giustiziare. || FIG. [critiquer] stroncare. || JUR. [rendre effectif] eseguire, attuare ; mandare ad esecuzione, ad effetto. | *exécuter une loi*, attuare una legge. | *exécuter un jugement, une condamnation*, eseguire, mandare a esecuzione una sentenza, una condanna. | *exécuter un débiteur*, procedere all'esecuzione coattiva contro un debitore. || MUS. eseguire. ◆ v. pr. decidersi, rassegnarsi a fare qlco. ; ubbidire. | *il s'exécuta sans souffler mot*, ubbidì ; lo fece senza fiatare. || [payer] pagare.
exécuteur, trice [ɛgzekytœr, tris] n. esecutore, trice. || JUR. *exécuteur testamentaire*, esecutore testamentario. ◆ m. *exécuteur des hautes œuvres*, giustiziere, carnefice ; boia inv.
exécutif, ive [ɛgzekytif, iv] adj. esecutivo. ◆ n. m. POLIT. esecutivo.
exécution [ɛgzekysjɔ̃] f. [mise à effet] esecuzione, attuazione, realizzazione, effettuazione, compimento m. || [action d'obéir à, de remplir] esecuzione, adempimento m. | *exécution d'un ordre*, esecuzione d'un ordine. || LOC. *mettre à exécution*, mandare ad effetto, mettere in esecuzione, attuare. | *mise à exécution*, attuazione, realizzazione, esecuzione. || [mise à mort] *exécution (capitale)*, esecuzione (capitale). || FIG. [critique] stroncatura. || JUR. *exécution d'un jugement, d'un testament*, esecuzione di una sentenza, di un testamento. || *exécution forcée*, esecuzione forzata. || MIL. *peloton d'exécution*, plotone d'esecuzione. || MUS. esecuzione.
exécutoire [ɛgzekytwar] adj. JUR. *jugement exécutoire*, sentenza esecutiva. | *décret exécutoire*, decreto esecutorio. ◆ n. m. JUR. mandato esecutivo.
exèdre [ɛgzɛdr] f. ARCHIT. esedra.
exégèse [ɛgzeʒɛz] f. esegesi.
exégète [ɛgzeʒɛt] m. esegeta.
1. exemplaire [ɛgzɑ̃plɛr] adj. esemplare.
2. exemplaire m. TYP. esemplare, copia f. | *tirer à cinq mille exemplaires*, stampare in cinquemila esemplari, copie. || [copie d'un texte] *en triple exemplaire*, in triplice copia. || [échantillon, spécimen] esemplare.
exemple [ɛgzɑ̃pl] m. [citation] esempio. || [modèle] esempio, modello. || LOC. *donner un exemple*, fare, dare, portare un esempio. | *faire un exemple*, fare un

esempio. | *prendre exemple sur, suivre l'exemple de qn*, seguire l'esempio di, prendere esempio da qlcu. | *donner qn en exemple*, proporre qlcu. come esempio, modello. | *sans exemple*, senza esempio, senza precedenti. ◆ loc. adv. **par exemple,** per, ad esempio; FAM. [toutefois] ma, se non che (L.C.). ◆ loc. prép. **à l'exemple de,** sull'esempio di. ◆ loc. interj. FAM. **par exemple !,** diamine !

exemplification [ɛgzɑ̃plifikasjɔ̃] f. esemplificazione.

exemplifier [ɛgzɑ̃plifje] v. tr. esemplificare.

exempt, e [ɛgzɑ̃, ɑ̃t] adj. [dispensé] **(de)** esente (da). ‖ [à l'abri, privé de] esente, privo, immune. | *exempt de soucis*, privo di pensieri. | *exempt de tout reproche*, irreprensibile. | *exempt d'erreurs*, privo d'errori, senza errori.

exempté [ɛgzɑ̃te] m. MIL. *exempté (du service militaire)*, esonerato dall'obbligo di leva.

exempter [ɛgzɑ̃te] v. tr. **(de)** esentare, esonerare, dispensare (da). | *exempter de tout souci*, liberare da ogni preoccupazione. ‖ MIL. *exempter de service militaire*, esonerare dal servizio militare, dall'obbligo di leva.

exemption [ɛgzɑ̃psjɔ̃] f. esenzione, esonero m. | *exemption fiscale, de timbre, des droits de douane*, esenzione fiscale, da bollo, dai diritti doganali. | *exemption de service (militaire)*, esonero dal servizio militare.

exequatur [ɛgzekwatyr] m. inv. exequatur (lat.).

exerçant, e [ɛgzɛrsɑ̃, ɑ̃t] adj. esercente. | *médecin exerçant*, medico esercente.

exercé, e [ɛgzɛrse] adj. esercitato, esperto, provetto.

exercer [ɛgzɛrse] v. tr. [dresser, former] esercitare, addestrare. ‖ [pratiquer] esercitare, professare. ‖ [faire usage de] esercitare. | *exercer une action, une influence sur*, esercitare, avere un'azione, un'influenza su. | *exercer un droit sur*, esercitare un diritto su. ◆ v. pr. [agir] agire. | *la poussée qui s'exerce sur les ailes*, la spinta esercitata sulle ali, che agisce sulle ali. ‖ [pratiquer un exercice] esercitarsi, addestrarsi, allenarsi.

exercice [ɛgzɛrsis] m. esercizio, esercitazione f. | *qui a de l'exercice*, esercitato, allenato adj. | *faire de l'exercice, des exercices*, far esercizio, esercizi. ‖ [pratique] *exercice d'une fonction, d'une profession*, esercizio d'una funzione, d'una professione. ‖ [entraînement] *exercices scolaires, militaires*, esercitazioni scolastiche, militari; esercizi scolastici, militari. | *exercices de gymnastique*, esercizi ginnastici, ginnici. | *exercices de tir*, esercitazioni di tiro. | *exercice d'alerte*, esercitazione d'allarme. ‖ SPORT *faire, se donner de l'exercice*, far del moto. ‖ RELIG. *exercices spirituels*, esercizi spirituali. ‖ COMM. *exercice financier*, esercizio finanziario. ‖ JUR. *exercice d'un droit*, esercizio d'un diritto. ‖ LOC. *entrer en exercice*, entrare in funzione, in attività. | *en exercice*, in funzione, in attività.

exérèse [ɛgzerɛz] f. CHIR. exeresi.

exergue [ɛgzɛrg] m. [d'une médaille] esergo; [d'un tableau, d'un ouvrage] motto, epigrafe f. | *porter en exergue*, recare come motto, come epigrafe. ‖ FIG. *mettre en exergue*, mettere in evidenza.

exfoliation [ɛksfɔljasjɔ̃] f. BOT. sfogliatura. ‖ GÉOL. sfaldatura, sfaldamento m. ‖ MÉD. sfaldamento.

exfolier [ɛksfɔlje] v. tr. BOT. sfogliare. ‖ GÉOL. sfaldare. ◆ v. pr. BOT. sfogliarsi. ‖ GÉOL., MÉD. sfaldarsi.

exhalaison [ɛgzalɛzɔ̃] f. (l')esalare, esalazione, esalamento m.

exhalation [ɛgzalasjɔ̃] f. MÉD. [rejet] esalazione, espirazione. ‖ [évaporation] evaporazione, traspirazione, eliminazione.

exhaler [ɛgzale] v. tr. esalare, emanare, diffondere. | *exhaler une odeur*, esalare, emanare un odore. | *exhaler son dernier soupir*, esalare l'ultimo respiro, l'anima. ‖ FIG. *exhaler son dépit*, sfogare, esalare (rare) il proprio dispetto. ◆ v. pr. esalare v. intr.; diffondersi; effondersi (littér.).

exhaussement [ɛgzosmɑ̃] v. tr. soprelevamento, soprelevazione f.

exhausser [ɛgzose] v. tr. (sopr)elevare, alzare. | *exhausser de deux étages*, soprelevare di due piani.

exhaustif, ive [ɛgzostif, iv] adj. [étude, sujet] esauriente. | *l'historien n'a pas été exhaustif*, lo storico non è stato completo, non ha trattato l'argomento in modo esauriente.

exhaustivement [ɛgzostivmɑ̃] adv. in modo esauriente; esaurientemente (rare). | *traiter un problème littéraire exhaustivement*, trattare in modo esauriente un problema letterario, dedicare uno studio esauriente a un problema letterario.

exhérédation [ɛgzeredasjɔ̃] f. JUR. (il) diseredare; diseredamento m. (rare).

exhéréder [ɛgzerede] v. tr. JUR. diseredare.

exhiber [ɛgzibe] v. tr. [montrer] esibire, presentare. ‖ [faire étalage de] sfoggiare, ostentare; fare sfoggio di. ◆ v. pr. esibirsi, mettersi in mostra.

exhibition [ɛgzibisjɔ̃] f. PR. et FIG. esibizione, presentazione. | *faire une exhibition*, dar mostra di sé, dare spettacolo.

exhibitionnisme [ɛgzibisjɔnism] m. esibizionismo.

exhibitionniste [ɛgzibisjɔnist] n. esibizionista.

exhortation [ɛgzɔrtasjɔ̃] f. esortazione.

exhorter [ɛgzɔrte] v. tr. esortare, incitare.

exhumation [ɛgzymasjɔ̃] f. PR. et FIG. (ri)esumazione.

exhumer [ɛgzyme] v. tr. (ri)esumare, disseppellire, dissotterrare. ‖ FIG. (ri)esumare.

exigeant, e [ɛgziʒɑ̃, ɑ̃t] adj. esigente.

exigence [ɛgziʒɑ̃s] f. esigenza, pretesa. | *émettre des exigences*, manifestare, avanzare (delle) pretese, esigenze. ‖ [vif désir] esigenza. ‖ FIG. [nécessité] esigenza, necessità.

exiger [ɛgziʒe] v. tr. esigere, pretendere. | *exiger qch. de qn*, esigere qlco. da qlcu. | *j'exige qu'il vienne*, esigo che venga. | *la situation, la mode l'exige*, lo esige la situazione, la moda. ‖ FIG. [nécessiter] esigere, imporre, necessitare.

exigibilité [ɛgziʒibilite] f. esigibilità.

exigible [ɛgziʒibl] adj. esigibile.

exigu, ë [ɛgzigy] adj. esiguo.

exiguïté [ɛgzigɥite] f. esiguità.

exil [ɛgzil] m. PR. et FIG. esilio.

exilé, e [ɛgzile] n. esiliato, a; esule.

exiler [ɛgzile] v. tr. esiliare; mandare in esilio. ◆ v. pr. [s'expatrier] esiliarsi. ‖ [se retirer] esiliarsi, ritirarsi, allontanarsi.

exinscrit [ɛksɛ̃skri] adj. m. GÉOM. exinscritto.

existant, e [ɛgzistɑ̃, ɑ̃t] adj. [réel] esistente. | *stocks existants*, partite esistenti. ‖ [actuel; en vigueur] vigente. | *selon les normes, les dispositions, les lois existantes*, secondo le norme, le disposizioni, le leggi vigenti. ◆ n. m. COMM. scorte f. pl., fondi m. pl. ‖ PHILOS. esistente.

existence [ɛgzistɑ̃s] f. PHILOS. esistenza. ‖ [vie] esistenza, vita. | *mener une existence paisible*, condurre un'esistenza, una vita tranquilla. | *ce n'est pas une existence !*, (questa) non è (una) vita ! | *moyens d'existence*, mezzi di sussistenza. ‖ [présence] *l'existence de preuves*, l'esistenza di prove.

existentialisme [ɛgzistɑ̃sjalism] m. PHILOS. esistenzialismo.

existentialiste [ɛgzistɑ̃sjalist] adj. PHILOS. esistenzialista, esistenzialistico. ◆ n. esistenzialista.

existentiel, elle [ɛgzistɑ̃sjɛl] adj. PHILOS. esistenziale.

exister [ɛgziste] v. intr. esistere. | *il en sera ainsi tant que j'existerai*, sarà così finché vivrò, esisterò. | *aussi vrai que j'existe*, è vero come mi chiamo (...). | *aussi vrai que Dieu existe*, quant'è vero, com'è vero Iddio. ‖ FIG. [être important, compter] esistere; avere importanza; contare. | *en dehors du travail, rien n'existe pour lui*, a parte il lavoro, per lui non esiste nulla. | *à côté de lui, tu n'existes pas !*, al suo confronto, tu non esisti, non sei nulla; non ce la fai ! (fam.). ‖ [impers.] esserci, esistere. | *il existe des cas où*, ci sono, esistono casi in cui.

ex-libris [ɛkslibris] m. inv. ex libris (lat.).

exocet [ɛgzɔsɛ] m. ZOOL. esoceto.

exode [ɛgzɔd] m. esodo, fuga f. ‖ FIG. *exode de capitaux*, fuga, esodo di capitali. | *exode rural*, esodo rurale : inurbamento. ‖ RELIG. Esodo.
exogamie [ɛgzɔgami] f. esogamia.
exogène [ɛgzɔʒɛn] adj. esogeno.
exonération [ɛgzɔnerasjɔ̃] f. esonero m., esenzione, dispensa.
exonérer [ɛgzɔnere] v. tr. **(de)** esonerare, esentare (da).
exophtalmie [ɛgzɔftalmi] f. MÉD. esoftalmo m.
exorbitant, e [ɛgzɔrbitɑ̃, ɑ̃t] adj. esorbitante, eccessivo.
exorbité, e [ɛgzɔrbite] adj. spalancato.
exorciser [ɛgzɔrsize] v. tr. esorcizzare.
exorciseur [ɛgzɔrsizœr] m. esorcista, esorcizzatore.
exorcisme [ɛgzɔrsism] m. esorcismo.
exorciste [ɛgzɔrsist] m. V. EXORCISEUR. ‖ RELIG. esorcista.
exorde [ɛgzɔrd] m. RHÉT. esordio. ‖ [début] esordio, inizio, principio.
exosmose [ɛgzɔsmoz] f. PHYS. esosmosi.
exosphère [ɛgzɔsfɛr] f. GÉOGR. esosfera.
exotérique [ɛgzɔterik] adj. PHILOS. essoterico.
exotique [ɛgzɔtik] adj. esotico.
exotisme [ɛgzɔtism] m. [caractère] esotismo, esoticità f. ‖ [goût] esotismo.
expansé [ɛkspɑ̃se] adj. *polystyrène expansé*, (polistirolo) espanso n. m.
expansibilité [ɛkspɑ̃sibilite] f. PHYS. espansibilità.
expansible [ɛkspɑ̃sibl] adj. PHYS. espansibile.
expansif, ive [ɛkspɑ̃sif, iv] adj. PR. et FIG. espansivo.
expansion [ɛkspɑ̃sjɔ̃] f. PR., PHYS. espansione. ‖ FIG. espansione, espansività, effusione.
expansionnisme [ɛkspɑ̃sjɔnism] m. espansionismo.
expansionniste [ɛkspɑ̃sjɔnist] adj. espansionista, espansionistico. ◆ n. m. espansionista.
expansivité [ɛkspɑ̃sivite] f. espansività.
expatriation [ɛkspatrijasjɔ̃] f. [action de s'expatrier] espatrio m., (l')espatriare. ‖ [action d'expatrier] lo spatriare, esilio m. ‖ [état] espatrio.
expatrié, e [ɛkspatrije] n. espatriato, a, esiliato, a, esule.
expatrier [ɛkspatrije] v. tr. esiliare ; spatriare (rare). ◆ v. pr. espatriare, emigrare v. intr.
expectant, e [ɛkspɛktɑ̃, ɑ̃t] adj. LITTÉR. attendista, attesista.
expectative [ɛkspɛktativ] f. [attente] aspettativa, attesa. | *dans l'expectative*, in aspettativa, in attesa. ‖ [espoir] *l'expectative d'un héritage*, l'attesa, la speranza, la prospettiva di un'eredità.
expectorant, e [ɛkspɛktɔrɑ̃, ɑ̃t] adj. et n. m. PHARM. espettorante.
expectoration [ɛkspɛktɔrasjɔ̃] f. MÉD. [action] espettorazione. ‖ [crachat] espettorato m., espettorazione.
expectorer [ɛkspɛktɔre] v. tr. MÉD. espettorare.
expédient, e [ɛkspedjɑ̃, ɑ̃t] adj. (littér.) espediente ; opportuno, utile (L.C.). ◆ n. m. espediente, mezzuccio. ‖ PÉJOR. *vivre d'expédients*, vivere di espedienti.
expédier [ɛkspedje] v. tr. [envoyer un objet] spedire, mandare, inviare. ‖ FAM. [envoyer au loin ; se débarrasser de] sbalestrare, spedire, relegare, sbarazzarsi di, congedare. ‖ PÉJOR. [accomplir vivement] *expédier une affaire*, sbrigare una faccenda. | *expédier ses devoirs*, fare alla svelta, abborracciare i compiti. | *expédier un repas en quelques minutes*, mandar giù, trangugiare un pasto in pochi minuti. ‖ [gérer] *expédier les affaires courantes*, disbrigare gli affari di ordinaria amministrazione. ‖ JUR. stendere ; rilasciare una copia conforme di (un atto).
expéditeur, trice [ɛkspeditœr, tris] n. speditore, trice : mittente. | *retour à l'expéditeur*, respinto al mittente. ◆ adj. *gare expéditrice*, stazione di partenza.
expéditif, ive [ɛkspeditif, iv] adj. sbrigativo, spiccio.
expédition [ɛkspedisjɔ̃] f. [envoi] spedizione, invio m. | *bulletin d'expédition*, bolletta di spedizione. ‖ [voyage, campagne, mission] spedizione. ‖ [exécution] disbrigo m. | *expédition des affaires courantes*, disbrigo degli affari di ordinaria amministrazione. ‖ JUR. [stendimento (m.), rilascio (m.) di] copia conforme. | *en double expédition*, in duplice copia (conforme).
expéditionnaire [ɛkspedisjɔnɛr] adj. *corps expéditionnaire*, corpo di spedizione. ◆ n. m. ADM. copista. ‖ COMM. spedizioniere.
expérience [ɛksperjɑ̃s] f. [connaissance, savoir] esperienza. | *par expérience*, per esperienza. | *homme sans expérience*, uomo senza esperienza, uomo inesperto. | *avoir de l'expérience*, aver esperienza. ‖ [événement, tentative] esperienza. | *tenter l'expérience*, fare l'esperienza. | *raconter une expérience vécue*, raccontare un'esperienza vissuta. ‖ [essai, test] esperimento m., esperienza. | *faire des expériences de chimie*, far degli esperimenti di chimica. | *faire l'expérience d'un produit*, sperimentare un prodotto. | *champ d'expérience*, campo sperimentale, di sperimentazione. | *à titre d'expérience*, a titolo di esperimento.
expérimental, e, aux [ɛksperimɑ̃tal, o] adj. sperimentale.
expérimentateur, trice [ɛksperimɑ̃tatœr, tris] n. sperimentatore, trice.
expérimenté, e [ɛksperimɑ̃te] adj. sperimentato, esperto, provetto.
expérimenter [ɛksperimɑ̃te] v. tr. sperimentare. ‖ ABSOL. fare esperimenti.
expert, e [ɛkspɛr, ɛrt] adj. esperto, provetto, sperimentato : perito (rare). | *expert en la matière*, esperto in materia. ◆ n. m. esperto, perito. | *expert en écriture*, perito calligrafo. ‖ ***expert-comptable***, ragioniere.
expertise [ɛkspɛrtiz] f. [authentification] perizia, autenticazione. | *expertise d'écriture*, perizia calligrafica. ‖ [d'une œuvre d'art] perizia, autenticazione, stima : expertise (fr.). ‖ [estimation] stima, valutazione, perizia. | *expertise des dégâts*, stima dei danni.
expertiser [ɛkspɛrtize] v. tr. [authentifier] autenticare, accertare, verificare. ‖ [estimer] stimare, valutare. | *expertiser un tableau*, autenticare, stimare un quadro ; fare l'expertise (fr.) di un quadro.
expiable [ɛkspjabl] adj. espiabile.
expiation [ɛkspjasjɔ̃] f. espiazione.
expiatoire [ɛkspjatwar] adj. espiatorio.
expier [ɛkspje] v. tr. espiare.
expirant, e [ɛkspirɑ̃, ɑ̃t] adj. PR. et FIG. morente, agonizzante.
expiration [ɛkspirasjɔ̃] f. PHYSIOL. espirazione. ‖ [fin d'un délai] scadenza, termine m. | *expiration d'un pacte*, scadenza d'un patto.
expirer [ɛkspire] v. tr. PHYSIOL. espirare. ◆ v. intr. [mourir] spirare, morire. ‖ [cesser d'être] morire. | *chant qui expire*, canto che muore, che si spegne. | *les vagues expiraient sur le rivage*, le onde morivano sulla riva. ‖ [arriver à terme] scadere, spirare, finire. | *le bail expire dans un mois*, il contratto di locazione, la locazione scade, spira fra un mese.
explétif, ive [ɛkspletif, iv] adj. espletivo.
explicable [ɛksplikabl] adj. spiegabile.
explicatif, ive [ɛksplikatif, iv] adj. esplicativo.
explication [ɛksplikasjɔ̃] f. spiegazione : [précision] chiarimento m., precisazione. | *donner, demander des explications sur qch.*, dare, chiedere spiegazioni, chiarimenti, precisazioni su qlco. ‖ [interprétation] spiegazione, interpretazione. ‖ [discussion] spiegazione, disputa. | *avoir une explication avec qn*, avere una spiegazione, spiegarsi con qlcu. | *demander à qn des explications sur sa conduite*, chiedere spiegazioni, chiedere conto a qlcu. della sua condotta. ‖ UNIV. *explication de textes*, interpretazione di testi.
explicite [ɛksplisit] adj. esplicito.
expliciter [ɛksplisite] v. tr. spiegare, chiarire, precisare, esplicitare. | *expliciter sa pensée*, spiegare, precisare il proprio pensiero.
expliquer [ɛksplike] v. tr. spiegare. | *expliquer un texte*, spiegare, commentare, interpretare un testo. ‖ [interpréter] *expliquer un oracle*, spiegare, interpretare un oracolo. ‖ [exposer] *expliquer en détail les motifs de*, spiegare, esporre minutamente i motivi di. ◆ v. pr. [sens pass.] spiegarsi. | *tout s'explique !*, tutto si spiega ! ‖ [comprendre] *on ne s'explique pas très bien*

son attitude, non ci si spiega, non si capisce bene il suo atteggiamento. ‖ [sens réfl.] spiegarsi. | *s'expliquer de qch. avec qn*, spiegarsi su qlco. con qlcu. | *s'expliquer sur ses intentions*, chiarire le proprie intenzioni. ‖ FAM. [se battre] battersi, azzuffarsi (L.C.).

exploit [ɛksplwa] m. prodezza f., impresa f.; exploit (fr.); gesta f. pl. | *les exploits héroïques de Roland, de Garibaldi*, le gesta di Orlando, di Garibaldi. | *raconter ses exploits*, raccontare le proprie prodezze. ‖ JUR. = atto giudiziario (notificato da un ufficiale giudiziario); [assignation] citazione f.; [notification] notificazione f., notifica f. | *signifier un exploit*, notificare una citazione.

exploitable [ɛksplwatabl] adj. sfruttabile; [gisement] coltivabile.

exploitant, e [ɛksplwatɑ̃, ɑ̃t] adj. che gestisce, che sfrutta (un'azienda, una miniera, una proprietà). | *société exploitante*, società che gestisce, che sfrutta; società concessionaria. ◆ n. chi gestisce, chi sfrutta un'azienda, una miniera, una proprietà; gestore, trice; concessionario m. | *exploitant agricole*, imprenditore agricolo. ‖ [cinéma] gestore di un cinema.

exploitation [ɛksplwatasjɔ̃] f. [action de tirer profit] sfruttamento m. | *mettre en exploitation*, mettere a frutto; gestire, sfruttare. | *exploitation des richesses, des capitaux, des brevets*, sfruttamento delle ricchezze, dei capitali, dei brevetti. ‖ FIG. [action de tirer parti] sfruttamento, utilizzazione. | *l'exploitation des renseignements*, l'utilizzazione delle informazioni. ‖ AGR. [propriété exploitée] *exploitation agricole, forestière*, azienda agricola, forestale. ‖ ÉCON. gestione. | *exploitation d'un réseau ferroviaire, d'un cinéma, d'une entreprise*, gestione d'una rete ferroviaria, d'un cinema, d'un'azienda. | *frais d'exploitation*, spese di gestione, d'esercizio. ‖ ÉLECTRON. gestione. ‖ MIL. sfruttamento, completamento [m.] (del successo). ‖ MIN. *exploitation d'un gisement*, sfruttamento, coltivazione di un giacimento. ‖ PÉJOR. *exploitation des faibles par les puissants*, sfruttamento dei deboli da parte dei potenti.

exploiter [ɛksplwate] v. tr. [tirer profit de] sfruttare. | *exploiter une propriété, des capitaux, des brevets*, sfruttare una proprietà, dei capitali, dei brevetti. ‖ FIG. sfruttare, utilizzare. | *exploiter des renseignements, ses connaissances*, sfruttare, utilizzare informazioni, le proprie conoscenze. ‖ PÉJOR. *exploiter son prochain*, sfruttare il prossimo. ‖ ÉCON. gestire. | *exploiter une entreprise, un restaurant, un service public*, gestire un'impresa, un ristorante, un servizio pubblico. ‖ MIN. *exploiter un gisement*, sfruttare, coltivare un giacimento. ◆ v. intr. JUR. notificare una citazione.

exploiteur, euse [ɛksplwatœr, øz] n. PÉJOR. sfruttatore, trice.

explorable [ɛksplɔrabl] adj. esplorabile.

explorateur, trice [ɛksplɔratœr, tris] n. et adj. esploratore, trice.

exploration [ɛksplɔrasjɔ̃] f. esplorazione. | *voyage d'exploration*, viaggio d'esplorazione. ‖ FIG. [examen] *exploration d'un problème*, esame (m.) di un problema. ‖ MÉD. *exploration d'une plaie*, esplorazione d'una piaga.

exploratoire [ɛksplɔratwar] adj. esplorativo, esploratorio.

explorer [ɛksplɔre] v. tr. [un pays] esplorare. ‖ [fouiller] esplorare, perlustrare. | *explorer un bois*, perlustrare un bosco. | *explorer une bibliothèque*, esplorare una biblioteca. ‖ [examiner] esaminare. | *explorer un problème*, esaminare un problema. | MÉD. *explorer une plaie*, esplorare una piaga.

exploser [ɛksploze] v. intr. esplodere, scoppiare. ‖ FIG. esplodere, scoppiare, sbottare.

exploseur [ɛksplosœr] m. esploditore.

explosible [ɛksplozibl] adj. esplosivo.

explosif, ive [ɛksplozif, iv] adj. PR. et FIG. esplosivo. ◆ n. m. esplosivo. ◆ n. f. GRAMM. consonante esplosiva.

explosion [ɛksplosjɔ̃] f. esplosione, scoppio m. | *faire explosion*, esplodere, scoppiare. ‖ [détonation] scoppio, detonazione f. ‖ [mine] scoppio, esplosione; brillamento m. (rare). ‖ FIG. esplosione, scoppio. | *explosion de colère, de joie*, esplosione, scoppio d'ira, di collera; scoppio di gioia. | *explosion démographique*, forte, eccezionale incremento demografico. ‖ TECHN. *moteur à explosion*, motore a scoppio.

exponentiel, elle [ɛkspɔnɑ̃sjɛl] adj. esponenziale.

exportable [ɛkspɔrtabl] adj. esportabile.

exportateur, trice [ɛkspɔrtatœr, tris] adj. et n. esportatore, trice.

exportation [ɛkspɔrtasjɔ̃] f. esportazione.

exporter [ɛkspɔrte] v. tr. esportare.

exposant, e [ɛkspozɑ̃, ɑ̃t] adj. et n. espositore, trice. ◆ n. m. MAR. *exposant de charge*, esponente di carico. ‖ MATH. esponente.

exposé [ɛkspoze] m. esposizione f., relazione f.; [rapport écrit] esposto. | *faire un exposé sur*, fare un'esposizione, una relazione su. ‖ [oral] conferenza f., discorso. | *le ministre a fait un exposé devant les journalistes*, il ministro ha tenuto una conferenza davanti ai giornalisti. ‖ JUR. *exposé des motifs*, motivazione f., esposizione dei motivi. ‖ UNIV. [par le professeur] lezione f.; [par un élève] esercitazione f.

exposer [ɛkspoze] v. tr. [présenter] esporre. | *exposer qch. au soleil, à l'air, à la vue de tous*, esporre qlco. al sole, all'aria, alla vista di tutti. ‖ [faire une exposition] *le peintre expose à la galerie X*, il pittore espone alla galleria X. ‖ [mettre en péril] esporre; mettere a repentaglio; arrischiare. | *exposer sa vie*, esporre la vita. ‖ VX [abandonner] *exposer un enfant*, esporre, abbandonare un bambino (L.C.). ‖ [expliquer] esporre, spiegare. | *exposer une doctrine*, esporre una dottrina. | *manière d'exposer*, esposizione f. ‖ PHOT. *exposer une pellicule*, esporre una pellicola. ◆ v. pr. *s'exposer au soleil, aux dangers, aux critiques*, esporsi al sole, ai pericoli, alle critiche. ‖ ABSOL. *prends garde de ne pas trop t'exposer*, bada di non esporti troppo.

exposition [ɛkspozisjɔ̃] f. [présentation publique] esposizione, mostra. ‖ [orientation] *exposition d'un appartement*, esposizione d'un appartamento. ‖ VX [abandon] *exposition d'un nouveau-né*, esposizione, abbandono (m.) d'un neonato. ‖ FIG. [explication] esposizione, spiegazione. ‖ MUS., PHOT., RELIG. esposizione.

1. exprès, esse [ɛksprɛ, ɛs] adj. espresso, formale, esplicito. | *ordre exprès*, ordine formale, espresso. | *défense expresse*, divieto esplicito. | *à la condition expresse que*, alla condizione espressa che.

2. exprès adj. et n. m. inv. [lettre, colis] espresso. | *par exprès*, per espresso. ◆ n. m. VX espresso; messaggero (L.C.).

3. exprès adv. apposta, espressamente. | *tout exprès*, a bella posta. | *fait exprès*, v. FAIT 2.

1. express [ɛksprɛs] adj. et n. m. inv. [train] espresso adj. et n. m. | *voie express* = autostrada (f.) di città.

2. express adj. et n. m. inv. [café] espresso adj. et n. m.

expressif, ive [ɛkspresif, iv] adj. espressivo.

expression [ɛksprɛsjɔ̃] f. espressione. | *expression toute faite*, frase fatta. | *regard sans expression*, sguardo senza espressione, sguardo inespressivo. ‖ LOC. *au-delà de toute expression*, (in modo) indicibile, indescrivibile, inesprimibile. ‖ MATH. et FIG. *réduire à sa plus simple expression*, ridurre all'espressione più semplice, ai minimi termini.

expressionnisme [ɛksprɛsjɔnism] m. espressionismo.

expressionniste [ɛksprɛsjɔnist] adj. espressionistico, espressionista. ◆ n. espressionista.

exprimable [ɛksprimabl] adj. esprimibile.

exprimer [ɛksprime] v. tr. [extraire] spremere; esprimere (littér.). | *exprimer le jus d'un fruit*, spremere un frutto. ‖ FIG. [manifester] esprimere, manifestare. | *qu'on ne peut exprimer*, inesprimibile, indicibile adj. ◆ v. pr. esprimersi.

ex professo [ɛksprɔfɛso] loc. adv. ex professo (lat.).

expropriation [ɛksprɔprijasjɔ̃] f. espropriazione, esproprio m.

exproprier [ɛksprɔprije] v. tr. espropriare.
expulsé, e [ɛkspylse] adj. et n. espulso. ‖ JUR. sfrattato.
expulser [ɛkspylse] v. tr. espellere, estromettere; cacciar fuori, cacciar via. | *expulser de la salle*, espellere, cacciar fuori dalla sala. | *expulser de France*, espellere dalla Francia. | *expulser d'un parti*, espellere, estromettere, escludere da un partito. ‖ JUR. sfrattare. ‖ MÉD. espellere. ‖ TECHN. emettere, espellere.
expulsif, ive [ɛkspylsif, iv] adj. espulsivo.
expulsion [ɛkspylsjɔ̃] f. espulsione, estromissione, esclusione. ‖ JUR. sfratto m. ‖ MÉD., TECHN. espulsione.
expurger [ɛkspyrʒe] v. tr. espurgare.
exquis, e [ɛkski, iz] adj. squisito, delizioso; [au goût] prelibato. ‖ (littér.) *cadavres exquis*, cadaveri eccellenti.
exsangue [ɛksɑ̃g] adj. esangue, dissanguato. ‖ [très pâle] esangue, pallidissimo. ‖ FIG. esangue, privo di vigore.
exsanguination [ɛksɑ̃ginasjɔ̃] f. MÉD. esanguinazione.
exsanguino-transfusion [ɛksɑ̃g(ɥ)inotrɑ̃sfyzjɔ̃] f. MÉD. e(x)sanguinotrasfusione.
exsudat [ɛksyda] m. MÉD. essudato.
exsudation [ɛksydasjɔ̃] f. MÉD. essudazione.
exsuder [ɛksyde] v. intr. MÉD. essudare.
extase [ɛkstaz] f. PR. et FIG. estasi. | *tomber en extase*, cadere, andare in estasi.
extasié, e [ɛkstasje] adj. estatico.
extasier (s') [sɛkstazje] v. pr. estasiarsi; andar in estasi, andar in visibilio.
extatique [ɛkstatik] adj. estatico.
extenseur [ɛkstɑ̃sœr] adj. estensore. ◆ n. m. ANAT. (muscolo) estensore. ‖ SPORT estensore.
extensibilité [ɛkstɑ̃sibilite] f. estensibilità.
extensible [ɛkstɑ̃sibl] adj. estensibile.
extensif, ive [ɛkstɑ̃sif, iv] adj. estensivo. ‖ FIG. *dans un sens extensif*, in senso estensivo, in accezione estensiva. ‖ AGR. estensivo.
extension [ɛkstɑ̃sjɔ̃] f. estensione. | *donner de l'extension à qch.*, dar estensione a, estendere qlco. ‖ PR. et FIG. [étendue] estensione, latitudine. | *dans toute l'extension du terme*, in tutta l'estensione del termine. ‖ FIG. [accroissement] estensione, espansione, ampliamento m., accrescimento m., incremento m. | *l'extension d'une entreprise*, l'ampliamento, l'espansione di un'impresa. | *prendre de l'extension*, estendersi, svilupparsi. ‖ LOC. *par extension*, per estensione.
exténuant, e [ɛkstenɥɑ̃, ɑ̃t] adj. estenuante, spossante.
exténuation [ɛkstenɥasjɔ̃] f. estenuazione.
exténuer [ɛkstenɥe] v. tr. estenuare, spossare. ◆ v. pr. estenuarsi.
extérieur, e [ɛksterjœr] adj. [du dehors] esterno, esteriore. | *côté extérieur*, lato esterno. | *monde extérieur*, mondo esterno, esteriore. ‖ [étranger] estero. | *politique extérieure*, politica estera. | *commerce extérieur*, commercio estero. ◆ n. m. esterno. ‖ [apparence] apparenza f., aspetto. | *juger qn sur l'extérieur*, giudicare qlcu. dall'apparenza, dalle apparenze, dall'esteriore. | *homme d'un extérieur agréable*, uomo dall'aspetto gradevole. ‖ [étranger] estero. | *commerce avec l'extérieur*, commercio con l'estero. ‖ LOC. *à l'extérieur* : [au-dehors] all'esterno, fuori; [à l'étranger] all'estero. | *vu de l'extérieur*, visto di fuori, dall'esterno. ◆ n. m. pl. CIN. esterni.
extérieurement [ɛksteriœrmɑ̃] adv. [du dehors] esteriormente, esternamente, dall'esterno, dal di fuori. ‖ [sur les apparences] esteriormente.
extériorisation [ɛksterjɔrizasjɔ̃] f. estrinsecazione, manifestazione, esteriorizzazione. ‖ PSYCH. esteriorizzazione.
extérioriser [ɛksterjɔrize] v. tr. esternare, estrinsecare; esteriorizzare (rare). ‖ PSYCH. esteriorizzare. ◆ v. pr. esternarsi, estrinsecarsi, esteriorizzarsi.
extériorité [ɛksterjɔrite] f. esteriorità.
exterminateur, trice [ɛkstɛrminatœr, tris] adj. et n. sterminatore, trice. ‖ RELIG. *ange exterminateur*, angelo sterminatore.
extermination [ɛkstɛrminasjɔ̃] f. sterminio m.
exterminer [ɛkstɛrmine] v. tr. sterminare.
externat [ɛkstɛrna] m. [école] = scuola, liceo, istituto senza convitto. | *maître, maîtresse d'externat*, sorvegliante [solo durante la giornata]. ‖ [régime de l'élève] esternato. ‖ MÉD. esternato. | *(concours de l') externat* = concorso per essere ammesso all'esternato.
externe [ɛkstɛrn] adj. [extérieur] esterno. ◆ n. m. [élève] (alunno) esterno. ‖ MÉD. = studente in medicina ammesso per concorso all'esternato.
exterritorialité [ɛkstɛritɔrjalite] f. extraterritorialità.
extincteur [ɛkstɛ̃ktœr] adj. et n. m. *(appareil) extincteur*, estintore m.
extinction [ɛkstɛ̃ksjɔ̃] f. estinzione. | *extinction d'un incendie*, estinzione, spegnimento (m.) d'un incendio. | *extinction d'une race, d'une dette*, estinzione d'una razza, d'un debito. ‖ MÉD. *extinction de voix*, perdita di voce. | *avoir une extinction de voix*, essere senza voce. ‖ MIL. *sonner l'extinction des feux*, suonare il silenzio.
extinguible [ɛkstɛ̃gibl] adj. estinguibile.
extirpateur [ɛkstirpatœr] m. AGR. estirpatore.
extirpation [ɛkstirpasjɔ̃] f. estirpazione, estirpamento m. | *extirpation d'un kyste*, estirpazione d'una cisti. ‖ FIG. *extirpation d'une hérésie, d'un préjugé*, estirpazione di un'eresia, d'un pregiudizio. ‖ AGR. estirpatura, estirpamento m.
extirper [ɛkstirpe] v. tr. PR. et FIG. estirpare, sradicare. ‖ MÉD. estirpare.
extorquer [ɛkstɔrke] v. tr. estorcere, carpire.
extorsion [ɛkstɔrsjɔ̃] f. estorsione.
extra [ɛkstra] adj. inv. FAM. [supérieur] extra. ◆ n. m. inv. FIG. extra. | *faire un extra*, fare uno straordinario. ‖ [employé supplémentaire] *engager un extra*, assumere un cameriere extra.
extrabudgétaire [ɛkstrabydʒetɛr] adj. fuori (del) bilancio.
extraconjugal, e, aux [ɛkstrakɔ̃ʒygal, o] adj. extraconiugale.
extracourant [ɛkstrakurɑ̃] m. ÉLECTR. extracorrente f.
extracteur [ɛkstraktœr] m. estrattore. ‖ [en apiculture] sm(i)elatore.
extractible [ɛkstraktibl] adj. estraibile.
extractif, ive [ɛkstraktif, iv] adj. estrattivo.
extraction [ɛkstraksjɔ̃] f. PR. et FIG. estrazione.
extrader [ɛkstrade] v. tr. JUR. estradare.
extradition [ɛkstradisjɔ̃] f. JUR. estradizione.
extrados [ɛkstrado] m. ARCHIT. estradosso.
extrafin, e [ɛkstrafɛ̃, in] adj. extrafino.
extrafort [ɛkstrafɔr] m. passamano.
extragalactique [ɛkstragalaktik] adj. ASTR. extragalattico.
extraire [ɛkstrɛr] v. tr. estrarre. | *extraire un texte d'un livre*, prendere, estrarre un passo da un libro. | *extraire un prisonnier de sa cellule*, far uscire un prigioniero dalla cella. ‖ MATH. estrarre. ‖ MIN. estrarre.
extrait [ɛkstrɛ] m. CHIM. estratto, essenza f. ‖ [passage] brano. | *j'ai lu des extraits de ce livre*, ho letto alcuni brani di questo libro. ‖ VX [abrégé] *faire l'extrait d'un livre*, fare il compendio, il sunto di un libro (L.C.). ‖ COMM. *extrait de compte*, estratto conto. ‖ JUR. *extrait de naissance*, estratto dell'atto di nascita. | *extrait de casier judiciaire*, fedina (f.) penale.
extrajudiciaire [ɛkstraʒydisjɛr] adj. JUR. extragiudiziale.
extralégal, e, aux [ɛkstralegal, o] adj. extralegale.
extralucide [ɛkstralysid] adj. chiaroveggente.
extra-muros [ɛkstramyros] loc. adv. (lat.) fuori (le) mura.
extraordinaire [ɛkstraɔrdinɛr] adj. straordinario, eccezionale. ◆ loc. adv. ***par extraordinaire***, per caso, per un caso straordinario.
extraparlementaire [ɛkstraparləmɑ̃tɛr] adj. extraparlamentare.
extrapolation [ɛkstrapɔlasjɔ̃] f. MATH. et FIG. estrapolazione.

extrapoler [ɛkstrapɔle] v. tr. MATH. et FIG. estrapolare.
extrasensible [ɛkstrasɑ̃sibl] adj. PHILOS. extrasensibile.
extrasensoriel, elle [ɛkstrasɑ̃sɔrjɛl] adj. PSYCH. extrasensoriale.
extrasystole [ɛkstrasistɔl] f. PHYSIOL. extrasistole.
extraterritorialité [ɛkstratɛritɔrjalite] f. extraterritorialità.
extra-utérin, e [ɛkstrayterɛ̃] adj. MÉD. extrauterino.
extravagance [ɛkstravagɑ̃s] f. stravaganza.
extravagant, e [ɛkstravagɑ̃, ɑ̃t] adj. stravagante; [homme] strambo; [idée] strampalato. ◆ n. stravagante.
extravaguer [ɛkstravage] v. intr. dire, fare stravaganze.
extravaser (s') [sɛkstravaze] v. pr. stravasarsi.
extraversion [ɛkstravɛrsjɔ̃] f. PSYCH. estroversione.
extraverti, e [ɛkstravɛrti] ou **extroverti, e** [ɛkstrɔvɛrti] adj. PSYCH. estroverso, estrovertito.
extrême [ɛkstrɛm] adj. estremo. ‖ LOC. *j'ai eu l'extrême plaisir de*, ho avuto il grandissimo, il sommo piacere di. ‖ [excessif] eccessivo, smisurato. | *chaleur extrême*, caldo eccessivo. | *être extrême en tout*, esagerare in tutto. ‖ POLIT. *extrême droite, gauche*, estrema destra, sinistra. | *opinions extrêmes*, opinioni estremistiche, estreme. ◆ m. estremo, estremità f. | *passer d'un extrême à l'autre*, passare da un estremo all'altro. ‖ [contraire] estremo, opposto. | *les extrêmes se touchent*, gli estremi si toccano. ‖ MATH. estremo. ◆ loc. adv. ***à l'extrême,*** all'estremo, oltremodo. | *pousser les choses à l'extrême*, spingere le cose all'estremo.
extrêmement [ɛkstrɛmmɑ̃] adv. estremamente, in sommo grado.
extrême-onction [ɛkstrɛmɔ̃ksjɔ̃] f. RELIG. estrema unzione; olio santo; sacramento (m.) degli infermi.
extrême-oriental, e, aux [ɛkstrɛmɔrjɑ̃tal, to] adj. dell'Estremo Oriente.
extrémisme [ɛkstremism] m. estremismo, oltranzismo.
extrémiste [ɛkstremist] adj. estremistico. ◆ n. estremista, oltranzista.
extrémité [ɛkstremite] f. estremità. ‖ [fin de la vie] *être à toute, à la dernière extrémité*, essere agli estremi, in fin di vita. ‖ FIG. [misère] miseria, necessità, strettezze f. pl. | *être réduit à la dernière extrémité*, essere ridotto all'estremo bisogno. ‖ [attitude extrême] estremo, eccesso m. | *tomber d'une extrémité dans l'autre*, passare da un estremo all'altro. ◆ pl. [membres] estremità. ‖ FIG. [violences] eccessi m. pl., violenze. | *en venir à des extrémités*, giungere agli eccessi; trascendere.
extrinsèque [ɛkstrɛ̃sɛk] adj. estrinseco. | *valeur extrinsèque d'une monnaie*, valore nominale d'una moneta.
extrorse [ɛkstrɔrs] adj. BOT. estrorso.
extroverti, e adj. V. EXTRAVERTI.
extrusion [ɛkstruzjɔ̃] f. estrusione.
exubérance [ɛgzyberɑ̃s] f. esuberanza, rigoglio m. ‖ [style, langage] prolissità, ridondanza. ‖ FIG. [personne] esuberanza.
exubérant, e [ɛgzyberɑ̃, ɑ̃t] adj. esuberante, rigoglioso. | *santé exubérante*, salute rigogliosa, florida. ‖ [style, langage] prolisso, ridondante. ‖ FIG. [personne] esuberante.
exultation [ɛgzyltasjɔ̃] f. esultanza; esultazione (littér.).
exulter [ɛgzylte] v. intr. esultare. | *exulter de joie*, esultare di, dalla gioia.
exutoire [ɛgzytwar] m. MÉD. esutorio. ‖ TECHN. canale di scarico, di scolo; scaricatoio. ‖ FIG. [dérivatif] diversivo, sfogo.
ex-voto [ɛksvoto] m. inv. ex voto (lat.).
eyra [ɛra] m. ZOOL. eira inv.

F

f [ɛf] m. f f. ou m.
fa [fa] m. inv. MUS. fa. | *clé de fa*, chiave di fa, di basso.
fable [fabl] f. [récit] favola f. ‖ MYTH. *le monde de la Fable*, il mondo mitologico. ‖ PÉJOR. [invention] favola, fandonia, frottola, fola. ‖ [sujet de risée] *devenir la fable de la ville*, diventare la favola, lo zimbello della città. ‖ [sujet] trama, argomento m.
fabliau [fablijo] m. HIST. LITT. favolello; novella (comica); fabliau (fr.).
fablier [fablije] m. raccolta (f.) di favole.
fabricant, e [fabrikɑ̃, ɑ̃t] n. fabbricante. | *fabricant de meubles*, mobiliere m. | *fabricant de chaussures*, calzaturiere m. | *fabricant de pâtes*, pastaio m.
fabricateur, trice [fabrikatœr, tris] n. PÉJOR. fabbricatore, trice.
fabrication [fabrikasjɔ̃] f. fabbricazione, lavorazione. | *fabrication hors-série, en série, soignée*, fabbricazione, lavorazione fuori serie, in serie, accurata. | *frais, procédé, défauts de fabrication*, costo, processo, difetti di fabbricazione. ‖ LOC. *en cours de fabrication*, in lavorazione; in corso di fabbrica.
fabricien [fabrisjɛ̃] m. RELIG. fabbriciere.
fabrique [fabrik] f. fabbrica. | *article, prix, marque de fabrique*, articolo, prezzo, marchio di fabbrica. ‖ [usine] *fabrique de meubles*, mobilificio m. | *fabrique de munitions*, fabbrica di munizioni. | *fabrique de boutons*, bottonificio m. | *fabrique de chaussures*, calzaturificio m. | *fabrique de soieries*, seteria. | *fabrique de dentelles*, fabbrica di merletti. ‖ RELIG. fabbriceria f.
fabriquer [fabrike] v. tr. fabbricare. | *fabriquer sur demande*, fabbricare su, dietro richiesta. | *fabriquer en série*, fabbricare in serie. | *fabriquer de la fausse monnaie*, fabbricare moneta falsa. ‖ FIG. [inventer] *fabriquer de toutes pièces*, inventare, fabbricare di sana pianta. ‖ FAM. *que fabriques-tu là ?*, che stai combinando, fabbricando ?
fabulateur, trice [fabylatœr, tris] adj. et n. fabulatore, trice; mitomane.
fabulation [fabylasjɔ̃] f. fabulazione morbosa; mitomania.
fabuler [fabyle] v. intr. fabulare; inventare racconti deliranti, fantasticare.
fabuleux, euse [fabylø, øz] adj. [de la fable] favoloso. ‖ [mythique] *temps fabuleux*, tempi favolosi. ‖ FIG. [étonnant] favoloso, incredibile. | *prix fabuleux*, prezzo favoloso.

fabuliste [fabylist] m. scrittore di favole ; favolista.
façade [fasad] f. facciata. ‖ FIG. apparenza, facciata. | *tout cela n'est que façade*, tutto ciò è solo apparenza.
face [fas] f. **1.** ANAT. faccia, viso m., volto m. | *muscles de la face*, muscoli facciali, della faccia. ‖ RELIG. *Sainte Face*, Volto Santo. ‖ LOC. *à double face*, bifronte, duplice adj. ‖ **2.** [côté] faccia, lato m. | *il regarde cet objet sous toutes ses faces*, guarda quest'oggetto da tutti i lati. ‖ [monnaie, médaille] diritto m. | *jouer à pile ou face*, giocare, fare a testa o croce. ‖ GÉOM. faccia. ‖ **3.** FIG. [aspect, tournure] faccia, aspetto m. | *changer de face*, cambiare faccia. | *la face des choses*, l'aspetto delle cose. ‖ [dignité] *sauver, perdre la face*, salvare, perdere la faccia. ‖ **4.** TECHN. profilo m. | *face du marteau*, bocca del martello. | *une vue de face*, una veduta frontale. ‖ **5.** LOC. *faire face à*, essere, stare di fronte a ; [avec hostilité] far fronte a ; affrontare v. tr. | *ils se font face*, stanno di fronte ; si fronteggiano. ‖ FIG. *faire face à une dépense, une difficulté, une obligation*, far fronte a, fronteggiare, affrontare una spesa, una difficoltà, un impegno. ◆ loc. adv. ***de face,*** di faccia, di prospetto, di fronte. ‖ ***en face,*** di fronte, dirimpetto, in faccia. | *le jardin d'en face*, il giardino di fronte, di faccia. ‖ FIG. *regarder la mort en face*, guardare la morte in faccia. | *dire en face*, dire in faccia. ‖ ***face à face,*** a faccia a faccia. ◆ loc. prép. ***en face de,*** di fronte a. ‖ ***à la face de,*** di fronte a, in faccia a, al cospetto di.
face-à-face [fasafas] m. inv. T.V. dibattito contraddittorio.
face-à-main [fasamɛ̃] m. occhialetto.
facétie [fasesi] f. facezia.
facétieusement [fasesjøzmɑ̃] adv. in modo faceto, per scherzo, scherzevolmente.
facétieux, euse [fasesjø, øz] adj. faceto, scherzoso, lepido. ◆ n. persona faceta.
facette [fasɛt] f. faccetta. | *taillé à facettes*, (s)faccettato. ‖ ZOOL. ommatidio m.
fâché, e [fɑʃe] adj. [en colère] inquieto, arrabbiato, adirato. | *être fâché contre*, (pop.) *après qn*, avercela con qlcu. (fam.). ‖ [brouillé] *être fâché avec qn*, aver litigato con qlcu. ‖ [contrarié, peiné] afflitto, dolente, spiacente. | *j'en suis fâché*, me ne dispiace.
fâcher [fɑʃe] v. tr. [mettre en colère] far inquietare ; irritare, spazientire. ‖ [contrarier] contrariare, affliggere. | *soit dit sans te fâcher*, non è per offenderti. ◆ v. pr. inquietarsi, arrabbiarsi, adirarsi, disgustarsi. | *se fâcher contre qn*, arrabbiarsi con qlcu. | *se fâcher avec qn*, litigare (v. intr.), disgustarsi con qlcu. | *il s'est fâché tout rouge*, è andato, è montato in bestia, è andato su tutte le furie, era cieco di rabbia.
fâcherie [fɑʃri] f. screzio m., disaccordo m., litigio m.
fâcheux, euse [fɑʃø, øz] adj. [chose] increscioso, spiacevole. | *c'est fâcheux*, peccato, è seccante (fam.). | *être en fâcheuse posture*, essere in brutte acque. | *une fâcheuse idée*, una malaugurata idea. ‖ [personne] importuno, fastidioso, molesto ; seccante (fam.). ◆ n. m. LITTÉR. [personne] importuno ; persona molesta. ‖ LOC. *le fâcheux est que*, il guaio è che.
facial, e, aux [fasjal, o] adj. facciale.
faciès [fasjɛs] m. faccia f., viso, fisionomia f. ; ceffo, grinta f. (péjor.). ‖ MÉD. facies f.
facile [fasil] adj. [qu'on fait aisément] facile, agevole, comodo. | *il ne m'est pas facile de travailler*, lavorare non mi è facile. | *facile à expliquer, à voir*, facile a spiegarsi, a vedersi ; facile da, a spiegare ; facile da, a vedere. | *facile à réaliser*, facilmente attuabile. ‖ LOC. *c'est facile à dire*, si fa presto a dirlo, è una parola. ‖ FAM. *facile comme bonjour*, V. BONJOUR. ‖ PÉJOR. *plaisanteries faciles*, spiritosaggini insulse. ‖ [commode] *d'accès facile*, di facile accesso. ‖ LOC. *avoir la plume facile*, scrivere con facilità. | *avoir la parole facile*, aver la parola facile. | *avoir la larme facile*, avere le lacrime in tasca. ‖ [style] scorrevole, facile. ‖ FIG. [caractère] facile. | *enfant facile*, bambino facile, docile. | *il n'est pas facile à vivre*, non è facile andar d'accordo con lui ; non è facile andarci d'accordo (fam.). ‖ PÉJOR. *femme facile, de mœurs faciles*, donna facile, di facili costumi.
facilement [fasilmɑ̃] adv. facilmente, agevolmente. ‖ [pour le moins] almeno.
facilité [fasilite] f. facilità. | *la solution de facilité*, la soluzione più facile, la facilità, la soluzione di facilità. ‖ [style] scorrevolezza. ‖ [aptitude] facilità, attitudine, disposizione. ‖ [caractère] facilità, affabilità, adattabilità. ◆ pl. facilitazioni, agevolazioni. | *avoir toutes facilités pour*, avere la massima libertà per.
faciliter [fasilite] v. tr. facilitare, agevolare.
façon [fasɔ̃] f. [action de donner une forme] lavorazione, fattura. | *donner une façon à qch.*, dar foggia a qlco. ‖ LOC. *travailler à façon* = lavorare senza fornire il materiale. | *donner qch. à façon* = dare da fare qlco. fornendo il materiale. ‖ AGR. lavorazione del terreno. ‖ FIG. [manière] modo m., maniera. | *il a fait un tour de sa façon*, ha fatto una delle sue. | *c'est façon de parler*, per modo di dire ; faccio per dire. | *je lui disais, façon de rire, que*, gli dicevo, così per ridere, che. | *avoir bonne façon*, presentarsi bene. | *arranger de belle façon*, conciare per le feste. ‖ [imitation] *façon cuir*, uso pelle. | *fourrure façon taupe*, pelliccia tipo talpa. ◆ pl. [comportement] maniere ; modi m. pl. | *en voilà des façons !*, ma che modi sono questi ! ‖ [politesse affectée] cerimonie ; complimenti m. pl. | *qui fait des façons*, complimentoso adj. | *une personne sans façons*, una persona alla mano. ‖ LOC. *sans façon(s)*, senza complimenti. | *traiter qn sans façons*, trattare qlcu. alla buona ; trattare qlcu. senza tanti complimenti (péjor.). | *non, merci, sans façon*, no grazie, senza complimenti. ◆ loc. adv. ***de quelle façon ?,*** come ?, con quale mezzo ? ‖ ***à ma façon,*** a modo mio. ‖ ***de cette façon,*** in questo modo. ‖ ***de toute façon, de toutes les façons, d'une façon comme de l'autre,*** in ogni, ad ogni modo ; comunque ; in un modo o nell'altro. ‖ ***en aucune façon,*** in nessun modo. ‖ ***d'une façon générale,*** in linea di massima. ◆ loc. conj. ***de façon que,*** di modo che. ‖ ***de façon à,*** in modo da. ‖ ***de la façon dont,*** dal modo come. ◆ loc. prép. ***à la façon de,*** alla maniera di.
faconde [fakɔ̃d] f. facondia. ‖ PÉJOR. loquacità, verbosità.
façonné [fasɔne] m. tessuto operato.
façonnement [fasɔnmɑ̃] ou **façonnage** [fasɔnaʒ] m. lavorazione f., foggiatura f.
façonner [fasɔne] v. tr. TECHN. [donner une forme] foggiare. ‖ [fabriquer] lavorare. | *façonner à chaud*, lavorare a caldo. | *façonner au tour*, sagomare al tornio. ‖ FIG. [éduquer] plasmare, formare. ‖ [accoutumer] *il n'est pas façonné à la discipline*, non è abituato alla disciplina.
fac-similé [faksimile] m. (pl. **fac-similés**) facsimile.
factage [faktaʒ] m. COMM. [transport] trasporto a domicilio, in consegna ; [entreprise] agenzia (f.) di spedizione ; [frais] spese (f. pl.) di spedizione e consegna. ‖ [distribution de lettres] recapito.
facteur [faktœr] m. MUS. [fabricant] fabbricante di strumenti musicali. | *facteur d'orgues*, organaro. ‖ [postes] postino, portalettere inv. ‖ FIG. [élément] fattore. ‖ MATH., TECHN. fattore.
factice [faktis] adj. artificiale, finto. | *échantillon factice*, campione di mostra. ‖ FIG. fittizio, artificioso ; fattizio (rare). ‖ PHILOS. fattizio.
factieux, euse [faksjø, øz] adj. et n. fazioso.
faction [faksjɔ̃] f. MIL. guardia, fazione. ‖ PR. et FIG. *être de, en faction*, essere di guardia, di fazione. ‖ POLIT. fazione.
factionnaire [faksjɔnɛr] m. sentinella f. ; soldato di guardia.
factitif, ive [faktitif, iv] adj. GRAMM. causativo, fattitivo.
factorerie [faktɔrri] f. COMM. = agenzia commerciale all'estero.
factoriel, elle [faktɔrjɛl] adj. *analyse factorielle*, analisi fattoriale. ◆ n. f. MATH. fattoriale m.
factotum [faktɔtɔm] m. factotum inv. (lat.) ; (persona) tuttofare. ‖ IRON. faccendone, factotum, ficcanaso.
factum [faktɔm] m. (lat.) libello.

facturation [faktyrasjɔ̃] f. fatturazione.
1. facture [faktyr] f. [manière] fattura.
2. facture f. COMM. fattura. | *faire, établir une facture*, fare, compilare una fattura.
facturer [faktyre] v. tr. COMM. fatturare.
facultatif, ive [fakyltatif, iv] adj. facoltativo. | *arrêt facultatif*, fermata a richiesta, fermata facoltativa.
faculté [fakylte] f. [aptitude physique ou morale] facoltà, capacità. ‖ [propriété, vertu] facoltà. ‖ [droit, pouvoir] facoltà, possibilità. ‖ UNIV. *faculté des lettres, des sciences, de droit*, facoltà di lettere, di scienze, di legge. | *s'inscrire à la faculté*, iscriversi all'università. | *professeur de faculté*, professore universitario. ‖ FAM. *la Faculté*, i medici, il medico. ◆ pl. *facultés intellectuelles*, facoltà mentali. | *ne plus avoir toutes ses facultés*, non essere in pieno possesso delle proprie facoltà mentali.
fada [fada] adj. et n. m. FAM. picchiatello.
fadaise [fadɛz] f. insulsaggine, melensaggine, scempiaggine.
fadasse [fadas] adj. FAM. V. FADE.
fade [fad] adj. [insipide] scipito, insipido; sciapo (dial.). | *bouillon fade*, brodaglia f.; brodo scipito, insipido. ‖ FIG. scipito, insulso, scialbo. | *couleur fade*, colore scialbo, smorto. | *style fade*, stile slavato, scialbo. | *beauté fade*, bellezza scialba.
fadeur [fadœr] f. scipitezza, insipidezza. ‖ FIG. insulsaggine, scipitaggine. ◆ pl. *débiter des fadeurs*, dire sciocche galanterie.
fading [fadiŋ] m. TÉLÉCOM. evanescenza f.; fading (angl.).
fafiot [fafjo] m. POP. biglietto di banca (L.C.).
fagot [fago] m. fascina f., fastello. ‖ LOC. *sentir le fagot*, puzzare di eresia, di eretico. | *bouteille de derrière les fagots* = vino della migliore qualità; vino prelibato. ‖ FIG. *fagot d'épines* [personne], istrice.
fagoter [fagɔte] v. tr. affastellare. ‖ FIG., FAM. [mal habiller] infagottare.
faiblard, e [fɛblar, ard] adj. FAM. deboluccio, fiacco.
faible [fɛbl] adj. [fragile] debole. | *faible de santé*, debole, cagionevole di salute. ‖ [médiocre] *faible en mathématiques*, debole in matematica. ‖ [peu important] debole, fiacco. | *de faible hauteur*, di scarsa altezza; poco alto. | *dans une faible mesure*, in piccola proporzione. | *lumière faible*, luce debole, fioca. | *son faible*, suono fioco. | *faible brise*, lieve brezza; venticello m. | *faible différence*, leggera, lieve differenza. | *prix faible*, prezzo basso. | *revenu faible*, reddito scarso. ‖ FIG. [moralement] *caractère faible*, carattere debole. | *être faible avec qn*, essere debole con qlcu. ‖ LOC. *point faible*, (punto) debole. | *sexe faible*, sesso debole. ◆ n. m. [personne] debole. | *c'est un faible d'esprit*, è un debole di mente. ‖ [chose] debole. ‖ [penchant] *avoir un faible pour*, avere un debole, un sentimentuccio per.
faiblesse [fɛblɛs] f. debolezza. | *faiblesse de constitution*, cagionevolezza. | *faiblesse d'esprit*, debolezza di mente. ‖ [relâchement] *avoir un moment de faiblesse*, avere un momento di debolezza. | *chacun a ses faiblesses*, ognuno ha le proprie debolezze. ‖ [manque de valeur] *faiblesse d'un argument*, (punto) debole di un argomento. ‖ [penchant] *avoir de la faiblesse pour*, avere un debole per. ‖ MÉD. *tomber en faiblesse*, cadere in deliquio.
faiblir [fɛblir] v. intr. indebolirsi v. pr.; diventare debole. | *le vent faiblit*, il vento cala. | *l'ennemi faiblit*, il nemico cede. | *mes forces faiblissent*, le mie forze scemano. | *sa voix faiblit*, gli si affievolisce la voce. ‖ FIG. *sa résolution faiblit*, la sua risoluzione si svigorisce. | *la pièce faiblit au dernier acte*, la commedia cala di tono, scade all'ultimo atto.
faïence [fajɑ̃s] f. maiolica, terraglia. ‖ FIG. *bleu faïence*, azzurro porcellana. ‖ LOC. *se regarder en chiens de faïence*, guardarsi in cagnesco.
faïencerie [fajɑ̃sri] f. fabbrica, commercio (m.) di maioliche. ‖ [objets] maioliche f. pl.
faïencier [fajɑ̃sje] m. maiolicaio.
faignant, e adj. V. FEIGNANT.
faille [faj] f. GÉOL., TEXT. faglia. ‖ FIG. incrinatura, difetto m., pecca, grinza.
failli, e [faji] adj. et n. fallito.
faillibilité [fajibilite] f. fallibilità.
faillible [fajibl] adj. fallibile.
1. faillir [fajir] v. tr. ind. **(à)** mancare (a); venir meno (a). | *faillir à son honneur*, mancare alla propria parola. ‖ VX *la mémoire lui a failli*, la memoria gli venne meno (L.C.). ‖ ABSOL. *sans faillir*, senza venir meno. ◆ v. intr. [avec inf.] *j'ai failli tomber*, per poco non caddi; poco mancò ch'io cadessi; sono stato lì lì per cadere.
2. faillir v. intr. COMM. fallire; fare fallimento.
faillite [fajit] f. COMM. fallimento m. | *faire faillite*, far fallimento, andar fallito. | *se déclarer en faillite*, dichiarare fallimento. | *état, syndic de faillite*, stato, curatore fallimentare. ‖ FIG. [échec] fallimento.
faim [fɛ̃] f. fame. | *faim de loup*, fame da lupo. | *mourir de faim*, morire di fame. | *souffrir de la faim*, soffrire, patire la fame. | *manger à sa faim*, cavarsi la fame, mangiare a sazietà. ‖ PR. et FIG. *avoir faim de qch.*, aver fame di qlco. | *rester sur sa faim* : PR. restare con l'appetito, con la fame; uscir da tavola con l'appetito; FIG. rimanere a bocca asciutta. ‖ FIG. [envie] fame, sete, brama.
faine [fɛn] f. BOT. faggiola, faggina.
fainéant, e [fɛneɑ̃, ɑ̃t] adj. infingardo, neghittoso. ◆ n. poltrone, a; fannullone, a; infingardo m. ‖ HIST. *les rois fainéants*, i re fannulloni.
fainéanter [fɛneɑ̃te] v. intr. FAM. fare il poltrone (L.C.); poltroneggiare (rare).
fainéantise [fɛneɑ̃tiz] f. poltroneria, infingardaggine, poltronaggine; fannullaggine (rare); poltronite f. (iron.).
1. faire [fɛr] v. tr. ou intr.

I. CRÉER; FABRIQUER : fare, creare; FORMER; COMMETTRE : fare.
II. EXERCER UNE ACTIVITÉ : fare.
III. ACCOMPLIR : fare.
IV. AVOIR DE L'EFFET : essere efficace; fare.
V. EXPRESSION DE LA MESURE.
VI. ENTRETENIR.
VII. CONTREFAIRE : fare.
VIII. ACCOUTUMER : abituare.
IX. DIRE [en incise] : fare; dire.
X. SUBSTITUT D'UN AUTRE VERBE.
XI. LOCUTIONS.
XII. AVEC L'INF.
XIII. ***faire que.***
◆ v. impers.
◆ v. pr. : **1.** sens réfl.; **2.** sens pass.; **3.** SE PROCURER; **4.** impers.

I. CRÉER : fare, creare. | *Dieu a fait l'homme à son image*, Dio ha fatto l'uomo a sua immagine, ha creato l'uomo a sua somiglianza. | *tous les jours que Dieu fait*, tutti i santissimi giorni. | *faire de la lumière*, far luce. ‖ PROV. *l'habit ne fait pas le moine*, l'abito non fa il monaco. | *l'argent ne fait pas le bonheur*, la ricchezza non fa la felicità. ‖ [mettre au monde] fare, figliare, partorire. | *la chatte a fait ses petits*, la gatta ha fatto i suoi piccoli. ‖ FAM. *faire un enfant à une femme*, ingravidare una donna. ‖ [former, façonner] *la route fait un virage*, la strada fa una curva. | *cette école fait de bons ingénieurs*, questa scuola forma dei bravi ingegneri. | *faire à la main, en série, au tour*, fare a mano, in serie, al tornio. | *faire à manger*, far da mangiare. ‖ [fabriquer] fare, produrre. | *cette usine fait de la soierie*, questa fabbrica produce seta. | *faire argent de tout*, ricavare denaro da tutto. ‖ [transformer] *faire qn ministre, chevalier*, far qlcu. ministro, cavaliere. | *faire qn juge de*, fare qlcu. arbitro di. | *faire de qn son ami, son héritier*, fare di qlcu. il proprio amico, il proprio erede. | *nous avons fait qch. de lui*, ne abbiamo cavato qlco. di buono. | *nous avons fait qn de lui*, l'abbiamo fatto diventare qlcu. ‖ [commettre] *faire une bêtise, une folie*, fare una scioc-

chezza, una pazzia. ‖ FIG. *faire la pluie et le beau temps*, fare il bello e il cattivo tempo. ‖ MIL. *faire feu*, far fuoco. ‖ MÉD. *faire de la fièvre, une grippe*, aver la febbre, l'influenza. | *faire de la bile*, vomitare bile. ‖ FAM. *faire (ses besoins)*, fare i bisogni. | *faire dans sa culotte* : [pr.] farsi i bisogni addosso ; [fig., pop] avere fifa.
II. EXERCER UNE ACTIVITÉ : [agir en général] fare. | *que, quoi faire ?*, che (cosa) fare ? | *pour quoi faire ?*, per far che cosa ?, per che fare ? | *quoi que tu fasses*, per quanto tu faccia, qualunque cosa tu faccia. | *laissons faire*, lasciamo stare. ‖ [activité particulière] *faire des affaires avec qn*, trattare, concludere affari con qlcu. | *il fera un bon avocat*, sarà un buon avvocato. | *une bonne à tout faire*, una (donna) tuttofare. | *un employé à tout faire*, un impiegato tuttofare. | *faire de la couture* : [occasionnellement] far del cucito ; [métier] far il sarto, fare la sarta. | *faire ses études*, far gli studi. | *faire son droit*, far legge. | *faire de l'italien*, far l'italiano. ‖ FAM. *faire dans le gros*, commerciare in grosso, all'ingrosso (L.C.). ‖ FAM. [voler] *faire les poches de qn*, alleggerire qlcu. del portafoglio.
III. ACCOMPLIR : fare. | *voilà qui est fait !*, ecco fatto ! | *ce qui est fait n'est plus à faire*, cosa fatta capo ha. | *ce qui est fait est fait*, ciò che è fatto è fatto. | *nous avons beaucoup à faire*, abbiamo molto da fare. | *ce n'est pas une chose à faire*, non è da farsi. | *fais-en autant !*, fanne altrettanto ! | *comment faire ?*, come fare ? | *il n'en fait jamais d'autres*, è sempre il solito. | *faire un tour de jardin*, fare quattro passi in giardino. ‖ [parcourir, séjourner] *faire la Grèce*, visitare la Grecia. | *faire les magasins*, girare per i negozi. | *faire deux ans de prison*, fare due anni di prigione, scontare una pena di due anni. | *chemin faisant*, strada facendo. ‖ [résultat] *cinq fois deux font dix*, due per cinque fanno dieci. | *« cheval » fait au pluriel « chevaux »*, il plurale di « cheval » è « chevaux ».
IV. AVOIR DE L'EFFET : essere efficace ; fare. | *l'aspirine fait plus qu'un grog*, l'aspirina è più efficace di un grog. | *cela ne me fait rien du tout*, questo non mi fa niente. | *cela me fait quelque chose de le voir si malheureux*, mi fa impressione il vederlo così infelice. | *cela, ça* (fam.) *ne fait rien (à l'affaire)*, non fa niente, non cambia nulla : fa niente (fam.). | *qu'est-ce que cela peut faire ?*, che importanza può avere ? | *qu'est-ce que cela peut te faire ?*, che t'importa ?, che c'entri tu ?
V. EXPRESSION DE LA MESURE : *ce mur fait 4 mètres de long*, questo muro è lungo 4 metri. | *ce sac fait 10 kilos*, questo sacco pesa 10 kili. | *cette bouteille fait 3 litres*, questa bottiglia contiene 3 litri. | *cette ville fait 50 000 habitants*, questa città fa, conta 50 000 abitanti. | *faire du cent à l'heure*, fare i cento, andare ai cento all'ora. | *quelle pointure faites-vous ?*, che numero di scarpe, di guanti porta ? | *il fait 1 m 60*, è alto 1 metro e 60. | *cela fait combien ?*, quanto fa ?, quanto costa ? ‖ FAM. *combien faites-vous cette voiture ?*, quanto chiedete, volete di questa macchina ? | *je vous la fais (à) 1 000 francs*, ve la do a 1 000 franchi. | *cette voiture fait 1 000 francs*, questa macchina costa 1 000 franchi. ‖ [temps] *cela fait un an qu'il n'est pas venu*, non è venuto da un anno ; fa, è un anno che non è venuto. | *ce manteau m'a fait trois ans*, questo mantello mi è durato tre anni. | *je le faisais plus intelligent*, lo ritenevo più intelligente.
VI. ENTRETENIR : *faire la chambre, le lit*, fare la camera, il letto. | *faire les chaussures*, pulire, lucidare le scarpe. | *faire la vaisselle*, lavare i piatti, rigovernare le stoviglie.
VII. CONTREFAIRE : fare. | *faire le mort*, fare il morto. | *faire le mort au bridge*, fare il morto al bridge. ‖ [jouer un rôle] *un acteur qui fait les jeunes premiers*, un attore che fa, che recita le parti di primo innamorato. | *faire le fanfaron*, fare lo smargiasso. ‖ [donner l'air] *ce chapeau (te) fait jeune*, questo cappello (ti) ringiovanisce. | *mon grand-père fait jeune*, il mio nonno ha un aspetto giovanile. | *faire dame*, avere l'aspetto di una signora. | *quel menteur tu fais !*, che bugiardo sei !
VIII. ACCOUTUMER : abituare. | *faire qn à qch.*, abituare, avvezzare, assuefare qlcu. a qlco. | *être fait au travail*, essere abituato, assuefatto al lavoro.
IX. DIRE [en incise] : fare, dire. | *« où vas-tu ? », fit-il*, fece « dove vai ? » ; « dove vai ? », disse.
X. SUBSTITUT D'UN AUTRE VERBE : *il écrit mieux que tu ne fais*, scrive meglio di te. | *tu lui dis d'entrer, il le fait*, tu gli dici di entrare e lui entra.
XI. LOCUTIONS : [avec **bien**] *c'est bien fait pour toi !*, ben ti sta ! | *il a bien fait de venir*, ha fatto bene a venire. | *pour bien faire, il faudrait lire ce livre*, sarebbe bene leggere questo libro. | *tu ferais bien, mieux de venir*, faresti bene, meglio a venire. ‖ FAM. *ça fait bien d'avoir une voiture américaine*, fa chic, fa fino una macchina americana. | *le gris fait bien avec le rose*, il grigio sta bene con il rosa. | *faire bien les choses*, fare le cose in grande. | *faire tant et si bien que*, far tanto che. | *grand bien vous fasse !*, buon pro vi faccia ! | *faire pour le mieux*, fare, agire per il meglio. ‖ [avec **rien**] *il n'y a rien à faire, il faut payer*, non c'è rimedio, bisogna pagare. | *il n'y a plus rien à faire*, non c'è più niente da fare. | *ceci n'a rien à faire dans ce tiroir*, è del tutto fuori posto in questo cassetto. | *on ne peut rien y faire, c'est ainsi*, non ci si può far nulla, è così. | *rien ne pourra faire que*, nulla potrà impedire che. | *passez ! — je n'en ferai rien*, passi ! — prego. ‖ FAM. *tu n'auras plus de sucre, rien à faire !*, non avrai più zucchero, niente da fare !, neanche per sogno ! | *faites seulement !, mais faites donc !*, fate pure !, prego ! ‖ [parfois iron.] *faites comme chez vous*, fate come a casa vostra. ‖ *avoir beau faire*, avere un bel fare. | *si fait !*, ma sì ! | *cela y fait beaucoup*, questo vuol dir molto. | *n'avoir que faire de qn, de qch.*, non sapere che farne di qlcu., di qlco. | *n'en faire qu'à sa tête*, far di testa propria. | *ne faire ni une ni deux*, decidersi su due piedi. | *si faire se peut* (littér.), se è possibile (L.C.). | *qu'as-tu fait de tes lunettes ?*, dove hai mai messo gli occhiali ?, che cosa hai fatto degli occhiali ? | *c'en est fait de mon père* (littér.), è finita per mio padre (L.C.). | *c'en est fait de ma patience !*, ho pazientato anche troppo ! ‖ FAM. *il sait y faire*, ci sa fare, se la sa sbrogliare. ‖ POP. *faut le faire !*, bisogna farlo, coraggio ! | *il ne faut pas me la faire*, inutile cercar di farmela. | *la faire à qn*, farla a qlcu., imbrogliare qlcu., pigliare qlcu. in giro. | *le faire au bluff*, bluffare. ‖ [aux cartes] *à vous de faire*, tocca a Lei (giocare).
— (Pour d'autres loc., v. au nom compl.)
XII. AVEC L'INF. : [être la cause de qch.] *faire tomber*, far cadere. | *faites-moi penser à mon livre*, fatemi pensare al mio libro. ‖ [commander] *le manteau qu'elle s'est fait faire*, il mantello che si è fatto fare. ‖ [donner un ordre] *faites-moi prévenir*, fatemi prevenire, avvisare. ‖ [attribuer] *ne me fais pas dire cela*, non mi far dire una cosa del genere. | *on fait vivre Homère au IXe siècle av. J.-C.*, si fa vivere Omero, Omero è fatto vivere nel IX secolo prima di Cristo.
XIII. FAIRE QUE : [avec l'indic.] *ce qui fait que nous avons gagné notre procès* : [cause] il motivo per cui abbiamo vinto la causa ; [conclusion] per questo abbiamo vinto la causa. ‖ FAM. *ça fait que*, per questo (L.C.). ‖ [avec le subj.] *fasse le ciel qu'il arrive à temps !*, voglia il cielo che egli arrivi in tempo ! | *faites que je puisse le rencontrer*, fate in modo che io lo possa incontrare.
◆ v. impers. : *il fait jour*, è giorno. | *il fait beau*, è bel tempo. | *il fait chaud*, fa caldo. | *il fait du brouillard*, c'è nebbia. | *il fait du vent*, fa, tira vento. | *il fait 20 degrés*, ci sono 20 gradi. | *il fait bon à la maison*, si sta bene in casa. | *il fait bon vivre à la campagne*, è bello vivere in campagna. | *il fait mauvais avoir à faire à lui*, non è bene avere a che fare con lui. ‖ FAM. *il fait cher vivre*, la vita è cara (L.C.). | *il fait faim*, si ha fame (L.C.).
◆ v. pr. **1.** [sens réfl.] *se faire professeur, protestant*, farsi, divenire professore, protestante. | *se faire vieux*, farsi vecchio, invecchiare. | *il se fait plus malin qu'il n'est*, vuol passare per più furbo di quel che è. | *le fromage se fait*, il formaggio stagiona. | *le vin se fait en vieillissant*, invecchiando il vino acquista, migliora.

| *ce garçon se fait*, questo giovanotto si sta formando. || Loc. *se faire fort de*, farsi forte di, ritenersi sicuro di, vantarsi di. | *se faire à la solitude, à l'idée que, de*, abituarsi, avvezzarsi, assuefarsi alla solitudine, al pensiero che, di. | *tu t'y feras*, ti abituerai. || **2.** [sens pass.] *le beurre se fait avec de la crème*, il burro si fa con la crema. | *le mariage se fera à*, il matrimonio avrà luogo, si farà a. | *cela peut se faire*, può darsi. | *il peut se faire que je vienne*, può darsi che io venga. | *cela ne se fait pas*, questo non si fa, non sta bene. | *autant que faire se peut*, per quanto possibile. | *se faire bien voir par qn*, farsi benvolere da qlcu. || **3.** [se procurer] *se faire un chemin*, farsi strada. | *se faire du souci pour qn, pour qch.*, preoccuparsi, stare in pensiero per qlcu., per qlco. | *se faire une raison*, farsi una ragione. | *se faire la main*, farsi la mano. | *se faire la barbe, les ongles*, farsi la barba, le unghie. | *se faire une situation, beaucoup d'argent, un nom*, farsi una posizione, molti soldi, un nome. | *se faire faire un costume*, farsi fare un abito. || Fam. *s'en faire*, guastarsi il sangue. || **4.** [impers.] *il se fait tard*, si fa tardi. | *il se fait nuit*, si fa notte; annotta. | *il se fit un silence*, si fece un silenzio. | *il se fait que*, accade che. | *comment se fait-il que tu sois en retard?*, come mai sei in ritardo?, come va che sei in ritardo?

2. faire m. [action] (il) fare. | *il y a loin du dire au faire*, tra il dire e il fare c'è di mezzo il mare. || [manière de faire] modo di fare; maniera f.

faire-part [fɛrpar] m. inv. partecipazione f.

faire-valoir [fɛrvalwar] m. inv. coltivazione f. | *faire-valoir direct*, conduzione diretta.

fair play [fɛrplɛ] adj. inv. (angl.) leale. ◆ n. m. lealtà f.

faisable [fəsabl] adj. fattibile. | *c'est faisable*, si può fare; è possibile, fattibile.

faisan [fəzɑ̃] m. Zool. fagiano. || Pop. bidonista; imbroglione, truffatore (l.c.).

faisandage [fəzɑ̃daʒ] m. Culin. stagionamento, frollatura f., infrollimento.

faisandé, e [fəzɑ̃de] adj. Culin. stagionato, frollo, infrollito. || Fig. corrotto, putrido.

faisandeau [fəzɑ̃do] m. Zool. fagianotto.

faisander [fəzɑ̃de] v. tr. Culin. stagionare, frollare; mettere a infrollire. ◆ v. pr. frollarsi; infrollire v. intr.

faisanderie [fəzɑ̃dri] f. fagianaia.

faisane [fəzan] n. et adj. f. Zool. *(poule) faisane*, fagiana.

faisceau [fɛso] m. fascio. || Électr. fascio. || Mil. *mettre les fusils en faisceau*, mettere i fucili in fascio. || Fig. *faisceau de preuves*, insieme di prove. ◆ pl. Hist. *faisceaux des licteurs*, fasci littori.

faiseur, euse [fəzœr, øz] n. facitore, trice. | *faiseur, euse de mariage*, paraninfo, a. | *faiseur d'embarras* = chi si dà arie di persona importante. | *faiseur de tours*, giocoliere m. | *faiseuse d'anges*, donna che pratica aborti. || Mode *du bon faiseur*, di buona fattura. | *s'habiller chez le bon faiseur*, vestirsi da un buon sarto. || Fig. [intrigant] intrigante; maneggione, a.

faisselle [fɛsɛl] f. fiscella.

1. fait, e [fɛ, fɛt] adj. fatto. | *homme fait*, uomo fatto, maturo. | *travail tout fait*, lavoro bell'e fatto. | *costume tout fait*, abito fatto. | *idées toutes faites*, idee preconcette. | *phrases toutes faites*, frasi fatte. | *avoir sa situation faite*, avere la situazione assicurata. | *fromage fait*, formaggio stagionato. | *être fait pour*, essere fatto per. | *être fait à la chaleur*, essere abituato al calore. | *(c'est) bien fait pour toi*, ti sta bene, ben ti sta. || Pop. *il est fait comme un rat*, è preso in trappola (l.c.).

2. fait [fɛ ou fɛt] m. **1.** [acte] fatto. | *fait d'armes*, fatto d'armi. | *hauts faits*, gesta f. pl. | *faits et gestes*, vita, morte e miracoli. | *fait du prince*, fatto del principe. | *voies de fait*, vie di fatto. || Loc. *prendre sur le fait*, cogliere sul fatto. | *prendre fait et cause pour qn*, schierarsi dalla parte di qlcu. | *on dirait un fait exprès*, pare un destino. | *(c'est) comme (par) un fait exprès*, neppure, neanche a farlo apposta. | *mettre qn devant le fait accompli*, mettere qlcu. davanti al fatto compiuto. | *être le fait de*, essere proprio di. | *par mon fait*, per causa mia. || **2.** [événement] fatto. | *menus faits*, fatti minuti. | *faits divers*, fatti di cronaca; cronaca f.: [délits, crimes] cronaca nera. || **3.** [évidence indéniable] fatto. | *c'est un fait*, è un dato di fatto. | *c'est un fait patent*, è un fatto evidente. | *il est sûr de son fait*, sa il fatto suo. || **4.** [ce dont il s'agit] *aller droit au fait*, andare subito al sodo. | *venons-en au fait*, veniamo ai fatti. | *dire son fait à qn*, dire il fatto suo, contarla chiara a qlcu. | *être au fait de qch.*, essere al corrente di qlco. | *l'histoire n'est pas mon fait*, la storia non è il mio forte. | *le fait qu'il soit malade*, il fatto che sia malato. | *le fait est que*, fatto sta che, fatto si è che. | *il est de fait que*, sta di fatto che. ◆ loc. adv. ***au fait :*** *au fait, que veux-tu dire?*, insomma che cosa vuoi dire? | *au fait, je voulais te dire*, a proposito ti volevo dire. || ***de fait, en fait, dans le fait, par le fait,*** in realtà, effettivamente. || ***tout à fait,*** completamente, veramente, del tutto, affatto. ◆ loc. prép. ***en fait de,*** in fatto di, in quanto a. ◆ loc. conj. ***du fait que,*** per il fatto che, dato che, dal momento che. | *du seul fait que*, per il semplice fatto che. ◆ interj. ***si fait!,*** ma sì!

faîtage [fɛtaʒ] m. Archit. [charpente] trave (f.) di colmo. || [couverture de l'arête] strato di colmo.

faîte [fɛt] m. Archit. colmo, fastigio. || Géogr. *ligne de faîte*, linea di fastigio. || [d'un arbre] cima f., vetta f.; [d'une montagne] cima, vetta, cocuzzolo m. || Fig. apice, culmine, fastigio. | *être au faîte de la gloire*, essere all'apice della gloria.

faîtière [fɛtjɛr] n. et adj. f. *(tuile) faîtière*, tegola, coppo (m.) di colmo. || [lucarne] lucernario m.

fait-tout [fɛtu] m. inv. Culin. pentola f.

faix [fɛ] m. [charge] peso, carico, fardello; onere (littér.). || [affaissement] cedimento.

fakir [fakir] m. fachiro.

falaise [falɛz] f. Géogr. falesia; ripa (scoscesa) [littér.]; scogliera (a picco).

falbala [falbala] m. falpalà, balza f., gala f. || Péjor. fronzoli pl.

fallacieux, euse [falasjø, øz] adj. fallace.

falloir [falwar] v. impers. **1.** Avec un nom : [avoir besoin] occorrere; volerci; esserci bisogno di. | *il te faut de l'argent*, ti occorre denaro. | *il lui fallait trois livres*, gli occorrevano tre libri, aveva bisogno di tre libri. | *combien te faut-il?*, quanto ti occorre, ti ci vuole?; di quanto hai bisogno? | *il faut le médecin*, c'è bisogno del medico. || [être nécessaire] *il faut beaucoup d'hôpitaux*, ci vogliono, occorrono numerosi ospedali. | *j'ai tout ce qu'il me faut*, ho tutto quel che mi occorre. | *quand il (le) faut*, quando è necessario. | *s'il le faut*, se è necessario, se proprio occorre. | *ce qu'il faut pour*, l'occorrente per, quanto occorre per. | *plus qu'il n'en faut*, più del necessario. || **2.** Avec un verbe : [nécessité absolue] bisognare, occorrere. | *il faut avoir de l'argent*, bisogna, occorre aver denaro. | *il te faut obéir*, bisogna, occorre che tu ubbidisca. | *il m'a fallu tenir deux heures*, ho dovuto resistere due ore. | *je suis venu parce qu'il le fallait*, sono venuto perché era necessario. | *alors il fallut courir*, allora bisognò correre. || [devoir moral] *il faut que tu saches*, bisogna che tu sappia. | *il ne faut pas mentir*, non bisogna mentire. | *que faut-il faire?*, che bisogna fare? | *s'il le faut*, se occorre. || Loc. *encore faut-il que*, a condizione che. | *faut-il que tu sois stupide!*, si può essere più stupido di te! | *c'est ce qu'il faudra voir!*, è presto detto! || **3.** Absol. [convenir] *comme il faut*, come si deve, per bene. | *tu as agi comme il fallait*, ti sei comportato come si doveva, ti sei comportato per bene. | *c'est la réponse qu'il fallait*, è la risposta che occorreva, che ci voleva. | *rosser qn comme il faut*, pestare qlcu. per bene, dargliele di santa ragione. ◆ v. pr. impers. ***s'en falloir,*** mancare. | *il s'en faut (de beaucoup)*, ci manca molto. | *il s'en fallut de peu qu'il tombât*, (ci) mancò poco che cadesse, per poco non cadde. | *peu s'en faut*, poco ci manca. | *peu s'en fallut qu'il ne mourût*, ci mancò poco che morisse. || ***tant s'en faut que,*** essere ben lungi dal. | *tant s'en faut qu'il (ne) le pense*, è ben lungi dal pensarlo. | *tant*

s'en faut qu'ils (ne) le fassent, sono ben lungi dal farlo. | *il n'est pas intelligent, tant s'en faut*, non è intelligente, tutt'altro.
1. falot [falo] m. lanterna f. ‖ ARG. consiglio di guerra (L.C.).
2. falot, e [falo, ɔt] adj. [terne] scialbo, insignificante. ‖ Vx [drôle] buffo (L.C.).
falourde [falurd] f. fastello (di grossi rami).
falsificateur, trice [falsifikatœr, tris] n. falsificatore, trice ; adulteratore, trice ; falsario m.
falsification [falsifikasjɔ̃] f. falsificazione, adulterazione ; [de produit alimentaire] adulterazione, sofisticazione.
falsifier [falsifje] v. tr. falsificare, adulterare ; [produit alimentaire] adulterare, fatturare, sofisticare.
faluche [falyʃ] f. cappello (m.), berretto (m.) goliardico ; goliardo m.
falzar [falzar] m. ARG. brache f. pl., calzoni pl., pantaloni pl. (L.C.).
famé, e [fame] adj. LOC. *mal famé*, malfamato.
famélique [famelik] adj. [animal] famelico (m. pl. *famelici*) ; [homme] affamato.
fameusement [famøzmɑ̃] adv. FAM. estremamente, straordinariamente (L.C.).
fameux, euse [famø, øz] adj. [célèbre] famoso, celebre. ‖ FAM. [excellent] ottimo, eccellente, prelibato (L.C.). ‖ IRON. *un fameux imbécile*, un perfetto imbecille. | *ce n'est pas fameux !*, non è un gran che !
familial, e, aux [familjal, o] adj. familiare. ◆ n. f. AUTOM. familiare.
familiariser [familjarize] v. tr. rendere familiare. | *familiariser qn aux, avec les usages du monde*, rendere familiare a uno la pratica della società. | *familiariser un soldat avec le maniement des armes*, impratichire un soldato nel maneggio delle armi. ◆ v. pr. **(avec)** familiarizzarsi (con). ‖ [s'habituer] *se familiariser avec le bruit de la rue*, assuefarsi al rumore della strada.
familiarité [familjarite] f. familiarità, dimestichezza, confidenza. ◆ pl. *prendre des familiarités avec qn*, prendersi delle libertà con qlcu.
familier, ère [familje, ɛr] adj. familiare. | *être familier avec qn*, essere familiare, confidenziale con qlcu. | *termes familiers*, termini dell'uso, familiari. | *dieux familiers*, dei familiari ; lari m. pl. ◆ n. m. [ami] intimo m. ; [habitué] frequentatore m.
familièrement [familjɛrmɑ̃] adv. familiarmente. ‖ [couramment] *on dit familièrement*, si dice correntemente.
famille [famij] f. famiglia. | *les membres de la famille*, i familiari. | *chef de famille*, capofamiglia m. | *nom de famille*, cognome m. | *médecin de (la) famille*, medico di famiglia, di casa. | *fonder une famille*, metter su una famiglia. | *avoir un air de famille*, avere una certa somiglianza. | *la Sainte Famille*, la Sacra Famiglia. | *de bonne famille*, di buona famiglia. | *fils de famille*, figlio di famiglia. | *il est de la famille*, è di famiglia. ‖ LOC. *pension de famille*, pensione familiare. ‖ BOT., GRAMM., ZOOL. famiglia.
famine [famin] f. carestia. | *crier famine*, pianger miseria. | *réduire qn par la famine*, prendere qlcu. per la fame. | *salaire de famine*, stipendio di fame.
fan [fan] n. (angl.) FAM. fanatico ammiratore, fanatica ammiratrice (L.C.) ; fan n.
fana [fana] m. ARG. tifoso ; fan (angl.).
fanal [fanal] m. MAR. fanale. ‖ [en général] lanterna f.
fanatique [fanatik] adj. et n. fanatico (m. pl. *fanatici*).
fanatiser [fanatize] v. tr. fanatizzare.
fanatisme [fanatism] m. fanatismo.
fanchon [fɑ̃ʃɔ̃] f. fazzoletto (m.) da testa.
fane [fan] f. [de plantes herbacées] = foglia e gambo.
fané, e [fane] adj. [plante] appassito, avvizzito. ‖ [couleur, étoffe] sbiadito, scolorito, sciupato ; fané (fr.). ‖ [beauté, visage] sfiorito, avvizzito, sciupato ; fané.
faner [fane] v. tr. AGR. [foin] rivoltare ; [autres plantes] fare appassire. ‖ [couleur, étoffe] scolorire, sbiadire, sciupare. ◆ v. pr. [plante] appassire, avvizzire. ‖ [couleur, étoffe] sbiadire, scolorire v. intr., sciuparsi. ‖ [beauté, visage] sfiorire, avvizzire v. intr., sciuparsi.
faneur, euse [fanœr, øz] n. AGR. chi rivolta il fieno. ◆ n. f. [machine] voltafieno m. inv.
fanfare [fɑ̃far] f. fanfara. ‖ [société musicale] banda (musicale) ; MIL. fanfara. | *chef de fanfare*, capobanda m. ‖ FIG. *faire une entrée en fanfare*, fare un'entrata strepitosa. | *à toute fanfare*, a colpi di grancassa.
fanfaron, onne [fɑ̃farɔ̃, ɔn] adj. millantatore, trice ; spavaldo. ◆ n. fanfarone, a ; spaccone, a ; smargiasso m. ; millantatore, trice.
fanfaronnade [fɑ̃farɔnad] f. fanfaronata, spacconata, smargiassata, millanteria.
fanfaronner [fɑ̃farɔne] v. intr. dire fanfaronate, fare lo spaccone ; millantarsi v. pr. ; smargiassare (rare).
fanfreluche [fɑ̃frəlyʃ] f. fronzolo m.
fange [fɑ̃ʒ] f. PR. et FIG. fango m., melma.
fangeux, euse [fɑ̃ʒø, øz] adj. fangoso, melmoso. ‖ FIG. fangoso, abietto.
fanion [fanjɔ̃] m. bandierina f. ; [d'association, de parti] gagliardetto ; [de navire] guidone ; [d'automobile] guidoncino.
fanon [fanɔ̃] m. [baleine] fanone. ‖ [bœuf] giogaia f. ‖ [cheval] barbetta f. ‖ [de mitre] fanone.
fantaisie [fɑ̃tezi] f. [imagination] fantasia, immaginazione. ‖ [goût particulier] fantasia, estro m., originalità. | *vivre à sa fantaisie*, vivere secondo il proprio capriccio. | *donner libre cours à sa fantaisie*, sbizzarrirsi. ‖ [caprice] fantasia, estro, ghiribizzo m., capriccio m. | *il lui a pris la fantaisie de partir*, gli è venuta la fantasia di partire ; gli è saltato il grillo, il ticchio, il ghiribizzo di partire. | *passer toutes ses fantaisies à qn*, levare tutti i capricci a qlcu. | *se passer la fantaisie de*, levarsi, cavarsi, togliersi la voglia, il capriccio di. ‖ ART *fantaisies ornementales*, capricci ornamentali. ‖ MUS. fantasia. ◆ loc. adv. ***de fantaisie***, di fantasia. | *articles, dessins, étoffes, bijoux (de) fantaisie*, articoli, disegni, stoffe, gioielli (di) fantasia. | *pain de fantaisie* = pane di lusso venduto al pezzo.
fantaisiste [fɑ̃tezist] adj. fantasioso, estroso ; cervellotico (péjor.). ◆ n. persona fantasiosa, estrosa ; tipo bizzarro. ‖ THÉÂTRE fantasista m. et f.
fantasia [fɑ̃tazja] f. fantasia.
fantasmagorie [fɑ̃tasmagɔri] f. fantasmagoria.
fantasmagorique [fɑ̃tasmagɔrik] adj. fantasmagorico (m. pl. *fantasmagorici*).
fantasme [fɑ̃tasm] m. fantasma, illusione f. ‖ PSYCHAN. fantasma, fantasia f.
fantasque [fɑ̃task] adj. lunatico, bizzarro, cervellotico, estroso.
fantassin [fɑ̃tasɛ̃] m. MIL. fante ; fantaccino (fam.).
fantastique [fɑ̃tastik] adj. fantastico (m. pl. *fantastici*). ◆ n. m. HIST. LITT. (genere) fantastico.
fantoche [fɑ̃tɔʃ] m. PR. et FIG. fantoccio. ◆ adj. *gouvernement fantoche*, governo fantoccio.
fantomatique [fɑ̃tɔmatik] adj. fantomatico (m. pl. *fantomatici*).
fantôme [fɑ̃tom] m. PR. et FIG. fantasma. ‖ FAM. *c'est un vrai fantôme*, è l'ombra di se stesso. ‖ PHYS. *fantôme magnétique*, spettro magnetico. ◆ adj. *cabinet, gouvernement fantôme*, gabinetto, governo fantasma ; gabinetto, governo ombra.
faon [fɑ̃] m. ZOOL. [cerf] cerbiatto ; [chevreuil] giovane, piccolo del capriolo ; [daim] giovane, piccolo del daino.
faquin [fakɛ̃] m. ribaldo, canaglia f., farabutto.
farad [farad] m. PHYS. farad.
faramineux, euse [faraminø, øz] adj. FAM. strabiliante, stupefacente, sbalorditivo, prodigioso (L.C.).
farandole [farɑ̃dɔl] f. farandola.
faraud, e [faro, od] adj. FAM. vanesio, baldanzoso (L.C.) ; fatuo (littér.). ◆ n. m. FAM. fanfarone. ‖ FAM. *faire le faraud*, fare lo spavaldo.
farce [fars] f. THÉÂTRE farsa. ‖ [tour joué] scherzo m., burla, beffa. | *faire une farce*, fare uno scherzo. | *être le dindon de la farce*, essere la vittima (di un inganno, di una beffa). ‖ CULIN. farcia, ripieno m. ◆ adj. inv. POP. buffo, spassoso (L.C.).
farceur, euse [farsœr, øz] n. burlone, a ; mattacchione, a ; pazzerellone, a ; capo ameno m.

farcir [farsir] v. tr. CULIN. farcire ; infarcire (rare). ‖ FIG. infarcire, riempire. | *cerveau farci de citations*, cervello riempito, imbottito di citazioni.

fard [far] m. belletto, trucco ; [d'acteur] trucco, cerone. | *mettre du fard*, mettersi, darsi il belletto, il trucco. | *fard à paupières*, ombretto. ‖ FIG. *sans fard*, senza belletto, senza orpello. | *parler sans fard*, parlare senza dissimulazione. ‖ FAM. *piquer un fard*, arrossire (L.C.).

fardeau [fardo] m. PR. et FIG. fardello, carico. | *être un fardeau pour qn*, essere un peso per qlcu. | *le fardeau des ans*, il peso degli anni. | *le doux fardeau*, il dolce peso.

farder [farde] v. tr. imbellettare, truccare. | *farder le visage d'un acteur*, mettere il cerone a un attore. ‖ FIG. [déguiser] mascherare, camuffare, dissimulare. ◆ v. pr. imbellettarsi, truccarsi.

fardier [fardje] m. carro matto.

farfadet [farfadɛ] m. folletto.

farfelu, e [farfəly] adj. balzano, strambo, bislacco.

farfouiller [farfuje] v. tr. et intr. frugare ; rovistare v. tr. | *farfouiller dans un tiroir*, frugare (in), rovistare un cassetto.

faribole [faribɔl] f. FAM. frivolezza, sciocchezza (L.C.).

farinacé, e [farinase] adj. farinaceo.

farinage [farinaʒ] m. HIST. molenda f.

farine [farin] f. farina. ‖ FIG. *de (la) même farine*, dello stesso stampo ; della stessa risma (péjor.). ‖ LOC. FAM. *rouler qn dans la farine*, infinocchiare uno, farla a uno. ‖ MINÉR. *farine fossile*, farina fossile.

fariner [farine] v. pr. infarinare.

farineux, euse [farinø, øz] adj. [contenant de la farine] farinoso. ‖ [couvert de farine] infarinato. ◆ n. m. CULIN. farinaceo.

farlouse [farluz] f. ZOOL. pispola.

farnésien, enne [farnezjɛ̃, ɛn] n. UNIV., FAM. = membro della Scuola archeologica di Roma.

farniente [farnjɛ̃t, farnjɛnte] m. dolce farniente.

farouche [faruʃ] adj. selvatico. ‖ [peu sociable] scontroso, poco socievole. ‖ [cruel] feroce, truce, selvaggio, accanito. ‖ FIG., FAM. *fille peu farouche*, ragazza arrendevole (L.C.).

fart [fart] m. sciolina f.

fartage [fartaʒ] m. sciolinatura f.

farter [farte] v. tr. sciolinare.

fasce [fas] f. HÉRALD. fascia.

fascé, e [fase] adj. HÉRALD. fasciato.

fascicule [fasikyl] m. fascicolo, dispensa f. | *paraître en fascicules*, uscire a dispense. ‖ MIL. *fascicule de mobilisation*, preavviso di destinazione.

fasciculé, e [fasikyle] adj. ARCHIT., BOT. fascicolato.

fascinage [fasinaʒ] m. fascinata f.

fascinant, e [fasinɑ̃, ɑ̃t] ou **fascinateur, trice** [fasinatœr, tris] adj. affascinatore, trice ; ammaliatore, trice ; maliardo.

fascination [fasinasjɔ̃] f. fascino m., attrattiva ; affascinamento m. (rare) ; fascinazione (littér.).

fascine [fasin] f. fascina.

1. fasciner [fasine] v. tr. affascinare, ammaliare, incantare.

2. fasciner v. tr. [garnir de fascines] provvedere di fascine ; fascinare (rare).

fascisant, e [fasizɑ̃, faʃizɑ̃, ɑ̃t] adj. et n. = di tendenza fascista.

fascisme [fasism, faʃism] m. POLIT. fascismo.

fasciste [fasist, faʃist] adj. POLIT. fascista ; fascistico (rare). ‖ *s'inscrire au parti fasciste*, iscriversi al Fascio, al partito fascista. ◆ n. fascista.

faseiller ou **faséyer** [fazeje] v. intr. MAR. fileggiare.

1. faste [fast] m. fasto, sfarzo, pompa f.

2. faste adj. fasto, fausto.

3. fastes m. pl. ANTIQ. fasti.

fastidieux, euse [fastidjø, øz] adj. fastidioso, molesto, noioso, stucchevole.

fastueux, euse [fastɥø, øz] adj. fastoso, sfarzoso.

fat [fa(t)] adj. fatuo, vanesio. ◆ n. m. vanesio ; uomo fatuo.

fatal, e, als [fatal] adj. fatale. | *coup fatal, issue fatale*, colpo, esito fatale. | *femme fatale*, donna fatale. ‖ LOC. *c'était fatal !*, era destino !, era fatale ! ‖ [nuisible] *fatal à qn, qch.*, fatale a qlcu., qlco. ; esiziale per uno, qlco. (littér.).

fatalisme [fatalism] m. fatalismo.

fataliste [fatalist] n. fatalista. ◆ adj. fatalistico (m. pl. *fatalistici*).

fatalité [fatalite] f. fatalità, fato m.

fatidique [fatidik] adj. fatidico (m. pl. *fatidici*). | *heure fatidique*, ora fatidica.

fatigabilité [fatigabilite] f. disposizione alla stanchezza.

fatigable [fatigabl] adj. che si stanca facilmente.

fatigant, e [fatigɑ̃, ɑ̃t] adj. faticoso, stancante, stanchevole (rare). ‖ [ennuyeux] noioso, stucchevole.

fatigue [fatig] f. fatica, stanchezza, affaticamento m. | *mort de fatigue*, stanco morto. | *tomber de fatigue*, essere stanco morto. | *fatigue de la vue*, debolezza di vista. ‖ [travail pénible] fatica. | *homme de fatigue*, uomo di fatica. | *cheval de fatigue*, cavallo da fatica. ‖ TECHN. [effort] sollecitazione.

fatigué, e [fatige] adj. stanco, affaticato. | *être fatigué de qch., de qn*, essere stanco di qlco., di qlcu. ‖ [indisposé] *être (un peu) fatigué*, essere (un po') indisposto. ‖ FAM. [défraîchi] sciupato, malandato, mal ridotto. | *costume fatigué*, abito sciupato. ‖ AGR. *terrain fatigué*, terreno stanco.

fatiguer [fatige] v. tr. stancare, affaticare. ‖ FIG. [importuner] stancare ; dare fastidio a. | *tu me fatigues !*, mi stanchi !, mi dai fastidio ! ‖ FAM. *fatiguer la salade*, mescolare a lungo l'insalata (L.C.). ‖ TECHN. sollecitare ; sottoporre a fatica. ◆ v. intr. [peiner] faticare. ◆ v. pr. stancarsi, affaticarsi. ‖ [s'efforcer] far fatica.

fatras [fatra] m. guazzabuglio, farragine f., ammasso.

fatuité [fatɥite] f. fatuità.

fatum [fatɔm] m. (lat.) fato.

faubourg [fobur] m. sobborgo, periferia f.

faubourien, enne [foburjɛ̃, ɛn] adj. di, da sobborgo. | *accent faubourien*, accento popolaresco. ◆ n. abitante del sobborgo.

faucard [fokar] m. falce (f.) dal lungo manico.

faucarder [fokarde] v. tr. = falciare l'erba (su una ripa).

fauchage [foʃaʒ] m., **fauchaison** [foʃɛzɔ̃] ou **fauche** [foʃ] f. AGR. [action ; époque] falciatura f.

fauché, e [foʃe] adj. FAM. [sans argent] squattrinato. | *être fauché comme les blés*, essere completamente al verde, essere in bolletta.

faucher [foʃe] v. tr. AGR. falciare. ‖ FIG. *la mitrailleuse fauche les soldats*, la mitragliatrice falcia i soldati. | *l'automobile a fauché un piéton*, l'automobile ha falciato un pedone. | *faucher l'herbe sous le pied de qn*, V. HERBE. ‖ POP. [voler] fregare ; sgraffignare (fam.). ◆ v. intr. [cheval] falciare.

fauchet [foʃɛ] m. rastrello (di legno).

faucheur, euse [foʃœr, øz] n. AGR. falciatore, trice. ◆ n. f. [machine] falciatrice.

faucheux [foʃø] ou **faucheur** [foʃœr] m. ZOOL. opilione.

fauchon [foʃɔ̃] m. AGR. falce (f.) con rastrello.

faucille [fosij] f. falce messoria ; falciola. | *petite faucille*, falcetto m.

faucon [fokɔ̃] m. ZOOL. falco, falcone. | *faucon pèlerin*, falcone pellegrino. ‖ MIL. falcone.

fauconnerie [fokɔnri] f. [art, chasse] falconeria. ‖ [lieu d'élevage] falconara.

fauconnier [fokɔnje] m. falconiere.

faufil [fofil] m. filo dell'imbastitura.

faufiler [fofile] v. tr. TEXT. imbastire. ◆ v. pr. FIG. [se glisser] intrufolarsi, infilarsi.

faufilure [fofilyr] f. imbastitura, bast(i)a.

1. faune [fon] m. MYTH. fauno.

2. faune f. ZOOL. fauna ; faunistica (rare).

faunesque [fonɛsk] adj. faunesco.

faunesse [fonɛs] f. MYTH. fauna.

faunique [fonik] adj. faunistico.

faussaire [fosɛr] m. falsario, falsificatore, contraffattore.

fausser [fose] v. tr. [déformer] storcere. | *tu as faussé la clé*, hai storto la chiave. || [rendre faux] *fausser la voix*, alterare la voce. || FIG. [altérer] falsare, alterare. || FAM. *fausser compagnie à qn*, piantare in asso qlcu. ◆ v. pr. guastarsi, alterarsi.

1. fausset [fosɛ] m. MUS. *(voix de) fausset*, falsetto.

2. fausset m. [dans un tonneau] zipolo.

fausseté [foste] f. *la fausseté d'une nouvelle*, la falsità di una notizia. || FIG. [duplicité] falsità, doppiezza. | *fausseté d'esprit*, falsità d'animo.

faute [fot] f. [manquement au devoir, à la morale] colpa, fallo m. | *commettre une faute*, commettere una colpa, un fallo. | *prendre qn en faute*, cogliere qlcu. in fallo. | *rejeter la faute sur qn*, buttar la colpa addosso a qlcu., far ricadere la colpa su qlcu. | *être en faute*, essere in colpa. | *à qui la faute?*, di chi è la colpa? | *c'est (de) ma faute*, è colpa mia. | *par sa faute*, per colpa sua. || [manquement à la règle] sbaglio m., errore m. | *faute d'impression*, errore di stampa; refuso m. | *faute d'inattention, d'étourderie*, errore di disattenzione, di distrazione. || SPORT fallo, fault m. (angl.). || [manque] mancanza. | *faire faute*, mancare. || LOC. *ne pas se faire faute de*, non mancare di, non fare a meno di. ◆ loc. prép. ***faute de : faute d'argent, il n'a pas acheté le livre***, per mancanza di denaro, non ha comprato il libro. | *faute de mieux*, in mancanza di meglio. | *économisez, faute de quoi vous ne ferez pas le voyage*, risparmiate, se no non farete il viaggio. || PROV. *faute de grives on mange des merles*, in mancanza di cavalli trottano gli asini. ◆ loc. adv. ***sans faute***, senz'altro, senza fallo.

fauter [fote] v. intr. FAM. cedere, cadere, cascare.

fauteuil [fotœj] m. poltrona f. | *fauteuil d'enfant*, seggiolone. | *fauteuil d'invalide*, carrozzella (f.) da invalido. | *fauteuil d'orchestre*, poltrona di platea. || FIG. *fauteuil académique*, seggio accademico. | *occuper le fauteuil*, presiedere. || FAM. *arriver dans un fauteuil*, arrivare in carrozza, con tutti i comodi.

fauteur, trice [fotœr, tris] n. PÉJOR. fomentatore, trice; istigatore, trice.

fautif, ive [fotif, iv] adj. [coupable] colpevole; in colpa. || [erroné] scorretto, errato.

fauve [fov] adj. [couleur] fulvo. || ZOOL. *bête fauve*, bestia feroce, belva f., fiera f. | *odeur fauve*, puzzo (m.) di selvatico; bestino m. ◆ n. m. [couleur] colore fulvo. || ZOOL. belva f., fiera f. || ART fauve (fr.).

fauverie [fovri] f. serraglio m.

fauvette [fovɛt] f. silvia. | *fauvette à tête noire*, capinera. | *fauvette babillarde*, bigiarella. | *fauvette des jardins*, beccafico m.

fauvisme [fovism] m. ART fauvismo.

1. faux [fo] f. falce (fienaia). | *coup de faux*, falciata. || ANAT. falce.

2. faux [fo], **fausse** [fos] adj. [imité] falso, finto. | *fausse monnaie*, moneta falsa. | *perle, pierre fausse*, perla, pietra falsa. | *faux dieux*, dei falsi. | *sous un faux nom*, sotto falso nome. | *fausse signature*, firma falsa. | *fausse clé*, chiave falsa. | *fausse fenêtre*, finestra finta. || PR. et FIG. *fausse sortie*, uscita finta. | *fausse attaque*, attacco simulato. || [postiche] *fausse barbe*, barba finta. | *fausse naïveté*, ingenuità finta. || [prétendu] *faux prophète*, falso profeta. | *faux dévot*, bacchettone m. inv., baciapile m. inv. || [contraire à la vérité] falso, fallace. | *faux jour*, luce falsa. | *fausse nouvelle*, notizia falsa. | *avoir une idée fausse de qch.*, aver un'idea sbagliata di qlco. | *espérance, promesse fausse*, speranza, promessa fallace, falsa. | *faux témoignage*, falsa testimonianza. | *fausse prospérité*, prosperità illusoria. | *fausse alerte*, falso allarme. | *fausses craintes*, falsi timori. | *faux problème*, problema inesistente. | *fausses difficultés*, difficoltà inesistenti. || MÉD. *fausse couche*, aborto m. || [contraire à la raison, à la norme] falso, sbagliato. | *faux mouvement*, falso movimento. | *faux pli*, falsa piega. | *fausse manœuvre*, manovra falsa. || PR. et FIG. *faire fausse route*, far falsa rotta. | *il est dans une situation fausse*, è in una situazione falsa. | *faux pas*, falso passo. || FIG. *faire faux bond*, non mantenere un impegno, una promessa; mancare a un appuntamento. || [qui n'est pas juste] *fausse note*, nota falsa. | *voix fausse*, voce stonata. | *piano faux*, pianoforte stonato. | *vers faux*, verso sbagliato, zoppicante. || [contraire à la logique, à l'exactitude] falso, sbagliato. | *calcul, problème, raisonnement faux*, calcolo, problema, ragionamento sbagliato. | *fausse conception*, falsa concezione. | *faux esprit*, mente falsa. || [menteur, hypocrite] falso, insincero. | *homme faux*, uomo falso. | *regard faux*, sguardo falso. || FAM. *faux jeton*, ipocrita (L.C.). | *faux frère*, falso amico (L.C.). ◆ adv. *chanter faux*, stonare; cantar falso. | *sonner faux*, suonare falso. ◆ loc. adv. ***à faux :*** [injustement] *il est accusé à faux*, è accusato a torto. | [de travers] *j'ai posé mon pied à faux*, ho messo il piede in fallo. | *porter à faux*, V. PORTER. ◆ n. m. falso. || JUR. *faux en écriture*, falso in scrittura. | *faire un faux*, fare un falso. || LOC. *s'inscrire en faux contre qch.*, V. INSCRIRE V. pr.

faux-bourdon [foburdɔ̃] m. MUS. falsobordone. || ZOOL. fuco.

faux-fuyant [fofɥijɑ̃] m. scappatoia f., sotterfugio.

faux-monnayeur [fomɔnɛjœr] m. falsario, falsificatore.

faux-semblant [fosɑ̃blɑ̃] m. finzione f., falsa apparenza.

faveur [favœr] f. [bienveillance, protection] favore m. | *avoir la faveur d'un ministre*, godere il favore di, essere nelle (buone) grazie di un ministro. | *accueillir une proposition avec faveur*, accogliere una proposta favorevolmente. | *gagner la faveur du public*, riscuotere il favore, il plauso del pubblico. || [bienfait] *solliciter une faveur*, chiedere un favore. | *régime de faveur*, situazione privilegiata. | *gagner les faveurs de qn*, accattivarsi il favore di uno. | *combler de faveurs*, colmare di favori. || [privilège] *billet, prix de faveur*, biglietto, prezzo di favore. | *faites-nous la faveur de*, ci faccia il favore di. || [crédit, considération] favore. | *le vert est très en faveur cette année*, il verde è molto di moda quest'anno. || [ruban] nastrino m. (di seta). ◆ f. pl. favori m. pl. ◆ loc. prép. ***à la faveur de***, col favore di. || ***en faveur de :*** [au profit de] in favore di; [en considération de] in considerazione di.

favorable [favɔrabl] adj. [bienveillant; avantageux] favorevole.

favori, ite [favɔri, it] adj. favorito, prediletto. || FIG. *être l'enfant favori de la fortune*, essere prediletto dalla, il beniamino della fortuna. ◆ n. m. favorito. || SPORT favorito. ◆ n. m. pl. [barbe] favoriti, fedine f. pl., scopettoni. ◆ n. f. favorita.

favoriser [favɔrize] v. tr. favorire, assecondare; [illicitement] favoreggiare.

favoritisme [favɔritism] m. favoritismo.

fayard [fajar] m. BOT. faggio.

fayot [fajo] m. POP. [haricot] fagiolo (L.C.). || ARG. MIL. soldato zelante; firmaiolo m. | *faire fayot*, far la firma; raffermarsi.

fayoter [fajɔte] v. intr. POP., PÉJOR. fare lo zelante (L.C.), il firmaiolo.

féal, e, aux [feal, o] adj. et n. m. (littér.) fido; fedele adj. (L.C.).

fébrifuge [febrifyʒ] adj. et n. m. febbrifugo.

fébrile [febril] adj. PR. et FIG. febbrile.

fébrilité [febrilite] f. PR. et FIG. stato, carattere (m.) febbrile.

fécal, e, aux [fekal, o] adj. fecale. | *matières fécales*, escrezioni fecali.

fèces [fɛs] f. pl. [lie] feccia f. sing. || MÉD. feci f. pl.

fécond, e [fekɔ̃, ɔ̃d] adj. PR. et FIG. fecondo.

fécondation [fekɔ̃dasjɔ̃] f. fecondazione.

féconder [fekɔ̃de] v. tr. PR. et FIG. fecondare.

fécondité [fekɔ̃dite] f. PR. et FIG. fecondità.

fécule [fekyl] f. fecola.

féculent, e [fekylɑ̃, ɑ̃t] adj. che contiene fecola; ricco di fecola; feculento (rare). ◆ n. m. alimento contenente fecola.

féculerie [fekylri] f. fecoleria.

fédéral, e, aux [federal, o] adj. federale.

fédéralisme [federalism] m. federalismo.

fédéraliste [federalist] adj. federalistico (m. pl. *federalistici*), federalista. ◆ n. federalista.

fédératif, ive [federatif, iv] adj. federativo.
fédération [federasjɔ̃] f. federazione.
fédéré, e [federe] adj. federato. ◆ n. m. pl. HIST. Federati.
fédérer [federe] v. tr. federare.
fée [fe] f. PR. et FIG. fata. | *conte de fées*, fiaba f.; racconto delle fate. || LOC. *fée Carabosse*, vecchia strega; befana. | *avoir des doigts de fée*, aver le dita d'oro. | *la fée du logis*, l'angelo (m.) della casa.
feeder [fidœr] m. ÉLECTR. alimentatore. || [gaz] metanodotto.
féerie [feri] f. THÉÂTRE féerie (fr.). || [spectacle merveilleux] incanto m., incantesimo m.; féerie.
féerique [ferik] adj. PR. et FIG. fiabesco.
feignant, e ou **faignant, e** [fɛɲɑ̃, ɑ̃t] adj. FAM. sfaticato. ◆ n. sfaticato, a, fannullone, a.
feindre [fɛ̃dr] v. tr. fingere; far finta.
feinte [fɛ̃t] f. finta. | *sans feinte*, senza dissimulazione; scopertamente. || SPORT finta.
feinter [fɛ̃te] v. intr. SPORT fare una finta. ◆ v. tr. FAM. [tromper] infinocchiare.
feldspath [fɛldspat] m. GÉOL. feldspato.
fêle ou **felle** [fɛl] f. TECHN. canna.
fêlé, e [fele] adj. FIG. *voix fêlée*, voce fessa. || FAM. tocco, picchiatello.
fêler [fele] v. tr. incrinare.
félibre [felibr] m. felibro.
félibrige [felibriʒ] m. felibrismo.
félicitation [felisitasjɔ̃] f. congratulazione, felicitazione. | *félicitations!*, rallegramenti!, congratulazioni!
félicité [felisite] f. felicità.
féliciter [felisite] v. tr. congratularsi, rallegrarsi, felicitarsi v. pr. (con). | *je vous félicite de votre nomination*, mi congratulo, mi rallegro, mi felicito con Lei per la sua nomina. ◆ v. pr. **(de)** felicitarsi, rallegrarsi (di).
félidés [felide] m. pl. felidi.
félin, e [felɛ̃, in] adj. et n. m. felino.
fellah [fela] m. fellah.
felle f. V. FÊLE.
félon, onne [felɔ̃, ɔn] adj. LITTÉR. sleale, traditore (L.C.). ◆ n. m. fellone.
félonie [felɔni] f. LITTÉR. fellonia.
felouque [fəluk] f. MAR. feluca.
fêlure [felyr] f. incrinatura, crepa. || FIG. [blessure morale] ferita. || POP. *il a une fêlure*, gli manca qualche venerdì.
femelle [fəmɛl] adj. femmina, femminile. | *fleur femelle*, fiore femminile. || TECHN. *vis femelle*, vite femmina. ◆ n. f. ZOOL. femmina. | *un rossignol femelle*, un usignolo femmina (pl. *usignoli femmine*). || PÉJOR. [femme] femmina.
féminin, e [feminɛ̃, in] adj. femminile; femmineo (littér.). | *sexe, caractère féminin*, sesso, carattere femminile. || PÉJOR. femminesco, femminino. || GRAMM. femminile. ◆ n. m. *l'éternel féminin*, l'eterno femminino. || GRAMM. femminile.
féminiser [feminize] v. tr. rendere femminile. || FIG. effeminare.
féminisme [feminism] m. femminismo.
féministe [feminist] adj. femminista, femministico (m. pl. *femministici*). ◆ n. femminista.
féminité [feminite] f. femminilità.
femme [fam] f. donna. | *jeune femme*, giovane donna, giovane signora. | *de femme*, donnesco, muliebre adj. | *chaussures de femme*, scarpe da donna. | *femme d'intérieur, du monde*, donna di casa, di mondo. | *maîtresse femme*, donna di polso. | *femme de chambre*, cameriera. | *femme de ménage*, donna (a mezzo servizio). | *femme-auteur*, autrice. | *femme de lettres*, scrittrice. | *un professeur femme*, una professoressa. | *une femme médecin*, una dottoressa (in medicina). | *femme de mauvaise vie*, V. VIE. | *femme de mœurs légères*, donna di facili costumi. | *femme entretenue*, mantenuta. || POP. *bonne femme*, donnetta. | *histoires de bonne femme*, chiacchiere da comari. | *c'est une vraie petite bonne femme*, è una vera donnina. || RELIG. *les saintes femmes*, le pie donne. || LOC. *homme à femmes*, dongiovanni. | *coureur de femmes*, donnaiolo. || [épouse] moglie. | *prendre femme*, prendere moglie. | *demander pour femme*, chiedere in moglie. | *avoir pour femme*, avere come moglie. || ADM. *Mme X, femme Y*, V. ÉPOUSE. ◆ adj. *elle est très femme*, è molto femmina. | *devenir femme*, diventare donna.
femmelette [famlɛt] f. donnetta. || PÉJOR. [homme] femminuccia.
fémoral, e, aux [femɔral, o] adj. ANAT. femorale.
fémur [femyr] m. ANAT. femore.
fenaison [fənɛzɔ̃] f. [récolte; époque] fienagione.
fendant [fɑ̃dɑ̃] m. [escrime] fendente. || [arrogant] *faire le fendant*, fare il prepotente.
fendeur [fɑ̃dœr] m. [de bois] spaccalegna, taglialegna inv.; [de pierre] spaccapietre inv.
fendiller [fɑ̃dije] v. tr. screpolare. ◆ v. pr. screpolarsi.
fendoir [fɑ̃dwar] m. spaccatoio.
fendre [fɑ̃dr] v. tr. fendere, spaccare. | *fendre du bois*, spaccare legna. | *fendre les vagues*, fendere, solcare le onde. | *fendre l'air, la foule*, fendere l'aria, la folla. | *yeux fendus en amande*, occhi (tagliati) a mandorla. || FIG. *fendre le cœur*, spezzare il cuore. || LOC. *il gèle à pierre fendre*, gela da spaccare le pietre. ◆ v. pr. fendersi, spaccarsi. || FIG., POP. *il s'est fendu de dix francs pour les pauvres*, s'è rovinato a dare dieci franchi per i poveri (L.C.). || ARG. *se fendre la pipe*, togliersi, sbudellarsi dalle risa. || SPORT [escrime] andare a fondo.
fenêtre [fənɛtr] f. finestra; [d'une voiture de ch. de f.] finestrino m. | *fenêtre à guillotine, à croisée*, finestra a ghigliottina, a crociera. | *fenêtre dormante*, finestra a vetrata fissa. | *fenêtre coulissante*, finestra scorrevole. | *fausse fenêtre*, finestra finta, cieca. | *être, se mettre à la fenêtre*, stare, affacciarsi alla finestra. | *regarder, tomber par la fenêtre*, guardare, cadere dalla finestra. || FIG. *jeter l'argent par les fenêtres*, buttare i soldi dalla finestra. || ANAT. finestra.
fenil [fənil] m. fienile.
fennec [fenɛk] m. ZOOL. fennec.
fenouil [fənuj] m. BOT. finocchio.
fente [fɑ̃t] f. fessura, fenditura, spacco m., spaccatura. | *fente d'un terrain, d'un mur*, crepa di un terreno, di un muro. | *veste à fentes*, giacca con gli spacchi. || AGR. *greffe en fente*, innesto a spacco. || SPORT [escrime] affondo m.
féodal, e, aux [feɔdal, o] adj. feudale; feudalesco (péjor.).
féodalisme [feɔdalism] m. feudalesimo, feudalismo.
féodalité [feɔdalite] f. [régime] feudalesimo m., feudalismo m. || [classe] feudalità.
fer [fɛr] m. **1.** [métal; matière] ferro. | *de, en fer*, di ferro; ferreo adj. | *fer brut, profilé, forgé, galvanisé, doux*, ferro grezzo, profilato, battuto, galvanizzato, dolce. || FIG. *muscles de fer*, muscoli di ferro. | *discipline, santé, volonté de fer*, disciplina, salute, volontà ferrea, di ferro. || HIST. *âge du fer*, età del ferro. || PROV. *il faut battre le fer quand il est chaud*, il ferro va battuto quando è caldo. || **2.** [instrument] ferro. | *fer à cheval*, ferro di cavallo. | *en fer à cheval*, a ferro di cavallo. | *fer à repasser*, ferro da stiro, per stirare. | *donner un coup de fer*, dare una stirata. | *fer de lance*, ferro di lancia. | *fer à friser*, calamistro. | *fer à souder*, saldatoio, saldatore. | *fer à T*, ferro a T. | *fer de rabot*, ferro della pialla. | *fer rouge*, ferro rovente. | *marquer au fer rouge*, marchiare a fuoco. || LITTÉR. [arme] ferro, brando. | *croiser le fer*, incrociare le spade. || LOC. *faire feu des quatre fers*, correre a spron battuto (pr.); impegnarsi a fondo, fare tutti gli sforzi possibili (fig.). | *les quatre fers en l'air*, a zampe all'aria. ◆ pl. [d'un captif] ferri, ceppi. | *mettre aux fers*, mettere ai ferri. | *briser ses fers*, spezzare le catene. || CHIR. ferri.
fer-blanc [fɛrblɑ̃] m. latta f.
ferblanterie [fɛrblɑ̃tri] f. [commerce] negozio (m.) di stagnaio; commercio (m.) di articoli di latta. || [ustensiles] articoli (m. pl.) di latta. || IRON. [décorations] patacche, medaglie f. pl.
ferblantier [fɛrblɑ̃tje] m. [fabricant] lattoniere, stagnaio; [commerçant] venditore di articoli di latta.

férié, e [ferje] adj. *jour férié*, giorno festivo. | *jour non férié*, giorno feriale.
férir [ferir] v. tr. Loc. *sans coup férir*, senza colpo ferire.
fermage [fɛrmaʒ] m. [mode d'exploitation] fitto. || [redevance] fitto, canone d'affitto.
fermail [fɛrmaj] m. fermaglio.
1. ferme [fɛrm] adj. sodo, saldo. || [solide, compact] *terrain ferme*, terreno sodo. | *chair ferme*, carne soda. || [stable] *être ferme sur ses jambes*, reggersi saldo sulle gambe. || [vigoureux] *une santé ferme*, una salute solida. | *style ferme*, stile deciso. || [assuré] fermo, sicuro. | *d'un ton ferme*, con tono fermo. | *d'un pas ferme*, con passo sicuro. | *d'une main ferme*, con mano ferma, sicura. | *jugement ferme*, giudizio fermo, deciso. || [constant] fermo, saldo. | *volonté ferme*, volontà salda. | *de pied ferme*, a piè fermo. | *rester ferme*, rimanere fermo. | *il a la ferme intention de*, ha il fermo proposito di. || Comm. *les cours (de la Bourse) sont fermes*, i corsi sono fermi. | *achat ferme*, acquisto definitivo. || Géogr. *terre ferme*, terraferma. ◆ adv. sodo, duro. | *travailler ferme*, lavorare sodo, duro. | *dormir ferme*, dormir sodo. | *s'ennuyer ferme*, annoiarsi mortalmente. | *tenir ferme à son opinion*, tenere duro alla propria opinione. | *promettre ferme*, promettere sicuramente.
2. ferme f. [exploitation ; bâtiment] fattoria, masseria ; [bâtiment] casa colonica. | *ferme modèle*, fattoria, masseria modello. || [contrat] contratto d'affitto. | *prendre, donner à ferme*, prendere, dare in affitto.
3. ferme f. [charpente] capriata, incavallatura. || Théâtre spezzato m.
fermé, e [fɛrme] adj. chiuso. | *cercle fermé*, circolo chiuso. | *fermé aux études*, negato agli studi. | *fermé à l'amour*, insensibile all'amore. | *visage fermé*, volto impenetrabile, ostile. | *caractère fermé*, carattere chiuso. || Géogr. *mer fermée*, mare chiuso. || Ling. *syllabe fermée*, sillaba chiusa. | *voyelle fermée*, vocale chiusa, stretta. || Loc. *les yeux fermés*, a occhi chiusi. | *dormir à poings fermés*, dormire della grossa. | *à guichets, à bureaux fermés*, tutto esaurito. | *on joue «Henri IV» au théâtre Argentina à bureaux fermés*, tutto esaurito al teatro Argentina per «Enrico IV». | *on disputera Italie-Angleterre ce soir au stade olympique à guichets fermés*, tutto esaurito questa sera all'Olimpico per Italia-Inghilterra.
ferment [fɛrmɑ̃] m. Pr. et fig. fermento.
fermentation [fɛrmɑ̃tasjɔ̃] f. fermentazione.
fermenter [fɛrmɑ̃te] v. intr. Pr. et fig. fermentare.
fermer [fɛrme] v. tr. chiudere. | *fermer à clef, à double tour*, chiudere a chiave, a doppia mandata. || Électr. *fermer un circuit*, chiudere un circuito. || [interdire l'accès] *fermer une route à la circulation*, chiudere una strada al traffico. | *fermer sa porte à qn*, v. porte. || [enclore] *fermer un jardin*, chiudere un giardino. || Loc. *ne pas fermer l'œil de la nuit*, non chiudere occhio in tutta la notte. | *fermer la marche*, chiudere la marcia. || Fig. *fermer les yeux sur qch.*, chiudere un occhio su qlco. | *fermer les yeux à qn*, chiudere gli occhi a qlcu. | *fermer la bouche à qn*, tappare la bocca a qlcu. | *fermer boutique*, chiudere bottega (pr.) ; serrare bottega (fig.). || Fam. *ferme-la !*, chiudi il becco ! ◆ v. intr. chiudere. | *cette valise ferme mal*, questa valigia chiude male. ◆ v. pr. Pr. et fig. chiudersi. | *mes yeux se ferment*, mi si chiudono gli occhi. | *la blessure ne s'est pas fermée*, la ferita non si è chiusa.
fermeté [fɛrməte] f. saldezza, stabilità. | *fermeté des chairs*, sodezza delle carni. || Fig. [solidité] fermezza, saldezza; [autorité] fermezza. || Comm. *fermeté du marché*, stabilità del mercato.
fermette [fɛrmɛt] f. [résidence] = casolare adibito a casa di campagna.
fermeture [fɛrmətyr] f. [action ; résultat] chiusura. | *fermeture de la chasse*, chiusura della caccia. || [mécanisme] *fermeture à crémaillère, à clavette, de sûreté*, chiusura a cremagliera, a chiavetta, di sicurezza. | *fermeture Éclair, à glissière*, chiusura, cerniera lampo. || Comm. *fermeture des comptes*, chiusura dei conti. || Électr. chiusura.
fermier, ère [fɛrmje, ɛr] n. fattore, a ; fattoressa f. ; fittavolo m. (sept.) ; fittaiolo m., massaio, a, colono, a (tosc.). ◆ n. m. Hist. *fermier général*, appaltatore d'imposte. ◆ adj. *beurre fermier*, burro di fattoria.
fermoir [fɛrmwar] m. fermaglio, cerniera f. | *fermoir de livre*, fibbia f. || Techn. scalpello.
féroce [ferɔs] adj. feroce. | *bête féroce*, bestia feroce ; belva f. || Fig. *regard, appétit féroce*, sguardo, appetito feroce.
férocité [ferɔsite] f. ferocia ; ferocità (littér.).
ferrage [fɛraʒ] m. ferratura f.
ferraille [fɛraj] f. ferraglia ; rottami (m. pl.) di ferro ; ferraccio m. | *jeter, mettre à la ferraille*, buttare, mettere ai ferri vecchi. | *faire un bruit de ferraille*, sferragliare.
ferrailler [fɛraje] v. intr. tirare di scherma, armeggiare. || Péjor. tirar male di scherma. || Fig., fam. altercare, litigare, questionare.
ferrailleur [fɛrajœr] m. [marchand] ferravecchio. || [ouvrier] ferraiolo. || Fam. schermitore, spadaccino.
ferré, e [fɛre] adj. ferrato. | *souliers ferrés*, scarpe ferrate, chiodate. | *bâton ferré*, bastone ferrato. || Fig., fam. *être ferré en histoire, sur un sujet*, essere ferrato in storia, su un argomento. || Ch. de f. *réseau ferré*, rete ferroviaria. | *voie ferrée*, strada ferrata ; ferrovia f.
ferrer [fɛre] v. tr. Techn. ferrare. | *ferrer un cheval*, ferrare un cavallo. | *ferrer à glace*, ferrare a ghiaccio. || [pêche] uncinare.
ferret [fɛrɛ] m. [de lacet] puntale. || Minér. *ferret d'Espagne*, ferretto.
ferreux, euse [fɛrø, øz] adj. Chim. ferroso. | *métal non ferreux*, metallo non ferroso.
ferrique [fɛrik] adj. Chim. ferrico (m. pl. *ferrici*).
ferro-alliage [fɛroaljaʒ] m. ferrolega f.
ferrocyanure [fɛrosjanyr] m. ferrocianuro.
ferromagnétisme [fɛromaɲetism] m. ferromagnetismo.
ferronnerie [fɛrɔnri] f. [atelier] ferriera. | *ferronnerie d'art*, ferro battuto d'artigianato. || [produits] ferramenta f. pl., ferro battuto.
ferronnier, ère [fɛrɔnje, ɛr] n. = chi fabbrica, chi vende oggetti di ferro battuto.
ferroviaire [fɛrɔvjɛr] adj. ferroviario.
ferrugineux, euse [fɛryʒinø, øz] adj. ferruginoso.
ferrure [fɛryr] f. [garniture] guarnizione in ferro. || [action] *la ferrure d'un cheval*, la ferratura di un cavallo.
ferry-boat [fɛribot] m. ferry-boat (angl.) ; nave (f.) traghetto (pl. *navi traghetto*) ; traghetto.
fertile [fɛrtil] adj. fertile, fecondo ; ferace, ubertoso (littér.). | *terrain fertile en blé*, terreno fertile in grano. || Fig. fertile, fecondo. | *esprit fertile*, ingegno fertile.
fertilisant [fɛrtilizɑ̃] adj. et n. m. fertilizzante.
fertiliser [fɛrtilize] v. tr. fertilizzare.
fertilité [fɛrtilite] f. fertilità, fecondità ; ubertà (littér.). || Fig. fertilità, fecondità.
féru, e [fery] adj. Littér. *être féru de qch.*, avere la passione di, essere appassionato di qlco. (l.c.).
férule [feryl] f. ferula. || Fig. *être sous la férule de qn*, essere sotto la ferula di qlcu. || Bot. ferula.
fervent, e [fɛrvɑ̃, ɑ̃t] adj. fervente, fervido. ◆ n. *les fervents du sport*, gli appassionati (l.c.), i patiti (fam.) dello sport.
ferveur [fɛrvœr] f. fervore m.
fesse [fɛs] f. natica ; chiappa (pop.). || Pop. *serrer les fesses*, farsela sotto. | *poser ses fesses*, sedere (l.c.).
fessée [fese] f. sculacciata. | *donner la fessée à qn*, prendere qlcu. a sculacciate.
fesse-mathieu [fɛsmatjø] m. (pl. **fesse-mathieux**) [usurier] strozzino. || [avare] spilorcio.
fesser [fese] v. tr. sculacciare. | *se faire fesser*, prendere delle sculacciate.
fessier [fesje] adj. *muscle fessier*, gluteo m. ◆ n. m. deretano, sedere.
festin [fɛstɛ̃] m. banchetto ; convito, simposio (littér.).
festival [fɛstival] m. (pl. **festivals**) festival inv.

festivités [fɛstivite] f. pl. festeggiamento m., festeggiamenti m. pl.
feston [fɛstɔ̃] m. festone, smerlo. | *point de feston*, punto a festone, a smerlo. ‖ ARCHIT. festone.
festonné, e [fɛstɔne] adj. festonato.
festonner [fɛstɔne] v. tr. PR. *festonner un drap*, smerlare un lenzuolo. ‖ FIG. *la vigne festonne le mur*, la vite decora il muro.
festoyer [fɛstwaje] v. intr. far bisboccia, baldoria.
fêtard [fɛtar] m. FAM. gaudente, buontempone ; festaiolo adj.
fête [fɛt] f. [solennité] festa. | *fête nationale*, festa nazionale. | *fête des mères, des morts, des roses, du travail*, festa della mamma, dei morti, delle rose, del lavoro. | *dimanche et fêtes*, domenica e feste. | *les fêtes (de fin d'année)*, le feste (di fine anno). | *bonnes fêtes !*, buone feste ! | *fêtes fixes, mobiles*, feste fisse, mobili. | *fêtes d'obligation*, feste di precetto, feste comandate. | *jour de fête*, giorno festivo, di festa. ‖ [réjouissance] festa. | *une petite fête*, una festicciola. | *repas de fête*, pranzo di festa. | *habits de fête*, vestito della festa, delle feste. | *comité, salle des fêtes*, comitato, salone dei festeggiamenti. | *fête de nuit, de charité, de famille*, festa notturna, di beneficenza, di famiglia. | *village en fête*, paese festante, in festa. | *air de fête*, aria di festa. | *la fête bat son plein*, la festa è al culmine. ‖ [jour de la fête du saint] festa, onomastico m. | *souhaiter la fête à qn*, augurare buona festa, buon onomastico a uno. ‖ LOC. *troubler la fête*, guastare la festa. | *se faire une fête de qch.*, rallegrarsi in anticipo di qlco., essere lietissimo di qlco. | ***se faire une fête de recevoir qn***, rallegrarsi al pensiero di ricevere qlcu. | *être, ne pas être à la fête*, essere, non essere troppo contento, soddisfatto. | *le chien me fait fête*, il cane mi fa le feste. | *mes amis m'ont fait fête*, i miei amici mi hanno fatto festa, le feste. | *être de la fête*, partecipare alla festa. ‖ FAM. *faire la fête*, spassarsela. | *ce n'est pas toujours fête*, non è sempre festa. | *ça va être ta fête*, ti concerò io per le feste.
Fête-Dieu [fɛtdjø] f. Corpus Domini m. (lat.).
fêter [fete] v. tr. festeggiare. | *fêter qn*, far festa a qlcu., festeggiare qlcu.
fétiche [fetiʃ] m. PR. et FIG. feticcio.
fétichisme [fetiʃism] m. PR. et FIG. feticismo.
fétichiste [fetiʃist] adj. et n. feticista.
fétide [fetid] adj. fetido, fetente.
fétidité [fetidite] f. fetore m.
fétu [fety] m. pagliuzza f., festuca f. ‖ FIG. *ça ne vaut pas un fétu*, non vale un baiocco.
fétuque [fetyk] f. BOT. festuca.
1. feu [fø] m.

I. SENS PR. : **1.** [élément] fuoco ; **2.** [foyer] fuoco, focolare ; famiglia f. ; **3.** [incendie] fuoco ; **4.** [lumière] luce f. ; scintillìo ; **5.** [supplice] rogo.
II. SENS FIG. : **1.** [ardeur, fougue] fuoco, foga f., impeto, ardore ; **2.** LOC.
III. SENSATION DE CHALEUR : bruciore, infiammazione f.
IV. SENS PARTIC. et TECHN.

I. SENS PR. : **1.** [élément] fuoco. | *couleur feu*, color (di) fuoco. | *pierre à feu*, pietra focaia. | *colonne, gerbe de feu*, colonna, fascio di fiamme. | *langue de feu*, lingua di fuoco. | *feu du ciel*, fulmine. | *feu de camp, feu de joie*, falò. | *les feux de la Saint-Jean*, i fuochi, i falò della festa di San Giovanni. | *faire du feu dans la chambre*, accendere un fuoco in camera. | *donne-moi du feu, s'il te plaît*, fammi accendere per piacere. | *demander du feu*, farsi accendere ; chiedere un po' di fuoco (fam.). ‖ LOC. *jouer avec le feu*, scherzare col fuoco. | *souffler sur le feu*, soffiare sul fuoco. ‖ PROV. *il n'y a pas de fumée sans feu*, non c'è fumo senza arrosto. ‖ **2.** [foyer] fuoco, focolare. | *elle met la marmite sur le feu*, mette la pentola sul fuoco. | *réchaud à trois feux*, fornello a tre fuochi. | *à feu doux, à petit feu*, a fuoco lento. | *à grand feu*, a fuoco vivo. | *le gâteau a eu un coup de feu*, il dolce si è abbruciacchiato. | *le coin du feu*, l'angolo del focolare. | *causerie au coin du feu*, conversazione familiare. ‖ [maison] famiglia f. | *il y a dix feux dans ce village*, ci sono dieci fuochi, famiglie in questo paese. | *sans feu ni lieu*, v. LIEU. ‖ MAR. *pousser les feux*, attivare i fuochi. ‖ **3.** [incendie] *il y a le feu*, c'è il fuoco. | *au feu !*, al fuoco ! | *feu de cheminée*, fuoco del camino. | ***mettre le feu à***, dare, appiccare il fuoco a. | ***prendre feu***, prendere fuoco, andar in fiamme. ‖ **4.** [lumière] ***les feux de la ville***, le luci della città. ‖ [éclat] ***les feux d'un diamant***, lo scintillìo di un diamante. | ***lancer des feux, briller de tous ses feux***, scintillare. | ***feu follet***, fuoco fatuo. ‖ **5.** [supplice] *condamner au feu*, condannare al rogo.
II. SENS FIG. : **1.** [ardeur, fougue] fuoco, foga f. | *être tout feu tout flamme pour qch.*, essere fuoco e fiamma per qlco., essere pieno di sacro fuoco per qlco. | *dans le feu de la colère*, in un impeto di collera. | *dans le feu de l'action*, nella foga dell'azione. | *il a le feu sacré*, ha il sacro fuoco. | *plein de feu*, focoso. | *tempérament de feu*, temperamento focoso. | *parler avec feu*, parlare con fuoco, con veemenza, con ardore. | *le feu, les feux de l'amour, de la passion*, la fiamma dell'amore, della passione. ‖ **2.** LOC. *feu de paille*, fuoco di paglia. | *verser de l'huile sur le feu*, gettare olio sul fuoco. | *j'en mettrais ma main au feu*, ci metterei la mano sul fuoco. | *prendre feu*, prendere fuoco. | *faire long feu*, far cilecca, far fiasco. | *ne pas faire long feu*, non durare a lungo. | *mettre à feu et à sang*, mettere a ferro e fuoco. | *le coup de feu*, l'ora di punta. | *faire la part du feu*, salvare il salvabile. | *faire feu de tout bois* = fare di tutto per riuscire, appigliarsi a tutti i mezzi. | *mettre le feu aux poudres*, dar fuoco alle polveri. | *se jeter au feu pour qn*, buttarsi nel fuoco per uno. | *les feux de l'été*, la calura estiva. | *mourir à petit feu*, morire a fuoco lento. ‖ FAM. *il n'y a pas le feu*, non c'è fretta (L.C.). | *n'y voir que du feu*, non capirci un'acca, un ette.
III. SENSATION DE CHALEUR : bruciore. | *feu du rasoir*, bruciore causato dal rasoio. | *feu de dents*, irritazione f., infiammazione f. ; macchie rosse (sulle guance di un bambino che mette i denti). | *le feu lui monte au visage*, arrossisce ; il sangue gli monta alla testa. ‖ FAM. *avoir le feu au derrière*, avere il fuoco sotto la sedia. ◆ loc. adv. ***en feu***, infocato adj. ; in fiamme. | *avoir la gorge, la tête, les joues en feu*, avere la gola, la testa, le guance in fiamme.
IV. SENS PARTIC. : *feu d'artifice*, fuoco d'artificio. | *feu de Bengale*, fuoco del Bengala ; bengala m. inv. | *feu Saint-Antoine, Saint-Elme*, fuoco di Sant'Antonio, di Sant'Elmo. ‖ [signalisation routière] *feu (tricolore)*, semaforo. | *feu vert, orange, rouge*, luce verde, gialla, rossa. | *le feu est au vert*, il semaforo è verde. | *feu clignotant*, lampeggiatore. ‖ FIG. *donner le feu vert*, dare via libera. ‖ AUTOM. *feu clignotant*, lampeggiatore. | *feu arrière*, fanale posteriore. | *feux de position, de stationnement*, luci (f. pl.) di posizione, di sosta. | *feux de route*, abbaglianti m. pl. | *feux de croisement*, antiabbaglianti, annabbaglianti. | *tous feux éteints*, a fanali spenti. | *baisser les feux*, abbassare le luci. ‖ MAR. *feu de route*, fanale di navigazione. | *feu flottant*, fuoco galleggiante. ‖ MIL. *coup de feu*, sparo m. | *faire feu*, far fuoco ; sparare. | *armes à feu*, armi da fuoco. | ***aller au feu***, andare sulla linea del fuoco. | ***essuyer le feu de l'ennemi***, sostenere il fuoco del nemico. | ***feu !***, fuoco ! | *faire long feu*, far cilecca. | *feux croisés*, fuoco incrociato. | *feu roulant*, fuoco tambureggiante, continuo. ‖ FIG. *un feu roulant de questions*, un fuoco di fila di domande. ‖ PR. et FIG. *être pris entre deux feux*, essere preso tra due fuochi. ‖ THÉÂTRE *les feux de la rampe*, le luci della ribalta. ‖ FIG. *être sous le feu des projecteurs*, essere alla ribalta, essere il centro dell'attenzione. ‖ TECHN. *mise à feu d'un four*, accensione (f.) di un forno. ‖ POP. [revolver] cacafuoco (arg.).
2. feu, feue adj. defunto ; [devant un nom propre] fu inv. ; quondam inv. (lat.). | *feu la reine, la feue reine*, la defunta regina. | *feu Mathias Pascal*, il fu Mattia Pascal.

feudataire [fødatɛr] m. feudatario.
feuillage [fœjaʒ] m. fogliame ; fronde f. pl., frasca f. ‖ ARCHIT. frappa f.
feuillaison [fœjɛzɔ̃] f. fogliazione.
feuillant, tine [fœjɑ̃, ɑ̃tin] n. RELIG. fogliante, fogliantina. ◆ n. m. HIST. fogliante.
feuillard [fœjar] m. [pour tonneau] = ramo spaccato in due per cerchiar botti. ‖ [bande de fer] reggetta, moietta f. ; nastro metallico.
feuille [fœj] f. BOT. foglia. | *trèfle à quatre feuilles*, quadrifoglio m. ‖ [papier] foglio m. | *feuille détachée, volante*, foglio volante. ‖ [journal] foglio. ‖ FAM. *feuille de chou*, fogliaccio m., giornalucolo m. | *feuille volante*, volantino m. ‖ FIG. *il tremble comme une feuille*, trema come una foglia. ‖ AÉR. *tomber en feuille morte*, cadere, discendere a foglia morta. ‖ ART *feuille de vigne*, foglia di fico. ‖ LOC. *feuille de route* : MIL. foglio di via ; COMM. foglio di spedizione. | *feuille d'impôt* : [déclaration] modulo (m.) per la dichiarazione dei redditi ; [avertissement] cartella esattoriale, delle imposte ; cartellone m. | *feuille de renseignements*, foglio d'informazioni. | *feuille de paie*, ruolino (m.) paga. | *feuille de versement*, distinta di versamento. | *feuille de température*, tabella termometrica. ‖ POP. *être dur de la feuille*, essere duro d'orecchi (L.C.). ‖ TECHN. foglio, lastra, lamiera. | *feuille de Formica*, foglio di formica. | *feuille de plomb*, lamina, lastra di piombo. | *or en feuilles*, oro in foglie. ‖ TYP. *bonne feuille*, foglio buono, foglio di stampa definitivo. | *bonnes feuilles* = primizia f. (di un'opera letteraria inedita).
feuillée [fœje] f. frascato m. ◆ pl. MIL. latrine da campo.
feuille-morte [fœjmɔrt] adj. inv. colore foglia morta.
feuiller [fœje] v. intr. fogliare.
feuillet [fœjɛ] m. [papier] foglietto. ‖ [bois] pannello. ‖ ZOOL. omaso, centopelle.
feuilleté, e [fœjte] adj. sfogliato. ◆ n. m. CULIN. pasta sfoglia.
feuilleter [fœjte] v. tr. sfogliare, scartabellare. ‖ CULIN. *feuilleter la pâte*, far la pasta sfoglia.
feuilleton [fœjtɔ̃] m. [rubrique] rubrica f. ‖ [journal] puntata f. (del romanzo), appendice f. | *roman publié en feuilleton*, romanzo pubblicato a puntate. | *roman-feuilleton*, romanzo d'appendice (a puntate) ; feuilleton (fr.). ‖ T.V. puntata.
feuilletonniste [fœjtɔnist] n. appendicista.
feuillette [fœjɛt] f. botticella.
feuillu, e [fœjy] adj. frondoso, foglioso ; fogliuto (vx) ; fronzuto (littér.).
feuillure [fœjyr] f. TECHN. scanalatura ; battuta (di finestra).
feuler [fœle] v. intr. ululare.
feutrage [føtraʒ] m. feltratura f.
feutre [føtr] m. TEXT., MODE feltro.
feutré, e [føtre] adj. TEXT. infeltrito. ‖ FIG. [atmosphère] morbido ; [bruit] attutito. | *un refus feutré*, un rifiuto delicato. ‖ LOC. *à pas feutrés*, a passi felpati.
feutrer [føtre] v. tr. TEXT. feltrare. ‖ FIG. smorzare, attutire. ◆ v. intr. et v. pr. infeltrire, infeltrirsi.
feutrine [føtrin] f. panno feltrato.
fève [fɛv] f. BOT. fava.
février [fevrije] m. febbraio.
fez [fɛz] m. fez.
fi ! [fi] interj. ohibò ! ◆ loc. verb. ***faire fi de qch.***, disdegnare qlco.
fiabilité [fjabilite] f. affidabilità.
fiable [fjabl] adj. affidabile.
fiacre [fjakr] m. vettura (f.) di piazza (a cavalli) ; fiacchere (tosc.) ; botticella f. (rom.) ; carrozzella f. (rom. ; mérid.) ; fiacre (fr.).
fiançailles [fijɑ̃saj] f. pl. fidanzamento m. sing.
fiancé, e [fijɑ̃se] n. fidanzato ; promesso sposo.
fiancer [fijɑ̃se] v. tr. fidanzare. ◆ v. pr. **(à, avec)** fidanzarsi (con).
fiasco [fjasko] m. FAM. fiasco. | *faire fiasco*, far fiasco.
fiasque [fjask]-f. fiasco m.
fibranne [fibran] f. viscosa.
fibre [fibr] f. fibra. | *fibres nerveuses*, fibre nervose. | *fibre de bois*, fibra di legno. ‖ LOC. *faire vibrer la fibre patriotique*, far vibrare la corda patriottica. | *avoir la fibre paternelle*, aver le qualità di un buon padre. | *atteindre qn jusqu'aux fibres*, colpire uno nelle più intime fibre dell'anima, del cuore.
fibreux, euse [fibrø, øz] adj. fibroso, tiglioso.
fibrillation [fibrilasjɔ̃] f. MÉD. fibrillazione.
fibrille [fibril] f. ANAT. fibrilla.
fibrine [fibrin] f. fibrina.
Fibrociment [fibrosimɑ̃] m. fibrocemento.
fibrome [fibrom] m. MÉD. fibroma.
fibule [fibyl] f. ANTIQ. fibula.
fic [fik] m. VÉTÉR. fico.
ficaire [fikɛr] f. BOT. ficaria, favagello m.
ficelé, e [fisle] adj. FAM. *mal ficelé*, infagottato.
ficeler [fisle] v. tr. legare (con spago).
ficelle [fisɛl] f. spago m., funicella, cordicella. | *ficelles de marionnette*, fili (m. pl.) di marionetta. ‖ FIG., FAM. *tirer les ficelles*, tenere le fila. | *connaître les ficelles du métier*, conoscere i trucchi del mestiere. ‖ FAM. *une vieille ficelle*, un volpone, una volpona, un furbacchione, una furbacchiona. ‖ [pain] filoncino m. ‖ MIL., ARG. gallone (L.C.). ◆ adj. inv. *cet enfant est ficelle*, questo bambino è furbetto.
fiche [fiʃ] f. TECHN. [de fenêtre, de porte] maschietto m. ‖ [d'arpenteur] picchetto m., palina. ‖ ÉLECTR. spina. ‖ [de papier, de carton] scheda. | *petite fiche*, schedina. | *fiche médicale, anthropométrique*, cartella clinica, biografica. | *fiche perforée, mécanographique*, scheda perforata, meccanografica. | *mise en fiche*, schedatura. ‖ JEU [marque] gettone m. ; fiche (fr.). ‖ LOC. *fiche de consolation*, gettone di consolazione (pr.) ; premio di consolazione (fig.).
1. ficher [fiʃe] v. tr. [enfoncer par la pointe] piantare, (con)ficcare. ‖ [mettre sur fiche] schedare. | *être fiché à la police*, essere schedato alla questura.
2. ficher ou **fiche** [fiʃ] v. tr. FAM. [jeter, donner avec force] *fiche un coup de poing*, appioppare, somministrare, mollare un pugno. | *fiche qn à la porte*, sbattere fuori qlcu. | *fiche qch. par terre*, sbattere per terra qlco. | *fiche qn par terre*, mandare qlcu. a gambe all'aria. | *ficher par terre, en l'air un projet*, mandare all'aria un progetto. ‖ LOC. *fiche-moi la paix !*, lasciami in pace !, non seccarmi !, non scocciarmi ! | *ficher qn dedans* : [tromper] infinocchiare uno ; [en prison] mettere dentro uno. | *ficher le camp*, mettersi le gambe in capo. | *fiche-moi le camp !*, togliti dai piedi ! | *va te faire fiche !, je t'en fiche ! il y avait encore des colis à porter*, vai a quel paese !, a farti benedire ! c'erano ancora dei pacchi da portare. | *lève-toi, je t'en ficherai, moi, des grasses matinées !*, alzati, te le farò vedere io le belle dormite ! | *se fiche en colère, en rogne*, andare in collera (L.C.). | *cela me fiche le cafard*, questo mi dà malinconia (L.C.). | *ne rien fiche*, non far un cavolo. ◆ v. pr. *se fiche par terre*, cadere, fare una caduta (L.C.). | *se fiche à l'eau*, buttarsi nell'acqua (L.C.). | *se fiche de qch.*, infischiarsi di qlco. | *se fiche de qn* : [se désintéresser] disinteressarsi di qlcu. (L.C.) ; [se moquer] prendere in giro qlcu. ; sfottere qlcu. (pop.).
fichier [fiʃje] m. schedario.
fichtre ! [fiʃtr] interj. capperi !, caspita !, diamine !
fichtrement [fiʃtrəmɑ̃] adv. FAM. maledettamente, terribilmente ; straordinariamente (L.C.).
1. fichu [fiʃy] m. fisciù, scialletto.
2. fichu, e adj. FAM. [mauvais ; pénible] brutto, cattivo (L.C.). | *un fichu repas*, un pessimo pranzo (L.C.). | *quel fichu temps !*, che tempaccio !, che tempo boia ! | *fichu caractère*, caratteraccio. | *quelle fichue histoire !*, che brutta storia ! ‖ [important] *fichue différence*, bella differenza. ‖ [perdu] spacciato, fritto. | *ils sont fichus*, sono bell'e spacciati, fritti. | *ta voiture est fichue*, la tua macchina è da sbattere via. ‖ LOC. *bien fichu : mal fichu* : [formé] ben piantato, ben fatto ; fatto male ; [habillé] ben vestito ; mal vestito. | *ce moteur est bien fichu*, questo motore è combinato bene. ‖ [malade] *je suis mal fichu*, son ridotto male. | *ne pas être fichu de*, non essere capace di (L.C.).

fictif, ive [fiktif, iv] adj. fittizio.
fiction [fiksjɔ̃] f. finzione.
fidéicommis [fideikɔmi] m. JUR. fedecommesso.
fidéisme [fideism] m. PHILOS. fideismo.
fidéiste [fideist] adj. fideistico. ◆ n. fideista.
fidèle [fidɛl] adj. [attaché] **(à)** fedele (a). ‖ [sûr] fidato. ‖ [exact] fedele, esatto. ◆ n. m. fedele.
fidélité [fidelite] f. fedeltà. ‖ [exactitude] fedeltà, esattezza. ‖ TECHN. *de haute fidélité*, ad alta fedeltà. | *chaîne de haute fidélité*, impianto stereo di alta fedeltà.
fiduciaire [fidysjɛr] adj. fiduciario.
fief [fjɛf] m. feudo. | *donner en fief*, dare in feudo; infeudare.
fieffé, e [fjefe] adj. FAM. matricolato; di tre cotte. | *fieffé coquin*, furfante matricolato, furfante di tre cotte, fior di mascalzone.
fiel [fjɛl] m. fiele. | *poche du fiel*, cistifellea f. ‖ FIG., PÉJOR. fiele, livore, astio.
fielleux, euse [fjɛlø, øz] adj. FIG. pieno di fiele, di livore; astioso.
fiente [fjɑ̃t] f. sterco m., escremento m.
fier, fière [fjɛr] adj. superbo, fiero. | *être fier de*, essere, andare superbo, fiero di. ‖ [noble] fiero, dignitoso, nobile. ‖ [audacieux] audace, ardito. ‖ PÉJOR. [orgueilleux] superbo, orgoglioso, altezzoso, altero. | *fier comme Artaban*, superbo come un pavone, più superbo di un gallo. ‖ FAM. *un fier coquin*, un pezzo di furfante, un furfante emerito. | *un fier toupet*, una bella faccia tosta. ◆ n. *faire le fier*, far il superbo, il sostenuto.
fier (se) [səfje] v. pr. **(à)** fidarsi (di), fare affidamento (su). | *ne t'y fie pas!*, non fidarti!
fier-à-bras [fjɛrabra] m. (inv. ou pl. **fiers-à-bras**) bravaccio, gradasso, fanfarone, spaccone.
fièrement [fjɛrmɑ̃] adv. fieramente, orgogliosamente. ‖ FAM. [extrêmement] fieramente, estremamente.
fiérot, e [fjero, ɔt] adj. FAM. orgogliosetto, vanitosetto.
fierté [fjɛrte] f. fierezza. ‖ FIG., PÉJOR. superbia, alterigia, altezzosità.
fièvre [fjɛvr] f. MÉD. febbre. | *avoir de la fièvre*, aver la febbre. | *accès de fièvre*, accesso di febbre. | *fièvre de cheval*, febbre da cavallo; febbrone m. | *fièvre chaude*, delirio m. | *fièvre jaune, paludéenne, aphteuse, de lait, de Malte*, febbre gialla, malarica, aftosa, di latte, maltese. | *fièvre tierce, quarte*, (febbre) terzana, quartana. ‖ FIG. [agitation; passion; désir ardent] febbre, ansia. | *dans la fièvre du départ*, nella febbre della partenza. | *atmosphère de fièvre*, atmosfera febbrile. | *il travaille avec fièvre*, lavora febbrilmente. | *dans la fièvre des derniers jours*, nell'ansia degli ultimi giorni. | *la fièvre des élections*, la febbre elettorale.
fiévreux, euse [fjevrø, øz] adj. febbrile, febbricitante. ‖ FIG. febbrile, affannoso.
fifre [fifr] m. [instrument] piffero. ‖ [musicien] pifferaio, piffero.
fifrelin [fifrəlɛ̃] m. FAM. bagattella f., bazzecola f.
figaro [figaro] m. FAM. figaro, barbitonsore.
figé, e [fiʒe] adj. PR. rappreso. ‖ FIG. [de frayeur] irrigidito, paralizzato. ‖ LOC. *attitude figée*, atteggiamento rigido. | *expression figée*, espressione stereotipata, convenzionale. | *sourire figé*, sorriso stereotipato. | *société figée*, società fossilizzata.
figer [fiʒe] v. tr. PR. rapprendere; rappigliare (rare). ‖ FIG. irrigidire, paralizzare. | *la peur figea son visage*, la paura gli irrigidì il viso. | *la frayeur figea son sang*, lo spavento gli agghiacciò il sangue. ◆ v. intr. et v. pr. PR. rapprendersi; rappigliarsi (rare). ‖ FIG. irrigidirsi.
fignoler [fiɲɔle] v. tr. FAM. rifinire, curare eccessivamente, leccare (L.C.). | *fignoler son style*, limare il proprio stile. ◆ v. intr. *tu fignoles trop*, badi troppo alle minuzie.
figue [fig] f. BOT. fico m. | *figue d'été, figue-fleur*, fiorone m. | *figue sèche*, fico secco, ficosecco. | *figue de Barbarie*, fico d'India; ficodindia m. ◆ loc. adj. ***mi-figue, mi-raisin,*** mezz'e mezzo; ambiguo.
figuier [figje] m. BOT. fico. | *figuier de Barbarie*, fico d'India; ficodindia m.
figurabilité [figyrabilite] f. PSYCHAN. figurabilità.
figurant, e [figyrɑ̃, ɑ̃t] n. THÉÂTRE comparsa f.; figurante. | *jouer un rôle de figurant*, fare la comparsa (pr.); far da comparsa (fig.).
figuratif, ive [figyratif, iv] adj. figurativo. ◆ n. m. artista figurativo.
figuration [figyrasjɔ̃] f. rappresentazione; figurazione (rare). ‖ THÉÂTRE comparse f. pl. | *faire de la figuration*, fare la comparsa.
figure [figyr] f. [visage] faccia, viso m., volto m. | *en pleine figure*, in faccia. ‖ FAM. *casser la figure à qn*, rompere la faccia a uno. | *se casser la figure*: [tomber] cadere, fare una caduta (L.C.); [échouer] fallire (L.C.). ‖ [air, apparence] aspetto m., aria. | *il n'a plus figure humaine*, non ha più aspetto umano; non ha più parvenza umana (littér.). ‖ [personnalité] figura, personaggio m. ‖ [représentation] figura, forma. | *figure de cire*, statua di cera. | *donner figure à qch.*, dar forma a qlco. | *sculpter, peindre une figure*, scolpire, dipingere una figura. ‖ [symbole] simbolo m., figura. | *parler par figures*, parlare a simboli. ‖ [danse] figura. ‖ ART, JEU, MATH. figura. ‖ GRAMM. figura. | *figures de style, de rhétorique*, figure stilistiche, retoriche. ‖ LOC. *faire piètre, triste figure*, far brutta figura. | *faire figure de*, fare la figura di, passare per. | *faire bonne figure à qn*, far buona cera a qlcu. | *prendre figure*, prendere forma, prendere bell'apparenza.
figuré, e [figyre] adj. figurato. | *langage figuré*, linguaggio figurato, metaforico. | *prononciation figurée*, pronuncia figurata. | *sens figuré*, senso figurato, traslato. ◆ n. m. *au figuré*, in senso figurato; per traslato.
figurer [figyre] v. tr. figurare, raffigurare, rappresentare. ‖ [symboliser] rappresentare, simboleggiare. ◆ v. intr. figurare. ‖ THÉÂTRE fare la comparsa. ◆ v. pr. [s'imaginer] figurarsi, immaginarsi. | *figure-toi que*, figurati che.
figurine [figyrin] f. figurina.
fil [fil] m. **1.** TEXT. filo, filato, refe. | *fil mercerisé*, cucirino. | *fil à coudre*, filo per, da cucire. | *fil à repriser, à broder*, cotone da rammendo, da ricamo. | *pur fil*, puro filo. ‖ [sens du tissu] *droit-fil*, drittofilo. m. inv. | *couper de droit fil*, tagliare (in) drittofilo. ‖ *fil de haricot*, filo di fagiolino. | *plein de fils*, filoso. ‖ TECHN. *fil à plomb*, filo a piombo. ‖ **2.** LOC. *ne tenir qu'à un fil*, star sospeso a un filo. ‖ FAM. *c'est cousu de fil blanc*, è evidente, palese (L.C.). | *donner du fil à retordre*, dare del filo da torcere. | *perdre le fil*, perdere il filo. | *de fil en aiguille* = una ciliegia tira l'altra. | *avoir un fil à la patte*, V. PATTE. | *fil d'Ariane*, filo d'Arianna. | *les fils du complot*, le fila della congiura. ‖ **3.** MÉTALL. filo. | *fil de fer barbelé*, filo spinato. ‖ ÉLECTR. filo. ‖ TÉLÉCOM. *télégraphie sans fil*, telegrafo senza fili. ‖ FAM. *donner un coup de fil*, dare una telefonata, un colpo di telefono. | *qui est au bout du fil?*, chi parla?, con chi parlo? ‖ **4.** [tranchant] filo, taglio. | *fil du rasoir*, filo del rasoio. ‖ LOC. FAM. *ne pas avoir inventé le fil à couper le beurre*, V. INVENTER. ‖ **5.** [sens: suite] *suivre le fil de l'eau*, seguire il filo dell'acqua, seguire la corrente. | *au fil de l'eau*, seguendo la corrente. | *le fil du bois*, il verso del legno. ‖ FIG. *suivre, perdre le fil de ses pensées*, seguire, perdere il filo delle proprie idee, del ragionamento, del discorso. ‖ LITTÉR. *au fil des jours*, via via, di giorno in giorno (L.C.).
fil-à-fil [filafil] m. inv. = specie di grisaglia f.
filage [filaʒ] m. TEXT. filatura f. ‖ MÉTALL. estrusione f.
1. filaire [filɛr] adj. via filo (loc. adv.).
2. filaire f. ZOOL. filaria.
filament [filamɑ̃] m. filamento.
filamenteux, euse [filamɑ̃tø, øz] adj. filamentoso.
filandière [filɑ̃djɛr] f. filatrice, filatora. ◆ adj. LITTÉR. *les sœurs filandières*, le Parche.
filandre [filɑ̃dr] f. filo (m.) di ragnatela.
filandreux, euse [filɑ̃drø, øz] adj. filaccioso, filoso. ‖ FIG. *discours filandreux*, discorso involuto. | *explications filandreuses*, spiegazioni arruffate.

filant, e [filɑ̃, ɑ̃t] adj. [liquide] filante. ‖ ASTR. V. ÉTOILE.
filasse [filas] f. filaccia, stoppa. ◆ adj. inv. *cheveux filasse*, capelli color di stoppa.
filateur [filatœr] m. filandiere.
filature [filatyr] f. TEXT. [opération] filatura ; [usine] filatura, filanda. ‖ FIG. [surveillance] pedinamento m. | *prendre qn en filature*, pedinare qlcu.
file [fil] f. [rangée] fila. | *se mettre à la file, prendre la file*, mettersi in fila. | *en, à la file indienne*, in fila indiana. ‖ MIL. fila. ‖ FIG. *chef de file*, capofila m. | *en tête de file*, in capofila. ◆ loc. adv. ***à la file,*** uno dopo l'altro ; una dopo l'altra.
filer [file] v. tr. filare. | *machine à filer*, filatrice f. ‖ [araignée] tessere. ‖ [suivre] pedinare. ‖ FAM. *filer un mauvais coton*, V. COTON. | *filer des jours heureux*, far vita beata ; godersela (fam.). | *filer le parfait amour*, filare il perfetto amore. ‖ MAR. *filer l'ancre, le câble*, filare l'ancora, il cavo. | *le bateau file vingt nœuds*, la nave fila i venti nodi. ‖ LITTÉR. *filer une métaphore*, continuare una metafora. ‖ MUS. filare. ‖ TECHN. [verre] filare. ‖ POP. [donner] *filer une pièce à qn*, allentare una mancia a qlcu. | *file-moi dix francs*, dammi dieci franchi (L.C.). ◆ v. intr. filare. | *le ver à soie file*, il baco fila. | *le vin, le vinaigre, le fromage file*, il vino, l'aceto, il formaggio fila. ‖ [aller vite] *filer (à toute allure)*, filare (a tutta velocità). ‖ FAM. [s'en aller] filare (via) ; battersela. | *filer à l'anglaise*, filare all'inglese. | *file !*, fila (via) ! ‖ [maille] sfilarsi, smagliarsi v. pr. | *mon bas a filé*, mi si è sfilata, smagliata la calza. ‖ FIG. [temps] scorrere ; filare via. | *l'argent lui file entre les doigts*, ha le mani bucate. ‖ LOC. *filer doux*, rigar diritto.
1. filet [filɛ] m. rete f. | *filet de pêche*, rete da pesca. | *filet à provisions*, rete per la spesa. | *filet pour les cheveux*, reticella (f.), rete per i capelli. | *filet de tennis*, rete del campo da tennis. | *filet à bagages*, reticella per i bagagli. ‖ [broderie] filetto. ‖ LOC. *tendre un filet*, tendere una rete (pr.) ; tendere una trappola (fig.). ‖ FIG. *coup de filet*, retata f. ‖ LOC. *l'artiste travaille sans filet*, l'artista lavora senza rete di protezione.
2. filet m. [petite quantité] filo. | *filet d'eau, de voix, de lumière*, filo d'acqua, di voce, di luce. ‖ ANAT. filetto, frenulo. ‖ LOC. FAM. *avoir le filet bien coupé*, aver lo scilinguagnolo sciolto, aver la parlantina. ‖ ARCHIT. listello ; lista f. ‖ CULIN. filetto. | *faux filet*, falso filetto. ‖ TECHN. [vis] filetto, pane.
filetage [filtaʒ] m. filettatura f. ‖ [d'une vis] filettatura f., impanatura f. ‖ [braconnage] caccia di frodo con reti.
fileté [filte] m. TEXT. = popelin operato con fili in rilievo.
fileter [filte] v. tr. [passer à la filière] trafilare. ‖ [une vis] filettare, impanare.
fileur, euse [filœr, øz] n. filatore, trice ; filatora (f. pop.).
filial, e, aux [filjal, o] adj. filiale.
filiale [filjal] f. COMM. filiale.
filiation [filjasjɔ̃] f. PR. et FIG. filiazione.
filière [filjɛr] f. TECHN. filiera, trafila. ‖ [voie] trafila. | *passer par la filière*, passare per la trafila. ‖ COMM. filiera.
filiforme [filifɔrm] adj. filiforme.
filigrane [filigran] m. PR. et FIG. filigrana f.
filin [filɛ̃] m. MAR. cavo, canapo.
fille [fij] f. [parenté] figlia ; (terme d'affection) figliola. | *fille aînée*, primogenita. | *ils ont un garçon et deux filles*, hanno un maschio e due femmine. | *mademoiselle votre fille*, la signorina vostra figlia. ‖ [non mariée] ragazza. | *petite fille*, bambina. | *jeune fille*, fanciulla, ragazza. | *lycée de jeunes filles*, liceo femminile. | *quelle belle fille !*, che bella figliola, ragazza ! | *fille à marier*, ragazza da marito. | *vieille fille*, zitella ; vecchia zitella (péjor.). | *rester vieille fille*, rimanere zitella, ragazza. | *fille mère*, madre nubile, ragazza madre. ‖ [servante] *fille de cuisine*, sguattera. | *fille de service*, serva. | *fille de salle :* [café, restaurant] cameriera ; [hôpital] addetta alle pulizie. | *fille de ferme*, serva di fattoria. | *fille d'honneur :* HIST. damigella ; [mariage] damigella d'onore. ‖ FIG. *filles d'Ève*, figlie d'Eva. ‖ PÉJOR. *fille publique, de joie*, donna pubblica, di strada. ‖ RELIG. figlia. ‖ LOC. *faire la jeune fille de la maison*, fare gli onori di casa. ‖ FIG. *jouer la fille de l'air*, svaporare (via).
1. fillette [fijɛt] f. bambina, ragazzina. | *rayon fillettes*, reparto giovinette.
2. fillette f. [petite bouteille] = mezza bottiglia di vino.
filleul, e [fijœl] n. figlioccio, a.
film [film] m. film inv. | *film sonore, parlant, muet, en couleurs*, film sonoro, parlato, muto, a colori. | *film documentaire*, documentario. | *film policier*, giallo ; film poliziesco. | *film à grand spectacle*, supercolosso. | *film comique*, comica f. | *film à court, à long métrage*, cortometraggio, lungometraggio. | *film sous-titré*, film con sottotitoli, con didascalie. | *film télévisé*, telefilm inv. | *tourner un film*, girare un film. ‖ [pellicule liquide] film. ‖ FIG. [déroulement] (il) susseguirsi ; film.
filmer [filme] v. tr. filmare.
filon [filɔ̃] m. MINÉR. filone, vena f. ‖ FIG., FAM. pacchia f., canonicato, cuccagna f., miniera f. | *trouver le filon*, trovare la cuccagna.
filou [filu] m. mariolo, furfante, truffatore ; [tricheur] baro, imbroglione.
filoutage [filutaʒ] m. marioleria f., furfanteria f., truffa f.
filouter [filute] v. tr. FAM. rubare (L.C.) ; fregare (pop.). ◆ v. intr. barare.
filouterie [filutri] f. V. FILOUTAGE.
fils [fis] m. figlio ; (terme d'affection) figliolo. | *fils aîné*, primogenito. | *fils puîné*, minore. | *fils à papa*, figlio di papà. | *c'est un bon fils*, è un bravo figliolo. ‖ FIG. *être le fils de ses œuvres*, essersi fatto da sé. ‖ RELIG. *Fils de l'homme*, Figlio dell'uomo. ‖ LOC. *c'est bien le fils de son père*, è tutto suo padre. | *de père en fils*, di padre in figlio.
filtrage [filtraʒ] m. filtrazione f. ‖ FIG. vaglio.
filtrant, e [filtrɑ̃, ɑ̃t] adj. [papier, verre] filtrante. ‖ [virus] filtrabile.
filtre [filtr] m. filtro. | *filtre à air, à huile*, filtro dell'aria, dell'olio. | *filtre à charbon, à vide*, filtro a carbone, a vuoto. | *filtre à café*, filtro per caffè. | *cigarette avec filtre*, sigaretta con filtro. | *filtre antiparasite*, filtro di linea. | *papier-filtre*, filtro di carta. | *(café) filtre*, caffè filtro. ‖ PHOT. filtro.
filtrer [filtre] v. tr. filtrare. ‖ FIG. setacciare, vagliare. ◆ v. intr. [liquide] filtrare. ‖ [lumière] *filtrer à travers le feuillage*, filtrare attraverso il fogliame. ‖ FIG. filtrare, trapelare. | *la nouvelle filtra aussitôt*, la notizia filtrò, trapelò subito.
1. fin [fɛ̃] f. [bout, terme] fine, termine m. | *fin d'un discours*, fine, finale (m.) di un discorso. | *fin de la course*, finale della corsa. | *le mot de la fin*, la parola finale ; THÉÂTRE : la battuta finale. | *vers la fin du siècle*, verso la fine, sullo scorcio, sul finire del secolo. | *avoir des fins de mois pénibles*, avere difficoltà alla fine del mese. ‖ LOC. COMM. *fin courant*, fine corrente (mese) ; a fine mese. ‖ FAM. *c'est la fin de tout*, è finita ; è il colmo. ‖ [mort] *il a eu une belle fin*, ha avuto una bella fine, morte. | *mettre fin à ses jours*, porre fine alla propria vita. | *approcher de la fin :* [avoir presque fini] esser vicino a terminare ; [mourir] esser vicino a morire. ‖ LOC. *mettre fin à qch.*, porre fine, termine a qlco. | *mener qch. à bonne fin*, condurre qlco. a buon fine, a buon termine, in porto. | *ici prend fin mon récit*, qui finisce, qui ha fine il mio racconto. | *toucher, tirer à sa fin*, volgere alla fine, al termine ; essere agli sgoccioli. | *faire une fin*, cambiar vita ; IRON. sposarsi. ◆ prép. *fin juillet*, fine luglio. ◆ loc. adj. ***fin de race*** = che sta per estinguersi. ‖ ***fin de siècle,*** fin di secolo, fine secolo ; fin de siècle (fr.). ◆ loc. adv. ***à la fin :*** [pour conclure] in definitiva, alla fin fine. ‖ [en dernier lieu] infine, alla fine. ‖ [impatience] infine, finalmente. | *vas-tu me laisser tranquille, à la fin ?*, vuoi lasciarmi in pace, infine ? ‖ ***sans fin,*** senza fine. ‖ ***à cette fin,***

a tal fine, a tale scopo. || ***à toutes fins utiles,*** per ogni evenienza, a buon conto. ◆ loc. prép. ***à la fin de,*** alla fine di, in fine di. | *à la fin du mois*, alla fine del mese ; a fine mese. | *à la fin des fins*, alla fin fine. || ***en fin de,*** in fine di. | *en fin de compte*, in fin dei conti. ◆ loc. conj. ***à seule fin de,*** allo scopo di ; per.

2. fin, fine [fɛ̃, fin] adj. [mince, menu] fine, sottile, minuto. | *fil fin*, filo sottile. | *linge fin*, biancheria fine. | *écriture fine*, scrittura minuta. | *taille fine*, vita sottile. | *pluie fine*, pioggia fine ; pioggerellina f. || [pur] fine, fino. | *or fin*, oro fino. | *perle fine*, perla scelta. | *sel fin*, sale fino. || [supérieur] *vin fin*, vino prelibato, pregiato. | *fines herbes*, erbe aromatiche ; odori m. pl. ; erbette (rég.). | *repas fin*, pasto raffinato. | *partie fine*, convegno galante. || [aigu, sensible] fine, acuto, sottile. | *il a l'oreille, l'ouïe fine*, ha l'orecchio, l'udito fine. | *fine bouche, fin gourmet*, buongustaio m. | *avoir le nez fin*, aver il fiuto fine. || FIG. [spirituel ; astucieux] fine, sottile, fino. | *fine mouche*, furbacchione, a. | *fin limier*, segugio. | *observation fine*, osservazione acuta, sottile. | *le fin mot*, la spiegazione, la chiave. | *au fin fond de*, V. FOND. ◆ n. m. LOC. *jouer au plus fin avec qn*, gareggiare in astuzia, in furberia con qlcu. | *le fin du fin*, il colmo della raffinatezza. ◆ adv. [finement] *moudre fin*, macinare minuto. | *écrire fin*, scrivere sottile. || [complètement] *ils sont fin prêts*, sono bell'e pronti. | *il est fin saoul*, è ubriaco fradicio.

final, e, als [final] adj. finale. ◆ n. m. ou **finale** m. (ital.) MUS. finale. ◆ n. f. GRAMM., SPORT finale. || MUS. tonica.

finaliste [finalist] adj. PHILOS. finalistico (m. pl. *finalistici*), finalista. ◆ n. PHILOS., SPORT finalista.

finalité [finalite] f. PHILOS. finalità.

finance [finɑ̃s] f. finanza. | *moyennant finance*, dietro pagamento. | *la haute finance*, l'alta finanza. ◆ pl. [Trésor] finanze. | *ministère des Finances*, ministero delle Finanze. | *finances locales, publiques*, finanze locali, pubbliche. | *loi de finances*, legge di bilancio. || FAM. *mes finances sont en baisse*, non me la passo troppo bene, sto male in finanze.

financement [finɑ̃smɑ̃] m. finanziamento.

financer [finɑ̃se] v. tr. finanziare.

financier, ère [finɑ̃sje, ɛr] adj. finanziario. | *embarras financiers*, difficoltà finanziarie. | *journal financier*, giornale finanziario. ◆ n. m. finanziere. ◆ n. f. CULIN. finanziera.

finasser [finase] v. intr. FAM. giocare d'astuzia, voler fare il furbo.

finasserie [finasri] f. FAM. astuzia, furberia, furbizia (L.C.).

finassier, ère [finasje, ɛr] n. FAM. furbacchione, a.

finaud, e [fino, od] adj. furbacchiotto, furbo, fino. ◆ n. furbacchione, a ; finto tonto m. ; dritto m. (fam.).

finauderie [finodri] f. = furberia.

fine [fin] f. [eau-de-vie] acquavite (di qualità superiore).

finesse [finɛs] f. [minceur, petitesse] finezza, sottigliezza. | *finesse d'un fil, d'un tissu*, finezza, sottigliezza di un filo, di un tessuto. || [délicatesse] *finesse d'un coloris, d'un mets, d'un parfum*, delicatezza di una tinta, di un piatto, di un profumo. || [acuité] *finesse d'esprit, de l'ouïe*, finezza, acutezza di udito, d'ingegno. || [ruse] *user de finesse*, usare l'astuzia. || [raffinement] finezza. | *finesses de style, d'une langue*, finezze di stile, di una lingua.

finette [finɛt] f. TEXT. finetto m.

fini, e [fini] adj. [limité] finito. | *l'expérience humaine est finie*, l'esperienza umana è finita. || [usé] finito. | *un homme fini*, un uomo finito. | *une voiture finie*, una macchina da sbattere via. || [achevé] *produit fini*, prodotto finito. || PÉJOR. *coquin fini*, mascalzone finito. ◆ n. m. PHILOS. finito. || TECHN. [perfection] (ri)finitezza f.

finir [finir] v. tr. finire. | *finis ton verre*, finisci di bere. || TECHN. (ri)finire. ◆ v. tr. ind. **(de)** finire (di). || FAM. *fini de rire*, basta con gli scherzi ; ora parliamo, facciamo sul serio. | *ne pas en finir de*, non finirla più di. | *il n'en finit plus de neiger*, nevica a non più finire. ◆ v. intr. finire. | *cette pluie ne finit pas*, questa pioggia non smette. | *veux-tu finir !*, vuoi smetterla !, finiscila !, smettila ! | *finir mal*, finire male, andare a finir male. || ***finir en :*** *finir en pointe*, terminare a punta. | *finir en queue de poisson*, finire in un bel niente. || FAM. *finir en beauté*, finire in bellezza. || ***finir par :*** *finir par de la musique*, finire, terminare con la musica. | *finir par trouver*, finire col trovare. || ***en finir,*** farla finita. | *finissons-en*, facciamola finita ; molla ! (fam.). || ***en finir avec :*** *en finir avec un travail*, finire, terminare un lavoro. | *en finir avec qn*, togliersi qlcu. d'attorno. || LOC. *à n'en plus finir*, che non finisce più.

finish [finiʃ] m. SPORT finish (angl.).

finissage [finisaʒ] m. ou **finition** [finisjɔ̃] f. (ri)finitura f. || TECHN. finissaggio m.

finissant, e [finisɑ̃, ɑ̃t] adj. *le XIX*[e] *siècle finissant*, il tardo Ottocento.

finisseur, euse [finisœr, øz] n. rifinitore, trice.

finition f. V. FINISSAGE.

finitude [finityd] f. PHILOS. finitudine, finitezza.

finlandais, e [fɛ̃lɑ̃dɛ, ɛz] adj. finlandese.

finnois, e [finwa, az] adj. finnico (m. pl. *finnici*). ◆ n. m. LING. finnico. ◆ n. m. pl. Finni.

finno-ougrien, enne [finougrijɛ̃, ɛn] adj. et n. m. ugrofinnico. ◆ n. m. pl. Ugrofinni.

fiole [fjɔl] f. fiala, boccetta. || ARG. [tête] muso m. | *se payer la fiole de qn*, burlarsi di qlcu., prendere in giro qlcu. (L.C.).

fion [fjɔ̃] m. POP. *donner le coup de fion*, dar l'ultima mano (L.C.).

fiord m. V. FJORD.

fioriture [fjɔrityr] f. MUS. fioritura. || FIG. [ornement] svolazzo m., fioritura, fronzoli m. pl.

firmament [firmamɑ̃] m. firmamento.

firme [firm] f. COMM. ditta, azienda.

fisc [fisk] m. fisco.

fiscal, e, aux [fiskal, o] adj. fiscale.

fiscaliser [fiskalize] v. tr. [imposer] sottoporre a imposta. || [financer] finanziare mediante le imposte.

fiscalité [fiskalite] f. fiscalità.

fissile [fisil] adj. GÉOL., PHYS. fissile.

fission [fisjɔ̃] f. PHYS. fissione.

fissure [fisyr] f. fessura, fenditura, crepa, spaccatura. | *fissure d'un mur*, crepa, fenditura di un muro. | *fissure d'un terrain*, spaccatura, crepa di un terreno. || FIG. crepa, incrinatura. | *fissure d'un raisonnement*, falla di un ragionamento. | *raisonnement sans fissure*, ragionamento che non fa una grinza. || MÉD. fessura, fenditura.

fissurer [fisyre] v. tr. fendere. ◆ v. pr. crepare v. intr., fendersi.

fiston [fistɔ̃] m. FAM. figliolo (L.C.).

fistule [fistyl] f. MÉD. fistola.

fistuleux, euse [fistylø, øz] adj. fistoloso.

fixage [fiksaʒ] m. PHOT. fissaggio.

fixateur, trice [fiksatœr, tris] adj. fissatore, trice. ◆ n. m. [vaporisateur] fissatore, vaporizzatore. || PHOT. bagno fissatore. || [laque, brillantine] fissatore per capelli.

fixatif, ive [fiksatif, iv] adj. fissativo. ◆ n. m. fissativo.

fixation [fiksasjɔ̃] f. *fixation d'un prix*, fissazione di un prezzo. | *fixation d'un rendez-vous*, (il) fissare, (il) concordare un appuntamento. | *fixation d'une population nomade*, insediamento di una popolazione nomade. || CHIM. fissaggio m. || MÉD. *abcès de fixation*, ascesso di fissazione. || PSYCHAN. *fixation au père*, fissazione al padre. || SPORT [de ski] attacco m.

fixe [fiks] adj. fisso. | *regard fixe*, sguardo fisso. | *sans domicile fixe*, senza fissa dimora. | *encre bleu fixe*, inchiostro blu fisso. | *prix fixe*, prezzo fisso. | *à heure fixe*, a ora fissa. || MÉTÉOR. *beau fixe*, bello stabile. || FIG. *avoir une idée fixe*, avere un'idea fissa, una fissazione. ◆ n. m. [salaire] fisso. ◆ interj. MIL. *fixe !*, fissi !

fixé, e [fikse] adj. deciso, convinto ; informato. | *être fixé sur*, essere certo di. | *vous voilà fixés*, eccovi informati. | *ne pas être fixé*, essere incerto, indeciso.

fixer [fikse] v. tr. fissare, fermare. | *fixer son regard, ses yeux, son attention sur qn, sur qch.*, fissare, fermare lo sguardo, gli occhi, l'attenzione su qlcu., su qlco. | *il le fixa des yeux*, lo fissò cogli occhi. | *fixer un mari inconstant*, render fedele un marito donnaiolo. ‖ Fig. [décider, établir] fissare, stabilire. | *fixer un but, son choix*, fissare uno scopo, la propria scelta. | *fixer un rendez-vous, un prix*, fissare un appuntamento, un prezzo. | *fixer les conditions*, fissare, stabilire le condizioni. ‖ Chim., Phot. fissare. ◆ v. pr. fissarsi. | *son regard se fixa sur le livre*, il suo sguardo si fissò sul libro. | *se fixer qch. dans l'esprit, dans la mémoire*, fissarsi qlco. in mente. ‖ [s'établir] stabilirsi.

fixité [fiksite] f. Pr. fissità. ‖ Fig. fermezza.

fjord [fjɔr] m. Géogr. fiordo.

flac! [flak] interj. ciac!

flaccidité [flaksidite] f. flaccidità, flaccidezza.

flacherie [flaʃri] f. flaccidezza.

flacon [flakɔ̃] m. boccetta f., flacone. ‖ Chim. beuta f.

fla-fla [flafla] m. Fam. *faire des fla-flas*, cercare l'effetto, mirare all'effetto, darsi delle arie, sfoggiare (l.c.).

flagellant [flaʒɛlɑ̃] m. Relig. flagellante.

flagellation [flaʒɛlasjɔ̃] f. flagellazione.

flagelle [flaʒɛl] m. Biol. flagello.

flageller [flaʒele] v. tr. Pr. flagellare. ‖ Fig. sferzare, stigmatizzare. ◆ v. pr. flagellarsi.

flageoler [flaʒɔle] v. intr. barcollare. | *mes jambes flageolent*, mi tremano le gambe; le gambe mi fanno giacomo giacomo (fam.).

1. flageolet [flaʒɔlɛ] m. Mus. flautino.

2. flageolet m. Bot. fagiolo nano.

flagorner [flagɔrne] v. tr. lisciare, piaggiare.

flagornerie [flagɔrnəri] f. lisciamento m., lisciatura, piaggeria.

flagorneur, euse [flagɔrnœr, øz] n. piaggiatore, trice.

flagrant, e [flagrɑ̃, ɑ̃t] adj. Jur. flagrante. | *prendre en flagrant délit*, cogliere in flagrante. | *tribunal des flagrants délits*, tribunale che giudica per direttissima. ‖ [criant] *une injustice flagrante*, un'ingiustizia che grida vendetta.

flair [flɛr] m. Pr. et fig. fiuto. | *avoir du flair*, aver fiuto, aver buon naso.

flairer [flere] v. tr. Pr. fiutare, annusare. ‖ Fig. fiutare, subodorare.

flamand, e [flamɑ̃, ɑ̃d] adj. et n. fiammingo.

flamant [flamɑ̃] m. Zool. fenicottero, fiammingo.

flambage [flɑ̃baʒ] m. Culin. (l')abbruciacchiare, (lo) strinare, (il) fiammeggiare. ‖ Techn. inflessione f., incurvamento. ‖ Text. gazatura f.

flambant, e [flɑ̃bɑ̃, ɑ̃t] adj. fiammeggiante. | *charbon flambant*, carbone a lunga fiamma. ‖ Fig., fam. *flambant neuf*, nuovo fiammante, nuovo di zecca.

flambard ou **flambart** [flɑ̃bar] m. Fam. *faire le flambard*, fare il gradasso.

flambé, e [flɑ̃be] adj. Fam. [ruiné, perdu] fritto, spacciato.

flambeau [flɑ̃bo] m. fiaccola f. | *retraite aux flambeaux*, fiaccolata f. ‖ [chandelier] candelabro, candeliere. ‖ Fig. fiaccola. | *transmettre le flambeau*, passar la fiaccola | *le flambeau de la civilisation*, la fiamma della civiltà.

flambée [flɑ̃be] f. fiammata, vampata. | *faire une flambée*, fare un fuoco. ‖ Fig. vampata. | *une flambée de colère*, una vampata d'ira. | *la flambée des prix*, l'esplosione dei prezzi. ‖ Loc. *ne faire qu'une flambée*, non durare a lungo.

flamber [flɑ̃be] v. tr. abbruciacchiare, strinare, fiammeggiare. ‖ Méd. sterilizzare. ‖ Culin. dare alla fiamma. | *crêpe flambée*, frittella flambée (fr.). ◆ v. intr. fiammeggiare, bruciare, ardere, divampare, avvampare.

flamberge [flɑ̃bɛrʒ] f. Hist. flamberga. | *mettre flamberge au vent*, sguainare la spada (pr.); fare il bravaccio (fig.).

flamboiement [flɑ̃bwamɑ̃] m. (il) fiammeggiare, (l')avvampare. ‖ Fig. sfavillio, (il) luccicare.

flamboyant, e [flɑ̃bwajɑ̃, ɑ̃t] adj. Pr. et fig. fiammeggiante, scintillante, sfavillante. ‖ Archit. *gothique flamboyant*, gotico fiammeggiante. ◆ n. m. Archit. = stile, arte, gotico fiammeggiante ‖ Bot. poinciana f., poenziana f.

flamboyer [flɑ̃bwaje] v. intr. Pr. fiammeggiare, avvampare, divampare. ‖ Fig. sfavillare, scintillare.

flamingant, e [flamɛ̃gɑ̃, ɑ̃t] adj. di lingua fiamminga. ◆ n. autonomista fiammingo.

flamme [flam] f. fiamma, vampa. | *être en flammes*, essere in fiamme. | *livrer aux flammes*, dare alle fiamme. ‖ [supplice] *jeter aux flammes*, condannare al rogo. ‖ [enfer] *flammes éternelles*, fiamme eterne. ‖ Fig. fiamma. | *regard de flamme*, sguardo di fuoco. | *être tout feu tout flamme pour qch.*, v. feu. | *jeter feu et flamme*, far fuoco e fiamme. ‖ [ardeur] fiamma, ardore m. ‖ (littér.) [passion] amore m. (l.c.). ‖ Hérald. fiamma. ‖ Mar., Mil. fiamma, gagliardetto m. ‖ Pr. et fig. *retour de flamme*, ritorno di fiamma.

flammé, e [flame] adj. fiammato.

flammèche [flamɛʃ] f. favilla; particella incandescente.

flan [flɑ̃] m. Culin. flan (fr.); sorta di sformato. ‖ Typ. flano, flan, impronta f., maschera f. ‖ Techn. dischetto di metallo. ‖ Loc. pop. *à la flan*, alla diavola. | *c'est du flan*, è uno scherzo (l.c.). | *en rester comme deux ronds de flan*, rimanere di stucco (l.c.).

flanc [flɑ̃] m. Anat. fianco. ‖ Littér. [entrailles] grembo. ‖ [montagne; colonne militaire] fianco; [navire] fianco, murata f. ‖ Loc. *prendre l'ennemi de flanc*, attaccare di fianco il nemico. | *à flanc de coteau*, sul pendio della collina. | *prêter le flanc à la critique*, offrire, prestare il fianco alla critica. ‖ Fig., fam. *être sur le flanc*, essere mal ridotto, essere stremato (l.c.). | *mettre sur le flanc*, stremare (l.c.). | *se battre les flancs*, arrabattarsi (l.c.). ‖ Pop. *tirer au flanc*, fare il lavativo, lo scansafatiche (fam.).

flanc-garde [flɑ̃gard] f. Mil. distaccamento (m.) fiancheggiante.

flancher [flɑ̃ʃe] v. intr. Fam. mollare, cedere (l.c.). ‖ Sport scoppiare.

flandrin [flɑ̃drɛ̃] m. Fam. *grand flandrin*, spilungone.

flanelle [flanɛl] f. flanella.

flâner [flɑne] v. intr. [errer sans but] andare a zonzo; bighellonare, gironzolare, girandolare, girellare. ‖ [perdre son temps] gingillarsi v. pr., bighellonare.

flânerie [flɑnri] f. [promenade] (l')andare a zonzo, (il) bighellonare, (il) gironzolare. ‖ [inaction] (il) gingillarsi, (il) bighellonare.

flâneur, euse [flɑnœr, øz] n. [badaud] girandolone, a; bighellone, a. ‖ [oisif] bighellone; perdigiorno n. inv.

1. flanquer [flɑ̃ke] v. intr. Mil. fiancheggiare. ‖ [accoler] mettere accanto. ‖ [accompagner] scortare.

2. flanquer v. tr. Fam. [une gifle] appioppare, mollare; [un objet] sbattere. | *flanquer qn à la porte*, v. porte. | *ça flanque tout par terre, en l'air*, questo manda tutto all'aria. ◆ v. pr. Fam. [réfl.] fare una caduta, cadere (l.c.). ‖ [récipr.] *se flanquer une tripotée*, darsi un sacco di botte.

flapi [flapi] adj. Fam. sfinito, sfiancato (l.c.).

flaque [flak] f. *flaque d'eau*, pozza. | *flaque (d'eau) bourbeuse*, pozzanghera. | *flaque de sang*, pozza di sangue.

flash [flaʃ] m. (pl. **flashes**) Phot. flash (angl.); lampada (f.) lampo, lampeggiatore. ‖ Cin. istantanea f. ‖ Journ. notizia (f.) dell'ultima ora; flash.

1. flasque [flask] adj. floscio, flaccido, cascante. ‖ Fig. molle, floscio.

2. flasque m. [d'une roue] coppa f., coprimozzo. ‖ [d'une pièce de machine] flangia f. ‖ [d'un canon] coscia f.

3. flasque f. [flacon] fiaschetta.

flatter [flate] v. tr. [louer] lusingare, adulare, blandire. ‖ [caresser] accarezzare. ‖ [honorer] *elle est flattée de l'invitation*, è lusingata dell'invito. ‖ [charmer] accarezzare. | *la musique flatte l'oreille*, la musica accarezza, incanta, diletta l'orecchio. | *flatter le palais*, solleticare il palato. ‖ [encourager] *flatter les manies de qn*, favorire le manie di qlcu. ‖ [embellir] *ce portrait le flatte*, questo ritratto lo abbellisce. ◆ v. pr. [prétendre] *se flatter d'être un homme habile*, pretendere di essere un uomo abile. || [tirer satisfaction] *se flatter de ses talents*, vantarsi, gloriarsi delle proprie doti. | *sans me flatter...*, non faccio per vantarmi, ma... || [se faire illusion] *se flatter de réussir facilement*, illudersi di riuscire facilmente ; credere in una facile riuscita. | *je me flatte que ma franchise ne te déplaira pas*, mi lusingo, m'illudo, confido, spero che la mia franchezza non ti dispiaccia.

flatterie [flatri] f. lusinga, adulazione ; blandizie f. pl. (littér.).

flatteur, euse [flatœr, øz] adj. [qui loue] lusinghiero, adulatorio, adulatore. || [qui plaît] *musique flatteuse à l'oreille*, musica carezzevole all'orecchio. || [optimiste] lusinghiero. || FIG. *un portrait flatteur*, un ritratto che imbellisce. ◆ n. lusingatore, trice ; adulatore, trice.

flatulence [flatylɑ̃s] f. MÉD. flatulenza.

flatulent, e [flatylɑ̃, ɑ̃t] adj. MÉD. flatulento.

flatuosité [flatɥozite] f. flato m., flatuosità.

flavescent, e [flavɛsɑ̃, ɑ̃t] adj. LITTÉR. flavo.

fléau [fleo] m. AGR. correggiato. || [de balance] giogo. || [de porte] spranga f. || FIG. [calamité ; personne importune] flagello. || HIST. *fléau d'armes*, mazza ferrata.

fléchage [flɛʃaʒ] m. segnalazione (f.) con frecce.

1. flèche [flɛʃ] f. **1.** [trait] freccia ; saetta (littér.). | *flèche barbelée*, freccia dentata, seghettata. | *flèche empennée, empoisonnée*, freccia impennata, avvelenata. || [pointe] *flèche d'une lance*, punta, cuspide di una lancia. || FIG. *faire flèche de tout bois* = tentare ogni mezzo. || **2.** *flèche de charrue*, bure di aratro. | *flèche du char*, freccia del carro. | *attelage en flèche*, tiro in fila. || **3.** [allusion mordante] frecciata. || PR. et FIG. *flèche du Parthe*, freccia del Parto. || **4.** ARCHIT. [clocher] guglia, cuspide ; [voûte, arc] freccia. || AUTOM. *flèche de direction*, freccia di direzione. || BOT. *flèche d'eau*, sagittaria. || GÉOM. freccia, saetta. || MAR. freccia. || MIL. [d'une trajectoire] vertice m. || TECHN. [grue] braccio m. ◆ loc. adv. ***en flèche***, a tutta velocità, come una saetta ; velocissimo adj. | *partir en flèche*, partire come un razzo. | *monter en flèche* : salire in verticale (pr.) ; salire vertiginosamente (fig.).

2. flèche f. CULIN. lardello m.

flécher [fleʃe] v. tr. *flécher un parcours, une route*, indicare un itinerario, una strada mediante frecce.

fléchette [fleʃɛt] f. freccetta. | *jeu de fléchettes*, gioco di tiro a segno.

fléchir [fleʃir] v. tr. flettere, piegare, curvare. || PR. et FIG. *fléchir le genou devant qn*, piegare le ginocchia davanti a qlcu. || FIG. [attendrir] impietosire, intenerire, smuovere. | *fléchir la colère de qn*, placare la collera di qlcu. ◆ v. intr. piegarsi, incurvarsi v. pr. | *mes genoux fléchissent*, mi si piegano le ginocchia. | *cette poutre fléchit*, questa trave s'incurva. || [faiblir] *l'ennemi commence à fléchir*, il nemico comincia a cedere. || FIG. [céder] cedere, piegarsi. || [diminuer] calare.

fléchissement [fleʃismɑ̃] m. flessione f., piegamento. | *fléchissement d'une poutre*, cedimento, incurvatura (f.) di una trave. || COMM. [baisse] calo, flessione f.

fléchisseur [fleʃisœr] adj. et n. m. flessore.

flegmatique [flɛgmatik] adj. flemmatico (m. pl. *flemmatici*).

flegme [flɛgm] m. flemma f. || CHIM. flemma.

flemmard, e [flɛmar, ard] adj. FAM. pigro (L.C.). ◆ n. scansafatiche inv. ; fannullone, a, poltrone, a, (L.C.).

flemme [flɛm] f. FAM. fiacca. | *avoir la flemme*, avere la fiacca. | *tirer sa flemme*, battere la fiacca.

fléole [fleɔl] f. BOT. fleo m., fleolo m.

flet [flɛ] m. ZOOL. passera (f.) di mare.

flétan [fletɑ̃] m. ZOOL. ippoglosso.

1. flétrir [fletrir] v. tr. [faner] far appassire, far avvizzire. || [décolorer] scolorire, sbiadire. || [altérer] *le chagrin a flétri son visage, sa beauté*, il dispiacere ha sciupato, fatto sfiorire il suo viso, la sua bellezza. ◆ v. pr. [se faner] PR. et FIG. appassire, avvizzire v. intr. || [perdre son éclat] scolorirsi ; sbiadire v. intr.

2. flétrir v. tr. HIST. bollare a fuoco. || FIG. [condamner] condannare, biasimare, bollare. || [stigmatiser] *flétrir le nom, la réputation de qn*, infamare il nome, la reputazione di qlcu.

1. flétrissure [fletrisyr] f. appassimento m., avvizzimento m.

2. flétrissure f. HIST. marchio (m.) d'infamia. || FIG. infamia, macchia f.

fleur [flœr] f. fiore m. | *fleur mâle, femelle, double*, fiore maschile, femminile, doppio. | *fleur artificielle*, fiore artificiale, finto. | *pot à fleurs*, vaso da fiori. | *pot de fleurs*, vaso di fiori. | *fleur des champs*, fiore dei campi, fiore campestre. | *fleur de lis*, v. LIS. || PR. et FIG. *en fleur*, in fiore. | *tissu à fleurs*, tessuto a fiori. || FIG. *jeter des fleurs à qn, couvrir qn de fleurs*, incensare qlcu. || [partie la plus délicate] *fleur de farine*, fior di farina. || FIG. *à la fleur de l'âge*, nel fiore dell'età. | *fine fleur de la société*, fior fiore della società. || [virginité] verginità. | *perdre sa fleur* (pop.), perdere l'innocenza (L.C.). || CHIM. [moisissure] *fleurs de vin*, fiori del vino. | *fleurs de soufre, de zinc*, fiori di zolfo, di zinco. || RELIG. *les Petites Fleurs de saint François*, i Fioretti di San Francesco. || RHÉT. *fleurs de rhétorique*, fiori di retorica. || LOC. FAM. *comme une fleur*, facilmente, senza difficoltà (L.C.). | *faire une fleur à qn*, fare un favore a qlcu. ◆ loc. prép. ***à fleur de***, a fior di. || FIG. *avoir les nerfs à fleur de peau*, avere i nervi a fior di pelle.

fleurdelisé, e [flœrdəlize] adj. HIST. gigliato.

fleurer [flœre] v. tr. et intr. LITTÉR. olezzare. | *fleurer bon, la menthe*, mandare, spandere un buon odore, un odore di menta. | *ça fleure bon la rose*, c'è un buon profumo di rosa. || FIG. *fleurer l'intrigue*, sapere d'intrigo.

fleuret [flœrɛ] m. MIN., SPORT, TEXT. fioretto.

fleurette [flœrɛt] f. fiorellino m. | *conter fleurette à*, sussurrare paroline dolci a, far la corte a ; amoreggiare con.

fleuri, e [flœri] adj. fiorito. | *teint fleuri* : [jeune fille] carnagione colorita e luminosa ; [ivrogne] viso fiorito. | *style fleuri*, stile fiorito. || ARCHIT. *gothique fleuri*, gotico fiorito. || LITTÉR. *à la barbe fleurie*, dalla barba fiorente, fluente. | *Pâques fleuries*, v. PÂQUES.

fleurir [flœrir] v. intr. PR. et FIG. fiorire. | *la campagne fleurit*, la campagna è in fiore. ◆ v. tr. ornare con fiori, infiorare. | *fleurir la boutonnière*, mettere un fiore all'occhiello.

fleuriste [flœrist] n. fiorista. || [marchand] fioraio, a.

fleuron [flœrɔ̃] m. ARCHIT. fiorone. || BOT. flosculo. || HÉRALD. [couronne] fiorone. || FIG. gemma f., gioiello. | *ce monument est le plus beau fleuron de l'art roman*, questo monumento è il più bel gioiello, la più bella gemma dell'arte romanica. | *c'est le plus beau fleuron de sa couronne*, è la più bella gemma della sua corona ; è il suo bene più prezioso. || TYP. fregio.

fleuve [flœv] m. PR. et FIG. fiume.

flexibilité [flɛksibilite] f. PR. et FIG. flessibilità.

flexible [flɛksibl] adj. PR. et FIG. flessibile. ◆ n. m. TECHN. flessibile.

flexion [flɛksjɔ̃] f. flessione.

flexionnel, elle [flɛksjɔnɛl] adj. GRAMM. flessivo.

flibuste [flibyst] f. HIST. [piraterie] pirateria ; [pirates] genia, combriccola dei filibustieri.

flibustier [flibystje] m. PR. et FIG. filibustiere.

flic [flik] m. POP., PÉJOR. poliziotto (L.C.), questurino (fam.). | *sale flic*, sbirro.

flicaille [flikaj] f. POP., PÉJOR. questurini m. pl. (fam.) ; forze (f. pl.) di polizia (L.C.).

flic flac [flikflak] onomat. ciac, ciacche.

flingot [flɛ̃go] ou **flingue** [flɛ̃g] m. POP. fucile (L.C.).

flinguer [flɛ̃ge] v. tr. POP. far fuori (a fucilate) [fam.]. ◆ v. pr. suicidarsi (L.C.).

flirt [flœrt] m. [action] amoretto ; passioncella f. ; flirt (angl.). || [personne] bello, ragazzo ; ragazza f. ; flirt. ◆ adj. inv. *elle n'est pas du tout flirt*, non è affatto civettuola.

flirter [flœrte] v. intr. **(avec)** flirtare, amoreggiare, filare (con).

floc ! [flɔk] interj. pluf !

floche [flɔʃ] adj. *soie floche*, bavellina f.

flocon [flɔkɔ̃] m. fiocco. | *il neige à gros flocons*,

nevica a larghe falde. || [laine] fiocco, bioccolo. || [avoine] fiocco.
floconneux, euse [flɔkɔnø, øz] adj. Pr. fioccoso. || Fig. *ciel floconneux*, cielo a pecorelle.
floculation [flɔkylasjɔ̃] f. Chim. flocculazione.
floculer [flɔkyle] v. intr. flocculare.
flonflon [flɔ̃flɔ̃] m. Fam. tiritera f. ; musichetta (f.) orecchiabile (l.c.).
flopée [flɔpe] f. Pop. sacco m., buscherio m. (fam.).
floraison [flɔrɛzɔ̃] f. fioritura.
floral, e, aux, [flɔral, o] adj. florale. || Hist. litt. *jeux floraux*, giochi florali.
floralies [flɔrali] f. pl. Antiq. floralie. || esposizione (f.) di fiori.
flore [flɔr] f. flora.
floréal [flɔreal] m. Hist. fiorile, floreale.
florentin, e [flɔrɑ̃tɛ̃, in] adj. et n. fiorentino.
florès [flɔrɛs] m. Fam. *faire florès* : [briller] brillare in società (l.c.) ; [être à la mode] furoreggiare, essere in voga, avere successo (l.c.).
florilège [flɔrilɛʒ] m. florilegio.
florin [flɔrɛ̃] m. fiorino.
florissant, e [flɔrisɑ̃, ɑ̃t] adj. fiorente, florido.
flot [flo] m. [vague] flutto, onda f. || [marée montante] flusso, alta marea. || [grande quantité] *un flot de sang*, un fiotto di sangue. | *flot de lumière*, onda di luce. | *flot de personnes*, fiume di gente. | *flots d'encre*, fiumi d'inchiostro. || Fig. *un flot de paroles, d'injures, de larmes*, un fiume di parole, d'improperi, di lacrime. || Mar. *être à flot*, stare a galla. | *mettre à flot*, mettere in acqua. || Techn. *mettre du bois à flot*, flottare del legname. || Loc. *être à flot*, rimanere, tenersi a galla. | *se remettre à flot*, risalire a galla ; rifarsi. ◆ loc. adv. ***à flots,*** a fiumi.
flottabilité [flɔtabilite] f. galleggiabilità.
flottable [flɔtabl] adj. [bois] che può galleggiare. || [rivière] atto alla fluitazione.
flottage [flɔtaʒ] m. [transport du bois] fluitazione f., flottazione f. | *bois de flottage*, legname fluito. | *train de flottage*, fodero, zattera (f.) di legname.
flottaison [flɔtɛzɔ̃] f. galleggiamento m. | *ligne de flottaison*, linea di galleggiamento ; bagnasciuga m. inv.
flottant, e [flɔtɑ̃, ɑ̃t] adj. Pr. galleggiante, natante. | *pont flottant*, ponte galleggiante. | *mine flottante*, mina natante. || [non fixé] *population flottante*, popolazione fluttuante. || [ample, ondoyant] svolazzante, sventolante. | *chevelure flottante, vêtement flottant*, capigliatura, vestito svolazzante. | *drapeau flottant*, bandiera sventolante. || [indécis] fluttuante, indeciso, incerto. || Anat. *côte flottante*, costola fluttuante. || Comm. *dette flottante*, debito fluttuante. || Méd. *rein flottant*, rene fluttuante, mobile.
flottation [flɔtasjɔ̃] f. Techn. flottazione.
1. flotte [flɔt] f. Mar. flotta, naviglio m. | *flotte marchande, de guerre, aérienne*, flotta mercantile, da guerra, aerea.
2. flotte f. [de filet, de ligne] galleggiante m., castelletto m.
3. flotte f. Pop. pioggia, acqua (l.c.).
flottement [flɔtmɑ̃] m. *flottement d'une barque*, ondeggiamento di una barca. | *flottement d'un drapeau*, sventolio di una bandiera. || [mouvement incontrôlé] scotimento. | *il y a du flottement dans les roues, dans la direction*, c'è troppo gioco nelle ruote, nel volante. || Écon. *le flottement de la monnaie*, il fluttuare della moneta. || Fig. [hésitation] esitazione f., titubanza f.
1. flotter [flɔte] v. intr. Pr. galleggiare. || [au vent] sventolare, svolazzare. | *ses cheveux flottent*, i suoi capelli svolazzano, ondeggiano. | *les drapeaux flottent*, le bandiere sventolano. | *flotter dans ses vêtements*, sguazzare nei vestiti. || Écon. fluttuare. || Fig. *un sourire flottait sur ses lèvres*, un sorriso errava sulle sue labbra. | *un parfum flottait dans l'air*, un profumo aleggiava nell'aria. || [hésiter] ondeggiare, fluttuare, esitare, oscillare, titubare. ◆ v. tr. Techn. [bois] flottare, far galleggiare. | *bois flotté*, legno fluitato.
2. flotter v. impers. Pop. [pleuvoir] piovere (l.c.).
flotteur [flɔtœr] m. galleggiante. | *flotteur d'alarme* = dispositivo d'allarme (nelle caldaie). || [professionnel du flottage] zatteriere.
flottille [flɔtij] f. flottiglia.
flou, e [flu] adj. [fondu, imprécis] sfumato, sfocato ; flou (fr.) | *contours flous*, contorni sfumati. | *photographie floue*, fotografia sfocata, flou. || Fig. *sentiments, souvenirs flous*, sentimenti, ricordi sfumati, vaghi. || [vaporeux] morbido, vaporoso. | *robe floue*, vestito morbido, flou. | *cheveux flous*, capelli morbidi, vaporosi. ◆ n. m. sfumato, sfumatura f., sfocatura f., flou. | *le flou d'une peinture*, lo sfumato, la sfumatura di un dipinto. || Phot. *le flou de l'image*, la sfumatura, la sfocatura, il flou dell'immagine. || Fig. *le flou d'une pensée*, l'incertezza di un pensiero.
flouer [flue] v. tr. Fam. infinocchiare ; fregare (vulg.).
fluctuation [flyktɥasjɔ̃] f. Pr. et fig. fluttuazione.
fluet, ette [flyɛ, ɛt] adj. *voix fluette*, voce esile, sottile. | *taille fluette*, vita sottile. | *personne fluette*, persona smilza.
fluide [flɥid] adj. Pr. et fig. fluido. ◆ n. m. Pr. et fig. fluido. | *fluide magnétique*, fluido magnetico.
fluidifier [flɥidifje] v. tr. fluidificare.
fluidité [flɥidite] f. Pr. et fig. fluidità, fluidezza.
fluor [flyɔr] m. fluoro.
fluorescence [flyɔrɛsɑ̃s] f. fluorescenza.
fluorescent, e [flyɔrɛsɑ̃, ɑ̃t] adj. fluorescente.
fluorhydrique [flyɔridrik] adj. fluoridrico.
flûte [flyt] f. Mus. flauto m. | *flûte de Pan*, flauto di Pan. | *petite flûte*, flautino m., flauto piccolo. | *flûte traversière*, flauto traverso. | *flûte douce, à bec*, flauto dolce, a becco. | *flûte enchantée*, flauto magico. | *(joueur de) flûte*, flautista, flauto. || [orgue] flauto. || [verre] calice m. ; flûte (fr.). || [pain] filoncino m. || Loc. fam. *être du bois dont on fait les flûtes*, essere una pasta d'uomo. ◆ pl. Fam. [jambes] gambe (l.c.). | *jouer des flûtes*, darsela a gambe ; mettersi le gambe in capo, in collo. ◆ interj. Fam. acciderba !, accidempoli !
flûté, e [flyte] adj. flautato.
flûteau [flyto] m. zufolo.
flûter [flyte] v. intr. suonare il flauto. || [merle] fischiare.
flûtiste [flytist] m. flautista.
fluvial, e, aux [flyvjal, o] adj. fluviale.
fluviomètre [flyvjomɛtr] m. fluviometro.
flux [fly] m. Pr. et fig. flusso.
fluxion [flyksjɔ̃] f. Méd. flussione. | *fluxion de poitrine*, congestione polmonare.
foc [fɔk] m. Mar. fiocco. | *grand foc*, gran fiocco. | *petit foc*, trinchettina f.
focal, e, aux [fɔkal, o] adj. focale.
fœhn [føn] m. föhn.
fœtus [fetys] m. Méd. feto.
foi [fwa] f. [religion ; conviction] fede. | *il n'y a que la foi qui sauve*, soltanto la fede può salvare. | *sans foi ni loi*, senza religione. || [créance] fede. | *ajouter foi à qch.*, prestare fede a qlco. | *digne de foi*, degno di fede, attendibile ; fededegno (littér.). | *source digne de foi*, fonte attendibile. || Fig. [confiance] fiducia, fede. | *n'avoir aucune foi en qch., en qn*, non aver fiducia, fede in qlco., in qlcu. || Jur. [attestation] *faire foi*, far fede. | *en foi de quoi*, in fede di che. || [fidélité, parole] fede. | *engager sa foi*, impegnare la propria fede. | *sur la foi de*, sulla scorta di. | *sur, par ma foi*, in fede mia. | *sous la foi du serment*, sotto il vincolo del giuramento. || [honnêteté] *bonne foi*, buonafede, buona fede. | *mauvaise foi*, malafede, mala fede. | *être de bonne foi, de mauvaise foi*, essere in buonafede, in malafede. | *en toute bonne foi*, con la massima buonafede. ◆ interj. ***ma foi !,*** mah !, in fin dei conti ! | *c'est, ma foi, bien facile*, certo è ben facile.
foie [fwa] m. fegato. | *foie gras*, fegato d'oca. || Loc. fam. *se manger, se ronger le foie*, mangiarsi, rodersi il fegato. || Pop. *avoir les foies*, aver fifa (fam.).
1. foin [fwɛ̃] m. fieno. | *faire les foins*, fare il fieno. | *grenier à foin*, fienile m. || [artichaut] barba f. || Méd. *rhume des foins*, febbre (f.) da fieno. || Fig., fam. *être bête à manger du foin*, essere un bestione, un povero

scemo, uno scimunito. | *il a du foin dans ses bottes*, ha del suo, ha quattrini. || POP. *faire du foin*, far gazzarra, baccano (L.C.).

2. foin interj. LITTÉR. *foin des menteurs!*, al diavolo, via i bugiardi!

1. foire [fwar] f. fiera. | *foire aux bestiaux*, fiera del bestiame. | *champ de foire*, terreno della fiera. || FAM. [tumulte] *quelle foire!*, che pandemonio!, che confusione! || LOC. FAM. *faire la foire*, far baldoria. | *foire d'empoigne*, V. EMPOIGNE.

2. foire f. POP. diarrea (L.C.).

foirer [fware] v. intr. POP. scacazzare. || [avoir peur] farsela addosso. || [faire long feu] far cilecca. || [personne qui échoue] far fiasco; [chose qui échoue] andare a monte. || [vis usée] non far presa.

foireux, euse [fwarø, øz] adj. et n. POP. che ha la cacarella. || [poltron] fifone, a. || [raté] *affaire foireuse* = faccenda che avviata male andrà a monte.

fois [fwa] f. volta. | *cette fois-ci*, questa volta; stavolta (fam.). | *plusieurs fois*, più volte. | *maintes fois*, più e più volte. | *bien des fois*, tante volte. || [multiplicatif] *deux fois deux font quatre*, due per due quattro, due volte due fa quattro. | *deux fois plus grand*, due volte più grande. || LOC. *y regarder à deux fois*, pensarci due volte. | *une fois n'est pas coutume!*, per una volta! ◆ loc. adv. ***une fois :*** [autrefois] una volta; [action unique] una volta. | *une fois par an*, una volta l'anno. | *une fois sur deux*, una volta sì, una volta no. | *une fois en passant*, una volta tanto. || ***une fois pour toutes,*** una volta per sempre. || FAM. ***des fois :*** [parfois] alle volte, delle volte (L.C.). || [réprobation] *non, mais des fois, pour qui me prenez-vous?*, ma per chi diavolo mi prende? || ***à la fois :*** [ensemble] insieme; [en même temps] ad un tempo, allo stesso tempo. | *tous à la fois*, tutti insieme, tutti in una volta. | *deux à la fois*, due per volta, due alla volta. ◆ loc. conj. ***toutes les fois que, chaque fois que,*** ogni volta che, ogni qualvolta. || ***une fois (que) :*** *une fois qu'ils furent entrés*, una volta entrati, quando furono entrati, entrati che furono. | *une fois la ville détruite, l'ennemi se retira*, distrutta la città, il nemico si ritirò.

foison [fwazɔ̃] f. LITTÉR. abbondanza, copia (L.C.); lautezza (rare). ◆ loc. adv. ***à foison,*** a bizzeffe, in abbondanza.

foisonnant [fwazɔnɑ̃] adj. abbondante, copioso, ricco, rigoglioso.

foisonnement [fwazɔnmɑ̃] m. [abondance] abbondanza f.; copia f. (littér.); rigoglio. || MIN. [augmentation de volume] rigonfiamento.

foisonner [fwazɔne] v. intr. [se multiplier] moltiplicarsi v. pr. || [abonder] **(de, en)** abbondare, pullulare (di). | *foisonner d'idées*, traboccare di idee. || CHIM. crescere (di volume); gonfiarsi v. pr.

fol adj. V. FOU.

folâtre [fɔlɑtr] adj. gaio, allegro, pazzerello.

folâtrer [fɔlɑtre] v. intr. [s'ébattre] folleggiare; [enfants, animaux] ruzzare. || [badiner] scherzare, celiare.

folâtrerie [fɔlɑtrəri] f. folleggiamento m., (il) folleggiare.

foliacé, e [fɔljase] adj. BOT. foliaceo.

foliaire [fɔljɛr] adj. BOT. foliare.

foliation [fɔljasjɔ̃] f. BOT. fogliazione.

folichon, onne [fɔliʃɔ̃, ɔn] adj. FAM. *ton ami n'est pas folichon*, il tuo amico non è divertente (L.C.). | *ce n'est pas folichon*, non è divertente, spassoso; è preoccupante (L.C.).

1. folie [fɔli] f. [aliénation] pazzia, follia. || [dérangement] follia, mania. | *il a un grain de folie*, ha un pizzico di follia, un ramo di pazzia. | *il a la folie des vieux livres*, ha la mania dei vecchi libri. | *folie furieuse*, pazzia furiosa. | *folie des grandeurs, de la persécution*, mania di grandezza, di persecuzione. || FIG. *aimer à la folie*, amare alla follia, appassionatamente, pazzamente, perdutamente. || LOC. *c'est de la folie (pure)!*, è una follia!, è pazzesco!. || [acte insensé] pazzia, follia. | *faire des folies*, fare pazzie. | *folies de jeunesse*, follie, pazzie di gioventù. || [sottise] *dire des folies*, dire pazzie.

2. folie f. ARCHIT. casino (m.) di campagna.

folié, e [fɔlje] adj. fogliato.

folio [fɔljo] m. foglio.

foliole [fɔljɔl] f. fogliolina.

folioter [fɔljɔte] v. tr. numerare le pagine di.

folklore [fɔlklɔr] m. folclore, folklore; demologia f.

folklorique [fɔlklɔrik] adj. folcloristico (m. pl. *folcloristici*); folclorico (m. pl. *folclorici*).

folle adj. et n. f. V. FOU.

follet, ette [fɔlɛ, ɛt] adj. pazzerello. | *esprit follet*, spirito folletto. | *feu follet*, fuoco fatuo. | *poil follet*, pelo matto; lanugine f.

folliculaire [fɔlikylɛr] m. JOURN. PÉJOR. giornalista da strapazzo.

follicule [fɔlikyl] m. ANAT., BOT. follicolo.

fomentateur, trice [fɔmɑ̃tatœr, tris] n. fomentatore, trice.

fomenter [fɔmɑ̃te] v. tr. fomentare.

fonçage [fɔ̃saʒ] m. MIN. scavo. || [tonneau] (il) mettere un fondo (a). || [couleur] mano (f.) di fondo.

foncé, e [fɔ̃se] adj. scuro, cupo.

foncer [fɔ̃se] v. tr. MIN. scavare verticalmente. || [tonneau] mettere il fondo a. || CULIN. *foncer un moule*, foderare l'interno di uno stampo. || [couleur] scurire, caricare. ◆ v. intr. [couleur] scurirsi v. pr. || FIG., FAM. *l'auto fonce*, la macchina va a tutta velocità. | *fonce!*, sbrigati!, dacci dentro!, metticela tutta! | *foncer sur*, scagliarsi, avventarsi su.

fonceur, euse [fɔ̃sœr, øz] n. [sportif] = sportivo assai dinamico; [vendeur] = venditore particolarmente efficace.

foncier, ère [fɔ̃sje, ɛr] adj. fondiario. || FIG. [fondamental] innato, intrinseco, sostanziale. ◆ n. m. imposta fondiaria.

foncièrement [fɔ̃sjɛrmɑ̃] adv. sostanzialmente, profondamente, essenzialmente.

fonction [fɔ̃ksjɔ̃] f. funzione, carica. | *la fonction publique :* [profession] la pubblica funzione; [fonctionnaires] gli statali. | *s'acquitter de ses fonctions*, adempire le proprie funzioni. | *se démettre de ses fonctions*, dimettersi (dalle proprie funzioni). | *en fonction(s)*, in funzione. || MATH., PHYSIOL., RELIG. funzione. || LOC. *faire fonction de*, fare le funzioni di; fungere da. | *en fonction de*, in funzione di. | *être fonction de*, essere funzione di.

fonctionnaire [fɔ̃ksjɔnɛr] n. [employé] (impiegato) statale; [cadre] funzionario m. | *haut fonctionnaire*, alto funzionario. | *fonctionnaire titulaire*, funzionario di ruolo.

fonctionnariser [fɔ̃ksjɔnarize] v. intr. statalizzare; burocratizzare (péjor.).

fonctionnarisme [fɔ̃ksjɔnarism] m. burocratismo.

fonctionnel, elle [fɔ̃ksjɔnɛl] adj. funzionale.

fonctionnement [fɔ̃ksjɔnmɑ̃] m. funzionamento.

fonctionner [fɔ̃ksjɔne] v. intr. funzionare.

fond [fɔ̃] m. **1.** [partie la plus profonde] fondo. | *fond de la mer*, fondo del mare. || MAR. *envoyer, couler par le fond*, affondare. | *lame de fond*, onda di fondo (pr. et fig.). | *par trente mètres de fond*, a trenta metri di profondità. || MIN. *mineur de fond*, minatore di fondo. || [dessous] *fond de culotte*, fondo, fondello dei calzoni. | *fond d'artichaut*, cuore di carciofo. | *fond de teint*, fondo tinta. || [ce qui reste] *boire un fond de bouteille*, bere un fondo di bottiglia. | *fond de boutique*, fondo di bottega. | *fonds de tiroir*, residui, avanzi, resti, rimasugli. || **2.** FIG. [partie intime] fondo, intimo. | *au fond du cœur*, in fondo al, nel fondo del cuore; nell'intimo del cuore. | *du fond du cœur*, di tutto cuore, con tutto il cuore. | *du fond de l'âme*, con tutta l'anima. | *au fond de moi-même*, nel mio intimo. | *aller au fond des choses*, andare in fondo alle, al fondo delle cose. || **3.** [partie la plus reculée] *fond de la pièce*, fondo della camera. | *la chambre du fond*, la camera in fondo. | *une toile de fond*, un fondale. || **4.** [élément dominant] fondo, sfondo. | *sur fond bleu*, su sfondo, su fondo azzurro. | *fond sonore*, sfondo sonoro. | *fond de l'air*, fondo dell'aria. | *le fond de sa nourriture est carné*, il fondo della sua alimentazione è la carne. || **5.** [partie essentielle] *il a un bon fond*, ha un buon fondo, una buona indole. | *le fond de l'histoire*, il nocciolo della storia. | *article de fond*, articolo di fondo, articolo redazionale. | *le fond et la forme d'une œuvre*, il contenuto e la forma di un'opera. | *avoir du fond*, avere una solida base di cultura. || Loc. *faire fond sur*, fondarsi su ; fare affidamento, assegnamento su. || Jur. *juger au fond*, giudicare in merito. || Sport *course de fond*, gara (f.) di fondo. | *coureur de fond*, fondista m. | *ski de fond*, sci di fondo. ◆ loc. adv. ***à fond***, a fondo (pr. et fig.) || Fam. ***à fond de train***, a tutta birra. || ***au fond, dans le fond***, in fondo, in fin dei conti. || ***de fond en comble***, da cima a fondo. ◆ loc. prép. ***au (fin) fond de***, (proprio) in fondo a.

fondamental, e, aux [fɔ̃damɑ̃tal, o] adj. fondamentale, basilare.

fondant, e [fɔ̃dɑ̃, ɑ̃t] adj. fondente ; [fruit] succoso, fondente. ◆ n. m. Culin. fondente ; fondant (fr.). || Techn. fondente.

fondateur, trice [fɔ̃datœr, tris] n. fondatore, trice.

fondation [fɔ̃dasjɔ̃] f. Pr. et fig. fondazione. ◆ pl. Archit. fondamenta f. pl., fondazioni.

fondé, e [fɔ̃de] adj. [autorisé] *être fondé à*, essere autorizzato a, in diritto di ; avere seri motivi per. || [justifié] fondato. ◆ n. m. *fondé de pouvoir*, procuratore.

fondement [fɔ̃dmɑ̃] m. fondamento. | *les fondements de la civilisation*, i fondamenti della civiltà. | *sans fondement*, infondato, insussistente adj. || Archit. fondamenta f. pl. || Fam. sedere.

fonder [fɔ̃de] v. tr. Archit. fondare ; gettare le fondamenta di. || [créer] fondare. | *fonder un prix*, istituire un premio. || Fig. [motiver] *fonder son opinion sur qch.*, fondare la propria opinione su qlco. ◆ v. pr. *se fonder sur qch.*, fondarsi su qlco.

fonderie [fɔ̃dri] f. [usine] fonderia. || [procédé de fusion] lavorazione dei metalli.

fondeur [fɔ̃dœr] m. fonditore. || Sport [ski] fondista.

fondre [fɔ̃dr] v. tr. [rendre liquide] fondere. | *fondre du minerai*, fondere del minerale. | *fondre de la graisse*, struggere, squagliare il grasso. || [dissoudre] sciogliere. | *fondre du sucre dans de l'eau*, sciogliere lo zucchero nell'acqua. || [couler, mouler] *fondre une cloche, une statue*, gettare, fondere una campana, una statua. || Fig. [combiner] fondere, combinare. | *fondre deux choses, deux couleurs, deux sons*, fondere due cose, due colori, due suoni. ◆ v. intr. [devenir liquide, se dissoudre] fondere ; sciogliersi, struggersi, squagliarsi v. pr. | *le beurre a fondu*, il burro si è sciolto, strutto, squagliato. || [maigrir] dimagrire. || Fig. [se réduire, disparaître] *son argent fond à vue d'œil*, il suo denaro vola via come il vento. | *fondre en larmes*, sciogliersi in lacrime. || [se précipiter] *fondre sur*, piombare, avventarsi (v. pr.) su. | *le malheur fond sur eux*, la disgrazia si abbatte su di loro. ◆ v. pr. Pr. sciogliersi, struggersi, squagliarsi. || Fig. fondersi.

fondrière [fɔ̃drijɛr] f. [marécage] pantano m., acquitrino m. || [crevasse] spaccatura.

fonds [fɔ̃] m. [terrain] fondo, podere. || [bibliothèque] fondo. || Comm. *fonds de commerce*, esercizio commerciale. || Écon. *fonds de roulement*, capitale d'esercizio. || Loc. *à fonds perdu*, a fondo perduto, perso. || Fig. *un fonds de connaissances solide*, una solida base di cognizioni. ◆ pl. Fin. [capital] fondi. | *fonds publics*, fondi pubblici. | *fonds d'État*, titoli di Stato. | *fonds secrets*, fondi segreti. | *fonds communs, de garantie*, capitale (m. sing.) comune, di garanzia. | *mise de fonds*, conferimento di capitale. || Loc. fam. *être en fonds*, aver quattrini. | *ne pas être en fonds*, essere squattrinato ; essere a corto di denari ; trovarsi in acque basse. | *les fonds sont en baisse*, le finanze vanno male.

fondu, e [fɔ̃dy] adj. fuso, sciolto, strutto, squagliato. || Art sfumato. ◆ n. m. Art sfumato. || Cin. dissolvenza f. | *ouverture, fermeture en fondu*, dissolvenza in apertura, in chiusura. | *fondu enchaîné*, dissolvenza incrociata. ◆ n. f. Culin. = fonduta (di formaggio e vino bianco).

fongible [fɔ̃ʒibl] adj. Jur. fungibile.

fongosité [fɔ̃gozite] f. fungosità.

fongueux, euse [fɔ̃gø, øz] adj. fungoso.

fontaine [fɔ̃tɛn] f. [source] fonte, fontana. | *fontaine de Vaucluse*, fonte di Valchiusa. || [construction] fontana. | *fontaine lumineuse*, fontana luminosa. || [récipient] = fontana murale. || Géol. *fontaine ardente*, fontana ardente.

fontanelle [fɔ̃tanɛl] f. Anat. fontanella.

1. fonte [fɔ̃t] f. fusione, scioglimento m. ; [neige] scioglimento. || Métall. *fonte d'une cloche*, fusione, getto (m.) di una campana. || [alliage] *fonte aciérée, phosphoreuse*, ghisa acciaiosa, fosforosa. | *fonte blanche, grise, malléable*, ghisa bianca, grigia, malleabile.

2. fonte f. [poche de cuir] fondina.

fonts [fɔ̃] m. pl. Relig. *fonts baptismaux*, fonte (f. sing.) battesimale. | *tenir un enfant sur les fonts baptismaux*, tenere un bambino a battesimo.

football [futbol] m. (angl.) Sport (gioco del) calcio ; football. | *un match de football*, una partita di calcio, di pallone. | *jouer au football*, giocare a pallone, al calcio.

footballeur [futbolœr] m. calciatore.

for [fɔr] m. Littér. *le for intérieur*, l'intimo. || Loc. *dans son for intérieur*, nel suo intimo, in cuor suo.

forage [fɔraʒ] m. [d'un trou] trivellazione f., perforazione f. || [d'un puits] trivellatura f.

forain, e [fɔrɛ̃, ɛn] adj. di fiera. | *fête foraine*, Luna Park m. (angl.) ; parco (m.) di divertimenti. | *baraque foraine*, baraccone m. (da fiera). | *marchand forain*, venditore ambulante. ◆ n. chi tiene un baraccone ; [bateleur] saltimbanco m.

forban [fɔrbɑ̃] m. pirata, filibustiere.

forçat [fɔrsa] m. forzato, ergastolano ; galeotto (vx). || Fig. *travail de forçat*, lavoro da forzati.

force [fɔrs] f. [du corps ou de l'âme] forza, vigore m. ; [de l'âme] fortezza. | *reprendre des forces*, riacquistare le forze. | *être à bout de forces*, essere stremato, sfinito. || Loc. *les forces vives de la nation*, le forze vitali del paese. || [capacité] *être de force à*, essere in grado di. | *de même force*, di ugual forza. | *il est d'une belle force au tennis*, è molto bravo al tennis. | *un élève de force moyenne*, uno scolaro di media levatura. | *il est de première force en algèbre*, è bravissimo in algebra. | *c'est une force de la nature*, è una forza della natura. || [courage] coraggio m. || Loc. *de toutes ses forces*, con tutte le proprie forze, a più non posso. | *un tour de force*, un bel colpo, una bell'impresa. | *dans toute la force du terme*, nel vero senso della parola. || [contrainte] *force est de partir*, è (gioco)forza partire. || [résistance] *la force d'un papier, d'un fil*, la resistenza di una carta, di un filo. || Loc. *épreuve de force*, confronto risolutivo. || Chim. gradazione f. (dell'alcole). || Jur. forza. | *force exécutoire*, esecutività. | *force de loi*, forza di legge. | *cas de force majeure*, caso di forza maggiore. | *maison de force*, casa di pena. || Mar. *faire force de rames*, forzare di remi. || Mil. *forces armées, combattantes*, forze armate, combattenti. | *la force de frappe nucléaire*, il deterrente nucleare ; la forza d'urto. || Mus. intensità. || Phys. forza. | *force ascensionnelle dynamique*, portanza dinamica. || Électr. *courant force*, corrente industriale. || Typ. *force de corps d'un caractère*, (forza di) corpo di un carattere. ◆ adv. molto, tanto adj. | *force argent*, molto, tanto denaro. | *force amis*, molti, tanti amici. ◆ loc. adv. ***à force***, moltissimo. || ***à toute force***, ad ogni costo. || ***de force***, con, per forza. | *de gré ou de force*, per amore o per forza, con le buone o con le cattive. || ***de vive force***, a viva forza. || ***en force***, sotto sforzo. | *courir, nager en force*, correre, nuotare sotto sforzo. | *attaquer en force*, attaccare in forze, in massa. ◆ loc. prép. ***à force de***, a forza, a furia di.

forcé, e [fɔrse] adj. [imposé] *atterrissage forcé*, atterraggio forzato. | *bain forcé*, bagno forzato. || Écon. *emprunt forcé*, prestito forzato. | *cours forcé*, corso forzoso. || Jur. *résidence forcée*, v. résidence. | *travaux forcés*, lavori forzati. || Loc. *carte forcée*, foglio di via. || [peu naturel] *rire, style forcé*, riso, stile forzato. | *amabilité, interprétation forcée*, cortesia, interpretazione forzata. | *expression forcée*, espres-

sione esagerata. ‖ AGR. *culture forcée*, coltura forzata. ‖ MIL. *marche forcée*, marcia forzata. ‖ FAM. [inévitable] *c'est forcé (que)*, per forza; è inevitabile (che) [L.C.].
forcement [fɔrsəmɑ̃] m. [d'une serrure] (s)forzamento.
forcément [fɔrsemɑ̃] adv. forzatamente, per forza, necessariamente.
forcené, e [fɔrsəne] adj. forsennato, furioso. ‖ [passionné] accanito. ◆ n. forsennato, a.
forceps [fɔrsɛps] m. MÉD. forcipe.
forcer [fɔrse] v. tr. [ouvrir de force] (s)forzare. ‖ [fausser] *forcer une clef*, storcere, sforzare una chiave. ‖ [prendre de force] *forcer le passage*, aprirsi il varco. | *forcer un obstacle*, superare un ostacolo. ‖ MIL. *forcer une place*, prendere d'assalto, espugnare una piazzaforte. ‖ FIG. [obliger, contraindre] forzare, costringere, far forza (a). | *il le força à dire oui*, lo forzò, lo costrinse a dire di sì. | *forcer la main à qn*, forzare la mano a qlcu., far forza a qlcu. | *j'ai la main, la carte forcée*, mi si forza la mano. | *forcer l'admiration*, imporsi all'ammirazione. ‖ [ne pas respecter] *forcer la consigne*, forzare la consegna. | *forcer la dose, la note*, caricare, esagerare la dose (pr. et fig.). | *forcer le sens*, forzare il senso. ‖ [fatiguer excessivement] *forcer un cheval*, sforzare, spossare un cavallo. | *forcer sa voix*, (s)forzare la voce. ‖ [chasse] *forcer une bête* = spossare un animale con l'inseguimento fino agli estremi. ‖ AGR. [en serre] forzare. ‖ MIL. *forcer au combat*, costringere al combattimento. ‖ LOC. FIG. *forcer la porte de qn*, introdursi di forza, imporsi in casa di qlcu. | *forcer le prix*, aumentare il prezzo. | *forcer le pas*, forzare il passo. ◆ v. intr. [se fatiguer] forzare. ‖ FIG., FAM. *forcer sur*, esagerare con, in (L.C.). ‖ MAR. *forcer de voiles*, forzare di vele. ◆ v. pr. [se contraindre] **(à)** sforzarsi (di). ‖ [se surmener] affaticarsi, spossarsi. ‖ MÉD. *se forcer un muscle*, strapparsi un muscolo.
forcerie [fɔrsəri] f. AGR. serra per colture forzate.
forcing [fɔrsing] m. (angl.) forcing.
forcir [fɔrsir] v. intr. FAM. ingrassare (L.C.).
forclos, e [fɔrklo, oz] adj. JUR. precluso.
forclusion [fɔrklyzjɔ̃] f. JUR. preclusione, decadenza. | *délai de forclusion*, termine di decadenza.
forer [fɔre] v. tr. [percer un trou] (per)forare, trapanare. | *clef forée*, chiave femmina. ‖ [creuser un puits] trivellare.
forestier, ère [fɔrɛstje, ɛr] adj. forestale. | *(garde) forestier*, guardia forestale. | *chemin forestier*, sentiero.
foret [fɔrɛ] m. TECHN. punta f. (del trapano). | *foret à bois*, punteruolo per legno. | *foret à fraiser*, fresa f.
forêt [fɔrɛ] f. foresta; selva (littér.). | *forêt vierge*, foresta vergine. ‖ FIG. selva. | *une forêt de cheveux*, una selva di capelli. | *Eaux et Forêts*, V. EAU.
foreur [fɔrœr] m. [qui perce] trapanatore. ‖ [qui creuse] trivellatore.
foreuse [fɔrøz] f. [pour un trou] trapano m., trapanatrice. ‖ [pour un puits] trivella, perforatrice.
1. forfait [fɔrfɛ] m. JUR. misfatto.
2. forfait m. SPORT penalità f.; penale. | *déclarer forfait*, dichiarare forfait, forfeit; rinunciare a, ritirarsi da una gara.
3. forfait m. COMM. forfait (fr.); forfè. | *travail à forfait*, lavoro a forfait, a cottimo. | *ouvrier à forfait*, cottimista m.
forfaitaire [fɔrfɛtɛr] adj. forfetario.
forfaiture [fɔrfɛtyr] f. JUR. prevaricazione.
forfanterie [fɔrfɑ̃tri] f. millanteria, spavalderia.
forge [fɔrʒ] f. fucina, forgia. ‖ IND. ferriera. | *maître de forges*, padrone di ferriere. ‖ MYTH. *les forges de Vulcain*, la fucina di Vulcano.
forgeable [fɔrʒabl] adj. fucinabile.
forgeage [fɔrʒaʒ] m. fucinatura f., forgiatura f.
forger [fɔrʒe] v. tr. fucinare, forgiare. | *forger à chaud, à froid*, fucinare, forgiare a caldo, a freddo. | *fer forgé*, ferro battuto. ‖ FIG. *forger le caractère*, forgiare, plasmare il carattere. ‖ [inventer, créer] inventare, creare. | *forger de toutes pièces*, inventare di sana pianta. | *forger un mot*, coniare una parola. ‖ [falsifier] *forger un document*, fabbricare un documento. ‖ PROV. *c'est en forgeant qu'on devient forgeron* = con la pratica tutto s'impara (L.C.); sbagliando s'impara (prov.). ◆ v. pr. FIG. [inventer] crearsi, fabbricarsi. | *se forger des chimères*, farsi delle illusioni.
forgeron [fɔrʒərɔ̃] m. fabbro (ferraio).
forjet [fɔrʒɛ] m. ARCHIT. aggetto, sporto.
forjeter [fɔrʒəte] v. intr. ARCHIT. aggettare. ◆ v. tr. ARCHIT. costruire in aggetto.
forlancer [fɔrlɑ̃se] v. tr. [chasse] scovare.
formaliser [fɔrmalize] v. tr. LING. formalizzare. ◆ v. pr. [se vexer] **(de)** offendersi (per); formalizzarsi (per) [gall.]; urtarsi (per).
formalisme [fɔrmalism] m. formalismo.
formaliste [fɔrmalist] adj. formalistico (m. pl. *formalistici*). ◆ n. formalista.
formalité [fɔrmalite] f. formalità. | *(c'est une) simple formalité*, (è una) pura formalità. | *sans trop de formalités*, senza tanti complimenti.
formant [fɔrmɑ̃] m. LING. formante.
format [fɔrma] m. formato. | *format normal, de poche*, formato normale, tascabile. ‖ CIN. *format standard, 16 mm*, passo normale, passo ridotto.
formateur, trice [fɔrmatœr, tris] adj. formativo.
formatif, ive [fɔrmatif, iv] adj. GRAMM. formativo.
formation [fɔrmasjɔ̃] f. formazione. ‖ [éducation] *formation du caractère*, educazione del carattere. | *avoir une formation scientifique*, avere una preparazione scientifica. | *formation professionnelle*, addestramento (m.) professionnale. | *en cours, en voie de formation*, in via di formazione. ‖ GÉOL. *formation de l'humus*, umificazione. | *formation du sol*, pedogenesi. ‖ BIOL. *âge de la formation*, età dello sviluppo; pubertà. ‖ MIL. *une formation aérienne, navale*, una formazione aerea, navale ‖ [groupe] *les formations politiques*, le formazioni politiche.
forme [fɔrm] f. forma. | *prendre forme*, prender forma. | *mettre en forme*, stendere v. tr. | *ne plus avoir forme humaine*, non aver più parvenza umana. | *sans forme*, informe adj. ‖ [sorte] *une forme de*, una sorta, una specie di. ‖ [moule] stampo m., forma. ‖ MAR. bacino m. ‖ [condition physique] *être en (pleine) forme*, essere in (piena) forma. ‖ [chapeau, chaussures] forma. | *mettre à la forme*, mettere in forma. ‖ JUR. *vice de forme*, vizio di forma. ‖ FIG. *sans autre forme de procès*, senza possibilità d'appello. ◆ pl. [manières] forme, modi m. pl. | *manquer de formes*, ignorare le forme. | *dans les formes*, secondo le regole, le norme. | *sans y mettre de formes*, senza tanti riguardi. | *il lui a fait des reproches, mais il y a mis les formes*, gli ha fatto rimproveri, ma lo ha fatto con le dovute forme. ◆ loc. adv. ***en bonne et due forme***, nella debita forma. ‖ ***pour la (bonne) forme, de pure forme***, pro forma (lat.). ◆ loc. prép. ***en forme de***, a forma di. ‖ ***sous (la) forme de***, sotto forma di.
formel, elle [fɔrmɛl] adj. formale. | *il a été formel*, è stato categorico. ‖ PHILOS. *logique formelle*, logica formale.
former [fɔrme] v. tr. [donner une forme; créer] formare, foggiare, plasmare. | *former une société, un gouvernement*, formare una società, un governo. | *le feuillage forme une voûte*, il fogliame forma una volta. ‖ FIG. [éduquer] formare. | *former la personnalité, le goût*, formare la personalità, il gusto. ‖ [concevoir] concepire, ideare. | *ils forment des projets*, concepiscono, ideano progetti. | *former le vœu de*, fare voto di. | *former des vœux pour*, far voti per. ‖ CHIM., GÉOL., GRAMM., MIL., SPORT formare. ◆ v. pr. formarsi. | *le train se forme en gare*, il treno si forma in stazione. | *se former en cortège*, disporsi in corteo. ‖ FIG. [se développer] formarsi, svilupparsi. | *il s'est formé tard*, si è formato, sviluppato tardi. ‖ CHIM., MIL. formarsi.
formeret [fɔrmərɛ] m. ARCHIT. arco laterale.
formidable [fɔrmidabl] adj. [à craindre] formidabile, terribile, spaventoso. ‖ FAM. [extraordinaire] enorme, straordinario, formidabile, meraviglioso.

formique [fɔrmik] adj. CHIM. formico.
formol [fɔrmɔl] m. CHIM. formalina f., formolo.
formulable [fɔrmylabl] adj. formulabile.
formulaire [fɔrmylɛr] m. ADM. formulario, modulo. ‖ [recueil de formules] *formulaire pharmaceutique*, farmacopea f.
formule [fɔrmyl] f. formula. | *formule de politesse, à la mode*, formula di cortesia, in voga. | *formule magique*, formula magica. | *formule chimique, sanguine*, formula chimica, sanguigna. ‖ ADM. [formulaire] modulo m. | *remplir une formule*, riempire, compilare un modulo.
formuler [fɔrmyle] v. tr. [rédiger] stendere, redigere, formulare, stilare. | *formuler un jugement*, formulare un giudizio. | *formuler une ordonnance*, redigere, stendere una ricetta. ‖ [énoncer] formulare, esprimere. | *formuler des vœux*, formulare un augurio. | *formuler sa pensée*, esprimere il proprio pensiero.
fornication [fɔrnikasjɔ̃] f. fornicazione.
forniquer [fɔrnike] v. intr. fornicare.
fors [fɔr] prép. VX *tout est perdu, fors l'honneur*, tutto è perduto fuorché, tranne l'onore.
1. fort [fɔr] adj. [robuste] forte, robusto. | *il a une forte constitution*, ha una robusta costituzione. | *il se sent fort sur ses jambes*, si sente saldo sulle gambe. ‖ [intense] *courant fort*, corrente forte. | *il y a de fortes vagues*, ci sono onde impetuose. | *voix forte*, voce forte. | *forte chaleur*, gran caldo. | *il a une forte fièvre*, ha la febbre alta. ‖ [corpulent] forte, grosso. | *un cou très fort*, un collo taurino. | *un nez un peu fort*, un naso pronunciato. ‖ [important] *une forte différence*, una grande differenza, una differenza rilevante. | *une forte somme*, una grossa somma. | *au prix fort*, al massimo prezzo. | *un fort volume*, un grosso volume. ‖ [puissant] forte, potente. | *il avait affaire à forte partie*, doveva misurarsi con un avversario molto forte. | *le mot est fort*, la parola è forte, eccessiva. | *au sens fort du mot*, nel senso pregnante della parola. | *fort de son innocence*, forte della sua innocenza. ‖ FAM. *c'est trop fort !*, è troppo ! | *c'est un peu fort !*, è un po' troppo ! ; questa poi ! | *elle est forte celle-là !*, questa è proprio grossa ! | *le plus fort c'est que...*, il più bello è che... | *café, thé fort*, caffè, tè forte. ‖ [habile ; savant] *il est fort en mathématiques*, è bravo, forte, ferrato in matematica. | *être fort au jeu*, essere forte, bravo al gioco. | *cet article n'est pas très fort*, quest'articolo non vale un gran che. | *c'est trop fort pour moi*, è troppo difficile per me. ‖ LOC. *esprit fort*, libero pensatore. | *forte tête*, tipo duro. | *c'est plus fort que moi*, è più forte di me. | *se faire fort de*, impegnarsi a, vantarsi di. | *à plus forte raison*, a maggior ragione. ‖ TECHN. forte, resistente. ‖ MIL. *château fort*, roccaforte f., castello fortificato. | *une armée forte de 10 000 hommes*, un esercito forte di 10 000 uomini.
2. fort ou **fortement** [fɔrtəmɑ̃] adv. [vigoureusement] forte, con energia. | *il pleut fort*, piove forte. | *frapper fort*, picchiare sodo, forte. | *parler, prier, chanter fort*, parlare, pregare, cantare forte. ‖ [très, beaucoup] molto, assai. | *fort joli*, molto, assai, tanto grazioso ; graziosissimo. | *fort peu*, pochissimo. | *c'est fort juste !*, è giustissimo ! | *il a fort à faire avec lui*, ha molto da fare con lui. | *se tromper fort*, sbagliare di grosso. ‖ LOC. *geler fort*, gelare violentemente, forte. | *tenir fortement*, tenere molto ; [résister] tenere duro. ‖ POP. *y aller fort*, esagerare (L.C.).
3. fort m. [personne] forte. | *droit du plus fort*, diritto del più forte. | *fort des Halles*, facchino, scaricatore (dei mercati generali di Parigi). ‖ FIG. [côté fort] *ce n'est pas mon fort*, non è il mio forte. ‖ LOC. *au plus fort de :* [au plus haut degré] nel colmo di ; [au cœur] nel cuore di. ‖ MIL. [forteresse] forte, fortezza f.
forte [fɔrte] adv. et n. m. MUS. forte.
fortement adv. V. FORT 2.
forteresse [fɔrtərɛs] f. MIL. fortezza. ‖ AÉR. *forteresse volante*, fortezza volante.
fortifiant, e [fɔrtifjɑ̃, ɑ̃t] adj. fortificante, corroborante. ◆ n. m. MÉD. ricostituente, fortificante, tonico.
fortification [fɔrtifikasjɔ̃] f. MIL. fortificazione, bastione m.
fortifier [fɔrtifje] v. tr. [rendre fort] fortificare, rafforzare, irrobustire, corroborare. ‖ FIG. [affermir] *fortifier une opinion*, rafforzare, confermare un'opinione. | *fortifier une amitié*, rassodare, consolidare un'amicizia. ‖ MIL. fortificare. ◆ v. pr. irrobustirsi, (r)invigorirsi. ‖ MÉD. rimettersi su, rinvigorirsi. ‖ MIL. fortificarsi.
fortin [fɔrtɛ̃] m. fortino, fortilizio.
fortiori (a) [afɔrsjɔri] loc. adv. a fortiori (lat.) ; a maggior ragione.
fortuit, e [fɔrtɥi, it] adj. fortuito.
fortune [fɔrtyn] f. [hasard, chance, sort] fortuna, sorte ; ventura (littér.). | *roue de la fortune*, ruota della fortuna. | *retour de fortune*, cambiamento di fortuna. | *revers de fortune*, rovescio di fortuna ; sfortuna. | *tenter, chercher fortune*, tentare, cercare la fortuna. | *la fortune d'un écrivain, d'un livre*, la fortuna di uno scrittore, di un libro. | *avec des fortunes diverses*, con alterne vicende. | *partager la bonne et la mauvaise fortune de qn*, condividere la buona e la cattiva sorte di qlcu. | *chacun est l'artisan de sa fortune*, ognuno è artefice della propria fortuna. ‖ [biens, argent] beni m. pl., ricchezze f. pl., averi m. pl., patrimonio m., sostanze f. pl., fortuna. | *il a fait fortune en un an*, ha fatto fortuna in un anno. ‖ MAR. *fortune de mer*, fortuna di mare. ‖ LOC. *bonne fortune*, buona fortuna, sorte, ventura ; FIG. avventura galante. | *homme à bonnes fortunes*, dongiovanni m. inv. | *mauvaise fortune*, cattiva, mala sorte ; sfortuna. | *faire contre mauvaise fortune bon cœur*, far buon viso a cattiva sorte. | *la fortune vient en dormant*, la fortuna vien dormendo ; fortuna e dormi ! ; la fortuna aiuta chi non la cerca. | *dîner à la fortune du pot*, mangiare quel che passa il convento, quel che c'è in tavola. ◆ loc. adj. ***de fortune***, improvvisato adj. | *moyens de fortune*, mezzi di fortuna.
fortuné, e [fɔrtyne] adj. [heureux] fortunato. ‖ [riche] ricco, facoltoso, danaroso.
forum [fɔrɔm] m. ANTIQ. foro. ‖ [colloque] forum.
fosse [fos] f. fossa. | *fosse aux lions, aux ours*, fossa dei leoni, degli orsi. | *fosse à fumier*, concimaia. | *fosse d'aisances*, pozzo nero ; bottino m. ‖ [tombe] fossa, tomba. | *fosse commune*, fossa comune. ‖ ANAT. *fosses nasales*, fosse nasali. ‖ GÉOL. fossa. ‖ THÉÂTRE *fosse d'orchestre*, buca dell'orchestra.
fossé [fose] m. fosso, fossato. | *le fossé de la route*, il fosso della strada. | *le fossé des fortifications*, il fossato delle fortificazioni. ‖ FIG. *il y a entre eux un fossé*, c'è un abisso tra di loro. | *sauter le fossé*, saltare il fosso. ‖ TECHN. *fossé d'écoulement*, fosso di drenaggio.
fossette [fosɛt] f. fossetta.
fossile [fosil] adj. et n. m. fossile. ‖ FIG. *c'est un fossile*, è una mummia, un fossile. | *idées fossiles*, idee fossilizzate.
fossilisation [fosilizasjɔ̃] f. GÉOL. fossilizzazione.
fossiliser (se) [səfosilize] v. pr. fossilizzarsi.
fossoyeur [foswajœr] m. affossatore, becchino, beccamorto ; necroforo (littér.). ‖ FIG. affossatore.
fou [fu] ou **fol** (devant voyelle), **folle** [fɔl] adj. **1.** [qui a perdu la raison] pazzo, matto, folle. | *fou à lier*, pazzo da legare. | *il y a de quoi devenir fou*, c'è da impazzire, da ammattire. | *rendre fou*, far diventare pazzo, far impazzire. | *il n'est pas fou*, non è mica stupido. | *être une tête folle, être tout fou*, è una testa matta, bislacca ; avere il capo alle frasche. ‖ **2.** [contraire à la raison] *un fol espoir*, speranza insensata. ‖ [non contrôlé] *fou rire*, ridarella f. ; risata irrefrenabile. | *être fou de qch., de qn*, andar pazzo, matto per qlco., per qlcu. ‖ **3.** BOT. *herbe folle*, erbaccia f. | *folle avoine*, avena matta. ‖ MAR. *folle brise*, brezza irregolare. | *aiguille folle*, ago impazzito. ‖ TECHN. *poulie, roue folle*, puleggia, ruota folle. ‖ *les Vierges folles*, le Vergini folli. ‖ **4.** [avec valeur superlative] *un monde fou*, un sacco di gente. | *succès fou*, successo strepitoso ; successone m. | *à une vitesse folle*, a velocità pazzesca. | *dépenser un argent fou*, spendere un

mucchio di denaro. | *il y a un temps fou*, è un'eternità. | *j'ai eu un mal fou*, è stata una faticaccia. | *c'est fou ce qu'il peut être bête!*, si può essere più stupido! ◆ n. [aliéné] pazzo, a, matto, a. | *asile de fous*, manicomio m. || FIG. *c'est une maison de fous!*, è un manicomio, una gabbia di matti! | *histoire de fous*, roba da matti; storia pazzesca. || [extravagant, insensé] *c'est un vrai fou*, è un pazzo matricolato. | *faire le (petit) fou*, fare il pazzerellone. || LOC. *plus on est de fous, plus on rit*, più si è, più si sta allegri. || FIG. *la folle du logis*, la fantasia. || [figure d'échecs] alfiere m. || HIST. *fou du roi*, buffone di corte. || ZOOL. sula f.

fouace [fwas] f. focaccia.

fouailler [fwaje] v. tr. PR. et FIG. fustigare, sferzare, frustare.

foucade [fukad] f. capriccio m., ghiribizzo m.

fouchtra! [fuʃtra] interj. perbacco!

1. foudre [fudr] f. fulmine m.; folgore f. (littér.) ou m. (poét.). || LOC. *coup de foudre*, colpo di fulmine. ◆ pl. RELIG. *les foudres de l'Église*, i fulmini della scomunica. || FIG. *lancer ses foudres contre qn*, scagliare i fulmini contro qlcu. ◆ m. [attribut de Jupiter] saetta f. | *foudre de guerre*, fulmine di guerra; gran condottiero. | *foudre d'éloquence*, fulmine, asso d'eloquenza.

2. foudre m. [tonneau] grossa botte.

foudroiement [fudrwamɑ̃] m. fulminazione f., folgorazione f. || FIG. fulminazione.

foudroyant, e [fudrwajɑ̃, ɑ̃t] adj. fulminante, folgorante. || FIG. *avance foudroyante*, avanzata fulminea. || MÉD. *apoplexie, mort foudroyante*, apoplessia, morte fulminante.

foudroyer [fudrwaje] v. tr. PR. et FIG. fulminare, folgorare. | *foudroyer qn du regard*, fulminare qlcu. con lo sguardo.

fouet [fwɛ] m. frusta f., sferza f. | *coup de fouet*, frustata f., sferzata f. (pr.); colpo di frusta, stimolo (fig.). | *donner le fouet*, frustare. || [queue d'un animal] fiocco, nappa f. || CULIN. [batteur] frullino, frusta f. || JUR. [châtiment] frusta f. || MÉD. [douleur] *coup de fouet*, colpo di frusta. || MIL. *tir de plein fouet*, tiro diretto. || LOC. *de plein fouet*, appieno, in pieno.

fouettard [fwɛtar] adj. FAM. *père fouettard*, castigamatti m. inv.

fouetté, e [fwete] adj. CULIN. frullato, sbattuto, montato. | *crème fouettée*, panna montata.

fouetter [fwete] v. tr. frustare, sferzare, staffilare. | *fouetter jusqu'au sang*, frustare a sangue. | *fouette, cocher!*: PR. e via di corsa!; FIG. e avanti!; e via a spron battuto! || [cingler] *la pluie fouette son visage*, la pioggia gli sferza il viso. || FIG. [stimuler] stimolare. || CULIN. frullare, sbattere. || LOC. *avoir d'autres chats à fouetter*, avere altre gatte da pelare. | *il n'y a pas de quoi fouetter un chat* = è una cosa da niente. | *donner des verges pour se faire fouetter*, darsi la zappa sui piedi. ◆ v. intr. POP. [puer] puzzare (L.C.). || [avoir peur] aver fifa; farsela sotto.

fougère [fuʒɛr] f. BOT. felce.

1. fougue [fug] f. foga, impeto m.

2. fougue f. MAR. *perroquet de fougue*, vela di contromezzana.

fougueux, euse [fugø, øz] adj. focoso, impetuoso.

fouille [fuj] f. ARCHÉOL. scavo m. || [recherches] perquisizione.

fouiller [fuje] v. tr. [creuser] scavare. || [chercher] frugare; [chercher minutieusement] perquisire, ispezionare. | *fouiller un bois, un quartier, une ville*, perlustrare un bosco, un rione, una città. || FIG. [approfondir] *fouiller une idée*, sviscerare, approfondire un'idea. | *style fouillé*, stile elaborato. ◆ v. intr. PR. frugare; rovistare v. tr. || FIG. frugare. ◆ v. pr. frugarsi. || POP. *tu peux (toujours) te fouiller!*, puoi farci la croce!, aspetta e spera!

fouilleur, euse [fujœr, øz] n. ARCHÉOL. chi compie scavi archeologici; scavatore, trice. | *fouilleur clandestin*, tombarolo. || ADM. chi fruga, chi perquisisce. ◆ n. f. AGR. aratro (m.) ripuntatore.

fouillis [fuji] m. confusione f., disordine, guazzabuglio, farragine f., viluppo.

fouinard, e [fwinar, ard] adj. FAM., PÉJOR. curioso, indiscreto (L.C.). ◆ n. ficcanaso; ficchino, a.

fouine [fwin] f. ZOOL. faina.

fouiner [fwine] v. intr. FAM. [fouiller] frugare (L.C.). || [être indiscret] ficcare il naso.

fouineur, euse [fwinœr, øz] adj. et n. FAM. ficcanaso n.

fouir [fwir] v. tr. scavare.

fouisseur [fwisœr] adj. et n. scavatore, trice.

foulage [fulaʒ] m. [raisin] pigiatura f. || TEXT. follatura f.

foulant, e [fulɑ̃, ɑ̃t] adj. *pompe foulante*, pompa premente. || POP. massacrante (fam.); faticoso (L.C.).

foulard [fular] m. [carré de tissu] fazzoletto (da collo, da testa); foulard (fr.). || [tissu] foulard.

foule [ful] f. [cohue; public] folla, calca, ressa. | *fendre la foule*, farsi largo; aprire la calca. | *il y avait foule*, c'era molta gente. || [grande quantité] moltitudine, quantità. | *foule d'amis*, moltitudine di amici. | *foule de souvenirs, d'idées, de pensées*, ridda, folla di ricordi, di idee, di pensieri. || FIG. [populace] volgo m., popolino m., massa. ◆ loc. adv. ***en foule,*** in folla, in massa.

foulée [fule] f. [trace de bête] traccia, orma, pesta. || SPORT falcata. || FIG. *dans la foulée* = e subito dopo.

fouler [fule] v. tr. [presser, écraser] pestare, calpestare, pigiare. | *fouler le raisin*, pigiare l'uva. | *fouler le feutre*, gualcare, sodare, follare il feltro. | *fouler le cuir*, follare il cuoio. || [marcher sur] *fouler le sol de la patrie*, camminare sul patrio suolo. || FIG. *fouler qch. aux pieds*, calpestare, conculcare qlco. ◆ v. pr. MÉD. slogarsi, storcersi. || FIG., POP. *ne pas se fouler*, non ammazzarsi; prendersela comoda (fam.)

foulerie [fulri] f. TEXT. gualchiera.

fouloir [fulwar] m. AGR. [à main] follatoio; [machine] pigiatrice f.

foulon [fulɔ̃] m. TEXT. [ouvrier] follatore, sodatore, gualchieraio. || [machine] *(moulin à) foulon*, follone, gualchiera f., follatrice f. | *terre à foulon*, terra da follone.

foulque [fulk] f. ZOOL. folaga.

foulure [fulyr] f. MÉD. slogatura, storta.

four [fur] m. forno. | *four de boulanger*, forno da pane. | *four à chaux*, forno da calce. || FIG., FAM. [échec] fiasco m. | *faire un four*, far fiasco; THÉÂTRE : far forno. || CULIN. *petit four*, petit four (fr.); piccolo dolce; pastina (f.) da tè. || LOC. *il fait noir comme dans un four*, è buio pesto.

fourbe [furb] adj. subdolo, falso. ◆ n. m. birbone, furfante, briccone, birba f.

fourberie [furbəri] f. furfanteria, falsità, finzione.

fourbi [furbi] m. FAM. *tout le fourbi*, tutto l'armamentario; tutta la roba (L.C.). | *quel fourbi!*, che baraonda!, che pasticcio!

fourbir [furbir] v. tr. forbire. || FIG., LITTÉR. *fourbir ses armes*, affilare le armi. | *fourbir ses arguments* = preparare minuziosamente gli argomenti.

fourbissage [furbisaʒ] m. forbitura f.

fourbu, e [furby] adj. sfinito, stremato.

fourche [furʃ] f. AGR. forca. | *fourche d'un arbre, d'une bicyclette*, forcella di un albero, di una bicicletta. || FIG. [bifurcation] bivio m., biforcazione. || HIST. et FIG. *fourches Caudines*, forche caudine. | *fourches patibulaires*, forca f. sing.

fourchée [furʃe] f. forcata.

fourcher [furʃe] v. intr. biforcarsi v. pr. || FIG., FAM. *la langue lui a fourché*, ha detto una parola per un'altra (L.C.).

fourchette [furʃɛt] f. [ustensile de table] forchetta. | *déjeuner à la fourchette*, colazione alla forchetta. || FAM. *avoir un bon coup de fourchette*, essere una buona forchetta. | *la fourchette du père Adam*, le dita (L.C.). || [pièce mécanique] forcella. || JEU forchetta; fourche (fr.). || MIL. forcella. || ZOOL. [d'oiseau] forcella, forchetta; [de cheval] fettone m. || [écart] scarto m. || ÉCON. *la fourchette des prix*, la forchetta dei prezzi.

fourchon [furʃɔ̃] m. rebbio.

fourchu, e [furʃy] adj. forcuto, biforcuto. ‖ FIG. *faire l'arbre fourchu*, far quercia.
1. fourgon [furgɔ̃] m. [camion] furgone. | *fourgon funèbre*, carro funebre. ‖ CH. DE F. *fourgon à bestiaux*, carro bestiame. | *fourgon à bagages*, bagagliaio. ‖ MIL. carro.
2. fourgon m. [pour le feu] attizzatoio.
fourgonner [furgɔne] v. intr. attizzare il fuoco. ‖ FIG., FAM. frugacchiare.
fourgonnette [furgɔnɛt] f. furgoncino m.
fourmi [furmi] f. formica. | *fourmi ouvrière*, formica operaia. | *fourmi volante*, formica alata. | *fourmis blanches*, formiche bianche; termiti f. pl. ‖ [picotements] *il a des fourmis dans les jambes*, gli formicolano le gambe, ha il formicolìo nelle gambe.
fourmilier [furmilje] m. ZOOL. formichiere.
fourmilière [furmiljɛr] f. PR. et FIG. formicaio m.
fourmi-lion ou **fourmilion** [furmiljɔ̃] m. ZOOL. formicaleone.
fourmillement [furmijmɑ̃] m. [pullulement] formicolìo, brulichìo. ‖ [picotement] formicolìo.
fourmiller [furmije] v. intr. formicolare, brulicare. | *les vers fourmillent dans ce fromage*, i vermi brulicano in questo formaggio. | *les curieux fourmillaient dans la rue*, i curiosi formicolavano, brulicavano nella strada. | *les fautes fourmillent dans ce devoir*, gli errori traboccano in questo compito. ‖ [picoter] *la jambe me fourmille*, mi formicola la gamba. ◆ v. tr. ind. **(de)** formicolare, brulicare (di). ‖ *ce devoir fourmille de fautes*, questo compito è strapieno, è pieno zeppo di errori.
fournaise [furnɛz] f. fornace. ‖ FIG. fornace, forno m., inferno m.
fourneau [furno] m. [poêle] fornello. | *fourneau de cuisine*, cucina economica. ‖ [de pipe] fornello. ‖ IND. forno. | *fourneau à cémenter*, forno da cementazione. | *haut fourneau*, altoforno (pl. *altiforni*).
fournée [furne] f. PR. et FIG. infornata. | *par fournées*, a infornate successive.
fourni, e [furni] adj. [pourvu] fornito, provvisto. ‖ [touffu] folto.
fournil [furni] m. forno.
fourniment [furnimɑ̃] m. MIL. equipaggiamento.
fournir [furnir] v. tr. [pourvoir] *fournir qch. à qn, fournir qn de qch.*, (ri)fornire, provvedere qlcu. di qlco. | *ce magasin fournit les ambassades*, questo negozio è il fornitore delle ambasciate. ‖ [accomplir] *fournir un effort*, compiere, fare une sforzo. ‖ [présenter] *fournir une preuve, un alibi*, fornire una prova, un alibi. | *fournir des renseignements*, dare informazioni. | *fournir caution*, prestare cauzione. | *fournir l'occasion de*, porgere l'occasione di. ‖ ABSOL. [jeu] *fournir (une carte)*, rispondere. ◆ v. tr. ind. **(à)** [subvenir] *fournir à la dépense, aux besoins de qn*, provvedere alla spesa, ai bisogni di qlcu. | *fournir à cœur*, rispondere a cuori. ◆ v. pr. *se fournir de qch.*, (ri)fornirsi di qlco. ‖ [acheter] *se fournir chez le boulanger du quartier*, servirsi dal fornaio del quartiere.
fournissement [furnismɑ̃] m. COMM. conferimento (di ogni socio). ‖ JUR. liquidazione (f.) dei conti di una spartizione.
fournisseur [furnisœr] m. COMM. fornitore.
fourniture [furnityr] f. [approvisionnement] fornitura. ◆ pl. [accessoires] forniture. | *fournitures de bureau*, forniture, articoli (m. pl.) di cancelleria.
fourrage [furaʒ] m. [nourriture du bétail] foraggio. ‖ [pelleterie] pelliccia (f.) per foderare.
fourrager [furaʒe] v. intr. VX foraggiare. ‖ FIG., FAM. [fouiller] frugacchiare; frugare (L.C.). ◆ v. tr. VX *fourrager un pays*, saccheggiare un paese (L.C.).
fourrager, ère [furaʒe, ɛr] adj. foraggero. | *plantes fourragères*, piante foraggere. ◆ n. f. AGR. carro da foraggio.
fourragère f. MIL. cordellina.
fourrageur [furaʒœr] m. MIL. foraggiere. | *charger en fourrageurs*, caricare in ordine sparso.
1. fourré, e [fure] adj. foderato di pelliccia. ‖ CULIN. *bonbons fourrés*, caramelle ripiene. | *gâteau fourré*, torta farcita. ‖ FAM. *ils sont toujours fourrés ensemble*, sono come pane e cacio. ‖ LOC. *coup fourré* : [escrime] colpo scambievole; FIG. colpo, tiro mancino. | *paix fourrée*, pace infida.
2. fourré m. [bois] folto del bosco; macchione.
fourreau [furo] m. [étui] fodero, guaina f. | *remettre l'épée au fourreau*, rinfoderare la spada. | *fourreau de parapluie*, fodero di ombrello. ‖ [robe étroite] veste a guaina; tubino.
fourrer [fure] v. tr. foderare di pelliccia. ‖ CULIN. *fourrer de*, riempire, imbottire di. ‖ FAM. [mettre] *où l'as-tu fourré?*, dove l'hai cacciato, ficcato? | *fourrer qch. dans la tête de qn*, ficcare qlco. in testa a qlcu. | *fourrer qn dans une sale affaire*, cacciar qlcu. in una brutta faccenda. | *fourrer son nez partout*, V. NEZ. | *fourrer qn au bloc, en prison*, schiaffare qlcu. dentro. ◆ v. pr. FAM. [s'introduire] cacciarsi, ficcarsi. | *où s'est-il fourré?*, dove si è cacciato? | *il s'est fourré au lit*, si è ficcato nel letto. | *j'ai honte : je ne sais plus ou me fourrer*, ho vergogna : non so più dove nascondermi, vorrei sprofondare. | *se fourrer les doigts dans le nez*, ficcarsi le dita nel naso. ‖ FIG. *se fourrer le doigt dans l'œil*, prendere un granchio enorme. ‖ POP. *il s'en est fourré jusque-là*, si è abbuffato come un rospo, si è riempito il gozzo.
fourre-tout [furtu] m. inv. [débarras] ripostiglio m., sgabuzzino m. ‖ [sac] borsone (m.) da viaggio.
fourreur [furœr] m. pellicciaio.
fourrier [furje] m. MIL., MAR. furiere. ‖ FIG. [avant-coureur] foriero, precorritore.
fourrière [furjɛr] f. [animaux] stabulario m., canile (m.) comunale; [automobiles] deposito (m.) municipale.
fourrure [furyr] f. pelliccia. | *animal à fourrure*, animale da pelliccia. | *manteau de fourrure*, cappotto, mantello di pelliccia.
fourvoiement [furvwamɑ̃] m. sviamento.
fourvoyer [furvwaje] v. tr. PR. et FIG. sviare, traviare. ◆ v. pr. sviarsi. ‖ FIG. sviarsi, forviare v. intr., traviarsi.
foutaise [futɛz] f. POP. fesseria.
foutoir [futwar] m. POP. = luogo di confusione, luogo dove c'è molta roba alla rinfusa (L.C.); cafarnao (gall.).
foutre [futr] v. tr. et v. pr. POP. V. FICHER 2.
foutu, e [futy] adj. POP. V. FICHU 2.
fox-terrier [fɔksterje] m. ZOOL. fox-terrier (angl.).
fox-trot [fɔkstrɔt] m. inv. fox-trot (angl.).
foyer [fwaje] m. focolare. | *dalle de foyer*, pietra del focolare. ‖ FIG. [maison, famille] focolare, casa f., famiglia f. | *revenir au foyer*, far ritorno al focolare. | *foyer paternel*, casa paterna. | *fonder un foyer*, fondare una famiglia. | *renvoyer, rentrer dans ses foyers*, rimandare, tornare al paese natale, a casa. ‖ FIG. [source, origine] focolaio. ‖ [lieu de détente] *foyer du théâtre*, ridotto; foyer (fr.). | *foyer du soldat*, casa, posto di ristoro del soldato. | *foyer d'étudiants*, pensionato (per studenti). ‖ MÉD. *foyer d'infection*, focolaio d'infezione. ‖ MATH., PHYS. fuoco. | *à double foyer*, bifocale adj. ‖ TECHN. focolare.
frac [frak] m. frac, marsina f.
fracas [fraka] m. fracasso, fragore, strepito. | *fracas des armes, du tonnerre*, fragore delle armi, del tuono. | *fracas des vagues*, fragore, strepito delle onde. ‖ LOC. *faire du fracas*, far fracasso, baccano. | *renvoyer qn avec perte et fracas*, V. PERTE.
fracassant, e [frakasɑ̃, ɑ̃t] adj. [bruyant] fragoroso, rumoroso, assordante. ‖ [visant à l'effet] strepitoso. | *prix fracassant*, prezzo strepitoso.
fracasser [frakase] v. tr. fracassare, sconquassare. ◆ v. pr. fracassarsi, sconquassarsi.
fraction [fraksjɔ̃] f. [action; résultat] frazione.
fractionnaire [fraksjɔnɛr] adj. frazionario.
fractionnel, elle [fraksjɔnɛl] adj. frazionistico.
fractionnement [fraksjɔnmɑ̃] m. frazionamento.
fractionner [fraksjɔne] v. tr. frazionare. ◆ v. pr. frazionarsi.
fractionnisme [fraksjɔnism] m. frazionismo.
fractionniste [fraksjɔnist] adj. frazionistico. ◆ n. frazionista.

fracture [fraktyr] f. [de porte] scassinamento m., scasso m., effrazione. ‖ GÉOL., MÉD. frattura.
fracturer [fraktyre] v. tr. [porte, serrure] scassinare. ‖ MÉD. fratturare. ◆ v. pr. *se fracturer la jambe*, fratturarsi la gamba.
fragile [fraʒil] adj. fragile. ‖ [de santé délicate] fragile, gracile, debole, delicato, cagionevole. ‖ [mal assuré] fragile.
fragilité [fraʒilite] f. fragilità. ‖ [de la santé] fragilità, cagionevolezza. ‖ [instabilité] fragilità, caducità.
fragment [fragmɑ̃] m. frammento. ‖ [d'une œuvre littér.] frammento, passo, brano.
fragmentaire [fragmɑ̃tɛr] adj. frammentario.
fragmentation [fragmɑ̃tasjɔ̃] f. frammentazione.
fragmenter [fragmɑ̃te] v. tr. frammentare, spezzettare.
fragrance [fragrɑ̃s] f. LITTÉR. fragranza.
frai [frɛ] m. ZOOL. fregola f. ‖ [œufs] fregolo ; [alevins] avannotti m. pl.
fraîchement [frɛʃmɑ̃] adv. [au frais] al fresco. ‖ FIG. [récemment] recentemente, di fresco. ‖ FAM. *accueillir fraîchement*, accogliere freddamente (L.C.).
fraîcheur [frɛʃœr] f. PR. et FIG. freschezza. | *fraîcheur de l'air*, frescura.
fraîchir [freʃir] v. intr. rinfrescare. | *l'air fraîchit*, l'aria rinfresca. | *le temps fraîchit*, il tempo va rinfrescando. ‖ MAR. *le vent fraîchit*, il vento rinfresca.
1. frais, fraîche [frɛ, frɛʃ] adj. fresco. ‖ [qui a de l'éclat] fresco. ‖ MAR. *vent frais*, vento fresco. ‖ FIG. [bien portant] fresco. | *frais et dispos*, fresco e riposato. | *troupes fraîches*, truppe fresche. ‖ [récent] fresco. | *de fraîche date*, di fresca data. ‖ POP., IRON. *nous voilà frais !*, stiamo freschi !, siamo fritti ! ◆ n. m. fresco. ‖ MAR. *bon, grand frais*, buon, gran fresco. ‖ LOC. *mettre au frais*, mettere in fresco (pr.) ; mettere al fresco (fig.). ◆ n. f. fresco m. | *sortir à la fraîche*, uscire col fresco. ◆ adv. *boire frais*, bere freddo. | *tenir frais*, tenere al fresco. ‖ FIG. [récemment] *frais émoulu*, V. ÉMOULU. | *fleur fraîche éclose*, fiore appena sbocciato. ◆ loc. adv. ***de frais,*** di fresco, di recente. | *rasé de frais*, rasato di fresco.
2. frais m. pl. spese f. pl. | *faux, menus frais*, spese minute. | *frais divers*, spese varie. ‖ LOC. *tous frais payés*, interamente spesato (adj.). | *frais en sus*, escluse le spese. | *aux frais de*, a spese di. | *à mes frais*, a spese mie. ‖ FAM. *aux frais de la princesse*, a spese del padrone, del governo. ‖ FIG. *en être pour ses frais*, rimetterci, scapitarci. ‖ JUR. *frais de justice*, spese processuali. ‖ FAM. *condamner aux frais*, condannare alle spese. ‖ PR. et FIG. *faire les frais de*, far le spese di. | *faire les frais de la conversation :* [y prendre la part principale] sostenere (da solo) la conversazione ; [être l'objet principal] far le spese della conversazione. | *faire, couvrir ses frais*, coprire le spese. ‖ LOC. *arrêter les frais*, sospendere le spese (pr.) ; farla finita (fig.). | *se mettre en frais*, far spese, non badare a spese (pr.) ; darsi da fare (fig.). | *se mettre en frais de politesse*, fare sfoggio di cortesia. ◆ loc. adv. ***à grands frais,*** con grandi spese (pr.) ; a gran fatica (fig.). ‖ ***à peu de frais,*** con poca spesa (pr. et fig.).
fraisage [frɛzaʒ] m. TECHN. fresatura f.
1. fraise [frɛz] f. BOT. fragola. | *fraise des bois*, fragola selvatica. ‖ MÉD. voglia di fragola. ‖ POP. [figure] zucca, pera.
2. fraise f. CULIN. *fraise de veau*, rete di vitello. ‖ HIST. [collet] gorgiera, lattuga. ‖ [du dindon] bargiglio m.
3. fraise f. TECHN. fresa. ‖ [de dentiste] trapano m., fresa.
fraiser [freze] v. tr. CULIN. impastare. ‖ TECHN. fresare. ‖ [dentiste] trapanare.
fraiseur [frɛzœr] m. fresatore.
fraiseuse [frɛzøz] f. TECHN. fresatrice.
fraisier [frezje] m. BOT. fragola f.
fraisure [frɛzyr] f. accecatura, ceca.
framboise [frɑ̃bwaz] f. BOT. lampone m.
framboisier [frɑ̃bwazje] m. BOT. lampone.
1. franc [frɑ̃] m. [monnaie] franco.
2. franc, franche [frɑ̃ʃ] adj. [libre, affranchi] franco. | *ville franche*, città franca. | *port franc*, porto franco. | *franc de droits, de port*, franco dogana, di porto. ‖ FIG. *avoir les coudées franches*, V. COUDÉE. | *franc du collier*, V. COLLIER. ‖ [complet] *huit jours francs*, otto giorni pieni. ‖ [sincère] franco, schietto. | *jouer franc jeu*, agire lealmente, giocare a carte scoperte. | *franc comme l'or*, schietto come l'acqua di fonte. ‖ PÉJOR. *franc vaurien*, vero mascalzone, mascalzone matricolato. ‖ MIL. *corps franc*, reparto d'assalto. | *à franc étrier*, a spron battuto. ◆ adv. franco, francamente, schiettamente, apertamente. | *à parler franc*, a dirla franca, schietta. | *parler franc et net*, parlare chiaro e tondo.
3. franc, franque [frɑ̃k] adj. et n. franco. | *langue franque*, lingua franca.
français, e [frɑ̃sɛ, ɛz] adj. et n. francese. | *à la française*, alla francese. ◆ n. m. LING. francese. ‖ FIG. *en bon français*, in parole povere, chiaro e tondo.
franc-alleu [frɑ̃kalø] m. FÉOD. allodio.
franc-bord [frɑ̃bɔr] m. MAR. bordo libero. ‖ [terrain] golena f.
franchement [frɑ̃ʃmɑ̃] adv. francamente, schiettamente, sinceramente, apertamente. | *c'est franchement mauvais*, è davvero cattivo. | *le cheval saute franchement*, il cavallo salta senza esitare.
franchir [frɑ̃ʃir] v. tr. superare. | *franchir un obstacle*, superare un ostacolo (pr. et fig.). ‖ [aller au-delà] oltrepassare, varcare. | *franchir le seuil*, oltrepassare, varcare la soglia. | *franchir une montagne*, varcare, valicare una montagna. | *franchir la frontière, l'océan*, varcare la frontiera, l'oceano. | *franchir un mur*, oltrepassare un muro. | *franchir la ligne d'arrivée*, tagliare, superare il traguardo. ‖ FIG. *franchir les bornes*, passare, superare i limiti. | *franchir le pas*, saltare il fosso. | *franchir le cap*, doppiare il capo. | *il a franchi le cap de la soixantaine*, ha varcato la sessantina. (V. aussi CAP.)
franchise [frɑ̃ʃiz] f. [exemption] franchigia. | *en franchise*, in franchigia. ‖ [sincérité] franchezza, schiettezza, sincerità. ‖ [liberté] *franchise de langage*, libertà di linguaggio.
franchissable [frɑ̃ʃisabl] adj. superabile, sormontabile.
franchissement [frɑ̃ʃismɑ̃] m. [d'un bond] superamento. ‖ [passage] passaggio, attraversamento, valico.
francien [frɑ̃sjɛ̃] m. LING. franciano.
francique [frɑ̃sik] adj. et n. m. francone.
francisation [frɑ̃sizasjɔ̃] f. (il) francesizzare.
franciscain, e [frɑ̃siskɛ̃, ɛn] adj. et n. RELIG. francescano.
franciser [frɑ̃size] v. tr. francesizzare.
francisque [frɑ̃sisk] f. [hache] francesca, francisca.
franciste [frɑ̃sist] m. francesista.
franc-jeu [frɑ̃ʒø] m. V. FAIR-PLAY.
franc-maçon [frɑ̃masɔ̃] m. massone.
franc-maçonnerie [frɑ̃masɔnri] f. massoneria.
franc-maçonnique [frɑ̃masɔnik] adj. massonico (m. pl. *massonici*).
franco [frɑ̃ko] adv. (ital.) franco. | *franco de port*, franco di porto. | *franco en gare, à domicile*, franco stazione, domicilio. | *franco de bord*, franco bordo.
francophile [frɑ̃kofil] adj. et n. francofilo.
francophobe [frɑ̃kofɔb] adj. et n. francofobo.
francophone [frɑ̃kofɔn] adj. et n. francofono.
franc-parler [frɑ̃parle] m. (il) parlare franco, (il) parlar schietto. | *il a son franc-parler*, non ha peli sulla lingua ; parla apertamente, francamente.
franc-tireur [frɑ̃tirœr] m. PR. et FIG. franco tiratore.
frange [frɑ̃ʒ] f. frangia. | *frange de cheveux*, frangetta, frangia. ‖ PHYS. *franges d'interférence*, frange d'interferenza. ‖ PSYCH. *frange de conscience*, margine (m.) di coscienza.
franger [frɑ̃ʒe] v. tr. ornare di frange ; frangiare (rare).
frangin, e [frɑ̃ʒɛ̃, in] n. POP. fratello m., sorella f. (L.C.).
frangipane [frɑ̃ʒipan] f. [arôme] frangipane m., fran-

gipana. || CULIN. frangipane. || [fruit] frutto (m.) del frangipane.
frangipanier [frɑ̃ʒipanje] m. BOT. frangipane.
franquette [frɑ̃kɛt] f. LOC. FAM. *à la bonne franquette*, alla buona, senza complimenti (L.C.).
franquiste [frɑ̃kist] adj. et n. HIST. franchista.
frappant, e [frapɑ̃, ɑ̃t] adj. che colpisce ; stupendo, sorprendente, stupefacente. | *preuve, ressemblance frappante*, prova, somiglianza sorprendente, stupefacente.
1. frappe [frap] f. [monnaie] conio m., coniatura, coniazione. || [machine à écrire] battuta. || MIL. *force de frappe*, V. FORCE. || TYP. serie di matrici.
2. frappe f. POP. [voyou] teppista m., malvivente m. (L.C.).
frappé, e [frape] adj. MUS. *temps frappé*, tempo in battere. || FIG. *frappé au coin de*, che ha l'impronta di. | *vers bien frappés*, versi ben coniati, scanditi. || FAM. [fou] tocco nel cervello. || CULIN. messo in ghiaccio ; frappé (fr.). || TEXT. *velours frappé*, velluto goffrato.
frapper [frape] v. tr. battere, picchiare, percuotere ; [avec une arme] colpire. | *frapper de la main*, battere, picchiare colla mano ; menare (dial.). | *frapper à la tête*, colpire alla testa. | *frapper à mort*, colpire a morte. | *la pluie frappe les fenêtres*, la pioggia batte sui vetri. || [piano] *frapper une touche*, suonare un tasto. || [produire une impression] *frapper l'oreille, la vue, l'imagination*, colpire l'orecchio, la vista, l'immaginazione. | *frapper qn de terreur*, terrorizzare qlcu. || FIG. *frapper un grand coup*, compiere un atto decisivo. || [affliger] colpire, percuotere. | *le malheur le frappa*, la sciagura lo colpì. || FIN. *frapper d'impôt*, tassare. | *frapper d'amende*, colpire di multa ; multare. || CULIN. *frapper le champagne, un melon*, mettere in ghiaccio lo sciampagna, un melone. || TECHN. *frapper une médaille, une monnaie*, coniare, battere una medaglia, una moneta. || JUR. *frapper de nullité*, colpire di nullità. || MAR. *frapper un cordage*, rizzare una fune. ◆ v. intr. battere, picchiare. | *frapper du poing sur la table*, battere col pugno sulla tavola. | *frapper fort*, picchiare sodo. | *frapper juste*, colpire nel segno. | *frapper sur l'enclume*, battere, picchiare sull'incudine. | *frapper comme un sourd*, V. SOURD. | *frapper à tort et à travers*, picchiare alla cieca, a casaccio, a vanvera. | *frapper du pied*, pestare i piedi (pr.) ; spazientirsi (fig.). | *frapper des mains*, battere le mani. || [à la porte] bussare, picchiare. | *on frappe*, bussano. || FIG. *frapper à toutes les portes*, bussare a tutte le porte. ◆ v. pr. battersi, picchiarsi ; menarsi (dial.). || PR. et FIG. *se frapper la poitrine*, battersi il petto. || FIG., FAM. [s'émouvoir] preoccuparsi, prendersela. | *vous vous frappez trop*, vi preoccupate troppo, ve la prendete troppo.
frappeur [frapœr] adj. et n. m. [aide-forgeron] battimazza m. inv. || FIG. *esprit frappeur*, spirito percotitore.
frasque [frask] f. scappata, scappatella, trascorso m., scapestrataggine.
frater [fratɛr] m. (lat.) RELIG. frate laico.
fraternel, elle [fratɛrnɛl] adj. PR. et FIG. fraterno.
fraternisation [fratɛrnizasjɔ̃] f. fraternizzazione, affratellamento m.
fraterniser [fratɛrnize] v. intr. fraternizzare, affratellarsi.
fraternité [fratɛrnite] f. [parenté] fratellanza. || [amitié] fraternità, fratellanza.
fraticelle [fratisɛl] m. RELIG. fraticello.
fratricide [fratrisid] adj. et n. fratricida. ◆ n. m. [meurtre] fratricidio.
fraude [frod] f. [tromperie] frode, inganno m. | *fraude fiscale*, frode, evasione fiscale. | *fraude électorale*, frode, broglio (m.) elettorale. | *en fraude*, di frodo.
frauder [frode] v. tr. frodare. ◆ v. intr. commettere frodi. | *frauder à l'examen*, imbrogliare all'esame. | *frauder sur le poids*, rubare sul peso.
fraudeur, euse [frodœr, øz] adj. LITTÉR. fraudolento. ◆ n. chi froda ; frodatore, trice (rare).
frauduleusement [frodyløzmɑ̃] adv. in modo fraudolento ; fraudolentemente.
frauduleux, euse [frodylø, øz] adj. fraudolento.
fraxinelle [fraksinɛl] f. BOT. frassinella, dittamo m.
frayer [freje] v. tr. aprire. | *frayer le chemin, la voie à qn*, aprire la strada a qlcu. (pr.) ; aprire, spianare la via a qlcu. (fig.). ◆ v. intr. ZOOL. riprodursi. || FIG. *frayer avec qn*, frequentare, praticare qlcu. ◆ v. pr. *se frayer un chemin, un passage*, aprirsi un cammino, un varco (pr.) ; farsi strada (fig.).
frayeur [frɛjœr] f. spavento m., sbigottimento m.
fredaine [frədɛn] f. V. FRASQUE.
fredonnement [frədɔnmɑ̃] m. (il) canticchiare.
fredonner [frədɔne] v. tr. et intr. canticchiare, canterellare.
freezer [frizœr] m. (angl.) congelatore ; cella frigorifera ; vano congelatore.
frégate [fregat] f. MAR. fregata. | *capitaine de frégate*, capitano di fregata. || ZOOL. fregata.
frein [frɛ̃] m. [mors] freno, morso. || PR. et FIG. *ronger son frein*, mordere il freno. | *mettre un frein à*, porre un freno a. | *sans frein*, senza freno (pr.) ; senza ritegno, sfrenato adj. (fig.). || ANAT. frenulo. || TECHN. freno. | *coup de frein*, frenata f. || PR. et FIG. *serrer, desserrer les freins*, stringere, allentare i freni.
freinage [frɛnaʒ] m. [action] frenata f. || [système] frenatura f.
freiner [frene] v. tr. et intr. PR. et FIG. frenare.
freinte [frɛ̃t] f. sfrido m.
frelatage [frəlataʒ] m. adulterazione f., sofisticazione f.
frelater [frəlate] v. tr. PR. et FIG. adulterare, sofisticare.
frêle [frɛl] adj. gracile, fragile. || FIG. tenue, debole, delicato, esile. | *frêle espoir*, tenue speranza. | *voix frêle*, voce esile.
frelon [frəlɔ̃] m. ZOOL. calabrone.
freluquet [frəlykɛ] m. FAM. mezza cartuccia ; schizzetto (rom.) ; damerino.
frémir [fremir] v. intr. [feuilles] agitarsi lievemente ; stormire ; [eau] sobbollire. || FIG. *frémir de colère*, fremere d'ira. | *frémir de peur*, rabbrividire di paura. | *frémir d'horreur*, raccapricciare. | *à faire frémir*, raccapricciante adj.
frémissant, e [fremisɑ̃, ɑ̃t] adj. fremente, vibrante. | *avoir une sensibilité frémissante*, avere una sensibilità vibrante.
frémissement [fremismɑ̃] m. [feuilles] (lo) stormire, fremito, fruscio ; [eau] fruscio, sobbollimento. || FIG. fremito. | *frémissement d'indignation*, fremito di sdegno.
frênaie [frɛnɛ] f. frassineto m.
frêne [frɛn] m. BOT. frassino.
frénésie [frenezi] f. frenesia. || FIG. frenesia, smania.
frénétique [frenetik] adj. frenetico.
fréquemment [frekamɑ̃] adv. frequentemente, di frequente.
fréquence [frekɑ̃s] f. frequenza. || ÉLECTR., MÉD., TÉLÉCOM. frequenza. | *modulation de fréquence*, modulazione di frequenza.
fréquent, e [frekɑ̃, ɑ̃t] adj. frequente. | *être fréquent*, ricorrere spesso.
fréquentable [frekɑ̃tabl] adj. frequentabile.
fréquentatif, ive [frekɑ̃tatif, iv] adj. GRAMM. frequentativo.
fréquentation [frekɑ̃tasjɔ̃] f. [d'un lieu] (il) frequentare ; frequenza ; frequentazione (rare). | *fréquentation scolaire*, frequenza scolastica. || [relation] compagnia. | *mauvaises fréquentations*, cattive compagnie. | *surveiller ses fréquentations*, sorvegliare le proprie amicizie. || [usage] *fréquentation des classiques*, frequentazione, studio assiduo dei classici. | *fréquentation des sacrements*, frequenza ai sacramenti.
fréquenté, e [frekɑ̃te] adj. *une rue peu, très fréquentée*, una strada poco, molto frequentata. | *bien, mal fréquenté*, ben, mal frequentato.
fréquenter [frekɑ̃te] v. tr. [lieu ; personne] frequentare, praticare, bazzicare. | *fréquenter une jeune fille*, parlare a, fare all'amore con una ragazza. || FIG. *fréquenter un auteur*, leggere assiduamente, frequentare un autore. | *fréquenter les sacrements*, frequen-

tare i sacramenti. ◆ v. intr. LITTÉR. *fréquenter chez qn*, essere assiduo, bazzicare in casa di qlcu (L.C.). ◆ v. pr. frequentarsi. ‖ [relations sentimentales] far l'amore, all'amore.
frère [frɛr] m. fratello. | *petit frère*, fratellino. ‖ FIG. *frère d'armes*, fratello d'armi. | *traiter qn en frère*, trattare qlcu. come un fratello, da fratello. | *partager en frères*, dividere da buoni fratelli. | *faux frère*, falso amico. ‖ FAM. *vieux frère*, vecchio amico. ‖ COMM. *Martin frères*, fratelli Martin; Flli (abr.) Martin. ‖ RELIG. frate; fra [devant n. propre]. | *frère Antoine*, fra Antonio. | *bonjour, mon frère*, buon giorno, fratello. ‖ [franc-maçon] frammassone. ◆ adj. *des partis frères*, partiti fratelli.
frérot [frero] m. FAM. fratellino.
fresque [frɛsk] f. ART affresco m. | *peindre à fresque*, dipingere a fresco. | *décorer de fresques*, affrescare. ‖ [évocation] affresco, quadro.
fresquiste [frɛskist] m. affreschista; frescante (rare).
fressure [frɛsyr] f. corata, coratella.
fret [frɛ] m. [prix du transport] nolo, noleggio. ‖ [cargaison] carico.
fréter [frete] v. tr. noleggiare, dare a nolo.
frétillement [fretijmɑ̃] m. guizzo, (il) guizzare. | *frétillement de la queue*, scodinzolìo.
frétiller [fretije] v. intr. guizzare. | *frétiller de la queue*, scodinzolare. | *frétiller de joie*, saltare dalla gioia.
fretin [frətɛ̃] m. [poissons] minutaglia f., minutame; pesci minuti m. pl. ‖ FIG. *(menu) fretin*: [choses] roba (f.) di scarto; [personnes] gentucola f.
frette [frɛt] f. MIL. cerchiatura. ‖ TECHN. ghiera.
fretter [frete] v. tr. munire di ghiera; cerchiare.
freudien, enne [frødjɛ̃, ɛn] adj. freudiano.
freudisme [frødism] m. freudismo.
freux [frø] m. ZOOL. corvo comune.
friabilité [frijabilite] f. friabilità.
friable [frijabl] adj. friabile.
friand, e [frijɑ̃, ɑ̃d] adj. [gourmand] ghiotto. ‖ FIG. *être friand de qch.*, essere ghiotto di qlco. ◆ n. m. CULIN. = sfoglia (f.) con ripieno.
friandise [frijɑ̃diz] f. [sucrerie] leccornia; bocconcino ghiotto.
fric [frik] m. POP. grana f.
fricandeau [frikɑ̃do] m. CULIN. fricandò.
fricassée [frikase] f. CULIN. fricassea.
fricasser [frikase] v. tr. CULIN. cuocere in fricassea. ‖ FIG. *fricasser son bien*, scialacquare, sperperare il patrimonio (L.C.).
fricatif, ive [frikatif, iv] adj. LING. fricativo. ◆ n. f. fricativa.
fric-frac [frikfrak] m. POP. furto con scasso (L.C.).
friche [friʃ] f. sodaglia. ◆ loc. adv. PR. et FIG. ***en friche***, incolto adj.
frichti [friʃti] POP. piatto, pietanza f. (L.C.).
fricot [friko] m. FAM. V. FRICHTI.
fricoter [frikɔte] v. tr. FAM. cucinare. ◆ v. tr. et intr. POP. combinare v. tr. (fam.); intrallazzare v. intr. | *qu'est-ce qu'il est en train de fricoter?*, cosa sta combinando?
fricoteur, euse [frikɔtœr, øz] n. intrallazzatore, trice; traffichino, a; imbroglione, a.
friction [friksjɔ̃] f. [frottement] frizione. ‖ FIG. [heurt] attrito m., frizione. | *point de friction*, punto di attrito. ‖ TECHN. frizione, attrito.
frictionner [friksjɔne] v. tr. frizionare.
fridolin [fridɔlɛ̃] m. POP., PÉJOR. soldato tedesco (L.C.); crucco.
Frigidaire [friʒidɛr] m. V. RÉFRIGÉRATEUR.
frigide [friʒid] adj. frigido.
frigidité [friʒidite] f. frigidità, frigidezza. ‖ MÉD. frigidità.
frigo [frigo] m. POP. [viande congelée] carne congelata (L.C.). ‖ FAM. [appareil] frigorifero (L.C.), frigo. | *mettre au frigo*, mettere in frigo. ◆ adv. POP. *il fait frigo*, fa freddo (L.C.).
frigorifier [frigɔrifje] v. tr. refrigerare, congelare.
frigorifique [frigɔrifik] adj. frigorifero.
frileux, euse [frilø, øz] adj. freddoloso.
frimaire [frimɛr] m. HIST. frimaio.
frimas [frimɑ] m. brina f., calaverna f. ‖ FIG. (VX) *poudré à frimas*, soffuso di cipria.
frime [frim] f. LOC. FAM. *pour la frime*, per finta. | *c'est de la frime*, è solo per finta.
frimousse [frimus] f. FAM. faccina, musetto m., visetto m.
fringale [frɛ̃gal] f. FAM. fame del diavolo, da lupo; fame canina. ‖ FIG. bramosia, frenesia, sete.
fringant, e [frɛ̃gɑ̃, ɑ̃t] adj. vispo, vivace. | *vieillard fringant*, vecchio arzillo. | *cheval fringant*, cavallo focoso.
fringuer [frɛ̃ge] v. tr. POP. vestire (L.C.). ◆ v. pr. POP. vestirsi (L.C.).
fringues [frɛ̃g] f. pl. POP. vestiti m. pl. (L.C.).
friper [fripe] v. tr. [chiffonner] sgualcire. ‖ FIG. *visage fripé*, viso sciupato.
friperie [fripri] f. roba usata, vecchia; ciarpame m.; rigatteria (rare). ‖ [commerce] bottega del rigattiere; rigatteria (rare).
fripier, ère [fripje, ɛr] n. rigattiere.
fripon, onne [fripɔ̃, ɔn] adj. [fourbe] scaltro, furbo. ‖ [espiègle] birichino, malizioso. | *yeux fripons*, occhi birichini. | *avoir un air fripon*, aver un'aria sbarazzina. ◆ n. VX [coquin] furfante m.; briccone, a. | *de fripon*, bricconesco, furfantesco adj. ‖ [espiègle] birichino, a; bricconcello m. | *tour de fripon*, tiro birbone, mancino.
friponnerie [fripɔnri] f. [espièglerie] birichinata. ‖ VX [escroquerie] furfanteria, mascalzonata (L.C.).
fripouille [fripuj] f. POP. mascalzone m., farabutto m., canaglia, lazzarone m. (L.C.).
fripouillerie [fripujri] f. canagliata, mascalzonata, furfanteria.
friquet [frikɛ] m. ZOOL. passera mattugia.
frire [frir] v. tr. et intr. défect. friggere. | *poêle à frire*, padella per friggere. (V. FRIT.)
frisant, e [frizɑ̃, ɑ̃t] adj. [lumière] radente.
1. frise [friz] f. ARCHIT. fregio m. ‖ THÉÂTRE celetto m.
2. frise (cheval de) [ʃəvaldəfriz] m. MIL. cavallo di frisia.
friselis [frizli] m. fruscìo, (lo) stormire.
frisé, e [frize] adj. riccio, ricciuto, riccioluto. ‖ BOT. *chou frisé*, V. CHOU. | *salade frisée*, insalata riccia.
friser [frize] v. tr. [cheveux] arricciare; arricciolare (rare). | *fer à friser*, calamistro; ferro da ricci. ‖ [laine] accotonare. ‖ [effleurer] rasentare, sfiorare. ‖ FIG. *cela frise le ridicule, l'insolence*, questo rasenta, sfiora il ridicolo, l'insolenza. ‖ [être près de] *il frise la cinquantaine*, rasenta la cinquantina. ◆ v. intr. arricciarsi. | *mes cheveux frisent avec l'humidité*, mi si arricciano i capelli coll'umidità. | *elle frise, ses cheveux frisent*, ha i capelli ricci.
frisette [frizɛt] f. ricciolino m.
frisoir [frizwar] m. arricciacapelli inv., calamistro.
1. frison [frizɔ̃] m. ricciolino.
2. frison, onne [ɔn] adj. et n. frisone, a.
frisotter [frizɔte] v. tr. arricciare leggermente. ◆ v. intr. arricciarsi leggermente.
frisquet, ette [friskɛ, ɛt] adj. FAM. freschetto, frescolino.
frisson [frisɔ̃] m. PR. et FIG. brivido; [fort et continu] brividìo. | *frisson d'horreur*, brivido di orrore; raccapriccio. | *donner le frisson*, far venire i brividi, far rabbrividire. | *cela me donne le frisson*, mi vengono i brividi. | *être saisi d'un frisson*, essere scosso da un brivido. ‖ POÉT. alito.
frissonnement [frisɔnmɑ̃] m. PR. et FIG. brivido, fremito, (il) rabbrividire.
frissonner [frisɔne] v. intr. PR. et FIG. rabbrividire. | *il frissonnait de froid*, rabbrividiva di, dal freddo. ‖ [arbre] fremere, tremolare, stormire.
frisure [frizyr] f. arricciatura. ‖ TEXT. accotonatura.
frit, e [fri, it] adj. FAM. [perdu] (bell'e) fritto. ‖ LOC. *avoir des yeux de poisson frit*, aver gli occhi di pesce lesso. ◆ n. f. patatina fritta.
friterie [fritri] f. friggitoria.
friteuse [fritøz] f. padellone (m.) con scolafritto.

frittage [fritaʒ] m. TECHN. sinterizzazione f.; [du verre] calcinazione f.
fritte [frit] f. TECHN. fritta.
friture [frityr] f. frittura. | *friture de poisson, petite friture*, frittura, fritto (m.) di pesce; fritto misto. || [gras] olio m., grasso m. (per frittura). || TÉLÉCOM. sfrigolio.
friturier, ère [frityrje, ɛr] n. friggitore, a.
fritz [frits] m. POP., PÉJOR. soldato tedesco (L.C.); crucco.
frivole [frivɔl] adj. frivolo, futile.
frivolité [frivɔlite] f. frivolezza, futilità. || [dentelle] chiacchierino m. ◆ pl. [objets] quisquilie, bazzecole, ninnoli m. pl. | *magasin de frivolités*, chincaglieria f., bigiotteria f.
froc [frɔk] m. RELIG. [partie de vêtement] cocolla f.; [tunique] saio, tonaca f. | *prendre le froc*, vestire il saio, la tonaca. || FAM. *jeter le froc aux orties*, gettare la tonaca, il saio alle ortiche. || POP. [pantalon] brache f. pl. (fam.).
frocaille [frɔkaj] f. PÉJOR. frataglia, cocolle f. pl.
frocard [frɔkar] m. PÉJOR. frataccio.
froid, e [frwa, ad] adj. PR. et FIG. freddo. | *avoir des sueurs froides*, sudare freddo. | *cela me laisse froid*, questo mi lascia freddo. | *style froid*, stile freddo. | *garder la tête froide*, serbare la mente fredda. | *femme froide*, donna fredda, frigida. | *guerre froide*, guerra fredda. || TECHN. *chambre froide*, cella frigorifera. || LOC. *battre froid à qn*, dimostrare freddezza a qlcu. ◆ n. m. freddo. | *il fait froid*, fa, è freddo. | *froid de chien, de canard, de loup*, freddo cane, birbone. | *mort de froid*, morto assiderato; (hyperb.) morto di freddo, assiderato. | *coup de froid*, raffreddamento, infreddatura f. | *prendre froid*, raffreddarsi. | *les premiers froids*, i primi freddi. || FIG. [réserve, indifférence] freddo. | *accueil d'un froid glacial*, accoglienza gelida, glaciale. | *jeter un froid*, raggelare l'ambiente. | *être en froid avec qn*, essere in urto con qlcu. || TECHN. freddo. || LOC. *ne pas avoir froid aux yeux*, avere fegato. | *cela me fait froid dans le dos*, questo mi mette il freddo addosso, mi dà i brividi. ◆ loc. adv. PR. et FIG. ***à froid***, a freddo. | *colère à froid*, collera fredda.
froidement [frwadmɑ̃] adv. PR. et FIG. freddamente. || [sans scrupule] *laisser froidement tomber*, lasciar perdere senza scrupoli.
froideur [frwadœr] f. PR. et FIG. freddezza.
froidure [frwadyr] f. MÉD. assideramento m. || POÉT. freddo m., inverno m. (L.C.).
froissement [frwasmɑ̃] m. [action de chiffonner] sgualcitura f., spiegazzatura f. || FIG. [vexation, atteinte] offesa f., urto, screzio. | *froissement des intérêts*, attrito di interessi. || MÉD. contusione f. | *froissement d'un muscle*, strappo muscolare.
froisser [frwase] v. tr. PR. sgualcire, spiegazzare. || FIG. offendere. || MÉD. ammaccare, contundere. | *se froisser un muscle*, farsi uno strappo muscolare. ◆ v. pr. sgualcirsi, spiegazzarsi. || FIG. offendersi.
frôlement [frolmɑ̃] m. sfioramento, strusciata f.; [répété] struscìo. || [bruit] frullo; [continu] frullìo, fruscìo. | *frôlement d'ailes*, fruscìo d'ali.
frôler [frole] v. tr. PR. et FIG. sfiorare, rasentare, strusciare.
fromage [frɔmaʒ] m. formaggio, cacio. | *fromage mou, à pâte molle*, formaggio molle. | *fromage dur*, formaggio duro. | *fromage blanc, frais*, cacio fresco. | *fromage fait*, formaggio stagionato. || CULIN. *fromage de tête*, soprassata f. || LOC. FAM. *entre la poire et le fromage* = sul finire del pranzo (L.C.). | *vivre comme un rat dans un fromage* = vivere come un papa, un pascià. || FAM. [sinécure] *un bon fromage*, una pacchia, un canonicato.
1. fromager [frɔmaʒe] m. BOT. bombace.
2. fromager, ère [ɛr] adj. caseario. ◆ n. m. [fabricant] formaggiaio, caciaio; casaro (dial.).
fromagerie [frɔmaʒri] f. [lieu de fabrication] caseificio m.; [lieu d'affinage] caciaia; [commerce] negozio (m.) di formaggi.
froment [frɔmɑ̃] m. BOT. frumento.
1. fromental, e, aux [frɔmɑ̃tal, o] adj. frumentario.
2. fromental m. BOT. = avena altissima.
fronce [frɔ̃s] f. crespa, increspatura, arricciatura.
froncer [frɔ̃se] v. tr. [étoffe] increspare, arricciare. || LOC. *froncer les sourcils*, aggrottare, corrugare le sopracciglia; accigliarsi. ◆ v. pr. [peau, front, sourcils] corrugarsi.
froncis [frɔ̃si] m. increspatura f., corrugamento, raggrinzamento.
frondaison [frɔ̃dɛzɔ̃] m. [époque] fogliazione f. || [feuillage] fogliame.
1. fronde [frɔ̃d] f. fionda; frombola (littér.). || FIG. *vent de fronde*, vento di fronda. || HIST. Fronda.
2. fronde f. BOT. fronda.
fronder [frɔ̃de] v. tr. [critiquer] attaccare, schernire. ◆ v. intr. [s'opposer] far opposizione.
frondeur, euse [frɔ̃dœr, øz] adj. [qui critique] frondeur (fr.), schernitore; riottoso (littér.). ◆ n. m. PR. fromboliere, fiondatore. ◆ n. FIG. frondista, oppositore m., frondeur (fr.); schernitore, trice. || HIST. Frondista.
front [frɔ̃] m. ANAT. fronte f. | *baiser sur le front*, baciare in fronte. || (littér.) [visage] *aller le front haut*, andare a fronte alta. | *avoir le front soucieux*, avere la fronte pensierosa. || (littér.) [audace] *avoir le front de*, avere la fronte di, la sfrontatezza di. || [partie antérieure] *front d'un monument, d'une montagne*, fronte di un monumento, di un monte. | *front d'un glacier*, fronte (m.) di un ghiacciaio. | *front de mer*, lungomare m. || GÉOGR. *front pionnier*, fronte pioneristico. || MÉTÉOR. *front froid*, fronte freddo. || MIL. fronte m. || MIN. *front d'attaque, de taille*, fronte (m.) di attacco, di taglio. || POLIT. fronte m. | *Front populaire*, Fronte popolare. || PR. et FIG. *faire front à*, tener testa a; fronteggiare v. tr. ◆ loc. adv. ***de front*** : [par-devant] frontale adj.; [côte à côte] a fianco a fianco; [simultanément] di conserva, contemporaneamente; [sans ménagement] di petto.
frontail [frɔ̃taj] m. frontale, frontino.
frontal, e, aux [frɔ̃tal, o] adj. frontale. ◆ n. m. ANAT. osso frontale.
frontalier, ère [frɔ̃talje, ɛr] adj. di frontiera, confinario. ◆ n. confinario, a.
fronteau [frɔ̃to] m. [bandeau] frontale. || ARCHIT. frontale.
frontière [frɔ̃tjɛr] f. PR. et FIG. frontiera, confine m., limite m. | *passer la frontière*, varcare la frontiera, il confine; sconfinare v. intr. ◆ adj. di frontiera, di confine. | *ville, gare frontière*, città, stazione di confine.
frontispice [frɔ̃tispis] m. ARCHIT. (vx) fronte f. (L.C.). || [de livre] frontespizio.
fronton [frɔ̃tɔ̃] m. ARCHIT. frontone. || [pelote basque] muro (di battuta).
frottage [frɔtaʒ] m. strofinamento, lucidatura f., lustratura f.
frottée [frɔte] f. POP. [coups] scarica, fracco (m.) di botte (fam.).
frottement [frɔtmɑ̃] m. sfregamento, strofinamento, stropicciamento; [continuel] strofinìo. || FIG. *il y a des frottements*, ci sono attriti. || MÉD. sfregamento. || TECHN. attrito.
frotter [frɔte] v. tr. (s)fregare, strusciare. || [enduire] ungere, spalmare. | *frotter de beurre, d'ail une tranche de pain*, spalmare di burro, strofinare d'aglio una fetta di pane. | *se frotter d'huile*, ungersi d'olio. || FIG. *il est frotté de linguistique*, ha un'infarinatura di linguistica. || [nettoyer] strofinare; [cirer] lucidare, lustrare. || [légèrement] soffregare. | *frotter une allumette*, (s)fregare, strofinare un fiammifero. || [énergiquement] stropicciare. || FIG. *frotter les oreilles à qn*, dare una tirata d'orecchi a qlcu. ◆ v. intr. **(contre)** sfregare, strusciare (contro). || TECHN. produrre attrito, sfregare. ◆ v. pr. (s)fregarsi, strofinarsi. || [s'enduire] ungersi, spalmarsi. || LOC. *se frotter à qn* : [le fréquenter] bazzicare (con), frequentare qlcu.; FAM. [l'attaquer] pigliarsela con qlcu. || PROV. *qui s'y frotte s'y pique*, chi tocca si scotta.
frotteur, euse [frɔtœr, øz] n. lucidatore, trice.

◆ n. m. ÉLECTR. spazzola f. ; braccio di contatto. ◆ n. f. [brosse] spazzolone m.
frottis [frɔti] m. ART velatura f. ‖ MÉD. striscio.
frottoir [frɔtwar] m. [brosse] spazzolone. ‖ [à allumettes] superficie (f.) di attrito.
frou-frou ou **froufrou** [frufru] m. fruscio, frufrù.
froufrouter [frufrute] v. intr. frusciare.
froussard, e [frusar, ard] adj. et n. FAM. fifone, a.
frousse [frus] f. FAM. fifa, tremarella. | *avoir la frousse*, aver fifa.
fructidor [fryktidɔr] m. HIST. fruttidoro.
fructifère [fryktifɛr] adj. BOT. fruttifero.
fructification [fryktifikasjɔ̃] f. BOT. fruttificazione.
fructifier [fryktifje] v. intr. PR. et FIG. fruttificare, fruttare.
fructueux, euse [fryktɥø, øz] adj. fruttuoso, proficuo.
frugal, e, aux [frygal, o] adj. frugale, parco.
frugalité [frygalite] f. frugalità.
frugivore [fryʒivɔr] adj. et n. frugivoro.
1. fruit [frɥi] m. frutto (pl. *i frutti* ou *le frutta*). | *fruits des champs*, frutti dei campi. | *arbre à fruits*, albero da frutto. | *donner des fruits*, fruttare, dar frutto, fruttificare. | *fruits confits, secs, au sirop*, frutta candita, secca, sciroppata. | *les fruits (de table)*, i frutti (da tavola), la frutta. | *marchand, marchande de fruits*, fruttivendolo, fruttivendola ; fruttaiolo m. | *fruits de mer*, frutti di mare. ‖ LOC. FIG. *fruit sec*, ramo secco ; fallito ; ARG. UNIV. somaro. | *fruit défendu*, frutto proibito. ‖ [profit] frutto, profitto. ‖ [résultat] frutto, portato. ◆ pl. JUR. frutti, profitti.
2. fruit m. ARCHIT. scarpa f., scarpata f.
fruité, e [frɥite] adj. che sa di frutta ; [vin] fruttato.
fruiterie [frɥitri] f. [local] fruttaio m. ‖ [boutique] negozio (m.) di frutta.
fruitier, ère [frɥitje, ɛr] adj. fruttifero. | *arbre fruitier*, albero da frutto ; albero fruttifero (rare). ◆ n. [vendeur] fruttivendolo, a ; fruttaiolo m. ◆ n. m. [lieu] fruttaio m. ‖ [étagère] graticcio per frutta. ◆ n. f. = caseificio corporativo.
frusquer [fryske] v. tr. POP. vestire (L.C.).
frusques [frysk] f. pl. POP. abiti m. pl., stracci m. pl. (L.C.).
fruste [fryst] adj. VX [usé] frusto, consumato, consunto. ‖ [rugueux] non levigato. ‖ FIG. rozzo.
frustration [frystrasjɔ̃] f. frustrazione.
frustrer [frystre] v. tr. PR. frustrare, defraudare. ‖ FIG. deludere, ingannare. ‖ JUR. privare (fraudolentemente).
fuchsia [fy(k)sja] m. BOT. fucsia f.
fuchsine [fyksin] f. CHIM. fucsina.
fucus [fykys] m. BOT. fuco.
fuel(-oil) [fjul(ɔjl)] m. (angl.) nafta f. ; olio combustibile.
fugace [fygas] adj. fugace, fuggevole ; labile (littér.).
fugacité [fygasite] f. fugacità ; labilità (littér.).
fugitif, ive [fyʒitif, iv] adj. [qui fuit] fuggitivo, fuggiasco. ‖ [exilé] profugo. ‖ FIG. [peu durable] fuggitivo, (s)fuggevole. ◆ n. fuggiasco m., profugo, a.
fugue [fyg] f. scappata. ‖ MUS. fuga.
fuir [fɥir] v. intr. [être vivant] fuggire, scappare. | *fuir à toutes jambes*, fuggire, scappare a gambe levate. ‖ [liquide] fuoriuscire, perdersi. ‖ [récipient] perdere. | *le tonneau fuit*, la botte perde. ‖ FIG. fuggire. | *l'hiver a fui*, l'inverno è fuggito. ◆ v. tr. fuggire. | *fuir l'ennemi*, fuggire il nemico. ‖ [éviter] fuggire, scansare. | *fuir les responsabilités*, schivare le responsabilità. ◆ v. pr. [s'éviter] sfuggirsi.
fuite [fɥit] f. fuga. | *prendre la fuite*, darsi alla fuga. | *mettre en fuite*, mettere, volgere in fuga ; fugare (littér.). ‖ [de liquide ; de gaz] fuga, perdita. ‖ [fissure] fessura, falla. | *le tonneau a une fuite*, la botte perde. ‖ [temps] fuga. ‖ [indiscrétion] indiscrezione. ‖ [dérobade] fuga. ‖ GÉOM. *point de fuite*, punto di fuga. ‖ JUR. *délit de fuite*, V. DÉLIT. ‖ PSYCHAN. *fuite dans la maladie*, fuga nella malattia.
fulgurant, e [fylgyrɑ̃, ɑ̃t] adj. [qui frappe] (s)folgorante. ‖ [rapide] fulmineo. | *douleur fulgurante*, dolore folgorante.
fulguration [fylgyrasjɔ̃] f. lampo (m.) di calore.
fulgurer [fylgyre] v. intr. (s)folgorare.
fuligineux, euse [fyliʒinø, øz] adj. fuligginoso.
fulmicoton [fylmikɔtɔ̃] m. fulmicotone ; cotone fulminante.
fulminant, e [fylminɑ̃, ɑ̃t] adj. PR. et FIG. fulminante.
fulminate [fylminat] m. CHIM. fulminato.
fulmination [fylminasjɔ̃] f. esplosione, scoppio m.
fulminer [fylmine] v. intr. esplodere, detonare, scoppiare. ‖ CHIM. detonare. ‖ FIG. *fulminer contre qn*, scagliarsi contro qlcu. ◆ v. tr. *fulminer des imprécations*, scagliare imprecazioni. ‖ RELIG. fulminare.
1. fumage [fymaʒ] m. ou **fumaison** [fymɛzɔ̃] f. [aliment] affumicatura f.
2. fumage m. AGR. concimazione.
fumant, e [fymɑ̃, ɑ̃t] adj. fumante. | *cendres fumantes*, ceneri fumanti. | *soupe fumante*, minestra bollente. ‖ FIG. *fumant de colère*, sbuffante, schiumante d'ira. ‖ CHIM. *acide fumant*, acido solforico. ‖ POP. *réussir un coup fumant*, fare un bel colpo (L.C.). ‖ [furieux] infuriato (L.C.) ; furente (littér.).
fume-cigare [fymsigar] et **fume-cigarette** [fymsigarɛt] m. inv. bocchino m. (per sigari, per sigarette).
fumé [fyme] m. TYP. stampone.
fumée [fyme] f. fumo m. ‖ FIG. fumo. | *s'en aller en fumée*, andare in fumo ; sfumare. ‖ PROV. *il n'y a pas de fumée sans feu*, non c'è fumo senza arrosto. ◆ pl. FIG. *les fumées du vin, de l'orgueil*, i fumi del vino, della superbia. ‖ [fiente des cervidés] escrementi m. pl., sterco m.
1. fumer [fyme] v. intr. fumare. | *défense de fumer*, vietato fumare. | *fumer comme une locomotive*, fumare come una ciminiera. | *la lampe fume*, la lampada fuma. | *le volcan fume*, il vulcano fa fumo, il vulcano fuma. | *les prés fument*, i prati fumano. ‖ POP. *fumer (de colère)*, schiumare (di rabbia) [L.C.]. ◆ v. tr. [tabac] fumare. | *fumer la pipe*, fumare la pipa, pipare. | *fumer une pipe*, fare una pipata. ‖ TECHN. affumicare. | *jambon, verre fumé*, prosciutto, vetro affumicato.
2. fumer v. tr. AGR. concimare.
fumerie [fymri] f. fumeria.
fumerolle [fymrɔl] f. GÉOL. fumarola, fumacchio m.
fumeron [fymrɔ̃] m. fumacchio.
fumet [fymɛ] m. [viande ; vin] aroma, odore. ‖ [gibier] odore di selvatico.
fumeur, euse [fymœr, øz] n. fumatore, trice; fumatora (f. fam.). | *c'est un grand fumeur*, è un accanito fumatore.
fumeux, euse [fymø, øz] adj. PR. fumoso. ‖ FIG. confuso.
fumier [fymje] m. AGR. letame, stallatico ; concime naturale. | *tas de fumier*, mucchio di letame ; letamaio m. ‖ POP. [injure] porco, stronzo.
fumigateur [fymigatœr] m. fumigatore.
fumigation [fymigasjɔ̃] f. suffumigio m. ; suffumicazione, fumigazione.
fumigène [fymiʒɛn] adj. et n. m. fumogeno.
fumiste [fymist] m. [ouvrier] fumista. ‖ FIG., FAM. fumista, venditore di fumo ; mistificatore (L.C.).
fumisterie [fymistəri] f. TECHN. mestiere del fumista. ‖ FIG., FAM. fumisteria ; mistificazione (L.C.).
fumivore [fymivɔr] adj. fumivoro. ◆ n. m. apparecchio fumivoro.
fumoir [fymwar] m. sala f., salotto per fumatori ; fumoir (fr.). ‖ TECHN. affumicatoio.
fumure [fymyr] f. AGR. [action] concimazione. ‖ [engrais] concime m.
funambule [fynɑ̃byl] n. funambolo, a.
funambulesque [fynɑ̃bylɛsk] adj. PR. funambolesco. ‖ FIG. bizzarro, stravagante, strampalato.
funèbre [fynɛbr] adj. funebre ; funereo (littér.). | *cortège funèbre*, corteo funebre. | *pompes funèbres*, pompe funebri. ‖ FIG. [triste] funebre, funereo ; da funerale.
funérailles [fyneraj] f. pl. funerale m. sing., esequie ; funerali m. pl. (littér.). | *funérailles nationales*, esequie nazionali. ◆ interj. POP. maledizione !, accidenti !
funéraire [fynerɛr] adj. funerario, funereo, funebre. | *art, urne funéraire*, arte, urna funeraria. | *monu-*

ment funéraire, monumento funebre. | *drap funéraire*, drappo funereo. | *colonne funéraire*, cippo sepolcrale.
funeste [fynɛst] adj. [fatal] funesto ; luttuoso (littér.). ‖ [nuisible] funesto, rovinoso.
funiculaire [fynikylɛr] m. Transp. funicolare.
funicule [fynikyl] m. Anat., Bot. funicolo.
fur [fyr] loc. adv. ***au fur et à mesure,*** man mano, via via. ◆ loc. prép. ***au fur et à mesure de :*** *au fur et à mesure de son appétit*, secondo il suo appetito. | *au fur et à mesure de son travail*, man mano che procede il suo lavoro. ◆ loc. conj. ***au fur et à mesure que*** (indic.), man mano che, via via che (indic.).
furet [fyrɛ] m. Zool. furetto. ‖ Fig. ficcanaso n. inv. ; ficchino, a. ‖ Jeu = gioco dell'anello.
fureter [fyrte] v. intr. [chasse] cacciare col furetto. ‖ Fig. [fouiller] curiosare ; ficcare il naso dappertutto.
fureteur, euse [fyrtœr, øz] n. [chasse] cacciatore, trice col furetto. ‖ Fig. ficcanaso inv. ; ficchino, a. ◆ adj. curioso.
fureur [fyrœr] f. [colère] furore m., furia. | *entrer en fureur*, andare, montare in furia, su tutte le furie. | *être transporté de fureur*, essere in preda al furore. ‖ [passion] furore, furia. | *fureur poétique*, poetico furore. | *fureur du jeu, de vivre*, furia del gioco, di vivere. | *faire fureur*, far furore ; furoreggiare. ‖ Fig. *fureur de l'ouragan*, furia, furore dell'uragano. ◆ loc. adv. ***à la fureur,*** appassionatamente, pazzamente.
furibond, e [fyribɔ̃, ɔ̃d] ou pop. **furibard, e** [fyribar, ard] adj. furibondo, furente.
furie [fyri] f. [emportement] furia. | *être en furie*, andare, montare in furia, su tutte le furie. ‖ Fig. [impétuosité] *la mer en furie*, il mare infuriato. ‖ [mégère] furia. ◆ pl. Myth. furie.
furieux, euse [fyrjø, øz] adj. [en fureur] furioso, furente. | *folie furieuse*, pazzia furiosa. | *devenir furieux*, diventare furioso ; infuriarsi ; infuriare. | *il est furieux contre ma sœur*, è furente contro mia sorella. ‖ [impétueux] furioso. ‖ Fam. [extrême ; violent] tremendo.
furoncle [fyrɔ̃kl] m. Méd. foruncolo ; fignolo (tosc.).
furonculose [fyrɔ̃kyloz] f. Méd. foruncolosi.
furtif, ive [fyrtif, iv] adj. furtivo.
furtivement [fyrtivmɑ̃] adv. di nascosto, furtivamente.
fusain [fyzɛ̃] m. Bot. fusaggine f. ‖ Art [pour dessiner] carboncino ; [dessin] (disegno a) carboncino.
fusant, e [fyzɑ̃, ɑ̃t] adj. Mil. a tempo (loc. adv.). ◆ n. m. proiettile a tempo.
fuseau [fyzo] m. Text. [pour filer] fuso ; [pour la dentelle] fusello. ‖ Myth. *fuseau des Parques*, fuso delle Parche. ‖ Fig. *jambes en fuseau*, gambe affusolate. | *arbres taillés en fuseau*, alberi potati a fuso. ‖ [pantalon] pantaloni a tubo. ‖ Géogr. *fuseau horaire*, fuso orario. ‖ Biol. fuso. ‖ Géom. fuso.
1. fusée [fyze] f. Text. fuso m. ‖ Techn. [d'essieu] fuso, fusello m. ; [d'horloge] fuso. ‖ Hérald. fuso.
2. fusée f. [pièce d'artifice] razzo m. | *fusée éclairante, de signalisation*, razzo illuminante, di, da segnalazione. ‖ Mil. [d'obus] spoletta. | *fusée fusante, percutante, de proximité*, spoletta a tempo, a percussione, di prossimità. ‖ [engin] razzo, missile m. | *fusée porteuse*, missile vettore ; razzo vettore (moins correct). | *fusée-moteur*, (motore [m.] a) razzo. | *fusée à liquide*, razzo a propellente liquido. | *fusée air-sol*, razzo ariasuolo. ‖ Loc. fig. *partir comme une fusée*, partire a razzo, come un razzo.
fuselage [fyzlaʒ] m. Aér. fusoliera f.
fuselé, e [fyzle] adj. Pr. et fig. affusolato.
fuseler [fyzle] v. tr. affusolare.
fuser [fyze] v. intr. Techn. fondere ; [chaux ; sel] fondere scoppiettando ; [poudre] bruciare senza esplodere. ‖ Fig. *des rires fusèrent*, scoppiarono risate.
fusette [fyzɛt] f. sigaretta ; spagnoletta (rare).
fusibilité [fyzibilite] f. fusibilità.
fusible [fyzibl] adj. fusibile. ◆ n. m. valvola f., fusibile.
fusiforme [fyzifɔrm] adj. Bot., Zool. fusiforme.
fusil [fyzi] m. fucile. | *fusil de chasse*, schioppo ; fucile da caccia. | *fusil à deux coups*, doppietta f. | *fusil-harpon*, fucile subacqueo. | *fusil à lunette*, fucile a cannocchiale. | *coup de fusil*, fucilata f., schioppettata f. (pr.) ; [prix excessif] conto salato, stangata f. | *tirer un coup de fusil*, tirare, sparare una fucilata. ‖ [tireur] tiratore. ‖ Fig. *changer son fusil d'épaule*, cambiare idea. ‖ Techn. [à aiguiser] acciaiolo. | *pierre à fusil*, pietra focaia.
fusilier [fyzilje] m. Mil. fuciliere. | *fusilier marin*, fuciliere di marina.
fusillade [fyzijad] f. Mil. [décharge simultanée] scarica di fucileria ; [échange de coups] sparatoria. ‖ [exécution] fucilazione.
fusiller [fyzije] v. tr. Mil. fucilare. ‖ Fig. *fusiller qn du regard*, fulminare qlcu. con lo sguardo. | *fusiller qn d'épigrammes*, bersagliare qlcu. d'epigrammi. | *les photographes ont fusillé les personnalités*, i fotografi hanno sottoposto le autorità a un fuoco di fila. ‖ Fam. *fusiller un moteur*, scassare un motore.
fusion [fyzjɔ̃] f. Pr. et fig. fusione.
fusionner [fyzjɔne] v. tr. fondere. ◆ v. intr. fondersi.
fustigation [fystigasjɔ̃] f. fustigazione.
fustiger [fystiʒe] v. tr. Pr. et fig. fustigare.
fût [fy] m. [arbre ; fusil ; colonne] fusto. ‖ [tonneau] fusto, botte f. | *ce vin sent le fût*, questo vino sa di botte.
futaie [fytɛ] f. fustaia. | *bois de haute futaie*, bosco d'alberi di alto fusto.
futaille [fytɑj] f. botte.
futaine [fytɛn] f. Text. fustagno m.
futé, e [fyte] adj. Fam. furbacchiotto ; furbo, astuto, scaltro (l.c.).
futée [fyte] f. mastice m. (per legno).
futile [fytil] adj. futile.
futilité [fytilite] f. futilità. ◆ pl. quisquilie, bagattelle, sciocchezze. | *dire des futilités*, dire ciance ; cianciare.
futur, e [fytyr] adj. futuro. ◆ n. m. futuro. | *dans le futur*, in futuro, in avvenire. ‖ Gramm. futuro. ◆ n. Fam. futuro sposo, futura sposa (l.c.) ; promesso, a (rare).
futurisme [fytyrism] m. futurismo.
futuriste [fytyrist] adj. futuristico, futurista. ◆ n. futurista.
futurologie [fytyrɔlɔʒi] f. futurologia.
futurologue [fytyrɔlɔg] m. futurologo.
fuyant, e [fɥijɑ̃, ɑ̃t] adj. (s)fuggente. | *ombre fuyante*, ombra fuggente. | *homme, front, regard fuyant*, uomo, fronte, sguardo sfuggente.
fuyard, e [fɥijar, ard] adj. et n. fuggiasco, fuggitivo.

G

g [ʒe] m. g f. ou m.
gabardine [gabardin] f. [tissu ; manteau] gabardine (fr.) ; gabardina (néol.).
gabare [gabar] f. [embarcation] gabarra. ‖ [filet] menaide.
gabarit [gabari] m. [modèle] Mar. garbo, sagoma f. ; [artillerie] sagoma. ‖ Techn. calibro. ‖ Ch. de f. *gabarit de chargement*, sagoma di carico. ‖ Autom. *feux de gabarit*, luci d'ingombro. ‖ Fam. [stature] statura f. (l.c.). | *quel gabarit !*, che pezzo d'uomo ! ‖ Fig. [acabit] conio, risma f.
gabegie [gabʒi] f. scialo m., spreco m., sperpero m., sperperio m. ; disordine amministrativo.
gabelle [gabɛl] f. Hist. gabella.
gabelou [gablu] m. Hist. gabelliere. ‖ Péjor. gabellotto ; gabelliere, daziere (l.c.).
gabier [gabje] m. Mar. gabbiere.
gabion [gabjɔ̃] m. Mil. gabbione. ‖ Agr. cestone (a doppio manico). ‖ [chasse] capanno.
gable [gɑbl] m. Archit. frontone (triangolare).
gâchage [gɑʃaʒ] m. [du mortier] impastatura f., impasto. ‖ Fig. [gaspillage] spreco, sciupio, sperpero.
1. gâche [gɑʃ] f. [de serrure] bocchetta.
2. gâche f. [du maçon] marra.
gâcher [gɑʃe] v. tr. [du mortier] impastare. ‖ Fig. [faire sans soin] abborracciare, acciabattare, acciarpare, pasticciare. ‖ [gaspiller] sprecare, scialare, scialacquare, sciupare, sperperare. ‖ Loc. *gâcher sa vie*, rovinarsi, guastarsi la vita. | *gâcher le métier*, v. gâter, métier.
gâchette [gɑʃɛt] f. [de fusil] grilletto m. ‖ [de serrure] nottolino m. (per bloccare la stanghetta).
gâcheur, euse [gɑʃœr, øz] n. [de mortier] impastatore m. ‖ Fig. [qui travaille mal] pasticcione, a ; abborracciatore, trice ; abborraccione, a (pop.). ‖ [qui gaspille] sprecone, a ; sciupone, a.
gâchis [gɑʃi] m. [mortier] malta f. ‖ [boue, ordures] poltiglia f., fanghiglia f. ; [choses abîmées] spreco, sciupio. ‖ Fig. [confusion, désordre] garbuglio, pasticcio, guazzabuglio. | *faire du gâchis*, fare, creare garbugli. | *quel gâchis !*, che pasticcio !, che guazzabuglio !
gades [gad] ou **gadidés** [gadide] m. pl. Zool. gadidi.
gadoue [gadu] f. [engrais] bottino m. ‖ [boue] poltiglia, fanghiglia, mota, fango m.
gaélique [gaelik] adj. et n. gaelico.
gaffe [gaf] f. Mar. gaffa, alighiero m. ‖ Fig., fam. gaffe (fr.) ; topica, cantonata, abbaglio m. | *faire une gaffe*, fare una gaffe, una topica ; prendere una cantonata, un abbaglio. ‖ Pop. *faire gaffe*, far attenzione (l.c.).
gaffer [gafe] v. tr. Mar. agganciare con la gaffa, con l'alighiero. ◆ v. intr. Fam. fare una gaffe, una topica ; prendere una cantonata, un abbaglio.
gaffeur, euse [gafœr, øz] adj. et n. che, chi fa frequenti gaffes, topiche ; che, chi prende frequenti cantonate, abbagli.
gag [gag] m. gag m. ou f. (angl.).
gaga [gaga] adj. Fam. rimbambito.
gage [gaʒ] m. pegno. | *mettre en gage*, impegnare. | *donner en gage*, dare in pegno. | *prêt, prêteur sur gages*, prestito, prestatore su pegno. ‖ Fig. garanzia f., pegno. | *donner des gages de son honnêteté*, dar garanzie della propria onestà. ‖ [témoignage] pegno, testimonianza f. ◆ pl. salario sing. ‖ Loc. *à gages*, stipendiato ; péjor. prezzolato adj. | *tueur à gages*, uccisore, assassino prezzolato ; sicario. | *être aux gages de qn*, essere agli stipendi di qlcu.
gagé, e [gaʒe] adj. pignorato, garantito.
gager [gaʒe] v. tr. [donner en gage] impegnare ; dare in pegno. ‖ Fig. [parier] scommettere. ‖ Jur., Fin. garantire. | *gager un emprunt*, garantire (per) un prestito.
gageure [gaʒyr] f. [pari] scommessa. ‖ Fam. *c'est une gageure*, non è ragionevole ; è una pazzia, una sconsideratezza ; è una sfida alla ragione, al buonsenso.
gagiste [gaʒist] adj. Jur. pignoratizio. ◆ n. m. creditore pignoratizio.
gagnant, e [gaɲɑ̃, ɑ̃t] adj. et n. vincente.
gagne-pain [gaɲpɛ̃] m. inv. [travail] mezzo (m.) di sussistenza ; lavoro m. ‖ [personne] capofamiglia m. ; sostegno (m.) della famiglia.
gagne-petit [gaɲpəti] m. inv. chi stenta il pane, la vita ; chi vive alla meglio ; chi vive stentatamente.
gagner [gaɲe] v. tr. **1.** [par le travail] guadagnare, ricavare ; buscarsi (fam.). | *gagner de quoi vivre*, guadagnare, buscarsi di che vivere. | *gagner sa vie*, guadagnarsi la vita, il pane. | *je n'y gagne rien*, non ci guadagno nulla, non ne ricavo nulla, non me ne vien nulla in tasca. ‖ **2.** Fig. [obtenir, conquérir] guadagnare, ottenere, conquistare. | *gagner l'amitié, l'estime de qn*, guadagnarsi, guadagnare l'amicizia, la stima di qlcu. | *il gagna tous les cœurs*, conquistò tutti i cuori. | *gagner qn à sa cause*, guadagnar qlcu. alla propria causa, convertire qlcu. alle proprie idee, opinioni ; guadagnarsi qlcu. ‖ Péjor. *gagner un témoin*, guadagnarsi, comprare un testimone. ‖ **3.** [prendre, attraper] guadagnare, guadagnarsi, prendere, buscarsi. | *j'y ai gagné un bon rhume*, ci ho guadagnato, mi son buscato un bel raffreddore. | *gagner du poids*, aumentare, crescere di peso. ‖ **4.** [par la lutte, la chance] vincere. | *gagner la bataille, la guerre, la partie, un prix, un procès, un pari*, vincere la battaglia, la guerra, la partita, un premio, un processo, una scommessa. | *gagner le gros lot*, v. lot. | *je t'ai gagné dix francs*, ti ho vinto dieci franchi. | *repos bien gagné*, riposo meritato. ‖ **5.** Fig. [s'emparer de] vincere, cogliere, prendere, sopraffare. | *le sommeil le gagna soudain*, il sonno lo colse improvvisamente. | *la peur le gagna*, la paura lo vinse, colse, prese, sopraffece. | *gagné par le sommeil, la colère*, vinto, sopraffatto dal sonno, dall'ira. | *il se laissa gagner par mes arguments*, si lasciò vincere, convincere, persuadere dai miei argomenti. ‖ [se répandre dans] spargersi in, impadronirsi di, invadere. | *la colère gagne la foule*, la collera si impadronisce della folla. ‖ **6.** Loc. *gagner de vitesse*, superare, passare in velocità (pr.) ; precedere (fig.). | *attention, il nous gagne de vitesse*, attento, ci sta superando. | *gagner du temps*, guadagnar tempo. | *gagner du terrain* (pr. et fig.), acquistare, guadagnar terreno. | *c'est autant, toujours ça de gagné*, è tanto di guadagnato. | *avoir partie gagnée*, aver partita vinta, averla vinta. | *donner partie gagnée*, dar partita vinta, darla vinta. ‖ **7.** [sens local] raggiungere ; guadagnare (gall.). | *gagner la ville, le port, la porte*, raggiungere la città, il porto, la porta. | *le feu gagne le toit*, il fuoco raggiunge il tetto. | *gagner le large*, v. large. ◆ v. intr. [avoir du profit] guadagnare, guadagnarci. | *gagner gros*, guadagnar molto, bene ; guadagnar forte (fam.). ‖ [vaincre] vincere. | *vous gagnez toujours !*, vince sempre Lei ! | *jouer à qui perd gagne*, giocare a vinciperdi. ‖ [s'améliorer] migliorare, acquistare, guadagnarci. | *le vin, le fromage gagne en vieillissant*, il vino, il formaggio migliora, acquista invecchiando. ‖ [s'étendre] estendersi, propagarsi, dilagare. | *le feu, l'inondation, l'épidémie gagne*, il fuoco, l'inondazione, l'epidemia dilaga, si estende. ◆ v. tr. ind. **gagner à,** guadagnarci a. | *il gagne à s'habiller de sombre*, a vestire di scuro ci guadagna. | *il gagne à être connu*, ci guadagna ad essere conosciuto meglio. ‖ **gagner en,**

crescere di, aumentare di ; acquistare v. tr. | *gagner en finesse*, diventar più sottile, assottigliarsi. | *gagner en ampleur*, amplificarsi, ampliarsi.

gagneur, euse [gaɲœr, øz] n. [profit] chi guadagna denaro ; [victoire] vincitore, trice.

gai, e [ge] adj. allegro, gaio. | *homme gai de caractère, d'humeur gaie*, uomo di carattere, di umore allegro. | *gai comme un pinson*, V. PINSON. | *rendre gai*, allietare ; riempir d'allegrezza. || [éméché] brillo, alticcio, allegro. || FIG. gaio, allegro. | *couleurs gaies*, colori gai. | *chambre gaie*, camera gaia, allegra. || LOC. *ce n'est pas gai ! ; c'est gai !* (iron.), che bellezza !, c'è di che esser contenti ! ◆ interj. allegri !

gaïac [gajak] m. BOT. guaiaco.

gaïacol [gajakɔl] m. CHIM. guaiacolo.

gaieté [gete] f. allegrezza, allegria, gaiezza. | *accès de gaieté*, impeto d'allegrezza. | *folle gaieté*, pazza allegria. || [légère ivresse] *être en gaieté*, essere brillo, alticcio. || LOC. *de gaieté de cœur*, di buona voglia ; volentieri ; a cuor leggero, contento. ◆ pl. IRON. passatempi m. pl., allegrie.

1. gaillard, e [gajar, ard] adj. vigoroso, robusto, gagliardo. | *frais et gaillard*, vivo e vegeto. | *je me sens tout gaillard*, mi sento in gamba. | *vieillard encore gaillard*, vecchio ancora vegeto, arzillo ; vecchio in gamba (fam.). || FIG. [grivois] salace, sboccato, licenzioso. ◆ n. [homme] pezzo (m.) d'uomo ; [femme] pezzo di figliola ; bel tocco di donna. | *quel gaillard !*, che pezzo d'uomo ! || POP. *quel fichu gaillard !*, che cannone ! || FAM. [type] tipo m. | *c'est un drôle de gaillard*, è un bell'arnese. || FAM. [interpellation] *mon gaillard !*, giovinotto !

2. gaillard m. MAR. castello. | *gaillard d'avant, d'arrière*, castello di prua, di poppa.

1. gaillarde [gajard] f. MUS. gagliarda.

2. gaillarde ou **gaillardie** [gajardi] f. BOT. gaillardia.

gaillardise [gajardiz] f. allegrezza, gaiezza, buonumore m. ◆ pl. [actions] avventure galanti ; [écrits] scritti salaci, sboccati, spinti ; [propos] discorsi salaci, sboccati, spinti.

gaillet [gajɛ] m. BOT. caglio.

gailletin [gajtɛ̃] m. carbone di pezzatura media.

gain [gɛ̃] m. [profit] guadagno, profitto, lucro. | *amour du gain*, amor del lucro, del guadagno. | *âpre au gain*, avido di guadagno. | *gain de temps*, guadagno di tempo. || MIL., SPORT *gain de terrain*, terreno guadagnato, avanzata f., progressione f. || [salaire] stipendio, salario, paga f., guadagno. | *gain horaire, journalier*, paga oraria, giornaliera. || [succès] vincita f. | *gain d'un pari, d'un procès*, vincita d'una scommessa, d'un processo. | *obtenir gain de cause*, vincere una causa (pr.) ; averla vinta (pr. et fig.). | *donner gain de cause*, dar causa vinta (pr.) ; darla vinta (pr. et fig.).

gaine [gɛn] f. [étui, enveloppe] guaina, custodia, astuccio m., fodero m. | *gaine d'un poignard*, fodero d'un pugnale. | *marionnette à gaine*, burattino m. || [corset] guaina. || ANAT. guaina. || ART piedistallo m. || BOT. guaina. || MAR. orlatura, guaina. || MIL. [souterrain] galleria. || TECHN. [protection] guaina, rivestimento m., custodia. | *gaine de caoutchouc d'un fil électrique*, rivestimento di gomma di un filo elettrico. || [conduite] condotto m. | *gaine d'aération*, condotto d'aerazione.

gainer [gene] v. tr. TECHN. rivestire. | *fil gainé de caoutchouc*, filo con rivestimento di gomma. || MODE [être collant] essere (molto, troppo) attillato.

gainerie [gɛnri] f. fabbrica, commercio (m.) di guaine, di astucci.

gainier [genje] m. fabbricante di guaine ; astucciaio. || BOT. siliquastro, albero di Giuda.

gal [gal] m. PHYS. gal.

gala [gala] m. gala f. ou m.

galactique [galaktik] adj. ASTR. galattico.

galactogène [galaktɔʒɛn] adj. et n. m. galattogeno, galattagogo ; galattopoietico adj.

galactomètre [galaktɔmɛtr] m. galattometro.

galactophore [galaktɔfɔr] adj. ANAT. galattoforo.

galactose [galaktoz] m. CHIM. galattosio.

Galalithe [galalit] f. galalite.

galandage [galɑ̃daʒ] m. tramezzo di mattoni.

galant, e [galɑ̃, ɑ̃t] adj. galante. | *homme galant*, uomo galante. | *galant homme*, galantuomo m. | *lettres, aventures galantes*, lettere, avventure galanti. | *propos galants*, discorsi galanti. || PÉJOR. *femme galante* (littér.), donna di facili costumi (L.C.). ◆ n. m. donnaiolo. | *vert galant*, vecchio intraprendente, vecchio donnaiolo. || [soupirant] spasimante, innamorato.

galanterie [galɑ̃tri] f. galanteria. || [propos] *dire des galanteries*, tener discorsi galanti. || [commerce amoureux] tresca. | *courtier en galanterie*, ruffiano m. (vulg.) ; galeotto m. (VX).

galantin [galɑ̃tɛ̃] m. VX cascamorto (L.C.).

galantine [galɑ̃tin] f. CULIN. galantina.

galapiat [galapja] m. FAM. mascalzone, vagabondo. | *un petit galapiat*, un monello, un bricconcello.

galate [galat] adj. et n. galata.

galaxie [galaksi] f. ASTR. galassia.

galbanum [galbanɔm] m. galbano.

galbe [galb] m. ARCHIT. curvatura f., sagoma f. | *galbe d'un chapiteau, d'un vase*, curvatura d'un capitello, d'un vaso. | *galbe d'une colonne*, entasi (f.) di una colonna. || [du corps humain] profilo, linea f., sagoma f., contorni m. pl. | *jambes d'un galbe parfait*, gambe ben tornite.

galbé, e [galbe] adj. centinato, incurvato, curvo. | *meuble galbé*, mobile centinato. | *colonne galbée*, colonna ad entasi. || [corps humain] ben tornito.

galber [galbe] v. tr. incurvare, centinare, sagomare, profilare.

gale [gal] f. MÉD., ZOOL. rogna, scabbia. || FIG., FAM. *il, elle est mauvais(e) comme la gale*, è una peste, una malalingua, una mala lingua.

galéjade [galejad] f. frottola, fandonia, panzana.

galéger ou **galéjer** [galeʒe] v. intr. raccontar frottole, fandonie, panzane.

galène [galɛn] f. MINÉR. galena. | *poste à galène*, radio a galena.

galère [galɛr] f. MAR. galera. || FIG. galera. || LOC. FAM. *vogue la galère !*, succeda quel che succeda !, sarà quel che sarà ! | *être embarqué sur la même galère*, V. EMBARQUER. ◆ pl. HIST. [bagne] galera, ergastolo m. ; bagno (m.) penale. | *condamner aux galères*, condannare alla galera.

galerie [galri] f. ARCHIT. galleria. || ART [musée, commerce] galleria ; [musée de peinture] galleria ; pinacoteca. || AUTOM. bagagliera. || MIL. galleria. || MIN. galleria, cunicolo m. | *galerie d'aération*, galleria d'aerazione. | *galerie d'amenée*, galleria d'accesso. || THÉÂTRE galleria, loggione m. || FIG. [spectateurs] platea, spettatori m. pl. | *chercher à épater la galerie*, cercare di far colpo.

galérien [galerjɛ̃] m. HIST., JUR. galeotto. || FIG. *vie de galérien*, vita da galeotto.

galet [galɛ] m. GÉOL. ciottolo, ghiaia f. | *plage de galets*, spiaggia ghiaiosa. || TECHN. rollino, rullo, rotella f. | *galet porteur d'une chenille*, rullo portante di un cingolo. | *roulement à galets*, cuscinetto a rulli.

galetas [galtɑ] m. PR. [sous le toit] abbaino, soffitta f. (abitabile). || FIG. stamberga f., tugurio.

galette [galɛt] f. [gâteau] galletta, schiacciata, focaccia, torta. | *galette des Rois* = schiacciata, sfogliata dell'Epifania. | *galette de (farine de) sarrazin*, crespello (m.) di farina di grano saraceno. || MAR. [biscuit] biscotto m., galletta. || POP. [argent] grana.

galeux, euse [galø, øz] adj. MÉD., ZOOL. scabbioso, rognoso. || FIG. *brebis galeuse*, pecora nera.

galibot [galibo] m. MIN. = apprendista, garzone di miniera (di meno di diciotto anni).

galicien, enne [galisjɛ̃, ɛn] adj. et n. galiziano. ◆ n. m. LING. galiziano.

1. galiléen, enne [galileɛ̃, ɛn] adj. et n. GÉOGR., HIST. galileo.

2. galiléen, enne adj. ASTR. galileiano.

galimatias [galimatja] m. discorso farraginoso, confuso.

galion [galjɔ̃] m. MAR. galeone.

galiote [galjɔt] f. MAR. [navire] galeotta. || [traverse]

traversina (che sostiene i pannelli di chiusura del boccaporto).
galipette [galipɛt] f. FAM. capriola (L.C.).
galle [gal] f. BOT. galla. | *noix de galle*, noce di galla.
gallican, e [galikɑ̃, an] adj. et n. RELIG. gallicano.
gallicanisme [galikanism] m. RELIG. gallicanesimo.
gallicisme [galisism] m. francesismo, gallicismo.
gallinacé, e [galinase] adj. ZOOL. gallinaceo. ◆ pl. gallinacei.
gallique [galik] adj. gallico.
gallium [galjɔm] m. CHIM. gallio.
gallois, e [galwa, az] adj. et n. gallese.
gallomanie [galɔmani] f. gallomania.
gallon [galɔ̃] m. [mesure] gallone.
gallophobie [galɔfɔbi] f. gallofobia.
gallo-romain, e [galorɔmɛ̃, ɛn] adj. et n. gallo-romano.
gallo-roman, e [galorɔmɑ̃, an] adj. et n. m. LING. gallo-romanzo.
gallup [galœp] m. sondaggio d'opinione, sondaggio Gallup.
galoche [galɔʃ] f. = zoccolo m. (con tomaia di cuoio). ‖ MAR. [poulie] pastecca. ‖ [encoche] cavatoia. ‖ FIG. *menton en galoche*, bazza f.
galon [galɔ̃] m. [ruban] gallone. ‖ MIL. gallone. ‖ FIG., FAM. *prendre du galon*, salire di grado (L.C.). | *arroser ses galons*, bagnare i galloni.
galonné, e [galɔne] adj. gallonato. ◆ n. m. ARG. MIL. : [gradé] graduato (L.C.) ; [officier] ufficiale (L.C.).
galonner [galɔne] v. tr. gallonare.
galop [galo] m. PR. et FIG. galoppo. | *au galop*, di galoppo, a galoppo, di carriera. | *au grand, au triple galop*, a gran galoppo, di gran carriera. | *galop d'essai*, galoppo di prova (pr.) ; prova f. (fig.). ‖ [danse] galop (fr.), galoppo. ‖ MÉD. galoppo.
galopade [galɔpad] f. [au galop] galoppata. ‖ [précipitée] corsa precipitosa ; galoppata. ‖ FIG., FAM. *faire qch. à la galopade*, far qlco. in fretta e furia, alla svelta.
galopant, e [galɔpɑ̃, ɑ̃t] adj. *phtisie galopante*, tisi galoppante. | *inflation, démographie galopante*, inflazione, demografia galoppante.
galoper [galɔpe] v. intr. PR. et FIG. galoppare. | *galoper après qn*, galoppare dietro qlcu.
galopeur, euse [galɔpœr, øz] adj. et n. galoppatore, trice.
galopin [galɔpɛ̃] m. VX [chargé des commissions] galoppino (L.C.). ‖ FAM. monello, birichino, discolo.
galoubet [galubɛ] m. = piccolo flauto munito di tre fori (diffuso in Provenza).
galurin [galyrɛ̃] m. POP. cappello (L.C.).
galvanique [galvanik] adj. galvanico.
galvanisation [galvanizasjɔ̃] f. galvanizzazione.
galvaniser [galvanize] v. tr. galvanizzare. ‖ FIG. galvanizzare, elettrizzare, eccitare.
galvanocautère [galvanɔkotɛr] m. MÉD. galvanocauterio.
galvanomètre [galvanɔmɛtr] m. galvanometro.
galvanoplastie [galvanɔplasti] f. galvanoplastica.
galvanothérapie [galvanɔterapi] f. MÉD. galvanoterapia.
galvanotypie [galvanɔtipi] f. galvanotipia.
galvauder [galvode] v. tr. [gâcher, mal faire] abborracciare, pasticciare. ‖ [gaspiller] sprecare, sciupare. | *galvauder son talent*, sprecare il proprio ingegno. ‖ FIG., FAM. *galvauder son nom*, disonorare il proprio nome. ◆ v. intr. perder tempo, attardarsi. ◆ v. pr. degradarsi, invilirsi.
galvaudeux, euse [galvodø, øz] n. FAM. perdigiorno m. ; scioperato, a, vagabondo, a.
gambade [gɑ̃bad] f. salterello m., capriola.
gambader [gɑ̃bade] v. intr. salterellare, capriolare.
gambe [gɑ̃b] f. V. VIOLE.
1. gambette [gɑ̃bɛt] f. LOC. POP. *jouer, tricoter, se tirer des gambettes*, darsela a gambe (fam.).
2. gambette m. ZOOL. pettegola f.
gambiller [gɑ̃bije] v. intr. POP. far quattro salti (fam.) ; ballare (L.C.).
gambit [gɑ̃bi] m. [échecs] gambetto, gambitto.
gamelle [gamɛl] f. gavetta, gamella. ‖ LOC. *manger à la gamelle*, mangiare al rancio, con la truppa.
gamète [gamɛt] m. BIOL. gamete.
gamin, e [gamɛ̃, in] n. [enfant espiègle] monello, a, birichino, a. ‖ FAM. [enfant en général] bambino, a, ragazzo, a (L.C.). ◆ adj. birichino.
gaminerie [gaminri] f. [comportement] monelleria ; [action, parole] monelleria, birichinata, ragazzata.
gamma [gama] m. GRAMM. gamma inv. ‖ PHYS. *rayons gamma*, raggi gamma.
gammaglobuline [gamaglɔbylin] f. gammaglobulina.
gamme [gam] f. MUS. scala, gamma. | *faire des gammes*, eseguire scale. | *chanter la gamme*, fare la scala (con la voce). ‖ [série] gamma. ‖ FIG. *changer de gamme*, mutare, cambiar registro, tono, atteggiamento.
gammé, e [game] adj. gammato. | *croix gammée*, V. CROIX.
ganache [ganaʃ] f. ZOOL. ganascia. ‖ FIG., FAM. [incapable] imbecille, incapace n., inetto m.
gandin [gɑ̃dɛ̃] m. zerbinotto.
gandoura [gɑ̃dura] f. gandura.
gang [gɑ̃g] m. banda f. (di criminali) ; gang f. inv. (angl.) ; ganga f. ; ghenga f. (néol.).
ganglion [gɑ̃glijɔ̃] m. MÉD. ganglio.
ganglionnaire [gɑ̃glijɔnɛr] adj. MÉD. gangliare.
gangrène [gɑ̃grɛn] f. MÉD. cancrena, gangrena. ‖ FIG. cancrena.
gangrené, e [gɑ̃grəne] adj. cancrenato, incancrenito. ‖ FIG. cancrenato, corrotto, guasto, bacato.
gangrener [gɑ̃grəne] v. tr. far incancrenire, far andare in cancrena. ‖ FIG. cancrenare, corrompere, guastare, bacare. ◆ v. pr. cancrenare, incancrenire, v. intr., incancrenirsi, cancrenarsi ; andare in cancrena. ‖ FIG. cancrenare, cancrenarsi, corrompersi, guastarsi, bacarsi.
gangreneux, euse [gɑ̃grənø, øz] adj. MÉD. cancrenoso.
gangster [gɑ̃gstɛr] m. bandito ; gangster (angl.), malvivente.
gangstérisme [gɑ̃gsterism] m. banditismo, gangsterismo.
gangue [gɑ̃g] f. MIN. ganga. ‖ [couche épaisse] crosta. | *épave entourée d'une gangue de boue*, relitto incrostato di fango. ‖ FIG. *dégager une idée de sa gangue*, enucleare un'idea.
ganse [gɑ̃s] f. spighetta, cordoncino m. ‖ MAR. stroppo m.
ganser [gɑ̃se] v. tr. ornare di spighetta, di cordoncino.
gant [gɑ̃] m. guanto. | *gants fourrés*, guanti imbottiti. | *enfiler, mettre ses gants*, infilare, calzare, mettersi i guanti. | *ôter ses gants*, sfilarsi, togliersi i guanti. | *gant de toilette*, guanto da bagno ; manopola f. | *gant de boxe*, guantone. | *gant de crin*, manopola di crine. | *boîte à gants*, guantiera f. ; AUTOM. cassetto. ‖ FIG. *souple comme un gant*, pieghevole come un giunco. | *prendre des gants avec qn*, trattar qlcu. con i guanti. | *sans prendre de gants*, senza (tanti) riguardi. | *ce costume, ce rôle te va comme un gant*, questo vestito, questa parte, ti sta, ti va a pennello, ti calza come un guanto. | *retourner qn comme un gant*, V. RETOURNER. | *se donner les gants de*, vantarsi di, attribuirsi il merito di. ‖ [défi] *jeter le gant*, gettare il guanto. | *relever le gant*, raccogliere il guanto, la sfida.
gantelet [gɑ̃tlɛ] m. HIST. guanto di ferro, manopola f. ‖ TECHN. guardamano.
ganter [gɑ̃te] v. tr. inguantare. ‖ FIG., FAM. *ça me gante*, mi va a fagiolo. ◆ v. intr. calzare, portare. | *ganter du huit*, portar guanti numero otto. ◆ v. pr. infilarsi, calzarsi, mettersi i guanti ; inguantarsi (rare).
ganterie [gɑ̃tri] f. [métier] professione di guantaio ; [industrie] industria del guanto ; [fabrique] guanteria ; [magasin] negozio (m.) di guanti.
gantier [gɑ̃tje] m. guantaio.
garage [garaʒ] m. [action] (il) posteggiare, posteggio. ‖ [lieu ; atelier] autorimessa f. ; garage (fr.). ‖ CH. DE F. *voie de garage*, binario morto. ‖ FIG. *être, mettre sur une voie de garage*, essere, mettere momentaneamente in disparte.

garagiste [garaʒist] m. garagista.
garance [garɑ̃s] f. BOT. robbia ; garanza (rare). ◆ adj. inv. color robbia.
garancer [garɑ̃se] v. tr. tingere con la robbia.
garant, e [garɑ̃, ɑ̃t] adj. et n. garante adj. et n. m., mallevadore, drice n. | *se porter garant*, rendersi garante, mallevadore. ◆ n. m. FIG. garanzia f.
garantie [garɑ̃ti] f. [caution] garanzia, malleveria, mallevadoria. || [protection légale, assurance] garanzia. | *sans garantie du gouvernement, S. G. D. G.*, senza garanzia dello Stato. || LOC. *demander, donner des garanties*, chiedere, dare garanzie. | *prendre des garanties*, procurarsi garanzie ; garantirsi. | *bulletin, lettre de garantie*, bollettino, lettera di garanzia. | *fonds de garantie*, fondo di garanzia. | *sans garantie*, senza garanzia. || FIG. [sécurité, certitude] garanzia, sicurezza, certezza. || [protection] protezione, riparo m., garanzia. || HIST. *loi des garanties*, legge delle guarentigie.
garantir [garɑ̃tir] v. tr. [répondre de] garantire. | *garantir une créance*, garantire un credito. || [assurer] garantire. | *garantir par hypothèque*, garantire con ipoteca. | *emprunt garanti par l'État*, prestito con garanzia dello Stato. | *garantir un tissu, une automobile, une montre*, garantire un tessuto, un'automobile, un orologio. || [affirmer] garantire, assicurare. | *je te garantis que*, ti garantisco, ti assicuro che. || FIG. [préserver] proteggere, riparare ; garantire (VX). | *garantir de la pluie*, riparare, proteggere dalla pioggia. ◆ v. pr. [prendre des garanties] garantirsi. || FIG. [se préserver] ripararsi, proteggersi. | *se garantir du froid*, ripararsi dal freddo.
garce [gars] f. VX [fille] ragazza (L.C.). || PÉJOR., FAM. [fille de mauvaise vie] sgualdrina. || VULG. [femme méchante] carogna. | *une sale garce !*, una carognaccia ! || FIG. *garce de vie !*, vitaccia da cani !
garcette [garsɛt] f. MAR. matafione m.
garçon [garsɔ̃] m. **1.** [enfant mâle] maschio. | *j'ai deux enfants, un garçon et une fille*, ho due figli, un maschio e una femmina. | *c'est un petit garçon*, è un maschietto. | *école de garçons*, scuola maschile. || **2.** [jusqu'à 6-7 ans] *(petit) garçon*, bambino ; [entre 7 et 11-12 ans] *(jeune) garçon*, ragazzino, fanciullo ; [adolescent] *(grand) garçon*, ragazzo, giovanetto. | *un beau, un bon garçon*, un bel, un bravo ragazzo. | *mauvais garçon*, ragazzo di vita ; ragazzaccio (tosc.). || **3.** LOC. [célibataire] *(vieux) garçon*, scapolo ; giovanotto (iron.) ; [d'un certain âge] scapolone. | *mener une vie de garçon*, condurre una vita da scapolo. | *enterrer sa vie de garçon*, dar l'addio al celibato. || **4.** [apprenti, jeune employé] garzone, ragazzo. | *garçon boucher, coiffeur*, garzone di macellaio, di parrucchiere. || [employé, commis] *garçon de courses, de bureau*, fattorino, galoppino. | *garçon (de café)*, cameriere. | *garçon de salle, de cabine, d'étage*, cameriere di sala, di bordo, al piano. | *garçon de recettes*, esattore. | *garçon d'écurie*, garzone, mozzo di stalla ; stalliere. || [mariage] *garçon d'honneur*, paggio, paggetto. || **5.** FIG. *traiter en petit garçon*, trattare da ragazzino. | *air bon garçon*, aria bonaria, aspetto bonario. || [fille] *c'est un garçon manqué*, è un ragazzo mancato. || FAM. [interpellation] *doucement, mon garçon !*, piano, giovanotto !
garçonne [garsɔn] f. maschietta ; garçonne (fr.). | *cheveux à la garçonne*, capelli alla maschietta, alla garçonne.
garçonnet [garsɔnɛ] m. ragazzino.
garçonnière [garsɔnjɛr] adj. f. maschietta n. f. ◆ n. f. garçonnière (fr.) ; appartamentino (m.) da scapolo.
1. garde [gard] f. **1.** [surveillance ; protection] guardia, sorveglianza, custodia. | *garde d'un enfant, d'un malade*, custodia d'un bambino, d'un malato. | *chien de garde*, cane da guardia. | *donner en garde*, dare in guardia, in custodia. | *confier, remettre à la garde de qn*, affidare alla custodia di qlcu. | *sous la garde de*, sotto la guardia di. | *sous bonne garde*, sotto buona guardia. | *garde à vue*, fermo m. | *avoir la garde de*, aver la sorveglianza, la custodia di ; sorvegliare. | *avoir sous sa garde*, avere in custodia. | *avoir qch. en bonne garde*, tener d'occhio qlco., sorvegliar qlco. da vicino. | *médecin de garde*, medico di guardia, di turno. || FIN. *droits de garde*, diritti di custodia. || LOC. *que Dieu vous ait en (sa sainte) garde !*, (che) Dio vi protegga ! || **2.** [attention] *prendre garde à*, star attento (adj.) a. | *prends garde !*, (sta') attento ! | *prenez garde de (ne pas) tomber !*, stia attento a non cadere ! | *prends garde qu'il ne t'entende*, attento che non ti senta. | *avant qu'ils n'eussent pris garde à lui*, prima che si fossero accorti di lui. | *n'avoir garde de faire qch.*, non curarsi di far qlco. | *mettre qn en garde contre qn, qch.*, mettere qlcu. in guardia contro qlcu., qlco. | *mise en garde*, messa in guardia ; diffida. | *adresser une mise en garde à qn*, diffidare qlcu. | *être, se tenir sur ses gardes*, stare in guardia. || **3.** AUTOM. *garde au sol*, altezza minima (dal suolo). | *garde au toit*, altezza massima. || **4.** JUR. *droit de garde*, patria potestà. | *garde des enfants*, tutela, custodia dei figli. || **5.** MIL. guardia. | *garde nationale*, guardia nazionale. | *corps, poste de garde*, corpo, posto di guardia. | *garde montante, descendante*, guardia montante, smontante. | *être de garde*, essere di guardia. | *monter la garde*, montare la guardia ; [surveiller] far la guardia. | *relever la garde*, cambiar la guardia. || FIG. *faire donner la garde*, far intervenire la guardia. || LOC. *garde à vous !*, attenti ! | *être, se mettre au garde-à-vous*, stare, mettersi sull'attenti. || **6.** SPORT [épée] guardia, guardamano m., coccia, elsa. || [boxe ; escrime] guardia. | *se mettre en garde*, mettersi in guardia. || **7.** TYP. *page de garde*, risguardo m. ; foglio (m.) di guardia.
2. garde m. guardia f. | *garde du corps*, guardia del corpo. | *garde champêtre*, guardia campestre. | *garde forestier*, guardia forestale. || POLIT. *garde des Sceaux*, guardasigilli inv. ◆ f. [garde-malade] infermiera.
garde-barrière [gard(ə)barjɛr] n. guardabarriere inv.
garde-bœuf [gardəbœf] m. ZOOL. guardabuoi inv.
garde-boue [gardəbu] m. inv. parafango m.
garde-chasse [gardəʃas] m. guardacaccia inv.
garde-chiourme [gardəʃiurm] m. PR. et FIG. aguzzino, carceriere.
garde-corps [gardəkɔr] m. inv. [parapet] parapetto m. || MAR. guardacorpo m.
garde-côte [gardəkot] m. MAR. [personne ; bateau] guardacoste inv.
garde-feu [gardəfø] m. inv. parafuoco m.
garde-fou [gardəfu] m. parapetto, ringhiera f.
garde-frein [gardəfrɛ̃] m. CH. DE F. frenatore.
garde-magasin [gardmagazɛ̃] m. magazziniere.
garde-malade [gardəmalad] n. infermiere, a.
garde-manger [gardmɑ̃ʒe] m. inv. dispensa f., moscaiola f.
garde-marine [gardmarin] m. HIST. guardiamarina inv.
garde-meuble [gardəmœbl] m. = deposito, magazzino di mobili.
garde-mites [gardəmit] m. inv. ARG. MIL. magazziniere m. (L.C.).
gardénia [gardenja] m. BOT. gardenia f.
garde-pêche [gardəpɛʃ] m. [personne] guardapesca inv. || [bateau] vedetta f. (costiera).
garde-place [gardəplas] m. segnaposto.
garder [garde] v. tr. **1.** [surveiller] guardare, custodire, sorvegliare ; badare a ; badare (rare). | *garder un pont, la frontière*, guardare, sorvegliare un ponte, la frontiera. | *garder des prisonniers*, sorvegliare, custodire prigionieri. | *garder à vue*, guardare a vista. | *garder le troupeau*, custodire, pascolare il gregge. | *garder un malade*, assistere, sorvegliare un malato. | *garder les enfants*, guardare i, badare ai bambini. | *passage à niveau gardé, non gardé*, passaggio a livello custodito, incustodito. | *chasse gardée*, V. CHASSE. || JEU *carte gardée*, carta trattenuta. || **2.** [conserver] conservare, serbare, tenere. | *garder sous clef*, serbare, tenere sotto chiave. | *garder la place de qn*, serbare il posto di qlcu. || FIG. serbare, mantenere. | *garder son sérieux*, restar serio. | *garder son sang-froid*, serbare, mantenere la calma. | *garder ses habitudes, son rang*, mantenere le proprie abitudini, il proprio rango. | *garder le souvenir de*, conservare il

ricordo di. | *garder qch. en mémoire*, ricordarsi, serbar ricordo, rammentarsi di qlco. | *garder rancune à qn*, serbar rancore a qlcu. | *garder une poire pour la soif* = mettere qlco. da parte (in caso di bisogno). ‖ **3.** [maintenir] *garder le pas*, tenere il passo. | *garder la mesure, la cadence, le rythme*, mantenere, tenere la misura, la cadenza, il ritmo. ‖ Loc. *toutes proportions gardées*, tenuto conto delle (debite) proporzioni ; mutatis mutandis (lat.). ‖ **4.** [observer, respecter] osservare, mantenere. | *garder le silence*, osservare, serbare il silenzio. | *garder la parole, un secret*, mantenere la parola data ; mantenere, serbare un segreto. | *secret bien gardé*, segreto ben custodito. | *garder les convenances*, osservare le convenienze. ‖ **5.** [préserver, protéger] guardare, proteggere. | *Dieu te garde !*, Dio ti protegga ! | *Dieu vous garde de le faire !*, Dio vi guardi dal farlo ! ‖ **6.** [ne pas enlever] tenere, serbare. | *garder son chapeau sur la tête, ses mains dans les poches*, tenere il cappello in testa, le mani in tasca. | *garder sur soi*, tenere, serbare con sé. ‖ [ne pas quitter] guardare ; restare, rimanere v. intr. | *garder la chambre, le lit*, restare, rimanere in camera, a letto. | *garder les rangs*, restare in fila. ‖ **7.** [retenir] trattenere. | *garder qn à déjeuner*, trattenere uno a colazione, a pranzo. ◆ v. pr. [se conserver] conservarsi, serbarsi. | *bien se garder*, conservarsi bene. ‖ Fig. [éviter] guardarsi, astenersi. | *se garder de faire qch.*, guardarsi dal far qlco. ‖ [se protéger] guardarsi, ripararsi. | *se garder du froid*, ripararsi dal freddo.

garderie [gardəri] f. [bois surveillé] = zona sorvegliata da una guardia forestale. ‖ [à l'école] asilo (m.) infantile, giardino (m.) d'infanzia ; [surveillance] custodia (dei bambini).

garde-robe [gardərɔb] f. (pl. **garde-robes**) [lieu ; vêtements] guardaroba m. inv. [f. (pl. *guardarobe*) rare]. ‖ Vx [lieux d'aisances] gabinetto m. | *aller à la garde-robe*, andare di corpo.

gardeur, euse [gardœr, øz] n. guardiano, a.

garde-voie [gardəvwa] m. Ch. de f. = guardalinee inv.

garde-vue [gardəvy] m. inv. visiera f.

gardian [gardjɑ̃] m. [en Camargue] = mandriano ; buttero (rom., tosc.).

gardien, enne [gardjɛ̃, ɛn] n. guardia f. ; guardiano, a ; custode. | *gardien de nuit*, guardia notturna, guardiano notturno ; metronotte m. (septentr.). | *gardien de musée, de square*, guardiano, custode di museo, di giardino pubblico. | *gardien de phare*, fanalista m. | *gardien de parking*, posteggiatore. | *gardien de prison*, carceriere, secondino. | *gardien de la paix*, vigile urbano ; metropolitano m. | *gardien chef*, capoguardia m. ‖ Fig. custode m. ‖ Sport *gardien de but*, v. but. ◆ adj. *ange gardien*, angelo custode. | *père gardien*, padre guardiano.

gardiennage [gardiɛnaʒ] m. sorveglianza f., custodia f.

gardon [gardɔ̃] m. Zool. lasca f. ‖ Loc. *frais comme un gardon*, sano come una lasca.

1. gare [gar] f. Ch. de f. stazione. | *gare frontière*, stazione di frontiera. | *gare de marchandises*, stazione, scalo (m.) merci. | *entrer en gare*, entrare in stazione. | *le train en provenance de Rome entre en gare*, è in arrivo il treno da Roma. | *gare régulatrice, de triage*, stazione di smistamento. | *chef de gare*, capostazione m. ‖ [bassin] = attracco m. ‖ *gare routière*, stazione di autolinee. | *gare maritime*, stazione marittima. | *gare aérienne*, aeroporto m.

2. gare ! interj. [pour avertir] attenzione !, attento ! adj. | *sans crier gare*, senza avvertire. ‖ [pour menacer] guai ! | *gare à toi !*, guai a te !

garenne [garɛn] f. garenna. | *(lapin de) garenne* (m.), coniglio selvatico.

garer [gare] v. tr. [un train] = fermare (su un binario secondario) ; [un véhicule] posteggiare, parcheggiare ; mettere in una rimessa ; [un navire] attraccare. ‖ Fig., fam. [mettre en sûreté] riporre (l.c.), metter in salvo (l.c.). ◆ v. pr. [train] = andare su un binario secondario. ‖ Fam. [garer sa voiture] posteggiare, parcheggiare, stazionare (l.c.). ‖ Fig. [éviter] **(de)** mettersi al riparo (da), ripararsi (da).

gargantua [gargɑ̃tɥa] m. = mangione, a. | *appétit de gargantua*, appetito formidabile. | *repas de gargantua*, scorpacciata f.

gargantuesque [gargɑ̃tɥɛsk] adj. gargantuesco.

gargariser (se) [səgargarize] v. pr. gargarizzarsi. ‖ Fig., fam. *se gargariser de formules creuses*, pascersi di formule vuote.

gargarisme [gargarism] m. gargarismo.

gargote [gargɔt] f. bettola, gargotta, taverna.

gargotier [gargɔtje] m. bettoliere, taverniere.

gargouille [garguj] f. Archit. doccione m. ; gargouille (fr.), gargolla.

gargouillement [gargujmɑ̃] ou **gargouillis** [garguji] m. gorgoglio ; [prolongé] gorgoglìo. | *gargouillement de l'estomac*, borboglìo, borborigmo.

gargouiller [garguje] v. intr. gorgogliare.

gargoulette [gargulɛt] f. = orciolo (m.) in cui l'acqua rimane fresca. ‖ Fig., pop. *se rincer la gargoulette*, scolarsi una bottiglia, un fiasco (fam.).

gargousse [gargus] f. Mil. cartoccio m.

garibaldien, enne [garibaldjɛ̃, ɛn] adj. et n. garibaldino.

garnement [garnəmɑ̃] m. discolaccio, ragazzaccio, monellaccio, giovinastro.

garni, e [garni] adj. *chambre garnie*, camera ammobiliata. | *(hôtel) garni* m. = locanda (f.) senza trattoria. | *plat garni*, pietanza guarnita, con contorno. | *bourse bien garnie*, borsa ben fornita. | *chevelure bien garnie*, capigliatura folta. | *table bien garnie*, tavola riccamente imbandita.

garnir [garnir] v. tr. [pourvoir] guarnire, fornire (di). ‖ [orner] guarnire, ornare, ricoprire (di). | *garnir un fauteuil de cuir*, ricoprire una poltrona di cuoio. ‖ [munir ; remplir] riempire, empire, munire, gremire. | *garnir les murs de canons*, munire le mura di cannoni. | *les trottoirs étaient garnis d'une foule immense*, i marciapiedi erano gremiti di una folla immensa. ‖ Fam. *garnir ses poches, se garnir les poches*, riempirsi le tasche. ‖ [rembourrer] imbottire. | *garnir un fauteuil, un matelas*, imbottire una poltrona, un materasso. ‖ Culin. guarnire. ◆ v. pr. (ri)empirsi, gremirsi.

garnison [garnizɔ̃] f. Mil. [troupes ; lieu] guarnigione, presidio m. | *régiment en garnison à*, reggimento stanziato, di stanza a. | *vie de garnison*, vita di caserma. | *ville de garnison*, guarnigione.

garnissage [garnisaʒ] m. guarnitura f.

garniture [garnityr] f. guarnizione. ‖ [accessoires] *garniture de bureau*, accessori (m. pl.) di scrivania. ‖ [ornement] guarnizione, ornamento m. | *garniture de cheminée*, guarnizione di caminetto. ‖ [assortiment] *garniture de boutons*, assortimento (m.) di bottoni. ‖ Culin. contorno m., guarnizione. ‖ Techn. guarnizione. | *garniture de chaudière*, rivestimento (m.) di caldaia. | *garniture de frein*, guarnizione di freno ; ferodo m. ‖ Typ. marginatura.

garou n. m. V. loup-garou.

garrigue [garig] f. ga(r)riga.

1. garrot [garo] m. Zool. garrese.

2. garrot m. [d'une scie] nottola f. ‖ Méd. laccio emostatico. ‖ [supplice] garrotta f.

garrottage [garɔtaʒ] m. = legatura stretta.

garrotte [garɔt] f. garrotta.

garrotter [garɔte] v. tr. = legare strettamente. ‖ Fig. impastoiare, incatenare, inceppare, imbavagliare.

gars [gɑ] m. Fam. ragazzo, giovane (l.c.). ‖ Péjor. tipo. | *un drôle de gars*, un tipo strano. ‖ Loc. *allez-y, les gars !*, forza, ragazzi !

gascon, onne [gaskɔ̃, ɔn] adj. et n. guascone, a. ‖ Fig. guascone, fanfarone, gradasso, smargiasso, spaccone.

gasconnade [gaskɔnad] f. guasconata, fanfaronata, gradassata, smargiassata, spacconata.

gasconner [gaskɔne] v. intr. smargiassare, millantarsi.

gas-oil, gasoil [gazɔjl, gazwal] ou **gazole** [gazɔl] m. gasolio.

gaspillage [gaspijaʒ] m. spreco, sperpero, scialo, scialacquìo.
gaspiller [gaspije] v. tr. sprecare, sperperare, scialare, scialacquare. | *gaspiller son temps*, sprecare il tempo. | *gaspiller son argent*, sprecare, scialacquare il denaro. | *gaspiller sa fortune*, sperperare, scialare il patrimonio. | *gaspiller ses forces*, sperperare le forze. | *gaspiller son talent*, sprecare il proprio ingegno. | *gaspiller sa salive*, sprecar fiato. | *gaspiller ses chances*, sprecare le occasioni, lasciarsi sfuggire le occasioni.
gaspilleur, euse [gaspijœr, øz] adj. et n. sprecone, a; sciupone, a; scialacquone, a; scialacquatore, trice.
gastéropodes [gasterɔpɔd] m. pl. V. GASTROPODES.
gastralgie [gastralʒi] f. MÉD. gastralgia.
gastralgique [gastralʒik] adj. gastralgico.
gastrectomie [gastrɛktɔmi] f. CHIR. gastrectomia.
gastrique [gastrik] adj. gastrico. | *embarras gastrique*, imbarazzo di stomaco.
gastrite [gastrit] f. MÉD. gastrite.
gastro-entérite [gastroɑ̃terit] f. MÉD. gastroenterite.
gastro-entérologie [gastroɑ̃terɔlɔʒi] f. MÉD. gastroenterologia.
gastro-entérologue [gastroɑ̃terɔlɔg] m. gastroenterologo.
gastronome [gastrɔnɔm] n. gastronomo m.
gastronomie [gastrɔnɔmi] f. gastronomia.
gastronomique [gastrɔnɔmik] adj. gastronomico.
gastropodes [gastrɔpɔd] m. pl. ZOOL. gasteropodi.
gâté, e [gɑte] adj. guasto. ‖ FIG. viziato. | *enfant gâté*, bambino viziato; [préféré] beniamino.
gâteau [gɑto] m. dolce, torta f., pasta f., pasticcino. | *gâteau à la crème*, pasta alla panna. | *gâteau au chocolat, aux cerises*, torta di cioccolata, di ciliegie. | *gâteau feuilleté*, sfogliata f. | *gâteaux secs*, biscotti, biscottini. | *gâteau des Rois*, V. GALETTE. ‖ FIG., FAM. [profit] torta. | *se partager le gâteau*, spartirsi la torta. ‖ POP. *c'est du gâteau* = è un'occasione coi fiocchi, coi baffi. ‖ AGR. *gâteau de miel*, favo (di miele). ◆ adj. inv. FAM. *papa, maman gâteau* = papà, mamma di manica larga, che vizia i bambini.
gâte-métier [gɑtmetje] m. guastamestieri inv.
gâte-papier [gɑtpapje] m. inv. imbrattacarte.
gâter [gɑte] v. tr. [avarier, détériorer] guastare, deteriorare, alterare. ‖ FIG. [gâcher, troubler] rovinare, sciupare. | *gâter le plaisir de qn*, turbare, guastare il piacere di qlcu. | *gâter une affaire*, rovinare un affare. | *ce qui ne gâte rien*, il che non guasta, non nuoce. | *gâter le métier*, guastare, rovinare il mestiere. ‖ FIG. [choyer] viziare. | *vous me gâtez !*, Lei è troppo gentile (con me)! | *gâter un enfant*, viziare un bambino. ‖ [favoriser] *les circonstances ne nous ont pas gâtés, le temps ne nous a pas gâtés*, siamo stati sfortunati colle circostanze, col tempo. ‖ FAM. *vous n'êtes pas gâtés !*, (iron.) *vous êtes gâtés !*, siete sfortunati. ◆ v. pr. [s'abîmer] guastarsi, deteriorarsi, alterarsi. ‖ FIG. *le temps se gâte*, il tempo si guasta, si sta guastando. | *les affaires, les choses se gâtent*, le cose si mettono male, prendono una brutta piega.
gâterie [gɑtri] f. (le plus souvent au pl.) [cajolerie] gentilezza, tenerezze f. pl. ‖ [menu cadeau] regaluccio m.; [friandise] leccornia, dolciume m.
gâte-sauce [gɑtsos] m. inv. [mauvais cuisinier] cattivo cuoco. ‖ [marmiton] sguattero.
gâteux, euse [gɑtø, øz] adj. et n. FAM. rimbambito, decrepito, rincretinito. | *devenir gâteux*, rimbambire, incretinire v. intr., rimbarbirsi, rimbecillirsi v. pr. | *vieux gâteux*, vecchio rimbambito, decrepito.
gâtine [gɑtin] f. = terreno acquitrinoso, povero e incolto.
gâtisme [gɑtism] m. rimbambimento, decrepitezza f., senilità f.; MÉD. senilismo.
gatte [gat] f. MAR. cassa di cubia.
gauche [goʃ] adj. [côté, direction] sinistro; mancino (rare); manco (littér.). | *à (main) gauche*, a sinistra. ‖ MIL., SPORT *aile gauche*, ala sinistra. ‖ LOC. *mariage de la main gauche*, concubinato m., convivenza f. | *se lever du pied gauche* = svegliarsi di malumore. ‖ [dévié, de travers] di sghimbescio, a sghembo, torto, incurvato; [plan; surface] svergolato, imbarcato. | *cette planche est gauche*, quest'asse è incurvata, svergolata. ‖ MATH. *figure gauche*, figura sghemba. ‖ [maladroit, gêné] goffo, impacciato. ◆ n. f. [main, côté] sinistra. | *rouler sur, tenir la, sa gauche*, tenere la sinistra. ‖ LOC. MIL. *(à) gauche... gauche !*, fianco sinistr'... sinistr'! ‖ POLIT. sinistra. ‖ LOC. FAM. *passer l'arme à gauche*, V. ARME. | *jusqu'à la gauche*, fino al collo (fam.); in sommo grado, fino in fondo (L.C.). | *endetté, dans le pétrin jusqu'à la gauche*, indebitato, nei pasticci fino al collo. | *mettre de l'argent, en mettre à gauche*, mettere denaro da parte (L.C.). ◆ n. m. SPORT sinistro. ‖ TECHN. distorsione f., storcimento; [plan; surface] svergolamento. | *le gauche d'une bielle*, la distorsione d'una biella. | *prendre du gauche*, distorcersi, storcersi, imbarcarsi. | *donner du gauche à*, storcere, distorcere, piegare, svergolare v. tr.
gaucher, ère [goʃe, ɛr] adj. et n. mancino.
gaucherie [goʃri] f. goffaggine.
gauchir [goʃir] v. intr. [se déformer] distorcersi, storcersi, deformarsi, incurvarsi; [plan; surface] svergolarsi. ◆ v. tr. storcere, piegare, incurvare; [plan; surface] svergolare.
gauchisant, e [goʃizɑ̃, ɑ̃t] adj. POLIT. sinistrorso (néol.); sinistroide (péjor.).
gauchisme [goʃism] m. POLIT. sinistrismo (néol.).
gauchissement [goʃismɑ̃] m. distorsione f., storcimento, deformazione f. ‖ AÉR. svergolamento alare.
gauchiste [goʃist] adj. POLIT. sinistroide (néol.).
gaudriole [godrijɔl] f. FAM. = barzelletta salace, piccante; storiella allegra. ‖ POP. *la gaudriole*, l'amore (L.C.).
gaufrage [gofraʒ] m. TECHN. goffratura f., (il) goffrare.
gaufre [gofr] f. AGR. [gâteau de miel] favo m. (di miele). ‖ CULIN. cialda.
gaufrer [gofre] v. tr. TECHN. goffrare.
gaufrette [gofrɛt] f. CULIN. cialdino m.; wafer m. (angl.); vafer m. (néol.).
gaufreur, euse [gofrœr, øz] n. TECHN. addetto alla goffratura.
gaufrier [gofrije] m. CULIN. stampo per cialde.
gaufroir [gofrwar] m. TECHN. calandra (f.) per goffrare; goffratrice f.
gaufrure [gofryr] f. goffratura.
gaulage [golaʒ] m. (ab)bacchiatura f.
gaule [gol] f. [perche] pertica, bacchio m. ‖ [pour la pêche] canna da pesca.
gauler [gole] v. tr. (ab)bacchiare.
gaullisme [golism] m. POLIT. gollismo (néol.).
gaulliste [golist] adj. et n. POLIT. gollista (néol.).
1. gaulois, e [golwa, waz] adj. gallico. | *moustaches à la gauloise*, baffi spioventi. ‖ FIG. = faceto e salace. ◆ n. gallo, a. ◆ n. m. LING. gallico.
2. gauloise f. = sigaretta (di qualità corrente, come le Nazionali).
gauloiserie [golwazri] f. = arguzia salace.
gaupe [gop] f. VX baldracca (littér.); prostituta.
gauss [gos] m. inv. ÉLECTR. gauss.
gausser (se) [sɔgose] v. pr. **(de)** beffarsi, burlarsi, farsi beffe, ridersi (di).
gavage [gavaʒ] m. ingozzamento.
gave [gav] m. GÉOGR. = torrente (dei Pirenei).
gaver [gave] v. tr. [oiseaux] ingozzare. ‖ [personnes] (r)impinzare. ‖ FIG. (r)impinzare, imbottire. | *gaver d'idées fausses*, imbottire di idee false. ◆ v. pr. PR. et FIG. (r)impinzarsi.
gavotte [gavɔt] f. MUS. gavotta.
gavroche [gavrɔʃ] m. = birichino, monello di Parigi. ◆ adj. birichino.
gaz [gaz] m. inv. gas. | *chambre à gaz*, camera a gas. | *gaz carbonique*, anidride carbonica. | *gaz naturel*, gas naturale. | *gaz des marais*, gas delle paludi; metano. | *gaz d'éclairage, de ville*, gas illuminante, di città. | *gaz permanent*, gas permanente. | *gaz rare*, gas raro. | *chauffage, éclairage, cuisine au gaz*, riscaldamento, illuminazione, cucina a gas. | *employé du gaz*, ga(s)sista m. ‖ LOC. FAM. *il y a de l'eau dans le gaz* = tira, spira un'aria pericolosa (L.C.). ‖ AUTOM. *gaz*

d'échappement, gas di scarico. | *donner, mettre les gaz*, dare il gas. | *couper les gaz*, togliere il gas. || PR. et FIG. *(à) plein gaz*, a tutto gas, a tutta birra ; sparato adj. || MÉD. flatulenza f. || MIL. *masque à gaz*, maschera antigas.
gaze [gaz] f. garza.
gazé, e [gaze] adj. et n. gassato.
gazéification [gazeifikasjɔ̃] f. gassificazione.
gazéifier [gazeifje] v. tr. [transformer en gaz] gassificare. || [dissoudre dans un liquide] gassare.
gazéiforme [gazeifɔrm] adj. gassoso.
gazelle [gazɛl] f. ZOOL. gazzella.
gazer [gaze] v. tr. [intoxiquer] gassare. || [passer à la flamme] gazare. ◆ v. intr. AUTOM., FAM. = andare a tutto gas. || FIG., POP. andar, star bene (L.C.). | *ça gaze ?*, va bene ?, va a gonfie vele ?
gazetier [gaztje] m. VX gazzettiere.
gazette [gazɛt] f. gazzetta. || FIG. [personne bavarde] gazzetta, gazzettino m.
gazeux, euse [gazø, øz] adj. gassoso, gassato.
gazier, ère [gazje, ɛr] adj. del gas. ◆ n. m. ga(s)sista.
gazoduc [gazɔdyk] m. gasdotto.
gazogène [gazɔʒɛn] adj. et n. m. ga(s)sogeno.
gazole m. V. GAS-OIL.
gazoline [gazɔlin] f. gasolina.
gazomètre [gazɔmɛtr] m. ga(s)sometro.
gazon [gazɔ̃] m. [herbe] erba f. ; tappeto erboso. || [pelouse] prato (all'inglese).
gazonnant, e [gazɔnɑ̃, ɑ̃t] adj. cespitoso.
gazonner [gazɔne] v. tr. = seminare a prato.
gazouillement [gazujmɑ̃] ou **gazouillis** [gazuji] m. [oiseau] cinguettio ; [enfant] cinguettio, balbettio ; [ruisseau] mormorio, sussurrio.
gazouiller [gazuje] v. intr. [oiseau] cinguettare ; [enfant] cinguettare, balbettare ; [ruisseau] mormorare, sussurrare.
geai [ʒɛ] m. ZOOL. ghiandaia f.
géant, e [ʒeɑ̃, ɑ̃t] adj. gigante, gigantesco. ◆ n. gigante, essa. || PR. et FIG. *pas de géant*, passi di, da gigante.
géhenne [ʒeɛn] f. RELIG. geenna.
geignard, e [ʒɛɲar, ard] adj. FAM. piagnucoloso, lamentoso, lagnoso. ◆ n. piagnone, a ; piagnucolone, a.
geignement [ʒɛɲmɑ̃] m. gemito, lamento, lagno. | *assez de geignements !*, basta con questa lagna !
1. geindre [ʒɛ̃dr] v. intr. [gémir] gemere ; lamentarsi, lagnarsi v. pr. || FAM. [récriminer] piagnucolare, frignare.
2. geindre m. V. GINDRE.
gel [ʒɛl] m. gelo. || CHIM. gel inv. || ÉCON. congelamento.
gélatine [ʒelatin] f. gelatina.
gélatineux, euse [ʒelatinø, øz] adj. gelatinoso.
gelée [ʒ(ə)le] f. [gel] gelo m., gelata. | *gelée blanche*, brina, brinata. || CULIN. gelatina. | *viande en gelée*, carne in gelatina. | *gelée de fruits*, gelatina di frutta. | *gelée royale, nutritive*, pappa reale.
geler [ʒ(ə)le] v. tr. PR. [transformer en glace] congelare, ghiacciare, gelare. || MÉD. congelare. || ÉCON. congelare, bloccare. || FIG. ghiacciare, gelare. ◆ v. intr. PR. gelare, congelarsi, ghiacciare. | *la rivière a gelé pendant la nuit*, il fiume è gelato durante la notte. || MÉD. congelarsi. || FIG. [avoir très froid] gelare. || JEU *tu gèles !*, acqua, acqua ! ◆ v. impers. *il gèle*, gela. | *il a gelé*, è, ha gelato. | *il gèle à pierre fendre*, fa un freddo da spaccar le pietre. ◆ v. pr. FAM. [être transi] gelare (L.C.). | *on se gèle !*, si gela !
gélif, ive [ʒelif, iv] adj. gelivo.
gélification [ʒelifikasjɔ̃] f. gelificazione.
gelinotte [ʒəlinɔt] f. ZOOL. francolino (m.) di monte.
gelure [ʒəlyr] f. congelamento m.
gémeau [ʒemo], **gémelle** [ʒemɛl] adj. et n. VX V. JUMEAU. ◆ n. m. pl. ASTR. Gemelli.
gémellaire [ʒemɛllɛr] adj. gemellare.
gémellipare [ʒemɛllipar] adj. f. gemellipara.
gémination [ʒeminasjɔ̃] f. LING. geminazione.
géminé, e [ʒemine] adj. geminato. | *colonnes, fenêtres géminées*, colonne, finestre geminate, (ab)binate. | *cristal géminé*, (cristallo) geminato. || LING. *consonnes géminées*, consonanti geminate, doppie.
géminer [ʒemine] v. pr. geminare.
gémir [ʒemir] v. intr. PR. et FIG. gemere. || [bruit] *la porte gémit*, la porta geme, cigola. | *le vent gémit*, il vento geme. || [cri de la tourterelle] gemere, tubare.
gémissant, e [ʒemisɑ̃, ɑ̃t] adj. gemente, lamentoso, lagnoso ; gemebondo (littér.).
gémissement [ʒemismɑ̃] m. PR. et FIG. gemito, lamento. || [cri de la tourterelle] gemito, (il) tubare.
gémisseur, euse [ʒemisœr, øz] n. FAM., IRON. piagnucolone, a ; piagnone, a.
gemmage [ʒɛ(m)maʒ] m. AGR. resinatura f.
gemmation [ʒɛ(m)masjɔ̃] f. BOT. gemmazione.
gemme [ʒɛm] f. [bourgeon] gemma. || [résine] resina. || MINÉR. gemma. ◆ adj. *pierre gemme*, pietra preziosa, gemma f. | *sel gemme*, salgemma m.
gemmé, e [ʒemme] adj. gemmato.
gemmer [ʒɛmme] v. intr. BOT. gemmare. ◆ v. tr. AGR. resinare.
gemmeur [ʒɛmmœr] adj. et n. m. AGR. resinatore.
gemmifère [ʒɛmmifɛr] adj. BOT. gemmifero.
gemmule [ʒɛmyl] f. BOT. gemmula.
gémonies [ʒemɔni] f. pl. LOC. *vouer aux gémonies* = esporre al ludibrio, mettere alla berlina. | *traîner aux gémonies* = coprire d'improperi.
gênant, e [ʒɛnɑ̃, ɑ̃t] adj. [encombrant] ingombrante. || [indiscret] importuno, imbarazzante, indiscreto. || LOC. *ce n'est pas gênant*, non importa. | *être gênant (moralement)*, disturbare, dar fastidio.
gencive [ʒɑ̃siv] f. ANAT. gengiva.
gendarme [ʒɑ̃darm] m. HIST. gendarme. || MIL. [contexte fr.] gendarme ; [contexte ital.] carabiniere. || FIG., FAM. [virago] gendarme. || FAM. *chapeau de gendarme*, cappello di carta. || LOC. *faire le gendarme*, fare il carabiniere. | *avoir peur du gendarme* = trattenersi dal mal fare per solo timore del castigo. | *dormir en gendarme* = dormire con un occhio solo. | *jouer aux gendarmes et aux voleurs*, giocare a guardie e ladri. || POP. [hareng] = arringa salata e affumicata. || [saucisson] salsiccetta secca. || [défaut du diamant] impurità f. || [alpinisme] masso scosceso ed isolato. || ZOOL. cimice (f.) dei boschi.
gendarmer (se) [səʒɑ̃darme] v. pr. [se mettre en colère] *se gendarmer contre qn*, adirarsi con qlcu. || [hausser la voix] alzare la voce. || [protester] **(contre)** protestare, insorgere, reagire con violenza (contro).
gendarmerie [ʒɑ̃darməri] f. [corps] (contexte français) gendarmeria ; (contexte italien) [arma (f.) dei] carabinieri m. pl. || [caserne] gendarmeria ; caserma, comando (m.) dei carabinieri.
gendre [ʒɑ̃dr] m. genero.
gène [ʒɛn] m. BIOL. gene.
gêne [ʒɛn] f. [physique] disagio m., fastidio m., difficoltà. | *gêne à respirer*, affanno m. | *éprouver de la gêne à digérer*, provar difficoltà a digerire, digerire con difficoltà. | *ressentir une gêne intolérable*, soffrire in modo intollerabile. || [contrainte] disagio, fastidio. | *causer de la gêne à qn*, mettere qlcu. a disagio, recar fastidio a qlcu. || [embarras] *éprouver de la gêne en face de qn*, sentirsi a disagio, provar soggezione di fronte a qlcu. | *sans aucune gêne*, senza alcuna soggezione. || [manque d'argent] strettezze f. pl. | *vivre dans la gêne*, vivere nelle, in strettezze. ◆ loc. adj. inv. **sans gêne** = privo di discrezione, di tatto ; disinvolto. (V. SANS-GÊNE.)
gêné, e [ʒene] adj. [mal à l'aise] a disagio, impacciato. || [embarrassé] a disagio, imbarazzato, impacciato. || [dépourvu d'argent] *je suis gêné*, sono in strettezze, in difficoltà finanziarie. || FAM. *être gêné aux entournures* [situation gênante], sentirsi a disagio (L.C.) ; [pauvreté] essere a corto di quattrini, di soldi.
généalogie [ʒenealɔʒi] f. genealogia.
généalogique [ʒenealɔʒik] adj. genealogico.
généalogiste [ʒenealɔʒist] n. genealogista.
génépi [ʒenepi] ou **genépi** [ʒənepi] m. [plante ; liqueur] genepì, genepy.
gêner [gene] v. tr. [causer un désagrément] incomo-

dare, disturbare ; dar fastidio, noia a ; recar disturbo a. | *mon veston me gêne (aux entournures)*, sto, mi sento a disagio nella giacca. | *la fumée ne me gêne pas*, il fumo non mi dà fastidio, noia. | *vous ne (me) gênez pas du tout*, non (mi) disturba affatto. || [entraver] intralciare, ostacolare, impedire. || [embarrasser] mettere a disagio, in difficoltà ; turbare, imbarazzare, impacciare ; mettere soggezione a. || [mettre à court d'argent] ridurre, mettere in strettezze ; essere di peso a. ◆ v. pr. [se contraindre] farsi scrupolo. | *ne pas se gêner pour faire qch.*, non farsi scrupolo di far qlco. | *il faut savoir se gêner pour mettre de l'argent de côté*, conviene ridurre le spese per mettere soldi da parte. || Iron. *ne vous gênez pas !*, non faccia complimenti ! || [s'entraver] intralciarsi, ostacolarsi.

1. général, e, aux [ʒeneral, o] adj. [commun à tous] generale. || [d'ensemble] complessivo, generale. | *une idée, une vue générale de qch.*, un'idea complessiva, uno sguardo generale, complessivo, un panorama di qlco. || [superficiel, vague] generico (péjor.). || Adm. *agent, inspecteur, secrétaire général*, agente, ispettore, segretario generale. || Mil. *quartier général*, quartiere generale. || Théâtre *(répétition) générale*, prova generale. || Univ. *concours général* = concorso annuale fra i migliori allievi delle ultime classi dei licei. ◆ n. m. Philos. generale. | *conclure du particulier au général*, estendere dal particolare al generale ; dedurre da singoli fatti un giudizio più esteso. ◆ loc. adv. ***en général***, in generale, generalmente ; [d'ordinaire] generalmente, in genere, di solito, per lo più.

2. général m. Mil., Relig. generale.

généralat [ʒenerala] m. Mil., Relig. generalato.

générale [ʒeneral] f. Mil., Relig. generalessa. || [rassemblement] *battre la générale*, battere, suonare la generale. || Théâtre prova generale.

généralisable [ʒeneralizabl] adj. generalizzabile.

généralisateur, trice [ʒeneralizatœr, tris] adj. generalizzatore, trice.

généralisation [ʒeneralizasjɔ̃] f. generalizzazione.

généraliser [ʒeneralize] v. tr. generalizzare. ◆ v. pr. generalizzarsi.

généralissime [ʒeneralisim] m. Mil. generalissimo.

généraliste [ʒeneralist] m. medico generico.

généralité [ʒeneralite] f. generalità. ◆ pl. [propos, idées] generalità. | *s'en tenir aux généralités*, stare, mantenersi sulle generali ; parlare in modo generico ; restare nel generico, alle generalità.

générateur, trice [ʒeneratœr, tris] adj. generatore, trice ; generativo. ◆ n. m. [chaudière] generatore. ◆ n. f. Électr., Math. generatrice.

génératif, ive [ʒeneratif, iv] adj. generativo.

génération [ʒenerasjɔ̃] f. generazione.

générer [ʒenere] v. tr. Ling. generare.

généreux, euse [ʒenerø, øz] adj. generoso. | *repas généreux*, pasto abbondante. | *terre généreuse*, terra fertile. | *vin généreux*, vino generoso. || Fam. *avoir une poitrine généreuse*, essere popputa ; avere un petto formoso (l.c.). ◆ n. m. Loc. *faire le généreux*, fare il generoso.

générique [ʒenerik] adj. generico. ◆ n. m. Cin. titoli (m. pl.) di testa.

générosité [ʒenerozite] f. generosità. ◆ pl. [dons] liberalità, larghezze.

genèse [ʒənɛz] f. genesi inv. || Relig. genesi f. ou m.

genêt [ʒənɛ] m. Bot. ginestra f.

genet [ʒənɛ] m. Zool. ginnetto.

généticien, enne [ʒenetisjɛ̃, ɛn] ou **généstiste** [ʒenetist] n. genetista.

génétique [ʒenetik] adj. genetico. ◆ n. f. genetica.

génétisme [ʒenetism] m. Psych. genetismo.

genette [ʒənɛt] f. Zool. genetta.

gêneur, euse [ʒɛnœr, øz] n. seccatore, trice ; importuno, a ; rompiscatole inv. (pop.).

genevois, oise [ʒənvwa, az] adj. et n. ginevrino.

genévrier [ʒənevrije] m. Bot. ginepro.

génial, e, aux [ʒenjal, o] adj. [inspiré] geniale. || Fam. [extraordinaire] formidabile, gagliardo, gagliardissimo.

1. génie [ʒeni] m. [chez les Anciens] genio. || Loc. *être le bon, le mauvais génie de qn*, essere il buono, il cattivo genio di uno. || Myth. spiritello, silfo, folletto, gnomo. || [faculté exceptionnelle] genio, genialità f. | *avoir du génie*, essere geniale. | *doué de génie*, dotato di genialità. | *artiste, découverte, œuvre de génie*, artista, scoperta, opera geniale. | *éclair, coup, trait, idée de génie* (parfois iron.), lampo di genio ; idea, trovata geniale. || [personne douée] genio, ingegno. || [talent ; goût] genio, indole f.

2. génie m. Adm. *génie civil, maritime, militaire*, genio civile, navale, militare. | *soldat du génie*, geniere m.

genièvre [ʒənjɛvr] m. Bot. [arbre] ginepro ; [baie] coccola (f.) del ginepro. || [eau-de-vie] ginepro.

génisse [ʒenis] f. Zool. giovenca.

génital, e, aux [ʒenital, o] adj. genitale. | *organes génitaux*, (organi) genitali m. pl.

géniteur, trice [ʒenitœr, tris] adj. et n. genitore, trice.

génitif [ʒenitif] m. Gramm. genitivo. | *mettre au génitif*, volgere, mettere al genitivo.

génocide [ʒenɔsid] m. genocidio.

génois, oise [ʒenwa, az] adj. et n. genovese. ◆ n. f. Culin. pan (m.) di Spagna.

genou [ʒ(ə)nu] m. ginocchio (pl. : *le ginocchia* [ensemble] ; *i ginocchi* [dissociés]). | *manger sur les genoux de sa mère*, mangiare sulle ginocchia della mamma. | *les mains sur les genoux*, con le mani sui ginocchi. | *serrer sa jupe entre ses genoux*, stringere la gonna tra i ginocchi. | *prendre un enfant sur les genoux*, prendere un bambino in grembo. || Pr. et Fig. *se prosterner, se jeter aux genoux de qn*, gettarsi alle ginocchia di qlcu. | *plier le(s) genou(x)*, piegar le ginocchia. || Fig. *être à genoux devant qn*, essere in ammirazione, in adorazione davanti a qlcu. | *demander à (deux) genoux*, chiedere in ginocchio, umilmente. || Fam. *faire du genou à qn* = toccare a qlcu. il ginocchio col proprio ginocchio (per attirare l'attenzione) [l.c.]. | *être sur les genoux*, essere spossato, esausto (l.c.). || Mar. ginocchio. || Méc. (articolazione [f.] a) gomito. ◆ loc. adv. ***à genoux***, in ginocchio ; ginocchioni adv.

genouillère [ʒənujɛr] f. [armure] ginocchiera ; ginocchiello m. (vx). || [protège-genou] ginocchiera ; [pour chevaux] ginocchiello. || Méc. ginocchiello ; articolazione a sfera ; [coude d'un tuyau] gomito m.

genre [ʒɑ̃r] m. genere. || Bot., Zool. genere. || [sorte] genere, specie f., sorta f., tipo. | *marchandises de tout genre*, merce di ogni genere. | *un genre de lunettes*, un tipo di occhiali. | *un genre de crochet*, una specie di gancio. | *quelque chose du même genre*, qualcosa del genere. || [manière] genere, modo, maniera f. | *genre de vie*, modo di vivere, tenore di vita. || Loc. *cet individu, ce n'est pas mon genre*, non è il tipo che fa per me, non mi va (a genio). | *ce n'est pas mon genre d'agir ainsi*, non è mia abitudine agire a questo modo, non son uomo da agire a questo modo. | *se donner un genre*, crearsi un tipo. | *avoir bon genre*, essere una persona perbene, ammodo. | *avoir mauvais genre*, essere una persona poco perbene. | *d'un genre douteux*, di dubbia moralità. | *le genre artiste*, il tipo artista. || Art, Gramm., Hist. litt. genere. | *tableau, peinture de genre*, quadro, pittura di genere.

1. gens [ʒɛ̃s] f. (lat.) Antiq. gente.

2. gens [ʒɑ̃] m. et f. pl. [individus] gente f. sing. | *jeunes gens*, giovani, giovanotti m. pl. | *vieilles gens*, vecchi m. pl. | *beaucoup, peu de gens*, molta, poca gente. | *la plupart des gens*, i più. | *ce sont d'honnêtes gens*, è gente onesta. | *gens de peu, de bien*, gente da poco, dabbene. | *des gens bien, comme il faut* (fam.), gente perbene. | *bêtes et gens*, uomini e bestie. || [personnes indéfinies] gente. | *il y a des gens qui*, c'è gente che ; ce ne sono che. || [catégorie, classe] gente. | *gens de couleur*, gente di colore. | *petites gens*, gente modesta, popolo minuto ; popolino m. (péjor.). | *gens des villes, de la campagne*, gente di città, di campagna. | *gens d'affaires*, gente, uomini d'affari ; affaristi m. pl. | *gens d'épée, d'armes*, gente d'arme ; militari m. pl. | *gens de robe*, magistrati, avvocati m. pl. | *gens de lettres*, gente di lettere ; letterati m. pl. | *gens de*

mer, gente di mare; marittimi m. pl. | *gens d'Église*, gente di Chiesa; ecclesiastici m. pl. || [serviteurs] servitori m. pl., domestici m. pl., personale m., servitù f. | *gens de maison*, gente di servizio, servitori, servitù. || [partisans; entourage] seguito m., partigiani m. pl.; famiglia f. (vx). | *il appela ses gens*, chiamò i suoi. || JUR. *droit des gens*, diritto delle genti.
gent [ʒɑ̃] f. LITTÉR. gente, razza, popolo m. (L.C.). | *la gent ailée*, i volatili. | *la gent marécageuse*, le rane. | *la gent trotte-menu*, i topi. | *la gent écolière*, la scolaresca, gli scolari. | *la gent moutonnière*, le pecore.
gentiane [ʒɑ̃sjan] f. BOT. genziana.
gentil, ille [ʒɑ̃ti, ij] adj. [joli, mignon] carino, grazioso. | *quelle gentille petite fille!*, che ragazza carina, graziosa! || FIG. [aimable] gentile, cortese. | *c'est gentil à vous, de votre part*, è gentile da parte sua. | *c'est gentil (de ta part) d'être venu nous trouver*, sei stato gentile a venirci a trovare. || FAM. *une gentille somme*, una bella sommetta. || PÉJOR. *ce roman est gentil, mais n'a rien d'extraordinaire*, non è male questo romanzo, ma non è niente di speciale. ◆ n. m. RELIG. gentile. | *l'Apôtre des gentils*, l'Apostolo delle genti.
gentilhomme [ʒɑ̃tijɔm] m. (pl. **gentilshommes** [ʒɑ̃tizɔm]) gentiluomo. | *gentilshommes campagnards*, gentiluomini di campagna. | *vivre en gentilhomme*, vivere da signore. || FIG. gentiluomo, galantuomo.
gentilhommière [ʒɑ̃tijɔmjɛr] f. = villa signorile in campagna.
gentilité [ʒɑ̃tilite] f. HIST. gentilità.
gentillesse [ʒɑ̃tijɛs] f. [grâce] grazia, leggiadria. || [amabilité] gentilezza, cortesia. | *aurais-tu la gentillesse de?*, saresti tanto gentile da? | *faire mille gentillesses à qn*, usar molte gentilezze a qlcu. || [sagesse d'un enfant] saviezza.
gentillet, ette [ʒɑ̃tijɛ, ɛt] adj. [personne] graziosino; piuttosto carino, grazioso. || [chose] *il est gentillet ce jardin*, è piuttosto carino questo giardino. | *un roman gentillet*, un romanzo gradevole ma superficiale.
gentiment [ʒɑ̃timɑ̃] adv. [avec agrément] con grazia. | *un appartement gentiment décoré*, un appartamento decorato con garbo, grazia, buon gusto. || [aimablement] gentilmente, cortesemente, garbatamente. || [sagement] tranquillamente, con calma. | *amusez-vous gentiment*, giocate tranquilli.
gentleman [dʒɛntləman] m. gentleman (angl.); vero gentiluomo, vero signore.
génuflexion [ʒenyflɛksjɔ̃] f. genuflessione. ◆ pl. FIG., FAM. salamelecchi m. pl.; lusinghe; adulazione, lisciata f. sing.
géocentrique [ʒeosɑ̃trik] adj. geocentrico.
géocentrisme [ʒeosɑ̃trism] m. geocentrismo.
géode [ʒeɔd] f. MINÉR. geode.
géodésie [ʒeodezi] f. geodesia.
géodésique [ʒeodezik] adj. geodetico. ◆ n. f. geodetica.
géographe [ʒeograf] n. geografo, a.
géographie [ʒeografi] f. geografia. | *géographie humaine*, geografia antropica; antropogeografia.
géographique [ʒeografik] adj. geografico.
geôle [ʒol] f. carcere m., prigione.
geôlier [ʒolje] m. carceriere, secondino.
géolinguistique [ʒeɔlɛ̃gɥistik] f. geolinguistica.
géologie [ʒeɔlɔʒi] f. geologia.
géologique [ʒeɔlɔʒik] adj. geologico.
géologue [ʒeɔlɔg] n. geologo, a.
géomancie [ʒeɔmɑ̃si] f. geomanzia.
géomètre [ʒeɔmɛtr] m. geometra.
géométrie [ʒeɔmetri] f. geometria. || AÉR. *avion à géométrie variable*, aereo a geometria variabile.
géométrique [ʒeɔmetrik] adj. geometrico.
géomorphologie [ʒeɔmɔrfɔlɔʒi] f. geomorfologia.
géophysique [ʒeɔfizik] adj. geofisico. ◆ n. f. geofisica.
géopolitique [ʒeɔpɔlitik] adj. geopolitico. ◆ n. f. geopolitica.
géorgien, enne [ʒeɔrʒjɛ̃, ɛn] adj. et n. georgiano. ◆ n. m. LING. georgiano.
géorgique [ʒeɔrʒik] adj. HIST. LITT. georgico.
géosynclinal [ʒeɔsɛ̃klinal] m. GÉOL. geosinclinale f.
géothermique [ʒeɔtɛrmik] adj. PHYS. geotermico.
géotropisme [ʒeɔtrɔpism] m. BOT. geotropismo.
gérance [ʒerɑ̃s] f. gerenza, gestione.
géranium [ʒeranjɔm] m. BOT. geranio.
gérant, e [ʒerɑ̃, ɑ̃t] n. gerente; gestore, trice; amministratore, trice. | *gérant d'immeubles*, amministratore d'immobili. | *gérant d'une succursale*, gerente di una succursale. | *gérant (responsable) d'un journal*, direttore responsabile, gerente di un giornale. | *gérant d'une coopérative*, gestore d'una cooperativa. | *associé gérant*, socio gerente.
gerbage [ʒɛrbaʒ] m. accovonamento, accovonatura f.
gerbe [ʒɛrb] f. [blé] covone m. | *mettre en gerbes*, accovonare. | *tas de gerbes*, bica f. || [fleurs] fascio m., mazzo m. || LOC. *gerbe d'eau* = getto (m.) d'acqua (a ventaglio). | *gerbe d'étincelles*, fascio, sciame (m.) di faville. || FIG. *gerbe de preuves*, messe di prove. || MIL. *gerbe de projectiles*, rosa di proiettili.
gerber [ʒɛrbe] v. tr. AGR. accovonare. || [empiler] accatastare, ammucchiare. ◆ v. intr. [jet d'eau; fusée] = scoppiare; scaturire a fasci.
gerbier [ʒɛrbje] m. bica f.
gerboise [ʒɛrbwaz] f. ZOOL. gerboa m. inv., dipo m.; topo saltatore.
gerce [ʒɛrs] f. [fente dans le bois] fessura, screpolatura; [dans une pièce de fonderie] incrinatura. || ZOOL. tignola dei panni.
gercement [ʒɛrsəmɑ̃] m. (lo) screpolarsi, screpolatura f.
gercer [ʒɛrse] v. tr. screpolare. ◆ v. intr. ou pr. screpolarsi, fendersi.
gerçure [ʒɛrsyr] f. [épiderme; revêtement] screpolatura; [bois] fenditura; [métal] incrinatura.
gérer [ʒere] v. tr. gestire, amministrare.
gerfaut [ʒɛrfo] m. ZOOL. girifalco.
gériatrie [ʒerjatri] f. MÉD. geriatria.
1. germain, e [ʒɛrmɛ̃, ɛn] adj. carnale, primo. | *cousins germains*, cugini; cugini carnali, primi (plus rare). | *cousins issus de germains*, cugini di secondo grado. || JUR. [issu des mêmes parents] germano, carnale.
2. germain, e adj. HIST. germanico: germano (littér.). ◆ n. germano, a.
germandrée [ʒɛrmɑ̃dre] f. BOT. camedrio m.
germanique [ʒɛrmanik] adj. germanico. | *Saint Empire romain germanique*, Sacro Romano Impero germanico. ◆ n. m. LING. germanico.
germaniser [ʒɛrmanize] v. tr. germanizzare. ◆ v. pr. germanizzarsi.
germanisme [ʒɛrmanism] m. germanismo.
germaniste [ʒɛrmanist] n. germanista.
germanium [ʒɛrmanjɔm] m. CHIM. germanio.
germanophile [ʒɛrmanɔfil] adj. germanofilo, tedescofilo.
germanophilie [ʒɛrmanɔfili] f. germanofilia, tedescofilia.
germanophobe [ʒɛrmanɔfɔb] adj. germanofobo, tedescofobo.
germanophobie [ʒɛrmanɔfɔbi] f. germanofobia, tedescofobia.
germe [ʒɛrm] m. PR. et FIG. germe. | *en germe*, in germe, allo stato embrionale.
germen [ʒɛrmɛn] m. (lat.) BIOL. germe.
germer [ʒɛrme] v. intr. [graine] germinare; [plante] germogliare. || FIG. germinare, germogliare, nascere; svilupparsi.
germinal, e, aux [ʒɛrminal, o] adj. germinale. ◆ n. m. HIST. germinale.
germinatif, ive [ʒɛrminatif, iv] adj. germinativo.
germination [ʒɛrminasjɔ̃] f. germinazione.
germoir [ʒɛrmwar] m. germinatoio.
gérondif [ʒerɔ̃dif] m. GRAMM. gerundio.
géronte [ʒerɔ̃t] m. LITTÉR. = vecchio ridicolo.
gérontocratie [ʒerɔ̃tɔkrasi] f. POLIT. gerontocrazia.
gérontologie [ʒerɔ̃tɔlɔʒi] f. MÉD. gerontologia.
gérontologue [ʒerɔ̃tɔlɔg] m. gerontologo.
gésier [ʒezje] m. ventriglio.
gésir [ʒezir] v. intr. défect. giacere. | *des feuilles gisaient çà et là*, delle foglie giacevano qua e là. || LOC.

ci-gît, qui giace. ‖ FIG. [se trouver] stare, risiedere. | *là gît la difficulté*, qui sta il punto, la difficoltà.
gesse [ʒɛs] f. BOT. cicerchia.
gestaltisme [gɛʃtaltism] m. PSYCH. gestaltismo.
gestaltiste [gɛʃtaltist] adj. gestaltico. ◆ n. gestaltista.
gestation [ʒɛstasjɔ̃] f. PR. et FIG. gestazione, gravidanza.
gestatoire [ʒestatwar] adj. *chaise gestatoire*, sedia gestatoria.
1. geste [ʒɛst] m. gesto, atto, mossa f. | *geste d'assentiment, de dénégation*, gesto di consenso, di diniego. | *d'un geste*, con un gesto. | *geste de la tête*, movimento, gesto del capo. | *s'exprimer par gestes*, esprimersi a gesti. | *faire des gestes*, gestire. | *faire de grands gestes*, gesticolare. | *joindre le geste à la parole* = detto fatto. ‖ FAM. *tu n'as qu'un geste à faire* = basta che tu lo voglia. | *faire un geste en faveur de qn*, fare un gesto generoso per qlcu. ‖ [action] gesto, azione f. | *un beau geste*, un bel gesto, una bell'azione.
2. geste f. HIST. LITT. gesta pl. | *chansons de geste*, canzoni di gesta. | *la geste de Roland*, le gesta di Orlando. ◆ pl. LOC. *les faits et gestes de qn*, le vicende di qlcu. ; vita, morte e miracoli di qlcu.
gesticulation [ʒɛstikylasjɔ̃] f. (il) gesticolare, gesticolazione, gesticolamento m.
gesticuler [ʒɛstikyle] v. intr. gesticolare.
gestion [ʒɛstjɔ̃] f. gestione, gerenza, amministrazione, esercizio m. | *gestion de biens*, amministrazione di beni. ‖ COMM. *frais de gestion*, spese di esercizio.
gestionnaire [ʒɛstjɔnɛr] m. gestore. ◆ adj. relativo alla gestione.
gestuel, elle [ʒɛstɥɛl] adj. gestuale.
geyser [ʒɛzɛr] m. GÉOGR. geyser (angl.).
ghanéen, enne [ganeɛ̃, ɛn] adj. del Ghana. ◆ n. abitante del Ghana.
ghetto [gɛto] m. PR. et FIG. ghetto.
ghilde, gilde ou **guilde** [gild] f. gilda.
gibbon [ʒibɔ̃] m. ZOOL. gibbone.
gibbosité [ʒibozite] f. gibbosità.
gibecière [ʒibsjɛr] f. [de chasseur] carniere m., carniera. ‖ [d'écolier] zaino m.
gibelin, e [ʒiblɛ̃, in] adj. et n. HIST. ghibellino.
gibelinisme [ʒibelinism] m. HIST. ghibellinismo.
gibelotte [ʒiblɔt] f. CULIN. = fricassea di coniglio al vino bianco.
giberne [ʒibɛrn] f. MIL., VX giberna (L.C.). ‖ FAM. *avoir son bâton de maréchal dans sa giberne*, avere le stellette in tasca.
gibet [ʒibɛ] m. forca f., patibolo.
gibier [ʒibje] m. selvaggina f., cacciagione f., caccia f. | *gibier à poil, à plume*, selvaggina di pelo, di penna. | *gros gibier*, caccia grossa. ‖ LOC. *gibier de potence*, V. POTENCE. ‖ CULIN. selvaggina, cacciagione.
giboulée [ʒibule] f. piovasco m., acquazzone m.
giboyeux, euse [ʒibwajø, øz] adj. abbondante di selvaggina.
gibus [ʒibys] m. (souvent fam.) gibus.
giclée [ʒikle] f. schizzo m., spruzzo m., spruzzatina. | *mettre une giclée de rhum dans son café*, mettere uno schizzo di rum nel caffè.
giclement [ʒikləmɑ̃] m. schizzo, spruzzo, (lo) schizzare, (lo) spruzzare.
gicler [ʒikle] v. intr. schizzare v. tr., sprizzare v. tr. | *le sang giclait de la blessure*, la ferita sprizzava sangue. | *faire gicler*, spruzzare, sprizzare.
gicleur [ʒiklœr] m. AUTOM. spruzzatore ; gicleur (fr.). | *gicleur de ralenti*, spruzzatore di minimo.
gifle [ʒifl] f. schiaffo m., ceffone m. | *donner, recevoir une gifle*, dare, ricevere uno schiaffo. ‖ FAM. *allonger, prendre une gifle*, mollare, prendersi uno schiaffo. | *tête à gifles*, faccia da schiaffi. ‖ FIG. schiaffo (morale), umiliazione.
gifler [ʒifle] v. tr. schiaffeggiare. ‖ [cingler] sferzare, schiaffeggiare. | *visage giflé par la pluie*, viso sferzato dalla pioggia.
gigantesque [ʒigɑ̃tɛsk] adj. PR. et FIG. gigantesco, colossale.
gigantisme [ʒigɑ̃tism] m. MÉD. gigantismo.
gigogne [ʒigɔɲ] f. FIG., VX *mère gigogne*, chioccia (fam.) ; donna prolifica (L.C.). ◆ adj. *lits, tables gigognes* = letti, tavolini che s'incastrano l'uno sotto l'altro. | *fusée gigogne*, razzo pluristadio.
gigolo [ʒigɔlo] m. gigolo (fr.) ; mantenuto.
gigot [ʒigo] m. CULIN. cosciotto. ‖ FAM., IRON. coscia, gamba (L.C.). ‖ MODE *manches à gigot*, maniche a sbuffo.
gigoter [ʒigɔte] v. intr. FAM. sgambettare ; agitare, dimenar le gambe (L.C.) ; dimenarsi, agitarsi (L.C.).
1. gigue [ʒig] f. CULIN. cosciotto m. (di capriolo). ‖ FAM. [jambe] gamba (L.C.). ‖ FAM. *grande gigue*, spilungona, pertica, perticona.
2. gigue f. MUS. giga.
gilde f. V. GHILDE.
gilet [ʒilɛ] m. [veste sans manches] panciotto ; gilè inv. ‖ [sous-vêtement] camiciola f., canottiera f., maglietta f. ‖ MAR. *gilet de sauvetage*, giubbetto salvagente. ‖ LOC. *pleurer dans le gilet de qn*, piangere nel seno di qlcu.
giletier, ère [ʒiltje, ɛr] n. chi confeziona panciotti.
gille [ʒil] m. FIG. ingenuo, sempliciotto ; balordo, grullo adj.
gin [dʒin] m. gin (angl.).
gindre [ʒɛ̃dr] ou **geindre** m. impastatore.
gingembre [ʒɛ̃ʒɑ̃br] m. BOT. zenzero.
gingival, e, aux [ʒɛ̃ʒival, o] adj. gengivale.
gingivite [ʒɛ̃ʒivit] f. MÉD. gengivite.
girafe [ʒiraf] f. ZOOL. giraffa. ‖ CIN., T.V. giraffa. ‖ LOC. FAM. *peigner la girafe* = fare un lavoro lungo e inutile ; [ne rien faire] grattarsi la pancia (fam.).
girandole [ʒirɑ̃dɔl] f. [candélabre] candelabro m. ‖ [feu d'artifice] girandola. ◆ pl. orecchini (m. pl.) di diamante.
giration [ʒirasjɔ̃] f. girazione, giro m., (il) girare.
giratoire [ʒiratwar] adj. rotatorio.
giravion [ʒiravjɔ̃] m. AÉR. aerogiro.
girelle [ʒirɛl] f. ZOOL. donzella.
girl [gərl] f. girl (angl.).
girofle [ʒirɔfl] m. BOT. *clou de girofle*, chiodo di garofano.
giroflée [ʒirɔfle] f. BOT. violacciocca.
giroflier [ʒirɔflije] m. BOT. eugenia.
girolle [ʒirɔl] f. BOT. gallinaccio m., cantarello m.
giron [ʒirɔ̃] m. PR. et FIG. grembo. | *dans le giron de*, in grembo a. | *dans le giron de l'Église*, nel grembo della Chiesa, di Santa Madre Chiesa. ‖ ARCHIT. pedata f.
girondin, e [ʒirɔ̃dɛ̃, in] adj. et n. girondino.
girouette [ʒirwɛt] f. PR. et FIG. banderuola, ventarola ; segnavento m. inv. ‖ MAR. mostravento m. inv.
gisant [ʒizɑ̃] m. ART giacente ; gisant (fr.).
gisement [ʒizmɑ̃] m. giacimento. ‖ MAR. rilevamento. ‖ MIL. azimut rete. | *gisement de surveillance*, linea (f.) zero. ‖ PHYS. *gisement magnétique*, azimut magnetico.
gitan, e [ʒitɑ̃, an] adj. et n. gitano, zingaro.
1. gîte [ʒit] m. alloggio, dimora f., abitazione f. | *trouver un gîte*, trovare un alloggio, una casa. | *donner le gîte et le couvert*, dar vitto e alloggio. | *ne pas avoir de gîte*, essere senza casa. | *gîte d'étape*, tappa f. ‖ [du lièvre] covo, covile. ‖ ARCHIT. travicello. ‖ CULIN. *gîte à la noix*, girello ; magatello (milan.). ‖ MINÉR. giacimento.
2. gîte f. MAR. sbandamento m., sbandata, ingavonata. | *donner de la gîte*, sbandare, ingavonarsi.
gîter [ʒite] v. intr. VX alloggiare, dimorare (L.C.). ‖ [animaux] abitare ; avere il covo. ‖ MAR. sbandare, ingavonarsi.
givrage [ʒivraʒ] m. AÉR. = formazione (f.) di ghiaccio (sulle ali e le eliche).
givre [ʒivr] m. brina f., calaverna f., galaverna f.
givrer [ʒivre] v. tr. coprire di brina, di calaverna ; brinare (rare). | *givrer les verres*, brinare i bicchieri. ◆ v. pr. coprirsi di brina, di calaverna.
glabre [glabr] adj. glabro.
glaçage [glasaʒ] m. [gants ; peau] lucidatura f., glassatura f. ; [linge] inamidatura f. ; [papier ; photo] lucidatura ; [textile] apprettatura f. ‖ [en couture] impuntitura (f.) a specchio. ‖ CULIN. glassatura.

glaçant, e [glasɑ̃, ɑ̃t] adj. Pr. et fig. gelido, agghiacciante.
glace [glas] f. ghiaccio m. | *pris dans les glaces*, bloccato dai ghiacci. ‖ Fig. *cœur de glace*, cuore di ghiaccio. | *briser, rompre la glace*, rompere il ghiaccio. | *rester de glace*, restare di ghiaccio. ‖ Culin. gelato m. | *sucre glace*, v. sucre. ‖ [verre] vetro m., cristallo m. | *glaces d'une voiture*, vetri, cristalli, finestrini d'una macchina. ‖ [miroir] specchio m., specchiera ; [de commode, de coiffeuse] alzata, specchiera. | *se regarder dans la glace*, specchiarsi ; guardarsi nello, allo specchio. ‖ [tache d'une pierre précieuse] ghiacciolo.
glacé, e [glase] adj. [durci par le froid] ghiacciato. ‖ [très froid] ghiacciato, ghiaccio, gelido. ‖ Fig. gelido. ‖ Culin. *chocolat glacé*, gelato (m.) di cioccolata. | *marrons glacés*, marroni canditi ; marrons glacés (fr.). ‖ Techn. [gants ; peau] lucido ; glacé inv. (fr.) ; [linge] inamidato ; [papier] lucido ; [textile] apprettato.
glacer [glase] v. tr. [solidifier par le froid] ghiacciare. | *glacer du champagne* = mettere a raffreddare lo champagne. ‖ [causer une impression de grand froid] gelare. ‖ Fig. ghiacciare, gelare, agghiacciare, raggelare ; recare il gelo (fra). ‖ Culin. glassare. ‖ Techn. [gants ; peau] lucidare, glassare ; [linge] inamidare ; [papier ; photo] lucidare ; [textile] apprettare. ‖ [couture] impuntire a specchio. ◆ v. imp. *il glace*, ghiaccia, gela. ◆ v. pr. Pr. ghiacciare, gelare v. intr. ‖ Fig. ghiacciarsi, gelarsi ; diventar (di) ghiaccio.
glacerie [glasri] f. Ind., Comm. cristalleria, vetreria.
glaceur [glasœr] m. Techn. lucidatore, lustratore.
glaciaire [glasjɛr] adj. Géol. glaciale.
glacial, e, als ou **aux** [glasjal, o] adj. Pr. et fig. glaciale, gelido. ‖ Géogr. *Océan glacial arctique*, Mare glaciale artico.
glaciation [glasjasjɔ̃] f. Géol. glaciazione.
glacier [glasje] m. Géol. ghiacciaio. ‖ Culin. gelataio, gelatiere.
glacière [glasjɛr] f. Pr. et fig. ghiacciaia.
glaciologie [glasjɔlɔʒi] f. glaciologia.
glacis [glasi] m. [pente] scarpata f., scarpa f., pendio, declivio. ‖ Archit. conversa f. ‖ Mil. spalto. ‖ [peinture] velatura f. ‖ Fig. [protection] baluardo. ‖ Polit. *politique du glacis*, politica dell'avampaese.
glaçon [glasɔ̃] m. [naturel] pezzo, lastra f., lastrone di ghiaccio ; [petite stalactite] ghiacciolo. ‖ [artificiel] cubetto di ghiaccio. ‖ Fam. *mes pieds sont des glaçons*, ho i piedi come due ghiaccioli. ‖ Fig. [personne froide] pezzo di ghiaccio.
glaçure [glasyr] f. vetrina, coperta.
gladiateur [gladjatœr] m. Hist. gladiatore.
glaïeul [glajœl] m. Bot. gladiolo.
glaire [glɛr] f. Méd. muco m., catarro m. ‖ [blanc d'œuf] bianco m., albume m. ; chiara (fam.).
glaireux, euse [glɛrø, øz] adj. mucoso.
glaise [glɛz] f. creta, argilla.
glaiseux, euse [glɛzø, øz] adj. argilloso, cretoso.
glaisière [glɛzjɛr] f. cava di creta, di argilla.
glaive [glɛv] m. Hist. gladio. ‖ Littér. acciaro, ferro ; spada f. (l.c.). ‖ Loc. *glaive de la justice*, spada della giustizia. | *tirer le glaive*, trar, sfoderar, sguainar la spada. ‖ Fig. *remettre le glaive au fourreau*, far pace.
glanage [glanaʒ] m. Agr. spigolamento, spigolatura f.
gland [glɑ̃] m. Bot. ghianda f. ‖ [ornement] ghianda. ‖ Anat. glande.
glande [glɑ̃d] f. Anat. ghiandola, glandola. | *glande thyroïde*, tiroide f. ‖ Fam. *avoir des glandes*, soffrire di gangli linfatici infiammati (l.c.).
glandée [glɑ̃de] f. raccolta di ghiande.
glander [glɑ̃de] v. intr. Pop. gironzolare (fam.).
glandulaire [glɑ̃dylɛr] ou **glanduleux, euse** [glɑ̃dylø, øz] adj. ghiandolare.
glane [glan] f. [épis] mannello (m.) (di grano spigolato). ‖ [ail ; oignons] = resta, mazzetto m. (d'agli, di cipolle). ‖ [action] v. glanage. | *droit de glane*, uso di spigolatura.
glaner [glane] v. tr. Pr. et fig. spigolare.
glaneur, euse [glanœr, øz] n. spigolatore, trice.
glanure [glanyr] f. Pr. et fig. spigolatura.
glapir [glapir] v. intr. [chien] uggiolare ; [renard] squittire ; [lapin] zigare, squittire. ‖ Fig. [personne] squittire, guaire, strillare ; ingiuriare strillando. ◆ v. tr. *glapir des injures*, urlare insulti.
glapissant, e [glapisɑ̃, ɑ̃t] adj. acuto, stridulo.
glapissement [glapismɑ̃] m. (lo) squittire, guaito, squittìo. ‖ Fig. strillo.
glas [glɑ] m. rintocco a morto. | *sonner, tinter le glas*, suonare a morto. ‖ Fig. *sonner le glas de qch.*, segnare il tracollo di qlco.
glatir [glatir] v. intr. [aigle] gridare, stridere.
glaucome [glokom] m. Méd. glaucoma.
glauque [glok] adj. glauco.
glèbe [glɛb] f. Littér. gleba. ‖ Hist. *serf de la glèbe*, servo della gleba.
glène [glɛn] f. Anat. glene, glena.
glissade [glisad] f. [action] scivolata, scivolone m., sdrucciolone m. | *faire une glissade*, fare uno scivolone, uno sdrucciolone. ‖ [danse] striscio m. ‖ [glissoire] scivolo m. ; pista ghiacciata. ‖ Fig. [faux pas] passo falso. ‖ Aér. *glissade sur l'aile, sur la queue*, scivolata d'ala, di coda.
glissage [glisaʒ] m. [du bois] trasporto a scivolo.
glissant, e [glisɑ̃, ɑ̃t] adj. sdrucciolevole, scivoloso. ‖ Fig. sdrucciolevole, pericoloso.
glissé, e [glise] adj. et n. m. [danse] *(pas) glissé*, passo strisciato.
glissement [glismɑ̃] m. scivolamento, (lo) scivolare, slittamento, sdrucciolamento, striscio. ‖ Fig. slittamento, deviazione f., evoluzione f. | *glissement d'un parti politique*, slittamento d'un partito politico. | *glissement de sens*, traslato semantico. ‖ Aér. scivolata f. ‖ Géol. *glissement de terrain*, smottamento, smottatura f., frana f., franamento. ‖ Techn. slittamento, scorrimento. ‖ T.V. *glissement de fréquence*, variazione (f.), scarto di frequenza.
glisser [glise] v. intr. [volontairement] scivolare, strisciare ; [par accident] sdrucciolare, slittare, scivolare. | *le camion glissa sur la route mouillée*, il camion slittò, scivolò sulla strada bagnata. ‖ [être glissant] *le parquet, la route glisse*, il pavimento, la strada è sdrucciolevole. ‖ [échapper] scivolare, scappare, sfuggire. | *glisser des mains*, scivolare, scappare di mano. ‖ [tricot] *faire glisser une maille*, saltare una maglia. ‖ Fig. scivolare, passare, sorvolare. | *glisser sur un argument, une question*, passare sopra a, sorvolare (sopra) un argomento, una questione. | *tout glisse sur lui* = resta indifferente a tutto. ‖ Aér. scivolare. ‖ Géol. smottare, franare ; scivolare giù. ‖ Loc. fig. *l'électorat glisse à gauche*, l'elettorato slitta a sinistra. | *l'auteur glisse au romanesque*, l'autore trapassa nel romanzesco. | *n'insistons pas, glissons*, non insistiamo, sorvoliamo. | *glisser dans la corruption* : [société] scivolare nella corruzione ; [individu] cadere nella, lasciarsi andare alla corruzione. ◆ v. tr. [mettre] infilare, inserire, insinuare, introdurre. | *glisser ses mains dans ses poches*, infilarsi, mettersi, cacciarsi le mani in tasca. | *glisser un signet entre deux pages*, inserire un segnalibro fra due pagine. ‖ [donner furtivement] = porgere, dare furtivamente ; infilare in mano. | *il lui glissa un billet à la dérobée*, gli infilò in mano un biglietto. ‖ Fig. *glisser dans (le tuyau de) l'oreille* = sussurrare all'orecchio. | *glisser un coup d'œil, un regard*, dare un'occhiata furtiva. ◆ v. pr. introdursi (furtivamente), insinuarsi, infilarsi, cacciarsi ; intrufolarsi (fam.). | *se glisser entre les draps*, infilarsi fra, cacciarsi sotto le lenzuola. | *se glisser sous la table*, cacciarsi sotto la tavola. | *les voleurs se glissèrent dans la boutique*, i ladri si intrufolarono nella bottega. | *se glisser (au) dehors*, scivolar via, sgattaiolare. ‖ Fig. insinuarsi. | *un soupçon se glissa en lui*, un sospetto gli si insinuò nella mente. | *une erreur s'est glissée dans le texte*, un errore si è insinuato, infilato, è entrato nel testo.
glisseur [glisœr] m. [vecteur] vettore libero ; cursore. ‖ [véhicule] idroscivolante.
glissière [glisjɛr] f. Techn. guida (di scorrimento). | *porte à glissière*, porta scorrevole ; coulisse (fr.). | *fermeture à glissière*, chiusura lampo.
glissoire [gliswar] f. scivolo m. ; pista ghiacciata.

global, e, aux [glɔbal, o] adj. globale, complessivo. ‖ PÉDAG. *méthode globale*, metodo globale.
globe [glɔb] m. globo.
globe-trotter [glɔbtrɔtœr] m. giramondo m. inv. ; globe-trotter n. (angl.).
globulaire [glɔbylɛr] adj. [en forme de globe] globulare. ‖ MÉD. *numération globulaire*, conteggio globulare. ◆ n. f. BOT. globularia.
globule [glɔbyl] m. globulo. ‖ PHARM. pilloletta f.
globuleux, euse [glɔbylø, øz] adj. globuloso.
globuline [glɔbylin] f. BIOL. globulina.
glockenspiel [glɔkənʃpil] m. MUS. glockenspiel (all.), campanelli m. pl.
gloire [glwar] f. gloria. ‖ LOC. *tourner à la gloire de qn*, volgere a gloria di qlcu. | *à la gloire de la vérité*, a onor del vero. | *se faire gloire de qch.*, farsi gloria di qlco. | *rendre gloire à*, rendere omaggio a. ‖ FIG., FAM. *travailler pour la gloire*, lavorare per la gloria. ‖ ART gloria.
gloria [glɔrja] m. inv. RELIG. gloria (lat.). ‖ FAM. = caffè corretto (con acquavite).
gloriette [glɔrjɛt] f. = padiglione m., chiosco m. (in un parco).
glorieux, euse [glɔrjø, øz] adj. glorioso. ‖ [vaniteux] vanaglorioso, vanitoso, orgoglioso. ‖ HIST. *les Trois Glorieuses* = le « Tre Gloriose ». ◆ n. m. VX uomo vanaglorioso, vanesio, vanitoso (L.C.).
glorificateur, trice [glɔrifikatœr, tris] adj. et n. glorificatore, trice.
glorification [glɔrifikasjɔ̃] f. glorificazione.
glorifier [glɔrifje] v. tr. glorificare. ◆ v. pr. **(de)** gloriarsi (di ; in [littér.]), vantarsi (di).
gloriole [glɔrjɔl] f. PÉJOR. vanagloria.
glose [gloz] f. [commentaire] glossa, chiosa. ‖ [malveillance] pettegolezzo m., maldicenza.
gloser [gloze] v. tr. glossare, chiosare. ◆ v. intr. [critiquer] **(sur)** dir male (di) ; far pettegolezzi, spettegolare, malignare (su).
glossaire [glɔsɛr] m. glossario.
glossateur [glɔsatœr] m. glossatore, chiosatore.
glossématique [glɔsematik] f. LING. glossematica.
glossème [glɔsɛm] m. LING. glossema.
glossolalie [glɔsolali] f. MÉD. glossolalia.
glottal, e, aux [glɔtal, o] adj. glottale.
glottalisé, e [glɔtalize] adj. LING. glottalizzato.
glotte [glɔt] f. ANAT. glottide.
glouglou [gluglu] m. (onomat.) [cri du dindon ; FAM. bruit de liquide] glu glu, glo glo. | *faire glouglou*, V. GLOUGLOUTER.
glouglouter [gluglute] v. intr. gloglottare, far glo glo, far glu glu.
gloussement [glusmɑ̃] m. [cri de la poule] (il) chiocciare. ‖ FAM. [rire] risolino.
glousser [gluse] v. intr. chiocciare. ‖ FAM. ridacchiare.
glouton, onne [glutɔ̃, ɔn] adj. ghiotto, ingordo. ◆ n. PÉJOR. ghiottone, a. ◆ n. m. ZOOL. ghiottone.
gloutonnerie [glutɔnri] f. ghiottoneria, ingordigia.
glu [gly] f. vischio m., pania.
gluant, e [glyɑ̃, ɑ̃t] adj. PR. viscoso. ‖ PR. et FIG. appiccicoso, attaccaticcio, viscido.
gluau [glyo] m. panione, paniuzza f. ; bacchetta impaniata.
glucide [glysid] m. CHIM. glucide, glicide.
glucomètre [glykɔmɛtr] ou **glycomètre** [glikɔmɛtr] m. glucometro.
glucose [glykoz] m. CHIM. glucos(i)o, glicos(i)o.
glume [glym] f. BOT. gluma.
gluten [glytɛn] m. CHIM. glutine.
glutineux, euse [glytinø, øz] adj. glutinoso.
glycémie [glisemi] f. MÉD. glicemia.
glycérine [gliserin] f. CHIM. glicerina.
glycine [glisin] f. BOT. glicine m.
glycogénique [glikɔʒenik] adj. PHYSIOL. glicogenico.
glycol [glikɔl] m. CHIM. glicol(e).
glycomètre m. V. GLUCOMÈTRE.
glyconien [glikɔnjɛ̃] ou **glyconique** [glikɔnik] adj. POÉS. gliconeo, gliconio.
glycosurie [glikɔzyri] f. MÉD. glicosuria.
glyptique [gliptik] f. glittica.
glyptographie [gliptɔgrafi] f. glittografia.
glyptothèque [gliptɔtɛk] f. glittoteca.
gnangnan [ɲɑ̃ɲɑ̃] adj. inv. FAM. smidollato, molle, fiacco, piagnucoloso.
gnaule f. V. GNÔLE.
gneiss [gnɛs] m. GÉOL. gneis(s), gnais.
gnocchi [ɲɔki] m. pl. CULIN. gnocchi.
gnognot(t)e [ɲɔɲɔt] f. POP. *c'est de la gnognote !* = è una cosa da nulla, di nessun valore, di nessuna importanza !, è un'inezia !
gnôle ou **gnaule** [ɲol] f. POP. grappa, acquavite (L.C.) ; zozza (tosc.).
gnome [gnom] m. MYTH. gnomo. ‖ FIG., PÉJOR. aborto.
gnomique [gnɔmik] adj. gnomico.
gnomon [gnɔmɔ̃] m. gnomone.
gnon [ɲɔ̃] m. POP. botta f. (L.C.).
gnose [gnoz] f. PHILOS. gnosi.
gnoséologie [gnozeɔlɔʒi] f. PHILOS. gnoseologia.
gnosticisme [gnɔstisism] m. PHILOS. gnosticismo.
gnostique [gnɔstik] adj. et n. PHILOS. gnostico.
gnou [gnu] m. ZOOL. gnu.
go (tout de) [tudgo] loc. adv. FAM. chiaro e tondo ; di punto in bianco.
goal [gol] m. (angl.) SPORT portiere.
goal-average [golaveraʒ] m. (angl.) SPORT quoziente reti.
gobelet [gɔblɛ] m. bicchiere (senza piede). ‖ JEU bussolotto. | *gobelet à dés*, bussolotto dei dadi. ‖ PR. et FIG. *tour de gobelets*, gioco di bussolotti.
gobe-mouches [gɔbmuʃ] m. inv. ZOOL. acchiappamosche, pigliamosche ; [noir] balia nera ; [à collier] balia dal collare. ‖ FIG. credulone m.
gober [gɔbe] v. tr. inghiottire, ingoiare, bere. | *gober un œuf, une huître*, ingoiare, mandar giù un uovo, un'ostrica. ‖ FIG., FAM. bere ; credere (L.C.). | *il gobe tous les bobards qu'on lui raconte*, beve tutte le frottole che gli raccontano. | *gober le morceau, l'hameçon*, abboccare all'amo. | *gober les mouches :* [être crédule] berla grossa ; essere un credulone (L.C.) ; [perdre son temps] chiappare le nuvole ; essere un perditempo. | *ne pas gober qn*, non poter mandar giù qlcu. ◆ v. pr. [sens pass.] inghiottirsi, ingoiarsi. ‖ [sens réfl.] FAM., PÉJOR. darsi delle arie.
goberger (se) [səgɔbɛrʒe] v. pr. FAM. spassarsela, godersela. ‖ [faire bonne chère] far baldoria.
gobeur, euse [gɔbœr, øz] n. FIG., FAM. credulone, a.
1. godailler [gɔdɑje] v. intr. FAM., VX [débauche] far baldoria, gozzovigliare, gavazzare, bagordare.
2. godailler v. intr. FAM. V. GODER.
godasse [gɔdas] f. POP. scarpa (L.C.).
godelureau [gɔdlyro] m. FAM. bellimbusto, damerino, vagheggino.
goder [gɔde] ou FAM. **godailler** v. intr. [vêtement] far grinze, pieghe (L.C.).
godet [gɔdɛ] m. bicchiere, bicchierino (senza piede né ansa) ; [pour peindre] scodellino. ‖ TECHN. tazza f. ‖ MODE grinza f., piega f. ; godet (fr.) ; godè (gall.). | *jupe à godets*, gonna svasata, scampanata, a pieghe.
godiche [gɔdiʃ] ou **godichon, onne** [gɔdiʃɔ̃, ɔn] adj. FAM. babbeo m. ; sempliciotto ; goffo, ingenuo (L.C.). ◆ n. sempliciotto, a, ingenuo, a.
godille [gɔdij] f. MAR. remo (m.) a bratto ; godiglia (gall.). | *avancer à la godille*, vogare a bratto. ◆ loc. adj. et adv. FAM. ***à la godille*** = guasto adj., che non funziona bene (L.C.).
godiller [gɔdije] v. intr. MAR. brattare, vogare a bratto.
godillot [gɔdijo] m. MIL. et POP. scarpone.
godron [gɔdrɔ̃] m. ART ovolo. ‖ VX [pli rond] cannoncino. ‖ [fer] ferro per cannoncini.
goéland [gɔelɑ̃] m. ZOOL. gabbiano. | *goéland cendré*, gavina f.
goélette [gɔelɛt] f. MAR. goletta. ‖ ZOOL. rondine di mare.
goémon [gɔemɔ̃] m. BOT. goemone.
1. gogo [gogo] m. FAM. credulone ; ingenuo (L.C.).
2. gogo (à) [agogo] loc. adv. FAM. a iosa, a bizzeffe ;

in abbondanza, a profusione, a volontà, a piacere, a piacimento (L.C.).
goguenard, e [gɔgnar, ard] adj. beffardo, canzonatorio.
goguenardise [gɔgnardiz] f. beffa, canzonatura.
goguenot [gɔgno] m. POP. [pot de chambre] pitale ; [latrines] gabinetto, latrina f. (L.C.).
goguette [gɔgɛt] f. FAM. *être en goguette*, essere brillo, alticcio, in cimbali.
goï m. V. GOY.
goinfre [gwɛ̃fr] m. FAM. pacchione, sbafatore ; mangione, mangiatutto (L.C.).
goinfrer [gwɛ̃fre] v. intr. ou **goinfrer (se)** v. pr. FAM. sbafare, pacchiare v. intr.
goinfrerie [gwɛ̃frəri] f. ingordigia, voracità, ghiottoneria.
goitre [gwatr] m. MÉD. gozzo.
goitreux, euse [gwatrø, øz] adj. et n. gozzuto.
golf [gɔlf] m. SPORT golf (angl.). | *golf miniature*, minigolf. || MODE *pantalons de golf*, calzoni alla zuava.
golfe [gɔlf] m. golfo.
golfeur, euse [gɔlfœr, øz] n. golfista.
gominé, e [gɔmine] adj. imbrillantinato.
gommage [gɔmaʒ] m. [action d'enduire de gomme] (in)gommatura f. || [action d'effacer] cancellatura f.
gomme [gɔm] f. gomma. | *gomme à effacer*, gomma per cancellare. | *gomme à encre, à crayon*, gomma da inchiostro, da matita. || ARG. *mettre la gomme* = accelerare (L.C.). | *mettre toute la gomme*, mettercela tutta, andare a tutto acceleratore (fam.) ; FIG. = impegnarsi a fondo. ◆ loc. adj. POP. ***à la gomme***, abborracciato, acciabattato. | *type à la gomme* = (uomo) buono a nulla, incapace, inetto. | *idées à la gomme*, idee senza costrutto.
gommé, e [gɔme] adj. gommato.
gomme-gutte [gɔmgyt] f. gomma gotta ; gommagutta.
gommer [gɔme] v. tr. [enduire] (in)gommare. || [effacer] cancellare (con una gomma).
gomme-résine [gɔmrezin] f. BOT. gommoresina, gommaresina.
gommeux, euse [gɔmø, øz] adj. gommoso. || FIG. [affecté] vanesio. ◆ n. m. FIG. gagà inv., zerbinotto.
gommier [gɔmje] m. BOT. albero gommifero.
gonade [gɔnad] f. BIOL. gonade.
gond [gɔ̃] m. ganghero, cardine, arpione. || FIG., FAM. *faire sortir qn de, mettre qn hors de ses gonds*, far uscir qlcu. dai gangheri. | *sortir de ses gonds*, uscir dai gangheri.
gondolage [gɔ̃dɔlaʒ] m. TECHN. (l')imbarcarsi, imbarcatura f., imbarcamento.
gondolant, e [gɔ̃dɔlɑ̃, ɑ̃t] adj. POP. esilarante, buffissimo (L.C.).
gondole [gɔ̃dɔl] f. gondola.
gondoler [gɔ̃dɔle] v. intr. ou **gondoler (se)** v. pr. (in)curvarsi ; [bois] imbarcarsi ; [papier, carton] accartocciarsi. ◆ v. pr. FIG., POP. ridere a crepapelle, sbellicarsi dalle risa (fam.).
gondolier [gɔ̃dɔlje] m. gondoliere.
gonfalon [gɔ̃falɔ̃] ou **gonfanon** [gɔ̃fanɔ̃] m. gonfalone, stendardo ; vessillo (VX).
gonfalonier [gɔ̃falɔnje] ou **gonfanonier** [gɔ̃fanɔnje] m. HIST. gonfaloniere, alfiere, vessillifero.
gonflage [gɔ̃flaʒ] m. gonfiamento, gonfiatura f.
gonflé, e [gɔ̃fle] adj. gonfiato, gonfio. | *pneu gonflé*, gomma gonfiata. | *yeux gonflés de larmes*, occhi gonfi di lacrime. || FIG. [d'orgueil] gonfio. || POP. intrepido, baldanzoso, impavido, spavaldo (L.C.). | *être gonflé à bloc*, essere su di giri. | *il est (un peu) gonflé !*, che faccia tosta ! (fam.).
gonflement [gɔ̃fləmɑ̃] m. [action] *gonflement d'un ballon, d'un pneu*, gonfiamento, gonfiatura (f.) di un pallone, di una gomma. || [état] *gonflement du ventre*, gonfiezza (f.) del ventre. || ÉCON. *gonflement du volume du crédit*, forte aumento del volume del credito.
gonfler [gɔ̃fle] v. tr. gonfiare. || FIG. *le chagrin, l'orgueil lui gonfle le cœur*, ha il cuore gonfio (di dolore) ; è gonfio di superbia. || [grossir] gonfiare, ingrossare. | *les pluies ont gonflé la rivière*, le piogge hanno gonfiato, ingrossato il fiume. || FIG. [exagérer] gonfiare, esagerare. ◆ v. intr. gonfiare, gonfiarsi. ◆ v. pr. gonfiarsi. || FIG., FAM. gonfiarsi, insuperbirsi. | *se gonfler d'orgueil*, insuperbirsi, inorgoglirsi.
gonfleur [gɔ̃flœr] m. AUTOM. pompa f. (per gonfiar le gomme).
gong [gɔ̃g] m. gong.
gongorisme [gɔ̃gɔrism] m. HIST. LITT. gongorismo.
goniomètre [gɔnjɔmɛtr] m. goniometro.
goniométrie [gɔnjɔmetri] f. goniometria.
goniométrique [gɔnjɔmetrik] adj. goniometrico.
gonocoque [gɔnɔkɔk] m. MÉD. gonococco.
gonorrhée [gɔnɔre] f. MÉD. gonorrea.
gonzesse [gɔ̃zɛs] f. ARG. [femme] mina ; donna, ragazza (L.C.). || [homme] vigliacco m. (L.C.).
gordien [gɔrdjɛ̃] adj. LOC. *trancher le nœud gordien*, tagliare il nodo gordiano.
goret [gɔrɛ] m. PR. et FIG., FAM. maialino, porcellino. || MAR. frettazzo, frettazza f.
gorge [gɔrʒ] f. **1.** [partie antérieure du cou] gola. || PR. et FIG. *prendre, saisir qn à la gorge*, prendere qlcu. alla gola. | *couper la gorge*, tagliar la gola. || FIG. *mettre à qn le couteau sur, sous la gorge*, mettere a qlcu. il coltello alla gola. || [poitrine] seno m., petto m. || **2.** [gosier] gola. | *avoir mal à la gorge*, aver mal di gola. | *voix de gorge*, voce di gola. | *avoir la gorge sèche*, aver la gola secca, asciutta. || PR. et FIG. *rester la gorge sèche*, restare a bocca, a gola asciutta. || FIG. *avoir la gorge nouée*, V. NOUER. | *crier à pleine gorge*, gridare a squarciagola. | *chanter à gorge déployée*, cantare a voce spiegata, a piena voce. | *faire des gorges chaudes de qch* = ridere, burlarsi, farsi beffe di qlco. | *faire rentrer à qn ses mots dans la gorge*, ricacciar le parole in gola a qlcu. | *faire rendre gorge à qn*, far restituire il maltolto a qlcu. || **3.** GÉOGR. gola, forra, orrido m., stretta. || **4.** MIL. [fortifications] gola. || **5.** TECHN. gola, scanalatura. | *roue à gorge*, ruota a gola.
gorge-de-pigeon [gɔrʒdəpiʒɔ̃] adj. inv. cangiante, iridescente adj.
gorgée [gɔrʒe] f. sorso m., sorsata. | *par gorgées*, a sorsi.
gorger [gɔrʒe] v. tr. [gaver] rimpinzare, ingozzare. | *gorger la volaille*, ingozzare il pollame. | *gorger un enfant de bouillie*, rimpinzare un bambino di pappa. || [remplir, combler] riempire, (ri)colmare. | *le sol est gorgé d'eau*, il suolo è tutto inzuppato d'acqua. ◆ v. pr. rimpinzarsi, riempirsi. || [se remplir] riempirsi. | *les prés se sont gorgés d'eau*, i prati si sono inzuppati d'acqua.
gorgerette [gɔrʒərɛt] f. gorgiera, gorgeretta, gorgerina.
gorgerin [gɔrʒərɛ̃] m. gorgiera f.
gorille [gɔrij] m. ZOOL. gorilla inv. || FAM. [garde du corps] gorilla.
gosier [gozje] m. gola f. ; strozza f. (pop., iron.). | *crier à plein gosier*, gridare a squarciagola (L.C.). | *chanter à plein gosier*, cantare a piena voce, a voce spiegata, a squarciagola (L.C.). || FAM. *rester le gosier sec*, restare a gola asciutta. || POP. *s'humecter le gosier*, rinfrescarsi il gorgozzule.
gosse [gɔs] n. FAM. marmocchio m. ; bambino, a, ragazzo, a (L.C.). || POP. *un, une sale gosse*, un ragazzaccio, una ragazzaccia. | *une belle gosse*, una bella pupa. | *gosse de riches*, figlio di papà.
gothique [gɔtik] adj. gotico. ◆ n. m. ART gotico. ◆ n. f. [écriture] scrittura gotica.
gotique [gɔtik] m. LING. gotico.
gouache [gwaʃ] f. ART guazzo m. | *peinture à la gouache*, pittura a guazzo. || [tableau] guazzo.
gouaille [gwaj] f. scherno m., motteggio m., canzonatura.
gouailler [gwaje] v. intr. FAM. schernire, motteggiare (L.C.) ; canzonare sguaiatamente (L.C.).
gouaillerie [gwajri] f. FAM. sguaiataggine ; sarcasmo m., canzonatura sguaiata (L.C.).
gouailleur, euse [gwajœr, øz] adj. FAM. sguaiato ; sarcastico, beffardo, canzonatorio (L.C.).

goualante [gwalɑ̃t] f. ARG. = canzone lamentosa; nenia, lamento m. | *pousser une goualante*, cantare una nenia.
gouape [gwap] f. POP. guappo m., canaglia, mariolo m., mascalzone m.
goudron [gudrɔ̃] m. catrame.
goudronnage [gudrɔnaʒ] m. catramatura f., asfaltatura f., bitumatura f.
goudronner [gudrɔne] v. tr. catramare, asfaltare, bitumare.
goudronneur [gudrɔnœr] m. catramatore, bitumatore, asfaltista, asfaltatore.
goudronneuse [gudrɔnøz] f. catramatrice, asfaltatrice.
goudronneux, euse [gudrɔnø, øz] adj. catramoso.
gouffre [gufr] m. GÉOGR. baratro, voragine f. | *gouffres de la mer*, abissi marini. ‖ [tourbillon] vortice, gorgo. ‖ FIG. [qui engloutit, dilapide] spendaccione, voragine.
gouge [guʒ] f. TECHN. sgorbia.
goujat [guʒa] m. HIST., MIL. saccardo, saccomanno. ‖ VX [apprenti maçon] garzone muratore (L.C.). ‖ [homme grossier] cafone.
goujaterie [guʒatri] f. [caractère] cafoneria, cafonaggine. ‖ [action] cafonata, cafonaggine, cafoneria, mascalzonata.
1. goujon [guʒɔ̃] m. ZOOL. ghiozzo.
2. goujon m. TECHN. bietta f.; [fileté] chiavarda f.
goujonner [guʒɔne] v. tr. TECHN. [avec cheville] imbiettare; [avec goujon fileté] inchiavardare.
goulée [gule] f. FAM. sorso m. (L.C.). | *une goulée d'air*, una boccata d'aria.
goulet [gulɛ] m. MAR. imboccatura f., stretta f. ‖ [passage étroit] stretta, gola f., forra f. | *goulet d'étranglement*, (punto di) strozzatura f.
goulot [gulo] m. collo. | *boire au goulot*, bere alla bottiglia, al collo. ‖ AUTOM. *goulot de réservoir*, bocchettone. ‖ POP. [bouche, gosier] bocca f., gola f. (L.C.). | *repousser du goulot*, aver l'alito cattivo (L.C.). ‖ *goulot d'étranglement*, V. GOULET.
goulotte [gulɔt] ou **goulette** [gulɛt] f. [rigole] canaletto (m.) di scolo. ‖ [couloir, tuyau incliné] scivolo m.
goulu, e [guly] adj. ghiotto, vorace, ingordo. ◆ n. ghiottone, a.
goulûment [gulymɑ̃] adv. ingordamente, voracemente.
goupil [gupi] m. VX volpe f. (L.C.).
goupille [gupij] f. TECHN. co(p)piglia.
goupiller [gupije] v. tr. TECHN. = fermare, fissare con co(p)piglia. ‖ FIG., POP. combinare (L.C.). ◆ v. pr. FIG., POP. andare, procedere (L.C.). | *ça se goupille mal*, i nostri affari vanno male, prendono una brutta piega.
goupillon [gupijɔ̃] m. RELIG. aspersorio. ‖ FAM. *le sabre et le goupillon*, l'Esercito e la Chiesa (L.C.). ‖ [brosse] scovolino (per lavar le bottiglie).
gourbi [gurbi] m. [en Afrique du Nord] capanna araba. ‖ [taudis] tugurio.
gourd, e [gur, gurd] adj. intirizzito.
gourde [gurd] f. borraccia, fiaschetta. ‖ FIG., FAM. *tu n'es qu'une gourde !*, sei una testa di rapa ! ◆ adj. FIG., FAM. citrullo; stupido, imbecille (L.C.). | *avoir l'air gourde*, esser tonto.
gourdin [gurdɛ̃] m. randello, manganello, bastone.
gourer (se) [səgure] v. pr. POP. sbagliare, ingannarsi, prendere una cantonata, prendere un granchio (L.C.).
gourgandine [gurgɑ̃din] f. FAM. sgualdrina (L.C.), baldracca (littér.).
gourmade [gurmad] f. pugno m.; cazzotto m., sgrugnata, sgrugno m. (pop.).
gourmand, e [gurmɑ̃, ɑ̃d] adj. [glouton] ghiotto, goloso, vorace. ‖ [friand] ghiotto, goloso. | *pois gourmands*, piselli mangiatutto. ‖ BOT. *branche gourmande*, *gourmand* m., succhione m. ◆ n. [goinfre] ghiottone, a. ‖ [gourmet] buonguastaio m.
gourmander [gurmɑ̃de] v. tr. LITTÉR. redarguire, rimbrottare.
gourmandise [gurmɑ̃diz] f. [défaut] golosità, ghiottoneria, gola. ‖ [friandise] ghiottoneria, leccornia.
gourme [gurm] f. MÉD. [enfant] lattime m. ‖ [cheval] cimurro m. ‖ FIG., FAM. *jeter sa gourme* = fare i primi trascorsi, le prime scappatelle di gioventù. | *il n'a pas encore jeté sa gourme* = è ancora un ragazzino.
gourmé, e [gurme] adj. sussiegoso, impettito, compassato.
gourmet [gurmɛ] m. buongustaio.
gourmette [gurmɛt] f. [du mors] barbazzale m. ‖ [de montre] catena d'orologio; [bracelet] braccialetto m. (di metallo).
gousse [gus] f. BOT. baccello m. | *gousse de petits pois*, baccello di piselli. | *gousse d'ail*, spicchio d'aglio.
gousset [gusɛ] m. [poche] taschino (del pantalone, del panciotto). ‖ LOC. *avoir le gousset garni, vide*, avere il borsellino pieno, vuoto. ‖ [console] sostegno (di una mensola); [pièce d'assemblage] piastrella triangolare di congiungimento (nella travatura).
goût [gu] m. **1.** [sens] gusto. | *agréable au goût*, piacevole al gusto, di gusto piacevole. | *flatter le goût*, stuzzicare il palato. ‖ **2.** [appétit] gusto. | *n'avoir goût à rien*, non aver gusto a nulla, voglia di nulla. ‖ POP. *faire passer le goût du pain à qn* = far fuori qlcu. ‖ **3.** [saveur] gusto, sapore. | *qui a bon goût*, saporito adj. | *avoir un mauvais goût*, avere un gusto cattivo, un sapore sgradevole. | *sans goût*, senza sapore; scipito, insipido adj. | *ne pas avoir de goût*, non sapere di niente. | *avoir goût de*, sapere di. | *relever le goût de qch.*, insaporire qlco. ‖ FIG. *la vie n'a plus de goût pour moi*, non provo più gusto a vivere. ‖ **4.** [prédilection, penchant] gusto, inclinazione f., preferenza f., predilezione f. | *avoir le goût de, du goût pour*, avere un'inclinazione per, il gusto di. | *être au, du goût de qn*, essere di gusto di, andare a genio a qlcu. | *prendre du goût à qch.*, prendere gusto a qlco., prenderci gusto. | *faire qch. par goût*, fare qlco. per gusto, per proprio piacere. | *il trouve ce livre à son goût*, questo libro gli piace. ‖ **5.** [sens esthétique] gusto. | *bon, mauvais goût*, buon, cattivo gusto. | *avoir du goût*, aver buon gusto. | *s'habiller avec beaucoup de goût*, vestire con molto gusto, con assai garbo. ‖ **6.** [discernement, appréciation] gusto, giudizio, piacimento. | *c'est affaire de goût*, è questione di gusti. | *à mon goût*, a mio giudizio, a parer mio. | *servez-vous à votre goût*, si serva a suo piacimento. ‖ LOC. *des goûts et des couleurs, on ne discute pas*, tutti i gusti son gusti. ‖ **7.** [style, manière] gusto, stile, maniera f., genere. | *dans le goût classique*, di stile, di gusto classico. | *au goût du jour*, di moda, alla moda. ‖ FAM. *qch. dans ce goût-là*, qlco. del genere (L.C.).
goûté, e [gute] adj. [apprécié] gustato, gradito, apprezzato.
1. goûter [gute] v. tr. [discerner la saveur] assaggiare, gustare, provare. ‖ [savourer] gustare, assaporare. ‖ [apprécier, approuver] gustare, apprezzare, gradire. | *ne pas goûter la plaisanterie*, non apprezzare, non gradire gli scherzi. | *goûter la conversation, les conseils de qn*, apprezzare, gradire la conversazione, i consigli di qlcu. ‖ [jouir de] godersi. | *goûter le bonheur*, vivere felice. | *goûter un repos bien mérité*, godere un riposo ampiamente meritato. ◆ v. tr. ind. **(de, à)** assaggiare, provare v. tr. ‖ FIG. *goûter de la prison*, assaggiare la prigionia. ◆ v. intr. [prendre un goûter] far merenda; merendare.
2. goûter m. merenda f.
1. goutte [gut] f. goccia, gocciola. | *tomber goutte à goutte*, cadere a goccia a goccia; gocciolare. ‖ [très petite quantité] goccia, goccio m., gocciolo m. | *boire une goutte de vin, de café*, bere un goccio, un gocciolo di vino, di caffè. ‖ FAM. [eau-de-vie] goccetto m., acquavite, grappa. | *boire la goutte*, bere un cicchetto, un goccetto. ‖ LOC. *avoir la goutte au nez*, aver la goccia al naso. | *suer à grosses gouttes*, grondar (di) sudore. ‖ FIG. *se ressembler comme deux gouttes d'eau*, somigliarsi come due gocce d'acqua. | *c'est une goutte d'eau dans la mer, dans l'océan*, è una goccia nel mare. ◆ pl. PHARM. gocce. ◆ loc. adv. ***ne... goutte*** : *on n'y voit goutte*, non (ci) si vede nulla.

punto. | *je n'y comprends goutte*, non ci capisco nulla, un'acca.
2. goutte f. MÉD. gotta.
goutte-à-goutte [gutagut] m. inv. MÉD. apparecchio per perfusione ; goccia a goccia.
gouttelette [gutlɛt] f. gocciolina.
goutter [gute] v. intr. gocciolare, sgocciolare.
goutteux, euse [gutø, øz] adj. et n. MÉD. gottoso.
gouttière [gutjɛr] f. grondaia. | *chat de gouttière* = gatto della specie più comune ; gatto randagio. || ANAT. doccia, solco m. || CHIR. doccia.
gouvernable [guvɛrnabl] adj. governabile.
gouvernail [guvɛrnaj] m. AÉR., MAR. timone. | *gouvernail de profondeur :* [sous-marin] timone orizzontale di profondità ; [avion] timone di profondità, di quota. || PR. et FIG. *tenir le, être au gouvernail*, reggere il, essere al timone.
gouvernant, e [guvɛrnɑ̃, ɑ̃t] adj. governante ; al potere. ◆ n. f. governante. ◆ n. m. pl. governanti.
gouverne [guvɛrn] f. *pour ma, ta gouverne*, per mia, tua regola ; per mia, tua buona norma. ◆ pl. AÉR. organi (m. pl.) di governo ; alettoni e timoni (m. pl.).
gouvernement [guvɛrnəmɑ̃] m. POLIT. governo. || LITTÉR. *gouvernement de soi-même*, padronanza (f.) di sé.
gouvernemental, e, aux [guvɛrnəmɑ̃tal, o] adj. governativo.
gouverner [guvɛrne] v. tr. MAR., POLIT. governare. || [diriger] *gouverner la maison*, governare la casa. || LITTÉR. *gouverner ses passions*, dominare le proprie passioni. || FIG. *gouverner sa barque*, condurre i propri affari. | *la jalousie, la raison le gouverne*, la gelosia, la ragione lo dirige. || GRAMM. reggere. ◆ v. intr. MAR. governare. ◆ v. pr. FIG. governarsi, regolarsi, comportarsi.
gouverneur [guvɛrnœr] m. [de province, de colonie] governatore ; [de banque] governatore. || VX [précepteur] aio ; precettore (L.C.).
goy, goye ou **goï** [gɔj] m. (pl. **goyim, goïm**) goi (pl. *gojîm*).
goyave [gɔjav] f. guaiava.
grabat [graba] m. giaciglio.
grabataire [grabatɛr] adj. allettato. ◆ n. infermo (costretto a letto).
grabuge [grabyʒ] m. FAM. tafferuglio, scompiglio, tumulto (L.C.). | *faire du grabuge*, far baccano, fare uno scandalo. | *il va y avoir du grabuge !*, adesso succede un bel tafferuglio !
grâce [grɑs] f. **1.** [charme, beauté] grazia, bellezza, leggiadria. || [aisance] grazia, garbo m., garbatezza. || **2.** [bienveillance] (surtout pl.) grazie f. pl., benevolenza, favore m. | *être en grâce auprès de qn, dans les bonnes grâces de qn*, essere nelle (buone) grazie di qlcu., in favore presso qlcu. | *gagner, perdre les bonnes grâces de qn*, cattivarsi, perdere la grazia, il favore di qlcu. | *rentrer en grâce auprès de qn*, (ri)tornare nelle grazie di qlcu. | *trouver grâce devant qn*, trovare grazia presso qlcu. || **3.** [faveur] grazia, favore m. | *accorder une grâce*, accordare, concedere una grazia, un favore. | *faites-moi la grâce de*, mi faccia il favore di. || [bienfait] beneficio m., favore. | *répandre ses grâces*, elargire i propri benefici. || HIST. *chevalier de grâce*, cavaliere di grazia. || **4.** [pardon] grazia, perdono m. ; mercé (littér.). | *demander, implorer grâce*, chiedere, implorare grazia, mercé. | *faire grâce à qn*, perdonare a qlcu. || JUR. grazia, condono m. | *droit de grâce*, diritto di grazia. | *recours en grâce*, domanda di grazia. | *accorder sa grâce à un condamné*, concedere la grazia a, graziare un condannato. || **5.** RELIG. grazia. | *pleine de grâce*, piena di grazia. | *être en état de grâce*, essere in grazia di Dio (pr.) ; essere in stato di grazia (fig.). | *en l'an de grâce*, nell'anno di grazia. || **6.** LOC. *faire grâce de qch. à qn*, far grazia di qlco. a qlcu. ; dispensar qlcu. di qlco. | *fais-moi grâce de tes reproches !*, risparmiami i tuoi rimproveri ! | *faire grâce de la vie à qn*, far grazia della vita a qlcu. | *donner le coup de grâce*, dare il colpo di grazia (pr. et fig.). | *par la grâce de Dieu*, per grazia di Dio. | *à la grâce de Dieu !*, in bocca al lupo ! || [gré] *de bonne grâce*, di buona voglia ; volentieri. | *de mauvaise grâce*, contro voglia ; di malavoglia ; malvolentieri. | *j'aurais mauvaise grâce à* (inf.) : [contre les convenances] sarei scortese se (subj.) ; [contre la raison] sarei uno sciocco se (subj.). ◆ pl. [prières, remerciements] grazie. | *actions de grâces*, azioni, rendimento (m.) di grazie. | *rendre grâces*, render grazie. || JEU *jeu de grâces*, gioco dei cerchietti. || IRON. *faire des grâces*, fare delle moine. || MYTH. *les Trois Grâces*, le Tre Grazie. ◆ interj. ***grâce !***, mercé ! ; abbi, abbia, abbiate pietà ! ◆ loc. adv. ***de grâce,*** di grazia, per favore, per carità. ◆ loc. prép. ***grâce à,*** grazie a ; in grazia di ; mercé.
gracier [grasje] v. tr. JUR. graziare.
gracieusement [grasjøzmɑ̃] adv. [avec grâce] graziosamente. || [gratis] gratuitamente ; gratis (lat.). | *livre offert gracieusement par l'éditeur*, libro offerto in omaggio dall'editore ; omaggio dell'editore.
gracieuseté [grasjøzte] f. [manière] cortesia, gentilezza. || [présent] gratifica.
gracieux, euse [grasjø, øz] adj. [joli] grazioso, leggiadro. || [aisé, élégant] grazioso, garbato. || [aimable] gentile, cortese. || FAM. [souriant] sorridente, ameno. | *un concierge pas très gracieux*, un portinaio piuttosto arcigno. || [gratuit] gratuito ; grazioso (littér.). | *à titre gracieux*, a titolo gratuito, grazioso ; in omaggio. || JUR. *juridiction gracieuse*, giurisdizione volontaria.
gracile [grasil] adj. gracile, esile.
gracilité [grasilite] f. gracilità.
gradation [gradasjɔ̃] f. gradazione.
grade [grad] m. [hiérarchie] grado. | *grade universitaire*, titolo accademico. | *monter en grade*, avanzare, salire di grado. || FIG., FAM. *en prendre pour son grade* = prendersi una solenne lavata di capo ; avere quel che uno si merita. || GÉOM. grado centesimale. || TECHN. [huile] grado ; [meule] grado di durezza.
gradé [grade] m. MIL. graduato.
gradient [gradjɑ̃] m. PHYS. gradiente.
gradin [gradɛ̃] m. ARCHIT. gradino. || [stade] *les gradins*, la gradinata, gli spalti. || [jardins, cultures] gradino, terrazza f. | *en gradins*, a gradini, a terrazze. || GÉOGR., MIN. gradino.
graduation [gradɥasjɔ̃] f. graduazione.
gradué, e [gradɥe] adj. graduato.
graduel, elle [gradɥɛl] adj. graduale. ◆ n. m. RELIG. graduale.
graduellement [gradɥɛlmɑ̃] adv. gradualmente, gradatamente, per gradi.
graduer [gradɥe] v. tr. PR. et FIG. graduare.
graffiti [grafiti] m. pl. ART graffiti. || [inscriptions] iscrizioni f. pl.
graillement [grɑjmɑ̃] m. gracchiamento.
grailler [grɑje] v. intr. [corneille] gracchiare.
graillon [grɑjɔ̃] m. CULIN. = lezzo di unto, di grasso bruciato. | *avoir un goût de graillon*, sapere di grasso bruciato. || POP. [crachat] scaracchio.
graillonner [grɑjɔne] v. intr. CULIN. = prendere un odore di rifritto. || POP. scaracchiare.
grain [grɛ̃] m. **1.** BOT. [blé, riz, etc.] grano, chicco, granello ; [café] chicco ; [poivre] grano, granellino ; [raisin] chicco, acino. || [collier, chapelet] grano ; [sel] grano, granellino ; [poussière, sable] granello. || FAM. *grain de beauté*, neo. || **2.** [céréales] grano, granaglie f. pl. | *commerce de grain*, negozio di granaglie. | *eau-de-vie de grain*, acquavite di grano. | *poulet de grain* = galletto novello, di primo canto. || **3.** MAR. groppo. || [averse] acquazzone, rovescio. || FIG. *veiller au grain* = stare attento al pericolo. | *voir venir le grain* = fiutare il pericolo. || **4.** FIG. [parcelle] *grain de bon sens*, granello, pizzico, briciolo di buon senso. | *avoir un grain de folie ; avoir un (petit) grain* (fam.), avere un ramo di follia. || FAM. *il en a un grain !*, gli manca qualche rotella !, gli manca qualche venerdì ! || FAM. *mettre son grain de sel dans qch.*, ficcar il naso, immischiarsi in qlco. || **5.** TECHN. [cuir, marbre, etc.] grana f.
grainage [grɛnaʒ] ou **grenage** [grənaʒ] m. [réduc-

tion en grains] granulazione f. ‖ [transformation en surface rugueuse] granitura f.

graine [grɛn] f. Bot. seme m., sementa, semenza. | *monter en graine*, spigare (pr.); FIG., FAM. restare zitella (L.C.). ‖ [œufs du bombyx] seme. ‖ FIG. *mauvaise graine*, malerba ; cattivo soggetto. | *graine de voyou*, canaglia, mascalzone (m.) in erba. ‖ FAM. *en prendre de la graine*, trarre insegnamento da qlco. ; prendere qlco., qlcu. a modello. | *prenez-en de la graine !*, vi serva di lezione !

grainer [grɛne] ou **grener** [grəne] v. intr. [produire de la graine] granire. ◆ v. tr. [réduire en grains] granire, granellare.

graineterie [grɛntri] f. [commerce] commercio (m.) di granaglie, di civaia. ‖ [magasin] negozio (m.) di granaglie, di civaia.

grainetier, ère [grɛntje, ɛr] n. venditore, trice, mercante (m.) di granaglie, di civaie ; civaiolo m. (tosc.).

graissage [grɛsaʒ] m. TECHN. lubrificazione f., (in)grassaggio. | *huile de graissage*, olio lubrificante.

graisse [grɛs] f. ANAT. grasso m., adipe m. ‖ FAM. *faire de la graisse*, ingrassare (L.C.). ‖ CULIN. grasso. | *graisse de porc*, grasso di maiale ; strutto m. ‖ TECHN. lubrificante m., grasso. ‖ [corps gras, tache] grasso, unto m. ‖ [cambouis] morchia.

graisser [grɛse] v. tr. ungere, ingrassare, lubrificare. | *graisser un moteur*, ingrassare un motore. | *graisser une poêle*, ungere una padella. ‖ [tacher de graisse] ungere ; sporcare, insudiciare, macchiare di grasso, di unto. ‖ FIG., FAM. *graisser la patte à qn*, ungere le ruote, il dente a qlcu. | *graisser la patte à un fonctionnaire*, sbruffare un funzionario.

graisseur [grɛsœr] m. TECHN. [ouvrier] lubrificatore, ingrassatore. ‖ [appareil] ingrassatore.

graisseux, euse [grɛsø, øz] adj. adiposo, grasso. ‖ [taché de graisse] unto, bisunto ; sporco di grasso.

graminacées [graminase] f. pl. BOT. graminacee.

graminée [gramine] f. BOT. graminacea.

grammaire [grammɛr] f. grammatica.

grammairien, enne [grammɛriɛ̃, ɛn] n. grammatico m. ; chi insegna la grammatica ; studioso, studiosa di grammatica.

grammatical, e, aux [gramatikal, o] adj. grammaticale.

gramme [gram] m. grammo.

gramophone [gramɔfɔn] m. Vx grammofono.

grand [grɑ̃], **grande** [grɑ̃d] adj.

I. DE GRANDES DIMENSIONS : grande, vasto, ampio ; [long] lungo.
II. HAUT : grande, alto.
III. ADULTE : grande, adulto.
IV. SUPÉRIEUR À LA MOYENNE : grande ; [fort, violent] grande, forte. ‖ FIG. [noble] grande, nobile ; [haut placé] grande.
V. FIG. [intense, profond, élevé] grande, intenso, profondo.
VI. VALEUR INTENSIVE.
VII. PRINCIPAL : grande, principale ; centrale, generale ; maestro.
VIII. SENS PARTIC. : HIST., COMM., UNIV.
◆ adv. et loc. adv. ***(en grand).***
◆ nom : grande, adulto.

I. DE GRANDES DIMENSIONS : grande, vasto, ampio. | *une grande ville*, una grande città. | *de grandes plaines*, grandi, vaste pianure. | *une grande salle*, una grande, vasta, ampia sala. | *grandes mains, grands pieds*, grandi mani, grandi piedi. ‖ [long] grande, lungo. | *de grandes jambes*, gambe grandi, lunghe. | *une grande queue*, una coda grande, lunga.

II. HAUT : grande, alto. | *grandes montagnes*, grandi, alte montagne. ‖ [en parlant de personnes] alto. | *ce garçon est grand pour son âge*, questo ragazzo è alto per la sua età. | *un homme grand*, un uomo alto. | *un homme de grande taille*, un uomo di alta statura.

III. ADULTE : grande, adulto. | *les grandes personnes*, gli adulti. ‖ LOC. *tu es un grand garçon maintenant !*, ora sei un giovanotto !, non sei più un bambino ! ‖ FAM. *être assez grand pour*, essere in età da (L.C.).

IV. SUPÉRIEUR À LA MOYENNE : grande. | *grand travailleur*, sgobbone m. | *grand fumeur*, gran fumatore. | *grand buveur*, gran bevitore ; beone m. | *grande foule*, gran folla. | *grand âge*, età avanzata. | *grand écrivain*, grande scrittore. | *grand poète*, gran poeta. | *un grand homme*, un grand'uomo, un uomo grande. | *un grand esprit*, una gran mente. ‖ [fort, violent] grande, forte. | *grand froid*, gran freddo. | *grand hurlement*, grand'urlo. ‖ FIG. [noble] grande, nobile. | *grande âme*, grand'anima, anima nobile. | *grands sentiments, grandes pensées*, grandi sentimenti, pensieri ; sentimenti, pensieri nobili. | *se montrer grand*, mostrarsi grande. ‖ [haut placé] grande. | *grand seigneur*, gran signore. | *grand dignitaire*, grande, alto dignitario. | *une grande famille*, una grande famiglia. | *le grand monde*, il gran mondo.

V. FIG. [intense, profond, élevé] grande, intenso, profondo. | *grand merci !*, tante, mille grazie ! | *grand deuil*, lutto stretto. | *éprouver un grand plaisir*, provare un gran piacere, molto piacere. | *nourrir de grands espoirs*, nutrir grandi speranze. | *avoir grand besoin de qch.*, aver molto bisogno, un gran bisogno di qlco. | *avoir grand-faim*, avere molta fame. | *faire grand bien*, fare molto bene. | *faire grand cas de*, far gran conto di. | *en grand secret*, in gran segreto. | *dans une grande colère*, in gran collera, molto in collera, molto arrabbiato. | *faire de grands serments*, fare gran giuramenti. | *de grands mots vides de sens*, paroloni vuoti di senso. ‖ LOC. *mener la grande vie*, condurre una vita signorile. | *vivre sur un grand pied* = avere un alto tenore di vita. | *mener grand train*, vivere da gran signore. | *en grande toilette*, in grande, elegantissima toletta ; in grande toilette (fr.) ; in ghingheri (fam. tosc.). | *prendre de grands airs*, darsi delle arie. | *laver à grande eau*, lavare con molta acqua, in molta acqua.

VI. VALEUR INTENSIVE : *ouvrir la bouche toute grande*, spalancare la bocca. | *ouvrir de grands yeux*, aprir tanto d'occhi. ‖ [air ; jour] *le grand air*, l'aria aperta. | *au grand air*, all'aperto. | *il fait grand jour*, è giorno fatto. ‖ FIG. *au grand jour*, in piena luce. | *de grand matin*, di buon mattino. | *il est grand temps de*, ormai è ora di, non c'è più tempo da perdere per. | *faire qch. de grand cœur*, far qlco. proprio di cuore. ‖ [exclam.] *grand Dieu !*, Dio buono !, gran Dio !, Dio Santo ! ‖ [en entier et plus] *attendre une grande heure, une grande année*, aspettare un'ora buona, un anno buono.

VII. PRINCIPAL : grande, principale. | *les grandes lignes de la politique*, le grandi linee, le linee generali della politica. | *en grande partie*, in gran parte, in maggioranza. | *la plus grande partie*, la maggior parte, la maggioranza. | *la grande poste*, la posta centrale. | *la grand-route*, la strada maestra. | *la grand-rue*, la via maestra, la via principale. ‖ LOC. *voleur de grand chemin*, ladro di strada ; grassatore. ‖ MAR. *grand mât*, albero maestro.

VIII. SENS PARTIC. : HIST. *la Grande Guerre*, la Grande Guerra. | *la Grande Armée*, la Grande Armata. ‖ [dignité, titre] *Alexandre le Grand*, Alessandro Magno. | *Pierre le Grand*, Pietro il Grande. | *grand prêtre*, gran sacerdote. | *grand rabbin*, rabbino maggiore. ‖ COMM. *grand magasin*, grande magazzino. ‖ UNIV. *grande école* = scuola d'insegnamento superiore (con concorso d'entrata). | *grandes vacances*, vacanze estive. ◆ adv. *voir grand*, avere idee grandiose. ◆ loc. adv. ***en grand :*** [en grandeur naturelle] in grandezza naturale ; [à grande échelle] in grande. ◆ n. [adulte] grande, adulto. | *grands et petits*, grandi e ragazzi, grandi e piccini. ‖ FAM. [à un enfant] *mon grand, ma grande*, bello mio, bella mia. ‖ [haut placé] grande. | *les grands de la terre*, i grandi della terra. | *grand d'Espagne*, grande di Spagna. | *les grands et les petits*, i grandi e i piccoli. ‖ [noble, sublime, élevé] grande. | *culte du grand*, culto del grande, del sublime. | *il y a du grand, qch. de grand dans son attitude*, vi è qlco. di grande nel suo atteggiamento. ‖ POLIT. *les deux, les quatre grands*, i due, i quattro grandi.

grand-angulaire [grɑ̃tɑ̃gylɛr] adj. grandangolare. ◆ n. m. obiettivo grandangolare.
grand-chose [grɑ̃ʃoz] pron. indéf. *cela ne vaut pas grand-chose*, non vale un gran che. | *ce n'est pas grand-chose*, non è un gran che : è una cosa di poco conto, da poco. ◆ n. inv. *un, une, des pas grand-chose*, un uomo, una donna, gente di poco conto, dappoco ; uno, una, dei poco di buono.
grand-croix [grɑ̃krwa] f. inv. [Légion d'honneur] gran croce. ◆ m. (pl. **grands-croix**) cavaliere di gran croce.
grandet, ette adj. V. GRANDELET.
grand-duc [grɑ̃dyk] m. granduca.
grand-ducal, e, aux [grɑ̃dykal, o] adj. granducale.
grand-duché [grɑ̃dyʃe] m. granducato.
grande-duchesse [grɑ̃ddyʃɛs] f. granduchessa.
grandelet, ette [grɑ̃dlɛ, ɛt] adj. grandicello.
grandement [grɑ̃dmɑ̃] adv. [abondamment] ampiamente, largamente. | *il en a grandement assez*, gli basta ampiamente ; è ampiamente sufficiente (per lui). | *avoir grandement de quoi vivre*, avere ampiamente di che vivere. ‖ [fortement] grandemente, di molto, assai. | *se tromper grandement*, sbagliare di molto. ‖ [avec grandeur] in grande.
grandesse [grɑ̃dɛs] f. grandezza.
grandeur [grɑ̃dœr] f. PR. et FIG. grandezza. | *grandeur nature*, grandezza naturale. | *portrait grandeur nature*, ritratto al naturale, in grandezza naturale. | *étoile de troisième grandeur*, stella di terza grandezza. | *folie des grandeurs*, mania di grandezza. | *politique de grandeur*, politica di « grandeur ». | *grandeur d'âme*, grandezza d'animo. ‖ PÉJOR. *regarder du haut de sa grandeur*, guardare dall'alto in basso. ‖ [titre] *Votre Grandeur*, Sua Eccellenza.
grand-guignolesque [grɑ̃giɲɔlɛsk] adj. granguignolesco, raccapricciante.
grandiloquence [grɑ̃dilɔkɑ̃s] f. magniloquenza.
grandiloquent, e [grɑ̃dilɔkɑ̃, ɑ̃t] adj. magniloquente.
grandiose [grɑ̃dioz] adj. grandioso, maestoso. ◆ n. m. grandiosità f., imponenza f.
grandir [grɑ̃dir] v. intr. [devenir plus grand] crescere ; venir su. | *il a beaucoup grandi*, è cresciuto assai, di molto ; è molto cresciuto. | *la ville grandit de jour en jour*, la città cresce, s'ingrandisce ogni giorno di più. ‖ FIG. [augmenter] crescere, aumentare. ‖ LOC. *grandir en sagesse*, crescere di giudizio. | *grandir dans l'estime de qn*, salire nella stima di qlcu. | *sa renommée grandit*, la sua fama cresce. | *il est sorti grandi de cette épreuve*, è uscito ingrandito da questa prova. ◆ v. tr. [rendre plus grand] ingrandire, aumentare, accrescere. | *chaussures qui la grandissent*, scarpe che la fanno apparir più alta. ‖ FIG. ingrandire. | *ce succès te grandira dans l'estime de*, quel successo ti ingrandirà, ti farà salire nella stima di. ‖ [exagérer] ingrandire, esagerare. | *grandir le mérite de qn, les difficultés d'une entreprise*, ingrandire, esagerare il merito di qlcu., le difficoltà di un'impresa. ◆ v. pr. FIG. ingrandirsi, farsi (più) grande.
grandissant, e [grɑ̃disɑ̃, ɑ̃t] adj. crescente.
grandissime [grɑ̃disim] adj. FAM. grandissimo (L.C.).
grand-livre [grɑ̃livr] m. COMM. (libro) mastro m. ‖ FIN. gran libro del debito pubblico.
grand-maman [grɑ̃mamɑ̃] f. FAM. nonnina ; nonna (L.C.).
grand-mère [grɑ̃mɛr] f. nonna. ‖ FAM. [vieille femme] nonnina, vecchietta. ‖ PÉJOR. *contes de grand-mère*, storie, frottole f. pl., pettegolezzi m. pl. ‖ LOC. *du temps de nos grand(s)-mères*, al tempo che Berta filava.
grand-messe [grɑ̃mɛs] f. RELIG. messa solenne, messa cantata.
grand-oncle [grɑ̃tɔ̃kl] m. prozio.
grand-papa [grɑ̃papa] m. FAM. nonnino ; nonno (L.C.).
grand-peine (à) [agrɑ̃pɛn] loc. adv. a fatica, a stento, a malapena.
grand-père [grɑ̃pɛr] m. nonno. ‖ FAM. [vieillard] vecchietto.
grand-route, grand-rue, V. GRAND.
grands-parents [grɑ̃parɑ̃] m. pl. nonni.
grand-tante [grɑ̃tɑ̃t] f. prozia.
grand-voile [grɑ̃vwal] f. MAR. vela di maestra.
grange [grɑ̃ʒ] f. [foin] fienile m. ; [blé] granaio m. ; [paille] pagliaio m.
granit(e) [granit] m. GÉOL., MINÉR. granito. ‖ FIG. *cœur de granit*, cuore di pietra.
granité, e [granite] adj. GÉOL., MINÉR. granoso, granuloso. ◆ n. m. [étoffe] granité (fr.). ‖ [glace] granita f.
graniteux, euse [granitø, øz] adj. contenente granito.
granitique [granitik] adj. granitico.
granulaire [granylɛr] adj. granulare.
granulation [granylasjɔ̃] f. MÉD., TECHN. granulazione. ‖ PHOT. granulosità.
granule [granyl] [petit grain] granello. ‖ PHARM. granulo.
granulé, e [granyle] adj. granulato. ◆ n. m. PHARM. granulo.
granuler [granyle] v. tr. granulare.
granuleux, euse [granylø, øz] adj. MINÉR., MÉD. granuloso.
grape-fruit [grɛpfrut] m. (angl.) V. PAMPLEMOUSSE.
graphe [graf] m. grafo.
graphème [grafɛm] m. LING. grafema.
graphie [grafi] f. grafia. ‖ MÉD. radiografia.
graphique [grafik] adj. et n. m. grafico.
graphisme [grafism] m. [graphie] grafia f. ‖ ART grafismo.
graphite [grafit] m. MINÉR. grafite f., piombaggine f.
graphologie [grafɔlɔʒi] f. grafologia.
graphologue [grafɔlɔg] m. grafologo.
graphomètre [grafɔmɛtr] m. grafometro.
grappe [grap] f. BOT. grappolo m. ; racemo m. (rare). | *grappe de raisin, de glycine*, grappolo d'uva, di glicine. | *égrener une grappe*, piluccare un grappolo. ‖ FIG. grappolo. | *grappe humaine*, grappolo umano. | *par grappes*, a grappoli.
grappillage [grapijaʒ] m. AGR. racimolatura f. ‖ FAM. [menus gains] piccolo guadagno, furterello (L.C.).
grappiller [grapije] v. intr. AGR. racimolare. ◆ v. tr. et intr. FAM. [gains ; nouvelles] racimolare, raggranellare, spigolare, piluccare v. tr. ; [gains illicites] rubacchiare.
grappilleur, euse [grapijœr, øz] n. racimolatore, trice.
grappillon [grapijɔ̃] m. BOT. [petite grappe] grappolino, grappoletto, racimolo ; [partie de grappe] racimolo.
grappin [grapɛ̃] m. MAR. grappino. | *grappin d'abordage*, grappino d'arrembaggio, d'abbordaggio. ‖ TECHN. gancio. ‖ FIG., FAM. *jeter, mettre le grappin sur qn*, mettere le mani addosso a, sopra qlcu. ; uncinare qlcu.
gras [grɑ], **grasse** [grɑs] adj. grasso. | *très gras*, pingue ; molto grasso. | *les matières grasses*, i grassi. ‖ CHIM. *corps gras*, corpi grassi. ‖ CULIN. *bouillon gras*, brodo grasso. ‖ LOC. *jours gras*, giorni di grasso. | *mardi, jeudi gras*, martedì, giovedì grasso. ‖ [fertile] *terre grasse*, terra pingue ; terreno pingue, grasso. ‖ BOT. *plantes grasses*, piante grasse. ‖ MÉD. *toux grasse*, tosse grassa, catarrosa. ‖ TYP. *caractères gras*, caratteri grassi, in grassetto. | *encre grasse*, inchiostro grasso. | *crayon gras* : [dessin] matita morbida ; [fard] matita, ombretto. ‖ [appuyé] *trait gras*, tratto marcato. ‖ [graisseux] grasso, unto. | *eaux grasses*, acque di scolo ; risciacquatura f. sing. ‖ [glissant] viscido, scivoloso. ‖ FIG. [abondant] *grasses récoltes*, raccolti pingui, abbondanti. | *grasses récompenses*, grasse, laute ricompense. ‖ FAM. *c'est pas gras !*, c'è ben poco ! (L.C.). ‖ FIG. [grossier] grasso, licenzioso, volgare. ‖ LOC. FAM. *faire la grasse matinée*, poltrire fino a tardi. ◆ n. m. grasso. | *taches de gras*, macchie di grasso, d'unto. | *le gras de la jambe*, la polpa, il polpaccio. ‖ CULIN. *riz au gras*, riso cotto in un brodo grasso. ◆ adv. *faire gras*, mangiare di grasso. ‖ FIG. *parler gras*, parlare grasso, sboccatamente.
gras-double [grɑdubl] m. trippa (f.) di bue.

grassement [grɑsmɑ̃] adv. [confortablement] largamente, agiatamente, con agiatezza. ‖ [abondamment] grassamente, lautamente, abbondantemente. | *payer grassement*, pagare lautamente ; pagare profumatamente (fam.). ‖ [grossièrement] *rire grassement*, ridere grassamente, sguaiatamente.
grasseyement [grasɛjmɑ̃] m. = (il) pronunciare la erre grassa, la erre uvulare, moscia, in gola.
grasseyer [grasɛje] v. intr. = pronunciare la erre grassa, uvulare, moscia, in gola.
grassouillet, ette [grasujɛ, ɛt] adj. FAM. grassoccio, grassottello.
gratification [gratifikasjɔ̃] f. gratifica, gratificazione.
gratifier [gratifje] v. tr. *gratifier qn de qch.*, gratificare uno di qlco. ; accordare, concedere qlco. a qlcu. ‖ IRON. gratificare.
gratin [gratɛ̃] m. CULIN. gratin (fr.). ‖ FAM. [élite] (fior) fiore (L.C.) ; crema f. (gall.).
gratiné, e [gratine] adj. CULIN. gratinato. ‖ POP. [qui sort de l'ordinaire en bien ou en mal ; souvent iron.] *un repas gratiné*, un pranzo coi fiocchi (fam.). | *une aventure plutôt gratinée !*, un'avventura piuttosto originale ! (L.C.). | *tu es gratiné !*, sei conciato bene !, ma guarda come sei conciato ! (fam.).
gratiner [gratine] v. tr. CULIN. gratinare.
gratis [gratis] adv. (lat.) FAM. gratis ; gratuitamente (L.C.). | *gratis pro Deo*, gratis et amore (Dei). ◆ adj. inv. *billet gratis*, biglietto gratuito (L.C.).
gratitude [gratityd] f. gratitudine, riconoscenza.
grattage [grataʒ] m. [avec les ongles] grattatura f., il grattarsi. ‖ [décapage] grattatura f., raschiatura f. ‖ [dans un manuscrit] *sur grattage*, in rasura.
gratte [grat] f. AGR. sarchiello m. ‖ FAM. [petit profit] (il) rubacchiare. | *faire de la gratte*, rubacchiare.
gratte-ciel [gratsjɛl] m. inv. grattacielo (pl. *grattacieli*).
gratte-cul [gratky] m. BOT., FAM. grattaculo.
gratte-dos [gratdo] m. inv. grattaschiena.
grattement [gratmɑ̃] m. grattatura f. ; grattamento (rare).
gratte-papier [gratpapje] m. inv. FAM., PÉJOR. imbrattacarte, scribacchino m.
gratte-pieds [gratpje] m. inv. puliscipiedi (metallico).
gratter [grate] v. tr. [avec les ongles] grattare. ‖ [râcler, effacer] raschiare ; raschiar, grattar via. | *gratter la terre*, arare superficialmente la terra ; [animaux] raspare la terra ; [volaille] razzolare v. intr. ‖ FIG., FAM. *gratter du papier*, scribacchiare v. intr. | *gratter quelques sous*, rubacchiare qualche soldo. | *il n'y a rien à gratter*, non c'è niente da mettere in tasca. ‖ FAM. [irriter] prudere (L.C.). ‖ POP. [dépasser] superare, sorpassare (L.C.). ◆ v. intr. grattare, raspare, razzolare. ‖ MUS. [jouer mal] strimpellare, grattare v. tr. ‖ POP. [travailler] sgobbare, sfacchinare (fam.). ‖ ARG. UNIV. = prendere appunti a tutt'andare. ◆ v. pr. grattarsi.
grattoir [gratwar] m. [à papier] raschietto, raschino. ‖ TECHN. raschietto, raschiatoio.
gratuit, e [gratɥi, it] adj. gratuito. | *exemplaire gratuit*, esemplare gratuito, in omaggio. ‖ FIG. gratuito, senza fondamento, senza motivo.
gratuité [gratɥite] f. PR. et FIG. gratuità.
gravats [grava] m. pl. calcinacci ; macerie f. pl.
grave [grav] adj. [sérieux] grave, serio, dignitoso. ‖ [dangereux] grave, pericoloso. ‖ [important] grave, serio, importante. | *faute grave*, grave errore. ‖ GRAMM. *accent grave*, accento grave. ‖ MUS. grave, basso. ◆ n. m. PHYS. *la chute des graves* (vx), la caduta dei gravi. ‖ MUS. *passer du grave à l'aigu*, passare dal grave all'acuto.
graveleux, euse [gravlø, øz] adj. [terre] ghiaioso. ‖ [fruit] granuloso. ‖ FIG. licenzioso, osceno. ‖ MÉD. calcoloso, litiasico.
gravelle [gravɛl] f. MÉD. renella, litiasi, calcolosi.
gravelure [gravlyr] f. oscenità.
graver [grave] v. tr. incidere, intagliare, scolpire. ‖ [sur disque] incidere. ‖ FIG. imprimere, scolpire, incidere. ◆ v. pr. FIG. imprimersi, scolpirsi, incidersi.
graves [grav] m. inv. = tipo di vino bianco di Bordeaux.
graveur [gravœr] m. incisore, intagliatore. | *graveur sur bois*, incisore in legno ; silografo ; xilografo (rare). | *graveur sur cuivre*, incisore in rame ; calcografo. | *graveur à l'eau-forte*, acquafortista.
gravide [gravid] adj. PHYSIOL. gravido.
gravier [gravje] m. ghiaia f.
gravillon [gravijɔ̃] m. ghiaietta f., ghiaietto, ghiaino.
gravimètre [gravimɛtr] m. PHYS. gravimetro.
gravimétrie [gravimetri] f. PHYS. gravimetria.
gravir [gravir] v. tr. salire v. intr. ; arrampicarsi, inerpicarsi su, per (v. pr.) ; ascendere (rare). ‖ FIG. *gravir les échelons (d'une carrière)*, salire di grado in grado ; percorrere le tappe successive di una carriera.
gravitation [gravitasjɔ̃] f. PHYS. gravitazione.
gravité [gravite] f. PHYS. gravità. | *centre de gravité*, V. CENTRE. ‖ FIG. [sérieux] gravità, dignità. ‖ [importance ; danger] gravità, serietà, importanza.
graviter [gravite] v. intr. PHYS. et FIG. gravitare.
gravure [gravyr] f. incisione, intagliatura ; intaglio m. | *gravure sur cuivre*, incisione su, in rame ; calcografia. | *gravure à l'eau-forte* : [action] incisione all'acquaforte ; [résultat] acquaforte. | *gravure sur bois*, incisione su, in legno ; silografia. ‖ [image, estampe] stampa, incisione, immagine, illustrazione. | *gravure de mode*, figurino m. ‖ IRON. *on dirait (qu'il sort d') une gravure de mode*, pare un figurino. ‖ [enregistrement] incisione.
gré [gre] m. [goût, plaisir] piacimento, gradimento, gusto. | *il a trouvé qch. à son gré*, ha trovato qlco. di suo piacimento, gradimento, gusto. ‖ [avis] parere. | *ce livre est trop long à mon gré*, secondo me, a parer mio questo libro è troppo lungo. ‖ [volonté] grado, voglia f. | *de bon gré*, di buon grado, di buona voglia. | *bon gré, mal gré*, volente o nolente. | *de gré ou de force*, per amore o per forza, con le buone o con le cattive. | *il agit à mon, ton gré*, egli agisce a mio, a tuo grado, secondo la mia, la tua volontà. | *il agit contre mon, ton gré*, agisce contro mio, tuo grado ; contro la mia, la tua volontà. | *de mauvais gré*, controvoglia, di malavoglia. | *contre mon, ton gré*, mio, tuo malgrado. ‖ [bon plaisir] beneplacito, arbitrio. | *choisissez à votre gré*, scelga a suo beneplacito. ‖ COMM., JUR. *de gré à gré*, amichevole adj. | *vente de gré à gré*, vendita a trattative private. ‖ LOC. *au gré des flots*, in balia delle onde. | *voguer au gré du courant*, navigare a seconda della corrente. | *au gré des circonstances*, secondo le, a seconda delle circostanze. ‖ [reconnaissance] grado, gratitudine f., riconoscenza f. | *savoir (bon) gré de qch. à qn*, esser grato, riconoscente a qlcu. di qlco. ‖ LITTÉR. *savoir mauvais gré, peu de gré*, essere scontento, non essere grato (L.C.).
grèbe [grɛb] m. ZOOL. svasso, tuffetto.
grec, grecque [grɛk] adj. et n. greco. ‖ LOC. IRON. *renvoyer aux calendes grecques*, rimandare alle calende greche. ◆ n. m. LING. greco. ◆ n. f. ARCHIT. greca.
gréciser [gresize] v. tr. grecizzare.
grécité [gresite] f. grecità.
gréco-latin, e [grekolatɛ̃, in] adj. greco-latino.
gréco-romain, e [grekorɔmɛ̃, ɛn] adj. greco-romano.
grecque adj. et n. f. V. GREC.
gredin, e [grədɛ̃, in] n. briccone, a ; mascalzone, ribaldo m. ‖ IRON. [enfant] *petit gredin*, bricconcello, birboncello.
gredinerie [grədinri] f. [caractère] bricconeria, ribalderia. ‖ [action] bricconata, mascalzonata.
gréement [gremɑ̃] m. MAR. attrezzatura f., attrezzamento.
gréer [gree] v. tr. MAR. attrezzare, armare.
greffage [grɛfaʒ] m. BOT. innesto, innestatura f.
1. greffe [grɛf] m. JUR. cancelleria f.
2. greffe f. BOT. [action] innesto m., innestatura. | *greffe en couronne, en fente, en écusson*, innesto a corona, a spacco, a scudo. ‖ [œil, branche] innesto. ‖ CHIR. *greffe de la cornée*, trapianto, innesto corneale, della cornea. | *greffe du rein, du cœur, de la peau*, innesto, trapianto renale, cardiaco, cutaneo.

greffer [grɛfe] v. tr. Bot. **(sur)** innestare (in, su). ‖ Chir. innestare, trapiantare. ◆ v. pr. **(sur)** Fig. innestarsi, inserirsi (in).

greffeur [grɛfœr] m. innestatore.

greffier [grɛfje] m. Jur. cancelliere.

greffoir [grɛfwar] m. Bot. innestatoio.

greffon [grɛfɔ̃] m. Bot. marza f., innesto.

grégaire [gregɛr] adj. gregario, gregale.

grégarisme [gregarism] m. gregarismo.

grège [grɛʒ] adj. greggio, grezzo. ‖ [couleur] color grezzo.

grégeois [greʒwa] adj. *feu grégeois*, fuoco greco.

grégorien, enne [gregɔrjɛ̃, ɛn] adj. gregoriano. ◆ n. m. canto gregoriano.

grègues [grɛg] f. pl. Vx brache. ‖ Fig. *tirer ses grègues*, darsela a gambe.

1. grêle [grɛl] adj. [long et menu] gracile, esile. | *voix grêle*, vocetta esile. ‖ Anat. *intestin grêle*, intestino tenue.

2. grêle f. grandine. | *chute de grêle*, grandinata. | *il tombe de la grêle*, grandina. ‖ Fig. [grande quantité] grandinata, gragnola.

grêlé, e [grɛle] adj. Fig. [visage] butterato.

grêler [grɛle] v. impers. grandinare. ‖ Fig. *il grêle des coups*, viene giù una gragnola di percosse. ◆ v. tr. devastare. | *les vignes ont été grêlées*, le viti sono state devastate, colpite dalla grandine.

grelin [grəlɛ̃] m. Mar. gherlino.

grêlon [grɛlɔ̃] m. chicco di grandine.

grelot [grəlo] m. bubbolo, sonaglio. ‖ Fig. *attacher le grelot* = dare inizio a qlco., prendere l'iniziativa di qlco.

grelottement [grəlɔtmɑ̃] m. = (il) tremare, (il) battere i denti (per il freddo, la febbre, la paura). ‖ [d'une sonnerie] tintinnio.

grelotter [grəlɔte] v. intr. [froid, fièvre, peur] tremare ; battere i denti. ‖ [sonnerie] tintinnare.

grémial [gremjal] m. Relig. grembiale.

grenade [grənad] f. Bot. melagrana, granata. ‖ Mil. (vx) granata ; [moderne] bomba a mano. | *grenade à fusil, à main*, bomba da fucile, a mano. | *grenade sous-marine*, bomba antisommergibili. ‖ [insigne] fiamma, mostrina.

grenadier [grənadje] m. Bot. melograno ; melagrano (tosc.). ‖ Mil. granatiere.

grenadière [grənadjɛr] f. Mil. giberna per bombe a mano ; [du fusil] fascetta.

grenadine [grənadin] f. granatina.

grenage m. V. grainage.

grenaille [grənɑj] f. Techn. granaglie f. pl. | *grenaille de plomb*, piombini m. pl. ‖ Agr. [graines] granaglie ; civaie f. pl. (tosc.).

grenat [grəna] m. Minér. granato. ◆ adj. inv. [couleur] granato, a.

grener v. tr. et intr. V. grainer.

grènetis [grɛnti] m. granitura f.

grenier [grənje] m. [grange] granaio. | *grenier à foin*, fienile. ‖ [combles] solaio, soffitta f. | *loger au grenier*, abitare in soffitta. ‖ Fig. *le grenier (à blé) de l'Europe*, il granaio dell'Europa. ‖ Loc. *de la cave au grenier*, da cima a fondo.

grenouillage [grənujaʒ] m. Fam. [intrigues] loschi intrighi ; imbrogli, intrallazzi m. pl.

grenouille [grənuj] f. Zool. rana, ranocchia, ranocchio m. ‖ Fig., pop. *manger, bouffer la grenouille* = mangiarsi il denaro della comunità, dell'associazione.

grenouiller [grənuje] v. intr. Fam. [barboter] sguazzare. ‖ Polit. intrigare ; tramare imbrogli (l.c.).

grenouillère [grənujɛr] f. ranocchiaia.

grenouillette [grənujɛt] f. Bot. = ranuncolo acquatico a fiori bianchi. ‖ Méd. ranula.

grenu, e [grəny] adj. Bot. granito. ‖ Géol. granoso, granuloso. ‖ Techn. granuloso.

grès [grɛ] m. Géol. arenaria f. ; [à gros grains] graniglia f. | *grès cérame*, grès inv. (fr.).

gréseux, euse [grezø, øz] adj. arenario.

grésil [grezil] m. nevischio.

grésillement [grezijmɑ̃] m. crepitio, scoppiettio, sfrigolio. ‖ [radio, téléphone] sfrigolio, frittura f. : friggio (tosc.). ‖ [grillon] stridio.

1. grésiller [grezije] v. impers. *il grésille*, cade il nevischio.

2. grésiller v. intr. scoppiettare, crepitare, sfrigolare. ‖ [radio, téléphone] friggere, sfrigolare. ‖ [grillon] stridere.

gressin [gresɛ̃] m. grissino.

1. grève [grɛv] f. [d'un cours d'eau] greto m. ; [à la mer] spiaggia.

2. grève f. [arrêt de travail] sciopero m. | *faire grève*, fare sciopero ; scioperare. | *se mettre en grève*, mettersi, scendere in sciopero. | *mettre fin à, arrêter la grève*, cessare lo sciopero. | *grève générale, perlée, surprise*, sciopero generale, a singhiozzo, lampo. | *grève tournante*, sciopero a scacchiera, a settori, articolato. | *grève sur le tas, des bras croisés*, sciopero a braccia incrociate. | *grève du zèle*, sciopero bianco, pignolo. | *piquet de grève*, picchetto (di scioperanti). | *briseur de grève*, crumiro m. ; giallo m. (néol.). | *grève de la faim*, sciopero della fame.

grever [grəve] v. tr. gravare. | *grever d'impôts*, gravare d'imposte. | *grever d'hypothèque*, gravare d'ipoteca, ipotecare. | *grever un budget*, gravare su un bilancio. | *grever d'une servitude*, gravare di una servitù.

gréviste [grevist] adj. et n. scioperante.

gribouillage [gribujaʒ] ou **gribouillis** [gribuji] m. Fam. [écriture] scarabocchio, sgorbio, ghirigoro. ‖ [peinture] imbratto.

gribouille [gribuj] m. Fam. = grullo, sempliciotto. ‖ Loc. *faire une politique de gribouille* = fare una politica controproducente.

gribouiller [gribuje] v. intr. et tr. Fam. scarabocchiare, sgorbiare, imbrattare v. tr.

gribouilleur, euse [gribujœr, øz] n. Fam. scarabocchione, a. ‖ [qui écrit] imbrattacarte n. inv., imbrattafogli n. inv. ; [qui peint] imbrattatele n. inv.

gribouillis m. V. gribouillage.

grief [grijɛf] m. lagnanza f., appunto, rimprovero. | *avoir des griefs contre qn*, avere dei motivi di lagnarsi di qlcu., dei motivi di risentimento contro qlcu. | *formuler des griefs à l'égard de qn*, muovere appunti a qlcu. | *faire grief à qn de qch.*, muovere appunto di qlco. a qlcu., non perdonare qlco. a qlcu. | *ils ont de vieux griefs*, tra loro c'è una vecchia ruggine. ◆ pl. Jur. *griefs d'appel*, motivi di appello.

grièvement [grijɛvmɑ̃] adv. *grièvement blessé*, ferito gravemente.

griffe [grif] f. artiglio m., grinfia, granfia, branca, unghia. | *coup de griffe* : granfiata f., unghiata f., graffio, graffiata f. (pr.) ; critica pungente (fig.). ‖ Pr. et fig. *sortir, montrer ses griffes*, metter fuori le unghie. | *rentrer ses griffes*, ritirar le unghie. | *tomber sous la griffe, dans les griffes de*, cadere negli, sotto gli artigli di, nelle grinfie di, sotto le unghie di. ‖ Fig. *rogner les griffes de qn*, tarpare le ali a qlcu. ‖ [signature] firma, sigla, stampiglia. ‖ [marque de vêtement] marca, etichetta ; [de bijou] griffe (fr.). ‖ [marque de la personnalité] tocco m. ‖ Bot. [racine] rizoma m. ; [vrille] viticcio m. ‖ Cin. griffa. ‖ Techn. gancio m., griffa, ganascia, grappa, branca.

griffer [grife] v. tr. graffiare ; sgraffiare (fam.).

griffon [grifɔ̃] m. Myth. grifone. ‖ Zool. [chien] griffone ; [oiseau] grifone ; grifo (littér.).

griffonnage [grifɔnaʒ] m. scarabocchio.

griffonner [grifɔne] v. tr. scarabocchiare. ‖ Fam. [écrire en hâte] buttar giù, scribacchiare.

griffonneur, euse [grifɔnœr, øz] n. scarabocchione, a.

griffu, e [grify] adj. fornito di artigli, di granfie, di grinfie ; artigliato (littér.).

griffure [grifyr] f. graffio m., graffiata, unghiata ; sgraffio m., sgraffiata (fam.).

grignotement [griɲɔtmɑ̃] m. rosicatura f.

grignoter [griɲɔte] v. tr. rosicchiare. | *les souris ont tout grignoté*, i sorci hanno rosicchiato tutto. ‖ [manger par petits morceaux] sgranocchiare, spilluzzicare, sbocconcellare. | *grignoter un quignon de pain*, sbocconcellare un tozzo di pane. || FAM. [détruire peu à peu] logorare, consumare a poco a poco (L.C.). | *grignoter l'autorité de qn*, corrodere, intaccare l'autorità di qlcu. | *grignoter un capital*, rosicchiare un capitale. || FAM. [gagner] spilluzzicare, raggranellare. || SPORT rosicchiare. | *grignoter l'adversaire*, rosicchiare punti all'avversario.

grigou [grigu] m. FAM. spilorcio adj., taccagno n. et adj., tirchio n. et adj.

gri-gri ou **grigri** [grigri] m. amuleto (africano).

gril [gri, gril] m. CULIN. gratella f., graticola f., griglia f., bistecchiera f. || FIG., FAM. *être sur le gril*, essere sulle braci, sulle spine.

grillade [grijad] f. carne ai, sui ferri ; carne sulla, alla griglia. | *grillade de porc*, maiale ai ferri, alla griglia.

1. grillage [grijaʒ] m. [café, cacahuètes] abbrustolimento, tostatura f., torrefazione f. || [minerai] arrostimento. || [étoffe] gas(s)atura f.

2. grillage m. graticolato, grata f., reticolato.

grillager [grijaʒe] ou **griller** [grije] v. tr. graticolare ; chiudere con una graticola, un graticolato. | *fenêtre grillagée*, finestra con inferriata.

grille [grij] f. [assemblage] cancellata, cancello m. || [porte] cancello ; [fenêtre] inferriata. || [grillage] grata, gratella, griglia. | *grille du parloir, du confessionnal*, grata del parlatorio, del confessionale. | *grille de l'évier*, gratella dell'acquaio. | *grille du poêle*, griglia della stufa. || FIG. [cryptographie] griglia. || [mots croisés] reticolato m. || ÉCON. *grille des salaires*, elenco graduato dei salari. || ÉLECTR. griglia. || MIL. *grille d'observation*, reticolo (m.) di aggiustamento. || RADIO, T.V. [des programmes] tabella, quadro m.

grille-pain [grijpɛ̃] m. inv. tostapane.

1. griller [grije] v. tr. CULIN. cuocere ai, sui ferri, sulla griglia. || [torréfier] tostare, abbrustolire ; torrefare (rare) ; [du pain] abbrustolire, tostare. || [brûler] bruciare. || TECHN., MIN. arrostire. || TEXT. bruciare. || FAM. *griller une cigarette*, fumare una sigaretta (L.C.). | *griller une étape*, bruciare una tappa (L.C.). | *griller un feu (rouge)*, passare col rosso. | *moteur grillé*, motore bruciato. | *griller un appareil électrique*, bruciare un apparecchio elettrico. | *griller une ampoule*, fulminare una lampadina. || ARG. *se faire griller*, farsi smascherare (L.C.). || SPORT [dépasser] bruciare, superare. ◆ v. intr. [être exposé à une trop forte chaleur] bruciare, ardere. || FAM. [avoir trop chaud] morire di caldo ; soffocare. ◆ v. tr. ind. FAM. *griller d'impatience*, struggersi dall'impazienza. | *il grille de raconter ses aventures*, muore dalla voglia di raccontare le sue avventure. | *il grille de devenir directeur*, gli brucia di diventare direttore.

2. griller v. tr. V. GRILLAGER.

grillon [grijɔ̃] m. ZOOL. grillo.

grill-room [grilrum] m. grill-room (angl.) ; rosticceria f.

grimaçant, e [grimasɑ̃, ɑ̃t] adj. contorto. | *grimaçant de douleur*, contorto dal dolore. || [qui fait un pli] *robe grimaçante*, veste grinzosa.

grimace [grimas] f. smorfia, versaccio m., boccaccia, sberleffo m. || FIG. *faire la grimace*, torcere, arricciare il naso. || [faux pli] grinza ; piega falsa. ◆ pl. FIG. [mines affectées] smorfie, moine. | *faire des grimaces*, fare delle smorfie.

grimacer [grimase] v. intr. fare una smorfia, (delle) smorfie. || [faire des plis] far grinze, far delle pieghe false. ◆ v. tr. *grimacer un sourire* = fare un sorriso sforzato.

grimacier, ère [grimasje, ɛr] adj. et n. smorfioso. || FIG. [affecté] smorfioso, smanceroso, lezioso.

grimage [grimaʒ] m. trucco, truccatura f.

grimaud [grimo] m. imbrattacarte, imbrattafogli m. inv. ; scribacchino.

grimer [grime] v. tr. truccare. ◆ v. pr. truccarsi.

grimoire [grimwar] m. libro di magia. || [écrit obscur] libro, scritto incomprensibile, illeggibile.

grimpant, e [grɛ̃pɑ̃, ɑ̃t] adj. BOT. rampicante. | *plante grimpante*, pianta rampicante ; rampicante m.

grimpée [grɛ̃pe] f. FAM. arrampicata ; salita ripida (L.C.).

grimper [grɛ̃pe] v. intr. [escalader] arrampicarsi, inerpicarsi. | *grimper à, sur un arbre*, arrampicarsi su, per un albero. | *grimper le long de la paroi rocheuse*, arrampicarsi, inerpicarsi lungo la, su per la parete rocciosa. || [monter] arrampicarsi, salire. | *grimper sur la table*, salire sulla tavola. | *le lierre grimpe le long du, sur le mur*, l'edera si arrampica su per il muro. | *le train, le sentier grimpe au flanc de la montagne*, il treno, il sentiero s'inerpica, si arrampica su per il, lungo il fianco della montagna. || FAM. *faire grimper qn*, darla a bere a qlcu. || FAM. *la fièvre grimpe*, la febbre sale (L.C.). ◆ v. tr. *grimper l'escalier*, salire le scale. ◆ n. m. SPORT arrampicata f.

grimpereau [grɛ̃pro] m. ZOOL. rampichino.

grimpette [grɛ̃pɛt] f. FAM. erta (L.C.) ; sentiero ripido (L.C.).

grimpeur, euse [grɛpœr, øz] adj. rampicante. ◆ n. m. [cycliste] arrampicatore. ◆ n. m. pl. ZOOL. rampicanti.

grinçant, e [grɛ̃sɑ̃, ɑ̃t] adj. stridente, cigolante. || FIG. *ironie grinçante*, ironia pungente, mordente.

grincement [grɛ̃smɑ̃] m. [dents] digrignamento. || [porte, roue] cigolìo, stridore, stridìo, cigolamento. || LOC. *il y aura des pleurs et des grincements de dents*, si sentiranno pianti ed alti lai.

grincer [grɛ̃se] v. intr. [porte, roue] stridere, cigolare. | *grincer des dents*, digrignare i denti.

grincheux, euse [grɛ̃ʃø, øz] adj. burbero, scontroso, bisbetico, stizzoso ; scorbutico (fam.). ◆ n. burbero, a.

gringalet [grɛ̃galɛ] m. FAM. uomo mingherlino ; mezza cartuccia (péjor.) ; omiciattolo (L.C.).

griotte [grijɔt] f. BOT. visciola, agriotta, (a)marasca. || [marbre] mischio m.

griottier [grijɔtje] m. BOT. visciolo, agriotto, (a)marasco.

grippage [gripaʒ] ou **grippement** [gripmɑ̃] m. MÉC. inceppamento ; grippaggio (gall.).

grippal, e, aux [gripal, o] adj. influenzale.

grippe [grip] f. MÉD. influenza ; grippe (fr.). | *grippe espagnole*, febbre spagnola. || FIG. *avoir, prendre en grippe*, avere, prendere in uggia, in antipatia.

grippé, e [gripe] adj. MÉC. inceppato ; grippato (gall.). || MÉD. influenzato.

grippement m. V. GRIPPAGE.

gripper [gripe] v. intr. et **gripper (se)** v. pr. MÉC. incepparsi ; grippare, gripparsi (gall.).

grippe-sou [gripsu] m. FAM. spilorcio adj. ; taccagno, tirchio adj. et n.

gris [gri], **grise** [griz] adj. grigio. || [barbe, cheveux] grigio, brizzolato. || [temps] coperto. || [vin] = di color rosso chiaro. || [légèrement ivre] brillo, alticcio. || LOC. *faire grise mine à qn*, fare a qlcu. un'accoglienza fredda. || ANAT. *matière, substance grise*, materia, sostanza grigia. || FAM. *faire travailler sa matière grise*, spremersi le meningi. || AUTOM. *carte grise*, libretto di circolazione. ◆ n. m. grigio. | *gris perle*, grigio perla.

grisaille [grizɑj] f. ART monocromato m. ; grisaille (fr.), grisaglia. || [couleur grise] grigiore m., grigio m. | *la grisaille des matins d'hiver*, il grigiore, il grigio dei mattini d'inverno. || FIG. *la grisaille d'une vie sans imprévu*, il grigiore d'una vita senza imprevisti.

grisailler [grizɑje] v. tr. ART dipingere a monocromato. ◆ v. intr. diventar grigiastro.

grisant, e [grizɑ̃, ɑ̃t] adj. FIG. inebriante, esaltante.

grisâtre [grizɑtr] adj. grigiastro.

grisbi [grizbi] m. ARG. grana f. ; gruzzolo (fam.).

gris-de-lin [gridəlɛ̃] adj. inv. gridellino adj.

griser [grize] v. tr. PR. et FIG. ubriacare, inebriare. ◆ v. pr. PR. et FIG. ubriacarsi, inebriarsi.

griserie [grizri] f. PR. et FIG. ebbrezza.

grisette [grizɛt] f. = giovane operaia, sartina civettuola e di facili costumi.

grisoller [grizɔle] v. intr. trillare.

grison [grizɔ̃] m. FAM. [âne] ciuco.

grisonnant, e [grizɔnɑ̃, ɑ̃t] adj. che tende al grigio ; brizzolato.

grisonner [grizɔne] v. intr. tendere al grigio, brizzolarsi.

grisou [grizu] m. MIN. grisou (fr.), grisù.
grisoumètre [grizumɛtr] m. grisumetro.
grisouteux, euse [grizutø, øz] adj. grisutoso.
grive [griv] f. ZOOL. *grive (musicienne)*, tordo m. | *grive draine*, tordel(l)a. | *grive litorne*, cesena. | *grive mauvis*, sassello m. || FAM. *soûl comme une grive* = ubriaco fradicio. || PROV. *faute de grives, on mange des merles*, in mancanza di cavalli trottano gli asini.
grivelé, e [grivle] adj. macchiettato, picchiettato di grigio e di bianco; brizzolato (rare).
grivèlerie [grivɛlri] f. scrocco m.
griveton [grivtɔ̃] m. POP. soldato semplice (L.C.).
grivois, e [grivwa, az] adj. licenzioso, salace, scollacciato, scurrile.
grivoiserie [grivwazri] f. [caractère grivois] salacità, scurrilità, licenziosità. || [propos] scurrilità, motto salace, parola licenziosa, discorso licenzioso. | *dire des grivoiseries*, tener discorsi licenziosi.
groenlandais, e [grɔɛnlɑ̃dɛ, ɛz] adj. et n. groenlandese. ◆ n. m. LING. groenlandese.
grog [grɔg] m. grog (angl.).
groggy [grɔgi] adj. SPORT groggy (angl.); stordito, intontito, cotto.
grognard [grɔɲar] m. HIST. = veterano della guardia di Napoleone.
grognasser [grɔɲase] v. intr. POP. brontolare (L.C.).
grogne [grɔɲ] f. FAM. malcontento m., malumore m.
grognement [grɔɲmɑ̃] m. grugnito. || FAM. [murmure] brontolìo, grugnito.
grogner [grɔɲe] v. grugnire. || [chien] ringhiare. || FAM. [murmurer] brontolare, grugnire, borbottare.
grognon [grɔɲɔ̃] adj. (f. rare **grognonne** [grɔɲɔn]) brontolone, a; borbottone, a; indispettito, imbronciato. | *être grognon*, essere di malumore. ◆ n. m. brontolone, borbottone.
grognonner [grɔɲɔne] v. intr. FAM. brontolare, borbottare.
groin [grwɛ̃] m. grugno, grifo. || FIG., FAM. grugno, muso, ceffo, grifo.
grole ou **grolle** [grɔl] f. ARG. scarpa (L.C.).
grolles [grɔl] f. pl. POP. *avoir les grolles*, aver fifa, una fifa blu (fam.).
grommeler [grɔmle] v. intr. borbottare, brontolare. ◆ v. tr. *grommeler des menaces*, borbottare, mormorare minacce tra i denti.
grondement [grɔ̃dmɑ̃] m. [être animé] brontolamento, brontolìo; [chien] ringhio; [tonnerre, tempête] rimbombo, rombo, boato, (il) brontolare; [moteur, canon] rombo, rimbombo. || LITTÉR. *le grondement de la colère (populaire)*, il rumoreggiare della collera (del popolo).
gronder [grɔ̃de] v. intr. [homme] brontolare; [chien] ringhiare; [tonnerre, canon] tuonare, rimbombare, rombare, brontolare. || FIG. minacciare, brontolare. | *la colère grondait en lui*, la collera gli ribolliva dentro. ◆ v. tr. [réprimander] sgridare, rimproverare. | *se faire gronder*, prendersi una sgridata, una ramanzina.
gronderie [grɔ̃dri] f. sgridata, rimprovero m., ramanzina.
grondeur, euse [grɔ̃dœr, øz] adj. *ton grondeur, voix grondeuse*, tono, voce di rimprovero. ◆ n. brontolone, a.
grondin [grɔ̃dɛ̃] m. ZOOL. ca(p)pone.
groom [grum] m. (angl.) fattorino (in un albergo).
gros [gro], **grosse** [gros] adj. [de grandes dimensions] grosso. | *grosses lèvres, jambes*, labbra, gambe grosse. | *grosse tête*, testa grossa; testone m. | *gros bétail*, bestiame grosso. | *gros gibier*, selvaggina grossa. | *gros colis*, grosso pacco. || [épais] *gros drap*, panno grosso, spesso. || [gras] grosso, grasso. | *un homme gros et gras*, un ciccione. | *une grosse femme*, una donna grossa; un donnone. || [enceinte] incinta, gravida; in stato interessante (euph.); grossa (pop.). | *chienne grosse*, cagna gravida, pregna (tosc.). || [gonflé] grosso. | *grosse mer*, mare grosso. | *le fleuve est gros*, il fiume è grosso. || FIG. [important] grosso, importante, notevole, ragguardevole, considerevole. | *grosse affaire*, affare importante, grosso affare. | *il a une grosse situation*, occupa un posto, una posizione importante, considerevole. | *grosse somme*, grossa somma; somma importante, ragguardevole. | *grosse fortune*, pingue patrimonio. | *gros héritage*, pingue eredità. | *le gros lot*, V. LOT. | *entreprendre de gros travaux*, intraprendere lavori importanti. || LOC. *jouer gros jeu*, giocare, arrischiare somme forti (pr.); correre, affrontare gravi rischi (fig.). || [grave] grosso, grave. | *grosse erreur*, grosso, grave errore. | *un gros ennui*, un grosso guaio. | *gros soucis*, gravi preoccupazioni. | *gros rhume*, grosso raffreddore. | *gros de conséquences*, carico, pieno, gravido di conseguenze. || [grossier] grosso, grossolano, rozzo. | *gros bon sens*, V. SENS. | *gros mots*, parolacce f. pl. | *grosse plaisanterie*, scherzo volgare. | *gros rire*, risata grassa. | *gros sel*, sale grosso. | *grosse toile*, tela grossa, grossolana, rozza. || [menaçant] minaccioso, burrascoso. | *gros temps*, tempo burrascoso. || [chagrin] grosso, gonfio. | *avoir le cœur gros*, avere il cuor gonfio. | *des yeux gros de larmes*, occhi gonfi di lagrime. | *faire les gros yeux*, far gli occhiacci. || LOC. *grosse voix*, voce grossa; vocione m. | *faire la grosse voix*, far la voce grossa. | *un gros bonnet*, un pezzo grosso. | *tu es une grosse bête, un gros bêta*, sei uno sciocchino, uno scioccherello. || ANAT. *gros intestin*, intestino crasso. || ARCHIT. *le gros œuvre*, il rustico. || CIN., PHOT. *gros plan*, primo piano. ◆ adv. *écrire gros*, scrivere grosso. || [beaucoup] molto, grosso. | *gagner gros*, guadagnar molto. | *jouer gros*, giocar forte; giocar grosse somme. | *risquer gros*, rischiar molto; correre grandi rischi. | *donner gros pour savoir si*, pagare caro per sapere se. | *il y a gros à parier que*, c'è da scommettere il collo che. | *en avoir gros sur le cœur :* [chagrin] avere il cuor gonfio; [dépit, rancune] non poter mandar giù qlco. ◆ loc. adv. **en gros**, all'ingrosso; [sans entrer dans les détails] su per giù, grosso modo, press'a poco, all'incirca. | *évaluer en gros*, valutare a occhio, a occhio e croce. ◆ n. m. FAM. [personne grosse] ciccione. | *bon gros*, pacioccone. || POP. *les gros*, i ricchi, i capitalisti (L.C.). || [partie la plus importante]. | *le gros de l'armée, du travail*, il grosso dell'esercito, del lavoro. || [monnaie] grosso. || COMM. *faire le gros et le détail*, commerciare all'ingrosso e al minuto. ◆ n. f. COMM. [12 douzaines] grossa. || JUR. copia (conforme alla minuta di un atto, di una sentenza). | *grosse exécutoire*, copia in forma esecutiva. || TYP. scrittura a grossi caratteri.
gros-bec [grobɛk] m. ZOOL. frosone.
groseille [grozɛj] f. BOT. ribes m. | *groseille à maquereau*, uva spina.
groseillier [grozeje] m. BOT. ribes. | *groseillier à maquereau*, ribes spinoso. | *groseillier noir*, ribes nero.
gros-grain [grogrɛ̃] m. TEXT. gros grain (fr.).
Gros-Jean [groʒɑ̃] loc. pop. *être Gros-Jean comme devant* = restar con un palmo di naso; tornare con le pive nel sacco. | *c'est Gros-Jean qui veut en remontrer à son curé* = i paperi menano a bere le oche.
grosse adj. et n. f. V. GROS.
grossesse [grosɛs] f. gravidanza. | *grossesse nerveuse*, gravidanza isterica.
grosseur [grosœr] f. grossezza. || MÉD. gonfiore m., enfiagione, tumore m.
grossier, ère [grosje, ɛr] adj. [sans finesse] *drap grossier*, panno rozzo. || FIG. *une ruse grossière*, un inganno fin troppo evidente. || [peu soigné] *travail grossier*, lavoro grossolano. || [approximatif] *avoir une grossière idée de la question*, avere un'idea sommaria della questione. || [rude, sans éducation] rozzo, grossolano. | *esprit grossier*, spirito rozzo. | *manières grossières*, modi grossolani, rozzi. || [qui indique de l'ignorance] grossolano. | *erreur grossière*, errore grossolano. || [vulgaire] volgare, grossolano, sguaiato. | *paroles grossières*, parole sguaiate; parolacce f. pl. | *injures grossières*, insulti volgari. | *un grossier personnage*, una persona sboccata, uno sguaiato.
grossièrement [grosjɛrmɑ̃] adv. [sommairement] sommariamente, approssimativamente. | *esquisser sommairement*, abbozzare sommariamente, per sommi capi. || [sans finesse, sans soin] grossolanamente, rozzamente. | *travail exécuté grossièrement*, lavoro

eseguito rozzamente. ‖ [lourdement] *se tromper grossièrement*, sbagliare grossolanamente. ‖ [vulgairement] volgarmente, sboccatamente, sguaiatamente.
grossièreté [grosjɛrte] f. [manque de finesse] rozzezza, grossolanità. | *grossièreté d'une étoffe*, rozzezza d'una stoffa. ‖ [vulgarité] volgarità, grossolanità, rozzezza, zotichezza, sguaiataggine. ‖ [parole ; acte] sconcezza, volgarità, grossolanità, sguaiataggine.
grossir [grosir] v. tr. [rendre (plus) gros] ingrossare. ‖ PHYS. ingrandire. | *microscope qui grossit cent fois*, microscopio a cento ingrandimenti. ‖ FIG. [exagérer] ingrandire, esagerare. ◆ v. intr. [devenir plus gros] ingrossare, ingrossarsi. ‖ [engraisser] ingrassare, ingrassarsi. ‖ [augmenter, croître] aumentare, crescere. — N. B. Les v. intr. *ingrassare, ingrossare, aumentare, crescere* se construisent avec l'aux. *essere*.
grossissant, e [grosisɑ̃, ɑ̃t] adj. [qui devient plus nombreux] crescente. ‖ [qui fait paraître plus grand] che ingrandisce. | *verre grossissant*, lente d'ingrandimento.
grossissement [grosismɑ̃] m. ingrossamento. ‖ [engraissement] ingrassamento. ‖ PHYS. ingrandimento. ‖ FIG. [exagération] ingrandimento, esagerazione f.
grossiste [grosist] n. COMM. grossista.
grosso modo [grosomɔdo] loc. adv. grosso modo (lat.) ; all'incirca, su per giù. | *exposer grosso modo une question*, esporre grosso modo, per sommi capi una questione.
grotesque [grɔtɛsk] adj. PR. et FIG. grottesco. ◆ n. m. grottesco. ◆ n. f. pl. ART grottesche.
grotte [grɔt] f. grotta, caverna, antro m., spelonca.
grouillement [grujmɑ̃] m. brulichìo, formicolìo.
grouiller [gruje] v. intr. et tr. ind. VX [bouger] muoversi (L.C.). ‖ [fourmiller] **(de)** brulicare, formicolare (di). ◆ v. pr. FIG., POP. sbrigarsi, spicciarsi (L.C.).
groupage [grupaʒ] m. TRANSP. collettame ; groupage (fr.).
groupe [grup] m. gruppo. | *marcher en groupe*, camminare in, a gruppi. ‖ ÉLECTR. *groupe électrogène*, gruppo elettrogeno. ‖ MÉD. *groupe sanguin*, gruppo sanguigno. ‖ MIL. *groupe de combat*, pattuglia (f.) di combattimento. | *groupe franc*, reparto d'assalto. ‖ UNIV. *groupe scolaire*, complesso scolastico.
groupement [grupmɑ̃] m. [action et résultat] (r)aggruppamento. ‖ [groupe] *groupement d'entreprises*, gruppo, raggruppamento d'aziende. | *groupement professionnel*, consociazione (f.) professionale. ‖ MIL. *groupement tactique*, raggruppamento tattico. ‖ TECHN. collegamento.
grouper [grupe] v. tr. (r)aggruppare, riunire. ‖ [comprendre] riunire, comprendere. ◆ v. pr. (r)aggrupparsi, riunirsi.
groupuscule [grupyskyl] m. FAM., PÉJOR. gruppuscolo.
grouse [graus, gruz] m. V. COQ (DE BRUYÈRE).
gruau [gryo] m. [semoule] semolino. ‖ [fleur de farine] *farine de gruau*, fior di farina. | *pain de gruau*, pane di fior di farina.
1. grue [gry] f. ZOOL. gru. | *grue couronnée*, gru coronata. ‖ FIG. *faire le pied de grue* = rimanere impalato ad aspettare. ‖ FIG., POP. puttana ; prostituta, passeggiatrice (L.C.).
2. grue f. TECHN. gru. | *grue à flèche*, gru a braccio. | *grue pivotante*, gru girevole.
gruger [gryʒe] v. tr. [duper] truffare, raggirare, ingannare, derubare, turlupinare.
grume [grym] f. *bois de. en grume* = tronco con la corteccia.
grumeau [grymo] m. grumo, bozzolo. | *faire des grumeaux*, (r)aggrumarsi.
grumeler (se) [səgrymle] v. pr. (r)aggrumarsi.
grumeleux, euse [grymlø, øz] adj. grumoso.
grutier [grytje] m. TECHN. gruista.
gruyère [gryjɛr] m. groviera, gruviera m. ou f. inv.
guano [gwano] m. guano (esp.).
1. gué [ge] m. guado. | *passer à gué*, passare a guado ; guadare v. tr.
2. gué! interj. *ô gué !*, su ! allegri !
guéable [geabl] adj. guadabile. | *non guéable*, inguadabile.
guède [gɛd] f. BOT. guado m.
guéer [gee] v. tr. VX guadare, passare a guado (L.C.).
guelfe [gɛlf] m. et adj. HIST. guelfo.
guelfisme [gɛlfism] m. HIST. guelfismo.
guelte [gɛlt] f. COMM. percentuale (sulle vendite).
guenille [gənij] f. straccio m., cencio m. | *vêtu de guenilles*, vestito di stracci ; cencioso. ‖ FIG. *cet homme est une guenille*, è uno straccio d'uomo.
guenon [gənɔ̃] f. ZOOL. scimmia femmina. ‖ [femme laide] bertuccia, scimmia.
guépard [gepar] m. ZOOL. ghepardo.
guêpe [gɛp] f. ZOOL. vespa. ‖ FIG. *taille de guêpe*, vitino di vespa. ‖ LOC. FAM. *pas folle, la guêpe !* = è troppo scaltro, scaltra per lasciarsi abbindolare.
guêpier [gepje] m. PR. vespaio. ‖ FIG. *tomber, se fourrer dans un guêpier*, ficcarsi, cacciarsi in un ginepraio. ‖ ZOOL. [oiseau] vespiere, gruccione.
guêpière [gepjɛr] f. VX bustino m.
guère [gɛr] adv. non molto ; poco ; guari (littér.). | *il n'a guère le temps de*, gli manca il tempo per. | *on ne te voit guère*, non ti si vede molto ; ti si vede poco. | *elle n'est guère jolie*, non è troppo bella. | *il ne s'y connaît guère*, non se n'intende molto ; se n'intende poco. | *il n'est guère plus riche que toi*, è poco più ricco, non è molto più ricco di te. | *il n'est guère plus de dix heures*, sono poco più delle dieci. | *tu aimes le chou ? — guère*, ti piace il cavolo ? — non troppo.
guéret [gerɛ] m. AGR. maggese. ◆ pl. POÉT. campi (L.C.).
guéridon [geridɔ̃] m. tavolino rotondo (a un solo piede).
guérilla [gerija] f. MIL. guerriglia.
guérillero [gerijero] m. MIL. guerrigliero.
guérir [gerir] v. tr. guarire, (ri)sanare. | *l'art de guérir*, la medicina. | *guérir une blessure, une maladie*, sanare una ferita, una malattia. | *guérir qn d'une maladie*, guarire qlcu. da, di una malattia. | *l'aspirine guérit les maux de tête*, l'aspirina guarisce il, dal mal di testa. ‖ FIG. [délivrer] guarire. | *guérir qn de sa peur*, guarire uno della sua paura, far passare la paura a qlcu. ◆ v. intr. [personne ; blessure] guarire (aux. *essere*). ◆ v. pr. [sens pass.] guarire. ‖ FIG. [sens réfl.] *se guérir d'une mauvaise habitude*, guarire da una brutta abitudine.
guérison [gerizɔ̃] f. guarigione.
guérissable [gerisabl] adj. guaribile, sanabile, curabile.
guérisseur, euse [gerisœr, øz] n. PÉJOR. guaritore, trice ; medicone, ciarlatano m.
guérite [gerit] f. garitta, casotto m.
guerre [gɛr] f. guerra. | *guerre éclair*, guerra lampo. | *guerre de partisans*, guerra partigiana. | *aller en, à la guerre*, partire per la guerra, andare alla guerra. | *être sur le pied de guerre*, essere sul piede di guerra. | *foudre de guerre*, fulmine di guerra. | *matériel de guerre*, materiale bellico. | *décoré pour fait de guerre*, decorato al valore militare. | *d'avant la guerre*, di prima della guerra ; dell'anteguerra ; anteguerra adj. inv., prebellico adj. | *d'après la guerre*, di dopo la guerra ; del dopoguerra ; postbellico adj. ‖ LOC. *guerre des nerfs*, guerra dei nervi. | *guerre froide*, guerra fredda. | *guerre sainte*, guerra santa ; crociata f. ‖ FIG. *faire la guerre aux, partir en guerre contre les abus*, combattere gli abusi. | *nom de guerre*, nome di battaglia, d'arte. | *c'est de bonne guerre* = è legittimo. | *de guerre lasse*, V. LAS. ‖ PROV. *à la guerre comme à la guerre* = bisogna fare di necessità virtù.
guerrier, ère [gɛrje, ɛr] adj. [qui a trait à la guerre] guerresco. | *récit guerrier*, racconto guerresco. | *exploits guerriers*, prodezze, imprese guerresche. ‖ [porté à la guerre] guerriero, battagliero, bellicoso. | *tempérament guerrier*, temperamento battagliero, guerriero. | *nation guerrière*, nazione bellicosa, guerriera. ◆ n. m. guerriero.
guerroyer [gɛrwaje] v. intr. guerreggiare.
guet [gɛ] m. guardia f., sorveglianza f. | *faire le guet* : MIL. far la guardia ; [en parlant d'un voleur] fare il

palo. | *poste de guet*, posto di guardia. || Vx guardia notturna.
guet-apens [gɛtapɑ̃] m. agguato, insidia f., imboscata f. | *tomber dans, tendre un guet-apens*, cadere in, tendere un agguato. || FIG. tranello, trappola f.
guète f. V. GUETTE.
guêtre [gɛtr] f. ghetta, uosa, gambale m. || FIG., FAM. *traîner ses guêtres*, gironzolare, girellare.
guette ou **guète** [gɛt] f. ARCHIT. torre di vedetta.
guetter [gete] v. tr. spiare ; far la posta (a), tener d'occhio. | *guetter l'ennemi*, spiare il nemico. | *guetter qn*, spiare qlcu. ; [attente] far la posta a qlcu. | *guetter le passage de qn, qn au passage*, far la posta a qlcu., aspettar qlcu. (al varco). | *guetter l'occasion*, spiare l'occasione. || [menacer] *la maladie, la pauvreté le guette*, vive sotto la minaccia della malattia, della povertà.
guetteur [getœr] m. vedetta f. ; sentinella f. ; scolta f. (vx).
gueulante [gœlɑ̃t] f. ARG. baccano m., cagnara (fam.). | *pousser une gueulante*, far baccano, cagnara.
gueulard, e [gœlar, ard] adj. POP. che sbraita, urla sempre. ◆ n. POP. [qui crie] urlone, a ; sbraitone, a. || POP. [glouton] ghiottone, a (L.C.). ◆ n. m. MÉTALL. bocca f. (di altoforno). || MAR. megafono ; portavoce inv.
gueule [gœl] f. [d'un animal] bocca ; fauci f. pl. || LOC. *se jeter dans la gueule du loup*, gettarsi in bocca al lupo. || [d'un objet] bocca. || POP. [bouche] bocca (L.C.). | *fine gueule*, buongustaio m. (L.C.). | *s'en mettre plein la gueule*, fare una scorpacciata, una sbafata (fam.) ; abboffarsi (rom.). | *se soûler, se rincer la gueule*, prendersi una sbornia ; prendersi una sbronza, sbronzarsi (fam.). | *avoir la gueule de bois*, avere i postumi della sbornia ; avere il cerchio alla testa (L.C.). | *fermer, boucler la gueule à qn*, chiudere la bocca (L.C.), il becco (fam.) a qlcu. | *ta gueule !*, chiudi il becco ! ; mosca ! (fam.). | *être fort en gueule, être une grande gueule*, essere un urlone, uno smargiasso, uno spaccamonti (L.C.). | *pousser, donner un coup de gueule*, cacciare un grido, fare una gridata (L.C.). || POP. [figure] muso m., ceffo m. | *une bonne gueule*, un muso simpatico. | *une sale gueule*, un brutto ceffo, muso. | *casser la gueule à qn*, spaccare il muso a qlcu. | *se casser la gueule*, cadere (L.C.). | *faire la gueule* : [moue] torcere il muso ; [bouderie] fare il muso. | *une gueule d'enterrement*, una faccia da funerale (fam.). || LOC. *gueule cassée* = mutilato alla faccia della Prima Guerra mondiale. | *gueule noire* = minatore. || FIG., FAM. [tournure] piega (L.C.). | *avoir de la gueule*, aver stile, classe (L.C.).
gueule-de-loup [gœldəlu] f. BOT. bocca di leone.
gueuler [gœle] v. intr. et tr. POP. sbraitare v. intr. (fam.) ; urlare v. int. et tr. (L.C.) ; berciare v. intr. (tosc.).
gueules [gœl] m. HÉRALD. rosso.
gueuleton [gœltɔ̃] m. POP. bisboccia f., scorpacciata f., mangiata f., sbafata f. (fam.).
gueuletonner [gœltɔne] v. intr. POP. bisbocciare (fam.) ; far (una) bisboccia, una mangiata (fam.).
1. gueuse [gøz] f. MÉTALL. [fonte] lingotto (m.), pane (m.) di ghisa ; [moule] stampo m. || SPORT peso m. (per sollevamento).
2. gueuse adj. et n. f. V. GUEUX.
gueuserie [gøzri] f. [condition] mendicità, miseria. || [action vile] mascalzonata, furfanteria.
gueux [gø], **gueuse** [gøz] adj. mendicante, misero. ◆ n. PÉJOR. pezzente ; straccione, a. || FIG. [malandrin] furfante m., brigante m., mascalzone, a. || BOT. *herbe aux gueux*, clematide f. ◆ n. f. PÉJOR. [femme de mauvaise vie] donna di strada ; baldracca (littér.). || LOC. *courir la gueuse*, correr dietro alle sgualdrine. ◆ m. pl. HIST. gueux (fr.) ; pezzenti.
gugusse [gygys] m. POP. augusto.
1. gui [gi] m. BOT. vischio. || LOC. *au gui l'an neuf !*, buon anno !
2. gui m. MAR. boma f.
guibolle [gibɔl] f. POP. gamba (L.C.). | *jouer des guibolles*, darsela a gambe (fam.).
guiches [giʃ] f. pl. FAM. tirabaci m. inv. ; virgole (L.C.).
guichet [giʃɛ] m. [petite porte] portello, portella f. || [de confessionnal, de parloir] grata f. ; [de poste, de banque] sportello ; [de gare] sportello, biglietteria f. ; [de théâtre] botteghino, biglietteria. || FIN. *à guichet ouvert*, a pronta cassa. || V. FERMÉ.
guichetier, ère [giʃtje, ɛr] n. sportellista ; [de gare, de théâtre] bigliettaio, a ; [de prison] carceriere m., secondino m.
guidage [gidaʒ] m. [action] guida f. || [dispositif] (dispositivo di) guida.
1. guide [gid] m. [personne] PR. et FIG. guida f. | *guide de montagne*, guida alpina. | *servir de guide*, servir di, fare da guida. | *guide de musée, pour touristes*, guida, cicerone. || [livre] guida, manualetto, prontuario ; vademecum m. inv. || TECHN. guida.
2. guide f. redine, guida. | *à grandes guides*, a briglia sciolta.
guide-âne [gidɑn] m. guida f. ; promemoria m. inv. ; prontuario.
guider [gide] v. tr. PR. et FIG. guidare. ◆ v. pr. **(sur)** orientarsi (su). || FIG. *se guider sur l'exemple de qn*, seguire l'esempio, ispirarsi all'esempio di qlcu.
guidon [gidɔ̃] m. MAR. guidone. || MIL. [fusil] mirino. || HIST. guidone. || [vélo, moto] manubrio.
guignard, e [giɲar, ard] adj. FAM. scalognato ; scarognato (pop.). ◆ n. m. ZOOL. piviere tortolino.
1. guigne [giɲ] f. BOT. ciliegia acquaiola. || LOC. FAM. *je m'en soucie comme d'une guigne*, non me ne importa un fico secco, un accidente.
2. guigne f. ou **guignon** [giɲɔ̃] m. FAM. scalogna f., iettatura f. ; scarogna f. (pop.) ; iella f. (rom.). | *avoir la guigne, du guignon*, essere scalognato. | *porter, passer, flanquer la guigne, le guignon à qn*, portare scalogna, iella a qlcu.
guigner [giɲe] v. intr. sbirciare. ◆ v. tr. sbirciare, adocchiare. || FAM. [convoiter] adocchiare.
guignier [giɲje] m. BOT. ciliegio acquaiolo.
guignol [giɲɔl] m. marionetta f., burattino. || FIG. *faire le guignol*, far la marionetta, il burattino, il pagliaccio. | *c'est du guignol*, è tutta una commedia. || [spectacle, théâtre] teatro, spettacolo delle marionette, dei burattini.
guignon m. V. GUIGNE.
guilde f. V. GHILDE.
guilledou [gijdu] m. LOC. FAM. *courir le guilledou* = cercare avventure galanti ; [homme] correr dietro alle sottane.
guillemet [gijmɛ] m. TYP. virgoletta f. | *mettre entre guillemets*, mettere, chiudere tra virgolette. | *ouvrir, fermer les guillemets*, aprire, chiudere le virgolette.
guillemeter [gijmete] v. tr. virgolettare.
guillemot [gijmɔt] m. ZOOL. uria f.
guilleret, ette [gijrɛ, ɛt] adj. [gai] arzillo, vispo. || [frivole] frivolo, leggero. | *propos guillerets*, discorsetti allegri, discorsi licenziosetti.
guillochage [gijɔʃaʒ] m. bulinatura f., rabescatura f.
guilloche [gijɔʃ] f. bulino m.
guillocher [gijɔʃe] v. tr. bulinare, rabescare.
guillocheur [gijɔʃœr] m. bulinatore.
guillochis [gijɔʃi] m. rabesco.
guillotine [gijɔtin] f. ghigliottina. | *fenêtre à guillotine*, finestra a ghigliottina.
guillotiner [gijɔtine] v. tr. ghigliottinare.
guimauve [gimov] f. BOT. altea, bismalva. || FIG., FAM. *à la guimauve*, lezioso, sdolcinato adj.
guimbarde [gɛ̃bard] f. MUS. scacciapensieri m. inv. || FAM. [vieille voiture] macinino m.
guimpe [gɛ̃p] f. RELIG. soggolo m. || MODE pettorina.
guindage [gɛ̃daʒ] m. (il) ghindare, ghindaggio.
guindé, e [gɛ̃de] adj. [personne] compassato, contegnoso ; [style] affettato, artefatto, ampolloso, gonfio, tronfio.
guindeau [gɛ̃do] m. MAR. argano (ad asse orizzontale).
guinder [gɛ̃de] v. tr. ghindare. || FIG. *guinder son style*, affettare eleganza di stile, rendere lo stile ampolloso. ◆ v. pr. FIG. affettare dignità, rigidezza.

guinée [gine] f. [monnaie] ghinea.
guinéen, enne [gineẽ, ɛn] adj. della Guinea. ◆ n. abitante della Guinea.
guingois (de) [dəgẽgwa] loc. adv. di sghimbescio, a sghimbescio, di traverso.
guinguette [gẽgɛt] f. = osteria di periferia (in cui si balla); balera (septentr.).
guiper [gipe] v. tr. ÉLECTR. = rivestire (con materia isolante intrecciata).
guipure [gipyr] f. guipure (fr.).
guirlande [girlɑ̃d] f. ghirlanda, festone m.; serto m. (littér.). | *tresser une guirlande*, intrecciare una ghirlanda. || ARCHIT. festone.
guise [giz] f. modo m., maniera; guisa (littér.). | *à sa guise*, a modo suo. | *à votre guise !*, (faccia) come vuole ! | *n'en faire qu'à sa guise*, fare di testa propria. ◆ loc. prép. ***en guise de***, a mo' di, a guisa di, in funzione di, in luogo di, invece di. | *porter un ruban en guise de cravate*, portar un nastro a mo' di cravatta. | *en guise de consolation*, a mo' di consolazione.
guitare [gitar] f. chitarra.
guitariste [gitarist] n. chitarrista.
guitoune [gitun] f. ARG. MIL. [abri]; FAM. [tente] tenda.
guivre [givr] f. HÉRALD. biscione m.
gustatif, ive [gystatif, iv] adj. gustativo.
gustation [gystasjɔ̃] f. [action] degustazione, gustamento m.
gutta-percha [gytaperka] f. guttaperca.
guttural, e, aux [gytyral, o] adj. gutturale. ◆ n. f. LING. VX gutturale.
gymkhana [ʒimkana] m. gincana f., gimcana f.; gymkhana f. (angl.).
gymnase [ʒimnaz] m. ANTIQ. ginnasio. || SPORT palestra f.
gymnaste [ʒimnast] n. ginnasta.
gymnastique [ʒimnastik] adj. ginnastico, ginnico. | *pas (de) gymnastique*, passo alla bersagliera. ◆ n. f. ginnastica. | *société de gymnastique*, società ginnastica. | *exercices de gymnastique*, esercizi ginnici. || FAM. *se livrer à toute une gymnastique pour passer*, fare acrobazie per passare. || FIG. *gymnastique de l'esprit, intellectuelle*, ginnastica mentale.
gymnique [ʒimnik] adj. ginnico. ◆ n. f. ginnica.
gymnospermes [ʒimnɔspɛrm] f. pl. BOT. gimnosperme, ginnosperme.
gymnote [ʒimnɔt] m. ZOOL. gimnoto, ginnoto.
gynécée [ʒinese] m. ANTIQ., BOT. gineceo.
gynécologie [ʒinekɔlɔʒi] f. ginecologia.
gynécologique [ʒinekɔlɔʒik] adj. ginecologico.
gynécologue [ʒinekɔlɔg] ou **gynécologiste** [ʒinekɔlɔʒist] n. ginecologo, a.
gypaète [ʒipaɛt] m. ZOOL. gip(a)eto.
gypse [ʒips] m. gesso.
gypseux, euse [ʒipsø, øz] adj. gessoso.
gyrocompas [ʒirɔkɔ̃pa] m. girobussola f., bussola giroscopica.
gyromètre [ʒirɔmɛtr] m. girometro.
gyropilote [ʒirɔpilɔt] m. AÉR. giropilota.
gyroscope [ʒirɔskɔp] m. PHYS. giroscopio.
gyroscopique [ʒirɔskɔpik] adj. giroscopico.
gyrostat [ʒirɔsta] m. girostato.

H

h [aʃ] m. h f. ou m. | *h aspiré, muet*, h aspirata, muta. | *heure H*, ora X, ora zero. || PHYS. *bombe H*, bomba H.
***ha !** [a] interj. [surprise] ah ! || [rire] *ha, ha !*, ha, ha ! ◆ n. m. inv. = grido (m.) di sorpresa. (V. HO !)
habile [abil] adj. [adroit, capable] abile, destro, bravo. | *habile à, pour*, bravo a, per. || [exercé] esperto, perito; provetto (littér.). || [rusé] abile, furbo, scaltro. || JUR. idoneo, abile, capace. | *habile à succéder*, capace di succedere. ◆ n. m. pl. PÉJOR. furbi.
habileté [abilte] f. abilità, destrezza, bravura. | *habileté des mains*, destrezza di mano. || [procédé] *les habiletés du métier*, i trucchi del mestiere. || FIG. *habileté politique*, abilità politica.
habilitation [abilitasjɔ̃] f. JUR. abilitazione.
habilité [abilite] f. JUR. capacità, abilità, idoneità. | *habilité à succéder*, capacità di succedere.
habiliter [abilite] v. tr. JUR. abilitare; dichiarare capace, adatto; conferire poteri a.
habillage [abijaʒ] m. (il) vestire; vestitura f. (rare). | *l'habillage d'une poupée*, il vestire una bambola. | *l'habillage d'une chaise*, il ricoprimento di una sedia. || CULIN. preparazione f. (della carne per la cottura). || TECHN. rivestimento. | *habillage d'une montre*, montaggio di un orologio. || TYP. *habillage d'une gravure*, messa (f.) in pagina del testo intorno a un'illustrazione.
habillé, e [abije] adj. vestito. | *tout habillé*, vestito completamente, di tutto punto. | *se coucher tout habillé*, andare a letto senza spogliarsi. || [élégant] *robe habillée*, abito elegante; abito da cerimonia, di gala. | *faire habillé*, fare elegante. | *dîner habillé*, pranzo di gala.
habillement [abijmɑ̃] m. [action d'habiller] (il) vestire, vestizione f., abbigliamento. || [vêtements] abbigliamento, vestiario; MIL. vestiario, corredo. || [profession] industria (f.) dell'abbigliamento. | *syndicat de l'habillement*, sindacato dell'abbigliamento.
habiller [abije] v. tr. [vêtir] vestire; [avec élégance] abbigliare. || [être seyant] vestir bene. | *cette robe m'habille bien*, questo vestito mi sta bene, mi sta a pennello. || FIG. ricoprire, tappezzare. | *habiller des chaises, un fauteuil*, ricoprire, tappezzare delle sedie, una poltrona. || FAM., VX *habiller qn* : [dire du mal] tagliare i panni addosso a uno (fam.); dir male, sparlare di uno (L.C.). || CULIN. preparare (per la cottura). || TECHN. [recouvrir] rivestire; [monter] montare. ◆ v. intr. *cette couturière habille bien*, questa sarta veste bene. ◆ v. pr. vestire, vestirsi; [pour une sortie] abbigliarsi, vestirsi. | *s'habiller avec goût*, vestire con gusto. | *s'habiller en femme, en civil, de neuf*, vestirsi da donna, in borghese, a nuovo. | *s'habiller chez un grand couturier*, vestirsi da un gran sarto.
habilleur, euse [abijœr, øz] n. THÉÂTRE vestiarista.
habit [abi] m. [vêtement] abito, vestito. | *habit de voyage, de travail*, abito da viaggio, da lavoro. | *en habit d'Arlequin*, vestito (adj.) da Arlecchino. || [de

cérémonie] abito da cerimonia; frac (fr.); marsina f. | *habit de soirée*, abito da sera. | *habit vert* = uniforme (f.) verde (degli Accademici di Francia). | *habit militaire*, uniforme militare. || LOC. *l'habit est de rigueur*, è di rigore l'abito da sera. || RELIG. *habit ecclésiastique*, abito talare. | *prendre l'habit*, vestire, prendere l'abito. | *quitter l'habit*, spretarsi; abbandonare l'abito. | *prise d'habit*, vestizione f. || PROV. *l'habit ne fait pas le moine*, l'abito non fa il monaco. ◆ pl. [ensemble de vêtements] indumenti, vestiti. | *avoir ses habits de fête, du dimanche*, essere vestito da festa, da domenica. | *vieux habits*, abiti vecchi, vecchi panni.

habitabilité [abitabilite] f. abitabilità.

habitable [abitabl] adj. abitabile.

habitacle [abitakl] m. AÉR., AUTOM. abitacolo. || MAR. abitacolo, chiesuola f. || POÉS. [demeure] dimora f.

habitant, e [abitɑ̃, ɑ̃t] n. abitante. | *loger chez l'habitant*, alloggiare in casa privata.

habitat [abita] m. [des êtres en général] ambiente; habitat inv. (lat.). || [des hommes] insediamento m. | *habitat rural, urbain, concentré, dispersé*, insediamento rurale, urbano, accentrato, sparso.

habitation [abitasjɔ̃] f. abitazione. | *maison d'habitation*, casa (di abitazione). | *bloc d'habitations*, insieme (m.) di casamenti; caseggiato (m.) popolare. | *habitations à loyer modéré (H. L. M.)*, case popolari. | *loger loin des habitations*, alloggiare fuori dell'abitato.

habiter [abite] v. intr. abitare. | *habiter à la campagne, à la, en ville, à l'étranger, dans un appartement, dans une villa, à Venise, rue Pasteur*, abitare in campagna, in città, all'estero, in un appartamento, in un villino, a Venezia, in via Pasteur. | *où habites-tu ?*, dove stai di casa? ◆ v. tr. abitare in. || [animaux] *les singes habitent les forêts*, le scimmie vivono nelle foreste. || FIG. [occuper l'esprit] abitare, animare; [posséder] infiammare, infervorire.

habitude [abityd] f. abitudine, consuetudine, usanza. | *les habitudes d'un pays*, le usanze di un paese. || PROV. *l'habitude est une seconde nature*, l'abitudine è una seconda natura. || LOC. *avoir de bonnes habitudes*, avere buone abitudini. | *avoir la mauvaise habitude de*, avere il (brutto) vezzo, la brutta abitudine, il vizio di. | *avoir l'habitude de*, avere l'abitudine di; essere solito. | *j'en ai l'habitude*, ci sono abituato, avvezzo. | *avoir l'habitude du froid, du malheur*, aver fatto l'abitudine al freddo, alle disgrazie. | *j'ai l'habitude de cette machine*, sono pratico di questa macchina. | *ce n'est pas mon habitude, dans mes habitudes*, non è mia abitudine. | *selon, à, suivant son habitude*, secondo il suo solito. ◆ loc. adv. ***d'habitude,*** di solito. | *comme d'habitude*, al solito, come il solito. || ***par habitude,*** per abitudine.

habitué, e [abitɥe] n. frequentatore, trice; cliente assiduo; habitué m. (fr.).

habituel, elle [abitɥɛl] adj. solito, abituale. | *au sens habituel du mot*, nel significato usuale, nell'accezione comune della parola.

habituellement [abitɥɛlmɑ̃] adv. di solito, di consueto, solitamente, abitualmente.

habituer [abitɥe] v. tr. **(à)** abituare, assuefare, avvezzare (a). ◆ v. pr. **(à)** abituarsi, assuefarsi, avvezzarsi (a).

***hâblerie** [ɑblәri] f. millanteria, vanteria, fanfaronata, spacconata.

***hâbleur, euse** [ɑblœr, øz] adj. millantatore, trice. ◆ n. millantatore, trice; fanfarone m.; spaccone, a.

***hachage** [aʃaʒ] ou ***hachement** [aʃmɑ̃] m. tritatura f.; [en filaments] trinciatura f.

***hache** [aʃ] f. ascia, accetta; [à long manche; de bûcheron] scure; [de charpentier, de tonnelier] ascia. | *hache à main*, accetta. | *hache à deux tranchants*, scure a due tagli; bipenne (littér.). | *coup de hache*, colpo d'accetta, d'ascia, di scure; accettata, asciata. || FIG. *taillé à coups de hache*, tagliato, fatto con l'accetta. || HIST. [du licteur] scure; [du bourreau] mannaia. | *hache d'armes*, scure d'arme; azza. || LOC. FIG. *porter la hache dans une administration* = sopprimere gli abusi, i posti superflui; snellire gli uffici amministrativi.

***haché, e** [aʃe] adj. *viande hachée: haché* (n. m.), carne tritata. || FIG. *style, discours haché*, stile, discorso spezzettato.

***hache-légumes** [aʃlegym] m. inv. tritatutto.

***hache-paille** [aʃpaj] m. inv. trinciapaglia, trinciaforaggi.

***hacher** [aʃe] v. tr. tritare; [en filaments] trinciare. | *hacher menu*, tritare minutamente. || [saccager] maciullare, distruggere. | *la grêle hache les blés*, la grandine maciulla il grano. || [entrecouper] interrompere. || LOC. FIG. *se faire hacher*, farsi fare a pezzi, farsi annientare.

***hachette** [aʃɛt] f. accetta.

***hache-viande** [aʃvjɑ̃d] m. inv. tritacarne.

***hachis** [aʃi] m. [viande] carne tritata; [poisson] pesce tritato; [légumes] pesto, battuto. | *un hachis de persil et d'oignons*, un battuto di prezzemolo e cipolle.

***hachisch** [aʃiʃ] m. hascisc.

***hachoir** [aʃwar] m. [planche] tagliere; battilardo inv. || [couperet] mezzaluna f. (pl. *mezzelune*); [appareil] tritatutto inv.

***hachure** [aʃyr] f. [trait d'un dessin] tratteggio m. || [d'ombre, de lumière] striscia.

***hachurer** [aʃyre] v. tr. tratteggiare. | *dessin hachuré*, disegno tratteggiato.

***hagard, e** [agar, ard] adj. stravolto, stralunato.

hagiographe [aʒjɔgraf] m. agiografo.

hagiographie [aʒjɔgrafi] f. PR. et FIG. agiografia.

hagiographique [aʒjɔgrafik] adj. agiografico (m. pl. *agiografici*).

***haie** [ɛ] f. siepe. | *haie vive*, siepe viva, naturale. | *haie morte*, siepe morta. || FIG. ala, fila, siepe. | *faire la haie*, fare ala. || [hippisme] siepe, staccionata. | *course de haies*, corsa (a) siepi. || [athlétisme] *course de haies*, corsa, gara con, a ostacoli. | *110 mètres haies*, 110 metri ostacoli. | *coureur de haies*, ostacolista m.

***haillon** [ɑjɔ̃] m. straccio, cencio, brindello, sbrendolo. | *vêtu de haillons*, vestito di stracci. | *en haillons*, cencioso, sbrindellato adj.

***haillonneux, euse** [ɑjɔnø, øz] adj. cencioso.

haine** [ɛn] f. odio m., astio m. | *avoir de la haine contre qn*, nutrire odio contro qlcu. | *avoir en haine qn, qch.*, avere in odio qlcu., qlco. ◆ loc. prép. ***par haine de, in odio a.

***haineusement** [ɛnøzmɑ̃] adv. astiosamente, con odio.

***haineux, euse** [ɛnø, øz] adj. astioso; pieno d'odio. | *caractère haineux*, carattere astioso.

***haïr** [air] v. tr. odiare. | *haïr à mort*, odiare a morte. || LOC. *je hais d'être réveillé trop tôt* (litt.), detesto d'essere svegliato troppo presto. | *il ne hait pas la bonne chère*, non disdegna i piaceri della mensa.

***haire** [ɛr] f. cilicio m.

***haïssable** [aisabl] adj. odioso, detestabile.

***haïtien, enne** [aisjɛ̃, ɛn] adj. et n. haitiano.

***halage** [alaʒ] m. alaggio. | *câble de halage*, alzaia f. | *chemin de halage*, alzaia; strada di alaggio.

***halbran** [albrɑ̃] m. ZOOL. = piccolo dell'anatra selvatica.

***hâle** [ɑl] m. [action] abbronzamento; [effet] abbronzatura f., abbronzamento.

haleine [alɛn] f. fiato m., alito m., respiro m. | *haleine forte*, alito, fiato cattivo. | *avoir l'haleine courte*, avere il fiato grosso, corto. | *hors d'haleine*, trafelato, ansante adj. | *perdre haleine*, rimanere senza fiato. | *à perdre haleine*, a perdifiato. | *reprendre haleine*, (ri)prendere fiato. || FIG. [souffle] alito. || LOC. *tout d'une haleine*, in un fiato, d'un fiato. | *de longue haleine*, di lunga lena, durata. | *tenir qn en haleine*, tenere qlcu. in sospeso.

***haler** [ale] v. tr. alare.

***hâler** [ɑle] v. tr. abbronzare.

***haletant, e** [altɑ̃, ɑ̃t] adj. ansante, ansimante, sbuffante, trafelante. || FIG. impaziente; col fiato sospeso.

***halètement** [alɛtmɑ̃] m. ansito, (l')ansare, (l')ansimare, (il) trafelare.

***haleter** [alte] v. intr. ansare, ansimare, trafelare.

***haleur** [alœr] m. bardotto.
***half-track** [alftrak] m. (angl.) MIL. semicingolato.
***hall** [ol] m. [entrée] hall f. (angl.); atrio, vestibolo; [pièce] sala f., salone, hall; [de gare] tettoia f.
***hallage** [alaʒ] m. [taxe] tassa (f.) di posteggio.
hallali [alali] interj. et n. m. hallalì (fr.).
***halle** [al] f. [marché] mercato coperto. | *halle au blé*, mercato del grano. | *dames de la halle*, venditrici ai mercati generali. || TECHN. *halle des machines*, sala macchine. ◆ pl. mercati generali. || [à Paris] *mandataire aux Halles* = commissionario dei mercati generali. | *forts des Halles* = scaricatori, facchini dei mercati generali. | *langage des halles*, lingua da facchini; = lingua di Mercato vecchio [à Florence].
***hallebarde** [albard] f. HIST. alabarda. || LOC. FAM. *il pleut des hallebardes*, piove a catinelle.
***hallebardier** [albardje] m. HIST. alabardiere.
***hallier** [alje] m. macchione, boscaglia f.
hallucinant, e [alysinɑ̃, ɑ̃t] adj. allucinante. || [extraordinaire] *ressemblance hallucinante*, somiglianza stupefacente.
hallucination [alysinasjɔ̃] f. allucinazione.
hallucinatoire [alysinatwar] adj. allucinatorio.
halluciné, e [alysine] adj. et n. allucinato.
halluciner [alysine] v. tr. allucinare.
hallucinogène [alysinɔʒɛn] adj. et n. m. allucinogeno.
***halo** [alo] m. PR. et FIG. alone. || PHOT. alone.
halogène [alɔgɛn] adj. et n. m. CHIM. alogeno.
***halte** [alt] f. [moment] sosta, tappa. | *faire (une) halte*, fare (una) sosta; sostare v. intr. || [lieu] tappa. || TRANSP. fermata a richiesta. || FIG. *dire halte à la bombe H*, dire basta alla bomba H. ◆ interj. alt!, stop! || MIL. *halte-là!*, alto là!
haltère [altɛr] m. peso, manubrio. | *faire des haltères*, fare il sollevamento pesi. | *poids et haltères*, V. POIDS.
haltérophile [alterɔfil] m. sollevatore di pesi; pesista.
haltérophilie [alterɔfili] f. sollevamento (m.) pesi; pesistica.
***hamac** [amak] m. amaca f.
hamadryade [amadrijad] f. MYTH. amadriade.
hamadryas [amadrijas] m. ZOOL. amadriade f.
hamamélis [amamelis] m. BOT. amamelide f.
***hameau** [amo] m. casale; frazione f. (di un comune).
hameçon [amsɔ̃] m. amo. || FIG. *mordre à l'hameçon*, V. MORDRE.
1. *hampe [ɑ̃p] f. [de drapeau; de lettre] asta. || [manche] manico m. || BOT. stelo m., fusto m.
2. *hampe f. [boucherie] piccione m.
***hamster** [amstɛr] m. ZOOL. hamster (all.); criceto.
***hanap** [anap] m. VX nappo.
***hanche** [ɑ̃ʃ] f. ANAT., ZOOL. anca, fianco m. | *rouler, balancer les hanches*, dimenare i fianchi; ancheggiare.
***hanchement** [ɑ̃ʃmɑ̃] m. ancheggiamento.
***hancher (se)** [səɑ̃ʃe] v. pr. ancheggiare v. intr.
***handball** [ɑ̃dbal] m. (angl.) pallamano f.
***handicap** [ɑ̃dikap] m. (angl.) SPORT (h)andicap. || FIG. (h)andicap, svantaggio.
***handicapé, e** [ɑ̃dikape] adj. (h)andicappato, minorato. ◆ n. minorato, a.
***handicaper** [ɑ̃dikape] v. tr. SPORT (h)andicappare. || FIG. handicappare, svantaggiare.
***handicapeur** [ɑ̃dikapœr] m. SPORT handicapper (angl.); periziatore.
***hangar** [ɑ̃gar] m. capannone, tettoia f., rimessa f. || AÉR. hangar (fr.); aviorimessa f., capannone.
***hanneton** [antɔ̃] m. ZOOL. maggiolino.
***hanovrien, enne** [anɔvrijɛ̃, ɛn] adj. et n. hannoveriano.
***hanse** [ɑ̃s] f. HIST. (h)ansa.
***hanséatique** [ɑ̃seatik] adj. HIST. anseatico.
***hanté, e** [ɑ̃te] adj. *château hanté*, castello abitato dagli spiriti.
***hanter** [ɑ̃te] v. tr. frequentare, bazzicare, praticare. || PROV. *dis-moi qui tu hantes, je te dirai qui tu es*, dimmi con chi vai e ti dirò chi sei. || FIG. [obséder] ossessionare, assillare.
***hantise** [ɑ̃tiz] f. ossessione, assillo m., fissazione; idea fissa.
hapax [apaks] m. LING. (h)apax.
haplographie [aplɔgrafi] f. PHILOL. aplografia.
haploïde [aplɔid] adj. BIOL. aploide.
haplologie [aplolɔʒi] f. PHILOL. aplologia.
***happement** [apmɑ̃] m. azzannamento, azzannatura f., (l')afferrare. || [par un véhicule] investimento.
***happer** [ape] v. tr. [avec la bouche, le bec] afferrare; [avec les crocs] azzannare. || [saisir, agripper] ghermire, acciuffare, afferrare, acchiappare, agguantare. | *happé par un train*, investito da un treno.
***haquenée** [akne] f. VX chinea; = cavallo (m.) da sella che va all'ambio.
***hara-kiri** [arakiri] m. carachiri, hara-kiri inv. || FIG. *faire hara-kiri* = sacrificarsi.
***harangue** [arɑ̃g] f. arringa; concione (littér. ou iron.). || FIG., PÉJOR. tiritera; [remontrance] predica.
***haranguer** [arɑ̃ge] v. tr. arringare.
***harangueur** [arɑ̃gœr] m. arringatore; concionatore (iron.).
***haras** [ara] m. stazione (f.) di monta equina.
***harassant, e** [arasɑ̃, ɑ̃t] adj. sfibrante, spossante, massacrante.
***harassement** [arasmɑ̃] m. spossatezza f., sfinimento.
***harasser** [arase] v. tr. spossare, sfiancare, sfinire, prostrare.
***harcelant, e** [arsəlɑ̃, ɑ̃t] adj. assillante. || [importun] molesto.
***harcèlement** [arsɛlmɑ̃] m. (l')assillare; tormento assillante. || MIL. *tir de harcèlement*, tiro di disturbo.
***harceler** [arsəle] v. tr. assillare, molestare, punzecchiare. | *harceler qn de questions*, assillare qlcu. di domande. || MIL. incalzare; non dar tregua a.
***harceleur, euse** [arsəlœr, øz] adj. assillante, molestatore. ◆ n. molestatore, trice.
1. *harde [ard] f. [troupeau] branco m.
2. *harde f. [lien] guinzaglio m. (per quattro, per sei cani). || [meute] muta (di cani).
3. *hardes f. pl. PÉJOR. cenci m. pl., stracci m. pl.
***hardi, e** [ardi] adj. [audacieux] ardito, audace, ardimentoso, baldo. || [effronté] sfrontato, sfacciato. || [osé] ardito, audace. ◆ interj. *hardi, les gars!*, forza, ragazzi!
***hardiesse** [ardjɛs] f. [audace] arditezza, audacia, baldanza; ardimento m. (littér.). || [effronterie] sfacciataggine, sfrontatezza.
***hardware** [ardwɛr] m. hardware (angl.); strumentazione f., apparecchiatura f.
***harem** [arɛm] m. (ar.) harem.
***hareng** [arɑ̃] m. ZOOL. aringa f. || CULIN. *filet de hareng mariné*, filetto di aringa marinato. (V. aussi PEC, SAUR.) || LOC. FIG. *être sec comme un hareng*, essere secco come un'acciuga, sembrare una salacca. | *serrés comme des harengs*, pigiati come sardine. (V. aussi CAQUE.)
***harengère** [arɑ̃ʒɛr] f. PR., VX pescivendola (L.C.); pesciaiola (tosc.). || FIG., PÉJOR. = lavandaia.
***harfang** [arfɑ̃] m. ZOOL. *(chouette) harfang*, civetta (f.) delle nevi.
***hargne** [arɲ] f. astio m., animosità, rancore m.
***hargneux, euse** [arɲø, øz] adj. astioso, stizzoso, arcigno. | *chien hargneux*, cane ringhioso.
1. *haricot [ariko] m. fagiolo. | *haricots verts*, fagiolini. | *haricots mange-tout*, fagioli mangiatutto. || LOC. POP. *c'est la fin des haricots!*, è la fine del mondo! (L.C.). | *courir, taper sur le haricot* = rompere le scatole. || MÉD. [petite cuvette] fagiolo. || POP. *des haricots!*, un corno!
2. *haricot m. CULIN. *haricot de mouton* = stufato di castrato con patata o rape.
***haridelle** [aridɛl] f. ronzino m., brenna, brocco m.
***harle** [arl] m. ZOOL. smergo. | *harle huppé, bièvre*, smergo minore, maggiore. | *harle piette*, pesciaiola f.
harmonica [armɔnika] m. armonica f.
harmonie [armɔni] f. armonia. | *harmonie des sons, des couleurs, du style*, armonia dei suoni, dei colori, dello stile. || FIG. armonia, accordo m. | *en harmonie*

avec, in armonia con. || HIST. LITT. *harmonie imitative*, armonia imitativa. || MUS. armonia. | *table d'harmonie*, cassa armonica. || [orchestre] banda.
harmonieux, euse [armɔnjø, øz] adj. armonioso. || [bien proportionné] armonioso, armonico.
harmonique [armɔnik] adj. armonico. ◆ n. m. PHYS. armonica f.
harmonisation [armɔnizasjɔ̃] f. MUS. armonizzazione. || LING. *harmonisation consonantique, vocalique*, armonia consonantica, vocalica.
harmoniser [armonize] v. tr. MUS. et FIG. armonizzare. ◆ v. pr. FIG. armonizzare v. intr.
harmoniste [armɔnist] m. MUS. armonista.
harmonium [armɔnjɔm] m. MUS. (h)armonium; armonio (rare).
***harnachement** [arnaʃmɑ̃] m. [action] bardatura f. || [harnais] bardatura, finimenti m. pl. || [équipement mil., sport] bardatura. || FAM. [accoutrement] bardatura.
***harnacher** [arnaʃe] v. tr. PR. bardare. || FIG., FAM. *ridiculement harnaché*, bardato in modo ridicolo. ◆ v. pr. MIL., SPORT equipaggiarsi. || FAM. bardarsi.
***harnais** [arnɛ] m. [de cheval] bardatura f., finimenti m. pl. | *mettre le harnais à*, bardare v. tr. || Vx [armure] armatura f. (L.C.). || LOC. *blanchi sous le harnais* = invecchiato nel mestiere. || TECHN. *harnais d'engrenages*, serie d'ingranaggi.
***harnois** [arnwa] m. Vx V. HARNAIS.
***haro** [aro] m. LOC. *crier haro sur qn*, inveire contro qlcu., dar la croce addosso a qlcu.
harpagon [arpagɔ̃] m. arpagone, spilorcio.
1. *harpe [arp] f. MUS. arpa. | *harpe éolienne*, arpa eolia. | *jouer de la harpe*, suonare l'arpa; arpeggiare.
2. *harpe f. [pierre en saillie] bornio m.
***harpie** [arpi] f. MYTH., ZOOL. arpia. || PÉJOR. [mégère] arpia.
***harpiste** [arpist] n. arpista.
***harpon** [arpɔ̃] m. [pêche] fiocina f., rampone, arpione. || TECHN. [crochet] arpese, grappa f.
***harponnage** [arpɔnaʒ] ou ***harponnement** [arpɔnmɑ̃] m. (l')arpionare, (il) fiocinare.
***harponner** [arpɔne] v. tr. arpionare, fiocinare. || FIG., FAM. *harponner qn*, agganciare qlcu.
***harponneur** [arpɔnœr] m. fiocinatore, fiociniere, ramponiere.
***hart** [art] f. Vx capestro m. (L.C.).
hasard** [azar] m. [cas fortuit] caso, combinazione f. | *c'est l'effet du hasard*, è un puro caso. | *le hasard a voulu que je le rencontre*, il caso volle che lo incontrassi. | *ce n'est pas un hasard si*, non è (effetto di) un puro caso se. | *s'abandonner au hasard*, affidarsi al caso. | *quel drôle de hasard !*, guarda che combinazione ! || [chance] sorte f., caso. | *coup de hasard*, caso fortuito. | *les caprices du hasard*, i capricci, gli scherzi della sorte. | *jeu de hasard*, gioco d'azzardo. || [risque] azzardo. ◆ loc. adv. ***au hasard, a caso, alla ventura. | *j'allais au hasard*, andavo alla ventura. | *répondre au hasard*, rispondere a caso. || ***à tout hasard***, per ogni evenienza. || ***par hasard***, per caso, per combinazione; [peut-être] per caso. ◆ loc. prép. ***au hasard de*** : *je l'ai découvert au hasard de mes lectures*, l'ho scoperto per caso nel corso delle mie letture.
***hasarder** [azarde] v. tr. [risquer] (ar)rischiare, azzardare. || FIG. *hasarder une question*, azzardare, avventare, arrischiare una domanda. ◆ v. pr. **(à)** azzardarsi, arrischiarsi, avventurarsi (a).
***hasardeux, euse** [azardø, øz] adj. [risqué] azzardato, rischioso, aleatorio. || Vx [téméraire] azzardoso, temerario (L.C.).
***haschich** m. V. HACHISCH.
***hase** [az] f. ZOOL. lepre femmina, coniglio selvatico femmina.
hast m. ou **haste** f. [ast] HIST. asta f. | *arme d'hast*, arma in asta.
***hastaire** [astɛr] m. HIST. astato.
***hasté, e** [aste] adj. BOT. astato.
***hâte** [ɑt] f. fretta, premura. | *avoir hâte de*, aver fretta, premura di. | *à la, en hâte*, in fretta. | *en toute hâte*, in fretta e furia. | *fait à la hâte*, fatto alla svelta.
***hâter** [ɑte] v. tr. [accélérer] affrettare. | *hâter le pas*, affrettare il passo. ◆ v. pr. **(de)** affrettarsi (a). | *je me suis trop hâté de dire*, ho detto troppo presto. || LOC. *hâte-toi lentement*, se hai fretta, prendi tempo; festina lente (lat.).
***hâtif, ive** [ɑtif, iv] adj. [précoce] precoce, primaticcio. | *pommes de terre hâtives*, patate primaticce. || [fait trop vite] affrettato. | *travail hâtif*, lavoro affrettato, frettoloso.
***hauban** [obɑ̃] m. MAR. sartia f., (contro)vento, straglio. || AÉR. tirante, cavo. || [de construction, de pylône] strallo.
***haubanage** [obanaʒ] m. AÉR., MAR. controventatura f.
***haubaner** [obane] v. tr. AÉR., MAR. controventare. || [une construction, un pylône] strallare.
***haubert** [obɛr] m. HIST. usbergo.
***hausse** [os] f. rialzo m., rincaro m., aumento m. | *hausse des prix*, rialzo dei prezzi. | *hausse des loyers, des denrées alimentaires*, rincaro degli affitti, dei generi alimentari. | *hausse des salaires*, aumento dei salari. || FIN. rialzo. | *être en hausse*, essere in rialzo. || MIL. [canon] alzo m. | *angle de hausse*, angolo di elevazione. || TECHN. rialzo.
***hausse-col** [oskɔl] m. MIL., VX gorgiera f., goletta f.
***haussement** [osmɑ̃] m. *haussement d'épaules*, alzata (f.) di spalle, spallucciata f.
***hausser** [ose] v. tr. [rendre plus haut] rialzare. || [porter en haut] alzare; tirar su. | *hausser un store*, alzare, tirar su una tenda. | *hausser la voix*, alzare la voce. || COMM. [majorer] (ri)alzare. || LOC. *hausser les épaules*, alzare le spalle, far spallucce, stringersi nelle spalle. ◆ v. intr. Vx *les prix ont haussé*, i prezzi sono aumentati, saliti, cresciuti (L.C.). ◆ v. pr. *se hausser sur la pointe des pieds*, alzarsi in punta di piedi. || FIG. innalzarsi, elevarsi.
***haussier** [osje] m. FIN. rialzista.
***haussière** [osjɛr] f. V. AUSSIÈRE.
***haut, e** [o, ot] adj. **1.** [élevé] alto, elevato. | *haut de six mètres*, alto sei metri. | *de haute taille*, di statura alta; alto adj. | *haut sur jambes*, lungo di gambe. | *haut lieu*, V. LIEU. | *haute mer* : [loin de la côte] alto mare, altura; [marée] alta marea. | *haut bout de la table*, capotavola m. | *à haut prix*, ad alto prezzo. || CH. DE F. *locomotive haut le pied*, locomotiva senza vagoni agganciati. || JUR. *haute cour de justice*, alta corte di giustizia. || LOC. FIG. *marcher la tête haute*, andare a testa alta. | *avoir le verbe haut*, parlare arrogantemente. | *avancer l'épée haute*, avanzare colla spada levata. || **2.** [intense] *à haute voix*, ad alta voce. | *pousser les hauts cris*, protestare violentemente; strillare. || PR. et FIG. *haut en couleur(s)*, a forti tinte. || MUS. *chanter la partie haute*, cantare la parte alta. || PHYS. *haute pression, haute température*, alta pressione, alta temperatura. | *de haute précision*, di alta precisione. || **3.** [reculé dans le temps, l'espace] alto. | *haute Égypte*, alto Egitto. | *haut Moyen Âge*, alto Medioevo. | *le haut allemand*, l'alto tedesco. || **4.** [supérieur] alto, grande, elevato. | *à un haut degré*, a un grado elevato. | *de haut rang*, di alto rango. | *en haut lieu*, in alto luogo. | *de haute naissance*, di nascita nobile. | *haute bourgeoisie*, alta borghesia. | *hauts faits*, prodezze f. pl., gesta f. pl. | *haute couture*, haute couture (fr.); alta moda. | *haute estime*, alta, grande stima. | *de la plus haute importance*, della massima importanza. | *c'est du plus haut comique*, è comicissimo, è d'una comicità irresistibile. ◆ n. m. [hauteur] alto, altezza f. | *avoir cent mètres de haut*, essere alto cento metri. | *tomber de (son) haut*, cadere lungo disteso (pr.); cadere dalle nuvole (fig.). || [sommet] cima f., sommità f. | *tenir par le haut*, tenere dalla parte superiore. || FIG. *les hauts et les bas*, gli alti e bassi. || MUS. alto; alte note f. pl. || RELIG. *le Très-Haut*, l'Altissimo, l'Eccelso. ◆ n. f. POP. *la haute*, la haute (fr.); la crema; l'alta società, l'aristocrazia, il fior fiore della società (L.C.). ◆ adv. alto. | *monter très haut*, salire assai in alto. | *haut placé*, altolocato. | *haut les mains !*, mani in alto ! | *haut les cœurs !*, in alto i cuori ! | *parler haut*, parlare ad alta

voce. | *parler haut et clair*, parlare chiaro e tondo. | *remonter très haut dans le temps*, risalire molto indietro nel tempo. | *voir plus haut*, vedi sopra. | *gagner haut la main*, vincere con estrema facilità. ◆ loc. adv. **de, du haut (en bas),** dall'alto (in basso). || FIG. *le prendre de haut*, fare l'arrogante. || **en haut,** in alto, in su. | *tout en haut*, proprio sulla cima. || **d'en haut,** dall'alto. | *ordres d'en haut*, ordini (venuti) dall'alto. ◆ loc. prép. **(tout) en haut de,** (proprio) in cima a. || **du haut de,** dall'alto di. || FIG. *regarder qn du haut de sa grandeur*, guardare qlcu. dall'alto.
***hautain, e** [otɛ̃, ɛn] adj. altezzoso, altero.
***hautbois** [obwa] m. MUS. oboe. | *hautbois alto*, corno inglese. || [musicien] oboista n.
***hautboïste** [oboist] n. MUS. oboista.
***haut-commissaire** [okɔmisɛr] n. alto commissario.
***haut-de-chausse(s)** [odʃos] m. HIST. calzoni (corti) m. pl. | *en haut-de-chausse(s)*, in polpe.
***haut-de-forme** [odfɔrm] ou ***haute-forme** [otfɔrm] m. (cappello a) cilindro.
***haute-contre** [otkɔ̃tr] f. MUS. = voce di tenore spinta nelle note acute.
***hautement** [otmɑ̃] adv. [ouvertement] francamente, apertamente. || [grandement] altamente.
***hautesse** [otɛs] f. VX *Sa Hautesse*, Sua Altezza (L.C.).
***hauteur** [otœr] f. altezza. | *avoir une hauteur de dix mètres*, avere dieci metri di altezza. | *voler à une grande hauteur*, volare a grande altezza, ad alta quota. | *l'avion prend de la hauteur*, l'aereo prende quota. | *saut en hauteur*, salto in alto. || [niveau] *hauteur du soleil*, altezza del sole. | *hauteur de l'eau*, livello dell'acqua ; [profondeur] fondale m. | *le mur arrive à hauteur d'homme*, il muro arriva ad altezza d'uomo. || GÉOM., MUS., PHYS. altezza. || TECHN. *hauteur de chute, de course*, altezza di caduta, di corsa. || [colline] altura, rialto m., prominenza. || FIG. [noblesse] altezza, elevatezza. || LOC. *être à la hauteur de la situation*, essere all'altezza della, essere pari alla situazione. | *être à la hauteur* (fam.), essere capace (L.C.). || [fierté] alterigia, altezzosità ; albagia (rare).
***haut-fond** [ofɔ̃] m. MAR. bassofondo (pl. *bassifondi*), secca f.
***haut-le-cœur** [olkœr] m. inv. nausea f. ; conato (m.) di vomito. || FIG. nausea, disgusto.
***haut-le-corps** [olkɔr] m. inv. sussulto, sobbalzo m. | *avoir un haut-le-corps*, sussultare, sobbalzare, trasalire.
***haut-parleur** [oparlœr] m. (pl. **haut-parleurs**) altoparlante.
***haut-relief** [orəljɛf] m. ART. altorilievo.
***hauturier, ère** [otyrje, ɛr] adj. MAR. alturiero ; di alto mare. | *pilote hauturier*, alturiere ; pilota d'altura, di lungo corso.
***havage** [avaʒ] m. MIN. = scavo parallelo alla stratificazione.
***havanais, e** [avanɛ, ɛz] adj. avanese.
***havane** [avan] m. [cigare] avana m. inv. ◆ adj. inv. (color) avana.
***hâve** [ɑv] adj. smunto, sparuto.
***haveneau** [avno] ou ***havenet** [avnɛ] m. MAR. retina f.
***haver** [ave] v. tr. MIN. tagliare.
***haveuse** [avøz] f. MIN. tagliatrice.
***havre** [ɑvr] m. MAR. porticciolo ; porto tranquillo (di estuario) ; riparo. || FIG. [refuge] rifugio, oasi f., porto.
***havresac** [avrəsak] m. [de soldat] zaino ; [d'ouvrier] borsa f.
***hawaiien, enne** [awajɛ̃, ɛn] adj. et n. hawaiano.
***hayon** [ɛjɔ̃] m. AUTOM. sportello posteriore.
***hé!** [e] interj. [appel] ehi ! ; [surprise ; regret] eh ! | *hé bien !*, però ! | *hé oui*, eh sì. | *hé ! hé !*, eh ! eh ! ; guarda, guarda !
***heaume** [om] m. HÉRALD., MIL. elmo.
hebdomadaire [ɛbdɔmadɛr] adj. et n. m. settimanale, ebdomadario.
hebdomadier, ère [ɛbdɔmadje, ɛr] n. RELIG. V. SEMAINIER, ÈRE.
hébergement [ebɛrʒəmɑ̃] m. alloggio, (l')alloggiare. | *centre d'hébergement*, centro di alloggio ; [pour clochards] asilo notturno.
héberger [ebɛrʒe] v. tr. ospitare, alloggiare, albergare.
hébété, e [ebete] adj. [regard] inebetito ; [personne] ebete.
hébétement [ebetmɑ̃] m. ou **hébétude** [ebetyd] f. [chronique] ebetismo m., ebetudine f. ; [momentané(e)] ebetudine.
hébéter [ebete] v. tr. inebetire.
hébraïque [ebraik] adj. ebraico.
hébraïsant, e [ebraizɑ̃, ɑ̃t] ou **hébraïste** [ebraist] n. ebraicista, ebraista.
hébraïser [ebraize] v. tr. et intr. ebraizzare.
hébraïsme [ebraism] m. LING. ebraismo.
hébreu [ebrø] adj. m. et n. m. ebreo. ◆ n. m. LING. ebraico. || LOC. *c'est de l'hébreu pour moi*, per me questo è arabo, ostrogoto.
hécatombe [ekatɔ̃b] f. PR. et FIG. ecatombe.
hectare [ɛktar] m. ettaro.
hectique [ɛktik] adj. MÉD. etico.
hectisie [ɛktizi] f. MÉD. etisia.
hecto [ɛkto] m. ABR. [hectogramme] etto ; [hectolitre] ettolitro.
hectogramme [ɛktɔgram] m. ettogrammo.
hectolitre [ɛktɔlitr] m. ettolitro.
hectomètre [ɛktɔmɛtr] m. ettometro.
hectowatt [ɛktɔwat] m. ettowatt inv.
hédonisme [edɔnism] m. ÉCON., PHILOS. edonismo.
hédoniste [edɔnist] adj. edonistico. ◆ n. edonista.
hédonistique [edɔnistik] adj. edonistico.
hégélianisme [egeljanism] m. PHILOS. hegelismo ; hegelianismo (rare).
hégélien, enne [egeljɛ̃, ɛn] adj. et n. hegeliano.
hégémonie [eʒemɔni] f. egemonia.
hégire [eʒir] f. HIST. egira.
***hein!** [ɛ̃] interj. FAM. [interrogation ; doute] vero ?, ehm ! ; [surprise] eh !
hélas [elas] interj. ahimè ! ◆ n. m. gemito, lamento. | *pousser de grands hélas*, lamentarsi a più non posso.
***héler** [ele] v. tr. *héler un navire*, chiamare (con il portavoce) una nave. | *héler qn*, chiamare qlcu., dare una voce a qlcu. | *héler un taxi*, chiamare un tassì. ◆ v. pr. chiamarsi.
hélianthe [eljɑ̃t] m. BOT. elianto.
hélianthème [eljɑ̃tɛm] m. BOT. eliantemo.
hélianthine [eljɑ̃tin] f. CHIM. eliantina.
héliaque [eljak] adj. ASTR. eliaco.
hélice [elis] f. AÉR., GÉOM., MAR. elica. | *hélice à pas droit, à pas gauche*, elica destrorsa, sinistrorsa. | *hélice de ventilateur*, ventola. || ANAT., ZOOL. elice. | *escalier en hélice*, scala a elice, a chiocciola.
hélicoïdal, e, aux [elikɔidal, o] adj. elicoidale.
hélicon [elikɔ̃] m. MUS. bombardone.
hélicoptère [elikɔptɛr] m. AÉR. elicottero. | *transport par hélicoptère*, elitrasporto.
héligare [eligar] f. AÉR. stazione per elicotteri.
hélio f. V. HÉLIOGRAVURE.
héliocentrique [eljɔsɑ̃trik] adj. ASTR. eliocentrico (m. pl. *eliocentrici*).
héliographie [eljɔgrafi] f. eliografia.
héliogravure [eljɔgravyr] f. rotocalcografia, rotocalco m.
héliomarin, e [eljɔmarɛ̃, in] adj. MÉD. eliomarino.
héliomètre [eljɔmɛtr] m. ASTR. eliometro.
hélion [eljɔ̃] m. PHYS. elione.
héliostat [eljɔsta] m. PHYS. eliostato.
héliothérapie [eljɔterapi] f. elioterapia.
héliotrope [eljɔtrɔp] m. BOT. eliotropio, girasole. || MINÉR. eliotropio ; eliotropia f. (vx).
héliotropisme [eljɔtrɔpism] m. eliotropismo.
héliport [elipɔr] m. AÉR. eliporto.
héliporté, e [elipɔrte] adj. trasportato con elicotteri. | *opération héliportée*, operazione effettuata con elicotteri.
hélium [eljɔm] m. CHIM. elio.
hélix [eliks] m. ANAT., ZOOL. elice f.
hellébore m. V. ELLÉBORE.
hellène [ɛ(l)lɛn] adj. et n. elleno.

hellénique [ɛllenik] adj. ellenico (m. pl. *ellenici*).
hellénisant, e [ɛlenizɑ̃, ɑ̃t] adj. HIST. *Juif hellénisant*, ellenista m. ; Ebreo ellenizzante.
hellénisation [ɛ(l)lenizasjɔ̃] f. ellenizzazione.
helléniser [ɛ(l)lenize] v. tr. ellenizzare.
hellénisme [ɛ(l)lenism] m. ellenismo. ‖ LING. ellenismo, grecismo.
helléniste [ɛ(l)lenist] n. ellenista, grecista.
hellénistique [ɛ(l)lenistik] adj. ellenistico (m. pl. *ellenistici*).
helminthes [ɛlmɛ̃t] m. pl. MÉD. elminti.
helminthiase [ɛlmɛ̃tjɑz] f. MÉD. elmintiasi.
helminthologie [ɛlmɛ̃tɔlɔʒi] f. elmintologia.
helvétique [ɛlvetik] adj. elvetico (m. pl. *elvetici*).
***hem !** [ɛm] interj. [appel] ehm ! ; eh ! ; [doute] uhm !
hématémèse [ematemɛz] f. MÉD. ematemesi.
hématie [emati, emasi] f. BIOL. emazia, eritrocita m., eritrocito m.
hématine [ematin] f. CHIM., BIOL. ematina.
hématique [ematik] adj. MÉD. ematico (m. pl. *ematici*).
hématite [ematit] f. MINÉR. ematite.
hématologie [ematɔlɔʒi] f. ematologia.
hématologique [ematɔlɔʒik] adj. ematologico (m. pl. *ematologici*).
hématologiste [ematɔlɔʒist] ou **hématologue** [ematɔlɔg] n. ematologo, a (m. pl. *ematologi*).
hématome [ematom] m. MÉD. ematoma.
hématopoïèse [ematɔpɔjɛz] f. PHYSIOL. ematopoiesi, emopoiesi.
hématopoïétique [ematɔpɔjetik] adj. em(at)opoietico (m. pl. *em[at]opoietici*).
hématose [ematoz] f. PHYSIOL. ematosi.
hématozoaire [ematɔzɔɛr] m. BIOL. ematozoo.
hématurie [ematyri] f. MÉD. ematuria.
héméralopie [emeralɔpi] f. MÉD. emeralopia.
hémérocalle [emerokal] f. BOT. emerocallide.
hémicycle [emisikl] m. emiciclo.
hémièdre [emiɛdr] ou **hémiédrique** [emiedrik] adj. emiedrico (m. pl. *emiedrici*).
hémiédrie [emiedri] f. MINÉR. emiedria.
hémione [emjɔn] m. ZOOL. emione.
hémiplégie [emipleʒi] f. MÉD. emiplegia.
hémiplégique [emipleʒik] adj. et n. emiplegico (m. pl. *emiplegici*).
hémiptères [emiptɛr] m. pl. ZOOL. emitteri.
hémisphère [emisfɛr] m. emisfero.
hémisphérique [emisferik] adj. emisferico (m. pl. *emisferici*).
hémistiche [emistiʃ] m. POÉS. emistichio. | *rime intérieure à l'hémistiche*, rimalmezzo f. inv.
hémoculture [emokyltyr] f. BIOL. emocoltura, emocultura.
hémoglobine [emɔglɔbin] f. MÉD. emoglobina.
hémolyse [emɔliz] f. PHYSIOL. emolisi, emocateresi, eritrolisi.
hémolytique [emɔlitik] adj. emolitico, emocateretico (m. pl. *emolitici, emocateretici*).
hémopathie [emɔpati] f. MÉD. emopatia.
hémophile [emɔfil] adj. et n. emofili(a)co (m. pl. *emofili[a]ci*).
hémophilie [emɔfili] f. MÉD. emofilia.
hémoptysie [emɔptizi] f. MÉD. emottisi.
hémoptysique [emɔptizik] adj. emottisico (m. pl. *emottisici*).
hémorragie [emɔraʒi] f. MÉD., FIG. emorragia.
hémorragique [emɔraʒik] adj. emorragico (m. pl. *emorragici*).
hémorroïdaire [emɔrɔidɛr] adj. affetto da emorroidi. ◆ n. persona affetta da emorroidi.
hémorroïdal, e, aux [emɔrɔidal, o] adj. emorroidale, emorroidario.
hémorroïdes [emɔrɔid] f. pl. MÉD. emorroidi.
hémostase [emɔstaz] ou **hémostasie** [emɔstazi] f. MÉD. emostasi, emostasia.
hémostatique [emɔstatik] adj. et n. m. emostatico (m. pl. *emostatici*) ; fermasangue adj. inv.
hendécagone [ɛ̃dekagɔn] m. GÉOM. endecagono.
hendécasyllabe [ɛ̃dekasilab] adj. et n. m. endecasillabo.
***henné** [ene] m. BOT. (h)enna f., alcanna f. ‖ [teinture] henna ; henné (fr.) ; olio di alcanna.
***hennin** [enɛ̃] m. HIST. hennin (fr.) ; = cappuccio conico.
***hennir** [enir] v. intr. nitrire.
***hennissement** [enismɑ̃] m. nitrito.
henry [ɑ̃ri] m. ÉLECTR. henry.
***hep !** [ɛp] interj. ehi !
héparine [eparin] f. BIOL. eparina.
hépatique [epatik] adj. et n. ANAT., MÉD. epatico (m. pl. *epatici*). ◆ n. f. BOT. (erba) epatica ; trifoglio epatico.
hépatisme [epatism] m. MÉD. epatismo.
hépatite [epatit] f. MÉD. epatite.
heptacorde [ɛptakɔrd] m. MUS. eptacordo, ettacordo.
heptaèdre [ɛptaɛdr] m. GÉOM. eptaedro, ettaedro.
heptaédrique [ɛptaedrik] adj. eptaedrico, ettaedrico (m. pl. *eptaedrici, ettaedrici*).
heptagonal, e, aux [ɛptagɔnal, o] adj. eptagonale, ettagonale.
heptagone [ɛptagɔn] m. GÉOM. eptagono, ettagono.
heptasyllabe [ɛptasilab] m. POÉS. eptasillabo.
héraldique [eraldik] adj. araldico (m. pl. *araldici*). ◆ n. f. araldica.
héraldiste [eraldist] n. araldista.
***héraut** [ero] m. HIST., FIG. araldo. | *héraut d'armes*, araldo d'armi.
herbacé, e [ɛrbase] adj. erbaceo.
herbage [ɛrbaʒ] m. pascolo, erbaio.
1. herbager, ère [ɛrbaʒe, ɛr] n. = chi ingrassa il bestiame.
2. herbager v. tr. mandare a erba, al pascolo.
herbe [ɛrb] f. erba. | *herbe folle*, erbaccia. | *brin d'herbe*, filo d'erba. | *blé en herbe*, grano in erba. | *herbes marines*, erbe marine. | *faire de l'herbe*, fare erba. ‖ [potagère] verdura, erbaggi m. pl. | *bouillon d'herbes*, brodo di verdura. | *marché aux herbes*, mercato delle erbe. | *fines herbes*, erbe aromatiche, odori m. pl. ; erbette (rég.) f. pl. | *herbes médicinales*, erbe medicinali. | *mauvaise herbe*, erbaccia, mal'erba, malerba (pr.) ; mascalzone, farabutto (fig.). ‖ LOC. FIG. *en herbe*, in erba. | *couper, faucher l'herbe sous le pied de qn*, fare lo sgambetto a qlcu., scavare a qlcu. il terreno sotto i piedi. | *manger son blé en herbe*, V. BLÉ.
herbette [ɛrbɛt] f. VX erbetta (L.C.).
herbeux, euse [ɛrbø, øz] adj. erboso.
herbicide [ɛrbisid] adj. et n. m. erbicida.
herbier [ɛrbje] m. erbario.
herbivore [ɛrbivɔr] adj. erbivoro. ◆ n. m. animale erbivoro.
herborisateur [ɛrbɔrizatœr] m. erborizzatore.
herborisation [ɛrbɔrizasjɔ̃] f. erborizzazione.
herboriser [ɛrbɔrize] v. intr. erborizzare ; erborare (rare).
herboriste [ɛrbɔrist] n. erborista ; semplicista (rare).
herboristerie [ɛrbɔristəri] f. erboristeria.
herbu, e [ɛrby] adj. erboso.
herchage [ɛrʃaʒ] m. MIN. vagonaggio.
hercher [ɛrʃe] v. intr. MIN. vagonare.
hercheur [ɛrʃœr] m. MIN. vagonista.
hercule [ɛrkyl] m. ercole, maciste. | *hercule de foire*, ercole da baraccone ; forzatore (rare).
herculéen, enne [ɛrkyleɛ̃, ɛn] adj. erculeo.
hercynien, enne [ɛrsinjɛ̃, ɛn] adj. GÉOL. ercinico.
***hère** [ɛr] m. *un pauvre hère*, un poveraccio, un povero diavolo, un disgraziato.
héréditaire [ereditɛr] adj. ereditario. | *maladie héréditaire*, malattia ereditaria, parentale.
hérédité [eredite] f. eredità. ‖ BIOL. ereditarietà, eredità.
hérédosyphilis [eredosifilis] f. MÉD. eredosifilide ; eredolue ; sifilide congenita.
hérédosyphilitique [eredosifilitik] n. eredosifilitico, a.
hérésiarque [erezjark] m. RELIG. eresiarca.

hérésie [erezi] f. PR. eresia. ‖ FIG. eresia, sacrilegio m., profanazione.
hérétique [eretik] adj. eretico (m. pl. *eretici*), ereticale. | *sectes hérétiques*, sette ereticali. ◆ n. m. eretico.
héréticité [eretisite] f. ereticità.
***hérissé, e** [erise] adj. irto, ispido. ‖ FIG. *texte hérissé de difficultés*, testo irto di difficoltà. ‖ [hargneux] irritato, ombroso, permaloso.
***hérissement** [erismɑ̃] m. (il) rizzarsi.
***hérisser** [erise] v. tr. rizzare. | *hérisser le poil*, rizzare il pelo. ‖ [garnir de] *hérisser de pieux*, munire, guarnire di pali. ◆ v. pr. rizzarsi. ‖ FIG. inalberarsi, irritarsi.
***hérisson** [erisɔ̃] m. ZOOL. riccio. | *hérisson de mer*, V. OURSIN. ‖ FIG. [personne] riccio, istrice, porcospino. ‖ MAR. [grappin] grappino. ‖ MIL. = elemento d'un reticolato; [point fortifié] istrice. ‖ TECHN., AGR. frangizolle m. invar. ‖ [pour cheminée] spazzola f. (per canna fumaria).
***hérissonne** [erisɔn] f. ZOOL. riccio (m.) femmina.
héritage [eritaʒ] m. PR. et FIG. eredità f. | *tante à héritage*, zia buona per l'eredità. | *faire un héritage*, ereditare. | *héritage de haine*, odio ereditario.
hériter [erite] v. tr. et intr. ereditare. | *hériter (une maison) de qn*, ereditare (una casa) da qlcu. ◆ v. tr. ind. PR. et FIG. *hériter d'une fortune, d'une tare*, ereditare una fortuna, una tara.
héritier, ère [eritje, ɛr] n. erede. | *héritier réservataire*, erede legittimario. | *riche héritière*, ricca ereditiera. ‖ POLIT. *héritier du trône*, erede al trono. | *prince héritier*, principe ereditario.
hermaphrodisme [ɛrmafrɔdism] m. BIOL. ermafrod(it)ismo.
hermaphrodite [ɛrmafrɔdit] adj. et n. m. ermafrodito.
herméneutique [ɛrmenøtik] adj. ermeneutico (m. pl. *ermeneutici*). ◆ n. f. ermeneutica.
hermès [ɛrmɛs] m. ART erma f.
herméticité [ɛrmetisite] f. ermeticità.
hermétique [ɛrmetik] adj. PR. et FIG. ermetico (m. pl. *ermetici*).
hermétisme [ɛrmetism] m. ermetismo.
hermine [ɛrmin] f. ZOOL., MODE ermellino m. ‖ HÉRALD. armellino m.
herminette [ɛrminɛt] f. [hachette] accettino m.
***herniaire** [ɛrnjɛr] adj. MÉD. erniario. | *bandage herniaire*, cinto erniario; brachiere m.
***hernie** [ɛrni] f. MÉD. ernia. | *hernie étranglée*, ernia strozzata.
***hernié, e** [ɛrnje] adj. erniato.
***hernieux, euse** [ɛrnjø, øz] adj. et n. ernioso.
héroïcité [erɔisite] f. eroicità.
héroï-comique [erɔikɔmik] adj. eroicomico (m. pl. *eroicomici*).
héroïde [erɔid] f. HIST. LITT. eroide.
1. héroïne [erɔin] f. eroina. ‖ FIG. eroina, protagonista.
2. héroïne f. [drogue] eroina.
héroïque [erɔik] adj. eroico (m. pl. *eroici*).
héroïsme [erɔism] m. eroismo.
***héron** [erɔ̃] m. ZOOL. airone.
***héros** [ero] m. MYTH. eroe. ‖ [brave] eroe. | *mourir en héros*, morire da eroe. ‖ FIG. eroe, protagonista.
herpès [ɛrpɛs] m. MÉD. erpete; herpes (lat.).
herpétique [ɛrpetik] adj. erpetico (m. pl. *erpetici*).
herpétisme [ɛrpetism] m. erpetismo.
herpétologie f. V. ERPÉTOLOGIE.
***hersage** [ɛrsaʒ] m. AGR. erpicatura f.
***herschage** m., ***herscher** v. intr., ***herscheur** m. V. HERCHAGE, HERCHER, HERCHEUR.
***herse** [ɛrs] f. AGR. erpice m. ‖ HIST. [grille] saracinesca. ‖ [chandelier] saettia. ‖ THÉÂTRE bilancia.
***herser** [ɛrse] v. tr. AGR. erpicare.
***herseur** [ɛrsœr] m. AGR. erpicatore.
hertz [ɛrts] m. inv. PHYS. hertz.
hertzien, enne [ɛrtsjɛ̃, ɛn] adj. hertziano.
hésitant, e [ezitɑ̃, ɑ̃t] adj. esitante, tentennante, titubante. | *démarche hésitante*, andatura incerta, esitante.
hésitation [ezitasjɔ̃] f. esitazione, titubanza; esitanza (littér.). | *sans la moindre hésitation*, senza la minima esitazione. | *marquer un temps d'hésitation*, avere un attimo di esitazione.
hésiter [ezite] v. intr. esitare, tentennare, titubare. | *hésiter à parler*, esitare a parlare; peritarsi di parlare (littér.). | *il n'y a pas à hésiter*, non c'è da esitare. | *hésiter sur l'orthographe, sur la route à suivre*, esitare, essere in dubbio sull'ortografia, sulla strada da prendere. | *hésiter entre deux solutions*, esitare tra due soluzioni.
hétaïre [etair] f. ANTIQ. etera.
hétairie [etɛri] ou **hétérie** [eteri] f. HIST. eteria.
hétérocerque [eterɔsɛrk] adj. ZOOL. eterocerco.
hétéroclite [eterɔklit] adj. eteroclito.
hétérocyclique [eterɔsiklik] adj. CHIM. eterociclico.
hétérodoxe [eterɔdɔks] adj. eterodosso.
hétérodoxie [eterɔdɔksi] f. eterodossia.
hétérodyne [eterɔdin] adj. et n. f. TÉLÉCOM. eterodina.
hétérogamie [eterɔgami] f. BIOL. eterogamia.
hétérogène [eterɔʒɛn] adj. eterogeneo.
hétérogénéité [eterɔʒeneite] f. eterogeneità.
hétérogreffe [eterɔgrɛf] f. CHIR. eteroinnesto m., eteroplastica, eterotrapianto m., xenotrapianto m.
hétéromorphe [eterɔmɔrf] adj. eteromorfo.
hétéronome [eterɔnɔm] adj. eteronomo.
hétéronomie [eterɔnɔmi] f. PHILOS. eteronomia.
hétéroplastie [eterɔplasti] f. CHIR. eteroplastica, eteroinnesto m.
hétéroplastique [eterɔplastik] adj. eteroplastico (m. pl. *eteroplastici*).
hétérotrophe [eterɔtrɔf] adj. BIOL. eterotrofo.
hétérosexuel, le [eterɔsɛksɥɛl] adj. eterosessuale.
***hêtraie** [ɛtrɛ] f. faggeta, faggeto m.
***hêtre** [ɛtr] m. faggio.
***heu!** [ø] interj. [étonnement] oh!; [doute; indifférence] uhm!
heur [œr] m. LITTÉR. *avoir, ne pas avoir l'heur de*, avere la fortuna, la sfortuna di. | *heur et malheur*, alterne vicende f. pl.; alti e bassi m. pl.
heure [œr] f. **1.** [mesure; durée] ora. | *demi-heure*, mezz'ora. | *quart d'heure*, quarto d'ora. | *il a travaillé une heure et demie*, ha lavorato un'ora e mezzo, un'ora e mezza (fam.). | *travailler, payer à l'heure*, lavorare, pagare all'ora. | *faire du cent à l'heure*, andare a cento all'ora. | *une grande heure*, un'ora buona. | *une petite heure*, un'oretta. | *trois heures par jour*, tre ore al giorno. | *(pendant) des heures entières*, per ore ed ore. | *heures creuses*, ore morte; ore buche (fam.). | *heures de pointe*, ore di punta. | *heure supplémentaire*, ora straordinaria. ‖ **2.** [moment] *à une heure avancée*, a tarda ora. | *à une heure indue*, a ora impossibile. | *il est l'heure*, è l'ora. | *à l'heure actuelle*, attualmente. | *à l'heure (même) où*, (proprio) nel momento in cui. | *venir à son heure*, venire al momento giusto. | *avoir son heure de célébrité*, avere i cinque minuti di celebrità. | *heure de vérité*, momento (m.) della verità. ‖ **3.** LOC. *heure du berger* = ora propizia per gl'innamorati. | *quart d'heure de grâce*, quarto d'ora di grazia; UNIV. quarto d'ora accademico. | *dans les vingt-quatre heures*, entro ventiquattr'ore. | *être l'ouvrier de la onzième heure*, essere l'operaio della undicesima ora. | *(information) de dernière heure*, V. DERNIER. ‖ **4.** [indication de l'heure] *quelle heure est-il?*, che ora è?, che ore sono? | *il est une heure*, è l'una; è il tocco (tosc.). | *à quelle heure?*, a che ora? | *à six heures juste, sonnantes, tapantes*, alle sei in punto. | *trois heures un quart, et quart*, le tre e un quarto. | *trois heures vingt*, le tre e venti. | *trois heures et demie*, le tre e mezzo; le tre e mezza (fam.). | *il est dix heures du matin*, sono le dieci del mattino, le dieci antimeridiane. | *il est cinq heures de l'après-midi, du soir*, sono le cinque del pomeriggio, di sera, le cinque pomeridiane. | *il est quatre heures passées, plus de quatre heures*, sono le quattro passate. | *vers huit heures*, verso le otto; sulle otto. | *heure d'été, légale*,

ora estiva, legale. | *deux heures sonnent*, suonano le due. | *à la même heure*, alla stessa ora; [heure habituelle] alla solita ora. | *l'aiguille des heures*, la lancetta delle ore. | *mettre sa montre à l'heure*, regolare l'orologio. | *arriver à l'heure*, arrivare in orario. | *être à l'heure*, essere puntuale, in orario. || FIG. *chercher midi à quatorze heures*, cercare il pelo nell'uovo. ◆ pl. [moments] ore. | *traverser des heures critiques*, attraversare momenti critici. | *à ses heures perdues*, a tempo perso. | *il est aimable à ses heures*, è affabile quando vuole. || RELIG. *heures canoniales*, ore canoniche. | *livre d'heures*, libro d'ore. | *la prière des quarante heures*, le quarantore. ◆ loc. adv. ***tout à l'heure :*** [passé] poco fa, un momento fa; [futur] fra poco, a momenti. | *à tout à l'heure*, a presto. || ***de bonne heure,*** di buon'ora, per tempo. | *de très bonne heure*, per tempissimo. || ***à la bonne heure,*** alla buon'ora; finalmente; meno male. || ***à toute heure,*** a qualsiasi ora. || ***d'heure en heure,*** di ora in ora. || ***d'une heure à l'autre,*** da un'ora all'altra. || ***toutes les heures,*** ogni ora. || ***sur l'heure,*** subito, lì per lì. || ***pour l'heure,*** per ora, per il momento.

heureusement [œrøzmɑ̃] adv. felicemente. || [par bonheur] per fortuna, meno male.

heureux, euse [œrø, øz] adj. [comblé de bonheur] felice, lieto, beato. | *je suis heureux de le savoir*, sono felice, lieto di saperlo. | *heureux comme un poisson dans l'eau*, contento come una Pasqua. || [qui a de la chance] fortunato, felice, beato; fausto (littér.). | *avoir la main heureuse*, avere la mano felice. | *être heureux au jeu, en amour*, essere fortunato al gioco, in amore. | *jour heureux*, giorno fortunato. | *heureux souvenir*, lieto ricordo. | *événement heureux*, lieto, fausto evento. || [bien adapté] *choix heureux*, scelta felice. || LOC. *heureux mortel*, fortunato mortale. | *heureux (celui) qui...*, beato chi... | *il est heureux que je l'aie vu*, per fortuna, fortunatamente l'ho visto | *encore heureux qu'il soit arrivé !*, meno male che è arrivato ! || [formule de politesse] *très heureux !*, piacere !, fortunatissimo ! ◆ n. m. persona felice, persona fortunata. | *faire un heureux*, rendere qlcu. felice. | *les heureux de la terre*, i fortunati della terra.

heuristique [øristik] adj. euristico. ◆ n. f. euristica.

***heurt** [œr] m. PR. et FIG. urto, cozzo, scontro. | *heurt de couleurs*, cozzo, urto di colori.

***heurté, e** [œrte] adj. *couleurs heurtées*, colori contrastanti ! | *style heurté*, stile contrastato, tutto contrasti.

***heurter** [œrte] v. tr. et tr. ind. urtare, cozzare, sbattere. | *heurter qn, qch.*, urtare qlcu., qlco. | *heurter contre un arbre*, urtare, cozzare, sbattere contro un albero. | *heurter le pied, du pied contre qch.*, urtare il piede contro qlco. || [à la porte] bussare, picchiare. || FIG. [contrarier] urtare. | *heurter qn de front*, opporsi chiaramente a qlcu. || [choquer] indignare, urtare. | *heurter le bon sens*, urtare il buon senso. ◆ v. pr. [sens réfl.] **(à, contre)** urtare, (s)battere (contro). || FIG. scontrarsi, cozzare (con). || [sens récipr.] PR. et FIG. urtarsi, cozzarsi, scontrarsi. | *ces couleurs se heurtent*, questi colori fanno a pugni.

***heurtoir** [œrtwar] m. [de porte] picchiotto. || CH. DE F. paraurti inv.

hévéa [evea] m. BOT. hevea f.

hexacorde [ɛgzakɔrd] m. MUS. esacordo.

hexaèdre [ɛgzaɛdr] m. GÉOM. esaedro.

hexaédrique [egzaedrik] adj. esaedrico.

hexagonal, e, aux [egzagɔnal, o] adj. esagonale.

hexagone [ɛgzagɔn] m. GÉOM. esagono. || LOC. *l'Hexagone (français)* = la Francia metropolitana.

hexamètre [ɛgzamɛtr] adj. et n. m. *(vers) hexamètre*, esametro.

hexapodes [ɛgzapɔd] m. pl. ZOOL. esapodi.

hexose [ɛgzoz] m. CHIM. esoso.

***hi !** [i] interj. [rire] ha !

hiatal, e, aux [jatal, o] adj. MÉD. *hernie hiatale*, ernia dello hiatus.

hiatus [jatys] m. iato. || FIG. iato; soluzione (f.) di continuità; frattura f. || MÉD. hiatus (lat.).

hibernal, e, aux [ibɛrnal, o] adj. = relativo all'ibernazione, al letargo invernale.

hibernant, e [ibɛrnɑ̃, ɑ̃t] adj. ibernante.

hibernation [ibɛrnasjɔ̃] f. ibernazione, ibernamento m.; letargo (m.) invernale. || MÉD. ibernazione artificiale.

hiberner [ibɛrne] v. tr. ibernare.

hibiscus [ibiskys] m. inv. BOT. ibisco (pl. *ibischi*).

***hibou** [ibu] m. ZOOL. gufo. | *hibou moyen-duc, grand-duc, petit-duc*, gufo comune; gufo reale; assiolo. | *hibou des marais*, gufo di palude. || FIG. *vivre seul comme un vieux hibou*, vivere solo como un orso.

***hic** [ik] m. LOC. FAM. *voilà le hic*, qui sta il busillis, il guaio; questo è il duro.

***hickory** [ikɔri] m. BOT. hickory (angl.).

hidalgo [idalgo] m. hidalgo (esp.).

***hideur** [idœr] f. orridezza, bruttezza.

***hideux, euse** [idø, øz] adj. orrendo, orrido, bruttissimo. || FIG. [ignoble] schifoso. | *spectacle hideux*, spettacolo ripugnante.

***hie** [i] f. TECHN. mazzeranga, mazzapicchio m., pillo m.

hièble [jɛbl] f. BOT. ebbio m.

hiémal, e, aux [jemal, o] adj. LITTÉR. iemale; invernale (L.C.).

hier [(i)jɛr] adv. ieri. | *hier matin*, ier mattina. | *hier soir*, iersera. | *d'hier en huit*, ieri a otto. || FIG. *la politique d'hier*, la politica di ieri. | *cela ne date pas d'hier*, non è di ieri. | *ils ne se connaissent que d'hier*, si conoscono da poco. | *ne pas être né d'hier*, non esser nato ieri. ◆ n. m. la giornata di ieri.

***hiérarchie** [jerarʃi] f. gerarchia.

***hiérarchique** [jerarʃik] adj. gerarchico (m. pl. *gerarchici*). | *par ordre hiérarchique*, in ordine gerarchico. | *par la voie hiérarchique*, per via gerarchica.

***hiérarchisation** [jerarʃizasjɔ̃] f. (il) gerarchizzare.

***hiérarchiser** [jerarʃize] v. tr. gerarchizzare.

***hiérarque** [jerark] m. gerarca.

hiératique [jeratik] adj. PR. et FIG. ieratico (m. pl. *ieratici*).

hiératisme [jeratism] m. ieraticità f.

hiéroglyphe [jerɔglif] m. PR. et FIG. geroglifico (pl. *geroglifici*). || FIG. ghirigoro.

hiéroglyphique [jerɔglifik] adj. geroglifico.

hiéronymite [jerɔnimit] m. RELIG. geronimita.

hiérophante [jerɔfɑ̃t] m. RELIG. gerofante, ierofante.

hi-fi [ifi] f. ABR. V. FIDÉLITÉ.

***hi-han** [iɑ̃] onomat. ih-ho. ◆ n. m. *pousser des hi-hans*, ragliare.

***hilaire** [ilɛr] adj. ANAT. ilare.

hilarant, e [ilarɑ̃, ɑ̃t] adj. esilarante. | *gaz hilarant*, gas esilarante.

hilare [ilar] adj. ilare, giulivo.

hilarité [ilarite] f. ilarità.

***hile** [il] m. ANAT., BOT. ilo.

hindi [indi] m. LING. hindi.

hindou, e [ɛ̃du] adj. et n. indù, indiano.

hindouisme [ɛ̃duism] m. RELIG. induismo.

hindouiste [ɛ̃duist] adj. et n. induista.

hindoustani [ɛ̃dustani] m. LING. indostano, hindustani.

hinterland [intərlɑ̃d] m. hinterland (all.); retroterra (inv.).

hippique [ipik] adj. ippico (m. pl. *ippici*). | *concours hippique*, concorso ippico.

hippisme [ipism] m. ippica f.

hippocampe [ipɔkɑ̃p] m. MYTH., ZOOL. ippocampo.

hippocratique [ipɔkratik] adj. MÉD. ippocratico (m. pl. *ippocratici*).

hippocratisme [ipɔkratism] m. ippocratismo.

hippodrome [ipɔdrom] m. ippodromo.

hippogriffe [ipɔgrif] m. ippogrifo.

hippologie [ipɔlɔʒi] f. ippologia.

hippomobile [ipɔmɔbil] adj. ippotrainato.

hippophagique [ipɔfaʒik] adj. *boucherie hippophagique*, macelleria equina.

hippopotame [ipɔpɔtam] m. ippopotamo.

hirondeau [irɔ̃do] m. rondinotto.

hirondelle [irɔ̃dɛl] f. ZOOL. rondine; rondinella (lit-

tér.). | *hirondelle de cheminée*, rondine comune. | *hirondelle de mer*, rondine di mare ; [poisson] rondine di mare, pesce (m.) rondine. | *hirondelle de rivage*, topino m. | *hirondelle de fenêtre*, balestruccio m.| *hirondelle de rochers*, rondine montana. | *hirondelle rousseline*, rondine rossiccia. || CULIN. *nid d'hirondelle*, nido di rondine, di salangana. || PROV. *une hirondelle ne fait pas le printemps*, una rondine non fa primavera.
hirsute [irsyt] adj. [hérissé] irsuto, ispido. || [grossier] ispido.
hispanique [ispanik] adj. ispanico (m. pl. *ispanici*).
hispanisant, e [ispanizɑ̃, ɑ̃t] ou **hispaniste** [ispanist] n. ispanista.
hispanisme [ispanism] m. LING. ispanismo, spagnolismo.
hispano-américain, e [ispanɔamerikɛ̃, ɛn] adj. ispano-americano.
hispide [ispid] adj. BOT. ispido.
hisser** [ise] v. tr. issare, alzare. | *hisser les couleurs*, alzare, issare, inalberare la bandiera. ◆ v. pr. issarsi, arrampicarsi. ◆ interj. ***ho ! hisse !, issa, issa !
histamine [istamin] f. BIOL. istamina.
histaminique [istaminik] adj. istaminico.
histidine [istidin] f. BIOL. istidina.
histoire [istwar] f. **1.** storia ; istoria (vx ; littér.). | *histoire du Moyen Âge, sainte*, storia medievale, sacra. | *entrer dans l'histoire*, passare alla storia. | *pour la petite histoire*, per la cronaca. || **2.** [récit d'événement partic.] storia, racconto m., favola. | *cette histoire ne tient pas debout*, questa storia non regge, non sta in piedi. | *c'est une histoire à dormir debout*, è una storia che non sta né in cielo né in terra. || **3.** PÉJOR. [récit mensonger] storia, frottola, fandonia. | *c'est une histoire*, è una fandonia. | *raconter des histoires*, spacciar frottole. || **4.** [événement désagréable] storia, faccenda. | *il lui est arrivé une histoire*, gli è successa una brutta faccenda. | *quelle histoire !*, che roba !, che faccenda ! | *en voilà des histoires !*, quante storie ! | *faire des histoires*, fare delle storie. | *faire des histoires à qn*, attaccar briga con qlcu. | *avoir des histoires avec qn*, avere delle storie con qlcu. || **5.** LOC. *c'est toute une histoire*, è una lunga storia. | *c'est une autre histoire*, questa è un'altra storia. | *(c'est) histoire de rire*, tanto per ridere. | *le plus beau de l'histoire c'est que*, il più bello è che. | *pas d'histoires !*, poche storie !, non conosco storie ! | *la belle histoire !*, bell'affare !
histologie [istɔlɔʒi] f. istologia.
histologique [istɔlɔʒik] adj. istologico (m. pl. *istologici*).
historicisme [istɔrisism] m. storicismo.
historicité [istɔrisite] f. storicità.
historié, e [istɔrje] adj. ART istoriato.
historien, enne [istɔrjɛ̃, ɛn] n. storico m. (m. pl. *storici*) ; specialista (n.), studioso, studiosa di storia. || [étudiant, e] studente, studentessa di storia.
historier [istɔrje] v. tr. ART istoriare.
historiette [istɔrjɛt] f. storiella.
historiographe [istɔrjɔgraf] m. storiografo.
historiographie [istɔriɔgrafi] f. storiografia.
historique [istɔrik] adj. storico (m. pl. *storici*) ◆ n. m. cronistoria f., storia f.
historisme [istɔrism] m. istorismo.
histrion [istrijɔ̃] m. PR. et FIG. istrione.
hitlérien, enne [itlerjɛ̃, ɛn] adj. et n. hitleriano.
hitlérisme [itlerism] m. hitlerismo.
***hit-parade** [itparad] m. hit-parade (angl.) ; graduatoria f.
***hittite** [itit] adj. ittita. | *le peuple hittite*, il popolo ittita. ◆ n. m. LING. ittito.
hiver [ivɛr] m. inverno. | *d'hiver*, d'inverno ; invernale adj. | *en hiver*, d'inverno. | *au plus fort de l'hiver*, nel cuore dell'inverno. | *vêtements d'hiver*, vestiti invernali, da inverno. | *sports d'hiver*, sport invernali.
hivernage [ivɛrnaʒ] m. AGR. = aratura invernale ; aratura fatta prima dell'inverno. || [troupeaux] stabulazione f. ; [vers à soie, etc.] svernamento, (lo) svernare ; sverno, ibernazione f. (rare). || GÉOGR. = stagione (f.) delle piogge. || MAR. [relâche] riposo invernale ; svernamento ; [port] porto ben riparato.
hivernal, e, aux [ivɛrnal, o] adj. invernale.
hivernant, e [ivɛrnɑ̃, ɑ̃t] n. = chi sverna.
hiverner [ivɛrne] v. intr. svernare.
H. L. M. [aʃɛlɛm] f. V. HABITATION.
***ho !** [o] interj. [appel] ehi ! ; [étonnement ; admiration] oh !, ohi ! ; [indignation] uh !, oh !
***hobby** [ɔbi] m. hobby (angl.) ; passatempo favorito ; pallino.
***hobereau** [ɔbro] m. ZOOL. lodolaio. || FIG. signorotto, nobilotto di campagna.
***hochement** [ɔʃmɑ̃] m. *hochement de tête*, scrollata (f.) di testa ; [signe] cenno del capo.
***hochequeue** [ɔʃkø] m. ZOOL. cutrettola f., ballerina f.
***hocher** [ɔʃe] v. tr. scrollare. | *hocher la tête*, scrollare il capo.
***hochet** [ɔʃɛ] m. sonaglietto. || FIG. *les hochets de la vanité*, i trastulli, le illusioni della vanità.
***hockey** [ɔkɛ] m. SPORT hockey (angl.). | *hockey sur gazon, sur glace*, hockey su prato, su ghiaccio.
***hockeyeur** [ɔkɛjœr] m. hockeista.
hoirie [wari] f. JUR. *avance d'hoirie*, anticipo su lascito, su eredità.
***holà !** [ola] interj. [pour appeler] olà !, ehi ! ; [pour arrêter] piano ! ◆ n. m. *mettre le holà (à)*, por fine (a).
***holding** [ɔldiŋ] m. ÉCON. holding f. (company) [angl.].
***hold-up** [ɔldœp] m. inv. (amér.) rapina f.
***hollandais, e** [ɔlɑ̃dɛ, ɛz] adj. et n. olandese. ◆ n. m. LING. olandese.
***hollande** [ɔlɑ̃d] f. [toile] olanda, olandina, olandetta. ◆ m. [papier] carta (f.) d'Olanda. || [fromage] formaggio olandese.
hollywoodien, enne [ɔliwudjɛ̃, ɛn] adj. hollywoodiano.
holmium [ɔlmjɔm] m. CHIM. (h)olmio.
holocauste [ɔlɔkost] m. PR. et FIG. [sacrifice] olocausto. || [victime] vittima f.
holocène [ɔlosɛn] adj. GÉOL. olocene, olocenico. ◆ n. m. olocene.
holophrastique [ɔlɔfrastik] adj. LING. olofrastico (m. pl. *olofrastici*).
holothurie [ɔlɔtyri] f. ZOOL. oloturia.
***homard** [ɔmar] m. astice ; gambero di mare ; omaro (rare). || FAM. *rouge comme un homard*, rosso come un gambero.
***homarderie** [ɔmardəri] f. vivaio (m.) di gamberi di mare.
hombre [ɔ̃br] m. JEU giuoco delle ombre.
***home** [om] m. (angl.) casa f. ; focolare domestico. | *intimité du home*, intimità familiare. | *home d'enfants*, pensione (f.) per bambini.
homélie [ɔmeli] f. RELIG. omelìa. || FIG., PÉJOR. omelia, predicozzo m.
homéopathe [ɔmeɔpat] adj. et n. m. omeopatico.
homéopathie [ɔmeɔpati] f. MÉD. omeopatia.
homéopathique [ɔmeɔpatik] adj. omeopatico (m. pl. *omeopatici*).
homéotherme [ɔmeɔtɛrm] adj. et n. m. ZOOL. omeotermo.
homérique [ɔmerik] adj. omerico (m. pl. *omerici*). || LOC. *rire homérique*, risata omerica.
homicide [ɔmisid] adj. et n. [meurtrier] omicida. | *combat homicide*, combattimento micidiale. ◆ n. m. [meurtre] omicidio. | *homicide volontaire, involontaire, intentionnel*, omicidio doloso, colposo, premeditato.
homilétique [ɔmiletik] f. RELIG. omiletica.
hominidés [ɔminide] m. pl. ominidi.
hommage [ɔmaʒ] m. [respect, vénération] omaggio. | *rendre hommage à qn*, rendere omaggio a qlcu., ossequiare qlcu. | *rendre un dernier hommage*, rendere l'estremo tributo, omaggio. || [présent] omaggio. | *faire hommage de qch.*, fare omaggio di qlco. | *hommage de l'éditeur*, omaggio dell'editore. || FÉOD. omaggio. ◆ pl. ossequi, omaggi. | *présenter ses hommages à qn*, porgere i propri ossequi, omaggi a qlcu. | *mes hommages, madame*, (i miei) omaggi, signora.

hommasse [ɔmas] adj. PÉJOR. mascolino ; di modi virili. | *cette femme est hommasse*, questa donna è un maschiaccio.

homme [ɔm] m. uomo (pl. *uomini*). **1.** [être humain] uomo. | *amour des hommes*, amore dell'umanità. | *donner figure d'homme à*, dare figura umana a. | *de mémoire d'homme*, a memoria d'uomo. | *comme un seul homme*, come un sol uomo. ‖ PROV. *un homme averti en vaut deux*, uomo avvisato mezzo salvato. ‖ RELIG. *Homme-Dieu*, Uomo Dio. ‖ **2.** [être masculin] uomo. | *jeune homme*, giovanotto, ragazzo. | *un homme fait*, un adulto. | *habillé en homme*, vestito da uomo. | *homme des bois*, uomo selvatico. ‖ POP. [mari, amant] uomo. ‖ POP. *votre jeune homme*, Suo figlio (L.C.). ‖ **3.** [être moral] uomo. | *en homme, digne d'un homme*, da uomo. | *brave homme*, brav'uomo. | *honnête homme, homme honnête*, uomo dabbene, onest'uomo, galantuomo ; HIST. honnête homme (fr.). | *homme de bien*, uomo dabbene, galantuomo. | *être l'homme de qn*, essere l'uomo di qlcu. | *c'est notre homme*, è l'uomo che fa per noi. | *ne pas être homme à supporter cela*, non essere uomo, non esser tale da sopportare questo. | *parler d'homme à homme*, parlare da uomo a uomo. ‖ **4.** LOC. *homme d'affaires, de confiance*, uomo d'affari, di fiducia. | *homme de lettres*, uomo di lettere ; letterato. | *homme d'esprit*, uomo di spirito. | *homme du monde, de qualité, de condition*, uomo di mondo, di rango, di condizione. | *homme d'Église*, uomo di Chiesa. | *homme d'État*, statista ; uomo di Stato. | *homme de robe, de loi*, uomo di toga, di legge. | *homme public*, uomo pubblico, personalità politica. | *homme de mer*, uomo di mare. | *homme de métier*, uomo del mestiere. | *homme de paille*, uomo di paglia. | *homme de peine*, uomo di fatica. | *homme à tout faire*, uomo tuttofare. | *homme d'équipe*, manovale. | *homme de sac et de corde*, spregiudicato. | *homme de la rue*, uomo qualunque, uomo della strada. | *homme du jour*, uomo del momento. | *homme à femmes*, donnaiolo, dongiovanni. | *homme de main*, sicario. ‖ FÉOD. *homme lige*, uomo ligio. ‖ **5.** MIL. *hommes de troupe*, uomini di truppa ; gregari.

homme-grenouille [ɔmgrənuj] m. sommozzatore ; uomo rana (pl. *uomini rana*).

homme-orchestre [ɔmɔrkɛstr] m. MUS. = artista di varietà che suona contemporaneamente parecchi strumenti. ‖ FIG. uomo versatile, polivalente, tuttofare, proteiforme.

homme-sandwich [ɔmsɑ̃dwitʃ] m. uomo sandwich (pl. *uomini sandwich*) ; tramezzino.

homochromie [ɔmɔkromi] f. omocromia.

homogène [ɔmɔʒɛn] adj. omogeneo.

homogénéisation [ɔmɔʒeneizasjɔ̃] f. omogeneizzazione.

homogénéiser [ɔmɔʒeneize] v. tr. omogeneizzare.

homogénéité [ɔmɔʒeneite] f. omogeneità.

homographe [ɔmɔgraf] adj. et n. m. LING. omografo.

homographie [ɔmɔgrafi] f. LING., GÉOM. omografia.

homographique [ɔmɔgrafik] adj. GÉOM. omografico (m. pl. *omografici*).

homogreffe [ɔmɔgrɛf] f. omotrapianto m.

homologation [ɔmɔlɔgasjɔ̃] f. omologazione.

homologie [ɔmɔlɔʒi] f. omologia.

homologue [ɔmɔlɔg] adj. **(de)** omologo, omologico (a) [m. pl. *omologhi, omologici*]. ◆ n. *l'ouvrier américain gagne plus que son homologue européen*, l'operaio americano guadagna più dell'operaio europeo.

homologuer [ɔmɔlɔge] v. tr. omologare.

homoncule m. V. HOMUNCULE.

homonyme [ɔmɔnim] adj. et n. m. omonimo.

homonymie [ɔmɔnimi] f. omonimia.

homophone [ɔmɔfɔn] adj. et n. m. omofono.

homophonie [ɔmɔfɔni] f. omofonia.

homosexualité [ɔmɔsɛksɥalite] f. omosessualità.

homosexuel, elle [ɔmɔsɛksɥɛl] adj. et n. omosessuale.

homothétie [ɔmɔtesi] f. GÉOM. omotetia.

homothétique [ɔmɔtetik] adj. GÉOM. omotetico.

homozygote [ɔmɔzigɔt] adj. et n. BIOL. omozigote.

homuncule ou **homoncule** [ɔmɔ̃kyl] m. omuncolo.

***hongre** [ɔ̃gr] adj. ZOOL. castrato. ◆ n. m. cavallo castrato ; castrone.

***hongrer** [ɔ̃gre] v. tr. ZOOL. castrare.

***hongrois, e** [ɔ̃grwa, az] adj. et n. ungherese. ◆ n. m. LING. ungherese.

***hongroyer** [ɔ̃grwaje] v. tr. conciare all'ungherese.

honnête [ɔnɛt] adj. [probe, loyal] onesto. | *honnête homme*, V. HOMME. ‖ [vertueux, convenable] onesto. | *honnête femme*, donna onesta. | *honnêtes gens*, gente onesta, dabbene. ‖ [satisfaisant, acceptable] discreto, onesto. | *ce vin est honnête*, questo vino è discreto. | *récompense honnête*, ricompensa adeguata. | *gain, prix honnête*, guadagno, prezzo onesto. | *un honnête talent*, una discreta capacità. ◆ n. m. onesto.

honnêtement [ɔnɛtmɑ̃] adv. onestamente. ‖ VX *recevoir qn honnêtement*, ricevere qlcu. con cortesia (L.C.). ‖ [correctement] discretamente. ‖ [franchement] onestamente, francamente.

honnêteté [ɔnette] f. [probité] onestà. ‖ [décence] decenza. ‖ [bienséance] cortesia, urbanità.

honneur [ɔnœr] m. [dignité, respectabilité] onore. | *homme d'honneur*, uomo d'onore. | *parole d'honneur*, parola d'onore. | *manquer à l'honneur*, venir meno all'onore. | *mettre son point d'honneur à faire qch.*, fare qlco. per punto d'onore. | *comité, président d'honneur*, comitato d'onore ; presidente onorario. ‖ [estime] onore. | *perdre l'honneur*, perdere l'onore. | *marque d'honneur*, segno d'onore. | *l'honneur est sauf*, l'onore è salvo. | *il y va de ton honneur*, ne va del tuo onore. | *ton honneur est en jeu*, il tuo onore è in gioco. ‖ [personne estimée] *être l'honneur de sa famille*, essere l'onore della famiglia. | *être l'honneur de son pays*, essere il lustro del proprio paese. ‖ LOC. *Légion d'honneur*, Legion d'onore. | *garçon d'honneur*, paggetto. | *demoiselle, dame d'honneur*, damigella, dama d'onore. | *diplôme d'honneur*, diploma di benemerenza. | *mourir au champ d'honneur*, morire sul campo dell'onore. | *place d'honneur*, posto d'onore ; SPORT piazzamento onorevole. | *point d'honneur*, punto d'onore. | *à tout seigneur, tout honneur*, onore al merito. | *en tout bien tout honneur*, senza ombra di male. | *avoir l'honneur de*, avere l'onore di ; [lettre officielle] pregiarsi di. | *faire honneur à*, fare onore a. | *faites-moi l'honneur de me croire*, vi prego di credermi. ◆ loc. prép. et adv. ***à l'honneur (de) :*** *être à l'honneur*, essere in onore. | *c'est tout à son honneur*, va tutto a suo onore. | *à l'honneur de la vérité*, a onore del vero. ‖ ***avec honneur,*** onorevolmente, con onore. ‖ ***en honneur (de) :*** *être en honneur*, essere in onore. | *en l'honneur de son ami*, in onore del suo amico. ‖ IRON. *en quel honneur ?*, in onore di che ?, come mai ? ‖ ***pour l'honneur,*** per l'onore. ‖ ***sur l'honneur,*** sul proprio onore. ◆ pl. [marques d'estime] onori. | *honneurs funèbres*, estremi onori. ‖ [charge honorifique] *parvenir aux honneurs*, pervenire ai più alti onori. | *fuir les honneurs*, essere schivo di onori. ‖ FIG. *faire les honneurs de la maison*, fare gli onori di casa. ‖ JEU onori. ‖ MIL. *rendre les honneurs*, rendere gli onori. | *les honneurs de la guerre*, l'onore delle armi.

***honnir** [ɔnir] v. tr. coprire di vergogna, svergognare, vituperare. ‖ PROV. *honni soit qui mal y pense* = sia svergognato chi ne pensa male.

honorabilité [ɔnɔrabilite] f. onorabilità, onoratezza.

honorable [ɔnɔrabl] adj. [estimable] onorevole, onorabile. | *mon honorable collègue*, il mio onorevole collega. ‖ [qui fait honneur] onorevole ; onorato (rare). ‖ [convenable] discreto, conveniente. | *salaire honorable*, stipendio discreto.

honorablement [ɔnɔrabləmɑ̃] adv. onorevolmente, onorabilmente. ‖ [avec honneur] *vivre honorablement*, vivere onoratamente, onorevolmente. ‖ [assez bien] discretamente.

1. honoraire [ɔnɔrɛr] adj. onorario, emerito. | *président honoraire*, presidente onorario. | *professeur honoraire*, professore onorario, emerito.

2. honoraires m. pl. onorario m. sing. ; [avocat] parcella f. sing.
honorariat [ɔnɔrarja] m. (l')essere onorario, (il) titolo di onorario.
honoré, e [ɔnɔre] adj. [flatté] onorato, lusingato. ‖ [estimé] onorevole. | *mon honoré collègue*, il mio onorevole collega. ◆ n. f. COMM. *votre honorée du*, la vostra (abr. *v/s*) stimata, pregiata del.
honorer [ɔnɔre] v. tr. onorare. | *honorer la mémoire de qn*, onorare la memoria di qlcu. ‖ LOC. *honorer de sa présence*, onorare della propria presenza. ‖ COMM. [payer] onorare, pagare. ◆ v. pr. **(de)** onorarsi (di).
honorifique [ɔnɔrifik] adj. onorifico (m. pl. *onorifici*).
honoris causa [ɔnɔriskoza] loc. adj. honoris causa (lat.).
***honte** [ɔ̃t] f. [sentiment pénible ; pudeur] vergogna. | *fausse honte*, falso pudore. | *avoir honte de*, vergognarsi, aver vergogna di. | *cela me fait honte*, me ne vergogno. | *ta conduite me fait honte*, la tua condotta mi fa vergognare. | *avoir toute honte bue*, avere perduto ogni pudore. | *à ma honte*, con mia vergogna. ‖ [humiliation] onta, vergogna. | *la honte de la défaite*, l'onta della sconfitta. | *courte honte*, scorno m. | *s'en retourner avec sa courte honte*, tornarsene tutto scornato. ‖ [ignominie] vergogna, obbrobrio m. | *c'est une honte !*, che vergogna !, che obbrobrio ! | *faire honte à qn de qch.*, svergognare qlcu. per qlco. | *couvrir de honte*, disonorare. | *il est la honte de la famille*, è la vergogna, l'obbrobrio della famiglia. | *honte à toi !*, vergogna !, vergognati !
***honteux, euse** [ɔ̃tø, øz] adj. [embarrassé, timide] vergognoso. | *être honteux de qch.*, vergognarsi di qlco. ‖ [déshonorant] vergognoso, turpe, disonorevole. ‖ FIG. *maladie honteuse*, mal segreto.
***hop !** [ɔp] interj. (h)op-là !
hôpital [ɔpital] m. ospedale. ‖ MIL. *hôpital militaire, de contagieux, de campagne*, ospedale militare, contumaciale, da campo. | *billet d'hôpital*, bassa (f.) di passaggio.
hoplite [ɔplit] m. ANTIQ. oplite ; (rare) oplita.
***hoquet** [ɔkɛ] m. singhiozzo ; singulto (littér.).
***hoqueter** [ɔkte] v. intr. avere il singhiozzo, il singulto ; singhiozzare ; singultire (littér.).
horaire [ɔrɛr] adj. *fuseau, signal horaire*, fuso, segnale orario. ◆ n. m. orario. | *en avance, en retard sur l'horaire*, in anticipo, in ritardo sull'orario. | *horaire d'été*, orario estivo. | *afficher, consulter l'horaire*, affiggere, consultare l'orario. | *horaire chargé, commode*, orario pesante, comodo.
***horde** [ɔrd] f. orda, torma.
***horion** [ɔrjɔ̃] m. botta, percossa.
horizon [ɔrizɔ̃] m. PR. et FIG. orizzonte. | *faire un tour d'horizon*, fare un giro d'orizzonte. | *ouvrir des horizons*, aprire orizzonti nuovi.
horizontal, e, aux [ɔrizɔ̃tal, o] adj. orizzontale. ◆ n. f. GÉOM. linea orizzontale. | *à l'horizontale*, orizzontalmente. ‖ POP., VX orizzontale ; mondana, prostituta (L.C.).
horizontalité [ɔrizɔ̃talite] f. orizzontalità.
horloge [ɔrlɔʒ] f. orologio m. (fisso, di campanile, da torre). | *horloge à balancier*, orologio a pendolo. | *horloge murale*, orologio a muro. | *horloge parlante*, ora esatta telefonica. | *heure d'horloge*, ora d'orologio. ‖ LOC. *être réglé comme une horloge*, essere preciso come un orologio.
horloger, ère [ɔrlɔʒe, ɛr] adj. orologiero. ◆ n. m. orologiaio.
horlogerie [ɔrlɔʒri] f. [fabrique, boutique] orologeria ; [produits] orologi m. pl. | *mouvement d'horlogerie*, orologeria.
***hormis** [ɔrmi] prép. LITTÉR. eccetto, salvo, tranne, fuorché (L.C.).
hormonal, e, aux [ɔrmɔnal, o] adj. ormonico (m. pl. *ormonici*), ormonale.
hormone [ɔrmɔn] f. BIOL. ormone m.
hormonothérapie [ɔrmɔnɔterapi] f. MÉD. ormonoterapia.
***hornblende** [ɔrnblɛ̃d] f. MINÉR. orneblenda.
horoscope [ɔrɔskɔp] m. oroscopo. | *tirer l'horoscope de qn*, trarre l'oroscopo di qlcu.
horreur [ɔrœr] f. [effroi, répulsion] orrore m., raccapriccio m. | *scènes d'horreur*, scene raccapriccianti. | *cela me fait horreur*, questo mi fa orrore. | *frémir d'horreur*, fremere d'orrore ; raccapricciare, inorridire. | *être saisi d'horreur*, essere colto da orrore, essere inorridito. ‖ [caractère horrible] *l'horreur d'un crime*, l'orrore, l'efferatezza (f.) di un delitto. ‖ [aversion, haine] orrore. | *avoir qch. en horreur*, avere in orrore qlco. | *avoir horreur de qch.*, avere orrore di qlco. | *prendre en horreur qn, qch.*, prendere in orrore qlcu., qlco. | *avoir horreur de faire qch.*, detestare di fare qlco. | *(quelle) horreur !*, che schifo !, puah !. ‖ [chose laide] *cette peinture est une horreur*, questo dipinto è un orrore, una bruttezza. ◆ pl. [atrocités] *les horreurs de la guerre*, gli orrori della guerra. | *commettre des horreurs*, commettere delle atrocità. ‖ FIG. *dire des horreurs*, dire cose orrende, delle sconcezze.
horrible [ɔribl] adj. [effroyable] orribile, orrendo, raccapricciante. | *crime horrible*, delitto efferato. ‖ [très mauvais] orribile. | *temps horrible*, tempo orribile. ‖ FAM. [excessif] *bruit horrible*, rumore tremendo, orribile.
horrifiant, e [ɔrifjɑ̃, ɑ̃t] adj. tremendo, terrificante.
horrifier [ɔrifje] v. tr. (far) inorridire.
horrifique [ɔrifik] adj. orrendo, orrido.
horripilant, e [ɔripilɑ̃, ɑ̃t] adj. FAM. orripilante.
horripilation [ɔripilasjɔ̃] f. PHYSIOL. orripilazione. ‖ FAM. [agacement] esasperazione, irritazione, fastidio m. (L.C.).
horripiler [ɔripile] v. tr. PHYSIOL. orripilare. ‖ FAM. [irriter] orripilare ; esasperare (L.C.) ; dare i nervi a (L.C.).
***hors** [ɔr] prép. [à l'extérieur de] fuori. | *habiter hors la ville, hors les murs*, abitare fuori città, fuori porta. ‖ [excepté] eccetto, fuorché, salvo. ‖ LOC. *hors concours*, fuori concorso. | *hors cadre*, fuori quadro. | *hors série*, fuori serie ; fuoriserie adj. inv. | *hors classe*, fuoriclasse adj. inv. | *hors ligne*, eccezionale adj. | *hôtel hors catégorie*, albergo categoria lusso. | *mettre hors la loi*, mettere fuori (della) legge. | *hors pair*, senza pari ; impareggiabile adj. | *hors texte*, fuori testo. | *longueur hors tout* : MAR. lunghezza fuori tutto ; AUTOM. lunghezza totale. ◆ loc. prép. **hors de**, fuori (di). | *hors de la ville*, fuori della città. | *hors d'ici !*, fuori di qui ! ‖ FIG. *hors d'atteinte*, irraggiungibile adj. | *hors de cause, de danger, d'usage*, fuori causa, fuori pericolo, fuori uso. | *hors de doute*, indubbio adj., al di fuori di ogni dubbio. | *il est hors de doute que*, è fuori dubbio che. | *hors d'haleine*, con il fiato mozzo. | *hors de portée*, fuori (di) mano. | *hors de propos, de saison*, fuori luogo, fuori stagione. | *être hors de soi*, essere fuori di sé. | *hors de prix*, a prezzo inaccessibile. ‖ MIL. *hors de combat*, fuori combattimento.
***hors-bord** [ɔrbɔr] m. inv. MAR. fuoribordo.
***hors-d'œuvre** [ɔrdœvr] m. inv. CULIN. antipasto. ‖ LITTÉR. parte secondaria, accessoria.
hors-jeu [ɔrʒø] m. inv. SPORT fuorigioco, fuori gioco ; offside (angl.).
***hors-la-loi** [ɔrlalwa] m. inv. JUR. fuorilegge n. inv.
***hors-texte** [ɔrtɛkst] m. inv. TYP. illustrazione, carta fuori testo.
hortensia [ɔrtɑ̃sja] m. BOT. ortensia f.
horticole [ɔrtikɔl] adj. orticolo ; ortense (rare).
horticulteur [ɔrtikyltœr] m. orticoltore.
horticulture [ɔrtikyltyr] f. orticoltura.
hosanna(h) [ɔzana] m. RELIG. osanna inv.
hospice [ɔspis] m. ospizio. | *hospice d'aliénés*, manicomio. | *hospice des enfants trouvés*, ospizio per trovatelli, brefotrofio. | *hospice de vieillards*, casa (f.) di riposo, ospizio per anziani, gerontocomio, gerotrofio.
hospitalier, ère [ɔspitalje, ɛr] adj. [accueillant] ospitale. ‖ [relatif à l'hôpital] ospedaliero. ◆ n. m. HIST. RELIG. ospedaliere, ospitaliero, ospitaliere.
hospitalisation [ɔspitalizasjɔ̃] f. ospedalizzazione ;

ricovero (m.) in ospedale. | *période d'hospitalisation*, degenza.
hospitaliser [ɔspitalize] v. tr. ospedalizzare ; ricoverare in ospedale.
hospitalisme [ɔspitalism] m. MÉD. ospedalismo.
hospitalité [ɔspitalite] f. ospitalità. | *donner l'hospitalité*, dare ospedalità. | *demander l'hospitalité*, chiedere l'ospitalità.
hostellerie [ɔstɛlri] f. hostaria.
hostie [ɔsti] f. ostia.
hostile [ɔstil] adj. ostile, avverso.
hostilité [ɔstilite] f. ostilità. ◆ pl. [guerre] ostilità.
1. hôte [ot], **hôtesse** [otɛs] n. [qui reçoit] ospite. || [aubergiste] oste m., ostessa f. || FIG. *compter sans son hôte*, fare i conti senza l'oste. ◆ n. f. *hôtesse de l'air*, hostess (pl. *hostesses*) [angl.] ; assistente di volo. | *hôtesse d'accueil*, hostess.
2. hôte n. [qui est reçu] ospite. | *hôte payant*, ospite pagante. | *table d'hôte*, table d'hôte (fr.). || LITTÉR. *les hôtes des bois, de l'air*, gli abitatori dei boschi, dell'aria.
hôtel [otɛl] m. [particulier] palazzina f. || [de voyageurs] albergo ; hôtel (fr.). | *hôtel garni, meublé*, V. GARNI n. m. | *maître d'hôtel*, V. MAÎTRE. || LOC. *hôtel de ville*, municipio ; palazzo comunale. | *hôtel des postes*, palazzo delle poste. | *hôtel des Monnaies*, zecca f. | *hôtel des ventes*, casa delle aste.
hôtel-Dieu [otɛldjø] m. ospedale maggiore.
hôtelier, ère [otəlje, ɛr] adj. alberghiero. ◆ n. albergatore, trice. || [aubergiste] oste, ostessa.
hôtellerie [otɛlri] f. [hôtel] = albergo (m.) di lusso in campagna. || [de couvent] foresteria. || ÉCON. industria alberghiera.
hôtesse n. f. V. HÔTE.
***hotte** [ɔt] f. [panier] gerla. || [cheminée] cappa.
hottentot, e [ɔtɑ̃to, ɔt] adj. et n. ottentotto.
***hou!** [u] interj. uh!
***houblon** [ublɔ̃] m. BOT. luppolo.
***houblonnière** [ublɔnjɛr] f. luppoliera, luppoleto m.
***houe** [u] f. AGR. marra.
***houer** [ue] v. tr. zappare (con la marra).
***houille** [uj] f. carbon (m.) fossile. | *houille blanche*, carbone bianco. | *houille verte*, carbone azzurro ; energia mareomotrice.
***houiller, ère** [uje, ɛr] adj. carbonifero, carboniero. | *bassin houiller*, bacino carbonifero. | *industrie houillère*, industria carboniera. ◆ n. f. miniera ; giacimento (m.) di carbon fossile.
***houle** [ul] f. mareggio m. || FIG. *la houle d'un champ*, l'ondeggiare di un campo. | *une houle de spectateurs*, una folla ondeggiante, un mareggiare di spettatori. | *la houle des conversations*, l'animazione delle conversazioni.
***houlette** [ulɛt] f. bastone m. (da pastore) ; vincastro m. (littér.). || AGR. [bêche] trapiantatoio m. || RELIG. pastorale m.
***houleux, euse** [ulø, øz] adj. MAR. mosso, ondoso. || FIG. [agité] burrascoso, tempestoso.
***houp!** [up] interj. V. HOP!
***houppe** [up] f. nappa, fiocco m. | *houppe à poudre de riz*, piumino m. (da cipria). || [cheveux, plumes, poils] ciuffo m. | *Riquet-à-la-houppe*, Ciuffettino m.
***houppelande** [uplɑ̃d] f. pel(l)anda, guarnacca, palandrana.
houppette [upɛt] f. piumino m. (da cipria).
***hourd** [ur] m. MIL. bertesca f.
***hourdage** [urdaʒ] ou ***hourdis** [urdi] m. TECHN. = muratura mista, composita.
***hourder** [urde] v. tr. TECHN. = murare grossolanamente.
***hourra** [ura] interj. et n. m. urrà, evviva inv.
***hourvari** [urvari] m. [chasse] = urlo (dei cacciatori che richiamano i cani). || [tumulte] gazzarra f., baccano, schiamazzo.
***housard** [uzar] m. V. HUSSARD.
***houseaux** [uzo] m. pl. gambali.
***houspiller** [uspije] v. tr. [malmener] maltrattare, malmenare, tartassare. || [réprimander] strapazzare, bistrattare.
***housse** [us] f. [d'objet, de meuble] fodera. | *housse à vêtements*, (sacco [m.] di) custodia. || [pour un cheval] gualdrappa.
***houx** [u] m. BOT. agrifoglio. | *petit houx*, pungitopo.
***hoyau** [ɔjo ; wajo] m. AGR. zappetta f.
***hublot** [yblo] m. oblò inv. ; portellino (rare).
***huche** [yʃ] f. madia, mastra.
***hue!** [y] interj. arri! || LOC. *tirer à hue et à dia*, v. DIA.
***huée** [ɥe] f. [chasse] schiamazzo m. || [cri hostile] urlo m., urlata.
***huer** [ɥe] v. tr. [chasse] = inseguire con schiamazzi. || [conspuer] fare l'urlata a ; accogliere con un'urlata, con urla. ◆ v. intr. [hibou] stridere.
***huguenot, e** [ygno, ɔt] adj. et n. ugonotto adj. et n. m.
huilage [ɥilaʒ] m. oliatura f. ; ungimento (rare).
huile [ɥil] f. olio m. | *huile d'arachide*, olio di semi, d'arachidi. | *huile d'olive*, olio d'oliva. | *huile de table, de friture*, olio da tavola, per friggere. | *sardines, champignons à l'huile*, sardine, funghi sott'olio. | *cuisine à l'huile*, cucina all'olio. || LOC. *jeter de l'huile sur le feu*, gettare olio sul fuoco. | *faire tache d'huile*, espandersi a macchia d'olio. | ***tirer de l'huile d'un mur*** (vx), cavar sangue da una rapa. | ***mettre de l'huile dans les rouages*** = smussare i motivi di attrito. || ART ***peinture, vernis à l'huile***, pittura, colori a olio. | ***peindre à l'huile***, dipingere a olio. | ***une huile***, una pittura a olio. || MAR. ***mer d'huile***, mare liscio come un olio. || MÉD. ***huile de foie de morue, de ricin***, olio di fegato di merluzzo, di ricino. || TECHN. ***huile lourde***, olio pesante. | ***huile de graissage***, lubrificante m. || FAM. ***huile de coude***, olio di gomito. || FIG. FAM. ***c'est une huile***, è un pezzo grosso, un alto papavero. ◆ pl. RELIG. ***saintes huiles***, olio santo.
huilé, e [ɥile] adj. *papier huilé*, carta oleata.
huiler [ɥile] v. tr. oliare, ungere.
huilerie [ɥilri] f. [fabrique] oleificio m. || ÉCON. commercio (m.) dell'olio.
huileux, euse [ɥilø, øz] adj. oleoso. || [gras] grasso, untuoso.
huilier, ère [ɥilje, ɛr] adj. oleario. ◆ n. m. [récipient] oliera f. || [fabricant] fabbricante d'olio ; [marchand] negoziante d'olio.
huis [ɥi] m. uscio. || JUR. *à huis clos*, a porte chiuse.
huisserie [ɥisri] f. telaio m., intelaiatura (d'una porta, d'una finestra).
huissier [ɥisje] m. usciere. || JUR. ufficiale giudiziario, messo di conciliazione ; usciere (vx). | *huissier audiencier*, usciere d'udienza. | *exploit d'huissier*, atto d'ufficiale giudiziario.
huit** [ɥi ; ɥit] adj. num. card. otto. | *d'aujourd'hui en huit*, oggi a otto. | *donner ses huit jours*, dare gli otto giorni. ◆ adj. num. ord. *nous sommes le huit octobre*, oggi è l'otto di ottobre. | ***Charles VIII, Carlo VIII (ottavo). | ***chapitre huit***, capitolo ottavo. | ***page huit***, pagina otto. ◆ n. m. inv. otto. | *le huit courant*, l'otto corrente. || JEU *le grand huit*, l'otto volante. || SPORT *faire des huit*, descrivere degli otto. || [aviron] otto. | *huit barré*, otto con.
***huitain** [ɥitɛ̃] m. POÉS. = componimento in strofe di otto versi ; strofa (f.) di otto versi ; ottava f.
***huitaine** [ɥitɛn] f. *dans une huitaine (de jours)*, fra otto giorni. | *remettre à huitaine*, rimandare di otto giorni.
***huitante** [ɥitɑ̃t] adj. num. ord. et n. m. (rég.) ottanta.
***huitième** [ɥitjɛm] adj. num. ord. ottavo. ◆ n. m. SPORT *huitième de finale*, ottavo di finale. ◆ n. f. *(classe de) huitième* = quarta elementare.
***huitièmement** [ɥitjɛmmɑ̃] adv. in ottavo luogo.
huître [ɥitr] f. ZOOL. ostrica. | *huître perlière*, ostrica perlifera. | *parc à huîtres*, parco di ostriche ; parco ostreario. || FAM. [sot] babbeo m.
huit-reflets [ɥirəflɛ] m. inv. FAM. tuba f.
huîtrier, ère [ɥitrije, ɛr] adj. delle ostriche ; ostreario. ◆ n. m. ZOOL. beccaccia (f.) di mare, ostrichiere. ◆ n. f. [banc d'huîtres] banco (m.) di ostriche.
***hulotte** [ylɔt] f. ZOOL. allocco m.
***hululement** m., ***hululer** v. intr. V. ULULEMENT, ULULER.

***hum!** [œm] interj. [doute] uhm ! ; [réticence, embarras] ehm !
humain, e [ymɛ̃, ɛn] adj. umano. | *respect humain,* rispetto umano. | *condition humaine,* condizione umana. | *sciences humaines,* scienze umane. | *géographie humaine,* v. GÉOGRAPHIE. ‖ LOC. *c'est humain,* è una reazione umana. ◆ n. m. umano. ◆ n. m. pl. LITTÉR. uomini (L.C.).
humanisation [ymanizasjɔ̃] f. (l')umanizzare.
humaniser [ymanize] v. tr. = rendere accessibile agli uomini. ‖ FIG. umanizzare, incivilire. ◆ v. pr. FIG. umanizzarsi, incivilirsi.
humanisme [ymanism] m. umanesimo.
humaniste [ymanist] m. umanista. ◆ adj. umanistico (m. pl. *umanistici*).
humanitaire [ymanitɛr] adj. umanitario.
humanitarisme [ymanitarism] m. umanitarismo.
humanité [ymanite] f. umanità. ◆ pl. [études] umanità, studi umanistici ; [en Belgique] studi classici, liceo classico ; [en France] VX classe (f.) di umanità.
humble [œ̃bl] adj. umile. ‖ LOC. *votre humble serviteur,* vostro servo umilissimo. | *à mon humble avis,* a mio modesto parere. ‖ [modeste] umile, dimesso, modesto. | *d'une voix humble,* con voce dimessa.
humectage [ymɛktaʒ] m. umettazione f. ; umettamento (rare) ; (l')inumidire.
humecter [ymɛkte] v. tr. umettare, inumidire. ◆ v. pr. inumidirsi. ‖ POP. *s'humecter le gosier,* bagnarsi, sciacquarsi l'ugola.
humecteur [ymɛktœr] m. [d'étoffe] spruzzatrice f. ; [de papier] spruzzo, spruzzatore.
humer [yme] v. tr. [gober] sorbire, bere. ‖ [sentir] fiutare, annusare. ‖ [respirer] respirare, aspirare. | *humer l'air frais,* respirare l'aria fresca.
huméral, e, aux [ymeral, o] adj. ANAT. omerale ; umerale (rare).
humérus [ymerys] m. ANAT. omero.
humeur [ymœr] f. ANAT. umore. ‖ [disposition de l'esprit] umore. | *être de bonne, de mauvaise humeur,* essere di buon, di cattivo umore. | *sous l'humeur du moment,* sotto l'impulso del momento. | *incompatibilité d'humeur,* incompatibilità di carattere. | *agir par humeur,* agire per capriccio. | *humeur noire,* umore nero. ‖ [disposition chagrine] stizza, malumore m. | *dans un mouvement d'humeur,* in un moto di stizza. ‖ LOC. *être d'humeur à,* essere in vena di, disposto a. ‖ VX *l'humeur m'a pris de,* mi è venuta voglia di (L.C.). ‖ MÉD. *humeurs froides,* scrofole f. pl.
humide [ymid] adj. umido. | *un peu humide,* umidiccio. ‖ FIG. *yeux humides,* occhi lacrimosi. ◆ n. m. umido, umidità f.
humidification [ymidifikasjɔ̃] f. umidificazione.
humidifier [ymidifje] v. tr. umidificare, inumidire.
humidité [ymidite] f. umidità ; [superficielle] umidezza. ‖ LOC. *craint l'humidité,* teme l'umidità.
humiliant, e [ymiljɑ̃, ɑ̃t] adj. umiliante.
humiliation [ymiljasjɔ̃] f. umiliazione. | *essuyer une humiliation,* subire un'umiliazione.
humilier [ymilje] v. tr. umiliare. ◆ v. pr. umiliarsi.
humilité [ymilite] f. umiltà. | *en toute humilité,* in tutta umiltà.
humoral, e, aux [ymɔral, o] adj. MÉD. umorale.
humorisme [ymɔrism] m. MÉD., VX umorismo ; dottrina (f.) umorale.
humoriste [ymɔrist] n. umorista. ◆ adj. umoristico. (m. pl. *umoristici*).
humoristique [ymɔristik] adj. umoristico.
humour [ymur] m. senso dell'umorismo. | *humour noir,* umorismo nero.
humus [ymys] m. GÉOL. humus ; umo (rare).
***hune** [yn] f. MAR. coffa, gabbia. | *petit mât, grand mât de hune,* albero di parrocchetto, di gabbia.
***hunier** [ynje] m. MAR. vela (f.) di gabbia.
***huppe** [yp] f. [touffe] ciuffo m. (di piume). ‖ ZOOL. upupa, bubbola.
***huppé, e** [ype] adj. cappelluto ; munito di ciuffo. | *alouette huppée,* cappellaccia f. ‖ FAM. [riche] facoltoso (L.C.) ; quattrinaio (péjor.) ; [de haut rang] altolocato (L.C.).
***hurdler** [œrdlər] m. (angl.) SPORT ostacolista.
***hure** [yr] f. testa mozza (di cinghiale, di storione). ‖ CULIN. soprassata (di cinghiale).
***hurlant, e** [yrlɑ̃, ɑ̃t] adj. urlante.
***hurlement** [yrləmɑ̃] m. urlo (pl. *le urla, gli urli*) ; [prolongé] (d'une foule) urlìo ; (du chien, du loup) urlo, ululato ; (du vent) ululo. | *hurlements humains,* urla umane. | *cet homme a poussé deux, des hurlements,* quest'uomo ha cacciato due urli, delle urla. | *hurlements du loup, du vent, de la sirène,* urli del lupo, del vento, della sirena.
***hurler** [yrle] v. intr. [personne, animal] urlare ; [animal ; vent ; sirène] urlare, ululare. | *hurler de douleur, de rage, comme un sourd,* urlare di dolore, di rabbia, come un ossesso. ‖ FAM. [contraster] *ces deux couleurs hurlent,* questi due colori fanno a pugni, stridono insieme. ‖ LOC. *hurler avec les loups,* seguire la corrente ; = in chiesa coi santi e in taverna coi ghiottoni (prov.). ◆ v. tr. et intr. [brailler] *hurler une chanson, des insultes,* urlare una canzone, insulti.
***hurleur, euse** [yrlœr, øz] adj. urlatore, trice. ◆ n. m. *(singe) hurleur,* scimmia urlatrice ; aluatta f.
hurluberlu [yrlybɛrly] m. FAM. scervellato (L.C.).
***huron, onne** [yrɔ̃, ɔn] n. et adj. FAM. zotico, zoticone adj. et n. m. ; bifolco n. m.
hussard** [ysar] m. MIL. ussaro, ussero. ◆ loc. adv. FIG. ***à la hussarde, in modo brutale.
***hussite** [ysit] m. HIST. (h)ussita.
***hutte** [yt] f. capanna, capanno m. ; [à la chasse] capanno.
hyacinthe [jasɛ̃t] f. BOT., MINÉR. giacinto m.
hyalin, e [jalɛ̃, in] adj. MINÉR. ialino.
hyalite [jalit] f. ialite.
hyaloïde [jalɔid] adj. ANAT. ialoide.
hybridation [ibridasjɔ̃] f. BIOL. ibridazione.
hybride [ibrid] adj. et n. m. PR. et FIG. ibrido.
hybrider [ibride] v. tr. ibridare.
hybridisme [ibridism] m. BIOL. ibridismo.
hydracide [idrasid] m. CHIM. idracido.
hydratant, e [idratɑ̃, ɑ̃t] adj. idratante.
hydratation [idratasjɔ̃] f. idratazione.
hydrate [idrat] m. CHIM. idrato, idrossido. | *hydrate de calcium,* calce idrata. | *hydrate de carbone,* idrato di carbonio. | *les hydrates de carbone,* i carboidrati.
hydrater [idrate] v. tr. idratare. ◆ v. pr. idratarsi.
hydraulicien [idrolisjɛ̃] m. ingegnere idraulico.
hydraulique [idrolik] adj. idraulico (m. pl. *idraulici*). ◆ n. f. idraulica.
hydravion [idravjɔ̃] m. idrovolante. | *hydravion torpilleur,* idrosilurante. | *hydravion de reconnaissance,* idroricognitore.
hydre [idr] f. MYTH., ZOOL. idra. ‖ FIG. idra.
hydrique [idrik] adj. idrico (m. pl. *idrici*).
hydrobase [idrɔbaz] f. idroscalo m.
hydrocarbure [idrɔkarbyr] m. CHIM. idrocarburo.
hydrocèle [idrɔsɛl] f. MÉD. idrocele.
hydrocéphale [idrɔsefal] adj. MÉD. idrocefalico (m. pl. *idrocefalici*). ◆ n. m. idrocefalo.
hydrocéphalie [idrɔsefali] f. MÉD. idrocefalia, idrocefalo m.
hydrocortisone [idrɔkɔrtizɔn] f. MÉD. idrocortisone m.
hydrocution [idrɔkysjɔ̃] f. = congestione per immersione.
hydrodynamique [idrɔdinamik] adj. idrodinamico (m. pl. *idrodinamici*) ◆ n. f. PHYS. idrodinamica.
hydroélectrique [idrɔelɛktrik] adj. idroelettrico (m. pl. *idroelettrici*).
hydrofoil [idrɔfɔjl] m. (angl.) aliscafo.
hydrofuge [idrɔfyʒ] adj. idrofugo (m. pl. *idrofughi*).
hydrofuger [idrɔfyʒe] v. tr. idrofugare.
hydrogénation [idrɔʒenasjɔ̃] f. CHIM. idrogenazione.
hydrogène [idrɔʒɛn] m. CHIM. idrogeno. ‖ PHYS. *bombe à hydrogène,* bomba a idrogeno, bomba H, bomba termonucleare.
hydrogéner [idrɔʒene] v. tr. idrogenare.
hydroglisseur [idrɔglisœr] m. MAR. idroscivolante.
hydrographe [idrɔgraf] m. idrografo.
hydrographie [idrɔgrafi] f. idrografia.

hydrographique [idrɔgrafik] adj. idrografico (m. pl. *idrografici*).
hydrologie [idrɔlɔʒi] f. idrologia.
hydrologique [idrɔlɔʒik] adj. idrologico.
hydrologiste [idrɔlɔʒist] ou **hydrologue** [idrɔlɔg] m. idrologo.
hydrolyse [idrɔliz] f. CHIM. idrolisi.
hydrolyser [idrɔlize] v. tr. CHIM. idrolizzare.
hydromel [idrɔmɛl] m. idromele.
hydromètre [idrɔmɛtr] m. PHYS. idrometro. ◆ f. ZOOL. idrometra m.
hydrophile [idrɔfil] adj. idrofilo. | *coton hydrophile*, cotone idrofilo. ◆ n. m. ZOOL. idrofilo.
hydrophobe [idrɔfɔb] adj. idrofobo.
hydrophobie [idrɔfɔbi] f. idrofobia.
hydropique [idrɔpik] adj. et n. idropico (m. pl. *idropici*).
hydropisie [idrɔpizi] f. MÉD. idropisia.
hydrostatique [idrɔstatik] adj. idrostatico (m. pl. *idrostatici*). ◆ n. f. PHYS. idrostatica.
hydrothérapie [idrɔterapi] f. MÉD. idroterapia.
hydrothérapique [idrɔterapik] adj. idroterapico.
hydrothermal, e, aux [idrɔtɛrmal, o] adj. idrotermale.
hydrozoaires [idrɔzɔɛr] m. pl. ZOOL. idrozoi.
hydrure [idryr] m. CHIM. idruro.
hyène [jɛn] f. ZOOL. iena.
hygiène [iʒjɛn] f. igiene.
hygiénique [iʒjenik] adj. igienico (m. pl. *igienici*). | *papier hygiénique*, carta igienica. | *serviette hygiénique*, assorbente m. (igienico).
hygiéniste [iʒjenist] n. igienista.
hygromètre [igrɔmɛtr] m. PHYS. igrometro.
hygrométrie [igrɔmetri] f. igrometrìa.
hygrométrique [igrɔmetrik] adj. igrometrico (m. pl. *igrometrici*).
hygrophile [igrɔfil] adj. igrofilo.
hygroscope [igrɔskɔp] m. igroscopio.
hygroscopie [igrɔskɔpi] f. igroscopia.
hygroscopique [igrɔskɔpik] adj. igroscopico.
1. hymen [imɛn] m. ANAT. imene.
2. hymen ou **hyménée** [imene] m. POÉT. [mariage] imene, imeneo; imenei m. pl. ; [chant nuptial] imeneo.
hyménoptères [imenɔptɛr] m. pl. ZOOL. imenotteri.
hymne [imn] m. inno. | *hymne national*, inno nazionale. ◆ f. RELIG. inno.
hyoïde [jɔid] adj. et n. m. ANAT. ioide.
hyoïdien, enne [jɔidjɛ̃, ɛn] adj. ANAT. ioideo.
hypallage [ipalaʒ] f. RHÉT. ipallage.
hyperacidité [ipɛrasidite] f. MÉD. iperacidità.
hyperbate [ipɛrbat] f. RHÉT. iperbato m.
hyperbole [ipɛrbɔl] f. MATH., RHÉT. iperbole.
hyperbolique [ipɛrbɔlik] adj. iperbolico (m. pl. *iperbolici*).
hyperboloïde [ipɛrbɔlɔid] m. MATH. iperboloide.
hyperboréen, enne [ipɛrboreɛ̃, ɛn] adj. et n. m. iperboreo.
hypercatalectique [ipɛrkatalektik] adj. POÉS. ipercatalettico (m. pl. *ipercatalettici*) ; ipercataletto.
hyperchlorhydrie [ipɛrklɔridri] f. MÉD. ipercloridria.
hypercorrect, e [ipɛrkɔrekt] adj. LING. ipercorretto.
hypercorrection [ipɛrkɔrɛksjɔ̃] f. LING. ipercorrezione.
hypercritique [ipɛrkritik] adj. ipercritico. ◆ f. ipercritica.
hyperdulie [ipɛrdyli] f. RELIG. iperdulia.
hyperémotivité [ipɛremɔtivite] f. PSYCH. iperemotività.
hyperesthésie [ipɛrɛstezi] f. MÉD. iperestesia.
hyperglycémie [ipɛrglisemi] f. MÉD. iperglicemia.
hypermarché [ipɛrmarʃe] m. supermercato (di oltre 2 500 m^2).
hypermètre [ipɛrmɛtr] adj. PHILOL. ipermetro.
hypermétrope [ipɛrmetrɔp] adj. et n. ipermetrope.
hypermétropie [ipɛrmetrɔpi] f. MÉD. ipermetropia.
hypermnésie [ipɛrmnezi] f. PSYCH. ipermnesia.
hypernerveux, euse [ipɛrnɛrvø, øz] adj. ipernervoso.
hypersensibilité [ipɛrsɑ̃sibilite] f. ipersensibilità.
hypersensible [ipɛrsɑ̃sibl] ou **hypersensitif, ive** [ipɛrsɑ̃sitif, iv] adj. ipersensibile.
hypersonique [ipɛrsɔnik] adj. ipersonico.
hypertendu, e [ipɛrtɑ̃dy] adj. et n. iperteso.
hypertension [ipɛrtɑ̃sjɔ̃] f. MÉD. ipertensione.
hyperthermie [ipɛrtɛrmi] f. MÉD. ipertermia.
hyperthyroïdie [ipɛrtirɔidi] f. MÉD. ipertiroidismo m.
hypertonie [ipɛrtɔni] f. MÉD. ipertonia. ipertono m.
hypertrophie [ipɛrtrɔfi] f. MÉD. ipertrofia. ‖ FIG. *hypertrophie de l'administration*, elefantiasi amministrativa. | *hypertrophie du moi*, io ipertrofico.
hypertrophié, e [ipɛrtrɔfie] adj. MÉD. et FIG. ipertrofico (m. pl. *ipertrofici*).
hypertrophier [ipɛrtrɔfie] v. tr. ipertrofizzare. ◆ v. pr. ipertrofizzarsi.
hypertrophique [ipɛrtrɔfik] adj. ipertrofico.
hypnagogique [ipnagɔʒik] adj. PSYCH. ipnagogico (m. pl. *ipnagogici*).
hypnoïde [ipnɔid] adj. PSYCHAN. ipnoide.
hypnose [ipnoz] f. MÉD. ipnosi. | *état d'hypnose*, stato ipnotico.
hypnotique [ipnɔtik] adj. et n. m. ipnotico (m. pl. *ipnotici*).
hypnotiser [ipnɔtize] v. tr. ipnotizzare. ‖ FIG. ipnotizzare, suggestionare. ◆ v. pr. FIG. **(sur)** fissarsi (in, su).
hypnotiseur [ipnɔtizœr] m. ipnotizzatore.
hypnotisme [ipnɔtism] m. ipnotismo.
hypocauste [ipɔkost] m. ARCHÉOL. ipocausto.
hypocentre [ipɔsɑ̃tr] m. GÉOL. ipocentro.
hypochlorhydrie [ipɔklɔridri] f. MÉD. ipocloridria.
hypochlorite [ipɔklɔrit] m. CHIM. ipoclorito.
hypocondre [ipɔkɔ̃dr] m. ANAT. ipocondrio.
hypocondriaque [ipɔkɔ̃drijak] adj. et n. ipocondriaco (m. pl. *ipocondriaci*).
hypocondrie [ipɔkɔ̃dri] f. ipocondria.
hypocoristique [ipɔkɔristik] adj. et n. m. LING. ipocoristico (m. pl. *ipocoristici*).
hypocrisie [ipɔkrizi] f. ipocrisia.
hypocrite [ipɔkrit] adj. et n. ipocrita.
hypoderme [ipɔdɛrm] m. ANAT., BOT. ipoderma. ‖ ZOOL. ipoderma ; estro bovino.
hypodermique [ipɔdɛrmik] adj. ipodermico (m. pl. *ipodermici*).
hypodermose [ipɔdɛrmoz] f. VÉTÉR. ipodermosi.
hypogastre [ipɔgastr] m. ANAT. ipogastrio.
hypogastrique [ipɔgastrik] adj. ipogastrico (m. pl. *ipogastrici*).
1. hypogée [ipɔʒe] m. ARCHÉOL. ipogeo.
2. hypogé, e adj. BOT. ipogeo.
hypoglosse [ipɔglɔs] adj. ANAT. ipoglosso.
hypoglycémie [ipɔglisemi] f. MÉD. ipoglicemia.
hypophysaire [ipɔfizɛr] adj. ipofisario.
hypophyse [ipɔfiz] f. ANAT. ipofisi.
hypostase [ipɔstaz] f. RELIG. ipostasi.
hypostatique [ipɔstatik] adj. ipostatico.
hypostyle [ipɔstil] adj. ARCHÉOL. ipostilo.
hyposulfite [ipɔsylfit] m. CHIM. iposolfito.
hypotendu, e [ipɔtɑ̃dy] adj. et n. ipoteso.
hypotension [ipɔtɑ̃sjɔ̃] f. MÉD. ipotensione.
hypoténuse [ipɔtenyz] f. GÉOM. ipotenusa.
hypothalamus [ipɔtalamys] m. ANAT. ipotalamo.
hypothécable [ipɔtekabl] adj. ipotecabile.
hypothécaire [ipɔtekɛr] adj. ipotecario.
hypothécairement [ipɔtekɛrmɑ̃] adv. mediante ipoteca.
hypothèque [ipɔtɛk] f. JUR. ipoteca. | *hypothèque judiciaire*, ipoteca giudiziale. ‖ FIG. *prendre une hypothèque sur l'avenir*, ipotecare il futuro. | *lever une hypothèque*, togliere un'ipoteca.
hypothéquer [ipɔteke] v. tr. JUR., FIG. ipotecare.
hypothermie [ipɔtɛrmi] f. MÉD. ipotermia.
hypothèse [ipɔtɛz] f. ipotesi. | *hypothèse de travail*, ipotesi di studio, di lavoro. | *dans l'hypothèse qu'il viendra*, nell'ipotesi, nel caso che venga.
hypothétique [ipɔtetik] adj. ipotetico (m. pl. *ipotetici*).

hypothyroïdie [ipɔtirɔidi] f. MÉD. ipotiroidismo m.
hypotonie [ipɔtɔni] f. PHYSIOL. ipotonia.
hypotonique [ipɔtɔnik] adj. ipotonico.
hypotypose [ipɔtipoz] f. RHÉT. ipotiposi.
hypsomètre [ipsɔmɛtr] m. PHYS. ipsometro.
hypsométrie [ipsɔmetri] f. PHYS. ipsometria.
hysope [izɔp] m. BOT. is(s)opo.
hystérectomie [isterɛktɔmi] f. CHIR. isterectomia.
hystérèse [isterɛz] ou **hystérésis** [isterezis] f. PHYS. isteresi.
hystérie [isteri] f. MÉD. isteria, isterismo m. || FIG. *hystérie collective*, isterismo collettivo.
hystériforme [isterifɔrm] adj. isteriforme.
hystérique [isterik] adj. et n. isterico.
hystérogène [isterɔʒɛn] adj. PSYCHAN. *zone hystérogène*, zona isterogena.

I

i [i] m. i f. ou m. | *i grec*, i greco; ipsilon. || LOC. *droit comme un I*, dritto come un fuso. | *mettre les points sur les « i »*, V. POINT.
ïambe [jɑ̃b] m. POÉS. giambo.
ïambique [jɑ̃bik] adj. giambico.
ibère [ibɛr] ou **ibérique** [iberik] adj. iberico.
ibidem [ibidɛm] adv. ibidem (lat.).
ibis [ibis] m. ZOOL. ibis.
iceberg [ajsbɛrg; isbɛrg] m. (angl.) iceberg inv.
ichneumon [iknømɔ̃] m. [mangouste] icneumone. || [insecte] icneumonide.
ichtyologie [iktjɔlɔʒi] f. ittiologia.
ichtyologiste [iktjɔlɔʒist] n. ittiologo, a.
ichtyophage [iktjɔfaʒ] adj. et n. ittiofago, a.
ichtyosaure [iktjɔzɔr] m. ittiosauro.
ici [isi] adv. **1.** [lieu] qui, qua. | *je suis, je reste ici*, sono, resto qui. | *mets-le ici* : [à cet endroit précis] mettilo qui; [près de celui qui parle] mettilo qua. | *ici même*, proprio qui. | *près d'ici*, qui vicino. | *loin, hors d'ici*, lontano, fuori di qui. | *les gens d'ici*, la gente di qui. || [indication d'un mouvement] qua; qui (moins fréquent). | *viens ici*, vieni qua. | *par ici*, (per) di qua. | *passe par ici*, passa (per) di qua. || *d'ici à là*, da qui a lì, da qui a laggiù. | *d'ici (à là) il doit y avoir plusieurs kilomètres*, da qui (a là) ci saranno parecchi chilometri. | *jusqu'ici*, fin qua, fin qui. | *ici-bas*, quaggiù; su questa terra. | *les choses d'ici-bas*, le cose di quaggiù. || LOC. *ici et là*, qua e là. || [au téléphone] *ici...*, qui parla... || **2.** [temps] qui; a questo punto. | *d'ici (à) demain tout peut changer*, da qui a domani tutto può cambiare. | *donnez-moi une réponse d'ici huit jours*, mi dia una risposta entro una settimana. | *d'ici-là*, da qui ad allora. | *d'ici peu*, fra poco. | *jusqu'ici*, fin qui. | *ici l'orateur se tut*, qui, a questo punto l'oratore tacque.
icône [ikon] f. icona, icone.
iconoclasme [ikɔnɔklasm] m. iconoclastia f.
iconoclaste [ikɔnɔklast] adj. iconoclastico, iconoclasta. ◆ n. iconoclasta.
iconographe [ikɔnɔgraf] m. iconografo.
iconographie [ikɔnɔgrafi] f. iconografia.
iconolâtrie [ikɔnɔlɑtri] f. iconolatria.
iconoscope [ikɔnɔskɔp] m. T.V. iconoscopio.
iconostase [ikɔnɔstaz] f. iconostasi.
iconothèque [ikɔnɔtɛk] f. iconoteca.
icosaèdre [ikɔzaɛdr] m. GÉOM. icosaedro.
ictère [iktɛr] m. MÉD. ittero, itterizia f.
ictérique [ikterik] adj. et n. itterico.
ictus [iktys] m. PHILOL. ictus (lat.). || MÉD. colpo.
idéal, e, als ou **aux** [ideal, ideo] adj. PHILOS. ideale. | *monde idéal*, monde ideale. | *vertu idéale*, virtu ideale. || [parfait] ideale, perfetto. | *beauté idéale*, bellezza ideale. ◆ n. m. ideale. | *viser à l'idéal*, mirare all'ideale. | *à chacun son idéal*, ad ognuno il proprio ideale.
idéalisation [idealizasjɔ̃] f. idealizzazione.
idéaliser [idealize] v. tr. idealizzare.
idéalisme [idealism] m. idealismo.
idéaliste [idealist] adj. idealistico. ◆ n. idealista.
idéalité [idealite] f. idealità.
idéation [ideasjɔ̃] f. PHILOS. ideazione.
idée [ide] f. PHILOS. idea. || [concept abstrait] idea, concetto m. | *idée fixe*, idea fissa; ossessione, fissazione. | *on n'a pas idée !*, che strana idea ! || [illusion] *se faire des idées*, illudersi. | *c'est une idée que tu te fais*, è un'illusione; tu t'illudi; idee ! || LOC. *avoir des idées noires*, vedere tutto in nero; avere (addosso) le paturnie (pop.). | *donner des idées noires*, far vedere tutto in nero; far venir le paturnie (pop.). || [pensée] idea, pensiero. | *idée de derrière la tête*, mezza idea. | *avoir des idées, de l'idée*, avere delle, molte idee; essere inventivo. | *caresser une idée*, accarezzar un'idea. | *avoir, donner l'idée de*, avere, dare l'idea di. | *à la seule idée de, que*, al solo pensiero di, che. | *dans cet ordre, le même ordre d'idée*, in questo, nello stesso ordine d'idee. || [intention] idea, intenzione. | *il a l'idée de partir*, ha intenzione di partire. | *avec l'idée de*, con l'intenzione di. || [esprit] mente. | *venir, revenir à l'idée*, venire, tornare in mente. | *sortir de l'idée*, uscir di mente. | *avoir dans l'idée*, aver idea, pensare; [intention] aver idea, intenzione; proporsi. || FAM. *on ne m'ôtera pas de l'idée que*, non mi leveranno dalla mente che (L.C.). || [opinion] idea, opinione, parere m. | *à mon idée*, a parer mio. | *avoir une haute idée de qn, de soi-même*, avere alta, grande opinione di qlcu., di sé. | *idées politiques, préconçues*, idee politiche, preconcette. | *idées larges, étroites*, vedute larghe, ristrette. | *homme aux larges idées*, uomo di larghe vedute. | *entrer dans les idées de qn*, aderire alle idee di qlcu. | *partager les idées de qn*, condividere le idee, le opinioni di qlcu. | *théâtre d'idées*, teatro a tesi. || LOC. FAM. *changer d'idée comme de chemise* = essere una banderuola, un voltagabbana. || [caprice, fantaisie] *que chacun fasse à son idée*, ognuno faccia a modo suo.
idem [idɛm] adv. idem (lat.).
identifiable [idɑ̃tifjabl] adj. identificabile.
identification [idɑ̃tifikasjɔ̃] f. [assimilation] identificazione. || [action de s'identifier] *l'identification de l'artiste avec son œuvre*, l'immedesimazione dell'artista con la propria opera. || [projection de soi] identificazione.
identifier [idɑ̃tifje] v. tr. [rendre identique] identificare. || [reconnaître] identificare, riconoscere. ◆ v. pr. *un romancier s'identifie à son personnage*, un romanziere s'immedesima col proprio personaggio. || PSYCH. identificarsi (con).

identique [idɑ̃tik] adj. identico, uguale.
identité [idɑ̃tite] f. [égalité] identità. ‖ [état civil] identità. | *établir, vérifier l'identité de qn*, stabilire, accertare l'identità di qlcu. | *carte d'identité*, carta d'identità. | *pièce d'identité*, documento d'identità, di riconoscimento. | *plaque d'identité*, piastrina di riconoscimento. | *décliner son identité*, dare, declinare le proprie generalità. | *(service de) l'identité judiciaire*, casellario giudiziale.
idéogramme [ideɔgram] m. ideogramma.
idéographie [ideɔgrafi] f. ideografia.
idéologie [ideɔlɔʒi] f. ideologia.
idéologique [ideɔlɔʒik] adj. ideologico.
idéologue [ideɔlɔg] m. ideologo.
ides [id] f. pl. ANTIQ. idi f. pl. ou m. pl.
idiolecte [idjɔlɛkt] m. LING. idioletto.
idiomatique [idjɔmatik] adj. idiomatico.
idiome [idjom] m. idioma.
idiosyncrasie [idjɔsɛ̃krazi] f. MÉD. idiosincrasia.
idiot, e [idjo, ɔt] adj. idiota, stupido, sciocco, scemo. | *c'est idiot!*, è stupido! ◆ n. idiota, cretino, a, imbecille. | *faire l'idiot*, far lo stupido; [qui ne sait pas] far lo gnorri; far il nesci (tosc.); [qui ne comprend pas] far l'indiano. ‖ MÉD. idiota.
idiotie [idjɔsi] f. MÉD. idiozia. ‖ [absence d'intelligence] idiozia, stupidità, imbecillità. ‖ [acte, parole] idiozia, stupidaggine, sciocchezza. | *ne dites pas d'idioties!*, non dite stupidaggini!
idiotisme [idjɔtism] m. GRAMM. idiotismo.
idoine [idwan] adj. idoneo, conveniente.
idolâtre [idɔlɑtr] adj. RELIG. idolatra, idolatrico. ‖ FIG. idolatra. ◆ n. RELIG. idolatra.
idolâtrer [idɔlɑtre] v. tr. RELIG. idolatrare. ‖ FIG. idolatrare, adorare.
idolâtrie [idɔlɑtri] f. PR. et FIG. idolatria.
idole [idɔl] f. PR. et FIG. idolo m.
idylle [idil] f. POÉS. idillio m. ‖ [amour] idillio.
idyllique [idilik] adj. idillico, idilliaco.
if [if] m. BOT. tasso. ‖ [égouttoir] scolabottiglie m. inv.
igame [igam] m. NÉOL. (abr. de *inspecteur général de l'Administration en mission extraordinaire*) = ispettore generale dell'Amministrazione in missione straordinaria.
igloo ou **iglou** [iglu] m. iglò, iglù; igloo (angl.).
ignacien, enne [iɲasjɛ̃, ɛn] adj. RELIG. ignaziano.
igname [iɲam] f. BOT. igname m.
ignare [iɲar] adj. ignaro, ignorante.
igné, e [iɲe, igne] adj. igneo.
ignifugation [ignifygasjɔ̃] f. ignifugazione.
ignifuge [ignifyʒ] adj. et n. m. ignifugo.
ignifuger [ignifyʒe] v. tr. ignifugare.
ignition [ignisjɔ̃] f. ignizione.
ignivome [ignivɔm] adj. (rare) ignivomo.
ignoble [iɲɔbl] adj. ignobile, spregevole, vile.
ignominie [iɲɔmini] f. ignominia, infamia.
ignominieux, euse [iɲɔminjø, øz] adj. ignominioso, infamante, obbrobrioso.
ignorance [iɲɔrɑ̃s] f. ignoranza. | *par ignorance*, per ignoranza. | *tenir dans l'ignorance de*, tenere all'oscuro di.
ignorant, e [iɲɔrɑ̃, ɑ̃t] adj. ignorante, ignaro. | *ignorant des événements*, ignaro, all'oscuro degli avvenimenti. ◆ n. ignorante. | *faire l'ignorant*, far lo gnorri; far il nesci (tosc.).
ignorantin [iɲɔrɑ̃tɛ̃] adj. et n. m. RELIG. ignorantello.
ignoré, e [iɲɔre] adj. ignoto, sconosciuto, oscuro.
ignorer [iɲɔre] v. tr. ignorare, non sapere. | *j'ignore complètement ce qui s'est passé*, non so, ignoro affatto cosa sia accaduto; sono completamente all'oscuro, al buio dell'accaduto. ‖ [intentionnellement] ignorare; far finta di non vedere, di non sapere, di non conoscere. ‖ LOC. *nul n'est censé ignorer la loi*, nessuno può invocare a propria scusa l'ignoranza della legge; ignorantia legis non excusat (lat.). ◆ v. pr. *un artiste qui s'ignore*, un artista che non è consapevole delle proprie doti; un artista senza saperlo (fam.). | *s'ignorer (réciproquement)*, ignorarsi; fingere di non conoscersi.
iguane [igwan] m. ZOOL. iguana f.
iguanodon [igwanɔdɔ̃] m. ZOOL. iguanodonte.
il [il] pron. pers. m. sing. 3ᵉ pers. suj. [personne] egli; [animal; chose] esso. ‖ [avec v. impers. : ne se traduit pas] *il pleut*, piove. | *il est midi*, sono le dodici, è mezzogiorno. | *il y a*, c'è; ci sono [pl.]. (V. AVOIR.) | *il est bon de se promener*, è bene uscire a passeggio. | *il s'agit de décider*, si tratta di decidere. | *il importe*, *il se trouve*, V. IMPORTER, TROUVER. ◆ pl. essi. ‖ [indéfini] *ils l'ont arrêté*, lo hanno arrestato. | *ils disent que*, dicono che, la gente dice che.
île [il] f. isola. | *habitant d'une île*, isolano m. ‖ CULIN. *île flottante* = varietà di dolce al cucchiaio.
iléon [ileɔ̃] ou **iléum** [ileɔm] m. ANAT. ileo.
iléus [ileys] m. MÉD. ileo.
iliaque [iljak] adj. ANAT. iliaco.
îlien, enne [iljɛ̃, ɛn] adj. et n. V. INSULAIRE.
ilion [iljɔ̃] m. ANAT. ilio, ileo.
illégal, e, aux [il(l)egal, o] adj. illegale, abusivo.
illégalité [il(l)egalite] f. illegalità.
illégitime [il(l)eʒitim] adj. JUR. illegittimo. ‖ [injustifié] ingiustificato, ingiusto.
illégitimité [il(l)eʒitimite] f. illegittimità.
illettré, e [il(l)etre] adj. et n. [analphabète] illetterato; analfabeta. ‖ [non cultivé] illetterato.
illibéral, e, aux [il(l)iberal, o] adj. illiberale.
illicite [il(l)isit] adj. illecito.
illico [il(l)iko] adv. (lat.) FAM. immediatamente, subito, seduta stante (L.C.).
illimité, e [il(l)imite] adj. illimitato.
illisibilité [il(l)izibilite] f. illeggibilità.
illisible [il(l)izibl] adj. illeggibile.
illogique [il(l)ɔʒik] adj. illogico, irragionevole, assurdo.
illogisme [il(l)ɔʒism] m. illogicità f.
illumination [il(l)yminasjɔ̃] f. PR. et FIG. illuminazione. | *les (grandes) illuminations*, la luminaria.
illuminé, e [il(l)ymine] adj. illuminato. ◆ n. visionario, a.
illuminer [il(l)ymine] v. tr. PR. et FIG. illuminare.
illuminisme [il(l)yminism] m. illuminismo; dottrina esoterica di mistici illuminati.
illusion [il(l)yzjɔ̃] f. illusione. | *se faire des illusions*, farsi delle illusioni, illudersi. | *faire illusion à qn*, illudere qlcu. | *avoir l'illusion que*, illudersi che. | *se faire illusion (à soi-même)*, illudere se stesso.
illusionner [il(l)yzjɔne] v. tr. illudere. ◆ v. pr. illudersi, farsi delle illusioni.
illusionnisme [il(l)yzjɔnism] m. illusionismo.
illusionniste [il(l)yzjɔnist] n. illusionista, prestigiatore, trice.
illusoire [il(l)yzwar] adj. illusorio.
illustrateur [il(l)ystratœr] m. illustratore.
illustration [il(l)ystrasjɔ̃] f. [action de rendre illustre] (il) dar lustro, (l')illustrare. | *contribuer à l'illustration de son époque*, contribuire a dar lustro alla propria epoca. ‖ [état de ce qui est illustre] lustro m., gloria, decoro m. | *les nouvelles illustrations littéraires*, le nuove glorie letterarie. ‖ [image] illustrazione, vignetta, figura, disegno m., fotografia.
illustre [il(l)ystr] adj. illustre, insigne.
illustré, e [il(l)ystre] adj. illustrato. ◆ n. m. [magazine] rotocalco; rivista illustrata.
illustrer [il(l)ystre] v. tr. [rendre célèbre] illustrare; dar lustro a, rendere illustre. ‖ [orner d'illustrations] illustrare. ‖ [expliquer] illustrare, spiegare, commentare; [par des exemples] esemplificare.
illustrissime [il(l)ystrisim] adj. illustrissimo.
illyrien, enne [il(l)irjɛ̃, ɛn] adj. illirico. ◆ n. m. LING. illirico. ◆ n. m. pl. *les Illyriens*, gli Illiri.
îlot [ilo] m. GÉOGR. isolotto, isoletta f. ‖ [groupe de maisons] isolato, isola f. ‖ ANAT. isola. ‖ MIL. *îlot de résistance*, nucleo di resistenza. ‖ [sur un porte-avions] isola.
ilote [ilɔt] m. HIST. et FIG. ilota.
ilotisme [ilɔtism] m. HIST. et FIG. ilotismo.
image [imaʒ] f. **1.** PHYS. immagine; [dans un miroir] immagine, riflesso m. | *la glace réfléchit l'image*, lo specchio riflette l'immagine. ‖ **2.** [représentation] immagine, illustrazione, figura, vignetta. | *livre d'ima-*

ges, libro di figure, d'immagini. | *image à décalquer*, decalcomania. | *image d'Épinal*, immagine, stampa popolare di Epinal. | *image fidèle*, immagine, illustrazione, riproduzione fedele. | *image de marque*, immagine pubblicitaria. || **3.** [portrait] immagine, ritratto m. | *être l'image vivante de qn*, essere il ritratto vivente di qlcu. || [ressemblance] *à l'image de*, a somiglianza di, ad immagine e somiglianza di. || **4.** CIN., PHOT., T.V. immagine, fotografia, fotogramma m. | *image télévisée*, immagine televisiva. | *fréquence d'image*, frequenza d'immagine. | *projection à vingt images (par) seconde*, proiezione a venti fotogrammi al secondo. | *image radioscopique*, immagine radioscopica. || **5.** RELIG. immagine. | *culte des images*, culto delle immagini. | *image pieuse*, immagine sacra ; santino m. | *briseur d'images*, iconoclasta. || **6.** FIG. [vision] immagine, visione. | *cette image terrifiante me suit partout*, quell'immagine, quella visione spaventosa mi segue dappertutto. || [idée] immagine, idea. | *se faire une image fausse de qn, d'une situation*, farsi un'idea falsa di qlcu., di una situazione. || [métaphore] immagine, similitudine, metafora. | *parler, s'exprimer par images*, parlare, esprimersi per immagini, metafore, similitudini. || **7.** LOC. *sage comme une image*, buono come un angelo. | *jolie comme une image*, bella come una madonna.

imagé, e [imaʒe] adj. [style] immaginoso.

imager [imaʒe] v. tr. ornare di metafore.

imagerie [imaʒri] f. [fabrique, commerce] = stamperia, commercio (m.) di immagini, di stampe (popolari). || [images] immagini f. pl., stampe f. pl. | *l'imagerie d'Épinal*, le immagini, le stampe di Epinal. | *l'imagerie populaire, romantique, classique*, l'iconografia popolare, romantica, classica.

imagier [imaʒje] m. [marchand] = venditore di immagini, di stampe. || [au Moyen Âge] pittore miniaturista, miniatore ; scultore.

imaginable [imaʒinabl] adj. immaginabile.

imaginaire [imaʒinɛr] adj. et n. m. immaginario.

imaginatif, ive [imaʒinatif, iv] adj. dotato di grande immaginazione ; immaginativo, fantasioso. | *écrivain imaginatif*, scrittore immaginoso. ◆ n. = persona dotata di grande immaginazione, persona immaginativa. || PÉJOR. sognatore, trice. ◆ n. f. V. IMAGINATION.

imagination [imaʒinasjɔ̃] f. [évocation de choses déjà vues] immaginazione, fantasia. | *se transporter en imagination dans une maison où l'on a vécu*, trasferirsi con la fantasia in una casa in cui si è vissuti. | *revoir en imagination*, rivedere nella fantasia. || [création d'images] fantasia, immaginazione, immaginativa, inventiva. | *écrivain, artiste à l'imagination ardente, féconde*, scrittore, artista di fervida immaginazione, dalla fantasia fervida ; scrittore, artista fantasioso, immaginoso. | *avoir de l'imagination*, essere dotato di fantasia, di immaginazione. | *être dépourvu, dénué, manquer d'imagination*, essere sprovvisto di, mancare di fantasia, di immaginazione. || [ce qu'on imagine] immaginazione, fantasticheria. || [chimère] (surtout pl.) fantasia, chimera, invenzione, ubbia. | *songe-creux qui se repaît de ses imaginations*, sognatore che si pasce di chimere. | *pure imagination que tout cela !*, pura invenzione !, fantasie !, ubbie !

imaginer [imaʒine] v. tr. [se représenter] immaginare ; immaginarsi, figurarsi v. pr. | *imagine ma joie*, immaginati, figurati la mia gioia. | *tout ce qu'on peut imaginer*, ogni immaginazione. || [inventer] immaginare, inventare, escogitare, ideare, concepire. | *imaginer une ruse*, immaginare, ideare un'astuzia. | *imaginer une nouvelle théorie*, inventare, immaginare, concepire una nuova teoria. || [croire, supposer] immaginare, supporre, ritenere, credere. | *plus qu'on ne l'imagine*, più che non si creda. | *j'imagine qu'il a voulu dire que*, immagino, suppongo, credo (che) abbia voluto dire che. ◆ v. pr. [se figurer] immaginarsi, figurarsi. | *on se l'imagine aisément*, lo si immagina facilmente. | *imaginez-vous que*, immaginatevi, figuratevi che. || [croire sans fondement] immaginarsi, figurarsi, credere, illudersi. | *il s'imagine que*, s'immagina, si figura, crede che. | *il s'imagine pouvoir le faire, qu'il peut le faire*, crede, s'illude di poterlo fare.

imago [imago] m. ZOOL. immagine f. ◆ f. PSYCHAN. im(m)ago.

imam [imam] ou **iman** [imɑ̃] m. imano.

imbattable [ɛ̃batabl] adj. imbattibile, invincibile. || FAM. [inégalable] inarrivabile, impareggiabile. || COMM. *prix imbattables*, prezzi imbattibili.

imbécile [ɛ̃besil] adj. et n. imbecille, scemo, sciocco, stolto. | *rire imbécile*, riso sciocco.

imbécillité [ɛ̃besilite] f. [état ; action, parole] imbecillità, imbecillaggine, scemenza, sciocchezza.

imberbe [ɛ̃bɛrb] adj. [sans barbe] imberbe. || [très jeune] imberbe, giovanissimo.

imbiber [ɛ̃bibe] v. tr. imbevere, impregnare, inzuppare. || FIG. impregnare, imbevere. ◆ v. pr. PR. et FIG. **(de)** imbeversi, impregnarsi (di). || FAM. *s'imbiber d'alcool*, bere come una spugna ; imbottar vino.

imbibition [ɛ̃bibisjɔ̃] f. (l')imbeversi, imbibizione.

imbrication [ɛ̃brikasjɔ̃] f. PR. sovrapposizione a mo' di embrici. || FIG. *imbrication des couches sociales*, interferenza degli strati sociali. | *imbrication des éléments d'un récit, des souvenirs*, (l')intrecciarsi degli elementi d'un racconto, dei ricordi.

imbriquer [ɛ̃brike] v. tr. PR. embricare. || FIG. collegare, connettere. | *deux affaires étroitement imbriquées*, due affari interdipendenti, strettamente collegati, connessi. ◆ v. pr. PR. embricarsi. || FIG. collegarsi, connettersi.

imbroglio [ɛ̃brɔglijo] m. (ital.) imbroglio, groviglio, intrico. || THÉÂTRE commedia (f.) d'intreccio.

imbrûlable [ɛ̃brylabl] adj. incombustibile.

imbrûlé, e [ɛ̃bryle] adj. incombusto, non bruciato. ◆ n. m. residuo di combustione.

imbu, e [ɛ̃by] adj. imbevuto. | *imbu de préjugés*, imbevuto di pregiudizi.

imbuvable [ɛ̃byvabl] adj. imbevibile. || FAM. [insupportable] insopportabile (L.C.).

imitable [imitabl] adj. imitabile.

imitateur, trice [imitatœr, tris] adj. et n. imitatore, trice.

imitatif, ive [imitatif, iv] adj. imitativo.

imitation [imitasjɔ̃] f. imitazione. | *parfaite, pâle imitation*, perfetta, scialba imitazione. | *esprit d'imitation*, spirito d'imitazione. | *don d'imitation*, dono dell'imitazione. || [falsification] imitazione, falsificazione, contraffazione. | *imitation de signature*, falsificazione di firma. || [reproduction artificielle] *d'imitation*, finto, falso, artificiale adj. | *imitation cuir*, finta pelle. | *bijoux en imitation*, gioielli finti. || RELIG. *Imitation de Jésus-Christ*, Imitazione di Cristo. ◆ loc. prép. ***à l'imitation de***, a imitazione di.

imiter [imite] v. tr. imitare ; contraffare (péjor.). | *imiter un dessin*, imitare un disegno. | *imiter une signature*, imitare, contraffare, falsificare una firma. || LOC. *imiter qn en qch.*, imitar qlcu. in qlco. | *imiter l'exemple de qn*, seguir l'esempio di qlcu. || [ressembler à] imitare ; aver l'aspetto di. | *cela imite le marbre*, imita il marmo.

immaculé, e [im(m)akyle] adj. immacolato. || RELIG. *Immaculée Conception*, Immacolata Concezione.

immanence [im(m)anɑ̃s] f. PHILOS. immanenza.

immanent, e [im(m)anɑ̃, ɑ̃t] adj. PHILOS. immanente.

immanentisme [im(m)anɑ̃tism] m. PHILOS. immanentismo.

immangeable [ɛ̃mɑ̃ʒabl] adj. immangiabile.

immanquable [ɛ̃mɑ̃kabl] adj. immancabile.

immarcescible [im(m)arsɛsibl] adj. LITTÉR. immarcescibile, imputrescibile ; incorruttibile (L.C.).

immatérialité [im(m)aterjalite] f. immaterialità.

immatériel, elle [im(m)aterjɛl] adj. immateriale.

immatriculation [im(m)atrikylasjɔ̃] f. immatricolazione. || AUTOM. *plaque d'immatriculation*, targa f. | *numéro d'immatriculation*, numero di targa.

immatriculer [im(m)atrikyle] v. tr. immatricolare. | *se faire immatriculer*, immatricolarsi. || AUTOM. immatricolare ; [mettre la plaque] targare. | *voiture immatriculée 4602 A 78*, automobile targata 4602 A 78.

immature [im(m)atyr] adj. immaturo.

immaturité [im(m)atyrite] f. immaturità.
immédiat, e [im(m)edja, at] adj. [sans intermédiaire] immediato. | *successeur, supérieur immédiat,* successore, superiore immediato. | *cause immédiate,* causa immediata. || [instantané] immediato, istantaneo, pronto. | *paiement immédiat,* pagamento immediato. | *aide immédiate,* pronto soccorso, aiuto immediato. | *guérison immédiate,* guarigione immediata, istantanea. ◆ n. m. = il momento presente. | *pensez à l'immédiat,* pensate al (momento) presente. | *je n'en ai pas besoin dans l'immédiat,* non ne ho bisogno per ora.
immediateté [im(m)edjatte] f. immediatezza.
immémorial, e, aux [im(m)emɔrjal, o] adj. immemorabile ; immemoriale (rare). | *de temps immémorial,* da tempo immemorabile.
immense [im(m)ɑ̃s] adj. [presque sans bornes] immenso, incommensurabile, smisurato, sconfinato. || [énorme] immenso, enorme. | *fortune immense,* fortuna immensa, colossale, enorme. | *l'immense majorité des Français,* la stragrande maggioranza dei Francesi.
immensité [im(m)ɑ̃site] f. [grandeur] immensità. || [énormité] immensità, enormità. | *l'immensité de sa fortune,* l'immensità della sua fortuna. || [multitude] moltitudine, quantità. | *une immensité de gens pensent comme moi,* una quantità di gente la pensa come me.
immensurable [im(m)ɑ̃syrabl] adj. (rare) V. INCOMMENSURABLE.
immerger [im(m)ɛrʒɛ] v. tr. immergere, tuffare.
immérité, e [im(m)erite] adj. immeritato.
immersion [im(m)ɛrsjɔ̃] f. immersione. | *immersion d'un câble,* immersione, posa d'un cavo. | *immersion d'un sous-marin,* immersione di un sommergibile. || ASTR. immersione. || [noyade] *la mort par immersion,* la morte per annegamento.
immeuble [im(m)œbl] adj. JUR. *biens immeubles,* beni immobili. ◆ n. m. JUR. immobile. | *immeuble par nature, par destination,* immobile per natura, per destinazione. || [édifice] edificio, fabbricato, stabile. | *immeuble de rapport,* edificio da affittare, per l'affitto ; edificio affittato. | *immeuble commercial, d'habitation,* edificio commerciale, d'abitazione. | *gérant d'immeubles,* amministratore di immobili.
immigrant, e [im(m)igrɑ̃, ɑ̃t] adj. et n. immigrante.
immigration [im(m)igrasjɔ̃] f. immigrazione.
immigré, e [im(m)igre] adj. et n. immigrato.
immigrer [im(m)igre] v. intr. immigrare.
imminence [im(m)inɑ̃s] f. imminenza.
imminent, e [im(m)inɑ̃, ɑ̃t] adj. imminente.
immiscer (s') [sim(m)ise] v. pr. immischiarsi, ingerirsi, intromettersi. | *s'immiscer dans les affaires des autres,* immischiarsi negli affari altrui.
immixtion [im(m)iksjɔ̃] f. immistione, ingerenza, intromissione.
immobile [im(m)ɔbil] adj. immobile, fermo, immoto. | *demeurer immobile,* restare immobile, stare fermo.
immobilier, ère [im(m)ɔbilje, ɛr] adj. JUR. immobiliare. | *biens immobiliers,* proprietà (f.) immobiliare ; beni immobiliari ; immobili, stabili. | *agent immobilier* = chi gestisce un'agenzia immobiliare. | *société, saisie, vente immobilière,* società, sequestro, vendita immobiliare.
immobilisation [im(m)ɔbilizasjɔ̃] f. JUR. immobilizzazione. || COMM., ÉCON. immobilizzo m., immobilizzazione.
immobiliser [im(m)ɔbilize] v. tr. immobilizzare, paralizzare, bloccare. || COMM., ÉCON. immobilizzare. ◆ v. pr. immobilizzarsi, fermarsi, arrestarsi.
immobilisme [im(m)ɔbilism] m. immobilismo.
immobilité [im(m)ɔbilite] f. immobilità.
immodéré, e [im(m)ɔdere] adj. immoderato, smoderato, smodato, eccessivo.
immodeste [im(m)ɔdɛst] adj. [sans modestie] immodesto ; [sans pudeur] impudico, sfacciato, sfrontato ; immodesto (rare).
immodestie [im(m)ɔdɛsti] f. immodestia, impudicizia, spudoratezza, sfacciataggine.
immolateur [im(m)ɔlatœr] m. immolatore.
immolation [im(m)ɔlasjɔ̃] f. immolazione.
immoler [im(m)ɔle] v. tr. PR. et FIG. immolare, sacrificare. ◆ v. pr. immolarsi, sacrificarsi.
immonde [im(m)ɔ̃d] adj. [sale] immondo. || [dégoûtant] immondo, repellente, schifoso.
immondices [im(m)ɔ̃dis] f. pl. immondizie ; pattume m.
immoral, e, aux [im(m)ɔral, o] adj. immorale.
immoralisme [im(m)ɔralism] m. immoralismo.
immoraliste [im(m)ɔralist] m. immoralista.
immoralité [im(m)ɔralite] f. immoralità.
immortaliser [im(m)ɔrtalize] v. tr. immortalare, eternare.
immortalité [im(m)ɔrtalite] f. immortalità.
immortel, elle [im(m)ɔrtɛl] adj. immortale. || FIG. immortale, eterno, imperituro, perpetuo. | *gloire immortelle,* gloria immortale, eterna, imperitura. ◆ n. m. immortale. || FAM. [académicien] = membro dell'Accademia Francese ; accademico. ◆ n. m. pl. MYTH. immortali, dei. ◆ n. f. BOT. semprevivo m.
immotivé, e [im(m)ɔtive] adj. infondato, ingiustificato ; senza motivo.
immuabilité [im(m)yabilite] ou **immutabilité** [im(m)ytabilite] f. immutabilità.
immuable [im(m)yabl] adj. immutabile, invariabile, inalterabile.
immunisant, e [im(m)ynizɑ̃, ɑ̃t] adj. immunizzante.
immunisation [im(m)ynizasjɔ̃] f. MÉD. et FIG. immunizzazione.
immuniser [im(m)ynize] v. tr. et intr. MÉD. et FIG. immunizzare.
immunité [im(m)ynite] f. BIOL., JUR., MÉD. et FIG. immunità.
immunodépresseur [im(m)ynodepresœr] m. MÉD. farmaco immunosoppressivo.
immunologie [im(m)ynɔlɔʒi] f. MÉD. immunologia.
immunotransfusion [im(m)ynotrɑ̃sfyzjɔ̃] f. MÉD. immunotrasfusione.
immutabilité f. V. IMMUABILITÉ.
impact [ɛ̃pakt] m. [choc] impatto, urto. | *point d'impact,* V. POINT. || [influence] effetto, contraccolpo.
1. impair, e [ɛ̃pɛr] adj. impari, dispari inv. || MATH. *nombre impair,* numero dispari. || ANAT. *organes impairs,* organi impari.
2. impair m. FAM. cantonata f., abbaglio ; gaffe (fr.) ; topica f. | *commettre, faire un impair,* prendersi un abbaglio, una cantonata ; fare una gaffe, una topica.
impalpable [ɛ̃palpabl] adj. impalpabile.
impardonnable [ɛ̃pardɔnabl] adj. imperdonabile, in(e)scusabile.
imparfait, e [ɛ̃parfɛ, ɛt] adj. [incomplet] imperfetto, incompiuto. || [qui a des défauts] imperfetto, manchevole, difettoso. | *travail imparfait,* lavoro imperfetto. ◆ n. m. GRAMM. imperfetto.
imparisyllabique [ɛ̃parisil(l)abik] adj. GRAMM. imparisillabo.
imparité [ɛ̃parite] f. disparità.
impartageable [ɛ̃partaʒabl] adj. indivisibile ; = che non si può spartire.
impartial, e, aux [ɛ̃parsjal, o] adj. imparziale, equo, giusto.
impartialité [ɛ̃parsjalite] f. imparzialità.
impartir [ɛ̃partir] v. tr. concedere, accordare. | *impartir un délai,* concedere una proroga, una dilazione.
impasse [ɛ̃pas] f. [rue] vicolo cieco. || FIG. [situation sans issue] impasse (fr.) ; vicolo cieco. | *s'engager dans une impasse,* entrare in un vicolo cieco. | *être dans une impasse,* essere in una situazione senza uscita. || ÉCON. *impasse budgétaire,* deficit m., disavanzo m. || [bridge] impasse. || [à un examen] *faire une impasse* = trascurare, non studiare una parte del programma ; tentare di farla franca.
impassibilité [ɛ̃pasibilite] f. impassibilità.
impassible [ɛ̃pasibl] adj. impassibile, insensibile, imperturbabile. | *demeurer, rester impassible,* restar impassibile.
impatiemment [ɛ̃pasjamɑ̃] adv. impazientemente.
impatience [ɛ̃pasjɑ̃s] f. [manque de patience] impazienza. || [incapacité de supporter qch. ou qn] insofferenza, impazienza, intolleranza. | *avec impatience,* con

impazienza, impazientemente. | *brûler d'impatience*, struggersi, consumarsi d'impazienza, dall'impazienza. | *il brûle d'impatience de te rencontrer*, si strugge dall'impazienza di, non vede l'ora di incontrarti. | *donner des signes d'impatience*, mostrar segni d'impazienza. ◆ pl. [mouvement nerveux] *avoir des impatiences dans les jambes*, avere un'irrequietezza alle gambe.
impatient, e [ɛ̃pasjɑ̃, ɑ̃t] adj. [peu patient] impaziente, insofferente. ‖ [inquiet, anxieux] impaziente, ansioso. ‖ LOC. *impatient du joug*, impaziente, insofferente del giogo. | *impatient de partir*, impaziente, ansioso di partire. ◆ n. f. BOT. impaziente.
impatienter [ɛ̃pasjɑ̃te] v. tr. spazientire, irritare ; scocciare (fam.). ◆ v. pr. **(pour, de)** impazientirsi, spazientirsi (per).
impavide [ɛ̃pavid] adj. impavido.
impayable [ɛ̃pɛjabl] adj. FAM. [comique] comico. ‖ [ridicule] impagabile, ridicolo, buffo. | *un type impayable*, un tipo impagabile, divertentissimo, buffissimo. | *aventure impayable*, avventura impagabile, buffa, buffissima.
impayé, e [ɛ̃pɛje] adj. non pagato ; insoluto.
impeccable [ɛ̃pɛkabl] adj. RELIG. impeccabile. ‖ [sans défaut] impeccabile, perfetto, irreprensibile, inappuntabile.
impécunieux, euse [ɛ̃pekynjø, øz] adj. LITTÉR. povero, bisognoso, indigente (L.C.).
impécuniosité [ɛ̃pekynjozite] f. LITTÉR. = mancanza di denaro.
impédance [ɛ̃pedɑ̃s] f. ÉLECTR. impedenza.
impedimenta [ɛ̃pedimɛ̃ta] m. pl. (lat.) MIL. salmerie f. pl., carriaggi, impedimenti, impedimenta f. pl. ‖ FIG. impedimenti, ostacoli, difficoltà f. pl.
impénétrabilité [ɛ̃penetrabilite] f. PR. et FIG. impenetrabilità.
impénétrable [ɛ̃penetrabl] adj. PR. et FIG. impenetrabile.
impénitence [ɛ̃penitɑ̃s] f. impenitenza.
impénitent, e [ɛ̃penitɑ̃, ɑ̃t] adj. RELIG. impenitente. ‖ FAM. [incorrigible] impenitente, incorreggibile. | *un ivrogne impénitent*, un ubriacone, un beone impenitente. | *un bavard impénitent*, un chiacchierone incorreggibile.
impensable [ɛ̃pɑ̃sabl] adj. impensabile. ‖ FAM. [incroyable] impensabile, inimmaginabile, assurdo.
impenses [ɛ̃pɑ̃s] f. pl. JUR. spese di manutenzione.
imper m. FAM. V. IMPERMÉABLE n. m.
impératif, ive [ɛ̃peratif, iv] adj. imperativo. | *d'un ton impératif*, in tono imperativo. | *mandat impératif*, mandato imperativo. ◆ n. m. GRAMM. imperativo. ‖ PHILOS. imperativo. | *impératif catégorique*, imperativo categorico. ‖ [prescription] norma f., prescrizione f., regola f., dettame. | *les impératifs de la mode*, le prescrizioni, i dettami della moda.
impératrice [ɛ̃peratris] f. imperatrice.
imperceptibilité [ɛ̃pɛrsɛptibilite] f. impercettibilità.
imperceptible [ɛ̃pɛrsɛptibl] adj. impercettibile.
imperdable [ɛ̃pɛrdabl] adj. imperdibile.
imperfectible [ɛ̃pɛrfɛktibl] adj. imperfettibile.
imperfection [ɛ̃pɛrfɛksjɔ̃] f. [état] imperfezione. ‖ [défaut] imperfezione, difetto m.
impérial, e, aux [ɛ̃perjal, o] adj. imperiale. ◆ n. m. pl. HIST. imperiali. ◆ n. f. [étage de voiture] imperiale m. ‖ [barbe] = barba all'imperiale ; pizzo m.
impérialisme [ɛ̃perjalism] m. imperialismo.
impérialiste [ɛ̃perjalist] adj. imperialistico, imperialista. ◆ n. imperialista.
impérieux, euse [ɛ̃perjø, øz] adj. PR. et FIG. imperioso. ‖ [urgent] impellente.
impérissable [ɛ̃perisabl] adj. immortale ; imperituro (littér.).
impéritie [ɛ̃perisi] f. imperizia.
imperium [ɛ̃perjɔm] m. (lat.) ANTIQ. imperio.
imperméabilisation [ɛ̃pɛrmeabilizasjɔ̃] f. impermeabilizzazione.
imperméabiliser [ɛ̃pɛrmeabilize] v. tr. impermeabilizzare.
imperméabilité [ɛ̃pɛrmeabilite] f. impermeabilità.
imperméable [ɛ̃pɛrmeabl] adj. impermeabile. ‖ FIG. insensibile, refrattario. | *imperméable aux sentiments d'autrui*, insensibile ai sentimenti altrui. | *imperméable à l'art*, insensibile, refrattario all'arte. ◆ n. m. (ou abr. fam. **imper**) impermeabile.
impersonnalité [ɛ̃pɛrsɔnalite] f. impersonalità.
impersonnel, elle [ɛ̃pɛrsɔnɛl] adj. impersonale. ‖ GRAMM. impersonale.
impertinemment [ɛ̃pɛrtinamɑ̃] adv. con impertinenza ; insolentemente.
impertinence [ɛ̃pɛrtinɑ̃s] f. impertinenza, insolenza. | *friser l'impertinence*, rasentare, sfiorare l'impertinenza.
impertinent, e [ɛ̃pɛrtinɑ̃, ɑ̃t] adj. et n. impertinente, insolente.
imperturbabilité [ɛ̃pɛrtyrbabilite] f. imperturbabilità, impassibilità.
imperturbable [ɛ̃pɛrtyrbabl] adj. imperturbabile ; [personne] insensibile, imperterrito.
impétigo [ɛ̃petigo] m. MÉD. impetigine f.
impétrant, e [ɛ̃petrɑ̃, ɑ̃t] n. JUR. richiedente, impetrante.
impétration [ɛ̃petrasjɔ̃] f. JUR. istanza, domanda.
impétrer [ɛ̃petre] v. tr. JUR. impetrare.
impétueux, euse [ɛ̃petɥø, øz] adj. impetuoso, irruente.
impétuosité [ɛ̃petɥozite] f. impetuosità, irruenza.
impie [ɛ̃pi] adj. et n. RELIG. empio.
impiété [ɛ̃pjete] f. RELIG. [état ; parole, action] empietà. ‖ [manque de respect] irriverenza, empietà, malvagità.
impitoyable [ɛ̃pitwajabl] adj. spietato, crudele, empio.
implacabilité [ɛ̃plakabilite] f. implacabilità.
implacable [ɛ̃plakabl] adj. implacabile, inesorabile, spietato.
implantation [ɛ̃plɑ̃tasjɔ̃] f. istallazione, insediamento m. | *l'implantation des Turcs en Europe centrale*, l'insediamento dei Turchi nell'Europa centrale. ‖ COMM., IND. impianto m. | *l'implantation de nouvelles industries*, l'impianto d'industrie nuove. ‖ MÉD. innesto m. ‖ [des cheveux] impianto m.
implanter [ɛ̃plɑ̃te] v. tr. PR. (rare) affondare. | *arbre qui implante ses racines à plusieurs mètres*, albero che affonda le radici a parecchi metri. ‖ FIG. [établir, introduire] inserire, stabilire, introdurre, diffondere. | *implanter de nouveaux usages*, introdurre, diffondere nuove usanze. ‖ COMM., IND. impiantare. | *implanter de nouvelles industries*, impiantar industrie nuove. ◆ v. pr. FAM. [s'installer] stabilirsi, fissarsi, impiantarsi.
implication [ɛ̃plikasjɔ̃] f. JUR., LOG., implicazione.
implicite [ɛ̃plisit] adj. implicito, sottinteso.
impliquer [ɛ̃plike] v. tr. [engager, envelopper] implicare, coinvolgere. | *impliquer qn dans une affaire*, implicare, coinvolgere qlcu. in un affare. ‖ [comporter] implicare, comportare, sottintendere. | *l'association implique la confiance réciproque des associés*, l'associazione implica la fiducia reciproca dei soci. ‖ [entraîner nécessairement] implicare, determinare. | *le concept d'homme implique celui de mortel*, il concetto d'uomo implica quello di mortale.
implorant, e [ɛ̃plɔrɑ̃, ɑ̃t] adj. implorante, supplichevole.
imploration [ɛ̃plɔrasjɔ̃] f. implorazione.
implorer [ɛ̃plɔre] v. tr. implorare, supplicare, scongiurare. | *implorer qn*, implorare, supplicare qlcu. | *implorer le pardon de ses fautes*, implorare il perdono delle proprie colpe. | *implorer la pitié, l'aide de qn*, implorar pietà, aiuto da qlcu.
implosion [ɛ̃plozjɔ̃] f. LING., PHYS. implosione.
impoli, e [ɛ̃pɔli] adj. sgarbato, scortese, maleducato, screanzato. ◆ n. maleducato, a, screanzato, a.
impolitesse [ɛ̃pɔlitɛs] f. [manque de politesse ; action impolie] maleducazione, scortesia, inciviltà, sgarbataggine, sgarbatezza, villania. ‖ [parole] scortesia, sgarbataggine, sgarbatezza, villania.
impolitique [ɛ̃pɔlitik] adj. impolitico.
impondérabilité [ɛ̃pɔ̃derabilite] f. imponderabilità.

impondérable [ɛ̃pɔ̃derabl] adj. et n. m. PR. et FIG. imponderabile.
impopulaire [ɛ̃pɔpylɛr] adj. impopolare.
impopularité [ɛ̃pɔpylarite] f. impopolarità.
importable [ɛ̃pɔrtabl] adj. importabile.
importance [ɛ̃pɔrtɑ̃s] f. importanza, entità, rilievo m. | *une affaire de la plus haute importance*, un affare della massima importanza. | *de peu d'importance*, di poca importanza, di poca entità, di poco rilievo, di poco conto; poco importante adj. | *d'aucune importance*, di nessuna importanza, di nessun conto; irrilevante adj. | *chose sans importance*, cosa senz'importanza, di nessun conto; cosa irrilevante, da nulla. | *avoir de l'importance*, avere importanza, essere importante; importare v. intr. | *ça n'a pas d'importance*, non importa. | *attacher de l'importance à qch.*, dare, attribuire, annettere (moins correct) importanza a qlco. | *prendre de l'importance*, prendere importanza, diventar importante. | *évaluer l'importance des dégâts*, valutare, stimare l'importanza, l'entità dei danni. || [crédit, influence] importanza, conto m. | *un homme d'importance*, un uomo importante, di grand'importanza. || PÉJOR. [vanité] importanza, arie f. pl. | *se donner de l'importance, des airs d'importance*, darsi importanza, delle arie. ◆ loc. adv. ***d'importance,*** di santa ragione, abbondantemente. | *rosser qn d'importance*, bastonare, picchiare qlcu. di santa ragione.
important, e [ɛ̃pɔrtɑ̃, ɑ̃t] adj. importante. | *c'est important à savoir*, è importante saperlo. | *peu important*, poco importante, di poca importanza, di poco conto, di poco rilievo, di poca entità; di poco momento (littér.). | *travail important*, lavoro importante, di grand'importanza, di grande impegno. | *homme important*, uomo importante. || [considérable (surtout en quantité)] importante, considerevole, ragguardevole, rilevante, ingente. || PÉJOR. *se donner des airs importants*, darsi importanza, delle arie. ◆ n. m. [point essentiel] importante. || LOC. *faire l'important*, darsi delle arie, importanza.
importateur, trice [ɛ̃pɔrtatœr, tris] adj. et n. COMM. importatore, trice.
importation [ɛ̃pɔrtasjɔ̃] f. COMM. importazione.
importer [ɛ̃pɔrte] v. tr. COMM. importare. ◆ v. tr. ind. [être important] importare. | *ton opinion m'importe peu*, a me importa poco la tua opinione. | *que t'importe?*, a te cosa importa?, che (cosa) te ne importa? | *que m'importe son amitié!*, a me non importa, non m'importa la sua amicizia! ◆ v. intr. *peu importe que*, importa poco che, poco importa che. | *n'importe*, (non ha) nessuna importanza. ◆ v. impers. *il importe d'agir*, è importante agire. | *il importe que tu agisses*, importa, è importante che tu agisca. ◆ pron. et adj. indéf. *n'importe qui*, chicchessia. | *n'importe quoi*, qualsiasi cosa. | *n'importe quel, quelle*, qualsiasi, qualunque. | *n'importe lequel, laquelle*, uno, una qualsiasi. ◆ loc. adv. | *n'importe quand*, quando che sia, in qualsiasi momento. | *n'importe comment*, in qualsiasi modo, in un modo o nell'altro. | *travailler n'importe comment*, lavorare sciattamente. | *n'importe où*, in qualsiasi posto, luogo.
importun, e [ɛ̃pɔrtœ̃, yn] adj. importuno, molesto. ◆ n. importuno m.; seccatore, trice.
importuner [ɛ̃pɔrtyne] v. tr. importunare, seccare. | *importuner qn de ses jérémiades*, importunare qlcu. con le proprie geremiadi.
importunité [ɛ̃pɔrtynite] f. [caractère importun] importunità. || [assiduité importune (souvent pl.)] molestia f., premura molesta. | *poursuivre qn de ses importunités* = corteggiar qlcu. con un'insistenza molesta.
imposable [ɛ̃pozabl] adj. FIN. imponibile. | *revenu, salaire imposable*, (reddito, salario) imponibile m.
imposant, e [ɛ̃pozɑ̃, ɑ̃t] adj. [majestueux] imponente. | *stature imposante*, statura imponente. || [considérable] ingente, considerevole, ragguardevole, cospicuo. | *somme imposante*, somma ingente, cospicua. | *des forces imposantes*, forze imponenti.
imposé, e [ɛ̃poze] adj. FIN. sottoposto a tassa, a imposta; tassato. | *marchandises imposées*, merci tassate. | *prix imposé*, prezzo imposto. | *tarif imposé*, tariffa imposta. || SPORT *figures imposées*, figure obbligatorie.
imposer [ɛ̃poze] v. tr. *imposer les mains*, imporre le mani. || [faire accepter] imporre. | *imposer une obligation, sa (propre) volonté à qn*, imporre un obbligo, la propria volontà a qlcu. || [commander] imporre, comandare, ordinare, ingiungere. | *imposer le respect*, incutere rispetto. | *imposer (le) silence à qn*, imporre (il) silenzio a qlcu., ingiungere, comandare, ordinare a qlcu. di tacere. || FIN. tassare. | *imposer des marchandises, les contribuables*, tassare delle merci, i contribuenti. || TYP. fare l'imposizione, l'impostazione di; impostare. ◆ v. tr. ind. *en imposer (à)*, metter soggezione (a), incutere rispetto (a); intimidire v. tr. ◆ v. pr. [s'obliger à] imporsi, obbligarsi, costringersi. | *s'imposer de faire qch.*, imporsi di, costringersi a far qlco. | *s'imposer un travail*, imporsi un lavoro. || [être nécessaire] imporsi. | *réforme qui s'impose*, riforma che s'impone. || FIG. [inspirer le respect] imporsi. | *s'imposer à l'attention*, imporsi all'attenzione. || [importuner] imporsi; imporre la propria presenza.
imposition [ɛ̃pozisjɔ̃] f. RELIG. *imposition des mains*, imposizione delle mani. || [obligation] imposizione, ingiunzione, obbligo m. || FIN. imposizione, tassazione. || TYP. imposizione, impostazione.
impossibilité [ɛ̃pɔsibilite] f. impossibilità. | *être, se trouver dans l'impossibilité de*, essere, trovarsi nell'impossibilità di.
impossible [ɛ̃pɔsibl] adj. impossibile. | *impossible à réaliser*, impossibile da realizzare, a realizzarsi. | *il n'est pas impossible que*, non è escluso che. || FIG. [intolérable; extravagant] impossibile. | *un caractère impossible*, un carattere impossibile. ◆ n. m. *demander, promettre, faire l'impossible*, chiedere, promettere, far l'impossibile. ◆ loc. adv. ***par impossible,*** per impossibile.
imposte [ɛ̃pɔst] f. ARCHIT. imposta. || (de porte, de fenêtre) [mobile] vasistas m. inv.; [fixe] pannello fisso a vetri.
imposteur [ɛ̃pɔstœr] m. impostore.
imposture [ɛ̃pɔstyr] f. impostura.
impôt [ɛ̃po] m. FIN. imposta f., tassa f. | *impôts directs, indirects*, imposte dirette, indirette. | *impôt foncier*, imposta fondiaria. | *impôt sur le capital*, imposta sul capitale. | *impôt sur le revenu (des personnes physiques)*, imposta di ricchezza mobile, sul reddito. | *impôt proportionnel, progressif*, imposta proporzionale, progressiva. | *impôt cédulaire*, (imposta) cedolare f. | *impôts (au bénéfice) de l'État*, imposte erariali. | *impôts des collectivités locales*, imposte locali. | *l'assiette de l'impôt*, la base dell'imposta. | *faire, rédiger sa déclaration d'impôts*, compilare la propria denuncia dei redditi. | *soumis à l'impôt*, assoggettato ad imposta. | *exempt d'impôt(s)*, esente da imposta. | *percevoir les impôts*, riscuotere le imposte, le tasse. | *la perception des impôts*, l'esazione delle imposte, delle tasse.
impotence [ɛ̃pɔtɑ̃s] f. MÉD. impotenza, invalidità.
impotent, e [ɛ̃pɔtɑ̃, ɑ̃t] adj. et n. invalido; minorato fisico; impotente. | *bras impotent*, braccio paralizzato.
impraticable [ɛ̃pratikabl] adj. [irréalisable; inapplicable] inattuabile, irrealizzabile, impossibile. || [où on ne peut passer] impraticabile, impervio.
imprécation [ɛ̃prekasjɔ̃] f. imprecazione.
imprécatoire [ɛ̃prekatwar] adj. imprecatorio.
imprécis, e [ɛ̃presi, iz] adj. impreciso, confuso.
imprécision [ɛ̃presizjɔ̃] f. imprecisione.
imprégnation [ɛ̃preɲasjɔ̃] f. impregnazione.
imprégner [ɛ̃preɲe] v. tr. impregnare, imbevere, inzuppare. || FIG. imbevere, impregnare. | *il est imprégné de préjugés*, è imbevuto, pieno di pregiudizi. ◆ v. pr. [d'eau] impregnarsi, imbeversi, inzupparsi. || *s'imprégner d'une odeur*, impregnarsi d'un odore. || FIG. impregnarsi, imbeversi. | *s'imprégner de culture*, impregnarsi di cultura.
imprenable [ɛ̃prənabl] adj. MIL. imprendibile, inespugnabile. || LOC. *vue imprenable*, panorama assicurato, vista garantita.

impréparation [ɛ̃preparasjɔ̃] f. impreparazione.
imprésario [ɛ̃presarjo] m. impresario.
imprescriptibilité [ɛ̃prɛskriptibilite] f. JUR. imprescrittibilità.
imprescriptible [ɛ̃prɛskriptibl] adj. imprescrittibile.
impression [ɛ̃prɛsjɔ̃] f. [action de presser sur] impressione, (l')imprimere. || [résultat, empreinte] impronta, impressione. | *l'impression d'un cachet*, l'impronta, l'impressione d'un timbro. || [effet produit] impressione. | *impression de froid*, impressione di freddo. | *faire (une) bonne, mauvaise, profonde impression*, fare (una) buona, cattiva, profonda impressione. | *faire impression*, far colpo, far impressione. | *être sous l'impression de la peur*, essere sotto l'impressione della paura, essere in preda alla paura. | *raconter ses impressions*, narrare le proprie impressioni. | *rester sur une bonne impression de qch.*, serbare una buona impressione di qlco. || LOC. *n'as-tu pas l'impression que? — si, j'en ai l'impression*, non hai l'impressione che?, non ti pare che? — sì, mi pare; mi pare di sì. || [peinture] imprimitura. || TEXT. stampaggio m., stampa. | *impression sur soie*, stampa su seta. || TYP. [action] impressione, stampatura, stampa; [résultat] stampa, impressione. | *fautes d'impression*, errori di stampa, refusi m. pl. | *procédé d'impression*, procedimento di stampa. | *impression en noir, en couleurs*, stampa in nero, a colori. | *donner à l'impression*, dare alle stampe. | *livre en cours d'impression*, libro in corso di stampa.
impressionnabilité [ɛ̃prɛsjɔnabilite] f. impressionabilità.
impressionnable [ɛ̃prɛsjɔnabl] adj. impressionabile.
impressionnant, e [ɛ̃prɛsjɔnɑ̃, ɑ̃t] adj. impressionante.
impressionner [ɛ̃prɛsjɔne] v. tr. PR. et FIG. impressionare. | *impressionner une pellicule*, impressionare una pellicola.
impressionnisme [ɛ̃prɛsjɔnism] m. ART impressionismo.
impressionniste [ɛ̃prɛsjɔnist] adj. ART impressionistico, impressionista. ◆ n. impressionista.
imprévisible [ɛ̃previzibl] adj. imprevedibile.
imprévision [ɛ̃previzjɔ̃] f. mancanza di previsione. || JUR. *théorie de l'imprévision*, teoria dell'imprevisione.
imprévoyance [ɛ̃prevwajɑ̃s] f. imprevidenza.
imprévoyant, e [ɛ̃prevwajɑ̃, ɑ̃t] adj. imprevidente.
imprévu, e [ɛ̃prevy] adj. imprevisto, impreveduto, inatteso. ◆ n. m. imprevisto. | *en cas d'imprévu*, in caso di imprevisti. | *sauf imprévu*, salvo imprevisti.
imprimable [ɛ̃primabl] adj. stampabile.
imprimante [ɛ̃primɑ̃t] f. stampatrice.
imprimatur [ɛ̃primatyr] m. inv. imprimatur (lat.).
imprimé [ɛ̃prime] m. [livre, brochure] stampa f., stampato. | *la boîte aux imprimés*, la cassetta per le stampe. || [formulaire] modulo, stampato. | *remplir un imprimé*, riempire, compilare un modulo, uno stampato.
imprimer [ɛ̃prime] v. tr. [faire une empreinte] imprimere. | *imprimer un cachet sur la cire, ses pas dans la neige*, imprimere un sigillo nella cera, le proprie orme sulla neve. || [communiquer] imprimere, dare, comunicare. | *imprimer un mouvement à une machine*, imprimere un movimento a una macchina. || FIG. imprimere. | *imprimer un souvenir dans son esprit*, imprimersi un ricordo nella mente. || TECHN. [peinture] *imprimer une boiserie, un mur*, dar l'imprimitura a un assito, a un muro. | *tissu imprimé*, imprimé (fr.); stampato; tessuto imprimé, stampato. || TYP. stampare; imprimere (rare). | *imprimer un livre à deux mille exemplaires*, stampare un libro in, a duemila esemplari. | *permis d'imprimer*, autorizzazione di stampa; RELIG. imprimatur m. inv. | *faire imprimer un livre*, dar un libro alle stampe, pubblicare un libro. | *imprimer en (caractères) gras*, stampare in grassetto, in neretto. | *imprimer clandestinement*, stampare clandestinamente, alla macchia. ◆ v. pr. [sens pass.] TYP. stamparsi. || [sens réfl.] FIG. imprimersi. | *s'imprimer dans la mémoire*, imprimersi nella memoria.
imprimerie [ɛ̃primri] f. [technique] stampa, tipografia. | *caractères d'imprimerie*, caratteri tipografici. || [établissement] stamperia, tipografia.
imprimeur [ɛ̃primœr] m. [propriétaire, ouvrier] stampatore, tipografo.
improbabilité [ɛ̃prɔbabilite] f. improbabilità.
improbable [ɛ̃prɔbabl] adj. improbabile.
improbité [ɛ̃prɔbite] f. disonestà; improbità (littér.).
improductif, ive [ɛ̃prɔdyktif, iv] adj. improduttivo.
improductivité [ɛ̃prɔdyktivite] f. improduttività.
impromptu [ɛ̃prɔ̃pty] adj. improvvisato, estemporaneo. | *dîner impromptu*, cena improvvisata. | *vers impromptus*, versi estemporanei, improvvisati. ◆ adv. = su due piedi, senza preparazione, immediatamente, estemporaneamente. | *répondre impromptu à une question*, rispondere subito, su due piedi a una domanda. ◆ n. m. HIST. LITT. improvvisazione f.; poesia estemporanea; impromptu (fr.); improvviso (rare). || MUS. impromptu (fr.); improvviso.
imprononçable [ɛ̃prɔnɔ̃sabl] adj. impronunciabile, impronunziabile.
impropre [ɛ̃prɔpr] adj. [inadéquat] improprio. | *mot, locution impropre*, parola, locuzione impropria. | *viande impropre à la consommation*, carne non idonea al consumo. || [inapte] inetto, incapace, inadatto. | *impropre au service (militaire)*, V. INAPTE.
impropriété [ɛ̃prɔprijete] f. improprietà.
improuvable [ɛ̃pruvabl] adj. = impossibile a provarsi.
improvisateur, trice [ɛ̃prɔvizatœr, tris] n. improvvisatore, trice; poeta estemporaneo.
improvisation [ɛ̃prɔvizasjɔ̃] f. improvvisazione.
improviser [ɛ̃prɔvize] v. tr. improvvisare. | *improviser un discours, un madrigal*, improvvisare un discorso, un madrigale. | *improviser un repas*, improvvisare un pasto. ◆ v. pr. *s'improviser peintre*, improvvisarsi pittore. | *les secours s'improvisèrent*, improvvisarono i soccorsi.
improviste (à l') [alɛ̃prɔvist] loc. adv. all'improvviso, improvvisamente, alla sprovvista, inaspettatamente. | *être attaqué à l'improviste*, essere aggredito di sorpresa, alla sprovvista, all'improvviso. | *arriver, partir à l'improviste*, arrivare, partire improvvisamente.
imprudence [ɛ̃prydɑ̃s] f. imprudenza. || JUR. *par imprudence*, colposo adj. | *homicide par imprudence*, omicidio colposo.
imprudent, e [ɛ̃prydɑ̃, ɑ̃t] adj. imprudente, incauto, sconsiderato. ◆ n. imprudente.
impubère [ɛ̃pybɛr] adj. et n. impubere.
impubliable [ɛ̃pyblijabl] adj. impubblicabile.
impudemment [ɛ̃pydamɑ̃] adv. impudentemente.
impudence [ɛ̃pydɑ̃s] f. [comportement] impudenza, sfrontatezza, sfacciataggine. || [action, parole] sfacciataggine, insolenza.
impudent, e [ɛ̃pydɑ̃, ɑ̃t] adj. et n. impudente, sfacciato, sfrontato, spudorato.
impudeur [ɛ̃pydœr] f. inverecondia, spudoratezza, svergognatezza.
impudicité [ɛ̃pydisite] f. impudicizia.
impudique [ɛ̃pydik] adj. impudico.
impuissance [ɛ̃pɥisɑ̃s] f. impotenza, impossibilità, incapacità. | *réduire qn à l'impuissance*, ridurre qlcu. all'impotenza. | *être dans l'impuissance de faire qch.*, essere nell'impossibilità di far qlco. || MÉD. impotenza.
impuissant, e [ɛ̃pɥisɑ̃, ɑ̃t] adj. impotente, incapace, inefficace. | *être impuissant à faire qch.*, essere incapace di far qlco. | *remède impuissant*, rimedio, medicina inefficace. || MÉD. impotente. ◆ n. m. (surtout MÉD.) impotente.
impulsif, ive [ɛ̃pylsif, iv] adj. et n. impulsivo.
impulsion [ɛ̃pylsjɔ̃] f. PHYS. impulso m., spinta, impulsione. || ÉLECTR. impulso. || FIG. impulso, stimolo m., incitamento m. | *céder aux impulsions du cœur*, cedere agli impulsi del cuore. | *agir sous l'impulsion du moment*, agire sotto l'impulso del momento.
impulsivité [ɛ̃pylsivite] f. impulsività.
impunément [ɛ̃pynemɑ̃] adv. impunemente.
impuni, e [ɛ̃pyni] adj. impunito.
impunité [ɛ̃pynite] f. impunità.

impur, e [ɛ̃pyr] adj. impuro. | *eau impure*, acqua impura, corrotta. ‖ FIG. impuro, impudico, disonesto, immorale. | *désirs impurs*, voglie impure, disoneste.
impureté [ɛ̃pyrte] f. PR. et FIG. impurità.
imputable [ɛ̃pytabl] adj. **(à)** imputabile (a). ‖ FIN. *somme imputable sur les intérêts*, somma imputabile sugli interessi.
imputation [ɛ̃pytasjɔ̃] f. JUR. imputazione, accusa. ‖ FIN. imputazione, ascrizione.
imputer [ɛ̃pyte] v. tr. JUR. imputare, ascrivere, addebitare. | *imputer un vol à qn*, imputar qlcu. di un furto. | *imputer la faute à*, ascrivere la colpa a. ‖ FIN. imputare, ascrivere. | *imputer une dépense sur un crédit*, imputare una spesa a un credito.
imputrescible [ɛ̃pytrɛsibl] adj. imputrescibile.
inabordable [inabɔrdabl] adj. PR. inabbordabile, inaccessibile. | *côte inabordable*, costa inabbordabile, inaccessibile. ‖ FIG. inabbordabile. | *homme inabordable*, uomo inabbordabile. | *caractère inabordable*, carattere impossibile. ‖ COMM. *prix inabordable*, prezzo proibitivo.
inabrité, e [inabrite] adj. senza riparo ; non riparato.
inabrogeable [inabrɔʒabl] adj. inabrogabile.
inaccentué, e [inaksɑ̃tɥe] adj. disaccentato, atono.
inacceptable [inaksɛptabl] adj. inaccettabile.
inacceptation [inaksɛptasjɔ̃] f. rifiuto m.
inaccessible [inaksɛsibl] adj. PR. inaccessibile, irraggiungibile, impervio. | *cime inaccessible*, cima inaccessibile. ‖ FIG. [inapprochable] inaccessibile, irraggiungibile. | *ses multiples occupations le rendent inaccessible même à ses amis*, le sue molteplici occupazioni lo rendono inaccessibile perfino ai suoi amici. ‖ [insensible] inaccessibile, insensibile. | *inaccessible à la pitié*, inaccessibile alla pietà. ‖ [incompréhensible] inaccessibile, impenetrabile. | *science inaccessible au commun des mortels*, scienza inaccessibile alla maggior parte degli uomini.
inaccompli, e [inakɔ̃pli] adj. incompiuto, inadempito.
inaccomplissement [inakɔ̃plismɑ̃] m. inadempimento, inadempienza f.
inaccordable [inakɔrdabl] adj. [qu'on ne peut accorder] inaccordabile ; = che non si può concedere. ‖ [inconciliable] inconciliabile. | *intérêts inaccordables*, interessi inconciliabili. ‖ MUS. inaccordabile.
inaccoutumé, e [inakutyme] adj. [non habitué] non abituato, non avvezzo. | *inaccoutumé à un travail*, non abituato a un lavoro. ‖ [inhabituel, peu courant] inconsueto, insolito. | *agitation inaccoutumée*, agitazione insolita, inconsueta.
inachevé, e [inaʃve] adj. incompiuto.
inachèvement [inaʃɛvmɑ̃] m. incompiutezza f.
inactif, ive [inaktif, iv] adj. inattivo, inoperoso, inerte. | *substance inactive*, sostanza inattiva. ‖ [oisif] inattivo, inoperoso, ozioso. | *rester inactif*, rimanere, starsene inattivo, inoperoso, ozioso.
inaction [inaksjɔ̃] f. inazione, inattività. ‖ [oisiveté] inattività, inoperosità, ozio m.
inactivité [inaktivite] f. inattività, inoperosità. ‖ ADM., MIL. aspettativa. | *il a demandé une mise en inactivité de six mois*, ha chiesto sei mesi di aspettativa.
inactuel, elle [inaktɥɛl] adj. inattuale.
inadaptation [inadaptasjɔ̃] f. = mancanza d'adattamento ; (il) non adattarsi, (il) non essere adatto ; inadeguamento m.
inadapté, e [inadapte] adj. disadatto, inadatto. ‖ PSYCH. disadattato. ◆ n. PSYCH. disadattato.
inadéquat, e [inadekwa, at] adj. inadeguato.
inadéquation [inadekwasjɔ̃] f. inadeguatezza.
inadmissibilité [inadmisibilite] f. inammissibilità.
inadmissible [inadmisibl] adj. inammissibile.
inadvertance [inadvɛrtɑ̃s] f. [manque d'attention] inavvertenza, disavvedutezza, sbadataggine, disattenzione, distrazione. | *par inadvertance*, per disattenzione, per disavvedutezza ; inavvertitamente adv. ‖ [erreur, bévue] disavvedutezza, inavvedutezza, sbadataggine, svista.
inaliénabilité [inaljenabilite] f. inalienabilità.
inaliénable [inaljenabl] adj. inalienabile.
inaliénation [inaljenasjɔ̃] f. JUR. non alienazione.
inalliable [inaljabl] adj. *métaux inalliables*, metalli che non legano, che non fanno lega.
inaltérabilité [inalterabilite] f. inalterabilità.
inaltérable [inalterabl] adj. PR. et FIG. inalterabile.
inaltéré, e [inaltere] adj. inalterato, immutato.
inamical, e, aux [inamikal, o] adj. non amichevole ; ostile.
inamovibilité [inamɔvibilite] f. inamovibilità.
inamovible [inamɔvibl] adj. inamovibile.
inanimé, e [inanime] adj. [sans vie] inanimato ; inanime (littér.). | *corps inanimé*, corpo inanimato. ‖ [qui paraît sans vie] esanime, inanimato ; inanime (littér.). | *tomber inanimé*, cadere esanime. ‖ FIG. (littér.) [inexpressif, sans âme] inespressivo, senza vita, senz'anima (L.C.). ‖ LING. inanimato.
inanité [inanite] f. inanità, vanità.
inanition [inanisjɔ̃] f. inanizione, inedia. | *mourir d'inanition*, morire d'inedia.
inapaisable [inapɛzabl] adj. inappagabile, insaziabile, implacabile. | *faim inapaisable*, fame insaziabile. | *fureur inapaisable*, furore implacabile.
inapaisé, e [inapɛze] adj. inappagato, insoddisfatto; insaziato (littér.). | *désirs inapaisés*, brame, voglie inappagate, insoddisfatte.
inaperçu, e [inapɛrsy] adj. inosservato. | *passer inaperçu* : [personne] passare inosservato; [chose] rimanere inosservato.
inappétence [inapetɑ̃s] f. inappetenza, disappetenza.
inapplicable [inaplikabl] adj. inapplicabile.
inapplication [inaplikasjɔ̃] f. [inattention] disapplicazione, disattenzione. ‖ JUR. *l'inapplication d'une loi*, la disapplicazione di una legge.
inappliqué, e [inaplike] adj. [inattentif] disapplicato, disattento. ‖ [pas mis en pratique] non applicato. | *plan inappliqué*, piano inattuato.
inappréciable [inapresjabl] adj. [indéterminable] inapprezzabile, trascurabile. | *distance, différence inappréciable*, distanza, differenza inapprezzabile. ‖ [très précieux] inapprezzabile, inestimabile, impagabile. | *recevoir une aide inappréciable de qn*, ricevere un aiuto impagabile, inestimabile da qlcu.
inapprivoisable [inaprivwazabl] adj. inaddomesticabile.
inapprochable [inaprɔʃabl] adj. inabbordabile.
inapte [inapt] adj. inabile, inetto, inidoneo, inadatto. | *inapte au travail*, inabile al lavoro. | *inapte au service (militaire)*, inabile (al servizio militare).
inaptitude [inaptityd] f. inattitudine, inettitudine, incapacità, inabilità. | *inaptitude au service (militaire)*, inabilità (al servizio militare).
inarticulé, e [inartikyle] adj. inarticolato.
inassimilable [inasimilabl] adj. inassimilabile.
inassouvi, e [inasuvi] adj. *faim inassouvie*, fame insaziata, inappagata. | *désir inassouvi*, voglia, brama inappagata, insoddisfatta.
inassouvissement [inasuvismɑ̃] m. inappagamento, insoddisfazione f.
inattaquable [inatakabl] adj. MIL. inattaccabile, inespugnabile. ‖ FIG. [incontestable] inattaccabile, inoppugnabile, ineccepibile. | *preuve inattaquable*, prova inattaccabile, inoppugnabile, inconfutabile. ‖ [irréprochable] *réputation, conduite inattaquable*, reputazione, condotta inattaccabile, irreprensibile, ineccepibile.
inattendu, e [inatɑ̃dy] adj. inatteso, inaspettato, imprevisto, improvviso.
inattentif, ive [inatɑ̃tif, iv] adj. disattento, distratto.
inattention [inatɑ̃sjɔ̃] f. disattenzione, distrazione. | *faute d'inattention*, (errore [m.] di) disattenzione.
inaudible [inodibl] adj. impercettibile.
inaugural, e, aux [inogyral, o] adj. inaugurale.
inauguration [inogyrasjɔ̃] f. inaugurazione. | *discours d'inauguration*, discorso inaugurale, d'inaugurazione. | *inauguration d'une statue*, scoprimento (m.), inaugurazione di una statua.
inaugurer [inogyre] v. tr. inaugurare; [statue] scoprire, inaugurare. ‖ FIG. inaugurare, iniziare. | *évé-*

nement qui inaugure une ère de troubles, avvenimento che segna l'inizio d'un periodo di torbidi.
inauthenticité [inotɑ̃tisite] f. inautenticità.
inavouable [inavwabl] adj. inconfessabile. ‖ [honteux] inconfessabile, turpe. | *mœurs inavouables*, condotta inconfessabile; costumi inconfessabili, turpi.
inavoué, e [inavwe] adj. inconfessato.
inca [ɛ̃ka] adj. inca inv., incaico. ◆ n. m. [roi] inca (inv.). ‖ *les Incas*, gli Incas.
incalculable [ɛ̃kalkylabl] adj. incalcolabile.
incandescence [ɛ̃kɑ̃dɛsɑ̃s] f. incandescenza.
incandescent, e [ɛ̃kɑ̃dɛsɑ̃, ɑ̃t] adj. incandescente.
incantation [ɛ̃kɑ̃tasjɔ̃] f. incantesimo m.
incantatoire [ɛ̃kɑ̃tatwar] adj. *formule incantatoire*, formula d'incantesimo.
incapable [ɛ̃kapabl] adj. **(de)** incapace (di). ‖ ABSOL. incapace, inetto; buono a nulla (fam.). ◆ n. incapace, inetto, a. ‖ JUR. incapace.
incapacité [ɛ̃kapasite] f. incapacità. ‖ ABSOL. inabilità, inettitudine. ‖ JUR. incapacità. ‖ LOC. *incapacité de travail temporaire, permanente*, inabilità al lavoro temporanea, permanente.
incarcération [ɛ̃karserasjɔ̃] f. (in)carcerazione, imprigionamento m.
incarcérer [ɛ̃karsere] v. tr. (in)carcerare, imprigionare.
incarnat, e [ɛ̃karna, at] adj. et n. m. incarnato.
incarnation [ɛ̃karnasjɔ̃] f. RELIG. incarnazione. ‖ FIG. incarnazione, personificazione.
incarné, e [ɛ̃karne] adj. incarnato, personificato. | *c'est le diable incarné*, è il diavolo personificato, in persona. ‖ MÉD. incarnito.
incarner [ɛ̃karne] v. tr. FIG. incarnare, impersonare. ‖ THÉÂTRE *incarner un personnage*, incarnare un personaggio. ◆ v. pr. RELIG. incarnarsi. ‖ FIG. *s'incarner en, dans*, incarnare, impersonare v. tr. ‖ MÉD. incarnire v. intr., incarnirsi.
incartade [ɛ̃kartad] f. [écart brusque] scarto m., scartata. ‖ FIG. [écart de conduite] stravaganza, colpo (m.) di testa. | *à la moindre incartade*, al minimo trascorso.
incasique [ɛ̃kazik] adj. incaico.
incassable [ɛ̃kasabl] adj. infrangibile.
incendiaire [ɛ̃sɑ̃djɛr] adj. et n. incendiario. ‖ FIG. [séditieux] incendiario, sovversivo.
incendie [ɛ̃sɑ̃di] m. incendio. | *incendie par imprudence, volontaire*, incendio colposo, doloso. | *assurance contre l'incendie*, assicurazione contro gl'incendi. | *bouche d'incendie*, bocca da incendio. | *pompe à incendie*, pompa d'incendio, pompa antincendio.
incendié, e [ɛ̃sɑ̃dje] adj. incendiato; danneggiato da un incendio. ◆ n. persona danneggiata da un incendio.
incendier [ɛ̃sɑ̃dje] v. tr. incendiare; dar fuoco a. ‖ FIG. [agiter] incendiare, accendere, infiammare. | *incendier les esprits*, accendere gli animi. ‖ POP. *incendier qn* : [reproches] subissare qlcu. di rimproveri (L.C.); [injures] subissare, coprire qlcu. d'ingiurie; insolentire qlcu. (L.C.).
incertain, e [ɛ̃sɛrtɛ̃, ɛn] adj. [non déterminé] incerto, dubbio. | *à une époque incertaine*, a un'epoca incerta, imprecisa. | *un fait incertain*, un fatto dubbio, incerto. ‖ [vague] incerto, indefinibile. | *couleur incertaine*, colore incerto. ‖ [irrésolu] incerto, indeciso, dubbioso, irresoluto. | *il est incertain de ce qu'il faut faire*, è incerto sul da farsi. | *démarche incertaine* : [pas mal assuré] passo incerto, malfermo, malsicuro; [faute de raisonnement] procedimento incerto, malsicuro del ragionamento. ‖ [variable] incerto, variabile, mutevole. | *temps incertain*, tempo incerto. ◆ n. m. incerto. ‖ FIN. incerto.
incertitude [ɛ̃sɛrtityd] f. incertezza, irresolutezza. | *être dans l'incertitude*, essere nell'incertezza, stare in forse. | *incertitude d'une nouvelle, d'un résultat*, incertezza di una notizia, di un risultato. ‖ [variabilité] incertezza, instabilità, incostanza. | *incertitude du temps, de la fortune*, incostanza del tempo, della fortuna. ‖ [hésitation] incertezza, esitazione.
incessamment [ɛ̃sesamɑ̃] adv. [sans cesse] incessantemente, continuamente, senza tregua. ‖ [sans délai] senz'indugio, immediatamente, quanto prima, al più presto. | *venez me voir incessamment*, venga a trovarmi quanto prima, al più presto.
incessant, e [ɛ̃sɛsɑ̃, ɑ̃t] adj. incessante, continuo.
incessibilité [ɛ̃sɛsibilite] f. JUR. non cedibilità.
incessible [ɛ̃sɛsibl] adj. JUR. non cedibile.
inceste [ɛ̃sɛst] m. incesto. ◆ adj. et n. reo d'incesto; incestuoso adj.
incestueux, euse [ɛ̃sɛstɥø, øz] adj. incestuoso.
inchangé, e [ɛ̃ʃɑ̃ʒe] adj. immutato.
inchangeable [ɛ̃ʃɑ̃ʒabl] adj. immutabile.
inchavirable [ɛ̃ʃavirabl] adj. irrovesciabile.
inchoatif, ive [ɛ̃kɔatif, iv] adj. GRAMM. incoativo.
incidemment [ɛ̃sidamɑ̃] adv. incidentalmente, per inciso.
incidence [ɛ̃sidɑ̃s] f. MATH., PHYS. incidenza. ‖ FIG. [répercussion] incidenza, ripercussione.
incident, e [ɛ̃sidɑ̃, ɑ̃t] adj. MATH., PHYS. incidente. ‖ FIG. [occasionnel] incidentale. | *question incidente*, questione incidentale. ‖ GRAMM. *(proposition) incidente*, (proposizione) incidentale. ‖ JUR. incidentale. ◆ n. m. [événement] incidente, fatto, caso. | *incident sans importance*, incidente, fatto, caso senz'importanza. | *un sérieux incident*, un incidente serio. | *un heureux incident a permis de*, un caso felice ha permesso di. | *sans incident*, senz'inciampo. ‖ JUR. *soulever, clore un incident*, sollevare, chiudere un incidente. ‖ POLIT. *incident diplomatique, de frontière*, incidente diplomatico, di frontiera. | *un incident de séance au parlement*, un incidente parlamentare. ◆ n. f. GRAMM. V. ADJ.
incinération [ɛ̃sinerasjɔ̃] f. [d'ordures] incenerimento m.; [de cadavres] incinerazione, cremazione.
incinérer [ɛ̃sinere] v. tr. [ordures] incenerire; [cadavres] incinerare, cremare.
incipit [ɛ̃sipit] m. inv. incipit (lat.). | *recueil d'incipit*, incipitario m.
incirconcis [ɛ̃sirkɔ̃si] adj. et n. m. incirconciso.
incise [ɛ̃siz] f. GRAMM., MUS. inciso m.
inciser [ɛ̃size] v. tr. incidere.
incisif, ive [ɛ̃sizif, iv] adj. incisivo, mordace, pungente. | *style incisif*, stile incisivo. | *critique incisive*, critica incisiva, efficace.
incision [ɛ̃sizjɔ̃] f. incisione.
incisive [ɛ̃siziv] f. ANAT. incisivo m.
incitateur, trice [ɛ̃sitatœr, tris] adj. et n. incitatore, trice; istigatore, trice (péjor.).
incitation [ɛ̃sitasjɔ̃] f. incitamento m., istigazione.
inciter [ɛ̃site] v. tr. incitare, istigare, spingere. | *inciter qn à qch.*, incitar qlcu. a qlco.
incivil, e [ɛ̃sivil] adj. incivile, rozzo, maleducato, zotico, sgarbato.
incivilité [ɛ̃sivilite] f. VX inciviltà.
incivique [ɛ̃sivik] adj. privo di civismo; che manca di civismo.
incivisme [ɛ̃sivism] m. mancanza (f.) di civismo.
inclassable [ɛ̃klasabl] adj. inclassificabile.
inclémence [ɛ̃klemɑ̃s] f. inclemenza.
inclément, e [ɛ̃klemɑ̃, ɑ̃t] adj. inclemente.
inclinaison [ɛ̃klinɛzɔ̃] f. [pente] *inclinaison du toit, du terrain*, inclinazione, pendenza del tetto, del terreno. ‖ ASTR. inclinazione. ‖ PHYS. *inclinaison magnétique*, inclinazione magnetica. ‖ MAR. [gîte] inclinazione, sbandamento m.
inclination [ɛ̃klinasjɔ̃] f. [corps] inchino m.; [tête] inchino, cenno m. | *faire une légère inclination de tête* : [respect] far un lieve inchino; [acquiescement] far un cenno (di approvazione) col capo. ‖ FIG. [penchant] inclinazione, tendenza, propensione, disposizione. | *inclination au bien*, inclinazione, propensione al bene. | *avoir de l'inclination pour qch.*, avere un'inclinazione per qlco. ‖ [amour] inclinazione, affetto m., amore m.
incliné, e [ɛ̃kline] adj. inclinato, chinato, chino, curvo. ‖ PHYS. *plan incliné*, piano inclinato.
incliner [ɛ̃kline] v. tr. [pencher] inclinare. | *incliner une planche*, inclinare un'asse. ‖ [baisser] chinare, inclinare, curvare. | *incliner la tête*, chinare, curvare, inclinare la testa. ‖ FIG. [inciter] inclinare, disporre. |

la beauté nous incline à l'indulgence, la bellezza ci inclina, ci dispone all'indulgenza. ◆ v. intr. [(se) pencher] pendere, inclinarsi, piegarsi. | *tige qui incline vers le sol*, stelo che s'inclina, si piega (verso il suolo). || FIG. [pencher vers] *incliner à* (inf.), inclinare, propendere a (inf.). | *incliner à, vers qch.*, inclinare, propendere per qlco. ◆ v. pr. [se pencher] chinarsi, inclinarsi; [avec révérence] inchinarsi. || FIG. [se soumettre] inchinarsi, piegarsi; cedere v. intr. | *s'incliner devant l'évidence*, inchinarsi davanti all'evidenza. | *s'incliner devant un concurrent*, riconoscere la supremazia di un concorrente.
inclure [ɛ̃klyr] v. tr. includere; [lettre, document] accludere, allegare, inserire.
inclus, e [ɛ̃kly, yz] adj. incluso; [lettre, document] accluso, allegato, compiegato. || LOC. *ci-inclus*, accluso, allegato.
inclusif, ive [ɛ̃klyzif, iv] adj. inclusivo.
inclusion [ɛ̃klyzjɔ̃] f. inclusione.
inclusivement [ɛ̃klyzivmɑ̃] adv. inclusivamente. | *jusqu'à l'an dernier inclusivement*, fino all'anno scorso incluso, compreso.
incoagulable [ɛ̃kɔagylabl] adj. incoagulabile.
incoercible [ɛ̃kɔɛrsibl] adj. CHIM., PHYS. incoercibile. || FIG. irrefrenabile, incontenibile, incoercibile; irreprimibile (rare). | *éclat de rire incoercible*, risata incontenibile, irrefrenabile.
incognito [ɛ̃kɔɲito; ɛ̃kɔgnito] adv. (ital.) incognito. | *voyager incognito*, viaggiare (in) incognito. ◆ n. m. *garder l'incognito*, serbare l'incognito.
incohérence [ɛ̃kɔerɑ̃s] f. incoerenza, incongruenza.
incohérent, e [ɛ̃kɔerɑ̃, ɑ̃t] adj. incoerente, incongruente, sconnesso. | *propos incohérents*, discorsi incoerenti, sconnessi.
incollable [ɛ̃kɔlabl] adj. FAM. *il est incollable*, è un cannone.
incolore [ɛ̃kɔlɔr] adj. PR. et FIG. incolore.
incomber [ɛ̃kɔ̃be] v. intr. incombere, spettare. | *ce travail vous incombe*, questo lavoro incombe, spetta a Lei.
incombustibilité [ɛ̃kɔ̃bystibilite] f. incombustibilità.
incombustible [ɛ̃kɔ̃bystibl] adj. incombustibile.
incomestible [ɛ̃kɔmɛstibl] adj. non commestibile.
incommensurabilité [ɛ̃kɔm(m)ɑ̃syrabilite] f. incommensurabilità.
incommensurable [ɛ̃kɔm(m)ɑ̃syrabl] adj. MATH. incommensurabile. || [démesuré] smisurato, sconfinato.
incommodant, e [ɛ̃kɔmɔdɑ̃, ɑ̃t] adj. molesto, fastidioso, noioso. | *odeur incommodante*, odore molesto.
incommode [ɛ̃kɔmɔd] adj. scomodo; incomodo (rare). || [importun] incomodo, importuno, fastidioso.
incommoder [ɛ̃kɔmɔde] v. tr. disturbare, incomodare; recare disturbo a; infastidire; dar noia a; seccare, scocciare (fam). | *être incommodé par un bruit*, essere infastidito, incomodato, seccato da un rumore. | *incommoder qn en fumant*, dare, recar fastidio a qlcu., disturbar qlcu. col fumo. || [santé] *être incommodé*, essere indisposto.
incommodité [ɛ̃kɔmɔdite] f. [manque de commodité] scomodità, incomodità. || [gêne, désagrément] incomodo m., scomodo m., disagio m., fastidio m. || VX [malaise] indisposizione, malessere m. (L.C.).
incommunicabilité [ɛ̃kɔmynikabilite] f. incomunicabilità.
incommunicable [ɛ̃kɔmynikabl] adj. incomunicabile.
incommutable [ɛ̃kɔmytabl] adj. JUR. incommutabile.
incomparable [ɛ̃kɔ̃parabl] adj. [qu'on ne peut comparer] incomparabile. || [inégalable] incomparabile, impareggiabile, inarrivabile, ineguagliabile, insuperabile.
incompatibilité [ɛ̃kɔ̃patibilite] f. *incompatibilité d'une chose et d'une autre, d'une chose avec une autre, entre une chose et une autre*, incompatibilità di questo con quello, tra questo e quello.
incompatible [ɛ̃kɔ̃patibl] adj. incompatibile.
incompétence [ɛ̃kɔ̃petɑ̃s] f. incompetenza.
incompétent, e [ɛ̃kɔ̃petɑ̃, ɑ̃t] adj. incompetente.
incomplet, ète [ɛ̃kɔ̃plɛ, ɛt] adj. incompleto.
incomplétude [ɛ̃kɔ̃pletyd] f. PSYCH. incompiutezza.
incompréhensibilité [ɛ̃kɔ̃preɑ̃sibilite] f. incomprensibilità.
incompréhensible [ɛ̃kɔ̃preɑ̃sibl] adj. incomprensibile.
incompréhensif, ive [ɛ̃kɔ̃preɑ̃sif, iv] adj. incomprensivo.
incompréhension [ɛ̃kɔ̃preɑ̃sjɔ̃] f. incomprensione.
incompressibilité [ɛ̃kɔ̃prɛsibilite] f. incompressibilità.
incompressible [ɛ̃kɔ̃prɛsibl] adj. PHYS. incompressibile. || ÉCON. [dépense] irriducibile.
incompris, e [ɛ̃kɔ̃pri, iz] adj. incompreso.
inconcevable [ɛ̃kɔ̃svabl] adj. inconcepibile, impensabile. || [extraordinaire] straordinario. | *patience inconcevable*, pazienza straordinaria. || [absurde] inconcepibile, impensabile, assurdo. | *attitude inconcevable*, atteggiamento impensabile, assurdo.
inconciliable [ɛ̃kɔ̃siljabl] adj. inconciliabile.
inconditionné, e [ɛ̃kɔ̃disjɔne] adj. incondizionato.
inconditionnel, elle [ɛ̃kɔ̃disjɔnɛl] adj. incondizionato, assoluto, totale. | *reddition inconditionnelle*, resa senza condizioni. | *appui inconditionnel*, appoggio totale, sostegno incondizionato. | *(partisan) inconditionnel* = chi segue senza discutere.
inconduite [ɛ̃kɔ̃dɥit] f. cattiva condotta.
inconfort [ɛ̃kɔ̃fɔr] m. [manque de confort] incomodità f., scomodità f. || [gêne] disagio. | *vivre dans l'inconfort*, vivere nel disagio.
inconfortable [ɛ̃kɔ̃fɔrtabl] adj. scomodo, incomodo. | *position inconfortable*, posizione disagevole, incomoda.
incongelable [ɛ̃kɔ̃ʒlabl] adj. incongelabile.
incongru, e [ɛ̃kɔ̃gry] adj. incongruente, incongruo. || [inconvenant] sconveniente, scorretto, indecente. | *propos incongrus*, discorsi sconvenienti, scorretti.
incongruité [ɛ̃kɔ̃grɥite] f. incongruenza. || [inconvenance] sconvenienza, indecenza, sconcezza. | *dire des incongruités*, dire delle sconcezze.
incongrûment [ɛ̃kɔ̃grymɑ̃] adv. sconvenientemente.
inconnaissable [ɛ̃kɔnɛsabl] adj. et n. m. inconoscibile.
inconnu, e [ɛ̃kɔny] adj. sconosciuto, ignoto. | *manuscrit d'auteur inconnu*, manoscritto d'autore ignoto, manoscritto adespoto. || [sans célébrité] oscuro, ignoto, sconosciuto. | *auteur inconnu*, scrittore oscuro, sconosciuto. ◆ n. sconosciuto, ignoto. | *rencontrer un(e) inconnu(e)*, incontrare uno sconosciuto, una sconosciuta. || ART *portrait d'inconnu(e)*, ritratto d'ignoto, d'ignota. ◆ n. m. ignoto, incognito. | *la peur de l'inconnu*, la paura dell'ignoto, dell'incognito. | *saut dans l'inconnu*, salto nel buio. ◆ n. f. MATH. incognita.
inconsciemment [ɛ̃kɔ̃sjamɑ̃] adv. inconsciamente, inconsapevolmente.
inconscience [ɛ̃kɔ̃sjɑ̃s] f. MÉD. incoscienza. | *sombrer dans l'inconscience*, perdere i sensi. || [ignorance] *l'inconscience de ses propres tendances*, l'inconsapevolezza delle proprie tendenze. || [absence de jugement] incoscienza. | *accident dû à l'inconscience*, incidente dovuto all'incoscienza.
inconscient, e [ɛ̃kɔ̃sjɑ̃, ɑ̃t] adj. MÉD. incosciente. || [qui n'a pas conscience de qch.] *inconscient du danger*, inconsapevole del pericolo. | *inconscient de ses actes*, inconscio delle proprie azioni. | *conducteur inconscient*, guidatore incosciente. | *parents inconscients*, genitori incoscienti. || [dont on n'a pas conscience] *geste inconscient*, gesto, atto incosciente, inconscio. | *désirs inconscients*, desideri incoscienti. ◆ n. m. inconscio. ◆ n. incosciente.
inconséquence [ɛ̃kɔ̃sekɑ̃s] f. incoerenza, incongruenza.
inconséquent, e [ɛ̃kɔ̃sekɑ̃, ɑ̃t] adj. inconseguente, incoerente.
inconsidéré, e [ɛ̃kɔ̃sidere] adj. [personne] sconsiderato, inconsiderato, irriflessivo, sconsigliato, avventato. || [action, propos] inconsiderato, inconsulto, sconsiderato. | *réponse inconsidérée*, risposta inconsulta.

inconsistance [ɛ̃kɔ̃sistɑ̃s] f. PR. et FIG. inconsistenza.
inconsistant, e [ɛ̃kɔ̃sistɑ̃, ɑ̃t] adj. PR. et FIG. inconsistente.
inconsolable [ɛ̃kɔ̃sɔlabl] adj. inconsolabile. | *inconsolable de la mort de*, inconsolabile per la morte di.
inconsolé, e [ɛ̃kɔ̃sɔle] adj. sconsolato.
inconsommable [ɛ̃kɔ̃sɔmabl] adj. inconsumabile.
inconstance [ɛ̃kɔ̃stɑ̃s] f. [du temps, de la fortune] incostanza, instabilità. || [frivolité] incostanza, volubilità.
inconstant, e [ɛ̃kɔ̃stɑ̃, ɑ̃t] adj. [variable] incostante, instabile. || [frivole] incostante, volubile.
inconstatable [ɛ̃kɔ̃statabl] adj. non constatabile.
inconstitutionnel, elle [ɛ̃kɔ̃stitysjɔnɛl] adj. incostituzionale.
incontestabilité [ɛ̃kɔ̃tɛstabilite] f. incontestabilità, incontrastabilità; incontrovertibilità (rare).
incontestable [ɛ̃kɔ̃tɛstabl] adj. incontestabile, incontrastabile; incontrovertibile (rare); irrefragabile (littér.). | *droit, vérité incontestable*, diritto, verità incontrastabile. | *il est incontestable que*, è incontestabile che.
incontesté, e [ɛ̃kɔ̃tɛste] adj. incontestato, incontrastato.
incontinence [ɛ̃kɔ̃tinɑ̃s] f. incontinenza, intemperanza. | *incontinence de langage*, intemperanza di linguaggio. || MÉD. incontinenza.
1. incontinent, e [ɛ̃kɔ̃tinɑ̃, ɑ̃t] adj. incontinente, intemperante. || [langage] intemperante, smoderato. || MÉD. incontinente.
2. incontinent adv. Vx incontinente; immantinente (littér.); immediatamente, subito (L.C.).
incontrôlable [ɛ̃kɔ̃trolabl] adj. incontrollabile.
incontrôlé, e [ɛ̃kɔ̃trole] adj. incontrollato.
inconvenance [ɛ̃kɔ̃vnɑ̃s] f. [manque de convenance] sconvenienza; sconvenevolezza (littér.). || [action, parole] sconvenienza, indecenza.
inconvenant, e [ɛ̃kɔ̃vnɑ̃, ɑ̃t] adj. sconveniente; sconvenevole (littér.).
inconvénient [ɛ̃kɔ̃venjɑ̃] m. inconveniente, ostacolo. | *si tu n'y vois pas d'inconvénient*, se non hai nulla in contrario, nulla da opporre, nulla da ridire. || [désavantage] inconveniente, svantaggio. | *méthode qui présente de sérieux inconvénients*, metodo che presenta seri inconvenienti.
inconvertible [ɛ̃kɔ̃vɛrtibl] adj. RELIG. = che non può esser convertito; che non si lascia convertire. || ÉCON., LOG. inconvertibile.
inconvertissable [ɛ̃kɔ̃vɛrtisabl] adj. V. INCONVERTIBLE, RELIG.
incorporable [ɛ̃kɔrpɔrabl] adj. incorporabile.
incorporation [ɛ̃kɔrpɔrasjɔ̃] f. incorporazione, incorporamento m.
incorporel, elle [ɛ̃kɔrpɔrɛl] adj. incorporeo, immateriale; incorporale (rare). || JUR. *biens incorporels*, beni immateriali.
incorporer [ɛ̃kɔrpɔre] v. tr. incorporare. || MIL. *incorporer une nouvelle recrue*, incorporare una recluta.
incorrect, e [ɛ̃kɔrɛkt] adj. [fautif ; inexact] scorretto, inesatto. | *langue incorrecte*, lingua scorretta. | *traduction incorrecte*, traduzione scorretta, inesatta. || [malséant ; grossier] scorretto, sconveniente, sgarbato. | *une tenue incorrecte*, un modo di vestire scorretto, sconveniente. | *attitude incorrecte envers qn*, atteggiamento scorretto, sgarbato verso qlcu.
incorrection [ɛ̃kɔrɛksjɔ̃] f. [inexactitude] scorrettezza, inesattezza. || [faute] scorrettezza, inesattezza, errore m. | *incorrections de langage, de style*, errori di lingua, di stile. || [inconvenance] scorrettezza, sconvenienza. || [manquement] scorrettezza. | *commettre une incorrection envers qn*, commettere una scorrettezza verso qlcu.
incorrigible [ɛ̃kɔriʒibl] adj. incorreggibile.
incorruptibilité [ɛ̃kɔryptibilite] f. incorruttibilità.
incorruptible [ɛ̃kɔryptibl] adj. incorruttibile.
incrédibilité [ɛ̃kredibilite] f. incredibilità.
incrédule [ɛ̃kredyl] adj. et n. [sceptique] incredulo. || [incroyant] miscredente, incredulo.
incrédulité [ɛ̃kredylite] f. incredulità. || RELIG. incredulità, miscredenza.
incréé, e [ɛ̃kree] adj. PHILOS. increato.
increvable [ɛ̃krəvabl] adj. = che non si può forare. | *pneu increvable*, gomma antiforo ; antiforo m. inv. || FIG., POP. instancabile, infaticabile (L.C.).
incriminable [ɛ̃kriminabl] adj. JUR. incriminabile.
incrimination [ɛ̃kriminasjɔ̃] f. JUR. incriminazione.
incriminer [ɛ̃krimine] v. tr. JUR. incriminare. || FIG. *incriminer la conduite de qn*, mettere sotto accusa il comportamento di qlcu.
incristallisable [ɛ̃kristalizabl] adj. non cristallizzabile.
incrochetable [ɛ̃krɔʃtabl] adj. *serrure incrochetable* = serratura che non si può scassinare, serratura a prova di grimaldello.
incroyable [ɛ̃krwajabl] adj. incredibile.
incroyance [ɛ̃krwajɑ̃s] f. RELIG. miscredenza, incredulità.
incroyant, e [ɛ̃krwajɑ̃, ɑ̃t] adj. et n. RELIG. miscredente, incredulo.
incrustant, e [ɛ̃krystɑ̃, ɑ̃t] adj. incrostante.
incrustation [ɛ̃krystasjɔ̃] f. ANAT., CHIM. incrostazione. || TECHN. [action ; matériau] incrostatura. | *colonne de marbre avec incrustations de lapis-lazuli*, colonna di marmo con incrostature di lapislazzuli.
incruster [ɛ̃kryste] v. tr. TECHN. incrostare. ◆ v. pr. [se couvrir d'incrustations ; adhérer] incrostarsi. || FIG. radicare v. intr., radicarsi, incrostarsi. | *opinion incrustée dans l'esprit de qn*, opinione radicata nella mente di qlcu. || FIG., FAM. [rester plus que de raison] = restare, soggiornare abusivamente (L.C.). | *s'incruster chez qn*, metter le radici, piantar le tende in casa di qlcu.
incubateur, trice [ɛ̃kybatœr, tris] adj. = d'incubazione. ◆ n. m. incubatrice f.
incubation [ɛ̃kybasjɔ̃] f. incubazione, cova, covatura. || MÉD. incubazione.
incube [ɛ̃kyb] adj. et n. m. MYTH. incubo.
incuber [ɛ̃kybe] v. tr. incubare.
inculpation [ɛ̃kylpasjɔ̃] f. JUR. [action] (l')incolpare ; incolpazione, incolpamento m. (rare). || [accusation] accusa, imputazione. | *arrêté sous l'inculpation de vol*, arrestato sotto l'accusa di furto.
inculpé, e [ɛ̃kylpe] n. JUR. imputato, a, accusato, a.
inculper [ɛ̃kylpe] v. tr. JUR. **(de)** incolpare (di).
inculquer [ɛ̃kylke] v. tr. inculcare.
inculte [ɛ̃kylt] adj. PR. et FIG. incolto.
incultivable [ɛ̃kyltivabl] adj. incoltivabile.
inculture [ɛ̃kyltyr] f. FIG. incultura ; mancanza di cultura.
incunable [ɛ̃kynabl] adj. incunabolo. ◆ n. m. incunabolo, incunabulo.
incurable [ɛ̃kyrabl] adj. et n. PR. et FIG. incurabile.
incurie [ɛ̃kyri] f. incuria.
incurieux, euse [ɛ̃kyrjø, øz] adj. incurioso.
incursion [ɛ̃kyrsjɔ̃] f. MIL. incursione, scorreria, scorribanda. || [irruption] incursione. | *incursions d'enfants dans un jardin*, incursioni di ragazzi in un giardino. || FIG. scorribanda, incursione.
incurvable [ɛ̃kyrvabl] adj. incurvabile.
incurvation [ɛ̃kyrvasjɔ̃] f. [action ; état] incurvatura, incurvamento m. ; incurvazione (rare).
incurver [ɛ̃kyrve] v. tr. incurvare. ◆ v. pr. incurvarsi.
indébrouillable [ɛ̃debrujabl] adj. inestricabile.
indécachetable [ɛ̃dekaʃtabl] adj. = che non si può dissigillare, dissuggellare.
indécence [ɛ̃desɑ̃s] f. [caractère ; action] indecenza.
indécent, e [ɛ̃desɑ̃, ɑ̃t] adj. indecente.
indéchiffrable [ɛ̃deʃifrabl] adj. indecifrabile. || FIG. [impénétrable] indecifrabile, impenetrabile, enigmatico.
indéchirable [ɛ̃deʃirabl] adj. = che non si può lacerare, stracciare.
indécis, e [ɛ̃desi, iz] adj. [irrésolu] indeciso, irresoluto, dubbioso, incerto. || [incertain, douteux] indeciso, incerto, dubbio. | *victoire indécise*, vittoria dubbia, incerta. | *temps indécis*, tempo indeciso, instabile, incerto. || [vague, imprécis] vago, impreciso, incerto. |

lumière indécise, luce incerta. | *forme indécise*, forma imprecisa, incerta. ◆ n. indeciso, a.
indécision [ɛ̃desizjɔ̃] f. [irrésolution] indecisione, irresolutezza, irresoluzione. ‖ [doute, incertitude] incertezza, dubbio m., indecisione. | *laisser qn dans l'indécision*, lasciare qlcu. nel dubbio, nell'incertezza. ‖ [imprécision] imprecisione, incertezza.
indéclinable [ɛ̃deklinabl] adj. GRAMM. indeclinabile.
indécollable [ɛ̃dekɔlabl] adj. = che non si può scollare.
indécomposable [ɛ̃dekɔ̃pozabl] adj. indecomponibile.
indécrottable [ɛ̃dekrɔtabl] adj. = che non si può pulire ; sporchissimo. ‖ FAM. [incorrigible] incorreggibile (L.C.). | *un lourdaud indécrottable*, un balordo incorreggibile.
indéfectible [ɛ̃defɛktibl] adj. indefettibile.
indéfendable [ɛ̃defɑ̃dabl] adj. indifendibile, insostenibile.
indéfini, e [ɛ̃defini] adj. [non délimité] indefinito. | *espace indéfini*, spazio indefinito. ‖ [indéterminé] indefinito, indeterminato. ‖ GRAMM. indefinito, indeterminato.
indéfiniment [ɛ̃definimɑ̃] adv. *la plaine s'étend indéfiniment*, la pianura si stende all'infinito. | *renvoyer un projet indéfiniment*, rinviare indefinitamente un progetto. ‖ GRAMM. *mot employé indéfiniment*, parola presa in senso indefinito.
indéfinissable [ɛ̃definisabl] adj. PR. et FIG. indefinibile.
indéformable [ɛ̃defɔrmabl] adj. indeformabile.
indéfrichable [ɛ̃defriʃabl] adj. AGR. = impossibile da dissodare.
indéfrisable [ɛ̃defrizabl] adj. et n. f. permanente.
indéhiscent, e [ɛ̃deisɑ̃, ɑ̃t] adj. BOT. indeiscente.
indélébile [ɛ̃delebil] adj. PR. et FIG. indelebile.
indélébilité [ɛ̃delebilite] f. indelebilità.
indélicat, e [ɛ̃delika, at] adj. indelicato.
indélicatesse [ɛ̃delikatɛs] f. [caractère ; action] indelicatezza.
indémaillable [ɛ̃demajabl] adj. indemagliabile.
indemne [ɛ̃dɛmn] adj. indenne, illeso, incolume.
indemnisable [ɛ̃dɛmnizabl] adj. indennizzabile, risarcibile.
indemnisation [ɛ̃dɛmnizasjɔ̃] f. indennizzo m., risarcimento m.
indemniser [ɛ̃dɛmnize] v. tr. indennizzare, risarcire.
indemnitaire [ɛ̃dɛmnitɛr] n. beneficiario (m.) di una indennità.
indemnité [ɛ̃dɛmnite] f. [dédommagement] indennizzo m., indennità, risarcimento m. | *indemnité pour (cause d') expropriation*, indennizzo per (causa d') espropriazione. ‖ [allocation] indennità. | *indemnité journalière, parlementaire, de déplacement, de logement, de résidence, de transport*, indennità giornaliera, diaria n. f. ; indennità parlamentare, di trasferta, d'alloggio, di residenza, di trasporto. | *allouer une indemnité*, accordare un'indennità.
indémontable [ɛ̃demɔ̃tabl] adj. non smontabile.
indémontrable [ɛ̃demɔ̃trabl] adj. indimostrabile.
indéniable [ɛ̃denjabl] adj. innegabile.
indentation [ɛ̃dɑ̃tasjɔ̃] f. GÉOGR. frastagliatura.
indépendamment de [ɛ̃depɑ̃damɑ̃də] loc. prép. indipendentemente da, a prescindere da.
indépendance [ɛ̃depɑ̃dɑ̃s] f. indipendenza.
indépendant, e [ɛ̃depɑ̃dɑ̃, ɑ̃t] adj. et n. **(de)** indipendente (da).
indéracinable [ɛ̃derasinabl] adj. PR. non sradicabile ; inestirpabile. ‖ FIG. inestirpabile.
indéréglable [ɛ̃derɛglabl] adj. = che non si può sregolare. | *mécanisme indéréglable*, congegno a tutta prova.
indescriptible [ɛ̃dɛskriptibl] adj. indescrivibile.
indésirable [ɛ̃dezirabl] adj. indesiderabile. ◆ n. persona indesiderabile.
indestructibilité [ɛ̃dɛstryktibilite] f. indistruttibilità.
indestructible [ɛ̃dɛstryktibl] adj. indistruttibile.
indéterminable [ɛ̃detɛrminabl] adj. indeterminabile.
indétermination [ɛ̃detɛrminasjɔ̃] f. indeterminazione, indeterminatezza, imprecisione. ‖ [indécision] irresolutezza, indecisione.
indéterminé, e [ɛ̃detɛrmine] adj. indeterminato, indefinito, impreciso. ‖ [indécis] (rare) irresoluto, indeciso. ‖ MATH. indeterminato. ‖ PHILOS. contingente. ◆ n. m. indeterminatezza f.
indéterminisme [ɛ̃detɛrminism] m. PHILOS. indeterminismo.
index [ɛ̃dɛks] m. ANAT., MATH., TYP. indice. ‖ MÉC. indice, lancetta f. ‖ RELIG. Indice. ‖ LOC. *mettre à l'index*, mettere all'indice (pr. et fig.) ; mettere al bando (fig.).
indexation [ɛ̃dɛksasjɔ̃] f. ÉCON. scala mobile. | *l'indexation d'un loyer sur* = l'ancorare un fitto a.
indexer [ɛ̃dɛkse] v. tr. [introduire dans un index] = introdurre, includere in un indice ; [établir l'index de] = compilare l'indice di. ‖ ÉCON. ancorare (a un indice di valore variabile).
indianisme [ɛ̃djanism] m. indianistica f.
indianiste [ɛ̃djanist] n. indianista.
indicateur, trice [ɛ̃dikatœr, tris] adj. indicatore, trice. | *poteau indicateur*, indicatore stradale. ◆ n. m. [guide] guida f., annuario, orario. | *indicateur des rues de*, guida delle vie di. | *indicateur des chemins de fer*, orario delle ferrovie. ‖ AUTOM., TECHN. indicatore, spia f. | *indicateur de direction, de vitesse*, indicatore di direzione, di velocità. | *indicateur d'essence*, indicatore, spia della benzina. ‖ CHIM. indicatore. ‖ (ou abr. péjor. **indic**) [qui renseigne la police] confidente, spia.
indicatif, ive [ɛ̃dikatif, iv] adj. indicativo. ◆ n. m. GRAMM. indicativo. ‖ TÉLÉCOM. *indicatif d'appel*, indicativo, segnale di chiamata. ‖ [fragment musical] sigla (f.) musicale.
indication [ɛ̃dikasjɔ̃] f. [action ; renseignement] indicazione, segnalazione, informazione, ragguaglio m. | *indication du lieu, de l'heure*, indicazione del luogo, dell'ora. | *sur tes indications*, secondo le tue indicazioni, informazioni. | *fournir des indications à qn*, dare, fornire indicazioni, informazioni a qlcu. ; ragguagliare qlcu. ‖ [signe] indicazione, segno m. ‖ MÉD. indicazione, prescrizione.
indice [ɛ̃dis] m. [signe] indizio, segno, indice. | *les indices d'un crime*, gl'indizi d'un omicidio. ‖ COMM., ÉCON. indice. | *indice du coût de la vie, des prix de gros*, indice del costo della vita, dei prezzi all'ingrosso. ‖ MATH., PHYS., TECHN. indice. | *indice d'un radical, de réfraction, d'octane*, indice d'un radicale, di rifrazione, d'ottano.
indiciaire [ɛ̃disjɛr] adj. indiziario.
indicible [ɛ̃disibl] adj. indicibile, ineffabile, inesprimibile.
indiction [ɛ̃diksjɔ̃] f. HIST., RELIG. indizione.
indien, enne [ɛ̃djɛ̃, ɛn] adj. et n. [de l'Inde ; d'Amérique] indiano. ‖ LOC. *à la, en file indienne*, in fila indiana. ◆ n. f. TEXT. indiana.
indifféremment [ɛ̃diferamɑ̃] adv. *manger de tout indifféremment*, mangiar di tutto indifferentemente. | *punir indifféremment innocents et coupables*, castigare indifferentemente, senza far distinzione colpevoli e innocenti.
indifférence [ɛ̃diferɑ̃s] f. indifferenza.
indifférencié, e [ɛ̃diferɑ̃sje] adj. indifferenziato.
indifférent, e [ɛ̃diferɑ̃, ɑ̃t] adj. et n. indifferente. | *cela m'est indifférent*, per me è indifferente, non importa. | *parler de choses indifférentes*, parlar di cose indifferenti, del più e del meno.
indifférentisme [ɛ̃diferɑ̃tism] m. indifferentismo.
indifférer [ɛ̃difere] v. tr. FAM. = lasciar indifferente, insensibile. | *ces problèmes m'indiffèrent*, questi problemi mi lasciano indifferente, non m'interessano.
indigénat [ɛ̃diʒena] m. indigenato.
indigence [ɛ̃diʒɑ̃s] f. indigenza.
indigène [ɛ̃diʒɛn] adj. et n. indigeno.
indigent, e [ɛ̃diʒɑ̃, ɑ̃t] adj. et n. indigente.
indigeste [ɛ̃diʒɛst] adj. PR. et FIG. indigesto ; indigeribile (rare).
indigestion [ɛ̃diʒɛstjɔ̃] f. PR. et FIG. indigestione. | *avoir, se donner une indigestion de qch.*, fare un'indigestione di qlco.

indignation [ɛ̃diɲasjɔ̃] f. indignazione, sdegno m. | *rempli, transporté d'indignation*, indignato, sdegnato ; preso da indignazione, da sdegno. | *soulever l'indignation*, provocare l'indignazione.
indigne [ɛ̃diɲ] adj. indegno.
indigner [ɛ̃diɲe] v. tr. indignare, sdegnare. ◆ v. pr. **(de)** indignarsi, sdegnarsi (per).
indignité [ɛ̃diɲite] f. indegnità.
indigo [ɛ̃digo] m. indaco.
indigotier [ɛ̃digɔtje] m. BOT. indigofera f.
indiqué, e [ɛ̃dike] adj. [opportun, adéquat] opportuno, adatto. | *c'est le moyen tout indiqué pour faire*, è proprio il mezzo adatto per fare. | *ce n'est pas (très) indiqué !*, non è (affatto) il mezzo adatto !, non è molto opportuno !
indiquer [ɛ̃dike] v. tr. [montrer] indicare, mostrare. | *indiquer du doigt*, indicare col dito ; additare. | *l'aiguille indique cinq heures*, la lancetta indica, segna le cinque. || [faire connaître] *indiquer le chemin à qn*, indicare, mostrare, insegnare la strada a qlcu. || [dénoter] indicare, denotare, rivelare. | *cela indique que*, questo indica che. || [ébaucher] abbozzare, accennare. | *l'auteur n'a fait qu'indiquer les personnages*, l'autore ha solo abbozzato i personaggi. ◆ v. pr. (sens pass.) indicarsi ; venir indicato.
indirect, e [ɛ̃dirɛkt] adj. indiretto. || GRAMM. *complément indirect*, complemento indiretto. || FIN. *contributions indirectes*, imposte indirette.
indiscernable [ɛ̃disɛrnabl] adj. indiscernibile.
indisciplinable [ɛ̃disiplinabl] adj. indisciplinabile.
indiscipline [ɛ̃disiplin] f. indisciplina, indisciplinatezza. | *faire acte d'indiscipline*, commettere un atto d'indisciplina.
indiscipliné, e [ɛ̃disipline] adj. indisciplinato.
indiscret, ète [ɛ̃diskrɛt, ɛt] adj. et n. indiscreto.
indiscrétion [ɛ̃diskresjɔ̃] f. [manque de discrétion ; action] indiscrezione.
indiscutable [ɛ̃diskytabl] adj. indiscutibile.
indiscuté, e [ɛ̃diskyte] adj. indiscusso.
indispensable [ɛ̃dispɑ̃sabl] adj. et n. m. indispensabile.
indisponibilité [ɛ̃dispɔnibilite] f. indisponibilità.
indisponible [ɛ̃dispɔnibl] adj. indisponibile.
indisposé, e [ɛ̃dispoze] adj. indisposto.
indisposer [ɛ̃dispoze] v. tr. PR. = provocare, cagionare un leggero malessere ; rendere indisposto. || FIG. [irriter] indisporre, irritare, infastidire, indispettire. | *son attitude m'indispose*, il suo atteggiamento m'indispone. | *il indispose tout le monde par ses bavardages*, con le sue chiacchiere indispone, infastidisce tutti. | *qui indispose*, indisponente adj.
indisposition [ɛ̃dispozisjɔ̃] f. indisposizione. || FIG., vx [mauvaise disposition] indisposizione ; cattiva disposizione (d'animo) [L.C.]. | *indisposition à l'égard de qn*, cattiva disposizione, indisposizione verso qlcu. || (euph.) indisposizione.
indissociable [ɛ̃disɔsjabl] adj. indissociabile.
indissoluble [ɛ̃disɔlybl] adj. indissolubile.
indistinct, e [ɛ̃distɛ̃, ɛ̃kt] adj. indistinto, confuso.
individu [ɛ̃dividy] m. individuo. || [personne quelconque] individuo, tipo ; figuro (péjor.). | *quel est cet individu ?*, chi è quel tipo ? | *un triste individu*, un brutto tipo, un tristo figuro.
individualisation [ɛ̃dividɥalizasjɔ̃] f. individualizzazione.
individualiser [ɛ̃dividɥalize] v. tr. [distinguer] individuare. | *caractères nettement individualisés*, caratteri nettamente individuati. || [rendre personnel] individualizzare. | *individualiser le travail*, individualizzare il lavoro.
individualisme [ɛ̃dividɥalism] m. individualismo.
individualiste [ɛ̃dividɥalist] adj. individualistico. ◆ n. individualista.
individualité [ɛ̃dividɥalite] f. individualità. || [personnalité, originalité] individualità, personalità, originalità. | *une forte individualité*, una spiccata individualità, personalità.
individuation [ɛ̃dividɥasjɔ̃] f. individuazione.
individuel, elle [ɛ̃dividɥɛl] adj. individuale.
individuellement [ɛ̃dividɥɛlmɑ̃] adv. individualmente, singolarmente.
indivis, e [ɛ̃divi, iz] adj. JUR. indiviso. ◆ loc. adv. ***par indivis***, pro indiviso.
indivisible [ɛ̃divizibl] adj. indivisibile.
indivision [ɛ̃divizjɔ̃] f. JUR. comunione ; proprietà indivisa ; comproprietà, comunanza.
in-dix-huit [indizɥit] m. et adj. inv. TYP. in diciottesimo.
indo-aryen, enne [ɛ̃doarjɛ̃, ɛn] adj. indoario.
indochinois, e [ɛ̃dɔʃinwa, waz] adj. et n. indocinese.
indocile [ɛ̃dɔsil] adj. indocile, indisciplinato.
indocilité [ɛ̃dɔsilite] f. indocilità.
indo-européen, enne [ɛ̃doørɔpeɛ̃, ɛn] adj. et n. indoeuropeo.
indolence [ɛ̃dɔlɑ̃s] f. indolenza.
indolent, e [ɛ̃dɔlɑ̃, ɑ̃t] adj. indolente.
indolore [ɛ̃dɔlɔr] adj. indolore.
indomptable [ɛ̃dɔ̃tabl] adj. PR. et FIG. indomabile.
indompté, e [ɛ̃dɔ̃te] adj. indomato. || FIG. indomito ; indomato (littér.).
indonésien, enne [ɛ̃dɔnezjɛ̃, ɛn] adj. et n. indonesiano. ◆ n. m. LING. indonesiano.
in-douze [induz] m. et adj. inv. TYP. in dodicesimo.
indu, e [ɛ̃dy] adj. [non dû ; injustifié] indebito, ingiusto, illecito. | *paiement indu*, pagamento indebito. | *réclamation indue*, reclamo indebito, ingiusto. || [contre la règle, l'usage, la raison] eccessivo, esagerato ; impossibile (fam.). | *rentrer à une heure indue, à des heures indues*, rincasare ad ore impossibili. ◆ n. m. indebito.
indubitable [ɛ̃dybitabl] adj. indubitabile, indubbio.
indubitablement [ɛ̃dybitabləmɑ̃] adv. indubbiamente, indubitabilmente, senza dubbio.
inductance [ɛ̃dyktɑ̃s] f. ÉLECTR. induttanza.
inducteur, trice [ɛ̃dyktœr, tris] adj. ÉLECTR. induttore, trice. ◆ n. m. induttore.
inductif, ive [ɛ̃dyktif, iv] adj. PHILOS., ÉLECTR. induttivo.
induction [ɛ̃dyksjɔ̃] f. BIOL., ÉLECTR., PHILOS. induzione.
induire [ɛ̃dɥir] v. tr. [conclure, établir] indurre, inferire. || [pousser à] indurre, spingere. | *induire en tentation*, indurre in tentazione. | *induire en erreur*, indurre, trarre in inganno. | *induire qn à faire qch.*, indurre, spingere, convincere, persuadere qlcu. a far qlco.
induit, e [ɛ̃dɥi, ɥit] adj. et n. m. ÉLECTR. indotto.
indulgence [ɛ̃dylʒɑ̃s] f. indulgenza. | *avoir de l'indulgence pour, envers qn*, essere indulgente, mostrare indulgenza verso, con qlcu.
indulgent, e [ɛ̃dylʒɑ̃, ɑ̃t] adj. **(envers, pour)** indulgente (verso, con).
indult [ɛ̃dylt] m. RELIG. indulto.
indûment [ɛ̃dymɑ̃] adv. indebitamente.
induration [ɛ̃dyrasjɔ̃] f. [durcissement] indurimento m. || [partie durcie] = parte indurita.
indurer [ɛ̃dyre] v. tr. indurire. ◆ v. pr. indurire v. intr.
industrialisation [ɛ̃dystrijalizasjɔ̃] f. industrializzazione.
industrialiser [ɛ̃dystrijalize] v. tr. industrializzare.
industrialisme [ɛ̃dystrijalism] m. industrialismo.
industrie [ɛ̃dystri] f. VX [activité, profession] attività, professione, mestiere m. (L.C.). || [activité ind.] industria. | *industrie lourde, de guerre*, industria pesante, bellica. | *industrie minière*, industria mineraria. | *industrie métallurgique*, industria metallurgica; siderurgia f. || PÉJOR. *chevalier d'industrie*, cavaliere d'industria. || FIG. [procédé blâmable] *vivre d'industrie*, vivere di espedienti.
industriel, elle [ɛ̃dystrijɛl] adj. et n. industriale. || LOC. FAM. *en quantité industrielle* = abbondantemente, in grande quantità.
industrieux, euse [ɛ̃dystrijø, øz] adj. [adroit] industrioso. || [actif] operoso.
inébranlable [inebrɑ̃labl] adj. PR. incrollabile. || FIG. incrollabile, irremovibile. | *caractère inébranlable*,

carattere irremovibile. | *foi inébranlable*, fede incrollabile.
inédit, e [inedi, it] adj. et n. m. inedito.
inéducable [inedykabl] adj. ineducabile.
ineffable [inɛfabl] adj. ineffabile.
ineffaçable [inɛfasabl] adj. PR. et FIG. incancellabile, indelebile.
inefficace [inɛfikas] adj. inefficace.
inefficacité [inɛfikasite] f. inefficacia.
inégal, e, aux [inegal, o] adj. [non égal] disuguale, ineguale. || [non uni] ineguale. | *terrain inégal*, terreno ineguale. || FIG. [variable] disuguale, ineguale, incostante, irregolare. | *rendement inégal*, rendimento disuguale, ineguale. | *caractère inégal*, carattere disuguale, incostante, mutevole. || MÉD. *pouls inégal*, polso irregolare, ineguale. || MIL., SPORT *combat inégal, lutte inégale*, lotta impari.
inégalable [inegalabl] adj. ineguagliabile.
inégalité [inegalite] f. [différence] disuguaglianza, ineguaglianza. | *les inégalités sociales*, le disuguaglianze sociali. || [irrégularité du sol] ineguaglianza. || FIG. [variabilité] mutevolezza, variabilità, incostanza, ineguaglianza. | *inégalité d'humeur*, variabilità, mutevolezza, incostanza d'umore. || [du style] ineguaglianza, incoerenza. || MATH. disuguaglianza.
inélégance [inelegɑ̃s] f. ineleganza. || FIG. scorrettezza.
inélégant, e [inelegɑ̃, ɑ̃t] adj. inelegante. || FIG. scorretto, sleale. | *user de procédés inélégants*, comportarsi, agire in modo sleale, scorretto.
inéligibilité [ineliʒibilite] f. ineleggibilità.
inéligible [ineliʒibl] adj. ineleggibile.
inéluctabilité [inelyktabilite] f. ineluttabilità.
inéluctable [inelyktabl] adj. ineluttabile, inevitabile.
inemployable [inɑ̃plwajabl] adj. inadoprabile, inutilizzabile, inservibile.
inemployé, e [inɑ̃plwaje] adj. inutilizzato, non adoperato. | *argent inemployé*, denaro inutilizzato.
inénarrable [inenarabl] adj. inenarrabile, indescrivibile. || FAM. [comique] comicissimo, buffissimo (L.C.).
inepte [inɛpt] adj. assurdo, stupido, insensato.
ineptie [inɛpsi] f. assurdità, stupidità, stupidaggine, insulsaggine. | *ineptie d'un projet*, assurdità d'un progetto. | *dire des inepties*, dire stupidaggini.
inépuisable [inepɥizabl] adj. PR. et FIG. inesauribile.
inépuisé, e [inepɥize] adj. inesausto.
inéquation [inekwasjɔ̃] f. MATH. disequazione.
inéquitable [inekitabl] adj. iniquo, ingiusto.
inerte [inɛrt] adj. [sans mouvement] inerte, immobile. | *corps inerte*, corpo inerte. || [inactif] inerte, inattivo, inoperoso, pigro. | *esprit inerte*, mente inattiva. || CHIM. *gaz inerte*, gas inerte.
inertie [inɛrsi] f. PHYS. inerzia. | *force d'inertie*, forza d'inerzia. || [manque d'activité, d'énergie] inerzia, inattività, inoperosità, oziosità. | *tirer qn de son inertie*, scuotere qlcu. dalla sua inerzia, oziosità.
inescomptable [inɛskɔ̃tabl] adj. COMM. non scontabile.
inespéré, e [inɛspere] adj. insperato.
inesthétique [inɛstetik] adj. antiestetico; inestetico (rare).
inestimable [inɛstimabl] adj. inestimabile.
inévitable [inevitabl] adj. et n. m. inevitabile.
inexact, e [inɛgza(kt), akt] adj. [erroné; faux] inesatto, sbagliato. || [sans ponctualité] non puntuale. | *être inexact à un rendez-vous*, non arrivare puntuale, arrivare in ritardo a un appuntamento.
inexactitude [inɛgzaktityd] f. [erreur] inesattezza. || [non-ponctualité] = mancanza di puntualità.
inexaucé, e [inɛgzose] adj. inesaudito.
inexcitable [inɛksitabl] adj. ineccitabile.
inexcusable [inɛkskyzabl] adj. imperdonabile; inescusabile (rare).
inexécutable [inɛgzekytabl] adj. ineseguibile, inattuabile; inadempibile (rare).
inexécuté, e [inɛgzekyte] adj. ineseguito.
inexécution [inɛgzekysjɔ̃] f. JUR. inadempienza; mancata esecuzione. | *inexécution d'un contrat*, mancata esecuzione d'un contratto; inadempienza contrattuale.
inexercé, e [inɛgzɛrse] adj. inesercitato.
inexigible [inɛgziʒibl] adj. inesigibile.
inexistant, e [inɛgzistɑ̃, ɑ̃t] adj. [fictif] inesistente. || [sans valeur] nullo. | *travail inexistant*, lavoro nullo, senza nessun valore. || FAM. *un type complètement inexistant*, un tipo perfettamente inetto, una perfetta nullità.
inexistence [inɛgzistɑ̃s] f. inesistenza.
inexorabilité [inɛgzɔrabilite] f. inesorabilità.
inexorable [inɛgzɔrabl] adj. inesorabile, implacabile.
inexpérience [inɛksperjɑ̃s] f. inesperienza.
inexpérimenté, e [inɛksperimɑ̃te] adj. [novice] inesperto. || [inédit] non sperimentato.
inexpert, e [inɛkspɛr, ɛrt] adj. inesperto.
inexpiable [inɛkspjabl] adj. inespiabile.
inexpié, e [inɛkspje] adj. inespiato.
inexplicable [inɛksplikabl] adj. inesplicabile, inspiegabile.
inexpliqué, e [inɛksplike] adj. non spiegato; inesplicato, inspiegato (rare).
inexploitable [inɛksplwatabl] adj. non sfruttabile.
inexploité, e [inɛksplwate] adj. non sfruttato.
inexplorable [inɛksplɔrabl] adj. inesplorabile.
inexploré, e [inɛksplɔre] adj. inesplorato.
inexpressif, ive [inɛksprɛsif, iv] adj. inespressivo.
inexprimable [inɛksprimabl] adj. inesprimibile, indicibile.
inexprimé, e [inɛksprime] adj. inespresso.
inexpugnable [inɛkspyɲabl] adj. PR. et FIG. inespugnabile.
inextensible [inɛkstɑ̃sibl] adj. inestensibile.
in extenso [inɛkstɛ̃so] loc. adv. (lat.) per esteso; per estenso (rare).
inextinguible [inɛkstɛ̃gibl] adj. PR. et FIG. inestinguibile.
inextirpable [inɛkstirpabl] adj. inestirpabile.
in extremis [inɛkstremis] loc. adv. in extremis (lat.).
inextricable [inɛkstrikabl] adj. PR. et FIG. inestricabile.
infaillibilité [ɛ̃fajibilite] f. infallibilità.
infaillible [ɛ̃fajibl] adj. infallibile. || [inévitable] certo, inevitabile. | *succès infaillible*, successo certo. || [sûr] *remède infaillible*, rimedio infallibile.
infaisable [ɛ̃fəzabl] adj. non fattibile, inattuabile.
infalsifiable [ɛ̃falsifjabl] adj. infalsificabile.
infamant, e [ɛ̃famɑ̃, ɑ̃t] adj. infamante.
infâme [ɛ̃fɑm] adj. infame.
infamie [ɛ̃fami] f. [caractère; action] infamia. || [parole] (surtout pl.) parole, discorsi infamanti. | *dire des infamies de qn*, dir cose infamanti (sul conto) di qlcu.
infant, e [ɛ̃fɑ̃, ɑ̃t] n. infante, a.
infanterie [ɛ̃fɑ̃tri] f. MIL. fanteria. | *infanterie de marine* = fanteria coloniale, da sbarco.
infanticide [ɛ̃fɑ̃tisid] adj. et n. infanticida. ◆ n. m. [meurtre] infanticidio.
infantile [ɛ̃fɑ̃til] adj. infantile.
infantiliser [ɛ̃fɑ̃tilize] v. tr. rendere puerile, riportare all'infanzia.
infantilisme [ɛ̃fɑ̃tilism] m. infantilismo.
infarctus [ɛ̃farktys] m. inv. MÉD. infarto m. | *infarctus du myocarde*, infarto miocardico.
infatigable [ɛ̃fatigabl] adj. instancabile, infaticabile, indefesso.
infatuation [ɛ̃fatɥasjɔ̃] f. vanità, presunzione, fatuità.
infatué, e [ɛ̃fatɥe] adj. *être infatué (de soi-même)*, essere infatuato, pieno di sé; essere fatuo, vanesio.
infécond, e [ɛ̃fekɔ̃, ɔ̃d] adj. PR. et FIG. infecondo.
infécondité [ɛ̃fekɔ̃dite] f. infecondità.
infect, e [ɛ̃fɛkt] adj. [fétide] fetido, puzzolente, fetente. || [répugnant] schifoso, ripugnante, fetente. | *boisson infecte*, bevanda ripugnante. || FAM. *un type infect*, un tipo ripugnante; un fetente (vulg.).
infectant, e [ɛ̃fɛktɑ̃, ɑ̃t] adj. infettante.
infecter [ɛ̃fɛkte] v. tr. [corrompre; contaminer] infettare. || [empuantir] appestare, ammorbare. | *la fumée de ta pipe infecte la pièce*, il fumo della tua pipa

appesta la stanza. || FIG., LITTÉR. infettare, contaminare, ammorbare. | *vice qui infecte la jeunesse*, vizio che infetta la gioventù. ◆ v. pr. [plaie] infettarsi.
infectieux, euse [ɛ̃fɛksjø, øz] adj. MÉD. infettivo.
infection [ɛ̃fɛksjɔ̃] f. [action; résultat] PR. et FIG. infezione. || [puanteur] puzzo m., fetore m. | *c'est une infection!*, che fetore!
inféodation [ɛ̃feɔdasjɔ̃] f. HIST. infeudamento m., infeudazione. || FIG. assoggettamento m.
inféodé, e [ɛ̃feɔde] adj. FIG. **(à)** assoggettato, ligio (a).
inféoder [ɛ̃feɔde] v. tr. HIST. infeudare. || FIG. infeudare, assoggettare. ◆ v. pr. FIG. infeudarsi, assoggettarsi.
inférence [ɛ̃ferɑ̃s] f. PHILOS. inferenza, illazione.
inférer [ɛ̃fere] v. tr. inferire, dedurre, argomentare, arguire. | *j'en ai inféré que*, da ciò ho inferito che.
inférieur, e [ɛ̃ferjœr] adj. inferiore. | *ne pas se sentir inférieur à qn*, non sentirsi inferiore a qlcu., da meno di qlcu. | *de qualité inférieure*, di qualità inferiore; scadente adj. | *inférieurs en nombre*, numericamente inferiori. ◆ n. m. inferiore. | *traiter en inférieur*, trattare da inferiore.
inférioriser [ɛ̃ferjɔrize] v. tr. rendere inferiore. || PSYCH. *inférioriser qn*, creare in qlcu. un sentimento di inferiorità.
infériorité [ɛ̃ferjɔrite] f. inferiorità. | *état, complexe d'infériorité*, stato, complesso d'inferiorità. || GRAMM. *comparatif, superlatif d'infériorité*, comparativo, superlativo di minoranza.
infernal, e, aux [ɛ̃fɛrnal, o] adj. PR. et FIG. infernale. | *vacarme infernal*, baccano infernale. | *machine infernale*, macchina infernale. || CHIM. *pierre infernale*, pietra infernale.
infertile [ɛ̃fɛrtil] adj. infecondo, sterile.
infestation [ɛ̃fɛstasjɔ̃] f. infestazione.
infester [ɛ̃fɛste] v. tr. infestare.
infidèle [ɛ̃fidɛl] adj. infedele. | *infidèle à ses promesses*, infedele alle proprie promesse. | *récit infidèle*, racconto infedele. ◆ n. RELIG. infedele.
infidélité [ɛ̃fidelite] f. infedeltà.
infiltrat [ɛ̃filtra] m. MÉD. infiltrato.
infiltration [ɛ̃filtrasjɔ̃] f. PR. et FIG. infiltrazione. || MED. infiltrazione.
infiltrer (s') [sɛ̃filtre] v. pr. PR. infiltrarsi. || FIG. infiltrarsi, insinuarsi.
infime [ɛ̃fim] adj. *détails infimes*, minimi particolari. | *quantité infime*, infima quantità. | *différence infime*, minima differenza. | *infime minorité*, infima minoranza. | *somme infime*, piccolissima somma.
infini, e [ɛ̃fini] adj. infinito, illimitato. | *nombre infini*, numero infinito. || [très grand] infinito, immenso, vastissimo. | *la mer infinie*, il mare infinito. || LOC. *je vous sais un gré infini de*, Le sono infinitamente grato di. ◆ n. m. infinito. ◆ loc. adv. ***à l'infini***, all'infinito, infinitamente.
infiniment [ɛ̃finimɑ̃] adv. MATH. *infiniment grand, petit*, infinitamente grande, piccolo.
infinité [ɛ̃finite] f. infinità. || [nombre] infinità, moltitudine. | *une infinité de choses*, un'infinità di cose.
infinitésimal, e, aux [ɛ̃finitezimal, o] adj. infinitesimo, infinitesimale. || MATH. infinitesimale.
infinitif [ɛ̃finitif] adj. GRAMM. infinitivo. | *proposition infinitive*, proposizione infinitiva. ◆ n. m. GRAMM. infinito.
infinitude [ɛ̃finityd] f. infinitezza; infinitudine (rare).
infirmatif, ive [ɛ̃firmatif, iv] adj. JUR. invalidante.
infirmation [ɛ̃firmasjɔ̃] f. JUR. annullamento m., invalidamento m.
infirme [ɛ̃firm] adj. infermo; ABSOL. invalido; minorato (fisico). | *infirme des jambes*, infermo alle gambe. | *infirme d'un bras*, invalido di un braccio. | *il est resté infirme à la suite de l'accident*, l'incidente lo rese infermo per tutta la vita. | *vieillard infirme*, vecchio invalido. ◆ n. invalido; minorato (fisico).
infirmer [ɛ̃firme] v. tr. JUR. et FIG. infirmare, invalidare, annullare. | *infirmer un jugement*, infirmare, annullare una sentenza. | *infirmer un témoignage*, infirmare, invalidare una testimonianza.
infirmerie [ɛ̃firməri] f. infermeria.
infirmier, ère [ɛ̃firmje, ɛr] n. infermiere, a.
infirmité [ɛ̃firmite] f. PR. infermità, acciacco m. || FIG. infermità.
infixe [ɛ̃fiks] adj. GRAMM. infisso.
inflammabilité [ɛ̃flamabilite] f. infiammabilità.
inflammable [ɛ̃flamabl] adj. PR. et FIG. infiammabile.
inflammation [ɛ̃flamasjɔ̃] f. infiammazione. | *inflammation de la gorge, des yeux*, infiammazione alla gola, agli occhi.
inflammatoire [ɛ̃flamatwar] adj. infiammatorio.
inflation [ɛ̃flasjɔ̃] f. PR. et FIG. inflazione.
inflationniste [ɛ̃flasjɔnist] adj. inflazionistico.
infléchi, e [ɛ̃fleʃi] adj. LING. metafonetico.
infléchir [ɛ̃fleʃir] v. tr. PR. piegare, (in)flettere. || FIG. mutare, cambiare. | *infléchir le cours des événements*, mutare, cambiare il corso degli avvenimenti. ◆ v. pr. piegarsi, incurvarsi, inflettersi.
inflexibilité [ɛ̃flɛksibilite] f. PR. et FIG. inflessibilità.
inflexible [ɛ̃flɛksibl] adj. PR. et FIG. inflessibile.
inflexion [ɛ̃flɛksjɔ̃] f. flessione; inflessione (littér.). | *inflexion du corps*, flessione del corpo. || [voix] inflessione. || FIG. [changement] cambiamento m., modifica. | *la politique du gouvernement a subi une légère inflexion*, la politica del governo si è lievemente modificata. || LING. *inflexion vocalique*, inflessione vocalica; metafonesi, metafonia. || GÉOM., OPT. inflessione.
infliger [ɛ̃fliʒe] v. tr. infliggere. || JUR. infliggere, irrogare. || [imposer] *s'infliger des sacrifices*, imporsi dei sacrifici.
inflorescence [ɛ̃flɔrɛsɑ̃s] f. BOT. infiorescenza, inflorescenza.
influençable [ɛ̃flyɑ̃sabl] adj. influenzabile.
influence [ɛ̃flyɑ̃s] f. [effet] influsso m., influenza. || [crédit, ascendant] autorità, credito m., ascendente m., influenza. | *homme d'une grande influence*, uomo molto influente, di grande autorità. | *sphère d'influence*, sfera d'influenza. || LOC. *exercer une influence sur qn*, avere, esercitare un'influenza, un ascendente su qlcu. | *subir l'influence de qn*, subire l'influenza, l'ascendente di qlcu.
influencer [ɛ̃flyɑ̃se] v. tr. influenzare.
influent, e [ɛ̃flyɑ̃, ɑ̃t] adj. influente.
influenza [ɛ̃flyɑ̃za] f. Vx V. GRIPPE.
influer [ɛ̃flye] v. intr. **(sur)** influire (su).
influx [ɛ̃fly] m. influsso.
in-folio [infɔljo] adj. et n. m. inv. in folio (lat.); in foglio.
informateur, trice [ɛ̃fɔrmatœr, tris] n. informatore, trice. || PÉJOR. [de la police] confidente m., spia f.
informaticien, enne [ɛ̃fɔrmatisjɛ̃, ɛn] n. informatico m., informatista m. (rare); diplomata (f.) in informatica.
information [ɛ̃fɔrmasjɔ̃] f. informazione. | *informations politiques, sportives*, informazioni, notizie politiche, sportive. | *prendre des informations sur qn*, prendere informazioni su qlcu. | *fournir des informations détaillées sur qch.*, dare informazioni particolareggiate su qlco., dare un minuto ragguaglio di qlco. | *aller aux informations*, andare in cerca di informazioni, di notizie. || JUR. inchiesta, indagine, istruttoria. | *le parquet a ordonné, ouvert une information contre X*, la Procura della Repubblica ha ordinato, aperto un'istruttoria su X. ◆ pl. informazioni. || FIN., RAD., T. V. *bulletin d'informations*, bollettino d'informazioni.
informatique [ɛ̃fɔrmatik] f. informatica. ◆ adj. *service informatique*, servizio informativo aziendale.
informatiser [ɛ̃fɔrmatize] v. tr. gestire per mezzo dell'informatica.
informe [ɛ̃fɔrm] adj. informe.
informé [ɛ̃fɔrme] m. LOC. *jusqu'à plus ample informé* : JUR. per supplemento d'istruttoria; FIG. in attesa di nuove informazioni.
informel, elle [ɛ̃fɔrmɛl] adj. et n. m. ART informale. || FIG. *un entretien informel*, una riunione informale.
informer [ɛ̃fɔrme] v. tr. informare. ◆ v. intr. JUR. *informer contre qn*, aprire un'istruttoria su qlcu. ◆ v. pr. informarsi; chiedere, raccogliere notizie. |

s'informer de qch. auprès de qn. informarsi di qlco. presso qlcu. | *s'informer de qn.* informarsi di qlcu.; chiedere notizie di qlcu., intorno a qlcu. | *s'informer si.* chiedere se.
informulé, e [ɛ̃fɔrmyle] adj. inespresso.
infortune [ɛ̃fɔrtyn] f. [adversité] sfortuna, disgrazia, sventura. | *pour comble d'infortune,* per colmo di sventura, per somma disgrazia. | *compagnons d'infortune,* compagni di sventura. || [événement malheureux] disgrazia, rovescio m., infortunio m. | *raconter ses infortunes,* narrare le proprie sventure.
infortuné, e [ɛ̃fɔrtyne] adj. et n. sfortunato, sventurato.
infra [ɛ̃fra] adv. (lat.) sotto.
infraction [ɛ̃fraksjɔ̃] f. infrazione. | *infraction à la loi,* infrazione alla legge.
infranchissable [ɛ̃frɑ̃ʃisabl] adj. Pr. et FIG. invalicabile, insuperabile, insormontabile. | *col infranchissable,* valico insuperabile. | *obstacle infranchissable,* ostacolo insuperabile, insormontabile.
infrarouge [ɛ̃fraruʒ] adj. PHYS. infrarosso.
infrason [ɛ̃frasɔ̃] m. PHYS. infrasuono.
infrastructure [ɛ̃frastryktyr] f. infrastruttura.
infravirus [ɛ̃fravirys] m. MÉD. virus filtrabile.
infréquentable [ɛ̃frekɑ̃tabl] adj. infrequentabile.
infroissable [ɛ̃frwasabl] adj. ingualcibile.
infructueux, euse [ɛ̃fryktɥø, øz] adj. infruttuoso, vano, sterile.
infumable [ɛ̃fymabl] adj. infumabile.
infus, e [ɛ̃fy, yz] adj. infuso. || FAM. *il a la science infuse,* ha la scienza infusa.
infuser [ɛ̃fyze] v. tr. [injecter] fare una trasfusione di; trasfondere (rare). | *infuser du sang à qn,* fare una trasfusione di sangue a qlcu. || FIG. infondere, trasfondere, incutere. || CULIN. mettere in infusione; fare un infuso di. | *infuser du thé,* fare un infuso di tè. ◆ v. intr. *laisser infuser du thé,* lasciare il tè in infusione.
infusible [ɛ̃fyzibl] adj. infusibile.
infusion [ɛ̃fyzjɔ̃] f. [action] infusione. || [boisson] infuso m., infusione. | *une infusion de camomille,* un infuso di camomilla.
infusoires [ɛ̃fyzwar] m. pl. ZOOL. infusori.
ingambe [ɛ̃gɑ̃b] adj. arzillo, vispo, in gamba.
ingénier (s') [sɛ̃ʒenje] v. pr. **(à)** ingegnarsi, industriarsi (per), darsi da fare (per). | *s'ingénier à faire qch.,* darsi da fare, fare ogni sforzo, arrabattarsi per far qlco.
ingénierie [inʒeniri] f. ingegneria dei sistemi.
ingénieur [ɛ̃ʒenjœr] m. ingegnere. | *ingénieur agronome,* laureato in agraria; dottore agronomo. | *ingénieur diplômé,* laureato in ingegneria. | *ingénieur en chef,* ingegnere capo. | *ingénieur des mines, des ponts et chaussées,* ingegnere minerario, del genio civile. | *la profession d'ingénieur,* l'ingegneria.
ingénieur-conseil [ɛ̃ʒenjœrkɔ̃sɛj] m. ingegnere consulente.
ingénieux, euse [ɛ̃ʒenjø, øz] adj. [personne] ingegnoso, industrioso. || [chose] ingegnoso.
ingéniosité [ɛ̃ʒenjozite] f. ingegnosità.
ingénu, e [ɛ̃ʒeny] adj. et n. ingenuo. | *faire l'ingénu,* far l'ingenuo. || THÉÂTRE *jouer les ingénues,* fare, recitar la parte dell'ingenua.
ingénuité [ɛ̃ʒenɥite] f. ingenuità.
ingérence [ɛ̃ʒerɑ̃s] f. ingerenza, immistione, intromissione.
ingérer [ɛ̃ʒere] v. tr. ingerire, inghiottire, ingoiare. | *ingérer des aliments,* ingerire cibi. ◆ v. pr. ingerirsi, intromettersi. | *s'ingérer dans les affaires d'autrui,* ingerirsi negli affari altrui.
ingestion [ɛ̃ʒɛstjɔ̃] f. ingestione.
ingouvernable [ɛ̃guvɛrnabl] adj. non governabile; ingovernabile. | *chambre ingouvernable* = camera con cui non si può governare. || FIG. *caractère ingouvernable,* carattere impossibile, indocile.
ingrat, e [ɛ̃gra, at] adj. et n. [non reconnaissant] ingrato. | *être ingrat envers qn,* essere ingrato verso qlcu. | *être un ingrat,* essere un ingrato. || [peu agréable] ingrato, sgradevole, spiacevole. | *travail ingrat,* lavoro ingrato. | *figure ingrate,* viso ingrato, sgraziato. || [peu fructueux] ingrato, arduo, infruttuoso. | *terrain ingrat,* terreno ingrato. | *sujet ingrat,* argomento ingrato, arduo. || LOC. *âge ingrat,* età ingrata.
ingratitude [ɛ̃gratityd] f. ingratitudine. || LOC. *payer qn d'ingratitude,* ripagar qlcu. con l'ingratitudine.
ingrédient [ɛ̃gredjɑ̃] m. ingrediente.
inguérissable [ɛ̃gerisabl] adj. inguaribile, insanabile.
inguinal, e, aux [ɛ̃gɥinal, o] adj. ANAT. inguinale.
ingurgitation [ɛ̃gyrʒitasjɔ̃] f. (l')ingurgitare.
ingurgiter [ɛ̃gyrʒite] v. tr. ingurgitare, inghiottire, ingoiare.
inhabile [inabil] adj. inabile, maldestro, inesperto. || JUR. inabile.
inhabileté [inabilte] f. inettitudine, incapacità.
inhabilité [inabilite] f. JUR. inabilità, incapacità.
inhabitable [inabitabl] adj. inabitabile.
inhabité, e [inabite] adj. disabitato; inabitato (littér.).
inhabituel, elle [inabitɥɛl] adj. insolito, inconsueto; [non employé habituellement] inusitato.
inhalateur, trice [inalatœr, tris] adj. inalatorio. ◆ n. m. MÉD. inalatore, respiratore.
inhalation [inalasjɔ̃] f. MÉD. inalazione.
inhaler [inale] v. tr. MÉD. inalare.
inharmonieux, euse [inarmɔnjø, øz] adj. disarmonico; inarmonico (littér.).
inhérence [inerɑ̃s] f. inerenza.
inhérent, e [inerɑ̃, ɑ̃t] adj. **(à)** inerente (a).
inhiber [inibe] v. tr. VX, JUR. inibire, proibire, vietare. || PHYSIOL., PSYCH. inibire.
inhibiteur, trice [inibitœr, tris] adj. inibitore, trice; inibitorio.
inhibition [inibisjɔ̃] f. VX, JUR. inibizione. || PSYCH., PSYCHAN. inibizione.
inhospitalier, ère [inɔspitalje, ɛr] adj. inospitale.
inhumain, e [inymɛ̃, ɛn] adj. inumano, disumano.
inhumanité [inymanite] f. inumanità, crudeltà.
inhumation [inymasjɔ̃] f. inumazione, seppellimento m., sotterramento m.
inhumer [inyme] v. tr. inumare, seppellire, sotterrare.
inimaginable [inimaʒinabl] adj. inimmaginabile.
inimitable [inimitabl] adj. inimitabile, impareggiabile.
inimitié [inimitje] f. inimicizia.
ininflammable [inɛ̃flamabl] adj. ininfiammabile.
inintelligemment [inɛ̃tɛliʒamɑ̃] adv. senza intelligenza.
inintelligent, e [inɛ̃tɛliʒɑ̃, ɑ̃t] adj. inintelligente.
inintelligibilité [inɛ̃tɛliʒibilite] f. inintelligibilità, incomprensione.
inintelligible [inɛ̃tɛliʒibl] adj. inintelligibile, incomprensibile.
inintéressant, e [inɛ̃terɛsɑ̃, ɑ̃t] adj. non interessante, privo d'interesse.
ininterrompu, e [inɛ̃tɛrɔ̃py] adj. ininterrotto.
inique [inik] adj. iniquo.
iniquité [inikite] f. iniquità.
initial, e, aux [inisjal, o] adj. iniziale. ◆ n. f. iniziale.
initiateur, trice [inisjatœr, tris] adj. et n. iniziatore, trice.
initiation [inisjasjɔ̃] f. iniziazione, iniziamento m., (l')iniziare.
initiative [inisjativ] f. iniziativa. | *esprit d'initiative,* spirito d'iniziativa. | *faire qch. de sa propre initiative,* far qlco. di propria iniziativa. || LOC. *syndicat d'initiative,* azienda (f.) di soggiorno. ◆ loc. prép. **sur, à l'initiative de,** per iniziativa di.
initié, e [inisje] adj. et n. iniziato.
initier [inisje] v. tr. iniziare. ◆ v. pr. *s'initier à l'art,* iniziarsi all'arte. | *s'initier à une science, une technique,* avviarsi allo studio di una scienza, alla pratica di una tecnica. | *s'initier à un métier,* far l'apprendistato di un mestiere. | *s'initier aux ficelles du métier,* familiarizzarsi con i trucchi del mestiere.
injecté, e [ɛ̃ʒekte] adj. *injecté (de sang),* iniettato di sangue.
injecter [ɛ̃ʒekte] v. tr. MÉD., TECHN. iniettare.
injecteur [ɛ̃ʒɛktœr] m. TECHN. iniettore.

injection [ɛ̃ʒɛksjɔ̃] f. MÉD., TECHN. iniezione. | *moteur à injection*, motore ad iniezione.
injonctif, ive [ɛ̃ʒɔ̃ktif, iv] adj. et n. m. ingiuntivo.
injonction [ɛ̃ʒɔ̃ksjɔ̃] f. ingiunzione.
injouable [ɛ̃ʒwabl] adj. [jeu] = che non può essere giocato; [musique] ineseguibile; [pièce] irrappresentabile.
injure [ɛ̃ʒyr] f. ingiuria. | *faire injure à qn*, fare ingiuria a qlcu., oltraggiar qlcu. | *couvrir d'injures*, coprir di ingiurie. | *se répandre en injures*, prorompere in ingiurie. || FIG. *l'injure du temps, des ans*, le ingiurie del tempo.
injurier [ɛ̃ʒyrje] v. tr. ingiuriare, insultare, offendere, oltraggiare.
injurieux, euse [ɛ̃ʒyrjø, øz] adj. ingiurioso, oltraggioso, offensivo. | *propos injurieux*, discorsi ingiuriosi.
injuste [ɛ̃ʒyst] adj. ingiusto, iniquo. | *être injuste envers qn*, essere ingiusto verso, con qlcu.
injustice [ɛ̃ʒystis] f. ingiustizia, iniquità, torto m. | *faire injustice à qn*, far torto a qlcu. | *venger une injustice*, vendicare un'ingiustizia, un torto.
injustifiable [ɛ̃ʒystifjabl] adj. ingiustificabile.
injustifié, e [ɛ̃ʒystifje] adj. ingiustificato.
inlandsis [inlɑ̃dsis] m. inlandsis.
inlassable [ɛ̃lasabl] adj. infaticabile, instancabile.
innavigable [ɛ̃navigabl] adj. innavigabile.
inné, e [in(n)e] adj. innato, congenito. || PHILOS. *idées innées*, idee innate.
innéisme [in(n)eism] m. PHILOS. innatismo.
innervation [inɛrvasjɔ̃] f. innervazione.
innerver [inɛrve] v. tr. innervare.
innocemment [inɔsamɑ̃] adv. innocentemente.
innocence [inɔsɑ̃s] f. [non culpabilité] innocenza. || RELIG. *état d'innocence*, stato di innocenza. || [candeur] innocenza, ingenuità, candore m. | *en toute innocence*, con tutta innocenza, ingenuità. || [ignorance] *troubler l'innocence des enfants*, turbare l'innocenza dei bambini. || LITTÉR. *secourir l'innocence*, assistere l'innocenza.
innocent, e [inɔsɑ̃, ɑ̃t] adj. [non coupable] innocente. || [candide] innocente, ingenuo, candido. || [ignorant] innocente. || [sans danger] innocuo. ◆ n. innocente. || LOC. *faire l'innocent*, fare il finto tonto, lo gnorri. || [naïf] sempliciotto. || PROV. *aux innocents les mains pleines* = la fortuna arride ai semplici. || RELIG. *massacre des Innocents*, strage (f.) degli Innocenti.
innocenter [inɔsɑ̃te] v. tr. [déclarer innocent] dichiarare innocente; assolvere. | *innocenter un inculpé faute de preuves*, assolvere un imputato per mancanza di prove. || [disculper] discolpare, scagionare. | *témoignage qui innocente un inculpé*, testimonianza che discolpa, scagiona un imputato.
innocuité [inɔkɥite] f. innocuità.
innombrable [inɔ̃brabl] adj. innumerevole; innumere (littér.).
innomé, e [inɔme] adj. innominato.
innominé, e [inɔmine] adj. innominato. || ANAT. innominato, iliaco.
innommable [inɔmabl] adj. innominabile. || [vil, dégoûtant] ripugnante, abietto.
innommé, e adj. V. INNOMÉ.
innovateur, trice [inɔvatœr, tris] adj. et n. innovatore, trice.
innovation [inɔvasjɔ̃] f. innovazione.
innover [inɔve] v. tr. innovare, inventare. | *gouverner sans rien innover*, governare senza nulla innovare. | *innover une mode, une coiffure*, inventare una nuova moda, una nuova pettinatura. ◆ v. intr. *innover en (matière d') art*, innovare in materia d'arte. || ABSOL. *il faut innover sans cesse*, bisogna fare, introdurre continue innovazioni.
inobservable [inɔpsɛrvabl] adj. inosservabile.
inobservance [inɔpsɛrvɑ̃s] ou **inobservation** [inɔpsɛrvasjɔ̃] f. inosservanza.
inobservé, e [inɔpsɛrve] adj. inosservato.
inoccupation [inɔkypasjɔ̃] f. inoccupazione.
inoccupé, e [inɔkype] adj. [sans occupation] inoccupato, senza occupazione, inoperoso. || [libre] *aide-toi de ta main inoccupée*, aiutati con la mano libera, non impedita. || [vacant] libero, vacante, inoccupato. | *maison inoccupée depuis des années*, casa disabitata da anni.
in-octavo [inɔktavo] adj. et n. m. inv. (lat.) in ottavo.
inoculable [inɔkylabl] adj. inoculabile.
inoculation [inɔkylasjɔ̃] f. inoculazione.
inoculer [inɔkyle] v. tr. PR. et FIG. inoculare.
inodore [inɔdɔr] adj. inodoro, inodore; inodorifero (littér.).
inoffensif, ive [inɔfɑ̃sif, iv] adj. inoffensivo, innocuo.
inondable [inɔ̃dabl] adj. allagabile, alluvionabile.
inondation [inɔ̃dasjɔ̃] f. [action] inondazione, allagamento m. || [résultat] inondazione, allagamento; [de grande importance] alluvione.
inondé, e [inɔ̃de] adj. PR. inondato, allagato. || [trempé] bagnato. || FIG. sommerso. ◆ n. alluvionato.
inonder [inɔ̃de] v. tr. PR. inondare, allagare. || [tremper, mouiller] inondare, irrorare, bagnare. | *inonder de larmes*, inondare, irrorare, bagnare di lagrime. || FIG. [envahir] *inonder un pays de produits étrangers*, inondare, sommergere un paese di prodotti esteri; invadere un paese con prodotti esteri.
inopérable [inɔperabl] adj. CHIR. inoperabile.
inopérant, e [inɔperɑ̃, ɑ̃t] adj. inoperante, inefficace.
inopiné, e [inɔpine] adj. improvviso, inaspettato; inopinato (littér.).
inopinément [inɔpinemɑ̃] adv. inaspettatamente, all'improvviso; inopinatamente (littér.).
inopportun, e [inɔpɔrtœ̃, yn] adj. inopportuno, intempestivo.
inopportunité [inɔpɔrtynite] f. inopportunità.
inopposable [inɔpozabl] adj. JUR. inopponibile.
inorganique [inɔrganik] adj. inorganico.
inorganisé, e [inɔrganize] adj. inorganico. || POLIT. = non iscritto a un partito, a un sindacato.
inoubliable [inublijabl] adj. indimenticabile.
inouï, e [inwi] adj. inaudito, incredibile, inconcepibile. || FAM. *c'est inouï!*, roba da matti!, roba dell'altro mondo!
inoxydable [inɔksidabl] adj. inossidabile.
in pace [inpase] m. inv. (lat.) HIST. = prigione sotterranea (di convento).
in partibus [inpartibys] loc. adj. in partibus (infidelium) [lat.].
in petto [inpet(t)o] loc. adv. (ital.) dentro di sé; fra sé (e sé); interiormente. | *se réjouir « in petto »*, rallegrarsi interiormente. || RELIG. *cardinal « in petto »*, cardinale in pectore, in petto.
in-plano [inplano] adj. et n. m. inv. (lat.) atlantico adj.
inqualifiable [ɛ̃kalifjabl] adj. [indigne] inqualificabile.
in-quarto [inkwarto] adj. et n. m. inv. in quarto (lat.).
inquiet, ète [ɛ̃kjɛ, ɛt] adj. VX [agité] irrequieto (L.C.). || [préoccupé] preoccupato, inquieto, ansioso. | *être inquiet de qn, sur la santé de qn*, essere preoccupato, inquieto, in ansia per la salute di qlcu. || [qui dénote de l'inquiétude] ansioso, impaziente. | *attente, passion inquiète*, attesa, passione ansiosa. ◆ n. ansioso, a.
inquiétant, e [ɛ̃kjetɑ̃, ɑ̃t] adj. preoccupante, inquietante.
inquiéter [ɛ̃kjete] v. tr. preoccupare, inquietare. | *sa santé m'inquiète*, la sua salute mi preoccupa. || [tourmenter; déranger] importunare, disturbare, molestare. | *inquiéter l'ennemi par des escarmouches incessantes*, molestare il nemico con scaramucce continue. | *quand tu auras payé, personne ne viendra plus t'inquiéter*, quando avrai pagato, nessuno verrà più a importunarti. | *sans être inquiété*, indisturbato adj., senz'inciampo. ◆ v. pr. preoccuparsi, impensierirsi. | *s'inquiéter de qch.*, preoccuparsi per qlco. | *il s'inquiète de ta santé*, è preoccupato, è in ansia per la tua salute. | *ne t'inquiète pas!*, non ti preoccupare! || [s'enquérir] *s'inquiéter de qn, de l'heure d'ouverture des bureaux*, informarsi, chiedere di qlcu., dell'ora d'apertura degli uffici.
inquiétude [ɛ̃kjetyd] f. inquietudine, preoccupazione, apprensione. | *causer de l'inquiétude*, destare, cagionare inquietudine. | *plonger qn dans l'inquiétude*, metter qlcu. in ansia.

inquisiteur, trice [ɛ̃kizitœr, tris] adj. et n. m. inquisitore, trice.
inquisition [ɛ̃kizisjɔ̃] f. inquisizione.
inquisitorial, e, aux [ɛ̃kizitɔrjal, o] adj. inquisitorio.
inracontable [ɛ̃rakɔ̃tabl] adj. irraccontabile.
insaisissabilité [ɛ̃sezisabilite] f. JUR. insequestrabilità, impignorabilità.
insaisissable [ɛ̃sezisabl] adj. inafferrabile. ‖ FIG. impercettibile. | *nuances insaisissables*, sfumature impercettibili. ‖ JUR. insequestrabile, impignorabile.
insalissable [ɛ̃salisabl] adj. non sporcabile, non macchiabile; antimacchia inv.
insalivation [ɛ̃salivasjɔ̃] f. insalivazione.
insalubre [ɛ̃salybr] adj. insalubre, malsano.
insalubrité [ɛ̃salybrite] f. insalubrità.
insane [ɛ̃san] adj. LITTÉR. insano.
insanité [ɛ̃sanite] f. [caractère; action] insania, pazzia. ‖ [parole] insensatezza, stupidaggine. | *dire des insanités*, dire insensatezze, stupidaggini.
insatiabilité [ɛ̃sasjabilite] f. insaziabilità.
insatiable [ɛ̃sasjabl] adj. insaziabile. ‖ FIG. insaziabile, inappagabile.
insatisfaction [ɛ̃satisfaksjɔ̃] f. insoddisfazione.
insatisfait, e [ɛ̃satisfɛ, ɛt] adj. insoddisfatto, inappagato.
insaturable [ɛ̃satyrabl] adj. CHIM. insaturabile.
inscriptible [ɛ̃skriptibl] adj. GÉOM. inscrittibile.
inscription [ɛ̃skripsjɔ̃] f. [action] iscrizione. ‖ [résultat] iscrizione, scritta. | *inscription étrusque*, iscrizione etrusca. | *inscription funéraire*, iscrizione funeraria, sepolcrale. | *inscription sur un mur*, scritta su un muro. ‖ COMM., ÉCON. *inscription au budget*, iscrizione in bilancio; stanziamento m. ‖ GÉOM. inscrizione. ‖ JUR. *inscription hypothécaire*, iscrizione d'ipoteca. | *inscription en faux*, impugnazione di falso. ‖ MAR. *Inscription maritime*, Registro marittimo; matricola della gente di mare. ‖ UNIV. iscrizione. | *prendre ses inscriptions*, iscriversi. | *droits d'inscription*, tassa d'iscrizione.
inscrire [ɛ̃skrir] v. tr. i(n)scrivere. | *inscrire sur un registre*, registrare. | *inscrire un fils à l'école*, iscrivere un figlio a scuola. ‖ FIN. *inscrire des crédits au budget*, stanziare crediti. ‖ GÉOM. inscrivere. ◆ v. pr. [sens pass.] essere (i)scritto. | *son nom s'inscrit en lettres d'or*, il suo nome è scritto a lettere d'oro. ‖ [sens réfl.] *s'inscrire à un parti, à un examen*, iscriversi a un partito, a un esame. | *s'inscrire en droit, en lettres, en médecine*, iscriversi a legge, a lettere, a medicina. ‖ FIG. [se situer] rientrare v. intr., far parte di. | *projet qui s'inscrit dans le cadre d'une réforme générale*, progetto che rientra nel quadro d'una riforma generale. ‖ LOC. *s'inscrire en faux contre qch.* : JUR. impugnare qlco. di falso; contestare qlco., impugnare la falsità di qlco.; [nier] protestare contro, negare qlco.
inscrit, e [ɛ̃skri, it] adj. GÉOM. inscritto. ◆ n. m. iscritto. ‖ MAR. *les inscrits maritimes* = la gente di mare. | *un inscrit maritime*, un marittimo.
insécable [ɛ̃sekabl] adj. insecabile.
insectarium [ɛ̃sɛktarjɔm] m. insettario.
insecte [ɛ̃sɛkt] m. insetto.
insecticide [ɛ̃sɛktisid] adj. et n. m. insetticida adj. inv. et n. m. | *des poudres insecticides*, delle polveri insetticida. | *des insecticides*, degli insetticidi.
insectivore [ɛ̃sɛktivɔr] adj. et n. m. insettivoro.
insécurité [ɛ̃sekyrite] f. insicurezza.
in-seize [insɛz] adj. et n. m. inv. in sedicesimo.
insémination [ɛ̃seminasjɔ̃] f. *insémination artificielle*, fecondazione, inseminazione artificiale.
inséminer [ɛsemine] v. tr. inseminare.
insensé, e [ɛ̃sɑ̃se] adj. et n. insensato.
insensibilisation [ɛ̃sɑ̃sibilizasjɔ̃] f. MÉD. anestesia locale.
insensibiliser [ɛ̃sɑ̃sibilize] v. tr. MÉD. anestetizzare.
insensibilité [ɛ̃sɑ̃sibilite] f. PR. et FIG. insensibilità.
insensible [ɛ̃sɑ̃sibl] adj. PR. et FIG. **(à)** insensibile (a). | *progrès insensibles*, progressi impercettibili, insensibili.
insensiblement [ɛ̃sɑ̃sibləmɑ̃] adv. insensibilmente. ‖ [peu à peu] inavvertibilmente, insensibilmente, impercettibilmente.
inséparable [ɛ̃separabl] adj. inseparabile.
insérable [ɛ̃serabl] adj. inseribile.
insérer [ɛ̃sere] v. tr. inserire. | *insérer une (petite) annonce dans un journal*, pubblicare un'inserzione in un giornale. | *prière d'insérer*, scheda editoriale. ◆ v. pr. inserirsi.
insermenté [ɛ̃sɛrmɑ̃te] adj. HIST. *prêtre insermenté*, prete non giurato, prete refrattario.
insertion [ɛ̃sɛrsjɔ̃] f. *insertion d'une clause dans un contrat, d'une feuille sur la tige*, inserzione di una clausola in un contratto, di una foglia sul gambo. | *insertion d'un nom dans une liste*, inserimento (m.), inserzione di un nome in un elenco. | *insertion d'un muscle*, inserimento, inserzione di un muscolo.
insidieux, euse [ɛ̃sidjø, øz] adj. insidioso.
1. insigne [ɛ̃siɲ] adj. LITTÉR. insigne. ‖ IRON. ou PÉJOR. illustre, famoso, di prim'ordine; numero uno (fam). | *un des plus insignes bandits*, uno dei maggiori, dei più famosi banditi. | *être d'une maladresse insigne*, essere eccezionalmente maldestro, goffo; essere di una goffaggine eccezionale. | *un insigne crétin*, un cretino numero uno.
2. insigne m. [signe d'une dignité, d'une fonction] insegna f. | *les insignes de la royauté*, le insegne reali. ‖ [signe distinctif] distintivo. | *porter l'insigne d'une association, d'un parti*, portare il distintivo d'un'associazione, d'un partito.
insignifiance [ɛ̃siɲifjɑ̃s] f. futilità, nullaggine.
insignifiant, e [ɛ̃siɲifjɑ̃, ɑ̃t] adj. insignificante.
insincère [ɛ̃sɛ̃sɛr] adj. LITTÉR. insincero.
insincérité [ɛ̃sɛ̃serite] f. LITTÉR. insincerità.
insinuant, e [ɛ̃sinɥɑ̃, ɑ̃t] adj. insinuante.
insinuation [ɛ̃sinɥasjɔ̃] f. insinuazione.
insinuer [ɛ̃sinɥe] v. tr. insinuare. ◆ v. pr. *la pluie s'insinue dans le sable*, la pioggia s'insinua nella sabbia. | *s'insinuer dans les bonnes grâces de qn*, insinuarsi nelle buone grazie di qlcu.
insipide [ɛ̃sipid] adj. PR. et FIG. insipido, scipito; sciapo (mérid.). | *tenir des propos insipides*, dire scipitaggini.
insipidité [ɛ̃sipidite] f. PR. et FIG. insipidezza, insipidità, scipitezza, scipitaggine.
insistance [ɛ̃sistɑ̃s] f. insistenza. | *avec insistance*, con insistenza; instantemente, insistentemente adv.
insistant, e [ɛ̃sistɑ̃, ɑ̃t] adj. insistente.
insister [ɛ̃siste] v. intr. *insister sur un argument*, insistere su un argomento. | *insister pour obtenir qch.*, insistere per ottenere qlco. | *j'insiste pour que tu viennes*, insisto perché tu venga. ‖ ABSOL. *je n'insiste pas*, non insisto.
insociabilité [ɛ̃sɔsjabilite] f. insocievolezza, insociabilità.
insociable [ɛ̃sɔsjabl] adj. insocievole, insociabile.
insolation [ɛ̃sɔlasjɔ̃] f. MÉTÉOR., PHOT. insolazione, esposizione. ‖ MÉD. insolazione; colpo (m.) di sole.
insolemment [ɛ̃sɔlamɑ̃] adv. insolentemente.
insolence [ɛ̃sɔlɑ̃s] f. insolenza, arroganza, tracotanza. ‖ [parole; acte] insolenza, villania.
insolent, e [ɛ̃sɔlɑ̃, ɑ̃t] adj. et n. insolente, sfacciato. | *devenir insolent*, diventar insolente; insolentire. ◆ adj. [qui choque par son caractère insolite] sfacciato. | *chance insolente au jeu*, fortuna sfacciata al gioco.
insoler [ɛ̃sɔle] v. tr. PHOT. esporre al sole.
insolite [ɛ̃sɔlit] adj. insolito, inconsueto, inusitato.
insolubilité [ɛ̃sɔlybilite] f. insolubilità.
insoluble [ɛ̃sɔlybl] adj. PR. et FIG. insolubile.
insolvabilité [ɛ̃sɔlvabilite] f. insolvibilità, insolvenza.
insolvable [ɛ̃sɔlvabl] adj. insolvibile, insolvente.
insomniaque [ɛ̃sɔmnjak] adj. et n. V. INSOMNIEUX.
insomnie [ɛ̃sɔmni] f. insonnia. | *nuit d'insomnie*, notte insonne.
insomnieux, euse [ɛ̃sɔmnjø, øz] adj. insonne. ◆ n. = chi soffre d'insonnia.
insondable [ɛ̃sɔ̃dabl] adj. PR. insondabile. ‖ FIG. insondabile, imperscrutabile, impenetrabile, inesplorabile.

insonore [ɛ̃sɔnɔr] adj. insonoro, fonoisolante. | *cloison insonore*, parete isolante.
insonorisation [ɛ̃sɔnɔrizasjɔ̃] f. insonorizzazione; isolamento acustico.
insonoriser [ɛ̃sɔnɔrize] v. tr. insonorizzare.
insouciance [ɛ̃susjɑ̃s] f. [absence de souci] spensieratezza. | *l'insouciance de la jeunesse*, la spensieratezza della gioventù. || [indifférence] noncuranza. | *l'insouciance du danger*, la noncuranza del pericolo.
insouciant, e [ɛ̃susjɑ̃, ɑ̃t] adj. [sans souci] spensierato. | *enfant insouciant*, ragazzo spensierato. || [indifférent] noncurante, incurante. | *insouciant du danger, de l'avenir*, noncurante, incurante del pericolo, dell'avvenire.
insoucieux, euse [ɛ̃susjø, øz] adj. **(de)** noncurante, incurante (di).
insoumis, e [ɛ̃sumi, iz] adj. ribelle, insubordinato, indisciplinato. ◆ n. m. MIL. renitente (alla leva).
insoumission [ɛ̃sumisjɔ̃] f. insubordinazione, indisciplina. || MIL. renitenza (alla leva).
insoupçonnable [ɛ̃supsɔnabl] adj. insospettabile.
insoupçonné, e [ɛ̃supsɔne] adj. [non soupçonné] insospettato. || [imprévu] insospettato, imprevedibile, inatteso.
insoutenable [ɛ̃sutnabl] adj. [indéfendable] insostenibile. | *opinion insoutenable*, opinione insostenibile. || [insupportable] insostenibile, insopportabile. | *cris insoutenables*, grida insopportabili.
inspecter [ɛ̃spɛkte] v. tr. [contrôler] ispezionare. | *inspecter une école*, ispezionare una scuola. || [examiner attentivement] = esaminare attentamente, esplorare, rovistare. | *inspecter une maison*, visitare, esaminare attentamente una casa. | *inspecter les lieux*, esplorare il posto. | *inspecter l'horizon*, esplorare, scrutare l'orizzonte.
inspecteur, trice [ɛ̃spɛktœr, tris] n. ispettore, trice. || ADM. *inspecteur du travail*, ispettore del lavoro. | *inspecteur de police*, agente investigativo. | *inspecteur des finances*, ispettore delle finanze. || UNIV. *inspecteur primaire*, ispettore scolastico. | *inspecteur d'académie*, provveditore agli studi. | *inspecteur général de l'Instruction publique*, ispettore centrale del ministero della Pubblica Istruzione. || LOC. IRON. *inspecteur des travaux finis* = chi viene a lavoro ultimato a visitare e a criticare.
inspection [ɛ̃spɛksjɔ̃] f. [action] ispezione. | *faire une inspection*, far un'ispezione. | *tournée d'inspection*, giro d'ispezione. || [examen attentif] ispezione; esame (attento), esplorazione. | *faire l'inspection des lieux*, visitare, esplorare, esaminare il posto. || [fonction] ispettorato m. | *obtenir une inspection*, ottenere una carica d'ispettore, un ispettorato. || [organisme] ispettorato. | *inspection du travail, des finances*, ispettorato del lavoro, delle finanze. | *inspection académique*, provveditorato (m.) agli studi.
inspirant, e [ɛ̃spirɑ̃, ɑ̃t] adj. ispiratore, trice.
inspirateur, trice [ɛ̃spiratœr, tris] adj. et n. ANAT. inspiratore. | *muscles inspirateurs*, (muscoli) inspiratori. || [qui suggère, conseille] ispiratore, trice. ◆ n. *l'inspirateur d'un mouvement littéraire*, l'ispiratore d'un movimento letterario. || PÉJOR. istigatore, trice. | *être l'inspirateur d'un complot*, essere l'istigatore di una congiura.
inspiration [ɛ̃spirasjɔ̃] f. PHYSIOL. inspirazione. || FIG. ispirazione. | *sous l'inspiration de qn*, sotto l'ispirazione, l'impulso di qlcu.; ad istigazione di qlcu. (péjor.) | *inspiration prophétique, poétique*, ispirazione profetica, poetica. | *j'ai eu l'inspiration subite de*, mi è venuta improvvisamente l'ispirazione di.
inspiré, e [ɛ̃spire] adj. *livre, poète, prophète inspiré*, libro, poeta, profeta ispirato. | *paroles inspirées*, parole ispirate. || FAM. *être bien, mal inspiré de*, avere la buona, la cattiva idea di. ◆ n. = chi scrive nel fervore dell'ispirazione; [poète] vate.
inspirer [ɛ̃spire] v. tr. PHYSIOL. inspirare. || FIG. *inspirer une bonne action*, ispirare una buona azione. | *la nature inspire les poètes*, la natura ispira i poeti. | *film inspiré d'un roman*, film ispirato a un romanzo. || PÉJOR. fomentare, istigare. | *complot inspiré par des agents provocateurs*, congiura fomentata da, istigata da, ad istigazione di agenti provocatori. || [faire naître un sentiment] ispirare, infondere, incutere. | *inspirer de la crainte*, ispirare, infondere, incutere timore. | *inspirer du dégoût*, ispirare, suscitare disgusto; disgustare, nauseare. || FAM. *ça ne m'inspire pas*, la cosa non m'ispira affatto. ◆ v. pr. **(de)** ispirarsi (a). | *s'inspirer d'un auteur, d'une œuvre*, ispirarsi a un autore, a un'opera.
instabilité [ɛ̃stabilite] f. [déséquilibre] instabilità. || [versatilité] instabilità, incostanza, volubilità. | *instabilité d'humeur*, instabilità, volubilità di carattere. || FIG. *instabilité ministérielle*, instabilità ministeriale.
instable [ɛ̃stabl] adj. [chancelant] instabile. || [inconstant] instabile, volubile, mutevole. | *humeur instable*, umore instabile. | *temps instable*, tempo instabile, mutevole, variabile. || PHYS. *équilibre instable*, equilibrio instabile. || CHIM. *corps instable*, corpo instabile. ◆ n. = persona instabile, volubile.
installateur [ɛ̃stalatœr] m. installatore.
installation [ɛ̃stalasjɔ̃] f. [action d'installer, de s'installer] installazione, sistemazione, impianto m. | *installation des meubles dans une pièce*, sistemazione dei mobili in una stanza. | *installation d'une usine, d'une entreprise*, impianto d'una fabbrica, d'un'impresa. | *installation du téléphone, du chauffage central*, installazione del telefono, del riscaldamento centrale. || [ensemble installé] impianto, installazione, stabilimento m., attrezzatura. | *installation téléphonique, frigorifique*, impianto telefonico, frigorifero. | *installations industrielles*, impianti, stabilimenti industriali. | *installations portuaires*, attrezzature portuali. || [agencement] sistemazione. | *j'admire ton installation, l'installation de ton appartement*, ammiro la sistemazione del tuo appartamento. || ADM. [dans une charge, une fonction] insediamento m.
installé, e [ɛ̃stale] adj. *un homme installé*, un uomo che gode di una buona posizione.
installer [ɛ̃stale] v. tr. [loger] sistemare, installare. | *installer sa famille dans un appartement*, sistemare, installare la famiglia in un appartamento. || [placer] sistemare. | *installer un malade dans son lit*, sistemare un malato nel letto. | *on l'installa dans un fauteuil*, lo sistemarono, lo misero a sedere in una poltrona. || [introniser] insediare, installare. || [disposer] sistemare. | *installer des meubles dans une pièce*, sistemare mobili in una stanza. || [mettre en place] *installer une machine*, installare, montare una macchina. | *installer l'électricité, le téléphone*, installare la luce elettrica, il telefono. || [implanter] impiantare, installare. | *installer une usine*, impiantare una fabbrica. || [agencer, meubler] arredare, sistemare. | *un appartement bien installé*, un appartamento arredato bene, con tutte le comodità. | *qu'il est mal installé!*, com'è scomodo, arredato male il suo appartamento! ◆ v. pr. [s'établir] stabilirsi, insediarsi, stanziarsi. | *les envahisseurs s'installèrent dans les plaines fertiles*, gl'invasori si stabilirono, si stanziarono nelle pianure fertili. || [emménager] *s'installer dans une maison*, sistemarsi in una casa. || [s'implanter] impiantarsi. | *les usines qui se sont installées dans la région*, le fabbriche che si sono impiantate nella regione. || [s'asseoir; se mettre à l'aise] sedere v. intr., mettersi a sedere, accomodarsi, sprofondarsi. | *il s'installa dans le fauteuil*, si mise a sedere, si sprofondò nella poltrona. | *installez-vous!*, si accomodi!
instamment [ɛ̃stamɑ̃] adv. instantemente, insistentemente.
instance [ɛ̃stɑ̃s] f. VX insistenza (L.C.). | *demander avec instance*, chiedere con insistenza, instantemente, insistentemente. || JUR. istanza. | *tribunal de première instance, d'instance*, pretura. | *tribunal de grande instance*, tribunale m. | *juge de première instance, d'instance*, giudice di prima istanza. | *juge de grande instance*, giudice di seconda istanza. | *introduire, rejeter une instance*, presentare, respingere un'istanza. | *instance de divorce*, istanza di divorzio. | *affaire en instance*, processo in corso. | *en dernière instance*, in ultima istanza. || [autorité; organisme] *l'instance supé-*

rieure, *les instances internationales*, le autorità superiori, internazionali. ‖ PSYCHAN. istanza. ◆ pl. *céder aux instances de qn*, cedere alle sollecitazioni, insistenze, istanze di qlcu. | *sur les instances de qn*, dietro insistenze, dietro istanze, a istanza, su istanza di qlcu. ◆ loc. adv. ***en instance***, in giacenza; giacente adj. ◆ loc. prép. ***en instance de*** : *le train est en instance de départ*, il treno è in partenza. ‖ [personne] *être en instance de départ*, essere sul punto di, in procinto di partire; stare per partire.

1. instant, e [ɛ̃stɑ̃, ɑ̃t] adj. [pressant] vivo, instante, pressante. | *prières instantes*, preghiere, suppliche vive, instanti. ‖ [imminent] incombente, imminente, instante.

2. instant m. istante, attimo, momento. | *un instant!*, (un) momento! | *vivre dans l'instant*, vivere nel momento presente. | *une préoccupation de tous les instants*, una preoccupazione di ogni momento. ◆ loc. adv. ***à l'instant*** : [aussitôt] subito, sul momento; all'istante, sull'istante (gall); [il y a très peu de temps] un momento fa; or ora. ‖ ***dans l'instant même***, subito, immediatamente. ‖ ***à chaque, à tout instant***, ad ogni momento, ad ogni istante, in ogni istante, ad ogni piè sospinto. ‖ ***dans un instant***, tra un istante. ‖ ***en un instant***, in un istante. ‖ ***par instants***, a tratti, ogni tanto. ‖ ***pour l'instant***, per il momento, per ora. ◆ loc. conj. ***à l'instant (même) où***, (proprio) nell'istante, al momento in cui. ‖ ***dès l'instant que***, [temporel] dal momento che, da quando; [causal] dal momento che, dato che, poiché. ◆ loc. prép. ***à l'instant (même) de***, (proprio) al momento di.

instantané, e [ɛ̃stɑ̃tane] adj. istantaneo. ◆ n. m. PHOT. istantanea f.

instantanéité [ɛ̃stɑ̃taneite] f. istantaneità.

instar de (à l') [alɛ̃stardə] loc. prép. LITTÉR. alla maniera di, ad imitazione di, secondo l'usanza di (L.C.).

instaurateur, trice [ɛ̃stɔratœr, tris] n. instauratore, trice.

instauration [ɛ̃stɔrasjɔ̃] f. instaurazione.

instaurer [ɛ̃stɔre] v. tr. instaurare, istituire.

instigateur, trice [ɛ̃stigatœr, tris] n. istigatore, trice.

instigation [ɛ̃stigasjɔ̃] f. istigazione. | *à, sur l'instigation de qn*, per, ad istigazione di qlcu.

instillation [ɛ̃stilasjɔ̃] f. i(n)stillazione.

instiller [ɛ̃stile] v. tr. PR. et FIG. i(n)stillare.

instinct [ɛ̃stɛ̃] m. istinto. ◆ loc. adv. ***d'instinct, par instinct***, d'istinto, per istinto, istintivamente.

instinctif, ive [ɛ̃stɛ̃ktif, iv] adj. istintivo.

instinctuel, elle [ɛ̃stɛ̃ktɥɛl] adj. istintuale.

instituer [ɛ̃stitɥe] v. tr. istituire. ‖ JUR. *instituer qn son héritier*, istituire qlcu. erede. ◆ v. pr. crearsi, stabilirsi, instaurarsi, istituirsi. ‖ *s'instituer le gardien de qch.*, erigersi a guardiano di qlco.

institut [ɛ̃stity] m. istituto. | *l'Institut (de France)* = l'Istituto di Francia (composto di cinque accademie). | *institut culturel*, istituto culturale, di cultura. | *institut de philologie romane*, istituto di filologia romanza. | *institut de beauté*, istituto di bellezza.

institutes [ɛ̃stityt] f. pl. JUR. *les « Institutes » de Justinien*, le « Istituzioni » di Giustiniano.

instituteur, trice [ɛ̃stitytœr, tris] n. maestro, maestra (elementare). | *école normale d'instituteurs*, scuola magistrale.

institution [ɛ̃stitysjɔ̃] f. [action d'établir] istituzione. | *institution d'un ordre religieux*, istituzione di un ordine religioso. ‖ JUR. *institution d'héritier*, istituzione d'erede. ‖ [règle établie; organisme] istituzione, istituto m. | *les institutions d'un pays*, le istituzioni d'un paese. | *l'institution de la famille*, l'istituto familiare, della famiglia. | *la langue est une institution sociale*, la lingua è un istituto sociale. ‖ VX [instruction] istruzione (L.C.). ‖ [école] istituto m., pensionato m. | *institution de jeunes filles*, educandato m.

institutionnaliser [ɛ̃stitysjɔnalize] v. tr. istituzionalizzare.

institutionnalisme [ɛ̃stitysjɔnalism] m. istituzionalismo.

institutionnel, elle [ɛ̃stitysjɔnɛl] adj. istituzionale.

instructeur [ɛ̃stryktœr] adj. et n. m. JUR. *juge, magistrat instructeur*, giudice istruttore. ‖ MIL. istruttore m.

instructif, ive [ɛ̃stryktif, iv] adj. istruttivo.

instruction [ɛ̃stryksjɔ̃] f. [enseignement] istruzione, insegnamento m. | *instruction primaire*, istruzione elementare. | *instruction civique*, educazione civica. | *instruction religieuse*, insegnamento religioso. | *ministère de l'Instruction publique*, ministero della Pubblica Istruzione. ‖ [connaissances] istruzione. | *avoir peu, beaucoup d'instruction*, aver poca, molta istruzione. | *avoir de l'instruction*, essere istruito. ‖ JUR. istruzione, istruttoria. | *juge d'instruction*, giudice istruttore. ‖ MIL. istruzione. ◆ pl. [directives] istruzioni, direttive. | *demander, donner des instructions à qn*, chiedere, dare istruzioni a qlcu. | *instructions ministérielles, gouvernementales*, istruzioni, direttive ministeriali, governative. ‖ [mode d'emploi] istruzioni per l'uso.

instruire [ɛ̃strɥir] v. tr. UNIV., MIL. istruire. | *instruire des enfants, des recrues*, istruire fanciulli, reclute. ‖ [informer] *instruire qn de qch.*, informare qlcu. di qlco. ‖ JUR. *instruire un procès*, istruire un processo. ◆ v. pr. istruirsi. ‖ [s'informer] *s'instruire de qch.*, informarsi, istruirsi di, su qlco.

instruit, e [ɛ̃strɥi, it] adj. istruito.

instrument [ɛ̃strymɑ̃] m. JUR., MUS., TECHN. strumento. | *jouer d'un instrument*, suonare uno strumento. ‖ FIG. *être l'instrument d'une vengeance*, essere lo strumento di una vendetta. ‖ LOC. *les instruments du métier*, i ferri del mestiere.

instrumentaire [ɛ̃strymɑ̃tɛr] adj. JUR. *témoin instrumentaire*, testimone strumentale.

instrumental, e, aux [ɛ̃strymɑ̃tal, o] adj. strumentale. | *musique instrumentale*, musica strumentale. ◆ n. m. LING. strumentale.

instrumentalisme [ɛ̃strymɑ̃talism] m. PHILOS. strumentalismo.

instrumentation [ɛ̃strymɑ̃tasjɔ̃] f. MUS. strumentazione, orchestrazione.

instrumenter [ɛ̃strymɑ̃te] v. intr. JUR. = stipulare, rogare un atto, uno strumento. ◆ v. tr. MUS. strumentare, orchestrare.

instrumentiste [ɛ̃strymɑ̃tist] n. MUS. strumentista.

insu de (à l') [alɛ̃sydə] loc. prép. all'insaputa di. | *à mon insu*, a mia insaputa.

insubmersible [ɛ̃sybmɛrsibl] adj. insommergibile.

insubordination [ɛ̃sybɔrdinasjɔ̃] f. insubordinazione, insubordinatezza, indisciplina. | *faire acte d'insubordination*, commettere un'insubordinazione.

insubordonné, e [ɛ̃sybɔrdɔne] adj. insubordinato, indisciplinato.

insuccès [ɛ̃syksɛ] m. insuccesso, fallimento; cattivo esito, cattiva riuscita. | *insuccès à un examen*, insuccesso a un esame; bocciatura f. (fam.).

insuffisamment [ɛ̃syfizamɑ̃] adv. insufficientemente.

insuffisance [ɛ̃syfizɑ̃s] f. [manque] *insuffisance de moyens, de ressources*, scarsezza di mezzi, di risorse. | *absoudre pour insuffisance de preuves*, assolvere per insufficienza di prove. ‖ [incapacité] insufficienza, manchevolezza, incapacità. | *reconnaître son insuffisance*, riconoscere la propria insufficienza. ‖ MÉD. *insuffisance hépatique, mitrale*, insufficienza epatica, mitralica.

insuffisant, e [ɛ̃syfizɑ̃, ɑ̃t] adj. [en quantité] *salaire, production insuffisante*, paga, produzione insufficiente. | *revenu insuffisant*, reddito scarso, insufficiente. | *préparation insuffisante*, preparazione insufficiente, scarsa. ‖ [en qualité] insufficiente ; manchevole (littér.). | *élève insuffisant*, alunno insufficiente. | *devoir insuffisant*, compito insufficiente. | *raisonnement insuffisant*, ragionamento manchevole.

insufflation [ɛ̃syflasjɔ̃] f. insufflazione.

insuffler [ɛ̃syfle] v. tr. PR. insufflare. ‖ FIG. infondere, instillare, insufflare. | *insuffler du courage*, infondere coraggio.

insulaire [ɛ̃sylɛr] adj. insulare, isolano. ◆ n. isolano, a.

insularité [ɛ̃sylarite] f. insularità.

insuline [ɛ̃sylin] f. MÉD. insulina.

insultant, e [ɛ̃syltɑ̃, ɑ̃t] adj. insultante, ingiurioso, offensivo.
insulte [ɛ̃sylt] f. insulto m., ingiuria, oltraggio m.
insulté, e [ɛ̃sylte] n. offeso, a.
insulter [ɛ̃sylte] v. tr. insultare, ingiuriare, offendere. ◆ v. tr. ind. **(à)** insultare, ingiuriare, offendere v. tr.; essere un insulto, un'offesa (a); recar ingiuria (a). | *ta joie insulte à ma douleur*, la tua gioia è un insulto al mio dolore.
insulteur [ɛ̃syltœr] m. insultatore.
insupportable [ɛ̃sypɔrtabl] adj. PR. et FIG. insopportabile, intollerabile; insoffribile (rare).
insurgé, e [ɛ̃syrʒe] adj. et n. insorto.
insurger (s') [sɛ̃syrʒe] v. pr. [se révolter] insorgere v. intr., sollevarsi, ribellarsi. ‖ [protester] insorgere, protestare v. intr. ‖ *l'orateur s'insurgea contre les abus*, l'oratore insorse, protestò contro gli abusi.
insurmontable [ɛ̃syrmɔ̃tabl] adj. insormontabile, insuperabile.
insurpassable [ɛ̃syrpasabl] adj. insuperabile.
insurrection [ɛ̃syrɛksjɔ̃] f. insurrezione, rivolta, sommossa, moto m.
insurrectionnel, elle [ɛ̃syrɛksjɔnɛl] adj. insurrezionale.
intact, e [ɛ̃takt] adj. [non touché] intatto. ‖ [entier] intatto, intero, integro. | *somme intacte*, somma intatta. ‖ [non changé] intatto, immutato. ‖ PR. et FIG. [pur] intatto, immacolato. | *neige, réputation intacte*, neve, riputazione intatta.
intaille [ɛ̃taj] f. = pietra dura incisa a intaglio.
intailler [ɛ̃taje] v. tr. incidere a intaglio.
intangibilité [ɛ̃tɑ̃ʒibilite] f. intangibilità.
intangible [ɛ̃tɑ̃ʒibl] adj. intangibile.
intarissable [ɛ̃tarisabl] adj. inesauribile. ‖ FIG. *un bavard, un causeur intarissable*, un chiacchierone impenitente, un conversatore inesauribile.
intégrable [ɛ̃tegrabl] adj. MATH. integrabile.
intégral, e, aux [ɛ̃tegral, o] adj. integrale. | *paiement, texte intégral*, pagamento, testo integrale. ‖ MATH. *calcul intégral*, calcolo integrale. ◆ n. f. MATH. integrale m. ‖ [œuvre] edizione integrale.
intégralité [ɛ̃tegralite] f. totalità, integrità, interezza.
intégrant, e [ɛ̃tegrɑ̃, ɑ̃t] adj. *être, faire partie intégrante de qch.*, fare, essere parte integrante di qlco.
intégrateur [ɛ̃tegratœr] adj. et n. m. MATH. integratore, trice.
intégration [ɛ̃tegrasjɔ̃] f. integrazione.
intégrationnisme [ɛ̃tegrasjɔnism] m. integrazionismo.
intégrationniste [ɛ̃tegrasjɔnist] adj. integrazionistico, integrazionista. ◆ n. integrazionista.
intègre [ɛ̃tɛgr] adj. integro.
intégrer [ɛ̃tegre] v. tr. MATH. integrare. | *intégrer une fonction*, integrare una funzione. ‖ [incorporer] incorporare, inserire. | *intégrer qn dans, à un groupe*, incorporare qlcu. in un gruppo. ‖ [assimiler] assimilare. | *populations allogènes non intégrées*, popolazioni allogene non assimilate. ‖ ÉCON., POLIT. integrare. | *groupe industriel intégré*, gruppo industriale integrato. ◆ v. intr. ARG. UNIV. = vincere il concorso d'ammissione, entrare. | *intégrer à (l'École) Normale supérieure* = entrare alla Scuola normale superiore. ◆ v. pr. inserirsi. | *s'intégrer dans*, (fam.) *à un groupe*, inserirsi in, assimilarsi a un gruppo.
intégrisme [ɛ̃tegrism] m. integrismo.
intégriste [ɛ̃tegrist] adj. et n. integrista.
intégrité [ɛ̃tegrite] f. [totalité] V. INTÉGRALITÉ. ‖ [honnêteté] integrità, probità.
intellect [ɛ̃tɛlɛkt] m. intelletto.
intellectif, ive [ɛ̃tɛlɛktif, iv] adj. VX intellettivo.
intellection [ɛ̃tɛlɛksjɔ̃] f. intellezione.
intellectualisme [ɛ̃tɛlɛktɥalism] m. intellettualismo.
intellectualiste [ɛ̃tɛlɛktɥalist] adj. intellettualista, intellettualistico. ◆ n. intellettualista.
intellectualité [ɛ̃tɛlɛktɥalite] f. intellettualità.
intellectuel, elle [ɛ̃tɛlɛktɥɛl] adj. et n. intellettuale.
intelligemment [ɛ̃tɛliʒamɑ̃] adv. intelligentemente.
intelligence [ɛ̃tɛliʒɑ̃s] f. [faculté de comprendre, de connaître] intelligenza, intendimento m. | *personne de peu d'intelligence*, persona poco intelligente, di scarsa intelligenza. ‖ [habileté, aptitude] abilità, intelligenza. | *s'acquitter de sa tâche avec intelligence*, adempiere, assolvere il proprio compito con abilità, con intelligenza. ‖ [personne intelligente] *c'est une intelligence!*, è una (bella) intelligenza! ‖ [compréhension] intelligenza, comprensione, conoscenza, cognizione. | *commentaire utile à l'intelligence du texte*, commento utile alla comprensione del testo. | *avoir l'intelligence des affaires*, avere il senso degli affari; avere il bernoccolo degli affari (fam.); intendersi di affari. ‖ FIG. [entente] intesa, accordo m. | *vivre en bonne intelligence avec qn*, vivere in accordo, (d'amore e) d'accordo con qlcu. ‖ [connivence] connivenza, complicità. | *ils sont d'intelligence pour te tromper*, sono conniventi, complici per ingannarti. | *être d'intelligence avec qn*, essere di connivenza con qlcu. ‖ [relations secrètes] *intelligences avec l'ennemi*, intelligenza col nemico.
intelligent, e [ɛ̃tɛliʒɑ̃, ɑ̃t] adj. intelligente. ‖ [adroit, habile] abile, intelligente.
intelligentsia [ɛ̃tɛliʒɛntsja] f. intellighenzia.
intelligibilité [ɛ̃tɛliʒibilite] f. intelligibilità.
intelligible [ɛ̃tɛliʒibl] adj. intelligibile. ‖ LOC. *à haute et intelligible voix*, a voce alta ed intelligibile. ◆ adj. et n. m. PHILOS. intelligibile.
intempérance [ɛ̃tɑ̃perɑ̃s] f. intemperanza, incontinenza, smoderatezza.
intempérant, e [ɛ̃tɑ̃perɑ̃, ɑ̃t] adj. intemperante.
intempéries [ɛ̃tɑ̃peri] f. pl. intemperie.
intempestif, ive [ɛ̃tɑ̃pɛstif, iv] adj. intempestivo.
intemporalité [ɛ̃tɑ̃pɔralite] f. intemporalità.
intemporel, elle [ɛ̃tɑ̃pɔrɛl] adj. intemporale. ‖ [éternel] eterno.
intenable [ɛ̃tənabl] adj. [indéfendable] indifendibile. | *place intenable*, piazza indifendibile. ‖ FAM. [insupportable] insopportabile, intollerabile (L.C.).
intendance [ɛ̃tɑ̃dɑ̃s] f. MIL. intendenza. ‖ UNIV. economato m.
intendant [ɛ̃tɑ̃dɑ̃] m. [régisseur privé] amministratore, fattore, castaldo. ‖ MIL. intendente. ‖ UNIV. economo.
intendante [ɛ̃tɑ̃dɑ̃t] f. = moglie dell'amministratore, dell'intendente. ‖ UNIV. economa.
intense [ɛ̃tɑ̃s] adj. intenso.
intensif, ive [ɛ̃tɑ̃sif, iv] adj. intensivo. ‖ AGR. *culture intensive*, coltura intensiva. ◆ adj. et n. m. LING. intensivo.
intensification [ɛ̃tɑ̃sifikasjɔ̃] f. intensificazione.
intensifier [ɛ̃tɑ̃sifje] v. tr. intensificare.
intensité [ɛ̃tɑ̃site] f. intensità.
intenter [ɛ̃tɑ̃te] v. tr. JUR. *intenter une action à, contre qn*, intentare causa contro qlcu.
intention [ɛ̃tɑ̃sjɔ̃] f. [dessein] intenzione, intento m. ‖ [désir, volonté] intenzione, volontà. ‖ LOC. *avec intention*, intenzionalmente, di proposito, con intenzione. | *sans intention*, involontariamente, senza intenzione. | *dans l'intention de*, con l'intenzione di, nell'intento di. | *avoir l'intention de*, avere (l') intenzione di. | *je n'ai pas l'intention de le faire; il n'entre pas dans mes intentions de le faire* (littér.), non ho (l') intenzione di, non è mia intenzione farlo. | *c'était sans mauvaise intention*, era senza cattiva intenzione. | *faire un procès d'intention à qn*, far il processo alle intenzioni di qlcu. ‖ PROV. *l'enfer est pavé de bonnes intentions*, di buone intenzioni è lastricato l'inferno. ◆ loc. prép. ***à l'intention de***, per, a favore di, in onore di.
intentionnalité [ɛ̃tɑ̃sjɔnalite] f. PHILOS., PSYCH. intenzionalità.
intentionné, e [ɛ̃tɑ̃sjɔne] adj. *bien, mal intentionné*, bene, male intenzionato.
intentionnel, elle [ɛ̃tɑ̃sjɔnɛl] adj. intenzionale, volontario. ‖ JUR. *délit intentionnel*, delitto intenzionale, doloso.
intentionnellement [ɛ̃tɑ̃sjɔnɛlmɑ̃] adv. intenzionalmente, di proposito, volutamente.
inter [ɛ̃tɛr] m. [football] mezzala f., mezz'ala f. (pl. *mezzali; mezze ali*). ‖ TÉLÉCOM. V. INTERURBAIN.
interaction [ɛ̃tɛraksjɔ̃] f. interazione.

interallié, e [ɛ̃tɛralje] adj. interalleato.
interarmées [ɛ̃tɛrarme] adj. inv. interforze.
interarmes [ɛ̃tɛrarm] adj. inv. interarme.
intercalaire [ɛ̃tɛrkalɛr] adj. intercalare. | *jour intercalaire*, giorno intercalare. | *feuillet intercalaire*, foglio intercalare; interfoglio m.
intercalation [ɛ̃tɛrkalasjɔ̃] f. intercalazione.
intercaler [ɛ̃tɛrkale] v. tr. intercalare, inserire.
intercéder [ɛ̃tɛrsede] v. tr. *intercéder pour obtenir qch.*, intercedere per ottenere qlco. | *intercéder pour un ami auprès du ministre*, intercedere in favore di, a favore di un amico presso il ministro.
intercellulaire [ɛ̃tɛrselylɛr] adj. BIOL. intercellulare.
intercepter [ɛ̃tɛrsɛpte] v. tr. intercettare.
intercepteur [ɛ̃tɛrsɛptœr] m. AÉR. intercettore.
interception [ɛ̃tɛrsɛpsjɔ̃] f. intercettamento m., intercettazione. | *avion d'interception*, intercettore m.
intercesseur [ɛ̃tɛrsɛsœr] m. intercessore (f. *interceditrice*).
intercession [ɛ̃tɛrsɛsjɔ̃] f. intercessione.
interchangeabilité [ɛ̃tɛrʃɑ̃ʒabilite] f. intercambiabilità.
interchangeable [ɛ̃tɛrʃɑ̃ʒabl] adj. intercambiabile.
interclasse [ɛ̃tɛrklas] m. UNIV. = intervallo (senza ricreazione) tra le lezioni.
interclasseuse [ɛ̃tɛrklasøz] f. inseritrice.
intercommunal, e, aux [ɛ̃tɛrkɔmynal, o] adj. intercomunale.
interconfessionnel, elle [ɛ̃tɛrkɔ̃fɛsjɔnɛl] adj. interconfessionale.
interconnecter [ɛ̃tɛrkɔnɛkte] v. tr. interconnettere.
interconnexion [ɛ̃tɛrkɔnɛksjɔ̃] f. interconnessione.
intercontinental, e, aux [ɛ̃tɛrkɔ̃tinɑ̃tal, o] adj. intercontinentale.
intercostal, e, aux [ɛ̃tɛrkɔstal, o] adj. ANAT. intercostale.
intercurrent, e [ɛ̃tɛrkyrɑ̃, ɑ̃t] adj. MÉD. intercorrente.
interdental, e, aux [ɛ̃tɛrdɑ̃tal, o] adj. et n. f. LING. interdentale.
interdépendance [ɛ̃tɛrdepɑ̃dɑ̃s] f. interdipendenza.
interdépendant, e [ɛ̃tɛrdepɑ̃dɑ̃] adj. interdipendente.
interdiction [ɛ̃tɛrdiksjɔ̃] f. divieto m., proibizione, interdizione. | *interdiction de circuler*, circolazione vietata, divieto di transito. | *interdiction de doubler, de stationner*, divieto di sorpasso, di sosta. || [sur un écriteau] *interdiction d'entrer*, vietato l'ingresso. | *interdiction de fumer*, vietato fumare. || JUR. *interdiction judiciaire, légale*, interdizione giudiziaria, legale. | *lever une interdiction*, levare, revocare un'interdizione. | *interdiction de séjour*, divieto di soggiorno. | *lever une interdiction de séjour*, togliere un divieto di soggiorno. || LING. *interdiction de vocabulaire*, tabu (m.) lessicale. || MIL. *tir d'interdiction*, fuoco, tiro d'interdizione. || RELIG. interdetto m.
interdire [ɛ̃tɛrdir] v. tr. interdire, proibire, vietare. | *interdire qch. à qn, à qn de parler*, proibire, vietare qlco. a qlcu., a qlcu. di parlare. | *le film, le journal a été interdit*, è stata vietata, proibita dal tribunale la proiezione del film, la pubblicazione del giornale. || JUR. interdire. || RELIG. *interdire un prêtre*, interdire un prete, sospendere a divinis un prete. ◆ v. pr. *s'interdire qch.*, privarsi di, rinunciare a qlco. | *s'interdire de porter un jugement*, rifiutarsi di formulare, astenersi dal formulare un giudizio.
interdisciplinaire [ɛ̃tɛrdisiplinɛr] adj. interdisciplinare.
interdit, e [ɛ̃tɛrdi, it] adj. JUR., RELIG. interdetto. || [stupéfait] *rester interdit*, rimanere sbalordito, sbigottito, sconcertato; rimanere interdetto (gall.). ◆ n. m. [personne] JUR. interdetto. | *un interdit de séjour*, un pregiudicato colpito da divieto di soggiorno. || [sentence] RELIG. interdetto. | *prononcer, lever l'interdit*, lanciare, togliere l'interdetto. || [ethnographie] interdetto, tabu.
intéressant, e [ɛ̃teresɑ̃, ɑ̃t] adj. [digne d'intérêt] interessante. || FAM. [avantageux] conveniente. || LOC. FAM. *femme dans un état intéressant*, donna in stato interessante. || PÉJOR. *un individu peu intéressant*, un individuo di poco conto. ◆ n. PÉJOR. *faire l'intéressant* = cercare di rendersi interessante.
intéressé, e [ɛ̃terese] adj. et n. interessato. | *intéressé à, dans une entreprise*, interessato in un'azienda. | *personne, promesse intéressée*, persona, promessa interessata. || [concerné] *prévenir les intéressés*, avvertire gl'interessati. | *transmettre le dossier à l'administration intéressée*, inoltrare la pratica all'amministrazione competente.
intéressement [ɛ̃terɛsmɑ̃] m. interessenza f.
intéresser [ɛ̃terɛse] v. tr. COMM. interessare; far partecipare. | *intéresser qn aux bénéfices, qn dans une affaire*, interessare, far partecipare qlcu. agli utili, a un affare. || [concerner] interessare, concernere, riguardare. | *loi qui intéresse les industriels*, legge che interessa gli industriali. | *cela ne m'intéresse en rien*, non mi riguarda affatto. || [captiver] interessare; suscitare l'interesse, la curiosità di. ◆ v. pr. [prendre de l'intérêt] *s'intéresser à qn, à qch.*, interessarsi a qlcu., a qlco. || [s'occuper, se mêler] *s'intéresser à la politique*, interessarsi di politica. | *il s'intéresse trop à ses voisins et à leurs affaires*, s'interessa troppo dei suoi vicini e dei loro affari.
intérêt [ɛ̃terɛ] m. [profit, avantage] interesse, vantaggio, tornaconto, utilità f. | *dans l'intérêt de qn*, nell'interesse di qlcu. | *il est de ton intérêt de, tu as intérêt à faire*, è nel tuo interesse fare, hai interesse a fare. | *avoir de l'intérêt*, essere interessato. | *ne voir que son intérêt*, guardar solo al proprio interesse, tornaconto. | *défendre ses intérêts*, difendere i propri interessi. | *l'intérêt général, particulier*, l'interesse generale, particolare. || [attention suscitée] interesse, interessamento. | *montrer, marquer de l'intérêt pour qch.*, mostrare interesse, interessamento per qlco. || [attrait] interesse, attrattiva f. | *livre plein d'intérêt, sans intérêt*, libro pieno d'interesse, senza interesse. || COMM. interesse. | *taux d'intérêt*, tasso, saggio d'interesse. | *intérêt de 4,5 %*, interesse del 4,5 %. | *intérêt simple, composé, usuraire*, interesse semplice, composto, usurario. | *prêter à intérêt, à 4,5 % d'intérêt, à un intérêt de 4,5 %*, prestare con interesse, a un interesse del 4,5 %. || LOC. *avoir des intérêts dans une banque, une affaire*, avere degl'interessi in una banca, un'azienda. | *dommages et intérêts*, V. DOMMAGE.
interférence [ɛ̃tɛrferɑ̃s] f. PHYS. interferenza. || FIG. interferenza, sovrapposizione. || NÉOL. [immixtion] interferenza, intromissione, inframmettenza, ingerenza.
interférent, e [ɛ̃tɛrferɑ̃, ɑ̃t] adj. interferente.
interférer [ɛ̃tɛrfere] v. intr. PHYS. interferire. || FIG. interferire; sovrapporsi. || NÉOL. [s'immiscer] interferire; intromettersi, inframmettersi, ingerirsi.
interfolier [ɛ̃tɛrfɔlje] v. tr. interfogliare.
interglaciaire [ɛ̃tɛrglasjɛr] adj. interglaciale.
intérieur, e [ɛ̃terjœr] adj. interno. || FIG. interiore, interno. | *voix, vie intérieure*, voce, vita interiore. || GÉOGR. *mer intérieure*, mare interno. ◆ n. m. interno; didentro (fam.). || [domicile] casa f., appartamento. | *homme d'intérieur*, uomo casalingo; pantofolaio (fam.). | *femme d'intérieur*, donna di casa. | *vêtement d'intérieur*, abito da casa. || ART, PHOT. *peintre, photos d'intérieur*, pittore, foto d'interni. || CIN. *tourner les intérieurs d'un film*, girare gli interni d'un film. || POLIT. *ministère de l'Intérieur*, ministero degli Interni. || [football] mezz'ala f., mezzala f. (pl. *mezzali; mezze ali*). ◆ loc. adv. ***à l'intérieur,*** all'interno; dentro. || ***de l'intérieur*** [provenance], dall'interno; dal didentro (fam.). ◆ loc. prép. ***à l'intérieur de,*** dentro; all'interno di.
intérieurement [ɛ̃terjœrmɑ̃] adv. internamente, interiormente. || FIG. nell'intimo; fra sé (e sé); internamente. | *il pensait intérieurement que*, pensava fra sé, pensava nel proprio intimo che.
intérim [ɛ̃terim] m. inv. interim. | *assurer l'intérim*, assumere l'interim. || [durée; fonction] interinato m. | *l'intérim s'est prolongé jusqu'au mois dernier*, l'interinato è durato, si è protratto fino al mese scorso. | *l'intérim des médecins pose de graves problèmes*,

l'interinato medico solleva gravi problemi. ◆ loc. adv. ***par intérim,*** ad interim (lat.).
intérimaire [ɛ̃terimɛr] adj. [fonction] interinale. ‖ [personne] interino, interinale. | *professeur intérimaire,* professore supplente, ad interim, interino, interinale. ◆ n. interino, supplente.
intériorité [ɛ̃terjɔrite] f. interiorità.
interjectif, ive [ɛ̃tɛrjɛktif, iv] adj. GRAMM. interiettivo.
interjection [ɛ̃tɛrjɛksjɔ̃] f. GRAMM. interiezione. ‖ JUR. *interjection d'appel,* ricorso appellatorio, in appello.
interjeter [ɛ̃tɛrjəte] v. tr. JUR. *interjeter appel,* interporre appello, ricorrere in appello; appellarsi v. pr. | *interjeter appel d'une condamnation, d'un jugement,* far appello contro una condanna, una sentenza.
interlignage [ɛ̃tɛrliɲaʒ] m. TYP. interlineatura f.
interligne [ɛ̃tɛrliɲ] m. [espace ; ligne écrite] interlinea f. ◆ f. TYP. [lame] interlinea.
interligner [ɛ̃tɛrliɲe] v. tr. = scrivere nelle interlinee. ‖ TYP. interlineare.
interlinéaire [ɛ̃tɛrlineɛr] adj. interlineare.
interlocuteur, trice [ɛ̃tɛrlɔkytœr, tris] n. interlocutore, trice.
interlocutoire [ɛ̃tɛrlɔkytwar] adj. JUR. interlocutorio. ◆ n. m. JUR. (sentenza) interlocutoria f.
interlope [ɛ̃tɛrlɔp] adj. [suspect] equivoco, sospetto, losco. | *milieux interlopes,* ambienti equivoci.
interloquer [ɛ̃tɛrlɔke] v. tr. stupire, sbalordire, sconcertare. | *ma réponse l'a interloqué,* è rimasto sconcertato dalla mia risposta. ‖ JUR. interloquire v. intr.
interlude [ɛ̃tɛrlyd] m. MUS. interludio. ‖ [intermède] intermezzo, interludio.
intermède [ɛ̃tɛrmɛd] m. [divertissement] intermezzo ; intermedio (vx). ‖ [temps intermédiaire] intervallo, intermezzo, pausa f.
intermédiaire [ɛ̃tɛrmedjɛr] adj. [situé entre] intermedio. | *espace, temps, couleur intermédiaire,* spazio, tempo, colore intermedio. ‖ [qui s'entremet] intermediario. ◆ n. m. [entremise] *par l'intermédiaire de,* per il tramite di. ◆ n. [personne] intermediario : mediatore, trice ; tramite. | *servir d'intermédiaire,* far da intermediario, da tramite.
interminable [ɛ̃tɛrminabl] adj. interminabile.
interministériel, elle [ɛ̃tɛrministerjɛl] adj. interministeriale.
intermittence [ɛ̃tɛrmitɑ̃s] f. intermittenza. ‖ LOC. *par intermittence,* a intervalli ; TECHN. a intermittenza.
intermittent, e [ɛ̃tɛrmitɑ̃, ɑ̃t] adj. intermittente. | *travail intermittent,* lavoro intermittente, saltuario. | *fièvre intermittente,* febbre intermittente. | *pouls intermittent,* polso irregolare, intermittente.
intermondes [ɛ̃tɛrmɔ̃d] m. pl. PHILOS. intermundi.
internat [ɛ̃tɛrna] m. UNIV. [école] internato, convitto, collegio ; [état d'interne] internato ; [ensemble des internes] convitto ; (alunni) interni. ‖ MÉD. [fonction] internato ; [ensemble des internes] interni pl.
international, e, aux [ɛ̃tɛrnasjɔnal, o] adj. internazionale. ◆ n. f. [organisation ouvrière ; hymne] internazionale. ◆ n. m. SPORT nazionale.
internationalisation [ɛ̃tɛrnasjɔnalizasjɔ̃] f. internazionalizzazione.
internationaliser [ɛ̃tɛrnasjɔnalize] v. tr. internazionalizzare.
internationalisme [ɛ̃tɛrnasjɔnalism] m. internazionalismo.
internationaliste [ɛ̃tɛrnasjɔnalist] adj. internazionalistico, internazionalista. ◆ n. internazionalista.
internationalité [ɛ̃tɛrnasjɔnalite] f. internazionalità.
interne [ɛ̃tɛrn] adj. interno. ‖ MATH. *angles internes,* angoli interni. ◆ n. UNIV. convittore, trice ; collegiale ; alunno interno, alunna interna. ‖ MÉD. interno.
interné, e [ɛ̃tɛrne] adj. et n. internato. ‖ POLIT. confinato.
internement [ɛ̃tɛrnəmɑ̃] m. [action] internamento ; [en prison] carcerazione f. ‖ [résultat ; durée] internamento ; [en prison] prigionia f. ‖ POLIT. confino.
interner [ɛ̃tɛrne] v. tr. internare ; [en prison] carcerare. ‖ POLIT. confinare.
internonce [ɛ̃tɛrnɔ̃s] m. internunzio.
interparlementaire [ɛ̃tɛrparləmɑ̃tɛr] adj. interparlamentare.
interpellateur, trice [ɛ̃tɛrpɛlatœr, tris] n. interpellante.
interpellation [ɛ̃tɛrpɛlasjɔ̃] f. POLIT. interpellanza. ‖ JUR. interpellazione. ‖ [police] fermo m.
interpeller [ɛ̃tɛrpəle] v. tr. apostrofare. ‖ POLIT. interpellare. ‖ [police] fermare. ◆ v. pr. chiamarsi. ‖ insultarsi.
interpénétration [ɛ̃tɛrpenetrasjɔ̃] f. penetrazione reciproca ; compenetrazione.
interpénétrer (s') [sɛ̃tɛrpenetre] v. pr. compenetrarsi ; penetrarsi a vicenda.
Interphone [ɛ̃tɛrfɔn] m. citofono.
interplanétaire [ɛ̃tɛrplanetɛr] adj. interplanetario.
interpolateur, trice [ɛ̃tɛrpɔlatœr, tris] n. interpolatore, trice.
interpolation [ɛ̃tɛrpɔlasjɔ̃] f. MATH., PHILOL. interpolazione.
interpoler [ɛ̃tɛrpɔle] v. tr. MATH., PHILOL. interpolare.
interposer [ɛ̃tɛrpoze] v. tr. PR. et FIG. interporre, frapporre, frammettere. ‖ LOC. *par personne interposée,* per interposta persona. ◆ v. pr. interporsi, frapporsi, intromettersi. ‖ [en médiateur] *s'interposer entre deux adversaires pour les réconcilier,* interporsi fra due avversari per riconciliarli.
interposition [ɛ̃tɛrpozisjɔ̃] f. PR. et FIG. interposizione.
interprétable [ɛ̃tɛrpretabl] adj. interpretabile.
interprétariat [ɛ̃tɛrpretarja] m. interpretariato.
interprétateur, trice [ɛ̃tɛrpretatœr, tris] adj. et n. interpretatore, trice.
interprétatif, ive [ɛ̃tɛrpretatif, iv] adj. interpretativo.
interprétation [ɛ̃tɛrpretasjɔ̃] f. interpretazione.
interprète [ɛ̃tɛrprɛt] n. interprete. | *se faire l'interprète de qn, de qch.,* farsi interprete di qlcu., di qlco. | *école d'interprètes,* scuola interpreti.
interpréter [ɛ̃tɛrprete] v. tr. interpretare. | *mal interpréter les intentions de qn,* interpretare male, a rovescio, fraintendere le intenzioni di uno. ◆ v. pr. essere interpretato.
interprofessionnel, elle [ɛ̃tɛrprɔfɛsjɔnɛl] adj. interprofessionale.
interpsychologie [ɛ̃tɛrpsikɔlɔʒi] f. interpsicologia.
interrègne [ɛ̃tɛrrɛɲ] m. interregno.
interrogateur, trice [ɛ̃tɛrɔgatœr, tris] adj. interrogativo ; interrogatorio (rare). ◆ n. UNIV. interrogatore, trice.
interrogatif, ive [ɛ̃tɛrɔgatif, iv] adj. interrogativo ; interrogatorio (rare). ‖ GRAMM. interrogativo. ◆ n. m. GRAMM. interrogativo. ◆ n. f. GRAMM. interrogativa.
interrogation [ɛ̃tɛrɔgasjɔ̃] f. interrogazione, domanda. ‖ UNIV. *interrogation écrite, orale, d'un candidat,* interrogazione scritta, orale, di un candidato. ‖ GRAMM. *interrogation directe, indirecte,* interrogazione diretta, indiretta. ‖ PR. et FIG. *point d'interrogation,* punto interrogativo.
interrogatoire [ɛ̃tɛrɔgatwar] m. JUR. interrogatorio. | *faire subir à qn un interrogatoire, soumettre qn à un interrogatoire,* sottoporre qlcu. ad (un) interrogatorio. | *subir un interrogatoire,* subire un interrogatorio, venire sottoposto ad (un) interrogatorio. | *interrogatoire contradictoire,* interrogatorio in contraddittorio. ‖ *(procès-verbal d') interrogatoire,* verbale d'interrogatorio.
interroger [ɛ̃tɛrɔʒe] v. tr. interrogare. | *interroger un élève, un accusé,* interrogare un alunno, un imputato. | *interroger du regard,* interrogare con lo sguardo, con gli occhi. ‖ FIG. *interroger l'histoire, son cœur, sa conscience,* interrogare la storia, il proprio cuore, la coscienza. ◆ v. pr. interrogarsi.
interroi [ɛ̃tɛrrwa] m. HIST. interré.
interrompre [ɛ̃tɛrɔ̃pr] v. tr. interrompere. | *interrompre un travail, un orateur,* interrompere un lavoro, un oratore. | *interrompre les communications, le courant (électrique),* interrompere, tagliare le comunicazioni,

la corrente (elettrica). ◆ v. pr. interrompersi, fermarsi, arrestarsi.

interrupteur, trice [ɛ̃tɛryptœr, tris] adj. (rare) interruttore, trice; che interrompe. ◆ n. m. [personne] (rare) interruttore; chi interrompe. ‖ [appareil] interruttore. | *interrupteur automatique*, ruttore. | *interrupteur à poussoir*, interruttore a pulsante, a bottone. | *appuyer sur l'interrupteur*, premere il pulsante, il bottone.

interruption [ɛ̃tɛrypsjɔ̃] f. interruzione. | *sans interruption*, senza interruzione; ininterrottamente.

intersecté, e [ɛ̃tɛrsɛkte] adj. ARCHIT. intrecciato, incrociato. ‖ GÉOM. intersecato.

intersection [ɛ̃tɛrsɛksjɔ̃] f. GÉOM. intersezione. ‖ LOC. *à l'intersection de deux rues, routes, voies ferrées*, all'incrocio, all'intersezione di due vie, strade, linee ferroviarie.

intersidéral, e, aux [ɛ̃tɛrsideral, o] adj. intersiderale.

interstellaire [ɛ̃tɛrstɛlɛr] adj. interstellare.

interstice [ɛ̃tɛrstis] m. interstizio.

interstitiel, elle [ɛ̃tɛrstisjɛl] adj. interstiziale.

intersyndical, e, aux [ɛ̃tɛrsɛ̃dikal, o] adj. intersindacale.

intertrigo [ɛ̃tɛrtrigo] m. MÉD. intertrigine f.

interurbain, e [ɛ̃tɛryrbɛ̃, ɛn] adj. interurbano. | *communication interurbaine*, (chiamata) interurbana. ◆ n. m. telefono interurbano.

intervalle [ɛ̃tɛrval] m. [distance] intervallo, distanza f., spazio. | *les maisons se succèdent à dix mètres d'intervalle*, le case si seguono a intervalli di dieci metri. | *garder le même intervalle entre*, serbare, mantenere lo stesso intervallo, la stessa distanza fra. | *dans l'intervalle entre deux maisons*, nell'intervallo, nello spazio fra due case. | *à intervalles réguliers*, a intervalli regolari. ‖ [temps] intervallo; spazio di tempo. | *par intervalles*, a intervalli. | *sans intervalles*, ininterrottamente, senza interruzione. | *dans l'intervalle*, nel frattempo. | *à deux jours d'intervalle*, a due giorni di distanza. | *dans l'intervalle de deux heures*, nel giro di due ore, in due ore di tempo. ‖ MUS. intervallo. | *renversement d'un intervalle*, rivolto d'un intervallo.

intervenant, e [ɛ̃tɛrvənɑ̃, ɑ̃t] adj. et n. COMM., JUR. interveniente.

intervenir [ɛ̃tɛrvənir] v. intr. [prendre part] intervenire, partecipare; prender parte. | *intervenir dans des négociations, dans une discussion*, intervenire in trattative, in una discussione; partecipare, prender parte a trattative, a una discussione. ‖ [en médiateur] interporsi, intervenire. | *intervenir dans un différend*, interporsi in una disputa, in una vertenza. ‖ [s'immiscer] immischiarsi, intromettersi, intervenire. | *intervenir dans les affaires d'autrui*, immischiarsi, intromettersi nelle faccende altrui. ‖ CHIR. intervenire. ◆ v. intr. ou impers. [se produire, arriver] avvenire, succedere, accadere, sopraggiungere; intervenire (littér.). | *un événement est intervenu qui*, è successo qlco. che. | *il intervint un fait qui*, sopraggiunse un fatto che.

intervention [ɛ̃tɛrvɑ̃sjɔ̃] f. intervento m. | *intervention armée*, intervento armato. ‖ [entremise] *obtenir qch. grâce à l'intervention de qn*, ottenere qlco. grazie all'intervento, all'appoggio di qlcu. ‖ CHIR. intervento (chirurgico).

interventionnisme [ɛ̃tɛrvɑ̃sjɔnism] m. interventismo.

interventionniste [ɛ̃tɛrvɑ̃sjɔnist] adj. interventistico. ◆ n. interventista.

interversion [ɛ̃tɛrvɛrsjɔ̃] f. inversione.

intervertir [ɛ̃tɛrvɛrtir] v. tr. invertire. | *intervertir les rôles*, invertire le parti.

interview [ɛ̃tɛrvju] f. (angl.) intervista.

1. interviewer [ɛ̃tɛrvjuve] v. tr. intervistare.

2. interviewer [ɛ̃tɛrvjuvœr] m. (angl.) intervistatore.

intervocalique [ɛ̃tɛrvɔkalik] adj. et n. f. LING. intervocalico adj. | *à l'intervocalique*, in posizione intervocalica.

intestat [ɛ̃tɛsta] adj. et n. JUR. intestato adj. | *mourir intestat*, morire intestato. ◆ loc. adv. ***ab intestat*** v. ordre alph.

1. intestin, e [ɛ̃tɛstɛ̃, in] adj. LITTÉR. intestino; interiore, interno (L.C.). | *luttes, guerres intestines*, lotte, guerre intestine.

2. intestin m. ANAT. intestino. | *intestin grêle*, intestino tenue. | *gros intestin*, intestino crasso.

intestinal, e, aux [ɛ̃tɛstinal, o] adj. intestinale.

intimation [ɛ̃timasjɔ̃] f. intimazione, ingiunzione.

intime [ɛ̃tim] adj. [profond] intimo, profondo. | *avoir la conviction intime que*, avere l'intima convinzione, essere intimamente convinto che. ‖ [secret] intimo, intrinseco. | *nature intime d'un être*, natura intima, intrinseca d'un essere. ‖ FIG. intimo, intrinseco. | *ami intime*, amico intimo. | *être intime avec qn*, essere intimo di, con qlcu.; avere intimità, confidenza con qlcu. ‖ LOC. *mélange intime*, impasto m. ◆ n. m. [ami] intimo. | *ce sont des intimes*, sono (amici) intimi.

intimé, e [ɛ̃time] adj. et n. JUR. convenuto.

intimer [ɛ̃time] v. tr. intimare, ingiungere, ordinare. | *intimer (l'ordre) de*, intimare (l'ordine) di, ingiungere di. ‖ JUR. citare, convenire.

intimidable [ɛ̃timidabl] adj. = che si lascia intimidire.

intimidant, e [ɛ̃timidɑ̃, ɑ̃t] adj. = che intimidisce, che mette soggezione.

intimidateur, trice [ɛ̃timidatœr, tris] adj. intimidatorio.

intimidation [ɛ̃timidasjɔ̃] f. intimidazione. | *manœuvres, mesures d'intimidation*, manovre, misure intimidatorie.

intimider [ɛ̃timide] v. tr. intimidire, intimorire; mettere soggezione a.

intimisme [ɛ̃timism] m. ART, LITTÉR. intimismo.

intimiste [ɛ̃timist] adj. ART, LITTÉR. intimistico; [personne] intimista. | *poésie intimiste*, poesia intimistica. ◆ n. intimista.

intimité [ɛ̃timite] f. intimità. | *vivre dans l'intimité de qn*, vivere in intimità con qlcu. | *dans la plus stricte intimité*, nella più stretta intimità.

intitulé [ɛ̃tityle] m. [titre] intitolazione f., titolo, intestazione f. | *intitulé d'un livre, d'une loi*, titolo d'un libro, d'una legge. ‖ JUR. *intitulé d'inventaire* = parte (f.) dell'inventario in cui sono elencate le generalità degli aventi diritto.

intituler [ɛ̃tityle] v. tr. intitolare. ◆ v. pr. [avoir pour titre] intitolarsi. ‖ [se donner le titre de] intitolarsi, proclamarsi; spacciarsi per (péjor.). | *un charlatan qui s'intitule médecin*, un ciarlatano che si spaccia per medico.

intolérable [ɛ̃tɔlerabl] adj. intollerabile, insopportabile.

intolérance [ɛ̃tɔlerɑ̃s] f. intolleranza. ‖ MÉD. [allergie] intolleranza, allergia, insofferenza.

intolérant, e [ɛ̃tɔlerɑ̃, ɑ̃t] adj. et n. intollerante.

intonation [ɛ̃tɔnasjɔ̃] f. MUS., LING. intonazione. | *intonation fausse*, intonazione falsa, sbagliata. ‖ [ton] intonazione, tono m.

intouchable [ɛ̃tuʃabl] adj. et n. [Inde] intoccabile. ‖ FAM. intangibile adj. (L.C.).

intoxicant, e [ɛ̃tɔksikɑ̃, ɑ̃t] adj. intossicante.

intoxication [ɛ̃tɔksikasjɔ̃] f. PR. et FIG. intossicazione.

intoxiquer [ɛ̃tɔksike] v. tr. PR. et FIG. intossicare.

intradermique [ɛ̃tradɛrmik] adj. intradermico.

intradermoréaction [ɛ̃tradɛrmoreaksjɔ̃] f. MÉD. intradermoreazione.

intrados [ɛ̃trado] m. ARCHIT. intradosso, imbotte f. ‖ AÉR. intradosso.

intraduisible [ɛ̃tradɥizibl] adj. intraducibile.

intraitable [ɛ̃trɛtabl] adj. intrattabile. | *caractère intraitable*, carattere intrattabile. ‖ [inébranlable] irremovibile, inflessibile, inesorabile. | *sur ce point il est intraitable*, su questo punto è inflessibile, irremovibile.

intra-muros [ɛ̃tramyros] loc. adv. intra muros (lat.).

intramusculaire [ɛ̃tramyskylɛr] adj. intramuscolare.

intransigeance [ɛ̃trɑ̃ziʒɑ̃s] f. intransigenza.

intransigeant, e [ɛ̃trɑ̃ziʒɑ̃, ɑ̃t] adj. et n. intransigente.

intransitif, ive [ɛ̃trɑ̃zitif, iv] adj. GRAMM. intransitivo.

intransmissible [ɛ̃trɑ̃smisibl] adj. intrasferibile.

intransportable [ɛ̃trɑ̃spɔrtabl] adj. intrasportabile.
intraveineux, euse [ɛ̃travɛnø, øz] adj. MÉD. endovenoso.
intrépide [ɛ̃trepid] adj. [brave] intrepido, impavido. ‖ [imperturbable] intrepido, sfrontato, ostinato. | *un intrépide menteur*, un intrepido bugiardo.
intrépidité [ɛ̃trepidite] f. [bravoure] intrepidezza. ‖ [imperturbabilité] imperturbabilità, sfacciataggine, sfrontatezza, impudenza. | *il ment avec une incroyable intrépidité*, mente con un'incredibile sfacciataggine, faccia tosta.
intrication [ɛ̃trikasjɔ̃] f. intrico m., groviglio m.
intrigant, e [ɛ̃trigɑ̃, ɑ̃t] adj. et n. intrigante.
intrigue [ɛ̃trig] f. [machination] intrigo m. | *intrigues de couloir, de cour*, intrighi di corridoio, di corte. ‖ [idylle] *intrigues amoureuses, galantes*, intrighi amorosi, galanti. ‖ HIST. LITT. [action] intreccio m., trama. | *comédie d'intrigue*, commedia d'intreccio.
intriguer [ɛ̃trige] v. intr. intrigare, brigare, macchinare. ◆ v. tr. incuriosire, insospettire. | *sa conduite m'intrigue*, trovo il suo comportamento curioso, sospetto. | *intrigué par la nouvelle, il voulut en savoir davantage*, incuriosito dalla notizia volle saperne di più.
intrinsèque [ɛ̃trɛ̃sɛk] adj. intrinseco.
introducteur, trice [ɛ̃trɔdyktœr, tris] n. introduttore, trice.
introduction [ɛ̃trɔdyksjɔ̃] f. introduzione. | *lettre d'introduction*, lettera di presentazione; lettera d'introduzione (rare). | *introduction d'un produit dans un pays*, introduzione d'un prodotto in un paese. | *écrire l'introduction d'un livre*, scrivere l'introduzione d'un libro.
introduire [ɛ̃trɔdɥir] v. tr. introdurre. | *introduire qn dans une pièce*, introdurre, far entrare qlcu. in una stanza. | *introduire qn dans une famille*, introdurre, presentare qlcu. in una famiglia. | *être introduit auprès de qn, dans un milieu*, essere introdotto, avere entratura presso qlcu., in un ambiente. ‖ JUR. *introduire une instance*, proporre un'istanza. ◆ v. pr. introdursi; penetrare, entrare v. intr. | *s'introduire de force*, introdursi, penetrare a viva forza; incunearsi. | *s'introduire furtivement dans une pièce*, introdursi furtivamente in una stanza.
introït [ɛ̃trɔit] m. RELIG. introito.
introjection [ɛ̃trɔʒɛksjɔ̃] f. PSYCHAN. introiezione.
intromission [ɛ̃trɔmisjɔ̃] f. introduzione, immissione.
intronisation [ɛ̃trɔnizasjɔ̃] f. intronizzazione.
introniser [ɛ̃trɔnize] v. tr. intronizzare. ‖ FIG. [instaurer] instaurare, istituire. | *introniser une mode*, instaurare, consacrare una moda. ◆ v. pr. instaurarsi, insediarsi.
introspection [ɛ̃trɔspɛksjɔ̃] f. PSYCH. introspezione.
introuvable [ɛ̃truvabl] adj. *document introuvable*, documento irreperibile. | *introuvable sur le marché*, introvabile, irreperibile sul mercato. | *le coupable est introuvable*, il colpevole si è reso irreperibile. ‖ HIST. *Chambre introuvable*, Camera introvabile.
introversion [ɛ̃trovɛrsjɔ̃] f. PSYCH. introversione.
introverti, e [ɛ̃trovɛrti] adj. PSYCH. introverso.
intrus, e [ɛ̃try, yz] adj. et n. intruso.
intrusion [ɛ̃tryzjɔ̃] f. intrusione.
intuitif, ive [ɛ̃tɥitif, iv] adj. et n. intuitivo adj.
intuition [ɛ̃tɥisjɔ̃] f. PHILOS. intuizione. ‖ [pressentiment] intuizione, intuito m. | *avoir des intuitions géniales*, avere delle intuizioni geniali. | *intuition de l'avenir*, intuizione dell'avvenire. | *connaître par intuition*, conoscere per intuizione, per intuito, intuitivamente. ‖ [perspicacité] intuito. | *avoir de l'intuition*, aver intuito, esser dotato di (grande) intuito. | *intuition féminine*, intuito femminile.
intuitionnisme [ɛ̃tɥisjɔnism] m. PHILOS. intuizionismo.
intuitivement [ɛ̃tɥitivmɑ̃] adv. intuitivamente, in modo intuitivo, per intuito.
intumescence [ɛ̃tymɛsɑ̃s] f. intumescenza.
intumescent, e [ɛ̃tymɛsɑ̃, ɑ̃t] adj. intumescente.
inuline [inylin] f. CHIM. inulina.
inusable [inyzabl] adj. inconsumabile. ‖ [très résistant] resistentissimo. | *chaussures inusables*, scarpe resistentissime.
inusité, e [inyzite] adj. inusitato; inusato (rare).
inutile [inytil] adj. inutile, disutile. | *(il est) inutile d'insister*, (è) inutile insistere. ‖ LOC. *les bouches inutiles*, le bocche inutili. ◆ n. [personne] disutile; buono a nulla. ◆ n. [chose] inutile, superfluo. | *retrancher l'inutile*, togliere il superfluo.
inutilisable [inytilizabl] adj. inutilizzabile.
inutilisé, e [inytilize] adj. inutilizzato, non utilizzato.
inutilité [inytilite] f. inutilità; [inefficacité, vanité] inefficacia, vanità; inanità (littér.). | *l'inutilité de vos efforts*, l'inutilità, la vanità dei vostri sforzi. ◆ pl. [choses inutiles] = cose inutili; futilità f. pl.
invagination [ɛ̃vaʒinasjɔ̃] f. MÉD. invaginazione.
invaginer (s') [sɛ̃vaʒine] v. pr. MÉD. invaginarsi.
invaincu, e [ɛ̃vɛ̃ky] adj. invitto (littér.).
invalidation [ɛ̃validasjɔ̃] f. JUR., POLIT. invalidamento m.; invalidazione (rare).
invalide [ɛ̃valid] adj. [infirme] invalido. | JUR. et FIG. [non valable] invalido. | *mariage invalide*, matrimonio invalido. ◆ n. invalido.
invalider [ɛ̃valide] v. tr. JUR., POLIT. *invalider un jugement, un contrat, des élections*, invalidare una sentenza, un contratto, delle elezioni.
invalidité [ɛ̃validite] f. [infirmité] invalidità. | *invalidité temporaire, permanente*, invalidità temporanea, permanente. | *assurance invalidité*, assicurazione per l'invalidità. ‖ JUR. *invalidité d'un contrat*, invalidità d'un contratto.
invar [ɛ̃var] m. MÉTALL. invar.
invariabilité [ɛ̃varjabilite] f. invariabilità.
invariable [ɛ̃varjabl] adj. invariabile, immutabile. ‖ GRAMM. invariabile.
invariablement [ɛ̃varjabləmɑ̃] adv. invariabilmente, immutabilmente, immancabilmente.
invariance [ɛ̃varjɑ̃s] f. MATH. invarianza.
invariant, e [ɛ̃varjɑ̃, ɑ̃t] adj. invariante, invariantivo. ◆ n. m. invariante.
invasion [ɛ̃vazjɔ̃] f. invasione. ‖ LOC. (VX) *faire invasion dans*, fare irruzione in (L.C.). ‖ MÉD. invasione.
invective [ɛ̃vɛktiv] f. invettiva. | *se répandre en invectives*, prorompere in ingiurie, in invettive.
invectiver [ɛ̃vɛktive] v. tr. dir. et ind. **(contre)** lanciare invettive (contro), inveire (contro).
invendable [ɛ̃vɑ̃dabl] adj. invendibile.
invendu, e [ɛ̃vɑ̃dy] adj. et n. m. invenduto.
inventaire [ɛ̃vɑ̃tɛr] m. inventario. | *faire, dresser l'inventaire*, fare, compilare l'inventario. ‖ PR. et FIG. *sous bénéfice d'inventaire*, con beneficio d'inventario.
inventer [ɛ̃vɑ̃te] v. tr. inventare; [par la réflexion, l'imagination] ideare, escogitare, immaginare. | *inventer qch. sur le compte de qn*, inventare qlco. sul conto di qlcu. | *inventer de toutes pièces*, inventare di sana pianta. ‖ LOC. FAM. *il n'a pas inventé la poudre, le fil à couper le beurre*, non ha inventato la polvere; = non ha scoperto l'America.
inventeur, trice [ɛ̃vɑ̃tœr, tris] n. [créateur] inventore, trice; ideatore, trice. ‖ [qui (re)trouve] scopritore, trice; ritrovatore, trice; inventore, trice. | *l'inventeur d'un trésor*, il ritrovatore, lo scopritore d'un tesoro.
inventif, ive [ɛ̃vɑ̃tif, iv] adj. inventivo.
invention [ɛ̃vɑ̃sjɔ̃] f. [action; chose inventée] invenzione. ‖ [(re)découverte] ritrovamento m., invenzione. | *invention d'un trésor*, invenzione, ritrovamento, scoperta di un tesoro. ‖ RELIG. *invention de la sainte Croix*, ritrovamento, invenzione della Croce. ‖ [faculté d'imaginer] inventiva. | *écrivain plein d'invention, de peu d'invention*, scrittore pieno d'inventiva, di scarsa inventiva. ‖ [mensonge] invenzione, bugia, fandonia. | *ce ne sont que des inventions*, son tutte invenzioni. ‖ MUS. invenzione.
inventorier [ɛ̃vɑ̃tɔrje] v. tr. inventariare; far l'inventario di.
invérifiable [ɛ̃verifjabl] adj. non verificabile; incontrollabile, inappurabile.
inversable [ɛ̃vɛrsabl] adj. irrovesciabile.
inverse [ɛ̃vɛrs] adj. inverso, contrario, opposto. | *en*

sens inverse, in senso inverso. ‖ MATH. *en raison inverse de*, in ragione inversa di. ◆ n. m. contrario, inverso, opposto. | *faire l'inverse de*, fare il contrario, l'inverso di. ◆ loc. prép. ***à l'inverse de,*** al contrario di, all'inverso di.
inverser [ɛ̃vɛrse] v. tr. invertire. | *inverser l'ordre des mots dans une phrase*, invertire l'ordine delle parole in una frase. ‖ ÉLECTR. *inverser les pôles, le courant*, invertire i poli, la corrente.
inverseur [ɛ̃vɛrsœr] m. ÉLECTR., MÉC. invertitore, inversore.
inversion [ɛ̃vɛrsjɔ̃] f. inversione.
invertébré, e [ɛ̃vɛrtebre] adj. et n. m. ZOOL. invertebrato.
inverti, e [ɛ̃vɛrti] adj. *images inverties*, immagini invertite. ‖ CHIM., LING. invertito. ◆ n. m. MÉD. invertito, omosessuale.
invertir [ɛ̃vɛrtir] v. tr. invertire.
investigateur, trice [ɛ̃vɛstigatœr, tris] adj. et n. investigatore, trice; indagatore, trice. | *regard investigateur*, sguardo indagatore.
investigation [ɛ̃vɛstigasjɔ̃] f. investigazione, indagine, ricerca. | *champ d'investigation*, campo d'indagine, di ricerca. | *faire des investigations sur*, compiere investigazioni, ricerche, indagini su; investigare, indagare su.
investir [ɛ̃vɛstir] v. tr. investire. ‖ JUR. *investir qn d'un titre, des pleins pouvoirs*, investire qlcu. d'un titolo, dei pieni poteri. ‖ MIL. *investir une place forte*, investire, assediare una piazza forte. ‖ ÉCON. *investir des capitaux dans une affaire*, investire capitali in un affare. ‖ FIG. *investir qn de sa confiance*, fidarsi interamente di qlcu., riporre la propria fiducia in qlcu. | *il investit beaucoup dans son travail*, s'impegna a fondo nel proprio lavoro.
investissement [ɛ̃vɛstismɑ̃] m. ÉCON. investimento. | *investissement de capitaux*, investimento di capitali. ‖ MIL. *investissement d'une place forte*, investimento di una piazza forte. ‖ PSYCHAN. carica f., investimento.
investiture [ɛ̃vɛstityr] f. investitura.
invétéré, e [ɛ̃vetere] adj. [enraciné] inveterato. | *haine invétérée*, odio inveterato. ‖ [incorrigible] impenitente, incorreggibile, incallito. | *buveur invétéré*, beone impenitente, incorreggibile.
invétérer (s') [sɛ̃vetere] v. pr. radicarsi.
invincibilité [ɛ̃vɛ̃sibilite] f. invincibilità.
invincible [ɛ̃vɛ̃sibl] adj. PR. invincibile. ‖ FIG. [insurmontable] insuperabile, insormontabile, invincibile. | *obstacle invincible*, ostacolo insuperabile. ‖ [irrésistible] irresistibile, invincibile. | *dégoût invincible*, ripugnanza invincibile.
inviolabilité [ɛ̃vjɔlabilite] f. inviolabilità.
inviolable [ɛ̃vjɔlabl] adj. inviolabile.
inviolé, e [ɛ̃vjɔle] adj. inviolato.
invisibilité [ɛ̃vizibilite] f. invisibilità.
invisible [ɛ̃vizibl] adj. invisibile. | *invisible à l'œil nu*, invisibile a occhio nudo.
invitant, e [ɛ̃vitɑ̃, ɑ̃t] adj. invitante.
invitation [ɛ̃vitasjɔ̃] f. invito m. | *faire, accepter, décliner une invitation*, fare, accettare, declinare un invito. | *à, sur l'invitation de qn*, per, dietro invito di qlcu. ‖ [sommation] *invitation à partir, à payer, à montrer ses papiers*, invito a partire, a pagare, a esibire i documenti.
invite [ɛ̃vit] f. invito m., richiamo m., allettamento m. | *céder aux invites du plaisir, d'un inconnu*, cedere agl'inviti del piacere, di uno sconosciuto. ‖ [carte jouée] invito.
invité, e [ɛ̃vite] n. invitato, a.
inviter [ɛ̃vite] v. tr. invitare. | *inviter qn chez soi*, invitare qlcu. a casa. | *inviter à souper*, invitar a cena. ‖ [enjoindre] **(à)** invitare, esortare (a); ingiungere (di). | *il l'invita une nouvelle fois à se taire*, lo esortò di nuovo a tacere, gl'ingiunse di nuovo di tacere. ‖ [jeu de cartes] *inviter à cœur*, chiamare a cuori. ‖ FIG. [inciter] invitare, indurre, incitare. | *ce beau temps invite à la promenade*, questo bel tempo invita a passeggiare. ◆ v. pr. invitarsi. | *s'inviter chez qn*, invitarsi in casa di qlcu.
invivable [ɛ̃vivabl] adj. FAM. insopportabile, impossibile (L.C.). | *il est invivable*, è impossibile vivere con lui.
invocateur, trice [ɛ̃vɔkatœr, tris] adj. et n. invocatore, trice.
invocation [ɛ̃vɔkasjɔ̃] f. invocazione. ‖ RELIG. *église placée sous l'invocation de saint Antoine*, chiesa posta sotto la protezione, il patrocinio di Sant'Antonio.
invocatoire [ɛ̃vɔkatwar] adj. invocativo, invocatorio.
involontaire [ɛ̃vɔlɔ̃tɛr] adj. involontario.
involucre [ɛ̃vɔlykr] m. BOT. involucro.
involution [ɛ̃vɔlysjɔ̃] f. involuzione.
invoquer [ɛ̃vɔke] v. tr. invocare. | *invoquer Dieu*, invocar Dio. ‖ FIG. [avoir recours à] *invoquer une loi, un témoignage*, invocare una legge, una testimonianza. | *invoquer des arguments fallacieux*, addurre, allegare argomenti fallaci.
invraisemblable [ɛ̃vrɛsɑ̃blabl] adj. inverosimile, inverisimile. ‖ FAM. straordinario, stravagante, inaudito (L.C.). | *un chapeau invraisemblable*, un cappello stravagante. | *c'est invraisemblable !*, è incredibile!, son cose dell'altro mondo !
invraisemblance [ɛ̃vrɛsɑ̃blɑ̃s] f. inverosimiglianza.
invulnérabilité [ɛ̃vylnerabilite] f. invulnerabilità.
invulnérable [ɛ̃vylnerabl] adj. invulnerabile.
iodate [jɔdat] m. CHIM. iodato.
iode [jɔd] m. CHIM. iodio. | *teinture d'iode*, tintura di iodio.
iodé, e [jɔde] adj. iodato.
iodique [jɔdik] adj. CHIM. iodico.
iodler v. intr. V. JODLER.
iodoforme [jɔdɔfɔrm] m. iodoformio.
iodure [jɔdyr] m. CHIM. ioduro.
ion [jɔ̃] m. PHYS. ione.
ionien, enne [jɔnjɛ̃, ɛn] adj. ionico, ionio. | *mer Ionienne*, (mare) Ionio. | *îles Ioniennes*, isole Ionie. | *(dialecte) ionien*, (dialetto) ionico. ‖ PHILOS. *École ionienne*, Scuola ionica.
1. ionique [jɔnik] adj. ARCHIT. ionico.
2. ionique adj. PHYS. ionico.
ionisation [jɔnizasjɔ̃] f. PHYS. ionizzazione.
ioniser [jɔnize] v. tr. PHYS. ionizzare.
ionosphère [jɔnɔsfɛr] f. ionosfera.
iota [jɔta] m. iota m. ou f. ‖ FIG. *il n'y manque pas un iota*, non ci manca neppure un acca. | *il ne comprend pas un iota*, non capisce un acca.
iotacisme [jɔtasism] m. LING. iotacismo.
iouler v. intr. V. JODLER.
iourte f. V. YOURTE.
ipécacuana [ipekakɥana] (abr. **ipéca**) m. BOT., MÉD. ipecacuana f.
ipséité [ipseite] f. PHILOS. ips(e)ità.
ipso facto [ipsofakto] loc. adv. ipso facto (lat.).
irakien, enne ou **iraquien, enne** [irakjɛ̃, ɛn] adj. et n. m. iracheno.
iranien, enne [iranjɛ̃, ɛn] adj. [de l'Iran ancien] iranico; [de l'Iran moderne] iraniano. ◆ n. m. LING. iranico.
irascibilité [irasibilite] f. irascibilità, iracondia.
irascible [irasibl] adj. irascibile, iracondo, collerico.
ire [ir] f. POÉT., VX ira, collera (L.C.).
iridescent, e [iridɛsɑ̃, ɑ̃t] adj. iridescente.
iridium [iridjɔm] m. CHIM. iridio.
iris [iris] m. ANAT. iride f. ‖ BOT. giaggiolo, iris f., ireos. | *poudre d'iris*, (polvere d') ireos. ‖ POÉT. [arc-en-ciel] iride; arcobaleno (L.C.).
irisation [irizasjɔ̃] f. iridescenza.
iriser [irize] v. tr. iridare.
irlandais, e [irlɑ̃dɛ, ɛz] adj. et n. irlandese. ◆ n. m. LING. irlandese.
ironie [irɔni] f. ironia.
ironique [irɔnik] adj. ironico.
ironiser [irɔnize] v. intr. ironizzare; fare dell'ironia.
ironiste [irɔnist] n. ironista.
iroquois, e [irɔkwa, az] adj. et n. irochese.
irrachetable [ir(r)aʃtabl] adj. irredimibile.
irradiation [ir(r)adjasjɔ̃] f. [émission de rayons; résultat] irradiazione, irraggiamento m. ‖ PHYS. irraggiamento. ‖ [exposition à des radiations] irradiazione.

irradier [i(r)radje] v. intr. ou **irradier (s')** [si(r)radje] v. pr. irradiare, irraggiare. ◆ v. tr. [soumettre à des radiations] irradiare.
irraisonnable [ir(r)ɛzɔnabl] adj. irragionevole.
irraisonné, e [i(r)rɛzɔne] adj. *geste, mouvement irraisonné*, gesto, movimento impulsivo, inconsulto. | *crainte irraisonnée*, paura istintiva, irragionevole, assurda.
irrationalisme [i(r)rasjɔnalism] m. irrazionalismo.
irrationaliste [i(r)rasjɔnalist] adj. irrazionalistico. ◆ n. irrazionalista.
irrationalité [i(r)rasjɔnalite] f. irrazionalità.
irrationnel, elle [i(r)rasjɔnɛl] adj. irrazionale, irragionevole. | *conduite irrationnelle*, condotta, comportamento irrazionale. || MATH. irrazionale. ◆ n. m. irrazionale.
irréalisable [i(r)realizabl] adj. irrealizzabile.
irréalité [i(r)realite] f. irrealtà.
irrecevabilité [i(r)rəsəvabilite] f. JUR. irricevibilità.
irrecevable [i(r)rəsəvabl] adj. irricevibile.
irréconciliable [i(r)rekɔ̃siljabl] adj. irriconciliabile, inconciliabile.
irrécouvrable [i(r)rekuvrabl] adj. FIN. inesigibile.
irrécupérable [i(r)rekyperabl] adj. irrecuperabile.
irrécusable [i(r)rekyzabl] adj. irrecusabile, irrefutabile.
irrédentisme [i(r)redɑ̃tism] m. HIST. irredentismo.
irrédentiste [i(r)redɑ̃tist] adj. HIST. irredentistico, irredentista. ◆ n. irredentista.
irréductibilité [i(r)reduktibilite] f. irriducibilità.
irréductible [i(r)redyktibl] adj. PR. et FIG. irriducibile.
irréel, elle [i(r)reɛl] adj. et n. m. irreale.
irréfléchi, e [i(r)refleʃi] adj. [personne] irriflessivo; [action] irriflessivo, impulsivo, inconsulto. | *geste irréfléchi*, gesto irriflessivo, inconsulto. | *propos irréfléchis*, discorsi inconsiderati, inconsulti, irragionevoli.
irréflexion [i(r)reflɛksjɔ̃] f. irriflessione, sconsideratezza.
irréformable [i(r)refɔrmabl] adj. JUR. irrevocabile.
irréfragable [i(r)refragabl] adj. irrefragabile.
irréfutable [i(r)refytabl] f. irrefutabile, inconfutabile, incontrastabile.
irrégularité [i(r)regylarite] f. irregolarità.
irrégulier, ère [i(r)regylje, ɛr] adj. BOT., GÉOM., GRAMM., JUR., MIL. irregolare. || FIG. *vie irrégulière*, vita irregolare. || [discontinu] irregolare, discontinuo. | *pouls irrégulier*, polso irregolare, aritmico. | *travail irrégulier*, lavoro discontinuo. | *élève irrégulier dans son travail*, alunno discontinuo nel lavoro. || [non ponctuel] non puntuale, poco puntuale. ◆ n. m. MIL. (soldato) irregolare.
irréligieux, euse [i(r)reliʒjø, øz] adj. irreligioso.
irréligion [i(r)reliʒjɔ̃] f. irreligione.
irréligiosité [i(r)reliʒjozite] f. irreligiosità.
irrémédiable [i(r)remedjabl] adj. irrimediabile, irreparabile.
irrémédiablement [i(r)remedjabləmɑ̃] adv. irrimediabilmente, definitivamente.
irrémissible [i(r)remisibl] adj. irremissibile.
irremplaçable [i(r)rɑ̃plasabl] adj. insostituibile.
irréparable [i(r)reparabl] adj. irreparabile.
irrépréhensible [i(r)repreɑ̃sibl] adj. irreprensibile.
irrépressible [i(r)represibl] adj. irreprimibile, irrefrenabile, incontenibile.
irréprochable [i(r)reprɔʃabl] adj. [action; personne] irreprensibile, inattaccabile, incensurabile, inappuntabile; [conduite, raisonnement] ineccepibile (littér.).
irrésistible [i(r)rezistibl] adj. irresistibile.
irrésolu, e [i(r)rezɔly] adj. [sans solution] insoluto. || [hésitant] irresoluto, irrisoluto, indeciso.
irrésolution [i(r)rezɔlysjɔ̃] f. irresolutezza, irresoluzione, irrisoluzione, indecisione.
irrespect [i(r)rɛspɛ] m. irriverenza f.
irrespectueux, euse [i(r)rɛspɛktɥø, øz] adj. irrispettoso, irriverente.
irrespirable [i(r)rɛspirabl] adj. PR. et FIG. irrespirabile.
irresponsabilité [i(r)rɛspɔ̃sabilite] f. irresponsabilità.
irresponsable [i(r)rɛspɔ̃sabl] adj. et n. irresponsabile.
irrétrécissable [i(r)retresisabl] adj. irrestringibile.
irrévérence [i(r)reverɑ̃s] f. irriverenza.
irrévérencieux, euse [i(r)reverɑ̃sjø, øz] adj. irriverente.
irréversibilité [i(r)revɛrsibilite] f. irreversibilità.
irréversible [i(r)revɛrsibl] adj. irreversibile.
irrévocabilité [i(r)revɔkabilite] f. irrevocabilità.
irrévocable [i(r)revɔkabl] adj. irrevocabile.
irrigable [i(r)rigabl] adj. irrigabile.
irrigateur [i(r)rigatœr] m. AGR., MÉD. irrigatore.
irrigation [i(r)rigasjɔ̃] f. AGR., MÉD. irrigazione. | *canaux d'irrigation*, canali d'irrigazione, canali irrigui. | *eaux d'irrigation*, acque irrigue, d'irrigazione.
irriguer [i(r)rige] v. tr. AGR., MÉD. irrigare.
irritabilité [i(r)ritabilite] f. irritabilità, irascibilità. || BIOL. irritabilità.
irritable [i(r)ritabl] adj. irritabile, irascibile. || BIOL. irritabile.
irritant, e [i(r)ritɑ̃, ɑ̃t] adj. irritante. || JUR. *clause irritante*, clausola di annullamento. ◆ n. m. sostanza (f.) irritante; irritante.
irritation [i(r)ritasjɔ̃] f. irritazione, sdegno m., corruccio m. || MÉD. irritazione, inflammazione.
irriter [i(r)rite] v. tr. [mettre en colère] irritare, sdegnare, corrucciare. || FIG., VX [exciter] eccitare, stimolare, irritare (L.C.). | *irriter les passions*, eccitar le passioni. || MÉD. irritare. ◆ v. pr. irritarsi, sdegnarsi, corrucciarsi. | *s'irriter contre qn*, irritarsi con, sdegnarsi con, contro qlcu.
irruption [i(r)rypsjɔ̃] f. irruzione. | *faire irruption dans*, fare irruzione in, irrompere in.
isabelle [izabɛl] adj. inv. isabella. | *cheval, couleur isabelle*, cavallo, colore isabella. ◆ n. m. [couleur] isabella. || [cheval] cavallo isabella.
isard [izar] m. ZOOL. camoscio (dei Pirenei).
islam [islam] m. [religion; civilisation] islam, islamismo. || [monde musulman] Islam.
islamique [islamik] adj. islamico.
islamisation [islamizasjɔ̃] f. islamizzazione.
islamisme [islamism] m. islamismo.
islandais, e [islɑ̃dɛ, ɛz] adj. et n. islandese. ◆ n. m. LING. islandese.
ismaélien [ismaeljɛ̃] m. ismaelita, ismaeliano.
ismaélite [ismaelit] m. ismaelita.
isobare [izɔbar] adj. MÉTÉOR., CHIM., PHYS. isobaro. ◆ n. f. MÉTÉOR. (linea) isobara.
isocèle [izɔsɛl] adj. GÉOM. isoscele.
isochrone [izɔkrɔn] ou **isochronique** [izɔkrɔnik] adj. PHYS. isocrono.
isochronisme [izɔkrɔnism] m. PHYS. isocronismo.
isoglosse [izɔglɔs] f. LING. isoglossa.
isolable [izɔlabl] adj. isolabile.
isolant, e [izɔlɑ̃, ɑ̃t] adj. LING., PHYS. isolante. ◆ n. m. isolante.
isolateur, trice [izɔlatœr, tris] adj. isolante. ◆ n. m. ÉLECTR. isolatore.
isolation [izɔlasjɔ̃] f. isolamento m.
isolationnisme [izɔlasjɔnism] m. isolazionismo.
isolationniste [izɔlasjɔnist] adj. isolazionistico, isolazionista. ◆ n. isolazionista.
isolé, e [izɔle] adj. isolato. | *cas, fait, phénomène isolé*, caso, fatto, fenomeno isolato; singolo caso, fatto, fenomeno.
isolement [izɔlmɑ̃] m. isolamento.
isoler [izɔle] v. tr. [séparer] **(de)** isolare, separare (da). || [mettre qn à l'écart] isolare, segregare. || ÉLECTR. isolare. ◆ v. pr. isolarsi, appartarsi. | *ils s'isolèrent pour parler*, si appartarono per parlare fra di loro.
isoloir [izɔlwar] m. cabina (f.) elettorale.
isomère [izɔmɛr] adj. et n. m. CHIM. isomero.
isomérisation [izɔmerizasjɔ̃] f. CHIM. isomerizzazione.
isométrie [izɔmetri] f. isometria.
isométrique [izɔmetrik] adj. isometrico.
isomorphe [izɔmɔrf] adj. isomorfo.
isomorphisme [izɔmɔrfism] m. isomorfismo.

isopérimètre [izɔperimɛtr] adj. MATH. isoperimetro.
isopodes [izɔpɔd] m. pl. ZOOL. isopodi.
Isorel [izɔrɛl] m. faesite f., masomite f.
isostasie [izɔstazi] f. GÉOL. isostasia.
isostatique [izɔstatik] adj. GÉOL. isostatico.
isosyllabique [izɔsi(l)labik] adj. isosillabico.
isotherme [izɔtɛrm] adj. GÉOGR. isotermo. || PHYS. isotermico. | *wagon, camion isotherme*, vagone, camion refrigerato. ◆ n. f. GÉOGR. isoterma.
isotonie [izɔtɔni] f. CHIM. isotonia.
isotope [izɔtɔp] adj. et n. m. CHIM. isotopo.
isotrope [izɔtrɔp] adj. MATH., PHYS. isotropo. ◆ n. m. PHYS. mezzo, corpo isotropo.
israélien, enne [israeljɛ̃, ɛn] adj. et n. israeliano.
israélite [israelit] adj. israelitico, israelita. ◆ n. israelita.
1. issu, e [isy] adj. [personne] nato, uscito, discendente. | *issu d'une famille noble*, nato da una famiglia nobile, di famiglia nobile. | *être issu de*, esser nato di; discendere, provenire da. | *cousins issus de germains*, cugini di secondo grado. || [chose] nato, originato, generato, proveniente. | *plantes issues d'une même graine*, piante nate, originate, generate da uno stesso seme. || FIG. nato, uscito. | *les idées issues de la Révolution*, le idee nate dalla Rivoluzione.
2. issue f. [sortie] uscita, sbocco m. | *voie sans issue*, via senza uscita, senza sbocco; [ruelle] vicolo cieco. || [fin] esito m., fine, termine m. | *avoir une heureuse issue*, avere un buon esito. || FIG. [moyen] via d'uscita; scampo m. | *il n'y a plus d'issue!*, non c'è via d'uscita!, non c'è più scampo! | *situation sans issue*, situazione senza via d'uscita, situazione inestricabile. | *il ne reste qu'une issue*, resta solo una via d'uscita, una soluzione. || TECHN. sfogo m., sbocco m. | *ménager une issue pour la fumée, l'eau*, lasciare uno sfogo per il fumo, l'acqua. ◆ loc. prép. **à l'issue de**, alla fine di. ◆ pl. [boucherie] residui (m. pl.) di macelleria; frattaglie. || [meunerie] cruschello m., cruscherello m.
isthme [ism] m. istmo; ismo (tosc.).
isthmique [ismik] adj. istmico.
istrien, enne [istrijɛ̃, ɛn] adj. et n. istriano.
italianisant, e [italjanizɑ̃, ɑ̃t] n. italianista.
italianiser [italjanize] v. tr. italianizzare.
italianisme [italjanism] m. italianismo.
italianiste [italjanist] n. italianista.
italianité [italjanite] f. italianità.
italien, enne [italjɛ̃, ɛn] adj. et n. italiano. ◆ n. m. LING. italiano.
italique [italik] adj. [de l'Italie ancienne] italico. ◆ adj. et n. m. TYP. corsivo, italico. ◆ n. m. LING. italico.
item [itɛm] adv. item (lat.).
itératif, ive [iteratif, iv] adj. et n. m. GRAMM. iterativo.
itinéraire [itinerɛr] adj. *mesures itinéraires*, misure itinerarie. ◆ n. m. itinerario.
itinérant, e [itinerɑ̃, ɑ̃t] adj. itinerante.
itou [itu] adv. FAM. idem; anche, pure (L.C.).
iule [jyl] m. iulo; millepiedi m. inv.
ivoire [ivwar] m. avorio. || PR. et FIG. *d'ivoire*, d'avorio; eburneo adj. (littér.). || [objet] (oggetto d') avorio. || LOC. *se retirer dans sa tour d'ivoire*, chiudersi in una torre d'avorio.
ivoirien, enne [ivwarjɛ̃, ɛn] adj. = della Costa d'Avorio. ◆ n. = abitante della Costa d'Avorio.
ivoirin, e [ivwarɛ̃, in] adj. LITTÉR. eburneo.
ivraie [ivrɛ] f. BOT. loglio m., zizzania. || LOC. FIG. *séparer le bon grain de l'ivraie*, separare il grano dal loglio.
ivre [ivr] adj. PR. et FIG. ubriaco; ebbro (littér.). | *ivre mort*, ubriaco fradicio. | *ivre de joie*, ebbro di gioia.
ivresse [ivrɛs] f. ubriachezza, ebbrezza. | *en état d'ivresse*, in stato d'ebbrezza; ubriaco adj. || FIG. *ivresse du plaisir, de la joie*, ebbrezza del piacere, della gioia.
ivrogne [ivrɔɲ] adj. ubriaco. ◆ n. m. ubriacone.
ivrognerie [ivrɔɲri] f. ubriachezza; vizio (m.) dell'ubriacarsi.
ivrognesse [ivrɔɲɛs] f. ubriacona.

J

j [ʒi] m. j m. ou f. | *jour J*, giorno D; giorno X (VX).
jable [ʒabl] m. [de tonneau] capruggine f.; [de douve] sporto.
jabot [ʒabo] m. ZOOL. gozzo, ingluvie f. || MODE jabot (fr.), pettorina f., pettino, davantino. || POP. *se remplir le jabot*, (ri)empirsi il gozzo, il buzzo.
jaboter [ʒabɔte] v. intr. PR. squittire. || FIG., FAM. ciarlare, cicalare.
jacasse [ʒakas] f. ZOOL. gazza; cecca (tosc.). || FAM. [bavarde] ciarlona, gazza, cicala.
jacassement m. V. JACASSERIE.
jacasser [ʒakase] v. intr. PR. gracchiare. || FAM. [bavarder] ciarlare, cicalare.
jacasserie [ʒakasri] f. ou **jacassement** [ʒakasmɑ̃] m. FAM. (il) ciarlare; chiacchiera f., cicaleccio m.
jacasseur, euse [ʒakasœr, øz] n. FAM. ciarlone, a; chiacchierone, a; cicalone, a.
jacent, e [ʒasɑ̃, ɑ̃t] adj. JUR. giacente.
jachère [ʒaʃɛr] f. AGR. maggese m. | *en jachère*, a maggese, a riposo. | *laisser en jachère*, tenere a maggese; maggesare (rare).
jacinthe [ʒasɛ̃t] f. BOT. giacinto m.
jaco [ʒako] m. ZOOL. pappagallo grigio.
jacobin, e [ʒakɔbɛ̃, in] n. RELIG. domenicano, a. ◆ n. m. HIST. giacobino. ◆ adj. HIST., POLIT. giacobino.
jacobinisme [ʒakɔbinism] m. HIST. et FIG. giacobinismo.
jacquard [ʒakar] m. TEXT. telaio di Jacquard. | *au point jacquard*, a (punto) jacquard.
jacquerie [ʒakri] f. HIST. jacquerie (fr.).
jacquet [ʒakɛ] m. JEU giacchetto; tavola (f.) reale.
jacquot m. V. JACO.
jactance [ʒaktɑ̃s] f. iattanza, millanteria.
jaculatoire [ʒakylatwar] adj. RELIG. *oraison jaculatoire*, giaculatoria f.
jade [ʒad] m. MINÉR. giada f.
jadis [ʒadis] adv. un tempo, una volta. | *au temps jadis*, un tempo; nel tempo che fu. | *de jadis*, di un tempo.
jaguar [ʒagwar] m. ZOOL. giaguaro.
jaillir [ʒajir] v. intr. **(de)** [liquide] scaturire, sgorgare, zampillare (da); [gaz] sprigionarsi, uscir fuori (da); [lumière, éclair] balenare; [flamme] sprizzare, erom-

pere ; [étincelle] sprizzare, scoccare. || FIG. scaturire, sgorgare, sprizzare.

jaillissant, e [ʒajisɑ̃, ɑ̃t] adj. zampillante ; che sgorga.

jaillissement [ʒajismɑ̃] m. [liquide] (lo) zampillare, zampillio, (lo) sgorgare, sgorgo. | *un jaillissement de sang*, uno sbocco di sangue. || [gaz] (lo) sprigionarsi ; sprigionamento (rare) ; [lumière] (il) balenare ; [flamme, étincelle] (lo) sprizzare. || FIG. (lo) sgorgare, (lo) scaturire.

jais [ʒɛ] m. MINÉR. jais (fr.), giaietto, giavazzo. || FIG. *noir comme du jais*, nero come il carbone. | *cheveux de jais*, capelli corvini. || MODE lustrino.

jalon [ʒalɔ̃] m. AGR. picchetto, palina f. || [en topographie] biffa f. || LOC. *poser des jalons*, piantare dei picchetti (pr.) ; porre le basi (fig.). || FIG. punto base ; punto di riferimento.

jalon-mire [ʒalɔ̃mir] m. stadia f., mira f.

jalonnement [ʒalɔnmɑ̃] m. (il) picchettare, picchettazione f. || [en topographie] (il) biffare.

jalonner [ʒalɔne] v. intr. piantare picchetti. || FIG. stabilire i punti base, i punti fondamentali. ◆ v. tr. picchettare. || [en topographie] biffare. || [marquer] segnare, cospargere.

jalouser [ʒaluze] v. tr. essere geloso, invidioso di ; invidiare. ◆ v. pr. invidiarsi.

jalousie [ʒaluzi] f. gelosia ; [envie] invidia, gelosia. || [persienne] persiana, gelosia ; tapparella (rég.).

jaloux, ouse [ʒalu, uz] adj. geloso. | *devenir jaloux de*, diventare geloso di, ingelosirsi di. | *rendre jaloux*, rendere geloso ; ingelosire. || [envieux] *être jaloux de qn, de qch.*, essere invidioso, geloso di qlcu., di qlco. ; invidiare qlcu., qlco. || FIG. [très attaché à] *jaloux de ses prérogatives*, geloso delle proprie prerogative. ◆ n. persona gelosa. | *faire des jaloux*, destare invidia.

jamaïquain, e [ʒamaikɛ̃, ɛn] adj. et n. giamaicano.

jamais [ʒamɛ] adv. mai. || [sens positif] *a-t-on jamais vu plus belle chose ?*, si è mai visto niente di più bello ? | *si jamais je le vois*, se mai lo vedo. | *plus que jamais*, più che mai. || [sens négatif] *il ne se rendra jamais*, non si arrenderà mai. | *jamais il ne se rendra*, mai si arrenderà. | *jamais plus*, mai più. | *jamais de la vie*, neanche per sogno, per idea ; giammai (littér.). | *ça jamais !*, questa poi, no ! | *mieux vaut tard que jamais*, meglio tardi che mai. | *maintenant ou jamais*, ora o mai (più). | *c'est le moment ou jamais de se décider*, ci si decida ora o mai. | *il ne viendra jamais à cette heure-ci*, ormai non verrà più. ◆ loc. adv. ***à (tout) jamais***, per sempre. || ***au grand jamais***, mai e poi mai.

jambage [ʒɑ̃baʒ] m. ARCHIT. [assise] piedritto ; pilastro (di sostegno) ; [montant] stipite, montante. || TYP. gamba f.

jambe [ʒɑ̃b] f. ANAT. gamba. | *les jambes écartées*, a gambe larghe, divaricate. || ZOOL. zampa. | *jambe de devant, de derrière*, zampa anteriore, posteriore. || [de pantalon] gamba ; [de compas] asta. || ARCHIT. *jambe de force*, contropuntone m., montante m. || LOC. PR. *avoir bonnes jambes*, essere di buona gamba, di gamba lesta. | *traîner la jambe*, strascinare la gamba, essere sciancato. | *courir à toutes jambes*, correre a gambe levate. | *prendre ses jambes à son cou*, darsela a gambe ; mettersi le gambe in spalla, in capo. | *ne plus avoir de jambes, en avoir plein les jambes*, non sentirsi più le gambe. | *j'ai les jambes en coton*, ho le gambe di pasta frolla ; le gambe mi fanno giacomo giacomo. | *il est toujours dans mes jambes*, mi sta sempre tra i piedi. || LOC. FIG. *tirer dans les jambes de qn*, tirare colpi bassi a qlcu. | *tenir la jambe à qn*, attaccare un bottone a qlcu. | *faire des ronds de jambe*, fare moine e salamelecchi. | *par-dessus la jambe*, sotto gamba. || FAM. *ça me fait une belle jambe !*, bel guadagno !, ne cavo un bel profitto !

jambier, ère [ʒɑ̃bje, ɛr] adj. ANAT. della gamba ; tibiale. ◆ n. m. muscolo tibiale. ◆ n. f. gambale m. || [armure] gambiera, schiniere m.

jambon [ʒɑ̃bɔ̃] m. prosciutto.

jambonneau [ʒɑ̃bɔno] m. zampetta (f.), peduccio di maiale. || [mollusque] nacchera f.

jamboree [ʒɑ̃bɔri] m. (angl.) jamboree ; = raduno internazionale di boy-scouts.

janissaire [ʒanisɛr] m. HIST. giannizzero.

jansénisme [ʒɑ̃senism] m. RELIG. giansenismo.

janséniste [ʒɑ̃senist] adj. RELIG. giansenistico (m. pl. *giansenistici*), giansenista. ◆ n. giansenista.

jante [ʒɑ̃t] f. cerchio m., cerchione m.

janvier [ʒɑ̃vje] m. gennaio.

japon [ʒapɔ̃] m. [porcelaine] porcellana (f.) giapponese. || [papier] carta (f.) giapponese.

japonais, e [ʒapɔnɛ, ɛz] adj. et n. giapponese.

japonaiserie [ʒapɔnɛzri] f. giapponeseria.

japonisant [ʒapɔnizɑ̃] m. = studioso della lingua giapponese.

jappement [ʒapmɑ̃] m. uggiolio, guaito, gagnolìo.

japper [ʒape] v. intr. uggiolare, guaire, gagnolare.

jaquemart [ʒakmar] m. automa che batte le ore. || [jouet] = giocattolo composto da due fantocci (con movimenti alterni di percussione).

jaquette [ʒakɛt] f. [d'homme] tight m. (angl.), giacca a coda ; [de femme] giacca, giacchino m. || [d'un livre] sopraccoperta.

jardin [ʒardɛ̃] m. giardino. | *être au jardin*, essere in giardino. | *meubles de jardin*, mobili da giardino. | *jardin d'agrément*, giardino ornamentale. | *jardin potager*, orto. | *jardin fruitier*, frutteto. | *côté jardin*, V. CÔTÉ. || [parc] *jardin public*, giardino pubblico. | *jardin anglais*, giardino all'inglese. | *jardin des Plantes*, orto botanico. | *jardin des Oliviers*, orto degli Ulivi. || [école] *jardin d'enfants*, asilo infantile, giardino d'infanzia. || [pays fertile] giardino. || LOC. *c'est une pierre dans mon jardin*, è una frecciata contro di me.

jardinage [ʒardinaʒ] m. [fleurs] giardinaggio ; [légumes] orticoltura f.

jardiner [ʒardine] v. intr. dedicarsi al giardinaggio. ◆ v. tr. coltivare a giardino. | *jardiner un bois*, diradare, sfoltire un bosco.

jardinet [ʒardinɛ] m. [fleurs] giardinetto ; [légumes] orticello.

jardinier, ère [ʒardinje, ɛr] n. [fleurs] giardiniere, a ; [légumes] ortolano, a. ◆ adj. da, di giardino. ◆ n. f. *jardinière d'enfants*, maestra giardiniera. || [meuble, mets, voiture] giardiniera.

jardiniste [ʒardinist] n. disegnatore, trice di giardini.

1. jargon [ʒargɔ̃] m. LING. gergo. || PÉJOR. *jargon des avocats, des philosophes, du sport*, gergo degli avvocati, filosofico, sportivo. || FAM. gergo ; linguaggio incomprensibile. || [cri du jars] schiamazzo.

2. jargon m. MINÉR. giargone.

jargonner [ʒargɔne] v. intr. parlare in gergo. || [jars] schiamazzare.

jarnicoton ! [ʒarnikɔtɔ̃] interj. VX poffareddio !, poffarbacco !

jarre [ʒar] f. giar(r)a, orcio m., coppo m.

jarret [ʒarɛ] m. ANAT. poplite. || ZOOL. garretto. || CULIN. *jarret de veau*, ossobuco (pl. : *ossibuchi*). || LOC. *être ferme sur ses jarrets*, star saldo sulle gambe. | *plier le jarret*, piegare il ginocchio. | *avoir des jarrets d'acier*, avere gambe d'acciaio.

jarretelle [ʒartɛl] f. giarrettiera.

jarretière [ʒartjɛr] f. giarrettiera, elastico m. || HIST. *ordre de la Jarretière*, ordine della Giarrettiera.

jars [ʒar] m. ZOOL. oca (f.) maschio.

1. jas [ʒa] m. MAR. ceppo.

2. jas m. (région.) [bergerie] ovile (L.C.).

jaser [ʒaze] v. intr. [bavarder] chiacchierare, ciarlare ; blaterare (littér.). || [enfant] cinguettare ; [oiseau] gracchiare, stridere. || [être indiscret] cantare. || FAM. [médire] *jaser sur le compte de qn*, sparlare di qlcu., spettegolare su qlcu.

1. jaseur, euse [ʒazœr, øz] n. chiacchierone, a ; ciarlone, a.

2. jaseur m. ZOOL. beccofrusone.

jasmin [ʒasmɛ̃] m. BOT. gelsomino.

jaspe [ʒasp] m. GÉOL. diaspro.

jasper [ʒaspe] adj. marezzare, screziare. | *papier jaspé*, carta marmorizzata.

jaspiner [ʒaspine] v. intr. ARG. cianciare (L.C.).

jatte [ʒat] f. scodella ; grossa ciotola. ‖ [contenu] scodellata, ciotolata.
jauge [ʒoʒ] f. [capacité] capacità, misura. ‖ [instrument] *jauge de hauteur, d'épaisseur*, calibro (m.), misuratore (m.) di altezza, di spessore. | *jauge d'huile, d'essence*, asta indicatrice livello olio ; indicatore livello benzina. ‖ AGR. solco m. ‖ MAR. stazza. | *jauge brute*, stazza lorda.
jaugeage [ʒoʒaʒ] m. [action] misurazione (f.) della capacità, del livello di. ‖ [mesure] calibratura f. ‖ FIG. [estimation] valutazione f. ‖ MAR. stazzatura f.
jauger [ʒoʒe] v. tr. misurare la capacità, il livello di. ‖ MAR. stazzare ; misurare la stazza di. ‖ FIG. *jauger qn*, valutare qlcu. ◆ v. intr. MAR. [tirant d'eau] pescare v. intr. et tr. ; [capacité] stazzare v. tr.
jaugeur [ʒoʒœr] m. misuratore.
jaumière [ʒomjɛr] f. MAR. losca.
jaunâtre [ʒonɑtr] adj. [défraîchi] giallastro ; [pâle] gialliccio, giallognolo.
jaune [ʒon] adj. giallo. | *jaune paille, citron*, paglierino, citrino. | *jaune comme un citron, comme un coing*, giallo come un limone. ‖ MÉD. *fièvre jaune*, febbre gialla. ◆ n. m. giallo. | *jaune de chrome*, giallo cromo. | *jaune d'œuf*, tuorlo, torlo ; giallo dell'uovo. ‖ PÉJOR. [briseur de grève] crumiro. ◆ n. uomo, donna di razza gialla ; orientale, asiatico, a. ◆ adv. LOC. *rire jaune*, ridere verde.
jaunet [ʒonɛ] m. FAM. luigi (d'oro), marengo (L.C.).
jaunir [ʒonir] v. tr. et intr. ingiallire, imbiondire.
jaunissant, e [ʒonisɑ̃, ɑ̃t] adj. [qui jaunit] che ingiallisce ; [jaunâtre] gialleggiante. | *moissons jaunissantes*, messi biondeggianti.
jaunisse [ʒonis] f. MÉD. itterizia. ‖ FAM. *en faire une jaunisse*, diventare giallo dalla bile.
jaunissement [ʒonismɑ̃] m. (l')ingiallire ; ingiallimento.
java [ʒava] f. giava.
javanais, e [ʒavanɛ, ɛz] adj. et n. giavanese. ◆ n. m. LING. giavanese. ‖ [argot] = specie (f.) di gergo (che consiste nell'intercalare nelle parole le sillabe « av » o « va »).
Javel (eau de) [odʒavɛl] f. V. EAU.
javelage [ʒavlaʒ] m. AGR. affastellamento.
javeler [ʒavle] v. tr. AGR. ammannare, affastellare. ◆ v. intr. AGR. ingiallire, imbiondire.
javeline [ʒavlin] f. chiaverina.
javelle [ʒavɛl] f. [céréales] mannello m., fastello m., manipolo m. ‖ [sel] mucchietto (m.) di sale.
javelliser [ʒavelize] v. tr. *javelliser de l'eau*, depurare, potabilizzare l'acqua (con ipoclorito).
javelot [ʒavlo] m. [arme ; sport] giavellotto.
jazz [dʒaz] m. jazz (angl.).
jazz-band [dʒazbɑ̃d] m. jazzband (angl.), orchestra jazz.
je [ʒə] pron. pers. 1re pers. sing. : io. | *je soussigné*, io sottoscritto ; il sottoscritto (suivi de la 3e pers. du sing.). ◆ n. m. *le « je » du narrateur*, l'« io » narrante.
jean m. V. BLUE-JEAN.
jeannette [ʒanɛt] f. = crocetta d'oro appesa al collo. ‖ [scoutisme] coccinella. ‖ [repassage] stiramaniche m. inv.
Jeep [dʒip] f. jeep (amér.); gip (rare).
jéjunum [ʒeʒynɔm] m. ANAT. digiuno.
je-m'en-fichisme [ʒmɑ̃fiʃism] ou **j'm'en-foutisme** [ʒmɑ̃futism] m. inv. POP. menefreghismo.
je-m'en-fichiste [ʒmɑ̃fiʃist] ou **j'm'en-foutiste** [ʒmɑ̃futist] adj. et n. inv. POP. menefreghista (pl. m. : *-i* ; pl. f. : *-e*).
je-ne-sais-quoi [ʒənsekwa] m. inv. ou **un je ne sais quoi,** un non so che.
jennérien, enne [ʒenerjɛ̃, ɛn] adj. MÉD. jenneriano.
jérémiade [ʒeremjad] f. FAM. geremiade.
jéroboam [ʒerɔbɔam] m. = bottiglione di sciampagna (di circa tre litri).
jerrican(e) ou **jerrycan** [ʒerikan] m. bidone ; tanica, tanca f.
jersey [ʒerzɛ] m. TEXT. jersey (angl.); tessuto a maglia. ‖ [tricot] *point de jersey*, maglia rasata ; punto calza. ‖ MODE golf m. inv. (angl.) ; camicetta (f.) a maglia.
jésuate [ʒezɥat] n. RELIG. gesuato, a.
jésuite [ʒezɥit] m. RELIG. gesuita. ◆ m. et adj. PÉJOR. gesuita m., gesuitico adj.
jésuitique [ʒezɥitik] adj. PÉJOR. gesuitico.
jésuitisme [ʒezɥitism] m. PÉJOR. gesuitismo.
Jésus [ʒezy] n. pr. RELIG. *Jésus-Christ*, Gesù (Cristo). | *Enfant Jésus*, Bambino Gesù. | *Compagnie de Jésus*, Compagnia di Gesù; gesuiti m. pl. | *avant, après Jésus-Christ*, avanti, dopo Cristo. ‖ [exclamation] *doux Jésus !*, Gesù buono ! ‖ FAM. [à un petit enfant] tesoro mio. ◆ n. m. [représentation] bambino Gesù. ‖ CULIN. = sorta di salsicciotto. ◆ adj. et n. m. TECHN. *(papier) jésus*, carta (f.) di formato 0,56 × 0,72.
1. jet [ʒɛ] m. [action] getto, tiro, lancio. | *à un jet de pierre*, a un tiro di sasso. | *arme de jet*, arma da getto. ‖ [liquide] getto. | *sortir par jets*, uscire a getti, a sprazzi. ‖ [fontaine] *jet d'eau*, zampillo. | *jet de lumière*, sprazzo di luce. | *jet de flamme*, fiammata f., vampata f. ‖ FIG. *du premier jet*, di primo acchito, di getto. | *d'un seul jet*, di getto, tutto d'un fiato. | *à jet continu*, a getto continuo. ‖ [ébauche] *premier jet*, primo getto ; abbozzo. ‖ BOT. getto, pollone. ‖ MAR. *jet à la mer*, getto in mare. ‖ MÉTALL. getto.
2. jet [dʒɛt] m. (angl.) AÉR. [gaz] getto ; [avion] jet, aviogetto, aereo a reazione.
jeté [ʒəte] m. [danse] jeté (fr.). ‖ [tricot] gettato, maglia gettata. ‖ [ornement] *jeté de table*, striscia (f.) di stoffa, di trina per tavola. ‖ [haltérophilie] slancio.
jetée [ʒəte] f. gettata.
jeter [ʒəte] v. tr. **1.** [lancer] gettare, buttare, tirare. | *jeter une pierre, les dés*, tirare un sasso, i dadi. | *jeter l'ancre*, V. ANCRE. | *jeter bas, à terre*, abbattere ; buttar giù. | *jeter dehors, à la porte*, buttar fuori. | *jeter à l'eau, par la fenêtre*, buttare, gettare nell'acqua, dalla finestra. | *jeter en prison*, gettare, mettere in prigione. | *jeter une lettre à la boîte*, imbucare, impostare una lettera. | *jeter un paletot sur ses épaules*, gettarsi addosso un paltò. ‖ FIG. *jeter sur le papier*, buttar giù sulla carta ; abbozzare. ‖ [lancer avec violence] scagliare, scaraventare. | *jeter des bombes* [d'avion], sganciare bombe. ‖ **2.** [diriger] *jeter la tête en arrière*, rigettare la testa indietro, abbandonare indietro la testa. | *jeter les bras autour du cou*, buttare le braccia al collo. | *jeter un regard sur*, V. REGARD. ‖ **3.** [émettre, répandre] gettare, spargere, mandare. ‖ FIG. [inspirer] *jeter le trouble dans les esprits*, turbare (profondamente) gli animi. | *jeter le trouble dans une famille*, portare lo scompiglio in una famiglia. ‖ **4.** [se débarrasser de] buttar via, gettar via. | *jeter au panier*, cestinare. ‖ **5.** TECHN. *jeter un pont*, gettare un ponte. | *jeter les fondements*, gettare i fondamenti (pr.), le fondamenta (fig.). ‖ *jeter une statue*, gettare, gittare una statua. ‖ **6.** LOC. FIG. *jeter qch. au visage, à la tête, au nez de qn*, rinfacciare qlco. a qlcu. | *jeter dans le trouble*, lasciare perplesso, incerto. | *jeter dans l'embarras*, mettere in imbarazzo ; imbarazzare. ◆ v. pr. gettarsi, buttarsi. | *se jeter aux pieds, dans les bras de qn*, gettarsi ai piedi, tra le braccia di qlcu. ‖ [fleuve] sboccare v. intr., gettarsi. ‖ FIG. *se jeter dans la politique*, buttarsi nella politica.
jeteur, euse [ʒətœr, øz] n. *jeteur, euse de sorts*, iettatore, trice.
jeton [ʒətɔ̃] m. gettone. | *jeton de présence*, gettone di presenza. ‖ FAM. *faux (comme un) jeton* = ipocrita. ‖ POP. *avoir les jetons*, avere spaghetto.
jeu [ʒø] m. **1.** gioco, giuoco. | *avoir du jeu, un beau jeu*, aver buon gioco. | *jouer gros jeu, un jeu d'enfer*, fare un gioco forte. (V. aussi GROS.) | *maison de jeu*, casa da gioco. | *faites vos jeux*, fate il vostro gioco. | *les jeux sont faits* (pr. et fig.), il gioco è fatto. | *jeu de construction*, costruzioni f. pl. | *jeu de boules* [terrain], campo da bocce ; bocciodromo. ‖ [partie] partita f. ; [tennis] gioco ; game (angl.). ‖ **2.** FIG. *jeu d'esprit*, scherzo, celia f. | *jeu de mots*, gioco di parole ; bisticcio. | *jeu de physionomie*, mimica f. | *par jeu*, per gioco, per scherzo. ‖ **3.** [interprétation] MUS. esecuzione f. ; THÉÂTRE recitazione f. | *jeux de scène*, giochi

scenici. || **4.** [fonctionnement] *jeu d'un ressort*, elasticità (f.) d'una molla. | *jeu des muscles*, elasticità, gioco dei muscoli. | *jeu des institutions*, meccanismo delle istituzioni. || PÉJOR. [d'une mécanique] gioco, lasco. || **5.** [assortiment] *jeu de cartes*, mazzo di carte. | *jeu d'aiguilles, de clés*, serie (f.) di aghi da calza, di chiavi. || **6.** LOC. *c'est un jeu d'enfant*, è un gioco da ragazzi. | *jeux de mains, jeux de vilains*, V. VILAIN. | *jouer le jeu*, stare al gioco. | *entrer dans le jeu*, entrare in gioco, in ballo. | *entrer dans le jeu de qn*, fare l'interesse di qlcu. | *entrer en jeu*, intervenire. | *ce n'est pas de jeu*, è contrario alle regole (del gioco). | *jouer franc jeu*, giocare lealmente. | *jouer double jeu*, fare il doppio gioco. | *être, mettre en jeu*, essere, mettere in gioco. | *avoir beau jeu de*, aver buon gioco di. | *cacher son jeu*, coprire il proprio gioco, nascondere le proprie carte. | *étaler son jeu*, scoprire il proprio gioco, mostrare le proprie carte, giocare a carte scoperte. | *faire le jeu de qn*, fare il gioco di qlcu., tener mano a qlcu. | *il s'est fait un jeu de lui répondre*, è stato un gioco per lui il rispondergli. | *abattre son jeu*, buttar le carte in tavola (pr.) ; scoprire il proprio gioco (fig.). | *se piquer, se prendre au jeu* = ostinarsi. | *le jeu n'en vaut pas la chandelle*, è più la spesa che l'impresa. | *jouer le grand jeu*, recitare la scena madre. | *être, faire vieux jeu*, essere fuori moda. | *tirer son épingle du jeu*, cavarsela a buon prezzo, cavarsi dall'impiccio. ◆ loc. adv. ***d'entrée de jeu,*** di primo acchito, a tutta prima. ◆ pl. MUS. [orgue] registro sing.

jeudi [ʒødi] m. giovedì. | *jeudi saint*, giovedì santo. || FAM. *la semaine des quatre jeudis*, il giorno di san Mai.

jeun (à) [aʒœ̃] loc. adv. a digiuno. | *être à jeun*, essere digiuno ; FAM. [sobre] non avere ancora bevuto (L.C.).

jeune [ʒœn] adj. giovane. | *tout jeune*, giovanissimo. | *jeune homme*, giovanotto m. | *jeune fille*, ragazza f., fanciulla f. | *jeunes gens*, giovani, giovanotti. | *jeunes mariés, jeunes époux*, sposini m. pl., giovani sposi. | *jeune âge*, tenera età. || [juvénile] giovanile. || [cadet] minore. || [crédule] ingenuo. || [inexpérimenté] *il est jeune dans le métier*, è fresco, nuovo nel mestiere. || AGR. *jeunes pousses*, germogli novelli. || THÉÂTRE *jeune premier*, primo amoroso. || LOC. *dès son plus jeune âge*, sin dalla prima infanzia. | *dans son jeune temps*, ai suoi tempi. | *être jeune de cœur, d'esprit*, essere giovane di cuore, di mente. || FAM. *c'est un peu jeune* = è insufficiente. ◆ n. m. [personne] giovane. || [cadet] *Durand (le) jeune*, Durand junior. | *Pline le Jeune*, Plinio il Giovane. || [animal] piccolo, cucciolo. ◆ adv. *s'habiller jeune*, vestirsi in modo giovanile.

jeûne [ʒøn] m. PR. et FIG. digiuno.

jeûner [ʒøne] v. intr. PR. et FIG. digiunare.

jeunesse [ʒœnɛs] f. [état ; temps] giovinezza, gioventù. | *péché de jeunesse*, peccato di gioventù. | *œuvre de jeunesse*, opera giovanile. || [groupe] gioventù. | *jeunesse dorée*, gioventù dorata ; jeunesse dorée (fr.). | *jeunesse délinquante*, giovani delinquenti m. pl. || [fillette] ragazza. || [fraîcheur] giovinezza. || PROV. *si jeunesse savait, si vieillesse pouvait*, chi ha il pane non ha i denti. || LOC. *prime, première jeunesse*, prima giovinezza. | *il n'est plus de la première jeunesse*, non è più di primo pelo. | *seconde jeunesse*, seconda giovinezza. | *il faut que jeunesse se passe*, la gioventù vuole il suo sfogo. || FIG. [premiers temps, début] gioventù, giovinezza. | *la jeunesse d'un peuple, du monde*, la giovinezza di un popolo, del mondo. | *le printemps, jeunesse de l'année*, la primavera, gioventù dell'anno. || [vigueur] *jeunesse du cœur, de l'esprit*, giovinezza del cuore, della mente.

jeunet, ette [ʒœnɛ, ɛt] adj. FAM., ou **jeunot, otte** [ʒœno, ɔt] adj. FAM., PÉJOR. di primo pelo ; giovanissimo (L.C.).

jeûneur, euse [ʒønœr, øz] n. digiunatore, trice.

jiu-jitsu [dʒjydʒitsy] m. SPORT jujitsu, jujutsu.

joaillerie [ʒɔajri] f. [art ; commerce] gioielleria. || [objets] gioielli m. pl.

joaillier, ère [ʒɔaje, ɛr] n. gioielliere, a.

1. job [ʒɔb] m. ARG. [tête] *monter le job à qn*, infinocchiare qlcu. (fam.). | *se monter le job*, montarsi la testa (fam.).

2. job [dʒɔb] m. FAM. job (angl.) ; lavoro (L.C.).

jobard, e [ʒɔbar, ard] adj. FAM. credulone, a (L.C.) ; gonzo, grullo. ◆ n. minchione m. (vulg.) ; credulone, a ; gonzo, a.

jobarderie [ʒɔbardəri] ou **jobardise** [ʒɔbardiz] f. FAM. minchioneria (vulg.), grulleria, balordaggine.

jociste [ʒɔsist] m. = membro della J. O. C. (« Jeunesse ouvrière chrétienne »).

jockey [ʒɔkɛ] m. fantino ; jockey (angl.).

jocrisse [ʒɔkris] m. bietolone ; babbeo (vulg.).

jodler, iodler [jɔdle] ou **iouler** [jule] v. intr. = cantare, gorgheggiare alla tirolese.

johannique [ʒɔanik] adj. RELIG. giovanneo.

joie [ʒwa] f. gioia, contentezza ; letizia, gaudio m. (littér.). || [gaieté] allegria, gioia. || LOC. *feu de joie*, falò m. | *ne plus se sentir de joie, être transporté de joie*, non stare in sé dalla gioia, non star più nella pelle dalla contentezza. | *s'en donner à cœur joie*, godersela un mondo. | *à ma grande joie*, con mia grande gioia. | *se faire une joie de*, rallegrarsi al pensiero di. | *être tout à la joie de*, traboccare di gioia per. | *la prise de bec mit l'assistance en joie*, il battibecco fu lo spasso del pubblico. || PÉJOR. *fille de joie*, donna pubblica, di strada. || IRON. *ce sont les joies de la famille !*, sono le gioie della famiglia !

joindre [ʒwɛ̃dr] v. tr. [faire se toucher] congiungere, unire. | *joindre les mains*, (con)giungere le mani. || FAM. *joindre les deux bouts*, sbarcare il lunario, arrivare al ventisette (del mese). || [ajouter] *joindre à une lettre*, accludere, allegare a una lettera. | *joindre l'intérêt au capital*, aggiungere l'interesse al capitale. || [allier] congiungere, unire. | *joindre ses efforts à*, congiungere i propri sforzi con. | *joindre l'utile à l'agréable*, unire l'utile al dilettevole. || [contacter] raggiungere. | *je ne puis le joindre par téléphone*, non posso raggiungerlo per telefono. | *où puis-je le joindre ?*, dove lo posso trovare ? ◆ v. intr. [se toucher] combaciare. ◆ v. pr. [s'unir] unirsi. || [se retrouver] incontrarsi. || [s'ajouter] aggiungersi.

1. joint, e [ʒwɛ̃, ɛ̃t] adj. congiunto, unito. | *prier les mains jointes*, pregare a, colle mani giunte. | *à pieds joints*, a piedi uniti, a piè pari. || [ajouté] *ci-joint*, (qui) accluso, (qui) allegato. | *pièces jointes*, allegati m. pl.

2. joint m. ANAT. giuntura f. || FIG., FAM. *trouver le joint*, trovare il verso buono ; trovare il bandolo della matassa. || GÉOL. fessura f. || TECHN. giunto. | *joint à rotule*, snodo sferico. | *joint de Cardan*, giunto cardanico, di Cardano. | *joint de dilatation*, giunto di dilatazione. || [d'étanchéité] guarnizione f.

jointée [ʒwɛ̃te] f. VX giumella (L.C.).

jointif, ive [ʒwɛ̃tif, iv] adj. combaciante.

jointoyer [ʒwɛ̃twaje] v. tr. rabboccare (i vani fra le pietre).

jointure [ʒwɛ̃tyr] f. ANAT. giuntura. | *jointure des doigts*, nocca ; giuntura delle dita. || [joint] giuntura, commettitura.

joker [ʒɔkɛr] m. (angl.) jolly (angl.) ; matta f.

joli, e [ʒɔli] adj. carino, bellino, grazioso ; leggiadro (littér.). | *faire joli*, essere grazioso, carino. | *joli comme un cœur*, molto carino. || LOC. *faire le joli cœur*, fare il cascamorto. || [considérable] *une jolie somme*, una bella sommetta, una somma discreta. | *obtenir de jolis résultats*, ottenere buoni risultati. || FIG., PÉJOR. *un joli monsieur*, un bel tipo. | *un joli tour*, un bel tiro. | *nous sommes jolis !*, stiamo freschi ! | *ce n'est pas joli, joli !*, bella roba ! ◆ n. m. FAM. *c'est du joli !*, bella roba ! | *tu as fait du joli !*, l'hai fatta bella !

joliesse [ʒɔljɛs] f. grazia ; leggiadria (littér.).

joliet, ette [ʒɔljɛ, ɛt] adj. graziosetto, bellino.

joliment [ʒɔlimɑ̃] adv. con grazia, graziosamente ; leggiadramente (littér.). || IRON. *se faire joliment recevoir*, farsi fare una bella accoglienza! || FAM. [beaucoup] molto, assai, proprio (L.C.).

jonc [ʒɔ̃] m. giunco. | *jonc des marais*, giunco di palude ; falasco. | *(canne de) jonc*, mazza f. (di giunco). | *droit comme un jonc*, diritto come un fuso. || [bague] anello (semplice).

jonchaie [ʒɔ̃ʃɛ], **joncheraie** [ʒɔ̃ʃrɛ] ou **jonchère** [ʒɔ̃ʃɛr] f. giuncaia, giuncheto m.

jonchée [ʒɔ̃ʃe] f. strato m., tappeto m. | *jonchée de fleurs et de feuilles*, fiorita. || [fromage] giuncata.
joncher [ʒɔ̃ʃe] v. tr. **[de]** (co)spargere (di).
jonchets [ʒɔ̃ʃɛ] m. pl. bastoncini. | *jouer aux jonchets*, giocare a sciangai.
jonction [ʒɔ̃ksjɔ̃] f. congiunzione, collegamento m., congiungimento m. | *canal de jonction*, canale di collegamento. | *jonction de canaux*, confluenza di canali. | *point de jonction*, punto di congiunzione, di congiungimento. || ÉLECTR. *ligne de jonction*, linea di collegamento.
jongler [ʒɔ̃gle] v. intr. = fare giochi di destrezza; giocolare (tosc.). || FIG. *jongler avec les difficultés*, destreggiarsi nelle difficoltà, giostrare tra le difficoltà.
jonglerie [ʒɔ̃gləri] f. gioco (m.) di destrezza. || FIG., PÉJOR. ciarlataneria.
jongleur [ʒɔ̃glœr] m. giocoliere. || HIST. giullare.
jonque [ʒɔ̃k] f. MAR. giunca.
jonquille [ʒɔ̃kij] f. BOT. giunchiglia.
jordanien, enne [ʒɔrdanjɛ̃, ɛn] adj. et n. giordano.
joseph [ʒozɛf] m. carta (f.) filtro.
joséphisme [ʒozefism] m. HIST. giuseppinismo, giuseppismo.
jouable [ʒwabl] adj. JEU *coup jouable*, colpo da tentare. || MUS. eseguibile. || THÉÂTRE rappresentabile.
joubarbe [ʒubarb] f. BOT. barba di Giove; semprevivo m.
joue [ʒu] f. guancia; gota (littér.; tosc. fam.). | *tendre l'autre joue*, porgere l'altra guancia. | *mettre, coucher qn en joue*, prendere di mira qlcu. | *il le met en joue*, gli spiana contro il fucile. | *en joue!*, puntate! || TECHN. flangia, fiancata.
jouer [ʒwe] v. tr. JEU giocare. || MUS. suonare, sonare. | *jouer du Bach*, suonare Bach. | *jouer une sonate*, eseguire una sonata. || THÉÂTRE recitare. | *que joue-t-on au théâtre?*, che cosa danno, si recita al teatro? | *jouer le rôle de*, tenere, recitare, fare la parte di. || FIG. *jouer le tout pour le tout, son va-tout*, giocare il tutto per tutto. | *jouer franc jeu, cartes sur table*, giocare a carte scoperte. | *jouer un jeu dangereux*, fare un gioco pericoloso. | *jouer sa dernière carte*, giocare l'ultima carta. | *jouer sa tête, sa vie*, giocarsi la testa, la vita. || [simuler] *jouer la surprise*, simulare, fingere la sorpresa. | *jouer la comédie*, recitare la commedia. | *jouer les héros*, atteggiarsi ad eroe, darsi arie da eroe. || [duper] *jouer un tour à qn*, giocare, fare un tiro a qlcu. | *jouer qn*, farsi gioco di, burlarsi di qlcu. ◆ v. tr. ind. **(à)** giocare. | *jouer aux cartes, au tennis*, giocare a carte, a tennis. || FIG. *jouer au plus fin avec qn*, giocare d'astuzia con qlcu. | *jouer au grand seigneur*, darsi delle arie da gran signore, atteggiarsi a gran signore. | *jouer à la Bourse, à la baisse, à la hausse*, giocare in Borsa, al ribasso, al rialzo. ◆ v. intr. et v. tr. ind. **(avec)** : *jouer avec son collier*, giocherellare con la collana. | *jouer avec le feu, avec sa santé, avec la vie*, scherzare col fuoco, con la salute, con la vita. || **(contre)** : *le sort a joué contre moi*, la sorte mi è stata avversa. || **(de)** : *jouer du violon*, suonare il violino. | *jouer du couteau*, tirare, giocare di coltello; essere lesto di coltello. | *jouer de son reste*, giocare l'ultima carta. || FIG. *jouer des coudes*, farsi largo a gomitate. | *jouer des jambes*, darsela a gambe. | *jouer des mains*, giocare di mano; essere lesto di mano. | *jouer des mâchoires*, dimenare le mascelle. | *jouer d'adresse*, giocare d'astuzia. | *jouer de malheur, de malchance*, essere sfortunato; avere scalogna (fam). || **(sur)** : *jouer sur les mots*, giocare sulle parole. | *jouer sur la hausse du café*, giocare al rialzo del caffè. | *jouer sur un cheval*, scommettere su un cavallo. ◆ v. intr. giocare. | *jouer gros*, V. GROS. | *jouer serré*, V. SERRÉ. | *la chance joue*, la fortuna gioca; c'entra la fortuna. || MAR. *la brise joue*, la brezza è variabile. || TECHN. giocare, aver gioco. | *le bois a joué*, il legno si è sconnesso, imbarcato. || [se mouvoir] *faire jouer ses muscles*, mettere in moto i muscoli. || FIG. *faire jouer*, mettere in gioco. | *faire jouer tous les ressorts*, sfruttare ogni risorsa. || THÉÂTRE recitare. ◆ v. pr. [sens pass.] JEU giocarsi. || THÉÂTRE recitarsi. || [sens réfl.] *se jouer des difficultés*, ridersi delle difficoltà. | *faire qch. en se jouant*, fare qlco. come per gioco. || FIG. [se moquer] *se jouer de qn*, burlarsi di qlcu., pigliarsi gioco di qlcu. | *se jouer des lois*, farsi gioco delle leggi.
jouet [ʒwɛ] m. giocattolo; balocco (tosc.). || FIG. *être le jouet des vagues*, essere in balìa delle onde. || *être le jouet de ses passions*, essere vittima delle proprie passioni. || [objet de moquerie] zimbello m.
joueur, euse [ʒwœr, øz] adj. [enfant] che ama, a cui piace il gioco. || [jeu de cartes, de hasard] giocatore, trice. ◆ n. JEU. SPORT giocatore, trice; [football] calciatore m.; [tennis] tennista. || LOC. *se montrer beau joueur*, saper perdere, essere sportivo. || MUS. sonatore, trice.
joufflu, e [ʒufly] adj. FAM. paffuto, paffutello.
joug [ʒu] m. PR. et FIG. giogo.
jouir [ʒwir] v. tr. ind. **(de)** : *jouir de qch.*, godere (di) qlco., godersi qlco. | *jouir de qn*, godersi (la compagnia di) qlcu. | *jouir de la vie*, godersi la vita. | *jouir d'une bonne santé, de l'estime publique*, godere ottima salute, la stima pubblica. | *jouir de tous les avantages*, godere di tutti i vantaggi. | *jouissant de toutes ses facultés*, nel pieno possesso delle facoltà. || JUR. (usu)fruire di.
jouissance [ʒwisɑ̃s] f. [plaisir; possession] godimento m.; goduria (tosc.; iron.). || JUR. godimento, usufrutto m. || FIN. *action de jouissance*, azione di godimento.
jouisseur, euse [ʒwisœr, øz] n. gaudente.
joujou [ʒuʒu] m. FAM. giocattolo, balocco (L.C.). | *faire joujou*, giocare, baloccarsi.
joule [ʒul] m. MÉC. joule.
jour [ʒur] m. giorno; dì (littér.). || **1.** [opposé à la nuit] *il commence à faire jour; le jour point, se lève*, spunta il giorno. | *le point du jour, le jour naissant*, lo spuntar del giorno. | *au petit jour*, (littér.) *à la pointe du jour*, sul far del giorno (L.C.), allo spuntar dell'alba. | *les heures du jour*, le ore diurne. | *en plein jour*, in pieno giorno. | *au grand jour*, alla luce del sole, in piena luce (pr. et fig.). | *de jour, pendant le jour*, di giorno. | *il fait jour*, fa, è giorno. | *service de jour*, servizio diurno, di giorno. | *travailler de jour*, lavorare di giorno. | *le déclin du jour*, il cader, il finir del giorno. || FIG. *clair comme le jour*, chiaro come la luce del sole. | *belle comme le jour*, bella come il sole. || **2.** [lumière] luce f. | *faux jour*, luce falsa; ART controluce f. | *prendre jour sur*, prender luce da. || FIG. *mettre, voir sous un jour favorable*, mettere, vedere sotto una luce favorevole, propizia. | *voir sous un mauvais jour*, vedere sotto una luce sfavorevole. || ARCHIT. [ouverture] vano, luce, apertura f. || JUR. *jour de souffrance*, luce sul fondo del vicino. || **3.** [existence] *mettre au jour* : ARCHÉOL. rimettere, restituire in luce, alla luce; scoprire; [œuvre] dare, mettere in luce; pubblicare; FIG. svelare, smascherare. || *donner le jour à* : [enfanter] dare, mettere alla luce; [être le lieu d'origine, de naissance] dare i natali a. | *la ville qui donna le jour à Leopardi*, la città che diede i natali a Leopardi. | *voir le jour*, venire alla luce, vedere la luce; nascere; avere i natali. | *ce roman a vu le jour il y a vingt ans*, questo romanzo fu pubblicato vent'anni fa. || FIG. *se faire jour*, farsi largo, strada; venire in luce, a galla. || *mettre à jour une édition*, aggiornare un'edizione. | *mise à jour*, aggiornamento m. || *percer à jour la perfidie de qn*, svelare, smascherare la perfidia di uno. || **4.** [aspect] *se montrer sous son vrai jour*, mostrarsi nella sua vera luce. | *être dans un (de ses) bon(s) jour(s)*, essere in un giorno di buon umore; SPORT essere in forma. | *c'est le jour et la nuit*, V. NUIT. || **5.** [durée de 24 h] *dans quinze jours*, fra quindici giorni. | *en quinze jours*, in quindici giorni. | *dans les quinze jours*, entro quindici giorni. | *il y a trois jours que je le connais*, lo conosco da tre giorni. | *je l'ai rencontré il y a trois jours*, l'ho incontrato tre giorni fa. | *ce jour*, oggi. | *ce jour-là*, quel giorno. | *habits de tous les jours, des grands jours*, vestiti di tutti i giorni, da festa. | *quel est son jour (de réception)?*, che giorno riceve? | *jour de l'an*, capodanno. | *jour de fête, férié*, giorno festivo. | *jour ouvrable*,

giorno feriale. | *jour de paye*, giorno della paga. | *quel jour sommes-nous ?*, che giorno è oggi ? | *du jour au lendemain*, da oggi a domani. | *d'un jour à l'autre*, da un giorno all'altro. | *un beau jour*, un bel giorno. | *d'ici (là) quelques jours*, a giorni. | *deux fois par jour*, due volte al giorno. | *tous les deux jours*, ogni due giorni, un giorno sì e uno no. | *de jour en jour*, di giorno in giorno. | *un an jour pour jour*, un anno esattamente. | *vivre au jour le jour*, vivere alla giornata, giorno per giorno. | *donner à sa bonne ses huit jours*, dare gli otto giorni alla domestica. | *la bonne a donné ses huit jours*, la domestica ha chiesto gli otto giorni. | *succès d'un jour*, successo effimero. | *prendre jour*, fissare un giorno. || **6.** [époque] *de nos jours*, ai giorni nostri. | *les beaux jours*, i bei tempi. | *avoir ses bons et ses mauvais jours*, andare a giorni. | *homme du jour*, uomo del giorno. | *être au goût du jour*, seguire la moda. | *être à l'ordre du jour*, essere all'ordine del giorno. | *au jour d'aujourd'hui*, al giorno d'oggi ; oggigiorno, oggidì. | *œufs du jour*, uova di giornata. || **7.** [vie] *couler des jours heureux*, trascorrere una vita tranquilla. | *mettre fin, attenter à ses jours*, por fine ai propri giorni. | *ses jours sont comptés*, ha i giorni contati. | *sur ses vieux jours*, nei giorni della sua vecchiaia. || **8.** COMM. *mettre à jour*, mettere a giorno ; aggiornare. | *être à jour*, essere in pari, essere aggiornato. || MAR. *jour de planches*, stallia f. || MIL. *être de jour*, essere di giornata. || **9.** TEXT. *bas à jour*, calza traforata. || [broderie] sfilato. | *broderie, ourlet à jour*, ricamo, orlo a giorno, a traforo. ◆ loc. conj. ***le jour où, du jour où,*** il giorno, dal giorno in cui.

journal [ʒurnal] m. giornale. | *journal à scandales*, giornale scandalistico. | *journal de mode*, rivista (f.) di moda ; figurino. | *journal pour enfants*, giornaletto, giornalino. || *journal intime*, diario intimo. || ADM. *journal officiel*, gazzetta (f.) ufficiale. || COMM. giornale, libro. || MAR. *journal de bord*, giornale di bordo. || TÉLÉCOM. *journal parlé*, giornale radio. | *journal télévisé*, telegiornale. | *journal filmé*, cinegiornale ; notiziario (cinematografico).

journalier, ère [ʒurnalje, ɛr] adj. PR. et FIG. giornaliero. ◆ n. m. giornaliero, bracciante.

journalisme [ʒurnalism] m. giornalismo.

journaliste [ʒurnalist] n. giornalista.

journalistique [ʒurnalistik] adj. giornalistico.

journée [ʒurne] f. [temps] giornata. | *il viendra dans la journée*, verrà in giornata, entro la giornata. | *toute la (sainte) journée*, tutto il (santo) giorno. || [travail] *journée de huit heures*, giornata di otto ore. | *homme, femme de journée*, uomo, donna che lavora a giornata ; lavorante a giornata. | *travailler à la journée*, lavorare a giornata.

journellement [ʒurnɛlmɑ̃] adv. giornalmente.

joute [ʒut] f. FÉOD. giostra. || FIG. gara ; tenzone (littér.). | *joutes oratoires*, certami oratori.

jouter [ʒute] v. intr. FÉOD. giostrare. || FIG. gareggiare, competere.

jouteur [ʒutœr] m. FÉOD. giostratore. || FIG. lottatore.

jouvence [ʒuvɑ̃s] f. LOC. *bain de jouvence*, bagno che ringiovanisce, rinvigorisce. | *fontaine, source de jouvence*, fonte dell'eterna giovinezza. | *eau de jouvence*, acqua ristoratrice.

jouvenceau, elle [ʒuvɑ̃so, ɛl] n. IRON. giovincello, a.

jouxter [ʒukste] v. tr. essere contiguo, adiacente, limitrofo a ; confinare con.

jovial, e, als ou **aux** [ʒɔvjal, o] adj. gioviale.

jovialité [ʒɔvjalite] f. giovialità.

jovien, enne [ʒɔvjɛ̃, ɛn] adj. gioviano.

joyau [ʒwajo] m. gioiello.

joyeuseté [ʒwajøzte] f. facezia, scherzo m.

joyeux, euse [ʒwajø, øz] adj. allegro, lieto, gioioso, giocondo. | *joyeux compère*, buontempone. | *mener joyeuse vie*, godersela, spassarsela. | *joyeux Noël !*, buon Natale ! ◆ n. m. ARG. MIL. = soldato del battaglione disciplinare d'Africa.

jubé [ʒybe] m. ARCHIT. = tribuna (f.) su archi (che separa il coro dalla navata nelle cattedrali gotiche) ; jubé (fr.).

jubilaire [ʒybilɛr] adj. giubilare.

jubilation [ʒybilasjɔ̃] f. FAM. giubilo m., esultanza (L.C.).

jubilé [ʒybile] m. giubileo.

jubiler [ʒybile] v. intr. FAM. giubilare, esultare (L.C.).

jucher [ʒyʃe] v. intr. appollaiarsi. || FAM. *il juche au douzième étage*, se ne sta lassù al dodicesimo piano. ◆ v. tr. FAM. collocare, appendere in alto. ◆ v. pr. appollaiarsi.

juchoir [ʒyʃwar] m. posatoio (tosc.).

judaïque [ʒydaik] adj. giudaico (m. pl. *giudaici*).

judaïser [ʒydaize] v. tr. giudaizzare.

judaïsme [ʒydaism] m. giudaismo.

judas [ʒyda] m. [traître] giuda. || ARCHIT. spioncino, spia f.

judéo-chrétien, enne [ʒydeokretjɛ̃, ɛn] adj. giudeo-cristiano.

judéo-christianisme [ʒydeokristjanism] m. giudeo-cristianesimo.

judéo-espagnol [ʒydeoɛspaɲɔl] m. LING. giudeo-spagnolo.

judicature [ʒydikatyr] f. giudicatura.

judiciaire [ʒydisjɛr] adj. giudiziario ; giudiziale (rare).

judicieux, euse [ʒydisjø, øz] adj. giudizioso, assennato.

judo [ʒydo] m. giudo.

judoka [ʒydɔka] m. giudoista.

juge [ʒyʒ] m. JUR. giudice. | *juge de paix, d'instruction*, giudice conciliatore, istruttore. | *juge de première, de grande instance*, V. INSTANCE. || FIG. [arbitre] *s'ériger en juge*, erigersi a giudice. | *faire, laisser juge de*, fare, lasciare arbitro di. || [connaisseur] giudice, intenditore. | *être bon juge en la matière*, essere buon giudice in materia. || SPORT giudice. | *juge de touche*, guardalinee inv., segnalinee inv.

jugé [ʒyʒe] m. JUR. giudicato. || LOC. *au jugé*, a occhio e croce.

jugeable [ʒyʒabl] adj. giudicabile.

jugement [ʒyʒmɑ̃] m. [faculté ; opinion] giudizio. | *porter, prononcer un jugement sur*, dare, emettere un giudizio su. | *avoir du jugement*, aver giudizio. | *jugement préconçu*, preconcetto, pregiudizio. | *personne de jugement*, persona giudiziosa, di buonsenso. | *jugement d'existence*, giudizio di realtà. || [avis] parere. || HIST. *jugement de Dieu*, giudizio di Dio. || JUR. [sentence] sentenza f., giudizio. | *citer en jugement*, citare in giudizio. | *prendre, prononcer un jugement*, emettere una sentenza. || RELIG. *jugement dernier*, giudizio universale, finale ; Giudizio.

jugeote [ʒyʒɔt] f. FAM. comprendonio m. ; giudizio m., buonsenso m. (L.C.). | *il n'a pas un brin, deux sous de jugeote*, non ha neppure un granello di sale in zucca.

juger [ʒyʒe] v. tr. giudicare. | *juger sur les apparences*, giudicare dalle apparenze. || [estimer] *juger bon, à propos, nécessaire de partir*, ritenere, stimare, giudicare opportuno, necessario partire. | *faites comme bon vous jugerez*, fate come meglio vi sembra. | *je juge que cela ne me regarde pas*, ritengo che la cosa non mi riguarda. | *juge combien je fus surpris*, figurati, immaginati quanto rimanessi sorpreso. ◆ v. tr. ind. **(de)** dare giudizio (su), giudicare (di). | *autant que je puisse en juger*, per quanto io ne possa giudicare. || [imaginer] *juge de ma surprise*, figurati, immaginati la mia sorpresa. ◆ v. pr. [sens pass.] giudicarsi. || [sens réfl.] *se juger capable*, ritenersi, stimarsi, giudicarsi capace.

jugeur, euse [ʒyʒœr, øz] n. PÉJOR. criticone, a ; sputasentenze inv.

jugulaire [ʒygylɛr] adj. giugulare, iugulare. ◆ n. f. MÉD. vena giugulare. || MIL. sottogola m. inv., soggolo m.

juguler [ʒygyle] v. tr. *juguler une révolte*, soffocare una rivolta. | *juguler une maladie*, stroncare una malattia.

juif, ive [ʒɥif, iv] adj. ebreo. | *traditions juives*, tradizioni ebree. ◆ n. RELIG. *un juif pratiquant*, un ebreo praticante. || FIG., PÉJOR. ebreo ; giudeo (rare). | *le Juif errant*, l'ebreo errante. || POLIT., ANTIQ. giudeo, israelita. | *un Juif polonais*, un ebreo polacco.

juillet [ʒɥijɛ] m. luglio.
juin [ʒɥɛ̃] m. giugno.
jujube [ʒyʒyb] m. [fruit, suc, pâte] giuggiola f.
jujubier [ʒyʒybje] m. Bot. giuggiolo.
julep [ʒylɛp] m. Pharm. giulebbe.
jules [ʒyl] m. Pop. [vase de nuit] pitale. ‖ Arg. [truand] magnaccia, teppista ; [amant, mari] uomo (l.c.).
julien, enne [ʒyljɛ̃, ɛn] adj. giuliano.
julienne [ʒyljɛn] f. Bot. *julienne des dames*, viola matronale ; esperide. ‖ Culin. = specie di minestra a base di verdure ; giuliana (gall.).
jumeau, elle [ʒymo, ɛl] adj. et n. gemello. ◆ n. m. pl. Anat. (muscoli) gemelli.
jumelage [ʒymlaʒ] m. abbinamento, accoppiamento, appaiamento. ‖ [de villes] gemellaggio.
jumelé, e [ʒymle] adj. Archit. *fenêtres jumelées*, (finestra) bifora f. | *colonnes jumelées*, colonne binate. ‖ Mil. binato. ‖ Techn. *roues jumelées*, ruote abbinate.
jumeler [ʒymle] v. tr. abbinare, accoppiare, appaiare. | *jumeler deux villes*, proclamare il gemellaggio di due città.
1. jumelle adj. et n. f. V. jumeau.
2. jumelle f. ou **jumelles** [ʒymɛl] f. pl. Opt. binocolo m. ◆ pl. Techn. biscottini m. pl. ; [tour] ganasce f. pl.
jument [ʒymɑ̃] f. Zool. cavalla, giumenta ; fattrice (littér.).
jumping [dʒœmpiŋ] m. (angl.) Sport corsa (f.) a ostacoli.
jungle [ʒœ̃gl] f. giungla.
junior [ʒynjɔr] adj. et n. m. junior (lat.). ‖ Sport junior (pl. *juniores*).
junon [ʒynɔ̃] f. giunone.
junonien, enne [ʒynɔnjɛ̃, ɛn] adj. giunonico.
jupe [ʒyp] f. gonna, gonnella, sottana. | *jupe cloche, fendue sur le côté*, gonna scampanata, con spacco laterale. ‖ Fig. *être cousu à la jupe de sa mère*, essere attaccato, stare cucito alla gonnella, alla sottana della mamma.
jupe-culotte [ʒypkylɔt] f. gonna a pantaloni.
jupon [ʒypɔ̃] m. sottana f., sottogonna f. ‖ Fig., fam. *courir le jupon*, correre dietro alle sottane, alle gonnelle. | *coureur, trousseur de jupons*, donnaiolo.
jurassien, enne [ʒyrasjɛ̃, ɛn] adj. del Giura. ◆ n. abitante del Giura.
jurassique [ʒyrasik] adj. et n. m. Géol. giurassico, giurese.
juré, e [ʒyre] adj. giurato. | *ennemi juré*, nemico giurato. | *expert juré*, perito giurato. ◆ n. m. Jur. giurato.
jurement [ʒyrmɑ̃] m. imprecazione f., bestemmia f. ‖ Théol. giuramento vano.
jurer [ʒyre] v. tr. [prendre à témoin] *jurer ses grands dieux que*, giurare e spergiurare che ; giurare sul cielo, su tutti gli dei che. ‖ Relig. *Dieu en vain tu ne jureras*, non nominare il nome di Dio in vano. ‖ [promettre par serment] *jurer amitié, obéissance*, giurare amicizia, ubbidienza. | *jurer la mort de qn*, giurare morte a qlcu. | *jurer de dire la vérité*, giurare di dire la verità. | *il a juré qu'il viendrait*, ha giurato che sarebbe venuto. | *je te jure que non*, ti giuro di no. ‖ Fig. *on jurerait son père*, è, pare il ritratto di suo padre. ◆ v. tr. ind. *il ne faut jurer de rien*, non bisogna giurare su nulla. | *je n'en jurerais pas*, non ci giurerei. | *il ne jure plus que par un tel*, il tale è per lui l'idolo del momento. ‖ [pester] *jurer après, contre qn*, imprecare contro uno. ◆ v. intr. [prêter serment] *jurer sur la Bible, sur l'honneur, sur son honneur*, giurare sulla Bibbia, sull'onore. ‖ [blasphémer] imprecare, bestemmiare. | *jurer comme un païen, comme un charretier*, bestemmiare come un turco, comme un carrettiere. ‖ Fig. [faire disparate] stonare, stridere, cozzare ; fare ai pugni con (fam.). | *ce jaune jure avec le rouge*, questo giallo stona col, sul rosso, fa a pugni col rosso. | *ces couleurs jurent ensemble*, questi colori sono stonati. | *ce mensonge jure avec sa nature*, questa menzogna contraddice alla sua indole. ◆ v. pr. [se promettre à soi-même] giurare a se stesso. ‖ [sens récipr.] *ils se sont juré un éternel amour*, si sono giurati un eterno amore.
jureur [ʒyrœr] m. Hist. prete giurato, costituzionale.
juridiction [ʒyridiksjɔ̃] f. giurisdizione. | *degré de juridiction*, grado di competenza.
juridictionnel, elle [ʒyridiksjɔnɛl] adj. giurisdizionale.
juridique [ʒyridik] adj. giuridico (m. pl. *giuridici*). | *preuve juridique*, prova legale.
jurisconsulte [ʒyriskɔ̃sylt] m. giureconsulto, giurisperito.
jurisprudence [ʒyrisprydɑ̃s] f. giurisprudenza. | *faire jurisprudence*, fare giurisprudenza, far testo.
jurisprudentiel, elle [ʒyrisprydɑ̃sjɛl] adj. giurisprudenziale.
juriste [ʒyrist] m. giurista.
juron [ʒyrɔ̃] m. imprecazione f., bestemmia f. ; moccolo (pop.).
jury [ʒyri] m. (angl.) [de tribunal] giurìa f. ; [de cour d'assises] giurìa ; collegio dei giurati. ‖ [de concours distribuant des prix] giurìa. ‖ Univ. commissione (esaminatrice). ‖ *jury d'honneur*, giurì d'onore.
jus [ʒy] m. [de fruit] sugo, succo ; [de viande] sugo. ‖ Fam. *jus de la treille*, vino (l.c.). ‖ Arg. [café] brodaglia f. (fam.) ; caffè lungo (l.c.). ‖ Pop. [courant électrique] corrente f. (l.c.).
jusant [ʒyzɑ̃] m. Mar. riflusso, deflusso.
jusqu'au-boutisme [ʒyskobutism] m. Fam. oltranzismo (l.c.).
jusqu'au-boutiste [ʒyskobutist] m. Fam. guerrafondaio ; oltranzista (l.c.).
jusque [ʒysk] (Littér. **jusques**) prép. [espace et temps] fino, sino ; infino, insino (littér.). ◆ loc. prép. ***jusqu'à***, fino a. ‖ Fig. [même] perfino, persino. | *jusqu'à mon père*, perfino, persino mio padre. | *on va jusqu'à dire*, si dice perfino, persino. ‖ Loc. *jusqu'au bout : jusqu'à la gauche* (fam.), fin in fondo (l.c.). | *jusqu'à nouvel ordre*, fino a nuovo ordine. | *jusqu'(à) aujourd'hui*, fino ad oggi. | *jusqu'à maintenant*, finora, fino ad ora, fin adesso. | *jusque(s) et y compris la page 20*, fino alla pagina 20 compresa. ‖ ***jusqu'en, jusque dans***, fino in. ‖ ***jusque vers***, fin verso. ◆ loc. adv. ***jusqu'ici :*** [espace] fin qui, fin qua ; [temps] finora, sinora. ‖ ***jusque-là :*** [espace] fin lì, fin là ; [temps] fin allora. ‖ Fam. *en avoir jusque-là*, averne fin qui, fin sopra i capelli. ‖ ***jusqu'où ?***, fin dove ? ◆ loc. conj. ***jusqu'à ce que, jusqu'au moment où***, finché, fintantoché. | *tu attendras jusqu'à ce que je revienne*, aspetterai finché io non sia tornato. | *il resta dans la maison jusqu'à ce que le soleil se couche*, restò in casa finché non tramontò il sole. | *il décida de rester jusqu'à ce que le soleil se couche*, decise di restare finché non tramontasse il sole.
jusquiame [ʒyskjam] f. Bot. giusquiamo m.
jussif, ive [ʒysif, iv] adj. et n. m. Ling. iussivo.
justaucorps [ʒystokɔr] m. giustac(u)ore.
juste [ʒyst] adj. giusto. ‖ [légitime] *à juste titre*, a buon diritto, a giusto titolo. | *juste crainte*, timore fondato. ‖ Loc. *tenir pour juste*, ritener fondato. | *très juste !*, giustissimo ! | *juste ciel !*, giusto cielo ! | *justes dieux !*, santi numi ! ‖ [exact] *trouver le mot juste*, trovare la parola giusta. | *au sens le plus juste du terme*, nel senso più stretto del termine. | *heure juste*, ora precisa, giusta. | *une montre juste*, un orologio preciso. | *avoir l'oreille juste*, avere orecchio. | *le compte est juste*, il conto torna. ‖ Mil. *arme juste*, arma precisa. ‖ [à peine suffisant] un po' stretto ; un po'insufficiente ; scarso. | *ce vêtement est (un peu) juste*, questo vestito è un po' stretto. ◆ n. m. [personne ; chose juste] giusto. | *dormir du sommeil du juste*, dormire il sonno dei giusti. ◆ adv. giusto. ‖ [avec exactitude] *tout juste !*, appunto ! | *frapper juste*, colpire nel segno. | *tomber juste*, azzeccare, imbroccare. | *les comptes ne tombent pas juste*, i conti non tornano. | *chanter juste*, cantar giusto. | *juste trois kilos*, giusto tre chili. | *à deux heures juste*, alle due precise, in punto. | *juste à côté*, proprio accanto. | *juste avant l'arrivée*, proprio prima dell'arrivo. ‖ [d'une manière insuffisante] *mesurer juste*, far la misura scarsa. | *avoir juste de quoi vivre*,

aver giusto, appena di che vivere. | *arriver juste à temps*, arrivare giusto in tempo. | *arriver bien juste*, arrivare appena in tempo. | *c'est tout juste si j'ai pu lui parler*, gli ho potuto appena parlare. ◆ loc. adv. ***au juste** : il ne sait rien au juste*, non sa niente di preciso. | *que veux-tu au juste ?*, insomma che vuoi esattamente ? || ***au plus juste,*** al centesimo ; con la massima precisione. || FAM. ***comme de juste,*** com'è giusto (L.C.).
justement [ʒystəmɑ̃] adv. [légitimement] giustamente. || [précisément] appunto, proprio, esattamente. || [exclam.] (per l') appunto !
juste-milieu [ʒystəmiljø] m. moderatismo ; via (f.) di mezzo.
justesse [ʒystɛs] f. giustezza, esattezza. | *justesse d'une balance*, precisione di una bilancia. | *justesse d'une observation*, giustezza, esattezza di un'osservazione. ◆ loc. adv. ***de justesse,*** appena appena ; per poco ; per un pelo (fam.). | *gagner de justesse, d'extrême justesse*, vincere di misura, di stretta misura.
justice [ʒystis] f. JUR. giustizia. | *ministère de la justice :* [dans un contexte fr.] ministero della giustizia ; [dans un contexte it.] ministero di grazia e giustizia. | *justice de paix*, ufficio (m.), sede del giudice conciliatore. | *aller en justice de paix*, andare dal giudice conciliatore. | *repris de justice*, pregiudicato. | *bois de justice*, patibolo. | *rendre la justice*, amministrare la giustizia. | *poursuivre en justice*, intentare causa contro. | *traduire en justice*, tradurre davanti alla giustizia. | *appeler qn en justice*, citare, convenire qlcu. in giudizio. | *comparaître en justice*, comparire in giudizio. | *se faire justice :* [se venger] farsi giustizia da sé ; [se suicider] far giustizia di sé, suicidarsi. || [équité] giustizia. || LOC. *ce n'est que justice*, è più che giusto. | *en bonne, en toute justice*, per essere giusti. | *faire, rendre justice à qn*, rendere giustizia a qlcu. | *faire justice de qch.*, far giustizia di qlco. | *je te dois cette justice que*, ti rendo questa giustizia che.
justiciable [ʒystisjabl] adj. JUR. giudicabile. | *être justiciable de*, essere soggetto alla giurisdizione di.
justicier [ʒystisje] m. giustiziere. | *s'ériger en justicier*, erigersi a giustiziere.
justifiable [ʒystifjabl] adj. giustificabile.
justifiant, e [ʒystifjɑ̃, ɑ̃t] adj. THÉOL. giustificante.
justificateur, trice [ʒystificatœr, tris] adj. giustificatore, trice.
justificatif, ive [ʒystifikatif, iv] adj. giustificativo. | *pièces justificatives :* COMM. pezze giustificative, d'appoggio ; JUR. documenti probatori. ◆ n. m. giustificativo.
justification [ʒystifikasjɔ̃] f. giustificazione. || TYP. giustezza.
justifier [ʒystifje] v. tr. giustificare. || JUR. *préjudice justifié*, danno accertato. || TYP. giustificare. ◆ v. tr. ind. **(de)** dare prova (di) ; provare v. tr. ◆ v. pr. giustificarsi.
jute [ʒyt] m. TEXT. iuta f.
juter [ʒyte] v. intr. FAM. dar sugo (L.C.).
juteux, euse [ʒytø, øz] adj. succoso, sugoso, succulento. ◆ n. m. ARG. MIL. [adjudant] maresciallo (L.C.). || POP. bacio (L.C.).
juvénile [ʒyvenil] adj. giovanile.
juvénilité [ʒyvenilite] f. LITTÉR. gioventù, giovinezza (L.C.).
juxtalinéaire [ʒykstalineɛr] adj. *traduction juxtalinéaire*, traduzione a fronte.
juxtaposant, e [ʒykstapozɑ̃, ɑ̃t] adj. LING. giustapponente.
juxtaposé, e [ʒykstapoze] adj. et n. m. giustapposto.
juxtaposer [ʒykstapoze] v. tr. giustapporre.
juxtaposition [ʒykstapozisjɔ̃] f. giustapposizione.

k [ka] m. k m. ou f.
ka m. V. KAON.
kabbale f. V. CABALE.
kabyle [kabil] adj. et n. cabila.
kafkaïen, enne [kafkajɛ̃, ɛn] adj. kafkiano.
kakatoès m. V. CACATOÈS.
kaki [kaki] m. BOT. cachi, kaki. ◆ adj. inv. [couleur] cachi, kaki.
kaléidoscope [kaleidɔskɔp] m. caleidoscopio.
kalife ou **khalife** m. V. CALIFE.
kamikaze [kamikaze] m. kamikaze inv. ; pilota suicida.
kangourou [kɑ̃guru] m. ZOOL. canguro.
kantien, enne [kɑ̃tjɛ̃, ɛn] adj. kantiano. ◆ n. kantista, kantiano.
kantisme [kɑ̃tism] m. kantismo.
kaolin [kaɔlɛ̃] m. CHIM. caolino.
kaon [kaɔ̃] ou **ka** [ka] m. PHYS. particella (f.) K ; kaone.
kapok [kapɔk] m. BOT. kapok, capoc.
kapokier [kapɔkje] m. BOT. ceiba f.
karakul [karakyl] m. ZOOL. karakul, caracul.
karaté [karate] m. karatè.
karpatique [karpatik] adj. carpatico.
karstique [karstik] adj. carsico.
kart [kart] m. SPORT (go-)kart (angl.).
karting [kartiŋ] m. (angl.) SPORT kartismo.
kascher [kaʃɛr] adj. RELIG. kasher.
kayak [kajak] m. SPORT caiac(c)o.
kénotron [kenɔtrɔ̃] m. kenotron.
képi [kepi] m. MIL. chepì ; képi (fr.).
kératine [keratin] f. CHIM. cheratina.
kératinisé, e [keratinize] adj. cheratinizzato.
kératite [keratit] f. MÉD., VÉTÉR. cheratite.
kératoplastie [keratoplasti] f. CHIR. cheratoplastica ; trapianto (m.) di cornea.
kératose [keratoz] f. MÉD., VÉTÉR. cheratosi.
kermès [kɛrmɛs] m. ZOOL. chermes. || BOT. quercia spinosa.
kermesse [kɛrmɛs] f. festa di beneficenza. || [fête populaire] sagra, fiera ; kermesse (fr.).
kérosène [kerɔzɛn] m. CHIM. cherosene.
ketch [kɛtʃ] m. SPORT ketch (angl.).
keynésien, enne [kenezjɛ̃, ɛn] adj. keynesiano.
khan [kɑ̃] m. HIST. khan, can.
khédive [kediv] m. HIST. kedivé, chedivé.
khmer, khmère [kmɛr] adj. et n. khmer.
kibboutz [kibuts] m. kibbùtz.
kichenotte [kiʃnɔt] f. (rég.) = specie di cuffia.
kidnapper [kidnape] v. tr. rapire. | *l'enfant a été kidnappé*, il bambino è stato rapito per ricatto.
kidnappeur [kidnapœr] m. kidnapper (angl.).

kidnapping [kidnapiŋ] m. kidnapping (angl.); rapimento di bambino.
kif-kif [kifkif] adj. inv. FAM. *c'est kif-kif*, è lo stesso (L.C.).
kiki [kiki] m. ARG. *serrer le kiki à qn*, tirare il collo a qlcu (L.C.).
kilogramme [kilogram] (ou abr. **kilo**) m. chilogrammo; chilo. | *kilogramme par mètre cube*, chilogrammo per metro cubo. || ***kilogramme-poids*** ou ***kilogramme-force*** m., chilogrammo-peso, chilogrammo-forza.
kilogrammètre [kilogramɛtr] m. chilogrammetro.
kilométrage [kilometraʒ] m. chilometraggio.
kilomètre [kilomɛtr] m. chilometro. | *kilomètre carré, cube*, chilometro quadrato, cubo. || SPORT *kilomètre lancé, départ arrêté*, chilometro lanciato, da fermo.
kilométrer [kilometre] v. tr. chilometrare.
kilométrique [kilometrik] adj. chilometrico.
kilotonne [kilotɔn] f. chiloton m.
kilowatt [kilowat] m. chilowatt m. inv. | *kilowatt-heure*, chilowattora m. inv.
kimono [kimono] m. chimono. | *manche kimono*, manica a chimono.
kinescope [kinɛskɔp] m. cinescopio.
kinésithérapeute [kineziterapøt] n. cinesiterapista.
kinésithérapie [kineziterapi] f. MÉD. cinesiterapìa.
kinesthésie [kinɛstezi] f. cinestesi.
kinesthésique [kinɛstezik] adj. cinestesico.
kiosque [kjɔsk] m. chiosco. | *kiosque à journaux*, edicola f., chiosco dei giornali. | *kiosque (à musique)*, palco (per la banda). || [de sous-marin] torretta f.
kirsch [kirʃ] m. kirsch.
kitchenette [kitʃənɛt] f. cucinino m.; nicchia-cucina.
Klaxon [klaksɔn] m. clacson.
klaxonner [klaksɔne] v. intr. suonare il clacson; strombettare.
kleptomane [klɛptɔman] n. cleptomane.
kleptomanie [klɛptɔmani] f. cleptomania.
knock-down [nɔkdawn] m. inv. SPORT knock-down (angl.). | *mettre knock-down*, mandare al tappeto.
knock-out [nɔkawt] m. inv. SPORT knock out (angl.); K.-O. || PR. et FIG. *mettre knock-out*, mettere fuori combattimento, mettere f. c.
knout [knut] m. knut, staffile.
koinê [kɔjnɛ] f. LING. koinè, coinè.
kola, cola ou **kolatier** [kɔla, kɔlatje] m. BOT. cola f.
kolkhoze [kɔlkoz] m. colcos, kolchoz.
kolkhozien, enne [kɔlkozjɛ̃, ɛn] adj. et n. kolchoziano, colcosiano.
kopeck [kɔpɛk] m. copeco.
koulak [kulak] m. culaco, kulak.
krach [krak] m. FIN. crac, crollo, fallimento.
kraft [kraft] m. kraft (all.). ◆ adj. inv. *pâte kraft*, cellulosa kraft.
krak [krak] m. ARCHÉOL. krak, karak, crac.
krypton [kriptɔ̃] m. krypton, crypton, cripto.
kummel [kymɛl] m. kümmel (all.).
kurde [kyrd] adj. et n. curdo.
kymrique [kimrik] adj. et n. m. cimrico.
kyrielle [kirjɛl] f. FAM. filza, sequela (L.C.). | *kyrielle d'injures*, filza d'ingiurie. | *kyrielle de mots*, filastrocca.
kyste [kist] m. MÉD., ZOOL. cisti f.
kystique [kistik] adj. cistico.

l [ɛl] m. l f. ou m.
1. la art. déf. f. sing. V. LE 1.
2. la pron. pers. 3e pers. f. sing. V. LE 2.
3. la [la] m. inv. MUS. la. | *donner le «la»*, dare il la (pr.); dare il la, il tono, l'avvio (fig.).
là [la] adv. **1.** [lieu] là [lieu éloigné de l'interlocuteur]; lì [lieu généralement moins éloigné et moins précis que «là»]. | *là où*, (là) dove. | *qui va là?*, chi va là? | *je le vois là*, lo vedo là. | *ne reste pas (planté) là*, non restar (piantato) lì. | *ce(t) ...-là, celui-là*, V. CE, CELUI. || **2.** [temps] lì. | *d'ici là*, da qui ad allora; intanto, nel frattempo. | *à quelque temps de là*, qualche tempo dopo. | *à un an de là*, un anno dopo, di lì a un anno. || **3.** [présence] qui. | *je suis là*, son qui. | *madame est-elle là? — non, elle n'est pas là*, c'è la signora? — no, non c'è. || **4.** [sur ce point] lì, qui. | *c'est là que je t'attendais*, qui t'aspettavo, ti volevo. || **5.** [à ce point] qui; a questo punto. | *là il eut un geste d'impatience*, qui fece, a questo punto fece un gesto d'impazienza. | *les choses en sont là*, le cose sono a questo punto; questa è la situazione. | *l'affaire en resta là*, la faccenda, la cosa finì lì. | *l'affaire n'en restera pas là*, la faccenda, la cosa non finirà qui. | *je n'en suis pas (encore) là*, non sono giunto, ridotto a questo punto. | *tu en es là?*, a questo sei ridotto? | *en venir là*, arrivare a questo risultato, a questa conclusione, a questo punto. | *était-il vraiment nécessaire d'en venir là?*, era proprio necessario spingersi fino a questo punto, ricorrere a misure così gravi, radicali? | *c'est donc là qu'il voulait en venir!*, a questo (punto, bel risultato) voleva arrivare! || IRON. *je le reconnais bien là!*, è una delle sue! || **6.** [équivalent d'un dém.] questo. | *quelles idées sont-ce là?*, che idee son queste? | *c'est là une bêtise*, (questa) è una sciocchezza. | *est-ce là l'homme dont tu m'avais parlé?*, è (proprio) questo l'uomo di cui mi avevi parlato? || FAM. *il est un peu là!*, è un uomo in gamba!; [physique] è un pezzo d'uomo! ◆ loc. adv. ***de là :*** [lieu] da là, da lì. | *c'est de là que part...*, da là, da lì parte... | *près de là*, lì vicino. | *loin de là*, lontano da lì. | *non loin de là*, a poca distanza (da là). || FIG. [cause] *de là (vient...)*, di qui (viene...). || ***par là :*** [lieu] di là, di lì. | *il est passé par là*, è passato di là. || FIG. con ciò. | *que veux-tu dire par là?*, cosa vuoi, intendi dire (con ciò)? | *il cherche par là à te faire comprendre que...*, egli cerca con ciò di farti capire che... || ***là-bas,*** laggiù. || ***là-haut,*** lassù. || ***là-contre, là-dedans, là-dehors, là-dessus, là-dessous,*** V. CONTRE, DEDANS, DEHORS, DESSUS, DESSOUS. ◆ interj. ***là!, là! là!,*** calma! calma!, piano piano!, andiamoci piano!
label [labɛl] m. marchio, etichetta f.
labeur [labœr] m. fatica f., lavoro (faticoso); travaglio (littér.). | *dur labeur*, lavoro improbo, faticoso; fatica improba. || LOC. *vivre de son labeur*, vivere del proprio lavoro. | *bête de labeur*, bestia da lavoro. || AGR. *terre en labeur*, terra lavorata, coltivata. || TYP. = opera (f.) di gran mole (che richiede un lavoro di lunga durata).
labiacées [labjase] ou **labiées** [labje] f. pl. BOT. labiate.
labial, e, aux [labjal, o] adj. et n. f. labiale.

labialisation [labjalizasjɔ̃] f. LING. labializzazione.
labialiser [labjalize] v. tr. LING. labializzare. ◆ v. pr. labializzarsi.
labié, e [labje] adj. BOT. labiato. ◆ n. f. pl. V. LABIACÉES.
labile [labil] adj. labile.
labiodental, e, aux [labjɔdɑ̃tal, o] adj. et n. f. LING. labiodentale.
labiovélaire [labjɔvelɛr] adj. et n. f. LING. labiovelare.
laborantin, e [labɔrɑ̃tɛ̃, in] n. laboratorista.
laboratoire [labɔratwar] m. laboratorio. ‖ TECHN. [four] camera f. (di un forno a riverbero).
laborieux, euse [labɔrjø, øz] adj. [difficile] laborioso. ‖ [qui travaille] laborioso, operoso. | *les classes, les couches laborieuses*, le classi lavoratrici, i ceti lavoratori.
labour [labur] m. aratura f. | *bête de labour*, bestia da lavoro. ◆ m. pl. campi arati.
labourable [laburabl] adj. arabile.
labourage [laburaʒ] m. aratura f.
labourer [labure] v. tr. AGR. arare. ‖ [sillonner] solcare. | *pré labouré par les taupes*, prato scavato, solcato dalle talpe. ‖ [écorcher] graffiare. ‖ FIG. *visage labouré de rides*, viso solcato di rughe. ‖ POÉT. *navire qui laboure la mer*, nave che solca il mare.
laboureur [laburœr] m. AGR. aratore. ‖ VX contadino (L.C.).
labre [labr] m. [poisson] labro.
labyrinthe [labirɛ̃t] m. labirinto.
lac [lak] m. lago. ‖ FIG., FAM. *tomber dans le lac*, andare a monte.
laçage [lasaʒ] m. allacciatura f.
lacédémonien, enne [lasedemɔnjɛ̃, ɛn] adj. et n. lacedemone.
lacer [lase] v. tr. allacciare, stringere. | *lacer ses souliers*, allacciarsi le scarpe. ◆ v. pr. allacciarsi. ‖ ABSOL., VX allacciarsi il busto.
lacération [laserasjɔ̃] f. lacerazione, laceramento m.
lacérer [lasere] v. tr. lacerare, stracciare, strappare.
lacet [lasɛ] m. [cordon] stringa f., legaccio; [chaussure] laccio (delle scarpe). ‖ [zigzags] *route en lacet*, strada a serpentina, a tornanti. | *les lacets de la route*, le svolte, i tornanti della strada. ‖ [piège] laccio, lacciolo. | *prendre au lacet*, prendere al laccio.
lâchage [lɑʃaʒ] m. [corde] allentamento; [bombe] sgancio. ‖ FAM. abbandono (L.C.).
lâche [lɑʃ] adj. [pas tendu] lento, allentato, non (ben) teso; MAR. lasco. | *nœud trop lâche*, nodo lento. ‖ [mou, flottant] floscio, molle. | *vêtement trop lâche*, vestito abbondante, largo. ‖ FIG. *style lâche*, stile sciatto, trascurato. ‖ [poltron] vile, vigliacco, pusillanime. ‖ [méprisable] vile. ◆ n. m. vigliacco, vile.
lâché, e [lɑʃe] adj. trascurato.
1. lâcher [lɑʃe] v. tr. **1.** [détendre, desserrer] *lâcher une corde, un nœud*, allentare, mollare una fune, un nodo. | *lâcher la bride*, V. BRIDE. ‖ **2.** [cesser de (re)tenir] mollare; lasciare (andare). | *lâcher sa proie, une corde, le volant*, lasciare la preda, una corda, il volante. | *lâchez-le !*, lasciatelo andare ! | *lâchez tout !*, mollate ! | *lâcher des pigeons*, lanciare dei colombi. | *lâcher les chiens*, liberare, slegare, scatenare i cani. | *lâcher les chiens contre qn*, lanciare i cani contro qlcu. ‖ AÉR. *lâcher des bombes*, sganciare bombe. ‖ MAR. *lâcher les amarres*, mollare gli ormeggi. ‖ LOC. *lâcher du lest*, V. LEST. | *lâcher prise*, abbandonare la presa; mollare. | *lâcher pied* : [s'enfuir] indietreggiare, fuggire; [céder] mollare, cedere. ‖ POP. *les lâcher*, sganciare (fam.). | *les lâcher avec un élastique*, sganciare i quattrini come uno stitico. ‖ **3.** [décocher, lancer] tirare, assestare; mollare (fam.). | *lâcher une ruade, un coup de poing*, mollare, tirare un calcio, un pugno. ‖ [faire éclater] sparare, tirare. | *lâcher un coup de fusil, de canon, une fusée*, tirare una fucilata, una cannonata, un razzo. ‖ **4.** FIG. [abandonner] lasciare, abbandonare. ‖ FAM. *lâcher son fiancé*, piantare il fidanzato. ‖ [émettre volontairement] lanciare, tirare; sparare (vulg.). | *lâcher un juron, une injure*, lanciare, tirare un moccolo, un'ingiuria. ‖ [distancer] staccare, distanziare. | *un coureur lâché par le peloton*, un corridore staccato dal gruppo. ‖ **5.** [laisser échapper] lasciarsi sfuggire. | *lâcher une sottise, un vent*, lasciarsi sfuggire una sciocchezza, un vento. | *voilà le grand mot lâché !*, ecco la parola che s'aspettava ! | *lâchons le mot*, diciamolo pure. | *lâcher un secret*, svelare un segreto. ‖ POP. *lâcher le paquet, le morceau*, spifferare, spiattellare, vuotare il sacco (fam.); [devant la police] cantare. ◆ v. intr. [se détendre] allentarsi. | *corde, nœud qui lâche*, corda, nodo che si allenta. ‖ [céder, se rompre, se défaire] cedere; rompersi, disfarsi. | *la corde a lâché*, la corda ha ceduto. | *le nœud a lâché*, il nodo si è disfatto. ‖ FIG. [céder] mollare, cedere, rinunciare. | *il ne faut pas que tu lâches*, non devi mollare.
2. lâcher m. lancio.
lâcheté [lɑʃte] f. vigliaccheria, viltà; codardia (littér.).
lâcheur, euse [lɑʃœr, øz] n. FAM. = chi abbandona, chi pianta (in asso) amici, complici.
lacis [lasi] m. viluppo, groviglio, intrico. ‖ ANAT. rete f.
laconique [lakɔnik] adj. laconico.
laconisme [lakɔnism] m. laconicità f.
lacrymal, e, aux [lacrimal, o] adj. lacrimale.
lacrymogène [lakrimɔʒɛn] adj. lacrimogeno.
lacs [lɑ] m. PR. et FIG. laccio. ‖ HÉRALD. *lacs d'amour*, nodo d'amore.
lactaire [laktɛr] m. BOT. lattario.
lactase [laktaz] f. CHIM. lattasi.
lactation [laktasjɔ̃] f. lattazione.
lacté, e [lakte] adj. latteo. ‖ ASTR. *Voie lactée*, Via lattea.
lactescence [laktɛsɑ̃s] f. lattescenza.
lactescent, e [laktɛsɑ̃, ɑ̃t] adj. [couleur] lattescente. ‖ [contenant un suc laiteux] lattiginoso.
lactifère [laktifɛr] adj. ANAT. lattifero.
lactique [laktik] adj. CHIM. lattico.
lactose [laktoz] m. CHIM. lattosio.
lactosérum [laktɔserɔm] m. V. PETIT-LAIT.
lacunaire [lakynɛr] ou **lacuneux, euse** [lakynø, øz] adj. lacunoso.
lacune [lakyn] f. PR. et FIG. lacuna.
lacustre [lakystr] adj. lacustre. | *habitations lacustres*, abitazioni lacustri; palafitte f. pl.
lad [lad] m. (angl.) mozzo, garzone di stalla.
ladin [ladɛ̃] m. LING. ladino.
ladre [ladr] adj. et n. VX [lépreux] lebbroso (L.C.). ‖ VÉTÉR. panicato. ‖ [avare] taccagno, tirchio; spilorcio adj.
ladrerie [ladrəri] f. VX [lèpre] lebbra (L.C.); [léproserie] lebbrosario m., lazzaretto m. (L.C.). ‖ VÉTÉR. panicatura. ‖ [avarice] spilorceria, taccagneria, tirchieria.
lagon [lagɔ̃] m. laguna (interna di un atollo).
lagopède [lagɔpɛd] m. ZOOL. lagopodo; pernice bianca.
lagunaire [lagynɛr] adj. lagunare.
lagune [lagyn] f. laguna.
1. lai, laie [lɛ] adj. VX laico (L.C.). ‖ RELIG. *frère lai*, (frate) laico. | *sœur laie*, (suora) laica.
2. lai m. POÉS. lai.
laïc adj. et n. V. LAÏQUE.
laîche [lɛʃ] f. BOT. carice m., stiancia.
laïcisation [laisizasjɔ̃] f. laicizzazione, (il) laicizzare.
laïciser [laisize] v. tr. laicizzare.
laïcisme [laisism] m. laicismo.
laïciste [laisist] adj. laicistico. ◆ n. laicista.
laïcité [laisite] f. laicità.
laid, e [lɛ, lɛd] adj. [physique] brutto. ‖ [moral] brutto, disonesto; turpe (littér.).
laideron [lɛdrɔ̃] m. FAM. bruttona f., scorfano; racchia f. (pop.).
laideur [lɛdœr] f. [physique] bruttezza. ‖ [morale] bruttura, bruttezza.
1. laie [lɛ] f. ZOOL. cinghialessa.
2. laie f. [sentier] sentiero m., viottolo m.
3. laie f. [d'un orgue] (parte inferiore del) somiere m.
4. laie f. [marteau] martellina f.

lainage [lɛnaʒ] m. tessuto, stoffa (f.), indumento di lana. ‖ [toison] vello. ‖ TECHN. garzatura f.
laine [lɛn] f. lana. | *laine courte*, lana a fibra corta. | *laine de verre, de bois*, lana di vetro, di legno. ‖ FIG., FAM. *se laisser manger la laine sur le dos*, lasciarsi spolpare.
lainer [lɛne] v. tr. TECHN. garzare.
laineur, euse [lɛnœr, øz] n. [ouvrier] garzatore, trice. ◆ f. [machine] garzatrice.
laineux, euse [lɛnø, øz] adj. lanoso; lanuto (rare). ‖ BOT. pianta lanuginosa.
lainier, ère [lɛnje, ɛr] adj. laniero. ◆ n. m. [industriel; ouvrier] laniere; lanaiolo (vx).
laïque [laik] adj. et n. laico, secolare. | *habit laïque*, abito secolare. | *école laïque*, scuola laica.
laisse [lɛs] f. [lanière] guinzaglio m. | *tenir en laisse* : tenere al guinzaglio (pr.); mettere il guinzaglio a (fig.). ‖ [cordon de chapeau] cordoncino m., cordonetto m. ‖ GÉOGR. battigia. ‖ POÉS. lassa.
laissé-pour-compte [lɛsepurkɔ̃t] m. COMM. merce respinta, invenduta; fondo di magazzino. ‖ FIG., FAM. = persona non grata (lat.).
laisser [lɛse] v. tr. lasciare. | *laisser un terrain en friche*, lasciare un terreno incolto. | *laisser sortir qn*, lasciar uscire qlcu. | *laisser la bride sur le cou*, V. BRIDE. | *laisser une rue sur sa gauche*, lasciare una via a sinistra. | *laisse-le tranquille*, lascialo stare. | *laisser un livre pour 10 francs*, cedere un libro per 10 franchi. | *c'est à prendre ou à laisser*, o prendere o lasciare; o questo o niente. | *laisser à désirer*, lasciare a desiderare. | *laisser à penser*, dare da pensare. | *ne pas laisser de*, continuare a, non mancare di. | *cela ne laisse pas d'être vrai*, ciò non è meno vero. | *cette réponse ne laisse pas de m'étonner*, questa risposta mi stupisce davvero. ‖ FAM. *laisser qn en plan, laisser tomber qn*, piantare qlcu. (in asso). | *laisse tomber!*, lascia perdere, correre! ◆ v. pr. *se laisser aller au vice, à des confidences*, lasciarsi andare al vizio, a confidenze. | *se laisser aller sur une chaise*, lasciarsi andare su una sedia. | *se laisser aller* [se négliger], lasciarsi andare; trascurarsi. | *se laisser aller à proférer des injures*, trascendere, trasmodare (v. intr.), spingersi fino alle ingiurie. | *se laisser faire* : [accepter] accettare; lasciarsi convincere; [subir la volonté d'autrui] lasciarsi mettere sotto i piedi. | *je me suis laissé dire*, ho sentito dire; mi è venuto, giunto all'orecchio. | *se laisser faire une douce violence*, cedere a una dolce violenza. | *se laisser vivre*, V. VIVRE. | *ce film se laisse voir*, questo film si lascia vedere, si può vedere; questo film (non) è mica male (fam.).
laisser-aller [lɛseale] m. inv. negligenza f., trascuratezza f., sciatteria f.
laissez-passer [lɛsepase] m. inv. lasciapassare.
lait [lɛ] m. latte. | *vache à lait*, vacca da latte, mucca f. ‖ IRON. *avoir une vache à lait*, avere qlcu. da mungere. ‖ BOT. *lait de coco, d'amande*, latte di cocco, di mandorle. ‖ CHIM. *lait de chaux*, latte di calce. | *lait démaquillant, de beauté*, latte detergente, di bellezza. ‖ CULIN. *lait de poule*, latte di gallina. ‖ MÉD. *montée du lait*, montata lattea. ‖ LOC. *frère, sœur de lait*, fratello, sorella di latte. | *dent de lait*, dente di latte. | *veau, cochon de lait*, vitello, maialino di latte; lattone, lattonzolo m. | *agneau de lait*, agnello di latte; [viande] abbacchio (rom.). | *une peau de lait*, una pelle bianca come il latte, lattea (adj.). ‖ FIG. *boire du (petit-) lait* = andare in brodo di giuggiole. | *monter comme une soupe au lait*, pigliar fuoco; accendersi come un fiammifero.
laitage [lɛtaʒ] m. latticin(i)o.
laitance [lɛtɑ̃s] ou **laite** [lɛt] f. latte (m.) di pesce.
laiterie [lɛtri] f. [dans une ferme] cascina f.; [industrielle] caseificio m.; latteria sociale; [magasin] latteria.
laiteron [lɛtrɔ̃] m. BOT. cicerbita f.
laiteux, euse [lɛtø, øz] adj. *blanc laiteux*, bianco lattato. | *couleur laiteuse*, color latteo. | *liquide laiteux*, liquido lattiginoso. | *plante laiteuse*, pianta lattiginosa. ‖ FIG. latteo.
laitier, ère [lɛtje, ɛr] adj. [produisant du lait] lattifero. | *vache laitière*, vacca lattifera, vacca da latte; mucca f. ‖ [concernant le lait] lattiero. | *industrie laitière*, industria lattiera. | *produits laitiers*, latticini m. pl. ◆ n. [commerçant] lattaio, a. ◆ n. m. MÉTALL. scoria f., loppa f.
laiton [lɛtɔ̃] m. MÉTALL. ottone.
laitue [lɛty] f. BOT. lattuga.
laïus [lajys] m. FAM. sproloquio; discorsetto, sermone (L.C.). | *ce n'est que du laïus*, sono soltanto chiacchiere.
laïusser [lajyse] v. intr. FAM. sproloquiare, blaterare. | *perdre son temps à laïusser*, perdere il tempo in chiacchiere.
laize [lɛz] f. TEXT. telo m. ‖ [guipure] trina, merletto m., pizzo m.
lallation [lalasjɔ̃] f. [du nourrisson] lallazione. ‖ LING. lallazione; la(m)bdacismo m.
1. lama [lama] m. RELIG. lama inv.
2. lama m. ZOOL. lama inv.
lamaïsme [lamaism] m. RELIG. lamaismo.
lamaneur [lamanœr] m. MAR. pilota costiero, di costa.
lamantin [lamɑ̃tɛ̃] m. ZOOL. lamantino.
lamaserie [lamasri] f. RELIG. convento (m.) di lama.
lambdacisme [lɑ̃bdasism] m. la(m)bdacismo.
lambeau [lɑ̃bo] m. brandello; sbrendolo (tosc.). | *mettre en lambeaux*, fare a brandelli. | *tomber en lambeaux*, cadere in brandelli. | *lambeaux de chair*, brandelli di carne. ‖ [haillon] straccio, cencio. | *vêtu de lambeaux*, vestito di stracci. ‖ FIG. [fragment] brandello, briciola f., minuzzolo, frammento. | *des lambeaux de conversation*, frammenti di conversazione. | *on ne voit qu'un lambeau de ciel*, non si vede che un lembo di cielo.
lambel [lɑ̃bɛl] m. HÉRALD. lambello.
lambin, e [lɑ̃bɛ̃, in] adj. FAM. lento (L.C.). ◆ n. lumaca f.; posapiano, trottapiano n. inv.; gingillone, a.
lambiner [lɑ̃bine] v. intr. FAM. [agir lentement] = menare il can per l'aia. ‖ [perdre son temps] gingillarsi v. pr.
lambourde [lɑ̃burd] f. [supportant un plancher] correntino m.; [soutenant une solive] = travetto m. ‖ BOT. lamburda. ‖ MINER. pietra calcarea.
lambrequin [lɑ̃brəkɛ̃] m. lambrecchino. ◆ pl. HÉRALD. lambrecchini.
lambris [lɑ̃bri] m. rivestimento. | *lambris de stuc*, stucco, stuccatura f. | *lambris à caissons*, soffitto a cassettoni. ◆ pl. LOC. FIG. *lambris dorés*, palazzo m., magione f., dimora sontuosa.
lambrissage [lɑ̃brisaʒ] m. rivestitura f.
lambrisser [lɑ̃brise] v. tr. rivestire.
lambruche [lɑ̃bryʃ] ou **lambrusque** [lɑ̃brysk] f. BOT. la(m)brusca, abrostine m.
lame [lam] f. lama. ‖ LOC. *une bonne, une fine lame*, una buona lama, un buon tiratore. | *visage en lame de couteau*, viso affilato. ‖ [vague] onda, ondata, maroso m. | *lame de fond*, onda (lunga). ‖ ANAT. *lame vertébrale*, lamina vertebrale. ‖ ARCHIT. *lame de plancher, de parquet*, tavoletta, lista di un impiantito (di legno). ‖ BOT. lamina, lembo m. ‖ MÉTALL. lamina.
lamé, e [lame] adj. TEXT. laminato. ◆ n. m. lamé (fr.); tessuto laminato.
lamelle [lamɛl] f. lamella, lamina. ‖ BOT. lamella.
lamellibranches [lamɛl(l)ibrɑ̃ʃ] m. pl. ZOOL. lamellibranchi.
lamentable [lamɑ̃tabl] adj. lamentevole, lamentoso. ‖ FAM. [mauvais] pessimo, pietoso. | *un professeur lamentable*, un pessimo professore, un professore inetto. | *un travail lamentable*, un pessimo lavoro. | *se trouver dans des conditions lamentables*, trovarsi in condizioni pietose. | *ce spectacle est lamentable*, questo spettacolo è una cosa pietosa.
lamentation [lamɑ̃tasjɔ̃] f. lamento m., lamentela; lamentazione (littér.). | *lamentation funèbre*, lamento funebre. | *les « Lamentations » de Jérémie*, le « Lamentazioni » di Geremia. ‖ [récrimination] (surtout pl.) lamentele, lagnanze f. pl. | *se répandre en lamentations*, prorompere in lagnanze, in lamentele. ‖ LOC.

mur des Lamentations, muro del Pianto, delle Lamentazioni.

lamenter (se) [səlamɑ̃te] v. pr. **(sur)** lamentarsi, lagnarsi (di).

lamie [lami] f. MYTH., ZOOL. lamia.

lamier [lamje] m. BOT. lamio.

laminage [laminaʒ] m. MÉTALL. laminazione f., laminatura f.

1. laminaire [laminɛr] f. BOT. laminaria.

2. laminaire adj. laminare.

laminé, e [lamine] adj. et n. m. laminato.

laminer [lamine] v. tr. laminare.

lamineur [laminœr] m. laminatore.

laminoir [laminwar] m. laminatoio. | *train de laminoir*, treno di laminazione. | *laminoir à fil, à feuillards*, laminatoio a filo, a nastri. || FIG. *passer au laminoir* : [être soumis à l'épreuve] essere messo a dura prova ; [soumettre qn] mettere a dura prova.

lampadaire [lɑ̃padɛr] m. lampada (f.) a stelo. || [éclairage public] lampione.

lampant, e [lɑ̃pɑ̃, ɑ̃t] adj. lampante ; da lampade.

lamparo [lɑ̃paro] m. lampara f.

lampe [lɑ̃p] f. [non électr.] lume m., lampada. | *lampe de mineur*, lampada da minatore. | *lampe à souder*, lampada per saldare. | *lampe à alcool*, fornello (m.) a spirito. || LOC. *il n'y a plus d'huile dans la lampe* (fam.) = è in fin di vita (L.C.). || POP. *s'en mettre plein la lampe*, fare il pieno. || [ampoule électr.] lampadina. | *lampe de cent bougies*, lampadina da cento candele. || [source de lumière ; appareil] lampada. | *lampe témoin*, spia f. || PHOT. *lampe éclair*, lampo m. || RAD., T.V. valvola.

lampée [lɑ̃pe] f. FAM. sorsata, sorso m. | *d'une seule lampée*, in un sorso, d'un fiato.

lamper [lɑ̃pe] v. tr. FAM. tracannare, trincare.

lampion [lɑ̃pjɔ̃] m. lucerna f. || [lanterne vénitienne] lampioncino. || LOC. *réclamer sur l'air des lampions*, reclamare a gran voce, chiamare ripetutamente, scandire il nome di.

lampiste [lɑ̃pist] m. VX lumaio. || CH. DE F., MIN. lampista. || FIG. = impiegato subalterno (che sconta le colpe altrui). | *s'en prendre au lampiste* = prendersela, pigliarsela con gl'inferiori ; battere la sella per non battere il cavallo. | *c'est toujours le lampiste qui trinque* = gli stracci vanno sempre all'aria. | *qui paye ? — le lampiste !*, chi paga ? — Pantalone !

lampisterie [lɑ̃pistəri] f. lampisteria.

lampourde [lɑ̃purd] f. BOT. lappa, lappola, bardana.

lamproie [lɑ̃prwa] f. ZOOL. lampreda.

lampyre [lɑ̃pir] m. ZOOL. lampiride, lucciola f. ; (fam.) mosca (f.) di fuoco.

lance [lɑ̃s] f. lancia. | *bois, fer de lance*, asta, ferro di lancia. || VX *courir une lance*, correre una lancia. || FIG. *rompre une lance, des lances avec, contre qn*, avere una discussione con uno. | *rompre une lance pour qn*, spezzare una lancia in favore di qlcu. || TECHN. *lance d'arrosage*, lancia (di idrante). | *lance d'incendie*, lancia antincendio.

lance-bombes [lɑ̃sbɔ̃b] m. inv. lanciabombe.

lancée [lɑ̃se] f. slancio m. || PR. et FIG. *continuer sur sa lancée*, continuare sullo slancio.

lance-flammes [lɑ̃sflam] m. inv. lanciafiamme.

lance-fusées [lɑ̃sfyze] m. inv. lanciarazzi.

lance-grenades [lɑ̃sgrənad] m. inv. lanciabombe, lanciagranate.

lancement [lɑ̃smɑ̃] m. PR. et FIG. lancio. || MAR. [mise à l'eau] varo.

lance-mines [lɑ̃smin] m. inv. lanciamine.

lance-missiles [lɑ̃smisil] m. inv. lanciamissili.

lancéolé, e [lɑ̃seɔle] adj. BOT. lanceolato.

lance-pierres [lɑ̃spjɛr] m. inv. fionda f.

1. lancer [lɑ̃se] v. tr. **1.** [jeter] lanciare, gettare, scagliare, tirare. | *lancer en l'air*, lanciare in aria. | *lancer des pierres*, scagliare, lanciare, tirar sassi. || SPORT *lancer le disque, le marteau*, lanciare il disco, il martello. || [donner violemment] *lancer un coup de pied*, tirare, sferrare un calcio. | *lancer une gifle*, dare, mollare, assestare uno schiaffo. || [construire] *lancer un pont*, gettare un ponte. || **2.** FIG. [émettre] lanciare, scagliare. | *lancer des regards méprisants*, lanciare occhiate di disprezzo. | *lancer des éclairs* [yeux], mandare, sprizzare faville. | *lancer un cri*, gettare, mandare un grido. | *lancer des invectives, des injures*, lanciare, scagliare invettive, ingiurie. | *lancer un appel*, lanciare un appello. || FIN. *lancer un emprunt*, emettere, lanciare un prestito. || JUR. *lancer un mandat d'arrêt*, spiccare, emettere un mandato di cattura. || **3.** [pousser ; faire partir] lanciare. | *lancer un cheval au galop*, lanciare un cavallo al galoppo. | *lancer un moteur*, avviare, lanciare un motore. || MAR. *lancer un navire*, varare una nave. || [chasse] *lancer le gibier*, stanare la selvaggina. || **4.** FIG. *lancer une offensive*, sferrare, lanciare un'offensiva. | *lancer une campagne publicitaire, une affaire, un produit, un chanteur, une mode*, lanciare una campagna pubblicitaria, un affare, un prodotto, un cantante, una moda. ◆ v. pr. [s'élancer] lanciarsi, gettarsi, slanciarsi, avventarsi, scagliarsi. | *se lancer à cent à l'heure, en parachute*, lanciarsi a cento all'ora, in paracadute. || FIG. [s'engager] lanciarsi, buttarsi. | *se lancer dans une discussion, dans les affaires*, lanciarsi in una discussione, negli affari. | *se lancer dans la politique*, lanciarsi, buttarsi nella politica. | *se lancer dans le monde*, lanciarsi nel mondo.

2. lancer m. SPORT *lancer du poids*, lancio del peso. | *pêche au lancer*, pesca a lancio.

lance-roquettes [lɑ̃srɔkɛt] m. inv. lanciarazzi.

lance-torpilles [lɑ̃stɔrpij] m. inv. lanciasiluri.

lancette [lɑ̃sɛt] f. MÉD. lancetta.

lanceur, euse [lɑ̃sœr, øz] n. SPORT lanciatore, trice.

lancier [lɑ̃sje] m. MIL. lanciere. || [danse] *(quadrille des) lanciers*, lancieri m. pl.

lancinant, e [lɑ̃sinɑ̃, ɑ̃t] adj. lancinante. || FIG. assillante.

lanciner [lɑ̃sine] v. intr. essere lancinante. ◆ v. tr. FIG. tormentare, torturare, assillare.

landau [lɑ̃do] m. [voiture] landau (fr.), landò. || [voiture d'enfant] carrozzina f. (per bambini).

lande [lɑ̃d] f. landa.

landgrave [lɑ̃dgrav] m. HIST. lan(d)gravio.

landier [lɑ̃dje] m. grande alare (da cucina).

langage [lɑ̃gaʒ] m. linguaggio. | *langage machine*, linguaggio macchina. || LOC. *il lui tint à peu près ce langage*, gli tenne su per giù questo discorso. | *tenir un autre, changer de langage*, cambiar discorso, tono. | *en voilà un langage !*, che discorsi sono questi ?

lange [lɑ̃ʒ] m. pannolino, fascia f. || FIG. *dans les langes*, in fasce.

langer [lɑ̃ʒe] v. tr. fasciare. | *table à langer*, fasciatoio m.

langoureux, euse [lɑ̃gurø, øz] adj. *regard langoureux*, sguardo languido. | *chanson langoureuse*, canzone svenevole. | *style langoureux*, stile sdolcinato.

langouste [lɑ̃gust] f. ZOOL. aragosta.

langoustier [lɑ̃gustje] m. [filet] bilancia (f.) per aragoste. || [bateau] = nave attrezzata per la pesca delle aragoste.

langoustine [lɑ̃gustin] f. ZOOL. scampo m.

langue [lɑ̃g] f. ANAT. lingua. | *faire claquer sa langue*, schioccare la lingua. | *langue chargée*, lingua sporca ; MÉD. lingua patinosa. | *tirer la langue*, tirar fuori, mostrare la lingua ; [être dans le besoin] = soffrire la fame, la sete. || LOC. FIG. *avaler sa langue*, perdere la lingua. | *se mordre la langue*, V. MORDRE. | *avoir un mot sur le bout de la langue*, avere una parola sulla punta della lingua. | *mauvaise langue, langue de vipère*, malalingua, lingua di vipera. | *avoir la langue trop longue*, avere la lingua lunga ; parlare troppo, essere linguacciuto. | *avoir la langue bien affilée, bien pendue, ne pas avoir sa langue dans sa poche*, aver la lingua sciolta, lo scilinguagnolo sciolto. | *faire tirer la langue à qn*, far sospirare qlco. a qlcu. | *tenir sa langue*, stare zitto ; mantenere un segreto. | *donner sa langue au chat* = rinunciare a capire, a indovinare. | *sa langue a fourché* (fam.), ha fatto, ha preso una papera. | *tourner sept fois sa langue dans sa bouche avant de parler* = riflettere prima di parlare ; non parlare a vanvera. | *prendre langue avec qn*, iniziare delle trattative con qlcu. ‖ [forme] *langue de feu, de terre*, lingua di fuoco, di terra. ‖ [idiome] lingua. | *langue verte*, gergo m.

langue-de-chat [lɑ̃gdəʃa] f. CULIN. lingua di gatto.

languette [lɑ̃gɛt] f. *languette de soulier*, linguetta di scarpa. ‖ MUS. linguetta, ancia f. ‖ [de balance] indice m. ‖ [en menuiserie] = tenone (maschio).

langueur [lɑ̃gœr] f. MÉD. languore m., languidezza. | *maladie de langueur*, deperimento organico; illanguidimento m. ‖ FIG. fiacchezza, languidezza, languore.

languir [lɑ̃gir] v. intr. PR. et FIG. languire; ABSOL. illanguidire. | *languir d'ennui, d'impatience*, languire di noia, d'impazienza; struggersi dalla noia, dall'impazienza. | *faire languir qn*, far penare, far soffrire qlcu. ‖ FAM. *languir après qch.*, sospirare qlco. ‖ FIG. [feu; conversation; affaires] languire, ristagnare. ‖ [végétation] intristire. ◆ v. pr. annoiarsi; struggersi dalla noia.

languissant, e [lɑ̃gisɑ̃, ɑ̃t] adj. MÉD. languente, languido, deperito. ‖ [morne] languido. ‖ ÉCON. che langue, che ristagna; stagnante.

lanière [lanjɛr] f. striscia, cinghia, correggia.

lanifère [lanifɛr] ou **lanigère** [laniʒɛr] adj. lanifero, lanigero, lanoso.

lanlaire [lanlɛr] onomat. LOC. FAM. *envoyer faire lanlaire*, mandare a quel paese.

lanoline [lanɔlin] f. lanolina.

lansquenet [lɑ̃skənɛ] m. HIST. lanzichenecco. ‖ [jeu de cartes] zecchinetta f.

lanterne [lɑ̃tɛrn] f. lanterna. | *lanterne magique, sourde, à projections*, lanterna magica, cieca, da proiezioni. ‖ [lampion] *lanterne chinoise, vénitienne*, lampioncino (m.) cinese, lampioncino (alla veneziana). ‖ LOC. FIG. *éclairer la lanterne de qn*, dar lumi, chiarimenti a qlcu. | *prendre des vessies pour des lanternes*, prender lucciole per lanterne. | *conter des lanternes*, raccontar frottole. | *être la lanterne rouge*, essere il fanalino, il fanale di coda. ‖ VX [réverbère] lampione (L.C.). ‖ HIST. *mettre à la lanterne*, impiccare a un lampione. ‖ ARCHIT. lanterna. ‖ AUTOM. *allumer ses lanternes*, accendere le luci di posizione. ‖ ZOOL. *lanterne d'Aristote*, lanterna d'Aristotele.

lanterneau [lɑ̃tɛrno] ou **lanternon** [lɑ̃tɛrnɔ̃] m. ARCHIT. [d'une coupole] lanterna f. (in cima a una cupola); [d'un escalier] lucernario.

lanterner [lɑ̃tɛrne] v. intr. gingillarsi. ◆ v. tr. tenere sulla corda, tenere a bada.

lanthane [lɑ̃tan] m. CHIM. lantanio.

lanugineux, euse [lanyʒinø, øz] adj. lanuginoso.

laotien, enne [laɔsjɛ̃, ɛn] adj. et n. laotiano. ◆ n. m. LING. laotiano.

lapalissade [lapalisad] f. verità lapalissiana.

laparotomie [laparɔtɔmi] f. CHIR. laparatomia.

laper [lape] v. tr. suggere, succhiare. ◆ v. intr. lappare.

lapereau [lapro] m. ZOOL. coniglietto.

lapidaire [lapidɛr] adj. PR. et FIG. lapidario. ◆ n. m. [artisan] lapidario. ‖ [petite meule] pulitrice f., levigatrice f. ‖ [poésie didactique] lapidario.

lapidation [lapidasjɔ̃] f. lapidazione.

lapider [lapide] v. tr. lapidare.

lapilli [lapili] m. pl. lapilli.

lapin [lapɛ̃] m. ZOOL. coniglio. | *lapin domestique, de garenne*, coniglio domestico, selvatico. | *Jeannot lapin*, ser coniglio. ‖ LOC. *courir comme un lapin*, correre come una lepre. | *coup du lapin*, trauma alla nuca. ‖ FAM. *c'est un (fameux) lapin !*, è un tipo in gamba, un dritto ! | *chaud lapin*, V. CHAUD. | *poser un lapin à qn* = mancare a un appuntamento. ‖ [terme d'affection] cocco, tesoro, tesoruccio.

lapine [lapin] f. ZOOL. coniglia. ‖ FAM. *mère lapine*, vera coniglia; donna prolifica (L.C.).

lapinière [lapinjɛr] f. conigliera; conigliaia (rare).

lapis [lapis] ou **lapis-lazuli** [lapislazyli] m. MINÉR. lapislazzuli.

lapon, e [lapɔ̃, ɔn] adj. et n. lappone.

1. laps [laps] m. *laps de temps*, lasso di tempo.

2. laps, e adj. RELIG. *laps et relaps*, eretico recidivo.

lapsus [lapsys] m. *(linguae, calami)* lapsus (linguae, calami) [lat.].

laquage [lakaʒ] m. laccatura f.

laquais [lakɛ] m. lacchè. ‖ FIG. *être un laquais, avoir une âme de laquais*, essere un lacchè, avere un'anima servile.

laque [lak] f. lacca. | *gomme-laque*, gomma lacca. ◆ n. m. ART lacca f.

laquer [lake] v. tr. laccare. ‖ MÉD. *sang laqué*, sangue laccato.

laqueur [lakœr] m. laccatore.

larbin [larbɛ̃] m. FAM. servo, domestico (L.C.). ‖ FIG., PÉJOR. lacchè. | *une âme de larbin*, un'anima servile.

larcin [larsɛ̃] m. [vol] furterello. ‖ [chose volée] furto. ‖ [plagiat] plagio, furto.

lard [lar] m. lardo. | *lard fumé*, lardo affumicato. | *lard salé*, lardo salato. | *lard maigre*, pancetta f. ‖ LOC. FAM. *faire du lard* : [engraisser] metter (su) pancia; ingrassare (L.C.); [rester inactif] poltrire (L.C.). | *être gras à lard*, essere un ciccione, essere grasso come un maiale. ‖ POP. *un gros lard*, un ciccione (fam.). | *une tête de lard*, un mulo (fam.).

larder [larde] v. tr. CULIN. lardellare. ‖ FAM. *larder de coups de poignard*, crivellare di pugnalate (L.C.). ‖ FIG. *larder un discours de citations*, infarcire, lardellare un discorso di citazioni. ‖ [harceler] *larder qn d'épigrammes*, punzecchiare qlcu. con epigrammi.

lardoire [lardwar] f. lardatoio m.

lardon [lardɔ̃] m. lardello. ‖ POP. [enfant] marmocchio (fam.).

lare [lar] adj. et n. m. MYTH. lare. | *les (dieux) lares*, i lari. ◆ n. m. pl. [foyer] *regagner les lares paternels*, tornare ai patri lari.

largable [largabl] adj. sganciabile.

largage [largaʒ] m. [bombes] sgancio; [parachutistes] lancio.

large [larʒ] adj. largo, ampio, vasto. | *large de dix mètres*, largo dieci metri. | *être large d'épaules*, esser largo di spalle, avere le spalle larghe. | *vêtement large*, vestito ampio, largo. ‖ FIG. *un large sourire*, un largo sorriso. | *une large part*, una parte importante. | *dans une large mesure*, in larga misura. | *de larges concessions*, larghe, ampie concessioni. | *au sens large*, in senso largo, lato. ‖ [tolérant] *esprit large*, mente aperta. | *avoir l'esprit large*, essere di larghe, ampie vedute. | *être d'idées larges*, essere di idee larghe. | *conscience large*, coscienza elastica. | *être large*, essere di manica larga. ‖ [généreux] largo, generoso, liberale. ‖ [aisé] *vie large*, vita larga, agiata. ◆ n. m. larghezza f. | *cette table a deux mètres de large*, questa tavola è larga due metri, ha una larghezza di due metri. ‖ PR. et FIG. *en long et en large*, in lungo e in largo. | *marcher de long en large*, camminare su e giù. ‖ [pleine mer] largo. | *au large*, al largo, in alto mare. ‖ PR. et FIG. *prendre, gagner le large*, prendere il largo; tagliare la corda (fig., fam.). ◆ adv. *voir large*, essere di ampie vedute. ‖ FIG., FAM. *ne pas en mener large* : [situation difficile] stare sulle spine; stare a disagio, essere in una situazione critica (L.C.); [peur] essere morto di paura (L.C.). ◆ loc. adv. ***au large*** [à l'aise] *être au large à une table, dans ses vêtements*, star comodi a una tavola, nei propri vestiti. ‖ FIG. *vivre au large*, vivere largamente, con agiatezza. | *au large !*, largo ! ‖ [au loin] *tourner, passer au large*, girare largo; prenderla (alla) larga. ◆ loc. prép. MAR. ***au large de***, al largo di.

largement [larʒəmɑ̃] adv. largamente. | *parler largement de qch.*, parlare largamente, diffusamente di qlco. | *payer largement*, pagare largamente, lautamente. | *vivre largement*, vivere largamente, con agiatezza. | *avoir largement de quoi vivre*, avere largamente di che vivere. | *vous avez largement le temps de le faire*, avete tutto il tempo (che occorre) per farlo. | *dépasser largement la dose prescrite*, oltrepassare di molto la dose prescritta.

largesse [larʒɛs] f. FIG. liberalità, generosità, larghezza. ◆ pl. larghezze, elargizioni.

largeur [larʒœr] f. larghezza. ‖ TEXT. altezza. | *petite, grande largeur*, altezza semplice, doppia altezza. ‖

FIG. *largeur de vues, d'idées*, larghezza, ampiezza di vedute, di idee. || LOC. POP. *dans les grandes largeurs*, (di) molto, completamente, interamente (L.C.). | *gagner dans les grandes largeurs*, vincere con largo margine (L.C.).
larghetto [largɛto] adv. et n. m. (ital.). MUS. larghetto m.
largo [largo] adv. et n. m. (ital.). MUS. largo m.
largue [larg] adj. MAR. *cordage largue*, fune lasca. || LOC. *marcher, naviguer (vent) largue*, navigare a vento largo, al gran lasco.
larguer [large] v. tr. MAR. *larguer les amarres*, sciogliere, mollare gli ormeggi ; salpare v. intr. | *larguer les ris*, sciogliere i terzaroli. | *larguer les voiles*, allentare le vele. || MIL. [bombes] sganciare ; [parachutistes] lanciare.
larme [larm] f. lacrima, lagrima. | *verser des larmes*, versare, spargere lacrime. | *fondre en larmes*, scoppiare in lacrime. | *pleurer à chaudes larmes*, piangere a calde lacrime, sciogliersi in lacrime. | *refouler, retenir ses larmes*, ingoiare, trattenere le lacrime. | *rire aux larmes*, ridere sino alle lacrime. | *avoir des larmes dans la voix*, avere la voce gonfia, piena di lacrime. | *faire venir les larmes aux yeux*, far venir le lacrime agli occhi. | *toucher jusqu'aux larmes*, commuovere fino alle lacrime. | *avoir la larme à l'œil, les larmes aux yeux*, avere i lucciconi agli occhi. | *avoir toujours la larme à l'œil, avoir la larme facile*, piangere facilmente, avere il pianto facile, essere un piagnucolone. | *essuyer, sécher les larmes de qn*, asciugar le lacrime a qlcu. || FAM. *y aller de sa larme*, spargere, versare una lacrimuccia. | *des larmes de crocodile*, lacrime di coccodrillo. || FIG. [goutte] goccia, lacrima. || LOC. *vallée de larmes*, valle di lacrime, di pianto.
larmier [larmje] m. ANAT. lacrimatoio. || ARCHIT. gocciolatoio.
larmoiement [larmwamɑ̃] m. (il) lacrimare. || MÉD. lacrimazione f. || [pleurnicherie] piagnisteo, piagnucolio, lamentela f. | *assez de larmoiements !*, basta con i piagnistei !
larmoyant, e [larmwajɑ̃, ɑ̃t] adj. lacrimoso, lamentoso, piagnucoloso.
larmoyer [larmwaje] v. intr. [yeux] lacrimare. || [personne] piagnucolare, frignare. || FIG. lagnarsi, lamentarsi.
larron [larɔ̃] m. RELIG. *le bon, le mauvais larron*, il buon ladrone, il cattivo ladrone. || TECHN. *larron d'eau*, canaletto (m.) di scolo. || LOC. *l'occasion fait le larron*, l'occasione fa l'uomo ladro. | *s'entendre comme larrons en foire*, intendersi come i ladri alla fiera.
larvaire [larvɛr] adj. larvale.
larve [larv] f. MYTH. larva. || ZOOL. larva. || FIG. *vivre comme une larve* = vegetare. | *une larve humaine*, una larva d'uomo.
larvé, e [larve] adj. MÉD. larvato. || FIG. [masqué] larvato, mascherato. | *menaces larvées*, larvate minacce. || [latent] latente, embrionale.
laryngé, e [larɛ̃ʒe] ou **laryngien, enne** [larɛʒjɛ̃, ɛn] adj. laringeo.
laryngite [larɛ̃ʒit] f. MÉD. laringite.
laryngologie [larɛ̃gɔlɔʒi] f. MÉD. laringoiatria.
laryngologiste [larɛ̃gɔlɔʒist] ou **laryngologue** [larɛ̃gɔlɔg] n. MÉD. laringoiatra m., laringologo m.
larynx [larɛ̃ks] m. ANAT. laringe f.
las, lasse [lɑ, lɑs] adj. [fatigué] stanco ; lasso (poét.). || [ennuyé, dégoûté] stanco, stufo, stucco, ristucco ; lasso. | *las de vivre*, stanco di vivere. | *je suis las de t'entendre*, sono stufo di sentirti. || LOC. *de guerre lasse* = stanco di lottare, di resistere ; incapace di resistere più a lungo ; per farla finita.
las ! [lɑs] interj. ahimè !
lasagne [lazaɲ] f. CULIN. lasagna.
lascar [laskar] m. FAM. [homme malin] dritto (pop.). || [individu] tizio, tipo.
lascif, ive [lasif, iv] adj. lascivo.
lasciveté [lasivte] ou **lascivité** [lasivite] f. lascivia.
laser [lazɛr] m. PHYS. laser (angl.).
lassant, e [lasɑ̃, ɑ̃t] adj. [fatigant] stanchevole. || [ennuyeux] noioso, seccante, sazievole.
lasser [lɑse] v. tr. [fatiguer] stancare. || [ennuyer] stancare, infastidire, stufare, seccare, stuccare. ◆ v. pr. PR. et FIG. stancarsi.
lassitude [lasityd] f. [fatigue] stanchezza, fiacchezza. || [ennui, dégoût] tedio m., noia, fastidio m.
lasso [laso] m. lasso ; lazo (esp.).
Lastex [lasteks] m. lastex.
latence [latɑ̃s] f. MÉD., PSYCHAN. latenza.
latent, e [latɑ̃, ɑ̃t] adj. latente.
latéral, e, aux [lateral, o] adj. laterale.
latérite [laterit] f. MINÉR. laterite.
latex [latɛks] m. lat(t)ice.
lathyrisme [latirism] m. MÉD. latirismo.
laticlave [latiklav] m. ANTIQ. laticlavio.
latifolié, e [latifɔlje] adj. BOT. latifoglio.
latifundiste [latifɔ̃dist] n. latifondista.
latifundium [latifɔ̃djɔm] m. (pl. **latifundia** [latifɔ̃dja]) latifondo.
latin, e [latɛ̃, in] adj. et n. latino. | *latin de cuisine, macaronique*, latino maccheronico. | *quartier latin*, quartiere latino. || LOC. *y perdre son latin*, non raccapezzarcisi. | *c'est à y perdre son latin !*, c'è da perderci la testa !
latinisant, e [latinizɑ̃, ɑ̃t] adj. et n. RELIG. latineggiante.
latiniser [latinize] v. tr. [donner forme lat.] latineggiare. || [donner caractère lat.] latinizzare.
latinisme [latinism] m. latinismo.
latiniste [latinist] n. latinista.
latinité [latinite] f. latinità.
latino-américain, e [latinoamerikɛ̃, ɛn] adj. latinoamericano.
latitude [latityd] f. GÉOGR. latitudine. || FIG. libertà. | *laisser toute latitude à qn*, dar carta bianca a qlcu. | *donner trop de latitude à qn*, lasciar troppa libertà a qlcu. ; dar troppo spago a qlcu (fam.).
latitudinaire [latitydinɛr] adj. et n. RELIG. latitudinario.
latomies [latɔmi] f. pl. ANTIQ. latomie.
latrie [latri] f. RELIG. latria.
latrines [latrin] f. pl. latrina sing.
latte [lat] f. listello m. || [sabre] sciabola a lama dritta.
latter [late] v. tr. ricoprire di listelli.
lattis [lati] m. copertura (f.) di listelli.
laudanum [lodanɔm] m. PHARM. laudano.
laudatif, ive [lodatif, iv] adj. laudativo.
laudes [lod] f. pl. RELIG. lodi.
lauréat, e [lorea, at] adj. laureato. | *poète lauréat*, poeta laureato. || [qui a eu un prix dans un concours] premiato. ◆ n. vincitore, trice (di un premio, di un concorso).
laurier [lorje] m. BOT. alloro ; lauro (littér.). || ***laurier-cerise,*** lauroceraso. || ***laurier-rose,*** oleandro. || ***laurier-sauce,*** alloro. || ***laurier-tin,*** lentaggine f. ◆ pl. FIG. [gloire] allori. | *cueillir des lauriers*, mietere allori. | *s'endormir sur ses lauriers*, dormire, riposare sugli allori.
lavable [lavabl] adj. lavabile.
lavabo [lavabo] m. RELIG. lavabo ; lavanda (f.) delle mani. || [cuvette ; local] lavabo. ◆ pl. gabinetto m., toletta f.
lavage [lavaʒ] m. lavatura f., lavaggio, lavata f. | *lavage à sec*, lavaggio, lavatura a secco. | *eau de lavage*, lavatura. || MÉD. *lavage d'estomac*, lavanda gastrica. || TECHN. *lavage du minerai*, lavaggio del minerale. || FIG. *lavage de cerveau*, lavaggio del cervello. || FAM. *lavage de tête*, lavata di capo.
lavallière [lavaljɛr] f. lavallière (fr.) ; cravatta a grande fiocco.
lavande [lavɑ̃d] f. BOT. lavanda, spigo m. || [parfum] lavanda.
lavandière [lavɑ̃djɛr] f. LITTÉR. lavandaia (L.C.). || ZOOL. cutrettola.
lavaret [lavarɛ] m. ZOOL. lavarello.
lavasse [lavas] f. FAM. lavatura di piatti ; brodaglia.
lave [lav] f. lava.

lavé, e [lave] adj. [délayé] slavato. ‖ [au lavis] acquerellato.
lave-glace [lavglas] m. lavacristallo inv.
lave-mains [lavmɛ̃] m. inv. lavabo, lavamano.
lavement [lavmɑ̃] m. MÉD. clistere ; serviziale (vx) ; lavativo (pop.). ‖ RELIG. *lavement des mains, des pieds*, lavanda (f.) delle mani, dei piedi. ‖ POP. [importun] lavativo.
laver [lave] v. tr. lavare. | *laver à l'eau froide*, lavare con, in acqua fredda. | *laver la vaisselle*, lavare i piatti, rigovernare le stoviglie ; rigovernare (absol.). | *machine à laver :* [linge] lavatrice f., lavabiancheria f. inv. ; [vaisselle] lavastoviglie f. inv. | *laver une blessure*, lavare una ferita. ‖ ART *laver un dessin*, sfumare un disegno. ‖ FIG. [effacer] lavare, purificare. | *laver ses péchés*, lavare i propri peccati. | *laver qn d'une accusation*, liberare qlcu. da un'accusa ; scagionare, discolpare qlcu. ‖ [venger] *laver une offense dans le sang*, lavare un'offesa nel sangue. ‖ LOC. *laver son linge sale en famille*, V. LINGE. | *laver la tête à qn*, lavare il capo, dar una lavata di capo a qlcu. ◆ v. pr. lavarsi. ‖ FIG. discolparsi. | *se laver d'une accusation*, liberarsi da un'accusa, discolparsi. | *se laver les mains de qch.*, lavarsi le mani di qlco.
laverie [lavri] f. MIN. laveria. ‖ *laverie (automatique)*, lavanderia (automatica, a gettone).
lavette [lavɛt] f. = straccio m., strofinaccio m., cencio m. (tosc.), spugnetta, spazzolino m. (per lavare i piatti) ; lavetta (néol.). ‖ FIG., POP. smidollato m., scartina.
laveur, euse [lavœr, øz] n. lavatore, trice ; [de linge] lavandaia f. | *laveur de carreaux*, pulitore di vetri. ◆ n. f. [machine] lavatrice.
lave-vaisselle [lavvɛsɛl] m. inv. lavastoviglie f. inv.
lavis [lavi] m. ART = disegno a inchiostro acquerellato ; lavis (fr.).
lavoir [lavwar] m. lavatoio. ‖ TECHN., MIN. laveria f. ; impianto di lavaggio.
lavure [lavyr] f. V. LAVASSE.
laxatif, ive [laksatif, iv] adj. et n. m. lassativo.
laxisme [laksism] m. lassismo.
laxiste [laksist] adj. et n. lassista.
layette [lɛjɛt] f. corredino m. (del neonato).
layon [lɛjɔ̃] m. sentiero (tracciato in una foresta per la caccia).
lazaret [lazarɛ] m. lazzaretto.
lazariste [lazarist] m. RELIG. lazzarista.
lazzi [ladzi] m. (ital.) [pl. **lazzi** ou **lazzis**] lazzo.
1. le [lə] ou **l'** art. déf. m. sing. ; **la** [la] ou **l'** f. sing. ; **les** [le] m. et f. pl. : il, lo, l' m. sing. ; la, l' f. sing. ; i, gli, gl' m. pl. ; le, l' f. pl.
2. le ou **l'** pron. pers. compl. dir. 3ᵉ pers. m. sing. ; **la** ou **l'** f. sing. ; **les** m. et f. pl. : lo, l' m. sing. ; la, l' f. sing. ; li m. pl. ; le f. pl.
lé [le] m. TEXT. telo.
leader [lidœr] m. (angl.) leader ; dirigente. ‖ SPORT [en tête d'une équipe] capofila, caposquadra ; [en tête du classement] (individu) leader ; (équipe) capolista f. ‖ JOURN. editoriale ; (articolo di) fondo.
leadership [lidœrʃip] m. (angl.) leadership f.
léchage [leʃaʒ] m. leccatura f.
lèche [lɛʃ] f. FAM. [tranche mince] fettina. ‖ FIG. [flatterie] leccatura. | *faire de la lèche à qn*, leccare (i piedi a) qlcu.
léché, e [leʃe] adj. FAM. leccato. | *tableau trop léché*, quadro troppo leccato. ‖ LOC. *ours mal léché* = zoticone.
lèche-bottes [lɛʃbɔt] m. inv. FIG., FAM. leccapiedi n.
lèchefrite [lɛʃfrit] f. leccarda, ghiotta.
lécher [leʃe] v. tr. leccare. | *se lécher les doigts*, leccarsi le dita (pr.) ; leccarsi le dita, i baffi (fig.). ‖ FIG., FAM. *lécher les pieds, les bottes de qn*, leccare i piedi a qlcu. ‖ LOC. *lécher les vitrines* = passeggiare fermandosi a guardare ogni vetrina. ‖ [effleurer] lambire. ‖ FAM. [exécuter avec soin] leccare.
lécheur, euse [leʃœr, øz] n. VX leccapiatti n. inv. (péjor.). ‖ FAM. [flatteur] leccapiedi n. inv.
lèche-vitrines [lɛʃvitrin] m. inv. FAM. *faire du lèche-vitrines* = passeggiare fermandosi a guardar le vetrine.
leçon [ləsɔ̃] f. [enseignement] lezione. | *leçon particulière*, lezione privata. | *apprendre, réciter une leçon*, imparare, recitare una lezione. ‖ UNIV. *leçon inaugurale*, orazione inaugurale. ‖ [conseil] *donner des leçons à tout le monde*, dar consigli, lezioni a tutti. ‖ [réprimande] lezione, rimprovero m. | *faire la leçon à qn*, rimproverare qlcu. ‖ [morale] lezione, ammaestramento m., ammonimento m., insegnamento m. | *tirer la leçon des événements*, trarre insegnamento dai fatti ; trarre la lezione dei, dai fatti. | *cela lui servira de leçon*, gli servirà di lezione. ‖ [d'une fable] morale, lezione. ‖ PHILOL. lezione ; lectio (pl. *lectiones*) [lat.]. ‖ RELIG. lezione.
lecteur, trice [lɛktœr, tris] n. lettore, trice. | TECHN. *lecteur de microfilms*, lettore per microfilm.
lecture [lɛktyr] f. lettura. | *il aime la lecture*, ama la lettura ; gli piace leggere. | *faire la lecture à qn*, leggere a qlcu. | *donner de la lecture à qn*, dar qlco. da leggere a qlcu. ‖ TECHN. *instrument, appareil de lecture*, apparecchio per la lettura ; lettore.
ledit, ladite [lədi, ladit] adj. V. DIT.
légal, e, aux [legal, o] adj. legale.
légalisation [legalizasjɔ̃] f. legalizzazione, autenticazione.
légaliser [legalize] v. tr. [authentifier] legalizzare, autenticare. ‖ [légitimer] legalizzare.
légalisme [legalism] m. legalismo.
légaliste [legalist] adj. legalistico. ◆ n. legalista.
légalité [legalite] f. legalità.
légat [lega] m. legato.
légataire [legatɛr] n. JUR. legatario, a.
légation [legasjɔ̃] f. legazione.
lège [lɛʒ] adj. MAR. scarico ; senza carico.
légendaire [leʒɑ̃dɛr] adj. et n. m. leggendario.
légende [leʒɑ̃d] f. leggenda. ‖ [explication] didascalia, leggenda, dicitura.
léger, ère [leʒe, ɛr] adj. [de peu de poids ; peu épais] legg(i)ero, lieve. | *poids léger*, peso leggero, lieve. | *tissu léger*, tessuto leggero. | *légère couche de glace*, lieve, sottile strato di ghiaccio. | *nourriture légère*, cibo leggero. | *café, thé léger*, caffè, tè leggero. | *léger bruit*, lieve, leggero rumore. | *légère secousse*, leggera, lieve scossa. | *légère difficulté, différence*, lieve, leggera difficoltà, differenza. | *faute légère*, colpa lieve. | *peine légère*, pena leggera, lieve. ‖ MIL. *artillerie, cavalerie légère*, artiglieria, cavalleria leggera. ‖ MUS. leggero. ‖ [boxe] *poids léger*, peso leggero. ‖ [vif, agile] *un pas léger*, un passo leggero. | *se sentir le cœur léger*, sentirsi (il cuor) leggero. | *d'un cœur léger*, a cuor leggero. ‖ [superficiel, frivole] leggero, spensierato, incostante. | *un esprit léger*, una testolina leggera. | *femme légère*, donna frivola, di facili costumi, scostumata. | *mœurs légères*, libertinaggio m., scostumatezza f. ‖ LOC. *avoir la main légère :* [coups] essere lesto di mano ; [habileté manuelle] disegnare, agire con mano leggera ; avere la mano leggera ; [autorité] avere mano leggera. | *ne donner qu'une légère idée de qch.*, non dare che una pallida idea di qlco. | *avoir une légère teinture de qch.*, avere un'infarinatura di qlco. | *un blessé léger*, un ferito leggero. ◆ loc. adv. ***à la légère :*** *être vêtu à la légère*, vestire leggero, essere leggero. | *armé à la légère*, armato alla leggera. | *prendre tout, tout faire à la légère*, prendere tutto, fare ogni cosa alla leggera. | *agir, parler à la légère*, agire, parlare leggermente.
légèrement [leʒɛrmɑ̃] adv. [sans appuyer] leggermente. ‖ LOC. *être légèrement vêtu*, vestire abiti leggeri, esser vestito leggero. | *légèrement plus vieux*, leggermente più, poco più anziano. ‖ FIG. con leggerezza, leggermente. | *agir légèrement*, agire con leggerezza, sconsideratamente.
légèreté [leʒɛrte] f. PR. leggerezza ; levità (littér.). ‖ FIG. leggerezza.
leghorn [lɛgɔrn] f. (angl.) gallina livornese.
légiférer [leʒifere] v. intr. legiferare.
légion [leʒjɔ̃] f. HIST. legione. ‖ [gendarmerie] legione. | *Légion étrangère*, Legione straniera. | *Légion d'honneur*, Legion d'onore. ‖ FIG. [multitude] legione.

multitudine, folla, schiera. | *ils sont légion*, sono numerosissimi.
légionnaire [leʒjɔnɛr] m. HIST. legionario. || [Légion d'honneur] = persona insignita della Legion d'onore.
législateur, trice [leʒislatœr, tris] adj. et n. legislatore, trice.
législatif, ive [leʒislatif, iv] adj. legislativo. ◆ n. m. potere legislativo.
législation [leʒislasjɔ̃] f. legislazione.
législature [leʒislatyr] f. legislatura.
légiste [leʒist] m. JUR. legista. ◆ adj. *médecin légiste*, medico legale.
légitimation [leʒitimasjɔ̃] f. JUR. legittimazione.
légitime [leʒitim] adj. [conforme à la loi] legittimo. | *enfant légitime*, figlio legittimo. || [juste, équitable] legittimo, giusto, lecito. | *gain légitime*, guadagno lecito. | *doute, désir légitime*, dubbio, desiderio legittimo. || LOC. *légitime défense*, legittima difesa. ◆ n. f. POP. metà (fam.); sposa (L.C.).
légitimer [leʒitime] v. tr. JUR. legittimare. || FIG. giustificare, legittimare.
légitimisme [leʒitimism] m. HIST. legittimismo.
légitimiste [leʒitimist] adj. HIST. legittimistico; legittimista (moins correct). ◆ n. legittimista.
légitimité [leʒitimite] f. legittimità.
legs [lɛg] m. JUR. lascito, legato. || FIG. *le legs du Moyen Âge*, l'eredità (f.) del Medioevo.
léguer [lege] v. tr. JUR. legare. || FIG. trasmettere, tramandare.
légume [legym] m. legume, ortaggio. | *légumes verts*, ortaggi (freschi). | *légumes secs*, legumi secchi. | *les légumes*, gli ortaggi, la verdura. | *soupe aux, bouillon de légumes*, minestra, brodo di verdura. | *marchand de légumes*, erbivendolo. | *garniture de légumes*, contorno (m.) di verdura, di legumi. || BOT. [gousse] baccello. ◆ n. f. FAM. [personnage important] *une grosse légume*, un pezzo grosso. | *être dans les légumes*, occupare un posto importante (L.C.).
légumier, ère [legymje, ɛr] adj. ortivo. | *cultures légumières*, colture ortive. | *jardin légumier*, orto m. ◆ n. m. [plat] legumiera f.
légumineux, euse [legyminø, øz] adj. et n. f. BOT. leguminoso.
leitmotiv [lɛjtmɔtiv] m. (pl. **leitmotive** ou **leitmotivs**) MUS. leitmotiv inv. (all.); motivo conduttore. || FIG. leitmotiv; motivo dominante, ricorrente.
lemme [lɛm] m. MATH., PHILOS. lemma.
lemming [lɛmiŋ] m. ZOOL. lemming, lemmo.
lémures [lemyr] m. pl. MYTH. lemuri.
lémuriens [lemyrjɛ̃] m. pl. ZOOL. lemuri.
lendemain [lɑ̃d(ə)mɛ̃] m. [jour suivant] giorno dopo; giorno seguente; indomani. | *le lendemain matin, soir*, la mattina dopo, la sera dopo. | *le lendemain de la bataille*, il giorno dopo la, l'indomani della battaglia. | *remettre au lendemain*, rimandare all'indomani. | *au lendemain de*, all'indomani di, il giorno dopo. || [futur] domani, futuro, avvenire. | *penser au lendemain*, pensare al domani, al futuro, all'avvenire. | *sans lendemain*, effimero, vano adj., senz'avvenire. | *des lendemains qui chantent* = un avvenire radioso. || LOC. *du jour au lendemain*, da oggi a domani, da un giorno all'altro. | *un travail qui ne peut se faire du jour au lendemain*, un lavoro che non si può fare da un giorno all'altro, che non si può fare così su due piedi. | *changer d'idée du jour au lendemain*, cambiar idea ogni giorno, da un momento all'altro. || [conséquence] *les lendemains d'une affaire, d'une aventure*, le conseguenze, i postumi, gli strascichi di un affare, di un'avventura.
lénifiant, e [lenifjɑ̃, ɑ̃t] adj. MÉD. lenitivo. || PÉJOR. *paroles lénifiantes*, parole melliflue.
lénifier [lenifje] v. tr. MÉD., FIG. lenire, mitigare.
léninisme [leninism] m. POLIT. leninismo.
lénitif, ive [lenitif, iv] adj. et n. m. MÉD. lenitivo.
lent, e [lɑ̃, lɑ̃t] adj. lento; tardo (littér.). | *avoir l'esprit lent*, essere tardo di mente, d'ingegno. | *à pas lents*, a passi lenti. | *combustion, mort lente*, combustione, morte lenta. | *lent à se mouvoir*, lento, tardo nel muoversi, nei movimenti. | *lent à comprendre, à obéir*, lento a capire, a ubbidire. | *lent à juger*, lento, tardo nel giudicare.
lente [lɑ̃t] f. ZOOL. lendine m.
lentement [lɑ̃tmɑ̃] adv. lentamente, piano, adagio.
lenteur [lɑ̃tœr] f. lentezza. || FIG. *lenteur d'esprit*, tardezza, lentezza d'ingegno, di mente. ◆ pl. *les lenteurs de la procédure, de la bureaucratie*, le lungaggini della procedura, della burocrazia.
lenticulaire [lɑ̃tikylɛr] adj. lenticolare.
lentigo [lɑ̃tigo] m. MÉD. lentiggine f., efelide f.
lentille [lɑ̃tij] f. BOT. lenticchia, lente. | *lentille d'eau*, lenticchia di palude; lemna. || OPT. lente. | *lentille grossissante*, lente d'ingrandimento. | *lentille cornéenne*, lente a contatto. || ANAT. *lentille cristalline*, cristallino m. || TECHN. *lentille de pendule*, lente del pendolo. ◆ pl. MÉD. V. LENTIGO.
lentisque [lɑ̃tisk] m. BOT. lentisco, lentischio.
lento [lɛnto] adv. et n. m. (ital.) MUS. lento m.
1. léonin, e [leɔnɛ̃, in] adj. PR. et FIG. leonino. || JUR. *contrat léonin*, patto leonino.
2. léonin, e adj. POÉS. *vers léonins*, versi leonini.
léopard [leɔpar] m. ZOOL. leopardo. ◆ adj. *tenue léopard*, tuta mimetica.
lépidoptères [lepidɔptɛr] m. pl. ZOOL. lepidotteri.
lépiote [lepjɔt] f. BOT. lepiota.
lépisme [lepism] m. ZOOL. lepisma f.
léporidés [lepɔride] m. pl. ZOOL. leporidi.
lèpre [lɛpr] f. PR. et FIG. lebbra.
lépreux, euse [leprø, øz] adj. et n. MÉD. lebbroso. || [galeux] rognoso. || FIG. *murs lépreux*, muri scrostati.
léproserie [leprozri] f. lebbrosario m.
lequel [ləkɛl] pron. rel. m. sing., **laquelle** [lakɛl] f. sing., **lesquels** m. pl., **lesquelles** [lekɛl] f. pl. : il, la quale; i, le quali. | *auquel*, al quale, (a) cui. | *duquel*, del quale, di cui. | *un livre sur l'intérêt duquel*, un libro sul cui interesse. | *dans lequel*, nel quale, in cui. ◆ pron. interr. quale? (sing.); quali? (pl.). | *lequel des deux voudrais-tu?*, quale dei due vorresti? | *auquel dois-je m'adresser?*, a chi, a quale di loro devo rivolgermi? | *duquel parles-tu?*, di quale parli? | *sur lequel est-il monté?*, su quale è salito? ◆ adj. rel. (rare) il quale. | *auquel cas*, nel qual caso.
lérot [lero] m. ZOOL. quercino.
1. les art. déf. m. et f. pl. V. LE 1.
2. les pron. pers. compl. dir. 3e pers. m. et f. pl. V. LE 2.
lès prép. V. LEZ.
lesbien, enne [lɛsbjɛ̃, ɛn] adj. et n. lesbico.
lèse-humanité [lɛzymanite] f. lesa umanità.
lèse-majesté [lɛzmaʒɛste] f. lesa maestà.
léser [leze] v. tr. [faire tort à] ledere. || [blesser] offendere, danneggiare.
lésine [lezin] ou **lésinerie** [lezinri] f. lesineria, spilorceria.
lésiner [lezine] v. intr. **(sur)** lesinare (su).
lésineur, euse [lezinœr, øz] adj. spilorcio, taccagno, tirchio. ◆ n. spilorcio, pitocco.
lésion [lezjɔ̃] f. JUR., MÉD. lesione.
lesquels, lesquelles pron. rel. et interr. V. LEQUEL.
lessivage [lesivaʒ] m. lavata f., lavaggio. || CHIM. lisciviazione.
lessive [lɛsiv] f. CHIM. ranno m., liscivia. || [détersif] detersivo m. (per il bucato). || PROV. *à blanchir la tête d'un nègre, d'un âne, on perd sa lessive*, a lavar la testa all'asino, ci si perde il ranno e il sapone. || [action de laver] bucato m. | *faire la lessive*, fare il bucato. | *mettre des mouchoirs à la lessive*, mettere in bucato dei fazzoletti. || [linge lavé, à laver] bucato. || FIG. [épuration] bucato, repulisti m.
lessiver [lesive] v. tr. [linge] lavare; [porte, sol] lisciviare, lavare. || CHIM., IND. lisciviare. || POP. [dépouiller] pelare. | *il a lessivé son adversaire en moins de deux*, ha pelato l'avversario in quattro e quattr'otto. || [éliminer] eliminare (L.C.). || [fatiguer] *je suis complètement lessivé*, sono spossato (L.C.); sono stanco morto (fam.).
lessiveuse [lɛsivøz] f. [récipient] conca, vasca, recipiente (m.) per il bucato. || [machine] lisciviatrice f.
lest [lɛst] m. AÉR., MAR. zavorra f. | *naviguer sur lest*,

navigare in zavorra. || Loc. *jeter, lâcher du lest* : PR. gettare zavorra ; FIG. = fare un sacrificio, dei sacrifici per salvare l'essenziale, per uscire da una situazione difficile ; calare di pretese, di tono ; calare le arie ; abbassare la cresta. || [pêche] mazzera f.

lestage [lɛstaʒ] m. AÉR., MAR. zavorramento.

leste [lɛst] adj. [agile] agile, svelto, lesto. || [irrespectueux] disinvolto. || [grivois] sconveniente, scabroso, spinto, licenzioso. || Loc. *avoir la main leste*, essere manesco.

lestement [lɛstəmɑ̃] adv. PR. et FIG. con lestezza, speditezza ; speditamente.

lester [lɛste] v. tr. AÉR., MAR. zavorrare ; inzavorrare (rare). || FIG., FAM. *lester ses poches*, riempirsi le tasche. ◆ v. pr. FIG., FAM. riempirsi la pancia ; riempirsi il sacco (pop.).

létal, e, aux [letal, o] adj. letale.

létalité [letalite] f. letalità, mortalità.

léthargie [letarʒi] f. PR. et FIG. letargo m. | *tomber en léthargie*, cadere in letargo. | *tirer qn de sa léthargie*, svegliare qlcu. dal letargo.

léthargique [letarʒik] adj. letargico.

lette [lɛt] m. LING. lettone.

letton, onne [lɛtɔ̃, ɔn] adj. et n. lettone.

lettre [lɛtr] f. GRAMM., TYP. lettera, carattere m. | *écrit en (très) grosses lettres, en lettres énormes*, scritto a lettere cubitali, a lettere di scatola. | *en toutes lettres*, in tutte lettere (pr.) ; chiaro e tondo, senz'ambagi (fig.). | *en lettres d'or, de feu, de sang*, a lettere d'oro, di fuoco, di sangue. || Loc. *le mot de cinq lettres, les cinq lettres* = accidenti !, uf(f) !, uffa !, al diavolo ! (selon les cas). | *dire les cinq lettres à tout bout de champ*, imprecare ad ogni piè sospinto. || [texte ; sens étroit] lettera. | *l'esprit et la lettre d'un texte, d'une loi*, lo spirito e la lettera di un testo, di una legge. || Loc. *à la lettre, au pied de la lettre*, alla lettera. | *avant la lettre*, avanti lettera ; ante litteram (lat.). | *décret, loi, conseil qui reste lettre morte*, decreto, legge, consiglio che rimane lettera morta. || [missive ; écrit] lettera, missiva. | *par lettre*, con una lettera. | *(lettre de) faire-part*, (lettera di) partecipazione. | *lettre exprès*, espresso m. | *lettre ouverte*, lettera aperta. | *lettre d'introduction*, lettera di presentazione. | *lettres de créance*, (lettere) credenziali. | *lettre de crédit*, lettera di credito. | *lettre de change*, cambiale f. | *lettre de rappel*, lettera di sollecitazione. | *lettre de voiture*, lettera di vettura. || HIST. *lettre de cachet*, V. CACHET. || HIST. LITT. *les « Lettres » de Machiavel*, le Lettere, l'Epistolario del Machiavelli. | *roman par lettres*, romanzo epistolare. || Loc. FAM. *passer comme une lettre à la poste*, andar liscio come l'olio. ◆ pl. lettere, letteratura f. sing. | *homme, femme de lettres*, uomo, donna di lettere ; letterato, a. | *les gens de lettres*, i letterati. | *faculté des lettres*, facoltà di lettere. || FIG. *avoir des lettres*, essere colto.

lettré, e [lɛtre] adj. et n. letterato.

lettrine [lɛtrin] f. lettera di rinvio. || [lettre initiale] = (lettera) iniziale f.

leu [lø] m. Vx lupo (L.C.). || Loc. *à la queue leu leu*, V. QUEUE.

leucémie [løsemi] f. MÉD. leucemia.

leucémique [løsemik] adj. MÉD. leucemico.

leucocyte [løkɔsit] m. ANAT. leucocita, leucocito.

leucocytose [løkɔsitoz] f. MÉD. leucocitosi.

leucome [løkom] m. MÉD. leucoma.

leucopénie [løkɔpeni] f. MÉD. leucopenia.

leucorrhée [løkɔre] f. MÉD. leucorrea.

leur [lœr] pron. pers. inv. 3e pers. pl. : (a) loro ; gli m. et f. (fam.). | *dis-leur de le faire*, di' loro di farlo. | *dis-le-leur*, dillo (a) loro ; diglielo (fam.). ◆ adj. poss. 3e pers. pl. il, i, la, le loro. | *leur cahier et leurs livres*, il loro quaderno e i loro libri. | *un de leurs cousins*, un loro cugino. ◆ pron. poss. 3e pers. pl. *le, la leur*, il, la loro. | *les leurs*, i, le loro. | *mon frère et le leur*, mio fratello e il loro. ◆ n. m. sing. [ce qui est possédé] *le leur*, il loro. | *ils y mettent du leur*, s'impegnano ; ce la mettono tutta. ◆ n. m. pl. [famille, partisans] *un des leurs*, uno dei loro.

leurre [lœr] m. [chasse] logoro. || [pêche] esca (f.) artificiale. || FIG. [artifice] lusinga f., esca. | *prendre qn à un leurre*, prendere qlcu. all'esca ; ingannare, illudere qlcu. || [illusion] lusinga, illusione f. | *ce n'est qu'un leurre*, non è che un'illusione.

leurrer [lœre] v. tr. [chasse] *leurrer un faucon* = addestrare un falco al logoro, richiamare un falco col logoro. || FIG. **(par)** ingannare, illudere, adescare (con). ◆ v. pr. illudersi, ingannarsi.

levage [ləvaʒ] m. [action de soulever] sollevamento. | *appareil de levage*, apparecchio di sollevamento. || [fermentation] lievitazione f., lievitatura f.

levain [ləvɛ̃] m. PR. lievito. || FIG. lievito, fermento.

levant [ləvɑ̃] adj. m. *soleil levant*, sol levante. ◆ n. m. [est] levante, oriente. | *au levant*, a levante, ad oriente. | *vers le levant*, verso levante, verso l'oriente.

levantin, e [ləvɑ̃tɛ̃, in] adj. et n. levantino.

levé, e adj. Loc. *tête levée, front levé*, a testa alta. | *au pied levé*, lì per lì, su due piedi, all'impronto. | *dessiner à main levée*, disegnare a mano libera. | *voter à mains levées*, votare per alzata di mano. || SUBSTANTIV. *voter par assis et levé*, votare per alzata e seduta. ◆ n. m. MUS., PHILOL. levare, tesi f. || [d'un plan] rilevamento topografico.

levée [ləve] f. [action d'enlever, de (se) retirer] rimozione. | *levée des scellés*, rimozione dei sigilli. | *la levée du corps aura lieu à la maison mortuaire* = il funerale partirà dalla casa del defunto. | *levée d'une séance, d'un siège*, fine d'una seduta, d'un assedio. | *levée d'écrou*, scarcerazione. || [du courrier] levata. || FIN. [impôt] riscossione, esazione. || JEU [cartes] presa, levata. || MIL. leva. | *levée en masse*, leva in massa. | *levée de troupes*, arruolamento (m.) di truppe. || [digue] argine m. || [action de lever] *levée d'étendards*, levata d'insegne. || FIG. *levée de boucliers*, levata di scudi.

1. lever [ləve] v. tr. **1.** [mouvoir de bas en haut] alzare, levare, sollevare. | *lever les yeux, le bras*, alzare, levare gli occhi, il braccio. | *lever un poids*, levare, sollevare un peso. || Loc. *lever les bras au ciel*, alzar le braccia al cielo. | *lever son verre*, brindare v. intr. | *lever le coude* (fam.), alzare il gomito. | *lever le pied*, V. PIED. | *lever la main sur qn*, mettere le mani addosso a qlcu. || **2.** [ôter ; supprimer] togliere, levare. | *lever le masque*, togliersi la maschera, smascherarsi. | *lever une interdiction*, annullare un divieto, levare una proibizione. | *lever une punition*, levare, sopprimere una punizione. | *lever l'interdit*, togliere l'interdetto. | *lever les lettres*, levare le lettere. | *lever le camp*, levare, togliere il campo (pr.) ; levar le tende (fig.). | *lever le blocus*, togliere il blocco. | *lever la séance*, togliere, chiudere la seduta. | *lever un obstacle*, togliere, rimuovere un ostacolo. | *lever les scellés*, rimuovere i sigilli. | *lever le séquestre*, togliere il sequestro. || **3.** [chasse] *lever un lièvre*, stanare una lepre. || FIN. *lever des impôts*, riscuotere imposte. || JUR. *lever un jugement*, chiedere copia di una sentenza. || MAR. *lever l'ancre*, levare l'ancora ; salpare. || MIL. *lever des troupes*, arruolare delle truppe. || THÉÂTRE *lever le rideau*, alzare il sipario. || POP. [une fille] rimorchiare. ◆ v. intr. [sortir de terre] spuntare. || [fermenter] lievitare. ◆ v. pr. [se mettre debout] *se lever (du lit)*, alzarsi, levarsi (dal letto). | *se lever de table*, alzarsi, levarsi da tavola. | *se lever d'un bond*, balzare in piedi. || [astre] sorgere v. intr., alzarsi. || [jour] spuntare v. intr. || [vent] alzarsi, levarsi. || [temps] rischiararsi.

2. lever m. [action de se lever] (l')alzarsi. | *le matin, au lever, Pierre...*, la mattina, quando si alza, Pietro... || HIST. *le lever du roi* = il lever (fr.) del re. || THÉÂTRE *le lever du rideau*, l'alzarsi del sipario. | *un lever de rideau* = un atto unico, una breve commedia (recitata prima della commedia principale) ; SPORT = incontro preliminare, riunione (f.) d'attesa. || [astre] *au lever du soleil*, allo spuntare, al sorgere del sole. | *le lever du jour*, lo spuntar del giorno, l'alba. || [topographie] V. LEVÉ.

levier [ləvje] m. PR. et FIG. leva f. | *agir sur le levier de l'économie*, agire sul pedale dell'economia. | *tenir les leviers de commande*, avere in mano le leve di

comando. ‖ AUTOM. *levier au plancher*, cloche f. (fr.).
lévigation [levigasjɔ̃] f. CHIM. levigazione.
léviger [leviʒe] v. tr. CHIM. levigare.
lévirat [levira] m. RELIG. levirato.
lévitation [levitasjɔ̃] f. levitazione.
lévite [levit] m. RELIG. levita. ◆ f. MODE, vx = (specie di) redingote lunga ; finanziera.
lévogyre [levɔʒir] adj. CHIM. levogiro.
levraut [ləvro] m. ZOOL. leprotto.
lèvre [lɛvr] f. labbro m. [pl. *le labbra* (pr.) ; *i labbri* (fig.)]. | *porter à ses lèvres*, portare alle labbra. | *pincer les lèvres*, stringere le labbra. | *le cigare aux lèvres*, col sigaro in bocca, tra i denti. | *avoir le sourire aux lèvres*, avere il sorriso sulle labbra. ‖ PR. et FIG. *se mordre les lèvres*, V. MORDRE. ‖ FIG. *rire, parler du bout des lèvres*, ridere, parlare a fior di labbra. | *avoir un mot sur les lèvres, sur le bout des lèvres*, avere una parola sulla punta della lingua. | *manger du bout des lèvres*, mangiare svogliatamente, controvoglia. | *être suspendu aux lèvres de qn*, pendere dalle labbra di qlcu. | *ne pas desserrer les lèvres*, non aprire bocca. ‖ PROV. *il y a loin de la coupe aux lèvres*, V. COUPE. ‖ GÉOL. *lèvre d'une faille*, labbro di una frattura. ◆ pl. MÉD., ANAT., BOT. labbra pl. | *les lèvres d'une plaie*, i labbri, le labbra di una piaga.
levrette [ləvrɛt] f. ZOOL. levriera. ‖ [lévrier d'Italie] levriere, levriero italiano.
lévrier [levrije] m. ZOOL. levriere, levriero.
lévulose [levyloz] m. CHIM. levulosio.
levure [ləvyr] f. lievito.
lexème [lɛksɛm] m. LING. lessema.
lexical, e, aux [lɛksikal, o] adj. lessicale.
lexicographe [lɛksikɔgraf] n. lessicografo m.
lexicographie [lɛksikɔgrafi] f. lessicografia.
lexicologie [lɛksikɔlɔʒi] f. lessicologia.
lexicologue [lɛksikɔlɔg] n. lessicologo m.
lexique [lɛksik] m. lessico.
lez ou **lès** [lɛ] prép. Vx presso (L.C.).
lézard [lezar] m. ZOOL. lucertola f. | *lézard vert*, ramarro. ‖ [cuir, peau] lucertola. ‖ LOC. FAM. *faire le lézard*, V. LÉZARDER V. intr.
lézarde [lezard] f. PR. crepa, fenditura, incrinatura, screpolatura. ‖ FIG. crepa, incrinatura. ‖ [passementerie] spighetta, cordoncino m.
lézarder [lezarde] v. intr. FAM. [paresser] poltrire, oziare ; crogiolarsi al sole (come le lucertole). ◆ v. tr. screpolare ; produrre delle crepe in. ◆ v. pr. screpolarsi, fendersi, creparsi ; crepare v. intr.
liage [ljaʒ] m. [des gerbes] legatura f.
liaison [ljɛzɔ̃] f. [action de lier ; résultat] legamento m., connessione, giuntura ; [résultat] legame m. ‖ FIG. [enchaînement] connessione, concatenazione f., nesso m., relazione. | *liaison dans les idées*, connessione, concatenazione di idee. | *liaison logique*, nesso logico. | *liaison de cause à effet*, relazione di causa ad effetto. | *en liaison avec*, in relazione a. ‖ [relations] legame, relazione. | *avoir une liaison (amoureuse) avec qn*, avere una relazione (amorosa) con qlcu. ‖ MIL., TÉLÉCOM. collegamento m. | *se mettre en liaison avec qn*, mettersi in collegamento con qlcu. | *officier de liaison*, ufficiale di collegamento. ‖ CHIM. legame (chimico), valenza. ‖ ARCHIT. *maçonnerie en liaison*, muratura a giunti sfalsati. ‖ [mortier] legante m. | *liaison à sec*, muratura a secco. ‖ CULIN. *utiliser un jaune d'œuf comme liaison*, adoperare un tuorlo d'uovo per legare (la salsa). ‖ LING. legamento ; liaison (fr.). ‖ MUS. legatura. ‖ TECHN. [soudure] lega (per saldatura).
liane [ljan] f. liana.
liant, e [ljɑ̃, ɑ̃t] adj. [souple] flessibile, malleabile. ‖ FIG. [sociable] *il n'est pas très liant*, non è molto socievole. ◆ n. m. [élasticité] elasticità f. ‖ FIG. [affabilité] affabilità f., socievolezza f. | *avoir du liant*, essere socievole, affabile. ‖ [matière qui agglomère] legante.
liard [ljar] m. Vx [monnaie] = quattrino. ‖ LOC. *n'avoir pas un (rouge) liard*, non avere il becco di un quattrino.
lias [ljɑs] m. GÉOL. lias, liassico.
liasique [ljazik] adj. GÉOL. liassico.
liasse [ljas] f. fascio m. ; [archives] filza f. | *une liasse de billets (de banque)*, un pacchetto di banconote.
libanais, e [libanɛ, ɛz] adj. et n. libanese.
libation [libasjɔ̃] f. PR. et FIG. libagione.
libelle [libɛl] m. libello.
libellé [libɛlle] m. [texte] redazione f., stesura f., testo. ‖ [formulaire] *libellé d'une demande*, modulo d'una domanda.
libeller [libɛlle] v. tr. redigere, stendere, compilare. | *libeller une demande*, redigere una domanda. | *libeller un chèque*, compilare un assegno.
libelliste [libɛlist] m. libellista.
libellule [libɛllyl] f. ZOOL. libellula.
liber [libɛr] m. (lat.) BOT. libro.
libérable [liberabl] adj. = che si può liberare. ‖ MIL. congedabile.
libéral, e, aux [liberal, o] adj. [généreux] liberale, generoso. ‖ POLIT. liberale. ‖ LOC. *arts libéraux*, arti liberali. | *profession libérale*, professione liberale. | *membre d'une profession libérale*, libero professionista. ◆ n. m. liberale.
libéralisation [liberalizasjɔ̃] f. liberalizzazione.
libéraliser [liberalize] v. tr. liberalizzare.
libéralisme [liberalism] m. POLIT. liberalismo. ‖ ECON. liberalismo economico ; liberismo.
libéralité [liberalite] f. liberalità, generosità. ◆ pl. elargizioni, larghezze, liberalità. | *faire des libéralités*, fare (generose) elargizioni.
libérateur, trice [liberatœr, tris] adj. et n. liberatore, trice.
libération [liberasjɔ̃] f. liberazione. ‖ MIL. *libération du contingent*, congedo (m.) della classe (di leva). ‖ TECHN. *vitesse de libération*, velocità di liberazione. | *libération d'énergie*, liberazione di energia.
libératoire [liberatwar] adj. COMM. liberatorio.
libérer [libere] v. tr. liberare. | *libérer un prisonnier*, liberare, scarcerare un prigioniero. | *libérer d'une dette*, liberare da un debito. | *libérer le passage*, liberare il passaggio, lasciar libero il passaggio. ‖ FIG. *libérer sa conscience*, liberarsi, alleggerirsi la coscienza. | *libérer son cœur*, sfogarsi. ‖ ECON. *libérer des actions*, liberare, svincolare delle azioni. | *libérer les échanges*, liberalizzare gli scambi. ‖ MIL. congedare. ◆ v. pr. liberarsi. | *se libérer de ses chaînes*, liberarsi, svincolarsi, sciogliersi dalle proprie catene. | *se libérer d'un engagement*, liberarsi da un impegno. ‖ ABSOL. *je n'ai pu me libérer avant quatre heures*, non mi son potuto liberare, disimpegnare prima delle quattro. ‖ FIN. estinguere v. tr. | *se libérer d'une dette, d'une hypothèque*, estinguere un debito, un'ipoteca.
1. libérien, enne [liberjɛ̃, ɛn] adj. et n. GÉOGR. liberiano.
2. libérien, enne adj. BOT. liberiano.
libertaire [libɛrtɛr] adj. et n. libertario.
liberté [libɛrte] f. libertà. | *liberté de la presse*, libertà di stampa. | *liberté de culte*, libertà religiosa, di religione. | *liberté d'opinion*, libertà di pensiero, d'opinione. | *liberté de réunion*, libertà di riunione. | *en toute liberté*, in tutta, in piena libertà. | *deux jours de liberté par semaine*, due giorni liberi, di libertà la settimana. ‖ JUR. *mise en liberté*, scarcerazione, liberazione, rilascio m. | *liberté provisoire, surveillée, sur parole*, libertà provvisoria, vigilata, sulla parola. ‖ LOC. *laisser toute liberté à qn de*, lasciare a qlcu. piena libertà di. | *prendre la liberté de*, prendersi la libertà di. ◆ pl. [franchises] libertà, privilegi m. pl. | *les libertés municipales*, le libertà comunali, locali. ‖ [manières hardies] *prendre des libertés avec qn*, prendersi delle libertà con qlcu. | *libertés de langage*, libertà, licenza (f. sing.) di linguaggio. ‖ FIG. *prendre des libertés avec un texte, avec l'histoire*, interpretare con (troppa) libertà un testo, la storia.
liberticide [libɛrtisid] adj. liberticida.
libertin, e [libɛrtɛ̃, in] adj. et n. libertino.
libertinage [libɛrtinaʒ] m. libertinaggio.
libidineux, euse [libidinø, øz] adj. libidinoso.
libido [libido] f. PSYCHAN. libido (lat.).
libraire [librɛr] n. libraio m.
librairie [librɛri] f. [commerce] commercio librario. ‖

[magasin] libreria. ◆ ***librairie-papeterie,*** libreria-cartoleria, cartolibreria.
libration [librasjɔ̃] f. ASTR. librazione.
libre [libr] adj. libero. | *se rendre libre*, liberarsi, disimpegnarsi. | *libre penseur*, libero pensatore. | *libre arbitre*, libero arbitrio. | *entrée libre*, ingresso libero, entrata libera. | *nage libre*, nuoto di stile libero. | *traduction libre*, traduzione libera. | *union libre*, libero amore. | *vers libres*, versi liberi. | *papier libre*, carta libera. || UNIV. *enseignement libre*, insegnamento privato. | *candidat(e) libre, élève d'une école libre*, privatista n. || [licencieux] *mœurs libres*, facili costumi. | *chansons, propos libres*, canzoni, parole licenziose. || LOC. *à l'air libre*, all'aperto. | *donner libre cours à*, dar libero corso a. | *laisser le champ libre*, lasciare il campo libero. | *libre à toi, à lui de*, tu sei, egli è libero, padrone di. | *avoir ses entrées libres chez qn*, avere libero accesso presso qlcu., in casa di qlcu. | *avoir les mains libres*, avere le mani libere.
libre-échange [libreʃɑ̃ʒ] m. libero scambio.
libre-échangisme [libreʃɑ̃ʒism] m. liberismo.
libre-échangiste [libreʃɑ̃ʒist] adj. liberoscambista. ◆ n. liberista, liberoscambista.
libre-service [librəsɛrvis] m. self-service (angl.).
librettiste [librɛtist] m. librettista.
libretto [librɛt(t)o] m. (ital.) MUS. libretto.
libyen, enne [libjɛ̃, ɛn] adj. et n. libico.
1. lice [lis] f. HIST. lizza. || [palissade] steccato m., palizzata. || FIG. *entrer en lice*, entrare, scendere in lizza.
2. lice f. ZOOL. cagna (da caccia).
3. lice f. TEXT. V. LISSE 3.
licence [lisɑ̃s] f. [liberté trop grande] licenza; abuso (m.) di libertà. | *prendre des licences avec qn* (VX), prendersi delle libertà con qlcu (L.C.). | *licence poétique*, licenza poetica. || JUR., COMM. licenza, permesso m., autorizzazione. | *licence d'importation, de fabrication*, licenza d'importazione, di fabbricazione. | *licence de débit de boissons*, licenza di vendita di alcolici. || SPORT brevetto m. || UNIV. = laurea. | *licence en droit, ès lettres* = laurea in legge, in lettere. | *licence d'enseignement* = laurea abilitante.
licencié, e [lisɑ̃sje] n. UNIV. = laureato. | *licencié ès lettres, en droit* = laureato in lettere, in legge.
licenciement [lisɑ̃simɑ̃] m. licenziamento.
licencier [lisɑ̃sje] v. tr. [priver d'emploi] licenziare.
licencieux, euse [lisɑ̃sjø, øz] adj. licenzioso.
lichen [likɛn] m. BOT. lichene. || MÉD. lichen.
licher [liʃe] v. tr. POP. bere (L.C.). | *licher une bouteille*, tracannare una bottiglia (di vino) [L.C.].
lichette [liʃɛt] f. FAM. pezzettino m., fettina, bocconcino m. (L.C.). | *lichette de beurre*, pezzettino di burro. | *lichette de pain*, fettina, pezzettino di pane.
licitation [lisitasjɔ̃] f. JUR. licitazione, asta. | *vente par licitation*, vendita all'asta.
licite [lisit] adj. lecito.
liciter [lisite] v. tr. JUR. vendere, mettere all'asta; licitare.
licol [likɔl] m. V. LICOU.
licorne [likɔrn] f. MYTH. liocorno m. || ZOOL. *licorne de mer*, narvalo m.
licou [liku] m. cavezza f., capestro.
licteur [liktœr] m. HIST. littore.
lie [li] f. PR. et FIG. feccia. | *boire le calice jusqu'à la lie*, V. CALICE. | *la lie de la société*, la feccia della società.
lie-de-vin [lidvɛ̃] adj. inv. = di color vinoso; paonazzo, violaceo.
liège [ljɛʒ] m. sughero.
liégeois, e [ljeʒwa, az] adj. et n. = di Liegi. || CULIN. *café liégeois*, caffè gelato con panna montata.
liégeux, euse [ljeʒø, øz] adj. sugheroso.
liement [limɑ̃] m. legamento, legatura f.
lien [ljɛ̃] m. PR. legame, vincolo. | *lien d'une gerbe, d'un fagot*, legaccio di un covone, di una fascina. || FIG. *liens du sang, d'amitié*, legami, vincoli di sangue, d'amicizia. | *liens de parenté*, legami, vincoli di parentela, parentali. | *nouer des liens d'amitié avec qn*, stringere (un legame di) amicizia con qlcu. | *servir de lien entre deux personnes*, fare da tramite fra due persone. || [raisonnement] *lien logique*, nesso logico. | *sans lien*, slegato, sconnesso adj. ◆ pl. vincoli, catene f. pl. || FIG. *briser, rompre ses liens*, spezzare le catene. || LOC. *Saint-Pierre-aux-Liens*, San Pietro in Vincoli.
lier [lje] v. tr. **1.** [attacher] legare, attaccare. | *lier un fagot*, legare una fascina. | *lier qn sur une chaise*, legare, attaccare qlcu. a una sedia. || LOC. *pieds et poings liés*, con le mani e i piedi legati. | *fou à lier*, pazzo da legare. || FIG. legare, vincolare. | *lier la langue, les mains à qn*, legare la lingua, le mani à qlcu. || JUR. *les contrats lient les parties contractantes*, i contratti vincolano le parti contraenti. || **2.** [nouer] annodare, allacciare. | *lier les cordons de ses souliers*, allacciarsi le scarpe. || FIG. stringere, allacciare, attaccare. | *lier amitié avec qn*, stringere amicizia, allacciare un'amicizia con qlcu. | *lier conversation avec qn*, attaccar discorso con qlcu. || **3.** [joindre, unir] legare, collegare, connettere, unire. | *lier ses idées*, collegare, connettere le proprie idee. | *avoir partie liée avec qn*, avere interessi comuni. | *ils sont très liés entre eux*, sono (amici) intimi. || MUS. *lier les notes*, legare le note. || **4.** CULIN. *lier une sauce*, ispessire, legare una salsa. ◆ v. pr. legarsi. | *se lier (d'amitié) avec qn*, legarsi d'amicizia, stringere amicizia con qlcu. | *se lier par un serment*, legarsi con un giuramento. || ABSOL. *qui se lie, qui ne se lie pas facilement*, socievole, poco socievole (adj.).
lierre [ljɛr] m. BOT. edera f.
liesse [ljɛs] f. allegria, tripudio m. | *ville en liesse*, città in festa. | *foule en liesse*, folla esultante.
1. lieu [ljø] m. [endroit] luogo, posto. | *date et lieu de naissance*, data e luogo di nascita. | *lieu de résidence*, luogo di residenza. | *lieu de travail*, posto di lavoro. | *en tous lieux*, in ogni luogo. | *un lieu charmant*, un luogo, un posto incantevole. | *mauvais lieu*, luogo malfamato. | *le lieu du crime*, il luogo del delitto. || [circonstance] *ce n'est pas le lieu de*, non è questo il luogo di. || LOC. *haut lieu* : RELIG. luogo alto; FIG. luogo sacro; centro, focolaio. | *en haut lieu*, in alto luogo. || GÉOM. *lieu géométrique*, luogo geometrico. || GRAMM. *adverbe, complément de lieu*, avverbio, complemento di luogo. || HIST. *lieu d'asile*, (luogo d') asilo. || THÉÂTRE *unité de lieu*, unità di luogo. || RHÉT. *lieu commun*, V. COMMUN. || PROV. *n'avoir ni feu ni lieu, être sans feu ni lieu*, essere senza tetto; non aver né loco né foco. ◆ pl. luogo, posto sing. | *lieux d'aisance*, gabinetto (di decenza); luogo comodo (VX). | *se rendre sur les lieux*, recarsi sul posto. | *la police s'est rendue sur les lieux*, la polizia s'è recata sul posto, ha fatto un sopralluogo. | *la connaissance des lieux*, la conoscenza, la pratica del luogo, del posto. || FAM. *vider les lieux*, sgomberare v. intr. || RELIG. *les Lieux saints*, i Luoghi santi. ◆ loc. adv. ***en premier, en second lieu,*** in primo, in secondo luogo. || ***en dernier lieu,*** per, da ultimo. || ***en temps et lieu,*** a tempo e luogo. ◆ loc. verb. ***avoir lieu,*** aver luogo; avvenire, succedere. | *le match n'aura pas lieu*, l'incontro non avrà luogo. | *un accident a eu lieu*, è successo un incidente. || ***avoir (tout) lieu de,*** avere le proprie (buone) ragioni per. | *j'ai tout lieu de croire qu'il ne le fera jamais*, ho le mie buone ragioni per credere che non lo farà mai. || ***il y a lieu de,*** c'è da, è il caso di, c'è giusto motivo di. | *il y a lieu de penser que*, c'è da, è lecito pensare che. | *il y a lieu de se réjouir, de déplorer que*, c'è da rallegrarsi, da deplorare che. | *il y a tout lieu d'espérer*, c'è (giusto) motivo, ci sono buone ragioni per sperare. | *il y a lieu de remarquer que*, è da notare che, va notato che. | *je reviendrai s'il y a lieu*, tornerò se sarà il caso, se necessario. | *il n'y a pas lieu de*, non è il caso, non c'è motivo di. || ***donner lieu à,*** dar luogo a; provocare v. tr. | *leur mariage a donné lieu à de grandes réjouissances*, il loro matrimonio è stato occasione di grandi festeggiamenti. || ***donner lieu de,*** dar motivo di, autorizzare a. | *sa réponse nous donne lieu de penser que*, la sua risposta ci autorizza a pensare che. || ***tenir lieu de,*** fare da, far le veci di; sostituire; equivalere a. | *tenir lieu de mère*, fare da,

far le veci della madre. | *copie qui tient lieu d'original*, copia che sostituisce l'originale. | *cette circulaire tient lieu de convocation*, questa circolare serve come convocazione, ha valore di convocazione. ◆ loc. prép. ***au lieu de,*** invece di ; al posto di. | *employer un verbe au lieu d'un autre*, usare un verbo al posto, invece di un altro. | *au lieu de dormir, tu ferais mieux de*, invece di dormire, faresti meglio a. | *au lieu de cela, Pierre...*, invece, Pietro... || JUR. *en lieu et place de qn*, in vece di qlcu. ◆ loc. conj. ***au lieu que*** (avec subj.) invece di, anziché (avec inf.). | *au lieu que l'orage ait rafraîchi l'atmosphère, il a rendu la chaleur plus lourde*, invece di, anziché rinfrescare l'atmosfera, il temporale ha reso il caldo più afoso. || (avec indic.) [alors que, tandis que] mentre. | *c'est un grand écrivain, au lieu que son frère n'est qu'un écrivassier*, è un grande scrittore, mentre suo fratello è solo uno scribacchino.

2. lieu m. ZOOL. V. COLIN.

lieu-dit [ljødi] m. località f.

lieue [ljø] f. lega. | *lieue marine*, lega marina. || LOC. *à cent lieues à la ronde*, V. RONDE. | *les bottes de sept lieues*, V. BOTTE. || FIG. *être à cent lieues de supposer, de se douter que*, essere lontano le mille miglia dal supporre che. | *être à cent lieues de la conversation* = essere distratto.

lieur, lieuse [ljœr, ljøz] n. AGR. accovonatore, trice. ◆ f. [machine] accovonatrice.

lieutenance [ljøtnɑ̃s] f. MIL. luogotenenza.

lieutenant [ljøtnɑ̃] m. [qui seconde, remplace] luogotenente. || [adjoint] *le directeur de l'usine et ses lieutenants*, il direttore della fabbrica e i suoi aiutanti. || HIST. *lieutenant général du royaume*, luogotenente generale del regno. || MAR. *lieutenant de vaisseau*, tenente di vascello. || MIL. tenente. || ***lieutenant-colonel,*** tenente colonnello.

lièvre [ljɛvr] m. ZOOL. lepre f. || LOC. FIG. *chasser, courir le même lièvre* = perseguire lo stesso scopo, tendere allo stesso scopo. | *on ne peut courir deux lièvres à la fois*, non si può cantare e portare la croce (prov.). | *lever un lièvre* = sollevare una questione. | *c'est là que gît le lièvre* = qui sta il punto, il busillis. | *mémoire de lièvre*, memoria corta. | *courir comme un lièvre*, correre come una lepre. | *peureux comme un lièvre*, pauroso come una lepre, un coniglio. || SPORT lepre.

liftier [liftje] m. fattorino dell'ascensore ; ascensorista ; lift (angl.).

ligament [ligamɑ̃] m. ANAT. legamento, ligamento.

ligamenteux, euse [ligamɑ̃tø, øz] adj. legamentoso.

ligature [ligatyr] f. CHIR. legatura, allacciatura. || AGR. fasciatura. || TYP. legatura.

ligaturer [ligatyre] v. tr. legare. || CHIR. allacciare.

lige [liʒ] adj. HIST. ligio. || FIG. *être l'homme lige de qn*, essere ligio a qlcu.

lignage [liɲaʒ] m. Vx lignaggio ; stirpe f., schiatta f., prosapia f. (littér.). | *de haut lignage*, di alto lignaggio.

ligne [liɲ] f. **1.** [trait] linea. | *ligne droite, courbe, pointillée*, linea retta, curva, punteggiata. | *les lignes de la main*, le linee della mano. | *ligne des pôles*, asse (m.) terrestre. | *ligne (équinoxiale)*, linea equinoziale ; equatore m. | *ligne de partage des eaux*, spartiacque m. inv. | *ligne d'horizon*, (linea dell') orizzonte m. | *ligne de démarcation*, linea di demarcazione. | *ligne de flottaison*, linea di galleggiamento. | *ligne de mire, de tir*, linea di mira, di tiro. || [sur une route] *ligne continue, discontinue*, striscia continua, discontinua. || **2.** [dessin ; contour] linea. | *ligne d'un corps, d'une robe, d'une architecture*, linea di un corpo, di un vestito, di un'architettura. | *garder, perdre sa ligne*, mantenere, perdere la linea. || **3.** FIG. [élément] linea, punto m. | *décrire qch. dans ses grandes lignes*, descrivere qlco. a grandi linee, nelle linee generali. | *exposer les grandes lignes d'un programme*, esporre i punti essenziali di un programma, esporre per sommi capi un programma. || LOC. *sur toute la ligne*, su tutta la linea. | *faire entrer qch. en ligne de compte*, tener conto di qlco. || **4.** [direction] linea, via. | *ligne de conduite*, linea di condotta. | *s'écarter de la ligne droite*, allontanarsi dalla retta via. | *la ligne du devoir*, la via del dovere. | *dans la ligne d'un parti, d'une religion*, nella linea di un partito, di una religione. || **5.** TYP. riga. | *aller à la ligne*, andare a capo. | *tracer, sauter une ligne*, tracciare, saltare un rigo. || FIG. *écrire quelques lignes*, scrivere un rigo. | *lire entre les lignes*, leggere fra le righe. || **6.** [rangée, file] fila, riga. | *ligne d'arbres*, filare (m.) d'alberi. | *se mettre en ligne*, mettersi, disporsi in fila. || FIG. *mettre plusieurs choses, personnes sur la même ligne*, mettere parecchie cose, persone sullo stesso piano. | *hors ligne*, fuoriclasse. || **7.** ÉLECTR., TÉLÉCOM. linea. | *ligne de transport (d'énergie électrique)*, elettrodotto m. | *ligne à haute tension*, linea ad alta tensione. | *ligne téléphonique*, linea telefonica. || LOC. *être en ligne*, essere in linea. || **8.** MIL. linea. | *en première ligne*, in prima linea. | *infanterie de ligne*, fanteria di linea. | *ligne de bataille*, linea di battaglia. || **9.** SPORT *ligne d'arrivée*, linea d'arrivo ; traguardo m. || [football, rugby] *ligne de touche*, linea laterale. | *ligne d'avants*, attaccanti, avanti m. pl. | [tennis] *ligne de fond*, linea di base. || [pêche] lenza. | *pêche à la ligne*, pesca con la lenza. | *ligne flottante, de fond*, lenza galleggiante, di fondo. || [de sonde, de loch] sagola. || **10.** TRANSP. linea. | *ligne aérienne, maritime, de chemin de fer*, linea aerea, marittima, ferroviaria. | *tête de ligne*, capolinea m. | *ligne de banlieue*, linea esterna, suburbana.

lignée [liɲe] f. discendenza, prole ; progenie (littér.). | *laisser une nombreuse lignée*, lasciare una numerosa discendenza, prole. || [race] stirpe. | *la lignée des Capétiens*, la dinastia, la stirpe dei Capetingi. || FIG. categoria, razza, classe. | *écrivain de haute lignée*, scrittore di classe, di razza.

ligner [liɲe] v. tr. TECHN. rigare.

ligneux, euse [liɲø, øz] adj. legnoso.

lignification [liɲifikasjɔ̃] f. lignificazione.

lignifier (se) [səliɲifje] v. pr. lignificarsi.

lignine [liɲin] f. CHIM. lignina.

lignite [liɲit] m. MINÉR. lignite f.

lignomètre [liɲɔmɛtr] m. TYP. tipometro.

ligoter [ligɔte] v. tr. PR. et FIG. legare stretto.

ligue [lig] f. lega. || HIST. *la (Sainte) Ligue*, la Lega (santa).

liguer [lige] v. tr. coalizzare, unire, riunire. ◆ v. pr. far lega, coalizzarsi.

ligueur, euse [ligœr, øz] n. leghista. || HIST. membro (m.), fautore, trice della Lega (santa).

ligule [ligyl] f. BOT. ligula.

ligure [ligyr] adj. et n. ligure.

ligurien, enne [ligyrjɛ̃, ɛn] adj. et n. ligure.

lilas [lila] m. BOT. lilla, lillà m. ou f. inv. ; serenella f. (rég.). ◆ adj. inv. et n. m. inv. [couleur] lilla.

liliacées [liljase] f. pl. BOT. liliacee.

lilial, e, aux [liljal, o] adj. liliale.

lilliputien, enne [lilipysjɛ̃, ɛn] adj. et n. lillipuziano.

limace [limas] f. ZOOL. lumaca, limaccia.

limaçon [limasɔ̃] m. ZOOL. chiocciola f., lumaca f. || ANAT. chiocciola.

limage [limaʒ] m. (il) limare, limatura f.

limaille [limɑj] f. limatura.

limande [limɑ̃d] f. ZOOL. limanda. || FAM. *plat comme une limande*, piatto come una tavola. || MAR. = benda, fascia incatramata (avvolta intorno a un cavo). || TECHN. [charpente] listello m. (di legno).

limbe [lɛ̃b] m. ASTR., BOT. lembo. ◆ pl. RELIG. limbo sing. || FIG. *les limbes de la pensée, de la civilisation*, i primordi del pensiero, della civiltà. | *ouvrage resté dans les limbes*, libro rimasto in fasce.

lime [lim] f. lima. | *lime à ongles*, limetta da unghie. || FIG. *donner un coup de lime à un ouvrage*, limare un libro. | *donner le dernier coup de lime à un travail*, dare l'ultima rifinitura a un lavoro. || ZOOL. lima.

limer [lime] v. tr. limare. || FIG. limare, affinare.

limeur, euse [limœr, øz] n. limatore, trice. ◆ f. [machine] limatrice.

limicole [limikɔl] adj. ZOOL. limicolo.

limier [limje] m. segugio. || FAM. *un fin limier*, un abile segugio.

liminaire [liminɛr] adj. preliminare.

liminal, e, aux [liminal, o] adj. liminare.
limitable [limitabl] adj. limitabile.
limitatif, ive [limitatif, iv] adj. limitativo.
limitation [limitasjõ] f. limitazione.
limite [limit] f. limite m., confine m. ‖ Loc. *atteindre la limite d'âge*, raggiungere i limiti di età. | *limite de vitesse, de charge, d'élasticité*, limite di velocità, di carico, di elasticità. | *sans limites*, senza limiti, senza confini; illimitato, sconfinato adj. | *(dé)passer les limites*, passare i limiti. | *dans une certaine limite*, entro certi limiti, fino ad un certo punto. | *à la limite*, al limite. ◆ adj. *vitesse, charge, cas limite*, velocità, carico, caso limite.
limiter [limite] v. tr. Pr. et FIG. limitare.
limiteur [limitœr] m. TECHN. limitatore. | *limiteur de vitesse*, limitatore di velocità.
limitrophe [limitrɔf] adj. limitrofo, contiguo.
limogeage [limɔʒaʒ] m. FAM. siluramento.
limoger [limɔʒe] v. tr. FAM. silurare.
1. limon [limõ] m. GÉOL. limo.
2. limon m. BOT. (varietà di) limone.
3. limon m. [d'une voiture] stanga f. ‖ ARCHIT. montante.
limonade [limɔnad] f. limonata; [gazeuse] gassosa, gazzosa.
limonadier, ère [limɔnadje, ɛr] n. venditore, trice di gassosa e altre bibite; caffettiere, a.
limoneux, euse [limɔnø, øz] adj. limoso, fangoso.
1. limonier [limɔnje] m. BOT. (varietà di) limone.
2. limonier m. et adj. [cheval] cavallo da tiro.
limonière [limɔnjɛr] f. [brancard] stanghe f. pl. ‖ [voiture] timonella.
limonite [limɔnit] f. MINÉR. limonite.
limousin, e [limuzɛ̃, in] adj. et n. GÉOGR. limosino. ◆ n. m. [maçon] muratore.
limousinage [limuzinaʒ] m. = tipo di muratura con pietre e malta.
limousine [limuzin] f. [manteau; voiture] limousine (fr.).
limpide [lɛ̃pid] adj. PR. et FIG. limpido.
limpidité [lɛ̃pidite] f. PR. et FIG. limpidezza; limpidità (rare).
lin [lɛ̃] m. BOT., TEXT. lino.
linacées [linase] f. pl. BOT. linacee.
linaire [linɛr] f. BOT. linaria.
linceul [lɛ̃sœl] m. telo, lenzuolo mortuario; drappo funebre. ‖ RELIG. *le linceul du Christ*, la Sacra Sindone. ‖ FIG. lenzuolo, coltre f., manto.
linéaire [lineɛr] adj. lineare.
linéament [lineamɑ̃] m. (surtout pl.) [du visage] lineamenti m. pl. ‖ [ébauche] rudimenti m. pl.; abbozzo m. sing. | *les premiers linéaments d'un projet*, il primo abbozzo di un progetto.
liner [lajnœr] m. (angl.) MAR. piroscafo di linea.
linge [lɛ̃ʒ] m. biancheria f. | *linge de corps, de maison, de table, de toilette*, biancheria personale, di casa, da tavola, da bagno. ‖ [chiffon, torchon] panno, cencio. ‖ FIG. *blanc comme un linge*, bianco come un cencio lavato. ‖ Loc. *il faut laver son linge sale en famille*, i panni sporchi si lavano in famiglia.
lingère [lɛ̃ʒɛr] f. [qui confectionne du linge] cucitrice di bianco; biancherista, lingerista. ‖ [qui entretient du linge] guardarobiera.
lingerie [lɛ̃ʒri] f. [commerce, fabrication] = (confezione, commercio di) biancheria. ‖ [linge de corps] biancheria personale. ‖ [lieu] guardaroba.
lingot [lɛ̃go] m. MÉTALL., TYP. lingotto.
lingotière [lɛ̃gɔtjɛr] f. MÉTALL. lingottiera.
lingual, e, aux [lɛ̃gwal, o] adj. et n. f. ANAT., LING. linguale.
linguiste [lɛ̃gɥist] n. linguista, glottologo, a.
linguistique [lɛ̃gɥistik] adj. linguistico, glottologico. ◆ n. f. linguistica, glottologia.
linier, ère [linje, ɛr] adj. liniero. ◆ n. f. campo (m.) di lino.
liniment [linimɑ̃] m. MÉD. linimento.
linnéen, enne [lineɛ̃, ɛn] adj. linneano; linneiano (rare).
linoléum [linɔleɔm] m. (abr. fam. **lino**) linoleum.
linon [linõ] m. TEXT. linone.
linotte [linɔt] f. ou **linot** [lino] m. ZOOL. fanello m. ‖ FIG. *tête de linotte*, testa di rapa, d'oca; sciocchereIlo, a; cervellino m. et adj. | *c'est une tête de linotte*, [d'une fille] è una ragazza un po' cervellina.
Linotype [linɔtip] f. TYP. linotype (angl.).
linotypie [linɔtipi] f. linotipia.
linotypiste [linɔtipist] n. linotipista.
linteau [lɛ̃to] m. architrave f.
lion [ljõ] m. ZOOL. leone. | *lion de mer*, leone marino. ‖ FIG. *c'est un lion*, è (coraggioso come) un leone. | *se réserver la part du lion*, farsi la parte del leone. ‖ FAM. *avoir mangé*, (pop.) *bouffé du lion* = essere insolitamente energico, aggressivo (L.C.). ‖ ASTR. Leone.
lionceau [ljõso] m. ZOOL. leoncino.
lionne [ljɔn] f. ZOOL. leonessa.
lipase [lipaz] f. CHIM. lipasi.
lipide [lipid] m. CHIM. lipide.
lipoïde [lipɔid] adj. CHIM. lipoide.
lipome [lipom] m. MÉD. lipoma.
lipothymie [lipɔtimi] f. MÉD. lipotimia.
lippe [lip] f. labbro m. (inferiore) sporgente. ‖ FAM. *faire la lippe*, mettere il muso, tenere il broncio.
lippée [lipe] f. VX, LOC. FAM. *franche lippée*, sbafata (L.C.).
lippu, e [lipy] adj. labbruto. | *lèvres lippues*, labbra sporgenti, tumide.
liquéfaction [likefaksjõ] f. liquefazione.
liquéfiable [likefjabl] adj. liquefattibile.
liquéfier [likefje] v. tr. liquefare. ◆ v. pr. liquefarsi, sciogliersi.
liquette [likɛt] f. POP. camicia (L.C.).
liqueur [likœr] f. liquore m. | *vin de liqueur*, vino liquoroso.
liquidateur, trice [likidatœr, tris] adj. et n. liquidatore, trice.
liquidation [likidasjõ] f. COMM., FIN., JUR. liquidazione. | *liquidation de fin de mois*, liquidazione di fine mese. | *liquidation judiciaire*, liquidazione giudiziaria. | *liquidation des dépens*, liquidazione delle spese processuali. | *liquidation de l'impôt*, determinazione, calcolo (m.) dell'imposta. ‖ FIG. *liquidation d'une situation difficile*, liquidazione, soluzione di una situazione difficile. ‖ POLIT. *liquidation des adversaires du régime*, liquidazione degli avversari del regime. ‖ CHIM. liquidazione.
liquide [likid] adj. liquido. ‖ ÉCON. *argent liquide*, denaro liquido, contante, in contanti. | *créance, dette liquide*, credito, debito liquido. ‖ LING. *(consonne) liquide*, (consonante) liquida. ◆ n. m. liquido.
liquider [likide] v. tr. COMM., ÉCON., JUR. liquidare. ‖ [résoudre] risolvere, liquidare. | *liquider un problème embarrassant*, risolvere un problema imbarazzante. ‖ FAM. [se débarrasser d'une personne] liquidare; sbarazzarsi di, licenziare, uccidere (L.C.); [d'une chose] sbarazzarsi di, finire, terminare. | *le soir, ils liquidèrent les restes du repas de midi*, la sera finirono gli avanzi del pranzo. | *liquider un travail*, liberarsi di, finire un lavoro.
liquidité [likidite] f. PR., FIN. liquidità. ◆ pl. [somme disponible] (disponibilità di) liquido m. | *avoir des liquidités suffisantes*, aver disponibilità sufficienti di denaro.
liquoreux, euse [likɔrø, øz] adj. liquoroso.
liquoriste [likɔrist] n. liquorista.
1. lire [lir] f. [monnaie] lira (abr. COMM., FIN. : *Lit.*).
2. lire v. tr. PR. et FIG. leggere. ‖ Loc. *lire entre les lignes*, leggere tra le righe. | *lire (dans) la pensée de qn*, leggere il pensiero di qlcu. | *lire les lignes de la main*, leggere la mano. | *lire dans le jeu de qn*, capire il gioco, indovinare le intenzioni di qlcu. ◆ v. pr. leggersi. | *livre qui se lit (facilement), qui se laisse lire*, libro leggibile.
lis ou **lys** [lis] m. BOT. giglio. | *blanc comme un lis*, bianco, candido come un giglio. | *teint de lis*, carnagione lattea, di latte. ‖ HÉRALD. giglio. | *la fleur de lis*, il giglio d'oro, il fiordaliso. | *le lis rouge* [Florence] : il giglio rosso.

liseré [lizre] ou **liséré** [lizere] m. bordo ; nastrino, cordoncino (con cui si orla un indumento, un tessuto).
liserer [lizre] ou **lisérer** [lizere] v. tr. orlare, bordare.
liseron [lizrɔ̃] m. BOT. convolvolo, vilucchio.
liseur, euse [lizœr, øz] n. [personne] lettore, trice. ◆ f. [coupe-papier] tagliacarte m. inv., segnalibro m. ‖ [couvre-livre] fodera (per libri). ‖ [vêtement] mantellina, giacchettina ; liseuse (fr.).
lisibilité [lizibilite] f. leggibilità.
lisible [lizibl] adj. leggibile.
lisière [lizjɛr] f. TEXT. cimosa, vivagno m. ‖ [limite, orée] limite m., confine m., margine m., limitare m. | *lisière d'un champ,* margine, limite di un campo. | *à la lisière du bois,* al limite del bosco. ◆ pl. Vx [pour soutenir un enfant] dande. ‖ FIG. *tenir qn en lisières,* tener qlcu. al guinzaglio.
1. lisse [lis] adj. liscio, levigato.
2. lisse f. MAR. [membrure longitudinale] corrente. ‖ [rambarde] parapetto m.
3. lisse ou **lice** [lis] f. TEXT. liccio m.
lisser [lise] v. tr. [rendre lisse] lisciare. | *l'oiseau lissait ses plumes,* l'uccello si lisciava le penne. ‖ [polir] lisciare, levigare. | *lisser la pierre, le bois,* lisciare, levigare la pietra, il legno. ‖ TECHN. lisciare, calandrare. ‖ CULIN. confettare, candire. | *amandes lissées,* mandorle confettate.
lisseuse [lisøz] f. [machine] calandra, lisciatrice.
lissier [lisje] m. allicciatore.
lissoir [liswar] m. TECHN. lisciatoio ; [pour le cuir] bussetto (del calzolaio).
liste [list] f. lista, elenco m. | *dresser, faire une liste,* fare, compilare un elenco. | *à la fin de la liste,* alla fine dell'elenco, in fondo all'elenco, a piè di lista. ‖ JUR. *liste électorale,* lista elettorale. | *scrutin de liste,* scrutinio (m.) di lista. | *liste civile,* lista civile. ‖ PR. et FIG. *liste noire,* lista nera. ‖ LOC. *arriver, être en tête de liste,* essere in testa (a una lista, a una classifica) ; venire per primo. | *aller grossir la liste de,* andare ad ingrossar le file, ad accrescere il numero di. | *liste de mariage* = lista dei regali (che i futuri sposi gradirebbero ricevere).
listel [listɛl], **listeau** [listo] ou **liston** [listɔ̃] m. ARCHIT. listello, modanatura f. ‖ [monnaie] contorno.
lit [li] m. letto. | *aller, rester au lit,* andare, restare a letto. | *se mettre, être au lit* [pour cause de maladie], mettersi, essere a letto ; [pour dormir, se reposer] andare, essere a letto. | *sauter (à bas) du lit,* saltar giù dal letto. | *faire le lit,* (ri)fare il letto. | *lit de camp,* branda f. | *lit clos,* letto incassato. | *lit à deux places,* letto a due piazze, letto matrimoniale. | *lit de repos,* divanetto (basso). | *lits superposés,* letti a castello. | *lit-cage* = letto pieghevole. | *lit-divan,* divano letto. | *lit de table,* triclinio. ‖ LOC. *au saut du lit,* al risveglio ; di primo mattino. | *être cloué au lit,* essere inchiodato nel letto. | *être sur son lit de mort,* essere sul letto di morte, in fin di vita, agli estremi. | *faire lit à part,* non condividere più il letto. ‖ PROV. *comme on fait son lit on se couche* = ciascuno ha quel che si merita. ‖ [mariage] *enfants du premier, du second lit,* figli di primo, di secondo letto. ‖ GÉOGR. *lit du fleuve,* letto, alveo del fiume. | *lit majeur, mineur,* alveo di piena, di magra. ‖ GÉOL. *lit de sable, de pierre,* strato di sabbia, di pietra. ‖ HIST. *lit de justice,* lit de justice (fr.). ‖ MAR. *lit du vent,* letto, direzione (f.) del vento. ‖ TECHN. *lit de pose d'une pierre,* faccia (f.) inferiore di una pietra (tagliata).
litanie [litani] f. RELIG. litania. ‖ FIG., PÉJOR. litania, filastrocca, tiritera.
liteau [lito] m. TEXT. bordo (colorato). ‖ TECHN. listello (di legno).
literie [litri] f. effetti letterecci m. pl.
litharge [litarʒ] f. CHIM. litargirio m.
lithiase [litjaz] f. MÉD. litiasi.
lithiasique [litjazik] adj. litiasico.
lithiné, e [litine] adj. CHIM. litioso. ◆ n. m. compressa litiosa.
lithium [litjɔm] m. CHIM. litio.
lithographe [litɔgraf] m. litografo.
lithographie [litɔgrafi] f. litografia.
lithographier [litɔgrafje] v. tr. litografare.
lithographique [litɔgrafik] adj. litografico.
lithosphère [litɔsfɛr] f. GÉOL. litosfera.
litière [litjɛr] f. [fourrage] lettiera, strame m. ‖ [chaise à porteurs] lettiga.
litige [litiʒ] m. JUR. lite f. ‖ [différend] contestazione f. | *point en litige,* punto controverso, punto soggetto a controversia.
litigieux, euse [litiʒjø, øz] adj. [controversé] soggetto a controversia, a contestazione ; controverso, incerto, discutibile. | *point litigieux,* punto incerto, controverso. ‖ [qui conteste] litigioso.
litorne [litɔrn] f. ZOOL. cesena.
litote [litot] f. RHÉT. litote.
litre [litr] m. litro.
litron [litrɔ̃] m. POP. = litro di vino.
littéraire [literɛr] adj. letterario. ‖ [doué pour les lettres] che ha doti, attitudini letterarie. ◆ n. *c'est un, une littéraire,* ha doti, attitudini letterarie. ‖ [enseignant] insegnante di lettere ; [étudiant] studente, studentessa di lettere.
littéral, e, aux [literal, o] adj. [selon le sens strict] *sens littéral, traduction littérale,* senso, traduzione letterale. ‖ MATH. letterale. ‖ LING. *arabe littéral,* arabo scritto, letterario.
littérateur [literatœr] m. letterato, scrittore ; uomo di lettere.
littérature [literatyr] f. letteratura. ‖ PÉJOR. belle parole ; chiacchiere, ciance f. pl. | *tout le reste n'est que littérature,* il resto sono soltanto chiacchiere.
littoral, e, aux [litɔral, o] adj. litorale, litoraneo. | *montagnes littorales,* montagne litoranee. | *faune littorale,* fauna litorale, litoranea. | *route littorale,* strada litoranea. ◆ n. m. litorale.
lituanien, enne [litɥanjɛ̃, ɛn] adj. et n. lituano. ◆ n. m. LING. lituano.
liturgie [lityrʒi] f. liturgia.
liturgique [lityrʒik] adj. liturgico.
livide [livid] adj. livido. | *devenir livide,* diventare livido ; illividire v. intr.
lividité [lividite] f. lividore m., lividezza.
living-room [liviŋrum] (ou abr. **living**) m. [angl.] (stanza [f.] di) soggiorno.
livrable [livrabl] adj. COMM. consegnabile.
livraison [livrɛzɔ̃] f. COMM. consegna. | *date, délai de livraison,* data, termine (m.) di consegna. | *prendre livraison d'une marchandise,* ricevere una merce in consegna, prelevare una merce. | *voiture, camionnette de livraison,* camioncino (m.) per la consegna delle merci. ‖ [partie d'un ouvrage] dispensa, puntata. | *roman publié par livraisons,* romanzo pubblicato a puntate.
1. livre [livr] m. libro. | *les trois premiers livres de l'« Énéide »,* i primi tre libri dell'« Eneide ». | *livre broché, relié,* libro in brossura, rilegato. | *livre de poche,* (libro) tascabile. | *livre de classe,* libro di testo. | *livre d'images,* libro illustrato (per bambini). ‖ COMM. *livre de caisse,* libro, registro di cassa. | *livre de paie,* libro paga. | *grand livre,* (libro) mastro. ‖ FIN. V. GRAND-LIVRE. ‖ POLIT. *livre blanc, jaune, bleu,* libro bianco, giallo, azzurro. ‖ MAR. *livre de bord,* libro di bordo. ‖ RELIG. *les livres saints,* i libri sacri. | *livres d'heures,* libri d'ore. | *livre de messe,* libro da messa. ‖ LOC. *livre d'or,* libro d'oro. | *livre de chevet,* libro prediletto ; lettura prediletta. | *parler comme un livre,* parlare come un libro stampato. ◆ loc. adv. ***à livre ouvert,*** all'impronto, estemporaneamente, a prima vista.
2. livre f. [monnaie] lira. | *livre sterling,* (lira) sterlina. | *livre égyptienne, israélienne, syrienne, turque,* lira egiziana, israeliana, siriana, turca. ‖ HIST. [monnaie de compte] = franco m., lira. | *dix mille livres de rente,* una rendita di diecimila franchi, lire. ‖ [mesure de poids] (anglaise) libbra ; (française) mezzo chilo.
livrée [livre] f. [costume] livrea ‖ [plumage] livrea, piumaggio m. ; [pelage] pelame m., mantello m.
livrer [livre] v. tr. [remettre] consegnare. | *livrer une marchandise,* consegnare una merce. | *livrer un coupable à la justice,* consegnare un colpevole alla

giustizia. || [trahir] consegnare (a tradimento), tradire, denunciare. | *livrer une ville à l'ennemi,* consegnare una città al nemico. | *livrer un ami,* tradire, denunciare un amico. | *livrer un secret,* svelare un segreto. || MIL. ingaggiare. | *livrer bataille,* dare, attaccare, ingaggiar battaglia. || [abandonner] *livrer une ville au pillage,* abbandonare una città al saccheggio. | *un enfant livré à lui-même,* un bambino abbandonato a se stesso. ◆ v. pr. **(à)** [se rendre] arrendersi. | *se livrer à l'ennemi, à la police,* arrendersi al nemico, alla polizia. || FIG. *se livrer au désespoir,* abbandonarsi alla disperazione. || [se consacrer] *se livrer à l'étude,* darsi, dedicarsi, attendere agli studi. | *se livrer à des activités illicites,* darsi ad attività illecite. || [se confier] *se livrer à un ami,* confidarsi con un amico. || ABSOL. *un homme qui se livre peu,* un uomo che fa poche confidenze; un uomo chiuso, poco espansivo.

livresque [livrɛsk] adj. libresco.

livret [livrɛ] m. libretto. | *livret d'opéra,* libretto d'opera. | *livret de caisse d'épargne,* libretto di risparmio. | *livret de famille,* libretto di famiglia. | *livret de travail,* libretto di lavoro. || MIL. *livret matricule,* libretto personale. | *livret militaire, individuel* = estratto del libretto personale. || UNIV. *livret scolaire,* libretto scolastico; pagella f. | *livret universitaire,* libretto universitario.

livreur [livrœr] m. fattorino.

lob [lɔb] m. [tennis] pallonetto; lob (angl.).

lobe [lɔb] m. ANAT., ARCHIT., BOT. lobo.

lobé, e [lɔbe] adj. ANAT., ARCHIT., BOT. lobato.

lobectomie [lɔbɛktɔmi] f. CHIR. lobectomia.

lobélie [lɔbeli] f. BOT. lobelia.

lober [lɔbe] v. tr. [tennis] effettuare un pallonetto.

lobotomie [lɔbɔtɔmi] f. CHIR. lobotomia, leucotomia.

lobulaire [lɔbylɛr] adj. lobulare.

lobule [lɔbyl] m. ANAT. lobulo.

lobuleux, euse [lɔbylø, øz] adj. lobulato.

local, e, aux [lɔkal, o] adj. et n. m. locale.

localisation [lɔkalizasjɔ̃] f. localizzazione.

localiser [lɔkalize] v. tr. [situer] *localiser un bruit,* localizzare un rumore. | *localiser la cause d'un bruit,* individuare la causa di un rumore. || [circonscrire] *localiser un incendie,* localizzare, circoscrivere un incendio. | *des conflits localisés,* conflitti localizzati, circoscritti.

localité [lɔkalite] f. località.

locataire [lɔkatɛr] n. [de maison, d'appartement] inquilino, a, locatario, a. || [d'une terre] affittuario, a, conduttore m.

1. locatif, ive [lɔkatif, iv] adj. JUR. locativo.

2. locatif m. GRAMM. locativo.

location [lɔkasjɔ̃] f. **1.** [bien immobilier] affitto m., locazione, pigione. | *maison en location,* casa in locazione, in affitto, a pigione. || [prix payé] affitto; [pour une maison] pigione, fitto m. || **2.** [bien mobilier, objet] noleggio m. | *location de voitures, de vélos,* noleggio (di) automobili, (di) cicli. | *voiture de location,* automobile da noleggio. || [prix payé] nolo m., noleggio. || **3.** [réservation] prenotazione. || LOC. ***location-vente,*** locazione con riscatto.

loch [lɔk] m. MAR. solcometro.

loche [lɔʃ] f. ZOOL. cobite m. || FIG., POP. lumaca, limaccia (L.C.).

lock-out [lɔkawt] m. (angl.) serrata f.

locomobile [lɔkɔmɔbil] f. locomobile m.

locomoteur, trice [lɔkɔmɔtœr, tris] adj. ANAT. locomotore, trice. ◆ n. f. CH. DE F. locomotrice, locomotore m.

locomotion [lɔkɔmɔsjɔ̃] f. locomozione.

locomotive [lɔkɔmɔtiv] f. locomotiva. | *locomotive à vapeur,* locomotiva a vapore. | *locomotive électrique,* locomotrice, locomotore m. || FIG., FAM. uomo (m.) di spinta.

locomotrice f. V. LOCOMOTEUR.

locotracteur [lɔkɔtraktœr] m. (piccolo) locomotore (con motore termico).

loculaire [lɔkylɛr], **loculé, e** [lɔkyle] ou **loculeux, euse** [lɔkylø, øz] adj. BOT. loculare; a loculi.

locuste [lɔkyst] f. ZOOL. locusta.

locuteur, trice [lɔkytœr, tris] n. locutore, trice.

locution [lɔkysjɔ̃] f. locuzione; modo (m.) di dire. || GRAMM. locuzione.

loden [lɔdɛn] m. TEXT. loden (all.).

lods [lo] m. pl. FÉOD. *lods et ventes,* laudemio m. sing.

lof [lɔf] m. MAR. orza f. | *venir au lof,* orzare; andare all'orza.

lof(f)er [lɔfe] v. intr. MAR. orzare.

logarithme [lɔgaritm] m. MATH. logaritmo.

loge [lɔʒ] f. ARCHIT. loggia. || [du concierge] portineria. || THÉÂTRE palco m. | *loge d'avant-scène,* barcaccia. | *loge d'acteur,* camerino m. || [franc-maçon] loggia. || BOT. loggia. || LOC. FIG. *être aux premières loges* = essere in prima fila, nella posizione migliore.

logeable [lɔʒabl] adj. abitabile.

logement [lɔʒmɑ̃] m. alloggio, abitazione f., appartamento, casa f. | *politique du logement,* politica degli alloggi. | *chercher, trouver un logement,* cercare, trovare alloggio, un appartamento, una casa. | *logement garni, meublé,* appartamento ammobiliato. || MIL. alloggiamento, quartiere. | *billet de logement,* biglietto d'alloggio.

loger [lɔʒe] v. intr. abitare, alloggiare. | *être logé et nourri,* aver vitto e alloggio. | *logé et nourri :* [domestique] con vitto e alloggio; [pensionnaire] a pensione completa. | *être bien, mal logé,* avere una buona, una cattiva sistemazione; essere bene, male sistemato. | *les mal logés* = coloro che hanno un alloggio insufficiente. || LOC. FIG. *être logé à la même enseigne,* essere sulla stessa barca. || FAM. *loger à la belle étoile* = essere senza tetto. V. aussi BEAU. ◆ v. tr. [héberger] ospitare. | *loger qn chez soi,* ospitare qlcu. a casa propria. | *il faut le loger dans le quartier,* bisogna trovargli un alloggio nel quartiere. || [contenir] ospitare, contenere, accogliere. | *pension qui peut loger dix personnes,* pensione che può ospitare dieci persone. | *garage qui loge vingt voitures,* autorimessa che contiene, accoglie venti macchine. || [placer] introdurre, ficcare. | *loger un lit entre deux fenêtres,* collocare un letto fra due finestre. | *loger une balle dans la tête de qn,* ficcare una pallottola nella testa di qlcu. ◆ v. pr. trovare alloggio, casa; abitare, alloggiare.

logeur, euse [lɔʒœr, øz] n. affittacamere inv.

loggia [lɔdʒja] f. (ital.). ARCHIT. loggia.

logiciel [lɔʒisjɛl] m. logiziale.

logicien, enne [lɔʒisjɛ̃, ɛn] n. [qui s'occupe de logique] logico m. || [qui raisonne avec méthode] ragionatore, trice.

logicisme [lɔʒisism] m. PHILOS. logicismo.

logique [lɔʒik] f. PHILOS. logica. || [raisonnement] *logique d'une démonstration,* logica, logicità di una dimostrazione. | *un long discours sans logique,* un lungo discorso senza logica. ◆ adj. logico. | *esprit logique,* mente logica. || GRAMM. *analyse logique,* analisi logica.

logis [lɔʒi] m. alloggio, abitazione f., casa f. | *rester au logis,* restare in casa. || FIG., FAM. *la folle du logis,* l'immaginazione (L.C.). || ARCHIT. *corps de logis,* corpo centrale di un edificio. || MIL. *maréchal des logis* = sergente (di cavalleria, di artiglieria).

logistique [lɔʒistik] adj. logistico. ◆ n. f. MIL., PHILOS. logistica.

logographe [lɔgɔgraf] m. logografo.

logogriphe [lɔgɔgrif] m. logogrifo.

logomachie [lɔgɔmaʃi] f. logomachia.

logopédie [lɔgɔpedi] f. logopedia.

logorrhée [lɔgɔre] f. logorrea.

logos [lɔgɔs] m. logos.

1. loi [lwa] f. legge. | *homme de loi,* uomo di legge. | *loi du plus fort, de la jungle, du talion,* legge del più forte, della giungla, del taglione. | *loi-cadre,* legge quadro. || LOC. *faire loi, avoir force de loi,* far legge, essere legge, aver forza di legge. | *faire la loi, dicter sa loi,* dettare legge. || PROV. *nécessité fait loi,* necessità non ha legge.

2. loi f. [monnaie] titolo m., lega.

loin [lwɛ̃] adv. [lieu] lontano; in là, avanti, | *trop loin,* troppo lontano. | *plus loin,* più in là, più avanti. | *il n'alla pas plus loin,* non andò oltre. | *il est allé plus loin que le fleuve,* è andato oltre il fiume. || FIG. *voir* *loin,* mirar lontano ; essere lungimirante. | *pousser trop loin l'audace,* spingere troppo oltre l'audacia, essere troppo audace. || [temps] *loin dans le passé,* nel tempo passato, per l'addietro, assai addietro nel tempo. | *si loin que l'on remonte dans l'histoire,* per quanto indietro si risalga. | *c'est bien loin tout cela,* son cose di molto tempo fa. | *pas plus loin que la semaine dernière,* non più tardi della settimana scorsa. ◆ loc. verb. ***aller loin :*** *cet enfant ira loin,* questo ragazzo andrà lontano, farà (molta) strada. | *le malade n'ira pas loin,* il malato ha poco da vivere, ha i giorni contati. | *aller trop loin,* esagerare. | *une affaire qui ira loin,* una cosa che avrà conseguenze importanti. | *l'affaire n'ira pas plus loin,* la cosa finirà lì. | *sa compétence ne va pas loin,* la sua competenza è (molto) limitata. || ***il y a loin :*** *il y a loin de Paris à Marseille,* c'è una bella distanza da Parigi a Marsiglia. || FIG. ci corre molto, c'è molta differenza. | *de là à prétendre qu'il l'a fait exprès, il y a loin !,* di lì a voler sostenere che l'abbia fatto apposta, ci corre ! | *de là à ce qu'il refuse, il n'y a pas loin* = è possibilissimo che rifiuti. ◆ loc. adv. ***de loin,*** da, di lontano. | *regarder de loin,* guardar da lontano. | *revenir de loin,* tornare da lontano, da un paese lontano (pr.) ; averla scampata bella (fig.). || FIG. *ce café est de loin le meilleur,* questo caffè è di gran lunga il migliore. | *il le dépasse de loin,* lo supera di molto, di gran lunga. | *je ne le connais ni de près ni de loin,* non lo conosco neppure lontanamente. | *nous sommes parents de loin,* siamo parenti alla lontana. || ***de loin en loin :*** [lieu] a tratti, di tratto in tratto, a intervalli ; [temps] di tanto in tanto, ogni tanto, a tratti, a intervalli. || ***au loin,*** lontano ; in lontananza. | *il vit au loin les montagnes,* vide in lontananza i monti. | *aller au loin,* andar lontano. ◆ loc. prép. ***loin de :*** [lieu] lontano da. | *loin de la fenêtre,* lontano dalla finestra. | *non loin de nous, de là,* a poca distanza da noi, di lì. || [temps] *il n'est pas loin de deux heures,* sono quasi le due. || FIG. *il était loin de s'y attendre,* era (molto, ben) lontano dall'aspettarselo. | *je ne suis pas loin de croire que,* non son molto lontano dal credere che. | *loin de moi l'idée de, que,* lungi da me il pensiero di, che. | *la nouvelle, loin de le réjouir, l'attrista,* la notizia, lungi dal rallegrarlo, lo afflisse. | *loin de là,* lontano da lì (pr.) ; tutt'altro, al contrario (fig.). || PROV. *loin des yeux, loin du cœur,* lontan dagli occhi, lontan dal cuore. ◆ loc. conj. ***du plus loin que, d'aussi loin que,*** (non) appena. | *du plus loin qu'il me vit, il courut à ma rencontre,* appena mi vide, mi corse incontro. | *du plus loin qu'il m'en souvienne,* per quanto io risalga nel tempo.

lointain, e [lwɛ̃tɛ̃, ɛn] adj. lontano, remoto. ◆ n. m. [lieu éloigné] lontananza f. | *dans le lointain,* in lontananza. || ART *les lointains de Léonard de Vinci,* gli sfondi leonardeschi.

loir [lwar] m. ZOOL. ghiro. | *dormir comme un loir,* dormire come un ghiro.

loisible [lwazibl] adj. lecito, permesso. | *il est loisible à tous de choisir,* a ognuno è lecito scegliere ; ognuno può scegliere. | *il lui est loisible de s'en aller,* è padrone di andarsene.

loisir [lwazir] m. tempo (libero). | *avoir beaucoup de loisirs,* avere molto tempo libero. | *quelques instants de loisir,* qualche attimo di libertà. | *n'avoir pas le loisir de faire qch.,* non avere il tempo di far qlco. ◆ pl. [distractions] divertimenti. | *loisirs coûteux,* divertimenti costosi. | *loisirs dirigés,* attività culturali e ricreative. | *organisation des loisirs,* organizzazione delle attività ricreative. ◆ loc. adv. ***à loisir :*** [sans hâte] a proprio agio ; [à son aise, à volonté] a piacere, a piacimento, a volontà.

lolo [lolo] m. (enf.) latte (L.C.) || POP. [sein] tatta f. (fam.).

lombago m. V. LUMBAGO.

lombaire [lɔ̃bɛr] adj. lombare.

lombalgie [lɔ̃balʒi] f. MÉD. lombalgia.

lombard, e [lɔ̃bar, ard] adj. et n. lombardo. || HIST. longobardo.

lombarthrose [lɔ̃bartroz] f. MÉD. lomboartrosi.

lombes [lɔ̃b] f. pl. ANAT. lombi m. pl.

lombric [lɔ̃brik] m. ZOOL. lombrico.

londonien, enne [lɔ̃dɔnjɛ̃, ɛn] adj. et n. londinese.

long [lɔ̃], **longue** [lɔ̃g] adj. lungo. | *long de dix mètres,* lungo dieci metri. | *chaise longue,* sedia a sdraio ; sdraia f. || FIG. *être long,* essere prolisso, lungo. | *être long à faire qch.,* essere lungo, lento a fare qlco. | *ce sera long,* ci vorrà molto tempo. | *travail de longue haleine,* lavoro impegnativo, di lunga durata. | *une entreprise préparée de longue main,* un'impresa preparata di lunga mano, da molto tempo. | *avoir le bras long,* aver le mani lunghe, aver molte aderenze. | *faire long feu,* far fiasco. | *ne pas faire long feu,* durar poco. ◆ n. m. lunghezza f. | *table de deux mètres de long,* tavola lunga due metri, di due metri di lunghezza. || LOC. *tomber de tout son long,* cadere lungo disteso. ◆ adv. *en savoir long,* saperla lunga. | *en savoir plus long,* saperne di più. | *silence, attitude qui en dit long,* silenzio, atteggiamento eloquente. ◆ loc. adv. ***(tout) au long, tout du long,*** interamente, da cima a fondo, per filo e per segno. | *raconter (tout) au long ce qui est arrivé,* raccontare l'accaduto per filo e per segno. || ***à la longue,*** a lungo andare, col tempo, con l'andar del tempo. || ***de long en large,*** in lungo e in largo. | *marcher de long en large,* camminar su e giù, in lungo e in largo. ◆ loc. prép. ***le long de, (tout) au long de :*** [lieu] lungo ; [temps] durante, lungo. | *le long du mur,* lungo il muro. | *tout au long du voyage,* durante, per tutto il viaggio, lungo il viaggio.

longanimité [lɔ̃ganimite] f. longanimità.

long-courrier [lɔ̃kurje] adj. et n. m. MAR. transatlantico m. || *(avion) long-courrier,* aereo da trasporto intercontinentale.

1. longe [lɔ̃ʒ] f. [courroie] cavezza.

2. longe f. CULIN. lombo m., lombata.

longer [lɔ̃ʒe] v. tr. [avec mouvement] costeggiare ; andare, camminare, procedere lungo. | *le navire longe la côte,* la nave procede lungo la costa, costeggia. | *l'homme longea le mur,* l'uomo costeggiò il muro. || [sans mouvement] costeggiare ; correr lungo, fiancheggiare. | *la route longe le fleuve, le mur,* la strada corre lungo, costeggia il fiume, il muro. | *une rangée de peupliers longe le fleuve,* un filare di pioppi fiancheggia il fiume.

longeron [lɔ̃ʒrɔ̃] m. TECHN. trave (f.) maestra ; longherina f. || AÉR., AUTOM. longherone.

longévité [lɔ̃ʒevite] f. longevità.

longiligne [lɔ̃ʒiliɲ] adj. longilineo.

longitude [lɔ̃ʒityd] f. longitudine.

longitudinal, e, aux [lɔ̃ʒitydinal, o] adj. longitudinale.

longrine [lɔ̃grin] f. TECHN., CH. DE F. longherina.

longtemps [lɔ̃tɑ̃] adv. a lungo ; (per) molto tempo ; un pezzo. | *pendant longtemps,* a lungo, per molto tempo. | *il y a longtemps,* molto tempo fa. | *il y a longtemps que,* è molto tempo che, è un pezzo che. | *avant longtemps,* fra poco (tempo), fra breve, fra non molto. | *aussi longtemps que je vivrai, je dirai...,* finché vivrò, dirò... | *garde-le aussi longtemps que tu voudras,* tientilo quanto (tempo) vuoi. | *il n'en a pas pour longtemps :* [à faire qch.] gli ci vuol poco (tempo), avrà finito fra poco ; [à vivre] gli resta poco da vivere, ha i giorni contati.

longue [lɔ̃g] f. MUS., PHILOL. lunga.

longuement [lɔ̃gmɑ̃] adv. lungamente ; a lungo ; (per) molto tempo.

longuet, ette [lɔ̃ge, ɛt] adj. FAM. un po' lungo (L.C.). ◆ n. m. [pain] filoncino ; sfilatino (rég.).

longueur [lɔ̃gœr] f. lunghezza. | *table de deux mètres de longueur,* tavola lunga due metri, di due metri di lunghezza. | *longueur d'un manteau, d'un vers, d'un discours,* lunghezza di un mantello, di un verso, di un discorso. | *dans le sens de la longueur,* nel senso della lunghezza. | *en longueur,* per il lungo. || LOC. *à longueur de journée,* (per) tutto il santo giorno. | *à longueur d'année,* (per) tutto l'anno. || [lenteur] lentezza, lungaggine. | *traîner en longueur,* andare per le lunghe. | *faire traîner en longueur,* tirare in lungo. | *les longueurs de la bureaucratie,* le lungaggini, le lentezze della burocrazia. || [superflu] *livre qui comporte beau-*

coup de longueurs, libro che contiene molte lungaggini. ‖ RAD. *longueur d'onde*, lunghezza d'onda. ‖ SPORT *cheval qui gagne d'une longueur*, cavallo che vince per una lunghezza.
longue-vue [lɔ̃gvy] f. (pl. **longues-vues**) cannocchiale m.
looping [lupiŋ] m. AÉR. gran volta f. ; looping (angl.).
lopin [lɔpɛ̃] m. pezzetto (di terra).
loquace [lɔk(w)as] adj. loquace.
loquacité [lɔk(w)asite] f. loquacità.
loque [lɔk] f. [lambeau] brandello m., sbrendolo m. | *tomber en loques*, cascare a brandelli. ‖ [vêtement] *vêtu de loques*, vestito di stracci, di cenci. ‖ FIG. [personne] *c'est une loque*, è uno straccio, una pappa molle.
loquet [lɔkɛ] m. (suivant forme) saliscendi m. inv., nottola f., chiavistello, catenaccio.
loqueteau [lɔkto] m. nottolino.
loqueteux, euse [lɔktø, øz] adj. [en loques] sbrindellato, a brandelli, a sbrendoli. ‖ [vêtu de loques] vestito di stracci, di cenci. ◆ n. straccione, a ; pezzente m.
loran [lɔrɑ̃] m. MAR. loran (angl.).
lorette [lɔrɛt] f. VX = donnina di facili costumi.
lorgner [lɔrɲe] v. tr. sbirciare. ‖ FAM. [convoiter] *lorgner un héritage*, adocchiare un'eredità.
lorgnette [lɔrɲɛt] f. binocolo m. | *lorgnette de théâtre*, binocolo da teatro. ‖ LOC. FIG. *regarder par le petit bout de la lorgnette* = dare alle cose un'importanza esagerata, fare d'ogni mosca un elefante. | *regarder par le gros bout de la lorgnette* = rimpicciolire, sottovalutare.
lorgnon [lɔrɲɔ̃] m. pince-nez (fr.), occhiali (m. pl.) a stringinaso.
loriot [lɔrjo] m. ZOOL. rigogolo.
loris [lɔris] m. ZOOL. lori.
lorrain, e [lɔrɛ̃, ɛn] adj. et n. lorenese.
lors [lɔr] adv. VX allora (L.C.). ◆ loc. adv. ***dès lors :*** [temps] (fin) da allora ; [conséquence] perciò, quindi. ‖ ***pour lors,*** allora. ◆ loc. conj. ***dès lors que,*** dal momento che ; dacché, poiché. ‖ ***lors même que :*** [avec indic.] anche quando ; [avec cond.] quand'anche, anche se [et le subj.]. | *je le ferais, lors même que vous ne le voudriez pas*, lo farei quand'anche Lei non (lo) volesse. ◆ loc. prép. ***lors de,*** al momento di ; durante ; in occasione di.
lorsque [lɔrsk] conj. allorché, quando.
losange [lɔzɑ̃ʒ] m. MATH. losanga f., rombo. ‖ HÉRALD. losanga.
losangé, e [lɔzɑ̃ʒe] adj. HÉRALD. losangato.
lot [lo] m. [portion] parte f., lotto. ‖ [gain] premio. | *gagner le gros lot*, vincere il primo premio ; [au « lotto »] vincere un terno ; FIG. vincere un terno al lotto. ‖ FIN. *obligations à lots*, obbligazioni a premi. ‖ [assortiment] lotto, assortimento. ‖ FIG. [destin] destino, sorte f., retaggio, appannaggio. | *la mort, lot commun des hommes*, la morte, destino di tutti gli uomini. | *la douleur est le lot des hommes*, il dolore è il retaggio degli uomini. | *l'humilité est le lot des saints*, l'umiltà è l'appannaggio dei santi.
lote f. V. LOTTE.
loterie [lɔtri] f. PR. et FIG. lotteria.
loti, e [lɔti] adj. *être bien, mal loti*, essere favorito, sfavorito (dalla sorte). ‖ IRON. *vous voilà bien lotis !*, siete in un bel pasticcio !
lotion [lɔsjɔ̃] f. lozione. | *lotion capillaire*, lozione per capelli.
lotionner [lɔsjɔne] v. tr. frizionare (con lozione).
lotir [lɔtir] v. tr. [diviser] dividere, spartire (in lotti) ; [un terrain] lottizzare. ‖ [attribuer un lot à] assegnare (un lotto) a. | *lotir qn d'une maison* = assegnare una casa a qlcu. | *chacun des héritiers fut loti d'un hectare de terrain*, ad ognuno degli eredi è toccato un ettaro di terreno.
lotissement [lɔtismɑ̃] m. [vente] lottizzazione f. ‖ [lot ; terrain loti] lotto.
loto [lɔto] m. [jeu de société] tombola f. | *jouer au loto*, giocare a tombola. ‖ FAM. *des yeux en boules de loto* = occhi a palla. ‖ [jeu public] lotto.
lotte ou **lote** [lɔt] f. ZOOL. bottatrice. | *lotte de mer*, lofio m., rana pescatrice.
lotus [lɔtys] m. BOT. loto.
louable [lwabl] adj. lodevole, encomiabile, lodabile.
louage [lwaʒ] m. [bien immobilier, service] locazione f. ; [objet, bien mobilier] noleggio. | *contrat de louage*, contratto di locazione. | *voiture de louage*, automobile da noleggio, da nolo.
louange [lwɑ̃ʒ] f. lode, elogio m. ; encomio m. (littér.). | *digne de louanges*, degno d'encomio, d'elogio ; lodevole, encomiabile. | *chanter, célébrer les louanges de*, celebrar le lodi di, inneggiare a. ‖ LOC. *à la louange de*, a onore di, a lode di. | *à ta louange*, a tua lode.
louanger [lwɑ̃ʒe] v. tr. elogiare, encomiare, incensare.
louangeur, euse [lwɑ̃ʒœr, øz] adj. lodativo, elogiativo, encomiastico. ◆ n. lodatore, trice ; elogiatore, trice ; PÉJOR. adulatore, trice ; incensatore, trice.
1. louche [luʃ] adj. VX [bigle] strabico. ‖ [qui n'a pas un ton franc] torbido, sospetto, incerto. | *couleur, liquide louche*, colore, liquido torbido. ‖ FIG. [incertain, ambigu] ambiguo. | *une phrase louche*, una frase ambigua. ‖ [équivoque, suspect] losco, bieco. | *regard louche*, sguardo losco, torvo. | *affaire, individu louche*, affare, individuo losco. ◆ n. m. *il y a du louche dans cette affaire*, in quella cosa c'è del losco, del torbido ; è una faccenda sospetta.
2. louche f. [de cuisine] ramaiolo m. ; [de table] cucchiaione m., mestolo m. ‖ POP. mano (L.C.).
louchement [luʃmɑ̃] m. strabismo.
loucher [luʃe] v. intr. essere strabico, guercio ; guardare torto. | *loucher d'un œil*, essere strabico, guercio da un occhio. ‖ FIG., FAM. [convoiter] sbirciare, adocchiare v. tr. | *loucher sur les filles*, sbirciare le ragazze. | *loucher sur une bouteille de vin*, adocchiare una bottiglia di vino. | *faire loucher les gens*, far invidia alla gente.
loucherie [luʃri] f. strabismo m.
louchet [luʃɛ] m. vanga f. (dalla lama lunga e stretta).
loucheur, euse [luʃœr, øz] n. strabico, a, guercio, a.
1. louer [lwe] v. tr. [glorifier] lodare. | *louer qn pour son courage*, lodar qlcu. per il suo coraggio. | *louer les vertus de qn*, lodare, esaltare le virtù di qlcu. | *louer le Seigneur*, lodare il, inneggiare al Signore. | *Dieu, le Ciel soit loué*, sia lodato Dio, il Cielo ! ‖ [flatter] adulare. | *louer qn sans mesure*, lodare, adulare smoderatamente qlcu. ‖ [féliciter] congratularsi con. | *je vous loue de votre sincérité*, mi congratulo con Lei per la sua sincerità. ◆ v. pr. **(de)** dichiararsi soddisfatto (di). | *il ne peut que se louer de son fils*, ha ragione di dichiararsi, di essere soddisfatto di suo figlio. | *je n'ai eu qu'à me louer de ses services*, sono sempre stato (molto) soddisfatto del suo lavoro.
2. louer v. tr. (bien immobilier) [donner à loyer] affittare, dare in affitto, locare ; [prendre à loyer] affittare, prendere in affitto. ‖ (bien mobilier) [donner à loyer] noleggiare, dare a nolo, affittare ; [prendre à loyer] noleggiare, prendere a nolo, affittare. ‖ [prendre à son service] assumere, ingaggiare. ‖ [retenir] *louer ses places au théâtre*, prenotare, fissare i posti a teatro. ◆ v. pr. (andare a) lavorare (alle dipendenze di qlcu.).
loueur, euse [lwœr, øz] n. [bien immobilier] locatore, trice ; [bien mobilier] noleggiatore, trice. | *loueur de voitures*, noleggiatore d'automobili. | *loueuse de chaises* = donna che affitta sedie in luoghi pubblici. | *loueuse de chambres (meublées)*, affittacamere inv.
loufoque [lufɔk] adj. et n. FAM. [personne] strambo adj., squilibrato, pazzo, bizzarro, scemo (L.C.). ◆ adj. [chose] bislacco, stravagante, strambo. | *idée loufoque*, idea bislacca. | *film loufoque*, film stravagante, burlesco.
loufoquerie [lufɔkri] f. stramberia, bizzarria, stravaganza.
louis [lwi] m. [monnaie] luigi.
louise-bonne [lwizbɔn] f. BOT. pera luisa.
loulou [lulu] m. ZOOL. (cane) volpino. ‖ POP. ragazzo di vita.
loup [lu] m. ZOOL. lupo. ‖ LOC. *hurler avec les loups*,

V. HURLER. | *marcher à pas de loup,* camminare a passi felpati, quatto quatto. | *un froid de loup,* un freddo cane. | *une faim de loup,* una fame da lupo. | *être connu comme le loup blanc,* essere più noto, più famoso della bettonica (rare). | *se jeter dans la gueule du loup,* V. GUEULE. | *les loups ne se mangent pas entre eux,* cane non mangia cane. | *quand on parle du loup, on en voit la queue,* lupus in fabula (lat.). | *entre chien et loup,* V. CHIEN. | *loup de mer :* ZOOL. spigola f. (mérid.) ; branzino m. (septentr.) ; ragno (tosc.) ; FIG. lupo di mare. || [masque] maschera f., bautta f. || [faute, défaut] errore, difetto, imperfezione f. || [terme d'affection] = tesoro.

loup-cervier [lusɛrvje] m. ZOOL. lupo cerviero ; lince f.

loupe [lup] f. OPT. lente (d'ingrandimento). | *regarder à la loupe,* guardare con la lente d'ingrandimento (pr.) ; guardare per il sottile (fig.). || BOT. nocchio m. || MÉD. cisti sebacea ; natta.

loupé [lupe] m. FAM. errore, sbaglio (L.C.).

louper [lupe] v. tr. FAM. [mal exécuter] abborracciare, acciabattare. || [rater] fallire, sbagliare, perdere (L.C.). | *louper le train,* perdere il treno. | *louper une occasion,* perdere, lasciarsi sfuggire un'occasione. | *louper un examen,* farsi bocciare a un esame. | *louper son coup,* far cilecca. | *c'est loupé !,* la faccenda è andata a monte !

loup-garou [lugaru] m. lupo mannaro. || FIG. babau.

loupiot [lupjo] m. FAM. marmocchio, monello.

lourd, e [lur, lurd] adj. PR. et FIG. pesante. | *lourd fardeau,* pesante fardello. | *poids lourd :* AUTOM. veicolo industriale ; autocarro ; camion (inv.), autotreno ; SPORT peso massimo. | *interdit aux poids lourds,* proibito al traffico pesante. | *déviation poids lourds,* deviazione camion. | *industrie, artillerie lourde,* industria, artiglieria pesante. | *armes lourdes,* armi pesanti. | *aliment lourd (à digérer),* cibo pesante, difficile da digerire. | *tête lourde,* testa pesante. | *esprit, style lourd,* spirito, stile pesante. | *sommeil lourd,* sonno pesante. | *temps lourd,* tempo pesante, afoso. | *parfum lourd,* profumo intenso, carico, che dà alla testa. | *une lourde tâche,* un duro compito, un compito difficile, impegnativo. | *une lourde journée de travail,* una faticosa giornata di lavoro. | *une lourde responsabilité,* una pesante responsabilità. | *lourds impôts,* tasse, imposte pesanti, gravose. || CHIM. *huiles lourdes,* oli pesanti. | *eau lourde,* acqua pesante. || LOC. *en avoir lourd sur la conscience,* avere un peso sulla coscienza. | *en avoir lourd sur le cœur,* avere il cuore gonfio. | *lourd de,* carico di (pr.) ; carico, denso di (fig.). ◆ adv. *peser lourd,* esser pesante, pesare molto (pr.) ; aver peso (fig.). | *ne pas en faire,* (fam.) *en fiche lourd,* non prendersela calda. | *ne pas en savoir lourd,* non sapere un gran che.

lourdaud, e [lurdo, od] adj. goffo, impacciato. || FIG. rozzo, grossolano. ◆ n. balordo, zotico, zoticone m.

lourdement [lurdəmɑ̃] adv. pesantemente. || FIG. [grossièrement] grossolanamente ; di grosso, di molto. | *se tromper lourdement,* sbagliare di molto, di grosso.

lourdeur [lurdœr] f. PR. pesantezza. || FIG. *lourdeur d'un aliment,* gravezza di un cibo. || [gaucherie] pesantezza, goffaggine. || [gravité, ampleur] gravosità. || [grossièreté] grossolanità. || MÉD. *lourdeur de tête, d'estomac,* pesantezza di testa, di stomaco. | *sentir une lourdeur à l'estomac,* sentir gravezza allo stomaco.

loustic [lustik] m. FAM. burlone, mattacchione.

loutre [lutr] f. ZOOL. lontra.

louve [luv] f. ZOOL. lupa. || [filet de pêche] bertuello m.

louveteau [luvto] m. ZOOL. lupacchiotto. || [scoutisme] lupetto.

louveterie [luvtri] f. [chasse] = caccia al lupo. || [équipage] = equipaggio (m.) per la caccia al lupo.

louvoiement [luvwamɑ̃] m. MAR. bordeggio. || FIG. tergiversazione f. ; (il) barcamenarsi, (il) destreggiarsi.

louvoyer [luvwaje] v. intr. MAR. bordeggiare. || FIG. tergiversare ; barcamenarsi, destreggiarsi v. pr.

lover [lɔve] v. tr. MAR. abbisciare. ◆ v. pr. acciambellarsi, avvolgersi, arrotolarsi.

loxodromie [lɔksɔdrɔmi] f. MAR. lossodromia.

loyal, e, aux [lwajal, o] adj. leale, schietto, onesto. | *homme loyal, conduite loyale,* uomo, condotta leale. | *certificat de bons et loyaux services,* V. CERTIFICAT. || JUR. *loyaux coûts* = spese contrattuali a carico dell'acquirente.

loyalisme [lwajalism] m. lealismo.

loyaliste [lwajalist] adj. et n. lealista.

loyauté [lwajote] f. lealtà.

loyer [lwaje] m. (af)fitto, canone. | *prendre à loyer,* affittare ; prendere in affitto, in locazione. | *donner à loyer,* affittare ; dare in affitto, in locazione. || FIN. *loyer de l'argent,* tasso d'interesse.

lubie [lybi] f. grillo m., capriccio m., ghiribizzo m., ubbia. | *avoir des lubies,* aver dei grilli per la testa.

lubricité [lybrisite] f. lubricità.

lubrifiant, e [lybrifjɑ̃, ɑ̃t] adj. et n. m. lubrificante.

lubrification [lybrifikasjɔ̃] f. lubrificazione.

lubrifier [lybrifje] v. tr. lubrificare.

lubrique [lybrik] adj. lubrico.

lucane [lykan] m. ZOOL. cervo volante.

lucanien, enne [lykanjɛ̃, ɛn] adj. et n. lucano.

lucarne [lykarn] f. [dans le toit] abbaino m., lucernario m. || [petite fenêtre] finestrina, finestrella.

lucide [lysid] adj. lucido.

lucidité [lysidite] f. lucidità. | *lucidité d'esprit,* lucidità, chiarezza, acutezza di mente.

lucilie [lysili] f. ZOOL. lucilia.

lucimètre [lysimɛtr] m. PHYS. lucimetro.

luciole [lysjɔl] f. ZOOL. lucciola.

lucquois, e [lykwa, az] adj. et n. lucchese.

lucratif, ive [lykratif, iv] adj. lucrativo, lucroso. | *dans un but lucratif,* a scopo di lucro.

lucre [lykr] m. lucro.

ludion [lydjɔ̃] m. PHYS. diavolino di Cartesio, ludione.

ludique [lydik] adj. ludico ; lusorio, giocoso (littér.).

luette [lyɛt] f. ANAT. ugola.

lueur [lyœr] f. [faible] chiarore m., lume m., barlume m., baluginio m. ; [éphémère] luce, bagliore m. | *lueur des étoiles,* chiarore delle stelle. | *lueur des bougies,* lume, debole luce delle candele. | *les lueurs des éclairs, d'un incendie,* i bagliori dei lampi, di un incendio. | *les premières lueurs de l'aube,* le prime luci, lo spuntar dell'alba. || FIG. *lueur d'espoir,* barlume di speranza. | *lueur d'intelligence, de bonté,* raggio (m.) d'intelligenza, di bontà.

luge [lyʒ] f. SPORT slittino m. | *faire de la luge,* V. LUGER.

luger [lyʒe] v. intr. andare in slittino.

lugubre [lygybr] adj. lugubre, sinistro, squallido.

lui [lɥi] pron. pers. 3e pers. sing. **1.** [sujet] lui, egli ; [animal, chose] esso. | *lui et moi, nous avons,* io e lui abbiamo. | *son père et lui,* egli, lui e suo padre. | *c'est lui qui l'a dit,* l'ha detto lui. | *c'est lui qui l'a vu le premier,* l'ha visto lui per primo, è stato lui il primo a vederlo. | *lui aussi,* anche lui, anch'egli, anch'esso. | *lui-même,* egli stesso. | *lui non plus ne veut pas,* anche lui non vuole ; nemmeno, neppure lui vuole. || **2.** [compl. m. avec prép.] lui ; [réfl.] sé. | *je suis avec lui,* sono con lui. | *on dit beaucoup de choses sur lui,* (si) dicono tante cose su di lui. | *il a mille francs sur lui,* ha mille franchi con sé. | *il ne pense jamais qu'à lui-même,* pensa sempre soltanto a sé stesso. || **3.** [compl. ind. atone 3e pers. sing. m. et f.] gli m., le f. | *je lui dis,* gli, le dico. | *je le lui dis,* glielo dico (m. et f.). | *on lui dit que,* gli, le si dice che.

luire [lɥir] v. intr. [émettre de la lumière] brillare, (ri)splendere. | *le soleil luit,* il sole brilla, risplende. | *les étoiles luisent,* le stelle brillano, scintillano. | *ses yeux brillent de joie,* gli occhi gli brillano, splendono, scintillano dalla gioia. || [réfléchir la lumière] luccicare, sfavillare, scintillare. | *lame qui luit,* lama che scintilla. | *l'eau luisait au soleil,* l'acqua luccicava al sole. || FIG. [se manifester] luccicare, brillare, balenare. | *il vit enfin luire l'espoir de,* finalmente vide balenare la speranza di.

luisance [lɥizɑ̃s] f. lucentezza, splendore m.

luisant, e [lɥizɑ̃, ɑ̃t] adj. brillante, (ri)lucente, lucido. | *chaussures luisantes,* scarpe lucide. | *yeux luisants,*

occhi rilucenti. ‖ ZOOL. *ver luisant*, lucciola f., lampiride.
lumbago ou **lombago** [lɔ̃bago] m. MÉD. lombaggine f.
lumen [lymɛn] m. PHYS. lumen.
lumière [lymjɛr] f. luce. | *lumière du jour*, luce del giorno, del sole. | *lumière électrique*, luce elettrica. ‖ POÉT. *ouvrir les yeux à la lumière, voir la lumière*, veder la luce. | *perdre la lumière*, perdere la luce degli occhi. | *chérir la lumière* = amare la vita. ‖ FIG. luce, lume m. | *faire la lumière sur qch.*, far la luce su qlco. | *mettre en lumière*, mettere in luce. | *à la lumière des faits*, alla luce dei fatti. ‖ [éclaircissement] (surtout pl.) *avoir besoin des lumières de qn*, aver bisogno dei lumi di qlcu. | *avoir, donner des lumières sur une affaire*, possedere informazioni, dare informazioni, spiegazioni, chiarimenti su una faccenda. ‖ [homme de mérite] luminare m. ‖ HIST. *la philosophie des lumières*, l'Illuminismo. | *le siècle des lumières*, il Secolo dei lumi. ‖ TECHN. luce, apertura, foro m. | *lumière d'un canon*, focone (m.) di un cannone.
lumignon [lymiɲɔ̃] m. [bout de la mèche] lucignolo. ‖ [bout de chandelle] moccolo ; mozzicone di candela. ‖ [petite lampe] lumicino.
luminaire [lyminɛr] m. [ensemble de l'éclairage] illuminazione f. ‖ [source de lumière] lampada f., cero, candela f. ‖ [Bible] *les luminaires*, gli astri.
luminance [luminɑ̃s] f. OPT. luminanza.
luminescence [luminɛsɑ̃s] f. luminescenza.
luminescent, e [luminɛsɑ̃, ɑ̃t] adj. luminescente.
lumineux, euse [lyminø, øz] adj. PR. et FIG. luminoso.
luminisme [lyminism] m. ART luminismo.
luministe [lyminist] adj. ART luministico. ◆ n. m. luminista.
luminosité [lyminozite] f. luminosità.
1. lunaire [lynɛr] adj. lunare.
2. lunaire f. BOT. lunaria.
lunaison [lynɛzɔ̃] f. lunazione.
lunatique [lynatik] adj. et n. lunatico.
lunch [lœʃ] m. [en G.-B.] lunch (angl.). ‖ [en France] *lunch de mariage*, rinfresco di nozze.
lundi [lœdi] m. lunedì.
lune [lyn] f. ASTR. luna. | *nouvelle lune*, luna nuova ; novilunio m. | *pleine lune*, luna piena ; plenilunio m. | *quartier de lune*, quarto di luna. | *clair de lune*, chiaro di luna. | *lune rousse*, luna rossa. ‖ FIG. [caprice] *avoir ses lunes*, avere la luna, essere lunatico. | *être dans sa bonne lune* = essere ben disposto, di buon umore. | *être dans sa mauvaise lune*, avere la luna (di traverso). ‖ LOC. *lune de miel*, luna di miele. ‖ FAM. *visage de pleine lune, face de lune*, viso tondo come la luna, faccia di luna piena. ‖ POP. sedere m. (L.C.). ‖ FIG. *demander, vouloir (décrocher) la lune*, chiedere, volere la luna. | *promettre la lune*, promettere mari e monti. | *être dans la lune :* [momentanément] essere nella luna, essere distratto ; [par tempérament] vivere nella luna, aver la testa fra le nuvole. | *tomber de la lune*, cascare dalle nuvole. | *pêcheur de lune*, sognatore. | *faire voir la lune en plein midi*, mostrare la luna nel pozzo. | *faire un trou à la lune* = fuggire senza pagare i creditori (dopo un fallimento). | *les vieilles lunes, les lunes d'autrefois*, i tempi andati. | *s'en aller rejoindre les vieilles lunes* = finire nel dimenticatoio ; scomparire. ‖ BOT. *lune d'eau*, ninfea bianca. ‖ ZOOL. *poisson-lune, lune de mer*, pesce luna.
luné, e [lyne] adj. [en forme de croissant] lunato. ‖ FIG. *être bien luné*, essere in buona luna. | *être mal luné*, essere in cattiva luna, avere la luna (di traverso).
lunetier, ère [lyntje, ɛr] adj. *industrie lunetière*, industria ottica. ◆ n. m. occhialaio.
lunette [lynɛt] f. OPT. cannocchiale m. | *lunette astronomique*, cannocchiale astronomico. | *lunette(s) de théâtre*, binocolo (m.) da teatro. ‖ LOC. *regarder par le petit bout, le gros bout de la lunette*, V. LORGNETTE. ‖ [des w.-c.] ciambella (di gabinetto). ‖ AUTOM. lunotto m. ‖ MAR. *lunette d'étambot* = foro (m.) del dritto dell'elica. ◆ pl. OPT. occhiali m. pl. | *lunettes de soleil, de plongée*, occhiali da sole, per la pesca subacquea. | *porter des lunettes*, portare gli occhiali. | *mettre ses lunettes*, inforcare, mettersi gli occhiali. | *lunettes de cheval*, paraocchi m. pl. ‖ ZOOL. *serpent à lunettes*, serpente dagli occhiali ; naia f.
lunetterie [lynɛtri] f. = industria, commercio (m.) di strumenti ottici.
lunule [lynyl] f. ANAT., GÉOM. lunula.
lupanar [lypanar] m. LITTÉR. lupanare, postribolo.
lupercales [lypɛrkal] f. pl. ANTIQ. lupercali m. pl.
lupin [lypɛ̃] m. BOT. lupino.
lupulin [lypylɛ̃] m. luppolino, luppolina f.
lupus [lypys] m. MÉD. lupus (lat.).
lurette [lyrɛt] f. FAM. *il y a belle lurette (que)*, è un pezzo (che).
luron, onne [lyrɔ̃, ɔn] m. giovialone, buontempone. ◆ f. = donna gagliarda, allegra.
lusitanien, enne [lyzitanjɛ̃, ɛn] adj. et n. lusitano.
lustrage [lystraʒ] m. lucidatura f., lustratura f.
lustral, e, aux [lystral, o] adj. lustrale.
lustration [lystrasjɔ̃] f. RELIG. lustrazione.
1. lustre [lystr] m. [brillant] lucentezza f., lucido, lustro. ‖ FIG. lustro, splendore. ‖ [éclairage] lampadario.
2. lustre m. [5 ans] lustro.
lustré, e [lystre] adj. lucido, lustro.
lustrer [lystre] v. tr. lustrare, lucidare.
lustrerie [lystrəri] f. = fabbrica di lampadari.
lustrine [lystrin] f. TEXT. = stoffa lucida.
lut [lyt] m. TECHN. luto.
lutéine [lytein] f. CHIM. luteina.
luter [lyte] v. tr. otturare con luto.
luth [lyt] m. MUS. liuto. ‖ ZOOL. (specie di) tartaruga (f.) di mare.
luthéranisme [lyteranism] m. RELIG. luteranesimo.
lutherie [lytri] f. MUS. liuteria.
luthérien, enne [lyterjɛ̃, ɛn] adj. et n. RELIG. luterano.
luthier [lytje] m. liutaio.
luthiste [lytist] n. MUS. liutista.
lutin, e [lytɛ̃, in] adj. birichino. ◆ n. m. folletto, spiritello. ‖ [enfant] birichino.
lutiner [lytine] v. tr. stuzzicare, punzecchiare.
lutrin [lytrɛ̃] m. leggio.
lutte [lyt] f. lotta. | *lutte libre, gréco-romaine*, lotta libera, greco-romana. | *entrer en lutte avec, contre*, entrare in lotta con, contro. | *lutte des classes*, lotta di classe. | *lutte pour la vie*, lotta per l'esistenza. ‖ LOC. *de haute lutte*, a viva forza.
lutter [lyte] v. intr. PR. et FIG. lottare. ‖ LOC. *lutter de vitesse, d'élégance*, gareggiare, rivaleggiare in velocità, in eleganza.
lutteur, euse [lytœr, øz] n. lottatore, trice.
lux [lyks] m. PHYS. lux.
luxation [lyksasjɔ̃] f. MÉD. lussazione, slogatura.
luxe [lyks] m. lusso. | *se payer, se permettre le luxe de*, permettersi il lusso di. ‖ FIG. lusso, abbondanza f., copia f., profusione f. | *avec un grand luxe de précautions*, con une grande abbondanza, profusione di precauzioni.
luxembourgeois, e [lyksɑ̃burʒwa, az] adj. et n. lussemburghese.
luxer [lykse] v. tr. MÉD. lussare, slogare.
luxueux, euse [lyksɥø, øz] adj. lussuoso.
luxure [lyksyr] f. lussuria.
luxuriance [lyksyrjɑ̃s] f. rigoglio m., esuberanza, abbondanza.
luxuriant, e [lyksyrjɑ̃, ɑ̃t] adj. lussureggiante, rigoglioso, esuberante.
luxurieux, euse [lyksyrjø, øz] adj. lussurioso.
luzerne [lyzɛrn] f. BOT. erba medica.
luzernière [lyzɛrnjɛr] f. AGR. prato (m.) di erba medica ; medicaio m.
lycanthrope [likɑ̃trɔp] m. MÉD. licantropo.
lycanthropie [likɑ̃trɔpi] f. MÉD. licantropia.
lycaon [likaɔ̃] m. ZOOL. licaone.
lycée [lise] m. VX = scuola secondaria statale. ‖ [aujourd'hui] liceo.

lycéen, enne [liseɛ̃, ɛn] n. alunno, alunna delle medie; studente, studentessa ginnasiale; studente, studentessa di liceo; liceale.
lycène [lisɛn] m. ZOOL. licena f.
lychnis [liknis] m. BOT. licnide f.
lycopode [likɔpɔd] m. BOT. licopodio.
lycose [likoz] f. ZOOL. licosa.
lydien, enne [lidjɛ̃, ɛn] adj. et n. lidio.
lymphangite [lɛ̃fɑ̃ʒit] f. MÉD. linfangite.
lymphatique [lɛ̃fatik] adj. linfatico. ‖ ANAT. *ganglion lymphatique*, linfoghiandola f. ◆ n. linfatico, a.
lymphatisme [lɛ̃fatism] m. MÉD. linfatismo.
lymphe [lɛ̃f] f. linfa.
lymphocyte [lɛ̃fɔsit] m. BIOL. linfocito.
lymphocytose [lɛ̃fɔsitoz] f. MÉD. linfocitosi.
lynchage [lɛ̃ʃaʒ] m. linciaggio.
lyncher [lɛ̃ʃe] v. tr. linciare.
lynx [lɛ̃ks] m. ZOOL. lince f.
lyonnais, e [ljɔnɛ, ɛz] adj. et n. lionese.
lyofilisation [ljɔfilizasjɔ̃] f. CHIM. liofilizzazione.
lyofiliser [ljɔfilize] v. tr. CHIM. liofilizzare.
lyre [lir] f. MUS. lira. ‖ [génie poétique] lira. ‖ ASTR. Lira. ‖ ZOOL. uccello lira.
lyrique [lirik] adj. et n. lirico.
lyrisme [lirism] m. lirismo, liricità f.
lys m. V. LIS.

m [ɛm] m. m f. ou m.
ma adj. poss. f. sing. V. MON.
maboul, e [mabul] adj. et n. POP. mattoide, pazzoide (adj. et n. m.); tocco adj. (fam.).
maboulisme [mabulism] m. POP. pazzia f. (L.C.).
macabre [makabr] adj. macabro. | *la danse macabre*, la danza macabra. | *plaisanterie macabre*, scherzo macabro.
macache [makaʃ] adv. POP. un corno!
macadam [makadam] m. macadam, massicciata f.
macadamisation [makadamizasjɔ̃] f. (il) macadamizzare.
macadamiser [makadamize] v. tr. macadamizzare.
macaque [makak] m. ZOOL. et FIG. macaco.
macareux [makarø] m. ZOOL. pulcinella (f.) di mare.
macaron [makarɔ̃] m. CULIN. amaretto. ‖ FAM. [rosette] patacca f. ‖ [décoration] = rosone sovraccarico di fregi. ◆ pl. [nattes] = trecce avvolte (f. pl.) sulle orecchie.
macaroni [makarɔni] m. inv. maccheroni m. pl. ‖ PÉJOR. = Italiano.
macaronique [makarɔnik] adj. maccheronico.
macédoine [masedwan] f. [fruits] macedonia; [légumes] macedonia; misto (m.) di legumi ed ortaggi. ‖ FIG. guazzabuglio m.
macédonien, enne [masedɔnjɛ̃, ɛn] adj. et n. macedone; macedonico adj. | *phalange macédonienne*, falange macedone. | *Philippe le Macédonien*, Filippo il Macedone. ◆ n. m. LING. [ancien] macedone; [moderne] macedone, macedonico.
macérateur [maseratœr] m. maceratoio.
macération [maserasjɔ̃] f. macerazione. ◆ pl. RELIG. macerazione f. sing., mortificazione f. sing.
macérer [masere] v. tr. macerare. ‖ RELIG. macerare, mortificare. ◆ v. intr. CULIN. *faire macérer*, lasciar macerare.
macfarlane [makfarlan] m. MODE pipistrello.
Mach [mak] m. PHYS. *nombre de Mach*, numero di Mach.
machaon [makaɔ̃] m. ZOOL. macaone.
mâche [mɑʃ] f. BOT. dolcetta, gallinetta, lattughina; valerianella olitoria.
mâchefer [mɑʃfɛr] m. rosticcio.
mâcher [mɑʃe] v. tr. masticare. ‖ [mal couper] frastagliare. ‖ FIG. *ne pas mâcher ses mots* = non aver peli sulla lingua. | *je ne lui ai pas mâché mes mots*, gliel'ho detto chiaro e tondo. | *mâcher la besogne à qn*, scodellare la pappa a uno. | *papier mâché*, cartapesta f. ‖ FAM. *avoir une figure de papier mâché*, essere tutto smunto in viso (L.C.).
machette [maʃɛt] f. machete m.
machiavélique [makjavelik] adj. PR. et FIG. machiavellico.
machiavélisme [makjavelism] m. PR. et FIG. machiavellismo.
mâchicoulis [mɑʃikuli] m. caditoia f., piombatoia f., piombatoio.
machin, e [maʃɛ̃, in] n. FAM. [qn] coso m. | *j'ai vu Machin Chouette, (monsieur) Machin, Machine*, ho visto il signor coso, l'amico ciliegia, la signora coso. ‖ [qch.] coso. | *un petit machin de rien du tout*, un cosino, un cosetto, un cosettino da nulla.
machinal, e, aux [maʃinal, o] adj. macchinale, meccanico.
machinateur [maʃinatœr] m. macchinatore (di intrighi).
machination [maʃinasjɔ̃] f. macchinazione; trama insidiosa; macchina (littér.).
machine [maʃin] f. macchina. | *fait à la machine*, fatto a macchina. | *machine à coudre, à écrire*, macchina per cucire, per scrivere, da cucire, da scrivere (moins correct). | *taper à la machine*, battere a macchina. | *machine à calculer*, calcolatrice. | *machine à laver*, lavatrice; lavabiancheria inv. | *machine à laver la vaisselle*, lavastoviglie m. ou f. inv., lavapiatti m. inv. | *machine à sous*, macchina mangiasoldi; slot-machine m. (angl.). | *machine à tricoter*, macchina per maglieria. | *machine agricole, à vapeur*, macchina agricola, a vapore. | *machine de guerre*, macchina da guerra. | *machine infernale*, macchina infernale. ‖ TECHN. *machine-outil*, macchina utensile. | *machine-transfert*, (macchina) transfer m. ‖ MAR. *salle des machines*, sala macchine. ‖ THÉÂTRE macchina. ‖ PR. et FIG. *faire machine arrière*, far macchina indietro. ‖ FIG. [qui obéit aveuglément] macchina. ‖ [ensemble] *la machine de l'État*, la macchina dello Stato. ‖ VX *la machine de l'homme*, la macchina umana.
machiner [maʃine] v. tr. macchinare, tramare.
machinerie [maʃinri] f. macchinario m. ‖ MAR. sala macchine.
machine-transfert f. V. MACHINE.
machinisme [maʃinism] m. macchinismo.
machiniste [maʃinist] m. MÉC., THÉÂTRE, CIN. macchinista. ‖ [d'autobus] conduttore.
machmètre [makmɛtr] m. machmetro.
mâchoire [mɑʃwar] f. mascella. ‖ LOC. *bâiller à se décrocher la mâchoire*, sganasciarsi dagli sbadigli. ‖

FAM. *jouer, travailler des mâchoires*, lavorare di mascella, far andare le mascelle; sganasciare v. intr. || TECHN. ganascia. | *mâchoire de frein*, ganascia di freno. || ZOOL. mascella.
mâchonnement [mɑʃɔnmɑ̃] m. biascicamento, biascicatura f.
mâchonner [mɑʃɔne] ou FAM. **mâchouiller** [mɑʃuje] v. tr. masticare, biascicare (L.C.). | *mâchonner un cigare*, masticare un sigaro. | *mâchonner un crayon*, morsicchiare una matita. || FIG. *mâchonner des injures*, brontolare insulti.
mâchure [mɑʃyr] f. TEXT. ammaccatura.
1. mâchurer [mɑʃyre] v. tr. [noircir] imbrattare di nero.
2. mâchurer v. tr. [déchiqueter] stracciare, lacerare.
macis [masi] m. BOT. macis m. ou f. inv.
mackintosh [makintɔʃ] m. VX mackintosh (angl.).
maclage [maklaʒ] m. rimestamento (del vetro fuso).
macler [makle] v. tr. rimestare (il vetro fuso).
maçon [masɔ̃] m. muratore. | *maître maçon*, capomastro (pl. *capomastri, capimastri*). || [franc-maçon] (fram)massone, franco muratore, libero muratore. ◆ adj. *abeille, fourmi maçonne*, ape, formica costruttrice.
maçonnage [masɔnaʒ] m. muratura f.
maçonner [masɔne] v. tr. [construire] murare, costruire. || [murer] murare. | *maçonner une porte*, murare, accecare una porta.
maçonnerie [masɔnri] f. muratura. || [franc-maçonnerie] massoneria.
maçonnique [masɔnik] adj. massonico.
macramé [makrame] m. macramè.
macre [makr] f. BOT. castagna d'acqua.
1. macreuse [makrøz] f. ZOOL. orco marino.
2. macreuse f. = magro (m.) della spalla di manzo.
macrocéphale [makrosefal] adj. macrocefalo, megacefalo, megalocefalo.
macrocosme [makrokɔsm] m. PHILOS. macrocosmo.
macrocyste [makrosist] ou **macrocystis** [makrosistis] m. BOT. macrocisti f.
macroéconomie [makroekɔnɔmi] f. macroeconomia.
macromoléculaire [makromɔlekylɛr] adj. macromolecolare.
macromolécule [makromɔlekyl] f. macromolecola.
macrophage [makrofaʒ] adj. et n. m. PHYSIOL. macrofago.
macrophotographie [makrofɔtɔgrafi] f. macrofotografia.
macropode [makropɔd] m. ZOOL. macropodo.
macroscélide [makroselid] m. ZOOL. macroscelide.
macroscopique [makroskɔpik] adj. macroscopico.
macrosporange [makrospɔrɑ̃ʒ] m. BOT. macrosporangio.
macrospore [makrospɔr] f. BOT. macrospora.
macroures [makrur] m. pl. ZOOL. macruri.
macula [makyla] f. ANAT. macula lutea (lat.).
maculage [makylaʒ] m. ou **maculation** [makylasjɔ̃] f. macchiatura f.
maculature [makylatyr] f. TYP. foglio (m.) di scarto.
macule [makyl] f. macchia. || [papier d'emballage] carta grigia da impacco. || MÉD. macula.
maculer [makyle] v. tr. TYP. macchiare di nero, d'inchiostro. || [tacher] maculare, macchiare.
madame [madam] f. (pl. **mesdames** [medam]) [abr. Mme, Mmes] signora (abr. sig.ra, sig.re). | *bonjour madame (la directrice)*, buongiorno signora (direttrice). | *oui, madame*, sì signora. | *madame (la directrice) est sortie*, la signora (direttrice) è uscita. | *madame votre mère*, la Sua signora madre. | *comment va madame?*, come sta la signora? || [maîtresse de maison] *madame est servie*, la signora è servita. || VX [titre d'honneur] Madama. | *Madame Royale*, Madama Reale.
madapolam [madapɔlam] m. madapolam.
madécasse [madekas] adj. et n. VX madegasso: malgascio (L.C.).
madeleine [madlɛn] f. [gâteau] maddalena, maddalenina. || [fruit] maddalena.
madelonnettes [madlɔnɛt] f. pl. suore penitenti di Maria Maddalena.
mademoiselle [madmwazɛl] f. (pl. **mesdemoiselles** [medmwazɛl]) [abr. Mlle, Mlles] signorina (abrév. sig.na, sig.ne). | *au revoir mademoiselle*, arrivederla signorina. | *où est mademoiselle Bianchi?*, dov'è la signorina Bianchi? || [titre d'honneur] Madamigella. || HIST. LITT. « *Mademoiselle de Maupin* », « Madamigella di Maupin ».
madère [madɛr] m. [vin] madera. ◆ adj. *sauce madère*, salsa al madera.
madone [madɔn] f. madonna.
madrague [madrag] f. tonnara.
madras [madras] m. TEXT. madras. || [coiffure] = fazzoletto da testa.
madré, e [madre] adj. furbo, astuto, scaltro. ◆ n. furbacchione, a.
madrépore [madrepɔr] m. ZOOL. madrepora f.
madréporique [madrepɔrik] adj. madreporico.
madrier [madrije] m. tavolone.
madrigal [madrigal] m. MUS. madrigale. || [compliment] madrigale; complimento galante. | *débiter des madrigaux*, madrigaleggiare.
madrilène [madrilɛn] adj. et n. madrileno.
madrure [madryr] f. chiazza, screziatura.
maelström [malstrøm] ou **malstrom** [malstrom] m. maelstrom, maelström.
maestoso [maɛstozo] adv. (ital.) MUS. maestoso adj.
maestria [maɛstrija] f. (ital.) ART maestria. || FAM. brio m. (L.C.).
maestro [maɛstro] m. (ital.) maestro.
mafflu, e [mafly] adj. et n. FAM. = dalle guance paffute. | *c'est un(e) mafflu(e)*, ha una faccia di luna piena.
mafia ou **maffia** [mafja] f. (ital.) mafia.
magasin [magazɛ̃] m. [dépôt] magazzino, deposito. | *magasins généraux*, magazzini generali. | *avoir en magasin*, avere in magazzino. || [établissement commercial] negozio, bottega f. | *grand magasin*, grande magazzino; emporio m. | *magasin à succursales multiples*, catena (f.) di magazzini. | *demoiselle de magasin*, commessa di negozio. || [d'arme] serbatoio. || VX [recueil périodique] magazzino.
magasinage [magazinaʒ] m. magazzinaggio.
magasinier [magazinje] m. magazziniere.
magazine [magazin] m. magazine (angl.), rivista f. | *magazine illustré*, rotocalco. | *magazine de bandes dessinées*, rivista a fumetti; fumetto m. || T. V. *magazine sportif, littéraire*, rubrica sportiva, letteraria.
magdalénien, enne [magdalenjɛ̃, ɛn] adj. et n. m. magdaleniano.
mage [maʒ] m. [en Perse] magio; mago (rare). || *les (Rois) Mages*, i (Re) magi.
maghrébin, e [magrebɛ̃, in] adj. mag(h)rebino.
maghzen m. V. MAKHZEN.
magicien, enne [maʒisjɛ̃, ɛn] n. PR. et FIG. mago, maga (pl. : *maghi, maghe*).
magie [maʒi] f. PR. et FIG. magia. | *magie noire*, magia nera. | *faire des tours de magie*, fare giochi di prestigio, d'illusionismo. | *par magie*, per incanto.
magique [maʒik] adj. magico. | *baguette magique*, bacchetta magica. | *carré, miroir magique*, quadrato, specchio magico. | *lanterne magique*, V. LANTERNE. | *pouvoir magique*, potere magico. || FIG. magico, incantevole, affascinante.
magister [maʒistɛr] m. VX = maestro (di scuola di villaggio). || FAM. [pédant] pedante (L.C.). | *faire le magister*, fare il pignolo.
magistère [maʒistɛr] m. [alchimie; autorité doctrinale] magistero. | *magistère de l'Église*, magistero ecclesiastico, della Chiesa. || [dignité de grand maître] magistero.
magistral, e, aux [maʒistral, o] adj. magistrale. | *ton, ouvrage, médicament magistral*, tono, lavoro, medicina magistrale. || FAM. *gifle magistrale*, schiaffo solenne.
magistrat [maʒistra] m. magistrato. | *magistrat militaire*, giudice militare.
magistrature [maʒistratyr] f. [charge; durée; per-

sonnes] magistratura. | *magistrature assise, debout*, magistratura giudicante, inquirente.
magma [magma] m. magma. ‖ FIG. magma, groviglio.
magmatique [magmatik] adj. magmatico.
magnan [maɲɑ̃] m. (rég.) baco da seta, filugello (L.C.); bigatto (septentr.).
magnanarelle [maɲanarɛl] f. (rég.) bacaia, bachicoltrice (L.C.).
magnanerie [maɲanri] f. [local] bigattiera. ‖ [art] bachicoltura.
magnanier, ère [maɲanje, ɛr] n. bacaio, a; bachicoltore, trice; bigattiere m.
magnanime [maɲanim] adj. magnanimo.
magnanimité [maɲanimite] f. magnanimità.
magnat [magna] m. HIST. magnate. ‖ LOC. *magnat de l'industrie, de la finance*, magnate dell'industria, della finanza.
magnésie [maɲezi] f. CHIM. magnesia.
magnésien, enne [maɲezjɛ̃, ɛn] adj. CHIM. *sel magnésien*, sale magnesiaco.
magnésite [maɲezit] f. magnesite.
magnésium [maɲezjɔm] m. magnesio.
magnétique [maɲetik] adj. PR. et FIG. magnetico. | *aiguille, champ, regard magnétique*, ago, campo, sguardo magnetico.
magnétisable [maɲetizabl] adj. magnetizzabile.
magnétisant, e [maɲetizɑ̃, ɑ̃t] adj. magnetizzante.
magnétisation [maɲetizasjɔ̃] f. magnetizzazione.
magnétiser [maɲetize] v. tr. PR. et FIG. magnetizzare.
magnétiseur, euse [maɲetizœr, øz] n. magnetizzatore, trice.
magnétisme [maɲetism] m. PR. et FIG. magnetismo.
magnétite [maɲetit] f. magnetite.
magnéto [maɲeto] f. magnete (m.) [d'accensione].
magnétoélectrique [maɲetoelɛktrik] adj. magnetoelettrico.
magnétohydrodynamique [maɲetoidrodinamik] adj. et n. f. magnetoidrodinamico, magnetofluidodinamico.
magnétomètre [maɲetomɛtr] m. magnetometro.
magnétométrie [maɲetometri] f. magnetometria.
magnétophone [maɲetofɔn] m. magnetofono.
magnétoscope [maɲetoskɔp] m. magnetoscopio.
magnétosphère [maɲetɔsfɛr] f. magnetosfera.
magnétostatique [maɲetostatik] f. magnetostatica.
magnétostriction [maɲetostriksjɔ̃] f. magnetostrizione.
magnificat [magnifikat] m. inv. RELIG. magnificat (lat.).
magnificence [maɲifisɑ̃s] f. magnificenza.
magnifier [maɲifje] v. tr. magnificare, esaltare, decantare.
magnifique [maɲifik] adj. PR. et FIG. magnifico, splendido, meraviglioso.
magnitude [maɲityd] f. ASTR. magnitudine.
magnolia [maɲɔlja] m. BOT. magnolia f.
magnum [magnɔm] m. bottiglione.
1. magot [mago] m. ZOOL. bertuccia f. ‖ [figurine] figurina cinese grottesca. ‖ FIG. scimmione, bertuccione.
2. magot m. FAM. [économies cachées] gruzzolo, gruzzoletto (L.C.). | *les malfaiteurs se sont enfuis avec le magot*, i ladri sono fuggiti col malloppo, col morto (arg.). | *un magot assez coquet*, un bel gruzzoletto.
magouille [maguj] f. FAM. = intrigo m., combinazione f.
magret [magrɛ] m. filetto [di anatra].
magyar, e [magjar] adj. et n. magiaro.
mahaleb [maalɛb] m. BOT. mahaleb, magaleppo; ciliegio di Santa Lucia.
maharaja ou **maharadjah** [maaradʒa] m. inv. maharajah, maragià.
mahatma [maatma] m. inv. mahatma.
mahdi [madi] m. RELIG. mahdi.
mahdiste [madist] adj. mahdista.
mah-jong [maʒɔ̃g] m. mah-jong.
mahométan, e [maɔmetɑ̃, an] adj. et n. maomettano.
mahométisme [maɔmetism] m. VX maomettismo.
mahonia [maɔnja] m. BOT. mahonia f.
mahonne [maɔn] f. MAR. maona.
mahratte [marat] m. LING. mahratto, maharatto, marathi.
mai [mɛ] m. maggio. | *le Premier-Mai*, il primo (di) maggio; il calendimaggio (VX). ‖ [arbre] maggio. | *planter le mai*, piantar maggio.
maie [mɛ] f. [du pain] madia. ‖ [de pressoir] piastra fissa.
maïeutique [majøtik] f. PHILOS. maieutica.
maigre [mɛgr] adj. magro. | *maigre comme un clou, à faire peur*, magro come un chiodo, da far paura. | *jambon, lait maigre*, prosciutto, latte magro. | *aliments maigres*, cibi magri. ‖ RELIG. *jours maigres*, giorni di magro. ‖ [peu abondant] magro, scarso. | *un maigre repas*, un magro pasto. ‖ [peu fertile] magro. | *sol maigre*, terreno magro. ‖ FIG. magro, scarso. | *un maigre traitement*, uno stipendio magro. | *un maigre développement*, uno scarso sviluppo. | *c'est maigre!*, è un po' poco! ‖ TYP. *caractère, corps maigre*, carattere, corpo chiaro. ◆ n. magro, a. ◆ n. m. [viande] magro. ‖ [étiage] magra f. ‖ ZOOL. ombrina f. ◆ adv. RELIG. *faire, manger maigre*, mangiar di magro.
maigrelet, ette [mɛgrəlɛ, ɛt] adj. V. MAIGRICHON.
maigreur [mɛgrœr] f. PR. magrezza. ‖ FIG. magrezza, scarsità, scarsezza.
maigrichon, onne [mɛgriʃɔ̃, ɔn] ou **maigriot, otte** [mɛgrijo, ɔt] adj. FAM. magrolino, mingherlino, striminzito.
maigrir [mɛgrir] v. intr. dimagrire, dimagrare, smagrire. | *il a maigri*, è dimagrito, dimagrato, smagrito. ◆ v. tr. dimagrare. | *cette robe te maigrit*, questo vestito ti dimagra.
mail [maj] m. [maillet] maglio. ‖ [jeu] pallamaglio m. ou f. ‖ [promenade] passeggio alberato.
mail-coach [mɛlkotʃ] m. (pl. **mail-coaches**) mail-coach (angl.).
maillage [majaʒ] m. disposizione (f.) a rete.
1. maille [maj] f. [tricot; filet] maglia. | *monter les mailles*, mettere, avviare le maglie. | *diminuer les mailles*, calare le maglie. | *maille à l'endroit*, maglia diritta, a diritto. | *maille à l'envers*, maglia a rovescio. ‖ FÉOD. *cotte de mailles*, cotta d'arme; maglia. ‖ MAR. [d'une chaîne] maglia. ‖ MÉD. macchia; maglia (tosc.). ‖ ZOOL. macchiettatura.
2. maille f. LOC. *n'avoir ni sou ni maille*, non avere il becco di un quattrino. | *avoir maille à partir avec qn*, avere a che dire con qlcu.
maillé, e [maje] adj. *chevalier maillé*, cavaliere con la cotta d'arme. ‖ ZOOL. macchiettato.
maillechort [majʃɔr] m. argentone, argentana f.
mailler [maje] v. tr. *mailler un filet*, annodare una rete. ‖ MAR. [une chaîne] ammanigliare; [une voile] allacciare. ◆ v. intr. ZOOL. cominciare a macchiettarsi.
maillet [majɛ] m. maglio.
mailleton [majtɔ̃] m. talea f.; gemma (f.) dell'annata.
mailloche [majɔʃ] f. grosso maglio. ‖ [de grosse caisse] mazzuolo m.
maillon [majɔ̃] m. [petite maille] (rare) maglia piccola. ‖ [de chaîne] anello.
maillot [majo] m. [langes] pannolino, fasce f. pl. | *enfant au maillot*, bambino in fasce. ‖ [vêtement] maglia f. | *maillot (de bain)*, costume m. (da bagno). | *maillot deux pièces*, costume a due pezzi. | *maillot de corps*, maglia f., maglietta f., canottiera f. | *maillot académique*, maglia f. ‖ SPORT *maillot jaune, bleu, arc-en-ciel*, maglia gialla, azzurra, iridata.
maillotin [majɔtɛ̃] m. frantoio, torchio (per le olive).
maillure [majyr] f. ZOOL. macchiettatura.
main [mɛ̃] f. **1.** ANAT. mano. ‖ [personne] *secouru par une main charitable*, soccorso da una mano caritatevole. ‖ [de papier] mano. ‖ [écriture] mano. ‖ TECHN. [de ressort] supporto m. ‖ ARCHIT., COMM. *main courante*, V. COURANT. ‖ JEU *avoir la main*, essere di mano. | *main chaude*, V. CHAUD. ‖ JUR. *main de justice*, mano di giustizia. ‖ MODE *petite main*, piccinina (septentr.). | *première main*, prima sarta. ‖ MUS. *à*

quatre mains, a quattro mani. ‖ TYP. *papier qui a de la main*, carta che ha una buona mano. ‖ **2.** LOC. [avec **à**] *à main armée*, a mano armata. | *à main droite*, a mano dritta. | *à main gauche*, a (mano) manca. | *à main levée*, a mano libera. | *à pleines mains*, a piene mani. | *à la main*, in mano. | *bagage à main*, bagaglio a mano. ‖ [avec **de**] *de main en main*, di mano in mano. | *de la main à la main*, da mano a mano; direttamente. | *de longue main*, di lunga mano. | *nouvelle de première main*, notizia di prima mano. | *voiture de seconde main*, macchina di seconda mano. | *de main de maître*, da maestro. | *ne pas y aller de main morte* : [brutalité] picchiare sodo; [exagération] non scherzare: esagerare. | *homme de main*, sicario, sgherro. ‖ [avec **dans, en**] *dans la main*, *en mains*, in mano. | *la main dans la main*, la mano nella mano. | *en mains propres*, in mani proprie. | *en bonnes mains*, in buone mani. | *(re)prendre en main*, (ri)prendere in mano. | *preuves en main*, prove alla mano. | *agir en sous-main*, agire sottomano. ‖ **3.** *avoir, garder la haute main sur*, avere, conservare l'alta direzione di. | *avoir la main heureuse*, avere la mano felice. | *avoir la main leste*, essere svelto di mano. | *avoir la main lourde*, avere la mano pesante. | *avoir les mains liées*, avere le mani legate. | *avoir des mains de beurre*, avere le mani di pasta frolla, di ricotta, di burro. | *avoir le cœur sur la main*, avere il cuore in mano. | *avoir sous la main*, avere sottomano. | *qu'il ne me tombe pas sous la main !*, che non mi capiti tra le mani ! | *battre des mains*, battere le mani. | *coup de main* : [attaque] colpo di mano; [aide] mano. | *demander, accorder la main d'une jeune fille*, chiedere, concedere la mano di una ragazza. | *donner de la main à une étoffe*, apprettare una stoffa. | *en voilà deux qui peuvent se donner la main*, questi due si possono dare la mano. | *façon main*, lavorazione a mano. | *fait à la main*, fatto a mano. | *faire main basse*, far man bassa. | *faire des pieds et des mains*, aiutarsi con le mani e coi piedi. | *se faire la main*, far(si) la mano. | *forcer la main à qn*, forzare la mano a qlcu. | *haut les mains !*, in alto le mani !, mani in alto ! | *s'en laver les mains*, lavarsene le mani. | *une lettre de ma main, de la main du président*, una lettera di mia mano, di mio pugno, di mano del, di pugno del presidente. | *blessé de la main de son adversaire*, ferito per mano dell'avversario. | *manger dans la main de qn* (fig.) = avere gran familiarità con uno. | *mariage de la main gauche* = concubinato; unione libera. | *mettre la main sur qn, sur qch.* : [s'emparer] mettere le mani su qlcu., su qlco.; [trouver] riuscire a trovare, a pescare qlcu., qlco. | *mettre la main à l'œuvre, à la pâte*, V. PÂTE. | *mettre la dernière main à qch.*, dar l'ultima mano, gli ultimi tocchi a qlco. | *mettre sa main au feu*, V. FEU. | *mettre le marché en main à qn*, imporre a uno un aut aut; mettere qlcu. con le spalle al muro. | *passer la main* : JEU passare la mano; FIG. rinunciare. | *passer la main dans le dos de qn*, lisciare uno, lisciare il pelo a uno. | *à portée de la main*, a portata di mano. | *politique de la main tendue*, politica della mano tesa. | *prendre la main dans le sac*, V. SAC. | *prendre, conduire par la main*, prendere, condurre per mano. | *prêter la main à un crime*, tener mano a un omicidio. | *tendre la main* [mendier], stendere la mano. | *tenir la main à qch.*, badare a qlco. | *toucher de la main*, toccare con mano. | *tomber aux mains de*, cadere in mano di. | *en venir aux mains*, venire alle mani. | *en un tour de main*, in un batter d'occhio. ‖ LOC. *une main de fer dans un gant de velours*, pugno di ferro e guanto di velluto.

main-d'œuvre [mɛ̃dœvr] f. manodopera.

main-forte [mɛ̃fɔrt] f. LOC. *donner, prêter, réclamer main-forte à qn*, dare, prestare, chiedere man forte, manforte a qlcu.

mainlevée [mɛ̃lve] f. JUR. revoca, cancellazione. | *donner mainlevée d'une saisie*, revocare un sequestro. | *mainlevée d'une hypothèque*, cancellazione di un'ipoteca.

mainmise [mɛ̃miz] f. presa di possesso; influenza esclusiva, potere assoluto (péjor.).

mainmorte [mɛ̃mɔrt] f. FÉOD., JUR. manomorta.

maint, e [mɛ̃, ɛ̃t] adj. molto, parecchio, diverso; più (inv.). | *maintes fois*, parecchie volte. | *maintes et maintes fois*, molte e molte volte. | *à maintes reprises*, a più riprese, a varie riprese.

maintenance [mɛ̃tnɑ̃s] f. MIL. mantenimento m., rifornimento m. ‖ TECHN. manutenzione.

maintenant [mɛ̃tnɑ̃] adv. ora, adesso. | *à partir de maintenant*, da adesso in poi. | *dès maintenant*, fin d'ora. ◆ loc. conj. **maintenant que,** ora che.

mainteneur [mɛ̃tnœr] m. [soutien] (rare) mantenitore. ‖ [jeux Floraux] conservatore.

maintenir [mɛ̃tnir] v. tr. [soutenir] mantenere, sostenere, reggere. | *la poutre maintient la charpente*, la trave mantiene, sostiene, regge l'armatura. ‖ [retenir] trattenere. | *maintenir qn en prison*, trattenere qlcu. in prigione. ‖ [conserver] *maintenir l'ordre*, mantenere l'ordine. ‖ [affirmer] mantenere, sostenere. | *je maintiens que ce n'est pas vrai*, mantengo, sostengo che non è vero. ‖ LOC. *maintenir qn à distance*, tenere uno a debita distanza, alla dovuta distanza. ◆ v. pr. mantenersi; reggere v. intr. | *le temps se maintient beau*, il tempo si mantiene bello. | *nous partirons si le temps se maintient*, partiremo se il tempo reggerà. ‖ POP. *ça se maintient ?*, come va ? (fam.).

maintien [mɛ̃tjɛ̃] m. mantenimento. | *maintien des traditions, de l'ordre*, mantenimento delle tradizioni, dell'ordine. ‖ [tenue] contegno, portamento. ‖ JUR. *maintien dans les lieux*, (il) mantenere nel godimento dell'abitazione. ‖ MIL. *maintien sous les drapeaux*, prolungamento della ferma.

maire [mɛr] m. sindaco; [sous le fascisme] podestà. ‖ HIST. *maire du palais*, maestro di palazzo; maggiordomo. ‖ LOC. FAM. *être passé devant (monsieur) le maire* = essere legalmente sposati.

mairesse [mɛrɛs] f. FAM. = moglie del sindaco.

mairie [meri] f. municipio m., comune m., palazzo (m.) comunale; casa comunale. ‖ [fonction] carica di sindaco; sindacato m. (rare).

1. mais [mɛ] adv. VX *n'en pouvoir mais* : [fatigue] non poterne più (L.C.); [responsabilité] non averci colpa, non entrarci per nulla (L.C.).

2. mais conj. [opposition] ma, però. | *il est intelligent, mais paresseux*, è intelligente ma pigro. | *ce médicament est mauvais, mais il fait du bien*, questa medicina è cattiva, però fa bene. ‖ [renforcement; transition] ma. | *mais oui !*, ma sì ! | *mais enfin, réponds-moi !*, ma insomma rispondimi ! ◆ n. m. *il y a un mais*, c'è un ma.

maïs [mais] m. BOT. granturco, mais; granone (mérid.); meliga f. (septentr.).

maison [mezɔ̃] f. [édifice] casa. | *être à la maison*, essere, stare a, in casa. | *aller à la maison*, andare a casa. | *gens de maison*, V. GENS. | *maison ouvrière, de maître*, casa popolare, signorile. | *maison de retraite*, V. RETRAITE. | *maison de jeu*, casa da gioco. | *maison de santé*, casa di cura; casa di salute (moins correct). | *maison de chasse*, casino (m.) di caccia. | *maison du marin, du soldat, du peuple*, casa del marinaio, del soldato, del popolo. | *maison de tolérance*, V. TOLÉRANCE. | *maison mère*, casa madre. | *maison de poupée* : JEU casa della bambola; HIST. LITT. « Casa di bambola ». ‖ [famille] casa, famiglia. | *être de la maison*, esser di casa. | *un ami de la maison*, un amico di famiglia. ‖ COMM. casa, ditta. | *maison de commerce*, V. COMMERCE. | *maison d'édition*, casa editrice. ‖ JUR. *maison d'arrêt, de correction*, V. ARRÊT, CORRECTION. | *maison de détention*, reclusorio m. ‖ HIST. casa. | *maison du roi*, casa del re. | *maison civile, militaire*, casa civile, militare. ‖ [race] casa; casato m. | *maison royale*, real casa. | *de bonne, de noble maison*, di buona famiglia; di nobile casato. ‖ [astrologie] casa. ‖ LOC. *c'est la maison du bon Dieu* = è una casa assai ospitale. | *faire les honneurs de la maison*, fare gli onori di casa. | *faire la jeune fille de la maison* = aiutare a fare gli onori di casa. ◆ adj. inv. *gâteau maison*, dolce casalingo, fatto in casa. | *pain maison*, pane casareccio, casereccio. | *produits maison*, prodotti di fabbricazione propria; [alimentaires] prodotti casarecci, caserecci. ‖ FAM. *un succès maison*, un successone.

maisonnée [mezɔne] f. FAM. famiglia (L.C.). | *voici mon oncle avec toute sa maisonnée*, ecco mio zio con tutta la sua tribù.

maisonnette [mezɔnɛt] f. casetta, casina.

maistrance [mɛstrɑ̃s] f. = insieme (m.) dei sottufficiali della Marina militare.

maître [mɛtr] m. **1.** [patron] padrone. | *un maître sévère*, un padrone severo. | *en maître*, da padrone. | *entrée des maîtres*, ingresso padronale. | *maison de maître*, V. MAISON. | *le maître de maison*, il padrone di casa. | *être son propre maître*, non dipendere da nessuno. | *être le maître de la situation*, essere padrone della situazione. ‖ **2.** [qui enseigne] *un grand maître*, un gran maestro. | *coup de maître*, colpo (da) maestro. | *maître d'école*, maestro elementare. | *maître auxiliaire* = supplente scolastico, professore interinale. | *maître-assistant*, assistente di ruolo. | *maître de conférences*, (professore) incaricato. | *maître de recherche*, ricercatore. | *grand maître de l'Université* = ministro della Pubblica Istruzione. | *maître d'internat*, prefetto di camerata. | *maître d'études* (VX), prefetto di studio. ‖ **2.** [titre] (gens de loi) avvocato, notaio. | *aller chez maître Bianchi*, andare dall'avvocato, dal notaio Bianchi. | *oui, maître*, sì, signor avvocato, signor notaio. ‖ [musique, escrime] maestro. | *maître d'armes*, maestro d'armi. ‖ [professeur éminent, académicien] professore ; illustre Maestro. ‖ [artisan] maestro, mastro. ‖ **3.** ART *tableau de maître*, quadro d'autore. ‖ HIST. LITT. *maître corbeau*, messer corvo. ‖ MAR. *maître d'équipage*, nostromo. ‖ MUS. *maître chanteur*, maestro cantore ; FIG. V. CHANTEUR. ‖ **4.** VX *maître de camp*, maestro, mastro di campo. | *maître des cérémonies*, maestro delle cerimonie ; cerimoniere. | *maître de chapelle*, maestro di cappella. | *maître à danser*, maestro di ballo. | *maître de forges*, padrone di ferriera. ‖ [chevalerie militaire ; franc-maçonnerie] *grand maître*, gran maestro. ‖ **5.** LOC. *maître d'hôtel*, capocameriere (pl. capicamerieri) ; maître (d'hôtel) [fr.] | *maître nageur*, maestro di nuoto. | *maître d'œuvre*, soprastante al cantiere ; FIG. direttore di una « équipe » di studiosi. | *maître queux*, V. QUEUX. | *maître des requêtes*, relatore (al Consiglio di Stato). ◆ adj. padrone, principale. ‖ LOC. *un maître fripon*, un furfante matricolato. | *être maître de ses passions, de choisir sa carrière*, essere padrone delle proprie passioni, di scegliere la propria carriera. | *argument maître*, argomento principale. | *être maître de son sujet*, possedere bene l'argomento. | *se rendre maître d'une ville*, impadronirsi di una città. | *se rendre maître d'un incendie*, domare un incendio. | *passer maître dans l'art de*, essere un maestro nell'arte di. ‖ JEU *être maître à cœur*, avere le carte più alte a cuori.

maître-à-danser [mɛtradɑ̃se] m. TECHN. (compasso) ballerino.

maître-autel [mɛtrotɛl] m. altare maggiore.

maîtresse [mɛtrɛs] f. [qui commande] padrona. | *maîtresse de maison*, padrona di casa. | *servante maîtresse*, serva padrona. ‖ [qui enseigne] maestra. | *maîtresse d'école, de piano*, maestra elementare, di piano. ‖ [amante] amante. ◆ adj. maestra, principale. | *poutre maîtresse*, trave maestra. | *qualité maîtresse*, qualità principale, precipua (littér.). | *pièce maîtresse d'une collection*, pezzo (m.) forte di una collezione. | *maîtresse femme*, donna di polso. ‖ JEU *carte maîtresse*, carta più alta.

maîtrisable [mɛtrizabl] adj. dominabile, domabile.

maîtrise [mɛtriz] f. [domination] padronanza. | *maîtrise de soi*, padronanza di sé. ‖ [habileté] maestria. ‖ [métier] maestranze f. pl. | *agent de maîtrise*, capo operaio. ‖ MIL. *maîtrise de l'air, des mers*, dominio aereo, marittimo. ‖ MUS. [école] scuola di canto ; [emploi] ufficio (m.) di maestro di cappella ; [ensemble des chantres] cantoria. ‖ UNIV. laurea. | *maîtrise de conférences*, incarico universitario.

maîtriser [mɛtrize] v. tr. domare. | *maîtriser un animal, un incendie*, domare un animale, un incendio. ‖ FIG. [contenir] dominare, domare. ◆ v. pr. dominarsi.

majesté [maʒɛste] f. maestà. | *Sa Majesté l'empereur*, Sua Maestà l'imperatore. ‖ ART *Christ, Vierge en majesté*, Cristo, Madonna in maestà.

majestueux, euse [maʒɛstɥø, øz] adj. maestoso.

majeur, e [maʒœr] adj. maggiore. | *la majeure partie des habitants*, la maggior parte degli abitanti. | *(en cas de) force majeure*, (in caso di) forza maggiore. ‖ [âge] maggiorenne. ‖ [important] importante, principale ; di primaria importanza. ‖ MUS. maggiore. ‖ RELIG. *ordres majeurs*, ordini maggiori. ◆ n. maggiorenne. ◆ n. m. [doigt] (dito) medio. ◆ n. f. LOG. (premessa) maggiore.

majolique [maʒɔlik] ou **maïolique** [majɔlik] f. maiolica.

major [maʒɔr] m. MIL., VX maggiore (L.C.). ‖ [médecin] medico militare. ‖ [en France] ufficiale superiore incaricato dell'amministrazione di un corpo. | *major général*, capo di stato maggiore del generalissimo. ‖ UNIV., ARG. primo (nella graduatoria di un concorso) [L.C.].

majoral [maʒɔral] m. [félibrige] majoral.

majorat [maʒɔra] m. maggiorasco.

majoration [maʒɔrasjɔ̃] f. maggiorazione, aumento m.

majordome [maʒɔrdɔm] m. maggiordomo.

majorer [maʒɔre] v. tr. maggiorare, aumentare.

majorette [maʒɔrɛt] f. majorette (amér.).

majoritaire [maʒɔritɛr] adj. maggioritario.

majorité [maʒɔrite] f. [âge] maggiore età. | *atteindre sa majorité*, giungere a maggiore età. ‖ [quantité] maggioranza. | *composé en majorité*, composto in maggior parte, per la maggior parte, prevalentemente. | *majorité relative, absolue, renforcée*, maggioranza relativa, assoluta, qualificata. | *élu à la majorité*, eletto a maggioranza (di voti). | *majorité silencieuse*, maggioranza silenziosa.

majorquin, e [maʒɔrkɛ̃, ɛn] adj. et n. maiorchino.

majuscule [maʒyskyl] adj. maiuscolo. ◆ n. f. maiuscola.

makhzen [makzɛn] m. makhzen, maghzen (ar.).

maki [maki] m. ZOOL. maki.

makila [makila] m. makila, maquila.

1. mal [mal] m. **1.** [moral] male. | *faire le mal*, commettere il male. | *faire du mal à qn*, fare del male a uno, nuocere a uno, danneggiare uno. | *rendre le bien pour le mal*, rendere bene per male. | *penser à mal*, pensare a male, essere male intenzionato. | *sans penser à mal*, senza cattive intenzioni. | *prendre une chose en mal*, aversene, aversela, prendersela a male ; impermalirsi. | *tourner une chose en mal*, prendere male una cosa. | *vouloir du mal à qn*, voler male a qlcu. | *c'est mal de voler*, è male rubare. | *mal lui en prit*, V. PRENDRE. ‖ LITTÉR. *le mal du siècle*, il male del secolo. | *le mal du pays*, il male del paese ; la nostalgia (littér.). ‖ **2.** [dommage] male, danno, disastro, calamità f. | *les maux de la guerre*, i mali, le calamità della guerra. | *les maux de la vieillesse*, i malanni, gli acciacchi della vecchiaia. | *il y a eu du mal*, ce ne sono stati dei danni. | *il n'y a pas de mal*, non è niente. ‖ **3.** [inconvénient] male, guaio. | *le mal est qu'il s'absente souvent*, il male, il guaio è che egli si assenta spesso. ‖ **4.** [douleur physique] male, morbo. | *faire mal*, far male. | *ces souliers me font mal*, queste scarpe mi fanno male. | *mal de dents, de tête*, mal di denti, di testa. | *j'ai mal aux dents*, mi dolgono i denti. | *j'ai mal à la tête*, ho mal di testa, mi duole il capo. | *mal blanc*, giradito, patereccio. | *mal de cœur*, nausea f. | *mal aux cheveux*, V. CHEVEU. | *mal de mer*, mal di mare. | *mal des montagnes, de l'altitude, des aviateurs*, mal di montagna, delle altitudini, d'aria. | *mal de Pott*, morbo di Pott ; spondilite (f.) tubercolare. | *mal sacré, caduc, haut mal*, male sacro, mal caduco. | *prendre mal*, prendere un malanno. | *mettre à mal*, ridurre in mal punto, a mal partito. ‖ **5.** [peine, travail] fatica f. | *on a trop de mal dans cette maison*, si fatica troppo in questa casa. | *avoir du mal à*, stentare a ; durar fatica a. | *se donner du mal*, darsi da fare, affaccendarsi. | *donner du mal à qn*, dar da fare a uno. | *avec bien du mal*, con molta fatica, con molto stento. || **6.** [médisance] *dire du mal de qn*, dir male di, sparlare di qlcu. ◆ adj. *bon gré mal gré*, V. GRÉ. | *bon an mal an*, V. AN.

2. mal adv. male. | *mal agir*, agire male. | *mal faire*, far male. | *mal faire un travail*, far male un lavoro. | *tu as mal fait de lui répondre sur un ton moqueur*, hai fatto male a rispondergli in tono canzonatorio. | *faire mal à qn*, far male a uno. | *être mal avec qn*, essere in urto con uno. | *être mal vu*, essere malvisto. | *mal élevé*, maleducato, screanzato. | *être mal luné*, essere in cattiva luna. | *mal embouché*, sboccato. | *ça tombe mal (à propos)*, questa proprio non ci voleva ; capita male. | *mal prendre, prendre mal une chose*, offendersi di, per una cosa. | *s'y prendre mal*, non saperci fare ; sbagliar metodo. | *mal à l'aise*, a disagio. | *être au plus mal*, essere agli estremi. | *se trouver mal*, svenire. | *de mal en pis*, di male in peggio. | *tant bien que mal*, alla meno peggio, alla meglio. | *trouver mal*, ritenere sia male. | *se trouver mal d'une chose*, risentire, subire gl'inconvenienti di qlco. | *les affaires tournent mal, vont mal*, gli affari si mettono male, prendono una brutta piega. | *ce vêtement te va mal*, questo vestito ti sta male. || FAM. **pas mal :** [assez bien] *ça ne ferait pas mal*, non starebbe male, non guasterebbe. | *comment vas-tu ? — pas mal*, come stai ? — non c'è male ; mica male ; non c'è malaccio. | *tu ne ferais pas mal de venir*, non sarebbe male che tu venissi. || [beaucoup] parecchio, piuttosto, alquanto (L.C.). | *il a vu pas mal de choses*, ha visto parecchie cose. | *dépenser pas mal*, spendere parecchio. | *être pas mal paresseux*, essere piuttosto, alquanto pigro. || FAM. *cette fille n'est pas mal (du tout)*, questa ragazza non è (affatto) male.

malabar [malabar] m. POP. pezzo d'uomo, (bel) fusto, marcantonio (fam.).

malachite [malakit] f. MINÉR. malachite.

malacologie [malakolɔʒi] f. ZOOL. malacologia.

malacoptérygiens [malakɔpteriʒjɛ̃] m. pl. ZOOL. malacotterigi, malacotteri.

malacostracés [malakɔstrase] m. pl. ZOOL. malacostraci.

malade [malad] adj. et n. malato, ammalato. | *tomber malade*, ammalarsi. | *rendre malade*, far ammalare ; FIG. FAM. far impazzire ; esasperare (L.C.). | *en être malade*, farne una malattia. | *malade du cœur, du foie*, malato di cuore, di fegato. | *être malade comme un chien*, star male da morire. | *porter qn malade, se faire porter malade*, V. PORTER. | *faire le malade*, darsi malato. | *imagination malade*, immaginazione malata. | *malade imaginaire*, malato immaginario. | *être malade de fatigue*, essere sfinito, spossato. | *malade d'inquiétude*, tormentato, roso dall'inquietudine. | *être malade du cerveau* (fam.), essere malato al cervello, essere (un po') tocco nel cervello. | *t'es pas un peu malade !* (pop.), sei mica matto !

maladie [maladi] f. malattia ; morbo m. (littér.). | *maladie bleue*, V. BLEU. | *maladie du sommeil*, malattia del sonno. | *maladie de cœur, de foie*, malattia di cuore, di fegato. | *maladie de Parkinson*, morbo di Parkinson. | *maladies professionnelles*, malattie professionali. | *assurance maladie*, assicurazione contro le malattie. | *se mettre en congé de maladie*, mettersi in malattia. | *maladies des plantes*, malattie delle piante. || FIG. malattia, mania, smania. | *avoir la maladie du commandement*, aver la malattia del voler sempre comandare. | *avoir la maladie de collectionner les papillons*, aver la mania di collezionare le farfalle. | *maladie du jeu*, smania del gioco. || FAM. *en faire une maladie*, farne una malattia.

maladif, ive [maladif, iv] adj. malaticcio. | *air maladif*, aspetto malaticcio. || FIG. morboso. | *jalousie maladive*, gelosia morbosa.

maladivement [maladivmɑ̃] adv. FIG. morbosamente.

maladrerie [maladrəri] f. lazzaretto m.

maladresse [maladrɛs] f. [défaut] mancanza di abilità ; goffaggine. || [action] azione, parola inopportuna ; goffaggine.

maladroit [maladrwa] adj. maldestro, goffo. || FIG. maldestro, inopportuno. | *démarches maladroites*, passi maldestri. ◆ n. persona maldestra, goffa.

malaga [malaga] m. [raisin] malaga f. ; [vin] malaga m.

malaire [malɛr] adj. ANAT. *os malaire*, osso malare, zigomatico ; malare m.

malais, e [malɛ, ɛz] adj. et n. malese. ◆ n. m. LING. malese.

malaise [malɛz] m. [passager] malessere : [évanouissement] malore. | *éprouver un malaise*, provare un senso di malessere. | *être pris de malaise*, esser colto da malore. || [inquiétude] malessere. || FIG. *malaise politique, social*, malessere politico, sociale.

malaisé, e [maleze] adj. LITTÉR. malagevole. | *chemin, travail malaisé*, cammino, lavoro malagevole.

malandre [malɑ̃dr] f. BOT., VÉTÉR. malandra.

malandreux, euse [malɑ̃drø, øz] adj. BOT. imporrato. || VÉTÉR. affetto da malandra.

malandrin [malɑ̃drɛ̃] m. VX malandrino ; brigante (L.C.).

malappris, e [malapri, iz] adj. et n. screanzato, maleducato.

malaria [malarja] f. (ital.) malaria.

malavisé, e [malavize] adj. malaccorto, malavveduto, sconsigliato, incauto.

malaxage [malaksaʒ] m. impastatura f. || massaggio.

malaxer [malakse] v. tr. impastare. || [masser] massaggiare.

malaxeur [malaksœr] m. impastatrice f.

malayo-polynésien, enne [malajopɔlinezjɛ̃, ɛn] adj. maleo-polinesiano.

malbâti, e [malbɑti] adj. malfatto.

malchance [malʃɑ̃s] f. sfortuna, disdetta. | *avoir de la malchance au jeu*, avere sfortuna, disdetta al gioco. | *par malchance*, per sfortuna, per disgrazia.

malchanceux, euse [malʃɑ̃sø, øz] adj. sfortunato, disgraziato.

malcommode [malkɔmɔd] adj. scomodo.

maldonne [maldɔn] f. JEU sbaglio m. (nel distribuire le carte). || FIG. FAM. *il y a maldonne*, è stato un equivoco.

mâle [mɑl] adj. [masculin] maschio, maschile. | *enfant mâle*, figliolo maschio. || BIOL. *gamète mâle*, gamete maschile. || BOT. *fleur mâle*, fiore maschile. | *fougère mâle*, felce maschio. || ZOOL. *oiseau mâle*, uccello maschio. || FIG. maschio, virile. | *aspect, caractère, style, visage mâle*, aspetto, carattere, stile, viso maschio. | *mâles vertus*, virtù maschie. || TECHN. maschio. ◆ n. m. maschio.

malédiction [malediksjɔ̃] f. PR. et FIG. maledizione.

maléfice [malefis] m. maleficio, stregoneria f.

maléfique [malefik] adj. malefico, maligno.

malencontreux, euse [malɑ̃kɔ̃trø, øz] adj. malaugurato, infausto.

mal-en-point [malɑ̃pwɛ̃] adj. inv. malandato (di salute), conciato male, ridotto a mal partito.

malentendant [malɑ̃tɑ̃dɑ̃] adj. m. duro di udito.

malentendu [malɑ̃tɑ̃dy] m. malinteso, equivoco. | *pour éviter tout malentendu*, a scanso di equivoci.

malfaçon [malfasɔ̃] f. difetto (m.) di fabbricazione. || TEXT. malafatta (rare).

malfaisant, e [malfəzɑ̃, ɑ̃t] adj. malvagio, malefico, maligno. | *homme malfaisant*, uomo malvagio, malefico. | *esprit malfaisant*, spirito maligno. | *insecte malfaisant*, insetto nocivo, dannoso.

malfaiteur [malfɛtœr] m. malfattore, malvivente, delinquente.

malfamé, e [malfame] adj. malfamato.

malformation [malfɔrmasjɔ̃] f. malformazione.

malgache [malgaʃ] adj. et n. malgascio. ◆ n. m. LING. malgascio.

malgracieux, euse [malgrasjø, øz] adj. LITTÉR. sgraziato, sgarbato (L.C.).

malgré [malgre] prép. malgrado, nonostante. | *malgré moi, toi*, mio, tuo malgrado. | *malgré la pluie*, nonostante la pioggia. | *malgré tout*, malgrado tutto. ◆ loc.

conj. ***malgré que,*** malgrado che, nonostante che, benché. | *malgré que j'en aie* (littér.), nonostante le mie incertezze, esitazioni (L.C.).

malhabile [malabil] adj. non abile, maldestro ; inabile (rare).

malheur [malœr] m. [mauvaise fortune] sfortuna f., sventura f., malasorte f. | *le malheur a voulu qu'il tombe,* sfortuna volle che cadesse. | *jouer de malheur,* avere sfortuna. | *pour mon, ton, son malheur,* per mia, tua, sua sfortuna. | *pour comble de malheur,* per colmo di sventura. | *oiseau de malheur,* uccello del malaugurio. | *passer sa jeunesse dans le malheur,* trascorrere la giovinezza nell'infelicità. | *faire le malheur de qn,* causare l'infelicità di qlcu. || IRON. *le beau malheur!,* poco male ! || [événement fâcheux] disgrazia f., sciagura f., guaio. | *il lui est arrivé un malheur,* gli è accaduta una disgrazia. | *quel malheur!,* che sciagura ! | *en cas de malheur,* in caso di disgrazia. | *être dans le malheur,* essere nei guai. | *le malheur est que,* il guaio è che. | *porter malheur,* portar disgrazia, sfortuna. | *par malheur,* per disgrazia. || FAM. *faire un malheur,* fare un macello. || PROV. *un malheur n'arrive jamais seul,* una disgrazia tira l'altra. | *à quelque chose malheur est bon,* non tutti i mali vengono per nuocere. ◆ interj. *malheur!,* maledizione ! | *malheur aux vaincus!,* guai ai vinti !

malheureusement [malœrøzmɑ̃] adv. disgraziatamente, sfortunatamente, purtroppo.

malheureux, euse [malœrø, øz] adj. [qui n'est pas heureux] infelice, misero. | *enfance, vie malheureuse,* infanzia, vita infelice. | *malheureux que je suis!,* povero me ! ; me infelice ! (littér.) | *amour malheureux,* amore non ricambiato, non corrisposto. | *être malheureux comme les pierres* (fam.), essere come un cane bastonato ; essere infelicissimo (L.C.). || [qui n'est pas chanceux] sfortunato, sventurato, disgraziato. | *candidat malheureux,* candidato sfortunato. | *être malheureux au jeu, en amour, en affaires,* essere sfortunato al gioco, in amore, negli affari. | *une famille malheureuse,* una famiglia disgraziata. || [désastreux] disgraziato, sciagurato, sventurato. | *une entreprise malheureuse,* un'impresa sfortunata. | *jour malheureux,* giorno sciagurato, sventurato ; giorno infausto (littér.). | *choix malheureux,* scelta infelice, disgraziata. || [qui exprime le malheur] infelice. | *un air malheureux,* un'aria infelice. || LOC. *avoir la main malheureuse :* [au jeu] non avere la mano felice ; [maladresse] avere le mani di ricotta. | *un mot malheureux,* una parola infelice. | *un geste malheureux,* un gesto, un atto infelice. || [sans valeur] misero, miserabile. | *habiter une malheureuse chambre,* vivere in una misera camera. | *se disputer pour dix malheureux francs,* litigare per dieci miserabili franchi. || LOC. FAM. *il est malheureux que,* è peccato che. | *c'est (bien) malheureux,* è (proprio) peccato. | *si c'est pas malheureux!,* che peccato ! ◆ n. infelice ; disgraziato, a. || [que l'on méprise, que l'on plaint] *malheureux, qu'as-tu fait?,* disgraziato, sciagurato, che cosa hai fatto ?

malhonnête [malɔnɛt] adj. [sans probité] disonesto. | *malhonnête homme,* uomo disonesto. || [impoli] sgarbato, scortese. || [indécent] sconveniente, indecente ; indecoroso (littér.).

malhonnêteté [malɔnɛtte] f. disonestà. | *malhonnêteté intellectuelle,* mala fede. || [impolitesse] sgarbatezza, scortesia.

malice [malis] f. [taquinerie] malizia. | *plein de malice,* malizioso. || [farce] birichinata. | *les malices d'un enfant,* le birichinate di un bambino. || LOC. *malice cousue de fil blanc,* furberia palese. | *sac à malice :* PR. sacco del prestigiatore ; [personne maligne] furbacchione m. || VX [méchanceté] malizia. || LOC. *être sans malice,* essere senza malizia, essere ingenuo. | *ne pas entendre malice à qch.,* non veder niente di male a qlco.

malicieux, euse [malisjø, øz] adj. malizioso, arguto.

malien, enne [maljɛ̃, ɛn] adj. et n. maliano.

malignité [maliɲite] f. malignità, malizia.

malin, igne [malɛ̃, iɲ] adj. [malicieux] malizioso. | *enfant malin,* bambino malizioso. | *sourire, regard malin,* sorriso malizioso ; occhiata maliziosa. || [rusé] astuto, furbo, scaltro. | *trop malin pour agir ainsi,* troppo astuto, furbo, scaltro per agire così. || [méchant] maligno. | *malin plaisir,* piacere maligno. | *l'esprit malin,* lo spirito maligno. || MÉD. *fièvre maligne,* febbre perniciosa. | *tumeur maligne,* tumore maligno. || LOC. FAM. *ce n'est pas malin! : c'est malin!* (iron.) : [intelligent] (action) bella prodezza ! ; (parole) che stupidaggine ! [difficile] non è difficile, non ci vuol molto, è roba da poco (L.C.). ◆ n. m. furbo ; furbacchione, dritto (fam.). || FAM. *faire le malin, son petit malin,* fare lo smargiasso, fare lo spiritoso. || IRON. *le gros malin!,* furbone ! || PROV. *à malin malin et demi,* a furbo furbo e mezzo. || RELIG. *le Malin,* il Maligno.

malingre [malɛ̃gr] adj. mingherlino, gracile.

malinois [malinwa] m. [chien] pastore belga.

malintentionné, e [malɛ̃tɑ̃sjɔne] adj. malintenzionato.

malique [malik] adj. m. CHIM. malico.

malle [mal] f. baule m. | *faire ses malles,* fare il baule (pr.) ; fare i bauli (fig.). || HIST. *malle des Indes,* valigia (f.) delle Indie. || V. aussi MALLE-POSTE.

malléabilisation [maleabilizasjɔ̃] f. malleabilizzazione.

malléabiliser [maleabilize] v. tr. malleabilizzare.

malléabilité [maleabilite] f. PR. et FIG. malleabilità.

malléable [maleabl] adj. PR. et FIG. malleabile, duttile.

malléolaire [maleɔlɛr] adj. malleolare.

malléole [maleɔl] f. ANAT. malleolo m.

malle-poste [malpɔst] f. corriera ; diligenza postale.

mallette [malɛt] f. valigetta.

malmener [malməne] v. tr. malmenare, maltrattare, strapazzare. || [critiquer] malmenare.

malmignatte [malmiɲat] f. ZOOL. malmignatta.

malnutrition [malnytrisjɔ̃] f. malnutrizione.

malodorant, e [malɔdɔrɑ̃, ɑ̃t] adj. maleodorante, puzzolente, fetente ; maleolente (rare).

malotru, e [malɔtry] adj. rozzo, zotico, grossolano. ◆ n. villanzone, a ; tanghero m.

malouin, e [malwɛ̃, in] adj. et n. maluino.

malpighie [malpigi] f. BOT. malpighia.

malpropre [malprɔpr] adj. [sale] sporco, sudicio. || [mal exécuté] *travail malpropre,* lavoro fatto male. || [immoral] sporco, sudicio, indecente, sconcio. ◆ n. PR. et FIG. sudicione, a ; sporcaccione, a.

malproprement [malprɔprəmɑ̃] adv. PR. et FIG. sporcamente, sudiciamente. | *travailler malproprement,* lavorare male.

malpropreté [malprɔprəte] f. PR. et FIG. sporcizia, sudiciume m. || [malhonnêteté] indecenza, sconcezza.

malsain, e [malsɛ̃, ɛn] adj. PR. et FIG. malsano.

malséance [malseɑ̃s] f. sconvenienza.

malséant, e [malseɑ̃, ɑ̃t] adj. sconveniente ; disdicevole (littér.).

malsonnant, e [malsɔnɑ̃, ɑ̃t] adj. sconveniente.

malstrom m. V. MAELSTRÖM.

malt [malt] m. malto.

maltage [maltaʒ] m. maltaggio.

maltais, e [maltɛ, ɛz] adj. et n. maltese. ◆ n. m. LING. maltese.

maltase [maltaz] f. CHIM. maltasi.

malter [malte] v. tr. sottoporre a maltaggio.

malterie [maltəri] f. malteria.

malthusianisme [maltyzjanism] m. maltusianismo, maltusianesimo.

malthusien, enne [maltyzjɛ̃, ɛn] adj. et n. maltusiano.

maltose [maltoz] m. maltosio ; zucchero di malto.

maltôte [maltot] f. balzello m.

maltraiter [maltrete] v. tr. maltrattare, strapazzare.

malure [malyr] m. ZOOL. maluro.

malvacées [malvase] f. pl. BOT. malvacee.

malveillance [malvɛjɑ̃s] f. malevolenza, malanimo m. || JUR. *dû à la malveillance,* doloso.

malveillant, e [malvɛjɑ̃, ɑ̃t] adj. malevolo.

malvenu, e [malvəny] adj. *être malvenu de, à,* non aver diritto di.

malversation [malvɛrsasjɔ̃] f. malversazione.
malvoisie [malvwazi] f. malvasia.
maman [mamɑ̃] f. mamma. | *j'irai avec maman*, andrò con la mamma. | *ma petite maman !*, mammina mia !
mamelle [mamɛl] f. mammella, poppa. | *enfant à la mamelle*, poppante n., lattante n.
mamelon [mamlɔ̃] m. ANAT. capezzolo. || GÉOGR. mammellone ; poggio tondeggiante.
mamelonné, e [mamlɔne] adj. GÉOGR. mammellonato.
mamelouk ou **mameluk** [mamluk] m. mamelucco ; mammalucco (pop.).
mamelu, e [mamly] adj. FAM. popputo.
mamillaire [mamilɛr] f. BOT. mammillaria.
mammaire [mammɛr] adj. mammario, mammillare, ma(m)mellare. | *glande mammaire*, ghiandola mammaria.
mammalogie [mammalɔʒi] f. mammalogia, mammologia.
mammifère [mamifɛr] adj. et n. m. mammifero.
mammite [mamit] f. mammite, mastite.
mammographie [mamɔgrafi] f. mammografia.
mammouth [mamut] m. ZOOL. mammut inv.
mamours [mamur] m. pl. LOC. *faire des mamours à qn*, far carezze (f. pl.), moine (f. pl.), vezzi a qlcu.
mam'selle ou **mam'zelle** [mamzɛl] f. FAM. V. MADEMOISELLE.
mana [mana] m. RELIG. mana.
manade [manad] f. (rég.) [chevaux] armento m. ; [taureaux] mandria.
management [manaʒmɑ̃] m. management (angl.).
manager [manadʒœr] m. manager (angl.), impresario.
manant [manɑ̃] m. HIST. villano. || PÉJOR. villano, villanzone.
mancelle [mɑ̃sɛl] f. tirella.
mancenille [mɑ̃snij] f. BOT. mancinella.
mancenillier [mɑ̃snije] m. BOT. mancinello.
1. manche [mɑ̃ʃ] m. manico. | *couteau à manche d'ivoire*, coltello con manico d'avorio. | *manche à, de balai*, manico di scopa. || [os] osso della costoletta, del cosciotto. || AÉR. *manche à balai*, cloche f. (fr.). || FIG. *être, se mettre du côté du manche* = schierarsi dalla parte del più forte. | *branler dans le manche*, V. BRANLER. | *jeter le manche après la cognée*, V. COGNÉE.
2. manche f. manica. | *manches retroussées*, maniche rimboccate. | *en manches de chemise*, in maniche di camicia. | *manche de lustrine*, mezza manica ; manichetta. || FIG. *avoir qn dans sa manche*, avere qlcu. nella manica. | *être dans la manche de qn*, essere nella manica di qlcu. | *retrousser ses manches* [se mettre au travail], rimboccarsi le maniche. | *tirer la manche à qn* = sollecitare uno. || FAM. *c'est une autre paire de manches*, è un altro paio di maniche. || POP. *faire la manche*, stendere la mano (L.C.). || AÉR., MAR. *manche à air*, manica a vento. | *manche à incendie*, tubo m. || GÉOGR. VX canale m., braccio (m.) di mare (L.C.). || [bridge] manche (fr.). || SPORT partita.
mancheron [mɑ̃ʃrɔ̃] m. [de charrue] stegola f., stevola f. ; stiva f. (littér.). || [vêtement] manica corta.
manchette [mɑ̃ʃɛt] f. [d'homme] polsino m. ; [de femme] polsino, manichino m. ; manichetto (vx). || [coup] bracciata (rare). || JOURN. titolo m. (di prima pagina). || [note] postilla marginale.
manchon [mɑ̃ʃɔ̃] m. manicotto. || TECHN. [d'assemblage] manicotto ; [de lampe] reticella f. ; [de presse à papier] manicotto.
manchot, e [mɑ̃ʃo, ɔt] adj. et n. monco. || FIG., FAM. *n'être pas manchot*, essere abile. ◆ n. m. ZOOL. pinguino ; sfenisco (rare).
mandant [mɑ̃dɑ̃] m. JUR. mandante.
mandarin [mɑ̃darɛ̃] m. HIST. mandarino. || PÉJOR. mandarino. ◆ adj. inv. mandarino.
mandarinat [mɑ̃darina] m. HIST. mandarinato. || FIG. mandarinismo.
mandarine [mɑ̃darin] f. BOT. mandarino m.
mandarinier [mɑ̃darinje] m. BOT. mandarino.
mandat [mɑ̃da] m. [pouvoir] mandato. | *remplir son, s'acquitter de son mandat*, adempiere il proprio mandato. || [P. T. T.] vaglia inv. | *mandat postal, télégraphique*, vaglia postale, telegrafico. | *par mandat*, a mezzo vaglia. | *toucher un mandat*, riscuotere, incassare un vaglia. || COMM. *mandat de payement*, mandato di pagamento. || JUR. *mandat d'amener, d'arrêt, de dépôt*, mandato di accompagnamento, di arresto, di cattura. | *mandat international*, mandato internazionale. || POL. *mandat de député*, mandato di deputato. | *mandat impératif*, mandato imperativo.
mandataire [mɑ̃datɛr] m. COMM., JUR. mandatario.
mandat-carte [mɑ̃dakart] m. cartolina (f.) vaglia.
mandatement [mɑ̃datmɑ̃] m. [d'une somme] emissione f. || JUR. conferimento di un mandato.
mandater [mɑ̃date] v. tr. [payer] emettere un ordine di pagamento per. || [donner pouvoir] dar mandato a.
mandat-lettre [mɑ̃dalɛtr] m. = vaglia incluso in una lettera.
mandchou, e [mɑ̃dʃu] adj. et n. manciù ; mancese adj. ◆ n. m. LING. manciù.
mandéen [mɑ̃deɛ̃] m. RELIG. mandeo.
mandement [mɑ̃dmɑ̃] m. RELIG. lettera (f.) pastorale.
mander [mɑ̃de] v. tr. mandare a chiamare. | *mander le médecin*, mandare per il medico.
mandibulaire [mɑ̃dibylɛr] adj. mandibolare.
mandibule [mɑ̃dibyl] f. ANAT., ZOOL. mandibola.
mandole [mɑ̃dɔl] f. mandola.
mandoline [mɑ̃dɔlin] f. mandolino m.
mandoliniste [mɑ̃dɔlinist] n. mandolinista.
mandorle [mɑ̃dɔrl] f. ART mandorla.
mandragore [mɑ̃dragɔr] f. BOT. mandragola, mandragora.
mandrill [mɑ̃dril] m. ZOOL. mandrillo.
mandrin [mɑ̃drɛ̃] m. TECHN. mandrino.
manducation [mɑ̃dykasjɔ̃] f. (il) manducare.
manécanterie [manekɑ̃tri] f. scuola parrocchiale di canto.
manège [manɛʒ] m. [équitation] maneggio, cavallerizza f. ; [local] maneggio. || [danse] maneggio. | *manège de chevaux de bois*, giostra f., carosello. || TECHN. carosello. || FIG. maneggio, intrigo, raggiro.
mânes [mɑn] m. pl. MYTH. mani.
maneton [mantɔ̃] m. [de manivelle] impugnatura [f.] (di una manovella) ; [de vilebrequin] perno (d'un albero a gomito).
manette [manɛt] f. leva.
manganate [mɑ̃ganat] m. CHIM. manganato.
manganèse [mɑ̃ganɛz] m. CHIM. manganese.
manganeux [mɑ̃ganø] adj. m. manganoso.
manganique [mɑ̃ganik] adj. m. manganico.
manganite [mɑ̃ganit] f. manganite.
mangeable [mɑ̃ʒabl] adj. [comestible ; peu appétissant] mangiabile.
mangeaille [mɑ̃ʒaj] f. mangiume m. || FAM. mangiatoria f.
mangeoire [mɑ̃ʒwar] f. mangiatoia ; [oiseaux] beccatoio m.
mangeotter [mɑ̃ʒɔte] v. tr. mangiucchiare.
manger [mɑ̃ʒe] v. tr. mangiare. | *manger gras, maigre*, mangiare di grasso, di magro. | *manger comme quatre*, mangiare per quattro, a quattro ganasce. | *manger à sa faim, de bon appétit*, mangiare a sazietà, con buon appetito. | *manger un morceau*, V. MORCEAU. | *manger du bout des dents*, mangiucchiare. | *manger comme un moineau*, mangiare come un uccellino. | *donner, faire, avoir à manger*, dare, fare, avere da mangiare. | *salle à manger*, V. SALLE. | *manger en ville, au restaurant*, mangiare fuori, in trattoria. || [ronger] mangiare. | *la rouille mange le fer*, la ruggine mangia il ferro. | *laine mangée aux mites*, lana mangiata dalle tarme. || FIG. *yeux qui mangent le visage*, occhi che divorano il viso. | *barbe qui mange les joues*, barba che invade le guance. | *manger sa fortune*, mangiarsi il patrimonio. | *le fourneau mange beaucoup de charbon*, il fornello mangia, consuma molto carbone. | *l'entreprise a mangé beaucoup d'argent*, l'azienda ha perso molto denaro. || MAR. *manger le vent*, mangiare il vento. || LOC. *manger qn, qch. des yeux*, mangiare, mangiarsi qlcu., qlco. con gli occhi. | *manger un enfant de baisers*, mangiare, mangiarsi un bambino di baci. | *manger son pain blanc le premier*, V. PAIN. | *manger la consigne*,

violare la consegna. | *manger dans la main*, V. MAIN. | *manger ses mots, la moitié de ses mots*, mangiarsi le parole. | *manger son blé en herbe*, V. BLÉ. | *manger de la vache enragée*, V. VACHE. | *il y a à boire et à manger*, V. BOIRE. | *se manger les foies*, mangiarsi il fegato. | *manger le morceau*, V. MORCEAU. || FAM. *il ne te mangera pas*, non ti mangerà. || PROV. *l'appétit vient en mangeant*, l'appetito viene mangiando. | *faute de grives on mange des merles*, V. GRIVE. ◆ n. m. (il) mangiare. | *le boire et le manger*, le bevande e il cibo. | *perdre le boire et le manger*, V. BOIRE.

mange-tout [mɑ̃ʒtu] n. et adj. m. inv. BOT. (fagiolo, pisello) mangiatutto.

mangeur, euse [mɑ̃ʒœr, øz] n. mangiatore, trice. | *gros mangeur*, mangione m. ; forte mangiatore. || FAM. *mangeur de curés*, mangiapreti m.

manglier [mɑ̃glije] m. BOT. paletuviere.

mangonneau [mɑ̃gɔno] m. MIL. VX mangano.

mangoustan [mɑ̃gustɑ̃] m. BOT. mangosta f., mangostano.

mangoustanier [mɑ̃gustanje] m. BOT. mangosta f., mangostano.

mangouste [mɑ̃gust] f. ZOOL. mangusta.

mangrove [mɑ̃grɔv] f. GÉOGR. mangrovia.

mangue [mɑ̃g] f. BOT. mango m.

manguier [mɑ̃gje] m. BOT. mango.

maniabilité [manjabilite] f. maneggevolezza, manovrabilità.

maniable [manjabl] adj. maneggevole, maneggiabile, manovrabile. || FIG. maneggevole, trattabile.

maniaco-dépressif, ive [manjakodepresif, iv] adj. et n. maniaco-depressivo.

maniaque [manjak] adj. et n. maniaco.

manichéen, enne [manikeɛ̃, ɛn] adj. et n. manicheo.

manichéisme [manikeism] m. RELIG. manicheismo.

manicle [manikl] ou **manique** [manik] f. guardamano m. inv.

manicordion [manikɔrdjɔ̃] ou **manicorde** [manikɔrd] m. MUS. VX manicordio, manicordion, manicordo.

manie [mani] f. [habitude] mania, vezzo m. | *sale manie*, viziaccio m. | *avoir ses petites manies*, avere le sue piccole manie. || [goût excessif] mania, pallino m. || PSYCH. mania. | *manie de la persécution*, mania di persecuzione.

maniement [manimɑ̃] m. PR. et FIG. maneggio, (il) maneggiare. | *maniement d'un outil, d'argent*, maneggio di un arnese, del denaro. || MIL. *faire du maniement d'armes*, addestrarsi al maneggio delle armi.

manier [manje] v. tr. [toucher avec la main] palpare, tastare. || [se servir de] maneggiare (pr. et fig.). | *manier une personne, une arme, de l'argent*, maneggiare una persona, un'arma, denaro.

manière [manjɛr] f. [façon] modo m., maniera. | *d'une manière étrange*, in (un) modo strano. | *de cette manière*, in questo modo. | *de la manière suivante*, nel modo seguente. | *de quelle manière ?*, in che modo, maniera ? | *d'une certaine manière*, in un certo qual modo. | *de toute manière*, in, ad ogni modo ; comunque. | *d'une manière ou d'une autre*, in un modo o nell'altro. | *d'une manière générale*, in linea di massima, in generale. | *en quelque manière*, in qualche modo. | *de quelque manière que ce soit*, in qualsiasi modo. | *il n'a pas la manière*, non ci sa fare. | *il y a la manière*, c'è modo e modo. | *la manière forte*, la maniera forte. | *à sa manière*, a modo suo. | *de la bonne manière*, nel modo buono. | *de la manière dont il travaille il réussira*, da come lavora riuscirà. | *manière de voir, de vivre, de penser*, modo, maniera di vedere, di vivere, di pensare. || ART, HIST. LITT., maniera, stile m. | *à la manière de*, alla maniera di. || [sorte] *une manière de roman philosophique*, una sorta, una specie di romanzo filosofico. ◆ loc. prép. ***de manière à***, in modo da. ◆ loc. conj. ***de (telle) manière que***, in modo che, di modo che, cosicché. ◆ f. pl. modi m. pl., maniere. | *bonnes, belles manières*, bei modi, buone maniere. | *en voilà des manières !*, ma che modi ! || [manières affectées] complimenti m. pl., smancerie. | *faire des manières*, far complimenti. | *sans manières*, alla buona, senza complimenti.

maniéré, e [manjere] adj. manierato ; [minaudier] smanceroso. | *femme maniérée*, donna manierata. | *jeune fille maniérée*, ragazza smancerosa, svenevole. || FIG. *style maniéré*, stile ammanierato, affettato.

maniérisme [manjerism] m. ART, HIST. LITT., PSYCH. manierismo.

maniériste [manjerist] adj. manieristico. ◆ n. m. manierista.

manieur [manjœr] m. *manieur d'argent*, maneggiatore di denaro, di capitali.

manifestant, e [manifɛstɑ̃, ɑ̃t] n. manifestante, dimostrante.

manifestation [manifɛstasjɔ̃] f. [expression] manifestazione. || [mouvement populaire] manifestazione, dimostrazione.

1. manifeste [manifɛst] adj. manifesto, palese, evidente.

2. manifeste m. manifesto, proclama. || COMM., MAR. manifesto.

manifester [manifɛste] v. tr. manifestare, palesare. ◆ v. intr. POLIT. manifestare ; fare una dismostrazione. ◆ v. pr. manifestarsi. || FAM. farsi vivo.

manifold [manifɔld] m. (angl.) = blocco, blocchetto a copie multiple (per appunti, fatture).

manigance [manigɑ̃s] f. FAM. intrallazzo m.

manigancer [manigɑ̃se] v. tr. FAM. tramare, ordire segretamente (L.C.) ; intrallazzare v. intr.

maniguette [manigɛt] f. BOT. bacca del cardamomo.

1. manille [manij] f. [jeu de cartes] manille (fr.). || [le 10] il dieci di ogni seme.

2. manille m. [cigare] manilla m. inv. || [chapeau] cappello di paglia di Manila. || [fibre] manilla f.

3. manille f. TECHN. maniglia.

manilleur [manijœr] m. JEU giocatore di manille.

manillon [manijɔ̃] m. JEU asso di ogni seme.

manioc [manjɔk] m. BOT. manioca f.

manipulateur, trice [manipylatœr, tris] n. (personne] manipolatore, trice. ◆ n. m. [appareil] manipolatore.

manipulation [manipylasjɔ̃] f. PR. et FIG. manipolazione. | *manipulations électorales*, broglio (m.), manipolazione elettorale. || MÉD. *manipulation vertébrale*, manipolazione vertebrale.

manipule [manipyl] m. HIST., RELIG. manipolo.

manipuler [manipyle] v. tr. PR. et FIG. manipolare. || [documents] manomettere.

manitou [manitu] m. RELIG. manitu, manito. || FIG. FAM. *grand manitou*, pezzo grosso, alto papavero.

manivelle [manivɛl] f. manovella. || [sur une bicyclette] pedivella. || AUTOM. *manivelle de mise en marche*, manovella di avviamento. || CIN. *donner le premier tour de manivelle*, dare il primo giro di manovella.

1. manne [man] f. PR. et FIG., BOT. manna. || [des pêcheurs] manna.

2. manne f. [panier] canestrone m.

1. mannequin [mankɛ̃] m. [panier] canestrina f.

2. mannequin m. [d'artiste, de tailleur] manichino. || [femme] indossatrice f. ; mannequin (fr.) ; [homme] indossatore. || FIG. PÉJOR. fantoccio.

mannette [manɛt] f. cestino m.

mannite [manit] f. CHIM. mannite, mannitolo m.

manœuvrabilité [manœvrabilite] f. manovrabilità.

manœuvrable [manœvrabl] adj. manovrabile.

1. manœuvre [manœvr] f. manovra. | *fausse manœuvre*, falsa manovra, manovra sbagliata (pr. et fig.). || [filin] manovra. || MAR., MIL. manovra. | *grandes manœuvres*, grandi manovre. || FIG. manovra, maneggio m., raggiro m. | *manœuvres électorales*, broglio ellettorale. | *manœuvres frauduleuses*, manovre fraudolente.

2. manœuvre m. manovale, bracciante.

manœuvrer [manœvre] v. tr. et intr. manovrare. | *se laisser manœuvrer*, lasciarsi manovrare. | *la motrice manœuvre dans la gare*, la motrice fa manovra in stazione.

manœuvrier [manœvrije] m. PR. et FIG. manovriero ; manovriere (rare).

manoir [manwar] m. maniero.
manomètre [manomɛtr] m. manometro.
manométrie [manometri] f. misura delle pressioni.
manométrique [manometrik] adj. manometrico.
manoque [manɔk] f. manocchio m.
manouvrier [manuvrije] m. Vx. v. MANŒUVRE 2.
manquant, e [mɑ̃kɑ̃, ɑ̃t] adj. mancante. | *manquant de*, mancante di, privo di. || [à l'appel] assente. || [disparu] disperso. ◆ n. assente ; disperso m.
manque [mɑ̃k] m. [absence] mancanza f. | *manque d'argent, de temps*, mancanza di denaro, di tempo. || [défaut, insuffisance] *ressentir ses manques*, sentire le proprie mancanze, i propri difetti. || PATHOL. *état de manque*, stato di bisogno. || LOC. *manque à gagner*, mancato guadagno. ◆ loc. prép. ***(par) manque de***, per mancanza di. ◆ loc. adv. POP. ***à la manque :*** *affaire à la manque*, affare sballato, spallato (adj.). | *inventeur à la manque*, inventore da strapazzo.
manqué, e [mɑ̃ke] adj. mancato, fallito, sbagliato. | *film, écrivain manqué*, film, scrittore mancato. | *roman manqué*, romanzo mancato, sbagliato. | *projet manqué*, progetto mancato, fallito. || FAM. *garçon manqué*, maschiaccio m. || PSYCHAN. *acte manqué*, atto mancato.
manquement [mɑ̃kmɑ̃] m. **(à)** infrazione f., violazione f. (di), trasgressione f. (a).
manquer [mɑ̃ke] v. intr. [faire défaut] mancare, far difetto. | *le temps manque*, manca il tempo. | *les vivres manquaient*, mancavano, facevano difetto i viveri. || FAM. *ça n'a pas manqué!* = è successo quel che doveva succedere ; non poteva non accadere ; è successo, e come ! || [mourir ; disparaître] *venir à manquer*, venire a mancare ; morire. || [être absent] mancare. | *cet élève manque trop souvent*, quest'alunno manca troppo spesso alla lezione. | *personne ne manque*, non manca nessuno. || [échouer] fallire ; andare a vuoto. | *l'expérience manqua*, l'esperienza fallì. | *le coup manqua*, il tiro fallì, andò a vuoto. || [être privé] *avoir peur de manquer*, temere di trovarsi nel bisogno. ◆ v. impers. [être en moins] mancare v. intr. | *il manque dix élèves*, mancano dieci alunni. | *il ne manquait plus que cela !*, ci mancava anche questa ! | *il ne manquerait plus que cela !*, ci mancherebbe altro ! | *il ne manque pas de gens qui me le reprochent, pour me le reprocher*, non manca chi me lo rimproveri. | *il lui manque un bras*, gli manca un braccio. ◆ v. tr. ind. **(à) :** [faire défaut] mancare (a). | *les forces me manquent*, mi mancano le forze. | *le pied m'a manqué*, ho messo il piede in fallo. || LOC. *je n'y manquerai pas*, non mancherò. || [se dérober] mancare. | *manquer à un engagement, à ses devoirs*, venir meno, mancare a un impegno, ai propri doveri. | *manquer à la parole donnée*, non tener fede alla propria parola. || [ne pas assister] mancare. | *manquer à une séance, à l'appel*, mancare a una seduta, alla chiama. || [ne pas respecter] *manquer à un supérieur*, mancare di rispetto, di riguardo a un superiore, verso un superiore. || **(de) :** [être dépourvu] mancare (di), difettare (di). | *manquer d'argent*, mancare, difettare di denaro. | *manquer de parole*, mancare di parola. || [être sur le point de] *j'ai manqué (de) me noyer*, per poco non annegai ; poco mancò, ci mancò poco che non annegassi. || [ne pas oublier] *je ne manquerai pas de le lui dire*, non mancherò di dirglielo. ◆ v. tr. [ne pas réussir] mancare, fallire, sbagliare. | *manquer une affaire*, non riuscire in un affare. | *manquer le coup, le but*, fallire, mancare, sbagliare il colpo, il bersaglio. | *il a manqué sa vie*, la sua vita è fallita, è stata un fallimento. || [laisser échapper] perdere. | *manquer le train, une occasion*, perdere il treno, un'occasione ; lasciarsi sfuggire un'occasione. | *une occasion à ne pas manquer*, un'occasione da non perdere. | *manquer un lièvre*, mancare una lepre. || [ne pas se rencontrer] mancare a. | *manquer un rendez-vous*, mancare a un appuntamento. | *manquer l'école*, non andare a scuola. | *je l'ai manqué chez lui*, non l'ho trovato a casa sua. || FIG. *je ne le manquerai pas*, gliela farò pagare. | *manquer le coche*, lasciarsi sfuggire l'occasione. ◆ v. pr. [récipr.] non incontrarsi. || [réfl.] non riuscire a suicidarsi.

mansarde [mɑ̃sard] f. ARCHIT. mansarda.
mansardé, e [mɑ̃sarde] adj. = a mansarda.
manse [mɑ̃s] f. FÉOD. manso m.
mansion [mɑ̃sjɔ̃] f. THÉÂTRE, VX luogo deputato.
mansuétude [mɑ̃sɥetyd] f. mansuetudine.
mante [mɑ̃t] f. manto m., mantello m. || ZOOL. *mante religieuse, prie-Dieu*, mantide religiosa, pregadio.
manteau [mɑ̃to] m. cappotto, paltò ; [sans manches] mantello. | *manteau de fourrure*, pelliccia f. | *manteau de pluie*, impermeabile. | *manteau d'été*, soprabito leggero. | *se couvrir d'un manteau*, coprirsi con, avvolgersi in un mantello ; ammantarsi (littér.). || FIG. [prétexte] manto. || [de cheminée] cappa f. || GÉOL. mantello. || THÉÂTRE *manteau d'Arlequin*, mantello d'Arlecchino. || ZOOL. mantello. || LOC. *sous le manteau*, di nascosto, clandestinamente, sottomano, alla macchia.
mantelet [mɑ̃tlɛ] m. [d'ecclésiastique] mantelletta f. || [de femme] mantellina f.
mantille [mɑ̃tij] f. mantiglia.
mantique [mɑ̃tik] f. mantica.
mantisse [mɑ̃tis] f. MATH. mantissa.
mantouan, e [mɑ̃twɑ̃, an] adj. et n. mantovano.
manucure [manykyr] n. manicure inv.
manuel, elle [manɥɛl] adj. manuale. | *travail manuel*, lavoro manuale. | *travailleur manuel, travailleuse manuelle*, lavoratore, lavoratrice manuale. ◆ n. m. [livre] manuale. || [personne] chi ha doti per il lavoro manuale.
manuélin [manɥɛlɛ̃] adj. m. *art manuélin*, arte manuelina.
manufacturable [manyfaktyrabl] adj. manifatturabile.
manufacture [manyfaktyr] f. manifattura, fabbrica. | *manufacture des tabacs*, manifattura tabacchi.
manufacturer [manyfaktyre] v. tr. fabbricare, lavorare. | *les produits manufacturés*, i manufatti. | *les produits demi-manufacturés*, i semilavorati.
manufacturier, ère [manyfaktyrje, ɛr] adj. manifatturiero. ◆ n. m. manifatturiere.
manumission [manymisjɔ̃] f. JUR. manumissio (lat.), manumissione.
manuscrit, e [manyskrit, it] adj. manoscritto. ◆ n. m. [écrit à la main] manoscritto, codice ; [original] manoscritto.
manutention [manytɑ̃sjɔ̃] f. [manipulation] movimentazione. | *frais de manutention*, spese (f. pl.) di carico e scarico. || [local] deposito m., magazzino m. || HIST. MIL. (VX) panificio (m.) militare (L.C.).
manutentionnaire [manytɑ̃sjɔnɛr] n. addetto alla movimentazione ; magazziniere m. ; facchino (m.) di magazzino.
manutentionner [manytɑ̃sjɔne] v. tr. = caricare e scaricare, immagazzinare, imballare.
manuterge [manytɛrʒ] m. RELIG. manutergio.
manzanilla [mɑ̃zanilja] m. manzanilla f. (esp.).
maoïsme [maɔism] m. maoismo.
maoïste [maɔist] adj. et n. maoista.
mappemonde [mapmɔ̃d] f. mappamondo m.
maqueraison [makrɛzɔ̃] f. stagione della pesca degli scombri.
1. maquereau [makro] m. ZOOL. scombro, sgombro, maccarello.
2. maquereau, maquerelle [makrɛl] n. POP. magnaccio, magnaccia m. ; ruffiano, a.
maquette [makɛt] f. [sculpture] bozzetto m. || ARCHIT. bozzetto, plastico m. || TYP. menabò m., maestra. || TECHN. modello m., modellino m.
maquettiste [makɛtist] m. bozzettista, modellista.
maquignon, onne [makiɲɔ̃, ɔn] n. [entremetteur, euse] mezzano, a. ◆ n. m. cavallaio ; mercante, sensale di cavalli ; cozzone (tosc.).
maquignonnage [makiɲɔnaʒ] m. traffico, senseria (f.) di cavalli. || FIG. maneggio fraudolento.
maquignonner [makiɲɔne] v. tr. *maquignonner un cheval*, mascherare i difetti di un cavallo. || FIG. *maquignonner une vente* = effettuare una vendita con procedimenti disonesti.
maquillage [makijaʒ] m. trucco, truccatura f. |

refaire, retoucher son maquillage, rifarsi, ritoccarsi il trucco. | *maquillage habile*, sapiente truccatura. || FIG. (il) truccare. | *maquillage d'un moteur, d'un passeport*, (il) truccare un motore, un passaporto.

maquiller [makije] v. tr. PR. et FIG. truccare. ◆ v. pr. truccarsi.

maquilleur, euse [makijœr, øz] n. truccatore, trice.

maquis [maki] m. GÉOGR. macchia f. || LOC. *prendre le maquis*, darsi, buttarsi alla macchia. || FIG. *le maquis de la procédure*, gli intrichi, il ginepraio, la selva della procedura. || HIST. la Resistenza ; i partigiani.

maquisard [makizar] m. HIST. partigiano.

marabout [marabu] m. RELIG. [homme ; sanctuaire] marabutto. || [bouilloire] cuccuma panciuta. || [tente] tenda (f.) a cono. || [oiseau ; plume] marabù.

maraîcher, ère [mareʃe, ɛʃɛr] n. ortolano, a ; orticoltore m. ◆ adj. orticolo, ortense. | *culture maraîchère*, orticoltura f. | *jardin maraîcher*, orto m.

marais [marɛ] m. [naturel] palude f. || [région] marais (fr.). || Vx [terrain cultivé] = orto ; terreno coltivato a ortaggi. || *marais salant*, salina f. || FIG. pantano. || HIST. Marais (fr.).

maranta [marɑ̃ta] ou **marante** [marɑ̃t] f. BOT. maranta.

marasme [marasm] m. ÉCON. ristagno, stasi f., marasma. || MÉD. marasma.

marasque [marask] f. BOT. (a)marasca.

marasquin [maraskɛ̃] m. maraschino.

marathon [maratɔ̃] m. SPORT et FIG. maratona f. | *coureur de marathon*, V. MARATHONIEN.

marathonien [maratɔnjɛ̃] m. maratoneta.

marâtre [marɑtr] f. PR. et FIG. matrigna.

maraud, e [maro, od] n. briccone, a ; furfante m.

maraudage [marodaʒ] m. ou **maraude** [marod] f. MIL. ruberia f., saccheggio m., razzia f. || [vol des produits de la terre] furto m., furterello m. | *taxi en maraude*, tassì in cerca di clienti.

marauder [marode] v. intr. MIL. far razzia ; rapinare, saccheggiare. || [chaparder] rubare, rubacchiare.

maraudeur [marodœr] m. ladruncolo. || [taxi] = tassista (m.) in cerca di clienti.

maravédis [maravedi] m. maravedì || LOC. *n'avoir pas un maravédis*, non avere il becco di un quattrino.

marbre [marbr] m. [matière ; objet] marmo. | *marbre artificiel*, marmo artificiale, finto. || FIG. *blancheur de marbre*, bianchezza marmorea. | *cœur de marbre*, cuore di marmo. | *être, rester de marbre*, essere, rimanere di marmo. || TYP. piano m. ; [pour corrections] bancone m. || TECHN. piano.

marbré, e [marbre] adj. [papier] marmorizzato. | *visage marbré par le froid*, viso chiazzato dal freddo.

marbrer [marbre] v. tr. [imiter le marbre] marmorizzare. || [imprimer des marques] segnare, chiazzare.

marbrerie [marbrəri] f. [art] lavorazione del marmo. || [atelier] bottega del marmista.

marbreur, euse [marbrœr, øz] n. marmorizzatore, trice.

marbrier, ère [marbrije, ɛr] adj. del marmo ; marmifero. ◆ n. m. marmista, marmorario. ◆ n. f. cava marmifera, di marmo.

marbrure [marbryr] f. [peau] chiazza. || [papier] marmorizzatura.

1. marc [mar] m. [poids ; monnaie] marco. || LOC. *au marc le franc*, pro rata.

2. marc m. [résidu de fruits] residuo. | *marc de raisin*, vinaccia f. | *marc d'olives*, sansa f. | *marc de café*, fondi (m. pl.) di caffè. || [eau-de-vie] grappa f. | *un petit marc*, un grappino.

marcassin [markasɛ̃] m. cinghialetto.

marcas(s)ite [markasit] f. MINÉR. marcas(s)ite.

marcescence [marsesɑ̃s] f. marcescenza.

marcescent, e [marsesɑ̃, ɑ̃t] adj. marcescente.

marchand, e [marʃɑ̃, ɑ̃d] n. negoziante ; venditore, trice ; venditora (f. pop.) ; mercante, essa. | *marchand ambulant*, venditore ambulante. | *marchande d'amour, de plaisir* = prostituta. | *marchand de biens*, agente immobiliare. | *marchand de canons*, mercante di cannoni. | *marchand forain*, fieraiolo. | *marchand de glaces, de marrons, de poisson*, gelataio, caldarrostaio, pescivendolo. | *marchand en gros*, commerciante all'ingrosso, grossista. | *marchand au détail*, dettagliante. | *marchand de journaux*, giornalaio. | *marchand d'habits*, rigattiere. | *marchand de vin*, osteria f. || CULIN. *entrecôte marchand de vin*, costata con salsa al vino rosso. || PÉJOR. *marchand de soupe* = padrone di trattoria di infimo ordine ; direttore di collegio che specula sulla retta dei convittori. ◆ adj. mercantile, commerciale ; mercantesco (péjor.). | *prix marchand*, prezzo venale. | *navire, port marchand*, nave, porto mercantile. | *marine marchande*, marina mercantile. | *qualité marchande*, qualità normale. | *ville marchande*, città commerciale. | *valeur marchande*, valore commerciale. | *esprit marchand*, spirito mercantile, mercantesco. | *galerie marchande*, galleria.

marchandage [marʃɑ̃daʒ] m. PR. et FIG. (il) contrattare, (il) mercanteggiare ; mercanteggiamento (rare). || JUR. subappalto illecito.

marchander [marʃɑ̃de] v. tr. PR. et FIG. contrattare, mercanteggiare. || PR., ABSOL. tirare sul prezzo. || JUR. subappaltare illecitamente. || FIG. *(ne pas) marchander les éloges*, (non) lesinare gli elogi.

marchandeur, euse [marʃɑ̃dœr, øz] adj. = che mercanteggia. ◆ n. = chi mercanteggia. || JUR. subappaltatore.

marchandisage [marʃɑ̃dizaʒ] m. merchandising (angl.).

marchandise [marʃɑ̃diz] f. merce, mercanzia. | *train de marchandises*, treno merci ; merci m. inv. || PR. et FIG. *faire valoir sa marchandise*, saper vendere, vendere bene la propria merce, la propria mercanzia. | *tromper sur la marchandise*, imbrogliare sulla qualità della merce. || JUR. et FIG. *le pavillon couvre la marchandise*, la bandiera copre la mercanzia.

marchant, e [marʃɑ̃, ɑ̃t] adj. MIL. *aile marchante*, ala marciante. || FIG. *l'aile marchante d'un parti*, l'ala più dinamica di un partito.

marchantia [marʃɑ̃tja] f. BOT. marcanzia.

1. marche [marʃ] f. [action] marcia, camminata, (il) camminare. | *la marche fatigue*, il camminare stanca. | *quelles longues marches !*, che lunghe camminate ! | *marche à reculons*, marcia a ritroso, all'indietro. | *se mettre en marche*, mettersi in marcia, avviarsi. | *accélérer, ralentir la marche*, accelerare, rallentare la marcia. | *marche lente, rapide*, andatura lenta, rapida. | *ouvrir, fermer la marche*, aprire, chiudere la marcia. || POLIT. *la marche sur Rome*, la marcia su Roma. | *la longue marche*, la lunga marcia. || SPORT marcia, podismo m. || MIL. marcia. | *avancer à marches forcées*, procedere a marce forzate. || [temps] marcia, cammino m. | *village situé à une heure de marche*, villaggio situato a un'ora di marcia, di cammino. || MUS. marcia. | *marche funèbre, nuptiale*, marcia funebre, nuziale. | *marche harmonique*, progressione armonica. || [d'un mécanisme] marcia, moto m., movimento m. | *marche d'un navire, d'une montre*, marcia d'una nave, d'un orologio. | *marche avant*, marcia avanti. | *marche arrière*, marcia indietro, retromarcia f. | *faire marche arrière*, fare marcia indietro (pr. et fig.). | *mettre en marche*, mettere in movimento ; avviare. | *être en marche*, essere in moto. || ASTR. corso m. || FIG. [déroulement] corso, andamento m. | *marche du temps*, marcia del tempo. | *marche des affaires*, andamento degli affari. | *marche de la science*, progresso (m.) della scienza. | *marche des événements*, corso, svolgimento (m.), procedimento (m.) dei fatti. | *marche d'une entreprise*, andamento di un'impresa. | *marche à suivre*, modo (m.) di procedere, metodo (m.) da seguire. || [d'un escalier] gradino m., scalino m. || [d'une machine à tisser] calcola.

2. marche f. HIST. marca.

marché [marʃe] m. [lieu] mercato. | *marché aux fleurs*, mercato dei fiori. | *marché aux légumes*, mercato ortofrutticolo ; piazza (f.) delle erbe (région.). || [centre commercial] mercato. | *Lyon est un marché important de la soie*, Lione è un importante mercato della seta. || [achats] *faire son marché*, far la spesa. ||

ÉCON. [débouché ; convention] mercato, contratto. | *économie de marché*, economia di mercato. | *étude de marché*, ricerca, studio, analisi di mercato. | *passer, rompre un marché*, stipulare, annullare un contratto. | *marché conclu*, affare concluso. | *Marché commun européen*, Mercato comune europeo. | *marché boursier*, mercato di Borsa. | *marché ferme*, contratto a fermo. | *marché de fournitures*, contratto di forniture. | *marché de gré à gré*, contratto a trattative private. | *marché noir*, mercato nero ; borsa nera ; intrallazzo. | *marché à prime*, contratto a premio. | *marché à terme*, mercato a termine. | *marché ferme, soutenu, irrégulier, en baisse, calme*, mercato stabile, sostenuto, irregolare, cedente, calmo. | *marché monétaire, du travail*, mercato monetario, del lavoro. || LOC. *faire bon marché de qch.*, far poco conto, poco caso di qlco. | *mettre à qn le marché en main*, V. MAIN. ◆ loc. adv. ***(à) bon marché,*** a buon mercato, a buon prezzo. | *à meilleur marché*, meno caro, a prezzo più vantaggioso. | *être quitte à bon marché*, cavarsela a buon mercato. || ***par-dessus le marché,*** per soprammercato, per giunta, per di più.

marchepied [marʃəpje] m. [de voiture] predellino, montatoio ; [d'estrade] predella f. || [escalier] scaleo. || FIG. *se faire un marchepied de qn*, farsi sgabello di qlcu.

marcher [marʃe] v. intr. **1.** [avancer] camminare. | *marcher d'un bon pas*, camminare di buon passo. | *marcher droit sur qn*, dirigersi diritto su qlcu. | *marcher à la mort*, andare alla morte. | *le train marche à cent à l'heure*, il treno corre, va a cento chilometri all'ora. || MIL., SPORT marciare. | *marcher au pas*, marciare al passo. | *marcher à l'ennemi*, marciare sul nemico. | *marcher au combat*, andare alla battaglia. || MAR. *marcher à la voile, à la vapeur*, navigare a vela, a vapore. || **2.** [mettre le pied] pestare v. tr., calpestare v. tr. | *marcher sur les doigts, sur les pieds de qn*, pestare, calpestare le dita, i piedi di uno. | *défense de marcher sur les plates-bandes*, è proibito calpestare le aiuole. || **3.** [fonctionner] funzionare, camminare ; marciare (fam.). | *la montre marche bien*, l'orologio funziona, cammina bene. | *le poêle marche au charbon, à l'électricité*, la stufa funziona, va a carbone, a elettricità. || **4.** FAM. [se passer] andare (L.C.). | *comment cela a-t-il marché ?*, come è andata ? | *ça marche ?*, come vanno le cose ? || FIG. [faire des progrès] andare, camminare ; marciare (fam.). | *affaire qui marche bien, mal*, affare che va, cammina bene, male. | *ses affaires marchent bien*, gli affari gli vanno bene. || **5.** FAM. [croire naïvement] berla. | *faire marcher qn*, darla a bere a uno. | *je ne marche pas*, non la bevo ; [ne pas accepter] non ci sto. || **6.** LOC. *marcher droit*, filare, rigare dritto. | *faire marcher qn*, far marciare, far rigar dritto qlcu. || FIG. *marcher sur les pieds de qn*, pestare i piedi a uno. | *ne pas se laisser marcher sur les pieds*, non lasciarsi pestare i piedi. | *marcher sur les pas, les traces de qn*, ricalcare le orme di qlcu. | *marcher comme sur des roulettes*, andare a gonfie vele. | *marcher sur ses principes*, calpestare i propri principi.

marcheur, euse [marʃœr, øz] n. camminatore, trice. || SPORT marciatore, trice ; podista m. ◆ n. m. FIG. *vieux marcheur* = donnaiolo impenitente, vecchio galante. ◆ n. f. THÉÂTRE comparsa.

marcottage [markɔtaʒ] m. AGR. margotta f., margotto.

marcotte [markɔt] f. AGR. talea.

marcotter [markɔte] v. tr. AGR. margottare.

mardi [mardi] m. martedì. | *mardi gras*, martedì grasso.

mare [mar] f. piccolo stagno ; pozza. | *mare de sang*, pozza di sangue.

marécage [marekaʒ] m. palude f., pantano, acquitrino.

marécageux, euse [marekaʒø, øz] adj. paludoso, pantanoso, acquitrinoso.

maréchal [mareʃal] m. MIL. maresciallo. | *maréchal de France*, maresciallo di Francia. || VX *maréchal de camp*, maresciallo di campo. || [sous-officier] *maréchal des logis*, maresciallo d'alloggio, maresciallo ordinario. | *maréchal des logis-chef*, maresciallo capo. | *maréchal des logis-major*, maresciallo maggiore.

maréchalat [mareʃala] m. MIL. maresciallato.

maréchale [mareʃal] f. marescialla.

maréchalerie [mareʃalri] f. [métier] arte del maniscalco ; mascalcia (rare). || [atelier] bottega del maniscalco ; mascalcia (rare).

maréchal-ferrant [mareʃalferɑ̃ m. (pl. **maréchaux-ferrants**) maniscalco.

maréchaussée [mareʃose] f. [contexte fr.] gendarmeria ; [contexte ital.] (arma dei) carabinieri m. pl.

marée [mare] f. marea. | *marée haute, basse*, alta, bassa marea. | *marée montante*, marea ascendente, crescente, montante ; flusso m. | *marée descendante*, marea decrescente, discendente, calante ; riflusso m. | *faibles marées, marées de morte-eau*, piccole maree, maree delle quadrature. | *grandes marées*, grandi maree, maree sizigiali. | *coefficient de marée*, coefficiente di una marea. | *courant de marée*, corrente (f.) di marea. | *échelle de marée*, scala di marea, mareometro (m.) a scala. | *marée noire*, onda nera. || [poissons] pesce fresco di mare. || LOC. *contre vents et marées*, contro tutto e tutti ; superando ogni ostacolo. | *arriver comme marée en carême*, venire, cascare come il cacio sui maccheroni.

marégraphe [maregraf] m. mareografo.

marelle [marɛl] f. JEU campana, mondo m., settimana.

marémoteur, trice [maremɔtœr, tris] adj. *usine marémotrice*, centrale mareomotrice.

marengo [marɛ̃go] m. [drap] marengo. || CULIN. *à la marengo*, alla marengo.

mareyage [marɛjaʒ] m. commercio del pesce all'ingrosso.

mareyeur, euse [marɛjœr, øz] n. = commerciante all'ingrosso di pesce di mare.

margarine [margarin] f. margarina.

margauder v. intr. V. MARGOTER.

marge [marʒ] f. margine m. | *annotation en marge*, postilla in margine, a margine. || GÉOGR. *marge continentale*, piattaforma, scarpata continentale. || FIG. margine. | *laisser de la marge à un collaborateur*, lasciare un margine di libertà a un collaboratore. | *avoir de la marge*, avere un certo margine di tempo. | *marge bénéficiaire*, margine di utile. | *marge d'erreur*, margine di errore. ◆ loc. prép. ***en marge de,*** in margine a, ai margini di. | *en marge du congrès*, in margine al congresso. | *en marge de la société*, ai margini della società.

margelle [marʒɛl] f. vera ; [décorée] puteale m.

margeur [marʒœr] m. TYP. [ouvrier] mettifoglio ; [appareil] mettifoglio automatico. || [de machine à écrire] marginatore.

marginal, e, aux [marʒinal, o] adj. PR. et FIG. marginale.

marginalisme [marʒinalism] m. ÉCON. marginalismo.

margot [margo] f. FAM. [pie] gazza (L.C.) ; cecca (tosc.). || [femme bavarde] cecca.

margot(t)er [margɔte] ou **margauder** [margode] v. intr. [suj. : caille] stridere.

margotin [margɔtɛ̃] m. fascina f., fascinotto.

margouillis [marguji] m. FAM., PR. et FIG. sudiciume (L.C.).

margoulette [margulɛt] f. POP. grugno m.

margoulin [margulɛ̃] m. POP. imbroglione (L.C.).

margrave [margrav] m. margravio. ◆ f. ou ***margravine*** [margravin] f. moglie del margravio.

margraviat [margravja] m. margraviato.

marguerite [margərit] f. BOT. margherita. | *petite marguerite*, V. PÂQUERETTE. || LOC. *effeuiller la marguerite*, sfogliare la margherita.

marguillier [margije] m. fabbriciere.

mari [mari] m. marito.

mariable [marjabl] adj. maritabile (rare). | *fille mariable*, ragazza da marito, in età da marito.

mariage [marjaʒ] m. matrimonio. | *donner en mariage*, dare in matrimonio. | *demande en mariage*, domanda di matrimonio. | *demander en mariage*, chiedere in moglie. | *faire un mariage*, combinare un matrimonio. | *corbeille de mariage*, v. CORBEILLE. | *faire un beau mariage*, fare un buon matrimonio, un matrimonio cospicuo. | *mariage d'argent, de raison*, matrimonio d'interesse, di convenienza. | *s'unir par le mariage*, unirsi in matrimonio. | *mariage blanc*, matrimonio non consumato. | *mariage de la main gauche*, v. MAIN. || FIG. unione f., connubio. | *mariage de l'art et de la vie*, connubio dell'arte con la vita. | *mariage de couleurs*, accostamento di colori. || ART *mariage de la Vierge*, sposalizio della Vergine. || HIST. LITT. *le Mariage de Figaro*, il Matrimonio di Figaro.

marial, e [marjal] adj. RELIG. mariano.

marianiste [marjanist] m. RELIG. marianista.

marié, e [marje] adj. [homme] sposato, ammogliato; [femme] sposata, maritata. ◆ n. sposo, a. | *jeunes mariés*, sposini; sposi novelli. || FIG. *se plaindre que la mariée est trop belle*, dolersi di gamba sana.

marier [marje] v. tr. [unir] sposare; celebrare il matrimonio (di). | *c'est le maire, le curé qui les a mariés*, li sposò il sindaco, il parroco. || [donner en mariage] accasare, sposare; [homme] ammogliare; [femme] maritare. | *marier son fils à une brave fille*, ammogliare il figlio con una brava ragazza. | *marier sa fille avec, à un avocat*, dare in matrimonio, dare in sposa, sposare, maritare la figlia a un avvocato. | *fille à marier*, ragazza (in età) da marito. || FIG. unire, assortire, maritare, sposare. | *marier la vigne à l'ormeau*, maritare, accoppiare le viti agli olmi. | *marier l'utile à l'agréable*, sposare l'utile al dilettevole. | *marier des couleurs*, combinare, accostare, assortire dei colori. ◆ v. pr. accasarsi, sposarsi; [homme] ammogliarsi; [femme] maritarsi. | *être en âge de se marier* : [homme] essere in età da prender moglie; [femme] essere in età da marito. || FIG. unirsi, combinarsi.

marie-salope [marisalɔp] f. [chaland] tramoggia. || [drague] cavafango m. || POP. sudiciona (fam.).

marieur, euse [marjœr, øz] n. pronubo, a; paraninfo, a; mezzano, mezzana di matrimonio.

marigot [marigo] m. GÉOGR. marigot.

marihuana [mariwana] ou **marijuana** [mariʒɥana] f. marihuana, marijuana.

1. marin, e [marɛ̃, in] adj. [relatif à la mer] marino. | *sel marin*, sale marino. | *carte marine*, carta marina. || [relatif aux marins] *costume, col marin*, vestito, collo alla marinara. | *avoir le pied marin*, avere (il) piede marino. || [qui tient bien la mer] *bâtiment marin*, nave marina. ◆ n. m. [vent] marino.

2. marin m. marinaio; marinaro (pop.). || PÉJOR. *marin d'eau douce*, marinaio d'acqua dolce.

marinade [marinad] f. [saumure] marinata. || [viande marinée] carne marinata.

marinage [marinaʒ] m. marinatura f.

1. marine [marin] f. marina; marineria (rare). | *marine marchande, nationale*, marina, marineria mercantile, militare. | *marine de guerre, de plaisance*, marina da guerra, da diporto. | *développer la marine*, dare incremento alla marina, alla marineria. | *infanterie de marine*, fanteria di marina, compagnie (f. pl.) di sbarco. | *officier de marine*, ufficiale di marina. || ART *peintre de marines*, pittore di marine. ◆ adj. inv. *(bleu) marine*, (color) blu marino.

2. marine [marin] m. MIL. marine (angl.).

mariner [marine] v. tr. CULIN. marinare. ◆ v. intr. macerare nella marinata. || FIG. FAM. *mariner en prison*, frollare, marcire in carcere.

marinier [marinje] adj. *officier marinier*, sottufficiale di marina. ◆ n. m. battelliere, barcaiolo.

marinière [marinjɛr] f. [nage] nuoto (m.) alla marinara. || CULIN. *(à la) marinière*, alla marinara.

marinisme [marinism] m. HIST. LITT. marinismo.

mariol(l)e [marjɔl] m. POP. furbacchione, imbroglione. | *faire le mariole*, rendersi interessante (L.C.); fare lo smargiasso.

marionnette [marjɔnɛt] f. *marionnette à gaine*, burattino m.; marionetta. | *marionnette à fils*, marionetta. || [sicilienne] pupo m. | *théâtre de marionnettes*, teatro dei burattini, dei pupi; teatrino delle marionette. | *montreur de marionnettes*, burattinaio, marionettista, puparo. || FIG. burattino, marionetta.

marisque [marisk] f. MÉD. marisca.

maristes [marist] m. pl. RELIG. maristi.

marital, e, aux [marital, o] adj. maritale. | *pouvoir marital*, potestà maritale.

maritalement [maritalmɑ̃] adv. *vivre maritalement*, convivere maritalmente, more uxorio (lat.).

maritime [maritim] adj. marittimo. | *pin maritime*, pino marittimo. ◆ n. m. pl. *les maritimes*, i marittimi.

maritorne [maritɔrn] f. FAM. sudiciona.

marivaudage [marivodaʒ] m. preziosismo alla Marivaux. || scherzo galante.

marivauder [marivode] v. intr. conversare con preziosa galanteria.

marjolaine [marʒɔlɛn] f. BOT. maggiorana, persia.

mark [mark] m. marco.

marketing [marketing] m. marketing. (V. MARCHÉ [étude de].)

marli [marli] m. marli (fr.).

marlou [marlu] m. POP. magnaccia inv.

marmaille [marmaj] f. FAM. marmocchi m. pl.; stormo (m.), nidiata di marmocchi.

marmelade [marməlad] f. marmellata. || FIG., FAM. *en marmelade*, in poltiglia. | *mettre qch. en marmelade*, ridurre qlco. in poltiglia, far polpette di qlco. | *être dans la marmelade*, essere nei guai.

marmitage [marmitaʒ] m. FAM., VX bombardamento intenso (L.C.).

marmite [marmit] f. pentola; [grande] marmitta. | *marmite norvégienne*, marmitta norvegese. | *marmite à pression*, pentola a pressione. || LOC. *nez en pied de marmite*, naso all'insù. || GÉOL. *marmite de géants*, marmitta dei giganti. || TECHN. *marmite de Papin*, pentola di Papin. || FAM. VX bomba (L.C.).

marmitée [marmite] f. pentola.

marmiton [marmitɔ̃] m. sguattero.

marmonner [marmɔne] v. tr. borbottare, mormorare, brontolare, biascicare.

marmoréen, enne [marmɔreɛ̃, ɛn] adj. LITTÉR., PR. et FIG. marmoreo.

marmoriser [marmɔrize] v. tr. GÉOL. trasformare in marmo.

marmot [marmo] m. FAM. marmocchio. || FIG., FAM. *croquer le marmot*, allungare il collo.

marmotte [marmɔt] f. ZOOL. marmotta. || [boîte à échantillons] marmottina. || FIG. *dormir comme une marmotte*, dormire come una marmotta.

marmottement [marmɔtmɑ̃] m. borbottamento, borbottìo; brontolìo.

marmotter [marmɔte] v. tr. FAM. borbottare, biascicare. || ABSOL. borbottare, brontolare.

marmotteur, euse [marmɔtœr, øz] n. borbottone, a; borbottatore, trice (rare).

marmouset [marmuzɛ] m. FAM. [petit garçon] ragazzetto (L.C.). || [homme petit] omino (L.C.). || TECHN. figurina (f.), testina (f.) degli alari.

1. marnage [marnaʒ] m. [marée] crescimento, (il) crescere del mare.

2. marnage m. AGR. marnatura f., marnazione f.

marne [marn] f. GÉOL. marna.

1. marner [marne] v. intr. *la marée, la mer marne*, la marea, il mare cresce. || POP. sgobbare (fam.).

2. marner v. tr. AGR. marnare.

marneur [marnœr] m. AGR. = chi marna un terreno. || MIN. cavatore in una marniera.

marneux, euse [marnø, øz] adj. GÉOL. marnoso.

marnière [marnjɛr] f. marniera.

marocain, e [marɔkɛ̃, ɛn] adj. et n. marocchino.

maronite [marɔnit] adj. et n. RELIG. maronita.

maronner [marɔne] v. intr. FAM. brontolare; bofonchiare (littér.); mugugnare (rég.). | *faire maronner qn*, fare arrabbiare qlcu. (L.C.).

maroquin [marɔkɛ̃] m. PR. marocchino. || FIG., FAM. portafoglio (ministeriale) [L.C.].

maroquinage [marɔkinaʒ] m. marocchinatura f.

maroquiner [marɔkine] v. tr. marocchinare.

maroquinerie [marɔkinri] f. marocchineria.

maroquinier [marɔkinje] m. [ouvrier, fabricant] marocchinaio; [commerçant] pellettiere.
marotte [marɔt] f. [sceptre] scettro (m.) della follia. ‖ [de coiffeur, de modiste] testa. ‖ FAM. [idée fixe] pallino m., chiodo m.; idea fissa, fissazione (L.C.).
marouette [marwɛt] f. ZOOL. voltolino m.
marouflage [maruflaʒ] m. incollatura f.
1. maroufle [marufl] m. [rustre] zoticone, villanzone; [fripon] farabutto.
2. maroufle f. colla forte.
maroufler [marufle] v. tr. incollare.
maroute [marut] f. BOT. camomilla fetida.
marquage [markaʒ] m. marchiatura f., marcatura f. ‖ VÉTÉR. bollatura f. ‖ SPORT marcamento.
marquant, e [markɑ̃, ɑ̃t] adj. notevole, rilevante, ragguardevole. | *couleur marquante*, colore spiccante, vistoso. | *événement marquant*, avvenimento notevole. | *particularité marquante*, particolarità rilevante. | *personnage marquant*, persona ragguardevole.
marque [mark] f. [signe] segno m. | *faire une marque au crayon dans un livre*, fare un segno di matita, a matita in un libro. | *mettre une marque à une page*, mettere un segnalibro a una pagina. | *marque de linge*, marca della biancheria. | *marque du bétail*, marchio (m.) del bestiame. | *marque de la viande de boucherie*, bollo (m.) della carne macellata. ‖ [trace] segno. | *marques d'une blessure, d'une brûlure*, segni di una ferita, di una scottatura. | *marque de pas*, impronta, orma. | *marque au fer rouge*, marchio. | *marque d'infamie*, marchio d'infamia. ‖ FIG. [trait distinctif] impronta. | *marque de l'auteur, du génie*, impronta dell'autore, del genio. ‖ [preuve] segno, contrassegno. | *marque d'amitié, d'estime*, segno, contrassegno d'amicizia, di stima. ‖ COMM. marca, marchio. | *les grandes marques françaises*, le grandi marche francesi. | *marque d'origine*, marca d'origine. | *marque de fabrique*, marchio di fabbrica. | *marque déposée*, marchio depositato. | *marque de contrôle*, contrassegno di controllo. ‖ JEU gettone m. ‖ MAR. insegna. ‖ SPORT [décompte de points] punteggio m. ‖ [dispositif de départ] linea di partenza. ‖ LOC. *produits, cigarettes de marque*, prodotti, sigarette di marca. | *personne, hôte de marque*, persona, ospite di riguardo. | *écrivain de marque*, scrittore di (gran) vaglia. | *artiste de marque*, artista di cartello.
marquer [marke] v. tr. [mettre un signe] segnare, marcare, marchiare, bollare. | *marquer d'un trait la page d'un livre*, segnare la pagina di un libro con un tratto. | *marquer le linge*, marcare la biancheria. | *marquer un galérien*, marchiare un galeotto. | *marquer le bétail*, marchiare il bestiame. | *marquer la viande de boucherie*, bollare la carne macellata. ‖ [indiquer] segnare. | *la montre marque deux heures*, l'orologio segna le due. | *montre qui marque les secondes*, orologio che segna i secondi. | *la borne marque les kilomètres*, la pietra miliare segna i chilometri. ‖ [laisser des traces] segnare, imprimere. | *marquer ses pas sur la neige*, imprimere le orme sulla neve. | *les coups lui ont marqué le visage*, i colpi gli hanno segnato il viso. ‖ FIG. *marquer son siècle*, improntare di sé il secolo. ‖ [noter, inscrire] segnare, annotare. | *marquer un rendez-vous, ses dépenses*, segnare un appuntamento, le spese. ‖ [révéler, signaler] (di)mostrare, rivelare. | *voilà qui marque sa méchanceté*, questo dimostra, rivela la sua cattiveria. | *marquer de la reconnaissance, de la réprobation*, (di)mostrare riconoscenza, riprovazione. | *ce détail marque l'époque du meuble*, questo particolare rivela l'epoca del mobile. ‖ [fixer] *marquer un jour pour*, fissare un giorno per. ‖ [souligner] *cette robe marque la taille*, questa veste fa risaltare la vita. ‖ COMM. *prix marqué*, prezzo segnato. ‖ JEU *marquer un point*, segnare un punto (pr. et fig.). ‖ MÉD. *visage marqué par la variole*, viso butterato. ‖ MIL. *marquer le pas*, segnare il passo. ‖ MUS. *marquer la mesure*, segnare il tempo. ‖ SPORT *marquer un joueur*, marcare un giocatore. | *marquer un but, un essai*, segnare una rete, una meta. ‖ FAM. *marquer le coup*, sottolineare il fatto (L.C.). ◆ v. intr. PR. *un tampon qui ne marque plus*, un timbro che non segna più. | *le crayon marque mal*, la matita scrive male. | *un boxeur dont les coups marquent*, un pugile i cui colpi lasciano il segno. ‖ FIG. *hommes qui marquent*, uomini che si distinguono, che emergono. | *événements qui marquent*, avvenimenti che fanno epoca. | *dans cet article il n'y a rien qui marque*, in quest'articolo non c'è nulla di rilevante. ‖ FAM. *ce garçon marque mal*, questo ragazzo si presenta male. ◆ v. pr. [traits] accentuarsi.
marqueter [markəte] v. tr. [tacher] macchiettare, chiazzare; screziare (littér.). ‖ [marqueterie] intarsiare.
marqueterie [markɛtri] f. intarsio m., tarsìa. ‖ FIG. mosaico m.
marqueteur [markətœr] m. intarsiatore.
marqueur [markœr] m. marcatore.
marqueuse [markøz] f. marcatrice.
marquis [marki] m. marchese. | *jeune marquis*, marchesino. ‖ FIG. *se donner des airs de marquis*, darsi arie da gran signore.
marquisat [markiza] m. marchesato.
marquise [markiz] f. marchesa. | *jeune marquise*, marchesina. ‖ [auvent] pensilina. ‖ [bague] marchesana, marchesa.
marquoir [markwar] m. TECHN. segnatoio. ‖ [pour marquer le linge] puntiscritto.
marraine [marɛn] f. madrina. | *marraine de guerre, d'un navire*, madrina di guerra, di una nave.
marranes [maran] m. pl. marrani.
marrant, e [marɑ̃, ɑ̃t] adj. POP. buffo, divertente, spassoso (L.C.).
marre [mar] adv. POP. *en avoir marre*, averne piene le scatole, le tasche (fam.); essere stufo (L.C.).
marrer (se) [səmare] v. pr. POP. divertirsi un mondo, a più non posso (fam.).
marri, e [mari] adj. VX dolente, spiacente (L.C.).
1. marron [marɔ̃] m. BOT. castagna f., marrone. | *marron d'Inde*, castagna d'India. ‖ CULIN. *marron bouilli*, castagna lessa, caldallessa f.; [avec la peau] ballotta f.; succiola f. (tosc.); [sans la peau] mondina f. | *marron grillé*, castagna arrosto, caldarrosta f.; bruciata f. (tosc.). | *chauds les marrons !*, caldarroste ! | *marchand de marrons*, caldarrostaio. | *marron glacé*, marrone candito; marron glacé (fr.). ‖ [jeton] gettone di presenza. ‖ [gros pétard] botta f., castagnola f. ‖ LOC. FIG. *tirer les marrons du feu*, levar le castagne dal fuoco; cavar le castagne dal fuoco con la zampa del gatto. ‖ POP. [coup] cazzotto. ◆ adj. inv. et n. m. [couleur] marrone.
2. marron, onne [marɔ̃, ɔn] adj. VX fuggiasco (L.C.). ‖ FIG. *médecin, avocat marron*, medico, avvocato losco, di dubbia onestà.
marronnier [marɔnje] m. BOT. marrone. | *marronnier d'Inde*, castagno d'India, ippocastano.
marrube [maryb] m. BOT. marrubio.
mars [mars] m. marzo. | *en mars*, in, di marzo. ‖ [papillon] apatura f. ‖ LOC. *arriver comme mars en carême*, V. MARÉE. ◆ m. pl. AGR. semente marzuola.
marseillais, e [marsɛjɛ, ɛz] adj. et n. marsigliese. ◆ n. f. *la Marseillaise*, la Marsigliese.
marsouin [marswɛ̃] m. ZOOL. marsuino, marsovino, focena f. ‖ MIL. FAM. = soldato di fanteria coloniale.
marsupial, e, aux [marsypjal, o] adj. ZOOL. *poche marsupiale*, marsupio m. ◆ n. m. pl. marsupiali.
martagon [martagɔ̃] m. BOT. martagone.
marte [mart] f. V. MARTRE.
marteau [marto] m. [outil] martello. | *coup de marteau*, colpo di martello; martellata f. | *marteau pneumatique, perforateur*, martello pneumatico, perforatore. ‖ TECHN. *marteau-pilon*, maglio. ‖ [alpinisme] *marteau-piolet*, martello-piccozza. ‖ *marteau de porte*, battente, picchiotto, martello dell'uscio. ‖ [d'horloge, de piano] martelletto. ‖ PROV. *être entre l'enclume et le marteau*, essere tra l'incudine e il martello. ‖ ANAT., SPORT martello. | *lanceur de marteau*, martellista m. ‖ MÉD. martelletto. ‖ ZOOL. pesce martello. ◆ adj. POP. *être marteau*, essere picchiatello (fam.).
martel [martɛl] m. LOC. *se mettre martel en tête*, darsi pensiero, essere preoccupato.

martelage [martəlaʒ] m. MÉTALL. martellatura f. ‖ AGR. martellata f., martellatura.
martèlement [martɛlmɑ̃] m. martellamento.
marteler [martəle] v. tr. PR. et FIG. martellare. | *marteler le fer, les positions ennemies*, martellare il ferro, le posizioni nemiche. | *marteler le cerveau, les oreilles*, rintronare il cervello, gli orecchi. | *marteler les syllabes*, scandire, martellare le sillabe.
martial, e, aux [marsjal, o] adj. [belliqueux] marziale; marzio (littér.). ‖ JUR. *cour, loi martiale*, corte, legge marziale. ‖ CHIM., MÉD. marziale. ‖ SPORT *arts martiaux*, arti marziali.
martien, enne [marsjɛ̃, ɛn] adj. et n. marziano.
martin-chasseur [martɛ̃ʃasœr] m. ZOOL. martin cacciatore, dacelide.
1. martinet [martinɛ] m. ZOOL. rondone.
2. martinet m. [fouet] sferza f., staffile. ‖ [chandelier] bugia f. ‖ TECHN. martinetto.
martingale martɛ̃gal] f. martingala.
martiniquais, e [martinikɛ, ɛz] adj. martinichese.
martin-pêcheur [martɛ̃pɛʃœr] m. ZOOL. martin pescatore.
martre [martr] f. ZOOL. martora.
martyr, e [martir] n. martire. | *le commun des martyrs*, il comune dei martiri. ‖ FAM. *se donner des airs de martyr*, fare il martire.
martyre [martir] m. PR. et FIG. martirio. | *souffrir le martyre*, patire il martirio.
martyriser [martirize] v. tr. martirizzare.
martyrium [martirjɔm] m. martyrion.
martyrologe [martirɔlɔʒ] m. martirologio.
marxien, enne [marksjɛ̃, ɛn] adj. marxiano.
marxisant, e [marksizɑ̃, ɑ̃t] adj. filomarxista.
marxisme [marksism] m. marxismo.
marxisme-léninisme [marksismleninism] m. marxismo-leninismo.
marxiste [marksist] adj. marxista, marxistico. ◆ n. marxista.
marxologue [marksɔlɔg] n. specialista di Karl Marx.
maryland [marilɑ̃d] m. [tabac] maryland (angl.).
mas [mɑ(s)] m. (prov.) casa (f.) di campagna; fattoria f.
mascarade [maskarad] f. [déguisement] mascheratura. ‖ [troupe] mascherata. ‖ FIG. buffonata, mascherata.
mascaret [maskarɛ] m. GÉOGR. mascheretto; barra (f.) di flusso.
mascaron [maskarɔ̃] m. ARCHIT. mascherone.
mascotte [maskɔt] f. mascotte (fr.); portafortuna m. inv.
masculin, e [maskylɛ̃, in] adj. maschile, mascolino. | *genre, sexe masculin*, genere, sesso maschile. | *femme aux manières masculines*, donna dalle maniere mascoline. ◆ n. m. GRAMM. maschile.
masculiniser [maskylinize] v. tr. mascolinizzare.
masculinité [maskylinite] f. mascolinità.
maser [mazɛr] m. PHYS. maser.
masochisme [mazɔʃism] m. masochismo.
masochiste [mazɔʃist] adj. masochistico. ◆ n. masochista.
masque [mask] m. [objet] maschera f. | *masque de carnaval, de plongée, d'escrime, à gaz*, maschera di carnevale, subacquea, da scherma, antigas. ‖ CHIR., THÉÂTRE maschera. ‖ [personne masquée] maschera. ‖ [physionomie] *acteur au masque expressif*, attore dalla maschera espressiva. | *avoir le masque (de la grossesse)*, avere la maschera gravidica. ‖ [couche de crème] maschera. | *masque de beauté*, maschera di bellezza. ‖ [moulage] maschera. ‖ MIL. [abri] riparo. ‖ MUS. *chanter dans le masque*, cantare di maschera. ‖ ZOOL. maschera. ‖ FIG. *le masque de la vertu*, la maschera della virtù. ‖ LOC. *arracher le masque à qn*, togliere la maschera a qlcu., smascherare qlcu. | *lever le masque*, gettare, gettar via, togliersi la maschera.
masqué, e [maske] adj. *bal masqué*, ballo in maschera. ‖ MIL. *tir masqué*, tiro indiretto al di sopra di un riparo.
masquer [maske] v. tr. PR. et FIG. mascherare. | *masquer un enfant, un sentiment*, mascherare un bambino, un sentimento. | *masquer la vue*, nascondere la vista. | *masquer la lumière*, mascherare, schermare la luce. ‖ MAR. *masquer une voile*, far prendere tutta la vela al vento. ‖ MIL. *masquer une batterie*, mascherare una batteria. ◆ v. pr. mascherarsi. | *se masquer en Arlequin*, mascherarsi da Arlecchino.
massacrant, e [masakrɑ̃, ɑ̃t] adj. FAM. *être d'une humeur massacrante*, essere d'umor pestilenziale.
massacre [masakr] m. massacro; strage f., eccidio (littér.). ‖ FIG. massacro, scempio. | *jeu de massacre*, tiro al fantoccio. ‖ RELIG. *le massacre des Innocents*, la strage degli Innocenti.
massacrer [masakre] v. tr. massacrare, trucidare; fare strage, scempio di. ‖ FIG. FAM. massacrare. | *massacrer un ouvrage, une langue*, massacrare un'opera, una lingua. | *massacrer un morceau au piano*, massasacrare, assassinare un pezzo al pianoforte.
massacreur [masakrœr] m. massacratore (rare). ‖ FIG. massacratore, assassinatore (rare).
massage [masaʒ] m. massaggio.
massaliote [masaljɔt] adj. et n. massaliota.
1. masse [mas] f. massa. | *masse de fer, de pierres*, massa di ferro, di pietre. | *masse du sang*, massa sanguigna. | *la masse d'un éléphant, d'une statue*, la mole di un elefante, di una statua. | *statue taillée dans la masse*, statua ricavata da un solo blocco. | *tomber comme une masse*, cadere come corpo morto. ‖ [ensemble de personnes] *culture, parti, théâtre de masse*, cultura, partito, teatro di massa. | *spectacle qui plaît à la masse*, spettacolo che piace al grosso pubblico. | *les masses laborieuses*, le masse lavoratrici. ‖ [caisse d'un groupe] cassa comune. ‖ FAM. *avoir une masse d'amis*, avere un mucchio, una folla d'amici. | *il n'y en a pas des masses*, non ce n'è a bizzeffe. ‖ ARCHIT. massa. ‖ [peinture] (pl.) masse. ‖ MUS. *masse instrumentale, vocale*, massa strumentale, vocale. ‖ JUR. *masse active, passive, successorale*, massa attiva, passiva, ereditaria. ‖ AÉR. *rapport de masse*, rapporto di massa. ‖ CHIM. *nombre de masse*, numero di massa. ‖ ÉLECTR. massa. | *mettre à la masse*, mettere a massa, a terra. ‖ MÉC. massa. ‖ MÉTÉOR. *masse d'air*, massa d'aria. ‖ MIL. *levée en masse*, leva in massa. ‖ PHYS. *masse critique*, massa critica. | *masse spécifique*, massa specifica. | *masse volumique*, densità assoluta. ◆ loc. adv. ***en masse***, in massa.
2. masse f. [bâton] mazza. ‖ [gros marteau] mazza, maglio m. ‖ PR. et FIG. *coup de masse*, mazzata f. ‖ MIL. *masse d'armes*, mazza ferrata, mazza d'armi.
massé [mase] m. [au billard] = colpo dato dall'alto in basso.
masselotte [maslɔt] f. MÉTALL. materozza.
massepain [maspɛ̃] m. marzapane.
1. masser [mase] v. tr. [massage] massaggiare.
2. masser v. tr. [disposer en masse] ammassare. ‖ [au billard] colpire dall'alto in basso. ◆ v. pr. ammassarsi, affollarsi.
masséter [masetɛr] m. ANAT. massetere. ◆ adj. masseterino.
massette [masɛt] f. BOT. mazzasorda, tifa. ‖ TECHN. mazzetta.
masseur, euse [masœr, øz] n. massaggiatore, trice; masseur, euse (fr.).
1. massicot [masiko] m. MINÉR. massicot (fr.); massicotto; massicottite f.
2. massicot m. TECHN. taglierina f., trancia f.
massicoter [masikɔte] v. tr. rifilare (con la taglierina, con la trancia).
1. massier [masje] m. [huissier] mazziere.
2. massier m. [d'une caisse commune] tesoriere della cassa comune.
1. massif, ive [masif, iv] adj. [épais, lourd] massiccio. | *monument massif*, edificio massiccio. ‖ [important] massiccio, massivo. | *dose, émigration massive*, dose, emigrazione massiva. | *propagande massive*, propaganda massiccia, massiva. | *investissements massifs*, massicci investimenti. | *intervention massive*, intervento massivo. | *bombardement massif*, bombardamento massiccio, massivo. ‖ [plein] massiccio. | *or,*

bois massif, oro, legno massiccio. ‖ FIG. *esprit massif*, mente ottusa.
2. massif m. [construction] muratura massiccia. ‖ [bosquet] boschetto, ciuffo. ‖ [fleurs] aiola f. ‖ GÉOGR. massiccio. | *massif ancien*, massiccio antico.
massique [masik] adj. PHYS. massico.
massivement [masivmɑ̃] adv. in modo massiccio; massicciamente.
mass media [masmedja] m. pl. mass-media (angl.).
massore [masɔr] f. mas(s)ora.
massorète [masɔrɛt] m. mas(s)oreta.
massorétique [masɔretik] adj. mas(s)oretico.
massue [masy] f. clava, mazza. ‖ PR. et FIG. *coup de massue*, mazzata. ‖ [arme] mazza ferrata. ‖ FIG. *argument massue*, argomento schiacciante.
mastaba [mastaba] m. ARCHÉOL. mastaba f.
mastic [mastik] m. mastice, stucco. ‖ TYP. grave refuso. ◆ adj. inv. *(couleur) mastic*, color mastice.
masticage [mastikaʒ] m. applicazione (f.) di mastice.
masticateur, trice [mastikatœr, tris] adj. masticatore, trice; masticatorio. | *appareil masticateur*, apparato masticatore. | *muscle masticateur*, muscolo masticatorio.
mastication [mastikasjɔ̃] f. masticazione.
masticatoire [mastikatwar] m. masticatorio.
mastiff [mastif] m. mastiff (angl.); mastino inglese.
1. mastiquer [mastike] v. tr. [mâcher] masticare.
2. mastiquer v. tr. incollare col mastice.
mastoc [mastɔk] adj. inv. FAM. massiccio (L.C.).
mastodonte [mastɔdɔ̃t] m. ZOOL. et FIG. mastodonte.
mastoïde [mastɔid] adj. ANAT. *apophyse mastoïde*, mastoide f.
mastoïdien, enne [mastɔidjɛ̃, ɛn] adj. mastoideo.
mastoïdite [mastɔidit] f. MÉD. mastoidite.
mastroquet [mastrɔkɛ] m. POP. bettoliere, oste, vinaio (L.C.).
masturbation [mastyrbasjɔ̃] f. masturbazione.
masturber [mastyrbe] v. tr. masturbare. ◆ v. pr. masturbarsi.
m'as-tu-vu [matyvy] m. inv. FAM. gigione, mattatore; vanesio (L.C.).
masure [mazyr] f. catapecchia, stamberga.
masurium [mazyrjɔm] m. CHIM. masurio.
1. mat [mat] m. [échecs] scacco matto, scaccomatto. ‖ FIG. *faire qn (échec et) mat*, dare scacco matto a qlcu.
2. mat, e adj. [sans éclat, sans poli] opaco. | *teint mat*, colorito opaco. | *or mat*, oro matto. | *blanc mat*, bianco smorto, opaco. | *papier mat*, carta mat. ‖ [sans résonance] *son mat*, suono opaco, sordo.
mât [mɑ] m. MAR. albero. | *grand mât*, albero maestro. | *mât de charge*, albero di carico. ‖ CH. DE F. palo. ‖ [de tente] palo. ‖ SPORT pertica f. | *mât de cocagne*, V. COCAGNE.
matador [matadɔr] m. matador (esp.).
matage [mataʒ] m. martellatura f., ribaditura f.
matamore [matamɔr] m. THÉÂTRE matamoros (esp.). ‖ [fanfaron] spaccone, ammazzasette inv., spaccamontagne inv.
match [matʃ] m. SPORT match (angl.); gara f., partita f., incontro. | *match nul*, match nullo; pareggio. | *faire match nul*, fare match nullo; pareggiare.
maté [mate] m. BOT. mate.
matelas [matla] m. materasso, materassa f.; coltrice f. (littér.). | *matelas à ressort*, materasso a molle. | *matelas de feuilles*, materasso di foglie. ‖ FAM. *matelas de billets de banque*, fascio di biglietti di banca (L.C.).
matelasser [matlase] v. tr. imbottire.
matelassier, ère [matlasje, ɛr] n. materassaio, a.
matelassure [matlasyr] f. imbottitura.
matelot [matlo] m. marinaio. ‖ [vaisseau] *matelot d'avant, d'arrière*, nave prodiera, poppiera.
matelotage [matlɔtaʒ] m. marineria f.
matelote [matlot] f. CULIN. *matelote d'anguille, de carpe*, anguilla, carpa alla marinara.
1. mater [mate] v. tr. [échecs] dare scacco matto a; mattare. ‖ FIG. domare.
2. mater v. tr. [métal] martellare, ribadire. ‖ [matière précieuse] rendere opaco.
mâter [mɑte] v. tr. MAR. alberare.
matérialisation [materjalizasjɔ̃] f. materializzazione.
matérialiser [materjalize] v. tr. materializzare. ‖ [rendre réel] attuare, concretare.
matérialisme [materjalism] m. materialismo.
matérialiste [materjalist] adj. materialistico, materialista. ◆ n. materialista.
matérialité [materjalite] f. materialità. ‖ JUR. *matérialité d'un acte*, materialità di un atto.
matériau [materjo] m. materiale. | *matériau de construction*, materiale edilizio, da costruzione; [en terre cuite] materiale laterizio. ◆ pl. materiali. | *matériaux de construction*, materiali edilizi, da costruzione. | *matériaux de démolition*, materiali di demolizione. ‖ FIG. materiale m. sing.
matériel, elle [materjɛl] adj. PR. et FIG. materiale. ◆ n. m. materiale. | *matériel de bureau, de guerre, de chemin de fer, roulant*, materiale d'ufficio, bellico, ferroviario, rotabile. ‖ INF. V. HARDWARE. ◆ n. f. FAM. = quel tanto che occorre per campare. | *gagner sa matérielle*, guadagnarsi il pane.
maternage [matɛrnaʒ] m. PSYCH. maternage (fr.).
maternel, elle [matɛrnɛl] adj. materno. | *oncle du côté maternel*, zio materno, per parte di madre. | *langue maternelle*, lingua materna. ◆ n. f. [école] scuola materna.
maternité [matɛrnite] f. maternità. | *allocation de maternité*, assegno (m.) maternità. ‖ [hôpital] maternità.
mathématicien, enne [matematisjɛ̃, ɛn] n. matematico m.; studiosa (f.) di matematica.
mathématique [matematik] adj. PR. et FIG. matematico. ◆ f. pl. (abr. fam. ***math*** ou ***maths***) matematica sing., matematiche pl. | *être fort en mathématiques*, essere bravo in matematica. ‖ UNIV. *(classe de) mathématiques élémentaires* = quinta liceo scientifico. | *(classes de) mathématiques supérieures, spéciales* = classi di preparazione ai concorsi scientifici.
matheux, euse [matø, øz] n. FAM. = studente, studentessa di matematica; scolaro, studente bravo in matematica.
mathurin [matyrɛ̃] m. RELIG. trinitario.
matière [matjɛr] f. BIOL., PHILOS., PHYS. materia. | *matière vivante*, materia vivente. ‖ FAM. *matière grise*, materia grigia. | *faire travailler sa matière grise*, far lavorare la materia grigia. ‖ [d'un objet] materia. | *matière inflammable*, materia infiammabile. | *matières plastiques*, materie plastiche. | *les matières grasses*, i grassi. | *les matières (fécales)*, le feci. ‖ COMM. *comptabilité matières*, contabilità di magazzino. ‖ ÉCON., IND. *matières premières*, materie prime. ‖ FIN. *matière imposable*, imponibile m. ‖ GRAMM. *complément de matière*, complemento di materia. ‖ JUR. *matière sommaire*, oggetto (m.) di procedura sommaria. ‖ [sujet] materia, argomento m. | *table des matières*, indice m. | *entrée en matière*, esordio m. | *entrer en matière*, entrare in materia. | *expert en la matière*, esperto in materia. ‖ UNIV. *matière d'enseignement, d'examen, à option*, materia d'insegnamento, d'esame, facoltativa. | *quelle matière as-tu passée?*, che materia hai dato? ‖ LOC. *donner matière à soupçon, à discussion*, dare materia, dare adito a sospetti, a discussione. | *il y a là matière à procès*, c'è di che intentare causa. ◆ loc. prép. ***en matière de***, in materia di.
matin [matɛ̃] m. mattina f., mattino; [en appos. à des déterminations temporelles] mattina. | *lundi matin*, lunedì mattina. | *hier matin*, ier(i) mattina. | *demain matin*, domani mattina, domattina. | *ce matin*, questa mattina, stamattina, stamani, stamane. | *du matin au soir*, dalla mattina alla sera, da mane a sera. | *à trois heures du matin*, alle tre di notte, del mattino. | *à neuf heures du matin*, alle nove del mattino, alle nove antimeridiane. | *jusqu'au petit matin*, fino alle ore piccole. | *se coucher au petit matin*, far le ore piccole. | *de bon matin, de grand matin*, di prima mattina, di buon mattino, di primo mattino, per tempissimo. | *édition du matin*, edizione del mattino. | *brise du matin*, brezza mattutina. | *étoile du matin*, stella del mattino, mattutina. | *un beau matin*, un bel mattino,

un bel giorno. | *un de ces quatre matins*, uno di questi giorni. || LITTÉR. *le matin de la vie*, il mattino della vita. ◆ adv. *se lever matin*, alzarsi di buon'ora, per tempo. | *il est trop matin*, è troppo presto.
1. mâtin [mɑtɛ̃] m. [chien] mastino.
2. mâtin, e [mɑtɛ̃, in] n. FAM. bricconcello, a. ◆ interj. caspita !
matinal, e, aux [matinal, o] adj. [propre au matin] mattutino. || [qui se lève tôt] mattiniero.
matinalement [matinalmɑ̃] adv. di buon mattino.
mâtiné, e [mɑtine] adj. incrociato. || FIG. *parler un français mâtiné d'italien*, parlare un misto di francese e d'italiano.
matinée [matine] f. mattinata. | *dans la matinée*, in mattinata. | *faire la grasse matinée*, covar le lenzuola. || THÉÂTRE matinée (fr.), diurna.
mâtiner [mɑtine] v. tr. coprire (una cagna d'altra razza) ; incrociare.
matines [matin] f. pl. RELIG. mattutino m. sing.
matir [matir] v. tr. rendere opaco.
matité [matite] f. opacità.
matois, e [matwa, az] adj. furbo, astuto, scaltro. ◆ n. furbone, a. | *un fin matois*, un volpone ; un furbo di tre cotte.
matou [matu] m. gatto (maschio).
matraquage [matrakaʒ] m. bastonatura f. || FIG. *matraquage publicitaire*, chiasso pubblicitario.
matraque [matrak] f. manganello m., randello m. | *coup de matraque*, manganellata f., randellata f. (pr.) ; stangata f. (fig.). || [de policier] sfollagente m. inv.
matraquer [matrake] v. tr. manganellare, randellare ; [police] picchiare con lo sfollagente.
matraqueur, euse [matrakœr, øz] n. et adj. bastonatore, trice.
matras [matra] m. CHIM. matraccio.
matriarcal, e, aux [matrijarkal, o] adj. matriarcale.
matriarcat [matrijarka] m. matriarcato.
matricaire [matrikɛr] f. BOT. matricaria.
matrice [matris] f. ANAT., MATH., TECHN. matrice. || FIN. *matrice du rôle des contributions*, ruolo (m.) dei contribuenti.
matricide [matrisid] m. [crime] matricidio. ◆ n. [meurtrier] matricida.
matriciel, elle [matrisjɛl] adj. FIN. relativo al ruolo dei contribuenti. | *loyer matriciel*, fitto accertato. || MATH. matriciale.
matricule [matrikyl] f. [registre] matricola ; registro (m.) matricolare. || [inscription] immatricolazione. || [extrait] certificato (m.) d'immatricolazione. ◆ m (numero di) matricola. ◆ adj. MIL. *livret matricule*, foglio (m.) matricolare.
matriculer [matrikyle] v. tr. (im)matricolare.
matrilinéaire [matrilineɛr] adj. matrilineare, matrilineo.
matrilocal, e [matrilɔkal] adj. matrilocale, uxorilocale.
matrimonial, e, aux [matrimɔnjal, o] adj. matrimoniale.
matrone [matrɔn] f. ANTIQ. matrona. || [femme respectable] matrona. || L.C., PÉJOR. donnona volgare. || [avorteuse] = levatrice che pratica aborti.
matte [mat] f. MÉTALL. matta.
matthiole [matjɔl] f. BOT. viola(c)ciocca.
maturation [matyrasjɔ̃] f. PR. et FIG. maturazione.
mâture [mɑtyr] f. MAR. alberatura.
maturité [matyrite] f. PR. et FIG. maturità.
matutinal, e, aux [matytinal, o] adj. VX mattutino (L.C.).
maubèche [mobɛʃ] f. ZOOL. piovanello maggiore.
maudire [modir] v. tr. maledire.
maudit, e [modi, it] adj. maledetto. | *maudit soit le jour...*, maledetto il giorno... | *cette maudite mouche m'ennuie*, questa dannata mosca mi dà fastidio. | *poète maudit*, poeta maledetto. ◆ n. dannato, a ; anima maledetta. ◆ n. m. [démon] Maligno.
maugréer [mogree] v. tr. et intr. *maugréer des injures (contre qn)*, masticare, borbottare ingiurie (contro qlcu.). | *maugréer contre qn*, masticare, borbottare ingiurie, imprecazioni contro qlcu.
maurandie [morɑ̃di] f. BOT. maurandia.
maure ou **more** [mor] adj. et n. m. ANTIQ. mauro. || [Moyen Âge] moro. | *les invasions des Mores*, le invasioni dei Mori. || [du Sahara occidental] mauro. || HIST. LITT. «*le More de Venise*», «il Moro di Venezia».
mauresque ou **moresque** [mɔrɛsk] adj. moresco. ◆ n. f. donna mora.
mauritanien, enne [moritanjɛ̃, ɛn] adj. et n. mauritaniano.
mauser [mozɛr] m. mauser.
mausolée [mozɔle] m. mausoleo. | *le Mausolée d'Hadrien*, la Mole Adriana.
maussade [mosad] adj. tetro ; [suj. qn] imbronciato, scontroso. | *propos maussades*, discorsi tetri. | *réunion maussade*, riunione uggiosa. || MÉTÉOR. uggioso, imbronciato.
mauvais, e [movɛ, ɛz] adj. [qui n'est pas bon] cattivo, brutto. | *mauvais pain*, cattivo pane. | *mauvais temps*, brutto, cattivo tempo ; tempaccio. | *mauvais mari, père*, cattivo marito, padre. | *avoir mauvaise mine*, avere una brutta cera. | *avoir de mauvais yeux*, aver cattiva vista, essere debole di vista. | *la graisse est mauvaise pour le foie*, il grasso fa male al fegato. | *mauvaise graisse*, grasso malsano. | *avoir mauvais caractère*, avere un cattivo carattere, un caratteraccio. | *être de mauvaise humeur*, essere di cattivo umore. || [enclin au mal] *mauvais garçon*, ragazzo di vita ; ragazzaccio (tosc.). | *mauvaise femme*, donnaccia. | *mauvaise tête*, V. TÊTE. || RELIG. *les mauvais anges*, gli angeli cattivi, caduti. || [sans talent] *mauvais acteur, poète*, cattivo attore, poeta. | *être mauvais dans un rôle*, recitare male una parte. | *mauvais élève*, scolaro scadente. | *être mauvais en mathématiques*, andar male in matematica. || [sinistre] *mauvais présage*, triste presagio. | *c'est mauvais signe*, è un brutto segno. || [dangereux] *un livre mauvais pour la jeunesse*, un livro nocivo alla gioventù. | *la mer est mauvaise*, il mare è cattivo. | *faire une mauvaise chute*, cadere malamente. || [méchant] cattivo, brutto. | *mauvaise action*, cattiva, brutta azione. | *jouer un mauvais tour à qn*, fare un brutto scherzo, farla brutta a qlcu. | *regarder avec des yeux mauvais*, guardare con occhi cattivi, guardar brutto. | *avoir un regard, des yeux mauvais*, avere uno sguardo cattivo. | *les femmes sont mauvaises pour les femmes*, le donne sono cattive, sono mordaci con le altre donne. | *faire courir de mauvais bruits sur qn*, diffondere delle dicerie su qlcu. | *faire mauvais visage à qn*, far cattiva accoglienza a qlcu. | *il ne serait pas mauvais de*, non sarebbe male. || FAM. *pas mauvais !*, non c'è male, non c'è malaccio. | *je la trouve, je l'ai mauvaise*, mi scoccia. ◆ n. m. *discerner le bon du mauvais*, distinguere il buono dal cattivo. ◆ n. *les mauvais*, i cattivi. | *oh ! la mauvaise !*, oh, come sei cattiva ! || RELIG. *le Mauvais*, il Maligno. ◆ adv. *sentir mauvais*, avere, mandare un cattivo odore ; puzzare. | *il fait mauvais*, il tempo è brutto, è al brutto ; fa cattivo tempo. | *il fait mauvais trop parler*, è male parlar troppo. | *je trouve mauvais qu'il vienne te voir*, disapprovo ch'egli venga a vederti. || FAM. *ça sent mauvais* [ça tourne mal] : si sente odore di polvere.
mauve [mov] f. BOT. malva. ◆ adj. et n. m. color malva ; mauve (fr.).
mauvéine [movein] f. CHIM. malveina.
mauviette [movjɛt] f. ZOOL. allodola (grassa). || FAM. [personne chétive] scricciolo m. ; persona mingherlina.
mauvis [movi] m. ZOOL. tordo sassello.
maxillaire [maksilɛr] adj. et n. m. mascellare.
maxille [maksil] f. mascella.
maxima [maksima] adj. et n. f. JUR. *appel à maxima*, appello (del pubblico ministero) per eccessiva gravità della pena.
maximal, e, aux [maksimal, o] adj. massimale, massimo.
maximaliste [maksimalist] n. massimalista.
maximant, e [maksimɑ̃, ɑ̃t] adj. MATH. massimante.
maxime [maksim] f. massima.
maximiser [maksimize] v. tr. massimizzare.
maximum [maksimɔm] m. massimo. | *maximum de*

rendement, massimo rendimento. | *faire le maximum*, fare tutto il possibile ; mettercela tutta (fam.). ◆ adj. V. MAXIMAL. ◆ loc. adv. ***au maximum***, al massimo.
maxwell [makswɛl] m. PHYS. maxwell.
1. maya [maja] adj. et n. m. inv. maya.
2. maya f. inv. [illusion] maya.
mayonnaise [majɔnɛz] f. CULIN. maionese.
mazagran [mazagrɑ̃] m. VX = caffè servito in un bicchiere. || [récipient] bicchiere di porcellana a calice.
mazarinade [mazarinad] f. mazarinade (fr.), mazarinata.
mazdéisme [mazdeism] m. RELIG. mazdeismo.
mazette [mazɛt] f. VX [mauvais cheval] ronzino m. (L.C.). || FAM. [qui manque de force] pasta frolla ; [d'adresse] schiappa (pop.). ◆ interj. caspita !
mazout [mazut] m. masut, mazut ; nafta f.
mazurka [mazyrka] f. mazurca, mazurka.
me [mə] pron. pers. 1re pers. sing. mi. | *il me voit*, mi vede. | *il me parle*, mi parla. | *me voici !*, eccomi ! || [dans les pron. groupés] me. | *il me le dit*, me lo dice. | *il m'en parle*, me ne parla.
mea-culpa [meakulpa] m. *faire, dire son mea-culpa*, recitare, dire il meaculpa (lat.).
méandre [meɑ̃dr] m. PR. et FIG. meandro.
méandrine [meɑ̃drin] f. ZOOL. meandrina.
méat [mea] m. ANAT. meato. || BOT. spazio intercellulare ; meato.
mec [mɛk] m. POP. [en général] tipo, tizio (fam.). || [énergique] duro (fam.), bullo (rom.).
mécanicien, enne [mekanisjɛ̃, ɛn] adj. meccanico. | *civilisation mécanicienne*, civiltà delle macchine. ◆ adj. et n. m. *ingénieur mécanicien*, ingegnere meccanico. | *radio mécanicien*, radiomontatore. || CH. DE F., MAR. macchinista. || MÉD. *mécanicien-dentiste*, odontotecnico. ◆ n. f. cucitrice a macchina.
mécanique [mekanik] adj. meccanico. | *ennui mécanique*, guasto meccanico. | *piano mécanique*, piano meccanico ; pianola f. | *arts mécaniques*, arti manuali, meccaniche. || [machinal] *geste mécanique*, gesto meccanico. ◆ n. f. [science ; étude des machines] meccanica. | *mécanique céleste, ondulatoire*, meccanica celeste, ondulatoria. || [mécanisme] *mécanique d'une montre*, meccanica, meccanismo (m.) di un orologio.
mécanisation [mekanizasjɔ̃] f. meccanizzazione.
mécaniser [mekanize] v. tr. PR. et FIG. meccanizzare. || MIL. *mécaniser une formation militaire*, meccanizzare un reparto militare.
mécanisme [mekanism] m. PR. meccanismo, congegno. || FIG. meccanismo. || PHILOS. meccanicismo. || PSYCHAN. *mécanismes de défense, de dégagement*, meccanismi di difesa, di disimpegno.
mécaniste [mekanist] adj. PHILOS. meccanicistico. ◆ n. meccanicista.
mécano [mekano] m. FAM. V. MÉCANICIEN adj. et n. m.
mécanographe [mekanɔgraf] n. addetto, addetta ad un centro meccanografico.
mécanographie [mekanɔgrafi] f. meccanografia.
mécanographique [mekanografik] adj. meccanografico.
mécanothérapie [mekanoterapi] f. meccanoterapia.
mécénat [mesena] m. mecenatismo.
mécène [mesɛn] m. mecenate.
méchage [meʃaʒ] m. [de tonneau] solforazione f., solfurazione f. || CHIR. drenaggio con lo stuello.
méchamment [meʃamɑ̃] adv. malvagiamente, malignamente, con cattiveria.
méchanceté [meʃɑ̃ste] f. [caractère ; action] cattiveria, malvagità. | *dire des méchancetés*, dir cattiverie, villanie.
méchant, e [meʃɑ̃, ɑ̃t] adj. [qui fait le mal] cattivo, malvagio. | *homme méchant*, uomo cattivo, malvagio. | *chien méchant*, cane mordace. || [qui exprime la méchanceté] cattivo, maligno. | *regard méchant*, sguardo cattivo ; occhiataccia f. | *tenir des propos méchants sur qn*, diffondere voci maligne su qlcu. || [mordant] mordace. | *une épigramme méchante*, un epigramma mordace, pungente. | *un livre méchant*, un libro offensivo. | *un critique méchant*, un critico velenoso. || [de peu de valeur] cattivo, mediocre ; da poco loc. adj. | *méchant poète*, cattivo poeta. | *méchant repas*, pasto mediocre. | *méchant livre*, libro mediocre, da poco. || [dangereux] brutto. | *une méchante affaire*, un brutto affare, una faccendaccia. || FAM. *un vin pas méchant*, un vino che non fa male (L.C.). | *ce n'est pas bien méchant*, niente di grave ; è una cosa da nulla. || [maussade] cattivo. | *être de méchante, de très méchante humeur*, essere di cattivo, di pessimo umore. ◆ n. cattivo m., malvagio m. | *fuir les méchants*, fuggire i cattivi, i malvagi. || FAM. *faire le méchant*, mostrare i denti.
1. mèche [mɛʃ] f. [de lampe, de bougie] stoppino m., lucignolo m. || [de briquet] stoppino. || [d'arme à feu, de mine] miccia. | *mèche lente*, V. BICKFORD. || [de fouet] sverzino m. || [de cheveux] ciocca. || [de gouvernail] fusto m. || FIG. *éventer, découvrir la mèche*, sventare, scoprire il complotto. || FAM. *vendre la mèche*, spifferare tutto. || CHIR. stuello m. | *mèche hémostatique*, zaffo m. || TECHN. [pour percer] punta da trapano. | *mèche à cuiller*, punta a cucchiaio.
2. mèche f. FAM. *il n'y a pas mèche*, non c'è verso, mezzo, modo (L.C.). | *être de mèche avec qn*, essere in combutta con qlcu., tener bordone a qlcu.
mécher [meʃe] v. tr. [un tonneau] solforare. || CHIR. stuellare.
mécheux, euse [meʃø, øz] adj. TEXT. bioccoluto.
méchoui [meʃwi] m. (ar.) = arrosto di montone, di gazzella, di cammello giovane.
mécompte [mekɔ̃t] m. errore di calcolo. || FIG. delusione f.
méconium [mekɔnjɔm] m. MÉD. meconio.
méconnaissable [mekɔnɛsabl] adj. irriconoscibile.
méconnaissance [mekɔnɛsɑ̃s] f. disconoscimento m. ; disconoscenza (rare) ; misconoscimento (rare) ; ignoranza.
méconnaître [mekɔnɛtr] v. tr. disconoscere, misconoscere.
méconnu, e [mekɔny] adj. disconosciuto, misconosciuto ; non apprezzato al suo giusto valore. ◆ n. m. *jouer les méconnus*, atteggiarsi a genio incompreso.
mécontent, e [mekɔ̃tɑ̃, ɑ̃t] adj. et n. scontento, malcontento ; insoddisfatto adj.
mécontentement [mekɔ̃tɑ̃tmɑ̃] m. scontentezza f., scontento, malcontento.
mécontenter [mekɔ̃tɑ̃te] v. tr. scontentare.
mécréant, e [mekreɑ̃, ɑ̃t] n. miscredente.
médaille [medaj] f. medaglia. | *médaille militaire*, medaglia al valor militare. || [de porteur, de commissionnaire] placca. || LOC. *le revers de la médaille*, il rovescio della medaglia. || FIG. *tête, profil de médaille*, profilo da medaglia.
médaillé, e [medaje] adj. et n. decorato di medaglia. | *plusieurs fois médaillé*, pluridecorato.
médailler [medaje] v. tr. decorare di medaglia.
médailleur [medajœr] m. medaglista.
médaillier [medalje] m. [collection ; meuble] medagliere.
médailliste [medajist] m. [graveur ; collectionneur] medaglista.
médaillon [medajɔ̃] m. [bijou, bas-relief] medaglione. || CULIN. medaglione.
mède [mɛd] adj. HIST. medo, medico. ◆ n. medo n. m.
médecin [medsɛ̃] m. medico. | *femme médecin*, dottoressa f. (in medicina). | *médecin consultant, traitant, légiste*, medico consulente, curante, legale. | *médecin de médecine générale*, V. GÉNÉRALISTE. | *médecin de famille*, medico di famiglia, di casa. | *médecin-chef*, primario m. | *médecin militaire*, medico militare. || FIG. *médecin de l'âme*, medico dell'anima.
médecine [medsin] f. medicina. | *docteur en médecine*, dottore in medicina. | *faire sa médecine*, studiare medicina. | *exercice illégal de la médecine*, esercizio illegale della medicina. | *médecine légale, sociale, de groupe, du travail*, medicina legale, sociale, di gruppo, del lavoro. || VX [remède] medicina (L.C.). | *prendre médecine*, prendere un purgante. | *médecine de cheval*, medicina drastica.

medersa [medɛrsa] f. (ar.) medersa, madrasa.
média [medja] m. tecnica (f.) dei mass media.
médiale [medjal] f. [en statistique] mediana.
médian, e [medjɑ̃, an] adj. mediano. ◆ n. f. mediana.
médianoche [medjanɔʃ] m. (esp.) = cena (f.) di grasso (fatta dopo un giorno di magro passata la mezzanotte).
médiante [medjɑ̃t] f. MUS. mediante.
médiastin [medjastɛ̃] m. ANAT. mediastino.
médiat, e [medja, at] adj. mediato. ‖ LOG. *inférence médiate*, inferenza mediata. ‖ MÉD. *auscultation médiate*, auscultazione mediata.
médiateur, trice [medjatœr, tris] adj. et n. mediatore, trice. ‖ PHYSIOL. *médiateur chimique*, mediatore chimico. ‖ RELIG. mediatore, trice.
médiation [medjasjɔ̃] f. mediazione.
médiatisation [medjatizasjɔ̃] f. HIST. mediatizzazione.
médiatiser [medjatize] v. tr. mediatizzare.
médiator [medjatɔr] m. MUS. plettro, penna f.
médiatrice [medjatris] f. GÉOM. asse (m.) di simmetria.
médical, e, aux [medikal, o] adj. medico. | *visite médicale*, visita medica. | *corps médical*, corpo medico. | *acte médical*, intervento terapeutico. | *visiteur médical*, rappresentante di prodotti farmaceutici. | *auxiliaires médicaux*, personale ausiliario.
médicalement [medikalmɑ̃] adv. dal punto di vista medico.
médicament [medikamɑ̃] m. medicina f., medicamento, medicinale, farmaco.
médicamenter [medikamɑ̃te] v. tr. VX = somministrare medicine a.
médicamenteux, euse [medikamɑ̃tø, øz] adj. medicamentoso.
médicastre [medikastr] m. PÉJOR. medicastro.
médication [medikasjɔ̃] f. medicazione.
médicinal, e, aux [medisinal, o] adj. medicinale.
médicinier [medisinje] m. BOT. jatrofa f.
médico-légal, e, aux [medikolegal, o] adj. medico-legale. | *institut médico-légal*, obitorio m.
médico-pédagogique [medikopedagɔʒik] adj. medico-pedagogico.
médico-social, e, aux [medikosɔsjal, o] adj. medico-sociale.
médiéval, e, aux [medjeval, o] adj. medievale, medioevale.
médiévisme [medjevism] m. medievalistica f.
médiéviste [medjevist] n. medievalista ; medievista (rare).
médina [medina] f. medina (ar.).
médiocre [medjɔkr] adj. mediocre. ◆ n. m. [personne] mediocre. ‖ [ce qui est médiocre] mediocrità f.
médiocrité [medjɔkrite] f. [platitude ; insuffisance d'esprit] mediocrità. ‖ [fortune modeste] mezzi modesti (m. pl.). ‖ [personne médiocre] mediocrità.
médique [medik] adj. HIST. medico. | *les guerres médiques*, le guerre mediche.
médire [medir] v. tr. ind. *médire de qn*, dir male di, sparlare di qlcu.
médisance [medizɑ̃s] f. maldicenza.
médisant, e [medizɑ̃, ɑ̃t] adj. maldicente. ◆ n. malalingua n. f.
méditatif, ive [meditatif, iv] adj. [porté à la méditation] meditativo, meditabondo, pensieroso. ‖ [qui annonce la méditation] *air méditatif*, aria pensosa. ◆ n. m. pensatore.
méditation [meditasjɔ̃] f. [réflexion ; écrit] meditazione. ‖ RELIG. meditazione.
méditer [medite] v. tr. meditare. | *méditer une vérité*, meditare una verità. ‖ [projeter] *méditer un voyage, de se venger*, meditare un viaggio, di vendicarsi. ◆ v. intr. *méditer sur une doctrine*, meditare su una dottrina.
méditerranéen, enne [mediterraneɛ̃, ɛn] adj. mediterraneo.
médium [medjɔm] m. [spiritisme] medium m. inv. ‖ MUS. registro medio. ‖ [peinture] legante.
médiumnique [medjɔmnik] adj. medianico.
médiumnité [medjɔmnite] f. medianità.
médius [medjys] m. (dito) medio m.
médoc [medɔk] m. [vin] médoc (fr.).
médullaire [medylɛr] adj. midollare.
médulleux, euse [medylø, øz] adj. BOT. midolloso.
méduse [medyz] f. ZOOL. medusa.
méduser [medyze] v. tr. FAM. sbalordire, incantare. | *être médusé*, rimanere di stucco.
meeting [mitiŋ] m. meeting (angl.), comizio. ‖ SPORT raduno, incontro, meeting. | *meeting d'aviation*, avioraduno m.
méfait [mefɛ] m. [action] malefatta f., misfatto. | *petits méfaits*, birichinate f. pl., marachelle f. pl. ‖ [résultat] danno. | *les méfaits de l'alcoolisme*, i danni dell'alcolismo.
méfiance [mefjɑ̃s] f. diffidenza, sfiducia. ‖ PROV. *méfiance est mère de sûreté*, fidarsi è bene, non fidarsi è meglio.
méfiant, e [mefjɑ̃, ɑ̃t] adj. diffidente. ◆ n. persona diffidente.
méfier (se) [səmefje] v. pr. diffidare, non fidarsi. | *se méfier de qn, des initiatives de qn*, diffidare, non fidarsi di qlcu., delle iniziative di qlcu. ‖ ABSOL. *méfie-toi !, méfiez-vous !*, attenzione ! ‖ FAM. *méfie-toi de la marche*, attento (adj.) allo scalino.
mégacaryocyte [megakarjɔsit] m. BIOL. megacariocito.
mégacéros [megaseros] m. ZOOL. megaceros.
mégacôlon [megakolɔ̃] m. MÉD. megacolon, macrocolon.
mégalithe [megalit] m. megalito, megalite.
mégalithique [megalitik] adj. megalitico.
mégalomane [megalɔman] adj. et n. megalomane.
mégalomanie [megalɔmani] f. megalomania.
mégaphone [megafɔn] m. megafono ; portavoce m. inv.
mégaptère [megaptɛr] m. ZOOL. megaptera f., megattera f.
mégarde (par) [parmegard] loc. adv. senza volerlo, inavvertitamente, senza badarci.
mégathérium [megaterjɔm] m. ZOOL. megaterio.
mégatonne [megatɔn] f. megaton m.
mégère [meʒɛr] f. megera. ‖ HIST. LITT. *« la Mégère apprivoisée »*, « la Bisbetica domata ».
mégie [meʒi] f. conciatura.
mégir [meʒir] ou **mégisser** [meʒise] v. tr. allumare.
mégis [meʒi] m. allumatura f. ◆ adj. *veau mégis*, vitello allumato.
mégisserie [meʒisri] f. [art] concia ; [commerce] industria, commercio (m.) delle pelli fini.
mégissier [meʒisje] m. conciatore.
mégohmmètre [megɔmɛtr] m. ÉLECTR. megaohmmetro.
mégot [mego] m. POP. cicca f. (L.C.), mozzicone (L.C.).
mehalla [meala] f. mahalla, mehalla (ar.).
méhari [meari] m. ZOOL. mehari (ar.).
méhariste [mearist] m. meharista.
meilleur, e [mɛjœr] adj. [comparatif] migliore. | *celui-ci est meilleur que celui-là*, questo è migliore di quello. | *ma santé est meilleure qu'elle n'était*, la mia salute è migliore di prima. | *son caractère n'est pas meilleur qu'il ne l'était*, il suo carattere non è migliore di quel che era prima, di quanto lo fosse prima. ‖ [superlatif] *le meilleur ami de Louis*, il migliore amico, l'amico migliore di Luigi. | *quelqu'un du meilleur monde*, uno dell'alta società. ‖ PROV. *les plaisanteries les plus courtes sont les meilleures*, ogni bel gioco dura poco. | *il fait meilleur* : [temps] il tempo è migliore ; [sensation] si sta meglio. | *de meilleure heure*, più presto. | *meilleur marché*, più a buon mercato. ◆ n. [personne] migliore. | *le meilleur de tous, la meilleure de toutes*, il migliore di tutti, la migliore di tutte. ◆ n. m. [qualité] meglio. | *le meilleur de soi-même*, il meglio di sé. | *prendre le meilleur sur qn*, prendere il sopravvento su qlcu. ; avere la meglio *(absol.)* ‖ LOC. *pour le meilleur et pour le pire*, nella buona e nella cattiva sorte. ◆ n. f. *j'en passe et des meilleures*, V. PASSER.

méiose [mejoz] f. BIOL. meiosi ; mitosi eterotipica riduttiva.
méjanage [mejanaʒ] m. classificazione (f.) delle pelli (secondo la lunghezza e la finezza della lana).
méjuger [meʒyʒe] v. tr. ind. **(de)** [littér.] et v. tr. [fam.] sottovalutare v. tr. (L.C.). | *méjuger de ses forces*, sottovalutare le proprie forze. ◆ v. pr. sottovalutarsi.
melæna ou **méléna** [melena] m. MÉD. melena f.
mélampyre [melɑ̃pir] m. BOT. melampiro.
mélancolie [melɑ̃kɔli] f. malinconia ; melanconia (littér.). ‖ PSYCH. melanconia. ‖ FAM. *ne pas engendrer la mélancolie*, essere molto allegro.
mélancolique [melɑ̃kɔlik] adj. et n. malinconico ; melanconico (littér.). | *rendre mélancolique*, immalinconire ; immelanconire (littér.). ‖ PSYCH. melanconico.
mélanésien, enne [melanezjɛ̃, ɛn] adj. et n. melanesiano.
mélange [melɑ̃ʒ] m. mescolanza f., miscuglio, miscela f. ; [surtout de liquides] mistura f. | *opérer un mélange*, fare un miscuglio. | *mélange de couleurs*, mescolanza di colori. | *mélange de térébenthine et de pétrole*, mistura di trementina e petrolio. | *mélange d'huile d'olive et d'huile d'arachide, de blé et d'orge, de différentes qualités de café*, miscela di olio d'oliva e di olio di semi, di grano e orzo, di varie qualità di caffè. | *un détestable mélange de vins*, una pessima mistura di vini. ‖ CHIM. miscuglio, mescolanza, mescola f., miscela. | *mélange détonant*, miscela (de)tonante. | *mélange deux temps*, miscela carburante. | *mélange réfrigérant*, miscela frigorigena, frigorifera. ‖ FIG. *mélange de motifs, de styles, de races*, mescolanza di motivi, di stili, di razze. | *mélange de goûts, d'intérêts, d'idées*, miscuglio di sapori, d'interessi, d'idee. | *un mélange d'italien et d'anglais*, un miscuglio, un misto d'italiano e d'inglese. | *un mélange de bonté et de cruauté*, un mischio, una mistura di bontà e di crudeltà. | *bonheur sans mélange*, perfetta felicità. ◆ pl. CRIT. LITT. miscellanea f. sing.
mélangé, e [melɑ̃ʒe] adj. mescolato, misto. | *vin mélangé*, vino mescolato, tagliato. | *style mélangé*, stile eterogeneo. | *public mélangé*, pubblico composito, misto. | *étoffe mélangée*, stoffa mista. | *animal mélangé*, animale incrociato.
mélanger [melɑ̃ʒe] v. tr. mescolare, mischiare, miscelare ; mescidare (littér.). | *mélanger les couleurs*, mescolare, mischiare i colori. | *mélanger des objets*, mescolare degli oggetti. | *mélanger la farine et le sucre, le lait et le cacao*, mescolare la farina con lo zucchero, il latte con il cacao. | *mélanger le lait et le café*, mischiare latte e caffè. | *mélanger l'eau et le sable, l'eau et le vin*, mischiare l'acqua con la sabbia, l'acqua col vino. | *mélanger de l'huile et de l'essence*, miscelare olio e benzina. ‖ FIG. *mélanger les motifs, les styles, les races*, mescolare i motivi, gli stili, le razze. ◆ v. pr. mescolarsi. | *l'huile ne se mélange pas à l'eau*, l'olio non si mescola all'acqua.
mélangeur [melɑ̃ʒœr] m. TECHN. miscelatore.
mélanine [melanin] f. melanina.
mélanoderme [melanɔdɛrm] adj. melanoderma.
mélanome [melanom] m. MÉD. melanoma.
mélanose [melanoz] f. MÉD., BOT. melanosi.
mélasse [melas] f. melassa. ‖ POP. *être dans la mélasse*, essere nei pasticci, nei guai (m. pl.) [fam.].
melba [mɛlba] adj. inv. CULIN. *pêche, poire melba*, pesca, pera alla melba.
melchite n. et adj. V. MELKITE.
mêlé, e [mele] adj. misto. | *sang-mêlé*, sangue misto. | *monde mêlé, société mêlée*, società composita, mista.
méléagrine [meleagrin] f. meleagrina.
mêlé-cassis [mɛlekasi] ou POP. **mêlé-cass** [mɛlekas] m. = miscela (f.) di acquavite e di liquore di ribes nero. ‖ POP. *voix de mêlé-cass* = voce roca da alcolizzato.
mêlée [mele] f. mischia. | *se jeter dans la mêlée*, gettarsi nella mischia. ‖ SPORT mischia.
méléna m. V. MELÆNA.
mêler [mele] v. tr. [mélanger] mischiare. | *mêler de l'eau avec du vin*, mischiare acqua con vino. ‖ [emmêler] *mêler ses cheveux*, arruffare, scompigliare i capelli. | *mêler les cartes*, mescolare, mischiare le carte, il mazzo ; scozzare le carte. ‖ [unir] unire. | *mêler l'agréable à l'utile*, unire l'utile al dilettevole. | *mêler le sacré au profane*, mescolare il sacro al profano. ‖ [impliquer] *mêler qn dans une accusation*, immischiare, coinvolgere qlcu. in un'accusa. ◆ v. pr. [se joindre] mescolarsi, unirsi. | *se mêler à la foule*, mescolarsi alla folla. | *se mêler à un cortège*, unirsi a un corteo. | *se mêler à la conversation*, prender parte alla conversazione. ‖ FIG. [s'occuper de] immischiarsi, intromettersi, impicciarsi. | *se mêler des affaires des autres*, immischiarsi, intromettersi nelle, impicciarsi delle faccende altrui. | *se mêler de tout*, ficcare il naso dappertutto. | *de quoi te mêles-tu ?*, di che t'impicci ? | *mêle-toi de ce qui te regarde ; mêle-toi de tes oignons* (pop.), bada ai fatti tuoi, impicciati dei fatti tuoi. | *mieux vaut ne pas s'en mêler*, meglio non impicciarsene. ‖ [s'aviser de] *quand il se mêle de travailler, il réussit très bien*, quando si decide a lavorare, riesce benissimo. | *se mêler d'écrire des vers* (péjor.), aver la pretesa, la sfrontatezza di scrivere versi. ‖ LOC. *quand l'amour, la politique s'en mêle*, quando ci si mette di mezzo l'amore, la politica. | *quand le diable s'en mêle*, quando il diavolo ci mette la coda.
mélèze [melɛz] m. BOT. larice.
mélia [melja] m. BOT. melia f.
mélilot [melilo] m. BOT. meliloto.
méli-mélo [melimelo] m. FAM. guazzabuglio, garbuglio ; confusione f. (L.C.).
mélinite [melinit] f. melinite.
mélioratif, ive [meljɔratif, iv] adj. migliorativo.
1. mélique [melik] adj. melico. | *poésie mélique*, (poesia) melica.
2. mélique f. BOT. meliga, melica.
mélisme [melism] m. MUS. melisma.
mélisse [melis] f. BOT. melissa. | *eau de mélisse*, alcolato di melissa.
mélitte [melit] f. BOT. melittis m. ; bocca (f.) di lupo.
melkite [mɛlkit] n. et adj. melchita, melkita.
mellifère [mɛlifɛr] adj. mellifero.
mellification [mɛlifikasjɔ̃] f. mellificazione.
mellifique [mɛlifik] adj. mellifico.
mellite [mɛlit] m. PHARM. mellito.
mélo m. V. MÉLODRAME.
mélodie [melɔdi] f. PR. et FIG. melodia.
mélodieux, euse [melɔdjø, øz] adj. melodioso.
mélodique [melɔdik] adj. MUS. melodico.
mélodiste [melɔdist] n. melodista.
mélodramatique [melɔdramatik] adj. THÉÂTRE = del melodramma (francese). ‖ [emphatique] melodrammatico ; da melodramma.
mélodrame [melɔdram] ou abr. fam. **mélo** [melo] m. melodramma.
méloé [melɔe] m. ZOOL. meloe.
mélomane [melɔman] adj. appassionato di musica. ◆ n. melomane (rare).
melon [məlɔ̃] m. BOT. melone ; mellone (rare) ; popone (tosc.). | *melon d'eau*, cocomero ; anguria f. (rég.). ‖ LOC. *(chapeau) melon*, bombetta f.
mélongène [melɔ̃ʒɛn] ou **mélongine** [melɔ̃ʒin] f. VX, BOT. pet(r)onciano m., petronciana ; melanzana (L.C.).
mélopée [melɔpe] f. melopea.
mélophage [melɔfaʒ] m. melofago.
mélusine [melyzin] f. TEXT. = feltro (m.) dal pelo lungo.
membrane [mɑ̃bran] f. ANAT., BOT., PHYS. membrana.
membraneux, euse [mɑ̃branø, øz] adj. membranoso.
membre [mɑ̃br] m. ANAT. membro (pl. f. : *membra*) ; arto. | *le corps humain comprend la tête, le tronc et les membres*, il corpo umano comprende la testa, il tronco e le membra, gli arti. | *membres inférieurs, supérieurs, antérieurs, postérieurs*, membra, arti inferiori, superiori, anteriori, posteriori. | *membre (viril)*, membro (virile) [pl. m. : *membri*]. ‖ LITTÉR. *l'apologue des membres et de l'estomac*, l'apologo dello stomaco

e delle membra. || ARCHIT. membro, membratura f. || GRAMM., MATH. membro. || FIG. membro (pl. m. : *membri*) ; socio. | *membre d'une académie*, membro di un'accademia. | *membre d'un jury, d'une commission*, membro, componente di una giuria, di una commissione. | *membre de la famille*, membro, componente della famiglia. | *membre honoraire, d'honneur, à vie*, socio onorario, ad honorem (lat.), vitalizio. ◆ adj. *État membre*, Stato membro.

membré, e [mɑ̃bre] adj. *bien membré*, bello di membra, bene proporzionato di membra. | *mal membré*, brutto di membra, male proporzionato di membra.

membru, e [mɑ̃bry] adj. membruto.

membrure [mɑ̃bryr] f. ANAT. membratura. || [de charpente] armatura. || MAR. ossatura, membratura.

même [mɛm] adj. [semblable, identique, égal] stesso ; medesimo (un peu plus rare). | *avoir les mêmes goûts*, avere gli stessi, i medesimi gusti. | *nous avons le même professeur que l'an dernier*, abbiamo lo stesso, il medesimo professore dell'altr'anno. | *avoir le même poids*, avere lo stesso, il medesimo peso. | *être de la même opinion*, essere della stessa, della medesima opinione. | *tu es du même âge que moi*, sei della mia stessa, medesima età. | *c'est tout à fait la même chose*, è proprio la stessa, la medesima cosa ; è proprio lo stesso ; è la stessa (e) medesima cosa ; è la stessissima cosa (fam.). | *en même temps*, nello stesso tempo, al tempo stesso, nel contempo. || [insistance (après un n., un pron., un adv.)] *rapporter les paroles mêmes de qn*, riferire le precise parole di qlcu. | *la loi même l'admet*, la legge medesima lo ammette. | *ton frère même l'affirme*, tuo fratello stesso lo afferma. | *moi-même*, io stesso, medesimo ; io stessa, medesima. | *nous-mêmes*, noi stessi, medesimi ; noi stesse, medesime. | *se louer soi-même*, lodare se stesso. | *ici-même, là-même*, proprio qui, proprio lì. | *aujourd'hui même*, oggi stesso, medesimo ; proprio oggi. | *le soir même*, la sera stessa. || [personnifié] *être la bonté, la vertu même*, essere la bontà, la virtù stessa, medesima. ◆ pron. indéf. *le, la même*, lo stesso, la stessa. | *les mêmes*, gli stessi, le stesse. | *il n'est plus le même*, non è più lui, lo stesso ; non è più quello d'una volta. | *cela revient au même*, è lo stesso ; fa lo stesso (moins correct). || POP. *c'est du pareil au même*, se non è zuppa è pan bagnato (fam.). || HÉRALD. *du même*, dello stesso smalto. ◆ adv. [de plus ; aussi ; encore] anche, perfino. | *je te dirai même que tu as tort*, anzi ti dirò che hai torto. | *on dit même qu'il a volé mille francs*, si dice perfino che abbia rubato mille franchi. | *les justes même tremblent*, anche i giusti, persino i giusti tremano. | *je me promène même quand il fait froid*, vado a passeggio anche quando il tempo è freddo. | *même si tu sors*, anche se esci. | *pas même, même pas*, nemmeno, neppure, neanche ; nemmanco (rég.). | *sans même s'en rendre compte*, senza nemmeno rendersene conto. ◆ loc. adv. ***à même** : boire à même la bouteille*, bere (direttamente) alla bottiglia. | *dormir à même le sol*, dormire sulla terra nuda. || ***de même** : il en est, il en va de même pour lui*, gli accade lo stesso ; è la stessa cosa, è lo stesso per lui. | *faire de même*, fare lo stesso. | *agir de même*, agire nello stesso modo. | *et toi de même*, e così pure tu. || FAM. ***tout de même*** [néanmoins ; après tout] : nondimeno, dopo tutto, comunque (L.C.). | *tout de même, il m'avait insulté*, dopo tutto mi aveva insultato. | *c'est un peu fort tout de même !*, questa è un po' grossa, però !, perbacco ! | *je viendrai tout de même*, verrò lo stesso (fam.) ; verrò ugualmente (L.C.). || ***quand même***, v. QUAND. ◆ loc. prép. ***à même de***, in grado di. | *tu es à même de refuser*, sei in grado di, sei padrone di rifiutare. | *mettre qn à même de*, mettere uno in grado di. ◆ loc. conj. ***de même que..., de même***, come..., così. || ***même que*** (pop.), pure (fam.) ; inoltre, anzi (L.C.).

mémé [meme] f. FAM. nonnina.

mêmement [mɛmmɑ̃] adv. VX parimenti (L.C.).

mémento [memɛ̃to] m. [agenda] taccuino, agenda f. || [ouvrage] compendio, sommario. || RELIG. memento.

mémère [memɛr] f. POP. nonnina (fam.). || FAM. = donna di una certa età. | *grosse mémère*, donnona.

1. mémoire [memwar] f. [faculté] memoria. | *avoir de la mémoire*, aver memoria. | *avoir bonne, mauvaise mémoire*, avere una buona, una cattiva memoria. | *si j'ai bonne mémoire*, se la memoria non m'inganna. | *remettre en mémoire*, rammentare. | *mémoire des lieux*, memoria locale. | *jouer, diriger de mémoire*, suonare, dirigere a memoria. || [souvenir] memoria, ricordo m. | *laisser une mémoire honorée*, lasciare onorata memoria di sé. | *en mémoire, à la mémoire de*, in memoria di. | *pour mémoire*, per memoria. | *de mémoire d'homme*, a memoria d'uomo. || INF. memoria.

2. mémoire m. [exposé] memoria f. || COMM. conto. | *mémoire des frais*, conto spese. || JUR. memoria. || UNIV. *mémoire de maîtrise*, tesina f. ◆ pl. [de société savante] memorie f. pl. || [souvenirs écrits] memorie.

mémorable [memɔrabl] adj. memorabile ; memorando (littér.).

mémorandum [memɔrɑ̃dɔm] m. memorandum.

mémorial [memɔrjal] m. [écrit] memoriale. || [monument] monumento commemorativo.

mémorialiste [memɔrjalist] m. memorialista.

mémorisation [memɔrizasjɔ̃] f. memorizzazione.

mémoriser [memɔrize] v. tr. memorizzare ; mandare a memoria.

menaçant, e [mənasɑ̃, ɑ̃t] adj. minaccioso ; minaccevole (littér.). | *paroles menaçantes*, parole minacciose. | *présage menaçant*, presagio minaccioso. | *temps menaçant*, tempo minaccioso.

menace [mənas] f. minaccia. | *lettre de menace*, lettera minatoria. | *obliger par, sous la menace*, costringere con le minacce. | *menaces en l'air*, minacce senza fondamento, minacce campate in aria. | *menace de grève, d'inflation, de tempête*, minaccia di sciopero, d'inflazione, di tempesta.

menacé, e [mənase] adj. in pericolo. | *accord menacé*, accordo in pericolo. | *jours menacés*, vita in pericolo.

menacer [mənase] v. tr. PR. et FIG. minacciare. | *menacer qn de mort*, minacciare di morte qlcu., la morte a qlcu. | *menacer qn du poing, un élève d'une punition*, minacciare qlcu. col pugno, un castigo a uno scolaro. | *ces nuages nous menacent d'un orage*, queste nuvole minacciano un temporale. | *menacer ruine*, minacciare di crollare ; pericolare. | *construction qui menace ruine*, costruzione pericolante. || [avec inf.] *sa colère menace d'éclater*, rischia di dare in escandescenze. ◆ v. intr. *la pluie menace*, minaccia di piovere.

ménade [menad] f. MYTH. et FIG. menade.

ménage [menaʒ] m. [conduite d'une maison] faccende (f. pl.) di casa. | *faire le ménage*, sbrigare le faccende di casa, riassettare la casa. | *tenir son ménage*, occuparsi della casa. | *vaquer aux soins du ménage*, accudire alle faccende di casa. | *femme de ménage*, donna a mezzo servizio, donna a ore. | *faire des ménages*, andare a mezzo servizio. || [mobilier] *monter son ménage*, metter su casa. | *articles de ménage*, (articoli) casalinghi m. pl. | *pain de ménage*, pane casareccio. | *ménage de poupée* [jouet], cucinina (f.) per le bambole. || [famille] famiglia f. | *ménage de huit personnes*, famiglia di otto persone. | *il y a une dizaine de ménages dans cette maison*, una diecina di famiglie vive in questa casa. || [statistique] famiglia. || [couple] coppia f. | *jeune ménage*, giovane coppia ; (coppia di) sposini m. pl. | *faux ménage*, coppia illeggittima. | *ménage à trois*, triangolo. | *se mettre en ménage :* [se marier] sposarsi, accasarsi ; [vivre ensemble] andare a vivere con uno. | *scène de ménage*, lite (f.) tra marito e moglie. || LOC. *faire bon, mauvais ménage*, vivere in buona, in cattiva armonia ; andare, non andare d'accordo.

ménagement [menaʒmɑ̃] m. riguardo. | *avec, sans ménagement*, con, senza riguardi.

1. ménager [menaʒe] v. tr. [employer avec économie] risparmiare. | *ménager ses revenus*, spendere con parsimonia. | *ménager ses forces*, risparmiare le forze. | *ménager sa santé*, badare alla salute. | *ne pas ménager ses reproches*, non essere parco di rimproveri. | *ménager ses expressions*, misurare le espressioni. | *ménager son temps*, far buon uso del proprio tempo. || [traiter avec égards] trattare con riguardo. | *c'est un homme à ménager*, è un uomo da trattare con riguardo. | *ménager la chèvre et le chou*, salvare capra e cavoli. || PROV. *qui veut voyager loin ménage sa monture*, chi va piano va sano e va lontano. || [ne pas accabler] *ménager ses soldats, un adversaire*, risparmiare i propri soldati, un avversario. || [préparer, réserver] preparare, combinare. | *ménager une surprise*, preparare una sorpresa. | *ménager une entrevue*, combinare un incontro. | *se ménager une porte de sortie*, V. PORTE. | *ménager un escalier*, praticare una scala. | *ménager l'intérêt d'un récit*, tener desto l'interesse in un racconto. ◆ v. pr. [prendre soin de soi] risparmiarsi ; riguardarsi (la salute).

2. ménager, ère [menaʒe, ɛr] adj. [qui concerne le ménage] domestico, casalingo. || LOC. *enseignement ménager*, economia domestica. | *école ménagère*, scuola di economia domestica. | *arts ménagers*, arti della casa. | *appareil ménager*, utensile domestico. | *articles ménagers*, casalinghi m. pl. | *eaux ménagères*, acque di scolo. ◆ n. f. [femme] casalinga, massaia ; donna di casa. || [couverts] servizio (m.) di posate.

ménagerie [menaʒri] f. [animaux ; lieu] serraglio m.

mendélévium [mɛ̃delevjɔm] m. CHIM. mendelevio.

mendélien, enne [mɛ̃deljɛ̃, ɛn] adj. mendeliano.

mendélisme [mɛ̃delism] m. BIOL. mendelismo.

mendiant, e [mɑ̃djɑ̃, ɑ̃t] adj. mendicante ; mendico (littér.). | *ordres mendiants*, ordini mendicanti. | *frères mendiants*, frati questuanti. ◆ n. mendicante ; accattone m. ; mendico m. || CULIN. *un mendiant, les quatre mendiants* = la frutta secca.

mendicité [mɑ̃disite] f. mendicità, accattonaggio m. | *être réduit à la mendicité*, essere ridotto alla mendicità. | *la mendicité est interdite*, divieto di accattonaggio.

mendier [mɑ̃dje] v. tr. PR. et FIG. mendicare, elemosinare. | *mendier son pain, des compliments*, mendicare, elemosinare il pane, lodi. ◆ v. intr. mendicare, accattare, elemosinare, questuare.

mendigot, e [mɑ̃digo, ɔt] n. POP. V. MENDIANT.

mendigoter [mɑ̃digɔte] v. tr. et intr. POP. V. MENDIER.

mendole [mɑ̃dɔl] f. ZOOL. men(d)ola.

meneau [məno] m. ARCHIT. = elemento divisorio di finestra a crociera. | *fenêtre à meneaux*, finestra a crociera.

menée [məne] f. [chasse] via (percorsa dal cervo in fuga).

menées [məne] f. pl. mene, maneggi m. pl., raggiri m. pl.

mener [məne] v. tr. **1.** [conduire] condurre, portare, menare. | *mener par la main*, condurre per mano. | *mener à l'école*, condurre, menare a scuola. | *mener au combat, à la victoire*, condurre al combattimento, alla vittoria. | *mener les enfants au parc, en promenade*, portare i bambini al parco, a spasso. | *mener les bêtes au pâturage*, menare, portare le bestie al pascolo. || FIG. *l'oisiveté mène au vice*, l'ozio conduce al vizio. || **2.** [transporter] *mener qn en voiture*, condurre uno in automobile, portare uno in macchina. || **3.** [diriger] *mener la danse*, menar la danza (pr.) ; = dirigere un'azione violenta (fig.). | *mener le deuil*, V. DEUIL. | *mener une enquête*, condurre un'inchiesta. || [administrer] *bien, mal mener ses affaires, les négociations, la guerre*, condurre bene, male i propri affari, i negoziati, la guerra. || **4.** [faire arriver] menare, portare. | *le sentier qui mène au fleuve*, il sentiero che mena, porta al fiume. || FIG. *mener au mal, à la ruine, au désespoir*, condurre al male, alla rovina, alla disperazione. | *où nous mènera tout ceci ?*, dove ci porterà tutto questo ? | *cela ne mène à rien*, non mette capo a nulla. || PROV. *tous les chemins mènent à Rome*, V. CHEMIN. || GÉOM. [tracer] *mener une droite*, condurre una retta. || **5.** [suivre] *mener une vie modeste*, menare, fare una vita modesta. || [traiter] *mener qn durement*, trattare uno duramente. || **6.** LOC. *mener qn par le bout du nez*, menare uno per il naso. | *se laisser mener*, seguire passivamente. | *mener à bien, à bonne fin, à terme*, V. BIEN 2, FIN 1, TERME. | *mener loin*, avere, comportare gravi conseguenze. | *mener la vie dure à qn*, rendere a uno la vita difficile. | *l'argent mène le monde*, il denaro governa il mondo. | *ne pas en mener large* = avere addosso una gran paura. | *mener grand bruit*, far scalpore. ◆ v. intr. SPORT dominare ; [football] tenere il campo ; [hippisme] tenere la testa ; [cyclisme, autom.] guidare la corsa. | *mener par trois buts à un*, condurre per tre reti a una.

ménestrel [menɛstrɛl] m. menestrello.

ménétrier [menetrije] m. suonatore di violino (nei balli campestri).

meneur, euse [mənœr, øz] n. *meneur d'hommes* = chi ha tempra di condottiero ; guida f., capo. | *meneur de jeu*, animatore (di giochi, di spettacoli). || PÉJOR. caporione, a ; mestatore, trice ; agitatore, trice.

menhir [menir] m. menhir m. inv.

menin [mənɛ̃] m. [en Espagne] menino. || [en France] giovane gentiluomo al servizio del delfino ; paggetto.

menine [mənin] f. [en Espagne] menina ; damigella d'onore.

méninge [menɛ̃ʒ] f. meninge. || FAM. *se fatiguer les méninges*, spremersi le meningi.

méningé, e [menɛ̃ʒe] adj. meningeo. | *réaction méningée*, reazione meningea ; meningismo m.

méningiome [menɛ̃ʒiom] m. meningioma.

méningite [menɛ̃ʒit] f. meningite. | *méningite tuberculeuse, cérébro-spinale*, meningite tubercolare, cerebrospinale.

méningocoque [menɛ̃gokɔk] m. meningococco.

ménisque [menisk] m. ANAT., OPT., PHYS. menisco. || [bijou] gioiello a forma di mezzaluna.

mennonite [menɔnit] n. RELIG. mennonita.

ménologe [menɔlɔʒ] m. menologio.

ménopause [menɔpoz] f. MÉD. menopausa.

ménorragie [menɔraʒi] f. MÉD. menorragia.

menotte [mənɔt] f. FAM. manina. ◆ pl. [liens] manette. | *passer les menottes à qn*, mettere le manette a qlcu., ammanettare qlcu.

mense [mɑ̃s] f. RELIG. mensa. | *mense épiscopale*, mensa vescovile.

mensonge [mɑ̃sɔ̃ʒ] m. bugia f. ; menzogna f. (littér.). | *dire beaucoup de mensonges*, dire molte bugie. | *vivre dans le mensonge*, vivere nella menzogna.

mensonger, ère [mɑ̃sɔ̃ʒe, ɛr] adj. menzognero ; mendace (littér.). | *le caractère mensonger d'une affirmation*, la mendacità di un'affermazione.

mensongèrement [mɑ̃sɔ̃ʒɛrmɑ̃] adv. in modo menzognero ; mendacemente.

menstruation [mɑ̃stryasjɔ̃] f. PHYSIOL. mestruazione ; mestruo m.

menstruel, elle [mɑ̃stryɛl] adj. mestruale. | *cycle, sang menstruel*, ciclo, sangue mestruale.

menstrues [mɑ̃stry] f. pl. PHYSIOL. mestrui m. pl., mestruazioni.

mensualisation [mɑ̃sɥalizasjɔ̃] f. *mensualisation des salaires*, regolamento (m.) dei salari a mese.

mensualiser [mɑ̃sɥalize] v. tr. *mensualiser les salaires*, regolare i salari a mese.

mensualité [mɑ̃sɥalite] f. [paye] mesata ; [traitement] mensile m., mensilità. || [traite] mensilità. | *payer par mensualités*, pagare a rate mensili, pagare mensilmente.

mensuel, elle [mɑ̃sɥɛl] adj. mensile.

mensuration [mɑ̃syrasjɔ̃] f. misurazione.

mental, e, aux [mɑ̃tal, o] adj. mentale. | *oraison mentale*, orazione mentale. | *âge mental*, età mentale. | *troubles mentaux*, turbe mentali. | *calcul mental*, calcolo mentale, a memoria. | *restriction mentale*, riserva mentale.

mentalité [mɑ̃talite] f. mentalità. | (vx) *mentalité primitive*, mentalità primitiva.

menterie [mɑ̃tri] f. FAM., VX bugia (L.C.).

menteur, euse [mɑ̃tœr, øz] adj. et n. bugiardo ; mentitore, trice (littér.). | *fieffé menteur*, bugiardo matricolato. | *menteur comme un arracheur de dents*, bugiardo come un epitaffio. || [trompeur] menzognero. | *songes menteurs*, sogni menzogneri.

menthe [mɑ̃t] f. menta. | *pastille de menthe*, mentina.

mentino m. ‖ [pour la cuisine] menta gentile, menta romana ; mentuccia.
menthol [mɑ̃tɔl] m. CHIM. mentolo.
mentholé, e [mɑ̃tɔle] adj. mentolato.
mention [mɑ̃sjɔ̃] f. menzione. | *faire (expresse) mention de*, far (espressa) menzione di. | *digne de mention*, degno di menzione. ‖ UNIV. *passer avec mention passable*, ottenere la sufficienza. | *passer avec mention très bien*, conseguire l'esame a pieni voti. | *mention honorable*, menzione onorevole. | *passer avec mention très honorable* [doctorat], meritare centodieci (e lode).
mentionner [mɑ̃sjɔne] v. tr. menzionare ; mentovare (littér.). | *mentionné ci-dessus :* [qch.] suaccennato, summentovato, summenzionato ; [qn] sullodato. | *mentionner brièvement, ne faire que mentionner un fait*, accennare a un fatto.
mentir [mɑ̃tir] v. intr. mentire. | *sans mentir*, a dire il vero ; in verità. | *a beau mentir qui vient de loin*, lunga via lunga bugia. | *bon sang ne peut mentir*, buon sangue non mente. | *il ment comme il respire*, si nutre di menzogna. | *faire mentir le proverbe*, smentire il proverbio. ‖ [renier] *mentir à sa conviction, à sa conscience*, rinnegare le proprie convinzioni, la propria coscienza.
mentisme [mɑ̃tism] m. PSYCH. mentismo.
menton [mɑ̃tɔ̃] m. mento. | *double, triple menton*, doppio, triplo mento. | *menton en galoche*, bazza f. ‖ ZOOL. mento.
mentonnet [mɑ̃tɔnɛ] m. [de roue, de serrure] nasello, monachetto.
mentonnière [mɑ̃tɔnjɛr] f. [de coiffure] sottogola m. ou f. inv., soggolo m. ; [d'un casque] barbozza ; [de violon] mentoniera. ‖ CHIR. mentoniera.
mentor [mɛ̃tɔr] m. mentore.
1. menu, e [məny] adj. minuto. | *menu bétail*, bestiame minuto. | *menu plomb*, pallini (m. pl.) da caccia. | *menue monnaie*, spiccioli m. pl. | *menu fretin*, V. FRETIN. | *menus objets*, minutaglia f., minutame m. | *menu peuple*, popolino m. ; popolo minuto. | *menus frais*, spese (f. pl.) minute. | *menus plaisirs*, minuti piaceri m. pl. | *une femme menue*, una donna esile, gracile. ◆ n. m. *raconter par le menu*, raccontare minutamente, per minuto, per filo e per segno. | *décrire un tableau par le menu*, fare una minuta descrizione di un quadro. ◆ adv. minutamente. ‖ V. HACHER.
2. menu m. lista f. ; menù (fr.).
menuet [mənɥɛ] m. MUS. minuetto.
menuise [mənɥiz] f. [plomb] migliarina, migliarola. ‖ [poisson] minutaglia.
menuiser [mənɥize] v. intr. fare lavori di falegnameria. ◆ v. tr. [bois] lavorare.
menuiserie [mənɥizri] f. [métier ; atelier] falegnameria. ‖ [ouvrage] manufatto (m.) di legno. | *c'est une belle menuiserie*, è un bel lavoro di falegname.
menuisier [mənɥizje] m. falegname.
ménure [menyr] m. ZOOL. menura.
menu-vair [mənyvɛr] m. VX, V. PETIT-GRIS.
ményanthe [menjɑ̃t] m. BOT. menianto.
méphistophélique [mefistɔfelik] adj. mefistofelico. | *rire méphistophélique*, sogghigno mefistofelico.
méphitique [mefitik] adj. mefitico.
méplat, e [mepla, at] adj. = più largo che spesso. ‖ ART schiacciato, stiacciato. | *lignes méplates* [peinture], linee che segnano il passaggio da un piano all'altro. | *bas-relief méplat*, rilievo schiacciato, stiacciato. ◆ n. m. ART schiacciato, stiacciato.
méprendre (se) [səmeprɑ̃dr] v. pr. sbagliare v. intr., ingannarsi, prendere un abbaglio. | *se ressembler à s'y méprendre*, rassomigliarsi tanto da trarre in inganno. | *se méprendre sur les paroles, les intentions de qn*, fraintendere le parole, le intenzioni di qlcu.
mépris [mepri] m. disprezzo, sprezzo ; (di)spregio (littér.). | *éprouver du mépris pour les flatteurs*, sentire disprezzo per gli adulatori. | *mépris des richesses*, disprezzo delle ricchezze. | *mépris du danger*, sprezzo del pericolo. | *souffrir des mépris de qn*, soffrire per il disprezzo di qlcu. ◆ loc. prép. ***au mépris de***, a dispetto di, senza curarsi di, senza riguardo per.
méprisable [meprizabl] adj. spregevole, disprezzabile.
méprisant, e [meprizɑ̃, ɑ̃t] adj. sprezzante.
méprise [mepriz] f. sbaglio m., svista, abbaglio m., equivoco m. | *par méprise*, per sbaglio. | *être victime d'une méprise*, essere vittima di un malinteso.
mépriser [meprize] v. tr. disprezzare ; spregiare, sprezzare (littér.).
mer [mɛr] f. mare m. | *mer Baltique*, mar Baltico. | *vacances au bord de la mer, à la mer*, vacanze al mare. | *bras de mer*, braccio di mare. | *coup de mer*, buriana f. | *paquet de mer*, ondata f. | *naviguer en haute mer*, navigare in alto mare. | *haute, pleine, basse mer* [marée], alta, bassa marea. | *grosse mer*, mare grosso. | *gens, homme de mer*, gente (f. sing.), uomo di mare. | *loup de mer*, lupo di mare. | *un homme à la mer !*, uomo in mare ! (pr.) ; un uomo che va alla deriva, un uomo rovinato (fig.). | *mal de mer*, mal di mare. | *armée de mer*, armata (navale) ; forze (f. pl.) di mare. | *aller à la mer*, andare al mare. | *courir les mers*, correre il mare. | *mettre un canot de sauvetage à la mer*, calare, mettere in mare una lancia di salvataggio. | *prendre la mer*, mettersi in mare. | *tenir la mer*, tenere, reggere il mare. ‖ FIG. *mer de sang*, mare, lago (m.) di sangue. | *mer de sable*, mare di sabbia. | *une mer de mots, de tribulations*, un mare di parole, di guai. ‖ LOC. *une goutte d'eau dans la mer*, una goccia nel mare. | *ce n'est pas la mer à boire* = non è poi un'impresa tanto difficile.
mercanti [mɛrkɑ̃ti] m. trafficante, pescecane (pl. *pescecani, pescicani*).
mercantile [mɛrkɑ̃til] adj. mercantesco.
mercantilisme [mɛrkɑ̃tilism] m. mercantilismo.
mercantiliste [mɛrkɑ̃tilist] adj. mercantilistico. ◆ n. m. mercantilista.
mercaptan [mɛrkaptɑ̃] m. CHIM. mercaptano.
mercenaire [mɛrsənɛr] adj. et n. m. mercenario. | *travailler comme un mercenaire*, lavorare come un negro.
mercerie [mɛrsəri] f. [commerce ; articles] merceria.
mercerisage [mɛrsərizaʒ] m. mercerizzazione f.
merceriser [mɛrsərize] v. tr. mercerizzare.
merchandising [mɛrʃɑ̃dizing] m. V. MARCHANDISAGE.
1. merci [mɛrsi] f. mercé, misericordia. | *implorer merci*, implorare mercé, pietà. | *se rendre à merci*, arrendersi senza condizioni. | *une lutte sans merci*, una lotta spietata, senza pietà, senza quartiere. | *Dieu merci*, grazie a Dio. ◆ loc. prép. ***à la merci de :*** *à la merci de qn*, alla mercé di qlcu. | *à la merci des vents, des ondes*, in balia dei venti, delle onde.
2. merci m. grazie f. pl. ou m. inv. | *merci oui ou merci non ?*, grazie sì o grazie no ? | *dire un grand merci*, ringraziare infinitamente. | *mille mercis*, mille grazie, grazie mille, tante grazie, grazie assai. | *merci beaucoup, pour tout, pour le service rendu*, grazie tante, di tutto, per il servizio reso. | *un merci du fond du cœur*, un grazie di tutto cuore. | *dire merci à qn*, ringraziare qlcu. ◆ interj. grazie ! ‖ IRON. *ah bien merci !, elle était gaie la réception !*, grazie tante, che mortorio quel ricevimento ! | *merci du peu !*, scusate se è poco !
mercier, ère [mɛrsje, ɛr] n. merciaio, a ; merciaiolo m.
mercredi [mɛrkrədi] m. mercoledì ; mercoldì (fam.). | *le mercredi des Cendres*, il dì delle ceneri ; le Ceneri.
mercure [mɛrkyr] m. CHIM. mercurio.
mercureux [mɛrkyrø] adj. m. mercuroso.
1. mercuriale [mɛrkyrjal] f. [liste de prix] mercuriale.
2. mercuriale f. HIST. [assemblée ; discours] mercuriale. ‖ JUR. discorso inaugurale (dell'anno giudiziario). ‖ LITTÉR. [réprimande] riprensione, intemerata.
3. mercuriale f. BOT. mercurialis, mercorella, marcorella.
mercuriel, elle [mɛrkyrjɛl] adj. PHARM. mercuriale.
mercurique [mɛrkyrik] adj. CHIM. mercurico.
merde [mɛrd] f. VULG. [excrément] merda. ‖ [être,

chose méprisable] merda. ◆ interj. cazzo!, potta!, merda!
merdeux, euse [mɛrdø, øz] adj. VULG. merdoso.
merdier [mɛrdje] m. VULG., PR. et FIG. merdaio.
1. mère [mɛr] f. [femme] madre. | *mère de famille*, madre di famiglia. | *mère célibataire*, madre nubile. | *ressembler à sa mère*, rassomigliare alla madre; madreggiare (rare). | *madame votre mère*, la sua signora madre. ‖ [apostrophe] *petite mère*, mammina. ‖ [femelle] madre. ‖ FIG. *être une mère pour les abandonnés*, essere una madre per i derelitti. ‖ RELIG. *la mère de Dieu, la Bonne Mère*, la madre di Dio. | *notre sainte mère l'Église*, la nostra santa madre Chiesa. ‖ [religieuse] madre. | *la mère supérieure, abbesse*, la madre superiora, badessa. | *bonjour, ma mère*, buongiorno, madre. ‖ FAM. [femme d'un certain âge] *la mère Durand*, comare Durand. ‖ [apostrophe] *approchez, ma petite mère!*, avvicinatevi, nonnina! ‖ LITTÉR. [source] *France, mère des arts*, Francia, madre delle arti. ‖ *mère de vinaigre*, V. VINAIGRE. ‖ PROV. *prudence est mère de sûreté*, V. PRUDENCE. | *l'oisiveté est la mère de tous les vices*, l'ozio è il padre dei vizi. ‖ ANAT. *dure mère, pie mère*, dura madre, pia madre. ‖ THÉÂTRE *mère noble*, madre nobile. ‖ [appos.] *eau, idée, langue, maison, reine mère*, acqua, idea, lingua, casa, regina madre. ‖ LOC. [terre] *notre mère commune*, la nostra madre comune, la gran madre antica. ◆ interj. (rég.) *Bonne Mère!*, mamma santissima! (L.C.).
2. mère adj. *mère goutte :* [vin] primo mosto; [huile] olio di prima spremitura.
mère-grand [mɛrgrɑ̃] f. FAM., VX nonnina (fam.).
mergule [mɛrgyl] m. ZOOL. *mergule nain*, mergolo; gazza marina minore.
méridien, enne [meridjɛ̃, ɛn] adj. ASTR., MATH. meridiano. ◆ n. m. ASTR., MATH. meridiano. ‖ PHYS. *méridien magnétique*, meridiano magnetico. ‖ GÉOGR. *méridien (d')origine, premier méridien*, meridiano fondamentale, di riferimento, di origine. ◆ n. f. [sieste] siesta. ‖ [siège] sorta di agrippina. ‖ MATH. meridiano m. ‖ ASTR. (linea) meridiana.
méridional, e, aux [meridjɔnal, o] adj. et n. meridionale.
meringue [mərɛ̃g] f. CULIN. meringa.
meringuer [mərɛ̃ge] v. tr. guarnire di pasta da meringhe.
mérinos [merinos] m. ZOOL., TEXT. merino.
merise [məriz] f. BOT. ciliegia selvatica.
merisier [mərizje] m. ciliegio selvatico.
méristème [meristɛm] m. BOT. meristema.
méritant, e [meritɑ̃, ɑ̃t] adj. meritevole.
mérite [merit] m. merito. | *il a du mérite à avoir dit la vérité*, va a suo merito l'aver detto la verità. | *tout le mérite te, t'en revient*, il merito è tutto tuo. | *à mérite égal*, a parità di merito. | *se faire un mérite de qch.*, farsi merito di qlco. ‖ [qualité] merito, pregio. ‖ [décoration] *mérite agricole, maritime*, ordine al merito agricolo, marittimo. | *Ordre national du mérite* = ordine al merito della Repubblica francese.
mériter [merite] v. tr. meritare, valere. | *mériter une récompense, une punition*, meritare una ricompensa, una punizione. | *le châtiment que lui a mérité son crime*, il castigo che gli ha valso il suo delitto. | *lettre qui mérite une réponse*, lettera che merita risposta. ◆ v. intr. *bien mériter de la, de sa patrie*, ben meritare della patria; essere, rendersi benemerito della patria.
méritoire [meritwar] adj. meritorio.
merlan [mɛrlɑ̃] m. ZOOL. merlano, merlango. ‖ LOC. FAM. *faire des yeux de merlan frit*, fare l'occhio di triglia. ‖ POP. [coiffeur] parrucchiere, barbiere (L.C.).
merle [mɛrl] m. ZOOL. merlo. | *le merle siffle, flûte*, il merlo chioccola, fischia. ‖ FIG. *fin merle*, volpone m. | *merle blanc*, mosca bianca. | *vilain merle;* (iron.) *beau merle :* [laid] spauracchio; [désagréable] carattaccio. ‖ PROV. *faute de grives on mange des merles*, V. GRIVE.
merleau [mɛrlo] m. ZOOL. merlotto.
merlette [mɛrlɛt] f. ZOOL. merla. ‖ HÉRALD. merlotto m.
1. merlin [mɛrlɛ̃] m. [pour assommer] mazzapicchio. ‖ [hache] scure f.
2. merlin m. MAR. merlino.
merlon [mɛrlɔ̃] m. ARCHIT., MIL. merlo.
merluche [mɛrlyʃ] f. ZOOL. stoccafisso m.
merlu(s) [mɛrly] m. ZOOL. (rég.) [colin] merluzzo, nasello (L.C.).
mérostomes [merostom] m. pl. ZOOL. merostomi.
mérou [meru] m. ZOOL. cernia f.
mérovingien, enne [merɔvɛ̃ʒjɛ̃, ɛn] adj. merovingico, merovingio.
mérule [meryl] m. ou f. BOT. merulio m.
merveille [mɛrvɛj] f. meraviglia. | *faire des merveilles*, fare, compiere, operare miracoli (m. pl.), prodigi (m. pl.), meraviglie. | *faire merveille*, far prodigi. | *promettre monts et merveilles*, promettere mari e monti. | *les sept merveilles du monde*, le sette meraviglie del mondo. | *la huitième merveille du monde*, l'ottava meraviglia del mondo. ‖ CULIN. = frittella cosparsa di zucchero. ◆ loc. adv. ***à merveille,*** a meraviglia.
merveilleuse [mɛrvɛjøz] f. HIST. merveilleuse (fr.).
merveilleux, euse [mɛrvɛjø, øz] adj. meraviglioso. ◆ n. m. HIST. LITT. meraviglioso.
mérycisme [merisism] m. MÉD. mericismo.
mes adj. poss. m. et f. pl. V. MON.
mésalliance [mezaljɑ̃s] f. mésalliance (fr.); = matrimonio (m.) con una persona di condizione sociale inferiore.
mésallier [mezalje] v. tr. (rare) = sposare (un figlio, una figlia) a una persona di condizione sociale inferiore. ◆ v. pr. = sposarsi con una persona di condizione sociale inferiore.
mésange [mezɑ̃ʒ] f. ZOOL. cincia. | *mésange charbonnière*, cinciallegra. | *mésange à longue queue*, codibugnolo m. | *mésange bleue*, cinciarella. | *mésange huppée*, cincia col ciuffo. | *mésange nonnette*, cincia bigia.
mésaventure [mezavɑ̃tyr] f. disavventura.
mescaline [mɛskalin] f. PHARM. mescalina.
mesencéphale [mesɑ̃sefal] m. ANAT. mesencefalo.
mésentente [mezɑ̃tɑ̃t] f. disaccordo m., dissapore m.
mésentère [mezɑ̃tɛr] m. ANAT. mesentere.
mésentérique [mezɑ̃terik] adj. mesenterico.
mésestimation [mezɛstimasjɔ̃] f. sottovalutazione.
mésestime [mezɛstim] f. disistima.
mésestimer [mezɛstime] v. tr. disistimare, sottovalutare.
mésintelligence [mezɛ̃teliʒɑ̃s] f. disaccordo m.
mesmérisme [mɛsmɛrism] m. mesmerismo, magnetoterapia f.
mésoblaste [mezɔblast] ou **mésoderme** [mezɔdɛrm] m. BIOL. mesoblasto, mesoderma.
mésoblastique [mezɔblastik] adj. mesodermico.
mésocarpe [mezɔkarp] m. BOT. mesocarp(i)o.
mésolithique [mezɔlitik] adj. et n. m. mesolitico.
mésomère [mezɔmɛr] adj. mesomerico, mesomero.
mésomérie [mezɔmeri] f. CHIM. mesomeria.
mésomorphe [mezɔmɔrf] adj. mesomorfo.
méson [mezɔ̃] m. PHYS. mesone.
mésopotamien, enne [mezopɔtamjɛ̃, ɛn] adj. mesopotamico. ◆ n. abitante della Mesopotamia.
mésosphère [mezɔsfɛr] f. mesosfera.
mésothorax [mezotɔraks] m. ZOOL. mesotorace.
mésozoïque [mezozɔik] adj. et n. m. mesozoico, secondario.
mesquin, e [mɛskɛ̃, in] adj. meschino, gretto, misero. | *idées mesquines*, idee meschine, grette. | *sentiments mesquins*, sentimenti meschini. | *esprit mesquin*, animo gretto. | *cadeau mesquin*, regalo meschino, misero regalo. | *calcul mesquin*, calcolo meschino. | *vie mesquine*, vita misera.
mesquinerie [mɛskinri] f. meschinità, meschineria, grettezza, miseria.
mess [mɛs] m. mensa f. | *mess des officiers*, mensa ufficiali. | *au mess*, a mensa.
message [mesaʒ] m. [message concret] messaggio; [commission] ambasciata f., imbasciata f. | *message radio*, radiomessaggio. | *message téléphoné*, fono-

gramma. | *message télégraphique,* comunicazione telegrafica. || FIG. *le message de l'Évangile, d'un film,* il messaggio del Vangelo, di un film. || POLIT. messaggio. || RAD., T. V. messaggio pubblicitario.
messager, ère [mesaʒe, ɛr] n. [d'un message] messaggero, a ; nunzio m., messo m. (littér.). || [de marchandises] corriere m., procaccia n. inv. || BIOL. *A. R. N. messager,* R N A messaggero.
messagerie [mesaʒri] f. messaggeria. | *messageries maritimes,* trasporti marittimi. | *bureau des messageries,* ufficio trasporto merci.
messe [mɛs] f. RELIG. messa. | *messe basse,* messa bassa, letta, piana. | *messe chantée,* messa cantata, solenne, grande. | *messe papale, pontificale, de requiem,* messa papale, pontificale, da requiem. | *messe des morts,* messa da morto, dei defunti. | *messe de minuit,* messa di mezzanotte. | *livre de messe,* messale m. | *célébrer, dire la messe,* celebrare, dire la messa. | *aller à la messe,* andare a messa. | *servir la messe,* servir messa. | *messe noire,* messa nera. || MUS. messa. || FIG. FAM. *dire, faire des messes basses,* bisbigliare (L.C.).
messeoir [meswar] v. intr. défect. LITTÉR. *cela messied à son âge,* questo si disdice, non si addice alla sua età.
messianique [mesjanik] adj. messianico.
messianisme [mesjanism] m. RELIG. messianismo.
messidor [mesidɔr] m. HIST. messidoro.
messie [mesi] m. RELIG. Messia. || LOC. FAM. *être attendu comme le Messie,* essere atteso come il Messia.
messire [mesir] m. HIST. messere ; [prêtre, notaire] sere.
mestre [mɛstr] m. HIST. MIL. *mestre de camp,* maestro di campo.
mesurable [məzyrabl] adj. misurabile.
mesurage [məzyraʒ] m. misurazione f.
mesure [məzyr] f. **1.** [évaluation, quantité, dimension] misura. | *le cadran solaire servait à la mesure du temps,* la meridiana serviva alla misura del tempo. | *appareil de mesure,* apparecchio di misurazione. | *poids et mesures,* pesi e misure. | *unités de mesure,* unità di misura. | *deux mesures de blé, d'avoine,* due misure di grano, di biada. | *mesure à grains,* misura per aridi. | *prendre la mesure, les mesures de,* prendere la misura, le misure di. | *mesure d'un vers,* misura di un verso. || MUS. misura, tempo m. ; [chaque division] battuta. | *battre la mesure,* V. BATTRE. | *en mesure,* a tempo. || SPORT misura. || **2.** FIG. [précaution] provvedimento m., misura. | *mesure conservatoire,* misura conservativa, cautelare, prudenziale. | *mesure disciplinaire,* provvedimento, misura disciplinare. | *mesure d'urgence,* provvedimento, misura di emergenza. | *demi-mesures,* mezze misure. | *prendre les mesures nécessaires,* prendere i provvedimenti necessari, le misure necessarie. | *prendre des mesures,* prendere provvedimenti, misure. || **3.** [limite] misura, limiti m. pl. | *garder la mesure,* restare nei limiti. | *passer toute mesure,* oltrepassare la misura, i limiti. || [modération] misura, moderazione. | *manquer de mesure,* comportarsi con poca misura. || [capacité] *être en mesure de,* essere in grado di. || **4.** LOC. *avoir deux poids et deux mesures,* V. POIDS. | *faire bonne mesure,* far buon peso. | *la mesure est comble,* la misura trabocca, è colma. | *sur mesure,* su misura. | *juger qn à sa mesure,* giudicare uno col proprio metro, alla propria stregua. | *avoir un adversaire à sa mesure,* avere un avversario della propria taglia. || MATH. *il y a une, il n'y a pas de commune mesure,* c'è, non c'è una comune misura. || PAR EXT. *il n'y a pas de, il n'y a aucune commune mesure,* non c'è paragone. | *sans commune mesure,* senza paragone ; senza comune misura. | *(au fur et) à mesure (de, que),* V. FUR. ◆ loc. adv. *au-delà de toute mesure, outre mesure,* oltre ogni limite, oltre misura, fuor di misura. | *dans une certaine mesure,* fino a un certo punto, in un certo modo. | *dans la mesure du possible,* nei limiti del possibile. | *à la mesure de l'homme,* proporzionato (adj.) all'uomo. ◆ loc. conj. ***dans la mesure où,*** nella misura in cui.
mesuré, e [məzyre] adj. misurato. | *répondre en termes mesurés,* rispondere con misurate parole. | *à pas mesurés,* a passi misurati, regolari.
mesurer [məzyre] v. tr. misurare. | *mesurer au mètre,* misurare col metro. || FIG. [régler, modérer] misurare. | *il mesure ses paroles, ses forces, ses dépenses,* misura le sue parole, le sue forze, le sue spese. | *(ne pas) mesurer la portée de qch.,* (non) valutare la portata di qlco. || [proportionner] (com)misurare, proporzionare. | *mesurer la peine au crime,* (com)misurare, proporzionare il castigo al delitto. || [donner avec parcimonie] misurare. ◆ v. intr. misurare. | *le mur mesure cinq mètres de hauteur,* la parete misura cinque metri di altezza. | *il, elle mesure un mètre soixante,* è alto, alta un metro e sessanta. ◆ v. pr. misurarsi. | *se mesurer avec qn,* misurarsi, cimentarsi, competere (v. intr.) con qlcu. | *se mesurer du regard,* misurarsi con gli occhi.
mesureur [məzyrœr] m. misuratore.
mésuser [mezyze] v. tr. ind. **(de)** usar male (di), far cattivo uso (di).
méta [meta] m. meta.
métabolisme [metabɔlism] m. metabolismo. | *métabolisme basal,* metabolismo basale.
métabolite [metabɔlit] m. metabolita, metabolito.
métacarpe [metakarp] m. ANAT. metacarpo.
métacarpien, enne [metakarpjɛ̃, ɛn] adj. et n. m. metacarpale ; metacarpeo (rare).
métacentre [metasɑ̃tr] m. PHYS. metacentro.
métairie [meteri] f. [domaine] podere condotto a mezzadria. || [bâtiments] casa colonica ; fattoria.
métal [metal] m. metallo. | *métaux précieux,* metalli preziosi. | *métal anglais,* metallo britannia. | *métal blanc,* metallo bianco. || HÉRALD. metallo.
métalangage [metalɑ̃gaʒ] m. ou **métalangue** [metalɑ̃g] f. metalinguaggio m.
métaldéhyde [metaldeid] m. CHIM. metaldeide f.
métallifère [metalifɛr] adj. metallifero.
métallique [metalik] adj. metallico. || ÉCON. *encaisse métallique,* riserva metallica. || [numismatique] *histoire métallique,* storia metallica. || FIG. *voix métallique,* voce metallica.
métallisation [metalizasjɔ̃] f. metallizzazione.
métalliser [metalize] v. tr. metallizzare.
métallo m. V. MÉTALLURGISTE.
métallochromie [metalokrɔmi] f. metallocromia.
métallographie [metalografi] f. metallografia.
métallographique [metalografik] adj. metallografico.
métalloïde [metalɔid] m. metalloide.
métallurgie [metalyrʒi] f. metallurgia. | *métallurgie des poudres,* metallurgia delle polveri.
métallurgique [metalyrʒik] adj. metallurgico. | *métallurgique et mécanique,* metalmeccanico.
métallurgiste [metalyrʒist] adj. metallurgico. ◆ n. m. ou ***métallo*** (fam.) metallurgico, metalmeccanico.
métalogique [metalɔʒik] adj. metalogico. ◆ n. f. metalogica.
métamathématique [metamatematik] adj. metamatematico. ◆ n. f. metamatematica.
métamère [metamɛr] adj. CHIM. metamero. ◆ n. m. ZOOL. metamero.
métamérie [metameri] f. metameria.
métamorphique [metamɔrfik] adj. GÉOL. metamorfico. | *roches métamorphiques,* rocce metamorfiche.
métamorphiser [metamɔrfize] v. tr. metamorfizzare, metamorfosare.
métamorphisme [metamɔrfism] m. GÉOL. metamorfismo.
métamorphose [metamɔrfoz] f. PR. et FIG. metamorfosi.
métamorphoser [metamɔrfoze] v. tr. PR. et FIG. trasformare, mutare ; metamorfosare (rare). ◆ v. pr. trasformarsi, mutarsi.
métaphase [metafaz] f. BIOL. metafase.
métaphore [metafɔr] f. metafora.
métaphorique [metafɔrik] adj. metaforico.

métaphosphorique [metafɔsfɔrik] adj. CHIM. metafosforico.
métaphysicien, enne [metafizisjɛ̃, ɛn] n. metafisico m. ; studiosa (f.) di metafisica.
métaphysique [metafizik] adj. PHILOS. metafisico. ‖ [trop abstrait] metafisico, astratto, astruso. ◆ n. f. metafisica. | *métaphysique du langage*, metafisica del linguaggio. ‖ [abstraction] metafisica.
métapsychique [metapsiʃik] adj. metapsichico. ◆ n. f. metapsichica.
métapsychologie [metapsikɔlɔʒi] f. metapsicologia.
métastase [metastaz] f. MÉD. metastasi.
métatarse [metatars] m. ANAT. metatarso.
métatarsien, enne [metatarsjɛ̃, ɛn] adj. metatarsale, metatarsico. ◆ n. m. metatarsale.
métathéorie [metateɔri] f. V. MÉTAMATHÉMATIQUE.
métathèse [metatɛz] f. LING. metatesi.
métathorax [metatɔraks] m. metatorace.
métayage [metɛjaʒ] m. mezzadria f. | *contrat de métayage*, contratto mezzadrile.
métayer, ère [meteje, ɛr] n. mezzadro, a.
métazoaires [metazɔɛr] m. pl. ZOOL. metazoi.
méteil [metɛj] m. segalata f.
métempsycose [metɑ̃psikoz] f. metempsicosi.
métencéphale [metɑ̃sefal] m. metencefalo.
météo f. V. MÉTÉOROLOGIE.
météore [meteɔr] m. PR. et FIG. meteora f.
météorique [meteɔrik] adj. meteorico. | *cratère météorique*, cratere meteorico. | *pierre météorique*, pietra meteorica.
météorisation [meteɔrizasjɔ̃] f. ou **météorisme** [meteɔrism] m. MÉD., VÉTÉR. meteorismo.
météorite [meteɔrit] f. meteorite m. ou f.
météorologie [meteɔrɔlɔʒi] ou abr. fam. **météo** [meteo] f. [science] meteorologia. ‖ [service] servizio meteorologico. | *bulletin (de la) météo(rologie)*, bollettino meteorologico.
météorologique [meteɔrɔlɔʒik] adj. meteorologico.
météorologiste [meteɔrɔlɔʒist] ou **météorologue** [meteɔrɔlɔg] m. meteorologo.
métèque [metɛk] m. ANTIQ. meteco (pl. *meteci*). ‖ PÉJOR. straniero, forestiero (L.C.).
méthacrylique [metakrilik] adj. CHIM. metacrilico.
méthane [metan] m. metano ; gas di palude (VX).
méthanier [metanje] m. metaniera f.
méthanol [metanɔl] m. CHIM. metanolo.
méthode [metɔd] f. [façon de procéder ; ouvrage] metodo m. | *travailler avec méthode*, lavorare con metodo. | *méthode de dessin, de piano*, metodo di disegno, per lo studio del pianoforte. ‖ PHILOS. « *Discours de la méthode* », « Discorso sul metodo ».
méthodique [metɔdik] adj. metodico. | *aspect, caractère méthodique*, metodicità f. | *employé méthodique*, impiegato metodico. ‖ PHILOS. *doute méthodique*, dubbio metodico.
méthodiste [metɔdist] adj. RELIG. metodista, metodistico. | *rigorisme méthodiste*, rigorismo metodistico. | *église méthodiste*, chiesa metodista. ◆ n. metodista.
méthodologie [metɔdɔlɔʒi] f. metodologia.
méthyle [metil] m. CHIM. metile.
méthylène [metilɛn] m. CHIM. metilene. | *bleu de méthylène*, blu di metilene.
méthylique [metilik] adj. CHIM. metilico.
méticuleux, euse [metikylø, øz] adj. meticoloso.
méticulosité [metikylozite] f. meticolosità.
métier [metje] m. [profession] mestiere. | *homme de, du métier*, uomo del mestiere. | *corps de métier*, categoria (f.) professionale. | *armée de métier*, esercito di mestiere. | *il est menuisier de son métier*, di mestiere è falegname ; fa il falegname. | *être du métier*, essere del mestiere. | *connaître son métier*, conoscere il proprio mestiere (pr.) ; sapere il fatto proprio (pr. et fig.). | *avoir du métier*, avere (molta) pratica. | *un peintre qui a du métier*, un pittore che mostra di possedere bene il suo mestiere. | *gâter, gâcher le métier*, rovinare la piazza. | *vivre de son métier*, vivere del proprio lavoro. | *les petits métiers*, i mestieri artigianali. | *faire le plus vieux métier du monde* (euph.), fare quel mestiere ; fare il mestiere più antico del mondo. | *faire métier de*, far professione di. | *ce sont les risques du métier*, sono gl'incerti, i rischi del mestiere. | *Conservatoire des arts et métiers*, V. ART. ‖ PROV. *il n'est pas de sot métier* = tutti i mestieri sono buoni. | *chacun son métier, les vaches seront bien gardées*, chi vuol fare l'altrui mestiere fa la zuppa nel paniere. ‖ [machine] *métier à tisser, à filer*, telaio, filatoio. | *métier à broder*, telaio da ricamo. ‖ FIG. *avoir, mettre qch. sur le métier*, avere, mettere qlco. in cantiere. ‖ HIST. *les métiers*, le corporazioni, le arti.
métissage [metisaʒ] m. [homme, animal] meticciamento ; [plante] ibridazione f.
métis, isse [metis] adj. et n. meticcio. ‖ TEXT. *toile métisse, métis* (m. inv.), mezzatela f.
métisser [metise] v. tr. meticciare.
métonien [metɔnjɛ̃] adj. m. ASTR. metoniano.
métonymie [metɔnimi] f. RHÉT. metonimia.
métonymique [metɔnimik] adj. metonimico.
métope [metɔp] f. ARCHIT. metopa.
métrage [metraʒ] m. [mesurage] metraggio, metratura f. ‖ [longueur de tissu, de film] metraggio. ‖ CIN. *court, moyen, long métrage*, cortometraggio, mediometraggio, lungometraggio.
mètre [mɛtr] m. [unité, étalon] metro. | *mètre pliant, à ruban*, metro pieghevole, a nastro. | *mètre carré*, metro quadrato, quadro. | *mètre cube*, metro cubo. | *mètre par seconde*, metro al secondo. | *mètre par seconde par seconde*, metro al secondo quadrato. ‖ POÉS. metro.
métré [metre] m. [action de mesurer] metraggio, metratura f. ‖ [description détaillée] preventivo con le relative misure.
métrer [metre] v. tr. misurare.
métreur [metrœr] m. misuratore.
métricien, enne [metrisjɛ̃, ɛn] n. metricista m. ; studiosa (f.) di metrica.
métrique [metrik] adj. metrico. | *système métrique*, sistema metrico. ◆ n. f. metrica.
métrite [metrit] f. MÉD. metrite.
métro [metro] m. ABR. FAM. metrò.
métrologie [metrolɔʒi] f. metrologia.
métrologique [metrolɔʒik] adj. metrologico.
métrologiste [metrolɔʒist] m. metrologo.
métronome [metronɔm] m. metronomo.
métropole [metropɔl] f. [ville ; pays] metropoli.
métropolitain, e [metropɔlitɛ̃, ɛn] adj. metropolitano. | *territoire métropolitain*, territorio metropolitano. ‖ RELIG. *église métropolitaine*, chiesa metropolitana. ◆ adj. et n. m. *(chemin de fer) métropolitain*, (ferrovia) metropolitana f. ◆ n. m. RELIG. metropolita, arcivescovo.
métropolite [metropɔlit] m. RELIG. metropolita.
métrorragie [metroraʒi] f. MÉD. metrorragia.
mets [mɛ] m. piatto, cibo, pietanza f., vivanda f.
mettable [mɛtabl] adj. [vêtement] portabile, decente.
metteur [mɛtœr] m. CIN., THÉÂTRE *metteur en scène*, regista. ‖ RAD. *metteur en ondes*, regista della trasmissione radiofonica. ‖ TYP. *metteur en pages*, impaginatore. ‖ TECHN. *metteur en œuvre*, montatore. | *metteur au point*, rifinitore.
mettre [mɛtr] v. tr. **1.** [poser, placer] mettere, porre. | *mettre le livre, le pain sur la table*, mettere, porre il libro, il pane sulla tavola. | *mettre qn à la place d'honneur*, mettere qlcu. al posto d'onore. | *mettre un enfant au lit*, mettere a letto, coricare un bambino. | *mettre en croix, à la broche, en liberté*, mettere in croce, allo spiedo, in libertà. | *mettre qn à la direction d'un service*, mettere qlcu. a dirigere un servizio. ‖ [ajouter] *mettre du sel*, mettere del sale. ‖ **2.** [mener, accompagner] *mettre un ami dans le train*, accompagnare un amico alla stazione. | *mettre dans le bon chemin*, mettere sulla buona strada. | *mettre qn sur un sujet*, indurre qlcu. a parlare di un argomento. ‖ **3.** [revêtir] *mettre un vêtement, ses gants, ses chaussures, sa cravate*, mettersi un vestito, i guanti, le scarpe, la cravatta. | *mettre ses lunettes*, mettersi, inforcare gli occhiali. ‖ **4.** [faire un placement] *mettre dix francs dans un bibelot*, spendere dieci franchi in un soprammobile. | *mettre de l'argent dans une affaire*,

investire denaro in un affare. | *mettre une somme sur le numéro 8*, scommettere sul numero 8. || **5.** [employer] *de Bordeaux à Paris le train met 4 heures*, da Bordeaux a Parigi il treno ci mette 4 ore. | *mettre longtemps à cuire*, metterci un pezzo a cuocere. || **6.** [installer] *mettre le gaz, l'électricité*, mettere il gas, la luce elettrica. || **7.** [avec l'inf.] *mettre le café à réchauffer, le linge à sécher*, mettere a riscaldare il caffè, ad asciugare la biancheria. || **8.** FAM. [supposer] *mettons que je n'ai(e) rien dit*, mettiamo, poniamo che io non abbia detto nulla. || **9.** LOC. *mettre à même de*, mettere in grado di. | *mettre un vaisseau à la mer*, varare una nave. | *mettre un canot à la mer*, calare una lancia in mare. | *mettre qn au fait de qch.*, mettere qlcu. al corrente di, informare qlcu. di qlco., far conoscere qlco. a qlcu. || FAM. *mettre dans le bain*, compromettere (L.C.). | *mettre en boule qn*, dare ai nervi, sui nervi a qlcu. | *vouloir trop en mettre*, esagerare (L.C.). ◆ v. pr. [se placer] *se mettre en communication avec qn*, mettersi in comunicazione con qlcu. || [commencer] *se mettre à l'ouvrage, à travailler*, mettersi a lavorare. || LOC. *se mettre bien :* [habillement] vestirsi bene ; [situation enviable] fare una vita comoda, vivere tra gli agi. | *cela ne se met plus*, questo non si porta più. | *se mettre bien avec qn*, entrare in buoni rapporti con uno. | *se mettre (en ménage) avec qn*, andare a vivere con uno. | *se mettre à son aise*, mettersi comodo. | *se mettre en avant, en vedette*, mettersi in mostra, in vetrina. | *se mettre en colère*, andare in collera. | *ne plus savoir où se mettre*, non saper più dove ficcarsi. | *qu'est-ce qu'ils se mettent !* (pop.), quanto s'impinzano !, quanto pappano ! [fam.]. || Autres LOC. avec *(se) mettre*, v. mot compl.

meublant, e [mœblɑ̃, ɑ̃t] adj. adatto ad arredare ; decorativo. || JUR. *meubles meublants*, mobilia f., mobilio m.

meuble adj. [terre, sol] arabile ; [roche] friabile. || JUR. mobile. | *biens meubles*, beni mobili. ◆ n. m. mobile. | *il est, il vit dans ses meubles*, vive in una casa con mobili di sua proprietà. | *se mettre dans ses meubles*, metter su casa. || HÉRALD. figura f. || JUR. bene mobile. | *meuble incorporel, par nature*, bene mobile immateriale, materiale.

meublé, e [mœble] adj. (am)mobiliato. ◆ n. m. appartamento ammobiliato.

meubler [mœble] v. tr. (am)mobiliare. || ABSOL. *cette étoffe meuble bien*, questa stoffa è assai decorativa. || FIG. *meubler sa mémoire, son esprit*, ornare la propria memoria, la propria mente. | *meubler sa solitude avec de bons livres*, arricchire la solitudine con buoni libri.

meuglement [møgləmɑ̃] m. muggito, mugghio.

meugler [møgle] v. intr. muggire, mugghiare.

meulage [mølaʒ] m. molatura f.

1. meule [møl] f. [pour aiguiser] mola ; [pour broyer] macina. || [de fromage] forma.

2. meule f. AGR. *meule de blé*, bica. | *meule de foin*, mucchio (m.) di fieno. | *meule de paille*, pagliaio m. || [de bois] carbonaia. || [à champignons] fungaia.

meuler [møle] v. tr. molare.

meulier, ère [mølje, ɛr] adj. et n. f. molare. | *(pierre) meulière*, pietra molare. | *(carrière de pierre) meulière*, cava di pietre molari. ◆ n. m. operaio che fabbrica macine.

meunerie [mønri] f. industria molitoria. || [les meuniers] i mugnai m. pl.

meunier, ère [mønje, ɛr] n. mugnaio, a ; molitore m. (rare). || CULIN. *(à la) meunière*, alla mugnaia. ◆ n. m. ZOOL. cavedine f., cavedano. ◆ n. f. ZOOL. codibugnolo m. ◆ adj. molitorio.

meurt-de-faim [mœrdəfɛ̃] n. inv. morto, a di fame.

meurtre [mœrtr] m. omicidio (volontario). | *meurtre avec préméditation*, omicidio premeditato. | *tentative de meurtre*, tentato omicidio. | *au meurtre !*, all'assassino ! || FIG. *crier au meurtre*, lagnarsi a gran voce. || FAM. *c'est un meurtre !*, è un vero delitto !

meurtrier, ère [mœrtrije, ɛr] adj. *main meurtrière*, mano omicida. | *épidémie meurtrière*, epidemia micidiale. | *combat meurtrier*, combattimento cruento. | *arme meurtrière*, arma micidiale. ◆ n. omicida.

meurtrière [mœrtrijɛr] f. MIL. feritoia.

meurtrir [mœrtrir] v. tr. [contusionner] contundere, ammaccare. || [taler] ammaccare. || FIG. *meurtrir le cœur*, ferire, straziare, piagare il cuore. | *la fatigue lui a meurtri le visage*, la fatica gli ha segnato il viso ; ha il viso sbattuto dalla fatica.

meurtrissure [mœrtrisyr] f. contusione, ammaccatura, livido m., lividura. || [de fruit] ammaccatura. || FIG. [morale] ferita, strazio m., piaga. || [de fatigue] segno m.

meute [møt] f. PR. muta. || FIG. folla, turba, branco m.

mévendre [mevɑ̃dr] v. tr. VX vendere sotto costo, svendere (L.C.).

mévente [mevɑ̃t] f. [à perte] svendita ; vendita sotto costo ; [difficile] vendita difficile.

mexicain, e [mɛksikɛ̃, ɛn] adj. et n. messicano.

mezzanine [mɛdzanin] f. [étage] mezzanino m., ammezzato m. || [fenêtre] finestra del mezzanino.

mezzo n. ABR. V. MEZZO-SOPRANO.

mezzo-soprano [mɛdzosɔprano] (pl. **mezzo-sopranos**) m. MUS. (ital.) [voix] mezzosoprano *(pl. mezzisoprani)*. ◆ n. f. [personne] mezzosoprano m.

mezzo-tinto [mɛdzotinto] m. inv. ART (ital.) mezzotinto m., mezzatinta f.

1. mi- [mi] préf. mezzo adj. ou adv. | *mi-janvier*, metà di gennaio. | *mi-août*, ferragosto m. | *à mi-distance*, a mezza distanza. | *à mi-hauteur*, a mezza altezza. | *bas mi-long*, calza a mezza gamba. | *mi-souriant*, mezzo sorridente. | *sourire mi-ironique mi-amusé*, sorriso fra l'ironico e il divertito. | *étoffe mi-fil, mi-coton*, stoffa metà filo e metà cotone. | *mi-figue mi-raisin*, V. FIGUE. ◆ adv. LITTÉR. *dire qch. mi par jeu, mi sérieusement*, dire qlco. fra il serio e il faceto, lo scherzoso ; dire qlco. un po' per scherzo e un po' sul serio.

2. mi m. inv. MUS. [note] mi ; [chanterelle] cantino.

miaou [mjau] m. miao.

miasmatique [mjasmatik] adj. miasmatico.

miasme [mjasm] m. miasma.

miaulement [mjolmɑ̃] m. miagolìo, miagolamento, gnaulìo.

miauler [mjole] v. intr. miagolare, gnaulare.

miauleur, euse [mjolœr, øz] adj. = che miagola.

mi-bas [miba] m. inv. calzettone m.

mi-bois (à) [amibwa] loc. adv. a mezzo legno.

mica [mika] m. mica f.

micacé, e [mikase] adj. micaceo.

mi-carême [mikarɛm] f. mezza quaresima, mezzaquaresima.

micaschiste [mikaʃist] m. micascisto.

micellaire [miselɛr] adj. micellare.

micelle [misɛl] f. CHIM., PHYS. micella.

miche [miʃ] f. pagnotta.

micheline [miʃlin] f. littorina (VX) ; automotrice (con pneumatici).

mi-chemin (à) [amiʃmɛ̃] loc. adv. PR. et FIG. a mezza strada.

mi-clos, e [miklo, oz] adj. socchiuso, semichiuso.

micmac [mikmak] m. FAM. [intrigue] imbroglio (L.C.). || FAM. [désordre] pasticcio.

micocoulier [mikɔkulje] m. BOT. bagolaro.

mi-corps (à) [amikɔr] loc. adv. fino alla cintola, fino alla vita. | *portrait à mi-corps*, ritratto a mezzo busto.

mi-côte (à) [amikot] loc. adv. a mezza costa.

mi-course (à) [amikurs] loc. adv. a mezza corsa.

micro m. V. MICROPHONE.

microanalyse [mikroanaliz] f. microanalisi.

microbalance [mikrobalɑ̃s] f. microbilancia.

microbe [mikrɔb] m. BIOL. microbo ; microbio (rare). || FIG., FAM. scricciolo.

microbicide [mikrɔbisid] adj. et n. m. microbicida.

microbien, enne [mikrɔbjɛ̃, ɛn] adj. microbico.

microbiologie [mikrobjɔlɔʒi] f. microbiologia.

microcéphale [mikrosefal] adj. et n. microcefalo.

microclimat [mikroklima] m. microclima.

microcline [mikroklin] f. microclino m.

microcoque [mikrokɔk] m. micrococco.

microcosme [mikrokɔsm] m. microcosmo.

microéconomie [mikroekɔnɔmi] f. microeconomia.
microfiche [mikrofiʃ] f. microscheda.
microfilm [mikrofilm] m. microfilm m. inv. | *lecteur de microfilm*, v. MICROLECTEUR.
micrographie [mikrografi] f. micrografia.
microlecteur [mikrolɛktœr] m. ou **microliseuse** [mikrolizøz] f. microlettore m.
micromètre [mikromɛtr] m. micrometro.
micrométrique [mikrometrik] adj. micrometrico.
micromodule [mikromɔdyl] m. micromodulo.
micron [mikrɔ̃] m. micron, micrometro.
micro-organisme [mikroɔrganism] ou **microrganisme** [mikrɔrganism] m. microrganismo.
microphone [mikrofɔn] ou abr. fam. **micro** m. microfono.
microphotographie [mikrofɔtografi] f. microfotografia.
microphysique [mikrofizik] f. microfisica.
micropyle [mikropil] m. BOT. micropilo.
microscope [mikroskɔp] m. microscopio.
microscopie [mikroskɔpi] f. microscopia.
microscopique [mikroskɔpik] adj. PR. et FIG. microscopico.
microsillon [mikrosijɔ̃] m. [rainure ; disque] microsolco.
microsociologie [mikrosɔsjɔlɔʒi] f. microsociologia.
microsporange [mikrospɔrɑ̃ʒ] m. BOT. microsporangio.
microspore [mikrospɔr] f. BOT. microspora.
miction [miksjɔ̃] f. minzione.
midi [midi] m. [heure] mezzogiorno, mezzodì ; meriggio (littér.). | *à midi précis*, a mezzogiorno in punto. || [sud] mezzogiorno, meridione. | *exposé au midi*, esposto a mezzogiorno. | *vent du midi*, vento del sud ; ostro (poét.). || FIG. *midi de la vie*, meriggio della vita. || GÉOGR. Mezzogiorno, Meridione. || LOC. *chercher midi à quatorze heures*, cercar cinque piedi al montone. | *le démon de midi*, il dèmone meridiano.
midinette [midinɛt] f. FAM. midinette (fr.) ; sartina, piccinina. || PÉJOR. oca, ochetta. | *lectures de midinette*, letture da serva.
1. mie [mi] f. [pain] mollica, midolla.
2. mie f. FAM. morosa. | *ma mie*, cuor mio.
miel [mjɛl] m. miele. | *doux comme le miel*, dolce come il miele. || FIG. *paroles de miel*, paroline melate, di miele. | *être tout sucre et tout miel*, essere tutto zucchero e miele.
miellé, e [mjele] adj. melato.
miellée [mjele] ou **miellure** [mjɛlyr] f. melata.
mielleusement [mjɛløzmɑ̃] adv. mellifluamente ; in modo melato, mellifluo.
mielleux, euse [mjɛlø, øz] adj. PR. et FIG. melato, mellifluo.
mien, enne [mjɛ̃, mjɛn] adj. poss. VX mio, mia (L.C.). | *un mien cousin*, un mio cugino. || [attribut] *ce livre est mien*, questo libro è mio. ◆ pron. poss. *le mien, la mienne, les miens, les miennes*, il mio, la mia, i miei, le mie. | *ton livre et le mien*, il tuo e il mio libro. || [attribut] *cette chaise est la mienne*, questa sedia è la mia. ◆ n. m. *le mien*, il mio. || LOC. *j'y ai mis du mien*, ho fatto uno sforzo ; ho cercato di essere conciliante. ◆ n. m. pl. *les miens*, i miei.
miette [mjɛt] f. [de pain] briciola. || [débris quelconque] briciola, briciolo m. | *réduire en miettes*, ridurre in briciole, mandare in briciole ; sbriciolare. || FIG. *les miettes d'une fortune*, le briciole di un patrimonio. | *ne pas perdre une miette du spectacle*, non perdere una battuta dello spettacolo.
mieux [mjø] adv. **1.** [compar.] meglio. | *il vaut mieux*, è meglio. | *mieux vaut se taire*, meglio tacere. | *aller mieux*, [santé] star meglio ; [affaires] andar meglio ; migliorare. | *aimer mieux*, preferire. | *pour mieux dire*, per meglio dire. | *tant mieux !*, meno male ! | *de mieux en mieux*, di bene in meglio. | *tu ferais mieux de te taire*, faresti meglio a tacere. | *il travaille mieux que Jean, que moi*, lavora meglio di Giovanni, di me. | *je m'entends mieux avec toi qu'avec lui*, m'intendo meglio con te che con lui. | *chanter vaut mieux que pleurer*, meglio cantare che piangere. | *je ne demande pas mieux*, non chiedo di meglio. || LOC. *à qui mieux mieux*, a gara. || **2.** [superl.] meglio. | *c'est ce qui convient le mieux*, è quel che conviene di più. | *le plus tôt sera le mieux*, più presto sarà meglio. | *du mieux que tu pourras*, come meglio potrai. | *le jour le mieux choisi*, il giorno più opportuno. | *un livre des mieux illustrés*, un libro dei meglio illustrati. | *un homme des mieux informé*, un uomo dei meglio, dei più informati. ◆ loc. adv. ***au mieux*** : *acheter, vendre au mieux*, comprare, vendere al meglio. | *être au mieux avec qn*, essere in ottimi rapporti con qlcu. | *être au mieux (de sa forme)*, essere in piena forma. | *en mettant les choses au mieux*, (per) bene che vada, per bene che vadano le cose, nel migliore dei casi, nella migliore delle ipotesi. || ***pour le mieux*** : *faire pour le mieux*, fare per il meglio. | *tout est pour le mieux*, tutto va per il meglio. ◆ n. m. *faute de mieux*, in mancanza di meglio. | *faire de son mieux*, fare del proprio meglio. | *le mieux est de partir*, (il) meglio è partire. | *le mieux est l'ennemi du bien*, il meglio è nemico del bene, l'ottimo è nemico del buono. | *il y a un mieux* [santé], c'è un miglioramento.
mieux-être [mjøzɛtr] m. inv. maggior benessere.
mièvre [mjɛvr] adj. lezioso, sdolcinato.
mièvrerie [mjɛvrəri] f. leziosaggine, sdolcinatezza, smanceria.
mi-fer (à) [amifɛr] loc. adv. a mezzo spessore.
migmatite [migmatit] f. MINÉR. migmatite.
mignard, e [miɲar, ard] adj. lezioso, affettato, smanceroso.
mignardise [miɲardiz] f. leziosità. || BOT. *(œillet) mignardise*, garofanino m. ◆ pl. lezi m. pl., leziosaggini. | *faire des mignardises à qn*, far moine, lezi a qlcu.
mignon, onne [miɲɔ̃, ɔn] adj. carino, bellino, grazioso. | *une mignonne jeune fille*, una ragazza carina. || LOC. *c'est son péché mignon*, è il suo debole. ◆ n. FAM. *mon mignon, ma mignonne*, cocco mio, cocca mia ; tesoro mio. ◆ n. m. HIST. favorito.
mignonnette [miɲɔnɛt] f. [œillet] garofanino m. ; [chicorée] cicoria selvatica. || [gravillon] ghiaietto m.
migraine [migrɛn] f. MÉD. emicrania.
migraineux, euse [migrɛnø, øz] adj. relativo all'emicrania ; di, dell'emicrania. ◆ n. persona soggetta all'emicrania.
migrant, e [migrɑ̃, ɑ̃t] n. = chi compie una migrazione.
migrateur, trice [migratœr, tris] adj. migratore, trice ; migrante. ◆ n. m. migratore.
migration [migrasjɔ̃] f. migrazione.
migratoire [migratwar] adj. migratorio.
mi-jambe (à) [amiʒɑ̃b] loc. adv. a mezza gamba.
mijaurée [miʒɔre] f. smorfiosa.
mijoter [miʒɔte] v. tr. CULIN. crogiolare. | *mijoter de bons petits plats*, preparare squisiti manicaretti. || FAM. *mijoter un complot*, ruminare una congiura. | *mijoter une vengeance*, covare una vendetta (L.C.). ◆ v. intr. CULIN. cuocere a fuoco lento.
1. mil [mil] adj. num. [dans les dates] V. MILLE I.
2. mil m. BOT. miglio.
3. mil m. [gymnastique] clava f.
mi-laine [milɛn] adj. et n. m. *(tissu) mi-laine*, misto (m.) lana.
milan [milɑ̃] m. ZOOL. nibbio.
milanais, e [milanɛ, ɛz] adj. et n. milanese.
mildiou [mildju] m. AGR. peronospora f.
mildiousé, e [mildjuze] adj. peronosporato.
mile [majl] m. (angl.) miglio terrestre.
miliaire [miljɛr] adj. *fièvre, glande, tuberculose miliaire*, febbre, ghiandola, tubercolosi miliare. ◆ n. f. miliaria cristallina ; sudamina.
milice [milis] f. milizia.
milicien, enne [milisjɛ̃, ɛn] n. miliziano, a. ◆ n. m. HIST. milite.
milieu [miljø] m. [centre] mezzo, centro, metà f. | *le milieu de la place*, il centro della piazza. | *le milieu de la rue*, il mezzo della strada. | *le milieu d'un livre*, la metà di un libro. | *le doigt du milieu*, il dito medio. | *milieu du jour, de l'année*, metà del giorno, dell'anno.

|| Loc. *lit de milieu* = letto il cui capezzale è addossato a una delle pareti. | *milieu de table*, trionfo da tavola. || [espace matériel] mezzo, ambiente. | *l'air est le milieu dans lequel nous vivons*, l'aria è il mezzo, l'ambiente in cui viviamo. | *action du milieu*, azione del mezzo, dell'ambiente. | *le milieu naturel*, l'ambiente naturale. | *les milieux littéraires, du journalisme*, gli ambienti letterari, giornalistici. || Anat. *milieu intérieur*, mezzo interno. || [moyen terme] *le juste milieu*, il giusto mezzo. | *tenir le milieu entre*, essere a mezza strada tra (pr. et fig.). || [sphère sociale] ambiente. || [pègre] malavita f. | *argot du milieu*, gergo della malavita; lingua furbesca. | *un gars du milieu*, un malvivente, un teppista. || Hist. *l'empire du Milieu*, il Celeste Impero. ◆ loc. adv. **au beau milieu, en plein milieu,** nel bel mezzo. ◆ loc. prép. **au milieu de :** *au milieu de la rue*, nel mezzo della strada, in mezzo alla strada. | *au milieu du mois*, alla metà, a metà del mese. || [parmi] *il était au milieu de nous*, stava in mezzo a noi, stava tra di noi. | *au beau milieu de, en plein milieu de*, nel bel mezzo di.

militaire [militɛr] adj. militare. | *salut militaire*, saluto militare. | *médecin militaire*, ufficiale medico. | *art militaire*, arte (f.) della guerra. | *état militaire*, mestiere (m.) delle armi. | *faire son service militaire*, fare il soldato, il militare. | *faire son service militaire dans les chasseurs alpins*, prestar servizio negli alpini. || Fig. *heure militaire*, ora precisissima. | *exactitude militaire*, massima puntualità. ◆ n. m. militare.

militairement [militɛrmɑ̃] adv. *saluer militairement*, salutare militarmente. | *exécuter militairement*, giustiziare con fucilazione; fucilare. | *diriger une entreprise militairement*, dirigere un'azienda alla militare.

militant, e [militɑ̃, ɑ̃t] adj. et n. militante. | *militant de base*, militante di base. || Théol. *Église militante*, Chiesa militante.

militantisme [militɑ̃tism] m. = impegno attivo del militante.

militarisation [militarizasjɔ̃] f. militarizzazione.

militariser [militarize] m. militarizzare.

militarisme [militarism] m. militarismo.

militariste [militarist] adj. militaristico, militarista. ◆ n. militarista.

militer [milite] v. intr. militare. || Fig. *argument qui milite en faveur de mes idées*, argomento che milita a favore delle mie idee.

1. mille [mil] adj. num. card. inv. mille. | *deux, trois mille*, duemila, tremila. | *un billet de mille (francs)*, un biglietto da mille (franchi). | *l'an mil(le)*, il Mille. || Fig. *mille et mille fois*, mille volte. || Loc. *je te le donne en mille* = ti sfido a indovinare. || Hist. litt. *« les Mille et Une Nuits »*, « le Mille e Una Notte ». ◆ adj. num. ord. millesimo, mille. | *le numéro mille d'un journal*, il millesimo numero di un giornale. | *page mille*, pagina mille. ◆ n. m. inv. mille; migliaio. | *un sur mille*, uno su mille. | *un mille d'épingles*, un migliaio di spilli. || Loc. *mettre, taper en plein dans le mille*, v. plein. || Fam. *avoir des mille et des cents*, essere ricco sfondato. | *gagner des mille et des cents*, guadagnare quattrini a palate.

2. mille m. [mesure] miglio (pl. f. *miglia*). | *mille marin*, miglio marino, nautico.

mille-feuille [milfœj] f. Bot. millefoglio m. inv. ◆ m. Culin. millefoglie m. inv.

millénaire [milenɛr] adj. millenario. ◆ n. m. [période] millennio. || [anniversaire] millenario.

millénarisme [milenarism] m. Hist. millenarismo.

mille-pattes [milpat] m. inv. Zool. millepiedi.

millepertuis [milpɛrtɥi] m. Bot. iperico; cacciadiavoli m. inv.

millépore [milepɔr] m. Zool. millepora f.

millerandage [milrɑ̃daʒ] m. Agr. impallinamento, acinellatura f.

millésime [milezim] m. anno, millesimo.

millésimé, e [milezime] adj. *bouteille millésimée*, bottiglia d'annata.

millet [mijɛ] m. V. mil 2.

milliaire [miljɛr] adj. *colonne, pierre milliaire*, colonna, pietra miliare.

milliard [miljar] m. miliardo.

milliardaire [miljardɛr] adj. et n. miliardario.

milliardième [miljardjɛm] adj. et n. m. miliardesimo.

milliasse [miljas] f. trilione m.

millibar [milibar] m. millibar.

millième [miljɛm] adj. et n. m. millesimo.

millier [milje] m. migliaio (pl. f. *migliaia*). | *par milliers*, a migliaia; a mille; a mille a mille.

milligramme [miligram] m. milligrammo.

millimètre [milimɛtr] m. millimetro.

millimétrique [milimetrik] adj. [relatif au mm] millimetrico; [gradué en mm] millimetrato, millimetrico.

million [miljɔ̃] m. milione. || Fam. *riche à millions*, ricco a milioni.

millionième [miljɔnjɛm] adj. et n. m. milionesimo.

millionnaire [miljɔnɛr] adj. et n. milionario.

millithermie [militɛrmi] f. chilocaloria, bes-caloria.

milord [milɔr] m. Pr. et fig. milord (angl.).

milouin [milwɛ̃] m. Zool. moriglione.

mime [mim] m. [acteur; scène] mimo.

mimer [mime] v. tr. mimare. || [imiter] imitare, contraffare.

mimétique [mimetik] adj. mimetico.

mimétisme [mimetism] m. Pr. et fig. mimetismo.

mimi [mimi] m. Fam. [chat] micetto. || [baiser] bacino. || Fam. *mon petit mimi*, cocco mio, cocca mia. ◆ adj. Fam. [mignon] carino (l.c.).

mimique [mimik] adj. mimico. ◆ n. f. mimica.

mimodrame [mimodram] m. mimodramma.

mimographe [mimograf] m. mimografo.

mimosa [mimoza] m. Bot. mimosa f.

mimosacées [mimozase] f. pl. Bot. mimosacee.

minable [minabl] adj. Fam. [pauvre] misero, che fa pietà (l.c.). || [très médiocre] mediocrissimo, che fa pena. | *salaire minable*, salario di fame.

minage [minaʒ] m. (il) minare.

minaret [minarɛ] m. minareto.

minauder [minode] v. intr. far moine, vezzi, smorfie.

minauderie [minodri] f. leziosaggine, smanceria.

minaudier, ère [minodje, ɛr] adj. lezioso, smanceroso, smorfioso.

mince [mɛ̃s] adj. [léger] sottile, esile, leggero. | *étoffe, lame, tranche mince*, stoffa, lama, fetta sottile. | *colonne mince*, colonna esile. | *mince filet d'eau, de fumée*, esile filo d'acqua, di fumo. | *pardessus trop mince*, soprabito troppo leggero. || [fin] snello, sottile, esile. | *jeune fille mince*, ragazza snella. | *taille mince*, vita sottile. | *cou mince*, collo esile. | *lèvres minces*, labbra sottili. | *jambes minces*, gambe esili. || [faible] esile, magro, debole. | *profit mince*, magro profitto. | *revenu mince*, magra rendita, rendita esigua. | *mince espérance*, tenue speranza. | *prétexte mince*, magro, debole pretesto. | *connaissances minces*, nozioni scarse. | *mince talent*, scarso talento. | *ce n'est pas un mince mérite, une mince affaire*, non è un merito, una faccenda trascurabile, di poco conto. ◆ interj. Fam. caspita!, capperi!

minceur [mɛ̃sœr] f. *minceur du nez, de la taille, d'une feuille de papier*, sottigliezza del naso, della vita, di un foglio di carta. | *minceur d'un profit*, esiguità di un profitto. | *minceur d'une espérance*, tenuità d'una speranza. | *minceur des connaissances*, scarsità delle nozioni.

mincir [mɛ̃sir] v. intr. snellirsi v. pr.

1. mine [min] f. [visage] aria, aspetto m., cera. | *mine soucieuse*, aria preoccupata. | *mine patibulaire*, faccia patibolare. | *avoir la mine longue, allongée, faire triste mine*, aver il muso lungo; rimaner male. | *bonne, mauvaise mine*, buona, brutta cera. || Fig. *ce plat a bonne mine*, questa pietanza ha bell'aspetto. | *juger sur la mine*, giudicare dall'aspetto. || Loc. *j'ai eu bonne mine!*, ho fatto bella figura! | *faire la mine*, fare il broncio, mettere il muso. | *faire bonne mine, grise mine à qn*, far buon viso a, buona, cattiva accoglienza a qlcu. | *ne pas payer de mine*, v. payer. | *faire mine de*, far finta di. | *mine de rien* (pop.), come se niente fosse. ◆ pl. *faire des mines*, far vezzi, moine.

2. mine f. [gisement] miniera. | *mine d'or*, miniera d'oro (pr. et fig.). | *mine de soufre*, solfara. | *École des*

mines = Istituto d'ingegneria mineraria. | *ingénieur des mines*, ingegnere minerario. | *exploiter une mine*, coltivare, sfruttare una miniera. || FIG. [fonds] miniera. || *mine de crayon*, mina. | *mine de plomb*, piombaggine, grafite. || [explosif] mina. | *champ de mines*, campo minato. | *mine antichar, antipersonnel*, mina anticarro, antiuomo. || FIG. *éventer la mine*, sventare il complotto.
3. mine f. [mesure] Vx mina.
miner [mine] v. tr. [poser des mines] minare. | *terrain miné*, terreno minato. || [creuser] corrodere. | *l'eau mine la pierre*, l'acqua corrode la pietra. || FIG. minare. | *le chagrin la mine*, si strugge di dolore, è minata dal dolore.
minerai [minrɛ] m. minerale.
minéral, e, aux [mineral, o] adj. minerale. | *chimie minérale*, chimica minerale, inorganica. ◆ n. m. minerale.
minéralier [mineralje] m. mercantile per trasporto (di) minerali.
minéralisateur, trice [mineralizatœr, tris] adj. mineralizzatore, trice. ◆ n. m. agente mineralizzatore.
minéralisation [mineralizasjɔ̃] f. mineralizzazione.
minéraliser [mineralize] v. tr. mineralizzare.
minéralogie [mineralɔʒi] f. mineralogia.
minéralogique [mineralɔʒik] adj. mineralogico. | *collection minéralogique*, collezione mineralogica. | *arrondissement minéralogique*, distretto minerario. | *numéro, plaque minéralogique* (VX), numero, targa di immatricolazione (L.C.).
minéralogiste [mineralɔʒist] n. mineralogista, mineralista.
1. Minerve [minɛrv] f. TYP. pedalina ; macchina a platina.
2. minerve f. CHIR. minerva.
minet, ette [minɛ, ɛt] n. FAM. [chat] micetto, a. || [appellatif] cocco, cocca. || NÉOL. = ragazzo, ragazza all'ultima moda.
1. mineur [minœr] m. minatore. | *mineur de fond*, minatore di fondo. | *lampe de mineur*, lampada da minatore. | *sapeur-mineur*, V. SAPEUR.
2. mineur, e adj. [plus petit] minore. || MUS. minore. || RELIG. *ordres, frères mineurs*, ordini, frati minori. ◆ adj. et n. JUR. minorenne, minore. | *enfant mineur*, ragazzo minorenne. | *abandon de mineurs*, abbandono di minori. ◆ n. f. PHILOS. minore.
miniature [minjatyr] f. [lettre] lettera miniata. || ART miniatura. | *en miniature*, in miniatura. ◆ adj. *golf miniature*, minigolf m. | *lampe miniature*, minilampada f. | *train miniature*, treno in miniatura.
miniaturé, e [minjatyre] adj. miniato.
miniaturisation [minjatyrizasjɔ̃] f. miniaturizzazione.
miniaturiser [minjatyrize] v. tr. miniaturizzare.
miniaturiste [minjatyrist] n. miniaturista ; miniatore, trice.
minibus [minibys] m. inv. minibus.
minicassette [minikasɛt] f. minicassetta.
minier, ère [minje, ɛr] adj. minerario. ◆ n. f. miniera coltivata a cielo aperto.
minijupe [miniʒyp] f. minigonna.
minima (a) [aminima] loc. adv. JUR. *appel a minima*, reformatio (f.) in pejus (lat.).
minimal, e, aux [minimal, o] adj. minimale, minimo.
minime [minim] adj. minimo, piccolissimo. ◆ n. m. RELIG. minimo. ◆ n. SPORT allievo, a.
minimiser [minimize] v. tr. minimizzare.
minimum [minimɔm] m. minimo. | *un minimum de bon sens*, un minimo di buon senso. | *un minimum d'efforts*, uno sforzo minimo. | *minimum vital*, minimo vitale, di sussistenza. || JUR. *condamner au minimum*, condannare al minimo della pena. || MATH. minimo. ◆ adj. V. MINIMAL. ◆ loc. adv. ***au minimum,*** al minimo.
ministère [ministɛr] m. [fonction, durée, cabinet, bureau] ministero ; [département d'un ministre] ministero, dicastero. || JUR. *ministère public*, pubblico ministero. | *par ministère d'huissier*, per atto di ufficiale giudiziario. || RELIG. *(saint) ministère*, (sacro) ministero.
ministériel, elle [ministerjɛl] adj. ministeriale. | *circulaire, crise ministérielle*, circolare, crisi ministeriale. | *journal ministériel*, giornale governativo. || JUR. *officier ministériel*, pubblico ufficiale.
ministrable [ministrabl] adj. FAM. ministrabile.
ministre [ministr] m. [homme d'État, diplomate] ministro. | *ministre plénipotentiaire*, ministro plenipotenziario. | *ministre d'État*, ministro senza portafoglio. || RELIG. *ministre des autels, de Dieu, du culte*, ministro di Dio, del culto. || [pasteur] ministro ; pastore protestante. ◆ adj. *bureau ministre*, ministeriale m. | *papier ministre*, carta (f.) protocollo.
minium [minjɔm] m. minio. | *passer au minium*, dare una mano di minio a.
minoen, enne [minɔɛ̃, ɛn] adj. minoico. ◆ n. m. LING. minoico.
minois [minwa] m. FAM. visetto, visettino, faccina f.
minorer [minɔre] v. tr. diminuire.
minoritaire [minɔritɛr] adj. minoritario. ◆ n. = chi appartiene alla minoranza. | *les minoritaires*, la minoranza.
minorité [minɔrite] f. [âge] minorità ; minore età. || [quantité] minoranza. | *être (mis) en minorité*, essere (posto) in minoranza. | *minorité nationale*, minoranza etnica.
minoterie [minɔtri] f. [entreprise] mulino m., molino m. || [industrie] industria molitoria. || [commerce] commercio (m.) delle farine.
minotier [minɔtje] m. mugnaio ; proprietario di stabilimento molitorio.
minuit [minɥi] m. mezzanotte f. | *messe, soleil de minuit*, messa, sole di mezzanotte. | *après minuit*, dopo la mezzanotte.
minuscule [minyskyl] adj. minuscolo. ◆ n. f. minuscola.
minus habens [minysabɛ̃s] ou **minus** n. inv. FAM. minus habens (lat.) ; deficiente, inetto (L.C.).
minutage [minytaʒ] m. cronometraggio.
minutaire [minytɛr] adj. JUR. in minuta ; originale.
minute [minyt] f. [unité] minuto m. | *toutes les cinq minutes*, ogni cinque minuti. || [instant] *d'une minute à l'autre*, da un momento all'altro, di minuto in minuto. | *à la minute*, sull'istante. | *à la minute où*, nel momento in cui. | *ce n'est pas à une minute près*, non è troppo urgente. || [en appos.] *ressemelage-minute*, risuolatura lampo. | *Cocotte-Minute* = pentola a pressione. | *plat-minute*, piatto espresso. || JUR. minuta. || MATH. minuto primo. ◆ interj. FAM. *minute (papillon)!*, un momento ! ; adagio ! ; piano ! (L.C.).
minuter [minyte] v. tr. [fixer une durée] calcolare, cronometrare la durata di. || JUR. minutare.
minuterie [minytri] f. minuteria.
minutie [minysi] f. minuziosità.
minutier [minytje] m. JUR. minutario.
minutieux, euse [minysjø, øz] adj. minuzioso.
miocène [mjɔsɛn] m. miocene. ◆ adj. miocenico.
mioche [mjɔʃ] n. FAM. marmocchio m. ; mimmo, mimma (pop.).
mi-parti, e [miparti] adj. *robe mi-partie de blanc et de noir*, vestito mezzo bianco e mezzo nero. || HÉRALD. semipartito.
mirabelle [mirabɛl] f. BOT. mirabella. || [eau-de-vie] acquavite di mirabella.
mirabellier [mirabelje] m. BOT. mirabella f.
mirabilis [mirabilis] m. BOT. mirabilis f.
miracle [mirakl] m. miracolo. | *par miracle*, per miracolo. | *cela tient du miracle*, ha del miracoloso. | *accomplir, faire des miracles*, far miracoli. | *crier (au) miracle*, gridare al miracolo. | *un miracle d'intelligence, d'harmonie*, un miracolo d'intelligenza, di armonia. | *un miracle de bonté*, un angelo di bontà. || THÉÂTRE miracolo. ◆ adj. inv. *produit miracle*, prodotto miracoloso. | *solution miracle*, soluzione miracolosa.
miraculé, e [mirakyle] adj. et n. miracolato.
miraculeux, euse [mirakylø, øz] adj. PR. et FIG. miracoloso.
mirador [miradɔr] m. ARCHIT. mirador (esp.) ; altana f. || MIL. mirador.

mirage [miraʒ] m. OPT. miraggio ; fata morgana. ‖ FIG. miraggio ; promessa (f.) ingannevole ; illusione (f.).
mirbane [mirban] f. *essence de mirbane*, essenza di mirbana ; nitrobenzene m.
mire [mir] f. [topographie] mira, stadia. ‖ MIL. *cran, ligne de mire*, tacca, linea di mira. | *prendre la ligne de mire*, prendere la mira. | *point de mire*, bersaglio. ‖ FIG. *être le point de mire de tous, des critiques*, essere il centro dell'attenzione, il bersaglio delle critiche. ‖ T.V. figura di prova.
mire-œufs [mirø] m. inv. sperauova, ovoscopio m.
mirer [mire] v. tr. *mirer un œuf*, sperare un uovo. ‖ LITTÉR. [refléter] specchiare. ◆ v. pr. LITTÉR. specchiarsi. ‖ [se complaire] *se mirer dans son ouvrage*, compiacersi della propria opera.
mireur, euse [mirœr, øz] n. chi spera le uova.
mirifique [mirifik] adj. FAM. mirabolante ; strabiliante (L.C.).
mirliflore [mirliflɔr] m. FAM. bellimbusto, damerino, vagheggino.
mirliton [mirlitɔ̃] m. [flûte] mirliton (fr.). ‖ FAM. *vers de mirliton*, versi da colascione.
mirmillon [mirmijɔ̃] m. ANTIQ. mirmillone.
mirobolant, e [mirɔbɔlɑ̃, ɑ̃t] adj. FAM. V. MIRIFIQUE.
miroir [mirwar] m. PR. et FIG. specchio. | *se regarder dans un miroir*, guardarsi nello, allo specchio ; specchiarsi. | *le miroir de l'âme*, lo specchio dell'anima. | *miroir d'eau*, specchio d'acqua. | *miroir à, aux alouettes*, specchietto per le allodole (pr. et fig.). ‖ AÉR. *miroir d'appontage*, specchio d'appontaggio. ‖ CULIN. *œufs au miroir*, uova al tegamino.
miroitant, e [mirwatɑ̃, ɑ̃t] adj. luccicante, scintillante.
miroitement [mirwatmɑ̃] m. luccichìo, scintillìo.
miroiter [mirwate] v. intr. luccicare, scintillare. ‖ FIG. *faire miroiter*, far balenare.
miroiterie [mirwatri] f. industria, commercio (m.) degli specchi. ‖ [atelier] officina dello specchiaio.
miroitier [mirwatje] m. specchiaio.
miroton [mirɔtɔ̃] m. CULIN. stracotto, stufato con cipolle.
mis, mise [mi, miz] adj. *table mise*, tavola apparecchiata. ‖ [habillé] vestito. | *bien, mal mis*, vestito bene, male.
misaine [mizɛn] f. MAR. *(voile de) misaine*, trinchetto m. | *mât de misaine*, (albero [m.] di) trinchetto.
misanthrope [mizɑ̃trɔp] adj. misantropico. ◆ n. misantropo m.
misanthropie [mizɑ̃trɔpi] f. misantropia.
misanthropique [mizɑ̃trɔpik] adj. misantropico.
miscellanées [misɛlane] f. pl. miscellanea f. sing.
miscible [misibl] adj. miscibile.
mise [miz] f. **1.** [action de mettre] messa. | *mise à feu*, accensione. | *mise à flot, à l'eau*, varo m., (il) varare. | *mise à pied*, licenziamento m. | *mise à prix*, taglia ; [encan] prezzo base. | *mise à la terre*, messa a terra. | *mise au concours (de)*, concorso (m.) per l'assegnazione (di). | *mise à jour*, aggiornamento m. | *mise au jour*, ritrovamento m., scoperta. | *mise au net d'une lettre*, bella copia di una lettera. | *mise aux voix*, (il) mettere ai voti. ‖ PSYCHAN. *la mise en acte*, l'agire. | *mise en action*, messa in azione. | *mise en application*, attuazione. | *mise en boîte* : PR. inscatolamento m. ; FIG. FAM. presa in giro. | *mise en bouteilles*, imbottigliamento m. | *mise en branle*, messa in moto. | *mise en cause*, chiamata in causa. | *mise en disponibilité*, collocamento (m.) in aspettativa. | *mise en eau d'un barrage*, messa in funzione di uno sbarramento. | *mise en état*, assetto m. | *mise en exploitation*, messa in esercizio. | *mise en forme*, stesura. | *mise en gage*, costituzione in pegno. | *mise en marche*, messa in marcia. | *mise en œuvre*, attuazione. | *mise en ondes*, messa in onda. | *mise en place*, insediamento m. | *mise en possession*, immissione nel possesso. | *mise en valeur*, valorizzazione. | *mise en vente*, messa in vendita. | *mise en vigueur*, entrata in vigore. | *mise sous séquestre*, messa sotto sequestro. | *mise sous tension*, messa in tensione. | *mise sur pied*, impianto m. | *mise bas*, parto m. ‖ LOC. *ce n'est pas de mise*, non è di regola, di prammatica ; è inammissibile. | Autres LOC. avec *mise*, v. mot compl. ‖ **2.** [somme d'argent] posta, puntata. | *doubler, retirer sa mise*, raddoppiare, ritirare la posta, la puntata. | *mise de fonds importante*, conferimento (m.) di capitale. ‖ LOC. *sauver la mise à qn*, salvare qlcu. ; tirar fuori dai guai qlcu. ‖ **3.** [manière de s'habiller] modo (m.) di vestire. | *mise élégante*, abbigliamento (m.) elegante.
miser [mize] v. tr. scommettere, puntare. ‖ LOC. *miser sur les deux tableaux*, tenere il piede in due staffe. | *miser sur qn*, riporre le proprie speranze su qlcu. | *miser sur la publicité*, puntare sulla pubblicità. | *miser sur le mauvais cheval*, fare una brutta, una cattiva scelta ; fare un cattivo investimento.
misérabilisme [mizerabilism] m. = vittimismo.
misérabiliste [mizerabilist] adj. = vittimistico.
misérable [mizerabl] adj. [pauvre] misero, miserabile. | *mener une existence misérable*, condurre un'esistenza misera. | *un quartier misérable*, un misero quartiere. | *famille, logement misérable*, famiglia, alloggio miserabile. | *milieu misérable*, ambiente miserabile, squallido. ‖ [digne de pitié] miserabile, miserevole ; miserando (littér.). | *fin misérable*, fine miserabile, miseranda. | *vie misérable*, vita miserevole. | *conditions misérables*, condizioni miserabili, miserevoli. ‖ [digne de mépris] miserabile. | *action, métier misérable*, azione, mestiere miserabile. | *misérable traître*, miserabile traditore. ‖ [minime] misero, miserabile, meschino. | *salaire misérable*, misero salario ; salario meschino, miserabile. ◆ n. miserabile, disgraziato, a, sciagurato, a. | *tais-toi, misérable !*, taci, miserabile ! ‖ HIST. LITT. « *les Misérables* », « i Miserabili ».
misère [mizɛr] f. [pauvreté] miseria. | *misère noire*, V. NOIR. | *vivre, tomber dans la misère*, vivere, cadere in miseria. | *crier, pleurer misère*, piangere miseria. | *salaire de misère*, salario di fame. ‖ MÉD. *misère physiologique*, miseria fisiologica. ‖ [faiblesse] *la misère de l'homme*, l'umana miseria. ‖ [chose peu importante] miseria, inezia. | *se fâcher pour une misère*, arrabbiarsi per un'inezia, per un nonnulla. ‖ LOC. *collier de misère* = vita da schiavi. ‖ BOT. miseria. ◆ pl. *les misères de la guerre*, le calamità della guerra. | *les misères de la vieillesse*, gli acciacchi della vecchiaia. ‖ FAM. *faire des misères, de petites misères à qn*, far dispetti, dispettucci a qlcu. ◆ interj. per la miseria !
miserere [mizerere] m. inv. RELIG. miserere (lat.). ‖ FAM. lamentela f., piagnisteo. ‖ VX *colique de miserere*, colica, male (m.) del miserere.
miséreux, euse [mizerø, øz] adj. et n. miserabile.
miséricorde [mizerikɔrd] f. misericordia. ‖ PROV. *à tout péché miséricorde*, ad ogni peccator perdono. ‖ [saillie de stalle] misericordia. ‖ [poignard] misericordia. ‖ MAR. *ancre de miséricorde*, ancora di speranza, di rispetto. ◆ interj. misericordia !
miséricordieux, euse [mizerikɔrdjø, øz] adj. misericordioso.
misogyne [mizɔʒin] adj. et n. misogino adj. et n. m.
misogynie [mizɔʒini] f. misoginia.
miss [mis] (pl. **miss** ou **misses**) f. miss (angl.). ‖ [reine de beauté] *Miss Italie*, Miss Italia.
missel [misɛl] m. messale.
missile [misil] m. missile. | *missile air-air, air-mer*, missile aria-aria, aria-mare. | *missile air-sol*, missile aria-superficie, aria-terra.
mission [misjɔ̃] f. missione. | *remplir une mission*, compiere una missione. | *mission diplomatique, aérienne*, missione diplomatica, aerea. ‖ RELIG. missione. | *pays de mission*, paese di missione. | *prêcher une mission*, predicare una missione.
missionnaire [misjɔnɛr] adj. et n. missionario.
missive [misiv] adj. et n. f. missiva.
mistelle [mistɛl] f. mosto mutizzato.
mistigri [mistigri] m. FAM. [chat] micio.
mistoufle [mistufl] f. POP. miseria (L.C.). | *faire des mistoufles à qn*, far dispetti a uno (fam.).
mistral [mistral] m. maestrale ; [Provence] mistral.
mitaine [mitɛn] f. mezzo guanto.
mitard [mitar] m. ARG. baitino ; cella (f.) di punizione (L.C.).

mite [mit] f. ZOOL. tarma, tignola. | *mangé des, aux mites*, roso dalle tignole ; tarmato, intignato.
mité, e [mite] adj. tarmato, intignato.
mi-temps [mitɑ̃] f. SPORT *première, deuxième mi-temps*, primo, secondo tempo. ‖ [temps d'arrêt] intervallo m. ‖ LOC. *à mi-temps*, a mezza giornata, a orario ridotto. ◆ n. m. *assurer un mi-temps dans l'enseignement, les hôpitaux*, lavorare a orario ridotto a scuola, all'ospedale.
miter (se) [səmite] v. pr. tarmarsi, intignarsi.
miteux, euse [mitø, øz] adj. misero, miserabile.
mithriacisme [mitrijasism] m. RELIG. mitraismo.
mithriaque [mitrijak] adj. mitraico, mitriaco.
mithridatisation [mitridatizasjɔ̃] f. ou **mithridatisme** [mitridatism] m. mitridatismo m., mitridatizzazione f.
mithridatiser [mitridatize] v. tr. mitridatizzare.
mitigation [mitigasjɔ̃] f. mitigazione.
mitigé, e [mitiʒe] adj. [adouci] mitigato, attenuato, temperato. | *avoir un zèle mitigé*, avere uno zelo moderato. ‖ FAM. [mélangé] mescolato, misto (L.C.).
mitiger [mitiʒe] v. tr. mitigare, attenuare, temperare.
mitochondrie [mitokɔ̃dri] f. BIOL. mitocondrio m.
mitonner [mitɔne] v. intr. cuocere a fuoco lento. ◆ v. tr. *mitonner un bon petit repas*, preparare un bel pranzetto. ‖ FIG., FAM. *mitonner une affaire*, preparare accuratamente un affare (L.C.).
mitose [mitoz] f. BIOL. mitosi.
mitoyen, enne [mitwajɛ̃, ɛn] adj. JUR. [commun] *puits mitoyen*, pozzo in comune, di proprietà comune. ‖ [qui sert de limite] *mur mitoyen*, muro divisorio. ‖ [contigu] *maison mitoyenne de la nôtre*, casa contigua alla nostra.
mitoyenneté [mitwajɛnte] f. contiguità. ‖ JUR. comproprietà.
mitraillade [mitrajad] f. MIL. mitragliata ; raffica di mitraglia.
mitraillage [mitrajaʒ] m. MIL. mitragliamento.
mitraille [mitraj] f. MIL. mitraglia. ‖ FAM. [petite monnaie] mitraglia (rare) ; spiccioli m. pl. (L.C.).
mitrailler [mitraje] v. tr. MIL. mitragliare. ‖ FAM. *mitrailler de questions*, mitragliare di domande. ‖ [photographier] mitragliare, bombardare.
mitraillette [mitrajɛt] f. MIL. mitra m. inv.
mitrailleur [mitrajœr] adj. *fusil mitrailleur*, fucile mitragliatore. ◆ n. m. [soldat] mitragliere.
mitrailleuse [mitrajøz] f. mitragliatrice. | *mitrailleuse lourde*, mitragliera.
mitral, e, aux [mitral, o] adj. ANAT. mitrale. | *valvule mitrale*, valvola mitrale. ‖ MÉD. mitralico. | *insuffisance mitrale*, insufficienza mitralica.
mitre [mitr] f. ANTIQ., RELIG. mitra. | *recevoir la mitre*, ricevere la mitra. ‖ [de cheminée] mitra.
mitré [mitre] adj. m. mitrato.
mitron [mitrɔ̃] m. garzone del fornaio.
mi-voix (à) [amivwa) loc. adv. a mezza voce ; sottovoce.
mixage [miksaʒ] m. CIN. missaggio.
mixer [mikse] v. tr. CIN. missare.
mixer ou **mixeur** [miksœr] m. TECHN. frullatore.
mixité [miksite] f. *mixité scolaire*, scuola mista.
mixte [mikst] adj. misto. | *commission, classe, équipe, population mixte*, commissione, classe, squadra, popolazione mista. | *mariage mixte*, matrimonio misto, di mista religione. | *train, navire mixte*, treno misto, nave mista. ‖ MATH. *ligne mixte*, linea mista. ‖ SPORT *double mixte*, doppio misto. ‖ [qui tient le milieu] *genre mixte*, genere misto. | *le drame est un genre mixte entre la tragédie et la comédie*, il dramma è un misto di tragedia e di commedia.
mixtiligne [mikstiliɲ] adj. MATH. mistilineo.
mixtion [mikstjɔ̃] f. mistione (rare) ; mescolanza.
mixtionner [mikstjɔne] v. tr. mescolare.
mixture [mikstyr] f. miscuglio m., mistura. ‖ PÉJOR. mistura, intruglio m.
mnémonique [mnemɔnik] adj. mnemonico.
mnémotechnie [mnemɔtɛkni] f. mnemonica, mnemotecnica.
mnémotechnique [mnemotɛknik] adj. mnemotecnico. ◆ n. f. V. MNÉMOTECHNIE.
mnésique [mnezik] adj. PSYCHAN. *symbole mnésique*, simbolo mnestico. | *trace mnésique*, traccia mnemonica.
moabite [mɔabit] adj. et n. moabita. ‖ LING. moabitico.
mobile [mɔbil] adj. mobile. | *fêtes mobiles*, feste mobili. ‖ FIG. [changeant] mobile, mutevole. ‖ ÉCON. *échelle mobile*, scala mobile. ‖ MIL., VX *garde nationale mobile*, guardia nazionale mobile. ‖ TYP. *caractères mobiles*, caratteri mobili. ◆ n. m. [corps en mouvement] mobile. ‖ ART mobile (angl.). ‖ ASTR. *premier mobile*, primo mobile. ‖ JUR. causale f. ‖ MIL. milite (della guardia nazionale mobile). ‖ FIG. [motif] movente. | *mobile d'achat*, movente d'acquisto.
mobilier, ère [mɔbilje, ɛr] adj. JUR. mobile, mobiliare. | *biens mobiliers*, beni mobili. | *richesse mobilière*, ricchezza mobile. | *capital, crédit mobilier*, capitale, credito mobiliare. | *saisie mobilière*, sequestro, pignoramento mobiliare. | *valeurs mobilières*, valori mobiliari. ◆ n. m. mobilia f., mobilio ; mobili m. pl. ; mobile (VX). | *Mobilier national*, (deposito di) mobili di proprietà dello Stato. | *mobilier urbain*, attrezzature urbane.
mobilisable [mɔbilizabl] adj. MIL. = che può essere mobilitato. ‖ COMM. realizzabile.
mobilisateur, trice [mɔbilizatœr, tris] adj. MIL. *centre mobilisateur*, centro di mobilitazione.
mobilisation [mɔbilizasjɔ̃] f. mobilitazione. | *mobilisation générale, de l'industrie, des consciences*, mobilitazione generale, dell'industria, delle coscienze. ‖ CHIR. mobilizzazione. ‖ COMM. *mobilisation de capitaux*, mobilitazione di capitali.
mobiliser [mɔbilize] v. tr. MIL. mobilitare. ‖ CHIR. mobilizzare. ‖ COMM. mobilitare. ‖ POL. *mobiliser l'opinion publique, les adhérents d'un parti*, mobilitare l'opinione pubblica, gli aderenti di un partito. ‖ FIG. *mobiliser toutes ses forces, ses amis, sa famille*, mobilitare le proprie energie, gli amici, la famiglia.
mobilité [mɔbilite] f. PR. et FIG. mobilità. | *mobilité de la main-d'œuvre, du travail*, mobilità della manodopera, del lavoro. | *mobilité professionnelle, sociale*, mobilità professionale, sociale.
mocassin [mɔkasɛ̃] m. mocassino.
moche [mɔʃ] adj. FAM. [laid] racchio ; brutto (L.C.). ‖ [méprisable] brutto, vergognoso, meschino.
modal, e, aux [mɔdal, o] adj. GRAMM., MUS., PHILOS. modale.
modalité [mɔdalite] f. modalità.
1. mode [mɔd] f. moda. | *lancer une mode*, lanciare una moda. | *suivre la mode*, seguire la moda, tener dietro alla moda. | *revenir à la mode*, tornare di moda. | *articles de mode*, articoli di moda. | *journal de mode*, giornale di moda ; figurino m. | *gravure de mode*, figurino. | *couleur mode*, colore di moda. | *à la mode*, di moda, in voga. | *être à la mode*, essere di moda. | *c'est la mode de porter un chapeau*, è di moda portare un cappello. | *c'est la mode des chaussures pointues*, le scarpe a punte vanno, sono di moda. | *travailler dans la mode*, lavorare nell'industria della moda. ‖ [coutume] uso m., maniera. | *c'est la mode*, questo è l'uso. | *vivre à la mode de*, vivere al modo di, alla maniera di. | *à la mode de chez nous*, come si usa da noi. ‖ CULIN. *bœuf (à la) mode* = stufato di manzo lardellato, con cipolle e carote. ‖ LOC. *neveu, nièce à la mode de Bretagne*, biscugino, biscugina. | *oncle, tante à la mode de Bretagne*, cugino primo, cugina prima del padre, della madre. ◆ pl. *magasin de modes*, negozio di mode.
2. mode m. [forme] modo, forma f. | *mode de vie, de pensée*, modo di vivere, di pensare. | *mode d'emploi, d'application*, istruzioni (f. pl.) per l'uso. | *mode de paiement*, modo, sistema di pagamento. | *mode de production*, modo, metodo di produzione. | *mode de gouvernement*, forma (f.) di governo. | *mode de transport, d'expédition*, mezzo di trasporto, di spedizione. ‖ GRAMM., MUS. modo.

modelage [mɔdlaʒ] m. modellatura f., modellazione f.
modèle [mɔdɛl] m. PR. et FIG. modello. | *modèle réduit*, modello ridotto ; modellino m. | *modèle déposé, exclusif*, modello depositato, esclusivo. | *modèle de vertu*, modello di virtù. | *prendre comme, pour modèle*, prendere come modello. | *sur le modèle de*, sul modello di ; sulla falsariga di (fig.). ‖ ART [personne] modello, modella. ◆ adj. modello inv. | *écolier, ferme modèle*, scolaro, fattoria modello.
modelé [mɔdle] m. ART modellato, modellatura f. ‖ GÉOGR. rilievo.
modeler [mɔdle] v. tr. PR. et FIG. modellare, plasmare. | *pâte à modeler*, plastilina f. ◆ v. pr. *se modeler sur qn*, modellarsi su qlcu.
modeleur, euse [mɔdlœr, øz] n. ART modellatore, trice. ◆ m. MÉTALL. modellista.
modéliste [mɔdelist] n. modellista.
modénature [mɔdenatyr] f. sagoma (di una modanatura).
modérantisme [mɔderɑ̃tism] m. moderatismo.
modérantiste [mɔderɑ̃tist] adj. et n. moderato.
modérateur, trice [mɔderatœr, tris] adj. et n. moderatore, trice. | *ticket modérateur*, V. TICKET. ◆ n. m. PHYS. moderatore. ‖ TECHN. regolatore. ‖ RELIG. [président de synode] moderatore.
modération [mɔderasjɔ̃] f. [mesure] moderazione. ‖ [réduction] *modération d'une peine*, mitigazione, riduzione di una pena.
moderato [mɔderato] adv. (ital.) MUS. moderato.
modéré, e [mɔdere] adj. moderato. | *prix modéré*, prezzo moderato, modico. ◆ adj. et n. POLIT. moderato.
modérer [mɔdere] v. tr. moderare. ◆ v. pr. moderarsi.
moderne [mɔdɛrn] adj. et n. moderno. ‖ UNIV. *lycée moderne*, liceo scientifico.
modernisation [mɔdɛrnizasjɔ̃] f. ammodernamento m., rimodernamento m., ammodernatura, rimodernatura.
moderniser [mɔdɛrnize] v. tr. modernizzare, ammodernare, rimodernare. ◆ v. pr. modernizzarsi, ammodernarsi, rimodernarsi.
modernisme [mɔdɛrnism] m. [caractère moderne] modernismo. ‖ [goût du moderne] modernità. ‖ HIST. LITT., RELIG. modernismo.
moderniste [mɔdɛrnist] adj. modernistico, modernista. ◆ n. modernista.
modernité [mɔdɛrnite] f. modernità.
modern style [mɔdɛrnstil] m. et adj. inv. (angl.) stile liberty, stile floreale.
modeste [mɔdɛst] adj. et n. modesto. | *caractère modeste*, carattere modesto. | *origine modeste*, modeste origini. | *salaire modeste*, modesto salario.
modestie [mɔdɛsti] f. modestia. | *fausse modestie*, falsa modestia.
modicité [mɔdisite] f. modicità.
modifiable [mɔdifjabl] adj. modificabile.
modifiant, e [mɔdifjɑ̃, ɑ̃t] adj. modificativo.
modificateur, trice [mɔdifikatœr, tris] adj. et n. m. modificatore, trice.
modification [mɔdifikasjɔ̃] f. modificazione, modifica.
modifier [mɔdifje] v. tr. modificare. ‖ GRAMM. modificare il senso di. ◆ v. pr. modificarsi.
modillon [mɔdijɔ̃] m. ARCHIT. modiglione.
modique [mɔdik] adj. modico.
modiste [mɔdist] f. modista ; crestaia (tosc.).
modulaire [mɔdylɛr] adj. modulare.
modulation [mɔdylasjɔ̃] f. [son, couleur] modulazione. ‖ TÉLÉCOM. *modulation de fréquence*, modulazione di frequenza.
module [mɔdyl] m. AÉR. *module lunaire, de service*, modulo lunare, di servizio. ‖ ARCH. modulo. ‖ GÉOGR. *module spécifique, relatif d'un cours d'eau*, modulo specifico, relativo di un corso d'acqua. ‖ MATH. *module d'un vecteur*, modulo di un vettore. ‖ MÉC. modulo. | *module d'un engrenage*, modulo di un ingranaggio. ‖ [en numismatique] modulo.
moduler [mɔdyle] v. tr. et intr. ÉLECTR., MUS. modulare. ‖ FIG. modulare, adattare.
modus vivendi [mɔdysvivɛ̃di] m. inv. modus vivendi (lat.).
moelle [mwal, mwɛl] f. ANAT., BOT. midollo m. (pl. m. *midolli* [pr.] ; pl. f. *midolla* [fig.]). | *moelle épinière*, midollo spinale. | *os à moelle*, osso midolloso. ‖ FIG. [essence] succo m. | *extraire la moelle d'un livre*, estrarre il succo di un libro. ‖ LOC. *sucer qn jusqu'à la moelle*, succhiare anche il midollo a qlcu., succhiare uno fino al midollo. | *un froid qui pénètre jusqu'à la moelle des os*, un freddo che penetra fino al midollo delle ossa, sino alle midolla.
moelleusement [mwaløzmɑ̃] adv. morbidamente, mollemente.
moelleux, euse [mwalø, øz] adj. [au toucher] morbido, soffice. | *lit moelleux*, letto soffice. | *tissu moelleux*, tessuto morbido. ‖ [au goût, à l'ouïe, à la vue] pastoso. | *vin moelleux*, vino pastoso, abboccato. | *voix moelleuse*, voce pastosa. | *ligne moelleuse*, linea morbida. | *sauce moelleuse*, salsa vellutata. ◆ n. m. morbidezza f.
moellon [mwalɔ̃] m. pietra (f.) da costruzione.
mœurs [mœr(s)] f. pl. costumi m. pl. | *mœurs corrompues*, costumi corrotti. | *de mœurs faciles*, di facili costumi. | *avoir des mœurs simples*, essere di semplici costumi. | *avoir des mœurs, ne pas avoir de mœurs*, essere costumato, scostumato. | *autres temps, autres mœurs*, altri tempi, altri costumi. | *science des mœurs* (vx), scienza dei costumi. ‖ ZOOL. abitudini. ‖ JUR. *bonnes, mauvaises mœurs*, buon, mal costume. | *attentat aux mœurs*, offesa al buon costume. | *certificat de bonne vie et mœurs*, certificato di buona condotta. | *brigade des mœurs*, squadra del buon costume. ‖ CRIT. LITT. *comédie de mœurs*, commedia di costume.
mofette [mɔfɛt] f. GÉOL. mofeta, moffetta. ‖ ZOOL. V. MOUFETTE.
mohair [mɔɛr] m. mohair (angl.).
moi [mwa] pron. pers. 1re pers. sing. **1.** [compl. dir.] mi [atone] ; me [tonique]. | *laissez-moi*, lasciatemi, mi lasci. | *maman nous a écoutés mon frère et moi*, la mamma ha ascoltato me e mio fratello. | *cela ne regarde que moi, que moi-même*, questo riguarda soltanto me, soltanto me stesso. | *il me voit, moi, c'est moi qu'il voit*, vede me. ‖ **2.** [compl. ind.] mi [atone] ; a me [tonique]. | *donnez-moi du pain*, datemi, mi dia del pane. | *dis-moi tout*, dimmi tutto. | *donne m'en à moi*, danne a me. | *il me parle à moi, c'est à moi qu'il parle*, parla a me. | *ce cahier est à moi*, questo quaderno è mio. | *pour l'amour de moi*, per amor mio. | *à cause de moi*, per causa mia. | *malgré moi*, mio malgrado. ‖ **3.** [dans des pron. groupés] me. | *donne-le moi*, dammelo. | *donne m'en*, dammene. ‖ **4.** [suj.] io. | *moi-même*, io stesso. | *moi je travaille, toi tu t'amuses*, io lavoro, tu ti diverti. | *je le savais, moi*, lo sapevo io. | *moi parti, tu travailleras*, partito io, lavorerai. | *moi, t'abandonner ?*, abbandonarti, io ? ‖ **5.** [attribut] *le maître, c'est moi*, il padrone sono io. ‖ [après un compar.] *il est plus grand que moi*, è più alto di me. | *il aime ma sœur plus que moi*, egli ama mia sorella più di me [compl.] ; egli ama mia sorella più di quanto l'ami io [suj.]. ‖ **6.** LOC. *de vous à moi*, a dirla fra noi, sia detto tra noi. | *à moi !*, aiuto ! ‖ FAM. *regarde-moi ça !*, ma guarda un po' ! ◆ n. m. io. | *le moi et le non-moi*, l'io e il non-io. | *le moi est haïssable*, l'io è detestabile. | *c'est un autre moi-même*, è un altro me stesso ; è il mio alter ego (lat.). ‖ PSYCHAN. *l'idéal du moi*, l'ideale dell'io.
moignon [mwaɲɔ̃] m. [de membre coupé] moncone, troncone ; [de bras] moncherino. ‖ [d'aile] abbozzo. ‖ [de branche] moncone.
moindre [mwɛ̃dr] adj. [compar.] minore, inferiore. | *c'est un moindre mal*, è un male minore. | *de moindre importance*, di minore importanza. ‖ [superl.] minimo. | *je n'en ai pas la moindre idée*, non ne ho la minima idea. | *le moindre d'entre nous*, il meno importante di noi. | *au moindre bruit*, al minimo rumore. | *c'est la moindre des choses !*, è il minimo che (io, tu, egli,

essa) possa fare! | *principe du, tendance au moindre effort*, principio del, tendenza al minimo sforzo. | *de deux maux il faut choisir le moindre*, tra due mali bisogna scegliere il minore; PROV. meglio perdere la sella che il cavallo.

moine [mwan] m. monaco. | *moine mendiant*, frate mendicante. || [chauffe-lit] prete, scaldaletto. || [phoque] monaco. | *macareux moine*, V. MACAREUX. || FAM. *gras comme un moine*, grasso come un frate. || PROV. *l'habit ne fait pas le moine*, l'abito non fa il monaco.

moineau [mwano] m. ZOOL. passero. | *petit moineau*, passerotto. || FIG., FAM. *vilain moineau, drôle de moineau*, tipaccio; pessimo arnese.

moinerie [mwanri] f. PÉJOR. frataglia.

moinillon [mwanijɔ̃] m. FAM. fratino.

moins [mwɛ̃] adv. **1.** [compar.] meno. | *moins riche*, meno ricco. | *il tousse moins*, tosse meno. | *plus ou moins*, V. PLUS. | *un peu plus ou un peu moins*, poco più poco meno. | *une heure de plus ou de moins*, ora più ora meno. | *j'en voudrais (la) moitié moins*, ne vorrei la metà. | *il n'en est pas moins surpris*, non per questo è meno sorpreso. | *je ne le ferai pas moins*, lo farò lo stesso. | *plus je le vois, moins il me plaît*, più lo vedo, (e) meno mi piace. | *moins je travaille, moins j'ai envie de travailler*, meno lavoro, (e) meno ho voglia di lavorare. || [ellipt.] *les moins de dix-huit ans*, i minori di diciott'anni. || ***moins (...) que,*** meno (...) di; meno (...) che. | *il est moins grand que moi, que Jean, que mon ami*, è meno alto di me, di Giovanni, del mio amico. | *moins que tout autre*, meno di qualsiasi altro. | *il se promène moins avec Jean qu'avec Pierre*, passeggia meno con Giovanni che con Pietro. | *il aime moins lire qu'écrire*, gli piace meno leggere che scrivere. | *ce livre est moins intéressant qu'utile*, questo libro è meno interessante che utile. | *moins que jamais*, meno che meno, meno che mai. | *moins qu'avant*, meno di prima. | *moins que rien*, meno che niente. | *il a réussi moins bien que je ne pensais*, è riuscito meno bene che io non pensassi, meno bene di quanto io pensassi. || ***moins de :*** *moins d'argent*, meno denaro. | *moins de livres*, meno libri. | *moins de cinq personnes*, meno di cinque persone. | *avoir moins d'amis que d'ennemis*, avere meno amici che nemici. || **2.** [superl.] *le moins*, il meno. | *le moins intelligent*, il meno intelligente. | *la route la moins dangereuse*, la strada meno pericolosa. | *cette route est la moins dangereuse*, questa strada è la meno pericolosa. | *cette route, la moins dangereuse, est très longue*, questa strada, la meno pericolosa, è lunghissima. | *c'est le livre qui me plaît le moins*, è il libro che mi piace meno. | *l'année où il y a eu le moins de fruits*, l'anno in cui vi è stata la minore quantità di frutti. | *le moins possible, le moins du monde*, il meno possibile. | *faire le moins de gestes possible*, gestire il meno possibile, fare il meno possibile di gesti; fare meno gesti possibile (fam.). | *la personne la moins aimable du monde*, la persona più scortese che esista. ◆ loc. adv. ***à moins,*** per, a meno. | *on rirait à moins*, si riderebbe per (molto) meno. | *je ne le vendrai pas à moins*, non lo venderò a meno. || ***au moins, du moins, à tout le moins, pour le moins,*** almeno, per lo meno, perlomeno. | *appeler au moins trois fois*, chiamare almeno tre volte. | *si au moins il avait remercié*, se almeno avesse ringraziato. | *j'irai, du moins je l'espère*, andrò, per lo meno lo spero. || ***d'autant moins,*** tanto meno. || ***de, en moins,*** di, in meno. | *dix francs de, en moins*, dieci franchi di, in meno. | *3000 personnes de moins que 20 ans plus tôt*, 3000 persone in meno di 20 anni prima. | *de moins en moins*, sempre meno. || ***pas le moins du monde,*** V. MONDE. ◆ prép. meno. | *six moins quatre*, sei meno quattro. | *il est deux heures moins le quart*, sono le due meno un quarto. | *moins trente degrés*, meno trenta gradi. | *à l'examen avoir un six moins*, all'esame prendere un sei meno. || [excepté] tranne, eccetto. | *tout le monde est ici moins Pierre*, tutti sono qui tranne Pietro. || FAM. *il était moins une, moins cinq*, c'è mancato un pelo. ◆ loc. prép. ***à moins de :*** *à moins de 10 km*, a meno di 10 km. | *à moins de 20 francs*, a, per meno di 20 franchi. | *à moins d'être fou*, a meno di essere pazzo. || [sauf] *à moins d'un coup de chance*, salvo un colpo di fortuna. || ***en moins de,*** in meno di. | *en moins de cinq minutes*, in meno di cinque minuti. | *en moins de deux*, in quattro e quattr'otto. | *en moins de rien*, V. RIEN. ◆ loc. conj. ***à moins que,*** a meno che. | *à moins qu'il (ne) soit malade*, a meno che (non) sia ammalato. || LOC. *rien moins que*, meno che, tutt'altro che. | *ni plus ni moins que*, V. PLUS. | *rien de moins que*, niente (di) meno che. | *non moins que*, non meno che. ◆ n. m. meno. | *c'est le moins qu'il puisse faire*, è il meno che possa fare. | *c'est bien le moins!*, è il meno che si possa fare. || PROV. *qui peut le plus peut le moins*, il meno sta nel più. || MATH. *le (signe) moins*, il (segno del) meno.

moins-perçu [mwɛ̃pɛrsy] m. = somma riscossa in meno (del dovuto).

moins-value [mwɛ̃valy] f. deprezzamento m., minusvalenza.

moirage [mwaraʒ] m. marezzatura f.

moire [mwar] f. TEXT. moire (fr.), amoerro m. || [reflet] riflesso (m.) cangiante.

moiré [mware] m. marezzo; effetto moiré (fr.).

moirer [mware] v. tr. marezzare. | *étoffe moirée*, stoffa marezzata.

moirure [mwaryr] f. V. MOIRAGE.

mois [mwa] m. mese. | *au mois d'août*, nel mese di agosto. | *le trois du mois*, il tre del mese. | *payer qch. par mois*, pagare qlco. a rate mensili. | *payer 300 francs par mois*, pagare 300 franchi al mese. | *employé payé au mois*, impiegato pagato a mese. | *tous les trois mois*, ogni tre mesi. | *à trois mois de date*, a tre mesi. || [salaire] mese, mensile, mesata f., mensilità f. | *le treizième mois*, la tredicesima (mensilità). || LOC. *être dans son deuxième mois (de grossesse)*, essere al secondo mese di gravidanza. | *mois de Marie*, mese di Maria.

moise [mwaz] f. TECHN. traversa di rinforzo.

moïse [mɔiz] m. culla (f.) di vimini.

moisi [mwazi] m. muffa f. | *sentir le moisi*, saper di muffa, di stantìo.

moisir [mwazir] v. tr. far ammuffire. ◆ v. intr. PR. et FIG. ammuffire, muffire, fare la muffa. | *en deux jours le jambon a moisi*, in due giorni il prosciutto è ammuffito. || FAM. [attendre] ammuffire, marcire.

moisissure [mwazisyr] f. muffa.

moisson [mwasɔ̃] f. [action] mietitura; [époque; récolte] messe, mietitura. || FIG. messe. | *faire moisson de*, mietere (v. tr.).

moissonner [mwasɔne] v. tr. PR. et FIG. mietere.

moissonneur, euse [mwasɔnœr, øz] n. mietitore, trice. ◆ f. [machine] mietitrice. | *moissonneuse-batteuse*, mietitrebbiatrice, mietitrebbia. | *moissonneuse-lieuse*, mietilegatrice.

moite [mwat] adj. umidiccio. || [de sueur] umidiccio, sudato; madido (littér.).

moiteur [mwatœr] f. umidezza. || [du corps] sudore m.; madore m. (littér.).

moitié [mwatje] f. metà. | *cinq est la moitié de dix*, cinque è la metà di dieci. | *une bonne moitié*, una buona metà. || LITTÉR. *la moitié de ma vie, de mon âme*, la metà dell'anima mia, la (miglior) metà di me stesso. || FAM. [épouse] metà. ◆ loc. adv. ***moitié..., moitié :*** *répondre moitié sérieusement, moitié en plaisantant*, rispondere tra il serio e il faceto. | *moitié café et moitié lait*, metà caffè e metà latte. || FAM. ***moitié-moitié,*** così così. || ***à moitié,*** a metà; mezzo adj. | *verre à moitié plein*, bicchiere mezzo pieno. | *à moitié endormie*, mezza addormentata. | *faire les choses à moitié*, far le cose a metà. | *supposition qui ne convainc qu'à moitié*, supposizione che convince a mezzo. | *à moitié chemin*, a metà strada. | *à moitié prix*, a metà prezzo. | *fonction à moitié civile, à moitié militaire*, carica tra civile e militare. || ***de moitié :*** *plus grand de moitié; moitié plus grand*, più grande della metà. | *réduire de moitié*, ridurre della metà. | *être de moitié*, fare a metà, fare metà e metà. | *être de moitié avec qn dans une affaire*, partecipare a un affare per metà. || ***par moitié :*** *partager (qch.) par moitié*, divi-

dere (qlco.) a metà, per metà, in due. ‖ ***pour moitié : être pour moitié dans***, essere corresponsabile di.
moitir [mwatir] v. tr. rendere umidiccio.
moka [mɔka] m. [café] moka inv. ‖ [gâteau] dolce al caffè.
mol [mɔl] adj. V. MOU.
1. molaire [mɔlɛr] adj. et n. f. ANAT. molare adj. et n. m.
2. molaire adj. PHYS. molare, molecolare, grammomolecolare.
molasse ou **mollasse** [mɔlas] f. GÉOL. mol(l)assa.
moldave [mɔldav] adj. et n. moldavo.
mole [mɔl] f. V. MOLÉCULE-GRAMME.
1. môle [mol] m. [digue, embarcadère] molo. ‖ GÉOL. pilastro tettonico ; horst (all.).
2. môle f. ZOOL. (pesce) mola, pesce luna.
3. môle f. MÉD. mola.
moléculaire [mɔlekylɛr] adj. PR. et FIG. molecolare.
molécule [mɔlekyl] f. molecola.
molécule-gramme [mɔlekylgram] f. grammomolecola, mole.
molène [mɔlɛn] f. BOT. verbasco m., tassobarbasso m.
moleskine [mɔlɛskin] f. similpelle.
molester [mɔlɛste] v. tr. [malmener] maltrattare. ‖ LITTÉR. [importuner] molestare, disturbare (L.C.).
moletage [mɔltaʒ] m. levigatura f.
moleter [mɔlte] v. tr. levigare.
molette [mɔlɛt] f. *clé à molette*, V. CLEF. ‖ [d'éperon] rotella, sp(e)ronella, stelletta. ‖ [de briquet] rotella zigrinata.
molinisme [mɔlinism] m. RELIG. molinismo.
moliniste [mɔlinist] adj. et n. molinista.
1. mollasse [mɔlas] adj. [mou] floscio, fiacco. | *chairs mollasses*, carni flaccide. ‖ [apathique] molliccio, smidollato.
2. mollasse f. V. MOLASSE.
mollasserie [mɔlasri] f. FAM. fiacca.
mollasson, onne [mɔlasɔ̃, ɔn] adj. molliccio, smidollato. ◆ n. molliccione, a.
mollement [mɔlmɑ̃] adv. PR. mollemente. ‖ FIG. *travailler mollement*, lavorare fiaccamente ; battere la fiacca (fam.).
mollesse [mɔlɛs] f. mollezza. | *mollesse des chairs*, flaccidezza delle carni. | *mollesse de caractère*, mollezza, fiacchezza di carattere. | *vivre dans la mollesse*, vivere nelle mollezze, tra le morbidezze.
1. mollet [mɔlɛ] m. polpaccio. | *gras du mollet*, polpaccio.
2. mollet [mɔlɛ] adj. *pain mollet*, pan buffetto. | *œuf mollet*, uovo bazzotto. | *lit mollet*, letto alquanto soffice.
molletière [mɔltjɛr] adj. et n. f. mollettiera. | *bandes molletières*, fasce mollettiere.
molleton [mɔltɔ̃] m. mollettone.
molletonné, e [mɔltɔne] adj. [doublé] foderato di mollettone.
molletonner [mɔltɔne] v. tr. foderare di mollettone.
molletonneux, euse [mɔltɔnø, øz] adj. simile al mollettone.
mollir [mɔlir] v. intr. [devenir mou] diventar molle, rammollirsi. | *sentir ses jambes mollir*, sentirsi piegare le gambe. ‖ [diminuer de violence] calare, placarsi. | *le vent mollit*, il vento cala, si placa. ‖ [céder, reculer] mollare, cedere. ◆ v. tr. MAR. mollare, allentare.
molluscum [mɔlyskɔm] m. MÉD. mollusco.
mollusque [mɔlysk] m. ZOOL. mollusco. ‖ FIG. FAM. mollusco.
moloch [mɔlɔk] m. ZOOL. moloc ; diavolo spinoso.
molosse [mɔlɔs] m. ZOOL. molosso. ‖ [métrique] molosso.
molybdène [mɔlibdɛn] m. molibdeno.
môme [mom] n. POP. marmocchio m. ; mimmo, mimma. ◆ f. POP. [jeune fille] pupa ; ragazza (L.C.).
moment [mɔmɑ̃] m. momento. | *un moment !*, un momento ! | *un petit moment*, un momentino. | *à ses moments perdus*, V. PERDU. | *saisir le bon moment*, cogliere il momento buono, favorevole. | *au dernier moment*, all'ultimo momento. | *au moment voulu*, al momento opportuno. | *c'est le moment ou jamais*, adesso o mai più. | *depuis un bon moment*, da un bel pezzo. | *à partir de ce moment*, da questo, da quel momento in poi. | *à ce moment-là*, in quel momento. | *sur le moment*, lì per lì ; sul momento. | *les derniers moments*, gli ultimi momenti. | *la mode, l'écrivain du moment*, la moda, lo scrittore del momento. ‖ MATH., PHYS. momento. ◆ loc. adv. ***à tout moment,*** (a) ogni momento ; continuamente. ‖ ***dans un moment,*** a momenti. ‖ ***d'un moment à l'autre,*** da un momento all'altro ; a momenti. ‖ ***en un moment,*** in un momento, in un istante. ‖ ***en ce moment,*** in questo momento. ‖ ***par moments,*** a intervalli, alle volte. ‖ ***pour le moment,*** per il momento, per ora. ◆ loc. prép. ***au moment de,*** nel momento di. ◆ loc. conj. ***au moment où, que,*** nel momento in cui, che. ‖ ***du moment que,*** dal momento che.
momentané, e [mɔmɑ̃tane] adj. momentaneo.
momerie [momri] f. affettazione ipocrita ; [religieuse] bacchettoneria.
momie [mɔmi] f. mummia. ‖ [personne sèche et maigre] salacca. ‖ [personne nonchalante] molliccione, a. ‖ [qui a des opinions arriérées] mummia.
momification [mɔmifikasjɔ̃] f. mummificazione.
momifier [mɔmifje] v. tr. mummificare. ◆ v. pr. mummificarsi. ‖ FIG., FAM. incartapecorirsi.
momordique [mɔmɔrdik] f. BOT. momordica.
mon [mɔ̃] adj. poss. 1re pers. m. sing., **ma** [ma] f. sing., **mes** [me] m. et f. pl. mio, mia, miei, mie. | *mon livre*, il mio libro. | *mon père*, mio padre. | *ma chaise*, la mia sedia. | *ma mère*, mia madre. | *mes livres*, i miei libri. | *mes grands-parents*, i miei nonni. | *mes pantoufles*, le mie pantofole. | *mes tantes*, le mie zie. | *ma maison à moi*, la casa mia. | *mes amis à moi*, gli amici miei. | *dans ma chambre à moi*, in camera mia. ‖ [devant un n. de vêtement, un obj. usuel] *j'ai égaré mon portefeuille*, ho smarrito il portafoglio. | *j'enlève mon pardessus*, mi levo il soprabito. | *je n'ai pas étudié ma géographie*, non ho studiato la geografia. ‖ *ma dernière lettre du*, l'ultima mia del. ‖ [interj.] *mon Dieu !*, Dio mio ! | *mes enfants !*, ragazzi miei ! ‖ MIL. *oui, mon lieutenant, mon général*, sì, signor tenente, signor generale ; signorsì.
monacal, e, aux [mɔnakal, o] adj. monacale.
monachisme [mɔnaʃism] m. [état de moine] monacato. ‖ [institutions monastiques] monachesimo, monachismo.
monade [mɔnad] f. PHILOS. monade.
monadelphe [mɔnadɛlf] adj. BOT. monadelfo.
monadisme [mɔnadism] m. PHILOS. monadismo.
monarchie [mɔnarʃi] f. monarchia. | *monarchie absolue, constitutionnelle, de droit divin, parlementaire*, monarchia assoluta, costituzionale, per diritto divino, parlamentare.
monarchique [mɔnarʃik] adj. monarchico.
monarchisme [mɔnarʃism] m. monarchismo.
monarchiste [mɔnarʃist] adj. monarchico. ◆ n. monarchico, a ; monarchista (néol.).
monarque [mɔnark] m. monarca.
monastère [mɔnastɛr] m. monastero.
monastique [mɔnastik] adj. monastico.
monazite [mɔnazit] f. MINÉR. monazite.
monceau [mɔ̃so] m. cumulo, mucchio. ‖ FIG. *monceau d'erreurs, de preuves*, cumulo di errori, di prove.
mondain, e [mɔ̃dɛ̃, ɛn] adj. mondano. | *carnet mondain*, rubrica mondana. | *chronique, femme mondaine*, cronaca, signora mondana. | *cancans, propos mondains*, pettegolezzi, discorsi salottieri. | *être mondain*, far vita mondana. ◆ n. uomo, donna di mondo. ◆ n. f. *la (police) mondaine*, la squadra del buon costume, il Buon Costume.
mondanité [mɔ̃danite] f. mondanità (sing. et pl.).
monde [mɔ̃d] m. **1.** [univers, Terre] mondo. | *en ce bas monde*, in questo mondo. | *être seul au monde*, essere solo al mondo. | *c'est le monde renversé, à l'envers*, V. RENVERSÉ. | *l'Ancien, le Nouveau Monde*, il Mondo Antico, il Nuovo Mondo. | *courir le monde*, girare mezzo mondo. | *aller au bout, à l'autre bout du monde*, V. BOUT. ‖ **2.** [les hommes] gente f. | *il y a*

beaucoup de monde, un monde fou, c'è molta gente, un mare di gente. | *tout le monde le sait,* lo sanno tutti. | *tu te moques du monde,* ci stai prendendo in giro. | *le cinéma refuse du monde* = al cinema tutto è esaurito. | *avoir du monde chez soi,* avere gente a casa. | *tu ne dirais pas cela devant le monde,* non lo diresti in pubblico. | *connaître son monde,* conoscere i propri polli. | *monsieur Tout le monde,* l'uomo della strada. ‖ IRON. *joli monde, en vérité!,* è un bel mondo, una bella genìa in verità! | *tout ce joli monde est en prison,* questa brava gente è in prigione. ‖ **3.** [grande quantité] *un monde d'esclaves, d'adversaires,* un mondo di schiavi, di avversari. | *se heurter à tout un monde de difficultés,* incorrere in un mare di difficoltà. ‖ **4.** [personnes que l'on a sous ses ordres] dipendenti m. pl.; servitù f. ‖ **5.** [milieu, société] mondo, società f. | *le beau, le grand monde,* V. BEAU, GRAND. | *ne pas savoir se tenir dans le monde,* non sapere stare al mondo. | *les gens du monde,* la gente di mondo. | *homme, femme du monde,* uomo, donna di mondo. | *aller dans le monde,* andare in società. | *être du même monde,* essere dello stesso ceto. | *monde des affaires, du travail,* mondo degli affari, del lavoro. ‖ [vie séculière] *renoncer, mourir au monde,* dire addio, rinunciare, morire al mondo. ‖ **6.** LOC. *il n'est plus de ce monde* = è morto. | *envoyer dans l'autre monde,* mandare all'altro mondo. | *venir, mettre au monde,* V. VENIR, METTRE. | *depuis que le monde est monde,* dacché mondo è mondo. | *pas le moins du monde,* neanche per sogno, per idea. | *pour rien au monde,* V. RIEN. | *l'homme le plus heureux, le meilleur du monde,* l'uomo più felice, l'uomo migliore del mondo. | *il y a un monde entre ces deux choses,* tra queste due cose c'è un abisso. | *c'est un monde!* (fam.), è enorme! | *se faire (tout) un monde de qch.,* fare una montagna di qlco. | *une histoire vieille comme le monde,* una storia vecchia come il mondo. | *ce n'est pas la fin du monde si...,* non è la fine del mondo, non casca il mondo se... | *tout est pour le mieux dans le meilleur des mondes,* tutto è per il meglio nel migliore dei mondi possibili. ‖ PROV. *il faut de tout pour faire un monde* = il mondo è bello perché è vario.

monder [mɔ̃de] v. tr. mondare.

mondial, e, aux [mɔ̃djal, o] adj. mondiale.

mondialement [mɔ̃djalmɑ̃] adv. universalmente, in tutto il mondo; mondialmente (rare).

mondialisation [mɔ̃djalizasjɔ̃] f. mondializzazione.

mondialiser [mɔ̃djalize] v. tr. mondializzare.

mondialisme [mɔ̃djalism] m. mondialismo.

mondialiste [mɔ̃djalist] adj. mondialistico. ◆ n. mondialista.

mondovision [mɔ̃dovizjɔ̃] f. mondovisione.

monégasque [mɔnegask] adj. et n. monegasco.

Monel [mɔnɛl] m. MÉTALL. monel.

monème [mɔnɛm] m. LING. monema.

monétaire [mɔnetɛr] adj. monetario.

monétiser [mɔnetize] v. tr. monetare, monetizzare.

mongol, e [mɔ̃gɔl] adj. et n. mongolo. ◆ n. m. LING. mongolo.

mongolien, enne [mɔ̃gɔljɛ̃, ɛn] adj. et n. MÉD. mongoloide.

mongolique [mɔ̃gɔlik] adj. mongolico.

mongolisme [mɔ̃gɔlism] m. MÉD. mongolismo.

moniale [mɔnjal] f. monaca di clausura.

monilia [mɔnilja] m. BOT. monilia f.

monisme [mɔnism] m. PHILOS. monismo.

moniste [mɔnist] adj. monistico. ◆ n. monista.

moniteur, trice [mɔnitœr, tris] n. maestro, a; istruttore, trice. | *moniteur d'auto-école,* istruttore di autoscuola, di guida. | *moniteur d'aviation,* pilota istruttore. | *moniteur d'éducation physique, de ski,* istruttore, maestro di educazione fisica, di sci. | *moniteur, monitrice de colonie de vacances,* sorvegliante, vigilatore, trice di colonia estiva. ‖ [répétiteur] ripetitore, trice. ‖ [titre de journal] monitore. ◆ m. PHYS., T. V. monitore.

monition [mɔnisjɔ̃] f. RELIG. ammonizione; monizione (vx).

monitoire [mɔnitwar] adj. et n. m. *(lettre) monitoire,* lettera monitoria; monitorio m.

monitor [mɔnitɔr] m. MAR. monitore.

monnaie [mɔnɛ] f. moneta. | *pièce de monnaie,* moneta, pezzo m. | *monnaie d'appoint, petite monnaie,* moneta spicciola; spiccioli m. pl. | *monnaie de compte,* moneta di conto. | *monnaie de papier,* moneta cartacea. | *monnaie courante, divisionnaire, fictive, fiduciaire, légale, scripturale,* moneta corrente, divisionaria, simbolica, fiduciaria, legale, scritturale. | *fausse monnaie,* moneta falsa. | *battre monnaie,* battere moneta, coniare monete. | *ne pas avoir de monnaie,* non avere moneta, spiccioli. | *faire la monnaie,* cambiare. | *faire la monnaie de dix francs,* cambiare, spicciolare dieci franchi. | *rendre la monnaie,* dare il resto. | *l'hôtel de la Monnaie,* la Zecca. ‖ LOC. *rendre à qn la monnaie de sa pièce,* pagare qlcu. della stessa moneta, ripagare qlcu. con la stessa moneta; rendere a qlcu. pan per focaccia. | *servir de monnaie d'échange,* servire da moneta di scambio. | *payer en monnaie de singe,* V. PAYER. | *c'est monnaie courante,* è moneta corrente. | *la mauvaise monnaie chasse la bonne,* la moneta cattiva scaccia la buona.

monnaie-du-pape [mɔnɛdypap] f. BOT. medaglia del papa; lunaria.

monnayable [mɔnɛjabl] adj. PR. *métal monnayable,* metallo da conio, monetabile. ‖ FIG. *idée monnayable,* idea commerciabile, che può fruttar denaro.

monnayage [mɔnɛjaʒ] m. monetazione f., coniazione f., coniatura f.

monnayer [mɔnɛje] v. tr. coniare, monetare; convertire in moneta. ‖ FIG. ricavare denaro da, far fruttare (L.C.).

monoacide [mɔnoasid] adj. monoacido.

monoatomique [mɔnoatɔmik] adj. monoatomico.

monobloc [mɔnoblɔk] adj. inv. monoblocco.

monocamérisme [mɔnokamerism] m. POLIT. monocameralismo.

monochromatique [mɔnokromatik] adj. monocromatico.

monochrome [mɔnokrom] adj. monocromo, monocromato.

monochromie [mɔnokromi] f. monocromia.

monocle [mɔnɔkl] m. monocolo; caramella f. (fam.). | *porter monocle,* portare il monocolo.

monoclinal, e, aux [mɔnoklinal, o] adj. GÉOL. monoclinale.

monoclinique [mɔnoklinik] adj. MINÉR. monoclino.

monocoque [mɔnokɔk] adj. AÉR., AUTOM. a guscio; a scocca portante.

monocorde [mɔnokɔrd] m. MUS. monocordo. ◆ adj. monocorde, monotono.

monocotylédones [mɔnokɔtiledɔn] f. pl. BOT. monocotiledoni.

monoculaire [mɔnɔkylɛr] adj. monoculare.

monoculture [mɔnokyltyr] f. monocoltura.

monocylindrique [mɔnosilɛ̃drik] adj. monocilindrico.

monocyte [mɔnosit] m. PHYSIOL. monocito.

monodie [mɔnɔdi] f. MUS. monodia.

monœcie [mɔnesi] f. BOT. monoicismo m.

monogame [mɔnogam] adj. monogamo.

monogamie [mɔnogami] f. monogamia.

monogamique [mɔnogamik] adj. monogamico.

monogénisme [mɔnoʒenism] m. monogenismo.

monogramme [mɔnogram] m. monogramma.

monographie [mɔnografi] f. monografia.

monographique [mɔnografik] adj. monografico.

monoïdéisme [mɔnoideism] m. monoideismo.

monoïque [mɔnoik] adj. BOT. monoico, ermafrodito, bisessuale.

monolingue [mɔnolɛ̃g] adj. et n. monolingue.

monolinguisme [mɔnolɛ̃gɥism] m. monolinguismo.

monolithe [mɔnolit] m. monolito. ◆ adj. monolitico.

monolithique [mɔnolitik] adj. ARCHIT. et FIG. monolitico.

monolithisme [mɔnolitism] m. ARCHIT. et FIG. monolitismo.

monologue [mɔnɔlɔg] m. monologo; soliloquio (rare). | *monologue intérieur,* monologo interiore.
monologuer [mɔnɔlɔge] v. intr. monologare.
monologueur [mɔnɔlɔgœr] m. [qui récite un monologue] monologhista. || [qui parle seul] = chi parla da solo ad alta voce.
monomane [mɔnɔman] ou **monomaniaque** [mɔnɔmanjak] adj. et n. monomaniaco.
monomanie [mɔnɔmani] f. MÉD. monomania.
monôme [mɔnom] m. MATH. monomio. || UNIV. sfilata studentesca.
monomère [mɔnɔmɛr] adj. et n. m. CHIM. monomero.
monométallisme [mɔnɔmetalism] m. ÉCON. monometallismo; sistema monometallico.
monométalliste [mɔnɔmetalist] adj. monometallista, monometallico. ◆ n. monometallista.
monomoteur [mɔnɔmɔtœr] adj. et n. m. monomotore.
mononucléaire [mɔnɔnykleɛr] m. PHYSIOL. mononucleato.
mononucléose [mɔnɔnykleoz] f. MÉD. mononucleosi.
monophasé, e [mɔnɔfaze] adj. monofase. ◆ n. m. corrente (f.) monofase.
monophonie [mɔnɔfɔni] f. monofonia.
monophysisme [mɔnɔfizism] m. RELIG. monofisismo.
monoplace [mɔnɔplas] adj. monoposto inv. ◆ n. monoposto inv.
monoplan [mɔnɔplɑ̃] adj. et n. m. monoplano.
monoplégie [mɔnɔpleʒi] f. MÉD. monoplegia.
monopole [mɔnɔpɔl] m. PR. et FIG. monopolio, privativa f. | *monopole des tabacs,* monopolio, privativa dei tabacchi. | *monopole du pouvoir,* monopolio del potere. | *les grands monopoles,* i grandi monopoli. | *s'attribuer le monopole de la vérité,* attribuirsi il monopolio, la privativa della verità.
monopolisation [mɔnɔpɔlizasjɔ̃] f. monopolizzazione.
monopoliser [mɔnɔpɔlize] v. tr. PR. et FIG. monopolizzare.
monopsone [mɔnɔpsɔn] m. ÉCON. monopsonio.
monoptère [mɔnɔptɛr] adj. et n. m. ARCHIT. monoptero.
monorail [mɔnɔraj] adj. et n. m. monorotaia adj. inv. et n. f.
monorime [mɔnɔrim] adj. POÉS. monorimo.
monosaccharide [mɔnɔsakarid] m. CHIM. monosaccaride.
monosépale [mɔnɔsepal] adj. BOT. monosepalo.
monosperme [mɔnɔspɛrm] adj. BOT. monospermo.
monostyle [mɔnɔstil] adj. ARCHIT. monostilo.
monosyllabe [mɔnɔsilab] m. monosillabo. | *répondre par monosyllabes,* rispondere a monosillabi.
monosyllabique [mɔnɔsilabik] adj. LING., POÉS. monosillabico.
monosyllabisme [mɔnɔsilabism] m. LING. monosillabismo.
monothéisme [mɔnɔteism] m. monoteismo.
monothéiste [mɔnɔteist] adj. monoteistico. ◆ n. monoteista.
monotone [mɔnɔtɔn] adj. PR. et FIG. monotono. || MATH. *fonction monotone,* funzione monotona.
monotonie [mɔnɔtɔni] f. PR. et FIG. monotonia.
monotrace [mɔnɔtras] adj. AÉR. monotraccia.
monotrèmes [mɔnɔtrɛm] m. pl. ZOOL. monotremi.
1. monotype [mɔnɔtip] m. [yacht] monotipo.
2. Monotype f. TYP. monotype.
monovalent, e [mɔnɔvalɑ̃, ɑ̃t] adj. CHIM. monovalente.
monseigneur [mɔ̃sɛɲœr] m. (pl. **messeigneurs** et **nosseigneurs**) RELIG. monsignore. || [titre donné au Dauphin] Monsignore.
monsieur [møsjø] m. (pl. **messieurs** [mesjø]) [abr. M., MM.] signore (abr. sig.). | *monsieur Durand,* il signor Durand. | *monsieur le comte, le directeur,* il signor conte, direttore. | *monsieur votre père,* il Suo signor padre. | *monsieur est sorti,* il signore è uscito. | *ces messieurs viennent de sortir,* i signori sono usciti. | *monsieur Un tel,* v. TEL. || [interpellation] *bonjour monsieur, monsieur Durand,* buongiorno signore, signor Durand. | *mesdames et messieurs; messieurs dames* (pop.), signore e signori (L.C.). || HIST. monsignore. || IRON. *petit monsieur,* signorino. || PÉJOR. *mon petit monsieur,* signor mio. | *mon bon monsieur,* caro signor mio. || FAM. *vilain monsieur,* v. VILAIN. | *faire le monsieur,* darsi arie d'importanza.
monsignore [mɔ̃siɲɔre] m. (ital.) monsignore.
monstre [mɔ̃str] m. PR. et FIG. mostro. | *monstre marin,* mostro marino. || FAM. *petit monstre,* bambino terribile. || THÉÂTRE *monstre sacré,* mostro sacro. ◆ adj. FAM. mostruoso. | *une culture monstre,* una cultura mostruosa. | *un travail monstre,* un lavoro pazzesco. | *une publicité monstre,* una pubblicità colossale. | *un meeting monstre,* un raduno colossale.
monstrueux, euse [mɔ̃stryø, øz] adj. PR. et FIG. mostruoso.
monstruosité [mɔ̃stryozite] f. mostruosità.
mont [mɔ̃] m. monte. || FIG. *promettre monts et merveilles,* promettere mari e monti. || ANAT. *mont de Vénus,* monte di Venere. ◆ loc. adv. ***par monts et par vaux,*** per monti e per valli, per mare e per terra.
montage [mɔ̃taʒ] m. [hissage] sollevamento. || ÉLECTR. collegamento, accoppiamento. || CIN., PHOT., TÉLÉCOM. montaggio. | *montage photographique, radiophonique,* fotomontaggio, radiomontaggio. || [d'un bijou] incastonatura f. || TECHN. montaggio. | *atelier, chaîne de montage,* officina, catena di montaggio.
montagnard, e [mɔ̃taɲar, ard] adj. et n. montanaro; montanino (tosc.). ◆ n. m. HIST. montagnardo.
montagne [mɔ̃taɲ] f. montagna. | *aller à, vivre à la montagne,* andare, vivere in montagna. | *mal des montagnes,* mal di montagna. | *pays de montagnes,* regione montagnosa, montuosa. | *faire de la montagne,* fare dell'alpinismo. | *la haute montagne,* l'alta montagna. || FIG. *montagne de livres,* montagna di libri. | *montagnes russes :* [manège] montagne russe; [route] saliscendi m. inv. | *une route en montagnes russes,* una strada tutta saliscendi. || HIST. Montagna. || LOC. *se faire une montagne de qch.,* esagerarsi le difficoltà di qlco. | *la montagne a accouché d'une souris,* la montagna ha partorito il topo. | *il ferait battre des montagnes* = sparge ovunque zizzania.
montagneux, euse [mɔ̃taɲø, øz] adj. montagnoso, montuoso.
montaison [mɔ̃tɛzɔ̃] f. ZOOL. montata.
montanisme [mɔ̃tanism] m. RELIG. montanismo.
montaniste [mɔ̃tanist] adj. RELIG. montanistico. ◆ n. montanista.
1. montant [mɔ̃tɑ̃] m. ARCHIT. montante, ritto. || [de fenêtre, de porte] stipite. || [d'échelle, de chaise] staggio. | *montants d'un lit,* spalliere (f. pl.) di un letto. || [somme] ammontare, importo. | *montant du loyer, de l'abonnement,* canone d'affitto, d'abbonamento. || [goût relevé] sapore forte, piccante; [d'un vin] robustezza (f.) e profumo.
2. montant, e adj. *marée montante,* marea crescente, montante. | *route montante,* strada in salita. | *les générations montantes,* le generazioni che vengono su. | *robe montante,* veste accollata. | *col montant,* colletto montante. | *garde montante,* guardia montante. || MUS. ascendente.
mont-blanc [mɔ̃blɑ̃] m. CULIN. montebianco.
mont-de-piété [mɔ̃dpjete] m. monte di pietà, monte dei pegni.
monte [mɔ̃t] f. [équitation; accouplement] monta.
monté, e [mɔ̃te] adj. [pourvu] fornito, provvisto. | *bien monté en,* ben fornito, provvisto di. | *mal monté,* sprovvisto. || [exalté] *avoir la tête montée,* essere montato; avere la testa montata; esaltarsi. | *être monté contre qn* [en colère], essere montato contro qlcu., avercela con qlcu. || [à cheval] *être bien, mal monté,* avere una buona, una cattiva cavalcatura. | *police montée,* polizia a cavallo. | *troupes montées,* truppe montate. || TECHN. *monté sur pneumatiques,* montato su pneumatici. || [enchâssé] montato, incastonato. || THÉÂTRE *pièce bien montée,* commedia allestita bene.

|| Loc. *coup monté*, complotto. (V. aussi COUP.) || CULIN. *pièce montée*, v. PIÈCE.
monte-charge [mɔ̃tʃarʒ] m. inv. montacarichi.
montée [mɔ̃te] f. [ascension ; pente] salita. | *en montée*, in salita. | *montée d'escaliers*, scala. || AÉR. salita. || [augmentation] aumento m. | *montée des prix, de la température*, aumento, salita dei prezzi, della temperatura. | *montée des eaux*, crescita delle acque. || FIG. *montée du socialisme*, ascesa del socialismo. | *la montée des périls*, la minacciosa crescita dei pericoli. || PHYSIOL. *montée de lait*, montata lattea. || BOT. *montée de la lymphe*, montata della linfa. || ARCHIT. monta.
monte-en-l'air [mɔ̃tɑ̃lɛr] m. inv. = ladro acrobata.
monténégrin, e [mɔ̃tenegrɛ̃, in] adj. et n. montenegrino.
monte-pente [mɔ̃tpɑ̃t] m. V. REMONTE-PENTE.
monte-plats [mɔ̃tpla] m. inv. montavivande.
monter [mɔ̃te] v. intr. **1.** [se transporter en un lieu plus élevé] salire, montare ; andar su. | *monter à sa chambre*, andar su in camera. | *monter chez qn*, salire da uno. | *monter sur un arbre*, montare, salire su un albero. | *monter en chaire*, salire sul pulpito. | *l'avion monte*, l'aereo sale. | *monter au ciel*, salire in cielo. || **2.** [se placer dans un véhicule, sur un animal] *monter en voiture*, montare, salire in macchina. | *monter en avion*, salire in aereo. | *monter à bicyclette, sur un âne*, montare in bicicletta, su un asino. | *monter à cheval*, montare, salire a cavallo. | *monter à bord*, salire a bordo. | *monter en croupe*, salire in groppa. | *monter à cru*, v. CRU. || **3.** [s'élever] *cette tour monte à cent mètres*, questa torre è alta cento metri. || **4.** [augmenter de niveau] salire, crescere. | *le fleuve a monté de deux mètres*, il fiume è salito, cresciuto di due metri. || **5.** [s'élever progressivement] *le terrain monte*, il terreno sale. || **6.** MUS. *monter par tons et demi-tons*, salire per toni e semitoni. || **7.** FIG. *les prix montent*, i prezzi salgono. | *la température a monté*, la temperatura è salita. | *la dette monte à un million*, il debito ammonta, assomma a un milione. || **8.** LOC. *monter à l'assaut, sur ses grands chevaux, en grade, en graine, sur les planches, comme une soupe au lait, à la tête, sur le trône*, v. le mot compl. | *la moutarde me monte au nez*, v. NEZ. | *le rouge lui monta au visage*, il rosso gli montò al viso. ◆ v. tr. **1.** [gravir] salire. | *monter l'escalier*, salire le scale. | *la voiture monte bien les côtes*, la macchina va bene in salita. || **2.** [transporter plus haut] *monter les valises*, portar su le valigie. || **3.** [ajuster] *monter une machine, une usine, une tente, un film*, montare una macchina, una fabbrica, una tenda, una pellicola. || [enchâsser] *monter une pierre précieuse*, montare, incastonare una pietra preziosa. || **4.** CULIN. montare. || **5.** [être sur] *monter un cheval*, montare un cavallo. || **6.** [équiper] *monter sa maison, son ménage*, metter su casa. | *monter son trousseau*, preparare il corredo. | *être bien monté en linge*, essere ben provvisto di biancheria. || **7.** ZOOL. [couvrir] montare. || **8.** FIG. [préparer, organiser] *monter une entreprise*, metter su un'impresa. | *monter une conjuration*, ordire, macchinare una congiura. | *monter une pièce*, allestire un'opera teatrale. || **9.** LOC. *monter la garde*, montare la guardia. | *monter la tête à qn, monter qn contre*, montare qlcu. contro. || FAM. *monter le coup, un bateau à qn*, darla a bere a qlcu. ◆ v. pr. [s'équiper] **(en)** provvedersi, rifornirsi (di). || [atteindre] *les frais se montent à mille francs*, le spese ammontano, assommano a mille franchi. || FIG. *se monter la tête*, montarsi il cervello, la testa ; esaltarsi.
monte-sac(s) [mɔ̃tsak] m. inv. montasacchi.
monteur, euse [mɔ̃tœr, øz] n. TECHN., CIN. montatore, trice. | *monteur radio*, radiomontatore.
montgolfière [mɔ̃gɔlfjɛr] f. mongolfiera.
monticole [mɔ̃tikɔl] adj. (rare) montano (L.C.).
monticule [mɔ̃tikyl] m. monticello.
montoir [mɔ̃twar] m. montatoio. | *côté montoir*, lato sinistro del cavallo.
montrable [mɔ̃trabl] adj. presentabile, mostrabile.
1. montre [mɔ̃tr] f. [instrument] orologio m. | *montre de poche*, orologio tascabile, da tasca. | *montre marine*, cronometro marino, da marina. | *montre à répétition*, orologio a ripetizione. | *dans le sens des aiguilles d'une montre*, in senso orario. | *dans le sens inverse des aiguilles d'une montre*, in senso antiorario. || SPORT *course, étape contre la montre*, corsa, tappa a cronometro. | *faire un parcours en deux heures montre en main*, compiere un percorso in due ore d'orologio, in due ore orologio alla mano. || FIG. *course contre la montre*, corsa contro il tempo.
2. montre f. VX [étalage] mostra (L.C.). | *mettre en montre*, mettere in mostra. || FIG. *pour la montre*, per figura, per far (bella) figura. | *faire montre de courage*, far mostra di coraggio. | *faire montre de son érudition*, fare sfoggio della propria erudizione.
montre-bracelet [mɔ̃trəbraslɛ] f. orologio (m.) da polso.
montrer [mɔ̃tre] v. tr. **1.** [faire voir] mostrare. | *montrer un objet, la langue*, mostrare un oggetto, la lingua. | *montrer ses papiers d'identité*, mostrare, esibire i documenti. | *montrer ses jambes*, lasciare scoperte le gambe, scoprire le gambe. | *montrer les lettres de ses amis*, far leggere le lettere degli amici. || [désigner, indiquer] *montrer la route*, indicare la strada. | *montrer du doigt*, v. DOIGT. | *montrer les dents*, v. DENT. || **2.** [décrire] *montrer l'état de la société*, mostrare, descrivere, dipingere lo stato della società. || [démontrer] *montrer à qn qu'il a tort*, dimostrare a qlcu. che ha torto. || **3.** [manifester] *montrer du courage*, (di)mostrare coraggio. | *montrer de l'émotion, de l'étonnement, de l'humeur*, manifestare la propria emozione, la propria meraviglia, il proprio malumore. || **4.** [enseigner] *montrer l'exemple*, dar l'esempio. | *l'avenir montrera qui a raison*, l'avvenire dimostrerà chi ha ragione. | *montrer comment fonctionne un appareil*, far vedere come funziona un apparecchio. || [avec inf. compl.] *montrer à qn à écrire*, insegnare a uno a scrivere. ◆ v. pr. *se montrer dans les salons*, farsi vedere nei salotti. | *se montrer à la fenêtre, à la porte*, affacciarsi alla finestra, alla porta. | *se montrer sous un jour favorable*, farsi conoscere sotto una buona luce. | *se montrer courageux, habile*, dimostrarsi coraggioso, abile.
montreur, euse [mɔ̃trœr, øz] n. *montreur, euse d'ours*, ammaestratore, trice d'orsi. | *montreur, euse de marionnettes*, v. MARIONNETTE.
montueux, euse [mɔ̃tɥø, øz] adj. montuoso.
monture [mɔ̃tyr] f. [bête] cavalcatura. || TECHN. montatura. | *monture de lunettes*, montatura degli occhiali. | *monture d'un bijou*, montatura, incastonatura di un gioiello. | *monture d'une scie*, telaio (m.) di una sega.
monument [mɔnymɑ̃] m. PR. monumento. | *monument aux morts*, v. MORT. | *monument funéraire, historique*, monumento sepolcrale, nazionale. || FIG. *un monument de science, de bêtise*, un monumento di scienza, di stupidità.
monumental, e, aux [mɔnymɑ̃tal, o] adj. PR. et FIG. monumentale. || FAM. *erreur monumentale*, errore monumentale, madornale, marchiano. | *bêtise monumentale*, stupidaggine monumentale.
monumentalité [mɔnymɑ̃talite] f. (rare) monumentalità.
moque [mɔk] f. MAR. bigotta.
moquer (se) [səmɔke] v. pr. **(de)** burlarsi, beffarsi, farsi beffe (di) ; prendere in giro, beffare, burlare v. tr. | *tu t'es moqué de moi*, mi hai burlato. | *se faire moquer de soi*, far ridere di sé, farsi ridere dietro. || [essayer de tromper] *il se moque de moi*, mi prende in giro. || [ne faire aucun cas de] non curarsi (di) ; infischiarsi (di) [fam.]. || LOC. *je ne me moque pas*, non burlo, non scherzo.
moquerie [mɔkri] f. burla, beffa.
moquette [mɔkɛt] f. mochetta ; moquette (fr.).
moqueur, euse [mɔkœr, øz] adj. burlone, beffardo. | *regard, rire moqueur*, sguardo beffardo, risata beffarda. | *enfant très moqueur*, bambino assai burlone. ◆ n. beffeggiatore, trice ; burlone, a. ◆ n. m. ZOOL. tordo beffeggiatore.
moracées [mɔrase] f. pl. BOT. moracee.
morailles [mɔraj] f. pl. mordacchia f. sing.

moraillon [mɔrajɔ̃] m. TECHN. boncinello.
moraine [mɔrɛn] f. GÉOL. morena.
morainique [mɔrɛnik] adj. morenico.
moral, e, aux [mɔral, o] adj. morale. | *sciences morales*, scienze morali. ‖ JUR. *personne morale*, V. PERSONNE. ◆ n. m. morale. | *avoir bon, mauvais moral*, essere su, giù di morale. | *le moral des troupes est bon*, il morale delle truppe è alto. | *le moral est bas*, il morale è basso, a terra. | *relever le moral de qn*, tirar su il morale di qlcu. | *au physique et au moral*, fisicamente e moralmente.
morale [mɔral] f. morale. | *la morale d'Aristote, d'une fable*, la morale d'Aristotele, di una favola. | *sans morale*, senza morale. | *faire la morale à qn*, fare la morale a qlcu.
moralement [mɔralmɑ̃] adv. moralmente. | *être moralement sûr de*, aver la certezza morale di. | *être moralement vainqueur*, essere il vincitore morale, essere moralmente vincitore.
moralisateur, trice [mɔralizatœr, tris] adj. moralizzatore, trice.
moralisation [mɔralizasjɔ̃] f. moralizzazione.
moraliser [mɔralize] v. tr. moralizzare. ‖ FAM. [faire la morale] fare una paternale a. ◆ v. intr. moraleggiare ; moralizzare (rare).
moraliseur, euse [mɔralizœr, øz] n. = chi si atteggia a moralista.
moralisme [mɔralism] m. moralismo.
moraliste [mɔralist] adj. moralistico. ◆ n. moralista.
moralité [mɔralite] f. moralità. | *ne pas avoir de moralité*, essere privo di senso morale. | *la moralité d'une fable*, la morale di una favola. | *certificat de moralité*, certificato di buona condotta. ‖ HIST. LITT. moralità.
morasse [mɔras] f. TYP. bozzone m.
1. moratoire [mɔratwar] adj. moratorio.
2. moratoire m. JUR. moratoria f.
morave [mɔrav] adj. et n. moravo. ‖ RELIG. *frères moraves*, fratelli moravi.
morbide [mɔrbid] adj. PR. et FIG. morboso.
morbidesse [mɔrbidɛs] f. ART morbidezza.
morbidité [mɔrbidite] f. morbosità. ‖ [pourcentage de malades] morbosità.
morbilleux, euse [mɔrbijø, øz] adj. MÉD. morbilloso.
morbleu! [mɔrblø] interj. VX corpo di Bacco ! (L.C.).
morceau [mɔrso] m. pezzo. | *morceau de pain, de papier*, pezzo di pane, di carta. | *mendier un morceau de pain*, elemosinare un tozzo di pane. | *morceau de sucre*, zolletta (f.) di zucchero. | *petit morceau*, pezzettino. | *morceau de terre*, appezzamento (di terreno). | *morceau de choix*, pezzo prelibato. | *morceau de roi*, boccone ghiotto, da re. ‖ CRIT. LITT. brano, passo. | *morceaux choisis*, brani scelti. | *recueil de morceaux choisis*, antologia f. ‖ MUS. pezzo, brano. ‖ ART opera f. ‖ LOC. *fait de pièces et de morceaux*, V. PIÈCE. | *mettre en morceaux*, fare a pezzi. | *j'aime les bons morceaux*, mi piace la buona tavola. ‖ FIG. *c'est un gros morceau*, è un affare serio. ‖ FAM. *manger un morceau*, mangiare un boccone, fare uno spuntino. | *un beau morceau de femme*, un bel pezzo di donna, di figliola. | *emporter le morceau*, V. EMPORTER. ‖ POP. *manger, lâcher le morceau*, sputare l'osso ; cantare.
morcelable [mɔrsəlabl] adj. *propriété morcelable*, proprietà spezzettabile.
morceler [mɔrsəle] v. tr. spezzettare. | *morceler en lots*, lottizzare.
morcellement [mɔrsɛlmɑ̃] m. AGR., JUR., POLIT. spezzettamento.
mordache [mɔrdaʃ] f. copriganascia m. inv., mordace m.
mordacité [mɔrdasite] f. PR. causticità. ‖ FIG. mordacità, causticità.
mordançage [mɔrdɑ̃saʒ] m. mordenzatura f.
mordancer [mɔrdɑ̃se] v. tr. mordenzare.
mordant, e [mɔrdɑ̃, ɑ̃t] adj. PR. *acide mordant*, acido caustico. ‖ FIG. *voix mordante*, voce stridente. | *froid mordant*, freddo pungente, mordente. | *mot, style mordant*, parola, stile mordace, mordente. ◆ n. m. PR. et FIG., MIL., MUS. mordente.
mordicus [mɔrdikys] adv. (lat.) FAM. tenacemente, ostinatamente, con accanimento (L.C.).
mordillage [mɔrdijaʒ] m. (il) mordicchiare, morsicchiatura f.
mordiller [mɔrdije] v. tr. mordicchiare, morsicchiare.
mordoré, e [mɔrdɔre] adj. mordorè (fr.) ; bruno dorato.
mordorer [mɔrdɔre] v. tr. dare il colore mordorè a.
mordre [mɔrdr] v. tr. [avec les dents] mordere, morsicare, addentare. | *un chien m'a mordu*, mi ha morso, morsicato un cane. | *le chien m'a mordu la jambe*, il cane mi ha addentato la gamba. | *mords-le !, mords-le !*, dagli !, dagli ! | *être mordu par les moustiques*, essere morsicato, punto dalle zanzare. ‖ [serrer fortement] mordere. | *les tenailles mordent le fer*, le tenaglie mordono il ferro. ‖ [ronger, attaquer] mordere. | *la lime mord l'acier*, la lima morde l'acciaio. | *l'acide mord le métal*, l'acido morde il metallo. ‖ AUTOM. *mordre la ligne continue*, sconfinare al di là della linea continua. ‖ SPORT *mordre la ligne*, oltrepassare la linea di partenza. ‖ FIG. *mordre la poussière*, mordere la polvere. ◆ v. intr. *mordre dans un fruit*, addentare un frutto. ‖ [entamer] *l'acide mord*, l'acido morde. | *la scie ne mord pas*, la sega non morde. ‖ MAR. *l'ancre mord*, l'ancora morde (il fondo). ‖ MÉC. [engrener] ingranare. ◆ v. tr. ind. *mordre à l'hameçon*, abboccare l'amo, all'amo (moins correct) ; abboccare (fig.). ‖ FAM. *ça ne mord pas*, il pesce non abbocca. ‖ FIG. *mordre au latin*, pigliar gusto al latino. ‖ [empiéter] *la terrasse mord sur le jardin*, la terrazza sconfina sul giardino. | *les ardoises mordent les unes sur les autres*, le ardesie si accavallano le une sulle altre. | *les illustrations mordent sur les marges*, le illustrazioni sconfinano sui margini. ◆ v. pr. mordersi. | *se mordre les lèvres, la langue* (pr. et fig.), mordersi le labbra, la lingua. ‖ FIG. *s'en mordre les doigts*, mordersi le mani, le dita.
mordu, e [mɔrdy] adj. FAM. [amoureux] (innamorato) cotto. ◆ n. FAM. [fanatique] tifoso, a.
more adj. et n. V. MAURE.
morelle [mɔrɛl] f. BOT. morella.
morène [mɔrɛn] f. BOT. morso (m.) di rana.
moresque adj. et n. V. MAURESQUE.
1. morfil [mɔrfil] m. [sur une lame] filo morto.
2. morfil m. difesa grezza (d'elefante).
morfondre (se) [səmɔrfɔ̃dr] v. pr. annoiarsi ad aspettare.
morganatique [mɔrganatik] adj. morganatico.
morgeline [mɔrʒəlin] f. V. MOURON.
1. morgue [mɔrg] f. [orgueil] boria, sussiego m.
2. morgue f. [local] obitorio m.
moribond, e [mɔribɔ̃, ɔ̃d] adj. et n. moribondo.
moricaud, e [mɔriko, od] adj. moro ; scuro di carnagione. ◆ n. moretto, a.
morigéner [mɔriʒene] v. tr. redarguire.
morille [mɔrij] f. BOT. spugnola.
morillon [mɔrijɔ̃] m. ZOOL. moretta f.
morio [mɔrjo] m. ZOOL. vanessa antiopa.
1. morion [mɔrjɔ̃] m. [casque] morione.
2. morion m. MINÉR. morione.
morisque [mɔrisk] n. HIST. morisco (pl. *moriscos*) [esp.].
mormon, e [mɔrmɔ̃, ɔn] adj. mormonico. ◆ n. mormone.
mormonisme [mɔrmɔnism] m. RELIG. mormonismo.
morne [mɔrn] adj. tetro, cupo, squallido, scialbo, smorto. | *rester morne et silencieux*, restare cupo e silenzioso. | *regard morne*, sguardo triste. | *morne soirée*, squallida serata. | *vie morne*, vita scialba, squallida. | *morne silence*, tetro silenzio. | *une ville morne et grise*, una città squallida e grigia. | *conversation morne*, conversazione scialba. | *couleur morne*, colore smorto, scialbo. | *style morne*, stile scialbo. | *temps morne*, tempo uggioso.
mornifle [mɔrnifl] f. POP. manrovescio m. (L.C.).
1. morose [mɔroz] adj. malinconico, cupo, tetro. | *air morose*, aria cupa, malinconica. | *humeur morose*,

umor nero, cupo, tetro. | *vieillard morose*, vecchio brontolone.
2. morose adj. THÉOL. *délectation morose*, dilettazione morosa.
morosité [mɔrozite] f. malinconia, tristezza, tetraggine.
morphème [mɔrfɛm] m. LING. morfema.
morphine [mɔrfin] f. morfina.
morphinisme [mɔrfinism] m. MÉD. morfinismo.
morphinomane [mɔrfinɔman] adj. et n. morfinomane.
morphinomanie [mɔrfinɔmani] f. MÉD. morfinomania.
morphogène [mɔrfoʒɛn] adj. PHYSIOL. morfogeno.
morphologie [mɔrfolɔʒi] f. morfologia.
morphologique [mɔrfolɔʒik] adj. morfologico.
morpion [mɔrpjɔ̃] m. POP. piattola f. (L.C.); piattone (tosc.).
mors [mɔr] m. [du cheval] morso. | *prendre le mors aux dents*, imbizzarrire, imbizzarrirsi, prendere la mano (pr.); imbizzarrire, adirarsi, infuriarsi (fig.). || TECHN. ganascia f. ◆ pl. [reliure] morsi.
1. morse [mɔrs] m. ZOOL. tricheco.
2. morse m. [système] sistema Morse. || [appareil] apparecchio, manipolatore Morse. || [alphabet] alfabeto, segnali (m. pl.) Morse.
morsure [mɔrsyr] f. [chien; serpent] morso m.; [insecte] morsicatura, puntura, pinzatura. | *morsure du gel*, morso del gelo. || FIG. *morsure de la calomnie*, morso della calunnia. || [gravure] morsura.
1. mort [mɔr] f. morte. | *il y a eu mort d'homme*, c'è scappato il morto, ci sono scappati dei morti (fam.). | *frapper qn jusqu'à ce que mort s'ensuive*, picchiare qlcu. fino a farlo morire. | *on veut ma mort*, mi vogliono morto. || [douleur, chagrin] *souffrir mille morts, mort et passion*, V. SOUFFRIR. | *avoir la mort dans l'âme*, V. ÂME. || [ruine] *la mort de l'industrie*, la morte, la rovina dell'industria. || JUR. *mort civile*, morte civile. | *arrêt, peine de mort*, sentenza, pena di morte. | *sous peine de mort*, V. PEINE. || MÉD. *mort apparente*, morte apparente. || RELIG. *mort au monde*, rinuncia al mondo. | *mort éternelle*, morte eterna. ◆ interj. *à mort!*, a morte! ◆ loc. adv. ***à mort :*** *blesser, mettre, condamner à mort*, ferire, mettere, condannare a morte. | *en vouloir à mort à qn*, avercela a morte con qlcu. || ***à la mort :*** *haïr à la mort*, odiare a morte. | *à la vie (et) à la mort*, per la vita e per la morte.
2. mort, e [mɔr, mɔrt] adj. morto. | *mort ou vif*, vivo o morto. || FIG. *ivre mort*, ubriaco fradicio. | *mort de fatigue*, stanco morto. | *être plus mort que vif*, essere più morto che vivo. | *bois mort*, legna secca. | *eau morte*, acqua morta, stagnante. | *ville, langue, nature morte*, città, lingua, natura morta. | *argent mort*, denaro morto. | *regard mort*, sguardo spento. || GÉOGR. *la mer Morte*, il mar Morto. || LOC. *angle mort :* MIL. defilamento; AUTOM. angolo cieco. ◆ n. morto, a. | *les morts à la guerre*, i caduti in guerra. | *monument aux morts*, monumento ai caduti. | *faire le mort*, V. FAIRE VII. | *un mort vivant*, un morto che cammina. | *un bruit à réveiller un mort*, un rumore da svegliare un morto. || LOC. *les morts vont vite*, i morti vanno in fretta. | *le mort saisit le vif*, V. VIF.
mortadelle [mɔrtadɛl] f. mortadella.
mortaisage [mɔrtɛzaʒ] m. mortasatura f., stozzatura f.
mortaise [mɔrtɛz] f. TECHN. mortasa.
mortaiser [mɔrtɛze] v. tr. mortasare, stozzare.
mortaiseuse [mɔrtɛzøz] f. mortasatrice, stozzatrice.
mortalité [mɔrtalite] f. mortalità. | *grande mortalité*, mortalità elevata; [par épidémie] morìa. | *taux de mortalité*, quoziente, tasso, indice di mortalità.
mort-aux-rats [mɔrora] f. topicida m.
mort-bois [mɔrbwa] m. = sterpi m. pl.; legna minuta e secca.
morte-eau [mɔrto] f. GÉOGR. marea delle quadrature.
mortel, elle [mɔrtɛl] adj. PR. et FIG. mortale. | *coup, ennemi, ennui mortel*, colpo, nemico, noia mortale. | *angoisse, douleur mortelle*, angoscia, dolore mortale. | *pâleur mortelle*, pallore mortale, letale (littér.). | *dépouille mortelle, péché mortel*, V. DÉPOUILLE, PÉCHÉ. || FAM. *froid mortel*, freddo micidiale. | *vacances mortelles*, vacanze noiose da morire. ◆ n. LITTÉR. mortale. | *le commun des mortels*, V. COMMUN.
mortellement [mɔrtɛlmɑ̃] adv. PR. et FIG. mortalmente. | *mortellement ennuyeux*, noioso da morire.
morte-saison [mɔrtesɛzɔ̃] f. stagione morta.
mortier [mɔrtje] m. [chaux] malta f., calcina f. || [récipient] mortaio. || MIL. mortaio. || [toque] tocco. || HIST. *président à mortier*, presidente di parlamento.
mortifiant, e [mɔrtifjɑ̃, ɑ̃t] adj. RELIG. mortificante. || [vexant] mortificante.
mortification [mɔrtifikasjɔ̃] f. CULIN. frollatura. || MÉD., RELIG. mortificazione.
mortifier [mɔrtifje] v. tr. CULIN. frollare. || MÉD., RELIG. mortificare. || [vexer] mortificare. ◆ v. pr. mortificarsi.
mortinatalité [mɔrtinatalite] f. natimortalità.
mort-né, e [mɔrne] adj. et n. nato morto. || FIG. *projets mort-nés*, progetti nati morti.
mortuaire [mɔrtɥɛr] adj. mortuario. | *drap mortuaire*, V. DRAP. | *chambre mortuaire*, camera mortuaria. | *domicile mortuaire*, domicilio del defunto. | *registre mortuaire*, registro mortuario. | *extrait mortuaire*, estratto dell'atto di morte.
morue [mɔry] f. merluzzo m. | *morue séchée*, baccalà m. | *morue verte*, merluzzo salato. | *huile de foie de morue*, V. HUILE. || [habit] *queue de morue*, abito a coda di rondine.
morula [mɔryla] f. BIOL. morula.
morutier [mɔrytje] m. [pêcheur] pescatore di merluzzo. || [navire] peschereccio per la pesca del merluzzo.
morve [mɔrv] f. VÉTÉR. morva; linfangite morvosa. || [humeur] moccio m.
morveux, euse [mɔrvø, øz] adj. VÉTÉR. affetto da morva. || [qui a la morve au nez] moccioso; moccicoso (pop.). || FIG. *se sentir morveux*, aver la coda di paglia. (V. aussi MOUCHER [SE].) ◆ n. FAM. moccioso, a; moccicoso, a (pop.); moccicone, a (tosc.).
1. mosaïque [mɔsaik] f. ART. et FIG. mosaico m. | *art de la mosaïque*, arte musiva. | *sol en mosaïque*, pavimento mosaicato. || BOT. mosaico.
2. mosaïque adj. RELIG. mosaico. | *loi mosaïque*, legge mosaica.
mosaïsme [mɔzaism] m. RELIG. mosaismo.
mosaïste [mɔzaist] n. mosaicista.
moscoutaire [mɔskutɛr] m. PÉJOR. comunista ligio agli ordini di Mosca.
moscovite [mɔskɔvit] adj. et n. moscovita.
mosellan, e [mɔzɛlɑ̃, an] adj. et n. mosellano.
mosquée [mɔske] f. moschea.
mot [mo] m. parola f., vocabolo, termine. | *mot de plusieurs syllabes*, parola polisillaba. | *mot illisible*, parola illeggibile. | *mot emprunté au français*, parola presa in prestito dal, mutuata dal francese. | *mot nouveau*, vocabolo nuovo. | *mot impropre, technique*, parola impropria, tecnica; vocabolo, termine improprio, tecnico. | *mot à double sens*, parola a doppio senso. || [bref message] parola, biglietto. | *dire, glisser un mot, deux mots à l'oreille de qn*, dire, sussurrare due parole all'orecchio di qlcu. | *en toucher un mot, deux mots à qn*, farne parola a qlcu., accennarne la cosa a qlcu. | *écrire un mot, deux mots à qn*, scrivere due parole, due righe a qlcu.; buttar giù due parole a qlcu. (fam.). | *faire passer un mot, un petit mot*, far avere un biglietto, un bigliettino. | *laisser un mot pour qn*, lasciare un messaggio per qlcu. || [sentence] parola. | *beau mot de Socrate*, bella parola di Socrate. | *mot historique*, parola storica. | *mots célèbres*, detti celebri. || [parole vide de sens] parola. | *n'écrire que des mots*, non scrivere altro che parole. | *se payer de mots*, pascersi di parole. | *ce ne sont que des mots*, sono parole vuote. || LOC. *mot à mot, mot pour mot*, parola per parola. | *(traduction) mot à mot*, traduzione letterale. | *bon mot, mot d'esprit*, frizzo; motto di spirito; battuta spiritosa. | *grand mot*, parolone, parolona f. | *gros mot*, parolaccia f. | *avoir le dernier mot*,

avere l'ultima parola. | *le mot de la fin*, v. FIN 1. | *le fin mot, le mot de l'énigme*, v. FIN 2, ÉNIGME. | *mot d'ordre*, parola d'ordine. | *mot de passe* : MIL. parola d'ordine ; [dans la franc-maçonnerie] parola di passo, di semestre. | *avoir des mots avec qn*, avere un vivace scambio di parole con uno ; litigare con uno. | *avoir toujours le mot pour rire*, aver sempre la battuta pronta per (far) ridere, aver sempre il frizzo pronto. | *jeu de mots*, V. JEU. | *jouer sur les mots*, V. JOUER. | *mots croisés*, V. CROISÉ. | *à mots couverts*, V. COUVERT. | *il n'y a pas un mot de vrai*, non c'è nulla di vero. | *sans mot dire*, V. DIRE. | *se donner le mot*, passarsi la parola. | *ne pas mâcher ses mots*, V. MÂCHER. | *peser ses mots*, V. PESER. | *ne pas pouvoir placer un mot*, V. PLACER. | *prendre qn au mot*, prendere qlcu. in parola. | *ne pas comprendre un traître mot*, V. TRAÎTRE. | *ne pas, sans souffler mot*, V. SOUFFLER. | *un mot en amène un autre*, una parola tira l'altra. | *arracher les mots de la bouche à qn*, strappare le parole di bocca, dalla bocca a qlcu. | *n'avoir qu'un mot à dire*, non avere che da aprir bocca. | *avoir toujours son mot à dire, vouloir toujours placer son mot*, voler sempre dire la sua. || PROV. *qui ne dit mot consent*, chi tace acconsente. | *à, sur ces mots*, detto questo. | *d'un mot*, con una parola. | *en un mot*, in breve ; a dirla breve ; in una parola. | *en un mot comme en cent*, in parole povere. | *en quelques mots*, in poche parole. | *au bas mot*, a dir poco. | *un mot !, deux mots !*, una parola !, due parole ! | *pas un mot !*, acqua in bocca ! ; mosca !

motard [mɔtar] m. FAM. motociclista (L.C.). ; [policier] poliziotto motociclista (L.C.).

motel [mɔtɛl] m. motel (angl.) ; autostello (néol.).

motet [mɔtɛ] m. MUS. mottetto.

moteur, trice [mɔtœr, tris] adj. motore, trice ; motorio. | *force motrice*, forza motrice. | *nerf moteur*, nervo motorio. | *troubles moteurs*, disturbi motori, turbe motorie. | *arbre moteur*, albero motore. ◆ n. m. motore. | *moteur à explosion, à réaction*, motore a scoppio, a reazione. | *moteur en étoile*, motore a stella, stellare adj. | *moteur à combustion interne*, motore endotermico, a combustione interna. | *moteur-fusée*, motore a razzo. || FIG. motore.

motif [mɔtif] m. motivo. | *sans motif*, senza motivo. | *pour le bon motif*, con intenzioni serie. | *exposé des motifs*, motivazione f. || ART, MUS. motivo. ◆ pl. JUR. motivazione (f.) della sentenza.

motilité [mɔtilite] f. motilità.

motion [mɔsjɔ̃] f. mozione. | *motion d'ordre*, mozione d'ordine. | *déposer une motion de censure*, presentare una mozione di sfiducia. || PSYCHAN. *motion pulsionnelle*, moto pulsionale, istintivo.

motivation [mɔtivasjɔ̃] f. motivazione.

motivé, e [mɔtive] adj. JUR., LING., PSYCH. motivato.

motiver [mɔtive] v. tr. motivare.

moto [mɔto] f. FAM. moto f. inv.

motociste [mɔtosist] m. venditore e riparatore di motocicli.

motocross [mɔtokrɔs] m. inv. SPORT motocross.

motoculteur [mɔtokyltœr] m. motocoltivatore.

motoculture [mɔtokyltyr] f. motocoltura.

motocyclable [mɔtosiklabl] adj. *piste motocyclable*, pista motocarrozzabile.

motocycle [mɔtosikl] m. motociclo.

motocyclette [mɔtosiklɛt] f. motocicletta. | *aller à motocyclette*, andare in motocicletta.

motocyclisme [mɔtosiklism] m. motociclismo.

motocycliste [mɔtosiklist] n. motociclista.

motonautique [mɔtonotik] adj. motonautico.

motonautisme [mɔtonotism] m. motonautica f.

motopompe [mɔtopɔ̃p] f. motopompa.

motorisation [mɔtorizasjɔ̃] f. motorizzazione.

motoriser [mɔtorize] v. tr. motorizzare. | *division, infanterie motorisée*, divisione, fanteria motorizzata. || FAM. *être motorisé*, essere motorizzato.

motoriste [mɔtorist] m. motorista.

motorship [mɔtɔrʃip] m. (angl.) motonave f.

mototracteur [mɔtotraktœr] m. mototrattore.

motrice [mɔtris] f. motrice.

motricité [mɔtrisite] f. PHYSIOL. motilità.

mots-croisiste [mokrwazist] n. V. CRUCIVERBISTE.

motte [mɔt] f. zolla. | *motte de gazon*, zolla erbosa ; piota f. | *motte de beurre*, pane (m.) di burro.

motteux [mɔtø] m. ZOOL. culbianco.

motu proprio [mɔtyprɔprijo] m. motu proprio (lat.), motuproprio.

motus [mɔtys] interj. mosca ! ; acqua in bocca !

1. mou ou **mol, molle** [mu, mɔl] adj. [qui cède au toucher] molle. | *substance, cire molle*, sostanza, cera molle. | *matelas mou*, materasso troppo cedevole. || ANAT. *parties molles*, parti molli. || [souple] floscio. | *chapeau, col mou*, cappello, colletto floscio. || [doux] molle, dolce. | *molles ondulations de la campagne*, molli, dolci ondulazioni della campagna. || [sans énergie] molle, fiacco. | *gestes mous*, gesti fiacchi. | *caractère mou*, carattere molle, fiacco. | *élève mou*, scolaro indolente. | *chiffe, pâte molle*, v. ces noms. | *style mou*, stile fiacco. | *bruit mou*, rumore sordo. | *climat, temps mou*, clima, tempo caldo e umidiccio. | *molle résistance*, debole resistenza. | *molles protestations*, deboli proteste. | *avoir les jambes molles*, avere le gambe di ricotta. || MÉD. *pouls mou*, polso molle. ◆ adv. mollemente. | *jouer trop mou*, suonare troppo mollemente. || POP. *vas-y mou*, vacci piano (L.C.). ◆ n. m. molle. | *le mou et le dur*, il molle e il duro. || [boucherie] *mou de veau*, polmone di vitello. || MAR. *avoir du mou*, essere lasco. | *donner du mou*, mollare l'imbando. || [personne] uomo fiacco.

mouchard, e [muʃar, ard] n. FAM. spia f., confidente m., informatore m. (L.C.). || TECHN. dispositivo di controllo ; spia.

mouchardage [muʃardaʒ] m. FAM. spiata f. (L.C.).

moucharder [muʃarde] v. tr. et intr. FAM. rifischiare ; fare la spia v. intr. (L.C.).

mouche [muʃ] f. ZOOL. mosca. | *grosse mouche*, moscone m. | *mouche des chevaux*, mosca cavallina. | *mouche du vinaigre*, mosca dell'aceto ; moscerino (m.) del mosto. | *mouche verte, bleue de la viande*, moscone azzurro della carne. | *mouche charbonneuse*, mosca del carbonchio. | *mouche à miel* (rég.), ape (L.C.). || VX [rondelle de taffetas] mosca ; (finto) neo m. || [touffe de poils] mosca. || [cible] centro m. || [fleuret] bottone m. ; fioretto m. (rare). || [pêche] mosca. || LOC. *faire mouche*, far centro, colpire nel segno, imbroccare il bersaglio (pr. et fig.) ; imbroccarla giusta (fig.). | *fine mouche*, V. FIN 2. | *pattes de mouche*, V. PATTE. | *faire la mouche du coche*, far la mosca cocchiera. | *il ne ferait pas de mal à une mouche*, non farebbe male neanche a una mosca. | *prendre la mouche*, prender cappello. | *quelle mouche le pique ?*, che diavolo gli piglia ? || MAR. *mouche d'escadre*, mosca ; avviso m. || MÉD. *mouche volante*, mosca volante. || SPORT *poids mouche*, V. POIDS.

moucher [muʃe] v. tr. soffiare il naso. | *moucher un enfant*, soffiare il naso a un bambino. | *moucher du sang*, perdere sangue dal naso. | *moucher une chandelle*, smoccolare una candela. || FAM. [réprimander] lavare il capo a, pettinare. ◆ v. pr. soffiarsi il naso. || LOC. *qui se sent morveux, (qu'il) se mouche*, chi ha orecchie per intendere intenda. || FAM. *ne pas se moucher du coude*, credersi un padreterno.

moucheron [muʃrɔ̃] m. ZOOL. moscerino. || FIG., FAM. marmocchio.

moucheté, e [muʃte] adj. moschettato. | *étoffe grise mouchetée de rouge*, stoffa grigia picchiettata, moschettata di rosso. | *cheval moucheté*, cavallo dal mantello moschettato, moscato. || [escrime] *fleuret moucheté*, fioretto col bottone, fioretto munito di bottone.

moucheter [muʃte] v. tr. picchiettare. || [escrime] munire di un bottone.

mouchetis [muʃti] m. arricciato, arriccio, arricciatura f.

mouchette [muʃɛt] f. [rabot] sponderuola. || ARCHIT. gocciolatoio m. ◆ pl. [ciseaux] smoccolatoio m. sing.

moucheture [muʃtyr] f. moschettatura, macchiettatura, picchiettatura.

mouchoir [muʃwar] m. fazzoletto. | *mouchoir de poche, de cou*, fazzoletto da naso, da collo. | *grand* *mouchoir,* fazzolettone. ‖ FIG. *grand comme un mouchoir de poche,* grande come un fazzoletto. ‖ LOC. *faire un nœud à son mouchoir,* farsi un nodo al fazzoletto.

mouchure [muʃyr] f. [mucosités] moccio m. ‖ [de chandelle] smoccolatura.

moudre [mudr] v. tr. macinare. ‖ FIG. *moudre un air,* suonare un'aria con l'organetto.

moue [mu] f. broncio m. | *faire la moue,* fare il broncio.

mouette [mwɛt] f. ZOOL. gabbiano m.

moufette [mufɛt] f. ZOOL. moffetta.

1. moufle [mufl] m. CHIM. [récipient] muffola f. ‖ [four] forno a muffola.

2. moufle f. [gant] muffola, manopola. ‖ [poulies] bozzello m.

mouflet [muflɛ] m. FAM. ragazzino, a; ragazzetto, a (L.C.).

mouflon [muflɔ̃] m. ZOOL. muflone.

mouillage [mujaʒ] m. [du linge] inumidimento, umettazione f. ‖ [de boissons] annacquamento. ‖ MAR. [plan d'eau] fonda f., ancoraggio; [manœuvre] (manovra di) ormeggio. | *être au mouillage,* essere alla fonda. | *mouillage de mines,* posa (f.) di mine. ‖ ÉCON. *mouillage du capital,* annacquamento del capitale.

mouillant, e [mujɑ̃, ɑ̃t] adj. CHIM. tensioattivo.

mouille [muj] f. MAR. = avaria del carico provocata dall'acqua.

mouillé, e [muje] adj. *yeux mouillés,* occhi umidi. ‖ FIG. *poule mouillée,* V. POULE. ‖ GRAMM. palatalizzato; rammollito (VX).

mouiller [muje] v. tr. [rendre humide] bagnare. | *se mouiller les cheveux,* bagnarsi i capelli. | *mouiller de larmes,* bagnare di lacrime. | *mouiller le doigt,* bagnare, inumidire il dito. | *mouiller ses lèvres,* intingere le labbra. | *mouiller le linge,* inumidire, umettare la biancheria. ‖ [étendre d'eau] annacquare, allungare. ‖ CULIN. *mouiller une sauce,* V. SAUCE. ‖ GRAMM. palatalizzare. ‖ MAR. *mouiller l'ancre,* affondare l'ancora. | *mouiller des mines,* posare mine. ◆ v. intr. MAR. *mouiller au large,* ormeggiarsi al largo. ◆ v. pr. bagnarsi. ‖ FAM. [se compromettre] compromettersi (L.C.).

mouillère [mujɛr] f. campo, prato acquitrinoso.

mouillette [mujɛt] f. = fettina di pane.

mouilleur [mujœr] m. [de timbres] spugnetta f. ‖ MAR. [d'ancre] affondatoio. | *mouilleur de mines,* posamine f. inv.

mouillure [mujyr] m. inumidimento, umettazione f. ‖ [tache] fioritura f.; macchia (f.) d'umidità. ‖ GRAMM. palatalizzazione f.

mouise [mwiz] f. POP. *être dans la mouise,* essere al verde, trovarsi in bolletta (fam.).

moujik [muʒik] m. mugico.

1. moulage [mulaʒ] m. [action] fusione f., getto. | *moulage d'une statue,* fusione, getto di una statua. ‖ [fabrication du moule] formatura f. ‖ [empreinte] calco. | *prendre un moulage,* fare un calco. ‖ [reproduction] copia f., calco.

2. moulage m. VX [du grain] macinatura f. (L.C.).

moulant, e [mulɑ̃, ɑ̃t] adj. *robe moulante,* veste che modella le forme.

1. moule [mul] m. stampo, forma f. | *moule à gâteaux,* stampo, forma per dolci. | *moule à gaufres,* stampo per cialde. | *moule à tarte,* tortiera f. ‖ TECHN. [fonderie] forma; [mécanique] matrice f. ‖ LOC. *être coulé(s) dans le même moule,* essere dello stesso stampo. | *le moule en est perdu, cassé, brisé,* se ne è perso lo stampo. | *être fait au moule,* essere ben tornito.

2. moule f. ZOOL. cozza; dattero m., mitilo m. ‖ FIG., FAM. babbeo m., grullo m.

moulé, e [mule] adj. FIG. *être bien moulé,* essere ben fatto. | *bras bien moulés,* braccia ben tornite. | *lettre moulée,* lettera a stampatello. | *écriture moulée,* scrittura nitida e regolare.

mouler [mule] v. tr. [fondre] *mouler une statue,* fondere una statua. ‖ [prendre une empreinte] fare il calco di; modellare. ‖ [suj. vêtement] aderire a, modellare. ‖ FIG. *mouler sa pensée, son style sur un modèle,* modellare, plasmare il pensiero, lo stile su un modello. ◆ v. pr. *se mouler sur qn,* modellarsi, plasmarsi su qlcu.

mouleur [mulœr] m. modellatore.

moulière [muljɛr] f. parco (m.) di mitili.

moulin [mulɛ̃] m. mulino. | *moulin à vent, à eau,* mulino a vento, ad acqua. | *moulin à huile,* frantoio m. | *moulin à café,* macinino da caffè; macinacaffè inv. | *moulin à poivre,* macinino da pepe; macinapepe inv. | *moulin à légumes,* passaverdura, passaverdure m. inv. ‖ FIG. *être un moulin à paroles,* parlare come un, essere un mulino a vento. ‖ LOC. *se battre contre des moulins à vent,* combattere contro i mulini a vento. | *amener de l'eau à son moulin,* V. EAU. | *on entre chez lui comme dans un moulin,* la sua casa è un porto di mare. | *on ne peut pas être au four et au moulin,* non si può cantare e portar la croce. ‖ GÉOL. *moulin des glaciers,* mulino glaciale. ‖ RELIG. *moulin à prières,* mulino da preghiera. ‖ TEXT. *moulin à foulon,* V. FOULON. ‖ ARG. = motore.

moulinage [mulinaʒ] m. TEXT. torcitura f.

mouliner [muline] v. tr. TEXT. torcere. ‖ CULIN., FAM. passare.

moulinet [mulinɛ] m. [tourniquet] tornello. ‖ [appareil de mesure] mulinello idrometrico. ‖ [d'une canne à pêche] mulinello. ‖ [jouet] girandola f. ‖ LOC. *faire le moulinet avec un bâton, une épée,* far mulinello con un bastone, una spada.

moulineur, euse [mulinœr, øz] ou **moulinier, ère** [mulinje, ɛr] n. TEXT. torcitore, trice.

moult [mult] adv. VX (plais.) molto, assai (L.C.); molto adj. | *avec moult détails,* con molti particolari.

moulu, e [muly] adj. *or moulu,* oro in polvere. ‖ FIG. *être moulu de coups,* avere le ossa rotte dalle botte. | *moulu de fatigue,* sfinito, spossato.

moulure [mulyr] f. ARCHIT. modanatura. ‖ ÉLECTR. bacchetta.

moulurer [mulyre] v. tr. modanare.

mourant, e [murɑ̃, ɑ̃t] adj. et n. PR. morente, moribondo. ‖ FIG. *d'une voix mourante,* con voce fievole, fioca. | *regards mourants,* sguardi spenti, smorti.

mourir [murir] v. intr. morire. | *mourir de vieillesse, de sa belle mort, de mort violente, d'infarctus,* morire di vecchiaia, di morte naturale, di morte violenta, d'infarto. | *mourir de ses blessures,* V. BLESSURE. | *faire mourir un animal,* far morire un animale. | *mourir de faim, de peur, à petit feu,* V. FAIM, PEUR, FEU. | *c'est à mourir de rire,* c'è da morire dalle risa. | *mourir d'envie de,* morire dalla voglia di. ‖ LOC. *à (en) mourir,* da morire, a morte. | *il fait chaud à en mourir,* c'è un caldo da morire. | *être triste à en mourir,* essere triste a morte. | *s'ennuyer à mourir,* annoiarsi a morte. | *que je meure si...,* vorrei morire se... | *tu me fais mourir,* mi fai morire. ‖ FIG. *le jour meurt,* il giorno muore. | *laisser mourir le feu,* lasciare morire il fuoco. | *les vagues venaient mourir sur la grève,* le onde venivano a morire sulla spiaggia. | *un son qui va en mourant,* un suono che va morendo, smorzandosi. ‖ RELIG. *mourir au monde,* V. MONDE. ◆ v. pr. LITTÉR. star morendo (L.C.).

mouron [murɔ̃] m. BOT. anagallide f., belligallina f., mordigallina f. ‖ POP. *se faire du mouron,* farsi cattivo sangue (fam.).

mousmé [musme] f. musmè.

mousquet [muskɛ] m. moschetto.

mousquetaire [muskətɛr] m. moschettiere. | *à la mousquetaire,* alla moschettiera.

mousqueterie [muskətri] f. moschetteria, fucileria.

mousqueton [muskətɔ̃] m. [gros mousquet] moschettone. ‖ [fusil court] moschetto. ‖ [crochet] moschettone.

moussaillon [musajɔ̃] m. FAM. V. MOUSSE 1.

moussant, e [musɑ̃, ɑ̃t] adj. *savon moussant,* sapone schiumoso. | *bain moussant,* schiuma da bagno. | *crème (à raser) moussante,* schiuma da barba.

1. mousse [mus] m. MAR. mozzo, giovanotto.

2. mousse f. BOT. muschio m., musco m. ‖ PROV. *pierre qui roule n'amasse pas mousse,* V. PIERRE.

3. mousse f. [de liquide] schiuma, spuma. ‖ CHIM. *mousse de platine,* spugna di platino. ‖ CULIN. *mousse*

au chocolat, mousse (fr.) di cioccolata. | [pâté léger] mousse. || TECHN. *mousse carbonique*, neve carbonica. | *extincteur à mousse*, estintore a spuma, a schiuma. || POP. *se faire de la mousse*, farsi cattivo sangue (fam.). ◆ adj. inv. *caoutchouc mousse*, gommapiuma. || [tricot] *point mousse*, punto legaccio.
4. mousse adj. smussato ; smusso (rare).
mousseline [muslin] f. mussola, mussolina. ◆ adj. inv. CULIN. *sauce mousseline*, salsa olandese con panna sbattuta. | *pommes mousseline*, purè frullato di patate.
mousser [muse] v. intr. spumare, spumeggiare. || FAM. [faire valoir] *faire mousser qn, qch.*, far valere qlcu., qlco., mettere in mostra qlcu., qlco. (L.C.). || POP. [mettre en colère] *faire mousser qn*, mandare, far andare qlcu. in bestia (fam.).
mousseron [musrɔ̃] m. BOT. prugnolo.
mousseux, euse [musø, øz] adj. spumante, spumeggiante, spumoso, schiumoso. | *vin mousseux*, vino spumante. ◆ n. m. spumante.
moussoir [muswar] m. frullino.
mousson [musɔ̃] f. monsone m. | *climat de mousson*, clima monsonico.
moussu, e [musy] adj. muscoso, muschioso.
moustache [mustaʃ] f. baffi m. pl. ; [fournie] mustacchi m. pl. | *petite moustache*, baffetti m. pl. | *grosse moustache*, baffoni m. pl. | *moustache à la gauloise*, baffi spioventi. | *retrousser sa moustache*, arricciarsi in su i baffi. || [d'animal] baffi.
moustachu, e [mustaʃy] adj. baffuto. ◆ n. uomo baffuto, donna baffuta.
moustiérien, enne [mustjerjɛ̃, ɛn] ou **moustérien, enne** [musterjɛ̃, ɛn] adj. et n. m. m(o)usteriano.
moustiquaire [mustikɛr] f. zanzariera.
moustique [mustik] m. zanzara f.
moût [mu] m. [vin doux ; suc] mosto.
moutard [mutar] m. POP. marmocchio, moccioso.
moutarde [mutard] f. BOT. senape, senapa. || CULIN. mostarda, senape. || FIG. *la moutarde me monte au nez*, V. NEZ.
moutardier [mutardje] m. [récipient] mostardiera f. || [fabricant] fabbricante di mostarda. || FIG. *se croire le premier moutardier du pape*, credersi un padreterno.
moutier [mutje] m. VX monastero (L.C.).
mouton [mutɔ̃] m. ZOOL. [mâle] montone ; [femelle] pecora f. | *troupeau de moutons*, gregge di pecore. || [viande] castrato, montone. | *gigot de mouton*, cosciotto di castrato, di montone. | *viande de mouton*, carne ovina. || [reliure] *peau de mouton*, bazzana f. || [fourrure] agnello. || LOC. *(doux comme) un mouton*, mite, mansueto come una pecora. | *devenir doux comme un mouton*, divenire mansueto, ammansirsi come una pecora. | *suivre comme un, des mouton(s)*, seguire come una pecora, un gregge di pecore. | *les moutons de Panurge* = il gregge degl'imitatori. | *revenons à nos moutons*, torniamo a bomba ; torniamo all'argomento del discorso. | *un mouton à cinq pattes*, una (araba) fenice. || ARG. [mouchard] fighetta f. ; detenuto che fa il delatore (L.C.). || TECHN. *mouton (de choc)*, battipalo. || [de cloche] mozzo. || [d'une voile] mura f. ◆ pl. [vagues ; nuages] pecorelle f. pl. || FAM. [poussière] lana f.
moutonné, e [mutɔne] adj. [frisé] crespo. | *nuages moutonnés*, pecorelle f. pl. | *ciel moutonné*, cielo a pecorelle.
moutonnement [mutɔnmɑ̃] m. [de la mer] (l') increspatsi. || [des collines] (il) rincorrersi.
moutonner [mutɔne] v. intr. [mer] biancheggiare ; [vagues] accavallarsi.
moutonnerie [mutɔnri] f. pecoraggine.
moutonneux, euse [mutɔnø, øz] adj. [mer] biancheggiante.
moutonnier, ère [mutɔnje, ɛr] adj. pecoresco.
mouture [mutyr] f. macinatura, macinazione ; molitura (rare). | *mouture haute, basse*, macinazione alta, bassa. | *pain de mouture* = pane di frumento, segala e orzo. | FIG. *seconde mouture* (péjor.), rifacimento m., rifrittura. || LOC. *tirer deux moutures du même sac*, fare un viaggio e due servizi.
mouvance [muvɑ̃s] f. FÉOD. et FIG. dipendenza.
mouvant, e [muvɑ̃, ɑ̃t] adj. mobile. | *sables mouvants*, sabbie mobili. | *terrain mouvant*, terreno mobile. || FIG. instabile, fluttuante. || FÉOD. dipendente. || HÉRALD. uscente.
mouvement [muvmɑ̃] m. **1.** [déplacement] movimento. | *mouvement d'une balançoire*, movimento di un'altalena. | *mouvement de foule*, movimento di folla. | *imprimer un mouvement*, imprimere un movimento. || **2.** [du corps] movimento, movenza f. | *avoir des mouvements gracieux*, avere movimenti aggraziati, movenze aggraziate. || [activité] movimento, moto. | *se donner du mouvement pour maigrir*, far molto movimento, far del moto per dimagrire. | *se mettre en mouvement*, mettersi in moto. | *demeurer sans mouvement*, rimanere esanime. || **3.** FIG. [variation] *mouvement des prix*, movimento dei prezzi. | *un mouvement de fièvre*, qualche lineetta (f.) di febbre. | *mouvement de terrain*, ondulazione (f.) del terreno. || **4.** [animation] *il y a beaucoup de mouvement dans cette rue*, c'è molto movimento, molto traffico in questa strada. || [agitation politique] *mouvement populaire, insurrectionnel*, moto, movimento popolare, insurrezionale. | *les esprits sont en mouvement*, le menti sono in fermento, in ribollimento. || **5.** [impulsion] moto, impulso. | *mouvement de colère*, accesso, impeto d'ira. | *son premier mouvement est le bon*, il suo primo impulso è quello buono. | *avoir un bon mouvement*, fare un bel gesto. || [initiative] *agir de son propre mouvement*, agire di propria iniziativa, di testa propria. || **6.** [courant d'idées] movimento. | *mouvement romantique, politique, fédéraliste*, movimento romantico, politico, federalista. || **7.** [dans une composition littér. ou art.] movimento. | *mouvement de la phrase*, movimento del periodo. | *mouvement oratoire*, volo oratorio. || **8.** ADM. *mouvement du personnel*, movimento del personale. || ASTR. moto. | *mouvement des astres*, moto degli astri. | *mouvement diurne*, moto diurno. || CH. DE F., TRANSP. movimento. || CIN. *mouvements de caméra*, movimenti di macchina. || ÉCON. *mouvement de capitaux, de fonds*, movimento di capitali, di fondi. || GÉOL. *mouvement sismique, tellurique*, moto sismico, tellurico. || GRAMM. *verbe de mouvement*, verbo di moto. || MIL. movimento. | *guerre de mouvement*, guerra di movimento. | *faire mouvement*, spostarsi. | *mouvement stratégique*, mossa strategica. || MUS. [degré de vitesse] movimento, tempo ; [partie] movimento. || PHYS., MÉC. moto. | *mouvement accéléré, pendulaire, périodique, rectiligne*, moto accelerato, pendolare, periodico, rettilineo. | *être, mettre en mouvement*, essere, mettere in moto, in movimento. || [pièce motrice] movimento. | *mouvement d'une montre*, movimento di un orologio. || **9.** LOC. FAM. *être dans le mouvement*, camminare col proprio tempo. | *suivre le mouvement*, seguire la corrente, fare come gli altri.
mouvementé, e [muvmɑ̃te] adj. [terrain] accidentato. || FIG. [agité] movimentato, agitato. | *voyage mouvementé*, viaggio movimentato. | *séance agitée*, seduta agitata. | *récit mouvementé*, racconto animato.
mouvementer [muvmɑ̃te] v. tr. movimentare ; dare animazione, vivacità a.
mouvoir [muvwar] v. tr. muovere. || FIG. [pousser, donner l'impulsion] muovere, spingere. | *être mû par l'intérêt*, essere spinto, mosso dall'interesse. ◆ v. pr. muoversi. || LITTÉR. *se mouvoir dans le mensonge*, vivere nella menzogna (L.C.).
moye [mwa] f. MINÉR. vena tenera.
1. moyen, enne [mwajɛ̃, ɛn] adj. [qui tient le milieu] medio. | *classe, taille moyenne*, V. CLASSE, TAILLE. | *âge moyen de la population*, età media della popolazione. | *homme d'âge moyen*, uomo di mezz'età. | *Français moyen*, Francese medio. | *vitesse, température moyenne*, velocità, temperatura media. || [ordinaire] medio, mediocre. | *intelligence moyenne*, intelligenza media. | *temps moyen*, tempo mediocre. || ASTR. *temps (solaire) moyen*, tempo (solare) medio. || GRAMM. *voie moyenne*, voce media ; medio m. || PHILOS. *moyen terme*, termine medio. || RAD. *ondes*

moyennes, onde medie. ‖ SPORT *poids moyen*, peso medio. ◆ n. m. pl. MATH. medi.

2. moyen m. mezzo, modo. | *moyens licites et illicites*, mezzi leciti e illeciti. | *moyens de transport, de production*, mezzi di trasporto, di produzione. ‖ LOC. *employer les grands moyens*, ricorrere ai mezzi estremi. | *trouver (le) moyen de*, trovare (il) modo di. | *il n'y a pas moyen de*, non c'è verso, modo di. | *par quel moyen ?*, in che modo ? | *par le moyen d'un ami*, per mezzo di un amico. | *par tous les moyens*, con tutti i mezzi. ‖ FAM. *pas moyen de le trouver*, impossibile trovarlo. | *pas moyen !*, impossibile ! ; non c'è verso ! ‖ GRAMM. *complément de moyen*, complemento di mezzo. ◆ pl. [ressources] mezzi. | *s'arranger avec les moyens du bord*, arrangiarsi con quel che c'è. | *vivre au-dessus de ses moyens*, vivere al disopra delle proprie possibilità, dei propri mezzi. | *avoir de gros moyens*, avere grossi mezzi. ‖ [facultés naturelles, intellectuelles] mezzi, possibilità f. pl. | *avoir peu de moyens*, avere poche possibilità. | *par ses propres moyens*, da sé, con i propri mezzi. ◆ loc. prép. ***au moyen de***, per mezzo di, mediante.

Moyen Âge [mwajɛnaʒ] m. Medio Evo, Medioevo.

moyenâgeux, euse [mwajɛnaʒø, øz] adj. PR. et FIG. medi(o)evale.

moyen-courrier [mwajɛ̃kurje] adj. et n. m. *(avion) moyen-courrier*, aereo a medio raggio.

moyennant [mwajɛnɑ̃] prép. mediante ; per mezzo di. | *moyennant finance*, V. FINANCE. | *moyennant quoi*, perciò, quindi, con questo mezzo. ◆ loc. conj. ***moyennant que*** (littér.), purché, a patto che (L.C.).

moyenne [mwajɛn] f. media. | *moyenne horaire, arithmétique, électorale*, media oraria, aritmetica, elettorale. | *prendre la moyenne*, fare la media. ‖ LOC. *en moyenne*, in media. | *être dans la bonne moyenne*, cavarsela benino, discretamente. ‖ POLIT. *moyenne de liste*, media di lista. | *plus forte moyenne*, scrutinio di lista con premio di maggioranza. ‖ UNIV. media, sufficienza. | *avoir huit de moyenne*, avere la media dell'otto, avere otto di media. | *avoir la moyenne*, avere la sufficienza. | *devoir au-dessous de la moyenne*, compito insufficiente.

moyennement [mwajɛnmɑ̃] adv. mediocremente, discretamente, così così.

moyeu [mwajø] m. TECHN. mozzo.

mozabite [mɔzabit] ou **mzabite** [mzabit] adj. m(o)zabitico. ◆ n. m. m(o)zabita. ◆ n. m. LING. m(o)zabitico.

mozarabe [mɔzarab] adj. HIST. mozarabico. ◆ n. mozarabo, a. ◆ n. m. LING. mozarabico.

mozette [mɔzɛt] f. mozzetta.

mu [my] m. V. MUON.

mucilage [mysilaʒ] m. BOT., PHARM. mucilla(g)gine.

mucilagineux, euse [mysilaʒinø, øz] adj. mucilla(g)ginoso.

mucor [mykɔr] m. mucor.

mucoracées [mykɔrase] f. pl. mucoracee.

mucosité [mykozite] f. mucosità.

mucron [mykrɔ̃] m. BOT. mucrone.

mucus [mykys] m. muco.

mudéjar [mydeʒar] adj. et n. mudejar.

mue [my] f. ZOOL. muta ; muda (vx). ‖ [peau de serpent] spoglia. ‖ [voix] cambiamento (m.) della voce. ‖ [cage] stia.

muer [mɥe] v. intr. [peau] mutare la pelle ; sbucciarsi v. pr. ; [plumage] mutare le penne ; mudare (vx). ‖ [voix] cambiar voce. ◆ v. pr. mutarsi, trasformarsi.

muet, ette [mɥɛ, ɛt] adj. muto. | *muet de naissance*, muto dalla nascita. | *muet de peur, de stupeur*, muto di paura, di stupore. | *rester muet de surprise*, restar muto per la sorpresa, dalla sorpresa. | *muet comme une carpe*, V. CARPE. | *carte muette*, carta muta. | *devenir muet*, diventar muto ; ammutolire. ‖ CIN., GRAMM., THÉÂTRE muto. | *jeu muet*, mimica f. ◆ n. muto, a.

muezzin [mɥɛdzɛ̃] m. muezzin, muezzino.

mufle [myfl] m. ceffo, muso. ‖ FIG., FAM. cafone, burino ; villano (L.C.).

muflerie [myflәri] f. FAM. cafoneria, cafonaggine ; villania (L.C.).

muflier [myflije] m. BOT. bocca (f.) di leone.

mufti ou **muphti** [myfti] m. (ar.) muftì.

muge [myʒ] m. ZOOL. cefalo, muggine, muletto.

mugir [myʒir] v. intr. PR. et FIG. muggire, mugghiare.

mugissant, e [myʒisɑ̃, ɑ̃t] adj. muggente.

mugissement [myʒismɑ̃] m. PR. et FIG. muggito, mugghio.

muguet [mygɛ] m. BOT., MÉD. mughetto.

muid [mɥi] m. [pour matières sèches] moggio ; [pour liquides] barile.

mulassier, ère [mylasje, ɛr] adj. mulattiero.

mulâtre, esse [mylɑtr, ɛs] adj. et n. mulatto.

1. mule [myl] f. [pantoufle] pianella. | *mule du pape*, pantofola del papa.

2. mule f. ZOOL. mula. | *têtu comme une mule*, cocciuto come un mulo. ‖ [interj.] *tête de mule !*, sei un gran testone !, una gran testona !

mule-jenny [mjuldʒɛni] f. TEXT. mule-jenny (angl.).

mulet [mylɛ] m. ZOOL. mulo. ‖ [poisson] V. MUGE. ‖ LOC. *chargé comme un mulet*, carico come un mulo. | *à dos de mulet*, a dorso di mulo.

muleta [mulɛta] f. muleta (esp.).

muletier, ère [myltje, ɛr] adj. mulattiero. | *chemin muletier*, (strada) mulattiera. ◆ n. m. mulattiere.

mulette [mylɛt] f. ZOOL. unio f. inv.

mulot [mylo] m. ZOOL. topo campagnolo ; arvicola f.

mulsion [mylsjɔ̃] f. mungitura.

multicellulaire [myltiselylɛr] adj. pluricellulare.

multicolore [myltikɔlɔr] adj. multicolore ; pluricolore (rare).

multifilaire [myltifilɛr] adj. multifilare.

multiforme [myltifɔrm] adj. multiforme.

multilatéral, e, aux [myltilateral, o] adj. multilaterale, plurilaterale.

multiloculaire [myltilɔkylɛr] adj. BOT. pluriloculare.

multimillionnaire [myltimiljɔnɛr] adj. et n. multimilionario.

multinational, e, aux [myltinasjɔnal, o] adj. plurinazionale.

multipare [myltipar] adj. et n. f. multipara.

multiparité [myltiparite] f. (rare) multiparità.

multiple [myltipl] adj. molteplice ; moltiplice (littér.). ‖ MATH. multiplo. ◆ n. m. MATH. multiplo. | *plus petit commun multiple*, minimo comune multiplo.

multiplex [myltiplɛks] adj. et n. m. inv. multiplex.

multipliable [myltiplijabl] adj. moltiplicabile.

multiplicande [myltiplikɑ̃d] m. MATH. moltiplicando.

multiplicateur, trice [myltiplikatœr, tris] adj. MATH. moltiplicatore, trice. ◆ n. m. MATH., ÉCON. moltiplicatore.

multiplicatif, ive [myltiplikatif, iv] adj. moltiplicativo.

multiplication [myltiplikasjɔ̃] f. moltiplicazione. | *table de multiplication*, tavola pitagorica. ‖ RELIG. *multiplication des pains*, moltiplicazione dei pani. ‖ TECHN. moltiplica.

multiplicité [myltiplisite] f. molteplicità ; moltiplicità (littér.).

multiplier [myltiplije] v. tr. moltiplicare. ◆ v. intr. moltiplicarsi v. pr. ◆ v. pr. [se reproduire] moltiplicarsi. ‖ [s'activer] moltiplicarsi.

multipolaire [myltipɔlɛr] adj. BIOL., ÉLECTR. multipolare.

multiprise [myltipriz] f. presa multipla.

multirisques [myltirisk] adj. inv. *assurances multirisques*, assicurazioni contro i rischi multipli.

multistandard [myltistɑ̃dar] adj. inv. multistandard.

multitube [myltityb] adj. = a più tubi ; a più bocche.

multitubulaire [myltitybylɛr] adj. multitubolare.

multitude [myltityd] f. moltitudine.

munichois, e [mynikwa, az] adj. et n. monachese ; monacense (litt.).

municipal, e, aux [mynisipal, o] adj. municipale, comunale. | *conseil municipal*, consiglio, giunta (f.) municipale. | *conseiller municipal*, consigliere municipale. | *employé municipal*, impiegato comunale.

municipalisation [mynisipalizasjɔ̃] f. municipalizzazione.
municipaliser [mynisipalize] v. tr. municipalizzare.
municipalité [mynisipalite] f. [maire et conseillers] municipalità ; amministrazione comunale. ‖ [territoire] comune m.
municipe [mynisip] m. ANTIQ. municipio.
munificence [mynifisɑ̃s] f. munificenza.
munificent, e [mynifisɑ̃, ɑ̃t] adj. LITTÉR. munificente ; munifico (L.C.).
munir [mynir] v. tr. fornire, provvedere, munire. | *munir qn d'argent*, fornire qlcu. di denaro. | *munir une porte d'une serrure*, provvedere, munire una porta di serratura. ◆ v. pr. provvedersi, munirsi. ‖ FIG. *se munir de courage, de patience*, armarsi di coraggio, di pazienza.
munitions [mynisjɔ̃] f. pl. munizioni.
munitionnaire [mynisjɔnɛr] m. VX munizioniere.
muon [myɔ̃] m. PHYS. muone, mu.
muphti m. V. MUFTI.
muqueux, euse [mykø, øz] adj. mucoso. ◆ n. f. ANAT. mucosa.
mur [myr] m. muro ; parete f. | *suspendre un tableau au mur*, appendere un quadro al muro, alla parete. | *gros mur*, muro maestro. ‖ FIG. muro, muraglia f., barriera f. | *mur de haine, de silence*, muro, muraglia di odio, di silenzio. | *se heurter à un mur*, urtare contro un muro. ‖ AÉR. *mur de chaleur*, barriera del calore. | *mur du son*, muro del suono. ‖ HIST. *mur d'Hadrien, d'Antonin*, vallo di Adriano, di Antonino. | *mur de l'Atlantique*, vallo atlantico. ‖ RELIG. *mur des lamentations*, muro del pianto. ‖ FAM. *sauter, faire le mur*, saltare la barra. ‖ LOC. FIG. *coller qn au mur*, mettere qlcu. al muro. | *raser les murs*, rasentare i muri. | *se taper la tête contre les murs*, V. TAPER. | *autant parler à un mur*, V. PARLER. | *mettre qn au pied du mur*, V. PIED. | *enfermer qn, s'enfermer entre quatre murs*, rinchiudere uno, chiudersi fra quattro mura (f. pl.). | *les murs ont des oreilles*, i muri hanno orecchi, parlano. ◆ pl. [enceinte] mura f. pl. ‖ LOC. *il est dans nos murs*, è in questa città, è tra di noi. | *hors les murs*, fuori (del)le mura.
mûr, e [myr] adj. PR. et FIG. maturo. | *blé, abcès mûr*, grano, ascesso maturo. | *après mûre réflexion*, dopo matura riflessione. | *être mûr pour qch.*, essere maturo per qlco. | *âge mûr*, età matura. | *femme mûre*, donna matura. ‖ LOC. *des vertes et des pas mûres*, V. VERT. ‖ FAM. [usé] logoro (L.C.). ‖ POP. [ivre] sbronzo (fam.).
murage [myraʒ] m. muratura f.
muraille [myraj] f. muraglia. ‖ [du sabot, du cheval] muraglia. ‖ MAR. murata. ‖ HIST. *Grande Muraille*, Grande Muraglia. ‖ LOC. *couleur de muraille* = grigio. ◆ pl. [remparts] mura.
mural, e, aux [myral, o] adj. murale. | *plante murale*, pianta murale, muraiola. | *carte, peinture murale*, carta, pittura murale. | *pendule murale*, pendola da muro. ‖ ANTIQ. *couronne murale*, corona murale.
mûre [myr] f. [du mûrier] mora ; gelsa (VX) ; [de la ronce] mora.
mûrement [myrmɑ̃] adv. maturamente, ponderatamente.
murène [myrɛn] f. ZOOL. murena.
murer [myre] v. tr. [entourer de murs] (rare) murare. ‖ [boucher] murare. | *murer une porte, un cadavre*, murare una porta, un cadavere. ◆ v. pr. *se murer chez soi*, murarsi in casa.
muret [myrɛ] m., **muretin** [myrtɛ̃] m. ou **murette** [myrɛt] f. muricciolo m., muretto m.
murex [myrɛks] m. ZOOL. murice.
muriatique [myrjatik] adj. CHIM. muriatico.
mûrier [myrje] m. BOT. gelso.
mûrir [myrir] v. intr. PR. et FIG. maturare. | *les blés mûrissent*, il grano matura, sta maturando. | *ce garçon mûrit*, questo ragazzo matura. ◆ v. tr. PR. et FIG. maturare. | *le soleil mûrit les fruits*, il sole matura i frutti. | *les malheurs l'ont mûri*, le sventure lo hanno maturato. ‖ [méditer] *mûrir un projet*, maturare un piano.
mûrissage [myrisaʒ] ou **mûrissement** [myrismɑ̃] m. maturazione f.
mûrissant, e [myrisɑ̃, ɑ̃t] adj. = in via di maturazione.
mûrisserie [myrisri] f. locale (m.) per la maturazione.
murmel [myrmɛl] m. [fourrure] murmel.
murmurant, e [myrmyrɑ̃, ɑ̃t] adj. mormorante, mormoreggiante.
murmure [myrmyr] m. [personne ; eau, vent] (il) mormorare ; sussurro ; [prolongé] mormorìo, sussurrìo. ‖ MÉD. *murmure vésiculaire, respiratoire*, murmure vesicolare, respiratorio. ◆ pl. FIG. [plainte] mormorazione f. sing. ; protesta (f.) a mezza voce.
murmurer [myrmyre] v. tr. mormorare, sussurrare. ◆ v. intr. mormorare. ‖ [protester] *murmurer entre ses dents*, mormorare, borbottare fra i denti. | *le public murmure*, il pubblico mormora, mugugna. ‖ LITTÉR. [eau, feuilles] mormorare, sussurrare, rumoreggiare.
murrhin, e [myrɛ̃, in] adj. murrino.
musacées [myzase] f. pl. BOT. musacee.
musagète [myzaʒɛt] adj. m. MYTH. musagete.
musaraigne [myzarɛɲ] f. ZOOL. toporagno m., musaragno m.
musard, e [myzar, ard] adj. FAM. sfaccendato, ozioso (L.C.). ◆ n. gingillone, a ; perditempo n. inv. ; scansafatiche n. inv.
musarder [myzarde] v. intr. FAM. baloccarsi, gingillarsi.
musardise [myzardiz] f. FAM. (il) gingillarsi, (il) baloccarsi.
musc [mysk] m. muschio.
muscade [myskad] adj. *noix muscade*, noce moscata. ◆ f. noce moscata. ‖ [d'escamoteur] pallina. ‖ LOC. *passez muscade !* = il gioco è fatto !
muscadelle [myskadɛl] f. pera moscatella.
muscadier [myskadje] m. BOT. miristica f.
muscadin [myskadɛ̃] m. HIST. moscardino.
muscardin [myskardɛ̃] m. ZOOL. moscardino.
muscardine [myskardin] f. calcino m.
muscari [myskari] m. BOT. muscari.
muscarine [myskarin] f. muscarina.
muscat [myska] adj. m. moscato adj. | *raisin muscat*, uva moscata. ◆ n. m. moscato.
muscidés [myside] m. pl. ZOOL. muscidi.
muscinées [mysine] f. pl. BOT. muschi m. pl.
muscle [myskl] m. muscolo. | *muscles lisses, striés*, muscoli lisci, striati. | *être tout en muscles*, essere tutto muscoli.
musclé, e [myskle] adj. PR. muscoloso. ‖ FIG. *style musclé*, stile vigoroso. | *service d'ordre musclé*, servizio d'ordine dal polso forte. | *régime musclé*, regime autoritario, dal polso di ferro. | *problème musclé* (pop.), problema duro, difficile (L.C.).
muscler [myskle] v. tr. sviluppare i muscoli di, rendere muscoloso.
musculaire [myskylɛr] adj. muscolare.
musculation [myskylasjɔ̃] f. = esercizi atti a sviluppare la muscolatura.
musculature [myskylatyr] f. muscolatura.
musculeux, euse [myskylø, øz] adj. muscoloso.
muse [myz] f. MYTH. musa. ‖ [poésie] musa. | *cultiver les muses*, darsi alle muse. | *favori, amant des muses*, alunno delle muse. ‖ [inspiration] *la muse de Pétrarque*, la musa del Petrarca. ‖ [inspiratrice] musa. ‖ IRON. *taquiner la muse* = scrivere poesiole ; comporre versi in modo dilettantesco ; fare il poeta della domenica.
museau [myzo] m. muso, ceffo. ‖ FAM. [visage] muso.
musée [myze] m. museo, galleria f. | *pièce de musée*, pezzo da museo.
museler [myzle] v. tr. mettere la museruola a. ‖ FIG., FAM. *museler la presse*, imbavagliare la stampa, mettere la museruola alla stampa.
muselet [myzlɛ] m. gabbietta f.
muselière [myzəljɛr] f. museruola.
musellement [myzɛlmɑ̃] m. PR. (il) mettere la museruola a. ‖ FIG. imbavagliamento.
muséographie [myzeɔgrafi] f. museografia.

muséologie [myzeɔlɔʒi] f. museologia.
muser [myze] v. intr. baloccarsi, gingillarsi, oziare.
muserolle [myzrɔl] f. museruola.
musette [myzɛt] f. MUS. [instrument] musetta; musette (fr.); [danse] musette. | *bal musette*, ballo popolare (accompagnato alla fisarmonica). ‖ [sac] tascapane m.; [pour les chevaux] musetta. ‖ ZOOL. V. MUSARAIGNE.
muséum [myzeɔm] m. museo di storia naturale.
musical, e, aux [myzikal, o] adj. musicale; musico (littér.).
musicalité [myzikalite] f. musicalità.
music-hall [myzikol] m. music hall (angl.); spettacolo, teatro di varietà; varietà m.; variété m. (fr.).
musicien, enne [myzisjɛ̃, ɛn] adj. musicale. | *avoir l'oreille musicienne*, avere orecchio musicale. | *être très musicien*, intendersi di musica; essere appassionato di musica. ‖ [qui exécute] *anges musiciens*, angeli musicanti. ◆ n. [compositeur] musicista. ‖ [exécutant] musicista; musico m. | *musicien ambulant*, sonatore ambulante. | *musicien de fanfare*, bandista m., musicante m.
musicographe [myzikɔgraf] m. musicografo.
musicologie [myzikɔlɔʒi] f. musicologia.
musicologue [myzikɔlɔg] m. musicologo.
musique [myzik] f. musica. | *musique de jazz, de chambre, de danse, de scène*, musica jazz, da camera, da ballo, di scena. | *instrument de musique*, strumento musicale. | *papier à musique*, carta da musica. | *composer de la musique*, comporre musica. | *étudier la musique*, studiare musica. | *faire de la musique*, s(u)onare. | *faisons un peu de musique*, facciamo un po'di musica. | *mettre en musique*, musicare; mettere in musica. | *travailler en musique*, lavorare ascoltando la musica. | *jouer sans musique*, sonare a memoria. ‖ [réunion de musiciens] banda, fanfara. | *musique du régiment*, fanfara del reggimento. | *chef de musique*, capobanda m. | *musique en tête*, con la banda in testa. ‖ [harmonie] musicalità, musica. ‖ FIG. *être réglé comme du papier à musique*, essere regolato come un orologio. ‖ FAM. *c'est toujours la même musique!*, è sempre la solita musica! | *connaître la musique*, saperla lunga.
musiquer [myzike] v. intr. FAM. far musica, s(u)onare (L.C.).
musiquette [myzikɛt] f. musichetta.
musoir [myzwar] m. MAR. testata f.
musqué, e [myske] adj. [odeur du musc] muschiato. | *rat musqué*, topo muschiato. ‖ [goût du muscat] moscatello. | *poire musquée*, pera moscatella.
mussif, ive [mysif, iv] adj. *or mussif*, oro musivo.
mussitation [mysitasjɔ̃] f. MÉD. mussitazione.
mustang [mystɑ̃g] m. ZOOL. mustang (angl.).
mustélidés [mystelide] m. pl. ZOOL. mustelidi.
musulman, e [myzylmɑ̃, an] adj. et n. mu(s)sulmano.
mutabilité [mytabilite] f. mutabilità.
mutant [mytɑ̃] adj. et n. m. mutante.
mutation [mytasjɔ̃] f. [changement] mutamento m. ‖ [de personnel] trasferimento m. | *ordre de mutation*, ordine di trasferimento. ‖ BIOL., GRAMM. mutazione. ‖ FIN. *droits de mutation*, V. DROIT I. ‖ MUS. *jeu de mutation*, registro di mutazione; ripieno.
mutationnisme [mytasjɔnism] m. BIOL. mutazionismo.
mutationniste [mytasjɔnist] adj. et n. mutazionista.
1. muter [myte] v. tr. [un moût] mutizzare.
2. muter v. tr. [de poste] trasferire.
mutilant, e [mytilɑ̃, ɑ̃t] adj. mutilante.
mutilateur, trice [mytilatœr, tris] adj. et n. mutilatore, trice.
mutilation [mytilasjɔ̃] f. PR. et FIG. mutilazione. | *mutilation volontaire*, mutilazione volontaria, autolesionismo m., automutilazione.
mutilé, e [mytile] adj. mutilo. | *statue mutilée*, statua mutila. | *manuscrit mutilé*, codice mutilo. ◆ n. mutilato, a. | *mutilé de guerre*, mutilato, invalido di guerra. | *grand mutilé*, grande invalido. | *mutilé du travail*, mutilato del lavoro.
mutiler [mytile] v. tr. mutilare. ‖ [détériorer] danneggiare, mutilare. | *mutiler un monument*, danneggiare un monumento.
mutin, e [mytɛ̃, in] adj. [espiègle] sbarazzino. ◆ n. m. [rebelle] ammutinato, ribelle, rivoltoso.
mutiner (se) [səmytine] v. pr. ammutinarsi, ribellarsi, rivoltarsi.
mutinerie [mytinri] f. ammutinamento m., ribellione, rivolta.
mutisme [mytism] m. mutismo; mutezza f. (rare).
mutité [mytite] f. MÉD. mutismo m.; mutezza (rare).
mutualisme [mytɥalism] m. ÉCON., ZOOL. mutualismo.
mutualiste [mytɥalist] adj. mutualistico. ◆ n. mutuato, a.
mutualité [mytɥalite] f. mutualità; mutualismo (rare).
mutuel, elle [mytɥɛl] adj. mutuo, reciproco. | *mutuelle admiration*, mutua, reciproca ammirazione. | *société de secours mutuel*, V. SECOURS. | *assurance mutuelle*, mutua assicurazione. | *caisse mutuelle*, cassa mutua. | *pari mutuel*, V. PARI. ◆ n. f. mutua.
mutuellement [mytɥɛlmɑ̃] adv. mutuamente, scambievolmente, reciprocamente.
mutule [mytyl] f. ARCHIT. mutulo m.
myalgie [mjalʒi] f. MÉD. mialgia.
myasthénie [mjasteni] f. MÉD. miastenia.
mycélien, enne [miseljɛ̃, ɛn] adj. micelico.
mycélium [miseljɔm] m. BOT. micelio.
mycénien, enne [misenjɛ̃, ɛn] adj. ANTIQ. miceneo, micenico. ◆ n. m. LING. miceneo.
mycétome [misetɔm] m. MÉD. micetoma.
mycoderme [mikodɛrm] m. BOT. micoderma.
mycologie [mikolɔʒi] f. BOT. micologia.
mycologique [mikolɔʒik] adj. micologico.
mycologue [mikolɔg] m. micologo.
mycorhize [mikoriz] f. micorriz(i)a.
mycose [mikoz] f. MÉD. micosi.
mydriase [midrijaz] f. MÉD. midriasi.
mydriatique [midriatik] adj. midriatico.
myéline [mjelin] f. mielina.
myélite [mjelit] f. MÉD. mielite. ‖ osteomielite.
mygale [migal] f. ZOOL. migale.
myocarde [mjokard] m. ANAT. miocardio.
myogramme [mjogram] m. miogramma.
myographe [mjograf] m. miografo.
myographie [mjografi] f. miografia.
myologie [mjɔlɔʒi] f. ANAT. miologia.
myome [mjom] m. MÉD. mioma.
myopathie [mjopati] f. MÉD. miopatia.
myope [mjɔp] adj. et n. PR. et FIG. miope.
myopie [mjɔpi] f. PR. et FIG. miopia.
myosis [mjɔzis] m. MÉD. miosi f.
myosotis [mjɔzɔtis] m. BOT. miosotide f.
myriade [mirjad] f. miriade.
myriapodes [mirjapɔd] m. pl. ZOOL. miriapodi.
myriophylle [mirjɔfil] f. BOT. miriofillo m.
myrmidon [mirmidɔ̃] m. PR. nano, pigmeo. ‖ FIG., LITTÉR. pigmeo.
myrobalan [mirobalɑ̃] ou **myrobolan** [mirobɔlɑ̃] m. BOT. mirabolano, mirobolano.
myrosine [mirozin] f. BOT. mirosina.
myroxylon [mirɔksilɔ̃] m. BOT. myroxylon.
myrrhe [mir] f. BOT. mirra.
myrtacées [mirtase] f. pl. BOT. mirtacee.
myrte [mirt] m. BOT. mirto, mortella f.
myrtiforme [mirtifɔrm] adj. ANAT. mirtiforme.
myrtille [mirtij] f. BOT. [fruit; arbuste] mirtillo m.
mystagogie [mistagɔʒi] f. ANTIQ. mistagogia.
mystagogue [mistagɔg] m. mistagogo.
mystère [mistɛr] m. RELIG. et FIG. mistero. | *mystères d'Eleusis*, misteri eleusini. | *mystère de l'Eucharistie*, mistero dell'Eucaristia. | *son passé est un mystère*, il suo passato è un mistero. ‖ THÉÂTRE [en France] mistero; [en Italie] sacra rappresentazione. ‖ LOC. *(ne pas) faire mystère de*, (non) far mistero di.
mystérieux, euse [misterjø, øz] adj. misterioso.
mysticisme [mistisism] m. misticismo.
mysticité [mistisite] f. misticità.
mystifiable [mistifjabl] adj. ingannabile.

mystificateur [mistifikatœr] adj. et n. mistificatore, trice.
mystification [mistifikasjɔ̃] f. mistificazione.
mystifier [mistifje] v. tr. mistificare, ingannare.
mystique [mistik] adj. et n. mistico. ◆ n. f. mistica.
mythe [mit] m. PR. et FIG. mito.
mythique [mitik] adj. mitico.
mythographe [mitɔgraf] m. mitografo.
mythologie [mitɔlɔʒi] f. mitologia.
mythologique [mitɔlɔʒik] adj. mitologico.
mythologue [mitɔlɔg] n. mitologo, a, mitologista.
mythomane [mitɔman] n. mitomane.
mythomanie [mitɔmani] f. mitomania.
mytiliculteur [mitilikyltœr] m. mitilicoltore.
mytiliculture [mitilikyltyr] f. mitilicoltura.
mytilotoxine [mitilotɔksin] f. mitilotossina.
myxœdémateux, euse [miksedematø, øz] adj. MÉD. mixedematoso. ◆ n. soggetto mixedematoso.
myxœdème [miksedɛm] m. MÉD. mixedema.
myxolydien, enne [miksolidjɛ̃, ɛn] adj. ANTIQ., MUS. misolidio.
myxomatose [miksomatoz] f. mixomatosi.
myxomycètes [miksomisɛt] m. pl. BOT. mixomiceti, missomiceti.
mzabite adj. V. MOZABITE.

N

n [ɛn] m. n f. ou m.
na! [na] interj. FAM. [affirmatif] sì e sì!; [négatif] no e no!
nabab [nabab] m. PR. et FIG. nababbo.
nabot, e [nabo, ɔt] n. nano, a; omiciattolo m. (péjor.).
nacelle [nasɛl] f. POÉT. navicella. ‖ RELIG. *la nacelle de saint Pierre,* la navicella di San Pietro. ‖ AÉR. navicella.
nacre [nakr] f. madreperla.
nacré, e [nakre] adj. madreperlaceo.
nacrer [nakre] v. tr. = dare la lucidezza della madreperla a.
nadir [nadir] m. ASTR. nadir.
naevus [nevys] m. (pl. **naevi**) [lat.] MÉD. nevo, neo.
nage [naʒ] f. nuoto m. | *nage sous l'eau,* nuoto in immersione. | *nage libre,* nuoto stile libero. | *à la nage,* a nuoto. ‖ FIG. *être (tout) en nage,* essere in un bagno di sudore. ‖ MAR. voga. | *banc de nage,* banco dei vogatori.
nageoire [naʒwar] f. pinna, natatoia.
nager [naʒe] v. intr. **1.** [se soutenir et avancer dans l'eau] nuotare. ‖ LOC. *nager contre le courant, à contre-courant,* nuotare contro corrente (pr.); andare contro corrente (fig.). | *nager entre deux eaux,* nuotare sott'acqua (pr.); tenere il piede in due staffe (fig.). ‖ FAM. FIG. *savoir nager,* saper tenersi a galla, destreggiarsi. ‖ **2.** [flotter] galleggiare, stare a galla. ‖ FAM. *nager dans ses vêtements,* sguazzare nei panni; affogare nei panni (rare). ‖ **3.** [baigner] *cette viande nage dans la graisse,* questa carne nuota nel grasso. | *nager dans le sang,* sguazzare nel sangue. ‖ FIG. *nager dans l'abondance,* nuotare, sguazzare nell'abbondanza. | *nager dans la joie,* toccare il cielo con un dito. ‖ **4.** [ramer] vogare. ‖ **5.** LOC. FAM. *nager complètement,* brancolare nel buio. ◆ v. tr. *nager la brasse,* nuotare a rana. | *nager le crawl,* battere il crawl.
nageur, euse [naʒœr, øz] n. et adj. nuotatore, trice. | *maître nageur,* maestro di nuoto. ‖ [rameur] rematore, vogatore. ‖ MAR. *nageur de combat,* sommozzatore.
naguère [nagɛr] adv. poco tempo fa, poc'anzi; testé (littér.).
naïade [najad] f. naiade.
naïf, ïve [naif, iv] adj. [sans artifice] sincero, schietto. | *la grâce naïve des enfants,* la grazia schietta dei bambini. | *une bonne foi naïve,* una sincera buona fede. ‖ [simple] ingenuo, semplice. ‖ ART naïf, naïve (fr.). ‖ [inexpérimenté] ingenuo. | *une jeune fille, une réponse naïve,* una ragazza, una risposta ingenua. | *une personne naïve,* un semplicione, una sempliciona. ◆ n. *faire le naïf,* far l'ingenuo; fare il finto tonto (fam.). ◆ n. m. ART (pittore) naïf (fr.).
nain [nɛ̃], **naine** [nɛn] adj. et n. nano. ‖ JEU *nain jaune,* nano giallo.
naissain [nɛsɛ̃] m. larve f. pl. (di cozze, di ostriche).
naissance [nɛsɑ̃s] f. nascita. | *date de naissance,* data di nascita. | *aveugle de naissance,* cieco dalla nascita. | *Italien de naissance,* Italiano di nascita. | *dès sa naissance,* fin dalla nascita. ‖ PR. et FIG. *donner naissance,* mettere al mondo, dare alla luce. | *Nice a donné naissance à Garibaldi,* Nizza ha dato i natali a Garibaldi. ‖ [extraction] *de haute naissance,* di nobile nascita, origine. | *de basse naissance,* di umili origini. ‖ [commencement] *naissance du jour,* spuntar (m.) del sole. | *naissance d'une colonne,* base di una colonna. | *naissance des cheveux,* attaccatura dei capelli. | *prendre naissance,* cominciare, avere origine, nascere.
naissant, e [nɛsɑ̃, ɑ̃t] adj. PR. et FIG. nascente.
naître [nɛtr] v. intr. nascere; venire al mondo, alla luce. | *on naît poète,* poeta si nasce. | *il est né poète,* è poeta nato. | *un enfant qui vient de naître,* un bambino appena nato. | *un enfant à naître,* un nascituro. ‖ LOC. FAM. *je ne suis pas né d'hier, de la dernière pluie,* non sono nato ieri. ‖ [prendre sa source; apparaître] nascere. ‖ FIG. *naître à l'amour, à l'art,* destarsi all'amore, all'arte. ◆ v. impers. *il m'est né une fille,* mi è nata una figlia.
naïveté [naivte] f. [absence d'artifice] semplicità, naturalezza. ‖ [inexpérience] ingenuità.
naja [naʒa] m. ZOOL. naia f.
nana [nana] f. POP. ragazza (L.C.).
nanan [nanɑ̃] m. FAM. *c'est du nanan!,* è una delizia! (L.C.).
nandou [nɑ̃du] m. ZOOL. nandù.
nanisme [nanism] m. nanismo.
nankin [nɑ̃kɛ̃] m. TEXT. nanchino, anchina f. ◆ adj. inv. color nanchino, giallo nanchino.
nantir [nɑ̃tir] v. tr. JUR. dare, fornire una garanzia a; assicurare con pegno. ‖ [pourvoir] provvedere, munire. | *nantir une personne d'une recommandation,* munire uno di una raccomandazione. ◆ v. pr. *se nantir d'argent,* rifornirsi di denaro. | *se nantir d'un parapluie,* munirsi di un ombrello.
nantissement [nɑ̃tismɑ̃] m. pegno, garanzia f.
naos [naɔs] m. ARCHÉOL. naos.
napalm [napalm] m. napalm.
napée [nape] f. MYTH. napea.
naphta [nafta] m. petrolio grezzo.

naphtaline [naftalin] f. naftalina.
naphtalène [naftalɛn] m. naftalene.
naphte [naft] m. nafta f.
naphtol [naftɔl] m. CHIM. naftolo.
napoléon [napɔleɔ̃] m. napoleone, marengo.
napoléonide [napɔleɔnid] n. napoleonide.
napoléonien, enne [napɔleɔnjɛ̃, ɛn] adj. napoleonico.
napolitain, e [napɔlitɛ̃, ɛn] adj. napoletano. ‖ CULIN. *à la napolitaine*, alla napoletana. | *tranche napolitaine*, cassata f. ◆ n. m. LING. napoletano.
nappage [napaʒ] m. CULIN. (il) ricoprire con uno strato di salsa, di crema.
nappe [nap] f. tovaglia. | *mettre la nappe*, stendere la tovaglia. | *nappe d'autel*, tovaglia d'altare. ‖ GÉOL. *nappe d'eau*, distesa, specchio (m.) d'acqua. | *nappe d'eau souterraine*, falda, vena d'acqua sotterranea. | *nappe d'infiltration*, falda d'infiltrazione. ‖ FIG. *nappe de brouillard, de gaz, de feu*, cortina di nebbia, di gas, di fuoco. ‖ GÉOM. falda.
napper [nape] v. tr. (rare) stendere la tovaglia (L.C.). ‖ CULIN. spalmare (di).
napperon [naprɔ̃] m. tovaglietta f.; [de dentelle] centrino.
narcéine [narsein] f. CHIM. narceina.
narcisse [narsis] m. BOT. narciso. ‖ [homme] narciso.
narcissique [narsisik] adj. PSYCH. narcisistico.
narcissisme [narsisism] m. PSYCH. narcisismo.
narco-analyse [narkoanaliz] f. MÉD. narcoanalisi.
narcolepsie [narkɔlɛpsi] f. MÉD. narcolessia.
narcose [narkoz] f. MÉD. narcosi.
narcotine [narkɔtin] f. CHIM. narcotina.
narcotique [narkɔtik] adj. et n. m. narcotico.
nard [nar] m. BOT. nardo. | *nard sauvage*, asaro.
narguer [narge] v. tr. sfidare, sbeffeggiare.
narguilé ou **narghilé** [nargile] m. narghilè.
narine [narin] f. narice; nare (littér.). ‖ [du cheval] frogia.
narquois, e [narkwa, az] adj. beffardo, malizioso, canzonatorio. | *air narquois*, aria canzonatoria. | *éclat de rire narquois*, risata beffarda.
narrateur, trice [naratœr, tris] n. narratore, trice.
narratif, ive [naratif, iv] adj. narrativo. | *le genre narratif*, la narrativa.
narration [narasjɔ̃] f. narrazione, racconto m. ‖ GRAMM. *présent de narration*, presente storico. ‖ UNIV. tema (m.) di fantasia; componimento m.
narrer [nare] v. tr. narrare, esporre, raccontare.
narthex [nartɛks] m. ARCHIT. nartece.
narval [narval] m. (pl. **narvals**) ZOOL. narvalo.
nasal, e [nazal] (pl. m. [rare] **nasaux** [nazo]) adj. nasale. | *fosses nasales*, fosse nasali. ◆ adj. et n. f. GRAMM. nasale. ◆ n. m. [d'un casque] nasale.
nasalisation [nazalizasjɔ̃] f. nasalizzazione.
nasaliser [nazalize] v. tr. nasalizzare.
nasalité [nazalite] f. nasalità.
nasard [nazar] m. MUS. nasardo.
nasarde [nazard] f. VX buffetto m. (sul naso) [L.C.]. ‖ FIG. FAM. frecciata.
naseau [nazo] m. narice f. (di animale); [du cheval] frogia f.
nasillard, e [nazijar, ard] adj. nasale.
nasillement [nazijmɑ̃] m.(il) parlar col naso; pronuncia (f.) nasale.
nasiller [nazije] v. intr. PR. parlare col naso, produrre suoni nasali. ‖ FIG. *le téléphone nasille*, c'è un brusio nel telefono. ‖ [cri du canard] schiamazzare; [du sanglier] grufolare. ◆ v. tr. pronunciare con voce nasale.
nasilleur, euse [nazijœr, øz] n. = chi parla col naso.
nasique [nazik] m. ZOOL. nasica.
nasitort [nazitɔr] m. BOT. agrettone.
nasonnement [nazɔnmɑ̃] m. [voix nasillarde] voce (f.) nasale. ‖ MÉD. rinolalia f., rinofonia f.
nasse [nas] f. [pour la pêche] nassa, bertovello m. ‖ [pour la chasse] rete, bertovello m.; bertuello m. (tosc.).
nastie [nasti] f. BOT. nastia.
natal, e, als [natal] adj. natale; natio (littér.). | *maison natale*, casa paterna. | *terre natale*, terra natale, natia.
nataliste [natalist] adj. demografico. | *politique nataliste*, politica demografica, d'incremento demografico.
natalité [natalite] f. natalità.
natation [natasjɔ̃] f. nuoto m.
natatoire [natatwar] adj. natatorio.
natif, ive [natif, iv] adj. **(de)** nativo, oriundo (di). ‖ [naturel] innato; natio (rare). | *vertu, noblesse native*, virtù, nobiltà innata, natia. ‖ MINÉR. *or natif*, oro nativo. ◆ n. indigeno, a; nativo, a.
nation [nasjɔ̃] f. nazione; gente (littér.). | *Organisation des Nations unies*, Organizzazione delle Nazioni unite. ◆ pl. RELIG. genti.
national, e, aux [nasjɔnal, o] adj. nazionale. | *(route) nationale*, (strada) statale. | *Assemblée nationale*, Assemblea nazionale. | *Domaine national*, demanio m. ◆ n. m. pl. *les nationaux*, i connazionali.
nationalisation [nasjɔnalizasjɔ̃] f. nazionalizzazione.
nationaliser [nasjɔnalize] v. tr. nazionalizzare.
nationalisme [nasjɔnalism] m. nazionalismo.
nationaliste [nasjɔnalist] adj. nazionalistico, nazionalista. ◆ n. nazionalista.
nationalité [nasjɔnalite] f. nazionalità, cittadinanza. | *acquérir la nationalité française*, prendere la nazionalità francese. | *le principe des nationalités*, il principio di nazionalità.
national-socialisme [nasjɔnalsɔsjalism] m. nazionalsocialismo.
national-socialiste [nasjɔnalsɔsjalist] adj. et n. nazionalsocialista.
nativement [nativmɑ̃] adv. di, per natura.
nativisme [nativism] m. PHILOS. nativismo, innatismo.
nativiste [nativist] adj. nativistico. ◆ n. nativista.
nativité [nativite] f. RELIG. natività. | *la nativité de la Vierge*, la natività della Madonna. | *la Nativité (de Jésus)*, il Natale, la Natività. | ART natività.
natron [natrɔ̃] ou **natrum** [natrɔm] m. CHIM. natron.
nattage [nataʒ] m. intrecciatura f., intreccio.
natte [nat] f. [paille, jonc] stuoia, stoia. ‖ [cheveux] treccia. | *fausse natte*, treccia posticcia. | *serrer en natte*, raccogliere in treccia.
natter [nate] v. tr. intrecciare. | *se natter les cheveux*, farsi le trecce.
nattier [natje] m. stoiaio.
naturalisation [natyralizasjɔ̃] f. JUR. naturalizzazione; naturalità (rare). | *obtenir la naturalisation française*, ottenere la naturalizzazione, la cittadinanza francese. ‖ [acclimatation] acclimatazione. ‖ [d'un animal mort] imbalsamatura, impagliatura.
naturaliser [natyralize] v. tr. naturalizzare; dare, concedere la cittadinanza a. | *se faire naturaliser*, naturalizzarsi. ‖ [acclimater] acclimatare. ‖ [empailler] imbalsamare, impagliare.
naturalisme [natyralism] m. PHILOS. naturalismo. ‖ HIST. LITT. naturalismo; [en Italie] verismo.
naturaliste [natyralist] adj. naturalistico; veristico, verista. ◆ n. m. PHILOS. naturalista. ‖ [science] naturalista. ‖ HIST. LITT. naturalista; [en Italie] verista. ‖ [qui empaille] imbalsamatore, impagliatore.
nature [natyr] f. **1.** [réalité physique] natura, creato m. | *les lois de la nature*, le leggi della natura. | *l'harmonie de la nature*, l'armonia del creato. ‖ LOC. *payer en nature*, pagare in natura. ‖ FAM. *partir dans la nature*, andare in un luogo appartato (L.C.). | *disparaître dans la nature*, sparire nel nulla. | *envoyer, expédier qn dans la nature*, mandare uno a farsi benedire. ‖ **2.** [caractère de l'homme] natura, indole; istinto m., temperamento m. | *gai de, par nature*, allegro di, per natura. | *contre nature*, contro natura. | *il est dans sa nature d'agir ainsi*, è nella sua natura agire così. | *suivre, vaincre sa nature*, seguire, vincere la propria natura, il proprio istinto. | *une bonne nature*, una buon'indole. | *c'est une nature fragile*, è debole di natura. | *une petite nature*, un uomo, una donna di costituzione debole, delicata. | *c'est une heureuse nature*, è ottimista di natura. | *c'est une nature très*

vive, è una natura focosa. | *c'est une nature, une force de la nature*, è un temperamento, è di costituzione forte. || **3.** [caractère d'une chose] natura, genere m., specie, tipo m. | *de nature différente*, di diversa specie. | *des emplois de toute nature*, degl'impieghi di ogni genere. || LOC. *de nature à*, tale (adj.) da. || **4.** ART *nature morte*, natura morta. | *d'après nature*, dal vero. | *plus grand, plus petit que nature*, più grande, più piccolo del naturale. ◆ adj. inv. *grandeur nature*, grandezza naturale. | *un café nature*, un caffè nero. | *un thé nature*, un tè liscio. | *champagne nature*, champagne naturale. | *un bifteck nature*, una bistecca senza contorno. || FAM. *il est très nature*, è molto naturale, spontaneo (L.C).

naturel, elle [natyrɛl] adj. naturale. | *enfant naturel*, figlio naturale. | *qualité naturelle*, qualità naturale, innata. | *sciences naturelles*, scienze naturali. || LOC. *c'est tout naturel!*, è naturale! ; è ovvio! ◆ n. m. [caractère] natura f., carattere. | *heureux naturel*, buona indole. | *d'un bon naturel*, di buon carattere. || PROV. *chassez le naturel, il revient au galop*, il lupo perde il pelo ma non il vizio. || [simplicité] naturalezza f., semplicità f. || CULIN. *thon au naturel*, tonno al naturale.

naturisme [natyrism] m. naturismo.

naturiste [natyrist] adj. naturista, naturistico. | *mouvement naturiste*, movimento naturista. | *conceptions naturistes*, concezioni naturistiche. ◆ n. naturista.

naucore [nokɔr] f. ZOOL. naucoris m.

naufrage [nofraʒ] m. PR. naufragio. || FIG. naufragio, rovina f. | *cette entreprise fait naufrage*, quest'azienda va in perdizione. | *faire naufrage au port*, naufragare in porto.

naufragé, e [nofraʒe] adj. PR. et FIG. naufragato. ◆ n. naufrago m. ; superstite (n.) d'un naufragio.

naufrager [nofraʒe] v. intr. naufragare.

naufrageur [nofraʒœr] m. pirata.

naumachie [nomaʃi] f. ANTIQ. naumachia.

nauséabond, e [nozeabɔ̃, ɔ̃d] adj. PR. nauseabondo, nauseante. || FIG. nauseante.

nausée [noze] f. PR. et FIG. nausea. | *avoir des nausées*, avere la nausea. | *une attitude qui donne la nausée*, un atteggiamento da far nausea, da dare il voltastomaco.

nauséeux, euse [nozeø, øz] adj. nauseante, nauseabondo ; nauseoso (littér.).

nautile [notil] m. ZOOL. nautilo.

nautique [notik] adj. nautico. | *l'art nautique*, la nautica.

nautisme [notism] m. = insieme degli sport nautici.

nautonier [notɔnje] m. POÉT. nocchiere, nocchiero.

naval, e, als [naval] adj. navale. | *(École) Navale*, Accademia Navale.

navarin [navarɛ̃] m. CULIN. = spezzatino di agnello con rape.

navarrais, e [navarɛ, ɛz] adj. et n. navarrese.

navet [navɛ] m. BOT. rapa f. || LOC. *avoir du sang de navet*, essere un coniglio ; aver sangue di piattola (rare). || FAM. *ce film est un navet*, questo film non vale una rapa, una cicca.

1. navette [navɛt] f. BOT. ravizzone m.

2. navette f. TECHN. navetta, spola. || RELIG. navicella. || FIG. *faire la navette*, fare la spola. || TRANSP. treno (m.) pendolare.

navicert [navisɛr] m. (angl.) MAR. navicert ; permesso di navigabilità.

naviculaire [navikylɛr] adj. ANAT. navicolare.

navigabilité [navigabilite] f. navigabilità.

navigable [navigabl] adj. navigabile.

navigant, e [navigɑ̃, ɑ̃t] adj. et n. m. navigante.

navigateur, trice [navigatœr, tris] adj. marinaro ; navigatore, trice. ◆ n. m. navigatore.

navigation [navigasjɔ̃] f. navigazione.

naviguer [navige] v. intr. navigare. || PR. et FIG. *naviguer vent debout*, navigare col vento in poppa. || FIG. *savoir (bien) naviguer*, sapere barcamenarsi. || AÉR. navigare, volare.

navire [navir] m. nave f. | *navire marchand, de commerce*, nave mercantile. | *navire de guerre*, nave da guerra. || ***navire-atelier***, nave officina. || ***navire-citerne***, nave cisterna. || ***navire-école***, nave scuola. || ***navire-hôpital***, nave ospedale.

navisphère [navisfɛr] f. navisfera.

navrant, e [navrɑ̃, ɑ̃t] adj. [pénible] penoso ; [déchirant] straziante. | *un malentendu navrant*, un penoso malinteso. | *un spectacle navrant*, uno spettacolo straziante.

navrer [navre] v. tr. [affliger profondément] affliggere ; spezzare il cuore a ; straziare. | *je suis navré de t'avoir vexé*, sono afflitto, addolorato di averti offeso. | *j'en ai le cœur navré*, ne ho il cuore straziato. | *tu me navres*, tu mi spezzi il cuore. || [contrarier] rattristare, affliggere. | *ton attitude me navre*, il tuo atteggiamento mi rattrista, mi affligge. | *je suis navré de te décevoir*, sono spiacente, spiacentissimo di deluderti.

nazaréen, enne [nazareɛ̃, ɛn] adj. et n. nazareno.

nazi, e [nazi] adj. nazistico. ◆ n. nazista.

nazisme [nazism] m. nazismo.

ne [ne] adv. **1.** [employé seul] non. | *je ne sais où aller*, non so dove andare. | *si je ne m'abuse*, se non m'inganno. | *n'était son grand âge*, se non fosse per l'età. | *n'importe!*, non importa! || **2.** [avec un mot négat.] *ne... pas*, (littér.) *ne... point*, non. | *je n'ai pas le temps*, non ho il tempo. | *et il n'y eut pas moyen de le convaincre*, e non ci fu verso di convincerlo ; né ci fu verso di convincerlo (littér.). || *je n'en veux plus*, non ne voglio più. || *on ne sait jamais*, non si sa mai. | *on ne sait jamais tout*, non si sa mai tutto. | *ne... guère* : V. GUÈRE. | *il n'y a personne*, non c'è nessuno. || *je n'ai aucun doute*, non ho alcun dubbio. | *personne ne l'a vu*, nessuno l'ha visto. | *nul n'est prophète en son pays*, nessuno è profeta in patria. | *pour ne rien vous cacher*, per non nascondervi nulla. | *rien ne lui plaît*, non gli piace niente ; non gli piace nulla (littér. ; tosc.). || **3.** [double négat.] *il n'est pas sans savoir*, non ignora certamente, sa certamente. | *il n'est pas d'homme qui ne le connaisse pas*, non c'è nessuno che non lo conosca. || **4.** [restriction] ***ne... que*** : *vous n'avez qu'à le dire*, non avete che da dirlo. | *il n'y a qu'à effacer*, occorre soltanto cancellare. | *il ne lit que des romans*, legge soltanto romanzi. | *je n'ai plus que de la monnaie*, ho solo spiccioli. | *rien n'est beau que le vrai*, solo il vero è bello. | *je ne pars que demain*, non parto prima di domani. || LITTÉR. *il n'est que de*, non c'è che da (L.C.). || **5.** [sans valeur négat. après v. de crainte ; dans un tour négat. ou interr. après v. de doute] *je crains qu'il ne vienne*, temo che venga. | *je ne doute pas qu'il ne soit sérieux*, non dubito che sia serio. | *est-ce qu'il nie que cette erreur ne se soit produite?*, nega egli che l'errore sia stato commesso? || **6.** [avec compar.] *il parle plus qu'il ne travaille*, parla più di quanto lavori, di quel che lavori. | *c'est mieux que je ne le pensais*, è meglio di quanto (non) pensassi.

né, e [ne] adj. nato. | *bien né*, ben nato, bennato. | *âme bien née*, cuore magnanimo. | *né italien*, italiano di nascita. | *Mme Renaud, née Martin*, la signora Renaud, nata Martin. | *né coiffé*, v. COIFFÉ. || [doué] *né pour l'étude*, nato per lo studio. | *orateur-né, poète-né*, oratore, poeta nato.

néanmoins [neɑ̃mwɛ̃] conj. nondimeno.

néant [neɑ̃] m. niente, nulla inv. || *tirer du néant*, trarre dal niente, dal nulla. | *réduire à néant*, ridurre a niente (pr.) ; annientare, annullare (pr. et fig.). | *le néant des grandeurs humaines*, il nulla delle grandezze terrene. || LOC. *signes particuliers : néant*, segni particolari : nessuno. || JUR. *mettre une appellation à néant*, respingere un appello.

nébuleuse [nebyløz] f. nebulosa.

nébuleux, euse [nebylø, øz] adj. nebuloso, nuvoloso. | *ciel nébuleux*, ciel nuvoloso. || FIG. *raisonnement nébuleux*, ragionamento nebuloso.

nébulosité [nebylozite] f. PR. et FIG. nebulosità.

nécessaire [nesesɛr] adj. necessario, indispensabile, inevitabile. | *si c'est nécessaire*, se è necessario. | *il est nécessaire de* (et l'inf.), è necessario (et l'inf.). ◆ n. m. occorrente. | *faire le nécessaire*, fare il necessario. | *fournir le nécessaire pour écrire*, fornire l'occorrente per scrivere. | *nécessaire de voyage*,

nécessaire (fr.) da viaggio. | *nécessaire à ouvrage*, astuccio da lavoro.
nécessitant, e [nesesitɑ̃, ɑ̃t] adj. RELIG. necessitante.
nécessité [nesesite] f. necessità. | *en cas de nécessité*, in caso di necessità. | *par nécessité de service*, per esigenza di servizio. | *de première nécessité*, di prima necessità. || JUR. *état de nécessité*, stato di necessità. || PROV. *nécessité fait loi*, necessità non ha legge.
nécessiter [nesesite] v. tr. necessitare, richiedere.
nécessiteux, euse [nesesitø, øz] adj. et n. bisognoso.
nec plus ultra [nɛkplyzyltra] loc. adv. et n. m. (lat.) non plus ultra.
nécrobie [nekrɔbi] f. ZOOL. necrobia.
nécrologe [nekrɔlɔʒ] m. necrologio.
nécrologie [nekrɔlɔʒi] f. necrologia.
nécrologique [nekrɔlɔʒik] adj. necrologico.
nécrologue [nekrɔlɔg] m. necrologista.
nécromancie [nekromɑ̃si] f. negromanzia.
nécromancien, enne [nekromɑ̃sjɛ̃, ɛn] n., **nécromant** [nekromɑ̃] m. negromante n.
nécrophage [nekrofaʒ] adj. necrofago.
nécrophile [nekrofil] m. necrofilo.
nécrophilie [nekrofili] f. necrofilia.
nécrophore [nekrɔfɔr] m. ZOOL. necroforo.
nécropole [nekrɔpɔl] f. necropoli.
nécrose [nekroz] f. MÉD. necrosi.
nécroser [nekroze] v. tr. necrotizzare. ◆ v. pr. necrotizzarsi.
nectaire [nɛktɛr] m. BOT. nettario.
nectar [nɛktar] m. PR. et FIG. nèttare.
néerlandais, e [neɛrlɑ̃dɛ, ɛz] adj. et n. olandese. ◆ n. m. LING. neerlandese.
nef [nɛf] f. MAR. nave. || ARCHIT. navata ; nave (vx).
néfaste [nefast] adj. [malheureux] nefasto ; [nuisible] funesto, fatale, malefico ; esiziale (littér.).
nèfle [nɛfl] f. BOT. nespola. || POP. *des nèfles !*, un corno !
néflier [neflije] m. BOT. nespolo.
négateur, trice [negatœr, tris] adj. et n. negatore, trice.
négatif, ive [negatif, iv] adj. negativo. || PHYS. *pôle négatif*, polo negativo. ◆ n. m. PHOT. negativa f. ◆ n. f. *répondre par la négative*, dare una risposta negativa. | *dans la négative*, in caso di risposta negativa. | *se tenir sur la négative*, stare, (man)tenersi sulla negativa, sulle negative.
négation [negasjɔ̃] f. negazione. || JUR. *action en négation de droit*, azione di contestazione di un diritto.
négativisme [negativism] m. PSYCH. negativismo.
négativité [negativite] f. negatività.
négaton [negatɔ̃] m. PHYS. negatrone, negatone.
négatoscope [negatɔskɔp] m. PHOT. negatoscopio.
négligé, e [negliʒe] adj. trasandato, trascurato, sciatto ; negletto (littér.). | *travail négligé*, lavoro trascurato. | *style négligé*, stile sciatto. | *négligé de sa personne*, trasandato nella persona. ◆ n. m. [comportement] trasandatezza f., trascuratezza f., sciatteria f. || [vêtement] veste (f.), vestaglia (f.) da donna ; négligé (fr.).
négligeable [negliʒabl] adj. trascurabile. || FIG. *considérer qn comme quantité négligeable*, tenere uno in nessun conto.
négligemment [negliʒamɑ̃] adv. negligentemente ; con indifferenza.
négligence [negliʒɑ̃s] f. [manque de soin] negligenza, trascuratezza, sciatteria. | *négligence dans la tenue*, trascuratezza nel vestire. | *négligence de style*, sciatteria di stile. || [indolence] *travailler avec beaucoup de négligence*, lavorare con molta svogliatezza.
négligent, e [negliʒɑ̃, ɑ̃t] adj. negligente, trascurato.
négliger [negliʒe] v. tr. [laisser sans soin] trascurare, tralasciare. | *négliger sa tenue*, trascurare il proprio abbigliamento, vestirsi in modo trasandato, trascurato. | *négliger ses affaires*, trascurare i propri affari, non seguir più da vicino i propri affari. | *négliger sa santé, un ami*, trascurare la propria salute, un amico. | *négliger un détail*, tralasciare un particolare. | *négliger une occasion*, lasciarsi sfuggire un'occasione. || [omettre] omettere, trascurare, dimenticare. | *j'ai négligé de l'avertir*, ho omesso, trascurato, dimenticato di avvisarlo. || [dédaigner] *négliger un avis*, non dar peso ad un parere. ◆ v. pr. trascurarsi.
négoce [negɔs] m. VX commercio (L.C.).
négociabilité [negɔsjabilite] f. negoziabilità.
négociable [negɔsjabl] adj. negoziabile.
négociant, e [negɔsjɑ̃, ɑ̃t] n. **(en)** negoziante, commerciante (di).
négociateur, trice [negɔsjatœr, tris] n. negoziatore, trice.
négociation [negɔsjasjɔ̃] f. negoziato m. ; negoziati m. pl. ; contrattazione ; trattative f. pl. | *entamer les négociations*, avviare i negoziati. | *heureuse négociation*, felici trattative. | *par voie de négociation*, mediante negoziati. || COMM. negoziazione.
négocier [negɔsje] v. tr. negoziare, (con)trattare. | *négocier la paix*, negoziare, trattare la pace. || COMM. negoziare. ◆ v. intr. entrare, essere in negoziato, intavolare, concludere i negoziati.
négondo m. V. NEGUNDO.
nègre [nɛgr] m. [souvent péjor.] negro. | *travailler comme un nègre*, lavorare come un negro. || [langage] *petit nègre* = francese scorretto. | *parler petit nègre* = storpiare la lingua francese. || [couleur] *tête de nègre*, testa di moro. || FAM. *nègre (d'un auteur)*, negro (di un autore). || CULIN. *nègre en chemise* = dolce di panna e cioccolato. ◆ adj. negro. || POLIT. *une motion nègre blanc* = una mozione redatta in termini ambigui.
négresse [negrɛs] f. negra.
négrier [negrije] m. negriere, negriero. ◆ adj. negriero. | *bateau négrier*, nave negriera.
négrillon, onne [negrijɔ̃, ɔn] n. negretto, a.
négritude [negrityd] f. negritudine.
négroïde [negrɔid] adj. negroide.
négro-africain, e [negroafrikɛ̃, ɛn] adj. et n. negroafricano.
négro-américain [negroamerikɛ̃, ɛn] adj. et n. negroamericano.
negundo ou **négondo** [negɔ̃do] m. BOT. negundo.
négus [negys] m. negus.
neige [nɛʒ] f. neve. | *chute de neige*, nevicata f. | *neige fondue*, nevischio m. | *bonhomme de neige, boule de neige*, V. BONHOMME, BOULE. || FIG. *cheveux de neige*, capelli candidi. | *teint de neige*, carnagione nivea. || CULIN. *œufs battus en neige*, uova montate a neve. || CHIM. *neige carbonique*, neve carbonica. || POP. [cocaïne] neve, polverina.
neiger [neʒe] v. impers. nevicare. | *ce matin il a neigé*, stamani è nevicato. | *il a neigé tout l'hiver*, ha nevicato tutto l'inverno.
neigeux, euse [neʒø, øz] adj. nevoso.
nématodes [nematɔd] m. pl. ZOOL. nematodi, nematelminti.
néméens [nemeɛ̃] adj. m. pl. ANTIQ. *jeux néméens*, giochi nemei.
ne-m'oubliez-pas [nemublijepa] m. inv. BOT. nontiscordardimé ; miosotide f.
nénies [neni] f. pl. nenia f. sing.
nenni [nɛn(n)i] adv. FAM. macché ; nient'affatto.
nénuphar [nenyfar] m. BOT. nenufaro. | *nénuphar blanc*, ninfea f.
néo-calédonien, enne [neokaledɔnjɛ̃, ɛn] adj. et n. neocaledone.
néo-capitalisme [neokapitalism] m. neocapitalismo.
néo-capitaliste [neokapitalist] adj. neocapitalistico, neocapitalista.
néo-celtique [neosɛltik] adj. neoceltico.
néo-classicisme [neoklasisism] m. neoclassicismo.
néo-classique [neoklasik] adj. neoclassico. ◆ n. neoclassicista.
néo-colonialisme [neokɔlɔnjalism] m. neocolonialismo.
néo-colonialiste [neokɔlɔnjalist] adj. neocolonialista, neocolonialistico. ◆ n. neocolonialista.
néo-criticisme [neokritisism] m. neocriticismo.
néo-darwinisme [neodarwinism] m. neodarvinismo, neodarwinismo.

néodyme [neodim] m. CHIM. neodimio.
néo-fascisme [neofaʃism] m. neofascismo.
néo-fasciste [neofaʃist] adj. neofascista, neofascistico. ◆ n. neofascista.
néoformation [neofɔrmasjɔ̃] f. neoformazione.
néogène [neoʒɛn] m. GÉOL. neogene.
néo-gothique [neogɔtik] adj. et n. m. neogotico.
néo-grammairien, enne [neogram(m)ɛrjɛ̃, ɛn] adj. et n. neogrammatico.
néo-grec, grecque [neogrɛk] adj. neogreco.
néo-guelfe [neogɛlf] adj. et n. neoguelfo.
néo-guelfisme [neogɛlfism] m. neoguelfismo.
néo-hégélianisme [neoegeljanism] m. neohegelismo.
néo-hégélien, enne [neoegeljɛ̃, ɛn] adj. et n. neohegeliano.
néo-kantien, enne [neokɑ̃sjɛ̃, ɛn] adj. et n. neokantiano.
néo-kantisme [neokɑ̃tism] m. neokantismo.
néo-latin, e [neolatɛ̃, in] adj. neolatino.
néo-libéralisme [neoliberalism] m. neoliberalismo.
néo-linguiste [neolɛ̃gɥist] n. neolinguista.
néo-linguistique [neolɛ̃gɥistik] f. neolinguistica.
néolithique [neolitik] adj. et n. m. neolitico.
néologique [neolɔʒik] adj. neologico.
néologisme [neolɔʒism] m. neologismo.
néon [neɔ̃] m. CHIM. neo, neon.
néo-natal, e [neonatal] adj. neonatale.
néo-nazi [neonazi] adj. neonazistico. ◆ n. neonazista.
néophyte [neɔfit] n. neofito m., neofita m. ◆ adj. *zèle néophyte,* zelo da neofito.
néoplasie [neoplazi] f. MÉD. neoplasia f.
néoplasique [neoplazik] adj. neoplastico.
néoplasme [neoplasm] m. neoplasma.
néo-platonicien, enne [neoplatɔnisjɛ̃, ɛn] adj. et n. neoplatonico.
néo-platonisme [neoplatɔnism] m. neoplatonismo.
néo-positivisme [neopozitivism] m. neopositivismo.
néo-positiviste [neopozitivist] adj. neopositivista, neopositivistico. ◆ n. neopositivista.
Néoprène [neoprɛn] m. CHIM. neoprene.
néo-pythagorisme [neopitagɔrism] m. neopitagorismo.
néo-réalisme [neorealism] m. neorealismo.
néo-réaliste [neorealist] adj. neorealista, neorealistico. ◆ n. neorealista.
néo-scolastique [neoskɔlastik] f. neoscolastica.
néo-testamentaire [neotɛstamɑ̃tɛr] adj. neotestamentario.
néo-thomisme [neotɔmism] m. neotomismo.
néo-thomiste [neotɔmist] adj. neotomista, neotomistico. ◆ n. neotomista.
néo-vitalisme [neovitalism] m. neovitalismo.
néo-zélandais, e [neozelɑ̃dɛ, ɛz] adj. et n. neozelandese.
néozoïque [neɔzɔik] adj. et n. m. neozoico.
népalais, e [nepalɛ, ɛz] adj. et n. nepalese. ◆ n. m. LING. nepalese.
nèpe [nɛp] f. ZOOL. nepa.
népenthès [nepɛ̃tɛs] m. nepente f.
néphrectomie [nefrɛktɔmi] f. CHIR. nefrectomia.
néphrétique [nefretik] adj. *colique néphrétique,* colica renale. ◆ n. [malade] nefritico, a.
1. néphrite [nefrit] f. MÉD. nefrite.
2. néphrite f. MINÉR. nefrite.
néphrose [nefroz] f. MÉD. nefrosi.
népotisme [nepɔtism] m. nepotismo.
neptunium [nɛptynjɔm] m. CHIM. nettunio.
néréide [nereid] f. ou **néréis** [nereis] m. ZOOL. nereide f.
nerf [nɛr] m. ANAT. nervo. | *nerf optique,* nervo ottico. ‖ LOC. *crise de nerfs,* crisi dei nervi. | *avoir ses nerfs,* avere i nervi. | *avoir les nerfs solides,* avere i nervi a posto. | *être à bout de nerfs,* avere i nervi a pezzi. | *la guerre des nerfs,* la guerra dei nervi, psicologica. ‖ FAM. *porter, taper sur les nerfs,* dare ai nervi ; far venire il nervoso. | *un paquet de nerfs,* un fascio di nervi. ‖ FIG. [facteur principal ; vigueur] nerbo. | *avoir du nerf,* avere nerbo. | *nerf de bœuf,* nerbo di bue. ‖ TECHN. *les nerfs d'un livre,* le nervature di un libro.
néritique [neritik] adj. GÉOGR. neritico.
néroli [nerɔli] m. neroli ; nerola f.
néronien, enne [nerɔnjɛ̃, ɛn] adj. neroniano.
nerprun [nɛrprœ̃] m. BOT. ramno ; spino cervino.
nervation [nɛrvasjɔ̃] f. nervatura.
nerveux, euse [nɛrvø, øz] adj. et n. nervoso. | *cellule nerveuse,* cellula nervosa. ‖ FIG. *rire nerveux,* risata nervosa. | *moteur nerveux,* motore scattante.
nervi [nɛrvi] m. (ital.) malvivente, teppista.
nervosisme [nɛrvozism] m. nervosismo.
nervosité [nɛrvozite] f. nervosità.
nervure [nɛrvyr] f. [d'un livre] nervatura. ‖ AÉR. centina. ‖ [d'une pièce méc.] nervatura. ‖ ARCHIT. nervatura, costolone m. | *nervure en croix,* nervatura a croce. ‖ BOT., ZOOL. nervatura. ‖ MODE nervatura.
nestor [nɛstɔr] m. ZOOL. nestore.
nestorianisme [nɛstɔrjanism] m. RELIG. nestorianesimo.
nestorien, enne [nɛstɔrjɛ̃, ɛn] adj. et n. RELIG. nestoriano.
net, nette [nɛt] adj. [propre] PR. et FIG. netto, pulito. | *une glace nette,* uno specchio netto. | *cette affaire n'est pas nette,* questa faccenda non è pulita. | *faire place nette,* fare piazza pulita. | *avoir la conscience nette, les mains nettes,* avere la coscienza pulita, le mani nette, pulite. ‖ [distinct] chiaro, distinto, netto, nitido. | *coupure nette,* taglio netto. | *photographie, impression nette,* fotografia, stampa nitida. | *réponse nette,* risposta precisa. | *avoir des idées nettes,* avere le idee chiare. | *une nette ressemblance,* una spiccata rassomiglianza. | *c'est net,* è chiaro. ‖ FIG. *en avoir le cœur net,* mettere le cose in chiaro. ‖ COMM., FIN. netto. | *poids net,* peso netto. | *bénéfice net,* utile netto. | *net d'impôt,* al netto da imposta. | *gagner un million net,* guadagnare un milione pulito, netto, tondo, tondo tondo. ◆ n. m. *mettre au net,* mettere al pulito, in bella copia. ◆ adv. netto, di netto, di botto, di colpo, sul colpo. | *il s'arrêta net,* si fermò di botto. | *il fut tué net,* fu ucciso sul colpo. | *parler net,* parlare recisamente. | *il reste net cent francs,* rimane di netto cento franchi.
netteté [nɛtte] f. nettezza, nitidezza. | *netteté des vitres,* nitidezza dei vetri. ‖ T. V. *netteté de l'image,* nitidezza dell'immagine. ‖ FIG. *netteté d'un conseil,* chiarezza di un consiglio.
nettoiement [nɛtwamɑ̃] m. pulizia f. | *nettoiement des rues,* pulizia delle strade. | *service du nettoiement,* servizio della nettezza urbana. ‖ AGR. pulitura f.
nettoyage [nɛtwajaʒ] m. pulizia f. | *faire le nettoyage,* far le pulizie. | *nettoyage d'une façade,* pulizia di una facciata. | *nettoyage du linge,* bucato. | *nettoyage des vêtements,* lavatura (f.) dei vestiti. | *nettoyage à sec, à la vapeur,* lavaggio a secco, a vapore. ‖ MIL. rastrellamento. ‖ FIG. *faire un nettoyage radical,* sgomb(e)rare ; far piazza pulita. ‖ FAM. [licenciement] repulisti.
nettoyer [nɛtwaje] v. tr. pulire. | *nettoyer les chaussures,* pulire le scarpe. ‖ TECHN. *nettoyer une pièce métallique,* pulimentare un pezzo metallico. ‖ AGR. *nettoyer le riz,* mondare il riso. ‖ MIL. *nettoyer une tranchée,* rastrellare una trincea. ‖ FAM. *il s'est fait nettoyer au poker,* si è fatto ripulire a poker. ‖ POP. [tuer] liquidare ; far fuori. ◆ v. pr. pulirsi.
nettoyeur, euse [nɛtwajœr, øz] n. pulitore, trice.
1. neuf [nœf] adj. num. card. nove. ◆ adj. num. ord. *Charles IX,* Carlo IX (nono). ◆ n. m. inv. *le neuf de cœur,* il nove di cuori. ‖ MATH. *preuve par neuf,* prova del nove. ‖ MUS. *neuf-huit,* nove ottavi.
2. neuf, neuve [nœv] adj. nuovo. | *une robe neuve,* un vestito nuovo. ‖ FAM. *flambant neuf,* nuovo fiammante. | *battant neuf,* nuovo di zecca. ‖ FIG. *un cœur neuf,* un cuore puro. | *il est neuf en affaires,* è nuovo degli affari, un novizio negli affari. ‖ FAM. *faire peau neuve,* cambiar vita. ◆ n. m. nuovo. | *il y a du neuf,* c'è qualcosa di nuovo. | *à neuf, de neuf,* a nuovo, di nuovo.
neume [nøm] m. MUS. neuma.
neurasthénie [nørasteni] f. nevrastenia.
neurasthénique [nørastenik] adj. et n. nevrastenico.

neurochirurgie [nøroʃiryrʒi] f. neurochirurgia.
neuroleptique [nørolɛptik] adj. et n. m. neurolettico.
neurolinguistique [nørolɛ̃gɥistik] f. neurolinguistica.
neurologie [nørolɔʒi] f. neurologia.
neurologiste [nørolɔʒist] ou **neurologue** [nørolɔg] n. neurologo m.
neurone [nørɔn] m. neurone.
neurophysiologie [nørofizjɔlɔʒi] f. neurofisiologia.
neuropsychiatrie [nøropsikjatri] f. neuropsichiatria.
neurovégétatif [nøroveʒetatif] adj. neurovegetativo.
neurula [nøryla] f. BOT. neurula.
neutralisant, e [nøtralizɑ̃, ɑ̃t] adj. neutralizzante.
neutralisation [nøtralizasjɔ̃] f. neutralizzazione.
neutraliser [nøtralize] v. tr. CHIM., POLIT., SPORT neutralizzare. ‖ FIG. *neutraliser l'influence de qn*, neutralizzare l'influenza, fare ostacolo all'influenza di qlcu. ◆ v. pr. neutralizzarsi, contrappesarsi.
neutralisme [nøtralism] m. neutralismo.
neutraliste [nøtralist] adj. neutralista, neutralistico. ◆ n. neutralista.
neutralité [nøtralite] f. neutralità. | *garder la neutralité*, mantenere la neutralità.
neutre [nøtr] adj. POLIT. *État neutre*, Stato neutrale, neutro. | *zone neutre*, zona neutrale. | *eaux neutres*, acque neutrali. | *être, rester neutre*, essere, mantenersi, restare, rimanere neutrale. ‖ CHIM., GRAMM., PHYS., ZOOL. neutro. ‖ [objectif] imparziale, oggettivo. ‖ [sans éclat] *style, voix neutre*, stile, voce incolore. ‖ [indéfini] *teinte neutre*, tinta neutra. ‖ LOC. *se rencontrer en terrain neutre*, incontrarsi in campo neutro (pr. et fig.). ◆ n. m. POLIT. neutrale, neutro. ‖ GRAMM. neutro.
neutron [nøtrɔ̃] m. PHYS. neutrone.
neuvaine [nøvɛn] f. RELIG. novena.
neuvième [nøvjɛm] adj. num. ord. et n. m. nono. ◆ n. f. *la (classe de) neuvième*, la terza elementare.
névé [neve] m. GÉOGR. nevaio, nevato, vedretta f.
neveu [nəvø] m. nipote.
névralgie [nevralʒi] f. nevralgia.
névralgique [nevralʒik] adj. nevralgico. ‖ FIG. *point névralgique*, punto nevralgico.
névrite [nevrit] f. neurite, nevrite.
névropathe [nevrɔpat] adj. et n. neuropatico.
névropathie [nevrɔpati] f. neuropatia.
névroptères [nevrɔptɛr] m. pl. ZOOL. neurotteri, nevrotteri.
névrose [nevroz] f. nevrosi. | *névrose d'angoisse, d'anxiété*, nevrosi da angoscia, da ansia.
névrosé, e [nevroze] adj. et n. nevrotico.
névrotique [nevrɔtik] adj. nevrotico, neurotico.
nez [ne] m. **1.** [organe] naso. | *se boucher, se moucher le nez*, turarsi, soffiarsi il naso. | *parler du nez*, parlare col naso. | *saignement de nez*, emorragia nasale. | *poils du nez*, vibrisse f. pl. | *les trous du nez* (fam.), le narici (L.C.). ‖ FAM. *avoir le nez qui coule; avoir la morve au nez* (pop.), essere raffreddato (L.C.). ‖ FIG. *gagner les doigts dans le nez* (fam.) = vincere con straordinaria facilità. | *sentir à plein nez*, puzzare da togliere il fiato. | *à vue de nez*, a lume di naso. | *avoir qn dans le nez* (pop.) = provare antipatia, avversione, odio per qlcu., non poter soffrire qlcu. ‖ FAM. *avoir un verre dans le nez*, essere brillo. | *se piquer le nez* = ubriacarsi. | *faire un long nez, un drôle de nez*, fare il muso lungo. | *se manger*, (pop.) *se bouffer le nez*, litigare (L.C.). | *se casser le nez :* [trouver porte close] trovare la porta chiusa ; [échouer] subire uno smacco, scornarsi. | *se laisser mener par le bout du nez*, lasciarsi menare per il naso. | *la moutarde me monte au nez*, mi salta la mosca al naso. | *cela te pend au nez*, è per te una minaccia ; questo non te lo leva nessuno. ‖ LOC. *faire un pied de nez à qn*, fare (un) marameo a qlcu. | *ton nez remue !* = dici une bugia ! | *tirer les vers du nez à qn* (fam.), V. VER. | *ne pas voir plus loin que le bout de son nez*, non vedere più in là del proprio naso, della punta del naso. ‖ **2.** [visage] *le nez en l'air, au vent*, col naso per aria. | *le nez levé*, a fronte alta. | *avoir le nez sur son travail, ne pas lever le nez de son travail*, non alzare gli occhi dal lavoro. | *avoir le nez sur qch.*, avere gli occhi sopra qlco (e non vederlo). | *faire une chose au nez de qn*, fare una cosa in barba a, sotto il naso a uno. ‖ FAM. *fermer la porte au nez de qn*, chiudere la porta in faccia a uno. | *mettre, fourrer son nez partout*, ficcare il naso dappertutto. | *mettre le nez dehors*, uscire (L.C.). | *montrer le (bout du) nez*, far capolino. | *ça m'a passé sous le nez*, me lo sono lasciato sfuggire (L.C.). | *baisser le nez*, chinare il capo (per vergogna). | *piquer du nez*, appisolarsi. | *regarder qn sous le nez*, piantare a uno gli occhi in faccia. | *rire au nez de qn*, ridere sul muso a qlcu. | *se trouver nez à nez avec qn*, trovarsi faccia a faccia con qlcu. ‖ **3.** [odorat] *ce chien a du nez*, questo cane ha buon naso. ‖ FIG. *avoir bon nez, le nez creux*, aver buon naso, un fiuto finissimo. ‖ **4.** AÉR. *nez du fuselage*, muso della fusoliera. | *nez de la fusée*, testata (f.) del missile. | *piquer du nez*, gettarsi in picchiata ; [accident] cadere. ‖ MAR. *être sur son nez*, appruarsi ; impruarsi (VX). ‖ GÉOGR. = capo, promontorio.
ni [ni] conj. né. | *ni..., ni...*, né..., né... | *ne dire ni oui ni non*, non dire né sì né no. | *ça ne me fait ni chaud ni froid*, non mi fa né caldo né freddo. | *ni plus ni moins que*, né più né meno che. | *sans justifications ni circonstances atténuantes*, senza giustificazioni né attenuanti. | *sans boire ni manger*, senza bere né mangiare. | *il ne m'a ni écrit ni téléphoné*, non mi ha scritto né mi ha telefonato ; né mi ha scritto né mi ha telefonato. | *ni même*, neanche, neppure, nemmeno.
niable [njabl] adj. negabile. | *cela n'est pas niable*, questo è innegabile.
niais, e [njɛ, ɛz] adj. sempliciotto, sciocco, melenso ; grullo (tosc.). | *un garçon niais*, un ragazzo sempliciotto. | *un sourire niais*, un sorriso melenso. ◆ n. sempliciotto, a, sciocco, a. | *faire le niais*, fare il finto tonto. | *pauvre niais !*, povero sciocco !
niaiserie [njɛzri] f. sciocchezza, stupidaggine, scempiaggine.
1. niche [niʃ] f. [dans un mur] nicchia. ‖ [à chien] canile m. | *à la niche !*, a cuccia !
2. niche f. FAM. *faire une niche, des niches*, giocare un tiro (L.C.).
nichée [niʃe] f. [oiseaux] nidiata, covata. ‖ [souris, chiens] nidiata. ‖ [enfants] nidiata.
nicher [niʃe] v. intr. ZOOL. nidificare, fare il nido. ‖ FAM. [habiter] abitare (L.C.). ◆ v. pr. ZOOL. annidarsi. ‖ FAM. [se cacher] ficcarsi. | *où s'est-il niché ?*, dove si è cacciato ?
nichet [niʃɛ] m. AGR. nidiandolo.
nichoir [niʃwar] m. nido, covo.
nichon [niʃɔ̃] m. POP. tetta f. (fam.).
Nichrome [nikrom] m. TECHN. nichelcromo.
nickel [nikɛl] m. nichel, nichelio. ‖ LOC. POP. *c'est nickel*, è uno specchio (L.C.).
nickelage [niklaʒ] m. nichelatura f.
nickeler [nikle] v. tr. nichelare. ‖ FAM. *avoir les pieds nickelés* = essere un fannullone, uno scansafatiche.
nicodème [nikɔdɛm] m. FAM. semplicione, sempliciotto.
niçois, e [niswa, az] adj. et n. nizzardo.
nicol [nikɔl] m. OPT. nicol.
nicotine [nikɔtin] f. nicotina.
nicotinisme [nikɔtinism] ou **nicotisme** [nikɔtism] m. MÉD. nicotinismo.
nictation [niktasjɔ̃] ou **nictitation** [niktitasjɔ̃] f. nittitazione, ammiccamento m.
nictitant, e [niktitɑ̃, ɑ̃t] adj. ZOOL. *paupière nictitante*, membrana nittitante ; terza palpebra.
nid [ni] m. (d'oiseau) nido. | *nid de fourmis, de guêpes, de rats, de termites*, formicolaio, vespaio, topaia f., termitaio. | *nid de vipères*, viperaio ; covo di vipere. | FIG. *nid d'amoureux*, nido d'innamorati. ‖ [repaire] vespaio, topaia, covo, tana f. | *nid de brigands*, covo di briganti. | *nid d'aigle* = castello inaccessibile. | *prendre, trouver l'oiseau au nid* = sorprendere, cogliere qlcu. in casa. ‖ MIL. *nid de mitrailleuses*, nido di mitragliatrici. | *nid de résistance*, covo di resistenza. ‖ LOC. *(en) nid d'abeilles :* TEXT. (a) nido d'ape ; TECHN. a nido d'ape ; cellulare adj. ‖ ***nid-de-pie***, coffa f. ‖ ***nid-de-poule***, cunetta f.
nidation [nidasjɔ̃] f. BIOL. annidamento m.

nidification [nidifikasjɔ̃] f. nidificazione.
nidifier [nidifje] v. intr. nidificare.
nièce [njɛs] f. nipote.
niellage [niɛlaʒ] m. niellatura f.
1. nielle [niɛl] m. ART niello.
2. nielle f. BOT. gittaione m., gettaione m., mazzettone m. ‖ AGR. carie del grano ; volpe, golpe.
1. nieller [niɛle] v. tr. ART niellare.
2. nieller v. tr. AGR. cariare. | *blé niellé*, grano golpato, volpato.
nielleur [niɛlœr] m. ART niellatore.
1. niellure [njɛlyr] f. ART niellatura.
2. niellure f. AGR. = effetto (m.) della carie, della volpe, della golpe (sul grano).
nier [nje] v. tr. negare. | *nier Dieu*, negare l'esistenza di Dio. | *nier une dette*, non riconoscere un debito. | *il nie être venu, qu'il est venu*, nega di essere venuto. | *je nie que cela soit arrivé*, nego che sia successo. | *je ne nie pas que la chose (ne) soit possible*, non nego che la cosa sia possibile.
nietzschéen, enne [nitʃeɛ̃, ɛn] adj. nietzschiano.
nife [nif] m. GÉOL. nife.
nigaud, e [nigo, od] adj. balordo, tonto, babbeo ; [avec nuance affectueuse] sciocchino. ◆ n. babbeo m. ◆ n. m. ZOOL. piccolo marangone.
nigauderie [nigodri] f. balordaggine.
nigelle [niʒɛl] f. BOT. nigella.
nigérian, ane [niʒerjɑ̃, an] adj. della Nigeria ; nigeriano. ◆ n. abitante della Nigeria ; nigeriano, a.
nigérien, enne [niʒerjɛ̃, ɛn] adj. del Niger ; nigeriano. ◆ n. abitante del Niger ; nigeriano, a.
night-club [najtklœb] m. night-club, night (angl.).
nihilisme [niilism] m. nichilismo.
nihiliste [niilist] adj. et n. nichilista.
nilgaut [nilgo] m. ZOOL. nilgau.
nille [nij] f. TECHN. manopola di manovella.
nilotique [nilɔtik] adj. nilotico.
nimbe [nɛ̃b] m. nimbo.
nimbé, e [nɛ̃be] adj. nimbato, aureolato.
nimber [nɛ̃be] v. tr. aureolare.
nimbo-stratus [nɛ̃bostratys] m. inv. MÉTÉOR. nembostrato m.
nimbus [nɛ̃bys] m. inv. (lat.) MÉTÉOR. nembo.
ninas [ninas] m. inv. (esp.) = piccolo sigaro.
niobium [njɔbjɔm] m. CHIM. niobio.
nipper [nipe] v. tr. FAM. rimpannucciare, vestire (L.C.). ◆ v. pr. vestirsi (L.C.).
nippes [nip] f. pl. FAM. [vêtements usés] stracci m. pl., cenci m. pl. ‖ [vêtement] vestito m. (L.C.).
nippon, e [nipɔ̃, ɔn] adj. giapponese, nipponico. ◆ n. giapponese.
nique [nik] f. *faire la nique à qn*, fare uno sberleffo a qlcu.
nirvâna [nirvana] m. nirvana.
nitouche [nituʃ] f. V. SAINTE NITOUCHE.
nitrate [nitrat] m. CHIM. nitrato.
nitre [nitr] m. (sal)nitro.
nitreux, euse [nitrø, øz] adj. nitroso.
nitrière [nitrijɛr] f. nitriera.
nitrification [nitrifikasjɔ̃] f. nitrificazione.
nitrique [nitrik] adj. nitrico.
nitrite [nitrit] m. nitrito.
nitrobenzène [nitrɔbɛ̃zɛn] m. nitrobenzene.
nitrocellulose [nitrɔselyloz] f. nitrocellulosa.
nitroglycérine [nitrɔgliserin] f. nitroglicerina.
nitruration [nitryrasjɔ̃] f. MÉTALL. nitrurazione.
nitrure [nitryr] m. nitruro.
nival, e, aux [nival, o] adj. nivale.
nivéal, e, aux [niveal, o] adj. BOT. invernale.
niveau [nivo] m. PR. livello. | *au niveau de la mer, du fleuve*, al livello del mare, del fiume. | *au-dessus, au-dessous du niveau de la mer*, sul livello, sotto il livello del mare. | *différence de niveau*, dislivello. | *arrivé au niveau du groupe, il ralentit le pas*, arrivato all'altezza della comitiva, rallentò il passo. ‖ FIG. *au niveau de la langue, de l'usage*, a livello di lingua, di uso. | *au niveau scientifique*, a livello scientifico. | *au niveau de l'énoncé, des symboles*, al livello dell'enunciato, dei simboli. | *être du même niveau*, essere alla pari. | *se ravaler au niveau de qn*, abbassarsi al piano di qlcu. ‖ LOC. *niveau de vie*, livello, tenore di vita. | *niveau mental, social*, livello mentale, sociale. ‖ CH. DE F. *passage à niveau*, passaggio a livello. ‖ AUTOM. *niveau d'essence*, indicatore di benzina. ‖ MIL. *angle au niveau*, angolo di tiro. ‖ POLIT. *conférence au plus haut niveau*, conferenza al più alto livello. ‖ TECHN. [instrument] livella f., livello. | *niveau à bulle d'air, à lunette*, livella a bolla d'aria, a cannocchiale. ◆ loc. adv. ***de niveau :*** *les pieds de la chaise ne sont pas de niveau*, le gambe della sedia non sono pari. | *mettre de niveau*, livellare.
nivelage [nivlaʒ] m. TECHN. livellamento, livellatura f., livellazione f.
niveler [nivle] v. tr. PR. et FIG. livellare, pareggiare. *niveler un terrain*, pareggiare un terreno. | *niveler les fortunes*, livellare le ricchezze. ◆ v. pr. FIG. livellarsi.
niveleur, euse [nivlœr, øz] n. PR. et FIG. livellatore, trice. ◆ n. m. AGR. = piccolo erpice. ◆ n. f. [machine] livellatrice.
nivellement [nivɛlmɑ̃] m. PR. V. NIVELAGE. ‖ FIG. livellamento. | *nivellement des salaires*, livellamento degli stipendi.
nivôse [nivoz] m. HIST. nevoso.
nobélium [nɔbɛljɔm] m. CHIM. nobelio, nobelium.
nobiliaire [nɔbiljɛr] adj. nobiliare, gentilizio. ◆ n. m. nobiliario ; libro d'oro della nobiltà.
noble [nɔbl] adj. et n. PR. et FIG. nobile. | *parties nobles* = cervello e cuore dell'uomo. | *style noble*, stile elevato. | *le noble art* = il pugilato, la boxe. ‖ CHIM. nobile. ‖ THÉATRE *père noble*, padre nobile.
noblesse [nɔblɛs] f. PR. et FIG. nobiltà. | *haute, petite noblesse*, alta, piccola nobiltà. | *noblesse de cour*, nobiltà di palazzo. | *noblesse d'Empire*, nobiltà napoleonica. | *noblesse d'épée*, nobiltà militare. | *noblesse de robe*, nobiltà di toga, di ufficio. | *titre de noblesse*, titolo nobiliare. | *noblesse de cœur*, nobiltà di cuore.
nobliau [nɔblijo] m. PÉJOR. nobiluccio.
noce [nɔs] f. *aller à la noce*, andare a una festa di nozze. | *toute la noce fut filmée*, la comitiva delle nozze fu filmata. ‖ FAM. *faire la noce*, darsi agli stravizi ; straviziare. | *ne pas être à la noce*, essere nei guai. ◆ pl. nozze, sposalizio m. | *noces d'argent, d'or*, nozze d'argento, d'oro. | *repas de noces*, banchetto nuziale. | *voyage de noces*, viaggio di nozze. | *convoler en justes noces*, convolare a (giuste) nozze. | *convoler en secondes noces*, passare a seconde nozze.
noceur, euse [nɔsœr, øz] n. FAM. vitaiolo m. ; = donna (f.) che fa vita dissoluta, che si dà agli stravizi.
nocher [nɔʃe] m. POÉT. nocchiere, nocchiero.
nocif, ive [nɔsif, iv] adj. nocivo, dannoso, malefico. | *air nocif*, aria malefica, nociva. | *climat, temps nocif*, clima, tempo dannoso, nocivo. | *conseil nocif*, consiglio dannoso. | *émanations nocives*, emanazioni nocive. | *gaz nocif*, gas nocivo. | *influence nocive*, influsso nocivo, influenza nociva ; [des étoiles] influsso malefico. | *produit nocif*, prodotto nocivo. | *spectacle nocif*, spettacolo dannoso. | *substances nocives*, sostanze dannose. | *théorie nocive*, teoria dannosa. | *l'abus de l'alcool est nocif*, l'abuso di alcole è nocivo, dannoso alla salute.
nocivité [nɔsivite] f. nocività.
noctambule [nɔktɑ̃byl] adj. et n. nottambulo.
noctambulisme [nɔktɑ̃bylism] m. nottambulismo.
noctiluque [nɔktilyk] f. ZOOL. nottiluca.
noctuelle [nɔktɥɛl] f. ZOOL. nottua.
noctule [nɔktyl] f. ZOOL. nottola.
nocturne [nɔktyrn] adj. notturno. | *tapage nocturne*, schiamazzo notturno. ◆ n. m. MUS., RELIG. notturno. ◆ n. f. SPORT partita in notturna.
nodal, e, aux [nɔdal, o] adj. nodale.
nodosité [nɔdozite] f. nodosità.
nodulaire [nɔdylɛr] adj. [relatif aux nœuds] nodoso ; [aux nodules] nodulare.
nodule [nɔdyl] m. ANAT., GÉOL., MÉD. nodulo.
noduleux, euse [nɔdylø, øz] adj. noduloso.
Noël [nɔɛl] m. natale. | *arbre de Noël*, albero di natale. | *bûche de Noël*, ceppo natalizio (pr.) ; CULIN. = dolce

natalizio a forma di ceppo. | *le Père Noël*, babbo natale. | *joyeux Noël !*, buon natale ! || FIG., FAM. *croire au Père Noël*, credere ancora a babbo natale, alle fate, agli asini che volano. || MUS. *chanter un noël*, cantare un canto di natale. ◆ f. *la (fête de) Noël*, il Natale, la festa del Ceppo, il Ceppo. | *fêter la Noël*, far natale. | *à la Noël*, a natale.

noème [nɔɛm] m. PHILOS. noema.

noèse [nɔɛz] f. PHILOS. noesi.

noétique [nɔetik] adj. PHILOS. noetico.

nœud [nø] m. nodo. | *nœud de cravate*, nodo di cravatta. | *nœud papillon*, cravattino, cravattina f. ; cravatta a farfalla. | *nœud coulant*, nodo, cappio scorsoio. | *nœud de ruban*, fiocco. | *nœud gordien*, V. GORDIEN. || FIG. *nœud de vipères*, groviglio di vipere. | *avoir un nœud dans la gorge*, avere un groppo in gola. || [point central] nocciolo. | *le nœud de la situation*, il nocciolo della situazione. | *vous avez trouvé le nœud de la question*, avete trovato il bandolo della matassa. || [d'une intrigue] nodo, fulcro. || ANAT. *nœud vital*, nodo vitale. | *le nœud du doigt*, la nocca del dito. || BOT. *bois plein de nœuds*, legno pieno di nodi. || TRANSP. *nœud ferroviaire, routier*, nodo ferroviario, stradale. || MAR. *le bateau file dix-huit nœuds*, la nave fila a diciotto nodi. || ZOOL. spira f. ◆ pl. LITTÉR. [de l'amitié, du mariage] vincoli ; nodi (L.C.).

noir, e [nwar] adj. [couleur] nero. | *pain noir*, pane nero. | *race noire*, razza negra. || FIG. *misère noire*, miseria nera, squallida. | *noir de coups* (tutto) pesto, contuso. | *la place est noire de monde*, la piazza è affollatissima, gremita di gente. | *mettre noir sur blanc*, mettere nero su bianco. | [sale] nero, sporco. || [sombre] buio, oscuro. | *une pièce noire*, una stanza buia. | *chambre noire*, camera oscura. | *nuit noire*, notte fonda. | *à la nuit noire*, a notte inoltrata. | *il fait noir comme dans un four*, è buio pesto. || [triste] *idées noires*, idee nere. (V. aussi IDÉE.) | *humeur noire*, umore nero. || [hostile] *noirs desseins*, truci disegni. | *jeter un regard noir*, gettare un'occhiata torva. | *crime noir*, truce delitto. | *noire ingratitude*, nera ingratitudine. || LOC. *bête noire*, bestia nera. | *œil au beurre noir*, occhio pesto. | *bourse noire, marché noir*, borsa nera, mercato nero. | *caisse noire*, V. CAISSE. | *liste noire*, lista nera, libro nero. | *film, roman noir*, film, romanzo nero. | *messe noire*, messa nera. | *or noir*, oro nero. | *point noir*, V. POINT. | *série noire*, sequela di guai, di disgrazie ; serie negativa. | *travail noir*, lavoro clandestino. || CULIN. *beurre noir*, burro nero. || POP. *être noir*, essere ubriaco fradicio (fam.). ◆ n. negro, a. | *la traite des Noirs*, la tratta dei negri. ◆ n. m. [couleur] nero. | *porter du noir*, vestire di nero. || [deuil] *prendre, quitter le noir*, prendere, smettere il lutto. | *enveloppe bordée de noir*, carta listata a lutto. | *cravater de noir un drapeau*, abbrunare una bandiera. || [obscurité] *faire le noir dans une pièce*, oscurare una stanza. | *avoir peur du noir*, avere paura del buio. || LOC. FIG. *avoir le noir*, avere l'umore nero. | *voir tout en noir, broyer du noir*, veder tutto nero. | *être dans le noir (le plus complet) au sujet de*, essere (completamente) all'oscuro di. || CHIM. *noir animal*, nero animale. | *noir de fumée*, nerofumo. ◆ n. f. MUS. semiminima.

noirâtre [nwarɑtr] adj. nerastro.

noiraud, e [nwaro, od] adj. = di carnagione scura. ◆ n. moretto, a.

noirceur [nwarsœr] f. [noir] nerezza, nero m. || [perfidie] nefandezza ; nefandità (rare).

noircir [nwarsir] v. tr. annerire. || FAM. *noircir du papier*, imbrattar carta, scarabocchiare. || FIG. *noircir la situation*, presentare la situazione a fosche tinte. || [dénigrer] macchiare, denigrare. | *noircir la réputation de qn*, macchiare la fama di qlcu., denigrare uno. ◆ v. intr. annerirsi ; diventar nero. ◆ v. pr. annerirsi, oscurarsi. | *le ciel se noircit*, il cielo si oscura. || FAM. [s'enivrer] sbronzarsi.

noircissement [nwarsismɑ̃] m. annerimento.

noircissure [nwarsisyr] f. macchia nera.

noire adj. et n. f. V. NOIR.

noise [nwaz] f. *chercher noise à qn*, attaccar briga, lite con qlcu.

noiseraie [nwazrɛ] f. noccioleto m.

noisetier [nwaztje] m. nocciolo.

noisette [nwazɛt] f. BOT. nocciola. || FIG. *noisette de beurre*, noce di burro. ◆ adj. inv. [couleur] nocciola ; noisette (fr.).

noix [nwa] f. BOT. noce. | *noix de coco*, noce di cocco. | *noix de muscade*, noce moscata. || PR. et FIG. *coquille de noix*, guscio di noce. || CULIN. *noix de veau*, noce di vitello (lomb.) ; soccoscio m. (tosc.). | *noix de beurre*, noce di burro. || LOC. POP. *à la noix (de coco)*, fasullo adj. ; scadente, inconsistente, inefficace adj. (L.C.). || PÉJOR. *quelle vieille noix !*, che citrullo !, che bietolone !

nolis [nɔli] m. COMM. nolo.

nolisement [nɔlizmɑ̃] m. COMM. noleggio.

noliser [nɔlize] v. tr. COMM. noleggiare.

nom [nɔ̃] m. nome. | *nom (de famille)*, cognome, casato. | *prendre le nom du mari*, prendere il cognome del marito. | *Louis, onzième du nom*, Luigi undicesimo ; Luigi decimo primo (littér.). | *nom de baptême, de jeune fille*, nome di battesimo, di ragazza. | *nom de guerre*, nome di guerra, di battaglia, d'arte. | *s'appeler par son petit nom*, chiamarsi per nome, per il nome di battesimo. | *appeler les choses par leur nom*, chiamare le cose col loro nome. | *changer de nom*, cambiar nome. | *connaître qn de nom*, conoscere qlcu. di nome. | *ne pas citer de noms*, non far nomi. | *décliner ses nom et prénom*, declinare le proprie generalità. | *mettre son nom*, sottoscrivere il proprio nome. || FIG. *les grands noms de la littérature*, i nomi più illustri della letteratura. || COMM. *nom commercial, social*, nome depositato, sociale. || LOC. *d'une bêtise sans nom*, di una stupidaggine inqualificabile, indicibile, sconfinata. da non dirsi. || GRAMM. *nom commun*, nome comune. | *complément de nom*, complemento nominale. ◆ loc. prép. **au nom de,** in nome di. | *au nom de la loi*, in nome della legge. | *parler au nom du gouvernement*, parlare in nome del governo. || RELIG. *au nom du Père*, nel nome del Padre. || ADM. *libeller une carte au nom de*, intestare una tessera a. || [de la part de] *présente-toi au nom du président, en mon nom*, presentati a nome del presidente, a nome mio. | *que dirai-je au président en ton nom ?*, che cosa vuoi che io dica al presidente in tuo nome ? ◆ loc. interj. FAM. *nom d'un chien, d'une pipe !*, perbacco !, corpo di bacco ! || POP. *(sacré) nom de Dieu !, nom de nom !*, porco cane !, porca miseria !

nomade [nɔmad] adj. et n. nomade.

nomadiser [nɔmadize] v. tr. nomadizzare.

nomadisme [nɔmadism] m. nomadismo.

nombrable [nɔ̃brabl] adj. numerabile.

nombre [nɔ̃br] m. numero. | *un grand nombre*, un gran numero. | *nombre d'or*, ASTR. numero aureo ; ART, MATH. sezione aurea. | *loi des grands nombres*, legge dei grandi numeri. | *être du nombre*, essere del numero. | *nombre de, (un) bon nombre de*, un buon numero di ; molti, molte adj. | *faire nombre*, far numero. | *être au nombre de*, essere nel numero di, nel novero di. | *mettre au nombre des meilleurs*, annoverare fra i migliori. | *dans le nombre*, nella quantità. | *le nombre a gagné*, ha vinto la maggioranza. | *lettres envoyées en nombre*, lettere spedite in gran numero. | *l'emporter en nombre*, prevalere numericamente. | *succomber au nombre*, soccombere a forze superiori. | *sans nombre*, senza numero ; innumerevole adj. ; innumerabile, innumere adj. (littér.). || GRAMM. numero. || [rythme] numero. || SPORT *nombre de points*, punteggio.

nombrer [nɔ̃bre] v. tr. numerare, contare.

nombreux, euse [nɔ̃brø, øz] adj. numeroso. | *classe nombreuse*, classe numerosa. | *nombreuse assistance*, folto pubblico. || LITTÉR. [harmonieux] cadenzato, ritmato.

nombril [nɔ̃bri] m. ANAT. ombelico. || FIG. [centre] ombelico, centro. || BOT. occhio.

nome [nom] m. HIST. nomo.

nomenclature [nɔmɑ̃klatyr] f. nomenclatura.

nominal, e, aux [nɔminal, o] adj. et n. m. ÉCON., LING. nominale adj.
nominalisme [nɔminalism] m. PHILOS. nominalismo.
nominaliste [nɔminalist] adj. nominalista, nominalistico. ◆ n. nominalista.
nominatif, ive [nɔminatif, iv] adj. et n. m. JUR., GRAMM. nominativo.
nomination [nɔminasjɔ̃] f. [désignation] nomina. | *il a reçu sa nomination*, ha ricevuto il decreto di nomina. || [dans une distribution de prix] ricompensa, premio m.
nommé, e [nɔme] adj. [appelé] chiamato. | *une fille nommée Marie*, una ragazza chiamata Maria, di nome Maria. || [désigné] nominato, designato. | *nommé d'office*, nominato d'ufficio. | *au jour nommé*, al dì prefisso, stabilito. | *à point nommé*, V. POINT. ◆ n. m. sunnominato, summenzionato.
nommément [nɔmemɑ̃] adv. nominatamente.
nommer [nɔme] v. tr. (donner un nom) chiamare. | *nommer un enfant au baptême*, chiamare un bambino, metter nome a un bambino. || [prononcer le nom] fare il nome. | *il a nommé ses complices*, ha fatto il nome dei complici. || [désigner] designare, nominare. | *il a été nommé directeur*, è stato nominato direttore. | *nommer qn son héritier*, designare uno come erede. ◆ v. pr. [s'appeler] chiamarsi. || [dire son nom] dire il proprio nome.
non [nɔ̃] adv. no. | *non et non, mille fois non*, no e poi no. | *non alors*, no davvero. | *certes non*, no di certo. | *mais non*, ma no. | *pourquoi non?* (littér.), perché no? (L.C.). | *non, par exemple!, non mais (des fois, sans blague)!* [fam.], questo poi no! || FAM. [n'est-ce pas?] *c'est merveilleux, non?*, è meraviglioso no?, vero? || LOC. *répondre par oui ou par non*, rispondere sì o no. | *il dit oui, moi non*, lui dice di sì, io dico di no. | *j'espère que non*, spero di no. | *il paraît que non*, pare di no. | *c'est un conseil, non un ordre*, è un consiglio, non un ordine. | *il faut un spécialiste et non pas un profane*, occorre uno specialista e non un profano. | *ne pas dire non*, non dire di no; acconsentire. | *a-t-il échoué à son examen? — non pas*, è stato bocciato all'esame? — tutt'altro. || [préfixe] *non contagieux*, non contagioso. | *non habité*, non abitato, inabitato. ◆ n. m. no. | *répondre par un non sec*, rifiutare con un no secco. | *pour un oui ou pour un non*, per un nonnulla. || [vote] *les non*, i no. ◆ loc. adv. ***non plus***, neanche, nemmeno, neppure. || ***non seulement..., mais (encore)***, non solo..., ma (ancora). ◆ loc. conj. ***non pas que***, non che. | *non pas qu'il vienne souvent*, non che venga spesso.
non-activité [nɔnaktivite] f. aspettativa.
nonagénaire [nɔnaʒenɛr] adj. et n. nonagenario.
non-agression [nɔnagrɛsjɔ̃] f. non aggressione.
non-aligné, e [nɔnaliɲe] adj. et n. non allineato.
non-alignement [nɔnaliɲmɑ̃] m. non allineamento.
nonante [nɔnɑ̃t] adj. num. card. (région.) novanta (L.C.).
non-assistance [nɔnasistɑ̃s] f. JUR. *non-assitance (à personne en danger)*, [delitto colposo dell'] omissione di assistenza.
non-belligérance [nɔ̃bɛliʒerɑ̃s] f. JUR. non belligeranza.
non-belligérant, e [nɔ̃bɛliʒerɑ̃, ɑ̃t] adj. et n. JUR. non belligerante.
nonce [nɔ̃s] m. RELIG. nunzio.
nonchalance [nɔ̃ʃalɑ̃s] f. noncuranza, svogliatezza. | *se conduire avec nonchalance*, comportarsi con noncuranza. | *faire une chose avec nonchalance*, fare una cosa con svogliatezza, svogliatamente.
nonchalant, e [nɔ̃ʃalɑ̃, ɑ̃t] adj. noncurante, indolente, svogliato. | *beauté nonchalante*, languida beltà. ◆ n. indolente.
nonchaloir [nɔ̃ʃalwar] m. LITTÉR. noncuranza f., indolenza f. (L.C.).
nonciature [nɔ̃sjatyr] f. RELIG. nunziatura.
non-combattant, e [nɔ̃kɔ̃batɑ̃, ɑ̃t] adj. et n. non combattente.
non-comparant, e [nɔ̃kɔ̃parɑ̃, ɑ̃t] adj. et n. JUR. contumace.
non-comparution [nɔ̃kɔ̃parysjɔ̃] f. JUR. contumacia.
non-conformisme [nɔ̃kɔ̃fɔrmism] m. non conformismo.
non-conformiste [nɔ̃kɔ̃fɔrmist] adj. non conformistico. ◆ n. non conformista.
non-conformité [nɔ̃kɔ̃fɔrmite] f. non conformità; mancata conformità.
non-contradiction [nɔ̃kɔ̃tradiksjɔ̃] f. PHILOS. non contraddizione.
none [nɔn] f. HIST., RELIG. nona.
non-engagé, e [nɔnɑ̃gaʒe] adj. et n. non impegnato.
non-engagement [nɔnɑ̃gaʒmɑ̃] m. *choisir le non-engagement*, scegliere di non impegnarsi, il non impegno.
nones [nɔn] f. pl. HIST. none.
non-être [nɔnɛtr] m. PHILOS. non essere.
non-euclidien, enne [nɔnøklidjɛ̃, ɛn] adj. GÉOM. non euclideo.
non-exécution [nɔnɛgzekysjɔ̃] f. JUR. inadempimento m.
non-existence [nɔnɛgzistɑ̃s] f. PHILOS. non esistenza.
nonidi [nɔnidi] m. HIST. nonidì.
non-ingérence [nɔnɛ̃ʒerɑ̃s] f. non ingerenza.
non-intervention [nɔnɛ̃tɛrvɑ̃sjɔ̃] f. non intervento m. | *principe, politique de non-intervention*, principio, politica del non intervento.
non-jouissance [nɔ̃ʒwisɑ̃s] f. JUR. non godimento m.
non-lieu [nɔ̃ljø] m. JUR. non luogo a procedere.
non-moi [nɔ̃mwa] m. PHILOS. non io.
nonne [nɔn] f. VX ou FAM. monaca (L.C.).
nonnette [nɔnɛt] f. CULIN. = piccolo panpepato ripieno di marmellata d'arance. || ZOOL. cincia bigia.
nonobstant [nɔnɔbstɑ̃] adv. et prép. VX nonostante (L.C.). | *ce nonobstant*, ciò nonostante.
non-paiement [nɔ̃pɛmɑ̃] m. COMM. mancato pagamento.
nonpareil, eille [nɔ̃parɛj] adj. ineguagliabile; senza pari inv. ◆ n. f. [dragée] confettino m. || [ruban] nastrino m.
non-prolifération [nɔ̃prɔliferasjɔ̃] f. non proliferazione.
non-recevoir [nɔ̃rəsəvwar] m. inv. LOC. *fin de non-recevoir :* JUR. irricevibilità f.; [refus] rifiuto; ripulsa f. (littér.).
non-retour [nɔ̃rətur] m. LOC. *point de non-retour*, punto critico (al di là del quale non si può tornare indietro).
non-réussite [nɔ̃reysit] f. cattiva riuscita; fiasco m.
non-satisfaction [nɔ̃satisfaksjɔ̃] f. mancata soddisfazione.
non-sens [nɔ̃sɑ̃s] m. inv. nonsenso m., assurdità f.
non-stop [nɔnstɔp] adj. inv. continuo adj.; senza interruzione.
non-usage [nɔnyzaʒ] m. non uso; disuso.
non-valeur [nɔ̃valœr] f. JUR. bene improduttivo. || FIN. credito inesigibile. || FIG. [personne] nullità.
non-violence [nɔ̃vjɔlɑ̃s] f. non violenza.
non-violent, e [nɔ̃vjɔlɑ̃, ɑ̃t] n. adepto (m.) della non violenza.
nord [nɔr] m. GÉOGR. nord, settentrione. | *la fenêtre regarde au nord*, la finestra guarda a nord, a tramontana. | *la France du Nord*, la Francia del Nord, la Francia settentrionale. || FIG., FAM. *perdre le nord*, perdere la bussola, la tramontana. ◆ adj. inv. *latitude nord*, latitudine nord. | *les côtes nord de la Sicile*, le coste settentrionali della Sicilia.
nord-africain, e [nɔrafrikɛ̃, ɛn] adj. et n. nordafricano.
nord-américain, e [nɔramerikɛ̃, ɛn] adj. et n. nordamericano.
nord-coréen, enne [nɔrkɔreɛ̃, ɛn] adj. et n. nordcoreano.
nord-est [nɔrɛst] m. GÉOGR. nord-est. ◆ adj. inv. del nord-est.
nordique [nɔrdik] adj. et n. nordico.
nordiste [nɔrdist] adj. et n. HIST. nordista.
nord-ouest [nɔrwɛst] m. GÉOGR. nord-ovest. ◆ adj. inv. del nord-ovest.

nord-vietnamien, enne [nɔrvjɛtnamjɛ̃, ɛn] adj. et n. nordvietnamita.
noria [nɔrja] f. TECHN. noria (esp.).
normal, e, aux [nɔrmal, o] adj. normale. | *en temps normal*, in tempo normale. ‖ UNIV. *école normale supérieure*, scuola normale superiore. | *école normale (d'instituteurs)*, istituto magistrale. ◆ n. f. norma, normalità, media. ‖ GÉOM. normale ; retta perpendicolare.
normalien, enne [nɔrmaljɛ̃, ɛn] n. UNIV. [normale primaire] studente, studentessa magistrale ; [normale supérieure] normalista.
normalisation [nɔrmalizasjɔ̃] f. normalizzazione. ‖ ÉCON. normalizzazione, standardizzazione.
normaliser [nɔrmalize] v. tr. normalizzare. ‖ ÉCON. normalizzare, standardizzare.
normalité [nɔrmalite] f. normalità.
normand, e [nɔrmɑ̃, ɑ̃d] adj. et n. normanno. ‖ FIG. *réponse de Normand* = risposta ambigua.
normatif, ive [nɔrmatif, iv] adj. normativo.
norme [nɔrm] f. norma, regola. | *rester dans la norme*, non trasgredire (al)la regola. ◆ pl. ÉCON., COMM. norme, regole ; standard m. inv.
normographe [nɔrmɔgraf] m. TECHN. normografo.
norois ou **noroît** [nɔrwɑ] m. MAR. = vento che spira da nord-ovest.
norrois [nɔrwa] m. LING. norreno.
norvégien, enne [nɔrveʒjɛ̃, ɛn] adj. et n. norvegese. ◆ n. m. LING. norvegese. ◆ n. f. [bateau] norvegese.
nos adj. poss. m. et f. pl. V. NOTRE.
nosographie [nɔzɔgrafi] f. MÉD. nosografia.
nosologie [nɔzɔlɔʒi] f. MÉD. nosologia.
nostalgie [nɔstalʒi] f. nostalgia.
nostalgique [nɔstalʒik] adj. nostalgico.
nota [nɔta] ou **nota bene** [nɔtabene] m. inv. (abr. **N. B.**) nota f. ; nota bene (abr. N. B.) [lat.].
notabilité [nɔtabilite] f. notabilità. ‖ [personne] notabile m., maggiorente m.
notable [nɔtabl] adj. notevole. ◆ n. m. notabile ; maggiorente (littér.). | *les notables*, le notabilità (gall.). | *assemblée des notables*, assemblea dei notabili.
notaire [nɔtɛr] m. notaio. | *étude de notaire*, studio notarile. | *chambre des notaires*, collegio notarile. | *clerc de notaire*, V. CLERC.
notairesse [nɔtɛrɛs] f. Vx = moglie del notaio.
notamment [nɔtamɑ̃] adv. segnatamente ; nella fattispecie (langue adm.).
notarial, e, aux [nɔtarjal, o] adj. notarile.
notariat [nɔtarja] m. notariato.
notarié, e [nɔtarje] adj. *acte notarié*, atto notarile.
notation [nɔtasjɔ̃] f. notazione. ‖ [remarque] breve annotazione, nota breve.
note [nɔt] f. [observation, communication] nota. | *prendre note de*, prender nota di. | *note diplomatique*, nota diplomatica. ‖ [annotation] annotazione, appunto m. | *notes de voyage*, appunti di viaggio. | *note marginale*, postilla. ‖ UNIV. voto m. | *avoir une bonne note*, avere un buon voto. | *carnet de notes*, pagella f. ‖ [appréciation d'un fonctionnaire] note caratteristiche f. pl. ‖ [facture] conto m. | *note de gaz, d'électricité*, bolletta, conto del gas, dell'elettricità. | *note de frais*, conto (m.) spese. ‖ MUS. nota. | *faire une fausse note :* [chanteur] fare, prendere una stecca ; [instrument] fare una stonatura. ‖ JUR. *note d'infamie*, marchio (m.) d'infamia. ‖ FIG. *être dans la note*, essere nel tono, a posto. | *n'être pas dans la note*, stonare. | *forcer la note*, calcar la mano. | *note juste*, particolare esatto ; tono adatto. | *fausse note*, nota stonata, stonatura. | *donner la note*, dare, indicare il tono, dare il la.
noter [nɔte] v. tr. [marquer, inscrire] (an)notare, segnare. | *noter d'une croix*, segnare con una croce. | *noter un rendez-vous dans l'agenda*, annotare, segnare un appuntamento sull'agenda. | [en incise] *notez*, noti bene. ‖ [apprécier] *noter un élève, un devoir*, classificare un alunno, un compito. | *noter un fonctionnaire*, dare una qualifica a un impiegato. ‖ MUS. scrivere.
notice [nɔtis] f. cenno m., notizia. ‖ [mode d'emploi] avvertenza. | *notice d'entretien*, libretto (m.) d'uso e manutenzione.
notification [nɔtifikasjɔ̃] f. notifica, notificazione. | *recevoir notification de*, ricevere notifica di.
notifier [nɔtifje] v. tr. notificare ; render noto (adj.). | *notifier un arrêt à qn*, notificare una sentenza a qlcu., render nota una sentenza a qlcu.
notion [nɔsjɔ̃] f. [connaissance intuitive] nozione. ‖ [connaissance élémentaire] *avoir des notions, de vagues notions de droit*, avere (vaghe) nozioni di diritto. ‖ [titre d'ouvrage] *notions d'algèbre*, elementi d'algebra. | [concept] concetto m.
notionnel, elle [nɔsjɔnɛl] adj. concettuale.
notoire [nɔtwar] adj. notorio, noto. | *fait notoire*, fatto notorio. | *un criminel notoire*, un famoso delinquente. | *sa gentillesse est notoire*, è nota la sua gentilezza.
notonecte [nɔtɔnɛkt] f. ZOOL. notonetta.
notoriété [nɔtɔrjete] f. notorietà. | *de notoriété publique*, di pubblica notorietà. | *il est de notoriété publique que*, è notorio che. ‖ [renom] notorietà, fama. ‖ JUR. *acte de notoriété*, atto notorio, atto di notorietà.
notre [nɔtr], pl. **nos** [no] adj. poss. m. et f. nostro. | *notre maison*, la nostra casa, la casa nostra. | *notre père, notre mère*, nostro padre, nostra madre. | *un(e) de nos ami(e)s*, un nostro amico, una nostra amica. | *comment va notre malade ?*, come va il nostro malato ? | *voici notre homme*, ecco il nostro uomo. | *Notre-Dame*, Nostra Signora. | *Notre Seigneur*, Nostro Signore. ‖ POP. *not'maître*, sor padrone.
nôtre [nôtre] adj. poss. (sans art., comme attribut) nostro. | *cette maison est nôtre*, questa casa è nostra. ◆ pron. poss. ***le, la, les nôtre(s),*** il nostro, la nostra, i nostri, le nostre. ◆ n. m. il nostro, la nostra roba. ‖ FIG., FAM. *il faut y mettre du nôtre*, bisogna aiutar la barca. ◆ n. m. pl. i nostri (familiari, parenti, amici, fautori). | *il est des nôtres* [de notre parti], è dei nostri.
notule [nɔtyl] f. noterella, postilla.
nouage [nwaʒ] m. ou **nouement** (rare) [numɑ̃] m. annodamento, annodatura f.
nouaison [nwɛzɔ̃] f. BOT. allegagione, allegamento m.
nouba [nuba] f. (ar.) MUS. = banda militare araba. ‖ FIG., FAM. *faire la nouba*, far baldoria.
1. noue [nu] f. ARCHIT. compluvio m.
2. noue f. AGR. marcita.
noué, e [nwe] adj. MÉD. [rachitique] rachitico. ‖ *articulation nouée*, articolazione legata. ‖ PSYCHAN. bloccato, inibito. ‖ LOC. *avoir la gorge nouée*, avere un nodo alla gola. ‖ TEXT. *point noué*, punto annodato.
nouer [nwe] v. tr. [lier] legare. | *nouer un paquet, un bouquet, une gerbe*, legare un pacco, un fascio, un covone. | *nouer ses cheveux*, annodarsi i capelli. ‖ [unir par un nœud] annodare, allacciare. | *nouer ses lacets*, annodare i lacci delle scarpe, allacciare le scarpe. | *nouer la ceinture*, allacciare la cintura. | *nouer sa cravate*, annodarsi la cravatta, farsi il nodo alla cravatta. ‖ FIG. *nouer une amitié, des rapports avec qn*, allacciare, stringere un'amicizia, relazioni con qlcu. | *nouer la conversation avec qn*, attaccare discorso con qlcu. | *nouer un complot, des intrigues*, ordire una congiura, intrighi. ‖ LITTÉR. *nouer habilement une intrigue*, congegnare abilmente un intreccio, una trama. ◆ v. pr. [amitié] allacciarsi ; [conversation] essere intavolato ; [intrigue] essere, venire ordito, tramato. ◆ v. pr. ou v. intr. allegare v. intr. | *les fruits se sont bien noués, ont bien noué*, i frutti hanno allegato.
noueux, euse [nwø, øz] adj. nodoso, nocchieruto ; nocchioso (rare).
nougat [nuga] m. torrone. ‖ FIG., FAM. *c'est du nougat !*, è una delizia ! (L.C.). ◆ pl. POP. piedi (L.C.).
nouille [nuj] f. CULIN. *les nouilles* = un tipo di tagliatelle. ‖ FIG., FAM. *quelle nouille !*, che pappa molle ! ◆ adj. FAM. *ce qu'il est nouille !*, quant'è smidollato ! ; stupido, sciocco ! (L.C.).
noumène [numɛn] m. PHILOS. noumeno.
nounou [nunu] f. FAM. tata.
nourrain [nurɛ̃] m. [alevins] avannotti m. pl. ‖ [cochon de lait] porcellino di latte da ingrasso.
nourri, e [nuri] adj. *bien, mal nourri*, ben, mal nutrito. | *logé et nourri*, V. LOGER. ‖ [dense, intense] *discours nourri*, discorso nutrito. | *applaudissements nourris*,

nutrito applauso. | *feu nourri*, fuoco nutrito. || AGR. *fruits nourris*, frutti grossi, polposi. | *grain nourri*, chicco grosso.

nourrice [nuris] f. balia, nutrice. | *nourrice sèche*, balia asciutta. | *être en nourrice*, essere a balia. | *épingle de nourrice*, V. ÉPINGLE. || TECHN. serbatoio (m.) di riserva. | *nourrice à essence*, bidone di benzina.

nourricier, ère [nurisje, ɛr] adj. *sucs nourriciers*, succhi nutritivi ; succhi nutritizi (vx) [pr.] ; linfa vitale, alimento m., nutrimento m. (fig.). || POÉS. *terre nourricière*, alma terra. || LOC. *père nourricier* : [mari de la nourrice] balio ; [adoptif] padre adottivo, putativo.

nourrir [nurir] v. tr. [alimenter] nutrire, alimentare, cibare. | *nourrir de pain, de viande*, nutrire, cibare di pane, di carne. | *nourrir un enfant avec des laitages*, nutrire un bambino con latticini. | *nourrir un bébé*, allattare un bambino. | *nourri au sein*, allattato al seno. | *nourrir le bétail*, dar da mangiare al bestiame. | *les régions qui nourrissent la capitale*, le regioni che approvigionano, alimentano la capitale. || ABSOL. *la viande nourrit*, la carne nutre. || [entretenir] *nourrir sa famille*, mandar avanti la famiglia. | *cette industrie nourrit des milliers d'ouvriers*, quest'industria dà da vivere a migliaia di operai. || FIG. *nourrir son esprit de saines lectures*, nutrire la mente con buone letture. | *nourrir de noirs desseins*, nutrire cupi disegni. | *nourrir qn d'espérances, d'illusions*, nutrire, cibare uno di speranze, d'illusioni. | *nourrir de l'amour, de la haine, quelque soupçon*, nutrire amore, odio, qualche sospetto. | *les broussailles ont nourri l'incendie*, i cespugli alimentarono il fuoco. || LOC. *nourrir un serpent dans son sein*, nutrire una serpe in seno. || LITTÉR. [élever] allevare, educare (L.C.) ; [produire] generare (L.C.). ◆ v. pr. PR. et FIG. nutrirsi, cibarsi.

nourrissant, e [nurisɑ̃, ɑ̃t] adj. nutriente, nutritivo.

nourrisseur [nurisœr] m. = allevatore di bestiame per l'alimentazione.

nourrisson [nurisɔ̃] m. lattante, poppante n. || VX *les nourrissons des Muses*, gli alunni delle Muse.

nourriture [nurityr] f. PR. et FIG. nutrimento m., cibo m. | *ne prendre aucune nourriture*, non toccare cibo. | *être porté sur la nourriture*, essere un mangione. | *dépenser beaucoup pour la nourriture*, spendere molto per il cibo. | *nourriture solide*, alimentazione solida. | *nourriture spirituelle*, nutrimento dello spirito, cibo spirituale. || [entretien] vitto m. | *frais de nourriture*, spese del vitto. || LITTÉR. allevamento m., educazione (L.C.).

nous [nu] pron. pers. m. et f., 1re pers. pl. **1.** [suj.] noi. | *c'est nous*, siamo noi. | *nous autres*, noi altri. | *nous sommes arrivés*, siamo arrivati. | *c'est nous qui le ferons*, lo faremo noi. || **2.** [compl. après prép.] noi. | *on a parlé de nous*, hanno parlato di noi. | *par nous*, da noi. | *chez nous*, a casa nostra. || **3.** [pl. de modestie, de majesté] noi. || **4.** [compl. d'obj. direct ou ind.] ci. | *Paul nous a remerciés*, Paolo ci ha ringraziati. | *il nous a écrit une lettre*, ci ha scritto una lettera. | *donne-la-nous*, daccela. || **5.** [avec v. pr.] *préparons-nous*, prepariamoci. | *allons-nous-en*, andiamocene. || **6.** LOC. *c'est à nous*, tocca a noi. | *un ami à nous*, un nostro amico.

nouveau [nuvo] ou **nouvel** [nuvɛl] (devant voyelle ou h muet), **nouvelle** [nuvɛl] adj. **1.** [après le subst.] nuovo, novello. || [récent ; qui vient d'apparaître] *vin nouveau*, vino nuovo. | *pommes de terre nouvelles*, patate novelle, novelline. | *homme nouveau*, uomo nuovo. || FAM. *ça alors, c'est nouveau !*, questa sì che è nuova ! || [original] *une robe nouvelle*, un vestito nuovo. | *un art nouveau*, un'arte nuova. | *l'Art nouveau*, il Liberty (angl.), lo Stile floreale. || [novice] *être nouveau dans le métier*, essere nuovo nel, del mestiere. || **2.** [avant le subst.] *nouveaux riches*, nuovi ricchi. | *nouvelles recrues*, nuove reclute. | *nouveaux venus*, nuovi venuti. | *nouveaux mariés*, sposi novelli, sposini. || [qui apparaît après un autre] *nouvelle lune*, luna nuova, novilunio m. | *Nouveau Monde*, Nuovo Mondo. | *Nouveau Testament*, Nuovo Testamento. || [autre, second] *nouvelle robe*, altro vestito. | *acheter une nouvelle voiture*, comprare un'altra macchina. | *faire une nouvelle tentative*, fare un nuovo tentativo. | *un nouveau Néron, un nouvel Hamlet*, un nuovo Nerone, un novello Amleto. | *jusqu'à nouvel ordre*, fino a nuovo ordine. ◆ loc. adv. ***à nouveau***, di nuovo, daccapo. || ***de nouveau***, di nuovo, nuovamente, un'altra volta, ancora. ◆ n. scolaro novello, scolara novella. ◆ n. m. nuovo. | *le nouveau plaît toujours*, il nuovo piace sempre. | *voilà du nouveau !*, questa poi è nuova, questa sì che è nuova !

nouveau-né [nuvone] m. (pl. **nouveau-nés**) neonato. ◆ adj. appena nato.

nouveauté [nuvote] f. novità. | *le problème garde sa nouveauté*, il problema rimane d'attualità. | *la nouveauté du talent de l'artiste*, la novità, l'originalità del talento dell'artista. | *il redoute les nouveautés*, teme le novità. || [ouvrage nouveau] novità. ◆ pl. *magasin de nouveautés*, negozio di mode.

nouvelle [nuvɛl] f. notizia, nuova ; novella (littér.). | *communiquer la nouvelle d'un deuil*, comunicare la notizia di un lutto. || HIST. LITT. novella, racconto m. || RELIG. *la Bonne Nouvelle*, la Buona Novella. || LOC. *première nouvelle !*, mai sentito parlare !, casco dalle nuvole ! ◆ pl. notizie, nuove. | *prendre des nouvelles d'un malade*, chiedere notizie di un malato. | *aujourd'hui je n'ai pas de nouvelles pour toi*, oggi non ho nuove per te. || PROV. *pas de nouvelles, bonnes nouvelles*, nessuna nuova, buona nuova. || JOURN. notizie. | *les nouvelles de Londres*, le notizie da Londra. | *dernières nouvelles*, ultime notizie ; recentissime. || FAM. *tu auras de mes nouvelles !*, vedrai di che pasta son fatto ! | *goûtes-en, tu m'en diras des nouvelles*, assaggialo, poi mi dirai quant'è buono.

nouvellement [nuvɛlmɑ̃] adv. ultimamente, recentemente, di recente, da poco tempo, di fresco.

nouvelliste [nuvɛlist] m. novelliere, novellista.

nova [nɔva] f. (pl. **novae**) ASTR. nova (pl. *novae*) [lat.].

novateur, trice [nɔvatœr, tris] adj. et n. (in)novatore, trice.

novation [nɔvasjɔ̃] f. JUR. novazione.

novelles [nɔvɛl] f. pl. JUR. novelle.

novembre [nɔvɑ̃br] m. novembre.

nover [nɔve] v. tr. JUR. *nover une obligation*, rinnovare un'obbligazione.

novice [nɔvis] adj. et n. novellino, novizio. | *d'une main novice*, con mano inesperta. | *se laisser prendre comme un novice*, lasciarsi ingannare come un novellino. ◆ n. RELIG. novizio, a. ◆ n. m. MAR. mozzo, giovanotto.

noviciat [nɔvisja] m. RELIG. noviziato.

novocaïne [nɔvɔkain] f. PHARM. novocaina.

noyade [nwajad] f. annegamento m., affogamento m.

noyau [nwajo] m. nòcciolo. | *fruits à noyau*, frutti col nòcciolo. || ASTR., BIOL., CHIM., GÉOL., PHYS. nucleo. || ARCHIT., ÉLECTR. anima f. || FIG. nucleo, centro, gruppo. | *noyau de résistance*, nucleo di resistenza.

noyauter [nwajote] v. tr. = infiltrarsi per controllare dall'interno ; fagocitare.

noyé, e [nwaje] adj. *yeux noyés de pleurs*, occhi inondati di lacrime. | *regard noyé*, sguardo smarrito. || FIG. *être noyé*, essere sopraffatto (dalle difficoltà di un lavoro). | *maison noyée dans la verdure*, casa immersa nel verde. | *pièce noyée dans l'obscurité*, stanza immersa nel buio. ◆ n. annegato, a.

1. noyer [nwaje] v. tr. annegare, affogare. || [submerger] *noyer une mine*, inondare una miniera. | *noyer l'incendie*, soffocare l'incendio. || AUTOM. *noyer le carburateur*, ingolfare il carburatore. || FIG. *noyer qn sous un flot de paroles*, sommergere uno sotto un fiume di parole. | *noyer son chagrin dans l'alcool*, annegare, affogare i dispiaceri nell'alcool. | *noyer le poisson* = ingarbugliare uno. || [réprimer] *noyer une révolte dans le sang*, soffocare una rivolta nel sangue. || ART *noyer les contours*, sfumare i contorni. ◆ v. pr. PR. et FIG. annegarsi, affogarsi. | *se noyer dans les détails*, perdersi nei particolari. | *se noyer dans un verre d'eau*, annegare in un bicchier d'acqua.

2. noyer m. [arbre ; bois] noce.

nu, e [ny] adj. nudo ; ignudo (littér.). | *nu comme un ver,* nudo come un verme. | *(les) bras nus, nu-bras,* con le braccia nude. | *(les) jambes nues, nu-jambes,* (fam.) *nu-pattes,* con le gambe nude. | *(la) tête nue, nu-tête,* a testa nuda. | *(les) pieds nus, nu-pieds,* a piedi nudi ; scalzo adj. || [dénudé] *pays nu,* paese nudo di vegetazione. | *arbre nu,* albero sfogliato, spoglio. | *mur nu,* parete nuda. | *épée nue,* spada snudata, sguainata. || Loc. *vérité toute nue,* nuda verità, verità nuda e cruda. | *à l'œil nu,* a occhio nudo. || Relig. *vêtir ceux qui sont nus,* vestire gli ignudi. ◆ n. m. Archit. *le nu d'un mur,* il filo di un muro. || Art nudo. ◆ loc. adv. ***à nu,*** a nudo. || Pr. et fig. *mettre à nu,* mettere a nudo. | *mettre son cœur à nu,* mettere il cuore a nudo. | *monter un cheval à nu,* montare un cavallo a pelo.

nuage [nɥaʒ] m. Météor. nuvola f., nube f. || [fumée, poussière] nuvola ; nube (littér.). || [insectes, flèches, soldats] nuvolo. || [lait] goccia f., velo. | *du thé, du café avec un nuage de lait,* tè, caffè macchiato. || Fig. *bonheur sans nuages,* felicità senza nubi, serena. || [désaccord, danger] *nuages passagers, menaçants,* nubi passeggere, minacciose. || Littér. *nuage de mousseline,* mussolina spumeggiante, vaporosa. || Loc. *être, se perdre dans les nuages,* avere la testa fra le nuvole, vivere nelle nuvole.

nuageux, euse [nɥaʒø, øz] adj. nuvoloso. || Fig. *pensée nuageuse,* pensiero nebuloso, nebbioso.

nuance [nɥɑ̃s] f. [d'une couleur] sfumatura, tinta. | *une nuance claire,* una tinta chiara. | *délicates nuances de jaune,* delicate sfumature, tinte di giallo. || Fig. sfumatura. | *les nuances de l'amour,* le sfumature dell'amore. | *esprit tout en nuances,* spirito pieno di sfumature. | *un homme sans nuance,* un uomo intransigente. || Mus. sfumatura.

nuancer [nɥɑ̃se] v. tr. sfumare, digradare. || Fig. sfumare. | *nuancer sa pensée,* esprimere con delicatezza, con più sfumature il proprio pensiero. | *nuancer ses expressions,* attenuare le proprie espressioni. ◆ v. pr. *se nuancer de,* sfumare in.

nuancier [nɥɑ̃sje] m. campionario di colori.

nubile [nybil] adj. = da marito. | *âge nubile,* età da marito.

nubilité [nybilite] f. nubilato m.

nucelle [nysɛl] m. Bot. nocella f.

nucléaire [nykleɛr] adj. Biol., Phys. nucleare. | *guerre nucléaire,* guerra nucleare, atomica.

nucléé, e [nyklee] adj. Biol. nucleato.

nucléique [nykleik] adj. Chim. nucleico.

nucléole [nykleɔl] m. Biol. nucleolo.

nucléon [nykleɔ̃] m. Phys. nucleone.

nucléonique [nykleɔnik] adj. nucleonico. ◆ n. f. Phys. nucleonica.

nucléoprotéine [nykleoprɔtein] f. Biol., Chim. nucleoproteide m.

nudisme [nydism] m. nudismo.

nudiste [nydist] adj. et n. nudista.

nudité [nydite] f. nudità ; (l')esser nudo. | *la nudité d'un mur,* la nudità, lo squallore di una parete. || Fig. *son innocence se manifesta dans toute sa nudité,* la sua innocenza apparve senza veli. ◆ pl. Art nudi m. pl.

nuée [nɥe] f. Littér. nembo m. ; nuvolo m. (l.c.). || *nuée ardente,* nube ardente. || Fig. nugolo m. | *nuée d'admirateurs, d'oiseaux, de sauterelles,* nugolo di ammiratori, di uccelli, di cavallette. | *une nuée de petits-enfants autour du grand-père,* un grappolo di nipotini attorno al nonno.

nue-propriété [nyprɔprijete] f. Jur. nuda proprietà.

nuer [nɥe] v. tr. Text. *nuer une broderie* = assortire i colori di un ricamo.

nues [ny] f. pl. Pr. nuvole. || Loc. fig. *porter aux nues,* portare alle stelle ; mettere sugli altari (fam.). | *tomber des nues,* cascar dalle nuvole.

nuire [nɥir] v. tr. ind. **(à)** nuocere (a). || Loc. *nuire à sa santé,* danneggiare la propria salute. | *nuire aux intérêts de son pays,* pregiudicare gli interessi della patria. | [en incise] *ce qui ne nuit pas,* il che non guasta. ◆ v. pr. nuocere a se stesso. || *il se nuit en buvant,* si rovina col bere.

nuisance [nɥizɑ̃s] f. sorgente inquinante.

nuisible [nɥizibl] adj. nocivo, dannoso. | *insecte nuisible,* insetto nocivo. | *climat nuisible à la santé,* clima dannoso alla salute.

nuit [nɥi] f. notte, nottata. | *en pleine nuit, au cœur de la nuit,* nel cuor della notte. | *pendant la nuit,* di notte ; (di) nottetempo. | *très avant dans la nuit,* a notte inoltrata. | *à la tombée de la nuit, à la nuit tombante,* sul far della notte. | *la nuit tombe,* annotta ; si fa notte. | *la nuit de lundi,* la notte di lunedì ; [qui le précède] la notte sul lunedì ; [qui le suit] lunedì notte. | *souhaiter bonne nuit,* augurare la buona notte. | *passer la nuit,* pernottare. | *passer une nuit blanche,* passare una notte bianca, in bianco ; far nottata bianca. | *le malade a passé une mauvaise nuit,* il malato ha passato una brutta nottata. | *une sale nuit,* una nottataccia (fam.). | *il a travaillé des nuits entières,* ha lavorato nottate intere. | *assurer le service de nuit,* fare il turno di notte. | *chemise de nuit,* camicia da notte. | *table de nuit,* comodino m. | *boîte de nuit,* locale notturno. | *gardien de nuit,* guardiano notturno. | *oiseau de nuit,* uccello notturno (pr.) ; festaiolo (fig., péjor.). || Loc. *se perdre dans la nuit des temps,* perdersi nella notte dei tempi. | *c'est le jour et la nuit,* ci corre quanto dal giorno alla notte ; sono come la notte e il giorno. || Littér. *la nuit éternelle,* la notte eterna.

nuitamment [nɥitamɑ̃] adv. di notte ; (di) nottetempo.

nuitée [nɥite] f. nottata.

nul, nulle [nyl] adj. et pron. indéf. nessuno. | *nul doute que,* nessun dubbio che. || [dans une phrase négat. ; précédé de *sans*] alcuno ; nessuno (moins correct). | *je n'ai nul besoin,* non ho alcun, nessun bisogno. | *sans nulle difficulté,* senza alcuna, nessuna difficoltà. ◆ loc. adv. ***nulle part,*** in nessun luogo, da nessuna parte. ◆ adj. qual. nullo. | *différence nulle,* differenza nulla. || Sport *match nul, partie nulle,* pareggio m. || [sans valeur] inetto, nullo. | *un artiste nul,* un artista inetto. | *être nul en,* essere una nullità in.

nullard, e [nylar, ard] adj. et n. Fam. nullità f. ; zero m. (l.c.).

nullement [nylmɑ̃] adv. nient'affatto, in nessun modo.

nullité [nyllite] f. nullità. | *la nullité de ses arguments,* la nullità dei suoi argomenti. | *cet élève est une nullité,* quest'allievo è una nullità, uno zero. || Jur. nullità. | *action en nullité,* azione di nullità. | *entaché de nullité,* viziato di nullità.

nûment [nymɑ̃] adv. Littér. schiettamente (l.c.).

numéraire [nymerɛr] adj. *valeur numéraire,* valore legale. ◆ n. m. numerario. | *payer en numéraire,* pagare in numerario.

numéral, e, aux [nymeral, o] adj. et n. m. numerale.

numérateur [nymeratœr] m. Math. numeratore.

numération [nymerasjɔ̃] f. Math. numerazione. || Méd. *numération globulaire,* conteggio globulare.

numérique [nymerik] adj. numerico.

numéro [nymero] m. numero. || Chim. *numéro atomique,* numero atomico. || Loc. *tirer le bon, le mauvais numéro :* Hist. mil. estrarre il numero che esenta dal, che obbliga al servizio militare ; [à la loterie] estrarre il numero vincente, perdente ; [avoir de la chance, de la malchance] aver fortuna, sfortuna ; essere fortunato, sfortunato. || [d'un périodique] numero. | *ancien numéro,* numero arretrato. | *la suite au prochain numéro,* segue nel prossimo numero (pr.) ; il seguito della faccenda è rimandato a più tardi (fig.). || [d'un spectacle] numero. || Fig., fam. *faire son numéro (habituel),* dare come al solito spettacolo di sé. || Loc. fam. [personne] *l'ennemi numéro un,* il nemico numero uno. | *c'est un (drôle de) numéro,* è un bel tipo, un bel soggetto, è proprio una sagoma.

numérotage [nymerɔtaʒ] m. ou **numérotation** [nymerɔtasjɔ̃] f. numerazione f.

numéroter [nymerɔte] v. tr. numerare. | *numéroter des fiches,* numerare schede. | *places numérotées,* posti numerati. | *édition numérotée,* edizione numerata.

numéroteur [nymerɔtœr] m. TECHN. numeratore.
numerus clausus [nymerysklozys] m. (lat.) numero chiuso.
numide [nymid] adj. numida, numidico. ◆ n. numida.
numismate [nymismat] n. numismatico m.
numismatique [nymismatik] adj. numismatico. ◆ n. f. numismatica.
nu-propriétaire [nyprɔprijetɛr] n. JUR. titolare di nuda proprietà.
nuptial, e, aux [nypsjal, o] adj. nuziale. | *cérémonie, bénédiction nuptiale*, cerimonia, benedizione nuziale. | *anneau nuptial*, anello matrimoniale. | *chambre nuptiale*, camera matrimoniale.
nuptialité [nypsjalite] f. nuzialità.
nuque [nyk] f. nuca, collottola ; cuticagna (fam.).
nurse [nœrs] f. nurse (angl.) ; bambinaia, governante.
nursery [nœrsəri] f. (pl. **nurseries**) nursery (angl.).
nutation [nytasjɔ̃] f. ASTR. nutazione.
nutricier, ère [nytrisje, ɛr] adj. nutritizio.
nutritif, ive [nytritif, iv] adj. nutritivo.
nutrition [nytrisjɔ̃] f. BIOL. nutrizione. ‖ MÉD. ricambio m. | *maladies de la nutrition*, malattie del ricambio.
nyctalope [niktalɔp] adj. et n. MÉD. nictalope.
nyctalopie [niktalɔpi] f. MÉD. nictalopia.
nycthémère [niktemɛr] m. BIOL. ciclo, ritmo nictemerale.
Nylon [nilɔ̃] m. nylon (angl.), nailon.
nymphal, e, aux [nɛ̃fal, o] adj. ZOOL. ninfale.
nymphe [nɛ̃f] f. MYTH., ZOOL. ninfa. ‖ FIG. ninfa.
nymphéa [nɛ̃fea] m. BOT. ninfea f.
nymphéacées [nɛ̃fease] f. pl. BOT. ninfeacee.
nymphée [nɛ̃fe] m. ARCHÉOL. ninfeo.
nymphette [nɛ̃fɛt] f. NÉOL. ninfetta.
nymphomane [nɛ̃fɔman] adj. et n. f. ninfomane.
nymphomanie [nɛ̃fɔmani] f. ninfomania.
nymphose [nɛ̃foz] f. ZOOL. ninfosi.
nystagmus [nistagmys] m. MÉD. nistagmo.

O

o [o] m. o f. ou m.
ô [o] interj. [apostrophe] o. | *ô mon Dieu !*, o Dio mio ! ‖ [exclamation] oh ! | *ô surprise !*, oh che sorpresa ! | *ô douleur !*, oh che pena !
oasien, enne [ɔazjɛ̃, ɛn] adj. = di un'oasi.
oasis [ɔazis] f. PR. et FIG. oasi.
obédience [ɔbedjɑ̃s] f. RELIG. obbedienza. ‖ LOC. *d'obédience communiste*, di osservanza comunista.
obédientiel, elle [ɔbedjɑsjɛl] adj. = relativo all'obbedienza.
obéir [ɔbeir] v. tr. ind. [se soumettre] ubbidire, obbedire (plus rare) v. intr. et v. tr. (rare). | *obéir à ses supérieurs, à ses parents*, ubbidire ai superiori, ai genitori, i superiori, i genitori. | *obéir au doigt et à l'œil*, V. DOIGT. ‖ [se conformer] *obéir à sa conscience*, ubbidire alla, ascoltare la propria coscienza. | *obéir aux ordres*, ubbidire agli ordini. | *obéir aux règlements*, osservare i, assoggettarsi ai regolamenti. ‖ [être soumis] *le cheval obéit au mors*, il cavallo ubbidisce al morso. | *les choses humaines obéissent à la fortune*, le cose umane sottostanno alla fortuna. | *les corps obéissent à la pesanteur*, i corpi sono sottomessi alla gravità. ‖ ABSOL. *les freins n'obéissent plus*, i freni non ubbidiscono più.
obéissance [ɔbeisɑ̃s] f. ubbidienza. ‖ RELIG. obbedienza. ‖ MIL. *refus d'obéissance*, rifiuto d'obbedienza ; insubordinazione f.
obéissant, e [ɔbeisɑ̃, ɑ̃t] adj. ubbidiente ; obbediente (plus rare).
obel ou **obèle** [ɔbɛl] m. PHILOL. obelo, obelisco.
obélisque [ɔbelisk] m. obelisco.
obéré, e [ɔbere] adj. oberato. | *obéré de dettes*, oberato, carico di debiti.
obérer [ɔbere] v. tr. LITTÉR. gravare (di debiti), indebitare.
obèse [ɔbɛz] adj. et n. obeso.
obésité [ɔbezite] f. obesità.
obi [ɔbi] f. obi m.
obier [ɔbje] m. V. BOULE-DE-NEIGE.
obit [ɔbit] m. RELIG. messa (f.), funebre d'anniversario.
obituaire [ɔbitɥɛr] adj. et n. m. obituario.
objectal, e, aux [ɔbʒɛktal, o] adj. PSYCHAN. oggettuale.
objecter [ɔbʒɛkte] v. tr. [répondre] ob(b)iettare. | *je n'ai rien à objecter à cet argument*, non ho nullo da obiettare a quest' argomento. | *on ne peut rien objecter à ce qu'il dit*, non si può obiettare su quello che dice. | *objecter que les preuves sont écrasantes*, obiettare che le prove sono schiaccianti. ‖ [prétexter] *objecter le manque d'argent pour*, addurre come pretesto la mancanza di denaro per. ‖ [reprocher] *objecter à qn sa conduite*, opporre, rinfacciare a uno il suo comportamento.
objecteur [ɔbʒɛktœr] m. ob(b)iettore. | *objecteur de conscience*, obiettore di coscienza.
objectif, ive [ɔbʒɛktif, iv] adj. ob(b)iettivo, oggettivo. | *réalité objective*, realtà oggettiva. | *historien objectif*, storico obiettivo, oggettivo. ‖ GRAMM. *génitif objectif*, genitivo oggettivo. ‖ MÉD. *signe objectif*, segno obiettivo. ◆ n. m. [but] ob(b)iettivo, scopo. ‖ MIL., OPT., PHYS. obiettivo.
objection [ɔbʒɛksjɔ̃] f. ob(b)iezione. | *faire, soulever une objection*, muovere un'obiezione. | *réfuter une objection*, ribattere un'obiezione. | *pas d'objection ?*, nessuno ha da obiettare ? ‖ LOC. *objection de conscience*, obiezione di coscienza.
objectivation [ɔbʒɛktivasjɔ̃] f. PHILOS. oggettivazione ; ob(b)iettivazione (rare).
objectiver [ɔbʒɛktive] v. tr. oggettivare ; ob(b)iettivare (rare). | *objectiver ses sentiments*, oggettivare i propri sentimenti. ‖ PHILOS., PSYCH. oggettivare.
objectivisme [ɔbʒɛktivism] m. PHILOS. oggettivismo.
objectiviste [ɔbʒɛktivist] adj. oggettivistico. ◆ n. oggetivista.
objectivité [ɔbʒɛktivite] f. oggettività, ob(b)iettività.
objet [ɔbʒɛ] m. [ce qui affecte les sens] oggetto. | *objet réel*, oggetto reale. ‖ [chose quelconque] oggetto ; cosa f., roba f. | *objets de première nécessité*, oggetti di prima necessità. | *objet manufacturé*, manufatto m. | *objets trouvés*, oggetti smarriti. | *objets de valeur*, roba di valore. | *objets d'art*, oggetti artistici. | *objets sacrés*, arredi sacri. ‖ [ce qui s'offre à l'esprit] oggetto ; ob(b)ietto (littér.). | *objet des pensées*, oggetto dei pensieri. ‖ [cause, motif] oggetto, motivo. | *être un*

objet de pitié, d'envie, essere oggetto di compassione, d'invidia. | *être, faire l'objet de l'admiration générale,* essere oggetto dell'ammirazione pubblica, esser fatto segno all'ammirazione pubblica. | *une question sans objet,* una domanda inconsistente, infondata. ‖ [intention, but] oggetto, fine, scopo. | *l'objet d'une visite,* l'oggetto di una visita. | *atteindre, remplir son objet,* raggiungere il proprio scopo. | *avoir pour objet de,* mirare a. ‖ [matière] *l'objet d'un discours,* l'oggetto, la materia, l'argomento, il tema di un discorso. | *l'objet d'une science,* la materia di una scienza. ‖ GRAMM. *complément d'objet (direct),* complemento oggetto. | *complément d'objet indirect,* complemento indiretto. ‖ JUR. oggetto. | *objet du litige,* oggetto della lite. ‖ PHILOS., PSYCHAN. oggetto. | *relation d'objet,* relazione oggettuale.

objurgations [ɔbʒyrgasjɔ̃] f. pl. LITTÉR. obiurgazioni, esortazioni ; insistenti preghiere.

oblat, e [ɔbla, at] n. RELIG. oblato, a.

oblation [ɔblasjɔ̃] f. RELIG. oblazione, offerta.

obligataire [ɔbligatɛr] n. FIN. obbligazionista. ◆ adj. *emprunt obligataire,* prestito obbligazionario.

obligation [ɔbligasjɔ̃] f. [morale] obbligo m., dovere m., impegno m. | *obligation de conscience,* obbligo di coscienza. | *les obligations d'un père envers son fils,* i doveri, gli obblighi di un padre verso il figlio. | *faire face à ses obligations,* far fronte ai propri impegni. ‖ [sociale] *obligations professionnelles,* doveri, obblighi, impegni professionali. | *obligations militaires,* obblighi di servizio militare. | *se faire une obligation de,* farsi un dovere di. | *les conscrits ont l'obligation de,* è fatto obbligo ai coscritti di. ‖ [matérielle] obbligo, necessità. | *je me vois dans l'obligation de faire appel à toi,* mi vedo, mi ritengo nell'obbligo, nella necessità di ricorrere a te. ‖ [motif de reconnaissance] obbligo. | *avoir des obligations envers qn,* avere, sentire degli obblighi verso qlcu. ‖ ÉCON., JUR. obbligazione. | *obligation alimentaire,* obbligazione di mantenimento.

obligatoire [ɔbligatwar] adj. obbligatorio ; d'obbligo, di rigore. | *service militaire obligatoire,* servizio militare obbligatorio. | *tenue de soirée obligatoire,* abito da sera di rigore. | *avec les cérémonies obligatoires,* con le cerimonie d'obbligo. | *arrêt obligatoire,* fermata obbligatoria. ‖ FAM. *il a raté son examen, c'était obligatoire,* è stato bocciato, era logico, inevitabile (L.C.).

obligé, e [ɔbliʒe] adj. [reconnaissant] **(de)** obbligato, grato, riconoscente (di). | *bien obligé !,* obbligatissimo ! ‖ [imposé] obbligato, d'obbligo. | *parcours obligé,* percorso obbligato. | *compliments obligés,* complimenti d'obbligo. ‖ FAM. *c'était obligé,* era scritto, era destino, per forza (L.C.). ‖ MUS. obbligato. ◆ n. debitore, trice ; beneficato, a. | *je suis ton obligé,* ti sono obbligato, debitore. | *elle est mon obligée,* è una mia beneficata. | *n'être l'obligé de personne,* non dovere niente a nessuno. ‖ JUR. *le principal obligé,* il principale obbligato.

obligeamment [ɔbliʒamɑ̃] adv. cortesemente, gentilmente.

obligeance [ɔbliʒɑ̃s] f. [disposition ; acte] cortesia, gentilezza. ‖ LOC. *veuillez avoir l'obligeance de fermer la porte,* mi fa la cortesia di chiudere la porta ?

obligeant, e [ɔbliʒɑ̃, ɑ̃t] adj. cortese, gentile.

obliger [ɔbliʒe] v. tr. [imposer un devoir] obbligare, costringere, vincolare, imporre. | *l'intérêt national nous oblige à nous incliner,* l'interesse nazionale ci costringe ad inchinarci. | *noblesse oblige,* nobiltà fa obbligo. | *tu n'es pas obligé de venir me voir,* non sei costretto a venirmi a trovare. | *se sentir obligé de,* farsi obbligo di. | *ma conscience m'oblige à dire la vérité,* la coscienza mi obbliga a dire, m'impone di dire la verità. ‖ [contrainte matérielle] obbligare, costringere, forzare. | *il m'obligea à partir,* mi obligò a, mi costrinse a, mi forzò a, m'impose di partire. ‖ JUR. vincolare. | *être obligé par contrat,* essere vincolato per contratto. | *le contrat oblige les parties,* il contratto vincola le due parti. ‖ [rendre service] rendere un (buon) servizio, fare un favore. | *obliger ses amis,* fare un favore agli amici, favorire gli amici. | *tu m'obligerais en te chargeant de ce message,* mi faresti un gran favore, mi faresti cosa gradita incaricandoti di questo messaggio. ◆ v. pr. farsi un obbligo, un dovere di ; impegnarsi a. | *s'obliger à rendre visite à un malade,* farsi un obbligo, un dovere di visitare un malato. | *s'obliger à fournir des preuves, le matériel,* impegnarsi a fornire delle prove, il materiale.

oblique [ɔblik] adj. obliquo ; di sbieco loc. adv. | *droite oblique,* retta obliqua. | *regard oblique,* sguardo di sbieco. ‖ FIG. obliquo. | *conduite oblique,* comportamento obliquo, equivoco. ‖ GRAMM. *cas obliques,* casi obliqui. ‖ JUR. *action oblique,* azione surrogatoria. ‖ MIL. *ordre, tir oblique,* ordine, tiro obliquo. ◆ adj. et n. m. ANAT. *(muscle) oblique,* (muscolo) obliquo. ◆ n. f. MATH. linea obliqua. ◆ loc. adv. ***en oblique,*** in diagonale.

obliquer [ɔblike] v. intr. obliquare, piegare.

obliquité [ɔblikɥite] f. obliquità. ‖ ASTR. *obliquité de l'écliptique,* obliquità dell'eclittica.

oblitérateur, trice [ɔbliteratœr, tris] adj. obliteratore, trice ; annullatore, trice. ◆ n. m. macchina obliteratrice.

oblitération [ɔbliterasjɔ̃] f. obliterazione ; annullamento m. ‖ MÉD. obliterazione, occlusione.

oblitérer [ɔblitere] v. tr. [effacer] obliterare, cancellare. ‖ [annuler] *oblitérer un timbre,* obliterare, annullare un francobollo. ‖ MÉD. obliterare, occludere.

oblong, gue [ɔblɔ̃, ɔ̃g] adj. oblungo, bislungo.

obnubilation [ɔbnybilasjɔ̃] f. obnubilamento m., offuscamento m., obnubilazione.

obnubiler [ɔbnybile] v. tr. [obscurcir] obnubilare, annebbiare, offuscare (pr. et fig.). ‖ [obséder] ossessionare. | *être obnubilé par des idées politiques,* essere ossessionato da idee politiche.

obole [ɔbɔl] f. ANTIQ. obolo m. ‖ FIG. [petite somme] *apporter son obole,* dare il proprio obolo.

obscène [ɔpsɛn] adj. osceno.

obscénité [ɔpsenite] f. oscenità.

obscur, e [ɔpskyr] adj. [sombre] (o)scuro, fosco, buio. | *ciel obscur,* cielo (o)scuro, fosco. | *endroit obscur,* luogo buio. | *couleur obscure,* colore scuro. ‖ [peu connu] oscuro, ignoto, sconosciuto. | *naissance, origine obscure,* nascita, origine oscura. | *peintre obscur,* pittore ignoto, sconosciuto. | *vie obscure,* vita oscura. ‖ [difficile à comprendre] oscuro, confuso ; astruso (littér.). | *pensée obscure,* pensiero oscuro, astruso. | *esprit obscur,* mente confusa. ‖ [vague] *un obscur sentiment de culpabilité,* un oscuro, un vago senso di colpevolezza.

obscurantisme [ɔpskyrɑ̃tism] m. oscurantismo.

obscurantiste [ɔpskyrɑ̃tist] adj. oscurantistico. ◆ n. oscurantista.

obscurcir [ɔpskyrsir] v. tr. oscurare, offuscare, abbuiare, annebbiare. | *les arbres obscurcissent la maison,* gli alberi oscurano la casa. | *les nuages obscurcissent le soleil,* le nuvole oscurano, offuscano il sole. | *les larmes lui obscurcirent la vue,* le lagrime gli offuscarono, gli annebbiarono la vista. ‖ [rendre plus foncé] *obscurcir une couleur,* scurire un colore. ‖ FIG. offuscare, obnubilare, ottenebrare. | *la colère obscurcit la raison,* l'ira offusca, ottenebra, obnubila la ragione. | *commentaire qui obscurcit le texte,* commento che rende (più) oscuro il testo. ◆ v. pr. *le ciel s'obscurcit,* il cielo si offusca, si (r)abbuia, si ottenebra. ‖ FIG. *son esprit s'obscurcit,* gli si offusca, ottenebra la mente. | *sa gloire s'est obscurcie,* la sua gloria si è offuscata.

obscurcissement [ɔpskyrsismɑ̃] m. PR. oscuramento, offuscamento. ‖ FIG. oscuramento, ottenebramento.

obscurément [ɔpskyremɑ̃] adv. oscuramente.

obscurité [ɔpskyrite] f. PR. oscurità ; buio m. | *obscurité profonde,* buio fitto, pesto. ‖ FIG. oscurità. | *l'obscurité de sa naissance,* l'oscurità della sua nascita. | *l'obscurité, les obscurités d'un texte,* l'oscurità, le oscurità di un testo. | *l'obscurité d'une réponse,* l'ambiguità di una risposta.

obsécration [ɔpsekrasjɔ̃] f. RELIG. supplica, deprecazione.
obsédant, e [ɔpsedɑ̃, ɑ̃t] adj. ossessivo, ossessionante.
obsédé, e [ɔpsede] adj et n. ossessionato, ossesso. | *obsédé sexuel*, maniaco sessuale.
obséder [ɔpsede] v. tr. ossessionare, assillare. | *être obsédé par les solliciteurs*, essere assillato dai sollecitatori. | *c'est une idée, un remords qui m'obsède*, è un'idea, un rimorso che mi ossessiona.
obsèques [ɔpsɛk] f. pl. esequie ; funerali m. pl.
obséquieux, euse [ɔpsekjø, øz] adj. ossequioso.
obséquiosité [ɔpsekjozite] f. ossequiosità.
observable [ɔpsɛrvabl] adj. osservabile, visibile.
observance [ɔpsɛrvɑ̃s] f. RELIG. osservanza. || [ordre] *l'observance de Saint-François*, l'ordine francescano; la religione di san Francesco (vx). ◆ pl. (rare) osservanze.
observateur, trice [ɔpsɛrvatœr, tris] adj. et n. osservatore, trice.
observation [ɔpsɛrvasjɔ̃] f. [obéissance] osservanza. || [attention] osservazione ; esame m. | *science d'observation*, scienza di osservazione. | *observation d'un phénomène*, osservazione di un fenomeno. | *être, se tenir en observation*, stare in osservazione. | *esprit d'observation*, spirito, capacità d'osservazione. || [remarque] *pas d'observations ?*, niente osservazioni? || [réprimande] *pas d'observations !*, non ammetto osservazioni ! || MÉD. *mettre un malade en observation*, tenere, trattenere un malato in osservazione. | *le malade est en observation*, il paziente è in osservazione. || MIL. *observation aérienne*, ricognizione aerea. || SPORT *round d'observation*, ripresa d'assaggio.
observatoire [ɔpsɛrvatwar] m. ASTR., MIL. osservatorio.
observer [ɔpsɛrve] v. tr. [se conformer à] osservare, rispettare. | *observer les règles prescrites*, osservare le, conformarsi alle regole prescritte. | *observer une minute de silence*, osservare un minuto di silenzio. | *observer l'horaire*, rispettare l'orario. | *observer les distances*, mantenere le distanze (pr. et fig.). || [étudier] osservare, studiare. | *observer un phénomène*, osservare, studiare un fenomeno. | *observer le caractère de qn*, studiare il carattere di qlcu. | *on nous observe*, ci osservano. || [remarquer] *observez que*, osservi, noti che. | *rien à observer*, nulla da osservare. | *je vous fais observer que*, le faccio notare che. ◆ v. pr. studiarsi. | *s'observer dans un miroir*, studiarsi allo specchio. || [se surveiller] controllarsi. || [récipr.] *les deux armées s'observent*, i due eserciti si sorvegliano a vicenda.
obsession [ɔpsɛsjɔ̃] f. ossessione, fissazione.
obsessionnel, elle [ɔpsɛsjɔnel] adj. ossessivo. || PSYCH. *névrose obsessionnelle*, nevrosi ossessionale.
obsidienne [ɔpsidjɛn] f. MINÉR. ossidiana.
obsidional, e, aux [ɔpsidjɔnal, o] adj. ANTIQ. ossidionale.
obsolescence [ɔpsɔlɛsɑ̃s] f. ÉCON. obsolescenza.
obsolète [ɔpsɔlɛt] adj. LITTÉR. obsoleto ; antiquato (L.C.).
obstacle [ɔpstakl] m. PR. et FIG. ostacolo, intoppo. | *faire obstacle à*, essere d'ostacolo, d'inciampo a ; ostacolare v. tr. | *rencontrer des obstacles*, trovare intoppi. | *se heurter à des obstacles considérables*, urtare contro ostacoli notevoli. | *tourner l'obstacle*, aggirare l'ostacolo. || SPORT *course d'obstacles*, corsa, gara a ostacoli.
obstétrical, e, aux [ɔpstetrikal, o] adj. ostetrico.
obstétrique [ɔpstetrik] f. MÉD. ostetricia.
obstination [ɔpstinasjɔ̃] f. ostinazione, caparbietà.
obstiné, e [ɔpstine] adj. et n. [opiniâtre] ostinato, caparbio. || [constant] *froid obstiné*, freddo ostinato, persistente.
obstiner (s') [sɔpstine] v. pr. ostinarsi, impuntarsi. | *s'obstiner dans son opinion*, ostinarsi nella propria opinione. | *s'obstiner à mentir*, ostinarsi a, impuntarsi a mentire.
obstructif, ive [ɔpstryktif, iv] adj. ostruttivo.
obstruction [ɔpstryksjɔ̃] f. MÉD. ostruzione, occlusione. || FIG., POLIT., SPORT ostruzionismo.
obstructionnisme [ɔpstryksjɔnism] m. POLIT. ostruzionismo.
obstructionniste [ɔpstryksjɔnist] adj. ostruzionistico. ◆ n. ostruzionista.
obstruer [ɔpstrye] v. tr. ostruire, sbarrare.
obtempérer [ɔptɑ̃pere] v. intr. et tr. ind. **(à)** ottemperare (a), ubbidire (a).
obtenir [ɔptənir] v. tr. ottenere, conseguire, raggiungere. | *obtenir un résultat*, ottenere, conseguire, raggiungere un risultato. | *obtenir son diplôme*, ottenere il diploma. | *obtenir qch. pour qn, de qn*, ottenere qlco. per qlcu., da qlcu. | *faire obtenir qch. à qn*, far ottenere qlco. a qlcu. | *à partir de la bauxite on obtient l'aluminium*, dalla bauxite si ottiene, si ricava l'alluminio.
obtention [ɔptɑ̃sjɔ̃] f. (l')ottenere, conseguimento m. ; ottenimento m. (rare).
obturateur, trice [ɔptyratœr, tris] adj. ANAT. otturatore, otturatorio. ◆ n. m. MIL., PHOT., TECHN. otturatore.
obturation [ɔptyrasjɔ̃] f. otturamento m., otturazione. || MÉD. otturazione.
obturer [ɔptyre] v. tr. (ot)turare, ostruire. || MÉD. otturare.
obtus, e [ɔpty, yz] adj. MATH. et FIG. ottuso.
obtusangle [ɔptyzɑ̃gl] adj. ottusangolo.
obus [ɔby] m. MIL. proiettile ; granata f. | *obus fusant*, granata a tempo. | *obus à balles*, granata a pallette ; shrapnell (angl.). | *obus traceur*, proiettile tracciante.
obusier [ɔbyzje] m. MIL. obice, mortaio.
obvers [ɔbvɛr] ou **obverse** [ɔbvɛrs] m. VX. V. AVERS.
obvie [ɔbvi] adj. *sens obvie*, senso ovvio.
obvier [ɔbvje] v. tr. ind. **(à)** ovviare, rimediare, porre rimedio (a).
oc [ɔk] adv. LING. [provençal] oc. | *langue d'oc*, lingua d'oc ; provenzale antico. | *pays d'oc*, paese della lingua d'oc.
ocarina [ɔkarina] m. MUS. ocarina f.
occasion [ɔkazjɔ̃] f. [favorable] occasione, opportunità. | *profiter d'une occasion*, approfittare di un'occasione. | *saisir l'occasion aux cheveux*, cogliere al volo l'occasione, l'opportunità. || FAM. *sauter sur l'occasion*, cogliere la palla al balzo. || PROV. *l'occasion fait le larron*, l'occasione fa l'uomo ladro. || [en général] circostanza, occasione. | *les grandes occasions*, le grandi circostanze. | *en toute occasion*, in ogni circostanza. | *à la première occasion*, alla prima occasione. || [cause, sujet] motivo m. | *occasion de reproches*, occasione di rimproveri. || [bonne affaire] (buona, vera) occasione. || LOC. [non neuf] *d'occasion*, d'occasione. ◆ loc. adv. ***à l'occasion***, all'occasione. ◆ loc. prép. ***à l'occasion de***, in occasione di.
occasionnalisme [ɔkazjɔnalism] m. PHILOS. occasionalismo.
occasionnel, elle [ɔkazjɔnɛl] adj. occasionale, casuale, fortuito. | *cause occasionnelle*, causa occasionale.
occasionner [ɔkazjɔne] v. tr. occasionare, cagionare, causare ; esser causa di. | *une chute occasionna sa mort*, una caduta fu causa della sua morte.
occident [ɔksidɑ̃] m. [point cardinal] occidente, ponente. || GÉOGR., POLIT. Occidente.
occidental, e, aux [ɔksidɑ̃tal, o] adj. et n. occidentale.
occidentaliser [ɔksidɑ̃talize] v. tr. occidentalizzare.
occipital, e, aux [ɔksipital, o] adj. ANAT. occipitale.
occiput [ɔksipyt] m. ANAT. occipite.
occire [ɔksir] v. tr. VX, PLAIS. uccidere (L.C.) ; trucidare (littér.).
occitan, e [ɔksitɑ̃, an] adj. et n. m. LING. occitanico.
occlure [ɔklyr] v. tr. MÉD. occludere.
occlusif, ive [ɔklyzif, iv] adj. MÉD., LING. occlusivo. ◆ n. f. LING. occlusiva.
occlusion [ɔklyzjɔ̃] f. CHIM., LING., MÉD. occlusione. || CHIR. *occlusion des paupières*, sutura delle palpebre.
occultation [ɔkyltasjɔ̃] f. occultamento m. || ASTR. occultazione.

occulte [ɔkylt] adj. occulto. | *pouvoir occulte*, potere occulto. | *sciences occultes*, scienze occulte.
occulter [ɔkylte] v. tr. PR. schermare. || ASTR. occultare. || FIG. *occulter les aspects d'un problème*, occultare, nascondere gli aspetti di un problema.
occultisme [ɔkyltism] m. occultismo.
occultiste [ɔkyltist] adj. occultistico. ◆ n. occultista.
occupant, e [ɔkypɑ̃, ɑ̃t] adj. et n. occupante. || MIL. *les forces occupantes*, l'esercito occupante. || JUR. occupante. | *le premier occupant*, il primo occupante.
occupation [ɔkypasjɔ̃] f. [action] occupazione. | *sous l'Occupation*, durante l'Occupazione. | *grève avec occupation des locaux*, sciopero con occupazione dei locali. || [activité] occupazione, impegno m., attività, faccenda. | *avoir de nombreuses occupations*, avere molti impegni. | *vaquer à ses occupations*, badare, attendere alle proprie attività, faccende. || [emploi] occupazione, impiego m., lavoro m. | *chercher une occupation*, cercare un impiego.
occupé, e [ɔkype] adj. occupato, impegnato. | *c'est un homme très occupé*, è un uomo molto impegnato. | *es-tu occupé ce soir ?*, hai degli impegni stasera ? | *la place est occupée*, il posto è occupato.
occuper [ɔkype] v. tr. [dans l'espace] occupare. | *le lit occupe toute la pièce*, il letto occupa tutta la stanza. | *occuper un logement*, occupare, abitare un alloggio. | *l'ennemi a occupé tout le pays*, il nemico ha occupato tutto il paese, ha preso possesso di tutto il paese. || FIG. *ton souvenir occupe ma pensée*, il tuo ricordo occupa il mio pensiero. || [dans le temps] occupare, impiegare, dedicare. | *occuper son temps à lire*, occupare, impiegare il tempo leggendo, a leggere ; dedicare il tempo alla lettura. || [exercer] *occuper un emploi important*, ricoprire una carica importante, occupare un posto importante. || [employer] *occuper 600 ouvriers*, occupare, impiegare 600 operai, dare lavoro a 600 operai. || FIG. [absorber] occupare, assorbire ; tenere occupato. | *son travail l'occupe beaucoup*, il suo lavoro lo occupa, lo assorbe molto, lo tiene molto occupato. ◆ v. pr. occuparsi, interessarsi. | *s'occuper de ses amis*, occuparsi, interessarsi degli amici. | *s'occuper de politique*, occuparsi di politica. || FAM. *occupe-toi de tes oignons*, V. OIGNON.
occurrence [ɔkyrɑ̃s] f. circostanza casuale ; occasione. | *selon l'occurrence*, secondo la circostanza. || LING. occorrenza. ◆ loc. adv. ***en l'occurrence***, nel caso, nella circostanza.
occurrent, e [ɔkyrɑ̃, ɑ̃t] adj. RELIG. *fêtes occurrentes*, feste coincidenti.
océan [ɔseɑ̃] m. oceano. || FIG. *océan de verdure*, mare di verdura. | *océan de misères*, mare di guai.
océanide [ɔseanid] f. MYTH. oceanina, oceanide.
océanien, enne [ɔseanjɛ̃, ɛn] adj. et n. oceaniano.
océanique [ɔseanik] adj. oceanico.
océanographe [ɔseanɔgraf] m. oceanografo.
océanographie [ɔseanɔgrafi] ou **océanologie** [ɔseanɔlɔʒi] f. oceanografia, oceanologia.
océanographique [ɔseanɔgrafik] adj. oceanografico.
ocelle [ɔsɛl] m. ZOOL. ocello.
ocellé, e [ɔsɛle] adj. ocellato.
ocelot [ɔslo] m. ZOOL. ocellotto ; gattopardo americano. || [fourrure] ocelot (fr.).
ocre [ɔkr] f. GÉOL. ocra. ◆ adj. ocra inv. ; ocraceo (rare).
ocrer [ɔkre] v. tr. tingere d'ocra.
ocreux, euse [ɔkrø, øz] adj. ocraceo ; giallo bruno.
octaèdre [ɔktaɛdr] m. GÉOM. ottaedro. ◆ adj. ottaedrico.
octaédrique [ɔktaedrik] adj. ottaedrico.
octane [ɔktan] m. CHIM. ottano. | *indice d'octane*, indice, numero di ottano.
octant [ɔktɑ̃] m. MAR., MATH. ottante.
octante [ɔktɑ̃t] adj. num. (rég.) ottanta (L.C.).
octastyle [ɔktastil] adj. ARCHIT. octastilo, ottastilo.
octave [ɔtkav] f. MUS., POÉS. ottava. || RELIG. ottava, ottavario m. || [escrime] ottava.
octavier [ɔktavje] v. intr. MUS. suonare all'ottava superiore.
octobre [ɔktɔbr] m. ottobre.
octocoralliaires [ɔktokɔraljɛr] m. pl. ZOOL. ottocoralli.
octogénaire [ɔktoʒenɛr] adj. et n. ottuagenario.
octogonal, e, aux [ɔktogɔnal, o] adj. ottagonale.
octogone [ɔktogɔn] m. ottagono. ◆ adj. ottagonale.
octopode [ɔktopɔd] adj. ZOOL. octopodo, ottopodo. ◆ m. pl. ottopodi.
octosyllabe [ɔktosilab] adj. et n. m. POÉS. ottosillabo, ottonario.
octosyllabique [ɔktosilabik] adj. ottosillabo, ottonario.
octroi [ɔktrwa] m. [concession] concessione f. | *octroi d'une faveur*, concessione di un favore. || FIN. dazio. | *bureau de l'octroi*, ufficio del dazio. | *employé de l'octroi*, daziere ; guardia daziaria.
octroyer [ɔktrwaje] v. tr. concedere. | *octroyer une grâce*, concedere, accordare una grazia. ◆ v. pr. FAM. concedersi.
octuor [ɔktɥɔr] m. MUS. ottetto.
oculaire [ɔkylɛr] adj. oculare. | *globe oculaire*, globo oculare. | *témoin oculaire*, testimone oculare. ◆ n. m. OPT. oculare.
oculariste [ɔkylarist] n. fabbricante di protesi oculari.
oculi [ɔkyli] m. RELIG. terza domenica di Quaresima.
oculiste [ɔkylist] n. MÉD. oculista ; oftalmologo, a.
oculus [ɔkylys] m. ARCHIT. occhio (di bue), oculo.
ocytocine [ɔsitosin] f. BIOL. ossitocina.
odalisque [ɔdalisk] f. odalisca.
ode [ɔd] f. POÉS. ode.
odelette [ɔdlɛt] f. POÉS. odicina.
odéon [ɔdeɔ̃] m. ARCHÉOL. odeon, odeo (pl. *odeon*, *odea*).
odeur [odœr] f. odore m. | *odeur de brûlé*, odore di bruciato. || LOC. *en odeur de sainteté*, V. SAINTETÉ. | *l'argent n'a pas d'odeur*, il denaro non ha odore.
odieux, euse [odjø, øz] adj. odioso. | *conduite odieuse*, comportamento odioso. | *rôle odieux*, parte odiosa. ◆ n. m. *l'odieux de sa conduite*, l'odiosità, il carattere odioso del suo comportamento.
odomètre [ɔdomɛtr] m. PHYS. odometro.
odonates [ɔdonat] m. pl. ZOOL. odonati.
odontalgie [ɔdɔ̃talʒi] f. MÉD. odontalgia.
odontalgique [ɔdɔ̃talʒik] adj. odontalgico.
odontologie [ɔdɔ̃tolɔʒi] f. MÉD. odontologia.
odonto-stomatologie [ɔdɔ̃tostɔmatolɔʒi] f. MÉD. odontostomatologia.
odorant, e [ɔdɔrɑ̃, ɑ̃t] adj. odorante ; [fétide] maleodorante ; [parfumé] odoroso. || CHIM. *substances odorantes*, sostanze odoranti ; odoranti m. pl.
odorat [ɔdɔra] m. odorato.
odoriférant, e [ɔdɔriferɑ̃, ɑ̃t] adj. odorifero, odoroso ; fragrante, olezzante (littér.).
odyssée [ɔdise] f. FIG. odissea.
œcuménicité [ekymenisite] f. RELIG. ecumenicità.
œcuménique [ekymenik] adj. ecumenico.
œcuménisme [ekymenism] m. ecumenismo.
œcuméniste [ekymenist] adj. ecumenico. ◆ n. ecumenista.
œdémateux, euse [edematø, øz] adj. edematoso.
œdème [edɛm] m. MÉD. edema.
œdicnème [ediknɛm] m. ZOOL. occhione.
œdipien, enne [edipjɛ̃, ɛn] adj. PSYCHAN. edipico.
œil [œj] m. (pl. **yeux** [jø]) **1.** [organe de la vue] occhio. | *avoir de bons, de mauvais yeux*, aver buona, cattiva vista ; avere gli occhi buoni, cattivi. | *avoir des yeux de chat*, avere occhi di gatto ; vederci di notte. | *œil de lynx*, occhio linceo, di lince. | *suivre des yeux*, seguire con gli occhi. | *œil de verre*, occhio di vetro, occhio artificiale. | *avoir les yeux cernés*, avere le occhiaie. || LOC. *à vue d'œil*, a vista d'occhio. | *du coin de l'œil*, con la coda dell'occhio. | *en un clin d'œil*, in un batter d'occhio, in un battibaleno. | *entre quatre yeux*, V. QUATRE. | *les yeux fermés*, ad occhi chiusi. || LOC. FAM. *œil au beurre noir*, occhio pesto (L.C.). | *avoir un œil qui dit zut à l'autre*, avere un occhio che guarda a destra e uno a sinistra ; averne uno a levante e uno a ponente. | *tourner de l'œil*, V. TOURNER. | *faire*

les yeux doux, v. DOUX. | *(se) crever les yeux*, v. CREVER. | *se faire les yeux*, truccarsi gli occhi. || **2.** [regard] occhio, sguardo. | *avoir l'œil mauvais*, avere lo sguardo cattivo. | *jeter un œil sur*, dare un'occhiata a. | *coup d'œil*, occhiata f., sguardo; colpo d'occhio. | *au premier coup d'œil*, a prima vista, alla prima occhiata. | *avoir le coup d'œil (américain), professionnel*, avere l'occhio clinico. || **3.** BOT. [bourgeon] occhio, gemma f. | *taille à deux yeux*, potatura a due occhi. | *yeux de la pomme de terre*, occhi della patata. || ÉLECTR. *œil magique*, occhio magico. || MAR., MÉTÉOR., TYP. occhio. || LOC. *œil d'un marteau, d'une hache*, occhio di un martello, di una accetta. | *yeux du bouillon, du fromage*, occhi del brodo, del formaggio. || [d'une pierre précieuse] luce f., lucentezza f. || **4.** [attention] *ouvrir l'œil*, tenere gli occhi aperti; dormire a occhi aperti; stare attento, all'erta. | *tenir qn à l'œil, avoir l'œil sur qn*, tenere qlcu. d'occhio. | *avoir l'œil à tout*, avere gli occhi dappertutto. | *ouvrir les yeux à qn*, aprire gli occhi a qlcu. | *être tout yeux*, essere tutto occhi. | *ne pas avoir les yeux dans sa poche*, non avere gli occhi in tasca. | *l'œil du maître*, l'occhio del padrone. | *fermer les yeux sur qch.*, far finta di non accorgersi di qlco. | *fermons les yeux*, lasciamo correre. | *tirer l'œil*, attirare lo sguardo, l'attenzione. || **5.** [étonnement] *faire les yeux (tout) ronds, écarquiller les yeux, ouvrir de grands yeux*, spalancare, sgranare gli occhi; far tanto d'occhi. || **6.** [état affectif] *n'avoir d'yeux que pour qn*, non aver occhi che per qlcu. | *les yeux baissés*, con gli occhi bassi. | *faire les gros yeux*, fare gli occhiacci. | *mesurer qn des yeux*, squadrare qlcu. | *pour les beaux yeux de qn*, per i begli occhi di qlcu., per far piacere a qlcu. | *se regarder dans le blanc des yeux*, guardarsi nel bianco degli occhi. | *voir avec les yeux de la foi*, vedere con gli occhi della fede. | *voir d'un bon œil*, vedere di buon occhio, con piacere. | *voir d'un mauvais œil*, vedere di mal occhio, con dispiacere. | *faire de l'œil*, fare l'occhietto, l'occhiolino. | *le mauvais œil*, il malocchio. || PROV. *œil pour œil, dent pour dent*, v. DENT. | *loin des yeux, loin du cœur*, lontano dagli occhi, lontano dal cuore. ◆ loc. adv. POP. ***à l'œil***, a spese altrui, gratis (L.C.). | *manger à l'œil*, mangiare a sbafo, a ufo (fam.). | *travailler, voyager à l'œil*, lavorare, viaggiare gratis. | *à l'œil nu*, a occhio nudo. ◆ loc. prép. ***aux yeux de***, a detta di. | *aux yeux de bien des gens ce n'est pas légal*, a detta di molti la cosa non è legale. ◆ interj. POP. ***mon œil!***, un corno!

œil-de-bœuf [œjdəbœf] m. V. OCULUS.

œil-de-chat [œjdəʃa] m. MINÉR. occhio di gatto.

œil-de-perdrix [œjdəpɛrdri] m. MÉD. occhio di pernice, occhio pollino.

œil-de-pie [œjdəpi] m. MAR. occhiello.

œillade [œjad] f. occhiata.

œillère [œjɛr] f. [pour bain d'yeux] occhiera. || [de cheval] paraocchi m. inv. || FIG. FAM. *avoir des œillères*, avere, mettersi i paraocchi.

œillet [œjɛ] m. BOT. garofano. | *œillet de poète*, garofano a mazzetto. | *œillet d'Inde*, tagete f. || [de lacet; anneau métall.] occhiello. || [de marais salant] bacino di cristallizzazione.

œilleton [œjtɔ̃] m. BOT. barbatella f. || [viseur] mirino.

œilletonnage [œjtɔnaʒ] m. AGR. = propagginazione (f.) per mezzo di barbatelle.

œilletonner [œjtɔne] v. tr. = propagginare per mezzo di barbatelle.

œillette [œjɛt] f. BOT. papavero (m.) da olio. || [huile] olio (m.) di papavero.

œkumène m. V. ÉCOUMÈNE.

œnanthe [enɑ̃t] f. BOT. enante.

œnanthique [enɑ̃tik] adj. CHIM. enantico.

œnilisme [enilism] m. MÉD. vinismo.

œnolique [enolik] adj. CHIM. enolico.

œnologie [enolɔʒi] f. enologia.

œnologique [enolɔʒik] adj. enologico.

œnométrie [enometri] f. enometria.

œnométrique [enometrik] adj. enometrico.

œnothéracées [enoterase] f. pl. BOT. enoteracee, onagrariacee, onagracee.

œnothère [enotɛr] m. BOT. enotera.

œrsted [œrstɛd] m. PHYS. oersted.

œsophage [ezɔfaʒ] m. ANAT. esofago.

œsophagien, enne [ezɔfaʒjɛ̃, ɛn] ou **œsophagique** [ezɔfaʒik] adj. esofageo.

œsophagite [ezɔfaʒit] f. MÉD. esofagite.

œsophagoscope [ezɔfagoskɔp] m. MÉD. esofagoscopio.

œstral, e, aux [ɛstral, o] adj. estrale. | *cycle œstral*, ciclo estrale.

œstre [ɛstr] m. ZOOL. estro (della pecora). | *œstre du bœuf*, ipoderma.

œstrogène [ɛstrɔʒɛn] adj. et n. m. estrogeno.

œstrus [ɛstrys] m. PHYSIOL. ciclo estrale. || [rut] estro.

œuf, œufs [œf, ø] m. uovo (pl. f. *uova*). | *œuf à la coque, dur, mollet, sur le plat, poché*, v. l'adj. ou le compl. | *œuf à repriser*, uovo da rammendare. | *œuf de Pâques*, uovo pasquale, di Pasqua. || LOC. *dans l'œuf*, in germe, sul nascere. | *écraser une révolution dans l'œuf*, stroncare una rivoluzione sul nascere. | *marcher sur des œufs*, camminare sulle uova. | *plein comme un œuf* : [bondé] strapieno; pieno zeppo; [repu] sazio, satollo. | *mettre tous ses œufs dans le même panier* = giocare tutto sulla stessa carta. | *tondre un œuf* = scorticare anche un pidocchio; cavar sangue da una rapa. | *l'œuf de Colomb*, l'uovo di Colombo. || FAM. *quel œuf!*, che citrullo!, che babbeo! || V. aussi OMELETTE.

1. œuvre [œvr] f. [tâche] opera, attività, lavoro m. | *se mettre à l'œuvre*, mettersi all'opera, al lavoro; iniziare un lavoro. | *faire œuvre durable, utile*, far opera durevole, utile. | *la mort avait fait son œuvre*, la morte aveva fatto l'opera sua. | *faire œuvre d'ami*, agire da, comportarsi da amico. | *mettre tout en œuvre pour*, far di tutto per. || [résultat d'un travail] opera. | *œuvre d'art*, opera d'arte. | *œuvres complètes en deux volumes*, opere complete, tutte le opere, opera omnia (lat.) in due volumi. | *œuvre capitale, maîtresse*, capolavoro. | *être l'œuvre d'un homme*, essere opera di un uomo. || LOC. *être une œuvre de patience*, essere un lavoro di pazienza. | *c'est à l'œuvre qu'on connaît l'artisan* = dal frutto si conosce l'albero. || RELIG. *la foi et les œuvres*, la fede e le opere. | *les bonnes œuvres*, le buone opere, le opere pie. | *une bonne œuvre*, un'opera santa. || FAM., IRON. *tu ferais une bonne œuvre en me laissant tranquille*, faresti un'opera santa se mi lasciassi in pace. || [institution] *œuvre de bienfaisance*, opera, istituto (m.) di beneficenza. | *collecte au profit d'une œuvre*, colletta in favore di, per un'opera di carità. || MAR. *œuvres mortes, vives*, opera morta, viva. || FIG. *nation atteinte dans ses œuvres vives*, nazione colpita nelle sue forze vive.

2. œuvre m. [ensemble des œuvres d'un artiste] opera f. || ARCHIT. opera. | *gros œuvre*, opera grossa, pesante; rustico. | *second œuvre*, seconda opera; opera leggera; opera di completamento, di finitura. | *dans œuvre*, in opera; interno adj. | *hors (d')œuvre*, fuori opera; esterno adj. | *maître d'œuvre* : [au Moyen Âge] capomastro; [moderne] direttore dei lavori; FIG. coordinatore. || LOC. *à pied d'œuvre*, v. PIED. || [alchimie] *le grand œuvre*, la pietra filosofale.

œuvrer [œvre] v. intr. LITTÉR. lavorare, operare, agire (L.C.).

offensant, e [ɔfɑ̃sɑ̃, ɑ̃t] adj. offensivo, ingiurioso.

offense [ɔfɑ̃s] f. offesa. | *venger une offense*, vendicare un'offesa. | *faire offense à*, recar offesa a. | *soit dit sans offense*, sia detto senza offesa. || FAM. *il n'y a pas d'offense*, niente di male. || JUR. *offense au chef de l'État*, offesa al capo dello Stato. || RELIG. peccato m. | *pardonne-nous nos offenses*, rimetti a noi i debiti.

offensé, e [ɔfɑ̃se] adj. et n. offeso.

offenser [ɔfɑ̃se] v. tr. offendere; recare offesa a. | *soit dit sans vous offenser*, v. OFFENSE. | *ce spectacle offense la vue*, questo spettacolo offende la vista. || RELIG. *offenser Dieu*, peccare. ◆ v. pr. offendersi.

offenseur [ɔfɑ̃sœr] m. offensore.

offensif, ive [ɔfɑ̃sif, iv] adj. offensivo. | *alliance, arme, guerre offensive*, alleanza, arma, guerra offensiva. ‖ Fig. *retour offensif du froid*, nuova offensiva del freddo. ◆ n. f. Mil. offensiva. | *déclencher, enrayer une offensive*, sferrare, arrestare un'offensiva. ‖ Fig. *première offensive de l'hiver*, prima offensiva invernale. | *offensive diplomatique de paix*, offensiva diplomatica di pace.

offertoire [ɔfɛrtwar] m. Relig., Mus. offertorio.

1. office [ɔfis] m. [fonction] ufficio ; funzione f., carica f. | *remplir un office*, ricoprire una carica. | *faire office de*, fare l'ufficio di, fare funzione di, fare da, fungere da. | *office public*, pubblico ufficio, carica pubblica. ‖ [bureau] *office de publicité*, ufficio di pubblicità. ‖ Jur. ufficio, ente. | *office de tourisme*, ente del turismo. | *office des changes*, ufficio cambi. ‖ Relig. ufficio, uffizio, funzione. | *office divin*, ufficio divino. | *réciter l'office*, recitare l'ufficio, l'uffizio. | *aller à l'office*, andare alle funzioni. | *office des morts*, ufficio dei defunti. ‖ Loc. *bons offices*, buoni uffici. | *offrir ses bons offices*, interporre i propri buoni uffici. | *recourir aux bons offices de qn*, fare appello ai buoni uffici di qlcu. ◆ loc. adv. ***d'office***, d'ufficio. | *avocat commis d'office*, difensore d'ufficio.

2. office m. ou f. office m. (pseudo-angl.), dispensa f. ; tinello m. (vx). | *ragots d'office*, pettegolezzi m. pl.

official, aux [ɔfisjal, o] m. Relig. = giudice del tribunale ecclesiastico diocesano ordinario.

officialisation [ɔfisjalizasjɔ̃] f. (il) rendere ufficiale ; atto (m.) di ufficialità.

officialiser [ɔfisjalize] v. tr. rendere ufficiale ; dare carattere ufficiale a.

officialité [ɔfisjalite] f. Relig. tribunale ecclesiastico diocesano ordinario.

officiant [ɔfisjɑ̃] adj. et n. m. Relig. officiante, ufficiante.

officiel, elle [ɔfisjɛl] adj. [d'une autorité reconnue] ufficiale. | *le Journal officiel, l'Officiel*, la gazzetta ufficiale. | *milieux officiels*, ambienti ufficiali, governativi. | *à titre officiel*, ufficialmente, in forma ufficiale. ‖ Fam. *c'est officiel*, sicurissimo. ‖ Loc. *ton officiel*, tono ufficiale, solenne, pomposo. | *fiançailles officielles*, fidanzamento ufficiale. ◆ n. m. rappresentante ufficiale. | *les officiels*, le autorità f. pl.

1. officier [ɔfisje] v. intr. Relig. officiare, ufficiare. ‖ Fig. Fam. = agire con sussiego (l.c.).

2. officier m. [qui a une charge] ufficiale. | *officier ministériel, public*, pubblico ufficiale. | *officier de l'état civil*, ufficiale dello stato civile. | *officier de justice*, ufficiale giudiziario. | *officier de police*, ufficiale di pubblica sicurezza. | *officier de police judiciaire*, ufficiale di polizia giudiziaria. ‖ Vx *grands officiers de la couronne*, alti dignitari della corona. ‖ Mil. *officier de marine*, ufficiale di marina. | *officier en second*, ufficiale in seconda. | *officiers généraux, supérieurs, subalternes*, ufficiali generali, superiori, subalterni, inferiori. | *officier d'active, de réserve*, ufficiale in servizio permanente, di complemento. | *officier breveté d'état major*, v. brevetè. | *officier de liaison*, ufficiale di collegamento. ‖ [ordre de chevalerie] (cavaliere) ufficiale. | *grand officier*, grand'ufficiale.

officière [ɔfisjɛr] f. [Armée du Salut] ufficialessa.

officieux, euse [ɔfisjø, øz] adj. ufficioso. | *à titre officieux*, a titolo ufficioso.

officinal, e, aux [ɔfisinal, o] adj. Pharm. officinale. | *herbes, plantes officinales*, piante officinali, medicinali.

officine [ɔfisin] f. laboratorio farmaceutico. ‖ Péjor. *officine de calomnies, de fausses nouvelles*, fucina di calunnie, di notizie false.

offrande [ɔfrɑ̃d] f. offerta, oblazione.

offrant [ɔfrɑ̃] m. *au plus offrant*, al miglior offerente.

offre [ɔfr] f. offerta. | *faire, accepter une offre avantageuse*, fare, accettare una offerta vantaggiosa. | *offre d'emploi*, offerta d'impiego. ‖ Écon. *offre publique d'achat (O. P. A.)*, offerta pubblica di acquisto (O P A). | *loi de l'offre et de la demande*, legge dell'offerta e della domanda. ‖ Polit. *offres de paix, de négociations*, offerte di pace, di negoziati.

offrir [ɔfrir] v. tr. [présenter] offrire, presentare, dare in dono. | *offrir à boire*, offrire da bere. | *offrir le bras à qn*, offrire, dare, porgere il braccio a qlcu. | *offrir ses vœux*, fare i propri auguri. | *offrir ses hommages*, porgere i propri ossequi, omaggi. | *offrir ses services*, offrire, profferire (rare) i propri servigi. ‖ Fig. *offrir un spectacle horrible, une très belle vue*, offrire, presentare uno spettacolo orrendo ; offrire una magnifica vista. ‖ [proposer] *il offrit de me conduire en voiture*, offrì, propose di condurmi in macchina. | *offrir sa maison pour vingt millions*, offrire, porre in vendita la propria casa per venti milioni. | *je lui ai offert vingt millions pour sa maison*, gli ho proposto venti milioni per la casa. ◆ v. pr. offrirsi, presentarsi. | *il s'offrit comme guide*, si offerse come guida, di fare da guida. | *il s'offrit à m'accompagner*, si offrì di accompagnarmi. | *s'offrir aux coups de l'adversaire*, esporsi ai colpi dell'avversario. | *une occasion s'est offerte*, si è presentata un'occasione. ‖ Fam. *s'offrir des vacances*, offrirsi, pagarsi delle ferie.

offset [ɔfsɛt] m. invar. Typ. offset (angl.).

off shore [ɔfʃɔr] adj. inv. off-shore (angl.).

offusquer [ɔfyske] v. tr. urtare, scandalizzare ; dare ombra a. ◆ v. pr. **(de)** adombrarsi, offendersi, risentirsi (di).

oflag [ɔflag] m. Mil. oflag (all.).

ogham [ɔgam] m. Ling. og(h)am.

oghamique [ɔgamik] adj. og(h)amico.

ogival, e, aux [ɔʒival, o] adj. Art ogivale ; a sesto acuto. | *art ogival*, arte ogivale, gotica.

ogive [ɔʒiv] f. Art ogiva. | *croisée d'ogives*, volta a crociera. ‖ Mil. *ogive nucléaire*, ogiva nucleare.

ogre, ogresse [ɔgr, ɔgrɛs] n. orco, orchessa. ‖ Fig. *manger comme un ogre*, mangiare come un lupo.

oh [o] interj. oh !, ohi ! | *oh ! quelle tristesse !*, oh, ohi, che pena ! ◆ n. m. inv. *pousser des oh ! et des ah !*, emettere grida (f. pl.) di gioia.

ohé! [ɔe] interj. ohe !, ehi ! | *ohé ! là-bas, viens ici !*, ohe !, ehi ! vieni qui !

ohm [om] m. Électr. ohm (all.).

ohmique [omik] adj. ohmico.

ohm-mètre [omɛtr] m. ohmmetro.

oïdium [ɔidjɔm] m. [champignon] oidio. ‖ [maladie de la vigne] oidio ; mal bianco.

oie [wa] f. Zool. oca. | *l'oie criaille, siffle, cacarde*, l'oca gracida, schiamazza, stride. ‖ Fam. [niaise] oca. | *oie blanche*, ragazza ingenua. ‖ Loc. *contes de ma mère l'oie* = fiabe (f. pl.). | *les oies du Capitole*, le oche del Campidoglio. | *jeu, pas de l'oie*, gioco, passo dell'oca. ‖ V. aussi patte-d'oie.

oignon [ɔɲɔ̃] m. Bot. cipolla f. | *soupe à l'oignon*, zuppa di cipolle. | *pelure d'oignon*, velo di cipolla ; [vin] vino rosato. | *oignon à fleurs*, cipolla, bulbo. ‖ [grosse montre] cipolla. ‖ Méd. callo, durone. ‖ Loc. fam. *en rang d'oignons*, in riga, in fila. | *mêle-toi, occupe-toi de tes oignons !*, impicciati dei fatti tuoi ! ; occupati dei cavoli tuoi ! (pop.). | *ce n'est pas mes, tes oignons !*, non sono affari miei, tuoi (l.c.). | *aux petits oignons*, coi fiocchi.

oignonade [ɔɲɔnad] f. Culin. cipollata.

oignonière [ɔɲɔnjɛr] f. Agr. cipollaio m.

oïl [ɔil] adv. Ling. *langue d'oïl*, lingua d'oïl.

oille [ɔj] f. Culin. olla podrida (esp.).

oindre [wɛ̃dr] v. tr. ungere. ‖ Relig. ungere, consacrare.

oint [wɛ̃] adj. et n. m. Relig. unto ; consacrato adj. | *l'oint du Seigneur*, l'unto del Signore.

oiseau [wazo] m. Zool. uccello. | *oiseau des tempêtes*, uccello delle tempeste ; procellaria f. | *oiseau de paradis*, uccello del paradiso. ‖ *oiseau-lyre*, uccello lira. ‖ *oiseau-mouche*, v. colibri. ‖ Littér. *oiseau de Jupiter, de Junon*, uccello di Giove, di Giunone. ‖ Fig. [individu] tipo, tizio. | *quel est cet oiseau-là ?*, chi è costui ? | *c'est un drôle d'oiseau*, è un tipaccio, uno strano tipo. | *oiseau rare*, bestia rara ; rara avis (lat.). | *c'est un vilain oiseau*, v. vilain. | *oiseau de malheur, de mauvais augure*, v. augure. ‖ Loc. *avoir un appétit d'oiseau*, mangiare come un uccellino. | *avoir une tête d'oiseau*, avere un cervello di gallina. | *être comme*

l'oiseau sur la branche, essere comme l'uccello sulla frasca. | *donner à qn des noms d'oiseau* = coprire qlcu d'insulti. | PROV. *petit à petit l'oiseau fait son nid* = molti pochi fanno un assai. ‖ TECHN. [auge] vassoio. ◆ loc. adv. ***à vol d'oiseau,*** a volo d'uccello, in linea d'aria.
oiseler [wazle] v. tr. uccellare.
oiselet [wazlɛ] m. uccelletto, uccellino.
oiseleur [wazlœr] m. uccellatore.
oiselier [wazəlje] m. uccellaio.
oisellerie [wazɛlri] f. commercio (m.) degli uccelli.
oiseux, euse [wasø, øz] adj. ozioso, vano. | *discours oiseux,* discorsi oziosi, vani. | *le caractère oiseux d'une dispute,* l'oziosità di una disputa.
oisif, ive [wazif, iv] adj. et n. ozioso, sfaccendato. | *mener une vie oisive,* vivere da scioperato ‖ ÉCON. improduttivo.
oisillon [wazijɔ̃] m. V. OISELET.
oisiveté [wazivte] f. ozio m. | *l'oisiveté est la mère de tous les vices,* l'ozio è il padre di tutti i vizi.
oison [wazɔ] m. ZOOL. papero m., papera f. ‖ FIG. allocco.
O.K.! [oke] interj. o.k.!, okay! (amér.); sì; bene.
okapi [ɔkapi] m. ZOOL. okapi.
okoumé [ɔkume] m. BOT. ok(o)umé.
olé! ou **ollé!** [ɔl(l)e] interj. olé! (esp.). ◆ adj. inv. FAM. ***olé olé : elle est un peu olé olé,*** è un po' leggera (L.C.). | *une histoire olé olé,* una storia licenziosa, un po' spinta (L.C.).
oléacées [ɔlease] f. pl. BOT. oleacee.
oléagineux, euse [ɔleaʒinø, øz] adj. oleaginoso. ◆ m. pl. piante oleifere.
oléandre [ɔleɑ̃dr] m. V. LAURIER-ROSE.
oléate [ɔleat] m. CHIM. oleato.
olécrane [ɔlekran] m. ANAT. olecrano.
oléfines [ɔlefin] f. pl. CHIM. olefine.
oléiculteur [ɔleikyltœr] m. AGR. oleicoltore, olivicoltore.
oléiculture [ɔleikyltyr] f. oleicoltura, olivicoltura.
oléifère [ɔleifɛr] adj. oleifero.
oléiforme [ɔleifɔrm] adj. oleoso.
oléine [ɔlein] f. CHIM. oleina.
oléique [ɔleik] adj. CHIM. oleico.
oléoduc [ɔleodyk] m. V. PIPE-LINE.
oléolat [ɔleɔla] m. PHARM. oleolito.
oléomètre [ɔleomɛtr] m. oleometro.
oléum [ɔleɔm] m. CHIM. oleum.
olfactif, ive [ɔlfaktif, iv] adj. olfattivo.
olfaction [ɔlfaksjɔ̃] f. olfatto m.
oliban [ɔlibɑ̃] m. VX olibano; incenso (L.C.).
olibrius [ɔlibrijys] m. VX [bravache] spaccone. ‖ FAM. tipo strano (L.C.).
olifant [ɔlifɑ̃] m. olifante.
oligarchie [ɔligarʃi] f. POLIT. oligarchia.
oligarchique [ɔligarʃik] adj. oligarchico.
oligarque [ɔligark] m. oligarca.
oligiste [ɔliʒist] adj. et n. m. MINÉR. oligisto.
oligocène [ɔligosɛn] adj. GÉOL. oligocenico. ◆ n. m. oligocene.
oligochètes [ɔligokɛt] m. pl. ZOOL. oligocheti.
oligo-élément [ɔligoelemɑ̃] m. BIOL. oligoelemento.
oligophrénie [ɔligofreni] f. MÉD. oligofrenia.
oligopole [ɔligopɔl] m. ÉCON. oligopolio.
oligurie [ɔligyri] f. MÉD. oliguria.
olivacé, e [ɔlivase] adj. olivastro; olivigno, ulivigno (littér.); olivaceo (rare).
olivaie [ɔlivɛ], **oliveraie** [ɔlivrɛ] ou **olivette** [ɔlivɛt] f. AGR. oliveto m., uliveto m.
olivaison [ɔlivɛzɔ̃] f. AGR. [récolte] raccolta delle olive; [saison] stagione della raccolta delle olive.
olivâtre [ɔlivɑtr] adj. olivastro.
olive [ɔliv] f. BOT. oliva, uliva. | *huile d'olive,* olio (m.) d'oliva. ‖ [objet en forme d'olive] oliva ‖ ANAT., ARCHIT. oliva. ◆ adj. inv. (verde) oliva.
oliveraie f. V. OLIVAIE.
olivette [ɔlivɛt] f. V. OLIVAIE. ‖ [raisin] olivetta, olivella.
olivier [ɔlivje] m. BOT. olivo, ulivo. | *olivier sauvage,* oleastro, olivastro. ‖ FIG. *le rameau d'olivier,* il ramoscello d'olivo. ‖ RELIG. *mont, jardin des Oliviers,* monte, orto degli olivi, degli ulivi.
olivine [ɔlivin] f. MINÉR. olivina.
ollaire [ɔlɛr] adj. MINÉR. *pierre ollaire,* pietra ollare.
olographe [ɔlɔgraf] adj. JUR. *testament olographe,* testamento olografo.
olympe [ɔlɛ̃p] m. POÉT. et FIG. olimpo.
olympiade [ɔlɛ̃pjad] f. ANTIQ., SPORT olimpiade.
olympien, enne [ɔlɛ̃pjɛ̃, ɛn] adj. MYTH. olimpico; olimpiaco, olimpio (rare). ‖ FIG. olimpico. | *calme olympien,* calma olimpica.
olympique [ɔlɛ̃pik] adj. olimpico; olimpiaco (rare). | *jeux Olympiques,* giochi Olimpici; Olimpiadi f. pl. | *piscine, stade olympique,* piscina olimpica; stadio olimpico. | *vainqueur aux jeux olympiques,* olimpionico m.
ombelle [ɔ̃bɛl] f. BOT. ombrella.
ombellé, e [ɔ̃bɛle] adj. umbellato.
ombellifères [ɔ̃bɛlifɛr] f. pl. ombrellifere.
ombelliforme [ɔ̃bɛlifɔrm] adj. ombelliforme.
ombellule [ɔ̃bɛlyl] f. ombrelletta.
ombilic [ɔ̃bilik] m. ANAT., BOT., MATH. ombelico. | [de bouclier] umbone; ombelico (rare). ‖ FIG. [point central] ombelico.
ombilical, e, aux [ɔ̃bilikal, o] adj. ombelicale.
ombiliqué, e [ɔ̃bilike] adj. ombelicato.
omble [ɔ̃bl] m. ZOOL. salmerino.
ombrage [ɔ̃braʒ] m. PR. ombra f., fogliame; fronde f. pl. | *sous l'ombrage des tilleuls,* sotto il fogliame, sotto le fronde, all'ombra dei tigli. ‖ FIG. *porter, faire ombrage à qn,* dare ombra a qlcu. | *prendre ombrage de qch.,* prendere ombra, adombrarsi per qlco.
ombragé, e [ɔ̃braʒe] adj. ombroso, ombreggiato.
ombrager [ɔ̃braʒe] v. tr. ombreggiare.
ombrageux, euse [ɔ̃braʒø, øz] adj. [peureux] ombroso. | *cheval ombrageux,* cavallo ombroso, che si adombra. ‖ [susceptible] ombroso, diffidente. | *caractère ombrageux,* carattere ombroso, diffidente.
1. ombre [ɔ̃br] m. ZOOL. temolo.
2. ombre f. ombra. | *faire de l'ombre,* fare ombra. | *les ombres de la nuit,* le ombre della notte. ‖ FIG. [apparence] *il n'y a pas l'ombre d'un doute,* non c'è ombra di dubbio. | *il n'y a qu'une ombre de vérité,* c'è solo una parvenza di verità. | *n'être que l'ombre de soi-même,* essere, sembrare l'ombra di se stesso. ‖ [mort] ombra. | *empire, royaume des ombres,* regno delle ombre. ‖ [peinture] ombra. | *ménager les ombres,* segnare, graduare le ombre; ombreggiare un oggetto. ‖ LOC. *les ombres de la mort,* le ombre eterne. | *ombres chinoises,* ombre cinesi. | *théâtre d'ombres,* teatro d'ombre. | *courir après une ombre,* correre dietro alle ombre. | *passer comme une ombre,* passare come un soffio; essere di breve durata. | *comploter, vivre dans l'ombre,* tramare, vivere nell'ombra. | *vivre dans l'ombre de qn,* vivere nell'ombra di qlcu. | *être l'ombre de qn,* parere l'ombra di qlcu. | *être comme le corps et l'ombre,* essere due corpi e un'anima sola. | *laisser qn dans l'ombre,* lasciare qlcu. nell'ombra. | *sortir qn de l'ombre,* trarre qlcu. dall'ombra. | *suivre qn comme son ombre,* seguire qlcu. come un'ombra. | *avoir peur de son ombre,* aver paura della propria ombra. ‖ FAM. *mettre qn à l'ombre,* mettere qlcu. al fresco. ‖ FIG. *il y a une ombre au tableau,* c'è un punto nero. ◆ loc. prép. ***à l'ombre de,*** all'ombra di (pr.); al riparo di, sotto la protezione di (fig.).
3. ombre f. *(terre d') ombre,* terra d'ombra.
ombrée [ɔ̃bre] f. V. UBAC.
ombrelle [ɔ̃brɛl] f. ombrellino m., parasole m. inv. ‖ ZOOL. ombrello.
ombrer [ɔ̃bre] v. tr. ART ombrare, ombreggiare.
ombrette [ɔ̃brɛt] f. ZOOL. ombretta.
ombreux, euse [ɔ̃brø, øz] adj. POÉT. ombroso.
ombrien, enne [ɔ̃brijɛ̃, ɛn] adj. et n. umbro. ◆ n. m. LING. umbro.
ombrine [ɔ̃brin] f. ZOOL. ombrina.
oméga [ɔmega] m. omega. ‖ FIG. *l'alpha et l'oméga,* V. ALPHA.
omelette [ɔmlɛt] f. omelette (fr.), frittata. ‖ LOC. *attention à l'omelette !,* attenzione a non rompere le

uova ! | *on ne fait pas d'omelette sans casser des œufs,* senza romper l'uova non si fa la frittata.
omettre [ɔmɛtr] v. tr. omettere, tralasciare. | *omettre un détail, d'avertir qn,* omettere, tralasciare un particolare, di avvertire qlcu.
omicron [ɔmikrɔn] m. omicron.
omis [ɔmi] m. MIL. = giovane non incluso per errore nella lista di leva.
omission [ɔmisjɔ̃] f. omissione. | *sauf erreur ou omission,* salvo errore od omissione. || RELIG. *péché d'omission, pécher par omission,* peccato, peccare d'omissione.
omnibus [ɔmnibys] m. Vx omnibus. ◆ adj. inv. *train omnibus,* treno omnibus. || ÉLECTR. *barre omnibus,* barra omnibus.
omnicolore [ɔmnikɔlɔr] adj. di ogni colore ; multicolore.
omnidirectionnel, elle [ɔmnidirɛksjɔnɛl] adj. omnidirezionale, onnidirezionale.
omnipotence [ɔmnipɔtɑ̃s] f. onnipotenza.
omnipotent, e [ɔmnipɔtɑ̃, ɑ̃t] adj. onnipotente.
omnipraticien, enne [ɔmnipratisjɛ̃, ɛn] adj. generico. ◆ n. medico (m.) generico.
omniprésence [ɔmniprezɑ̃s] f. onnipresenza.
omniprésent, e [ɔmniprezɑ̃, ɑ̃t] adj. onnipresente.
omniscience [ɔmnisjɑ̃s] f. onniscienza.
omniscient, e [ɔmnisjɑ̃, ɑ̃t] f. onnisciente.
omnisports [ɔmnispɔr] adj. inv. polisportivo.
omnium [ɔmnjɔm] m. FIN., SPORT omnium.
omnivore [ɔmnivɔr] adj. onnivoro.
omophagie [ɔmofaʒi] f. ANTIQ. omofagia.
omoplate [ɔmoplat] f. ANAT. scapola, omoplata.
on [ɔ̃] pron. indéf. **1.** [les gens] *(l')on dit que,* si dice, dicono, la gente dice che. | *on s'est aperçu que,* ci si è accorti, ci siamo accorti, la gente si è accorta che. | *on est heureuse d'être mère,* si è felici di essere madri. | *on l'a emprisonné,* l'hanno imprigionato, è stato imprigionato. | *on m'a dit,* mi hanno detto, mi è stato detto. | *on était fatigué,* si era stanchi ; [nous inclus] eravamo stanchi ; [nous exclus] erano stanchi, la gente era stanca. || **2.** [quelqu'un] *on est venu te voir,* uno è venuto a farti visita. || **3.** FAM. [je] *on y va,* ci vado (L.C.). || [nous] *nous, on y va,* noi ci si va (tosc.) ; noi ci andiamo (L.C.). || [tu, vous] *alors, on s'amuse ?,* allora ti diverti, vi divertite ? (L.C.).
onagracées [ɔnagrase] f. pl. V. ŒNOTHÉRACÉES.
1. onagre [ɔnagr] m. BOT. enotera.
2. onagre m. ZOOL. onagro. || [machine de guerre] onagro.
onanisme [ɔnanism] m. onanismo ; masturbazione f.
onc, oncques, onques [ɔ̃k] adv. Vx unqua, unque, unquanco ; (giam)mai (L.C.).
1. once [ɔ̃s] f. [poids] oncia. || [boxe] *gant de quatre onces,* guantone da quattro once. || FIG. *ne pas avoir une once de bon sens,* non avere un'oncia, un granello di buon senso.
2. once f. ZOOL. irbis m. ; leopardo (m.) delle nevi.
oncial, e, aux [ɔ̃sjal, o] adj. et n. f. onciale.
oncle [ɔ̃kl] m. zio. | *oncle à la mode de Bretagne,* V. MODE. | *oncle d'Amérique,* zio d'America.
oncotique [ɔ̃kotik] adj. BIOL. oncotico.
onction [ɔ̃ksjɔ̃] f. RELIG. unzione. || V. aussi EXTRÊME-ONCTION. || [douceur] unzione (rare). | *onction ecclésiastique,* ecclesiastica dolcezza persuasiva.
onctueux, euse [ɔ̃ktɥø, øz] adj. PR. oleoso. | *liquide onctueux,* liquido oleoso. || CULIN. cremoso. | *vin onctueux,* vino pastoso. || FIG. *sermon onctueux,* predica piena di dolcezza persuasiva.
onctuosité [ɔ̃ktɥozite] f. untuosità.
ondatra [ɔ̃datra] m. ZOOL. ondatra.
onde [ɔ̃d] f. LITTÉR. [vague] flutto m. ; onda (L.C.) ; POÉT. [eau] onde pl. | *voguer sur l'onde,* vogare sulle onde. | *les ondes de la mer,* le onde, i flutti del mare. | *fendre les ondes,* solcare, fendere l'onda, le onde. || FIG., LITTÉR. *les ondes de la moire,* i riflessi, le marezzature a onde dell'amoerro. | *onde de colère, de sympathie,* ondata di collera, di simpatia. | *onde de souvenirs,* onda di ricordi. || GÉOL. *onde sismique,* onda sismica. || MIL. *onde de bouche,* onda balistica, di bocca. || MUS. *ondes Martenot,* onde Martenot. || PHYS. *ondes électromagnétiques, lumineuses,* onde elettromagnetiche, luminose. | *ondes sonores,* onde sonore, soniche. | *onde amortie, entretenue, stationnaire,* onda smorzata, persistente, stazionaria. | *onde de choc,* onda di urto. || PHYSIOL. *onde musculaire, péristaltique,* onda muscolare, peristaltica. || TÉLÉCOM. *ondes courtes, ultracourtes, moyennes, longues,* onde corte, cortissime, medie, lunghe. | *longueur d'onde,* lunghezza d'onda. | *mettre en ondes,* mettere in onda. | *passer sur les ondes,* andare in onda. || LOC. FAM. *ne pas être sur la même longueur d'onde* = non parlare la stessa lingua ; non intendersi ; non avere identità di vedute.
ondé, e [ɔ̃de] adj. LITTÉR. a onda ; ondulato (L.C.). | *cheveux ondés,* capelli a onda, ondulati. | *moire ondée,* amoerro marezzato a onde || HÉRALD. ondato.
ondée [ɔ̃de] f. acquazzone m.
ondemètre [ɔ̃dmɛtr] m. TÉLÉCOM. ondametro.
ondin [ɔ̃dɛ̃] m. MYTH. genio delle acque.
ondine [ɔ̃din] f. MYTH. ondina.
on-dit [ɔ̃di] m. inv. diceria f., chiacchiera f., pettegolezzo m.
ondoiement [ɔ̃dwamɑ̃] m. ondeggiamento. | *l'ondoiement des blés,* l'ondeggiamento delle messi. || RELIG. battesimo provvisorio.
ondoyant, e [ɔ̃dwajɑ̃, ɑ̃t] adj. ondeggiante. | *cheveux, drapeaux ondoyants,* capelli, bandiere ondeggianti. || FIG. fluttuante, instabile. | *l'homme est ondoyant et divers,* l'uomo è oscillante e mutevole.
ondoyer [ɔ̃dwaje] v. intr. ondeggiare. | *drapeaux, moissons qui ondoient,* bandiere, messi che ondeggiano. || [former une ligne sinueuse] serpeggiare. ◆ v. tr. RELIG. battezzare provvisoriamente.
ondulant, e [ɔ̃dylɑ̃, ɑ̃t] adj. ondulante. || MÉD. *pouls ondulant,* polso irregolare. | *fièvre ondulante,* brucellosi f. ; febbre (f.) di Malta, melitense, maltese.
ondulation [ɔ̃dylasjɔ̃] f. [mouvement] ondulazione, ondeggiamento m. | *ondulations des vagues, des moissons,* ondulazioni, ondeggiamenti delle onde, delle messi. || *ondulations du terrain,* ondulazioni del terreno. || [cheveux] ondulazione.
ondulatoire [ɔ̃dylatwar] adj. ondulatorio. | *théorie ondulatoire de la lumière,* teoria ondulatoria della luce. | *mécanique ondulatoire,* meccanica ondulatoria.
ondulé, e [ɔ̃dyle] adj. ondulato.
onduler [ɔ̃dyle] v. intr. PR. et FIG. ondeggiare, ondulare. ◆ v. tr. *onduler les cheveux,* ondulare i capelli.
onduleux, euse [ɔ̃dylø, øz] adj. sinuoso, ondulante, ondeggiante. | *ligne, courbe onduleuse,* linea, curva sinuosa. | *plaine onduleuse,* pianura ondulata. | *mouvement onduleux,* movimento ondeggiante.
onéreux, euse [ɔnerø, øz] adj. oneroso, gravoso, dispendioso. | *dépenses onéreuses,* spese gravose. || ÉCON. *à titre onéreux,* a titolo oneroso.
one-step [wanstɛp] m. [danse] one-step (angl.).
ongle [ɔ̃gl] m. ANAT. unghia f. | *se faire les ongles,* farsi, laccarsi le unghie. | *ongles en deuil,* unghie listate a lutto. || LOC. *avoir bec et ongles,* V. BEC. | *avoir les ongles crochus,* avere le unghie lunghe. | *payer rubis sur l'ongle,* V. RUBIS. | *avoir de l'esprit jusqu'au bout des ongles* = avere moltissimo spirito ; avere spirito da vendere. | *rogner les ongles à qn* = tarpare le ali a qlcu.
onglé, e [ɔ̃gle] adj. unghiato ; unghiuto (rare). || HÉRALD. unghiato.
onglée [ɔ̃gle] f. *avoir l'onglée,* avere le dita intirizzite.
onglet [ɔ̃glɛ] m. [rainure] incavo ; scanalatura f., intaccatura f. || [sur un couteau] unghia f., unghiata f. || [échancrure de livre] unghia. || [dépassant de la tranche d'un livre] unghiatura f. || [reliure] brachetta f., braghetta f. | *monter sur onglet,* imbrachettare, imbraghettare. || BOT. unghia. || GÉOM. *onglet cylindrique, sphérique,* fuso cilindrico, sferico. || TECHN. augnatura f. | *assemblage à, en onglet,* incastro a unghietta. | *boîte à onglet(s),* cassetta per tagli obliqui.
onglette [ɔ̃glɛt] f. [de graveur] ugnetto m.
onglier [ɔ̃glije] m. [trousse] astuccio per le unghie. ◆ pl. [ciseaux] forbicine (f. pl.) per le unghie.

onguent [ɔ̃gɑ̃] m. unguento ; pomata f. | *appliquer un onguent sur une brûlure*, spalmare un unguento, una pomata su una scottatura. ‖ Loc. FAM. *onguent miton mitaine* = unguento che non fa né bene né male.
onguiculé, e [ɔ̃g(ɥ)ikyle] adj. et n. Zool. unguicolato.
ongulé, e [ɔ̃gyle] adj. Zool. ungulato. ◆ m. pl. ungulati.
onguligrade [ɔ̃gyligrad] adj. Zool. unguligrado.
onirique [ɔnirik] adj. onirico.
onirisme [ɔnirism] m. Psych. onirismo.
oniromancie [ɔnirɔmɑ̃si] f. oniromanzia.
oniromancien, enne [ɔnirɔmɑ̃sjɛ̃, ɛn] adj. oniromantico. ◆ n. oniromante.
onomasiologie [ɔnɔmazjolɔʒi] f. Ling. onomasiologia.
onomastique [ɔnɔmastik] adj. Ling. onomastico. ◆ f. onomastica.
onomatopée [ɔnɔmatɔpe] f. Ling. onomatopea ; onomatopeia (rare).
onomatopéique [ɔnɔmatɔpeik] adj. onomatopeico.
ontogenèse [ɔ̃toʒənɛz] ou **ontogénie** [ɔ̃toʒeni] f. Biol. ontogenesi.
ontologie [ɔ̃tolɔʒi] f. Philos. ontologia.
ontologique [ɔ̃tolɔʒik] adj. ontologico. | *preuve ontologique de l'existence de Dieu*, prova ontologica dell'esistenza di Dio.
ontologisme [ɔ̃tolɔʒism] m. ontologismo.
onusien, enne [ɔnyzjɛ̃, ɛn] adj. Fam., Néol. = dell'ONU.
onychomycose [ɔnikomikoz] f. Méd. onicomicosi.
onychophagie [ɔnikofaʒi] f. Méd. onicofagia.
onyx [ɔniks] m. Minér. onice f.
onyxis [ɔniksis] m. Méd. onissi f.
onzain [ɔ̃zɛ̃] m. Poés. strofa (f.) di undici versi.
onze [ɔ̃z] adj. num. card. undici. | *à onze heures*, alle undici. | *onze cents*, mille cento. | *nous sommes onze*, siamo (in) undici. ‖ *bouillon d'onze heures*, v. bouillon. ◆ adj. num. ord. undicesimo ; undecimo, decimo primo (littér.). | *chapitre onze*, capitolo undicesimo. | *Louis onze*, Luigi undicesimo. | *page onze*, pagina undici. ◆ n. m. *nous sommes le onze (du mois)*, ne abbiamo undici. ‖ [football] *le onze d'Italie*, l'undici azzurro.
onzième [ɔ̃zjɛm] adj. num. ord. et n. undicesimo ; undecimo, decimo primo (littér.). ‖ Univ. *(classe de) onzième*, prima elementare.
onzièmement [ɔ̃zjɛmmɑ̃] adv. in undecimo luogo.
oogone [ɔɔgon] f. Bot. oogonio m.
oolithe ou **oolite** [ɔɔlit] f. Géol. oolite m.
oolithique [ɔɔlitik] adj. oolitico.
oosphère [ɔɔsfɛr] f. Bot. oosfera.
oothèque [ɔɔtɛk] f. ooteca.
opacifier [ɔpasifje] v. tr. opacizzare, rendere opaco.
opacimétrie [ɔpasimetri] f. opacimetria.
opacité [ɔpasite] f. Phys. opacità. ‖ Littér. opacità, ombrosità.
opale [ɔpal] f. Minér. opale m. ou f. ◆ adj. inv. *pierres opale*, pietre color d'opale, opaline, opalescenti.
opalescence [ɔpalɛsɑ̃s] f. opalescenza.
opalescent, e [ɔpalɛsɑ̃, ɑ̃t] adj. opalescente.
opalin, e [ɔpalɛ̃, in] adj. opalino.
opaline [ɔpalin] f. [substance] opalina. ‖ [objet] oggetto di opalina.
opalisation [ɔpalizasjɔ̃] f. opalizzazione.
opalisé, e [ɔpalize] adj. opalizzato.
opaque [ɔpak] adj. opaco. ‖ *corps opaque*, corpo opaco. | *écran opaque aux rayons ultraviolets*, schermo opaco ai raggi ultravioletti. ‖ Fig. *mot opaque*, termine oscuro.
ope [ɔp] m. ou f. Archit. = foro (m.) nel muro per l'inserzione di una trave. ‖ [pour la fumée] sfiatatoio m.
opéra [ɔpera] m. Mus. opera [f.] (lirica). | *opéra bouffe*, opera buffa. | *opéra sérieux, grand opéra*, opera seria. | *opéra-ballet*, opéra-ballet (fr.), opera balletto. | *opéra-comique*, opéra-comique (fr.), opera comica. ‖ [édifice] opera.
opérable [ɔperabl] adj. operabile.
opérateur, trice [ɔperatœr, tris] n. Vx, Chir. operatore, trice. ‖ [qui fait fonctionner un appareil] *opérateur de prises de vues*, operatore di ripresa. | *opérateur radar*, radarista. | *opérateur radio*, marconista. | *opérateur du son*, tecnico del suono. ‖ Électron. [organe] operatore. ‖ Écon. *opérateur à la hausse, à la baisse*, rialzista, ribassista. ◆ m. Math. operatore.
opération [ɔperasjɔ̃] f. [action produisant un effet] operazione. | *opération de la raison*, operazione della ragione. | *opération du Saint-Esprit*, opera, operazione dello Spirito Santo. | *par l'opération du Saint Esprit* (fam., fig.), misteriosamente (l.c.). ‖ Chir. operazione. | *salle, table d'opération*, sala operatoria, tavolo operatorio. ‖ Écon. *opération commerciale*, operazione commerciale. | *opération « baisse des prix »*, operazione « ribasso dei prezzi ». | *opération de banque, de bourse, de change*, operazione bancaria, di banca, di borsa, di cambio. | *opération financière*, operazione finanziaria. | *opération à découvert, à la baisse, à la hausse*, operazione allo scoperto, al ribasso, al rialzo. ‖ Fam. *ne pas faire une belle opération*, non fare un buon affare (l.c.). ‖ Math. operazione. ‖ Mil. operazione, azione, manovra. | *opération tactique*, azione tattica. | *avoir l'initiative des opérations*, avere l'iniziativa delle operazioni, delle manovre. | *théâtre des opérations*, teatro delle operazioni ; scacchiere m. | *opération de police*, operazione di polizia.
opérationnel, elle [ɔperasjɔnɛl] adj. operativo. | *le projet est devenu opérationnel*, il progetto è diventato operativo. ‖ Mil. *base opérationnelle*, base operativa. ‖ Écon. *recherche opérationnelle*, ricerca operativa. ‖ Électr. *amplificateur opérationnel*, amplificatore operazionale.
opératoire [ɔperatwar] adj. operatorio. | *médecine opératoire*, medicina operatoria. | *bloc opératoire*, blocco operatorio. | *méthode, procédé opératoire*, metodo, procedimento operatorio.
operculaire [ɔpɛrkylɛr] adj. opercolare.
opercule [ɔpɛrkyl] m. opercolo.
operculé, e [ɔpɛrkyle] adj. opercolato.
opéré [ɔpere] adj. et n. Méd. operato. ◆ n. m. Fin. *avis d'opéré*, avviso d'esecuzione.
opérer [ɔpere] v. tr. operare, fare. | *opérer des miracles*, operare, fare, compiere miracoli. | *opérer un choix*, fare une scelta. | *opérer un mélange*, fare una miscela. ‖ Chir. *opérer un malade de l'appendicite*, operare un malato di appendicite. | *opérer une péritonite*, operare una peritonite. | *opérer à chaud*, operare a caldo. | *opérer au foie*, operare al fegato. ‖ Fin. *opérer un paiement*, effettuare un pagamento. ‖ Jur. *opérer une saisie*, eseguire un pignoramento. ‖ Math. *opérer une addition*, fare un'addizione, tirare la somma. ◆ v. intr. *le remède, le poison opère*, il medicamento, il veleno agisce. | *il faut opérer de cette manière*, bisogna operare, procedere, agire così. ◆ v. pr. Jur. *l'expropriation s'opère par voie de justice*, l'espropriazione viene effettuata per vie legali. ‖ [impers.] *il s'opère un grand changement*, si verifica, avviene, si produce un gran cambiamento.
opérette [ɔperɛt] f. Mus. operetta.
ophicléide [ɔfikleid] m. Vx Mus. oficleide.
ophidiens [ɔfidjɛ̃] m. pl. Zool. ofidi.
ophioglosse [ɔfjoglɔs] m. Bot. ofioglossa ; lingua (f.) di serpe.
ophiographie [ɔfjɔgrafi] f. ofiografia.
ophiolâtrie [ɔfjɔlɑtri] f. Relig. ofiolatria.
ophiologie [ɔfjɔlɔʒi] f. ofiologia.
ophiure [ɔfjyr] f. Zool. ofiura.
ophrys [ɔfris] m. Bot. ofrio ; ofride f.
ophtalmie [ɔftalmi] f. Méd. oftalmia, oftalmite.
ophtalmique [ɔftalmik] adj. oftalmico.
ophtalmologie [ɔftalmolɔʒi] f. oftalmologia, oculistica.
ophtalmologique [ɔftalmolɔʒik] adj. oftalmologico.
ophtalmologiste [ɔftalmolɔʒist] ou **ophtalmologue** [ɔftalmolɔg] n. oftalmologo, a ; oculista.
ophtalmomètre [ɔftalmomɛtr] m. oftalmometro.
ophtalmoscope [ɔftalmoskɔp] m. oftalmoscopio.

ophtalmoscopie [ɔftalmoskɔpi] f. oftalmoscopia.
opiacé, e [ɔpjase] adj. oppiaceo.
opilions [ɔpiljɔ̃] m. pl. ZOOL. opilioni.
opimes [ɔpim] adj. f. pl. HIST. *dépouilles opimes*, spoglie opime.
opiner [ɔpine] v. intr. VX [dire son avis] esprimere, formulare un parere (L.C.). ‖ LOC. *opiner de la tête*, FAM. *du bonnet*, acconsentire, consentire (L.C.); assentire, annuire (littér.).
opiniâtre [ɔpinjɑtr] adj. LITTÉR. [tenace] caparbio, pertinace. | *caractère opiniâtre*, carattere caparbio. | *défenseur opiniâtre d'une cause*, difensore pertinace di una causa. ‖ [acharné] tenace, accanito, indefesso. | *effort opiniâtre*, sforzo tenace. | *haine, jalousie opiniâtre*, odio, gelosia tenace. | *travail opiniâtre*, lavoro accanito, indefesso. | *travailleur opiniâtre*, lavoratore accanito. ‖ [résistant] tenace, persistente. | *fièvre, toux opiniâtre*, febbre, tosse persistente.
opiniâtrer (s') [sɔpinjɑtre] v. pr. (rare) ostinarsi, incaponirsi, intestarsi, intestardirsi (L.C.). | *s'opiniâtrer dans son erreur, à partir*, incaponirsi nel proprio errore, a partire.
opiniâtreté [ɔpinjɑtrəte] f. tenacia.
opinion [ɔpinjɔ̃] f. opinione, parere m., idea, credenza. | *liberté d'opinion*, libertà di pensiero. | *journal d'opinion*, giornale d'opinione. | *avoir la même opinion que qn*, condividere l'opinione, il parere di qlcu. | *se ranger à une opinion*, aderire, accedere a un'opinione. | *se faire une opinion sur qch.*, farsi, formarsi un'opinione, un'idea in merito a qlco. | *avoir le courage de ses opinions*, avere il coraggio delle proprie opinioni. ‖ [jugement collectif] opinione. | *opinion courante*, opinione corrente, invalsa. | *l'opinion (publique)*, l'opinione pubblica, la pubblica opinione. | *selon l'opinion populaire...*, è credenza popolare che... | *sondage d'opinion*, sondaggio d'opinione. | *braver l'opinion*, sfidare l'opinione. | *partage d'opinions* = divisione (f.) di opinioni che non consente la formazione di una maggioranza. ‖ [estime] *avoir une bonne opinion de qn*, avere buona opinione di qlcu. | *avoir bonne opinion de soi*, avere un'alta opinione, un alto concetto di sé.
opiomane [ɔpjɔman] adj. et n. oppiomane.
opisthobranches [ɔpistobrɑ̃ʃ] m. pl. ZOOL. opistobranchi.
opisthodome [ɔpistodɔm] m. ARCHÉOL. opistodomo.
opium [ɔpjɔm] m. PR. et FIG. oppio. | *la religion est l'opium du peuple*, la religione è l'oppio dei popoli.
opopanax [ɔpopanaks] ou **opoponax** [ɔpoponaks] m. BOT. opopanaco, opoponaco.
opossum [ɔpɔsɔm] m. ZOOL. opossum.
opothérapie [ɔpoterapie] f. MÉD. opoterapia.
oppidum [ɔpidɔm] m. (lat.) ANTIQ. oppido.
opportun, e [ɔpɔrtœ̃, yn] adj. opportuno, propizio. | *au moment opportun*, al momento opportuno, propizio. | *en temps opportun*, in tempo utile. | *aide opportune*, aiuto tempestivo.
opportunément [ɔpɔrtynemɑ̃] adv. opportunamente, tempestivamente, a proposito.
opportunisme [ɔpɔrtynism] m. opportunismo.
opportuniste [ɔpɔrtynist] adj. opportunistico, opportunista. ◆ n. opportunista.
opportunité [ɔpɔrtynite] f. opportunità.
opposabilité [ɔpozabilite] f. JUR. opponibilità.
opposable [ɔpozabl] adj. opponibile. | *le pouce est opposable aux autres doigts*, il pollice è opponibile alle altre dita. ‖ JUR. opponibile.
opposant, e [ɔpozɑ̃, ɑ̃t] adj. contrario, avverso. | *minorité opposante*, minorità contraria, avversa. ‖ ANAT. opponente. ‖ JUR. opponente. | *tiers opposant*, terzo opponente. ◆ n. ANAT. opponente. ‖ POLIT. oppositore, avversario.
opposé, e [ɔpoze] adj. [vis-à-vis] opposto. | *maisons opposées*, case opposte, case poste di fronte. ‖ [contraire] opposto, contrario. | *opinion opposée*, opinione opposta, contraria, antagonistica. | *témoignages opposés*, testimonianze opposte, contraddittorie. ‖ [adversaire] *deux armées opposées*, due eserciti contrapposti. ‖ [inverse] *en direction opposée*, in senso inverso, opposto. ‖ BOT. *feuilles opposées*, foglie opposte. ‖ MATH. *angles opposés par le sommet*, angoli opposti al vertice. | *nombres opposés*, numeri opposti. ◆ n. m. opposto, contrario. | *le bien est l'opposé du mal*, il bene è l'opposto, il contrario del male. | *bon est l'opposé de méchant*, buono è antonimo di cattivo. | *être l'opposé de qn*, essere l'opposto di qlcu. ◆ loc. adv. et prép. ***à l'opposé (de)***, all'opposto (di).
opposer [ɔpoze] v. tr. [pour faire obstacle] opporre, contrapporre. | *opposer une digue au débordement d'un fleuve*, opporre un argine allo straripamento di un fiume. | *opposer la police à la foule, la force à la force*, opporre la polizia alla folla, la forza alla forza. ‖ FIG. *opposer un (net) refus à une demande*, opporre un (netto) rifiuto a una domanda. | *opposer une grande résistance*, opporre una strenua difesa. ‖ [mettre en vis-à-vis] *opposer du blanc à du noir, une idée à une idée*, contrapporre bianco a nero, idea a idea. ‖ [en contraste] *les opinions politiques les opposent*, le opinioni politiche li dividono. ‖ [en parallèle] opporre, contrapporre. | *opposer les Anciens aux Modernes*, opporre, contrapporre gli Antichi ai Moderni. ‖ [objecter] *opposer de bons arguments*, opporre, obiettare buoni argomenti. ◆ v. pr. [être contraire] opporsi; ostacolare v. tr. | *s'opposer à un mariage*, opporsi a un matrimonio. | *tout le monde s'oppose à mes projets*, tutti ostacolano i miei progetti. ‖ [être le contraire de] contrapporsi. | *le blanc s'oppose au noir*, il bianco si contrappone al nero.
opposite [ɔpozit] loc. adv. et prép. *à l'opposite (de)*, di fronte (a), dirimpetto (a).
opposition [ɔpozisjɔ̃] f. [obstacle] opposizione. | *faire opposition à*, opporsi a. ‖ [contraste] opposizione, contrasto m., contraddizione, dissenso m. | *opposition de couleurs, de caractères*, contrasto di colori, di caratteri. | *opposition de deux principes, de deux vérités*, opposizione, contrasto tra due principi, tra due verità. | *être en opposition avec les idées de qn*, essere in contraddizione con le idee di qlcu. | *en opposition l'un avec l'autre*, in opposizione l'uno all'altro. ‖ ASTR. opposizione. ‖ FIN. *faire opposition à un chèque, un titre*, mettere un fermo su un assegno, su un titolo. | *valeurs frappées d'opposition*, titoli colpiti da fermo. ‖ JUR. opposizione. | *opposition à mariage, à paiement*, opposizione a un matrimonio, a un pagamento. ‖ LING. *opposition pertinente*, opposizione pertinente. ‖ POLIT. opposizione. | *les partis d'opposition*, i partiti d'opposizione.
oppositionnel, elle [ɔpozisjɔnɛl] adj. POLIT. avverso. ◆ n. oppositore, trice.
oppresser [ɔprɛse] v. tr. [gêner la respiration] soffocare; opprimere (il respiro). ‖ FIG. opprimere; oppressare (VX). | *ce souvenir m'oppresse*, questo ricordo mi opprime, mi tormenta.
oppresseur [ɔprɛsœr] m. oppressore.
oppressif, ive [ɔprɛsif, iv] adj. oppressivo.
oppression [ɔprɛsjɔ̃] f. POLIT. oppressione. ‖ [gêne respiratoire] oppressione, soffocamento m. ‖ [malaise psychique] oppressione.
opprimé, e [ɔprime] adj. et n. oppresso.
opprimer [ɔprime] v. tr. opprimere. | *opprimer un peuple*, opprimere un popolo. | *opprimer les consciences*, opprimere, soffocare le coscienze.
opprobre [ɔprɔbr] m. [honte] obbrobrio, infamia f. | *couvert d'opprobre*, carico, coperto d'obbrobrio, d'infamia. ‖ [état d'abjection] *vivre dans l'opprobre*, vivere nell'obbrobrio. ‖ [sujet de honte] *être l'opprobre de sa famille*, essere l'obbrobrio, il disonore della famiglia.
optatif, ive [ɔptatif, iv] adj. et n. m. LING. optativo.
opter [ɔpte] v. intr. LITTÉR. optare. | *opter pour la révolution*, optare per la rivoluzione.
opticien [ɔptisjɛ̃] m. ottico, occhialaio.
optimal, e, aux [ɔptimal, o] adj. ottimale.
optimaliser [ɔptimalize] ou **optimiser** [ɔptimize] v. tr. ottimare, ottimizzare.
optimisme [ɔptimism] m. ottimismo.
optimiste [ɔptimist] adj. ottimistico. ◆ n. ottimista.
optimum [ɔptimɔm] m. optimum (lat.). | *optimum de*

population, optimum di popolazione. ◆ adj. inv. V. OPTIMAL.
option [ɔpsjɔ̃] f. opzione, scelta. | *les grandes options économiques*, le grandi scelte economiche. | *options du plan*, priorità del piano. ‖ FIN. *option d'achat*, opzione d'acquisto. ‖ JUR. *lever, exercer une option*, esercitare il proprio diritto d'opzione. ‖ UNIV. *matière à option*, materia facoltativa, opzionale.
optionnel, elle [ɔpsjɔnɛl] adj. opzionale.
optique [ɔptik] adj. ANAT., PHYS. ottico. | *angle optique*, angolo ottico, visuale. | *nerf optique*, nervo ottico. ◆ n. f. PHYS. ottica. | *illusion d'optique*, illusione ottica (pr.); errore di prospettiva, di giudizio (fig.). ‖ [point de vue] visuale; angolo visuale. | *dans cette optique*, da questo punto di vista.
optométrie [ɔptɔmetri] f. MÉD. optometria.
opulence [ɔpylɑ̃s] f. PR. et FIG. opulenza. | *opulence des formes*, opulenza delle forme.
opulent, e [ɔpylɑ̃, ɑ̃t] adj. PR. et FIG. opulento.
opuntia [ɔpɔ̃sja] m. BOT. opunzia f.
opus [ɔpys] m. ARCHÉOL., MUS. opus (lat.).
opuscule [ɔpyskyl] m. opuscolo.
1. or [ɔr] m. oro. | *d'or, en or*, d'oro; aureo adj. | *or blanc, gris, rouge*, oro bianco, grigio, rosso. | *or vierge*, oro greggio, grezzo. | *or pur, fin*, oro (di) zecchino. | *monnaie d'or*, moneta d'oro. ‖ [monnaie] *payer en or*, pagare in oro. ‖ FIN. *clause, valeur or*, clausola, valore oro. ‖ FIG. [richesse] *mine d'or*, miniera d'oro. | *soif de l'or*, sete, brama dell'oro. | *adorer le veau d'or*, V. VEAU. ‖ [symbole d'excellence] *caractère, cœur d'or*, carattere, cuore d'oro. | *mari, épouse en or*, marito, moglie d'oro. | *livre d'or*, libro d'oro. | ART *nombre d'or*, V. NOMBRE. ‖ *règle d'or*, regola aurea. ‖ CRIT. LITT. *siècle d'or*, secolo d'oro. ‖ HÉRALD. oro. ‖ MYTH. *âge d'or*, età dell'oro. ‖ LOC. FAM. *affaire, marché d'or*, affare, contratto d'oro. | *c'est de l'or en barre*, V. BARRE. | *être cousu d'or, rouler sur l'or*, nuotare nell'oro. | *faire à qn un pont d'or*, fare a qlcu. ponti d'oro. | *franc comme l'or* = franco e schietto. | *tu parles d'or*, quel che dici è oro colato. | *payer au poids de l'or*, pagare a peso d'oro. | *je ne le ferais pas pour tout l'or du monde*, non lo farei per tutto l'oro del mondo. | *pesant d'or*, V. PESANT.
2. or conj. ora, orbene. | *or donc*, ordunque.
oracle [ɔrakl] m. ANTIQ. [réponse, divinité, sanctuaire] oracolo. ‖ VX [prophétie biblique] oracolo. ‖ LOC. FIG. *parler comme un oracle*, parlare come un oracolo; oracoleggiare. | *ton d'oracle*, tono profetico, oracolare (rare).
orage [ɔraʒ] m. MÉTÉOR. temporale. | *orage magnétique*, tempesta, burrasca magnetica. ‖ FIG. tempesta, burrasca, tumulto. | *les orages du cœur, des passions*, i tumulti del cuore, delle passioni. | *les orages de la vie*, le burrasche della vita. ‖ FAM. *il y a de l'orage dans l'air*, c'è temporale, c'è burrasca in famiglia; c'è aria di temporale.
orageusement [ɔraʒøzmɑ̃] adv. tempestosamente.
orageux, euse [ɔraʒø, øz] adj. tempestoso, burrascoso; temporalesco, da temporale; procelloso (litt.). | *le temps est orageux*, c'è aria di temporale. | *vent orageux*, vento da temporale. | *les pays de montagne sont très orageux*, i paesi di montagna sono soggetti a temporali. ‖ FIG. *entrevue orageuse*, incontro tempestoso, tumultuoso. | *amour orageux*, amore tempestoso. | *vie orageuse*, vita tempestosa.
oraison [ɔrɛzɔ̃] f. RELIG. orazione, preghiera. | *oraison dominicale, funèbre, mentale*, orazione dominicale, funebre, mentale.
oral, e, aux [ɔral, o] adj. orale. | *cavité orale*, cavità orale. | *déposition, tradition orale*, deposizione, tradizione orale. | *examen oral*, esame orale. ‖ PSYCHAN. *stade oral*, fase orale. ‖ LING. orale. ◆ n. m. UNIV. orale. | *les oraux*, gli orali.
orange [ɔrɑ̃ʒ] f. arancia; arancio m. (moins corr.). | *peler une orange*, sbucciare un'arancia. | *orange amère*, arancia amara; melangola. | *orange pressée*, spremuta d'arancia. | *goût d'orange*, gusto arancino. ◆ m. [couleur] arancio. ◆ adj. inv. arancio.
orangé, e [ɔrɑ̃ʒe] adj. aranciato. ◆ n. m. arancione.
orangeade [ɔrɑ̃ʒad] f. aranciata.
oranger [ɔrɑ̃ʒe] m. BOT. arancio. | *fleur d'oranger*, fiore (m.) d'arancio; zagara f.
orangeraie [ɔrɑ̃ʒrɛ] f. aranceto m.
orangerie [ɔrɑ̃ʒri] f. aranciera.
orangiste [ɔrɑ̃ʒist] m. HIST. orangista.
orang-outan(g) [ɔrɑ̃utɑ̃] m. ZOOL. orango, orangutan(o); rangutan(o) (pop.).
orant, e [ɔrɑ̃, ɑ̃t] n. ART orante.
orateur [ɔratœr] m. oratore. | *orateur sacré*, oratore sacro; predicatore. ‖ [homme éloquent] oratore.
oratoire [ɔratwar] adj. oratorio. ◆ n. m. RELIG. oratorio.
oratorien [ɔratɔrjɛ̃] m. RELIG. oratoriano.
oratorio [ɔratɔrjo] m. (ital.) MUS. oratorio.
1. orbe [ɔrb] adj. *mur orbe*, muro cieco.
2. orbe m. ASTR. orbe.
orbiculaire [ɔrbikylɛr] adj. orbicolare, circolare. ‖ ANAT. *muscle orbiculaire*, (muscolo) orbicolare.
orbitaire [ɔrbitɛr] adj. ANAT. orbitale.
orbital, e, aux [ɔrbital, o] adj. ASTR. orbitale. | *vol orbital*, volo orbitale.
orbite [ɔrbit] f. ANAT. orbita, occhiaia. ‖ ASTR., PHYS. orbita. | *mettre, mise en orbite*, mettere, messa in orbita. ‖ FIG. *se trouver dans, hors de l'orbite de qn*, rimanere, mantenersi nell'orbita, fuori dell'orbita di qlcu.
orcanette [ɔrkanɛt] f. BOT. alcanna.
orchestral, e, aux [ɔrkɛstral, o] adj. MUS. orchestrale.
orchestration [ɔrkɛstrasjɔ̃] f. MUS. orchestrazione, strumentazione. ‖ FIG. orchestrazione. | *orchestration d'une manifestation*, orchestrazione di una manifestazione.
orchestre [ɔrkɛstr] m. MUS. orchestra f. | *grand, petit orchestre*, grande, piccola orchestra. | *orchestre symphonique, de chambre*, orchestra sinfonica, da camera. | *orchestre de jazz*, orchestra jazz. ‖ [de café, music-hall] orchestrina f. | *musicien d'orchestre*, orchestrale, suonatore d'orchestra. | *chef d'orchestre*, direttore d'orchestra. ‖ ARCHÉOL. orchestra. ‖ THÉÂTRE platea f. | *fauteuil d'orchestre*, poltrona di platea.
orchestrer [ɔrkɛstre] v. tr. MUS. orchestrare, strumentare. ‖ FIG. *orchestrer des manifestations*, orchestrare, inscenare manifestazioni.
orchidacées [ɔrkidase] f. pl. BOT. orchidacee.
orchidée [ɔrkide] f. BOT. orchidea.
orchis [ɔrkis] m. BOT. orchis f. inv.
orchite [ɔrkit] f. MÉD. orchite.
ordalie [ɔrdali] f. HIST. ordalia; giudizio (m.) di Dio. | *ordalie de l'eau, du feu*, prova dell'acqua, del fuoco.
ordinaire [ɔrdinɛr] adj. [habituel] ordinario, normale, solito, consueto, abituale. | *le cours ordinaire des événements*, il corso ordinario, il solito corso degli avvenimenti. | *conduite ordinaire de la vie*, condotta normale, solita, abituale, consueta della vita. | *la gaieté ordinaire de qn*, la solita allegria di qlcu. | *session ordinaire*, sessione ordinaria. | *usage ordinaire*, impiego normale. ‖ [de niveau médiocre] *vin ordinaire*, vino comune. | *esprit ordinaire*, mente mediocre. | *des gens très ordinaires*, gente assai ordinaria. ‖ LOC. FAM. *c'est pas ordinaire !*, è strano (L.C.). ◆ n. m. [ce qui est habituel] *avoir horreur de l'ordinaire*, aver orrore del consueto. | *au-dessus de l'ordinaire*, fuori dell'ordinario, del comune; non comune (adj.). ‖ *à mon (ton, son) ordinaire*, secondo il mio (tuo, suo) solito; come è mio (tuo, suo) costume. ‖ [nourriture habituelle] vitto. | *faire du foie gras son ordinaire*, cibarsi di foie gras. ‖ MIL. rancio. | *caporal d'ordinaire*, caporale addetto al rancio. ‖ RELIG. ordinario; vescovo diocesano. | [liturgie] *l'ordinaire de la messe*, l'ordinario della messa. ◆ loc. adv. ***d'ordinaire, à l'ordinaire***, d'ordinario, di solito; per l'ordinario (litt.). | *comme à l'ordinaire*, come al solito.
ordinal, e, aux [ɔrdinal, o] adj. ordinale.
ordinand [ɔrdinɑ̃] m. RELIG. ordinando.
ordinant [ɔrdinɑ̃] m. RELIG. ordinante.

ordinateur [ɔrdinatœr] m. ÉLECTRON. computer (angl.); calcolatore elettronico.
ordinaticien, enne [ɔrdinatisjɛ̃, ɛn] n. = addetto, addetta agli elaboratori elettronici.
ordination [ɔrdinasjɔ̃] f. RELIG. ordinazione.
ordo [ɔrdo] m. inv. RELIG. ordo (lat.).
ordonnance [ɔrdɔnɑ̃s] f. [disposition] disposizione; ordinamento m. | *ordonnance des mots dans la phrase*, disposizione delle parole nella frase. | *ordonnance d'un repas*, ordinamento di un pranzo. | *ordonnance d'un appartement*, disposizione di un appartamento. || POLIT. ordinanza. || [règlement] *ordonnance de police*, regolamento (m.) di polizia. || ARCHIT. ordine. || FIN. *ordonnance de paiement*, ordine, mandato (m.) di pagamento. || JUR. ordinanza. || MÉD. ricetta, prescrizione. | *exécuter une ordonnance*, spedire una ricetta. | *suivre l'ordonnance*, attenersi alla prescrizione. | *médicament délivré seulement sur ordonnance*, medicina da vendersi solo dietro presentazione di ricetta medica. || MIL. [soldat] VX ordinanza, attendente m. | *officier d'ordonnance*, ufficiale d'ordinanza. | *revolver d'ordonnance*, rivoltella d'ordinanza.
ordonnancement [ɔrdɔnɑ̃smɑ̃] m. FIN. mandato di pagamento.
ordonnancer [ɔrdɔnɑ̃se] v. tr. FIN. emettere il mandato di pagamento di.
ordonnateur, trice [ɔrdɔnatœr, tris] adj. ordinatore, trice. | *intelligence ordinatrice*, intelligenza ordinatrice. ◆ n. *ordonnateur d'un repas*, organizzatore di un pranzo. | *ordonnateur des pompes funèbres* = direttore di cerimonia funebre. ◆ n. m. ADM. amministratore emittente di un mandato di pagamento; ordinatore.
ordonné, e [ɔrdɔne] adj. ordinato. | *enfant ordonné*, ragazzo ordinato. | *bureau bien ordonné*, ufficio ben ordinato. | *vie ordonnée*, vita ordinata, regolata. || MATH. *couple, ensemble, polynôme ordonné*, coppia ordinata; insieme, polinomio ordinato. ◆ n. f. MATH. ordinata.
ordonner [ɔrdɔne] v. tr. [mettre en ordre] ordinare; mettere in ordine. | *ordonner sa chambre*, mettere in ordine, ordinare la propria camera, dare un'ordinata alla propria camera. | *ordonner ses idées*, ordinare, mettere in ordine le proprie idee. || [enjoindre] ordinare, comandare, ingiungere. | *ordonner à qn de venir*, ordinare, comandare, ingiungere a qlcu. di venire. | *ordonner que tout le monde soit présent*, ordinare, comandare che tutti siano presenti. || MÉD. *ordonner un remède*, ordinare, prescrivere un rimedio. || MATH. *ordonner un polynôme*, ordinare un polinomio intero. || RELIG. *ordonner un diacre, un prêtre*, ordinare un diacono, un sacerdote.
ordovicien [ɔrdɔvisjɛ̃] adj. et n. m. GÉOL. ordoviciano.
ordre [ɔrdr] m. **1.** [disposition] ordine. | *citer dans l'ordre alphabétique, chronologique*, citare in ordine alfabetico, cronologico. | *numéro d'ordre*, numero d'ordine. | *ordre d'arrivée*, ordine d'arrivo. | *par ordre, dans l'ordre d'entrée en scène*, per ordine di entrata in scena. | *par ordre d'importance, de mérite*, per ordine d'importanza, di merito. | *procéder par ordre*, procedere con ordine. | *mettre de l'ordre dans ses affaires*, mettere in ordine, in assetto i propri affari. | *remise en ordre*, riordinamento m. | *avoir de l'ordre*, essere ordinato. | *mettre bon ordre à*, mettere, porre riparo a; provvedere a. || **2.** [fonctionnement normal] *ordre naturel*, ordine, legge (f.) naturale. | *l'ordre de l'univers*, l'ordine dell'universo. | *c'est dans l'ordre (des choses)*, è nell'ordine delle cose; è normale. | *tout est rentré dans l'ordre*, tutto è rientrato nella normalità. || LOC. *ordre public*, ordine pubblico. | *troubler l'ordre social*, turbare l'ordine sociale. | *service d'ordre*, servizio d'ordine. | *rappeler à l'ordre*, richiamare all'ordine. || **3.** [association] *ordres de chevalerie*, ordini cavallereschi. | *ordre des médecins, des avocats*, ordine dei medici, degli avvocati. || **4.** [catégorie] ordine, categoria f. | *un autre ordre de considérations*, un altro ordine di considerazioni. | *écrivain de premier, de dernier ordre*, scrittore di prim'ordine, di infimo ordine. | *questions d'ordre pratique, administratif*, questioni d'ordine pratico, amministrativo. | *ordre de grandeur*, ordine di grandezza. | *un nombre dans l'ordre des milliers*, un numero nell'ordine delle migliaia. || ANTIQ. *ordre sénatorial*, ordine senatorio. || **5.** [commandement] ordine, comando. | *à vos ordres, mon lieutenant!*, agli ordini, ai suoi ordini, signor tenente; comandi, signor tenente! | *donner l'ordre de*, dar l'ordine di. | *être aux ordres de qn*, essere, mettersi a disposizione di qlcu. | *être sous les ordres de qn*, essere sotto gli ordini di qlcu. | *jusqu'à nouvel ordre*, fino a nuovo ordine. | *par ordre du directeur*, per ordine del direttore. || **6.** [classification] BOT., ZOOL. ordine. || **7.** LOC. *ordre du jour*, ordine del giorno. | *inscrire, passer à l'ordre du jour*, iscrivere, passare all'ordine del giorno. | *être à l'ordre du jour* (fig.), essere all'ordine del giorno, essere d'attualità. || ARCHIT. *ordre dorique, ionique, corinthien, toscan, composite*, ordine dorico, ionico, corinzio, tuscanico, composito. || COMM. ordine. | *à l'ordre de*, all'ordine di. || FIN. *ordre de Bourse*, ordine di Borsa. | *ordre à terme, au comptant*, ordine a termine, in contanti. || JUR. *d'ordre public*, d'ordine pubblico. || MAR. *navires en ordre de convoi*, navi in convoglio. || MATH. *relation d'ordre*, relazione d'ordine. || MIL. *ordre de marche, de bataille*, ordine di marcia, di battaglia. | *en ordre serré, dispersé*, in ordine serrato, sparso. | *ordre de mission*, ordine di missione; [pour véhicules] foglio di marcia. | *mot d'ordre*, V. MOT. | *citation à l'ordre du jour*, citazione all'ordine del giorno. || RELIG. ordine. | *ordre franciscain*, ordine francescano. | *Tiers Ordre*, Terz'ordine. || [sacrements] *ordres majeurs, mineurs*, ordini maggiori, minori. || THÉOL. *ordre de la nature, de la Grâce*, ordine naturale, della natura, ordine della Grazia.
ordure [ɔrdyr] f. immondizia. || LITTÉR. [débauche] *se vautrer dans l'ordure*, sprofondarsi nella turpitudine. || [obscénité] *ce livre est une ordure, plein d'ordures*, questo libro è una porcheria, una sozzura; è pieno di porcherie, di sozzure. || [insulte] VULG. sozzone, fetente. ◆ pl. spazzatura f., pattume m., rifiuti m. pl. | *boîte à ordures*, pattumiera. | *enlèvement des ordures*, raccolta dei rifiuti, della spazzatura.
ordurier, ère [ɔrdyrje, ɛr] adj. sconcio, osceno. | *écrivain ordurier*, scrittore osceno, sconcio. | *livre ordurier*, libro osceno, sconcio. | *propos orduriers*, discorsi osceni, sconci.
oréade [ɔread] f. MYTH. oreade.
orée [ɔre] f. LITTÉR. *l'orée du bois*, il limitare del bosco.
1. oreillard, e [ɔrɛjar, ard] adj. orecchiuto.
2. oreillard m. ZOOL. orecchione.
oreille [ɔrɛj] f. **1.** ANAT. orecchio m., orecchia (plus rare). | *oreille externe, moyenne, interne*, orecchio esterno, medio, interno. | *oreilles décollées*, (fam.) *en feuille de chou*, orecchi, orecchie a sventola. | *oreilles d'âne*, orecchie d'asino. | *mal d'oreilles*, mal d'orecchi; otalgia, otite f. | *les oreilles me tintent*, mi ronzano gli orecchi, le orecchie (pr.); mi fischiano gli orecchi, le orecchie (fig.). | *tintement d'oreilles*, ronzìo d'orecchi, d'orecchie. || **2.** [ouïe] orecchio, udito m. | *être dur d'oreille*, essere duro d'orecchio, d'udito. | *avoir l'oreille fine*, avere l'orecchio, l'udito fine. | *avoir de l'oreille*, avere orecchio. || **3.** TECHN. *écrou à oreilles*, dado ad alette, | *oreilles de l'ancre*, orecchie dell'ancora. | *oreille de la charrue*, orecchio dell'aratro. | *oreilles d'un fauteuil*, orecchioni (m.) di una poltrona. || **4.** LOC. FAM. *arriver aux oreilles de qn*, venire all'orecchio di qlcu. | *avoir du coton dans les oreilles*, avere le orecchie foderate di prosciutto. | *avoir l'oreille de qn*, avere, godere la fiducia di qlcu. (L.C.). | *en avoir par-dessus les oreilles*, averne fin sopra ai capelli. | *dire de bouche à oreille, dire dans le creux, dans le tuyau de l'oreille*, dire all'orecchio; dire sottovoce, in confidenza (L.C.). | *dresser l'oreille*, drizzare l'orecchio, gli orecchi. | *je n'entends pas de cette oreille*, da quest'orecchio non ci sento. | *entrer par une oreille et sortir par l'autre*, entrare da un orecchio e uscire dall'altro. | *être tout oreilles*, essere tutt'orecchi. | *fendre l'oreille à qn* = mandare qlcu. in

pensione. | *fermer l'oreille à toute proposition*, essere sordo a qualsiasi proposta. | *se gratter l'oreille*, grattarsi la pera (fig.). | *montrer le bout de l'oreille* = tradirsi. | *les murs ont des oreilles*, i muri hanno orecchie. | *parler à l'oreille de qn*, parlare all'orecchio di qlcu. | *rebattre les oreilles*, v. REBATTRE. | *rougir jusqu'aux oreilles*, arrossire fino alla punta dei capelli. | *ne pas tomber dans l'oreille d'un sourd*, non essere inteso a sordo. | *tenir le loup par les oreilles*, tenere il lupo per gli orecchi.

oreille-de-mer [ɔrɛjdəmɛr] f. ZOOL. orecchia di mare, di San Pietro ; aliotide.

oreille-de-souris [ɔrɛjdəsuri] f. orecchio (m.) di topo ; nontiscordardimé (m. inv.) [v. MYOSOTIS].

oreiller [ɔrɛje] m. guanciale ; origliere (littér.).

oreillette [ɔrɛjɛt] f. ANAT. orecchietta.

1. oreillons [ɔrɛjɔ̃] m. pl. MÉD. orecchioni ; parotite f.

2. oreillons m. pl. paraorecchie m. inv.

orémus [ɔremys] m. inv. oremus (lat.). || FAM. *réciter des orémus*, recitare preghiere (f. pl.) [L.C.].

ores [ɔr] adv. VX ora (L.C.). || LOC. *d'ores et déjà*, fin d'ora.

orfèvre (ɔrfɛvr] m. [artisan] orefice ; orafo (littér.) ; [commerçant] orefice. || LOC. FIG. *être orfèvre en la matière* = essere esperto in materia. | *vous êtes orfèvre, monsieur Josse!* = tirate l'acqua al vostro mulino.

orfèvrerie [ɔrfɛvrəri] f. [art ; commerce] oreficeria ; [ouvrage] argenteria.

orfraie [ɔrfrɛ] f. ZOOL. aquila di mare. || LOC. *pousser des cris d'orfraie*, gridare come un'aquila.

orfroi [ɔrfrwa] m. RELIG. = bordo aureo di paramento sacro.

organdi [ɔrgɑ̃di] m. TEXT. organza f. ; organdi(s) [rare].

organe [ɔrgan] m. ANAT. organo. | *organes respiratoires*, organi respiratori, della respirazione. || [voix] *avoir un bel organe*, avere una bella voce. || FIG. [moyen d'expression] *l'organe d'un parti*, l'organo, il giornale di un partito. || ADM. organo. || JUR. *le ministère public est l'organe de l'accusation*, il Pubblico Ministero è la voce dell'accusa. || [organisme] organo, organismo. | *organes directeurs*, organi, organismi direttivi. || TECHN. organo. | *organe de connexion, de transmission*, organo, meccanismo di collegamento, di trasmissione.

organeau [ɔrgano] m. MAR. cicala f.

organicisme [ɔrganisism] m. organicismo.

organigramme [ɔrganigram] m. ADM. organigramma ; diagramma di struttura. || ÉLECTRON. organigramma.

organique [ɔrganik] adj. organico. | *vie, maladie organique*, vita, malattia organica. | *chimie organique*, chimica organica. | *fonctions organiques*, funzioni organiche. || HIST. *Articles organiques*, Articoli organici. || JUR. *loi organique*, legge organica. || MIL. organico.

organisable [ɔrganizabl] adj. organizzabile.

organisateur, trice [ɔrganizatœr, tris] adj. organizzativo. | *capacité organisatrice*, capacità organizzativa. ◆ n. organizzatore, trice. | *organisateur-conseil*, consigliere d'organizzazione. ◆ n. m. BIOL. organizzatore.

organisation [ɔrganizasjɔ̃] f. [des êtres vivants] organizzazione. || [préparation] *organisation d'une cérémonie*, organizzazione di una cerimonia. | *défaut d'organisation*, difetto di organizzazione. | *comité d'organisation*, comitato organizzatore. || [structure] *organisation de l'armée, des services postaux*, organizzazione dell'esercito, dei servizi postali. || [institution] organizzazione ; organismo m. | *organisations internationales, syndicales*, organizzazioni, organismi internazionali, sindacali. | *Organisation des nations unies (O.N.U.)*, Organizzazione delle nazioni unite (ONU). | *organisation scientifique du travail*, organizzazione scientifica del lavoro.

organisé, e [ɔrganize] adj. [pourvu d'organes] *êtres organisés*, esseri organizzati. || [structuré] *service bien organisé*, servizio ben organizzato. | *tête bien organisée*, mente ben ordinata, regolata. || [préparé] *voyage organisé*, viaggio organizzato. || [affilié à une organisation] *citoyen organisé*, organizzato m. || FAM. *c'est du vol organisé!*, è un furto!

organiser [ɔrganize] v. tr. organizzare, preparare. | *organiser un ministère, un parti, une armée*, organizzare un ministero, un partito, un esercito. | *organiser une fête, un voyage*, organizzare, preparare una festa, un viaggio. | *organiser sa vie*, organizzare la propria vita. | *organiser la matière d'un livre*, organizzare la materia di un libro. ◆ v. pr. organizzarsi.

organisme [ɔrganism] m. BIOL. organismo. | *l'organisme humain*, l'organismo umano. || ADM., POLIT. organismo.

organiste [ɔrganist] n. MUS. organista.

organite [ɔrganit] m. BIOL. organello, organito, organulo.

organsin [ɔrgɑ̃sɛ̃] m. TEXT. organzino.

organsinage [ɔrgɑ̃sinaʒ] m. TEXT. ritorcitura (f.) [dei fili di seta].

organsiner [ɔrgɑ̃sine] v. tr. TEXT. ritorcere (i fili di seta).

orgasme [ɔrgasm] m. orgasmo.

orge [ɔrʒ] f. BOT. orzo m. | *orge hâtive, de printemps*, orzo precoce, primaverile. | *sucre d'orge*, zucchero d'orzo. ◆ m. *orge mondé, perlé*, orzo mondato, perlato.

orgeat [ɔrʒa] m. orzata f.

orgelet [ɔrʒəlɛ] m. MÉD. orzaiolo.

orgiaque [ɔrʒjak] adj. orgiastico.

orgie [ɔrʒi] f. [débauche] orgia. || [surabondance] *orgie de lumière, de couleurs*, orgia di luce, di colori.

orgue [ɔrg] sing. m., pl. m. ou f. MUS. organo. | *les grandes orgues de Notre-Dame*, l'organo principale di Notre-Dame. | *les grands orgues des églises de Paris*, i grandi organi delle chiese di Parigi. | *orgue portatif, positif*, (organo) portativo, positivo. | *buffet, point, tribune d'orgue*, v. ces mots. | *orgue de Barbarie*, organetto (di Barberia). || GÉOL. *orgues basaltiques*, basalti colonnari. || MIL. *orgues de Staline*, organo di Stalin ; catiuscia f.

orgueil [ɔrgœj] m. [en mauvaise part] orgoglio, superbia f. | *bouffi d'orgueil*, gonfio di orgoglio ; tronfio. || [en bonne part] *légitime orgueil*, legittimo orgoglio. | *être l'orgueil de sa famille*, essere l'orgoglio, l'onore, la gloria della famiglia ; essere motivo di vanto per la famiglia. || LOC. *tirer orgueil de*, menar vanto di. | *mettre son orgueil à*, farsi un punto d'onore di. | *mettre son orgueil à ne pas céder*, non cedere per puro puntiglio.

orgueilleux, euse [ɔrgœjø, øz] adj. orgoglioso, superbo. | *attitude, réponse orgueilleuse*, atteggiamento orgoglioso ; risposta orgogliosa. | *être orgueilleux de son fils*, essere orgoglioso, fiero del figlio.

orichalque [ɔrikalk] m. ANTIQ. oricalco.

orient [ɔrjɛ̃] m. oriente. || GÉOGR. *Extrême-, Moyen-, Proche-Orient*, Estremo, Medio, Vicino Oriente. || HIST. *question, armée d'Orient*, questione, armata d'Oriente. || [loge maçonnique] oriente. | *Grand Orient*, Grande Oriente. || [d'une perle] oriente.

orientable [ɔrjɑ̃tabl] adj. orientabile.

oriental, e, aux [ɔrjɑ̃tal, o] adj. et n. orientale. | *les orientaux*, gli orientali.

orientalisme [ɔrjɑ̃talism] m. [connaissance de l'Orient] orientalistica f. || [goût de l'Orient] orientalismo.

orientaliste [ɔrjɑ̃talist] adj. orientalistico. ◆ n. orientalista.

orientation [ɔrjɑ̃tasjɔ̃] f. orientamento m., orientazione. | *avoir, ne pas avoir le sens de l'orientation*, avere, non avere il senso dell'orientamento. | *table d'orientation*, tavola di orientamento. | *orientation d'un terrain de sport, d'un édifice*, orientazione di un campo sportivo, di un edificio. || MAR. orientamento. || FIG. [direction] *orientation de la politique*, orientamento della politica. || UNIV. *orientation scolaire et professionnelle*, orientamento scolastico e professionale.

orientement [ɔrjɑ̃tmɑ̃] m. MAR. orientamento.

orienté, e [ɔrjɑ̃te] adj. orientato. | *maison bien orientée,* casa ben orientata, ben esposta. || MATH. *droite orientée,* retta orientata. || FIG. *élève mal orienté,* scolaro orientato male (negli studi). | *livre orienté,* libro orientato, che ha un indirizzo dottrinale.
orienter [ɔrjɑ̃te] v. tr. [un édifice] orientare ; orizzontare (rare) ; [une carte, un plan] orientare. || [une personne] orientare, indirizzare. | *orienter vers les études classiques,* orientare verso gli, agli studi classici, indirizzare agli studi classici. | *orienter le public vers la sortie,* dirigere il pubblico verso l'uscita. || MAR. orientare. ◆ v. pr. [déterminer sa position] orientarsi, orizzontarsi. || FIG. *s'orienter vers une recherche,* mettersi sulla via di una ricerca.
orienteur, euse [ɔrjɑ̃tœr, øz] n. UNIV. consigliere, consigliera d'orientamento scolastico e professionale. ◆ adj. MIL. *officier orienteur,* ufficiale topografo.
orifice [ɔrifis] m. orifizio, orificio.
oriflamme [ɔriflam] f. orifiamma.
origan [ɔrigɑ̃] m. BOT., CULIN. origano (V. MARJOLAINE).
originaire [ɔriʒinɛr] adj. originario. | *plante originaire d'Asie,* pianta originaria dell'Asia. || [qui apparaît à l'origine] *tare, vice originaire,* tara atavica, vizio atavico.
original, e, aux [ɔriʒinal, o] adj. [qui émane de son auteur] *texte original,* testo originale. | *édition, gravure originale,* edizione, stampa originale. || [nouveau] *pensée originale,* pensiero originale, nuovo. | *écrivain original,* scrittore originale. || [singulier] originale, bizzarro. | *caractère original,* carattere originale, bizzarro. ◆ n. [modèle d'un portrait] originale. || [personne singulière] originale. | *c'est un original,* è un originale, uno stravagante, un uomo bizzarro. ◆ n. m. [modèle primitif] originale. || JUR. atto, documento originale.
originalité [ɔriʒinalite] f. originalità. || [bizarrerie] originalità, bizzarria.
origine [ɔriʒin] f. [commencement, cause] origine. | *origine du monde, de la vie,* origine del mondo, della vita. | *origine d'une maladie,* origine, causa di una malattia. | *origine d'un mot,* origine, etimologia di un termine. || [classe sociale] *être d'origine modeste,* essere di origini modeste. || [provenance] *mode d'origine anglaise,* moda di origine inglese. | *lieu, pays d'origine,* luogo, paese d'origine. || JUR. *certificat d'origine,* certificato d'origine. || MATH. origine. ◆ loc. adv. ***à l'origine,*** in origine, all'inizio.
originel, elle [ɔriʒinɛl] adj. RELIG. *péché originel,* peccato originale. | *grâce originelle,* grazia originale. || [premier] originario. | *sens originel d'un mot,* senso originario di un termine.
originellement [ɔriʒinɛlmɑ̃] adv. [à l'origine] originariamente.
orignal, aux [ɔriɲal, o] m. ZOOL. orignale ; alce americano.
orillon [ɔrijɔ̃] m. ARCHIT., MIL. orecchione.
orin [ɔrɛ̃] m. MAR. grippia f. | *bouée d'orin,* grippiale m.
oripeau [ɔripo] m. PR. et FIG. orpello. ◆ pl. = abiti consunti (un tempo lussuosi).
orle [ɔrl] m. ARCHIT. collarino. || HÉRALD. orlo, filiera f., cinta f.
orléanais, e [ɔrleanɛ, ɛz] adj. GÉOGR. orleanese.
orléaniste [ɔrleanist] adj. et n. HIST. orleanista.
Orlon [ɔrlɔ̃] m. TEXT. orlon.
ormaie [ɔrmɛ] ou **ormoie** [ɔrmwa] f. olmaia ; olmeto m.
orme [ɔrm] m. BOT. olmo. || LOC. *attendez-moi sous l'orme,* hai voglia di aspettare ! ; aspetta e spera !
1. ormeau [ɔrmo] m. BOT. olmo giovane.
2. ormeau m. ZOOL. V. OREILLE-DE-MER.
ormille [ɔrmij] f. BOT. olmo giovanissimo. || [plant] piantagione di giovani olmi ; [haie] filare (m.), siepe di giovani olmi.
1. orne [ɔrn] m. BOT. orn(i)ello ; orno (rare).
2. orne m. [viticulture] solco.
ornemaniste [ɔrnəmanist] n. ornatista.
ornement [ɔrnəmɑ̃] m. ornamento, addobbo. | *plantes d'ornement,* piante per ornamento, piante ornamentali. | *ornements d'une église,* addobbo, paramenti di una chiesa. || ARCHIT. ornamento, fregio. || RELIG. *ornements sacerdotaux,* paramenti sacerdotali. || FIG. *ornements du style,* ornamenti, abbellimenti dello stile. | *être l'ornement de son siècle,* essere l'ornamento del proprio secolo. || MUS. ornamento, abbellimento, fioritura f.
ornemental, e, aux [ɔrnəmɑ̃tal, o] adj. ornamentale. | *style ornemental,* stile ornamentale. | *plante ornementale,* pianta ornamentale.
ornementation [ɔrnəmɑ̃tasjɔ̃] f. ornamentazione (gall.) ; addobbo m.
ornementer [ɔrnəmɑ̃te] v. tr. ornamentare (gall.) ; ornare, adornare, addobbare.
orner [ɔrne] v. tr. ornare, adornare, decorare. | *orner une table de fleurs,* ornare una tavola di fiori, decorare una tavola con fiori. | *orner de roses un autel,* adornare di rose un altare. || FIG. *orner son style,* ornare, abbellire il proprio stile. | *les vertus qui ornent l'âme,* le virtù che adornano l'anima. | *la lecture orne l'esprit,* la lettura orna la mente.
ornière [ɔrnjɛr] f. [trace] carreggiata ; solco m. ; rotaia (vx). | *le chariot imprimait dans la boue de profondes ornières,* il carro lasciava nel fango profondi solchi, profonde rotaie. || FIG. *sortir de l'ornière :* [routine] uscire dal sentiero battuto, dalla strada battuta ; [situation difficile] cavarsela.
ornithogale [ɔrnitɔgal] m. BOT. ornitogalo.
ornithologie [ɔrnitɔlɔʒi] f. ZOOL. ornitologia.
ornithologiste [ɔrnitɔlɔʒist] ou **ornithologue** [ɔrnitɔlɔg] m. ornitologo.
ornithomancie [ɔrnitɔmɑ̃si] f. ornitomanzia.
ornithorynque [ɔrnitɔrɛ̃k] m. ZOOL. ornitorinco.
orobanche [ɔrɔbɑ̃ʃ] f. BOT. orobanche.
orobe [ɔrɔb] m. BOT. orobo.
orogenèse [ɔrɔʒənɛz] f. orogenesi.
orogénie [ɔrɔʒeni] f. scienza dell'orogenesi.
orogénique [ɔrɔʒenik] adj. orogenetico.
orographie [ɔrɔgrafi] f. orografia.
orographique [ɔrɔgrafik] adj. orografico.
oronge [ɔrɔ̃ʒ] f. BOT. ovolo m. | *oronge vraie,* ovolo buono. | *fausse oronge,* ovolo malefico ; ovolaccio m.
orpaillage [ɔrpajaʒ] m. = sfruttamento artigianale di alluvioni aurifere.
orpailleur [ɔrpajœr] m. = lavatore di alluvioni aurifere.
orphelin, e [ɔrfəlɛ̃, in] adj. et n. orfano. | *orphelin de mère,* orfano di madre. | *jeune orphelin(e),* orfanello, a. || LOC. FAM. *défendre la veuve et l'orphelin* = proteggere i deboli e gli oppressi.
orphelinat [ɔrfelina] m. orfanotrofio.
orphéon [ɔrfeɔ̃] m. VX associazione (f.) corale maschile. || [fanfare] banda f. (musicale).
orphie [ɔrfi] f. ZOOL. aguglia.
orphique [ɔrfik] adj. orfico.
orphisme [ɔrfism] m. ART, RELIG. orfismo.
orpiment [ɔrpimɑ̃] m. MINÉR. orpimento.
orpin [ɔrpɛ̃] m. BOT. sedo.
orque [ɔrk] f. ZOOL. orca.
orseille [ɔrsɛj] f. BOT. oricello m.
orteil [ɔrtɛj] m. ANAT. dito del piede. | *gros orteil,* alluce ; dito grosso del piede.
orthocentre [ɔrtɔsɑ̃tr] m. MATH. ortocentro.
orthochromatique [ɔrtɔkrɔmatik] adj. PHOT. ortocromatico.
orthodontie [ɔrtɔdɔ̃ti] f. CHIR. ortodonzia ; ortopedia dentomaxillofacciale.
orthodoxe [ɔrtɔdɔks] adj. et n. RELIG. ortodosso. | *les orthodoxes,* gli ortodossi. || [conformiste] *opinion, morale orthodoxe,* opinione, morale ortodossa.
orthodoxie [ɔrtɔdɔksi] f. RELIG. ortodossia. | *orthodoxie littéraire, politique,* ortodossia letteraria, politica.
orthodromie [ɔrtɔdrɔmi] f. AÉR., MAR. ortodromia ; linea, curva ortodromica.
orthodromique [ɔrtɔdrɔmik] adj. ortodromico. | *route orthodromique,* rotta ortodromica.
orthoépie [ɔrtoepi] f. LING. ortoepia.
orthogenèse [ɔrtɔʒənɛz] f. ortogenesi.

orthogénie [ɔrtoʒeni] f. controllo (m.) delle nascite.
orthogonal, e, aux [ɔrtogɔnal, o] adj. MATH. ortogonale. | *projection orthogonale*, proiezione ortogonale.
orthographe [ɔrtograf] f. ortografia. | *bonne, mauvaise orthographe*, buona, cattiva ortografia. | *faute d'orthographe*, errore di ortografia.
orthographie [ɔrtografi] f. ARCHIT. prospetto (m.) di edificio. || MATH. proiezione ortogonale ; ortografia (rare).
orthographier [ɔrtografje] v. tr. scrivere. | *mon nom s'orthographie avec deux « r »*, il mio nome si scrive con due « erre ». | *bien, mal orthographier*, scrivere correttamente, scorrettamente.
orthographique [ɔrtografik] adj. GRAMM., MATH. ortografico. | *signes orthographiques*, segni ortografici. | *projection orthographique*, V. ORTHOGONAL.
orthonormé, e [ɔrtonɔrme] adj. ortonormale.
orthopédie [ɔrtopedi] f. CHIR. ortopedia.
orthopédique [ɔrtopedik] adj. ortopedico.
orthopédiste [ɔrtopedist] adj. et n. ortopedico.
orthophonie [ɔrtofɔni] f. MÉD. ortofonia. | *méthode d'orthophonie*, metodo ortofonico.
orthophoniste [ɔrtofɔnist] n. ortofonista.
orthoptères [ɔrtɔptɛr] m. pl. ZOOL. ortotteri.
orthorhombique [ɔrtɔrɔ̃bik] adj. MINÉR. ortorombico.
orthoscopique [ɔrtɔskɔpik] adj. PHOT. ortoscopico.
orthose [ɔrtoz] f. MINÉR. ortose ; ortoclasio m.
orthostatique [ɔrtostatik] adj. MÉD. ortostatico.
orthosympathique [ɔrtosɛ̃patik] adj. ANAT., PHYSIOL. ortosimpatico, simpatico.
orthotrope [ɔrtrotrɔp] adj. BOT. ortotropo, atropo.
ortie [ɔrti] f. BOT. ortica. | *ortie blanche*, lamio bianco. || ZOOL. *ortie de mer*, attinia. || LOC. *jeter le froc aux orties*, V. FROC.
ortolan [ɔrtɔlɑ̃] m. ZOOL. ortolano.
orvale [ɔrval] f. BOT. varietà di salvia.
orvet [ɔrvɛ] m. ZOOL. orbettino ; serpente di vetro.
orviétan [ɔrvjetɑ̃] m. Vx orvietano. || LOC. *marchand d'orviétan*, ciarlatano.
oryctérope [ɔrikterɔp] m. ZOOL. oritteropo.
os [ɔs, pl. o] m. ANAT. osso (pl. m. *ossi ;* collectif : f. pl. *ossa*). | *os courts, longs, plats*, ossa corte, lunghe, piatte. | *les os du bras, de la jambe*, le ossa del braccio, della gamba. || CULIN. *des os à moelle*, degli ossi col midollo. | *des os pour le bouillon*, degli ossi per il brodo. | *cracher les os du poulet*, sputare gli ossi del pollo. | *viande vendue avec, sans os*, carne venduta con l'osso, senz'osso. || ZOOL. *os de seiche*, V. SEICHE 1. || LOC. FAM. *en chair et en os*, V. CHAIR. | *n'avoir que la peau et les os, avoir la peau collée aux os, être un sac d'os*, essere pelle e ossa ; essere un sacco d'ossa. | *l'avoir dans l'os* (pop.) = subire uno smacco. | *donner un os à ronger à qn*, dare a qlcu. qlco. come zuccherino. | *ne pas faire de vieux os* = morir giovane. | *y laisser les os*, lasciarci, rimetterci la pelle. | *rompre les os à qn*, rompere le ossa a qlcu. | *se rompre les os*, rompersi le ossa. | *tomber sur un os* = urtarsi, incappare, inciampare in una difficoltà. | *trempé jusqu'aux os*, bagnato fino all'osso. || [matière] osso. | *boutons en os*, bottoni d'osso.
oscabrion [ɔskabrijɔ̃] m. ZOOL. chitone.
oscar [ɔskar] m. CIN. (premio) oscar.
oscillant, e [ɔsilɑ̃, ɑ̃t] adj. PHYS., TÉLÉCOM. oscillante, oscillatorio. || FIG. tentennante, esitante, indeciso.
oscillateur [ɔsilatœr] m. PHYS., ÉLECTR., TÉLÉCOM. oscillatore.
oscillation [ɔsilasjɔ̃] f. GÉOL., MATH., MÉTÉOR., PHYS. oscillazione. || FIG. oscillazione, esitazione, incertezza.
oscillatoire [ɔsilatwar] adj. PHYS., TÉLÉCOM. oscillatorio.
osciller [ɔsile] v. intr. PHYS. oscillare. || FIG. *osciller entre deux partis*, oscillare tra l'uno e l'altro partito. | *l'usage oscille entre les deux formes*, l'uso oscilla tra le due forme.
oscillogramme [ɔsilɔgram] m. PHYS. oscillogramma.
oscillographe [ɔsilɔgraf] m. PHYS., ÉLECTRON. oscillografo. | *oscillographe cathodique*, oscillografo a raggi catodici.
oscillomètre [ɔsilɔmɛtr] m. MÉD. oscillometro.
oscilloscope [ɔsilɔskɔp] m. PHYS., ÉLECTRON. oscilloscopio.
osco-ombrien [ɔskoɔ̃brijɛ̃] adj. et n. m. LING. osco-umbro.
osculateur, trice [ɔskylatœr, tris] adj. MATH. osculatore, trice.
osculation [ɔskylasjɔ̃] f. osculazione.
oscule [ɔskyl] m. ZOOL. osculo.
ose [oz] m. CHIM. osio, carboidrato.
osé, e [oze] adj. [audacieux] audace. | *tu es bien osé*, sei un po' troppo audace, ardito ; hai troppo ardire. || [leste] *plaisanterie osée*, scherzo spinto.
oseille [ozɛj] f. BOT. acetosa. | *petite oseille*, acetosella. | *sel d'oseille*, sale d'acetosella. || POP. [argent] quattrini m. pl., soldi m. pl. (fam.). | *il a fait son oseille*, ha fatto un sacco di soldi. || LOC. POP. *la faire à l'oseille à qn*, infinocchiare qlcu. (fam.).
oser [oze] v. tr. osare ; ardire v. tr. et intr. | *oser frapper un infirme, se plaindre*, osare percuotere un invalido, lagnarsi. | *ne pas oser mentir*, non osar mentire. | *c'est un homme à tout oser*, è uomo da osare qualunque cosa. | *oser affronter l'ennemi*, ardire (di) affrontare il nemico. | *oser un jeu de mots*, arrischiare un bisticcio. || [intention de menace] FAM. *ose répéter ça !, répète, si tu l'oses !*, ripeti, se ne hai il coraggio ! || [se permettre de] *si j'ose (le) dire*, se così posso dire, se mi è lecito dir così. | *j'ose l'espérer*, oso sperarlo. | *tu oses me dire ça, à moi ?*, ardisci dir questo, e proprio a me ?, osi dirlo a me ?
oseraie [ozrɛ] f. BOT. vincaia ; vincheto m.
oside [ozid] m. CHIM. oside.
osier [ozje] m. salice (da vimini) ; vimine, vinco.
osiériculture [ozjerikyltyr] f. coltura di salici (da vimini).
osmique [ɔsmik] adj. CHIM. osmico.
osmium [ɔsmjɔm] m. CHIM. osmio.
osmomètre [ɔsmɔmɛtr] m. osmometro.
osmonde [ɔsmɔ̃d] f. BOT. osmunda.
osmose [ɔsmoz] f. PR. et FIG. osmosi.
osmotique [ɔsmɔtik] adj. PHYS. osmotico.
osque [ɔsk] adj. et n. osco (m. pl. *osci, oschi*). ◆ n. m. LING. osco.
ossature [ɔsatyr] f. ossatura. | *avoir une forte ossature*, avere una solida ossatura. || [de construction] ossatura. || FIG. *ossature sociale, d'un drame*, ossatura sociale, di un dramma.
osséine [ɔsein] f. osseina.
osselet [ɔslɛ] m. ANAT. ossetto, ossicino. | *osselets de l'oreille*, ossicini dell'orecchio. || JEU *jouer aux osselets*, giocare agli aliossi. || VÉTÉR. soprosso.
ossements [ɔsmɑ̃] m. pl. ossame m. sing., ossa f. pl.
ossète [ɔsɛt] m. LING. ossetico, osseto.
osseux, euse [ɔsø, øz] adj. ANAT. osseo. | *système osseux*, sistema, tessuto osseo. || ZOOL. *poissons osseux*, pesci ossei ; osteitti m. pl. || [aux os saillants] ossuto.
ossianique [ɔsjanik] adj. HIST. LITTÉR. ossianesco, ossianico.
ossianisme [ɔsjanism] m. ossianismo.
ossification [ɔsifikasjɔ̃] f. ossificazione. | *point d'ossification*, centro di ossificazione.
ossifier [ɔsifje] v. tr. ossificare. ◆ v. pr. ossificarsi.
ossuaire [ɔsɥɛr] m. ossario.
ost [ɔst] m. FÉOD. oste. | *service d'ost*, servizio d'oste ; cavalcata f.
ostéalgie [ɔstealʒi] f. MÉD. ostealgia.
ostéite [ɔsteit] f. MÉD. osteite.
ostensible [ɔstɑ̃sibl] adj. Vx [qui peut être montré] ostensibile (littér.) ; ostensivo (rare). || LOC. *lettre ostensible*, lettera ostensibile, ostensiva. || (L.C.) [fait pour être remarqué] V. OSTENTATOIRE.
ostensoir [ɔstɑ̃swar] m. RELIG. ostensorio.
ostentation [ɔstɑ̃tasjɔ̃] f. ostentazione, mostra ; sfoggio m. | *faire ostentation de ses richesses*, far mostra, ostentazione delle proprie ricchezze. | *faire ostentation*

d'érudition, fare mostra, sfoggio di erudizione. | *avec, sans ostentation,* con, senza ostentazione.
ostentatoire [ɔstɑ̃tatwar] adj. LITTÉR. ostentato. | *charité ostentatoire,* carità ostentata.
ostéoblaste [ɔsteoblast] m. BIOL. osteoblasto.
ostéoclasie [ɔsteoklazi] f. CHIR. osteoclasia.
ostéogenèse [ɔsteoʒənɛz] f. osteogenesi.
ostéologie [ɔsteolɔʒi] f. osteologia.
ostéologique [ɔsteolɔʒik] adj. osteologico.
ostéomalacie [ɔsteomalasi] f. MÉD., VÉTÉR. osteomalacia.
ostéomyélite [ɔsteomjelit] f. MÉD. osteomielite.
ostéophyte [ɔsteɔfit] m. MÉD. osteofita.
ostéoplastie [ɔsteɔplasti] f. CHIR. osteoplastica.
ostéosarcome [ɔsteosarkom] m. MÉD. osteosarcoma.
ostéosynthèse [ɔsteosɛ̃tɛz] f. CHIR. osteosintesi.
ostéotomie [ɔsteotɔmi] f. CHIR. osteotomia.
ostiak n. m. V. OSTYAK.
ostiole [ɔstjɔl] m. BOT. ostiolo.
ostracisme [ɔstrasism] m. ANTIQ. ostracismo. ‖ LOC. *frapper qn d'ostracisme,* colpire qlcu. di ostracismo, dare l'ostracismo a qlcu., ostracizzare qlcu. | *être frappé d'ostracisme,* essere colpito da ostracismo, essere ostracizzato.
ostréicole [ɔstreikɔl] adj. = relativo all'ostricoltura.
ostréiculteur, trice [ɔstreikyltœr, tris] n. ostricoltore, trice.
ostréiculture [ɔstreikyltyr] f. ostricoltura.
ostrogot(h), e [ɔstrogo, ɔt] adj. HIST. ostrogoto, ostrogotico. ◆ n. m. LING. ostrogoto. ‖ FAM. [sauvage] ostrogoto, barbaro.
ostyak [ɔstjak] m. LING. ostiaco.
otage [ɔtaʒ] m. ostaggio. | *donner, prendre des otages, en otage, comme otage,* dare, prendere ostaggi, in ostaggio, come ostaggio. | *garder, retenir en otage,* tenere in ostaggio. | *prise d'otage,* presa in ostaggio. | *couvrir sa fuite en prenant un otage,* coprire la fuga prendendo un ostaggio, con un ostaggio.
otalgie [ɔtalʒi] f. MÉD. otalgia.
otarie [ɔtari] f. ZOOL. otaria.
ôter [ote] v. tr. togliere, levare. | *ôter son manteau,* levarsi, togliersi il cappotto. | *ôter le couvert,* sparecchiare (la tavola). | *ôter un nom d'une liste,* levare, eliminare un nome da una lista. | *ôter deux de quatre,* detrarre, sottrarre due da quattro. | *ôter le pain de la bouche à qn,* V. PAIN. | *ôter son emploi à qn,* rimuovere uno dall'impiego. ◆ v. pr. *s'ôter une idée de la tête,* togliersi, levarsi dalla testa un'idea. | *s'ôter de l'idée que,* liberarsi dall'idea che. | *ôte-toi de là,* levati di lì, di là. ◆ prép. ***ôté,*** eccetto, salve, tranne.
otite [ɔtit] f. MÉD. otite. | *otite externe, interne,* otite esterna; otite interna, media.
otolithe [ɔtolit] f. ANAT. otoliti m. pl., otoconi m. pl., statoliti m. pl.
otologie [ɔtolɔʒi] f. MÉD. otoiatria.
oto-rhino-laryngologie [ɔtorinolarɛ̃gɔlɔʒi] f. MÉD. otorinolaringoiatria.
oto-rhino(-laryngologiste) [ɔtorino(larɛ̃gɔlɔʒist]) m. otorinolaringoiatra.
otorragie [ɔtoraʒi] f. MÉD. otorragia.
otorrhée [ɔtore] f. MÉD. otorrea.
otoscope [ɔtɔskɔp] m. MÉD. otoscopio.
ottoman, e [ɔtɔmɑ̃, an] adj. et n. ottomano. ◆ n. m. TEXT. ottomano. ◆ n. f. ottomana.
ou [u] conj. [alternative] o; od [devant voyelle]. | *(ou) vaincre ou mourir,* (o) vincere o morire. | *ou bien,* ovvero, oppure, ossia. | *ou bien j'y vais tout de suite, ou bien je n'y vais pas,* o ci vado subito o non ci vado; ci vado subito, oppure, ovvero non ci vado. | *un ou même deux,* uno o(d) anche due. ‖ [explication] *l'Étrurie, ou Toscane,* l'Etruria, ossia la Toscana. ‖ [approximation] *il y avait vingt ou trente personnes,* c'erano venti o trenta persone, fra le venti e le trenta persone.
où [u] adv. [lieu] dove; ove (littér.). | *voici où j'habite, la pièce où je dors,* ecco dove abito, la stanza dove dormo. | *reste où tu es,* resta dove sei. | *va où tu veux,* va' dove ti pare. | *la maison où j'habite,* la casa dove, in cui abito. ‖ [temps, état] in cui. | *le jour où je t'ai vu,* il giorno in cui ti vidi. | *au moment, à l'heure où,* nel momento, all'ora in cui. | *dans l'état où tu te trouves,* nello stato in cui sei. ‖ [interrogation] dove. | *où es-tu, où vas-tu?,* dove sei?, dove vai? | *dis-moi où tu vas,* dimmi dove vai. ◆ loc. adv. ***d'où,*** di dove, da dove. | *d'où viens-tu?,* di dove, da dove vieni? | *d'où il résulte que,* donde risulta che. ‖ ***là où,*** là dove. | ***par où,*** per dove. | *par où passerons-nous?,* per dove passeremo? | *je ne sais pas où commencer mon travail,* non so di dove, da dove, da che parte cominciare il lavoro. ‖ ***n'importe où,*** in qualunque luogo; ovunque (litt.) ◆ loc. conj. ***où que*** : *où que tu ailles,* dove che tu vada, dovunque tu vada. ‖ ***au cas où,*** V. CAS.
ouabaïne [wabain] f. PHARM. uabaina, strofantina.
ouailles [waj] f. pl. LITTÉR. gregge m. sing. ‖ IRON. pecorelle f. pl.
ouais! [wɛ] interj. FAM. (iron.) ah sì!
ouate [wat] f. TEXT. ovatta. ‖ PHARM. *ouate hydrophile,* cotone idrofilo. | *ouate de cellulose,* cotone, ovatta di cellulosa.
ouater [wate] v. tr. [doubler] ovattare. ‖ FIG. *pas ouaté,* passo ovattato. | *bruit ouaté,* rumore ovattato.
ouaterie [watri] f. ovattificio m.
ouatine [watin] f. bambagina.
ouatiner [watine] v. tr. imbottire, foderare di bambagina.
oubli [ubli] m. dimenticanza f.; oblio (littér.). | *oubli d'un détail,* dimenticanza di un particolare. | *faculté d'oubli,* facilità di dimenticare. | *tomber dans l'oubli,* cadere in dimenticanza. | *l'oubli de ses devoirs,* il dimenticare i propri doveri; l'oblio dei propri doveri (littér.). | *oubli de soi,* abnegazione f. | *pratiquer l'oubli des offenses,* dimenticare, scordare le offese. | *j'ai un oubli, quel est votre nom?,* ho un vuoto di memoria, qual è il suo nome?; mi sfugge il suo nome. | *commettre, réparer un oubli,* commettere, riparare una dimenticanza; riparare ad una dimenticanza.
oublie [ubli] f. VX cialdone m.; cialda (L.C.). | *marchand d'oublies,* cialdonaio.
oublier [ublije] v. tr. [perdre le souvenir de] dimenticare; dimenticarsi (di); scordare; scordarsi (di); obliare (littér.). | *oublier une date, le latin, le titre d'un livre,* dimenticare una data, il latino, il titolo di un libro. | *tout oublier,* dimenticarsi di tutto. | *oublier une adresse,* dimenticare un indirizzo, scordarsi di un indirizzo. ‖ ABSOL. *boire pour oublier,* bere per dimenticare. | *se faire oublier,* non farsi più vivo. ‖ [ne pas penser à] dimenticare, dimenticarsi, scordare, scordarsi. | *oublier le passé, les offenses,* dimenticare, scordare, scordarsi il passato, le offese. | *oublier d'écrire,* dimenticare, trascurare di scrivere; dimenticarsi di scrivere. | *j'ai oublié que j'avais un rendez-vous, d'aller au cours,* ho scordato che avevo un appuntamento; mi sono dimenticato di andare alla lezione. ‖ [laisser par inadvertance] dimenticare, dimenticarsi. | *j'ai oublié mes gants à la maison,* ho dimenticato, mi sono dimenticato i guanti a casa. ‖ [laisser passer] *oublier l'heure,* lasciar passare l'ora. ‖ [omettre par négligence] scordare, dimenticare. | *oublier ses promesses, ses devoirs,* scordare, dimenticare le promesse, i propri doveri; venir meno alle promesse, ai propri doveri. ‖ [négliger] scordare; dimenticarsi di. | *oublier ses amis,* scordare gli amici, dimenticarsi degli amici. ‖ [n'avoir aucun égard à] *oublier les conseils de son père,* dimenticare, trascurare i consigli del babbo. ◆ v. pr. *tout s'oublie,* tutto si dimentica. | *s'oublier par dévouement,* sacrificarsi. | *ne pas s'oublier,* non dimenticare i propri interessi. | *tu t'oublies!,* trapassi, oltrepassi i limiti! ‖ FAM. fare i propri bisogni.
oubliettes [ublijɛt] f. pl. VX = carcere sotterraneo. ‖ FAM. *mettre aux oubliettes,* mettere nel dimenticatoio.
oublieux, euse [ublijø, øz] adj. smemorato, dimentico. | *enfant oublieux,* ragazzo smemorato. | *oublieux du passé,* dimentico del passato.
oued [wɛd] m. (ar.) GÉOGR. uadi.
ouest [wɛst] m. ovest, ponente, occidente. | *vent d'ouest,* vento d'ovest; ponente. | *l'Ouest européen,*

l'Ovest, l'Occidente europeo. ◆ adj. inv. ovest, occidentale (adj.).
ouest-allemand, e [wɛstalmɑ̃, ɑ̃d] adj. della Germania occidentale. ◆ n. Tedesco, a della Germania occidentale.
ouf! [uf] interj. [soulagement] ah! ‖ FAM. *ne pas laisser le temps de dire ouf,* non lasciare il tempo di dire né ai né bai.
ougrien [ugrijɛ̃] m. LING. ugrico.
oui [wi] adv. sì, già, certo. | *dire oui,* dir di sì. | *croire que oui,* credere di sì. | *ni oui ni non,* né sì né no. | *un jour oui un jour non,* un giorno sì e uno no, un giorno sì e l'altro no. | *viens-tu? si oui, mets ton manteau,* vieni? se sì, metti il cappotto. | *mais oui,* ma sì. | *oui j'y suis allé,* certo che ci sono stato. | *certes oui; oui bien sûr,* certo sì; davvero. | *dame oui,* ma certo, ma sicuro. ‖ FAM. *oui-da,* volentieri. | *ça oui,* questo poi sì. | *ma foi oui,* mah sì! | *ah oui?,* ah sì? | *tu viens, oui?,* vieni, sì o no? ‖ [restrictif] *oui, mais voilà* (fam.), se non che (L.C.). ◆ n. m. inv. sì. ‖ [voix positives] *il y eut un oui et deux non,* si sono avuti un sì e due no. ‖ LOC. *prononcer le oui,* pronunciare il sì; sposarsi. | *hésiter entre le oui et le non,* stare tra il sì e il no. | *pour un oui ou pour un non,* per un nonnulla.
ouï-dire [widir] m. inv. diceria f., voce f. (che corre). | *ce ne sont que des ouï-dire,* sono solo dicerie, voci. ◆ loc. adv. ***par ouï-dire,*** per sentito dire.
ouïe [wi] f. udito m. | *avoir l'ouïe fine,* avere l'udito fine. ‖ LOC. FAM. *être tout ouïe,* essere tutt'orecchi.
ouïe, ouille [uj] interj. FAM. [douleur] ahi!, uhi!
ouïes [wi] f. pl. ZOOL. fessure branchiali. ‖ AUTOM. fessure. ‖ [de violon] effe.
ouillage [ujaʒ] m. [de tonneau] colmatura f.
ouiller [uje] v. tr. [un tonneau] colmare.
ouillère [ujɛr] f. AGR. interfilare (m.) di vigna promiscua.
ouïr [wir] v. tr. (littér.) udire (L.C.). ‖ LOC. *j'ai ouï dire que,* ho sentito dire che. ‖ JUR. udire. | *les témoins ouïs,* uditi i testimoni.
ouistiti [wistiti] m. ZOOL. uistitì.
oukase m. V. UKASE.
ouléma m. V. ULÉMA.
ouragan [uragɑ̃] m. MÉTÉOR. uragano, tornado. ‖ FIG. *arriver comme un ouragan,* arrivare come un bolide. | *ouragan politique,* tempesta politica. | *déchaîner un ouragan,* scatenare un uragano.
ouralien, enne [uraljɛ̃, ɛn] adj. uralico.
ouralo-altaïque [uraloaltaik] adj. LING. uraloaltaico. | *la famille ouralo-altaïque,* gli Uralo-Altaici.
ourdir [urdir] v. tr. TEXT. ordire. ‖ POÉT. tessere, filare. | *l'araignée ourdit sa toile,* il ragno tesse la sua tela. | *la Parque ourdissait la vie des hommes,* la Parca filava la vita degli uomini. ‖ LITTÉR. *ourdir un complot, une trahison,* ordire un complotto, un tradimento.
ourdissage [urdisaʒ] m. TEXT. orditura f.
ourdisseur, euse [urdisœr, øz] n. orditore, trice; orditora f. (fam.).
ourdissoir [urdiswar] m. orditorio.
ourdou [urdu] m. LING. urdù.
ourler [urle] v. tr. TEXT. orlare. ‖ FIG. *oreilles finement ourlées,* orecchie finemente disegnate.
ourlet [urlɛ] m. orlo. | *ourlet à jour,* orlo a giorno. | *faux ourlet,* orlo finto.
ours [urs] m. ZOOL. orso. | *ours blanc,* orso bianco, polare. | *ours brun,* orso bruno. | *ours des cocotiers,* orso malese. | *ours gris,* orso grigio; grizzly. | *l'ours gronde, grogne,* l'orso bramisce, grugnisce. | *montreur d'ours,* V. MONTREUR. ‖ [jouet] *ours en peluche,* orsacchiotto di pelo. | *ours marin,* orso marino. ‖ FIG. *ours (mal léché),* orso. | *être un peu ours,* essere un po' orso. ‖ LOC. *vendre la peau de l'ours,* V. PEAU. | *le pavé de l'ours,* V. PAVÉ. | *tourner comme un ours en cage,* girare come un leone in gabbia.
ourse [urs] f. ZOOL. orsa. ‖ ASTR. *Grande, Petite Ourse,* Orsa maggiore, minore.
oursin [ursɛ̃] m. ZOOL. riccio di mare.
ourson [ursɔ̃] m. ZOOL. orsacchiotto, orsetto.
oust(e)! [ust] interj. FAM. [pour chasser] sciò, sciò!; via! (L.C.); fuori! (L.C.). ‖ [pour hâter] presto, presto!
out [awt] adv. SPORT out (angl.), fuori.
outarde [utard] f. ZOOL. ot(t)arda. | *petite outarde,* otarda minore, gallina prataiola.
outardeau [utardo] m. ZOOL. ot(t)arda (f.) giovane.
outil [uti] m. utensile, arnese, attrezzo. | *les outils du métier,* i ferri del mestiere. | *outils du forgeron, du menuisier,* utensili, arnesi, attrezzi del fabbro, del falegname. | *outils de jardinage,* attrezzi da giardiniere. | *caisse à outils,* V. CAISSE. | *sac à outils,* sacco attrezzi. ‖ FIG. strumento. ‖ POP. [individu bizarre] arnese.
outillage [utijaʒ] m. [ensemble des outils] attrezzatura f., utensileria f., attrezzamento, macchinario. ‖ [service qui fabrique les outils] utensileria.
outiller [utije] v. tr. attrezzare. | *être (bien) outillé pour,* essere (ben) attrezzato per. ‖ FIG. *outiller un jeune homme pour lutter dans la vie,* preparare, armare un giovane a lottare nella vita. ◆ v. pr. attrezzarsi.
outilleur [utijœr] m. utensilista, attrezzista.
outrage [utraʒ] m. oltraggio, offesa f. | *accabler qn d'outrages, faire outrage à qn,* recare oltraggio a qlcu., oltraggiare qlcu. ‖ JUR. *outrage à magistrat, à la pudeur,* oltraggio a pubblico ufficiale, al pudore. | *outrage aux bonnes mœurs,* offesa al buon costume. ‖ FIG. *les outrages du temps,* gli oltraggi, le offese del tempo.
outrageant, e [utraʒɑ̃, ɑ̃t] adj. oltraggioso, ingiurioso.
outrager [utraʒe] v. oltraggiare.
outrageusement [utraʒøzmɑ̃] adv. oltraggiosamente, eccessivamente.
outrance [utrɑ̃s] f. esagerazione; eccesso m. | *l'outrance de ses paroles,* l'esagerazione delle sue parole. | *outrances du style,* oltranze stilistiche. | *outrances de la mode,* esagerazioni, eccessi della moda. ◆ loc. adv. ***à outrance,*** a oltranza. | *duel, guerre à outrance,* duello, guerra a oltranza.
outrancier, ère [utrɑ̃sje, ɛr] adj. eccessivo. | *caractère outrancier,* carattere eccessivo. | *propos outranciers,* discorsi eccessivi.
1. outre [utr] f. otre m. ‖ FIG. *gonflé, plein comme une outre,* pieno come un otre.
2. outre prép. [en sus de] oltre; in più di. | *outre le vivre et le couvert,* oltre il vitto e l'alloggio. | *outre ceci,* oltre a ciò. ◆ adv. *passer outre,* passare oltre, proseguire. | *passer outre à,* non tener conto di; trasgredire (a). ◆ loc. adv. ***en outre,*** inoltre; per di più. ‖ ***outre mesure,*** smisuratamente. ◆ loc. conj. ***outre que,*** oltre che, oltre a. | *outre qu'il est ignorant, il est paresseux,* oltre ad essere ignorante è anche pigro; oltre che ignorante è anche pigro.
outré, e [utre] adj. [excessif] eccessivo, esagerato. | *paroles outrées,* parole eccessive. | *éloges outrés,* lodi esagerate, eccessive. ‖ [indigné] indignato, esasperato. | *être outré d'une impolitesse,* essere indignato per una scortesia.
outre-Atlantique [utratlɑ̃tik] loc. adv. oltre Atlantico.
outrecuidance [utrəkɥidɑ̃s] f. tracotanza; oltracotanza (littér.).
outrecuidant, e [utrəkɥidɑ̃, ɑ̃t] adj. tracotante; oltracotante (littér.).
outre-Manche [utrəmɑ̃ʃ] loc. adv. oltre Manica.
outremer [utrəmɛr] m. MINÉR. oltremare, lapislazzuli. | *bleu d'outremer,* azzurro, blu oltremarino. ◆ adj. inv. (littér.) oltremarino.
outre-mer [utrəmɛr] loc. adv. oltremare; al di là del mare; di là dal mare. | *s'établir outre-mer,* stabilirsi al di là del mare. | *les peuples d'outre-mer,* i popoli d'oltremare. | *départements, territoires d'Outre-mer,* dipartimenti, territori d'Oltremare.
outre-monts [utrəmɔ̃] loc. adv. oltremonti, oltremonte. | *régions d'outremonts,* regioni oltramontane, oltremontane (adj.).
outrepasser [utrəpase] v. tr. oltrepassare, eccedere, varcare. | *outrepasser les limites, un ordre,* eccedere,

oltrepassare, varcare i limiti, un ordine. | *outrepasser ses droits,* abusare dei propri diritti, poteri. ◆ v. intr. [vénerie] oltrepassare la traccia della selvaggina.

outrer [utre] v. tr. [exagérer] esagerare. | *outrer sa pensée,* esagerare il proprio pensiero. ‖ [indigner] sdegnare, indignare. | *son arrogance m'a outré,* la sua arroganza mi ha sdegnato, indignato.

outre-Rhin [utrərɛ̃] loc. adv. al di là del Reno; di là dal Reno.

outre-tombe [utrətɔ̃b] loc. adv. al di là della tomba. | *voix, mémoires d'outre-tombe,* voce, memorie d'oltretomba.

outrigger [awtrigœr] m. SPORT outrigger (angl.).

outsider [awtsaidœr] m. SPORT et FIG. outsider (angl.).

ouvert, e [uvɛr, ɛrt] adj. [franc] *caractère, visage ouvert,* carattere, viso aperto, schietto. ‖ [intelligent] *esprit ouvert,* mente aperta. ‖ [déclaré] *guerre ouverte,* guerra aperta. | *antipathie ouverte,* antipatia dichiarata, palese (littér.). ‖ COMM. *à bureau, à guichet ouvert,* a pronta cassa. | *port ouvert,* porto aperto alle navi straniere. ‖ LING., MATH., MIL. aperto. ‖ SPORT *compétition (très) ouverte* = competizione, gara per la quale sono difficili i pronostici, di cui l'esito è imprevedibile. ‖ LOC. *lettre ouverte,* lettera aperta. | *à livre ouvert, à tombeau ouvert,* v. ces mots. | *la question reste ouverte,* il problema rimane aperto, insoluto. | *rade ouverte,* rada aperta. | *tenir table ouverte,* v. TABLE. | *âme ouverte au beau,* anima aperta al bello. | *à bras ouverts,* à braccia aperte. | *grand ouvert,* spalancato.

ouverture [uvɛrtyr] f. apertura. | *pratiquer une ouverture dans un mur,* praticare un'apertura in un muro. | *ouverture d'un coffre-fort,* apertura di una cassaforte. ‖ FIG. *ouverture d'esprit,* apertura mentale. ‖ [commencement] *ouverture d'une séance,* apertura di una seduta. | *ouverture d'une exposition,* inaugurazione di un'esposizione. ‖ [proposition] *faire des ouvertures de paix,* fare un'apertura di pace. ‖ AUTOM. *ouverture des roues avant,* apertura delle ruote anteriori. ‖ COMM. *bilan d'ouverture,* bilancio d'apertura. | *ouverture d'un compte, de crédits,* apertura di un conto, di credito. ‖ [Bourse] *cours, prix d'ouverture,* corso, prezzo, listino d'apertura. ‖ [jeu de cartes] apertura del gioco. ‖ JUR. *ouverture d'une succession,* apertura di una successione. ‖ MATH. *ouverture d'un angle, d'un compas,* apertura di un angolo, di un compasso. ‖ MIL. *ouverture des hostilités,* inizio (m.) delle ostilità. ‖ PHOT., SPORT apertura. ‖ POLIT. *ouverture à gauche, à droite,* apertura a sinistra, a destra. ‖ UNIV. *leçon d'ouverture,* prolusione.

ouvrable [uvrabl] adj. *jour ouvrable,* giorno lavorativo, feriale.

ouvrage [uvraʒ] m. [travail] opera f., lavoro. | *se mettre à l'ouvrage,* mettersi all'opera, al lavoro. ‖ [production] opera. | *ouvrage de menuiserie, d'orfèvrerie, de sculpture,* opera, lavoro di falegnameria, di oreficeria, di scultura. ‖ [construction] *ouvrage en ciment armé,* opera in cemento armato. ‖ [à l'aiguille, au crochet] *ouvrage de dame,* lavoro donnesco, femminile. | *apporter son ouvrage,* portare il proprio lavoro (di cucito, di ago). | *table, sac à ouvrage,* tavolino, borsa da lavoro. ‖ [production de l'esprit] opera. | *ouvrage historique, scientifique,* opera storica, scientifica. ‖ [livre] *ouvrage relié,* opera rilegata, libro rilegato. ‖ MIL. *ouvrage de fortification,* opera di fortificazione. ‖ TECHN. [d'un haut fourneau] focolare. ‖ TRANSP. *ouvrage d'art,* manufatto. ‖ LOC. *maître de l'ouvrage,* v. ŒUVRE 2 *(maître d').* | *avoir du cœur à l'ouvrage,* lavorare di buona lena; lavorare di buzzo buono (fam.). ◆ f. POP. *c'est de la belle ouvrage!,* è un bel lavoro! (L.C.).

ouvragé, e [uvraʒe] adj. lavorato.

ouvrager [uvraʒe] v. tr. lavorare finemente.

ouvrant, e [uvrɑ̃, ɑ̃t] adj. AUTOM. *toit ouvrant,* tetto apribile.

ouvré, e [uvre] adj. lavorato. | *produits ouvrés et semi-ouvrés,* prodotti lavorati e semilavorati. ‖ [finement] *bois, cuivre, fer ouvré,* legno, rame, ferro finemente lavorato. | *flèche de cathédrale ouvrée comme une dentelle,* guglia di cattedrale lavorata come una trina.

ouvreau [uvro] m. TECHN. sportello laterale.

ouvre-boîtes [uvrəbwat] m. inv. apriscatole.

ouvre-bouteilles [uvrəbutɛj] m. inv. apribottiglie.

ouvre-huîtres [uvrɥitr] m. inv. coltello (m.) da ostriche.

ouvrer [uvre] v. tr. *ouvrer du bois,* lavorare il legno.

ouvreur [uvrœr] m. [aux cartes] = chi apre il gioco.

ouvreuse [uvrøz] f. THÉÂTRE maschera, mascherina. ‖ TEXT. apritoio m.

ouvrier, ère [uvrije, ɛr] n. operaio, a. | *ouvrier agricole,* v. AGRICOLE. ‖ [bâtiment] edile; [métallurgie] metallurgico; [mécanique] metalmeccanico; [sidérurgie] siderurgico; [textile] tessile. | *ouvrier qualifié, professionnel (O. P.),* operaio qualificato. | *ouvrier spécialisé (O. S.),* operaio specializzato. | *ouvrier hautement qualifié,* operaio provetto, superspecializzato. | *les ouvriers d'un complexe industriel,* le maestranze di un complesso industriale. ‖ LITTÉR. *être l'ouvrier de sa fortune,* essere l'artefice della propria fortuna. | *le grand, l'éternel Ouvrier,* il sommo, l'eterno, il divino Artefice, Fabbro. | *l'ouvrier de la dernière heure,* l'operaio dell'ultima ora. | *prêtre-ouvrier,* prete operaio. ◆ adj. operaio. | *classe ouvrière,* classe operaia. | *mouvement ouvrier,* movimento operaio. | *luttes ouvrières,* lotte operaie. ‖ ZOOL. V. ABEILLE, FOURMI. ‖ LOC. *cheville ouvrière,* v. CHEVILLE.

ouvriérisme [uvrijerism] m. POLIT. operaismo.

ouvrir [uvrir] v. tr. aprire. | *ouvrir une armoire, une lettre, une enveloppe, un robinet,* aprire un armadio, una lettera, una busta, un rubinetto. ‖ *ouvrir toutes grandes les portes, les fenêtres,* spalancare le porte, le finestre. ‖ [écarter] *ouvrir les lèvres,* dischiudere, schiudere le labbra. | *ouvrir un abcès,* aprire, incidere un ascesso. | *ouvrir les bras,* allargare le braccia. | *ouvrir les jambes,* allargare, divaricare le gambe. | *ouvrir la bouche* [parler], aprir bocca. | *ouvrir les yeux, les oreilles,* aprire gli occhi, gli orecchi. ‖ [entamer] *ouvrir un pâté,* aprire, incignare (région.) un pasticcio. ‖ [blesser] ferire. | *s'ouvrir la jambe,* ferirsi alla gamba. | *un éclat lui a ouvert le visage,* una scheggia lo ha ferito al viso. ‖ [faire commencer] *ouvrir le bal,* aprire le danze, iniziare il ballo. | *ouvrir une exposition,* inaugurare un'esposizione. | *ouvrir le dialogue,* aprire il dialogo. | *ouvrir la lumière, la radio, la télé* (fam.), aprire la luce, la radio, il televisore. | *ouvrir une école, un magasin,* aprire una scuola, un negozio. | *ouvrir une route (à la circulation),* aprire una strada (al traffico). | *ouvrir sa maison à un ami,* ospitare un amico. | *ouvrir sa maison aux déshérités,* aprire la propria casa ai diseredati. | *ouvrir un concours,* v. CONCOURS. | *ouvrir une souscription,* aprire una sottoscrizione. ‖ LOC. *ouvrir l'appétit,* stuzzicare, aguzzare, stimolare l'appetito. | *ouvrir le cercle de ses amis,* allargare il cerchio degli amici. | *ouvrir le chemin à qn,* fare strada a qlcu. | *ouvrir l'esprit,* aprire, aguzzare la mente. | *ouvrir son cœur à la pitié,* schiudere il cuore alla pietà. | *ouvrir son âme, son cœur à qn,* confidarsi con qlcu. ◆ v. intr. [donner accès] *cette porte ouvre sur la cour,* questa porta s'apre, dà sul cortile, dà accesso al cortile. ‖ [être ouvert] *musée qui ouvre le mardi,* museo aperto il martedì. ‖ JEU *ouvrir à trèfle,* aprire a fiori. ◆ v. pr. [devenir ouvert] *la fleur s'ouvre,* il fiore sboccia, si schiude. | *un nouvel avenir s'ouvre devant moi,* mi si schiude un nuovo avvenire. | *la terre s'ouvrit,* la terra si spaccò. ‖ FIG. *s'ouvrir à qn,* confidarsi con qlcu. | *s'ouvrir de qch. à qn,* confidare qlco. a qlcu. ‖ [commencer] *la séance s'ouvre à 10 h,* la seduta inizia alle dieci.

ouvroir [uvrwar] m. laboratorio di cucito.

ouzbek ou **uzbek** [uzbɛk] adj. et n. usbeco, uzbeco.

ovaire [ɔvɛr] m. ANAT. ovaia f.; ovaio (rare). ‖ BOT. ovario.

ovalbumine [ɔvalbymin] f. BIOL. ovalbumina.

ovale [ɔval] adj. ovale; ovato (littér.). | *ballon ovale,* pallone ovale. ◆ n. m. ovale.

ovalisation [ɔvalizasjɔ̃] f. TECHN. ovalizzazione.

ovaliser [ɔvalize] v. tr. ovalizzare. | *cylindre ovalisé,* cilindro ovalizzato.
ovariectomie [ɔvarjɛktɔmi] f. CHIR. ovariectomia.
ovarien, enne [ɔvarjɛ̃, ɛn] adj. ovarico.
ovarite [ɔvarit] f. MÉD. ovarite.
ovation [ɔvasjɔ̃] f. ANTIQ. et L.C. ovazione.
ovationner [ɔvasjɔne] v. tr. tributare un'ovazione a.
ove [ɔv] m. ARCHIT. ovolo.
ovibos [ɔvibɔs] m. ZOOL. ovibos.
oviducte [ɔvidykt] m. ovidotto. ‖ [chez les mammifères] ovidotto ; tromba (f.) di Falloppio.
ovin, e [ovɛ̃, in] adj. et n. m. ZOOL. ovino.
ovinés [ɔvine] m. pl. caprini, ovini.
ovipare [ɔvipar] adj. et n. m. ZOOL. oviparo.
oviparité [ɔviparite] f. oviparità.
ovipositeur [ɔvipozitœr] m. ZOOL. ovopositore.
oviscapte [ɔviskapt] m. ZOOL. ovopositore.
ovni [ɔvni] m. UFO (angl.) m. inv. ; disco volante.
ovogenèse [ɔvoʒənɛz] f. PHYSIOL. ovogenesi.
ovoïde [ɔvɔid] adj. ovoide, ovoidale.
ovovivipare [ɔvovivipar] adj. et n. ovoviviparo.
ovulaire [ɔvylɛr] adj. BIOL. ovulare.
ovulation [ɔvylasjɔ̃] f. PHYSIOL., BIOL. ovulazione.
ovule [ɔvyl] m. BIOL., BOT., PHARM. ovulo.
oxacide [ɔksasid] ou **oxyacide** [ɔksiasid] m. CHIM. ossiacido.
oxalate [ɔksalat] m. CHIM. ossalato. | *oxalate de potasse,* ossalato di potassio, sale di acetosella.
oxalide [ɔksalid] f. ou **oxalis** [ɔksalis] m. BOT. oxalis f., acetosella f.
oxalique [ɔksalik] adj. CHIM. ossalico.
oxford [ɔskford] m. TEXT. oxford (angl.).
oxhydrique [ɔksidrik] adj. CHIM. ossidrico. | *chalumeau oxhydrique,* cannello ossidrico.
oxhydryle [ɔksidril] m. CHIM. ossidrile, idrossile.
oxyacétylénique [ɔksiasetilenik] adj. CHIM. ossiacetilenico. | *chalumeau oxyacétylénique,* cannello ossiacetilenico.
oxycarboné, e [ɔksikarbɔne] adj. MÉD. *hémoglobine oxycarbonée,* carbossiemoglobina f.
oxychlorure [ɔksiklɔryr] m. CHIM. ossicloruro.
oxycoupage [ɔksikupaʒ] m. TECHN. taglio autogeno.
oxycoupeur [ɔksikupœr] m. TECHN. cannello per tagliare.
oxydable [ɔksidabl] adj. ossidabile.
oxydant, e [ɔksidɑ̃, ɑ̃d] adj. et n. m. ossidante.
oxydase [ɔksidaz] f. BIOL. ossidasi.
oxydation [ɔksidasjɔ̃] f. ossidazione.
oxyde [ɔksid] m. ossido.
oxyder [ɔkside] v. tr. ossidare. ◆ v. pr. ossidarsi.
oxyréduction [ɔksiredyksjɔ̃] f. CHIM. ossiriduzione.
oxygénation [ɔksiʒenasjɔ̃] f. ossigenazione.
oxygène [ɔksiʒɛn] m. ossigeno. ‖ FIG. *donner de l'oxygène à une entreprise en difficulté,* dare ossigeno a, ossigenare una dita pericolante.
oxygéné, e [ɔksiʒene] adj. ossigenato. | *composés oxygénés de l'azote,* composti ossigenati dell'azoto. | *eau oxygénée,* acqua ossigenata. | *cheveux oxygénés,* capelli ossigenati.
oxygéner [ɔksiʒene] v. tr. ossigenare. ◆ v. pr. FAM. *aller s'oxygéner,* andare in campagna a prendere una boccata d'aria.
oxygénothérapie [ɔksiʒenoterapi] f. MÉD. ossigenoterapia.
oxyhémoglobine [ɔksiemoglɔbin] f. PHYSIOL. ossiemoglobina.
oxylithe [ɔksilit] f. CHIM. ossilite.
oxymétrie [ɔksimetri] f. ossimetria.
oxysulfure [ɔksisylfyr] m. CHIM. ossisolfuro.
oxyton [ɔksitɔ̃] adj. LING. ossitono. ◆ n. m. (parola) ossitona f.
oxyure [ɔksjyr] m. ZOOL. ossiuro.
oyat [ɔja] m. BOT. ammofila f.
ozène [ɔzɛn] m. MÉD. ozena f.
ozocérite [ɔzoserit] ou **ozokérite** [ɔzokerit] f. CHIM. ozocerite, ozocherite.
ozone [ɔzɔn] m. CHIM. ozono.
ozonisation [ɔzɔnizasjɔ̃] f. ozonizzazione.
ozoniser [ɔzɔnize] v. tr. ozonizzare.
ozoniseur [ɔzɔnizœr] ou **ozonateur** [ɔzɔnatœr] m. ozonizzatore, ozonogeno.

P

p [pe] m. p f. ou m.
pacage [pakaʒ] m. pascolo, pastura f.
pacager [pakaʒe] v. tr. et intr. pascolare.
pacha [paʃa] m. PR. et FIG. FAM. pascià. ‖ ARG. MAR. = comandante (di una nave da guerra).
pachyderme [paʃidɛrm] m. ZOOL. pachiderma ; pachidermo (rare).
pacificateur, trice [pasifikatœr, tris] adj. et n. pacificatore, trice.
pacification [pasifikasjɔ̃] f. pacificazione.
pacifier [pasifje] v. tr. pacificare.
pacifique [pasifik] adj. pacifico. ‖ GÉOGR. *l'océan Pacifique, le Pacifique,* l'oceano Pacifico, il Pacifico.
pacifisme [pasifism] m. pacifismo.
pacifiste [pasifist] adj. et n. pacifista.
pack [pak] m. (angl.) [banquise] pack. ‖ [rugby] pacchetto.
pacotille [pakɔtij] f. PR. paccottiglia. ‖ PÉJOR. paccottiglia, cianfrusaglia ; carabattole f. pl. | *bijou de pacotille,* gioiello di poco pregio.
pacquage [pakaʒ] m. (l')imbarilare.
pacquer [pake] v. tr. imbarilare.
pacte [pakt] m. patto. | *faire, conclure un pacte avec le diable, avec qn,* fare un patto col diavolo, con qlcu.
pactiser [paktize] v. intr. patteggiare ; venire a patti. ‖ FIG. *pactiser avec sa conscience,* transigere con la propria coscienza.
pactole [paktɔl] m. FIG. = fonte (f.) di lauti guadagni, di ricchezza.
padan, e [padɑ̃, an] adj. padano.
paddock [padɔk] m. [hippisme] paddock (angl.).
padouan, e [padwɑ̃, ɑn] adj. et n. padovano.
pæan m. V. PÉAN.
1. paf! [paf] interj. paf !, paffete !
2. paf adj. inv. POP. sbronzo (fam.).
pagaie [pagɛ] f. pagaia.
pagaille, pagaïe ou **pagaye** [pagaj] f. FAM. confusione, scompiglio m., caos m. | *mettre de la pagaille dans une pièce,* mettere a soqquadro, in disordine una stanza ; scompigliare una stanza. ‖ LOC. *en pagaille :* [en désordre] in disordine, alla rinfusa ; [en grande quantité] in abbondanza, a iosa.

paganiser [paganize] v. intr. Vx paganeggiare ; vivere da pagano. ◆ v. tr. rendere pagano ; paganizzare (rare).
paganisme [paganism] m. paganesimo.
pagayer [pageje] v. intr. pagaiare. ◆ v. tr. guidare, spingere con la pagaia.
pagayeur, euse [pagɛjœr, øz] n. pagaiatore, trice.
1. page [paʒ] f. pagina. ‖ [feuillet] pagina, foglio m. | *il déchira une page du livre*, strappò una pagina, un foglio del libro. | *tourner la page*, voltar la pagina. | *perdre la page*, perdere il segno. ‖ [à imprimer] cartella. | *un article de quatre pages*, un articolo di quatro cartelle. ‖ TYP. *mettre en pages*, impaginare. | *mise en pages*, impaginazione. | *metteur en pages*, impaginatore. | *fausse page*, falsa pagina. ‖ FIG. pagina, episodio m. | *pages de gloire*, pagine gloriose. ‖ LOC. FIG. *tourner la page*, voltar (la) pagina. | *mettre à la page*, mettere al corrente ; informare. | *être à la page*, essere al corrente, informato.
2. page m. HIST. paggio. ‖ LOC. *effronté comme un page* = sfacciatissimo, sfrontatissimo.
pagination [paʒinasjɔ̃] f. paginatura, paginazione.
paginer [paʒine] v. tr. numerare le pagine di.
pagne [paɲ] m. perizoma.
pagode [pagɔd] f. pagoda.
pagre [pagr] m. ZOOL. pagro.
pagure [pagyr] m. ZOOL. paguro ; bernardo l'eremita.
pahlavi [palavi] m. V. PEHLVI.
paidologie ou **pédologie** [pedolɔʒi] f. PSYCH. pedologia.
paie [pɛ] ou **paye** [pɛj] f. paga. | *feuille de paie*, foglio paga (m.). | *livre de paie*, libro paga. ‖ MIL. soldo m., paga. ‖ LOC. FAM. *il y a, ça fait une paye que* = è un pezzo che.
paiement ou **payement** [pɛmɑ̃] m. pagamento. | *paiement anticipé, comptant*, pagamento anticipato, in contanti. | *paiement échelonné*, pagamento a rate, rateizzato. | *balance des paiements*, bilancia dei pagamenti. | *Union européenne des paiements*, Unione europea dei pagamenti. ‖ PR. et FIG. *en paiement de*, in pagamento di.
païen, enne [pajɛ̃, ɛn] adj. et n. pagano. ‖ LOC. *jurer comme un païen*, bestemmiare come un turco.
paierie [pɛri] f. tesoreria.
paillage [pajaʒ] m. AGR. pacciamatura f. ‖ [chaise] V. REMPAILLAGE.
paillard, e [pajar, ard] adj. [personne] scapestrato, libertino, debosciato. ‖ [comportement] *regards paillards*, sguardi lubrici. ‖ [grivois] licenzioso, spinto, scollacciato. ◆ n. gaudente m., scapestrato m. ; donna scapestrata, dissoluta.
paillardise [pajardiz] f. [conduite] licenziosità, scapestrataggine, dissolutezza. ‖ [parole] parola grassa, licenziosa ; discorso grasso, licenzioso ; volgarità.
1. paillasse [pajas] f. paglericcio m., saccone m. ‖ [carrelage] = piano di lavoro. ‖ FIG. POP. *crever la paillasse à qn*, sbudellare qlcu. ‖ [prostituée] mignotta (rég.) ; prostituta (L.C.).
2. paillasse m. [clown] pagliaccio.
paillasson [pajasɔ̃] m. nettapiedi m. inv., stoino ; zerbino (septentr.) ‖ AGR. stuoia f. ‖ FIG., PÉJOR. = uomo strisciante e servile ; leccapiedi n. inv.
paille [paj] f. paglia. | *brin de paille*, fuscello di paglia ; pagliuzza f. | *chapeau de paille*, canottiera f., paglietta f. ; [souple] panama m. ; [de femme] cappello di paglia. | *vin de paille*, vino passito. ‖ FIG. *feu de paille*, fuoco di paglia. | *homme de paille*, uomo di paglia ; prestanome. ‖ LOC. *être sur la paille*, essere ridotto sul lastrico. | *mettre qn sur la paille*, gettare, ridurre qlcu. sul lastrico. | *tirer à la courte paille*, fare alle bruschette. | *voir la paille dans l'œil du prochain et ne pas voir une poutre dans le sien*, guardare la pagliuzza nell'occhio altrui e non vedere la trave nel proprio. ‖ POP. *une paille !*, una bazzecola ! ‖ [tuyau pour boire] cannuccia. ‖ *paille de fer*, paglia di ferro ; paglietta. ‖ TECHN. [défaut] paglia, incrinatura, difetto m. ; [dans un diamant] macchia, difetto m. ◆ adj. inv. paglierino, color paglia.
paillé, e [paje] adj. [couleur] paglierino, color paglia. ‖ TECHN. incrinato ; = con paglie ; [diamant] difettoso, macchiato. ‖ [garni de paille] impagliato. ◆ n. m. AGR. V. PAILLEUX.
paille-en-queue [pajɑ̃kø] m. ZOOL. fetonte.
1. pailler [paje] m. pagliaio.
2. pailler v. tr. impagliare. | *pailler une chaise, une bouteille, un arbre*, impagliare una sedia, una bottiglia, un albero. | *pailler des semis*, coprire di paglia un terreno seminato.
paillet [pajɛ] adj. et n. m. *(vin) paillet*, (vino) chiaretto.
pailleté, e [pajte] adj. = ornato, guarnito di lamine, di lustrini. ‖ MINÉR. cosparso di pagliuzze.
pailleter [pajte] v. tr. = ornare, guarnire di lustrini, di lamine.
paillette [pajɛt] f. MINÉR. pagliuzza, lamella. ‖ TEXT. [ornement] lamina (d'oro, d'argento) ; lustrino m. | *savon en paillettes*, sapone in scaglie.
pailleux, euse [pajø, øz] adj. AGR. *fumier pailleux*, letame paglioso. ‖ TECHN. difettoso ; = con paglie.
paillis [paji] m. AGR. pacciamatura f.
paillon [pajɔ̃] m. [de bouteille] rivestimento di paglia ; impagliatura f. ‖ [maillon] maglia f. (di catenella). ‖ [feuille de métal] foglia f., lamina f. (di rame, d'oro).
paillotte [pajɔt] f. capanna (di paglia).
pain [pɛ̃] m. pane. | *petit pain*, panino m. | *pain bis, complet, long*, pane bigio, integrale, lungo. | *pain de ménage*, pane casalingo, casereccio. | *pain de mie*, pane in cassetta. | *pain de munition* (vx), pane di munizione. | *pain d'épice, de Gênes*, pan pepato, di Spagna. | *faire du pain*, fare il pane. | *manger du, son pain sec*, mangiare pane asciutto, pane senza companatico. | *pain de beurre, de sucre, de savon*, pane di burro, di zucchero, di sapone. ‖ BOT. *arbre à pain*, albero del pane. ‖ CULIN. *pain de viande, de légumes, de poisson* = sformato di carne, di verdura, di pesce. ‖ GÉOGR. *pain de sucre*, pane di zucchero. ‖ RELIG. *pain des anges*, pane degli angeli. ‖ LOC. *gagner son pain à la sueur de son front*, guadagnarsi il pane col sudore della fronte. | *avoir son pain assuré*, avere il pane assicurato. | *acheter, vendre pour un morceau, une bouchée de pain*, comprare, vendere per un pezzo, un tozzo di pane. | *manger son pain blanc le premier* = cominciare dalle cose più facili. | *je ne mange pas de ce pain-là*, non è pane per i miei denti. | *mettre qn au pain (sec) et à l'eau*, mettere qlcu. a pane ed acqua. | *ôter le pain de la bouche à qn*, togliere il pan di bocca a uno. | *bon comme le pain*, buono come il pane. | *avoir du pain sur la planche* (fam.) = aver molto lavoro (da fare). | *se vendre comme des petits pains* (fam.) = andare a ruba.
pair, e [pɛr] adj. pari inv. ◆ n. m. [égal] pari inv. ‖ ÉCON. *le pair du change*, la parità di cambio. | *change au pair*, cambio alla pari. ‖ HIST., POLIT. pari. ◆ loc. adv. ***au pair***, alla pari. ‖ ***de pair***, di pari passo. ‖ FIG. *la sagesse ne va pas toujours de pair avec l'âge*, non sempre la saggezza si accompagna alla vecchiaia. ‖ ***hors (de) pair***, senza pari.
paire [pɛr] f. paio m. (pl. f. *paia*). | *une paire de ciseaux*, un paio di forbici. | *deux paires de gants*, due paia di guanti. | *paire de lunettes*, paio di occhiali ; occhiali m. pl. | *paire de gifles*, paio di schiaffi. ‖ LOC. *c'est une autre paire de manches*, è un altro paio di maniche. ‖ [animaux] *paire de bœufs*, paio, coppia di buoi. | *paire de pigeons*, coppia di piccioni. ‖ [personnes] *paire d'amis, d'amies*, coppia d'amici, d'amiche. | *les deux font la paire* (iron.), (tutt'e due) fanno una bella coppia !
pairesse [pɛrɛs] f. HIST., POLIT. = moglie di un pari ; donna titolare di una parìa.
pairie [pɛri] f. HIST., POLIT. parìa.
paisible [pɛzibl] adj. [d'humeur douce] placido, pacifico, pacato. ‖ [où règne la paix] pacato, tranquillo. ‖ JUR. pacifico.
paître [pɛtr] v. tr. défect. brucare, pascere. ‖ Vx [mener paître] pascere, pascolare (L.C.). ‖ RELIG. *pais mes brebis*, pasci i miei agnelli. ◆ v. intr. pascolare, pascere. | *mener paître les vaches*, condurre le vacche al pascolo, a pascolare ; pascolare, pascere le vacche.

|| FAM. *envoyer paître qn*, mandar qlcu. a farsi benedire, a farsi friggere, a quel paese.
paix [pɛ] f. pace. | *rétablir la paix entre deux personnes*, metter pace fra due persone. | *la paix éternelle*, la pace eterna. | *vivre, être en paix avec soi-même*, vivere in pace con se stessi. | *avoir la conscience en paix*, avere la coscienza tranquilla. | *paix des champs*, pace, calma dei campi. | *paix de l'âme*, pace, serenità dell'anima. | *trouver la paix*, trovar pace. | *paix a ses cendres !*, pace all'anima sua ! || *gardien de la paix*, agente di polizia, vigile urbano ; metropolitano. || POP. *(fichez-moi, foutez-moi) la paix !* = lasciatemi in pace !, silenzio !, calma !
pakistanais, e [pakistanɛ, ɛz] adj. et n. pachistano.
pal [pal] m. (pl. **pals**) palo. | *supplice du pal*, supplizio del palo ; impalamento. || HÉRALD. palo.
palabre [palabr] f. PR. = colloquio (m.) con un re negro, tra capi negri. ◆ pl. (péjor.) = chiacchiere.
palabrer [palabre] v. intr. PÉJOR. chiacchierare, confabulare.
palace [palas] m. (angl.) albergo di lusso.
paladin [paladɛ̃] m. PR. et FIG. paladino.
palafitte [palafit] m. palafitta f.
1. palais [palɛ] m. palazzo. | *palais des sports*, palazzo dello sport. || HIST. *palais (royal)*, reggia f. ; palazzo reale. | *révolution de palais*, congiura di palazzo. || JUR. *palais (de justice)*, palazzo di giustizia ; tribunale, foro. | *les gens du Palais*, la gente di toga. | *jour de palais*, giorno di udienza (in tribunale). | *style du Palais*, stile forense. || [demeure luxueuse] reggia.
2. palais m. ANAT. palato. | *voile du palais*, velo pendulo, velo palatino. | *voûte du palais*, volta del palato. || FIG. *avoir le palais fin*, avere un palato fine.
palan [palɑ̃] m. paranco.
palanche [palɑ̃ʃ] f. bilanciere m. ; bicollo m. (rég.).
palançon [palɑ̃sɔ̃] m. = assicella f., listello.
palangre [palɑ̃gr] f. [pêche] palamito m., palangaro m., lenzara.
palanque [palɑ̃k] f. MIL. = steccato m. (di palanche, di travi).
palanquée [palɑ̃ke] f. = carico (m.) di un paranco.
palanquer [palɑ̃ke] v. intr. [avec un palan] parancare. ◆ v. tr. MIL. = fortificare (con uno steccato di palanche, di travi).
palanquin [palɑ̃kɛ̃] m. palanchino.
palastre [palastr] ou **palâtre** [palɑtr] m. piastra f.
palatal, e, aux [palatal, o] adj. et n. f. LING. palatale.
palatalisation [palatalizasjɔ̃] f. palat(al)izzazione.
palataliser [palatalize] v. tr. palat(al)izzare. ◆ v. pr. palat(al)izzarsi.
1. palatin, e [palatɛ̃, in] adj. et n. HIST. palatino. ◆ n. f. MODE, VX palatina.
2. palatin, e adj. ANAT. palatino.
palatinat [palatina] m. HIST. palatinato.
palâtre m. V. PALASTRE.
1. pale [pal] f. AÉR., MAR. pala. || [vanne] paratoia.
2. pale ou **palle** f. RELIG. palla.
pâle [pɑl] adj. [couleur] pallido, scialbo, smorto. | *rose pâle*, rosa pallido. | *teintes pâles*, tinte pallide, scialbe, smorte. || [lumière] pallido, debole, scialbo. | *lueur pâle*, luce pallida, debole, fioca. | *pâle matinée d'automne*, mattino scialbo d'autunno. || [teint, peau] pallido, bianco, livido. | *pâle comme un mort, un linge*, bianco come un cencio lavato. | *pâle de peur, de rage*, livido, bianco di paura, di rabbia. || *les Visages pâles*, i Visi pallidi. || ARG. MIL. *se faire porter pâle*, marcare visita. || FIG. scialbo, debole. | *pâle imitation*, scialba, debole imitazione. | *style pâle*, stile scialbo, fiacco. | *pâle sourire*, debole, pallido sorriso.
palé, e [pale] adj. HÉRALD. palato.
palée [pale] f. palificata, palizzata.
palefrenier [palfrənje] m. palafreniere, palafreniero, staffiere.
palefroi [palfrwa] m. VX palafreno.
palémon [palemɔ̃] m. ZOOL. palemone.
paléobotanique [paleɔbɔtanik] f. paleobotanica.
paléochrétien, enne [paleokretjɛ̃, ɛn] adj. paleocristiano.
paléoclimat [paleoklima] m. paleoclima.
paléogène [paleɔʒɛn] m. paleogene.
paléogéographie [paleɔgeɔgrafi] f. paleogeografia.
paléographe [paleɔgraf] n. paleografo, a.
paléographie [paleɔgrafi] f. paleografia.
paléographique [paleɔgrafik] adj. paleografico.
paléolithique [paleɔlitik] adj. et n. m. paleolitico.
paléontologie [paleɔ̃tɔlɔʒi] f. paleontologia.
paléontologique [paleɔ̃tɔlɔʒik] adj. paleontologico.
paléontologiste [paleɔ̃tɔlɔʒist] ou **paléontologue** [paleɔ̃tɔlɔg] n. paleontologo, a.
paléothérium [paleɔterjɔm] m. ZOOL. paleoterio.
paléozoïque [paleɔzɔik] adj. et n. m. paleozoico.
palermitain, e [palɛrmitɛ̃, ɛn] adj. et n. palermitano.
paleron [palrɔ̃] m. [boucherie] aletta (f.) di spalla.
palestinien, enne [palɛstinjɛ̃, ɛn] adj. et n. palestinese.
palestre [palɛstr] f. ANTIQ. palestra.
palet [palɛ] m. piastrella f.
paletot [palto] m. paltò, cappotto ; paletot (fr.).
palette [palɛt] f. tavolozza. | *faire sa palette* = preparare, disporre i colori sulla tavolozza. || [boucherie] spalla. || MIL. *palette de marqueur*, paletta di segnalazione. || TECHN. [plateau] paletta, spatola ; [aube] pala, paletta.
palétuvier [paletyvje] m. BOT. paletuviere.
pâleur [pɑlœr] f. pallore m., pallidezza.
pali, e [pali] adj. et n. m. LING. pali inv.
pâli, e [pɑli] adj. *pâli par la maladie*, pallido per la malattia. || [effacé] *encre pâlie*, inchiostro sbiadito. | *souvenir pâli*, ricordo sbiadito.
pâlichon, onne [pɑliʃɔ̃, ɔn] adj. palliduccio.
palier [palje] m. [d'escalier] pianerottolo. || [plan horizontal] = tratto piano, pianeggiante. | *la route monte par paliers*, la strada sale per piani successivi. || AÉR. *vol en palier*, volo orizzontale. || [stade intermédiaire] = punto, grado, stadio intermedio ; fase intermedia. | *palier dans la hausse des prix*, sosta (f.), tappa (f.) nel rialzo dei prezzi. | *procéder par paliers*, procedere per gradi. || MÉC. cuscinetto. | *palier à billes*, cuscinetto a sfere. | *palier horizontal*, cuscinetto portante, radiale. | *palier de butée*, cuscinetto reggispinta.
palière [paljɛr] adj. f. *(marche) palière* = scalino al livello del pianerottolo. | *porte palière* = porta (dell'appartamento) che mette sul pianerottolo.
palikare [palikar] m. HIST. pal(l)icari inv.
palimpseste [palɛ̃psɛst] m. palinsesto.
palindrome [palɛ̃drom] adj. et n. m. palindromo ; bifronte adj.
palingénésie [palɛ̃ʒenezi] f. palingenesi.
palingénésique [palɛ̃ʒenezik] adj. palingenetico.
palinodie [palinɔdi] f. PR. et FIG. palinodia.
pâlir [pɑlir] v. intr. PR. et FIG. impallidire. | *il a pâli de rage, de peur*, è impallidito dalla rabbia, dalla paura. || FIG. *son étoile pâlit*, la sua stella volge al tramonto, la sua fama impallidisce. || LOC. *pâlir sur un travail*, consumarsi in, struggersi su un lavoro. | *faire pâlir qn de jalousie, d'envie*, ingelosire qlcu. ; far morire qlcu. dall'invidia. | *faire pâlir la gloire de qn*, offuscare, oscurare la gloria di qlcu.
palis [pali] m. [latte] steccone. || [palissade] steccato, stecconata f.
palissade [palisad] f. palizzata, steccato m., stecconata.
palissader [palisade] v. tr. stecconare.
palissadique [palisadik] adj. BOT. *parenchyme palissadique*, tessuto a palizzata.
palissandre [palisɑ̃dr] m. BOT. palissandro.
pâlissant, e [pɑlisɑ̃, ɑ̃t] adj. pallido ; che impallidisce ; pallente (poét.). | *le jour pâlissant* = il crepuscolo ; il giorno che muore.
palisser [palise] v. tr. AGR. = disporre a spalliera.
palisson [palisɔ̃] m. TECHN. palissone.
palissonner [palisɔne] v. tr. = ammorbidire mediante palissone.
palissoneur [palisɔnœr] m. palissonatore.
paliure [paljyr] m. BOT. paliurus, marruca f.
1. palladium [palladjɔm] m. ANTIQ. et FIG. palladio.
2. palladium m. CHIM. palladio.

palléal, e, aux [palleal, o] adj. ZOOL. palleale.
palliatif, ive [paljatif, iv] adj. et n. m. PR. et FIG. palliativo.
pallier [palje] v. tr. [cacher] mascherare, nascondere; palliare (litt.) ‖ [atténuer] mitigare; essere un palliativo a. ‖ [remédier] *pallier un inconvénient*, (incorr.) *à un inconvénient*, rimediare a, sopperire a, palliare un inconveniente.
pallium [paljɔm] m. ANTIQ., RELIG. pallio.
palmaire [palmɛr] adj. ANAT. palmare.
palmarès [palmarɛs] m. albo d'onore, albo d'oro. | *figurer au palmarès d'un concours*, figurare fra i vincitori di un concorso. ‖ SPORT = elenco dei titoli, delle vittorie (di un campione, di una squadra). | *le champion a inscrit une nouvelle victoire à son palmarès* = il campione ha colto un nuovo alloro.
palmatifide, palmatilobé, palmatiparti, palmatiséqué adj. V. PALMIFIDE, PALMILOBÉ, PALMIPARTI, PALMISÉQUÉ.
palmature [palmatyr] f. MÉD. sindattilia.
1. palme [palm] f. (foglia, ramo [m.] di) palma. ‖ FIG. *remporter la palme*, ottenere, riportare la palma. | *disputer la palme à qn*, contendere la vittoria a qlcu. | RELIG. *palme du martyre*, palma del martirio. ‖ [natation] pinna. ‖ UNIV. *palmes académiques* = decorazione (f. sing.) al merito universitario. ‖ [palmier] palma. | *huile, vin de palme*, olio, vino di palma.
2. palme m. [ancienne mesure] palmo.
palmé, e [palme] adj. palmato.
palmer [palmɛr] m. PHYS. palmer.
palmeraie [palmərɛ] f. palmeto m.
palmette [palmɛt] f. AGR., ARCHIT. palmetta.
palmier [palmje] m. BOT. palma f., palmizio. | *palmier dattier, cocotier*, palma da datteri, palma da, del cocco. | *cœur de palmier*, cavolo palmizio.
palmifide [palmifid] adj. BOT. palmatifido.
palmilobé, e [palmilɔbe] adj. BOT. palmatolobato.
palmiparti, ite [palmiparti, it] adj. BOT. palmatopartito.
palmipède [palmipɛd] adj. et n. m. ZOOL. palmipede.
palmiséqué, e [palmiseke] adj. BOT. palmatosetto.
palmiste [palmist] m. BOT. palma areca. ◆ adj. ZOOL. *rat palmiste*, xero m.
palmite [palmit] m. BOT. midollo di palma.
palmitine [palmitin] f. CHIM. palmitina.
palmitique [palmitik] adj. CHIM. palmitico.
palmure [palmyr] f. ZOOL. membrana interdigitale.
palombe [palɔ̃b] f. ZOOL. (rég.) colombaccio (L.C.).
palonnier [palɔnje] m. [attelage] bilancino. ‖ AÉR. pedaliera f. ‖ AUTOM. equilibratore (del comando freni).
pâlot, otte [pɑlo, ɔt] adj. pallidetto, palliduccio.
palourde [palurd] f. ZOOL. vongola.
palpable [palpabl] adj. PR. palpabile. ‖ FIG. palpabile, tangibile, manifesto.
palpation [palpasjɔ̃] f. MÉD. palpazione.
palpe [palp] m. ZOOL. palpo.
palpébral, e, aux [palpebral, o] adj. ANAT. palpebrale.
palper [palpe] v. tr. palpare. ‖ FAM. *palper (de l'argent)*, intascare quattrini. ◆ n. m. MÉD. palpazione f.
palpeur [palpœr] m. TECHN. esploratore.
palpitant, e [palpitɑ̃, ɑ̃t] adj. PR. palpitante. ‖ FIG., FAM. emozionante, eccitante, palpitante. ◆ n. m. POP. = cuore.
palpitation [palpitasjɔ̃] f. palpitazione. | *avoir des palpitations*, soffrire di palpitazione (cardiaca), di cardiopalmo, di cardiopalma. ‖ [contraction convulsive] battito m., palpito m., fremito m., tremito m., palpitazione. | *palpitations des paupières*, battiti, palpitazione delle palpebre. | *palpitation des ailes du nez*, fremito, tremito delle ali, delle alette nasali, delle pinne. ‖ FIG., LITTÉR. (il) palpitare.
palpiter [palpite] v. intr. PR. et FIG., LITTÉR. palpitare.
palplanche [palplɑ̃ʃ] f. [en bois] palanca, tavolone m. ‖ [en métal] palancola, assepalo m.
palsambleu! [palsɑ̃blø] interj. VX poffarbacco!
paltoquet [paltɔkɛ] m. FAM., VX [grossier] tanghero, villanzone; [insignifiant] nullità (pretensiosa e insolente), inetto, incapace.
paludéen, enne [palydeɛ̃, ɛn] adj. palustre. | *fièvre paludéenne*, V. PALUDISME.
paludier, ère [palydje, ɛr] n. salinaio m., salinatore m.
paludine [palydin] f. ZOOL. paludina.
paludisme [palydism] m. MÉD. malaria f.; paludismo (VX).
palus [paly] m. (rég.) = fondovalle alluvionale; palude prosciugata coltivata a vigna.
palustre [palystr] adj. palustre. | *fièvre palustre*, V. PALUDISME.
pâmer (se) [səpɑme] v. pr. VX [s'évanouir] svenire; cadere in deliquio. | *se pâmer de rire, d'amour*, morire dalle risa, d'amore. | *se pâmer d'admiration*, andare in visibilio. | *se pâmer de joie*, andare in solluchero.
pâmoison [pɑmwazɔ̃] f. VX svenimento m. (L.C.). | *tomber en pâmoison*, cadere in deliquio, svenire.
pampa [pɑ̃pa] f. (esp.) pampa (pl. *pampe, pampas*).
pamphlet [pɑ̃flɛ] m. libello; pamphlet (fr.).
pamphlétaire [pɑ̃fletɛr] m. libellista.
pamplemousse [pɑ̃pləmus] m. BOT. pompelmo.
pamplemoussier [pɑ̃pləmusje] m. BOT. pompelmo.
pampre [pɑ̃pr] m. BOT. pampino; pampano (tosc.); POÉT. uva f., vite f. (L.C.). ‖ ARCHIT. festone (a forma di tralci di vite con grappoli).
1. pan [pɑ̃] m. [d'habit] falda f., lembo. ‖ [d'objet polyédrique] faccia f., lato, spigolo. | *écrou à six pans*, dado esagonale. ‖ [de construction] ala f., pezzo. | *pan de mur*, parte di muro. | *pan coupé*, angolo, spigolo smussato. ‖ FIG. *pan de ciel*, lembo di cielo. | *pan d'ombre*, striscia (f.), zona (f.) d'ombra.
2. pan! onomat. pum!
panacée [panase] f. PR. et FIG. panacea; toccasana m. inv.
panachage [panaʃaʒ] m. mescolanza f. ‖ [élection] panachage (fr.).
panache [panaʃ] m. [plumes] pennacchio. | *panache de fumée*, pennacchio di fumo. ‖ ARCHIT. pennacchio. ‖ FIG. sfoggio. | *avoir du panache*, aver prestanza. | *aimer le panache* = prediligere le azioni spettacolari, i gesti cavallereschi. | *gagner avec panache*, vincere con briosa disinvoltura. ‖ SPORT [chute] *faire panache*, far panache (fr.).
panaché, e [panaʃe] adj. screziato, variopinto, variegato. ‖ CULIN. *glace, salade panachée*, gelato misto, insalata mista. | *haricots panachés*, fagioli misti con fagiolini. | *un demi (de bière) panaché*, una birra con gassosa. ‖ *style panaché*, stile composito. ‖ [élection] *liste panachée*, lista sottoposta a panachage (fr.).
panacher [panaʃe] v. tr. [avec un panache] (rare) impennacchiare. ‖ [bigarrer] screziare, variegare. ‖ [mêler] combinare, mescolare. ‖ [élection] *panacher (une liste)*, fare un panachage (fr.).
panachure [panaʃyr] f. screziatura.
panade [panad] f. CULIN. panata, pancotto m. ‖ POP. *être dans la panade*, essere, trovarsi al verde (fam.).
panafricain, e [panafrikɛ̃, ɛn] adj. panafricano.
panafricanisme [panafrikanism] m. panafricanismo.
panais [panɛ] m. BOT. pastinaca f.
panama [panama] m. MODE panama inv.
panaméen, enne [panameɛ̃, ɛn] adj. et n. panamense.
panaméricain, e [panamerikɛ̃, ɛn] adj. panamericano.
panaméricanisme [panamerikanism] m. panamericanismo.
panarabe [panarab] adj. panarabo.
panarabisme [panarabism] m. panarabismo.
panard, e [panar, ard] adj. mancino. ◆ n. m. POP. [pied] fetta f., fettone.
panaris [panari] m. MÉD. patereccio, panereccio, giradito.
panathénées [panatene] f. pl. ANTIQ. panatenee.
pancarte [pɑ̃kart] f. cartello m., cartellone m.
panchromatique [pɑ̃kromatik] adj. pancromatico.
panclastite [pɑ̃klastit] f. TECHN. panclastite.

pancosmisme [pãkɔsmism] m. PHILOS. pancosmismo.
pancrace [pãkras] m. ANTIQ. pancrazio.
pancréas [pãkreas] m. ANAT. pancreas inv.
pancréatique [pãkreatik] adj. pancreatico.
pancréatite [pãkreatit] f. MÉD. pancreatite.
panda [pãda] m. ZOOL. panda inv.
pandectes [pãdɛkt] f. pl. JUR. pandette.
pandémie [pãdemi] f. MÉD. pandemia.
pandémonium [pãdemɔnjɔm] m. PR. et FIG. pandemonio.
pandit [pãdit] m. pandit.
1. pandore [pãdɔr] f. MUS., VX bandura, pandura, pandora.
2. pandore m. FAM. = gendarme.
pandour [pãdur] m. HIST. MIL. panduro. ‖ FIG. = uomo zotico e brutale ; zoticone, becero.
panégyrique [paneʒirik] m. panegirico.
panégyriste [paneʒirist] m. panegirista.
paner [pane] v. tr. CULIN. (im)panare. | *côtelette panée,* co(s)toletta (im)panata, alla milanese.
panerée [panre] f. VX panierata.
paneterie [pantəri] f. dispensa (del pane).
panetier [pantje] m. = addetto alla dispensa del pane. ‖ HIST. dispensiere.
panetière [pantjɛr] f. [sac] tascapane m. ‖ [meuble] credenza, dispensa (contenente il pane).
paneton [pantɔ̃] m. panierino (usato dai fornai per dar forma alla pasta).
pangermanisme [pãʒɛrmanism] m. pangermanesimo, pangermanismo.
pangermaniste [pãʒɛrmanist] adj. pangermanista, pangermanistico. ◆ n. pangermanista.
pangolin [pãgɔlɛ̃] m. ZOOL. pangolino.
panhellénique [panɛllenik] adj. panellenico.
panhellénisme [panɛllenism] m. panellenismo.
panicaut [paniko] m. BOT. eringio.
panicule [panikyl] f. BOT. pannocchia.
paniculé, e [panikyle] adj. BOT. pannocchiuto.
panicum [panikɔm] m. BOT. panico.
panier [panje] m. [à anse] paniere, canestro ; [à anse, à poignées] cesta f., cestino. | *panier à ouvrage,* cestino da lavoro. | *panier à papier,* cestino. | *jeter au panier,* buttare nel cestino, cestinare. | *panier à bouteilles,* portabottiglie m. inv. | *panier à provisions,* sporta f. | *panier à salade,* scotitoio ; FIG., FAM. madama (ARG.). ‖ [contenu] panierata f., paniere, canestro, cesta. ‖ FIG. *le dessus du panier,* il fior fiore, la crema. | *le fond du panier,* la feccia. | *c'est un (vrai) panier de crabes,* è un covo di vipere. | *être un panier percé,* aver le mani bucate. | *faire danser, sauter l'anse du panier,* v. ANSE. ‖ [nasse] nassa f. ‖ MODE, VX paniere. | *robe à paniers,* abito a paniere. ‖ SPORT canestro. | *balle au panier* (vx), pallacanestro f. | *faire un panier,* fare canestro.
panière [panjɛr] f. paniera.
panier-repas [panjerpa] m. cestino (da viaggio).
panifiable [panifjabl] adj. panificabile.
panification [panifikasjɔ̃] f. panificazione.
panifier [panifje] v. tr. panificare.
paniquard [panikar] m. PÉJOR. = colui che è affetto da terrore panico.
panique [panik] adj. panico. | *terreur panique,* terrore panico. ◆ n. f. panico m.
paniquer [panike] v. tr. FAM. spaventare (L.C.). ◆ v. pr. ou v. intr. FAM. esser preso, farsi prendere dal panico (L.C.).
panislamique [panislamik] adj. panislamico.
panislamisme [panislamism] m. panislamismo.
panlogisme [pãlɔʒism] m. PHILOS. panlogismo.
1. panne [pan] f. TEXT. felpa. ‖ CULIN. grasso sottocutaneo (del maiale) ; lardo m. ◆ pl. HÉRALD. pellicce.
2. panne f. ARCHIT. arcareccio m. ‖ [du marteau] penna.
3. panne f. MAR. panna. | *mettre en panne,* mettere in panna. ‖ [arrêt accidentel] panna, guasto m., avaria. | *tomber en panne sèche, en panne d'essence,* restare senza benzina. | *avoir une panne de moteur, de voiture,* avere un guasto al motore, alla macchina. | *montre, radio en panne,* orologio guasto, radio guasta. | *panne de courant,* interruzione della corrente. ‖ FIG., FAM. *être en panne* = restare arenato. | *être en panne d'argent, de domestique* = restare senza denaro, senza servitore. ‖ POP. *être dans la panne,* essere in bolletta (fam.). ‖ ARG., THÉÂTRE = parte insignificante.
panné, e [pane] adj. POP. [sans le sou] spiantato, squattrinato (fam.).
panneau [pano] m. TECHN. pannello, riquadro. ‖ ART *peinture sur panneau,* pittura su tavola (f.) ‖ [avec indications] cartello, cartellone, tabellone. | *panneau d'affichage,* tabellone (per le affissioni). | *panneau électoral,* tabellone elettorale. | *panneau publicitaire, panneau réclame,* cartellone pubblicitario. | *panneau de signalisation (routière),* cartello stradale. ‖ MAR. *panneau d'écoutille,* coperchio del boccaporto. ‖ MODE telo, pannello. ‖ [chasse] rete f. (da caccia). ‖ LOC. FIG. *tomber, donner dans le panneau,* cadere in trappola, nella rete, nella pania.
panneauter [panote] v. tr. cacciare con reti.
panneton [pantɔ̃] m. [de clef] ingegno.
pannicule [panikyl] m. ANAT. pannicolo.
panonceau [panɔ̃so] m. [de notaire, d'huissier] insegna f. ‖ [pour renseigner] cartello, cartellone, tabellone.
panoplie [panɔpli] f. [armure ; armes] panoplia. ‖ [jouet] *panoplie d'infirmière* = vestito (m.) da infermiera (con siringa, termometro). | *panoplie d'Indien* = costume (m.) da Indiano (con tomahawk).
panorama [panɔrama] m. PR. et FIG. panorama ; prospettiva f.
panoramique [panɔramik] adj. panoramico. ◆ n. m. CIN. panoramica f.
panpsychisme [pãpsiʃism] m. PHILOS. panpsichismo.
pansage [pãsaʒ] m. strigliatura f.
panse [pãs] f. ZOOL. rumine m. ‖ FAM. [ventre] pancia. | *se remplir, s'en mettre plein la panse,* rimpinzarsi ; mangiare a crepapelle ; riempirsi il sacco (pop.). | *se faire crever la panse,* farsi bucare la pancia, le budella. ‖ [de récipient] pancia.
pansement [pãsmã] m. [action] medicazione f. ; medicatura f. (rare). | *faire un pansement à, changer le pansement d'un blessé,* medicare un ferito ; fasciar le piaghe di un ferito ; cambiare la medicazione a un ferito. ‖ [compresse] striscia f., fascia f., benda f., medicazione. | *pansement antiseptique,* striscia antisettica. | *boîte à pansements,* cassetta di pronto soccorso. | *pansement gastrique,* medicazione gastrica. ‖ MIL. *pansement individuel,* pacchetto di medicazione.
panser [pãse] v. tr. MÉD. medicare. ‖ FIG. *panser les blessures d'amour-propre,* lenire le ferite dell'amor proprio. ‖ [un animal] strigliare.
panslave [pãslav] adj. panslavo.
panslavisme [pãslavism] m. panslavismo.
panslaviste [pãslavist] adj. et n. panslavista.
pansu, e [pãsy] adj. panciuto.
pantagruélique [pãtagryelik] adj. pantagruelico.
pantalon [pãtalɔ̃] m. calzoni pl., pantaloni pl.
pantalonnade [pãtalɔnad] f. buffonata, pantalonata.
pante [pãt] m. ARG. = babbeo.
pantelant, e [pãtlã, ãt] adj. [haletant] ansante, trafelato ; senza fiato. ‖ [qui palpite] *chair pantelante,* carne palpitante. ‖ FIG. *cœur pantelant,* cuore palpitante.
panthéisme [pãteism] m. panteismo.
panthéiste [pãteist] adj. panteistico. ◆ n. panteista.
panthéon [pãteɔ̃] m. pantheon, panteon.
panthère [pãtɛr] f. ZOOL. pantera.
pantin [pãtɛ̃] m. PR. et FIG. fantoccio, burattino.
pantographe [pãtɔgraf] m. pantografo.
pantois [pãtwa] adj. m. sbalordito, inebetito ; senza fiato.
pantomètre [pãtɔmɛtr] m. pantometro.
pantomime [pãtɔmim] f. PR. et FIG. pantomima.
pantouflard, e [pãtuflar, ard] adj. et n. FAM. pantofolaio, a ; uomo, donna tutto casa.
pantoufle [pãtufl] f. pantofola. | *passer sa vie dans*

ses pantoufles, far vita di casa, essere un pantofolaio. ‖ FAM. *raisonner comme une pantoufle* = ragionare coi piedi. | *quelle pantoufle !* = che imbecille !, che cretino !
pantouflier, ère [pɑ̃tuflije, ɛr] n. pantofolaio, a.
pantoum [pɑ̃tum] m. POÉS. pantun.
panure [panyr] f. pangrattato m.
paon [pɑ̃] m. [oiseau] pavone. ‖ [papillon] pavonia f. ‖ FIG. pavone. | *orgueilleux, vaniteux comme un paon*, superbo, vanitoso come un pavone. | *se parer des plumes du paon*, farsi bello, coprirsi con le penne del pavone.
paonne [pan] f. ZOOL. pavona, pavonessa.
paonneau [pano] m. ZOOL. pavoncino.
papa [papa] m. papà, babbo. ‖ FAM. *fils à papa*, figlio di papà. | *de papa* = disusato, antiquato. ◆ loc. adv. POP. ***à la papa*** = senza fretta, con calma ; senza correr rischi.
papaïne [papain] f. PHARM. papaina.
papal, e, aux [papal, o] adj. papale.
papalin [papalɛ̃] m. Vx papalino.
papauté [papote] f. [gouvernement] papato m. ‖ [dignité, fonction] papato, pontificato m.
papavéracées [papaverase] f. pl. BOT. papaveracee.
papavérine [papaverin] f. PHARM. papaverina.
papaye [papaj] f. BOT. papaia.
papayer [papaje] m. BOT. papaia f.
pape [pap] m. papa. | *le pape Paul VI*, papa Paolo VI. ‖ [chef de file] papa, pontefice. | *le pape du surréalisme*, il papa, il pontefice del surrealismo. ‖ LOC. *être comme la mule du pape* = legarsela al dito. | *heureux comme un pape* = felice come una pasqua.
papegai [papgɛ] ou **papegeai** [papʒɛ] m. Vx pappagallo (L.C.). ‖ [cible] = bersaglio (a forma di uccello).
1. papelard, e [paplar, ard] adj. LITTÉR. ipocrita (L.C.). ◆ m. Vx bacchettone, tartufo (L.C.).
2. papelard m. FAM. foglio, pezzo di carta (L.C.). ‖ [collectif ; pl.] scartoffie f. pl.
papelardise [paplardiz] f. Vx ipocrisia, bacchettoneria (L.C.) ; tartuferia (rare).
paperasserie [paprasri] f. scartoffie pl. | *paperasserie administrative*, scartoffie burocratiche.
paperasses [papras] f. pl. scartoffie.
paperassier, ère [paprasje, ɛr] adj. et n. m. = che abusa delle scartoffie ; imbrattacarte n. ; (burocrate) pignolo m. | *bureaucratie paperassière*, burocrazia pignola.
papesse [papɛs] f. papessa.
papeterie [pap(ɛ)tri] f. IND. [fabrication] industria cartaria ; [usine] cartiera. ‖ COMM. [vente] commercio cartario ; [magasin] cartoleria. | *librairie-papeterie*, cartolibreria.
papetier, ère [paptje, ɛr] n. [qui fabrique, vend] cartaio ; [commerçant] cartolaio. | *ouvrier papetier*, cartaio. | *papetier-libraire*, cartolibraio.
papier [papje] m. carta f. | *papier d'argent*, carta argentata. | *papier d'étain*, (carta) stagnola (f.). | *papier bible, indien*, carta bibbia, india. | *papier bitumé*, carta bitumata. | *papier (de) brouillon*, carta da minuta. | *papier buvard*, carta assorbente ; cartasuga f. | *papier-calque*, carta da ricalco, da lucido. | *papier carbone*, cartacarbone f. (pl. *cartecarbone*). | *papier à cigarettes*, carta per. da sigarette. | *papier collant*, carta adesiva. | *papier couché, crêpé*, carta patinata, crespata. | *papier à la cuve*, carta a mano. | *papier à dessin*, carta da disegno. | *papier d'emballage*, carta da imballo. | *papier-émeri*, carta abrasiva, smerigliata, vetrata ; carta smeriglio. | *papier-filtre*, carta filtro. | *papier gaufré, glacé, gommé, huilé*, carta goffrata, lucida, gommata, oleata. | *papier hygiénique*, carta igienica. | *papier journal*, carta da giornali. | *papier à lettres*, carta da lettere. | *papier libre*, carta libera, semplice. | *papier mâché*, cartapesta f. | *papier ministre*, carta protocollo. | *papier-monnaie*, carta moneta. | *papier à musique*, carta da musica. | *papier ondulé*, carta ondulata. | *papier paille*, carta paglia. | *papier paraffiné*, carta paraffinata. | *papier-parchemin*, carta pergamena, pergamenata. | *papier peint*, carta da parati. | *papier pelure*, carta pelure (fr.). | *papier plastifié*, carta plastificata. | *papier quadrillé*, carta quadrettata, a quadretti. | *papier réactif, de tournesol*, carta al, di tornasole. | *papier réglé*, carta rigata, a righe. | *papier satiné, sensible*, carta satinata, sensibile. | *papier de soie*, carta seta. | *papier timbré*, carta bollata. | *papier tue-mouches*, carta moschicida. | *papier vélin, vergé*, carta velina, vergata. | *papier de verre*, carta vetrata. ‖ FIG. *avoir une mine, une figure de papier mâché*, esser bianco come un cencio lavato. | *être réglé comme du papier à musique* = vivere con l'orologio in mano. ‖ [feuille de papier] foglio m. (di carta). ‖ JOURN. articolo m., pezzo m. ‖ LOC. *sur le papier*, sulla carta, in linea teorica. | *mettre, jeter, coucher sur le papier*, mettere per iscritto. | *gratter, noircir du papier* (fam.) = scrivere. | *barbouiller du papier* (péjor.), imbrattare carta. ‖ COMM. carta. ◆ pl. *vieux papiers*, cartacce f. pl. ‖ FAM. *rayer de ses papiers* = non contarci più su. ‖ [documents] documenti ; carte f. pl. | *papiers d'identité*, documenti d'identità. | *avoir ses papiers en règle*, avere i documenti, le carte in regola. ‖ MAR. *papiers de bord*, documenti di bordo. ‖ FIG., FAM. *être dans les (petits) papiers de qn*, essere nella manica di qlcu.
papilionacé, e [papiljɔnase] adj. BOT. papilionaceo. ◆ n. f. pl. papilionacee.
papillaire [papillɛr] adj. papillare.
papille [papij] f. ANAT., BOT. papilla.
papilleux, euse [papijø, øz] adj. papilloso.
papillome [papijom] m. MÉD. papilloma.
papillon [papijɔ̃] m. ZOOL. farfalla f. | *papillon de jour, de nuit*, farfalla diurna, notturna. ‖ LOC. *léger comme un papillon* = leggero come una piuma. ‖ FIG. *courir après les papillons*, correr dietro alle farfalle. | *papillons noirs* = pensieri tetri, lugubri. ‖ FAM. *minute papillon !* = calma, bellezza ! ‖ FIG. [inconstant] farfalla ; [volage] farfallone. ‖ [affichette] volantino, manifestino ; [contravention] = foglietto di contravvenzione. ‖ TECHN. [écrou] dado ad alette ; [soupape] valvola (f.) a farfalla. ◆ adj. *nœud papillon*, (cravatta a) farfalla ; nodo a farfalla ; papillon (fr.). | *brasse papillon*, nuoto a farfalla.
papillonner [papijɔne] v. intr. FAM. sfarfallare.
papillotage [papijɔtaʒ] m. [des paupières] (il) battere le palpebre ; (il) palpebrare (rare). ‖ [éblouissement] abbagliamento. ‖ TYP. sbavatura f.
papillotant, e [papijɔtɑ̃, ɑ̃t] adj. [lumière] tremolante. ‖ [œil] = che batte, che palpebra.
papillote [papijɔt] f. [pour cheveux] diavoletto, bigodino ; papillote (fr.). ‖ [de bonbon] = carta in cui si avvolgono le caramelle. ‖ CULIN. cartoccio m. | *côtelette en papillote*, costoletta al cartoccio.
papillotement [papijɔtmɑ̃] m. [de la lumière] scintillìo. ‖ [effet sur les paupières] (il) palbebrare.
papilloter [papijɔte] v. intr. [lumière] scintillare. ‖ [œil] battere le palpebre ; palpebrare (rare).
papion [papjɔ̃] m. ZOOL. papio.
papisme [papism] m. papismo.
papiste [papist] m. papista.
papotage [papɔtaʒ] m. FAM. cicaleccio, chiacchiericcio ; ciarle f. pl., chiacchiere f. pl.
papoter [papɔte] v. intr. FAM. cicalare, ciarlare, chiacchierare.
papou, e [papu] adj. et n. papuano, papuaso.
papouille [papuj] f. FAM. solletico m., carezza (L.C.).
paprika [paprika] m. paprica f.
papule [papyl] f. MÉD. papula.
papuleux, euse [papylø, øz] adj. papuloso.
papyrologie [papirɔlɔʒi] f. papirologia.
papyrologue [papirɔlɔg] m. papirologo, papirologista.
papyrus [papirys] m. BOT., PHILOL. papiro.
pâque [pɑk] f. RELIG. pasqua.
paquebot [pakbo] m. MAR. piroscafo, transatlantico.
pâquerette [pakrɛt] f. BOT. margheritina, pratolina.
Pâques [pɑk] m. RELIG. Pasqua f. | *œufs de Pâques*, uova di Pasqua. ‖ LOC. *à Pâques ou à la Trinité* = assai tardi ; mai. ◆ f. pl. Pasqua. | *joyeuses Pâques !*, buona Pasqua ! | *faire ses pâques*, fare, prendere la Pasqua. | *Pâques fleuries*, Pasqua fiorita ; Domenica delle Palme.
paquet [pakɛ] m. pacco, pacchetto. | *paquet de*

cigarettes, de bonbons, pacchetto di sigarette, di caramelle. | *paquet postal,* pacco postale. || Fig. *paquet de graisse,* ciccione m. | *être un paquet de nerfs,* essere tutto nervi. || Pharm. cartina f. || Loc. *par paquets,* alla spicciolata. | *par petits paquets,* a gruppetti. || Fam. *faire ses paquets,* far fagotto, far le valigie. | *recevoir son paquet* = prendersi una (solenne) sgridata, una ramanzina. | *toucher un gros paquet,* guadagnare un mucchio, un sacco di soldi. | *risquer, tenter le paquet,* tentare, rischiare (l.c.). | *mettre le paquet* = impegnarsi a fondo; impiegare ogni mezzo. || Fin. *paquet d'actions,* pacchetto d'azioni. || Mar. *paquet de mer,* colpo di mare, ondata f. || [rugby] pacchetto. || Typ. pacchetto.

paquetage [paktaʒ] m. Mil. corredo.

paqueteur, euse [paktœr, øz] n. impacchettatore, trice.

par [par] prép. **1.** [lieu] per, da, attraverso. | *passer par Florence,* passare per, da Firenze. | *entrer par la fenêtre,* entrare per la, dalla finestra. | *regarder par la fenêtre,* guardare dalla finestra. | *une idée lui passa par l'esprit,* un'idea gli passò per la mente. | *la lumière passait par les volets,* la luce passava attraverso le imposte. | *jeter par terre,* gettare a, in terra. | *assis par terre,* seduto in, per terra. | *par 10 degrés de longitude est,* a 10 gradi di longitudine est. || **2.** [temps] in, con. | *par le passé,* in passato. | *par un soir d'été,* in una sera d'estate. | *par les temps qui courent,* coi tempi che corrono. || **3.** [manière] per, con. | *voyager par terre et par mer,* viaggiare per terra e per mare. | *tenir qn par la main, par le bras,* tenere qlcu. per mano, per il braccio. | *appeler qn par son nom,* chiamare qlcu. per nome. | *finir par,* finire con; finire per (moins correct). | *finir par avouer que,* finire col, per confessare che. || Fam. *mener par le bout du nez,* menare per il naso. || **4.** [moyen] per, con. | *expédier par la poste, par avion,* spedire per posta, per posta aerea. | *voyager par le train,* viaggiare in treno. | *arriver par le premier train, par le paquebot,* arrivare col primo treno, col piroscafo. | *par la force, la ruse,* con la forza, con l'astuzia. | *répondre aux injures par le silence,* rispondere agl'insulti col silenzio. || **5.** [cause] per. | *par ma, ta, sa faute,* per colpa mia, tua, sua. | *par peur, faiblesse, intérêt,* per paura, debolezza, interesse. || **6.** [agent] da; per (vx). | *par soi-même,* da sé. | *faire faire qch. par qn,* far fare qlco. da qlcu. | *apprendre, entendre dire par qn,* sapere, sentire dire da uno. || [après un v. au pass.] *la nouvelle a été exploitée par le journaliste,* la notizia è stata sfruttata dal giornalista. || [après un n.] *l'exploitation de la nouvelle par le journaliste,* lo sfruttamento della notizia da parte del giornalista. || **7.** [distributif] a, per. | *deux fois par jour, par semaine, par an,* due volte al giorno, alla settimana, all'anno. | *100 francs par tête,* 100 franchi a testa. | *par personne, par repas,* per persona, per pasto. | *page par page,* pagina per pagina. | *point par point,* punto per punto. | *contrôler un par un,* controllare uno per uno, a uno a uno. || **8.** [interj.] *par Dieu!,* perdio! | *par ma foi!,* in fede mia! || **9.** Loc. *par en bas,* dal di sotto, dal basso. | *par en haut,* dal di sopra, dall'alto. | *par ici,* di qua. | *par là :* [ce chemin] di là; [ce moyen] con questo, con ciò. | *par-ci par-là,* v. ci. | *par où,* da dove. | *par bonds,* a salti. | *par cœur,* a mente, a memoria. | *par exemple,* per, ad esempio. | *par bonheur, malheur, hasard,* per fortuna, sfortuna, caso. | *par amour, par peur de,* per amore, paura di. ◆ loc. prép. **de par** : *de par la loi,* ai termini della legge. | *de par le roi,* in nome, per volontà, per ordine del re. | *de par le monde,* in tutto il mondo.

para [para] (abr.) parà inv.

parabase [parabaz] f. parabasi.

parabellum [parabɛlɔm] m. Mil. parabellum.

parabole [parabɔl] f. Math., Relig. parabola.

parabolique [parabɔlik] adj. Math., Phys., Relig. parabolico.

paraboloïde [parabɔlɔid] m. Géom. paraboloide.

paracentèse [parasɛ̃tɛz] f. Méd. paracentesi.

parachèvement [paraʃɛvmɑ̃] m. [action] ultimazione f., compimento; [action ; résultat] rifinitura f.

parachever [paraʃve] v. tr. ultimare, completare, rifinire.

parachutage [paraʃytaʒ] m. (il) paracadutare; lancio (col paracadute). | *parachutage de troupes,* lancio di paracadutisti. | *le parachutage d'armes* = il paracadutare armi.

parachute [paraʃyt] m. paracadute m. inv.

parachuter [paraʃyte] v. tr. paracadutare. || Fig., fam. = nominare inaspettatamente (e spesso arbitrariamente) a una carica.

parachutisme [paraʃytism] m. paracadutismo.

parachutiste [paraʃytist] n. paracadutista.

paraclet [paraklɛ] m. Théol. paracleto.

parade [parad] f. [ostentation] sfoggio m. | *faire parade de ses richesses,* fare sfoggio delle, ostentare le proprie ricchezze. | *agir pour la parade,* mettersi in mostra, esibirsi per la galleria. || [ornement] *habit de parade,* abito di parata. | *lit de parade,* catafalco m. || Mil. parata, rivista. | *pas de parade,* passo di parata. || Théâtre parata. || Sport parata. || Fig. [riposte] difesa, risposta. | *chercher la parade aux critiques,* cercare di difendersi dalle critiche. | *être prompt à la parade,* avere la risposta pronta, esser lesto a parare i colpi.

parader [parade] v. intr. Mil. sfilare in parata. || Fig. pavoneggiarsi; mettersi in mostra.

paradeur [paradœr] m. Fig. pavone, esibizionista.

paradigmatique [paradigmatik] adj. Ling. paradigmatico.

paradigme [paradigm] m. Ling. paradigma.

paradis [paradi] m. Relig. et fig. paradiso. | *paradis artificiels,* paradisi artificiali. || Théâtre loggione; piccionaia f. (fam.). || Zool. *oiseau de paradis,* v. paradisier. || Fam. *vous ne l'emporterez pas au paradis* = me la pagherete.

paradisiaque [paradizjak] adj. Pr. et fig. paradisiaco.

paradisier [paradizje] m. Zool. paradisea f., uccello del paradiso.

parados [parado] m. Mil. paradorso.

paradoxal, e, aux [paradɔksal, o] adj. paradossale.

paradoxe [paradɔks] m. paradosso.

parafe ou **paraphe** [paraf] m. paraf(f)a f., sigla f. | *apposer son paraphe au bas d'un document,* apporre la (propria) sigla in calce a un documento.

parafer ou **parapher** [parafe] v. tr. paraf(f)are, siglare.

paraffinage [parafinaʒ] m. paraffinaggio.

paraffine [parafin] f. paraffina.

paraffiner [parafine] v. tr. paraffinare.

parafiscal, e, aux [parafiskal, o] adj. parafiscale.

parafiscalité [parafiskalite] f. parafiscalità.

parafoudre [parafudr] m. parafulmine.

1. parage [paraʒ] m. Vx [naissance] paraggio.

2. parages m. pl. Mar. paraggio. || [environs] paraggi, vicinanze f. pl. | *j'habite dans tes parages,* abito nei paraggi di casa tua, abito dalle tue parti. | *je ne viens pas souvent dans ces parages,* non vengo spesso da queste parti, da queste bande.

paragoge [paragɔʒ] f. Gramm. paragoge.

paragraphe [paragraf] m. paragrafo.

paragrêle [paragrɛl] adj. inv. antigrandine; grandinifugo.

paraître [parɛtr] v. intr. **1.** [se montrer] apparire, comparire. | *paraître en public, en scène, à l'écran,* apparire in pubblico, sulla scena, sullo schermo. | *paraître en justice,* comparire in tribunale. | *le soleil paraît,* il sole appare. | *le jour paraît,* spunta il giorno. | *un avion parut dans le ciel,* un aereo comparve nel cielo. | *paraître au grand jour,* apparire in piena luce. | *paraître au balcon,* affacciarsi al balcone. | *paraître à son avantage* = far bella figura. || **2.** [se faire remarquer] mettersi in mostra, far mostra di sé; sfoggiare. || **3.** [manifester] *faire, laisser paraître son indignation,* manifestare il proprio sdegno. || **4.** [avec attribut] *paraître malade,* sembrare malato. | *paraître vraisemblable,* parere verosimile. | *(ne pas) paraître* *son âge,* (non) dimostrare la propria età. | *il paraissait vouloir parler,* pareva (che) volesse parlare. || **5.** [être édité, publié] uscire ; venir pubblicato. | *ce livre vient de paraître,* questo libro è appena uscito. | *faire paraître un livre,* pubblicare un libro. ◆ v. impers. parere, sembrare. | *il paraît que oui, que non,* pare di sì, di no. | *il te paraissait (qu'il était) préférable de ne pas trop insister,* ti pareva (fosse) preferibile non insistere troppo. | *il me parut entendre un bruit insolite,* mi parve di sentire un rumore insolito. | *à ce qu'il paraît,* a quanto pare, a quel che sembra, a quanto si dice. | *il n'y paraît pas,* non si vede. | *sans qu'il y paraisse* = come se niente fosse. || FAM. *paraît que* = pare, sembra che. ◆ n. m. PHILOS. apparenza f.

parallactique [paralaktik] adj. parallattico.

parallaxe [paralaks] f. ASTR., PHYS. parallasse.

parallèle [paralɛl] adj. parallelo. || [non officiel] non ufficiale. || SPORT *barres parallèles,* parallele f. pl. ◆ n. f. MATH. parallela. || ÉLECTR. *montage en parallèle,* (collegamento) parallelo m. || MIL. parallela. ◆ n. m. ASTR., GÉOGR. parallelo. || FIG. [comparaison] parallelo, confronto, paragone. | *mettre en parallèle,* mettere a confronto ; paragonare.

parallélépipède [paralelepipɛd] m. GÉOM. parallelepipedo.

parallélisme [paralelism] m. PR. et FIG. parallelismo.

parallélogramme [paralelɔgram] m. GÉOM. parallelogrammo. || PHYS. *parallélogramme des forces,* parallelogrammo delle forze.

paralogisme [paralɔʒism] m. PHILOS. paralogismo.

paralysant, e [paralizɑ̃, ɑ̃t] adj. paralizzante.

paralysé, e [paralize] adj. paralizzato, paralitico. | *être paralysé d'une jambe,* avere una gamba paralizzata. ◆ n. paralitico.

paralyser [paralize] v. tr. PR. et FIG. paralizzare.

paralysie [paralizi] f. PR. et FIG. paralisi.

paralytique [paralitik] adj. et n. paralitico.

paramagnétique [paramaɲetik] adj. paramagnetico.

paramécie [paramesi] f. ZOOL. paramecio m.

paramètre [paramɛtr] m. PR. et FIG. parametro.

paramétrique [parametrik] adj. parametrico.

paramilitaire [paramilitɛr] adj. paramilitare.

paramnésie [paramnezi] f. PSYCH. paramnesia.

parangon [parɑ̃gɔ̃] m. VX ou LITTÉR. modello. | *parangon de vertu,* modello, perfetto esemplare di virtù. || MINÉR. = perla, diamante senza difetti. || TYP. parangone.

parangonner [parɑ̃gɔne] v. tr. TYP. parangonare.

paranoïa [paranɔja] f. MÉD. paranoia.

paranoïaque [paranɔjak] adj. et n. paranoico.

paranoïde [paranɔid] adj. paranoide.

parapet [parapɛ] m. MIL. parapetto. || [muret] parapetto, spalletta f.

paraphe m., **parapher** v. tr. V. PARAFE, PARAFER.

paraphernal, e, aux [parafɛrnal, o] adj. JUR. parafernale.

paraphrase [parafraz] f. parafrasi.

paraphraser [parafraze] v. tr. parafrasare.

paraphraseur, euse [parafrazœr, øz] n. parafraste m.

paraphrastique [parafrastik] adj. parafrastico.

paraphyse [parafiz] f. BOT. parafisi.

paraplégie [parapleʒi] f. MÉD. paraplegia.

paraplégique [parapleʒik] adj. paraplegico.

parapluie [paraplɥi] m. ombrello ; paracqua m. inv. (rare). || LOC. *avoir avalé son parapluie,* V. AVALER. || MIL. *parapluie atomique,* copertura atomica.

parapsychologie [parapsikɔlɔʒi] f. parapsicologia.

parascève [parasɛv] f. RELIG. parasceve.

parasitaire [parazitɛr] adj. parassitario.

parasite [parazit] adj. et n. m. ANTIQ., BIOL. et FIG. parassita. ◆ n. m. pl. ÉLECTR. rumori, disturbi parassiti.

parasiter [parazite] v. tr. parassitare. || ÉLECTR. *émission parasitée,* trasmissione disturbata da fenomeni parassiti.

parasiticide [parazitisid] adj. et n. m. parassiticida.

parasitique [parazitik] adj. parassitico.

parasitisme [parazitism] m. parassitismo.

parasitologie [parazitɔlɔʒi] f. parassitologia.

parasol [parasɔl] m. ombrellone. || BOT. *pin parasol,* V. PIN.

parasoleil [parasɔlɛj] m. V. PARE-SOLEIL.

parasympathique [parasɛ̃patik] adj. et n. m. ANAT. parasimpatico.

parathormone [paratɔrmɔn] f. MÉD. paratormone m.

parathyroïde [paratirɔid] adj. ANAT. paratiroideo. ◆ n. f. pl. paratiroidi.

paratonnerre [paratɔnɛr] m. parafulmine. || FIG. schermo, riparo, protezione f.

parâtre [parɑtr] m. VX patrigno (L.C.).

paratyphique [paratifik] adj. MÉD. paratifico, paratifoide. ◆ n. [malade] = affetto da paratifo.

paratyphoïde [paratifɔid] adj. MÉD. paratifico. ◆ n. f. paratifo m.

paravent [paravɑ̃] m. PR. et FIG. paravento.

parbleu! [parblø] interj. [juron] perbacco ! || [confirmation] sfido io ! ; altro che ! ; magari ! ; diamine !

parc [park] m. parco. | *parc national,* parco nazionale. || [enclos pour animaux] parco, recinto, addiaccio, stabbio. | *parc à huîtres,* parco di ostriche. || [pour enfant] recinto ; box (angl.). || [dépôt] *parc d'artillerie, de munitions,* parco d'artiglieria, di munizioni. || [ensemble] *parc automobile,* parco macchine ; autoparco. || [place réservée] *parc de stationnement,* parcheggio.

parcage [parkaʒ] m. stabbiatura f. || AUTOM. parcheggio.

parcellaire [parsɛlɛr] adj. parcellare.

parcellariser [parsɛlarize] ou **parcelliser** [parsɛlize] v. tr. frazionare.

parcelle [parsɛl] f. particella. || [terrain] par(ti)cella. || FIG. briciolo m.

parcellement [parsɛlmɑ̃] m. frazionamento, lottizzazione f.

parce que [pars(ə)kə] loc. conj. perché.

parchemin [parʃəmɛ̃] m. PR. pergamena f., cartapecora f. || [document] pergamena. || UNIV., FAM. = diploma. || [titre de noblesse] titolo nobiliare.

parcheminé, e [parʃəmine] adj. pergamenato. || FIG. *peau parcheminée,* pelle incartapecorita.

parcheminer [parʃəmine] v. tr. = dare l'aspetto della pergamena a. ◆ v. pr. FIG. incartapecorire, incartapecorirsi.

parcimonie [parsimɔni] f. parsimonia.

parcimonieux, euse [parsimɔnjø, øz] adj. parsimonioso.

par-ci par-là loc. adv. V. CI.

parc(o)mètre [park(ɔ)mɛtr] m. parchimetro.

parcourir [parkurir] v. tr. PR. percorrere. || FIG. *parcourir des yeux, du regard,* percorrere con l'occhio, con lo sguardo. | *parcourir le journal,* dare una scorsa al giornale. | *parcourir un livre, une revue,* sfogliare un libro, una rivista. | *parcourir le dictionnaire,* scartabellare il dizionario. | *parcourir un musée,* visitare di corsa un museo.

parcours [parkur] m. percorso, tragitto. | *incident, accident de parcours,* incidente, disgrazia f. (pr.) ; fatto accidentale (fig.). || FÉOD. *droit de parcours,* diritto di pascolo. || MÉC. corsa f. || MIL. *parcours du combattant,* percorso di guerra. || SPORT percorso.

par-delà, par-derrière, par-dessous, par-dessus, par-devant, par-devers loc. adv. V. DELÀ, DERRIÈRE, DESSOUS, DESSUS, DEVANT, DEVERS.

pardessus [pardəsy] m. soprabito, cappotto ; pardessus (fr.).

pardi! [pardi] ou VX **pardieu!** [pardjø] interj. FAM. altro che ! ; magari !

pardon [pardɔ̃] m. perdono. | *accorder son pardon à qn,* concedere il perdono a uno. || [formule de politesse] *demander pardon,* chiedere perdono, scusa, (litt.) venia. | *pardon !,* scusa ! ; scusi ! | *pardon ? je n'ai pas bien compris,* prego ?, come dice ?, come dici ?, non ho capito bene. | *ah ! pardon !, ce n'est pas la même chose,* momento !, prego !, non è lo stesso. || POP. *pardon ! quel beau vélo !,* caspita ! che bella bici ! || RELIG. indulgenza f., perdono. | *grand pardon, fête*

du pardon : [judaïsme] festa del perdono, dell'espiazione ; [en Bretagne] = pellegrinaggio e processione.
pardonnable [pardɔnabl] adj. perdonabile, scusabile.
pardonner [pardɔne] v. tr. et tr. ind. perdonare. | *pardonner les offenses,* perdonare le offese. | *pardonner à qn,* perdonare qlcu. | *pardonner qch à qn,* perdonare qlco. a qlcu. ‖ LOC. *ne pas se pardonner d'avoir fait qch,* non darsi pace di aver fatto qlco. ‖ [politesse] scusare, perdonare. | *pardonne-moi,* scusami. | *vous êtes pardonné,* è scusato. | *pardonnez-moi si je vous interromps, de vous interrompre,* mi scusi se La interrompo. | *pardonnez mon retard,* mi scusi per il ritardo. ‖ [épargner] *la mort ne pardonne à personne,* la morte non risparmia nessuno. ◆ v. intr. *une maladie, une faute qui ne pardonne pas,* une malattia, un errore che non perdona.
1. paré, e [pare] adj. [orné] ornato, adorno. ‖ CULIN. preparato.
2. paré, e adj. *être paré contre qch.,* essere premunito contro qlco. ‖ MAR. *paré !,* pronti !
pare-balles [parbal] m. inv. MIL. parapalle. ◆ adj. inv. *gilet pare-balles,* giubbetto antiproiettile.
pare-boue [parbu] m. inv. V. GARDE-BOUE.
pare-brise [parbriz] m. inv. parabrezza.
pare-chocs [parʃɔk] m. inv. paraurti.
pare-éclats [parekla] m. inv. MIL. paraschegge.
pare-étincelles [paretɛ̃sɛl] m. inv. parascintille.
pare-feu [parfø] m. inv. (muro) tagliafuoco. ‖ [dans une forêt] guardafuoco ; (viale) tagliafuoco.
parégorique [paregɔrik] adj. PHARM. paregorico.
pareil, eille [parɛj] adj. **(à)** uguale, identico (a). | *dimanche, à pareille heure,* domenica, a quest'ora, alla stessa ora. ‖ LOC. *sans pareil,* (littér.) *à nul autre pareil,* senza pari. | *c'est toujours pareil !,* è sempre la stessa cosa, lo stesso ! ‖ [semblable] simile. | *en pareil cas,* in un caso simile, in tal caso. | *a-t-on jamais vu chose pareille ?,* si è mai visto cosa simile ? ◆ adv. FAM. nello, allo stesso modo (L.C.). | *elles sont habillées pareil,* sono vestite uguali (adj.). ◆ n. *n'avoir pas son pareil, sa pareille,* non avere l'uguale, non avere uguali, essere senza pari. | *vos pareils,* i vostri pari. ‖ LOC. FAM. *c'est du pareil au même* = è lo stesso brodo ; se non è zuppa è pan bagnato (prov.). ◆ n. f. *rendre la pareille à qn,* rendere la pariglia a qlcu.
pareillement [parɛjmɑ̃] adv. [de la même manière] **(à)** allo stesso modo (di), similmente (a). ‖ [aussi] anche, pure. | *merci, pareillement !,* grazie altrettanto !
parélie m. V. PARHÉLIE.
parement [parmɑ̃] m. VX [ornement] ornamento, paramento. | *parement d'autel,* paliotto dell'altare. ‖ MODE risvolto. ‖ ARCHIT. faccia (f.) visibile di una pietra ; paramento di un muro. ‖ [revêtement] rivestimento. ‖ [bordure de pierre] = cordone di pietra.
parémiologie [paremjɔlɔʒi] f. paremiologia.
parenchymateux, euse [parɑ̃ʃimatø, øz] adj. parenchimale, parenchimatico, parenchimatoso.
parenchyme [parɑ̃ʃim] m. ANAT., BOT. parenchima.
parent, e [parɑ̃, ɑ̃t] n. parente, congiunto m. | *parents éloignés,* lontani parenti, parenti alla lontana. | *proche parent,* parente stretto. | *parent par alliance,* parente acquisito ; affine m. | *être parent de qn,* (fam.) *avec qn,* essere parente di qlcu. ‖ LOC. *traiter qn en parent pauvre* = trattare uno con disprezzo. ◆ m. pl. [père et mère] genitori. ‖ [ascendants] progenitori, avi, antenati. ◆ adj. FIG. affine, analogo, vicino.
parental, e, aux [parɑ̃tal, o] adj. JUR. *autorité parentale,* patria potestà.
parentales [parɑ̃tal] ou **parentalies** [parɑ̃tali] f. pl. ANTIQ. parentali m. pl., parentalie f. pl.
parenté [parɑ̃te] f. [lien] parentela, consanguineità. | *parenté proche, éloignée,* parentela stretta, lontana. | *parenté par alliance,* affinità. | *parenté spirituelle,* parentela spirituale. | *parenté du côté paternel, en ligne paternelle,* parentela dal lato paterno. | *lien de parenté,* legame parentale. ‖ [ensemble des parents] parentado m., parentela. ‖ FIG. parentela, affinità, analogia.
parenthèse [parɑ̃tɛz] f. TYP. parentesi. | *ouvrir, fermer la parenthèse,* aprire, chiudere la parentesi. ‖ [intervalle] parentesi. ‖ [digression] digressione. | *ouvrir une parenthèse,* fare una digressione. ‖ PR. et FIG. *entre parenthèses, par parenthèse,* tra parentesi. | *mettre entre parenthèses* (fig.), accantonare v. tr.
paréo [pareo] m. pareo.
1. parer [pare] v. tr. [orner] (ad)ornare, addobbare. | *parer un autel,* addobbare un altare. ‖ [habiller] *parer une mariée,* abbigliare, agghindare una sposa. ‖ FIG. *parer qn de toutes les qualités,* attribuire a qlcu. tutte le qualità. ‖ CULIN. *parer la viande,* ammannire la carne. ‖ MAR. *parer un cordage, les amures,* preparare, apprestare un cavo, le mure. ◆ v. pr. (ad)ornarsi. ‖ [s'habiller] abbigliarsi, adornarsi. ‖ FIG. *se parer des mérites d'autrui,* farsi bello, vantarsi dei meriti altrui. ‖ LOC. *se parer des plumes du paon,* V. PAON.
2. parer v. tr. [éviter] parare, schivare, evitare. ‖ PR. et FIG. *parer le coup,* parare il colpo. ‖ MAR. *parer un abordage,* evitare un abbordaggio. | *parer un cap,* doppiare un capo. ◆ v. tr. ind. **(à)** [remédier] *parer à un inconvénient,* rimediare a, por rimedio a, ovviare a un inconveniente. | *parer à un danger, à des difficultés,* fronteggiare un pericolo, (delle) difficoltà. ‖ [prendre des dispositions] prepararsi a, premunirsi contro. ‖ MAR. *pare, parez à virer !,* pronto, pronti a virare !
parésie [paresi] f. MÉD. paresi.
pare-soleil [parsɔlɛj] m. inv. ou **parasoleil** m. AUTOM. parasole. ‖ PHOT. parasole, paraluce.
paresse [parɛs] f. pigrizia. | *paresse d'esprit,* pigrizia mentale ; lentezza, tardità di mente. | *solution de paresse,* soluzione di comodo. ‖ MÉD. *paresse intestinale,* pigrizia, atonia intestinale.
paresser [parɛse] v. intr. oziare, poltrire.
paresseux, euse [parɛsø, øz] adj. pigro, indolente, svogliato. | *paresseux comme un loir* = pigro come una marmotta. | *esprit paresseux,* intelletto pigro, mente tarda. | *estomac paresseux,* stomaco pigro. ◆ n. pigro, a, poltrone, a ; perdigiorno m. inv., scansafatiche n. inv. (fam.). ◆ n. m. ZOOL. poltrone.
paresthésie [parɛstezi] f. MÉD. parestesia.
pareur, euse [parœr, øz] n. rifinitore, trice. ◆ n. f. TEXT. imbozzimatrice.
parfaire [parfɛr] v. tr. [compléter] completare. ‖ [perfectionner] rifinire.
parfait, e [parfɛ, ɛt] adj. [sans défaut] perfetto. ‖ [total, complet] perfetto, totale, completo. ‖ MUS. *accord parfait,* accordo perfetto. ‖ PHYS. *gaz parfait,* gas perfetto. ‖ LOC. *(c'est) parfait !,* ottimamente ! ◆ n. m. *rechercher le parfait en tout,* ricercare la, mirare alla perfezione in tutto. ‖ CULIN. parfait (fr.). ‖ GRAMM. perfetto. ‖ RELIG. perfetto.
parfaitement [parfɛtmɑ̃] adv. [très bien] perfettamente, benissimo. ‖ [complètement] completamente, assolutamente, totalmente. ‖ ABSOL. certo ; proprio così ; precisamente. | *tu en es sûr ? — parfaitement !,* sei certo ? — certissimo ! | *tu le lui as dit ? — parfaitement !,* glielo hai detto ? — proprio così !
parfois [parfwa] adv. talvolta, a volte, certe volte ; talora (littér.).
parfum [parfœ̃] m. profumo ; fragranza f., olezzo (littér.). | *industrie des parfums,* industria profumiera. ‖ FIG. gusto, sapore. ‖ ARG. *être au parfum* = essere informato, saper tutto.
parfumé, e [parfyme] adj. *parfumé à la violette,* profumato alla violetta ; con profumo di violetta. | *boisson parfumée au citron,* bibita profumata, aromatizzata al limone. | *glace parfumée à la vanille,* gelato alla vaniglia.
parfumer [parfyme] v. tr. profumare. ◆ v. pr. profumarsi.
parfumerie [parfymri] f. profumeria.
parfumeur, euse [parfymœr, øz] n. profumiere, a.
parhélie [pareli] m. ASTR. parelio.
pari [pari] m. scommessa f. | *engager, faire un pari,* fare una scommessa. | *faire le pari de,* scommettere di. | *tenir un pari,* accettare una scommessa. | *tenir son pari,* tener fede alla (propria) scommessa. | *toucher un pari,* riscuotere una scommessa. | *les paris sont ouverts,* si accettano le scommesse. ‖ [hippisme] *pari mutuel,* totalizzatore, totip.

paria [parja] m. PR. et FIG. paria inv.
pariade [parjad] f. ZOOL. accoppiamento m. ; [saison] = stagione degli accoppiamenti. ‖ [couple] coppia (d'uccelli).
paridés [paride] m. pl. ZOOL. paridi.
paridigitidé, e [paridiʒitide] adj. et n. m. paridigitato.
parier [parje] v. tr. scommettere. | *parier cent francs, cent contre un,* scommettere cento franchi, cento a uno. | *il y a gros à parier que,* c'è da scommettere che. | *je l'aurais parié !,* lo avrei giurato !
pariétaire [parjetɛr] f. BOT. parietaria.
pariétal, e, aux [parjetal, o] adj. parietale. ‖ ANAT., ART, BOT. parietale.
parieur, euse [parjœr, øz] n. scommettitore, trice.
parigot, e [parigo, ɔt] adj. et n. POP. parigino (L.C.).
paripenné, e [paripɛnne] adj. BOT. paripennato.
parisette [parizɛt] f. BOT. uva di volpe.
parisianisme [parizjanism] m. [usage] usanza parigina ; [langage] idiotismo parigino.
parisien, enne [parizjɛ̃, ɛn] adj. et n. parigino.
parisyllabe [parisillab] (rare) ou **parisyllabique** [parisillabik] adj. et n. m. GRAMM. parisillabo.
paritaire [paritɛr] adj. paritetico ; paritario (rare). | *commission paritaire,* commissione paritetica.
parité [parite] f. parità.
parjure [parʒyr] m. [action] spergiuro. ◆ adj. et n. [personne] spergiuro adj. et m. ; spergiuratore, trice n.
parjurer (se) [səparʒyre] v. pr. spergiurare ; giurare il falso.
parkérisation [parkerizasjɔ̃] f. TECHN. parkerizzazione.
parking [parkiŋ] m. [angl.] (auto)parcheggio.
parlant, e [parlɑ̃, ɑ̃t] adj. PR. et FIG. parlante. | *horloge parlante,* orologio parlante. | *portrait parlant,* ritratto parlante. | *preuves parlantes,* prove parlanti. ‖ FAM. loquace (L.C.). | *pas très parlant,* poco loquace. ‖ CIN. *film parlant,* film parlato. ‖ HÉRALD. *armes parlantes,* armi parlanti. ◆ n. parlante. ◆ n. m. CIN. parlato. ◆ loc. adv. ***généralement parlant,*** parlando in generale.
parlé, e [parle] adj. parlato. ‖ LING. *chaîne parlée,* catena parlata. ‖ RAD. *journal parlé,* giornale radio. ◆ n. m. parlato.
parlement [parləmɑ̃] m. parlamento.
parlementaire [parləmɑ̃tɛr] adj. [relatif au parlement] parlamentare. ‖ [relatif aux pourparlers] parlamentario. ◆ n. m. [membre d'un parlement] parlamentare. ‖ [qui parlemente] parlamentare ; parlamentario (rare).
parlementarisme [parləmɑ̃tarism] m. parlamentarismo.
parlementer [parləmɑ̃te] v. intr. parlamentare. ‖ [discuter] (parfois plais.) parlamentare, discutere, intrattenersi.
1. parler [parle] v. intr. parlare. | *parler du nez,* parlare nel naso. | *parler pour ne rien dire,* parlare (tanto) per parlare. | *parler tout seul,* parlare da solo. | *parler net, franc,* parlare chiaro e tondo, schietto. | *parler d'or* = parlare benissimo. | *parler comme un livre,* parlare come un libro stampato. | *parler en l'air,* parlare alla leggera. | *autant parler à un mur,* è come parlare al muro. | *c'est une façon de parler,* dico per dire, dice per dire. | *voilà qui est parler !,* questo si chiama parlare ! | *trouver à qui parler,* trovare chi vi tiene testa. | *s'écouter parler* = essere un parolaio. | *faire parler un complice,* far parlare, cantare un complice ; scalzare un complice (rare). | *à proprement parler,* a dirla giusta, per essere precisi. | *à parler franchement,* a dirla schietta. ‖ FIG. *les faits parlent d'eux-mêmes,* i fatti parlano da soli. ‖ [s'exprimer] *parler en français,* parlare, esprimersi in francese. | *les muets parlent avec les mains, par gestes,* i muti parlano con le mani, a gesti. | *scientifiquement, humainement parlant,* scientificamente, umanamente parlando. ‖ [jeu de cartes] dichiarare. ‖ POP. *tu parles !* = altro che !, eccome !, come no ! ◆ v. tr. ind. *parler à, avec qn,* parlare a, con uno. | *c'est à moi que vous parlez ?,* Lei dice a me ? | *parler de qn,* parlare di qlcu. | *parler de qch.,* parlare, discutere, trattare di qlco. | *parler pour qn,* parlare in favore di uno. | *faire parler de soi,* far parlare di sé. | *parler de la pluie et du beau temps, de choses et d'autres, de tout et de rien,* parlare del più e del meno, di tutto un po'. | *sans parler de...,* per non parlare di... ; prescindendo da... ‖ FAM. *parlons-en !, parlez-moi de ça !, n'en parlons pas !,* meglio non parlarne ! | *en parler à son aise,* fare presto a dire. ‖ POP. *tu parles d'un imbécile !,* che pezzo d'imbecille ! ◆ v. tr. *parler (le) français,* parlare (il) francese. ‖ [s'entretenir de] parlare, discutere di. | *parler affaires, politique,* parlare di affari, di politica. ‖ VX *révérence parler,* con rispetto parlando (L.C.). ◆ v. pr. [pass.] *langue qui se parle peu,* lingua che è poco parlata. ‖ [récipr.] parlarsi.
2. parler m. [langage ; dialecte] parlare, parlata f.
parleur, euse [parlœr, øz] *un grand parleur,* un chiacchierone. | *beau parleur,* parolaio.
parloir [parlwar] m. parlatorio.
parlote [parlɔt] f. JUR. FAM. [local] = luogo di riunione degli avvocati (nel locale del tribunale) ; [exercice] = esercitazione oratoria di giovani avvocati. ‖ [discussion] chiacchiera.
parmélie [parmeli] f. BOT. parmelia.
parmenture [parmɑ̃tyr] f. paramontura, copririsvolto m.
parmesan, e [parməzɑ̃, an] adj. et n. parmigiano ; parmense adj. (littér). ‖ ART *le Parmesan,* il Parmigianino. ◆ n. m. [fromage] parmigiano, grana.
parmi [parmi] prép. fra, tra ; in mezzo a.
parnasse [parnas] m. [poètes ; poésie] parnaso. ‖ [mouvement littér.] parnassianesimo, parnassianismo.
parnassien, enne [parnasjɛ̃, ɛn] adj. et n. m. parnassiano.
parodie [parɔdi] f. parodia.
parodier [parɔdje] v. tr. parodiare.
parodique [parɔdik] adj. parodico, parodistico.
parodiste [parɔdist] n. parodista.
paroi [parwa] f. parete.
paroisse [parwas] f. parrocchia, pieve. | *curé de paroisse,* parroco, pievano. ‖ [église] pieve ; chiesa parrocchiale.
paroissial, e, aux [parwasjal, o] adj. parrocchiale.
paroissien, enne [parwasjɛ̃, ɛn] n. parrocchiano, a. ‖ FAM. *un drôle de paroissien,* un tipo strano, buffo. ◆ n. m. [missel] libro da messa.
parole [parɔl] f. **1.** [phrase prononcée] parola. | *des flots de paroles,* fiumi di parole. | *un homme chiche en paroles,* un uomo di poche parole. | *un moulin à paroles,* un chiacchierone. | *n'être courageux qu'en paroles,* essere coraggioso solo a parole. | *payer en paroles,* pagare a parole. | *faire rentrer à qn les paroles dans la gorge,* far rimangiare le parole a uno. | *ce ne sont que des paroles, de belles paroles,* son solo, son tutte chiacchiere. | *trêve de paroles !,* basta con le chiacchiere ! ‖ [jeu de cartes] *(passer) parole,* (passare la) parola. ‖ **2.** [mot, texte] *parole historique,* detto storico. ‖ LING. parola ; atto linguistico ; parole (fr.). ‖ MUS. *les paroles d'une chanson,* le parole. ‖ RELIG. *la parole (de Dieu),* la parola (di Dio, divina). ‖ LOC. *c'est parole d'évangile,* è (verità di) vangelo. ‖ FIG. *porter, prêcher la bonne parole,* diffondere, predicare la buona novella. ‖ **3.** [promesse] parola, promessa, impegno m. | *parole d'honneur !, ma parole !,* parola d'onore ! | *donner sa parole,* dar la propria parola. | *tenir parole,* tener fede alla propria parola. | *être de parole, n'avoir qu'une parole,* essere di parola. | *ne pas tenir parole, manquer à sa parole,* rimangiarsi, riprendersi la parola. | *dégager qn de sa parole,* sciogliere qlcu. dalla promessa. | *croire qn sur parole,* credere qlcu. sulla parola. ‖ **4.** [voix, élocution] parola, favella. | *perdre la parole,* perdere la parola, la favella. | *rester sans parole,* restar muto. | *avoir la parole facile,* avere la parola, l'eloquio facile. | *troubles de la parole,* disturbi della parola. ‖ **5.** [possibilité de s'exprimer] *adresser la parole à qn,* rivolgere la parola a uno. | *couper la parole à qn,* troncar le parole in bocca a uno. | *demander, donner, prendre, retirer la parole,* chiedere, concedere, prendere, togliere la parola. ‖

Loc. *la parole est à l'accusé!*, la parola all'imputato! | *la parole est à vous!, vous avez la parole!*, a Lei la parola! || Prov. *la parole est d'argent et le silence est d'or*, (la parola è d'argento,) il silenzio è d'oro.

paroli [parɔli] m. Jeu vx *faire paroli* = raddoppiare la posta.

parolier [parɔlje] m. [d'opéra] librettista ; [d'une chanson] paroliere.

paronomase [parɔnɔmaz] f. Rhét. paronomasia.

paronyme [parɔnim] m. Ling. paronimo.

paronymie [parɔnimi] f. paronimia.

paronymique [parɔnimik] adj. paronimico.

paros [parɔs] m. marmo pario.

parotide [parɔtid] f. Anat. parotide.

parotidien, enne [parɔtidjɛ̃, ɛn] adj. parotideo.

parotidite [parɔtidit] f. Méd. parotite.

parousie [paruzi] f. Relig. parusia.

paroxysme [parɔksism] m. parossismo.

paroxystique [parɔksistik] adj. parossistico.

paroxyton [parɔksitɔ̃] adj. et n. m. Ling. parossitono.

parpaillot [parpajo] m. Vx ou plais. = calvinista, protestante.

parpaing [parpɛ̃] m. = pietra (f.) che occupa l'intero spessore del muro. || [aggloméré] blocchetto di cemento.

parque [park] f. Myth. et littér. parca.

parquer [parke] v. tr. [animaux] = rinchiudere in un recinto, nell'addiaccio. || [hommes] rinchiudere, ammassare. || [auto] parcheggiare. || Mil. *parquer l'artillerie*, parcare l'artiglieria. ◆ v. intr. Agr. stabbiare.

parquet [parkɛ] m. [plancher] impiantito di legno ; tavolato, tassellato, assito ; piancito (rég.) ; parquet (fr.), parchè. || [de bal] pista (f.) da ballo ; balera f. (septentr.). || Agr. parchetto. || Fin. [enceinte de Bourse] parquet (fr.) ; recinto delle contrattazioni ; [agents de change] = gli agenti di cambio. || Jur. procura (f.) della Repubblica. | *petit parquet* = delegazione della procura.

parquetage [parkətaʒ] m. [action] parchettatura f. || [ouvrage] impiantito, tavolato, assito.

parqueter [parkəte] v. tr. pavimentare in legno.

parqueteur [parkətœr] m. parchettista.

parqueur, euse [parkœr, øz] n. ou **parquier** [parkje] m. = addetto alla cura delle ostriche in un parco.

parrain [parɛ̃] m. padrino, compare. || [qui présente] padrino.

parrainage [parɛnaʒ] m. = qualità, funzione (f.) di padrino, di madrina. || [patronage] patrocinio.

parrainer [parɛne] v. tr. fare da padrino, da madrina a. || [patronner] patrocinare.

parricide [parisid] adj. et n. [personne] parricida n. ◆ n. m. [crime] parricidio.

parsec [parsɛk] m. Astr. parsec.

parsemer [parsəme] v. tr. [couvrir] cospargere. | *parsemer le sol de fleurs*, cospargere il suolo di fiori. | Fig. infiorare. || [joncher] (ri)coprire. | *des milliers de fleurs parsemaient le sol*, migliaia di fiori (ri)coprivano il suolo ; il suolo era cosparso, ricoperto di migliaia di fiori. | *ciel parsemé d'étoiles*, cielo cosparso, trapunto di stelle.

parsi, e [parsi] adj. et n. m. Relig. parsi inv.

parsisme [parsism] m. parsismo.

1. part [par] f. **1.** [ce qui revient à, concerne qn] parte. | *avoir la meilleure part*, avere la parte migliore. | *avoir part à*, aver parte in, partecipare a. | *prendre part à*, prender parte a, partecipare a. | *prendre part à la joie de qn*, partecipare alla gioia di qlcu. | *avoir, prendre une part importante dans les négociations*, avere una parte importante nelle trattative. | *part à deux!* = spartiamo il guadagno, il bottino. | *faire part de qch. à qn*, partecipare, annunziare qlco. a qlcu. || Loc. *pour ma part*, per, da parte mia ; per conto mio ; per quanto mi riguarda. || **2.** [portion] parte, porzione. | *part proportionnelle*, quota proporzionale. | *diviser en parts égales, inégales*, spartire egualmente, inegualmente. | *une part du gâteau*, una porzione, una fetta del dolce. || Fig. *avoir sa part du gâteau*, dividersi la torta. | *se tailler la part du lion*, farsi la parte del leone. || **3.** Écon., Fin., Jur. parte, azione, quota, partecipazione. | *part bénéficiaire, de fondateur*, azione di godimento. | *part d'héritage*, quota ereditaria. | *part sociale, d'intérêts*, quota sociale. | *part virile*, quota virile. | *avoir part aux bénéfices*, partecipare, avere una partecipazione agli utili. || **4.** Mar. *être, naviguer à la part*, essere, navigare alla parte. || [d'une dépense] quota. || **5.** Loc. *être français à part entière* = godere di tutti i diritti civili e politici dei francesi. | *faire la part belle à qn* = avvantaggiare ostensibilmente qlcu. | *faire la part du hasard, des choses*, tener conto del caso, dei fatti. | *faire la part du feu* = rassegnarsi a certe concessioni. || **6.** [fraction] parte. | *perdre une grande part de sa fortune*, perdere gran parte del patrimonio. | *pour une (bonne, large) part*, in gran, buona parte. || **7.** Loc. *de la part de qn*, da parte di qlcu. | *de toute(s) part(s)*, da tutte le parti, da ogni parte. | *d'une part..., d'autre part, de l'autre*, da una parte..., dall'altra. | *de part et d'autre du couloir*, da una parte e dall'altra, a destra e a sinistra del corridoio. | *d'autre part*, [en début de phrase] : d'altra parte, peraltro, del resto, inoltre. | *de part en part*, da parte a parte. | *prendre en bonne, en mauvaise part*, prendere in buona, in mala parte. ◆ loc. adv. ***autre part***, altrove, in un altro luogo, in altro posto. || ***nulle part (ailleurs)***, in nessun altro luogo, da nessun'altra parte. || ***quelque part***, in qualche posto, da qualche parte. || Fam. (euph.) *aller quelque part* = andare al gabinetto. | *je vais t'allonger mon pied quelque part*, ora ti prendo a pedate nel sedere. || ***à part***, a parte, da parte. | *laisser, mettre à part*, lasciare, mettere da parte. | *prendre qn à part*, prendere qlcu. a parte, in disparte. | *enfermer à part*, rinchiudere a parte, separatamente. | *à part moi, soi*, tra me e me, tra sé e sé. || Fam. *blague à part*, scherzi a parte. || [en fonction d'adj.] a parte, a sé ; separato adj. | *chambre à part*, camere separate. ◆ loc. prép. ***à part*** [excepté] : a parte, tranne, eccetto, salvo. ◆ loc. conj. ***à part que*** (fam.), a parte che, a parte il fatto che (l.c.).

2. part m. Jur. *supposition de part* = (l')attribuire ad una donna un figlio non suo. | *suppression de part* = occultamento della nascita di un bambino. | *substitution de part*, sostituzione di neonato.

partage [partaʒ] m. [action de diviser] (s)partizione f., divisione f. ; [en 2 parties égales] parità f. | *partage à l'amiable*, divisione amichevole. || Jur. *partage d'un héritage*, spartizione di un'eredità. | *partage du pouvoir*, spartizione del potere. | *il y a partage des voix*, c'è parità di voti ; i voti sono pari. || Géogr. *ligne de partage des eaux*, spartiacque m. inv. || [lot] quota f. | *la maison m'est échue en partage*, m'è spettata la casa (come quota). || Littér. appannaggio, destino, retaggio. | *avoir reçu la force en partage*, avere avuto in sorte, avere sortito la forza. | *«le Partage de midi»*, «la Recisione meridiana».

partageable [partaʒabl] adj. divisibile, ripartibile, spartibile.

partageant, e [partaʒɑ̃, ɑ̃t] m. Jur. = chi partecipa a una ripartizione.

partager [partaʒe] v. tr. [diviser] dividere, spartire, ripartire, separare. | *partager en deux*, dividere in due. | *partager avec qn*, dividere con qlcu. || [posséder avec d'autres] (con)dividere, avere a mezzo. | *partager une chambre, le pouvoir avec qn*, (con)dividere una camera, il potere con qlcu. || Fig. *partager la joie, l'opinion de qn*, condividere la gioia, l'opinione di qlcu. || Loc. *les opinions sont partagées*, le opinioni sono discordi. | *bien partagé (par la nature)*, favorito, avvantaggiato dalla natura. | *mal partagé*, svantaggiato dalla natura. ◆ v. pr. dividersi.

partageux, euse [partaʒø, øz] adj. et n. Vx = comunista.

partance [partɑ̃s] f. *bateau, train en partance*, nave, treno in partenza.

1. partant [partɑ̃] m. partente.

2. partant conj. Vx ou littér. pertanto ; di conseguenza (l.c.).

partenaire [partənɛr] n. Jeu, Sport compagno, a (di

gioco, di squadra). ‖ [associé] collaboratore, trice ; (con)socio m. ‖ [danse] cavaliere m., dama f.
parterre [partɛr] m. [jardin] ai(u)ola f. ‖ THÉÂTRE platea f. | *au parterre,* in platea. ‖ LOC. FAM. *prendre un billet de parterre* = fare una (bella) tombola.
parthénogenèse [partenoʒənɛz] f. BIOL. partenogenesi.
parthénogénétique [partenoʒenetik] adj. partenogenetico.
1. parti [parti] m. **1.** [groupe] partito, parte f., fazione f. | *adhérer, s'inscrire à un parti politique,* aderire, iscriversi a un partito politico. | *esprit de parti,* spirito di parte. | *prendre parti pour qn, le parti de qn,* schierarsi dalla parte, prendere le parti, sposare la causa di qlcu. ; parteggiare per qlcu. ; dichiararsi favorevole a qlcu. | *être du parti de qn,* tener dalla parte di qlcu. ‖ VX, MIL. drappello, reparto (L.C.). ‖ **2.** [résolution] partito, risoluzione f., decisione f. | *ne savoir quel parti prendre,* non saper qual partito prendere. | *mon parti est pris,* la mia risoluzione è presa, son bell'e deciso. | *il faut en prendre son parti !,* bisogna rassegnarsi ! ; pazienza ! | *prendre son parti de qch.,* rassegnarsi a qlco. | *prends-en ton parti,* rassegnati ; mettiti il cuore in pace. | *de parti pris,* per partito preso. | *un homme de parti pris,* un uomo parziale. | *sans parti pris,* senza preconcetti. ‖ **3.** [profit] partito. | *tirer parti de qch.,* tirar partito da qlco. ‖ **4.** [situation] partito, condizioni f. pl. | *faire un mauvais parti à qn,* ridurre qlcu. a mal partito ; conciare qlcu. per le feste (fam.). ‖ [mariage] *trouver un bon parti,* trovar un buon partito.
2. parti, e adj. FAM. brillo. | *il est parti !,* è partito !
partiaire [parsjɛr] adj. JUR. parziario.
partial, e, aux [parsjal, o] adj. parziale.
partialement [parsjalmɑ̃] adv. parzialmente, con parzialità.
partialité [parsjalite] f. parzialità.
participant, e [partisipɑ̃, ɑ̃t] adj. et n. partecipante.
participation [partisipasjɔ̃] f. partecipazione, concorso m. | *participation aux frais,* concorso alle, nelle spese. | *participation à un délit,* concorso in un reato. ‖ COMM. (com)partecipazione. | *participation aux bénéfices,* compartecipazione agli utili. | *compte en participation,* conto congiunto. | *société en participation,* associazione in partecipazione.
participe [partisip] m. GRAMM. participio.
participer [partisipe] v. tr. ind. **(à)** partecipare, prendere parte a. ‖ JUR. *participer à un crime,* concorrere in un reato. ‖ FIG. *participer à la joie, à la douleur de qn,* prendere parte alla gioia, al dolore di qlcu. ; condividere la gioia, il dolore di qlcu. ‖ **(de)** partecipare, tenere della natura di. | *le mulet participe de l'âne et du cheval,* il mulo partecipa dell'asino e del cavallo.
participial, e, aux [partisipjal, o] adj. participiale.
particularisation [partikylarizasjɔ̃] f. (il) particolareggiare.
particulariser [partikylarize] v. tr. particolareggiare.
particularisme [partikylarism] m. particolarismo.
particulariste [partikylarist] adj. particolarista, particolaristico. ◆ n. particolarista.
particularité [partikylarite] f. particolarità.
particule [partikyl] f. particella.
particulier, ère [partikylje, ɛr] adj. [différent] particolare. | *cas particulier,* caso particolare. | *expression particulière à qn, à une époque,* espressione propria, caratteristica, tipica di qlcu., di un'epoca. ‖ [spécial] singolare, eccezionale. | *faire preuve d'une aptitude particulière à,* dimostrare un'attitudine singolare, eccezionale per. | *conditions (toutes) particulières,* condizioni eccezionali. ‖ [individuel, personnel] particolare, privato, individuale. | *les intérêts particuliers,* gl'interessi privati, individuali. | *chambre particulière,* camera individuale, particolare, personale. | *secrétaire particulier,* segretario privato, particolare. | *leçons particulières,* lezioni private. | *hôtel particulier,* palazzina f. ◆ n. m. particolare. | *du particulier au général,* dal particolare al generale. ‖ [individu] privato. | *un simple particulier,* un semplice cittadino. ‖ FAM. *un drôle de particulier !,* uno strano individuo !, un tipo strano ! ◆ loc. adv. ***en particulier :*** [spécialement] in particolare, specialmente, segnatamente ; [en privé] in privato, privatamente ; da solo a solo.
particulièrement [partikyljɛrmɑ̃] adv. [spécialement] in particolare ; specialmente, segnatamente. ‖ [éminemment] singolarmente, eminentemente, eccezionalmente, particolarmente. | *circonstances particulièrement graves,* circostanze eccezionalmente gravi. ‖ [à titre privé] personalmente, intimamente. | *je ne le connais pas particulièrement,* non lo conosco intimamente.
partie [parti] f. **1.** [portion] parte. | *une grande partie, la majeure partie des élèves,* gran parte, la maggior parte degli alunni. | *les cinq parties du monde,* le cinque parti del mondo. | *faire partie de,* far parte di. ‖ ANAT. *parties (sexuelles, honteuses),* (parti) pudende f. pl. ‖ GRAMM. *les parties du discours,* le parti del discorso. ‖ **2.** [spécialité] ramo m., specialità. | *ce n'est pas ma partie,* non è il mio ramo. | *être de la partie,* essere del mestiere. ‖ **3.** COMM. *comptabilité en partie simple, double,* contabilità a, in partita semplice, doppia. ‖ JEU *une partie de...,* una partita a... ‖ MUS. parte. ‖ SPORT partita, gara, competizione. | *une partie de football,* una partita, un incontro di calcio. ‖ **4.** PR. et FIG. *gagner, perdre la partie,* vincere, perdere la partita. | *abandonner la partie,* abbandonare la partita, il campo. | *la partie est inégale,* la lotta è impari. | *avoir partie gagnée,* aver partita vinta. ‖ FIG. *ce n'est que partie remise* = è un semplice rinvio. | *lier partie avec qn, avoir partie liée avec qn,* V. LIER. ‖ **5.** [divertissement concerté] partita. | *partie de chasse,* partita di caccia ; cacciata f. | *partie de campagne,* scampagnata. | *partie de plaisir,* partita di piacere. | *partie de barque,* gita in barca. | *partie fine* = convegno galante. | *se mettre de la partie,* unirsi (a un gruppo, a una brigata). | *être de la partie,* essere della partita. ‖ **6.** JUR. parte. | *partie civile,* parte civile. | *partie adverse,* parte avversa. | *se porter partie civile,* costituirsi parte civile. ‖ **7.** LOC. *être juge et partie,* essere parte in causa e giudice. | *prendre qn à partie,* prendersela con qlcu. | *avoir affaire à forte partie* = trovarsi di fronte a un avversario temibile. ◆ loc. adv. ***en (grande) partie,*** in (gran) parte. ‖ ***en tout ou en partie,*** in tutto o in parte. ‖ ***(en) partie..., (en) partie,*** (in) parte..., (in) parte.
partiel, elle [parsjɛl] adj. parziale.
partiellement [parsjɛlmɑ̃] adv. parzialmente, in parte.
partir [partir] v. intr. **1.** [quitter un endroit] partire, andarsene ; andar via. | *il part pour, à Paris, pour la France,* parte per Parigi, per la Francia. | *partir en voyage, en vacances,* partire per un viaggio, in vacanze. | *partir pour une promenade,* andare a fare una passeggiata. ‖ [avec inf.] andare a. | *il est parti acheter du pain,* è andato a comprare il pane. ‖ [prendre le départ] *le train part à 10 h,* il treno parte alle 10. ‖ **2.** [fonctionner] *le moteur ne part pas,* il motore non parte. | *faire partir un moteur,* avviare un motore. | *faire partir un coup de fusil,* sparare un colpo di fucile. | *faire partir une mine,* far esplodere una mina. ‖ **3.** [commencer] SPORT *un, deux, trois, partez !,* uno, due, tre, via ! ‖ FIG. *c'est mal parti,* la faccenda è cominciata male. | *il est mal parti,* ha cominciato male. | *partir d'un grand éclat de rire,* scoppiare in una gran risata. ‖ [venir de] *route qui part de Paris,* strada che parte da Parigi. | *un hurlement partit de la foule,* un urlo partì, si levò dalla folla. ‖ [dater de] decorrere (da). | *bail partant du premier janvier,* contratto d'affitto che decorre dal primo gennaio. ‖ [émaner] partire, venire, nascere. | *paroles qui partent du cœur,* parole che partono, vengono, nascono dal cuore. | *partir d'un principe, d'une idée,* prendere le mosse da un principio, da un'idea. ‖ **4.** [disparaître] *tache qui part facilement,* macchia che se ne va facilmente. ‖ [euph.] *partir (pour l'autre monde),* andare tra i più ; passare nel mondo dei più. ◆ v. tr. LOC. *avoir maille à partir avec qn* = avere a che dire con uno. ◆ loc. prép. ***à partir de,*** a partire

da. | *à partir de demain,* a partire da, a datare da domani; da domani in poi.
partisan, e [partizɑ̃, an] adj. partigiano. ◆ n. partigiano, a; fautore, trice; sostenitore, trice; seguace m. ◆ n. m. MIL. partigiano. | *guerre de partisans,* guerra partigiana.
partiteur [partitœr] m. TECHN. partitore idraulico.
partitif, ive [partitif, iv] adj. et n. m. GRAMM. partitivo adj.
partition [partisjɔ̃] f. HÉRALD. partizione. || MUS. partitura, spartito m.
partouse ou **partouze** [partuz] f. POP. = gozzoviglia, orgia.
partout [partu] adv. dappertutto, (d)ovunque. | *partout où il va,* dovunque vada. ◆ loc. adv. ***de partout,*** da tutte le parti, da ogni parte.
parturiente [partyrjɑ̃t] adj. et n. f. partoriente.
parturition [partyrisjɔ̃] f. parto m.
parulie [paryli] f. MÉD. parulide; ascesso piorroico.
parure [paryr] f. ornamento m. || [vêtements] abbigliamento (raffinato). | *aimer la parure,* amare i bei vestiti. || [bijoux; sous-vêtements] parure (fr.).
parution [parysjɔ̃] f. pubblicazione, uscita.
parvenir [parvənir] v. intr. [atteindre] pervenire, giungere, arrivare; raggiungere v. tr. | *parvenir au sommet,* pervenire, giungere, arrivare in cima; raggiungere la cima. | *parvenir à la gloire,* arrivare alla gloria. | *parvenir à ses fins,* raggiungere il proprio scopo. | *faire parvenir une lettre à qn,* far pervenire, far recapitare una lettera a qlcu. | *faire parvenir une nouvelle,* trasmettere una notizia. || [réussir] **(à)** riuscire (a). || ABSOL. far carriera.
parvenu, e [parvəny] n. parvenu m. (fr.), nuovo ricco; villan rifatto, rivestito.
parvis [parvi] m. sagrato.
1. pas [pɑ] m. **1.** [mouvement de la jambe] passo. | *petit pas,* passetto, passettino. | *pas de géant,* passo da gigante. | *diriger ses pas vers,* volgere il passo, dirigersi verso. | *avancer d'un pas,* fare un passo avanti. | *à chaque pas, à tous les pas,* a ogni passo. | *à grands pas,* a grandi passi. | *à petits pas,* a passettini. | *à pas de loup,* a passi felpati. || LOC. *salle des pas perdus,* sala dei passi perduti. | *faire les cent pas,* andare su e giù, avanti e indietro. | *faire un faux pas,* mettere un piede in fallo (pr.); fare un passo falso (pr. et fig.). | *pas de clerc,* V. CLERC. | *faire ses premiers pas,* muovere i primi passi (pr. et fig.). | *il n'y a que le premier pas qui coûte,* il peggior passo è quello dell' uscio; = tutto sta nel cominciare. || FIG. *faire le premier pas,* fare il primo passo. | *faire de grands pas,* fare grandi progressi. || **2.** [trace] passo, impronta f. | *des pas sur le sable,* dei passi, delle impronte di passi sulla sabbia. || FIG. *marcher sur les pas de qn, emboîter le pas à qn,* seguire i passi di qlcu. | *arriver sur les pas de qn,* arrivare subito dopo qlcu. | *revenir sur ses pas,* tornare sui propri passi. || **3.** [distance] *c'est à deux pas d'ici,* qui a due passi, a due passi da qui. | *ne pas quitter qn d'un pas,* stare alle costole, alle calcagna di uno. || [danse] passo. || **4.** [allure] *aller au pas,* andare al passo; andare a passo d'uomo. || MIL. *pas cadencé, de charge, de l'oie,* passo cadenzato, di carica, dell'oca. || LOC. *marcher d'un bon pas,* camminare di buon passo. | *mettre au pas,* far marciare al passo (pr.); richiamare all'ordine, mettere a segno (fig.). | *perdre le pas,* perdere il passo. | *se mettre au pas,* mettersi al passo. || **5.** [passage] *céder le pas,* cedere il passo. | *prendre le pas sur,* precedere v. tr. (pr.); prevalere, prendere il sopravvento su (fig.). || FIG. *franchir, sauter le pas,* superare l'ostacolo; decidersi; prendere una risoluzione. | *être dans un mauvais pas,* trovarsi in un impaccio. | *se tirer d'un mauvais pas,* trarsi d'impaccio. || **6.** GÉOGR. [défilé] passo; [détroit] stretto. || [marche d'escalier] gradino. || [seuil] soglia f. || TECHN. [de vis] passo. | *hélice à pas variable,* elica a passo variabile. || [d'arme] *pas des rayures,* passo delle rigature. ◆ loc. adv. ***pas à pas,*** (a) passo (a) passo; un passo dopo l'altro, dietro l'altro. || ***de ce pas*** = subito.
2. pas adv. *ne... pas,* V. NE. || [avec insistance dans l'intonation] *je ne veux pas,* non voglio affatto, non voglio punto; non voglio mica (fam.). | *pas assez, beaucoup, moins, plus, trop, un,* non abbastanza, molto, meno, più, troppo, uno. | *pourquoi pas?,* perché no? || FAM. *pas possible!,* ma no!; (pare) impossibile! (L.C.). | *pas vrai?,* nevvero? | *tu m'écriras, pas?,* mi scriverai, no? | *faut pas t'en faire,* non te la prendere! | *pas de blagues,* niente scherzi! | *pas d'histoires!,* poche storie! || LOC. *pas que je sache,* che io sappia, no; no, per quanto io sappia; = non mi risulta. | *ce n'est pas que,* non perché.
pascal, e, aux [paskal, o] adj. pasquale.
pascalien, enne [paskaljɛ̃, ɛn] adj. pascaliano.
pas-d'âne [pɑdɑn] m. inv. BOT. farfaro m., farfara f. || TECHN. mordacchia f. || [garde d'épée] = elsa f.
pas-de-porte [pɑdpɔrt] m. buonuscita f.; avviamento commerciale.
pasquinade [paskinad] f. pasquinata.
passable [pasabl] adj. passabile, accettabile, tollerabile. || UNIV. = sufficiente.
passablement [pasabləmɑ̃] adv. [moyennement; pas (trop) mal] passabilmente. || [plus qu'un peu] *avoir passablement voyagé,* aver viaggiato parecchio, aver fatto un discreto numero di viaggi. | *il faut passablement d'intelligence pour,* ci vuole una certa (dose d') intelligenza per. | *il est passablement borné,* è una mente alquanto ristretta.
passacaille [pasakaj] f. MUS. passacaglia.
passade [pasad] f. capriccio m.; amorazzo m. (péjor.). || [équitation] passata.
passage [pasaʒ] m. passaggio, transito. | *livrer passage à qn,* lasciar passare uno. | *sur le, au passage du cortège,* sul, al passaggio del corteo. | *être de passage,* essere di passaggio. | *passage interdit,* divieto di transito. || JUR. *droit, servitude de passage,* diritto di transito, di passo; servitù di passaggio. || FIG. *saisir quelques mots au passage,* cogliere qualche parola al volo. | *faire allusion à qch. au passage,* accennare a qlco. di passaggio, di passata, di sfuggita. | *un bonheur de passage,* una felicità passeggera, momentanea, effimera. || [traversée sur un navire] passaggio. || UNIV. et FIG. *examen de passage,* esame di ammissione, di riparazione. || FIG. *passage à la discussion des articles,* passaggio alla discussione degli articoli. || FAM. *passage à tabac,* pestaggio; fracco di botte. || [d'animaux] passo, passata f. | *passage de ramiers,* passo di colombacci. | *oiseaux de passage,* uccelli di passo, migratori. || [endroit] passo, passaggio, varco. | *barrer le passage,* sbarrare il passo. | *s'ouvrir un passage,* aprirsi un varco, un passo. | *attendre qn au passage,* aspettare qlcu. al varco. || [entre deux rues] galleria f. || GÉOGR. [défilé] passo, valico; [détroit] stretto. || LOC. *passage clouté* (VX), *passage pour piétons,* passaggio pedonale; passaggio, attraversamento zebrato; zebre f. pl. | *passage souterrain :* [piétons] sottopassaggio; [autos] sottovia f. | *passage supérieur,* cavalcavia m. inv. | *passage protégé* = incrocio con diritto di precedenza. | *passage à niveau,* passaggio a livello. || FIG. [texte] passo, brano; passaggio (gall.).
passager, ère [pasaʒe, ɛr] adj. passeggero, momentaneo, provvisorio, effimero. || FAM. *rue passagère,* via (molto) frequentata. ◆ n. passeggero, a.
passagèrement [pasaʒɛrmɑ̃] adv. momentaneamente, temporaneamente, provvisoriamente.
passant, e [pasɑ̃, ɑ̃t] adj. frequentato. | *rue passante,* via (molto) frequentata. ◆ n. [personne] passante, viandante. ◆ n. m. [anneau] passante. ◆ loc. adv. ***en passant,*** di passaggio, di sfuggita, di passata.
passation [pasasjɔ̃] f. COMM. *passation d'écritures,* registrazione di operazioni. || JUR. *passation d'un acte,* stipulazione di un atto. | *passation des pouvoirs,* passaggio (m.) dei poteri.
passavant [pasavɑ̃] m. JUR. bolletta (f.) di circolazione in franchigia. || MAR. passavanti m. inv.
1. passe m. V. PASSE-PARTOUT.
2. passe f. SPORT [de ballon] passaggio m.; [tauromachie] passo m. || FIG. *passe d'armes,* alterco m., diverbio m. | *passes magnétiques* = gesti dell'ipnotizzatore. || [chasse] *passe des ramiers,* passo (m.) dei

colombacci. ‖ LOC. *mot de passe,* V. MOT. | *maison de passe,* casa d'appuntamenti. ‖ GÉOGR. canale m., stretto m. ‖ JEU passe (fr.). ‖ MÉTALL. passata. ‖ TYP. *(main de) passe* = risma supplementare. | *(exemplaires de) passe,* in soprannumero. ‖ LOC. FIG. *être en passe de,* essere in procinto di, stare sul punto di, stare per. | *être dans une bonne passe,* avere il vento in poppa. | *être dans une mauvaise passe,* trovarsi in un brutto frangente.

passé, e [pase] adj. [écoulé] passato, scorso. | *l'an passé,* l'anno scorso. | *il est deux heures passées,* sono le due passate. | *il a quatre-vingts ans passés,* ha ottant'anni passati. | *passé de mode,* fuori moda, passato di moda; antiquato. ‖ [défraîchi] passato, sfiorito, appassito, sbiadito. | *beauté passée,* bellezza sfiorita. | *fleurs passées,* fiori appassiti. | *couleurs passées,* colori sbiaditi. ‖ [blet] mezzo. | *fruits passés,* frutta mezze. ◆ n. m. passato. ‖ GRAMM. passato. | *passé composé, simple,* passato prossimo, remoto. | *passé antérieur,* trapassato remoto. ◆ prép. dopo. | *passé midi,* dopo mezzogiorno. | *passé la frontière,* dopo il confine, varcato il confine. ◆ loc. adv. ***par le passé,*** in passato.

passe-crassane [paskrasan] f. inv. passacrassana f.

passe-droit [pasdrwa] m. favoritismo; favore ingiusto.

passée [pase] f. [d'oiseaux] passo m., passata. ‖ [trace] passata, traccia; peste f. pl.

passéisme [paseism] m. PÉJOR. passatismo.

passéiste [paseist] adj. passatistico. ◆ n. passatista.

passe-lacet [paslasɛ] m. infilacappi, infilaguaìne inv.

passement [pasmɑ̃] m. passamano.

passementer [pasmɑ̃te] v. tr. = guarnire con passamani.

passementerie [pasmɑ̃tri] f. passamaneria.

passementier, ère [pasmɑ̃tje, ɛr] n. = fabbricante, negoziante di passamaneria; passamanaio (rare).

passe-montagne [pasmɔ̃taɲ] m. passamontagna inv.

passe-partout [paspartu] m. inv. [clef] (abr. fam. **passe**) chiave (f.) maestra; comunella f., passe-partout (fr.). ‖ [scie] segone. ‖ [cadre] passe-partout, sopraffondo. ‖ FIG. [en apposition] passe-partout.

passe-passe [paspas] m. inv. *tour de passe-passe,* gioco di prestigio (pr.); gioco di bussolotti (fig.).

passe-pierre [paspjɛr] f. V. PERCE-PIERRE.

passe-plat [paspla] m. = sportello (per passare le vivande dalla cucina nella sala da pranzo).

passepoil [paspwal] m. filetto, pistagna f.

passepoiler [paspwale] v. tr. filettare.

passeport [paspɔr] m. passaporto. ‖ COMM. licenza (f.) di navigazione. | *droit de passeport,* tassa di navigazione. ‖ [diplomatie] *demander ses passeports,* chiedere i passaporti.

passer [pase] v. intr. ou tr.

I. v. intr.
1. [lieu] passare, attraversare.
2. [avec prép. ou adv.].
3. [temps] passare, (tra)scorrere; morire.
4. [s'atténuer, cesser] passare, cessare.
5. [être supportable] andare.
6. [liquide] passare.
7. [être promu] essere promosso.
8. FAM. [le sentir passer; y passer; faire passer].
◆ loc. adv. ***en passant.***

II. v. tr.
1. [lieu] passare, attraversare, varcare.
2. [dépasser] (sor)passare, superare, eccedere.
3. [temps] passare, trascorrere.
4. [transporter] passare, trasportare.
5. [faire passer] passare, dare.
6. [mettre, enfiler] passare, mettere, infilare.
7. [subir] passare, dare, sostenere.
8. COMM. stipulare, concludere.
9. [omettre] omettere, tralasciare, trascurare; [pardonner] perdonare, scusare.
10. [satisfaire] soddisfare, sfogare.
11. [filtrer] colare, filtrare, passare, stacciare.

III. v. pr.
1. [se produire] succedere, accadere; [se dérouler] svolgersi.
2. [temps] passare.
3. [s'abstenir] fare a meno.

I. v. intr. **1.** [lieu] passare. | *on ne passe pas!,* non si passa! | *défense de passer,* divieto di transito. | *ne faire que passer,* esser solo di passaggio; far solo una capatina (fam.). | *il n'a fait que passer à son bureau,* ha fatto una breve scappata in ufficio. | *passer à autre chose,* passare ad altro. | *le Tibre passe à Rome,* il Tevere attraversa Roma. | *passer prendre qn,* passare a prendere uno. | *le film passe au Rex,* il film lo danno al Rex. | *passer à table,* andare, venire a tavola. ‖ [être voté] passare; essere votato, approvato. ‖ FAM. *laisser passer,* lasciar correre. ‖ *laisser passer une erreur,* lasciar passare un errore. ‖ **2.** [avec prép. ou adv.] *passer à l'action, à l'ennemi, à la postérité, au second plan,* passare all'azione, al nemico, ai posteri, in secondo piano. ‖ POP. *passer à tabac,* V. TABAC. ‖ *passer avant tout, après tout le reste,* venir prima di tutto, dopo tutto il resto. ‖ *passer chez qn,* passare da, a casa di qlcu. ‖ *passer devant,* andare avanti, passare. | *passe devant,* va avanti. | *passer devant qn,* precedere qlcu. (pr.); passare avanti a qlcu. (fig.). | *passer devant les yeux,* passare, sfilare sotto gli occhi. | *passer devant un tribunal,* essere tradotto davanti a un tribunale. ‖ FAM. *passer devant Monsieur le Maire* = sposarsi legalmente. ‖ *passer outre,* passare oltre. | *passer outre aux conseils de qn,* non tener conto dei consigli di uno. ‖ *passer par Rome,* passare per, da Roma. | *passer par là,* passare di lì (pr.); passarci (fig.). | *il faut en passer par là,* bisogna passarci, rassegnarsi. | *passer par de rudes épreuves,* attraversare difficili prove. ‖ *passer pour (un) avare,* passare per, essere ritenuto avaro. | *il passe pour s'être enrichi dans le commerce,* si ritiene che si sia arricchito con le attività commerciali. | *faire passer pour,* spacciare per. | *se faire passer pour,* spacciarsi per. ‖ *passer sous une auto,* essere investito da una macchina. ‖ *passer sur les défauts de qn,* passare sopra, essere indulgente per i difetti di uno. ‖ **3.** [temps] passare, (tra)scorrere. | *deux ans ont passé,* son passati, trascorsi due anni. | *comme le temps passe!,* come passa, corre, vola il tempo! ‖ [mourir] morire, spirare. | *passer sans souffrance,* morire senza soffrire. ‖ **4.** [s'atténuer, cesser] passare, cessare. | *mon mal de tête est passé,* mi è passato il mal di testa. ‖ [perdre sa fraîcheur] sbiadire, scolorirsi [couleur]; appassire, avvizzire [fleur]. | *passer de mode,* passar di moda. ‖ **5.** [être supportable] andare. | *cela peut passer,* può andare. | *passe encore, mais...,* pazienza, ma... | *passe pour cette fois!,* per questa volta passi! | *passons!,* non ne parliamo più! ‖ **6.** [liquide] passare. ‖ **7.** [être promu] *passer dans la classe supérieure,* essere promosso nella classe superiore. | *passer maître dans un art,* diventar maestro in un'arte. ‖ **8.** FAM. *je l'ai sentie passer!, j'ai senti passer la note!,* che stangata (questo conto)! ‖ *y passer,* passarci, rassegnarsi (L.C.); [mourir] tirar le cuoia (pop.) | *toute sa fortune y passera,* ci rimetterà tutto il patrimonio (L.C.). ‖ *faire passer à qn le goût de recommencer,* togliere a uno la voglia di ricominciare. ◆ loc adv. ***en passant,*** di sfuggita, di passaggio, incidentalmente. | *soit dit en passant,* sia detto tra parentesi; tanto per dire.

II. v. tr. **1.** [lieu] passare, attraversare, varcare. | *passer le fleuve,* passare, attraversare, varcare il fiume. | *passer le seuil,* passare, varcare la soglia. ‖ **2.** [dépasser] (sor)passare. | *passer les bornes,* passare la misura, i limiti. | *passer qn en intelligence,* superare uno in intelligenza. | *passer toute attente,* superare ogni aspettativa. | *cela passe mes forces,* ciò supera, eccede le mie forze. | *voilà qui passe l'entendement!* = che insania! ‖ **3.** [temps] passare, trascorrere. | *passer son temps, sa vie à faire qch,* passare il tempo, la vita a far qlco. | *passer le temps,* ammazzare il tempo. | *pour passer le temps,* per passatempo. ‖ **4.** [transporter] passare, trasportare. | *passer un plat,* passare, dare un

piatto. | *passer qn de l'autre côté du fleuve*, traghettare, passare, trasportare qlcu. dall'altra parte del fiume. | *passer des marchandises en cachette*, passare, trasportare delle merci di nascosto. || **5.** [faire passer] *passer sa main dans les cheveux*, passarsi la mano nei capelli. | *passer qch. à l'eau*, dare una risciacquata a qlco. | *passer un coup de chiffon sur la table*, passare il cencio sul tavolo, dare una strofinata al tavolo. | *passez-moi le bureau du personnel :* [au téléphone] mi passi l'ufficio del personale. || *passer sous silence*, passare sotto silenzio. || FAM. *qu'est-ce qu'il m'a passé !*, che (bella) risciacquata !, che ramanzina mi sono buscato ! || **6.** [mettre, enfiler] passare, mettere, infilare. | *passer la corde au cou*, passare la corda al collo. | *passer l'anneau au doigt*, infilare l'anello nel dito, il dito nell'anello. | *passer un vêtement*, infilare, indossare un vestito. || **7.** [subir] *passer la visite médicale*, sottoporsi alla visita medica ; MIL. passar la visita. | *passer un examen*, dare un esame. || **8.** COMM. *passer un contrat*, stipulare un contratto. | *passer un marché*, stipulare, concludere un mercato. || **9.** [omettre] omettere, tralasciare, trascurare. | *passer un fait*, omettere un fatto ; passare un fatto sotto silenzio. | *passer un mot en recopiant*, omettere una parola nel ricopiare. | *j'en passe (et des meilleures) !*, tralascio il resto (col più bello) ! || JEU *passer (la main)*, passare (la mano). || [pardonner] perdonare, scusare. | *passer toutes ses fautes à qn*, perdonare a uno tutti i suoi errori. | *ne rien passer à ses enfants*, non perdonarne una ai propri figli. | *passez-moi l'expression*, scusi la parola. || **10.** [satisfaire] soddisfare, sfogare. | *passer ses envies*, soddisfare le proprie voglie. | *passer à qn, se passer tous ses caprices*, acconsentire a, soddisfare tutti i capricci di uno, tutti i propri capricci. | *passer sa colère sur qn*, sfogare la propria collera su qlcu. || **11.** [filtrer] colare, filtrare, passare [liquide] ; stacciare [farine]. | *passer un bouillon*, colare un brodo. || *passer les légumes*, tritare e passare la verdura.
III. v. pr. **1.** [se produire] succedere, accadere. | *que se passe-t-il ?*, (che) cosa succede ? | *ce fait s'est passé le mois dernier*, questo fatto è accaduto, successo il mese scorso. | *bien, mal se passer*, andar bene, male. | *tout se passe comme si* = apparentemente adv. || FAM. *ça ne se passera pas comme ça* = non te l'andrà, non gliel'andrà liscia. || [se dérouler (scène, roman)] svolgersi. || **2.** [temps] passare. | *la journée se passa en conversations*, la giornata passò in conversazioni. | *il ne se passe pas de jour sans que...*, non passa (un) giorno senza che... || *en attendant que la crise se passe*, in attesa della fine della crisi. || **3.** [s'abstenir] *se passer de* (qch., inf.), fare a meno di. || *cela se passe de commentaires*, non occorrono commenti.

passereaux [pasro] m. pl. ZOOL. passeracei.

passerelle [pasrɛl] f. passerella, ponticello m. ; [pour accéder à un navire, un avion] plancia, passerella, scalandrone m. || MAR. plancia, ponte (m.) di comando. || CIN., THÉÂTRE ponte luce m. || FIG. ponte m., passaggio m.

passerine [pasrin] f. BOT., ZOOL. passerina.

passerose [pasroz] f. V. TRÉMIÈRE.

passe-temps [pastɑ̃] m. inv. passatempo m.

passe-thé [paste] m. inv. colino, passino (per il tè).

passeur, euse [pasœr, øz] n. traghettatore, trice ; passatore m. ; [illégalement] passatore.

passe-velours [pasvəlur] m. inv. BOT. cresta (f.) di gallo ; celosia f.

passible [pasibl] adj. **(de)** passibile (di). || LOC. *passible d'impôt*, soggetto a imposta.

passif, ive [pasif, iv] adj. passivo. | *défense, obéissance, résistance passive*, difesa, ubbidienza, resistenza passiva. || GRAMM. passivo. || HIST. *citoyens passifs*, cittadini passivi. ◆ n. m. COMM. passivo, passività f. || GRAMM. passivo.

passiflore [pasiflɔr] f. BOT. passiflora.

passim [pasim] adv. passim (lat.).

passing-shot [pasiŋʃɔt] m. [tennis] passing(-shot) [angl.].

passion [pasjɔ̃] f. passione. | *sans passion*, senza passione ; spassionatamente adv. || BOT. *fleur de la Passion*, fior di passione. || RELIG. Passione. | *semaine, dimanche de la Passion*, settimana, domenica di Passione. || [récit dans l'Évangile] Passio m. || HIST. LITT. passione ; sacra rappresentazione. || MUS. passione.

passioniste [pasjɔnist] m. RELIG. passionista.

passionnaire [pasjɔnɛr] m. RELIG. passionario.

passionnant, e [pasjɔnɑ̃, ɑ̃t] adj. appassionante, avvincente, affascinante.

passionné, e [pasjɔne] adj. [rempli de passion] appassionato. | *passionné de musique*, appassionato per la, di musica. | *amour passionné*, amore appassionato. || [mû par la passion] *tempérament passionné*, temperamento passionale. || [partial] appassionato, parziale. ◆ n. appassionato, a. | *un passionné de la photographie*, un appassionato della fotografia. || ABSOL. *un passionné*, un temperamento passionale.

passionnel, elle [pasjɔnɛl] adj. passionale.

passionner [pasjɔne] v. tr. [intéresser vivement] appassionare. || [mettre de la passion dans] *passionner une discussion*, accalorare una discussione ; [débat polit.] politicizzare una discussione. ◆ v. pr. **(pour)** appassionarsi (a).

passivation [pasivasjɔ̃] f. TECHN. passivazione.

passivité [pasivite] f. passività.

passoire [paswar] f. [thé, café, bouillon] colino m., passino m. ; [bouillon] colabrodo m. inv. ; [pâtes, riz] colapasta m. inv. ; colatoio m. (plus rare). || LOC. *troué comme une passoire*, ridotto un colabrodo.

1. pastel [pastɛl] m. ART pastello. | *dessiner au pastel*, dipingere a pastello. ◆ adj. inv. *teintes pastel*, tinte pastello.

2. pastel m. BOT. guado.

pastelliste [pastɛlist] n. pastellista.

pastenague [pastənag] f. ZOOL. pastinaca.

pastèque [pastɛk] f. BOT. cocomero m. ; anguria (septentr.) ; melone (m.) d'acqua (mérid.).

pasteur [pastœr] m. PR. et FIG. pastore. || [protestant] pastore. || RELIG. *le Bon Pasteur*, il Buon Pastore.

pasteurien, enne, [pastœrjɛ̃, ɛn] ou **pastorien, enne** [pastɔrjɛ̃, ɛn] adj. pasteuriano.

pasteurisation [pastœrizasjɔ̃] f. pastorizzazione.

pasteuriser [pastœrize] v. tr. pastorizzare. | *lait pasteurisé*, latte pastorizzato.

pastiche [pastiʃ] m. ART pastiche (fr.) ; HIST. LITT. pastiche, centone, contraffazione f. ; MUS. pastiche, pasticcio.

pasticher [pastiʃe] v. tr. imitare.

pasticheur, euse [pastiʃœr, øz] n. imitatore, trice.

pastille [pastij] f. [bonbon ; médicament] pasticca, pastiglia. || [dessin, motif] pasticca.

pastilleur [pastijœr] m. stampo (per pastiglie).

pastis [pastis] m. [boisson] pastis (fr). || POP. (rég.) [ennui] pasticcio, imbroglio.

pastoral, e, aux [pastɔral, o] adj. AGR., HIST. LITT., RELIG. pastorale. ◆ n. f. HIST. LITT., MUS., RELIG. pastorale.

pastorat [pastɔra] m. RELIG. = funzione (f.), dignità (f.) di pastore.

pastoureau, elle [pasturo, ɛl] n. (littér.) pastorello, a. ◆ n. f. POÉS., MUS. pastorella.

pat [pat] adj. m. [échecs] patto.

patache [pataʃ] f. VX = diligenza scomoda. || FAM., VX [mauvaise voiture] carretta, trabiccolo m.

patachon [pataʃɔ̃] m. LOC. FAM. *mener une vie de patachon*, spassarsela ; bagordare, gozzovigliare, straviziare.

patafioler [patafjɔle] v. tr. LOC. FAM. *que le bon Dieu, le diable te patafiole !*, Dio ti benedica !, che il diavolo ti mandi in malora !

patagon, onne [patagɔ̃, ɔn] adj. et n. patagone.

patapouf [patapuf] m. FAM. ciccione, grassone. ◆ interj. patapum !, patapunfete !

pataquès [patakɛs] m. = legamento scorretto (nella pronuncia francese). | *faire des pataquès*, far delle papere.

pataras [patara] m. MAR. paterazzo, patarazzo.

patarasse [pataras] f. MAR. calcastoppa m. inv., patarasso.

patate [patat] f. BOT. batata ; patata dolce. || FAM.

[pomme de terre] patata (L.C.). ‖ FIG., POP. tonto m., (testa di) rapa (fam.). ‖ LOC. POP. *en avoir gros sur la patate* = serbare rancore.
patati, patata [patati, patata] onomat. LOC. FAM. *et patati et patata* = eccetera, eccetera ; e via discorrendo.
patatras! [patatra] interj. patatrac !
pataud, e [pato, od] adj. goffo, impacciato. ◆ n. m. ZOOL. = cucciolo (dalle zampe grosse). ◆ n. FAM. pataffione, a.
Pataugas [patogɑs] m. pl. = pedule f. pl.
patauger [patoʒe] v. intr. sguazzare. ‖ FIG., FAM. imbrogliarsi, ingarbugliarsi.
patchouli [patʃuli] m. BOT. paciulì, pasciulì.
patchwork [patʃwœrk] m. patchwork (angl.).
pâte [pɑt] f. CULIN. pasta. | *pétrir la pâte*, impastare. | *pâte feuilletée, brisée*, pasta sfoglia, frolla. | *pâte à frire*, pastella. ‖ [au pl.] *pâtes alimentaires*, pasta alimentare sing. | *manger des pâtes (à l'italienne)*, mangiar pasta. | *fabrique de pâtes (alimentaires)*, pastificio m. ‖ *pâte dentifrice*, pasta dentifricia. | *pâte à papier*, pasta da carta. | *pâte de verre*, pasta di vetro. ‖ *pâte de fruits*, pasta di frutta ; caramella alla frutta. | *pâte d'amandes*, pasta di mandorle. | *pâte de coing*, cotognata f. ‖ TYP. *page tombée en pâte*, pagina sfasciata, andata in fascio. ‖ FIG. *une bonne pâte (d'homme)*, una pasta d'uomo. | *une pâte molle*, un uomo di pasta frolla. ‖ LOC. *mettre la main à la pâte*, dar una mano ; metter le mani in pasta. | *coq en pâte*, v. COQ. | *être de la pâte des héros, dont on fait les héros*, avere una tempra da eroe, essere dello stampo degli eroi. | *tu es d'une pâte à vivre cent ans*, hai una fibra così robusta che camperai cent'anni. ‖ ART impasto m.
pâté [pɑte] m. CULIN. pasticcio ; pâté (fr.). | *pâté en croûte*, timballo (racchiuso in una sfoglia di pasta). | *pâté de foie gras*, pasticcio di fegato d'oca. ‖ [tache d'encre] macchia f. (d'inchiostro) ; scarabocchio, sgorbio. ‖ LOC. *pâté (de sable)*, formina (f.) di sabbia. | *pâté de maisons*, isolato, caseggiato. ‖ FAM. *se vendre, s'enlever comme des petits pâtés* = andare a ruba.
pâtée [pɑte] f. [volaille, bétail] pastone m. ; [volaille] bozzima ; becchime m. ; intriso m. ; [chien, chat] zuppa. ‖ PÉJOR. [soupe] pastone m.
1. patelin, e [patlɛ̃, in] adj. [personne] mellifluo ; [manières, ton] melato, mellifluo, insinuante.
2. patelin m. FAM. paese, posto (L.C.). | *un patelin perdu*, un paesino, posticino sperduto.
patelinage [patlinaʒ] m. VX = maniere, parole melliflue ; ipocrisia f.
pateliner [patline] v. intr. VX = comportarsi da persona melliflua.
patelle [patɛl] f. ANAT., ANTIQ., ZOOL. patella.
patène [patɛn] f. RELIG. patena.
patenôtre [patnotr] f. VX paternostro m. (L.C.). ‖ [prière] preghiera. ‖ [paroles inintelligibles] *marmonner des patenôtres*, mormorare, borbottare parole inintelligibili.
patent, e [patɑ̃, ɑ̃t] adj. evidente, patente, manifesto, lampante. ‖ HIST. *lettres patentes*, lettere patenti.
patentable [patɑ̃tabl] adj. assoggettato all' imposta di patente.
patentage [patɑ̃taʒ] m. TECHN. patentamento.
patente [patɑ̃t] f. [impôt] (imposta di) patente. ‖ [quittance] quietanza (attestante l'avvenuto pagamento dell'imposta) ; licenza d'esercizio. ‖ MAR. *patente de santé*, patente sanitaria, di sanità.
patenté, e [patɑ̃te] adj. munito di licenza d'esercizio ; patentato. ‖ *guide patenté*, guida patentata. | *invention patentée*, invenzione brevettata. ‖ FIG., FAM. *voleur patenté*, ladro patentato, matricolato.
patenter [patɑ̃te] v. tr. [soumettre à l'impôt] = sottoporre all'imposta di licenza. ‖ [délivrer une patente] = munire di licenza d'esercizio, munire di patente ; [pour une invention] brevettare.
1. pater [patɛr] m. inv. [prière] paternostro m. ; Pater inv. (lat.) ‖ [grain de chapelet] paternostro.
2. pater m. FAM. = padre.
patère [patɛr] f. ANTIQ. patera. ‖ [support] piolo m. ; patera (rare).
pater familias [patɛrfamiljas] m. inv. HIST. pater familias (lat.) ‖ FAM. = padre autoritario.
paternalisme [patɛrnalism] m. paternalismo.
paternaliste [patɛrnalist] adj. paternalista, paternalistico.
paterne [patɛrn] adj. mellifluo.
paternel, elle [patɛrnɛl] adj. PR. et FIG. paterno. ‖ JUR. *puissance paternelle*, patria potestà. ◆ n. m. POP. = padre.
paternité [patɛrnite] f. PR. et FIG. paternità.
pâteux, euse [pɑtø, øz] adj. pastoso. | *matière à l'état pâteux*, materia pastosa. ‖ [épais] *encre pâteuse*, inchiostro troppo spesso, troppo denso. ‖ LOC. *avoir la bouche, la langue pâteuse*, sentirsi la bocca, la lingua impastata.
pathétique [patetik] adj. et n. m. patetico. ‖ ANAT. patetico.
pathétisme [patetism] m. pateticità f.
pathogène [patɔʒɛn] adj. patogeno.
pathogénie [patɔʒeni] f. MÉD. patogenesi.
pathogénique [patɔʒenik] adj. patogenico.
pathognomonique [patɔgnɔmɔnik] adj. MÉD. patognomonico.
pathologie [patɔlɔʒi] f. MÉD. patologia.
pathologique [patɔlɔʒik] adj. patologico.
pathologiste [patɔlɔʒist] n. et adj. patologo.
pathos [patos] m. RHÉTOR. pathos. ‖ PÉJOR. enfasi f., pateticume.
patibulaire [patibylɛr] adj. patibolare. ‖ FIG. *mine patibulaire*, faccia patibolare.
1. patience [pasjɑ̃s] f. pazienza. | *une patience d'ange*, una pazienza da santo. | *prendre patience*, aver pazienza. | *perdre patience*, perdere la pazienza. | *s'armer de patience*, armarsi di pazienza. | *prendre son mal en patience*, sopportare il male, il dolore con (santa) pazienza (pr.) ; pazientare, aver pazienza (fig.). | *ma patience est à bout, je suis à bout de patience*, non ne posso più ; mi scappa la pazienza. ‖ JEU solitario m. ◆ interj. pazienza !
2. patience f. BOT. pazienza.
patient, e [pasjɑ̃, ɑ̃t] adj. et n. paziente.
patienter [pasjɑ̃te] v. intr. pazientare ; aver pazienza, aspettare con pazienza.
patin [patɛ̃] m. *patin (à glace)*, pattino (da ghiaccio). | *patin à roulettes*, pattino a rotelle. | *faire du patin*, fare del pattinaggio. ‖ [sur le parquet] pattino. ‖ AÉR. *patin d'atterrissage*, pattino. ‖ CH. DE F. *patin du rail*, suola (f.), base (f.) della rotaia. ‖ MÉC. *patin de frein*, pattino del freno. | *patin de chenille*, segmento del cingolo. ‖ ARCHIT. base f. (di gesso, di legno).
patinage [patinaʒ] m. SPORT pattinaggio. ‖ MÉC. slittamento.
patine [patin] f. PR. et FIG. patina.
1. patiner [patine] v. intr. SPORT pattinare. ‖ MÉC. slittare.
2. patiner v. tr. patinare ; dar la patina a. ◆ v. pr. coprirsi di patina.
patinette [patinɛt] f. monopattino m.
patineur, euse [patinœr, øz] n. SPORT pattinatore, trice.
patinoire [patinwar] f. pattinatoio m.
patio [patjo] m. patio (esp.).
pâtir [pɑtir] v. intr. patire, soffrire. ‖ *pâtir de qch.*, subire le conseguenze di.
pâtis [pɑti] m. pascolo.
pâtisserie [pɑtisri] f. dolci m. pl., paste f. pl., pasticceria. | *planche à pâtisserie*, spianatoia. ‖ [profession ; boutique] pasticceria.
pâtissier, ère [pɑtisje, ɛr] n. pasticciere, a. ◆ adj. *crème pâtissière*, crema pasticciera.
patoche [patɔʃ] f. FAM. manina.
1. patois [patwa] m. patois (fr.) ; vernacolo ; dialetto locale. | *parler patois*, parlare in dialetto. ‖ [langue spéciale] gergo.
2. patois, e [patwa, az] adj. vernacolare, dialettale.
patoiser [patwaze] v. intr. = parlare in patois, in dialetto.

pâton [pɑtɔ̃] m. [boulangerie] = pezzo di pasta (per fare il pane). ‖ [pour la volaille] = pastone, bozzima f.
patouiller [patuje] v. intr. FAM. sguazzare.
patraque [patrak] adj. FAM. malandato (in salute) (L.C.). | *je suis patraque* = non sto bene, non mi sento bene.
pâtre [pɑtr] m. pastore.
patriarcal, e, aux [patrijarkal, o] adj. patriarcale.
patriarcat [patrijarka] m. patriarcato.
patriarche [patrijarʃ] m. patriarca.
patrice [patris] m. HIST. patrizio.
patriciat [patrisja] m. patriziato.
patricien, enne [patrisjɛ̃, ɛn] adj. et n. patrizio.
patrie [patri] f. patria. | *la mère patrie*, la madrepatria, la metropoli. | *rentrer dans sa patrie*, tornare in patria; rimpatriare. | *amour de la patrie*, amor di patria, amor patrio.
patrimoine [patrimwan] m. PR. et FIG. patrimonio.
patrimonial, e, aux [patrimɔnjal, o] adj. patrimoniale.
patriotard, e [patrijɔtar, ard] adj. et n. FAM., PÉJOR. patriottardo.
patriote [patrijɔt] n. patriot(t)a.
patriotique [patrijɔtik] adj. patriottico.
patriotisme [patrijɔtism] m. patriottismo.
patristique [patristik] adj. RELIG. patristico. ◆ n. f. patristica.
patrologie [patrɔlɔʒi] f. RELIG. patrologia.
1. patron, onne [patrɔ̃, ɔn] n. [saint] patrono, a. ‖ [chef d'entreprise] padrone, a. | *patrons et ouvriers*, padroni e operai. ‖ [employeur] datore, trice di lavoro; imprenditore, trice; principale m., capo m. (fam.). | *petit patron*, piccolo imprenditore. ‖ [d'un domestique] padrone, a. ‖ LOC. *jouer au patron*, far, farla da padrone. | *le patron, c'est lui !*, comanda lui ! ‖ FAM. *la tournée du patron* = paga da bere il padrone. ‖ HIST., ANTIQ. patrono. ‖ MAR. *patron de pêche*, padrone della barca, capitano. ‖ POP. [conjoint] = marito m., moglie f. ◆ n. m. MÉD. = professore di medicina. ‖ UNIV. = chi dirige la tesi del laureando.
2. patron m. modello. ‖ [en papier; d'un vêtement] cartamodello; patron (fr.). ‖ TECHN. *colorier au patron*, colorire con lo stampino. ◆ adj. *taille demi-patron, patron, grand patron*, misura 3, 4, 5.
patronage [patrɔnaʒ] m. [protection] patrocinio; [appui] patronato. | *sous le patronage du ministre*, sotto il patronato del ministro. | *se placer sous le patronage d'une personne influente*, ricorrere al patrocinio di una persona influente. | *sous le patronage de la Croix-Rouge*, sotto gli auspici della Croce Rossa. ‖ [de bienfaisance] *patronage paroissial*, oratorio. | *patronage scolaire*, patronato scolastico. ‖ [pour délinquants] patronato. ‖ LOC. IRON. *roman, film de patronage* = romanzo, film da sala parrocchiale.
patronal, e, aux [patrɔnal, o] adj. [du patronat] padronale. ‖ [du saint patron] patronale.
patronat [patrɔna] m. padronato; datori (m. pl.) di lavoro.
1. patronner [patrɔne] v. tr. [protection] patrocinare; [appui] appoggiare, raccomandare.
2. patronner v. tr. MODE (rare) = tagliare su un cartamodello. ‖ TECHN. [colorier] colorire con lo stampino.
patronnesse [patrɔnɛs] adj. et n. f. *(dame) patronnesse*, patronessa f.
patronyme [patrɔnim] m. patronimico.
patronymique [patrɔnimik] adj. patronimico. | *nom patronymique*, (nome) patronimico m.
patrouille [patruj] f. pattuglia.
patrouiller [patruje] v. intr. pattugliare v. intr. et tr.; andare in pattuglia. | *patrouiller dans les rues*, pattugliare le strade.
patrouilleur [patrujœr] m. [soldat] pattugliatore; [navire] nave (f.) da ricognizione; [avion] ricognitore; aereo da ricognizione.
patte [pat] f. **1.** ZOOL. zampa. | *pattes de devant*, zampe davanti, anteriori. | *pattes de derrière*, zampe di dietro, posteriori. | *coup de patte*, zampata f. ‖ **2.** FAM. [main] zampa; [d'enfant] manina. | *grosse patte*, manone m., manona f., manaccia f. ‖ LOC. FAM. *bas les pattes !*, giù le zampe ! | *faire patte de velours*, V. VELOURS. | *se fourrer dans les pattes de qn*, cadere negli artigli, nelle grinfie di qlcu. | *se tirer des pattes de qn*, tirarsi, liberarsi dalle grinfie di qlcu. | *graisser la patte*, V. GRAISSER. | *mettre la patte dans une affaire*, mettere lo zampino in una faccenda. | *montrer patte blanche* = fare il segno convenuto. ‖ FIG. *coup de patte* [attaque] : frecciata f. | *(coup de) patte d'un artiste*, tocco (m.) di un artista. ‖ **3.** FAM. [jambe, pied] zampa. | *à quatre pattes*, a quattro zampe; carponi adv. (L.C.). | *avoir une patte folle*, avere una gamba un po' matta; zoppicare un po' (L.C.). | *aller à pattes* = andare a piedi. | *bas, court sur pattes*, gambacorta m.; = di bassa statura. | *se casser la patte*, rompersi una gamba (L.C.). | *ne remuer ni pied ni patte*, non muovere un dito. | *retomber sur ses pattes*, cavarsela. | *tirer dans les pattes de qn* = mettere i bastoni fra le ruote a qlcu. | *se tirer des pattes*, svignarsela. | *traîner la patte*, strascicare la gamba (L.C.). ‖ FIG. *avoir un fil à la patte* = avere una relazione (amorosa). ‖ **4.** [écriture] *pattes de mouche*, zampe di gallina. ‖ [favoris] *pattes (de lapin)*, fedine. ‖ MAR. [d'ancre] palma, patta. ‖ MIL. *pattes d'épaule*, spalline f. pl. ‖ MODE [de poche] patta; [languette] linguetta. | *pantalon à pattes d'éléphant*, pantaloni a zampa d'elefante. ‖ [crochet] gancio m., rampino m.
patté, e [pate] adj. HÉRALD. patente.
patte-d'oie [patdwa] f. [carrefour] crocevia m. inv., crocicchio m., incrocio m. ‖ [rides] zampe (f. pl.) di gallina. ‖ [cordage] patta d'oca.
pattemouille [patmuj] f. panno umido; cencio umido (tosc.); straccio umido (septentr.).
pattinsonage [patinsɔnaʒ] m. TECHN. pattinsonaggio.
pattu, e [paty] adj. *chien pattu* = cane dalle zampe grosse. ‖ ZOOL. calzato.
pâturable [pɑtyrabl] adj. pascolativo.
pâturage [pɑtyraʒ] m. pascolo.
pâture [pɑtyr] f. pascolo m., pastura. ‖ JUR. *droit de vaine pâture*, diritto di compascolo (dopo la mietitura). ‖ [nourriture des animaux] cibo m. | *apporter, donner la pâture à*, cibare v. tr. ‖ FIG. cibo; pastura (vx). | *donner en pâture à*, dare in pascolo, in pasto a.
pâturer [pɑtyre] v. intr. pascere, pascolare.
pâturin [pɑtyrɛ̃] m. BOT. poa f., fienarola f.
paturon [patyrɔ̃] m. ZOOL. pastorale, pastoia f.
paulien, enne [poljɛ̃, ɛn] adj. JUR. *action paulienne*, azione revocatoria.
paulinien, enne [polinjɛ̃, ɛn] adj. RELIG. paolino.
paulinisme [polinism] m. RELIG. paolinismo.
paulownia [polɔnja] m. BOT. paulonia f.
paume [pom] f. ANAT. palma, palmo m. ‖ JEU pallacorda. ‖ HIST. *serment du Jeu de paume*, giuramento della Pallacorda.
paumé, e [pome] adj. POP. [pauvre] = poveraccio. ‖ FAM. [perdu] = perduto, smarrito. | *être complètement paumé* = aver perduto la bussola. ◆ n. POP. = povero diavolo, povera diavola.
1. paumelle [pomɛl] f. [penture] bandella. ‖ [gant] guardamano m. inv., guardapalma m. inv. ‖ [planche de corroyeur] palmella.
2. paumelle f. BOT. orzola, orzuola.
paumer [pome] v. tr. POP. [perdre] = perdere. ‖ [arrêter] *se faire paumer*, farsi pizzicare (fam.) ◆ v. pr. POP. = smarrirsi.
paumoyer [pomwaje] v. tr. MAR. *paumoyer un câble*, alare un cavo (con le mani). ‖ [coudre] cucire con il guardamano, il guardapalma. ‖ [corroyage] palmellare.
paupérisation [poperizasjɔ̃] f. impoverimento m.; depauperamento (rare).
paupérisme [poperism] m. pauperismo.
paupière [popjɛr] f. palpebra. | *battre des paupières*, battere le palpebre. | *ouvrir les paupières*, aprire gli occhi, svegliarsi. | *fermer les paupières*, chiudere gli occhi, addormentarsi (pr.); chiudere gli occhi, morire (fig.). | *fermer les paupières à qn*, chiudere gli occhi a qlcu.
paupiette [popjɛt] f. CULIN. involtino m., messicano m.

pause [poz] f. pausa. ‖ Mus. pausa di semibreve.
pauser [poze] v. intr. far pausa ; pausare. ‖ Fam. *faire pauser qn* = far aspettare qlcu. a lungo.
pauvre [povr] adj. **1.** [peu riche] *pauvre de, en,* povero di. ‖ *gaz, minerai pauvre,* gas, minerale povero. ‖ Loc. *pauvre comme Job,* povero come Giobbe, povero in canna. ‖ **2.** [insuffisant] misero, insufficiente, magro, scarso. | *un pauvre salaire,* un misero, magro stipendio. | *de pauvres arguments,* argomenti insufficienti, magri. ‖ **3.** [malheureux] povero, disgraziato. | *un pauvre diable, hère, bougre,* un poveruomo, un povero diavolo, un povero cristo, un disgraziato, un poveraccio ; un tapino (littér.). | *un pauvre imbécile,* un povero imbecille. ‖ [exclam.] *le pauvre homme !,* poveretto !, poverino !, poveraccio ! | *pauvre petit !,* poveretto !, poverino !, povero bambino ! | *pauvre de moi !,* povero me ! ‖ **4.** [mauvais] cattivo, mediocre. | *un pauvre orateur,* un cattivo oratore, un oratore mediocre. ‖ **5.** [défunt] povero ; buonanima f. | *mon pauvre grand-père,* il mio povero nonno, mio nonno buonanima. ◆ m. povero, indigente, mendicante. ‖ Loc. *bienheureux les pauvres en esprit !,* beati i poveri di spirito !
pauvresse [povrɛs] f. povera, indigente, mendicante.
pauvret, ette [povrɛ, ɛt] adj. poveretto, poverino.
pauvreté [povrəte] f. povertà. | *tomber, vivre dans la pauvreté,* cadere, vivere in povertà. ‖ Fig. *pauvreté d'idées,* povertà, scarsezza, limitatezza d'idee. | *ne dire que des pauvretés,* dir solo delle banalità.
pavage [pavaʒ] ou **pavement** [pavmɑ̃] m. pavimentazione f., selciatura f., lastricatura f.
pavane [pavan] f. Mus. pavana.
pavaner (se) [səpavane] v. pr. pavoneggiarsi.
pavé [pave] m. [pierre] pietra f., selce f. ; lastra f. (tosc.) ; sampietrino (rom.). | *poser des pavés,* selciare. ‖ [revêtement] *pavé (d'une rue),* selciato. | *pavé d'une église,* pavimento di una chiesa. ‖ [rues] strade f. pl., vie f. pl. ‖ Loc. fig. *battre le pavé,* andare a zonzo, in giro. | *brûler le pavé* = divorare la via, la strada, il cammino. | *être sur le pavé,* essere, ridursi sul lastricato. | *jeter, mettre qn sur le pavé,* gettare qlcu. sul lastricato. | *tenir le haut du pavé* = occupare il primo posto, tenere il primato, primeggiare. | *céder le haut du pavé,* cedere il passo, il primo posto. ‖ Fam. *avoir un pavé sur l'estomac,* avere un mattone sullo stomaco. | *quel pavé cet article !,* che mattone quest'articolo ! | *le pavé de l'ours* = un rimedio peggiore del male. | *c'est un pavé dans la mare* = la cosa suscita, fa grande, molto scalpore.
pavée [pave] f. Bot. (rég.) digitale (L.C.).
pavement m. V. PAVAGE.
paver [pave] v. tr. [rue] selciare, lastricare ; [église] pavimentare. ‖ Prov. *l'enfer est pavé de bonnes intentions,* v. INTENTION.
paveur [pavœr] m. pavimentatore, pavimentista, selciatore, lastricatore.
pavie [pavi] f. = varietà di pesca duracina.
pavillon [pavijɔ̃] m. **1.** [construction isolée] padiglione. | *pavillon de chasse,* padiglione di caccia. | *les pavillons de l'hôpital, de la foire,* i padiglioni dell'ospedale, della fiera. ‖ [maison particulière] villino. | *pavillons de banlieue,* villini della periferia. ‖ **2.** Anat. padiglione. ‖ **3.** Hérald. padiglione. ‖ **4.** Mar. bandiera f. | *pavillon de complaisance,* bandiera di comodo. | *battre pavillon français,* battere bandiera francese. | *pavillon de détresse,* bandiera di soccorso, di pericolo. | *pavillon de signaux,* bandiera da segnali. | *hisser, arborer (le) pavillon,* alzare, issare la bandiera. | *amener le pavillon,* v. AMENER. ‖ Fig., fam. *baisser pavillon (devant qn),* metter giù le arie, abbassare le armi ; cedere a qlcu., capitolare di fronte a qlcu. (L.C.). ‖ **5.** Mus. campana f., padiglione. ‖ **6.** Relig. velo.
pavillonnerie [pavijɔnri] f. fabbrica, deposito (m.) di bandiere di marina.
pavimenteux, euse [pavimɑ̃tø, øz] adj. Anat. pavimentoso.
pavois [pavwa] m. [bouclier] pavese. ‖ Loc. *élever, hisser sur le pavois,* portare, levare sugli scudi. ‖ Mar. *grand, petit pavois,* gran, piccolo pavese ; gran, piccola gala.
pavoisement [pavwazmɑ̃] m. imbandieramento.
pavoiser [pavwaze] v. tr. [un navire] pavesare ; [rue, maison] imbandierare, pavesare. ◆ v. intr. Fig., fam. esultare (L.C.).
pavot [pavo] m. Bot. papavero.
payable [pɛjabl] adj. pagabile. | *payable à vue, au comptant, à la livraison, au porteur,* pagabile a vista, in contanti, alla consegna, al portatore.
payant, e [pɛjɑ̃, ɑ̃t] adj. et n. [qui paie] pagante. | *spectateurs payants,* spettatori paganti. ‖ [que l'on paie] a pagamento. | *spectacle payant,* spettacolo a pagamento. ‖ [rentable] redditizio, fruttuoso.
paye f., **payement** m. V. PAIE, PAIEMENT.
payer [pɛje] v. tr. pagare. | *payer un travail, ses dettes,* pagare un lavoro, i propri debiti. | *congés payés,* v. CONGÉ. ‖ Fig., fam. *payer les pots cassés* = andarci di mezzo ; pagare i danni, sopportare le conseguenze (L.C.). ‖ Prov. *qui casse les verres les paie,* v. CASSER. ‖ Loc. *payer qn en nature, de belles paroles,* (fam.) *en monnaie de singe,* pagare qlcu. in natura, a parole, (fam.) a chiacchiere. | *payer de retour, d'ingratitude,* v. RETOUR, INGRATITUDE. | *payer qn de son insolence,* punire qlcu. della sua insolenza. ‖ Fam. *il me le paiera (cher) !,* me la pagherà cara !, gliela farò scontare ! | *être payé pour savoir que* = avere imparato a proprie spese che, sapere per esperienza che. ‖ [offrir] *payer à boire à qn,* pagare da bere a uno. ‖ *payer (qch.) de ses deniers, de sa poche,* pagare (qlco.) col proprio denaro, di tasca propria. ◆ v. intr. *un métier qui paie,* un mestiere che rende, frutta, dà profitto ; un mestiere redditizio, fruttuoso, rimunerativo. ‖ Loc. *payer de sa personne,* pagare di persona. | *payer d'exemple,* dare l'esempio. | *payer d'audace,* giocare d'audacia. | *payer pour tout le monde,* pagare per tutti. | *le crime ne paie pas* = un delitto non rimane mai impunito ; = chi la fa l'aspetti. ‖ Fam. *ne pas payer de mine* = avere un aspetto poco attraente, non ispirare fiducia. ◆ v. pr. [réfl. dir.] pagarsi. | *voici mille francs, payez-vous !,* ecco un biglietto da mille franchi, si paghi ! ‖ Fig. *se payer de mots,* v. MOT. ‖ [réfl. ind.] Fam. pagarsi, offrirsi, comprarsi. | *se payer du bon temps* = spassarsela. | *se payer la tête de qn,* v. TÊTE. | *s'en payer une bonne tranche,* v. TRANCHE. ‖ [pass.] *les mensualités se paient le premier de chaque mois,* le rate vanno pagate il primo d'ogni mese. ‖ Fig. *tout se paie* = tutte le colpe si scontano.
payeur, euse [pɛjœr, øz] n. pagatore, trice. | *bon, mauvais payeur,* buono, cattivo pagatore. ‖ Mil. *officier payeur,* ufficiale pagatore.
1. pays [pɛi] m. **1.** [région] paese. | *pays chauds, froids,* paesi caldi, freddi. | *pays plat,* paese, regione (f.), zona (f.) di pianura. ‖ Fig. *le pays de Cocagne,* il paese di Cuccagna. | *le pays des rêves,* il mondo dei sogni. ‖ Loc. *voir du pays, courir les pays* = girare il mondo. ‖ **2.** [nation] paese, nazione f. | *les pays d'Europe,* i paesi europei, le nazioni europee. | *les pays sous-développés,* i paesi sottosviluppati. ‖ **3.** [patrie] patria f. | *rentrer dans son pays,* tornare in patria, rimpatriare. | *le pays de Machiavel,* la patria di Machiavelli. ‖ Loc. *avoir le mal du pays,* aver nostalgia della patria, della propria terra. ‖ Prov. *nul n'est prophète en son pays,* nessuno è profeta in patria. ‖ **4.** [province] *vin du, de pays,* vino del posto, del paese ; vino paesano. | *les gens du pays,* la gente del posto, del luogo. | *coutumes du pays,* costumi locali, del posto. ‖ *chaque pays a ses coutumes,* (prov.) paese che vai, usanza che trovi. ‖ **5.** [village] paese, villaggio. ‖ Loc. *être en pays de connaissance* = non essere disorientato ; ritrovarsi fra conoscenti, fra persone di conoscenza. ‖ Fam., iron. *il est bien de son pays !,* si vede che vien dalla campagna. ‖ **6.** [population] *tout le pays l'acclame,* tutto il popolo lo acclama.
2. pays, payse [pɛi, pɛiz] n. Fam. compaesano, a ; paisà m. (mérid.).
paysage [pɛizaʒ] m. paesaggio. ‖ Fam. *ça fait bien dans le paysage* = fa buona impressione.
paysagiste [pɛizaʒist] adj. et n. *(peintre) paysagiste,*

paesista n., paesaggista n. | *(jardinier) paysagiste,* architetto paesaggista, architetto-giardiniere.
paysan, anne [peizɑ̃, an] adj. contadino, contadinesco. | *origines paysannes,* origini contadine. | *mœurs paysannes,* costumi contadineschi. | *la classe paysanne,* la classe rurale, contadina. ◆ n. contadino, a. ‖ PÉJOR. contadino, zotico. | *paysan du Danube* = uno che non ha peli sulla lingua; uno che dice pane al pane (e vino al vino).
paysannerie [peizanri] f. [condition] contadinanza. ‖ [ensemble des paysans] contadini m. pl. ; classe contadina; contadinanza. ‖ HIST. LITT. opera (letteraria) di argomento rusticano.
péage [peaʒ] m. [droit] pedaggio. ‖ *pont à péage,* ponte a pedaggio. | *autoroute à péage,* autostrada a pagamento. ‖ [lieu où l'on paie] casello.
péager [peaʒe] m. VX pedaggiere.
péagiste [peaʒist] m. agente bigliettaio.
péan ou **pæan** [peɑ̃] m. ANTIQ. peana.
peau [po] f. **1.** [homme] pelle; cute (littér.). ‖ ANAT. cute. ‖ **2.** [animal] pelle. | *sac, gants de peau,* sacco, guanti di pelle. ‖ TECHN. *livre relié en pleine peau, en demi-peau,* libro rilegato in tutta pelle, in mezza pelle. ‖ [fourrure] *peau de lapin, de mouton,* pelliccia di coniglio, d'agnello. ‖ [poisson, serpent] pelle, scorza. ‖ UNIV. FAM. *peau d'âne* = diploma m. ‖ PROV. *il ne faut jamais vendre la peau de l'ours qu'on ne l'ait mis par terre,* non vendere la pelle dell'orso prima d'averlo ucciso. ‖ **3.** [plante] buccia, scorza. | *peau de banane, de figue, de melon, de noix, de pomme, de raisin, de tomate,* buccia di banana, di fico, di melone, di noce, di mela, d'uva, di pomodoro. | *peau de cédrat, de citron, d'orange,* scorza, buccia di cedro, di limone, d'arancia. | *peau d'oignon,* velo (m.) di cipolla. ‖ **4.** [d'un liquide] pellicola; panno m. (rare). ‖ [de l'œuf] pelle. ‖ **5.** LOC. *avoir les nerfs à fleur de peau,* avere i nervi a fior di pelle, i nervi scoperti. | *n'avoir plus que la peau et les os, la peau sur les os,* essere (ridotto a) pelle e ossa. | *crever dans sa peau* (pop.) = essere grasso come un tordo. | *faire peau neuve* : [serpent] mutar la pelle; FIG. mutar vita, registro, indirizzo. | *prendre par la peau du cou,* prendere per la collottola (pr. et fig.). ‖ FAM. *ne pas tenir dans sa peau,* non stare nella pelle, in sé, nei panni dalla contentezza. | *entrer, se mettre, être dans la peau de qn,* mettersi, essere nei panni, nella pelle di uno. ‖ **6.** [vie] FAM. *j'aurai sa peau,* gli, le farò la pelle. | *y laisser sa peau,* rimetterci, lasciarci la pelle. | *risquer, faire bon marché de sa peau,* rischiare, giocare la pelle. | *vendre cher sa peau,* vendere cara la pelle. | *je tiens à ma peau,* mi preme la pelle. ‖ POP. *avoir une femme dans la peau* = essere (innamorato) cotto di una donna (fam.). | *il a ça dans la peau,* ce l'ha proprio nel sangue. | *avoir la peau dure,* aver la pelle, la buccia dura. ‖ **7.** POP., PÉJOR. *une vieille peau,* una vecchia strega. | *peau de vache,* V. VACHE. ‖ **8.** POP. *la peau!, peau de balle (et balai de crin)!* = un corno!
peaucier [posje] adj. et n. m. ANAT. pellicciaio.
peaufiner [pofine] v. tr. PR. = strofinare, lustrare, forbire (con una pelle di daino). ‖ FIG. *peaufiner un discours,* limare un discorso. | *peaufiner une opération militaire,* curare un'operazione militare nei minimi particolari.
peau-rouge [poruʒ] n. pellerossa n. inv.; pellirossa (m. pl. *pellirossi;* f. pl. *pellirosse).*
peausserie [posri] f. [métier] = professione del conciatore. ‖ [commerce] = commercio (m.) dei pellami, dei coiami. ‖ [peau] pellame m., c(u)oiame m.
peaussier [posje] m. [qui prépare] conciapelli inv.; conciatore, trice n.; conciaiolo, pellaio. ‖ [qui vend] pellaio.
pébrine [pebrin] f. ZOOL. pebrina.
pec [pɛk] adj. m. *hareng pec* = arringa salata di fresco e imbarilata.
pécaïre! [pekajre] interj. (rég.) = ahimè!
pécari [pekari] m. ZOOL. pecari.
peccable [pekabl] adj. (rare) peccabile.
peccadille [pekadij] f. peccatuccio m., marachella.
pechblende [pɛʃblɛ̃d] f. MINÉR. pechblenda.

1. pêche [pɛʃ] f. BOT. pesca | *pêches au sirop,* pesche sciroppate. ‖ *couleur pêche,* color pesca. ‖ FIG. *une peau de pêche* = una carnagione rosea e vellutata. ‖ LOC. FAM. *rembourré de, avec des noyaux de pêche* = durissimo. ‖ POP. [coup] *flanquer une pêche à qn,* mollare un cazzotto, un ceffone a qlcu.
2. pêche f. pesca. | *pêche en haute mer,* pesca alturiera, d'alto mare. | *pêche sous-marine,* pesca, caccia subacquea. | *pêche à la baleine,* caccia alla balena. | *pêche au hareng, à la truite,* pesca delle arringhe, delle trote. | *pêche au filet, à la ligne,* pesca con la rete, con la lenza. | *canne à pêche,* canna da pesca. | *aller à la pêche,* andare a pesca. | *pêche interdite!,* divieto di pesca!
péché [peʃe] m. peccato. | *péché capital, mortel, originel,* peccato capitale, mortale, originale. | *péché véniel,* peccato veniale; peccatuccio (fam.). | *vivre dans le péché,* vivere in peccato. ‖ LOC. *péché mignon,* debole, vizietto. | *péché de jeunesse,* peccato, errore di gioventù. | *être laid comme les sept péchés capitaux,* essere brutto come il peccato.
pêche-abricot [pɛʃabriko] f. BOT. pesca gialla.
pécher [peʃe] v. intr. peccare. | *pécher par orgueil, par excès de zèle,* peccare di superbia, per troppo zelo. ‖ FIG. *pécher contre le bon sens,* andare contro il buon senso. | *pécher contre les convenances,* venir meno alle regole della buona creanza. | *ce n'est pas par là qu'il pèche,* non è questo il suo difetto. | *pécher par excès d'optimisme,* peccare per eccesso d'ottimismo. | *ce plan pèche par la perspective,* questo progetto pecca nella prospettiva.
1. pêcher [pɛʃe] m. BOT. pesco.
2. pêcher v. tr. pescare. | *pêcher à la ligne, au ver, à la mouche,* pescare con la lenza, con i vermi, con la mosca. | *pêcher des truites,* pescar trote. | *pêcher la baleine,* cacciare la balena. ‖ FIG., FAM. [prendre] pescare. ‖ LOC. *pêcher en eau trouble,* pescare nel torbido.
pêcherie [pɛʃri] f. luogo (m.) di pesca.
pêchette [pɛʃɛt] f. gamberana.
pécheur, pécheresse [peʃœr, peʃrɛs] adj. peccaminoso. ◆ n. peccatore, trice. | *pécheur endurci,* peccatore impenitente.
pêcheur, euse [pɛʃœr, øz] adj. peschereccio. *bateau pêcheur,* peschereccio m. ◆ n. pescatore, trice. | *pêcheur à la ligne, au filet,* pescatore di canna, con la rete.
pécoptéris [pekɔpteris] m. GÉOL. pecopteris f.
pécore [pekɔr] f. VX bestia. ‖ FAM. [femme stupide] oca.
pecten [pɛktɛn] m. ZOOL. pecten.
pectine [pɛktin] f. CHIM. pectina.
pectiné, e [pɛktine] adj. et n. m. ANAT. *le (muscle) pectiné,* il muscolo pettineo. ◆ adj. pettiniforme.
pectique [pɛktik] adj. CHIM. pectico.
pectoral, e, aux [pɛktɔral, o] adj. ANAT., PHARM., RELIG. pettorale. ◆ n. m. ANAT. muscolo pettorale. ‖ HIST., RELIG. pettorale.
péculat [pekyla] m. JUR. peculato.
pécule [pekyl] m. peculio; gruzzolo (fam.).
pécuniaire [pekynjɛr] adj. pecuniario.
pédagogie [pedagɔʒi] f. pedagogia.
pédagogique [pedagɔʒik] adj. pedagogico.
pédagogue [pedagɔg] n. [qui enseigne] pedagogo, a. ‖ [qui étudie la pédagogie] pedagogista.
pédale [pedal] f. pedale m. | *coup de pédale,* pedalata. ‖ FIG., POP. *perdre les pédales* = perdere il filo del discorso. ‖ POP. [pédéraste] finocchio m.
pédaler [pedale] v. intr. pedalare. ‖ SPORT andare in bicicletta. ‖ POP. [courir, filer] camminare in fretta, correre, far presto (L.C.).
pédaleur, euse [pedalœr, øz] n. pedalatore, trice.
pédalier [pedalje] m. pedaliera f.
pédant, e [pedɑ̃, ɑ̃t] adj. [personne] pedante; pignolo (fam.); [langage] pedantesco. ◆ n. pedante, pignolo. | *faire le pédant,* pedanteggiare; pignoleggiare (fam.).
pédanterie [pedɑ̃tri] f. ou **pédantisme** [pedɑ̃tism] m. pedanteria f.; pedantaggine f. (rare); pignoleria f., pignolaggine f. (fam.).

pédantesque [pedɑ̃tɛsk] adj. pedantesco.
pédéraste [pederast] m. pederasta.
pédérastie [pederasti] f. pederastia.
pédestre [pedɛstr] adj. pedestre.
pédiatre [pedjatr] n. pediatra.
pédiatrie [pedjatri] f. pediatria. | *service de pédiatrie,* reparto pediatrico.
pédicellaire [pediselɛr] m. ZOOL. pedicellaria f.
pédicelle [pedisɛl] m. BOT., ZOOL. pedicello, peduncolo.
pédicellé, e [pedisele] adj. pedicellato, peduncolato.
pédiculaire [pedikylɛr] adj. MÉD. pedicolare. | *maladie pédiculaire,* pediculosi f. ◆ n. f. BOT. pedicolare.
pédicule [pedikyl] m. ANAT. peduncolo. || ARCHIT. colonnetta f., pilastrino. || BOT., ZOOL. pedicello, peduncolo.
pédiculé, e [pedikyle] adj. peduncolato, pedicellato.
pédicure [pedikyr] n. pedicure, callista.
pédieux, euse [pedjø, øz] adj. ANAT. pedidio.
pedigree [pedigri] m. PR. et FIG. (plais.) pedigree (angl.).
pédimane [pediman] m. ZOOL. pedimano.
1. pédologie [pedɔlɔʒi] f. GÉOL. pedologia.
2. pédologie f. V. PAIDOLOGIE.
pédologue [pedɔlɔg] m. pedologo.
pédonculaire [pedɔ̃kylɛr] adj. ANAT., ZOOL. peduncolare. || BOT. peduncolare, pedicellato.
pédoncule [pedɔ̃kyl] m. ANAT. peduncolo. || BOT. peduncolo, pedicello.
pédum [pedɔm] m. ANTIQ. pedo.
pedzouille [pɛdzuj] m. POP., PÉJOR. [paysan] = contadino. || [rustre] cafone.
pégase [pegaz] m. HÉRALD., ZOOL. pegaso.
pegmatite [pɛgmatit] f. MINÉR. pegmatite.
pègre [pɛgr] f. teppa.
pehlvi [pɛlvi] ou **pahlavi** [palavi] m. LING. pehl(e)vi, pahla, pahlavi.
peignage [pɛɲaʒ] m. TEXT. pettinatura f.
peigne [pɛɲ] m. pettine. | *gros peigne,* pettine rado. | *peigne fin,* pettine fitto. | *se donner un coup de peigne,* darsi una pettinata. || BOT. *peigne de Vénus,* pettine di Venere. || TEXT., ZOOL. pettine. || FAM. *sale comme un peigne* = sporco come un baston da pollaio. || FIG. *passer au peigne fin,* rastrellare a palmo a palmo.
peigné, e [peɲe] adj. PR. et TEXT. pettinato. || FIG. leccato. ◆ n. m. TEXT. pettinato. ◆ n. f. FAM. [coups] scarica di botte; fiacco (m.) di legnate. | *se donner une peignée,* accapigliarsi, azzuffarsi.
peigne-cul [pɛɲky] m. POP. bischero, fesso.
peigner [peɲe] v. tr. pettinare. ◆ v. pr. [réfl.] pettinarsi. || [récipr.] FAM. (rare) V. PEIGNÉE.
peigneur, euse [pɛɲœr, øz] n. [ouvrier] pettinatore, trice. ◆ n. f. [machine] pettinatrice.
peignier [peɲe] m. TECHN. pettinaio.
peignoir [pɛɲwar] m. [sortie de bain] accappatoio. || [robe d'intérieur] vestaglia f.
peilles [pɛj] f. pl. stracci m. pl. (per fare la carta).
peinard, e ou **pénard, e** [penar, ard] adj. POP. pacione (fam.); pacioso (rég.); tranquillo, pacifico (L.C.). | *père peinard* = uomo tranquillo, pacifico. | *se tenir peinard,* starsene tranquillo, quieto; FIG. = tenersi lontano da ogni impegno. | *un travail peinard* = un lavoro poco faticoso, poco impegnativo.
peindre [pɛ̃dr] v. tr. [un mur] tinteggiare, dipingere. | *peindre un mur en vert,* tinteggiare di verde una parete. | *peindre un mur en blanc,* imbianchire una parete; imbiancare una parete (rare). || [un objet] verniciare. | *peindre une chaise en vert,* verniciare una sedia di verde. || ART dipingere. | *peindre à l'huile, à l'aquarelle,* dipingere ad olio, ad acquerello. | *peindre à fresque,* dipingere a fresco; affrescare. || LOC. *être fait à peindre* (littér.), essere da dipingere. || FIG. [décrire] dipingere, descrivere. || [farder] *peindre son visage, se peindre le visage,* imbellettarsi (absol.). ◆ v. pr. [faire son portrait] ritrarsi, dipingersi; fare un autoritratto. || FIG. [apparaître] dipingersi. | *le désespoir se peint sur ton visage,* la disperazione ti si dipinge in viso, sul viso.
peine [pɛn] f. **1.** [punition] pena, punizione, castigo m. || JUR. *peine de mort, capitale,* pena di morte, capitale. | *passible d'une peine,* passibile di pena. | *infliger, purger, remettre une peine,* infliggere, scontare, condonare una pena. || RELIG. *les peines de l'enfer,* le pene dell'inferno. || LOC. *sous peine d'amende,* sotto pena di multa. | *sous peine de mort,* sotto pena della vita; pena la vita. | *sous peine de s'égarer* = altrimenti c'è rischio di smarrirsi. || **2.** [chagrin, douleur] pena, sofferenza, dolore m. | *peines de cœur,* pene d'amore. | *avoir de la peine,* essere afflitto. | *être dans la peine,* essere nell'afflizione. | *partager la peine de qn,* condividere il dolore di qlcu. | *faire de la peine à qn,* fare un dispiacere a qlcu.; addolorare, affliggere qlcu. | *il fait peine à voir,* fa pena a vederlo, fa compassione. | *être en peine de, pour,* essere in ansia, in pensiero per. || LOC. *être comme une âme en peine,* sembrare un'anima in pena. | *errer comme une âme en peine* (fam.), vagare come un'anima in pena. || **3.** [effort, fatigue, difficulté] fatica, pena, stento m. | *peine perdue,* fatica sprecata. | *homme de peine,* uomo di fatica; manovale. | *sans peine,* senza fatica. | *avec peine,* a fatica, a stento. | *à grand-peine,* a malapena. | *recevoir le prix de sa peine,* venir ricompensato delle proprie fatiche. | *avoir de la peine à faire qch.,* far fatica a, stentare a far qlco. | *j'ai peine à croire que,* stento a credere che, mi riesce difficile credere che. | *j'ai eu toutes les peines du monde à faire ce travail, à lui faire comprendre que,* ho fatto una fatica improba, ho durato molta fatica a far quel lavoro, a fargli capire che. | *donner (bien) de la, beaucoup de peine à qn,* dar molto lavoro, molto da fare a qlcu., dare filo da torcere a qlcu. | *se donner de la peine,* darsi da fare, affaticarsi; lavorare con impegno. | *se donner, prendre la peine de faire qch.,* darsi la briga di far qlco. | *ne vous donnez pas cette peine !,* lasci stare!; non si disturbi! | *donnez-vous, prenez la peine d'entrer,* prego, si accomodi; favorisca accomodarsi. | *être (bien) en peine de faire qch.,* durar (molta) fatica a far qlco. | *en être pour sa peine* = aver faticato, lavorato invano; avere sprecato la propria fatica. | *ce n'est pas la peine, ça ne vaut pas la peine (de),* non vale la pena, è inutile; non mette conto; non è il caso (di). | *se mettre en peine de,* darsi pensiero per. | *mourir, se tuer à la peine,* morire, ammazzarsi di fatica. | *perdre sa peine,* sprecare la propria fatica. | *voilà pour ta peine,* questo è per il tuo disturbo. || **4.** PROV. *à chaque jour suffit sa peine,* ogni giorno la sua pena. || *toute peine mérite salaire,* ogni fatica merita premio. ◆ loc. adv. ***à peine,*** appena. | *j'ai à peine commencé,* ho appena cominciato. | *à peine (était-il) arrivé que,* (non) appena arrivato. | *il y a à peine deux jours que,* sono appena due giorni che.
peiné, e [pene] adj. afflitto, addolorato, accorato.
peiner [pene] v. tr. addolorare, rattristare, affliggere. ◆ v. intr. *peiner à faire qch.,* stentare a, durar fatica a far qlco.
peint, e [pɛ̃, ɛ̃t] adj. [mur] tinteggiato, dipinto; [objet] verniciato. || *papier peint,* carta da parati. || [fardé] (eccessivamente) imbellettato.
peintre [pɛ̃tr] m. ART et FIG. pittore. | *femme peintre,* pittrice f. || *peintre de décors,* scenografo. | *peintre de fleurs,* fiorista. | *peintre en bâtiment,* imbianchino, pittore. || ***peintre-graveur*** = incisore di opere originali.
peinture [pɛ̃tyr] f. **1.** [art] pittura. | *peinture à l'huile,* pittura a olio. | *peinture sur verre,* pittura su vetro, pittura vetraria. | *faire de la peinture,* dipingere. || **2.** [œuvre] dipinto m., pittura, tela, quadro m. || FIG. *ne plus pouvoir voir qn en peinture,* non voler più vedere uno nemmeno dipinto. || **3.** [description] descrizione, pittura, quadro. || **4.** TECHN. [de mur] tinteggiatura, pittura; [d'objet] verniciatura. | *peinture en bâtiment,* tinteggiatura di edifici. | *(faire) refaire ses peintures,* (far) ridipingere il proprio appartamento, la propria casa. | *peinture d'une porte, d'une automobile,* verniciatura di una porta, di un'automobile. | *peinture au pistolet,* verniciatura a spruzzo. || **5.** [matière] vernice. | *acheter de la peinture à l'huile, antirouille,* comprare vernice all'olio, antiruggine.
peinturer [pɛ̃tyre] v. tr. PÉJOR. imbrattare.

peinturlurer [pɛ̃tyrlyre] v. tr. FAM. imbrattare. ◆ v. pr. imbellettarsi, truccarsi vistosamente ; pitturarsi.
péjoratif, ive [peʒɔratif, iv] adj. et n. m. peggiorativo, spregiativo.
pékan [pekɑ̃] m. ZOOL. pecan.
pékin ou **péquin** [pekɛ̃] m. ARG. MIL. = borghese.
pékinois, e [pekinwa, az] adj. et n. pechinese. ◆ n. m. ZOOL. pechinese.
pelade [pəlad] f. MÉD. alopecia.
pelage [pəlaʒ] m. [d'animal] pelame, mantello. ‖ [action de peler] pelatura f.
pélagianisme [pelaʒianism] m. RELIG. pelagianismo, pelagianesimo.
pélagien, enne [pelaʒiɛ̃, ɛn] adj. et n. m. RELIG. pelagiano.
pélagique [pelaʒik] adj. GÉOGR. pelagico.
pélamide ou **pélamyde** [pelamid] f. [poisson ; reptile] pelamide.
pelard [pəlar] adj. et n. m. *(bois) pelard,* legno scortecciato.
pélargonium [pelargɔnjɔm] m. BOT. pelargonio.
pélasgien, enne [pelaʒjɛ̃, ɛn] ou **pélasgique** [pelaʒik] adj. ARCHÉOL. pelasgico.
pelé, e [pəle] adj. spelato, spelacchiato. | *un chat galeux et pelé,* un gatto rognoso e spelacchiato. ‖ FAM. [personne] pelato, calvo. | *crâne pelé,* testa pelata. ‖ FIG. brullo, nudo. | *campagne pelée,* campagna brulla. ◆ n. m. [chauve] calvo. ‖ FAM. *il y avait quatre pelés et un tondu* = c'erano quattro gatti.
pélécypodes [pelesipɔd] m. pl. ZOOL. pelecipodi.
péléen, enne [peleɛ̃, ɛn] adj. GÉOGR. peleano.
pêle-mêle [pɛlmɛl] loc. adv. alla rinfusa, a catafascio. ◆ n. m. inv. baraonda f., confusione f.
peler [pəle] v. intr. spellarsi. ◆ v. tr. [éplucher] *peler un fruit,* sbucciare un frutto. | *peler les pommes de terre,* sbucciare, pelare le patate.
pèlerin [pɛlrɛ̃] m. RELIG. pellegrino m., pellegrina f. ◆ n. m. ZOOL. [criquet] cavalletta migratrice ; [faucon] falcone pellegrino ; [requin] cetorino, pellegrino.
pèlerinage [pɛlrinaʒ] m. [voyage] pellegrinaggio. ‖ [lieu] luogo di pellegrinaggio.
pèlerine [pɛlrin] f. pellegrina, mantellina.
pélican [pelikɑ̃] m. ZOOL. pellicano.
pelisse [pəlis] f. = soprabito foderato di pelliccia.
pellagre [pɛlagr] f. MÉD. pellagra.
pellagreux, euse [pɛlagrø, øz] adj. et n. MÉD. pellagroso.
pelle [pɛl] f. pala ; [grande] badile m. ; [de boulanger, de mineur] pala ; [de jardinier] badile ; [de rame] pala ; [à gâteau] paletta ; [jouet] paletta. | *coup de pelle,* palata f., badilata f. ‖ PR. et FIG. *à la pelle,* a palate. | *remuer l'argent à la pelle,* aver denari a palate. ‖ TECHN. *pelle mécanique,* pala caricatrice, meccanica ; escavatore (m.) a cucchiaio ; palatrice f. ‖ FAM. *ramasser une pelle* = [tomber] piantare un melo, un pero ; [échouer] far fiasco.
pelletage [pɛltaʒ] m. (lo) spalare.
pelletée [pɛlte] f. palata, badilata. ‖ FIG., FAM. *des pelletées d'injures* = un sacco, una serqua d'insulti.
pelleter [pɛlte] v. tr. [enlever] spalare. | *pelleter la neige,* spalare la neve. ‖ [remuer] palare.
pelleterie [pɛltri] f. [activité] pellicceria. ‖ [marchandise] pelliccia, pelle.
pelleteur [pɛltœr] m. spalatore.
pelleteuse [pɛltøz] f. V. PELLE *mécanique.*
pelletier, ère [pɛltje, ɛr] n. pellicciaio, a.
pelliculage [pɛlikylaʒ] m. PHOT. pellicolamento.
pelliculaire [pɛlikylɛr] adj. pellicolare.
pellicule [pɛlikyl] f. [peau] pellicola, membrana. ‖ [couche] pellicola ; sottile strato m. ‖ PHOT. pellicola. ◆ pl. MÉD. forfora sing.
pelliculeux, euse [pɛlikylø, øz] adj. MÉD. forforoso.
pellucide [pɛlysid] adj. pellucido.
pélobate [pelɔbat] m. ZOOL. pelobate.
pélodyte [pelɔdit] m. ZOOL. pelodite.
péloponnésien, enne [pelɔpɔnezjɛ̃, ɛn] adj. et n. peloponnesiaco.
pelotage [p(ə)lɔtaʒ] m. PR. aggomitolatura f. ‖ FAM. [caresses] palpeggiamento, carezze f. pl. (L.C.).
pelotari [pəlɔtari] m. SPORT giocatore di pelota.
pelote [p(ə)lɔt] f. gomitolo m. | *mettre en pelote,* aggomitolare. ‖ FIG., FAM. *faire sa pelote,* mettere insieme un bel gruzzolo. | *avoir les nerfs en pelote,* avere i nervi a fior di pelle. ‖ [coussinet] cuscinetto m. | *pelote à épingles,* puntaspilli m. inv. ‖ SPORT *pelote (basque),* pelota (basca), palla basca.
peloter [p(ə)lɔte] v. tr. PR. (vx) aggomitolare (L.C.). ‖ FAM. [caresser] fare il pomicione con ; pomiciare v. intr. ; tastare v. tr. (rég.). ‖ FAM. [flatter] lisciare il pelo a.
peloteur [p(ə)lɔtœr] m. FAM. [qui caresse] pomicione. ‖ FAM. [adulateur] leccapiedi m. inv.
peloton [p(ə)lɔtɔ̃] m. TEXT. gomitolino m. ‖ [insectes] ammasso, massa f. ‖ MIL. plotone. | *peloton d'exécution,* plotone d'esecuzione. ‖ [chevaux] gruppo. ‖ [cyclistes] plotone, gruppo. | *rouler en peloton,* andare in gruppo. | *le peloton,* il grosso dei corridori. ‖ FIG. *être dans le peloton de tête,* essere nel gruppo di testa.
pelotonnement [p(ə)lɔtɔnmɑ̃] m. [fil] aggomitolatura f. ‖ [sur soi-même] (il) raggomitolarsi.
pelotonner [p(ə)lɔtɔne] v. tr. aggomitolare. ◆ v. pr. raggomitolarsi.
pelouse [p(ə)luz] f. prato coltivato. ‖ [hippisme] prato. ‖ [stade] campo, terreno.
pelta [pɛlta] f. ANTIQ. pelta.
peltaste [pɛltast] m. peltasta.
pelté, e [pɛlte] adj. BOT. peltato.
peluche [p(ə)lyʃ] f. TEXT. peluche (fr.) ; [de soie] felpa. | *ours en peluche,* orsacchiotto di peluche.
peluché, e [p(ə)lyʃe] adj. peloso.
pelucher [p(ə)lyʃe] v. intr. TEXT. alzare, fare il pelo ; spelarsi.
pelucheux, euse [p(ə)lyʃø, øz] adj. = che fa il pelo, che si spela.
pelure [p(ə)lyr] f. BOT. buccia, velo m. | *pelure d'orange, de pomme de terre,* buccia d'arancia, di patata. | *pelure d'oignon,* velo di cipolla. ‖ LOC. *papier pelure,* (carta) velina f. ‖ FAM. [manteau] *enlever sa pelure,* togliersi il soprabito (L.C.).
pélusiaque [pelyzjak] adj. GÉOGR. pelusiaco.
pelvien, enne [pɛlvjɛ̃, ɛn] adj. ANAT. pelvico.
pelvis [pɛlvis] m. ANAT. pelvi f.
pemmican [pemikɑ̃] m. pemmican (angl.).
pénal, e, aux [penal, o] adj. JUR. penale.
pénalisation [penalizasjɔ̃] f. SPORT penalizzazione.
pénaliser [penalize] v. tr. JUR. infliggere una penalità a. ‖ SPORT penalizzare.
pénalité [penalite] f. JUR *infliger une, frapper d'une pénalité,* infliggere una penalità, una penale. ‖ SPORT penalità.
penalty [penalti] m. SPORT penalty (angl.) ; calcio di rigore.
pénard, e adj. V. PEINARD.
pénates [penat] m. pl. MYTH. penati. ‖ FAM. [demeure] *transporter ailleurs ses pénates,* trasferire altrove i propri penati. | *regagner ses pénates,* ritornare ai propri penati. ◆ adj. *dieux pénates,* penati m.
penaud, e [pəno, od] adj. confuso, mogio, avvilito. | *il s'en alla tout penaud,* se ne andò mogio mogio | *il en est resté tout penaud,* è rimasto con tanto di naso, con un palmo di naso (fam.).
penchant [pɑ̃ʃɑ̃] m. LITTÉR. [pente] pendio, declivio, china f. ‖ FIG. [propension] inclinazione f., propensione f. | *avoir un penchant pour la musique,* avere un'inclinazione per la musica. | *avoir un penchant à la mélancolie,* avere una propensione alla malinconia, essere propenso alla malinconia. | *les mauvais penchants,* le cattive inclinazioni. ‖ [attirance] *avoir un penchant pour qn,* avere propensione, simpatia per qlcu.
penché, e [pɑ̃ʃe] adj. *écriture penchée,* scrittura inclinata (verso destra). | *marcher la tête penchée,* camminare a capo chino. | *un élève penché sur ses dictionnaires,* un alunno chino sui suoi dizionari. | *la tour penchée de Pise,* la torre pendente di Pisa. ‖ FAM. *des airs penchés* = dei modi affettati di malinconia.

pencher [pɑ̃ʃe] v. tr. chinare, inclinare. | *pencher la tête*, chinare, inclinare la testa. | *pencher un récipient*, inclinare un recipiente. ◆ v. intr. pendere. | *mur, arbre qui penche*, muro, albero che pende. | *faire pencher la balance*, v. BALANCE. ‖ FIG. [avoir tendance] (pro)pendere, inclinare. | *pencher à croire que*, inclinare a, propendere a credere che. | *pencher pour le oui*, (pro)pendere per il sì. ◆ v. pr. chinarsi, inclinarsi. ‖ [hors de qch.] *se pencher à la fenêtre*, sporgersi dalla finestra. ‖ FIG. [étudier] *se pencher sur qch.*, rivolgere la propria attenzione su, prendere in considerazione, considerare qlco.
pendable [pɑ̃dabl] adj. VX = passibile di impiccagione. ‖ LOC. *cas pendable* = caso gravissimo. | *tour pendable*, brutto tiro.
pendage [pɑ̃daʒ] m. GÉOL. inclinazione f., pendenza f.
pendaison [pɑ̃dɛzɔ̃] f. impiccagione. ‖ LOC. *pendaison de crémaillère* = (il) festeggiare l'ingresso in una nuova casa.
1. pendant, e [pɑdɑ̃, ɑ̃t] adj. PR. pendente ; penzoloni, ciondoloni adv. | *fruits pendants*, frutti pendenti. | *les jambes pendantes*, con le gambe penzoloni. | *les bras pendants*, con le braccia penzoloni, ciondoloni. | *les chiens accouraient la langue pendante*, i cani accorrevano con la lingua ciondoloni. ‖ [en instance] pendente ; in sospeso. | *cause pendante*, causa pendente. | *affaire pendante*, affare pendente, in sospeso.
2. pendant m. [d'épée] pendaglio. ‖ [bijou] *pendants d'oreilles*, pendenti m. pl., orecchini m. pl. ‖ [symétrique] riscontro ; pendant (fr.). | *statue qui fait pendant à une autre*, statua che fa riscontro a un'altra, che fa (da) pendant a, che corrisponde simmetricamente a un'altra. ‖ FIG. *deux personnes qui se font pendant* = due persone che s'accordano perfettamente ; che si fanno degno riscontro (iron.).
3. pendant prép. durante, per. | *pendant la course, la guerre, une heure, la nuit, le siège*, durante la corsa, la guerra, un'ora, la notte, l'assedio. | *pendant des années, des heures (et des heures), quelque temps, toute la nuit, toute la vie*, per anni, per ore (e ore), per qualche tempo, per tutta la notte, per tutta la vita. | *pendant ce temps*, in quel mentre ; intanto. ◆ loc. conj. **pendant que**, mentre. | *pendant que je m'habille*, mentre mi vesto. ‖ [puisque] *pendant que nous y sommes, profitons-en pour*, poiché, giacché ci siamo, approfittiamone per. | *pendant que j'y pense...* = a proposito...
pendard, e [pɑ̃dar, ard] n. FAM. pendaglio (m.) da forca.
pendeloque [pɑ̃dlɔk] f. [boucle d'oreille ; lustre] pendaglio m., goccia.
pendentif [pɑ̃dɑ̃tif] m. ARCHIT. pennacchio. ‖ [bijou] pendentif (fr.), pendaglio, ciondolo.
penderie [pɑ̃dri] f. [pièce ; placard] guardaroba m. inv.
pendiller [pɑ̃dije] v. intr. penzolare, ciondolare.
pendillon [pɑ̃dijɔ̃] m. [d'horloge] pendino (oscillante).
pendoir [pɑ̃dwar] m. uncino, gancio (per appendere la carne).
pendouiller [pɑ̃duje] v. intr. FAM. (s)penzolare, ciondolare (L.C.).
pendre [pɑ̃dr] v. intr. pendere, penzolare ; essere appeso. | *les fruits pendent aux arbres*, i frutti pendono dagli alberi. | *un morceau de viande pendait à un crochet*, un pezzo di carne era appeso a un gancio. | *laisser pendre les bras*, lasciar pendere, penzolare le braccia. | *jupe qui pend d'un côté*, gonna che pende da un lato. ‖ FIG., FAM. *ça te pend au nez* = è un pericolo, una minaccia che ti pende sul capo. ◆ v. tr. [suspendre] appendere, sospendere. | *pendre qch. à un crochet, au plafond*, appendere qlco. a un gancio, al soffitto. ‖ [mettre à mort] impiccare. | *pendre haut et court* = impiccare per la gola. ‖ LOC. FAM. *il ne vaut pas la corde pour le pendre* = non vale un fico secco. | *envoyer qn se faire pendre ailleurs*, mandar qlcu. al diavolo, a quel paese, ad impiccarsi. | *va te faire pendre !*, impiccati !, va' ad impiccarti ! | *dire pis que pendre de qn*, dire peste e corna di qlcu. | *je veux (bien) être pendu si*, mi possano impiccare se. | *être toujours pendu aux basques de qn*, esser sempre appiccicato a qlcu. | *être toujours pendu à la sonnette de qn, au téléphone*, star sempre attaccato al campanello di qlcu., al telefono. | *être pendu aux lèvres de qn*, pendere dalle labbra di qlcu. ◆ v. pr. *se pendre à une barre*, appendersi, attaccarsi a una sbarra. | *se pendre au cou de qn*, appendersi al collo di qlcu. ‖ FIG. *se pendre aux basques de qn*, appiccicarsi a qlcu. ‖ [se donner la mort] impiccarsi.
pendu, e [pɑ̃dy] adj. et n. PR. impiccato. ‖ LOC. *avoir la langue bien pendue*, v. LANGUE.
pendulaire [pɑ̃dylɛr] adj. pendolare.
pendule [pɑ̃dyl] m. PHYS. pendolo. ◆ n. f. pendola ; (orologio [m.] a) pendolo m.
pendulette [pɑ̃dylɛt] f. orologetto m. (da viaggio) ; sveglia.
pêne [pɛn] m. stanghetta f.
pénéplaine [peneplɛn] f. GÉOGR. penepiano m.
pénétrabilité [penetrabilite] f. penetrabilità.
pénétrable [penetrabl] adj. PR. et FIG. penetrabile.
pénétrant, e [penetrɑ̃, ɑ̃t] adj. PR. et FIG. penetrante.
pénétration [penetrasjɔ̃] f. [action de pénétrer] PR. et FIG. penetrazione. ‖ [acuité] penetrazione, acume m. ; acutezza d'ingegno.
pénétré, e [penetre] adj. compenetrato, compreso. | *pénétré de la gravité de la situation*, compenetrato della gravità della situazione. | *pénétré de tristesse, de pitié, de reconnaissance*, compreso di tristezza, di pietà, di riconoscenza. | *pénétré de son importance, de soi-même*, convinto, compreso della propria importanza ; pieno di sé. | *d'un air, d'un ton pénétré*, con aria convinta, con tono convinto.
pénétrer [penetre] v. intr. PR. et FIG. penetrare, entrare. | *l'ennemi a pénétré dans nos lignes*, il nemico è penetrato nelle nostre linee. ◆ v. tr. penetrare. | *liquide qui pénètre un tissu*, liquido che penetra un tessuto. ‖ FIG. [comprendre] penetrare, capire, decifrare. | *pénétrer les intentions de qn*, penetrare le intenzioni di qlcu. | *pénétrer les leçons d'un texte*, penetrare, decifrare il significato di un testo. ‖ [envahir] riempire, comprendere, pervadere. | *nouvelle qui pénètre qn de joie*, notizia che riempie qlcu. di gioia. | *une grande pitié lui pénétrait le cœur*, una gran pietà gli pervadeva il cuore ; aveva il cuore, si sentiva il cuore pervaso da, compreso di una gran pietà. ◆ v. pr. FIG. imbeversi, convincersi, persuadersi. | *se pénétrer d'une doctrine*, imbeversi di una dottrina. | *se pénétrer de l'utilité de qch.*, convincersi dell'utilità di qlco. ‖ *se pénétrer d'un rôle*, immedesimarsi in un ruolo, in una parte.
pénible [penibl] adj. [fatigant] penoso, faticoso. ‖ [qui cause de la peine] penoso, angoscioso, doloroso. | *séparation pénible*, separazione penosa, dolorosa. | *attente pénible*, attesa penosa, angosciosa. | *spectacle pénible*, spettacolo penoso, desolante. ‖ FAM. *tu es vraiment pénible !*, sei davvero pesante ! | *c'est pénible !*, è desolante, affliggente ! (L.C.).
péniblement [penibləmɑ̃] adv. [difficilement] penosamente, difficilmente, a stento, a fatica. ‖ [douloureusement] dolorosamente.
péniche [peniʃ] f. MAR. chiatta, penice. ‖ MIL. *péniche de débarquement*, mezzo (m.) da sbarco.
pénicille [penisil] ou **pénicillium** [penisiljɔm] m. BOT. penicillium.
pénicillé, e [penisile] adj. ANAT. penicillare. ‖ BOT. penicillato.
pénicilline [penisilin] f. PHARM. penicillina.
pénil [penil] m. ANAT. monte di Venere.
péninsulaire [penɛ̃sylɛr] adj. peninsulare.
péninsule [penɛ̃syl] f. GÉOGR. penisola.
pénis [penis] m. ANAT. pene.
pénitence [penitɑ̃s] f. RELIG. penitenza. | *faire pénitence*, far penitenza. | *en pénitence de ses péchés*, per penitenza dei suoi peccati. ‖ [punition] penitenza, castigo m., punizione. | *infliger une pénitence*, infliggere un castigo, una punizione. | *être, mettre en pénitence*, essere, mettere in castigo. | *pour ma, ta, sa*

pénitence, per penitenza. || JEU *faire une pénitence,* far la penitenza.
pénitencerie [penitɑ̃sri] f. RELIG. penitenzieria. | *Sacrée Pénitencerie,* Sacra Penitenzieria (Apostolica).
1. pénitencier [penitɑ̃sje] m. RELIG. penitenziere.
2. pénitencier m. JUR. penitenziario.
pénitent, e [penitɑ̃, ɑ̃t] adj. et n. penitente. | *vie pénitente,* vita di penitenza.
pénitentiaire [penitɑ̃sjɛr] adj. penitenziario. | *régime, système pénitentiaire,* regime, sistema penitenziario. | *établissement pénitentiaire,* penitenziario m.; stabilimento di pena.
pénitentiaux [penitɑ̃sjo] adj. m. pl. *psaumes pénitentiaux,* salmi penitenziali.
pénitentiel, elle [penitɑ̃sjɛl] adj. penitenziale. | *œuvres pénitentielles,* opere penitenziali. ◆ n. m. [rituel] penitenziale.
pennage [pɛnaʒ] m. = muta (f.) delle penne (dei rapaci).
1. penne [pɛn] f. ZOOL. penna. | *pennes rémiges, rectrices,* penne remiganti, timoniere. || [de flèche] impennatura.
2. penne f. MAR. penna.
penné, e [pɛnne] adj. BOT. pennato.
pennon [pɛnɔ̃] m. FÉOD., HÉRALD. pennone.
pénombre [penɔ̃br] f. penombra. || FIG. *rester dans la pénombre,* restare in, nella penombra.
penon [pənɔ̃] m. MAR. mostravento inv.
pensant, e [pɑ̃sɑ̃, ɑ̃t] adj. pensante. | *bien pensant,* benpensante, conformistico. | *mal pensant,* anticonformistico. ◆ n. *les bien, les mal pensants,* i benpensanti, i malpensanti.
pense-bête [pɑ̃sbɛt] m. FAM. promemoria m. inv. (L.C.).
1. pensée [pɑ̃se] f. pensiero m. | *ne pouvoir détacher sa pensée de qn,* non poter distogliere il proprio pensiero da qlcu. || [esprit] mente. | *venir à la pensée,* venire in mente. || [idée] pensiero, idea. | *à la seule pensée que,* al solo pensiero che. || [rêverie] *se perdre dans ses pensées,* perdersi, smarrirsi nelle proprie fantasticherie. | *s'enfoncer dans ses pensées,* immergersi nelle proprie meditazioni. || [opinion] pensiero, opinione, parere m. | *partager la pensée de qn,* condividere il pensiero, l'opinione, il parere di uno. | *aller jusqu'au bout de sa pensée,* esprimere fino in fondo il proprio pensiero. || [intention] pensiero, intenzione. | *des pensées criminelles,* dei pensieri delittuosi, delle intenzioni delittuose. | *il n'est pas dans ma pensée de,* non ho intenzione di, non è mia intenzione. || [témoignage d'intérêt] pensiero. | *avoir une pensée affectueuse pour qn,* avere un pensiero affettuoso per qlcu. || [en fin de lettre] *meilleures pensées,* un caro pensiero. | *recevez nos meilleures pensées, nos pensées les meilleures,* (gradisca molti) cari saluti. || HIST. LITT. *les Pensées de Pascal,* i Pensieri di Pascal. || [doctrine] *la pensée de Machiavel,* il pensiero del Machiavelli.
2. pensée f. BOT. viola del pensiero; pensée (fr.), pansè.
1. penser [pɑ̃se] v. intr. [former des idées] pensare. | *je pense, donc je suis,* penso, dunque sono. | *un maître à penser,* un maestro, una guida. | *façon de penser,* pensiero m., opinione f., parere m. | *penser tout haut,* pensare ad alta voce. | *donner, laisser à penser,* dare da pensare, da riflettere. || [avoir une opinion] *je pense comme toi,* (la) penso come te. | *je n'en pense pas moins,* ho pur la mia opinione in proposito. || [raisonner] *penser juste, faux,* ragionar bene, male. || [réfléchir] *parler sans penser,* parlare senza riflettere; parlare avventatamente. || [croire] pensare, credere. | *moins intelligent que l'on ne pense,* meno intelligente di quanto si pensi, si creda. || LOC. FAM. *tu penses!, pense donc!, vous pensez!, pensez donc!, penses-tu!, pensez-vous!,* figurati!, si figuri! | *je connais bien l'Italie : tu penses, j'y ai vécu dix ans,* conosco bene l'Italia : figurati, ci sono vissuto dieci anni. | *il voulait me voir tout de suite : tu penses, j'avais autre chose à faire,* voleva vedermi subito : figurati, ma ti pare, ma pensa un po', avevo altro da fare. | *lui, un adversaire redoutable?, penses-tu!,* lui, un avversario temibile?, figurati!, ma ti pare?, tutt'altro! || [euphém.] *je lui ai flanqué un coup de pied là où je pense* = gli ho affibbiato un calcio in quel posto. ◆ v. tr. [croire, juger] pensare, credere, ritenere. | *qu'en penses-tu?,* che ne pensi? | *penser du bien, beaucoup de bien, du mal, beaucoup de mal de qn, de qch.,* pensare bene, tanto bene, male, tanto male di qlcu., di qlco. | *je pense que tu as raison,* penso, credo che tu abbia ragione. | *je pense avoir raison, que j'ai raison,* penso, credo, ritengo di aver ragione. || [examiner] *penser un projet,* riflettere a lungo su, esaminare un progetto. | *un livre bien pensé,* un libro ben meditato. || [espérer] pensare, sperare. | *je pense réussir,* penso di, credo di riuscire. || [avoir l'intention] *je pensais y aller aujourd'hui,* pensavo di, avevo l'intenzione di, contavo di, facevo conto di andarci oggi. || [faillir] *il pensa défaillir* (littér.), ci mancò poco che non svenisse (L.C.). ◆ v. tr. ind. **(à)** pensare (a). | *penser à l'avenir,* pensare all'avvenire. | *penser à un projet,* pensare a, riflettere su un progetto. | *il faut y penser sérieusement,* bisogna pensarci, rifletterci seriamente. | *il faut penser à fermer le robinet,* bisogna pensare a chiudere il rubinetto. | *penser aux absents,* pensare agli assenti. | *ce chant me fait penser à Noël,* questo canto mi fa pensare a, mi ricorda Natale. | *fais-moi penser à* [inf.], ricordami di. || FAM. *je pense souvent à toi,* ti penso spesso. || LOC. *sans y penser,* senza pensarci (su). | *pendant que, tant que j'y pense; mais j'y pense* = a proposito. | *sans penser à mal* = senza cattiva intenzione; ingenuamente adv.
2. penser m. LITTÉR. pensiere; pensiero (L.C.).
penseur [pɑ̃sœr] m. pensatore. || PHILOS. *libre penseur,* libero pensatore.
pensif, ive [pɑ̃sif, iv] adj. pensoso, pensieroso; cogitabondo (littér.).
pension [pɑ̃sjɔ̃] f. [somme d'argent] pensione, dozzina; [pour élèves, étudiants] retta. || [lieu] pensione; [pour étudiants] pensionato. | *pension de famille,* pensione familiare. || [entretien] *pension complète,* pensione completa. | *demi-pension,* mezza pensione; [d'élève, d'étudiant] mezza retta. | *avoir, prendre qn en pension,* prendere uno a pensione, a dozzina. | *être en pension, prendre pension chez qn,* stare in pensione, a dozzina presso qlcu. || [collège] collegio m., convitto m. | *mettre en pension,* mettere in collegio. || [élèves d'un pensionnat] convittori, convittrici n. pl.; collegiali n. pl. || JUR. pensione. | *pension alimentaire,* alimenti m. pl.; assegno (m.) alimentare. || *pension de guerre, d'invalidité,* pensione di guerra, d'invalidità. | *pension de retraite, de réversion,* pensione (per collocazione a riposo), di riversibilità.
pensionnaire [pɑ̃sjɔnɛr] n. [de pension, d'hôtel] pensionante, dozzinante, ospite, cliente || [de collège] convittore, trice; collegiale; [de collège religieux] educanda f. || HIST. *Grand Pensionnaire,* Gran Pensionario. || THÉÂTRE pensionnaire (fr.); = attore, attrice che, scritturato, scritturata per un anno, riceve uno stipendio fisso.
pensionnat [pɑ̃sjɔna] m. pensionato, collegio, convitto; [de filles] convitto femminile; educandato. || [élèves] convittori, trici n. pl.; collegiali n. pl.; educande f. pl.
pensionné [pɑ̃sjɔne] adj. et n. pensionato.
pensionner [pɑ̃sjɔne] v. tr. assegnare una pensione a.; pensionare (rare).
pensivement [pɑ̃sivmɑ̃] adv. pensosamente.
pensum [pɛ̃sɔm] m. UNIV. penso. || [besogne] *quel pensum!,* che noia (f.), fastidio, tedio, uggia (f.)!
pentacle [pɛ̃takl] m. pentacolo.
pentacorde [pɛ̃takɔrd] m. MUS. pentacordo.
pentacrine [pɛ̃takrin] m. ZOOL. pentacrino.
pentadactyle [pɛ̃tadaktil] adj. ZOOL. pentadattilo.
pentadécagone [pɛ̃tadekagɔn] ou **pentédécagone** [pɛ̃tedekagɔn] m. pentadecagono. ◆ adj. pentadecagonale.
pentaèdre [pɛ̃taɛdr] m. pentaedro.
pentagonal, e, aux [pɛ̃tagɔnal, o] adj. pentagonale.
pentagone [pɛ̃tagɔn] m. GÉOM. pentagono. || MIL. [É.-U.] Pentagono.

pentamère [pɛ̃tamɛr] adj. ZOOL. pentamero.
pentamètre [pɛ̃tamɛtr] adj. et n. m. POÉS. pentametro.
pentane [pɛ̃tan] m. CHIM. pentano.
pentapétale [pɛ̃tapetal] adj. BOT. pentapetalo.
pentapole [pɛ̃tapɔl] f. ANTIQ. pentapoli.
pentarchie [pɛ̃tarʃi] f. ANTIQ. pentarchia.
pentateuque [pɛ̃tatøk] m. RELIG. pentateuco.
pentathlon [pɛ̃tatlɔ̃] m. SPORT pentat(h)lon. | *spécialiste du pentathlon*, pentatleta n., pentatlonista n.
pentatome [pɛ̃tatɔm] m. ZOOL. cimice (f.) dei boschi.
pentatomique [pɛ̃tatɔmik] adj. PHYS. pentatomico.
pentatonique [pɛ̃tatɔnik] adj. MUS. pentatonico, pentafonico.
pente [pɑ̃t] f. [déclivité] pendenza, pendio m. | *en pente raide, douce*, a forte, a lieve pendenza. | *pente du toit*, falda, spiovente m. || Vx [de lit, de fenêtre, de porte] pendone m. (L.C.). || [terrain, route] pendio, declivio m., china, pendice. | *les premières pentes de la montagne*, le falde del monte. || MATH. *pente d'une droite*, pendenza di una retta. | *échelle de pente d'un plan*, scala di pendenza di un piano. || FIG. inclinazione, china. || LOC. FIG. *être sur une mauvaise pente*, essere su una brutta china. | *remonter la pente*, risalire la corrente. | *suivre sa pente*, seguire la propria inclinazione. || POP. *avoir la dalle en pente* = sbevacchiare, sbevazzare.
Pentecôte [pɑ̃tkot] f. RELIG. Pentecoste.
pentédécagone m. V. PENTADÉCAGONE.
penthiobarbital [pɛ̃tjobarbital] ou **penthotal** [pɛ̃tɔtal] m. pentotal.
pent(h)ode [pɛ̃tɔd] f. ÉLECTRON. pentodo m.
penture [pɑ̃tyr] f. TECHN. bandella. || MAR. femminella.
pénultième [penyltjɛm] adj. penultimo. ◆ n. f. penultima sillaba.
pénurie [penyri] f. penuria, scarsezza, carestia.
péon [peɔ̃] m. peone.
péotte [peɔt] f. MAR. peota.
pépé [pepe] m. [langage enfantin] nonnino, nonnetto, nonnuccio. || POP. *le pépé* = il nonno.
pépée [pepe] f. [poupée] = pupa, bambola. || POP. [femme, jeune fille] pupa, bambola (fam.).
pépère [pepɛr] m. [grand-père] V. PÉPÉ. || FAM. [gros homme] omone (L.C.); [gros enfant] ragazzone. | *un gros pépère*, un ciccione. ◆ adj. POP. [tranquille] tranquillo (L.C.). | *un coin pépère*, un posticino tranquillo. | *une vie pépère*, una vita tranquilla, senza problemi. | *une place pépère*, una cuccagna; una pacchia (pop.). | *un gueuleton pépère*, un pranzetto coi fiocchi.
pépérin [peperɛ̃] m. GÉOL. peperino, piperino.
pépettes ou **pépètes** [pepɛt] f. pl. POP. grana f.; soldi m. pl., quattrini m. pl. (fam.).
pépie [pepi] f. VÉTÉR. pipita. | FIG., FAM. *avoir la pépie*, aver la pipita.
pépiement [pepimɑ̃] m. pigolamento, pigolio.
pépier [pepje] v. intr. pigolare.
1. pépin [pepɛ̃] m. BOT. seme, granello; [du raisin] vinacciolo; fiocine (tosc.). || POP. [ennui] grana f.; seccatura f. (fam.).
2. pépin m. FAM. [parapluie] = ombrello.
pépinière [pepinjɛr] f. AGR. semenzaio m., vivaio m. || FIG. vivaio.
pépiniériste [pepinjerist] adj. vivaistico. ◆ n. vivaista.
pépite [pepit] f. pepita.
péplum [peplɔm] ou **péplos** [peplɔs] m. ANTIQ. peplo.
pépon [pepɔ̃] ou **péponide** [pepɔnid] m. BOT. peponide.
pepsine [pɛpsin] f. BIOL. pepsina.
peptide [pɛptid] m. CHIM. peptide.
peptique [pɛptik] adj. peptico.
peptone [pɛptɔn] f. BIOL. peptone m.
péquenaud, e [pɛkno] n. ou **péquenot** m. POP., PÉJOR. cafone, a; burino m. (rom.). ◆ adj. cafone, zotico.
péquin m. V. PÉKIN.
perborate [pɛrbɔrat] m. CHIM. perborato.
perçage [pɛrsaʒ] m. perforazione f., foratura f.
percale [pɛrkal] f. TEXT. percalle m.
percaline [pɛrkalin] f. TEXT. percallina.
perçant, e [pɛrsɑ̃, ɑ̃t] adj. PR. penetrante, pungente. | *froid perçant*, freddo penetrante, pungente. || FIG. penetrante, acuto. | *regard perçant*, sguardo penetrante. | *esprit perçant*, mente acuta. || [aigu, strident] stridente.
perce [pɛrs] f. LOC. *mettre un tonneau, du vin en perce*, spillare vino. | *tonneau en perce* = botte in corso di spillatura. || MUS. foro m. || TECHN. foratoio m.
percée [pɛrse] f. apertura, varco m. | *pratiquer une percée dans un mur*, fare un'apertura in un muro. | *ouvrir une percée dans un bois*, aprire un varco in un bosco. || MIL. sfondamento m. | *faire une percée à travers les lignes ennemies*, sfondare le linee nemiche. || SPORT sfondamento. || FIG., ÉCON. balzo (m.) in avanti.
percement [pɛrsəmɑ̃] m. [de rue] apertura f.; [de puits] scavo; [de mur] foratura f.; [de tunnel] traforo; [d'isthme] taglio.
perce-muraille [pɛrsmyraj] f. BOT. muraiola, parietaria, vetriola.
perce-neige [pɛrsənɛʒ] f. inv. BOT. bucaneve m. inv.
perce-oreille [pɛrsɔrɛj] m. ZOOL. forbicina f., forfecchia f.
perce-pierre [pɛrsəpjɛr] f. BOT. finocchio marino.
percepteur, trice [pɛrsɛptœr, tris] adj. percettivo. ◆ n. m. FIN. esattore.
perceptibilité [pɛrsɛptibilite] f. percettibilità.
perceptible [pɛrsɛptibl] adj. percettibile; percepibile (rare). || FIN. percepibile, riscotibile.
perceptif, ive [pɛrsɛptif, iv] adj. percettivo.
perception [pɛrsɛpsjɔ̃] f. PHILOS., PSYCH. percezione. || FIN. [recouvrement] esazione, riscossione; [bureau] esattoria.
perceptionnisme [pɛrsɛpsjɔnism] m. PHILOS. percezionismo, percezionalismo.
percer [pɛrse] v. tr. **1.** [creuser; perforer] *percer une planche, un mur*, forare un'asse, un muro. | *percer une montagne*, traforare un monte. | *percer une galerie*, scavare, aprire una galleria. | *percer une porte, une fenêtre, une rue*, aprire una porta, una finestra, una strada. | *percer le sol, un puits*, scavare il suolo, un pozzo. | *percer un coffre-fort*, scassinare una cassaforte. | *percé de trous*, bucherellato. | *souliers percés*, scarpe rotte, sfondate. || LOC. *chaise percée*, V. CHAISE. || FIG. *panier percé*, V. PANIER. || LOC. FIG. *les os lui percent la peau*, le ossa gli, le bucano la pelle. || Vx [blesser] *percer son adversaire d'un coup d'épée*, trafiggere, trapassare l'avversario con la spada (L.C.). || **2.** [traverser] attraversare; aprirsi un varco tra. | *percer la foule*, aprirsi un varco tra la folla. | *percer les nuages*, squarciare, attraversare le nuvole, spuntare attraverso le nuvole. || MIL. sfondare. || SPORT *percer la défense adverse*, sfondare la difesa avversaria. || **3.** [découvrir] penetrare, decifrare, squarciare. | *percer l'avenir, les intentions de qn*, decifrare l'avvenire, le intenzioni di qlcu. | *percer un secret*, penetrare un segreto. | *percer un mystère*, squarciare (il velo di) un mistero. || **4.** LOC. *percer un tonneau*, spillare una botte. | *percer une dent*, mettere un dente. || **5.** FIG. *percer du regard*, trapassare, trafiggere con lo sguardo. | *percer le cœur*, trafiggere, trapassare il cuore. | *percer le silence*, squarciare il silenzio. | *percer les oreilles*, straziare gli orecchi. | *percer qn à jour*, penetrare, decifrare le intenzioni, i moventi di qlcu. ◆ v. intr. [dent] spuntare; [abcès] venire a suppurazione; [soleil] filtrare. || FIG. trapelare, trasparire. | *le secret a percé*, il segreto è trapelato. | *la joie perce dans chacune de ses paroles*, la gioia traspare in ogni sua parola. || [réussir] affermarsi, sfondare; MIL., SPORT sfondare.
percerette [pɛrsərɛt] ou **percette** [pɛrsɛt] f. piccolo succhiello, piccola trivella.
perceur [pɛrsœr] m. *perceur de coffres-forts*, scassinatore di casseforti. | *perceur de murailles* = chi apre un buco nel muro. || [ouvrier] trapanatore.

perceuse [pɛrsøz] f. TECHN. trapanatrice ; [portative] trapano m.
percevable [pɛrsəvabl] adj. percettibile ; percepibile (rare). || FIN. percepibile, riscotibile.
percevoir [pɛrsəvwar] v. tr. percepire, sentire, cogliere, avvertire. | *percevoir un son,* percepire un suono. | *percevoir dans la voix de qn une intonation ironique,* avvertire nella voce di uno un tono ironico. || FIN. percepire, riscuotere.
1. perche [pɛrʃ] f. ZOOL. perca ; pesce persico.
2. perche f. pertica ; [pour suspendre, détacher un objet] forchetto m. ; [qui porte le micro] giraffa. || FAM. *(grande) perche,* pertica, perticone m. ; spilungone, a. || LOC. FIG. *tendre la perche à qn,* tendere la mano a qlcu. || SPORT asta. | *saut à la perche,* salto con l'asta. || VX [mesure] pertica.
perché, e [pɛrʃe] adj. PR. et FIG. appollaiato. | *chat perché,* V. CHAT. ◆ n. m. *tirer au perché,* cacciare all'appollaiata.
perchée [pɛrʃe] f. AGR. solco m.
percher [pɛrʃe] v. intr. PR. appollaiarsi. || FIG., FAM. *où perches-tu ?,* dove abiti, dove stai di casa ? (L.C.). ◆ v. tr. FAM. mettere in alto (L.C.). | *pourquoi as-tu perché cette boîte sur l'armoire ?,* perché hai collocato quella scatola in cima all'armadio ? ◆ v. pr. PR. et FIG. appollaiarsi.
percheron, onne [pɛrʃərɔ̃, ɔn] adj. et n. percheron inv. (fr.).
percheur, euse [pɛrʃœr, øz] adj. ZOOL. = che ha l'abitudine di appollaiarsi.
perchis [pɛrʃi] m. [bois] = bosco giovane (atto a fornire pertiche). || [clôture] steccato, stecconato, stecconata f., palizzata f.
perchiste [pɛrʃist] m. SPORT = atleta specialista del salto con l'asta. || CIN. giraffista.
perchlorate [pɛrklɔrat] m. CHIM. perclorato.
perchlorique [pɛrklɔrik] adj. perclorico.
perchlorure [pɛrklɔryr] m. CHIM. percloruro.
perchman [pɛrʃman] m. CIN. V. PERCHISTE.
perchoir [pɛrʃwar] m. posatoio ; [de perroquet] gruccia f. || FAM. = luogo elevato ; [logement] camera situata, appartamento situato in alto.
perclus, e [pɛrkly, yz] adj. paralizzato. | *perclus de rhumatismes,* paralizzato dai reumatismi. | *perclus d'un bras* = che ha un braccio paralizzato, impedito. | *membre perclus,* membro paralizzato, inerte, impedito. || FIG. *perclus de peur,* paralizzato dalla paura.
percnoptère [pɛrknɔptɛr] m. ZOOL. capovaccaio.
perçoir [pɛrswar] m. TECHN. foratoio, punteruolo.
percolateur [pɛrkɔlatœr] m. macchina (f.) da caffè espresso.
percussion [pɛrkysjɔ̃] f. percussione. | *arme, instrument à percussion,* arma, strumento a percussione.
percussionniste [pɛrkysjɔnist] n. MUS. percussionista.
percutant, e [pɛrkytɑ̃, ɑ̃t] adj. *projectile percutant,* proiettile a percussione. | *force percutante,* forza di percussione. || FIG. [frappant] *argument percutant,* argomento che fa colpo, argomento di grande effetto.
percuter [pɛrkyte] v. intr. = percuotere esplodendo. | *projectile qui percute contre un mur,* proiettile che esplode contro un muro. ◆ v. tr. et intr. **(contre)** cozzare (contro, in) ; urtare v. tr. et intr. (contro). | *la voiture a percuté un arbre,* la macchina ha cozzato contro un albero. ◆ v. tr. MÉD. percuotere.
percuteur [pɛrkytœr] m. percussore.
percuti-réaction [pɛrkytireaksjɔ̃] f. MÉD. percutireazione.
perdable [pɛrdabl] adj. (rare) perdibile.
perdant, e [pɛrdɑ̃, ɑ̃t] adj. et n. perdente. || JUR. *la partie perdante,* la parte soccombente. ◆ n. m. MAR. *perdant de la marée,* deflusso della marea ; riflusso.
perditance [pɛrditɑ̃s] f. ÉLECTR. conduttanza.
perdition [pɛrdisjɔ̃] f. LOC. *navire en perdition,* nave in pericolo (di naufragare). || FIG. [ruine morale] perdizione. | *lieu de perdition,* luogo di perdizione. || THÉOL. *état de perdition,* stato di perdizione.
perdre [pɛrdr] v. intr. [valoir moins] perdere valore ; scadere. | *denrée qui perd en vieillissant,* derrata che perde valore invecchiando, che scade col tempo. || [fuir] perdere. | *tonneau, broc qui perd,* botte, brocca che perde. || [faire une perte] perdere (denaro). | *perdre sur une marchandise,* perdere su una merce. | *perdre au jeu,* perdere al gioco. | *jouer à qui perd gagne,* giocare a vinciperdi. ◆ v. tr. [cesser d'avoir] *perdre son portefeuille,* perdere, smarrire il portafoglio. | *perdre une jambe, la vie, son sang,* perdere una gamba, la vita, il sangue. | *perdre du poids,* perdere peso. | *perdre l'équilibre,* perdere l'equilibrio. | *perdre du terrain,* perdere terreno ; regredire, cedere v. intr. || MUS. *perdre la mesure,* perdere la misura. || [par la mort] *il a perdu un fils à la guerre,* ha perso un figlio in guerra. | *il a perdu sa mère,* ha perso la madre, gli è morta la madre. || [être vaincu] *perdre une bataille, un match, un pari, un procès,* perdere una battaglia, un incontro, una scommessa, un processo. || [ruiner] perdere, rovinare. | *perdre qn,* rovinare qlcu. | *sa générosité l'a perdu,* la (sua) generosità l'ha perduto, rovinato. | *perdre qn de réputation* (littér.), rovinare la reputazione di qlcu. (L.C.). | *perdre son âme,* dannare la propria anima. ◆ v. pr. [s'égarer] perdersi, smarrirsi, sperdersi. | *se perdre dans les bois,* perdersi, smarrirsi nei boschi. | *s'y perdre,* perdercisi (pr. et fig.) ; non raccapezzarcisi (fig.). || [disparaître] perdersi, scomparire. | *se perdre dans la foule,* perdersi, scomparire tra la folla. | *ruisseau qui se perd sous terre,* ruscello che scompare nella terra. | *mode, habitude qui se perd,* moda, abitudine che sta scomparendo. || MAR. *se perdre corps et biens,* perdersi anime e beni. || [se corrompre] perdersi, rovinarsi. | *se perdre de réputation,* rovinare la propria reputazione.
perdreau [pɛrdro] m. ZOOL. perniciotto.
perdrigon [pɛrdrigɔ̃] m. BOT. pernicona f.
perdrix [pɛrdri] f. ZOOL. pernice. | *perdrix rouge,* pernice rossa. | *perdrix grise,* starna. | *perdrix des neiges,* pernice bianca, delle nevi ; lagopodo m. | *perdrix de mer,* pernice di mare ; glareola.
perdu, e [pɛrdy] adj. [égaré] perso, smarrito. | *service des objets perdus,* ufficio oggetti smarriti. | *chien perdu,* cane sperduto, randagio. | *balle perdue,* pallottola vagante. || [éloigné] *pays perdu,* paese sperduto, fuori mano. || [désespéré ; condamné] perduto, spacciato. | *un homme, un malade perdu,* un uomo, un malato perduto, spacciato. || [ruiné] rovinato. | *perdu de dettes,* carico di debiti, affogato nei debiti ; oberato. | *perdu d'honneur,* disonorato. | *femme perdue,* donna perduta, donna di malaffare. || [inutile, gaspillé] *temps perdu,* tempo perso, sprecato. | *peine perdue,* fatica sprecata. || [plongé] *perdu dans ses pensées,* immerso, assorto nei suoi pensieri. || COMM. *emballage perdu,* imballo, imballaggio a perdere. || LOC. *salle des pas perdus,* V. PAS. | *faire qch. à ses moments perdus,* far qlco. a tempo perso, nei ritagli di tempo. | *se jeter à corps perdu dans,* lanciarsi a corpo morto in. || MIL. *sentinelle perdue,* sentinella avanzata. ◆ n. m. *crier, courir comme un perdu,* gridare, correre come un pazzo. | *travailler comme un perdu,* lavorare come un dannato.
perdurable [pɛrdyrabl] adj. VX perdurabile.
père [pɛr] m. PR. et FIG. padre. | *père de famille,* padre di famiglia. | *mon père est venu,* mio padre è venuto. || LOC. *de père en fils,* di padre in figlio. | *tel père, tel fils,* tale il padre, tale il figlio. | *père Noël, fouettard,* V. NOËL, FOUETTARD. || FAM. *le père Jules* = compare Giulio. || FIN. *un placement de père de famille,* un investimento di tutto riposo, senza rischi. || JUR. *en bon père de famille,* da buon padre di famiglia. || [ancêtre] *nos pères,* i nostri padri, i nostri antenati. || RELIG. padre. | *les Pères de l'Église,* i Padri della Chiesa. | *le Saint Père,* il Santo Padre. | *Dieu le Père, le Père Éternel,* il Padre Eterno. || THÉÂTRE *père noble,* padre nobile.
pérégrination [peregrinasjɔ̃] f. VX peregrinazione. ◆ pl. FAM. peregrinazioni.
péremption [perɑ̃psjɔ̃] f. JUR. perenzione.
péremptoire [perɑ̃ptwar] adj. perentorio.
pérennant, e [perenɑ̃, ɑ̃t] adj. BOT. perennante.

pérenne [perɛn] adj. LITTÉR. perenne. ‖ GÉOGR. *rivière, source pérenne,* fiume, sorgente perenne.
pérenniser [perɛnize] v. tr. (rare) perennare ; perpetuare (L.C.).
pérennité [perɛnite] f. perennità.
péréquation [perekwasjɔ̃] f. perequazione.
perfectibilité [pɛrfɛktibilite] f. perfettibilità.
perfectible [pɛrfɛktibl] adj. perfettibile.
perfectif, ive [pɛrfɛktif, iv] adj. LING. perfettivo.
perfection [pɛrfɛksjɔ̃] f. perfezione. ‖ LOC. *à la perfection,* a, alla perfezione. ◆ pl. qualità, virtù, doti. | *doué de toutes les perfections,* dotato di tutte le qualità, di tutte le virtù.
perfectionnement [pɛrfɛksjɔnmɑ̃] m. perfezionamento.
perfectionner [pɛrfɛksjɔne] v. tr. perfezionare. ◆ v. pr. perfezionarsi.
perfectionniste [pɛrfɛksjɔnist] adj. et n. perfezionista.
perfectivation [pɛrfɛktivasjɔ̃] f. LING. perfettivazione.
perfide [pɛrfid] adj. et n. perfido adj.
perfidie [pɛrfidi] f. perfidia.
perfolié, e [pɛrfɔlje] adj. BOT. perfogliato.
perforage [pɛrfɔraʒ] m. TECHN. perforazione f., perforatura f.
perforant, e [pɛrfɔrɑ̃, ɑ̃t] adj. ANAT., TECHN. perforante.
perforateur, trice [pɛrfɔratœr, tris] adj. et n. [appareil ; ouvrier] perforatore, trice.
perforation [pɛrfɔrasjɔ̃] f. perforazione, perforatura. ‖ INFORM. perforazione. ‖ MÉD. perforazione.
perforer [pɛrfɔre] v. tr. perforare. | *machine à perforer,* macchina perforatrice. | *carte, fiche perforée,* scheda perforata.
perforeuse [pɛrfɔrøz] f. perforatrice.
performance [pɛrfɔrmɑ̃s] f. SPORT performance (angl.), prestazione. ‖ [exploit] prodezza ; riuscita notevole ; performance. ‖ LING. performance.
perfusion [pɛrfyzjɔ̃] f. MÉD. perfusione ; goccia a goccia (m.).
pergola [pɛrgɔla] f. (ital.) pergola ; [ensemble] pergolato m.
perhydrol [pɛridrɔl] m. CHIM. peridrolo.
péri [peri] f. MYTH. peri.
périactes [perjakt] m. pl. THÉÂTRE periatti.
périanthe [perjɑ̃t] m. BOT. perianzio.
périarthrite [periartrit] f. MÉD. periartrite.
péribole [peribɔl] m. ARCHÉOL. peribolo.
péricarde [perikard] m. ANAT. pericardio.
péricardique [pericardik] adj. pericardico.
péricardite [pericardit] f. MÉD. pericardite.
péricarpe [perikarp] m. BOT. pericarpo.
périchondre [perikɔ̃dr] m. ANAT. pericondrio.
péricliter [periklite] v. intr. pericolare. | *commerce qui périclite,* commercio pericolante.
péricrâne [perikrɑn] m. ANAT. pericranio.
péricycle [perisikl] m. BOT. periciclo.
péridiniens [peridinjɛ̃] m. pl. BOT., ZOOL. peridiniee f. pl., peridiniei m. pl., dinoficee f. pl.
péridot [perido] m. MINÉR. peridoto, olivina f.
périgée [periʒe] m. ASTR. perigeo.
périglaciaire [periglasjɛr] adj. GÉOGR. periglaciale.
périgourdin, e [perigurdɛ̃, in] adj. et n. GÉOGR. perigordino. ‖ [préhistoire] perigordiano. ◆ n. m. LING. perigordino.
périhélie [perieli] m. ASTR. perielio.
péril [peril] m. pericolo, rischio. | *en péril,* in pericolo. | *hors de péril,* fuori pericolo. | *au péril de ma, ta, sa vie,* a rischio della vita. | *mettre en péril,* mettere in pericolo, a repentaglio. ‖ LOC. *à mes, tes, ses risques et périls,* a mio, tuo, suo rischio e pericolo. | *il n'y a pas péril en la demeure,* V. DEMEURE. ‖ JUR. *arrêté de péril* = ordinanza (f.) municipale per l'evacuazione di un edificio pericolante.
périlleux, euse [perijø, øz] adj. [dangereux] pericoloso, rischioso. ‖ [délicat] *sujet périlleux,* questione delicata, tasto delicato. ‖ SPORT *saut périlleux,* salto mortale.
périmé, e [perime] adj. [qui n'a plus cours] scaduto. | *billet, passeport périmé,* biglietto, passaporto scaduto. ‖ [désuet] sorpassato, superato. | *conceptions périmées,* concezioni superate. ‖ JUR. scaduto, prescritto, perento.
périmer (se) [səperime] v. pr. scadere v. intr. ; cadere in prescrizione ; estinguersi per prescrizione, per perenzione. | *laisser périmer un billet,* lasciare scadere un biglietto. | *laisser périmer une instance,* lasciare estinguersi un'istanza per perenzione.
périmètre [perimɛtr] m. perimetro.
périnéal, e, aux [perineal, o] adj. perineale.
périnée [perine] m. ANAT. perineo.
périnéorraphie [perineɔrafi] f. CHIR. perineorrafia.
période [perjɔd] f. periodo m. ◆ f. pl. MÉD. mestruazioni. ◆ n. m. LITTÉR. *au plus haut, au dernier période,* all'apice, all'apogeo, al culmine.
périodicité [perjɔdisite] f. periodicità.
périodique [perjɔdik] adj. et n. m. periodico.
périœciens [perjesjɛ̃] m. pl. GÉOGR. perieci.
périoste [perjɔst] m. ANAT. periostio.
périostite [perjɔstit] f. MÉD. periostite.
péripatéticien, enne [peripatetisjɛ̃, ɛn] adj. et n. m. PHILOS. peripatetico. ◆ n. f. [prostituée] peripatetica (gall.), passeggiatrice, taccheggiatrice.
péripatétique [peripatetik] adj. PHILOS., VX peripatetico (L.C.).
péripatétisme [peripatetism] m. PHILOS. peripatetismo, aristotelismo.
péripétie [peripesi] f. peripezia. ◆ pl. peripezie.
périphérie [periferi] f. GÉOM. periferia. ‖ [zone urbaine] periferia.
périphérique [periferik] adj. periferico. ‖ LOC. *(boulevard) périphérique,* circonvallazione f.
périphlébite [periflebit] f. MÉD. periflebite.
périphrase [perifraz] f. perifrasi.
périphraser [perifraze] v. intr. (rare) perifrasare ; esprimersi con perifrasi (L.C.).
périphrastique [perifrastik] adj. perifrastico. | *style périphrastique,* stile abbondante in perifrasi.
périple [peripl] m. GÉOGR. periplo. ‖ [tourisme] = viaggio turistico.
périptère [peripter] adj. ARCHIT. periptero.
périr [perir] v. intr. perire, morire. | *périr de faim, d'ennui,* morire di fame, di noia. | *ceux qui ont péri dans l'accident de chemin de fer,* quelli che sono periti nell'incidente ferroviario. ‖ LOC. FIG. *périr au port,* naufragare in porto. ‖ MAR. *périr corps et biens,* perdersi anime e beni.
périscolaire [periskɔlɛr] adj. parascolastico.
périscope [periskɔp] m. periscopio.
périscopique [periskɔpik] adj. periscopico. ‖ MAR. *(limites de l') immersion périscopique,* quota periscopica.
périsperme [perispɛrm] m. BOT. perisperma.
périspomène [perispɔmɛn] adj. et n. m. LING. perispomeno.
périssable [perisabl] adj. LITTÉR. [mortel] perituro. ‖ [qui peut se détériorer] deperibile, deteriorabile. | *denrées périssables,* derrate deperibili.
périssodactyles [perisodaktil] m. pl. ZOOL. perissodattili, imparidigitati.
périssoire [periswar] f. sandolino m.
périssologie [perisɔlɔʒi] f. RHÉT. perissologia.
péristaltique [peristaltik] adj. peristaltico.
péristaltisme [peristaltism] m. PHYSIOL. peristalsi f.
péristome [peristom] m. BOT., ZOOL. peristoma.
péristyle [peristil] m. ARCHIT. peristilio.
périsystole [perisistɔl] f. PHYSIOL. perisistole.
périthèce [peritɛs] m. BOT. peritecio.
péritoine [peritwan] m. ANAT. peritoneo.
péritonéal, e, aux [peritɔneal, o] adj. peritoneale.
péritonite [peritɔnit] f. MÉD. peritonite.
perle [pɛrl] f. perla. | *perles naturelles, de culture,* perle naturali, coltivate. | *gris perle,* grigio perla. ‖ *perle de rosée,* perla, goccia di rugiada. ‖ [petite boule] perlina. | *perle de verre,* perlina di vetro. ‖ FIG. *c'est la perle des maris,* è la perla dei mariti, è una perla di marito. | *ma domestique est une perle,* la mia dome-

stica è una perla. || [faute] sproposito m., strafalcione m. ; perla giapponese (VX). || ARCHIT., PHARM. perla. || LOC. FIG. *enfiler des perles* = perdere il proprio tempo ; perdersi in futilità. | *jeter des perles aux pourceaux,* gettar perle ai porci. || POP. *lâcher une perle,* scoreggiare ; fare una scoreggia.

perlé, e [pɛrle] adj. [orné de perles] ornato di perle. || *rire perlé,* riso cristallino. || [couleur] perlato ; perlaceo (littér.). | *reflets perlés,* riflessi perlacei. || FIG. [très soigné] fatto alla perfezione ; rifinito. | *travail perlé,* lavoro perfetto. || LOC. *grève perlée,* sciopero a singhiozzo. || CULIN. *bouillon perlé,* brodo con gli occhi. || HÉRALD. perlato. || MUS. *notes perlées,* note granite, staccate. || AGR. *orge, riz perlé,* orzo, riso perlato, brillato. || TEXT. *coton perlé,* cotone perlato ; (cotone) perlé m. (fr.).

perlèche [pɛrlɛʃ] ou **pourlèche** [purlɛʃ] f. MÉD. boccarola.

perler [pɛrle] v. tr. = fare con estrema cura, eseguire a perfezione. || AGR. brillare. || MUS. granire, staccare. ◆ v. intr. imperlare v. tr. ; stillare. | *la sueur perle sur ton front,* il sudore ti imperla la fronte, ti stilla dalla fronte.

perlier, ère [pɛrlje, ɛr] adj. perlifero. | *huître perlière,* ostrica perlifera. | *industrie perlière,* industria delle perle.

perlimpinpin [pɛrlɛ̃pɛ̃pɛ̃] m. LOC. *poudre de perlimpinpin,* polvere di, del pimperimpera, pirimpimpino, pimpirimpì.

perlot [pɛrlo] m. ZOOL. = piccola ostrica (della Manica). || POP., VX = tabacco.

permalloy [pɛrmalwa] m. TECHN. permalloy (angl.).

permanence [pɛrmanɑ̃s] f. permanenza, continuità. | *permanence du pouvoir,* permanenza del potere. || [service permanent] servizio (m.) permanente. | *permanence de nuit,* servizio notturno. | *être de permanence,* essere di turno. || UNIV. = sala d'aspetto, di studio (per gli alunni che non hanno lezione). ◆ loc. adv. ***en permanence,*** in permanenza ; ininterrottamente, stabilmente.

permanent, e [pɛrmanɑ̃, ɑ̃t] adj. permanente. ◆ n. m. POLIT. = impiegato stabile. ◆ n. f. [coiffure] permanente. | *permanente à froid, à chaud,* permanente a freddo, a caldo.

permanganate [pɛrmɑ̃ganat] m. CHIM. permanganato.

permanganique [pɛrmɑ̃ganik] adj. permanganico.

perme [pɛrm] f. POP. V. PERMISSION (MIL.).

perméabilité [pɛrmeabilite] f. permeabilità.

perméable [pɛrmeabl] adj. PR. permeabile. || FIG. permeabile, influenzabile, aperto. | *homme perméable aux idées nouvelles,* uomo aperto alle idee nuove. | *perméable à toutes les influences* = che cede ad influssi di ogni sorta.

permettre [pɛrmɛtr] v. tr. permettere. | *permettre à qn de sortir,* permettere a qlcu. di uscire. | *permets-moi de te serrer la main,* permettimi di stringerti la mano, permetti che ti stringa la mano. | *permettre que les élèves sortent,* permettere che gli scolari escano. | *tu permets ?,* permetti ?, posso ? | *il est permis de dire que,* è permesso, lecito dire che. | *si Dieu le permet,* se Dio vuole. ◆ v. pr. permettersi. | *je me permettrai de vous téléphoner,* mi permetterò di telefonarle.

permien, enne [pɛrmjɛ̃, ɛn] adj. et n. m. GÉOL. permiano, permico.

permis [pɛrmi] m. licenza f., permesso. | *permis de chasse, de pêche, de construire, de port d'arme,* licenza di caccia, di pesca, di costruzione, di porto d'armi. | *permis de séjour,* permesso di soggiorno, di residenza. | *permis d'imprimer,* con licenza dei superiori. | *délivrer le permis d'inhumer,* rilasciare il permesso d'inumazione, il nullaosta per inumazione. | *permis de conduire,* patente (f.) di guida. | *passer son permis (de conduire),* prendere la patente.

permissif, ive [pɛrmisif, iv] adj. permissivo.

permission [pɛrmisjɔ̃] f. [autorisation] permesso m. | *avoir, accorder la permission de,* avere, concedere il permesso di. | *avec ta permission,* con permesso ; con tua (buona) licenza (iron.) || MIL. licenza, permesso. | *(titre de) permission,* (foglio [m.] di) licenza. | *aller, partir en permission,* andare in licenza.

permissionnaire [pɛrmisjɔnɛr] m. MIL. soldato in licenza.

permutabilité [pɛrmytabilite] f. permutabilità.

permutable [pɛrmytabl] adj. permutabile.

permutant, e [pɛrmytɑ̃, ɑ̃t] n. = chi scambia il proprio posto, impiego (con un collega).

permutation [pɛrmytasjɔ̃] f. permutazione, scambio m. || MATH. permutazione.

permuter [pɛrmyte] v. intr. *permuter avec un collègue,* scambiare il proprio posto, impiego con un collega. ◆ v. tr. permutare, scambiare. || MATH. permutare.

pernicieux, euse [pɛrnisjø, øz] adj. pernicioso, dannoso.

perniciosité [pɛrnisjozite] f. perniciosità.

péroné [perɔne] m. ANAT. perone, fibula f.

péronier [perɔnje] adj. et n. m. peroneo.

péronnelle [perɔnɛl] f. FAM. = ragazza, donna sciocca e chiacchierina.

péronosporacées [perɔnɔsporase] f. pl. BOT. peronosporacee.

péroraison [perɔrɛzɔ̃] f. RHÉT. perorazione.

pérorer [perɔre] v. intr. PÉJOR. concionare, declamare.

péroreur, euse [perɔrœr, øz] n. PÉJOR. concionatore, trice ; declamatore, trice.

Pérou [peru] m. LOC. FAM. *ce n'est pas le Pérou,* non è una cuccagna, una pacchia.

peroxyde [perɔksid] m. CHIM. perossido.

peroxyder [perɔkside] v. tr. perossidare.

perpendiculaire [pɛrpɑ̃dikylɛr] adj. GÉOM., ARCHIT. perpendicolare. ◆ n. f. perpendicolare.

perpète (à) ou **perpette (à)** [apɛrpɛt] loc. adv. POP. a vita (L.C.).

perpétration [pɛrpetrasjɔ̃] f. perpetrazione.

perpétrer [pɛrpetre] v. tr. perpetrare.

perpétuation [pɛrpetɥasjɔ̃] f. perpetuazione.

perpétuel, elle [pɛrpetɥɛl] adj. [éternel] perpetuo, eterno. | *calendrier perpétuel,* calendario perpetuo. | *mouvement perpétuel,* moto perpetuo. || [à vie] perpetuo ; a vita. | *secrétaire perpétuel de l'Académie,* segretario perpetuo dell'Accademia. | *bannissement perpétuel,* esilio a vita. | *vœux perpétuels,* voti perpetui. || [continuel] continuo, incessante. | *querelles perpétuelles,* liti continue, incessanti.

perpétuer [pɛrpetɥe] v. tr. perpetuare. ◆ v. pr. perpetuarsi.

perpétuité [pɛrpetɥite] f. perpetuità. ◆ loc. adv. ***à perpétuité,*** perpetuamente, per sempre, a vita. | *prison à perpétuité,* carcere perpetuo, a vita. | *travaux forcés à perpétuité,* lavori forzati a vita ; ergastolo m.

perplexe [pɛrplɛks] adj. perplesso.

perplexité [pɛrplɛksite] f. perplessità.

perquisition [pɛrkizisjɔ̃] f. perquisizione. | *perquisition à domicile,* perquisizione domiciliare.

perquisitionner [pɛrkizisjɔne] v. tr. et intr. perquisire.

perré [pere] m. = rivestimento di pietre a secco.

perrière [perjɛr] f. MIL., VX petriera.

perron [perɔ̃] m. [de monument] scalinata f., gradinata f. ; [de maison] gradini esterni m. pl.

perroquet [perɔkɛ] m. ZOOL. pappagallo, parrocchetto. | *perroquet de mer :* [poisson] pappagallo di mare ; scaro ; [pingouin] pulcinella (f.) di mare. || MAR. *grand perroquet,* velaccio. | *petit perroquet,* velaccino ; pappafico (VX). | *perroquet de fougue,* contromezzana f. || FIG. *répéter comme un perroquet,* ripetere come un pappagallo.

perruche [peryʃ] f. ZOOL. cocorita. || [femelle du perroquet] pappagallo femmina f. || MAR. belvedere m. | *cacatois de perruche,* controbelvedere m. || FAM. [bavarde] chiacchierina.

perruque [peryk] f. parrucca. || FIG., FAM. *vieille perruque,* parruccone m., codino m.

perruquier [perykje] m. [fabricant ; coiffeur] parrucchiere.

pers, e [pɛr, pɛrs] adj. verdazzurro, glauco.

persan, e [pɛrsɑ̃, an] adj. et n. persiano. | *chat, tapis persan*, gatto, tappeto persiano. ◆ n. m. LING. persiano, iraniano.

perse [pɛrs] adj. et n. HIST. persiano. ◆ n. m. LING. *(ancien) perse*, (antico) persiano. ◆ n. f. = cretonne (fr.) stampata. ‖ Vx = tela a disegni e a colori.

persécuté, e [pɛrsekyte] adj. et n. perseguitato.

persécuter [pɛrsekyte] v. tr. perseguitare, tormentare.

persécuteur, trice [pɛrsekytœr, tris] adj. et n. persecutore, trice.

persécution [pɛrsekysjɔ̃] f. persecuzione. | *délire, manie de la persécution*, delirio, mania di persecuzione.

perséides [pɛrseid] f. pl. ASTR. perseidi ; lacrime di San Lorenzo (L.C.).

persel [pɛrsɛl] m. CHIM. persale, perossosale.

persévérance [pɛrseverɑ̃s] f. perseveranza. ‖ RELIG. *catéchisme de persévérance*, catechismo di perfezionamento.

persévérant, e [pɛrseverɑ̃, ɑ̃t] adj. perseverante.

persévérer [pɛrsevere] v. intr. [demeurer ferme] perseverare. | *persévérer à croire* (littér.), persistere nel credere (L.C.). ‖ [durer] persistere, durare.

persicaire [pɛrsikɛr] f. BOT. persicaria.

persienne [pɛrsjɛn] f. persiana.

persiflage [pɛrsiflaʒ] m. canzonatura f., derisione f.

persifler [pɛrsifle] v. tr. canzonare, deridere ; prendere in giro ; ironizzare su.

persifleur, euse [pɛrsiflœr, øz] adj. canzonatorio. ◆ n. canzonatore, trice.

persil [pɛrsi] m. BOT. prezzemolo.

persillade [pɛrsijad] f. CULIN. [sauce] = salsa verde a base di prezzemolo. ‖ [bœuf froid] = manzo lesso servito freddo con salsa verde a base di prezzemolo.

persillé, e [pɛrsije] adj. *fromage persillé*, formaggio erborinato ; persillé m. (fr.). | *viande persillée* = carne venata di grasso. ‖ [assaisonné] = con battuto di prezzemolo, con prezzemolo trito.

persique [pɛrsik] adj. persico.

persistance [pɛrsistɑ̃s] f. persistenza.

persistant, e [pɛrsistɑ̃, ɑ̃t] adj. persistente. ‖ BOT. *feuilles persistantes*, foglie persistenti. ‖ GÉOGR. *neiges persistantes*, nevi persistenti.

persister [pɛrsiste] v. intr. [demeurer ferme] persistere, perseverare. | *j'ai persisté dans ma résolution*, ho persistito, perseverato nella mia risoluzione. ‖ [continuer] *persister à faire*, persistere nel fare. ‖ [durer] persistere, durare. | *la chaleur a persisté*, il caldo ha persistito, è durato. ◆ v. impers. rimanere. | *il persiste chez lui qch. du professeur faisant sa classe*, rimane in lui qlco. del professore in cattedra.

persona (non) grata [pɛrsɔna(non)grata] loc. lat. persona (non) grata.

personé, e [pɛrsɔne] adj. BOT. personato.

personnage [pɛrsɔnaʒ] m. [personne illustre] personaggio, figura f. | *les grands personnages de l'Antiquité*, i grandi personaggi, le grandi figure dell'Antichità. ‖ [individu] individuo, tipo. | *un drôle de personnage :* [étrange] un tipo strano ; PÉJOR. un tristo figuro. ‖ ART *les personnages d'un tableau, d'une tapisserie*, le figure di un quadro, di un arazzo. ‖ *le personnage principal d'une tragédie*, il personaggio principale, il protagonista di una tragedia. ‖ LOC. *bien jouer son personnage*, far bene la propria parte. | *se mettre, entrer dans la peau de son personnage* (fam.), incarnarsi nel personaggio (L.C.).

personnaliser [pɛrsɔnalize] v. tr. Vx [personnifier] personificare (L.C.). | *personnaliser les vertus*, personificare le virtù. ‖ FIN. *personnaliser l'impôt* = adattare l'imposta alla situazione individuale e familiare del contribuente. ‖ [rendre personnel] personalizzare.

personnalisme [pɛrsɔnalism] m. PHILOS. personalismo.

personnaliste [pɛrsɔnalist] adj. personalistico, personalista. ◆ n. personalista.

personnalité [pɛrsɔnalite] f. [individualité ; caractère] personalità. | *une forte personnalité*, una forte personalità. | *culte de la personnalité*, culto della personalità. ‖ [personnage important] personalità, personaggio m. ‖ FIN. *personnalité de l'impôt*, personalità dell'imposta. ‖ JUR. *personnalité juridique*, personalità giuridica. | *personnalité de la loi*, personalità della legge. ‖ PSYCH. *dédoublement de la personnalité*, sdoppiamento della personalità.

1. personne [pɛrsɔn] f. **1.** [individu] persona, individuo m. | *dix francs par personne*, dieci franchi a testa, per persona. | *les grandes personnes*, gli adulti, i grandi. | *les jeunes personnes* [filles], le giovinette, le ragazze. | *toute personne qui désire, désirerait*, chiunque desideri, desiderasse. | *le bonheur tient surtout à la personne*, la felicità dipende innanzi tutto dall'individuo. | *répondre de la personne de qn*, rendersi garante di qlcu. ‖ **2.** [soi-même] *répondre de qch. sur sa personne*, essere personalmente responsabile di qlco. | *être content, infatué de sa (petite) personne*, essere contento, pieno di se stesso. ‖ [corps] *être bien fait de sa personne*, avere un bel personale. | *être peu soigneux de sa personne*, prendere poca cura di se stesso, della propria persona. ‖ LOC. *aimer sa personne*, amare i propri comodi. ‖ **3.** [être moral] *le respect de la personne humaine*, il rispetto della persona umana. ‖ **4.** [vie] *attenter à la personne de qn*, attentare alla vita di qlcu. | *exposer sa personne*, esporre la vita. | *payer de sa personne*, pagare di persona. ‖ **5.** GRAMM. persona. | *roman écrit à la première, à la troisième personne*, romanzo scritto in prima, in terza persona. | [domestique] *parler à la troisième personne* = dare del Lei. ‖ **6.** JUR. *sans acception de personne(s)*, V. ACCEPTION. | *personne physique*, persona fisica. | *personne civile, morale*, persona giuridica. | *personne interposée*, persona interposta. | *tierce personne*, terzo m. ‖ THÉOL. persona. ◆ loc. adv. ***en personne :*** *le ministre en personne*, il ministro in persona. | *aller voir qn en personne*, andare a vedere qlcu. di persona. ‖ FIG. *le calme en personne*, la calma in persona, la calma personificata.

2. personne pron. indéf. m. sing. inv. [négatif] nessuno. | *personne ne vient*, nessuno viene, non viene nessuno. | *personne d'autre*, nessun altro, nessun'altra persona. | *il n'y a personne de malade*, non c'è nessun malato. | *je n'ai jamais vu personne de plus idiot que lui*, non ho mai visto nessuno più sciocco di lui. ‖ [positif] qualcuno. | *personne osera-t-il affirmer que...?*, qualcuno ardirà, chi ardirà affermare che... ? | *avant que personne s'en aperçoive*, prima che qualcuno, nessuno se ne accorga. ‖ [quiconque] chiunque (altro), nessun altro. | *il fait son travail mieux que personne, comme personne*, fa il suo lavoro meglio di chiunque (altro), come nessun altro. | *sans que personne s'en aperçoive*, senza che nessuno se ne accorga.

personnel, elle [pɛrsɔnɛl] adj. personale. | *fortune, opinion personnelle*, fortuna, opinione personale. | *intérêts personnels*, interessi personali. | *lettre personnelle*, lettera personale. | *personnel* [sur une lettre], s. p. m. (sue proprie mani). ‖ Vx [égoïste] *un homme très personnel*, un uomo molto egoista. | *comportement trop personnel*, comportamento troppo egoistico, individualistico. | *joueur trop personnel*, giocatore troppo individualista. ‖ GRAMM. *mode, pronom personnel*, modo, pronome personale. ◆ n. m. [employés] personale. | *personnel enseignant*, personale insegnante ; insegnanti m. pl. ‖ [domestiques] personale domestico ; servitù f. (vx).

personnellement [pɛrsɔnɛlmɑ̃] adv. [en personne] personalmente ; in persona, di persona. | *je m'en occupe personnellement*, me ne occupo personalmente. ‖ [quant à moi, toi, etc.] personalmente ; per me, per te, ecc. | *personnellement, je ne crois pas que...*, personalmente, per me, non credo che...

personnification [pɛrsɔnifikasjɔ̃] f. personificazione.

personnifier [pɛrsɔnifje] v. tr. [représenter] personificare. | *personnifier la patrie*, personificare la patria. ‖ [incarner] impersonare, personificare. | *Néron personnifie la cruauté*, Nerone impersona, personifica la crudeltà. | *c'est la cruauté personnifiée*, è la crudeltà in persona, personificata.

1. perspectif, ive [pɛrspɛktif, iv] adj. prospettico; prospettivo (rare). | *dessin perspectif,* disegno prospettico.

2. perspective f. GÉOM., ART prospettiva. | *perspective aérienne, linéaire, cavalière,* prospettiva aerea, lineare, cavaliera. | *dessiner qch. en perspective,* disegnare qlco. in prospettiva. ‖ [vue] prospettiva, panorama m. | *de cette fenêtre on a une vaste perspective,* da questa finestra si gode un'ampia prospettiva, un ampio panorama. ‖ [point de vue] punto (m.) di vista; ottica. | *dans une perspective historique,* da un punto di vista storico; in un'ottica storica. ‖ [attente; espérance] prospettiva, possibilità. | *ouvrir de nouvelles perspectives,* aprire nuove prospettive. | *la perspective des vacances lui donnait du courage,* la prospettiva delle ferie gli dava coraggio. | *il se réjouissait à la perspective de revoir ses amis,* la prospettiva di rivedere gli amici lo riempiva di gioia; era felice all'idea di rivedere gli amici. ◆ loc. adv. FIG. ***en perspective,*** in vista. | *avoir une belle situation en perspective,* avere un bel posto, una bella posizione in vista.

perspectivisme [pɛrspɛktivism] m. PHILOS. prospettivismo.

perspicace [pɛrspikas] adj. perspicace.

perspicacité [pɛrspikasite] f. perspicacia.

perspiration [perspirasjɔ̃] f. PHYSIOL. perspirazione.

persuader [pɛrsɥade] v. tr. persuadere, convincere. | *persuader qn de qch.,* persuadere, convincere qlcu. di qlco. | *persuader qn de faire qch.,* persuadere qlcu. a far qlco., convincere qlcu. di far qlco. | *j'en suis persuadé,* ne sono convinto, persuaso. ◆ v. pr. persuadersi, convincersi.

persuasif, ive [pɛrsɥazif, iv] adj. persuasivo, convincente; suasivo, suadente (littér.).

persuasion [pɛrsɥazjɔ̃] f. [action] persuasione. ‖ [ferme croyance] persuasione, convinzione.

persulfate [pɛrsylfat] m. CHIM. persolfato.

persulfure [pɛrsylfyr] m. CHIM. persolfuro, polisolfuro.

perte [pɛrt] f. perdita. | *perte d'argent, de temps, d'un ami,* perdita di denaro, di tempo, di un amico. | *perte de gaz,* perdita, fuga di gas. ‖ [issue malheureuse] *perte d'une bataille, d'un procès,* perdita di una battaglia, di una causa. ‖ [ruine] rovina, perdizione. | *courir à sa perte,* correre incontro alla propria rovina, andare in perdizione. | *jurer la perte de qn,* giurare di rovinare qlcu. ‖ AÉR. *perte de vitesse,* perdita di velocità; stallo m. ‖ ÉCON., FIN. *profits et pertes,* V. COMPTE. | *travailler, vendre à perte,* lavorare, vendere in perdita. | *perte d'exercice,* perdita di esercizio. | *perte sèche,* perdita secca. ‖ ÉLECTR. *perte de puissance, de tension,* perdita di potenza, di tensione. ‖ GÉOGR. scomparsa, fuga. ‖ MÉC. *perte d'énergie,* perdita di energia. ‖ MÉD. *perte de connaissance,* perdita di conoscenza. | *perte de sang,* perdita di sangue. | *pertes blanches,* perdite bianche; leucorrea f. sing. ‖ MIL. *infliger à l'ennemi de lourdes pertes,* infliggere al nemico gravi perdite. ‖ THÉOL. *perte de l'âme,* perdizione, dannazione dell'anima. ‖ LOC. *à perte de vue :* PR. a perdita d'occhio; FIG. all'infinito, interminabilmente. ‖ FIG. *en pure perte,* in pura perdita, senza alcun profitto; inutilmente. | *entreprise en perte de vitesse,* azienda in crisi progressiva. ‖ FAM. *expulser qn avec perte et fracas,* buttar fuori qlcu. in malo modo, mettere alla porta bellamente.

pertinemment [pɛrtinamɑ̃] adv. con pertinenza, con competenza. | *savoir pertinemment qch.,* saper qlco. con tutta certezza, senza alcun dubbio. | *je sais pertinemment que,* so benissimo che.

pertinence [pɛrtinɑ̃s] f. pertinenza.

pertinent, e [pɛrtinɑ̃, ɑ̃t] adj. JUR., LING. pertinente. ‖ [approprié] pertinente, appropriato.

pertuis [pɛrtɥi] m. VX [trou] pertugio, foro, buco (L.C.). ‖ GÉOGR. [d'un fleuve] strozzatura f.; [détroit] stretto; [col] passo, valico. ‖ [de digue, d'écluse] apertura f.

pertuisane [pɛrtɥizan] f. HIST. MIL. partigiana, mezzapicca.

perturbateur, trice [pɛrtyrbatœr, tris] adj. et n. perturbatore, trice.

perturbation [pɛrtyrbasjɔ̃] f. ASTR., MÉTÉOR. perturbazione. ‖ TÉLÉCOM. perturbazione, disturbo m. ‖ [désordre] perturbazione; confusione, scompiglio m. | *mettre, apporter de la perturbation dans une réunion,* mettere, portare la confusione, lo scompiglio in una riunione.

perturber [pɛrtyrbe] v. tr. (per)turbare. | *perturber l'ordre public, une réunion,* (per)turbare l'ordine pubblico, una riunione. | *les luttes intestines perturbent la ville,* le lotte intestine perturbano la città. | *perturber qn,* turbare qlcu. ‖ ASTR. perturbare.

pérugin, e [peryʒɛ̃, in] adj. et n. perugino.

péruvien, enne [peryvjɛ̃, ɛn] adj. et n. peruviano.

pervenche [pɛrvɑ̃ʃ] f. BOT. pervinca. ‖ [couleur] pervinca. ◆ adj. inv. *des yeux pervenche,* occhi color pervinca.

pervers, e [pɛrvɛr, ɛrs] adj. perverso, pervertito. | *nature perverse,* indole perversa. | *âme perverse,* anima pervertita. | *goûts pervers,* gusti pervertiti. ◆ n. PSYCH. pervertito.

perversion [pɛrvɛrsjɔ̃] f. perversione, pervertimento m.

perversité [pɛrvɛrsite] f. perversità.

pervertir [pɛrvɛrtir] v. tr. pervertire, corrompere. ◆ v. pr. pervertirsi, corrompersi.

pervertissement [pɛrvɛrtismɑ̃] m. [action] pervertimento. ‖ [état] perversione f., pervertimento.

pervertisseur, euse [pɛrvɛrtisœr, øz] adj. et n. pervertitore, trice; corruttore, trice.

pesade [pəzad] f. [équitation] posata.

pesage [pəzaʒ] m. pesatura f. ‖ [hippisme] peso; pesage (fr.); [enceinte] recinto del peso.

pesant, e [pəzɑ̃, ɑ̃t] adj. PR. et FIG. pesante. ‖ PHYS. *les corps pesants,* i gravi. ◆ n. m. LOC. *il vaut son pesant d'or,* vale tant'oro quanto pesa.

pesanteur [pəzɑ̃tœr] f. PR. et FIG. pesantezza. ‖ PHYS. gravità. | *loi de la pesanteur,* legge di gravità.

pèse m. ARG. V. PÈZE.

pèse-acide [pɛzasid] m. acidimetro, pesaacidi m. inv.

pèse-alcool [pɛzalcol] m. alcolometro.

pèse-bébé [pɛzbebe] m. pesabambini m. inv.

pesée [pəze] f. [opération] pesata, pesatura. ‖ [quantité pesée] pesata. ‖ [pression, effort] pressione, spinta, sforzo m. | *exercer une pesée sur,* far pressione su. ‖ RELIG. *pesée des âmes,* pesatura delle anime; psicostasia.

pèse-esprit [pɛzɛspri] m. alcolometro.

pèse-lait [pɛzlɛ] m. pesalatte m. inv.; lattodensimetro m.

pèse-lettre [pɛzlɛtr] m. pesalettere m. inv.

pèse-liqueur [pɛzlikœr] m. pesaliquori m. inv., areometro m.

pèse-moût [pɛzmu] m. pesamosto inv., mostimetro.

pèse-personne [pɛzpɛrsɔn] m. pesapersone m. inv.

peser [pəze] v. tr. PR. et FIG. pesare. | *peser ses mots,* pesare, misurare le proprie parole. | *peser le pour et le contre,* pesare, valutare il pro e il contro. | *tout bien pesé,* tutto (ben) considerato, tutto sommato. ◆ v. intr. PR. pesare; essere pesante. | *ce livre pèse un kilo,* questo libro pesa un chilo. | *il pèse plus lourd que toi,* pesa più di te, è più pesante di te. ‖ FIG. *je ne pèse pas lourd pour lui,* ho poco peso per lui. ‖ [appuyer] pesare, gravare; far pressione. | *le toit pèse sur les colonnes,* il tetto pesa sulle colonne. | *peser sur un levier,* far pressione su una leva. | *peser sur l'estomac,* pesare, gravare sullo stomaco. ‖ [influer] influire. | *peser sur la décision de qn,* influire sulla decisione di qlcu. ‖ [importuner; être pénible] pesare, gravare, incombere. | *menace qui pèse sur qn,* minaccia che incombe su qlcu., che sovrasta a qlcu. | *charges qui pèsent sur les citoyens,* oneri che gravano sui cittadini. | *la solitude, sa présence me pèse,* la solitudine, la sua presenza mi pesa. | *c'est une tâche qui m'a pesé,* è un'incombenza che mi è pesata. | *peser sur la conscience,* gravare sulla coscienza.

pèse-sel [pɛzsɛl] m. salinometro.

pèse-sirop [pɛzsiro] m. pesasciroppi m. inv. ; areometro per sciroppi.
pesette [pəzɛt] f. Vx trabocco m.
peseur, euse [pəzœr, øz] n. pesatore, trice.
pèse-vin [pɛzvɛ̃] m. pesavino m. inv., enometro.
peson [pəzɔ̃] m. bilancia (f.) a molla ; dinamometro.
pessaire [pesɛr] m. MÉD. pessario.
pesse [pɛs] f. BOT. (VX) peccia, abete rosso (L.C.).
pessimisme [pesimism] m. pessimismo.
pessimiste [pesimist] adj. [personne] pessimista ; [chose] pessimistico. ◆ n. pessimista.
peste [pɛst] f. MÉD. peste. ‖ [épidémie] pestilenza. ‖ FIG. flagello m. ‖ FAM. *fuir, éviter qn comme la peste,* fuggire, scansare uno come (se avesse) la peste. | *cette enfant est une (petite) peste,* questa bambina è un'ira di Dio, è proprio una rogna. ‖ [imprécation] *la peste t'étouffe !* = va' in malora ! | *peste soit de l'avarice et des avaricieux !* = maledetti siano l'avarizia e gli avari ! ◆ interj. accipicchia !, acciderba !
pester [peste] v. intr. **(contre)** imprecare (contro). ‖ ABSOL. brontolare.
pesteux, euse [pɛstø, øz] adj. MÉD. pestoso.
pestiféré, e [pɛstifere] adj. MÉD. infetto dalla peste, malato di peste. ◆ n. malato, a di peste ; appestato, a.
pestilence [pɛstilɑ̃s] f. Vx = peste. ‖ [odeur infecte] pestilenza, fetore m.
pestilentiel, elle [pɛstilɑ̃sjɛl] adj. PR. et FIG. pestilenziale.
pet [pɛ] m. POP. peto, scoreggia f. | *lâcher un pet,* fare, tirare un peto. ‖ ARG. [tapage] = chiasso, gazzarra f. ‖ LOC. *cela ne vaut pas un pet (de lapin)* = non vale un fico secco, un corno.
pétale [petal] m. BOT. petalo.
pétaloïde [petalɔid] adj. petaloide.
pétanque [petɑ̃k] f. = bocce f. pl. | *jouer à la pétanque,* giocare a bocce. | *une partie de pétanque,* una partita a bocce.
pétant, e [petɑ̃, ɑ̃t] adj. POP. preciso (L.C.). | *à neuf heures pétantes,* alle nove precise, alle nove in punto (L.C.).
pétaradant, e [petaradɑ̃, ɑ̃t] adj. scoppiettante, crepitante.
pétarade [petarad] f. [d'animal] spetezzamento m. ‖ [détonations] sparatoia ; [de moteur] (lo) scoppiettare, scoppiettio m.
pétarader [petarade] v. intr. [animal] spetezzare. ‖ [moteur] scoppiettare, crepitare.
pétard [petar] m. [charge explosive] petardo. | *tirer, faire éclater un pétard,* tirare, fare scoppiare un petardo. ‖ ARG. [revolver] = pistola f. ‖ FAM. [nouvelle à sensation] bomba f. | *lancer un pétard,* lanciare una bomba. ‖ FAM. [bruit] cagnara f. ; chiasso, baccano, putiferio (L.C.). | *faire du pétard,* far cagnara, chiasso. | *il va y avoir du pétard,* succederà un putiferio. ‖ FAM. [mécontentement] *être en pétard,* essere in collera (L.C.). | *en pétard contre qn,* furente contro qlcu. ‖ POP. [derrière] culo.
pétase [petaz] m. ANTIQ. petaso.
pétaudière [petodjɛr] f. FAM. *c'est une (vraie) pétaudière,* è una babilonia, una baraonda ; è un casa del diavolo (VX) ; è un casino (vulg.).
pétauriste [petorist] m. ANTIQ. petaurista. ‖ ZOOL. petaurista ; scoiattolo volante.
pet-de-loup [pɛdlu] m. Vx = vecchio professore ridicolo.
pet-de-nonne [pɛdnɔn] m. CULIN. = specie di frittella (f.).
pétéchial, e, aux [peteʃjal, o] adj. petecchiale.
pétéchie [peteʃi] f. MÉD. petecchia.
péter [pete] v. intr. POP. scoreggiare, petare. ‖ LOC. *vouloir péter plus haut que son derrière* = fare il passo più lungo della gamba. | *péter dans la soie* = vestire con lusso. | *je l'ai envoyé péter,* l'ho mandato a farsi benedire (fam.). ‖ POP. [exploser] esplodere, scoppiare (L.C.). ‖ POP. [se rompre] schiantarsi, rompersi, spaccarsi (L.C.). | *le verre a pété au contact de la chaleur,* il bicchiere si è rotto, si è spaccato a contatto del caldo. | *la branche a pété,* il ramo si è rotto, si è schiantato. ‖ LOC. *manger à s'en faire péter la sous-ventrière* = mangiare a crepapelle. | *il faut que ça pète ou que ça dise pourquoi* = o la va o la spacca. ◆ v. tr. POP. [casser] rompere (L.C.). ‖ LOC. *péter la faim, la soif,* crepare di fame, di sete (fam.). | *péter le feu* = essere pieno di dinamismo. | *ça va péter le feu,* farà fuoco e fiamme.
pète-sec [pɛtsɛk] m. inv. FAM. carabiniere m. ; prepotente m., tiranno m. (L.C.). ◆ adj. inv. autoritario, prepotente adj. (L.C.).
péteur, euse [petœr, øz] n. POP. = chi ha per abitudine di tirar peti.
péteux, euse [petø, øz] n. POP. fifone, a (fam.).
pétillant, e [petijɑ̃, ɑ̃t] adj. [feu ; bois] scoppiettante, crepitante ; [boisson] spumeggiante, frizzante. ‖ FIG. scintillante, sfavillante. | *yeux pétillants de malice, de joie,* occhi brillanti, scintillanti di malizia, di gioia.
pétillement [petijmɑ̃] m. [feu ; bois] crepitìo, scoppiettìo ; [boisson] (lo) spumeggiare. ‖ FIG. scintillìo, sfavillìo.
pétiller [petije] v. intr. [feu ; bois] scoppiettare, crepitare ; [boisson] spumeggiare. ‖ FIG. brillare, scintillare, sfavillare. | *ses yeux pétillaient de joie,* gli occhi gli scintillavano, gli sfavillavano dalla gioia.
pétiole [pesjɔl] m. BOT. picciolo.
pétiolé, e [pesjɔle] adj. picciolato.
petiot, e [pətjo] adj. et n. FAM. piccino.
petit, e [pətit, it] adj. **1.** piccolo, piccino ; -ino, -etto, -ello [suff. dim.]. | *petit appartement,* appartamentino m. | *petite fleur,* fiorellino m. | *petit garçon,* ragazzino. | *petite fille,* ragazzina. | *petite main,* manina f. ; MODE, V. MAIN. | *petite maison,* casetta f. | *petite monnaie,* moneta spicciola. | *petite pluie,* pioggerella f. | *petit vent,* venticello m. | *petite heure,* oretta f. | *petite minute, petit moment,* momentino m. ‖ **2.** FIG. [de peu d'importance] modesto, umile ; da poco ; di poca importanza. | *petites gens,* V. GENS. | *une petite affaire,* un affaruccio, un affare di poco conto, una cosa da poco. ‖ [mesquin] meschino, gretto. | *petit esprit,* mente gretta, meschina. ‖ **3.** LOC. *le petit monde,* il mondo dei bambini ; i piccini. | *c'est une petite nature,* è delicato di salute. | *petite santé,* salute malferma, cagionevole. | *être aux petits soins pour qn,* essere pieno di premure, di attenzioni per qlcu. | *se faire tout petit,* farsi piccino. ‖ FAM. *comment va cette petite santé ?,* come va la salute ? (L.C.). | *un petit coup de rouge,* un bicchiere di vino rosso (L.C.). ‖ **4.** [interpellation affectueuse] *ma petite Cécile !,* cara la mia Cecilia ! ‖ PÉJOR. *mon petit monsieur,* caro signor mio. | *petit misérable !,* pezzo di farabutto ! ‖ **5.** [en miniature] *faire son petit Napoléon,* atteggiarsi a Napoleone. | *petite guerre,* azione (f.) di disturbo ; manovre f. pl. ‖ **6.** RELIG. *petites sœurs des pauvres,* Figlie della Carità. ‖ UNIV. *les petites classes,* le classi inferiori. ◆ adv. *voir petit* = avere idee meschine, modeste pretese, vedute limitate. ◆ n. [d'homme] piccolo m. ; piccino, a ; [d'animal] piccolo, cucciolo m. | *la chatte et ses petits,* la gatta e i suoi piccoli, piccini, gattini. | *la chienne et ses petits,* la cagna e i suoi piccoli, cuccioli, cagnolini. ◆ n. m. pl. *la mort n'épargne ni petits ni grands,* la morte non risparmia né umili né potenti. | *faire ses petits,* figliare. ‖ FAM. *faire des petits,* fruttare (L.C.). ◆ loc. adv. ***en petit,*** in piccolo. ‖ ***petit à petit,*** a poco a poco, man mano.
petit-beurre [p(ə)tibœr] m. petit-beurre (fr.) ; = biscottino.
petit-bois [p(ə)tibwa] m. TECHN. telaio.
petit-bourgeois [pətiburʒwa], **petite-bourgeoise** [pətitburʒwaz] n. piccolo, piccola borghese ; borghesuccio, a. ◆ adj. piccolo-borghese m. et f. sing. (pl. *piccolo-borghesi*).
petitement [pətitmɑ̃] adv. [à l'étroit] *être logé petitement,* abitare in un alloggio esiguo, ristretto. ‖ [pauvrement] poveramente, miseramente. | *vivre petitement,* vivere miseramente ; vivacchiare. ‖ [chichement] grettamente, avaramente. | *recevoir petitement ses hôtes,* ricevere gli ospiti grettamente ; essere un ospite avaro, spilorcio. ‖ [bassement] *se venger petitement,* vendicarsi bassamente, meschinamente.

petites-maisons [p(ə)titmɛzɔ̃] f. pl. Vx = manicomio m.
petitesse [pətitɛs] f. piccolezza. || [modicité] esiguità ; (rare) irrilevanza. | *la petitesse d'un revenu*, l'esiguità di un reddito. || [mesquinerie] piccolezza, meschinità, grettezza. | *petitesse d'esprit*, piccolezza d'animo, di cervello ; piccineria. || [acte mesquin] piccineria.
petit-fils [p(ə)tifis] m., **petite-fille** [p(ə)titfij] f. nipote n. ; [tout jeune] nipotino, nipotina.
petit-gris [p(ə)tigri] m. [écureuil] = scoiattolo comune (russo, siberiano). || [fourrure] petit-gris (fr.). | *ventre de petit-gris*, vaio m. || [escargot] chiocciola f.
pétition [petisjɔ̃] f. petizione. | *adresser une pétition*, rivolgere una petizione. || Log. *pétition de principe*, petizione di principio.
pétitionnaire [petisjɔnɛr] n. = chi rivolge una petizione ; [qui signe] firmatario, a di una petizione ; petente (vx).
pétitionner [petisjɔne] v. intr. presentare, fare una petizione.
petit-lait [p(ə)tilɛ] m. latticello ; siero di latte ; scotta f. (rare). || Fam. *boire du petit-lait*, andare in brodo di giuggiole.
petit-maître [p(ə)timɛtr] m., **petite-maîtresse** [p(ə)titmɛtrɛs] f. Vx bellimbusto m., damerino m., zerbinotto m., elegantone, a n. (L.C.).
petit-nègre [p(ə)tinɛgr] m. Fam. *parler petit-nègre* = storpiare la lingua francese.
petit-neveu [p(ə)tinøvø] m., **petite-nièce** [p(ə)titnjɛs] f. pronipote n. ◆ m. pl. Vx pronipoti, discendenti, posteri (L.C.).
pétitoire [petitwar] m. et adj. *(action) pétitoire*, giudizio petitorio.
petits-enfants [p(ə)tizɑ̃fɑ̃] m. pl. nipoti ; [tout jeunes] nipotini.
petit-suisse [p(ə)tisɥis] m. = formaggino fresco e cremoso.
pétoche [petɔʃ] f. Pop. fifa (fam.). | *avoir la pétoche*, aver fifa.
pétoire [petwar] f. cerbottana (di sambuco). || Fam. [mauvais fusil] schizzetto m.
peton [pətɔ̃] m. Fam. piedino.
pétoncle [petɔ̃kl] m. Zool. petonchio.
pétrarquisant, e [petrarkizɑ̃, ɑ̃t] adj. petrarcheggiante, petrarchesco.
pétrarquiser [petrarkize] v. intr. pertrarcheggiare.
pétrarquisme [petrarkism] m. petrarchismo.
pétrarquiste [petrarkist] adj. petrarcheggiante, petrarchesco. ◆ n. petrarchista.
pétré, e [petre] adj. Vx petroso.
pétrel [petrɛl] m. Zool. petrello, procellaria f.
pétreux, euse [petrø, øz] adj. Anat. petroso.
pétrifiant, e [petrifjɑ̃, ɑ̃t] adj. Pr. et fig. pietrificante.
pétrification [petrifikasjɔ̃] f. pietrificazione ; impietrimento m. (rare).
pétrifié, e [petrifje] adj. Pr. et fig. pietrificato, impietrito.
pétrifier [petrifje] v. tr. Pr. et fig. pietrificare, impietrire.
pétrin [petrɛ̃] m. madia f. | *pétrin mécanique*, impastatrice f. || Fig., fam. pasticcio, guaio, impiccio. | *être dans le pétrin*, essere nei pasticci, nei guai. | *tirer qn du pétrin*, trar qlcu. d'impiccio.
pétrir [petrir] v. tr. [malaxer] *pétrir la farine, le pain*, impastare la farina, il pane. | *pétrir la pâte*, lavorare la pasta. || [masser] massaggiare con impastamenti. || Fig. *pétrir la main de qn*, stringere nervosamente la mano di qlcu. | *pétrir son mouchoir*, tormentare nervosamente il fazzoletto. || [façonner] *pétrir la cire, l'argile*, plasmare la cera, l'argilla. || Fig. *être pétri d'orgueil, de préjugés*, essere impastato d'orgoglio, di pregiudizi.
pétrissable [petrisabl] adj. Pr. et fig. plasmabile.
pétrissage [petrisaʒ] m. impastatura f. || [massage] impastamento.
pétrisseur, euse [petrisœr, øz] n. [ouvrier] impastatore, trice. ◆ n. f. [machine] impastatrice.
pétrochimie [petrɔʃimi] f. petro(l)chimica.
pétrochimique [petrɔʃimik] adj. petro(l)chimico.
pétrogale [petrogal] m. Zool. petrogale.
pétrographie [petrografi] f. petrografia.
pétrographique [petrografik] adj. petrografico.
pétrole [petrɔl] m. petrolio. | *puits, gisement de pétrole*, pozzo, giacimento petrolifero. ◆ adj. inv. *bleu, vert pétrole*, verde petrolio.
pétrolette [petrɔlɛt] f. Fam. [moto] motoretta (L.C.). || Vx [voiture] = piccola automobile.
pétroleuse [petrɔløz] f. Hist. = petroliera, rivoluzionaria, incendiaria.
pétrolier, ère [petrɔlje, ɛr] adj. petrolifero, petroliero. | *industrie pétrolière*, industria petroliera, petrolifera. | *produit pétrolier*, prodotto petrolifero. | *pays pétroliers*, (paesi) produttori di petrolio. | *(navire) pétrolier*, (nave) petroliera. ◆ n. m. [navire] petroliera f. || [technicien] petroliere.
pétrolifère [petrɔlifɛr] adj. petrolifero.
pétulance [petylɑ̃s] f. = vivacità esuberante ; impetuosità.
pétulant, e [petylɑ̃, ɑ̃t] adj. vivace, irrequieto, esuberante, impetuoso.
pétun [petœ̃] m. Vx tabacco (L.C.).
pétuner [petyne] v. intr. Vx fumare (L.C.). ; fiutar tabacco.
pétunia [petynja] m. Bot. petunia f.
peu [pø] adv. poco. | *manger peu, très peu, trop peu*, mangiar poco, pochissimo, troppo poco. | *peu nombreux*, poco numerosi. | *peu après, avant*, poco dopo, prima. | *un peu*, un poco, un po'. | *un petit peu, un tout petit peu*, un pochino, un pochettino. | *un peu plus, moins, mieux*, un po' più, meno, meglio. || Loc. fam. *écoute, voyons un peu*, ascolta, vediamo un po'. | *tu en es sûr ? — un peu !*, sei certo ? — eccome ! | *cela te plairait ? — un peu, oui !*, ti piacerebbe ? — eccome !, magari ! | *être un peu là :* [au physique] essere un pezzo d'uomo ; [au moral] essere in gamba. | *pour un peu*, quasi quasi. ◆ n. m. [petite quantité] poco. | *se contenter de peu*, contentarsi di, del poco. | *c'est peu*, è poco, è poca cosa. | *peu s'en faut que*, v. falloir. | *peu de*, poco adj. | *peu de sel*, poco sale. | *peu de gens, d'amis, d'amies*, poca gente, pochi amici, poche amiche. | Absol. *peu acceptent cette situation*, pochi accettano questa situazione. | *un peu de*, un poco, un po'di. | *un peu de pain, de vin*, un po' di pane, di vino. | *le peu, ce peu*, il poco, quel poco. | *le peu que je sais*, il poco che so. | *le peu de confiance que tu as en lui*, la poca, la scarsa fiducia che hai in lui. | *ce peu d'argent que tu possèdes*, quel poco (di) denaro che possiedi. | *son peu d'intelligence*, la sua poca, scarsa intelligenza. | *un homme de peu*, un uomo dappoco, di poco conto. || Loc. fam. *très peu pour moi !* = no grazie ! | *excusez du peu !*, scusate se è poco ! ◆ loc. adv. ***peu ou prou*** (littér.), poco o molto, poco o tanto (L.C.). | *ni peu ni prou*, né poco né molto. || ***à peu (de chose) près,*** pressappoco, all'incirca, suppergiù. || ***dans, sous, avant peu,*** fra poco, fra breve. || ***de peu :*** *précéder de peu*, precedere di poco. | *éviter de peu*, evitare per poco. | *il s'en faut de peu*, ci manca poco. || ***depuis peu,*** da poco, poco fa. || ***peu à peu,*** a poco a poco ; un po' per volta. || ***quelque peu, (un) tant soit peu,*** un pochino, un tantino. | *dès qu'on le touche (un) tant soit peu*, non appena lo si tocca, al minimo tocco. ◆ loc. conj. ***pour peu que :*** *pour peu qu'on le veuille*, purché lo si voglia. | *pour peu qu'il pleuve*, se piove anche minimamente ; alla minima pioggia. || ***si peu (...) que :*** *si peu que ce soit*, per poco che sia. | *si peu que j'aie causé avec lui*, per poco che, per quanto poco io abbia parlato con lui. | *si peu de conscience qu'il ait*, per poca coscienza che abbia, per quanto abbia poca coscienza.
peucédan [pøsedɑ̃] m. Bot. peucedano.
peuchère ! [pøʃɛr] interj. V. pécaïre.
peuh ! [pø] onomat. poh !
peuplade [pøplad] f. tribù.
peulven [pølvɛn] m. Archéol. = menhir.
peuple [pœpl] m. popolo. | *le menu peuple*, il popolo minuto, il popolino. | *les gens du peuple*, la gente del popolo, i popolani. | *homme, femme du peuple*, popo-

lano m., popolana f. | *le prince et son peuple,* il principe e i suoi sudditi. ‖ FAM. folla f. (L.C.). | *quel peuple!,* che folla!, che moltitudine (f.)! ‖ LOC. *ce qu'un vain peuple pense* (littér.) = secondo l'opinione corrente e falsa. ‖ FAM. *se moquer du peuple,* infischiarsi (di). | *mais tu te fiches du peuple!,* ma ci, ma mi stai prendendo in giro! ◆ adj. popolare; volgare (péjor.).
peuplé, e [pœple] adj. popolato.
peuplement [pœpləmɑ̃] m. popolamento.
peupler [pøple] v. tr. PR. [personnes; animaux] et FIG. popolare. ◆ v. pr. PR. et FIG. popolarsi.
peupleraie [pøplərɛ] f. pioppeto m., pioppeta, pioppaia.
peuplier [pøplije] m. pioppo. | *peuplier blanc,* pioppo bianco; gattice. | *peuplier tremble,* (pioppo) tremolo. ‖ FIG. *droit, mince, élancé comme un peuplier* = dritto, snello come un fuso.
peur [pœr] f. paura; tema (littér.). | *peur bleue,* V. BLEU. | *avoir peur,* aver paura. | *faire peur à qn,* far, metter paura a qlcu., spaventare qlcu. | *prendre peur,* prender paura, impaurirsi, spaventarsi. | *avoir grand-peur, très peur,* avere una gran paura. | *mourir de peur,* morire di, dalla paura. | *laid à faire peur,* brutto da far paura. | *j'ai peur qu'il soit trop tard,* ho paura che sia troppo tardi. ‖ LOC. *avoir peur de son ombre,* aver paura della propria ombra. | *la peur donne des ailes,* la paura mette le ali ai piedi. | *en être quitte pour la peur,* V. QUITTE. ◆ loc. conj. ***de peur que,*** per paura che. ◆ loc. prép. ***de peur de,*** per paura di; per tema di (littér.).
peureux, euse [pœrø, øz] adj. pauroso, timoroso.
peut-être [pøtɛtr] loc. adv. forse; può darsi. | *peut-être bien,* forse, può darsi. | *peut-être (bien) que oui, peut-être (bien) que non,* forse che sì, forse che no. | *peut-être viendra-t-il,* (fam.) *peut-être qu'il viendra,* forse verrà; può darsi che venga.
peyotl [pejɔtl] m. BOT. peyotl, peyote.
pèze [pɛz] m. ARG. grana f.; denaro (L.C.).
pezize [pəziz] f. BOT. peziza.
pfft! [pf, pft], **pfut!** [pfyt] onomat. puah!
phacochère [fakɔʃɛr] m. ZOOL. facoc(h)ero.
phacomètre [fakɔmɛtr] m. OPT. sferometro.
phaéton [faetɔ̃] m. [voiture] phaéton (fr.), faeton. ‖ VX [cocher] auriga; cocchiere (L.C.). ‖ ZOOL. fetonte.
phagédénique [faʒedenik] adj. fagedenico.
phagédénisme [faʒedenism] m. MÉD. fagedenismo.
phagocytaire [fagositɛr] adj. fagocitario.
phagocyte [fagosit] m. BIOL. fagocito.
phagocyter [fagosite] v. tr. PR. et FIG. fagocitare.
phagocytose [fagɔsitoz] f. fagocitosi.
phalange [falɑ̃ʒ] f. ANAT., ANTIQ., MIL. et FIG. falange.
phalanger [falɑ̃ʒe] m. ZOOL. falangista.
phalangette [falɑ̃ʒɛt] f. ANAT. falangetta.
phalangien, enne [falɑ̃ʒjɛ̃, ɛn] adj. ANAT. = della falange.
phalangine [falɑ̃ʒin] f. ANAT. falangina.
phalangiste [falɑ̃ʒist] n. HIST. falangista.
phalanstère [falɑ̃stɛr] m. PR. et FIG. falanster(i)o.
phalanstérien, enne [falɑ̃sterjɛ̃, ɛn] adj. et n. falansteriano.
phalécien [falesjɛ̃] adj. et n. m. PHILOL. fale(u)cio, faleuco.
phalène [falɛn] f. ZOOL. falena.
phalère [falɛr] f. ZOOL. falera.
phalline [falin] f. CHIM. falloidina.
phallique [falik] adj. fallico.
phalloïde [falɔid] adj. BOT. *amanite phalloïde,* tignosa verdognola.
phallus [falys] m. fallo.
phanère [fanɛr] m. ANAT. fanera f.
phanérogame [fanerɔgam] adj. et n. f. BOT. fanerogama.
phantasme m. V. FANTASME.
pharamineux adj. V. FARAMINEUX.
pharaon [faraɔ̃] m. HIST., JEU faraone.
pharaonien, enne [faraɔnjɛ̃, ɛn] ou **pharaonique** [faraɔnik] adj. faraonico.
phare [far] m. [tour] faro. | *gardien de phare,* guardiano di faro. ‖ MAR. [voiles] quartiere. | *phare de l'avant, d'artimon, de l'arrière,* quartiere di prora, di mezzana, di poppa. ‖ AUTOM. faro, luce f. | *phares (de route),* (fari) abbaglianti. | *(phares) code, codes,* (fari) anabbaglianti; antiabbaglianti. | *rouler pleins phares,* correre coi fari abbaglianti. | *faire des appels de phares,* far lampeggiare i fari. | *phare de recul,* luce di retromarcia. ‖ FIG. faro, guida f.
pharillon [farijɔ̃] m. [pêche] lampara f.
pharisaïque [farizaik] adj. farisaico.
pharisaïsme [farizaism] m. HIST. et FIG. fariseismo, farisaismo.
pharisien, enne [farizjɛ̃, ɛn] n. HIST. et FIG. fariseo.
pharmaceutique [farmasøtik] adj. farmaceutico.
pharmacie [farmasi] f. farmacia. | *laboratoire de pharmacie,* laboratorio farmaceutico. | *armoire à pharmacie,* armadietto (m.) dei medicinali | *pharmacie portative, de voyage,* cassetta di pronto soccorso.
pharmacien, enne [farmasjɛ̃, ɛn] n. farmacista.
pharmacodynamie [farmacodinami] f. farmacodinamica.
pharmacodynamique [farmakodinamik] adj. farmacodinamico.
pharmacologie [farmakɔlɔʒi] f. farmacologia.
pharmacologique [farmakɔlɔʒik] adj. farmacologico.
pharmacopée [farmakɔpe] f. farmacopea.
pharmacothérapie [farmakɔterapi] f. farmacoterapia.
pharyngé, e [farɛ̃ʒe] ou **pharyngien, enne** [farɛ̃ʒjɛ̃, ɛn] adj. ANAT. faringeo.
pharyngite [farɛ̃ʒit] f. MÉD. faringite.
pharyngo-laryngite [farɛ̃golarɛ̃ʒit] f. MÉD. faringolaringite.
pharynx [farɛ̃ks] m. ANAT. faringe f. ou m.
phascolome [faskɔlɔm] m. ZOOL. fascolomio.
phase [faz] f. fase. ‖ PHYS. *être en phase,* essere in fase.
phasianidés [fazjanide] m. pl. ZOOL. fasianidi.
phasme [fasm] m. ZOOL. fasmida.
phébéen, enne [febeɛ̃, ɛn] adj. MYTH. febeo.
phelloderme [fɛllɔdɛrm] m. BOT. felloderma.
phellogène [fɛllɔʒɛn] adj. BOT. fellogeno.
phénanthrène [fenɑ̃trɛn] m. CHIM. fenantrene.
phénate [fenat] m. CHIM. fenato.
phénicien, enne [fenisjɛ̃, ɛn] adj. et n. HIST. fenicio.
phénicoptère [fenikɔptɛr] m. ZOOL. fenicottero.
phénique [fenik] adj. CHIM. *acide phénique,* acido fenico.
phéniqué, e [fenike] adj. fenicato.
phénix [feniks] m. MYTH. et FIG. fenice f.
phénol [fenɔl] m. CHIM. fenolo.
phénolate [fenɔlat] m. CHIM. fenolato, fenato.
phénoménal, e, aux [fenɔmenal, o] adj. PHILOS. fenomenico; fenomenale (VX). ‖ FAM. fenomenale, straordinario, prodigioso.
phénoménalisme [fenɔmenalism] m. PHILOS. fenomenalismo.
phénoménalité [fenɔmenalite] f. PHILOS. fenomenalità.
phénomène [fenɔmɛn] m. fenomeno.
phénoménisme [fenɔmenism] m. PHILOS. fenomenismo.
phénoménologie [fenɔmenɔlɔʒi] f. PHILOS. fenomenologia.
phénoménologique [fenɔmenɔlɔʒik] adj. fenomenologico.
phénoménologue [fenɔmenɔlɔg] m. fenomenologo.
phénoplaste [fenɔplast] m. CHIM. fenoplasto.
phénotype [fenɔtip] m. BIOL. fenotipo.
phénotypique [fenɔtipik] adj. fenotipico.
phénylamine [fenilamin] f. CHIM. fenilammina, anilina.
phényle [fenil] m. CHIM. fenile.
phéophycées [feɔfise] f. pl. BOT. feoficee.
philanthe [filɑ̃t] m. ZOOL. filanto.
philanthrope [filɑ̃trɔp] m. filantropo.
philanthropie [filɑ̃trɔpi] f. filantropia.

philanthropique [filɑ̃trɔpik] adj. filantropico.
philatélie [filateli] f. filatelia, filatelica.
philatélique [filatelik] adj. filatelico.
philatéliste [filatelist] n. filatelista ; filatelico m.
philharmonie [filarmɔni] f. filarmonica.
philharmonique [filarmɔnik] adj. filarmonico.
philhellène [filelɛn] n. filelleno.
philhellénique [filelenik] adj. filelleno, filellenico.
philhellénisme [filelenism] m. filellenismo.
philippe [filip] m. [monnaie] filippo.
philippien [filipjɛ̃] m. filippese. | *épître aux Philippiens,* lettera ai Filippesi.
philippin, e [filipɛ̃, in] adj. et n. filippino. ◆ n. f. = varietà di scommessa.
philippique [filipik] f. filippica.
philistin [filistɛ̃] m. HIST. et PÉJOR. (littér.) filisteo.
philistinisme [filistinism] m. PÉJOR. filisteismo.
philologie [filɔlɔʒi] f. filologia.
philologique [filɔlɔʒik] adj. filologico.
philologue [filɔlɔg] n. filologo m. ; studiosa (f.) di filologia ; filologa f. (rare).
philomèle [filɔmɛl] f. POÉS., VX [rossignol] filomela.
philosophale [filɔzɔfal] adj. f. *pierre philosophale,* pietra filosofale.
philosophe [filɔzɔf] m. PR. et FIG. filosofo.
philosopher [filɔzɔfe] v. intr. filosofare. ‖ IRON. filosofare, filosofeggiare.
philosophie [filɔzɔfi] f. PR. et FIG. filosofia. ‖ UNIV. = terza liceo classico. | *élève de philosophie,* studente di terza liceo.
philosophique [filɔzɔfik] adj. filosofico.
philosophisme [filɔzɔfism] m. filosofismo.
philotechnique [filɔtɛknik] adj. filotecnico.
philtre [filtr] m. filtro.
phimosis [fimozis] m. MÉD. fimosi f.
phlébite [flebit] f. MÉD. flebite.
phléborragie [fleboraʒi] f. MÉD. fleborragia.
phlébotome [flebotom] m. CHIR. flebotomo. ‖ ZOOL. flebotomo.
phlébotomie [flebotomi] f. flebotomia.
phlegmon [flɛgmɔ̃] m. MÉD. flemmone.
phlegmoneux, euse [flɛgmɔnø, øz] adj. flemmonoso.
phléole f. V. FLÉOLE.
phlogistique [flɔʒistik] m. PHYS., VX flogisto.
phlox [flɔks] m. inv. BOT. phlox f. inv.
phlyctène [fliktɛn] f. MÉD. flittena, flictena.
phobie [fɔbi] f. PR. et FIG. fobia.
phobique [fɔbik] adj. et n. fobico.
phocéen, enne [fɔseɛ̃, ɛn] adj. et n. focese ; [de Marseille] massaliota, marsigliese.
phocomèle [fɔkɔmɛl] adj. et n. m. MÉD. focomelico.
phœnix [feniks] m. BOT. fenix.
pholade [fɔlad] f. ZOOL. folade.
pholiote [fɔljɔt] f. BOT. foliota.
phonateur, trice [fɔnatœr, tris] ou **phonatoire** [fɔnatwar] adj. fonatorio.
phonation [fɔnasjɔ̃] f. fonazione.
phone [fɔn] m. PHYS. fon, phon.
phonème [fɔnɛm] m. LING. fonema.
phonémique [fɔnemik] adj. fonematico.
phonéticien, enne [fɔnetisjɛ̃, ɛn] n. fonetista.
phonétique [fɔnetik] adj. fonetico. ◆ n. f. fonetica.
phoniatre [fɔnjatr] n. MÉD. foniatra.
phoniatrie [fɔnjatri] f. foniatria.
phonie [fɔni] f. RAD. radiotelefonia.
phonique [fɔnik] adj. fonico.
phono m. (abr. fam.), V. PHONOGRAPHE, ÉLECTROPHONE.
phonogénique [fɔnɔʒenik] adj. fonogenico.
phonographe [fɔnɔgraf] m. fonografo, grammofono. | *phonographe portatif,* fonovaligia f.
phonographique [fɔnɔgrafik] adj. fonografico.
phonolit(h)e [fɔnɔlit] f. MINÉR. fonolite.
phonologie [fɔnɔlɔʒi] f. LING. fonologia.
phonologique [fɔnɔlɔʒik] adj. fonologico.
phonologue [fɔnɔlɔg] m. fonologo.
phonomètre [fɔnɔmɛtr] m. PHYS. fonometro.
phonométrie [fɔnɔmetri] f. fonometria.
phonothèque [fɔnɔtɛk] f. fonoteca.
phoque [fɔk] m. ZOOL. foca f. | *phoque chien de mer,* vitello marino, di mare. | *phoque macrorhine,* elefante marino. ‖ LOC. *souffler comme un phoque* = soffiare come un mantice.
phormion [fɔrmjɔ̃] ou **phormium** [fɔrmjɔm] m. BOT. phormium.
phosgène [fɔsʒɛn] m. CHIM. fosgene.
phosphatage [fɔsfataʒ] m. AGR. = fertilizzazione (f.) con i fosfati.
phosphate [fɔsfat] m. CHIM. fosfato.
phosphaté, e [fɔsfate] adj. fosfatato, fosfatico.
phosphater [fɔsfate] v. tr. = fertilizzare con fosfati.
phosphaturie [fɔsfatyri] f. MÉD. fosfaturia.
phosphène [fɔsfɛn] m. MÉD. fosfene.
phosphine [fɔsfin] f. CHIM. fosfina.
phosphite [fɔsfit] m. CHIM. fosfito.
phosphore [fɔsfɔr] m. CHIM. fosforo.
phosphoré, e [fɔsfɔre] adj. fosforato.
phosphorer [fɔsfɔre] v. intr. FAM. = svolgere un'intensa attività intellettuale.
phosphorescence [fɔsfɔrɛsɑ̃s] f. fosforescenza.
phosphorescent, e [fɔsfɔrɛsɑ̃, ɑ̃t] adj. fosforescente, fosforeo.
phosphoreux, euse [fɔsfɔrø, øz] adj. fosforoso.
phosphorique [fɔsfɔrik] adj. fosforico.
phosphorisme [fɔsfɔrism] m. MÉD. fosforismo.
phosphorite [fɔsfɔrit] f. MINÉR. fosforite.
phosphure [fɔsfyr] m. CHIM. fosfuro.
phot [fɔt] m. PHYS. fot, phot.
photo [fɔto] f. FAM. foto f. inv.
photocalque [fɔtokalk] m. fotocalco.
photochimie [fɔtoʃimi] f. fotochimica.
photochimique [fɔtoʃimik] adj. fotochimico.
photocomposition [fɔtokɔ̃pozisjɔ̃] f. fotocomposizione.
photoconducteur, trice [fɔtokɔ̃dyktœr, tris] adj. fotoconduttore, trice.
photocopie [fɔtokopi] f. fotocopia.
photocopier [fɔtokopje] v. tr. fotocopiare.
photo-élasticité [fɔtoelastisite] f. fotoelasticità.
photo-électricité [fɔtoelɛktrisite] f. fotoelettricità.
photo-électrique [fɔtoelɛktrik] adj. fotoelettrico. | *cellule photo-électrique,* cellula fotoelettrica ; fotocellula f., esposimetro m.
photo-finish [fɔtofiniʃ] f. (angl.) photo-finish m., fotofinish m.
photogène [fɔtoʒɛn] adj. fotogeno, fosforescente.
photogénie [fɔtoʒeni] f. fotogenia, fotogenicità.
photogénique [fɔtoʒenik] adj. fotogenico.
photogramme [fɔtogram] m. fotogramma.
photogrammétrie [fɔtogrametri] f. fotogrammetria.
photographe [fɔtograf] n. fotografo, a.
photographie [fɔtografi] f. fotografia. | *photographie en noir et blanc, en couleurs,* fotografia in bianco e nero, a colori. | *photo(graphie) d'identité,* foto(grafia) in formato tessera. | *photographie aérienne,* aerofotografia f. | *faire une photo(graphie),* fare, scattare una foto(grafia). | *prendre une photographie de qn,* (fam.) *qn en photo,* fotografare uno; far la foto a uno (fam.).
photographier [fɔtografje] v . tr. fotografare.
photographique [fɔtografik] adj. fotografico. | *appareil photographique,* macchina fotografica.
photograveur [fɔtogravœr] m. fotoincisore.
photogravure [fɔtogravyr] f. fotoincisione.
photolithographie [fɔtolitɔgrafi] f. fotolitografia ; fotolito inv.
photoluminescence [fɔtolyminɛsɑ̃s] f. fotoluminescenza.
photomécanique [fɔtomekanik] adj. fotomeccanico.
photomètre [fɔtomɛtr] m. fotometro.
photométrie [fɔtometri] f. fotometria.
photométrique [fɔtometrik] adj. fotometrico.
photomontage [fɔtomɔ̃taʒ] m. fotomontaggio.
photon [fɔtɔ̃] m. PHYS. fotone.
photonique [fɔtɔnik] adj. fotonico.
photopériodisme [fɔtoperjɔdism] m. BOT. fotoperiodismo.
photophobie [fɔtofɔbi] f. MÉD. fotofobia.

photophore [fɔtofɔr] m. fotoforo.
photopile [fɔtopil] f. fotopila.
photo-robot [fɔtorobo] f. indenti-kit m. (angl.).
photosensible [fɔtosɑ̃sibl] adj. fotosensibile.
photosphère [fɔtosfɛr] f. ASTR. fotosfera.
photostat [fɔtosta] m. fotocopia f.; riproduzione fotostatica.
photosynthèse [fɔtosɛ̃tɛz] f. BIOL. fotosintesi.
phototactisme [fɔtotaktism] m. et **phototaxie** [fɔtotaksi] f. BOT. fototattismo m.
photothèque [fɔtotɛk] f. fototeca.
photothérapie [fɔtoterapi] f. MÉD. fototerapia.
phototropisme [fɔtotrɔpism] m. BOT. fototropismo.
phototypie [fɔtotipi] f. TYP. fototipia.
phragmite [fragmit] m. BOT. fragmite f. ‖ ZOOL. *phragmite des joncs,* forafoglie m. inv.
phrase [fraz] f. frase. | *phrase toute faite,* frase fatta. ‖ MUS. frase. ◆ pl. *parler sans phrases,* dirla in parole povere. | *la mort sans phrases,* la morte senza tergiversazioni, senza tante parole, senz' altro. | *faire des phrases,* fraseggiare. | *faiseur de phrases,* parolaio ; uomo tutto frasi.
phrasé [fraze] m. MUS. fraseggio, (il) fraseggiare.
phraséologie [frazeɔlɔʒi] f. fraseologia. ‖ PÉJOR. retorica, retoricume m.
phraséologique [frazeɔlɔʒik] adj. fraseologico.
phraser [fraze] v. intr. MUS. fraseggiare.
phraseur, euse [frazœr, øz] n. et adj. PÉJOR. parolaio.
phratrie [fratri] f. ANTIQ. fratria.
phréatique [freatik] adj. *nappe phréatique,* falda freatica.
phrénique [frenik] adj. ANAT. frenico.
phrénologie [frenɔlɔʒi] f. frenologia.
phrénologique [frenɔlɔʒik] adj. frenologico.
phrygane [frigan] f. ZOOL. friganea.
phrygien, enne [friʒjɛ̃, ɛn] adj. et n. frigio.
phtaléine [ftalein] f. CHIM. ftaleina.
phtalique [ftalik] adj. ftalico.
phtiriase [ftirjaz] f. ou **phtiriasis** [ftirjazis] m. MÉD. ftiriasi f.
phtisie [ftizi] f. MÉD. tisi.
phtisiologie [ftizjɔlɔʒi] f. tisiologia.
phtisiologue [ftizjɔlɔg] m. tisiologo.
phtisique [ftizik] adj. et n. tisico.
phycomycètes [fikomisɛt] m. pl. BOT. ficomiceti.
phylactère [filaktɛr] m. ARCHÉOL., RELIG. filatterio.
phylarque [filark] m. ANTIQ. filarco.
phyllade [filad] f. MINÉR. fillade.
phyllie [fili] f. ZOOL. fillio m.
phylloxéra [filɔksera] m. ZOOL. fillossera f.
phylloxéré, e [filɔksere] adj. fillosserato.
phylogenèse [filoʒənɛz] ou **phylogénie** [filoʒeni] f. BIOL. filogenesi.
phylogénétique [filoʒenetik] ou **phylogénique** [filoʒenik] adj. filogenetico.
phylum [filɔm] m. BIOL. phylum, tipo.
physalie [fizali] f. ZOOL. fisalia.
physalis [fizalis] m. BOT. physalis, alchechengi.
physicien, enne [fizisjɛ̃, ɛn] n. fisico m. ; studiosa (f.) di fisica.
physico-chimie [fizikɔʃimi] f. chimica-fisica.
physico-chimique [fizikɔʃimik] adj. chimico-fisico.
physico-mathématique [fizikɔmatematik] f. fisicomatematica.
physico-théologique [fizikɔteɔlɔʒik] adj. fisicoteologico.
physiocrate [fizjɔkrat] m. fisiocrate.
physiocratie [fizjɔkrasi] f. fisiocrazia.
physiognomonie [fizjɔgnɔmɔni] f. fisiognomonia, fisiognomonica, fisiognomia, fisiognomica.
physiognomonique [fizjɔgnɔmɔnik] adj. fisiognomonico, fisiognomico.
physiognomoniste [fizjɔgnɔmɔnist] m. fisiognomo.
physiologie [fizjolɔʒi] f. fisiologia. | *physiologie pathologique,* fisiologia patologica ; fisiopatologia.
physiologique [fizjolɔʒik] adj. fisiologico.
physiologiste [fizjolɔʒist] n. fisiologo m. ; studiosa (f.) di fisiologia.
physionomie [fizjonɔmi] f. PR. et FIG. fisionomia, fisonomia.
physionomique [fizjonɔmik] adj. fisionomico.
physionomiste [fizjonɔmist] adj. fis(i)onomista ◆ n. fis(i)onomista ; fisionomo m. (rare).
physiopathologie [fizjopatolɔʒi] f. fisiopatologia.
physiothérapie [fizjoterapi] f. fisioterapia.
physique [fizik] adj. fisico. | *culture, éducation, géographie physique,* cultura, educazione, geografia fisica. ‖ JUR. *personne physique,* V. PERSONNE. ◆ n. m. [aspect] personale, aspetto (fisico) ; complessione f., conformazione f., corporatura f. ; fisico (gall.). | *avoir un beau physique,* avere un bel personale. | *un physique de lutteur,* un fisico, una corporatura da lottatore. | *le physique de l'emploi,* V. EMPLOI. ‖ LOC. *au physique,* fisicamente. ◆ n. f. [science] fisica.
physostigma [fizɔstigma] m. BOT. physostigma.
physostomes [fizɔstom] m. pl. ZOOL. fisostomi.
phytéléphas [fitelefas] m. BOT. phytelephas f.
phythormone [fitɔrmɔn] f. BIOL. fitormone m.
phytobiologie [fitobjolɔʒi] f. fitobiologia.
phytogéographie [fitoʒeografi] f. fitogeografia.
phytopathologie [fitopatolɔʒi] f. fitopatologia.
phytophage [fitofaʒ] adj. ZOOL. fitofago.
phytopharmacie [fitofarmasi] f. fitofarmacia.
phytophthora [fitoftɔra] m. BOT. phytophthora f.
phytopte [fitɔpt] m. ZOOL. phytoptus.
phytotron [fitotrɔ̃] m. fitotrone.
phytozoaire [fitozɔɛr] m. ZOOL. zoofito, fitozoo.
piaculaire [pjakylɛr] adj. ANTIQ. piacolare, espiatorio.
piaf [pjaf] m. POP. passero (L.C.).
piaffement [pjafmɑ̃] m. (lo) zampare ; scalpitìo.
piaffer [pjafe] v. intr. [cheval] scalpitare, zampare. ‖ [personne] *piaffer d'impatience,* pestare i piedi, scalpitare d'impazienza. | *il veut partir : il piaffe d'impatience,* scalpita dall'impazienza di partire.
piaffeur, euse [pjafœr, øz] adj. scalpitante.
piailliard, e [pjajar, ard] adj. FAM. schiamazzatore, trice ; schiamazzante. ◆ n. schiamazzatore, trice ; bercione, a (tosc.).
piaillement [pjajmɑ̃] m. [oiseau] pigolìo, stridìo. ‖ FAM. [enfant] gridìo (L.C.).
piailler [pjaje] v. intr. [oiseau] pigolare. ‖ FAM. [enfant] gridare, strillare (L.C.) ; [personne] schiamazzare ; berciare (tosc.).
piaillerie [pjajri] f. FAM. schiamazzìo m. ; gridìo m. (L.C.).
piailleur, euse [pjajœr, øz] adj. et n. FAM. [oiseau] = che pigola ; [enfant] = che schiamazza ; schiamazzatore, trice n.
pian [pjɑ̃] m. MÉD. pian ; framboesia f.
pianino [pjanino] m. (ital.) [instrument] pianino.
pianissimo [pjanisimo] adv. (ital.) MUS. pianissimo. ‖ FAM. pian piano, pian pianino.
pianiste [pjanist] n. pianista.
pianistique [pjanistik] adj. pianistico.
1. piano [pjano] m. [instrument] piano(forte). | *piano droit, demi-queue, à queue,* piano verticale, a mezzacoda, a coda. | *piano mécanique,* pianoforte meccanico ; pianola f. | *accompagner un chanteur au piano,* accompagnare un cantante al pianoforte. | *faire du piano et non du violon,* suonare il piano e non il violino. | *faire du piano, son piano deux heures par jour,* studiare il piano due ore al giorno ; fare due ore di piano al giorno.
2. piano adv. et n. m. (ital.) MUS. piano. ‖ FAM. *vas-y, allez-y piano,* vacci, andateci piano (L.C.).
pianoforte [pjanofɔrte] m. VX = piano(forte) [del Settecento e dell'inizio dell' Ottocento].
pianotage [pjanɔtaʒ] m. FAM. strimpellamento (di pianoforte), (lo) strimpellare (il piano).
pianoter [pjanɔte] v. intr. FAM., PR. strimpellare il piano, sonare un po' il piano. ‖ FIG. *pianoter sur la table,* tamburellare con le dita sul tavolo.
piassava [pjasava] m. piassava f.
piastre [pjastr] f. piastra.
piat [pja] m. ZOOL. = piccolo della gazza.

piaule [pjol] f. Pop. camera, stanza (L.C.); tacca (arg.). | *rentrer dans sa piaule*, tornare a casa (L.C.).
piaulement [pjolmɑ̃] m. [oiseau] pigolìo. || Fam. [enfant] piagnucolìo.
piauler [pjole] v. intr. [oiseau] pigolare. || Fam. [enfant] piagnucolare, frignare.
pible (à) [apibl] loc. adv. Mar. *mât à pible*, albero a pible.
1. pic m. [pik] Zool. picchio.
2. pic m. Techn. piccone. || Mar. picco.
3. pic m. Géogr. picco, pizzo.
4. pic (à) [apik] loc. adv. a picco. | *couler à pic*, colare a picco. | *montagne à pic*, montagna scoscesa. || Fig., fam. a proposito, opportunamente, al momento giusto (L.C.).
pica [pika] m. Méd. pica f., picacismo.
picador [pikadɔr] m. picador (pl. *picadores*) [esp.].
picaillons [pikajɔ̃] m. pl. Pop. quattrini (fam.).
picard, e [pikar, ard] adj. et n. piccardo. || Ling. piccardo.
picaresque [pikarɛsk] adj. Hist. litt. picaresco.
piccolo [pikɔlo] m. (ital.) Mus. flauto piccolo. || Pop. = vinello rosso.
pichenette [piʃnɛt] f. Fam. buffetto m.; biscottino m. (tosc.).
pichet [piʃɛ] m. boccalino.
picholine [pikɔlin] f. = oliva verde (per antipasti).
pickles [pikls] m. pl. (angl.) Culin. sottaceti.
pickpocket [pikpɔkɛt] m. pickpocket (angl.), borsaiolo; tagliaborse m. inv.
pick-up [pikœp] m. inv. pick-up (angl.), fonogeno m., fonorivelatore m. | *bras de pick-up*, braccio di lettura. || [électrophone] grammofono m.
picoler [pikɔle] v. intr. Pop. sbevazzare.
picorer [pikɔre] v. intr. Pr. razzolare. ◆ v. tr. Pr. beccare, becchettare. || Fig. *picorer des anecdotes deci de-là*, spigolare anedotti di qua e di là.
picot [piko] m. [de bois] = scheggia f., punta f. || [marteau pointu] piccozza f. || [dentelle] pippiolino. || [filet] = rete (f.) per pigliare i pesci piatti.
picoté, e [pikɔte] adj. [points] punzecchiato; [trous] bucherellato.
picotement [pikɔtmɑ̃] m. pizzicore, prurito.
picoter [pikɔte] v. tr. [piquer] punzecchiare; [trouer] bucherellare. || [picorer] beccare, becchettare. || [manger] *picoter du raisin, une grappe de raisin*, (s)piluccare un grappolo d'uva. || [démanger] prudere, pungere, pizzicare. || [irriter] *fumée qui picote les yeux*, fumo che irrita, punge gli occhi.
picotin [pikɔtɛ̃] m. profenda f.
picrate [pikrat] m. Chim. picrato. || Pop. = vino rosso di pessima qualità.
picridium [pikridjɔm] m. Bot. picridium.
picrique [pikrik] adj. Chim. picrico.
picris [pikris] m. Bot. picris f.
pictographique [piktɔgrafik] adj. pittografico.
pictural, e, aux [piktyral, o] adj. pittorico.
picvert m. V. pivert.
pidgin [pidʒin] m. Ling. pidgin english (angl.).
1. pie [pi] adj. *œuvre pie*, opera pia.
2. pie adj. inv. pezzato. | *cheval pie*, cavallo pezzato. | *race pie rouge de l'Est*, razza pezzata rossa dell'Est.
3. pie f. Zool. gazza. | *la pie jacasse*, la gazza gracchia, stride. || Loc. *jaser, être bavard comme une pie* = ciarlare, chiacchierare come un mulino a vento. | *être voleur comme une pie*, essere una (vera) gazza ladra. | *trouver la pie au nid* = fare una scoperta mirifica. || Culin. *fromage à la pie* = formaggio fresco con erbe battute.
pièce [pjɛs] f. **1.** [morceau] pezzo m., frammento m. || [pour réparer un habit] pezza, toppa. || [découpé d'un tout] taglio m. | *pièce de viande, d'étoffe*, taglio di carne, di stoffa. || [fragment brisé] pezzo, frantume m. || Loc. *fait de pièces et de morceaux*, fatto a pezzi e bocconi. | *pièce rapportée*, tassello m., tessera. | *en pièces*, in, a pezzi; in frantumi. | *voler en pièces*, andare in pezzi, in frantumi. | *mettre en pièces*, fare a pezzi, ridurre in pezzi; [déchiqueter] fare a brandelli, sbranare. || Fig. *tailler l'armée ennemie en pièces*, annientare l'esercito nemico. || **2.** [unité d'un ensemble] pezzo, capo m. | *les pièces d'un service de table, d'une collection*, i pezzi di un servizio da tavola, di una collezione. | *un costume de deux pièces, un deux-pièces*, un (abito a) due pezzi. | *pièce de musée*, pezzo da museo. | *pièce de bétail, de gibier*, capo di bestiame, di selvaggina. | *pièce anatomique*, pezzo anatomico. || Culin. *pièce de résistance*, piatto forte. | *pièce montée* = torta a più piani. || Hérald. pezza. | *pièces honorables*, pezze onorevoli. || Loc. *marchandises vendues à la pièce*, merci vendute per singoli pezzi. | *livres qui coûtent trois francs (la) pièce*, libri che costano tre franchi l'uno. | *travailler à la pièce, aux pièces*, lavorare a cottimo. | *on n'est pas aux pièces* (fig., fam.) = non c'è fretta : il lavoro può aspettare. || Fig. *être, marcher tout d'une pièce*, essere, camminare tutto d'un pezzo. | *inventer de toutes pièces*, inventare di sana pianta. || **3.** [salle] stanza, vano m. | *un deux-pièces cuisine*, un appartamento di due stanze, di due vani e cucina. || **4.** [étendue] *pièce de blé*, campo di grano. | *pièce de terre*, (appezzamento [m.] di) terreno m. *pièce d'eau*, bacino m., stagno m., laghetto m. || **5.** [tonneau] *une pièce de vin*, una botte di vino. || **6.** [document] documento m., pezza. | *pièces d'identité*, documenti (d'identità). | *pièce comptable*, documento contabile. | *pièces justificatives*, documenti giustificativi; pezze giustificative, d'appoggio. | *pièce jointe*, allegato m. || Jur. *pièces d'un procès*, atti (m. pl.) di un processo. | *pièce à conviction* = elemento (m.) di prova (di colpevolezza); corpo (m.) del reato. || Loc. *juger sur pièces*, giudicare basandosi su delle prove, su dei fatti. || **7.** [monnaie] moneta, pezzo. | *une pièce de cinq francs*, una moneta, un pezzo da cinque franchi. || [pourboire] *donner la pièce à qn*, dare una mancia a qlcu. || Loc. *rendre à qn la monnaie de sa pièce*, v. monnaie. **8.** Hist. litt. componimento m. | *pièce de vers*, componimento poetico; poesia, lirica. || Théâtre commedia, dramma m. | *pièce (comique) en un acte*, commedia in un atto. | *pièce dramatique*, dramma. | *pièce radiophonique*, radiocommedia f., radiodramma m. || Mus. componimento. || Loc. *faire pièce à qn*, opporsi a uno, tenere uno in scacco. || **9.** Mil. cannone m.; pezzo (d'artiglieria). | *pièce de canon*, cannone, pezzo. | *chef de pièce*, capopezzo m. || **10.** Techn. parte, pezzo. | *pièces de rechange*, parti, pezzi di ricambio. | *pièces détachées*, pezzi staccati. | *monter, démonter pièce par pièce*, montare, smontare pezzo per pezzo.
piécette [pjesɛt] f. monetina.
pied [pje] m. **1.** Anat. piede. | *coup de pied*, pedata f., calcio. | *bain de pieds*, pediluvio. || Loc. *à pied*, a piedi. | *avoir, ne pas avoir pied*, toccare, non toccare (il fondo). | *perdre pied*, non toccar più (il fondo) [pr.]; = perdere la bussola (fig.). | *lâcher pied* : [reculer] indietreggiare, ripiegare; [céder] mollare, rinunciare. | *prendre pied*, toccare terra (pr.); occupare, stabilirsi (fig.). | *avoir bon pied, bon œil* = essere in gamba. | *avoir le pied marin, sûr*, aver piede marino, il piede fermo, sicuro. | *de la tête aux pieds, des pieds à la tête, de pied en cap*, dalla testa ai piedi, da capo a piedi. | *faire du pied à qn*, fare piedino a uno. | *fouler aux pieds*, calpestare. | *frapper, taper du pied*, pestare i piedi; battere i piedi in terra. | *se jeter aux pieds de qn*, gettarsi ai piedi di qlcu. | *marcher (les) pieds nus, nu-pieds*, camminare scalzo, a piedi nudi, a piedi scalzi. | *mettre pied à terre*, mettere piede a terra; smontare da cavallo, di bicicletta. | *ne pas mettre un pied, les pieds dehors*, non mettere piede fuori (di casa). | *ne pas mettre les pieds chez qn*, non metter piede in casa di uno. | *ne pas pouvoir mettre un pied devant l'autre* = essere incapace di fare un solo passo. | *sauter à pieds joints*, saltare a piè pari. | *être sur pied*, essere in piedi; alzarsi. | *le malade sera bientôt sur pied*, il malato sarà presto guarito. | *mettre sur pied une affaire*, metter su un affare. | *sur la pointe des pieds*, in punta di piedi. | *traverser à pied sec*, traversare senza bagnarsi (i piedi). | *attendre de pied ferme*, attendere a piè fermo. | *au pied levé*, su due piedi. | *avoir le pied à l'étrier*, essere con il piede nella

staffa, essere sul piede di partenza. | *avoir pieds et poings liés*, essere legato mani e piedi. | *avoir un pied dans la tombe*, avere un piede nella fossa. | *s'en aller les pieds devant* = morire. | *couper l'herbe sous les pieds de qn* = dare, fare lo sgambetto a uno. || FAM. *casser les pieds à qn*, rompere le tasche, le scatole a qlcu. | *être bête comme ses pieds* = essere un maccherone. | *n'être qu'un pied* = essere un cretino. | *jouer comme un pied* = giocare malissimo. | *écrire comme un pied*, scrivere coi piedi. || ART *portrait en pied*, ritratto in piedi. | *être à pied d'œuvre* = stare per cominciare, essere sul punto di cominciare un lavoro. || FIG. *faire des pieds et des mains pour obtenir qch.*, arrampicarsi con i piedi e con le mani per ottenere qlco. | *cela lui fera les pieds* (fam.) = gli servirà di lezione. | *fouler aux pieds ses principes, la justice*, calpestare i propri principi, la giustizia. | *lever le pied*, prendere il volo ; fuggire col denaro, con la cassa. | *se lever du pied gauche* = alzarsi di malumore. | *marcher sur les pieds de qn*, mettere qlcu. sotto i piedi, mettere i piedi sul collo a qlcu. | *mettre qn à pied*, licenziare qlcu. | *mettre sur le même pied*, considerare alla stessa stregua. | *mettre les pieds dans le plat* (fam.) = affrontare con franchezza, senza mezzi termini una questione ; [gaffer] fare una gaffe, una topica. | *ne pas se moucher du pied* (fam.) = essere assai pretenzioso ; far le cose in grande. | *lutter, résister, avancer pied à pied*, lottare, resistere, progredire a palmo a palmo. | *remettre sur pied*, risanare, rimettere in sesto. | *retomber sur ses pieds*, cadere in piedi. | *sur le pied de guerre*, sul piede di guerra. | *sur un pied d'égalité*, su un piede di parità. | *ne plus savoir sur quel pied danser* = non sapere che pesci pigliare, da che parte rifarsi. | *trouver chaussure à son pied*, V. CHAUSSURE. | *il a trouvé chaussure à son pied*, ha trovato la donna che fa per lui. | *vivre sur un grand pied* = menare una vita da gran signore. | *vivre sur le pied de dix mille francs par mois* = spendere in media dieci mila franchi al mese. || **2.** ZOOL. piede, zampa f. || CULIN. piedino, zampetto ; peduccio (tosc.). | *pied de porc*, zampetto di maiale. || LOC. FIG. *le coup de pied de l'âne*, il calcio dell'asino. | *coup de pied en vache* (fam.), colpo a tradimento (L.C.). | *faire le pied de grue* = aspettare a lungo. || **3.** BOT. [de plante] piede, fusto, gambo ; [d'arbre] piede, pedale ; [de champignon] piede ; [de vigne] ceppo ; [de salade, de fleur] cespo. || LOC. *vendre une récolte sur pied*, vendere una raccolta in piedi. | *vendre des fruits sur pied*, vendere frutti sull'albero, sulla pianta. | *sécher sur pied*, seccarsi (pr.) ; consumarsi, struggersi dal dolore (fig.). || **4.** [de chose] piede, base f. ; [de meuble, de verre] piede ; [de montagne] piede, base ; falde f. pl. ; [de mur, de tour] piede. | *au pied de*, a piè di, appiè di. | *au pied de la montagne*, alle falde, a piè, appiè della montagna. | *dormir au pied du lit*, dormire da piedi. || FIG. *mettre qn au pied du mur*, mettere qlcu. con le spalle al muro, mettere qlcu. tra l'uscio e il muro. | *au pied de la lettre*, alla lettera. || **5.** [unité de mesure] piede. || LOC. *faire un pied de nez*, far marameo. | *il voudrait être à cent pieds sous terre*, vorrebbe essere mille metri sotto terra. || **6.** GÉOM. [de perpendiculaire] piede. || **7.** POÉS. piede. || **8.** TECHN. *pied à coulisse*, calibro a cursore.

pied-à-terre [pjetatɛr] m. inv. piedatterra, pied-à-terre (fr.).

pied-bot [pjebo] m. = chi ha un piede deforme.

pied-d'alouette [pjedalwɛt] m. BOT. speronella f., delfinio, fiorcappuccio.

pied-de-biche [pjedbiʃ] m. [meuble Louis XV] = piede curvo. || [de heurtoir, sonnette] picchiotto, battaglio ; [de dentiste] leva f. ; [de machine à coudre] piedino (premistoffa) ; premistoffa m. inv. || [levier] piede di porco.

pied-de-cheval [pjedʃəval] m. ZOOL. piede di cavallo.

pied-de-chèvre [pjedʃɛvr] m. TECHN. piastra (f.) [di sostegno della capra]. || [levier] piede di porco.

pied-de-loup [pjedlu] m. BOT. licopodio.

pied-de-poule [pjedpul] m. et adj. TEXT. pied-de-poule (fr.). | *tissu pied-de-poule*, tessuto a pied-de-poule.

pied-de-veau [pjedvo] m. BOT. aro, gigaro.

pied-d'oiseau [pjedwazo] m. BOT. piè d'uccello.

pied-droit ou **piédroit** [pjedrwa] m. ARCHIT. piedritto. || [de porte, fenêtre] stipite.

piédestal, aux [pjedestal, o] m. PR. et FIG. piedestallo, piedistallo.

piedmont m. V. PIÉMONT.

pied-noir [pjenwar] m. FAM. = Francese d'Algeria.

piédouche [pjeduʃ] m. ARCHIT. peduccio.

pied-plat [pjepla] m. LITTÉR. [servile] = persona servile (L.C.). ; leccapiedi m. inv. (fam.).

piédroit m. V. PIED-DROIT.

piège [pjɛʒ] m. trappola f., tagliola f. | *piège à rats, à loups*, trappola per, da topi, per, da lupi. | *prendre un rat, un renard au piège*, prendere un topo in trappola, una volpe alla tagliola. | *piège à bascule*, trabocchetto. | *tomber dans un piège*, cadere in trappola. || FIG. trappola, tranello, trabocchetto. | *tendre un piège à qn*, tendere un tranello a qlcu. | *tomber, donner dans un piège*, cadere in trappola, in un tranello, nella tagliola. | *question piège*, domanda trabocchetto. | *se prendre à son propre piège*, cadere nel proprio inganno, nella propria rete. || PHILOL. *piège à copistes*, trabocchetto per copisti.

piégeage [pjeʒaʒ] m. [chasse] = caccia (f.) con trappole, con tagliole. || MIL. = (il) munire d'innesco una mina.

piéger [pjeʒe] v. tr. prendere con la trappola, con la tagliola ; intrappolare. || FIG. *se faire piéger*, farsi intrappolare. || MIL. *piéger une mine* = munire una mina di dispositivo antirimozione. | *engin piégé*, ordigno esplosivo (a urto, a contatto). | *piéger un local* = piazzare, collocare un ordigno esplosivo in un locale.

piégeur [pjeʒœr] m. = chi tende trappole.

pie-grièche [pigrijɛʃ] f. ZOOL. averla, avelia. || FIG. arpia ; donna bisbetica.

pie-mère [pimɛr] f. ANAT. pia madre.

piémont ou **piedmont** [pjemɔ̃] m. GÉOGR. zona pedemontana ; pedemonte (rare).

piémontais, e [pjemɔ̃tɛ, ɛz] adj. et n. piemontese. ◆ n. m. LING. piemontese.

piéride [pjerid] f. ZOOL. pieride. | *piéride du chou*, cavolaia.

pierraille [pjeraj] f. pietrisco m., pietraia.

pierre [pjɛr] f. [matière] pietra. | *de, en pierre*, di pietra. || [caillou] pietra, sasso m., ciottolo m. | *lancer des pierres*, tirar pietre, sassi. | *chasser qn à coups de pierres*, scacciare qlcu. a sassate. || [rocher] pietra, masso m., sasso. || [signalisation] *chute de pierres*, caduta (di) massi, (di) pietre. || *pierre artificielle*, pietra artificiale. || GÉOGR. *pierre branlante*, pietra oscillante. | *pierre calcaire*, pietra calcarea. || ARCHÉOL. *pierre levée*, menhir m. | *âge de la pierre taillée, polie*, età della pietra tagliata, levigata. || *pierre précieuse*, pietra preziosa. | *pierre tombale*, pietra tombale, sepolcrale. | *pierre à bâtir*, pietra da costruzione. | *pierre à briquet*, pietrina per accendino. | *pierre à plâtre*, (pietra da) gesso m. | *pierre d'autel*, pietra sacra. | *pierre à pierre*, pietra su pietra, una pietra dopo l'altra (pr.) ; a poco a poco (fig.). || FIG. *cœur de pierre*, cuor di sasso, di pietra. | *être changé en pierre*, essere pietrificato, restare impietrito. || LOC. *faire d'une pierre deux coups*, prendere due piccioni con una fava. | *c'est une pierre dans mon jardin*, V. JARDIN. | *jeter la pierre à qn*, scagliar la pietra contro qlcu. | *malheureux comme les pierres* = infelicissimo. | *poser la première pierre*, porre, posare la prima pietra (pr. et fig.). || MÉD. male (m.) della pietra, calcolo m. || PROV. *pierre qui roule n'amasse pas mousse*, pietra smossa non fa muschio.

pierrée [pjɛre] f. = canale (m.) di scolo murato a secco.

pierreries [pjɛrri] f. pl. pietre preziose ; gemme, gioie.

pierreux, euse [pjɛrø, øz] adj. pietroso, sassoso ; petroso (littér.).

pierrier [pjɛrje] m. MIL. cannone petriero.
pierrot [pjɛro] m. [masque] pierrot (fr.); Pedrolino. ‖ FAM. [moineau] = passero.
pietà [pjeta] f. (ital.) ART pietà.
piétaille [pjetaj] f. PÉJOR., VX fanteria (L.C.). ‖ FAM., IRON. pedoni m. pl.; subalterni m. pl. (L.C.).
piété [pjete] f. RELIG. pietà, devozione. | *livres de piété*, libri di pietà. ‖ LITTÉR. pietà, amore. | *piété filiale*, pietà filiale.
piètement [pjɛtmɑ̃] m. [de meuble] crociera f.
piéter [pjete] v. intr. [oiseau] pedinare. ‖ [jeu de boules] = tenere il piede al posto fissato per il lancio. ◆ v. pr. LITTÉR. [se raidir] irrigidirsi (L.C.).
piétin [pjetɛ̃] m. VÉTÉR. afta epizootica; zoppina f.
piétinement [pjetinmɑ̃] m. calpestio, scalpiccio. ‖ FIG. stasi f., ristagno.
piétiner [pjetine] v. intr. pestare i piedi; [cheval] scalpitare. | *piétiner de rage*, pestare i piedi dalla rabbia. | *piétiner sur place*, segnare il passo. | *piétiner dans la boue*, arrancare nel fango. ‖ FIG. (ri)stagnare. | *économie qui piétine*, economia che stagna, economia in periodo di stasi. ◆ v. tr. PR. et FIG. calpestare. ‖ FIG. *piétiner les préjugés*, calpestare i pregiudizi. | *piétiner un cadavre*, accanirsi contro un morto, parlar male di un morto.
piétisme [pjetism] m. RELIG. pietismo.
piétiste [pjetist] adj. pietistico. ◆ n. pietista.
1. piéton [pjetɔ̃] m. pedone. ‖ MIL. pedone, fante.
2. piéton, onne [pjetɔ̃, ɔn] ou **piétonnier, ère** [pjetɔnje, ɛr] adj. pedonale.
piètre [pjɛtr] adj. LITTÉR. meschino, misero, scadente, magro (L.C.). | *une piètre note*, un voto scadente, insufficiente. | *un piètre écrivain*, uno scrittore di poco conto, uno scribacchino. | *un piètre dédommagement*, un magro compenso. | *faire piètre figure*, fare una figuraccia.
1. pieu [pjø] m. palo.
2. pieu m. POP. letto (L.C.).
pieuter (se) [səpjøte] v. pr. POP. = andare a letto.
pieuvre [pjœvr] f. ZOOL. et FIG. piovra.
pieux, pieuse [pjø, pjøz] adj. [dévot] pio, devoto. ‖ [respectueux] devoto, rispettoso. | *pieux silence*, devoto silenzio. ‖ [charitable] pietoso. | *un pieux mensonge*, una bugia pietosa.
pièze [pjɛz] f. PHYS. pieza.
piézo-électricité [pjezoelɛktrisite] f. piezoelettricità.
piézo-électrique [piezoelɛtrik] adj. piezoelettrico.
piézographe [pjezograf] m. piezografo.
piézomètre [pjezomɛtr] m. piezometro.
1. pif [pif] m. POP. nasone, naso (L.C.).
2. pif! onomat. *pif! pif!*, *pif! paf!*, paf!
pi(f)fer [pife] v. tr. POP. *ne pas pouvoir piffer qn*, non poter soffrire qlcu. (L.C.).
pifomètre [pifɔmɛtr] m. FAM. *au pifomètre*, a occhio e croce (L.C.).
1. pige [piʒ] f. TECHN. misura, campione (m.) convenzionale. ‖ TYP. = quantità di lavoro da eseguire in un dato tempo. ‖ JOURN. *être payé à la pige* = essere pagato (un tanto) a riga, a cartella. ‖ ARG. = anno m.
2. pige f. POP. *faire la pige à qn*, far meglio di qlcu., superare qlcu. (L.C.).
pigeon [piʒɔ̃] m. ZOOL. piccione, colombo. | *pigeon ramier*, colombaccio. | *pigeon voyageur*, piccione viaggiatore. ‖ BOT. *cœur de pigeon* = varietà di ciliegia (f.). ‖ FAM. *mon (petit) pigeon* = tesoro, tesoruccio mio. ‖ FAM. [dupe] merlotto, pollo, gonzo. ‖ JEU *pigeon vole* = l'asino vola. ‖ SPORT *tir au pigeon, au pigeon artificiel*, tiro al piccione, al piattello. ‖ TECHN. = manata (f.) di gesso impastato.
pigeonnant, e [piʒɔnɑ̃, ɑ̃t] adj. FAM. *poitrine pigeonnante* = seni (m. pl.) alti e tondi.
pigeonne [piʒɔn] f. ZOOL. colomba; femmina del piccione.
pigeonneau [piʒɔno] m. ZOOL. piccioncino. ‖ FIG., FAM. merlotto.
pigeonner [piʒɔne] v. tr. FAM. [duper] infinocchiare; abbindolare, raggirare (L.C.).
pigeonnier [piʒɔnje] m. PR. et FIG. piccionaia f., colombaia f.
piger [piʒe] v. tr. POP. [regarder] guardare (L.C.). | *pige-moi cette maison!*, guarda un po' che bella casa! ‖ [comprendre] sgamare; capire (L.C.). | *n'y piger que dalle, que couic*, non capirci un'acca (fam.). | *tu piges?*, capisci? | *piger les intentions de qn* = mangiare la foglia (fam.).
pigiste [piʒist] adj. et n. JOURN. = che, chi è pagato (un tanto) a riga, a cartella.
pigment [pigmɑ̃] m. pigmento.
pigmentaire [pigmɑ̃tɛr] adj. pigmentario.
pigmentation [pigmɑ̃tasjɔ̃] f. pigmentazione.
pigmenter [pigmɑ̃te] v. tr. pigmentare.
pigne [piɲ] f. BOT. pigna.
pignocher [piɲɔʃe] v. tr. FAM. spilluzzicare, mangiucchiare. ‖ ART, PÉJOR. = leccare.
1. pignon [piɲɔ̃] m. ARCHIT. pignone. ‖ LOC. *avoir pignon sur rue* = avere un negozio di successo, un negozio bene ubicato.
2. pignon m. MÉC. pignone.
3. pignon m. BOT. pi(g)nolo. | *pin pignon*, V. PIN.
pignoratif, ive [piɲɔratif, iv] adj. JUR. pignoratizio.
pignouf [piɲuf] m. POP. cafone; zoticone (L.C.).
pilaf [pilaf] m. CULIN. pilaf.
pilage [pilaʒ] m. pestatura f., tritatura f.
pilaire [pilɛr] adj. (rare) peloso (L.C.).
pilastre [pilastr] m. ARCHIT. pilastro, piliere; lesena f.
1. pile [pil] f. rovescio m. (di una moneta). ‖ LOC. *jouer à pile ou face*, giocare a testa e croce. ◆ adv. FAM. *s'arrêter pile*, fermarsi di botto (L.C.). | *arriver, tomber pile*, capitare a proposito (L.C.). | *à midi pile*, alle dodici in punto (L.C.).
2. pile f. [amas] pila. | *pile de livres, d'assiettes*, pila di libri, di piatti. ‖ ARCHIT. pila; [de grandes dimensions] pilone m. ‖ ÉLECTR. pila. | *pile sèche*, pila a secco. | *pile de Volta*, pila voltaica. ‖ HÉRALD. pila. ‖ PHYS. *pile atomique*, pila atomica. ‖ POP. [rossée] scarica di botte (fam.). | *flanquer une pile à qn*, picchiare uno di santa ragione. ‖ [défaite] *prendre une pile*, subire una sconfitta (L.C.).
piler [pile] v. tr. [broyer] pestare, tritare. ‖ POP. [battre] picchiare (L.C.); [défaire] sconfiggere (L.C.). | *se faire piler*, prendere una bella batosta.
pilet [pilɛ] m. ZOOL. codone.
pileux, euse [pilø, øz] adj. pilifero.
pilier [pilje] m. ARCHIT. pilastro, pilone. ‖ ANAT. pilastro. ‖ FIG. pilastro, sostegno, colonna f. | *la famille, pilier de la société*, la famiglia, fondamento, colonna della società. ‖ FAM. *un pilier de cabaret* = un assiduo frequentatore di bettole; un beone. ‖ [rugby] pilone.
pilifère [pilifɛr] adj. pilifero.
pillage [pijaʒ] m. saccheggio, sacco. | *mettre une ville au pillage*, mettere a sacco una città.
pillard, e [pijar, ard] adj. predatore, trice; rapinatore, trice. ◆ n. m. saccheggiatore, predatore, predone.
piller [pije] v. tr. saccheggiare, mettere a sacco, depredare. | *piller une ville*, saccheggiare una città. ‖ [voler] rubare, predare. | *marchandises pillées dans un magasin*, merci rubate in una bottega. | *piller le trésor public*, saccheggiare le finanze pubbliche. ‖ [plagier] saccheggiare, mettere a ruba. | *piller un auteur*, saccheggiare un autore.
pilleur, euse [pijœr, øz] n. predatore, trice; predone m.
pilocarpe [pilɔkarp] m. BOT. pilocarpo.
pilocarpine [pilɔkarpin] f. CHIM. pilocarpina, iaborandi m.
pilon [pilɔ̃] m. pestello. ‖ PR. et FIG. *mettre, envoyer au pilon*, mandare al macero. ‖ FAM. [jambe de bois] = gamba (f.) di legno. ‖ CULIN. = parte inferiore della coscia (di pollo cotto).
pilonnage [pilɔnaʒ] m. pestatura f. ‖ MIL. bombardamento intenso.
pilonner [pilɔne] v. tr. pestare. ‖ MIL. martellare; bombardare intensamente.
pilori [pilɔri] m. HIST. [poteau] palo (della berlina);

[peine] berlina f., gogna f. || FIG. *clouer qn au pilori*, mettere qlcu. alla, in berlina, alla gogna.
pilo-sébacé, e [pilosebase] adj. ANAT. pilosebaceo.
piloselle [pilozɛl] f. BOT. pelosella.
pilosisme [pilozism] m. MÉD. pilosismo, ipertricosi f.
pilosité [pilozite] f. pelosità.
pilot [pilo] m. TECHN. palo (di fondazione).
pilotage [pilɔtaʒ] m. pilotaggio. || AÉR. *pilotage sans visibilité*, pilotaggio, navigazione strumentale.
pilote [pilɔt] m. pilota. | *pilote automatique*, pilota automatico. | *pilote d'essai* (pilota) collaudatore. || [poisson] pesce pilota. || [en appos.] *bateau-pilote*, nave (f.) pilota. | *école-pilote*, scuola pilota. | *usine-pilote*, fabbrica pilota. | *industrie-pilote*, industria di punta.
1. piloter [pilɔte] v. tr. TECHN. *piloter un terrain*, conficcare pali di fondazione in un terreno.
2. piloter v. tr. [conduire] pilotare. || [guider] pilotare, guidare, accompagnare. | *piloter qn dans la ville*, pilotare qlcu. per la città.
pilotin [pilɔtɛ̃] m. MAR. = allievo ufficiale (della marina mercantile).
pilotis [pilɔti] m. TECHN. palificata f. || [préhistoire] *maison construite sur pilotis*, palafitta f.
pilou [pilu] m. TEXT. = tessuto di cotone felpato.
pilulaire [pilylɛr] adj. pillolare. | *masse pilulaire*, massa pillolare ; maddaleone m.
pilule [pilyl] f. pillola. || FIG., FAM. *avaler la pilule*, ingoiare la pillola. | *dorer la pilule à qn*, indorare la pillola a qlcu. || POP. [défaite] *prendre une pilule*, prendere una bella batosta.
pilulier [pilylje] m. pillolaio.
pilum [pilɔm] m. (lat.) ANTIQ. pilo.
pimbêche [pɛ̃bɛʃ] f. FAM. = donna smorfiosa e bisbetica.
piment [pimɑ̃] m. BOT. pimento, peperoncino. | *piment rouge*, peperoncino rosso. | *piment doux*, peperone. || FIG. sapore, pimento.
pimenter [pimɑ̃te] v. tr. CULIN. = condire, insaporire con pimento, con peperoncino ; pimentare (rare). || FIG. pimentare, impepare, rendere piccante ; condire.
pimpant, e [pɛ̃pɑ̃, ɑ̃t] adj. agghindato, attillato. | *une fillette toute pimpante*, una ragazzina agghindata, in ghingheri. | *une petite ville pimpante*, una cittadina graziosa.
pimprenelle [pɛ̃prənɛl] f. BOT. pimpinella.
pin [pɛ̃] m. BOT. pino. | *pomme de pin*, pigna f. | *pin pignon, parasol*, pino domestico, pino da pinoli, pino a ombrello. | *pin maritime*, pino marittimo ; pinastro.
pinacle [pinakl] m. ARCHIT. pinnacolo. || LOC. FIG. *être au, sur le pinacle*, essere in auge ; essere al culmine della gloria. | *porter, élever qn au pinacle*, portare qlcu. ai sette cieli, in palma di mano.
pinacothèque [pinakɔtɛk] f. pinacoteca.
pinaillage [pinajaʒ] m. FAM. pignoleria f.
pinailler [pinaje] v. intr. FAM. pignoleggiare ; cavillare (L.C.).
pinailleur, euse [pinajœr, øz] adj. et n. FAM. pignolo adj. et m. ; cavillatore, trice (L.C.).
pinard [pinar] m. POP. vino (L.C.).
pinasse [pinas] f. MAR. pinaccia.
pinastre [pinastr] m. BOT. pinastro ; pino marittimo.
pinçage [pɛ̃saʒ] m. AGR. smozzatura f., spuntatura f.
pinçard, e [pɛ̃sar, ard] adj. et n. (cavallo) rampino, (cavalla) rampina.
pince [pɛ̃s] f. [propriété de pincer] presa. | *outil qui n'a pas de pince*, arnese che non fa presa. || TECHN. pinza, molletta. | *pince universelle*, pinza universale. | *pince à ongles*, pinzetta per unghie. | *pince à cheveux*, molletta per capelli. | *pince à linge*, molletta per biancheria. | *pince à sucre, à glace*, mollette (pl.) per lo zucchero, il ghiaccio. || [levier] leva, barra. || CHIR. pinza. || MODE pince (fr.) ; piccola piega ; ripresa. || ZOOL. [d'herbivore] picozzo m. ; [de crustacé] pinza, chela. || [de fer à cheval] punta. || LOC. POP. *serrer la pince à qn*, stringere la mano a uno (L.C.). | *aller à pinces*, andare a piedi (L.C.).
pincé, e [pɛ̃se] adj. *lèvres pincées*, labbra strette. | *air pincé*, aria risentita. | *sourire pincé*, sorriso forzato, a denti stretti.
pinceau [pɛ̃so] m. pennello. | *coup de pinceau*, pennellata f. || FIG. pennello, mano f., tocco. || [touffe de poils] ciuffo di peli. | *pinceau lumineux*, fascio luminoso. || POP. piede (L.C.).
pincée [pɛ̃se] f. pizzico m., presa.
pincement [pɛ̃smɑ̃] m. pizzicamento. || FIG. *pincement au cœur*, stretta (f.) al cuore. || AGR. smozzatura f., spuntatura f.
pince-monseigneur [pɛ̃smɔ̃sɛɲœr] f. grimaldello m.
pince-nez [pɛ̃sne] m. inv. pince-nez (fr.) ; occhiali (m. pl.) stringinaso.
pincer [pɛ̃se] v. tr. [avec les doigts] pizzicare ; dare un pizzicotto a. || MUS. *pincer les cordes*, pizzicare le corde. || [serrer] stringere. | *pincer les lèvres*, stringere le labbra. || [avec des pinces] pinzare (rare) ; afferrare, stringere con le pinze. || [crustacé] mordere. || FAM. pungere. | *vent, froid qui pince*, vento, freddo pungente, che punge. || FAM. [surprendre] pizzicare ; (sor)prendere (L.C.). | *pincer qn en train de voler*, sorprendere qlcu. mentre sta rubando. | *la police a pincé le voleur*, la polizia ha pizzicato il ladro. || AGR. smozzare, spuntare. ◆ v. intr. POP. *en pincer pour qn*, essere (innamorato) cotto di qlcu. (fam.). ◆ v. pr. pizzicarsi ; darsi un pizzicotto. || [se serrer] stringersi. | *se pincer les doigts dans une porte*, prendersi le dita in una porta. | *il s'est pincé avec les tenailles*, si è stretto un dito con le tanaglie.
pince-sans-rire [pɛ̃ssɑ̃rir] n. inv. umorista a freddo. ◆ adj. umoristico.
pincette [pɛ̃sɛt] f. pinzetta. ◆ pl. [pour le feu] molle. || LOC. FIG. *n'être pas à prendre avec des pincettes :* [très sale] = essere sporco, ripugnante ; [mauvaise humeur] = essere di pessimo umore, intrattabile.
pinçon [pɛ̃sɔ̃] m. = livido, segno (lasciato da un pizzicotto) ; pulcesecca f.
pindarique [pɛ̃darik] adj. pindarico.
pindariser [pɛ̃darize] v. intr. = imitare il lirismo pindarico.
pindarisme [pɛ̃darism] m. pindarismo.
pinéal, e, aux [pineal, o] adj. ANAT. pineale.
pinède [pinɛd] f. pineta ; pineto m. (littér.).
pingouin [pɛ̃gwɛ̃] m. ZOOL. pinguino.
Ping-Pong [piŋpɔ̃g] m. ping-pong ; tennis da tavolo.
pingre [pɛ̃gr] adj. FAM. spilorcio, tirchio, taccagno. ◆ n. spilorcio.
pingrerie [pɛ̃grəri] f. FAM. spilorceria, tirchieria, taccagneria.
pinne [pin] f. ZOOL. pinna.
pinnipèdes [pinipɛd] m. pl. ZOOL. pinnipedi.
pinnothère [pinɔtɛr] m. ZOOL. pinnotere.
pinnule [pinyl] f. TECHN. pinnula.
pinot [pino] m. [cépage] pinot (fr.).
pinson [pɛ̃sɔ̃] m. ZOOL. fringuello. || LOC. *gai comme un pinson*, allegro come un fringuello.
pintade [pɛ̃tad] f. ZOOL. (gallina) faraona.
pintadeau [pɛ̃tado] m. ZOOL. giovane (gallina) faraona.
pintadine [pɛ̃tadin] f. ZOOL. meleagrina.
pinte [pɛ̃t] f. pinta. || LOC. FAM. *se faire, se payer une pinte de bon sang*, farsi buon sangue.
pinter [pɛ̃te] v. intr. et tr. POP. trincare (fam.).
pin-up [pinœp] f. inv. pin up (girl) [angl.].
piochage [pjɔʃaʒ] m. zappatura f. || FIG., FAM. (lo) sgobbare.
pioche [pjɔʃ] f. zappa. || JEU monte m. || FAM. *tête de pioche*, testone, a (n.) ; testardo adj.
piocher [pjɔʃe] v. tr. zappare. || FIG., FAM. sgobbare v. intr. | *piocher sa leçon d'histoire*, sgobbare sulla lezione di storia. ◆ v. intr. FIG., FAM. sgobbare. || JEU pescare.
piocheur, euse [pjɔʃœr, øz] n. zappatore, trice. || FIG., FAM. sgobbone, a ; secchia f., secchione, a (arg. univ.).
piolet [pjɔlɛ] m. piccozza f.
pion [pjɔ̃] m. [échecs] pedone ; [dames] pedina f. | *avancer un pion*, muovere un pedone, una pedina. || LOC. *damer le pion à qn* = superare, vincere qlcu. |

n'être qu'un pion sur l'échiquier, essere una pedina (nelle mani di qlcu.). ‖ Arg. univ. sorvegliante, istitutore (l.c.).

pioncer [pjɔ̃se] v. intr. Pop. dormire (l.c.).

pionne [pjɔn] f. Arg. univ. sorvegliante, istitutrice (l.c.).

pionnier [pjɔnje] m. Pr. et Fig. pioniere.

pioupiou [pjupju] m. Mil., fam. = (giovane) soldato.

pipa [pipa] m. Zool. pipa f.

pipe [pip] f. [objet ; contenu] pipa. ‖ Pop. *deux francs par tête de pipe,* due franchi a testa (l.c.). | *se fendre la pipe,* ridere (l.c.). | *casser sa pipe,* tirare le cuoia. ‖ [interj.] *nom d'une pipe !,* perdinci !, perdiana ! ‖ Pop. sigaretta (l.c.). ‖ Techn. condotto m., tubo m. | *pipe d'aération,* condotto d'aerazione. ‖ Vx [mesure] pipa. ‖ [tonneau] botte, pipa.

pipeau [pipo] m. Mus. zufolo. ‖ [appeau] chioccolo, pispola f. ‖ [gluau] panione.

1. pipée [pipe] f. [chasse] = caccia agli uccelli con chioccolo, con pispola.

2. pipée f. [tabac] pipata.

pipelet, ette [piplɛ, ɛt] n. Pop. portinaio, a (l.c.). ◆ adj. et n. Pop. [bavard] pettegolo (l.c.).

pipe-line [pajplajn] ou **pipeline** [piplin] m. pipeline (angl.) f. ; [pétrole] oleodotto ; [gaz] gasdotto, metanodotto.

piper [pipe] v. tr. Pr. *piper des oiseaux,* uccellare (v. intr.) con il chioccolo, con la pispola. ‖ Fig., vx *piper qn,* ingannare, imbrogliare qlcu. (l.c.). ‖ [truquer] truccare. | *piper les dés, les cartes,* truccare i dadi, le carte. ‖ Loc. fam. *ne pas piper (mot),* non fiatare ; non aprir bocca.

pipéracées [piperase] f. pl. Bot. piperacee.

piperade [piperad] f. Culin. = peperonata con aggiunto di uova.

piperie [pipri] f. Vx inganno m. (l.c.).

pipérine [piperin] f. Chim. piperina.

pipéronal [piperɔnal] m. Chim. piperonalio.

pipette [pipɛt] f. pipetta.

pipi [pipi] m. Fam. pipì f. | *faire pipi,* fare (la) pipì.

pipier [pipje] m. pipaio.

pipistrelle [pipistrɛl] f. Zool. piccolo pipistrello.

pipit [pipit] m. Zool. pispola f.

pipo [pipo] m. Arg. univ. [École] = Scuola politecnica. ‖ [élève] = allievo della Scuola politecnica.

piquage [pikaʒ] m. impuntitura f. | *piquage à la machine,* cucitura (f.) a macchina.

1. piquant, e [pikɑ̃, ɑ̃t] adj. **1.** Pr. pungente, acuminato. | *feuilles piquantes,* foglie pungenti, acuminate. | *barbe piquante,* barba pungente. | *froid piquant,* freddo pungente. ‖ [au goût] *sauce piquante,* salsa piccante. | *vin piquant,* vino frizzante. | *eau piquante,* acqua (minerale) frizzante, gassosa. ‖ [à l'odorat] acre. ‖ **2.** Fig. [mordant] pungente, mordace, frizzante. | *mot piquant,* frizzo m. ‖ [spirituel] arguto, piccante, spiritoso. | *conversation piquante,* conversazione arguta. ‖ [vif, excitant] attraente, provocante. | *beauté piquante,* bellezza provocante.

2. piquant m. Pr. spina f., aculeo. | *les piquants d'une rose,* le spine di una rosa. | *les piquants d'un hérisson,* gli aculei di un riccio. ‖ Fig. [aspect intéressant] = lato curioso, divertente, interessante. | *le piquant de l'affaire,* il bello dell'affare. | *une anecdote sans piquant,* un aneddoto senza sugo, un aneddoto insipido. ‖ Loc. *ça manque de piquant,* non c'è sugo.

1. pique [pik] f. Hist. mil. picca.

2. pique m. Jeu picche f. pl.

3. pique f. Fig. [parole] motto (m.) pungente, mordace ; frecciata, frizzo m. | *envoyer, lancer des piques à qn,* lanciar frecciate, frizzi a, contro qlcu. ‖ [brouille] picca.

piqué, e [pike] adj. Pr. [troué] bucherellato ; [taché] picchiettato, macchiato, macchiettato. | *papier piqué,* carta macchiettata. | *glace piquée,* specchio macchiato. | *peau piquée de taches de rousseur,* pelle cosparsa di lentiggini, pelle lentigginosa. | *bois piqué des vers,* legno tarlato. | *ce n'est pas piqué des vers* (fig., fam.) = non è una cosa banale, è una cosa fuori del comune, è una cosa coi fiocchi. ‖ [boisson] inacidito, inacetito. | *vin piqué,* vino che ha lo spunto, vino inacetito. ‖ Mode impuntito, trapunto. | *tissu piqué,* tessuto trapunto. | *couverture piquée,* trapunta f. | *piqué à la machine,* cucito a macchina. ‖ Culin. lardellato. ‖ Mus. *note piquée,* nota staccata. ‖ Fam. [un peu fou] picchiato, picchiatello, tocco. ◆ n. m. Text. piqué (fr.), picchè. ‖ Aér. *(bombardement en) piqué,* (bombardamento in) picchiata f.

pique-assiette [pikasjɛt] n. Fam. = sbafatore, trice ; mangia a ufo m. inv.

pique-bœuf [pikbœf] m. Zool. (airone) guardabuoi.

pique-feu [pikfø] m. inv. attizzatoio m.

pique-nique [piknik] m. picnic inv. (angl.) ; colazione (f.) all'aperto, in campagna.

pique-niquer [piknike] v. intr. fare un picnic.

piquer [pike] v. tr. **1.** [percer] pungere. | *piquer la peau avec une épingle,* pungere la pelle con uno spillo. ‖ [en parlant d'insecte] pungere, morsicare ; [de vers] tarlare, rodere ; [de vipère] mordere. ‖ [avec des éperons] spronare ; [un aiguillon] pungolare. ‖ [faire une piqûre] fare un'iniezione a, vaccinare. | *piquer qn contre une maladie,* vaccinare qlcu. contro una malattia. | *faire piquer un chien,* finire un cane con un'iniezione. ‖ **2.** [fixer] appuntare. | *piquer une épingle au revers de sa veste,* appuntare uno spillo sul risvolto della giacca. | *piquer une fleur dans ses cheveux,* appuntarsi un fiore nei capelli. ‖ **3.** [produire une sensation] pizzicare, irritare, pungere. | *tissu qui pique la peau,* tessuto che pizzica, irrita la pelle. | *le froid pique les mains,* il freddo punge le mani. | *l'alcool pique la peau,* l'alcole fa frizzare la pelle. | *la fumée pique les yeux,* il fumo fa bruciare gli occhi, dà un bruciore agli occhi. ‖ Fam. *ça me pique,* mi prude (l.c.). ‖ **4.** [semer de taches] macchiare, macchiettare, picchiettare. | *l'humidité pique le papier, les glaces,* l'umidità intacca, macchia la carta, gli specchi. ‖ Fam. *se piquer le nez,* ubriacarsi (l.c.). ‖ **5.** Fig. [offenser, irriter] pungere, offendere. | *piquer qn au vif,* pungere qlcu. sul vivo. ‖ Fam. *quelle mouche te pique ?,* che ti piglia ? ‖ [exciter] stuzzicare, eccitare. | *piquer la curiosité de qn,* stuzzicare la curiosità di qlcu. ‖ **6.** Culin. lardellare. ‖ Mar. *piquer l'heure,* battere l'ora sulla campana. ‖ Mode impuntire, trapuntare, impunturare. | *piquer à la machine, à la main,* cucire a macchina, a mano. ‖ Mus. *piquer les notes,* staccare le note. ‖ Techn. *piquer une ligne,* punteggiare una linea. ‖ **7.** Fam. [faire] *piquer un plongeon, une tête dans l'eau,* fare un tuffo, tuffarsi a capofitto nell'acqua (l.c.). | *piquer un cent mètres,* fare uno sprint, una volata (l.c.). | *piquer un somme, un roupillon,* schiacciare un pisolino. | *piquer une colère,* arrabbiarsi, incollerirsi, andare in collera (l.c.). | *piquer une crise (de nerfs),* avere una crisi di nervi (l.c.). | *piquer un fard, un soleil,* arrossire (l.c.). ‖ **8.** Pop. [voler] fregare ; rubare (l.c.). | *il m'a piqué ma bicyclette,* m'ha fregato la bicicletta. ‖ [surprendre] pizzicare ; cogliere, (sor)prendere (l.c.). | *on l'a piqué en train de voler,* l'hanno pizzicato, sorpreso mentre rubava. | *il s'est fait piquer par la police,* s'è fatto pizzicare dalla polizia. ◆ v. intr. pungere, pizzicare. | *la barbe, l'ortie pique,* la barba, l'ortica punge. | *vin qui pique,* vino acidulo, inacetito. | *eau qui pique :* [naturelle] acqua gassosa ; [artificielle] acqua gassata. ‖ Aér. picchiare. ‖ Loc. *piquer des deux,* dar di sprone. | *piquer vers, sur* (fam.), puntare, dirigersi, avviarsi verso (l.c.). | *oiseau qui pique dans l'eau,* uccello che si tuffa nell'acqua. | *piquer du nez :* Aér. precipitare ; Fam. [s'endormir] appisolarsi. ‖ Mar. *piquer de l'avant,* appruarsi, impruarsi ; affondare con la prua. ◆ v. pr. *se piquer le doigt,* pungersi il dito. ‖ Absol. *se piquer à la morphine,* farsi un'iniezione, farsi iniezioni di morfina. ‖ [bois] tarlarsi, tarlare v. intr. ‖ [papier, glace] macchiarsi all'umidità. ‖ [vin] prendere d'aceto ; inacetire, inacidire v. intr. ‖ Fig. [se fâcher] offendersi, arrabbiarsi. | *se piquer d'un rien,* offendersi, arrabbiarsi per un nonnulla. ‖ [se vanter] *se piquer de savoir qch.,* vantarsi di saper qlco. ‖ [se flatter] *se piquer d'élégance,* piccarsi di eleganza. ‖ Loc. *se piquer à qch.* (vx), prendere qlco. a

cuore (L.C.). | *se piquer au jeu,* esser preso dal proprio gioco, prender qlco. a cuore, impuntarsi.
1. piquet [pikɛ] m. picchetto, paletto. ‖ LOC. *droit comme un piquet,* ritto come un palo ; impalato. | *mettre un enfant au piquet,* mettere un fanciullo in castigo. ‖ MIL. picchetto. | *être de piquet,* essere di picchetto. | *piquet d'incendie,* picchetto d'incendio. | *piquet de grève,* picchetto di scioperanti.
2. piquet m. JEU. picchetto.
piquetage [piktaʒ] m. picchettatura f., picchettazione f.
piqueter [pikte] v. tr. [tacheter] picchiettare. ‖ [jalonner] picchettare.
1. piquette [pikɛt] f. vinello m., acquerello m., secondo vino. ‖ [mauvais vin] vinaccio m.
2. piquette f. LOC. POP. *ramasser une piquette,* prendere una batosta (fam.).
piqueur, euse [pikœr, øz] adj. pungitore. | *insecte piqueur,* insetto pungitore. ◆ n. [ouvrier] cucitore, trice ; operaio addetto, operaia addetta all'impuntura, all'impuntitura. ◆ n. m. [chasse] bracchiere. ‖ *piqueur de vin,* assaggiatore di vini.
piqueux [pikø] m. [vénerie] bracchiere.
piquier [pikje] m. MIL., VX picchiere.
piqûre [pikyr] f. [insecte ; épine, ortie] puntura ; [serpent] morso m. ‖ [trou] *piqûre de vers,* tarlatura f. ‖ [tache] *piqûres d'une glace, d'un livre,* macchie di uno specchio, di un libro. | *piqûre de rouille,* macchie di ruggine. ‖ FIG. *piqûres d'amour-propre,* ferite, punture d'amor proprio. ‖ MÉD. iniezione, puntura. ‖ MODE impuntura.
pirandellien, enne [pirɑ̃dɛljɛ̃, ɛn] adj. pirandelliano.
pirandellisme [pirɑ̃dɛlism] m. pirandellismo.
piranha [piraɲa] ou **piraya** [piraja] m. ZOOL. piranha.
pirate [pirat] m. [homme] pirata ; [bateau] nave (f.) pirata. ‖ FIG. [homme cupide] pirata, filibustiere. | *pirate de l'air,* pirata dell'aria. | *station pirate,* emittente pirata.
pirater [pirate] v. intr. pirateggiare.
piraterie [piratri] f. PR. et FIG. pirateria. | *piraterie aérienne,* pirateria aerea.
piraya m. V. PIRANHA.
pire [pir] adj. [compar.] peggiore ; peggio inv. | *remède pire que le mal,* rimedio peggiore del male. | *aujourd'hui le temps semble pire qu'hier,* oggi il tempo pare peggio, peggiore di ieri. ‖ [superl. rel.] *le pire, la pire,* il, la peggiore. | *les pires,* i, le peggiori. | *la pire chose,* la peggior cosa. | *les pires choses,* le peggiori cose. ◆ n. m. peggio ; cosa (f.) peggiore. | *le pire (c')est que,* il peggio, la cosa peggiore è che. ‖ LOC. *la politique du pire* = la politica del tanto peggio tanto meglio. | *unis pour le meilleur et pour le pire,* uniti per la buona e la cattiva sorte.
piriforme [pirifɔrm] adj. piriforme.
pirogue [pirɔg] f. piroga.
piroguier [pirɔgje] m. = rematore di piroga.
pirouette [pirwɛt] f. piroetta, giravolta. ‖ [danse] pirouette (fr.), piroetta. ‖ [équitation] piroetta. ‖ FIG. piroetta ; voltafaccia m. inv. ‖ LOC. FAM. *répondre par, s'en tirer avec une pirouette* = rispondere, cavarsela eludendo la difficoltà.
pirouetter [pirwɛte] v. intr. piroettare, fare piroette. ‖ FIG. fare piroette ; = voltare, mutare gabbana.
1. pis [pi] m. ZOOL. mammella f.
2. pis adv. peggio. | *il a fait pis (que cela),* ha fatto (di) peggio. | *cela ne va ni mieux ni pis qu'avant,* non va né meglio né peggio di prima. | *tant pis,* tanto peggio. | *tant pis pour moi, toi, lui,* peggio per me, te, lui. | *aller de mal en pis,* andare di male in peggio. ◆ adj. peggio. | *c'est bien pis,* è ben, assai peggio. | *et qui pis est,* e quel che è peggio. ◆ n. m. *dire pis que pendre de qn,* dir peste e corna di uno. | *au pis aller, en mettant les choses au pis,* per male che vadano le cose ; nel peggiore dei casi ; alla peggio. | *le pis qui puisse t'arriver,* il peggio di quanto può accaderti. | *le pis est que,* il peggio è che.
pis-aller [pizale] m. inv. (soluzione [f.] di) ripiego m.
pisan, e [pizɑ̃, an] adj. et n. pisano.
piscicole [pisikɔl] adj. piscicolo.
pisciculteur [pisikyltœr] m. piscicoltore.
pisciculture [pisikyltyr] f. piscicoltura.
pisciforme [pisifɔrm] adj. pisciforme.
piscine [pisin] f. piscina. ‖ RELIG. *piscine sacrée,* sacrario m.
piscivore [pisivɔr] adj. piscivoro.
pisé [pize] m. = impasto di terra argillosa e ghiaia o paglia.
pisiforme [pizifɔrm] adj. m. ANAT. pisiforme.
pisolithe [pizɔlit] f. GÉOL. pisolite.
pisolitique [pizɔlitik] adj. pisolitico.
pissat [pisa] m. orina f. (di animali).
pisse [pis] f. VULG. piscia, piscio m.
pisse-froid [pisfrwa] m. inv. FAM. = uomo freddo e noioso.
pissenlit [pisɑ̃li] m. BOT. soffione ; dente di leone ; piscialletto, bugia f. ‖ LOC. FAM. *manger les pissenlits par la racine,* essere andato a ingrassare i cavoli.
pisser [pise] v. intr. et tr. VULG. pisciare ; orinare (L.C.). | *pisser du sang,* pisciar sangue. ‖ FAM. [couler] colare (L.C.). | *l'eau pisse du robinet,* l'acqua cola dal rubinetto. ‖ [fuir] colare, perdere (L.C.). | *réservoir qui pisse de tous les côtés,* serbatoio che perde da tutte le parti. ‖ LOC. VULG. *c'était à pisser de rire,* c'era da sbellicarsi dalle risa (fam.). | *pleuvoir comme vache qui pisse,* piovere a catinelle, a rovesci (L.C.). | *c'est comme pisser dans un violon* = è fatica sprecata. | *pisser de la copie,* pisciare articoli.
pissette [pisɛt] f. spruzzetta.
pisseur, euse [pisœr, øz] n. VULG. piscione, a. ◆ f. VULG. [fille] bambina, ragazza (L.C.).
pisseux, euse [pisø, øz] adj. FAM. piscioso ; imbrattato di piscia ; [qui sent] che puzza di piscia. ‖ [couleur] = giallastro (come l'orina) ; giallo sporco, color piscia.
pisse-vinaigre [pisvinɛgr] m. inv. FAM. [avare] = spilorcio ; [chagrin] V. PISSE-FROID.
pissoir [piswar] m. VULG. pisciatoio ; orinatoio (L.C.).
pissotière [pisɔtjɛr] f. FAM. orinatoio (pubblico) [L.C.].
pistache [pistaʃ] f. BOT. pistacchio m. ◆ adj. inv. *couleur, vert pistache,* color, verde pistacchio.
pistachier [pistaʃje] m. BOT. pistacchio.
pistage [pistaʒ] m. pedinamento.
pistard [pistar] m. SPORT pistard (fr.), pistaiolo.
piste [pist] f. [trace] pesta, traccia, pista ; orma (littér.). | *suivre la piste d'un animal,* seguire le peste, le tracce di un animale. ‖ [voie, chemin] pista. | *piste carrossable, cyclable,* pista carrabile, ciclabile. | *piste cavalière,* pista per cavalli ; galoppatoio m. | *piste de trot,* trottatoio m. ‖ FIG. peste f. pl., tracce f. pl. | *la police est sur la piste du voleur,* la polizia è sulle tracce del ladro. | *mettre qn sur la (bonne) piste,* mettere qlcu. sulla buona strada. ‖ AÉR. *piste d'atterrissage, d'envol,* pista di atterraggio, di decollo. ‖ CIN. *piste sonore,* colonna sonora. ‖ ÉLECTRON. pista. ‖ SPORT pista. | *piste de patinage, de danse,* pista di pattinaggio, da ballo. | *la piste du cirque,* la pista, l'arena del circo. | *entrer en piste,* entrare in pista.
pister [piste] v. tr. seguire le peste, le tracce di ; pedinare.
pistil [pistil] m. BOT. pistillo.
pistole [pistɔl] f. [monnaie] pistola. ‖ VX [dans une prison] = cella a pagamento.
pistolet [pistɔlɛ] m. pistola f. | *tir au pistolet,* tiro con la pistola. | *coup de pistolet,* colpo di pistola ; pistolettata f. | *pistolet mitrailleur,* pistola mitragliatrice. | *pistolet de starter,* pistola per starter. ‖ TECHN. *pistolet à peinture,* pistola a spruzzo ; aerografo. | *peinture au pistolet,* verniciatura a spruzzo. ‖ CULIN. panino al latte. ‖ MÉD. pappagallo. ‖ [tire-ligne] curvilineo. ‖ FIG., FAM. *un drôle de pistolet !* = un bel tipo !, un tipo strano !
piston [pistɔ̃] m. MÉC. stantuffo, pistone. ‖ MUS. pistone. | *cornet à pistons,* cornetta f. ‖ FAM. [appui] appoggio, protezione f., raccomandazione f. (L.C.). | *avoir du piston,* avere protezioni, appoggi. ‖ ARG. UNIV. [école] = Scuola centrale d'ingegneria ; [élève] = allievo della Scuola centrale d'ingegneria.

pistonner [pistɔne] v. tr. FAM. raccomandare, appoggiare, proteggere, spalleggiare (L.C.).
pistou [pistu] m. (région.) CULIN. *soupe au pistou* = minestra (f.) di verdure con un trito, un battuto di basilico.
pitance [pitɑ̃s] f. FAM., PÉJOR. pasto m., cibo m. (L.C.). | *maigre pitance,* magro pasto ; pasto, cibo scarso. || Vx [dans une communauté] razione (L.C.).
pitchpin [pitʃpɛ̃] m. BOT. pitch-pine (angl.).
pite [pit] f. TEXT. pita.
piteux, euse [pitø, øz] adj. pietoso, mediocre, misero. | *en piteux état,* in uno stato pietoso, compassionevole. | *de piteux résultats,* miseri, poveri risultati. | *faire une piteuse mine* (fam.), rimanere confuso (L.C.).
pithécanthrope [pitekɑ̃trɔp] m. pitecantropo.
pithiatique [pitjatik] adj. et n. pitiatico.
pithiatisme [pitjatism] m. MÉD. pitiatismo.
pithiviers [pitivje] m. [gâteau] = dolce di mandorle tritate.
pitié [pitje] f. pietà, compassione, pena. | *sans pitié,* senza pietà ; spietato adj. | *inspirer, exciter la pitié,* destar pietà, muovere a pietà. | *faire pitié,* far pietà, compassione ; far pena (péjor.). | *il me fait pitié,* mi fa compassione, pena. | *prendre qn en pitié, avoir pitié de qn,* aver pietà di qlcu. || LOC. *quelle pitié !* = fa (proprio) pena ! ; che vergogna (vederlo, vedere una cosa simile) ! | *c'est pitié de voir cela,* fa pena veder questo. ◆ interj. *pitié !,* (abbi, abbia, abbiate) pietà ! | *par pitié !,* per pietà !, per carità !
piton [pitɔ̃] m. TECHN. = chiodo, vite (f.) ad anello, a occhiello, a rampino. || [d'alpiniste] chiodo da roccia. || GÉOGR. picco.
pitoyable [pitwajabl] adj. [qui fait pitié] pietoso, compassionevole. | *dans un état pitoyable,* in uno stato pietoso ; in condizioni pietose, compassionevoli. | *spectacle pitoyable,* spettacolo penoso, che fa pena. || FAM. [mauvais] mediocre ; di scarso valore ; che fa pena.
pitre [pitr] m. PR. et FIG. pagliaccio, buffone.
pitrerie [pitrəri] f. pagliacciata, buffonata.
pittoresque [pitɔrɛsk] adj. pittoresco. || Vx [pictural] pittorico (L.C.). ◆ n. m. pittoresco.
pituitaire [pitɥitɛr] adj. ANAT. pituitario.
pituite [pitɥit] f. MÉD. pituita.
pityriasis [pitirjazis] f. MÉD. pitiriasi.
pivert ou **pic-vert** [pivɛr] m. ZOOL. picchio verde.
pivoine [pivwan] f. BOT. peonia. || LOC. FAM. *rouge comme une pivoine* = rosso come un peperone, come un gambero.
pivot [pivo] m. TECHN. pern(i)o. | *dent sur pivot,* dente a perno. || BOT. fittone. || FIG. [élément moteur] perno, cardine ; elemento principale ; sostegno ; [personne centrale] perno, anima f. || MIL. *pivot de manœuvre,* perno di manovra.
pivotant, e [pivɔtɑ̃, ɑ̃t] adj. girevole. | *grue pivotante,* gru girevole. || BOT. *racine pivotante,* radice fittonante ; fittone m.
pivoter [pivɔte] v. intr. girare. | *pivoter sur ses talons,* girare sui talloni. || BOT. = affondare verticalmente le radici. || MIL. compiere una conversione.
pizza [pidza] f. (pl. *pizzas*) CULIN. pizza (pl. *pizze*) [ital.].
pizzicato [pitsikato] m. (ital.) MUS. pizzicato.
placage [plakaʒ] m. [revêtement] placcatura f. || [feuille de bois] impiallacciatura f. | *bois de placage,* legno per impiallacciatura. || [rugby] placcaggio.
placard [plakar] m. [armoire] armadio a muro. || [affiche] manifesto, affisso. || TYP. *épreuve en placard,* bozza (f.) in colonna.
placarder [plakarde] v. tr. affiggere. | *mur placardé d'affiches,* muro coperto di manifesti.
place [plas] f. **1.** [espace] posto m., spazio m. | *il y a de la place, il n'y a pas de place,* c'è, non c'è posto. | *par manque de place,* per mancanza di spazio. | *faire de la place pour qch.,* liberare il posto, sgomberare uno spazio per mettere qlco. | *ce meuble tient beaucoup de place,* questo mobile prende, occupa molto spazio. || FIG. *tenir une grande place dans la société,* occupare un gran posto nella società. || PR. et FIG. *faire place à,* lasciare il posto a. | *place !,* largo ! | *place aux jeunes !,* largo ai giovani ! | *faire place nette* (fig.), far piazza pulita. || **2.** [lieu précis] posto. | *chacun, chaque chose à sa place,* ognuno, ogni cosa al posto suo. | *changer de place,* cambiar posto. | *prendre place,* accomodarsi, sedersi ; [dans un avion, un car] prendere il proprio posto. | *place assise, debout,* posto a sedere, in piedi. | *une (voiture à) quatre places,* una (macchina a) quattro posti. || [prix, billet] prezzo m. (del posto) ; biglietto m. | *payer place entière,* pagare biglietto intero. | *payer demi-place, quart de place,* pagare il posto, il biglietto a metà prezzo, al quarto del prezzo. || LOC. *à ta, sa, votre place, je dirais ceci,* io, se fossi al tuo, suo, vostro posto, direi questo. | *se mettre à la place de qn,* mettersi nei panni di uno. | *remettre qn à sa place,* rimettere qlcu. al suo posto. | *tu n'es pas à ta place,* non è questo il posto che fa per te. | *savoir rester à sa place,* sapere stare al proprio posto. | *être à sa place partout,* sentirsi a proprio agio dappertutto. | *ne pas tenir, ne pas rester en place,* non stare più nella pelle (fam.). | *mettre ses livres en place,* mettere i propri libri a posto, in ordine ; riordinare i propri libri. | *manger sur place,* mangiare sul posto, sul luogo. | *faire une enquête sur place,* far un'inchiesta sul luogo. | *coureur qui laisse ses adversaires sur place,* corridore che lascia in surplace (fr.) gli avversari. | *rester sur place,* restare immobile, non muoversi. | *être cloué (de surprise) sur place,* rimanere inchiodato. | *par places, de place en place,* qua e là ; di tratto in tratto. || **3.** [emploi, charge] posto, impiego m. | *une bonne place,* un buon posto, un buon impiego. || LOC. *un homme en place* = un uomo altolocato, piazzato bene. | *le directeur est toujours en place,* il direttore è sempre in carica. | *être en place* [domestique], essere a servizio. || **4.** [rang] posto. | *occuper la première place,* occupare il primo posto (in classifica). | *avoir une bonne place en italien,* essere fra i primi, fra i più bravi (della classe) in italiano. | *être reçu dans les premières places,* essere promosso fra i primi. | *tenir sa place,* tenere il proprio rango. || **5.** [lieu public] piazza. | *voiture de place* (VX), vettura di piazza. || **6.** COMM. *commerçant connu sur la place de Paris,* negoziante conosciuto sulla piazza di Parigi. | *faire la place,* far la piazza. || **7.** MIL. piazza. | *place forte, fortifiée,* piazzaforte f. | *place d'armes,* piazza d'armi. || [garnison locale] presidio m. | *commandant de la place,* comandante del presidio. || FIG. *être maître de la place,* essere padrone della situazione, del campo. ◆ loc. prép. ***à la place de :*** [à l'emplacement de] al posto di ; [au lieu de] invece di. | *à la place de la maison il y a maintenant un jardin,* al posto della casa c'è adesso un giardino. | *à la place du concerto l'orchestre jouera une symphonie,* invece del concerto l'orchestra suonerà una sinfonia.
placebo [plasebo] m. inv. MÉD. placebo.
placement [plasmɑ̃] m. [action de ranger] collocazione f., sistemazione f. || [pour un emploi] collocamento, sistemazione. | *bureau de placement,* ufficio di collocamento. || ÉCON. vendita f., smercio, spaccio. | *le placement d'un produit,* lo smercio di un prodotto. || FIN. investimento. | *faire de bons placements,* investire in imprese fruttifere.
placenta [plasɛ̃ta] m. ANAT., BOT. placenta f.
placentaire [plasɛ̃tɛr] adj. ANAT. placentare. || BOT. placentale. ◆ n. m. pl. ZOOL. placentati, placentali.
placentation [plasɛ̃tasjɔ̃] f. ANAT., BOT. placentazione.
1. placer [plase] v. tr. [mettre dans un lieu] porre, collocare, mettere, riporre, disporre. | *placer ses habits dans une armoire,* (ri)porre i propri abiti in un armadio. | *placer un vase sur un meuble,* porre, collocare un vaso su un mobile. | *placer les invités autour de la table,* disporre gl'invitati intorno alla tavola. | *être bien, mal placé,* avere un buon posto, un cattivo posto. || [procurer un emploi] sistemare, collocare. | *placer son fils dans une banque,* sistemare, collocare il proprio figlio in una banca, presso una banca. || COMM. piazzare, collocare, smerciare, ven-

dere. ‖ FIN. *placer ses capitaux*, investire i propri capitali. ‖ LOC. *ne pas pouvoir placer un mot*, non riuscire a dire neppure una parola. | *placer sa confiance en qn*, riporre la propria fiducia in qlcu. | *être bien placé pour faire qch.*, essere in grado di fare qlco. (con cognizione di causa). | *personnage haut placé*, persona altolocata. ‖ SPORT *placer une balle*, piazzare una palla. | *placer un coup*, assestare un colpo. ‖ [hippisme] *cheval placé*, cavallo piazzato. ◆ v. pr. [lieu] mettersi, collocarsi ; prendere posto ; disporsi. | *se placer autour de la table*, mettersi, disporsi, prender posto intorno alla tavola. ‖ [emploi] impiegarsi ; ottenere un impiego. | *se placer dans un bureau*, impiegarsi in un ufficio. ‖ [rang] classificarsi. | *se placer troisième*, classificarsi terzo. ‖ COMM. piazzarsi, collocarsi, smerciarsi. | *marchandise qui se place bien*, merce che si piazza facilmente, facile a piazzarsi. ‖ SPORT classificarsi ; [cheval] piazzarsi.

2. placer [plasɛr] m. GÉOL. placer (esp.).

placet [plasɛ] m. (lat.) Vx istanza f., supplica f. (L.C.). ‖ JUR. nota (f.) di iscrizione a ruolo.

placeur, euse [plasœr, øz] n. [pour emplois] = chi gestisce un ufficio di collocamento. ◆ f. [ouvreuse] maschera.

placide [plasid] adj. placido.

placidité [plasidite] f. placidità.

placier, ère [plasje, ɛr] n. [représentant] piazzista m. ‖ [sur un marché] appaltatore, appaltatrice dei posti di un mercato.

plafond [plafɔ̃] m. [d'une salle] soffitto ; [d'un véhicule] cielo. | *faux plafond*, controsoffitto. ‖ [limite d'altitude] tangenza f., plafond (fr.) ; [de vitesse] = limite massimo di velocità. ‖ COMM., FIN. plafond ; limite massimo di fido ; massimale. | *prix plafond*, prezzo massimale ; limite massimo del prezzo. | *plafond d'émission* = limite massimo imposto (dalla legge) all'emissione di banconote. ‖ LOC. *crever le plafond* = oltrepassare il limite massimo (consentito). ‖ MÉTÉOR. plafond. ‖ FAM. *il a une araignée au plafond* = gli manca qualche rotella, qualche venerdì.

plafonnage [plafɔnaʒ] m. soffittatura f.

plafonnement [plafɔnmɑ̃] m. ÉCON. = fissazione (f.) di un massimale.

plafonner [plafɔne] v. tr. TECHN. soffittare. ‖ LOC. *salaire plafonné* = massimale (m.) di contribuzione. ◆ v. intr. AÉR. volare alla quota di tangenza. ‖ AUTOM. correre alla velocità massima. ‖ ÉCON., COMM. = raggiungere il limite massimo.

plafonneur [plafɔnœr] m. stuccatore di soffitti.

plafonnier [plafɔnje] m. plafoniera f.

plagal, e, aux [plagal, o] adj. MUS. plagale.

plage [plaʒ] f. spiaggia. ‖ MAR. *plage avant, arrière*, ponte (m.) a proravia, a poppavia. ‖ AUTOM. *plage arrière* = ripiano (m.) tra il sedile posteriore e il lunotto. ‖ OPT. *plage lumineuse*, zona luminosa.

plagiaire [plaʒjɛr] adj. et n. plagiario.

plagiat [plaʒja] m. plagio.

plagier [plaʒje] v. tr. plagiare.

plagioclase [plaʒjɔklaz] m. MINÉR. plagioclasio.

plagiste [plaʒist] m. = proprietario di un bagno.

1. plaid [plɛ] m. Vx, JUR. placito.

2. plaid [plɛd] m. plaid (angl.).

plaidant, e [plɛdɑ̃, ɑ̃t] adj. JUR. *parties plaidantes*, parti (f. pl.) contendenti. | *avocat plaidant*, patrocinante m. ; avvocato difensore.

plaider [plede] v. intr. JUR. litigare ; agire in giudizio ; piatire (littér.). | *plaider au fond*, trattare il merito della causa. | *plaider contre qn*, far causa contro qlcu. | *plaider pour qn, en faveur de qn*, difendere (la causa di), patrocinare qlcu. ‖ FIG. *son passé plaide en sa faveur*, il suo passato parla in suo favore. ◆ v. tr. *plaider une cause*, difendere, patrocinare una causa. | *plaider l'irresponsabilité de l'accusé*, sostenere l'irresponsabilità dell'imputato. | *plaider coupable*, dichiararsi colpevole. ‖ FIG. *plaider la cause de la liberté*, perorare la causa della libertà. ‖ LOC. *plaider le faux pour savoir le vrai*, sostenere il falso per scoprire la verità.

plaideur, euse [plɛdœr, øz] n. JUR. parte (f.) in causa ; parte contendente ; contendente m., litigante. ‖ Vx [chicaneur] litigante.

plaidoirie [plɛdwari] f. arringa.

plaidoyer [plɛdwaje] m. JUR. arringa f. ‖ FIG. perorazione f.

plaie [plɛ] f. PR. et FIG. piaga, ferita. | *panser une plaie*, medicare una ferita. | *les plaies du cœur*, le piaghe del cuore. ‖ FIG. [fléau] piaga. | *la bureaucratie, plaie de la société*, la burocrazia, piaga della società. ‖ FAM. [chose] scocciatura ; [enfant] peste ; [adulte] piaga. ‖ FIG. *mettre le doigt sur la plaie*, mettere il dito sulla piaga. | *retourner, remuer, enfoncer le couteau, le fer, le poignard dans la plaie* = rincrudire il dolore, inasprire la pena ; mortificare. ‖ LOC. *plaie d'argent n'est pas mortelle* = una perdita di denaro non è irrimediabile. ‖ RELIG. piaga.

plaignant, e [plɛɲɑ̃, ɑ̃t] n. JUR. attore, trice. | *la partie plaignante*, il querelante.

plain-chant [plɛ̃ʃɑ̃] m. MUS. canto fermo.

plaindre [plɛ̃dr] v. tr. compiangere, compatire, commiserare. | *se faire plaindre*, farsi compatire. | *il n'est pas à plaindre* = non è infelice ; altri sono più infelici di lui. | *je ne te plains pas* = hai quel che ti meriti. ‖ LOC. FIG. *ne plaindre ni son temps ni sa peine*, non risparmiar né tempo né fatica. ◆ v. pr. [souffrance] lamentarsi, lagnarsi ; gemere ; [mécontentement] lamentarsi, lagnarsi, dolersi, rammaricarsi. | *avoir sujet de se plaindre*, avere di che lagnarsi, lamentarsi. | *je ne me plains pas*, non mi lamento, non mi lagno ; non mi posso lamentare, lagnare. | *se plaindre de qn, de qch. à qn*, lamentarsi di qlcu., di qlco. con qlcu. | *se plaindre (de ce) que* (avec indic. ou subj.), lamentarsi del fatto che (avec subj.). | *il se plaint d'avoir été calomnié, qu'on l'ait calomnié*, si lamenta di essere stato calunniato.

plaine [plɛn] f. pianura, piana, piano m. ‖ HÉRALD. pianura, piano. ‖ HIST. Plaine (fr.), pianura.

plain-pied (de) [dəplɛ̃pje] loc. adv. allo stesso livello, sullo stesso piano. ‖ FIG. *se sentir de plain-pied avec son interlocuteur*, sentirsi alla pari col proprio interlocutore. ‖ [directement] direttamente, senza circonlocuzioni. | *entrer de plain-pied dans le cœur du sujet*, entrare direttamente, subito nel vivo dell'argomento.

plainte [plɛ̃t] f. PR. et FIG. lamento m., gemito m. ‖ [mécontentement] lamento, lagnanza, lamentela, recriminazione. ‖ JUR. querela, denuncia. | *plainte en diffamation*, querela per diffamazione. | *porter plainte*, sporgere querela. | *porter plainte contre qn*, fare querela contro qlcu., querelare qlcu.

plaintif, ive [plɛ̃tif, iv] adj. lamentoso, lamentevole, piagnucoloso ; querulo (littér.).

plaire [plɛr] v. intr. piacere, garbare ; andare a genio. | *ce roman m'a plu*, questo romanzo mi è piaciuto. | *sa façon de travailler ne me plaît pas*, il suo modo di lavorare non mi piace, non mi garba, non mi va a genio. | *avoir tout pour plaire*, avere tutto per piacere. | *qui plaît*, che piace, che riesce gradito ; piacevole, gradito adj. ‖ LOC. *cela te plaît à dire* = lo dici tu (ma non ci credo). | *ce qui te plaît*, quel che ti piace. ◆ v. impers. piacere. | *il ne me plaît pas que l'on se mêle de mes affaires*, non mi piace che altri s'impiccino dei miei affari. ‖ LOC. *ce qu'il te plaît*, quel che vuoi, vorrai. | *comme il vous plaira*, come vi (pare e) piace. | *s'il te, vous plaît*, per favore, per piacere. | *plaît-il ?*, prego ? ; come hai, ha, avete detto ? | *plaise, plût au ciel, à Dieu que*, piaccia, piacesse al Cielo, a Dio che. | *à Dieu ne plaise !*, Dio ce ne guardi ! | *à Dieu ne plaise qu'il parte !*, Dio lo guardi dal partire ! ◆ v. pr. [récipr.] piacersi (l'un l'altro, a vicenda). ‖ [prendre plaisir] *se plaire à (faire) qch.*, dilettarsi, aver piacere di (far) qlco. ‖ [se trouver bien] *se plaire chez soi*, star bene a casa (propria). | *il se plaît chez sa tante*, sta volentieri dalla zia ; gli piace stare dalla zia. ‖ [prospérer] venire su bene. | *cette plante se plaît dans les appartements bien chauffés*, questa pianta vien su, cresce bene negli appartamenti ben riscaldati.

plaisamment [plezamɑ̃] adv. [agréablement] *appartement plaisamment meublé*, appartamento gradevolmente, piacevolmente ammobiliato. ‖ [drôlement] *raconter plaisamment une anecdote,* raccontare un aneddoto in modo divertente. || [ridiculement] *être plaisamment accoutré,* essere conciato in modo buffo.

plaisance [plezɑ̃s] f. *bateau, navigation de plaisance,* nave, navigazione da diporto. | *maison de plaisance* = casa in campagna, al mare.

plaisancier [plezɑ̃sje] m. = navigatore per diporto.

plaisant, e [plezɑ̃, ɑ̃t] adj. [agréable] piacevole, gradevole. || [amusant] divertente. || IRON. bello, ridicolo. | *plaisante justice !,* bella giustizia ! ◆ n. m. [personne] capo ameno ; burlone. | *mauvais plaisant,* burlone di cattivo gusto. || [chose] lato comico, divertente, buffo. | *mêler le plaisant à l'utile* (littér.), unire l'utile al dilettevole.

plaisanter [plezɑ̃te] v. intr. scherzare, celiare. | *aimer à plaisanter,* scherzare volentieri ; amare gli scherzi. | *un homme qui ne plaisante pas,* un uomo che non scherza, che fa le cose sul serio. ◆ v. tr. *plaisanter qn,* mettere in celia, in burletta qlcu.

plaisanterie [plezɑ̃tri] f. [propos] scherzo m., facezia, arguzia ; motto arguto ; battuta di spirito ; spiritosaggine ; [acte] scherzo, burla. | *une mauvaise plaisanterie,* un brutto scherzo. || LOC. *comprendre, entendre la plaisanterie,* stare allo scherzo. | *prendre, tourner tout en plaisanterie,* prendere, volgere tutto in scherzo. | *par (manière de) plaisanterie,* per (i)scherzo. || [bagatelle] *ton problème, c'est une plaisanterie !,* il tuo problema è uno scherzo !

plaisantin [plezɑ̃tɛ̃] m. mattacchione, pazzerellone ; buffone, pagliaccio (fam., péjor.). | *petit plaisantin* = fumista.

1. plaisir [plezir] m. [agrément] piacere. | *avec plaisir,* con piacere. | *faire plaisir à qn,* far piacere a qlcu. | *cela fait plaisir à voir,* è un piacere vederlo. || LOC. FAM. *au plaisir !,* arrivederci ! (L.C.). || [divertissement] divertimento, piacere. | *aimer les plaisirs,* amare i divertimenti. || LOC. *prendre, avoir (un malin) plaisir à, se faire un (malin) plaisir de,* divertirsi a, dilettarsi di, compiacersi di. | *je me ferai un plaisir de vous l'envoyer,* glielo manderò molto volentieri. | *quel plaisir y prends-tu, y trouves-tu ?,* che gusto, che piacere ci trovi, ci provi ? | *faire qch. par plaisir, pour le plaisir,* far qlco. per gusto, per divertimento. || PROV. *chacun prend son plaisir où il le trouve* = tutti i gusti son gusti. || [faveur, service] favore, piacere. | *faites-moi le plaisir de,* mi faccia il favore, il piacere di. || VX [volonté] *bon plaisir,* beneplacito, volontà f., arbitrio. | *tel est notre bon plaisir,* tale è la nostra volontà. | *le bon plaisir du prince,* l'arbitrio, i capricci del principe. ◆ loc. adv. ***à plaisir,*** senza motivo, senza fondamento. | *se tourmenter à plaisir,* tormentarsi, preoccuparsi senza motivo. | *conte fait à plaisir,* racconto inventato di sana pianta.

2. plaisir m. VX, CULIN. = cialda f.

1. plan, plane [plɑ̃, plan] adj. piano. || GÉOM. piano. ◆ adj. OPT. *lentille plan-concave, plan-convexe,* lente piano-concava, piano-convessa.

2. plan m. GÉOM., PHYS. piano. | *plan horizontal, vertical,* piano orizzontale, verticale. | *plan incliné,* piano inclinato ; declivio m., pendio m. | *plan d'eau,* specchio d'acqua. || ART, CIN., PHOT. *premier plan, plan rapproché,* primo piano. | *gros plan,* primissimo piano. | *plan moyen,* piano medio. | *plan américain, découvert, d'ensemble, général,* piano americano, di sfondo, totale, lunghissimo. || FIG. piano, posto. | *mettre plusieurs choses sur le même plan,* mettere parecchie cose sullo stesso piano. | *un acteur de tout premier plan,* un attore di primissimo piano. | *l'argent est au premier plan de ses préoccupations,* il denaro occupa il primo posto fra le sue preoccupazioni. | *problème qui est au premier plan de l'actualité,* problema che occupa un posto di primo piano nell'attualità, che è alla ribalta. | *sur le plan de,* dal punto di vista di, sotto l'aspetto di, per quanto riguarda. | *sur le plan moral, intellectuel,* sotto l'aspetto morale, intellettuale.

3. plan m. [tracé] pianta f., piano. | *plan d'une ville, d'une maison,* pianta di una città, di una casa. | *plan cadastral,* piano, mappa (f.) catastale. || [projet] piano, progetto. | *plan d'urbanisme, d'aménagement,* piano regolatore. | *plan de travail, d'attaque, de bataille, de vol,* piano di lavoro, d'attacco, di battaglia, di volo. | *plan comptable,* piano contabile. | *plan d'un roman, d'un poème, d'une comédie,* schema, piano di un romanzo, di un poema, di una commedia. || LOC. *avoir son plan,* avere il proprio piano, un suo piano. | *tirer des plans sur la comète,* V. COMÈTE. || FAM. *laisser en plan :* [qch.] lasciar qlco. in sospeso ; [qn] piantare qlcu. in asso. | *laisser tout en plan et s'en aller,* piantar lì tutto, piantar baracca e burattini, e andarsene. | *rester en plan,* rimanere in sospeso.

planage [planaʒ] m. TECHN. spianamento.

planaire [planɛr] f. ZOOL. planaria.

planche [plɑ̃ʃ] f. tavola, asse. | *planche à dessin,* tavola da disegno. | *planche à hacher,* tagliere m. | *planche à pain, à laver, à repasser,* asse per il pane, per lavare, da stiro. || FIG. *planche de salut,* tavola di salvezza. | *avoir du pain sur la planche* = avere molto lavoro in vista, in cantiere. | *être cloué entre quatre planches,* essere fra quattro assi. || AGR. aiuola. | *une planche de salade, de tomates,* un'aiuola piantata a insalata, a pomodori. || AÉR., AUTOM. *planche de bord,* cruscotto m. || MAR. *jour de planches,* stallia. || [natation] *faire la planche,* fare il morto. || SPORT [ski] (fam.) = sci m. | *planche à voile,* surf (m.) a vela. || TYP. tavola. | *planche en couleurs,* tavola a colori. | *faire fonctionner la planche à billets* = far funzionare la zecca. || ARG. UNIV. = lavagna. ◆ pl. THÉÂTRE palcoscenico m., scena f. | *monter sur les planches,* calcare le scene. | *brûler les planches* = recitare con brio.

planchéiage [plɑ̃ʃejaʒ] m. [action] (il) tavolare. || [résultat] tavolato, assito.

planchéier [plɑ̃ʃeje] v. tr. tavolare.

1. plancher [plɑ̃ʃe] m. [entre deux étages] solaio, palco. || [sol de la pièce] pavimento, impiantito. || ANAT. *plancher buccal,* pavimento della bocca. || AUTOM., CH. DE F. pavimento. | *rouler le pied au plancher* (fam.), andare a tavoletta. || FAM. *le plancher des vaches,* V. VACHE. | *débarrasse le plancher !,* sgombera !, togliti dai piedi !, taglia la corda ! || FIN. minimo obbligatorio (che le banche devono investire in titoli pubblici). | *prix plancher,* prezzo minimo ; minimale m.

2. plancher v. intr. ARG. UNIV. = essere chiamato alla lavagna.

planchette [plɑ̃ʃɛt] f. tavoletta, assicella.

plançon [plɑ̃sɔ̃] ou **plantard** [plɑ̃tar] m. AGR. piantone, talea f.

plan-concave, plan-convexe adj. V. PLAN 1.

plancton [plɑ̃ktɔ̃] m. plancton.

plane [plan] f. TECHN. = coltello (m.) con due manici.

plané, e [plane] adj. *vol plané,* volo planato, librato [oiseau, avion] ; planata f. [avion]. || FIG., FAM. *faire un vol plané,* fare una caduta (L.C.).

planéité [planeite] f. OPT. planeicità.

1. planer [plane] v. tr. TECHN. spianare, levigare.

2. planer v. intr. [oiseau] librarsi (in aria) ; [avion] planare. || FIG. [dominer] *du haut de la colline l'œil plane sur la ville* (littér.), dalla cima del colle l'occhio spazia sulla città. | *planer au-dessus des contingences* = non curarsi delle contingenze. || [survoler] *planer sur les difficultés,* sorvolare le, sulle difficoltà. || ABSOL. = vivere nelle nuvole. || [flotter en l'air] *une vapeur planait sur la forêt,* un vapore fluttuava sopra la foresta. || [menacer] aleggiare, incombere, sovrastare. | *un mystère plane sur ce château,* un mistero aleggia su quel castello. | *un danger plane sur la ville,* un pericolo incombe sulla città, sovrasta alla città.

planétaire [planetɛr] adj. planetario. ◆ n. m. MÉC. planetario.

planétarium [planetarjɔm] m. planetario.

planète [planɛt] f. pianeta m.

1. planeur, euse [planœr, øz] n. [ouvrier] spianatore, trice. ◆ n. f. [machine] spianatrice, raddrizzatrice.

2. planeur m. AÉR. aliante, libratore, veleggiatore.

planificateur, trice [planifikatœr, tris] adj. et n. pianificatore, trice.

planification [planifikasjɔ̃] f. pianificazione.
planifier [planifje] v. tr. pianificare.
planimètre [planimɛtr] m. planimetro.
planimétrie [planimetri] f. planimetria.
planimétrique [planimetrik] adj. planimetrico.
planisme [planism] m. ÉCON. pianismo.
planisphère [planisfɛr] f. planisfero m.
planning [planiŋ] m. planning (angl.), pianificazione f.
planoir [planwar] m. TECHN. pianatoio, pianatore.
planorbe [planɔrb] f. ZOOL. planorbe m.
planque [plɑ̃k] f. POP. nascondiglio m. (L.C.). ‖ FIG. [en temps de guerre] = imboscamento m.; [emploi tranquille] pacchia (fam.); sinecura (L.C.).
planqué [plɑ̃ke] m. POP. imboscato.
planquer [plɑ̃ke] v. tr. POP. nascondere, mettere al sicuro, al riparo (L.C.). ◆ v. pr. POP. nascondersi, rintanarsi (L.C.). ‖ [s'embusquer] imboscarsi.
plant [plɑ̃] m. [jeune plante] piantina f., pianticella f.; [collectif] piantine f. pl. ‖ [terrain planté] piantagione f.
plantain [plɑ̃tɛ̃] m. BOT. piantaggine f.
plantaire [plɑ̃tɛr] adj. ANAT. plantare.
plantard m. V. PLANÇON.
plantation [plɑ̃tasjɔ̃] f. [action] piantata; piantatura, piantagione (rare). ‖ [lieu planté] piantagione, piantata. | *plantation de café*, piantagione di caffè. | *plantation d'arbres fruitiers*, piantata di alberi fruttiferi.
plante [plɑ̃t] f. BOT. pianta. | *plantes à fruits, à fleurs*, piante da frutto, da fiore. | *jardin des plantes*, orto botanico. ‖ ANAT. *la plante du pied*, la pianta del piede.
planté, e [plɑ̃te] adj. *homme bien planté (sur ses jambes)*, uomo ben piantato. | *cheveux bien, mal plantés*, capelli bene, male impiantati. | *dents bien plantées*, dentatura regolare. ‖ [debout et immobile] impalato.
planter [plɑ̃te] v. tr. piantare. | *planter des arbres*, piantare degli alberi. | *planter d'arbres une avenue*, piantare ad alberi, alberare un viale. | *terrain planté de vignes*, terreno piantato a viti. ‖ [enfoncer] piantare, (con)ficcare. | *planter un pieu, un clou*, piantare, conficcare un palo, un chiodo. ‖ FIG. *planter son regard sur qn*, piantare, ficcare gli occhi addosso a qlcu. | *planter son chapeau sur sa tête*, cacciarsi, ficcarsi il cappello in testa. ‖ [dresser] *planter une tente, un drapeau*, piantare una tenda, una bandiera. | *planter les décors*, allestire gli scenari. | *planter une échelle contre un mur*, drizzare una scala contro un muro. | *planter son chevalet sur une place*, piantare il cavalletto su una piazza. ‖ FIG. *planter un personnage*, V. CAMPER. ‖ FAM. [abandonner] piantare (in asso). | *planter là qn, son travail*, piantare qlcu. in asso, il lavoro. | *tout planter là et s'en aller*, piantare baracca e burattini, e andarsene. ◆ v. pr. [pass.] piantarsi; conficcarsi. | *les arbres se plantent en automne*, gli alberi si piantano d'autunno. | *la balle vint se planter dans le bras*, la pallottola venne a conficcarsi nel braccio. ‖ [se poster] piantarsi, impalarsi. | *le soldat se planta au garde-à-vous*, il soldato s'impalò sull'attenti. | *il se planta devant lui*, si piantò davanti a lui, gli si piantò in faccia.
planteur [plɑ̃tœr] m. piantatore.
planteuse [plɑ̃tøz] f. piantatrice; [de tubercules] piantapatate f. inv., piantatuberi f. inv.
plantigrade [plɑ̃tigrad] m. ZOOL. plantigrado.
plantoir [plɑ̃twar] m. piantatoio.
planton [plɑ̃tɔ̃] m. MIL. piantone. | *mettre, être de planton*, mettere, stare, essere di piantone. ‖ FIG., FAM. *faire le planton, rester de planton pendant une heure* = stare un'ora in piedi ad aspettare.
plantule [plɑ̃tyl] f. BOT. plantula.
plantureux, euse [plɑ̃tyrø, øz] adj. [copieux] abbondante, copioso. ‖ FAM. *femme plantureuse*, donna prosperosa. ‖ *année plantureuse* (rare), annata abbondante.
plaquage [plakaʒ] m. [rugby] placcaggio.
plaque [plak] f. [feuille rigide] lastra, piastra, placca; [mince] lamina. | *plaque de verre, de marbre*, lastra di vetro, di marmo. | *plaque d'or, de platine*, piastra, lamina d'oro, di platino. | *plaque de tôle*, lamiera. | *plaque photographique*, lastra fotografica. | *plaque de revêtement*, lastra, pannello (m.) di rivestimento. | *plaque de cheminée*, placca di caminetto. | *plaque d'égout*, chiusino m. | *plaque de blindage*, corazza, lamiera di blindamento, di corazzatura. | *plaque d'armure*, piastra di armatura. | *plaque de gazon*, zolla d'erba. | *plaque d'identification*, piastrina, piastrino (rare) di riconoscimento. | *plaque minéralogique, de police*, targa automobilistica. ‖ [distinction honorifique] placca. | *plaque commémorative* : [pierre, métal] lapide commemorativa; [métal] targa commemorativa. ‖ *plaque tournante* : CH. DE F. piattaforma girevole; FIG. centro. | *ce pays est la plaque tournante de l'espionnage mondial*, questo paese è il centro dello spionaggio mondiale. ‖ *plaque de chocolat*, tavoletta di cioccolata. ‖ *plaque (chauffante)* : [de cuisinière] pannello, piastra radiante; [d'accumulateur] piastra. ‖ MÉD. placca; piastra (rare). | *plaque d'eczéma*, placca di eczema. | *sclérose en plaques*, sclerosi multipla, a placche. ‖ PHYSIOL. *plaque motrice*, placca motrice. ‖ [tache] chiazza, macchia. | *par plaques*, a chiazze, a tratti, qua e là.
plaqué [plake] m. *bijou (en) plaqué or*, gioiello placcato d'oro. ‖ [bois] legno impiallacciato.
plaquemine [plakmin] f. BOT. cachi m.
plaqueminier [plakminje] m. BOT. cachi.
plaquer [plake] v. tr. [couvrir de métal] placcare; [de bois] impiallacciare. ‖ [aplatir] *plaquer ses cheveux sur son front*, incollare, appiattire i capelli sulla fronte. | *plaquer qn contre un mur*, stringere qlcu. contro un muro. ‖ FIG. *plaquer du neuf sur de l'ancien*, appiccicare del nuovo sul vecchio. ‖ MUS. *plaquer un accord* = eseguire con energia un accordo. ‖ [rugby] placcare. ‖ FAM. [abandonner] piantare (in asso).
plaquette [plakɛt] f. [petite plaque] piastrina, placchetta, targhetta. ‖ AUTOM. *plaquette de frein*, pastiglia del freno. ‖ [petit livre] opuscolo m. ‖ PHYSIOL. *plaquette (sanguine)*, piastrina; trombocito m.
plaqueur [plakœr] m. [métal] placcatore. ‖ [bois] impiallacciatore.
plasma [plasma] m. PHYSIOL. plasma.
plasmatique [plasmatik] adj. plasmatico.
plasmodium [plasmodjɔm] m. BIOL. plasmodio.
plasmolyse [plasmoliz] f. BIOL. plasmolisi.
plasmopara [plasmopara] m. BOT. plasmopara f.
plaste [plast] m. BOT. plastidio.
plastic [plastik] m. plastico.
plasticage ou **plastiquage** [plastikaʒ] m. = attentato al plastico.
plasticité [plastisite] f. plasticità.
plastifiant, e [plastifjɑ̃, ɑ̃t] adj. et n. m. plastificante.
plastification [plastifikasjɔ̃] f. plastificazione.
plastifier [plastifje] v. tr. plastificare.
plastiquage m. V. PLASTICAGE.
plastique [plastik] adj. ART, CHIR. plastico. | *arts plastiques*, arti plastiche. | *matière plastique*, materia plastica. ◆ n. m. plastico. ◆ n. f. ART plastica. ‖ [sculpture] scultura, statuaria.
plastiquer [plastike] v. tr. = compiere un attentato al plastico contro.
plastiqueur [plastikœr] m. = autore di un attentato al plastico.
plastron [plastrɔ̃] m. [armure] petto, piastrone; [d'escrimeur] piastrone. ‖ ZOOL. piastrone. ‖ MODE [de corsage] davantino, pettino; [de chemise] sparato. ‖ MIL. = reparto rappresentante il nemico (in un'esercitazione militare).
plastronner [plastrɔne] v. tr. = proteggere con un piastrone. ◆ v. intr. [parader] pavoneggiarsi.
1. plat, plate [pla, plat] adj. **1.** [uni] piano, piatto. | *surface plate*, superficie piana. | *pays plat*, paese piano, pianeggiante. | *clou à tête plate*, chiodo a testa piana. | *assiette plate*, piatto [m.] (piano). | *embarcation à fond plat*, chiatta f. | *souliers plats*, scarpe con i tacchi bassi. | *cheveux plats*, capelli lisci. | *pieds plats*, piedi piatti. ‖ LOC. *bourse plate*, borsa vuota. | *avoir la bourse plate* (fam.), essere squattrinato, al verde, in bolletta. | *eau plate*, acqua liscia. ‖ **2.** ART

couleur plate, colore smorto. ‖ GÉOM. *angle plat*, angolo piatto. ‖ MAR. *mer plate*, mare calmo, liscio. | *calme plat*, bonaccia f. ; FIG. bonaccia, stasi f. ; calma assoluta. ‖ POÉS. *rimes plates*, rime baciate. ‖ **3.** LOC. *à plat ventre*, bocconi adv. | *ramper, se mettre à plat ventre (devant qn)*, strisciare (davanti a qlcu.) ; essere servile ; non avere schiena (fam.). ‖ **4.** [sans caractère, sans saveur] piatto, scialbo, scipito, insipido. | *boisson plate*, bevanda insipida. | *existence plate*, vita insipida. | *images plates*, immagini senza rilievo. | *style plat*, stile piatto. | *plat personnage*, individuo scialbo. ‖ **5.** [obséquieux] ossequioso, servile, strisciante. | *être plat devant ses supérieurs*, strisciare davanti ai superiori. | *plate soumission aux ordres*, obbedienza supina agli ordini. | *plates excuses*, umilissime scuse. ◆ n. m. [de la main, d'un aviron] parte piatta ; [d'un livre, d'un sabre] piatto. | *frapper avec le plat (du sabre)*, colpire di piatto ; piattonare (rare). ‖ SPORT *course de plat*, corsa piana, in piano. ‖ CULIN. *plat de côtes, plates côtes*, spuntature (f. pl.) [di costa, di petto]. ‖ LOC. FAM. *faire du plat à qn* = lisciare (il pelo a) qlcu. | *faire du plat à une fille*, corteggiare una ragazza (L.C.). ◆ loc. adv. ***à plat*** : *poser un livre à plat*, posare un libro di piatto. | *pneu à plat*, gomma sgonfia, a terra. | *batterie, pile à plat*, batteria (di accumulatori), pila (elettrica) scarica. ‖ FAM. [épuisé] a terra, giù di forma, giù di corda. ‖ FIG., FAM. *tomber à plat*, far fiasco, non aver successo ; andare a vuoto.

2. plat m. [pour faire la cuisine] tegame, tegamino ; [de service] piatto (di portata) ; piatto grande. | *plat creux*, piatto fondo. ‖ *plat à barbe*, bacino, catinella f. (del barbiere). ‖ [mets] piatto, portata f. | *plat de résistance* (pr. et fig.), piatto forte. | *plat du jour*, piatto del giorno. | *plat garni*, piatto con contorno. | *plat cuisiné*, piatto già pronto. ‖ LOC. *œufs au, sur le plat*, uova nel, al tegame. | *préparer de bons petits plats*, preparare delle pietanzine appetitose, dei manicaretti (littér.). | *aimer les petits plats* = essere un buongustaio ; amare la cucina raffinata. | *goûter à tous les plats* (pr. et fig.), assaggiare (un po') di tutto. ‖ FIG. *faire tout un plat de qch., en faire tout un plat* = gonfiare, esagerare qlco. ; dare eccessiva importanza a qlco. | *mettre les petits plats dans les grands* = offrire un pranzo sontuoso, un lauto pranzo. | *mettre les pieds dans le plat* = fare una topica.

platane [platan] m. BOT. platano.

plat-bord [plabɔr] m. MAR. capo di banda ; frisata f., falchetta f.

plate [plat] f. HIST. MIL. piastra. ‖ MAR. chiatta.

plateau [plato] m. vassoio. | *le plateau du garçon de café*, il vassoio del cameriere. | *plateau à fromages*, piatto per i formaggi. | *plateau de fromages* = assortimento di formaggi. | [de balance, de tourne-disque] piatto. ‖ [de camion] pianale (di carico), piano. ‖ CH. DE F. pianale. ‖ CIN. *plateau (de studio)*, teatro (di posa). ‖ THÉÂTRE palcoscenico, scena f. ‖ GÉOGR. piattaforma f. ; [élevé] altipiano, altopiano ; [de 250 m] tavolato. | *plateau continental*, piattaforma continentale, litorale ; platea continentale. ‖ [cycle] *plateau de pédalier*, moltiplica f. ‖ FAM. *vouloir qu'on vous apporte tout sur un plateau d'argent* = pretendere che vi si presentino le cose già bell'e pronte.

plate-bande [platbɑ̃d] f. AGR. aiuola. ‖ FIG., FAM. *marcher sur les plates-bandes de qn* = invadere il campo di uno, sconfinare nel campo di uno ; esorbitare dai propri diritti, dalle proprie attribuzioni. ‖ ARCHIT. piattabanda.

platée [plate] f. [contenu] (contenuto di un) piatto m. ‖ ARCHIT. platea di fondazione.

plate-forme [platfɔrm] f. piattaforma. | *(toit en) plate-forme*, tetto a terrazza, tetto piatto. | *plate-forme d'autobus*, piattaforma d'autobus. | *plate-forme de route*, piattaforma stradale. ‖ FIG. *plate-forme électorale*, piattaforma, programma elettorale. ‖ CH. DE F. [wagon] pianale m., carro piatto ; [remblai] massicciata. ‖ GÉOGR. piattaforma. | *plate-forme sous-marine*, piattaforma, platea sottomarina. ‖ MIL. piattaforma, piazzola. | *plate-forme de tir, de lancement*, piattaforma di tiro, di lancio.

plate-longe [platlɔ̃ʒ] f. cavezza. ‖ [du harnais] paracalci m. inv.

plateresque [platrɛsk] adj. ART plateresco.

plathelminthes [platɛlmɛ̃t] m. pl. ZOOL. platelminti.

platinage [platinaʒ] m. TECHN. platinatura f.

1. platine [platin] f. [de fusil] VX acciarino m., cartella (L.C.). ‖ [de montre] cartella. ‖ [de serrure] piastra. ‖ [de machine à coudre] placca d'ago. ‖ [de microscope] lamina (portaoggetti). ‖ TYP. platina. ‖ FIG., POP. *avoir une fameuse platine* (VX) = avere la lingua sciolta, lo scilinguagnolo sciolto.

2. platine m. [métal] platino. ◆ adj. inv. [couleur] platinato adj.

platiné, e [platine] adj. *vis platinée*, contatto platinato. ‖ [couleur] platinato.

platiner [platine] v. tr. TECHN. platinare. ‖ [couleur] platinare.

platinifère [platinifɛr] adj. platinifero.

platinite [platinit] f. platinite.

platinotypie [platinɔtipi] f. platinotipia.

platitude [platityd] f. [banalité] piattezza, piattitudine, insipidezza. | *platitude d'un récit*, piattezza di un racconto. ‖ [d'un vin] insipidezza. ‖ [bassesse] ossequiosità, bassezza, viltà ; [action basse] bassezza.

platonicien, enne [platɔnisjɛ̃, ɛn] adj. et n. platonico.

platonique [platɔnik] adj. platonico.

platonisme [platɔnism] m. platonismo.

plâtrage [plɑtraʒ] m. [action] gessatura f. ‖ AGR. gessatura. ‖ CHIR. ingessatura f. ‖ MÉD. = medicina gastrica a base di bismuto.

plâtras [plɑtra] m. calcinacci m. pl.

plâtre [plɑtr] m. [matériau ; ouvrage] gesso. | *collection de plâtres*, museo dei gessi, gipsoteca f. ‖ CHIR. ingessatura f., gesso. | *mettre dans le plâtre*, ingessare. ‖ LOC. *battre comme plâtre ; essuyer les plâtres*, V. BATTRE, ESSUYER.

plâtrer [plɑtre] v. tr. [couvrir de plâtre] ingessare. | *plâtrer un mur*, spalmare un muro di gesso. ‖ AGR. gessare. ‖ CHIR. ingessare. ‖ FIG., FAM. *plâtrer son visage, se plâtrer*, infarinarsi v. pr.

plâtrerie [plɑtrəri] f. [objet] gesso m. ‖ [usine] fabbrica di gesso.

plâtreux, euse [plɑtrø, øz] adj. gessoso.

plâtrier [plɑtrije] m. [fabricant ; vendeur] gessaiolo, gessaio. ‖ [ouvrier du bâtiment] intonacatore, intonachista, stuccatore.

plâtrière [plɑtrijɛr] f. [carrière] cava di gesso ; gessaia (rare). ‖ [four] fornace da gesso.

platyrhiniens [platirinjɛ̃] m. pl. ZOOL. platirrine f. pl.

plausibilité [plozibilite] f. plausibilità.

plausible [plozibl] adj. plausibile.

play-back [plɛbak] m. CIN., T. V. play-back (angl.).

play-boy [plɛbɔj] m. play-boy (angl.).

plèbe [plɛb] f. ANTIQ. plebe. ‖ PÉJOR. plebe, plebaglia.

plébéien, enne [plebejɛ̃, ɛn] adj. et n. plebeo.

plébiscitaire [plebisitɛr] adj. plebiscitario.

plébiscite [plebisit] m. plebiscito.

plébisciter [plebisite] v. tr. PR. = votare, ratificare mediante un plebiscito ; [à une grande majorité] = eleggere, votare a stragrande maggioranza.

plectre [plɛktr] m. MUS. plettro, penna f.

pléiade [plejad] f. pleiade, cenacolo m. (di poeti, di artisti). ‖ HIST. LITT. Pléiade (fr.). ◆ pl. ASTR. Pleiadi.

plein, pleine [plɛ̃, plɛn] adj. **1.** PR. et FIG. pieno. | *plein à craquer, archiplein*, pieno zeppo ; [de liquide, d'objets] colmo, ripieno ; [d'êtres animés] gremito. | *à moitié plein*, pieno a metà, mezzo pieno. | *plein d'attentions, d'idées, de santé*, pieno di premure, d'idee, di salute. | *être plein d'assurance*, essere molto sicuro di sé. | *être plein de soi-même*, essere pieno di sé, tutto compreso della propria importanza. | *à pleines mains*, a piene mani. ‖ LOC. *manger à pleine bouche*, mangiare a piene ganasce. | *parler la bouche pleine*, parlare con la, a bocca piena. | *plein comme un œuf* (fam.), pieno come un uovo. | *être plein (de vin)*, essere sbronzo. | *un gros plein de soupe*, un ciccione, un tombolo. ‖ **2.** [en gestation] gravido. ‖ **3.** [massif] pieno, massiccio. | *bois, mur plein*, legno, muro pieno.

| *visage plein*, volto pieno. ‖ FIG. *voix pleine*, voce piena, sonora. ‖ **4.** [entier, maximum] pieno, intero, completo. | *pleine mer*, alta marea. | *en pleine mer*, in alto mare. | *un plein panier, sac*, un intero paniere, sacco. ‖ LOC. *à pleine voix*, a piena voce, a piena gola, a gola spiegata. | *ça sent le tabac à plein nez*, puzza di tabacco da togliere, da mozzare il fiato, da levare il naso. | *jour plein*, giorno intero (di 24 ore). | *donner pleine satisfaction*, dare piena, intera soddisfazione. | *en pleine liberté*, con tutta libertà. ‖ **5.** [au milieu] *en pleine lumière*, in piena luce. | *en plein été*, in piena estate. | *en plein centre*, in pieno centro, nel bel mezzo. | *en pleine tête*, in piena testa. | *rester assis en plein vent*, restar seduto in pieno vento. ‖ AGR. *en pleine terre*, a piena terra. | *en plein vent*, a pieno vento. | *théâtre de plein air*, teatro aperto, verde. ‖ ART *peinture de plein air*, (fr.) plein-air m. ◆ adv. *sonner plein*, mandare un suono di pieno. ‖ FAM. *merci, tu es mignon tout plein* = grazie, sei troppo gentile. ◆ loc. adv. ***à plein, en plein***, a pieno, appieno; in modo pieno; in pieno (gall.). | *l'argument porte à plein*, l'argomento coglie appieno, pienamente, nel segno. | *user en plein de ses droits*, valersi a pieno dei propri diritti. ‖ FAM. *mettre, taper en plein dans le mille*, cogliere in pieno, far centro, azzeccare (L.C.). | *les rayons de la lune tombaient en plein sur le lit*, i raggi della luna cadevano proprio sul letto, nel bel mezzo del letto. | *la voiture se dirigeait en plein sur moi*, la macchina mi veniva proprio addosso. ◆ prép. FAM. *avoir de l'argent plein ses poches*, avere le tasche ben fornite. | *avoir de l'encre plein sa veste*, avere la giacca tutta macchiata d'inchiostro (L.C.). | *avoir du travail plein les bras*, essere sovraccarico di lavoro. ‖ FIG. *en avoir plein la bouche de qn, de qch.*, non fare che parlare di qlcu., di qlco. (L.C.). | *en avoir plein le dos* = averne piene le tasche, averne fin sopra i capelli. | *en mettre plein la vue à qn*, V. VUE. ‖ POP. *s'en mettre plein la lampe*, V. LAMPE. ◆ loc. prép. FAM. *avoir plein de livres, plein de monde chez soi*, avere un mucchio, un sacco di libri, di gente a casa. ◆ n. m. pieno. | *les pleins*, i pieni. | *la lune est dans son plein*, la luna è piena. | *battre son plein* : PR. essere in stanca; FIG. fervere. | *faire le plein* : [d'essence] fare il pieno; [de spectateurs] avere il pienone.

plein-emploi [plɛnɑ̃plwa] m. ÉCON. pieno impiego, piena occupazione.

plein-temps [plɛ̃tɑ̃] adj. inv. *médecin plein-temps*, medico a tempo pieno, a pieno tempo.

plein-vent [plɛ̃vɑ̃] m. AGR. albero allevato a pieno vento.

pléistocène [pleistosɛn] m. GÉOL. pleistocene. ◆ adj. pleistocenico.

plénier, ère [plenje, ɛr] adj. ADM., THÉOL. plenario.

plénipotentiaire [plenipɔtɑ̃sjɛr] adj. et n. m. plenipotenziario.

plénitude [plenityd] f. pienezza, perfezione; plenitudine (littér.).

plénum [plenɔm] m. plenum (lat.).

pléonasme [pleɔnasm] m. pleonasmo.

pléonastique [pleɔnastik] adj. pleonastico.

plésiosaure [plezjozɔr] m. ZOOL. plesiosauro.

pléthore [pletɔr] f. pletora, sovrabbondanza.

pléthorique [pletɔrik] adj. pletorico, sovrabbondante, eccessivo.

pleurs [plœr] m. pl. pianto m., lacrime f. pl. | *fondre en pleurs*, prorompere in lacrime, scoppiare a piangere. | *répandre des pleurs*, spargere lacrime. ‖ PR. et FIG. *essuyer les pleurs de qn*, asciugar le lacrime a qlcu. ‖ BOT. pianto.

pleural, e, aux [plœral, o] adj. ANAT. pleurico.

pleurant [plœrɑ̃] m. ART = figura (f.) piangente (su un monumento funebre).

pleurard, e [plœrar, ard] adj. FAM. [qui pleure] piagnucoloso. ‖ [plaintif] *ton pleurard*, tono lamentoso. | *voix pleurarde*, voce lamentosa, piagnucolosa. ◆ n. piagnucolone, a; piagnone, a.

pleurer [plœre] v. intr. piangere, lagrimare. | *pleurer à chaudes larmes*, piangere a calde lacrime. ‖ FAM. *pleurer comme une fontaine, comme une madeleine, comme un veau*, piangere come una fontana, come una vite tagliata, come un vitellino. | *pleurer sur*, lamentare v. tr. ‖ LOC. FIG. *pleurer d'un œil et rire de l'autre* = far finta di piangere, piangere da un occhio solo. | *c'est Jean qui pleure et Jean qui rit* = passa facilmente dal riso al pianto o dal pianto al riso. | *il n'a plus que les yeux pour pleurer*, non gli sono rimasti che gli occhi per piangere. | *des choses à faire pleurer les pierres*, cose da far piangere le pietre, i sassi. | *aller pleurer dans le gilet de qn*, andare a piangere in seno a qlcu., sulla spalla di qlcu. | *bête, triste à pleurer* = eccessivamente stupido, triste. ◆ v. tr. *pleurer qn*, piangere qlcu. | *pleurer des larmes de sang*, piangere lagrime di sangue. | *pleurer toutes les larmes de son corps*, piangere tutte le proprie lagrime. | *pleurer sa jeunesse*, (rim)piangere la propria giovinezza. | *pleurer misère, famine*, piangere miseria. ‖ FAM. *pleurer le pain qu'on mange*, lesinare sul cibo. | *ne pas pleurer sa peine*, non risparmiarsi.

pleurésie [plœrezi] f. MÉD. pleurite.

pleurétique [plœretik] adj. et n. pleuritico.

pleureur, euse [plœrœr, øz] adj. piagnucoloso. ‖ BOT. piangente. ◆ n. f. prefica.

pleurite [plœrit] f. MÉD. pleurite secca.

pleurnicher [plœrniʃe] v. intr. piagnucolare, frignare.

pleurnicherie [plœrniʃri] f. piagnucolio m.

pleurnicheur, euse [plœrniʃœr, øz] adj. piagnucoloso. ◆ n. piagnucolone, a.

pleurodynie [plœrodini] f. MÉD. pleurodinia.

pleuronectes [plœronɛkt] ou **pleuronectidés** [plœronɛktide] m. pl. ZOOL. pleuronettidi.

pleuropneumonie [plœropnømɔni] f. MÉD. pleuropolmonite.

pleurote [plœrɔt] m. BOT. pleuroto.

pleutre [pløtr] adj. et n. m. vigliacco, codardo.

pleutrerie [pløtrəri] f. vigliaccheria.

pleuvasser [pløvase], **pleuviner** [pløvine] ou **pleuvoter** [pløvɔte] v. impers. piovigginare.

pleuvoir [pløvwar] v. impers. piovere. | *pleuvoir à verse, à torrents, à seaux, des hallebardes, des cordes, comme vache qui pisse* (pop.), piovere a dirotto, a catinelle, a orci, a secchie, a rovescio; diluviare. | *il a plu tout l'hiver*, è, ha piovuto tutto l'inverno. ◆ v. intr. [tomber en abondance] PR. et FIG. piovere. | *il a plu des pierres*, sono piovuti sassi.

plèvre [plɛvr] f. ANAT. pleura.

Plexiglas [plɛksiglas] m. plexiglas.

plexus [plɛksys] m. ANAT. plesso.

pli [pli] m. [de tissu, de papier] piega f. | *pli du pantalon*, piega dei calzoni. | *jupe à plis*, sottana a pieghe. | *(faux) pli*, grinza f., piega. ‖ FIG. [habitude] *prendre un bon, un mauvais pli*, prendere una buona, una cattiva, brutta piega; [suj. qn] prendere una buona, una cattiva strada; [suj. qch.] prendere un buono, un brutto andamento. | *le pli est pris*, l'abitudine è presa. ‖ FIG., FAM. *ça ne fait pas un pli*, non fa una grinza. ‖ [ride] piega, ruga f., grinza. ‖ [coiffure] *mise en plis*, messa in piega; ondulazione f. ‖ [lettre] plico, piego. ‖ ANAT. plica f. ‖ GÉOL. piega, piegamento. ‖ [cartes] presa f.

pliable [plijabl] adj. pieghevole.

pliage [plijaʒ] m. piegatura f.

pliant, e [plijɑ̃, ɑ̃t] adj. pieghevole. ◆ n. m. seggiolino, sgabello pieghevole.

plie [pli] f. ZOOL. pianuzza; passera di mare.

plié [plije] m. [danse] piegata f.

plier [plije] v. tr. PR. piegare. | *plier une feuille de papier*, piegare un foglio di carta. | *plier les bras, les jambes*, piegare, flettere le braccia, le gambe. | *plier le corps*, piegare, chinare il corpo. | *plier une tente*, (ri)piegare una tenda. | *plier un éventail*, chiudere il ventaglio. ‖ FAM. *plier bagage*, far fagotto. ‖ PR. et FIG. *plier la tête, l'échine*, piegare, chinare la testa; piegare, chinare, curvare la schiena. ‖ FIG. [soumettre] sottomettere, piegare. | *plier qn à la discipline*, sottomettere qlcu. alla disciplina. | *plier qn à un exercice*, sottoporre, abituare qlcu. a un esercizio. ◆ v. intr. piegarsi. | *l'arbre plie sous le vent*, l'albero si piega sotto la spinta del vento. ‖ FIG. sottomettersi. | *plier* *sous l'autorité paternelle,* sottomettersi all'autorità paterna. ‖ [céder] cedere, piegarsi, indietreggiare. ◆ v. pr. piegarsi. ‖ FIG. piegarsi, cedere, sottomettersi. | *se plier aux ordres, à la discipline,* piegarsi, sottomettersi agli ordini, alla disciplina. | *se plier aux caprices de qn,* cedere, accondiscendere ai capricci di qlcu.

plieur, euse [plijœr, øz] n. [ouvrier] piegatore, trice. ◆ n. f. [machine] piegatrice.

plinthe [plɛ̃t] f. [base de colonne] plinto m. ‖ [au bas d'un mur] zoccolo m.

pliocène [plijɔsɛn] m. GÉOL. pliocene. ◆ adj. pliocenico.

plioir [plijwar] m. [lame] stecca f. ‖ [pêche] = tavoletta f. (sulla quale si avvolge la lenza).

plissage [plisaʒ] m. pieghettatura f.

plissé, e [plise] adj. corrugato. ‖ TEXT. pieghettato; plissé (fr.); plissettato (néol., gall.). ◆ n. m. TEXT. plissé, pieghettato.

plissement [plismɑ̃] m. [de la peau] corrugamento. ‖ GÉOGR. corrugamento.

plisser [plise] v. tr. [tissu, papier] pieghettare. | *plisser une jupe,* pieghettare una sottana. ‖ [froisser] spiegazzare, gualcire. ‖ [rider] *plisser le front,* corrugare, increspare la fronte. | *brise qui plisse la surface du lac,* brezza che increspa la superficie dell'acqua. ◆ v. intr. pieghettarsi. ◆ v. pr. [tissu] pieghettarsi. ‖ [se rider] corrugarsi, incresparsi.

plisseur, euse [plisœr, øz] n. [ouvrier] pieghettatore, trice. ◆ n. f. [machine] pieghettatrice.

pliure [plijyr] f. TYP. piegatura.

ploc! [plɔk] onomat. pluf!, puff!

ploiement [plwamɑ̃] m. incurvamento.

plomb [plɔ̃] m. MÉTALL. piombo. | *de plomb,* di piombo; plumbeo adj. ‖ [petit objet de plomb] piombino. | *fil à plomb,* filo a piombo. | *mettre un plomb à un colis, à une porte,* chiudere, sigillare un pacco, una porta col piombino, col piombo; piombare un pacco, una porta. ‖ [fusible] fusibile, valvola f. ‖ MAR. *plomb de sonde,* piombino dello scandaglio. ‖ [projectile] *plombs de chasse,* pallini da caccia. ‖ [pêche] piombino. ‖ TYP. piombo. ‖ LOC. FIG. *sommeil de plomb,* sonno di piombo. | *ciel de plomb,* cielo plumbeo. | *soleil de plomb,* sole rovente. | *n'avoir pas de plomb dans la tête* (fam.), non aver testa; essere uno scapato, uno sventato. | *avoir du plomb dans l'aile* (fam.) = essere ridotto a mal partito. ◆ loc. adv. ***à plomb,*** a piombo, a picco. | *mur à plomb,* muro a piombo. | *le soleil tombe à plomb sur la terre,* il sole cade a picco sulla terra. ‖ VX *observation qui tombe à plomb,* osservazione che cade a proposito (L.C.).

plombage [plɔ̃baʒ] m. (im)piombatura f. ‖ [d'une dent] (im)piombatura, otturazione f.

plombaginacées [plɔ̃baʒinase] f. pl. BOT. plumbaginacee, plombaginacee.

plombagine [plɔ̃baʒin] f. MINÉR. piombaggine.

plombé, e [plɔ̃be] adj. [colis, wagon] (im)piombato. ‖ [dent] (im)piombato, otturato. | *couleur plombée,* colore plumbeo. | *teint plombé,* viso terreo.

plombée [plɔ̃be] f. [massue] mazza ferrata. ‖ [pêche] piombini (m. pl.) di una lenza.

plomber [plɔ̃be] v. tr. [colis, wagon] (im)piombare. ‖ [dent] (im)piombare, otturare. ‖ [mettre des plombs à] mettere i piombini a. ‖ [avec un fil à plomb] *plomber un mur,* controllare l'appiombo di un muro. ◆ v. pr. = diventare plumbeo, terreo.

plomberie [plɔ̃bri] f. [métier] idraulica. | *entrepreneur de plomberie,* imprenditore idraulico. | *entreprise de plomberie,* impresa idraulica. ‖ [canalisations] impianti (m. pl.) idraulici. ‖ [atelier de travail du plomb] officina per la lavorazione del piombo.

plombier [plɔ̃bje] m. idraulico; trombaio (rég.). | *plombier-couvreur, plombier-zingueur,* copritetto m. inv.

plombières [plɔ̃bjɛr] f. CULIN. = gelato (m.) con canditi.

plombifère [plɔ̃bifɛr] adj. piombifero.

plombure [plɔ̃byr] f. = armatura di piombo (di una vetrata).

plommée [plɔme] f. V. PLOMBÉE.

plonge [plɔ̃ʒ] f. LOC. *faire la plonge* : [suj. m.] fare il lavapiatti, lo sguattero; [suj. f.] fare la lavapiatti, la sguattera.

plongeant, e [plɔ̃ʒɑ̃, ɑ̃t] adj. *vue plongeante,* vista dall'alto; CIN. ripresa dall'alto (in basso). ‖ MIL. *tir plongeant,* tiro curvo. ‖ MODE *avoir un décolleté plongeant* = essere scollacciata.

plongée [plɔ̃ʒe] f. immersione. | *plongée du scaphandrier,* immersione del palombaro. | *plongée sous-marine,* immersione subacquea. | *naviguer en plongée,* navigare in immersione. ‖ CIN. ripresa dall'alto (in basso). ‖ [vue plongeante] vista dall'alto. ‖ GÉOL. scarpata. ‖ MIL. [fortification] scarpata.

plongement [plɔ̃ʒmɑ̃] m. immersione f., (l')immergere, tuffo, (il) tuffare.

plongeoir [plɔ̃ʒwar] m. trampolino.

1. plongeon [plɔ̃ʒɔ̃] m. tuffo. | *faire un plongeon,* fare un tuffo; tuffarsi. ‖ FIG., FAM. *faire le plongeon* = perdere parecchio denaro. ‖ FAM. [salut] riverenza f., inchino (L.C.). ‖ [football] tuffo.

2. plongeon m. ZOOL. strolaga f.

plonger [plɔ̃ʒe] v. tr. PR. immergere, tuffare. ‖ [faire entrer] *plonger la main dans un sac de farine,* affondare la mano in un sacco di farina. | *plonger le poignard dans le cœur,* immergere, affondare il pugnale nel cuore. | *plonger ses racines dans le sol,* affondare le radici nel suolo. | *plonger ses yeux, son regard dans les yeux de qn,* guardare fissamente qlcu. negli occhi. | *plonger qn dans le désespoir, dans la misère,* ridurre uno alla disperazione, alla miseria. | *plongé dans la méditation, dans le sommeil,* immerso, sprofondato nella meditazione; immerso nel sonno. ◆ v. intr. immergersi, tuffarsi. ‖ AÉR. *un remous fait plonger l'avion,* un risucchio fa perdere quota all'aereo, fa tuffarsi l'aereo. ‖ [football] tuffarsi. ◆ v. pr. PR. et FIG. immergersi, tuffarsi.

plongeur, euse [plɔ̃ʒœr, øz] n. SPORT tuffatore, trice; tuffista n. ◆ n. m. [scaphandrier] sommozzatore, palombaro. ◆ n. [de vaisselle] sguattero, a; lavapiatti inv., lavastoviglie inv.

plot [plo] m. ÉLECTR. piastrina (f.) di contatto.

plouf! [pluf] onomat. pluf!, puff!

ploutocrate [plutokrat] m. plutocrate.

ploutocratie [plutokrasi] f. plutocrazia.

ploutocratique [plutokratik] adj. plutocratico.

ployable [plwajabl] adj. (rare) pieghevole (L.C.).

ployage [plwajaʒ] m. (rare) piegamento, piegatura f. (L.C.).

ployer [plwaje] v. tr. LITTÉR. flettere; piegare, curvare, chinare (L.C.). | *ployer une branche,* piegare, curvare un ramo. | *ployer la tête,* chinare la testa. | *ployer les genoux,* flettere, piegare le ginocchia (pr.); sottomettersi, umiliarsi (fig.). ◆ v. intr. [fléchir] cedere, piegarsi. ‖ LITTÉR. *ployer sous le joug,* piegarsi sotto il giogo.

pluie [plɥi] f. pioggia; piova (poét.). | *petite pluie,* pioggerella f. | *le temps est à la pluie,* è tempo da pioggia; accenna a piovere. | *arroser en pluie,* innaffiare a pioggia. ‖ [abondance] pioggia, profusione. ‖ LOC. *après la pluie le beau temps,* dopo la pioggia viene il sereno. ‖ FIG. *ennuyeux comme la pluie* = noioso come una mosca, un moscone, una zanzara, un tafano. | *faire la pluie et le beau temps; parler de la pluie et du beau temps,* V. TEMPS.

plumage [plymaʒ] m. [plumes] piumaggio.

plumaison [plymɛzɔ̃] f. (rare) spennatura, (lo) spennare (L.C.).

plumard [plymar] m. POP. = letto.

plumasserie [plymasri] f. = lavoro (m.), commercio (m.) del piumaio.

plumassier [plymasje] m. piumaio.

plume [plym] f. ZOOL. [penne] penna; [duvet] piuma. | *gibier à plume,* selvaggina di penna. | *lit de plume,* materasso di piume. | *léger comme une plume,* leggero come una piuma. ‖ [boxe] *poids plume,* peso piuma. ‖ LOC. FAM. *y laisser des plumes,* lasciarci, rimetterci le penne. ‖ POP. *voler dans les plumes à qn,* scagliarsi contro qlcu. (L.C.). ‖ [pour écrire, dessiner] penna. |

plume d'oie, penna d'oca. | *dessin à la plume*, disegno a penna. | *stylo à plume en or*, stilografica a pennino d'oro. || [manière d'écrire] penna. || Loc. *d'un trait de plume*, con un tratto di penna. | *mettre la main à la plume*, metter mano alla penna. | *mot resté au bout de la plume*, parola che resta nella penna. | *écrire au courant de la plume*, lasciar correre la penna. | *avoir une belle plume*, avere una bella penna. | *avoir la plume facile*, scrivere con facilità. | *vivre de sa plume*, vivere della propria penna. | *homme de plume* (vx), uomo di penna. | *nom de plume* = pseudonimo m.

plumeau [plymo] m. piumino, spolverino. | *donner un coup de plumeau sur les meubles*, dare una spolveratina ai mobili.

plumée [plyme] f. [plumaison] spennatura, (lo) spennare ; [plumes] = quantità di penne (ottenuta spennando un uccello).

plumer [plyme] v. tr. spennare, pelare ; [partiellement] spennacchiare. || Fam. [dépouiller] spennare, (s)pelare.

plumet [plymɛ] m. piumetto, pennacchio.

plumetis [plymti] m. [broderie] ricamo in rilievo. || [étoffe] plumetis (fr.).

plumeux, euse [plymø, øz] adj. [orné de plumes] piumato. || [qui ressemble à la plume] piumoso.

plumier [plymje] m. astuccio (per penne e matite).

plumitif [plymitif] m. Jur. [registre] = registro dei verbali d'udienza. || Fam. [employé] scribacchino, travet ; burocrate (l.c.). || [mauvais écrivain] scribacchino, pennaiolo.

plumule [plymyl] f. Zool. plumula.

plupart (la) [laplypar] f. la maggior parte ; i più m. pl. | *la plupart des voyageurs*, la maggior parte dei viaggiatori. | *nos clients sont, pour la plupart, des étrangers*, i nostri clienti sono per lo più degli stranieri. | *la plupart du temps il rentre avant la nuit*, per lo più rincasa, il più delle volte rincasa prima della notte. | *la plupart du temps il travaille*, lavora per la maggior parte del tempo.

plural, e, aux [plyral, o] adj. plurimo.

pluralisme [plyralism] m. pluralismo.

pluraliste [plyralist] adj. pluralistico. ◆ n. pluralista.

pluralité [plyralite] f. pluralità. || Gramm. plurale m. || Vx [majorité] pluralità, maggioranza (l.c.).

pluriannuel, elle [plyrianɥɛl] adj. pluriennale.

pluricellulaire [plyriselylɛr] adj. pluricellulare.

pluridisciplinaire [plyridisiplinɛr] adj. pluridisciplinare.

pluriel, elle [plyrjɛl] adj. et n. m. plurale.

plurivalent, e [plyrivalɑ̃, ɑ̃t] adj. Chim. plurivalente, polivalente. || Philos. plurivalente.

plus [plys] adv. **1.** [addition] più. | *deux plus deux font quatre*, due più due fa quattro. | *deux cents francs plus les taxes*, duecento franchi più le tasse. || [température] *plus trois (degrés)*, più tre. || **2.** [compar.] più. | *plus long*, più lungo. | *plus tard*, più tardi. || **plus de :** [avec un n.] più. | *donne-moi plus d'argent, plus de livres*, dammi più denaro, più libri. | *il me faut plus de livres*, mi occorre un numero maggiore di libri. | *avec plus de zèle*, con più zelo, con maggiore zelo. || [avec un nombre] più di. | *pendant plus de dix ans*, per più di dieci anni, per oltre dieci anni, per dieci anni e oltre. | *plus d'un a tenté*, più d'uno ha tentato. || **plus... que :** [avec n. pr. ou n. comm. précédé d'un déterminant ; avec pron. pers., pron. indéf.] più... di. | *Louis est plus grand que Pierre*, Luigi è più alto di Pietro. | *plus blanc que la neige*, più bianco della neve. | *tu es plus intelligent que ta sœur, que ta belle-sœur*, sei più intelligente di tua sorella, della tua cognata. | *ma maison est plus belle que la tienne*, la mia casa è più bella della tua. | *celui-ci est plus petit que celui-là*, questo è più piccolo di quello. | *je suis plus fatigué que toi*, sono più stanco di te. | *j'aime le calme plus que tout*, mi piace la calma più di ogni altra cosa, più di tutto. || [avec n. comm. non précédé d'un déterminant ; avec adj., adv., prép., inf., prop.] più... che ; più... di (rare). | *plus blanc que neige*, più bianco che neve. | *plus intelligent que travailleur*, più intelligente che studioso. | *plus beau que jamais*, più bello che mai. | *plus fatigué qu'hier, qu'avant*, più stanco di ieri, di prima. | *plus que de coutume*, più del solito. | *je suis plus satisfait de toi que de lui*, sono più soddisfatto di te che di lui. | *il est plus agréable de jouer que de travailler*, è più piacevole giocare che lavorare. | *il est plus jeune que je ne pensais*, è più giovane che non credessi, di quanto credessi, di quel che credevo. || [quantité] *manger plus de fromage que de pain*, mangiare più formaggio che pane. || **plus que :** [avec adj.] più che. | *plus que satisfait*, più che soddisfatto. | *avoir plus que tort*, avere più che torto. || Absol. *ma voiture consomme plus*, la mia macchina consuma di più. | *j'en voudrais (beaucoup) plus*, ne vorrei (molto) di più. || [corrélation] **plus... plus, plus... moins,** più...(e) più, più...(e) meno. | *plus il travaille, plus il a envie de travailler*, più lavora, (e) più ha voglia di lavorare. | *plus tu m'expliques, moins je comprends*, più mi vieni spiegando, (e) meno capisco. || Loc. **plus ou moins,** più o meno. || **ni plus ni moins,** né più né meno. || [comparaison] *nous sommes traités ni plus ni moins que des chiens*, siamo trattati né più né meno come cani. || **de plus en plus,** sempre più. || **on ne peut plus,** quanto mai. || **de plus,** di più, inoltre, per di più. | *donne-m'en un kilo de plus*, dammene un chilo di più, ancora un chilo. | *je suis fatigué et, de plus, découragé*, sono stanco e, inoltre, per di più, scoraggiato. | *tu as deux ans de plus (que moi)*, hai due anni di più, due anni più di me. || **bien plus, il y a plus, qui plus est,** inoltre, per di più, anzi. || **en plus,** in più, inoltre, per di più. | *il y a une bouteille en plus*, c'è una bottiglia in più. | *il est stupide et, en plus, il se croit intelligent*, è stupido e, inoltre, per di più, crede di essere intelligente. || **sans plus,** e basta, e niente di più, senz'altro. || **tant et plus,** in abbondanza, moltissimo. || **(tout) au plus,** (tutt') al più. || **3.** [superl. rel.] *le, la, les plus*, il, la, i, le più. | *les plus belles villes, les villes les plus belles*, le più belle città, le città più belle. | *le livre qui m'a le plus déçu*, il libro che mi ha più deluso. || Absol. *ce qui me plaît le plus*, quel che mi piace di più, quel che più mi piace. || **4.** [négat.] **ne... plus,** non... più. | *je ne veux plus rien*, non voglio più nulla. | *plus personne ne voudra le voir*, nessuno vorrà più vederlo. | *moi non plus*, nemmeno, neppure io, neanch'io. | *compter non plus par syllabes, mais par mots*, contare non (più) a sillabe, ma a parole. || **pas plus... que,** non più... di. | *pas plus haut qu'une maison*, non più alto di una casa. || [souhait] *plus de guerres !*, non più guerre ! || [seulement] *plus que*, più che, solo. ◆ n. m. *le plus que je puisse faire pour toi*, il massimo di quanto io possa fare per te. || Math. (il segno del) più. || Prov. *qui peut le plus peut le moins* = nel più sta il meno. ◆ loc. prép. **en plus de,** oltre. ◆ loc. conj. **d'autant plus que,** tanto più che.

plusieurs [plyzjœr] adj. indéf. pl. parecchi, parecchie ; diversi, diverse ; più. | *plusieurs jours*, parecchi, più giorni. | *à plusieurs reprises*, a più riprese. ◆ pron. indéf. pl. parecchi, parecchie ; diversi, diverse.

plus-que-parfait [plyskəparfɛ] m. Gramm. trapassato prossimo ; piuccheperfetto.

plus-value [plyvaly] f. Écon. plusvalenza, plusvalore m. || [marxisme] plusvalore.

pluton [plytɔ̃] m. Géol. plutone.

plutonien, enne [plytɔnjɛ̃, ɛn] Vx, ou **plutonique** [plytɔnik] adj. Géol. plutoniano, plutonico.

plutonisme [plytɔnism] m. Géol. plutonismo.

plutonium [plytɔnjɔm] m. Chim. plutonio.

plutôt [plyto] adv. [de préférence] piuttosto. || [mieux] *ou plutôt*, o più precisamente, o meglio. || [intensif] *il est plutôt avare*, è piuttosto avaro. ◆ loc. prép. et conj. **plutôt que,** piuttosto che. | *plutôt laide que jolie*, più bruttina che carina. | *se faire plutôt tuer que de céder*, lasciarsi uccidere piuttosto che cedere.

pluvial, e, aux [plyvjal, o] adj. pluviale, piovano.

pluviale [plyvjal] m. Relig. piviale.

pluvier [plyvje] m. Zool. piviere.

pluvieux, euse [plyvjø, øz] adj. piovoso ; piovorno (littér.).

pluviomètre [plyvjɔmɛtr] m. pluviometro.

pluviométrie [plyvjɔmetri] f. pluviometria.

pluviométrique [plyvjɔmetrik] adj. pluviometrico.

pluviôse [plyvjoz] m. HIST. piovoso.
pluviosité [plyvjozite] f. piovosità.
pneu [pnø] m. AUTOM. pneumatico, gomma f. ‖ [lettre] = espresso di città ; lettera spedita per posta pneumatica.
pneuma [pnøma] m. PHILOS. pneuma.
pneumatique [pnømatik] adj. pneumatico. | *poste pneumatique,* posta pneumatica. ◆ n. m. V. PNEU. ◆ n. f. CHIM., VX pneumatica.
pneumatologie [pnømatolɔʒi] f. PHILOS. pneumatologia, pneumatica.
pneumatophore [pnømatofɔr] m. BOT., ZOOL. pneumatoforo.
pneumo m. V. PNEUMOTHORAX.
pneumectomie [pnømɛktɔmi] ou **pneumonectomie** [pnømonɛktɔmi] f. CHIR. pneumectomia, pneumonectomia.
pneumoconiose [pnømokɔnjoz] f. MÉD. pneumoconiosi.
pneumocoque [pnømokɔk] m. BIOL. pneumococco.
pneumogastrique [pnømogastrik] adj. ANAT. pneumogastrico. ◆ n. m. nervo vago.
pneumographie [pnømografi] f. MÉD. pneumografia.
pneumologie [pnømolɔʒi] f. MÉD. pneumologia.
pneumologue [pnømolɔg] m. pneumologo.
pneumonectomie f. V. PNEUMECTOMIE.
pneumonie [pnømɔni] f. MÉD. polmonite.
pneumonique [pnømɔnik] adj. et n. polmonitico.
pneumopéritoine [pnømoperitwan] m. MÉD. pneumoperitoneo.
pneumothorax [pnømotɔraks] ou abr. fam. **pneumo** m. MÉD. pneumotorace.
pochade [pɔʃad] f. ART schizzo m. ; pochade (fr.). ‖ HIST. LITT. = lavoro (m.) di getto.
pochard, e [pɔʃar, ard] n. FAM. sbornione, a. ◆ adj. ubriaco (L.C.).
pocharder (se) [səpɔʃarde] v. pr. POP. sborniarsi.
pochardise [pɔʃardiz] f. POP. ubriachezza (L.C.).
poche [pɔʃ] f. **1.** tasca. ‖ *de poche,* tascabile adj. ; da tasca. | *lampe, livre de poche,* lampadina, libro tascabile. ‖ MAR. *cuirassé de poche,* corazzata tascabile. ‖ LOC. PR. *mettre qch. dans sa poche,* mettersi qlco. in tasca. | *sortir, tirer qch. de sa poche,* tirar fuori qlco. di tasca. | *mettre les mains dans ses poches,* mettersi le mani in tasca. | *se promener les mains dans les poches,* passeggiare con le mani in tasca. ‖ **2.** [pli disgracieux] gobba. | *ta veste fait une poche dans le dos,* la giacca ti fa una gobba sulle spalle. ‖ FIG. *avoir des poches sous les yeux,* avere le borse sotto gli occhi. ‖ **3.** [sac, sachet] sacco m., sacchetto m. ‖ [pour la pêche] sacco ; [la chasse] = piccola rete per la caccia col furetto. ‖ **4.** ANAT. *poche pharyngienne,* tasca faringea. | *poche des eaux,* sacco delle acque. ‖ GÉOL. sacca. | *poche d'eau, de gaz,* sacca d'acqua, di gas. ‖ MÉD. [de pus] sacca. ‖ MÉTALL. secchia di colata ; siviera. ‖ MIL. sacca. ‖ ZOOL. [d'un oiseau] gozzo m. ; [du kangourou] borsa, marsupio m. ‖ **5.** LOC. *argent de poche,* V. ARGENT. | *avoir de l'argent plein ses poches,* V. PLEIN. | *avoir les poches vides,* essere a tasche asciutte, vuote. | *en être de sa poche,* rimetterci di tasca propria. | *connaître comme sa poche,* V. CONNAÎTRE. | *mettre qn dans sa poche,* mettere qlcu. nel sacco. | *avoir la victoire dans sa poche,* tenere la vittoria in pugno. | *c'est dans la poche !* = l'affare è fatto ! | *ne pas avoir sa langue, ses yeux dans sa poche,* V. LANGUE, ŒIL.
poché, e [pɔʃe] adj. *œil poché,* occhio pesto. ‖ CULIN. *œuf poché,* uovo affogato, in camicia.
pochée [pɔʃe] f. tascata.
pocher [pɔʃe] v. tr. *pocher un œil à qn,* pestare un occhio a qlcu. ‖ ART schizzare, abbozzare. ‖ CULIN. = cuocere nell'acqua bollente.
pochette [pɔʃɛt] f. [petite poche] taschino m. ‖ [mouchoir] fazzoletto (m.) da taschino. ‖ [sachet] busta, bustina. | *pochette de photos, de papier à lettres,* busta di fotografie, di carta da lettere. | *pochette d'allumettes,* bustina di fiammiferi. ‖ [trousse] astuccio m. ‖ *pochette-surprise,* busta, sacchetto (m.) con sorpresa.
pochoir [pɔʃwar] m. stampino.
pochon [pɔʃɔ̃] m. cucchiaione.
podagre [pɔdagr] adj. et n. podagroso. ◆ n. f. MÉD. podagra.
podaire [pɔdɛr] f. MATH. (linea) podaria.
podestat [pɔdɛsta] m. HIST. podestà.
podium [pɔdjɔm] m. (lat.) podio.
podomètre [pɔdɔmɛtr] m. pedometro, podometro ; contapassi m. inv.
podzol [pɔdzɔl] m. GÉOGR. podsol.
podzolique [pɔdzɔlik] adj. podsolico.
poecile [pesil] m. ARCHÉOL. pecile.
pœcilotherme adj. V. POÏKILOTHERME.
1. poêle [pwal] m. drappo funebre ; coltre (f.) della bara. ‖ LOC. *tenir les cordons du poêle* = seguire il feretro ai posti d'onore. ‖ VX [mariage] = velo nuziale (teso in chiesa sopra gli sposi).
2. poêle m. [chauffage] stufa f.
3. poêle f. CULIN. *poêle (à frire),* padella. | *poêle à marrons,* padella delle bruciate. | *faire revenir à la poêle,* cucinare in padella. ‖ FIG., FAM. *tenir la queue de la poêle,* avere il mestolo in mano.
poêlé, e [pwale] adj. *œufs poêlés,* uova al tegamino.
poêlée [pwale] f. padellata.
poêlon [pwalɔ̃] m. CULIN. tegame, tegamino.
poème [pɔɛm] m. poesia f. ; (breve) componimento (poetico) ; [lyrique] lirica f. | *les poèmes de Baudelaire,* le poesie, le liriche di Baudelaire. ‖ [d'une certaine étendue] poema. | *les poèmes de Leconte de Lisle,* i poemi di Leconte de Lisle. | *poème chevaleresque, didactique, épique, homérique,* poema cavalleresco, didascalico, epico, omerico. | *poème, petit poème en prose,* poema, poemetto in prosa. ‖ MUS. *poème symphonique,* poema sinfonico. ‖ LOC. FAM. *c'est tout un poème !,* è un poema !
poésie [pɔezi] f. poesia.
poète [pɔɛt] m. poeta. | *poète officiel,* poeta di corte ; poeta cesareo (VX) ; [en Angleterre] poeta laureato. | *femme poète,* poetessa f.
poétereau [pɔetro] m. PÉJOR. poetastro.
poétesse [pɔetɛs] f. poetessa.
poétique [pɔetik] adj. poetico. ◆ n. f. poetica.
poétiser [pɔetize] v. tr. poeticizzare, idealizzare.
pognon [pɔɲɔ̃] m. POP. grana ; soldi m. pl. (fam.).
pogrom ou **pogrome** [pɔgrɔm] m. pogrom.
poids [pwa] m. **1.** peso. | *prendre, perdre du poids,* crescere, diminuire di peso. | *poids mort,* peso morto (pr. et fig.). ‖ [ce qui sert à peser] peso. ‖ [d'une horloge] peso. ‖ [lieu] *poids public,* pesa pubblica. ‖ **2.** [ce qui oppresse] peso. | *poids du remords, des responsabilités, des années,* peso del rimorso, delle responsabilità, degli anni. | *être un poids pour qn,* esser di peso a qlcu., per qlcu. | *poids des impôts,* onere (m.) delle imposte. ‖ **3.** [importance] peso, importanza f. | *arguments de peu de poids,* argomenti di poco peso. | *donner du poids à qch.,* dar peso, importanza a qlco. | *homme de poids,* uomo autorevole. | *faire, ne pas faire le poids* = avere, non avere le capacità richieste. ‖ **4.** AUTOM. *poids lourd,* V. LOURD. ‖ CHIM., PHYS. peso. ‖ COMM. *poids brut, net, vif,* peso lordo, netto, vivo. | *vendre au poids,* vendere a peso. | *voler sur le poids,* rubare sul peso. | *faire bon poids,* fare, dare buon peso. ‖ **5.** SPORT [athlétisme] *lancement du poids,* getto, lancio del peso. ‖ [boxe] *poids mouche, plume, lourd,* peso mosca, piuma, massimo. | *faire, ne pas faire le poids,* raggiungere, non raggiungere il peso. | *poids et haltères,* pesistica f., sollevamento pesi. ‖ **6.** LOC. *peser de tout son poids,* premere con tutto il peso. | *tomber de tout son poids,* cadere di peso. | *payer au poids de l'or,* pagare a peso d'oro. | *avoir deux poids et deux mesures,* avere, usare due pesi e due misure. | *avoir un poids sur l'estomac,* sentirsi un peso sullo stomaco. | *avoir un poids sur la conscience,* avere un peso sulla coscienza.
poignant, e [pwaɲɑ̃, ɑ̃t] adj. acuto, straziante. | *douleur poignante,* dolore acuto, lacerante. | *scène poignante,* scena straziante.
poignard [pwaɲar] m. pugnale. | *coup de poignard,* pugnalata f. (pr. et fig.).

poignarder [pwaɲarde] v. tr. pugnalare. ‖ FIG. *poignarder qn dans le dos,* pugnalare qlcu. alle spalle. ‖ [causer une vive douleur] tormentare, straziare.
poigne [pwaɲ] f. = forza, stretta del pugno, della mano. | *serrer dans une poigne de fer,* stringere come in una morsa. ‖ FIG. *homme à poigne,* uomo di polso. | *gouvernement à poigne,* governo energico, autoritario.
poignée [pwaɲe] f. **1.** [quantité] *poignée de sel, de mûres,* manciata di sale, di more. | *poignée de terre, d'or,* manata di terra, d'oro. | *poignée de riz, de pois chiches,* pugno (m.) di riso, di ceci. | *poignée d'herbes, de cheveux, de poils,* ciuffo (m.) d'erba, di capelli, di peli. ‖ LOC. *à, par poignées,* a manate, a piene mani. ‖ **2.** [petit nombre] pugno. | *poignée de soldats,* pugno di soldati. ‖ **3.** [de sac, de valise] manico m. ; [d'arme, de bâton de ski, de portière d'auto] impugnatura ; [de porte, de fenêtre, de malle] maniglia ; [de moto, de bicyclette] manopola ; [de tiroir] pomello m., maniglia ; [pour saisir un objet chaud] presa. ‖ **4.** *poignée de main,* stretta di mano.
poignet [pwaɲɛ] m. ANAT. polso. ‖ [d'une manche] polsino. ‖ PR. et FIG. *à la force du poignet, des poignets,* a forza di braccia.
poïkilotherme [pɔjkilotɛrm] ou **pœcilotherme** [pesilotɛrm] adj. ZOOL. pecilotermo, eterotermo.
poil [pwal] m. ANAT. pelo. | *touffe de poils,* ciuffo di peli. ‖ [barbe] *poil follet,* pelo matto ; lanugine f. | *avoir le poil dur,* avere la barba dura. ‖ [pelage] pelo, pelame, manto. | *gibier à poil,* V. GIBIER. | *dans le sens du poil,* nel verso del pelo. | *monter un cheval à poil* (vx), cavalcare senza sella, a dorso nudo, a bisdosso (L.C.). ‖ [fourrure] pelo. | *bonnet à poil,* berretto a pelo. ‖ BOT. pelo. | *poil à gratter,* rosellina (f.) di macchia ; grattaculo (pop.). ‖ TEXT. *poil de chameau,* cammello. ‖ LOC. FAM. *ne pas avoir un poil sur le caillou,* avere la testa come una rapa, avere la zucca pelata. | *ne pas avoir un poil de sec* = essere bagnato fradicio. | *avoir un poil dans la main* = essere un fannullone. ‖ *se mettre à poil* = spogliarsi. | *à poil* = nudo adj. | *être de bon, de mauvais poil* = essere di buon umore, di cattivo umore. | *reprendre du poil de la bête* = ringagliardire, ringagliardirsi, riaversi, rifarsi ; riprendere le forze. | *tomber sur le poil à qn* = dare addosso a qlcu., importunare qlcu. | *des gens de tout poil* = gente di ogni risma. | *un brave à trois poils* (vx) = un valoroso a tutta prova. | *à un poil près,* per un pelo. | *s'en falloir d'un poil,* mancare un pelo. | *au poil,* a pelo ; per l'appunto, esattamente (L.C.). ; [emploi adj.] coi fiocchi ; eccellente, perfetto (L.C.) ; [interj.] = perfetto !, benissimo !, ottimamente !
poilant, e [pwalɑ̃, ɑ̃t] adj. POP. buffo, divertente (L.C.).
poiler (se) [səpwale] v. pr. POP. = scompisciarsi dalle risa (vulg.).
poilu, e [pwaly] adj. peloso, villoso. ◆ n. m. FAM. = combattente francese della Prima Guerra mondiale.
poinçon [pwɛ̃sɔ̃] m. TECHN. punteruolo, foratoio. ‖ [pour monnaie, médaille] punzone. ‖ [estampille] marchio. ‖ [emporte-pièce] bulino. ‖ [pièce de charpente] monaco.
poinçonnage [pwɛ̃sɔnaʒ] ou **poinçonnement** [pwɛ̃sɔnmɑ̃] TECHN. punzonatura f. ‖ [d'un billet] foratura f.
poinçonner [pwɛ̃sɔne] v. tr. TECHN. punzonare. ‖ [un billet] forare.
poinçonneur, euse [pwɛ̃sɔnœr, øz] n. TECHN. [ouvrier] punzonatore, trice. ‖ [de billets] = addetto, a alla foratura dei biglietti. ◆ n. f. [de tôles] punzonatrice ; [de billets] perforatrice.
poindre [pwɛ̃dr] v. intr. spuntare, sorgere. | *le soleil point,* spunta il sole. ◆ v. tr. LITTÉR. pungere, ferire, colpire (L.C.). | *une grande tristesse le poignait,* una gran tristezza lo pungeva.
poing [pwɛ̃] m. pugno. | *coup de poing,* pugno. | *coup de poing américain,* tirapugno m. inv. | *donner, décocher, asséner un coup de poing à qn,* dare, tirare, sferrare, affibbiare, assestare un pugno a qlcu. ‖ PR. et FIG. *serrer les poings,* stringere i pugni. | *l'arme, l'épée au poing,* con l'arma, con la spada in pugno. | *faire le coup de poing,* fare a pugni. ‖ FIG. *dormir à poings fermés* = dormire profondamente, sodo. | *avoir pieds et poings liés,* avere le mani legate. | *se ronger les poings,* rodersi, mangiarsi il fegato.
1. point [pwɛ̃] m. **1.** [lieu] punto. | *points d'arrêt d'un autobus,* fermate (f. pl.) di un autobus. | *point de départ, d'arrivée, de rendez-vous, de vente,* punto di partenza, d'arrivo, di ritrovo, di vendita. | *point d'appui :* MÉC. punto di appoggio, pern(i)o, fulcro ; FIG. fulcro. | *point d'attache,* punto fisso. | *point culminant,* punto culminante. | *point d'eau* = pozzo m., sorgente f. ‖ PR. et FIG. *point de repère,* punto di riferimento ; orientamento. | *point de rupture,* punto di rottura. | *point de vue,* V. VUE. ‖ **2.** [question] *être d'accord sur tous les points,* essere d'accordo su tutti i punti. ‖ JUR. *point de droit, de fait,* punto di diritto, di fatto. ‖ [partie] *un discours en trois points,* un discorso (diviso) in tre punti, in tre parti. ‖ [degré] *jusqu'à un certain point,* fino a un certo punto. | *à ce point,* fino a questo punto, fino a questo segno. ‖ FIG. *point chaud,* punto caldo. | *point faible,* (punto) debole m. | *point d'honneur,* V. HONNEUR. | *les points noirs de la circulation,* i punti neri del traffico stradale. | *frère trois points* = (fram)massone. | *le point du jour,* lo spuntar del giorno. ‖ **3.** ANAT. *point aveugle,* punto cieco. ‖ ASTR. *points cardinaux,* punti cardinali. ‖ CHIM., PHYS. *point d'ébullition, de fusion, d'impact,* punto di ebollizione, di fusione, di impatto. | *point critique,* punto critico. ‖ CHIR. *point de suture,* punto di sutura. ‖ GÉOGR. *point de partage des eaux,* spartiacque m. inv. ‖ HÉRALD. punto. ‖ **4.** GRAMM. punto, punto fermo. | *point, à la ligne,* punto e a capo. | *point-virgule,* punto e virgola (pl. *punti e virgola*). | *deux points,* due punti. | *point d'exclamation, d'interrogation,* punto esclamativo, interrogativo. | *point de suspension,* puntino (di sospensione). | *mettre les points sur les « i »,* mettere i punti, i puntini sulle « i », sugli « i » (pr. et fig.). | *un point, c'est tout,* punto e basta. ‖ **5.** JEU, SPORT punto. | *vainqueur aux points,* vincitore ai punti. ‖ PR. et FIG. *marquer un point,* fare un punto, segnare (un punto). | *rendre des points à qn,* dare dei punti a uno. ‖ **6.** LING. *point d'articulation,* punto, luogo di articolazione. ‖ MATH. punto. | *point d'intersection,* punto d'intersezione. ‖ MÉD. *point de côté,* V. CÔTÉ. | *point noir,* punto nero ; comedone m. ‖ MIL. *point d'appui,* caposaldo. | *point de mire,* V. MIRE. ‖ MODE punto. | *faire un point à un vêtement,* dare un punto a un vestito (fam.). ‖ MUS. punto. | *point d'orgue,* corona f. ‖ TYP. punto. ‖ **7.** UNIV. voto. | *donner un bon, un mauvais point,* dare un buon voto, un brutto voto. | *diminuer une note de trois points,* diminuire un voto di tre punti. ‖ FIG. *c'est un bon point pour lui,* è un punto a suo vantaggio. ‖ **8.** LOC. *faire le point* (pr. et fig.), fare il punto. | *mettre au point,* mettere a punto (pr. et fig.) ; mettere a fuoco (OPT. et FIG.) ; rettificare (fig.). | *mise au point,* messa a punto, a fuoco ; rettifica. | *mal en point,* mal ridotto, male in arnese, ridotto a mal partito. | *point mort,* punto morto. | *être, mettre au point mort,* essere, girare in folle ; mettere in folle. | *la discussion est au point mort,* la discussione è giunta a un punto morto. | *les ventes sont au point mort,* le vendite ristagnano. ◆ loc. adv. ***à point :*** *cuit à point,* cotto appuntino, giusto di cottura. ‖ ***à ce point,*** talmente. ‖ ***à point nommé,*** a proposito ; al momento giusto, opportuno. ‖ ***au dernier point,*** estremamente. ‖ ***de point en point,*** esattamente. ‖ ***de, en tout point, en tous points,*** proprio, esattamente, affatto. ‖ ***point par point,*** punto per punto. ◆ loc. prép. ***au point de,*** al punto di. ‖ ***sur le point de :*** *être sur le point de,* essere sul punto di ; stare per ; essere in procinto di. | *sur le point de mourir,* in punto di morte. ◆ loc. conj. ***à tel point, à ce point que,*** a tal punto che.
2. point adv. LITTÉR. *ne... point,* non... punto ; non... affatto (L.C.). ‖ [employé seul] *point du tout,* niente affatto. | *point d'argent,* niente denaro. | *l'amour peut être aveugle, l'amitié point,* l'amore può essere cieco,

l'amicizia tutt'altro. ‖ (rég.) *un garçon point content,* un ragazzo punto contento.
pointage [pwɛ̃taʒ] m. MIL. puntamento. ‖ [contrôle] controllo, verifica f.; ADM. spunta f. | *pointage sommaire,* spuntata f. | *marque de pointage,* spuntatura f. | *pointage des listes électorales,* controllo, spunta delle liste elettorali. | *horloge de pointage,* orologio di controllo.
pointal, aux [pwɛ̃tal, o] m. TECHN. puntello.
pointe [pwɛ̃t] f. **1.** [extrémité] punta. | *pointe d'un clou, d'une épingle, d'un clocher, d'une arme,* punta d'un chiodo, di uno spillo, di un campanile, di un'arma. | *pointe d'un arbre,* punta, cima di un albero. | *pointe d'un mouchoir,* cocca di un fazzoletto. | *pointes d'asperges,* punte d'asparagi. | *barbe en pointe,* barba a punta. | *sur la pointe des pieds,* in punta di piedi. ‖ [danse] *faire des pointes, des demi-pointes,* danzare sulle punte, sulle mezze punte. ‖ ART *pointe sèche,* punta secca. ‖ GÉOGR. punta; lingua di terra. ‖ LOC. FIG. *à la pointe de l'épée, des baïonnettes* = a viva forza. | *être à la pointe du combat,* combattere in prima fila; essere fra i più combattivi. | *une industrie à la pointe du progrès,* un'industria all'avanguardia del progresso. ‖ **2.** [objet pointu] *pointe à tracer,* punta a tracciare. | *pointe de perceuse,* punta da trapanatrice. ‖ [clou] punta. ‖ HÉRALD. punta. ‖ MAR. gherone m. ‖ MÉD. *pointes de feu,* ignipuntura f. sing. ‖ MODE fisciù m. inv. ‖ [lange] pannolino triangolare. ‖ **3.** MIL. puntata. | *pousser une pointe en territoire ennemi,* fare una puntata, un'incursione nel territorio nemico. ‖ FIG. *faire, pousser une pointe jusqu'à Rome,* fare una puntata fino a, spingersi fino a Roma. ‖ **4.** *la pointe du jour* (littér.), lo spuntar del giorno (L.C.). ‖ **5.** [trait d'esprit] motto m., arguzia, frecciata. ‖ **6.** [petite quantité] *une pointe d'ail,* una punta, un pizzico (m.) d'aglio. ‖ FIG. *une pointe d'envie, d'ironie,* una punta d'invidia, d'ironia. | *une pointe d'accent toscan,* un lievissimo accento toscano. ◆ loc. adj. **de pointe :** *heures de pointe,* ore di punta. | *vitesse de pointe,* velocità di punta, velocità massima. | *technique de pointe,* tecnica di punta, di avanguardia.
pointé, e [pwɛ̃te] adj. puntato. | *lettre, note pointée,* lettera, nota puntata. | *zéro pointé,* zero meno.
pointeau [pwɛ̃to] m. [poinçon] punteruolo, punzone. ‖ [tige de réglage] valvola (f.) a spillo. ‖ [qui contrôle] V. POINTEUR.
1. pointer [pwɛ̃te] v. tr. [marquer d'un point] puntare; segnare con un punto. ‖ [contrôler] spuntare, verificare, controllare. | *pointer les présents sur une liste,* spuntare i nomi dei presenti su un elenco. | *pointer les ouvriers à l'entrée de l'usine,* controllare l'entrata degli operai all'ingresso della fabbrica. ‖ [braquer] puntare. | *pointer une arme sur qn, la lunette vers qch.,* puntare un'arma su qlcu., il cannocchiale verso qlco. ‖ MAR. *pointer la carte,* segnare la posizione (della nave) sulla carta. ‖ MUS. *pointer une note,* puntare una nota. ◆ v. intr. [être contrôlé] = timbrare il cartellino (all'orologio di controllo). ◆ v. pr. POP. arrivare, giungere (L.C.). | *il s'est pointé chez moi à six heures,* è arrivato, venuto a casa mia alle sei.
2. pointer v. tr. [dresser en pointe] drizzare, rizzare. | *pointer les oreilles,* drizzare le orecchie. ‖ [aiguiser] aguzzare, appuntire. ‖ [égorger] sgozzare. ◆ v. intr. [s'élever, se dresser] innalzarsi, slanciarsi, ergersi. | *alouettes qui pointent,* allodole che s'innalzano (verticalmente). | *clocher qui pointe vers le ciel,* campanile che s'innalza, si slancia verso il cielo. ‖ [poindre] spuntare. | *bourgeons qui pointent,* germogli che spuntano. | *le jour pointe,* spunta il giorno.
3. pointer [pwɛ̃tœr] m. ZOOL. pointer (angl.).
pointeur [pwɛ̃tœr] m. [qui contrôle] = verificatore dell'entrate e uscite del personale. ‖ MIL. puntatore. ‖ SPORT segnapunti m. inv.
pointillage [pwɛ̃tijaʒ] m. punteggiamento.
pointillé [pwɛ̃tije] m. [en points] linea punteggiata. ‖ [en petits trous] perforatura f.
pointiller [pwɛ̃tije] v. tr. punteggiare. ◆ v. intr. = disegnare, incidere, dipingere con maniera punteggiata.
pointilleux, euse [pwɛ̃tijø, øz] adj. esigente, minuzioso, meticoloso.
pointillisme [pwɛ̃tijism] m. ART pointillisme (fr.), puntillismo, puntinismo, divisionismo.
pointilliste [pwɛ̃tijist] adj. puntillista, divisionistico, divisionista. ◆ n. puntinista, divisionista.
pointu, e [pwɛ̃ty] adj. PR. *crayon pointu,* matita appuntita. | *bec, menton, nez pointu,* becco, mento, naso appuntito. | *poteau pointu,* palo appuntito, aguzzo. | *fer pointu,* ferro puntuto. | *chapeau pointu,* cappello a punta. ‖ FIG. *caractère pointu,* carattere suscettibile, permaloso. | *voix pointue,* voce acuta.
pointure [pwɛ̃tyr] f. numero m. (di scarpe, di guanti, di cappelli). | *quelle pointure chaussez-vous ?,* che numero di scarpe porta?
poire [pwar] f. BOT. pera. | *poire à cuire, à couteau,* pera da cuocere, da tavola. | *en forme de poire,* a pera. ‖ [objet] *poire électrique, de vaporisateur,* pera della luce, del vaporizzatore. ‖ MÉD. *poire à lavement,* pera, peretta per clistere. ‖ FAM. [naïf] pollo m., tonto m., gonzo m. | *il a trouvé une (bonne) poire,* ha trovato il pollo. ‖ POP. [tête] pera (fam.); [visage] faccia (L.C.). ‖ LOC. *entre la poire et le fromage,* V. FROMAGE. | *couper la poire en deux* = venire a un compromesso. | *garder une poire pour la soif* = mettere qlco. da parte per i momenti difficili. | *la poire est mûre* (vx) = il momento è opportuno.
poiré [pware] m. sidro (m.) di pere.
poireau [pwaro] m. BOT., MÉD. porro. ‖ FAM. *faire le poireau,* V. POIREAUTER.
poireauter [pwarote] v. intr. FAM. = stare di piantone, aspettare a lungo.
poirée [pware] f. BOT. = varietà di bietola.
poirier [pwarje] m. BOT. pero. ‖ SPORT *faire le poirier,* far la verticale.
pois [pwa] m. BOT. pisello. | *pois à écosser, petits pois,* piselli (da sgusciare). | *petits pois fins,* piselli fini. | *pois goulus, gourmands, mange-tout,* (piselli) mangiatutto. | *pois chiche,* cece. | *pois de senteur,* pisello odoroso. ‖ [dessin] *tissu à pois,* tessuto a pallini, a pois (fr.).
poise [pwaz] m. PHYS. poise.
poiseuille [pwazœj] m. PHYS. poiseuille.
poison [pwazɔ̃] m. PR. et FIG. veleno. ‖ FIG., FAM. [personne] bisbetico, flagello; [enfant] peste f.; [chose] seccatura f.
poissard, e [pwasar, ard] adj. plebeo, volgare. ◆ n. f. VX = venditrice (al mercato); pescivendola. ‖ PÉJOR. donna sguaiata; ciana f. (tosc.).
poisse [pwas] f. FAM. scalogna; iella (rom.). | *porter la poisse à qn,* portare scalogna, iella a uno.
poisser [pwase] v. tr. impeciare. | *fil poissé,* filo impeciato. ‖ [salir] impiastrare, impiastricciare, imbrattare; [être collant] appiccicare v. intr. | *table poissée de confiture,* tavola imbrattata di marmellata. ‖ POP. [attraper] acciuffare, beccare (fam.). | *il s'est fait poisser,* s'è fatto acciuffare, beccare.
poisseux, euse [pwasø, øz] adj. appiccicoso, appiccicaticcio. | *mains poisseuses,* mani appiccicose.
poisson [pwasɔ̃] m. ZOOL. pesce. | *poisson rouge,* pesce rosso. | *poisson volant,* pesce volante, pesce rondine. | *petit poisson d'argent,* pesciolino d'argento. ‖ ***poisson-chat,*** pesce gatto (pl. *pesci gatto*). ‖ ***poisson-épée,*** pesce spada (pl. *pesci spada*). ‖ ***poisson-lune,*** pesce luna (pl. *pesci luna*); mola f. ‖ ***poisson-scie,*** pesce sega (pl. *pesci sega*). ‖ FIG. *poisson d'avril,* pesce d'aprile. ‖ ASTR. *les Poissons,* i Pesci. ‖ LOC. *être comme un poisson dans l'eau* = essere nel proprio elemento, stare a proprio agio. | *n'être ni chair ni poisson,* non essere né carne né pesce. | *petit poisson deviendra grand* = cambiare, crescere con gli anni; farsi le ossa; dar tempo al tempo. | *les gros poissons mangent les petits,* i pesci grossi mangiano i pesci piccoli. | *queue de poisson,* V. QUEUE. ‖ POP. *engueuler qn comme du poisson pourri,* sgridare, rimproverare aspramente qlcu (L.C.).
poissonnerie [pwasɔnri] f. pescheria.
poissonneux, euse [pwasɔnø, øz] adj. pescoso.
poissonnier, ère [pwasɔnje, ɛr] n. [marchand] pesci-

vendolo, a ; pesciaiolo, a (tosc.). ◆ n. f. [ustensile] pesciaiola ; pesciera (rom.).
poitrail [pwatraj] m. ZOOL. petto. ‖ [harnais] pettorale. ‖ ARCHIT. architrave.
poitrinaire [pwatrinɛr] adj. et n. MÉD., VX = tubercoloso, tubercolotico. tisico.
poitrine [pwatrin] f. [partie du tronc] petto m. | *tour de poitrine* : [homme] circonferenza toracica ; [femme] giro (m.) [di] petto. | *serrer qn sur sa poitrine*, stringersi qlcu. al petto. ‖ [seins] seno m., petto. ‖ [poumons] polmoni m. pl. | *respirer à pleine poitrine*, respirare a pieni polmoni, allargare il petto. ‖ MÉD. *angine, maladie de poitrine*, angina, malattia di petto. | *s'en aller de la poitrine* (fam.) = essere tubercoloso. ‖ MUS. *« ut » de poitrine*, « do » di petto. ‖ [viande] petto. ‖ LOC. FIG. *se frapper la poitrine*, battersi, picchiarsi il petto.
poitrinière [pwatrinjɛr] f. [harnais] pettorale m. ‖ [métier à tisser] pettorale.
poivrade [pwavrad] f. CULIN. peverata, peverada.
poivre [pwavr] m. pepe. ‖ FIG. *cheveux poivre et sel*, capelli brizzolati, capelli color pepe e sale.
poivré, e [pwavre] adj. PR. et FIG. pepato.
poivrer [pwavre] v. tr. pepare.
poivrette [pwavrɛt] f. BOT. nigella.
poivrier [pwavrije] m. BOT. (albero del) pepe. ‖ [ustensile] pepaiola f., pepaiolo.
poivrière [pwavrijɛr] f. [plantation] piantagione di pepe. ‖ [ustensile] pepaiola, pepaiolo m. ‖ ARCHIT. guardiola ; torretta di vedetta.
poivron [pwavrɔ̃] m. peperone.
poivrot, e [pwavro, ɔt] n. POP. ubriacone, a ; beone m.
poix [pwa] f. pece. | *poix blanche*, pece bianca. | *poix résine*, colofonia f., pece greca. | *noir comme de la poix*, nero come la pece.
poker [pokɛr] m. [cartes] poker (angl.). | *jouer au poker*, giocare a poker. ‖ [dés] *poker d'as*, poker dice (angl.), poker con i dadi, poker d'assi. ‖ FIG. *partie, coup de poker*, (colpo di) poker.
polacre [pɔlakr] f. MAR., VX polacra, polacca.
polaire [pɔlɛr] adj. et n. f. ASTR., GÉOGR., MATH. polare.
polaque [pɔlak] m. MIL., VX = cavaliere polacco.
polarimètre [pɔlarimɛtr] m. polarimetro.
polarisable [pɔlarizabl] adj. polarizzabile.
polarisant, e [pɔlarizɑ̃, ɑ̃t] adj. polarizzante.
polarisation [pɔlarizasjɔ̃] f. PR. et FIG. polarizzazione.
polariscope [pɔlariskɔp] m. polariscopio.
polariser [pɔlarize] v. tr. PR. et FIG. polarizzare. ‖ FAM. *être polarisé sur une question*, avere l'attenzione concentrata su una questione (L.C.).
polariseur [pɔlarizœr] adj. et n. m. polarizzatore.
polarité [pɔlarite] f. polarità.
polatouche [pɔlatuʃ] m. ZOOL. petauro ; scoiattolo volante.
polder [pɔldɛr] m. GÉOGR. polder.
pôle [pol] m. polo. ‖ LOC. *pôle de croissance*, polo di sviluppo. | *pôle d'attraction*, centro di attrazione. | *pôles opposés*, poli opposti.
polémarque [pɔlemark] m. ANTIQ. polemarco.
polémique [pɔlemik] adj. polemico. ◆ n. f. polemica. | *engager une polémique avec qn*, entrare in polemica con uno.
polémiquer [pɔlemike] v. intr. polemizzare.
polémiste [pɔlemist] n. polemista.
polémologie [pɔlemolɔʒi] f. polemologia.
polenta [pɔlɛnta] f. (ital.) CULIN. polenta ; [de châtaignes] polenta dolce.
poli, e [pɔli] adj. [lisse] levigato, liscio. | *marbre poli*, marmo levigato, liscio. | *âge de la pierre polie*, età della pietra levigata. ‖ [courtois] cortese, educato, garbato. | *homme poli*, uomo cortese, educato. | *manières polies*, modi cortesi, garbati. ‖ LOC. *il est trop poli pour être honnête* = la sua eccessiva garbatezza è sospetta. ◆ n. m. levigatezza f.
1. police [pɔlis] f. polizia. | *police judiciaire, de la route*, polizia giudiziaria, stradale. | *police des mœurs*, polizia dei costumi. | *poste de police*, posto, corpo di guardia (di un commissariato). | *police secours*, la (squadra) volante. ‖ MIL. *salle de police*, camera di punizione. ‖ LOC. *faire la police*, mantener l'ordine, fare il sorvegliante.
2. police f. *police d'assurance*, polizza di assicurazione.
policé, e [pɔlise] adj. incivilito ; civilizzato (gall.), civile.
policeman [pɔlisman] m. (pl. **policemen**) policeman (angl.).
policer [pɔlise] v. tr. incivilire ; civilizzare (gall.).
polichinelle [pɔliʃinɛl] m. THÉÂTRE Pulcinella. ‖ FIG. pulcinella, buffone. | *faire le polichinelle*, fare il buffone. | *secret de Polichinelle*, segreto di Pulcinella. ‖ [irréfléchi] pulcinella.
policier, ère [pɔlisje, ɛr] adj. poliziesco. | *enquête policière*, inchiesta poliziesca. | *roman policier*, romanzo poliziesco. | *roman, film policier*, giallo m. | *régime policier*, regime poliziesco. | *chien policier*, cane poliziotto. ◆ n. m. poliziotto.
policlinique [pɔliklinik] f. ambulatorio (m.) municipale.
poliomyélite [pɔljomjelit] ou abr. **polio** f. MÉD. poliomielite, polio.
poliomyélitique [pɔljomjelitik] ou abr. **polio** adj. et n. poliomielitico.
poliorcétique [pɔljɔrsetik] adj. ANTIQ. poliorcetico. ◆ n. f. poliorcetica.
polir [pɔlir] v. tr. PR. levigare, polire, lisciare. ‖ FIG. raffinare, ingentilire. | *polir les mœurs*, raffinare, ingentilire i costumi. | *polir son style*, limare, forbire il proprio stile.
polissable [pɔlisabl] adj. levigabile.
polissage [pɔlisaʒ] m. levigatura f., levigazione f., politura f.
polisseur, euse [pɔlisœr, øz] n. lisciatore, trice.
polissoir [pɔliswar] m. TECHN. pulitrice f., levigatrice f. ‖ [outil préhist.] lisciatoio.
polissoire [pɔliswar] f. mola di legno.
polisson, onne [pɔlisɔ̃, ɔn] n. [gamin] monello, a. ‖ [enfant espiègle] birichino, a ; sbarazzino, a. ◆ adj. [licencieux] licenzioso, spinto.
polissonnerie [pɔlisɔnri] f. [d'enfant] monelleria, birichinata, sbarazzinata. ‖ [propos licencieux] *dire des polissonneries*, tener discorsi licenziosi, spinti.
poliste [pɔlist] m. ZOOL. poliste f.
politesse [pɔlitɛs] f. [comportement] cortesia ; buona educazione. ‖ [action, parole] = atto (m.), parola (f.) cortese ; cortesia, gentilezza ; convenevoli m. pl. | *faire des politesses à qn*, fare i convenevoli a qlcu. ; usar gentilezze, cortesie a qlcu. | *échange de politesses*, scambio di convenevoli, di gentilezze. | *se confondre en politesses*, profondersi in gentilezze. ‖ LOC. *brûler la politesse à qn* = andarsene senza salutare.
politicard [pɔlitikar] m. PÉJOR. politicastro.
politicien, enne [pɔlitisjɛ̃, ɛn] n. (uomo) politico ; donna che è nella politica. ‖ PÉJOR. politicante.
politique [pɔlitik] adj. politico. ◆ n. m. (uomo) politico m. ◆ n. f. politica. | *parler (de) politique*, parlar di politica. | *faire de la politique*, darsi alla politica. ‖ [habileté] politica, diplomazia, astuzia.
politisation [pɔlitizasjɔ̃] f. politicizzazione.
politiser [pɔlitize] v. tr. politicizzare.
politologie [pɔlitolɔʒi] f. politologia.
politologue [pɔlitolɔg] n. politologo m. ; specialista, studioso (-a) di scienza politica, di politologia.
poljé [pɔlje] m. GÉOGR. polje.
polka [pɔlka] f. MUS. polca, polka.
pollakiurie [pɔlakjyri] f. MÉD. pollachiuria.
pollen [pɔlɛn] m. BOT. polline.
pollicitation [pɔlisitasjɔ̃] f. JUR. pollicitazione.
pollinie [pɔlini] f. BOT. pollinio m., pollinidio m., pollinodio m.
pollinique [pɔlinik] adj. pollinico.
pollinisation [pɔlinizasjɔ̃] f. impollinazione.
polluer [pɔlɥe] v. tr. PR. et FIG. inquinare. ‖ VX [profaner] = profanare.
pollution [pɔlysjɔ̃] f. PR. et FIG. inquinamento m. ‖

Vx [profanation] = profanazione. ‖ Méd. polluzione.
polo [polo] m. Sport polo (angl.). ‖ Mode polo.
polochon [pɔlɔʃɔ̃] m. Fam. capezzale (l.c.) ; traversino [septentr.].
polonais, e [pɔlɔnɛ, ɛz] adj. et n. polacco. ‖ Loc. *saoul comme un Polonais* = ubriaco fradicio. ◆ n. f. Mus. polacca, polonese.
polonium [pɔlɔnjɔm] m. Chim. polonio.
poltron, onne [pɔltrɔ̃, ɔn] adj. et n. vigliacco ; codardo (littér.) [adj. et n. m.].
poltronnerie [pɔltrɔnri] f. vigliaccheria ; codardia (littér.).
polyacide [pɔliasid] adj. et n. m. Chim. poliacido.
polyachène [pɔliakɛn] m. Bot. poliachenio.
polyalcool [pɔlialkɔl] ou **polyol** [pɔliɔl] m. Chim. polialcool, poliolo.
polyamide [pɔliamid] m. Chim. poliammide f.
polyamine [pɔliamin] f. Chim. poliammina.
polyandre [pɔljɑ̃dr] adj. poliandrico.
polyandrie [pɔljɑ̃dri] f. Jur., Bot. poliandria.
polyarthrite [pɔliartrit] f. Méd. poliartrite.
polybasique [pɔlibazik] adj. Chim. polibasico.
polycéphale [pɔlisefal] adj. Méd. policefalo.
polychètes [pɔlikɛt] m. pl. Zool. policheti.
polychroïsme [pɔlikrɔism] m. Opt. policroismo.
polychrome [pɔlikrom] adj. Chim., Phys. policromatico. ‖ [de plusieurs couleurs] policromo.
polychromie [pɔlikromi] f. policromia.
polyclinique [pɔliklinik] f. policlinico m.
polycondensation [pɔlikɔ̃dɑ̃sasjɔ̃] f. policondensazione.
polycopie [pɔlikɔpi] f. poligrafia.
polycopié [pɔlikɔpje] adj. ciclostilato. ◆ n. m. testo ciclostilato ; dispense ciclostilate f. pl.
polycopier [pɔlikɔpje] v. tr. poligrafare, ciclostilare. | *machine à polycopier*, poligrafo m., ciclostile m. ‖ Univ. *cours polycopié*, dispense universitarie.
polyculture [pɔlikyltyr] f. poliçoltura.
polycyclique [pɔlisiklik] adj. Électr. policiclico.
polydactyle [pɔlidaktil] adj. et n. m. polidattilo.
polydactylie [pɔlidaktili] f. Biol. polidattilia.
polyèdre [pɔliɛdr] adj. Géom. poliedrico. ◆ n. m. poliedro.
polyédrique [pɔliedrik] adj. poliedrico.
polyembryonie [pɔliɑ̃briɔni] f. Biol. poliembrionia.
polyester [pɔliɛstɛr] m. Chim. poliestere.
polyéthylène [pɔlietilɛn] m. Chim. polietilene.
polygala [pɔligala] ou **polygale** [pɔligal] m. Bot. poligala f.
polygame [pɔligam] adj. et n. m. poligamo.
polygamie [pɔligami] f. poligamia.
polygénisme [pɔliʒenism] m. Biol. poligenismo.
polyglotte [pɔliglɔt] adj. poliglotto. | *interprète polyglotte*, interprete poliglotto. | *bible polyglotte*, bibbia poliglotta. ◆ n. poliglotta.
polygonacées [pɔligonase] f. pl. Bot. poligonacee.
polygonal, e, aux [pɔligonal, o] adj. poligonale.
polygonation [pɔligonasjɔ̃] f. poligonazione.
polygone [pɔligon] m. Math. poligono. ‖ Méc. *polygone de sustentation*, poligono di appoggio. ‖ Mil. *polygone de tir*, poligono di tiro.
polygraphe [pɔligraf] m. poligrafo.
polymère [pɔlimɛr] adj. et n. m. Chim. polimero.
polymérie [pɔlimeri] f. polimeria.
polymérisation [pɔlimerizasjɔ̃] f. polimerizzazione.
polymériser [pɔlimerize] v. tr. polimerizzare.
polymorphe [pɔlimɔrf] adj. polimorfo.
polymorphie [pɔlimɔrfi] f. ou **polymorphisme** [pɔlimɔrfism] m. polimorfismo m.
polynésien, enne [pɔlinezjɛ̃, ɛn] adj. et n. polinesiano. ◆ n. m. Ling. polinesiano.
polynévrite [pɔlinevrit] f. Méd. polinevrite, polineurite.
polynôme [pɔlinom] m. Math. polinomio.
polynucléaire [pɔlinykleɛr] adj. polinucleato.
polyol m. V. polyalcool.
polype [pɔlip] m. Méd., Zool. polipo.
polypeptide [pɔlipɛptid] m. Chim. polipeptide.
polypétale [pɔlipetal] adj. Bot. polipetalo, dialipetalo.
polypeux, euse [pɔlipø, øz] adj. Méd. poliposo.
polyphasé, e [pɔlifaze] adj. Électr. polifase.
polyphonie [pɔlifɔni] f. Mus. polifonia.
polyphonique [pɔlifɔnik] adj. polifonico.
polypier [pɔlipje] m. polipaio.
polyploïde [pɔliplɔid] adj. poliploide.
polyploïdie [pɔliplɔidi] f. Biol. poliploidia.
polypode [pɔlipɔd] m. Bot. polipodio.
polypore [pɔlipɔr] m. Bot. poliporo.
polyptère [pɔliptɛr] m. Zool. polittero.
polyptyque [pɔliptik] m. Art polittico.
polysaccharide [pɔlisakarid] m. Chim. polisaccaride.
polysarcie [pɔlisarsi] f. Méd. polisarcia, obesità.
polysémie [pɔlisemi] f. Ling. polisemia.
polysémique [pɔlisemik] adj. polisemico.
polysoc [pɔlisɔk] adj. et n. m. *(charrue) polysoc*, (aratro) polivomere.
polystyle [pɔlistil] adj. Archit. polistilo.
polystyrène [pɔlistirɛn] ou **polystyrolène** [pɔlistirɔlɛn] m. Chim. polistirene, polistirolo.
polysulfure [pɔlisylfyr] m. Chim. polisolfuro.
polysyllabe [pɔlisillab] adj. et n. m. et **polysyllabique** [pɔlisillabik] adj. polisillabo, plurisillabo adj. et n. m. ; polisillabico adj.
polysynthétique [pɔlisɛ̃tetik] adj. Ling. polisintetico.
polytechnicien, enne [pɔlitɛknisjɛ̃, ɛn] n. Univ. = (ex-) allievo della Scuola politecnica di Parigi.
polytechnique [pɔlitɛknik] adj. politecnico. ◆ n. f. Scuola politecnica di Parigi.
polythéisme [pɔliteism] m. politeismo.
polythéiste [pɔliteist] adj. [personne] politeista. ‖ [religion] politeistico. ◆ n. politeista.
polytonal, e, aux [pɔlitɔnal, o] adj. politonale.
polytonalité [pɔlitonalite] f. Mus. politonalità.
polytric [pɔlitrik] m. Bot. politrico.
polyurie [pɔliyri] f. Méd. poliuria.
polyvalence [pɔlivalɑ̃s] f. polivalenza.
polyvalent, e [pɔlivalɑ̃, ɑ̃t] adj. polivalente, plurivalente.
polyvinyle [pɔlivinil] m. Chim. polivinile.
polyvinylique [pɔlivinilik] adj. polivinilico.
pomelo [pɔmelo] m. V. pamplemousse.
poméranien, enne [pɔmeranjɛ̃, ɛn] adj. et n. pomerano.
pomiculteur [pɔmikyltœr] ou **pomoculteur** [pɔmokyltœr] m. Agr. pomicoltore, pomicultore.
pommade [pɔmad] f. pomata. ‖ Fam. *passer de la pommade à qn* = lisciare qlcu.
pommader [pɔmade] v. tr. impomatare.
pomme [pɔm] f. Bot. mela ; pomo m. (rég. ; littér.). | *pomme de terre*, patata f. | *pommes frites*, patate fritte. ‖ Vx *pomme d'amour*, pomo d'amore ; pomodoro m. (l.c.). ‖ [de chou, de salade] cesto m., grumolo m. ‖ [d'arrosoir] cipolla. ‖ Relig. pomo. ‖ Anat. *pomme d'Adam*, pomo d'Adamo. ‖ Pop. *ma, ta, sa pomme* = io, tu, lui, lei. ‖ Loc. *la pomme de discorde*, il pomo della discordia. | *haut comme trois pommes* = alto come un soldo di cacio. ‖ Fam. *tomber dans les pommes*, svenire, venir meno (l.c.).
pommé, e [pɔme] adj. Agr. *chou pommé*, cavolo cappuccio. | *laitue pommée*, cappuccina. ‖ Fig., fam. *sottise pommée*, sproposito madornale.
pommeau [pɔmo] m. pomo, pomello.
pommelé, e [pɔmle] adj. [cheval] pomellato. ‖ *ciel pommelé*, cielo a pecorelle.
pommeler (se) [səpɔmle] v. pr. [ciel] = rannuvolarsi.
pommelle [pɔmɛl] f. Techn. pigna.
pommer [pɔme] v. intr. Agr. mettere il grumolo, far cesto, accestire.
pommeraie [pɔmrɛ] f. meleto m.
pommeté, e [pɔmte] adj. Hérald. pomato.
pommette [pɔmɛt] f. Anat. zigomo m., pomello m. ‖ Hérald. pomo m.
pommier [pɔmje] m. Bot. melo.

pomoculture [pɔmɔkyltyr] f. AGR. pomicoltura, frutticoltura.
pomoerium [pɔmerjɔm] m. (lat.) ANTIQ. pomerio.
pomologie [pɔmɔlɔʒi] f. pomologia.
pomologiste [pɔmɔlɔʒist] ou **pomologue** [pɔmɔlɔg] n. pomologo, a.
pompage [pɔ̃paʒ] m. pompaggio.
1. pompe [pɔ̃p] f. pompa, sfarzo m. | *en grande pompe,* con gran pompa. ◆ pl. *pompes funèbres,* pompe funebri. ‖ RELIG. *renoncer à Satan, à ses pompes et à ses œuvres,* rinunciare a Satana, a tutte le sue opere e a tutte le sue pompe.
2. pompe f. pompa. | *pompe à main, à moteur,* pompa a mano, a motore. | *pompe à essence, à huile,* pompa della benzina, dell'olio. | *pompe aspirante, foulante,* pompa aspirante, premente. | *pompe à pneumatiques,* pompa per pneumatici. | *pompe à incendie,* pompa d'incendio. pompa antincendio. ‖ LOC. FAM. *à toute pompe,* a tutta birra. ‖ POP. *coup de pompe :* SPORT cotta f., imbastitura f. ; [fatigue] = grande stanchezza improvvisa. ◆ pl. POP. = scarpe.
pompéien, enne [pɔ̃pejɛ̃, ɛn] adj. et n. pompeiano.
pomper [pɔ̃pe] v. tr. PR. pompare. ‖ POP. *pomper un litre de vin,* scolarsi un litro di vino (fam.) ; tracannare, mandar giù un litro di vino (L.C.). ‖ [fatiguer] spossare, sfinire (L.C.). | *ce coureur est pompé,* questo corridore è cotto. ‖ ARG. UNIV. = copiare.
pompette [pɔ̃pɛt] adj. FAM. brillo, in cimbali.
pompeux, euse [pɔ̃pø, øz] adj. [somptueux] pomposo. ‖ [exagéré] enfatico.
1. pompier [pɔ̃pje] m. pompiere ; vigile del fuoco. ‖ [fabricant] fabbricante di pompe.
2. pompier, ère [ɛr] adj. PÉJOR. pompieristico, enfatico. ◆ n. m. pompiere.
3. pompier, ère m. = sarto, sarta che fa ritocchi a un vestito.
pompiérisme [pɔ̃pjerism] m. pompierismo.
pompile [pɔ̃pil] m. ZOOL. pompilo.
pompiste [pɔ̃pist] m. pompista, benzinaio.
pompon [pɔ̃pɔ̃] m. fiocco, nappa f. ; pompon (fr.) ‖ MIL. nappina f. ‖ FAM. *avoir son pompon* = essere brillo, in cimbali. ‖ POP. *c'est le pompon !* = è il colmo !
pomponner [pɔ̃pɔne] v. tr. [orner de pompons] infioccare, infiocchettare. ‖ [parer avec soin] azzimare, agghindare. ◆ v. pr. agghindarsi, azzimarsi, lisciarsi.
ponant [pɔnɑ̃] m. V. OCCIDENT.
ponçage [pɔ̃saʒ] m. [avec pierre ponce] pomiciatura f. ; [avec autres abrasifs] lisciatura f., levigatura f., smerigliatura f.
ponce [pɔ̃s] f. et adj. *(pierre) ponce,* (pietra) pomice f.
1. ponceau [pɔ̃so] m. ARCHIT. ponticello.
2. ponceau m. BOT. rosolaccio. ◆ adj. inv. [couleur] ponsò.
poncer [pɔ̃se] v. tr. [avec pierre ponce] pomiciare ; [avec autres abrasifs] levigare, lisciare, polire, smerigliare. ‖ ART *poncer un dessin,* spolverare, spolverizzare un disegno.
ponceux, euse [pɔ̃sø, øz] adj. pomicioso.
ponceuse [pɔ̃søz] f. TECHN. levigatrice, pulitrice, lucidatrice, smerigliatrice.
poncho [pɔ̃ʃo] m. poncho (esp.), poncio.
poncif [pɔ̃sif] m. ART, PR. spolvero. ‖ PÉJOR. [travail banal] = opera dozzinale ; [lieu commun] argomento trito e ritrito.
ponction [pɔ̃ksjɔ̃] f. CHIR. paracentesi, puntura. ‖ FIG. [prélèvement] prelievo m.
ponctionner [pɔ̃ksjɔne] v. tr. CHIR. = effettuare una paracentesi, una puntura. | *ponctionner une pleurésie,* effettuare una paracentesi pleurica, una toracentesi.
ponctualité [pɔ̃ktɥalite] f. puntualità.
ponctuation [pɔ̃ktɥasjɔ̃] f. GRAMM. punteggiatura, interpunzione. ‖ BOT. punteggiatura.
ponctuel, elle [pɔ̃ktɥɛl] adj. [exact] puntuale. ‖ PHYS. *image ponctuelle,* immagine puntiforme. ‖ MIL. *objectif ponctuel,* obiettivo puntiforme.
ponctuer [pɔ̃ktɥe] v. tr. GRAMM. punteggiare, interpungere. ‖ FIG. punteggiare, sottolineare. | *ponctuer ses phrases de coups de poing sur la table,* punteggiare, sottolineare le proprie frasi battendo il pugno sul tavolo. | *discours ponctué d'applaudissements,* discorso punteggiato di applausi.
pondaison [pɔ̃dɛzɔ̃] f. [action] = (il) far le uova. ‖ [époque] = epoca in cui gli uccelli fanno le uova.
pondérable [pɔ̃derabl] adj. ponderabile.
pondéral, e, aux [pɔ̃deral, o] adj. ponderale.
pondérateur, trice [pɔ̃deratœr, tris] adj. equilibratore, trice.
pondération [pɔ̃derasjɔ̃] f. MÉC., POLIT. equilibrio m. ‖ ÉCON. ponderazione. ‖ FIG. [calme] ponderazione, ponderatezza.
pondéré, e [pɔ̃dere] adj. ÉCON. *indice pondéré,* indice ponderato. ‖ FIG. *homme pondéré,* uomo ponderato.
pondérer [pɔ̃dere] v. tr. MÉC., POLIT. equilibrare. ‖ ÉCON. ponderare.
pondéreux, euse [pɔ̃derø, øz] adj. ponderoso. ◆ n. m. = merce che pesa più di una tonnellata al metro cubo.
pondeur, euse [pɔ̃dœr, øz] adj. et n. ovaiolo ; ovaio (rare). | *(poule) pondeuse,* gallina ovaiola. ◆ n. m. FAM., PÉJOR. *pondeur de prose* = scrittore instancabile.
pondoir [pɔ̃dwar] m. = nido (in cui le galline fanno le uova).
pondre [pɔ̃dr] v. tr. fare l'uovo, le uova. | *un œuf frais pondu,* un uovo freschissimo di giornata. ‖ ABSOL. *la poule a pondu,* la gallina ha fatto l'uovo. ‖ POP., PÉJOR. *pondre un enfant tous les ans* = fare un figlio ogni anno. ‖ FAM. [écrire] partorire, sfornare.
poney [pɔnɛ] m. ZOOL. pony (pl. *ponies*) [angl.].
pongé(e) [pɔ̃ʒe] m. TEXT. pongé (fr.).
pongiste [pɔ̃ʒist] n. SPORT = giocatore, trice di ping-pong.
pont [pɔ̃] m. ponte. | *pont basculant, élévateur, tournant,* ponte a bilico, elevatore, a sbalzo. | *pont de bateaux, flottant, roulant, transbordeur,* v. ces mots. ‖ ADM. *(service des) Ponts et Chaussées,* Genio civile. | *école des Ponts et Chaussées :* [contexte fr.] scuola dei Ponti e Strade ; [contexte ital.] facoltà d'ingegneria. | *ingénieur des Ponts et Chaussées,* ingegnere civile. ‖ MIL. *pont aérien,* ponte aereo. | *tête de pont,* V. TÊTE. ‖ ANAT. *pont de Varole,* ponte di Varolio. ‖ AUTOM. *pont avant, arrière,* ponte anteriore, posteriore. | *pont de graissage,* ponte elevatore. ‖ ÉLECTR. *pont d'induction,* ponte di induzione. ‖ MAR. ponte, coperta f. | *pont arrière,* ponte di poppa. | *pont supérieur,* ponte di coperta. | *être sur le pont supérieur,* stare sopraccoperta (adv.). | *pont d'envol d'un porte-avions,* ponte di volo di una portaerei. ‖ MODE brachetta f. ‖ MUS. ponte. ‖ SPORT *faire le pont,* fare il ponte. ‖ LOC. FIG. *couper les ponts,* tagliare i ponti. | *il coulera, il passera de l'eau sous les ponts* = dovrà passare parecchio tempo. | *faire un pont d'or à qn,* fare ponti d'oro a qlcu. | *pont aux ânes,* V. ÂNE. | *faire le pont* [congé], fare il ponte.
pontage [pɔ̃taʒ] m. [sur une rivière] = costruzione di un ponte provvisorio. ‖ [d'un navire] = (il) pontare una nave.
1. ponte [pɔ̃t] f. [action] (il) far, (il) deporre le uova. ‖ [saison] = epoca in cui gli uccelli fanno le uova. ‖ [quantité] = quantità d'uova fatte in una volta.
2. ponte m. JEU puntatore. ‖ FAM. [personnage important] pezzo grosso, pesce grosso.
1. ponter [pɔ̃te] v. tr. MAR. pontare.
2. ponter v. intr. JEU puntare contro il banchiere, la banca. ◆ v. tr. [miser] puntare.
pontet [pɔ̃tɛ] m. [d'arme] ponticello.
pontier [pɔ̃tje] m. = addetto alla manovra di un carroponte.
pontife [pɔ̃tif] m. HIST., RELIG. pontefice. | *grand pontife,* pontefice massimo. | *le souverain pontife,* il sommo pontefice. ‖ FIG., FAM. pezzo grosso; padreterno.
pontifical, e, aux [pɔ̃tifikal, o] adj. HIST., RELIG. pontificale. | *messe pontificale,* messa pontificale. ‖ [papal] pontificio. | *gardes pontificaux,* guardie (f. pl.) pontificie. | *autorité, bulle pontificale,* autorità, bolla

pontificia. | *les États pontificaux*, gli Stati pontifici. ◆ n. m. [rituel] pontificale.
pontificat [pɔ̃tifika] m. pontificato.
pontifier [pɔ̃tifje] v. intr. FAM. pontificare.
pont-levis [pɔ̃lvi] m. ponte levatoio.
ponton [pɔ̃tɔ̃] m. [chaland ponté] pontone. || [appontement] pontile. || ***ponton-grue***, pontone a biga.
pontonnier [pɔ̃tɔnje] m. MIL. pontiere, pontoniere.
pontuseau [pɔ̃tyzo] m. TECHN. colonnello.
pool [pul] m. ÉCON. pool (angl.).
pop'art [pɔpart] m. ART pop-art (angl.).
pope [pɔp] m. RELIG. pope m. inv.
popeline [pɔplin] f. TEXT. popeline (fr.) m., popelin m., popelina f.
poplité, e [pɔplite] adj. et n. m. ANAT. *(muscle) poplité*, popliteo.
popote [pɔpɔt] f. FAM. *faire la popote* = far la cucina, da cucina. || MIL. [mess] mensa. ◆ adj. inv. FAM. *une femme très popote* = una donna tutto casa, una donna casalinga (L.C.).
popotin [pɔpɔtɛ̃] m. FAM. = deretano, (il) sedere.
populace [pɔpylas] f. PÉJOR. plebaglia, volgo m.
populacier, ère [pɔpylasje, ɛr] adj. plebeo, volgare, piazzaiolo.
populage [pɔpylaʒ] m. BOT. calta f.
populaire [pɔpylɛr] adj. popolare; popolaresco (péjor.). | *poésie, musique populaire*, poesia, musica popolare. | *manières populaires*, modi popolareschi. ◆ n. m. Vx popolo (L.C.) ; plebaglia f. (péjor.).
populariser [pɔpylarize] v. tr. popolarizzare, divulgare.
popularité [pɔpylarite] f. popolarità.
population [pɔpylasjɔ̃] f. popolazione.
populeux, euse [pɔpylø, øz] adj. popoloso.
populisme [pɔpylism] m. populismo.
populiste [pɔpylist] adj. populista, populistico. ◆ n. populista.
populo [pɔpylo] m. POP. = popolo, folla f.; plebaglia f. (péjor.).
porc [pɔr] m. ZOOL. porco, maiale, suino. || [viande] maiale ; carne (f.) suina. || [cuir] *(peau de) porc*, cinghiale m. || FIG., PÉJOR. porco, maiale.
porcelaine [pɔrsəlɛn] f. porcellana. | *assiette de, en porcelaine*, piatto di porcellana. || ZOOL. porcellana.
porcelainier, ère [pɔrsəlɛnje, ɛr] adj. *industrie porcelainière*, industria della porcellana. ◆ n. m. fabbricante, negoziante di porcellana.
porcelet [pɔrsəlɛ] m. porcellino.
porc-épic [pɔrkepik] m. ZOOL. et FIG. porcospino, istrice.
porchaison [pɔrʃɛzɔ̃] f. = stagione in cui il cinghiale è grasso.
porche [pɔrʃ] m. [d'église] atrio; [d'autre édifice] vestibolo, atrio.
porcher, ère [pɔrʃe, ɛr] n. porcaio m., porcaro m.; guardiana (f.) di porci.
porcherie [pɔrʃəri] f. porcile m., porcareccia. || FIG. porcile, porcaio m.
porcin, e [pɔrsɛ̃, in] adj. porcino, suino. ◆ n. m. pl. suini.
pore [pɔr] m. ANAT., BOT., ZOOL. poro.
poreux, euse [pɔrø, øz] adj. poroso.
porion [pɔrjɔ̃] m. MIN. caposquadra.
pornographe [pɔrnɔgraf] m. pornografo.
pornographie [pɔrnɔgrafi] f. pornografia.
pornographique [pɔrnɔgrafik] adj. pornografico.
porosité [pɔrozite] f. porosità.
porphyre [pɔrfir] m. GÉOL. porfido.
porphyrique [pɔrfirik] adj. porfirico.
porphyrogénète [pɔrfirogenɛt] adj. HIST. porfirogenito.
porphyroïde [pɔrfirɔid] adj. GÉOL. porfiroide.
porque [pɔrk] f. MAR. porca.
1. port [pɔr] m. MAR. porto. | *port de guerre, de pêche, de commerce*, porto militare, peschereccio, mercantile. | *port fluvial, de mer*, porto fluviale, marittimo. | *port d'attache*, porto d'immatricolazione. | *port de relâche*, porto di rilascio. || LOC. FIG. *arriver à bon port*, giungere in porto. | *faire naufrage au port, échouer en vue du port*, naufragare in porto.
2. port m. [action de porter] porto. | *port d'armes*, porto d'armi. || [prix du transport] porto; (spese [f. pl.] di) trasporto; [par avion] nolo. | *port dû*, porto assegnato; porto a carico del destinatario. | *port payé, franc de port*, porto affrancato, franco di porto. || [charge d'un navire] portata f. | *port en lourd*, portata lorda. || [maintien] portamento. | *port majestueux*, portamento maestoso. | *port de tête gracieux*, atteggiamento aggraziato della testa. || BOT. portamento. || MUS. *port de voix*, portamento della voce.
portable [pɔrtabl] adj. [qu'on peut porter] portatile ; [revêtir] portabile.
portage [pɔrtaʒ] m. [à dos d'homme] facchinaggio. || [par voie de terre] portaggio.
portail [pɔrtaj] m. [d'église] portale. || [grande porte] portone.
portance [pɔrtɑ̃s] f. PHYS. portanza.
portant, e [pɔrtɑ̃, ɑ̃t] adj. *bien portant* = in buone condizioni di salute ; che sta bene (di salute). | *mal portant* = in cattive condizioni di salute ; che sta male (di salute) ; di salute cagionevole. || PHYS. *surface portante*, superficie portante. | *mur portant*, muro portante. ◆ n. m. [anse métallique] maniglia f. || MAR. portascalmiere m. inv. || THÉÂTRE = sostegno (delle quinte, dei riflettori). ◆ loc. adv. ***à bout portant***, a bruciapelo.
portatif, ive [pɔrtatif, iv] adj. portatile.
porte [pɔrt] f. [de ville] porta ; [de maison, de pièce] porta, uscio m. | *la porte de la maison*, la porta (di strada), l'uscio di casa. | *la porte de la pièce*, l'uscio della stanza. | *porte cochère*, portone m. | *porte coulissante*, porta scorrevole. | *porte tournante*, porta girevole. | *porte dérobée*, porta segreta. | *porte de service*, porta di servizio. || [d'armoire] porta ; [d'auto] portiera, sportello m. ; [d'écluse] paratoia. || ANAT. *veine porte*, vena porta. || GÉOGR. porta, varco m. || HIST. *la (Sublime) Porte*, la (Sublime) Porta. || SPORT [ski] porta. || FIG. *l'ennemi est à nos portes*, il nemico è alle porte. || LOC. *(faire) claquer la porte ; forcer la porte de qn*, V. CLAQUER ; FORCER. | *fermer sa porte à qn*, chiudere la porta a qlcu. | *échanger quelques mots entre deux portes*, scambiar quattro parole di sfuggita. | *recevoir qn entre deux portes* = sbrigare qlcu. in due minuti. | *je vis porte à porte avec lui*, lui e io siamo a uscio e bottega. | *mettre*, (fam.) *flanquer qn à la porte*, mettere qlcu. alla porta, sbattere qlcu. fuori. | *mettre à la porte du lycée*, scacciare dal liceo. | *prendre la porte*, prendere la porta. | *frapper à toutes les portes, à la bonne, à la mauvaise porte*, bussare a tutte le porte ; bussare, non bussare alla porta giusta. | *enfoncer une porte ouverte*, V. ENFONCER. | *trouver porte close*, trovare la porta chiusa. | *entrer par la grande porte*, entrare dalla scala maestra. | *entrer par la petite porte*, passare per le vie traverse. | *mettre la clef sous la porte*, V. CLEF. | *se ménager une porte de sortie*, assicurarsi, riservarsi una via d'uscita, una scappatoia. | *ouvrir la porte à qch.*, dar adito, accesso a qlco. ; lasciare la via libera a qlco. || FAM. *la porte !*, chiudi, chiuda, chiudete la porta (L.C.) ! | *aimable comme une porte de prison* = scontroso, arcigno (L.C.); gentile come una suocera. || PROV. *il faut qu'une porte soit ouverte ou fermée* = o mangiare questa minestra o saltare questa finestra.
porté, e [pɔrte] adj. [enclin] propenso, incline, proclive. | *porté à la colère*, incline alla collera. | *porté sur qch.*, propenso a, incline a qlco. || LOC. *il n'est pas bien porté de ricaner*, non sta bene sghignazzare. || ART *ombre portée*, ombra portata. || MIL. *infanterie portée*, fanteria autoportata.
porte-à-faux [pɔrtafo] m. inv. ARCHIT. aggetto m. | *balcon, mur en porte-à-faux*, balcone in aggetto ; muro che non cade a piombo. || FIG. *être en porte-à-faux*, essere in una situazione malsicura, in una posizione falsa.
porte-affiches [pɔrtafiʃ] m. inv. (rare) = quadro (m.) per affissi.
porte-aigle [pɔrtɛgl] m. inv. HIST. ufficiale aquilifero.

porte-aiguille [pɔrtɛgɥij] m. CHIR. portaaghi m. inv. ‖ [couture] ***porte-aiguilles*** m. inv. portaaghi, agoraio m.
porte-allumettes [pɔrtalymɛt] m. inv. portafiammiferi.
porte-amarre [pɔrtamar] m. inv. lanciasagola, lanciasagole.
porte-à-porte [pɔrtapɔrt] m. *faire du porte-à-porte* : COMM. vendere a domicilio ; POLIT., FIG. fare il porta a porta ; fare propaganda di porta in porta.
porte-avions [pɔrtavjɔ̃] m. inv. portaerei f. inv.
porte-bagages [pɔrtbagaʒ] m. inv. [de bicyclette] portapacchi ; [d'auto] portabagagli.
porte-balais [pɔrtbalɛ] m. inv. ÉLECTR. portaspazzole.
porte-bannière [pɔrtbanjɛr] m. inv. portabandiera ; gonfaloniere m.
porte-billets [pɔrtbijɛ] m. inv. piccolo portafoglio.
porte-bonheur [pɔrtbɔnœr] m. inv. portafortuna.
porte-bouquet [pɔrtbukɛ] m. inv. portafiori.
porte-bouteilles [pɔrtbutɛj] m. inv. portabottiglie.
porte-brancard [pɔrtbrɑ̃kar] m. portastanghe m. inv., reggistanghe m. inv.
porte-cartes [pɔrtəkart] m. inv. portatessera, portatessere ; portacarte.
porte-chapeaux [pɔrtʃapo] m. inv. attaccapanni.
porte-cigares [pɔrtsigar], **porte-cigarettes** [pɔrtsigarɛt] m. inv. portasigari, portasigarette.
porte-clefs [pɔrtəkle] m. inv. [objet] portachiavi. ‖ VX [gardien] secondino m., carceriere m. (L.C.).
porte-copie [pɔrtkɔpi] m. inv. leggio m.
porte-couteau [pɔrtkuto] m. reggiposata m. inv.
porte-crayon [pɔrtkrɛjɔ̃] m. portalapis, allungalapis, portamatita m. inv. ; matitatoio m. (rare).
porte-croix [pɔrtəkrwa] m. inv. RELIG. portacroce ; crocifero m.
porte-documents [pɔrtdɔkymɑ̃] m. inv. portacarte ; borsa f.
porte-drapeau [pɔrtədrapo] m. inv. MIL. et FIG. portabandiera ; alfiere m.
portée [pɔrte] f. [distance] portata. | *à portée de la main*, a portata di mano. | *à la portée des enfants*, a portata di mano dei bambini. | *à portée de voix*, a portata di voce. | *hors de portée*, fuori di portata ; MIL. fuori di tiro. ‖ MIL. portata, gittata, tiro m. | *à portée de canon*, a tiro di cannone. | *canon à longue portée*, cannone di lunga portata. | *portée maximum*, gittata massima. ‖ FIG. *à (la) portée de*, alla portata di ; accessibile (adj.) a. | *prix, livre à la portée de tous*, prezzo, libro alla portata di tutti, accessibile a tutti. | *ce travail est hors de ma portée*, non sono in grado di fare questo lavoro. ‖ [effet] portata, effetto m., valore m. | *décision d'une grande portée*, decisione di enorme portata, di enorme effetto. | *argument sans portée*, argomento senza valore. ‖ [capacité d'un esprit] portata ; capacità intellettuale. | *ce livre est au-dessus de ma portée*, questo libro è fuori della mia portata ; questo libro supera le mie possibilità, le mie capacità, la mia competenza. ‖ ARCHIT. portata, luce. | *portée d'un pont*, luce di un ponte. | *portée d'une poutre*, portata di una trave. ‖ MAR. *portée en lourd*, portata lorda. ‖ MÉC. supporto m. ‖ MUS. pentagramma m. ; rigo m. (musicale). ‖ ZOOL. figliata. | *faire une portée de cinq chiots*, figliare cinque cuccioli.
porte-enseigne [pɔrtɑ̃sɛɲ] m. portabandiera, portainsegna m. inv.
porte-épée [pɔrtepe] m. pendaglio della spada.
porte-étendard [pɔrtetɑ̃dar] m. [militaire] portastendardo, alfiere. ‖ [gaine] calzuolo.
porte-étrivière [pɔrtetrivjɛr] m. fibbia (f.) dello staffile.
portefaix [pɔrtəfɛ] m. VX facchino (L.C.).
porte-fanion [pɔrtfanjɔ̃] m. = ufficiale che porta il guidoncino di un generale.
porte-fenêtre [pɔrtfənɛtr] f. portafinestra (pl. *portefinestre*).
portefeuille [pɔrtəfœj] m. portafoglio ; portafogli m. inv. ‖ FIN. portafoglio. ‖ POLIT. portafoglio, ministero, dicastero. | *ministre sans portefeuille*, ministro senza portafoglio. | *portefeuille des Affaires étrangères*, portafoglio, dicastero degli Esteri. ‖ LOC. *jupe portefeuille*, gonna a portafoglio. | *faire un lit en portefeuille*, fare il sacco.
porte-fort [pɔrtfɔr] m. inv. JUR. mallevadore.
porte-glaive [pɔrtəglɛv] m. inv. ZOOL. portatore (m.) di spada ; xifoforo m.
porte-greffe [pɔrtgrɛf] m. BOT. portainnesto, soggetto.
porte-hauban [pɔrtəhobɑ̃] m. MAR. parasartia f.
porte-hélicoptères [pɔrtelikɔptɛr] m. inv. MAR. portaelicotteri f. inv.
porte-jarretelles [pɔrtʒartɛl] m. inv. reggicalze.
porte-malheur [pɔrtmalœr] m. inv. [objet] = oggetto che porta sfortuna. ‖ [personne] iettatore, trice.
portemanteau [pɔrtmɑ̃to] m. attaccapanni m. inv. ‖ MAR. gru (f.) delle imbarcazioni.
portement [pɔrtəmɑ̃] m. ART *portement de croix* = Via (f.) crucis (lat.).
porte-mine [pɔrtəmin] m. portamina m. inv.
porte-monnaie [pɔrtmɔnɛ] m. inv. portamonete.
porte-montre [pɔrtəmɔ̃tr] m. portaorologio.
porte-mors [pɔrtəmɔr] m. inv. portamorso.
porte-musc [pɔrtəmysk] m. inv. ZOOL. mosco m.
porte-musique [pɔrtmyzik] m. inv. cartella (f.) da musica.
porte-objet [pɔrtɔbʒɛ] m. portaoggetti m. inv.
porte-outil [pɔrtuti] m. portautensili m. inv.
porte-parapluies [pɔrtparaplɥi] m. inv. port(a)ombrelli.
porte-parole [pɔrtparɔl] m. inv. portavoce.
porte-plat [pɔrtpla] m. portapiatti inv.
porte-plume [pɔrtəplym] m. inv. portapenne.
porte-queue [pɔrtəkø] m. inv. ZOOL. macaone m., coda (f.) di rondine.
porter [pɔrte] v. tr. et intr.

◆ v. tr. **1.** [soutenir, supporter] (sop)portare, reggere, sostenere ; assumere.
2. [transporter] (tras)portare, recare ; FIG. portare.
3. [élever] portare (a).
4. [avoir sur soi] portare, indossare ; [montrer] recare ; [tenir] portare, tenere.
5. [diriger] dirigere, volgere ; [concentrer] concentrare ; far convergere.
6. [produire] produrre, dare, fruttare, generare.
7. [inciter] portare, indurre, incitare (a).
8. [inscrire] segnare, iscrivere, registrare.
9. [stipuler] indicare, stabilire, specificare.
10. [manifester] provare, nutrire, portare.
11. LOC.
◆ v. tr. ind. et v. intr.
1. [reposer sur] (ri)posare, poggiare (su). ‖ GRAMM. cadere (su).
2. [atteindre] avere una portata di.
3. [avoir pour objet] vertere (su), riferirsi (a).
4. MAR. dirigersi, navigare.
5. LOC.
◆ v. pr. **1.** [santé] stare.
2. [se transporter] portarsi, dirigersi, affluire ; andare, venire, accorrere.
3. [s'orienter] volgersi, orientarsi ; [se concentrer] concentrarsi, convergere.
4. [être en usage] portarsi, usare.
5. [se présenter] presentarsi, dichiararsi, rendersi.

◆ v. tr. **1.** [soutenir] portare, reggere, sopportare, sostenere. | *porter qn, qch. dans ses bras, sur son dos, sur ses épaules*, portare qlcu., qlco. in braccio, sul dorso, sulle spalle. | *porter tout le poids d'une affaire*, reggere, dirigere solo un affare, un'azienda. | *les piliers portent le poids de l'édifice*, i pilastri sostengono il peso dell'edificio. | *porter la responsabilité de qch.*, assumere la responsabilità di qlco. | *bien porter son âge*, portar bene gli anni. | *porter sa peine*, sopportare la propria pena. | *chacun porte sa croix*, V. CROIX. ‖ **2.** [transporter] portare, trasportare ; [objet léger] recare. | *le facteur porte les lettres*, il postino porta le lettere. | *porter de l'argent à la banque*, portare denaro

alla banca. | *le camion porte les légumes au marché*, il camion (tras)porta gli ortaggi al mercato. | *porter à la main un bouquet de violettes*, recare in mano un mazzo di viole. | *porter une nouvelle à qn*, recare una notizia a qlcu. || FIG. *porter une affaire devant les tribunaux*, portare una causa davanti al tribunale. | *porter la guerre dans un pays*, portar la guerra in un paese. | *porter un problème devant l'opinion*, portare una questione davanti all'opinione. | *porter qch. à la connaissance de qn*, portar qlco. a conoscenza di qlcu. | *porter à l'écran, à la scène*, V. ces mots. || **3.** [élever] *porter le capital à deux millions*, portare il capitale a due milioni. | *porter à son maximum, au paroxysme, à la perfection*, portare al massimo, al parossismo, alla perfezione. | *porter aux nues*, portare alle stelle. | *porter au pouvoir*, innalzare al potere. | *porter au pinacle*, V. PINACLE. | *porter la température de l'eau à 100 degrés*, portare la temperatura dell'acqua a 100 gradi. || **4.** [avoir (sur soi)] portare, indossare. | *porter les cheveux longs, la barbe*, portare i capelli lunghi, la barba. | *porter un chapeau, des lunettes*, portare un cappello, gli occhiali. | *porter une robe neuve*, portare, indossare una veste nuova. || *porter les armes, la robe, la soutane* = essere soldato, magistrato, prete. | *porter le deuil*, portare il lutto. || [montrer] *porter la joie, la tristesse sur son visage*, avere la gioia, la tristezza dipinta sul viso. | *porter des traces, des marques de*, recare tracce, segni di. | *la lettre ne porte aucune date*, la lettera non reca nessuna data. || FAM. *porter la culotte*, portare i calzoni. || [tenir] *porter la tête haute, le buste droit*, portare, tenere la testa alta, il busto eretto. || **5.** [diriger] *porter ses pas, ses regards vers*, volgere, dirigere i passi, lo sguardo verso. | *porter ses soupçons sur qn*, sospettare qlcu. | *porter son attention sur qch.*, volgere la propria attenzione a qlco. | *porter tous ses efforts sur un problème précis*, concentrare, far convergere i propri sforzi su un problema preciso. | *porter secours*, V. ce mot. || **6.** [produire] produrre, dare, generare. | *porter des fruits*, dar frutti (pr. et fig.). | *capital qui porte un intérêt de cinq pour cent*, capitale che frutta, che produce un interesse del cinque per cento. | *le plus beau crétin que la terre ait jamais porté*, il più bel cretino che la terra abbia mai generato ; il più bel cretino del mondo. || [être enceinte] *porter en son sein*, portare in seno, in grembo. || ZOOL. *la jument porte onze mois*, la giumenta ha un periodo di gestazione di undici mesi. | *chienne qui porte des petits*, cagna gravida, pregna. || **7.** [inciter] portare, indurre, incitare. | *porter qn à faire qch.*, indurre, condurre, portare, qlcu. a far qlco. | *chaleur qui porte à la paresse*, caldo che porta, incita alla pigrizia. | *ton attitude me porte à croire que*, il tuo atteggiamento mi porta a pensare che. || **8.** [inscrire] segnare, iscrivere, registrare. | *porter un nom sur un registre*, iscrivere un nome su un registro. | *porter au crédit de qn*, V. CRÉDIT. | *porter qn absent*, segnare qlcu. assente (su un elenco). | *porter disparu*, V. DISPARU. | *porter qn malade*, dichiarare qlcu. ammalato. | *se faire porter malade*, dichiararsi ammalato ; MIL. marcare visita. || **9.** [stipuler] *le texte du traité porte que*, il testo del trattato indica, stabilisce, specifica che. || **10.** [manifester] provare, nutrire, portare. | *porter amitié à qn*, provare amicizia per qlcu. | *porter envie à qn*, invidiare qlcu. | *porter de l'intérêt à qn*, interessarsi di qlcu. | *porter du respect à qn*, portar rispetto a, nutrire rispetto verso qlcu. || **11.** LOC. *porter atteinte aux intérêts de qn*, ledere gl'interessi di qlcu. | *porter bonheur, malheur*, portare fortuna, sfortuna. | *porter un coup à qn*, dare, assestare un colpo a qlcu. | *porter la main sur qn*, metter le mani addosso a qlcu. | *porter ombrage à qn*, dar ombra a qlcu. | *je ne le porte pas dans mon cœur* = non mi è particolarmente simpatico. | *porter témoignage*, testimoniare. | *porter un titre*, portare un titolo. | *porter un toast*, V. TOAST.
◆ v. tr. ind. et v. intr. **1.** [reposer] posare, poggiare, riposare. | *la coupole porte sur quatre piliers*, la cupola posa su quattro pilastri. | *porter à faux*, strapiombare. || FIG. *raisonnement qui porte à faux*, ragionamento su basi sbagliate. || GRAMM. cadere. | *accent qui porte sur l'avant-dernière syllabe*, accento che cade sulla penultima sillaba. || **2.** [atteindre] avere una portata di. | *fusil qui porte à cent mètres*, fucile che ha una portata di cento metri. | *sa voix porte à un kilomètre*, la sua voce si sente da un chilometro. || PR. et FIG. *coup qui porte*, colpo che raggiunge il bersaglio, che colpisce nel segno. || **3.** **(sur)** [avoir pour objet] vertere, riferirsi (a). | *la discussion portait sur l'actualité*, la discussione verteva sull'attualità. | *faire porter son intervention sur*, centrare l'intervento su. | *le différend porte sur un point délicat*, la controversia verte su un punto delicato. | *sa critique portait surtout sur la méthode*, la sua critica si riferiva, mirava soprattutto al metodo. || **4.** MAR. *porter au nord*, dirigersi verso, navigare verso il nord. || **5.** LOC. *vin qui porte à la tête*, vino che dà alla testa. | *porter sur les nerfs, sur le système*, dare ai nervi. || *sa tête a porté sur une pierre*, la sua testa ha urtato una pietra. || FAM. *porter beau*, portar bene gli anni ; mantenersi bene.
◆ v. pr. **1.** [santé] stare. | *il se porte bien, mal*, sta bene, male. | *se porter comme un charme*, essere sano come un pesce. || **2.** [se transporter] *la foule se porte à l'entrée du théâtre*, la folla si porta, si dirige, affluisce all'entrata del teatro. | *se porter au secours de qn*, andare, venire, accorrere in soccorso di qlcu. | *sang qui se porte à la tête*, sangue che affluisce alla testa. || **3.** FIG. [s'orienter] volgersi, orientarsi ; [se concentrer] concentrarsi. | *l'attention de tous se porta sur un objet étrange*, l'attenzione di tutti si concentrò su un oggetto strano. | *les soupçons se portent sur lui*, i sospetti convergono, pesano su di lui. || **4.** [être en usage] portarsi, usare. | *ce type de souliers ne se porte plus*, questo tipo di scarpe non si porta più. | *des robes qui se portaient il y a un siècle*, vesti che usavano un secolo fa. || **5.** [se présenter] *se porter candidat*, presentarsi candidato. | *se porter acquéreur*, dichiararsi acquirente. || JUR. *se porter garant*, rendersi garante, mallevadore ; dichiararsi fideiussore. || *se porter garant des bonnes intentions de qn*, rendersi mallevadore delle buone intenzioni di qlcu.

porte-savon [pɔrtsavɔ̃] m. portasapone m. inv.

porte-serviettes [pɔrtsɛrvjɛt] m. inv. [de table] portatovagliolo m. ; [de toilette] portasciugamani m. inv.

porteur, euse [pɔrtœr, øz] adj. portante. || ÉLECTR. *courant porteur*, corrente portante. | *onde porteuse*, onda portante. ◆ n. portatore, trice ; latore, trice. | *porteur de germes*, portatore di germi. | *porteur, euse d'eau*, acquaiolo, a. | *porteur d'une lettre*, latore di una lettera. | *porteur de télégrammes*, fattorino del telegrafo. || [de fardeaux] facchino ; [dans les gares] facchino ; portabagagli inv. ; [de chaise à porteurs] portantino m. | *chaise à porteurs*, V. CHAISE. || FIN. *porteur de titres*, portatore di titoli. | *porteur d'actions, d'obligations*, azionista n., obbligazionista n. | *chèque (payable) au porteur*, assegno (pagabile) al portatore.

porte-vent [pɔrtəvɑ̃] m. inv. [d'orgue ; de foyer] portavento.

porte-voix [pɔrtəvwa] m. inv. portavoce.

1. portier, ère [pɔrtje, ɛr] n. [d'édifice public] portiere, a ; [de maison particulière (VX)] portinaio, a (L.C.). || RELIG. *(frère) portier*, frate portinaio. | *(sœur) portière*, suora portinaia. || [ordre mineur] ostiario m.

2. portière f. [porte] portiera, sportello m. || [rideau] portiera. || MIL. [pont de bateaux] portiera.

3. portière adj. f. ZOOL. riproduttrice.

portillon [pɔrtijɔ̃] m. porticina f., portello ; [de passage à niveau] cancelletto (per pedoni). || [métro] *portillon automatique*, porta (a chiusura) automatica. || FAM. *ça se bouscule au portillon* : [il s'embrouille] = farfuglia ; [il y a foule] = c'è una bella calca, ressa.

portion [pɔrsjɔ̃] f. porzione, parte ; [de nourriture] porzione. || *portion congrue*, V. CONGRU.

portionnaire [pɔrsjɔnɛr] n. JUR. coerede.

portique [pɔrtik] m. ARCHIT. portico, porticato. || SPORT = ponte degli attrezzi ginnici. || [appareil de levage] = gru (f.) a cavalletto. || *portique à signaux*, pontesegnali m. inv.

portland [pɔrtlɑ̃] m. (cemento) portland (angl.).

porto [pɔrto] m. porto.
portor [pɔrtɔr] m. [marbre] portoro.
portrait [pɔrtrɛ] m. ritratto. | *portrait en pied,* ritratto a figura intera. | *portrait du peintre par lui-même,* autoritratto del pittore. | *portrait de famille,* ritratto di famiglia, di antenato. || [art du portrait] ritratto, ritrattistica f. || [description] ritratto, quadro, descrizione f. || Loc. *être tout le portrait de qn,* essere tutto il ritratto di qlcu. | *il s'est fait abîmer le portrait* (pop.) = gli hanno cambiato i connotati (fam.).
portraitiste [pɔrtrɛtist] n. ritrattista.
portrait-robot [pɔrtrɛrɔbo] m. identikit (angl.).
portraiturer [pɔrtrɛtyre] v. tr. (rare) ritrattare; ritrarre, fare il ritratto a (L.C.) || [décrire] descrivere.
portuaire [pɔrtɥɛr] adj. portuale ; portuario (rare).
portugais, e [pɔrtygɛ, ɛz] adj. et n. portoghese. ◆ n. m. Ling. portoghese. ◆ n. f. Zool. ostrica portoghese. || Pop. = orecchio m.
portulan [pɔrtylɑ̃] m. Mar. portolano.
portune [pɔrtyn] m. Zool. gritta f., grancetta pieghettata.
pose [poz] f. [mise en place] posa. | *pose d'une voie ferrée,* posa delle rotaie. | *pose de la première pierre,* posa della prima pietra. || [attitude du corps] posa, atteggiamento m. | *garder la pose,* restar in posa. | *une pose provocante,* una posa, un atteggiamento provocante. || [affectation] posa ; atteggiamento affettato ; affettazione. | *c'est de la pose!,* lo fa per posa ! | *parler sans pose,* parlare senz'affettazione. || Fam. *le faire à la pose,* essere un posatore, darsi delle arie. || Phot. posa, esposizione. | *temps de pose,* tempo di posa.
posé, e [poze] adj. [sérieux, grave] posato, ponderato, calmo, riflessivo. | *un homme posé,* un uomo posato. | *ton posé,* tono pacato, sereno. || Mus. *voix bien, mal posée,* voce bene, male impostata.
posément [pozemɑ̃] adv. *lire posément,* leggere posatamente. | *parler posément,* parlare con tono pacato.
posemètre [pozmɛtr] m. Phot. esposimetro.
poser [poze] v. tr. **1.** [placer] posare, porre, mettere. | *poser un livre sur la table,* posare un libro sulla tavola. | *poser la main sur le bras de qn,* porre, mettere la mano sul braccio di qlcu. || *poser le regard sur qn,* gettare uno sguardo su qlcu., addosso a qlcu. || **2.** [déposer] posare, deporre, metter giù. | *poser les armes,* deporre le armi. | *poser le masque,* togliersi la maschera. | *poser sa plume,* deporre la penna. || **3.** [mettre en place] posare, montare, installare. | *poser la première pierre,* porre la prima pietra. | *poser un câble, un rail,* posare un cavo, una rotaia. | *poser une porte, une fenêtre,* installare, montare una porta, una finestra. | *poser un rideau,* montare, fissare una tenda. | *poser une affiche,* attaccare un manifesto. | *poser les fondements d'une maison, les fondements d'une doctrine,* gettare le fondamenta di una casa, i fondamenti di una dottrina. || **4.** [formuler, présenter] porre, enunciare, formulare. | *poser une question à qn,* porre, fare, rivolgere una domanda a qlcu. | *une question mal posée,* una domanda enunciata, formulata male. | *se poser des questions,* porsi degli interrogativi. | *poser ses conditions,* porre le proprie condizioni. | *poser un principe,* formulare, stabilire un principio. || *poser un problème :* [donner à résoudre] porre, proporre un problema ; [ordonner les éléments en vue d'une solution] impostare un problema ; [présenter une difficulté] sollevare un problema. || *poser sa candidature,* porre la propria candidatura. || **5.** [mettre en valeur] rendere notorio, famoso ; mettere in luce. | *livre qui pose un écrivain,* libro che rende famoso uno scrittore. || **6.** Loc. *ceci posé,* posto ciò, ciò posto. || Math. *poser une équation,* enunciare un'equazione. | *je pose 3 et je retiens 1,* scrivo 3 e riporto 1. || Mil. *poser des sentinelles,* appostare sentinelle. || *poser un lapin,* V. LAPIN. ◆ v. intr. [être placé, prendre appui] posare, poggiare. | *poutre qui pose sur un mur,* trave che posa, poggia su un muro. || [pour portrait, photo] posare. || Fig. [attitude affectée] posare. || [prendre l'air de] atteggiarsi a, posare a. | *poser au justicier, à l'intellectuel,* atteggiarsi a giustiziere ; atteggiarsi, posare a intellettuale. ◆ v. pr. [oiseau] posarsi ; [avion] atterrare ; [hydravion] ammarare ; posarsi sul mare. || [sens pass.] porsi ; sorgere, nascere. | *la question se pose de savoir si,* si pone il problema di sapere se, vien fatto di chiedersi se. | *un problème se pose,* sorge, nasce un problema. || Loc. fig. *se poser en,* posare a, atteggiarsi a.
poseur, euse [pozœr, øz] n. Pr. et fig. posatore, trice. ◆ adj. Fig. = che posa. | *elle est un peu poseuse,* posa un po'.
positif, ive [pozitif, iv] adj. positivo. ◆ n. m. positivo ; lato, aspetto positivo. || Gramm. (grado) positivo. || Mus. (organo) positivo. || Phot. (copia) positiva f.
position [pozisjɔ̃] f. posizione, situazione, sito m. | *position d'une ville,* posizione, sito di una città. | *position d'une étoile, d'un navire, d'un avion,* posizione di una stella, di una nave, di un aereo. || [dans un classement] *être en seconde position,* essere in seconda posizione ; essere secondo in classifica. || Fig. posizione, situazione. | *être dans une position critique,* essere in una posizione, situazione critica. | *position sociale,* posizione, situazione sociale. | *femme dans une position intéressante,* donna in stato interessante. || Loc. *feux de position,* luci di posizione. || [attitude] posizione, positura ; atteggiamento m. | *position du corps,* posizione del corpo. | *dormir dans une position inconfortable,* dormire in una positura, posizione scomoda. || Fig. *prendre position,* prendere posizione. | *être en position de,* essere in grado di. || Gramm. posizione. || Mil. posizione. | *position stratégique,* posizione strategica. | *guerre de position(s),* guerra di posizione. || Mus. posizione.
positionner [pozisjɔne] v. tr. individuare, determinare la posizione di.
positivement [pozitivmɑ̃] adv. positivamente, di positivo.
positivisme [pozitivism] m. positivismo.
positiviste [pozitivist] adj. positivistico. ◆ n. positivista.
positivité [pozitivite] f. positività.
positon [pozitɔ̃] m. Phys. posit(r)one.
positonium [pozitɔnjɔm] m. Phys. posit(r)onio.
posologie [pozolɔʒi] f. posologia.
possédant, e [pɔsedɑ̃, ɑ̃t] n. possidente.
possédé, e [pɔsede] adj. et n. indemoniato, posseduto ; ossesso adj. et n. m., invasato adj. (fig.). | *être possédé par la passion du jeu,* essere posseduto dalla passione del gioco. | *possédé du démon,* posseduto dal demonio ; indemoniato.
posséder [pɔsede] v. tr. [avoir] possedere, avere. | *posséder une maison,* possedere, avere una casa. || [sexuellement] possedere. || Fig. [connaître parfaitement] possedere ; conoscere a fondo. | *posséder une science,* possedere una scienza. || [dominer] possedere, dominare. || Fam. turlupinare, raggirare ; imbrogliare (L.C.). ◆ v. pr. dominarsi, essere padrone di sé. | *ne pas se posséder,* non essere padrone di sé, non controllarsi. | *ne pas se posséder de joie,* non star più in sé dalla gioia.
possesseur [pɔsɛsœr] m. possessore.
possessif, ive [pɔsesif, iv] adj. Gramm. possessivo. || Fig. [affectivement] possessivo. ◆ n. m. Gramm. aggettivo, pronome possessivo.
possession [pɔsɛsjɔ̃] f. possesso m., possedimento m. | *entrer en, prendre possession de qch.,* entrare in, prendere possesso di qlco. | *être en possession de,* essere in possesso di. | *possession de soi,* padronanza, controllo (m.), dominio (m.) di sé. || [chose possédée] possedimento, possessione ; possessi pl. | *les anciennes possessions françaises en Afrique,* gli ex-possedimenti, gli ex-possessi francesi in Africa. || Psych., Théol. possessione.
possessionnel, elle [pɔsɛsjɔnɛl] adj. Jur. possessorio.
possessoire [pɔsɛswar] adj. et n. m. Jur. possessorio.
possibilité [pɔsibilite] f. possibilità, facoltà. | *se réserver la possibilité de faire qch.,* riservarsi la

possibilità, la facoltà di far qlco. ◆ pl. possibilità ; mezzi m. pl. | *suivant les possibilités de chacun*, a seconda delle possibilità, dei mezzi di ciascuno.
possible [pɔsibl] adj. possibile. | *c'est possible*, possibile ; può darsi. | *bien, fort, très possible*, possibilissimo. | *ce n'est pas possible*, non è possibile, è impossibile. | *il est possible que je vienne*, può darsi che io venga. || FAM. *pas possible !*, (pop.) *c'est pas Dieu possible !*, *c'est-y Dieu possible ?*, ma no ! (L.C.), ma non è vero !, ma com'è possibile ? (L.C.) || LOC. *que chacun apporte, si possible, de quoi écrire*, possibilmente, ognuno porti di che scrivere. | *apportez-en autant que possible*, portatene il più possibile. | *évitez autant que possible de faire du bruit*, evitate il più possibile di far chiasso. | *le plus possible*, il più possibile. | *le plus tôt, souvent possible*, il più presto, spesso possibile. | *aussitôt que possible*, il più presto possibile ; quanto prima ; più presto che posso, puoi, può. | *dans les meilleures conditions possibles*, nelle migliori condizioni possibili. | *(comment) est-il possible qu'il refuse de... ?*, possibile che rifiuti di... ? | *viendras-tu avec nous ? — possible !*, verrai con noi ? — possibile ! || [acceptable] possibile. ◆ n. m. possibile. | *faire (tout) son possible pour*, fare (tutto) il possibile per. | *dans la mesure du possible*, per quanto è, sarà possibile. | *le choix des possibles*, la scelta delle possibilità. ◆ loc. adv. ***au possible***, quanto mai. | *odieux au possible*, quanto mai odioso.
postage [pɔstaʒ] m. (l')impostare, impostazione f.
postal, e, aux [pɔstal, o] adj. postale, postelegrafico, postelegrafonico.
postcombustion [pɔstkɔ̃bystjɔ̃] f. postcombustione.
postcommunion [pɔstkɔmynjɔ̃] f. RELIG. postcommunio m. inv. (lat.) ; orazione dopo la comunione.
postcure [pɔstkyr] f. MÉD. = convalescenza in casa di cura. || [établissement] convalescenziario m.
postdate [pɔstdat] f. = data posteriore a quella reale.
postdater [pɔstdate] v. tr. postdatare.
1. poste [pɔst] f. posta. | *bureau de poste*, ufficio postale. | *grande poste, poste centrale*, posta centrale. | *expédier par la poste (aérienne)*, spedire per posta (aerea). | *mettre à la poste*, impostare, imbucare. | *(lettre) poste restante*, (lettera) ferma in posta. || [relais] posta. | *maître, chevaux de poste*, mastro, cavalli di posta. || LITTÉR. *courir la poste*, correre le poste.
2. poste m. [emploi] posto, impiego ; [important] carica f. | *attribuer un poste de confiance à qn*, affidare un posto di fiducia a qlcu. | *procurer un poste à qn*, mettere qlcu. a posto, procurare un impiego a qlcu. | *titulaire d'un poste*, titolare di un impiego. | *abandon de poste*, abbandono di posto. | *rejoindre son poste* [pour un ambassadeur], rientrare in sede. || MIL. posto. | *poste de commandement, de combat*, posto di comando, di combattimento. || [emplacement] posto, cabina f., stazione f. | *poste de police*, V. POLICE. | *poste de garde, de secours*, posto di guardia, di pronto soccorso. | *poste d'incendie*, bocca (f.) da incendio. | *poste d'essence*, distributore di benzina. | *poste d'aiguillage*, posto di blocco. | *poste de pilotage*, posto, cabina di pilotaggio. || [appareil] apparecchio. | *poste de radio*, radio f. inv. | *poste de télévision*, televisore. || [dans un bilan] articolo, voce f.
1. poster [pɔste] v. tr. [à la poste] impostare.
2. poster v. tr. [placer] postare. ◆ v. pr. appostarsi ; postarsi (rare).
postérieur, e [pɔsterjœr] adj. PR. et LING. posteriore. ◆ n. m. FAM. [derrière] didietro ; sedere (L.C.).
posteriori (a) loc. adv. V. A POSTERIORI.
postériorité [pɔsterjɔrite] f. posteriorità.
postérité [pɔsterite] f. [lignée] posterità, discendenza. || [générations futures] posterità, posteri m. pl. || LITTÉR. epigoni m. pl.
postface [pɔstfas] f. postfazione ; nota aggiuntiva, avvertenza finale.
posthume [pɔstym] adj. postumo. || LOC. *décoration à titre posthume*, decorazione alla memoria.
posthypophyse [pɔstipɔfiz] f. ANAT. postipofisi.
postiche [pɔstiʃ] adj. [rajouté] *ornement postiche*, ornamento aggiunto. || [faux] posticcio, finto. | *cheveux postiches*, capelli finti. ◆ n. m. posticcio ; postiches pl. (fr.).
postier, ère [pɔstje, ɛr] n. impiegato, a postale ; postelegrafico m., postelegrafonico m.
postillon [pɔstijɔ̃] m. [conducteur] postiglione. || FAM. [parcelle de salive] = lieve spruzzo di saliva (che si fa parlando). | *lancer des postillons* = sputacchiare (parlando).
postillonner [pɔstijɔne] v. intr. FAM. spruzzar saliva (parlando). | *il postillonne* = ci vuole l'ombrello (iron.).
postopératoire [pɔstɔperatwar] adj. postoperatorio.
postposer [pɔstpoze] v. tr. posporre.
postposition [pɔstpozisjɔ̃] f. posposizione.
postscolaire [pɔstskɔlɛr] adj. postscolastico. | *enseignement postscolaire*, scuola popolare.
post-scriptum [pɔstskriptɔm] m. post scriptum (lat.) ; poscritto (abr. P. S.).
postsynchronisation [pɔstsɛ̃krɔnizasjɔ̃] f. postsincronizzazione.
postsynchroniser [pɔstsɛ̃krɔnize] v. tr. postsincronizzare.
postulant, e [pɔstylɑ̃, ɑ̃t] n. postulante.
postulat [pɔstyla] m. LOG., RELIG. postulato.
postulation [pɔstylasjɔ̃] f. JUR. postulazione.
postuler [pɔstyle] v. tr. [demander] postulare, sollecitare. || LOG., RELIG. postulare. ◆ v. intr. JUR. *postuler pour qn*, patrocinare la causa di qlcu.
postural, e, aux [pɔstyral, o] adj. PSYCH. posturale.
posture [pɔstyr] f. positura, posizione ; PHYSIOL. postura. || FIG. *être en bonne, en mauvaise posture*, trovarsi in una buona, in una cattiva situazione ; trovarsi in buone, in cattive acque. | *être en posture de* (inf.), essere in grado di (inf.).
pot [po] m. vaso ; [petit] vasetto, brocca f., bricco, boccale, barattolo. | *pot de terre (cuite)*, vaso di terracotta. | *pot à, de fleurs*, vaso da, di fiori. | *pot de chambre*, V. CHAMBRE. | *pot de confitures*, barattolo di marmellata. | *pot à eau*, brocca dell'acqua. | *pot à lait*, lattiera f. ; bricco del latte. | *pot de bière*, boccale di birra. | *pot à tabac*, barattolo del tabacco. || FAM. [verre] bicchiere, boccale ; [réunion] bicchierata f. || POP. [chance] *avoir du pot, un coup de pot*, aver fortuna, essere fortunato (L.C.). | *pas de pot !, manque de pot !*, che scalogna ! (fam.). || AUTOM. *pot d'échappement*, marmitta f. || CULIN. *mettre la poule au pot*, mettere la gallina in pentola. | *poule au pot*, gallina lessa, bollita. || JEU posta f., piatto. || MAR. *pot au noir* = zona (f.) tropicale di nebbia densa. || LOC. FAM. *sourd comme un pot*, sordo come una campana. | *c'est un vrai pot à tabac*, è un vero tombolo, tombolotto ; è un tappo. | *payer les pots cassés*, V. PAYER. | *tourner autour du pot* = andar per le lunghe ; menare il can per l'aia. | *c'est le pot de terre contre le pot de fer* = la lotta è ineguale. | *découvrir le pot aux roses* = scoprire gli altarini. | *à la fortune du pot*, V. FORTUNE. | *quel pot de colle !*, com'è appiccicaticcio !
potable [pɔtabl] adj. potabile. || FAM. [passable] possibile ; passabile, accettabile (L.C.).
potache [pɔtaʃ] m. FAM. = studente liceale, collegiale.
potage [pɔtaʒ] m. minestra f. ; potage (fr.) || LOC. FIG. *pour tout potage* = in tutto e per tutto.
potager, ère [pɔtaʒe, ɛr] adj. ortense (rare). | *plantes potagères*, ortaggi m. pl. | *culture potagère*, orticoltura f. | *jardin potager* ou *potager* n. m., orto m.
potamochère [pɔtamɔʃɛr] m. ZOOL. potamochero.
potamot [pɔtamo] m. BOT. potamogetone.
potard [pɔtar] m. POP. = farmacista.
potasse [pɔtas] f. CHIM. potassa.
potasser [pɔtase] v. tr. FAM. sgobbare v. intr. | *potasser un concours*, sgobbare per un concorso. | *potasser ses leçons* = studiare le lezioni con accanimento.
potasseur [pɔtasœr] m. FAM. sgobbone.
potassique [pɔtasik] adj. CHIM. potassico.
potassium [pɔtasjɔm] m. CHIM. potassio.
pot-au-feu [pɔtofø] m. inv. CULIN. [plat] lesso ; pot-

au-feu (fr.); [viande] lesso. ◆ adj. inv. FAM. [casanier] tutto casa; casalingo adj. (L.C.).
pot-de-vin [podvɛ̃] m. FAM. bustarella f., sbruffo.
pote [pɔt] m. POP. amico, compagno (L.C.).
poteau [pɔto] m. palo. | *poteau télégraphique*, palo telegrafico, palo del telegrafo. | *poteau-frontière*, palo di confine. | *poteau indicateur*, indicatore stradale. || *poteau d'exécution*, palo. | *envoyer qn au poteau*, condannare, far condannare a morte. | *au poteau!*, a morte! || SPORT palo. || [hippisme] *poteau de départ*, palo, linea (f.) di partenza. | *poteau d'arrivée*, palo di arrivo; traguardo. | *coiffer au poteau*, V. COIFFER. || FAM. *avoir des jambes comme des poteaux* = avere le gambe polpute.
potée [pɔte] f. CULIN. = piatto composto di verdure miste con manzo o maiale lesso. || TECHN. *potée d'étain, d'émeri*, polvere abrasiva di stagno, di smeriglio. || MÉTALL. terra da fonderia.
potelé, e [pɔtle] adj. paffuto, grassoccio. | *bébé potelé*, bambino paffutello. | *mains potelées*, mani grassocce.
potence [pɔtɑ̃s] f. [gibet] forca, patibolo m. | *gibier de potence*, pendaglio (m.) da forca, avanzo (m.) di galera. || TECHN. sostegno (m.) a T, a squadra.
potencé, e [pɔtɑ̃se] adj. HÉRALD. potenziato.
potentat [pɔtɑ̃ta] m. potentato. || FIG. tiranno, despota.
potentialité [pɔtɑ̃sjalite] f. potenzialità.
potentiel, elle [pɔtɑ̃sjɛl] adj. et n. m. potenziale.
potentille [pɔtɑ̃tij] f. BOT. potentilla.
potentiomètre [pɔtɑ̃sjɔmɛtr] m. potenziometro.
poterie [pɔtri] f. [objets en terre] terracotta (pl. *terrecotte*); terraglie f. pl.; ceramica; vasellame m., stoviglie f. pl. || [en étain] peltro m. || [fabrique] fabbrica di terracotta, di ceramica. || [art] ceramica. || [canalisation] tubo (m.) di terracotta.
poterne [pɔtɛrn] f. postierla, posterla.
potestatif, ive [pɔtɛstatif, iv] adj. JUR. potestativo.
potiche [pɔtiʃ] f. porcellana (cinese, giapponese). || FIG., FAM. = chi è senza effettiva autorità; fantoccio m.
potier [pɔtje] m. vasaio, stovigliaio, figulinaio, ceramista.
potin [pɔtɛ̃] m. FAM. [commérage] pettegolezzo. || [tapage] baccano. | *un potin du diable*, un baccano indiavolato.
potiner [pɔtine] v. intr. FAM. spettegolare; far pettegolezzi.
potinier, ère [pɔtinje, ɛr] adj. et n. FAM. pettegolo.
potion [pɔsjɔ̃] f. pozione.
potiron [pɔtirɔ̃] m. BOT. zucca f.
potomètre [pɔtɔmɛtr] m. potometro.
pot-pourri [popuri] m. CULIN. pot-pourri (fr.). || MUS. pot-pourri. || [mélange] guazzabuglio, minestrone, potpourri.
potron-jaquet [pɔtrɔ̃ʒakɛ] ou **potron-minet** [pɔtrɔ̃minɛ] m. FAM. *dès potron-jaquet, dès potron-minet*, sin dall'alba (L.C.).
pou [pu] m. pidocchio. | *pou de mouton*, pidocchio delle pecore. | *pou des poules*, pidocchio pollino. | *pou de San José*, cocciniglia (f.) di San José. || LOC. FAM. *laid comme un pou* = brutto come il peccato. | *chercher des poux à qn, dans la tête de qn*, cercar rogne a qlcu.
pouacre [pwakr] adj. et n. FAM., VX [sale] schifoso adj. (L.C.); [laid] mostro m.; [avare] spilorcio adj. et n.
pouah! [pwa] onomat. puah!
poubelle [pubɛl] f. pattumiera. || FIG. *jeter à la poubelle*, buttar via.
pouce [pus] m. **1.** ANAT. [de la main] pollice; [du pied] alluce. || LOC. *se tourner les pouces*, star con le mani in mano. | *manger sur le pouce* = mangiare alla lesta; mangiare un boccone a battiscarpa (tosc.). | *mettre les pouces*, cedere, mollare; darsi per vinto. | *donner un coup de pouce à la balance*, dare un tratto alla bilancia. | *donner un coup de pouce à qn, à qch.*, dare una spintarella a qlcu.; dare l'ultima mano, gli ultimi tocchi a qlco. | *donner un coup de pouce à l'histoire* = alterare lievemente i fatti. || JEU [interj.] *pouce!*, pace! | *pouce cassé!*, guerra! || **2.** [mesure] pollice. || LOC. *ne pas reculer d'un pouce, ne pas céder un pouce de terrain*, non cedere un palmo di terreno. | *ne pas perdre un pouce de sa taille* = tenersi dritto dritto, tenersi ritto come un palo. || FAM. *et le pouce!*, e rotti! (L.C.).
pouce-pied ou **pousse-pied** [puspje] m. ZOOL. lepade f.
poucettes [pusɛt] f. pl. VX = manette (L.C.).
poucier [pusje] m. = ditale per il pollice.
pouding m. V. PUDDING.
poudingue [pudɛ̃g] m. GÉOL. puddinga f.
poudrage [pudraʒ] m. AGR. polverizzazione.
poudre [pudr] f. polvere. | *sucre en poudre*, zucchero in polvere. | *café, chocolat en poudre*, caffè, cioccolato in polvere; polvere di caffè, di cacao. | *réduire en poudre*, ridurre in polvere; polverizzare. | *poudre de riz*, cipria. || MIL. polvere (da sparo). | *poudre à canon, poudre noire*, polvere da cannone, polvere nera. || LOC. FIG. *faire parler la poudre*, lasciar la parola alle armi. | *mettre le feu aux poudres*, V. FEU. | *ça sent la poudre*, c'è odore di polvere. | *se répandre comme une traînée de poudre*, diffondersi in un lampo. | *n'avoir pas inventé la poudre*, V. INVENTER. | *jeter de la poudre aux yeux de qn*, gettare polvere negli occhi di qlcu. | *poudre d'escampette, de perlimpinpin*, V. ces mots.
poudrer [pudre] v. tr. polverizzare. || [de poudre de riz] incipriare. || FIG. *la neige poudrait les branches*, un esile velo di neve copriva i rami. | *les haies sont poudrées à blanc*, le siepi sono incipriate di bianco.
poudrerie [pudrəri] f. polverificio m.
poudrette [pudrɛt] f. AGR. = fertilizzante fatto con escrementi umani ridotti in polvere.
poudreux, euse [pudrø, øz] adj. [poussiéreux] VX polveroso, impolverato, (L.C.). || LOC. *(neige) poudreuse*, neve farinosa; neve polverosa (rare). ◆ n. f. [appareil] polverizzatore m. || VX [meuble] poudreuse (fr.).
poudrier [pudrije] m. portacipria m. inv.
poudrière [pudrijɛr] f. polveriera.
poudroiement [pudrwamɑ̃] m. polverio.
poudroyer [pudrwaje] v. intr. (littér.) *le sable poudroie* = il vento solleva vortici di sabbia. | *la route poudroie au passage des carrosses* = i cocchi sollevano nubi di polvere sulla strada.
1. pouf! [puf] onomat. tonfete!, tunfete!, tuffete!, pum!
2. pouf m. [siège] pouf (fr.), puf. || MODE pouf, puf, sellino. || [coiffure] pouf.
pouffer [pufe] v. intr. *pouffer (de rire)*, scoppiare a ridere.
pouffiasse [pufjas] f. POP. = puttana; donna sguaiata; ciana (tosc.).
pouh! [pu] onomat. poh!, puah!
pouillard [pujar] m. [perdreau] perniciotto; [faisan] fagianotto.
pouillé [puje] m. HIST. polittico, poliptico, cabreo.
pouillerie [pujri] f. POP. [pauvreté] = indigenza. || [lieu malpropre] porcile m.
pouilles [puj] f. pl. LOC. *chanter pouilles à qn* = ingiuriare, vituperare, svillaneggiare qlcu.
pouilleux, euse [pujø, øz] adj. PR. et FIG. pidocchioso. || [misérable] sordido, miserabile, squallido. ◆ n. pezzente m.; straccione, a.
pouillot [pujo] m. ZOOL. lui.
poulailler [pulaje] m. pollaio. || THÉÂTRE piccionaia f., loggione.
poulain [pulɛ̃] m. ZOOL. puledro m., puledra f. || [fourrure] cavallino. || FAM. [favori] poulain (fr.). || TECHN. scivolo. || MAR. puntelli m. pl.
poulaine [pulɛn] f. HIST. *souliers à la poulaine*, scarpe alla polacca. || MAR. dritto (m.) di prora.
poularde [pulard] f. pollastra ingrassata.
poulbot [pulbo] m. = monello (di Montmartre).
1. poule [pul] f. ZOOL. gallina. | *mère poule*, chioccia (pr. et fig.) | *poule faisane*, fagiana. | *poule d'eau*, gallinella d'acqua. | *poule d'Inde*, tacchina. | *poule de Guinée, de Pharaon*, faraona. | *poule des bois*, franco-

lino (m.) di monte. | *poule sultane*, pollo sultano. || FAM. [terme affectueux] cocca, tesoro m. || PÉJOR. [de mœurs légères] = donnina allegra; cocotte (fr.); [maîtresse] ganza; amante (L.C.). || LOC. FIG. *poule mouillée*, cuor (m.) di coniglio. | *bouche en cul de poule*, boccuccia tonda. | *chair de poule*, V. CHAIR. | *quand les poules auront des dents*, quando gli asini voleranno. | *tuer la poule aux œufs d'or*, mangiar l'uovo in corpo alla gallina. || CULIN. *lait de poule*, latte di gallina. | *poule au pot*, V. POT.

2. poule f. [enjeu] poule (fr.). || SPORT poule; battifondo m. || [hippisme] *poule d'essai*, prova di corsa.

poulet [pulɛ] m. pollo, pollastro. | *poulet de grain* = pollo di primo canto. || FAM. [terme affectueux] cocco, tesoro. || [billet doux] biglietto, letterina f. (galante). || POP. [policier] poliziotto (L.C.).

poulette [pulɛt] f. giovane gallina; pollastra. || FAM. [jeune fille] giovinetta, ragazza. || [terme affectueux] cocca, tesoro m. || CULIN. *sauce poulette* = salsa fatta con burro, un tuorlo d'uovo e una punta d'aceto.

pouliche [puliʃ] f. cavallina.

poulie [puli] f. puleggia, carrucola. | *poulie fixe*, puleggia fissa. | *poulie folle*, puleggia mobile, folle.

pouliner [puline] v. intr. [jument] partorire, figliare.

poulinière [pulinjɛr] adj. et n. f. (cavalla) fattrice.

1. pouliot [puljo] m. BOT. puleg(g)io, mentuccia f.

2. pouliot m. AGR. verricello.

poulpe [pulp] m. ZOOL. polpo.

pouls [pu] m. ANAT. polso. || PR. et FIG. *prendre, tâter le pouls de qn*, tastare il polso a qlcu. || FIG. *se tâter le pouls* = valutare le proprie forze.

poult-de-soie ou **pout-de-soie** [pudəswa] m. TEXT. poult-de-soie (fr.).

poumon [pumɔ̃] m. PR. et FIG. polmone. | *à pleins poumons*, a pieni polmoni. || [voix] *avoir des poumons*, avere un gran fiato. || FAM. *cracher ses poumons*, sputare i polmoni. || MÉD. *poumon artificiel, d'acier*, polmone d'acciaio.

poupard, e [pupar, ard] adj. [joufflu] paffuto, paffutello. ◆ n. m. [bébé] bamboccio. || [poupée] pupazzo, bamboccio, fantoccio.

poupart [pupar] m. (rég.) ZOOL. = granciporro.

poupe [pup] f. MAR. poppa. || LOC., PR. et FIG. *avoir le vent en poupe*, avere il vento in poppa, navigare col vento in poppa.

poupée [pupe] f. PR. et FIG. bambola, pupattola. | *jouer à la poupée*, giocare con la bambola. || FAM. [pansement] fasciatura (di dito). || POP. [jeune fille] pupa, bambola (fam.). || TECHN. toppo m.

poupin, e [pupɛ̃, in] adj. = da bambola; paffuto, paffutello. | *figure poupine*, viso da bambola.

poupon [pupɔ̃] m. FAM. pupo, bamboccio.

pouponner [pupɔne] v. intr. coccolare un bambino, un neonato.

pouponnière [pupɔnjɛr] f. asilo-nido m.; pouponnière (fr.).

poupoule [pupul] f. POP. [terme d'amitié] cocca, tesoro m., stella (fam.).

pour [pur] prép. **1.** [au lieu de] per; al posto di. | *signer pour qn*, firmare per qlcu., al posto di qlcu. | *dire un mot pour un autre*, dire una parola per un'altra, una parola al posto di, in luogo di, invece di un'altra. || [en échange de] *pour dix francs*, per dieci franchi. | *mot pour mot*, parola per parola. | *œil pour œil, dent pour dent*, V. DENT. | *un intérêt de sept pour cent*, un interesse del sette per cento. || **2.** [qualification] per. | *avoir pour lit une planche*, avere un'asse per letto. | *avoir qn pour ami*, avere qlcu. per amico, come amico. | *passer pour*, V. PASSER. | *tenir un fait pour vrai*, considerare, ritenere vero un fatto. || **3.** [direction, but] per. | *le train pour Lyon*, il treno per Lione. | *partir pour Florence*, partire per Firenze, alla volta di Firenze. | *pour cela*, per questo (motivo); perciò; per ciò. | *pour le bien de qn*, per il bene di qlcu. | *pour le plaisir*, per diletto. | *admiration, haine pour qn*, ammirazione, odio per qlcu. || [destination] da, per. | *tailleur pour hommes, dames*, sarto per uomo, per donna. | *film pour adultes*, film per adulti. || FAM. *c'est fait, prévu pour*, è fatto, previsto apposta (L.C.). || [contre] *médicament pour la toux*, medicina per la tosse, contro la tosse. || **4.** [en faveur de] per. | *prier pour les défunts, pour le salut de son âme*, pregare per i defunti, per la salvezza della propria anima. | *être pour qn, qch.*, essere favorevole a qlcu., qlco. || PROV. *chacun pour soi et Dieu pour tous*, ognuno per sé e Dio per tutti. || **5.** [relation] per. | *il est grand pour son âge*, è alto per la sua età. | *il fait froid pour la saison*, fa freddo per la stagione. | *pour un étranger, il parle bien*, per uno straniero parla bene. || [quant à] per; (in) quanto a. | *pour moi*, per me. | *pour ma part*, V. PART. | *pour le paiement, nous verrons plus tard*, per (quanto riguarda) il pagamento, (in) quanto al pagamento, vedremo più tardi. | *pour ce qui est d'être serviable, il l'est*, per esser servizievole, lo è. | *pour un orateur, c'est un orateur*, (in) quanto ad essere un oratore, è un oratore. || **6.** [à cause de] per; a causa di, per via di. | *puni pour sa paresse, pour avoir bavardé*, punito per la sua pigrizia, a causa, per via della sua pigrizia; punito per aver chiacchierato. || **7.** [conséquence] *être assez intelligent pour*, essere abbastanza intelligente per. | *pour mon, ton, son malheur*, V. MALHEUR. || **8.** [concession] *pour être plus âgés, ils n'en sont pas toujours plus sages*, per quanto siano più anziani, non sono sempre più savi; non sono sempre più savi per il fatto d'esser più anziani. || **9.** [durée, terme] per. | *j'ai du travail pour un an*, ho del lavoro per un anno. | *fais-le pour la semaine prochaine*, fallo per la settimana prossima. | *pour l'heure*, V. HEURE. | *pour le coup*, questa volta. | *pour toujours*, per sempre. || FAM. *pour (tout) de bon, pour de vrai :* [vraiment] per davvero, sul serio; [pour toujours] definitivamente, per sempre (L.C.). | *pour sûr!*, (per) certo! | *en tout et pour tout*, in tutto e per tutto. | *pour ainsi dire; ce n'est pas pour dire*, V. DIRE. | *c'est pour (de) rire*, V. RIRE. | *et pour cause!*, V. CAUSE. || [sur le point de] *être pour partir*, essere sul punto di partire, stare per partire. ◆ loc. adv. ***pour autant*** : *il est malade, mais ne se désespère pas pour autant*, è malato, ma per questo, ma nondimeno, ma (però) non si dispera. || ***pour le moins***, per lo meno. || ***pour lors***, allora. ◆ loc. conj. ***pour que*** [but; conséquence], perché, affinché. | *pour que... ne... pas*, (fam.) *pour ne pas que*, (pop.) *pour pas que*, perché... non, affinché... non (L.C.). || ***pour... que***, (littér.) ***pour si... que*** [concession], per quanto. | *pour (si) longue que soit l'entreprise*, per quanto sia lunga l'impresa. || ***pour autant que***, per quanto. | *pour autant que je (le) sache*, per quanto io (lo) sappia. || ***pour peu que***, V. PEU. ◆ m. inv. pro. | *le pour et le contre*, il pro e il contro.

pourboire [purbwar] m. mancia f.

pourceau [purso] m. PR. et FIG. porco. || LOC. *jeter des perles aux pourceaux*, gettar le perle ai porci. || FIG. *pourceau (d'Épicure)*, porco del branco di Epicuro; Epicuri de grege porcum (lat.).

pour-cent [pursɑ̃] m. inv. percentuale f.; percento (rare).

pourcentage [pursɑ̃taʒ] m. percentuale f.

pourchasser [purʃase] v. tr. inseguire; dar la caccia a. || FIG. *pourchasser un souvenir*, inseguire un ricordo. ◆ v. pr. inseguirsi; darsi la caccia.

pourchasseur [purʃasœr] m. inseguitore.

pourfendeur [purfɑ̃dœr] m. IRON. spaccone.

pourfendre [purfɑ̃dr] v. tr. PR. tagliare in due, spaccare, dimezzare. || FIG. ridurre a mal partito, stroncare.

pourlèche f. V. PERLÈCHE.

pourlécher (se) [səpurleʃe] v. pr. FAM. *se pourlécher (les babines)* = leccarsi i baffi.

pourparlers [purparle] m. pl. trattative f. pl., negoziati m. pl.; pourparlers (fr.). | *engager des pourparlers avec qn*, aprire, iniziare, intavolare delle trattative, dei negoziati con qlcu. | *être en pourparlers avec qn*, essere in trattative con qlcu., negoziare con qlcu.

pourpier [purpje] m. BOT. portulaca f.; [salade] porcellana f.

pourpoint [purpwɛ̃] m. HIST. farsetto.

pourpre [purpr] f. CHIM., TEXT. porpora; ostro m.

(littér.). || [dignité] porpora. | *la pourpre romaine*, la porpora cardinalizia ; l'ostro romano (poét.). ◆ m. ZOOL. porpora f. || ANAT. *pourpre rétinien*, porpora retinica. || [couleur] color porpora. ◆ adj. di porpora ; color porpora ; porporino ; purpureo (littér.). | *le ciel était pourpre*, il cielo era di porpora. | *il devint pourpre*, s'imporporò in viso ; il viso gli si imporporò.

pourpré, e [purpre] adj. LITTÉR. purpureo, porporino. || MÉD. *fièvre pourprée*, V. URTICAIRE.

pourquoi [purkwa] adv. interr. perché. || VX *une des raisons pourquoi j'aime la chasse*, una delle ragioni per cui mi piace la caccia (L.C.). ◆ loc. conj. ***c'est pourquoi***, per questo ; perciò. ◆ n. m. inv. [raison] perché, ragione f., causa f. || [question] perché, domanda f.

pourri, e [puri] adj. marcio, fradicio. || [pluvieux] *temps pourri*, tempo umido, piovoso. || FIG. marcio, fradicio, corrotto. | *société pourrie*, società marcia, corrotta. || FAM. *pourri de fric*, pieno (zeppo) di soldi. ◆ n. m. marcio. || POP. [injure] farabutto, mascalzone.

pourridié [puridje] m. AGR. marciume.

pourrir [purir] v. intr. marcire, imputridire, putrefare ; putrefarsi v. pr. | *le poisson pourrit*, il pesce (si) putrefà, | *le fruit pourrit*, il frutto marcisce. | *les cadavres pourrissaient*, i cadaveri (si) putrefacevano. || FIG. *pourrir dans le vice, en prison*, marcire nel vizio, in prigione. || [durer en s'altérant] deteriorarsi. | *la situation pourrit*, la situazione si deteriora. ◆ v. tr. PR. far putrefare, far marcire ; imputridire ; putrefare (rare). || FIG. corrompere, depravare, viziare. | *vices qui pourrissent une société*, vizi che corrompono una società. | *enfant pourri par sa mère*, bambino viziato dalla madre. ◆ v. pr. PR. marcire, imputridire v. intr. || FIG. *situation politique qui se pourrit*, situazione politica che si deteriora.

pourrissage [purisaʒ] m. [papeterie] macerazione f.

pourrissement [purismɑ̃] m. FIG. deterioramento, (il) deteriorarsi.

pourrissoir [puriswar] m. [chiffons] marcitoio ; [chanvre] maceratoio.

pourriture [purityr] f. [état] putrescenza. || [choses pourries] marciume m., putredine. || [partie pourrie] marcio m., marciume. || [corruption] corruzione, putredine, marciume, marcio. || [maladie de la vigne] marciume.

pour-soi [purswa] m. PHILOS. per sé.

poursuite [pursɥit] f. inseguimento m. | *se lancer, se jeter à la poursuite de qn*, lanciarsi, gettarsi all'inseguimento di qlcu. ; lanciarsi alle calcagna di qlcu. || FIG. caccia, (ri)cerca, perseguimento m. | *se lancer à la poursuite d'un emploi*, mettersi in caccia di un impiego. | *la poursuite de la vérité*, la (ri)cerca della verità. | *la poursuite de la gloire, d'un but*, il perseguimento della gloria, di uno scopo. || [continuation] proseguimento m., continuazione. | *la poursuite des travaux*, il proseguimento dei lavori. || JUR. azione (legale) ; procedimento penale. | *engager des poursuites contre qn*, intentare un'azione contro qlcu. || SPORT inseguimento.

poursuiteur [pursɥitœr] m. SPORT inseguitore.

poursuivant, e [pursɥivɑ̃, ɑ̃t] adj. JUR. *partie poursuivante*, attore m. ◆ n. m. inseguitore. || JUR. attore.

poursuiveur [pursɥivœr] m. (rare) inseguitore (L.C.).

poursuivre [pursɥivr] v. tr. [courir après] inseguire, rincorrere. | *poursuivre un voleur*, inseguire, rincorrere un ladro. | *poursuivre le gibier*, inseguire la selvaggina. || FIG. ricercare, perseguire ; andar dietro a. | *poursuivre la fortune*, ricercare la fortuna. | *poursuivre la gloire*, rincorrere la gloria. | *poursuivre un idéal, un but*, perseguire un ideale, uno scopo. || [continuer] proseguire, continuare. | *poursuivre la lecture*, proseguire la lettura. | *poursuivre un travail*, proseguire, continuare un lavoro. || [tourmenter] perseguitare, molestare, tormentare, assillare. | *poursuivre qn de ses menaces, de ses assiduités*, perseguitare qlcu. con minacce ; corteggiare assiduamente qlcu. | *poursuivi par la fatalité*, perseguitato dalla fatalità. | *une image lugubre me poursuit*, una immagine lugubre mi assilla. || JUR. *poursuivre qn en justice*, querelare, processare qlcu. | *être poursuivi pour dettes, pour un délit*, essere processato per debiti, per un reato. | *être poursuivi par ses créanciers*, essere processato dai creditori ; essere assillato, incalzato dai creditori (L.C.). ◆ v. pr. [récipr.] rincorrersi. | *jouer à se poursuivre*, giocare a, fare a rincorrersi. || [continuer] proseguire, continuare, durare v. intr.

pourtant [purtɑ̃] adv. però, pure, tuttavia.

pourtour [purtur] m. giro, circonferenza f., circuito.

pourvoi [purvwa] m. JUR. *pourvoi en cassation, en grâce*, ricorso in cassazione, in grazia.

pourvoir [purvwar] v. tr. ind. **(à)** provvedere (a). | *pourvoir aux besoins de qn*, provvedere ai bisogni di qlcu. ◆ v. tr. provvedere, fornire, dotare. | *pourvoir une maison de tout le confort*, provvedere, dotare una casa di tutte le comodità. | *pourvoir un soldat de munitions*, provvedere, fornire un soldato di munizioni. | *homme pourvu d'éminentes qualités morales*, uomo dotato di eminenti qualità morali. || VX *pourvoir ses enfants*, sistemare i figli (L.C.). ◆ v. pr. provvedersi, fornirsi, munirsi. | *se pourvoir d'un parapluie*, munirsi di un ombrello. || JUR. ricorrere v. intr. | *se pourvoir en appel*, ricorrere, fare un ricorso in appello. | *se pourvoir contre un arrêt*, ricorrere contro una sentenza, impugnare una sentenza.

pourvoyeur, euse [purwajœr, øz] n. provveditore, trice ; fornitore, trice. ◆ n. m. MIL. portamunizioni m. inv.

pourvu que [purvykə] loc. conj. purché ; a patto che, a condizione che. || [souhait] *pourvu qu'il vienne !*, Dio voglia che venga !

poussa(h) [pusa] m. misirizzi m. inv. || FIG. tombolo, tappo.

pousse [pus] f. [développement] crescita. | *la pousse des dents*, la crescita, lo spuntare dei denti. | *la pousse des cheveux*, la crescita dei capelli. || BOT. [de graine] germinazione ; [de bourgeon] germogliamento m. ; [de branche] crescita. || [jeune branche] pollone m., germoglio m. || VÉTÉR. bolsaggine.

pousse-café [puskafe] m. inv. FAM. ammazzacaffè.

pousse-cailloux [puskaju] m. inv. POP., VX = fante m., fantaccino m.

1. poussé, e [puse], adj. *plaisanterie trop poussée*, scherzo troppo spinto. | *analyse poussée du problème*, analisi approfondita del problema. | *dessin poussé*, disegno perfezionato, rifinito. | *moteur poussé*, motore spinto.

2. poussée f. spinta, pressione. | *poussée violente*, spintone m. || AÉR., MÉC., PHYS. spinta. | *centre de poussée*, centro di spinta. || ARCHIT. *poussée d'un arc*, spinta di un arco. || BOT. *poussée radiculaire*, pressione radicale. || GÉOL. *poussée des terres*, spinta delle terre. || MÉD. *poussée de fièvre*, accesso (m.) di febbre. || FIG. *poussée de fanatisme*, accesso di fanatismo. | *poussée des prix*, brusco aumento dei prezzi.

pousse-pied m. V. POUCE-PIED.

pousse-pousse [puspus] m. inv. risciò, ricsciò, ricsò.

pousser [puse] v. tr. **1.** spingere. | *pousser qn dehors*, spingere uno fuori della porta. | *pousser la porte, la fenêtre*, spingere l'uscio, la finestra ; [sans la fermer] accostare l'uscio, la finestra. | *pousser le verrou*, mettere il chiavistello, chiudere col chiavistello. | *pousser du pied :* [en avant] spingere col piede ; [repousser] respingere col piede. | *pousser l'aiguille* = cucire. || [porter] *pousser un coup d'épée, une botte*, tirare un colpo di spada, una botta. || LOC. FAM. *à la va-comme-je-te-pousse*, come vien viene ; alla carlona. | *un travail fait à la va-comme-je-te-pousse*, un lavoro tirato giù alla carlona. || **2.** FIG. [faire aller jusqu'à] *pousser ses conquêtes jusque dans les Indes*, estendere le conquiste fino alle Indie. | *pousser une pointe jusqu'à Rome*, V. POINTE. | *pousser ses recherches*, condurre le indagini ; indagare ; effettuare gli accertamenti ; spingere le indagini (gall.). | *pousser une reconnaissance*, effettuare, fare una ricognizione. | *pousser ses études*, portare avanti, approfondire gli studi. | *pousser une affaire*, portare avanti un affare. | *pousser la plaisanterie trop loin*, spingere un po' troppo lo scherzo. | *pousser les enchères*, spingere le offerte. | *pousser un objet aux enchères*, far salire il prezzo di un oggetto (in una vendita all'asta). | *pousser un dessin*, perfezionare, rifinire un disegno. | *pousser un récit au noir*, dipingere un racconto a fosche tinte, presentare un racconto con esagerato pessimismo. || **3.** FIG. [stimuler, inciter] spingere, attizzare, aizzare. | *pousser son cheval*, spingere, spronare il cavallo. | *pousser un moteur*, spingere un motore. | *pousser le feu*, attizzare il fuoco. | *pousser un élève* = far lavorare un alunno. | *pousser qn à partir, au crime*, spingere, incitare, indurre uno a partire, al delitto. | *pousser qn à bout*, far uscire uno dai gangheri, esasperare qlcu. | *pousser le public à la consommation*, incitare il pubblico al consumo. | *se sentir poussé vers la musique*, sentirsi spinto per la musica. || [favoriser] *pousser ses amis*, favoreggiare gli amici. || **4.** [produire] mettere. | *l'enfant pousse ses premières dents*, il bambino mette i primi denti, al bambino spuntano i primi denti. || BOT. *pousser des racines*, mettere radici. || **5.** [émettre] lanciare, gettare, mandare. | *pousser un cri*, lanciare, mandare un grido. | *pousser un soupir*, emettere, mandar fuori un sospiro. || FAM. *pousser une chanson, en pousser une*, cantare una canzonetta, un'aria (L.C.). ◆ v. intr. spingere. | *ne poussez pas !*, non spingete ! || [pour expulser] ponzare. || FIG. *pousser à la roue*, dare una spinta, una mano. || POP. *faut pas pousser !*, non esagerare ! (L.C.). || [croître] crescere. | *commencer à pousser*, spuntare. | *le blé pousse, commence à pousser*, il grano cresce, spunta. | *cet enfant pousse bien*, questo bambino cresce bene. || [avancer] *pousser jusqu'à la ville voisine*, spingersi, fare una scappata fino alla città vicina. ◆ v. pr. [se déplacer] spostarsi ; farsi in là. | *pousse-toi !*, spostati !, fatti in là ! || FIG. *se pousser dans le monde*, farsi strada nella società. | *se pousser du col* = darsi delle arie. || [récipr.] spingersi.

poussette [pusɛt] f. [d'enfant] passeggino m. || FAM. [cyclisme] spintarella. || [tricherie au jeu] = (lo) spingere la puntata sul numero che sta per vincere.

pousseur [pusœr] m. [bateau] spintore.

poussier [pusje] m. polvere (f.) di carbone. || MIN. *coup de poussier*, esplosione (f.) di polvere di carbone.

poussière [pujɛr] f. polvere. | *fine poussière*, pulviscolo m. | *poussière épaisse*, polverone m. | *avoir une poussière dans l'œil*, avere un bruscolo, un granello di polvere in un occhio. | *une poussière d'étoiles*, un polverio di stelle. | *réduire en poussière*, ridurre in polvere, polverizzare (pr.) ; annientare (fig.). | *tomber en poussière*, disgregarsi ; cadere in rovina. || FIG. *mordre la poussière*, mordere la polvere. || [restes de l'homme] polvere. || FAM. *un million et des poussières*, un milione e rotti, e passa.

poussiéreux, euse [pusjerø, øz] adj. polveroso. || FIG. [vieux] antiquato ; vieto (littér.).

poussif, ive [pusif, iv] adj. VÉTÉR. bolso. || [personne] bolso, asmatico. || FAM. *voiture poussive*, macchina ansimante. | *auteur poussif* = autore privo di ispirazione.

poussin [pusɛ̃] m. pulcino. || FAM. [terme affectueux] cocco, tesoro.

poussinière [pusinjɛr] f. [cage] stia (per pulcini) ; [étuve] incubatrice (per pulcini).

poussoir [puswar] m. [bouton] pulsante.

pout-de-soie m. V. POULT-DE-SOIE.

poutraison [putrɛzɔ̃] f. ou **poutrage** [putraʒ] m. travatura f.

poutre [putr] f. trave. | *maîtresse poutre*, trave maestra. || PROV. *voir la paille dans l'œil du voisin et ne pas voir la poutre dans le sien*, V. PAILLE.

poutrelle [putrɛl] f. travicello m. ; [métallique en I] putrella.

pouture [putyr] f. ingrassamento stallino.

1. pouvoir [puvwar] v. tr. potere. | *je n'ai pas pu me réveiller*, non mi son potuto svegliare. | *je n'ai pas pu venir*, non son potuto venire. | *je n'ai pas pu le faire*, non ho potuto farlo. | *je ne peux rien y faire, je n'y peux rien*, non posso farci nulla. | *je n'en peux plus*, (vx) *je n'en puis mais*, non ne posso più. | *qu'est-ce que cela peut te faire ?*, che t'importa ? | *qu'est-ce que cela peut faire ?*, che importa ? | *il est on ne peut plus aimable*, è quanto mai gentile. | *il l'a fait on ne peut mieux*, meglio di così non poteva farlo. || [avoir de la puissance, de l'ascendant] *pouvoir beaucoup*, essere potente. | *pouvoir beaucoup sur qn*, avere un grande ascendente su qlcu. || [souhait] *puisse-t-il venir !*, potesse venire ! || [concession] *tu peux bien venir (je ne te parlerai pas)*, vieni pure, vieni vieni (tanto non ti parlerò). || [éventualité, probabilité] *combien peuvent-ils être ?*, quanti saranno ? | *il peut être quatre heures*, saranno le quattro. | *il se peut, il peut se faire que*, può darsi che. | *il se peut qu'il ait ton âge*, potrà avere la tua età. | *cela se peut*, può darsi. || [politesse] *on peut entrer ?*, si può ?, posso (entrare) ?

2. pouvoir m. [faculté] potere, facoltà f. | *ce n'est pas en mon, ton, son pouvoir*, non è in mio, tuo, suo potere. | *pouvoir magique*, potere magico. | *plein pouvoir*, piena facoltà. || [influence] potere, ascendente, influenza f. | *avoir un grand pouvoir sur qn*, avere un forte ascendente su qlcu. | *tomber au pouvoir de qn*, cadere in potere di qlcu. || [autorisation] procura f. | *donner pouvoir à qn (de)*, dar procura a qlcu. (per). | *fondé de pouvoir*, V. FONDÉ. || ÉCON. *pouvoir d'achat*, potere d'acquisto. || JUR. *pouvoir d'ester en justice, de tester*, potere di stare in giudizio, di testare. || PHYS. *pouvoir calorifique*, potere calorifico. || POLIT. potere. | *pouvoir temporel*, potere temporale. ◆ pl. *pouvoirs locaux*, enti locali. | *pouvoirs publics*, pubblici poteri. | *pleins pouvoirs*, pieni poteri.

pouzzolane [pudzɔlan] f. MINÉR. pozzolana.

praesidium ou **présidium** [prezidjɔm] m. POLIT. praesidium, presidium.

pragmatique [pragmatik] adj. PHILOS. prammatico. || HIST. *la Pragmatique Sanction*, la Prammatica Sanzione. ◆ n. f. HIST. editto prammatico, prammatica sanzione.

pragmatisme [pragmatism] m. PHILOS. pragmatismo.

pragmatiste [pragmatist] adj. pragmatistico. ◆ n. m. pragmatista.

praire [prɛr] f. ZOOL. venere verrucosa ; tartufo m. (di mare).

prairial [prɛrjal] m. HIST. pratile.

prairie [prɛri] f. prateria, prato m. | *prairie artificielle, naturelle*, prato artificiale, naturale. || GÉOGR. prairie (fr.) ; prateria.

prakrit [prakri] m. LING. pracrito.

pralin [pralɛ̃] m. AGR. terricciato.

praline [pralin] f. CULIN. pralina. || LOC. FAM. *être cucul la praline* = far ridere i polli.

praliné, e [praline] adj. CULIN. pralinato.

praliner [praline] v. tr. AGR. = rivestire con terricciato. || CULIN. = tostare e rivestire con zucchero cotto.

praséodyme [prazeɔdim] m. CHIM. praseodimio.

praticabilité [pratikabilite] f. praticabilità.

praticable [pratikabl] adj. [que l'on peut parcourir] praticabile. || [réalisable] attuabile, realizzabile. ◆ n. m. THÉÂTRE, CIN. praticabile.

praticien, enne [pratisjɛ̃, ɛn] n. = chi esercita praticamente una professione ; tecnico m. | *les praticiens et les théoriciens*, i tecnici e i teorici. | *c'est une excellente praticienne*, è padrona della sua tecnica ; conosce il suo mestiere. || ART sbozzatore m. || MÉD. = medico generico.

pratiquant, e [pratikɑ̃, ɑ̃t] adj. et n. RELIG. praticante.

pratique [pratik] adj. pratico. | *avoir du sens pratique*, aver senso pratico. | *vie pratique*, vita di tutti i giorni. ◆ n. f. [application] pratica. | *mettre une théorie en pratique*, mettere in pratica una teoria. || [expérience] esperienza, pratica. | *une longue pratique des affaires*, una lunga esperienza degli affari. || [usage, coutume] uso m., usanza, pratica. || [manière de faire] prassi, procedura. || VX clientela (L.C.). || JUR. prassi processuale ; procedura. | *termes de pratique*, termini di procedura. || MAR. *libre pratique*, libera pratica. ◆ f. pl.

maneggi m. pl. | *pratiques illicites,* maneggi illeciti. || RELIG. *pratiques religieuses,* pratiche religiose. ◆ loc. adv. ***en pratique,*** in pratica, all'atto pratico.

pratiquement [pratikmɑ̃] adv. [commodément] praticamente. || [en fait] praticamente, in pratica. || [en résumé] sostanzialmente.

pratiquer [pratike] v. tr. praticare. | *pratiquer la vertu,* praticare la virtù. | *pratiquer une religion,* osservare le pratiche di una religione. | *pratiquer la religion catholique,* essere cattolico praticante. || [exercer] praticare, esercitare. | *pratiquer le commerce,* esercitare, praticare il commercio. | *pratiquer un sport, la médecine,* praticare uno sport, la medicina. || ABSOL. *médecin qui ne pratique pas,* medico che non pratica. || [faire, exécuter] praticare, fare, eseguire. | *pratiquer un trou dans le mur,* praticare un foro nel muro. || CHIR. *pratiquer une opération,* effettuare, praticare un'operazione. || Vx [fréquenter] *pratiquer des gens peu recommandables,* praticare, frequentare gente poco raccommandabile (L.C.). ◆ v. intr. RELIG. praticare. ◆ v. pr. *comme cela se pratique,* secondo l'uso.

praxis [praksis] f. PHILOS. prassi.

pré [pre] m. prato. || LOC. VX *aller sur le pré* = battersi in duello.

préadamisme [preadamism] m. preadamismo, preadamitismo.

préadamite [preadamit] adj. preadamitico, preadamita. ◆ n. preadamita.

préalable [prealabl] adj. et n. m. preliminare. | *accord préalable,* accordo preliminare. | *les préalables d'un accord,* i preliminari d'un accordo. | JUR., POLIT. *question préalable,* questione preliminare ; pregiudiziale f. || [condition] condizione (f.) preliminare. | *poser un préalable,* porre una condizione preliminare. ◆ loc. adv. ***au préalable,*** anzitutto, preliminarmente, previamente, pregiudizialmente.

préalpin, e [prealpɛ̃, in] adj. GÉOGR. prealpino.

préambule [preɑ̃byl] m. JUR. preambolo. || HIST. LITT. proemio. || FIG. preambolo ; preliminari m. pl.

préau [preo] m. [hôpital, prison, couvent] cortile (interno) ; [école] cortile coperto ; tettoia f.

préavis [preavi] m. preavviso. | *licencier avec préavis,* licenziare con preavviso. | *sans préavis,* senza preavviso, in tronco.

prébende [prebɑ̃d] f. RELIG. et FIG. prebenda.

prébendé, e [prebɑ̃de] adj. prebendato.

prébendier [prebɑ̃dje] m. prebendario.

précaire [prekɛr] adj. precario. || JUR. *possession (à titre) précaire,* possesso a titolo precario.

précambrien, enne [prekɑ̃brijɛ̃, ɛn] adj. et n. m. GÉOL. precambriano, precambrico.

précarité [prekarite] f. precarità.

précaution [prekosjɔ̃] f. [prudence] precauzione, cautela, prudenza. | *marcher, agir avec précaution,* camminare, agire con cautela, con precauzione. || [disposition] precauzione. | *mesure de précaution,* provvedimento precauzionale. | *précautions oratoires,* precauzioni oratorie. | *user de précautions,* prendere, usare precauzioni. | *prendre ses précautions,* prendere le dovute, le proprie precauzioni ; FAM. (euphém.) fare i propri bisogni. | *par précaution contre un incident possible,* in previsione di un eventuale incidente.

précautionner (se) [səprekosjɔne] v. pr. LITTÉR. **(contre)** premunirsi, cautelarsi (contro).

précautionneux, euse [prekosjɔnø, øz] adj. cauto, prudente, guardingo, circospetto.

précédemment [presedamɑ̃] adv. precedentemente, prima.

précédent, e [presedɑ̃, ɑ̃t] adj. et n. m. precedente. | *créer un précédent,* creare un precedente. | *sans précédent,* senza precedenti.

précéder [presede] v. tr. precedere. | *faire précéder un ouvrage d'un préambule,* premettere un preambolo a un libro. | *une cour précède le château,* un cortile è antistante al castello.

préceinte [presɛ̃t] f. MAR. (pre)cinta.

précellence [preselɑ̃s] f. Vx precellenza.

précepte [presɛpt] m. precetto.

précepteur, trice [presɛptœr, tris] n. precettore m. ; istitutore, trice.

préceptorat [presɛptɔra] m. precettorato.

précession [presɛsjɔ̃] f. ASTR. precessione.

préchambre [preʃɑ̃br] f. precamera.

préchauffage [preʃofaʒ] m. preriscaldamento.

prêche [prɛʃ] m. RELIG. predica (f.) protestante. || FIG. predica.

prêcher [prɛʃe] v. tr. RELIG. predicare. | *prêcher l'évangile, le carême,* predicare il vangelo, la quaresima. || [exhorter à] *prêcher la haine,* predicare l'odio. || [évangéliser] evangelizzare. | *prêcher les infidèles,* evangelizzare gl'infedeli. || LOC. *prêcher un converti,* far la predica all'eremita. ◆ v. intr. PR. et FIG. predicare. || LOC. *prêcher dans le désert,* predicare al deserto. | *prêcher d'exemple, par l'exemple,* predicare col proprio esempio, con l'esempio. | *prêcher pour son saint* = tirar acqua al proprio mulino ; parlare nel proprio interesse.

prêcheur, euse [prɛʃœr, øz] n. Vx predicatore, trice (L.C.). || *frères prêcheurs,* frati, padri predicatori. ◆ adj. et n. FIG. predicatore.

prêchi-prêcha [prɛʃiprɛʃa] m. inv. FAM. sproloquio m., predica f., predicozzo m. ; tantafera f. (tosc.).

précieusement [presjøzmɑ̃] adv. [soigneusement] gelosamente. || [avec préciosité] ricercatamente, con ricercatezza, in modo ricercato.

précieux, euse [presjø, øz] adj. PR. et FIG. [de grande valeur] prezioso. || RELIG. *le précieux sang de Notre Seigneur,* il preziosissimo sangue di Gesù Cristo. || [affecté] affettato, lezioso, prezioso. || HIST. LITT. = del preziosismo. ◆ n. f. HIST. LITT. preziosa.

préciosité [presjozite] f. preziosità, ricercatezza. || HIST. LITT. preziosismo m.

précipice [presipis] m. PR. et FIG. precipizio. | *au bord du précipice,* sull'orlo del precipizio.

précipitamment [presipitamɑ̃] adv. precipitosamente ; precipitevolmente (rare) ; in fretta e furia ; a precipizio.

précipitation [presipitasjɔ̃] f. [hâte] precipitazione. || FIG. precipitazione, avventatezza. || CHIM., MÉTÉOR. precipitazione.

précipité, e [presipite] adj. [qui va vite] precipitoso. || [hâté] precipitoso, precipitato. ◆ n. m. CHIM. precipitato.

précipiter [presipite] v. tr. precipitare. || FIG. precipitare, gettare. | *précipiter qn dans la misère,* precipitare qlcu. nella miseria. || [hâter] *précipiter son départ,* precipitare, affrettare la partenza. | *précipiter ses pas,* affrettare il passo. | *précipiter une décision, le mouvement,* precipitare una decisione, il movimento. | *pensons-y bien, il ne faut rien précipiter,* pensiamoci bene, non precipitiamo. || CHIM. precipitare. ◆ v. intr. CHIM. precipitare. ◆ v. pr. precipitarsi, gettarsi. | *se précipiter à, par la fenêtre,* precipitarsi alla, dalla finestra. | *se précipiter contre qn,* precipitarsi, avventarsi contro qlcu. || [se hâter] precipitare v. intr., affrettarsi. || [s'accélérer] *les événements se précipitent,* gli avvenimenti precipitano.

préciput [presipy] m. JUR. = vantaggio concesso ad uno dei coniugi, ad uno degli eredi.

précis, e [presi, iz] adj. preciso, esatto. | *à trois heures précises,* alle tre precise, alle tre in punto. ◆ n. m. compendio, prontuario. | *précis d'histoire,* compendio di storia. | *précis de géométrie,* prontuario di geometria.

précisément [presizemɑ̃] adv. [avec précision] *répondre précisément,* rispondere precisamente, con precisione. || [justement] *il disait précisément ce qu'il aurait dû taire,* diceva (per l') appunto ciò che non avrebbe dovuto dire. | *c'est ce que vous cherchez ? — précisément !,* è questo che cerca ? — appunto !, precisamente !

préciser [presize] v. tr. precisare. || ABSOL. *précisez !,* sia più preciso ! ◆ v. pr. *le danger se précise,* il pericolo si fa più preciso.

précision [presizjɔ̃] f. [qualité] precisione. | *instruments de précision,* strumenti di precisione. || [indica-

tion] precisazione. | *donner des précisions sur qch.*, dare, fare, fornire precisazioni su qlco.
précité, e [presite] adj. precitato, predetto, suddetto; prefato (littér.).
préclassique [preklasik] adj. preclassico.
précoce [prekɔs] adj. PR. et FIG. precoce.
précocité [prekɔsite] f. PR. et FIG. precocità.
précolombien, enne [prekɔlɔ̃bjɛ̃, ɛn], adj. precolombiano.
précombustion [prekɔ̃bystjɔ̃] f. precombustione.
précompte [prekɔ̃t] m. [estimation] calcolo preventivo. || [retenue] trattenuta f., ritenuta f., deduzione f.
précompter [prekɔ̃te] v. tr. [estimer] calcolare preventivamente. || [retenir] trattenere, ritenere, dedurre.
préconception [prekɔ̃sɛpsjɔ̃] f. preconcetto m.
préconçu, e [prekɔ̃sy] adj. preconcetto. | *idée, opinion préconçue*, idea, opinione preconcetta; preconcetto m.
préconisation [prekɔnizasjɔ̃] f. RELIG. preconizzazione. || *la préconisation d'un médicament*, il raccomandare una medicina.
préconiser [prekɔnize] v. tr. RELIG. preconizzare. || [recommander] preconizzare, raccomandare.
préconiseur [prekɔnizœr] ou **préconisateur** [prekɔnizatœr] m. RELIG. preconizzatore.
précontraint, e [prekɔ̃trɛ̃, ɛ̃t] adj. TECHN. precompresso. | *béton précontraint*, (cemento armato) precompresso m.
précontrainte [prekɔ̃trɛ̃t] f. precompressione.
précordial, e, aux [prekɔrdjal, o] adj. ANAT. precordiale.
précurseur [prekyrsœr] adj. et n. m. precursore; antesignano n. m., precorritore, trice (littér.). || MIL. *détachement précurseur*, forieri (m. pl.) di alloggiamento. || RELIG. *le Précurseur*, il Precursore.
prédateur, trice [predatœr, tris] adj. et n. BOT., ZOOL. predatore, trice.
prédécesseur [predesesœr] m. predecessore. ◆ pl. predecessori, antenati.
prédelle [predɛl] f. ART predella, gradino m.
prédestination [predɛstinasjɔ̃] f. predestinazione.
prédestiné, e [predɛstine] adj. et n. predestinato.
prédestiner [predɛstine] v. tr. predestinare.
prédétermination [predetɛrminasjɔ̃] f. predeterminazione.
prédéterminer [predetɛrmine] v. tr. predeterminare.
prédéterminisme [predetɛrminism] m. predeterminismo.
prédicable [predikabl] adj. LOG. predicabile. | *le terme « animal » est prédicable à l'homme et à la bête*, il termine « animale » è predicabile tanto dell'uomo quanto della bestia.
prédicant [predikɑ̃] m. RELIG., VX = ministro protestante ; pastore.
prédicat [predika] m. LOG. predicato. || LING. predicato (verbale, nominale).
prédicateur [predikatœr] m. predicatore.
prédication [predikasjɔ̃] f. [action de prêcher] predicazione. || [sermon] predica.
prédiction [prediksjɔ̃] f. predizione ; vaticinio (littér.).
prédigéré, e [prediʒere] adj. predigerito.
prédilection [predilɛksjɔ̃] f. predilezione. | *avoir une prédilection pour*, avere una predilezione per; prediligere v. tr. | *de prédilection*, prediletto adj.
prédire [predir] v. tr. predire, preannunziare; presagire (littér.).
prédisposer [predispoze] v. tr. predisporre.
prédisposition [predispozisjɔ̃] f. predisposizione, attitudine, propensione.
prédominance [predɔminɑ̃s] f. predominanza, prevalenza, preponderanza.
prédominant, e [predɔminɑ̃, ɑ̃t] adj. predominante, prevalente.
prédominer [predɔmine] v. intr. predominare, prevalere.
prééminence [preeminɑ̃s] f. preminenza, primato m.
prééminent, e [preeminɑ̃, ɑ̃t] adj. preminente.
préemption [preɑ̃psjɔ̃] f. JUR. prelazione. | *droit de préemption*, diritto di prelazione.
préétabli, e [preetabli] adj. prestabilito. || PHILOS. *harmonie préétablie*, armonia prestabilita.
préétablir [preetablir] v. tr. prestabilire.
préexcellence [preɛksɛlɑ̃s] f. (rare) precellenza.
préexistant, e [preɛgzistɑ̃, ɑ̃t] adj. preesistente.
préexistence [preɛgzistɑ̃s] f. preesistenza.
préexister [preɛgziste] v. intr. et v. tr. ind. **(à)** preesistere (a).
préfabrication [prefabrikasjɔ̃] f. prefabbricazione.
préfabriqué, e [prefabrike] adj. prefabbricato.
préface [prefas] f. prefazione. || RELIG. prefazio m.
préfacer [prefase] v. tr. scrivere la prefazione (a); prefazionare (rare).
préfacier [prefasje] m. prefatore.
préfectoral, e, aux [prefɛktɔral, o] adj. prefettizio.
préfecture [prefɛktyr] f. ANTIQ. prefettura. || ADM. prefettura. || [ville] = sede (f.) di una prefettura. || *préfecture de police* : [contexte fr.] prefettura di polizia; [contexte ital.] questura. || *préfecture maritime*, compartimento marittimo. || *préfecture apostolique*, prefettura apostolica.
préférable [preferabl] adj. **(à)** preferibile (a). | *il est préférable de renoncer*, è preferibile rinunciare. | *il est préférable que tu ne viennes pas*, è preferibile che tu non venga.
préféré, e [prefere] adj. et n. preferito, prediletto.
préférence [preferɑ̃s] f. preferenza, predilezione; [subjective, injuste] preferenza, parzialità. | *donner la préférence à qn*, dare la preferenza a qlcu. | *avoir, obtenir la préférence*, venir preferito (adj.), ottenere la precedenza. | *par ordre de préférence*, in ordine di preferenza. || JUR. *droit de préférence*, diritto di prelazione. ◆ loc. adv. ***de préférence***, di preferenza, con preferenza, preferibilmente, più volentieri. ◆ loc. prép. ***de préférence à***, a preferenza di, invece di, piuttosto che.
préférentiel, elle [preferɑ̃sjɛl] adj. preferenziale. || POLIT. *vote préférentiel*, voto preferenziale, di preferenza; preferenza f.
préférer [prefere] v. tr. preferire, prediligere. | *je préfère les pommes de terre aux carottes*, preferisco le patate alle carote; mi piacciono di più le patate delle carote. | *préférer à tout*, preferire più di tutto. | *je préfère rester à la maison plutôt que de sortir*, preferisco stare in casa che uscire. | *je préfère que tu ne viennes pas*, preferisco che tu non venga. | *préférer d'attendre* (littér.), preferire aspettare (L.C.).
préfet [prefɛ] m. ANTIQ. prefetto. || ADM. prefetto. | *préfet de police* : [contexte fr.] prefetto di polizia; [contexte ital.] questore. || *préfet maritime*, capo del compartimento marittimo. || *préfet apostolique*, prefetto apostolico. || [de collège relig.] prefetto, istitutore.
préfète [prefɛt] f. FAM. prefettessa.
préfiguration [prefigyrasjɔ̃] f. prefigurazione.
préfigurer [prefigyre] v. tr. prefigurare.
préfix, e [prefiks] adj. JUR. prefisso.
préfixation [prefiksasjɔ̃] f. LING. prefissazione.
préfixe [prefiks] m. prefisso.
préfixer [prefikse] v. tr. prefissare, prestabilire, prefiggere. || LING. prefissare.
préfixion [prefiksjɔ̃] f. JUR. fissazione d'un termine.
préfloraison [preflɔrɛzɔ̃] f. BOT. preflorazione, estivazione.
préfoliation [prefɔljasjɔ̃] ou **préfoliaison** [prefɔljɛzɔ̃] f. BOT. prefogliazione, vernazione, ibernazione.
préformation [prefɔrmasjɔ̃] f. preformazione.
préformer [prefɔrme] v. tr. preformare.
prégénital, e, aux [preʒenital, o] adj. PSYCHAN. pregenitale.
préglaciaire [preglasjɛr] adj. GÉOGR. preglaciale.
prégnance [preɲɑ̃s] f. PSYCH. pregnanza.
prégnant, e [preɲɑ̃, ɑ̃t] adj. pregnante.
préhellénique [prehɛlenik] adj. HIST. preellenico.

préhenseur [preɑ̃sœr] adj. m. et **préhensile** [preɑ̃sil] adj. prensile. | *organe préhenseur*, organo prensile. | *queue préhensile*, coda prensile.
préhension [preɑ̃sjɔ̃] f. prensione.
préhistoire [preistwar] f. preistoria.
préhistorien, enne [preistɔrjɛ̃, ɛn] n. studioso, a di preistoria.
préhistorique [preistɔrik] adj. PR. et FIG. preistorico.
préhominidés [preɔminide] ou **préhominiens** [preɔminjɛ̃] m. pl. preominidi.
préjudice [preʒydis] m. pregiudizio, danno, scapito. | *porter préjudice à*, recar pregiudizio a. | *au préjudice de sa santé*, con pregiudizio della (sua) salute. ◆ loc. prép. ***au, sans préjudice de,*** a, senza danno di; a, senza scapito di.
préjudiciable [preʒydisjabl] adj. pregiudizievole, dannoso.
préjudiciaux [preʒydisjo] adj. m. pl. *frais préjudiciaux*, spese (f. pl.) anticipate di ricorso.
préjudiciel, elle [preʒydisjɛl] adj. pregiudiziale.
préjugé [preʒyʒe] m. pregiudizio, preconcetto, prevenzione f. | *plein de préjugés*, pieno di pregiudizi. | *exempt de préjugés*, esente da pregiudizi; senza pregiudizi. | *avoir un préjugé contre qn, qch.*, avere una prevenzione contro qlcu., qlco. | *avoir un préjugé favorable, défavorable pour qn*, avere un preconcetto favorevole, sfavorevole di qlcu. | *bénéficier d'un préjugé favorable*, godere di un pregiudizio favorevole.
préjuger [preʒyʒe] v. tr. Vx *préjuger une question*, esprimere un giudizio anticipato, anticipare un giudizio su una questione. || JUR. pregiudicare. || [prévoir] *autant qu'on peut le préjuger*, a quanto è possibile congetturare, prevedere. ◆ v. tr. ind. **(de)** *préjuger de la décision de qn*, far congetture sulla decisione di qlcu., dedurre per congettura la decisione di qlcu. | *préjuger de l'avenir*, dare un giudizio prematuro sul futuro.
prélart [prelar] m. tela cerata; telone, copertone; MAR. incerata f.
prélasser (se) [səprelase] v. pr. starsene sdraiato; poltrire, crogiolarsi. | *se prélasser dans un fauteuil*, starsene comodamente sdraiato in una poltrona. | *se prélasser au soleil, au coin du feu*, crogiolarsi al sole, nel canto del fuoco. | *se prélasser toute la journée*, starsene tutto il giorno con le mani in mano; poltrire tutta la santa giornata.
prélat [prela] m. RELIG. prelato. | *prélat domestique*, prelato domestico.
prélatin, e [prelatɛ̃, in] adj. et n. m. prelatino.
prélature [prelatyr] f. RELIG. prelatura.
prêle ou **prèle** [prɛl] f. BOT. equiseto m.; coda di cavallo (fam.).
prélegs [prelɛg] m. JUR. prelegato.
prélèvement [prelɛvmɑ̃] m. prelievo, prelevamento. || MÉD. prelievo.
prélever [prelve] v. tr. prelevare.
préliminaire [preliminɛr] adj. preliminare ◆ n. m. pl. preliminari.
prélogique [prelɔʒik] adj. prelogico.
prélude [prelyd] m. PR. et FIG. preludio.
préluder [prelyde] v. intr. MUS. preludiare. ◆ v. tr. ind. **(à)** FIG. preludere (a). | *grondements de tonnerre qui préludent à l'orage*, tuoni che preludono al temporale; rumoreggiar di tuoni che annunzia il temporale.
prématuré, e [prematyre] adj. et n. prematuro.
prématurément [prematyremɑ̃] adv. *cheveux blanchis prématurément*, capelli imbianchiti prima del tempo. | *attaque déclenchée prématurément*, attacco effettuato prima del tempo. | *mourir prématurément*, morire prematuramente.
préméditation [premeditasjɔ̃] f. premeditazione.
préméditer [premedite] v. tr. premeditare.
prémenstruel, elle [premɑ̃stryɛl] adj. MÉD. premestruale.
prémices [prémis] f. pl. AGR. *les prémices de la récolte* (littér.), le primizie del raccolto. || RELIG. primizie. || FIG., LITTÉR. prime manifestazioni (L.C.).

premier, ère [prəmje, ɛr] adj. et n. primo. | *arriver le premier, la première*, arrivare per primo, per prima; essere il primo, la prima ad arrivare; [à un concours] arrivare primo, prima. | *parler le premier*, parlare per primo. | *parle le premier!*, parla prima tu! | *passez le premier!*, passi prima Lei! | *être parmi les tout premiers*, essere tra i primissimi. | *en rire le premier, être le premier à en rire*, essere il primo a riderne. | *le premier (étage)*, il primo piano. | *le premier décembre*, il primo (di) dicembre. | *le premier de l'an*, il capodanno. | *tous les premiers du mois*, il primo giorno di ogni mese. | *le premier venu*, V. VENU. | *voyager en première (classe)*, viaggiare in prima (classe). || [original] *l'état premier d'un texte*, lo stato primitivo, iniziale, originario di un testo. || [fondamental] *les premiers besoins de l'humanité*, i bisogni primordiali dell'umanità. | *l'objectif premier*, l'obiettivo fondamentale. || CULIN. *côte, côtelette première* = prima costoletta vicina alla sella. || MAR. *premier maître*, primo nostromo. || MATH. *nombre premier*, numero primo. | *nombres premiers entre eux*, numeri primi tra loro. || MIL. *soldat de première classe*, appuntato m.; soldato scelto. || PHILOS. *vérité première*, assioma m. | *cause première*, causa prima. || SPORT *premier de cordée*, capocordata (pl. *capicordata*). || THÉÂTRE *jeune premier*, amoroso; attor giovane. | *jeune première*, amorosa; attrice giovane. || TYP. *première épreuve*, prime bozze (f. pl.). || LOC. *faire le premier pas*, fare il primo passo; prendere l'iniziativa. || PROV. *il n'y a que le premier pas qui coûte*, V. **1.** PAS. ◆ loc. adv. ***en premier,*** prima adv. || *capitaine en premier*, primo capitano. ◆ n. m. [dans une charade] primiero. ◆ n. f. [d'une chaussure] soletta. || AUTOM. prima (marcia). | *passer la première, en première*, ingranare la prima. || COMM. *première de change*, prima di cambio. || MODE première (fr.); prima lavorante; maestra. || SPORT prima. || THÉÂTRE première (fr.); prima (rappresentazione). | *première mondiale*, prima mondiale || UNIV. = seconda liceo.
premièrement [prəmjɛrmɑ̃] adv. in primo luogo; prima.
premier-né [prəmjene] m., **première-née** [prəmjɛrne] f. primogenito, primogenita.
premier-Paris [prəmjepari] m. Vx = editoriale (su un gran giornale parigino).
prémilitaire [premilitɛr] adj. premilitare.
prémisse [premis] f. PHILOS. premessa.
prémolaire [premɔlɛr] f. ANAT. premolare m.
prémonition [premɔnisjɔ̃] f. premonizione.
prémonitoire [premɔnitwar] adj. premonitorio.
prémontré, e [premɔ̃tre] n. RELIG. premonstratense.
prémunir [premynir] v. tr. **(contre)** premunire (contro) ◆ v. pr. **(contre)** premunirsi, cautelarsi (contro).
prenable [prənabl] adj. espugnabile, prendibile.
prenant, e [prənɑ̃, ɑ̃t] adj. JUR. *partie prenante*, parte ricevente. || ZOOL. *queue prenante*, coda prensile. || [captivant] avvincente, attraente, commovente.
prénatal, e, aux [prenatal, o] adj. prenatale.
prendre [prɑ̃dr] v. tr. et intr.

◆ v. tr. **1.** [saisir; se munir de] prendere; afferrare; pigliare; [choisir] prendere, scegliere.
2. [se rendre maître de] prendere, catturare, conquistare.
3. [voler] prendere, rubare.
4. [surprendre] cogliere, sorprendere.
5. [absorber] prendere, ingerire.
6. [recevoir] prendere, ricevere, buscarsi; [contracter] prendere, contrarre; buscarsi.
7. [demander] prendere, esigere, richiedere; [occuper] prendere, occupare.
8. [acheter] prendere, comprare; [louer] prendere (in affitto).
9. [accueillir] prendere; [aller chercher] prendere.
10. [faire usage de] prendere.
11. [gagner] prendere; [attaquer] prendere, attaccare.
12. [interpréter] prendere, interpretare; [considérer] prendere.

13. Loc. [*prendre* suivi d'un n.]
◆ v. intr. **1.** [s'enraciner, croître] prendere, attecchire, allignare, attaccare.
2. [s'épaissir ; se solidifier] prendere ; rapprendersi, coagularsi ; [se geler] gelare.
3. [s'enflammer] prendere, accendersi.
4. [réussir] attecchire, attaccare.
◆ v. pr. **1.** [récipr.] prendersi.
2. [pass.] prendersi ; [être employé] essere preso, usato.
3. ***se prendre pour.***
4. [s'accrocher] impigliarsi.
5. [avec prép. ou adv.] ***se prendre à, de ; s'en prendre à ; s'y prendre.***

◆ v. tr. **1.** [saisir ; se munir de] prendere ; [avec force] afferrare ; [avec rapidité] pigliare (fam.). | *prendre un livre, son parapluie,* prendere, pigliare un libro, l'ombrello. | *prendre les armes,* prendere le armi. | *prendre la balle au bond,* afferrare la palla al balzo (pr. et fig.). | *prendre qn par les cheveux,* afferrare uno per i capelli. || [choisir] prendere, scegliere. | *quel livre prends-tu ?,* quale libro prendi, scegli ? || **2.** [se rendre maître de] prendere, catturare, conquistare. | *prendre au piège les oiseaux,* catturare gli uccelli con la tagliola. | *prendre une ville,* prendere, conquistare una città. | *prendre une ville par la famine,* prendere una città per fame. | *prendre d'assaut une ville,* espugnare una città. | *prendre le pouvoir,* prendere il potere, impadronirsi del potere. | *prendre le commandement,* prendere, assumere il comando. | *prendre de force une femme,* violentare una donna. || **3.** [voler] prendere, rubare. | *prendre à qn sa montre,* prendere, rubare l'orologio a qlcu. || **4.** [surprendre] cogliere, sorprendere. | *la nuit les prit à mi-chemin,* la notte li colse, sorprese a mezza strada. | *prendre sur le fait, en faute, en flagrant délit, la main dans le sac,* v. FAIT, FAUTE, FLAGRANT, SAC. || Fam. *je t'y prends !,* ti ci colgo !, ti ci pesco ! | *on ne m'y prendra plus,* non mi prendono più, non ci cascherò più, non incapperò più nella rete. || **5.** [absorber] ingerire. | *prendre un médicament, une tasse de thé,* prendere una medicina, una tazza di tè. | *prendre de la nourriture,* ingerire del cibo. | *prendre un verre,* bere un bicchiere. | *prendre ses repas au restaurant,* consumare i pasti in trattoria. | *prendre son petit déjeuner,* far la prima colazione. || *chaussures qui prennent l'eau,* scarpe che lasciano passare l'acqua. || **6.** [recevoir] prendere, ricevere ; buscarsi (fam.). | *prendre des leçons particulières,* prendere lezioni private. | *prendre des coups,* ricevere, prendersi, buscarsi delle botte ; prenderle, prenderne, pigliarne, buscarle, buscarne. | *il a pris le ballon en pleine figure,* si è preso una pallonata in faccia. || Fam. *qu'est-ce que tu vas prendre !,* quante ne buscherai ! | *qu'est-ce qu'il a pris !,* quante se n'è buscate ! | *en prendre pour son grade,* v. GRADE. || [contracter] prendere, contrarre ; buscarsi (fam.). | *prendre un goût, une odeur,* prendere un sapore, un odore. | *prendre une maladie,* prendersi, contrarre, buscarsi una malattia. | *prendre froid,* raffreddarsi. || **7.** [demander ; occuper] prendere, esigere, richiedere ; occupare. | *prendre dix francs de l'heure,* prendere dieci franchi all'ora. | *prendre cher,* essere caro. | *ce travail prend du temps,* questo lavoro esige, richiede tempo. | *le travail me prendra une heure,* il lavoro mi richiederà un'ora ; mi ci vorrà un'ora per fare questo lavoro. | *l'armoire prend beaucoup de place,* l'armadio prende molto posto, occupa molto spazio. || **8.** [acheter] prendere, comprare. | *prends le vin !,* prendi, compra il vino ! | *prendre son billet pour Rome,* fare il biglietto per Roma. || [louer] prendere (in affitto). | *prendre un appartement à la mer,* prendere (in affitto), affittare un appartamento al mare. | *prendre un commerce,* prendere un commercio. | *prendre une secrétaire,* prendere, assumere una segretaria. || **9.** [accueillir] prendere. | *prendre un orphelin chez soi,* prendere in casa, prendere con sé, accogliere, ospitare un orfano. || [aller chercher] prendere. | *je te prendrai, je passerai te prendre à la gare,* verró, passeró a prenderti alla stazione. || **10.** [faire usage de] prendere. | *prendre le train, l'avion,* prendere il treno, l'aereo. | *prendre une direction,* prendere una direzione. | *prendre une rue,* prendere, imboccare una strada. || Absol. *prendre à droite, à gauche, à travers champs,* prendere a destra, a sinistra, attraverso i campi. || **11.** [gagner] prendere. | *prendre les enfants par la douceur,* prendere, trattare i bambini con dolcezza, con le buone. | *prendre par les bons sentiments,* far leva sui buoni sentimenti. | *prendre qn par son faible,* prendere qlcu. dal suo lato debole. | *prendre qn, qch. par le bon bout,* prendere qlcu., qlco. per il verso giusto. || [attaquer] *prendre l'ennemi de flanc,* attaccare, assalire di fianco il nemico. | *prendre qn de front, à revers,* prendere, attaccare qlcu. di petto, alle spalle. || **12.** [interpréter] prendere, interpretare. | *prendre bien, mal, au sérieux, au tragique, à la légère,* prendere bene, male, sul serio, tragicamente, alla leggera. | *prendre à la lettre, au sens figuré,* prendere, interpretare alla lettera, in senso figurato. | *prendre qch. avec philosophie,* prendere, sopportare qlco. con filosofia. | *prendre en bonne, en mauvaise part,* v. PART. | *si tu le prends ainsi,* se te la prendi così ; se la prendi così, in codesto modo. || [considérer] prendere. | *prendre qn pour un sot,* prendere, pigliare (fam.) qlcu. per un imbecille. | *pour qui me prends-tu ?,* per chi mi prendi ? | *prendre une personne pour une autre,* prendere una persona per un'altra, scambiare una persona con un'altra. || **13.** Loc. *prendre acte de qch.,* prendere atto di qlco. | *prendre de l'âge,* invecchiare. | *prendre l'air :* [respirer] prendere una boccata d'aria ; Aér. decollare. | *prendre de l'altitude,* prendere quota. | *prendre de l'avance,* avere alcuni metri, alcune pagine di vantaggio ; [suj. montre] andare avanti. | *prendre un bain, une douche,* fare il bagno, la doccia. | *prendre le change,* restare ingannato. | *prendre en chasse,* dar la caccia a ; inseguire v. tr. | *prendre congé de qn,* accomiatarsi da uno. | *prendre conscience de qch.,* prendere coscienza di qlco. | *prendre contact avec qn,* mettersi in contatto con uno. | *prendre corps,* prender corpo. | *prendre le dessus,* prendere il sopravvento. | *prendre le deuil,* prendere il lutto. | *prendre son élan,* prendere la rincorsa. | *prendre exemple sur qn,* prendere esempio da qlcu. | *prendre qn en exemple,* prendere qlcu. a esempio. | *prendre un exemple,* prendere, fare un esempio. | *prends ton cousin, par exemple,* prendi, guarda tuo cugino, per esempio. | *prendre fait et cause pour qn,* abbracciare la causa di qlcu., schierarsi dalla parte di qlcu. | *prendre femme, pour femme,* prender moglie, in moglie. | *prendre feu,* prender fuoco. | *prendre forme,* prendere forma. | *prendre la fuite,* fuggire, scappare ; darsi alla fuga. | *prendre goût, intérêt à qch.,* prendere gusto, interesse a qlco. | *prendre le lit,* ammalarsi ; mettersi a letto. | *prendre le large,* prendere il largo (pr. et fig.). | *prendre la mer,* prendere il mare. | *prendre ses mesures,* prendere le proprie precauzioni. | *prendre qn au mot,* prendere qlcu. in parola. | *prendre la mouche* (fig.), prender cappello. | *odeur qui prend au nez,* odore soffocante. | *prendre note,* prender nota. | *prendre des nouvelles de qn,* chiedere notizie di qlcu. | *prendre des informations sur qn,* prendere, chiedere informazioni su qlcu. | *prendre peur,* impaurirsi, spaventarsi. | *prendre place,* prender posto ; porsi, mettersi a sedere. | *prendre la plume,* prendere la penna. | *prendre la porte,* v. PORTE. | *prendre possession de qch.,* prendere possesso di qlco. | *prendre du retard,* restare indietro ; [suj. montre] andare indietro, ritardare. | *prendre sa source,* avere origine ; nascere, sorgere. | *prendre sur soi, prendre à tâche de faire qch.,* impegnarsi a, prendersi l'incarico di far qlco. | *prendre sur soi une faute,* addossarsi una colpa. | *prendre son temps pour répondre,* prendere tempo a rispondere. | *prendre à témoin,* prendere a testimonio. | *prendre la température d'un malade,* prendere la temperatura a un malato. | *prendre la température de l'opinion publique,* tastare il polso all'opinione pubblica. | *prendre terre,* prendere terra ; approdare, sbarcare. | *prendre le vent,* spiegare le vele al vento (pr.) ; osservare da dove tira il vento (fig.). | *qu'est-ce qui te prend ?, ça te prend souvent ?,* che ti prende ? | *prendre de la vitesse,* acquistare velocità. |

prendre son vol, prendere l'involo, involare, decollare (pr.); spiccare il volo (fig.). | *c'est toujours ça de pris !*, almeno questo è guadagnato!, meglio di niente! || *à tout prendre*, tutto sommato.
◆ v. intr. **1.** [s'enraciner, croître] prendere, attecchire, allignare, attaccare. | *ces roses prennent bien*, queste rose prendono, attecchiscono, allignano, attaccano bene. || **2.** [s'épaissir; se solidifier] prendere; rapprendersi, coagularsi. | *le ciment a pris*, il cemento ha preso. | *la confiture a bien pris*, la marmellata si è rassodata. | *le lait a pris*, il latte si è rappreso, si è coagulato; il latte si è rappigliato (rare). || [se geler] gelare. | *la rivière a pris*, il fiume è gelato, si è ghiacciato. || **3.** [s'enflammer] prendere, accendersi. | *le feu ne prend pas*, il fuoco non prende, non si accende. || **4.** [réussir] attecchire, attaccare. | *livre, spectacle qui prend*, libro, spettacolo che attecchisce. | *idées qui ne prennent pas*, idee che non attaccano, non attecchiscono. || FAM. *ça ne prend pas !*, non attacca! || LOC. *mal lui en prit*, mal gliene incolse. || *bien lui en a pris* = per fortuna.
◆ v. pr. **1.** [récipr.] prendersi. | *se prendre par la main, aux cheveux*, prendersi per mano, per i capelli. || **2.** [pass.] prendersi. | *médicament qui se prend avant les repas*, medicina che si prende prima dei pasti. || [être employé] essere preso, usato. | *mot qui se prend en plusieurs sens*, parola che può essere presa, usata in più significati; parola che può assumere più significati. || **3.** ***se prendre pour :*** prendersi per; credersi, ritenersi. | *se prendre pour qn d'intelligent*, credersi, ritenersi intelligente. | *pour qui te prends-tu ?*, chi ti credi d'essere? || **4.** [s'accrocher] PR. et FIG. impigliarsi; rimanere preso, impigliato. | *mon veston s'est pris à un clou*, la mia giacca è rimasta presa a un chiodo. | *se prendre dans un filet*, impigliarsi, rimanere impigliato in una rete. | *se prendre la jambe dans une corde*, impigliarsi la gamba in una fune. | *il s'est pris le doigt dans la porte*, il dito gli è rimasto preso nella porta. | *se prendre la tête à deux mains*, prendersi, stringersi la testa fra le mani. || FIG. *se prendre au jeu, à son propre jeu*, esser preso dal proprio gioco, restar preso nelle proprie reti, cadere nella propria rete. || **5.** [avec prép. ou adv.] ***se prendre à,*** prendere a, mettersi a. | *se prendre à rêver*, prendere a, mettersi a sognare. || **se prendre de :** *se prendre de vin*, ubriacarsi. | *se prendre d'amitié, d'affection pour qn*, concepire un sentimento di amicizia, di affetto per qlcu. | *se prendre de querelle avec qn*, venire a contesa con qlcu., litigare con qlcu. || ***s'en prendre à :*** pigliarsela con. | *pourquoi t'en prends-tu à moi ?*, perché te la pigli con me? | *s'en prendre à qn d'une chose*, incolpare uno di qlco. || ***s'y prendre :*** *s'y prendre bien, mal pour réparer un moteur*, saperci fare, non saperci fare per riparare un motore. | *il s'y est mal pris pour le lui dire*, per dirglielo non l'ha preso per il verso giusto. | *ne pas savoir s'y prendre*, non saperci fare. | *comment s'y prendre ?*, come fare?, da che parte cominciare? | *il fallait t'y prendre plus tôt*, avresti dovuto cominciare prima.

preneur, euse [prənœr, øz] adj. TECHN. *benne preneuse*, benna da scavo. ◆ n. [qui prend à bail] affittuario, a, locatario, a. || [qui achète] acquirente; compratore, trice. || [d'une traite] prenditore, trice.

prénom [prenɔ̃] m. prenome; nome (di battesimo).

prénommé, e [prenɔme] adj. chiamato. | *un de ses enfants prénommé Henri*, un suo figlio chiamato Enrico, il cui nome è Enrico. ◆ adj. et n. JUR. sunnominato, summenzionato, succitato, summentovato.

prénommer [prenɔme] v. tr. dare un nome a; chiamare. | *on l'a prénommé Henri*, gli hanno dato il nome di Enrico, gli hanno messo nome Enrico, l'hanno chiamato Enrico. ◆ v. pr. chiamarsi.

prénotion [prenosjɔ̃] f. PHILOS. prenozione.

prénuptial, e, aux [prenypsjal, o] adj. prematrimoniale.

préoccupant, e [preɔkypɑ̃, ɑ̃t] adj. preoccupante.

préoccupation [preɔkypasjɔ̃] f. preoccupazione.

préoccupé, e [preɔkype] adj. preoccupato, ansioso, impensierito; in pensiero.

préoccuper [preɔkype] v. tr. preoccupare, inquietare, impensierire. ◆ v. pr. preoccuparsi.

préœdipien, enne [preedipjɛ̃, ɛn] adj. PSYCHAN. preedipico.

préopératoire [preɔperatwar] adj. preoperatorio.

préparateur, trice [preparatœr, tris] n. preparatore, trice. || UNIV. *préparateur, trice (de laboratoire)*, aiutante di laboratorio. || *préparateur, trice en pharmacie*, aiutante farmacista.

préparatifs [preparatif] m. pl. preparativi.

préparation [preparasjɔ̃] f. [action] preparazione, allestimento m. | *parler sans préparation*, parlare senza preparazione, parlare estemporaneamente. | *préparation du dîner, d'une exposition*, preparazione, allestimento della cena; allestimento di una mostra. || [fabrication] *préparation de l'acide sulfurique*, preparazione dell'acido solforico. || [produit] preparazione, preparato m. | *préparation anatomique, pharmaceutique*, preparato anatomico, farmaceutico. || ÉCON. *préparation du travail*, preparazione del lavoro. || MIL. *préparation d'artillerie*, preparazione d'artiglieria. | *préparation militaire*, preparazione premilitare. || MUS. preparazione. || RELIG. *préparation à la messe*, preparazione alla messa. || UNIV. *préparation française, latine* = compito di francese, di latino.

préparatoire [preparatwar] adj. preparatorio. || JUR. *jugement préparatoire*, sentenza interlocutoria. || UNIV. *cours préparatoire*, prima (f.) elementare.

préparer [prepare] v. tr. [apprêter] preparare, allestire; apprestare (littér.). | *préparer le dîner*, preparare, allestire, approntare (rare) la cena. | *préparer une exposition, un logement*, allestire una mostra, un alloggio. | *préparer des moyens de défense*, apprestare mezzi di difesa. || [fabriquer] *préparer un produit*, preparare un prodotto. || [prédisposer] preparare, predisporre. | *préparer qn à une mauvaise nouvelle*, preparare uno a (ricevere) una brutta notizia, predisporre uno a una brutta notizia. | *préparer les esprits*, presdisporre gli animi. || [étudier] *préparer un discours*, preparare un discorso. | *préparer un examen*, prepararsi a, preparare un esame. || [entraîner] *préparer qn à un examen*, preparare qlcu. per un esame. || *préparer les soldats au combat*, addestrare i soldati al combattimento. | *préparer un coureur pour un championnat*, allenare un corridore per un campionato. || MUS. preparare. ◆ v. pr. [se disposer à] prepararsi, predisporsi, accingersi. | *il se préparait à sortir*, si preparava, si accingeva ad uscire. | *se préparer à la mort*, prepararsi, predisporsi alla morte. || [s'entraîner] allenarsi. || [être proche] prepararsi; essere prossimo (a venire); essere imminente. | *une guerre se prépare*, si sta preparando una guerra, una guerra è imminente.

prépondérance [prepɔ̃derɑ̃s] f. preponderanza, prevalenza, predominio m.

prépondérant, e [prepɔ̃derɑ̃, ɑ̃t] adj. preponderante, prevalente, predominante. || *voix prépondérante*, voto decisivo.

préposé, e [prepoze] n. addetto, a. | *préposé de la douane*, doganiere m. | *préposé (des postes)*, postino m., portalettere m. inv. | *préposée au vestiaire*, guardarobiera f.

préposer [prepoze] v. tr. preporre. | *préposer qn à la surveillance (de)*, preporre qlcu. alla sorveglianza (di). | *être préposé à*, essere preposto, addetto a.

prépositif, ive [prepozitif, iv] adj. prepositivo.

préposition [prepozisjɔ̃] f. GRAMM. preposizione.

prépsychotique [prepsikɔtik] adj. MÉD. prepsicotico.

prépuce [prepys] m. ANAT. prepuzio.

préraphaélisme [prerafaelism] m. ART preraffaellismo.

préraphaélite [prerafaelit] adj. et n. preraffaellita.

prérogative [prerɔgativ] f. prerogativa.

préromantique [prerɔmɑ̃tik] adj. et n. preromantico.

préromantisme [prerɔmɑ̃tism] m. preromanticismo.

près [prɛ] adv. vicino. | *tout près*, molto vicino; vicinissimo. | *plus, moins près*, più, meno vicino. ◆ loc. adv. ***à beaucoup près,*** neppur lontanamente. | *je ne suis pas si riche que lui, à beaucoup près*, non sono neppur lontanamente ricco quanto lui. || ***à cela près,*** tolto ciò, a parte ciò. | *il n'en est pas à cela près* = per lui è una cosa da poco. || ***à... près :*** *tu n'en es pas à dix francs près* = per te dieci franchi non contano, contano poco. | *calculer au franc, au centime, au millimètre près* = calcolare, misurare con estrema precisione. | *à quelques exceptions près,* tranne qualche eccezione, tranne poche eccezioni. | *à peu de choses près,* su per giù, press'a poco. || ***à peu près,*** circa, press'a poco; suppergiù (fam.). | *c'est à (très) peu près la même chose,* è quasi lo stesso, è press'a poco lo stesso. | *un millier de francs ou à peu près,* un migliaio di franchi o giù di lì; un migliaio di franchi più o meno, circa. | *il était à peu près six heures,* erano le sei o giù di lì. | *il y a à peu près cent cinquante ans,* circa cento cinquant'anni fa. || MAR. ***au plus près :*** *naviguer au plus près,* stringere al massimo il vento, navigare di bolina. || ***de près,*** da vicino. || *raser de près,* radere accuratamente. | *couper de près les cheveux,* tagliare corti i capelli. | *regarder, examiner, surveiller de près,* guadare, esaminare, sorvegliare da vicino, attentamente. | *cela me touche de près,* mi tocca da vicino. | *ni de près ni de loin,* né punto né poco. | *ne pas y regarder de si près,* non guardare tanto per il sottile. ◆ prép. [proche] vicino a; [auprès de] presso. | *à Fiesole, près Florence,* a Fiesole, vicino a Firenze. | *ambassadeur près le Saint-Siège,* ambasciatore presso la Santa Sede. ◆ loc. prép. ***près de,*** vicino a, presso. | *près de la porte, près de Rome,* vicino alla porta, vicino a Roma. | *(tout) près d'ici,* qui vicino. || FIG. *être près de ses sous* = essere avaro. || [presque] quasi. | *il y a près de deux ans que,* sono quasi due anni che. | *il est près de six heures,* sono quasi le sei. | *il l'a payé près de cent francs,* l'ha pagato quasi cento franchi. || [sur le point de] *être près de partir,* stare per partire, sul punto di partire.

présage [prezaʒ] m. presagio. | *tirer un présage d'un événement,* trarre un presagio da un avvenimento.

présager [prezaʒe] v. tr. presagire, prevedere, presentire. | *cela ne présage rien de bon,* ciò non lascia presagire nulla di buono. | *je ne présage rien de bon,* non prevedo nulla di buono.

présalaire [presalɛr] m. presalario; assegno di studio.

pré-salé [presale] m. = castrato allevato in pascoli sulla marina.

présanctifié, e [presɑ̃ktifje] adj. et n. RELIG. presantificato.

presbyte [prɛsbit] adj. et n. MÉD. presbite.

presbytéral, e, aux [prɛsbiteral, o] adj. RELIG. [du prêtre] *bénéfices presbytéraux,* benefici presbiterali. || [du presbytère] *conseil presbytéral,* consiglio presbiteriale.

presbytère [prɛsbitɛr] m. canonica f.; presbiterio (région).

presbytérianisme [prɛsbiterjanism] m. RELIG. presbiterianismo, presbiterianesimo.

presbytérien, enne [prɛsbiterjɛ̃, ɛn] adj. et n. presbiteriano.

presbytérium [prɛsbiterjɔm] m. ARCHÉOL. presbiterio.

presbytie [prɛsbisi] f. MÉD. presbiopia, presbitismo m.

prescience [presjɑ̃s] f. THÉOL. prescienza. || [intuition] prescienza, preveggenza.

prescient, e [presjɑ̃, ɑ̃t] adj. (rare) presciente, preveggente.

préscolaire [preskɔlɛr] adj. prescolastico.

prescriptible [prɛskriptibl] adj. prescrittibile.

prescription [prɛskripsjɔ̃] f. JUR. prescrizione. | *prescription acquisitive, extinctive, trentenaire,* prescrizione acquisitiva, estintiva, trentennale. || [ordre] *les prescriptions de la loi, de la morale,* le prescrizioni della legge, della morale. || MÉD. prescrizione, ricetta.

prescrire [prɛskrir] v. tr. Jur. prescrivere. || [commander] prescrivere, esigere. | *au jour prescrit,* alla data prescritta. | *ce que l'honneur prescrit,* quel che prescrive, esige l'onore. || MÉD. prescrivere. ◆ v. pr. Jur. prescriversi. || [pass.] MÉD. essere, venire prescritto.

préséance [preseɑ̃s] f. precedenza.

présélecteur [preselɛktœr] m. TECHN. preselettore.

présélection [preselɛksjɔ̃] f. [choix préalable] preselezione; scelta preliminare. || MIL. selezione. || TECHN. preselezione.

présélectionner [preselɛksjɔne] v. tr. preselezionare.

présence [prezɑ̃s] f. presenza. | *feuille de présence,* foglio di presenza. | *faire acte de présence,* far atto di presenza. | *jeton de présence,* gettone di presenza. || *présence d'esprit,* presenza di spirito. || [personnalité] *avoir de la présence, beaucoup de présence,* avere (della) scena, avere molta scena. || RELIG. *présence réelle,* presenza reale. ◆ loc. adv. ***en présence,*** (a) faccia a faccia. | *mettre en présence,* mettere (a) faccia a faccia. ◆ loc. prép. ***en présence de,*** in presenza di, alla presenza di, al cospetto di, di fronte a.

1. présent, e [prezɑ̃, ɑ̃t] adj. [lieu] presente; [temps] presente, attuale. || *présent à l'esprit de qn,* presente nella mente di qlcu. | *avoir qch. présent à l'esprit,* avere in mente qlco. | *ne pas être présent à la conversation,* essere assente alla conversazione (pr. et fig.). | *dans les circonstances présentes,* nelle circostanze presenti, attuali. | *la présente lettre, loi,* la presente lettera, legge. || [interj.] *présent !,* presente! || GRAMM. presente. | *subjonctif présent,* congiuntivo presente; presente (m.) (del) congiuntivo. ◆ n. f. [lettre] presente. ◆ n. m. [temps] presente. || [personne] presente, astante. | *il s'adressa aux présents,* si rivolse ai presenti, agli astanti. || GRAMM. presente. || *présent historique, de narration,* presente storico. | *présent de l'indicatif,* presente indicativo. ◆ loc. adv. ***à présent,*** al presente; ora, adesso, oggi, oggigiorno. | *dès à présent,* fin da ora. | *jusqu'à présent,* finora; fino ad oggi. ◆ loc. conj. ***à présent que,*** ora che.

2. présent m. [cadeau] presente, regalo, dono. | *faire présent de qch. à qn,* regalare qlco. a qlcu.

présentable [prezɑ̃tabl] adj. presentabile.

présentateur, trice [prezɑ̃tatœr, tris] n. presentatore, trice.

présentation [prezɑ̃tasjɔ̃] f. presentazione. | *présentation d'un film, d'un livre,* presentazione di un film, di un libro. | *présentation de tableaux, de marchandises,* presentazione, esposizione di quadri, di merci. | *présentation d'un conférencier,* presentazione di un conferenziere. | *lettre de présentation,* lettera di presentazione. | *faire les présentations,* far le presentazioni. || JUR. *droit de présentation,* diritto di presentazione. || MÉD. presentazione. || RELIG. *Présentation de l'Enfant Jésus au Temple, de la Vierge,* Presentazione del Bambino Gesù al Tempio, della Vergine.

présentement [prezɑ̃tmɑ̃] adv. presentemente, al presente, ora, adesso.

présenter [prezɑ̃te] v. tr. [montrer, exposer] presentare. | *présenter son billet au contrôleur,* presentare il biglietto al controllore. | *présenter un film, un livre, des tableaux, des marchandises,* presentare un film, un libro; presentare, esporre dei quadri, delle merci. || *présenter toutes les hypothèses,* prospettare tutte le ipotesi. || [faire connaître] *je te présente mon cousin,* ti presento mio cugino. || [offrir] presentare, offrire, porgere. | *présenter un bouquet,* presentare, offrire un mazzo. || *présenter sa candidature, une demande, ses excuses, ses vœux,* presentare la propria candidatura, una domanda, le proprie scuse, i propri auguri. | *présenter ses hommages,* presentare, porgere i propri omaggi. || [comporter] *cette solution présente des difficultés,* questa soluzione presenta, offre difficoltà. || MIL. *présenter les armes,* presentare le armi. | *présentez armes !,* presentat'arm'! || *présenter le flanc à l'ennemi,* presentare il fianco al nemico. ◆ v. intr. FAM. *un homme qui présente bien,* un uomo di bella presenza, apparenza. | *il présente mal,* si presenta male. ◆ v. pr. presentarsi, comparire. | *se présenter devant qn,* presentarsi, comparire davanti a qlcu. | *se présenter aux élections,* presentarsi alle elezioni. | *se présenter à un examen,* dare un esame. | *se présenter pour un emploi,* presentarsi per un impiego. | *l'affaire se présente mal,* l'affare si presenta male, prende una brutta piega. | *si l'occasion se présente,* se si presenta

l'occasione. | *comment se présente le cas ?*, come si prospetta il caso ?
présentoir [prezɑ̃twar] m. bacheca f., mostra f.
présérie [preseri] f. IND. serie di prova ; preserie.
préservateur, trice [prezɛrvatœr, tris] adj. preservatore, trice.
préservatif, ive [prezɛrvatif, iv] adj. et n. m. preservativo.
préservation [prezɛrvasjɔ̃] f. preservazione.
préserver [prezɛrve] v. tr. *(de qch.)* preservare, proteggere, riparare, difendere (da qlco.). || LOC. *Dieu m'en préserve !*, Dio me ne guardi !
préside [prezid] m. HIST. presidio. | *État des Présides*, Stato dei Presidi.
présidence [prezidɑ̃s] f. presidenza.
président, e [prezidɑ̃, ɑ̃t] n. presidente, presidentessa.
présidentialisme [prezidɑ̃sjalism] m. = regime presidenziale.
présidentiel, elle [prezidɑ̃sjɛl] adj. presidenziale. || JUR. *régime présidentiel*, regime presidenziale. ◆ n. f. pl. elezioni presidenziali.
présider [prezide] v. tr. presiedere. | *présider la séance*, presiedere la seduta. ◆ v. tr. ind. **(à)** *présider aux préparatifs d'une fête*, presiedere ai, soprintendere ai preparativi di una festa.
présidium m. V. PRAESIDIUM.
présocratique [presɔkratik] adj. et n. m. PHILOS. presocratico.
présomptif, ive [prezɔ̃ptif, iv] adj. JUR. *héritier présomptif*, erede presuntivo.
présomption [prezɔ̃psjɔ̃] f. [supposition] presunzione, supposizione, congettura. || [fatuité] presunzione, vanità. || JUR. presunzione.
présomptueux, euse [prezɔ̃ptɥø, øz] adj. et n. presuntuoso.
presque [prɛsk] adv. quasi.
presqu'île [prɛskil] f. penisola.
pressage [prɛsaʒ] m. pressatura f.
pressant, e [prɛsɑ̃, ɑ̃t] adj. [qui insiste] insistente. || [urgent] pressante, urgente, impellente.
presse [prɛs] f. **1.** [affluence] pressa, ressa, calca, folla. | *fendre la presse*, fendere la calca. | *il y a presse dans la salle*, c'è una gran pressa nella sala. || **2.** [hâte, urgence] urgenza. | *moment de presse*, periodo di lavoro urgente, di attività intensa. || **3.** TECHN. pressa, torchio m. | *presse hydraulique*, pressa idraulica. | *presse à fourrage*, pressaforaggio m. inv. | *presse à imprimer* : [à bras] torchio per la stampa ; [mécanique] macchina tipografica. || TYP. *mettre sous presse*, dare alle stampe. | *livre sous presse*, libro in corso di stampa, libro sotto stampa. | *au moment de mettre (le journal) sous presse*, al momento di andare in macchina. || **4.** JOURN. stampa. | *presse étrangère*, stampa estera. | *presse d'information*, stampa d'informazione. | *agence de presse*, agenzia d'informazioni. | *délit de presse*, reato di stampa. | *bureau, campagne, conférence, salle de presse*, ufficio, campagna, conferenza, sala stampa. | *presse du cœur*, stampa rosa. | *presse à sensation*, stampa scandalistica. || FIG. *avoir bonne, mauvaise presse*, avere, godere buona, cattiva stampa.
pressé, e [prese] adj. [serré] stretto, serrato. | *pressés l'un contre l'autre*, stretti l'uno contro l'altro. | *en rangs pressés*, in file serrate, fitte. | *citron pressé*, limone spremuto ; spremuta (f.) di limone. || [qui a hâte] frettoloso. | *être pressé de*, aver fretta di. | *d'un air pressé*, con aria frettolosa. | *à petits coups pressés*, a colpettini rapidi. || [urgent] urgente, pressante, impellente. | *un travail pressé*, un lavoro urgente. | *c'est pressé !*, è urgente ! | *il n'eut rien de plus pressé (à faire) que de prévenir son père* = corse in fretta e furia ad avvertire suo padre. || [tourmenté] tormentato. | *pressé par la faim*, tormentato dalla fame. | *pressé d'argent*, a corto di quattrini. || [harcelé] *pressé de questions*, bersagliato, tempestato di domande. ◆ n. m. *courir au plus pressé* = occuparsi delle cose più urgenti, più importanti. | *parer au plus pressé*, correre ai ripari ; badare a salvaguardare l'essenziale.
presse-bouton [prɛsbutɔ̃] adj. inv. *la guerre presse-bouton*, la guerra dei pulsanti.
presse-citron [prɛssitrɔ̃] m. inv. spremilimoni.
pressée [prese] f. = quantità di frutti spremuti in una volta.
presse-étoupe [prɛsetup] m. inv. TECHN. premistoppa.
presse-fruits [prɛsfrɥi] m. inv. spremifrutta, spremiagrumi.
pressentiment [presɑ̃timɑ̃] m. presentimento.
pressentir [prɛsɑ̃tir] v. tr. [prévoir] presentire. | *pressentir un malheur*, presentire una disgrazia. | *je pressentais qu'il arriverait un malheur*, presentivo che sarebbe successa una disgrazia. || [sonder] *pressentir qn sur ses intentions*, saggiare, scandagliare, sondare le intenzioni di qlcu. | *pressentir qn comme ministre*, sondare qlcu. per essere ministro.
presse-papiers [prɛspapje] m. inv. pressacarte, fermacarte, calcafogli.
presse-purée [prɛspyre] m. inv. [pommes de terre] schiacciapatate, passapatate ; [autres légumes] passaverdura, passaverdure.
presser [prɛse] v. tr. **1.** PR. [extraire le jus] *presser un citron*, spremere, strizzare un limone. | *presser les olives*, premere, torchiare le olive. | *presser le raisin*, premere, pressare, pigiare l'uva. | *presser une éponge*, strizzare una spugna. || [comprimer] *presser dans un étau*, stringere in una morsa. || [serrer] *presser qn entre ses bras*, stringere qlcu. fra le proprie braccia. || [appuyer sur] *presser le bouton*, premere il pulsante. || **2.** FIG. [poursuivre] incalzare, bersagliare, tempestare. | *presser l'ennemi*, incalzare il nemico. | *presser qn de questions*, bersagliare, tempestare qlcu. di domande. || [insister] sollecitare. | *presser qn de répondre*, sollecitare una risposta da qlcu. | *presser une entreprise d'achever son travail*, sollecitare un'impresa perché finisca il lavoro. || [hâter] affrettare. | *presser le pas, un mariage*, affrettare il passo, un matrimonio. ◆ v. intr. premere v. tr. | *presser sur le bouton, sur la gâchette, sur l'accélérateur*, premere il pulsante, il grilletto, l'acceleratore. || [être urgent] essere urgente ; urgere, incalzare, stringere. | *le temps presse*, il tempo incalza, stringe. | *l'affaire presse*, è un affare urgente. | *rien ne presse*, non c'è fretta, non c'è nessuna premura. | *allons, pressons !*, su ! sbrigatevi ! ◆ v. pr. [se serrer] stringersi. | *se presser l'un contre l'autre*, stringersi l'uno contro l'altro. || [s'accumuler] accalcarsi, affollarsi, ammucchiarsi. | *la foule se presse sur la place*, la folla si accalca sulla piazza. | *une étagère où se pressaient des dizaines de livres*, uno scaffale sul quale si ammucchiavano decine di libri. || [se hâter] affrettarsi, spicciarsi, sbrigarsi. | *presse-toi !* spicciati !, sbrigati ! | *se presser de faire qch.*, affrettarsi a far qlco.
presse-raquette [prɛsrakɛt] m. inv. stendiracchetta.
pressier [prɛsje] m. pressatore.
pressing [presiŋ] m. (angl.) [repassage] stiratura (f.) a vapore. || [boutique] stireria f.
pression [prɛsjɔ̃] f. pressione. | *pression atmosphérique*, pressione atmosferica, barometrica. | *pression artérielle*, pressione arteriosa. | *pression fiscale*, pressione fiscale. | *machine sous pression*, macchina sotto pressione. || LOC. *bière (à la) pression*, birra alla spina. | *pression* ou *bouton-pression* m., (bottone) automatico m. || [contrainte] pressione, sollecitazione. | *faire pression sur qn*, far pressione su qlcu. | *faire amicalement pression*, fare amichevole pressione. | *sous la pression des événements*, sotto la spinta degli avvenimenti. | *groupe de pression*, gruppo di pressione. || FIG. *être sous pression*, essere sotto pressione.
pressoir [prɛswar] m. [huile] frantoio ; [huile, vin] torchio ; [à vis] strettoio. || [lieu] frantoio.
pressurage [prɛsyraʒ] m. AGR. [vin] torchiatura f.
pressurer [prɛsyre] v. tr. AGR. *pressurer le raisin*, torchiare l'uva. | *pressurer les olives*, frangere, spremere le olive. || FIG. [faire payer] spremere, mungere. | *pressurer qn*, spremere, mungere qlcu. | *pressurer le peuple*, mungere il popolo. || FAM. *se pressurer le cerveau*, spremersi le meningi.
pressureur [prɛsyrœr] m. FIG. sfruttatore.

pressurisation [prɛsyrizasjɔ̃] f. pressurizzazione.
pressuriser [prɛsyrize] v. tr. pressurizzare.
prestance [prɛstɑ̃s] f. prestanza. | *qui a une belle prestance,* di bella prestanza.
prestant [prɛstɑ̃] m. MUS. prestante.
prestataire [prɛstatɛr] m. contribuente in natura.
prestation [prɛstasjɔ̃] f. [action de prêter] prestito m. ‖ [fourniture] *prestation en deniers, en nature,* prestazione in denaro, in natura. ‖ [impôt] prestazione di lavoro, d'opera. ‖ JUR. *prestation de serment,* giuramento m. ‖ LOC. *prestations sociales,* prestazioni sociali. | *prestations familiales,* assegni (m. pl.) famigliari. ‖ [apparition en public] prestazione.
preste [prɛst] adj. presto, lesto, rapido. | *avoir la main preste,* essere presto di mano. ◆ interj. VX presto! (L.C.).
prestement [prɛstəmɑ̃] adv. presto, prontamente, rapidamente.
prestesse [prɛstɛs] f. LITTÉR. prestezza; lestezza, prontezza (L.C.).
prestidigitateur, trice [prɛstidiʒitatœr, tris] n. PR. et FIG. prestigiatore, trice; prestidigitatore, trice (rare); giocatore, trice di bussolotti; illusionista.
prestidigitation [prɛstidiʒitasjɔ̃] f. prestidigitazione; gioco (m.) di bussolotti; illusionismo.
prestige [prɛstiʒ] m. prestigio. | *prestige de la gloire, d'un grand nom,* prestigio della gloria, di un gran nome. | *politique de prestige,* politica di prestigio.
prestigieux, euse [prɛstiʒjø, øz] adj. prestigioso.
prestissimo [prɛstisimo] adv. (ital.) MUS. prestissimo.
presto [prɛsto] adv. (ital.) MUS. presto. ‖ FAM. su due piedi; presto (L.C.).
présumable [prezymabl] adj. (rare) presumibile.
présumé, e [prezyme] adj. presunto. | *l'assassin, le père présumé,* il presunto assassino, padre.
présumer [prezyme] v. tr. presumere, supporre. | *présumer qn coupable,* presumere che uno sia colpevole. | *je présume que tu ne viendras pas,* presumo, suppongo che non verrai. ◆ v. tr. ind. **(de)** presumere (di). | *trop présumer de qn, de ses forces,* presumere troppo di qlcu., delle proprie forze.
présupposé, e [presypoze] adj. et n. m. presupposto.
présupposer [presypoze] v. tr. presupporre.
présupposition [presypozisjɔ̃] f. presupposizione, presupposto m.
présure [prezyr] f. presame m., caglio m.
présurer [prezyre] v. tr. far cagliare.
1. prêt, e [prɛ, ɛt] adj. pronto. | *être prêt à tout,* essere pronto, disposto a tutto. | *être prêt à sortir,* essere pronto per uscire. | *être toujours prêt à rire,* essere sempre pronto a ridere, al riso. ‖ SPORT *prêt?, prêts?, partez!,* pronto!, pronti!, via!
2. prêt m. JUR. prestito, mutuo. | *accorder, octroyer un prêt,* concedere un prestito. | *prêt à intérêt,* prestito con interesse. | *prêt d'honneur,* prestito d'onore. | *prêt hypothécaire,* mutuo ipotecario. | *prêt sur gage, sur titres,* prestito su pegno, su titoli. | *à titre de prêt,* in prestito. ‖ MIL. soldo; paga (f.) militare.
prétantaine ou **prétentaine** [pretɑ̃tɛn] f. FAM. *courir la prétantaine,* andare a zonzo; [aventure galante] correre la cavallina.
prêt-à-porter [prɛtapɔrte] m. = confezione (f.) di massa.
prêté [prɛte] m. LOC. *c'est un prêté pour un rendu* = rendere pan per focaccia.
prétendant, e [pretɑ̃dɑ̃, ɑ̃t] n. aspirante. | *les prétendants à un emploi,* gli aspiranti a un impiego. ◆ n. m. [au trône, à un mariage] pretendente. ‖ LITTÉR. *les prétendants de Pénélope,* i proci di Penelope.
prétendre [pretɑ̃dr] v. tr. [exiger] pretendere, esigere. | *je prétends être respecté, que l'on me respecte,* pretendo, esigo di essere rispettato, che mi si rispetti. ‖ [soutenir] pretendere, affermare, sostenere. | *il prétend avoir fait,* sostiene, afferma di aver fatto. | *on le prétend avare,* si afferma, si dice che sia avaro. ‖ [se flatter de] aver la pretesa di, pretendere di. | *je ne prétends pas te convaincre,* non pretendo di convincerti. ◆ v. tr. ind. **(à)** pretendere, aspirare (a). | *prétendre au trône,* pretendere, aspirare al trono.
prétendu, e [pretɑ̃dy] adj. preteso, supposto; [soi-disant] sedicente. | *sa prétendue sagesse,* la sua pretesa saggezza. | *ma prétendue erreur,* il mio preteso errore. | *le prétendu coupable,* il supposto colpevole. | *le prétendu marquis,* il sedicente marchese. ◆ n. (région.) promesso, a.
prétendument [pretɑ̃dymɑ̃] adv. senza fondatezza, a torto. | *un homme prétendument riche,* un uomo a torto ritenuto ricco.
prétentaine f. V. PRÉTANTAINE.
prête-nom [prɛtnɔ̃] m. prestanome n. inv.
prétentieusement [pretɑ̃sjøzmɑ̃] adv. con pretensione, con pretensiosità.
prétentieux, euse [pretɑ̃sjø, øz] adj. pretensioso, pretenzioso. | *blanc-bec prétentieux,* sbarbatello pretensioso. | *style prétentieux,* stile pretensioso.
prétention [pretɑ̃sjɔ̃] f. pretesa; pretensione (littér.). | *avoir de la prétention,* essere pretensioso. | *je n'ai pas la prétention d'être infaillible,* non ho la pretesa di essere infallibile. | *avoir des prétentions sur qch.,* avere, avanzare, accampare delle pretese su qlco. | *sans prétention,* senza pretese, senza pretensioni.
prêter [prɛte] v. tr. FIN. prestare. | *prêter (de l'argent) à intérêt, sur gage, à usure,* prestar denaro con interesse, su pegno, a usura. ‖ [attribuer] attribuire. | *prêter des défauts à qn,* attribuire dei difetti a qlcu. | *prêter des propos à qn,* attribuire parole, discorsi a uno. | *prêter de l'importance à qch.,* dare importanza a qlco. ‖ [accorder] *prêter son aide à qn,* prestare, dare aiuto a qlcu. | *prêter la main, prêter main forte à qn,* dare una mano, prestare, dare manoforte a uno. | *prêter sa voix à qn,* prestare la propria voce a qlcu. | *prêter l'oreille,* prestare orecchio, dare ascolto. | *pourvu que Dieu lui prête vie,* purché Dio lo mantenga in vita. | *prêter assistance, attention, son concours, le flanc, serment,* v. ces mots. ◆ v. intr. *tissu qui prête,* tessuto che si distende. ◆ v. tr. ind. **(à)** dar pretesto, prestarsi (a). | *prêter à la critique,* dar pretesto alla, prestarsi alla critica. | *prêter à équivoque,* prestarsi a un equivoco. | *prêter à rire,* far ridere, dar motivo di ridere. ◆ v. pr. [suj. qn] prestarsi, (ac)consentire (a). | *se prêter à un compromis,* prestarsi a, consentire a, accettare un compromesso. | *se prêter à une mauvaise action,* prestarsi, acconsentire a una cattiva azione. ‖ [suj. qch.] prestarsi, essere adatto (a). | *métal qui se prête à plusieurs usages,* metallo che si presta a più usi, metallo adatto a più usi.
prétérit [preterit] m. GRAMM. preterito.
prétérition [preterisjɔ̃] f. RHÉT. preterizione.
préteur [pretœr] m. ANTIQ. pretore.
prêteur, euse [prɛtœr, øz] adj. = che presta volentieri. ◆ n. prestatore, trice. | *prêteur sur gages,* prestatore su pegno.
1. prétexte [pretɛkst] m. pretesto. | *bon prétexte,* buon pretesto. | *mauvais, faux prétexte,* cattivo, falso pretesto. | *prendre prétexte du mauvais temps pour,* addurre come pretesto il cattivo tempo per, cogliere il pretesto del cattivo tempo per. | *sous prétexte de,* sotto pretesto di, col pretesto di. | *sous aucun prétexte,* per nessuna ragione, per nessun motivo. ◆ loc. conj. ***sous prétexte que,*** col pretesto che.
2. prétexte adj. et n. f. ANTIQ. *(toge) prétexte,* pretesta.
prétexter [pretɛkste] v. tr. addurre a pretesto; pretestare (rare).
pretium doloris [presjɔmdɔlɔris] m. JUR. pretium doloris (lat.); risarcimento del danno morale.
prétoire [pretwar] m. JUR. (aula [f.] del) tribunale. ‖ ANTIQ. pretorio.
prétorial, e, aux [pretɔrjal, o] adj. pretorio.
prétorien, enne [pretɔrjɛ̃, ɛn] adj. pretorio. ◆ n. m. PR. et FIG. pretoriano.
prêtraille [prɛtraj] f. PÉJOR. pretaglia.
prêtre [prɛtr] m. sacerdote, prete. | *grand prêtre,* sommo sacerdote. ‖ ***prêtre-ouvrier,*** prete operaio.
prêtresse [prɛtrɛs] f. sacerdotessa.
prêtrise [prɛtriz] f. [dignité; ordre] sacerdozio.

préture [pretyr] f. pretura.
preuve [prœv] f. prova, dimostrazione. | *avoir, faire la preuve de, que,* avere, fare la prova di, che. | *démontrer qch. preuves en main,* dimostrare qlco. prove alla mano. | *preuve par l'absurde,* dimostrazione per assurdo. ‖ [signe] prova, segno m. | *c'est une preuve de ma bonne volonté,* è una prova, un segno della mia buona volontà. | *faire ses preuves,* dar prova di sé, delle proprie capacità. | *procédé qui a fait ses preuves,* processo sperimentato, che ha dimostrato la sua efficienza. | *faire preuve de générosité,* dar prova di generosità. ‖ JUR. prova. | *apporter, fournir des preuves,* addurre delle prove. | *charge de la preuve,* onere della prova. ‖ MATH. *preuve par neuf,* prova del nove. ‖ LOC. *jusqu'à preuve du contraire,* fino a prova contraria. ‖ FAM. *la preuve!, à preuve!,* la prova. ◆ loc. conj. FAM. ***à preuve que,*** vedi, vedete che; prova ne sia che (L.C.).
preux [prø] adj. et n. m. inv. LITTÉR. prode.
prévaloir [prevalwar] v. intr. **(contre, sur)** prevalere (su). ◆ v. pr. **(de)** prevalersi, valersi, giovarsi (di).
prévaricateur [prevarikatœr] adj. et n. m. prevaricatore.
prévarication [prevarikasjɔ̃] f. prevaricazione.
prévariquer [prevarike] v. intr. prevaricare.
prévenance [prevnɑ̃s] f. gentilezza, sollecitudine, premura. | *se montrer plein de prévenances pour qn,* dimostrare molte premure per qlcu. | *plein de prévenances,* premuroso (adj.).
prévenant, e [prevnɑ̃, ɑ̃t] adj. premuroso. ‖ LITTÉR. [qui plaît] piacevole, simpatico (L.C.). ‖ THÉOL. *grâce prévenante,* grazia preveniente.
prévenir [prevnir] v. tr. [empêcher] prevenire, evitare. | *prévenir un scandale, un malheur,* prevenire, evitare uno scandalo, una disgrazia. ‖ PROV. *mieux vaut prévenir que guérir,* prevenire è meglio che dover reprimere. ‖ [satisfaire par avance] prevenire, precorrere. | *prévenir les désirs de qn,* prevenire, precorrere i desideri di qlcu. ‖ [avertir] avvertire, avvisare, prevenire. | *je l'ai prévenu de ton arrivée,* l'ho avvertito, avvisato, prevenuto del tuo arrivo. ‖ [influencer] predisporre; prevenire (gall.). | *prévenir une personne en faveur d'une autre,* predisporre una persona in favore di un'altra. | *il a été prévenu contre nous,* è stato prevenuto contro di noi.
préventif, ive [prevɑ̃tif, iv] adj. preventivo. | *mesure préventive,* provvedimento preventivo. | *détention, médecine préventive,* detenzione, medicina preventiva.
prévention [prevɑ̃sjɔ̃] f. [préjugé] prevenzione, preconcetto m., pregiudizio m. | *avoir des préventions contre un projet,* avere qualche prevenzione contro un progetto. | *sans prévention,* senza preconcetti. ‖ [mesures préventives] prevenzione. | *prévention des accidents du travail,* prevenzione degli infortuni sul lavoro. | *prévention routière,* prevenzione degl'incidenti stradali. ‖ JUR. detenzione preventiva, carcere preventivo.
préventorium [prevɑ̃tɔrjɔm] m. preventorio.
prévenu, e [prevny] n. JUR. imputato, a.
préverbe [prevɛrb] m. GRAMM. preverb(i)o.
prévisibilité [previzibilite] f. prevedibilità.
prévisible [previzibl] adj. prevedibile; previsibile (rare).
prévision [previzjɔ̃] f. previsione. | *prévisions météorologiques,* previsioni del tempo. ‖ [ce qui est prévu] previsto m. | *dépenser au-delà de ses prévisions,* spendere oltre il previsto. ◆ loc. prép. ***en prévision de,*** in previsione di.
prévisionnel, elle [previzjɔnɛl] adj. preventivo. | *budget prévisionnel,* bilancio preventivo.
prévoir [prevwar] v. tr. prevedere; presagire (littér.). | *prévoir l'avenir,* prevedere l'avvenire. | *prévoir un malheur,* prevedere, presagire una sventura. | *c'est un cas prévu par la loi,* è un caso previsto, contemplato dalla legge. | *gouverner c'est prévoir,* governare è prevedere. | *facile à prévoir,* prevedibile. | *c'était à prévoir,* era da prevedere. | *comme prévu* (fam.), come stabilito. ‖ [décider pour l'avenir] decidere, prevedere. | *l'État a prévu la construction de mille logements,* lo Stato ha deciso, previsto la costruzione di mille appartamenti. | *être prévu pour,* essere destinato, adatto a.
prévôt [prevo] m. HIST. [France] prevosto. ‖ RELIG. prevosto, preposto.
prévôtal, e, aux [prevotal, o] adj. prevostale. | *cour prévôtale,* corte prevostale.
prévôté [prevote] f. HIST. prevostura. ‖ MIL. (reparto [m.] di) polizia militare.
prévoyance [prevwajɑ̃s] f. [action de prévoir qch.] previdenza, lungimiranza; antiveggenza (littér.). | *rien n'échappe à sa prévoyance,* nulla sfugge alla sua lungimiranza. | *mesures de prévoyance sociale,* provvedimenti previdenziali. | *prévoyance sociale,* previdenza sociale.
prévoyant, e [prevwajɑ̃, ɑ̃t] adj. previdente, lungimirante; antiveggente (littér.).
priapée [prijape] f. ANTIQ. priapeo m.
priapisme [prijapism] m. MÉD. priapismo.
prie-dieu [pridjø] m. inv. inginocchiatoio m.
prier [prije] v. tr. RELIG. pregare; orare (littér.). ‖ [demander] pregare. | *prier qn de faire qch.,* pregare qlcu. che faccia qlco., di fare qlco. | *(sans) se faire prier,* (senza) farsi pregare. | *je vous prie d'agréer,* voglia gradire. ‖ [inviter] VX invitare (L.C.). | *prier qn à déjeuner,* invitare qlcu. a colazione. ‖ LOC. *je peux entrer? — je vous en prie,* posso (entrare)? — prego; faccia pure. | *passe-moi le sel, je te prie,* dammi il sale per piacere, per favore, per cortesia; mi favorisci il sale? | *ne recommence pas, je te prie!,* non ricominciare per cortesia, fammi il favore! ◆ v. intr. *prier pour les morts,* pregare per i defunti.
prière [prijɛr] f. RELIG. preghiera, orazione. | *dire, réciter ses prières,* dire, recitare le preghiere, le orazioni. | *être en prières,* essere in preghiera. ‖ [demande] preghiera, richiesta. | *adresser une prière à qn,* rivolgere una preghiera a qlcu. | *à la prière de qn,* ad istanza di, a richiesta di qlcu. | *prière de ne pas fumer,* si prega di non fumare. ‖ LOC. *prière d'insérer* m. ou f., inserto m.
prieur, e [prijœr] n. RELIG. priore, a. ◆ n. m. [Italie médiévale] priore.
prieuré [prijœre] m. [dignité, fonction] priorato, prioria f. ‖ [église] prioria.
prima donna [primadɔna] f. (pl. *prime donne*) prima donna (ital.).
primaire [primɛr] adj. et n. primario. | *élections primaires,* elezioni primarie. | *l'école primaire, le primaire,* la scuola primaria, elementare. | *les enseignants du primaire,* gli insegnanti delle scuole elementari. ‖ PÉJOR. *idées primaires,* idee semplicistiche. | *il est primaire, c'est un primaire,* è un uomo di cultura limitata, di mente angusta. ‖ BOT. *structure primaire,* struttura primaria. ‖ ÉCON. *secteur primaire,* settore primario. ‖ GÉOL. *l'ère primaire, le primaire,* l'era primaria, paleozoica; il paleozoico. ‖ MÉD. *accidents primaires,* fase primaria. ‖ PSYCH. primario. ◆ n. m. ÉLECTR. circuito primario.
1. primat [prima] m. RELIG. primate.
2. primat m. PHILOS. primato.
primates [primat] m. pl ZOOL. primati.
primatial, e, aux [primasjal, o] adj. primaziale.
primatie [primasi] f. primazia.
primauté [primote] f. primato m., preminenza, supremazia.
1. prime [prim] adj. LOC. *prime jeunesse,* prima giovinezza. | *de prime abord,* di primo acchito, a prima vista. ‖ MATH. primo. ◆ n. f. RELIG. prima. ‖ SPORT [escrime] prima.
2. prime f. [somme; récompense] premio m. | *prime de productivité,* premio di produzione. | *prime d'émission,* premio d'emissione. | *prime à l'exportation,* premio all'esportazione. | *marché à prime,* contratto a premio. | *prime d'assurance,* premio di assicurazione. ‖ [indemnité] indennità. | *prime de transport,* indennità di trasporto. ‖ LOC. ***faire prime :*** *autrefois la lire faisait prime sur l'or,* un tempo la lira faceva premio sull'oro. | *l'or fait prime sur le marché,* l'oro è assai ricercato, quotato sul mercato. ‖ FIG. *c'est toujours le*

faux qui fait prime et prend le pas sur la vérité, sempre il falso primeggia e prevale sulla verità.
3. prime f. MINÉR. = cristallo (m.) di rocca colorato.
primer [prime] v. tr. [surpasser] superare, vincere. || [accorder un prix à] premiare.
primerose [primroz] f. BOT. malvarosa, malvone m., altea.
primesautier, ère [primsotje, ɛr] adj. impulsivo, spontaneo.
primeur [primœr] f. novità, primizia. | *talent dans sa primeur,* talento al suo inizio, nel suo sbocciare. | *vin dans sa primeur,* vino giovane. | *de primeur,* primaticcio adj. | *fruits et légumes de primeur,* frutti e ortaggi primaticci. | *avoir la primeur d'une nouvelle,* avere una primizia. ◆ n. f. pl. AGR. primizie.
primeuriste [primœrist] m. orticoltore di primizie.
primevère [primvɛr] f. BOT. primula, primola, primavera, primaverina.
primidi [primidi] m. HIST. primidì.
primipare [primipar] adj. et n. f. *(femme, femelle) primipare,* primipara ; primaiola (tosc.).
primipilaire [primipilɛr] ou **primipile** [primipil] m. ANTIQ. primipilo.
primitif, ive [primitif, iv] adj. primitivo. || PHYS. *couleurs primitives,* colori fondamentali dell' iride. || GRAMM. *temps primitifs,* tempi semplici. | *mot primitif,* nome primitivo. || MATH. *(fonction) primitive,* funzione primitiva. ◆ n. m. [ethnologie] et PÉJOR. primitivo. || ART primitivo.
primitivisme [primitivism] m. primitivismo.
primo [primo] adv. (lat.) in primo luogo, prima.
primogéniture [primoʒenityr] f. JUR. primogenitura.
primo-infection [primoɛ̃fɛksjɔ̃] f. MÉD. primo-infetto m., primo-infezione.
primordial, e, aux [primɔrdjal, o] adj. [originel] primordiale. || [essentiel] capitale, fondamentale, primario.
primulacées [primylase] f. pl. BOT. primulacee.
prince [prɛ̃s] m. principe. | *prince héritier, consort, du sang,* principe ereditario, consorte, del sangue. | *le Prince Charmant,* il Principe azzurro. | *les princes de l'Église,* i principi della Chiesa. | *le prince des apôtres, des ténèbres,* il principe degli apostoli, delle tenebre. | *prince des poètes,* poeta principe. || TEXT. *prince de Galles,* principe di Galles. || LOC. *le fait du prince* = un atto arbitrario di governo. || FAM. *être bon prince,* essere arrendevole, bonario (L.C.).
princeps [prɛ̃sɛps] adj. inv. (lat.) *édition princeps,* edizione principe.
princesse [prɛ̃sɛs] f. principessa. || MODE *robe princesse,* princesse (fr.). || FAM. *faire la princesse,* darsi delle arie da gran signora. | *aux frais de la princesse,* paga il governo, il padrone ; a spese altrui (L.C.).
princier, ère [prɛ̃sje, ɛr] adj. PR. et FIG. principesco.
principal, e, aux [prɛ̃sipal, o] adj. principale, maggiore ; precipuo (littér.). || GRAMM. *proposition principale,* proposizione principale. ◆ n. m. [chose importante] principale, essenziale ; cosa più importante. | *le principal est de commencer,* l'essenziale è, la cosa più importante è cominciare. | *le principal est fait,* il più è fatto. || FIN. capitale. || JUR. *les frais suivent le principal,* le spese seguono la soccombenza. || UNIV. direttore, preside.
principalat [prɛ̃sipala] m. VX = ufficio di direttore, di preside.
principat [prɛ̃sipa] m. principato.
principauté [prɛ̃sipote] f. principato m. ◆ pl. THÉOL. principati.
principe [prɛ̃sip] m. [origine] principio, origine f., fonte f., causa f. | *le principe de l'univers,* l'origine dell'universo. | *le principe du bien et du mal,* il principio del bene e del male. || [base] principio, fondamento, base f. | *raisonnement qui repose sur un principe erroné,* ragionamento che muove da un principio sbagliato. | *poser en principe, partir du principe que,* muovere, partire dal principio che. | *ériger en principe,* erigere a principio. | *principe d'Archimède,* principio di Archimede. | *les principes de la chimie, de la mécanique,* i principi della chimica, della meccanica. || [rudiment] rudimento. | *apprendre les (premiers) principes d'une science,* imparare i primi rudimenti, elementi di una scienza. || [règle d'action] principio. | *homme sans principes, fidèle à ses principes,* uomo senza principi, fedele ai propri principi. || FAM. *être à cheval sur les principes* = essere un uomo di rigidi principi morali. ◆ loc. adj. ***de principe,*** di principio, di massima; preconcetto (adj.). | *pétition de principe,* petizione di principio. | *accord de principe,* accordo di massima. | *question de principe,* questione di principio. | *hostilité de principe,* ostilità preconcetta. ◆ loc. adv. ***en principe,*** in linea di massima. || ***par principe,*** per principio. | *faire qch. par principe,* far qlco. per principio. || ***pour le principe,*** pro forma (lat.).
printanier, ère [prɛ̃tanje, ɛr] adj. PR. primaverile. || FIG. giovanile.
printanisation [prɛ̃tanizasjɔ̃] f. V. VERNALISATION.
printemps [prɛ̃tɑ̃] m. PR. et FIG. primavera f. | *au printemps,* in, di primavera. || LITTÉR. *elle a vécu seize printemps,* è vissuta sedici primavere. || PROV. *une hirondelle ne fait pas le printemps,* una rondine non fa primavera.
priorat [prijɔra] m. priorato.
priori (a) loc. adv. V. A PRIORI.
prioritaire [prijɔritɛr] adj. prioritario. | *créancier, engagement prioritaire,* creditore, impegno prioritario. | *véhicule prioritaire* = veicolo che ha la precedenza. ◆ n. = chi ha la priorità, la precedenza.
priorité [prijɔrite] f. priorità, precedenza. | *priorité d'une invention,* priorità di un'invenzione. | *priorité de date,* anteriorità. | *les problèmes économiques ont la priorité sur les problèmes politiques,* i problemi economici hanno la precedenza su quelli politici. || TRANSP. *avoir la priorité,* avere la precedenza, aver diritto di precedenza. ◆ loc. adv. ***en, par priorité :*** *les femmes et les enfants ont été évacués en priorité,* le donne e i bambini sono stati evacuati per primi. | *s'occuper d'une affaire en, par priorité,* occuparsi di un affare dandogli la precedenza sugli altri. | *discuter un point en priorité,* discutere un punto in primo luogo.
pris, e [pri, iz] adj. [emprunté] preso, tolto. | *mots pris au latin,* parole prese, desunte, tolte dal latino, attinte alla lingua latina. || [occupé] occupato, impegnato. | *la place est prise,* il posto è occupato. | *je ne peux pas accepter l'invitation, je suis pris,* non posso accettare l'invito, sono impegnato. | *je suis très pris,* sono occupatissimo. || [atteint] preso, colto, colpito. | *pris de fièvre,* colto, preso dalla febbre. | *pris de boisson,* ubriaco. | *pris de sommeil,* colto dal sonno ; assonnato, sonnacchioso. || [amoureux] innamorato. || [durci] rappreso, gelato. | *la crème est prise,* la crema è rappresa. | *le lac est pris,* il lago è gelato. || LOC. *bien pris,* ben proporzionato, ben fatto, ben tornito. | *taille bien prise,* vita ben delineata, ben proporzionata.
prise [priz] f. [action de s'emparer] presa. | *prise d'assaut,* espugnazione. | *la prise de Rome par les Gaulois,* la presa di Roma da parte dei Galli. || [chose, personne prise] presa, preda. | *une belle prise* [chasse], una bella presa. | *faire une bonne prise,* fare una buona preda. || [facilité de saisir] presa, appiglio m. | *ne pas avoir prise,* non aver presa. | *ne pas trouver de prise,* non trovare appiglio. || [lutte, judo] presa ; [alpinisme] appiglio. || [pincée] *prise de tabac,* presa di tabacco. | *prise d'un médicament,* presa, presina di una medicina. || JUR. *prise de corps,* arresto m., cattura. || TECHN. *ciment à prise rapide,* cemento a pronta presa. || [dispositif] *prise d'air, d'eau, de courant, de terre,* presa d'aria, d'acqua, di corrente, di terra. | *prise directe,* presa diretta. || LOC. *être en prise directe avec l'opinion,* essere in presa diretta con l'opinione pubblica. || CIN. *prise de vues, de son,* ripresa, registrazione del suono. || MAR. *droit de prise,* diritto di preda. || MÉD. *prise de sang,* prelievo (m.) di sangue. || MIL. *prise d'armes,* parata. || RELIG. *prise de voile, d'habit,* vestizione ; [réguliers] monacazione. || FIG. *prise de conscience, de contact, de position, de possession,* presa di coscienza, di contatto, di posizione, di possesso. | *prise de bec* (fam.), battibecco m. | *prise en considération,* presa in considerazione. || PR. et FIG.

avoir prise sur qn, sur qch., far presa su qlcu., su qlco. | *lâcher prise*, abbandonare la presa, mollare la presa, lasciar andare. | *être, se trouver aux prises avec qn, avec qch.*, essere, trovarsi alle prese con qlcu., con qlco. | *donner prise à la médisance*, dare presa, appiglio alla maldicenza.

prisée [prize] f. stima, valutazione (fatta da un perito stimatore).

1. priser [prize] v. tr. [estimer] stimare, apprezzare.

2. priser v. tr. [aspirer] fiutare, annusare. | *tabac à priser*, tabacco da fiuto, da naso.

priseur, euse [prizœr, øz] n. = chi fiuta tabacco.

prismatique [prismatik] adj. prismatico. | *jumelles prismatiques*, binocolo prismatico. | *couleurs prismatiques*, colori prismatici. | *surface prismatique*, superficie prismatica.

prisme [prism] m. GÉOM., PHYS. prisma. ‖ FIG. *voir la vie à travers le prisme de ses illusions*, vedere la vita attraverso il prisma delle proprie illusioni.

prison [prizɔ̃] f. [lieu] prigione, carcere m. | *gardien de prison*, guardia carceraria. | *mettre en prison*, mettere in prigione. ‖ [peine] prigione, carcere. | *condamné à six mois de prison*, condannato a sei mesi di prigione, di carcere. | *prison à vie*, carcere a vita; ergastolo m. ‖ FIG. prigione.

prisonnier, ère [prizɔnje, ɛr] adj. PR. et FIG. prigioniero. | *se constituer prisonnier*, costituirsi. | *faire prisonnier*, catturare. ◆ n. prigioniero, a, carcerato, a; prigione m. (VX). | *prisonnier de droit commun*, carcerato di diritto comune. | *prisonnier de guerre*, prigioniero di guerra.

privat-docent [privadɔsɛ̃t] m. UNIV. libero docente.

privatif, ive [privatif, iv] adj. GRAMM. privativo, negativo. ‖ JUR. *peine privative de liberté*, pena che priva della libertà. ◆ n. m. GRAMM. particella privativa, negativa; prefisso privativo, negativo.

privation [privasjɔ̃] f. [perte] privazione, perdita. ‖ JUR. *privation des droits civiques*, privazione dei diritti civili. ◆ pl. [sacrifices] privazioni, sacrifici m. pl., rinunzie. | *s'imposer des privations*, imporsi delle privazioni, dei sacrifici, delle rinunzie. ‖ [manque] *une vie de privations*, una vita di stenti (m. pl.).

privatisation [privatizasjɔ̃] f. NÉOL. privatizzazione.

privauté [privote] f. familiarità, libertà. ◆ pl. *se permettre des privautés avec qn*, usare eccessiva confidenza, prendersi delle libertà eccessive con qlcu.

privé, e [prive] adj. [personnel] privato, personale. ‖ LOC. *école, voie, propriété privée*, scuola, via, proprietà privata. | *vie privée*, vita privata. | *voyage privé*, viaggio in forma privata. | *de source privée*, da fonte ufficiosa. ‖ JUR. *droit privé*, diritto privato. | *acte sous seing privé*, scrittura privata. ◆ n. m. [vie intime] vita privata; intimità f. | *en privé*, in privato. | *dans le privé*, nell'intimità; privatamente adv. ‖ ÉCON. *le (secteur) privé*, il settore privato.

priver [prive] v. tr. privare. ◆ v. pr. **(de)** privarsi, fare a meno (di); rinunciare (a); astenersi (da). ‖ ABSOL. imporsi delle privazioni.

privilège [privilɛʒ] m. PR. et FIG. privilegio, prerogativa f. | *accorder, avoir des privilèges*, concedere, avere dei privilegi. | *jouir d'un privilège*, godere un privilegio. | *privilège de l'âge*, prerogativa dell'anzianità. ‖ FIN. *privilège d'émission*, privilegio d'emissione.

privilégié, e [priviléʒje] adj. et n. privilegiato. ‖ JUR. *créance privilégiée*, credito privilegiato.

privilégier [priviléʒje] v. tr. privilegiare.

prix [pri] m. **1.** COMM. prezzo, costo. | *prix du pain*, prezzo, costo del pane. | *prix d'achat, de revient*, prezzo d'acquisto, di costo. | *prix courant*, prezzo corrente. | *prix de détail, de gros*, prezzo al minuto, all'ingrosso. | *baisse, hausse des prix*, ribasso, rialzo dei prezzi. ‖ LOC. *ce n'est pas dans mes prix*, è un prezzo che non fa per la mia borsa. | *faire un prix (d'ami) à un client*, fare un prezzo di favore a un cliente. | *vendre au-dessous du prix*, vendere sotto prezzo, sotto costo. ‖ **2.** [récompense] premio, ricompensa f. | *remporter, obtenir un prix littéraire*, vincere, ottenere un premio letterario. | *prix d'excellence* = massimo premio. ‖ [livre obtenu en prix] libro dato in premio. ‖ SPORT premio. ‖ [châtiment] castigo. ‖ **3.** [valeur] valore. | *objet de prix, de peu de prix*, oggetto di gran valore, di poco valore. | *hors de prix*, carissimo. | *sans prix*, inestimabile. | *attacher un grand prix à qch.*, tenere qlco. in gran prezzo, in gran pregio. ‖ **4.** LOC. *à prix d'or*, a peso d'oro. | *mettre à prix la tête d'un bandit*, mettere una taglia sulla testa di un bandito. | *y mettre le prix*, fare un sacrificio. | *à aucun prix, à tout prix, à n'importe quel prix*, a nessun costo, ad ogni costo, a qualunque costo. ◆ loc. prép. ***au prix de***, a prezzo di; VX [en comparaison de] in confronto a (L.C.).

probabilisme [prɔbabilism] m. probabilismo.

probabiliste [prɔbabilist] adj. probabilistico. ◆ n. probabilista.

probabilité [prɔbabilite] f. probabilità. | *calcul des probabilités*, calcolo delle probabilità. | *selon toute probabilité*, con ogni probabilità.

probable [prɔbabl] adj. probabile. | *il est probable qu'il pleuvra ce soir*, è probabile che piova stasera; stasera pioverà probabilmente.

probant, e [prɔbɑ̃, ɑ̃t] adj. probante, convincente, probativo.

probation [prɔbasjɔ̃] f. RELIG. probazione.

probatique [prɔbatik] adj. HIST. *porte, piscine probatique*, porta, piscina probatica.

probatoire [prɔbatwar] adj. *année, stage probatoire*, anno, tirocinio di prova. ‖ JUR. probatorio.

probe [prɔb] adj. LITTÉR. probo.

probité [prɔbite] f. probità.

problématique [prɔblematik] adj. problematico. ◆ n. f. problematica.

problème [prɔblɛm] m. PR. et FIG. problema. | *poser un problème*, V. POSER 4. ‖ PSYCH. problema; conflitto affettivo. ‖ FAM. *(il n'y a) pas de problème*, questo è evidente, naturale (L.C.); [en réponse] sicuro adv.

proboscidiens [prɔbɔsidjɛ̃] m. pl. ZOOL. proboscidati.

procédé [prɔsede] m. [conduite] comportamento; modi (m. pl.) [di agire]; maniere (f. pl.). | *user de bons, de mauvais procédés à l'égard de qn*, comportarsi bene, male nei riguardi di qlcu. | *échange de bons procédés*, scambio di favori, di complimenti, di convenevoli. ‖ [méthode] processo, procedimento. | *procédé d'extraction de l'or*, processo, procedimento per l'estrazione dell'oro. | *procédé de fabrication*, procedimento di fabbricazione. | *procédé de production*, processo produttivo. ‖ [billard] girello di cuoio. ‖ PÉJOR. [recette] stereotipo.

procéder [prɔsede] v. tr. ind. **(de)** [provenir] procedere, provenire, derivare (da). | *maladie qui procède d'une mauvaise hygiène*, malattia che procede, deriva da un'igiene insufficiente. | *toute vérité procède de Dieu*, ogni verità deriva da Dio. | *erreur qui procède de l'ignorance*, errore che proviene da ignoranza. ‖ THÉOL. *le Fils et le Saint-Esprit procèdent du Père*, il Figlio e lo Spirito Santo procedono dal Padre. ‖ **(à)** procedere (a). | *procéder à une enquête, à une élection*, procedere ad un'istruttoria, ad un'elezione. ◆ v. intr. [agir] procedere. | *procéder avec méthode, par élimination*, procedere con metodo, per eliminazione. ‖ JUR. *procéder contre qn au civil, au criminel*, procedere contro uno civilmente, penalmente.

procédure [prɔsedyr] f. JUR. procedura, procedimento m. | *procédure civile, criminelle*, procedura civile, penale. | *erreur de procédure*, errore di procedura. | *incident de procédure*, incidente procedurale. | *entamer, engager une procédure*, iniziare un procedimento. ‖ [actes] atti m. pl. (processuali, amministrativi). ‖ [méthode] *procédure d'un test*, modalità di un test.

procédurier, ère [prɔsedyrje, ɛr] adj. litigioso. ◆ n. PÉJOR. litigone, a; attaccalite inv.; litighino, a.

procès [prɔsɛ] m. JUR. processo, causa f., lite f. | *procès civil, criminel*, processo, causa civile, penale. | *intenter un procès à qn*, promuovere, intentare causa, lite contro qlcu.; processare qlcu. | *les frais d'un procès*, le spese processuali. ‖ FIG. *faire le procès de* *qn, de qch.*, fare il processo a qlcu., a qlco. | *faire un procès d'intentions à qn*, fare il processo alle intenzioni di qlcu. | *sans autre forme de procès*, senza tante formalità. || ANAT., GRAMM. processo.

processif, ive [prɔsesif, iv] adj. processuale.

procession [prɔsesjɔ̃] f. processione. || FAM. processione, sfilata.

processionnaire [prɔsesjɔnɛr] adj. et n. f. ZOOL. *(chenille) processionnaire*, processionaria n. f.

processionnal, aux [prɔsesjɔnal, o] m. RELIG. processionale.

processionnel, elle [prɔsesjɔnɛl] adj. processionale.

processus [prɔsesys] m. processo. | *processus biologique*, processo biologico. | *processus d'une maladie*, processo morboso.

procès-verbal, aux [prɔsɛvɛrbal, o] m. [d'un délit] contravvenzione f. | *dresser procès-verbal*, elevare una contravvenzione. || [compte rendu] (processo) verbale. | *établir le procès-verbal d'une séance*, stendere, redigere il verbale di una seduta.

prochain, e [prɔʃɛ̃, ɛn] adj. [dans le temps] prossimo, venturo. | *la prochaine fois*, la prossima volta. | *le mois prochain*, il mese prossimo, venturo. || [dans l'espace] prossimo, vicino. || FAM. *vous descendez à la prochaine (station)?*, scende alla prossima (fermata)? || *à la prochaine (fois)!*, a presto! || [immédiat] *cause prochaine*, causa prossima. ◆ n. m. prossimo. | *aime ton prochain comme toi-même*, ama il prossimo tuo come te stesso.

prochainement [prɔʃɛnmɑ̃] adv. prossimamente, fra poco, fra breve.

proche [prɔʃ] adj. vicino, prossimo. || [dans l'espace] *tout proche*, vicinissimo. | *une rue proche de la gare*, una strada vicina alla, prossima alla stazione. || [dans le temps] *l'été est proche*, l'estate è prossima. | *l'heure est proche*, l'ora è vicina, prossima. | *une époque proche de nous*, un'epoca a noi prossima. || [parenté] *proche parent*, parente prossimo, stretto. ◆ n. m. pl. parenti, congiunti. ◆ loc. adv. ***de proche en proche***, a poco a poco, a mano a mano, un poco alla volta, progressivamente. ◆ prép. VX *proche le palais de justice*, presso il palazzo di giustizia (L.C.).

prochinois, e [proʃinwa, az] adj. et n. maoista.

proclamateur, trice [prɔklamatœr, tris] n. (rare) proclamatore, trice; banditore, trice (L.C.).

proclamation [prɔklamasjɔ̃] f. [action] proclamazione. | *proclamation des résultats*, proclamazione dei risultati. || [écrit] proclama m.

proclamer [prɔklame] v. tr. proclamare. | *proclamer qn vainqueur*, proclamare qlcu. vincitore. | *proclamer son innocence*, proclamare la propria innocenza, proclamarsi innocente.

proclise [prɔkliz] f. GRAMM. proclisi.

proclitique [prɔklitik] adj. proclitico. ◆ n. m. proclitica f.

proconsul [prɔkɔ̃syl] m. ANTIQ. proconsole.

proconsulaire [prɔkɔ̃sylɛr] adj. proconsolare.

proconsulat [prɔkɔ̃syla] m. proconsolato.

procordés [prɔkɔrde] ou **protocordés** [prɔtɔkɔrde] m. pl. ZOOL. procordati.

procrastination [prɔkrastinasjɔ̃] f. (rare) procrastinazione.

procréateur, trice [prɔkreatœr, tris] adj. et n. LITTÉR. procreatore, trice.

procréation [prɔkreasjɔ̃] f. procreazione, generazione.

procréer [prɔkree] v. tr. procreare, generare.

proctalgie [prɔktalʒi] f. MÉD. proctalgia.

proctite [prɔktit] f. MÉD. proctite, rettite.

proctologie [prɔktɔlɔʒi] f. MÉD. proctologia.

proctologue [prɔktɔlɔg] m. proctologo.

procurateur [prɔkyratœr] m. ANTIQ., HIST. [Gênes, Venise] procuratore.

procuratie [prɔkyrasi] f. procuratia.

procuration [prɔkyrasjɔ̃] f. procura. | *par procuration*, per procura.

procuratrice [prɔkyratris] f. JUR. procuratrice.

procure [prɔkyr] f. RELIG. procura.

procurer [prɔkyre] v. tr. [faire obtenir] procurare, procacciare. | *procurer à qn un emploi*, procurare, proccacciare un impiego a uno. || [causer] causare; procurare (peu correct). | *procurer des ennuis*, causare, procurare delle noie. || LITTÉR. *procurer une édition*, curare un'edizione. ◆ v. pr. procurarsi, procacciarsi. | *se procurer de quoi vivre*, procurarsi, procacciarsi il necessario per vivere.

procureur [prɔkyrœr] m. JUR. procuratore. || [magistrat] procuratore. | *procureur général, de la République*, procuratore generale, della Repubblica. || RELIG. procuratore.

prodigalité [prɔdigalite] f. prodigalità. ◆ pl. [dépenses excessives] prodigalità.

prodige [prɔdiʒ] m. prodigio, miracolo; portento (littér.). | *faire des prodiges*, fare, compiere, operare prodigi, miracoli, portenti. | *être un prodige de vertu*, essere un prodigio, un portento di virtù. | *une mémoire qui tient du prodige*, un prodigio, un portento di memoria. | *enfant prodige*, ragazzo prodigio.

prodigieux, euse [prɔdiʒjø, øz] adj. prodigioso, miracoloso; portentoso (littér.).

prodigue [prɔdig] adj. et n. m. prodigo. | *l'enfant prodigue*, il figliuol prodigo. | *prodigue de compliments*, prodigo di lodi.

prodiguer [prɔdige] v. tr. [gaspiller] prodigare, scialacquare, sperperare. | *prodiguer ses biens*, prodigare i propri averi. || [donner] prodigare. | *prodiguer des louanges*, prodigare lodi. | *prodiguer des soins à qn*, prodigarsi (v. pr.) per curare qlcu. ◆ v. pr. prodigarsi.

prodrome [prɔdrom] m. [d'une maladie; d'un événement] prodromo.

producteur, trice [prɔdyktœr, tris] adj. et n. ÉCON., CIN. produttore, trice.

productible [prɔdyktibl] adj. producibile.

productif, ive [prɔdyktif, iv] adj. produttivo, redditizio, proficuo. | *sol productif*, terreno produttivo. | *travail productif*, lavoro produttivo, proficuo. | *investissements productifs*, investimenti produttivi, redditizi. | *capital productif d'intérêts*, capitale fruttifero.

production [prɔdyksjɔ̃] f. [action] produzione. | *production agricole, industrielle*, produzione agricola, industriale. | *biens de production*, beni di produzione. || [produit] prodotto m. | *les productions du sol, du sous-sol*, i prodotti del suolo, del sottosuolo. || [action de montrer] produzione, presentazione, esibizione. || CIN. produzione.

productivité [prɔdyktivite] f. produttività.

produire [prɔdɥir] v. tr. **1.** BIOL. generare. || [fournir] produrre, dare; rendere. | *produire du vin, de l'huile, du blé, du pétrole*, produrre vino, olio, frumento, petrolio. | *les arbres produisent des fruits*, gli alberi producono, danno frutti. || ABSOL. *terre qui produit*, terra che rende. || **2.** [fabriquer] *produire des automobiles*, produrre, fabbricare automobili. | *produire de l'électricité*, produrre elettricità. | *produire en série*, produrre in serie. || **3.** [rapporter] rendere, fruttare. | *cette ferme ne produit guère*, questa fattoria rende, frutta poco. | *produire des intérêts*, produrre un interesse; fruttare. || **4.** [causer] produrre, cagionare, suscitare. | *produire de grands dommages*, produrre gran danni. | *produire des difficultés*, suscitare difficoltà. | *produire un grand effet*, fare molto effetto. || **5.** [donner naissance à] generare, produrre. | *produire de grands musiciens*, generare musicisti insigni. | *produire des idéologies révolutionnaires*, produrre ideologie rivoluzionarie. || [créer] produrre, creare. || **6.** JUR. *produire un document, une lettre, un témoin*, produrre un documento, una lettera, un testimonio. ◆ v. pr. [paraître] esibirsi; prodursi (gall.). || [arriver] succedere, avvenire v. intr. | *un changement s'est produit, il s'est produit un changement*, è successo, è avvenuto un cambiamento.

produit [prɔdɥi] m. AGR., IND. prodotto. | *produits agricoles, chimiques, industriels*, prodotti agricoli, chimici, industriali. | *produits laitiers*, latticini. | *produits maraîchers*, ortaggi. | *produits alimentaires*, generi, prodotti alimentari. | *produit de beauté*, prodotto di bellezza. | *produits d'entretien*, prodotti per la pulizia della casa. | *produit de remplacement*, surrogato, succedaneo. ‖ ÉCON. *produit national brut*, prodotto nazionale lordo. ‖ [profit] ricavato, ricavo, provento, frutto. | *les produits d'une entreprise*, i ricavi, i proventi di un'azienda. ‖ FIG. *produit de l'art, de l'imagination*, prodotto dell'arte, dell'immaginazione. ‖ [rejeton] prole f., nato, piccolo. ‖ MATH. prodotto.

proèdre [prɔɛdr] m. ANTIQ. proedro.

proéminence [prɔeminɑ̃s] f. prominenza

proéminent, e [prɔeminɑ̃, ɑ̃t] adj. prominente.

prof m. (abr. fam.) V. PROFESSEUR.

profanateur, trice [prɔfanatœr, tris] adj. et n. profanatore, trice.

profanation [prɔfanasjɔ̃] f. profanazione.

profane [profan] adj. et n. profano. ‖ [non initié] *profane dans un art, en musique*, profano in un'arte, di musica. ◆ n. m. *mêler le profane et le sacré*, mescolare il sacro e il profano.

profaner [prɔfane] v. tr. PR. et FIG. profanare. | *profaner une tombe*, profanare, violare una tomba. | *profaner son talent*, profanare, avvilire il proprio talento.

profectif, ive [prɔfɛktif, iv] adj. JUR. profettizio.

proférer [prɔfere] v. tr. proferire. | *sans proférer une parole*, senza proferir sillaba. | *proférer des injures*, scagliare insulti.

profès, esse [prɔfɛ, ɛs] adj. et n. RELIG. professo.

professer [prɔfese] v. tr. [déclarer] professare. | *professer une opinion*, professare, dichiarare un'opinione. | *professer une religion*, professare una religione. | *professer un grand amour, une grande admiration pour qn, qch.*, professare, nutrire un grande amore, una grande ammirazione per qlcu., qlco. ‖ [enseigner] insegnare. | *professer les mathématiques*, insegnare la matematica.

professeur [prɔfɛsœr] m. professore ; insegnante n. | *une (femme) professeur*, una professoressa. | *professeur de lycée, d'université*, professore di liceo ; professore universitario, d'università. | *professeur titulaire*, (professore) ordinario ; professore di ruolo. | *(monsieur) le professeur X est venu*, è venuto il professor X. ‖ [interpellation] *entrez, monsieur le professeur*, si accomodi, (signor) professore.

profession [prɔfɛsjɔ̃] f. [occupation] professione, mestiere m. | *profession libérale*, libera professione. | *de profession*, di professione, professionista n. | *ivrogne de profession* (iron.), beone di professione. ‖ [déclaration] professione, dichiarazione. | *profession de foi*, professione di fede. | *faire profession d'athéisme*, far professione di ateismo, professare l'ateismo, professarsi ateo. ‖ RELIG. professione religiosa.

professionnalisme [prɔfɛsjɔnalism] m. [statut de qn] professionismo. ‖ [caractère de qch.] professionalità f.

professionnel, elle [prɔfɛsjɔnɛl] adj. [relatif à la profession] professionale, professionistico. | *école professionnelle*, scuola professionale. | *secret professionnel*, segreto professionale. | *conscience professionnelle*, coscienza professionale. | *association professionnelle*, associazione professionistica. ‖ [par profession] professionista. | *footballeur professionnel*, calciatore professionista. | *le football professionnel*, il calcio professionistico. ◆ n. professionista. ◆ n. f. FAM. prostituta (L.C.).

professoral, e, aux [prɔfɛsɔral, o] adj. professorale.

professorat [prɔfɛsɔra] m. professorato.

profil [prɔfil] m. [du visage] profilo. | *de profil*, di profilo. ‖ [ligne] profilo, sagoma f. ; [coupe] spaccato. | *le profil des montagnes*, il profilo dei monti. | *le profil d'une voiture*, il profilo, la sagoma di un'automobile. | *le profil des ailes d'un avion*, il profilo alare di un aereo. | *profil d'une rivière*, profilo di un fiume. | *profil géologique*, profilo geologico. ‖ GÉOM. *plan de profil*, piano di sezione. ‖ PSYCH. profilo. ‖ FIG. *avoir un profil d'homme d'État*, avere la tempra, la levatura d'un uomo di Stato. | *le profil d'une carrière*, lo sviluppo di una carriera.

profilage [prɔfilaʒ] m. profilatura f.

profilé, e [prɔfile] adj. profilato, sagomato. ◆ n. m. profilato.

profiler [prɔfile] v. tr. [représenter en profil] profilare. | *profiler un visage*, profilare un viso. ‖ [donner un profil à] profilare, sagomare. | *profiler une aile*, profilare, sagomare un'ala. ◆ v. pr. profilarsi, delinearsi.

profit [prɔfi] m. PR. et FIG. profitto, vantaggio. | *tirer profit de qch.*, trarre profitto, vantaggio da qlco. | *mettre à profit*, mettere a profitto. | *faire son profit de qch.*, approfittare di qlco. | *il y a (du) profit à s'entendre*, è vantaggioso mettersi d'accordo. | *faire du profit*, far risparmiare ; essere economico. ‖ ÉCON. guadagno. | *profits illicites*, guadagni illeciti. | *recherche du profit*, ricerca del guadagno. ‖ FIN. *compte (de) profits et pertes, pertes et profits*, conto perdite e profitti, profitti e perdite. ◆ loc. prép. ***au profit de,*** a vantaggio, a favore, a beneficio di.

profitable [prɔfitabl] adj. rimunerativo, vantaggioso ; profittevole (littér.).

profitablement [prɔfitabləmɑ̃] adv. vantaggiosamente, proficuamente.

profitant, e [prɔfitɑ̃, ɑ̃t] adj. FAM. economico (L.C.).

profiter [prɔfite] v. tr. ind. **(de)** [tirer profit de] (ap)profittare (di). | *profiter d'une occasion, des circonstances*, approfittare, valersi di un'occasione, delle circonstanze. | *pour ce qu'on en profite !* (fam.), per quel che ci si guadagna ! | *profiter de qch. pour*, approfittare dell'occasione per. ‖ **(à)** [rapporter] giovare (a), recar vantaggio (a). | *tes leçons m'ont beaucoup profité*, le tue lezioni mi hanno giovato molto. ◆ v. intr. [se développer] FAM. venir su. | *enfant qui profite*, bambino che viene su, che cresce (L.C.). ‖ [faire des progrès] progredire, profittare. | *profiter en français*, profittare, progredire, far progressi in francese. ‖ [rapporter] far profitto ; fruttare. | *affaire qui profite bien*, affare fruttuoso, vantaggioso. | *faire profiter son argent*, far fruttare il proprio denaro. ‖ FAM. [être avantageux] essere economico (L.C.). ‖ PROV. *bien mal acquis ne profite jamais*, la farina del diavolo va tutta in crusca.

profiterole [prɔfitrɔl] f. CULIN. profiterole (fr.).

profiteur, euse [prɔfitœr, øz] n. PÉJOR. profittatore, trice ; sfruttatore, trice.

profond, e [prɔfɔ̃, ɔ̃d] PR. et FIG. profondo. | *profond de quatre mètres*, profondo quattro metri. | *profond silence, sommeil, soupir*, silenzio, sonno, sospiro profondo. | *douleur profonde*, dolor profondo, intenso. | *voix profonde*, voce profonda, grave. | *nuit profonde*, notte profonda. | *bleu profond*, azzurro profondo, cupo, intenso. | *profonde révérence*, profondo inchino. | *arriéré, débile profond*, minorato grave. ◆ n. m. PR. profondo, profondità f. | *au profond des océans*, nella profondità degli oceani. ‖ FIG. profondo, intimo. | *au plus profond du cœur*, nel profondo, nell'intimo del cuore. | *au plus profond de soi-même*, nel suo intimo. ◆ n. f. POP. = tasca. ◆ adv. *creuser profond*, scavare profondamente.

profondeur [prɔfɔ̃dœr] f. PR. et FIG. profondità. | *le fleuve a une profondeur de quatre mètres, a quatre mètres de profondeur*, il fiume è profondo quattro metri. | *en profondeur*, in profondità. | *profondeur de pensée, d'esprit*, profondità di pensiero, d'ingegno. ‖ AÉR. *gouvernail de profondeur*, timone di profondità. ‖ PHOT. *profondeur de champ*, profondità di campo. ‖ PSYCHAN. *psychologie des profondeurs*, psicologia del profondo.

pro forma [prɔfɔrma] loc. adj. inv. pro forma (lat.).

profus, e [prɔfy, yz] adj. LITTÉR. profuso.

profusion [prɔfyzjɔ̃] f. profusione. | *à profusion*, a profusione, in gran copia. ‖ LITTÉR. [prodigalité] *donner avec profusion*, donare con prodigalità.

progéniture [prɔʒenityr] f. LITTÉR. [enfant(s)] progenie f. inv. ‖ [animaux] prole. ‖ FAM. *promener sa progéniture*, portare a spasso la progenie.

progestatif, ive [prɔʒɛstatif, iv] adj. et n. m. progestativo.

progestérone [prɔʒɛsterɔn] f. progesterone m.

proglottis [prɔglɔtis] m. ZOOL. proglottide f.

prognathe [prɔgnat] adj. prognato.

prognathisme [prɔgnatism] m. prognatismo.

programmateur, trice [prɔgramatœr, tris] n. programmista.
programmation [prɔgramasjɔ̃] f. programmazione.
programme [prɔgram] m. programma. | *programme scolaire, de radio, de télévision*, programma scolastico, radiofonico, televisivo. | *mettre, inscrire au programme*, mettere in programma. | *programme d'un calculateur électronique*, programma di un calcolatore elettronico. | *musique à programme*, musica a programma. || FAM. *programme des réjouissances*, programma dei festeggiamenti. | *le titre est tout un programme !*, il titolo è già un programma !
programmer [prɔgrame] v. tr. TECHN. programmare. || UNIV. *enseignement programmé*, istruzione programmata.
programmeur, euse [prɔgramœr, øz] n. programmatore, trice.
progrès [prɔgrɛ] m. PR. et FIG. progresso. | *croire au progrès*, credere nel progresso. | *faire des progrès, être en progrès*, far progressi ; progredire. | *faire faire des progrès à qn*, far progredire qlcu. | *les progrès d'un mal*, i progressi di un male.
progresser [prɔgrɛse] v. intr. PR. et FIG. progredire. || [avancer régulièrement] avanzare, progredire.
progressif, ive [prɔgrɛsif, iv] adj. progressivo.
progression [prɔgrɛsjɔ̃] f. PR. et FIG. progressione. | *être en progression*, far progressi ; progredire. || MATH. *progression arithmétique, géométrique*, progressione aritmetica, geometrica. || MIL. *progression des troupes*, avanzata, progressione delle truppe.
progressisme [prɔgrɛsism] m. progressismo.
progressiste [prɔgrɛsist] adj. progressista ; progressistico (rare). ◆ n. progressista.
progressivité [prɔgrɛsivite] f. progressività.
prohibé, e [prɔibe] adj. *armes prohibées*, armi proibite. || JUR. *degré prohibé*, consanguineità impediente. | *temps prohibé*, tempo proibito.
prohiber [prɔibe] v. tr. proibire, vietare.
prohibitif, ive [prɔibitif, iv] adj. JUR. proibitivo ; proibitorio (rare). || COMM. *tarif prohibitif*, tariffa proibitiva. || [ruineux] *prix prohibitif*, prezzo proibitivo.
prohibition [prɔibisjɔ̃] f. proibizione, divieto m. || [aux États-Unis] proibizionismo.
prohibitionnisme [prɔibisjɔnism] m. proibizionismo.
prohibitionniste [prɔibisjɔnist] adj. et n. proibizionista.
proie [prwa] f. PR. et FIG. preda. || *oiseau de proie* : PR. uccello di, da preda ; uccello predatore ; rapace ; FIG. = uomo rapace e crudele. || LOC. *être la proie de*, essere preda di ; essere, cadere in preda a. | *être en proie à*, essere in preda a. | *lâcher la proie pour l'ombre* = lasciare il certo per l'incerto.
projecteur [prɔʒɛktœr] m. CIN., OPT. proiettore.
projectif, ive [prɔʒɛktif, iv] adj. MATH. proiettivo. || PSYCH. *tests projectifs*, test proiettivi.
projectile [prɔʒɛktil] m. proiettile. || MIL. [artillerie] proietto ; [mitrailleuse, revolver] proiettile.
projection [prɔʒɛksjɔ̃] f. [corps projeté] proiezione. || GÉOL. *projection volcanique*, proietto vulcanico. || PHOT. proiezione. | *appareil de projection*, proiettore m. || GÉOGR., MATH., PSYCH. proiezione.
projectionniste [prɔʒɛksjɔnist] m. proiezionista.
projet [prɔʒɛ] m. [dessein] progetto. | *faire des projets*, far progetti. || [ébauche] progetto, abbozzo, disegno. | *projet d'un pont*, progetto di un ponte. | *projet de contrat*, abbozzo di contratto. | *projet de loi*, disegno, progetto di legge.
projeter [prɔʃte] v. tr. [lancer] PR. et FIG. proiettare, lanciare, gettare. | *projeter des pierres*, lanciare, scagliare, proiettare pietre. | *corps qui projette son ombre*, corpo che proietta la sua ombra. || CIN. *projeter un film*, proiettare un film. || MATH. proiettare. || [envisager] progettare. | *projeter (de faire) qch*, progettare, proporsi (di far) qlco. || PSYCH. progettare.
projeteur [prɔʒtœr] m. progettista.
prolactine [prɔlaktin] f. PHYSIOL. prolattina, prolactina.
prolan [prɔlɑ̃] m. PHYSIOL. prolan ; gonadotropina f.
prolapsus [prɔlapsys] m. MÉD. prolasso.
prolégomènes [prɔlegɔmɛn] m. pl. prolegomeni.
prolepse [prɔlɛps] f. RHÉT. prolessi, prolepsi.
prolétaire [prɔletɛr] adj. et n. proletario.
prolétariat [prɔletarja] m. proletariato.
prolétarien, enne [prɔletarjɛ̃, ɛn] adj. proletario.
prolétarisation [prɔletarizasjɔ̃] f. proletarizzazione.
prolétariser [prɔletarize] v. tr. proletarizzare.
prolifération [prɔliferasjɔ̃] f. PR. et FIG. proliferazione, prolificazione.
prolifère [prɔlifɛr] adj. prolifero.
proliférer [prɔlifere] v. intr. PR. et FIG. proliferare, prolificare.
prolificité [prɔlifisite] f. LITTÉR. prolificità.
prolifique [prɔlifik] adj. PR. et FIG. prolifico.
proligère [prɔliʒɛr] adj. BOT. proligero.
prolixe [prɔliks] adj. prolisso.
prolixité [prɔliksite] f. prolissità.
prologue [prɔlɔg] m. PR. et FIG. prologo.
prolongation [prɔlɔ̃gasjɔ̃] f. prolungamento m. ; prolungazione (rare) ; proroga. || SPORT = tempo (m.) supplementare.
prolonge [prɔlɔ̃ʒ] f. MIL. prolunga.
prolongé, e [prɔlɔ̃ʒe] adj. *jeune fille prolongée*, zitella ; ragazza attempatella.
prolongement [prɔlɔ̃ʒmɑ̃] m. [allongement] prolungamento. | *prolongement de la route*, prolungamento della strada. || [conséquence] conseguenza f. | *les prolongements d'une affaire judiciaire*, le conseguenze di un processo.
prolonger [prɔlɔ̃ʒe] v. tr. [longueur ; durée] prolungare. | *prolonger ses vacances*, prolungare le vacanze. || [proroger] prorogare. | *prolonger le délai de livraison*, prorogare il termine di consegna (di una merce). ◆ v. pr. [dans l'espace] prolungarsi, continuare. || [dans le temps] protrarsi, continuare.
promenade [prɔmnad] f. [action] passeggiata, passeggio m. ; [brève] spasso m. | *aller en promenade, aller faire une promenade*, andare a passeggio, a spasso ; andare a fare una passeggiata. || [chemin parcouru] *une promenade de dix kilomètres*, una passeggiata di dieci chilometri. || [lieu] passeggiata, passeggio. || FIG. *promenade militaire*, passeggiata militare.
promener [prɔmne] v. tr. [conduire] portare a passeggio, a spasso ; portare in giro. | *promener un enfant*, portare un bambino a passeggio, a spasso. | *promener qn à travers la ville*, portar qlcu. in giro per la città. || [avoir avec soi] *promener partout sa serviette de cuir noir*, portare sempre con sé, portarsi sempre dietro la cartella di cuoio nero. || FIG. muovere, girare. | *promener sa main sur la croupe du cheval*, lasciare errare la mano sulla groppa del cavallo. | *promener ses regards sur la plaine*, lasciare errare, lasciar vagare lo sguardo per la pianura. ◆ v. intr. FAM. *envoyer promener qn*, mandare uno a spasso. | *envoyer tout promener*, piantar baracca e burattini. ◆ v. pr. passeggiare v. intr. | *aller se promener*, andare a passeggio, a spasso. | *se promener sous les fenêtres de qn*, andare in su e in giù sotto le finestre di qlcu. || FAM. *allez vous promener !*, andate a farvi benedire !, andate a quel paese !
promeneur, euse [prɔmnœr, øz] n. passeggiatore, trice (rare). | *les promeneurs* = quelli che vanno a passeggio. || HIST. LITT. *« les Rêveries d'un promeneur solitaire »*, « Le meditazioni di un passeggiatore solitario. » ◆ n. f. = chi porta a passeggio un bambino.
promenoir [prɔmnwar] m. [lieu couvert] ambulacro. || THÉÂTRE = loggione in cui gli spettatori stanno in piedi.
promesse [prɔmɛs] f. promessa. | *tenir sa promesse*, mantenere la promessa. | *faillir à sa promesse*, venir meno alla, mancare alla promessa. | *promesse de mariage*, promessa di matrimonio. | *plein de promesses*, promettente. || LOC. *une promesse de Gascon*, una promessa di, da marinaio.
prométhéen, enne [prɔmeteɛ̃, ɛn] adj. prometeico, prometèo.

prométhéum [prɔmeteɔm] m. CHIM. promèteo, promezio.
promettre [prɔmɛtr] v. tr. [s'engager] promettere. | *promettre une récompense, un cadeau,* promettere una ricompensa, un regalo. | *il nous a promis qu'il viendrait, de venir,* ci ha promesso che sarebbe venuto, di venire. ‖ [annoncer] promettere, annunciare, preannunciare. | *le vent promet de la pluie,* il vento preannuncia la pioggia. | *la saison promet d'être belle,* si annuncia una bella stagione. | *ce temps ne promet rien de bon,* questo tempo non promette nulla di buono. ‖ ABSOL. *les arbres promettent,* gli alberi promettono una buona raccolta. | *un jeune homme qui promet,* un giovanotto che promette, un giovanotto promettente. ‖ LOC. *promettre monts et merveilles, la lune,* promettere mari e monti, Roma e toma. | *ça promet !,* promette bene ! ‖ PROV. *promettre et tenir sont deux,* tra il dire e il fare c'è di mezzo il mare. ◆ v. pr. **(de)** [s'engager mutuellement à] impegnarsi (a), farsi la promessa (di). ‖ [prendre la résolution de] ripromettersi (di).
promis, e [prɔmi, iz] adj. promesso, destinato. | *promis à un grand succès,* destinato ad avere un gran successo. ‖ RELIG. et FIG. *la Terre promise,* la Terra promessa ; la Terra di promissione (vx). ‖ PROV. *chose promise, chose due,* ogni promessa è debito. ◆ n. VX [fiancé(e)] promesso, a ; fidanzato, a. (L.C.).
promiscuité [prɔmiskɥite] f. promiscuità.
promission [prɔmisjɔ̃] f. VX *Terre de promission,* Terra di promissione.
promontoire [prɔmɔ̃twar] m. promontorio.
promoteur, trice [prɔmɔtœr, tris] n. [qui propose] proponente. ◆ n. m. *promoteur (de construction),* promotore. ‖ CHIM. promotore.
promotion [prɔmɔsjɔ̃] f. ADM. promozione. | *promotion au grade supérieur à l'ancienneté, au choix,* promozione al grado superiore per anzianità, per meriti. ‖ [ensemble de personnes] anno m., corso m., graduatoria f. | *camarade de promotion,* compagno di corso. | *premier de sa promotion,* primo della graduatoria. ‖ [élévation] *promotion sociale, ouvrière,* progresso (m.) sociale, del ceto operaio. ‖ ÉCON. *promotion des ventes,* promozione delle vendite ; promotion (angl.).
promotionnel, elle [prɔmɔsjɔnɛl] adj. promozionale.
promouvoir [prɔmuvwar] v. tr. promuovere. | *être promu général,* essere promosso generale. ‖ FIG. *promouvoir une politique,* promuovere una politica, dare impulso a una politica.
prompt, e [prɔ̃, prɔ̃t] adj. pronto, rapido, sollecito. | *prompt comme l'éclair,* rapido come il fulmine, come un lampo. | *prompte guérison,* pronta guarigione. | *prompte répartie,* replica pronta. | *prompte réponse,* pronta, sollecita risposta. | *avoir l'esprit prompt,* avere la mente pronta, essere pronto di mente. | *prompt à la colère,* pronto, facile all'ira. | *prompt à s'enflammer,* pronto ad infiammarsi ; che s'infiamma facilmente.
promptement [prɔ̃tmɑ̃] adv. prontamente, rapidamente, senza indugio.
promptitude [prɔ̃tityd] f. prontezza, rapidità, sveltezza, vivacità.
promu, e [prɔmy] adj. et n. promosso.
promulgation [prɔmylgasjɔ̃] f. promulgazione.
promulguer [prɔmylge] v. tr. promulgare, emanare. | *promulguer un décret,* promulgare, emanare un decreto. ‖ LITTÉR. [publier] promulgare.
pronaos [prɔnaɔs] m. ARCHIT. pronao.
pronateur, trice [prɔnatœr, tris] adj. ANAT. pronatore, trice.
pronation [prɔnasjɔ̃] f. PHYSIOL. pronazione.
prône [pron] m. RELIG. predica f. | *recommander qn au prône,* raccomandare qlcu. alle preghiere dei fedeli.
prôner [prone] v. tr. vantare, esaltare, decantare.
pronom [prɔnɔ̃] m. GRAMM. pronome.
pronominal, e, aux [prɔnɔminal, o] adj. pronominale.
prononçable [prɔnɔ̃sabl] adj. pronunziabile, pronunciabile.
prononcé, e [prɔnɔ̃se] adj. [accentué] pronunziato, pronunciato, marcato. | *traits prononcés,* lineamenti marcati, pronunciati. ‖ [net] pronunciato, accentuato, spiccato. | *un goût prononcé pour,* un gusto pronunciato, una spiccata inclinazione per. | *parler avec un accent méridional prononcé,* parlare con marcato, spiccato accento meridionale. ◆ n. m. JUR. pronunziato, pronunzia f.
prononcer [prɔnɔ̃se] v. tr. [articuler] pronunziare, pronunciare. ‖ [dire] pronunziare, pronunciare, dire, proferire. | *prononcer un discours,* pronunciare, fare un discorso. | *ne pas prononcer une parole,* non proferir parola. ‖ JUR. *prononcer un jugement, une condamnation,* pronunziare una sentenza, una condanna. | *prononcer la faillite d'une entreprise,* dichiarare il fallimento di un'azienda. ‖ RELIG. *prononcer ses vœux,* pronunziare i voti. ◆ v. intr. JUR. pronunziare su una causa, in merito a una causa ; emettere la sentenza. ◆ v. pr. [pass.] *mot qui se prononce difficilement,* parola che si pronuncia difficilmente. ‖ [opter pour] *se prononcer sur un sujet,* pronunciarsi su un argomento. ‖ JUR. emettere la sentenza ; pronunciarsi (gall.).
prononciation [prɔnɔ̃sjasjɔ̃] f. pronunzia, pronuncia. ‖ JUR. pronunziazione.
pronostic [prɔnɔstik] m. [prévision] pronostico. | *se tromper dans ses pronostics,* sbagliare i pronostici. ‖ [signe] *fâcheux pronostic,* cattivo pronostico. ‖ MÉD. prognosi f. ; pronostico (rare).
pronostiquer [prɔnɔstike] v. tr. pronosticare.
pronostiqueur, euse [prɔnɔstikœr, øz] n. PÉJOR. pronosticatore, trice. ‖ SPORT *les pronostiqueurs le donnent gagnant,* i pronostici lo danno vincitore.
pronunciamiento [prɔnunsjamjɛnto] m. (esp.). POLIT. pronunciamiento ; pronunciamento.
propagande [prɔpagɑ̃d] f. propaganda.
propagandiste [prɔpagɑ̃dist] n. propagandista.
propagateur, trice [prɔpagatœr, tris] adj. et n. propagatore, trice.
propagation [prɔpagasjɔ̃] f. propagazione, diffusione ; propalazione (littér.). | *propagation d'une maladie, des idées, de la foi,* propagazione di una malattia, delle idee, della fede. | *la propagation de la lumière, du son,* la propagazione, il propagarsi della luce, del suono. | *propagation des nouvelles,* propagazione, diffusione, propalazione delle notizie. ‖ BIOL. propagazione, (il) propagarsi.
propager [prɔpaʒe] v. tr. propagare, diffondere ; propalare (littér.). | *propager une nouvelle,* propagare, diffondere, propalare una notizia. ‖ BIOL. propagare. ◆ v. pr. propagarsi, diffondersi, moltiplicarsi.
propagule [prɔpagyl] f. BOT. propagolo m., propagulo m.
propane [prɔpan] m. CHIM. propano.
proparoxyton [prɔparɔksitɔ̃] adj. et n. m. GRAMM. proparossitono ; sdrucciolo adj.
propédeutique [prɔpedøtik] f. [enseignement préparatoire] propedeutica. ‖ UNIV. [en France] = corso propedeutico ; primo anno universitario.
propension [prɔpɑ̃sjɔ̃] f. propensione, inclinazione. | *propension à (faire) qch.,* propensione a (far) qlco. ‖ ÉCON. *propension à consommer, à épargner,* propensione al consumo, al risparmio.
propergol [prɔpɛrgɔl] m. CHIM. propergolo.
propharmacien, enne [prɔfarmasjɛ̃, ɛn] n. = medico farmacista.
prophase [prɔfaz] f. BIOL. profase.
prophète [prɔfɛt] m. RELIG. profeta. ‖ [devin] profeta, indovino ; veggente, vate (littér.). | *prophète de malheur,* profeta di sventure, di sciagure. ‖ PROV. *nul n'est prophète en son pays,* nessuno è profeta in patria.
prophétesse [prɔfetɛs] f. profetessa ; indovina.
prophétie [prɔfesi] f. RELIG. profezia. ‖ [prédiction] profezia, vaticinio m.
prophétique [prɔfetik] adj. profetico.
prophétiser [prɔfetize] v. intr. profetare, profetizzare. ◆ v. tr. profetare, profetizzare, vaticinare.
prophétisme [prɔfetism] m. profetismo.
prophylactique [prɔfilaktik] adj. profilattico.

prophylaxie [prɔfilaksi] f. MÉD. profilassi.
propice [prɔpis] adj. propizio, favorevole. | *attendre le moment propice*, aspettare il momento opportuno.
propitiation [prɔpisjasjɔ̃] f. propiziazione.
propitiatoire [prɔpisjatwar] adj. et n. m. propiziatorio.
propolis [prɔpɔlis] f. propoli m. ou f.
proportion [prɔpɔrsjɔ̃] f. proporzione, dimensione. | *proportion arithmétique, géométrique*, proporzione aritmetica, geometrica. | *prendre des proportions considérables*, prendere proporzioni, dimensioni notevoli. | *hors de (toute) proportion*, senza proporzione. | *hors de proportion avec*, sproporzionato (adj.) a. | *ramener les choses à leurs justes proportions*, ridimensionare le cose ; riportare le cose alle dimensioni giuste. | *toutes proportions gardées*, fatte le debite, le dovute proporzioni. ◆ loc. adv. et prép. ***à, en proportion (de)***, in proporzione (a).
proportionnable [prɔpɔrsjɔnabl] adj. (rare) proporzionabile.
proportionnalité [prɔpɔrsjɔnalite] f. proporzionalità.
proportionné, e [prɔpɔrsjɔne] adj. **(à)** proporzionato, adeguato (a). | *bien proportionné*, ben proporzionato.
proportionnel, elle [prɔpɔrsjɔnɛl] adj. et n. f. proporzionale. || POLIT. *(représentation) proportionnelle*, (rappresentanza) proporzionale.
proportionnellement [prɔpɔrsjɔnɛlmɑ̃] adv. **(à)** proporzionalmente, in proporzione (a).
proportionnément [prɔpɔrsjɔnemɑ̃] adv. (rare) proporzionatamente.
proportionner [prɔpɔrsjɔne] v. tr. proporzionare, adeguare.
propos [prɔpo] m. [résolution] proposito, intenzione f. | *ferme propos*, fermo proposito. || LOC. *de propos délibéré*, di proposito. || [sujet, thème] proposito. | *hors de propos*, fuori di proposito, a sproposito. | *parler hors de propos*, parlare a sproposito. || ***à propos***, a proposito. | *arriver à propos*, giungere a proposito, nel momento opportuno. | *arriver mal à propos*, giungere inopportunamente. | *faire qch. mal à propos*, far qlco. a sproposito. | *juger à propos de faire qch.*, giudicare opportuno far qlco. | *être à propos de*, essere conveniente, opportuno. || ***à tout propos***, sempre, ad ogni istante, ad ogni piè sospinto, a proposito e a sproposito. | *s'arrêter à tout propos*, fermarsi ad ogni piè sospinto. | *faire des discours à tout propos*, far discorsi in ogni occasione, a proposito e a sproposito. | *rire à tout propos*, ridere a proposito e a sproposito, per un nonnulla. ◆ pl. [paroles] parole f. pl., discorso m. ; ciarle f. pl., dicerie f. pl., chiacchiere f. pl. (péjor.) | *propos en l'air*, discorsi campati in aria, parole vane. | *tenir des propos calomnieux, frivoles*, tener discorsi calunniosi, frivoli. | *changer de propos*, cambiar discorso. | *se moquer des propos des gens*, non curarsi delle dicerie. ◆ loc. prép. ***à propos de***, a proposito di. | *à propos de quoi, à quel propos voulez-vous me parler ?*, a che proposito, per qual motivo vuol parlarmi ? | *à propos de tout et de rien*, per un nonnulla, a proposito e a sproposito, senza motivo.
proposable [prɔpozabl] adj. proponibile.
proposer [prɔpoze] v. tr. proporre. | *proposer une loi*, proporre una legge. | *proposer qn pour un emploi*, proporre qlcu. per un impiego. | *proposer une idée à qn*, proporre, suggerire un'idea a qlcu. | *proposer une somme*, proporre, offrire una somma. || ABSOL. *l'homme propose et Dieu dispose*, l'uomo propone e Dio dispone. ◆ v. pr. [s'offrir] proporsi, offrirsi. | *se proposer comme candidat*, presentarsi come candidato, presentare la propria candidatura. || [avoir l'intention] proporsi ; stabilire, decidere v. tr. | *se proposer (d'atteindre) un but*, proporsi di raggiungere uno scopo ; prefiggersi uno scopo.
proposition [prɔpozisjɔ̃] f. proposta. | *proposition de paix*, proposta di pace. | *faire, accepter, repousser une proposition*, fare, accettare, respingere una proposta. | *sur (la) proposition de qn*, su proposta di qlcu. || GRAMM., LOG. proposizione. || JUR. *proposition de loi*, proposta di legge. || MATH. proposizione.
propositionnel, elle [prɔpozisjɔnɛl] adj. proposizionale.
propre [prɔpr] adj. **1.** [personnel] proprio. | *chacun a son caractère propre*, ognuno ha il proprio carattere. | *propre à qn*, proprio di qlcu. | *remettre une lettre à qn en mains propres*, consegnare a qlcu. una lettera in persona. | *tiré à part avec sa propre pagination*, estratto con numerazione di pagine a sé. || **2.** [de la personne même] proprio. | *écrire de sa propre main*, scrivere di proprio pugno. | *de son propre chef, de sa propre initiative*, di testa propria. | *faire de ses propres mains*, fare con le proprie mani. | *voir de ses propres yeux*, vedere con i propri occhi. | *pour son propre compte*, per conto proprio. | *c'est la propre maison de Garibaldi*, è la casa stessa di Garibaldi. | *voici ses propres paroles*, ecco le sue precise parole, le sue parole testuali. || GRAMM. *nom propre*, nome proprio. || **3.** [approprié, exact] proprio, appropriato, adatto. | *le mot propre*, la parola propria, appropriata, adatta. | *au (sens) propre*, in senso proprio. || **4.** [apte] atto, adatto. | *exercices propres à développer la mémoire*, esercizi atti a sviluppare la memoria. | *rendre propre à*, rendere adatto a, appropriare a. || **5.** [net] pulito, netto. | *mains propres*, mani pulite (pr. et fig.) ; mani nette (fig.). | *tenir propre sa maison*, tener la casa pulita. | *un enfant propre à deux ans*, un bambino pulito a due anni. || FIG. pulito, onesto, decente. | *affaire pas très propre*, affare poco pulito. | *un homme propre*, un uomo onesto. || LOC. FAM. *nous sommes, nous voilà propres !*, siamo in un bel pasticcio !, stiamo freschi ! ◆ n. m. [caractéristique] proprio. | *le propre de l'homme est de penser*, il proprio dell'uomo è pensare ; pensare è proprio dell'uomo. | *en propre*, in proprio. || [net] *mettre un devoir au propre*, mettere un compito in bella copia. || [propreté] *ça sent le propre ici !*, che buon odor di pulito (che) c'è qui ! || FIG. *c'est du propre !*, bella roba ! || RELIG. Proprio. ◆ n. m. pl. JUR. beni propri.
propre-à-rien [prɔprarjɛ̃] m. (pl. *propres-à-rien*) buono a nulla.
proprement [prɔprəmɑ̃] adv. [avec propreté] pulitamente. | *écrire, manger proprement*, scrivere, mangiare pulito, pulitamente. || [précisément] propriamente. | *proprement dit*, propriamente detto. | *à proprement parler*, propriamente parlando ; per essere precisi. | *à proprement parler, je n'en sais rien*, a dire il vero, a dirla schietta, non lo so. | *on l'a proprement mis à la porte*, lo hanno messo alla porta bellamente. || [convenablement] *proprement mis*, decentemente vestito. | *se conduire proprement*, comportarsi correttamente.
propret, ette [prɔprɛ, ɛt] adj. Vx pulitino, lindo (L.C.).
propreté [prɔprəte] f. pulizia. || FIG. *propreté d'exécution*, proprietà, rigore (m.) di esecuzione.
propréteur [propretœr] m. ANTIQ. propretore.
propréture [propretyr] f. propretura.
propriétaire [prɔprijetɛr] n. proprietario, a. | *grand propriétaire foncier*, grande proprietario terriero ; latifondista m. | *petit propriétaire*, piccolo proprietario. | *propriétaire exploitant*, coltivatore diretto. || [d'immeuble] padrone di casa.
propriété [prɔprijete] f. [possession] proprietà, possedimento m. ; possessione (rare). | *propriété privée, collective, foncière, mobilière, rurale*, proprietà privata, collettiva, fondiaria, mobiliare, rurale. | *grande propriété (rurale)*, latifondo m. | *avoir des propriétés à la campagne*, avere delle proprietà, dei possedimenti in campagna. | *propriété littéraire et artistique*, proprietà letteraria e artistica. || [particularité] proprietà ; peculiarità (littér.). || GRAMM. *propriété des termes*, proprietà dei termini.
proprio [prɔprijo] m. (abr. pop.) V. PROPRIÉTAIRE [d'immeuble].
propulser [prɔpylse] v. tr. propellere, propulsare. ◆ v. pr. POP. andare, recarsi (L.C.).

propulseur [prɔpylsœr] adj. propulsorio. ◆ n. m. propulsore.
propulsif, ive [prɔpylsif, iv] adj. propulsivo.
propulsion [prɔpylsjɔ̃] f. propulsione. | *propulsion par fusée*, propulsione a razzo.
propylée [prɔpile] m. ARCHIT. propileo.
propylène [prɔpilɛn] m. CHIM. propilene.
prorata [prorata] m. inv. (lat.) = quota (f.) proporzionale. ◆ loc. adv. ***au prorata,*** pro rata (lat.). ◆ loc. prép. ***au prorata de,*** proporzionalmente a, proporzionatamente a.
prorogatif, ive [prɔrɔgatif, iv] adj. = che proroga.
prorogation [prɔrɔgasjɔ̃] f. proroga ; [d'une séance] aggiornamento m.
proroger [prɔrɔʒe] v. tr. prorogare ; [une séance] aggiornare, rimandare.
prosaïque [prɔzaik] adj. PR. et FIG. prosaico.
prosaïsme [prɔzaism] m. PR. et FIG. prosaicità f.
prosateur [prɔzatœr] m. prosatore, trice n.
proscenium [prɔsenjɔm] m. (lat.) THÉÂTRE proscenio.
proscripteur [prɔskriptœr] m. proscrittore.
proscription [prɔskripsjɔ̃] f. PR. et FIG. proscrizione.
proscrire [prɔskrir] v. tr. PR. et FIG. proscrivere.
proscrit, e [prɔskri, it] adj. et n. proscritto.
prose [proz] f. prosa. ‖ FAM. *je reconnais sa prose,* riconosco il suo stile (L.C.). | *j'ai lu ta prose,* ho letto la tua lettera (L.C.). ‖ RELIG. prosa.
prosecteur [prɔsɛktœr] m. prosettore.
prosectorat [prɔsɛktɔra] m. ufficio di prosettore.
prosélyte [prɔzelit] m. proselito.
prosélytisme [prɔzelitism] m. proselitismo.
prosimiens [prɔsimjɛ̃] m. pl. ZOOL. proscimmie f. pl.
prosobranches [prɔzɔbrɑ̃ʃ] m. pl. ZOOL. prosobranchi.
prosodie [prɔzɔdi] f. prosodia.
prosodique [prɔzɔdik] adj. prosodico.
prosopographie [prɔzɔpɔgrafi] f. prosopografia.
prosopopée [prɔzɔpɔpe] m. RHÉT. prosopopea.
prospecter [prɔspɛkte] v. tr. GÉOL. esplorare, sondare. ‖ COMM. *prospecter la clientèle*, esplorare, sondare la clientela. | *prospecter le marché*, studiare il mercato in cerca di nuovi sbocchi.
prospecteur [prɔspɛktœr] m. GÉOL. prospettore. ‖ COMM. incaricato dello studio di mercato ; marketing man (angl.).
prospectif, ive [prɔspɛktif, iv] adj. = che concerne il futuro. ◆ n. f. futurologia ; scienza dei futuribili.
prospection [prɔspɛksjɔ̃] f. GÉOL. prospezione. ‖ COMM. ricerca (della clientela, di mercato).
prospectus [prɔspɛktys] m. [descriptif] prospetto. | *prospectus sur demande*, prospetto su richiesta. ‖ [publicitaire] volantino.
prospère [prɔspɛr] adj. prospero, fiorente.
prospérer [prɔspere] v. intr. prosperare, essere florido.
prospérité [prɔsperite] f. prosperità.
prostate [prɔstat] f. ANAT. prostata.
prostatectomie [prɔstatɛktɔmi] f. CHIR. prostatectomia.
prostatique [prɔstatik] adj. et n. m. MÉD. prostatico.
prostatite [prɔstatite] f. MÉD. prostatite.
prosternation [prɔstɛrnasjɔ̃] f. ou **prosternement** [prɔstɛrnəmɑ̃] m. prosternazione f. (rare) ; (il) prosternarsi.
prosterner [prɔstɛrne] v. tr. LITTÉR. prosternare ; prosternere (vx). ◆ v. pr. prosternarsi, prostrarsi. ‖ FIG. prostrarsi, umiliarsi.
prosthèse [prɔstɛz] f. GRAMM. pro(s)tesi.
prosthétique [prɔstetik] adj. GRAMM. pro(s)tetico. ‖ CHIM. prostetico.
prostituée [prɔstitɥe] f. prostituta.
prostituer [prɔstitɥe] v. tr. PR. et FIG. prostituire. ◆ v. pr. PR. et FIG. prostituirsi.
prostitution [prɔstitysjɔ̃] f. PR. et FIG. prostituzione.
prostration [prɔstrasjɔ̃] f. prostrazione.
prostré, e [prɔstre] adj. prostrato, spossato, affranto.
prostyle [prɔstil] n. m. et adj. ARCHIT. prostilo.
protactinium [prɔtaktinjɔm] m. CHIM. prot(o)attinio.
protagoniste [prɔtagɔnist] n. PR. et FIG. protagonista.
protamine [prɔtamin] f. CHIM. protammina.
protase [prɔtaz] f. HIST. LITT., GRAMM. protasi.
prote [prɔt] m. TYP. proto.
protéase [prɔteaz] f. CHIM. proteasi.
protecteur, trice [prɔtɛktœr, tris] adj. protettore, trice ; protettivo. | *mur protecteur*, muro protettivo. | *droits protecteurs*, dazio protettivo. | *puissance protectrice*, Stato protettore. | *Société protectrice des animaux*, Società protettrice degli animali. | *air protecteur*, aria di protezione. ◆ n. protettore, trice.
protection [prɔtɛksjɔ̃] f. protezione. | *obtenir une place par protection, grâce à des protections*, ottenere un posto grazie a protezioni, a appoggi (m. pl.) | *protection civile*, protezione civile. | *protection de la nature*, protezione della natura. | *prendre qn sous sa protection*, prendere qlcu. sotto la propria protezione. | *se mettre sous la protection de qn*, mettersi sotto la protezione di qlcu.
protectionnisme [prɔtɛksjɔnism] m. ÉCON. protezionismo.
protectionniste [prɔtɛksjɔnist] adj. protezionistico, protezionista. ◆ n. protezionista.
protectorat [prɔtɛktɔra] m. protettorato.
protée [prɔte] m. [homme] camaleonte ; proteo (rare). ‖ ZOOL. proteo.
protégé, e [prɔteʒe] n. protetto, a, favorito, a.
protège-cahier [prɔtɛʒkaje] m. copertina f.
protège-dents [prɔtɛʒdɑ̃] m. inv. paradenti.
protège-pointe [prɔtɛʒpwɛ̃t] m. salvapunte m. inv.
protéger [prɔteʒe] v. tr. proteggere. | *protéger la vertu, les opprimés*, proteggere, difendere la virtù, gli oppressi. | *il a obtenu cette place parce qu'il est protégé*, ha ottenuto quel posto perché è protetto, appoggiato. | *protéger les arts, les lettres*, proteggere, favorire le arti, le lettere. | *protéger de la pluie*, proteggere, riparare dalla pioggia. ‖ MIL. *protéger ses arrières*, proteggere, difendere le retrovie.
protège-tibia [prɔtɛʒtibja] m. parastinchi m. inv.
protéide [prɔteid] m. BIOL. proteide.
protéiforme [prɔteifɔrm] adj. LITTÉR. proteiforme.
protéine [prɔtein] f. BIOL. proteina.
protéinurie [prɔteinyri] f. MÉD. albuminuria.
protéique [prɔteik] adj. proteico.
protèle [prɔtɛl] m. ZOOL. protele.
protéolyse [prɔteoliz] f. CHIM. proteolisi.
protéolytique [prɔteolitik] adj. proteolitico.
protérandrie [prɔterɑ̃dri] f. BIOL. proterandria.
protestable [prɔtɛstabl] adj. JUR. protestabile.
protestant, e [prɔtɛstɑ̃, ɑ̃t] adj. et n. RELIG. protestante.
protestantisme [prɔtɛstɑ̃tism] m. RELIG. protestantesimo.
protestataire [prɔtɛstatɛr] adj. protestatario. ◆ n. protestatore, trice (rare).
protestation [prɔtɛstasjɔ̃] f. [opposition] protesta. | *en signe de protestation*, in segno di protesta ; per protesta. | *élever une protestation contre*, protestare contro. ‖ [témoignage] protesta, dichiarazione, assicurazione. | *protestation d'amitié*, protesta d'amicizia.
protester [prɔtɛste] v. intr. [opposition] protestare. | *protester contre qch.*, protestare contro qlco. ◆ v. tr. ind. **(de)** [proclamer] protestare, dichiarare v. tr. | *protester de son innocence*, protestare la propria innocenza, protestarsi innocente. | *protester de sa bonne foi*, protestare di essere in buona fede. ◆ v. tr. JUR. protestare. | *protester une lettre de change*, protestare una cambiale.
protêt [prɔtɛ] m. COMM. protesto. | *protêt faute d'acceptation, de paiement*, protesto per mancata accettazione, per mancato pagamento.
prothalle [prɔtal] m. BOT. protallo.
prothèse [prɔtɛz] f. CHIR. protesi. | *prothèse dentaire*, protesi dentaria. ‖ GRAMM. V. PROSTHÈSE.
prothétique [prɔtetik] adj. CHIR. protesico. ‖ GRAMM. V. PROSTHÉTIQUE.
prothorax [prɔtɔraks] m. ZOOL. protorace.
prothrombine [prɔtrɔ̃bin] f. PHYSIOL. protrombina.
protides [prɔtid] m. pl. CHIM. protidi.
protidique [prɔtidik] adj. protidico.

protistes [prɔtist] m. pl. Zool. protisti.
protococcales [prɔtɔkɔkal] f. Bot. protococcacee.
protocolaire [prɔtɔkɔlɛr] adj. protocollare.
protocole [prɔtɔkɔl] m. protocollo.
protocordés m. pl. V. procordés.
protogine [prɔtɔʒin] m. Minér. protogino.
protogynie [prɔtɔʒini] f. Bot. protoginia.
protohistoire [prɔtɔistwar] f. protostoria.
proton [prɔtɔ̃] m. Phys. protone.
protonéma [prɔtɔnema] m. Bot. protonema.
1. protonique [prɔtɔnik] adj. Phys. protonico.
2. protonique adj. et n. f. Gramm. protonico.
protonotaire [prɔtɔnɔtɛr] m. Hist. protonotar(i)o. ‖ Relig. *protonotaire apostolique*, protonotar(i)o apostolico.
protophytes [prɔtɔfit] m. pl. Bot. protofiti.
protoplasma [prɔtɔplasma] ou **protoplasme** [prɔtɔplasm] m. Biol. protoplasma.
protoplasmique [prɔtɔplasmik] adj. protoplasmatico.
protoptère [prɔtɔptɛr] m. Zool. protottero.
prototype [prɔtɔtip] m. Pr. et fig. prototipo.
protoxyde [prɔtɔksid] m. Chim. protossido, ossidulo.
protozoaires [prɔtɔzɔɛr] m. pl. Zool. protozoi.
protractile [prɔtraktil] adj. protrattile.
protubérance [prɔtyberɑ̃s] f. protuberanza.
protubérant, e [prɔtyberɑ̃, ɑ̃t] adj. protuberante.
protuteur, trice [prɔtytœr, tris] n. Jur. protutore, trice.
prou [pru] adv. V. peu.
proudhonien, enne [prudɔnjɛ̃, ɛn] adj. et n. proudhoniano.
proue [pru] f. Mar. prora, prua. | *figure de proue*, polena f.
prouesse [pruɛs] f. prodezza.
proustien, enne [prustjɛ̃, ɛn] adj. proustiano.
prouvable [pruvabl] adj. provabile.
prouver [pruve] v. tr. [démontrer] provare, dimostrare. ‖ [marquer] dimostrare, manifestare. | *prouver sa gratitude à qn*, dimostrare la propria gratitudine a qlcu.
provéditeur [prɔveditœr] m. [Venise] provveditore.
provenance [prɔvnɑ̃s] f. provenienza, origine. | *train en provenance de*, treno proveniente da.
provençal, e, aux [prɔvɑ̃sal, o] adj. et n. provenzale. | *à la provençale*, alla provenzale. ◆ n. m. Ling. provenzale ; lingua (f.) d'oc.
provende [prɔvɑ̃d] f. profenda.
provenir [prɔvnir] v. intr. provenire. ‖ Fig. provenire, derivare ; trarre origine. | *cela provient du fait que*, ciò proviene, deriva, nasce dal fatto che.
proverbe [prɔvɛrb] m. proverbio. | *passer en proverbe*, passare in proverbio.
proverbial, e, aux [prɔvɛrbjal, o] adj. Pr. et fig. proverbiale.
providence [prɔvidɑ̃s] f. Pr. et fig. provvidenza.
providentiel, elle [prɔvidɑ̃sjɛl] adj. provvidenziale.
provignage [prɔviɲaʒ] ou **provignement** [prɔviɲmɑ̃] m. Agr. propagginazione f. (della vite).
provigner [prɔviɲe] v. tr. propagginare. ◆ v. intr. propagginarsi.
provin [prɔvɛ̃] m. Agr. propaggine f.
province [prɔvɛ̃s] f. provincia. ◆ adj. inv. Fam. provinciale (l.c.).
provincial, e, aux [prɔvɛ̃sjal, o] adj. et n. provinciale. ◆ n. m. Relig. padre provinciale.
provincialat [prɔvɛ̃sjala] m. Relig. provincialato.
provincialisme [prɔvɛ̃sjalism] m. provincialismo.
proviseur [prɔvizœr] m. Univ. preside.
provision [prɔvizjɔ̃] f. [choses nécessaires] provvista, scorta. | *faire provision de vivres*, far provvista, scorta di viveri. ‖ Fig. [dose] dose. | *une bonne provision de courage, de patience*, una buona dose di coraggio, di pazienza. ‖ Comm. provvista, copertura. | *chèque sans provision*, assegno a vuoto, allo scoperto. ‖ Jur., vx *jugement par provision*, v. provisoire n. m. ‖ [avance] anticipo m. | *verser une provision à un avocat*, versare un anticipo a un avvocato. ◆ pl. spesa f. sing. ; comp(e)re. | *provisions de bouche*, vettovaglie f. pl. | *faire des provisions*, far provviste. | *faire ses provisions*, far la spesa ; andare a far comp(e)re.
provisionnel, elle [prɔvizjɔnɛl] adj. Jur. provvisionale.
provisoire [prɔvizwar] adj. provvisorio. ◆ n. m. (ciò che è) provvisorio. ‖ Jur. sentenza provvisoria.
provisorat [prɔvizɔra] m. Univ. presidenza f. (di un liceo).
provitamine [prɔvitamin] f. Biol. provitamina.
provocant, e [prɔvɔkɑ̃, ɑ̃t] adj. provocante, provocatorio ; provocativo, procace (littér.). | *attitude provocante*, atteggiamento provocante, provocatorio. | *fille provocante*, ragazza provocante, procace.
provocateur, trice [prɔvɔkatœr, tris] adj. provocatore, trice ; provocatorio, provocativo (littér.). | *agent provocateur*, agente provocatore. ◆ n. provocatore, trice.
provocation [prɔvɔkasjɔ̃] f. [défi] provocazione, sfida. | *provocation en duel*, sfida a duello. ‖ [incitation] incitamento m. | *provocation au meurtre*, incitamento all'omicidio. ‖ Jur. *excuse de provocation*, attenuante per provocazione.
provoquer [prɔvɔke] v. tr. [inciter] provocare, incitare. | *provoquer à la désobéissance, à désobéir*, provocare, incitare alla disubbidienza, a disubbidire. ‖ [défier] provocare, sfidare. | *provoquer en duel*, sfidare a duello. ‖ [causer] provocare, causare. | *provoquer la chute d'un mur*, provocare il crollo di un muro. | *provoquer une douleur*, provocare, causare un dolore.
proxène [prɔksɛn] m. Antiq. prosseno.
proxénète [prɔksenɛt] n. mezzano, a, ruffiano, a ; prosseneta m. (littér.).
proxénétisme [prɔksenetism] m. prossenetismo.
proximité [prɔksimite] f. prossimità, vicinanza. | *la proximité de la mer*, la prossimità, la vicinanza del mare. | *j'ai loué cette maison parce qu'elle est à proximité de la mer*, ho affittato questo villino per la sua prossimità, vicinanza al mare. ◆ loc. adv. ***à proximité***, qui vicino. ◆ loc. prép. ***à proximité de***, in prossimità di ; vicino a ; nei pressi di.
proyer [prwaje] m. Zool. strillozzo.
prude [pryd] adj. pudibondo ; prude (fr.). ◆ n. f. donna, ragazza pudibonda. | *faire la prude*, far la vergognosa.
prudence [prydɑ̃s] f. prudenza, cautela. | *agir avec prudence*, agire con prudenza, con cautela. | *mesure de prudence*, provvedimento prudenziale, di carattere cautelare. | *par (mesure de) prudence*, per prudenza. ‖ Prov. *prudence est mère de sûreté* = la prudenza non è mai troppa.
prudent, e [prydɑ̃, ɑ̃t] adj. prudente, cauto. | *juger prudent de*, ritenere prudente. | *il est prudent de*, è prudente. ◆ n. persona prudente, cauta.
pruderie [prydri] f. pudibonderia ; pruderie (fr.).
prud'homal, e, aux [prydɔmal, o] adj. = dei probiviri ; relativo ai probiviri.
prud'homie [prydɔmi] f. = giurisdizione dei probiviri.
prud'homme [prydɔm] m. Jur. proboviro. | *conseil de prud'hommes*, collegio dei probiviri.
prudhommerie [prydɔmri] f. Littér. = sentenziosità balorda.
prudhommesque [prydɔmɛsk] adj. = banalmente e balordamente sentenzioso.
pruine [prɥin] f. Bot. pruina.
prune [pryn] f. Bot. susina, prugna. ‖ Loc. fam. *pour des prunes*, per nulla ; invano, inutilmente (l.c.). | *des prunes !*, un corno ! (vulg.). ◆ adj. inv. *(couleur) prune*, color prugna.
pruneau [pryno] m. prugna (essiccata). ‖ Pop. [balle] pillola f. (arg.) ; pallottola f., proiettile (l.c.).
prunelle [prynɛl] f. Bot. prugnola. ‖ [liqueur] liquore di prugnole. ‖ Anat. pupilla. ‖ Loc. *j'y tiens comme à la prunelle de mes yeux*, mi è caro come la pupilla dei miei occhi. ‖ Fam. *jouer de la prunelle*, lanciare occhiate provocanti.
prunellier [prynəlje] m. Bot. prugnolo.
prunier [prynje] m. Bot. susino, prugno.
prunus [prynys] m. Bot. prunus.

prurigineux, euse [pryriʒinø, øz] adj. pruriginoso.
prurigo [pryrigo] m. MÉD. prurigine f.
prurit [pryrit] m. MÉD. prurito.
prussiate [prysjat] m. CHIM. prussiato.
prussien, enne [prysjɛ̃, ɛn] adj. et n. prussiano. ◆ n. m. LING. prussiano.
prussique [prysik] adj. *acide prussique*, acido prussico.
prytane [pritan] m. ANTIQ. pritano.
prytanée [pritane] m. pritaneo.
psallette [psalɛt] f. MUS. V. MAÎTRISE.
psalliote [psaljɔt] f. BOT. psalliota ; prataiolo m.
psalmiste [psalmist] m. RELIG. salmista.
psalmodie [psalmɔdi] f. RELIG. salmodia. || FIG. cantilena.
psalmodier [psalmɔdje] v. tr. RELIG. cantare, recitare. || FIG. cantilenare. ◆ v. intr. RELIG. salmodiare ; salmeggiare (rare). || FIG. cantilenare.
psaltérion [psalterjɔ̃] m. MUS. salterio.
psaume [psom] m. salmo.
psautier [psotje] m. salterio.
pschent [pskɛnt] m. ANTIQ. pschent.
pseudarthrose [psødartroz] f. CHIR. pseud(o)artrosi.
pseudobulbaire [psødobylbɛr] adj. MÉD. pseudobulbare.
pseudofécondation [psødofekɔ̃dasjɔ̃] f. BOT. pseudofecondazione.
pseudonévroptères [psødonevrɔptɛr] m. pl. ZOOL. pseudoneurotteri.
pseudonyme [psødɔnim] m. et adj. pseudonimo.
pseudopode [psødopɔd] m. BIOL. pseudopodio.
psi [psi] m. psi f.
psitt! [psit] ou **pst!** [pst] onomat. ps !, pss !, pst !
psittacidés [psitaside] m. pl. ZOOL. psittacidi.
psittacisme [psitasism] m. PSYCH. psittacismo.
psittacose [psitakoz] f. MÉD. psittacosi.
psoas [psɔas] m. ANAT. psoas.
psoque [psɔk] m. ZOOL. psoco.
psoriasis [psɔrjazis] m. MÉD. psoriasi.
psychanalyse [psikanaliz] f. psicanalisi, psicoanalisi.
psychanalyser [psikanalize] v. tr. psicanalizzare.
psychanalyste [psikanalist] n. psic(o)analista.
psychanalytique [psikanalitik] adj. psic(o)analitico.
psychasthénie [psikasteni] f. psicastenia ; psicoastenia (rare).
psychasthénique [psikastenik] adj. et n. psicastenico.
1. psyché [psiʃe] f. PHILOS. psiche.
2. psyché f. [miroir] psiche.
psychédélique [psikedelik] adj. psichedelico.
psychédélisme [psikedelism] m. psichedelismo.
psychiatre [psikjatr] m. psichiatra.
psychiatrie [psikjatri] f. psichiatria.
psychiatrique [psikjatrik] adj. psichiatrico.
psychique [psiʃik] adj. psichico.
psychisme [psiʃism] m. psichismo.
psychochirurgie [psikɔʃiryrʒi] f. psicochirurgia.
psychocritique [psikɔkritik] f. psicocritica.
psychodramatique [psikɔdramatik] adj. psicodrammatico.
psychodrame [psikɔdram] m. psicodramma.
psycholinguistique [psikɔlɛ̃gɥistik] adj. psicolinguistico. ◆ n. f. psicolinguistica.
psychologie [psikɔlɔʒi] f. psicologia. | *manquer de psychologie*, mancare di psicologia.
psychologique [psikɔlɔʒik] adj. psicologico. || LOC. *le moment psychologique*, il momento opportuno, giusto.
psychologisme [psikɔlɔʒism] m. psicologismo.
psychologue [psikɔlɔg] adj. et n. psicologo.
psychométrie [psikɔmetri] f. psicometria.
psychométrique [psikɔmetrik] adj. psicometrico.
psychomoteur, trice [psikɔmɔtœr, tris] adj. psicomotorio, psicomotore.
psychomotricité [psikɔmɔtrisite] f. psicomotilità.
psychopathe [psikɔpat] adj. et n. psicopatico.
psychopathie [psikɔpati] f. psicopatia.
psychopathique [psikɔpatik] adj. psicopatico.
psychopathologie [psikɔpatɔlɔʒi] f. psicopatologia.
psychopédagogie [psikɔpedagɔʒi] f. psicopedagogia.
psychopharmacologie [psikɔfarmakɔlɔʒi] f. psicofarmacologia.
psychophysiologie [psikɔfizjɔlɔʒi] f. psicofisiologia.
psychophysiologique [psikɔfizjɔlɔʒik] adj. psicofisiologico.
psychophysique [psikɔfizik] f. psicofisica.
psychopompe [psikɔpɔ̃p] adj. MYTH. psicopompo.
psychose [psikoz] f. psicosi.
psychosomatique [psikɔsɔmatik] adj. psicosomatico.
psychotechnicien, enne [psikɔtɛknisjɛ̃, ɛn] n. psicotecnico m. ; esperta (f.) psicotecnica.
psychotechnique [psikɔtɛknik] adj. psicotecnico. ◆ n. f. psicotecnica.
psychothérapeute [psikɔterapøt] n. psicoterapista.
psychothérapie [psikɔterapi] f. psicoterapia.
psychotique [psikɔtik] adj. psicotico, psicosico. ◆ n. psicopatico.
psychotonique [psikɔtɔnik] adj. et n. m. psicotonico.
psychotrope [psikɔtrɔp] adj. et n. m. psicotropo.
psychromètre [psikrɔmɛtr] m. MÉTÉOR. psicrometro.
psylle [psil] m. = incantatore di serpenti.
psyllium [psiljɔm] m. BOT. psillio.
ptéranodon [pteranɔdɔ̃] m. ZOOL. pteranodonte.
ptéridophytes [pteridɔfit] m. pl. BOT. pteridofite f. pl.
ptéridospermées [pteridɔspɛrme] f. pl. BOT. pteridosperme.
ptérodactyle [pterɔdaktil] m. ZOOL. pterodattilo.
ptéropodes [pterɔpɔd] m. pl. ZOOL. pteropodi.
ptérosauriens [pterɔsorjɛ̃] m. pl. ZOOL. pterosauri.
ptérygoïdien [pterigɔidjɛ̃] adj. et n. m. ANAT. pterigoideo adj.
ptérygotus [pterigɔtys] m. ZOOL. pterigoto.
ptolémaïque [ptɔlemaik] adj. tolemaico.
ptomaïne [ptɔmain] f. ptomaina.
ptôse [ptoz] f. MÉD. ptosi.
ptyaline [ptjalin] f. ptialina.
ptyalisme [ptjalism] m. ptialismo.
puant, e [pɥɑ̃, ɑ̃t] adj. PR. puzzolente, fetente, fetido. || FIG., FAM. *personne puante* = persona di una vanità, spudorata, di una boria insopportabile.
puanteur [pyɑ̃tœr] f. puzzo m., fetore m. ; puzza (dial.).
pubère [pybɛr] adj. et n. pubere.
pubertaire [pybɛrtɛr] adj. puberale.
puberté [pybɛrte] f. pubertà.
pubescence [pybɛsɑ̃s] f. BOT. pubescenza.
pubescent, e [pybɛsɑ̃, ɑ̃t] adj. BOT. pubescente.
pubien, enne [pybjɛ̃, ɛn] adj. pubico.
pubis [pybis] m. ANAT. pube ; pettignone (vx).
publiable [pyblijabl] adj. pubblicabile.
public, ique [pyblik] adj. pubblico. | *le bien public*, il pubblico bene. | *la chose publique*, lo Stato. | *droit public*, diritto pubblico. | *force publique*, forza pubblica ; polizia. | *homme public*, uomo pubblico. | *fille publique*, prostituta f. | *rendre public*, rendere di pubblico dominio, mettere in pubblico ; pubblicare. ◆ n. m. pubblico. | *le grand public*, il grosso pubblico. | *en public*, in pubblico. || [spectateurs] platea f. | *chanteur qui a un vaste public*, cantante che ha una grande platea. || LOC. *être bon public*, essere uno spettatore benevolo, che apprezza alla buona.
publicain [pyblikɛ̃] m. ANTIQ. pubblicano.
publication [pyblikasjɔ̃] f. [action] pubblicazione, edizione. | *publication d'un livre*, pubblicazione, edizione di un libro. | *publication d'une loi*, pubblicazione di una legge. | *publication de mariage*, pubblicazioni di matrimonio. || [ouvrage publié] pubblicazione. | *publication périodique, mensuelle*, pubblicazione periodica, mensile.
publiciste [pyblisist] m. [journaliste] pubblicista, giornalista. || [agent de publicité] pubblicitario.
publicitaire [pyblisitɛr] adj. et n. pubblicitario.
publicité [pyblisite] f. pubblicità. | *publicité des*

audiences, pubblicità delle udienze. | *publicité par la presse, la radio, le cinéma, la télévision, les affiches*, pubblicità a mezzo stampa; pubblicità radiofonica, cinematografica, televisiva, murale. | *faire de la publicité pour un produit*, fare pubblicità per, a un prodotto. | *ne donnons pas trop de publicité à cette affaire*, non diamo troppa pubblicità a questa faccenda. | *se faire de la publicité*, farsi pubblicità.

publier [pyblije] v. tr. pubblicare. | *publier un roman, une loi, une information*, pubblicare un romanzo, una legge, un'informazione. | *publier les bans d'un mariage*, far le pubblicazioni di matrimonio.

puccinie [pyksini] f. Bot. puccinia.

puce [pys] f. Zool. pulce. | *puce d'eau, de mer*, pulce d'acqua, di mare. | *jeu de puce*, gioco della pulce. || Loc. *le marché aux puces, les puces* = il mercato di roba vecchia; [à Rome] Porta Portese. || Fam. *mettre la puce à l'oreille de qn*, mettere una pulce nell'orecchio di qlcu. | *secouer les puces à qn* = fare una sgridata a qlcu., dare una lavata di capo a qlcu. | *secouer ses puces* = alzarsi. | *sac à puces* = letto. ◆ adj. inv. *(couleur) puce*, color pulce.

puceau [pyso] m. Fam. ragazzo vergine (l.c.).

pucelage [pyslaʒ] m. Fam. verginità (l.c.); pulcellaggio (littér.).

pucelle [pysɛl] f. Fam. vergine (l.c.); pulcella, pulzella (littér.). || Hist. *la Pucelle (d'Orléans)*, la Pulcella d'Orléans.

puceron [pysrɔ̃] m. Zool. pidocchio delle piante; gorgoglione, afide.

pucier [pysje] m. Pop. = letto.

pudding ou **pouding** [pudiŋ] m. Culin. pudding (angl.); budino.

puddlage [pydlaʒ] m. Métall. puddellaggio.

puddler [pydle] v. tr. puddellare.

pudeur [pydœr] m. pudore. | *sans pudeur*, senza pudore; spudorato adj. | *attentat à la pudeur*, offesa (f.) al pudore.

pudibond, e [pydibɔ̃, ɔ̃d] adj. pudibondo.

pudibonderie [pydibɔ̃dri] f. pudibonderia.

pudicité [pydisite] f. pudicizia, verecondia.

pudique [pydik] adj. pudico, verecondo.

puer [pɥe] v. intr. puzzare. | *ça pue dans cette pièce!* = che puzzo in questa stanza! ◆ v. tr. puzzare v. intr. | *puer la sueur, le vin*, puzzare di sudore, di vino. || Fig. *son discours pue le mensonge*, il suo discorso puzza di menzogna.

puéricultrice [pɥerikyltris] f. puericultrice, puericoltrice.

puériculture [pɥerikyltyr] f. puericultura, puericoltura.

puéril, e [pɥeril] adj. puerile. | *âge puéril*, età puerile. | *idée puérile*, idea puerile.

puérilisme [pɥerilism] m. Méd. puerilismo.

puérilité [pɥerilite] f. puerilità.

puerpéral, e, aux [pɥɛrperal, o] adj. puerperale. | *fièvre puerpérale*, febbre puerperale.

puffin [pyfɛ̃] m. Zool. puffino, berta f. | *puffin des Anglais*, berta minore. | *puffin majeur*, berta dell'Atlantico. | *puffin cendré*, berta maggiore.

pugilat [pyʒila] m. Antiq. pugilato. | [rixe] rissa f.; scontro a pugni. | *s'achever en pugilat*, finire a pugni.

pugiliste [pyʒilist] m. Sport pugile, pugilatore; pugilista (rare).

pugnace [pyɲas] adj. Littér. pugnace.

pugnacité [pyɲasite] f. Littér. pugnacità.

puîné, e [pɥine] adj. Vx secondogenito (l.c.). ◆ n. secondogenito; fratello, sorella minore; cadetto m.

puis [pɥi] adv. poi, dopo; poscia (littér.). | *et puis*: [ensuite] e poi; [d'ailleurs] e poi; e del resto. || Fam. *et puis?, et puis quoi?, et puis après?* = che importa? | *et puis alors?*, cosicché?

puisage [pɥizaʒ] ou **puisement** [pɥizmɑ̃] m. attingimento; presa (f.) d'acqua.

puisard [pɥizar] m. smaltitoio; pozzo perdente.

puisatier [pɥizatje] m. scavatore di pozzi.

puiser [pɥize] v. tr. Pr. et fig. attingere. | *puiser de l'eau à la source*, attingere acqua dalla sorgente. | *puiser un renseignement à une source sûre*, attingere una notizia a una fonte sicura. | *puiser une idée chez un auteur ancien*, attingere un'idea da un autore antico. | *puiser dans la bourse de ses amis*, spillare denaro agli amici. | *documentation puisée aux sources*, documentazione originale.

puisette [pɥizɛt] f. attingitoio m.

puisque [pɥisk] conj. poiché, giacché; dal momento che.

puissamment [pɥisamɑ̃] adv. potentemente. || [extrêmement] estremamente, sommamente, oltremodo.

puissance [pɥisɑ̃s] f. [pouvoir, force] potenza, forza, capacità. | *puissance de travail*, capacità di lavoro. | *la puissance de l'esprit*, la potenza dello spirito. || [domination] potenza, potere m., dominio m. | *être en la puissance de qn*, essere in potere, in balìa di qlcu. | *volonté de puissance*, volontà di potenza. || [influence] forza, potere, potenza. | *la puissance de l'exemple*, la forza, il potere dell'esempio. | *puissance de persuasion*, potere persuasivo. || Jur. potestà, autorità. | *puissance paternelle*, v. paternel. || [être, chose qui a de la puissance] potenza. | *les puissances infernales, des ténèbres*, le potenze infernali, delle tenebre. || Théol. *les Puissances*, le Potestà. || [État] potenza. | *les grandes puissances*, le grandi potenze. || Math. potenza. | *élever à la puissance deux, au carré*, elevare alla seconda potenza, al quadrato. || Mil. *puissance de feu*, potenza del fuoco. || Phys., Techn. potenza. | *puissance fiscale d'un moteur*, potenza fiscale di un motore. | *puissance au frein*, potenza al freno. ◆ loc. adv. et loc. adj. ***en puissance***, in potenza; potenziale, virtuale adj.

puissant, e [pɥisɑ̃, ɑ̃t] adj. potente, forte, poderoso. | *nation, industrie puissante*, nazione, industria potente. | *homme puissant*, uomo potente, influente. | *voix puissante*, voce potente, forte. | *des bras puissants*, braccia potenti, poderose. | *médicament puissant*, farmaco potente, efficace.

puits [pɥi] m. pozzo. | *puits de pétrole*, pozzo petrolifero. | *puits de mine*, pozzo di miniera. | *puits d'aération, d'extraction*, pozzo di ventilazione, d'estrazione. || Mar. *puits aux chaînes*, pozzo delle catene. || Loc. fig. *un puits de science*, un pozzo di scienza.

pulicaire [pylikɛr] f. Bot. pulicaria.

pull m. Fam. V. pull-over.

pullman [pylman] m. Ch. de f. pullman (angl.).

pull-over [pylɔvɛr] m. pullover, golf (angl.).

pullulation [pylylasjɔ̃] f. ou **pullulement** [pylylmɑ̃] m. pullulazione f. || Fig. moltitudine f. | *un pullulement d'insectes*, un brulicar d'insetti.

pulluler [pylyle] v. intr. Pr. et fig. pullulare.

1. pulmonaire [pylmɔnɛr] adj. Anat., Méd. polmonare.

2. pulmonaire f. Bot. polmonaria.

pulmonés [pylmɔne] m. pl. Zool. polmonati.

pulpaire [pylpɛr] adj. pulpare.

pulpe [pylpe] f. polpa. || Anat. *pulpe dentaire*, polpa dentaria.

pulpeux, euse [pylpø, øz] adj. polposo.

pulsar [pylsar] m. Astr. pulsar m. ou f.

pulsatif, ive [pylsatif, iv] adj. pulsante.

pulsation [pylsasjɔ̃] f. pulsazione.

pulsion [pylsjɔ̃] f. pulsione, istinto m.

pulsionnel, elle [pylsjɔnɛl] adj. pulsionale. || Psychan. *but pulsionnel*, meta (f.) pulsionale, istintuale.

pulsomètre [pylsɔmɛtr] m. pulsometro.

pulsoréacteur [pylsoreaktœr] m. pulsoreattore.

pultacé, e [pyltase] adj. poltiglioso.

pulvérin [pylverɛ̃] m. polverino.

pulvérisable [pylverizabl] adj. polverizzabile.

pulvérisateur [pylverizatœr] m. polverizzatore, vaporizzatore, spruzzatore. | *pulvérisateur à parfum*, spruzzatore per profumo. || Agr. irroratrice f. || Méd. nebulizzatore.

pulvérisation [pylverizasjɔ̃] f. polverizzazione, vaporizzazione. || Agr. irrorazione. || Méd. nebulizzazione.

pulvériser [pylverize] v. tr. polverizzare, vaporizzare, spruzzare. | *pulvériser du parfum*, spruzzare del profumo. || Fig. [anéantir] polverizzare, annientare. | *pulvériser une armée*, polverizzare, annientare

un esercito. | *pulvériser un record*, polverizzare, superare, battere (di molto) un primato. | *pulvériser une objection*, annientare, demolire un'obiezione. || AGR. [liquide] irrorare ; [poudre] polverizzare. || MÉD. nebulizzare.
pulvériseur [pylverisœr] m. AGR. polverizzatore.
pulvérulence [pylverylɑ̃s] f. = (l')essere polverulento.
pulvérulent, e [pylverylɑ̃, ɑ̃t] adj. polverulento.
puma [pyma] m. ZOOL. puma.
puna [pyna] f. GÉOGR. puna.
punaise [pynɛz] f. ZOOL. cimice. | *punaise des bois, des lits*, cimice dei campi, dei letti. | *punaise d'eau*, scorpione (m.) d'acqua. || LOC. FAM. *punaise de sacristie* = baciapile n. inv. | *être plat comme une punaise* = essere oltremodo servile ; non avere spina dorsale. || [petit clou] cimice. ◆ interj. POP. = accidenti !
1. punch [pɔ̃ʃ] m. [boisson] punch (angl.), ponce.
2. punch [pœnʃ] m. [boxe] punch (angl.), pugno potente, castagna f. || FIG., FAM. = efficacia f., dinamismo.
puncheur [pœnʃœr] m. [boxe] pugile dal pugno potente.
punching-ball [pœnʃiɲbɔl] m. [boxe] punching-ball (angl.), pera f.
punctum [pɔ̃ktɔm] m. (lat.) PHYSIOL. *punctum proximum, remotum*, punto prossimo, remoto.
puni, e [pyni] adj. et n. punito.
punique [pynik] adj. HIST. punico. || FIG. *foi punique*, fede punica. ◆ n. m. LING. punico.
punir [pynir] v. tr. punire. | *punir qn d'une faute, de mort, de prison*, punire qlcu. per una colpa, di morte, col carcere.
punissable [pynisabl] adj. punibile. | *punissable de mort*, punibile con la morte.
punisseur, euse [pynisœr, øz] n. punitore, trice.
punitif, ive [pynitif, iv] adj. punitivo.
punition [pynisjɔ̃] f. punizione, castigo m.
pupazzo [pupadzo] m. (pl. **pupazzi**) [ital.] burattino.
pupe [pyp] f. ZOOL. pupa.
1. pupillaire [pypilɛr] adj. ANAT. pupillare.
2. pupillaire adj. JUR. pupillare.
1. pupille [pypij, pypil] f. ANAT. pupilla.
2. pupille n. JUR. pupillo, a. | *pupille de la nation* = orfano, a di guerra. | *pupille de l'État*, orfano (minorenne) affidato all'Assistenza pubblica.
pupinisation [pypinizasjɔ̃] f. TÉLÉCOM. pupinizzazione.
pupipares [pypipar] m. pl. ZOOL. pupipari.
pupitre [pypitr] m. [d'église, de chef d'orchestre] leggio ; [pour lire, écrire debout] scriviritto inv. ; [d'écolier] banco. || [informatique] *pupitre (de commande)*, console f. (fr.), consolle f. ; banco di comando. || LOC. *être au pupitre* = dirigere l'orchestra.
pupitreur, euse [pypitrœr, øz] n. operatore, trice.
pur, e [pyr] adj. PR. puro. || FIG. puro ; mero (littér.). | *pur de toute contamination*, puro, esente, immune da contaminazioni. || PHILOS. *raison pure*, ragione pura. ◆ loc. adv. ***en pure perte***, in pura perdita. ◆ n. m. puro.
purée [pyre] f. CULIN. purè m. inv., purea, passato m. | *purée de légumes*, purè, purea, passato di legumi, di verdura. | *purée (de pommes de terre)*, purè. || FIG. FAM. *purée de pois* = nebbione m. | *être dans la purée*, essere al verde. ◆ interj. POP. porca miseria !
purement [pyrmɑ̃] adv. puramente, semplicemente. | *purement et simplement*, unicamente ; semplicemente ; senz'altro.
pureté [pyrte] f. PR. et FIG. purezza.
purgatif, ive [pyrgatif, iv] adj. purgativo. ◆ n. m. purgante, purga f.
purgation [pyrgasjɔ̃] f. MÉD. purga. || THÉÂTRE *purgation des passions*, catarsi f.
purgatoire [pyrgatwar] m. RELIG. et FIG. purgatorio.
purge [pyrʒ] f. MÉD. purga, purgante m. || FIG., POLIT. purga. || JUR. *purge des hypothèques*, purgazione delle ipoteche. || TECHN. purga, purgatura.
purgeoir [pyrʒwar] m. TECHN. purgatoio, purgatore.
purger [pyrʒe] v. tr. PR. et FIG. purgare. || JUR. *purger une hypothèque*, purgare un'ipoteca. | *purger une peine*, scontare una pena. || MÉD. purgare. | *purger un malade*, purgare un malato, dare un purgante a un malato. || TECHN. *purger un conduit, un radiateur*, spurgare un condotto, un radiatore. || FIG. *purger une administration*, epurare un'amministrazione. | *purger la mer de ses pirates*, liberare, purgare il mare dai pirati. | *purger une région de ses bandits*, liberare una regione dai banditi. ◆ v. pr. MÉD. purgarsi ; prendere un purgante.
purgeur [pyrʒœr] m. TECHN. = valvola (f.) di scarico.
purifiant, e [pyrifjɑ̃, ɑ̃t] adj. LITTÉR. purificante ; purificatore, trice.
purificateur, trice [pyrifikatœr, tris] adj. purificatore, trice.
purification [pyrifikasjɔ̃] f. purificazione. || MÉTALL. affinazione. || RELIG. purificazione.
purifier [pyrifje] v. tr. PR. et FIG. purificare. || MÉTALL. affinare. ◆ v. pr. purificarsi.
purin [pyrɛ̃] m. colaticcio. | *fosse à purin*, V. PUROT.
purisme [pyrism] m. purismo.
puriste [pyrist] adj. puristico. ◆ n. purista.
puritain, e [pyritɛ̃, ɛn] adj. et n. RELIG. et FIG. puritano.
puritanisme [pyritanism] m. RELIG. et FIG. puritanesimo, puritanismo.
purot [pyro] m. pozzetto (della concimaia).
purotin [pyrɔtɛ̃] m. POP. squattrinato (fam.).
purpura [pyrpyra] m. (lat.) MÉD. porpora f.
purpurin, e [pyrpyrɛ̃, in] adj. LITTÉR. porporino. ◆ n. f. TECHN. porporina.
pur-sang [pyrsɑ̃] m. inv. purosangue.
purulence [pyrylɑ̃s] f. MÉD. purulenza.
purulent, e [pyrylɑ̃, ɑ̃t] adj. purulento.
pus [py] m. MÉD. pus (lat.).
puseyisme [pjuzeism] m. RELIG. puseismo.
push-pull [puʃpul] adj. et n. m. TECHN. push-pull (angl.).
pusillanime [pyzilanim] adj. LITTÉR. pusillanime.
pusillanimité [pyzilanimite] f. pusillanimità.
pustule [pystyl] f. BOT., MÉD., ZOOL. pustola.
pustuleux, euse [pystylø, øz] adj. pustoloso.
putain [pytɛ̃] f. POP. puttana. || [qui cherche à plaire] puttana. || HIST. LITT. *« la Putain respectueuse »*, « La Sgualdrina timorata ». || LOC. *quel putain de temps !*, tempaccio porco ! ◆ adj. inv. *un acteur un peu putain*, un attore che è un po' ruffiano. | *des manières putain*, dei modi ruffianeschi. ◆ interj. VULG. porca miseria !, porco cane !
putatif, ive [pytatif, iv] adj. JUR. putativo.
pute [pyt] f. POP. puttana.
putiet ou **putier** [pytje] m. BOT. pado ; ciliegio a grappoli.
putois [pytwa] m. ZOOL. puzzola f. || LOC. *crier comme un putois*, strillare come un'aquila ; gridare come un nibbio (tosc.).
putréfaction [pytrefaksjɔ̃] f. putrefazione.
putréfiable [pytrefjabl] adj. putrescibile.
putréfier [pytrefje] v. tr. putrefare. ◆ v. pr. putrefarsi ; imputridire v. intr.
putrescence [pytrɛsɑ̃s] f. putrescenza.
putrescent, e [pytrɛsɑ̃, ɑ̃t] adj. putrescente.
putrescibilité [pytrɛsibilite] f. putrescibilità.
putrescible [pytrɛsibl] adj. putrescibile.
putride [pytrid] adj. PR. et FIG. putrido.
putridité [pytridite] f. PR. et FIG., LITTÉR. putridità, putredine.
putsch [putʃ] m. putsch (all.).
putschiste [putʃist] m. putschista.
1. puy [pɥi] m. GÉOGR. puy (fr.).
2. puy m. HIST. LITT. = società (f.) letteraria e religiosa.
puzzle [pœzl] m. puzzle (angl.). || FIG. puzzle, rompicapo.
pycnomètre [piknɔmɛtr] m. TECHN. picnometro.
pyélite [pjelit] f. MÉD. pielite.
pyélonéphrite [pjelonefrit] f. MÉD. pielonefrite.
pygargue [pigarg] m. ZOOL. aquila (f.) di mare.
pygmée [pigme] m. PR. et FIG. pigmeo.

pygméen, enne [pigmeɛ̃, ɛn] adj. pigmeo.
pyjama [piʒama] m. (angl.) pigiama.
pylône [pilon] m. pilone.
pylore [pilɔr] m. ANAT. piloro.
pylorique [pilɔrik] adj. pilorico.
pyogène [pjɔʒɛn] adj. MÉD. piogeno.
pyorrhée [pjɔre] f. MÉD. piorrea.
pyrale [piral] f. ZOOL. piralide.
pyramidal, e, aux [piramidal, o] adj. piramidale.
pyramide [piramid] f. PR. et FIG. piramide. | *en (forme de) pyramide*, a piramide. | *pyramide des âges*, piramide delle età.
pyramidé, e [piramide] adj. piramidale.
pyramidion [piramidjɔ̃] m. piramidion.
pyrénéen, enne [pireneɛ̃, ɛn] adj. pirenaico. ◆ n. abitante dei Pirenei.
pyrénéite [pireneit] f. MINÉR. pireneite.
pyrénomycètes [pirenomisɛt] m. pl. BOT. pirenomiceti.
pyrèthre [pirɛtr] m. BOT. piretro.
pyrétothérapie [piretoterapi] f. MÉD. piretoterapia.
Pyrex [pirɛks] m. pirex.
pyrexie [pirɛksi] f. MÉD. piressia.
pyrite [pirit] f. MINÉR. pirite.
pyroélectricité [piroelɛktrisite] f. piroelettricità.
pyrogallique [pirogalik] adj. CHIM. pirogallico.
pyrographe [pirograf] m. pirografo.
pyrograveur [pirogravœr] m. pirografista.
pyrogravure [pirogravyr] f. pirografia.
pyroligneux, euse [piroliɲø, øz] adj. CHIM. pirolegnoso. ◆ n. m. acido pirolegnoso.
pyrolyse [piroliz] f. CHIM. pirolisi.
pyromane [piroman] n. piromane.
pyromanie [piromani] f. piromania.
pyromètre [pirometr] m. PHYS. pirometro.
pyrométrie [pirometri] f. pirometria.
pyrométrique [pirometrik] adj. pirometrico.
pyrophore [pirofɔr] m. CHIM. piroforo.
pyrophorique [pirofɔrik] adj. piroforico.
pyrophosphorique [pirofɔsfɔrik] adj. m. pirofosforico, difosforico.
pyrosis [pirozis] m. pirosi f.
pyrosphère [pirosfɛr] f. GÉOGR. pirosfera.
pyrosulfurique [pirosyifyrik] adj. m. CHIM. pirosolforico, disolforico.
pyrotechnicien [pirotɛknisjɛ̃] m. pirotecnico, artificiere.
pyrotechnie [pirotɛkni] f. pirotecnica.
pyrotechnique [pirotɛknik] adj. pirotecnico.
pyroxène [piroksɛn] m. MINÉR. pirosseno.
pyrrhique [pirik] adj. et n. f. ANTIQ. pirrica. ◆ n. m. [métrique] pirrichio.
pyrrhocoris [pirɔkɔris] m. ZOOL. pirrocoride.
pyrrhonien, enne [pirɔnjɛ̃, ɛn] adj. et n. pirroniano.
pyrrhonisme [pirɔnism] m. PHILOS. pirronismo.
pyrrole [pirɔl] m. CHIM. pirrolo.
pythagoricien, enne [pitagɔrisjɛ̃, ɛn] adj. et n. pitagorico.
pythagorique [pitagɔrik] adj. pitagorico.
pythagorisme [pitagɔrism] m. PHILOS. pitagorismo.
pythie [piti] f. PR. et FIG. pizia, profetessa.
pythien, enne [pitjɛ̃, ɛn] adj. pizio.
pythique [pitik] adj. pitico.
python [pitɔ̃] m. ZOOL. pitone.
pythonisse [pitɔnis] f. PR. et FIG. pitonessa.
pyurie [piyri] f. MÉD. piuria.
pyxide [piksid] f. ANTIQ., BOT., RELIG. pisside.

q [ky] m. q m. ou f.
quadragénaire [kwadraʒenɛr] adj. et n. quadragenario.
quadragésimal, e, aux [kwadraʒezimal, o] adj. quadragesimale, quaresimale.
quadragésime [kwadraʒezim] f. RELIG. quadragesima, quaresima. | *(dimanche de) la Quadragésime*, domenica di Quadragesima.
quadrangulaire [kwadrɑ̃gylɛr] adj. quadrangolare, quadrangolo.
quadrant [kadrɑ̃] m. quadrante.
quadratique [kwadratik] adj. MATH. quadratico. ‖ MINÉR. tetragonale.
quadrature [kwadratyr] f. ASTR., MATH. quadratura. ‖ LOC. *quadrature du cercle*, quadratura del circolo (pr. et fig.).
quadriceps [kwadrisɛps] m. ANAT. quadricipite.
quadriennal, e, aux [kwadrijɛnal, o] adj. quadriennale.
quadrige [kadriʒ] m. ANTIQ. quadriga f.
quadrijumeaux [kwadriʒymo] adj. m. pl. ANAT. *tubercules quadrijumeaux*, corpi, tubercoli quadrigemini ; lamina (f.) quadrigemina.
quadrilatéral, e, aux [kwadrilateral, o] adj. quadrilatero.
quadrilatère [k(w)adrilatɛr] adj. quadrilatero. ◆ n. m. GÉOM., MIL. quadrilatero.
quadrillage [kadrijaʒ] m. GÉOM. quadrettatura f. ‖ MIL. = divisione (f.) in zone (di un territorio per mantenervi l'ordine).
quadrille [kadrij] m. MIL., MUS. quadriglia f.
quadrillé, e [kadrije] adj. quadrettato ; a quadretti. | *papier quadrillé*, carta quadrettata, a quadretti. | *tissu quadrillé*, tessuto a quadretti, a quadri.
quadriller [kadrije] v. tr. GÉOM. quadrettare. ‖ MIL. dividere in zone ; presidiare.
quadrimestre [k(w)adrimɛstr] m. quadrimestre.
quadrimoteur [k(w)adrimɔtœr] adj. et n. m. AÉR. quadrimotore.
quadriparti, e [kwadriparti] ou **quadripartite** [kwadripartit] adj. quadripartito.
quadrique [kwadrik] adj. quadrico. ◆ n. f. quadrica.
quadriréacteur [kwadrireaktœr] adj. et n. m. AÉR. quadrireattore.
quadrisyllabe [kwadrisil(l)ab] m. quadrisillabo.
quadrisyllabique [kwadrisil(l)abik] adj. quadrisillabo. | *vers quadrisyllabique*, quadrisillabo m., quaternario m.
quadrivium [kwadrivjɔm] m. (lat.) HIST. quadrivio.
quadrumane [k(w)adryman] adj. et n. m. quadrumane.
quadrupède [k(w)adrypɛd] adj. et n. m. quadrupede.
quadruple [k(w)adrypl] adj. [quatre fois autant] quadruplo. | *récolte quadruple*, raccolto quadruplo. ‖ [au nombre de quatre] quadruplice. | *quadruple alliance*, quadruplice alleanza. ◆ n. m. quadruplo.

quadrupler [kwadryple] v. tr. quadruplicare. ◆ v. intr. quadruplicarsi.
quadruplés, es [kwadryple] n. pl. quattro gemelli, gemelle.
quai [kɛ] m. [fleuve] lungofiume; [lac] lungolago; [mer] lungomare. | *quai(s) de l'Arno, du Tibre, de la Seine,* lungarno (pl. *lungarni*); lungotevere (pl. *lungoteveri*); lungosenna inv. ‖ MAR. banchina f. | *quai de chargement, d'embarquement,* scalo. | *aborder à quai,* attraccare. | *à quai,* alla banchina. ‖ CH. DE F. marciapiede, banchina. ‖ *le train est à quai, au quai n° 2,* il treno è sul binario, al binario, al marciapiede 2. | *billet de quai* = biglietto d'ingresso. | *quai de chargement,* scalo merci, piano caricatore. ‖ LOC. *Quai des Orfèvres* = sede (f.) della polizia giudiziaria (a Parigi). | *Quai (d'Orsay)* = ministero francese degli Esteri.
quaker, eresse [kwekœr, ərɛs] n. RELIG. quacchero; quacquero (rare).
quakerisme [kwɛkœrism] m. RELIG. quaccherismo; quacquerismo (rare).
qualifiable [kalifjabl] adj. qualificabile.
qualificatif, ive [kalificatif, iv] adj. qualificativo. ◆ n. m. epiteto.
qualification [kalifikasjɔ̃] f. qualificazione, qualifica. ‖ SPORT qualificazione.
qualifié, e [kalifje] adj. qualificato. | *il n'est pas qualifié pour en parler,* non ha qualità per parlarne, non spetta a lui parlarne. | *ouvrier qualifié, non qualifié,* operaio qualificato, non qualificato. ‖ JUR. *vol qualifié,* furto qualificato, aggravato.
qualifier [kalifje] v. tr. qualificare. | *qualifier qn de menteur,* dare a qlcu. del bugiardo. | *ce travail a été qualifié d'excellent,* questo lavoro è stato qualificato ottimo. ◆ v. pr. SPORT qualificarsi.
qualitatif, ive [kalitatif, iv] adj. qualitativo.
qualité [kalite] f. [manière d'être; état] qualità. | *de (première) qualité,* di (prima) qualità. | *de qualité inférieure,* di qualità inferiore; scadente adj. ‖ [aptitude] qualità, dote. | *avoir toutes les qualités pour,* avere tutte le qualità, le doti, tutti i requisiti per. ‖ [condition] Vx *personne de qualité,* persona di qualità. ‖ LOC. *avoir qualité pour,* essere qualificato per. ‖ PHILOS. qualità. ◆ loc. adv. JUR. **ès qualités** : *le ministre un tel a parlé ès qualités,* il tale ha parlato in qualità, in veste di ministro; il ministro ha parlato in quanto tale. ◆ loc. prép. **en (sa) qualité de,** in qualità di, in veste di, come.
quand [kɑ̃] adv. interr. quando. | *quand viendra-t-il?,* quando verrà? | *quand donc?,* quando mai? | *jusqu'à quand?,* fino a quando? | *depuis quand?,* da quando? | *pour quand?,* per quando? ◆ conj. de subord. [simultanéité; répétition] quando. ‖ [opposition] mentre. ‖ [cause] dal momento che. ◆ loc. conj. **quand (bien) même,** anche se, quand'anche. | *quand (bien) même il pleuvrait,* anche se, quand'anche piovesse. ◆ loc. adv. **quand même,** lo stesso. | *je viendrai quand même,* verrò lo stesso.
quant à [kɑ̃ta] loc. prép. (in) quanto a.
quant-à-soi [kɑ̃taswa] m. riserbo, riservatezza f. | *se tenir, rester sur son quant-à-soi,* stare sulle sue; mantenere le distanze.
quantième [kɑ̃tjɛm] m. *quantième du mois,* giorno del mese.
quantification [kɑ̃tifikasjɔ̃] f. PHILOS. quantificazione. ‖ PHYS. quantizzazione.
quantifier [kɑ̃tifje] v. tr. PHILOS. quantificare. ‖ PHYS. quantizzare.
quantique [kɑ̃tik] adj. PHYS. quantistico; quantico (rare).
quantitatif, ive [kɑ̃titatif, iv] adj. quantitativo.
quantité [kɑ̃tite] f. GRAMM., MATH., PHYS. quantità. ‖ [grand nombre] quantità, quantitativo m. | *une quantité de cahiers, d'argent,* una quantità di quaderni, di denaro. | *une forte quantité de marchandises,* un forte quantitativo di merci. | *quantité de gens,* molti m. pl., molta gente. ‖ LOC. *considérer comme quantité négligeable,* tenere in nessun conto. | *en quantité,* in quantità. ‖ PR. et FIG. *en quantité industrielle,* in quantità industriale, su scala industriale.
quantum [kɑ̃tɔm] m. (pl. **quanta** [kɑ̃ta]) [lat.] (part) quota f., parte f.; [quantité] quantità f. | *toucher son quantum,* riscuotere la propria quota, parte. ‖ PHYS. quanto. | *théorie des quanta,* teoria dei quanti. ‖ PSYCHAN. *quantum d'affect,* importo, somma (f.) d'affetto.
quarantaine [karɑ̃tɛn] f. quarantina. | *une quarantaine de personnes,* una quarantina di persone, un quaranta persone. | *friser la quarantaine,* rasentare la quarantina, essere sui quaranta. ‖ MAR. quarantena. ‖ PR. et FIG. *mettre en quarantaine,* mettere in quarantena.
quarante [karɑ̃t] adj. num. card. quaranta. | *ils étaient quarante,* erano (in) quaranta. | *il était âgé de quarante ans,* aveva quarant'anni, era quarantenne. ‖ RELIG. *les quarante heures,* le quarantore, le quarant'ore. ‖ SPORT *quarante à,* quaranta pari. ◆ adj. num. ord. quarantesimo, quaranta. | *chapitre quarante,* capitolo quarantesimo. | *page quarante,* pagina quaranta. | *les années quarante,* gli anni quaranta. ‖ LOC. FAM. *s'en moquer comme de l'an quarante,* infischiarsene altamente. ◆ n. m. quaranta. | *les Quarante* = gli Accademici di Francia.
quarante-huitard, e [karɑ̃tɥitar, ard] adj. FAM. quarantottesco.
quarantenaire [karɑ̃tnɛr] adj. = che dura quarant'anni. ‖ MAR. di quarantena. ◆ n. m. = luogo in cui sono tenute isolate le persone messe in quarantena.
quarantième [karɑ̃tjɛm] adj. num. ord. et n. m. quarantesimo.
quart [kar] m. [quantité] quarto. | *trois quarts,* tre quarti. | *quart de vin,* quarto di vino; quartino. | *quart (de litre),* quarto (di litro). | *bouteille d'un quart,* bottiglia da un quarto. | *un quart de beurre,* cento venticinque grammi di burro. ‖ *quart d'heure,* quarto d'ora. | *il est deux heures un quart, moins le quart,* sono le due e un quarto, meno un quarto. ‖ FIG. *pour le quart d'heure,* per il momento. | *le dernier quart d'heure,* le ultime battute di un evento; gli sgoccioli. ‖ [gobelet] tazza (f.) [di latta]. ‖ ART *portrait de trois quarts,* ritratto di tre quarti. ‖ MAR. guardia f., quarto. | *être de quart,* essere di guardia. | *officier de quart,* ufficiale di quarto. ‖ [unité d'angle] quarta f. ‖ MUS. *quart de soupir,* sedicesimo. ‖ LOC. *passer un mauvais quart d'heure* (fam.), passare un brutto quarto d'ora. | *les trois quarts du temps,* la maggior parte del tempo. | *aux trois quarts,* per tre quarti (pr.); quasi completamente (fig.). | *je me moque du tiers comme du quart* (fam.), me ne faccio un baffo (pop.). | *le quart d'heure de Rabelais* = il momento in cui si deve pagare; il momento imbarazzante. ‖ FAM. *au quart de tour,* al primo giro di chiave.
quart-de-cercle [kardəsɛrkl] m. ASTR. quadrante.
quart-de-pouce [kardəpus] m. V. COMPTE-FILS.
quart-de-rond [kardərɔ̃] m. ARCHIT. ovolo.
quarte [kart] adj. f. *fièvre quarte,* quartana f. ◆ n. f. MUS., SPORT quarta.
1. quarteron [kartərɔ̃] m. PR. = venticinque adj. | *un quarteron d'œufs,* venticinque uova. ‖ FIG. gruppetto, pugno. | *quarteron de conjurés,* gruppetto di congiurati.
2. quarteron, onne n. meticcio, a (con tre quarti di sangue bianco).
quartette [kwartɛt] m. MUS. quartetto jazzistico.
quartier [kartje] m. [quatrième partie] quarto; quarta parte. ‖ LOC. *mettre en quartiers,* fare a pezzi; [boucherie] squartare. ‖ [portion] pezzo, spicchio. | *quartier de marbre,* pezzo di marmo. | *quartier d'orange, de pomme, de citron,* spicchio di arancia, di mela, di limone. | *quartier de tarte,* fetta (f.), spicchio di torta. | *quartier de veau,* quarto di vitello. ‖ [partie d'une ville] quartiere, rione. | *quartier résidentiel, populaire,* quartiere residenziale, popolare. | *beaux quartiers,* quartieri alti. | *bas quartiers,* quartieri poveri. | *cinéma de quartier,* cinema rionale. | *médecin de quartier,* medico di quartiere. ‖ [de chaussure, de selle] quartiere. ‖ FIG. [grâce] *demander, faire quartier,* chiedere, dare quartiere. | *ne pas faire de quartier,* non rispar-

miare nessuno. ‖ ASTR. quarto. ‖ HÉRALD. [blason] quarto, quartiere ; [noblesse] quarto. ‖ MIL. quartiere. | *quartiers d'hiver*, quartieri d'inverno. | *quartier général*, quartier generale. | *quartier libre*, libera uscita ; [dans la marine] franchigia f.
quartier-maître [kartjemɛtr] m. MAR. sottocapo. ‖ HIST. MIL. quartiermastro.
quarto [kwarto] adv. (lat.) quarto ; in quarto luogo.
quartz [kwarts] m. MINÉR. quarzo.
quartzeux, euse [kwartsø, øz] adj. quarzoso.
quartzifère [kwartsifɛr] adj. quarzifero.
quartzite [kwartsit] m. MINÉR. quarzite f.
quasar [kazar] m. ASTR. quasar m. ou f.
1. quasi [kazi] m. CULIN. girello.
2. quasi ou FAM. **quasiment** [kasimɑ̃] adv. quasi (lat.).
quasi-contrat [kazikɔ̃tra] m. JUR. quasi contratto.
quasi-délit [kazideli] m. JUR. quasi delitto.
Quasimodo [kazimodo] f. RELIG. Domenica in Albis.
quater [kwatɛr] adv. (lat.) [pour la 4e fois] per la quarta volta ; [quatrièmement] in quarto luogo.
quaternaire [kwatɛrnɛr] adj. et n. m. quaternario.
quaterne [kwatɛrn] f. JEU quaterna.
quaternion [kwatɛrnjɔ̃] m. MATH. quaternione.
quatorze [katɔrz] adj. num. card. quattordici. | *quatorze cents*, millequattrocento. | *ils étaient quatorze*, erano (in) quattordici. | *être âgé de quatorze ans*, avere quattordici anni, essere quattordicenne. ◆ adj. num. ord. quattordicesimo, quattordici, decimoquarto ; quartodecimo (littér.). | *chapitre quatorze*, capitole quattordicesimo. | *page quatorze*, pagina quattordici. | *Louis quatorze*, Luigi quattordicesimo, decimoquarto. ‖ [date] *jeudi 14 février*, giovedì 14 (quattordici) febbraio. ◆ m. quattordici. | *nous sommes le quatorze (février)*, ne abbiamo quattordici ; oggi é il quattordici (di febbraio).
quatorzième [katɔrzjɛm] adj. num. ord. et n. m. quattordicesimo, decimoquarto ; quartodecimo (littér.). | *le quatorzième siècle*, il quattordicesimo secolo, il Trecento.
quatorzièmement [katɔrzjɛmmɑ̃] adv. in quattordicesimo luogo.
quatrain [katrɛ̃] m. quartina f.
quatre [katr] adj. num. card. quattro. | *quatre cents*, quattrocento. | *nous sommes quatre*, siamo (in) quattro. | *à quatre mains, voix*, a quattro mani, voci. | *à quatre pattes*, V. PATTE. | *descendre l'escalier quatre à quatre*, scendere le scale a quattro a quattro. ‖ LOC. FIG. *un de ces quatre matins*, un bel mattino. | *manger comme quatre*, mangiare a quattro ganasce, a quattro palmenti ; mangiare per quattro. | *avoir de l'esprit comme quatre* = avere dello spirito fino alla punta dei capelli. | *se mettre en quatre pour qn*, farsi in quattro per qlcu. ; spararsi per qlcu. (tosc.). | *se tenir à quatre*, contenersi a stento. | *à quatre pas*, a quattro passi. | *entre quatre yeux*, a quattr'occhi. | *couper les cheveux en quatre ; tiré à quatre épingles ; faire les quatre volontés de*, V. CHEVEU ; ÉPINGLE ; VOLONTÉ. ‖ HIST. LITT. « *L'Opéra de quat' sous* », « l'Opera da tre soldi ». ‖ ARG. UNIV. *les Quat'z'Arts* = l'Accademia di Belle Arti (a Parigi). ◆ adj. num. ord. [classement] quarto ; quattro. | *chapitre, acte quatre*, capitolo, atto quarto. | *page quatre*, pagina quattro. | *Henri quatre*, Enrico quarto. ‖ [date] *jeudi 4 février*, giovedì 4 (quattro) febbraio. ◆ n. m. quattro. | *nous sommes le quatre (février)*, ne abbiamo quattro ; oggi è il quattro (di febbraio). ‖ JEU *quatre de cœur*, quattro di cuori. ‖ SPORT *quatre barré, sans barreur*, quattro con, quattro senza.
quatre-épices [katrepis] m. inv. BOT. nigella f.
quatre-feuilles [katrəfœj] m. inv. ARCHIT. quadrilobo m.
quatre-huit [katrəɥit] m. inv. MUS. quattro ottavi.
quatre-mâts [katrəmɑ] m. inv. nave (f.) a quattro alberi.
quatre-quarts [katkar] m. inv. CULIN. = dolce con farina, burro, zucchero e uova in eguale quantità.
quatre-saisons [katsɛzɔ̃] f. inv. BOT. = varietà di fragola. ‖ LOC. *marchand(e) des quatre-saisons*, erbivendolo, fruttivendolo (erbivendola, fruttivendola) ambulante.
quatre-temps [katrətɑ̃] m. pl. RELIG. Quattro Tempora f. pl.
quatre-vingt(s) [katrəvɛ̃] adj. num. card. et n. m. ottanta. ◆ adj. num. ord. *chapitre quatre-vingt*, capitolo ottantesimo. | *page quatre-vingt*, pagina ottanta.
quatre-vingt-dix [katrəvɛ̃dis] adj. num. card. et n. m. novanta. ◆ adj. num. ord. *chapitre quatre-vingt-dix*, capitolo novantesimo. | *page quatre-vingt-dix*, pagina novanta.
quatre-vingt-dixième [katrəvɛ̃dizjɛm] adj. num. ord. et n. m. novantesimo.
quatre-vingtième [katrəvɛ̃tjɛm] adj. num. ord. et n. m. ottantesimo.
quatrième [katrijɛm] adj. num. ord. et n. quarto. | *au quatrième (étage)*, al quarto piano. | *la (classe de) quatrième*, la terza media. ‖ FAM. *en quatrième vitesse*, a tutta birra.
quatrièmement [katrijɛmmɑ̃] adv. in quarto luogo.
quatrillion [kwatriljɔ̃] m. quadrilione.
quatuor [kwatɥɔr] m. MUS. quartetto. | *quatuor à cordes*, quartetto d'archi.
1. que [kə] pron. rel. [compl. d'obj.] che. | *l'homme, la femme que tu vois*, l'uomo, la donna che vedi. ‖ [suj.] *coûte que coûte*, costi quel che costi. | *advienne que pourra*, succeda quel che succeda. ‖ [attribut] *malheureux que je suis !*, misero me ! ‖ [valeur adv.] *le jour qu'il est venu* (fam.), il giorno che, in cui è venuto (L.C.). ‖ ***ce que***, quel(lo) che, ciò che. | *à ce qu'il semble*, a quanto pare. | *ils parlent franchement, ce que j'apprécie beaucoup*, parlano francamente, e io l'apprezzo molto, il che apprezzo molto. ‖ ***c'est... que*** : *c'est cela que je veux*, questo voglio, è questo che voglio. | *c'est moi qu'il attend*, aspetta me. (V. aussi CE pron. dém.)
2. que pron. interr. che, che cosa, cosa. | *que m'importe ?*, che m'importa ? | *que faire ?*, cosa fare ? | *qu'avez-vous à rire ?*, che cosa avete da ridere ? ‖ *qu'est-il devenu ?*, che è stato di lui ? | *qu'est-ce qui ?, qu'est-ce que ?*, che ?, che cosa ?, cosa ? ‖ [interr. ind.] *il ne sait que dire*, non sa che cosa dire, che dire, cosa dire.
3. que adv. interr. [combien] quanto. | *que coûte ce livre ?*, quanto costa questo libro ? ‖ [pourquoi] perché. | *que ne vient-il ?*, perché non viene ? ◆ adv. exclam. come, quanto. | *qu'il fait chaud !*, come fa caldo ! | *que je le regrette !*, come, quanto mi dispiace ! ‖ FAM. *ce que tu es bête !*, che stupido sei ! (L.C.). | *qu'est-ce qu'elle a dû pleurer !*, quanto avrà pianto ! (L.C.). ‖ ***que de***, quanto adj. | *que de monde !*, quanta gente ! | *que de fois*, quante volte ! ‖ ***ne... que***, V. NE. | *il n'est que de*, V. ÊTRE.
4. que conj. **1.** [introduit une complétive] che. ‖ [suj.] *il est certain qu'il va faire beau*, è certo che il tempo sarà bello. | *heureusement qu'il fait beau* (fam.), per fortuna il tempo è bello (L.C.). | *peut-être que tu as raison* (fam.), hai forse ragione (L.C.). ‖ [compl.] *on dit que l'été sera très chaud*, si dice che l'estate sarà caldissima. | *je crains qu'il ne vienne*, temo ch'egli venga. | *l'espoir qu'on le retrouve vivant s'est évanoui*, la speranza di ritrovarlo vivo s'è dileguata. | *et voici, voilà qu'il éclate de rire*, ed ecco che egli scoppia a ridere. | *je crois que oui, que non*, credo di sì, di no. ‖ **2.** [introduit une prop. circonstancielle] : [temporelle] *la mort nous surprend, que nous commençons à peine à apprendre à vivre* (littér.), la morte ci sorprende quando cominciamo appena ad imparare a vivere (L.C.). | *il y a dix ans qu'il est parti*, son dieci anni che è partito, è partito da dieci anni. ‖ [causale] *absorbé qu'il était, il ne vit pas l'obstacle*, assorto com'era non vide l'ostacolo. | *tu as été malade, qu'on ne t'a pas vu depuis un mois ?* (fam.), sei stato malato, poiché non ti abbiamo visto da un mese ? (L.C.). | *non qu'il soit malade, mais*, non che sia malato, ma. ‖ [finale] perché, affinché. | *assieds-toi là, que nous causions*, accomodati affinché discorriamo. ‖ [consécutive] *si, tant, tel, tellement... que*, V. ces mots. ‖ FAM. *il mange qu'il s'en rend malade*, mangia fino a star male (L.C.).

| *il tousse qu'il en secoue toute la maison*, tosse da far tremare tutta la casa (L.C.). ‖ [concessive] *où, quel, quelque... que*, v. ces mots. ‖ [hypothétique] *qu'il pleuve ou non, je sortirai*, piova o non piova, uscirò. | *qu'il attaque, il est perdu*, se attacca è perduto. | *il le demanderait que je refuserais*, anche se lo chiedesse rifiuterei. | *pour peu que*, v. PEU. ‖ **3.** [substitut d'une conj. ou d'une loc. conj.] *s'il est tard et qu'il fasse sombre*, se è tardi e (se) fa buio. | *puisqu'il y a du soleil et que l'air est doux*, poiché c'è il sole e l'aria è mite. | *afin que tu le saches et que tu ne te trompes plus*, affinché tu lo sappia e non ti sbagli più. | *quand nous le verrons et que nous lui parlerons*, quando lo vedremo e gli parleremo. ‖ **4.** [introduit le second terme d'une compar.] *aussi, autant, autre, même, mieux, moins, plus, plutôt... que*, v. ces mots. | *(pas) que je sache*, no per quanto io sappia. ‖ **5.** [souhait, ordre] che. | *qu'il vienne !*, che venga ! ‖ **6.** [renforcement] *que si !*, sì davvero ! | *que non !*, no davvero ! | *pourquoi que je le ferais ?* (pop.), perché lo farei ? (L.C.). | *que si vous contestiez ma sincérité, je dirais* (littér.), se metteste in dubbio la mia sincerità, direi (L.C.). ◆ loc. conj. *alors que, afin que, bien que, pourvu que, si... que, si bien que, tandis que*, etc., v. ces mots.

quechua [ketʃwa] ou **quichua** [kitʃwa] m. LING. quechua.

quel, quelle [kɛl] adj. **1.** [interr.] che, quale. ‖ [épithète] *en quelle année es-tu né ?*, in che, in quale anno sei nato ? | *quels livres préfères-tu ?*, quali libri preferisci ? | *quel jour sommes-nous ?*, che giorno è oggi ? | *de quel côté ?*, da che parte ? | *quelle heure est-il ?*, che ore sono ? ‖ [attribut] *quels sont les livres que tu as ?*, quali sono i libri che possiedi ? | *je me demande quelle est la meilleure édition*, mi chiedo quale sia l'edizione migliore. ‖ **2.** [exclam.] che, quale. | *quelle chance !*, che fortuna ! | *quel beau temps !*, che bel tempo ! | *quel homme !*, che uomo ! ; quale uomo ! (littér.). | *quelle ne fut pas ma surprise !*, quale fu la mia sorpresa ! ◆ adj. rel. ***quel, quelle que***, qualunque m. et f. sing. ; quale, quali che. | *quel qu'il soit*, qualunque sia. | *quelle qu'en soit la raison*, quale che sia la ragione. | *quelles qu'en soient les raisons*, quali che siano le ragioni.

quelconque [kɛlkɔ̃k] adj. indéf. qualunque, qualsiasi. | *d'une manière quelconque*, in un modo qualunque, qualsiasi. | *(l')un quelconque de ces élèves*, uno qualunque di questi alunni. ‖ [sans valeur] qualunque, comune. | *il est assez quelconque*, è piuttosto banale.

quelque [kɛlk] adj. indéf. [sing.] (un, una) qualche. | *il a quelque affinité avec moi*, ha (una) qualche affinità con me. | *à quelque distance*, a una qualche distanza. | *il a quelque argent*, ha un po' di denaro. | *il viendra quelque jour*, verrà un giorno o l'altro. | *il y a quelque temps*, poco tempo fa. | *en quelque sorte*, in un certo modo. ‖ [pl.] qualche inv. ; alcuni, alcune. | *dans quelques jours*, fra qualche giorno, fra alcuni giorni. | *quelques personnes pensent que*, qualche persona pensa, alcuni pensano che. | *dire quelques mots*, dire quattro parole. | *en quelques mots*, in poche parole. ‖ [avec art. ou dém. pl.] i, quei pochi ; le, quelle poche. | *les quelques articles que j'ai écrits*, i pochi articoli che ho scritto. | *ces quelques milliers de francs que tu m'as donnés*, quelle poche migliaia di franchi che mi hai dato. ◆ adv. [environ] circa. | *il y a quelque six mois*, circa sei mesi fa ; un sei mesi fa. | *il y a quelque cent personnes*, ci sono circa cento persone. ‖ FAM. *j'ai payé un million et quelque*, ho pagato un milione e rotti. ◆ loc. adv. ***quelque part***, da qualche parte, in qualche posto. ‖ ***quelque peu***, alquanto, un po', un pochino. ◆ adj. ou adv. rel. ***quelque... que*** : [avec un n. : numérique, quantitatif] per quanto, a, i, e. | *quelques pays que tu aies visités*, per quanti paesi tu abbia visitato. | *quelques recherches qu'ils fassent*, per quante ricerche facciano. ‖ [qualitatif] qualunque. | *quelque opinion que tu puisses avoir*, qualunque opinione tu abbia. | *de quelque manière, façon qu'il réponde*, in qualunque modo egli risponda. | *il sort par quelque temps qu'il fasse*, esce con qualsiasi tempo. ‖ [avec un adj.] per quanto, per... che. | *quelque riches qu'ils soient*, per ricchi che, per quanto ricchi siano.

quelque chose [kɛlkəʃoz] pron. indéf. m. qualcosa, qualche cosa ; alcunché (littér.). | *avoir quelque chose de distingué*, avere (un) qualcosa, un che di distinto. | *veux-tu prendre quelque chose ?*, vuoi prendere, mangiare, bere qualcosa ? ‖ *c'est déjà quelque chose*, meglio che nulla. | *il y a quelque chose comme dix ans qu'il n'est pas venu*, non è venuto da circa dieci anni. | *être quelque chose dans un ministère*, avere un posto piuttosto buono in un ministero. | *se prendre pour, se croire quelque chose*, credersi qualche cosa, da molto. | *être pour quelque chose dans une affaire*, partecipare a una faccenda. | *il lui est arrivé quelque chose*, gli, le è capitata una disgrazia ; gli, le è capitato un dispiacere. ‖ POP. *c'est quelque chose !*, è straordinario !, è stupefacente ! (L.C.) ; questa è grossa ! (fam.). ◆ n. m. FAM. *un petit quelque chose*, un qualcosa.

quelquefois [kɛlkəfwa] adv. qualche volta, talvolta, talora.

quelqu'un, une [kɛlkœ̃, yn] pron. indéf. sing. qualcuno, uno ; qualcheduno (plus rare) ; qualcuna, una ; qualcheduna. ‖ [personne ou chose, avec partitif] VX *quelqu'un de mes amis*, qualche amico, un mio amico, uno dei miei amici. | *quelqu'une de mes amies*, qualche amica, una mia amica, una delle mie amiche. | *quelqu'une des statues*, una delle statue. ◆ m. sing. [personne indéterminée] qualcuno, uno. | *il y a quelqu'un*, c'è qualcuno. | *il y a quelqu'un qui t'attend*, c'è uno che ti aspetta. ‖ [individu] *c'est quelqu'un d'honnête*, è una persona onesta. ‖ FAM. *être, devenir, se croire quelqu'un*, essere, diventare, credersi qualcuno. ‖ POP., PÉJOR. *c'est quelqu'un !*, è fenomenale !, roba da matti !, roba da chiodi ! (fam.) ; è stupefacente ! (L.C.). ◆ pl. [choses ; personnes] ***quelques-uns, quelques-unes***, qualcuno, qualcuna sing. ; alcuni, alcune. | *j'ai lu quelques-uns de ses romans*, ho letto qualcuno dei suoi romanzi, alcuni suoi romanzi. | *j'en voudrais quelques-unes moi aussi*, ne vorrei qualcuna, alcune anch'io. | *quelques-uns de tes amis*, qualche tuo amico. | *quelques-uns sont partis*, alcuni sono partiti. | *quelques-unes de tes amies*, qualche tua amica.

quémander [kemɑ̃de] v. tr. elemosinare ; sollecitare (importunamente).

quémandeur, euse [kemɑ̃dœr, øz] n. sollecitatore, trice ; importuno, a.

qu'en-dira-t-on [kɑ̃diratɔ̃] m. inv. FAM. chiacchiere, ciarle maligne, dicerie f. pl. (L.C.). | *se moquer du qu'en-dira-t-on*, non dar retta alle dicerie.

quenelle [kənɛl] f. CULIN. quenelle (fr.) ; chenella, morbidella.

quenotte [kənɔt] f. FAM. dentino m. (di latte) [L.C.].

quenouille [kənuj] f. [bâton] rocca, conocchia. ‖ [quenouillée] pennecchio m., conocchia, roccata. ‖ LOC. *tomber en quenouille*, passare in eredità alle donne. ‖ AGR. *taille en quenouille*, potatura a fuso. ‖ ARCHÉOL. colonnina. ‖ MÉTALL. tappo m.

quenouillée [kənuje] f. pennecchio m., conocchia, roccata.

quérable [kerabl] adj. = pagabile, riscuotibile a domicilio del debitore.

querelle [kərɛl] f. [dispute] lite, contesa, disputa, litigio m., questione. | *querelle de mots, d'idées*, contrasto (m.), disputa di parole, d'idee. | *querelle de personnes*, contesa, contrasto personale. | *querelle de famille*, lite di famiglia. | *chercher querelle à qn*, attaccare lite, briga con qlcu. | *se prendre de querelle avec qn*, venire a contesa con qlcu. | *vider une querelle par les armes*, regolare una questione con le armi. | *mauvaise querelle, querelle d'Allemand*, questione di lana caprina. ‖ VX [cause] *épouser la querelle de qn*, abbracciare la causa, prendere le parti di qlcu. (L.C.). ‖ HIST. LITT. *querelle des Anciens et des Modernes*, disputa degli Antichi e dei Moderni.

quereller [kərɛle] v. tr. sgridare, rimproverare. ◆ v. pr. **(avec)** bisticciarsi con ; litigare con v. intr.

querelleur, euse [kərɛlœr, øz] adj. litigioso, rissoso. ◆ n. attaccabrighe ; litighino, a.

quérir [kerir] v. tr. défect. *aller quérir*, andare a cercare.
questeur [kɛstœr] m. ANTIQ., POLIT. questore.
question [kɛstjɔ̃] f. [demande] domanda, quesito m. | *poser une question*, fare, rivolgere una domanda. (V. aussi POSER.) | *presser de questions*, tempestare di domande. | *quelle question !*, che domanda ! ‖ LOC. *c'est une question de vie ou de mort, de temps, d'argent*, è questione di vita o di morte, di tempo, di denaro. ‖ [affaire à examiner] questione, argomento m. | *question sociale, de droit*, questione sociale, di diritto. | *c'est là la question*, questo è il problema. | *c'est une autre question*, è un'altra questione. | *c'est à côté, en dehors de la question*, questo non c'entra ; questo è al di fuori dell'argomento. | *de quoi est-il question ?*, di che si tratta ? | *il n'en est pas question*, è escluso. | *faire question*, essere dubbio. | *mettre en question*, mettere in discussione. | *mettre une question sur le tapis*, mettere una questione sul tappeto. | *sortir de la question*, uscire dall'argomento. ‖ POLIT. [au Parlement] interrogazione. | *question préalable*, questione preliminare. | *poser la question de confiance*, porre la questione di fiducia. ‖ [torture] questione, tortura. | *appliquer, donner la question à qn, mettre qn à la question*, sottoporre alla questione ; torturare, tormentare qlcu. ‖ LOC. *... en question*, ... in questione ; ... di cui si tratta. ‖ FAM. *pas question !*, neanche per sogno ! ‖ POP. *j'ai accepté, question de lui faire plaisir*, ho accettato tanto per fargli piacere (L.C.). | *question argent tout est réglé*, quanto al denaro tutto è a posto (L.C.).
questionnaire [kɛstjɔnɛr] m. questionario.
questionner [kɛstjɔne] v. tr. interrogare.
questionneur, euse [kɛstjɔnœr, øz] adj. indagatore, trice. ◆ n. chi fa, rivolge molte domande.
questure [kɛstyr] f. ANTIQ., POLIT. questura.
quête [kɛt] f. [recherche] *aller, être, se mettre en quête de qn, de qch.*, andare, essere, mettersi in cerca di qlcu., di qlco. ‖ [collecte] questua. | *faire la quête*, andare alla questua ; questuare. ‖ HIST. LITT. *la Quête du (saint) Graal*, la Ricerca del (santo) Graal.
quêter [kɛte] v. intr. questuare. ◆ v. tr. FIG. *quêter des louanges, des suffrages*, accattare lodi, suffragi.
quêteur, euse [kɛtœr, øz] adj. et n. questuante.
quetsche [kwɛtʃ] f. [fruit ; eau-de-vie] quetsche (fr.).
queue [kø] f. [d'animal] coda. | *remuer la queue*, dimenare la coda ; scodinzolare. | *queue en tire-bouchon*, coda a tortiglione. ‖ [partie terminale] *queue de poêle*, manico (m.) di padella. | *queue d'un vêtement, d'une comète*, coda di un abito, di una cometa. | *queue d'une lettre, d'une note*, coda, gamba, gambo (m.) di una lettera, di una nota. | *piano à queue*, pianoforte a coda. | *queue d'un avion*, coda di un aereo. ‖ [coiffure] *queue de cheval*, coda di cavallo. ‖ FIG. *être à la queue de sa classe*, essere tra gli ultimi della classe. | *queue d'une procession*, coda di una processione. | *wagon de queue*, vagone di coda. | *queue de l'orage*, strascico (m.) del temporale. ‖ [file] coda. | *faire la queue*, far la coda, la fila. | *se mettre à la queue*, mettersi in coda, accodarsi. | *à la queue leu leu*, in fila indiana, uno dietro l'altro. ‖ BOT. [feuille, fruit] picciolo m. ; [fleur] gambo m. ‖ [billard] stecca. | *faire une fausse queue*, fare una stecca. ‖ LOC. *n'avoir ni queue ni tête*, essere senza capo né coda. | *filer la queue basse, la queue entre les jambes*, andarsene con la coda tra le gambe. | *finir en queue de poisson*, sgonfiarsi nel finale, alla fine ; finire in (una) bolla di sapone. | *tenir la queue de la poêle*, tenere il mestolo in mano. | *tirer le diable par la queue*, far fatica a sbarcare il lunario ; stiracchiar la vita. | *faire une queue de poisson* = tagliare la strada dopo il sorpasso.
queue-d'aronde [kødarɔ̃d] f. TECHN. incastro (m.) a coda di rondine.
queue-de-cochon [kødkɔʃɔ̃] f. TECHN. trapano (m.) con punta torta.
queue-de-morue [kødmɔry] f. [pinceau] pennellessa f. ‖ FAM. [habit] V. QUEUE-DE-PIE.
queue-de-pie [kødpi] f. FAM. abito (m.) a coda di rondine ; frac m. (L.C.).
queue-de-rat [kødra] f. [lime] lima a coda di topo, lima tonda.
queue-de-renard [kødrənar] f. BOT. coda di volpe.
1. queux [kø] m. *maître queux*, (capo)cuoco.
2. queux f. TECHN. cote.
1. qui [ki] pron. rel. **1.** AVEC ANTÉCÉDENT : [suj.] che. | *le chien qui aboie*, il cane che abbaia. | *c'est moi qui l'ai vu*, l'ho visto io, sono stato io a vederlo. | *ce monsieur que tu connais et qui partira demain*, quel signore che tu conosci, il quale partirà domani. ‖ ***celui qui***, colui che ; chi. | *celui qui doit attendre s'impatiente*, chi deve, colui che deve aspettare s'impazientisce. ‖ ***ce qui***, quel che, ciò che ; il che [se rapporte à ce qui précède]. | *il fait ce qui lui plaît*, fa quel che, ciò che gli piace. | *il est venu, ce qui m'a fait plaisir*, è venuto, il che mi ha fatto, e ciò mi ha fatto piacere. ‖ [compl.] cui ; il, la quale ; i, le quali. | *la femme avec qui il se promenait*, la donna con cui, con la quale passeggiava. | *les amis pour qui j'ai le plus d'affection*, gli amici per cui, per i quali ho più affetto. | *l'homme à qui tu parles*, l'uomo (a) cui, al quale parli. | *l'homme sur l'aide de qui je comptais*, l'uomo sul cui aiuto, sul l'aiuto del quale contavo. ‖ **2.** SANS ANTÉCÉDENT : [suj.] chi. | *qui aime bien châtie bien*, chi ben ama ben castiga. ‖ [compl.] chi. | *je choisirai qui je voudrai*, sceglierò chi vorrò. | *il racontait à qui voulait l'entendre*, narrava a chi voleva sentirlo. ‖ [neutre] *qui pis est*, quel che è peggio. | *qui plus est*, inoltre ; per giunta. | *voilà qui me plaît*, ecco una cosa che mi piace. ‖ [indéf.] ***qui... qui***, chi... chi. | *ils chantaient, qui un cantique, qui une romance*, cantavano, chi un cantico, chi una romanza. ‖ ***qui que***, chiunque. | *qui que tu sois*, chiunque tu sia. | *qui que ce soit je n'ouvrirai pas*, chiunque sia non aprirò. | *qui que ce soit qui vienne*, chiunque venga. | *demande-le à qui que ce soit*, domandalo a chiunque.
2. qui pron. interr. [suj.] chi. | *qui est-ce ?*, chi è ? | *qui est-ce qui parle ?*, chi parla ? | *qui est-ce que tu as vu ?*, chi hai visto ? ‖ [compl.] chi. | *qui préfères-tu ?*, chi preferisci ? | *à qui as-tu donné ce livre ?*, a chi hai dato questo libro ? | *à qui est ce livre ?*, di chi è questo libro ? | *de qui parle-t-on ?*, di chi si parla ? | *de qui a-t-il hérité ?*, da chi ha ereditato ? | *avec qui es-tu sortie ?*, con chi sei uscita ? ‖ [interr. ind.] *je te demande qui tu as rencontré*, ti chiedo chi hai incontrato. | *je ne sais pas avec qui tu es sortie*, non so con chi tu sia uscita. ‖ Vx [quelle chose] che cosa ? (L.C.). | *qui t'a poussé à agir ainsi ?*, che cosa ti ha spinto ad agire così ? | *qui t'amène ici ?*, qual buon vento ti porta ?
quia (à) [akɥija] loc. adv. Vx *mettre, être réduit, être à quia*, ridurre, essere ridotto al silenzio (L.C.).
quiche [kiʃ] f. CULIN. = torta salata con lardelli e uova ; quiche (fr.).
quichua m. V. QUECHUA.
quiconque [kikɔ̃k] pron. rel. indéf. chiunque. | *la loi punit quiconque est coupable*, la legge punisce chiunque è colpevole. ◆ pron. indéf. chiunque. | *quiconque peut le faire*, chiunque può farlo. | *je sais mieux que quiconque ce que je dois faire*, so meglio di chiunque (altro) quel che devo fare.
quidam [kidam] m. PÉJOR. *un quidam*, un tale.
quiddité [kɥidite] f. PHILOS. quiddità.
quiet, ète [kjɛ, ɛt] adj. Vx quieto, calmo (L.C.).
quiétisme [kjetism] m. RELIG. quietismo.
quiétiste [kjetist] adj. quietistico, quietista. ◆ n. quietista.
quiétude [kjetyd] f. quiete, tranquillità.
quignon [kiɲɔ̃] m. [morceau de pain] tozzo ; [extrémité] cantuccio.
1. quille [kij] f. MAR. chiglia. | *quille de roulis*, aletta di rollìo.
2. quille f. birillo m. | *le jeu de quilles*, i birilli. ‖ FAM. *se faire recevoir comme un chien dans un jeu de quilles*, essere accolto come un cane in chiesa. ‖ POP. gamba (L.C.). ‖ ARG. MIL. congedo m. (L.C.).
quinaire [kinɛr] adj. MATH. quinario.
quinaud, e [kino, od] adj. Vx confuso, mortificato, vergognoso (L.C.).
quincaillerie [kɛ̃kajri] f. [objets] ferramenta f. pl. ‖

[boutique] negozio (m.) di ferramenta. ‖ PÉJOR., FAM. chincaglierie f. pl.
quincaillier, ère [kɛ̃kaje, ɛr] n. negoziante di ferramenta.
quinconce [kɛ̃kɔ̃s] m. quinconce f., quincunce f. | *en quinconce,* a quinconce.
quine [kin] m. cinquina f.
quinine [kinin] f. chinina. | *(bi)sulfate de quinine,* chinino m.
quinquagénaire [kɛ̃kaʒenɛr] adj. et n. cinquantenne.
Quinquagésime [k(ɥ)ɛ̃kwaʒezim] f. RELIG. Quinquagesima.
quinquennal, e, aux [kɛ̃kenal, o] adj. quinquennale.
quinquérème [k(ɥ)ɛ̃kɥerɛm] f. ANTIQ. quinquereme.
quinquet [kɛ̃kɛ] m. = lucerna (f.) pensile. ◆ pl. POP. occhi (L.C.).
quinquina [kɛ̃kina] m. china f.
quintaine [kɛ̃tɛn] f. quintana.
quintal, aux [kɛ̃tal, o] m. quintale.
quinte [kɛ̃t] f. JEU sequenza di cinque carte ; [poker] scala. | *quinte flush,* scala reale. ‖ MÉD. accesso m., attacco (m.) di tosse. | *quinte violente,* nodo (m.) di tosse. ‖ MUS., SPORT quinta. ‖ FIG., VX capriccio m., ghiribizzo m. (L.C.) ; accesso di malumore (L.C.).
quintessence [kɛ̃tɛsɑ̃s] f. quintessenza.
quintessencier [kɛ̃tɛsɑ̃sje] v. tr. LITTÉR. quintessenziare, sofisticare.
quintette [k(ɥ)ɛ̃tɛt] m. MUS. quintetto.
quinteux, euse [kɛ̃tø, øz] adj. convulso, spasmodico. ‖ FIG., VX capriccioso, bisbetico (L.C.).
quintillion [kwɛ̃tiljɔ̃] m. quintilione.
quinto [k(ɥ)into] adv. quinto (lat.), in quinto luogo.
quintuple [kɛ̃typl] adj. et n. m. quintuplo.
quintupler [kɛ̃typle] v. tr. quintuplicare. ◆ v. intr. quintuplicarsi.
quintuplés, es [kɛ̃typle] n. pl. cinque gemelli, gemelle.
quinzaine [kɛ̃zɛn] f. quindicina. | *une quinzaine (de jours),* una quindicina di giorni, un quindici giorni.
quinze [kɛ̃z] adj. num. card. quindici. | *quinze cents,* millecinquecento. | *ils étaient quinze,* erano (in) quindici. | *être âgé de quinze ans,* avere quindici anni, essere quindicenne. | *d'aujourd'hui en quinze,* (da) oggi a quindici. | *période de quinze ans,* quindicennio m. ◆ adj. num. ord. [classement] quindicesimo, decimoquinto, quindici ; quintodecimo (littér.). | *chapitre quinze,* capitolo quindicesimo. | *page quinze,* pagina quindici. | *Louis quinze,* Luigi quindicesimo, decimoquinto. ‖ [date] *jeudi 15 avril,* giovedì 15 (quindici) aprile. ◆ n. m. quindici. | *nous sommes le quinze (avril),* ne abbiamo quindici ; oggi è il quindici (di aprile). ‖ SPORT quindici.
quinzième [kɛ̃zjɛm] adj. num. ord. et n. m. quindicesimo, decimoquinto ; quintodecimo (littér.). | *le quinzième siècle,* il secolo quindicesimo, il secolo decimoquinto, il Quattrocento.
quinzièmement [kɛ̃zjɛmmɑ̃] adv. in quindicesimo luogo.
quiproquo [kiproko] m. qui pro quo inv., equivoco.
quittance [kitɑ̃s] f. quietanza, ricevuta, bolletta. | *timbre de quittance,* bollo per quietanza. | *quittance de loyer,* ricevuta d'affitto. | *quittance de gaz,* bolletta del gas. | *donner quittance de,* dare, rilasciare quietanza di.
quittancer [kitɑ̃se] v. tr. quietanzare.
quitte [kit] adj. PR. liberato da un debito. | *il est quitte envers moi,* non ha più debiti verso di me. ‖ FIG. *être quitte d'un souci, d'une obligation,* essere libero da un pensiero, da un obbligo. | *en être quitte pour la peur,* cavarsela con la paura, con un po'di paura. | *en être quitte à bon marché,* cavarsela a buon mercato. | *être quitte,* essere pari (e patta). | *jouer à quitte ou double,* giocare a lascia o raddoppia. | *tenir qn quitte (de qch.),* dispensare qlcu. (dal fare qlco.). ◆ loc. prép. **quitte à,** a costo di, a rischio di.
quitter [kite] v. tr. [laisser ; se séparer] lasciare. | *je dois te quitter un moment,* devo lasciarti un momento. | *il ne quitte pas le lit,* non lascia il letto. | *ne pas quitter qn des yeux,* non togliere gli occhi di dosso a qlcu. | *sa femme l'a quitté,* la moglie lo ha lasciato. ‖ [partir] *il quitte Rome à 4 heures,* lascia Roma alle quattro. | *quitter son travail à 5 heures,* lasciare il lavoro, smettere di lavorare alle cinque. | *quitter le monde,* lasciare il mondo. ‖ [sortir] *le train a quitté les rails,* il treno è uscito dai binari. ‖ [ôter] togliere, levare. | *il a quitté ses chaussures,* si è tolto, levato le scarpe. | *quitter le deuil,* smettere il lutto. ‖ [renoncer à] abbandonare, perdere, lasciare. | *quitter ses mauvaises habitudes,* abbandonare, perdere le cattive abitudini. | *quitter le droit chemin,* lasciare la via retta. | *quitter la partie, l'épée, la robe, l'habit religieux,* lasciare la partita, la carriera militare, la toga, la tonaca. ‖ [abandonner] *quitter son poste,* abbandonare il posto. | *quitter son emploi,* lasciare l'impiego. ‖ [interrompre] *quitter un moment son travail,* lasciare per un momento il lavoro. ‖ LOC. *ne quittez pas (l'écoute),* rimanga in ascolto, in linea. ◆ v. pr. lasciarsi. | *se quitter bons amis,* lasciarsi da buoni amici.
quitus [kitys] m. (lat.) dichiarazione (f.) di discarico ; liberatoria f. | *donner quitus à,* dare discarico a.
qui vive ? [kiviv] loc. interj. MIL. chi va là ? ◆ m. inv. *être, se tenir sur le qui-vive,* stare sul chi vive, all'erta.
1. quoi [kwa] pron. rel. AVEC ANTÉCÉDENT : *il n'y a pas de sacrifice à quoi il ne consente,* non c'è sacrificio a cui non acconsenta. | *ce à quoi j'aspire, c'est,* quello a cui aspiro è. | *il pleuvra demain, ce à quoi je n'avais pas pensé,* pioverà domani, cosa alla quale non avevo pensato. ‖ SANS ANTÉCÉDENT : *voici en quoi tu es dans l'erreur,* ecco in che cosa sei in errore. ‖ AVEC PRÉP. ***après quoi,*** dopo di che. ‖ ***de quoi :*** *c'est justement de quoi nous parlions,* parlavamo proprio di questo, è proprio quello di cui parlavamo. | *il n'y a pas de quoi chanter victoire,* non c'è tanto da cantare vittoria. | *avoir de quoi écrire,* avere l'occorrente per scrivere. | *avoir de quoi vivre,* (fam.) *avoir de quoi,* aver denaro ; aver quattrini (fam.). | *il n'y a pas de quoi rire,* non c'è di che ridere, c'è poco da ridere. | *il a de quoi faire pour,* ha da fare per. | *merci beaucoup. — Il n'y a pas de quoi,* mille grazie. — Non c'è di che. ‖ ***faute de quoi, sans quoi,*** senza di che ; altrimenti. ‖ ***moyennant quoi,*** grazie a questo. ‖ ***sur quoi,*** a questo proposito ; allora. ‖ FAM. *comme quoi :* [disant que] che certifichi (L.C.) ; [d'où il s'ensuit que] quindi (L.C.) ; il che prova, dimostra che (L.C.).
2. quoi pron. interr. che cosa ?, che ?, cosa ? | *quoi de neuf ?,* cosa c'è di nuovo ? | *quoi de plus beau ?,* che c'è di più bello ? | *à quoi bon ?,* a che pro ?, a che serve ? | *à quoi penses-tu ?,* a che pensi ? | *avec quoi ?,* con che (cosa) ? | *de quoi s'agit-il ?,* di che (cosa) si tratta ? | *en quoi consiste le travail ?,* in che cosa consiste il lavoro ? ‖ POP. *de quoi ? :* [menace, défi] come ? (L.C.). | *ou quoi ? :* [ou autre chose] oppure... ? (L.C.) ‖ [interr. ind.] *je ne sais pas quoi faire,* non so che fare, cosa fare. ‖ [interj.] che !, (ma) come ! | *quoi ! tu as le front de,* cosa !, come !, hai la faccia tosta di. ‖ POP. [après une explication, une énumération] *en taule, en prison quoi !,* in gattabuia, insomma in prigione (L.C.). | *les tables, les chaises, le mobilier quoi !,* le tavole, le sedie, insomma tutta la mobilia ! (L.C.). ‖ LOC. [concessive] *quoi que,* qualunque cosa. | *quoi qu'il arrive, advienne,* qualunque cosa accada, avvenga. | *quoi qu'il en soit,* comunque (sia). | *pour quoi que ce soit, pour quoi que ce fût,* per qualsiasi cosa, per qualunque cosa. | *quoi qu'il fasse,* qualunque cosa egli faccia.
quoique [kwakə] conj. (subj.) benché, sebbene, quantunque (subj.). ‖ POP. *quoique ça,* pure, nondimeno (L.C.).
quolibet [kɔlibɛt] m. lazzo, motteggio, canzonatura f.
quorum [korɔm] m. JUR. quorum (lat.) ; numero legale.
quota [k(w)ɔta] m. percentuale f., contingente, contingentamento ; quota f. (lat.).
quote-part [kɔtpar] f. quota, aliquota. ‖ FIG. parte, razione.
quotidien, enne [kɔtidjɛ̃, ɛn] adj. quotidiano. | *le*

pain quotidien, il pane quotidiano. ‖ LITTÉR. quotidiano; monotono e banale. | *ah! que la vie est quotidienne*, ah, com'è monotona, insulsa la vita! ◆ n. m. [journal] quotidiano. ‖ LITTÉR. *le quotidien de l'existence*, la quotidianità dell'esistenza.

quotient [kɔsjɑ̃] m. MATH. quoziente, quoto. ‖ PSYCH. *quotient intellectuel*, quoziente d'intelligenza, quoziente intellettuale.
quotité [kɔtite] f. JUR. quota. | *quotité disponible*, (quota) disponibile f.

r [ɛr] m. r f. ou m.
rab m. V. RABIOT.
rabâchage [rabɑʃaʒ] m. FAM. [action] (il) ricantare, (il) rifriggere; [propos] ritornello, tiritera f.
rabâcher [rabɑʃe] v. tr. FAM. ricantare, rifriggere. ◆ v. intr. FAM. ricantare sempre le stesse cose.
rabâcheur, euse [rabɑʃœr, øz] adj. et n. FAM. = che, chi ripete sempre le medesime cose (in modo stucchevole).
rabais [rabɛ] m. ribasso, sconto. | *faire un rabais*, fare uno sconto, un ribasso. | *vendre au rabais*, vendere sottocosto, a prezzi ridotti. | *adjuger des travaux au rabais*, aggiudicare dei lavori a ribasso. | *travailler au rabais*, lavorare a compenso ridotto, minimo.
rabaissement [rabɛsmɑ̃] m. abbassamento.
rabaisser [rabese] v. tr. [déprécier] sminuire, svalutare. ‖ [humilier] abbassare. | *rabaisser l'orgueil*, rintuzzare l'orgoglio. ‖ LOC. FAM. *rabaisser le caquet à qn, de qn*, far abbassare la cresta a uno, dar sulla voce a uno. ◆ v. pr. abbassarsi, sminuirsi.
rabane [raban] f. tessuto (m.) di rafia.
rabat [raba] m. [blanc] facciola f. | *rabat de poche*, patta f.; risvolto esterno. ‖ [chasse] V. RABATTAGE.
rabat-joie [rabaʒwa] m. et adj. inv. guastafeste.
rabattage [rabataʒ] m. [chasse] battuta f. ‖ [sylviculture] cimatura f., capitozza f.
rabattement [rabatmɑ̃] m. GÉOM. ribaltamento.
rabatteur [rabatœr] m. [chasse] battitore; scaccia m. inv. ‖ COMM., PÉJOR. procacciatore (di clienti). ‖ AGR. [de moissonneuse] aspo.
rabattre [rabatr] v. tr. abbassare, calare. | *rabattre son col*, abbassarsi il bavero. | *col rabattu*, bavero abbassato. | *rabattre ses cheveux sur son front*, abbassarsi i capelli sulla fronte. | *rabattre son chapeau*, calarsi il cappello. | *rabattre la fumée*, ricacciare indietro il fumo. | *rabattre le couvercle*, ribaltare il coperchio. ‖ [aplanir] spianare. | *rabattre des plis*, spianare delle pieghe. | *rabattre une couture*, spianare, ribattere una cucitura. ‖ [chasse] ribattere. ‖ [tricot] *rabattre une maille*, accavallare una maglia. | *rabattre les mailles*, buttar giù i punti. ‖ AGR. *rabattre un arbre*, cimare, capitozzare un albero. ‖ COMM. abbonare, ribassare, abbassare. | *rabattre dix francs*, ribassare di dieci franchi, abbonare dieci franchi. | *il n'y a rien à rabattre*, non c'è nessuna riduzione. ‖ GÉOM. ribaltare. ‖ SPORT *rabattre la balle, un coup*, ribattere la palla, un colpo. ‖ TECHN. *rabattre du marbre*, sbozzare il marmo. ‖ FIG. *rabattre l'orgueil*, rintuzzare, abbassare l'orgoglio. | *rabattre le caquet à qn* (fam.), V. RABAISSER. ◆ v. intr. piegare, voltare. | *rabattre à travers champs*, piegare, voltare attraverso i campi. ‖ FIG. *en rabattre*, diminuire le pretese. | *il faut en rabattre*, bisogna farci la tara. ◆ v. pr. abbassarsi. | *siège, table qui se rabat*, seggiola, tavola ribaltabile. ‖ [direction] ripiegare v. intr. ‖ FIG. *se rabattre sur*, ripiegare su.
rabbin [rabɛ̃] m. RELIG. rabbino. | *grand rabbin*, gran rabbino.
rabbinat [rabina] m. rabbinato.
rabbinique [rabinik] adj. rabbinico.
rabbinisme [rabinism] m. rabbinismo.
rabbiniste [rabinist] n. rabbinista.
rabelaisien, enne [rablɛzjɛ̃, ɛn] adj. rabelesiano.
rabibochage [rabibɔʃaʒ] m. FAM. riconciliazione f. (L.C.).
rabibocher [rabibɔʃe] v. tr. FAM. riconciliare, rappattumare (L.C.). ◆ v. pr. riconciliarsi, rappattumarsi.
rabiot [rabjo] ou abr. **rab** [rab] m. ARG. MIL. et FAM. [vivres] supplemento (L.C.); [service] = prolungamento di ferma. ‖ LOC. *faire du rabiot*, fare un lavoro straordinario (L.C.).
rabioter [rabjɔte] v. tr. FAM. grattare, rubacchiare. ◆ v. intr. *rabioter sur le poids*, arrangiarsi sul peso.
rabique [rabik] adj. MÉD. rabico.
râble [rɑbl] m. TECHN. riavolo. ‖ [du lièvre, du lapin] lombo. ‖ FAM. [de l'homme] dorso, schiena f. (L.C.). | *tomber sur le râble de qn*, attaccare uno alle spalle.
râblé, e [rɑble] adj. [animal] schienuto; = che ha i lombi muscolosi. ‖ [homme] tarchiato, tozzo, robusto; = che ha buoni lombi.
râblure [rɑblyr] f. MAR. battura.
rabot [rabo] m. [de menuisier] pialla f. | *coup de rabot*, piallata f. ‖ [de maçon] marra f.
rabotage [rabɔtaʒ] m. piallatura f.
raboter [rabɔte] v. tr. piallare. ‖ [frotter] sfregare (contro).
raboteur [rabɔtœr] m. piallatore.
raboteuse [rabɔtøz] f. piallatrice.
raboteux, euse [rabɔtø, øz] adj. PR., LITTÉR. scabroso, scabro. ‖ FIG. scabro, ruvido.
rabougri, e [rabugri] adj. stentato, striminzito, imbozzachito. | *arbre, garçon rabougri*, albero, ragazzo stentato.
rabougrir (se) [sərabugrir] v. pr. intisichire, risecchirsi, imbozzacchire.
rabouter v. tr. V. ABOUTER.
rabrouement [rabrumɑ̃] m. (rare) strapazzata f. (L.C.).
rabrouer [rabrue] v. tr. rimbrottare, strapazzare, redarguire, rabbuffare.
raca! [raka] interj. *crier raca sur qn*, dire, gridare raca a qlcu.
racage [rakaʒ] m. MAR. trozza f.
racaille [rakaj] f. plebaglia, feccia, gentaglia.
raccommodable [rakɔmɔdabl] adj. accomodabile, riparabile.
raccommodage [rakɔmɔdaʒ] m. rammendatura f., rattoppatura f., rammendo, rattoppo.
raccommodement [rakɔmɔdmɑ̃] m. riconciliazione f.; rappacificamento (rare).
raccommoder [rakɔmɔde] v. tr. raccomodare, rammendare. | *raccommoder les bas*, rammendare le calze. ‖ FIG. riconciliare, rappacificare. ◆ v. pr. FIG. raggiustarsi, riconciliarsi, rappacificarsi.
raccommodeur, euse [rakɔmɔdœr, øz] n. ripara-

tore, trice, aggiustatore, trice; raccomodatore, trice, racconciatore, trice (rare). | *raccommodeur de faïences*, conciabrocche m. inv., sprangaio. | *raccommodeur de parapluies*, ombrellaio. | *raccommodeuse de linge*, rammendatrice.

raccompagner [rakɔ̃paɲe] v. tr. riaccompagnare.

raccord [rakɔr] m. [ajustement; pièce métallique] raccordo. ‖ [retouche] ritocco. ‖ [maquillage] *faire un raccord*, rifarsi il trucco. ‖ CIN. raccordo.

raccordement [rakɔrdəmɑ̃] m. raccordo, collegamento, allacciamento. | *raccordement téléphonique*, allacciamento, collegamento telefonico. | *raccordement de deux voies*, raccordo di due strade. | *raccordement d'autoroute*, raccordo, svincolo, bretella (f.) autostradale. ‖ CH. DE F. raccordo, allacciamento. ‖ MATH. *courbe, ligne de raccordement de deux surfaces*, curva, linea di raccordo di due superfici.

raccorder [rakɔrde] v. tr. *raccorder des fils électriques*, collegare, allacciare fili elettrici. | *raccorder des tuyaux, des routes, des voies ferrées*, raccordare tubi, strade, linee ferroviarie. | *raccorder deux bâtiments*, unire due edifici. ◆ v. pr. raccordarsi (pr.); collegarsi, allacciarsi (pr. et fig.).

raccourci, e [rakursi] adj. LOC. *à bras raccourcis*, V. BRAS (*à tour de bras*). ◆ n. m. [chemin] scorciatoia f. ‖ [résumé] sunto, compendio. ‖ ART scorcio. | *vu en raccourci*, visto di scorcio. ◆ loc. adv. ***en raccourci***, in succinto, in sintesi, in compendio.

raccourcir [rakursir] v. tr. *raccourcir un vêtement, un discours*, accorciare, scorciare un vestito, un discorso. | *raccourcir le tir, le pas*, accorciare il tiro, il passo. ‖ POP. *raccourcir qn* = decapitare, ghigliottinare uno. ◆ v. intr. et v. pr. accorciarsi, scorciarsi.

raccourcissement [rakursismɑ̃] m. (r)accorciamento, accorciatura f.; scorciamento (rare).

raccroc [rakro] n. m. LOC. *par raccroc*, per un colpo di fortuna, per combinazione.

raccrocher [rakrɔʃe] v. tr. PR. riattaccare, riagganciare. | *raccrocher un tableau*, riattaccare, riappendere un quadro. ‖ [relier] *raccrocher un paragraphe à un chapitre, une question à une autre*, ricollegare un paragrafo a un capitolo, una questione ad un'altra. ‖ [arrêter] *raccrocher qn*, fermare, abbordare uno; adescare uno (péjor.). ‖ FAM. [reprendre] *raccrocher une place*, arraffare un posto. | *raccrocher une affaire*, riprendere i negoziati, le trattative (L.C.). ◆ v. pr. *se raccrocher à qch., à qn*, aggrapparsi, attaccarsi a qlco., a qlcu. ◆ v. intr. [au téléphone] riattaccare.

race [ras] f. stirpe, razza. | *race de héros, de David*, stirpe di eroi, di Davide. | *de race*, di razza. | *avoir de la race*, essere di razza. ‖ PÉJOR. *race de vipères*, razza di vipere. | *race d'exploiteurs*, genìa di sfruttatori.

racé, e [rase] adj. di razza. ‖ [distingué] distinto, aristocratico.

racémique [rasemik] adj. et n. m. CHIM. racemico.

racer [resœr] m. SPORT racer (angl.).

rachat [raʃa] m. COMM., FIN., JUR. riscatto. | *faculté de rachat*, facoltà di riscatto. ‖ RELIG. riscatto, redenzione f.

rachetable [raʃtabl] adj. riscattabile; redimibile (littér.).

racheter [raʃte] v. tr. [acheter ce qu'on a vendu; acheter de nouveau] ricomprare, riacquistare. | *racheter une propriété*, ricomprare, riacquistare una proprietà. | *rachète un autre kilo de pain*, ricompra un altro chilo di pane. ‖ [acheter d'occasion] *racheter une voiture à un ami*, (ri)comprare una macchina da un amico. ‖ [délivrer] *racheter des prisonniers*, riscattare dei prigionieri. ‖ FIG. *racheter ses défauts par ses qualités*, riscattare i difetti con le qualità. | *ouvrage qui se rachète par son style*, opera che si riscatta con lo stile, opera riscattata dallo stile. ‖ ARCHIT. raccordare. ‖ FIN. *racheter une créance, une rente, une hypothèque*, riscattare un credito, una rendita, un'ipoteca. ‖ RELIG. *racheter ses péchés*, riscattare, espiare i propri peccati. ◆ v. pr. riscattarsi, redimersi.

rachialgie [raʃjalʒi] f. MÉD. rachialgia.

rachianesthésie [raʃjanɛstezi] f. MÉD. rachianestesia.

rachidien, enne [raʃidjɛ̃, ɛn] adj. ANAT. rachideo, rachidiano.

rachis [raʃis] m. ANAT., BOT., ZOOL. rachide f.

rachitique [raʃitik] adj. et n. MÉD., BOT. rachitico (m. pl. *rachitici*).

rachitisme [raʃitism] m. MÉD., BOT. rachitismo.

racial, e, aux [rasjal, o] adj. razziale.

racine [rasin] f. radice. | *prendre racine* : BOT. mettere radice, attecchire; FIG. mettere le radici. ‖ [dent; cheveux] radice. ‖ LOC. FIG. *couper le mal dans sa racine*, estirpare, distruggere il male alle radici. | *avoir de profondes racines dans*, essere profondamente radicato in. ‖ LING., MATH. radice.

racinien, enne [rasinjɛ̃, ɛn] adj. = di Racine; alla maniera di Racine.

racisme [rasism] m. razzismo.

raciste [rasist] adj. razzistico (m. pl. *razzistici*). ◆ n. razzista.

racket [rakɛt] m. [organisation] racket (angl.), mafia f; associazione (f.) a delinquere. ‖ [activité] ricatto.

raclage [rɑklaʒ] m. raschiatura f., raschiata f.; [résultat] raschiatura. ‖ AGR. [d'un bois] diradamento m.

raclée [rɑkle] f. [coups] sacco (m.), fracco (m.) di botte. ‖ [défaite] batosta.

raclement [rɑkləmɑ̃] m. [action] V. RACLAGE. ‖ [bruit] raschìo. | *raclement d'un violon*, strimpellamento, strimpellatura (f.) di un violino.

racler [rɑkle] v. tr. raschiare, grattare. | *racler un mur*, raschiare un muro. | *racler une marmite*, grattare una pentola. ‖ [irriter] *racler le gosier*, raspare la gola. ‖ [mal jouer] strimpellare. ‖ LOC. FAM. *racler les fonds de tiroir*, ripulire il cassetto. ‖ [ratisser] rastrellare. ◆ v. pr. *se racler la gorge*, raschiarsi, rischiararsi la gola.

raclette [rɑklɛt] f. et **racloir** [rɑklwar] m. raschiatoio m., raschietto m., raschino m.

racleur, euse [rɑklœr, øz] n. raschiatore, trice. ‖ MUS., PÉJOR. strimpellatore, trice.

raclure [rɑklyr] f. raschiatura. ‖ FIG. (roba di) scarto m.

racolage [rakɔlaʒ] m. MIL. = reclutamento forzoso. ‖ FAM. (il) procacciarsi (L.C.). ‖ [suj. prostituée] adescamento (L.C.).

racoler [rakɔle] v. tr. MIL. = arruolare, reclutare di forza. ‖ FAM. procurarsi, procacciarsi (L.C.). ‖ [suj. prostituée] adescare (L.C.).

racoleur [rakɔlœr] m. MIL. = reclutatore. ‖ FAM. procacciatore (L.C.).

racoleuse [rakɔløz] f. passeggiatrice.

racontable [rakɔ̃tabl] adj. raccontabile.

racontar [rakɔ̃tar] m. FAM. [cancan] diceria f., pettegolezzo. ‖ [souvent pl.] chiacchiere f. pl., ciance f. pl. (L.C.).

raconter [rakɔ̃te] v. tr. raccontare, narrare. | *d'après ce qu'on raconte*, a quanto si dice. ‖ [exagérer] *il en raconte*, ne spara delle grosse. ‖ FAM. *ne raconte pas d'histoires !*, non raccontarmi fandonie !, non dirmi delle balle ! ◆ v. pr. parlare di sé.

raconteur, euse [rakɔ̃tœr, øz] n. (rare) raccontatore, trice.

racornir [rakɔrnir] v. tr. indurire; [peau] incallire; [feuille] accartocciare. ◆ v. pr. indurirsi, incallirsi; accartocciarsi. ‖ FIG., FAM. incartapecorirsi.

racornissement [rakɔrnismɑ̃] m. indurimento, incallimento; accartocciamento.

radar [radar] m. (angl.) radar.

radariste [radarist] m. radarista.

rade [rad] f. MAR. rada. ‖ FIG., FAM. *laisser en rade qn, qch.*, piantare in asso qlcu.; accantonare qlco. | *rester en rade*, rimanere in panna; arenarsi.

radeau [rado] m. zattera f.

rader [rade] v. tr. radere, rasare.

radiaire [radjɛr] adj. raggiato.

radial, e, aux [radjal, o] adj. radiale. ‖ ANAT. *nerf radial*, nervo radiale. ◆ n. f. [route] strada radiale.

radian [radjɑ̃] m. MATH. radiante.

radiant, e [radjɑ̃, ɑ̃t] adj. radiante, raggiante. ◆ n. m. ASTR. radiante.

radiateur [radjatœr] m. radiatore ; [de chauffage central] radiatore, termosifone. | *radiateur à gaz*, stufa (f.) a gas. | *radiateur électrique*, radiatore elettrico. || AUTOM. *radiateur à ailettes*, radiatore ad alette.
1. radiation [radjasjɔ̃] f. PHYS. radiazione.
2. radiation f. [action de radier] radiazione, cancellazione.
radical, e, aux [radikal, o] adj. PR. et FIG. radicale. ◆ n. m. CHIM., MATH. radicale. || LING. radicale m. et f. ◆ n. POLIT. radicale.
radicalisme [radikalism] m. PHILOS., POLIT. radicalismo.
radical-socialisme [radikalsɔsjalism] m. radical-socialismo.
radical-socialiste [radikalsɔsjalist] adj. et n. radical-socialista.
radicant, e [radikɑ̃, ɑ̃t] adj. BOT. radicante.
radicelle [radisɛl] f. BOT. radice secondaria ; radicetta, radicina.
radiculaire [radikylɛr] adj. BOT. radicellare. || MÉD. radicolare.
radicule [radikyl] f. BOT. radichetta.
radié, e [radje] adj. raggiato.
1. radier [radje] m. [maçonnerie] platea f.
2. radier v. tr. radiare, cancellare.
radiesthésie [radjɛstezi] f. radi(o)estesia.
radiesthésiste [radjɛstezist] n. radi(o)estesista.
radieux, euse [radjø, øz] adj. PR. et FIG. radioso.
radin, e [radɛ̃, in] adj. POP. tirchio, taccagno, spilorcio (fam.). ◆ n. spilorcio, a.
radio [radjo] f. TÉLÉCOM. radio inv. | *message radio*, radiomessaggio m. | *liaison radio*, radiocollegamento m. | *passer à la radio* : [suj. programme] andare in onda ; [suj. artiste] prodursi alla radio. || MÉD. lastra, radiografia. | *passer à la radio*, fare l'esame radiografico. | *se faire faire une radio*, farsi le lastre, una radiografia. || [appareil récepteur] radio. ◆ n. m. [homme] radiotelegrafista ; [d'avion, de bateau] marconista.
radioactif, ive [radjoaktif, iv] adj. radioattivo.
radioactivité [radjoaktivite] f. radioattività.
radioalignement [radjoaliɲmɑ̃] ou **radiobalisage** [radjobalizaʒ] m. radiosentiero.
radioastronomie [radjoastrɔnɔmi] f. radioastronomia.
radiocarbone [radjokarbɔn] m. radiocarbonio, carbonio 14, carbonio radioattivo.
radiocobalt [radiokɔbalt] m. radiocobalto.
radiocommunication [radiokɔmynikasjɔ̃] f. radiocomunicazione.
radiocompas [radjokɔ̃pa] m. radiobussola f. ; radioindicatore di rotta.
radioconducteur [radjokɔ̃dyktœr] m. radioconduttore.
radiodermite [radiodɛrmit] f. radiodermite.
radiodiffuser [radjodifyze] v. tr. radiotrasmettere, radiodiffondere.
radiodiffusion [radjodifyzjɔ̃] f. radiodiffusione.
radioélectricité [radjoelɛktrisite] f. radioelettricità.
radioélectrique [radjoelɛktrik] adj. radioelettrico (m. pl. *radioelettrici*).
radioélément [radjoelemɑ̃] m. radioelemento.
radiogoniomètre [radjogɔnjomɛtr] m. radiogoniometro.
radiogoniométrie [radjogɔnjometri] f. radiogoniometria.
radiogramme [radjogram] m. radiogramma.
radiographie [radjografi] f. radiografia.
radiographier [radjografje] v. tr. radiografare.
radioguidage [radjogidaʒ] m. radiocomando, radioguida f.
radioisotope [radjoizɔtɔp] m. radioisotopo.
radiojournal [radjoʒurnal] m. giornale radio.
radiolaires [radjɔlɛr] m. pl. ZOOL. radiolari.
radiologie [radjolɔʒi] f. radiologia.
radiologiste [radjolɔʒist] ou **radiologue** [radjolɔg] m. radiologo.
radionavigant [radjonavigɑ̃] m. radionavigatore, marconista.
radionavigation [radjonavigasjɔ̃] f. radionavigazione.
radiophare [radjofar] m. radiofaro.
radiophonie [radjofɔni] f. radiofonia.
radiophonique [radjofɔnik] adj. radiofonico. | *émission radiophonique*, radiotrasmissione. | *auteur radiophonique*, radioautore. | *pièce radiophonique*, radiodramma.
radiopirate [radiopirat] f. radio pirata f. inv.
radiorécepteur [radjoresɛptœr] m. (apparecchio) radioricevente ; radioricevitore ; radio f.
radioreportage [radjorpɔrtaʒ] m. radiocronaca f.
radioreporter [radjorpɔrtɛr] m. radiocronista.
radioscopie [radjoskɔpi] f. radioscopia.
radiosondage [radjosɔ̃daʒ] m. radiosondaggio.
radiosonde [radjosɔ̃d] f. radiosonda.
radiosource [radjosurs] f. radiosorgente.
radiotechnique [radjotɛknik] adj. radiotecnico (m. pl. *radiotecnici*). ◆ n. f. radiotecnica.
radiotélégraphie [radjotelegrafi] f. radiotelegrafia.
radiotélégraphique [radjoteiegrafik] adj. radiotelegrafico (m. pl. *radiotelegrafici*).
radiotéléphonie [radjotelefɔni] f. radiotelefonia.
radiotélescope [radjotelɛskɔp] m. radiotelescopio.
radiotélévisé, e [radjotelevize] adj. radiotelevisivo.
radiothérapie [radjoterapi] f. radioterapia.
radis [radi] m. BOT. ravanello. | *radis noir*, ramolaccio. || LOC. FAM. *n'avoir pas un radis*, non avere il becco di un quattrino.
radium [radjɔm] m. CHIM. radio, radium.
radiumthérapie [radjɔmterapi] f. MÉD. radioterapia ; terapia radiante.
radius [radjys] m. ANAT. radio.
radjah m. V. RAJA.
radon [radɔ̃] m. CHIM. radon.
radotage [radɔtaʒ] m. [propos décousus] vaneggiamento, vaniloquio, farnetico. || [répétition] tiritera f.
radoter [radɔte] v. intr. [divaguer] vaneggiare, farneticare. || [se répéter] = ripetersi continuamente.
radoteur, euse [radɔtœr, øz] adj. rimbambito, farnetico, vaneggiante ; vaneggiatore, trice. || [qui se répète] = che, chi ripete le medesime cose. ◆ n. rimbambito, a ; vaneggiatore, trice.
radoub [radu] m. MAR. raddobbo. | *bassin de radoub*, bacino di raddobbo, di carenaggio.
radouber [radube] v. tr. raddobbare.
radoucir [radusir] v. tr. PR. et FIG. raddolcire. || [apaiser] rabbonire. ◆ v. pr. raddolcirsi ; rabbonirsi.
radoucissement [radusismɑ̃] m. PR. et FIG. raddolcimento.
radula [radyla] f. ANAT., ZOOL. radula.
rafale [rafal] f. raffica. | *rafale de vent*, raffica di vento ; folata f. | *en, par rafales*, a raffiche, a folate. || FIG. *rafale d'applaudissements*, salva, scroscio (m.) di applausi. || MIL. raffica, sventagliata.
raffermir [rafɛrmir] v. tr. PR. rassodare. || FIG. rassodare, confermare, rinvigorire, rafforzare, rinforzare. | *voilà qui me raffermit dans ma conviction*, questo mi conferma nella mia convinzione. ◆ v. pr. rassodarsi. || FIG. *se raffermir dans sa résolution*, confermarsi nella propria risoluzione.
raffermissement [rafɛrmismɑ̃] m. PR. rassodamento. || FIG. rassodamento, rinvigorimento, conferma f.
raffinage [rafinaʒ] m. IND. raffinazione f., raffinatura f.
raffiné, e [rafine] adj. IND. raffinato. || FIG. raffinato, squisito. || *cruauté raffinée*, efferatezza raffinata. ◆ n. raffinato, a.
raffinement [rafinmɑ̃] m. raffinatezza f., raffinamento, squisitezza f., ricercatezza f., gentilezza f., finezza f. || *raffinement de cruauté*, raffinatezza di crudeltà.
raffiner [rafine] v. tr. IND. raffinare. || FIG. raffinare. ◆ v. tr. ind. **(sur)** cavillare, sottilizzare (su) ; insistere eccessivamente (su). | *raffiner sur l'hygiène*, avere una cura estrema dell'igiene.
raffinerie [rafinri] f. raffineria.

raffineur, euse [rafinœr, øz] adj. et n. raffinatore, trice. ◆ n. m. [appareil] raffinatore.
raffoler [rafɔle] v. tr. ind. **(de)** FAM. esser, andar pazzo, matto (per) ; aver la passione (di).
raffut [rafy] m. FAM. cagnara f., baccano. | *faire du raffut*, far cagnara.
rafiau ou **rafiot** [rafjo] m. FAM. PÉJOR. barcaccia f.
rafistolage [rafistɔlaʒ] m. FAM. rabberciamento, rappezzamento, raffazzonamento (L.C.).
rafistoler [rafistɔle] v. tr. FAM. rabberciare, rappezzare, raffazzonare (L.C.).
1. rafle [rafl] f. BOT. [d'une grappe] (g)raspo m. ; [d'un épi de maïs] tutolo m.
2. rafle f. [pillage] razzìa. | *faire une rafle*, far razzìa ; razziare, rastrellare ; far repulisti (fam.). || [arrestation] retata, (il) rastrellare, razzìa.
rafler [rafle] v. tr. FAM. rastrellare, razziare, sgraffignare.
rafraîchir [rafrɛʃir] v. tr. [rendre frais] rinfrescare. | *rafraîchir l'air, un vin*, rinfrescare l'aria, un vino. | *fruits rafraîchis*, macedonia (f.) di frutta. || [rénover] *rafraîchir un vêtement*, rinfrescare un abito. | *rafraîchir un tableau*, dare una rinfrescata a, rinfrescare un quadro. || [couper] *rafraîchir les cheveux*, spuntare, scorciare i capelli. || FIG. *rafraîchir la mémoire à qn*, rinfrescare la memoria a uno. ◆ v. intr. *mettre le vin à rafraîchir*, mettere il vino in fresco. ◆ v. pr. [devenir frais] rinfrescare v. intr. | *l'air se rafraîchit*, l'aria rinfresca. || [se donner de la fraîcheur ; se désaltérer] rinfrescarsi. | *se rafraîchir le visage*, rinfrescarsi il viso.
rafraîchissant, e [rafrɛʃisɑ̃, ɑ̃t] adj. rinfrescante, refrigerante, rinfrescativo.
rafraîchissement [rafrɛʃismɑ̃] m. (il) rinfrescarsi ; rinfrescamento (rare). || [rénovation] rinfrescata f. || [boisson] rinfresco.
ragaillardir [ragajardir] v. tr. ringagliardire, rinvigorire, ringalluzzire.
rage [raʒ] f. MÉD. rabbia. | *rage de dents* = violento mal (m.) di denti. || [fureur] rabbia, furia. | *être fou de rage*, essere fuori di sé dalla rabbia. | *écumer de rage*, schiumare, scoppiare dalla rabbia. | *mettre en rage*, far arrabbiare. || [violence] *rage des flots*, furia, rabbia delle onde. | *faire rage*, infuriare, imperversare. || [passion] passione, smania.
rageant, e [raʒɑ̃, ɑ̃t] adj. irritante, esasperante. | *c'est rageant !*, che rabbia !, c'è da perdere la pazienza !
rager [raʒe] v. intr. andare, montare in bestia ; arrabbiarsi.
rageur, euse [raʒœr, øz] adj. rabbioso, stizzoso.
raglan [raglɑ̃] m. MODE raglan m. inv. ◆ adj. inv. *manches raglan*, maniche (a) raglan.
ragondin [ragɔ̃dɛ̃] m. ZOOL. nutria f., coipo, castorino. || [fourrure] castorino.
1. ragot [rago] m. ZOOL. = cinghiale dai due ai tre anni. ◆ adj. VX tozzo, tarchiato (L.C.).
2. ragot m. FAM. pettegolezzo, diceria f. ; maldicenza f. (L.C.).
ragoût [ragu] m. CULIN. spezzatino, stufato, umido. || FIG. LITTÉR. = gusto, attrattiva f.
ragoûtant, e [ragutɑ̃, ɑ̃t] adj. *peu, pas ragoûtant*, poco stuzzicante, poco appetitoso ; disgustoso.
rai ou (VX) **rais** [rɛ] m. LITTÉR. [de lumière] radio ; raggio (L.C.). || HÉRALD., TECHN. raggio.
raid [rɛd] m. MIL. raid (angl.), incursione f., scorreria f. || AÉR. raid. || SPORT raid, trasvolata f.
raide [rɛd] adj. [sans souplesse] rigido. | *cheveux raides*, capelli ritti. | *corde raide*, corda tesa. | *raide comme un bâton*, rigido come un manico di scopa ; impalato. || [ankylosé] rigido. || [abrupt] ripido, erto. | *escalier raide*, scala ripida. | *pente raide*, pendio ripido. | *côte raide*, erta f. || FIG. rigido. | *caractère raide*, carattere rigido. || FAM. [choquant] *c'est un peu raide !*, questa è poi grossa ! | *en dire de raides*, sballarle grosse. || POP. *être raide (comme un passe-lacet)*, essere al verde (fam.). ◆ adv. *raide mort*, morto stecchito. | *étendre qn raide mort*, far secco uno. | *tuer raide*, uccidere sul colpo ; freddare. | *frapper raide*, picchiar sodo.
raideur [rɛdœr] f. [manque de souplesse] rigidità. || [d'une corde] tensione. || [pente] ripidezza. || FIG. rigidezza, durezza.
raidillon [rɛdijɔ̃] m. salita, china ripida ; erta f. ; pettata f. (fam.). | *gravir un raidillon*, salire un'erta. | *descendre un raidillon*, scendere una china ripida. | *courage, nous arrivons au dernier raidillon !*, coraggio, siamo all'ultima pettata !
raidir [rɛdir] v. tr. [rendre raide] irrigidire ; [tendre] tendere. ◆ v. intr. et v. pr. PR. et FIG. irrigidirsi. | *se raidir contre*, star saldo contro, tener duro contro.
raidissement [rɛdismɑ̃] m. PR. et FIG. irrigidimento. | [d'une corde] tensione f.
raidisseur [rɛdisœr] m. TECHN. tenditore.
1. raie [rɛ] f. riga ; rigo m. (rare). | *tissu à raies*, tessuto a righe. | *tissu à petites raies*, rigatino m., bordatino m. | *tracer une raie horizontale*, tracciare una riga, un rigo orizzontale. || [dans les cheveux] scriminatura, riga. || AGR. solco m. || PHYS. *raie du spectre*, riga spettrale.
2. raie f. ZOOL. razza, raia.
raifort [rɛfɔr] m. BOT. rafano, barbaforte.
rail [rɑj] m. rotaia f. || [voie ferrée] ferrovia f., strada ferrata. || FIG. *remettre sur les rails*, (ri)mettere sul giusto binario. || [de rideau] binario.
railler [rɑje] v. tr. schernire, canzonare ; prendere in giro. ◆ v. intr. [badiner] scherzare, celiare. ◆ v. pr. *se railler de la gloire* (littér.), non curarsi della gloria (L.C.).
raillerie [rɑjri] f. [action] canzonatura ; [moquerie] presa in giro ; motteggio m. | *ne pas entendre la raillerie*, non sapere stare allo scherzo. | *raillerie à part !*, scherzi a parte !
railleur, euse [rɑjœr, øz] adj. canzonatorio, beffardo ; schernitore, trice. ◆ n. canzonatore, trice ; schernitore, trice.
rainer [rene] v. tr. scanalare.
rainette [rɛnɛt] f. ZOOL. raganella.
rainure [renyr] f. scanalatura. || ANAT. solco m.
raiponce [rɛpɔ̃s] f. BOT. raperonzolo m., raponzolo m.
raire [rɛr] ou **réer** [ree] v. intr. bramire.
rais m. V. RAI.
raisin [rezɛ̃] m. uva f. | *raisin sec, de Corinthe, de table, de cuve*, uva secca, passa, di Corinto, da tavola, da vino. || BOT. *raisin d'ours, de renard*, uva orsina, di volpe. || ZOOL. *raisin de mer*, uva di mare ; sargasso. || TYP. = formato di carta 50 × 64.
raisiné [rezine] m. = marmellatta (f.) d'uva con altri frutti.
raison [rezɔ̃] f. **1.** PHILOS. ragione. || [sagesse, discernement] ragione, giudizio m. | *perdre la raison*, perdere il lume della ragione. | *ne pas avoir toute sa raison*, essere un po' svanito. | *âge de raison*, età del giudizio. | *mariage de raison*, matrimonio di convenienza. | *cela n'a ni rime ni raison*, non ha né capo né coda. | *entendre raison*, intendere la ragione. | *se faire une raison*, farsene una ragione. | *mettre à la raison*, ridurre alla ragione. | *contre toute raison*, non sentendo ragione. | *parler raison*, parlare con senno ; ragionare. | *avoir raison*, aver ragione. || HIST. *culte de la Raison*, culto della Ragione. || **2.** [compte, proportion] *livre de raison* (VX) = libro degli affari propri di casa. | *comme de raison*, a ragione. | *plus que de raison*, più del ragionevole, del dovere. || **3.** COMM. *raison sociale*, ragione sociale ; ditta f. || **4.** MATH. ragione. | *en raison directe, inverse*, in ragione diretta, inversa. || **5.** [principe, cause] ragione, motivo m., cagione. | *raison d'être*, ragion d'essere. | *il n'y a pas de raison pour*, non c'è ragione, motivo per. | *c'est la raison pour laquelle il est parti*, per questa ragione è partito. | *il a ses raisons*, ha le sue buone ragioni. | *pour raisons de*, per motivi di. | *(c'est une) raison de plus pour*, ragione di più per. || POLIT. *raison d'État*, ragion di Stato. || **6.** [justification] ragione. | *demander, rendre raison de qch. à qn*, chiedere, rendere ragione di qlco. a qlcu. ; [duel] battersi in duello con uno. | *avoir raison de qn, de qch.*, avere ragione di qlcu. ; superare qlco. | *se faire raison à soi-même*, farsi

giustizia da sé. ◆ loc. adv. ***à tort ou à raison,*** a torto o a ragione. ‖ ***à plus forte raison,*** a maggior ragione. ◆ loc. prép. ***à raison de,*** in ragione di. ‖ ***en raison de,*** per via di ; nella misura in cui. | *en raison des circonstances,* date le circostanze.
raisonnable [rezɔnabl] adj. ragionevole. ‖ [modéré] ragionevole, discreto.
raisonné, e [rezɔne] adj. ragionato.
raisonnement [rezɔnmɑ̃] m. ragionamento ; raziocinio (rare) ◆ pl. *pas tant de raisonnements !,* basta con le discussioni !
raisonner [rezɔne] v. intr. ragionare. ‖ [répliquer] discutere ; fare obiezioni ; ribattere. ◆ v. tr. analizzare. | *raisonner un problème,* analizzare un problema. ‖ [faire entendre raison à] *raisonner qn,* convincere qlcu. con la ragione, condurre uno nella via della ragione.
raisonneur, euse [rezɔnœr, øz] adj. et n. ragionatore, trice n. ‖ Péjor. che, chi discute di tutto. ‖ [qui réplique] che, chi ribatte. | *faire le raisonneur,* trovare scuse a ogni piè sospinto.
raja [raʒa] ou **radjah** [radʒa] m. inv. ragià.
rajeunir [raʒœnir] v. tr. ringiovanire. ‖ Fig. *rajeunir un vêtement,* rinfrescare un vestito. | *rajeunir les cadres d'une entreprise,* svecchiare i quadri di un'azienda. ◆ v. intr. ringiovanire. | *il a rajeuni,* è ringiovanito. ◆ v. pr. ringiovanirsi, togliersi gli anni. | *tu te rajeunis,* ti fai più giovane di quello che sei.
rajeunissant, e [raʒœnisɑ̃, ɑ̃t] adj. = che fa ringiovanire. | *traitement rajeunissant,* cura di ringiovanimento.
rajeunissement [raʒœnismɑ̃] m. ringiovanimento. ‖ Fig. rinnovamento.
rajout [raʒu] m. aggiunta f.
rajouter [raʒute] v. tr. aggiungere ancora. | *rajouter un wagon-lit,* aggiungere un vagone letto. | *rajouter du sel,* salare di nuovo. ‖ Fam. *en rajouter,* aumentare la dose ; esagerare (l.c.).
rajustement m., **rajuster** v. tr. V. réajustement, réajuster.
1. râle [rɑl] m. Zool. rallo. | *râle d'eau,* porciglione, rallo. | *râle des genêts,* re di quaglie.
2. râle ou (littér.) **râlement** [rɑlmɑ̃] m. Méd. rantolo.
ralenti [ralɑ̃ti] m. [moteur] minimo. ‖ Loc. *au ralenti :* Pr. al minimo ; Fig. a rilento, al rallentatore, con il rallentatore. ‖ Cin. rallentamento.
ralentir [ralɑ̃tir] v. tr. et intr. Pr. et fig. rallentare. | *le train a ralenti,* il treno ha rallentato. ◆ v. pr. rallentarsi.
ralentissement [ralɑ̃tismɑ̃] m. Pr. et fig. rallentamento.
ralentisseur [ralɑ̃tisœr] m. Cin. rallentatore. ‖ Chim., Phys. moderatore.
râler [rɑle] v. intr. Pr. rantolare. ‖ [cervidé] bramire ; [tigre] ruggire. ‖ Fig. [grogner] brontolare ; mugugnare (rég.) | *râler contre,* brontolare per ; lamentarsi di.
râleur, euse [rɑlœr, øz] adj. et n. Fam. brontolone, a ; borbottone, a.
ralingue [ralɛ̃g] f. Mar. ralinga, gratile m. | *voile en ralingue,* vela in ralinga.
ralinguer [ralɛ̃ge] v. tr. Mar. ralingare. ◆ v. intr. *voile qui ralingue,* vela che ralinga, che fileggia.
rallié, e [ralje] adj. et n. aderente.
ralliement [ralimɑ̃] m. [rassemblement] adunata f., riunione f., raccolta f. | *point de ralliement,* luogo di adunata, di riunione. | *sonner le ralliement,* sonare l'adunata. | *mot de ralliement,* parola d'ordine. ‖ [adhésion] adesione f. | *ralliement à une cause, à un parti,* adesione ad una causa, ad un partito.
rallier [ralje] v. tr. [rassembler] radunare, raccogliere. ‖ [rejoindre] raggiungere. ‖ [mettre d'accord] *rallier tous les suffrages,* raccogliere tutti i suffragi. | *l'intérêt peut rallier des adversaires,* l'interesse può collegare degli avversari. ◆ v. pr. [se réunir] raccogliersi, riunirsi. ‖ [approuver] *se rallier à,* aderire a.
rallonge [ralɔ̃ʒ] f. allungo m., giunta, prolunga. | *table à rallonges,* tavolo allungabile. ‖ Fam. [supplément de prix] soprapprezzo (l.c.). ‖ Iron. *nom à rallonge(s)* = cognome di più casati (m. pl.) nobili. ‖ Écon. *rallonge budgétaire,* integrazione ; dotazione integrativa. ‖ Électr. prolunga. ‖ Fam. *une rallonge de deux jours,* un prolungamento di due giorni.
rallongement [ralɔ̃ʒmɑ̃] m. allungamento.
rallonger [ralɔ̃ʒe] v. tr. allungare. ◆ v. intr. et v. pr. allungarsi.
rallumer [ralyme] v. tr. Pr. riaccendere. ‖ Fig. riaccendere, rinfocolare. ◆ v. pr. riaccendersi, rinfocolarsi.
rallye [rali] m. Sport rally (pl. *rallies*) [angl.].
ramadan [ramadɑ̃] m. (ar.) ramadan.
ramage [ramaʒ] m. [oiseaux ; enfants] cinguettìo. ‖ [manière de s'exprimer] = linguaggio. ◆ pl. Mode fiorami ; ramages (fr.). | *tissu à ramages,* tessuto a ramages.
ramager [ramaʒe] v. intr. [oiseaux] cinguettare, gorgheggiare. ◆ v. tr. Mode coprire di disegni a fiorami.
ramarder [ramarde] v. tr. Mar. riparare.
ramas [rama] m. Vx V. ramassis.
ramassage [ramasaʒ] m. raccolta f. ‖ Loc. *ramassage scolaire* = trasporto di alunni.
ramassé, e [ramase] adj. [trapu] tarchiato, tozzo, atticciato. ‖ [concis] conciso.
ramasse-miettes [ramasmjɛt] m. inv. spazzola (f.) per briciole.
ramasser [ramase] v. tr. [rassembler] raccogliere ; mettere insieme. | *ramasser de l'argent, du bois, les cartes,* raccogliere denaro, legna, le carte. ‖ [prendre à terre] *ramasser des pommes,* raccogliere mele. | *ramasser des mégots,* raccattar cicche. | *ramasser les blessés,* raccogliere i feriti. ‖ [concentrer] *ramasser en quelques mots,* condensare in poche parole. | *ramasser ses forces,* raccogliere le forze. ‖ Fam. *ramasser une bûche,* fare un capitombolo, un ruzzolone. | *ramasser une volée,* buscarne di santa ragione. ‖ Fam. [arrêter] rastrellare ; fare una retata di. ◆ v. pr. [se replier] raccogliersi, raggomitolarsi. ‖ Fam. [se relever] tirarsi su, rialzarsi.
ramasseur, euse [ramasœr, øz] n. raccoglitore, trice. | *ramasseur de mégots,* raccattacicche m. inv. ; ciccaiolo. ‖ Sport *ramasseur de balles,* raccattapalle m. inv.
ramassis [ramasi] m. accozzaglia f., raccogliticcio.
rambarde [rɑ̃bard] f. Mar. battagliola. ‖ [rampe] parapetto m.
ramdam [ramdam] m. Fam. baccano, chiasso, gazzarra f.
1. rame [ram] f. Agr. paletto (m.) di sostegno. ‖ Loc. pop. *ne pas en fiche une rame,* grattarsi la pancia.
2. rame f. Mar. remo m. | *aller à la rame,* andare a remi. | *faire force de rames,* far forza sui remi. | *coup de rame,* vogata f.
3. rame f. [papier] risma. ‖ [wagons] convoglio m.
rameau [ramo] m. Bot. ramoscello. ‖ Fig. *rameau d'une famille,* ramo di una famiglia. ‖ Anat., Min. ramificazione f. ‖ Relig. *dimanche des Rameaux,* domenica delle Palme.
ramée [rame] f. Littér. fronda. ‖ [branches coupées] frasche f. pl.
ramender [ramɑ̃de] v. tr. [un terrain] ammendare di nuovo. ‖ [une dorure] indorare di nuovo. ‖ Mar. V. ramarder.
ramener [ramne] v. tr. [amener de nouveau] ricondurre, riportare. | *ramener les enfants à la maison, qn en prison,* ricondurre i bambini a casa, uno in prigione. | *ramener avec soi,* riportare con sé. ‖ [tirer] *ramener les bras en arrière,* tirar indietro le braccia. | *ramener son châle sur ses épaules,* tirarsi lo scialle sulle spalle. ‖ [rétablir] ristabilire, riportare. | *ramener la paix,* riportare la pace. ‖ [faire (re)venir] ridurre, condurre, riferire. | *ramener tout à soi,* riferire tutto a se stesso. | *ramener à la raison,* ridurre alla ragione. | *ramener à la vie,* far tornare in sé ; rianimare. | *ramener plusieurs problèmes à un seul,* ridurre parecchi problemi ad uno solo. ‖ Pop. *la ramener* = protestare. ◆ v. pr. *se ramener à,* ridursi a. ‖ Pop. [revenir] = venire, tornare.

ramequin [ramkɛ̃] m. CULIN. = sorta di soufflé al formaggio. ‖ [récipient] = stampo di porcellana.
1. ramer [rame] v. tr. AGR. impalare, rameggiare. ‖ LOC. FAM. *il s'y entend comme à ramer des choux* = non ne capisce un cavolo.
2. ramer v. intr. MAR. remare, vogare.
ramescence [ramɛsɑ̃s] f. BOT. ramificazione.
ramette [ramɛt] f. risma di carta da lettere.
1. rameur, euse [ramœr, øz] n. rematore, trice ; vogatore, trice.
2. rameuse f. TEXT. rameuse (fr.).
rameuter [ramøte] v. tr. [foule] ammutinare di nuovo. ‖ [chiens] radunare, raggruppare (per riformare una muta).
rameux, euse [ramø, øz] adj. ramoso.
rami [rami] m. JEU ramino.
ramie [rami] f. BOT. ramia, ramiè m.
ramier [ramje] adj. et n. m. ZOOL. *(pigeon) ramier,* colombaccio m.
ramification [ramifikasjɔ̃] f. ANAT., BOT. ramificazione ; diramazione (rare). ‖ FIG. ramificazione ; [route, voie ferrée] diramazione.
ramifié, e [ramifje] adj. ramificato.
ramifier [ramifje] v. tr. dividere in più rami. ◆ v. pr. BOT. ramificarsi, ramificare. ‖ FIG. ramificarsi, diramarsi.
ramille [ramij] f. ramettino m.
ramolli, e [ramɔli] adj. FAM. rammollito, rimbambito.
ramollir [ramɔlir] v. tr. PR. et FIG. rammollire. ◆ v. pr. rammollirsi.
ramollissement [ramɔlismɑ̃] m. PR. et FIG. rammollimento. ‖ MÉD. *ramollissement cérébral,* rammollimento cerebrale.
ramollo [ramolo] adj. POP. V. RAMOLLI.
ramonage [ramɔnaʒ] m. spazzatura f., pulitura f. (del camino).
ramoner [ramɔne] v. tr. *ramoner la cheminée,* spazzare, pulire la canna del camino. ‖ [alpinisme] scalare (un camino di roccia).
ramoneur [ramɔnœr] m. spazzacamino.
rampant, e [rɑ̃pɑ̃, ɑ̃t] adj. PR. et FIG. strisciante. ‖ ARCHIT., HÉRALD. rampante. ◆ n. m. ARCHIT. spiovente. ◆ n. m. pl. AÉR. (plais.) = il personale a terra.
rampe [rɑ̃p] f. **1.** [pente] pendìo m., pendenza, rampa. | *rampe d'accès, de lancement,* rampa di accesso, di lancio. ‖ **2.** [d'escalier] rampa, branca. ‖ [balustrade] ringhiera ; [main courante] corrimano m. ‖ ANAT. rampa, scala. ‖ **3.** [dispositif lumineux] parco (m.) lampade ; proiettore m. ‖ AÉR. batteria di proiettori. ‖ THÉÂTRE ribalta. ‖ FIG. *(ne pas) passer la rampe* = (non) far presa sul pubblico. ‖ **4.** FAM. *tenir la rampe* = godere di ottima salute. | *lâcher la rampe,* tirare le cuoia ; morire (L.C.).
rampement [rɑ̃pmɑ̃] m. strisciamento, (lo) strisciare, (l')andar carponi.
ramper [rɑ̃pe] v. intr. PR. et FIG. strisciare ; andar carponi.
rampon(n)eau [rɑ̃pɔno] m. POP. = spintone, urtone.
ramure [ramyr] f. BOT. fronde f. pl. ; ramatura (rare). ‖ ZOOL. palchi m. pl., rami m. pl.
ranatre [ranatr] f. ZOOL. ranatra.
rancard [rɑ̃kar] m. POP. = appuntamento. ‖ POP. = informazione (f.) confidenziale.
rancart [rɑ̃kar] m. FAM. *mettre, jeter au rancart* = buttar via ; mettere fra i rifiuti ; scartare.
rance [rɑ̃s] adj. et n. m. rancido.
ranche [rɑ̃ʃ] f. TECHN. piolo m.
ranci [rɑ̃si] adj. et n. m. rancido. ‖ FIG. *une vieille fille rancie,* una zitella inacidita, rancida.
rancir [rɑ̃sir] v. intr. irrancidire.
rancissement [rɑ̃sismɑ̃] m. irrancidimento.
rancœur [rɑ̃kœr] f. rancore m., astio m.
rançon [rɑ̃sɔ̃] f. riscatto m., taglia. | *mettre qn à rançon* (littér.), imporre un riscatto a, taglieggiare qlcu. ‖ FIG. prezzo m., inconveniente m.
rançonnement [rɑ̃sɔnmɑ̃] m. (l')imporre un riscatto ; (il) taglieggiare. ‖ [demande exagérée] estorsione f., pelatura f.
rançonner [rɑ̃sɔne] v. tr. esigere un riscatto da ; taglieggiare. ‖ [exiger trop] estorcere, scorticare, pelare.
rancune [rɑ̃kyn] f. rancore m., astio m. | *garder rancune à qn,* serbare rancore verso qlcu. | *une vieille rancune,* una vecchia ruggine.
rancunier, ère [rɑ̃kynje, ɛr] adj. = che serba rancore ; tenace nel rancore ; astioso. ◆ n. persona astiosa.
randonnée [rɑ̃dɔne] f. escursione, gita.
rang [rɑ̃] m. fila f., riga f., ordine. | *au premier rang,* in prima fila. | *en rangs serrés,* in file serrate. | *rang de perles,* filo di perle. | *mettre, se mettre en rangs,* (fam.) *en rang d'oignons,* mettere, mettersi in fila, in riga. | *quitter, serrer les rangs* (pr. et fig.), disertare, serrare le file. | *par rangs de six,* per sei. | *par rang de taille :* [personnes] in ordine di statura ; [choses] in ordine di altezza. | *tricoter deux rangs à l'envers,* lavorare due ferri a rovescio. ‖ [hiérarchie] grado ; posizione (f.), condizione (f.) sociale ; ceto. | *de haut rang,* d'alto rango, di elevata condizione sociale. | *avoir rang de,* aver grado di. | *élever qn au rang de,* alzare qlcu. al grado di. | *de tout rang,* d'ogni ceto. | *tenir son rang,* rispettare la propria condizione sociale. | *selon son rang,* secondo la propria condizione. ‖ LOC. *être, se mettre sur les rangs,* essere candidato ; mettersi fra i competitori. | *mettre au, sur le même rang,* mettere sullo stesso piano. | *mettre au rang de,* mettere nel novero di, annoverare fra. | *prendre rang,* prender posto. ‖ UNIV. *sortir dans un bon rang,* avere un ottimo posto nella graduatoria. ‖ MIL. riga, fila, rango. | *rompez les rangs !,* rompete le righe ! | *sortir du rang,* venire dalla gavetta.
rangé, e [rɑ̃ʒe] adj. posato ; per bene loc. inv. | *existence rangée,* vita posata. | *homme rangé,* uomo rispettabile, per bene. | *jeune fille rangée,* ragazza per bene, a posto (fam.). ‖ MIL. *bataille rangée,* battaglia campale.
rangée [rɑ̃ʒe] f. fila ; [plantes, arbres] fila, filare m. | *rangée de perles,* filo (m.) di perle. ‖ [tricot] ferro m.
rangement [rɑ̃ʒmɑ̃] m. rassettamento, rassettatura f.
ranger [rɑ̃ʒe] v. tr. [mettre en ordre] riporre ; mettere a posto, sistemare. | *ranger des livres, des vêtements,* riporre, mettere a posto libri, vestiti. | *ranger par ordre alphabétique,* sistemare in ordine alfabetico. ‖ [mettre de l'ordre dans] rassettare, riordinare, mettere in ordine. | *ranger une chambre,* rassettare, riordinare una camera. ‖ [garer] *ranger sa voiture,* posteggiare la macchina. | *ranger sa voiture au garage,* mettere la macchina in garage. | *ranger sa voiture, se ranger près du trottoir,* accostare la macchina al marciapiede. ‖ [mettre au nombre de] annoverare, collocare. | *ranger qn parmi les plus grands poètes,* annoverare uno fra i maggiori poeti. ‖ [mettre sous la dépendance de] *ranger sous ses lois,* ridurre sotto le proprie leggi. ‖ MAR. *ranger la côte,* randeggiare v. intr. ‖ MIL. [aligner] schierare. ◆ v. pr. [se disposer] disporsi, ordinarsi. ‖ [s'écarter] scansarsi ; tirarsi da parte. ‖ [se garer] posteggiare v. intr. ‖ FIG. *se ranger du côté de qn, à l'avis de qn,* schierarsi dalla parte di qlcu., aderire al parere di qlcu. | *se ranger parmi,* annoverarsi fra. ‖ MAR. affiancarsi. ‖ MIL. schierarsi. ‖ FAM. [s'assagir] = metter giudizio ; mettere la testa a partito ; rinsavire v. intr.
ranidés [ranide] m. pl. ZOOL. ranidi.
ranimation f. V. RÉANIMATION.
ranimer [ranime] v. tr. PR., VX risuscitare (L.C.). ‖ PR. et FIG. rianimare, ravvivare. | *ranimer les esprits,* risollevare gli animi. | *ranimer une passion,* rianimare, rinfocolare una passione. | *ranimer le feu,* ravvivare, riattizzare il fuoco.
raout [raut] m. VX = ricevimento mondano.
rapace [rapas] adj. et n. m. PR. et FIG. rapace.
rapacité [rapasite] f. PR. et FIG. rapacità.
râpage [rɑpaʒ] m. CULIN. (il) grattugiare. ‖ TECHN. raspatura f., raspamento.
rapatrié, e [rapatrije] adj. et n. rimpatriato.
rapatriement [rapatrimɑ̃] m. rimpatrio.
rapatrier [rapatrije] v. tr. rimpatriare.

râpe [rɑp] f. ‖ CULIN. grattugia. ‖ TECHN. raspa. ‖ BOT. V. RAFLE 1.
râpé, e [rɑpe] adj. CULIN. grattugiato, grattato. ‖ [élimé] frusto, liso, logoro. ◆ n. m. [tabac] rapè. ‖ [vin] vinello. ‖ [fromage] groviera grattugiata.
râper [rɑpe] v. tr. CULIN. grattugiare, grattare. ‖ TECHN. raspare. ‖ [tabac] tritare ; rapare (vx). ‖ [user] logorare. ‖ *râper la gorge*, raspare la gola.
rapetassage [raptasaʒ] m. FAM. [action] rappezzamento, rattoppamento, rabberciamento (L.C.) ; [action, résultat] rappezzatura f., rattoppatura f., rabberciatura f. (L.C.).
rapetasser [raptase] v. tr. FAM. rappezzare, rattoppare, rabberciare (pr., L.C.) ; rabberciare (fig., L.C.).
rapetissement [raptismɑ̃] m. PR. et FIG. (r)impicc(i)olimento.
rapetisser [raptise] v. tr. (r)impicc(i)olire. ‖ FIG. (r)impiccolire, (r)impiccinire. ◆ v. intr. (r)impicc(i)olire, (r)impiccinire. ◆ v. pr. (r)impicc(i)olirsi, rimpiccinirsi.
râpeux, euse [rɑpø, øz] adj. ruvido, scabro, scabroso ; che raspa ; rasposo (rare). ‖ FIG. *vin râpeux*, vino aspro.
raphaélesque [rafaelɛsk] adj. raffaellesco.
raphia [rafja] m. rafia f.
rapiat, e [rapja, at] adj. FAM. spilorcio, tirchio, taccagno.
rapide [rapid] adj. [prompt] rapido, svelto, veloce. | *rapide à la course*, rapido, veloce nella corsa. | *d'un pas rapide*, con passo svelto, spedito. ‖ [vif] *esprit rapide*, ingegno vivace. ‖ [qui s'accomplit rapidement] *cuisson, conquête rapide*, cottura, conquista rapida. ‖ [très incliné] *côte, montée rapide*, salita ripida ; erta f. | *pente rapide*, pendìo ripido. ‖ FIG. *style rapide*, stile vivace, conciso. ‖ [hâtif] *décision rapide*, decisione rapida. ‖ TECHN. *acier rapide*, acciaio rapido. ◆ n. m. [cours d'eau] rapida f. ‖ [train] rapido.
rapidité [rapidite] f. rapidità, sveltezza, celerità. ‖ FIG. [du temps] rapidità ; [du style] vivacità, concisione.
rapiéçage [rapjesaʒ] ou **rapiècement** [rapjɛsmɑ̃] m. [action] rappezzamento, rattoppamento, rabberciamento ; [action, résultat] rappezzatura f., rattoppatura f., rabberciatura f., rattoppo.
rapiécer [rapjese] v. tr. rappezzare, rattoppare, rabberciare.
rapière [rapjɛr] f. = spada lunga e affilata.
rapin [rapɛ̃] m. PÉJOR. imbrattatele m. inv.
rapine [rapin] f. rapina.
rapiner [rapine] v. tr. VX rapinare (L.C.).
raplati [raplati] adj. FAM. ou **raplapla** [raplapla] inv. POP. *être raplati*, essere a terra (fam.).
rappareiller [rapareje] v. tr. (rare) riapparigliare ; = sostituire i pezzi mancanti (L.C.).
rapparier [raparje] v. tr. (rare) riappaiare ; appaiare di nuovo (L.C.).
rappel [rapɛl] m. richiamo. | *lettres de rappel d'un ambassadeur*, lettere di richiamo di un ambasciatore. | *rappel à l'ordre, à la raison, au devoir, à la réalité*, richiamo all'ordine, alla ragione, al dovere, alla realtà. ‖ THÉÂTRE chiamata f. ‖ [Code de la route] continua. ‖ FIG. [évocation] evocazione f. ‖ COMM. *lettre de rappel*, (lettera di) sollecito m. ‖ FIN. *rappel d'appointements*, arretrati m. pl. | *rappel d'impôts*, avviso di pagamento di imposte complementari. ‖ MÉD. richiamo. ‖ MIL. richiamo (alle armi). | *sonner, battre le rappel* : PR. suonare l'adunata ; FIG. chiamare a raccolta. ‖ [alpinisme] *descente en rappel*, discesa a corda doppia. ‖ TECHN. *touche de rappel*, tasto di ritorno.
rappelé [raple] adj. et n. m. MIL. richiamato.
rappeler [raple] v. tr. [faire revenir] richiamare. | *rappeler un ambassadeur*, richiamare un ambasciatore. | *rappeler un acteur*, chiamare un attore. ‖ FIG. *rappeler qn à la vie*, richiamare in vita qlcu. | *rappeler qn à l'ordre, au devoir, à la réalité*, richiamare uno all'ordine, al dovere, alla realtà. ‖ [appeler de nouveau] richiamare. ‖ [faire souvenir de] ricordare, rammentare. | *rappeler les bons moments*, ricordare, rammentare i bei momenti. | *rappelez-moi au (bon) souvenir de vos parents*, mi ricordi ai suoi genitori. ‖ [évoquer] (ri)evocare. ‖ [ressembler] *il rappelle son père*, fa pensare a suo padre. ‖ MIL. richiamare. ◆ v. pr. ricordarsi, rammentarsi. | *je me rappelle l'avoir connu*, mi ricordo di averlo conosciuto.
rappliquer [raplike] v. intr. POP. = tornare, arrivare.
rappointir [rapwɛ̃tir] v. tr. appuntire (di nuovo).
rapport [rapɔr] m. **1.** [revenu] reddito, rendita f., profitto, provento. | *rapport d'une terre*, rendita di un podere. | *rapport d'un capital*, reddito di un capitale. | *maison de rapport*, casa con reddito fisso. | *être d'un bon rapport*, essere redditizio. ‖ **2.** [compte rendu] relazione f., rapporto, resoconto. | *faire, rédiger un rapport*, fare, stendere una relazione, un rapporto. | *rapport d'expert*, relazione peritale. | *rapport du médecin légiste*, referto del medico legale. | *faux rapport*, falsa relazione. ‖ COMM. *rapport de gestion*, rendiconto di gestione. ‖ **3.** [relation, lien] rapporto, relazione, attinenza f. | *rapport de cause à effet*, rapporto, relazione di causa e di effetto. | *cela n'a aucun rapport (avec)*, ciò non ha alcun rapporto, alcuna attinenza (con). | *mettre en rapport*, mettere in relazione. | *en rapport avec*, in relazione a. ‖ **4.** GRAMM., MATH., MÉC. rapporto. ‖ JUR. *rapport de biens à la masse*, restituzione (f.) alla massa di beni. ‖ MIL. rapporto. | *rassembler pour le rapport*, riunire a rapporto. ◆ pl. [relations, liens] rapporti, relazioni f. pl., vincoli. | *rapports d'affaires*, rapporti, relazioni d'affari. | *rapports d'amitié, de parenté*, relazioni, vincoli di amicizia, di parentela. | *avoir de bons rapports avec qn*, essere in buoni rapporti con uno. ◆ Loc. adv. ***sous tous les rapports,*** da tutti i punti di vista, sotto tutti gli aspetti, sotto tutti i rapporti. ◆ Loc. prép. ***par rapport à,*** rispetto a, riguardo a. ‖ FAM. *rapport à* = a proposito di ; per quanto concerne, riguarda ; per via di. ‖ ***sous le rapport de,*** dal punto di vista di.
rapporté, e [rɑporte] adj. *poche rapportée*, tasca a toppa.
rapporter [rapɔrte] v. tr. **1.** [ramener] riportare ; portare indietro ; portare a casa. | *il m'a rapporté mon parapluie*, mi ha riportato l'ombrello. | *rapporter une impression*, riportare un'impressione. ‖ [chasse] *chien qui rapporte le gibier*, cane che riporta la selvaggina. | *chien qui rapporte*, cane da riporto. ‖ **2.** [compléter] aggiungere, riportare. | *rapporter de la terre, une bande de tissu à une robe*, aggiungere della terra, una striscia di stoffa a una veste. ‖ **3.** [produire] rendere, fruttare, produrre. | *rapporter trois pour cent*, rendere, fruttare il tre per cento. | *cette terre rapporte beaucoup de blé*, questa terra produce molto grano. ‖ **4.** [relater] riportare, riferire. ‖ ABSOL. far la spia. ‖ **5.** [attribuer] riportare, riferire. | *rapporter tout à soi*, riferire tutto a se stesso. ‖ **6.** JUR. revocare, abrogare. ‖ **7.** MATH. *rapporter un angle*, costruire un angolo. ◆ v. pr. **(à)** riferirsi (a) ; essere in relazione (con), avere attinenza (con). | *le relatif se rapporte à son antécédent*, il relativo si riferisce al suo antecedente. | *s'en rapporter à*, rimettersi a.
rapporteur, euse [rapɔrtœr, øz] adj. et n. PÉJOR. spione, a (n.) ; delatore, trice (n.). ◆ n. m. [qui rend compte] relatore, trice. | *juge rapporteur*, giudice relatore. ‖ GÉOM. rapportatore.
rapprendre v. tr. V. RÉAPPRENDRE.
rapprochement [raprɔʃmɑ̃] m. PR. r(i)avvicinamento. ‖ FIG. riavvicinamento. ‖ [comparaison] raffronto.
rapprocher [raprɔʃe] v. tr. PR. (r)avvicinare, (r)accostare. | *rapprocher deux tables*, ravvicinare, raccostare due tavole. | *chaque jour nous rapproche du départ*, ogni giorno ci avvicina alla partenza. | *les lunettes rapprochent un objet*, gli occhiali ravvicinano un oggetto. ‖ [approcher de nouveau] riavvicinare, riaccostare. ‖ [disposer à l'entente] avvicinare. ‖ [réconcilier] r(i)avvicinare, riconciliare. ‖ [comparer] raffrontare. ◆ v. pr. **(de)** riavvicinarsi (a). ‖ FIG. (r)avvicinarsi (a).
rapt [rapt] m. rapimento, ratto.
raptus [raptys] m. MÉD. raptus (lat.).
râpure [rɑpyr] f. TECHN. raspatura.
raquette [rakɛt] f. [de tennis, à neige] racchetta (da

tennis, da neve); [de Ping-Pong] paletta, racchetta (da ping-pong). || [joueur de tennis] tennista n.
rare [rɑr] adj. [peu fréquent] raro. | *timbre, animal rare,* francobollo, animale raro. | *les occasions se font rares,* le occasioni si fanno rare, si rarefanno. || [peu abondant] raro, rado, scarso. | *devenir rare,* scarseggiare. | *l'argent est rare,* il denaro scarseggia. | *visites rares,* visite rade. || [peu dense] rado. | *cheveux rares,* capelli radi. || [exceptionnel] raro, singolare. | *d'une rare intelligence,* d'intelligenza rara. | *femme d'une rare beauté,* donna di rara, di singolare bellezza. || CHIM., PHYS. *gaz rares,* gas rarefatti. | *air rare,* aria rarefatta. || MÉD. *pouls rare,* polso raro. || LOC. *il est bien rare qu'il vienne,* (fam.) *c'est bien rare s'il vient,* è davvero raro che venga (L.C.). | *rien de rare* (fam.), niente di straordinario. | *tu te fais rare,* diventi prezioso, non ti fai più vivo (fam.). ◆ n. *c'est un des rares qui* (subj.), è uno dei pochi che (subj.).
raréfaction [rarefaksjɔ̃] f. [d'un produit] rarefazione, scarsità; [d'un gaz] rarefazione.
raréfiable [rarefjabl] adj. PHYS. rarefattibile.
raréfier [rarefje] v. tr. rarefare. ◆ v. pr. [denrée] rarefarsi, scarseggiare v. intr.; [gaz] rarefarsi.
rarement [rarmɑ̃] adv. di rado, raramente; rare volte.
rareté [rarte] f. rarità; rarezza (rare). | *rareté d'un livre,* rarità di un libro. | *rareté de la barbe,* radezza della barba. | *rareté d'un fait,* singolarità di un fatto. || [chose rare] rarità. || [pénurie] scarsità, scarsezza.
rarissime [rarisim] adj. rarissimo.
ras, rase [rɑ, rɑz] adj. [coupé court] raso, rasato. | *cheveux ras,* capelli rasi. | *au poil ras,* dal pelo raso. | *tissu ras,* raso m. || LOC. *en rase campagne,* in aperta campagna. || [plein] raso. | *verre ras,* bicchiere raso; bicchiere pieno fino all'orlo. || LOC. *faire table rase (de),* far tabula rasa (di). ◆ adv. et loc. adv. ***à ras,*** raso, rasato adj. | *à ras bord,* raso. ◆ loc. prép. ***à, au ras de,*** al livello di. | *à ras de terre,* raso terra. | *au ras de l'eau,* a fior d'acqua. | *au ras du mur,* rasente il, al muro.
rasade [rɑzad] f. bicchiere colmo; bicchierone m.
rasage [rɑzaʒ] m. rasatura f.
rasance [rɑzɑ̃s] f. MIL. radenza.
rasant, e [rɑzɑ̃, ɑ̃t] adj. PR. *tir, vol rasant, lumière rasante,* tiro, volo, luce radente. || FIG., FAM. seccante, scocciante, barboso.
rascasse [raskas] f. ZOOL. scorpena, scorfano m.
rase-mottes [rɑzmɔt] m. inv. LOC. *vol en rase-mottes,* volo radente, volo raso terra. | *mitraillage en rase-mottes,* mitragliamento a volo radente.
raser [rɑze] v. tr. [couper] radere, rasare; [barbe] radere, rasare, sbarbare. | *crème à raser,* crema per, da barba. || [abattre] radere, spianare, demolire, atterrare. | *raser une ville,* radere al suolo, spianare una città. | *raser une forêt,* radere a terra un bosco. | *raser une maison,* demolire, abbattere una casa. || [frôler] rasentare, radere, sfiorare. || FIG., FAM. seccare, scocciare. ◆ v. pr. radersi, rasarsi, sbarbarsi. || FIG., FAM. seccarsi, scocciarsi.
rasette [rɑzɛt] f. AGR. avanvomere m.; vomere scorticatore; scortecciatore m.
raseur, euse [rɑzœr, øz] n. TEXT. rasatore, trice. || FIG., FAM. seccatore, trice; scocciatore, trice.
rash [raʃ] m. MÉD. rash (angl.).
rasibus [rɑzibys] adv. POP. proprio rasente (L.C.).
rasoir [rɑzwar] m. rasoio. | *cuir à rasoir,* coramella f. ◆ adj. FIG., FAM. seccante, barboso.
raspoutitsa [rasputitsa] f. GÉOGR. rasputitza.
rassasié, e [rasazje] adj. sazio, satollo. || [dégoûté] nauseato.
rassasiement [rasazimɑ̃] m. (rare) saziamento (VX); sazietà f. (L.C.). || [dégoût] nausea f.
rassasier [rasazje] v. tr. saziare, sfamare, satollare. || FIG. saziare, appagare. ◆ v. pr. saziarsi, satollarsi. || FIG. saziarsi, appagarsi.
rassemblement [rasɑ̃bləmɑ̃] m. [de personnes] adunanza f.; [séditieux] assembramento. || [de choses] raccolta f. || MIL. adunata f. | *sonner le rassemblement,* sonare l'adunata. || POLIT. unione f.
rassembler [rasɑ̃ble] v. tr. radunare, raccogliere. || FIG. raccogliere. | *rassembler son courage,* prendere il coraggio a due mani. || MIL. adunare. || [hippisme] *rassembler son cheval,* riunire il cavallo. ◆ v. pr. [personnes] radunarsi, raccogliersi.
rassembleur [rasɑ̃blœr] m. raccoglitore, unificatore.
rasseoir [raswar] v. tr. [replacer] rimettere a posto. || FIG. basare, fondare. ◆ v. pr. rimettersi a sedere.
rasséréner [raserene] v. tr. PR. et FIG. rasserenare. ◆ v. pr. rasserenarsi; tornar sereno.
rassir [rasir] v. intr. diventare raffermo; raffermarsi (tosc.).
rassis, e [rasi, iz] adj. [durci] raffermo. || [réfléchi] posato, assennato.
rassortiment m., **rassortir** v. tr. V. RÉASSORTIMENT, RÉASSORTIR.
rassurant, e [rasyrɑ̃, ɑ̃t] adj. rassicurante.
rassurer [rasyre] v. tr. rassicurare; rinfrancare (littér.). ◆ v. pr. rassicurarsi, rinfrancarsi.
rastaquouère ou abr. **rasta** [rasta(kwɛr)] m. FAM. = avventuriero straniero.
rat [ra] m. ZOOL. topo, sorcio. | *rat des champs,* topo campagnolo. | *rat d'égout,* topo di chiavica, di fogna; ratto. | *rat musqué,* topo muschiato. || FIG., FAM. *rat de bibliothèque,* topo di biblioteca. | *rat-de-cave :* [lumignon] lucignolo, stoppino; [fonctionnaire] = ispettore delle imposte indirette. | *rat d'hôtel,* topo d'albergo. | *rat d'église,* baciapile m. inv. | *rat de l'Opéra, petit rat* = allievo ballerino, allieva ballerina. || FAM. [avare] spilorcio, taccagno. || FAM. [terme d'affection] topolino, tesoro, tesoruccio. || LOC. *gueux comme un rat* = povero in canna. | *être fait comme un rat,* far la fine del topo.
rata [rata] m. POP. sbobba, boba, (s)bobbia f.
ratafia [ratafja] m. ratafià.
ratage [rataʒ] m. FAM. fiasco; scacco, smacco (L.C.).
rataplan [rataplɑ̃] onomat. rataplàn.
ratatiné, e [ratatine] adj. raggrinzito, vizzo. || FAM. *petit vieux tout ratatiné,* vecchietto tutto rattrappito. || FIG., FAM. = schiacciato.
ratatiner [ratatine] v. tr. POP. = schiacciare, annientare. ◆ v. pr. FAM. raggrinzirsi, rattrappirsi.
ratatouille [ratatuj] f. FAM. intingolaccio m. || CULIN. *ratatouille niçoise* = melanzane, zucchine e pomodori cotti con olio d'oliva a fuoco lento.
1. rate [rat] f. ZOOL. topo (m.) femmina.
2. rate f. ANAT. milza. || LOC. FAM. *se dilater la rate,* sganasciarsi dalle risa. | *ne pas se fouler la rate* = prendersela comoda.
raté, e [rate] adj. fallito, mancato. | *affaire ratée,* affare andato a monte. | *vie ratée,* vita sbagliata. | *coup raté,* colpo mancato. || TECHN. *pièce ratée,* pezzo difettoso. ◆ adj. et n. [personne] fallito. ◆ n. m. colpo a vuoto. | *mon fusil a eu un raté,* il fucile mi ha fatto cilecca. || [de moteur] accensione difettosa. | *avoir des ratés,* perdere dei colpi.
râteau [rɑto] m. rastrello. | *coup de râteau,* rastrellata f.
ratel [ratɛl] m. ZOOL. ratele.
râtelage [rɑtlaʒ] m. rastrellamento, rastrellatura f.
râtelée [rɑtle] f. rastrellata.
râteler [rɑtle] v. tr. rastrellare.
râtelier [rɑtəlje] m. rastrelliera f.; [d'écurie] rastrelliera, greppia f. || [fausses dents] dentiera f. || FAM. *manger à deux, à plusieurs râteliers,* mangiare in due, in più piatti.
rater [rate] v. intr. [arme à feu] far cilecca, far cecca. || [échouer] far cilecca; fallire; andare a monte. || FAM. *ça n'a pas raté* = era inevitabile, prevedibile. ◆ v. tr. fallire, sbagliare, mancare. | *rater son coup, la balle,* fallire, sbagliare, mancare il colpo, la palla. | *rater son devoir,* sbagliare il compito. | *rater sa vie,* sbagliare tutto nella vita. | *il a raté sa vie,* la sua vita è (stata) un fallimento. || FAM. *rater un examen,* essere bocciato a un esame. | *rater une occasion, le train,* perdere un'occasione, il treno. | *rater qn,* non trovare qlcu. | *je ne le raterai pas* [menace] = non gliela passerò liscia. | *il n'en rate pas une* = non fa che commettere topiche.
ratiboiser [ratibwaze] v. tr. FAM. [rafler] sgraffi-

gnare. ‖ [ruiner] *être complètement ratiboisé*, essere squattrinato, rovinato (L.C.).
ratichon [ratiʃɔ̃] m. POP., PÉJOR. pretucolo, pretonzolo.
ratier [ratje] adj. et n. m. *(chien) ratier*, cane da topi.
ratière [ratjɛr] f. trappola (per topi).
ratification [ratifikasjɔ̃] f. JUR. ratificazione, ratifica.
ratifier [ratifje] v. tr. JUR. ratificare. ‖ [confirmer] confermare.
ratine [ratin] f. TEXT. rat(t)ina ; ratiné m.
ratiner [ratine] v. tr. rat(t)inare.
ratineuse [ratinøz] f. rat(t)inatrice.
ratiocination [rasjɔsinasjɔ̃] f. PÉJOR. ragionamento capzioso ; sofisma m. (littér.).
ratiociner [rasjɔsine] v. intr. sofisticare, sillogizzare, cavillare.
ration [rasjɔ̃] f. razione. ‖ FIG., FAM. razione, dose.
rational [rasjɔnal] m. HIST. razionale.
rationalisation [rasjɔnalizasjɔ̃] f. razionalizzazione.
rationaliser [rasjɔnalize] v. tr. razionalizzare.
rationalisme [rasjɔnalism] m. PHILOS. razionalismo.
rationaliste [rasjɔnalist] adj. razionalistico, razionalista. ◆ n. razionalista.
rationalité [rasjɔnalite] f. razionalità.
rationnaire [rasjɔnɛr] n. = persona a cui spetta una data razione (di generi alimentari od altri).
rationnel, elle [rasjɔnɛl] adj. razionale.
rationnement [rasjɔnmɑ̃] m. razionamento.
rationner [rasjɔne] v. tr. razionare ; mettere a razione. ◆ v. pr. = imporsi un regime dietetico restrittivo.
ratissage [ratisaʒ] m. rastrellamento, rastrellatura f. ‖ MIL. rastrellamento.
ratisser [rɑtise] v. tr. PR. et MIL. rastrellare. ‖ FIG., FAM. V. RATIBOISER.
ratites [ratit] m. pl. ZOOL. ratiti.
raton [ratɔ̃] m. topolino, topino. | *raton laveur*, procione ; orsetto lavatore.
rattachement [rataʃmɑ̃] m. ricongiungimento, ricollegamento. ‖ POLIT. = adesione f.
rattacher [rataʃe] v. tr. PR. (ri)attaccare, (ri)allacciare. | *rattacher ses chaussures*, allacciare le scarpe. ‖ FIG. (ri)collegare, unire. | *rattacher une question à une autre*, collegare una questione ad un'altra. | *rattacher une province à un État*, unire una provincia ad uno Stato. ◆ v. pr. ricollegarsi, riallacciarsi, ricongiungersi.
rattrapage [ratrapaʒ] m. (il) riprendere, ripresa f. ‖ [récupération] ricupero. ‖ UNIV. *classe de rattrapage*, classe differenziata, di ricupero. | *examen de rattrapage*, esame di riparazione.
rattraper [ratrape] v. tr. [reprendre] riprendere, riacciuffare. | *rattraper un évadé*, riacciuffare un evaso. | *rattraper qch., qn qui tombe, qui glisse*, (ri)acchiappare qlco., qlcu. che cade, che scivola. ‖ [rejoindre] raggiungere. ‖ [regagner] ricuperare, riguadagnare. | *rattraper le temps perdu, une somme perdue*, ricuperare il tempo perduto, una somma perduta. ‖ [corriger] riparare a. | *rattraper une gaffe*, riparare a una gaffe. ‖ FAM. *si je le rattrape !*, se mi viene a tiro !, se l'acchiappo ! ◆ v. pr. [se retenir] aggrapparsi, afferrarsi. ‖ [se dédommager] rifarsi. | *se rattraper sur la quantité*, rifarsi sulla quantità. ‖ UNIV. [combler un retard] rimettersi in pari. ‖ FIG. *se rattraper à temps*, riprendersi a tempo ; [d'une erreur] correggersi in tempo, a tempo di un errore.
raturage [ratyraʒ] m. raschiatura f.
rature [ratyr] f. cancellatura, frego m.
raturer [ratyre] v. tr. cancellare.
raucité [rosite] f. (rare) rocaggine, rochezza.
rauque [rok] adj. rauco, roco.
rauquement [rokmɑ̃] m. ruggito.
rauquer [roke] v. intr. ruggire.
ravage [ravaʒ] m. PR. et FIG. devastazione f., rovina f., danno, guasto. | *les ravages du temps*, le offese del tempo. ‖ LOC. FAM. *faire des ravages (dans les cœurs)* = accendere passioni devastatrici.
ravager [ravaʒe] v. tr. PR. et FIG. devastare, rovinare, distruggere. | *la grêle a ravagé les champs*, la grandine ha devastato, rovinato i campi. | *visage ravagé par la petite vérole*, viso devastato, deturpato dal vaiolo. | *une âme ravagée par les passions*, un'anima devastata, sconvolta dalle passioni.
ravageur, euse [ravaʒœr, øz] adj. et n. PR. et FIG. devastatore, trice ; distruttore, trice ; rovinatore, trice (rare).
ravalement [ravalmɑ̃] m. [nettoyage] pulizia f. ; rintonacatura f. ; [enduit] intonaco. ‖ LITTÉR. [abaissement] avvilimento, abbattimento (L.C.).
ravaler [ravale] v. tr. [nettoyer] ripulire ; rintonacare. ‖ PR. et FIG. ringoiare, ringhiottire. | *ravaler sa salive, ses larmes*, ringoiare, inghiottire la saliva, le lacrime. | *ravaler son dépit*, ringoiare il proprio dispetto. | *ravaler ses paroles*, rimangiarsi le parole. ‖ FIG. [déprécier] abbassare, avvilire, deprezzare. ◆ v. pr. [s'avilir] abbassarsi, sminuirsi, avvilirsi.
ravaudage [ravodaʒ] m. rammendo, rammendatura f.
ravauder [ravode] v. tr. rammendare.
ravaudeur, euse [ravodœr, øz] n. rammendatore, trice.
rave [rav] f. BOT. rapa.
ravi, e [ravi] adj. felicissimo, lietissimo.
ravier [ravje] m. piattino (da antipasti).
ravigotant, e [ravigɔtɑ̃, ɑ̃t] adj. FAM. ristorativo (L.C.).
ravigote [ravigɔt] f. CULIN. salva verde.
ravigoter [ravigɔte] v. tr. FAM. rinvigorire, ristorare (L.C.).
ravin [ravɛ̃] m. [lit de torrent] forra f. ‖ [chemin encaissé] burrone ; borro (littér.).
ravine [ravin] f. [torrent] torrente m. (L.C.) ; borro m. (littér.) ; botro m. (tosc.). ‖ V. aussi RAVIN.
ravinement [ravinmɑ̃] m. erosione f., corrosione f. (causata dalla pioggia).
raviner [ravine] v. tr. erodere, corrodere. ‖ FIG. *visage raviné*, volto scavato.
ravioli [ravjɔli] m. pl. CULIN. ravioli.
ravir [ravir] v. tr. [enlever] rapire, togliere. | *ravir un enfant*, rapire un bambino. | *ravir le bien d'autrui*, portar via la roba d'altri. ‖ [enchanter] rapire, avvincere, fare andare in estasi ; mandare in sollucchero (fam.). ◆ loc. adv. ***à ravir***, a meraviglia, d'incanto ; a pennello. | *il dessine à ravir*, disegna che è un incanto. | *ce vêtement te va à ravir*, questo vestito ti sta d'incanto.
raviser (se) [səravize] v. pr. ricredersi ; cambiar parere, mutare opinione.
ravissant, e [ravisɑ̃, ɑ̃t] adj. incantevole, affascinante, stupendo, delizioso.
ravissement [ravismɑ̃] m. VX [rapt] ratto (littér.), rapimento (L.C.). ‖ RELIG. rapimento, estasi f. ‖ [enchantement] *jeter dans le ravissement*, fare andare in estasi ; far andare in visibilio (fam.).
ravisseur, euse [ravisœr, øz] adj. et n. rapitore, trice.
ravitaillement [ravitajmɑ̃] m. rifornimento, approvvigionamento. | *ravitaillement en vivres*, rifornimento di viveri ; vettovagliamento. | *ravitaillement en munitions*, rifornimento di munizioni ; munizionamento. ‖ ADM. [*service(s) du*] *ravitaillement*, annona f. ‖ FAM. *aller au ravitaillement* = andare a far compere. ‖ [provisions] = viveri m. pl., rifornimenti m. pl., provviste f. pl.
ravitailler [ravitaje] v. tr. rifornire, approvvigionare. | *ravitailler en vivres*, rifornire di viveri ; vettovagliare. ◆ v. pr. rifornirsi, approvvigionarsi.
ravitailleur [ravitajœr] adj. et n. m. rifornitore. | *navire ravitailleur*, nave cisterna f. | *avion ravitailleur*, aviocisterna f. ; aereo rifornitore.
ravivage [ravivaʒ] m. ravvivamento.
raviver [ravive] v. tr. PR. et FIG. ravvivare. ‖ CHIR. ravvivare.
ravoir [ravwar] v. tr. [récupérer] riavere. ‖ FAM. [remettre en état] = pulire, lucidare, lustrare, ripristinare.
rayage [rɛjaʒ] m. [d'un canon] rigatura f.
rayé, e [rɛje] adj. rigato, a righe. | *rayé de noir*, rigato

di nero ; a righe nere. || [arme à feu] rigato. || [abîmé] scalfito.
rayer [rɛje] v. tr. rigare. || [arme à feu] rigare. || [abîmer] scalfire. || [effacer] cancellare, depennare. || [exclure] radiare.
1. rayon [rɛjɔ̃] m. [de miel] favo. || [tablette] palchetto, ripiano. || COMM. reparto. | *chef de rayon*, capo reparto. || LOC. FAM. *ce n'est pas (de) mon rayon*, non è di mia competenza (L.C.).
2. rayon m. [de lumière] raggio. || FIG. *rayon d'espoir*, raggio, barlume di speranza. || BOT., MATH., ZOOL. raggio. || [de roue] raggio, razzo. || *rayon d'action*, raggio d'azione (pr. et fig.). | *dans un rayon de vingt kilomètres*, entro un raggio di venti chilometri. | *disposé en rayons*, disposto a raggiera.
3. rayon m. AGR. solco.
1. rayonnage [rɛjɔnaʒ] m. [étagères] scaffalatura f.
2. rayonnage m. AGR. solcatura f.
rayonnant, e [rɛjɔnɑ̃, ɑ̃t] adj. PR. et FIG. raggiante, radioso. | *rayonnant de bonheur, de jeunesse*, raggiante di felicità, di giovinezza. | *sourire rayonnant*, sorriso radioso. || ARCHIT. *chapelles rayonnantes*, cappelle a raggiera. | *style gothique rayonnant*, stile gotico raggiante. || HÉRALD. raggiante. || PHYS. raggiante, radiante.
rayonne [rɛjɔn] f. TEXT. raion m.
rayonné, e [rɛjɔne] adj. ornato di raggi.
rayonnement [rɛjɔnmɑ̃] m. irraggiamento, irradiazione f. || FIG. [éclat] splendore ; [attraction] fascino, ascendente, influenza f. || [expression de bonheur] sfavillìo.
rayonner [rɛjɔne] v. intr. (ir)raggiare, irradiare. || FIG. [se propager] irradiarsi, diffondersi. || *rayonner de joie*, essere raggiante di, sfavillare di gioia. || [circuler] = girare ; fare escursioni.
rayure [rɛjyr] f. [raie] riga, striscia. || [trace] scalfittura, riga. || [d'arme à feu] rigatura.
raz de marée [rɑdmare] m. inv. PR. maremoto m. || FIG. sconvolgimento m., rivolgimento m.
razzia [ra(d)zja] f. razzìa. || FAM. *faire (une) razzia sur qch.*, portar via, rapire, sottrarre qlco. (L.C.).
razzier [ra(d)zje] v. tr. razziare ; far razzìa (di).
ré [re] m. inv. MUS. re.
réa [rea] m. TECHN. puleggia f.
réabonnement [reabɔnmɑ̃] m. rinnovo dell'abbonamento ; (il) riabbonarsi.
réabonner [reabɔne] v. tr. riabbonare ; rinnovare l'abbonamento (di). ◆ v. pr. riabbonarsi ; rinnovare l'abbonamento.
réabsorber [reapsɔrbe] v. tr. riassorbire.
réabsorption [reapsɔrpsjɔ̃] f. riassorbimento m.
réaccoutumer [reakutyme] v. tr. riabituare. ◆ v. pr. riabituarsi.
réacteur [reaktœr] m. AÉR., PHYS. reattore.
réactif, ive [reaktif, iv] adj. et n. m. CHIM. reattivo, reagente. ◆ n. m. FIG. rivelatore.
réaction [reaksjɔ̃] f. PR. et FIG. reazione. || AÉR. *avion à réaction*, aereo a reazione ; aviogetto m.
réactionnaire [reaksjɔnɛr] adj. et n. PÉJOR. reazionario.
réactionnel, elle [reaksjɔnɛl] adj. MÉD., PSYCHAN. reattivo.
réactiver [reaktive] v. tr. riattivare.
réactivité [reaktivite] f. CHIM., MÉD., PSYCH. reattività.
réadaptation [readaptasjɔ̃] f. riadattamento m.
réadapter [readapte] v. tr. riadattare.
réadmettre [readmɛtr] v. tr. riammettere.
réadmission [readmisjɔ̃] f. riammissione.
réaffirmer [reafirme] v. tr. riaffermare.
réagir [reaʒir] v. intr. et tr. ind. **(à, contre, sur)** PR. et FIG. reagire (a, su).
réajustement [reaʒystəmɑ̃] m. ritocco ; raggiustamento (rare). || ÉCON. *réajustement des prix, des salaires*, adeguamento, ritocco dei prezzi, dei salari.
réajuster [reaʒyste] v. tr. (r)aggiustare, ritoccare. | *réajuster sa cravate*, aggiustarsi la cravatta. | *réajuster ses lunettes*, raddrizzare gli occhiali. | *réajuster sa coiffure*, ravviarsi i capelli. || ÉCON. *réajuster les salaires*, adeguare, ritoccare i salari.
réale [real] adj. et n. f. MAR. *(galère) réale*, (galera) reale.
réalisable [realizabl] adj. realizzabile, attuabile. || COMM. realizzabile ; convertibile in denaro.
réalisateur, trice [realizatœr, tris] adj. che realizza, che attua. ◆ n. CIN., RAD., T.V. realizzatore, trice.
réalisation [realizasjɔ̃] f. realizzazione, attuazione. || COMM. *réalisation du stock*, (vendita di) realizzo (m.) dello stock. || CIN., RAD., T.V. realizzazione.
réaliser [realize] v. tr. [accomplir] realizzare, effettuare, eseguire, attuare ; mandare ad effetto. || [rendre réel] *réaliser un plan*, realizzare un piano. | *réaliser un idéal*, conseguire un ideale. | *réaliser une promesse*, mantenere una promessa. | *réaliser les vœux de qn*, attuare i desideri di uno. || [personnifier] *réaliser un type*, impersonare un tipo. || CIN., RAD., T.V. realizzare. || COMM. realizzare ; convertire in denaro. | *réaliser un bénéfice*, realizzare, ricavare un utile. | *réaliser un gage*, vendere un pegno. || MUS. realizzare. || [se rendre compte] realizzare ; rendersi conto di. ◆ v. pr. realizzarsi, attuarsi, verificarsi.
réalisme [realism] m. realismo.
réaliste [realist] adj. realistico, realista. ◆ n. realista.
réalité [realite] f. realtà. | *en réalité*, in realtà.
réanimation [reanimasjɔ̃] f. rianimazione.
réanimer [reanime] v. tr. rianimare.
réapparaître [reaparɛtr] v. intr. riapparire, ricomparire.
réapparition [reaparisjɔ̃] f. riapparizione, ricomparsa. | *faire sa réapparition*, riapparire, ricomparire. || ASTR. riapparizione.
réapprendre [reaprɑ̃dr] v. tr. [étudier de nouveau] rimparare ; imparare di nuovo.
réapprovisionnement [reaprɔvizjɔnmɑ̃] m. riapprovvigionamento, rifornimento.
réapprovisionner [reaprɔvizjɔne] v. tr. **(en)** riapprovvigionare, rifornire (di). ◆ v. pr. **(en)** riapprovvigionarsi, rifornirsi (di) ; far rifornimento (di).
réargenter [rearʒɑ̃te] v. tr. inargentare di nuovo.
réarmement [rearməmɑ̃] m. riarmo, riarmamento. | *course au réarmement*, corsa al riarmo. | *réarmement moral*, riarmo morale.
réarmer [rearme] v. tr. et v. intr. riarmare. || [une arme à feu] riarmare, ricaricare ; [un navire] riarmare.
réarrangement [rearɑ̃ʒmɑ̃] m. riadattamento. || CHIM. trasposizione f.
réassignation [reasiɲasjɔ̃] f. JUR. seconda citazione.
réassigner [reasiɲe] v. tr. citare una seconda volta.
réassortiment [reasɔrtimɑ̃] m. rifornimento ; nuovo assortimento.
réassortir [reasɔrtir] v. tr. assortire di nuovo ; rifornire. ◆ v. pr. rifornirsi.
réassurance [reasyrɑ̃s] f. COMM. riassicurazione.
réassurer [reasyre] v. tr. riassicurare. ◆ v. pr. riassicurarsi.
réassureur [reasyrœr] m. riassicuratore.
rebaptisant [rəbatizɑ̃] m. RELIG. ribattezzante, ribattezzatore.
rebaptiser [rəbatize] v. tr. ribattezzare.
rébarbatif, ive [rebarbatif, iv] adj. [personne] arcigno, ingrato ; [chose] ingrato, spiacevole, sgradevole. | *études rébarbatives*, studi aridi.
rebâtir [rəbɑtir] v. tr. ricostruire, riedificare.
rebattement [rəbatmɑ̃] m. HÉRALD. moltiplicazione f.
rebattre [rəbatr] v. tr. battere di nuovo, ribattere. | *rebattre les cartes*, rimescolare le carte. | *rebattre un matelas*, rifare un materasso. || FIG. [répéter] rifriggere. | *rebattre les oreilles à qn de qch.* = ripetere sempre a uno la stessa cosa.
rebattu, e [rəbaty] adj. [répété] trito ; fritto e rifritto. | *j'en ai les oreilles rebattues*, ne ho pieni gli orecchi.
rebec [rəbɛk] m. MUS. ribeca f.
rebelle [rəbɛl] adj. et n. ribelle, rivoltoso.
rebeller (se) [sərəbɛle] v. pr. **(contre)** PR. et FIG. ribellarsi, rivoltarsi (a).
rébellion [rebɛljɔ̃] f. ribellione, rivolta. || [ensemble des rebelles] ribelli m. pl., rivoltosi m. pl.

rebiffer (se) [sər(ə)bife] v. pr. FAM. = inalberarsi. ‖ **(contre)** = ribellarsi (a), ricalcitrare (a).
rebiquer [rəbike] v. intr. FAM. = voltare in su, arricciarsi.
reblanchir [rəblɑ̃ʃir] v. tr. rimbiancare.
reboisement [rəbwazmɑ̃] m. rimboschimento; rimboscamento (rare).
reboiser [rəbwaze] v. tr. rimboschire; rimboscare (rare); afforestare (néol.).
rebond [rəbɔ̃] m. rimbalzo.
rebondi, e [rəbɔ̃di] adj. paffuto, grassoccio.
rebondir [rəbɔ̃dir] v. intr. rimbalzare. ‖ AÉR. piastrellare. ‖ FIG. *l'action rebondit au troisième acte,* l'azione si risolleva al terzo atto. | *la discussion a rebondi,* la discussione ha ripreso con nuova vivacità. | *l'affaire a rebondi,* l'affare è tornato alla ribalta. | *faire rebondir la discussion, la conversation,* dare un nuovo impulso alla discussione, alla conversazione. | *faire rebondir le procès,* far prendere un nuovo sviluppo, avvio al processo.
rebondissement [rəbɔ̃dismɑ̃] m. rimbalzo. ‖ FIG. ripresa f.; nuovo avvio; recrudescenza f.
rebord [rəbɔr] m. orlo, bordo, sponda f.; [de fossé] ciglione. | *rebord de fenêtre,* davanzale m. ‖ MODE bordo.
reborder [rəbɔrde] v. tr. MODE orlare di nuovo. | *reborder le lit,* rincalzare, rimboccare il letto.
reboucher [rəbuʃe] v. tr. ritappare, turare. ◆ v. pr. intasarsi; intasare v. intr.
rebours [rəbur] m. PR., VX contropelo (L.C.). ‖ FIG. contrario. ◆ loc. adv. ***à, au rebours,*** alla rovescia, a rovescio, all'indietro, a ritroso. | *compte à rebours,* conto alla rovescia. ◆ loc. prép. ***à, au rebours de,*** contrariamente a, al contrario di. | *à rebours du bon sens,* contro ogni buon senso.
rebouteur [rəbutœr] m. ou **rebouteux, euse** [rəbutø, øz] n. FAM. conciaossa n. inv.
reboutonner [rəbutɔne] v. tr. riabbottonare.
rebroussement [rəbrusmɑ̃] m. = (l')andare contropelo.
rebrousse-poil (à) [arəbruspwal] loc. adv. PR. *se raser à rebrousse-poil,* radersi contropelo, contrappelo. ‖ FIG. *prendre qn à rebrousse-poil,* prendere qlcu. di contropelo.
rebrousser [rəbruse] v. tr. PR. arruffare; spazzolare contropelo. ‖ LOC. *rebrousser chemin,* tornare indietro, sui propri passi.
rebuffade [rəbyfad] f. = rifiuto sgarbato; sgarbo m.
rébus [rebys] m. rebus (lat.).
rebut [rəby] m. PR. et FIG. scarto, rifiuto. | *marchandises de rebut,* merci di scarto, di rifiuto. | *rebuts de la société,* rifiuti della società. | *mettre au rebut,* scartare; [Postes] mettere tra i rifiuti.
rebutant, e [rəbytɑ̃, ɑ̃t] adj. ributtante, ripugnante. ‖ [décourageant] scoraggiante.
rebuter [rəbyte] v. tr. [rejeter] respingere. ‖ [décourager] scoraggiare, disgustare. ‖ [déplaire] urtare; ripugnare a.
recacheter [rekaʃte] v. tr. risigillare.
recalage [rəkalaʒ] m. FAM. bocciatura f.
recalcification [rəkalsifikasjɔ̃] f. ricalcificazione.
récalcitrant, e [rekalsitrɑ̃, ɑ̃t] adj. ricalcitrante, riluttante, restìo.
recalé, e [rəkale] adj. et n. FAM. studente bocciato, studentessa bocciata. | *les recalés,* i bocciati.
recaler [rekale] v. tr. FAM. bocciare.
récapitulatif, ive [rekapitylatif, iv] adj. riassuntivo; riepilogativo (rare).
récapitulation [rekapitylasjɔ̃] f. ricapitolazione, riepilogo m.
récapituler [rekapityle] v. tr. ricapitolare, riepilogare.
recaser [rəkaze] v. tr. FAM. risistemare.
recauser [rəcoze] v. intr. et v. tr. ind. **(de)** riparlare (di), discorrere di nuovo (di).
recéder [rəsede] v. tr. ricedere.
recel [rəsɛl] m. JUR. [obj. qch.] ricettazione f., occultamento; [obj. qn] occultamento. | *recel d'objets volés,* ricettazione di refurtiva.
receler [rəsəle] ou **recéler** [rəsele] v. tr. [contenir] racchiudere. ‖ [cacher] celare. ‖ JUR. [obj. qch.] ricettare, occultare; [obj. qn] dare ricetto a.
receleur, euse [rəsəlœr, øz] n. JUR. ricettatore, trice.
récemment [resamɑ̃] adv. recentemente, di recente; da poco (tempo).
recensement [rəsɑ̃smɑ̃] m. censimento. | *recensement des votes,* scrutinio dei voti. ‖ [inventaire] inventario. ‖ MIL. censimento.
recenser [rəsɑ̃se] v. tr. censire. | *recenser les votes,* scrutinare i voti. ‖ [faire l'inventaire] inventariare.
recenseur, euse [rəsɑ̃sœr, øz] n. = chi fa il censimento.
recension [rəsɑ̃sjɔ̃] f. PHILOL. recensione. ‖ [compte rendu] recensione. ‖ [examen critique] esame m.
récent, e [resɑ̃, ɑ̃t] adj. recente.
recepage [rəsəpaʒ] ou **recépage** [rəsepaʒ] m. AGR. riceppatura f.
receper [rəsəpe] ou **recéper** [rəsepe] v. tr. AGR. riceppare.
récépissé [resepise] m. ricevuta f., bolletta f. | *récépissé de dépôt,* ricevuta, fede (f.) di deposito.
réceptacle [resɛptakl] m. ricettacolo. ‖ BOT. ricettacolo.
récepteur, trice [resɛptœr, tris] adj. ricevente. ◆ n. m. ANAT. recettore. ‖ TECHN. ricevitore. | *récepteur de radio,* radioricevitore. | *récepteur-émetteur,* ricetrasmettitore.
réceptif, ive [resɛptif, iv] adj. ricettivo.
réception [resɛpsjɔ̃] f. [de colis, de lettres] ricevimento m. | *accuser réception de,* accusare ricevuta di. ‖ [accueil] accoglienza, ricevimento. | *faire une bonne réception à qn,* fare una buona accoglienza a qlcu. | *heures de réception,* ore di ricevimento. | *bureau de réception,* (ufficio) ricevimento. ‖ [cérémonie] ricevimento, trattenimento m. | *donner une réception,* dare un ricevimento. | *réception dansante,* trattenimento danzante. ‖ [admission] ricevimento, ammissione. | *discours de réception,* discorso di ricevimento. | *réception des nouveaux membres,* ricevimento, ammissione dei nuovi soci. ‖ [approbation d'un travail] collaudo m. ‖ GÉOGR. *bassin de réception,* bacino di raccolta. ‖ SPORT [après un saut] atterraggio m. ‖ TÉLÉCOM. ricezione.
réceptionnaire [resɛpsjɔnɛr] m. COMM. collaudatore. ‖ [dans un hôtel] addetto al ricevimento.
réceptionner [resɛpsjɔne] v. tr. [marchandises] controllare, verificare; [travaux] collaudare.
réceptivité [resɛptivite] f. PHILOS., MÉD., TECHN. ricettività.
recercler [rəsɛrkle] v. tr. ricerchiare.
récessif, ive [resesif, iv] adj. BIOL. recessivo.
récession [resesjɔ̃] f. ASTR., ÉCON. recessione.
recette [rəsɛt] f. [sommes reçues] incasso m., entrata, introito m. | *recette du jour,* incasso giornaliero. | *recettes et dépenses,* entrate e uscite. ‖ LOC. FIG. *faire recette,* essere un successo di cassetta. ‖ [bureau] ricevitorìa. | *recette municipale,* esattorìa. ‖ COMM. *garçon de recette,* esattore. ‖ CULIN., MÉD. ricetta. | *livre de recettes,* ricettario (m.) di cucina. ‖ FIG. ricetta, segreto m.
recevabilité [rəsəvabilite] f. JUR. ammissibilità, ricevibilità.
recevable [rəsəvabl] adj. accettabile, ammissibile. ‖ JUR. ammissibile; ricevibile (rare).
receveur, euse [rəsəvœr, øz] n. ricevitore, trice; esattore m. | *receveur des contributions, de l'enregistrement,* ricevitore delle imposte, del registro. | *receveur des postes,* ricevitore postale. ‖ MÉD. ricevitore, accettore. ‖ [dans les transports publics] bigliettaio, fattorino.
recevoir [rəsəvwar] v. tr. ricevere. | *recevoir une lettre, de l'argent,* ricevere una lettera, del denaro. | *recevoir sa pension,* percepire la pensione. ‖ [subir] *recevoir une blessure,* riportare una ferita. | *recevoir la pluie,* prendere la pioggia. ‖ LOC. *recevez l'assurance de ma considération,* gradisca i sensi della mia stima. ‖ [accueillir] ricevere, accogliere. | *recevoir qn à bras ouverts, à déjeuner,* ricevere uno a braccia aperte, a

colazione. ‖ ABSOL. ricevere. | *être reçu chez qn*, essere ricevuto in casa di qlcu. ‖ [admettre] ammettere, accettare, accogliere. | *cette opinion n'est pas reçue ici*, quest'opinione non è accolta, accettata qui. | *idées reçues*, opinioni correnti. | *recevoir qn dans une association*, accogliere qlcu. in un'associazione. ‖ JUR. *fin de non-recevoir*, irricevibilità f. ‖ TÉLÉCOM. ricevere. ‖ UNIV. promuovere. | *être reçu au baccalauréat*, essere promosso alla maturità. | *le professeur reçoit tout le monde à l'examen*, il professore promuove tutti all'esame. ◆ v. pr. SPORT atterrare, ricadere.

réchampir [reʃɑ̃pir] v. tr. campire.

rechange [rəʃɑ̃ʒ] m. ricambio. | *solution de rechange*, soluzione di ricambio. ‖ COMM. regresso cambiario; rivalsa f. ‖ TECHN. *pièces de rechange*, pezzi di ricambio; ricambi m. pl. | *roue de rechange*, ruota di scorta f.

rechanger [rəʃɑ̃ʒe] v. tr. ricambiare.

rechapage [rəʃapaʒ] m. rigenerazione f. (di un pneumatico).

rechaper [rəʃape] v. tr. *rechaper un pneu*, rigenerare un pneumatico.

réchappé, e [reʃape] n. scampato, a.

réchapper [reʃape] v. tr. ind. **(à, de)** scampare (a). | *réchapper à la mort*, scampare alla morte. | *en réchapper*, scamparla.

recharge [rəʃarʒ] f. ricarica, ricambio m.; ricaricamento m. (rare). | *recharge d'une batterie, d'un fusil, d'un stylo, d'un briquet*, ricarica di una batteria, di un fucile; ricambio di una penna stilografica, d'un accendino.

rechargement [rəʃarʒəmɑ̃] m. ricarica f.; ricaricamento (rare). ‖ [d'une route] ricarica.

recharger [rəʃarʒe] v. tr. ricaricare. ‖ [une route] ricaricare.

réchaud [reʃo] m. fornello, fornelletto. ‖ [chauffe-plats] scaldavivande m. inv.

réchauffage [reʃofaʒ] ou **réchauffement** [reʃofmɑ̃] m. riscaldamento. ‖ TECHN. *réchauffage de l'acier*, riscaldo dell'acciaio.

réchauffé [reʃofe] m. vivanda riscaldata. ‖ FIG., FAM. cosafritta e rifritta.

réchauffer [reʃofe] v. tr. riscaldare. ‖ FIG. rinfiammare, riaccendere, ravvivare, riconfortare; [des couleurs] ravvivare. ‖ LOC. FIG. *réchauffer un serpent dans son sein*, V. SERPENT. ◆ v. pr. riscaldarsi.

réchauffeur [reʃofœr] m. TECHN. riscaldatore.

rechausser [rəʃose] v. tr. rimettere le scarpe a. ‖ [un mur] rincalzare. ‖ AGR. rincalzare. ◆ v. pr. rimettersi le scarpe.

rêche [rɛʃ] adj. [toucher] ruvido; [goût] aspro. ‖ FIG. ruvido, scortese, restìo.

recherche [rəʃɛrʃ] f. ricerca. | *recherche historique*, ricerca storica. | *recherche fondamentale*, scienza pura, fondamentale. | *Centre national de la recherche scientifique* (C.N.R.S.) [contexte fr.] = Consiglio nazionale delle ricerche (C.N.R.) [contexte ital.]. | *recherches de la police*, ricerche, indagini della polizia. ‖ JUR. *recherche de paternité*, ricerca della paternità. ‖ FIG. [raffinement] ricercatezza. ◆ loc. prép. ***à la recherche de***, in cerca di, alla ricerca di.

recherché, e [rəʃɛrʃe] adj. PR. richiesto, ricercato. ‖ FIG. affettato, ricercato.

rechercher [rəʃɛrʃe] v. tr. (ri)cercare. | *rechercher un emploi, l'auteur d'un crime, l'amitié de qn*, (ri)cercare un impiego, l'autore d'un delitto, l'amicizia di qlcu. ‖ [chercher à connaître] ricercare, indagare. | *rechercher la cause, la nature de la maladie*, ricercare, indagare la causa, la natura della malattia. ‖ [poursuivre] *rechercher la gloire*, perseguire la gloria.

rechigner [rəʃiɲe] v. intr. et tr. ind. **(à, devant)** ricalcitrare (a, contro). | *en rechignant* = a malincuore.

rechute [rəʃyt] f. PR. et FIG. ricaduta. ‖ MÉD. ricaduta, recidiva.

rechuter [rəʃyte] v. intr. riammalarsi; fare una ricaduta.

récidive [residiv] f. JUR. recidiva. ‖ MÉD. recidiva, ricaduta.

récidiver [residive] v. intr. JUR. essere recidivo. ‖ MÉD. ricomparire; recidivare (rare).

récidiviste [residivist] adj. et n. JUR. recidivo.

récidivité [residivite] f. JUR. recidività.

récif [resif] m. scogliera f., frangente. | *récif corallien*, scogliera corallina. | *récif-barrière*, barriera corallina.

récipiendaire [resipjɑ̃dɛr] m. [dans une société] = neoeletto (di un' accademia). ‖ UNIV. = diplomato universitario.

récipient [resipjɑ̃] m. recipiente.

réciprocité [resiprɔsite] f. reciprocità.

réciproque [resiprɔk] adj. reciproco. ◆ n. f. *rendre la réciproque à qn*, rendere la pariglia a qlcu. ‖ LOG. (proposizione) reciproca f.

réciproquement [resiprɔkmɑ̃] adv. reciprocamente. scambievolmente, a vicenda; viceversa.

récit [resi] m. racconto, narrazione f. ‖ MUS. V. RÉCITATIF. ‖ [clavier d'orgue] récit (fr.).

récital, als [resital] m. MUS. recital (angl.).

récitant, e [resitɑ̃, ɑ̃t] adj. *partie récitante*, voce recitante. ◆ n. RAD., THÉÂTRE commentatore, trice. ‖ MUS. [d'oratorio] storico; [de passion] evangelista.

récitatif [resitatif] m. MUS. *récitatif simple; accompagné, obligé*, recitativo semplice, secco; accompagnato, obbligato.

récitation [resitasjɔ̃] f. [action] recitazione, (il) recitare. ‖ [texte] = testo m. (da impararsi a memoria e da recitarsi).

réciter [resite] v. tr. recitare.

réclamation [reklamasjɔ̃] f. reclamo m. | *faire, présenter une réclamation*, fare reclamo; presentare, sporgere un reclamo. | *faire droit à une réclamation*, accogliere un reclamo. | *bureau des réclamations*, ufficio reclami. ‖ [protestation] protesta, lagnanza.

réclame [reklam] f. pubblicità; réclame (fr.). | *réclame lumineuse*, pubblicità luminosa. | *vente-réclame*, vendita pubblicitaria. | *faire de la réclame*, fare pubblicità. | *en réclame*, a prezzo ridotto. ‖ FIG. *se faire de la réclame*, farsi pubblicità. ‖ PHILOL., TYP. richiamo m.

réclamer [reklame] v. tr. [exiger] rivendicare, reclamare. | *réclamer son dû*, rivendicare, reclamare la propria spettanza. ‖ [nécessiter] richiedere, esigere. | *la plante réclame de l'humidité*, la pianta richiede, esige dell'umidità. ‖ [implorer] invocare, implorare. | *réclamer l'aide de Dieu*, invocare, implorare l'aiuto di Dio. ◆ v. intr. *réclamer contre qch.*, reclamare, protestare contro qlco. | *réclamer en faveur de qn*, intercedere a favore di qlcu. ◆ v. pr. **(de)** appellarsi (a). | *se réclamer du nom de qn*, valersi del nome di qlcu.

reclassement [rəklasmɑ̃] m. nuova classificazione; riordinamento, riassetto. | *reclassement social*, riabilitazione f.; reinserimento sociale.

reclasser [rəklase] v. tr. riclassificare, ricatalogare; riordinare, riassettare. ‖ ADM. *reclasser les fonctionnaires*, adeguare, perequare i salari degli statali.

reclus, e [rəkly, yz] adj. recluso, rinchiuso. ◆ n. RELIG. recluso, a; eremita m. ‖ FIG. *vivre en reclus*, vivere da recluso, da solitario.

réclusion [reklyzjɔ̃] f. [vie retirée] reclusione. ‖ JUR. reclusione. | *réclusion à vie*, ergastolo m.

réclusionnaire [reklyzjɔnɛr] n. JUR. recluso, a.

récognitif [rekɔgnitif] adj. m. *acte récognitif*, atto di ricognizione.

récognition [rekɔgnisjɔ̃] f. JUR. ricognizione. ‖ PHILOS. riconoscimento m., identificazione.

recoiffer [rəkwafe] v. tr. riaggiustare i capelli a. ◆ v. pr. [chapeau] rimettersi il cappello. ‖ [cheveux] riaggiustarsi i capelli.

recoin [rəkwɛ̃] m. angolo, angolino, cantuccio. | *les coins et les recoins*, ogni angolino. ‖ FIG. recesso.

récolement [rekɔlmɑ̃] m. COMM. verifica f., controllo. ‖ JUR. = lettura (f.) di controllo fatta ai testi delle loro deposizioni.

récoler [rekɔle] v. tr. COMM. verificare, controllare. ‖ JUR. *récoler des témoins* = leggere ai testi le loro deposizioni.

recollage [rəkɔlaʒ] ou **recollement** [rəkɔlmɑ̃] m. (il) rincollare.

récollection [rekɔlɛksjɔ̃] f. RELIG. raccoglimento m., ritiro m.
recoller [rəkɔle] v. tr. rincollare. ◆ v. intr. SPORT *recoller au peloton,* raggiungere il plotone. ◆ v. pr. FAM. *se recoller à un travail,* rimettersi a un lavoro (L.C.). ‖ POP. = rimettersi (a vivere) insieme.
récollet, ette [rekɔlɛ, ɛt] n. RELIG. recolletto, recollettina.
récolte [rekɔlt] f. [action] raccolta. ‖ [produit] raccolto m., raccolta. ‖ FIG. raccolta, messe ; frutti m. pl.
récolter [rekɔlte] v. tr. raccogliere ; far la raccolta di. ‖ FIG. raccogliere. ‖ PROV. *qui sème le vent récolte la tempête,* chi semina vento raccoglie tempesta.
recommandable [rəkɔmɑ̃dabl] adj. raccomandabile. | *peu recommandable,* poco raccomandabile.
recommandation [rəkɔmɑ̃dasjɔ̃] f. raccomandazione. | *lettre de recommandation,* lettera di raccomandazione ; commendatizia. ‖ POLIT. raccomandazione.
recommandé, e [rəkɔmɑ̃de] adj. raccomandato. ◆ f. [lettre] raccomandata.
recommander [rəkɔmɑ̃de] v. tr. [conseiller] consigliare, raccomandare. | *ne venez pas tard, je vous le recommande,* non venga tardi, mi raccomando. ‖ [désigner à l'attention] raccomandare. ‖ [paquet, lettre] raccomandare. ‖ LOC. *recommander son âme à Dieu :* [implorer son secours] raccomandarsi a Dio ; [avant de mourir] raccomandare l'anima a Dio. ◆ v. pr. *se recommander de qn,* valersi del nome di qlcu. | *il m'a écrit en se recommandant de mon père,* mi ha scritto facendo il nome di mio padre. | *se recommander à qn,* chiedere a qlcu. il suo appoggio.
recommencement [rəkɔmɑ̃smɑ̃] m. ricominciamento, ripresa f.
recommencer [rəkɔmɑ̃se] v. tr. ricominciare, riprendere. | *recommencer son travail,* ricominciare un lavoro. | *si c'était à recommencer, je ne le ferais pas,* se dovessi ricominciare da capo, non lo farei. ◆ v. tr. ind. **(à, de)** ricominciare (a). ◆ v. intr. *la pluie a recommencé,* è ricominciato a piovere.
récompense [rekɔ̃pɑ̃s] f. ricompensa. | *en récompense,* come ricompensa. ‖ JUR. corresponsione ; indennità pecuniaria.
récompenser [rekɔ̃pɑ̃se] v. tr. ricompensare ; [par un prix] premiare.
recomposer [rəkɔ̃poze] v. tr. ricomporre. ‖ TYP. ricomporre.
recomposition [rəkɔ̃pozisjɔ̃] f. ricomposizione. ‖ TYP. nuova composizione.
recompter [rəkɔ̃te] v. tr. ricontare.
réconciliateur, trice [rekɔ̃siljatœr, tris] n. riconciliatore, trice.
réconciliation [rekɔ̃siljasjɔ̃] f. riconciliazione. ‖ RELIG. riconciliazione.
réconcilier [rekɔ̃silje] v. tr. riconciliare. ‖ RELIG. riconciliare. ◆ v. pr. **(avec)** riconciliarsi (con).
reconduction [rekɔ̃dyksjɔ̃] f. JUR. riconduzione. | *par tacite reconduction,* per tacita riconduzione. ‖ [continuation] *reconduction d'une politique,* continuazione di una politica. ‖ FIN. *reconduction du budget* = esercizio provvisorio.
reconduire [rəkɔ̃dɥir] v. tr. [raccompagner] accompagnare, ricondurre. ‖ [expulser] ricondurre, espellere. ‖ [reporter] prorogare. ‖ [continuer] continuare.
réconfort [rekɔ̃fɔr] m. conforto.
réconfortant, e [rekɔ̃fɔrtɑ̃, ɑ̃t] adj. [consolant] confortante, confortevole. ‖ [revigorant] rinvigorente, corroborante.
réconforter [rekɔ̃fɔrte] v. tr. [consoler] (ri)confortare, rinfrancare, rincorare. ‖ [revigorer] (ri)confortare, rinvigorire, corroborare, rinfrancare. ◆ v. pr. riconfortarsi. ‖ [se restaurer] ristorarsi, rifocillarsi.
reconnaissable [rəkɔnɛsabl] adj. identificabile. | **(à)** riconoscibile (da). | *style reconnaissable entre tous* = stile inconfondibile.
reconnaissance [rəkɔnɛsɑ̃s] f. [identification] riconoscimento m. | *signe de reconnaissance,* segno riconoscitivo, di riconoscimento. ‖ PSYCH. riconoscimento. ‖ THÉÂTRE riconoscimento, agnizione. ‖ [fait d'admettre] riconoscimento, ricognizione. ‖ [aveu] *reconnaissance d'une erreur,* confessione d'un errore. ‖ COMM. *reconnaissance de marchandises,* esame (m.) di merci. | *reconnaissance de dépôt,* verifica di deposito. | *reconnaissance du mont-de-piété,* polizza del monte di pietà. ‖ JUR. [d'un État, d'un enfant] riconoscimento. | *reconnaissance d'un cadavre,* ricognizione di un cadavere. | *reconnaissance d'une signature,* riconoscimento della firma. | *reconnaissance d'utilité publique,* riconoscimento di pubblica utilità. ‖ MIL. ricognizione, esplorazione, perlustrazione. | *avion de reconnaissance,* aereo da ricognizione ; ricognitore m. | *aller en reconnaissance,* andare in ricognizione. ‖ [gratitude] riconoscenza, gratitudine. | *éprouver de la reconnaissance,* sentire riconoscenza. | *avoir de la reconnaissance pour qn,* avere un debito di riconoscenza con qlcu. ◆ loc. prép. ***en reconnaissance de,*** in riconoscimento di.
reconnaissant, e [rəkɔnɛsɑ̃, ɑ̃t] adj. *reconnaissant à qn de qch.,* riconoscente, grato a qlcu. di qlco. | (litt.) memore. | *je vous serais reconnaissant de bien vouloir me dire...,* Le sarei grato se mi volesse dire...
reconnaître [rəkɔnɛtr] v. tr. [identifier] riconoscere ; ravvisare (littér.). | *reconnaître qn, qch. à,* riconoscere qn, qlco. a, da. | *je te reconnais bien là !* = sei sempre lo stesso ! ‖ [admettre] riconoscere. | *il reconnaît son erreur, s'être trompé,* riconosce il proprio errore, di essersi sbagliato. ‖ JUR. riconoscere. | *reconnaître d'utilité publique,* riconoscere di pubblica utilità. ‖ [explorer] riconoscere, esplorare, perlustrare. ◆ v. pr. [se retrouver] ritrovarsi, riconoscersi. | *se reconnaître dans ses enfants,* ritrovarsi nei propri figli. ‖ PR. et FIG. [s'orienter] ritrovarcisi, raccapezzarcisi. | *dans cette rue je me reconnais,* in questa strada mi ci ritrovo. | *je ne m'y reconnais plus,* non mi ci raccapezzo più. | *laisse-moi le temps de me reconnaître,* lasciami il tempo di raccapezzarmi, di ambientarmi, di orientarmi. ‖ [avouer] *se reconnaître coupable,* riconoscersi colpevole.
reconquérir [rəkɔ̃kerir] v. tr. PR. et FIG. riconquistare.
reconquête [rəkɔ̃kɛt] f. riconquista.
reconsidérer [rəkɔ̃sidere] v. tr. riconsiderare, riesaminare.
reconstituant, e [rekɔ̃stitɥɑ̃, ɑ̃t] adj. et n. m. ricostituente.
reconstituer [rəkɔ̃stitɥe] v. tr. ricostituire. ‖ FIG. [crime ; événement ; texte] ricostruire. ◆ v. pr. ricostituirsi.
reconstitution [rəkɔ̃stitysjɔ̃] f. ricostituzione. ‖ FIG. [crime ; événement ; texte] ricostruzione.
reconstruction [rəkɔ̃stryksjɔ̃] f. ricostruzione.
reconstruire [rəkɔ̃strɥir] v. tr. ricostruire.
reconvention [rəkɔ̃vɑ̃sjɔ̃] f. JUR. riconvenzione.
reconventionnel, elle [rəkɔ̃vɑ̃sjɔnɛl] adj. JUR. riconvenzionale. | *demande reconventionnelle,* (domanda, azione) riconvenzionale f.
reconventionnellement [rəkɔ̃vɑ̃sjɔnɛlmɑ̃] adv. JUR. in via riconvenzionale.
reconversion [rəkɔ̃vɛrsjɔ̃] f. ÉCON. riconversione.
reconvertir [rəkɔ̃vɛrtir] v. tr. ÉCON. riconvertire.
recopier [rəkɔpje] v. tr. ricopiare. ‖ [mettre au propre] mettere in bella copia ; ricopiare.
record [rəkɔr] m. record (angl.), primato. | *battre un record,* superare un record. | *détenir un record,* possedere, tenere un record. | *record de production,* primato di produzione. | *record d'affluence,* record dell'affluenza. ◆ adj. *chiffre record,* cifra record (inv.). | *en un temps record,* a tempo da primato.
recorder [rəkɔrde] v. tr. incordare di nuovo ; rincordare (rare). ‖ MUS., SPORT incordare di nuovo ; rincordare (néol.).
recordman [rəkɔrdman] m. (pl. **recordmen** [rəkɔrdmɛn]), **recordwoman** [rəkɔrdwuman] f. (pl. **recordwomen** [rəkɔrdwumɛn]) recordman, men ; recordwoman, women (angl.) ; primatista n.
recorriger [rəkɔriʒe] v. tr. ricorreggere.
recors [rəkɔr] m. JUR., VX = assistente dell'ufficiale giudiziario.

recoucher [rəkuʃe] v. tr. rimettere a letto ; ricoricare. ◆ v. pr. tornare a letto ; ricoricarsi.
recoudre [rəkudr] v. tr. PR. et FIG. ricucire. | *recoudre un bouton,* riattaccare, ricucire un bottone. ‖ CHIR. ricucire.
recoupe [rəkup] f. [farine] cruschello m., tritello m. ‖ [étoffe] ritaglio m. ‖ [métal] truciolo m. ‖ [pierre] scheggia. ‖ AGR. fieno (m.) di secondo taglio.
recoupement [rəkupmɑ̃] m. *point de recoupement,* punto d'intersezione. ‖ FIG. riscontro, verifica f. | *faire le recoupement de deux informations,* mettere a riscontro due informazioni. ‖ ARCHIT. risega f.
recouper [rəkupe] v. tr. tagliare di nuovo, ritagliare. ‖ FIG. riscontrare, verificare. ◆ v. intr. JEU tagliare, alzare di nuovo. ◆ v. pr. concordare, coincidere v. intr.
recourbé, e [rəkurbe] adj. (ri)curvo.
recourbement [rəkurbəmɑ̃] m. incurvamento, (l')incurvare, (l')incurvarsi.
recourber [rəkurbe] v. tr. incurvare (all'estremità). ◆ v. pr. incurvarsi (all'estremità).
recourir [rəkurir] v. intr. correre di nuovo. ‖ JUR. presentare un ricorso. | **(contre)** fare ricorso (contro). ◆ v. tr. ind. **(à)** ricorrere (a).
recours [rəkur] m. [action] ricorso. | *avoir recours à,* far ricorso a, ricorrere a. ‖ [refuge] risorsa f., scampo. | *en dernier recours,* come ultimo scampo. | *il est mon dernier recours,* è la mia ultima risorsa, è l'ultima persona a cui posso ricorrere. ‖ JUR. ricorso. | *recours en cassation,* ricorso in cassazione. | *recours en grâce,* domanda (f.) di grazia. | *former un recours contre,* far ricorso contro.
recouvrable [rəkuvrabl] adj. ricuperabile, riscotibile.
1. recouvrement [rəkuvrəmɑ̃] m. LITTÉR. [d'un objet ; de la santé] ricupero (L.C.). ‖ COMM. ricupero, riscossione f. | *recouvrement des impôts,* esazione (f.) delle imposte. | *taxe de recouvrement,* tassa di riscossione. | *faire des recouvrements,* riscuotere dei crediti. | *en recouvrement de,* a ricupero di.
2. recouvrement m. [action de recouvrir] ricoprimento. ‖ ARCHIT. rivestimento. ‖ MÉC. *recouvrement du tiroir,* ricoprimento del cassetto.
recouvrer [rəkuvre] v. tr. LITTÉR. ricuperare (L.C.). ‖ COMM. riscuotere, percepire. | *recouvrer les impôts,* riscuotere le tasse.
recouvrir [rəkuvrir] v. tr. PR. et FIG. ricoprire. | *recouvrir un parapluie,* ricoprire un ombrello. | *recouvrir un toit,* rifare un tetto. ‖ [masquer] nascondere, dissimulare, celare. ‖ [s'étendre sur] abbracciare ; corrispondere a. ◆ v. pr. ricoprirsi.
recracher [rəkraʃe] v. tr. et intr. risputare.
récréance [rekreɑ̃s] f. *lettres de récréance,* lettere di richiamo.
récréatif, ive [rekreatif, iv] adj. ricreativo.
récréation [rekreasjɔ̃] f. ricreazione. | *être en récréation,* (fam.) *en récré,* far ricreazione.
recréer [rəkree] v. tr. ricreare.
récréer [rekree] v. tr. LITTÉR. ricreare, svagare. ◆ v. pr. ricrearsi, svagarsi.
recrépir [rəkrepir] v. tr. rintonacare.
recrépissage [rəkrepisaʒ] m. rintonacatura f.
recreuser [rəkrøze] v. tr. [de nouveau] scavare di nuovo ; [davantage] riscavare.
récrier (se) [sərekrije] v. pr. *se récrier d'admiration,* dare, prorompere in esclamazioni d'ammirazione. ‖ [protester] protestare v. intr., indignarsi.
récrimination [rekriminasjɔ̃] f. aspra protesta, aspra critica. | *se répandre en récriminations,* diffondersi in critiche, in proteste.
récriminer [rekrimine] v. intr. **(contre)** protestare aspramente (contro), criticare (v. tr.) aspramente.
récrire [rekrir] ou **réécrire** [reekrir] v. tr. et v. intr. riscrivere.
recristallisation [rəkristalizasjɔ̃] f. MINÉR. ricristallizzazione.
recroquevillé, e [rəkrɔkvije] adj. accartocciato. ‖ FIG. raggomitolato, rannicchiato.
recroqueviller (se) [sərəkrɔkvije] v. pr. [suj. qch.] accartocciarsi. ‖ FIG. [suj. qn] raggomitolarsi, rannicchiarsi.
recru, e [rəkry] adj. *recru de fatigue,* stanco morto ; stracco.
recrû [rəkry] m. AGR. = polloni m. pl. (d'un bosco ceduo).
recrudescence [rəkrydɛsɑ̃s] f. recrudescenza, rincrudimento m.
recrudescent, e [rəkrydɛsɑ̃, ɑ̃t] adj. recrudescente.
recrue [rəkry] f. [soldat ; nouveau] recluta.
recrutement [rəkrytmɑ̃] m. MIL. reclutamento. | *bureau de recrutement,* ufficio leva. ‖ [engagement] reclutamento, assunzione f. (di personale).
recruter [rəkryte] v. tr. MIL. reclutare. ‖ [engager] reclutare, assumere. ◆ v. pr. *se recruter dans, parmi,* reclutarsi in, fra.
recruteur [rəkrytœr] adj. et n. m. MIL., VX *(sergent) recruteur,* reclutatore m. ‖ [qui engage] ingaggiatore m.
recta [rɛkta] adv. (lat.) FAM. *payer recta,* pagare puntualmente.
rectal, e, aux [rɛktal, o] adj. rettale.
rectangle [rɛktɑ̃gl] adj. et n. m. GÉOM. rettangolo.
rectangulaire [rɛktɑ̃gylɛr] adj. rettangolare.
1. recteur, trice [rɛktœr, tris] adj. et n. f. ZOOL. rettore, trice.
2. recteur m. UNIV. = rettore. ‖ RELIG. [d'une église non paroissiale] rettore ; [en Bretagne] parroco.
rectifiable [rɛktifjabl] adj. rettificabile.
rectificateur, trice [rɛktifikatœr, tris] adj. rettificatore, trice. ◆ n. m. alambicco, colonna f. (per la rettifica di un liquido volatile).
rectificatif, ive [rɛktifikatif, iv] adj. = che rettifica ; di rettifica. | *lettre rectificative,* lettera di rettifica. ◆ n. m. rettifica f.
rectification [rɛktifikasjɔ̃] f. rettificazione, rettifica. ‖ CHIM. rettificazione, rettifica. ‖ JUR. [sur l'état civil] rettificazione ; [d'une sentence] rettificazione, correzione. ‖ MATH. rettificazione. ‖ MÉC. rettifica.
rectifier [rɛktifje] v. tr. rettificare.
rectifieur, euse [rɛktifjœr, øz] n. [ouvrier] rettificatore, trice. ◆ n. f. [machine] rettificatrice.
rectiligne [rɛktiliɲ] adj. rettilineo. | *route rectiligne,* rettifilo m.
rectite [rɛktit] f. MÉD. rettite, proctite.
rectitude [rɛktityd] f. PR. dirittura. ‖ FIG. rettitudine ; dirittura morale.
recto [rɛkto] m. recto (lat.). | *au recto,* al recto.
recto-colite [rɛktokɔlit] f. MÉD. rectocolite.
rectoral, e, aux [rɛktɔral, o] adj. rettor(i)ale.
rectorat [rɛktɔra] m. rettorato.
rectum [rɛktɔm] m. ANAT. retto.
1. reçu, e [rəsy] adj. V. RECEVOIR.
2. reçu m. [action] ricevimento. | *au reçu de votre lettre,* al ricevimento della vostra lettera. ‖ [quittance] ricevuta f.
recueil [rəkœj] m. raccolta f.
recueillement [rəkœjmɑ̃] m. raccoglimento.
recueilli, e [rəkœji] adj. PR. et FIG. raccolto, concentrato.
recueillir [rəkœjir] v. tr. PR. et FIG. raccogliere. | *recueillir le fruit de son travail,* raccogliere il frutto del proprio lavoro. ◆ v. pr. raccogliersi, concentrarsi.
recuire [rəkɥir] v. tr. PR. et IND. ricuocere. ◆ v. intr. *faire recuire,* far cuocere di nuovo.
recuit [rəkɥi] m. IND. ricottura f.
recul [rəkyl] m. [action] arretramento, indietreggiamento. ‖ [espace] *manquer de recul,* non avere spazio alle spalle. ‖ [d'arme à feu] rinculo. ‖ [régression] *recul de la civilisation,* regresso della civiltà. ‖ [dans le temps] distacco.
reculade [rekylad] f. PR. arretramento m., indietreggiamento m. ‖ FIG. ritirata.
reculé, e [rəkyle] adj. [dans l'espace] appartato, fuori mano ; [dans le temps] remoto.
reculer [rəkyle] v. tr. [repousser] respingere ; spostare indietro. | *reculer un fauteuil,* spostare, spingere indietro una poltrona. ‖ [accroître] estendere, allargare. | *reculer les frontières,* estendere i confini. ‖ [différer] differire, ritardare. | *reculer un paiement,* dilazionare

un pagamento. ◆ v. intr. Pr. et fig. [suj. être animé] arretrare, indietreggiare ; tirarsi indietro, retrocedere ; [suj. qch.] essere in regresso. || *faire reculer un cheval*, fare rinculare un cavallo. | *reculer devant l'ennemi, les difficultés*, indietreggiare, retrocedere di fronte al nemico, alle difficoltà. | *ne pas reculer d'une semelle*, non recedere d'un passo, non cedere d'un pollice. | *ne reculer devant rien*, non arretrare dinanzi a niente. | *l'épidémie recule*, l'epidemia è in regresso. || [arme à feu] rinculare. || Fin. regredire. ◆ v. pr. farsi, tirarsi indietro.

reculons (à) [arkylɔ̃] loc. adv. a ritroso, all'indietro.

récupérable [rekyperabl] adj. ricuperabile, recuperabile.

récupérateur [rekyperatœr] m. Techn. ricuperatore.

récupération [rekyperasjɔ̃] f. ricupero m., recupero m. ; ricuperazione (vx) ; ricuperamento m. (rare).

récupérer [rekypere] v. tr. ricuperare, recuperare. ◆ v. intr. riprendersi, rifarsi.

récurage [rekyraʒ] m. sfregamento, strofinamento.

récurer [rekyre] v. tr. sfregare, strofinare.

récurrence [rekyrɑ̃s] f. Littér. ricorrenza ; = ripetizione periodica. || Log. *démonstration par récurrence*, dimostrazione per ricorrenza.

récurrent, e [rekyrɑ̃, ɑ̃t] adj. ricorrente.

récursoire [rekyrswar] adj. Jur. appellatorio.

récusable [rekyzabl] adj. ricusabile.

récusation [rekyzasjɔ̃] f. ricusazione.

récuser [rekyze] v. tr. Jur. ricusare. || [rejeter] ricusare, rifiutare. ◆ v. pr. dichiararsi incompetente ; rifiutare di assumere una responsabilità.

recyclage [rəsiklaʒ] m. riqualificazione f.

recycler [rəsikle] v. tr. riqualificare. ◆ v. pr. riqualificarsi.

rédacteur, trice [redaktœr, tris] n. Adm. impiegato, impiegata di concetto. || Journ. redattore, trice. | *rédacteur en chef*, redattore capo, caporedattore (pl. *capiredattori*).

rédaction [redaksjɔ̃] f. [action] redazione. || Journ. redazione. | *salle, bureaux de rédaction*, ufficio redazionale. | *secrétaire de rédaction*, segretario di redazione. || Univ. tema m. (di componimento) ; componimento m.

rédactionnel, elle [redaksjɔnɛl] adj. redazionale.

redan ou **redent** [rədɑ̃] m. Mil. saliente. || Aér., Mar. redan (fr.), gradino. || Archit. dentello, dente. || [ressaut] gradino, risalto. || Techn. incastro.

reddition [rɛdisjɔ̃] f. Comm. resa, rendimento m. || Mil. resa.

redécouvrir [rədekuvrir] v. tr. riscoprire.

redéfaire [rədefɛr] v. tr. disfare di nuovo.

redemander [rədmɑ̃de] v. tr. [demander de nouveau] ridomandare, richiedere. || [ce qu'on a prêté] richiedere ; chiedere la restituzione di.

rédempteur, trice [redɑ̃ptœr, tris] adj. et n. m. Relig. redentore, trice.

rédemption [redɑ̃psjɔ̃] f. Relig. redenzione ; riscatto m.

rédemptoriste [redɑ̃ptɔrist] n. Relig. redentorista.

redent m. V. redan.

redescendre [redɛsɑ̃dr] v. intr. ridiscendere ; scendere di nuovo. ◆ v. tr. riportare giù.

redevable [rədəvabl] adj. Pr. et fig. **(de)** debitore, trice (di). | *être redevable de qch. à qn*, essere in debito di qlco. verso qlcu., con qlcu. | *je te suis redevable de la vie*, ti devo la vita. || Absol. riconoscente.

redevance [rədəvɑ̃s] f. canone m. | *redevance radiophonique*, canone di abbonamento alle radioaudizioni. || Hist. *redevances féodales*, tributi (m. pl.), imposte (f. pl.) feudali.

redevenir [rədəvnir] v. intr. ridiventare, ridivenire.

redevoir [rədəvwar] v. tr. restare debitore, trice di.

rédhibition [redibisjɔ̃] f. Jur. redibizione.

rédhibitoire [redibitwar] adj. redibitorio.

rédiger [rediʒe] v. tr. redigere, compilare, stendere. | *rédiger une fiche, une traite*, compilare una scheda, una cambiale.

rédimer [redime] v. tr. Relig. redimere, riscattare.

redingote [rədɛ̃gɔt] f. [d'homme] redingote (fr.), finanziera ; prefettizia (vx) ; [de femme] redingote. | *forme redingote*, forma a redingote.

redire [rədir] v. tr. [répéter] ridire, ripetere. || [ébruiter] ridire, riferire. || Loc. *ne pas se le faire redire* = ubbidire subito. ◆ v. intr. [blâmer] *avoir, trouver toujours à redire (à, sur tout)*, trovar sempre a, da ridire (su tutto).

rediscuter [rədiskyte] v. tr. discutere di nuovo, tornare a discutere.

redistribuer [rədistribɥe] v. tr. ridistribuire.

redistribution [rədistribysjɔ̃] f. ridistribuzione.

redite [rədit] f. ripetizione.

redondance [rədɔ̃dɑ̃s] f. Pr., Ling. ridondanza.

redondant, e [rədɔ̃dɑ̃, ɑ̃t] adj. ridondante.

redonner [rədɔne] v. tr. Pr. et fig. ridare. | *redonner du courage à qn*, ridare coraggio a qlcu. ◆ v. intr. [retomber] **(dans)** ricadere, ridare (in). || Mil. ritornare alla carica.

redorer [rədɔre] v. tr. (in)dorare di nuovo. || Loc. fam. *redorer son blason*, rispolverare, rilustrare il (proprio) blasone.

redoublant, e [rədublɑ̃, ɑ̃t] n. Univ. ripetente.

redoublé, e [rəduble] adj. Ling., Mus. raddoppiato. || Loc. *pas redoublé*, passo raddoppiato. | *à coups redoublés*, a colpi ripetuti ; a suon di bastonate, di pugni. | *frapper qn à coups redoublés*, colpire qlcu. con una gragnuola di colpi.

redoublement [rədubləmɑ̃] m. Pr. et fig., Ling. raddoppiamento. | *avec un redoublement de joie*, con una gioia raddoppiata. || Mus. raddoppio.

redoubler [rəduble] v. tr. Pr. et fig., Ling. raddoppiare. || [accroître] raddoppiare, accrescere, aumentare. || Univ. ripetere. || [remettre une doublure] rifoderare. ◆ v. tr. ind. **(de)** raddoppiare v. tr. | *redoubler d'efforts, de vigilance*, raddoppiare gli sforzi, la vigilanza. ◆ v. intr. raddoppiare.

redoutable [rədutabl] adj. temibile.

redoute [rədut] f. Mil. ridotta.

redouter [rədute] v. tr. temere molto ; avere gran timore, paura di ; paventare (littér.).

redresse (à la) [alardrɛs] loc. adv. Pop. *un mec à la redresse* = un duro.

redressement [rədrɛsmɑ̃] m. Pr. et fig. raddrizzamento. | *redressement des torts*, riparazione (f.) dei torti. | *maison de redressement*, riformatorio. || Aér. rimessa f. (in linea), ripresa f., ristabilimento, raddrizzamento ; [après un piqué] richiamata f. || Électr. raddrizzamento. || Écon., Polit. risanamento. || Fin. *redressement de compte*, rettifica (f.) di conto.

redresser [rədrese] v. tr. [remettre droit] raddrizzare. | *redresser la tête* (pr. et fig.), rialzare la testa. | *redresser un véhicule, un avion*, rimettere in linea un veicolo, un aereo ; raddrizzare un aereo. || [mettre debout] raddrizzare, rialzare. || [rectifier] raddrizzare, correggere, ristabilire. | *redresser la situation*, ristabilire la situazione. | *redresser le jugement*, correggere il giudizio. || [réparer] riparare. | *redresser les torts*, riparare i torti. || Écon., Polit. risanare. || Électr. raddrizzare. ◆ v. pr. Pr. raddrizzarsi. || Fig. rialzare il capo. || Aér. raddrizzarsi.

redresseur [rədresœr] m. Électr. raddrizzatore. || Fig. *redresseur de torts*, raddrizzatore di torti.

redû [rədy] m. Comm. saldo a debito.

réducteur, trice [redyktœr, tris] adj. et n. m. Chim. riducente. || Méc., Techn. riduttore, trice.

réductibilité [redyktibilite] f. riducibilità.

réductible [redyktibl] adj. riducibile.

réduction [redyksjɔ̃] f. Pr. et fig. riduzione.

réduire [redɥir] v. tr. Pr. et fig. [transformer] ridurre. | *réduire qch. en cendres*, ridurre qlco. in cenere. || Fig. *réduire (à néant)*, annientare, distruggere, domare. || [contraindre] *réduire qn au silence, en esclavage*, ridurre qlcu. al silenzio, in schiavitù. || Chim., Math., Méd. ridurre. ◆ v. intr. concentrarsi, condensarsi, ridursi, restringersi v. pr. || Culin. *faire, laisser réduire une sauce*, ridurre una salsa. ◆ v. pr. [se transformer] trasformarsi. || [se ramener à] ridursi, limitarsi (a). || [se restreindre] limitarsi (nelle spese).

réduit, e [redɥi, it] adj. *en être réduit à*, essere

ridotto a. ‖ Loc. *modèle réduit,* modello ridotto; modellino. | *à prix réduits,* a prezzi ridotti. ◆ n. m. bugigattolo, stambugio. ‖ Mar., Mil. ridotto.
réduplication [redyplikasjɔ̃] f. Ling. reduplicazione.
réécrire v. tr. et v. intr. V. récrire.
réédification [reedifikasjɔ̃] f. Pr. et fig. riedificazione.
réédifier [reedifje] v. tr. Pr. et fig. riedificare.
rééditer [reedite] v. tr. ristampare, ripubblicare. ‖ Fig., fam. rifare, ripetere (l.c.).
réédition [reedisjɔ̃] f. ristampa. ‖ Fig., fam. ripetizione (l.c.).
rééducation [reedykasjɔ̃] f. rieducazione.
rééduquer [reedyke] v. tr. rieducare.
réel, elle [reɛl] adj. reale; vero e proprio; sostanziale. | *expérience réelle,* esperienza reale. | *une réelle satisfaction,* una vera e propria soddisfazione. | *une réelle amélioration,* un miglioramento sostanziale. ‖ Jur., Math. reale. ◆ n. m. reale.
réélection [reelɛksjɔ̃] f. rielezione.
rééligible [reeliʒibl] adj. rieleggibile.
réélire [reelir] v. tr. rieleggere.
réellement [reɛlmɑ̃] adv. realmente, veramente, proprio, davvero.
réemploi m., **réemployer** v. tr. V. remploi, remployer.
réensemencement [reɑ̃smɑ̃smɑ̃] m. (il) riseminare.
réensemencer [reɑ̃smɑ̃se] v. tr. riseminare.
réentendre [reɑ̃tɑ̃dr] v. tr. risentire, riascoltare.
réer v. intr. V. raire.
réescompte [reɛskɔ̃t] m. risconto.
réescompter [reɛskɔ̃te] v. tr. riscontare.
réessayage m., **réessayer** v. tr. V. ressayage, ressayer.
réévaluation [reevalɥasjɔ̃] f. rivalutazione.
réévaluer [reevalɥe] v. tr. rivalutare.
réexamen [reɛgzamɛ̃] m. riesame.
réexaminer [reɛgzamine] v. tr. riesaminare.
réexpédier [reɛkspedje] v. tr. rispedire.
réexpédition [reɛkspedisjɔ̃] f. rispedizione.
réexportation [reɛkspɔrtɑsjɔ̃] f. riesportazione.
réexporter [reɛkspɔrte] v. tr. riesportare.
refaçonner [rəfasɔne] v. tr. rimodellare.
réfaction [refaksjɔ̃] f. Comm. ribasso m. (per merci avariate); abbuono m.
refaire [rəfɛr] v. tr. Pr. rifare; fare da capo. ‖ [remettre en état] rifare, riparare. ‖ Fig. *refaire sa santé,* ristabilirsi, rimettersi v. pr. ‖ Fam. [tromper] infinocchiare; fregare, farla a (pop.). | *j'ai été refait,* me l'hanno fatta. ◆ v. pr. [santé] rimettersi; tirarsi su; ristabilirsi; [argent] tirarsi su, rimpannucciarsi. ‖ [se transformer] *on ne se refait pas* = non si cambia così facilmente. ‖ [se réhabituer à] riabituarsi (a).
réfection [refɛksjɔ̃] f. rifacimento m.
réfectoire [refɛktwar] m. refettorio.
refend [rəfɑ̃] m. *mur de refend,* muro di spina. | *bois de refend,* legname segato per il lungo.
refendre [rəfɑ̃dr] v. tr. Techn. segare per il lungo.
référé [refere] m. Jur. [procédure] ricorso in giudizio (per direttissima); [arrêt] giudizio per direttissima. | *en référé,* per direttissima.
référence [referɑ̃s] f. riferimento m., indicazione. | *ouvrage de référence,* opera di consultazione. | *point de référence,* punto di riferimento. | *faire référence à,* fare riferimento a. | *par référence à,* in relazione a. ‖ Adm., Comm. numero (m.) di protocollo. ‖ Comm. *en référence à votre lettre du...,* con, in riferimento alla Vostra del... ‖ Géom. *système de référence,* sistema di riferimento. ◆ pl. referenze.
référendaire [referɑ̃dɛr] m. Antiq., Adm. referendario. ◆ adj. *campagne référendaire,* campagna per il referendum.
référendum [referɛ̃dɔm] m. referendum inv.
référent [referɑ̃] m. Ling. referente.
référentiel [referɑ̃sjɛl] m. Math. sistema di riferimento.
référer [refere] v. tr. ind. *en référer à qn :* [rapport] riferire a, far rapporto a qlcu.; [appel] deferire a, appellarsi a qlcu. ◆ v. pr. **(à)** riferirsi (a). ‖ Comm. *en me référant à votre lettre,* con, in riferimento alla Vostra.
refermer [rəfɛrme] v. tr. richiudere. ◆ v. pr. richiudersi. ‖ [blessure] rimarginarsi.
refiler [rəfile] v. tr. Pop. rifilare, appioppare, sbolognare (fam.); [une maladie] affibbiare; attaccare (l.c.).
réfléchi, e [refleʃi] adj. Gramm. riflessivo. ‖ Phys. riflesso. ‖ [pondéré] riflessivo, ponderato, posato. | *action, décision, parole réfléchie,* azione, decisione, parola ponderata. | *art réfléchi,* arte riflessa. | *jeune homme réfléchi,* giovane riflessivo, ponderato, posato. ‖ Philos. *conscience réfléchie,* autocoscienza f.
réfléchir [refleʃir] v. tr. Phys. riflettere. ◆ v. pr. riflettersi, rispecchiarsi. ◆ v. intr. [penser] riflettere. | *réfléchir aux moyens de,* riflettere sui mezzi per. | *cela donne à réfléchir,* questo fa riflettere, dà da pensare. | *j'y réfléchirai,* ci penserò. | *tout bien réfléchi,* a ragion veduta.
réfléchissant, e [refleʃisɑ̃, ɑ̃t] adj. Phys. riflettente.
réflecteur [reflɛktœr] adj. et n. m. riflettore.
reflet [rəflɛ] m. riflesso, riverbero. | *le reflet des arbres dans l'eau,* l'immagine (f.) degli alberi riflessi nell'acqua. ‖ Fig. riflesso.
refléter [rəflete] v. tr. Pr. et fig. riflettere, rispecchiare. ◆ v. pr. riflettersi, (ri)specchiarsi.
refleurir [rəflœrir] v. intr. Pr. et fig. rifiorire. ◆ v. tr. rinfiorare.
refleurissement [rəflœrismɑ̃] m. rifioritura f.
reflex [rəflɛks] adj. et n. m. Phot. reflex (angl.).
réflexe [reflɛks] adj. et n. m. Physiol., Psych. riflesso. | *manquer de réflexe,* non avere riflessi.
réflexibilité [reflɛksibilite] f. riflessività.
réflexible [reflɛksibl] adj. riflessibile.
réflexif, ive [reflɛksif, iv] adj. Math., Philos. riflessivo.
réflexion [reflɛksjɔ̃] f. Phys. riflessione. ‖ [pensée; jugement] riflessione. | *à la réflexion,* a pensarci bene. | *(toute) réflexion faite,* ripensandoci; tutto considerato; tutto sommato. | *cela mérite réflexion,* occorre pensarci su. ‖ [remarque désobligeante] osservazione; commento sgarbato; appunto m.
réflexivité [reflɛksivite] f. Math. riflessività; proprietà riflessiva.
réflexologie [reflɛksolɔʒi] f. riflessologia.
réflexothérapie [reflɛksoterapi] f. Méd. riflessoterapia.
refluer [rəflɥe] v. intr. Pr. et fig. rifluire, defluire.
reflux [rəfly] m. Pr. et fig. riflusso, deflusso, (il) rifluire, (il) defluire.
refondre [rəfɔ̃dr] v. tr. Pr. rifondere. ‖ Fig. rifondere, rifare. ◆ v. intr. fondere di nuovo.
refonte [rəfɔ̃t] f. Pr. rifusione. ‖ Fig. rifusione, rifacimento m.
réformable [refɔrmabl] adj. riformabile.
réformateur, trice [refɔrmatœr, tris] adj. et n. riformatore, trice.
réformation [refɔrmasjɔ̃] f. Relig. Riforma.
réforme [refɔrm] f. riforma. ‖ Mil. riforma. ‖ Relig. Riforma.
réformé, e [refɔrme] adj. et n. Mil., Relig. riformato.
reformer [rəfɔrme] v. tr. riformare; formare di nuovo. ◆ v. pr. riformarsi; raggrupparsi.
réformer [refɔrme] v. tr. riformare, correggere. ‖ Ch. de f. *réformer un wagon,* scartare un carro. ‖ Mil. [personne] riformare; [matériel] mettere fuori uso; scartare. ◆ v. pr. correggersi.
réformisme [refɔrmism] m. riformismo.
réformiste [refɔrmist] adj. riformista, riformistico. ◆ n. riformista.
refouillement [rəfujmɑ̃] m. incavo, incavatura f.
refouiller [rəfuje] v. tr. incavare.
refoulé, e [rəfule] adj. represso, soffocato. ‖ Psychan. rimosso. ◆ n. inibito, a. ◆ n. m. Psychan. *retour du refoulé,* ritorno del rimosso.
refoulement [rəfulmɑ̃] m. [d'une personne] (il) ricacciare indietro, (il) respingere; [d'un sentiment] repressione f. ‖ Ch. de f. (manovra [f.] di) indietreggiamento.

|| PSYCHAN. rimozione f. || MÉTALL. ricalcatura f. || TECHN. [d'un fluide] (spostamento per) compressione f.
refouler [rəfule] v. tr. PR. ricacciare indietro, respingere. || FIG. *refouler sa colère*, reprimere l'ira. | *refouler ses larmes*, ricacciare indietro le lacrime. || CH. DE F. far retrocedere, far indietreggiare. || MAR. *refouler le courant, la marée*, risalire, rimontare la corrente, la marea. || PSYCHAN. rimuovere. || MÉTALL. ricalcare. || TECHN. [fluide] forzare, comprimere.
refouloir [rəfulwar] m. MIL., VX calcatoio.
réfractaire [refraktɛr] adj. PHYS. refrattario. | *argile réfractaire*, terracotta refrattaria. || [rebelle] renitente, refrattario. | *réfractaire à la loi, au service militaire*, renitente alla legge, alla leva. | *réfractaire aux sentiments, aux reproches*, refrattario ai sentimenti, ai rimproveri. || BIOL. refrattario. || HIST. *prêtre réfractaire*, prete refrattario. ◆ n. m. MIL. renitente (alla leva). || [en France, de 1942 à 1944] renitente (al servizio del lavoro obbligatorio).
réfracter [refrakte] v. tr. rifrangere.
réfracteur [refraktœr] adj. m. *prisme réfracteur*, rifrattore m.
réfraction [refraksjɔ̃] f. rifrazione.
refrain [rəfrɛ̃] m. ritornello ; refrain (fr.). || LOC. *c'est toujours le même refrain*, è sempre il solito ritornello, la solita canzone, la stessa solfa, la solita antifona.
réfrangibilité [refrɑ̃ʒibilite] f. rifrangibilità.
réfrangible [refrɑ̃ʒibl] adj. rifrangibile.
refrènement [rəfrɛnmɑ̃] ou **réfrènement** [refrɛnmɑ̃] raffrenamento, (il) raffrenare.
refréner [rəfrene] ou **réfréner** [refrene] v. tr. (t)rattenere, raffrenare.
réfrigérant, e [refriʒerɑ̃, ɑ̃t] adj. refrigerante. || FIG., FAM. glaciale. ◆ n. m. TECHN. refrigerante.
réfrigérateur, trice [refriʒeratœr, tris] adj. refrigeratore, trice. ◆ n. m. frigorifero.
réfrigération [refriʒerasjɔ̃] f. refrigerazione.
réfrigérer [refriʒere] v. tr. refrigerare. || FIG., FAM. ghiacciare.
réfringence [refrɛ̃ʒɑ̃s] f. rifrangenza.
réfringent, e [refrɛ̃ʒɑ̃, ɑ̃t] adj. rifrangente. | *pouvoir réfringent*, rifrattività f.
refroidir [rəfrwadir] v. tr. PR. et FIG. (raf)freddare. || POP. [tuer] far secco ; smaltire (arg.) ; freddare (L.C.). ◆ v. intr. PR. et FIG. (raf)freddarsi. ◆ v. pr. PR. et FIG. (raf)freddarsi. || [prendre froid] raffreddarsi ; prendersi un'infreddatura ; buscarsi un raffreddore (fam.).
refroidissement [rəfrwadismɑ̃] m. PR. et FIG. raffreddamento. || MÉD. raffreddore, infreddatura f.
refroidisseur [rəfrwadisœr] m. raffreddatore.
refuge [rəfyʒ] m. rifugio, ricovero. || [d'indigents] ricovero, asilo. || [pour piétons] salvagente m. inv., isola (f.) spartitraffico. || [en montagne] rifugio. || FIG. rifugio ; ancora (f.) di salvezza.
réfugié, e [refyʒje] adj. et n. rifugiato, profugo. | *réfugié politique*, fuoruscito ; rifugiato, profugo politico. ◆ n. m. pl. HIST. rifugiati.
réfugier (se) [sərefyʒje] v. pr. PR. rifugiarsi ; ricoverarsi (littér.). || FIG. rifugiarsi. | *se réfugier à l'étranger*, espatriare v. intr.
refus [rəfy] m. rifiuto. | *essuyer un refus*, incontrare, ricevere un rifiuto. | *ce n'est pas de refus* (fam.), non dico di no.
refusable [rəfyzabl] adj. rifiutabile.
refuser [rəfyze] v. tr. [ne pas accepter] rifiutare, ricusare ; recusare (littér.). | *refuser une invitation*, rifiutare, ricusare, declinare un invito. | *refuser un candidat, une candidature*, respingere un candidato, una candidatura. | *refuser du monde*, rifiutare clienti, spettatori. || [ne pas accorder] *refuser une autorisation*, rifiutare, negare un'autorizzazione. || [ne pas consentir] *refuser de*, rifiutare di. || [contester] *refuser toute qualité à un adversaire*, negare a un nemico qualsiasi qualità. || [hippisme] *refuser (l'obstacle)*, rifiutare l'ostacolo ; ABSOL. impuntarsi v. pr. ◆ v. intr. MAR. ricusare. ◆ v. pr. rifiutarsi. | *se refuser qch.*, rifiutarsi qlco. | *ne rien se refuser*, non farsi mancare niente, non privarsi di nulla. || *se refuser à*, rifiutarsi di. | *se refuser à l'évidence*, negare l'evidenza. | *je m'y refuse*, mi rifiuto. || [suj. femme] non concedersi.
réfutable [refytabl] adj. confutabile.
réfutation [refytasjɔ̃] f. confutazione.
réfuter [refyte] v. tr. confutare.
reg [rɛg] m. GÉOGR. reg m. inv. (ar.).
regagner [rəgaɲe] v. tr. [retrouver] PR. et FIG. ricuperare, riguadagnare. | *regagner son argent, le temps perdu*, ricuperare il proprio denaro, il tempo perduto. | *regagner du terrain*, riguadagnare terreno. | *regagner la confiance de qn*, ritrovare la fiducia di qlcu. || [revenir à] (ri)tornare a, in ; fare ritorno a.
regain [rəgɛ̃] m. AGR. guaime ; secondo fieno. || FIG. ritorno, ripresa f. | *regain de jeunesse*, ritorno di gioventù. | *regain d'activité*, rifiorire di attività. | *regain de criminalité*, recrudescenza (f.) della criminalità.
régal [regal] m. PR. ghiottoneria f., leccornia f., delizia f. || FIG. delizia, piacere.
régalade (à la) [alaregalad] loc. adv. *boire à la régalade*, bere a garganella.
régalage [regalaʒ] ou **régalement** [regalmɑ̃] m. livellamento.
1. régale [regal] f. MUS. regale.
2. régale adj. f. *eau régale*, acqua regia.
3. régale f. JUR., VX regalìa. | *régale temporelle, spirituelle*, régale (fr.) temporale, spirituale.
1. régaler [regale] v. tr. PR. offrire un banchetto a ; invitare a un buon pranzo. || FIG. *régaler qn d'un concert, d'anecdotes*, allietare qlcu. con un concerto, con aneddoti. || FAM. *c'est moi qui régale*, pago io (L.C.). ◆ v. pr. PR. fare un buon pranzo, una buona mangiata. || FIG. *se régaler de qch.*, deliziarsi di una cosa, godersi una cosa.
2. régaler v. tr. [aplanir] livellare.
régalien, enne [regaljɛ̃, ɛn] adj. regio. | *droit régalien*, regalìa f.
regard [rəgar] m. sguardo, occhiata f. | *ne pas honorer qn d'un regard*, non degnare qlcu. di uno sguardo. | *porter ses regards sur*, volgere lo sguardo su. | *tourner ses regards vers*, volgere gli occhi verso (pr.) ; [implorer] volgere la propria speranza verso. | *jeter un regard sur qch.*, dare, gettare uno sguardo, un'occhiata su qlco., a qlco. | *suivre, montrer, menacer qn du regard*, seguire, mostrare, minacciare qlcu. con lo sguardo. | *frapper le regard*, dare nell'occhio. | *ne pas quitter qn du regard*, non levare, non staccare gli occhi da qlcu., di dosso a qlcu. | *soustraire au regard*, sottrarre alla vista. || GÉOL. *regard d'une faille*, orientamento geografico del piano di faglia. || JUR. *droit de regard*, diritto di supervisione f., di controllo. || TECHN. spia f. ; [d'égout] pozzetto, chiusino. ◆ loc. adv. ***en regard***, a fronte, a riscontro. | *traduction en regard*, traduzione a fronte. ◆ loc. prép. ***au regard de***, (in) riguardo a, rispetto a.
regardant, e [rəgardɑ̃, ɑ̃t] adj. FAM. attaccato (al denaro), taccagno ; parsimonioso (L.C.).
regarder [rəgarde] v. tr. guardare. | *regarder du coin de l'œil, de près, en face, en l'air, fixement*, guardare con la coda dell'occhio, da vicino, in faccia, per aria, fisso. | *regarder par la fenêtre, par le trou de la serrure*, guardare dalla finestra, dal buco della serratura. | *regarder à nouveau*, guardare di nuovo, riguardare. || [être orienté vers] dare su, guardare. | *la maison regarde le lac*, la casa guarda il, dà sul lago. || [concerner] riguardare, concernere. | *cela ne me regarde pas*, ciò non mi riguarda. | *mêle-toi de ce qui te regarde*, bada ai fatti tuoi. || [considérer] guardare. | *regarder qn de haut, d'un mauvais œil, sous le nez*, guardare qlcu. dall'alto in basso, di mal occhio, con insolenza. | *regarder de travers*, guardare di traverso, di sbieco. | *regarder comme*, considerare, ritenere. | *je le regarde comme une personne honnête*, lo considero una persona onesta. | *regarder un problème comme difficile*, ritenere difficile un problema. || [tenir pour] *ce garçon me regarde comme son frère*, quel ragazzo mi considera come un fratello. || FAM. *regardez-moi ça !*, ma guarda un po' ! | *tu ne m'as pas regardé !*, per chi mi prendi ? ◆ v. tr. ind. **(à)** guardare, badare (a). | *ne pas*

regarder à la dépense, non guardare, non badare a spese. | *y regarder à deux fois,* pensarci e ripensarci; pensarci su due volte; andarci coi piedi di piombo. | *il ne faut pas y regarder de si près, de trop près,* non bisogna guardar tanto, troppo per il sottile. | *à y regarder de près,* a guardar bene. ◆ v. pr. [réfl.] guardarsi. | *se regarder dans la glace,* guardarsi allo, nello specchio. | *il ne s'est pas regardé!* (fam.), non s'è visto nello specchio! || [récipr.] *se regarder en chiens de faïence,* guardarsi in cagnesco. || [être face à face] *maisons qui se regardent,* case che stanno dirimpetto. || FIG. *se regarder comme honoré,* (ri)tenersi, considerarsi onorato.

regarnir [rəgarnir] v. tr. guarnire di nuovo, rifornire.

régate [regat] f. MODE cravatta alla marinara. || MAR. regata. | *régates de bateaux à voile,* regate veliche. | *participer à une régate,* partecipare a una regata; regatare (rare).

regel [rəʒɛl] m. nuovo gelo. || PHYS. rigelo.

regeler [rəʒle] v. tr. et v. impers. rigelare.

régence [reʒɑ̃s] f. reggenza. || HIST. Reggenza. ◆ adj. inv. *style Régence,* stile Reggenza.

régénérateur, trice [reʒeneratœr, tris] adj. rigeneratore, trice; rigenerativo. || RELIG. *eau régénératrice,* acqua rigeneratrice. ◆ n. m. TECHN. rigeneratore.

régénération [reʒenerasjɔ̃] f. PR. et FIG. rigenerazione.

régénérer [reʒenere] v. tr. PR. et FIG., RELIG. rigenerare. ◆ v. pr. BIOL. et FIG. rigenerarsi.

régent, e [reʒɑ̃, ɑ̃t] adj. et n. reggente. || [diamant] Reggente m. || Vx *régent (de collège),* professore (L.C.). || HIST. [de la Banque de France] = membro del Consiglio generale.

régenter [reʒɑ̃te] v. tr. et intr. spadroneggiare su.

régicide [reʒisid] n. regicida ◆ adj. = del, di un regicida. ◆ n. m. [meurtre] regicidio.

régie [reʒi] f. JUR. monopolio m., privativa, regìa. | *régie des tabacs,* regìa, monopolio dei tabacchi. | *travaux en régie,* lavori in regìa. || FIN. *régie d'avance, de dépenses,* cassa di anticipazioni. || [entreprise nationalisée] azienda autonoma (statale, municipale). || CIN., T.V., THÉÂTRE regìa.

regimber [rəʒɛ̃be] v. intr. PR. et FIG. ricalcitrare, recalcitrare. ◆ v. pr. ricalcitrare, ribellarsi.

1. régime [reʒim] m. JUR., POLIT. regime. || GÉOGR. regime. || GRAMM. *(cas) régime,* complemento. || HIST. *Ancien Régime,* Antico Regime. || MÉC. regime. | *à régime lent, à plein régime,* a regime lento, a pieno regime. || MÉD. regime, dieta f. | *être, mettre au régime,* essere, mettere a regime, a dieta.

2. régime m. BOT. [bananes] casco; [dattes] grappolo, ciocca f.

régiment [reʒimɑ̃] m. PR. et FIG. reggimento. || FAM. = servizio militare.

régimentaire [reʒimɑ̃tɛr] adj. reggimentale, del reggimento.

région [reʒjɔ̃] f. ADM., ANAT., GÉOGR. regione. | *Paris et sa région,* Parigi e dintorni. || MIL. regione militare (comandata da un generale). || FIG. sfera.

régional, e, aux [reʒjɔnal, o] adj. regionale. ◆ n. m. TÉLÉCOM. rete (f.) telefonica regionale.

régionalisme [reʒjɔnalism] m. regionalismo.

régionaliste [reʒjɔnalist] adj. regionalistico. ◆ n. regionalista.

régir [reʒir] v. tr. Vx [diriger] reggere, governare (L.C.); [gérer] amministrare (L.C.). || [déterminer] regolare. || GRAMM. reggere.

régisseur [reʒisœr] m. [de biens] amministratore, intendente. || CIN., T.V. direttore di produzione; THÉÂTRE direttore di scena.

registre [rəʒistr] m. registro. | *registre cadastral, du commerce,* registro catastale, di commercio. | *registre de l'état civil,* registro di stato civile; anagrafe f. | *registre des salaires,* libro paga. || MUS. registro. | *changer de registre* (pr. et fig.), cambiar, mutar registro. || TECHN. registro, regolatore. || TYP. registro.

réglable [reglabl] adj. regolabile.

réglage [reglaʒ] m. [du papier] rigatura f. || MIL., TÉLÉCOM. aggiustamento. || TECHN. regolazione f. | *dispositif, vis de réglage,* dispositivo, vite di regolazione.

règle [rɛgl] f. [plate] riga; [à section carrée] righello m. | *règle à calcul,* regolo (m.) calcolatore. | *règle à dessin,* riga da disegno. || [principe] regola, norma. | *dans, selon les règles,* con tutte le, secondo le regole. | *dans les règles de l'art,* a regola d'arte. | *avoir pour règle, se faire une règle de,* aver per norma di. | *en règle générale,* in linea di massima. || [usage] *en bonne règle,* com'è d'uso. | *il est de règle, c'est la règle d'agir ainsi,* è di regola, di prammatica agire così. | *être, se mettre en règle,* essere, mettersi in regola. || GRAMM., MATH. regola. | *règle de trois,* regola del tre. || RELIG. regola. ◆ pl. PHYSIOL. mestruazione f., mestrui m. pl.; regole (rare). | *premières règles,* prime regole; menarca m.

réglé, e [regle] adj. [papier] rigato, a righe. || FIG. *vie réglée,* vita regolata. || LOC. *réglé comme du papier à musique,* preciso come un orologio. | *c'est tout réglé,* è bell'e deciso; è tutto sistemato. || MATH. *surface réglée,* (superficie) rigata f. ◆ adj. f. PHYSIOL. mestruata. | *bien, mal réglée* = che ha un ciclo mestruale regolare, irregolare.

règlement [rɛgləmɑ̃] m. [prescription] regolamento. | *règlement intérieur, d'atelier, de police,* regolamento interno, di fabbrica, di polizia. || [statuts] ordinamento. || [arrangement] accomodamento. | *règlement à l'amiable,* accomodamento, componimento amichevole. | *règlement d'une affaire,* conclusione (f.) di un affare. || COMM. regolamento, pagamento. | *règlement par chèque, en espèces,* pagamento con assegno, in contanti. | *règlement d'un compte,* regolamento, saldo di un conto. | *en règlement final,* a saldo definitivo. | *en règlement de,* a saldo di. || FIG. *règlement de compte(s),* regolamento di conti. || JUR. *règlement d'administration publique,* ordinanza (f.) ministeriale.

réglementaire [regləmɑ̃tɛr] adj. regolamentare. || MIL. *effectif réglementaire,* organico m.

réglementairement [regləmɑ̃tɛrmɑ̃] adv. secondo il, a norma di regolamento.

réglementation [regləmɑ̃tasjɔ̃] f. regolamentazione, disciplina.

réglementer [regləmɑ̃te] v. tr. regolamentare, disciplinare.

régler [regle] v. tr. [du papier] rigare. || [déterminer] regolare. | *régler la circulation, le cours d'un fleuve,* regolare il traffico, il corso di un fiume. | *régler l'emploi de ses journées,* regolare, fissare l'impiego delle proprie giornate. | *régler ses dépenses sur son revenu,* adattare, commisurare le spese al reddito. || [arranger] regolare, sistemare. | *régler à l'amiable,* regolare, comporre amichevolmente. | *régler une question,* regolare, risolvere una questione. | *régler un différend,* sistemare, comporre una vertenza. | *régler une affaire,* concludere un affare. | *régler ses affaires,* sistemare i propri affari. | *tout est réglé,* tutto è a posto; è tutto sistemato. || [payer] pagare, regolare. | *régler sa note,* pagare, regolare il conto. | *régler une dette,* estinguere, pagare, regolare un debito. || MIL. *régler le tir,* aggiustare il tiro. || TECHN. regolare, rimettere. | *régler une montre, la radio,* regolare un orologio, la radio. || FAM. *régler son compte à qn,* fare, regolare i conti con qlcu. | *avoir un compte à régler avec qn,* aver dei conti da regolare con qlcu. ◆ v. pr. TECHN. regolarsi. || [se conformer] *se régler sur qn,* regolarsi su qlcu., prendere esempio da qlcu.

réglet [reglɛ] m. ARCHIT. listello. || TECHN. regolo, righello. || TYP. filetto (orizzontale).

réglette [reglɛt] f. quadrello m., righello m. (a sezione quadrata).

régleur, euse [reglœr, øz] n. [ouvrier] registratore, trice. ◆ n. f. [machine] rigatrice.

réglisse [reglis] f. BOT., PHARM. liquorizia, liquirizia.

régloir [reglwar] m. [de cordonnier] bisegolo.

réglure [reglyr] f. [du papier] rigatura.

régnant, e [reɲɑ̃, ɑ̃t] adj. PR. regnante. || FIG. dominante, imperante, regnante.

règne [rɛɲ] m. POLIT. regno. || BOT., MINÉR., ZOOL.

regno. ‖ FIG. regno, dominio. ‖ RELIG. *que votre, ton règne arrive*, venga il tuo regno.
régner [reɲe] v. intr. PR. regnare. | *régner en maître*, spadroneggiare. ‖ FIG. regnare, (pre)dominare, imperare. | *l'épidémie règne sur le pays*, l'epidemia infierisce, imperversa nel paese. | *le désordre règne*, regna il disordine.
regonflement [rəgɔ̃fləmɑ̃] m. rigonfiamento.
regonfler [rəgɔ̃fle] v. tr. et v. intr. rigonfiare. ‖ FIG., FAM. *regonfler (le moral de) qn* = infondere coraggio a qlcu. ◆ v. pr. rigonfiarsi.
regorger [rəgɔrʒe] v. intr. [lieu] *regorger de monde*, rigurgitare, riboccare, traboccare di gente. ‖ [suj. qn] *regorger de richesses*, nuotare, sguazzare nell'oro; essere ricco sfondato. | *regorger de santé*, sprizzare, schizzare salute.
regrattage [rəgrataʒ] m. [d'un mur] raschiatura f.
regratter [rəgrate] v. tr. grattare di nuovo. ‖ [un mur] raschiare.
regréer [rəgree] v. tr. riarmare.
regreffer [rəgrefe] v. tr. reinnestare, rinnestare.
régresser [regrese] v. intr. regredire.
régressif, ive [regresif, iv] adj. regressivo.
régression [regresjɔ̃] f. [recul] regressione; [diminution] regresso m. | *en régression*, in regresso. ‖ BIOL., GÉOL., PSYCH. regressione.
regret [rəgrɛ] m. [de qn, de qch. qui a disparu] rimpianto. ‖ [déplaisir] dispiacere, rammarico, rincrescimento. | *j'ai beaucoup de regret de ne pas l'avoir vu*, mi dispiace molto di non averlo visto. | *je n'ai qu'un regret, c'est de partir seul*, una cosa sola mi dispiace, di partire solo. | *être au regret de, avoir le regret de*, essere spiacente, dolente di. | *à notre grand regret*, con nostro grande rincrescimento. | *à mon (très grand) regret*, con mio (sommo) dolore (littér.). | *mille regrets!*, mi dispiace tanto!, quanto mi dispiace! ‖ [repentir] rimorso, pentimento. | *j'en ai du regret*, me ne pento. ◆ loc. adv. ***à regret***, a malincuore.
regrettable [rəgretabl] adj. spiacevole, increscioso.
regretté, e [rəgrete] adj. compianto.
regretter [rəgrete] v. tr. [pleurer qn, qch. qui a disparu] rimpiangere. | *regretter ses parents, sa jeunesse*, rimpiangere i genitori, la giovinezza. ‖ [déplorer] dispiacere, dolere, rincrescere v. intr.; rammaricarsi v. pr. | *je regrette de*, mi dispiace di, mi duole di, mi rincresce di, mi rammarico di, sono spiacente di. ‖ [se repentir] pentirsi (di). | *tu regretteras ton erreur*, ti pentirai del tuo errore. | *il n'aura pas à le regretter*, non avrà a pentirsene.
regrimper [rəgrɛ̃pe] v. intr. **(sur)** arrampicarsi (v. pr.) di nuovo (su), risalire (su). ‖ FAM. *la fièvre regrimpe* = la febbre ricresce, cresce di nuovo. ◆ v. tr. *regrimper la pente*, risalire la china.
regroupement [rəgrupmɑ̃] m. raggruppamento.
regrouper [rəgrupe] v. tr. raggruppare. ◆ v. pr. raggrupparsi, adunarsi, raccogliersi.
régularisation [regylarizasjɔ̃] f. regolarizzazione; regolazione. | *régularisation d'une signature, d'une situation*, regolarizzazione di una firma, di una posizione, di una situazione. | *régularisation d'un fleuve, du trafic*, regolazione di un fiume, del traffico.
régulariser [regylarize] v. tr. [mettre en règle] regolarizzare; [rendre régulier] regolare. | *régulariser une signature*, regolarizzare una firma. | *régulariser le trafic*, regolare il traffico. ‖ LOC. *régulariser sa situation*, regolarizzare una relazione (col matrimonio).
régularité [regylarite] f. regolarità. | *régularité de vie*, regolatezza di vita.
régulateur, trice [regylatœr, tris] adj. regolatore, trice. ‖ CH. DE F. *gare régulatrice*, stazione di smistamento. ‖ MIL. *commission régulatrice routière*, commissariato del movimento. ◆ n. m. TECHN. regolatore. ‖ CH. DE F. regolatore.
régulation [regylasjɔ̃] f. regolazione. | *régulation des naissances*, controllo (m.) delle nascite. ‖ PHYSIOL. *régulation thermique*, regolazione termica.
régulier, ère [regylje, ɛr] adj. regolare. ‖ GRAMM., MATH., MIL., RELIG. regolare. ‖ FAM. [correct] giusto, corretto (L.C.). ◆ n. f. POP. *ma régulière*, la mia donna (fam.).
régurgitation [regyrʒitasjɔ̃] f. rigurgitazione.
régurgiter [regyrʒite] v. tr. rigurgitare.
réhabilitation [reabilitasjɔ̃] f. riabilitazione.
réhabiliter [reabilite] v. tr. riabilitare. ◆ v. pr. riabilitarsi.
réhabituer [reabitɥe] v. tr. **(à)** riabituare (a). ◆ v. pr. **(à)** riabituarsi (a).
rehaussement [rəosmɑ̃] m. rialzamento.
rehausser [reose] v. tr. [remonter] rialzare. | *rehausser un plafond*, rialzare un soffitto. ‖ [faire valoir] dar risalto a, far spiccare; valorizzare. | *cette robe noire rehausse sa beauté blonde*, questa veste nera dà risalto alla, valorizza la sua bellezza bionda. | *ce bijou rehausse ma robe*, questo gioiello ravviva la, dà risalto alla mia veste. | *rehausser le mérite, le prestige de qn*, accrescere il merito, il prestigio di uno. ‖ ART lumeggiare.
réimperméabiliser [reɛ̃pɛrmeabilize] v. tr. impermeabilizzare di nuovo.
réimportateur [reɛ̃pɔrtatœr] m. reimportatore.
réimportation [reɛ̃pɔrtasjɔ̃] f. reimportazione.
réimporter [reɛ̃pɔrte] v. tr. importare di nuovo; reimportare (néol.).
réimposer [reɛ̃poze] v. tr. FIN. imporre una tassa complementare su. ‖ TYP. reimpostare.
réimposition [reɛ̃pozisjɔ̃] f. FIN. nuova imposizione, imposizione complementare. ‖ TYP. reimposizione, reimpostazione.
réimpression [reɛ̃prɛsjɔ̃] f. ristampa.
réimprimer [reɛ̃prime] v. tr. ristampare.
rein [rɛ̃] m. [organe] rene. | *rein flottant, artificiel*, rene mobile, artificiale. | *maladie des reins*, malattia dei reni. ‖ ARCHIT. rene; concio d'imposta. ◆ pl. [dos] reni f. pl. | *tour de reins*, lombaggine f. | *j'ai mal aux reins*, ho male alle reni, mi dolgono le reni. ‖ FIG. *mettre à qn l'épée dans les reins* = incitare qlcu. ad agire; assillare uno. | *casser les reins de qn*, spezzar le reni a qlcu. | *se casser les reins* = rimetterci le penne. ‖ FAM. *avoir les reins solides* = essere ricco e potente. ‖ LOC. *sonder les reins et les cœurs*, scrutare le reni e il cuore.
réincarnation [reɛ̃karnasjɔ̃] f. reincarnazione.
réincarner (se) [səreɛ̃karne] v. pr. reincarnarsi.
réincorporer [reɛ̃kɔrpɔre] v. tr. rincorporare.
reine [rɛn] f. PR. et FIG. regina. | *reine mère*, regina madre. | *reine de beauté*, reginetta (di bellezza). | *un port de reine*, un portamento regale. ‖ JEU [cartes] regina, donna; [échecs] regina. ‖ ZOOL. *reine (des abeilles)*, ape regina. ‖ FAM. *la petite reine* = la bicicletta.
reine-claude [rɛnklod] f. BOT. regina claudia.
reine-des-prés [rɛndepre] f. BOT. regina dei prati.
reine-marguerite [rɛnmargərit] f. BOT. astro (m.) della Cina.
reinette [rɛnɛt] f. BOT. renetta, ranetta.
réinscription [reɛ̃skripsjɔ̃] f. nuova iscrizione.
réinscrire [reɛ̃skrir] v. tr. iscrivere di nuovo.
réinstallation [reɛ̃stalasjɔ̃] f. nuova installazione.
réinstaller [reɛ̃stale] v. tr. installare di nuovo.
réintégration [reɛ̃tegrasjɔ̃] f. reintegrazione.
réintégrer [reɛ̃tegre] v. tr. reintegrare. | *réintégrer un fonctionnaire*, reintegrare un funzionario. | *réintégrer qn dans un droit, dans la possession d'un bien*, reintegrare qlcu. nel godimento di un diritto, nel possesso di un bene. ‖ [revenir] *réintégrer le domicile conjugal*, ritornare, far ritorno al tetto coniugale.
réintroduire [reɛ̃trɔdɥir] v. tr. reintrodurre.
réinventer [reɛ̃vɑ̃te] v. tr. inventare di nuovo.
réinvestir [reɛ̃vɛstir] v. tr. r(e)investire.
réinvestissement [reɛ̃vɛstismɑ̃] m. r(e)investimento.
réinviter [reɛ̃vite] v. tr. rinvitare. ◆ v. pr. rinvitarsi.
réitératif, ive [reiteratif, iv] adj. JUR. reiterato.
réitération [reiterasjɔ̃] f. reiterazione.
réitéré, e [reitere] adj. reiterato, ripetuto.
réitérer [reitere] v. tr. reiterare.
reître [rɛtr] m. HIST., MIL. raitro. ‖ FIG. soldataccio.

rejaillir [rəʒajir] v. intr. Pr. schizzare, sprizzare. || Fig. **(sur)** ricadere, riverberarsi, ripercuotersi (su).
rejaillissement [rəʒajismɑ̃] m. Pr. schizzo, spruzzo. || Fig. (il) ricadere, ripercussione f.
rejet [rəʒɛ] m. rigetto. | *rejet d'un amendement*, rigetto, reiezione (f.) di un emendamento. || Bot. rimessiticcio, ricaccio. || Géol. rigetto. || Gramm. *rejet en fin de phrase*, rimando in fine di frase. || Méd. rigetto. || Poés. enjambement (fr.), inarcatura f.
rejetable [rəʒtabl] adj. rigettabile.
rejeter [rəʒte] v. tr. [relancer] rigettare, ributtare. | *rejeter la balle à un autre joueur*, rigettare la palla ad un altro giocatore. | *rejeter un poisson à la mer*, ributtare un pesce in mare. | *rejeter la tête en arrière*, gettare la testa all'indietro. | *la mer rejeta une épave*, il mare spinse a riva un relitto. || [renvoyer] *rejeter les notes en fin de chapitre*, rimandare le note in fondo al capitolo. | *rejeter la nourriture*, rigettare, vomitare il cibo. || [chasser] *rejeter les ennemis*, respingere i nemici. || [refuser] rigettare, respingere, rifiutare. | *rejeter une demande, une prière*, respingere, rigettare una domanda, una preghiera. || [se décharger] **(sur)** riversare (su), far ricadere (su). ◆ v. pr. *se rejeter en arrière*, lasciarsi andare all'indietro ; buttarsi indietro.
rejeton [rəʒtɔ̃] m. Bot. pollone. || Fig. rampollo, virgulto.
rejoindre [rəʒwɛ̃dr] v. tr. [aller retrouver] raggiungere. | *rejoindre sa famille*, raggiungere la famiglia. || *rejoindre (son régiment)*, raggiungere (il reggimento). || [rattraper] *rejoindre qn qui marche vite*, raggiungere uno che cammina in fretta. || [aboutir] congiungersi con. | *le sentier rejoint la route après le tournant*, il sentiero si congiunge con la strada dopo la svolta. || [réunir] riunire. ◆ v. pr. riunirsi, congiungersi.
rejouer [rəʒwe] v. intr. rigiocare ; giocare di nuovo. ◆ v. tr. Mus. risonare ; sonare di nuovo. || Théâtre recitare di nuovo.
réjoui, e [reʒwi] adj. gioioso, giocondo, ilare. | *avoir une mine réjouie*, avere una faccia contenta ; avere una faccia a cuor contento (fam.).
réjouir [reʒwir] v. tr. rallegrare. | *réjouir le cœur, l'œil*, rallegrare il cuore, l'occhio. ◆ v. pr. rallegrarsi. | *se réjouir que* (subj.), *de ce que, à la pensée que* (indic.), rallegrarsi (pensando) che (indic.). | *se réjouir du succès d'un ami*, rallegrarsi del, per il successo di un amico.
réjouissance [reʒwisɑ̃s] f. allegria, giubilo m. ◆ pl. festeggiamenti m. pl.
réjouissant, e [reʒwisɑ̃, ɑ̃t] adj. divertente, dilettevole. | *nouvelle pas très réjouissante*, notizia poco piacevole. | *c'est réjouissant !* (iron.), che allegria !
relâche [rəlɑʃ] m. Littér. pausa f., posa f., riposo (l.c.). | *prendre un peu de relâche*, prendersi un po' di riposo. || [suj. maladie] *ne pas donner de relâche*, non dar tregua, posa. || Mar. rilascio ; [lieu] porto di rilascio. | *faire relâche à Gênes*, rilasciare a Genova. || Théâtre riposo. | *faire relâche*, far riposo. ◆ loc. adv. ***sans relâche,*** senza posa, senza tregua.
relâché, e [rəlɑʃe] adj. rilassato. | *mœurs relâchées*, costumi rilassati. | *style relâché*, stile sciatto, trasandato.
relâchement [rəlɑʃmɑ̃] m. [d'une corde] allentamento. || Fig. [de la discipline] rilassatezza f., allentamento, rilassamento (della disciplina) ; [de l'esprit, des mœurs] rilassatezza (della mente, dei costumi). || Méd. [musculaire] rilassamento ; [de l'intestin] diarrea f. ; sciolta f. (fam.).
relâcher [rəlɑʃe] v. tr. [détendre] allentare, rilassare. || [libérer] rilasciare, liberare. || Fig. *relâcher la discipline*, rilassare, allentare la disciplina. || [diminuer] *relâcher de ses prétentions*, calare, moderare le proprie pretese. || Méd. [muscles, nerfs] rilassare. | *relâcher le ventre*, smuovere il ventre ; sciogliere il corpo (fam.). ◆ v. intr. Mar. rilasciare. ◆ v. pr. [se détendre] allentarsi. || Fig. *cet élève se relâche*, quest'alunno si lascia andare. || [devenir moins strict] rilassarsi ; [moins intense] diminuire.
relais [rəlɛ] m. Vx posta f. | *chevaux de relais*, cavalli di posta. || [chiens] muta (f.) di ricambio. || Loc. *travail par relais*, lavoro a turni. || Électr. relais (fr.), relè. | *relais téléphonique*, relè, ripetitore telefonico. || Sport staffetta f. | *course de relais*, corsa a staffetta. | *le relais quatre fois cent mètres*, la staffetta quattro per cento. || Télécom. collegamento. || Loc. *prendre le relais de qn*, dare il cambio a, succedere a, sostituire qlcu.
relance [rəlɑ̃s] f. Jeu et fig. rilancio m.
relancer [rəlɑ̃se] v. tr. Pr., Jeu et fig. rilanciare. || [chasse] rilanciare. || Fig., fam. *relancer qn*, assillare qlcu. | *être relancé par ses créanciers*, essere assillato dai creditori. | *relancer un élève pour qu'il fasse ses devoirs*, star (sempre) dietro a un alunno perché faccia i compiti.
relaps, e [rəlaps] adj. et n. Relig. recidivo.
relater [rəlate] v. tr. riferire, riportare.
relatif, ive [rəlatif, iv] adj. relativo. | *relatif à*, relativo a, attinente a, concernente. ◆ n. m. *avoir le sens du relatif*, avere il senso del relativo. || Gramm. pronome relativo. ◆ n. f. Gramm. proposizione relativa.
relation [rəlasjɔ̃] f. [récit] relazione. || [lien, rapport] relazione, rapporto m. | *en relation avec*, in relazione a. | *relation de cause à effet*, relazione, rapporto di causa e di effetto. | *relation de causalité*, nesso (m.) di causalità. || [personne connue] conoscente m., conoscenza. | *avoir beaucoup de relations*, avere molte conoscenze, aderenze, relazioni. || Math., Philos., Physiol., Théol. relazione. ◆ pl. *relations d'amitié, économiques*, relazioni d'amicizia, economiche. | *relations publiques*, relazioni pubbliche, umane. | *entretenir des relations avec qn*, mantenere relazioni con qlcu. | *cesser ses relations avec qn*, rompere ogni relazione con qlcu.
relationnel, elle [rəlasjɔnɛl] adj. relazionale.
relativement [rəlativmɑ̃] adv. relativamente. ◆ loc. prép. ***relativement à,*** relativamente a ; per ciò che riguarda.
relativisme [rəlativism] m. relativismo.
relativiste [rəlativist] adj. relativistico. ◆ n. relativista.
relativité [rəlativite] f. Philos., Phys. relatività.
relaver [rəlave] v. tr. rilavare.
relaxation [rəlaksasjɔ̃] f. Jur. rilascio m. || Méd. rilassamento m., distensione.
relaxe [rəlaks] f. Jur. rilascio m.
relaxer [relakse] v. tr. Jur. rilasciare. || Méd. rilassare, distendere. ◆ v. pr. rilassarsi, distendersi.
relayer [rəlɛje] v. tr. dare il cambio a, sostituire. ◆ v. pr. darsi il cambio ; sostituirsi a vicenda. | *se relayer dans un travail*, alternarsi in un lavoro, lavorare a turno, darsi il cambio in un lavoro. | *se relayer au chevet d'un malade*, darsi il cambio al capezzale di un malato.
relecture [rəlɛktyr] f. rilettura.
relégation [rəlegasjɔ̃] f. Jur. relegazione, confino m.
reléguer [rəlege] v. tr. Jur. relegare, confinare. || Fig. relegare.
relent [rəlɑ̃] m. [goût] saporaccio. || [odeur] puzzo, lezzo. || Fig. traccia f., sospetto.
relevailles [rələvaj] f. pl. Relig. purificazione f. sing.
relève [rəlɛv] f. cambio m. | *relève de la garde*, cambio della guardia. || [équipe] muta. | *prendre la relève de qn*, dare il cambio a qlcu.
relevé, e [rəlve] adj. [cheveux] rialzato ; [manche] rimboccato ; [virage] rialzato. || [style] elevato, scelto. || Culin. piccante, saporito. ◆ n. m. [liste] estratto. | *relevé de compte, de caisse*, estratto conto, estratto di cassa. | *relevé mensuel*, nota (f.) mensile. | *relevé du compteur*, lettura (f.) del contatore. | *relevé d'empreintes*, rilevamento delle impronte. | *relevé topographique*, rilevamento topografico. ◆ n. f. Vx pomeriggio m. (l.c.). | *à trois heures de relevée*, alle tre pomeridiane.
relèvement [rəlɛvmɑ̃] m. Pr. rialzamento, rialzo. || Fig. rialzo, aumento. | *relèvement des prix, des traitements*, rialzo dei prezzi ; aumento degli stipendi. || [redressement] *relèvement d'une nation*, risollevamento di una nazione. || Mar. rilevamento.

relever [rəlve] v. tr. **1.** [remettre debout] rimettere in piedi, rialzare. | *relever qn après une chute,* dopo una caduta rimettere in piedi, rialzare, tirar su uno. | *relever un mur,* ricostruire un muro. | *relever de ses ruines,* tirar su dalle rovine. || MAR. *relever un navire,* rimettere a galla una nave. || **2.** [mettre plus haut] tirar su, (ri)alzare, (ri)sollevare. | *relever ses cheveux, sa robe,* tirarsi su i capelli, la veste. | *relever son col,* alzarsi, tirarsi su il bavero. | *relever ses manches,* rimboccarsi le maniche (pr. et fig.). | *relever la tête,* risollevare il capo (pr.); rialzare la testa (fig.) | *relever un virage,* rialzare una curva. | *relever le niveau de l'eau,* alzare il livello dell'acqua. || **3.** [ranimer] rialzare, risollevare. | *relever une entreprise,* rialzare, risollevare, rimettere in piedi un'impresa. | *relever le moral de qn,* risollevare il morale di qlcu. | *relever le courage de qn,* ridare coraggio a qlcu. | *relever la conversation,* rianimare la conversazione. || **4.** [augmenter] (ri)alzare, aumentare. | *relever les prix, les traitements,* (ri)alzare i prezzi; aumentare gli stipendi. || **5.** [remarquer, noter] rilevare, notare. | *relever des fautes, des traces,* rilevare degli sbagli, delle tracce. | *relever une allusion,* raccogliere un'allusione. | *relever une injure,* replicare a un insulto. | *relever l'identité de qn,* prendere le generalità di qlcu. | *relever une adresse,* notare un, prender nota di un indirizzo. | *relever le compteur à gaz,* leggere il contatore del gas. | *relever une empreinte (digitale),* prendere un'impronta (digitale). | *relever la position,* rilevare la posizione. | *relever une côte,* rilevare una costa. || **6.** [relayer] *relever qn, la garde,* dare il cambio a qlcu., alla guardia. || **7.** [délier] *relever qn d'un vœu,* sciogliere, liberare qlcu. da un voto. | *relever qn de ses fonctions,* esonerare, rimuovere qlcu. dalle sue funzioni. || **8.** [faire valoir] far spiccare, far risaltare; dar risalto a. || **9.** LOC. *relever la boîte aux lettres,* far la levata delle lettere. | *relever une maille,* riprendere una maglia. | *relever une sauce,* insaporire una salsa. || FIG. *relever le gant,* raccogliere il guanto, la sfida. ◆ v. tr. ind. **(de)** [se rétablir] *relever de maladie, de couches,* ristabilirsi, riaversi, rimettersi, riprendersi dalla malattia, dal parto. || [dépendre] dipendere (da); essere di competenza (di); rientrare nel campo (di). | *ne relever de personne,* non dipendere da nessuno. | *fief qui relève du souverain,* feudo che dipende dal sovrano. | *affaire qui relève du tribunal,* faccenda che è di competenza del tribunale. || [concerner] toccare, raggiungere v. tr. | *cela relève de la folie,* questo tocca, raggiunge la pazzia. ◆ v. pr. PR. rialzarsi; rimettersi in piedi. || FIG. riaversi, riprendersi. | *il ne s'en relèvera pas,* non se la caverà. | *le pays ne s'est pas relevé de la guerre,* il paese non s'è risollevato dalla guerra.

releveur [rəlvœr] adj. ANAT. *(muscle) releveur,* (muscolo) elevatore m. ◆ n. m. [de moissonneuse] elevatore delle spighe. || [employé] *releveur de compteurs,* letturista.

reliage [rəljaʒ] m. [de tonneau] cerchiatura f.

relief [rəljɛf] m. PR. et FIG. rilievo. | *en relief,* in rilievo. | *en plein relief,* a tutto rilievo. | *donner du relief à,* dar rilievo, risalto a; far risaltare. | *mettre en relief,* mettere in rilievo; dar risalto a. || GÉOGR. rilievo. || PHYS. *relief sonore, acoustique,* effetto stereofonico. ◆ pl. [restes] avanzi, resti.

relier [rəlje] v. tr. [livre] (ri)legare; [tonneau] cerchiare. || [joindre] collegare (pr. et fig.). | *relier deux villes, le présent au passé,* collegare due città, il presente col passato. ◆ v. pr. (ri)collegarsi.

relieur, euse [rəljœr, øz] n. TECHN. rilegatore, trice. | *boutique de relieur,* legatoria f. ◆ n. f. [machine] rilegatrice.

religieux, euse [rəliʒjø, øz] adj. religioso. || FIG. *avec un respect, un silence religieux,* con religioso rispetto, silenzio. | *avec un soin religieux,* con scrupolosa cura; religiosamente. ◆ n. m. religioso, frate, monaco. ◆ n. f. religiosa, suora, monaca. || CULIN. = pasticcino m. (a base di crema pasticciera).

religion [rəliʒjɔ̃] f. religione. | *entrer en religion,* entrare in religione; [suj. m.] farsi prete, frate, monaco; [suj. f.] farsi monaca. | *nom de religion,* nome nell'ordine. || LOC. *se faire une religion de,* farsi un obbligo, un dovere di. | *éclairer la religion de qn* (littér.), dare schiarimenti (m. pl.) a qlcu. (L.C.).

religionnaire [rəliʒjɔnɛr] m. HIST. (VX) religionario; ugonotto.

religiosité [rəliʒjozite] f. religiosità.

reliquaire [rəlikɛr] m. reliquiario; teca f. (rare).

reliquat [rəlika] m. [reste dû] residuo, rimanenza f.; saldo debitore. || [reste] resto. || [séquelles] reliquati m. pl., postumi m. pl., strascichi m. pl.

relique [rəlik] f. RELIG. reliquia. || FIG. reliquia, cimelio m.

relire [rəlir] v. tr. rileggere. ◆ v. pr. rileggere il compito, lo scritto.

reliure [rəljyr] f. (ri)legatura. | *reliure pleine peau, demi-pleine,* (ri)legatura in tutta pelle, in mezza pelle. | *atelier de reliure,* legatoria f.

reloger [rəlɔʒe] v. tr. rialloggiare.

relouer [rəlwe] v. tr. riaffittare, dare di nuovo in affitto. || prendere di nuovo in affitto.

réluctance [relyktɑ̃s] f. ÉLECTR. riluttanza.

reluire [rəlɥir] v. intr. risplendere, rilucere, brillare, luccicare. | *faire reluire,* lucidare, lustrare. | *brosse à reluire* (fig.), V. BROSSE.

reluisant, e [rəlɥizɑ̃, ɑ̃t] adj. splendente, rilucente, luccicante, lucido, lustro. || FIG. *peu reluisant,* poco brillante.

reluquer [rəlyke] v. tr. FAM. sbirciare; [avec convoitise] metter gli occhi sopra; adocchiare (L.C.).

remâcher [rəmɑʃe] v. tr. PR. rimasticare. || FIG. rimuginare, ruminare, rimasticare.

remaillage [rəmajaʒ] m. rammagliatura.

remailler [rəmaje] v. tr. rammagliare.

rémanence [remanɑ̃s] f. PHYS. rimanenza. || PSYCH. persistenza (dell'immagine sulla retina).

rémanent, e [remanɑ̃, ɑ̃t] adj. PHYS., PSYCH. persistente.

remanger [rəmɑ̃ʒe] v. tr. et intr. rimangiare.

remaniement [rəmanimɑ̃] m. rimaneggiamento, rifacimento. || POLIT. rimpasto, rimaneggiamento.

remanier [rəmanje] v. tr. rimaneggiare. || POLIT. rimpastare, rimaneggiare.

remariage [rəmarjaʒ] m. nuovo, secondo matrimonio; (il) risposarsi.

remarier [rəmarje] v. tr. risposare. ◆ v. pr. risposarsi; [suj. m.] riammogliarsi; [suj. f.] rimaritarsi.

remarquable [rəmarkabl] adj. notevole, ragguardevole. | *événement, exploit remarquable,* avvenimento, prodezza notevole. || [éminent] notevole; di valore. | *acteur remarquable,* attore valente.

remarquablement [rəmarkabləmɑ̃] adv. *remarquablement intelligent,* notevolmente intelligente. | *parler remarquablement,* parlare ottimamente.

remarque [rəmark] f. [action; observation écrite] nota. | *chose digne de remarque,* cosa degna di nota. | *j'en ai fait la remarque,* l'ho notato. || [critique] osservazione, appunto m. | *faire des remarques désobligeantes,* fare osservazioni sgarbate.

remarquer [rəmarke] v. tr. [du linge] marcare di nuovo. || [observer; distinguer] notare, osservare. || PÉJOR. *se faire remarquer,* farsi notare; dare spettacolo.

remballer [rɑ̃bale] v. tr. imballare di nuovo. || FIG., FAM. mandare al diavolo.

rembarquement [rɑ̃barkəmɑ̃] m. r(e)imbarco.

rembarquer [rɑ̃barke] v. tr. r(e)imbarcare. ◆ v. intr. et v. pr. r(e)imbarcarsi.

rembarrer [rɑ̃bare] v. tr. FAM. strigliare; mandare a quel paese, al diavolo, a farsi benedire.

remblai [rɑ̃blɛ] m. [action] rinterro; [résultat] rialzo, rilevato. | *route, voie ferrée en remblai,* strada, ferrovia in rilevato. || [matériau rapporté] materiale, terra (f.) da riporto; rinterro.

remblaver [rɑ̃blave] v. tr. AGR. riseminare.

remblayage [rɑ̃blɛjaʒ] m. rinterro.

remblayer [rɑ̃blɛje] v. tr. rinterrare.

remboîtement [rɑ̃bwatmɑ̃] m. MÉD. riduzione f.

remboîter [rɑ̃bwate] v. tr. MÉD. ridurre.

rembourrage [rɑ̃buraʒ] m. imbottitura f.

rembourrer [rɑ̃bure] v. tr. imbottire. ‖ FAM. *être bien rembourré*, essere ciccioso.
rembourrure [rɑ̃buryr] f. imbottitura.
remboursable [rɑ̃bursabl] adj. rimborsabile.
remboursement [rɑ̃bursəmɑ̃] m. rimborso, pagamento. | *remboursement de capitaux, d'une dette*, rimborso di capitali ; pagamento di un debito. | *expédier contre remboursement*, spedire contro assegno, contr'assegno.
rembourser [rɑ̃burse] v. tr. rimborsare, pagare. ◆ v. pr. rimborsarsi.
rembrunir (se) [sərɑ̃brynir] v. pr. PR. et FIG. oscurarsi, rabbuiarsi, rannuvolarsi. | *le ciel s'est rembruni*, il cielo s'è oscurato, rabbuiato, rannuvolato. | *son front s'est rembruni*, s'è oscurato, rabbuiato in volto ; s'è rannuvolato.
rembuchement [rɑ̃byʃmɑ̃] ou **rembucher** [rɑ̃byʃe] m. [chasse] (il) rimboscarsi.
rembucher [rɑ̃byʃe] v. tr. [chasse] inseguire (fino al rimboscarsi della selvaggina).
remède [rəmɛd] m. rimedio, medicina f. | *remède de cheval, de bonne femme*, medicina da cavallo ; rimedio empirico. ‖ FIG. rimedio, riparo. | *on peut y porter remède*, ci si può porre rimedio, riparo. | *le remède est pire que le mal*, è peggiore il rimedio del male. ‖ PROV. *aux grands maux les grands remèdes*, a mali estremi estremi rimedi.
remédiable [rəmedjabl] adj. rimediabile.
remédier [rəmedje] v. tr. ind. **(à)** PR. rimediare (a). ‖ FIG. rimediare, ovviare (a) ; porre rimedio, riparo (a).
remembrement [rəmɑ̃brəmɑ̃] m. ricomposizione (f.) fondiaria ; accorpamento (rare).
remembrer [rəmɑ̃bre] v. tr. ricomporre (la proprietà fondiaria).
remémorer [rəmemɔre] v. tr. LITTÉR. rimembrare, rammemorare. ◆ v. pr. rammemorarsi.
remerciement [rəmɛrsimɑ̃] m. ringraziamento. | *faire des remerciements*, ringraziare. ‖ *(discours de) remerciement* = discorso del neoeletto (all'Accademia di Francia).
remercier [rəmɛrsje] v. tr. **(de, pour)** ringraziare (di). | *remercier d'un regard*, ringraziare con un'occhiata. ‖ [refuser] ringraziare. ‖ [congédier] licenziare, congedare.
réméré [remere] m. JUR. patto di riscatto. | *vente à réméré*, vendita con patto di riscatto.
remettre [rəmɛtr] v. tr. **1.** [mettre de nouveau] rimettere, riporre. | *remettre son chapeau*, rimettersi il cappello. | *remettre qch. à sa place*, rimettere, riporre qlco. al suo posto. | *remettre sa montre à l'heure*, regolare l'orologio. | *remettre à flot, à neuf, en marche, en question*, rimettere a galla, a nuovo, in moto, in discussione. | *remettre en état*, rimettere a posto, in sesto. | *remettre en service*, riattivare. | *remettre en cause*, rimettere in causa, tirare in ballo di nuovo. | *remettre le contact*, ristabilire il contatto. | FIG. *ne plus remettre les pieds chez qn*, non rimettere i piedi in casa di uno. | *en remettre* = esagerare. ‖ **2.** [reconnaître] riconoscere, ravvisare. ‖ **3.** [donner, confier] rimettere, recapitare, consegnare. | *remettre une lettre, un paquet à qn*, recapitare, consegnare una lettera, un pacchetto a qlcu. | *remettre une décoration*, conferire, attribuire una decorazione. | *remettre son âme à Dieu*, rimettere l'anima a Dio. | *remettre qn entre les mains de la justice*, consegnare qlcu. nelle mani della giustizia. | *remettre qch. au hasard*, affidare qlco. al caso. | *remettre une ville*, consegnare una città. | *remettre ses pouvoirs*, rinunciare ai, dimettersi dai poteri. | *remettre sa démission*, dare le dimissioni ; dimettersi. ‖ **4.** [faire grâce de] rimettere, perdonare, condonare. | *remettre les péchés*, rimettere, perdonare i peccati. | *remettre une dette, une peine*, condonare, rimettere un debito, una pena. ‖ **5.** [différer] rimettere, rimandare, rinviare. | *remettre au lendemain, à huit jours, à huitaine*, rimandare, rimettere all'indomani, di otto giorni. | *remettre un jugement*, rinviare una sentenza. | *c'est une affaire qui ne peut (pas) se remettre*, è una faccenda che non si può rimandare, differire. ‖ **6.** LOC. FAM. *remettre qn à sa place*, rimettere qlcu. al suo posto. | *remettre au pas*, far filare, far rigare diritto. ‖ POP. *remettre ça* = ricominciare. | *on remet ça !* [tournée] = pago io di nuovo a bere ! ‖ **7.** MÉD. *remettre un bras*, ridurre un braccio. ◆ v. pr. **1.** [se mettre de nouveau] rimettersi ; mettersi di nuovo. | *se remettre au lit, à table*, rimettersi a letto, a tavola. ‖ **2.** [recommencer] rimettersi. | *se remettre au travail, au latin*, rimettersi al lavoro, al latino. | *se remettre à jouer*, rimettersi, riprendere, tornare a giocare. | *le temps se remet à la pluie*, il tempo accenna di nuovo a piovere. ‖ **3.** [se rappeler] *se remettre qch. en tête*, ricordarsi qlco. ‖ **4.** [se rétablir] rimettersi, ristabilirsi. | *se remettre d'une frayeur, d'une maladie*, rimettersi da uno spavento, da una malattia. | *remettez-vous !*, si riabbia !, si riprenda ! | *le temps se remet*, il tempo si rimette (al bello). ‖ **5.** [se confier] rimettersi, affidarsi. | *se remettre entre les mains de Dieu*, rimettersi nelle, affidarsi alle mani di Dio. | *s'en remettre à qn*, rimettersi, affidarsi a qlcu. ; fare assegnamento su qlcu. | *remettez-vous-en à moi*, lasciate fare a me. ‖ **6.** [se réconcilier] *se remettre avec qn*, riconciliarsi con qlcu.
remeubler [rəmœble] v. tr. riammobiliare.
rémige [remiʒ] adj. et n. f. ZOOL. *(plume) rémige*, (penna) remigante.
remilitarisation [rəmilitarizasjɔ̃] f. rimilitarizzazione.
remilitariser [rəmilitarize] v. tr. rimilitarizzare.
réminiscence [reminisɑ̃s] f. reminiscenza. ‖ PHILOS. reminiscenza, anamnesi.
remis, e [rəmi, iz] adj. rinviato. | *ce n'est que partie remise*, è soltanto rinviato.
remise [rəmiz] f. [action] rimessa, (il) rimettere. | *remise en état*, restauro m., rinnovamento m. | *remise en jeu, en marche*, rimessa in gioco, in moto. | *remise en ordre*, riordinamento m. | *remise en question*, rimessa in questione. ‖ [livraison] consegna, recapito m. | *remise d'un paquet, d'une lettre*, consegna di un pacchetto. di una lettera. | *remise d'argent*, rimessa di denaro ‖ COMM. [rabais] riduzione, sconto m., abbuono m. ; [commission] provvigione, commissione. ‖ JUR. [grâce] condono m. | *remise de peine*, condono di pena. | *remise d'une dette*, condono, remissione di un debito. ‖ [ajournement] rinvio m., rimando m. | *remise des débats*, rinvio, differimento del dibattito. ‖ [local] rimessa. | *voiture de remise*, vettura di rimessa.
remiser [rəmize] v. tr. [abriter] mettere in rimessa, al riparo. ‖ FAM., VX [rabrouer] v. REMBARRER. ◆ v. pr. [chasse] posarsi, nascondersi (in un cespuglio, in un bosco).
remisier [rəmizje] m. FIN. remisier (fr.), remissore (néol.).
rémissible [remisibl] adj. remissibile, condonabile.
rémission [remisjɔ̃] f. RELIG. remissione, perdono m. ‖ JUR. remissione, condono m. ‖ MÉD. remissione. ‖ LOC. *sans rémission*, senza remissione, senza tregua.
rémittence [remitɑ̃s] f. MÉD. remittenza.
rémittent, e [remitɑ̃, ɑ̃t] adj. remittente.
rémiz [remiz] m. ZOOL. pendolino.
remmailloter [rɑ̃majɔte] v. tr. rifasciare.
remmancher [rɑ̃mɑ̃ʃe] v. tr. rimettere il manico a.
remmener [rɑ̃mne] v. tr. ricondurre, riportare.
remontage [rəmɔ̃taʒ] m. [d'horloge] ricarica f. ; ricaricamento (rare). ‖ [de machine] rimontatura f. ‖ [de chaussures] rimonta f., rimontatura f.
remontant, e [rəmɔ̃tɑ̃, ɑ̃t] adj. BOT. rifiorente. ‖ [fortifiant] corroborante. ◆ n. m. corroborante, energetico.
remonte [rəmɔ̃t] f. [d'un cours d'eau] risalita. ‖ ZOOL. = pesci anadromi m. pl. ‖ MIL. rimonta. | *cheval de remonte*, cavallo di rimonta.
remontée [rəmɔ̃te] f. PR. risalita. ‖ SPORT et FIG. *faire une remontée spectaculaire*, fare una rimonta spettacolosa. | *remontée mécanique*, impianto (m.) di risalita (per sciatori) ; impianto scioviario.
remonte-pente [rəmɔ̃tpɑ̃t] m. sciovia f.
remonter [rəmɔ̃te] v. intr. PR. risalire, rimontare. | *remonter au premier étage, en voiture*, risalire al primo piano, in macchina. | *remonter à cheval*, rimontare a

cavallo. ‖ [se redresser] *le baromètre remonte*, il barometro risale. | *mon col remonte*, il bavero mi si alza. ‖ FIG. risalire ; essere in rialzo. | *les prix remontent*, i prezzi risalgono. | *le cours de l'or remonte*, il corso dell'oro è in rialzo. ‖ [dans le temps] risalire. | *remonter aux origines, aux sources*, risalire alle origini, alla fonte. | *cette famille remonte au XVIe siècle*, questa famiglia risale al Cinquecento. | *remonter au déluge*, risalire ad Adamo ed Eva. ‖ MAR. *remonter au vent, dans le vent*, navigare controvento. ‖ FIG., FAM. *ses actions remontent*, le sue azioni sono in rialzo, il suo credito è in rialzo. ◆ v. tr. [gravir de nouveau] risalire. | *remonter l'escalier, la pente*, risalire le scale, la china. ‖ [reporter en haut] riportare su. | *remonter une valise*, riportare su una valigia. ‖ [relever] *remonter son col*, tirarsi su, alzarsi il bavero. ‖ [exhausser] *remonter un mur*, rialzare un muro. ‖ [retendre un ressort] *remonter une montre*, ricaricare un orologio. ‖ [regarnir] rifornire. | *remonter une maison*, rimetter su casa. | *remonter sa garde-robe*, rifornire, rinnovare il guardaroba. ‖ FIG. *remonter (le moral de) qn*, tirar su (il morale di) qlcu., rinfrancare qlcu. ‖ MAR. *remonter le fleuve*, risalire, rimontare il fiume. | *remonter le courant*, risalire, rimontare la corrente (pr. et fig.). ‖ SPORT *remonter un adversaire*, riguadagnare terreno sull'avversario. | *remonter un handicap*, rimontare uno svantaggio. ‖ THÉÂTRE *remonter une pièce*, riallestire uno spettacolo teatrale. ‖ TECHN. *remonter une machine, un diamant, des chaussures*, rimontare una macchina, un diamante, delle scarpe. ◆ v. pr. [physiquement] rimettersi, riprendersi ; [moralement] riprendersi, rinfrancarsi, tirarsi su (di morale). ‖ [en provisions] rifornirsi, riapprovvigionarsi (di).

remonteur [remɔ̃tœr] m. [ouvrier] montatore.

remontoir [rəmɔ̃twar] m. corona f. | *montre à remontoir*, orologio a corona.

remontrance [rəmɔ̃trɑ̃s] f. rimostranza, rimprovero m. ‖ HIST. rimostranza.

remontrer [rəmɔ̃tre] v. tr. PR. rimostrare ; mostrare di nuovo. | *remontrer à qn ses torts* (littér.), rimproverare qlcu., far rilevare a qlcu. i propri torti (L.C.). ◆ v. intr. *en remontrer à qn* [faire la leçon] : fare la lezione a qlcu. ; saperla più lunga di qlcu. (fam) ; [être supérieur] dare dei punti a qlcu. ‖ HIST. rimostrare. ◆ v. pr. comparire (v. intr.) di nuovo.

rémora [remɔra] m. ZOOL. remora f.

remordre [rəmɔrdr] v. tr. rimordere. ◆ v. tr. ind. *remordre à l'hameçon*, abboccare di nuovo.

remords [rəmɔr] m. rimorso. | *avoir des remords*, provare rimorsi.

remorquage [rəmɔrkaʒ] m. rimorchio, (il) rimorchiare.

remorque [rəmɔrk] f. rimorchio m. | *prendre en remorque*, prendere a rimorchio, tirarsi dietro a rimorchio. | *remorque à bagages*, rimorchietto (m.) portabagagli. | *(câble de) remorque*, (cavo di) rimorchio. ‖ FIG. *être, se mettre à la remorque de qn*, farsi rimorchiare da qlcu.

remorquer [rəmɔrke] v. tr. rimorchiare. ‖ FIG., FAM. rimorchiare ; tirarsi dietro (a rimorchio).

remorqueur [rəmɔrkœr] m. rimorchiatore.

remoudre [rəmudr] v. tr. rimacinare.

remouillage [rəmujaʒ] m. ribagnatura f.

remouiller [rəmuje] v. tr. ribagnare. ‖ MAR. *remouiller (l'ancre)*, riaffondare l'ancora.

rémoulade [remulad] f. CULIN. rémoulade (fr.).

1. remoulage [rəmulaʒ] m. [mouture] rimacinatura f. ‖ [de son] cruschello, tritello.

2. remoulage m. [empreinte] nuovo calco.

remouler [rəmule] v. tr. fare un nuovo calco di.

rémouleur [remulœr] m. arrotino.

remous [rəmu] m. mulinello, risucchio ; [contre-courant] controcorrente f. ‖ FIG. *les remous de la foule*, l'ondeggiamento, l'ondeggiare della folla. | *il y eut des remous dans la salle*, ci fu un po' di trambusto, ci furono ondeggiamenti nella sala. | *remous sociaux*, sommovimenti sociali.

rempaillage [rɑ̃pajaʒ] m. (r)impagliatura f.

rempailler [rɑ̃paje] v. tr. (r)impagliare.

rempailleur, euse [rɑ̃pajœr, øz] n. (r)impagliatore, trice.

rempaqueter [rɑ̃pakte] v. tr. rimpacchettare ; impacchettare di nuovo.

rempart [rɑ̃par] m. baluardo, bastione. | *les remparts*, le mura (f. pl.) ; la cinta delle mura. ‖ FIG. baluardo, propugnacolo (littér.) ; riparo, difesa f. (L.C.).

rempiéter [rɑ̃pjete] v. tr. *rempiéter un mur* = rifare, consolidare la base di un muro. | *rempiéter des bas* = rifare il pedule delle calze.

rempiler [rɑ̃pile] v. tr. accatastare di nuovo, riammucchiare. ◆ v. intr. ARG. MIL. = raffermarsi.

remplaçable [rɑ̃plasabl] adj. sostituibile.

remplaçant, e [rɑ̃plasɑ̃, ɑ̃t] n. [temporaire] sostituto m., supplente n. ; [définitif] successore m. ◆ n. m. MIL. cambio.

remplacement [rɑ̃plasmɑ̃] m. sostituzione f. ‖ ADM. sostituzione, rimpiazzo, surrogazione f., supplenza f. | *faire un remplacement*, fare una supplenza. | *produit de remplacement*, surrogato, succedaneo.

remplacer [rɑ̃plase] v. tr. sostituire. | *remplacer un carreau, un acteur par sa doublure*, sostituire un vetro, un attore con la controfigura. ‖ MIL. *remplacer une sentinelle*, dare il cambio a una sentinella. ‖ ADM. sostituire, rimpiazzare, surrogare, supplire. ‖ [tenir la place de] sostituire ; far le veci di.

remplage [rɑ̃plaʒ] m. [blocage] riempimento.

1. rempli, e [rɑ̃pli] adj. PR. **(de)** pieno, (ri)colmo (di). ‖ FIG. *vie bien remplie*, vita occupatissima, molto intensa. | *un homme rempli de lui-même*, un uomo pieno di sé.

2. rempli m. MODE bast(i)a f. ; ritreppio (vx) ; sessitura f. (tosc., rare).

remplir [rɑ̃plir] v. tr. riempire. | *remplir jusqu'au bord*, riempire fino all'orlo ; colmare. | *remplir une page*, riempire una pagina. | *les touristes remplissent la ville*, i turisti riempiono la città. | *remplir une salle*, gremire una sala. ‖ [exercer] adempiere, assolvere. | *remplir une fonction*, adempiere una funzione. | *remplir une charge* : [temporaire] assumere, assolvere un incarico ; [définitive] ricoprire una carica. ‖ [effectuer] compiere. | *remplir une mission*, compiere una missione. | *remplir son devoir*, adempiere, compiere il proprio dovere. | *remplir une promesse*, mantenere una promessa. ‖ [répondre à] *remplir l'attente, les espérances de qn*, corrispondere all'aspettazione, alle speranze di qlcu. | *remplir une condition*, soddisfare una condizione. ‖ [occuper] occupare. | *bien remplir son temps, ses journées*, occupare bene il proprio tempo, le proprie giornate. ‖ [emplir] colmare, riempire. | *remplir de joie, d'admiration*, riempire, colmare di gioia, di ammirazione. | *remplir l'air de ses cris*, riempire l'aria delle proprie grida. ‖ [compléter par écrit] compilare. | *remplir un formulaire, une fiche d'inscription*, riempire, compilare un modulo, una scheda di iscrizione. ‖ FAM. *remplir ses poches*, riempirsi le tasche. ◆ v. pr. riempirsi. | *la salle s'est remplie*, la sala si è riempita, si è gremita. | *mes yeux se remplissent de larmes*, gli occhi mi si riempiono di lacrime.

remplissage [rɑ̃plisaʒ] m. riempimento. ‖ FIG., PÉJOR. riempitivo. ‖ MUS. ripieno.

remplisseuse [rɑ̃plisøz] f. [machine] riempitrice.

remploi [rɑ̃plwa] m. reimpiego ; rimpiego (rare). ‖ [d'argent] reinvestimento.

remployer [rɑ̃plwaje] v. tr. reimpiegare ; rimpiegare (rare). ‖ [argent] reinvestire.

remplumer (se) [sərɑ̃plyme] v. pr. [oiseau] rimpiumarsi, rimpennarsi. ‖ FIG., FAM. [physiquement] rimpolparsi ; [financièrement] rimpannucciarsi.

rempocher [rɑ̃pɔʃe] v. tr. rintascare ; rimettere, rimettersi in tasca.

rempoissonner [rɑ̃pwasɔne] v. tr. ripopolare di pesci.

remporter [rɑ̃pɔrte] v. tr. riprendere ; portar via. | *remporter ses livres*, riprendersi i libri. | *on le remporta mort*, lo portarono via morto. ‖ FIG. *remporter un prix, une victoire*, riportare un premio, una vittoria. | *remporter une course*, vincere una gara.

rempotage [rɑ̃pɔtaʒ] m. rinvasatura f.

rempoter [rɑ̃pɔte] v. tr. rinvasare.
remprunter [rɑ̃prœte] v. tr. **(à)** chiedere di nuovo in prestito (a), prendere di nuovo in prestito (da).
remuable [rəmɥabl] adj. rimovibile.
remuant, e [rəmɥɑ̃, ɑ̃t] adj. [turbulent] irrequieto. ‖ FIG. = arruffone, confusionario.
remue-ménage [rəmymenaʒ] m. inv. scompiglio m., trambusto m., confusione f., subbuglio m., tramestio m.
remuement [rəmymɑ̃] m. movimento, moto, agitazione f. | *remuement de lèvres,* muover di labbra. | *remuement de chaises,* spostare, tramenio di sedie.
remuer [rəmɥe] v. tr. [mouvoir] muovere, agitare. | *remuer la tête, les bras,* muovere la testa, le braccia. | *remuer la queue,* dimenare la coda ; scodinzolare. ‖ [déplacer, (re)tourner] (s)muovere, rimuovere. | *remuer un meuble,* (s)muovere, spostare un mobile. | *remuer la terre,* smuovere, rivoltare la terra (in un campo). | *remuer le café, la salade, la sauce,* mescolare il caffè, l'insalata, la salsa. | *j'ai tout remué pour trouver mon livre,* ho messo tutto sottosopra, ho frugato dappertutto per trovare il mio libro. ‖ LOC. FIG. *remuer ciel et terre,* smuovere cielo e terra. | *ne remuer ni pied ni patte, ne pas remuer le petit doigt,* non muovere un dito. | *remuer le couteau dans la plaie,* rigirare il coltello nella piaga. | *remuer le passé,* rivangare il, nel passato. | *remuer la boue* = rimescolare vecchie storie. ‖ [émouvoir] commuovere. | *cette nouvelle m'a remué,* questa notizia mi ha commosso. | *remuer les foules,* agitare le folle. ‖ FAM. *remuer de l'argent,* maneggiare denaro. | *remuer l'argent à la pelle,* aver denari a palate. ◆ v. intr. muoversi, agitarsi. | *les enfants remuent continuellement,* i bambini si agitano continuamente, non stanno fermi un momento. | *les feuilles remuent,* le foglie si agitano. | *ma dent remue,* ho un dente smosso. ◆ v. pr. muoversi. ‖ FIG. [se démener] darsi da fare, affaccendarsi, agitarsi.
remugle [rəmygl] m. tanfo ; odore di rinchiuso, di muffa ; lezzo.
rémunérateur, trice [remyneratœr, tris] adj. redditizio, rimunerativo. | *prix rémunérateur,* prezzo conveniente, vantaggioso. | *profession rémunératrice,* professione redditizia, rimunerativa.
rémunération [remynerasjɔ̃] f. rimunerazione, compenso m.
rémunératoire [remyneratwar] adj. rimuneratorio.
rémunérer [remynere] v. tr. rimunerare, compensare, retribuire. | *collaborateur rémunéré,* collaboratore retribuito.
renâcler [rənɑkle] v. intr. [suj. animal] sbuffare. ‖ FIG., FAM. arricciare, torcere il naso. ◆ v. tr. ind. *renâcler à la besogne* = essere riluttante a fare un lavoro.
renaissance [rənɛsɑ̃s] f. [renouveau] rinascita. | *renaissance des études classiques,* rinascita degli studi classici. ‖ RELIG. rinascita. ‖ HIST. *Renaissance carolingienne,* Rinascenza carolingia. ‖ [XVe-XVIe siècles] Rinascimento m. ◆ adj. inv. *style Renaissance,* stile Rinascimento, stile rinascimentale. ‖ TEXT. *laine renaissance,* lana rigenerata.
renaissant, e [rənɛsɑ̃, ɑ̃t] adj. rinascente, risorgente.
renaître [rənɛtr] v. intr. rinascere, risorgere. | *renaître de ses cendres,* rinascere dalle proprie ceneri. | *le jour renaît,* il giorno rinasce, rispunta. | *les arts renaissent,* le arti rinascono, risorgono. | *renaître à la vie, au bonheur,* rinascere alla vita, alla felicità. ‖ RELIG. *renaître par le baptême,* rinascere con il battesimo.
rénal, e, aux [renal, o] adj. ANAT. renale.
renard [rənar] m. ZOOL. volpe f. ‖ [fourrure] volpe. | *renard argenté, bleu,* volpe argentata, azzurra. ‖ FIG. *c'est un vieux renard,* è una vecchia volpe, è un volpone. ‖ [fissure] crepa f., fenditura f.
renarde [rənard] f. volpe femmina.
renardeau [rənardo] m. volpacchiotto m., volpacchiotta f.
renardière [rənardjɛr] f. volpaia.
rencaisser [rɑ̃kɛse] v. tr. riscuotere di nuovo.
rencard m. V. RANCARD.
renchaîner [rɑ̃ʃɛne] v. tr. rincatenare.
renchéri, e [rɑ̃ʃeri] adj. et n. VX sdegnoso, difficile, schizzinoso, schifiltoso (L.C.). | *faire le renchéri,* fare lo schizzinoso, lo schifiltoso.
renchérir [rɑ̃ʃerir] v. tr. rincarare. ◆ v. intr. rincarare. ‖ FIG. *renchérir sur qn, sur qch.,* rincarare la dose rispetto a qlcu., nei confronti di qlcu., su qlco.
renchérissement [rɑ̃ʃerismɑ̃] m. rincaro.
rencogner [rɑ̃kɔɲe] v. tr. rincantucciare. ◆ v. pr. rincantucciarsi.
rencontre [rɑ̃kɔ̃tr] f. incontro m. | *faire la rencontre de qn,* incontrare qlcu. | *aller à la rencontre de qn,* andare incontro a uno. | *faire une heureuse, une mauvaise rencontre,* fare un felice, un brutto incontro. ‖ GÉOGR. *rencontre de deux fleuves,* confluenza di due fiumi. ‖ [colloque] convegno m. ‖ LITTÉR. [hasard] caso m., combinazione (L.C.). | *de rencontre,* casuale, occasionale adj. ‖ ASTR. congiunzione. ‖ MATH. *point de rencontre,* punto d'incontro, d'intersezione. ‖ MIL. scontro m. (armato, a fuoco). ‖ [duel] duello m., scontro. ‖ SPORT incontro, gara. ◆ n. m. HÉRALD. rincontro.
rencontrer [rɑ̃kɔ̃tre] v. tr. incontrare ; [par hasard] incontrare ; imbattersi in. | *rencontrer qn dans la rue,* imbattersi in qlcu. per la strada. | *rencontrer de nombreuses difficultés,* incontrare numerose difficoltà. | *rencontrer le succès,* andare incontro al successo. ‖ [se trouver] *on rencontre des gens qui,* c'è gente che. ◆ v. pr. incontrarsi. ‖ [être d'accord] incontrarsi ; trovarsi d'accordo. ‖ [se heurter] scontrarsi. ‖ [en compétition] incontrarsi. ‖ [se trouver] trovarsi. | *un homme s'est rencontré qui,* c'è stato un uomo che. | *cela ne se rencontre pas tous les jours,* è cosa che non succede tutti i giorni. | *comme ça se rencontre !,* che combinazione !, guarda caso !
rendement [rɑ̃dmɑ̃] m. AGR., ÉCON., MÉC. rendimento, resa f. | *ce moteur a un bon rendement,* questo motore rende bene. | *prime de rendement,* premio di operosità, di rendimento. | *à plein rendement,* in piena efficienza. ‖ FIN. [des impôts] gettito. | *rendement d'un investissement,* reddito di un investimento.
rendez-vous [rɑ̃devu] m. inv. appuntamento m. | *donner, se donner rendez-vous,* dare, darsi appuntamento, fissare un appuntamento. | *recevoir sur rendez-vous,* ricevere su, dietro appuntamento. ‖ PÉJOR. *maison de rendez-vous,* casa d'appuntamenti. ‖ [lieu de réunion] ritrovo, convegno, riunione f. ‖ AÉR. *rendez-vous spatial, orbital,* rendez-vous (fr.) spaziale, orbitale ; appuntamento in orbita.
rendormir [rɑ̃dɔrmir] v. tr. riaddormentare. ◆ v. pr. riaddormentarsi ; riprendere sonno.
rendosser [rɑ̃dose] v. tr. rindossare ; indossare di nuovo.
rendre [rɑ̃dr] v. tr. **1.** [redonner ; donner en retour] rendere, restituire ; ricambiare, contraccambiare. | *rendre un portefeuille à son propriétaire, un manuscrit à son auteur,* rendere, restituire un portafoglio al proprietario, un manoscritto all'autore. | *rendre la santé,* rendere la salute. | *rendre la monnaie,* dare il resto. | *rendre à qn sa parole,* rendere a qlcu. la parola, sciogliere qlcu. dalla promessa fatta. | *Dieu vous le rende !,* Dio ve ne renda merito ! | *rendre le bien pour le mal, la pareille,* rendere bene per male, la pariglia. | *rendre son salut à qn,* rendere, ricambiare il saluto a qlcu. | *rendre sa visite à qn,* restituire la visita a qlcu. | *j'ai été bon pour lui, il me le rend bien,* sono stato buono con lui e lui mi contraccambia. ‖ **2.** [s'acquitter de] rendere. | *rendre les honneurs (militaires) à qn,* rendere, tributare gli onori (militari) a qlcu. | *rendre honneur à qn,* onorare qlcu. | *rendre raison, justice à qn,* rendere ragione, giustizia a uno. | *rendre visite à qn,* far visita a uno. | *rendre réponse à qn,* dare la risposta a uno. | *rendre des comptes,* rendere i conti. | *rendre (un) service,* fare un favore. ‖ **3.** [produire] rendere, dare, fruttare. | *ce blé rend beaucoup de farine,* questo grano rende, produce molta farina. | *l'orange rend beaucoup de jus,* l'arancia dà molto sugo. ‖ **4.** [faire devenir] rendere ; far diventare. | *rendre public,* rendere pubblico. | *cela me rend malade,* mi fa ammalare (pr.) ; è per me una

spina, un tormento (fig.). | *rendre fou*, far impazzire. || **5.** [exprimer] rendere. | *rendre une idée, une pensée*, rendere un'idea, un pensiero. | *ce portrait rend bien l'expression du visage*, questo ritratto rende bene l'espressione del volto. | *cette phrase est difficile à rendre en italien*, questa frase è difficile a rendersi in italiano. || **6.** [émettre] mandare. | *rendre un son*, mandare, emettere un suono. | *rendre l'âme, le dernier soupir*, rendere l'anima, l'ultimo respiro. || **7.** JUR. *rendre la justice*, amministrare la giustizia. | *rendre un arrêt*, pronunziare una sentenza. | *rendre un jugement*, emettere un giudizio. || **8.** [vomir] rendere, restituire, vomitare, rigettare ; recere v. défect. (rare). | POP. *il rendit tripes et boyaux*, vomitò l'anima sua. || ABSOL. *il a rendu*, ha vomitato. || **9.** MIL. *rendre les armes*, rendere le armi ; arrendersi. | *rendre une place*, consegnare una piazzaforte. || **10.** SPORT *rendre des points à qn*, v. POINT. || [hippisme] *rendre la bride, la main à un cheval*, allentare le briglie. || **11.** LOC. *rendre hommage, grâce(s) à*, rendere omaggio, grazie a. | *rendre gorge* = rendere il maltolto. | *rendre à qn la monnaie de sa pièce*, v. MONNAIE. | *rendre raison de qch.*, spiegare qlco. | *rendre compte d'un événement*, render conto di un fatto. | *rendre compte d'un livre*, fare la recensione di, recensire un libro. || PROV. *rendez à César ce qui est à César*, date a Cesare quel che è di Cesare. ◆ v. intr. *cette terre ne rend pas*, questa terra non rende. | *un rôle qui rend*, una parte che mette in valore l'attore. || FAM. *ça ne rend pas*, non va bene. ◆ v. pr. [capituler] arrendersi. | *se rendre à discrétion*, arrendersi a discrezione. || [céder] arrendersi, cedere. | *se rendre à l'évidence, à la raison*, arrendersi all'evidenza, alla ragione. | *se rendre à la demande de qn*, accedere alla richiesta di qlcu. || [se montrer] *se rendre utile*, rendersi utile. || [aller] recarsi ; rendersi (littér.). || [aboutir] *les fleuves se rendent à la mer*, i fiumi sfociano nel mare. || LOC. *se rendre malade*, ammalarsi. | *se rendre compte de qch.*, rendersi conto di qlco. | *se rendre maître de*, impadronirsi, impossessarsi di.

rendu, e [rɑ̃dy] adj. [fatigué] sfinito, spossato. || [arrivé] arrivato, giunto. || COMM. *rendu à domicile*, consegnato, recapitato a domicilio. ◆ n. m. LOC. *c'est un prêté pour un rendu*, quel ch'è fatto è reso. || ART resa f. ; vigore espressivo. || COMM. (resa delle) scorte invendute, (degli) invenduti. | *en cas de rendu*, in caso di resa.

rêne [rɛn] f. redine, briglia. ◆ pl. PR. et FIG. redini.

renégat, e [rənegat, at] n. PR. et FIG. rinnegato, a.

reneiger [rənɛʒe] v. intr. rinevicare.

rénette [renɛt] f. [de maréchal-ferrant] curasnetta. || [pour tracer des lignes] traccialinee m. inv.

renfaîter [rɑ̃fɛte] v. tr. *renfaîter un toit*, riparare il comignolo del tetto.

renfermé, e [rɑ̃fɛrme] adj. [caractère] chiuso. ◆ n. m. odore, puzzo, tanfo di rinchiuso. | *sentir le renfermé*, sapere di (rin)chiuso.

renfermer [rɑ̃fɛrme] v. tr. PR. rinchiudere. | *renfermer dans un cachot*, rinchiudere in una cella, in una segreta. | *renfermer l'argent dans un tiroir*, rinchiudere i denari in un cassetto. || FIG. *renfermer en soi les émotions violentes*, tener celate le proprie violente emozioni. || [contenir] racchiudere, contenere. | *ce livre renferme de nombreuses vérités*, questo libro racchiude, contiene numerose verità. || [limiter] *renfermer une pensée en peu de mots*, racchiudere un pensiero in poche parole. ◆ v. pr. *se renfermer en soi-même, dans le silence*, chiudersi in se stesso, nel silenzio.

renfiler [rɑ̃file] v. tr. rinfilare.

renflammer [rɑ̃flame] v. tr. rinfiammare.

renflé, e [rɑ̃fle] adj. rigonfio, panciuto. || ARCHIT. *colonne renflée*, colonna accorpata, colonna con entasi.

renflement [rɑ̃fləmɑ̃] m. [état] rigonfiamento ; rigonfio (rare) ; [partie renflée] rigonfio. || ARCHIT. entasi f.

renfler [rɑ̃fle] v. tr. rigonfiare. ◆ v. pr. rigonfiarsi.

renflouage [rɑ̃fluaʒ] ou **renflouement** [rɑ̃flumɑ̃] m. (il) riportare a galla, ricupero (pr. et fig.) ; riassesto (fig.).

renflouer [rɑ̃flue] v. tr. riportare a galla, ricuperare (pr. et fig.) ; riassestare (fig.).

renfoncement [rɑ̃fɔ̃smɑ̃] m. rientranza f., rientramento.

renfoncer [rɑ̃fɔ̃se] v. tr. PR. *renfoncer un bouchon*, conficcare un turacciolo. || LOC. *renfoncer son chapeau*, ricalcarsi il cappello in testa. | *renfoncer ses larmes*, ringoiare le lacrime. || TYP. *renfoncer une ligne*, far rientrare una linea.

renforçateur [rɑ̃fɔrsatœr] adj. et n. m. *(bain) renforçateur*, bagno di rinforzo.

renforcement [rɑ̃fɔrsəmɑ̃] ou **renforçage** [rɑ̃fɔrsaʒ] m. rinforzamento, rinforzo, rafforzamento. || PHOT. rinforzo.

renforcer [rɑ̃fɔrse] v. tr. PR. et FIG. rinforzare, rafforzare.

renfort [rɑ̃fɔr] m. rinforzo, rincalzo. || MIL. *envoyer des renforts*, inviare rinforzi. | *troupes de renfort*, truppe di rincalzo. || TECHN. rinforzo. ◆ loc. prép. ***à grand renfort de***, a furia di, a forza di.

renfrogné, e [rɑ̃frɔɲe] adj. imbronciato, accigliato. | *d'un air renfrogné*, con aria imbronciata.

renfrogner (se) [sərɑ̃frɔɲe] v. pr. accigliarsi, imbronciarsi.

rengagé [rɑ̃gaʒe] adj. et n. m. *(soldat) rengagé*, (soldato) raffermato ; firma f., firmaiolo m. (arg.).

rengagement [rɑ̃gaʒmɑ̃] m. [reprise à son service] riassunzione f., (il) riassumere. || MIL. rafferma f. || SPORT reingaggio. || THÉÂTRE nuova scritturazione. || [remise en gage] (l')impegnare di nuovo.

rengager [rɑ̃gaʒe] v. tr. riassumere ; ingaggiare di nuovo. || SPORT reingaggiare. || THÉÂTRE scritturare di nuovo. || [mettre de nouveau en gage] impegnare di nuovo. ◆ v. pr. ou v. intr. MIL. rinnovare la ferma.

rengaine [rɑ̃gɛn] f. FAM. = canzonetta alla moda ripetuta in modo stucchevole. || LOC. *c'est toujours la même rengaine*, è sempre il solito ritornello, la solita solfa.

rengainer [rɑ̃gɛne] v. tr. PR. ringuainare, rinfoderare. || FIG., FAM. rinfoderare.

rengorgement [rɑ̃gɔrʒəmɑ̃] m. (il) rimpettirsi.

rengorger (se) [sərɑ̃gɔrʒe] v. pr. [suj. oiseau] gonfiare il petto ; rimpettirsi (rare). || [suj. qn] andare (r)impettito ; pavoneggiarsi.

reniement [rənimɑ̃] m. rinnegamento.

renier [rənje] v. tr. rinnegare, sconfessare. ◆ v. pr. rinnegare se stesso.

reniflement [rənifləmɑ̃] m. (il) tirar su col naso, (il) fiutare, (l')annusare.

renifler [rənifle] v. intr. tirar su col naso. ◆ v. tr. annusare. | *renifler du tabac*, annusar tabacco, fiutare una presa di tabacco. || FIG., FAM. annusare, fiutare.

réniforme [renifɔrm] adj. reniforme.

rénitence [renitɑ̃s] f. MÉD. renitenza.

rénitent, e [renitɑ̃, ɑ̃t] adj. renitente.

renne [rɛn] m. ZOOL. renna f.

renom [rənɔ̃] m. rinomanza f., fama f.

1. renommé, e [rənɔme] adj. **(pour)** rinomato, famoso (per).

2. renommée f. rinomanza, fama, reputazione ; nomea (péjor.). || JUR. *preuve par commune renommée*, prova per fatto notorio. || MYTH. Fama.

renommer [rənɔme] v. tr. rinominare ; [élection] rieleggere.

renonce [rənɔ̃s] f. JEU rifiuto m.

renoncement [rənɔ̃smɑ̃] m. rinuncia f., rinunzia f. | *vie de renoncement*, vita di rinunzie, di rinunce. | *renoncement à soi-même*, abnegazione f.

renoncer [rənɔ̃se] v. tr. ind. **(à)** rinunciare, rinunziare (a). ◆ v. intr. JEU rifiutare ; fare un rifiuto.

renonciataire [rənɔ̃sjatɛr] n. JUR. rinunciatario m., rinunziatario m.

renonciateur, trice [rənɔ̃sjatœr, tris] n. JUR. rinunciante m., rinunziante m.

renonciation [rənɔ̃sjasjɔ̃] f. [à un droit, un projet] rinuncia, rinunzia (a).

renonculacées [rənɔ̃kylase] f. pl. BOT. ranuncolacee.

renoncule [rənɔ̃kyl] f. BOT. ranuncolo m.

renouer [rənwe] v. tr. PR. et FIG. riannodare, riallacciare. | *renouer sa cravate*, rifarsi il nodo della cravatta. | *renouer une amitié, une liaison*, riallacciare un'amicizia, una relazione. | *renouer la conversation*, riattaccare discorso. ◆ v. intr. *renouer avec qn*, rinnovare l'amicizia con qlcu.; rimettersi con uno (fam.).

renouveau [rənuvo] m. [printemps] nuova stagione; stagion novella (littér.). || [renouvellement] rinnovamento, rifioritura f.

renouvelable [rənuvlabl] adj. rinnovabile.

renouveler [rənuvle] v. tr. [rendre nouveau] rinnovare; rinnovellare (poét.). || [refaire; prolonger] rinnovare. | *renouveler une promesse, un contrat*, rinnovare una promessa, un contratto. | *à renouveler*, da ripetere. || [faire revivre] ravvivare, risvegliare; far rivivere. | *renouveler une douleur*, ravvivare un dolore. | *renouveler le souvenir de*, risvegliare il ricordo di, richiamare alla mente. | *renouveler une mode, une coutume*, far rivivere una moda, un'usanza. || [transformer] rinnovare, trasformare. | *renouveler la face de l'histoire*, mutare il volto della storia. | *renouveler un texte*, modernizzare un testo. | *renouveler un sujet*, rinnovare un tema. || RELIG. *renouveler (sa première communion)*, rinnovare solennemente le promesse della prima comunione. ◆ v. pr. [se reproduire] ripetersi. | *que cela ne se renouvelle pas!*, che non si ripeta! || [changer] rinnovarsi. | *écrivain qui ne sait pas se renouveler*, scrittore che non sa rinnovarsi.

renouvellement [rənuvɛlmɑ̃] m. rinnovamento, rinnovazione f. || [accroissement] rinnovamento, rinvigorimento, rifiorimento. || COMM. rinnovo. || RELIG. rinnovamento (delle promesse della prima comunione).

rénovateur, trice [renɔvatœr, tris] adj. et n. rinnovatore, trice. ◆ n. m. TECHN. prodotto rinnovativo.

rénovation [renɔvasjɔ̃] f. rinnovamento m., rinnovazione.

rénover [renɔve] v. tr. [remettre à neuf] rinnovare; rimettere a nuovo, ripristinare. || [transformer] rinnovare.

renseignement [rɑ̃sɛɲmɑ̃] m. informazione f.; [précis] ragguaglio. | *prendre des renseignements*, prendere informazioni. | *bureau, service de renseignements*, ufficio, servizio informazioni. | *à titre de renseignement*, a titolo informativo. | *donner des renseignements*, dare informazioni, ragguagli. || MIL. *agent de renseignements*, agente del servizio informazioni.

renseigner [rɑ̃sɛɲe] v. tr. informare; dare informazioni a; [avec précision] ragguagliare; dare ragguagli a. ◆ v. pr. **(auprès de)** informarsi (presso), prendere informazioni (presso).

rentabiliser [rɑ̃tabilize] v. tr. *rentabiliser un investissement*, rendere produttivo, redditizio un investimento.

rentabilité [rɑ̃tabilite] f. redditività, rendimento m.

rentable [rɑ̃tabl] adj. redditizio.

rente [rɑ̃t] f. ÉCON. rendita. | *rente sur l'État, foncière*, rendita dello Stato, fondiaria. | *rente viagère*, rendita vitalizia; vitalizio m. | *rente à dix pour cent*, rendita del dieci per cento. || [pension] *rente d'invalidité*, pensione per invalidità. || [revenu] *faire une rente à qn*, passare una rendita a qlcu. | *vivre de ses rentes*, vivere di rendita.

renter [rɑ̃te] v. tr. VX = assegnare una rendita a; dotare.

rentier, ère [rɑ̃tje, ɛr] n. = chi vive di rendita; redditiere, a; possidente; benestante m.

rentoilage [rɑ̃twalaʒ] m. rintelatura f.

rentoiler [rɑ̃twale] v. tr. rintelare.

rentoileur, euse [rɑ̃twalœr, øz] n. = specialista della rintelatura.

rentrant, e [rɑ̃trɑ̃, ɑ̃t] adj. AÉR. *train (d'atterrissage) rentrant*, carrello (di atterraggio) retrattile. || GÉOM. rientrante.

1. rentré, e [rɑ̃tre] adj. [refoulé] represso. | *colère rentrée*, collera repressa. || [enfoncé] incavato, infossato, rientrante, rientrato. | *joues rentrées*, guance incavate, rientranti. | *yeux rentrés*, occhi incavati, infossati. || [tassé] *épaules rentrées*, spalle rientranti, rientrate. | *cou rentré*, collo rientrato. | *poitrine rentrée*, petto rientrante, rientrato.

2. rentrée f. [action] rientro m., entrata. | *rentrée des troupes dans leurs quartiers*, rientro delle truppe negli alloggiamenti. | *rentrée des élèves*, entrata degli alunni. || AGR. immagazzinamento m. || [reprise] riapertura, ritorno m. | *rentrée des classes, des théâtres*, riapertura delle scuole, dei teatri. | *à la rentrée (des vacances)*, al ritorno dalle vacanze. | *rentrée d'un acteur*, ritorno sulle scene di un attore. | *rentrée politique*, ritorno alla vita politica. || [recouvrement de fonds] riscossione, entrata. | *rentrées fiscales*, entrate fiscali. | *rentrée des impôts*, riscossione delle imposte. | *les rentrées sont difficiles ce mois-ci*, questo mese le entrate sono difficili. || JEU pesca (nel monte).

rentrer [rɑ̃tre] v. intr. **1.** [entrer de nouveau] rientrare, (ri)tornare. | *rentrer chez soi*, rientrare, (ri)tornare a casa; rincasare. | *rentrer en scène*, tornare in scena. || **2.** [entrer] (abusiv.) entrare. | *nous sommes rentrés dans un cinéma, car il pleuvait*, siamo entrati in un cinema perché pioveva. || FAM. [suj. auto] *rentrer dans un arbre, dans un mur*, andare a sbattere contro un albero, un muro (L.C.). || [suj. qn] *il m'est, il t'est, il lui est rentré dedans, dans le chou* (pop.), mi, ti è venuto addosso, gli è andato addosso. || **3.** [recommencer] *rentrer en fonctions*, riprendere le proprie funzioni. || ABSOL. [école; théâtre] riaprirsi; [tribunal] riprendere le proprie attività. || **4.** [pénétrer] entrare. | *les lunettes ne rentrent pas dans l'étui*, gli occhiali non entrano nell'astuccio. || [être enfoncé] incavarsi, infossarsi v. pr. || FIG. [être contenu] rientrare; far parte di. | *ce chapitre rentre dans la première section*, questo capitolo fa parte della prima sezione. | *cela ne rentre pas dans mes attributions*, questo non rientra nelle mie attribuzioni. || **5.** [recouvrer] rientrare. | *rentrer en possession de qch., dans ses frais*, rientrare in possesso di qlco., nelle spese. || **6.** [être perçu] entrare. | *l'argent rentre difficilement*, il denaro entra difficilmente. | *faire rentrer l'argent*, riscuotere il denaro. || **7.** LOC. FIG. *rentrer dans sa coquille*, rinchiudersi nel proprio guscio. | *rentrer en soi-même* (littér.), rientrare in sé. | *rentrer dans le devoir, dans le droit chemin*, ritornare al dovere, sulla retta via. | *rentrer dans l'ordre*, ritornare nell'ordine, alla normalità. | *rentrer dans ses droits*, riacquistare i propri diritti. | *rentrer dans les bonnes grâces de qn*, rientrare nelle grazie di qlcu. | *rentrer dans la danse* (fam.), tornare in gioco. ◆ v. tr. [mettre à l'abri] riporre; portar dentro. | *rentrer les bœufs à l'étable*, portare, far rientrare i buoi nella stalla. | *rentrer les foins*, riporre il fieno (nel fienile). || LOC. *rentrer les griffes*, rinfoderare gli artigli. | *rentrer le ventre*, tirare dentro la pancia. | *rentrer la tête dans les épaules*, incassare la testa nelle spalle. || [refouler] trattenere. | *rentrer ses larmes*, trattenere, ringoiare le lacrime. | *rentrer sa colère*, reprimere, contenere la collera.

renversable [rɑ̃vɛrsabl] adj. = che si può rovesciare, capovolgere.

renversant, e [rɑ̃vɛrsɑ̃, ɑ̃t] adj. FAM. sbalorditivo, stupefacente, strabiliante (L.C.).

renverse (à la) [alarɑ̃vɛrs] loc. adv. riverso, supino adj.; rovescione, rovescioni adv.

renversé, e [rɑ̃vɛrse] adj. [à l'envers] rovesciato, capovolto; [tombé] rovesciato. | *image renversée*, immagine capovolta. | *verre renversé*, bicchiere rovesciato. || FIG., FAM. sconvolto, sbalordito (L.C.). || CULIN. *crème renversée*, latte alla portoghese; crema caramella. || LOC. FAM. *c'est le monde renversé*, è il mondo alla rovescia.

renversement [rɑ̃vɛrsəmɑ̃] m. PR. rovesciamento; [véhicule] ribaltamento. || FIG. rovesciamento, capovolgimento. | *renversement de la situation*, rovesciamento, capovolgimento della situazione. || POLIT. *renversement du ministère*, rovesciamento del ministero. | *renversement des institutions*, rovesciamento, sovvertimento delle istituzioni. || ÉLECTR., MATH., TECHN. inversione f. || HIST. *renversement des alliances*, rovesciamento delle alleanze. || MUS. rivolto.

renverser [rɑ̃vɛrse] v. tr. [mettre à l'envers] rovesciare, capovolgere ; [basculer] rovesciare. | *renverser un piéton,* investire, travolgere un pedone. | *se faire renverser,* essere investito. | *renverser un véhicule,* rovesciare un veicolo. || [répandre] *renverser un liquide,* rovesciare un liquido. || [incliner en arrière] *renverser la tête (en arrière),* rovesciare la testa all'indietro. || FIG. *renverser une situation,* rovesciare, capovolgere una situazione. | *renverser la vapeur,* V. VAPEUR. || [faire tomber] *renverser un ministère, un régime,* rovesciare un ministero, un regime. || FAM. sbalordire, sconvolgere, scombussolare (L.C.). || ÉLECTR., MATH., TECHN. invertire. ◆ v. pr. rovesciarsi, capovolgersi. || AUTOM. ribaltare v. intr., ribaltarsi, rovesciarsi, capovolgersi.

renvider [rɑ̃vide] v. tr. TECHN. incannare.

renvideur [rɑ̃vidœr] adj. et n. m. *(métier) renvideur,* incannatrice f. || [ouvrier] incannatore m.

renvoi [rɑ̃vwa] m. rinvio, rimando. | *renvoi de la balle,* rimando della palla. | *renvoi à l'expéditeur,* rinvio, rispedizione f., ritorno al mittente. || [licenciement] licenziamento, congedo. | *renvoi d'un fonctionnaire,* destituzione (f.) di un funzionario. | *renvoi d'un élève,* espulsione (f.) di un alunno. || [ajournement] rinvio, rimando, dilazione (f.), aggiornamento, differimento. || [éructation] rutto, eruttazione f. ; [de bébé] ruttino. || JUR. rinvio. || MÉC. *poulie de renvoi,* puleggia di rinvio. || TYP. rinvio, rimando, richiamo, chiamata f.

renvoyer [rɑ̃vwaje] v. tr. rinviare, rimandare. | *renvoyer la balle,* rimandare, ribattere la palla (pr.) ; ribattere, rispondere per le rime (fig.). | *renvoyer à l'expéditeur,* rinviare, rispedire, ritornare al mittente. | *renvoyer un cadeau,* respingere un regalo. || [licencier] licenziare, congedare, rimandare ; mandar via (fam.). | *renvoyer un soldat dans ses foyers,* congedare, inviare in congedo un soldato. | *renvoyer un élève de l'école,* rinviare, espellere un alunno dalla scuola. | *renvoyer un malade du sanatorium,* dimettere un malato dal sanatorio. | *renvoyer un fonctionnaire,* destituire un funzionario. | *renvoyer un ministre,* dimettere un ministro. || [ajourner] rinviare, rimandare, dilazionare, aggiornare, differire. | *renvoyer un candidat à une session ultérieure,* rinviare, respingere un candidato. || [adresser ailleurs] rimandare. || JUR. *renvoyer un accusé absous,* assolvere un imputato. | *renvoyer une cause,* rinviare una causa. || PHYS. [image, lumière] riflettere, rinviare ; [son] ripercuotere. ◆ v. pr. FIG. *se renvoyer la balle,* rimandarsi la palla. | *se renvoyer des accusations,* scambiarsi delle accuse.

réoccupation [reɔkypasjɔ̃] f. rioccupazione.

réoccuper [reɔkype] v. tr. rioccupare.

réorchestrer [reɔrkɛstre] v. tr. MUS. riorchestrare.

réorganisateur, trice [reɔrganizatœr, tris] n. riorganizzatore, trice.

réorganisation [reɔrganizasjɔ̃] f. riorganizzazione, riordinamento m.

réorganiser [reɔrganize] v. tr. riorganizzare, riordinare.

réorientation [reɔrjɑ̃tasjɔ̃] f. nuova orientazione, nuovo orientamento.

réorienter [reɔrjɑ̃te] v. tr. dare una nuova orientazione, un nuovo orientamento a.

réouverture [reuvɛrtyr] f. riapertura.

repaire [rəpɛr] m. covo, tana f.

repaître [rəpɛtr] v. tr. PR. et FIG. **(de)** pascere, nutrire (di). ◆ v. pr. PR. et FIG. **(de)** pascersi, nutrirsi (di).

répandre [repɑ̃dr] v. tr. [verser] spargere, versare, spandere. | *répandre du sang, des larmes,* spargere, spandere sangue, lagrime. || [émettre] *répandre de la lumière,* diffondere della luce. | *répandre une odeur,* spandere, emanare, esalare un odore. || FIG. *répandre des bienfaits,* distribuire, elargire benefici. | *répandre son venin,* spargere veleno. || [propager] diffondere, spargere, spandere, propagare. | *répandre une nouvelle,* spargere, diffondere una notizia. | *répandre le trouble,* gettare lo scompiglio. ◆ v. pr. diffondersi, spargersi, spandersi. || FIG. *se répandre (dans le monde, dans la société),* andare in società. | *se répandre en remerciements,* profondersi in ringraziamenti. | *se répandre en injures,* prorompere in ingiurie.

répandu, e [repɑ̃dy] adj. PR. *papiers répandus,* carte sparse. | *lait répandu,* latte versato. || FIG. diffuso. | *l'opinion la plus répandue,* l'opinione più diffusa. || [suj. qn] *être répandu (dans le monde, dans la société),* frequentare la società.

réparable [reparabl] adj. riparabile, aggiustabile.

reparaître [rəparɛtr] v. intr. riapparire, ricomparire. || FIG. *il n'a plus reparu,* non si è più fatto vivo.

réparateur, trice [reparatœr, tris] adj. et n. riparatore, trice ; ristoratore, trice adj. | *sommeil réparateur,* sonno riparatore, ristoratore.

réparation [reparasjɔ̃] f. PR. riparazione. || FIG. riparazione, soddisfazione. | *réparation d'une offense,* riparazione, soddisfazione di un'offesa. | *réparation d'un dommage,* risarcimento (m.) di un danno. | *en réparation de,* a riparazione di. | *réparation d'honneur,* riparazione. || SPORT *coup de pied de réparation,* calcio di rigore (m.), di punizione. | *surface de réparation,* area di rigore.

réparer [repare] v. tr. PR. riparare, aggiustare, accomodare. | *réparer une montre, un moteur,* riparare, aggiustare, accomodare un orologio, un motore. | *réparer les chaussures,* riparare le scarpe. | *réparer un vêtement,* aggiustare, accomodare un vestito. || FIG. *réparer ses forces,* ricuperare, riprendere le forze. | *réparer une erreur, un tort, une offense,* riparare un errore, un torto, un'offesa. | *réparer ses pertes,* compensare le perdite, riparare alle perdite.

reparler [rəparle] v. intr. riparlare ; parlare di nuovo. ◆ v. pr. riparlarsi.

repartie [rəparti] f. battuta pronta, replica pronta ; (il) rimbeccare (fam.). | *avoir la repartie facile, être prompt à la repartie,* replicare, ribattere, rimbeccare (fam.) con facilità.

1. repartir [rəpartir] v. intr. [répliquer] replicare, ribattere prontamente ; rimbeccare (fam.).

2. repartir v. intr. [partir de nouveau] ripartire ; partire di nuovo. || [s'en retourner] ripartire. || FIG. *repartir à zéro,* ricominciare da capo.

répartir [repartir] v. tr. spartire, ripartire, distribuire. | *répartir les dividendes, des actions, les bénéfices entre les associés,* spartire, ripartire, distribuire i dividendi, delle azioni, gli utili tra i soci. | *répartir un risque, le travail,* ripartire un rischio, il lavoro. | *répartir le butin,* spartire il bottino. || [dans l'espace] *répartir les troupes,* ripartire le truppe. | *répartir les valises sur le porte-bagages,* distribuire le valigie sul portabagagli. || [dans le temps] *répartir ses révisions sur tout le trimestre,* ripartire, distribuire i ripassi sul trimestre.

répartiteur [repartitœr] adj. et n. m. ripartitore.

répartition [repartisjɔ̃] f. ripartizione, distribuzione. || FIN. *impôt de répartition* = imposta il cui contingente è ripartito su basi territoriali.

repas [rəpa] m. pasto. | *repas frugal,* pasto frugale. | *faire deux repas par jour,* fare due pasti al giorno. | *prendre ses repas au restaurant,* consumare i pasti in trattoria. | *repas de midi,* colazione f. | *repas du soir,* cena f. | *repas de noces,* pranzo nuziale, di nozze. | *repas d'affaires,* colazione d'affari, di lavoro. | *repas à la carte, à prix fixe,* pranzo alla carta, a prezzo fisso.

repassage [rəpasaʒ] m. [d'une lame] affilatura f., arrotatura f. || [du linge] stiratura f. | *sans repassage,* senza stiro.

repasser [rəpase] v. intr. [passer de nouveau] ripassare ; passare di nuovo. || FAM. *tu peux toujours repasser* = sì, un corno ! (pop.). ◆ v. tr. ripassare ; passare di nuovo. | *repasser un plat,* ripassare, passare di nuovo un piatto. | *repasser un plat au four,* rimettere un piatto in forno. || CIN. proiettare, dare di nuovo. || [traverser de nouveau] ripassare, riattraversare. | *repasser le fleuve à gué,* passare di nuovo, ripassare il fiume a guado. | *le batelier te repassera,* il barcaiolo ti traghetterà in senso opposto. || [des ciseaux, un couteau] arrotare ; [une lame] affilare. || [du linge] stirare. || FIG. [réétudier] ripassare, rivedere. | *repasser sa leçon, son rôle,* ripassare la lezione, la parte. | *repasser des comptes,* rivedere i conti. | *repasser dans son esprit,* ripercorrere con la memoria ; riandare. || UNIV. *repasser un examen,* ripetere un esame.

repasseur [rəpasœr] m. arrotino.

repasseuse [rəpasøz] f. [ouvrière ; machine] stiratrice.
repavage [rəpavaʒ] ou **repavement** [rəpavmɑ̃] m. rifacimento del lastrico, del selciato.
repaver [rəpave] v. tr. rilastricare, riselciare.
repayer [rəpɛye] v. tr. ripagare ; pagare di nuovo.
repêchage [rəpɛʃaʒ] m. PR. (il) ripescare. ‖ FIG., FAM. salvataggio, ricupero (L.C.). | *examen de repêchage*, esame di riparazione (L.C.).
repêcher [rəpɛʃe] v. tr. PR. ripescare. ‖ FIG., FAM. *repêcher un candidat*, salvare un candidato (L.C.).
repeindre [rəpɛ̃dr] v. tr. ridipingere.
repeint [rəpɛ̃] m. ART = parte ridipinta (di un quadro).
rependre [rəpɑ̃dr] v. tr. riappendere, riattaccare.
repenser [rəpɑ̃se] v. tr. ind. **(à)** ripensare (a). ◆ v. tr. riesaminare, rielaborare.
repentance [rəpɑ̃tɑ̃s] f. LITTÉR. pentimento m. (L.C.).
repentant, e [rəpɑ̃tɑ̃, ɑ̃t] adj. = che si pente ; penitente. | *pécheur repentant*, peccatore penitente.
repenti, e [rəpɑ̃ti] adj. pentito, ravveduto.
repentir [rəpɑ̃tir] m. pentimento, ravvedimento. | *avoir du repentir*, provare pentimento. | *son repentir me donne bon espoir*, il suo pentimento, ravvedimento mi fa sperare bene. ‖ [correction] pentimento. ◆ pl. VX [boucles de cheveux] boccoli.
repentir (se) [sərəpɑ̃tir] v. pr. ABSOL. pentirsi, ravvedersi. ‖ **(de)** pentirsi (di).
repérable [rəperabl] adj. localizzabile, individuabile, rintracciabile.
repérage [rəperaʒ] m. avvistamento, localizzazione f., individuazione f., rintracciamento, riconoscimento. ‖ MIL. ricerca f. | *repérage par le son*, localizzazione acustica ; fonotelemetria f. ‖ TYP. registro.
repercer [rəpɛrse] v. tr. forare di nuovo.
répercussion [repɛrkysjɔ̃] f. PR. et FIG. ripercussione. ‖ FIN. *répercussion de l'impôt*, ripercussione, incidenza, traslazione dell'imposta.
répercuter [repɛrkyte] v. tr. ripercuotere. ‖ FIN. trasferire. ◆ v. pr. PR. et FIG. ripercuotersi. ‖ FIN. trasferirsi.
reperdre [rəpɛrdr] v. tr. riperdere.
repère [rəpɛr] m. segno, marca (f.) di riferimento, di riconoscimento ; contrassegno. ‖ [topographie] caposaldo (pl. *capisaldi*). ‖ PR. et FIG. *point de repère*, punto di riferimento ; orientamento.
repérer [rəpere] v. tr. [marquer] fare un segno su ; segnare, marcare. ‖ [découvrir] (ri)avvistare, localizzare, individuare, rintracciare. ‖ FAM. scovare ; scoprire, avvistare, individuare (L.C.). | *repérer qn dans la foule*, avvistare, individuare qlcu. tra la folla. | *repérer un petit coin tranquille*, scovare un posticino tranquillo. ◆ v. pr. PR. et FIG. orientarsi, orizzontarsi.
répertoire [repɛrtwar] m. repertorio. | *répertoire alphabétique, à onglets*, rubrica f. | *répertoire de jurisprudence, sur fiches*, repertorio di giurisprudenza, su schede. ‖ FIG. [ouvrage ; personne] miniera f. | *c'est un répertoire vivant*, è una vera e propria miniera di notizie. ‖ MUS., THÉÂTRE repertorio.
répertorier [repertɔrje] v. tr. repertoriare, registrare.
répéter [repete] v. tr. ripetere. ‖ [transmettre] *répéter qch. à qn*, riferire qlco. a qlcu. ‖ [reproduire] riprodurre ; [son] ripercuotere ; [image] riflettere. ‖ [étudier] *répéter sa leçon*, ripetere la lezione. ‖ JUR. ripetere. ‖ THÉÂTRE *répéter une pièce*, provare una commedia. ‖ LOC. *il ne se l'est pas fait répéter* = non si è fatto pregare. ◆ v. pr. [à soi-même] ripetere a se stesso. ‖ [se reproduire] ripetersi.
répéteur [repetœr] m. TECHN. ripetitore.
répétiteur, trice [repetitœr, tris] adj. et n. ripetitore, trice. ◆ n. VX [surveillant d'études] istitutore, trice. ◆ m. TECHN. ripetitore.
répétition [repetisjɔ̃] f. ripetizione ; (il) ripetere ; (il) ripetersi. ‖ [leçon particulière] ripetizione ; lezione privata. ‖ JUR. ripetizione. ‖ MÉC. *arme à répétition*, arma a ripetizione. ‖ THÉÂTRE prova. | *répétition générale*, prova generale.
répétitorat [repetitɔra] m. ufficio di ripetitore, trice, di istitutore, trice.

repeuplement [rəpœpləmɑ̃] m. [en hommes, animaux] ripopolamento ; [en arbres] rimboschimento, rimboscamento.
repeupler [rəpœple] v. tr. [en hommes, animaux] ripopolare ; [en arbres] rimboschire, rimboscare. ◆ v. pr. ripopolarsi.
repincer [rəpɛ̃se] v. tr. PR. pizzicare di nuovo. ‖ FIG., FAM. pizzicare di nuovo ; riacciuffare.
repiquage [rəpikaʒ] m. AGR. trapianto. ‖ TECHN. restauro (del piano stradale). ‖ RADIO nuova registrazione.
repiquer [rəpike] v. tr. AGR. trapiantare. ‖ TECHN. restaurare (il piano stradale). ‖ RADIO fare una nuova registrazione di. ◆ v. tr. ind. POP. *repiquer à un plat* = riprendere di un piatto. | *repiquer au truc* = rifare la stessa cosa.
répit [repi] m. respiro, tregua f. | *sans répit*, senza tregua.
replacement [rəplasmɑ̃] m. ricollocamento.
replacer [rəplase] v. tr. [obj. qch.] ricollocare, riporre ; [obj. qn] ricollocare. ‖ ÉCON. reimpiegare, reinvestire. ◆ v. pr. reimpiegarsi. ‖ FIG. *se replacer dans les mêmes conditions que*, mettersi al posto di, immaginare la situazione di.
replantation [rəplɑ̃tasjɔ̃] f. ripiantamento m.
replanter [rəplɑ̃te] v. tr. ripiantare.
replat [rəpla] m. GÉOGR. ripiano.
replâtrage [rəplɑtraʒ] m. PR. rintonacatura f. ‖ FIG., FAM. rabberciatura, rappezzatura (L.C.) ; [réconciliation] rappacificamento (L.C.). ‖ POLIT. *replâtrage ministériel*, rimpasto ministeriale.
replâtrer [rəplɑtre] v. tr. PR. rintonacare. ‖ FIG., FAM. riparare alla meglio, rabberciare (L.C.) ; [réconcilier] rappattumare (L.C.). ‖ POLIT. rimpastare.
replet, ète [rəplɛ, ɛt] adj. grassoccio.
réplétif, ive [repletif, iv] adj. MÉD. repletivo.
réplétion [replesjɔ̃] f. VX [excès d'embonpoint] pinguedine (L.C.). | *réplétion gastrique*, replezione gastrica.
repli [rəpli] m. ripiegatura f. ‖ MIL. ripiegamento. ◆ pl. sinuosità f. pl., ondulazioni f. pl. | *replis d'un terrain*, sinuosità, ondulazioni di un terreno. | *replis d'un serpent*, spire (f. pl.) di un serpente. ‖ FIG. [du cœur] recessi ; pieghe segrete f. pl.
repliable [rəplijabl] adj. ripiegabile.
repliement [rəplimɑ̃] m. FIG. (il) ripiegarsi su se stesso, (il) chiudersi in sé.
replier [rəplije] v. tr. ripiegare. ◆ v. pr. MIL. ripiegare v. intr., ripiegarsi. ‖ FIG. *se replier sur soi-même*, ripiegarsi su se stesso.
réplique [replik] f. [réponse] replica, risposta. | *argument sans réplique*, argomento irrefutabile. | *ton sans réplique*, tono perentorio. | *obéir sans réplique*, ubbidire senza discutere. | *se donner la réplique*, rispondersi a vicenda. ‖ [reproduction] riproduzione, copia. ‖ FIG. *c'est la réplique de son père*, è la copia esatta di suo padre. ‖ THÉÂTRE battuta. | *donner la réplique à un acteur*, dare, porgere la battuta a un attore.
répliquer [replike] v. tr. et v. intr. replicare, ribattere, rispondere.
replonger [rəplɔ̃ʒe] v. tr. PR. et FIG. rituffare ; immergere di nuovo. ◆ v. intr. et v. pr. PR. et FIG. rituffarsi ; immergersi di nuovo.
repolir [rəpɔlir] v. tr. PR. levigare di nuovo. ‖ FIG. rilimare.
répondant, e [repɔ̃dɑ̃, ɑ̃t] n. garante m. ; mallevadore, drice. ◆ n. m. RELIG. inserviente. ‖ LOC. FAM. *avoir du répondant*, avere il conquibus.
répondeur, euse [repɔ̃dœr, øz] adj. PÉJOR. rispondiero. ◆ n. m. *répondeur (téléphonique)*, ipsofono.
répondre [repɔ̃dr] v. tr. et v. intr. rispondere. | *on ne répond pas à ses parents*, non si risponde ai genitori. ‖ [assurer] assicurare, garantire. ‖ RELIG. *répondre la messe*, servire la messa. ◆ v. tr. ind. **(à)** rispondere (a). ‖ [correspondre] (cor)rispondere (a). ‖ **(de)** [être garant] *répondre de qn*, rispondere di qlcu. | *répondre de qch.*, rispondere di qlco., garantire qlco. ◆ v. pr.

[récipr.] rispondersi. ‖ [se correspondre] corrispondersi.
répons [repɔ̃] m. RELIG. responsorio.
réponse [repɔ̃s] f. risposta ; [verdict] responso m. | *réponse payée,* risposta pagata. | *en réponse à votre lettre du,* in risposta, in replica alla Vostra del. | *avoir réponse à tout,* aver sempre la risposta pronta, la risposta a portata di mano. | *réponse, s'il vous plaît,* si prega di rispondere. | *il fait la demande et la réponse,* dice tutto lui. ‖ LOC. *réponse de Normand,* V. NORMAND. | *c'est la réponse du berger à la bergère* = [parole] rispondere per le rime ; [action] rendere la pariglia. ‖ COMM. riscontro m. ‖ JUR. *droit de réponse,* diritto di replica. ‖ MUS. risposta.
report [rəpɔr] m. riporto. ‖ [action de différer] rimando, rinvìo. ‖ COMM., FIN. riporto.
reportage [rəpɔrtaʒ] m. reportage (fr.), servizio, cronaca f. | *reportage radiodiffusé, télévisé,* radiocronaca f., telecronaca f.
1. reporter [rəpɔrtɛr] m. reporter (angl.), cronista. | *reporter à la radio, à la télévision,* radiocronista, telecronista. | *reporter photographe,* fotocronista.
2. reporter [rəpɔrte] v. tr. [remettre à sa place] riportare. | *reporter un livre à la bibliothèque,* riportare un libro in biblioteca. ‖ [appliquer] *reporter son affection sur ses neveux,* riversare il proprio affetto sui nipoti. ‖ COMM., FIN. *reporter un total,* riportare un totale. | *faire reporter des titres,* far riportare dei titoli. | *titres reportés,* titoli riportati. ‖ JEU *reporter le tout sur le cinq,* ripuntare tutta la vincita sul cinque. ‖ [ajourner] rimandare, rinviare. ◆ v. pr. *se reporter à son enfance,* riandare alla propria giovinezza. ‖ [se référer] *se reporter à un ouvrage littéraire,* rifarsi, riferirsi ad un'opera letteraria.
reporteur [rəpɔrtœr] m. FIN. riportatore, riportista.
repos [rəpo] m. riposo. | *repos éternel,* eterno riposo. | *maison de repos,* casa di riposo. | *au repos,* a riposo. | *en repos,* a, in riposo ; in pace (fig.). | *de tout repos :* [suj. qn] di fiducia ; [suj. qch.] sicuro. | *travail de tout repos,* lavoro tranquillo, non stancante. | *n'avoir ni trêve ni repos,* non avere un attimo di tregua, di respiro. | *ne pas avoir de repos,* non aver pace. ‖ MIL. *repos !,* riposo ! ‖ FAM. *demain je suis de repos,* domani sono di riposo.
reposant, e [rəpozɑ̃, ɑ̃t] adj. riposante.
reposé, e [rəpoze] adj. riposato. ◆ loc. adv. ***à tête reposée,*** a mente riposata, fresca.
1. reposer [rəpoze] v. tr. [poser de nouveau, remettre en place] rimettere, riporre ; porre di nuovo ; ricollocare, riposare ; posare di nuovo. | *reposer un livre sur l'étagère, une serrure,* rimettere un libro sullo scaffale, una serratura. | *reposer l'écouteur,* riabbassare il ricevitore. | *reposer son verre,* riposare il bicchiere. ‖ FIG. *reposer la même question,* rifare la stessa domanda. ‖ MIL. *reposez arme !,* pied'arm' ! riposo ! ◆ v. pr. riproporsi. | *le problème se repose dans les mêmes termes,* il problema si ripropone negli stessi termini.
2. reposer v. intr. [rester immobile] riposare. | *ici repose...,* qui riposa..., qui giace... ‖ [vin, pâte] *laisser reposer,* lasciare (ri)posare. ‖ [être appuyé] (ri)posare, poggiare ; reggersi. | *reposer sur pilotis,* (ri)posare, poggiare su pali di fondazione. ‖ FIG. *ses déclarations reposent sur la vérité,* le sue dichiarazioni riposano, poggiano sulla verità. | *tout repose sur lui,* tutto riposa su di lui. ‖ AGR. riposare. ◆ v. tr. [délasser] riposare. | *cette lumière repose la vue,* questa luce riposa la vista. | *ne pas avoir où reposer sa tête,* non avere dove posare il capo. ◆ v. pr. riposarsi ; riposare v. intr. ‖ FIG. *se reposer sur ses lauriers,* riposare sugli allori. ‖ [faire confiance] contare (su), affidarsi (a). | *reposetoi sur moi,* conta su di me, affidati a me, fa assegnamento su di me.
reposoir [rəpozwar] m. RELIG. altare della riposizione.
repoussage [rəpusaʒ] m. MÉTALL. modellatura (f.) a freddo.
repoussant, e [rəpusɑ̃, ɑ̃t] adj. ripugnante, ributtante, repellente, disgustoso.
repousse [rəpus] f. ricrescita.
repoussé, e [rəpuse] adj. TECHN. sbalzato ; lavorato a sbalzo. ◆ n. m. [technique] lavoro a sbalzo ; [objet] oggetto lavorato a sbalzo.
1. repousser [rəpuse] v. tr. [faire reculer] respingere. | *repousser la balle du pied, un assaut,* respingere la palla col piede, un assalto. | *repousser l'ennemi,* respingere, ricacciare il nemico. | *repousser la table,* spingere indietro la tavola. ‖ FIG. respingere. | *repousser une demande,* respingere una domanda. | *repousser une tentation,* respingere, scacciare una tentazione. ‖ [ajourner] rimandare, rinviare. ‖ TECHN. lavorare a sbalzo.
2. repousser v. tr. [produire de nouveau] (rare) *cet arbre a repoussé d'autres branches,* quest'albero ha messo di nuovo dei rami (L.C.). ◆ v. intr. ricrescere.
repoussoir [rəpuswar] m. [cheville] cacciachiodi, cacciatoio. ‖ [ciselet] cesello (per lavorare a sbalzo). ‖ ART [en peinture] contrasto. ‖ FIG., FAM. *servir de repoussoir,* servire da contrasto (L.C.). ‖ [laideron] spavento, strega f.
répréhensible [repreɑ̃sibl] adj. LITTÉR. riprovevole, riprensibile ; biasimevole (L.C.).
reprendre [rəprɑ̃dr] v. tr. [prendre de nouveau] riprendere, recuperare ; ripigliare (fam.). | *reprendre une maille,* riprendere, raccogliere una maglia. | *reprendre ses esprits,* riaversi v. pr. | *reprendre confiance,* riacquistare fiducia. | *reprendre connaissance, courage, haleine,* riprendere i sensi, coraggio, fiato. | *reprendre force,* riprendere, recuperare le forze. | *reprendre la parole,* riprendere la parola. | *reprendre sa parole,* riprendersi la parola ; rimangiarsi la parola (fam.). | *la fièvre l'a repris,* gli è tornata la febbre. | *reprendre en chœur,* riprendere in coro. ‖ ABSOL. *voici, reprit-il, la fin de l'histoire,* ecco, riprese, la fine della storia. ‖ MAR. *reprendre la mer,* riprendere il mare. ‖ THÉÂTRE riprendere ; rappresentare di nuovo. ‖ LOC. *reprendre le dessus,* riprendere, ripigliare il sopravvento. | *on ne m'y reprendra plus,* non ci ricascherò più. | *reprendre du poil de la bête,* V. POIL. ‖ [racheter] *reprendre la voiture de qn,* ricomprare la macchina di uno. ‖ [recommencer] riprendere, ricominciare. | *reprendre ses activités,* riprendere le proprie attività, riprendere a lavorare. | *reprendre son cours normal,* riprendere il corso normale. ‖ [modifier] *reprendre un vêtement,* riprendere un vestito. | *reprendre un roman depuis le début,* rimettere mano a un romanzo dall'inizio. ‖ [blâmer] riprendere, rimproverare, ammonire, correggere. | *trouver à reprendre à tout,* trovare da ridire su tutto. ◆ v. pr. [se dominer ; se corriger] riprendersi, correggersi. ‖ ÉCON. *le marché se reprend,* il mercato riprende. ‖ [recommencer] *s'y reprendre à deux fois,* ricominciare due volte. | *il se reprit à penser à son père,* ricominciò a pensare al babbo. ◆ v. intr. [se rétablir] riprendere, ripigliare vita, forza. ‖ LOC. *le feu a repris,* il fuoco ha ripreso. | *le malade a repris,* il malato si è ripreso. | *les affaires reprennent,* gli affari riprendono. ‖ BOT. riprendere. ‖ [recommencer] riprendere, ricominciare. | *la pluie reprend,* ricomincia a piovere.
représailles [rəprezaj] f. pl. rappresaglia f. sing. | *par représailles,* per rappresaglia. | *user de représailles,* compiere una rappresaglia, esercitare delle rappresaglie.
représentable [rəprezɑ̃tabl] adj. rappresentabile.
représentant, e [rəprezɑ̃tɑ̃, ɑ̃t] n. rappresentante.
représentatif, ive [rəprezɑ̃tatif, iv] adj. rappresentativo.
représentation [rəprezɑ̃tasjɔ̃] f. [nouvelle présentation] nuova presentazione. ‖ [diplomatie] rappresentanza. ‖ ART, CIN. rappresentazione. ‖ THÉÂTRE rappresentazione ; [spectacle de prose, de poésie, pièce musicale] recita. | *représentation d'adieu, de bienfaisance,* recita d'addio, di beneficenza. ‖ COMM., JUR., POLIT. rappresentanza. ‖ LOC. *frais de représentation,* spese di rappresentanza. | *être en représentation* = farsi valere. ◆ pl. [protestations] rimostranze.
représenter [rəprezɑ̃te] v. tr. [présenter de nouveau] ripresentare. ‖ [figurer, symboliser] rappresen-

tare, (raf)figurare. | *ce tableau représente Vénus,* questo quadro rappresenta, figura Venere. | *la balance représente la justice,* la bilancia rappresenta la giustizia. || [correspondre à] rappresentare. | *cet achat représente une somme importante,* quest'acquisto rappresenta una somma importante. || [tenir la place de] rappresentare. || [faire observer] far vedere; prospettare. | *il lui a représenté les dangers de l'affaire,* gli ha prospettato i pericoli dell'affare. || COMM. rappresentare. || THÉÂTRE rappresentare; [spectacle de prose, de poésie, pièce musicale] recitare. ◆ v. intr. comparire. | *cet homme représente bien,* quest'uomo si presenta bene. ◆ v. pr. [se présenter de nouveau] ripresentarsi. || [se faire une idée de] (raf)figurarsi.

répressif, ive [represif, iv] adj. repressivo.

répression [represjɔ̃] f. PR. et PSYCHAN. repressione.

réprimande [reprimɑ̃d] f. riprensione, rimprovero m.

réprimander [reprimɑ̃de] v. tr. riprendere, rimproverare, ammonire.

réprimer [reprime] v. tr. PR. et PSYCHAN. reprimere.

repris [rəpri] m. *repris de justice,* pregiudicato.

reprisage [rəprizaʒ] m. rammendatura f., rammendo.

reprise [rəpriz] f. [nouvelle prise] riconquista. || [recommencement; nouvel essor] ripresa. | *reprise des affaires, des classes, des hostilités,* ripresa degli affari, della scuola, delle ostilità. | *à maintes, à plusieurs reprises,* ripetute volte; a più riprese. || [raccommodage] rammendo m. | *reprise perdue,* rammendo invisibile. || [broderie] *point de reprise,* punto rammendo. || ARCHIT. ripresa. | *reprise en sous-œuvre,* sottofondazione f. || AUTOM. ripresa. || COMM. *reprise des invendus,* ripresa degli invenduti. || [équipements rachetés par le nouveau locataire] rilievo (m.) mobili. | *reprise d'une machine d'occasion,* rilievo di una macchina d'occasione. || JUR. *droit de reprise,* diritto di recesso. || MUS., SPORT, THÉÂTRE ripresa.

repriser [rəprize] v. tr. rammendare. | *aiguille à repriser,* ago da rammendo.

repriseuse [rəprizøz] f. rammendatrice.

réprobateur, trice [reprɔbatœr, tris] adj. riprovatore, trice. | *ton réprobateur,* tono di rimprovero.

réprobation [reprɔbasjɔ̃] f. RELIG. riprovazione. || [blâme] riprovazione, biasimo m.

reproche [rəprɔʃ] m. rimprovero, biasimo. | *sans reproche,* irreprensibile, inappuntabile adj. || LOC. *le chevalier sans peur et sans reproche,* il cavaliere senza macchia e senza paura. | *il m'en fait reproche,* me lo rimprovera. | *soit dit sans reproche,* non per rimproverare.

reprocher [rəprɔʃe] v. tr. [qch. à qn] rimproverare (qlco. a qlcu.). || [rappeler avec aigreur] rinfacciare. ◆ v. pr. rimproverarsi.

reproducteur, trice [rəprɔdyktœr, tris] adj. riproduttore, trice. ◆ n. m. [animal] riproduttore. ◆ n. f. [machine] riproduttrice.

reproductible [rəprɔdyktibl] adj. riproducibile.

reproductif, ive [rəprɔdyktif, iv] adj. riproduttivo.

reproduction [rəprɔdyksjɔ̃] f. BIOL. riproduzione. || [action de reproduire] riproduzione. || JUR. *droit de reproduction,* diritto di riproduzione. || ÉCON. riproduzione.

reproduire [rəprɔdɥir] v. tr. [rendre fidèlement] riprodurre. || [répéter] *reproduire les mêmes arguments,* addurre di nuovo, ripetere gli stessi argomenti. ◆ v. pr. BIOL. riprodursi. || [se répéter] riprodursi, ripetersi; verificarsi nuovamente.

réprouvé, e [repruve] adj. et n. THÉOL. et FIG. reprobo.

réprouver [repruve] v. tr. THÉOL. dannare. || [rejeter] riprovare, disapprovare.

reps [rɛps] m. TEXT. reps.

reptation [rɛptasjɔ̃] f. reptazione.

reptile [rɛptil] adj. VX strisciante (L.C.). ◆ n. m. ZOOL. et FIG. rettile.

reptilien, enne [rɛptiljɛ̃, ɛn] adj. = dei rettili; relativo ai rettili. | *on admet l'origine reptilienne des oiseaux,* si ammette la discendenza dai rettili degli uccelli.

repu, e [rəpy] adj. PR. et FIG. satollo, sazio, pasciuto.

républicain, e [repyblikɛ̃, ɛn] adj. et n. repubblicano.

république [repyblik] f. repubblica. || LOC. *la république des lettres,* la repubblica letteraria, delle lettere.

répudiation [repydjasjɔ̃] f. PR. et FIG. ripudio m. || JUR. *répudiation d'un droit,* rinuncia, rinunzia a un diritto.

répudier [repydje] v. tr. PR. et FIG. ripudiare. || JUR. rinunciare, rinunziare (a).

répugnance [repyɲɑ̃s] f. ripugnanza.

répugnant, e [repyɲɑ̃, ɑ̃t] adj. ripugnante, disgustoso, ributtante.

répugner [repyɲe] v. tr. ind. ripugnare. | *je répugne à le faire,* mi ripugna farlo. | *cet homme me répugne,* quest'uomo mi ripugna.

répulsif, ive [repylsif, iv] adj. PHYS. repellente. || FIG. repellente, ripulsivo; repulsivo (rare).

répulsion [repylsjɔ̃] f. PHYS. repulsione. || FIG. ripulsione.

réputation [repytasjɔ̃] f. reputazione, fama, rinomanza; nomea (péjor). | *jouir d'une bonne, d'une mauvaise réputation,* godere di una buona, di una cattiva reputazione. | *réputation mondiale,* fama mondiale. | *réputation d'une femme,* onore (m.) di una donna. | *une femme perdue de réputation,* una donna disonorata. | *un homme perdu de réputation,* un uomo completamente screditato. | *café qui a une mauvaise réputation,* caffè malfamato. | *réputation de fainéant,* nomea di scioperato. | *(ne) connaître (que) de réputation,* conoscere solo di fama. | *ne pas avoir bonne réputation auprès de qn,* non essere ben visto da qlcu.

réputé, e [repyte] adj. [suj. qn] *réputé (pour),* rinomato (per). | *établissement réputé (pour),* locale rinomato (per), pregiato (per).

réputer [repyte] v. tr. reputare, ritenere, stimare. | *il est réputé être un honnête homme,* è reputato, ritenuto, stimato un uomo onesto.

requérable [rəkerabl] adj. JUR. esigibile.

requérant, e [rəkerɑ̃, ɑ̃t] adj. JUR. istante. ◆ n. m. attore, istante.

requérir [rəkerir] v. tr. [réclamer] (ri)chiedere. | *requérir la force publique,* (ri)chiedere l'intervento della forza pubblica || [sommer] *requérir qn de faire qch.,* ingiungere a uno di fare qlco. || FIG. [exiger] richiedere. | *cela requiert beaucoup de peine,* questo richiede molta fatica. || JUR. *requérir une peine de cinq ans,* (ri)chiedere una pena di cinque anni. || ABSOL. pronunciare la requisitoria.

requête [rəkɛt] f. = preghiera istante. || ADM., JUR. richiesta, istanza. | *à, sur la requête de,* a, dietro richiesta di; a istanza di. | *présenter une requête,* presentare un'istanza. || [pourvoi] ricorso m. | *requête civile,* ricorso revocatorio di sentenza. | *chambre des requêtes* = sezione della Corte di cassazione che esamina preliminarmente i ricorsi. | *maître des requêtes,* referendario al Consiglio di Stato.

requiem [rekɥijɛm] m. inv. requiem m. ou f. (rare) inv. (lat.). | *(messe de) requiem,* (messa da, di [rare]) requiem, messa di suffragio.

requin [rəkɛ̃] m. ZOOL. pescecane (pl. *pescecani, pescicani*). | *requin bleu,* verdesca f. || FIG. avvoltoio, pescecane.

requinquer [rəkɛ̃ke] v. tr. FAM. rimetter su, in forma. ◆ v. pr. FAM. rifarsi, rimettersi (L.C.).

requis, e [rəki, iz] adj. richiesto. | *qualités requises,* requisiti m. pl. ◆ n. m. = civile reclutato per il servizio del lavoro obbligatorio.

réquisition [rekizisjɔ̃] f. ADM. requisizione. | *sur réquisition de,* su requisizione di. || JUR. richiesta, istanza.

réquisitionner [rekizisjɔne] v. tr. ADM. requisire.

réquisitoire [rekizitwar] m. JUR. et FIG. requisitoria f.

resaler [rəsale] v. tr. salare di nuovo.

resalir [rəsalir] v. tr. sporcare di nuovo, tornare a sporcare.

resarcelé, e [rəsarsəle] adj. HÉRALD. sarchiato.

rescapé, e [rɛskape] adj. et n. **(de)** superstite (di), scampato (a).

rescindable [rɛsɛ̃dabl] adj. rescindibile.

rescindant, e [rɛsɛ̃dɑ̃, ɑ̃t] adj. rescindente. ◆ n. m. giudizio rescindente.
rescinder [rɛsɛ̃de] v. tr. JUR. rescindere.
rescision [rɛsizjɔ̃] f. rescissione.
rescisoire [rɛsizwar] adj. rescissorio. ◆ n. m. giudizio rescissorio.
rescousse (à la) [alarɛskus] loc. adv. et loc. prép. **(de)** in aiuto (di), in soccorso (di).
rescrit [rɛskri] m. JUR. rescritto.
réseau [rezo] m. rete f. | *réseau de vente, de distribution, d'espionnage, de résistance,* rete di vendita, di distribuzione, di spionaggio, di resistenza. ‖ MÉD., OPT., PHYS., ZOOL. reticolo. ‖ MIL. *réseau de barbelés,* reticolato m. ‖ TÉLÉCOM., TRANSP. rete.
résection [resɛksjɔ̃] f. CHIR. resezione.
réséda [rezeda] m. reseda f. ‖ [couleur] color reseda. ◆ adj. inv. color reseda.
réséquer [reseke] v. tr. CHIR. resecare.
réservataire [rezɛrvatɛr] adj. et n. *(héritier) réservataire,* legittimario m.
réservation [rezɛrvasjɔ̃] f. [d'une place] prenotazione. | *bureau de réservation,* ufficio prenotazioni. ‖ JUR. riserva. | *faire réservation d'un droit,* far salvo un diritto.
réserve [rezɛrv] f. [action] riserva ; [chose] riserva, provvista, scorta. | *réserve de vivres,* riserva di viveri. | *réserve d'or,* riserva aurea. | *matériel de réserve,* materiale di riserva. | *Bordeaux, réserve 1959,* Bordeaux, riserva 1959. | *mettre en réserve,* mettere in serbo, da parte. ‖ [local] riserva. ‖ [chasse, pêche] riserva, bandita. ‖ FIG. [retenue] riservatezza, riserbo m. | *se tenir sur la réserve,* mantenere il riserbo. | *sortir de sa réserve,* uscire dal riserbo. ‖ [restriction] riserva ; riserve f. pl. ‖ ÉCON., HIST. riserva. | *réserve légale, indienne,* riserva legale, di Indiani. ‖ JUR. [dans une succession] legittima. ‖ MIL. riserva. | *officier de réserve,* ufficiale di complemento. ◆ pl. [remarques] *faire des réserves,* fare delle riserve. ‖ JUR. riserve. ‖ PHYSIOL. riserve ; paraplasma m. ◆ loc. adv. ***sans réserve(s),*** senza riserve. ‖ ***sous réserve,*** con riserva. ‖ ***sous toutes réserves,*** con le debite riserve. ◆ loc. prép. VX ***à la réserve de,*** ad eccezione di (L.C.). ‖ ***sous réserve de,*** con riserva di, salvo. | *sous réserve d'approbation, de nos droits,* con riserva d'approvazione, dei nostri diritti. | *sous réserve d'erreur,* salvo errore. ◆ loc. conj. ***sous réserve que*** (subj.), a patto che (subj.).
réservé, e [rezɛrve] adj. PR. et FIG. riservato. ‖ JUR. *tous droits réservés,* tutti i diritti riservati. ‖ RELIG. *cas réservé,* caso riservato.
réserver [rezɛrve] v. tr. [mettre de côté, garder] conservare, serbare, riservare. | *je te réserve ta part,* ti conservo, ti serbo la tua parte. | *réserver son avis,* riservare il proprio parere. ‖ [destiner] riservare. ‖ [retenir] riservare, prenotare. ◆ v. pr. [obj. qch.] conservarsi, serbarsi. ‖ [attendre] *se réserver pour une autre occasion,* riservarsi per un'altra occasione. | *se réserver de faire qch.,* riservarsi di fare qlco.
réserviste [rezɛrvist] m. MIL. riservista.
réservoir [rezɛrvwar] m. serbatoio. | *réservoir à essence, à eau,* serbatoio della benzina, dell'acqua. ‖ [barrage] serbatoio. ‖ [à poissons] vivaio. ‖ FIG. fonte f.
résidant, e [rezidɑ̃, ɑ̃t] adj. residente.
résidence [rezidɑ̃s] f. residenza. | *résidence principale, secondaire,* prima, seconda residenza. ‖ JUR. *assignation à résidence :* VX confino m., domicilio coatto ; [moderne] obbligo (m.) di soggiorno. | *assigner à résidence :* VX condannare al domicilio coatto ; confinare ; [moderne] colpire di una misura di obbligo di soggiorno.
résident [rezidɑ̃] m. ADM. *(ministre) résident,* (ministro) residente. ‖ HIST. *résident général,* residente generale. ‖ [étranger] *les résidents italiens en France,* gli Italiani residenti in Francia.
résidentiel, elle [rezidɑ̃sjɛl] adj. residenziale.
résider [rezide] v. intr. risiedere. ‖ FIG. *résider dans qch. :* [avoir son fondement] risiedere, stare in qlco. ; [consister] consistere, stare in qlco.
résidu [rezidy] m. residuo. ‖ LOG. *méthode des résidus,* metodo dei residui.
résiduaire [rezidɥɛr] adj. di residuo, residuale. | *eaux résiduaires,* acque reflue.
résiduel, elle [rezidɥɛl] adj. residuo, residuale.
résignation [reziɲasjɔ̃] f. rassegnazione. ‖ JUR. rinuncia ; dimissioni f. pl.
résigner [reziɲe] v. tr. dimettersi da. ◆ v. pr. **(à)** rassegnarsi (a).
résiliable [reziljabl] adj. rescindibile.
résiliation [reziljasjɔ̃] f. JUR. rescissione, risoluzione.
résilience [reziljɑ̃s] f. PHYS. resilienza.
résilient, e [reziljɑ̃, ɑ̃t] adj. resiliente.
résilier [rezilje] v. tr. JUR. rescindere, risolvere.
résille [rezij] f. retina, reticella. ‖ [de vitrail] bacchette (f. pl.) di piombo.
résine [rezin] f. [naturelle] resina, ragia. | *résine artificielle,* resina sintetica.
résiné, e [rezine] adj. et n. *(vin) résiné,* (vino) resinato.
résiner [rezine] v. tr. [extraire] resinare. ‖ [enduire] ricoprire di resina.
résineux, euse [rezinø, øz] adj. resinoso, resinaceo. ◆ n. m. *un résineux,* un albero resinoso. | *les résineux,* le piante, le essenze resinose.
résinier, ère [rezinje, ɛr] adj. *industrie résinière,* industria della resina. ◆ n. m. addetto alla resinatura.
résinifère [rezinifɛr] adj. resinifero.
résipiscence [resipisɑ̃s] f. RELIG. resipiscenza.
résistance [rezistɑ̃s] f. resistenza. | *avoir, offrir, opposer de la résistance,* avere, fare, opporre resistenza. ‖ FIG. *plat de résistance,* piatto forte. ‖ ÉLECTR. resistore m., resistenza. ‖ MIL. *centre de résistance,* centro di resistenza ; caposaldo m. ‖ PHYS., PSYCHAN. resistenza. ‖ HIST. Resistenza.
résistant, e [rezistɑ̃, ɑ̃t] adj. resistente. ◆ n. HIST. resistente.
résister [reziste] v. intr. PR. et FIG. **(à)** resistere (a). | *résister à la fatigue,* resistere, reggere alla fatica. | *on ne peut y résister,* non ci si può resistere. | *la branche résiste,* il ramo fa resistenza.
résistivité [rezistivite] f. ÉLECTR. resistività.
résolu, e [rezɔly] adj. risoluto, deciso.
résoluble [rezɔlybl] adj. risolubile, risolvibile. ‖ JUR. risolvibile.
résolutif, ive [rezɔlytif, iv] adj. MÉD. risolvente.
résolution [rezɔlysjɔ̃] f. [action de résoudre] risoluzione. | *résolution d'une difficulté,* risoluzione di una difficoltà. ‖ [dessein, décision] proposito m., risoluzione, decisione. | *former la résolution de,* fare il proposito di. ‖ [fermeté] risolutezza. ‖ CHIM., JUR., MATH., MÉD. risoluzione.
résolutoire [rezɔlytwar] adj. JUR. risolutivo.
résolvante [rezɔlvɑ̃t] f. MATH. risolvente.
résonance [rezɔnɑ̃s] f. PR. et FIG. risonanza. ‖ MUS. *caisse de résonance :* MUS. cassa armonica, di risonanza ; FIG. cassa di risonanza.
résonateur [rezɔnatœr] m. risonatore.
résonnant, e [rezɔnɑ̃, ɑ̃t] adj. risonante.
résonnement [rezɔnmɑ̃] m. V. RÉSONANCE.
résonner [rezɔne] v. intr. risonare, risuonare ; [fortement] rimbombare.
résorber [rezɔrbe] v. tr. MÉD. riassorbire. ‖ FIG. *résorber le chômage, le déficit,* riassorbire la disoccupazione, il disavanzo. ◆ v. pr. riassorbirsi.
résorcine [rezɔrsin] f. ou **résorcinol** [rezɔrsinɔl] m. CHIM. resorcina f., resorcinolo m.
résorption [rezɔrpsjɔ̃] f. MÉD. et FIG. riassorbimento m.
résoudre [rezudr] v. tr. [décomposer] risolvere, scomporre, sciogliere. ‖ [trouver la solution] risolvere. ‖ [décider] decidere, risolvere. ‖ JUR. risolvere, sciogliere. ‖ MÉD. riassorbire. ◆ v. pr. [se déterminer] **(à)** decidersi, risolversi (a). ‖ [se transformer] **(en)** risolversi, sciogliersi (in).
respect [rɛspɛ] m. rispetto. | *devoir le respect à qn,* dovere rispetto a qlcu. | *respect humain,* rispetto umano. ‖ LOC. *sauf votre respect,* con rispetto

parlando. | *tenir en respect*, tenere in rispetto, a bada. ◆ pl. [civilités] ossequi, rispetti, omaggi.
respectabilité [rɛspɛktabilite] f. rispettabilità.
respectable [rɛspɛktabl] adj. rispettabile. || [assez important] *âge respectable*, età rispettabile. | *fortune assez respectable*, patrimonio piuttosto cospicuo. | *nombre respectable de spectateurs*, numero rispettabile di spettatori. | *à une distance respectable*, a notevole distanza.
respecter [rɛspɛkte] v. tr. Pr. et fig. rispettare. ◆ v. pr. rispettarsi. | *l'artiste qui se respecte*, l'artista che si rispetti.
respectif, ive [rɛspɛktif, iv] adj. rispettivo. | *les positions respectives de deux astres*, le rispettive posizioni di due astri.
respectueux, euse [rɛspɛktɥø, øz] adj. rispettoso, ossequioso. | *être respectueux de*, essere rispettoso di; rispettare; badare a. | *agréez mes sentiments respectueux*, gradisca i miei ossequi. ◆ n. f. Fam. = prostituta.
respirable [rɛspirabl] adj. Pr. et fig. respirabile.
respirateur, trice [rɛspiratœr, tris] adj. respiratorio. ◆ m. Méd. respiratore.
respiration [rɛspirasjɔ̃] f. respirazione, respiro m., fiato m. | *couper, retenir la respiration*, togliere, trattenere il respiro, il fiato. | *respiration artificielle*, respirazione artificiale.
respiratoire [rɛspiratwar] adj. respiratorio. | *appareil respiratoire*, apparato respiratorio.
respirer [rɛspire] v. intr. Pr. et fig. respirare. ◆ v. tr. respirare. | *respirer de l'air pur*, respirare aria pura. || [sentir] *respirer un parfum*, sentire, annusare un profumo. || Fig. *respirer la joie, la santé*, respirare la gioia, la salute.
resplendir [rɛsplɑ̃dir] v. intr. Pr. et fig. risplendere, rifulgere.
resplendissant, e [rɛsplɑ̃disɑ̃, ɑ̃t] adj. Pr. et fig. (ri)splendente, rifulgente.
resplendissement [rɛsplɑ̃dismɑ̃] m. Littér. fulgore; splendore (l.c.).
responsabilité [rɛspɔ̃sabilite] f. responsabilità. | *engager, assumer la responsabilité*, impegnare, assumere la responsabilità. | *décliner toute responsabilité*, declinare ogni responsabilità. | *sens des responsabilités*, senso di responsabilità. | *rendre conscient de ses responsabilités*, responsabilizzare (v. tr.).
responsable [rɛspɔ̃sabl] adj. et n. responsabile. | *responsable civilement*, civilmente responsabile; responsabile civile. | *agir en responsable*, agire con senso di responsabilità, responsabilmente.
resquille [rɛskij] f. Fam. (lo) scroccare.
resquiller [rɛskije] v. intr. Fam. [dans une queue] passar davanti agli altri (l.c.); [dans un moyen de transport] viaggiare senza pagare (l.c.); [à un spectacle] entrare a sbafo, fare il portoghese. ◆ v. tr. Fam. *resquiller un déjeuner*, scroccare un pranzo.
resquilleur, euse [rɛskijœr, øz] n. Fam. scroccone, a; [au spectacle] portoghese.
ressac [rəsak] m. Mar. risacca f.
ressaigner [rəseɲe] v. tr. Méd. salassare di nuovo. ◆ v. intr. sanguinare di nuovo.
ressaisir [rəsezir] v. tr. riafferrare; riacciuffare (fam.). || Fig. *ressaisir le pouvoir*, riafferrare il potere. || [suj. : sentiment] colpire, cogliere di nuovo; riprendere. ◆ v. pr. [d'une chose] rientrare in possesso di. || [maîtrise de soi] riprendersi.
ressasser [rəsase] v. tr. [répéter] ricantare, rifriggere, ripetere. || [remâcher] rimuginare, ruminare.
ressasseur [rəsasœr] m. = chi ripete sempre le medesime cose (in modo stucchevole).
ressaut [rəso] m. Archit. risalto, aggetto, sporgenza f. || Géogr. dislivello. || [d'un cours d'eau] salto.
ressauter [rəsote] v. tr. et v. intr. risaltare.
ressayage [resɛjaʒ] ou **réessayage** [reesɛjaʒ] m. Mode nuova prova.
ressayer [reseje] ou **réessayer** [reeseje] v. tr. riprovare; provare di nuovo.
ressemblance [rəsɑ̃blɑ̃s] f. (ras)somiglianza.
ressemblant, e [rəsɑ̃blɑ̃, ɑ̃t] adj. (ras)somigliante.
ressembler [rəsɑ̃ble] v. tr. ind. **(à)** (ras)somigliare (a), assomigliare (a). || Loc. *cela ne te ressemble pas*, questo non è da te. | *ça ne ressemble à rien* (fam.), questo non ha senso (l.c.). ◆ v. pr. (ras)somigliarsi, assomigliarsi. || [réfl.] *il ne se ressemble plus*, non è più lui, non è più lo stesso, non è più quello di una volta. || Prov. *qui se ressemble s'assemble*, chi si somiglia si piglia.
ressemelage [rəsəmlaʒ] m. risolatura, risuolatura f.
ressemeler [rəsəmle] v. tr. risolare, risuolare.
ressemer [rəsəme] v. tr. riseminare; seminare nuovamente. ◆ v. pr. riseminarsi da sé.
ressentiment [rəsɑ̃timɑ̃] m. risentimento.
ressentir [rəsɑ̃tir] v. tr. (ri)sentire, provare. | *ressentir des douleurs, l'absence de ses parents*, (ri)sentire dei dolori, la mancanza dei genitori. | *ressentir de la joie*, risentire, provare gioia. | *ressentir les effets d'une chute*, sentire gli effetti di una caduta. ◆ v. pr. **(de)** risentire (di); risentirsi (di) [rare]. | *se ressentir d'une chute*, risentire di una caduta, degli effetti, gli effetti di una caduta.
resserre [rəsɛr] f. ripostiglio m., rimessa.
resserré, e [rəsere] adj. [enfermé] rinchiuso, ristretto. || [étroit] stretto, angusto.
resserrement [rəsɛrmɑ̃] m. Pr. restringimento, ristringimento. || Fig. rafforzamento. || Fin. contrazione f.
resserrer [rəsere] v. tr. [serrer de nouveau] ristringere; [davantage] restringere. | *le froid resserre les pores*, il freddo restringe i pori. | *resserrer un vêtement*, restringere un vestito. || Fig. *resserrer les liens de l'amitié*, rendere più stretti, rinsaldare i legami dell'amicizia. | *resserrer les dépenses, un récit*, restringere le spese, un racconto. ◆ v. pr. Pr. restringersi. || Fig. divenire più stretto.
resservir [rəsɛrvir] v. tr. et v. intr. servire di nuovo, riservire. ◆ v. pr. servirsi di nuovo, riservirsi.
1. ressort [rəsɔr] m. Techn. molla f. | *ressort à boudin, à lames*, molla a spirale, a balestra. | *faire ressort*, rimbalzare. || Fig. molla, leva f., impulso, movente. | *faire jouer tous les ressorts*, ricorrere a tutti i mezzi. || [énergie] energia, forza.
2. ressort m. Jur. giurisdizione f., competenza f. | *être du ressort de*, essere di competenza di. | *en dernier ressort*, in ultima istanza. || [attribution] *ce n'est pas de mon ressort*, non è di mia competenza.
1. ressortir [rəsɔrtir] v. intr. [sortir de nouveau] uscire di nuovo, riuscire. || [contraster] **(sur)** risaltare, spiccare (su). | *faire ressortir*, mettere in evidenza, far risaltare. ◆ v. impers. *il en ressort que*, da ciò risulta, ne risulta che; ne consegue, ne deriva che. ◆ v. tr. Fam. *ressortir son vieux vêtement*, ritirar fuori il vecchio vestito. | *ressortir de vieilles théories*, rispolverare vecchie teorie.
2. ressortir v. tr. ind. **(à)** appartenere (a), essere proprio (di). || Jur. essere di competenza (di).
ressortissant, e [rəsɔrtisɑ̃, ɑ̃t] adj. Jur. **(à)** di competenza (di), spettante (a). ◆ n. cittadino.
ressouder [rəsude] v. tr. Pr. risaldare. || Fig. rinsaldare.
ressource [rəsurs] f. risorsa. | *n'avoir que cette ressource*, non avere altra risorsa. || Aér. richiamata. || Loc. *sans ressource*, senza scampo, senza rimedio | *homme de ressource(s)*, uomo di molte risorse; uomo dai mille espedienti (péjor.). | *avoir de la ressource*, essere pieno di energia. ◆ pl. risorse. | *être sans ressources*, essere senza mezzi (m. pl.).
ressouvenir (se) [sərəsuvnir] v. pr. **(de)** Littér. (ri)sovvenirsi (di), sovvenire v. intr. | *je me ressouviens d'une chose*, mi sovviene (di) una cosa.
ressusciter [resysite] v. tr. Pr. et fig. risuscitare. ◆ v. intr. Pr. et fig. risuscitare, risorgere. | *il a ressuscité*, è risuscitato, risorto.
restant, e [rɛstɑ̃, ɑ̃t] adj. rimanente, restante, residuo. | *poste restante*, fermo (in) posta. ◆ n. m. V. reste.
restaurant [rɛstɔrɑ̃] m. [luxueux] ristorante; restaurant (fr.); [moyen] trattoria f. | *restaurant universitaire*, mensa universitaria.

restaurateur, trice [rɛstɔratœr, tris] n. [qui répare] restauratore, trice. ‖ [qui tient un restaurant] trattore, a ; trattrice f. (rare) ; oste, ostessa.
restauration [rɛstɔrasjɔ̃] f. [réparation] restauro m. ‖ FIG. rinnovamento m. ‖ POLIT. restaurazione. ‖ ÉCON. attività del settore ristoranti ; gestione ristorante.
restaurer [rɛstɔre] v. tr. PR. et FIG. restaurare, ripristinare. ‖ [redonner de la force] ristorare, rifocillare. ‖ POLIT. restaurare. ◆ v. pr. ristorarsi, rifocillarsi.
restauroute [rɛstɔrut] m. autogrill m. inv.
reste [rɛst] m. resto, rimanente, avanzo. | *le reste de l'argent, du temps,* il resto del denaro, del tempo. | *le reste des hommes,* gli altri. | *un reste de tissu,* un avanzo di stoffa. | *un reste d'espoir,* un resto, un briciolo (fam.) di speranza. ‖ LOC. *donner son reste à qn,* dare a uno una buona lezione. | *ne pas demander son reste* = non insistere, non fiatare. | *jouir de son reste,* approfittare degli ultimi momenti. | *(ne pas) être en reste avec qn,* (non) essere in debito con qlcu. ; (non) essere da meno di uno. ◆ loc. adv. ***de reste,*** d'avanzo. | *avoir de l'argent de reste,* aver denaro d'avanzo. | *avoir bien du temps de reste,* aver proprio del tempo da buttar via. | *avoir de l'esprit de reste,* avere spirito da vendere. ‖ ***au, du reste,*** del resto. ◆ pl. resti, avanzi. ‖ LOC. *cette femme a encore de beaux restes* = questa donna conserva ancora tracce (f. pl.) di bellezza. ‖ [ossements] *les restes (mortels),* i resti mortali, la spoglia mortale, le spoglie mortali.
rester [rɛste] v. intr. **1.** [subsister] rimanere, restare, avanzare. | *voilà tout ce qui reste de sa fortune,* ecco tutto quel che rimane, resta, avanza della sua fortuna. ‖ **2.** [demeurer] (re)stare, rimanere. | *rester debout, assis,* (re)stare in piedi, seduto. | *rester tranquille, en place,* star fermo. | *rester les bras croisés,* starsene con le mani in mano, con le mani alla cintola. | *rester fidèle, veuf,* rimanere, restare fedele, vedovo. | *rester des heures sur un travail,* stare, rimanere (delle) ore a fare un lavoro. ‖ LOC. *j'y suis, j'y reste,* ci sono e ci rimango. | *les paroles volent et les écrits restent,* le parole volano e gli scritti restano. | *rester en chemin, en route,* fermarsi in viaggio. ‖ FAM. *rester sur le carreau* = svenire ; morire. | *y rester* = morire. | *rester sur le cœur, sur l'estomac,* stomacare, nauseare. ‖ **3.** [séjourner] rimanere, restare, trattenersi. | *rester chez soi,* rimanere, restare in casa. | *rester deux jours à Paris,* rimanere, trattenersi due giorni a Parigi. | *rester (à) déjeuner,* restare, fermarsi a colazione. ‖ **4.** FIG. [se borner] *ils en restèrent là,* si fermarono lì. | *restons-en là !,* lasciamo andare, perdere ! ‖ **5.** FAM. [habiter] *rester au deuxième étage, rue Garibaldi,* stare al secondo piano, in via Garibaldi. ‖ **6.** LOC. *rester sur la bonne bouche* = rimanere con un'impressione gradevole. | *rester sur sa faim,* rimanere con la fame. | *l'avantage est resté à nos troupes,* le nostre truppe hanno avuto la meglio. ◆ v. impers. *il me reste un bout de pain, trois francs,* mi resta, mi rimane, mi avanza un pezzo di pane ; mi restano, mi rimangono, mi avanzano tre franchi. | *reste à savoir,* rimane, resta da sapere. | *(il) reste que,* rimane il fatto che. | *il n'en reste pas moins que* (ind.), ciò non toglie che (subj.).
restituable [rɛstitɥabl] adj. restituibile.
restituer [rɛstitɥe] v. tr. [rendre] restituire, rendere, ridare. ‖ PHILOL. *restituer un texte,* ricostruire un testo. ‖ TECHN. *restituer un son,* riprodurre un suono.
restitution [rɛstitysjɔ̃] f. restituzione. ‖ PHILOL. *restitution d'un texte,* ricostruzione di un testo.
restitutoire [rɛstitytwar] adj. JUR. restitutorio.
restoroute m. V. RESTAUROUTE.
restreindre [rɛstrɛ̃dr] v. tr. restringere, ridurre, limitare. ◆ v. pr. *se restreindre (dans ses dépenses),* restringersi (nelle spese).
restreint, e [rɛstrɛ̃, ɛ̃t] adj. ristretto. | *en un sens plus restreint,* in un senso più ristretto, più limitato.
restrictif, ive [rɛstriktif, iv] adj. restrittivo.
restriction [rɛstriksjɔ̃] f. restrizione. ‖ [réserve] riserva. | *approuver avec quelques restrictions,* approvare con alcune riserve. | *restriction mentale,* restrizione, riserva mentale. ◆ loc. adv. ***sans restriction,*** senza riserve. ◆ pl. [rationnement] razionamento m. sing.
restringent, e [rɛstrɛ̃ʒɑ̃, ɑ̃t] adj. et n. m. VX restringente ; astringente (L.C.).
resucée [rəsyse] f. FAM. rifrittume m., rifrittura, rimasticatura.
résultant, e [rezyltɑ̃, ɑ̃t] adj. **(de)** risultante (da). ◆ n. f. MÉC., PHYS. risultante m. ou f. ‖ FIG. risultante f.
résultat [rezylta] m. risultato. ‖ ADM. *le résultat de l'enquête,* la risultanza, le risultanze dell'inchiesta. ‖ COMM. [pl.] ricavi. ‖ FAM. *résultat : il s'est cassé la jambe,* insomma si è rotto la gamba.
résulter [rezylte] v. intr. [suj. qch.] risultare, derivare. ◆ v. impers. *il en résulte que,* ne risulta che, ne consegue che.
résumé [rezyme] m. (rias)sunto, compendio, sommario. ◆ loc. adv. ***en résumé,*** riassumendo, ricapitolando ; in poche parole.
résumer [rezyme] v. tr. riassumere, compendiare. ◆ v. pr. [suj. qn] riassumere quanto si è detto. | *pour me résumer,* riassumendo quanto ho detto. ‖ [se limiter] **(à)** ridursi, limitarsi (a).
résurgence [rezyrʒɑ̃s] f. GÉOGR. risorgiva, resorgiva.
résurgent, e [rezyrʒɑ̃, ɑ̃t] adj. GÉOGR. risorgivo.
résurrection [rezyrɛksjɔ̃] f. PR. et FIG. risurrezione.
retable [rətabl] m. ART [mobile] pala (f.) d'altare ; [avec encadrement archit.] ancona f. ; [à volets] polittico m.
rétablir [retablir] v. tr. ristabilire. | *rétablir la monarchie,* ristabilire, restaurare la monarchia. ‖ PHILOL. *rétablir un texte,* ricostruire un testo. ‖ [santé] ristabilire, rimettere in salute. | *rétablir ses forces,* rimettersi in forze. ‖ ÉCON. *rétablir les finances,* riassestare le finanze. ‖ JUR. *rétablir qn dans ses fonctions,* ripristinare qlcu. nelle sue funzioni. | *rétablir une loi,* rimettere in vigore una legge. ◆ v. pr. ristabilirsi.
rétablissement [retablismɑ̃] m. ristabilimento. | *rétablissement de la monarchie,* ristabilimento, restaurazione (f.) della monarchia. ‖ PHILOL. *rétablissement d'un texte,* ricostruzione (f.), restituzione (f.) di un testo. ‖ [santé] guarigione f., ristabilimento. | *prompt rétablissement,* pronta guarigione. ‖ ÉCON. riassestamento. ‖ JUR. ripristino. ‖ SPORT posizione (f.) d'appoggio. ‖ FIG. *opérer un rétablissement* = rimettersi in carreggiata, riprendere quota.
retaille [rətaj] f. TECHN. ritaglio m.
retailler [rətaje] v. tr. ritagliare ; tagliare di nuovo. | *retailler un crayon,* temperare (di nuovo) una matita.
rétamage [retamaʒ] m. TECHN. ristagnatura f.
rétamé, e [retame] adj. FAM. [ivre] sbronzo ; [hors d'usage] = distrutto.
rétamer [retame] v. tr. TECHN. ristagnare. ‖ FAM. [enivrer] sbronzare ; [démolir] = distruggere.
rétameur [retamœr] m. stagnaio ; stagnino (tosc., émil.).
retapage [rətapaʒ] m. FAM. [remise en état] raffazzonamento, raffazzonatura f. ‖ [d'un lit] rassettamento (rare).
retape [rətap] f. POP. *faire la retape* = adescare i passanti.
retaper [rətape] v. tr. [à la machine à écrire] ribattere. ‖ FAM. *retaper le lit,* rassettare alla meglio il letto (L.C.). | *retaper un vêtement,* raffazzonare un vestito. | *retaper un texte,* rabberciare un testo. | *retaper qn,* tirar su qlcu. ◆ v. pr. FAM. rifarsi ; rimettersi in salute (L.C.).
retard [rətar] m. ritardo. | *arriver, être en retard, avoir du retard,* arrivare, essere in ritardo. | *la montre a du retard,* l'orologio è indietro, va indietro, ritarda. | *mettre qn en retard,* far fare tardi a uno. | *se mettre en retard,* far tardi. | *prendre du retard,* ritardare v. intr. | *avoir du travail, du courrier en retard,* avere del lavoro arretrato, della corrispondenza arretrata. | *être en retard dans ses études, dans son travail,* essere indietro con gli studi, col lavoro. | *être en retard sur qn,* essere indietro rispetto a uno. ‖ [délai] indugio, ritardo. | *sans retard,* senza indugio. ‖ FAM. *tu as du retard, mon petit !* [ne pas être au courant], arrivi in

ritardo, bellezza ! ‖ COMM. *retard dans un paiement, dans la livraison,* ritardo di un pagamento, nella consegna. | *intérêts de retard,* interessi di mora. ‖ MÉC. *retard à l'allumage,* ritardo all'accensione. ‖ MÉD. *pénicilline retard,* penicillina ritardo. ‖ MUS. ritardo. ‖ TECHN. [de montre] ritardo.

retardataire [rətardatɛr] adj. = che è, arriva in ritardo. ‖ [désuet] *idées retardataires,* idee superate. ‖ JUR. *contribuable retardataire,* contribuente moroso. ‖ PSYCH. *enfant retardataire,* (ragazzo) ritardato m. ◆ n. ritardatario.

retardateur, trice [rətardatœr, tris] adj. et n. m. CHIM., PHYS. ritardatore, trice ; ritardante.

retardement [rətardəmɑ̃] m. *engin à retardement,* ordigno a scoppio ritardato. ‖ PHOT. *appareil à retardement,* macchina a autoscatto. ‖ FIG. *être jaloux à retardement,* essere geloso troppo tardi.

retarder [rətarde] v. tr. ritardare. | *retarder qn,* ritardare uno, far perdere tempo a uno. | *retarder l'avance de l'ennemi,* ritardare, ostacolare l'avanzata del nemico. ‖ [ajourner] *retarder un départ, un paiement,* ritardare una partenza, un pagamento. ‖ [reculer] *retarder une montre,* mettere indietro un orologio. ◆ v. intr. *la montre retarde, je retarde de cinq minutes,* l'orologio va indietro, vado indietro di cinque minuti. ‖ FIG. *retarder sur son siècle,* essere in ritardo rispetto al proprio secolo.

retâter [rətɑte] v. tr. palpare, tastare di nuovo. ◆ v. tr. ind. **(de)** assaggiare, provare v. tr.

reteindre [rətɛ̃dr] v. tr. ritingere.

retendre [rətɑ̃dr] v. tr. ritendere.

retenir [rətənir] v. tr. trattenere. | *retenir le bien d'autrui,* tenere per sé, trattenere il bene altrui. | *retenir qn à déjeuner,* trattenere qlcu. a colazione. | *retenir les eaux d'un fleuve,* trattenere le acque di un fiume. | *retenir qn par la main,* trattenere uno per la mano. | *retenir un cheval,* trattenere, fermare un cavallo. | *je ne te retiens pas,* non ti trattengo. | *retenir qn de faire qch.,* trattenere uno dal fare qlco. ‖ [conserver] *retenir une proposition, un projet, une candidature,* prendere in considerazione, accettare una proposta, un progetto, una candidatura. ‖ [réserver] *retenir une place, une chambre,* prenotare un posto, una camera. | *retenir une date, un jour,* fissare una data, un giorno. | *retenir un domestique,* impegnare un domestico. ‖ [prélever] trattenere, ritenere. ‖ FIG. *retenir l'attention de qn, ses larmes, son souffle,* trattenere, ritenere l'attenzione di qlcu., le lacrime, il fiato. | *retenir sa langue,* tenere a freno la lingua. ‖ [garder en mémoire] ricordare ; tenere a mente, ritenere (a memoria). ‖ MATH. riportare. ‖ LOC. FAM. *je te retiens !* = questa me la lego al dito ! ; me ne ricorderò ! (L.C.). ◆ v. pr. PR. tenersi, aggrapparsi. ‖ FIG. *ne pouvoir se retenir de pleurer,* non poter trattenersi dal piangere. ‖ FAM. [besoin naturel] trattenersi. ‖ FIG., FAM. *ne te retiens pas !* = via, vuota il sacco !

retenter [rətɑ̃te] v. tr. ritentare.

rétention [retɑ̃sjɔ̃] f. JUR., MÉD. ritenzione.

retentir [rətɑ̃tir] v. intr. PR. risonare, (ri)echeggiare ; [son grave] rimbombare, rintronare ; [son aigu] squillare. ‖ FIG. avere ripercussioni (f. pl.), risonanza (f. sing.).

retentissant, e [rətɑ̃tisɑ̃, ɑ̃t] adj. PR. risonante ; [grave] rimbombante ; [aigu] squillante. ‖ FIG. clamoroso, strepitoso.

retentissement [rətɑ̃tismɑ̃] m. PR. (il) risonare ; rimbombo. ‖ FIG. risonanza f., ripercussione f.

retenu, e [rətəny] adj. *voix retenue,* voce controllata. | *rire retenu,* riso trattenuto.

retenue f. [action] (il) trattenere. | *la retenue des marchandises à la douane,* la sosta delle merci in dogana. ‖ [somme prélevée] ritenuta, trattenuta. ‖ [punition] *mettre en retenue,* mettere in castigo (m.) ‖ [modération] ritegno m., riservatezza ; ritenutezza (rare). | *perdre toute retenue,* perdere ogni ritegno. ‖ FIN. *retenue à la source,* ritenuta diretta. ‖ MATH. riporto m. ‖ [cordage] ritenuta. ‖ [barrage] ritenuta.

rétiaire [resjɛr] m. ANTIQ. reziario.

réticence [retisɑ̃s] f. [sous-entendu] reticenza. ‖ [hésitation] esitazione. ‖ JUR., RHÉT. reticenza.

réticent, e [retisɑ̃, ɑ̃t] adj. reticente, esitante. ‖ JUR. *témoin réticent,* testimone reticente.

réticulaire [retikylɛr] adj. ANAT. reticolare.

réticule [retikyl] m. [filet] retina f., reticella f. ‖ [sac] borsetta f. ‖ OPT. reticolo.

réticulé, e [retikyle] adj. ANAT. *tissu réticulé,* tessuto reticolare, reticolato. ‖ ARCHÉOL. *appareil réticulé,* opera reticolata.

rétif, ive [retif, iv] adj. [suj. animal] restìo. ‖ [suj. qn] restìo, riluttante, ritroso, caparbio.

rétine [retin] f. ANAT. rètina.

rétinien, enne [retinjɛ̃, ɛn] adj. retinico.

rétinite [retinit] f. MÉD. retinite.

rétique adj. et n. V. RHÉTIQUE.

retiré, e [rətire] adj. ritirato. | *lieu retiré,* luogo ritirato, appartato. | *vie retirée,* vita ritirata. | *négociant retiré (des affaires),* negoziante ritiratosi dagli affari.

retirer [rətire] v. tr. **1.** [tirer de nouveau] ritirare ; tirare, sparare di nuovo. ‖ [tirer à soi, en arrière] ritirare, ritrarre. | *retirer sa main, sa tête de la fenêtre,* ritirare, ritrarre la mano, la testa dalla finestra. ‖ **2.** [enlever] togliere, ritirare. | *retirer une balle de la plaie, une marmite du feu, un enfant de l'école, la clef de la serrure,* togliere una pallottola dalla piaga, una pentola dal fuoco, un bambino dalla scuola, la chiave dalla serratura. | *retirer un corps des décombres,* ritirare un cadavere dalle macerie. | *retirer son chapeau, ses vêtements,* togliersi, levarsi il cappello, i vestiti. | *retirer ses gants, son caleçon,* togliersi, sfilare i guanti, le mutande. ‖ [prendre] *retirer une lettre à la poste,* ritirare una lettera alla posta. | *retirer un paquet à la douane,* ritirare un pacco alla dogana, sdoganare un pacco. | *retirer de l'argent,* ritirare, prelevare denaro. ‖ **3.** FIG. *retirer à qn sa confiance, son amitié,* togliere a uno la fiducia, l'amicizia. | *retirer la parole à qn,* togliere la parola a uno. | *retirer sa parole,* ritirare, rimangiarsi (fam.) la parola. | *retirer à qn le pain de la bouche,* togliere a uno il pane di bocca. | *retirer sa candidature, une plainte,* ritirare la propria candidatura, la querela. ‖ FAM. *on me retirera difficilement de l'idée que,* difficilmente rinuncerò a credere che (L.C.). ‖ **4.** [obtenir] ricavare ; ritrarre (littér.). | *en retirer de nombreux avantages,* ricavarne, ritrarne numerosi vantaggi. ◆ v. intr. [au sort] ritirare, ritrarre a sorte ; sorteggiare di nuovo. ◆ v. pr. [partir] ritirarsi. | *se retirer à minuit, à la campagne, dans sa chambre,* ritirarsi a mezzanotte, in campagna, in camera. ‖ [quitter] *se retirer (des affaires), d'une course, du jeu,* ritirarsi (dagli affari), da una gara, dal gioco. | *se retirer du monde,* rinunciare al mondo. ‖ PR. et FIG. *se retirer du combat,* ritirarsi dalla lotta, abbandonare la lotta. ‖ MIL. ritirarsi. ‖ TEXT. ritirarsi, restringersi.

retombée [rətɔ̃be] f. *retombée de draperie,* ricasco (m.) di panneggio. | *retombée de fleurs,* cascata di fiori. ‖ ARCHIT. reni f. pl. ◆ pl. *retombées radioactives,* ricaduta radioattiva.

retomber [rətɔ̃be] v. intr. PR. ricadere. | *l'excitation, la colère est retombée,* l'eccitazione, la collera si è calmata, placata. ‖ FIG. *retomber dans la misère, dans l'oubli,* ricadere nella miseria, nell'oblio. | *retomber malade,* riammalarsi. ‖ *retomber sur* [revenir sur ; être imputé à], ricadere su. ‖ LOC. *retomber sur ses pieds,* cadere in piedi. | *ça lui est retombé sur le nez,* gli è ricaduto addosso.

retordage [rətɔrdaʒ] m. TEXT. ritorcitura f.

retordeuse [rətɔrdøz] f. TEXT. ritorcitoio m.

retordre [rətɔrdr] v. tr. ritorcere. ‖ LOC. *donner du fil à retordre à qn,* dare a uno del filo da torcere.

rétorquer [retɔrke] v. tr. [une accusation, un argument] ritorcere. ‖ [une réponse] ribattere.

retors, e [rətɔr, ɔrs] adj. TEXT. ritorto. ‖ FIG. scaltro, furbo.

rétorsion [retɔrsjɔ̃] f. ritorsione. ‖ JUR. *mesures de rétorsion,* provvedimenti di ritorsione.

retouche [rətuʃ] f. ritocco m., ritoccata, ritoccatura.

| *retouche rapide,* ritoccatina. | *faire une retouche,* dare una ritoccata.
retoucher [rətuʃe] v. tr. ritoccare.
retoucheur, euse [rətuʃœr, øz] n. PHOT. ritoccatore, trice. ‖ MODE = chi fa modifiche.
retour [rətur] m. **1.** [action de revenir] ritorno. | *aller et retour,* andata e ritorno. | *au retour de maman,* al ritorno della mamma. | *(être) de retour de,* (essere) di ritorno da; reduce (adj.) da. | *mes amis, retour d'Espagne* [ellipt.], i miei amici reduci dalla, al ritorno dalla Spagna. | *partir sans esprit de retour,* partire senza intenzione di ritornare. | *être sur le retour :* [revenir] stare per ritornare; [vieillir] cominciare a invecchiare. ‖ **2.** [renvoi] *retour (à l'expéditeur),* rinvio, ritorno (al mittente). | *par retour du courrier,* a (stretto) giro di posta; a volta di corriere. | *faire retour de qch. à qn,* rimandare qlco. a qlcu. ‖ **3.** FIG. *par un juste retour des choses (d'ici-bas)* = secondo giustizia. | *retour sur soi-même,* esame di coscienza. | *faire un retour sur le passé,* riandare il passato. ‖ LITTÉR. *les retours de la fortune,* le vicende, gli alti e bassi della fortuna. ‖ **4.** [réciprocité] contraccambio, ricambio. | *payer qn de retour,* ricambiare le gentilezze, l'affetto a uno; rendere la pariglia (iron.). | *aimer en retour,* riamare. | *amour payé de retour,* amore corrisposto. ‖ FAM. *cheval de retour* = pregiudicato, recidivo. ‖ **5.** CIN. *retour en arrière,* flashback (angl.); rievocazione (f.) di un'azione passata. ‖ COMM. *marchandises de retour,* merci di resa. | *retour sans frais,* restituzione (f.) senza spese. ‖ ÉLECTR. *retour du courant,* corrente di ritorno. | *fil de retour,* filo, conduttore di ritorno. ‖ MÉD. *retour d'âge,* età critica; climaterio m. ‖ MIL. *retour en batterie,* ritorno in batteria. | *retour offensif,* reazione offensiva. ‖ FIG. *retour offensif d'une maladie, du froid,* nuova offensiva di una malattia, del freddo. ‖ PHILOS. *retour éternel,* eterno ritorno. ‖ SPORT *match retour,* girone di ritorno. ‖ TECHN. *retour de manivelle,* ritorno della manovella. | *retour de flamme* (pr. et fig.), ritorno di fiamma. ◆ loc. adv. ***en retour,*** di rimando, in compenso. | *choc en retour,* contraccolpo. | *corps de bâtiment en retour (d'équerre),* corpo di edificio ad angolo retto. ‖ ***sans retour,*** per sempre.
retournage [rəturnaʒ] m. rivoltatura f., (il) rivoltare.
retourne [rəturn] f. JEU = briscola, trionfo m. ‖ JOURN. = seguito m. (di un articolo di prima pagina).
retournement [rəturnəmɑ̃] m. rivoltamento, rovesciamento, capovolgimento.
retourner [rəturne] v. tr. **1.** [tourner de nouveau] *tourner et retourner sa cuiller,* girare e rigirare il cucchiaio. ‖ FIG. *tourner et retourner qch. dans sa tête,* rimuginare qlco. per la testa. ‖ **2.** [tourner de l'autre côté] (ri)voltare. | *retourner un bifteck, l'omelette, un tableau, le matelas, la salade, la terre, une carte (à jouer),* (ri)voltare una bistecca, la frittata, un quadro; rivoltare il materasso, l'insalata, la terra, una carta (da gioco). | *retourner ses poches,* rovesciare le tasche. | *le meurtrier retourna l'arme contre lui-même,* l'omicida rivolse l'arma contro se stesso. | *retourner un veston,* rivoltare una giacca. ‖ **3.** [renverser] rovesciare, capovolgere. | *le vent a retourné mon parapluie,* il vento mi ha rovesciato l'ombrello. ‖ FIG. *retourner une situation,* capovolgere una situazione. | *retourner sa colère contre qn,* riversare la propria collera su qlcu. | *retourner un argument contre qn,* ritorcere un argomento contro uno. ‖ **4.** LOC. FAM. *retourner le fer dans la plaie,* rigirare il coltello nella piaga. | *retourner toute la maison,* mettere tutta la casa sottosopra. | *retourner sa veste,* voltar gabbana, casacca. | *retourner qn comme une crêpe, comme un gant* = far cambiar parere a uno. ‖ **5.** FAM. [émouvoir] scombussolare; turbare fortemente, sconvolgere (L.C.). ‖ **6.** [renvoyer] *retourner une lettre à l'expéditeur, une marchandise,* rimandare, rinviare una lettera al mittente, una merce. ‖ PÉJOR. *retourner à qn son compliment* = rispondere a uno per le rime. ◆ v. intr. (ri)tornare. | *retourner chez soi,* (ri)tornare a casa, rincasare. | *retourner dans son pays,* (ri)tornare nel proprio paese, rimpatriare. | *retourner sur ses pas,* (ri)tornare sui propri passi. | *retourner en arrière,* tornare indietro. | *retourner vivre dans sa famille,* tornare a vivere in famiglia. | *retourner à la vie sauvage,* ritrovare la vita selvaggia. | *retourner en poussière,* ridiventare polvere. | *retournons à notre propos,* torniamo al nostro argomento. | *la maison retournera à ma sœur,* mia sorella erediterà la casa. ◆ v. pr. voltarsi, girarsi. | *se retourner sur le dos,* voltarsi sul dorso. | *se retourner dans son lit,* rivoltarsi, rigirarsi nel letto. | *mon parapluie s'est retourné,* il mio ombrello si è rovesciato. ‖ [se renverser] rovesciarsi, capovolgersi. | *la voiture se retourna,* l'automobile si capovolse. ‖ [suj. qn] *partir sans se retourner,* partire senza rivoltarsi. | *se retourner vers qn,* rivolgersi verso qlcu. | *se retourner contre qn* (fig.), prendersela con uno. ‖ FIG., FAM. *savoir se retourner,* cavarsela bene. | *laisser à qn le temps de se retourner,* lasciare a uno il tempo di respirare. | *ne pas laisser à qn le temps de se retourner* = assillare uno. | *s'en retourner,* (ri)tornarsene. ◆ v. impers. *de quoi retourne-t-il ?,* di che cosa si tratta?
retracer [rətrase] v. tr. PR. tracciare di nuovo. ‖ FIG. delineare, descrivere, rappresentare con vivezza; raccontare, esporre.
rétractable [retraktabl] adj. ritrattabile.
rétractation [retraktasjɔ̃] f. [désaveu] ritrattazione.
rétracter [retrakte] v. tr. ritrarre, ritirare; tirare indietro. | *l'escargot rétracte ses cornes,* la lumaca ritira le corna. ‖ JUR. ritrattare. ‖ [revenir sur] ritrattare, disdire. ◆ v. pr. [se contracter] ritrarsi. ‖ JUR. ritrattarsi. ‖ [se dédire] ritrattarsi, disdirsi.
rétractile [retraktil] adj. retrattile.
rétraction [retraksjɔ̃] f. ritrazione.
retraduire [rətradɥir] v. tr. [de nouveau] ritradurre; tradurre di nuovo; [sur une traduction] ritradurre.
1. retrait, e [rətrɛ, ɛt] adj. HÉRALD. ritirato.
2. retrait m. ritiro. | *retrait de troupes, de passeport,* ritiro delle truppe, del passaporto. | *retrait d'argent,* ritiro, prelievo, prelevamento di denaro. | *retrait d'emploi,* rimozione (f.) dall'impiego. ‖ LITTÉR. [sur soi-même] (il) ripiegarsi su di sé. ‖ GÉOGR. *retrait des glaciers,* ritiro dei ghiacciai. ‖ JUR. *retrait successoral,* retratto successorio. ‖ TECHN. [du béton, etc.] ritiro; [du tissu] rientro, restringimento; ritiro (rare). ◆ loc. adv. ***en retrait,*** rientrante adj. | *maison en retrait,* casa rientrante. ‖ FIG. *être, rester en retrait,* essere, rimanere in disparte; non mettersi in evidenza.
retraite [rətrɛt] f. [action de se retirer] ritiro m., ritirata. ‖ [après la vie active] pensione, riposo m., quiescenza; [pension] pensione. | *mettre à la retraite,* collocare a riposo; giubilare. | *mise à la retraite,* collocamento (m.) a riposo; giubilazione. | *prendre sa retraite,* andare in pensione. | *fonctionnaire en retraite,* funzionario in pensione. | *officier en retraite,* ufficiale a riposo. | *retraite des vieux,* pensione di vecchiaia. | *maison de retraite,* casa di riposo. | *caisse de retraite,* cassa pensioni. ‖ [refuge] ritiro; eremo (littér.). ‖ LOC. *retraite aux flambeaux,* fiaccolata f. ‖ COMM. rivalsa. ‖ MIL. ritirata. | *battre en retraite,* battere in ritirata. | *sonner la retraite,* suonare la ritirata. ‖ RELIG. ritiro (spirituale).
retraité, e [rətrete] adj. et n. pensionato.
retranchement [rətrɑ̃ʃmɑ̃] m. [suppression] soppressione f., riduzione f. ‖ MIL. trinceramento. ‖ LOC. *attaquer, forcer qn dans ses derniers retranchements* = mettere qlcu. con le spalle al muro.
retrancher [rətrɑ̃ʃe] v. tr. [supprimer] togliere, sopprimere, espungere. ‖ FIG. *retrancher de la société,* tagliar fuori della società, fuori dal consorzio umano. ‖ [déduire] *retrancher une somme,* sottrarre, detrarre una somma. ‖ MIL. trincerare. ◆ v. pr. PR. *se retrancher derrière le fleuve, sur une position, dans une ville,* trincerarsi dietro il fiume, su una posizione, in una città. ‖ FIG. *se retrancher derrière le secret professionnel, l'autorité de qn, dans le silence,* trincerarsi dietro il segreto professionale, l'autorità di qlcu., nel silenzio. | *se retrancher de la société,* mettersi fuori, escludersi dalla società, dal consorzio umano.
retranscription [rətrɑ̃skripsjɔ̃] f. ritrascrizione.
retranscrire [rətrɑ̃skrir] v. tr. ritrascrivere.

retransmetteur [rətrɑ̃smɛtœr] m. ritrasmettitore, ripetitore.
retransmettre [rətrɑ̃smɛtr] v. tr. ritrasmettere.
retransmission [rətrɑ̃smisjɔ̃] f. ritrasmissione.
retravailler [rətravaje] v. tr. lavorare di nuovo. ‖ FIG. rielaborare, rimaneggiare. ◆ v. tr. ind. **(à)** lavorare di nuovo (a). ◆ v. intr. rilavorare.
retraverser [rətravɛrse] v. tr. riattraversare.
rétréci, e [retresi] adj. PR. ristretto. ‖ FIG. ristretto, gretto, angusto, meschino.
rétrécir [retresir] v. tr. PR. restringere. ‖ FIG. impoverire. ◆ v. intr. et v. pr. PR. restringersi. ‖ FIG. impoverirsi, restringersi.
rétrécissement [retresismɑ̃] m. PR. restringimento. ‖ FIG. ristrettezza f., impoverimento. ‖ MÉD. restringimento, stenosi f.
retrempe [rətrɑ̃p] f. MÉTALL. nuova tempra.
retremper [rətrɑ̃pe] v. tr. PR. inzuppare di nuovo; [linge] ribagnare. ‖ [revigorer] ritemprare. ‖ MÉTALL. ritemprare. ◆ v. pr. PR. ribagnarsi. ‖ FIG. ritemprarsi.
rétribuer [retribɥe] v. tr. retribuire, compensare.
rétribution [retribysjɔ̃] f. retribuzione, compenso m. | *moyennant rétribution*, dietro compenso.
retriever [rətrivœr] m. retriever (angl.); cane da riporto.
rétro [retro] adj. inv. NÉOL. = retrogrado, retrivo.
rétroactif, ive [retroaktif, iv] adj. retroattivo.
rétroaction [retroaksjɔ̃] f. retroazione.
rétroactivité [retroaktivite] f. retroattività.
rétroagir [retroaʒir] v. intr. (rare) retroagire.
rétrocéder [retrosede] v. tr. [une chose reçue] retrocedere; [une chose achetée] rivendere.
rétrocession [retrosesjɔ̃] f. retrocessione; rivendita.
rétrofusée [retrofyze] f. AÉR. retrorazzo m., controrazzo m.
rétrogradation [retrogradasjɔ̃] f. ASTR. retrogradazione, retrocessione. ‖ LITTÉR. [recul] regressione. ‖ ADM., MIL. retrocessione.
rétrograde [retrograd] adj. ASTR., MÉD., POÉS. retrogrado. ‖ FIG. retrogrado, retrivo.
rétrograder [retrograde] v. intr. [reculer] retrocedere, indietreggiare. ‖ FIG. regredire. ‖ ASTR. retrogradare. ‖ AUTOM. innestare una marcia inferiore. ◆ v. tr. ADM., MIL. retrocedere.
rétrogression [retrogrɛsjɔ̃] f. regressione, regresso m.; retrocedimento m., retrocessione (rare).
rétropédalage [retropedalaʒ] m. (il) pedalare all'indietro.
rétrospectif, ive [retrospɛktif, iv] adj. retrospettivo. ◆ n. f. (mostra) retrospettiva.
retroussé, e [rətruse] adj. *nez retroussé*, naso all'insù.
retrousser [rətruse] v. tr. *retrousser sa robe*, tirarsi su, rialzarsi la veste. | *retrousser ses manches, son pantalon*, rimboccarsi le maniche, i pantaloni. | *retrousser sa moustache*, arricciarsi in su i baffi. | *le chien retrousse ses babines* = il cane mostra i denti.
retroussis [rətrusi] m. [de chapeau] tesa rialzata; [de vêtement] risvolto, risvolta f., rovescia f.; [de botte] rovescio.
retrouver [rətruve] v. tr. [trouver de nouveau] ritrovare; trovare di nuovo. ‖ [récupérer] ritrovare, rinvenire, rintracciare. | *retrouver sa mise (au jeu)*, ricuperare la posta. | *retrouver la sérénité*, ritrovare la serenità. | *retrouver la santé*, riacquistare la salute. ‖ [rejoindre] *j'irai te retrouver*, verrò a ritrovarti. ◆ v. pr. ritrovarsi. ‖ [reconnaître son chemin] ritrovar la strada; orientarsi. ‖ FIG. *s'y retrouver*, ritrovarcisi; [retrouver son compte] cavarsela bene. | *ne pas s'y retrouver*, non raccapezzarcisi. ‖ [menace] *on se retrouvera !*, la faccenda non finirà qui !, mi prenderò la rivincita !
rétroversion [retroversjɔ̃] f. MÉD. retroversione. | *rétroversion de l'utérus*, retroversione uterina.
rétroviseur [retrovizœr] m. specchietto retrovisivo, retrovisore; retrovisore m.
rets [rɛ] m. pl. FIG., LITTÉR. *tendre des rets*, tendere un'insidia. | *tomber dans les rets de qn*, essere preso nella rete di qlcu., cadere nei lacci di qlcu.
réunification [reynifikasjɔ̃] f. riunificazione.
réunifier [reynifje] v. tr. riunificare.
réunion [reynjɔ̃] f. riunione, ricongiungimento m. | *réunion de deux fragments*, ricongiungimento di due frammenti. | *réunion de la Corse à la France*, riunione della Corsica alla Francia. ‖ [assemblée] riunione. | *salle, liberté de réunion*, sala, libertà di riunione.
réunir [reynir] v. tr. [rapprocher] riunire, ricongiungere. | *réunir les deux morceaux d'une corde*, riunire, ricongiungere i due capi di una fune. | *réunir une province à un État*, riunire una provincia ad uno Stato. ‖ [faire correspondre] collegare. | *un tunnel réunit les deux vallées*, un tunnel collega, congiunge le due valli. ‖ [grouper] riunire, raccogliere. | *réunir des amis*, riunire degli amici. | *réunir des preuves, des documents*, mettere insieme, raccogliere, riunire, prove, documenti. | *réunir des fonds*, raccogliere dei fondi. ◆ v. pr. riunirsi, (r)adunarsi.
réussi, e [reysi] adj. (ben) riuscito. | *mal réussi*, riuscito male.
réussir [reysir] v. intr. riuscire; andar bene; aver successo, (un) buon esito. | *il a réussi dans la vie*, è riuscito nella vita. | *ce peintre, cette pièce réussit*, questo pittore, quest'opera teatrale ha successo. | *l'entreprise a (bien) réussi, a mal réussi*, l'impresa ha avuto (un) buon, (un) cattivo esito. | *cet élève ne réussira pas*, quest'alunno non sarà promosso. ‖ [s'acclimater] *la vigne réussit dans cette région*, la vite viene (su) bene in questa regione. ◆ v. tr. ind. **(à)** : *tout lui a réussi*, tutto gli è andato bene. | *rien ne lui réussit*, non gliene va una bene; non ne indovina una (fam.). | *réussir à un examen*, essere promosso a un esame, superare un esame. ‖ [être bénéfique] *ce médicament me réussit*, questa medicina mi fa molto bene. ‖ [parvenir] *réussir à*, riuscire a. | *j'ai réussi à le voir*, sono riuscito a vederlo, mi è riuscito di vederlo. ◆ v. tr. *l'avion a réussi son décollage*, l'aereo ha decollato bene. | *le sculpteur a réussi le portrait*, lo scultore ha indovinato il ritratto. | *c'est un sculpteur qui réussit bien le portrait*, è uno scultore che riesce bene nel ritratto. | *réussir un vêtement*, indovinare un vestito. | *réussir un problème*, risolvere un problema. | *réussir un examen*, superare un esame. | *tu n'as pas réussi ton coup*, il colpo non ti è riuscito. ‖ SPORT *réussir un but*, segnare una rete, un goal.
réussite [reysit] f. riuscita; buon esito. | *ce film est une réussite*, questo film è perfettamente riuscito. | *ce jeune homme a obtenu une réussite brillante*, questo giovane ha fatto un'ottima riuscita. ‖ JEU solitario m.
revaloir [rəvalwar] v. tr. *revaloir un service*, ricambiare un favore. ‖ FAM. [en mal] *je te revaudrai ça !*, me la pagherai cara !, ti renderò la pariglia !
revalorisation [rəvalɔrizasjɔ̃] f. rivalutazione.
revaloriser [rəvalɔrize] v. tr. rivalutare.
revanchard, e [rəvɑ̃ʃar, ard] adj. revanscistico. ◆ n. revanscista.
revanche [rəvɑ̃ʃ] f. rivincita, rivalsa. | *prendre sa revanche*, prendersi la rivincita. | *à charge de revanche*, V. CHARGE. ‖ JEU, SPORT rivincita. ◆ loc. adv. ***en revanche***, in compenso; invece; per converso.
revanchisme [rəvɑ̃ʃism] m. POLIT. spirito di revanche (f.); revanscismo (gall.).
rêvasser [rɛvase] v. intr. fantasticare, almanaccare; perdersi in fantasticherie.
rêvasserie [rɛvasri] f. fantasticheria.
rêvasseur, euse [rɛvasœr, øz] n. fantasticone, a.
rêve [rɛv] m. PR. et FIG. sogno. | *un mauvais rêve*, un brutto sogno, un sogno angoscioso. | *fais de beaux rêves !*, sogni d'oro ! | *la maison de mes rêves*, la casa dei miei sogni. | *rêve éveillé*, sogno a occhi aperti. | *c'est un rêve !*, è un sogno ! | *de rêve*, di sogno.
rêvé, e [rɛve] adj. di sogno; ideale.
revêche [rəvɛʃ] adj. scontroso, bisbetico, ispido.
réveil [revɛj] m. PR. et FIG. risveglio. ‖ MIL. sveglia f. ‖ [pendulette] sveglia. | *petit réveil*, svegliarino.
réveille-matin [revɛjmatɛ̃] m. inv. sveglia f.
réveiller [reveje] v. tr. PR. et FIG. (ri)svegliare, destare. | *réveiller une personne évanouie*, far rinvenire una persona. ‖ PROV. *il ne faut pas réveiller le chat qui*

dort, non svegliare il can che dorme. ◆ v. pr. PR. et FIG. (ri)svegliarsi, destarsi.
réveillon [revɛjɔ̃] m. cenone.
réveillonner [revɛjɔne] v. intr. fare il cenone.
révélateur, trice [revelatœr, tris] adj. rivelatore, trice. ◆ n. m. PHOT. rivelatore, sviluppatore.
révélation [revelasjɔ̃] f. rivelazione. ‖ PHOT., THÉOL. rivelazione.
révélé, e [revele] adj. rivelato.
révéler [revele] v. tr. rivelare, palesare. | *révéler un secret*, rivelare, svelare, palesare un segreto. | *révéler un complot*, denunciare un complotto. | *ce livre révèle le vrai caractère de l'auteur*, questo libro rivela, manifesta, tradisce il vero carattere dell'autore. ‖ PHOT., THÉOL. rivelare. ◆ v. pr. rivelarsi, manifestarsi. | *se révéler poète*, rivelarsi poeta. | *se révéler un fainéant*, svelarsi per un fannullone. ‖ [apparaître comme] risultare. | *nos efforts se sont révélés insuffisants*, i nostri sforzi sono risultati insufficienti.
revenant [rəvnɑ̃] m. spirito, fantasma, spettro. ‖ FAM. *tiens, voilà un revenant!* = guarda chi si vede!
revendeur, euse [rəvɑ̃dœr, øz] n. rivenditore, trice.
revendicateur, trice [revɑ̃dikatœr, tris] n. rivendicatore, trice.
revendicatif, ive [rəvɑ̃dikatif, iv] adj. *mouvement, programme revendicatif*, movimento, programma di rivendicazioni.
revendication [revɑ̃dikasjɔ̃] f. JUR. rivendicazione, rivendica; revindica (rare). | *revendications des syndicats*, rivendicazioni sindacali. | *revendication du cœur humain*, esigenza del cuore umano.
revendiquer [rəvɑ̃dike] v. tr. rivendicare.
revendre [revɑ̃dr] v. tr. rivendere; vendere di nuovo. ‖ FIG. *avoir de l'esprit, de la santé à revendre*, avere spirito, salute da vendere. ◆ v. pr. (ri)vendersi.
revenez-y [rəvnezi] m. inv. FAM. *ce plat a un goût de revenez-y* = questo piatto dice «mangiami, mangiami»! | *un revenez-y de tendresse* = nuovi slanci (m. pl.) di tenerezza.
revenir [rəvnir] v. intr. **1.** [venir de nouveau; retourner] (ri)tornare, rivenire. | *je reviendrai te voir demain*, (ri)tornerò a vederti domani. | *revenir de voyage*, essere di ritorno (da un viaggio). | *revenir en arrière, sur ses pas*, tornare indietro. | *revenir de l'école*, tornare da scuola. ‖ PR. et FIG. *revenir sur l'eau, à la surface*, (ri)tornare a galla. ‖ FIG. *la joie est revenue*, è (ri)tornata la gioia. | *revenir à ses études, à ses premières amours, aux anciennes méthodes*, (ri)tornare agli studi; ritornare agli antichi amori; tornare agli antichi metodi. | *revenir sur un sujet*, (ri)tornare su un argomento. | *revenons là-dessus*, torniamoci sopra. | *il n'y a pas à y revenir* = quel che è detto è detto; quel che è fatto è fatto. | *revenir sur le passé*, rivangare il passato. | *revenir sur le tapis*, tornare sul tappeto, in ballo. ‖ **2.** [reparaître; se reproduire] (ri)tornare, cadere, ricorrere. | *le printemps revient*, (ri)torna la primavera. | *fête qui revient à date fixe*, festa che cade, ricorre a data fissa. | *les mêmes thèmes reviennent souvent chez ce romancier*, gli stessi temi ritornano, ricorrono spesso in questo romanziere. ‖ **3.** [à la mémoire] *le nom de l'auteur ne me revient pas*, il nome dell'autore non mi torna in mente. ‖ FAM. *ça me revient*, ora me ne ricordo (L.C.). ‖ **4.** [être rapporté] *revenir aux oreilles de la police*, essere riferito alla polizia. | *il m'est revenu que*, sono venuto a sapere che. ‖ **5.** [se dédire; changer d'opinion] *revenir sur sa promesse, sur sa parole*, disdire quel che si è promesso, rimangiarsi la promessa, la parola. | *revenir sur ses décisions*, tornare sulle proprie decisioni. | *revenir de ses illusions*, perdere ogni illusione. | *revenir de ses préjugés*, ricredersi circa i propri pregiudizi. | *revenir de ses erreurs*, disingannarsi, ravvedersi, ricredersi. | *revenir sur le compte de qn*, ricredersi sul conto di uno. | *être revenu de tout*, essere nauseato, disilluso; essere stufo di tutto. | *revenir à de meilleurs sentiments à l'égard de qn*, ricredersi nei confronti di qlcu. ‖ **6.** FAM. [inspirer confiance] garbare, andare a genio (L.C.). | *sa tête ne me revient pas*, la sua faccia non mi garba, non mi va a genio, mi è antipatica. ‖ **7.** [coûter] (venire a) costare. ‖ **8.** [échoir] spettare. | *l'héritage te reviendra de (plein) droit*, l'eredità spetterà a te di diritto. ‖ [impers.] *c'est à lui qu'il revient de parler*, a lui spetta, tocca parlare. ‖ **9.** [aliments] *la sauce me revient*, il sugo mi torna a gola; ho il sugo sullo stomaco. ‖ **10.** [se rétablir] *revenir d'une maladie*, rimettersi, riaversi da una malattia. | *revenir à soi*, tornare in sé, riaversi. | *revenir à la santé, à la vie*, tornare in salute, in vita. ‖ LOC. *revenir de loin*, tornare da lontano (pr.); scamparla bella (fig.). | *cela revient au même*, è, fa lo stesso. | *cela revient à dire que*, vale a dire che; significa che; sarebbe come dire che. | *l'argumentation revient à ceci*, l'argomentazione si riduce a questo. ‖ FAM. *n'y reviens pas!*, guai a te se ricominci! | *ne pas en revenir* = cadere dalle nuvole. ‖ CULIN. *faire revenir le rôti*, rosolare l'arrosto. ◆ v. pr. LITTÉR. *s'en revenir*, tornare, tornarsene (L.C.).
revente [rəvɑ̃t] f. rivendita.
revenu [rəvny] m. ÉCON., FIN. reddito, proventi m. pl. | *revenu par habitant, national, brut*, reddito pro capite, nazionale, lordo. | *revenus mobiliers*, ricchezza (f.) mobile. | *impôt sur le revenu*, tassa sul reddito. | *avoir des revenus*, avere delle rendite. ‖ MÉTALL. rinvenimento.
rêver [rɛve] v. intr. [faire des rêves] sognare. | *il me semble que je rêve, je crois rêver*, mi pare di sognare, mi pare un sogno. | *est-ce que je rêve?*, sogno o son desto?, è sogno o realtà? ‖ [rêvasser] sognare, fantasticare. | *rêver les yeux ouverts*, sognare ad occhi aperti. ‖ FAM. [déraisonner] *tu rêves!*, macché, sogni! ◆ v. tr. ind. **(de)** [voir en rêve] *rêver de qn, de qch.*, sognare uno, di uno; sognare qlco. ‖ [souhaiter] *la maison, la gloire dont je rêve*, la casa, la gloria che sogno. | *rêver d'une vie meilleure, de faire un voyage*, sognare una vita migliore, un viaggio. | *il en rêve la nuit*, se lo, se la, se li, se le sogna di notte. ‖ **(à)** *faire rêver à qch.*, evocare, far sognare qlco. ‖ [rêvasser] *à quoi rêves-tu?*, che cosa stai sognando, fantasticando? | *rêver à des chimères*, perdersi in chimere. ‖ [méditer sur] *rêver à des projets d'avenir*, pensare a progetti futuri. ◆ v. tr. [voir en rêve] *rêver toutes les nuits la même chose*, sognare tutte le notti la stessa cosa, fare ogni notte lo stesso sogno. | *j'ai rêvé que j'étais parti*, ho sognato, mi sono sognato di essere partito. | *rêver sa vie*, sognare la propria vita. ‖ [désirer] *rêver mariage*, vagheggiare il matrimonio. | *rêver la victoire*, sognare, vagheggiare la vittoria. ‖ LOC. *ne rêver que plaies et bosses* = essere un attaccabrighe, un litigone.
réverbération [revɛrberasjɔ̃] f. riverbero m., riverberazione.
réverbère [revɛrbɛr] m. lampione. | *allumeur de réverbères*, lampionaio. ‖ IND. *four à réverbère*, forno a riverbero.
réverbérer [revɛrbere] v. tr. riverberare. ◆ v. pr. riverberarsi.
revercher [rəvɛrʃe] v. tr. TECHN. = saldare.
reverdir [rəvɛrdir] v. tr. ridipingere in verde. ‖ [rendre sa verdure à] rinverdire. ◆ v. intr. rinverdire. ‖ FIG. = ringiovanire, ringagliardirsi.
révérence [reverɑ̃s] f. [respect] riverenza. ‖ [salut] riverenza, inchino m. | *faire une révérence*, fare una riverenza, un inchino. ‖ LOC. *tirer sa révérence* = salutare e andarsene. ‖ FAM. *révérence parler*, con rispetto, con riverenza (rare) parlando.
révérenciel, elle [reverɑ̃sjɛl] adj. LITTÉR. reverenziale.
révérencieux, euse [reverɑ̃sjø, øz] adj. riverente, rispettoso.
révérend, e [reverɑ̃, ɑ̃d] adj. et n. reverendo. | *écoutez-moi, mon révérend*, mi ascolti, reverendo.
révérendissime [reverɑ̃disim] adj. reverendissimo.
révérer [revere] v. tr. riverire, onorare.
rêverie [rɛvri] f. fantasticheria, sogno m. ‖ LITTÉR. *«Rêveries d'un promeneur solitaire»*, «Meditazioni di un passeggiatore solitario». ‖ PÉJOR. chimera.
revers [rəvɛr] m. [côté opposé] rovescio. | *revers de la main*, rovescio, dorso della mano. ‖ [coup] *revers de main*, manrovescio. ‖ [repli de vêtement] risvolto, risvolta f.; [de col] risvolto, mostra f.; revers (fr.). |

bottes à revers, stivali con risvolti. ‖ PR. et FIG. *revers de la médaille,* rovescio della medaglia. ‖ FIG. *revers de fortune,* rovescio di fortuna. ‖ MIL. sconfitta f., rovescio. | *tir à revers,* tiro di rovescio. | *attaquer à revers,* attaccare alle spalle. ‖ [tennis] rovescio.
réversal, e, aux [revɛrsal, o] adj. et n. f. reversale. | *(lettres) réversales,* note reversali.
reversement [rəvɛrsəmɑ̃] m. FIN. trasferimento.
reverser [rəvɛrse] v. tr. riversare ; versare di nuovo. | *reverser à boire,* riversare da bere. ‖ FIN. trasferire.
réversibilité [revɛrsibilite] f. reversibilità.
réversible [revɛrsibl] adj. reversibile. | *pension réversible,* pensione reversibile, di reversibilità. ‖ [vêtement, tissu] double face (fr.).
réversion [revɛrsjɔ̃] f. BIOL., JUR. reversione.
revêtement [rəvɛtmɑ̃] m. rivestimento, rivestitura f., incamiciatura f. ‖ [de la chaussée] piano stradale ; manto di usura.
revêtir [rəvɛtir] v. tr. [couvrir d'un vêtement] vestire. ‖ [mettre sur soi] rivestire, indossare. ‖ [recouvrir] rivestire, ricoprire, incamiciare. ‖ FIG. *revêtir une forme humaine,* assumere sembianze umane. ‖ [d'une dignité] investire, rivestire. ‖ JUR. *revêtir d'une signature,* munire di firma. ◆ v. pr. rivestirsi.
rêveur, euse [rɛvœr, øz] adj. et n. sognatore, trice (pr. et fig.) ; distratto (fig.). | *regard rêveur,* sguardo sognante. ‖ LOC. *cela me laisse rêveur,* mi fa specie.
rêveusement [rɛvøzmɑ̃] adv. [de façon rêveuse, distraite] con aria assorta, sognante. ‖ [avec perplexité] con perplessità.
revient [rəvjɛ̃] m. *prix de revient,* (prezzo di) costo.
revigorer [rəvigɔre] v. tr. rinvigorire.
revirement [rəvirmɑ̃] m. cambiamento radicale ; repentino mutamento ; voltafaccia m. inv., capovolgimento.
révisable [revizabl] adj. = suscettibile di revisione.
réviser [revize] v. tr. [examiner de nouveau] rivedere ; riprendere in esame. ‖ TECHN. revisionare, rivedere. ‖ UNIV. *réviser sa leçon,* ripassare, rivedere la lezione. | *révise un peu ta leçon !,* da' una ripassatina alla lezione ! ‖ ABSOL. = rivedere, ripassare le materie d'esame.
réviseur [revizœr] m. revisore ; riveditore (rare).
révision [revizjɔ̃] f. revisione. | *révision des listes électorales, d'une traduction,* revisione delle liste elettorali, di una traduzione. | *faire ses révisions d'histoire,* fare il ripasso di storia. ‖ MIL. *conseil de révision,* visita di leva. ‖ JUR., TECHN. revisione.
révisionnisme [revizjɔnism] m. revisionismo.
révisionniste [revizjɔnist] adj. revisionistico. ◆ n. revisionista.
revivifier [rəvivifje] v. tr. ravvivare, rivivificare.
reviviscence [rəvivisɑ̃s] f. BIOL. et FIG. reviviscenza.
reviviscent, e [rəvivisɑ̃, ɑ̃t] adj. reviviscente.
revivre [rəvivr] v. tr. et intr. PR. et FIG. rivivere.
révocabilité [revɔkabilite] f. JUR. revocabilità.
révocable [revɔkabl] adj. revocabile. | *à titre révocable,* a titolo revocabile.
révocation [revɔkasjɔ̃] f. revoca ; revocazione (rare).
révocatoire [revɔkatwar] adj. revocatorio, revocativo.
revoici [rəvwasi], **revoilà** [rəvwala] prép. et adv. FAM. riecco. | *me revoici,* rieccomi. | *le revoilà,* rieccolo. | *revoilà le chien,* riecco il cane. | *nous y revoilà,* ci risiamo.
revoir [rəvwar] v. tr. [voir de nouveau] rivedere. | *je ne l'ai jamais revu,* non l'ho mai più rivisto. ‖ [réviser] *revoir un moteur,* rivedere un motore. | *revoir sa leçon,* ripassare la lezione. | *édition revue et corrigée,* edizione riveduta e corretta. ◆ v. pr. [réfl.] vedersi ancora. | *je me revois avec ce chapeau,* mi vedo ancora con quel cappello. ‖ [récipr.] rivedersi. ◆ n. m. *un cordial au revoir,* un cordiale arrivederci. | *dire au revoir à qn,* salutare uno. ‖ [interj.] *au revoir !,* arrivederci ! ; [forme de politesse] arrivederLa !
1. revoler [rəvɔle] v. intr. rivolare.
2. revoler v. tr. rubare di nuovo.
révoltant, e [revɔltɑ̃, ɑ̃t] adj. ributtante, ripugnante ; rivoltante (gall.).
révolte [revɔlte] f. **(contre)** rivolta (contro). | *en révolte,* in rivolta.
révolté, e [revɔlte] adj. et n. ribelle, rivoltoso. ◆ adj. [indigné] indignato, esasperato.
révolter [revɔlte] v. tr. PR. indurre alla rivolta, a ribellarsi ; sollevare ; ribellare (rare). ‖ FIG. rivoltare, indignare. ◆ v. pr. **(contre)** rivoltarsi, ribellarsi (contro, a). ‖ FIG. indignarsi (per, di fronte a).
révolu, e [revɔly] adj. [passé] passato, trascorso. ‖ [qui n'a plus cours] superato. ‖ [âge] compiuto.
révolution [revɔlysjɔ̃] f. ASTR., MATH., MÉC. rivoluzione. ‖ [changement] rivoluzione. | *révolution de palais,* congiura di palazzo. | *mettre en révolution,* mettere in subbuglio, a rivoluzione.
révolutionnaire [revɔlysjɔnɛr] adj. et n. rivoluzionario.
révolutionner [revɔlysjɔne] v. tr. PR. et FIG. rivoluzionare. ‖ FIG. sconvolgere ; mettere sottosopra. ‖ FAM. [émouvoir] sconvolgere (L.C.).
revolver [revɔlvɛr] m. revolver (angl.), rivoltella f. | *coup de revolver,* revolverata f., rivoltellata f. ‖ MÉC. *tour revolver,* tornio a revolver.
révoquer [revɔke] v. tr. [destituer] destituire, rimuovere, revocare (rare) dalla carica. ‖ [annuler] revocare, annullare. ‖ LITTÉR. *révoquer en doute,* revocare in dubbio, in forse.
revouloir [rəvulwar] v. tr. FAM. rivolere.
revoyure [rəvwajyr] f. POP. *à la revoyure !,* arrivederci ! (L.C.).
revue [rəvy] f. [examen] rivista, rassegna. | *faire la revue de ses livres, de ses fautes,* passare in rivista, in rassegna i propri libri, le proprie colpe. ‖ JOURN. *revue de presse, des revues,* rassegna stampa ; spogli (m. pl.) dalle riviste. ‖ [périodique] rivista, rassegna. ‖ MIL. rivista, rassegna, parata. | *passer en revue,* passare in rivista, in rassegna (pr. et fig.). ‖ THÉÂTRE rivista. | *revue à grand spectacle,* grande rivista. ‖ LOC. FAM. *nous sommes (gens) de revue,* ci rivedremo (L.C.). | *je suis de la revue,* me l'hanno fatta, mi hanno imbrogliato ; le illusioni sono sfumate.
revuiste [rəvɥist] m. THÉÂTRE = autore di riviste.
révulser [revylse] v. tr. MÉD. provocare una revulsione. ‖ [retourner] stralunare, strabuzzare, stravolgere. | *yeux révulsés,* occhi stralunati, strabuzzati, stravolti. ◆ v. pr. *ses yeux se révulsèrent,* stralunò, strabuzzò, stravolse gli occhi.
révulsif, ive [revylsif, iv] adj. et n. m. PHARM. revulsivo, rivulsivo.
révulsion [revylsjɔ̃] f. MÉD. revulsione, rivulsione.
rez-de-chaussée [redʃose] m. inv. pianterreno m. | *au rez-de-chaussée,* a(l) pianterreno. | *rez-de-chaussée surélevé,* piano rialzato.
rhabdomancie [rabdɔmɑ̃si] f. rabdomanzia.
rhabdomancien, enne [rabdɔmɑ̃sjɛ̃, ɛn] n. rabdomante.
rhabillage [rabijaʒ] m. [action de rhabiller] (il) rivestire. ‖ [réparation] riparazione f.
rhabiller [rabije] v. tr. [habiller de nouveau] rivestire. ‖ TECHN. riparare. ‖ FIG. *rhabiller un lieu commun,* rispolverare un luogo comune. ◆ v. pr. rivestirsi.
rhabilleur, euse [rabijœr, øz] n. riparatore, trice.
rhamnacées [ramnase] f. pl. BOT. ramnacee.
rhapsode [rapsɔd] m. ANTIQ. rapsodo.
rhapsodie [rapsɔdi] f. POÉS., MUS. rapsodia.
rhapsodique [rapsɔdik] adj. rapsodico.
rhénan, ane [renɑ̃, an] adj. GÉOGR. renano.
rhénium [renjɔm] m. CHIM. renio.
rhéomètre [reɔmɛtr] m. PHYS. reometro.
rhéostat [reɔsta] m. ÉLECTR. reostato.
rhéostatique [reɔstatik] adj. reostatico.
rhésus [rezys] m. ZOOL. reso, rhesus. ‖ BIOL. *facteur Rhésus,* fattore Rhesus, fattore Rh.
rhéteur [retœr] m. PR. et PÉJOR. retore.
rhétien, enne [resjɛ̃, ɛn] adj. GÉOL. retico.
rhétique [retik] adj. GÉOGR., LING. retico. ◆ n. m. LING. retico.
rhétoricien [retɔrisjɛ̃] m. PÉJOR. retore. ‖ UNIV., VX = alunno della classe di retorica.
rhétorique [retɔrik] adj. retorico. ◆ n. f. PR. et

PÉJOR. retorica. || UNIV., VX *(classe de) rhétorique,* (classe di) retorica.
rhétoriqueur [retɔrikœr] m. (rare) retore (L.C.). || LITTÉR. *(grands) rhétoriqueurs,* (grands) rhétoriqueurs (fr.).
rhéto-roman, ane [retorɔmɑ̃, an] adj. et n. m. LING. retoromanzo.
rhingrave [rɛ̃grav] m. HIST. = conte renano.
rhinite [rinit] f. MÉD. rinite.
rhinocéros [rinɔserɔs] m. ZOOL. rinoceronte.
rhinologie [rinɔlɔʒi] f. MÉD. rinologia.
rhinopharyngite [rinɔfarɛ̃ʒit] f. MÉD. rinofaringite.
rhinopharynx [rinɔfarɛ̃ks] m. ANAT. rinofaringe f.
rhinoplastie [rinɔplasti] f. CHIR. rinoplastica.
rhinoscopie [rinɔskɔpi] f. MÉD. rinoscopia.
rhizobium [rizɔbjɔm] m. BIOL. rizobio, rhizobium.
rhizocarpé, e [rizɔkarpe] adj. BOT. rizocarpico, rizocarpo.
rhizoctone [rizɔktɔn] m. ou **rhizoctonie** [rizɔktɔni] f. BOT. r(h)izoctònia f.
rhizome [rizom] m. BOT. rizoma.
rhizophage [rizɔfaʒ] adj. ZOOL. rizofago.
rhizophore [rizɔfɔr] m. BOT. rizophora f.
rhizopodes [rizɔpɔd] m. pl. ZOOL. rizopodi.
rhizostome [rizɔstɔm] m. ZOOL. rizostoma f.
rhodanien, enne [rɔdanjɛ̃, ɛn] adj. GÉOGR. = del Rodano.
rhodium [rɔdjɔm] m. CHIM. rodio.
rhododendron [rɔdɔdɛ̃drɔ̃] m. BOT. rododendro.
rhodophycées [rɔdɔfise] f. pl. BOT. rodoficee.
rhombe [rɔ̃b] m. GÉOM. rombo.
rhombique [rɔ̃bik] adj. rombico.
rhomboèdre [rɔ̃bɔɛdr] m. GÉOM. romboedro.
rhomboédrique [rɔ̃bɔedrik] adj. romboedrico.
rhomboïdal, e, aux [rɔ̃bɔidal, o] adj. romboidale.
rhomboïde [rɔ̃bɔid] m. ANAT., GÉOM. romboide. ◆ adj. *muscle rhomboïde,* muscolo romboideo.
rhotacisme [rɔtasism] m. MÉD., LING. rotacismo.
rhubarbe [rybarb] f. BOT. rabarbaro m.
rhum [rɔm] m. rum, rhum.
rhumatisant, e [rymatizɑ̃, ɑ̃t] adj. reumatizzato. ◆ n. malato reumatizzato.
rhumatismal, e, aux [rymatismal, o] adj. reumatico. | *douleur rhumatismale,* dolore reumatico; reuma m. (VX).
rhumatisme [rymatism] m. MÉD. reumatismo. | *être plein de rhumatismes,* essere tutto reumatizzato.
rhumatologie [rymatɔlɔʒi] f. MÉD. reumatologia.
rhumb [rɔ̃b] m. MAR. rombo, quarta f.
rhume [rym] m. raffreddore, infreddatura f., raffreddatura f., costipazione f., coriz(z)a f. | *attraper un rhume,* prendere, buscarsi (fam.) un raffreddore. | *rhume de cerveau, des foins,* raffreddore di testa, da fieno.
rhumer [rɔme] v. tr. mescolare con rum.
rhumerie [rɔmri] f. distilleria di rum.
rhynchite [rɛ̃kit] m. ZOOL. rinchite.
rhynchotes [rɛ̃kɔt] m. pl. ZOOL. rincoti.
rhyolite [rjɔlit] f. GÉOL. riolite.
rhytidome [ritidɔm] m. BOT. ritidoma.
ria [rja] f. GÉOGR. ría (pl. *rías)* [esp.].
riant, e [rijɑ̃, ɑ̃t] adj. [gai] ridente. || [agréable à la vue] ridente, ameno; [à l'esprit] piacevole.
ribambelle [ribɑ̃bɛl] f. FAM. [personnes] sciame m.; [choses] serqua, sfilza.
ribaud, e [ribo, od] adj. et n. VX dissoluto, depravato (L.C.). ◆ n. f. donna di strada (L.C.); baldracca f. (littér.).
riblage [riblaʒ] m. TECHN. levigatura f.
ribler [rible] v. tr. levigare.
ribonucléique [ribonykleik] adj. ribonucleico.
ribote [ribɔt] f. PLAIS. bisboccia, gozzoviglia, ribotta.
ribouis [ribwi] m. ARG. scarpa f. (L.C.).
riboulding ue [ribuldɛ̃g] f. POP. V. RIBOTE.
ricain, aine [rikɛ̃, ɛn] adj. et n. (abr. pop.) = americano.
ricanement [rikanmɑ̃] m. sogghigno, ghigno.
ricaner [rikane] v. intr. sogghignare, ghignare, sghignazzare, ridacchiare.
ricaneur, euse [rikanœr, øz] adj. beffardo; schernitore, trice. ◆ n. schernitore, trice.
ric-à-rac loc. adv. V. RIC-RAC.
richard, e [riʃar, ard] n. FAM., PÉJOR. riccone, a; nababbo m.
riche [riʃ] adj. PR. et FIG. **(de, en)** ricco (di). | *être riche comme Crésus,* essere ricco come Creso, essere un Creso. | *vin riche,* vino forte. || POÉS. *rime riche,* rima ricca. || FAM. *c'est une riche idée !,* è un'ottima idea! (L.C.). | *ce n'est pas très riche :* [en qualité] non vale un gran che; [en quantité] non è troppo abbondante (L.C.). | *faire riche,* far molto ricco. | *un riche parti,* un ottimo partito (L.C.). | *une riche occasion,* un'occasione, un affare d'oro. ◆ n. m. ricco. | *gosse de riche(s),* figlio di papà. | *nouveau riche,* nuovo ricco; arricchito. || RELIG. *le mauvais riche,* il ricco epulone.
richelieu [riʃəljø] m. = scarpa bassa con stringhe.
richesse [riʃɛs] f. PR. et FIG. **(de, en)** ricchezza (di). *la richesse ne fait pas le bonheur,* non sempre la ricchezza riesce a dare la felicità. || PROV. *contentement passe richesse,* chi si contenta gode. ◆ pl. ricchezze.
richissime [riʃisim] adj. FAM. ricco sfondato, ricco a palate; straricco.
ricin [risɛ̃] m. BOT. ricino. | *huile de ricin,* olio di ricino.
ricocher [rikɔʃe] v. intr. rimbalzare.
ricochet [rikɔʃɛ] m. [pierre, projectile] rimbalzo; [avion] piastrellamento. || JEU *faire des ricochets,* giocare a, fare a rimbalzello. || FIG. *par ricochet,* di rimbalzo, di riflesso, indirettamente.
ric-rac [rikrak] loc. adv. FAM. *payer ric-rac,* essere esatto nel pagamento, nei pagamenti (L.C.). || [de justesse] per un pelo; a stento (L.C.).
rictus [riktys] m. MÉD. rictus. || [grimace] rictus, smorfia f., ghigno.
ridage [ridaʒ] m. MAR. ridaggio.
ride [rid] f. [de la peau] ruga, grinza, crespa. | *creusé, marqué de rides,* solcato, segnato di rughe. || [sur l'eau] increspatura f.; [sur le sable, la neige] crespa. || [d'un fruit] grinza. || [cordage] rida.
ridé, e [ride] adj. rugoso, grinzoso; [eau] increspato.
rideau [rido] m. tenda f.; [contre la vitre] tendina f. | *rideaux de lit,* cortine (f. pl.) del letto. || FIG. *rideau de brouillard,* cortina di nebbia. | *rideau de fumée,* cortina di fumo, cortina fumogena. | *rideau d'arbres,* filare d'alberi. || *rideau de fer :* [de magasin] saracinesca f., serranda f.; [de cheminée] chiudenda f., chiusino. || LOC. FIG. *tirer le rideau sur,* stendere un velo su; = passare un colpo di spugna a. | *se tenir derrière le rideau,* stare dietro le quinte. || MIL. *rideau de troupes,* schieramento di truppe. | *rideau de feu,* fuoco di sbarramento. || POLIT. *rideau de fer,* cortina di ferro. || THÉÂTRE sipario, tela f., telone. | *baisser, lever le rideau,* calare, alzare il sipario. | *lever de rideau* = atto unico che precede una rappresentazione. | *rideau de fer,* sipario tagliafuoco. || [interj.] FAM. *rideau !,* piantala!
ridelle [ridɛl] f. sponda.
rider [ride] v. tr. PR. aggrinzare, aggrinzire. || FIG. [strier] increspare. || MAR. arridare. ◆ v. pr. PR. aggrinzarsi, aggrinzirsi. || FIG. incresparsi.
ridicule [ridikyl] adj. [risible; insignifiant] ridicolo. | *personne ridicule,* persona ridicola. | *chose ridicule,* ridicolaggine f. | *pourboire ridicule,* mancia ridicola. | *le fait d'être ridicule,* la ridicolezza, la ridicolaggine. ◆ n. m. ridicolo. | *couvrir qn de ridicule,* gettare il ridicolo su qlcu. | *tourner qn en ridicule,* mettere in ridicolo qlcu. | *le ridicule d'une situation,* la ridicolezza di una situazione. | *le ridicule de cette femme est incroyable,* è incredibile la ridicolaggine di quella donna.
ridiculement [ridikylmɑ̃] adv. ridicolmente.
ridiculiser [ridikylize] v. tr. ridicolizzare; volgere in ridicolo.
ridoir [ridwar] m. MAR. arridatoio.
riemannien, enne [rimanjɛ̃, ɛn] adj. MATH. riemanniano.

rien [rjɛ̃] pron. indéf. **1.** [qch.; quoi que ce soit] qualcosa; niente; nulla (littér., tosc.). | *est-il rien de plus beau?*, c'è niente, nulla di più bello? | *avant qu'il pût rien voir*, prima che potesse vedere qualcosa. | *être incapable de rien dire*, essere incapace di spiccicare una parola. | *sans rien dire*, senza dir niente, nulla. | *je ne crois pas qu'il puisse rien prouver contre moi*, non credo che possa provare qualcosa contro di me. | *ça n'a l'air de rien*, sembra nulla. | *sans avoir l'air de rien; mine de rien* (pop.), come se niente, nulla fosse. | *faire comme si de rien n'était*, non darsene per inteso. || **2.** [aucune chose] niente, nulla. | *je n'ai rien vu (du tout)*, non ho visto (proprio) niente, nulla. | *je ne sais rien de rien*, non so niente di niente. | *ne comprendre rien à rien*, non capire niente di niente, un bel niente. | *merci! — de rien!*, grazie! — di niente!, prego! | *moins que rien*, men(o) di niente. | *rien d'autre*, nient'altro. | *rien de nouveau, de plus*, niente di nuovo, di più. | *en moins de rien*, in un attimo, in un batter d'occhio. | *pour rien au monde*, per nulla al mondo. | *partir de rien*, partire da zero. | *vivre de rien*, vivere di niente. || **3.** LOC. *un bon à rien*, un buono a niente. | *un homme de rien*, un uomo da nulla, dappoco. | *il n'en est rien*, non è affatto vero. | *il n'en sera rien*, non se ne farà nulla. | *cette personne ne m'est rien*, questa persona non mi è affatto parente, non è niente per me. | *je n'y suis pour rien*, non c'entro affatto. | *ce n'est pas pour rien que*, non per nulla. | *on ne fait rien sans rien*, con niente si fa niente. | *il n'y a rien à dire (à cela)*, non c'è niente da ridire (su questo). | *il n'y a rien à faire*, c'è poco da fare. | *ne rien avoir à faire avec qn*, non aver niente a che fare con uno. | *rien n'y fait*, niente ha effetto. | *n'avoir rien d'un artiste*, non aver niente dell'artista. | *c'est tout ou rien*, o tutto o niente; = non c'è via di mezzo. || JEU *rien ne va plus*, rien ne va plus (fr.); = il gioco è chiuso. || FAM. *ça ne me dit rien*, non mi dice niente. | *ce n'est pas rien*, non è cosa da poco. | *ça coûte un million comme rien*, costa un milione come niente (fosse). ◆ adv. *un rien trop étroit*, un tantino troppo stretto. || POP. [très] molto (L.C.). | *il fait rien froid*, fa un freddo cane, birbone (fam.). ◆ loc. adv. ***rien que,*** solo, soltanto. | *rien que des fleurs*, soltanto fiori. | *rien qu'une fois*, soltanto una volta; una volta sola. | *rien qu'à la lecture*, soltanto a leggere. | *rien que d'y penser*, solo a pensarci; al solo pensarvi (littér.). || LITTÉR. ***rien moins que,*** tutt'altro che (L.C.). || ***rien de moins que,*** né più né meno che, niente meno (L.C.). || ***en rien*** [positif]: in checchessia. || ***ne... en rien*** [négatif]: non... per niente; non... per nulla; non... affatto. || ***pour rien:*** [inutilement] per niente, per nulla; [sans payer] per niente. || [à vil prix] *acheter une maison pour rien, pour trois fois rien* (fam.), comprare per niente una casa. | *c'est pour rien* = è regalato. ◆ n. m. LITTÉR. nulla. | *un rien*, un niente, un nonnulla (inv.). | *se fâcher pour un rien*, arrabbiarsi per un nonnulla. | *s'amuser à des riens*, divertirsi con dei nonnulla. | *un rien de viande*, un tantino di carne. | *en un rien de temps*, in un attimo, in un batter d'occhio. ◆ n. *un, une rien du tout*, un, una poco di buono.

rieur, euse [rjœr, øz] adj. ridente, ridanciano. | *yeux rieurs*, occhi ridenti. | *jeune fille rieuse*, ragazza allegra. || ZOOL. *mouette rieuse*, gabbiano comune. ◆ n. burlone, a. || LOC. *mettre les rieurs de son côté* = far ridere a spese dell'avversario.

rififi [rififi] m. ARG. rififi (fr.); zuffa f., rissa f. (L.C.).

1. riflard [riflar] m. [de maçon] spatola f.; [de menuisier] piallone. || [lime] lima (f.) a taglio grosso.

2. riflard m. FAM. grosso ombrello (L.C.).

rifle [rifl] m. [carabine] rifle (angl.).

rigaudon ou **rigodon** [rigɔdɔ̃] m. MUS. rigaudon (fr.), rigodone.

rigide [riʒid] adj. PR. et FIG. rigido.

rigidité [riʒidite] f. PR. rigidità. | *rigidité cadavérique*, rigidità cadaverica. || FIG. rigidità, rigidezza.

rigolade [rigɔlad] f. FAM. [divertissement] buon tempo m. || [chose faite sans effort] buffonata; scherzo m. (L.C.). || LOC. *prendre tout à la rigolade* = non prendere nulla sul serio.

rigolard, e [rigɔlar, ard] adj. FAM. spassoso, allegro (L.C.). ◆ n. m. buontempone (L.C.).

rigole [rigɔl] f. [canalisation] canaletto m., fossatello m. || [ruisseau] *la pluie forme des rigoles*, la pioggia fa dei rigagnoli. || AGR. piccolo solco.

rigoler [rigɔle] v. intr. FAM. darsi buon tempo, spassarsela; ridere, divertirsi (L.C.). | *il n'y a pas de quoi rigoler*, c'è poco da scherzare.

rigollot [rigɔlo] m. PHARM., VX carta senapata, senapizzata (L.C.).

rigolo, ote [rigɔlo, ɔt] adj. FAM. [amusant] buffo; divertente, comico (L.C.); [surprenant] curioso, strano (L.C.). ◆ n. m. tipo buffo, tipo ameno, buontempone. || ARG. spiritosa f.; = rivoltella f.

rigorisme [rigɔrism] m. rigorismo.

rigoriste [rigɔrist] adj. rigoristico. ◆ n. rigorista.

rigoureusement [rigurøzmɑ̃] adv. rigorosamente. | *rigoureusement parlant*, a rigor di termini.

rigoureux, euse [rigurø, øz] adj. [sévère] rigoroso, severo. || [rude] *hiver, climat rigoureux*, inverno, clima rigido. || [exact] rigoroso, preciso, esatto.

rigueur [rigœr] f. [sévérité] rigore m., severità. || [âpreté] rigore, rigidezza. | *rigueur du froid, de l'hiver*, rigore, rigidezza del freddo, dell'inverno. | *les rigueurs du sort*, le asprezze del destino. || [exactitude] rigore, rigorosità. || LOC. *tenir rigueur à qn*, serbare rancore a qlcu. | *(être) de rigueur*, (essere) di rigore, di prammatica, d'obbligo. || JUR. *délai de rigueur*, termine tassativo. || MIL. *arrêts de rigueur*, arresti di rigore. ◆ loc. adv. ***à la rigueur:*** VX [rigoureusement] a rigore (L.C.); [au pis aller] caso mai, semmai, magari.

rikiki adj. V. RIQUIQUI.

rillettes [rijɛt] f. pl. CULIN. *rillettes de porc, d'oie* = carne tritata di maiale, d'oca, cotta nel proprio grasso.

rillons [rijɔ̃] m. pl. CULIN. ciccioli; siccioli (tosc.); sfrizzoli (rom.).

rimailler [rimɑje] v. intr. FAM. rimacchiare; = comporre brutti versi.

rimailleur [rimɑjœr] m. PÉJOR. poetastro, versaiolo; = poeta da strapazzo.

rimaye [rimaj] f. GÉOGR. rima.

rime [rim] f. rima. | *rime plate*, rima baciata, accoppiata. | *rime croisée, alternée*, rima alternata. | *rime embrassée*, rima incrociata, chiusa. | *rime intérieure*, rima interna; rimalmezzo f. inv. | *rime riche*, rima perfetta. | *rime pauvre*, rima imperfetta, assonanza tonica. | *rime masculine* = rima terminante in vocale accentata, seguita o no da consonante. | *rime féminine* = rima terminante in «e» muta. | *tierce rime*, terza rima. || FIG. *ça n'a ni rime ni raison*, ciò non ha né capo né coda. | *partir sans rime ni raison*, partire senza alcun motivo.

rimer [rime] v. intr. [suj.: mot] *rimer avec*, rimare con. || [faire des vers] rimare, verseggiare. || FIG. *ne rimer à rien*, non avere alcun senso. | *à quoi rime...?*, che cosa significa...? ◆ v. tr. mettere in versi.

rimeur, euse [rimœr, øz] n. rimatore, trice; verseggiatore, trice.

Rimmel [rimɛl] m. rimmel, mascara.

rinçage [rɛ̃saʒ] m. [de la vaisselle, du linge] (ri)sciacquatura f.; [de la bouche] (ri)sciacquo. | *faire un rapide rinçage*, dare una (ri)sciacquata.

rinceau [rɛ̃so] m. ARCHIT. fogliame, viticcio.

rince-bouche [rɛ̃sbuʃ] m. inv. sciacquabocca.

rince-bouteilles [rɛ̃sbutɛj] m. inv. lavabottiglie f. inv.

rince-doigts [rɛ̃sdwa] m. inv. sciacquadita.

rincée [rɛ̃se] f. POP. [coups] = scarica di botte, di colpi, di pugni. || FAM. [averse] acquazzone m. (L.C.).

rincer [rɛ̃se] v. tr. (ri)sciacquare. || POP. *se faire rincer* [au jeu] = rovinarsi (al gioco). | *être rincé* = essere rovinato. ◆ v. pr. (ri)sciacquarsi. || POP. *se rincer la dalle, le gosier*, bagnarsi il becco, la gola, l'ugola (fam.). | *se rincer l'œil*, rifarsi gli occhi, rallegrarsi la vista.

rinceur, euse [rɛ̃sœr, øz] n. lavapiatti inv.; sguattero, a. ◆ f. [machine] lavabottiglie f. inv.

rinçure [rɛ̃syr] f. sciacquatura. || FAM. [mauvaise boisson] sciacquatura di bicchieri.

rinforzando [rinfɔrtsɑndo] adv. MUS. rinforzando (ital.).
ring [riŋ] m. ring (angl.), quadrato.
ringard [rɛ̃gar] m. TECHN. riavolo.
ripage [ripaʒ] ou **ripement** [ripmɑ̃] m. [grattage] = raschiatura (f.) e levigazione (f.) ‖ [déplacement] slittamento.
ripaille [ripɑj] f. FAM. gozzoviglia, bisboccia. | *faire ripaille*, gozzovigliare, bisbocciare, far bisboccia.
ripailleur, euse [ripɑjœr, øz] n. FAM. bisboccione, a.
ripe [rip] f. TECHN. raspa, raschietto m.
riper [ripe] v. tr. [gratter] = raschiare e levigare. ‖ CH. DE F. *riper une voie*, spostare un binario. ‖ MAR. *riper un cordage*, far scorrere un cavo. ◆ v. intr. slittare.
ripoliner [ripɔline] v. tr. = verniciare a smalto.
riposte [ripɔst] f. risposta pronta ed arguta; rimbecco m. | *être prompt à la riposte*, avere la risposta pronta. ‖ MIL., SPORT risposta.
riposter [ripɔste] v. intr. ribattere, rimbeccare; rispondere di rimbecco. ‖ MIL., SPORT rispondere.
ripper [ripɛr] m. TECHN. ripper, rooter (angl.).
ripuaire [ripɥɛr] adj. HIST. ripuario.
riquiqui [rikiki] adj. inv. FAM. misero, meschino (L.C.). | *ça fait riquiqui*, fa una meschina figura.
1. rire [rir] v. intr. ridere. | *rire aux éclats*, ridere fragorosamente, rumorosamente. | *rire à gorge déployée*, ridere a squarciagola. | *rire aux larmes, à en pleurer*, ridere fino alle lacrime. | *rire de bon cœur, tout son soûl*, di cuore, di gusto, a sazietà. | *rire comme un fou, comme un bossu, comme une baleine*, ridere come un matto. | *rire à s'en tenir les côtes*, ridere a crepapelle. | *rire à se décrocher la mâchoire*, sganasciarsi dalle risa. | *rire du bout des lèvres*, ridere a fior di labbra. | *rire dans sa barbe, sous cape*, ridere sotto i baffi. | *rire jaune*, ridere verde. | *rire aux anges* = essere imbambolato. | *rire aux dépens, au nez de qn*, ridere alle spalle di qlcu., sul naso, in faccia a qlcu. | *éclater, se tordre, mourir de rire*, scoppiare dal ridere, dalle risa; torcersi, sbellicarsi dalle risa; morire dalle risa. | *il n'y a pas de quoi rire*, c'è poco, non c'è niente da ridere. | *prêter à rire*, provocare il riso. | *ses yeux rient*, gli ridono gli occhi. ‖ [se divertir] ridere, scherzare. | *prendre les choses en riant*, prendere le cose per scherzo. | *tu veux rire!*, scherzi! | *sans rire, tu as fait cela?*, sul serio l'hai fatto? | *pour rire, histoire de rire; c'est pour de rire* (pop.), per scherzo, per celia, tanto per ridere. ‖ PROV. *rira bien qui rira le dernier*, ride bene chi ride l'ultimo. | *tel qui rit vendredi dimanche pleurera*, chi ride il venerdì piange la domenica. ◆ v. tr. ind. **(de)**: [se moquer] *rire de qn*, ridere di qlcu. | *faire rire de soi*, farsi ridere dietro. ‖ [ne pas faire cas] *rire des menaces de qn*, ridersi delle minacce di uno. ◆ v. pr. [se moquer] *se rire de qn*, ridersi, burlarsi di qlcu. ‖ LITTÉR. *se rire du danger*, non curarsi del pericolo (L.C.); ridersela del pericolo (fam.).
2. rire m. riso (pl. *risa* f.); [prolongé] risata f. | *rire moqueur*, riso beffardo. | *petit rire sardonique*, risatina sardonica, risolino sardonico. | *rire homérique*, risata omerica. | *avoir le fou rire*, avere la ridarella, la risarella. | *éclat de rire*, scoppio di risa; risata.
1. ris [ri] m. VX: V. RIRE 2.
2. ris m. MAR. terzarolo.
3. ris m. CULIN. animella f. (surtout au pl.).
1. risée [rize] f. scherno m., derisione. | *être la risée de tous*, essere lo zimbello, il ludibrio di tutti.
2. risée f. MAR. = lieve brezza improvvisa e passeggera.
risette [rizɛt] f. *faire risette*, fare un sorrisino, un sorrisetto.
risible [rizibl] adj. risibile, buffo.
risorius [rizɔrjys] adj. et n. m. ANAT. risorio.
risotto [rizɔto] m. CULIN. (ital.) risotto.
risque [risk] m. rischio. | *courir le risque de*, correre il rischio di. | *prendre des risques*, prendere rischi. | *s'exposer à un risque*, affrontare un rischio. | *il n'y a pas de risque que*, non c'è pericolo che. | *les risques du métier*, gli incerti del mestiere. | *assurance tous risques*, assicurazione contro ogni rischio; MAR. assicurazione a tutto rischio. ‖ COMM. *aux risques de l'expéditeur*, a rischio del mittente. ‖ LOC. *à tout risque*, per ogni evenienza. | *à ses risques et périls*, a proprio rischio e pericolo. ◆ loc. prép. ***au risque de***, a rischio di, col rischio di, col pericolo di.
risqué, e [riske] adj. rischioso.
risquer [riske] v. tr. (ar)rischiare. | *risquer sa vie, sa réputation*, (ar)rischiare, mettere a repentaglio la propria vita, la propria reputazione. | *risquer gros*, correre grossi rischi; JEU giocare forte. | *risquer le tout pour le tout*, rischiare il tutto per il tutto. | *tu risques qu'il ne s'en souvienne plus*, corri il rischio che non se ne ricordi più. ‖ FAM. *risquer sa peau, le paquet*, rischiare la pelle; rischiare il tutto per il tutto (L.C.). ‖ [tenter] tentare. | *risquer la bataille*, tentare la battaglia. | *risquer un mot*, arrischiare una parola. ‖ PROV. *qui ne risque rien n'a rien*, chi non risica non rosica. ◆ v. intr. *risquer de*, rischiare di, correre il rischio di. ‖ FAM. *le bureau risque d'être fermé*, c'è il rischio che l'ufficio sia chiuso (L.C.). ◆ v. pr. arrischiarsi, cimentarsi. | *se risquer dans une affaire, à répondre*, arrischiarsi in un affare, a rispondere.
risque-tout [riskətu] m. inv. rompicollo m., scavezzacollo m.
1. rissole [risɔl] f. CULIN. = pasta sfogliata e fritta, ripiena di carne, di pesce.
2. rissole f. [filet] = rete per la pesca delle acciughe.
rissoler [risɔle] v. tr. rosolare. ◆ v. intr. *faire rissoler*, rosolare v. tr.
ristourne [risturn] f. COMM. sconto m., riduzione, abbuono m. ‖ JUR. annullamento m. (di una polizza di assicurazione marittima).
ristourner [risturne] v. tr. COMM. fare uno sconto a. ‖ JUR. annullare (una polizza di assicurazione marittima).
rite [rit] m. rito.
ritournelle [riturnɛl] f. PR. et FIG. ritornello m.
ritualisme [ritɥalism] m. ritualismo.
ritualiste [ritɥalist] adj. et n. ritualista.
rituel, elle [ritɥɛl] adj. et n. m. rituale.
rivage [rivaʒ] m. [mer; lac (rare)] riva f., lido, proda f.; [cours d'eau] riva, sponda f.
rival, e, aux [rival, o] adj. et n. rivale. | *ne pas avoir de rival(e), de rivaux*, non aver rivale, rivali. | *être sans rivaux*, essere senza rivali. | *rival(e) en amour*, rivale in amore. | *ne pas avoir de rivaux dans sa profession*, non aver rivali nella propria professione.
rivaliser [rivalize] v. intr. rivaleggiare, fare a gara, gareggiare, competere. | *rivaliser de courage, d'élégance avec qn*, rivaleggiare, gareggiare in coraggio, in eleganza con qlcu.; fare a gara a chi è più coraggioso, elegante. | *rivaliser d'ingéniosité*, gareggiare d'ingegno. | *rivaliser avec qn*, competere con qlcu. | *rivaliser d'efforts*, fare a gara. | *la copie ne peut rivaliser avec l'original*, la copia non può competere con l'originale.
rivalité [rivalite] f. rivalità.
rive [riv] f. riva, sponda. ‖ [quartier de Paris] *rive droite, rive gauche* = quartieri (m. pl.) situati a destra, a sinistra della Senna.
rivelaine [rivlɛn] f. piccone m., piccozza (da minatore).
river [rive] v. tr. TECHN. ribadire. ‖ FIG. attaccare, unire, inchiodare. | *être rivé à son travail* = essere un lavoratore indefesso, instancabile. ‖ FAM. *river son clou à qn*, tappare la bocca a uno.
riverain, e [rivrɛ̃, ɛn] adj. et n. [de cours d'eau, de lac] rivierasco adj. et n., ripario adj., frontista n.; [de rue, de route] frontista.
riveraineté [rivrɛnte] f. JUR. = diritti (m. pl.) dei frontisti.
rivet [rivɛ] m. TECHN. ribattino, ribadino, rivetto.
rivetage [rivtaʒ] m. ribaditura f., chiodatura f.
riveter [rivte] v. tr. ribadire, chiodare.
riveur [rivœr] m. ribaditore, chiodatore.
riveuse [rivøz] f. ribaditrice, chiodatrice.
rivière [rivjɛr] f. corso (m.) d'acqua (di media importanza); fiume (tributario). | *oiseau de rivière*, uccello fluviale. | *poisson de rivière*, pesce d'acqua dolce. ‖ FIG. *rivières de sang*, rivi (m. pl.) di sangue. | *rivière*

de diamants, collana, vezzo (m.) di diamanti. ‖ [hippisme] riviera. ‖ Loc. *les petits ruisseaux font les grandes rivières*, v. RUISSEAU. | *porter de l'eau à la rivière*, portar acqua al mare. | *l'eau va à la rivière*, v. EAU.
rivoir [rivwar] m. [marteau] ribaditoio. ‖ [machine] ribaditrice f., chiodatrice f.
rivulaire [rivylɛr] f. Bot. rivularia.
rivure [rivyr] f. Techn. ribaditura, chiodatura.
rixe [riks] f. rissa.
riz [ri] m. riso. | *paille de riz*, paglia di riso. ‖ Culin. *riz à l'eau, au lait*, riso in bianco, al latte. | *poudre de riz*, v. POUDRE. ‖ [tricot] *point de riz*, punto riso.
rizerie [rizri] f. riseria.
riziculture [rizikyltyr] f. risicoltura.
rizière [rizjɛr] f. risaia.
riz-pain-sel [ripɛ̃sɛl] m. invar. Arg. mil. = militare del servizio di sussistenza.
rob [rɔb] ou **robre** [rɔbr] m. [au bridge] rubber (angl.).
robe [rɔb] f. **1.** [de femme] abito m., vestito m. (da donna); veste. | *robe d'après-midi, du soir, de bal, de mariée*, abito da pomeriggio, da sera, da ballo, da sposa. | *robe chasuble*, scamiciato m. | *robe sac*, v. SAC. | *robe à traîne*, abito con lo strascico. | *robe princesse*, princesse (fr.). | *robe de chambre*, veste da camera ; vestaglia. | *robe de plage*, copricostume m. inv. ‖ **2.** [d'homme en Orient] veste. ‖ [à Rome] *robe prétexte*, pretesta f. | *robe virile*, toga virile. ‖ [d'enfant] vestina, vesticciola. ‖ **3.** Relig. *robe de prêtre, de moine*, abito, vestito talare ; abito monacale. | *robe de bure*, saio m. ‖ [de juge, d'avocat, de professeur] toga. ‖ Loc. *gens de robe*, uomini di legge. | *noblesse de robe*, nobiltà di toga. ‖ **4.** [pelage] mantello m. ‖ [couleur du vin] colore (m.) del vino. ‖ [écorce, peau] buccia, pelle ; [d'oignon] velo m. ; [de fève] guscio m. ‖ [de cigare] fascia. ‖ Culin. *pommes de terre en robe de chambre, des champs*, patate in camicia.
robe-manteau [rɔbmɑ̃to] f. Mode robe-manteau (fr.).
robin [rɔbɛ̃] m. Vx, péjor. = uomo di legge.
robinet [rɔbinɛ] m. rubinetto. | *robinet à eau, à, du gaz*, rubinetto dell'acqua, del gas. ‖ Fam. *être un vrai robinet (d'eau tiède)* = essere un chiacchierone (insipido).
robinetier [rɔbinətje] m. fabbricante di rubinetti.
robinetterie [rɔbinɛtri] f. [usine] fabbrica di rubinetti. ‖ [ensemble des robinets] rubinetteria.
robinier [rɔbinje] m. Bot. robinia f. | *robinier commun*, falsa acacia.
roboratif, ive [rɔbɔratif, iv] adj. corroborante, tonificante.
robot [rɔbo] m. robot, automa.
robuste [rɔbyst] adj. Pr. et fig. robusto.
robustesse [rɔbystɛs] f. robustezza.
1. roc [rɔk] m. roccia f., masso, macigno. | *creusé en plein roc*, scavato nel masso vivo. | *bâtir sur le roc*, costruire sulla roccia (pr. et fig.). ‖ Fig. *ferme comme un roc*, saldo come una roccia.
2. roc m. [échecs] V. ROQUE.
rocade [rɔkad] f. Mil. arroccamento m. ‖ Transp. = deviazione parallela (a un'altra strada).
rocaille [rɔkaj] f. pietraia. ‖ Art rocaille (fr.). ◆ adj. inv. *style rocaille*, stile rocaille.
rocailleux, euse [rɔkajø, øz] adj. Pr. pietroso, sassoso. ‖ Fig. aspro, duro.
rocambole [rɔkɑ̃bɔl] f. Bot. aglio romano.
rocambolesque [rɔkɑ̃bɔlɛsk] adj. rocambolesco, spericolato.
rocelle [rɔsɛl] f. Bot. oricello m.
rochassier, ère [rɔʃasje, ɛr] n. [alpinisme] rocciatore, trice.
roche [rɔʃ] f. Géol. roccia. ‖ [masse de pierre] roccia, rupe. | *cristal de roche*, cristallo di rocca. | *eau de roche*, acqua sorgiva. ‖ Fig. *clair comme de l'eau de roche* = chiaro come la luce del sole. ‖ Loc. *il y a anguille sous roche* = gatta ci cova. ‖ Hist. *la Roche tarpéienne*, la Rupe tarpea. ‖ Zool. *coq de roche*, galletto di roccia ; rupicola f.
1. rocher [rɔʃe] m. roccia f., rupe f., masso ; [récif] scoglio. ‖ Anat. rocca f. ‖ Culin. = pasticcino in forma di piccola roccia.
2. rocher v. intr. [mousser] spumeggiare.
1. rochet [rɔʃɛ] m. [surplis] rocchetto, roccetto.
2. rochet m. [bobine] rocchetto. ‖ Méc. *roue à rochet*, ruota a rocchetto.
rocheux, euse [rɔʃø, øz] adj. roccioso.
rock [rɔk] m. Myth. rokh, rukh.
rocking-chair [rɔkiɲtʃɛr] m. (angl.) sedia (f.) a dondolo.
rococo [rɔkɔko] adj. inv. Art rococò. ‖ [démodé] passato di moda, antiquato. ◆ n. m. rococò.
rodage [rɔdaʒ] m. Techn. rodaggio, spuntigliatura f. ‖ Autom. *en rodage*, in rodaggio. ‖ Fig. rodaggio ; messa (f.) a punto.
rôdailler [rodaje] v. intr. Fam. gironzolare.
rodéo [rɔdeo] m. rodeo (esp.).
roder [rɔde] v. tr. Pr. rodare, spuntigliare. ‖ Fig. rodare, mettere a punto. | *être bien rodé*, essere ben rodato.
rôder [rode] v. intr. vagare, errare ; aggirarsi v. pr. (péjor.).
rôdeur, euse [rodœr, øz] n. et adj. vagabondo. | *rôdeur de nuit*, malvivente notturno.
rodomont [rɔdɔmɔ̃] m. rodomonte.
rodomontade [rɔdɔmɔ̃tad] f. rodomontata.
rogations [rɔgasjɔ̃] f. pl. Relig. rogazioni.
rogatoire [rɔgatwar] adj. Jur. rogatorio. | *commission rogatoire*, (commissione) rogatoria f.
rogaton [rɔgatɔ̃] m. Fam. avanzo, rimasuglio (l.c.).
rognage [rɔɲaʒ] m. [d'un livre ; du papier] rifilatura f., raffilatura f.
rogne [rɔɲ] f. Fam. paturn(i)e f. pl. ; rabbia, cattivo umore (l.c.). | *être en rogne*, avere (addosso) le paturn(i)e. | *mettre qn en rogne*, far venire a uno le paturn(i)e, mandare in bestia qlcu.
rogne-pied [rɔɲpje] m. inv. raschiatoio (del maniscalco).
1. rogner [rɔɲe] v. tr. [livre ; papier] rifilare, raffilare. | *rogner ses ongles*, tagliare le unghie. | *rogner les ailes*, tarpare le ali (pr. et fig.). ‖ [retrancher] ridurre, diminuire. | *rogner sur*, lesinare su.
2. rogner v. intr. Fam. avere (addosso) le paturn(i)e.
rogneur, euse [rɔɲœr, øz] n. [ouvrier] rifilatore, trice. ◆ n. f. [machine] rifilatrice.
rognon [rɔɲɔ̃] m. Culin. rognone ; arnione (rég.). ‖ Géol. rognone.
rognonnade [rɔɲɔnad] f. Culin. rognonata.
rognure [rɔɲyr] f. ritaglio m. ; [de papier] ritaglio, raffilatura, rifilatura ; [d'ongle] pezzettino m.
rogomme [rɔgɔm] m. Pop. *voix de rogomme* = voce roca da alcolizzato.
1. rogue [rɔg] adj. arrogante ; tracotante (rare).
2. rogue f. = uova (f. pl.) di merluzzo o di aringa usate come esca per la pesca delle sardine.
roi [rwa] m. Pr. et fig. re m. inv. | *sous le roi Humbert*, sotto re Umberto. | *les Rois mages, le Roi du Ciel*, i re magi, il Re dei cieli. | *le roi des animaux, de l'acier, des imbéciles*, il re degli animali, dell'acciaio, degli imbecilli. ‖ Relig. *le jour, la fête des Rois*, l'Epifania ; la Befana (fam.). | *tirer les Rois* = consumare in famiglia la torta dell'Epifania. | *morceau de roi*, boccone da re, da prete. ‖ Jeu re. ‖ Hist. *roi d'armes*, re d'armi. ‖ Loc. *le roi n'est pas son cousin* = che spocchia !, che boria ! ; che spocchioso !, che borioso ! (adj.). | *être plus royaliste que le roi*, essere più realista del re. | *travailler pour le roi de Prusse* = lavorare suo malgrado per la gloria. | *échec au roi !*, a re !, (scacco) al re !
roide [rwad] adj. Vx V. RAIDE.
roitelet [rwatlɛ] m. regolo. ‖ Zool. *roitelet (huppé)*, regolo. | *roitelet triple-bandeau*, fiorrancino.
rôle [rol] m. [liste] ruolo. | *rôle des contribuables, de l'équipage*, ruolo dei contribuenti, dell'equipaggio. | *mettre une cause au rôle*, iscrivere una causa a ruolo. ‖ Jur. = il retto e il verso di un foglio di carta bollata. ‖ Loc. *à tour de rôle :* Jur. nell'ordine di iscrizione a ruolo ; l.c. a turno, ciascuno a sua volta. ‖ Cin., Théâtre ruolo, parte f. | *un petit rôle, un bout de rôle*,

una piccola parte, una particina. | *premier rôle,* ruolo di primo attore, di prima attrice. | *jouer, tenir, créer le rôle de Rodrigue,* sostenere, interpretare, recitare, creare la parte di Rodrigo. || FIG. *jouer un grand rôle, un rôle secondaire,* avere, svolgere un ruolo importante, secondario, una parte importante, secondaria. | *jouer un vilain rôle,* fare una brutta parte, una partaccia. | *avoir le beau rôle,* farci un figurone. | *intervertir les rôles,* invertire le parti. || [fonction] ruolo, funzione f. | *le rôle du médecin,* il ruolo, la funzione del medico. | *ce n'est pas mon rôle de,* non è mio compito. | *le rôle du verbe dans la phrase,* la funzione del verbo nella frase.

rollmops [rɔlmɔps] m. inv. rollmops (all.).

1. romain, e [rɔmɛ̃, ɛn] adj. et n. romano. ◆ n. m. TYP. *(caractère) romain,* (carattere) romano, tondo. || LING. romano, romanesco.

2. romaine f. [balance] stadera.

3. romaine f. BOT. romana (bionda) ; insalata romana.

romaïque [rɔmaik] adj. romaico. ◆ n. m. LING. greco moderno ; neogreco.

1. roman, e [rɔmɑ̃, an] adj. et n. m. ART romanico. || LING. romanzo.

2. roman m. PR. et FIG. romanzo. | *roman de chevalerie, de cape et d'épée, d'anticipation,* romanzo cavalleresco, di cappa e spada, avveniristico, di fantascienza. | *roman policier,* romanzo poliziesco ; giallo. || FIG. *c'est du roman !,* è roba da romanzo ! | *c'est tout un roman,* è un vero romanzo. || ***roman-feuilleton,*** romanzo d'appendice. || ***roman-fleuve,*** romanzo fiume. || ***roman-photo,*** fotoromanzo, cineromanzo.

romance [rɔmɑ̃s] f. HIST. LITT., MUS. romanza.

romancer [rɔmɑ̃se] v. tr. romanzare. | *histoire romancée,* storia romanzata.

romancero [rɔmɑ̃sero] m. HIST. LITT. romancero (esp.).

romanche [rɔmɑ̃ʃ] m. LING. romancio.

romancier, ère [rɔmɑ̃sje, ɛr] n. romanziere, a.

romand, e [rɔmɑ̃, ɑ̃d] adj. romando.

romanesque [rɔmanɛsk] adj. romanzesco. || [rêveur] romantico, sentimentale. ◆ n. m. romanzesco.

roman-feuilleton, roman-fleuve m. V. ROMAN 2.

romani [rɔmani], **romanichel, elle** [rɔmaniʃɛl] ou (péjor.) **romano** [rɔmano] n. zingaro. || [vagabond] vagabondo.

romaniser [rɔmanize] v. tr. romanizzare.

romaniste [rɔmanist] n. ART., JUR., LING. romanista.

romano n. V. ROMANI.

roman-photo m. V. ROMAN 2.

romantique [rɔmɑ̃tik] adj. et n. PR. et FIG. romantico.

romantisme [rɔmɑ̃tism] m. romanticismo.

romarin [rɔmarɛ̃] m. BOT. rosmarino.

rombière [rɔ̃bjɛr] f. POP. = donna piuttosto anziana, noiosa, pretensiosa e ridicola.

roméique [rɔmeik] adj. et n. m. V. ROMAÏQUE.

rompre [rɔ̃pr] v. tr. [casser] rompere, spezzare. | *rompre le pain,* spezzare, rompere il pane. | *le fleuve a rompu ses digues,* il fiume ha rotto gli argini. || [faire cesser] *rompre le jeûne, le silence, le charme, ses fiançailles, les négociations, le pacte,* rompere il digiuno, il silenzio, l'incanto, il fidanzamento, i negoziati, il patto. | *rompre une amitié,* troncare un'amicizia. || FAM. *rompre la tête, les oreilles,* rompere il capo, i timpani. || [accoutumer] addestrare. | *rompre qn aux affaires,* addestrare qlcu. agli affari. | *être rompu à la fatigue,* V. ROMPU. || MIL. *rompez (les rangs) !,* rompete le righe, le file ! | *rompre les lignes ennemies,* sfondare le linee nemiche. || RELIG. *rompre ses vœux,* infrangere i voti. || LOC. *applaudir à tout rompre,* applaudire fragorosamente, freneticamente. | *rompre le fil d'un discours, les ponts, la glace,* rompere il filo di un discorso, i ponti, il ghiaccio. | *rompre ses fers,* spezzare i ceppi. | *rompre une lance pour qn, avec qn,* V. LANCE. | *rompre les chiens,* richiamare i cani (pr.) ; = cambiar discorso (fig.). ◆ v. intr. [se briser] rompersi, spezzarsi. || FIG. *rompre avec qn,* rompere con uno. | *rompre avec une (mauvaise) habitude,* romperla con una (cattiva) abitudine. || SPORT indietreggiare. | [escrime] *rompre d'une semelle,* indietreggiare di un passo. || LOC. *rompre en visière à, avec* = attaccare (v. tr.) a viso aperto. ◆ v. pr. rompersi, spezzarsi. | *se rompre le cou,* rompersi l'osso del collo.

rompu, e [rɔ̃py] adj. *rompu de fatigue,* sfinito dalla stanchezza. || [endurant] *rompu à la fatigue,* rotto alle fatiche. || [expérimenté] rotto, avvezzo. | *rompu aux affaires,* molto pratico degli affari. || LOC. *à bâtons rompus,* V. BÂTON. ◆ n. m. FIN. spezzatura f.

romsteck ou **rumsteck** [rɔmstɛk] m. (angl.) scamone (septentr.) ; mela f., melino (tosc.) ; [fascia (f.) di] pezza f. (rom.).

ronce [rɔ̃s] f. BOT. rovo m., spino m., pruno m. | *ronce artificielle,* filo spinato. || [veine de bois] venatura. | *meuble en ronce de noyer,* mobile di noce venato.

ronceraie [rɔ̃srɛ] f. roveto m., spineto m., prunaio m.

ronceux, euse [rɔ̃sø, øz] adj. [plein de ronces] pieno di rovi. || [veiné] *bois ronceux,* legno venato.

ronchon [rɔ̃ʃɔ̃] n. FAM. borbottone, a ; brontolone, a.

ronchonneau ou **ronchonnot** [rɔ̃ʃɔno] m. FAM. = ufficiale borbottone.

ronchonnement [rɔ̃ʃɔnmɑ̃] m. FAM. borbottìo, brontolìo, borbottamento ; mugugno (rég.).

ronchonner [rɔ̃ʃɔne] v. intr. FAM. borbottare, brontolare ; mugugnare (rég.).

ronchonneur, euse [rɔ̃ʃɔnœr, øz] adj. FAM. bisbetico. ◆ n. brontolone, a ; borbottone, a.

roncier [rɔ̃sje] m. ou **roncière** [rɔ̃sjɛr] f. cespuglio (m.) di rovi.

1. rond, e [rɔ̃, rɔ̃d] adj. PR. (ro)tondo. | *la terre est ronde,* la terra è (ro)tonda. | *visage rond,* viso (ro)tondo. | *écriture ronde,* scrittura rotonda. | *yeux ronds,* occhi tondi. | *dos rond,* schiena curva. | *table ronde,* tavola tonda ; [réunion] tavola rotonda. || HIST. LITT. *chevaliers, romans de la Table ronde,* cavalieri, romanzi della Tavola rotonda. || LOC. *ouvrir des yeux tout ronds,* sgranare tanto d'occhi. || FIG. schietto, franco. | *être rond en affaires,* essere schietto, franco negli affari. || [entier] tondo. | *en chiffres ronds,* in cifra tonda. | *vingt francs tout ronds,* venti franchi tondi tondi. | *compte rond,* conto arrotondato. || TYP. *lettre ronde,* (carattere) tondo m. || FAM. [gros et court] tondo. | *cet enfant est tout rond,* questo bambino è tondo tondo. || POP. [ivre] sbronzo (fam.). ◆ adv. *tourner rond,* funzionare bene, perfettamente. | *ça ne tourne pas rond* (fig., fam.) = c'è qualcosa che non funziona, che non va.

2. rond m. [cercle] cerchio, tondo, anello. | *tracer un rond,* tracciare un tondo. || [dans l'eau] cerchio. || [de fumée] anello. || [de carton] tondo. | *rond de serviette,* portatovagliolo ; anello per tovagliolo. | *rond de jambe,* rond de jambe (fr.). | *faire des ronds de jambe* (fig.) = profondersi in salamelecchi. || FAM. *en rester comme deux ronds de flan* = restare meravigliato. || POP. *ça coûte vingt ronds* = costa venti franchi. | *ne pas avoir le rond,* non avere il becco di un quattrino (fam.). | *avoir des ronds,* avere soldi, quattrini, palanche (rare). || ANAT. *petit rond, grand rond,* muscolo piccolo rotondo, grande rotondo. ◆ loc. adv. ***en rond,*** in tondo, in cerchio. | *tourner en rond,* girare in tondo. | *s'asseoir en rond,* sedere in cerchio.

rondache [rɔ̃daʃ] f. MIL. rotella, rondaccia.

rond-de-cuir [rɔ̃dkɥir] m. PÉJOR. travet m. inv. ; burocrate (L.C.).

ronde [rɔ̃d] f. MIL. ronda. | *faire la ronde,* far la ronda, andare di ronda. | *chemin de ronde,* cammino di ronda ; rondello m. || [surveillance] giro (m.) d'ispezione. || [danse] girotondo m. || FIG. *la ronde des jours,* l'avvicendarsi dei giorni. || MUS. semibreve. || [écriture] scrittura rotonda ; ronde (fr.). ◆ loc. adv. ***à la ronde,*** tutt'intorno, tutt'in giro. || FIG. *à cent lieues à la ronde,* per un raggio, nel raggio di molti e molti chilometri. | *boire à la ronde,* bere a turno.

1. rondeau [rɔ̃do] ou (vx) **rondel** [rɔ̃dɛl] m. MUS., POÉS. rondeau (fr.), rondò.

2. rondeau m. AGR. rullo.

ronde-bosse [rɔ̃dbɔs] f. tutto tondo. | *en ronde bosse,* a tutto tondo.

rondelet, ette [rɔ̃dlɛ, ɛt] adj. FAM. grassoccio, grassottello, paffutello. ‖ FIG. *somme rondelette,* bella sommetta, somma discreta.
rondelle [rɔ̃dɛl] f. [petite tranche] fetta, fettina. ‖ TECHN. rondella, rosetta. | *rondelle de joint,* anello (m.) di guarnizione.
rondement [rɔ̃dmɑ̃] adv. [promptement] speditamente, risolutamente. ‖ [loyalement] francamente, con schiettezza. | *parler rondement,* parlare chiaro e tondo.
rondeur [rɔ̃dœr] f. PR., VX rotondità (L.C.). | *rondeur de la terre,* rotondità della terra. | *les rondeurs du corps,* le rotondità del corpo. ‖ [harmonie d'une phrase] rotondità. ‖ [franchise] schiettezza, franchezza.
rondin [rɔ̃dɛ̃] m. [à brûler] tondino ; [pour construire] = tronco d'abete scortecciato. ‖ [gros bâton] randello.
rondo [rɔ̃do] m. (ital.) MUS. rondò.
rondouillard, e [rɔ̃dujar, ard] adj. FAM. grassoccio, cicciuto.
rond-point [rɔ̃pwɛ̃] m. rondò, largo ; rond-point (fr.).
ronéo [rɔneo] f. ciclostile m.
ronéoter [rɔneɔte] ou **ronéotyper** [rɔneɔtipe] v. tr. ciclostilare.
ronflant, e [rɔ̃flɑ̃, ɑ̃t] adj. PR. et FIG. rimbombante ; reboante, altisonante (littér.).
ronflement [rɔ̃fləmɑ̃] m. [du dormeur] (il) russare ; russamento (rare). ‖ [moteur] rombo, (il) ronfare ; [toupie] ronzìo ; [poêle] borbottìo.
ronfler [rɔ̃fle] v. intr. russare ; [très fort] ronfare. ‖ FAM. [dormir profondément] ronfare. ‖ [moteur] rombare, ronfare ; [toupie] ronzare ; [poêle] borbottare. ‖ LOC. *faire ronfler les vers* = declamare enfaticamente i versi.
ronfleur, euse [rɔ̃flœr, øz] n. chi russa. ◆ n. m. ÉLECTR. cicalino, cicalina f.
rongement [rɔ̃ʒmɑ̃] m. rodimento.
ronger [rɔ̃ʒe] v. tr. [avec les dents] rodere, rosicchiare. | *ronger ses ongles,* mangiarsi le unghie. | *ronger son frein,* mordere il freno (pr. et fig.). ‖ [rouiller] (cor)rodere ; [éroder] corrodere, erodere. ‖ [tourmenter] rodere, struggere, consumare. | *la passion, le remords le ronge,* la passione lo strugge, il rimorso lo rode ; si strugge di passione, dalla passione, per la passione ; si rode dal rimorso, per il rimorso. ◆ v. pr. FIG. rodersi, struggersi. | *se ronger d'impatience,* rodersi, struggersi d'impazienza, dall'impazienza. ‖ POP. *se ronger les sangs* = stare in pensiero.
rongeur, euse [rɔ̃ʒœr, øz] adj. roditore, trice. ◆ n. m. roditore.
ronron [rɔ̃rɔ̃] m. FAM. [du chat ; d'un moteur] V. RONRONNEMENT. ‖ [récitation] = recitazione (f.) monotona.
ronronnement [rɔ̃rɔnmɑ̃] m. [du chat] (il) far le fusa, (il) ronfare. ‖ [d'un moteur] (il) ronfare.
ronronner [rɔ̃rɔne] v. intr. [chat] far le fusa, ronfare. ‖ [moteur] ronfare.
rooter [rutœr] m. TECHN. rooter, ripper (angl.).
roque [rɔk] m. [échecs] arroccamento.
roquer [rɔke] v. intr. [échecs] arroccare.
roquet [rɔkɛ] m. PR. et FIG. botolo.
roquetin [rɔktɛ̃] m. TEXT. rocchetto.
1. roquette [rɔkɛt] f. BOT. ruchetta.
2. roquette f. MIL. razzo m.
rosace [rozas] f. ARCHIT. rosone m., fiorone m.
rosacé, e [rozase] adj. BOT. rosaceo. ‖ MÉD. *acné rosacée,* acne rosacea. ◆ n. f. MÉD. rosacea. ◆ n. f. pl. BOT. rosacee.
rosaire [rozɛr] m. RELIG. rosario. | *dire, réciter son rosaire,* dire, recitare il rosario.
rosalbin [rozalbɛ̃] m. ZOOL. rosalba f.
rosat [roza] adj. inv. PHARM. rosato adj.
rosbif [rɔsbif] m. rosbif.
1. rose [roz] f. BOT. rosa. | *rose pompon,* rosa di maggio. | *rose de chien,* rosa canina, di macchia. | *rose de Noël,* rosa di Natale ; elleboro nero. | *rose thé,* (rosa) tea, rosa tè. | *rose trémière,* V. TRÉMIÈRE. | *bois de rose,* legno di rose, legno (di) rosa. | *eau de rose,* acqua di rose. | *(diamant en) rose,* (diamante a) rosa ; diamante (a) rosetta. ‖ FIG. *teint de rose,* carnagione rosea. | *frais comme une rose,* fresco come una rosa. ‖ FAM. *ne pas sentir la rose* (euph.) = puzzare. | *envoyer sur les roses* = mandare al diavolo (fam.). | *à l'eau de rose,* all'acqua di rose. | *découvrir le pot aux roses,* V. POT. ‖ ARCHIT. rosa. ‖ GÉOGR. *rose des vents,* rosa dei venti. ‖ MINÉR. *rose des sables, des déserts,* rosa del deserto. ‖ PROV. *pas de roses sans épines,* non c'è rosa senza spine.
2. rose adj. rosa inv. ‖ [visage, teint] roseo. ◆ n. m. rosa. | *vieux rose,* rosa antico. | *rose bonbon,* rosa confetto. ‖ FIG. *voir tout en rose, la vie en rose,* veder tutto rosa, la vita color di rosa.
rosé, e [roze] adj. rosato, roseo. | *(vin) rosé,* rosato ; rosé (fr.).
roseau [rozo] m. BOT. canna f. ‖ LITTÉR. *roseau pensant,* canna pensante.
rose-croix [rozkrwa] m. inv. HIST. rosacroce ; rosacrociano m. ‖ [dans la franc-maçonnerie] rosacroce.
rosée [roze] f. rugiada ; [abondante] guazza. ‖ FIG. *tendre comme la rosée* = tenerissimo. ‖ PHYS. *point de rosée,* punto di rugiada.
roséole [rozeɔl] f. MÉD. roseola.
roseraie [rozrɛ] f. roseto m., rosaio m.
rosette [rozɛt] f. [nœud] fiocco m. ‖ [décoration] rosetta. ‖ BOT. rosetta. ‖ [de montre] registro m.
rosier [rozje] m. rosaio.
rosière [rozjɛr] f. = reginetta di virtù.
rosiériste [rozjerist] m. rosicoltore.
rosir [rozir] v. intr. diventar roseo, colorirsi di rosa. ◆ v. tr. rendere roseo.
rossard, e [rɔsar, ard] adj. FAM. malevolo, feroce, spietato (L.C.).
rosse [rɔs] f. [cheval] rozza, brenna. ‖ FIG., FAM. carogna. ◆ adj. [mordant] mordace, caustico ; [sévère] feroce, spietato.
rossée [rɔse] f. FAM. sacco (m.), scarica di botte, di legnate.
rosser [rɔse] v. tr. FAM. picchiare, pestare ; bastonare di santa ragione ; [dans une bataille] battere, vincere (L.C.). | *se faire rosser,* buscarne, prenderle.
rosserie [rɔsri] f. FAM. [parole, action] carognata ; [caractère] cattiveria (L.C.).
rossignol [rɔsiɲɔl] m. ZOOL. usignolo. ‖ FAM. [crochet] grimaldello (L.C.). ‖ FAM. [marchandise] fondo, scarto di magazzino, roba (f.) di scarto (L.C.).
rossinante [rɔsinɑ̃t] f. ronzinante m.
1. rossolis [rɔsɔlis] m. BOT. rosolida f, drosera f.
2. rossolis m. [liqueur] rosolio.
rostral, e, aux [rɔstral, o] adj. ANTIQ. rostrato ; rostrale (littér.).
rostre [rɔstr] m. ANTIQ., ZOOL. rostro. ◆ pl. ANTIQ. Rostri.
1. rot [ro] m. POP. rutto.
2. rot [rɔt] m. AGR. marciume.
rôt [ro] m. VX V. RÔTI.
rotacé, e [rɔtase] adj. BOT. rotato.
rotang [rɔtɑ̃g] m. BOT. rotang ; canna (f.) d'India.
rotangle ou **rotengle** [rɔtɑ̃gl] m. ZOOL. scardola f.
rotarien, enne [rɔtarjɛ̃, ɛn] adj. et n. rotariano.
rotary [rɔtari] m. MIN., TÉLÉCOM. rotary (angl.).
rotateur, trice [rɔtatœr, tris] adj. ANAT. rotatorio.
rotatif, ive [rɔtatif, iv] adj. rotativo. ◆ n. f. TYP. rotativa.
rotation [rɔtasjɔ̃] f. PR. rotazione. ‖ FIG. *rotation du capital,* rotazione del capitale. | *rotation des cultures,* rotazione, avvicendamento (m.) delle colture. | *rotation du personnel,* avvicendamento del personale.
rotationnel, elle [rɔtasjɔnɛl] adj. PHYS. rotazionale.
rotatoire [rɔtatwar] adj. rotatorio.
1. rote [rɔt] f. MUS. crotta, rotta.
2. rote f. RELIG. *tribunal de la rote,* Sacra (Romana) Rota.
rotengle m. V. ROTANGLE.
roténone [rɔtenɔn] f. PHARM. rotenone m.
roter [rɔte] v. intr. POP. ruttare.
rôti [roti] m. arrosto.
rôtie [roti] f. CULIN. [toast] = fetta di pane abbrustolito, tostato. ‖ [canapé] crostino m.
rotifère [rɔtifɛr] m. ZOOL. rotifero.
rotin [rɔtɛ̃] m. BOT. V. ROTANG. ‖ FIG., POP. *pas un rotin,* nemmeno il becco di un quattrino (fam.).

rôtir [rotir] v. tr. CULIN. arrostire. | *viande, poulet rôti(e),* carne, pollo arrosto (inv.). | *faire rôtir,* cuocere, fare arrosto. || [brûler] bruciare. ◆ v. intr. stare arrostendo. || FIG., FAM. *on rôtit ici,* qui si cuoce. ◆ v. pr. *se rôtir au soleil,* arrostire, arrostirsi al sole.
rôtissage [rotisaʒ] m. (rare) arrostimento (L.C.).
rôtisserie [rotisri] f. rosticceria.
rôtisseur [rotisœr] m. rosticciere.
rôtissoire [rotiswar] f. forno (m.) con girarrosto.
rotogravure [rɔtɔgravyr] f. rotocalco m., rotocalcografia.
rotonde [rɔtɔ̃d] f. ARCHIT., CH. DE F. rotonda.
rotondité [rɔtɔ̃dite] f. rotondità.
rotor [rɔtɔr] m. AÉR., ÉLECTR. rotore.
rotule [rɔtyl] f. ANAT. rotula. || MÉC. snodo m.
rotulien, enne [rɔtyljɛ̃, ɛn] adj. ANAT. rotuleo.
roture [rɔtyr] f. HIST. [condition] = condizione non nobile; ignobiltà (littér.). || [classe] = ceto (m.) non nobile.
roturier, ère [rɔtyrje, ɛr] adj. HIST. = non nobile; ignobile (littér.). || FIG. plebeo. ◆ n. = persona di origini non nobili.
rouable [rwabl] m. [du boulanger] tirabrace m. inv. || [du saunier] rastrello (senza denti).
rouage [rwaʒ] m. rotella f. | *lubrifier les rouages,* lubrificare le rotelle, il rotismo, il congegno. || FIG. *les rouages de l'administration,* il meccanismo amministrativo. | *être un rouage parmi d'autres,* essere una rotella fra le altre.
1. rouan, anne [rwɑ̃, an] adj. [cheval] roano.
2. rouanne [rwan] f. TECHN. trivella.
roublard, e [rublar, ard] adj. FAM. furbo, astuto (L.C.). ◆ n. FAM. furbacchione, a; volpone, a; imbroglione, a.
roublardise [rublardiz] f. FAM. furberia, astuzia (L.C.).
rouble [rubl] m. rublo.
roucoulade [rukulad] f. ou **roucoulement** [rukulmɑ̃] m. (il) tubare (pr. et fig.), (il) tortoreggiare (fig.).
roucouler [rukule] v. intr. tubare (pr. et fig.); tortoreggiare (fig.). ◆ v. tr. (rare) gorgheggiare.
roue [ru] f. ruota. | *le supplice de la roue,* il supplizio della ruota. || JEU *grande roue,* grande ruota, ruota panoramica. || FIG. *roue de la fortune,* ruota della fortuna. | *être en haut, en bas de la roue,* essere al colmo della fortuna, della miseria. || LOC. *faire la roue,* fare la ruota (pr. et fig.); pavoneggiarsi (fig.). | *mettre des bâtons dans les roues,* V. BÂTON. | *pousser à la roue* = dare una mano. | *être la cinquième roue du carrosse,* essere l'ultima ruota del carro. | *virage sur les chapeaux de roue* (fam.) = curva presa a tutta birra.
roué, e [rwe] adj. [supplicié] arrotato. | *roué de coups,* picchiato di santa ragione. || [rusé] furbo, astuto. ◆ n. [rusé] furbacchione, a; volpone, a. || HIST. roué (fr.), libertino, scapestrato.
rouelle [rwɛl] f. VX fetta tonda (L.C.). || CULIN. *rouelle de veau,* fetta tonda di coscio di vitello.
rouennerie [rwanri] f. = sorta di tela a colori.
rouer [rwe] v. tr. [supplicier] arrotare. | *rouer qn de coups,* picchiare uno di santa ragione.
rouerie [ruri] f. furberia, astuzia.
rouet [rwɛ] m. filatoio. || MAR. puleggia f. || MIL., VX ruota f.
rouf [ruf] m. MAR. tuga f.
rouflaquettes [ruflakɛt] f. pl. FAM. [favoris] basette (L.C.).
rouge [ruʒ] adj. rosso. | *vin rouge,* vino rosso, nero. | *avoir les yeux rouges,* avere gli occhi rossi. | *être rouge de honte,* essere rosso dalla vergogna. | *feu rouge :* [circulation] semaforo rosso, rosso m.; [de véhicule] fanale, fanalino rosso, di coda. | *cheveux rouges,* capelli di un rosso acceso. || FIG. *lanterne rouge,* fanalino di coda. | *fer rouge,* ferro rovente. || POLIT. rosso. | *téléphone rouge,* linea rossa. ◆ n. m. rosso. | *rouge brique, foncé, sang,* rosso mattone, cupo, sangue. || [fard] rossetto. | *se mettre du rouge,* darsi il rossetto. || FIG. rossore. || AUTOM. *passer au rouge,* passare col rosso. || JEU *miser sur le rouge,* puntare sul rosso. || POLIT. rosso. || TECHN. *porter au rouge,* arroventare. || FAM. [vin] = vino rosso. | *gros rouge* = vino rosso ordinario. ◆ adv. *se fâcher tout rouge,* andare su tutte le furie. | *voir rouge,* vedere rosso. || FAM. *voter rouge,* votare comunista (L.C.).
rougeâtre [ruʒɑtr] adj. rossastro, rossiccio.
rougeaud, e [ruʒo, od] adj. et n. FAM. rubicondo adj. (L.C.).
rouge-gorge [ruʒgɔrʒ] m. ZOOL. pettirosso.
rougeoiement [ruʒwamɑ̃] m. (il) rosseggiare; riflesso rossastro.
rougeole [ruʒɔl] f. BOT. melampiro m. || MÉD. morbillo m.
rougeoleux, euse [ruʒɔlø, øz] adj. morbilloso. ◆ n. bambino morbilloso.
rougeoyant, e [ruʒwajɑ̃, ɑ̃t] adj. rosseggiante.
rougeoyer [ruʒwaje] v. intr. rosseggiare.
rouge-queue [ruʒkø] m. ZOOL. codirosso.
rouget [ruʒɛ] m. VÉTÉR. mal rossino. || ZOOL. triglia f. | *rouget de roche,* triglia di scoglio. | *rouget grondin,* capone imperiale.
rougeur [ruʒœr] f. rossore m. ◆ pl. macchie rosse.
rougi, e [ruʒi] adj. [yeux] arrossato, rosso. | *eau rougie,* acqua tinta.
rougir [ruʒir] v. tr. arrossare. || MÉTALL. arroventare. || [teinter] *rougir son eau,* mettere un dito di vino nell'acqua. | *rougir la terre de son sang,* bagnare la terra di sangue. || FIG. *rougir ses mains de sang,* imbrattarsi le mani di sangue. ◆ v. intr. PR. diventare rosso; arrossarsi; arrossare (rare). || [par émotion] arrossire; [de honte] arrossire, vergognarsi.
rougissant, e [ruʒisɑ̃, ɑ̃t] adj. = che arrossisce.
rouille [ruj] f. ruggine. || AGR. ruggine. ◆ adj. inv. color ruggine.
rouillé, e [ruje] adj. PR. et FIG. arrugginito.
rouiller [ruje] v. tr. PR. et FIG. arrugginire. ◆ v. intr. PR. et FIG. arrugginire, arrugginirsi. || AGR. essere colpito dalla ruggine. ◆ v. pr. PR. et FIG. arrugginirsi.
rouillure [rujyr] f. AGR., MÉTALL. rugginosità.
rouir [rwir] v. tr. macerare.
rouissage [rwisaʒ] m. macerazione f.
rouissoir [rwiswar] m. maceratoio.
roulade [rulad] f. MUS. gorgheggio m. | *faire des roulades,* gorgheggiare. || CULIN. [viande, gâteau] roulade (fr.), rollè m.
roulage [rulaʒ] m. TRANSP. *entreprise de roulage,* impresa di trasporti (m. pl.). || MIN. carreggio. || AGR., MÉTALL. rullatura f.
roulant, e [rulɑ̃, ɑ̃t] adj. [à roulettes] a rotelle. | *fauteuil roulant,* poltrona a rotelle. | *table roulante,* carrello m. || LOC. *(cuisine) roulante,* cucina rotabile, da campo. | *escalier roulant,* scala mobile. | *essuie-mains roulant,* bandinella f. | *pont roulant,* carroponte m. (pl. carriponte). | *tapis roulant,* trasportatore m. | *trottoir roulant,* marciapiede scorrevole. | *matériel roulant,* materiale rotabile. | *le personnel roulant, les roulants,* il personale viaggiante. || MIL. *feu roulant,* fuoco tambureggiante (pr.); fuoco di fila (pr. et fig.). || FAM. [drôle] buffissimo.
roulé, e [rule] adj. *col roulé,* colletto alto. || PHILOL. *« r » roulé,* « r » dentale. || POP. *(bien) roulée* = ben fatta, formosa. ◆ n. m. CULIN. V. ROULADE. ◆ n. f. POP. fracco (m.) di botte.
rouleau [rulo] m. rotolo. | *essuie-mains à rouleau,* bandinella f. || [bigoudi] bigodino, diavolino. || [vague] maroso. || [de machine à écrire] rullo portacarta. || AGR. rullo. || CULIN. *rouleau à pâtisserie,* matterello; spianatoio (rare). || PHOT. rotolo, rollino. || [saut en hauteur] ventrale. || TECHN. *rouleau compresseur,* rullo compressore, compressore stradale. || TYP. *rouleau encreur,* inchiostratore. || FIG. FAM. *être au bout de son rouleau,* essere agli sgoccioli.
roulement [rulmɑ̃] m. [mouvement] (il) rotolare, rotolamento. | *le roulement d'une bille,* il rotolare di una pallina. | *roulement d'yeux,* (il) roteare gli occhi. | *roulement de hanches,* (l') ancheggiare. || [bruit] rimbombo, rombo; [du tonnerre] rimbombo, rombo, (il) brontolare; [prolongé] brontolìo; [de tambour] rullo;

[prolongé] rullìo ; [de véhicules] passaggio, rumore. || [succession] avvicendamento, rotazione f. | *par roulement,* a turno. || FIN. *roulement de capitaux,* giro di capitali. | *fonds de roulement,* fondo di cassa. || MÉC. *roulement à billes, à rouleaux, à aiguilles,* cuscinetto a sfere, a rulli, ad aghi.

rouler [rule] v. tr. [en faisant tourner] rotolare ; [en poussant] spingere. | *rouler un tonneau,* rotolare, ruzzolare una botte. | *rouler le fauteuil du malade,* spingere la poltrona del malato. || LOC. *rouler les yeux,* roteare gli occhi. | *rouler les hanches,* ancheggiare. || [enrober] *rouler dans le sucre, dans la farine,* passare nello zucchero, nella farina. || [aplanir] *rouler un terrain,* spianare, rullare un terreno. | *rouler la pâte,* spianare la pasta. || [mettre en rouleau] *rouler du tissu, du papier, une cigarette,* arrotolare della stoffa, della carta, una sigaretta. | *rouler ses manches,* rimboccarsi le maniche. || FIG. *rouler un projet dans sa tête,* rimuginare un progetto. || FAM. [tromper] infinocchiare, turlupinare. | *je me suis fait rouler,* me l'hanno fatta. || LOC. *rouler les «r»,* pronunciare la «r» dentale. | *rouler sa bosse,* girare mezzo mondo. | *rouler carrosse* = vivere da nababbo. ◆ v. intr. [se mouvoir en roulant] rotolare. | *le ballon roule,* il pallone rotola. || [tomber] ruzzolare. | *il a roulé dans l'escalier,* ha ruzzolato le scale, è ruzzolato (giù) per le scale. || [suj. véhicule ; voyager] andare, correre, viaggiare. | *le train roulait à vive allure, lentement,* il treno correva a tutta velocità, andava piano. | *l'avion roulait sur la piste,* l'aereo rullava sulla pista. | *ce chauffeur roule à gauche,* quest'autista corre a sinistra. | *nous avons roulé toute la nuit,* abbiamo viaggiato la notte intera. | *il a roulé partout,* ha girato mezzo mondo. || FIG. [produire un bruit] rimbombare, rombare ; [tambour] rullare. || [avoir pour objet] *rouler sur,* vertere su, aggirarsi su. || MAR. rollare. || LOC. FAM. *rouler sur l'or,* sguazzare nell'oro. | *ça roule !* = va tutto bene ! ◆ v. pr. [se tourner et retourner] rotolarsi, avvoltolarsi. | *rire à se rouler par terre,* torcersi dalle risa. || [s'envelopper dans] avvolgersi (in). || [s'enrouler sur soi-même] arrotolarsi. | *le papier se roule,* la carta si arrotola. | *se rouler en boule,* acciambellarsi.

roulette [rulɛt] f. rotella. | *fauteuil, patins à roulettes,* poltrona, pattini a rotelle. | *sifflet à roulette,* fischietto con la pallina. || [de dentiste] trapano m. || [de pâtissier] tagliapasta m. inv., tagliasfoglia m. inv. || JEU roulette (fr.). || FAM. *aller comme sur des roulettes* = andare a gonfie vele.

rouleur [rulœr] m. MIN. carriolante. || [cyclisme] passista.

roulier [rulje] m. Vx barrocciaio, carrettiere (L.C.).

roulis [ruli] m. rollìo. | *coup de roulis,* rollata f.

roulotte [rulɔt] f. [de nomade] carrozzone m. || Vx [de camping] roulotte (fr.), carovana.

roulotter [rulɔte] v. tr. = fare un orlo arrotolato a.

roulure [rulyr] f. AGR. cipollatura, accerchiatura. || FIG., POP. = donna di strada.

roumain, e [rumɛ̃, ɛn] adj. et n. romeno, rumeno. ◆ n. m. LING. romeno, rumeno.

roumi [rumi] m. rum.

round [rawnd] m. SPORT round (angl.), ripresa f.

1. roupie [rupi] f. FAM. [morve] moccio m. (L.C.). || LOC. *ce n'est pas de la roupie de sansonnet* = non è roba di scarto.

2. roupie f. [monnaie] rupia.

roupiller [rupije] v. intr. FAM. = dormire.

roupillon [rupijɔ̃] m. FAM. pisolino. | *piquer un roupillon,* schiacciare un pisolino.

rouquin, e [rukɛ̃, in] adj. et n. FAM. rosso (L.C.).

rouscailler [ruskaje] v. intr. POP. V. ROUSPÉTER.

rouspétance [ruspetɑ̃s] f. FAM. protesta, scontento m. (L.C.) ; mugugno m. (rég.). | *et pas de rouspétance !,* niente storie !

rouspéter [ruspete] v. intr. FAM. protestare, brontolare (L.C.). ; mugugnare (rég.).

rouspéteur, euse [ruspetœr, øz] n. FAM. brontolone, a ; borbottone, a.

roussâtre [rusɑtr] adj. rossastro, rossiccio.

rousserolle [rusrɔl] f. ZOOL. cannaiola.

roussette [rusɛt] f. [chauve-souris] rossetta. || [poisson] gattuccio m.

rousseur [rusœr] f. [couleur] = colore rosso acceso ; color fulvo. | *tache de rousseur,* lentiggine, efelide. | *couvert de taches de rousseur,* lentigginoso adj.

roussi [rusi] m. odore di bruciaticcio. || LOC. *sentir le roussi,* avere odore di, sapere di bruciaticcio (pr.) ; andare a finir male (fig.).

roussin [rusɛ̃] m. Vx ronzone. || LOC. *roussin d'Arcadie,* ciuco.

roussir [rusir] v. tr. [rendre roux] arrossare. || [brûler légèrement] abbruciacchiare ; [du tissu] strinare. ◆ v. intr. diventare rossiccio. || CULIN. *faire roussir,* rosolare.

roussissement [rusismɑ̃] m. ou **roussissure** [rusisyr] f. (rare) abbruciacchiamento m., abbruciacchiatura f. ; [tissu] strinatura f.

routage [rutaʒ] m. = smistamento e avviamento.

route [rut] f. strada, via ; cammino m. | *mauvaise route,* stradaccia. | *route départementale, nationale,* strada provinciale, statale. | *grande route, grand-route,* strada maestra. | *route de campagne,* strada, via di campagna. | *code de la route,* codice stradale. | *police de la route,* (polizia) stradale f. | *course sur, transport par route,* corsa, trasporto su strada. | *accident de la route,* incidente stradale. | *arriver par la route,* arrivare in macchina. | *le rail et la route,* la rete ferroviaria e la rete stradale. | *faire de la route,* fare molta strada. | *en cours de route,* strada facendo. | *compagnon de route,* compagno di viaggio, di strada (pr. et fig.). | *carnet de route,* diario, taccuino di viaggio. | *il y a quatre heures de route,* ci sono quattro ore di strada. | *faire la route à pied,* fare il cammino a piedi. | *faire route avec qn,* far cammino con qlcu. | *se mettre en route,* mettersi in cammino, in strada ; avviarsi, incamminarsi. | *en route !,* via ! andiamo ! || FIG. strada. | *nos routes se sont croisées,* le nostre strade si sono incontrate. | *changer, se tromper de route,* cambiare, sbagliare strada. | *faire fausse route,* sbagliare (di) strada (pr.) ; essere fuori strada (fig.). | *être sur la bonne route,* essere sulla buona strada (pr. et fig.). | *mettre en route,* avviare. | *mise en route,* avviamento m. || AÉR., MAR. rotta. | *faire route vers,* far rotta per. || ASTR. corso m. || AUTOM. *tenir la route,* tenere la strada. || MIL. *feuille de route,* foglio di via. || MUS. *chanson de route,* canzone di marcia.

router [rute] v. tr. = smistare e avviare.

routier, ère [rutje, ɛr] adj. stradale. | *gare routière,* stazione di autolinee (f. pl.). | *police routière,* (polizia) stradale f. | *transports routiers,* trasporti su strada, autotrasporti m. pl. | *transporteur routier,* autotrasportatore m. ◆ n. m. autotrasportatore, camionista, autotrenista. || MAR. carta nautica (su piccola scala). || [cycliste] stradista ; routier (fr.). || [scout] guida f. || FIG. *un vieux routier* = una vecchia volpe, un uomo navigato. ◆ n. f. automobile da strada.

routine [rutin] f. routine (fr.), lunga pratica ; monotona e meccanica consuetudine ; trantran m.

routinier, ère [rutinje, ɛr] adj. abitudinario, meccanico. ◆ n. persona abitudinaria.

rouvieux [ruvjø] m. VÉTÉR. rogna f., scabbia f. ◆ adj. m. rognoso, scabbioso.

rouvraie [ruvrɛ] f. rovereto m.

rouvre [ruvr] adj. et n. m. BOT. *(chêne) rouvre,* rovere f. ou m.

rouvrir [ruvrir] v. tr. PR. et FIG. riaprire ; aprire di nuovo. ◆ v. pr. riaprirsi. ◆ v. intr. riaprirsi, essere riaperto.

roux, rousse [ru, rus] adj. rosso ; biondo fulvo. | *personne rousse,* persona dai capelli rossi, fulvi. || ASTR. *lune rousse,* luna rossa, d'aprile. || CULIN. *beurre roux,* burro rosolato, dorato. ◆ n. rosso, a ; uomo, donna dai capelli rossi. ◆ n. m. [couleur] rosso. || CULIN. roux (fr.).

royal, e, aux [rwajal, o] adj. reale, regio, regale. | *famille, ordonnance royale,* famiglia, ordinanza reale. | *décret royal,* decreto reale ; regio decreto. | *marine royale,* regia marina. | *palais royal,* palazzo reale ; reggia f. | *la Maison royale,* la Casa reale, la real Casa.

| *altesse royale*, altezza reale. | *prince royal*, principe ereditario. || FIG. regale. | *une démarche royale*, un passo, un incedere regale. | *générosité royale*, generosità regale. | *cadeau royal*, regalo sontuoso. | *la voie royale* = la via più gloriosa. | *indifférence royale*, perfetta indifferenza. | *on m'a laissé une paix royale* (fam.), mi hanno lasciato in santa pace. || ZOOL. *aigle, tigre royal*, aquila, tigre reale.
royalement [rwajalmɑ̃] adv. regalmente, maestosamente. | *payer royalement*, pagare profumatamente. || FAM. *s'en moquer royalement*, infischiarsene altamente.
royalisme [rwajalism] m. monarchismo (rare); fedeltà (f.) alla monarchia.
royaliste [rwajalist] adj. monarchico, realista. || FIG. *être plus royaliste que le roi*, essere più realista del re. ◆ n. realista; monarchico m.
royalties [rwajalti] f. pl. royalties (angl.).
royaume [rwajom] m. PR. et FIG. regno; reame (littér.). || MYTH. *le royaume des morts*, il regno dei morti; gli inferi. || RELIG. *le royaume des cieux, de Dieu*, il regno dei cieli, di Dio.
royauté [rwajote] f. [dignité] regalità; dignità regale. | *aspirer à la royauté*, aspirare al regno, al trono. || RELIG. *royauté du Christ*, regalità di Cristo. || [régime] monarchia. | *erreurs, chute de la royauté*, errori, caduta della monarchia.
ru [ry] m. (rég.) ruscello, ruscelletto.
ruade [rɥad] f. scalciata. | *lancer des ruades*, tirare, sferrare calci (m. pl.); scalciare v. intr.
ruban [rybɑ̃] m. nastro. || [décoration] nastro, nastrino. | *ruban rouge*, nastro, nastrino della Legion d'onore. || ARCHIT. nastro, fascia f. || MAR. *ruban bleu*, nastro azzurro. || TECHN. nastro. | *ruban de machine à écrire, isolant, adhésif, magnétique*, nastro dattilografico, isolante, adesivo, magnetico. | *mètre, scie à ruban*, metro, sega a nastro.
rubané, e [rybane] adj. *agate rubanée*, agata striata, venata.
rubanerie [rybanri] f. industria, commercio (m.) di nastri.
rubanier, ère [rybanje, ɛr] adj. *industrie rubanière*, V. RUBANERIE. ◆ n. m. fabbricante, commerciante di nastri.
rubato [rubato] m. (ital.) MUS. (tempo) rubato.
rubéfaction [rybefaksjɔ̃] f. MÉD. arrossamento m.
rubéfiant, e [rybefjɑ̃, ɑ̃t] adj. rubefacente.
rubéfier [rybefje] v. tr. arrossare.
rubellite [rybɛlit] f. MINÉR. rubellite, siberite.
rubéole [rybeɔl] f. MÉD. rosolia; rubeola (rare).
rubéoleux, euse [rybeɔlø, øz] ou **rubéolique** [rybeɔlik] adj. = relativo alla rosolia, alla rubeola.
rubescent, e [rybɛsɑ̃, ɑ̃t] adj. *peau rubescente*, pelle un po' rossa, facilmente irritabile.
rubiacées [rybjase] f. pl. BOT. rubiacee.
rubican [rybikɑ̃] adj. rabicano.
rubicelle [rybisɛl] f. MINÉR. rubicello m.
rubicond, e [rybikɔ̃, ɔ̃d] adj. rubicondo.
rubidium [rybidjɔm] m. CHIM. rubidio.
rubigineux, euse [rybiʒinø, øz] adj. rugginoso.
rubis [rybi] m. MINÉR., TECHN. rubino. || LOC. *payer rubis sur l'ongle*, pagare sull'unghia. ◆ adj. color rubino.
rubricateur [rybrikatœr] m. PHILOL. rubricatore.
rubrique [rybrik] f. [catégorie] voce, classe, categoria. | *classer sous des rubriques différentes*, classificare sotto voci diverse. || JOURN. rubrica. | *rubrique littéraire*, rubrica letteraria; terza pagina. || JUR., VX rubrica. ◆ f. pl. RELIG. rubriche.
ruche [ryʃ] f. PR. alveare m., arnia. || [essaim] sciame m. || FIG. alveare, formicaio m. || MODE [ou ***ruché*** m.] ruche (fr.), gala.
ruchée [ryʃe] f. = popolazione, prodotto (m.) d'un alveare, di un'arnia.
1. rucher [ryʃe] m. apiario.
2. rucher v. tr. MODE increspare; guarnire con una ruche, con una gala. || AGR. *rucher le foin* = disporre il fieno in covoni a forma di alveare.
rude [rud] adj. [au toucher] ruvido. | *surface rude*, superficie ruvida. | *barbe rude*, barba dura, ispida. || [au goût, à l'ouïe] aspro. | *vin, voix rude*, vino aspro, voce aspra. || [fruste] rozzo, rude. | *paysan rude*, contadino rozzo, rude. || [bourru] ruvido. | *manières rudes*, maniere ruvide. || [sévère] rude, duro. || [dur à supporter] duro, rude, faticoso. | *métier rude*, duro mestiere, mestiere faticoso. | *rude travail*, lavoro rude, duro, faticoso. | *hiver rude*, inverno duro, rigido. | *rude épreuve*, dura prova; ardua prova (littér.). | *chemin rude*, cammino scabroso. || FAM. *un rude adversaire*, un duro, temibile avversario. | *avoir la main rude*, avere la mano dura. | *avoir un rude appétit*, avere un appetito formidabile. ◆ n. f. pl. FAM. *en voir de rudes*, vederne di cotte e di crude.
rudement [rydmɑ̃] adv. PR. rudemente, duramente, rozzamente, aspramente. || FIG. duramente, crudelmente. || FAM. [beaucoup] molto (L.C.). | *avoir rudement faim*, avere una fame da lupo.
rudenté, e [rydɑ̃te] adj. rudentato.
rudenter [rydɑ̃te] v. tr. munire di rudenti.
rudenture [rydɑ̃tyr] f. ARCHIT. rudente m.
rudéral, e, aux [ryderal, o] adj. BOT. ruderale.
rudération [ryderasjɔ̃] f. acciottolato m.
rudesse [rydɛs] f. [au toucher] ruvidezza; [au goût, à l'ouïe] asprezza. || [dureté] ruvidezza, durezza, severità. | *rudesse de manières*, ruvidezza, rozzezza di modi. | *traiter qn avec rudesse*, trattare qlcu. con durezza, senza riguardo.
rudiment [rydimɑ̃] m. rudimento.
rudimentaire [rydimɑ̃tɛr] adj. rudimentale.
rudoiement [rydwamɑ̃] m. strapazzamento, maltrattamento.
rudoyer [rydwaje] v. tr. strapazzare, maltrattare, bistrattare.
1. rue [ry] f. via, strada. | *la grand-rue, la rue principale*, la via maestra, il corso. | *rue passante*, via molto frequentata. | *dans la rue :* [sans mouvement] in strada; [avec mouvement] per la strada. | *habiter rue de Seine*, abitare in via Senna. || [habitants] *toute la rue était en émoi*, tutta la strada era in subbuglio. || FIG. *homme de la rue*, uomo qualunque. | *fille des rues*, donna di strada. | *bataille de rue*, sommossa di piazza. | *descendre dans la rue* [pour manifester], scendere in piazza. | *être à la rue*, rimanere, ridursi, essere ridotto sul lastrico. | *jeter, mettre à la rue*, gettare sul lastrico; mettere in mezzo alla strada. || FAM. *courir, traîner les rues* = essere saputo e risaputo; essere arcinoto. | *à tous les coins de rue*, ad ogni angolo di strada.
2. rue f. BOT. ruta.
ruée [rɥe] f. irruzione, corsa. | *c'est la ruée dans les magasins*, è un precipitarsi nei negozi. || LOC. *la ruée vers l'or*, la febbre dell'oro.
ruelle [rɥɛl] f. vicolo m., viuzza. || [entre le lit et le mur; entre deux lits] anditino m.; corsello m. (rare); [entre deux lits] corsia. || HIST. LITTÉR. alcova.
ruer [rɥe] v. intr. tirare, sferrare calci; scalciare. || FIG. *ruer dans les brancards*, ricalcitrare. ◆ v. pr. **(sur)** scagliarsi, avventarsi (contro). | *tout le monde se rua dans le magasin*, tutti si precipitarono nel negozio. | *se ruer à l'attaque*, lanciarsi all'attacco.
ruf(f)ian [ryfjɑ̃] m. ruffiano.
rugby [rygbi] m. SPORT rugby (angl.); palla (f.) ovale; pallovale f. | *rugby à treize, à quinze*, rugby tredici, quindici.
rugbyman [rygbiman] m. (pl. **rugbymen**) rugbista.
rugir [ryʒir] v. intr. et tr. (littér.) PR. et FIG. ruggire.
rugissant, e [ryʒisɑ̃, ɑ̃t] adj. ruggente.
rugissement [ryʒismɑ̃] m. PR. et FIG. ruggito.
rugosité [rygozite] f. rugosità, ruvidità, asperità.
rugueux, euse [rygø, øz] adj. rugoso, ruvido.
ruiler [rɥile] v. tr. TECHN. raccordare.
ruine [rɥin] f. PR. et FIG. rovina. | *en ruine*, in rovina; rovinato, diroccato adj.; diruto adj. (littér.). | *tomber en ruine*, cadere in rovina. | *menacer ruine*, minacciare rovina, minacciare di crollare; essere pericolante. | *courir à sa ruine*, correre incontro alla propria rovina. | *causer la ruine de qn*, mandare qlcu. in rovina; provocare la rovina, il fallimento di qlcu. || [cause de ruine] *il est la ruine de sa famille*, è la rovina della

famiglia. || FIG. *n'être plus qu'une ruine,* sembrare un rudere. ◆ m. pl. rovine ; ruderi m. pl.
ruiner [rɥine] v. tr. PR. rovinare ; mandare in rovina. || FIG. rovinare, distruggere. | *ruiner sa santé,* rovinarsi la salute. ◆ v. pr. rovinarsi.
ruineusement [rɥinøzmɑ̃] adv. dispendiosamente.
ruineux, euse [rɥinø, øz] adj. [qui amène la ruine] rovinoso. || [coûteux] costoso, dispendioso. || Vx [en ruine] = in rovina.
ruiniforme [rɥinifɔrm] adj. GÉOL. ruiniforme.
ruiniste [rɥinist] m. ART rovinista.
ruisseau [rɥiso] m. ruscello ; rivo (littér.). || [caniveau] rigagnolo. || FIG. *ruisseaux de larmes, de sang,* rivi, rivoli di lacrime, di sangue. || PÉJOR. *rouler dans le ruisseau* = cadere molto in basso. | *ramasser qn dans le ruisseau,* raccogliere qlcu. dalla strada, dal fango. || PROV. *les petits ruisseaux font les grandes rivières,* tanti piccoli ruscelli fanno grandi fiumi.
ruisselant, e [rɥislɑ̃, ɑ̃t] adj. scorrente, fluente. | *ruisselant de pluie, de sueur,* grondante di pioggia, di sudore. || FIG. *ruisselant de lumière,* sfavillante di luce.
ruisseler [rɥisle] v. intr. scorrere. | *ruisseler de sueur,* grondare di sudore. || FIG. *ruisseler de lumière,* sfavillare.
ruisselet [rɥislɛ] m. ruscelletto ; rivolo (littér.).
ruissellement [rɥisɛlmɑ̃] m. (lo) scorrere, (il) grondare. || FIG. *ruissellement de pierreries, de lumière,* (lo) sfavillare delle gemme, della luce ; sfavillìo di gemme, di luce. || GÉOGR. ruscellamento.
rumba [rumba] f. rumba (esp.).
rumen [rymɛn] m. ZOOL. rumine, panzone.
rumeur [rymœr] f. rumore m. ; [légère] brusìo m., mormorìo m. | *rumeur de mécontentement,* brontolìo (m.) di scontento. || [nouvelle] voce, diceria. | *la rumeur court que,* corre voce che. | *rumeur publique,* voce pubblica.
rumex [rymɛks] m. BOT. romice f.
ruminant, e [ryminɑ̃, ɑ̃t] adj. et n. m. ZOOL. ruminante.
rumination [ryminasjɔ̃] f. ZOOL. ruminazione. || FIG. (il) rimuginare, rimuginìo m.
ruminer [rymine] v. tr. et intr. ZOOL. ruminare. || FIG. ruminare, rimuginare.
rumsteck m. V. ROMSTECK.
rune [ryn] f. LING. runa.
runique [rynik] adj. runico.
ruolz [rɥɔls] m. = metallo dorato o argentato elettroliticamente.
rupestre [rypɛstr] adj. BOT. rupestre, rupicolo. || ART rupestre, parietale.
rupicole [rypikɔl] m. ZOOL. rupicola f. ; galletto di roccia.
rupin, e [rypɛ̃, in] adj. POP. ricco, lussuoso (L.C.). ◆ n. m. POP. riccone, elegantone (fam.).
rupiner [rypine] v. intr. ARG. UNIV. = essere un cannone ; riuscire brillantemente (L.C.).
rupteur [ryptœr] m. ÉLECTR. ruttore.
rupture [ryptyr] f. PR. et FIG. rottura. | *rupture des fiançailles, du mariage, d'une liaison,* rottura del fidanzamento, del matrimonio, di una relazione (amorosa). | *point de rupture,* punto di rottura. | *dispositif de rupture,* ruttore m. || MÉD. *rupture d'un vaisseau,* rottura di un vaso. || MIL. *rupture du front,* rottura del fronte ; sfondamento m. | *bataille de rupture,* battaglia di rottura. || PHYS. *charge, limite de rupture,* carico, limite di rottura. || LOC. *en rupture avec,* in contrasto con. || LITTÉR. *rupture de ton,* salto (m.) di tono.
rural, e, aux [ryral, o] adj. rurale. ◆ n. m. pl. rurali.
ruse [ryz] f. [art] furberia, astuzia, scaltrezza, furbizia ; [moyen] furberia, astuzia, trucco m. || MIL. *ruse de guerre,* stratagemma m.
rusé, e [ryze] adj. furbo, astuto, scaltro. || FAM. *un rusé compère,* un volpone, un furbacchione ; un furbo matricolato, un furbo di tre cotte. ◆ n. furbo, a ; furbacchione, a. | *c'est un petit rusé,* è un furbacchiotto.
ruser [ryze] v. intr. giocare d'astuzia.
rush [rœʃ] m. (angl.) [football] attacco ; [cyclisme] scatto finale ; volata f. || [ruée] irruzione f., corsa f., (il) precipitarsi.
russe [rys] adj. et n. russo. || CULIN. *salade russe,* insalata russa. ◆ n. m. LING. russo.
russifier [rysifje] v. tr. russificare.
russification [rysifikasjɔ̃] f. russificazione.
russophile [rysɔfil] adj. et n. russofilo.
russule [rysyl] f. BOT. rossola, russola, russula.
rustaud, e [rysto, od] adj. rustico, zotico, zoticone, rozzo. ◆ n. m. tanghero, zotico, zoticone.
rustauderie [rystodri] f. (rare) rusticaggine, zotichezza, zoticaggine (L.C.).
rusticage [rystikaʒ] m. TECHN. intonaco alla rustica.
rusticité [rystisite] f. rusticità, rustichezza. || AGR. rusticità.
Rustine [rystin] f. = pezza di gomma.
rustique [rystik] adj. [de la campagne ; simple] rustico, campagnolo, di campagna ; rusticale (littér.). | *divinité rustique,* divinità agreste, dei campi. | *style, meuble rustique,* stile, mobile rustico. | *bois rustique,* legno greggio. || FIG. rustico, rozzo, zotico. || AGR. rustico. || ARCHIT. *ordre rustique,* ordine rustico. ◆ n. m. TECHN. martellina f. (a denti).
rustiquer [rystike] v. tr. [crépir] intonacare alla rustica.
rustre [rystr] adj. et n. m. rozzo adj., zotico, villano, cafone. | *se conduire comme un rustre,* avere dei modi da bifolco, essere un cafone.
rut [ryt] m. fregola f. | *être en rut,* essere, andare in fregola.
rutabaga [rytabaga] m. BOT. rutabaga f.
rutacées [rytase] f. pl. BOT. rutacee.
ruthénium [rytenjɔm] m. CHIM. rutenio.
rutilance [rytilɑ̃s] f. ou **rutilement** [rytilmɑ̃] m. LITTÉR. fulgidezza f. ; vivo splendore m.
rutilant, e [rytilɑ̃, ɑ̃t] adj. [rouge ardent] LITTÉR. rutilante ; rosso splendente, rosso acceso. || [qui brille] rutilante, fulgido, risplendente.
rutile [rytil] m. MINÉR. rutilo.
rutiler [rytile] v. intr. LITTÉR. [en rouge] rutilare (rare). || [briller] rifulgere, risplendere.
rythme [ritm] m. PR. et FIG. ritmo. | *au rythme des tambours,* al, sul ritmo dei tamburi.
rythmer [ritme] v. tr. ritmare.
rythmicien [ritmisjɛ̃] m. studioso di metrica.
rythmique [ritmik] adj. ritmico. ◆ n. f. ritmica.

S

s [ɛs] m. s f. ou m. ‖ [virages] curva (f.) a esse.
sa adj. poss. f. sing. V. SON 1.
sabayon [sabajɔ̃] m. CULIN. zabaione.
sabbat [saba] m. RELIG. sabato ebraico. ‖ [de sorciers] sabba. ‖ FIG., FAM. pandemonio, tregenda f.
sabbatique [sabatik] adj. sa(b)batico. | *repos, année sabbatique,* riposo, anno sabatico. ‖ UNIV. *année sabbatique,* anno sabatico.
sabéen, enne [sabeɛ̃, ɛn] adj. et n. sabeo. ‖ RELIG. sabeo, sabio.
sabelle [sabel] f. ZOOL. sabella.
sabellianisme [sabɛljanism] m. RELIG. sabellianismo.
sabin, e [sabɛ̃, in] adj. et n. sabino. ◆ n. f. BOT. sabina ; (ginepro) sabino.
sabir [sabir] m. sabir ; lingua franca.
sablage [sablaʒ] m. [action de sabler] sabbiatura f. ‖ TECHN. sabbiatura.
1. sable [sabl] m. sabbia f., arena f. ; rena (tosc.). | *grains de sable,* granelli di sabbia. | *étendue de sable,* arenile m. | *plage de sable fin,* spiaggia di sabbia fine. | *sables mouvants,* sabbie mobili. | *tempête de sable,* V. TEMPÊTE. ‖ MÉD. *bain de sable,* bagno di sabbia ; sabbiatura f. ‖ MÉTALL. *sable de fonderie,* sabbia da fonderia. ‖ LOC. FIG. *bâtir sur le sable,* costruire sulla sabbia, sull'arena. | *écrire, semer sur le sable,* scrivere sulla sabbia ; seminare nella sabbia. | *bâti à chaux et à sable,* V. CHAUX. ‖ FAM. *avoir du sable dans les yeux,* avere gli occhi che pizzicano dal sonno (L.C.). | *le marchand de sable est passé,* vengono, arrivano i pisani (tosc.). ◆ adj. inv. color sabbia. | *être sur le sable,* essere al verde.
2. sable m. HÉRALD. nero.
sablé, e [sable] adj. cosparso di sabbia. ‖ CULIN. *pâte sablée,* pasta sabbiosa ; sablée (fr.). ◆ n. m. sablé (fr.).
sabler [sable] v. tr. coprire, cospargere di sabbia ; insabbiare ; sabbiare (rare). ‖ TECHN. sabbiare. ‖ LOC. *sabler le champagne,* brindare con lo champagne.
sableur [sablœr] m. [ouvrier] sabbiatore.
sableuse [sabløz] f. [machine] sabbiatrice.
sableux, euse [sablø, øz] adj. sabbioso, arenoso.
sablier [sablije] m. clessidra (f.), orologio a sabbia.
1. sablière [sablijɛr] f. [carrière] cava di sabbia. ‖ CH. DE F. sabbiera.
2. sablière f. ARCHIT. corrente m.
sablon [sablɔ̃] m. sabbia (f.) fine.
sablonneux, euse [sablɔnø, øz] adj. sabbioso.
sablonnière [sablɔnjɛr] f. cava di sabbia fine.
sabord [sabɔr] m. MAR. portello. | *sabord de charge,* portellone di carico. | *sabord de tir,* cannoniera f.
sabordage [sabɔrdaʒ] ou **sabordement** [sabɔrdəmɑ̃] m. MAR. affondamento, autoaffondamento. ‖ FIG. autodistruzione f.
saborder [sabɔrde] v. tr. MAR. affondare. ‖ FIG. sabotare. ◆ v. pr. MAR. autoaffondarsi. ‖ FIG. autodistruggersi.
sabot [sabo] m. [chaussure] zoccolo. ‖ [d'animal] zoccolo, unghia f. ‖ [de meuble] zoccolo. ‖ [toupie] paleo. ‖ TECHN. *sabot d'enrayage, d'arrêt,* scarpa (f.) d'arresto. | *sabot de frein,* ceppo del freno. | *sabot de pieu,* puntazza (f.) del palo. ‖ *baignoire sabot,* semicupio. ‖ CH. DE F. [de traverse] intaglio. ‖ FIG., FAM. [mauvais instrument] baracca f. ; [auto] macinino, trabiccolo ; [mauvais travailleur] zoccolo, schiappa f. | *jouer au tennis comme un sabot,* essere una schiappa al tennis. ‖ LOC. FAM. *je le vois, je l'entends venir avec ses gros sabots* = capisco dove vuole andare a parare. | *dormir comme un sabot,* dormire come un ghiro.
sabotage [sabɔtaʒ] m. [fabrication de sabots] fabbricazione (f.) di zoccoli. ‖ [détérioration volontaire] sabotaggio (pr. et fig.). ‖ CH. DE F. sabotatura f.
saboter [sabɔte] v. tr. TECHN. munire di una puntazza. ‖ CH. DE F. sabotare. ‖ [mal exécuter] abborracciare. | *saboter un morceau de musique,* assassinare un pezzo musicale. ‖ [détériorer] sabotare (pr.) ; sabotare, ostacolare (fig.).
saboterie [sabɔtri] f. fabbrica di zoccoli.
saboteur, euse [sabɔtœr, øz] n. sabotatore, trice.
sabotier [sabɔtje] m. zoccolaio.
sabre [sabr] m. sciabola f. | *coup de sabre,* sciabolata f., colpo di sciabola. | *frapper à coups de sabre,* colpire a sciabolate. | *coup de plat de sabre,* piattonata f. | *sabre au clair,* con la sciabola sguainata. | *faire du sabre,* tirare di sciabola. | *sabre d'abattis,* machete f. (esp.). | *sabre d'abordage,* sciabola d'abbordaggio. | *sabre-baïonnette,* sciabola baionetta f. | *sabre de bois,* spada di legno ; spatola (f.) ; [juron] perdindirindina ! ; perdinci ! ‖ FAM. = rasoio. ‖ LOC. *traîneur de sabre,* V. TRAÎNEUR. ‖ FAM. *le sabre et le goupillon,* V. GOUPILLON.
sabrer [sabre] v. tr. sciabolare. | *sabrer à droite et à gauche,* sciabolare a destra e a manca. ‖ FIG., FAM. [faire vite et mal] acciabattare. ‖ [faire des coupures] fare tagli (a) [L.C.]. ‖ [refuser] *sabrer la moitié des candidats,* bocciare la metà dei candidati. ‖ [critiquer férocement] stroncare.
sabretache [sabretaʃ] f. MIL., VX giberna.
sabreur [sabrœr] m. VX sciabolatore (L.C.). ‖ FIG., FAM. acciabattone.
saburral, e, aux [sabyral, o] adj. MÉD. saburrale.
1. sac [sak] m. sacco ; borsa f. | *sac en papier, d'emballage, à blé,* sacco di carta, da imballaggio, da grano. | *sac postal,* sacco postale. | *hors sac,* fuori sacco. | *petit sac,* sacchetto. | *gros sac,* saccone. | *sac à ouvrage,* V. OUVRAGE. | *sac de voyage,* borsa, sacca (f.) da viaggio. | *sac à provisions,* sporta f. ; borsa della spesa. | *sac (à main),* borsetta f. | *sac à dos,* zaino. | *sac de montagne, tyrolien,* sacco alpino, da montagna. | *sac de couchage,* sacco a pelo, sacco a piuma. | *sac à malices :* [d'escamoteur] sacco del prestigiatore ; [individu] furbo matricolato, furbo di tre cotte. ‖ [contenu] *sac de blé,* sacco di grano. ‖ ANAT., BOT. sacco. | *sac lacrymal,* sacco lacrimale. | *sac embryonnaire,* sacco embrionale. ‖ JEU *course en sac,* corsa nei sacchi. | [vêtement] sacco. ‖ MODE *paletot, robe sac,* paltò, abito a sacco, a sacchetto. ‖ FAM. *sac à vin,* spugna f., beone. | *homme de sac et de corde,* V. CORDE. | *avoir plus d'un tour dans son sac,* V. TOUR. ‖ PÉJOR. *mettre dans le même sac,* mettere nello stesso mazzo. ‖ MAR. *mettre sac à terre,* rifiutare di imbarcarsi. ‖ LOC. *prendre qn la main dans le sac,* cogliere qlcu. con le mani nel sacco. | *vider son sac,* vuotare il sacco, spifferare tutto. | *être fagoté, ficelé comme un sac,* parere una balla di cenci, un sacco di stracci. | *l'affaire est dans le sac,* V. AFFAIRE. | *sac à papier !,* corpo di Bacco ! ‖ POP. *épouser le sac,* sposare una riccona (L.C.). ‖ ARG. [= 10 F] sacco.
2. sac m. [pillage] sacco. | *mettre à sac,* mettere a sacco ; saccheggiare. | *mise à sac,* saccheggio m.
saccade [sakad] f. [en équitation] tirata di briglie ; sbrigliata. ‖ [secousse, à-coup] scatto m., strappo m. | *marcher par saccades,* camminare a scatti, a strappi. | *parler, rire par saccades,* parlare, ridere a scatti.
saccadé, e [sakade] adj. a scatti. | *gestes saccadés,* gesti a scatti. | *faire des gestes saccadés, parler d'une voix saccadée,* gestire, parlare a scatti.
saccage [sakaʒ] m. saccheggio, devastazione f.
saccager [sakaʒe] v. tr. PR. mettere a sacco, saccheggiare, devastare. ‖ FAM. *les enfants ont saccagé le*

jardin, i bambini hanno devastato il giardino (L.C.). | *les cambrioleurs ont saccagé l'appartement*, i ladri hanno messo sottosopra, a soqquadro l'appartamento.
saccageur, euse [sakaʒœr, øz] n. saccheggiatore, trice.
saccharase [sakarɑz] f. saccarasi.
saccharate [sakarat] m. CHIM. saccarato.
saccharifère [sakarifɛr] adj. BOT. saccarifero.
saccharification [sakarifikasjɔ̃] f. CHIM. saccarificazione.
saccharifier [sakarifje] v. tr. saccarificare.
saccharimètre [sakarimɛtr] m. IND. saccarimetro.
saccharimétrie [sakarimetri] f. saccarimetria.
saccharine [sakarin] f. CHIM. saccarina.
saccharoïde [sakarɔid] adj. MINÉR. saccaroide.
saccharolé [sakarɔle] m. PHARM. saccarolato, saccarato.
saccharomyces [sakarɔmis] m. pl. CHIM. saccaromiceti.
saccharose [sakaroz] m. CHIM. saccarosio.
saccharure [sakaryr] m. PHARM. saccaruro.
saccule [sakyl] m. ANAT. sacculo.
sacculine [sakylin] f. ZOOL. sacculina.
sacerdoce [sasɛrdɔs] m. PR. et FIG. sacerdozio. || HIST. *les luttes du Sacerdoce et de l'Empire*, la lotta tra il Papato e l'Impero.
sacerdotal, e, aux [sasɛrdɔtal, o] adj. sacerdotale.
sachée [saʃe] f. saccata.
sachem [saʃɛm] m. sachem.
sachet [saʃɛ] m. [petit sac] sacchetto. | *sachet de bonbons*, sacchetto di caramelle. | *sachet de thé*, bustina (f.), sacchetto di tè. || [petit coussin parfumé] sacchetto profumato. | *sachet de lavande*, sacchetto di lavanda, di spigo. || PHARM. cartina f., bustina.
sacoche [sakɔʃ] f. borsa. | *sacoche de facteur*, borsa del portalettere. | *sacoche en bandoulière*, borsa a tracolla. || [de deux-roues] borsa. || *sacoche à outils*, borsa portattrezzi.
sacolève [sakɔlɛv] f. ou **sacoleva** [sakɔleva] m. MAR. saccoleva m. inv.
sacquer v. tr. V. SAQUER.
sacralisation [sakralizasjɔ̃] f. sacralizzazione.
sacraliser [sakralize] v. tr. sacralizzare.
sacramentaire [sakramɑ̃tɛr] m. sacramentario.
sacramental [sakramɑ̃tal] m. sacramentale.
sacramentel, elle [sakramɑ̃tɛl] adj. RELIG. sacramentale. | *paroles sacramentelles*, parole sacramentali, rituali. || FAM. *l'heure sacramentelle du dîner*, l'ora rituale della cena.
1. sacre [sakr] m. RELIG. consacrazione f. || MUS. *« le Sacre du printemps »*, « la Sagra della primavera ».
2. sacre m. ZOOL. sacro, sagro.
1. sacré, e [sakre] adj. PR. et FIG. sacro. | *la personne d'un hôte est sacrée*, la persona dell'ospite è sacra. | *livres, ordres sacrés*, libri, ordini sacri. | *musique sacrée*, musica sacra. || LOC. *le Sacré Collège*, il Sacro Collegio. | *le mal sacré*, il morbo sacro. | *le feu sacré* (pr. et fig.) il sacro fuoco. || FAM. [maudit] *sacré menteur*, bel, dannato bugiardo ; mentitore spudorato. | *sacrée invention !*, benedetta invenzione ! | *ces sacrés Toscans*, questi maledetti Toscani. || [très grand] *avoir une sacrée peur*, avere una santa paura, una paura maledetta. | *avoir un sacré toupet*, avere una bella faccia tosta. ◆ n. m. sacro.
2. sacré, e adj. ANAT. sacrale.
sacré-cœur [sacrekœr] m. RELIG. sacro cuore.
sacrement [sakrəmɑ̃] m. RELIG. sacramento. | *fréquenter les sacrements*, accostarsi ai sacramenti, frequentare i sacramenti. | *se lier par le sacrement*, unirsi nel sacramento del matrimonio. | *le saint sacrement*, il Santissimo (Sacramento). | *les derniers sacrements*, l'ultimo sacramento. || LOC. *promener qch. comme le saint sacrement*, portare qlco. come il Santissimo (Sacramento).
sacrer [sakre] v. tr. PR. et FIG. consacrare. | *sacrer évêque, roi, empereur, (grand) poète*, consacrare vescovo, re, imperatore, (gran) poeta. ◆ v. intr. bestemmiare ; sagrare (pop.).
sacret [sakrɛ] m. ZOOL. sacro, sagro maschio.
sacrificateur, trice [sakrifikatœr, tris] n. sacrificatore, trice.
sacrificatoire [sakrifikatwar] adj. sacrificale.
sacrifice [sakrifis] m. PR. et FIG. sacrificio ; sacrifizio (littér., tosc.). | *offrir un sacrifice, en sacrifice*, offrire un sacrificio, in sacrificio. | *sacrifice humain*, sacrificio umano. | *le saint sacrifice*, il santo sacrificio. | *esprit de sacrifice*, spirito di sacrificio. | *faire sacrifice de soi*, fare sacrificio di sé, di se stesso. | *ne reculer devant aucun sacrifice*, non indietreggiare davanti a nessun sacrificio. ◆ pl. [privations] sacrifici. | *faire des sacrifices pour*, fare sacrifici per.
sacrificiel, elle [sakrifisjɛl] adj. V. SACRIFICATOIRE.
sacrifier [sakrifje] v. tr. PR. et FIG. sacrificare. | *sacrifier un taureau à Jupiter*, sacrificare un toro a Giove. | *sacrifier le contenu à la forme*, sacrificare il contenuto alla forma. | *sacrifier une partie d'un article*, sacrificare parte di un articolo. | *sacrifier ses intérêts à un ami*, sacrificare il proprio interesse a favore di un amico. ◆ v. tr. ind. **(à)** : *sacrifier aux dieux*, sacrificare agli dei. | *sacrifier à une passion*, darsi a una passione. | *sacrifier à la mode*, conformarsi, sacrificare alla moda. ◆ v. pr. sacrificarsi.
sacrilège [sakrilɛʒ] m. [acte] PR. et FIG. sacrilegio ; profanazione f. ◆ n. [coupable] sacrilego, a ; profanatore, trice. ◆ adj. sacrilego.
sacripant [sakripɑ̃] m. farabutto, mascalzone. || PLAIS. *mon sacripant de neveu*, quel sacripante di mio nipote.
sacristain [sakristɛ̃] m. sagrestano, sacrestano ; sacrista, sagrista (rare).
sacristi ! [sakristi] ou **sapristi !** [sapristi] interj. caspita !, perbacco !
sacristie [sakristi] f. sagrestia, sacrestia, sacristia.
sacristine [sakristine] f. sagrestana.
sacro-saint, e [sakrosɛ̃, ɛ̃t] adj. PR. et IRON. sacrosanto.
sacrum [sakrɔm] m. ANAT. (osso) sacro.
sadique [sadik] adj. et n. sadico.
sadisme [sadism] m. sadismo.
sadomasochisme [sadomazɔʃism] m. sadomasochismo.
sad(d)ucéen, enne [sadyseɛ̃, ɛn] n. et adj. sadduceo.
safari [safari] m. safari. | *safari-photo*, safari fotografico.
1. safran [safrɑ̃] m. [fleur ; aromate] zafferano. | *safran des prés*, colchico.
2. safran m. [de gouvernail] pala f.
safrané, e [safrane] adj. color zafferano ; zafferanato (rare).
safranière [safranjɛr] f. campo (m.) di zafferano.
safre [safr] m. MINÉR. ossido di cobalto.
saga [saga] f. saga.
sagace [sagas] adj. sagace, avveduto.
sagacité [sagasite] f. sagacia, sagacità, avvedutezza.
sagaie [sagɛ] f. zagaglia.
sagard [sagar] m. segantino.
sage [saʒ] adj. [circonspect] saggio, savio, assennato. | *agir en homme sage*, agire da savio. | *sage décision, réponse*, saggia, savia decisione, risposta. | *sage conseil*, saggio, savio consiglio. | *il serait sage d'y renoncer*, sarebbe prudente rinunciarvi. || [réglé] *sage dans ses désirs*, moderato nei suoi desideri. || [obéissant] *enfant sage*, bambino buono. | *sois sage, mange*, sii buono, mangia ; su da bravo, mangia. | *sage comme une image*, v. IMAGE. || [pudique] pudico, virtuoso. | *jeune fille, femme sage*, ragazza, donna seria, virtuosa. || RELIG. *les vierges sages*, le vergini sagge. ◆ n. m. savio, sapiente. | *l'idéal stoïcien du sage*, l'ideale stoico del saggio. | *les Sept Sages de l'Antiquité*, i Sette Savi, Sapienti dell'Antichità. || HIST. *conseil des Sages*, consiglio dei Savi, dei Sapienti.
sage-femme [saʒfam] f. levatrice, ostetrica.
sagement [saʒmɑ̃] adv. [avec prudence] saggiamente, assennatamente ; saviamente (vx). || [avec modération] moderatamente, filosoficamente. || [docilement] *aller au lit sagement*, andare a letto buono buono. || [sans

hardiesse] *exécuter sagement un morceau,* suonare un pezzo senza originalità.

sagesse [saʒɛs] f. [connaissance] saggezza. | *Minerve, déesse de la sagesse,* Minerva dea della saggezza. || RELIG. sapienza. | *le don de sagesse,* il dono della sapienza. | *Livre de la Sagesse,* libro della Sapienza. || HIST. LITT. [Verlaine] « Saggezza ». || [qualité du sage] saggezza ; saviezza (Vx). | *sagesse du législateur,* saggezza del legislatore. | *la sagesse des nations,* la saggezza dei popoli. || [modération, circonspection] assennatezza, giudizio m., prudenza. | *avoir la sagesse de renoncer,* avere l'assennatezza, la prudenza di rinunciare. | *la sagesse de ses prétentions,* la moderazione delle sue pretese. | *agir avec sagesse,* agire con giudizio, con saggezza, con sapienza. | *sagesse d'une réponse,* assennatezza di una risposta. | *retour à la sagesse,* ravvedimento m ; resipiscenza f. (littér.). || [docilité] ubbidienza. | *prix de sagesse,* premio di buona condotta. || [chasteté] virtù, castità, costumatezza. || ANAT. *dent de sagesse,* V. DENT.

1. sagittaire [saʒitɛr] m. ANTIQ., ASTR. sagittario.

2. sagittaire f. BOT. sagittaria.

sagittal, e, aux [saʒital, o] adj. sagittale. | *coupe sagittale,* sezione sagittale. || ANAT. *suture sagittale,* sutura sagittale.

sagitté, e [saʒite] adj. BOT. saettato, sagittato.

sagou [sagu] m. sago, sagù.

sagouin [sagwɛ̃] m. ZOOL. uistitì. ◆ n. FIG., FAM. *sagouin, sagouine,* sudicione, sudiciona.

sagoutier [sagutje] m. BOT. sagus.

saharien, enne [saarjɛ̃, ɛn] adj. sahariano. ◆ n. f. MODE sahariana.

1. saie [sɛ] f. ANTIQ. [manteau] saio m.

2. saie ou **soie** [swa] f. [brosse] spazzolino (m.) da orefice.

saïga [saiga] m. ZOOL. saiga f.

saignant, e [sɛɲɑ̃, ɑ̃t] adj. sanguinante. | *blessure saignante* (pr.), ferita sanguinante. | *plaie encore saignante* (fig.) piaga che sanguina tuttora. || CULIN. [peu cuit] al sangue ; sanguinante.

saignée [seɲe] f. MÉD. salasso m. || [pli du bras] piega (f.) del gomito. || [rigole] canaletto (m.) di scolo. || FAM. [sacrifice d'argent] salasso. || TECHN. [dans un mur] incassatura, traccia. || FIG. [perte en vies humaines] emorragia, ecatombe, falcidia.

saignement [sɛɲmɑ̃] m. emorragia f. | *saignement de nez,* emorragia nasale. || MÉD. *temps de saignement,* tempo di coagulazione.

saigner [seɲe] v. tr. [tirer du sang] salassare. | *saigner à blanc,* dissanguare. || [tuer] sgozzare. || [faire écouler l'eau] prosciugare. || FIG. [rançonner] dissanguare, salassare. ◆ v. intr. PR. et FIG. sanguinare. | *la blessure saigne,* la ferita sanguina. | *il saigne du nez,* gli esce il sangue dal naso ; fa sangue dal naso. | *le cœur me saigne,* mi sanguina il cuore. ◆ v. pr. FIG., FAM. dissanguarsi, svenarsi. | *il s'est saigné aux quatre veines pour acheter un appartement,* si è dissanguato, svenato per comprare l'appartamento.

saigneur [sɛɲœr] m. [d'animal] scannatore (rare).

saillant, e [sajɑ̃, ɑ̃t] adj. sporgente, prominente, saliente. | *console, corniche saillante,* mensola, cornicione sporgente. | *menton saillant,* mento prominente. | *os saillant,* osso saliente. | *pommettes saillantes,* zigomi sporgenti. || FIG. *fait, trait saillant,* fatto, tratto saliente, rilevante. || HÉRALD. saliente. || MATH. *angle saillant,* angolo saliente. ◆ n. m. [fortification] saliente.

saillie [saji] f. sporgenza. | *buter contre la saillie d'un rocher,* battere contro la sporgenza di una roccia. | *os qui fait saillie,* osso saliente. || [boutade] battuta scherzosa ; arguzia, frizzo m. || ARCHIT. aggetto m., sporgenza. | *faire saillie,* sporgere, aggettare. | *en saillie,* in aggetto ; sporgente adj. || [en peinture] rilievo m. || [accouplement] monta.

saillir [sajir] v. intr. (rare) [être en saillie] sporgere, aggettare (L.C.). | *faire saillir les muscles,* far risaltare i muscoli. ◆ v. tr. ZOOL. montare ; accoppiarsi con.

saïmiri [saimiri] m. ZOOL. saimiri.

sain, e [sɛ̃, sɛn] adj. PR. sano. | *homme, bois, fruit sain,* uomo, legno, frutto sano. | *dents saines,* denti sani. | *climat sain,* clima sano, salubre. | *nourriture saine,* cibo sano. | *sain et sauf,* sano e salvo. | *sain de corps et d'esprit,* sano di corpo e di mente. || FIG. sano, retto. | *divertissement, principe sain,* divertimento, principio sano. | *jugement sain,* giudizio retto. || MAR. *rade saine,* rada sicura.

saindoux [sɛ̃du] m. strutto ; sugna f. (région).

sainement [senmɑ̃] adv. PR. sanamente. || FIG. sanamente, rettamente.

sainfoin [sɛ̃fwɛ̃] m. BOT. lupinella f., crocetta f.

saint, e [sɛ̃, sɛ̃t] adj. santo, sacro. | *très saint,* santissimo. | *la sainte volonté de Dieu,* la santa volontà di Dio. | *la sainte croix, messe,* la santa croce, messa. | *la Sainte-Trinité,* la Santissima [abr. SS.] Trinità. | *l'année sainte,* l'anno santo. | *la sainte Famille,* la sacra famiglia. | *l'histoire sainte,* la storia sacra. | *guerre, terre, ville sainte,* guerra, terra, città santa. | *les saintes huiles,* l'olio santo. || [digne d'un culte] santo. | *saint Antoine, Jean, François, Étienne, Grégoire, Spiridion,* sant'Antonio, san Giovanni, san Francesco, santo Stefano, san Gregorio, san Spiridione. | *saints Pierre et Paul,* san Pietro e Paolo. | *sainte Jeanne, Françoise, Ursule,* santa Giovanna, santa Francesca, sant'Orsola. | [église] *Saint-Jean,* San Giovanni. || [date] *j'irai te voir pour la Saint-Étienne,* a santo Stefano verrò a trovarti. || [d'une piété exemplaire] santo, pio. | *mener une sainte vie,* condurre una santa vita. | *un saint homme,* un santo uomo. | *une sainte mort,* una morte santa. | *les saintes femmes,* le pie donne. || HIST. *Terre sainte,* Terra santa. | *Sainte Alliance,* Santa Alleanza. || FAM. *sainte patience !,* santa pazienza ! | *toute la sainte journée,* tutto il santo giorno. ◆ n. santo, a. | *litanies des saints,* litanie dei santi. | *la communion des saints,* la comunione dei santi. || [homme, femme très bon(ne), très patient(e)] *c'est un saint, une sainte,* è un santo, una santa. | *ses parents sont des saints,* i suoi genitori sono dei santi. | *petit(e) saint(e)* (iron.), santerello, a. || FAM. *ce n'est pas un petit saint,* non è uno stinco di santo. || LOC. *le saint des saints,* il santo dei santi ; sancta sanctorum (lat.). | *prêcher pour son saint,* V. PRÊCHER. | *ne savoir à quel saint se vouer,* V. VOUER. | *invoquer tous les saints du paradis,* raccomandarsi a tutti i santi. | *la fête passée, adieu le saint,* passata la festa gabbato lo santo. | *les saints de glace* = l'undici, il dodici e il tredici maggio. | *comme on connaît ses saints on les honore* = ciascuno va trattato secondo il proprio merito. | *il vaut mieux s'adresser à Dieu qu'à ses saints* = meglio rivolgersi a chi conta di più.

saint-bernard [sɛ̃bɛrnar] m. ZOOL. sanbernardo m. inv.

saint-crépin [sɛ̃krepɛ̃] m. inv. Vx = arnesi (m. pl.) del calzolaio.

saint-cyrien [sɛ̃sirjɛ̃] m. = allievo dell'Accademia militare di Saint-Cyr.

sainte-barbe [sɛ̃tbarb] f. MAR. santabarbara (pl. *santebarbare*).

sainte nitouche [sɛ̃tnituʃ] f. FAM. *faire la sainte nitouche,* fare la santarellina ; parere un, una sanctificetur (lat.) | *avec un air de sainte nitouche,* con un'aria da madonnina infilzata.

Saint-Esprit [sɛ̃tɛspri] m. RELIG. Spirito Santo.

sainteté [sɛ̃təte] f. santità. || RELIG. et FIG. *en odeur de sainteté,* in odore di santità. | [titre] *Sa Sainteté,* Sua Santità.

saint-frusquin [sɛ̃fryskɛ̃] m. inv. POP. gruzzolo m., carabattole f. pl. (fam., tosc.).

saint-germain [sɛ̃ʒɛrmɛ̃] m. inv. BOT. pera (f.) San Germano.

saint-glinglin (à la) [alasɛ̃glɛ̃glɛ̃] loc. adv. FAM. il giorno di san Mai.

saint-honoré [sɛ̃tɔnɔre] m. inv. CULIN. saint-honoré m. ou f. (fr.).

Saint-Office [sɛ̃tɔfis] m. Sant'Uffizio, Sant'Offizio.

Saint-Père [sɛ̃pɛr] m. Santo Padre.

saint-pierre [sɛ̃pjɛr] m. inv. ZOOL. sampiero, sampietro m.

Saint-Siège [sɛ̃sjɛʒ] m. Santa Sede ; Sede Apostolica Romana.
saint-simonien, enne [sɛ̃simɔnjɛ̃, ɛn] adj. sansimoniano. ◆ n. sansimonista.
saint-simonisme [sɛ̃simɔnism] m. PHILOS. sansimonismo.
Saint-Synode [sɛ̃sinɔd] m. Santo Sinodo.
saisi, e [sezi] adj. JUR. [bien] pignorato. | *tiers saisi*, terzo pignorato ◆ n. m. JUR. pignoratario.
saisie [sezi] f. JUR. sequestro m. | *saisie-arrêt*, sequestro conservativo. | *saisie conservatoire*, sequestro conservativo, cautelare. | *saisie-exécution, saisie exécutoire*, sequestro esecutivo. | *saisie d'un journal*, sequestro di un giornale. || MAR. cattura.
saisine [sezin] f. JUR. [héritage] = diritto (m.) al possesso (dell'eredità). || [d'une juridiction] = (il) deferire con un'azione pubblica o civile una causa alla giurisdizione competente. || MAR. [cordage] rizza.
saisir [sezir] v. tr. **1.** [prendre vite, avec vigueur] afferrare, agguantare. | *saisir une tasse*, afferrare una tazza. | *saisir qn*, afferrare, agguantare qlcu. | *saisir qn par le bras, par la taille*, afferrare qlcu. per il braccio, alla vita. || **2.** [mettre à profit] afferrare, cogliere. | *saisir l'occasion*, afferrare, cogliere l'occasione, cogliere il destro. | *saisir la fortune aux cheveux*, afferrare la fortuna per i capelli. | *saisir la balle au bond*, cogliere la palla al balzo. || **3.** [comprendre] afferrare, cogliere. | *saisir le sens d'un mot*, afferrare, cogliere il significato di una parola. | *saisir d'un coup d'œil*, capire a volo. | *tu saisis ?*, capisci ? || **4.** [surprendre ; émouvoir] colpire. | *le froid, le désespoir l'a saisi*, il freddo, la disperazione lo ha colpito. | *être saisi de peur, d'étonnement*, essere colpito, colto dalla paura, dallo stupore. || **5.** CULIN. *saisir la viande*, passare la carne al fuoco vivo. || **6.** JUR. [soumettre à] investire, deferire. | *saisir un tribunal d'une affaire*, deferire una causa a un tribunale. || [opérer une saisie] sequestrare, pignorare. | *saisir un journal*, sequestrare un giornale. | *saisir des meubles*, pignorare, sequestrare dei mobili. | *saisir qn*, pignorare, sequestrare i beni di qlcu. ◆ v. pr. *se saisir de qch.*, impadronirsi, impossessarsi di qlco. | *se saisir de qn*, arrestare qlcu.
saisissable [sezisabl] adj. JUR. sequestrabile, pignorabile.
saisissant, e [sezisɑ̃, ɑ̃t] adj. [qui surprend] *froid saisissant*, freddo pungente. || [impressionnant] sorprendente, commovente. | *ressemblance saisissante*, somiglianza sorprendente. | *spectacle saisissant*, spettacolo commovente, impressionante. ◆ n. m. JUR. pignorante.
saisissement [sezismɑ̃] m. [sensation] *éprouver un saisissement*, provare una sensazione violenta e improvvisa di freddo. || [émotion] commozione forte e improvvisa. | *mourir de saisissement*, morire per un'improvvisa commozione. | *frapper de saisissement*, sbigottire.
saison [sezɔ̃] f. stagione. | *la succession des saisons*, l'alternarsi, l'avvicendarsi delle stagioni. | *saison nouvelle*, primavera ; stagion novella (littér.). | *saison des pluies, des vendanges, des bains, théâtrale*, stagione delle piogge, della vendemmia, dei bagni, teatrale. | *fruits de saison, hors saison*, frutta di stagione, fuori stagione. || [séjour] *faire une saison dans une station thermale*, fare un periodo di cura in una stazione termale. || [époque touristique] *la saison a été bonne*, la stagione è stata buona. | *haute, basse saison*, alta, bassa stagione. | *morte saison*, stagione morta. | *faire la saison*, fare la stagione. || FIG. *être de saison, hors de saison*, essere opportuno, inopportuno.
saisonnier, ère [sezɔnje, ɛr] adj. et n. m. stagionale.
sajou m. V. SAPAJOU.
saké [sake] m. sakè.
salace [salas] adj. salace, lascivo.
1. salade [salad] f. BOT., CULIN. insalata. | *pied de salade*, cespo d'insalata. | *salade russe*, insalata russa. | *salade de fruits*, macedonia di frutta. | *panier à salade*, V. PANIER. || FAM. [mélange confus] insalata, pasticcio m. ◆ pl. FAM. [histoires mensongères] balle, fandonie. | *pas de salades !*, non raccontar balle !
2. salade f. VX [casque] celata.
saladier [saladje] m. [récipient ; contenu] insalatiera f.
salage [salaʒ] m. salatura f.
salaire [salɛr] m. salario. | *salaire hebdomadaire, mensuel*, salario settimanale, mensile. | *salaire de base*, salario base. | *salaire au temps, aux pièces*, salario a tempo, a cottimo. | *augmentation de salaire*, aumento salariale. | *salaire indirect, social*, oneri (m. pl.) sociali. | *salaire minimum interprofessionnel de croissance* (S. M. I. C.), minimo salariale ; minimo di retribuzione. || FIG. compenso, ricompensa f. | *toute peine mérite salaire*, V. PEINE. | *tôt ou tard, le crime reçoit son salaire* = chi la fa l'aspetti.
salaison [salɛzɔ̃] f. [action] salatura. ◆ pl. salumi m. pl.
salamalecs [salamalɛk] m. pl. FAM. salamelecchi.
salamandre [salamɑ̃dr] f. ZOOL. salamandra.
salami [salami] m. salame.
salangane [salɑ̃gan] f. ZOOL. salangana.
salant [salɑ̃] adj. m. *marais salant*, salina f. ◆ n. m. terreno salino.
salarial, e, aux [salarjal, o] adj. salariale. | *masse salariale*, ammonto (m.) dei salari.
salariat [salarja] m. salariato.
salarié, e [salarje] adj. et n. salariato.
salarier [salarje] v. tr. salariare.
salaud [salo] m. POP. mascalzone, farabutto. | *les examinateurs ne seraient pas assez salauds pour me coller*, gli esaminatori non sarebbero così carogne da bocciarmi.
sale [sal] adj. PR. sudicio, sporco. | *mains sales*, mani sporche, sudicie. || [terne] *couleur sale*, colore sudicio. || FIG. sporco, sudicio. | *histoire sale*, storiella sporca, sudicia. | *mot sale*, parola sporca, sudicia. || FAM. [méprisable] *sale type*, tipaccio. | *sale bête*, bestiaccia f. || FAM. [désagréable] *sale histoire, maladie*, brutta faccenda, malattia. | *sale tour*, tiro birbone. | *un sale temps*, un tempaccio.
salé, e [sale] adj. [naturellement] salso. | *eaux, sources salées*, acque, sorgenti salse, salsedinose (rare). || [assaisonné] salato. | *soupe (trop) salée*, minestra (troppo) salata. || [conservé] salato. | *viande salée*, carne salata. | *anchois salés*, acciughe salate. || FIG. FAM. piccante, pepato, salace. | *histoire salée*, storiella piccante, pepata. | *propos salés*, discorsi salaci. || FAM. [exagéré] salato. | *condamnation salée*, condanna salata. | *prix salé*, prezzo salato, pepato. ◆ n. m. CULIN. carne (f.) di maiale salata. | *petit salé* = punta (f.) di petto di maiale conservata nel sale.
salement [salmɑ] adv. sporcamente, sudiciamente. || FIG. *agir salement*, comportarsi come un mascalzone. || POP. [très] molto, assai (L.C.). || *être salement en colère*, essere maladettamente arrabbiato.
saler [sale] v. tr. salare. | *saler le potage, le porc, les peaux*, salare la minestra, il maiale, le pelli. || FAM. [faire payer cher] far pagar salato ; [punir sévèrement] farla pagar salata a.
saleron [salrɔ̃] m. vaschetta f. (della saliera).
salésien, enne [salezjɛ̃, ɛn] adj. et n. RELIG. salesiano.
saleté [salte] f. [état] sporcizia, sudiceria. || [chose sale] porcheria, sudiceria. | *ces saletés sont à jeter*, queste porcherie, sudicerie sono da buttar via. | *enlever la saleté*, togliere il sudiciume. | *ce potage est une saleté*, questa minestra è una porcheria, una schifezza. | *avoir une saleté dans l'œil*, avere un bruscolo in un occhio. || FIG., FAM. porcheria, sporcizia, sudiceria. | *faire, dire des saletés*, fare, dire porcherie, sudicerie. | *il nous a fait une saleté*, ci ha combinato una porcheria. | *faire ses saletés* [suj. animal], fare i bisogni.
salicacées [salikase] f. pl. BOT. salicacee.
salicaire [salikɛr] f. BOT. salcerella, riparella.
salicorne [salikɔrn] f. BOT. salicornia.
salicoside [salikozid] m. ou **salicine** [salisin] f. CHIM. salicina f.
salicylate [salisilat] m. CHIM. salicilato.
salicylique [salisilik] adj. CHIM. salicilico.

1. salien, enne [saljɛ̃, ɛn] adj. et n. ANTIQ. saliare. | *(prêtres) saliens*, (sacerdoti) salii.
2. salien, enne ou **salique** adj. HIST. salico. | *coutume salienne*, costume salico. | *terres saliennes*, terre saliche. | *Francs saliens*, Franchi Salii. | *loi salique*, legge salica.
salière [saljɛr] f. saliera. ‖ ZOOL. [du cheval] fontanella. ‖ FAM. [creux] saliera.
salifiable [salifjabl] adj. salificabile.
salification [salifikasjɔ̃] f. CHIM. salificazione.
salifier [salifje] v. tr. salificare.
saligaud, e [saligo, od] n. POP., PR. et FIG. (s)porcaccione, a ; farabutto m., mascalzone m.
salignon [saliɲɔ̃] m. pane di sale.
salin, e [salɛ̃, in] adj. salino. | *eaux, roches salines, corps salins*, acque, rocce, sostanze saline. ◆ n. m. salina f. ◆ n. f. miniera di salgemma ; salina (rare).
salinier [salinje] m. salinaio, salinatore.
salinité [salinite] f. salinità.
salique [salik] adj. V. SALIEN 2.
salir [salir] v. tr. sporcare, insudiciare, insozzare, imbrattare. | *salir la nappe, le mur*, sporcare la tovaglia, il muro. | *se salir les mains, le visage*, sporcarsi le mani, il viso. | *salir sa chemise*, sporcarsi, insudiciarsi, insozzarsi la camicia. | *salir ses chaussures de boue*, imbrattarsi le scarpe di fango. ‖ FIG. *salir l'imagination des enfants*, insozzare l'immaginazione dei bambini. | *salir la réputation de qn*, insozzare la reputazione di qlcu. ◆ v. pr. sporcarsi, insudiciarsi, imbrattarsi. ‖ FIG. [dans une affaire louche] macchiarsi la coscienza. | *se salir les mains*, sporcarsi le mani.
salissant, e [salisɑ̃, ɑ̃t] adj. [qui se salit] che si sporca facilmente. ‖ [qui salit] che sporca.
salissure [salisyr] f. sporcizia, lordura.
salivaire [salivɛr] adj. salivare ; salivale (rare). ‖ ANAT. *glandes salivaires*, ghiandole salivali.
salivant, e [salivɑ̃, ɑ̃t] adj. salivatorio.
salivation [salivasjɔ̃] f. salivazione.
salive [saliv] f. saliva. ‖ FAM. *dépenser beaucoup de salive*, spendere molte parole. | *perdre sa salive*, sprecare il fiato.
saliver [salive] v. intr. salivare ; secernere saliva.
salle [sal] f. [d'un appartement] sala, stanza. | *salle à manger*, sala da pranzo. | *salle de séjour, de bains*, v. mot compl. ‖ [local public] sala. | *salle de bal, de conférences, d'étude, de lecture*, sala da ballo, delle conferenze, di studio, di lettura. | *salle des ventes*, sala aste. | *salle d'hôpital*, corsia. ‖ [public] *la salle était enthousiaste*, la sala era entusiasta. ‖ MIL. *salle de police*, camera di punizione. ‖ LOC. *faire salle comble*, fare un pienone.
salmigondis [salmigɔ̃di] m. CULIN. spezzatino di avanzi di carne. ‖ FIG. guazzabuglio, pasticcio.
salmis [salmi] m. CULIN. spezzatino di pollame, di selvaggina.
salmonelle [salmɔnɛl] f. BIOL. salmonella.
salmonellose [salmɔnɛloz] f. salmonellosi.
salmoniculture [salmɔnikyltyr] f. salmonicoltura.
salmonidés [salmɔnide] m. pl. ZOOL. salmonidi.
saloir [salwar] m. = recipiente per salatura.
salol [salɔl] m. PHARM. salolo.
salon [salɔ̃] m. [pièce ; mobilier] salotto. ‖ [exposition] salone. | *Salon de l'automobile*, Salone dell'automobile. | *Salon de peinture*, esposizione (f.), mostra (f.) di pittura. ‖ COMM. sala f., salone. | *salon de réception*, sala di ricevimento. | *salon d'essayage*, sala di prova. | *salon de thé*, sala da tè. | *salon de coiffure*, salone (di parrucchiere, di barbiere). ‖ [société mondaine] salotto. | *salons littéraires*, salotti letterari. | *fréquenter les salons*, frequentare i salotti.
salonnard, e [salɔnar, ard] n. FAM., PÉJOR. uomo salottiero, donna salottiera.
salonnier, ère [salɔnje, ɛr] adj. salottiero. ◆ n. m. Vx = critico di mostre d'arte.
salopard [salɔpar] m. POP. V. SALAUD.
salope [salɔp] f. POP. [sale] sudiciona. ‖ [de mauvaise vie] troia ; vacca (rég.).
saloper [salɔpe] v. tr. POP. abborracciare (L.C.).
saloperie [salɔpri] f. POP. [malpropreté] sporcizia (L.C.). ‖ [chose, propos, action] porcheria. | *ce vin est une saloperie*, questo vino è una porcheria, una schifezza. | *dire, faire des saloperies*, dire, fare porcherie.
salopette [salɔpɛt] f. [de travail] tuta. ‖ [d'enfant] tutina.
salpêtrage [salpɛtraʒ] m. formazione (f.) artificiale del salnitro.
salpêtre [salpɛtr] m. salnitro ; nitro (VX). | *salpêtre du Chili*, (sal)nitro del Cile.
salpêtrer [salpɛtre] v. tr. coprire di salnitro. | *l'humidité salpêtre les murs*, l'umidità copre i muri di salnitro. | *murs salpêtrés*, muri salnitrati. | *salpêtrer une allée*, impregnare di salnitro un viale. | *allée salpêtrée*, viale salnitrato.
salpêtreux, euse [salpɛtrø, øz] adj. salnitroso.
salpêtrière [salpɛtrijɛr] f. Vx fabbrica, deposito (m.) di salnitro (in un arsenale).
salpicon [salpikɔ̃] m. CULIN. salpicón (esp.).
salpingite [salpɛ̃ʒit] f. salpingite.
salsepareille [salsəparɛj] f. BOT. salsapariglia.
salsifis [salsifi] m. BOT. barba (f.) di becco, sassefrica (f.), salsef(r)ica (f.). | *salsifis noir*, scorzonera f.
salsolacées [salsɔlase] f. pl. BOT. chenopodiacee.
saltation [saltasjɔ̃] f. saltazione.
saltimbanque [saltɛ̃bɑ̃k] m. saltimbanco.
salubre [salybr] adj. salubre.
salubrité [salybrite] f. salubrità.
saluer [salɥe] v. tr. salutare. | *saluer de la main, d'un coup de chapeau*, salutare con la mano, con una scappellata. ‖ FIG. [accueillir] salutare ; [respectueusement] ossequiare. | *aller saluer qn à la gare*, andare a salutare, a ossequiare qlcu. alla stazione. | *être salué par des applaudissements*, essere salutato con applausi. | *saluer par des sifflets, des injures*, accogliere con una bordata di fischi, di improperi. ‖ (litt.) [proclamer] salutare. | *l'armée le salua empereur*, l'esercito lo salutò, acclamò imperatore. ‖ MIL. salutare. | *saluer le drapeau*, salutare la bandiera. ‖ RELIG. *saluer le saint sacrement*, salutare il Santissimo.
salure [salyr] f. salsedine.
salut [saly] m. [action de sauver ; personne, chose qui sauve] salvezza f. | *il n'y a plus d'espoir de salut*, non c'è più speranza di salvezza. | *Jeanne d'Arc fut le salut de la France*, Giovanna D'Arco fu la salvezza della Francia. | *ton intervention a été mon salut*, il tuo intervento è stato la mia salvezza. | *ancre, planche de salut ; Armée du salut*, V. ANCRE, PLANCHE, ARMÉE. ‖ [mise hors de danger] scampo. | *chercher le salut dans la fuite*, cercare lo scampo nella fuga. ‖ [marque de civilité] saluto. | *salut militaire*, saluto militare. | *répondre au salut de qn, rendre à qn son salut*, rendere il saluto a qlcu. ; ricambiarsi il saluto. | *salut et fraternité*, salute e fraternità. ‖ FAM. *salut, les gars !*, salve, ragazzi ! ; [au revoir] ciao ! ‖ POÉT. *salut, verte Ombrie !*, salve, Umbria verde ! ‖ POLIT. *salut public*, salute pubblica. ‖ RELIG. salvezza ; salvazione f., salute f. (littér.). | *salut de l'âme*, salvezza, salvazione, salute dell'anima. | *faire son salut*, salvarsi. ‖ [cérémonie] *salut du saint sacrement*, benedizione (f.) del Santissimo. ‖ LOC. *à bon entendeur salut*, V. ENTENDEUR. | *hors de l'Église point de salut*, fuori della Chiesa non c'è salvezza.
salutaire [salytɛr] adj. salutare.
salutairement [salytɛrmɑ̃] adv. in modo salutare ; salutevolmente (VX).
salutation [salytasjɔ̃] f. saluto m. | *(mes) salutations distinguées*, (i miei) distinti saluti. ‖ RELIG. *salutation angélique*, salutazione angelica.
salutiste [salytist] n. salutista.
salvateur, trice [salvatœr, tris] adj. et n. LITTÉR. salvatore, trice.
salve [salv] f. PR. et FIG. salva. | *tirer une salve en l'honneur de qn*, sparare una salva in onore di qlcu. | *feu de salve*, tiro, fuoco a salve. | *salve d'applaudissements*, salva, scroscio (m.) di applausi.
samare [samar] f. BOT. samara.
samaritain, e [samaritɛ̃, ɛn] adj. et n. samaritano. |

la parabole du bon Samaritain, la parabola del buon Samaritano.
samarium [samarjɔm] m. CHIM. samario.
samba [sɑ̃mba] f. samba.
samedi [samdi] m. sabato. | *samedi saint*, sabato santo.
samit [sami] m. TEXT. sciamito.
samouraï ou **samurai** [samuraj] m. samurai.
samovar [samɔvar] m. samovar.
sampan [sɑ̃pɑ̃] m. sampan(g); sampana f.
sanatorial, e, aux [sanatɔrjal, o] adj. sanatoriale.
sanatorium [sanatɔrjɔm] ou fam. **sana** [sana] m. sanatorio.
sanctifiant, e [sɑ̃ktifjɑ̃, ɑ̃t] adj. santificante.
sanctificateur, trice [sɑ̃ktifikatœr, tris] adj. et n. m. santificatore, trice.
sanctification [sɑ̃ktifikasjɔ̃] f. santificazione.
sanctifier [sɑ̃ktifje] v. tr. santificare. | *la prière sanctifie*, la preghiera santifica. | *« que votre nom soit sanctifié »*, « sia santificato il Tuo nome ». | *sanctifier le dimanche*, santificare la domenica. ◆ v. pr. santificarsi.
sanction [sɑ̃ksjɔ̃] f. JUR. sanzione. || [approbation] *mot qui a reçu la sanction de l'usage*, parola sancita dall'uso. || [conséquence] conseguenza, risultato m. | *l'échec à l'examen est la sanction de la paresse*, l'insuccesso all'esame è la conseguenza della pigrizia. || [mesure] provvedimento (m.), misura disciplinare. | *prendre des sanctions contre qn*, prendere provvedimenti contro qlcu. | *sanctions économiques, pénales*, sanzioni economiche, penali.
sanctionner [sɑ̃ksjɔne] v. tr. [donner la sanction] sanzionare, sancire. || [approuver] approvare. || [confirmer] confermare. || FAM. = punire.
sanctuaire [sɑ̃ktɥɛr] m. RELIG. santuario. || FIG. *sanctuaire de l'âme, du cœur, de la conscience*, santuario dell'anima, del cuore, della coscienza.
sanctus [sɑ̃ktys] m. RELIG. sanctus (lat.).
sandale [sɑ̃dal] f. sandalo m.
sandalette [sɑ̃dalɛt] f. sandaletto m., sandalino m.
sandaraque [sɑ̃darak] f. sandracca.
sanderling [sɑ̃dɛrlɛ̃] m. ZOOL. calidra f.
sandjak [sɑ̃djak] m. HIST. sangiaccato.
Sandow [sɑ̃do] m. [câble] cavo elastico. || [de gymnastique] estensore.
sandre [sɑ̃dr] m. ou f. ZOOL. lu(c)ciopercа m.
sandwich [sɑ̃dwitʃ] m. (pl. **sandwich[e]s**) [angl.] sandwich; panino imbottito; tramezzino; panino gravido (tosc.). || LOC. *être (pris) en sandwich*, essere come un sandwich.
sang [sɑ̃] m. sangue. | *animal à sang chaud, froid*, animale a sangue caldo, freddo. | *être en sang*, essere insanguinato. | *battre jusqu'au sang*, picchiare a sangue. | *tirer du sang*, cavar sangue. | *sans effusion de sang*, senza spargimento di sangue; incruento (adj.). | *coup de sang*, colpo apoplettico; accidente m. (fam.). || FIG. [extraction, famille, race, vie] sangue. | *avoir du sang bleu*, essere di sangue blu. | *voix du sang*, voce del sangue. | *homme de sang mêlé*, meticcio m. | *donner, verser son sang pour la patrie*, dare, versare il proprio sangue per la patria. | *viens, mon fils, viens, mon sang!*, vieni, figlio mio, vieni, sangue del mio sangue! || LOC. *avoir le sang chaud*, avere il sangue caldo. | *avoir la musique dans le sang*, avere la musica nel sangue. | *le sang lui monta à la tête*, si sentì salire il sangue alla testa. | *sentir son sang se glacer*, sentirsi gelare il sangue. | *mon sang n'a fait qu'un tour*, mi si rimescolò il sangue. | *mettre à feu et à sang*, mettere a ferro e fuoco. || PROV. *bon sang ne saurait mentir*, buon sangue non mente. ◆ interj. ***bon sang!***, diamine!
sang-dragon [sɑ̃dragɔ̃] ou **sang-de-dragon** [sɑ̃ddragɔ̃] m. inv. [résine] sangue di drago.
sang-froid [sɑ̃frwa] m. sangue freddo. || LOC. *garder son sang-froid*, mantenere la calma. | *reprendre son sang-froid*, ricomporsi, riaversi. ◆ loc. adv. ***de sang-froid***, a sangue freddo.
sanglant, e [sɑ̃glɑ̃, ɑ̃t] adj. [taché de sang] insanguinato. | *épée sanglante*, spada insanguinata. || [meurtrier, violent] sanguinoso; cruento (littér.). | *combat sanglant*, battaglia sanguinosa. | *mort sanglante*, morte cruenta. | *plaie sanglante*, piaga sanguinosa. || [couleur] color sangue. || FIG. sanguinoso. | *affront sanglant*, affronto sanguinoso.
sangle [sɑ̃gl] f. cinghia. | *lit de sangle*, branda f.
sangler [sɑ̃gle] v. tr. cinghiare. | *sangler un cheval, un mulet*, cinghiare un cavallo, un mulo. | *être sanglé dans un uniforme*, essere stretto nell'uniforme, avere un'uniforme ben attillata.
sanglier [sɑ̃glije] m. ZOOL. cinghiale; cignale (tosc.).
sanglot [sɑ̃glo] m. singhiozzo; singulto (littér.). | *éclater en sanglots*, scoppiare in singhiozzi.
sangloter [sɑ̃glɔte] v. intr. singhiozzare.
sang-mêlé [sɑ̃mele] n. inv. sanguemisto m. (pl. sanguemisti); meticcio, a.
sangria [sɑ̃grija] f. sangria (esp.).
sangsue [sɑ̃sy] f. PR. et FIG. sanguisuga, mignatta.
sanguin, e [sɑ̃gɛ̃, in] adj. sanguigno. | *groupe, tempérament sanguin*, gruppo, temperamento sanguigno. | *vaisseaux sanguins*, vasi sanguigni. || [couleur] sanguigno. | *orange sanguine*, V. SANGUINE. || *jaspe sanguin*, diaspro sanguigno. ◆ n. m. *c'est un sanguin*, è un collerico.
sanguinaire [sɑ̃ginɛr] adj. [qui se plaît à répandre le sang] sanguinario. || [où il y a beaucoup de sang] sanguinoso; cruento (littér.). || [cruel] *loi sanguinaire*, legge crudele. ◆ n. f. BOT. sanguinaria.
sanguine [sɑ̃gin] f. MINÉR., ART sanguigna. | *dessin à la sanguine*, disegno in sanguigna. || BOT. arancia sanguigna.
sanguinolent, e [sɑ̃ginɔlɑ̃, ɑ̃t] adj. sanguinolento. | *crachat sanguinolent*, sputo sanguinolento. || LITTÉR. [couleur sang] *lèvres sanguinolentes*, labbra sanguinee.
sanhédrin [sanedrɛ̃] m. HIST. sinedrio.
sanicle [sanikl] ou **sanicule** [sanikyl] f. BOT. sanicola; erba fragolina.
sanie [sani] f. MÉD. sanie; marcia (L.C.).
sanieux, euse [sanjø, øz] adj. sanioso.
sanitaire [sanitɛr] adj. sanitario. | *installation, cordon sanitaire*, impianto, cordone sanitario. ◆ n. m. pl. impianti sanitari.
sans [sɑ̃] prép. senza; [devant pr. pers.] senza di. | *sans argent*, senza denaro; squattrinato adj. | *sans métaphore*, fuori metafora. | *sans pitié*, senza pietà; spietato adj. | *il partira sans toi*, partirà senza di te. || LOC. *cela va sans dire*, va da sé; s'intende. | *je viendrai sans faute*, verrò senz'altro, senza fallo. | *il est parti sans même me saluer*, è partito senza neppure, neanche salutarmi. | *sans compter que*, senza contare che; a prescindere dal fatto che (littér.). | *tu n'es pas sans savoir que*, certo non ignori che. ◆ loc. adv. ***sans cesse, sans doute***, V. CESSE, DOUTE || ***sans quoi***, altrimenti, se no, sennò. ◆ loc. prép. ***non sans***, non senza. ◆ loc. conj. ***sans que***, senza che. | *sans qu'il fermât l'œil*, senza che chiudesse occhio.
sans-abri [sɑ̃zabri] n. inv. senzatetto.
sans-cœur [sɑ̃kœr] n. inv. FAM. persona (f.) senza cuore (L.C.).
sanscrit, e adj. et n. m. V. SANSKRIT.
sans-culotte [sɑ̃kylɔt] m. HIST. sanculotto.
sansevière [sɑ̃səvjɛr] f. BOT. sansevieria.
sans-façon [sɑ̃fasɔ̃] m. inv. disinvoltura f. | *accueil plein de sans-façon*, accoglienza disinvolta.
sans-filiste [sɑ̃filist] n. [opérateur] radiotelegrafista, marconista. || [amateur] radioamatore, radiodilettante.
sans-gêne [sɑ̃zɛn] m. inv. disinvolta franchezza; sfrontatezza f., sfacciataggine f. ◆ n. [personne] sfrontato, a; sfacciato, a.
sanskrit, e [sɑ̃skri, it] adj. et n. m. LING. sanscrito.
sanskritisme [sɑ̃skritism] m. sanscritismo.
sanskritiste [sɑ̃skritist] n. sanscritista.
sans-le-sou [sɑ̃lsu] n. inv. FAM. spiantato, a; squattrinato, a.
sans-logis [sɑ̃lɔzi] n. inv. senzatetto.
sansonnet [sɑ̃sɔnɛ] m. ZOOL. storno, stornello.
sans-souci [sɑ̃susi] adj. et n. spensierato.
santal [sɑ̃tal] m. BOT. sandalo.
santé [sɑ̃te] f. [du corps] salute; sanità (rare). | *jouir*

d'une excellente santé, godere ottima salute. | *petite santé*, V. PETIT. | *avoir une, être d'une santé délicate*, avere una salute cagionevole ; essere delicato di salute. | *éclater de santé*, scoppiare di salute. | *être mauvais pour la santé*, far male alla salute. | *maison de santé*, casa di salute, di cura. || [de l'esprit] sanità. | *santé morale, d'esprit*, sanità morale, di mente. || ADM. *santé publique*, sanità pubblica. | *ministère de la Santé*, ministero della Sanità. | *corps, officier de santé*, corpo, ufficiale sanitario. | *service de santé*, servizio di sanità. || LOC. *boire à la santé, porter la santé de qn*, bere, brindare alla salute di qlcu. | *à ta, à votre santé !*, salute ! || FIG., POP. *il en a une santé !*, ha una bella faccia tosta !

santoline [sɑ̃tɔlin] f. BOT. santolina.

santon [sɑ̃tɔ̃] m. statuetta (f.) per il presepe.

santonine [sɑ̃tɔnin] f. BOT. santonico m. || PHARM. santonina.

sanve [sɑ̃v] f. (région.) V. SÉNEVÉ.

saoudien, enne [saudjɛ̃, ɛn] ou **saoudite** [saudit] adj. saudita.

saoul, e adj., **saouler** v. tr. V. SOÛL, SOÛLER.

sapajou [sapaʒu] ou **sajou** [saʒu] m. ZOOL. cebo. || FIG. [homme petit et laid] scimmia f.

sape [sap] f. MIL. zappa. | *travaux de sape*, lavori di scavo, di scalzamento. || FIG. *la sape des institutions*, lo scalzamento delle istituzioni.

sapement [sapmɑ̃] m. MIL. scalzamento.

saper [sape] v. tr. PR. et FIG. scalzare. ◆ v. pr. POP. vestirsi (L.C.). | *être bien sapé*, essere tutto in ghingheri (fam.).

saperde [sapɛrd] f. ZOOL. saperda.

saperlipopette ! [sapɛrlipɔpɛt] interj. FAM. perdindirindina !

sapeur [sapœr] m. MIL. geniere. || LOC. *fumer comme un sapeur*, fumare come un turco. || *sapeur-pompier*, V. POMPIER 1.

saphène [safɛn] adj. et n. f. ANAT. safeno. | *nerf saphène*, nervo safeno. | *grande, petite saphène*, (vena) safena grande, piccola.

saphique [safik] adj. *mœurs saphiques*, amore saffico, lesbico. || POÉS. *vers, strophe, ode saphique*, verso saffico ; strofe saffica ; (ode) saffica n. f.

saphir [safir] m. MINÉR. zaffiro. || [électrophone] puntina f.

saphisme [safism] m. saffismo.

sapide [sapid] adj. sapido.

sapidité [sapidite] f. sapidità.

sapience [sapjɑ̃s] f. VX sapienza (L.C.). || RELIG. *Livre de la sapience*, Libro della sapienza.

sapientiaux [sapjɑ̃sjo] adj. m. pl. RELIG. *livres sapientiaux*, libri sapienziali.

sapin [sapɛ̃] m. abete. || FAM. *sentir le sapin*, avere un piede nella fossa. || FAM., VX [fiacre] vettura pubblica (L.C.).

sapindacées [sapɛ̃dase] f. pl. BOT. sapindacee.

sapine [sapin] f. [grue] gru. || [planche] asse, trave di abete. || [baquet] tinozza.

sapinette [sapinɛt] f. BOT. abete rosso, abete del Canada.

sapinière [sapinjɛr] f. abetaia, abetina.

saponacé, e [sapɔnase] adj. saponaceo.

saponaire [sapɔnɛr] f. BOT. saponaria.

saponifiable [sapɔnifjabl] adj. saponificabile.

saponification [sapɔnifikasjɔ̃] f. CHIM., IND. saponificazione.

saponifier [sapɔnifje] v. tr. CHIM., IND. saponificare.

saponine [sapɔnin] f. CHIM. saponina.

sapotacées [sapɔtase] f. pl. BOT. sapotacee.

sapotier [sapɔtje] ou **sapotillier** [sapɔtije] m. BOT. sapotiglia f.

sapristi ! [sapristi] interj. FAM. caspita !, capperi !

saprophage [saprɔfaʒ] adj. saprofago. ◆ n. m. animale saprofago.

saprophyte [saprɔfit] adj. et n. m. saprofita, saprofito.

saquer [sake] v. tr. POP. [renvoyer] sbattere fuori, sbolognare (fam.). | *saquer qn à l'examen*, stangare uno all'esame.

sarabande [sarabɑ̃d] f. MUS. sarabanda. || FIG., FAM. sarabanda. | *faire la sarabande*, far gazzarra.

sarbacane [sarbakan] f. cerbottana.

sarcasme [sarkasm] m. sarcasmo.

sarcastique [sarkastik] adj. sarcastico. | *ton, rire, écrivain sarcastique*, tono, riso, scrittore sarcastico.

sarcelle [sarsɛl] f. ZOOL. *sarcelle d'hiver*, alzavola. | *sarcelle d'été*, marzaiola ; garganello m.

sarclage [sarklaʒ] m. AGR. sarchiatura f.

sarcler [sarkle] v. tr. sarchiare.

sarcloir [sarklwar] m. sarchio ; [petit] sarchiello.

sarcoïde [sarkɔid] adj. et n. f. MÉD. sarcoide adj. et n. m.

sarcomateux, euse [sarkomatø, øz] adj. sarcomatoso.

sarcome [sarkom] m. MÉD. sarcoma.

sarcophage [sarkofaʒ] m. sarcofago.

sarcoplasma [sarkoplasma] m. ANAT. sarcoplasma.

sarcopte [sarkɔpt] m. ZOOL. acaro.

sardane [sardan] f. sardana.

sarde [sard] adj. et n. sardo.

sardine [sardin] f. sardina ; [frite] sarda ; [salée] sardella. | *sardine à l'huile*, sardina sott'olio. || MIL. FAM. gallone (m.) di sottufficiale (L.C.).

sardinerie [sardinri] f. conservificio (m.) di sardine.

sardinier, ère [sardinje, ɛr] n. [pêche] pescatore, trice di sardine. || [conserverie] operaio addetto, operaia addetta alla preparazione delle sardine. ◆ n. f. [bateau] peschereccio (m.) per la pesca delle sardine.

sardoine [sardwan] f. MINÉR. sardonica.

sardonique [sardɔnik] adj. sardonico.

sargasse [sargas] f. BOT. sargasso m. || GÉOGR. *mer des Sargasses*, mare dei Sargassi.

sari [sari] m. sari.

sarigue [sarig] f. ZOOL. sariga.

sarisse [saris] f. ANTIQ. sarissa.

sarment [sarmɑ̃] m. BOT. sarmento, tralcio.

sarmenteux, euse [sarmɑ̃tø, øz] adj. sarmentoso.

sarong [sarɔ̃] m. sarong.

saros [sarɔs] m. ASTR. saros ; ciclo caldeo.

sarracenia [sarasenja] m. BOT. sarracenia f.

1. sarrasin, e [sarazɛ̃, in] adj. et n. HIST. saraceno.

2. sarrasin m. AGR. grano saraceno ; fagopiro.

sarrasine [sarazin] f. [herse] saracinesca.

sarrau [saro] m. (pl. **sarraus** ou **sarraux**) [blouse] camiciotto. || [d'écolier] grembiule.

sarrette [sarɛt] f. V. SERRATULE.

sarriette [sarjɛt] f. BOT. santoreggia.

sarrois, e [sarwa, az] adj. della Saar. ◆ n. abitante della Saar.

sarrussophone [sarysɔfɔn] m. MUS. sarrussofono.

sas [sɑ, sas] m. [tamis] s(e)taccio. | *sas à gros trous, à petits trous*, setaccio rado, fitto. | *passer au sas*, passare al setaccio ; setacciare. || [dans une écluse] camera (f.) di chiusa, conca f. || [de sous-marin, de fusée] camera stagna.

sassafras [sasafra(s)] m. BOT. sassafras, sassafrasso, sassofrasso.

sassement [sasmɑ̃] m. s(e)tacciatura f.

sasser [sase] v. tr. s(e)tacciare. || MAR. far transitare attraverso una conca, una camera di chiusa. || LOC. *sasser et ressasser qch.*, rimuginare qlco. ; esaminare qlco. per ogni verso.

sasseur [sasœr] m. stacciatore, crivellatore.

satané, e [satane] adj. FAM. maledetto, dannato. | *satané farceur*, maledetto burlone. | *une satanée vie*, una vita dannata.

satanique [satanik] adj. satanico.

satanisme [satanism] m. satanismo.

satelliser [satelize] v. tr. ASTR. mettere in orbita. || POLIT. satellizzare.

satellite [satelit] m. VX [garde du corps] satellite ; guardia (f.) del corpo (L.C.). || ASTR., ÉCON., POLIT. satellite. | *satellite artificiel*, satellite artificiale. | *(pays) satellite*, paese satellite.

sati [sati] f. inv. [veuve] sati. ◆ m. [rite] sati f.

satiété [sasjete] f. sazietà. | *manger (jusqu')à satiété*,

mangiare a sazietà. | *répéter à satiété*, ripetere fino alla nausea.
satin [satɛ̃] m. raso ; satin (fr.). ‖ Fig. *peau de satin*, pelle vellutata.
satinage [satinaʒ] m. Techn. satinatura f.
satiné, e [satine] adj. Text. satinato, rasato. ‖ *papier satiné*, carta satinata. ‖ Fig. *peau satinée*, pelle vellutata. ◆ n. m. [reflet] lucentezza f.
satiner [satine] v. tr. Techn. satinare. | *presse à satiner*, satina f.
satinette [satinɛt] f. Text. satinette (fr.) ; rasatello m.
satineur, euse [satinoer, øz] n. satinatore, trice.
satire [satir] f. [poésie ; pamphlet] satira.
satirique [satirik] adj. satirico. | *esprit, ton satirique*, spirito, tono satirico. ◆ n. m. scrittore di satire ; satirico (rare).
satiriser [satirize] v. tr. satireggiare.
satisfaction [satisfaksjɔ̃] f. [contentement] soddisfazione ; [intense] compiacimento m. | *donner satisfaction à qn*, dare soddisfazione a qlcu. | *à la satisfaction générale*, con soddisfazione di tutti. | *le ministre a exprimé sa satisfaction pour les résultats obtenus*, il ministro ha espresso il proprio compiacimento per i risultati raggiunti. ‖ [réparation d'honneur] soddisfazione. | *réclamer satisfaction d'une offense*, chiedere soddisfazione di un'offesa. ‖ Théol. *satisfaction sacramentelle*, soddisfazione sacramentale.
satisfactoire [satisfaktwar] adj. Théol. soddisfattorio.
satisfaire [satisfɛr] v. tr. [contenter] soddisfare, contentare. | *on ne peut satisfaire tout le monde*, non si possono contentare tutti. | *satisfaire un désir, un besoin*, soddisfare, appagare un desiderio, un bisogno. | *satisfaire l'attente de qn*, rispondere all'aspettazione, soddisfare l'aspettazione di qlcu. ◆ v. tr. ind. **(à)** *satisfaire à ses obligations*, soddisfare ai propri obblighi. ◆ v. pr. soddisfarsi.
satisfaisant, e [satisfəzɑ̃, ɑ̃t] adj. soddisfacente. | *travail, résultat satisfaisant*, lavoro, risultato soddisfacente.
satisfait, e [satisfɛ, ɛt] adj. [content] soddisfatto, contento. | *être satisfait de qn, des résultats obtenus*, essere soddisfatto, contento di qlcu., dei risultati raggiunti. | *être satisfait de soi(-même)*, essere soddisfatto di sé. | *avoir un air satisfait*, avere un'aria soddisfatta, compiaciuta. ‖ [assouvi] soddisfatto. | *désir satisfait*, desiderio soddisfatto.
satisfecit [satisfesit] m. inv. (lat.) attestato (m.) di benemerenza.
satrape [satrap] m. Antiq. et fig. satrapo.
satrapie [satrapi] f. Antiq. satrapia.
satrapique [satrapik] adj. Antiq. satrapico.
saturabilité [satyrabilite] f. Chim. saturabilità.
saturable [satyrabl] adj. saturabile.
saturant, e [satyrɑ̃, ɑ̃t] adj. che satura. | *vapeur saturante*, vapore saturo.
saturateur [satyratœr] m. [humidificateur] umidificatore. ‖ Chim. saturatore.
saturation [satyrasjɔ̃] f. [action, état] saturazione. | *point de saturation*, punto di saturazione. ‖ Écon. *saturation du marché*, saturazione del mercato. ‖ Fig. saturazione.
saturé, e [satyre] adj. saturo. ‖ Écon. *marché saturé*, mercato saturo. ‖ Fig. saturo.
saturer [satyre] v. tr. Pr. et fig. saturare. ◆ v. pr. Pr. et fig. saturarsi.
saturnales [satyrnal] f. pl. Pr. et fig. saturnali m. pl.
saturne [satyrn] m. Chim. (vx) saturno. ‖ Pharm. *extrait, sel de saturne*, zucchero, sale di saturno.
saturnie [satyrni] f. Zool. saturnia.
saturnien, enne [satyrnjɛ̃, ɛn] adj. Poés. *(vers) saturnien*, (verso) saturnio. ‖ Littér. [mélancolique] saturnino.
saturnin, e [satyrnɛ̃, in] adj. Méd. saturnino. | *maladies, coliques saturnines*, malattie, coliche saturnine.
saturnisme [satyrnism] m. Méd. saturnismo.
satyre [satir] m. Myth. et fig. satiro.
satyriasis [satirjazis] f. Pathol. satiriasi.
satyrique [satirik] adj. Myth. satiresco. ‖ Théâtre *drame satyrique*, dramma satiresco.
sauce [sos] f. Culin. salsa. | *sauce tomate, marinière, aux câpres*, salsa di pomodoro, alla marinara, con capperi. | *sauce blanche*, besciamella f. | *en sauce*, con salsa. ‖ Art [crayon] carboncino m. | *dessin à la sauce*, disegno a carboncino. ‖ Fam. [averse] pioggia, acquazzone m. (l.c.). ‖ Loc. *lier la sauce*, v. lier. | *allonger, mouiller la sauce*, allungare, diluire la salsa. | *allonger la sauce* (fig.), farla lunga ; sbrodolare un discorso, un racconto, una storia. | *mettre qn à toutes les sauces*, far fare di tutto a uno. | *à quelle sauce serons-nous mangés ?*, come ci cucineranno ? | *ça m'a coûté dix mille francs, sans compter la sauce* (fam.), mi è costato dieci mila franchi senza contare le spese accessorie (l.c.). | *la sauce fait passer le poisson*, val più la salsa dell'arrosto.
saucée [sose] f. Pop. [averse] acquazzone m. (l.c.). | *recevoir une, la saucée*, farsi bagnare come un pulcino (fam.). ‖ [correction] lavata di capo (fam.).
saucer [sose] v. tr. *saucer du pain, son assiette*, fare la scarpetta. ‖ Fig. fam. *être saucé, se faire saucer*, essere tutto inzuppato. ‖ [réprimander] lavare il capo a.
saucier [sosje] m. = cuoco addetto alla preparazione delle salse.
saucière [sosjɛr] f. salsiera.
saucisse [sosis] f. salsiccia. | *grosse saucisse*, salsiccione m., salsicciotto m. | *chair à saucisse*, carne suina tritata. ‖ Loc. fam. *ne pas attacher ses chiens avec des saucisses* = tenere la borsa stretta. ‖ Fam. V. ballon *(captif)*.
saucisson [sosisɔ̃] m. salame ; [à l'ail] salsiccione. ‖ Loc. fam. *être ficelé comme un saucisson*, essere infagottato. ‖ Mil. salsiccia f.
saucissonner [sosisɔne] v. intr. Fam. = pasteggiare alla buona con pane e salumi.
sauf, sauve [sof, sov] adj. salvo. | *avoir la vie sauve*, aver salva la vita. | *l'honneur est sauf*, l'onore è salvo. | *sain et sauf*, sano e salvo. ◆ prép. ***sauf :*** [sans léser] *sauf votre respect, sauf le respect que je vous dois*, sia detto senza offenderLa ; non sia per offesa ; con rispetto parlando. ‖ [à la réserve de] salvo. | *sauf avis contraire*, salvo parere contrario. ‖ [excepté] salvo, tranne, eccetto, fuorché. | *vendre tout, sauf la maison*, vendere tutto, salvo, tranne, eccetto, fuorché la casa. ‖ Comm. *sauf bonne fin*, salvo buon fine. | *sauf erreur ou omission*, salvo errore od omissione. ◆ loc. prép. ***sauf à,*** anche a costo di. ◆ loc conj. ***sauf que,*** salvo che, a parte il fatto che.
sauf-conduit [sofkɔ̃dɥi] m. salvacondotto.
sauge [soʒ] f. Bot. salvia.
saugrenu, e [sogrəny] adj. strampalato, strambo, bislacco.
saulaie [solɛ] f. Bot. saliceto m., salceto m.
saule [sol] m. Bot. salice. | *saule pleureur*, salice piangente.
saulée [sole] f. filare (m.) di salici.
saumâtre [somɑtr] adj. Pr. salmastro. | *eaux saumâtres*, acque salmastre. ‖ Fig. amaro, sgradevole ; duro da mandar giù (fam.). ‖ Loc. fam. *je la trouve saumâtre*, non posso mandarla giù ; è una cosa che non mi va giù.
saumon [somɔ̃] m. Zool. salmone. | *saumon fumé*, salmone affumicato. ◆ adj. inv. (color) salmone.
saumoné, e [somɔne] adj. salmonato.
saumoneau [somɔno] m. Zool. salmoncino.
saumurage [somyraʒ] m. (il) salamoiare, (il) mettere in salamoia.
saumure [somyr] f. [pour conserver] salamoia. | *anchois dans la saumure*, acciughe in salamoia. ‖ [pour extraire le sel] acqua marina concentrata.
saumuré, e [somyre] adj. salamoiato ; (conciato) in salamoia.
saumurer [somyre] v. tr. salamoiare.
sauna [sona] m. sauna f.
saunage [sonaʒ] m. ou **saunaison** [sonɛzɔ̃] f. [fabrication] salinatura f. ; salinazione f. (rare). ‖ [vente]

vendita (f.) del sale. || [contrebande] Vx *faux saunage*, contrabbando (m.) del sale.

sauner [sone] v. intr. [extraire] salinare. || [produire] *bassin de marais salant qui commence à sauner*, bacino di salina che comincia a produrre sale.

saunier [sonje] m. [ouvrier] salinaio, salinatore. || [vendeur] venditore di sale. || Vx *faux saunier*, contrabbandiere di sale.

saupiquet [sopikɛ] m. salsa (f.) piccante.

saupoudrage [sopudraʒ] m. (il) cospargere.

saupoudrer [sopudre] v. tr. PR. cospargere. | *saupoudrer de sel, de sucre*, cospargere di sale, di zucchero. | *saupoudrer de farine*, cospargere di farina, infarinare. || FIG. *saupoudrer un discours de citations latines*, infiorare un discorso di citazioni latine.

saupoudreuse [sopudrøz] f. [à sel] spargisale m. inv.; [à sucre] spargizucchero m. inv., dosazucchero m. inv.; [à talc] spargitalco m. inv.

saur [sɔr] adj. *hareng saur*, aringa affumicata.

saurage [sɔraʒ] m. V. SAURISSAGE.

saurer [sɔre] v. tr. affumicare.

sauret [sɔrɛ] adj. Vx v. SAUR.

sauriens [sorjɛ̃] m. pl. ZOOL. sauri, lacertili.

saurin [sorɛ̃] m. = aringa affumicata di recente.

sauris [sori] m. salamoia (f.) di aringhe.

saurissage [sorisaʒ] m. affumicatura f.; affumicamento (rare).

saurisseur [sorisœr] m. affumicatore.

saussaie [sosɛ] f. V. SAULAIE.

saut [so] m. salto. | *saut en hauteur, en longueur, avec élan, sans élan, à pieds joints*, salto in alto, in lungo, con rincorsa, da fermo, a piè pari. | *saut périlleux, de la mort*, salto mortale. | *saut à la perche, à la corde, en skis*, salto con l'asta, della corda, con gli sci. | *saut de haies, d'obstacles*, salto di ostacoli. | *triple saut*, salto triplo. | *petits sauts*, saltellamenti. || [en parachute] lancio. || [chute d'eau] salto, cascata f. || MATH. salto. || PHILOL. *saut du même au même*, lacuna nata da omeoteleuto. || PHILOS. *saut qualitatif, dialectique*, salto qualitativo, dialettico. || LOC. *la nature ne fait pas de sauts*, la natura non procede a salti, a sbalzi. | *aller par sauts et par bonds*, parlare, scrivere a balzelloni. | *faire un saut dans l'inconnu*, fare un salto nel buio. | *faire un saut dans le passé*, tuffarsi nel passato. | *faire le saut*, fare il gran passo. | *faire un saut chez qn*, fare un salto, una capatina da qlcu. | *au saut du lit*, V. LIT. | *d'un saut je suis à la maison*, in un salto sono a casa.

saut-de-lit [sodli] m. vestaglia (f.) da camera; scendiletto m. inv.

saut-de-loup [sodlu] m. fossato di chiusura.

saut-de-mouton [sodmutɔ̃] m. cavalcavia m. inv.

saute [sot] f. salto m., sbalzo m. | *saute de vent, de température*, salto, sbalzo di vento, di temperatura. || FIG. *saute d'humeur*, sbalzo d'umore, improvviso cambiamento d'umore.

sauté [sote] m. CULIN. sauté (fr.). | *sauté de veau, de lapin*, vitello, coniglio saltato.

saute-mouton [sotmutɔ̃] m. inv. JEU cavallina f. | *jouer à saute-mouton*, giocare alla cavallina.

sauter [sote] v. intr. **1.** saltare; [en parachute] lanciarsi. | *sauter à bas du lit, à la corde, à la perche, à pieds joints*, saltare giù dal letto, saltare con la corda, con l'asta, a piè pari. | *il a sauté dans l'eau, par la fenêtre*, è saltato in acqua, dalla finestra. | *sauter sur ses pieds, en selle*, balzare in piedi, in sella. | *sauter de joie*, saltare dalla gioia || **2.** [être détruit, projeté] saltare (in aria). | *le dépôt de munitions a sauté*, è saltato il deposito di munizioni. | *les boutons de mon manteau ont sauté*, mi sono saltati via i bottoni del cappotto. || **3.** [s'élancer] saltare. | *il m'a sauté dessus*, mi è saltato addosso. | *sauter à la gorge de qn*, saltare alla gola di qlcu. | *sauter au cou de qn*, saltare al collo, buttar le braccia al collo di qlcu. | *sauter sur une arme pour la prendre*, precipitarsi su un'arma per afferrarla. || **4.** FIG. [passer brusquement] saltare. | *sauter de la page 2 à la page 5*, saltare da pagina 2 a pagina 5. | *sauter d'un sujet à l'autre, du coq à l'âne*, saltare da un argomento all'altro, di palo in frasca. || **5.** [être évident] *sauter aux yeux*, saltare agli occhi. || **6.** [se mettre en colère] *sauter aux nues, au plafond*, montare in bestia. || FAM. *et que ça saute !*, e scattiamo!; su, spicciati!; su, spicciamoci! || ***faire sauter :*** far saltare. || PR. *faire sauter un vaisseau, un pont*, far saltare una nave, un ponte. | *faire sauter une mine*, far saltare, (far) brillare una mina. | *faire sauter la cervelle à qn*, bruciare, far saltare le cervella a qlcu. | *se faire sauter la cervelle*, bruciarsi, farsi saltare le cervella. | *faire sauter la serrure, les plombs*, far saltare la serratura, le valvole. | *faire sauter la bande d'un journal*, strappare la fascetta di un giornale. | *faire sauter une maille*, lasciar cadere una maglia. || FIG. *faire sauter le gouvernement*, far saltare il governo. | *faire sauter qn*, far saltare qlcu. || CULIN. *faire sauter les pommes de terre*, (far) saltare le patate. || JEU *faire sauter la banque*, far saltare il banco; sbancare. ◆ v. tr. PR. et FIG. saltare. | *sauter le fossé, le mur*, v. ces mots. | *sauter une ligne*, saltare una riga. | *sauter une classe*, fare il salto; saltare una classe. || POP. *la sauter*, tirare la cinghia (fam.).

sautereau [sotro] m. MUS. salterello.

sauterelle [sotrɛl] f. ZOOL. cavalletta, locusta. || [fausse équerre] falsa squadra. | *sauterelle graduée*, squadra zoppa. || [bande transporteuse] nastro trasportatore.

sauterie [sotri] f. FAM. festicciola danzante. | *inviter à une sauterie*, invitare a far quattro salti.

saute-ruisseau [sotrɥiso] m. inv. Vx fattorino (L.C.); galoppino (fam.).

sauteur, euse [sotœr, øz] n. et adj. SPORT saltatore, trice. || ZOOL. *insectes, oiseaux sauteurs*, insetti, uccelli saltatori. | *cheval sauteur*, saltatore. || FAM. [qui change souvent d'opinion] banderuola f., girella m. inv. ◆ n. f. CULIN. casseruola (per far saltare).

sautillant, e [sotijɑ̃, ɑ̃t] adj. PR. saltellante. || FIG. *style sautillant*, stile spezzettato.

sautillement [sotijmɑ̃] m. saltellamento.

sautiller [sotije] v. intr. salte(re)llare.

sautoir [sotwar] m. [bijou] = collana (f.) ricadente sino alla vita. || HÉRALD. decusse f., croce (f.) di Sant'Andrea. || SPORT saltatoio. ◆ loc. adv. ***en sautoir :*** *deux épées en sautoir*, due spade a mo' di croce di Sant'Andrea. | *porter un ordre en sautoir*, portare una decorazione come una collana.

sauvage [sovaʒ] adj. [primitif] selvaggio. | *peuplades, mœurs sauvages*, tribù selvagge, costumi selvaggi. || [non apprivoisé; qui pousse naturellement] selvatico; selvaggio (littér.). | *animal, fleur, poirier sauvage*, animale, fiore, pero selvatico. | *à l'état sauvage*, allo stato brado. || [désert, inculte] selvaggio. | *paysage sauvage*, paesaggio selvaggio. || [qui fuit la société] selvatico. | *cet enfant, cet homme est sauvage*, questo bambino, quest'uomo è selvatico. || [rude, violent] selvaggio. | *meurtre sauvage*, omicidio selvaggio, efferato. || [en dehors des règles] *camping sauvage*, campeggio selvaggio. | *grève sauvage*, sciopero selvaggio. ◆ n. PR. et FIG. selvaggio, a. | *le bon sauvage*, il buon selvaggio.

sauvageon, onne [sovaʒɔ̃, ɔn] n. ragazzo cresciuto, ragazza cresciuta allo stato selvaggio; ragazzo selvatico, ragazza selvatica. ◆ n. m. AGR. arboscello non innestato.

sauvagerie [sovaʒri] f. [cruauté] efferatezza. || [insociabilité] selvatichezza.

sauvagesse [sovaʒɛs] f. Vx selvaggia (L.C.).

sauvagin, ine [sovaʒɛ̃, in] adj. = dal sapore, dall'odore selvatico. ◆ n. m. sapore, odore selvatico. ◆ n. f. selvaggina da penna (dal sapore selvatico). || [peaux] pelli comuni (f. pl.) di animali selvatici.

sauvegarde [sovgard] f. PR. et FIG. salvaguardia, tutela. | *les lois sont la sauvegarde de la liberté*, le leggi sono la salvaguardia, la tutela della libertà. || MAR. bracotto m.

sauvegarder [sovgarde] v. tr. salvaguardare, tutelare.

sauve-qui-peut [sovkipø] m. inv. fuggi fuggi.

sauver [sove] v. tr. [tirer du danger] salvare. | *sauver qn du danger, du désespoir, de la mort*, salvare qlcu. dal pericolo, dalla disperazione, dalla morte. | *sauver* *la vie à qn,* salvare la vita a qlcu. | *le malade est sauvé,* il malato è fuori pericolo, è salvo. ‖ [préserver] salvare. | *sauver l'honneur,* salvare l'onore. | *sauver les apparences, la face,* v. ces mots. | *sauver ce qui peut être sauvé,* salvare il salvabile. ‖ [compenser] riscattare. | *dans ce roman le style sauve le sujet,* in questo romanzo lo stile riscatta l'argomento. ‖ RELIG. salvare. ‖ FAM. *sauver les meubles,* salvare lo stretto indispensable (L.C.). ◆ v. pr. [sens réfl.] *se sauver du naufrage,* salvarsi dal naufragio. | *sauve qui peut !,* si salvi chi può ! ‖ [s'enfuir] scappare v. intr. | *se sauver de prison,* scappare di prigione. | *se sauver à l'étranger,* riparare (v. intr.) all'estero. | *se sauver à toutes jambes,* darsela a gambe. ‖ FAM. *il faut que je me sauve,* devo scappare. | *le lait se sauve,* il latte va di fuori, il latte trabocca. ‖ RELIG. salvarsi.

sauvetage [sovtaʒ] m. salvataggio. | *bouée, canot, ceinture de sauvetage,* v. le nom.

sauveteur [sovtœr] adj. et n. m. salvatore, soccorritore.

sauvette (à la) [alasovɛt] loc. adv. *vendre à la sauvette,* vendere di straforo. | *marchand à la sauvette,* chincagliere ambulante (non autorizzato). ‖ FAM. *voir qn à la sauvette,* vedere qlcu. di straforo, di sfuggita (L.C.). | *liquider une question à la sauvette,* liquidare una questione alla svelta, con sospettosa fretta (L.C.).

sauveur [sovœr] m. et adj. salvatore. ‖ RELIG. *le Sauveur,* il Salvatore.

savamment [savamɑ̃] adv. [d'une manière savante] dottamente, sapientemente. ‖ [habilement] sapientemente. ‖ [en connaissance de cause] con competenza, con cognizione di causa.

savane [savan] f. GÉOGR. savana. | *savane arborée,* savana alberata, arborata.

savant, e [savɑ̃, ɑ̃t] adj. [suj. qn] dotto. | *être savant en mathématiques,* essere dotto in matematica. ‖ [suj. qch.] dotto. | *langues savantes,* lingue dotte. | *mot savant,* parola dotta. | *société savante :* [de scientifiques] società di scienziati ; [d'érudits] società di dotti. ‖ [qui dénote de l'habileté] sapiente. | *savante harmonie de couleurs,* sapiente armonia di colori. ‖ [dressé] *animaux savants,* animali sapienti. ‖ [ardu] arduo, difficile. | *ce problème est trop savant pour moi,* questo problema è troppo arduo, difficile per me. ‖ PÉJOR. *femme savante,* saccentona f. | *« les Femmes savantes »,* « Le donne saccenti ». ◆ n. m. dotto ; [sciences exactes] scienziato.

savarin [savarɛ̃] m. CULIN. savarin (fr.) ; savarino.

savate [savat] f. ciabatta. | *traîner ses savates* ciabattare. ‖ MAR. suola. ‖ [boxe française] savate (fr.). ‖ LOC. FAM. *travailler comme une savate,* acciabattare un lavoro ; essere un ciabattino, un ciabattone. | *quelle savate !,* che schiappa ! ‖ *traîner la savate :* [pauvreté] non aver scarpe ai piedi ; [oisiveté] passarsela male.

savetier [savtje] m. Vx ciabattino.

saveur [savœr] f. PR. sapore m. ‖ FIG. sapore, gusto m. | *saveur de la nouveauté,* sapore, gusto della novità. ‖ *nouveauté pleine de saveur,* novità gustosa.

savoir [savwar] v. tr. [connaître] conoscere. | *savoir son chemin,* conoscere la strada. | *je sais mes obligations envers vous* (littér.), conosco i miei doveri di riconoscenza verso di Lei (L.C.). | *savoir qn par cœur* (fam.), conoscere a fondo qlcu. (L.C.). ‖ **2.** [être instruit ; être exercé à ; avoir dans la mémoire ; être informé de] sapere. | *savoir l'italien, son métier,* sapere l'italiano, il proprio mestiere. | *savoir jouer aux cartes,* saper giocare a carte. | *savoir sa leçon par cœur,* sapere la lezione a memoria, a mente. | *n'être pas sans savoir,* v. SANS. | *je sais, je ne sais pas où il habite,* so dove abita ; non so dove egli abiti. | *je le savais bien malheureux,* sapevo che era assai infelice. | *je me sais, tu te sais, il se sait en danger,* so, sai, sa di essere in pericolo. | *je sais que tu es en danger,* so che sei in pericolo. | *il sait qu'il renouvelle le sujet,* sa di rinnovare l'argomento. | *je n'en sais rien,* non ne so niente. | *faire savoir à qn qch. par qn,* far sapere a uno qlco. da qlcu., mandare a dire a uno qlco. da qlcu. | *on sait que,* si, sa, è noto, è risaputo che. | *je ne sais qu'une chose, c'est que je ne sais rien,* so soltanto di non saper nulla. | **3.** [avoir le pouvoir de] potere, sapere. | *on ne saurait mieux dire,* non si potrebbe dir meglio. | *tu ne saurais nier le fait,* non potresti negare il fatto. | *je ne saurais (te le dire),* non potrei, non saprei (dirtelo). | *il sait renouveler le sujet,* sa rinnovare l'argomento. ‖ **4.** [prévoir] sapere. | *tu ne peux pas savoir ce qui t'attend,* non puoi sapere quel che ti aspetta. ‖ **5.** LOC. *savoir s'ils réussiront,* sapere se riusciranno. | *si je l'avais su !,* averlo saputo !, (se) l'avessi saputo ! | *Dieu (seul) sait où il ira,* Dio (solo) sa dove andrà. | *qui sait ?,* chi lo sa ?, chissà ? | *qui sait s'il ne réussira pas à venir,* chissà che non riesca a venire. | *la question est de savoir si,* resta a vedere se. | *l'affaire que tu sais,* la faccenda che tu sai (bene). | *je l'ai dit à qui tu sais,* l'ho detto a chi tu sai. | *à la suite du scandale que l'on sait, que vous savez,* in seguito al noto scandalo. | (littér.) *je ne sache pas qu'il y soit allé,* non mi consta ch'egli ci sia andato. | *il n'est pas parti, que je sache,* che io sappia, a quanto io sappia non è partito. | *pas que je sache,* non mi risulta. | *il ne veut rien savoir,* non ne vuol sapere. | *c'est bon à savoir,* buono a sapersi. | *un je-ne-sais-qui,* un tale, un tizio. | *un je-ne-sais-quoi,* un non so che. | *il pleure tout ce qu'il sait* (fam.), piange a calde lacrime. | *en savoir long,* saperla lunga. | *savoir y faire, s'y prendre,* saperci fare. | *va, allez savoir d'où vient l'argent,* di dove venga il denaro, qui sta il difficile. | *et puis, tu sais, il est généreux,* e poi, sai, è generoso. | *savoir gré à qn,* V. GRÉ. | *ne savoir où donner de la tête,* V. TÊTE. | *savoir vivre,* V. VIVRE. ◆ v. intr. [avoir de l'expérience] *si jeunesse savait,* se gioventù sapesse. ‖ [être sûr] *si je savais, je lui écrirais,* se ne fossi sicuro, gli scriverei. ◆ v. pr. [sens pass.] *tout finit par se savoir,* finalmente tutto si sa. ‖ FAM. *ça se saurait,* sarebbe risaputo (L.C.). | *se savoir très malade,* sapere di essere molto malato. ◆ loc. adv. ***(à) savoir,*** vale a dire ; (e) cioè. ◆ loc. conj. ***à savoir que,*** vale a dire che ; ossia. ◆ n. m. sapere. | *un homme d'un grand savoir,* una persona di grande sapere.

savoir-faire [savwarfɛr] m. inv. savoir-faire (fr.) ; tatto m., destrezza f., accortezza f.

savoir-vivre [savwarvivr] m. inv. galateo m., (buona) creanza f.

savoisien, enne [savwazjɛ̃, ɛn] adj. et n. V. SAVOYARD.

savon [savɔ̃] m. sapone. | *savon de Marseille, en paillettes, à barbe,* sapone di Marsiglia, in scaglie, da barba. | *savon mou, noir,* sapone molle. | *savon de toilette,* sapone per toletta ; saponetta f. | *laver au savon, avec du savon,* lavare col sapone. | *bulle de savon,* bolla di sapone. ‖ FIG. FAM. *passer un savon à qn,* dare una lavata di capo a qlcu.

savonnage [savɔnaʒ] m. insaponatura f.

savonner [savɔne] v. tr. insaponare. ‖ FIG. FAM. *savonner qn,* dare una lavata di capo a qlcu. ◆ v. pr. insaponarsi.

savonnerie [savɔnri] f. [fabrication] fabbricazione del sapone. ‖ [établissement] saponificio m., saponeria. ‖ [tapis] tappeto (m.) della Savonnerie.

savonnette [savɔnɛt] f. [savon] saponetta. ‖ Vx *(montre à) savonnette,* saponetta.

savonneux, euse [savɔnø, øz] adj. [qui contient du savon] saponoso. | *eau savonneuse,* acqua saponosa. ‖ [qui a l'aspect du savon] saponoso, saponaceo. ‖ *argile savonneuse,* (argilla) smettica f.

savonnier, ère [savɔnje, ɛr] adj. saponiero ; saponario (rare). | *industrie savonnière,* industria saponiera, saponaria. ◆ n. m. saponiere ; saponaio (vx). ‖ BOT. sapindo.

savourer [savure] v. tr. Pr. et FIG. assaporare. | *savourer une glace, les joies de la famille,* assaporare un gelato, le gioie della famiglia.

savoureusement [savurøzmɑ̃] adv. PR. et FIG. gustosamente, in modo gustoso ; saporosamente (fig.).

savoureux, euse [savurø, øz] adj. PR. et FIG. saporito, saporoso, gustoso. | *plat savoureux, anecdote savoureuse,* piatto, aneddoto saporito, saporoso, gustoso.

savoyard, e [savwajar, ard] adj. et n. savoiardo.
saxe [saks] m. porcellana (f.) di Sassonia. || FIG. *cette jeune fille est un vrai saxe,* questa ragazza sembra una statuina di porcellana.
saxhorn [saksɔrn] m. MUS. saxhorn.
saxicole [saksikɔl] adj. BOT. sassicolo.
saxifragacées [saksifragase] f. pl. BOT. sassifragacee.
saxifrage [saksifraʒ] f. sassifraga.
saxon, onne [saksɔ̃, ɔn] adj. et n. sassone.
saxophone [saksɔfɔn] m. MUS. sassofono.
saynète [sɛnɛt] f. THÉÂTRE [esp.] sainete m. || (en France) Vx = atto unico; commediola; sketch m. (angl.).
sayon [sɛjɔ̃] m. ANTIQ. [vêtement] sago.
sbire [sbir] m. PÉJOR. sbirro.
scabieuse [skabjøz] f. BOT. scabiosa.
scabieux, euse [skabjø, øz] adj. MÉD. scabbioso.
scabreux, euse [skabrø, øz] adj. [indécent] scabroso. | *affaire scabreuse, sujet scabreux,* affare, argomento scabroso. || LITTÉR. [dangereux; difficile] scabroso. | *circonstance, entreprise scabreuse,* circostanza, impresa scabrosa.
scaferlati [skafɛrlati] m. = tabacco trinciato.
1. scalaire [skalɛr] adj. MATH. scalare.
2. scalaire m. [poisson] scalare. ◆ f. [mollusque] scalaria.
scalde [skald] m. HIST. LITT. scaldo.
scalène [skalɛn] adj. ANAT., MATH. scaleno.
scalp [skalp] m. scalpo.
scalpel [skalpɛl] m. bisturi da dissezione.
scalper [skalpe] v. tr. scalpare, scotennare.
scandale [skɑ̃dal] m. scandalo. | *faire scandale,* dare scandalo. | *faire un scandale,* fare uno scandalo. | *être une occasion de scandale,* essere motivo di scandalo. | *au grand scandale de,* con grande scandalo di. | *c'est un scandale de voir,* è uno scandalo vedere. || RELIG. *malheur à celui par qui le scandale arrive!,* guai all'uomo dal quale viene lo scandalo!
scandaleux, euse [skɑ̃dalø, øz] adj. scandaloso.
scandaliser [skɑ̃dalize] v. tr. scandalizzare. ◆ v. pr. scandalizzarsi. | *se scandaliser d'une faute légère, pour un rien, des propos de qn,* scandalizzarsi di una lieve mancanza, per un nonnulla, alle parole di qlcu.
scander [skɑ̃de] v. tr. scandire.
scandinave [skɑ̃dinav] adj. et n. scandinavo.
scandium [skɑ̃djɔm] m. CHIM. scandio.
scansion [skɑ̃sjɔ̃] f. scansione.
scaphandre [skafɑ̃dr] m. scafandro. | *scaphandre autonome,* scafandro autonomo; autorespiratore.
scaphandrier [skafɑ̃drije] m. palombaro.
scaphoïde [skafɔid] adj. et n. m. ANAT. scafoide.
scapulaire [skapylɛr] adj. ANAT. scapolare. | *ceinture scapulaire,* cinto (m.), cingolo (m.) scapolare. | ◆ n. m. [de moine] *(grand) scapulaire,* scapolare. || [de laïc] *petit scapulaire,* piccolo scapolare; scapolare secolare; abitino.
scapulo-huméral, e, aux [skapyloymeral, o] adj. ANAT. scapolo(o)merale.
scarabée [skarabe] m. ZOOL. scarabeo. | *scarabée sacré,* scarabeo sacro.
scarabéidés [skarabeide] m. pl. ZOOL. scarabeidi.
scare [skar] m. ZOOL. scaro; pesce pappagallo; pappagallo marino.
scarieux, euse [skarjø, øz] adj. BOT. scarioso.
scarifiage [skarifjaʒ] m. AGR. scarificatura f.
scarificateur [skarifikatœr] m. AGR., MÉD. scarificatore.
scarification [skarifikasjɔ̃] f. MÉD. scarificazione.
scarifier [skarifje] v. tr. AGR., MÉD. scarificare.
scarlatine [skarlatin] f. MÉD. scarlattina.
scarlatiniforme [skarlatinifɔrm] adj. scarlattiniforme.
scarole [skarɔl] f. BOT. scar(i)ola.
scatologie [skatolɔʒi] f. scatologia.
scatologique [skatolɔʒik] adj. scatologico.
scatophile [skatofil] adj. coprofilo.
sceau [so] m. [cachet, empreinte] sigillo; suggello (littér.). | *apposer son sceau,* apporre il proprio sigillo. || [fonctions] *garde des Sceaux,* guardasigilli m. || FIG. *sous le sceau du secret,* sotto il vincolo del segreto. || [marque] impronta f. | *ouvrage qui porte le sceau du génie,* opera che ha l'impronta del genio.
sceau-de-salomon [sodəsalomɔ̃] m. BOT. sigillo di Salomone.
scélérat, e [selera, at] adj. et n. scellerato. || [à un enfant] *petit scélérat,* bricconcello m.
scélératesse [seleratɛs] f. scelleratezza.
scellement [sɛlmɑ̃] m. TECHN. (il) murare con gesso; ingessatura f.
sceller [sele] v. tr. sigillare. | *sceller un acte, une porte,* sigillare un atto, una porta. | *sceller une lettre,* sigillare, suggellare una lettera. || FIG. [confirmer] suggellare. || TECHN. ingessare.
scellés [sele] m. pl. JUR. sigilli. | *mettre, lever les scellés,* apporre, togliere i sigilli. | *bris de scellés,* violazione (f.) dei sigilli.
scénario [senarjo] m. THÉÂTRE canovaccio. || CIN. soggetto. || FIG. *selon le scénario prévu,* secondo il consueto schema.
scénariste [senarist] n. soggettista, scenarista; sceneggiatore, trice.
scène [sɛn] f. [partie d'un théâtre] palcoscenico m., palco scenico, palco m., scena. | *scène tournante,* palcoscenico girevole. | *entrer en scène,* entrare in scena. || [décors] scena. || *changement de scène,* cambiamento di scena. || [lieu] scena. | *la scène est à Rome,* la scena è a Roma. || [art dramatique] *avoir une parfaite connaissance de la scène,* aver pratica del palcoscenico. | *les chefs-d'œuvre de la scène,* i capolavori teatrali. | *vedette de la scène,* divo, diva del teatro. | *avoir de la présence sur la scène,* avere (della) scena. | *jeux de scène,* V. JEU. | *porter un roman à la scène,* ridurre un romanzo per le scene. | *mettre sur la scène un événement historique,* mettere, portare sulla scena un fatto storico. | *mettre en scène,* mettere in scena; inscenare (rare). | *mise en scène,* messinscena, regìa; FIG. messinscena. | *metteur en scène,* regista. || [subdivision d'un acte] scena. | *scène à faire, finale, d'amour,* scena madre, finale, d'amore. || FIG. scena. | *être témoin d'une scène attendrissante,* essere testimone di una scena commovente. | *la scène politique,* la scena politica. | *occuper le devant de la scène,* essere di scena. || FAM. [querelle] scenata, scena. | *scène vulgaire, grossière,* scenataccia, piazzata. | *faire une scène de jalousie à qn,* fare una scena, una scenata di gelosia a qlcu. | *scène de ménage,* scenata tra marito e moglie. | [d'un enfant] *faire des scènes,* far le bizze.
scénique [senik] adj. scenico. || LOC. *jeux scéniques* = recita filodrammatica all'aperto.
scénologie [senolɔʒi] ou **scénographie** [senografi] f. scenografia.
septicisme [sɛptisism] m. [doctrine; état d'esprit] scetticismo.
sceptique [sɛptik] adj. et n. scettico.
sceptre [sɛptr] m. PR. et FIG. scettro.
schako [ʃako] m. V. SHAKO.
schelem m. V. CHELEM.
schéma [ʃema] m. [dessin; plan] schema. | *schéma directeur,* piano regolatore. || PSYCH. *schéma corporel,* schema corporeo. || TECHN. *schéma de montage,* schema di montaggio.
schématique [ʃematik] adj. schematico.
schématisation [ʃematizasjɔ̃] f. schematizzazione.
schématiser [ʃematize] v. tr. schematizzare.
schématisme [ʃematism] m. schematismo.
schème [ʃɛm] m. PHILOS. schema.
scherzando [skɛrtsando] adv. (ital.) MUS. scherzando.
scherzo [skɛrtso] m. (ital.) MUS. scherzo.
schilling [ʃiling] m. (all.) scellino.
schismatique [ʃismatik] adj. et n. scismatico.
schisme [ʃism] m. PR. et FIG. scisma.
schiste [ʃist] m. GÉOL. scisto; schisto (rare).
schisteux, euse [ʃistø, øz] adj. sc(h)istoso.
schistosité [ʃistozite] f. sc(h)istosità.
schizoïde [skizoid] adj. schizoide.

schizophrène [skizofrɛn] adj. et n. MÉD. schizofrenico.
schizophrénie [skizofreni] f. MÉD. schizofrenia.
schlague [ʃlag] f. = punizione data con la verga.
schlamm [ʃlam] m. MIN. schlamm (all.) ; limo.
schlittage [ʃlitaʒ] m. = trasporto di legname con la slitta.
schlitte [ʃlit] f. slitta per legname.
schlitter [ʃlite] v. tr. trasportare con la slitta.
schlitteur [ʃlitœr] m. = operaio addetto al trasporto di legname con la slitta.
schnaps [ʃnaps] m. (all.) FAM. acquavite f. (L.C.).
schnock ou **schnoque** [ʃnɔk] adj. inv. et n. POP. fesso.
schnorchel [ʃnɔrkɛl] m. MAR. schnorchel (all.).
schooner [ʃunœr] m. MAR. schooner (angl.).
schupo [ʃupo] m. schupo (all.).
schuss [ʃus] m. SPORT schuss (all.).
sciable [sjabl] adj. (rare) segabile.
sciage [sjaʒ] m. [action ; travail] segatura f. | *(bois de) sciage*, legno da costruzione, da falegnameria. || [d'un diamant] segamento.
scialytique [sjalitik] adj. scialitico. ◆ n. m. lampada scialitica.
sciatique [sjatik] adj. sciatico. ◆ n. f. MÉD. sciatica.
scie [si] f. TECHN. sega. | *scie à main*, sega a mano. | *scie à métaux*, sega per metalli, ad arco. | *scie égoïne, à chantourner, à ruban*, v. ces mots. | *scie mécanique*, segatrice. | *trait de scie*, linea (f.) per indicare la segatura. || CHIR. sega. || MUS. sega. || ZOOL. V. POISSON-SCIE. || FAM. [personne, chose ennuyeuse] lagna. | [rengaine] lagna. || LOC. *en dents de scie*, a dente di sega, a sega ; seghettato adj.
sciemment [sjamɑ̃] adv. consapevolmente, coscientemente, scientemente.
science [sjɑ̃s] f. [connaissance] conoscenza ; scienza (rare). | *science du bien et du mal*, conoscenza del bene e del male. | *un puits de science*, un pozzo, un'arca di scienza. || [système de connaissances] scienza. | *science pure*, scienza pura. | *sciences appliquées, humaines, morales, naturelles*, scienze applicate, dell'uomo, morali, naturali. || FAM. *avoir la science infuse*, avere la scienza infusa.
science-fiction [sjɑ̃sfiksjɔ̃] f. fantascienza.
sciène [sjɛn] f. ZOOL. sciena.
scientificité [sjɑ̃tifisite] f. scientificità.
scientifique [sjɑ̃tifik] adj. scientifico. ◆ n. scienziato, a.
scientisme [sjɑ̃tism] m. scientismo.
scientiste [sjɑ̃tist] adj. scientistico, scientista. ◆ n. scientista.
scier [sje] v. tr. segare. || FAM. [ennuyer] *scier (le dos à) qn*, rompere le tasche a qlcu. (pop.). || POP. [étonner] *cette nouvelle m'a scié*, la notizia mi ha stupito (L.C.).
scierie [siri] f. segheria.
scieur [sjør] m. [bois] segatore, segantino ; [marbre, métal] segatore. || *scieur de long*, segatore di tavole.
scille [sil] f. BOT. scilla.
scinder [sɛ̃de] v. tr. scindere, dividere. ◆ v. pr. scindersi, dividersi.
scintigramme [sɛ̃tigram] ou **scintillogramme** [sɛ̃tilogram] m. MÉD. scintigramma, scintillogramma.
scintigraphie [sɛ̃tigrafi] f. MÉD. scintigrafia, scintillografia.
scintillant, e [sɛ̃tijɑ̃, ɑ̃t] adj. scintillante.
scintillation [sɛ̃tijasjɔ̃] f. ASTR. scintillazione.
scintillement [sɛ̃tijmɑ̃] m. scintillìo, luccichìo.
scintiller [sɛ̃tije] v. intr. scintillare, sfavillare.
scion [sjɔ̃] m. AGR. [pousse] pollone ; [jeune branche] nesto ; marza f. || [d'une canne à pêche] cimino.
sciotte [sjɔt] f. = sega a mano per il marmo.
scirpe [sirp] m. BOT. scirpo.
scission [sisjɔ̃] f. BIOL., PHYS., POL., scissione. | *scission dans un parti*, scissione, scissura (rare) in un partito.
scissionniste [sisjɔnist] adj. scissionistico. ◆ n. scissionista.
scissipare [sisipar] adj. scissiparo, fissiparo.
scissiparité [sisiparite] f. BIOL. scissiparità, fissiparità.
scissure [sisyr] f. ANAT. scissura.
sciure [sjyr] f. segatura. | *poêle à sciure*, stufa a segatura.
sciuridés [sjyride] m. pl. ZOOL. sciuridi.
sclérenchyme [sklerɑ̃ʃim] BOT. sclerenchima.
scléreux, euse [sklerø, øz] adj. scleroso.
sclérophyte [sklerofit] m. BOT. sclerofita.
scléroprotéine [skleroprɔtein] f. CHIM. scleroproteina.
sclérose [skleroz] f. MÉD. sclerosi. | *sclérose en plaques*, sclerosi multipla, a placche. || FIG. sclerosi, fossilizzazione.
sclérosé, e [skleroze] adj. et n. MÉD. sclerotico. ◆ adj. FIG. sclerotico, fossilizzato.
scléroser (se) [səskleroze] v. pr. MÉD. sclerotizzarsi. || FIG. sclerotizzarsi, fossilizzarsi.
sclérotique [sklerɔtik] f. ANAT. sclera, sclerotica.
scolaire [skɔlɛr] adj. scolastico. | *année scolaire*, anno scolastico. | *problèmes, constructions scolaires*, problemi scolastici ; edilizia scolastica. | *médecin scolaire*, medico scolastico. | *âge scolaire*, età scolare. || PÉJOR. scolastico. | *méthode scolaire d'exposition*, modo di esporre scolastico, scolaresco.
scolarisation [skɔlarizasjɔ̃] f. [action] scolarizzazione. || [fréquentation] frequenza scolastica.
scolariser [skɔlarize] v. tr. scolarizzare.
scolarité [skɔlarite] f. [durée] obbligo scolastico. || [études scolaires] frequenza scolastica.
scolasticat [skɔlastika] m. RELIG. scolasticato.
scolastique [skɔlastik] adj. et n. m. scolastico. ◆ n. f. scolastica.
scolex [skɔlɛks] m. ZOOL. scolice.
scoliaste [skɔljast] m. PHILOL. scoliaste ; scoliasta (rare).
scolie [skɔli] f. scolio m.
scoliose [skɔljoz] f. MÉD. scoliosi.
scolopendre [skɔlɔpɑ̃dr] f. BOT. scolopendrio m. ; lingua cervina. || ZOOL. scolopendra.
scolyte [skɔlit] m. ZOOL. scolito.
scombridés [skɔ̃bride] m. pl. ZOOL. scombridi.
sconse [skɔ̃s] m. pelliccia (f.) di moffetta; skunk.
scooter [skutɛr] m. scooter (angl.), scuter ; motoretta f.
scootériste [skuterist] n. scooterista, scuterista ; motorettista (rare).
scopolamine [skɔpolamin] f. PHARM. scopolamina.
scorbut [skɔrbyt] m. MÉD. scorbuto.
scorbutique [skɔrbytik] adj. et n. scorbutico.
score [skɔr] m. SPORT score (angl.) ; punteggio; [sports par équipes] segnatura f. || [élections] numero di voti. || [examen] votazione f.
scoriacé, e [skɔrjase] adj. scoriaceo.
scorie [skɔri] f. GÉOL., IND. scoria. | *scorie de déphosphoration*, scoria Thomas, di defosforazione.
scorpène [skɔrpɛn] f. ZOOL. scorpena.
scorpion [skɔrpjɔ̃] m. ASTR., ZOOL. scorpione.
scorsonère [skɔrsɔnɛr] f. BOT. scorzonera.
scotch [skɔtʃ] m. scotch (angl.).
scotie [skɔti] f. ARCHIT. scozia.
scotisme [skɔtism] m. PHILOS. scotismo.
scotome [skɔtom] m. MÉD. scotoma.
scottish-terrier [skɔtiʃtɛrje] m. scottish terrier (angl.).
scout, e [skut] adj. scoutistico, scautistico. ◆ n. scout (angl.).
scoutisme [skutism] m. scoutismo, scautismo.
scraper [skrapœr] m. scraper (angl.) ; ruspa f.
scratch [skratʃ] m. SPORT scratch (angl.).
scratcher [skratʃe] v. tr. SPORT eliminare.
scribe [skrib] m. copista. || HIST., RELIG. scriba.
scribouillard [skribujar] m. FAM., PÉJOR. scribacchino ; MIL. scritturale.
script [skript] m. JUR. atto ricognitivo di debito. || CIN. sceneggiatura f. || [écriture] stampatello. ◆ f. ou ***script-girl*** f., segretaria di edizione.
scripteur [skriptœr] m. [graphologie] = chi di propria

mano scrive o copia un documento. ‖ RELIG. scrittore apostolico.
scripturaire [skriptyrɛr] adj. RELIG. scritturale.
scriptural, e, aux [skriptyral, o] adj. *monnaie scripturale*, moneta scritturale.
scrofulaire [skrɔfylɛr] f. BOT. scrofularia.
scrofulariacées [skrɔfylarjase] f. pl. BOT. scrofulariacee.
scrofule [skrɔfyl] f. MÉD. scrofola, scrofolosi, scrofulosi.
scrofuleux, euse [skɔfylø, øz] adj. et n. scrofoloso, scrofuloso.
scrotum [skrɔtɔm] m. ANAT. scroto.
scrubber [skrœbœr] m. IND. scrubber (angl.) ; torre (f.) di lavaggio.
scrupule [skrypyl] m. HIST. [poids] scrupolo. ‖ [délicatesse morale] scrupolo. | *sans scrupule*, senza scrupoli. ‖ [doute, hésitation] *se faire un scrupule de, avoir scrupule à*, farsi scrupolo di. | *avec scrupule*, con scrupolo, scrupolosamente, con meticolosità. | *vaincre ses scrupules*, superare gli scrupoli.
scrupuleux, euse [skrypylø, øz] adj. scrupoloso. | *examen de conscience scrupuleux*, esame di coscienza scrupoloso. | *administrateur scrupuleux*, amministratore scrupoloso. | *recherche scrupuleuse*, ricerca scrupolosa, meticolosa.
scrutateur [skrytatœr] adj. scrutatore. | *regard scrutateur*, sguardo scrutatore. ◆ n. m. [de vote] scrutatore.
scruter [skryte] v. tr. PR. *scruter l'horizon*, scrutare l'orizzonte. ‖ FIG. *scruter les profondeurs du cœur humain*, scrutare le profondità del cuore umano.
scrutin [skrytɛ̃] m. scrutinio. | *scrutin secret, de liste*, scrutinio segreto, di lista. | *dépouiller le scrutin*, spogliare le schede, scrutinare. | *au premier tour de scrutin*, al primo scrutinio. | *par voie de scrutin*, mediante scrutinio.
scull [skœl] m. (angl.) [rame de couple] remo di coppia. ‖ [embarcation] V. SKIFF.
sculpter [skylte] v. tr. scolpire. | *sculpter un bloc de marbre, une statue*, scolpire un blocco di marmo, una statua. | *bois sculpté*, legno scolpito. | *sculpter l'ivoire*, intagliare l'avorio.
sculpteur [skyltœr] m. scultore, trice n. | *sculpteur sur bois*, scultore in legno. | *une femme sculpteur*, una scultrice.
sculptural, e, aux [skyltyral, o] adj. [relatif à la sculpture] scultorio, scultoreo. | *art sculptural*, arte scultoria. ‖ [digne d'être sculpté] scultorio, scultoreo, statuario. | *beauté sculpturale*, bellezza scultoria, statuaria.
sculpture [skyltyr] f. [art; œuvre] scultura. | *sculpture sur bois*, scultura in legno. | *sculpture sur ivoire*, intaglio (m.) in avorio.
scutellaire [skytelɛr] f. BOT. scutellaria.
scythique [sitik] adj. scitico.
se [sə] pron. pers. réfl. m. et f. 3e pers. sing. et pl. si ; [devant un autre pron.] se. ‖ [compl. d'obj. dir., ind., d'attrib.] *il se regarde*, si guarda. | *ils se sont combattus*, si sono combattuti. | *il s'attribue le mérite de l'entreprise*, si attribuisce il merito dell'impresa. | *il se fait du mal à lui-même*, fa del male a se stesso. | *il se donne un soufflet*, si dà uno schiaffo. | *il s'en va*, se ne va. ‖ [avec un inf., un gérond.] *s'habiller*, vestirsi. | *s'en aller*, andarsene. | *en se réjouissant*, rallegrandosi. | *en s'en réjouissant*, rallegrandosene. | *s'habituer*, abituarsi. | *s'y habituer*, abituarcisi. | *il doit s'habiller*, deve vestirsi ; si deve vestire (littér.). | *il se l'est fait apporter*, se l'è fatto portare. ‖ [sens pass.] *les pommes se vendent bien*, le mele si vendono bene. | *ce plat peut se manger froid*, questo piatto può consumarsi freddo. ‖ LOC. *il se peut que je vienne*, può darsi che io venga. | *il s'agit de*, si tratta di.
séance [seɑ̃s] f. [réunion] seduta ; tornata (rare). | *les séances de la Chambre des députés*, le sedute della Camera dei deputati. | *les séances d'une académie*, le sedute, le tornate di un'accademia. | *tenir deux séances par mois*, tenere seduta due volte al mese. | *ouvrir, lever, suspendre la séance*, aprire, togliere, sospendere la seduta. ‖ [durée] seduta. | *avoir une séance de judo*, avere una lezione di judo. | *faire un portrait en peu de séances*, fare un ritratto in poche sedute. | *séance de spiritisme*, seduta spiritica. ‖ [spectacle] rappresentazione ; spettacolo m. ◆ loc. adv. ***séance tenante***, seduta stante ; immediatamente.
1. séant, e [seɑ̃, ɑ̃t] adj. LITTÉR. [décent] decoroso ; decente, conveniente (L.C.). | *n'être pas séant (de)*, essere disdicevole ; non essere decente, conveniente, essere sconveniente (L.C.).
2. séant m. sedere. | *se mettre sur son séant*, mettersi a sedere.
seau [so] m. [de bois, métal, plastique] secchio ; [d'enfant] secchiello ; [avec couvercle] secchia f. ; [pour l'eau] secchia ; [pour le charbon] secchio ; [hygiénique] secchio ; [à champagne] secchiello. | *seau à glace*, secchiello portaghiaccio. ‖ [contenu] *seau de lait*, secchio di latte. | *seau d'eau*, secchia, secchiata d'acqua. ‖ FAM. *pleuvoir à seaux*, V. PLEUVOIR.
sébacé, e [sebase] adj. sebaceo. | *glande sébacée*, ghiandola sebacea.
sébaste [sebast] m. ZOOL. sebaste.
sébile [sebil] f. ciotola.
séborrhée [sebɔre] f. MÉD. seborrea.
sébum [sebɔm] m. sebo.
sec, sèche [sɛk, sɛʃ] adj. **1.** [aride] secco, asciutto. | *terrain sec*, terreno secco. | *temps, vent sec*, tempo asciutto ; vento secco, asciutto. ‖ **2.** [qui a perdu son humidité] secco. | *fruit, raisin sec ; figue sèche ; gâteaux secs*, V. le nom. | *haricots secs*, fagioli secchi. | *légumes secs*, legumi. | *fleurs sèches*, fiori secchi. | *bois sec* : [à brûler] legna secca ; [de construction] legno stagionato. | *petit bois sec*, V. BOIS. | *linge sec*, biancheria asciutta. | *poisson sec*, pesce secco. ‖ **3.** [qui n'est pas mouillé] secco. | *avoir la bouche sèche, les lèvres sèches*, avere la gola secca, le labbra secche. ‖ **4.** [maigre] asciutto, secco, | *visage sec*, viso asciutto. | *un homme grand et sec, grand et très sec*, un uomo alto e asciutto, alto e secco. | *un vieillard sec*, un vecchio asciutto, segaligno. ‖ **5.** FIG. *style, ton sec*, stile, tono secco. | *réponse sèche*, risposta secca, asciutta. | *manières sèches*, modi asciutti. | *un oui, un non, un merci tout sec*, un sì, un no, un grazie secco secco. | *cœur sec*, cuore arido. | *coup sec*, colpo secco. | *apéritif sec*, aperitivo liscio. | *champagne sec*, champagne secco. | *vin sec*, vino asciutto. ‖ **6.** LOC. FIG. *fruit sec ; pain sec ; perte sèche*, V. le nom. | *passer une rivière à pied sec*, passare un corso d'acqua a piedi asciutti. | *regarder d'un œil sec*, guardare a occhi asciutti. | *cale sèche ; nourrice sèche ; pointe sèche*, V. le nom. | *mur de pierres sèches*, muro a secco. | *toux, pleurésie sèche*, tosse, pleurite secca. | *régime sec*, regime secco. | *panne sèche*, mancanza di benzina. ‖ FAM. *être, rester sec*, restare a bocca chiusa. ‖ [aux cartes] *avoir la dame sèche*, avere la donna, la regina secca. ◆ n. m. asciutto, secco. | *tirer la barque au sec*, tirare la barca in secco. | *mettre, tenir qch. au sec*, mettere, tenere qlco. all'asciutto. ◆ adv. *boire sec*, essere un bevitore, un beone ; bere forte. | *démarrer sec*, partire di scatto. | *freiner sec*, frenare a secco. | *frapper sec*, picchiare sodo. ◆ loc. adv. ***à sec*** : *source à sec*, sorgente rimasta a secco ; sorgente disseccata, esaurita. | *mettre un étang à sec*, prosciugare uno stagno. | *laver à sec*, lavare a secco. ‖ FIG. *être à sec*, essere, rimanere in secco ; restare all'asciutto. ‖ MAR. *à sec de toile*, a secco di vele. ‖ POP. ***aussi sec***, su due piedi (fam.). ‖ ***en cinq sec***, V. CINQ.
sécable [sekabl] adj. divisibile.
sécant, e [sekɑ̃, ɑ̃t] adj. MATH. secante. | *plan sécant, droite sécante*, piano, retta secante. ◆ n. f. secante.
sécateur [sekatœr] m. cesoie f. pl. ; forbici (f. pl.) da giardiniere, da potatore. ‖ [à volaille] cesoie ; trinciapollo.
sécession [sesesjɔ̃] f. secessione. ‖ HIST. *guerre de Sécession*, guerra di Secessione.
sécessioniste [sesesjɔnist] adj. secessionistico, secessionista. ◆ n. secessionista.
séchage [seʃaʒ] m. asciugatura f., asciugamento. ‖

IND. essiccazione f. ; essiccamento m. (rare). | *séchage du bois*, stagionatura (f.) del legno.
sèche [sɛʃ] f. POP. = sigaretta.
sèche-cheveux [sɛʃʃøvø] m. inv. fon ; asciugacapelli.
sèche-linge [sɛʃlɛ̃ʒ] m. inv. essiccatoio m., essiccatore m.
sécher [seʃe] v. tr. asciugare, seccare. | *le vent sèche les routes*, il vento asciuga, secca le strade. | *(faire) sécher le linge, les vêtements*, (mettere ad) asciugare la biancheria, i vestiti. | *se sécher les cheveux*, asciugarsi i capelli. | *le vent chaud sèche la gorge*, il vento caldo dissecca la gola. || [assécher] essiccare, prosciugare. | *le soleil sèche les ruisseaux*, il sole essicca, prosciuga i corsi d'acqua. || FIG. *sécher les larmes*, asciugare le lacrime. || IND. essiccare. | *sécher les végétaux, les viandes, les matériaux de construction*, essiccare i vegetali, la carne, i materiali edilizi. | *sécher le bois*, essiccare, stagionare il legno. || UNIV., ARG. *sécher l'école, un cours*, marinare, salare (rég.) la scuola, una lezione. || POP. *sécher une bouteille*, asciugarsi, scolarsi una bottiglia. ◆ v. intr. [devenir sec] seccare, asciugarsi ; essiccarsi. | *les fleurs sèchent vite*, i fiori seccano presto. | *l'herbe a séché*, l'erba si è seccata. | *le linge séchait au soleil*, la biancheria si asciugava al sole. | *l'étang a séché*, lo stagno si è essiccato. || FIG. *sécher sur pied*, morire di noia. || UNIV., ARG. far scena muta ; rimanere a bocca chiusa.
sécheresse [seʃrɛs] f. PR. aridità. | *la sécheresse de la terre nuit à la végétation*, l'aridità della terra nuoce alla vegetazione. || [absence de pluie] siccità. || FIG. *répondre avec sécheresse*, rispondere seccamente, asciuttamente. | *sécheresse de cœur*, aridità di cuore. | *sécheresse du ton, du style, des manières*, secchezza di tono, di stile, di modi.
sécherie [seʃri] f. essiccatoio m., asciugatoio m.
sécheur [seʃœr] m. ou **sécheuse** [seʃøz] f. essiccatoio m., essiccatore m., asciugatrice f.
séchoir [seʃwar] m. IND. [local] essiccatoio ; [appareil] essiccatore. || [à cheveux] V. SÈCHE-CHEVEUX. || [à linge] stendibiancheria m. inv. ; stenditoio (rare).
second, e [səgɔ̃, ɔ̃d] adj. num. ord. secondo. | *en second lieu*, in secondo luogo. | *enfant d'un second lit*, figlio di secondo letto. || [autre] secondo, nuovo ; redivivo (littér.) | *c'est un second Raphaël*, è un secondo, un nuovo Raffaello. || [inférieur] secondo. | *de second ordre, choix*, di secondo ordine ; di seconda scelta. | *de second plan*, di secondo piano, rango. | *de seconde main*, di seconda mano. || LITTÉR. *à nul autre second*, a nessun altro secondo. | *sans second(e)*, ineguagliabile, incomparabile, impareggiabile (adj.) [L.C.]. || PHILOS. *causes secondes*, cause seconde. || LOC. *état second*, [pathologique] automatismo psicomotorio ; stato sonnambolico ; [anormal] stato anormale. | *seconde vue*, seconda vista. ◆ n. m. [étage] secondo piano. || [du second rang] secondo. || [assistant] collaboratore, aiutante, aiuto. || [dans un duel] secondo, padrino. || [charade] secondo. || MAR. secondo ufficiale ; ufficiale in seconda. ◆ loc. adv. ***en second***, in seconda.
secondaire [sɛgɔ̃dɛr] adj. secondario. | *question, route secondaire*, questione, strada secondaria. | *personnages secondaires*, personaggi minori, secondari, di secondo piano. || BOT. *structure secondaire*, struttura secondaria. || ÉCON. *secteur secondaire*, settore secondario. || GÉOL. *ère secondaire*, era secondaria, mesozoica. || MÉD. *accidents secondaires*, accidenti secondari. || PSYCH. secondario. || UNIV. *école secondaire*, scuola secondaria, media. | *l'enseignement secondaire, le secondaire*, l'insegnamento secondario, medio. || ÉLECTR. *(enroulement) secondaire* (n. m.), (avvolgimento) secondario. ◆ n. m. GÉOL. secondario, mesozoico.
seconde [səgɔ̃d] f. [mesure de temps] minuto secondo ; secondo m. || FAM. *attends une seconde*, aspetta un secondo, un momento, un momentino. || [mesure d'angle, d'arc] secondo. | *A seconde (A")*, A secondo. || AUTOM. seconda. | *passer la seconde*, innestare la seconda. || CH. DE F. *voyager en seconde*, viaggiare in seconda (classe). || MUS. seconda. || [escrime] seconda. || UNIV. *(classe de) seconde*, prima liceale.
secondement [səgɔ̃dmɑ̃] adv. secondo, in secondo luogo, secondariamente.
seconder [səgɔ̃de] v. tr. [servir d'aide] aiutare, assistere. || [favoriser] secondare, assecondare.
secouement [səkumɑ̃] m. *secouement de tête*, scuotimento, scrollata (f.) di testa.
secouer [səkwe] v. tr. scuotere, scrollare. | *secouer un arbre*, scuotere, scrollare un albero. | *secouer la tête*, scuotere, scrollare la testa ; [signe de refus] scrollare il capo. | *secouer qn (pour le réveiller)*, scuotere qlcu. (per destarlo). | *être secoué par le train, dans une automobile*, essere sballottato, scosso dal treno, in un'automobile. || FIG. [ébranler] scuotere. | *cette triste nouvelle, cette maladie l'a secoué*, questa triste notizia, questa malattia l'ha scosso. || [se débarasser de qch.] *secouer la poussière d'un livre*, scuotere la polvere da un libro. | *secouer le joug*, scuotere il giogo. | *secouer sa paresse*, scrollarsi di dosso la pigrizia. || FIG., FAM. *secouer qn, les puces à qn, secouer ses puces*, V. PUCE. ◆ v. pr. FAM. scrollarsi.
secoueur [səkwœr] m. [d'une batteuse] scuotipaglia m. inv.
secourable [səkurabl] adj. soccorrevole.
secourir [səkurir] v. tr. soccorrere.
secourisme [səkurism] m. organizzazione (f.) di pronto soccorso.
secouriste [səkurist] n. membro di un'organizzazione di pronto soccorso.
secours [səkur] m. [action ; aide] soccorso, aiuto. | *demander, porter, prêter secours*, chiedere, portare, dare soccorso. | *crier au secours*, gridare aiuto. | *au secours !*, aiuto ! | *venir, voler au secours de qn*, venire, correre in soccorso, in aiuto di qlcu. | *envoyer des troupes au secours des alliés*, mandare truppe in sussidio agli alleati. | *secours d'urgence*, pronto soccorso. || [ce qui est utile] aiuto. | *ma mémoire m'a été d'un grand secours*, la mia memoria è stata per me di grande aiuto. || [renfort] *un secours de mille hommes*, un soccorso di mille uomini. || LOC. *association de secours mutuel*, società di mutuo soccorso. | *caisse de secours*, fondo di soccorso. | *éclairage de secours*, illuminazione di sicurezza. | *porte, sortie de secours*, porta, uscita di sicurezza. || AUTOM. *roue de secours*, ruota di scorta. ◆ pl. MIL. soccorsi. || [aide] *envoi de secours aux sinistrés*, invio di soccorsi ai sinistrati. | *secours en espèces*, soccorsi in denaro ; sussidio m. | *poste de secours*, V. POSTE.
secousse [səkus] f. PR. et FIG. scossa. | *secousse électrique, tellurique*, scossa elettrica, tellurica. | *par secousses*, a scosse, a stratte. | *cette nouvelle lui causa une secousse*, questa notizia gli provocò una scossa. || LOC. FAM. *il n'en fiche pas une secousse*, si gratta la pancia ; se ne sta con le mani in mano.
1. secret, ète [səkrɛ, ɛt] adj. segreto. | *pensée secrète*, pensiero segreto ; pensiero recondito, riposto (littér.). | *tractations, vertus secrètes*, trattative, virtù segrete. | *agent secret*, agente segreto. | *fonds secrets*, fondi segreti. | *c'est un homme secret*, è un uomo segreto. | *escalier secret*, scala segreta.
2. secret m. [chose ; moyen] segreto. | *garder, dévoiler un secret*, v. les verbes. | *mettre qn dans le secret*, mettere qlcu. a parte di un segreto. | *secret de Polichinelle*, segreto di Pulcinella. | *secret d'État*, segreto di Stato (pr. et fig.). | *connaître le secret pour réussir*, conoscere il segreto per riuscire. | *secrets de beauté, de fabrication*, segreti di bellezza, di fabbricazione. || [discrétion, silence] segreto, segretezza f. | *secret professionnel, de l'instruction*, segreto professionale, istruttorio. | *secret de la confession*, segreto della confessione, sacramentale. | *observer le secret le plus absolu*, osservare la massima segretezza. | *sous le sceau du secret*, sotto il vincolo del segreto. || [mécanisme] segreto. | *meuble, serrure à secret*, mobile, serratura a segreto. || [lieu isolé] segreta f. | *mettre un prisonnier au secret*, mettere un prigioniero in segreta. || [intimité] *dans le secret des cœurs*, nel segreto,

nell'intimo dei cuori. ‖ HIST. *le secret du roi,* il segreto del re. ◆ loc. adv. ***en secret,*** in segreto. | *en grand secret,* in gran segreto, in tutta segretezza.
secrétaire [səkretɛr] n. [personne] segretario, a. | *servir de secrétaire à qn,* fare da segretario a qlcu. | *secrétaire particulier, de rédaction, de mairie,* segretario particolare, di redazione, comunale. | *secrétaire général, d'État,* segretario generale, di Stato. ◆ m. [meuble] secrétaire m. (fr.) ; segreteria f. (vx) ; scrivania f. ‖ ZOOL. V. SERPENTAIRE.
secrétairerie [səkretɛrri] f. segreteria.
secrétariat [səkretarja] m. [bureau ; fonction ; personnel] segreteria f. ; [d'organisme] segretariato. | *secrétariat de l'Université, du parti,* segreteria dell'Università, del partito. | *secrétariat d'État,* segreteria di Stato. | *aller au secrétariat,* andare in segreteria. | *secrétariat de la Présidence de la République,* segretariato alla Presidenza della Repubblica. | *secrétariat général des Nations unies,* segretariato generale delle Nazioni unite. | *école de secrétariat,* scuola di segretariato.
secrète [səkrɛt] f. RELIG. secreta.
sécréter [sekrete] v. tr. secernere.
sécréteur, euse ou **trice** [sekretœr, øz, tris] adj. secretore, trice ; secretivo.
sécrétine [sekretin] f. PHYSIOL. secretina.
sécrétion [sekresjɔ̃] f. [fonction] secrezione. ‖ [substance] secreto m., secrezione.
sécrétoire [sekretwar] adj. secretorio, secretivo.
sectaire [sɛktɛr] adj. et n. settario.
sectarisme [sɛktarism] m. settarismo.
sectateur [sɛktatœr] m. VX settatore ; seguace.
secte [sɛkt] f. setta.
secteur [sɛktœr] m. PR. et FIG. settore. | *secteur privé, public,* settore privato, pubblico. ‖ ADM. [élections] collegio elettorale. ‖ MIL. *secteur postal* (S. P.), posta (f.) militare.
section [sɛksjɔ̃] f. [action ; endroit] sezione. | *section d'un tendon,* sezione di un tendine. | *section irrégulière,* sezione irregolare. ‖ [subdivision] *section d'un chapitre,* sezione di un capitolo. ‖ ADM. *section de vote,* sezione elettorale. ‖ ARCHIT. sezione ; spaccato m. ‖ JUR. [d'un tribunal] sezione. ‖ HIST. *sections parisiennes,* sezioni parigine. ‖ MAR. *maîtresse section,* sezione maestra. ‖ MATH. sezione. | *section droite, plane,* sezione retta, piana. ‖ MÉC. sezione. ‖ MIL. sezione ; plotone m. ‖ [d'un parcours d'autobus] tratta.
sectionnement [sɛksjɔnmɑ̃] m. [division en sections] sezionamento, frazionamento. ‖ [action de couper net] *sectionnement d'un tendon, d'un fil métallique,* recisione (f.) di un tendine, di un filo metallico.
sectionner [sɛksjɔne] v. tr. [diviser] sezionare, frazionare. ‖ [couper] recidere.
sectionneur [sɛksjɔnœr] m. ÉLECTR. sezionatore ; interruttore a coltello.
sectoriel, elle [sɛktɔrjɛl] adj. settoriale.
sectorisation [sɛktɔrizasjɔ̃] f. ripartizione, suddivisione in settori.
séculaire [sekylɛr] adj. secolare. | *année, fête, chêne séculaire,* anno, festa, quercia secolare. ‖ ANTIQ. *jeux séculaires,* ludi secolari.
sécularisation [sekylarizasjɔ̃] f. secolarizzazione.
séculariser [sekylarize] v. tr. secolarizzare.
séculier, ère [sekylje, ɛr] adj. et n. m. secolare. | *clergé, bras séculier,* clero, braccio secolare.
secundo [sekɔ̃do] adv. (lat.) in secondo luogo, secondo.
sécurisant, e [sekyrizɑ̃, ɑ̃t] adj. rassicurante.
sécuriser [sekyrize] v. tr. rassicurare.
sécurité [sekyrite] f. sicurezza. | *être en sécurité,* essere al sicuro. | *ceinture, dispositif, marge, mesures de sécurité,* cintura, congegno, margine, misure di sicurezza. ‖ [d'une arme] sicura. ‖ ADM. *sécurité publique, routière,* pubblica sicurezza ; sicurezza stradale. | *sécurité sociale,* previdenza sociale, sicurezza sociale. ‖ *Conseil de Sécurité,* Consiglio di Sicurezza. ‖ JUR. *sécurité collective,* sicurezza collettiva.
sédatif, ive [sedatif, iv] adj. et n. m. sedativo.
sédentaire [sedɑ̃tɛr] adj. et n. sedentario.
sédentarisation [sedɑ̃tarizasjɔ̃] f. sedentarizzazione.
sédentarité [sedɑ̃tarite] f. sedentarietà.
sedia gestatoria [sedjaʒɛstatɔrja] f. (ital.) sedia gestatoria.
sédiment [sedimɑ̃] m. GÉOL., MÉD. sedimento.
sédimentaire [sedimɑ̃tɛr] adj. GÉOL. sedimentario. | *roches sédimentaires,* rocce sedimentarie.
sédimentation [sedimɑ̃tasjɔ̃] f. sedimentazione. ‖ MÉD. *vitesse de sédimentation,* velocità di sedimentazione.
sédimentologie [sedimɑ̃tɔlɔʒi] f. GÉOL. sedimentologia.
séditieux, euse [sedisjø, øz] adj. et n. sedizioso, sovversivo.
sédition [sedisjɔ̃] f. sedizione.
séducteur, trice [sedyktœr, tris] adj. et n. seduttore, trice.
séduction [sedyksjɔ̃] f. [action ; agrément] seduzione. ‖ JUR. *séduction dolosive,* seduzione con promessa di matrimonio.
séduire [sedɥir] v. tr. [corrompre] sedurre. | *fille séduite,* ragazza sedotta. | [plaire] affascinare, allettare, sedurre.
séduisant, e [sedɥizɑ̃, ɑ̃t] adj. seducente.
sédum [sedɔm] m. BOT. V. ORPIN.
sefardi [sefardi] ou **sefaraddi** [sefaradi] (pl. **sefar(ad)dim**) n. et adj. sefardita.
segment [sɛgmɑ̃] m. MATH. segmento. | *segment circulaire, de cercle, elliptique, sphérique, de sphère, orienté,* segmento circolare, ellittico, sferico, orientato. | *segment de droite,* segmento rettilineo, di retta. ‖ MÉC. segmento, anello. | *segment de frein :* [à disque] piastra (f.), [à tambour] ganascia (f.) del freno. | *segment de piston,* anello, segmento dello stantuffo. ‖ LING., ZOOL. segmento.
segmentaire [sɛgmɑ̃tɛr] adj. segmentale.
segmentation [sɛgmɑ̃tasjɔ̃] f. segmentazione.
segmenter [sɛgmɑ̃te] v. tr. segmentare.
ségrégatif, ive [segregatif, iv] adj. segregante.
ségrégation [segregasjɔ̃] f. segregazione. | *ségrégation raciale,* segregazione razziale. ‖ IND. segregazione, liquazione.
ségrégationnisme [segregasjɔnism] m. segregazionismo.
ségrégationniste [segregasjɔnist] adj. et n. segregazionista.
séguedille [segədij] ou **seguidilla** [segidilja] f. (esp.) seghediglia, seguidilla.
1. seiche [sɛʃ] f. ZOOL. seppia. | *os de seiche,* osso di seppia.
2. seiche f. GÉOGR. sessa.
séide [seid] m. seguace fanatico.
seigle [sɛgl] m. BOT. segale f. ; segala f. (rare). | *pain de seigle,* pane di segale. | *seigle ergoté,* segale cornuta.
seigneur [sɛɲœr] m. signore. | *seigneur féodal,* signore feudale. ‖ [maître absolu] *être maître et seigneur chez soi,* essere padrone a casa propria. | *mon seigneur et maître* (plais.), mio marito (L.C.) ‖ LOC. *vivre en grand seigneur,* far la vita del signore, far vita da gran signore, fare il signore. | *faire le (grand) seigneur,* darsi delle arie da signore. ‖ RELIG. *le Seigneur,* il Signore. | *Notre-Seigneur,* Nostro Signore. ‖ PROV. *à tout seigneur tout honneur,* V. HONNEUR. ‖ [exlamation] *Seigneur !, Seigneur Dieu !,* o Signore !, Signore Iddio !
seigneurial, e, aux [sɛɲœrjal, o] adj. FÉOD. feudale ; del feudatario.
seigneurie [sɛɲœri] f. [autorité ; territoire] signoria. ‖ [titre] *Votre, Sa Seigneurie,* Vostra, Sua Signoria.
seille [sɛj] f. secchia di legno.
seillon [sɛjɔ̃] m. (rég.) piccolo mastello (L.C.).
seime [sɛm] f. VÉTÉR. setola.
sein [sɛ̃] m. [mamelle] seno ; poppa f. | *le sein droit,* il seno destro. | *donner le sein à un enfant,* dare la poppa a un bambino, allattare un bambino. | *enfant au sein,* poppante. | *prendre le sein,* poppare. ‖ LITTÉR. [poitrine] seno ; petto (L.C.). | *sein ferme,* seno, petto

fermo. | *presser qn sur son sein*, stringersi qlcu. al seno, al petto. || [entre la poitrine et les vêtements] seno. | *cacher une lettre dans son sein*, nascondere in seno una lettera. || [entrailles] seno, grembo. | *porter un enfant dans son sein*, portare in seno, in grembo una creatura. || FIG. seno. | *au sein de la famille, de la commission, de la terre*, in seno alla famiglia, alla commissione, alla terra. | *au sein des grandeurs*, in mezzo alle grandezze. | *déposer un secret dans le sein d'un ami*, deporre un segreto in seno ad un amico. || RELIG. seno, grembo. | *le sein de l'Église*, il seno della Chiesa, il grembo di Santa Chiesa. | *dans le sein de Dieu*, in seno a Dio. | *le sein d'Abraham*, il seno di Abramo.

seine ou **senne** [sɛn] f. nassa ; sagena (VX).

seing [sɛ̃] m. firma f. | *apposer son seing*, apporre la firma. | *acte sous seing privé*, V. ACTE.

séismal [seismal] ou **sismal, e, aux** [sismal, o], adj. sismico.

séisme [seism] m. sisma, sismo. | *séisme sous-marin*, maremoto.

séismicité [seismisite] ou **sismicité** [sismisite] f. sismicità.

séismique [seismik] ou **sismique** [sismik] adj. sismico.

séismographe [seismograf] ou **sismographe** [sismograf] m. sismografo.

séismologie [seismolɔʒi] ou **sismologie** [sismolɔʒi] f. sismologia.

seize [sɛz] adj. num. card. sedici. | *seize cents*, milleseicento. | *âgé de seize ans*, sedicenne. ◆ adj. num. ord. sedicesimo ; decimo sesto (littér.). | *Louis seize*, Luigi sedicesimo. | *chapitre seize*, capitolo sedicesimo. | *page seize*, pagina sedici. ◆ n. m. *nous sommes le seize juillet*, oggi è il sedici di luglio.

seizième [sɛzjɛm] adj. num. ord. sedicesimo. | *le seizième siècle*, il secolo sedicesimo, il Cinquecento. ◆ n. m. [fraction] sedicesimo. ◆ n. sedicesimo.

seizièmement [sɛzjɛmmɑ̃] adv. in sedicesimo luogo.

séjour [seʒur] m. [temps] soggiorno ; permanenza f. | *un bref séjour à la mer*, un breve soggiorno al mare. | *un long séjour à l'étranger*, una lunga permanenza all'estero. | *taxe de séjour*, imposta di soggiorno. || [lieu] soggiorno. | *un séjour enchanteur*, un soggiorno incantevole. | *(salle de) séjour*, (stanza di) soggiorno. || JUR. *permis, interdiction de séjour*, permesso, divieto di soggiorno. || POÉS. *séjour des dieux*, sede (f.) degli dei.

séjourner [seʒurne] v. intr. [suj. qn] soggiornare, trattenersi. || [liquide, fumée] stagnare ; [neige] permanere.

sel [sɛl] m. sale. | *sel de cuisine*, sale comune, da cucina. | *sel fin, de table*, sale raffinato, fino, da tavola. | *gros sel*, sale grosso. | *sel gemme*, salgemma. | *sel marin*, salmarino, sal marino ; sale marino (rare). | *mettre au sel*, mettere sotto sale. || [aromatisé] *sel de céleri*, sale di sedano. || CHIM. sale. | *sel d'Angleterre, de Sedlitz, d'Epsom, de magnésie*, sale inglese, epsomite f., solfato di magnesio. | *sel de Saturne*, sale di Saturno. | *sel de Vichy*, bicarbonato di sodio. | *sels de bain*, sali da bagno. || FIG. sale ; arguzia f. | *goûter le sel d'une plaisanterie*, apprezzare l'arguzia di uno scherzo. | *cette histoire ne manque pas de sel*, questa storia ha molto sale. | *sel attique*, sale attico. || LOC. *mettre son grain de sel partout*, ficcare il naso dappertutto. || *poivre et sel*, V. POIVRE. ◆ m. pl. sali.

sélaciens [selasjɛ̃] m. pl. ZOOL. selaci, selacei.

sélaginelle [selaʒinɛl] f. BOT. selaginella.

select [selɛkt] adj. (une seule forme pour les deux genres) [angl.] FAM. di prim'ordine, scelto (L.C.). | *une clientèle select, des clientèles selects*, una clientela scelta, delle clientele scelte.

sélecteur [selɛktœr] m. TECHN. selettore.

sélectif, ive [selɛktif, iv] adj. selettivo. || RAD. *poste récepteur sélectif*, radioricevitore selettivo.

sélection [selɛksjɔ̃] f. selezione. | *sélection naturelle, professionnelle*, selezione naturale, professionale.

sélectionné, e [selɛksjɔne] adj. SPORT selezionato. ◆ n. atleta selezionato.

sélectionner [selɛksjɔne] v. tr. selezionare.

sélectionneur, euse [selɛksjɔnœr, øz] adj. et n. selezionatore, trice.

sélectivité [selɛtivite] f. RAD. selettività.

sélénieux [selenjø] adj. m. CHIM. selenioso.

sélénique [selenik] adj. m. CHIM. selenico.

sélénium [selenjɔm] m. CHIM. selenio.

séléniure [selenjyr] m. CHIM. seleniuro.

sélénographie [selenografi] f. selenografia.

sélénographique [selenografik] adj. selenografico.

sélénologie [selenolɔʒi] f. selenologia.

self-government [sɛlfgɔvɛrnmənt] m. (angl.) autogoverno.

self-inductance [sɛlfɛ̃dyktɑ̃s] ou **self** f. ÉLECTR. self-induttanza, autoinduttanza.

self-induction [sɛlfɛ̃dyksjɔ̃] f. self-induzione, auto-induzione.

self-service [sɛlfsɛrvis] ou **self** m. self-service (angl.).

selle [sɛl] f. sella ; [de cycle] sella, sellino m. | *selle anglaise, de dame*, sella (all') inglese, da donna, da amazzone. | *sauter en selle*, balzare in sella. | *cheval de selle*, cavallo da sella. | *être en selle*, stare in sella. || PR. et FIG. *être bien en selle*, reggersi bene in sella. | *remettre qn, se remettre en selle*, rimettere qlcu., rimettersi in sella. || [de sculpteur] trespolo m. || ANAT. *selle turcique*, sella turcica. || CULIN. *selle d'agneau*, sella d'agnello. || MÉD. *aller à la selle*, andare di corpo. ◆ f. pl. feci.

seller [sele] v. tr. sellare.

sellerie [sɛlri] f. selleria.

sellette [selɛt] f. [de l'accusé] panchetto m. || LOC. FIG. *être sur la sellette*, essere, sentirsi sul banco degli accusati, sotto accusa. | *mettre, tenir qn sur la sellette*, tempestare uno di domande ; [à un examen] tartassare. || [de sculpteur] trespoletto m.

sellier [selje] m. sellaio.

selon [səlɔ̃] prép. [conformément à ; d'après] secondo. | *agir selon la loi*, agire secondo la legge. | *selon moi*, secondo me. | *évangile selon (saint) Matthieu*, vangelo secondo (san) Matteo. || [eu égard à ; en fonction de] secondo ; a seconda di. | *selon les circonstances*, secondo le circostanze, a seconda delle circostanze. | *selon toute vraisemblance*, molto verosimilmente. || FAM. *c'est selon*, secondo ; dipende (v., 3e pers.). ◆ loc. conj. ***selon que***, secondo che.

semailles [səmaj] f. pl. [action ; époque] semina f. sing. ; seminatura f. sing. (rare) ; seminagione f. sing. (littér.).

semaine [səmɛn] f. settimana. | *dans le courant de la semaine*, in settimana. | *la, en semaine seulement*, solo durante la settimana. | *en fin de semaine*, alla fine della settimana, a fine settimana. | *deux fois par semaine*, due volte (al)la settimana. | *payer à la semaine*, pagare settimanalmente, settimana per settimana. | *semaine anglaise*, sabato inglese ; [samedi entier férié] settimana corta. || [prix du travail] *toucher sa semaine*, riscuotere la settimana. || RELIG. *semaine sainte*, settimana santa. || FAM. *la semaine des quatre jeudis*, V. JEUDI. || LOC. *prêter à la petite semaine*, fare lo strozzino. | *politique à la petite semaine*, politica a corto respiro. | *gouverner à la petite semaine*, governare con vedute ristrette. | *être de semaine*, essere di settimana.

semainier, ère [səmenje, ɛr] n. = chi è di turno per la settimana. || RELIG. (frate, canonico) ebdomadario ; suora ebdomadaria. ◆ n. m. [bijou] braccialetto a sette anelli. || [meuble] mobile con sette cassetti.

sémantique [semɑ̃tik] adj. LING. semantico. ◆ n. f. semantica.

sémaphore [semafɔr] m. CH. DE F. semaforo. || MAR. semaforo marittimo.

sémaphorique [semafɔrik] adj. semaforico.

semblable [sɑ̃blabl] adj. [comparable ; d'une telle nature] simile. | *ce vase est semblable à celui-là*, questo vaso è simile a quello. | *deux cas semblables*, due casi simili. | *pourquoi tenir de semblables propos ?*, perché fare discorsi simili ? || MATH. simile. ◆ n. m. [qui a même nature] simile. | *il faut aider ses semblables*, bisogna aiutare i propri simili, il prossimo. |

ne pas avoir son semblable, non aver l'uguale ; essere unico nel proprio genere.
semblablement [sɑ̃blabləmɑ̃] adv. [pareillement] similmente. ‖ [aussi] anche.
semblant [sɑ̃blɑ̃] m. apparenza f. ; parvenza f. (littér.) | *un semblant de jardin*, un'apparenza di giardino. | *un semblant de vérité*, un'apparenza, una parvenza di verità. ‖ LOC. *faire semblant de*, far finta di. ‖ FAM. *ne faire semblant de rien*, far finta di niente.
sembler [sɑ̃ble] v. intr. sembrare, parere. | *ce vin m'a semblé trouble*, questo vino mi è sembrato, mi è parso torbido. | *les arbres semblaient courir*, gli alberi sembravano, parevano correre ; sembrava, pareva che gli alberi corressero. ◆ v. impers. *il semble que cette chose soit facile*, sembra, pare che questa cosa sia facile. ‖ [avec attribut] *il nous semble utile de parler avec Pierre*, ci sembra, ci pare utile parlare con Pietro. ‖ [avec inf.] *il me semble voir Pierre*, mi sembra, mi pare di vedere Pietro. ‖ LOC. *ce me semble*, mi sembra, mi pare. | *à ce qu'il semble*, a quanto pare. | *si bon te, vous semble*, se ti, Le pare. | *que t'en semble ?*, che te ne pare ?
semé, e [səme] adj. HÉRALD. seminato.
sème [sɛm] m. LING. sema.
séméiologie [semejolɔʒi] f. V. SÉMIOLOGIE.
semelle [səmɛl] f. (dessous de chaussure) suola. | *battre la semelle*, battere i piedi (per riscaldarsi). ‖ [dans une chaussure ; d'un bas] soletta. ‖ [de ski] suola ; [de rail] suola ; [d'une construction] soletta. ‖ LOC. *rompre d'une semelle, ne pas reculer d'une semelle*, v. les verbes. | *ne pas avancer d'une semelle*, non fare un passo avanti. | *ne pas quitter qn d'une semelle*, star sempre alle calcagna di qlcu.
semence [səmɑ̃s] f. semenza ; [collectif] semente ; seme m. | *blé de semence*, grano da seme. | *pommes de terre de semence*, patate da semente. ‖ FIG. germe m., seme. ‖ [sperme] seme, sperma m. ‖ RELIG. *la semence d'Adam*, il seme di Adamo ‖ [clou] semenza. ‖ [diamants, perles] semenza.
semen-contra [semɛnkɔ̃tra] m. (lat.) PHARM. seme santo ; santonico.
semer [səme] v. tr. [mettre des graines en terre] seminare. | *semer à la volée*, V. VOLÉE. | *semer à tout vent*, spargere la semente in ogni direzione. ‖ [répandre çà et là] seminare, spargere. | *semer des cailloux sur la route*, seminare, spargere sassolini sulla strada. ‖ [parsemer] cospargere. | *semer le chemin de fleurs*, cospargere la strada di fiori. | *robe semée de perles*, veste cosparsa di perle. ‖ FIG. seminare, diffondere. | *semer la haine*, seminare l'odio. | *vie semée de souffrances*, vita seminata di sofferenze. | *semer de fausses nouvelles*, diffondere notizie false. | *semer son argent*, seminare soldi. ‖ PROV. *il faut semer pour récolter*, chi non semina non raccoglie. | *qui sème le vent récolte la tempête*, chi semina vento raccoglie tempesta. ‖ FAM. *semer qn*, seminare qlcu. ; scaricare qlcu. (pop).
semestre [səmɛstr] m. semestre. | *par semestre*, semestralmente. ‖ [somme] *toucher son semestre*, riscuotere il semestre.
semestriel, elle [səmɛstrijɛl] adj. semestrale. | *assemblée, revue, inspection semestrielle*, assemblea, rivista, ispezione semestrale.
semeur, euse [səmœr, øz] n. seminatore, trice. ‖ FIG. *semeur de discordes*, seminatore di discordie. | *semeur de faux bruits*, propagatore di false notizie.
semi-aride [səmiarid] adj. semiarido.
semi-automatique [səmiotomatik] adj. semiautomatico. | *arme semi-automatique*, arma (a ripetizione) semiautomatica.
semi-balistique [səmibalistik] adj. semiautopropulso.
semi-chenillé, e [səmiʃənije] adj. et n. m. semicingolato.
semi-circulaire [səmisirkylɛr] adj. semicircolare. ‖ ANAT. *canaux semi-circulaires*, canali semicircolari.
semi-coke [səmikɔk] m. semicoke.
semi-conducteur [səmikɔ̃dyktœr] m. ÉLECTR. semiconduttore.
semi-consonne [səmikɔ̃sɔn] f. semiconsonante.
semi-convergente [səmikɔ̃vɛrʒɑ̃t] adj. f. MATH. semiconvergente.
sémillant, e [semijɑ̃, ɑ̃t] adj. brioso, vispo, vivace.
semi-lunaire [səmilynɛr] adj. ANAT. semilunare. | *ganglions semi-lunaires*, gangli semilunari.
séminaire [seminɛr] m. RELIG. seminario. | *petit, grand séminaire*, seminario minore, maggiore. ‖ [groupe d'études] seminario.
séminal, e, aux [seminal, o] adj. seminale.
séminariste [seminarist] m. seminarista.
semi-nomade [səminɔmad] adj. et n. seminomade.
semi-nomadisme [səminɔmadism] m. seminomadismo.
sémiologie [semjolɔʒi] f. LING., MÉD. semiologia.
sémiotique [semjotik] f. LING., PHILOS. semiotica.
semi-perméable [səmipɛrmeabl] adj. PHYS. semipermeabile.
semi-remorque [səmirəmɔrk] m. ou f. autoarticolato m.
semi-rigide [səmiriʒid] adj. AÉR. semirigido.
semis [səmi] m. [action] semina f. ; seminatura f. (rare) ; seminagione f. (littér.). ‖ [terrain] seminato. ‖ [plant] piantagione f., vivaio.
sémite [semit] n. semita.
sémitique [semitik] adj. semitico. ◆ n. m. LING. semitico.
sémitisme [semitism] m. semitismo ; carattere semitico.
semi-voyelle [səmivwajɛl] f. semivocale.
semnopithèque [sɛmnopitɛk] m. ZOOL. semnopiteco.
semoir [səmwar] m. sacco del seminatore ; [machine] seminatrice f.
semonce [səmɔ̃s] f. ammonizione, ramanzina. ‖ MAR. *coup de semonce*, colpo d'intimazione.
semoule [səmul] f. [du blé dur] semolino m. ; semola (septentr.). | *semoule de maïs, de riz*, farina di granturco, di riso. | *sucre semoule*, zucchero semolato.
semper virens [sɛ̃pɛrvirɛ̃s] m. inv. (lat.) BOT. sempreverde m. ou f.
sempervivum [sɛ̃pɛrvivɔm] m. (lat.) BOT. semprevivo.
sempiternel, elle [sɛ̃pitɛrnɛl] adj. LITTÉR. sempiterno.
sen [sɛn] m. inv. [monnaie] sen.
sénat [sena] m. ANTIQ., HIST., POLIT. senato.
sénateur [senatœr] m. senatore. ‖ FAM. *aller d'un train de sénateur*, camminare con andatura solenne (L.C.).
sénatorial, e, aux [senatɔrjal, o] adj. senatoriale ; senatorio (littér.). | *dignité sénatoriale*, dignità senatoriale, senatoria. | *commission sénatoriale*, commissione del senato. | *élections sénatoriales*, elezioni per il senato. ‖ ANTIQ. *ordre sénatorial*, ordine senatorio. | *provinces sénatoriales*, province senatorie.
sénatus-consulte [senatyskɔ̃sylt] m. ANTIQ. senatoconsulto.
séné [sene] m. BOT. sen(n)a f. | *faux séné*, falsa sen(n)a.
sénéchal [seneʃal] m. HIST. siniscalco.
sénéchaussée [seneʃose] f. HIST. giurisdizione, tribunale (m.) del siniscalco.
séneçon [sɛnsɔ̃] m. BOT. senecione ; calderugia f.
sénégalais, e [senegalɛ, ɛz] adj. et n. senegalese. ‖ HIST. *tirailleur sénégalais*, tiragliatore senegalese.
sénescence [senesɑ̃s] f. senescenza.
sénescent, e [senesɑ̃, ɑ̃t] adj. senescente.
senestre [sənɛstr] adj. ZOOL. sinistrorso. ◆ n. f. HÉRALD. sinistra.
sénestrochère [senɛstrokɛr] m. HÉRALD. sinistrocherio.
sénevé [sɛnve] m. BOT. senape nera.
sénile [senil] adj. senile.
sénilité [senilite] f. senilità. | *sénilité précoce*, senilità precoce ; senilismo m.
senior [senjɔr] m. SPORT senior (pl. *seniores*).
sens [sɑ̃s] m. **1.** [fonction] senso. | *les cinq sens*, i cinque sensi. | *les organes des sens*, gli organi di senso. | *illusions des sens*, illusione dei sensi. | *perdre l'usage*

de ses sens, perdere l'uso dei sensi. | *reprendre ses sens,* riprendere, riacquistare i sensi. || THÉOL. *peine du sens,* pena del senso. || LOC. FIG. *tomber sous le sens,* essere ovvio; saltare agli occhi, essere chiaro come il sole (fam.). || **2.** [connaissance intuitive] senso. | *sens des affaires,* senso degli affari. | *sens critique, moral, pratique,* senso critico, morale, pratico. | *bon sens,* buon senso, buonsenso. | *gros, robuste bon sens,* robusto buonsenso, buonsenso elementare. | *homme (plein) de bon sens,* uomo assennato. | *agir en dépit du bon sens,* agire a dispetto, a onta del buonsenso. | *ça n'a pas de bon sens* (fam.), è irragionevole (L.C.). | *ne pas être dans son bon sens,* non connettere. | *choquer, heurter le sens commun,* urtare il senso comune. || **3.** [manière de juger; opinion] senso, parere. | *abonder dans le sens de qn,* condividere l'opinione, il parere di qlcu. | *à mon sens,* a mio avviso, a parer mio. | *en un (certain) sens,* in un certo senso. || **4.** [signification; interprétation] senso, significato. | *dire des choses qui n'ont pas de sens,* dir cose che non hanno senso, significato. | *faux sens,* interpretazione errata. | *sens symbolique,* senso simbolico. | *sens littéral, allégorique, moral, anagogique,* senso letterale, allegorico, morale, anagogico. | *sens propre, figuré,* V. l'adj. | *(à) double sens,* V. DOUBLE. | *donner un sens à son existence,* dare un senso alla vita. || **5.** [direction; côté] senso, verso. | *sens interdit, obligatoire, unique,* senso vietato, obbligatorio, unico. | *en tous sens,* in ogni senso. | *retourner un objet dans tous les sens,* voltare un oggetto da ogni parte, per tutti i versi. | *aller dans le sens de l'histoire,* andare, marciare nel senso della storia. | *sens du poil,* verso del pelo. | *tissu coupé dans le sens,* tessuto tagliato a dritto filo. | *dans le sens de la longueur,* nel senso della lunghezza. || MATH. *sens direct, positif,* senso, verso diretto, positivo, antiorario. || MÉC. *sens rétrograde,* senso, verso negativo, inverso, orario. | *sens des aiguilles d'une montre,* V. MONTRE. ◆ loc. adv. ***sens dessus dessous; sens devant derrière,*** V. DESSUS, DERRIÈRE. ◆ pl. sensi; istinto sessuale. | *les plaisirs des sens,* i godimenti sensuali. | *mortifier ses sens,* mortificare i sensi.

sensation [sãsasjɔ̃] f. PR. sensazione. | *sensation visuelle, agreable, de chaud,* sensazione visiva, piacevole, di caldo. || FIG. senso m., impressione. | *sensation de malaise, de fatigue,* senso di malessere, di stanchezza. | *faire sensation,* far senso, far colpo, fare effetto, fare impressione; fare sensazione (gall.). | *avoir la sensation que,* aver l'impressione che. ◆ loc. adj. ***à sensation*** *: journal à sensation,* giornale scandalistico. | *nouvelle à sensation,* notizia impressionante, che fa colpo, a sensazione.

sensationnel, elle [sãsasjɔnɛl] adj. sensazionale, sbalorditivo.

sensé, e [sãse] adj. sensato, assennato, giudizioso. | *homme sensé,* uomo sensato, assennato, giudizioso. | *proposition sensée,* proposta sensata.

sensibilisateur [sãsibilizatœr] m. PHOT. sensibilizzatore.

sensibilisation [sãsibilizasjɔ̃] f. MÉD., PHOT. sensibilizzazione.

sensibiliser [sãsibilize] v. tr. MÉD., PHOT. et FIG. sensibilizzare.

sensibilité [sãsibilite] f. PR. et FIG. sensibilità. | *sensibilité maladive,* sensibilità morbosa.

sensible [sãsibl] adj. [qui peut être perçu] sensibile, percettibile. | *monde sensible,* mondo sensibile. | *la lumière rend les objets sensibles à la vue,* la luce rende gli oggetti percettibili (alla vista). || [qui ressent aisément] sensibile. | *être sensible au froid, à la douleur, à la beauté,* essere sensibile al freddo, al dolore, alla bellezza. | *être sensible de la gorge,* avere la gola sensibile. | *c'est son côté sensible,* è il suo punto sensibile. || [facilement ému] sensibile. | *âme sensible,* anima sensibile. | *être sensible aux attentions de qn,* essere sensibile alle gentillezze di qlcu. || [évident] rilevante; sensibile (gall.). | *progrès, perte sensible,* progresso, perdita notevole, rilevante, sensibile. || MUS. *(note) sensible,* (nota) sensibile. || PHOT., PHYS. sensibile. | *balance, thermomètre sensible,* bilancia, termometro sensibile.

sensiblement [sãsibləmã] adv. notevolmente; sensibilmente (gall.). || FAM. [à peu près] suppergiù; press'a poco (L.C.).

sensiblerie [sãsibləri] f. sensibilità esagerata.

sensitif, ive [sãsitif, iv] adj. PHYSIOL. sensitivo. | *nerf sensitif,* nervo sensitivo. || PHILOS. *âme sensitive,* anima sensitiva. || [particulièrement sensible] sensitivo.

sensitive [sãsitiv] f. BOT. sensitiva.

sensoriel, elle [sãsɔrjɛl] adj. sensoriale, sensorio.

sensorimétrique [sãsɔrimetrik] adj. PSYCH. sensorimetrico.

sensualisme [sãsɥalism] m. PHILOS. sensismo.

sensualiste [sãsɥalist] adj. PHILOS. sensistico. ◆ n. sensista.

sensualité [sãsɥalite] f. sensualità.

sensuel, elle [sãsɥɛl] adj. et n. sensuale.

sente [sãt] f. viottolo m.; piccolo sentiero.

sentence [sãtãs] f. [maxime] sentenza, detto m. || JUR. sentenza f. | *sentence de mort,* sentenza di morte. | *rendre une sentence arbitrale,* pronunciare un lodo.

sentencieux, euse [sãtãsjø, øz] adj. sentenzioso.

senteur [sãtœr] f. LITTÉR. fragranza, olezzo m. || *pois de senteur,* V. POIS.

senti, e [sãti] adj. sentito. | *il n'y a rien de senti dans cette œuvre,* in quell'opera non c'è niente di sentito. || *bien senti,* ben sentito; efficace. | *paroles bien senties,* parole ben sentite, efficaci.

sentier [sãtje] m. sentiero, viottolo. || LOC. *sentiers battus,* V. BATTU. || [voie morale] sentiero.

sentiment [sãtimã] m. [façon de penser, opinion] parere, opinione f. | *exprimer son sentiment librement,* esprimere liberamente il proprio parere, la propria opinione. | *à mon sentiment,* a parer mio, a mio avviso. || [conscience] sentimento, senso, consapevolezza f., coscienza f. | *avoir le sentiment de sa force,* aver coscienza della propria forza. | *avoir le sentiment du devoir, de sa propre dignité,* avere il sentimento, la consapevolezza del dovere, della propria dignità. | *sentiment de culpabilité, d'infériorité,* senso di colpa, d'inferiorità. || [impression] sensazione f., impressione f. | *j'ai le sentiment que tu ne pourras pas partir,* ho l'impressione che non potrai partire. | *j'ai eu le sentiment qu'il était mécontent,* ho avuto la sensazione che fosse scontento. || [état affectif] sentimento. | *être animé de nobles sentiments,* essere animato da nobili sentimenti, essere di nobile sentire. | *afficher de grands sentiments,* far mostra di nobili sentimenti. | *éprouver un sentiment de pitié, de crainte,* provare un sentimento, un senso di pietà, di timore. | *agir par sentiment plus que par raison,* agire obbedendo più al sentimento che alla ragione. | *sentiment maternel,* sentimento materno. | *montrer les sentiments d'un père,* manifestare i sentimenti di un padre, manifestare sentimenti paterni. | *avoir un sentiment pour qn,* avere una simpatia per qlcu. | *les grands sentiments,* i sentimenti nobili. || FAM. *faire du sentiment, la faire au sentiment,* fare del sentimento. ◆ pl. [formule de politesse] *sentiments distingués,* distinti saluti. | *avec mes sentiments respectueux,* con ossequi.

sentimental, e, aux [sãtimãtal, o] adj. et n. sentimentale.

sentimentalisme [sãtimãtalism] m. sentimentalismo.

sentimentalité [sãtimãtalite] f. sentimentalità.

sentine [sãtin] f. MAR. et FIG. (littér.) sentina.

sentinelle [sãtinɛl] f. sentinella. | *être, mettre en sentinelle,* essere, mettere di sentinella.

sentir [sãtir] v. tr. **1.** [recevoir une impression] sentire. | *sentir une odeur, une douleur,* sentire, avvertire un odore, un dolore. | *sentir le froid, la faim,* sentire il freddo, la fame. | *sentir au toucher, du doigt,* sentire al tatto, col dito. || **2.** [avoir une saveur] sapere di. | *sentir le brûlé,* sapere di bruciato. | *sentir son terroir,* V. TERROIR. || **3.** [exhaler une odeur] avere odore di, odorare di. | *sentir la violette, le propre,* odorare di violetta, di pulito. | *sentir le moisi, le renfermé, le brûlé,* esserci odore, puzzare di muffa, di rinchiuso, di bruciato. || [flairer] odorare. | *sentir une fleur,* odorare un fiore. || **4.** FIG. [apprécier] sentire, avvertire. | *sentir la beauté d'une poésie,* sentire, avvertire la bellezza di una poesia. || **5.** [avoir la conscience de] sentire. | *je sens la colère me gagner,* mi sento invadere dalla collera. | *sentir que l'on a offensé qn,* sentire di aver offeso qlcu. | *sentir que tout ira bien,* sentire che tutto andrà bene. | *sentir un remords,* sentire, provare un rimorso. || **6.** [avoir les manières] sapere di. | *ça sent le pédant,* sa di pedanteria, di pedantesco ; ha un che di pedante. | *ça sent sa province,* ha un che di provinciale, è tipicamente provinciale. | *attitude qui sent l'hypocrisie,* atteggiamento che puzza d'ipocrisia. || **7.** LOC. *faire sentir qch. à qn,* far capire qlco. a qlcu. | *le froid se fait sentir,* il freddo si fa sentire. | *ne pouvoir sentir qn,* non poter soffrire qlcu. || *sentir le fagot, le sapin,* v. ces mots. ◆ v. intr. [exhaler] mandare un odore. | *ça sent bon,* sa di buono, c'è un buon odore, profumo. | *ça sent bon l'œillet,* c'è un buon profumo di garofano. | *le rôti sent bon,* l'arrosto manda un buon odore ; che buon odore di arrosto ! | *ça sent mauvais,* PR. c'è cattivo odore ; puzza ; FIG. tira una brutta aria. | *cette viande sent,* questa carne puzza. | *il sent des pieds,* gli puzzano i piedi. ◆ v. pr. [éprouver en soi-même] sentirsi. | *se sentir bien, mal, mieux, plus mal,* sentirsi bene, male, meglio, peggio. | *se sentir dans son tort,* sentirsi in torto. | *se sentir une vocation,* sentirsi una vocazione. | *ne pas se sentir de joie,* non stare in sé dalla gioia. | *je ne m'en sens pas le courage,* non me la sento. || [être perceptible] sentirsi. | *la chaleur se sent aussitôt,* il calore si sente subito. || [récipr.] *ne pouvoir se sentir,* non potersi soffrire.

seoir [swar] v. intr. LITTÉR. addirsi ; star bene (L.C.). | *cette robe te sied,* questa veste ti si addice, ti sta bene. ◆ v. impers. *il te sied mal de dire de gros mots,* mal ti si addice il dire parolacce.

sep [sɛp] m. AGR. ceppo, dentale.

sépale [sepal] m. BOT. sepalo.

sépaloïde [sepalɔid] adj. sepaloide.

séparable [separabl] adj. separabile.

séparateur, trice [separatœr, tris] adj. separatore, trice. || PHYS. *pouvoir séparateur,* potere separatore. ◆ n. m. ÉLECTR. separatore. | *séparateur magnétique,* separatore magnetico.

séparation [separasjɔ̃] f. [de personnes] separazione, distacco m. ; [de choses] separazione. | *la séparation des amants fut cruelle,* la separazione, il distacco degli amanti fu crudele. | *séparation du bon grain de l'ivraie,* separazione del grano dal loglio. || [cloison] tramezzo m. || JUR. *séparation de biens, de corps, de fait,* separazione dei beni fra coniugi, legale, di fatto. | *séparation des patrimoines,* separazione del patrimonio del defunto. || POLIT. *séparation des pouvoirs,* separazione, divisione dei poteri. || HIST. *séparation de l'Eglise et de l'État,* separazione fra Stato e Chiesa.

séparatisme [separatism] m. separatismo.

séparatiste [separatist] adj. separatistico, separatista. ◆ n. separatista.

séparé, e [separe] adj. separato, diviso. | *comptes séparés,* conti separati. | *tables séparées,* tavole separate. | *vivre séparé de sa famille,* vivere separato dalla famiglia. || JUR. *être séparé de sa femme,* essere diviso, separato dalla moglie. || POLIT. *paix séparée,* pace separata.

séparément [separemɑ̃] adv. separatamente. | *interroger séparément les témoins,* interrogare i testimoni separatamente. | *vivre séparément,* vivere separati (adj.).

séparer [separe] v. tr. separare, dividere. | *séparer la tête du corps, l'ivraie du bon grain,* separare la testa dal corpo, il grano dal loglio. | *séparer une chambre en trois,* dividere una camera in tre. | *la mer sépare la France de l'Angleterre,* il mare separa la Francia dall'Inghilterra. | *3 km nous séparent du village,* distiamo dal villaggio 3 km. | *une heure de voiture nous sépare du village,* siamo a un'ora di macchina dal villaggio. | *l'ambition les sépare,* l'ambizione li divide. | *séparer deux adversaires,* separare, dividere due contendenti. | *séparer ses cheveux sur le front,* spartire i capelli sulla fronte. || FIG. [dissocier] separare, distinguere ; sceverare (littér.) | *séparer la question de l'ensemble du problème,* separare, distinguere la questione dall'insieme del problema. ◆ v. pr. separarsi, dividersi. | *se séparer en deux tendances,* dividersi, scindersi in due tendenze. || [récipr.] *il est l'heure de nous séparer,* è ora di separarci, di lasciarci. | *l'assemblée se sépara à minuit,* l'assemblea si sciolse a mezzanotte. | *ses parents se sont séparés,* i suoi genitori si sono separati, divisi.

sépia [sepja] f. ZOOL. seppia. || [couleur] nero (m.) di seppia ; seppia. || [encre] inchiostro (m.) di seppia. || [dessin] disegno (m.) a seppia.

seps [sɛps] m. ZOOL. luscengola f.

sept [sɛt] adj. num. card. sette. | *sept cents,* sette cento. | *période de sept ans,* settennio m. | *âgé de sept ans,* di sette anni ; settenne adj. | *né à sept mois,* settimino adj. et n. || HIST. *guerre de Sept Ans,* guerra dei Sette Anni. ◆ adj. num. ord. *nous sommes le sept août,* oggi è il sette di agosto. | *Charles sept,* Carlo settimo. | *chapitre, page sept,* capitolo settimo ; pagina sette. ◆ n. m. sette. | *le sept août,* il sette (di) agosto. || JEU *le sept de trèfle,* il sette di fiori.

septain [sɛptɛ̃] m. poesia (f.), strofa (f.) di sette versi.

septante [sɛptɑ̃t] adj. num. card. (rég.) settanta (L.C.). ◆ n. m. pl. RELIG. *la Version des Septante,* la Versione dei Settanta, la Settanta.

septembre [sɛptɑ̃br] m. settembre. | *en septembre, au mois de septembre,* in, di settembre, nel mese di settembre.

septembriseur [sɛptɑ̃brizœr] m. HIST. settembrista.

septemvir [sɛptɛmvir] m. ANTIQ. settemviro, settenviro.

septénaire [sɛptenɛr] m. POÉS. settenario.

septennal, e, aux [sɛptɛnal] adj. settennale.

septennat [sɛptɛna] m. settennato.

septentrion [sɛptɑ̃trijɔ̃] m. settentrione.

septentrional, e, aux [sɛptɑ̃trijɔnal, o] adj. et n. settentrionale.

septicémie [sɛptisemi] f. MÉD. setticemia, sepsi.

septicémique [sɛptisemik] adj. setticemico.

septième [sɛtjɛm] adj. num. ord. settimo. | *le septième siècle,* il settimo secolo. | *le septième (étage),* il settimo piano. || FIG. *être au septième ciel,* essere, salire, sentirsi al settimo cielo ; toccare il cielo con un dito. ◆ n. m. [fraction] settimo. ◆ n. f. MUS. settima. || UNIV. quinta elementare. ◆ n. [rang] settimo, a.

septièmement [sɛtjɛmmɑ̃] ou **septimo** [sɛptimo] adv. in settimo luogo.

septime [sɛptim] f. [escrime française] parata di settima.

septique [sɛptik] adj. MÉD. settico. || TECHN. *fosse septique,* fossa settica, biologica.

septuagénaire [sɛptɥaʒenɛr] adj. et n. settantenne ; settuagenario (littér.).

septuagésime [sɛptɥaʒezim] f. RELIG. settuagesima.

septuor [sɛptɥɔr] m. MUS. settimino.

septuple [sɛptypl] adj. et n. m. settuplo.

septupler [sɛptyple] v. tr. settuplicare ; moltiplicare per sette. ◆ v. intr. moltiplicarsi per sette.

sépulcral, e, aux [sepylkral, o] adj. PR. et FIG. sepolcrale.

sépulcre [sepylkr] m. sepolcro. || RELIG. *le saint sépulcre,* il santo sepolcro. || LOC. *sépulcres blanchis,* sepolcri imbiancati.

sépulture [sepyltyr] f. [lieu] sepoltura. || [ensevelissement] sepoltura, seppellimento m. | *sépulture ecclésiastique,* sepoltura ecclesiastica.

séquelles [sekɛl] f. pl. MÉD. postumi. || FIG. postumi, conseguenze f. pl.

séquence [sekɑ̃s] f. CIN., LING., RELIG. sequenza. || [aux cartes] scala, sequenza.

séquentiel, elle [sekɑ̃sjɛl] adj. sequenziale.

séquestration [sekɛstrasjɔ̃] f. sequestro m. | *séquestration de personne,* sequestro di persona.

séquestre [sekɛstr] m. [dépôt] sequestro. | *sous séquestre,* sotto sequestro. || [dépositaire] sequestratario. || CHIR. sequestro.

séquestrer [sekεstre] v. tr. sequestrare. | *jeune fille séquestrée*, ragazza sequestrata. | *meubles séquestrés*, mobili sequestrati.
sequin [səkε̃] m. zecchino.
séquoia [sekɔja] m. Bot. sequoia f.
sérac [serak] m. Géogr. seracco. || [fromage] sérac (fr.).
sérail [seraj] m. [palais] serraglio. || [harem] serraglio, (h)arem. || Mus. *« l'Enlèvement au sérail »*, « Il ratto dal serraglio ». || Fig., péjor. combriccola f., clientela f., entourage (fr.).
sérançage [serɑ̃saʒ] m. Text. pettinatura f.
sérancer [serɑ̃se] v. tr. pettinare.
séranceur [serɑ̃sœr] m. pettinatore.
séraphin [serafε̃] m. Relig. serafino.
séraphique [serafik] adj. Relig. et fig. serafico. | *le docteur séraphique*, il dottore serafico.
serbe [sεrb] adj. et n. serbo.
serbo-croate [sεrbokrɔat] m. Ling. serbocroato.
serein, e [sərε̃, εn] adj. Pr. et fig. sereno. | *temps, visage serein*, tempo, viso sereno. || Loc. *un coup de tonnerre dans un ciel serein*, un fulmine a ciel sereno. || Méd. *goutte sereine*, gotta serena ; amaurosi. ◆ n. m. Vx = fresco, umido della sera.
sérénade [serenad] f. serenata. | *donner la sérénade*, fare la serenata. || Fam. schiamazzo notturno.
sérénissime [serenisim] adj. serenissimo. | *Son Altesse sérénissime*, Sua Altezza serenissima. || Hist. *la sérénissime république de Venise*, la Serenissima.
sérénité [serenite] f. Pr. et fig. serenità.
séreux, euse [serø, øz] adj. sieroso. ◆ n. f. Anat. sierosa.
serf, serve [sεrf, sεrv] adj. (rare) servile (l.c.). | *condition serve*, condizione servile. | *serf arbitre*, v. arbitre 1. ◆ n. Féod. servo, serva della gleba.
serfouette [sεrfwεt] f. zappetta.
serfouir [sεrfwir] v. tr. zappettare.
serfouissage [sεrfwisaʒ] m. zappettatura f.
serge [sεrʒ] f. Text. sargia ; serge (fr.).
sergé [sεrʒe] m. Text. saia f.
sergent [sεrʒɑ̃] m. Vx *sergent de ville*, vigile urbano (l.c.). || Mil. sergente. | *sergent fourrier*, sergente furiere. | *sergent-major*, sergente maggiore. || Techn. sergente.
sérial [serjal] m. Cin., T.V. film a episodi.
séricicole [serisikɔl] adj. sericolo.
sériciculteur [serisikyltœr] m. sericoltore, sericultore.
sériciculture [serisikyltyr] f. sericoltura, sericultura.
séricigène [serisiʒεn] adj. sericigeno.
série [seri] f. [suite, succession] serie, successione. | *série de difficultés, de questions*, serie, successione, sequela di difficoltà, di domande. | *série de nombres*, serie numerica, di numeri. | *série de malheurs*, serie di sventure. | *série noire*, v. noir. | *billets de la première série*, biglietti della prima serie. || [ensemble de choses analogues] serie. | *ranger par séries*, ordinare in serie. || [type répété] *une voiture de série, hors série*, una macchina di serie, fuori serie ; una fuoriserie. | *production en série*, lavorazione, produzione in serie. || Chim., Math. serie. || Comm. *fin de série*, fine di serie. | *prix de fin de série*, prezzo di saldo. || Électr. *en série*, in serie. || Mar. categoria. || Sport serie, categoria. || Fig. *un destin hors série*, un destino fuori del comune.
sériel, elle [serjεl] adj. seriale. | *musique sérielle*, musica seriale.
sérier [serje] v. tr. seriare ; ordinare, classificare in serie. | *sérier les problèmes*, ordinare i problemi.
sérieusement [serjøzmɑ̃] adv. [sans plaisanter] | *parler sérieusement*, parlare con serietà, sul serio. | *sérieusement ?*, sul serio ? || [avec application] seriamente, con impegno. | *travailler, s'engager sérieusement*, lavorare seriamente, con impegno ; impegnarsi seriamente. || [gravement] seriamente, gravemente. | *être sérieusement affecté, malade*, essere seriamente addolorato, gravemente malato.
sérieux, euse [serjø, øz] adj. serio. | *homme, visage, livre, sentiment sérieux*, uomo, viso, libro, sentimento serio. | *femme, maison sérieuse*, donna, ditta seria. | *ce n'est pas sérieux*, non è una cosa seria. | *maladie, situation sérieuse*, malattia, situazione seria, grave, preoccupante. ◆ n. m. serio ; serietà f. | *garder son sérieux*, restare serio. | *prendre, se prendre au sérieux*, prendere, prendersi sul serio. | *manquer de sérieux*, essere poco serio. | *agir avec peu de sérieux*, agire con scarsa serietà.
sérigraphie [serigrafi] f. serigrafia.
serin, e [sərε̃, in] n. Zool. verzellino ; verzellino femmina. || Fig. fam. [niais] merlotto, a.
sérine [serin] f. Chim. serina.
seriner [sərine] v. tr. Pr. ammaestrare con l'organetto. || Fig. fam. *seriner une règle à un enfant*, ripetere più volte una regola ad un bambino (l.c.). | *seriner qn*, infastidire uno col ripetergli sempre la stessa cosa (l.c.).
serinette [sərinεt] f. organetto m. (per ammaestrare gli uccelli).
seringa(t) [s(ə)rε̃ga] m. Bot. siringa f.
seringage [sərε̃gaʒ] m. Agr. annaffiatura (f.) con lo schizzatoio.
seringue [sərε̃g] f. Méd. siringa. | *seringue à lavement*, clistere m. || Agr. schizzatoio m. || Culin. siringa.
sérique [serik] adj. Méd. s(i)erico. | *maladie, accident sérique*, malattia, accidente da siero.
serment [sεrmɑ̃] m. giuramento. | *faux serment*, giuramento falso. | *sous serment*, sotto giuramento. | *prêter serment*, prestare giuramento. | *relever qn de son serment*, sciogliere qlcu. dal giuramento. || Fam. *serment d'ivrogne*, promessa (f.) da marinaio. || Méd. *serment d'Hippocrate*, giuramento d'Ippocrate.
sermon [sεrmɔ̃] m. Relig. sermone, predica f. | *Sermon sur la montagne*, Sermone, Discorso della montagna. || Fam. predica, sermone, predicozzo.
sermonnaire [sεrmɔnεr] m. [auteur] autore di sermoni. || [recueil] raccolta (f.) di sermoni.
sermonner [sεrmɔne] v. tr. Fam. fare la predica a ; ammonire.
sermonneur, euse [sεrmɔnœr, øz] n. Fam. predicatore, trice.
sérodiagnostic [serodjagnɔstik] m. Méd. sierodiagnosi f.
sérologie [serolɔʒi] f. sierologia.
sérosité [serozite] f. sierosità ; siero m.
sérothérapie [seroterapi] f. sieroterapia.
sérovaccination [serovaksinasjɔ̃] f. sierovaccinazione.
serpe [sεrp] f. roncola. || Loc. fam. *fait, taillé à la serpe* [travail, visage], fatto, tagliato con l'accetta.
serpent [sεrpɑ̃] m. serpente ; serpe f. [rég. ; littér. m.). | *serpent à lunettes, à sonnettes*, serpente dagli occhiali, a sonagli. | *serpent à plumes*, serpente piumato. || Fig. serpente, serpe. | *langue de serpent*, lingua serpentina. | *réchauffer un serpent dans son sein*, scaldarsi una serpe in seno, allevare una serpe in seno. | *serpent de mer*, serpente di mare. || Mus. serpentone.
serpentaire [sεrpɑ̃tεr] f. Bot. serpentaria. ◆ m. Zool. serpentario, sagittario.
serpenteau [sεrpɑ̃to] m. Zool. serpentello. || [pièce d'artifice] serpentello.
serpentement [sεrpɑ̃tmɑ̃] m. serpeggiamento.
serpenter [sεrpɑ̃te] v. intr. serpeggiare.
serpentin [sεrpɑ̃tε̃] m. [ruban de papier] stella (f.) filante. || Mil., vx serpentino. || Techn. serpentina f., serpentino (plus rare).
serpentine [sεrpɑ̃tin] f. Mil. vx, Minér. serpentino.
serpette [sεrpεt] f. roncolino m.
serpigineux, euse [sεrpiʒinø, øz] adj. Méd. serpiginoso.
serpillière [sεrpijεr] f. strofinaccio m. (per lavare il pavimento).
serpolet [sεrpɔlε] m. Bot. serpillo.
serpule [sεrpyl] f. Zool. serpula.
serrage [sεraʒ] m. serraggio. | *serrage des freins*, frenatura f. | *collier, vis de serrage*, ghiera, vite di serraggio.
serran [sεrɑ̃] m. Zool. sciarrano.

serrate [sɛrat] adj. *monnaie serrate,* moneta serata.
serratule [sɛratyl] f. BOT. serratula.
1. serre [sɛr] f. [de jardin] serra.
2. serre f. [action de serrer] pigiatura, premitura. ◆ pl. ZOOL. artigli m. pl. ; branche (littér.).
serré, e [sere] adj. stretto. | *nœud serré,* nodo stretto. | *vêtement serré à la taille,* vestito stretto alla vita. | *serrés comme des harengs,* V. HARENG. || [dense] fitto. | *étoffe, pluie, écriture serrée,* stoffa, pioggia, scrittura fitta. | *à mailles serrées,* a maglie fitte. | *café serré,* caffè stretto. || FIG. serrato. | *style serré,* stile serrato, stringato. | *discussion, lutte, partie serrée,* discussione, lotta, partita serrata. | *jeu serré,* gioco prudente, serrato ; mossa delicata. | *interrogatoire serré,* interrogatorio stringente. || [émotion] *avoir le cœur serré,* avere il cuore stretto. | *avoir la gorge serrée,* avere un nodo alla gola. || FAM. *homme serré,* uomo tirato nello spendere. | *être serré,* essere nelle strettezze. | *tenir qn serré,* tenere qlcu. a stecchetto. ◆ adv. *jouer serré,* giocare con prudenza (pr.) ; andare coi piedi di piombo (fig.). | *écrire serré,* scrivere fitto.
serre-file [sɛrfil] m. MIL. serrafila. || MAR. serrafila f.
serre-fils [sɛrfil] m. inv. ÉLECTR. serrafilo m.
serre-frein(s) [sɛrfrɛ̃] m. inv. CH. DE F. frenatore m.
serre-joint(s) [sɛrʒwɛ̃] m. inv. TECHN. sergente m.
serre-livres [sɛrlivr] m. inv. reggilibri ; reggilibro m.
serrement [sɛrmɑ̃] m. stretta f., stringimento. | *serrement de main,* stringimento di mani, stretta di mano. || FIG. *avoir un serrement de cœur,* sentire una stretta, uno stringimento al cuore. || MIN. sbarramento.
serrer [sere] v. tr. **1.** [étreindre, presser, rapprocher] stringere, serrare. | *serrer qn dans ses bras, contre sa poitrine,* stringere qlcu. fra le braccia, al petto. | *serrer la main à qn,* stringere la mano a qlcu. | *serrer qn à la gorge,* stringere qlcu. alla gola. | *serrer le cou à qn,* strangolare, strozzare qlcu. | *serrer le nœud de ses chaussures,* stringere il nodo delle scarpe. | *serrer les dents,* stringere i denti (pr. et fig.). | *serrer, serrer fort les lèvres, les poings,* serrare, stringere le labbra, i pugni. || LOC. *serrer les rangs,* V. RANG. | *serrer le trottoir,* accostarsi al marciapiede. || **2.** [bloquer] stringere. | *serrer à bloc un robinet, les freins,* stringere a fondo, al massimo un rubinetto, i freni. || **3.** [ranger] riporre. | *serrer le linge dans l'armoire,* riporre la biancheria nell'armadio. || **4.** FIG. *serrer le cœur,* stringere, serrare il cuore. | *serrer son style,* stringare lo stile. | *serrer de près,* stringere, serrare da vicino, da presso ; [poursuivre] incalzare. | *serrer de près un texte,* essere aderente ad un testo. | *serrer la vis à qn,* V. VIS. | *serrer les cordons de la bourse,* stringere i cordoni della borsa. || MAR. *serrer le vent,* stringere il vento. | *serrer les voiles,* serrare le vele. || FAM. *serrer les fesses,* aver fifa ; farsela addosso, farsela sotto (pop.). ◆ v. intr. [se porter vers] *serrer à droite, sur sa droite,* stringere a destra. ◆ v. pr. [le corps] stringersi. | *se serrer pour avoir une taille de guêpe,* stringersi per avere un vitino di vespa. || [se blottir, se rapprocher] stringersi, serrarsi. | *l'enfant se serra contre sa mère,* il bambino si strinse alla mamma. | *serrez-vous pour faire de la place,* stringetevi per far posto. || [récipr.] *se serrer la main,* stringersi la mano. || LOC. *se serrer les coudes, la ceinture,* V. ces mots.
serre-tête [sɛrtɛt] m. inv. fascia f. (per capelli) ; passata f. || SPORT casco m.
serrure [sɛryr] f. serratura. | *serrure de sûreté,* V. SÛRETÉ. | *forcer une serrure,* forzare, scassinare una serratura.
serrurerie [sɛryrri] f. [métier] arte del fabbro, del magnano. || [ouvrage] ferramenta f. pl. || [d'art] lavoro (m.) di ferro battuto.
serrurier [sɛryrje] m. fabbro ; chiavaio (rare) ; magnano (rég.).
serte [sɛrt] f. incastonatura, incassatura.
sertir [sɛrtir] v. tr. [enchâsser] incastonare. | *bracelet serti de diamants,* braccialetto incastonato di, tempestato di diamanti. || [assujettir] aggraffare.
sertissage [sɛrtisaʒ] m. [de bijou] incastonatura f., incassatura f. || [de tôles] aggraffatura f.
sertisseur, euse [sɛrtisœr, øz] n. [de pierres] incastonatore, trice. || [de tôles] aggraffatore, trice.
sertissure [sɛrtisyr] f. incastonatura.
sérum [serɔm] m. MÉD., PHYSIOL. siero. | *sérum sanguin,* siero sanguigno. | *sérum artificiel, physiologique,* soluzione fisiologica.
servage [sɛrvaʒ] m. HIST. servitù (f.) della gleba. || FIG. servitù, schiavitù f. ; servaggio (littér.).
serval [sɛrval] m. ZOOL. servalo.
servant [sɛrvɑ̃] adj. m. *cavalier, chevalier servant,* cavaliere servente. || RELIG. *frère servant,* converso m. ◆ n. m. MIL. servente. || RELIG. serviente, chierichetto. || [tennis] battitore.
servante [sɛrvɑ̃t] f. serva, domestica. | *servante maîtresse,* serva padrona. || [politesse] VX *je suis votre servante,* serva sua. || [meuble] servo muto. || RELIG. *servante de Jésus-Christ,* serva di Cristo. || TECHN. supporto m.
serventois [sɛrvɑ̃twa] m. HIST. LITT. serventese, sirventese.
serveur, euse [sɛrvœr, øz] n. cameriere, a. || [tennis] battitore m.
serviabilité [sɛrvjabilite] f. (l') essere servizievole ; natura, carattere (m.) servizievole.
serviable [sɛrvjabl] adj. servizievole.
service [sɛrvis] m. **1.** [état ; activité] servizio. | *être, entrer au service de qn,* essere, entrare al servizio di qlcu. | *escalier de service,* V. ESCALIER. | *gens de service,* persone di servizio. | *le service est excellent,* il servizio è ottimo. | *fumer pendant les heures de service,* fumare sul lavoro. | *mort en service commandé,* morto nell'adempimento del proprio dovere, delle proprie funzioni. | *être de service,* essere di servizio. | *service de jour, de nuit,* servizio diurno, notturno. || *médecin de service,* (medico) astante. || FAM. *être à cheval sur le service, être service service,* non scherzare col servizio. || **2.** [ensemble de plats] portata f. || [série de repas] *le premier service est annoncé,* è annunziata la prima serie. || **3.** [transport] servizio. | *services aériens, maritimes, ferroviaires,* servizi aerei, marittimi, ferroviari. || **4.** [pourcentage] servizio. | *service (non) compris,* V. COMPRIS. || **5.** [fonction] *avoir vingt ans de service,* aver vent'anni di servizio. || **6.** [organisme public, privé] servizio ; [branche d'un organisme] servizio, reparto. | *service de la poste, du personnel, technique,* servizio postale, del personale, tecnico. | *service public,* servizio pubblico. | *services généraux,* servizi generali. | *service des renseignements, des réclamations,* servizio informazioni, reclami. | *service du réveil,* servizio sveglia. | *service d'ordre,* servizio d'ordine. | *service social,* servizio, assistenza (f.) sociale. || [hôpital] *être dans le service des contagieux,* essere nel reparto dei malati contagiosi. | *chef de service,* caposervizio m. || **7.** ÉCON. servizio. || **8.** [aide, assistance] servizio, favore, servigio. | *qu'y a-t-il pour votre service ?,* in che cosa posso esserLe utile, posso servirLa ? | *rendre un service à qn,* fare un favore, un servizio a qlcu. | *rendre un mauvais service à qn,* fare, rendere un cattivo servizio a qlcu. | *services rendus à la patrie,* servigi resi alla patria. || **9.** [usage] uso, servizio. | *ce vêtement m'a fait un bon service,* questo vestito mi ha fatto una buona riuscita. | *mise en service,* messa in servizio. | *hors de service,* fuori uso, fuori servizio. | *mettre hors service,* togliere dal servizio. | *mes jambes refusent tout service,* le gambe non mi obbediscono più. || **10.** [assortiment] servizio. | *service à café, à thé, de table,* servizio da caffè, da tè, da tavola. || **11.** MIL. servizio. | *service armé,* servizio armato. | *bon pour le service, inapte au service,* idoneo, inabile al servizio militare. | *faire son service (militaire),* fare il servizio militare, fare il soldato. | *faire son service dans la marine, dans l'artillerie,* servire in marina, in artiglieria. || **12.** RELIG. *service religieux, funèbre,* uffizio, servizio religioso, funebre. | *fonder un service perpétuel,* fondare una messa perpetua. || **13.** SPORT servizio, battuta f. || **14.** ZOOL. [saillie] monta f. || **15.** LOC. *service de presse,* omaggio per recensione ; servizio stampa. | *service après vente,* assistenza ai clienti. | *service des artistes,*

de première, biglietto di favore. | *se mettre au service de qn*, mettersi a disposizione di qlcu. ◆ pl. *offrir ses services*, V. OFFRIR. | *se passer des services de qn*, rinunciare alla collaborazione di qlcu. || JUR. *louage de services*, locazione d'opera.

serviette [sɛrvjɛt] f. [de table] tovagliolo m. ; [de toilette] asciugamano m. | *serviette-éponge*, asciugamano-spugna (pl. *asciugamani-spugna*). | *serviette hygiénique*, assorbente m. || [cartable] cartella f.

servile [sɛrvil] adj. PR. et FIG. servile. | *condition, imitation servile*, condizione, imitazione servile ; imitazione pedissequa. || THÉOL. *œuvres serviles*, lavori servili.

servilité [sɛrvilite] f. servilismo m., servilità.

servir [sɛrvir] v. tr. **1.** [s'acquitter de certaines fonctions] servire. | *servir fidèlement une famille*, servire fedelmente una famiglia. | *servir la patrie, l'État, la cause du peuple*, servire la patria, lo Stato, la causa del popolo. | *pour vous servir*, per servirLa. || **2.** [fournir des marchandises] servire. | *ce marchand me sert depuis longtemps*, questo negoziante mi serve da molto tempo. | *servir un client*, servire un cliente. | *le boucher nous a bien servis*, il macellaio ci ha serviti bene. || **3.** [placer sur la table ; donner d'un mets] servire. | *le déjeuner est servi*, il pranzo è servito. | *Monsieur est servi, Madame est servie*, il signore è servito, la signora è servita ; è in tavola. | *servir le café, à boire*, servire il caffè, da bere. | *servir la soupe* [dans l'assiette], scodellare la minestra. || **4.** [obliger] aiutare, favorire. | *servir ses amis*, aiutare, favorire gli amici. | *en quoi puis-je vous servir ?*, in che cosa posso esserLe utile, posso servirLa ? | *on n'est jamais aussi bien servi que par soi-même*, chi fa per sé fa per tre. || **5.** [satisfaire] favorire. | *servir les passions, les intérêts de qn*, favorire le passioni, gli interessi di qlcu. || **6.** [chasse] ammazzare. || **7.** LOC. *être servi par les circonstances*, essere aiutato, favorito dalle circostanze. || FAM. *il nous sert toujours les mêmes histoires*, ci rifrigge sempre le stesse storie. || FIN. *servir une rente*, pagare una rendita. || JEU *servir des cartes*, fare le carte. || MIL. *servir une mitrailleuse*, servire una mitragliatrice. || RELIG. *servir la messe*, servir messa. ◆ v. tr. ind. [tenir lieu] servire, fare. | *servir de père, d'interprète*, servire da padre, da interprete a qlcu. | *ça m'a servi de leçon*, mi è servito di lezione. || [être utile, propre] servire. | *navire qui sert à transporter les marchandises*, nave che serve a, per trasportare le merci. | *cela ne sert à rien, de rien*, non serve a nulla. | *à quoi sert de se mettre en colère ?*, a che serve andare in collera ? | *rien ne sert de critiquer*, criticare non serve a nulla. | *faire servir à*, adoperare per. ◆ v. intr. [être d'un certain usage] servire. | *ces livres (nous) ont beaucoup servi*, questi libri (ci) sono serviti molto. || MIL. *servir dans l'artillerie, dans la marine*, servire in artiglieria, in marina. || [au tennis] servire. ◆ v. pr. servirsi. | *se servir chez un commerçant*, servirsi, fornirsi da un commerciante. || [prendre d'un mets] *servez-vous*, si serva. || [faire usage] *il s'est servi de moi*, si è servito di me. | *se servir d'un crayon noir*, servirsi di una matita nera. | *servir de jouet à qn*, essere lo zimbello di qlcu.

servite [sɛrvit] m. RELIG. servita, servo.

serviteur [sɛrvitœr] m. servitore. || LOC. *serviteur de Dieu*, servo di Dio. | *serviteur de l'État*, servitore dello Stato. || [civilité] *(je suis votre) serviteur*, servo suo. || IRON. [refus] *serviteur !*, mi dispiace, niente da fare ! || [moi-même] *il y avait cinq personnes et votre serviteur*, c'erano cinque persone e il sottoscritto.

servitude [sɛrvityd] f. [état ; assujettissement] servitù, schiavitù. | *délivrer de la servitude*, liberare dalla servitù. | *ce travail est une grande servitude*, questo lavoro è una gran schiavitù. || JUR. servitù. | *servitude de vue, de passage, d'écoulement des eaux*, servitù di vista, di passaggio, di scolo delle acque. | *servitudes foncières*, servitù prediali. | *servitudes militaires*, servitù militari.

servocommande [sɛrvokɔmɑ̃d] f. MÉC. servocomando m.

servofrein [sɛrvofrɛ̃] m. MÉC. servofreno.

servomécanisme [sɛrvomekanism] m. MÉC. servomeccanismo, servosistema.

servomoteur [sɛrvomɔtœr] m. MÉC. servomotore.

ses adj. poss. V. SON 1.

sésame [sezam] m. BOT. sesamo. || LOC. *Sésame, ouvre-toi !*, apriti sesamo !

sésamoïde [sezamɔid] adj. et n. m. ANAT. sesamoide.

sesbania [sɛsbanja] m. ou **sesbanie** [sɛsbani] f. BOT. sesbania f.

sesquialtère [sɛskɥialtɛr] adj. MATH. sesquialtero.

sesquioxyde [sɛskɥiɔksid] m. CHIM. sesquiossido.

sesquiterpène [sɛskɥitɛrpɛn] m. CHIM. sesquiterpene.

sessile [sesil] BOT., MÉD. sessile.

session [sesjɔ̃] f. sessione. || UNIV. *session d'examens*, sessione d'esami.

sesterce [sɛstɛrs] m. ANTIQ. sesterzio.

set [sɛt] m. CIN. set (angl.). || [tennis] set, partita f. || [napperons] servizio da tavola all'americana.

sétacé, e [setase] adj. setoloso.

setier [sətje] m. [mesure de capacité] ANTIQ. sestario ; [au Moyen Âge] staio (pl. m. *stai* : récipient ; pl. f. *staia* : contenu), sestiere. || [mesure agraire] staio (pl. f. staia).

séton [setɔ̃] m. MÉD. setone. | *plaie en séton*, ferita a setone.

setter [setɛr] m. setter m. inv. (angl.).

seuil [sœj] m. soglia f. || [entrée] soglia f., limitare. | *s'arrêter sur le seuil*, fermarsi sulla soglia, sul limitare. || FIG. [début] soglia (littér.). || ÉCON. *seuil de rentabilité*, soglia di redditività. || GÉOL. soglia. || PHYSIOL., PSYCH. soglia. | *seuil absolu, différentiel*, soglia assoluta, differenziale. | *seuil d'excitation*, soglia di eccitazione, dello stimolo. ◆ loc. prép. ***au seuil de***, alle soglie di, al limitare di.

seul, e [sœl] adj. [sans compagnie ; à l'exclusion des autres ; unique] solo. | *vivre seul*, vivere solo. | *vivre tout seul*, vivere tutto solo, solo soletto. | *faire qch. (tout) seul* [sans aide], far qlco. da solo, da sé. | *à moi seul*, da (me) solo. | *c'est allé tout seul*, è andata da sé, è andata liscia. | *réservé aux seuls habitants du quartier*, riservato ai soli abitanti del quartiere. | *parler à qn seul à seul*, parlare a qlcu. da solo a solo. | *je ne le dirai qu'à lui seul*, lo dirò solo a lui. | *mon bras seul suffit*, basta il mio solo braccio. | *un seul Dieu*, un solo Dio. | *une seule fois*, una volta sola. | *d'une seule voix*, ad una voce. || [simple] *la pensée seule de la mort effraie*, il solo, il semplice pensiero della morte fa spavento. ◆ n. solo, a. | *je suis le seul à le savoir*, sono il solo a saperlo. | *le gouvernement d'un seul*, il governo di uno solo. | *pas un seul*, neanche, neppure uno.

seulement [sœlmɑ̃] adv. [pas davantage ; uniquement] soltanto, solo, solamente. | *être deux seulement*, essere soltanto, solo due. | *dis-lui seulement cela*, digli solamente, soltanto questo. | *l'homme ne vit pas seulement de pain*, l'uomo non vive di solo pane. || [mais] però, sennonché ; soltanto (fam.). | *il aime voyager, seulement il n'a pas d'argent*, gli piace viaggiare, però, sennonché non ha denaro. || [pas plus tôt que] solo, soltanto. | *il arrive seulement mardi*, arriva soltanto martedì. | *le courrier vient seulement d'être distribué*, la posta è stata appena distribuita, è stata distribuita soltanto ora. || [au moins] soltanto. | *si seulement je pouvais partir*, se soltanto potessi partire. || [pas même] neppure. | *n'avoir pas seulement l'argent pour payer son loyer*, non avere neppure il denaro per pagare l'affitto. | *il est parti sans seulement saluer*, è partito senza neppure salutare. ◆ loc. adv. ***non seulement..., mais encore***, non solo, non soltanto..., ma (anche).

seulet, ette [sœlɛ, ɛt] adj. LITTÉR. soletto.

sève [sɛv] f. BOT. linfa. | *sève brute*, linfa ascendente, grezza. | *sève élaborée*, linfa discendente, elaborata. || FIG. vigore m. | *sève de la jeunesse*, vigore della giovinezza.

sévère [sevɛr] adj. severo. | *discipline, morale, architecture sévère*, disciplina, morale, architettura severa.

| *jugement, ton sévère,* giudizio, tono severo. || [grave] *pertes sévères,* severe (gall.), gravi perdite.
sévérité [severite] f. severità. | *sévérité d'un professeur, d'un jugement,* severità di un professore, di un giudizio. | *sévérité d'un style,* severità, austerità di uno stile. ◆ pl. [actes durs] atti (m. pl.) di un'estrema severità.
sévices [sevis] m. pl. sevizie f. pl. | *exercer des sévices sur qn,* seviziare qlcu.; sottoporre qlcu. a sevizie.
sévir [sevir] v. intr. PR. et FIG. infierire, imperversare. | *sévir contre ses victimes,* infierire, imperversare contro le proprie vittime. | *le froid, la peste sévissait,* il freddo, la peste imperversava, infieriva.
sevrage [səvraʒ] m. svezzamento, divezzamento, slattamento. || AGR. slattamento.
sevrer [səvre] v. tr. svezzare, divezzare, slattare. || FIG. privare. || AGR. *sevrer une marcotte,* staccare una margotta dalla pianta madre.
sèvres [sɛvr] m. porcellana (f.) di Sèvres.
sévrienne [sevrijɛn] f. UNIV. = allieva della Scuola normale superiore di Sèvres.
sexagénaire [segzaʒenɛr] adj. et n. sessantenne, sessagenario.
sexagésimal, e aux [segzaʒezimal, o] adj. sessagesimale.
sexagésime [segzaʒezim] f. RELIG. sessagesima.
sex-appeal [sɛksapil] m. sex appeal (angl.); attrattiva (f.) del sesso, attrattiva fisica.
sexe [sɛks] m. sesso. | *sexe masculin, féminin,* sesso maschile, femminile. || [organe] sesso. || FAM. *le sexe fort, faible,* il sesso forte, debole. | *le beau sexe, les personnes du sexe,* il bel, il gentil sesso.
sexologie [sɛksɔlɔʒi] f. sessuologia.
sexologue [sɛksɔlɔg] n. sessuologo m.
sextant [sɛkstɑ̃] m. MAR. sestante.
sexte [sɛkst] f. RELIG. sesta.
sextine [sɛkstin] f. POÉS. sestina.
sexto [sɛksto] adv. (lat.) in sesto luogo.
sextolet [sɛkstɔlɛ] m. MUS. sestina f.
sextuor [sɛkstɥɔr] m. MUS. sestetto.
sextuple [sɛkstypl] adj. et n. m. sestuplo. || [formé de six choses] sestuplice.
sextupler [sɛkstyple] v. tr. sestuplicare. ◆ v. intr. sestuplicarsi v. pr.
sextuplés, ées [sɛkstyple] n. pl. sei gemelli, gemelle.
sexualité [sɛksɥalite] f. sessualità.
sexué, e [sɛksɥe] adj. sessuato. | *reproduction sexuée,* riproduzione sessuale, gamica.
sexuel, elle [sɛksɥɛl] sessuale.
sexy [seksi] adj. inv. FAM. sexy (angl.); dotato di sex appeal; provocante.
seyant, e [sɛjɑ̃, ɑ̃t] adj. che sta bene. | *coiffure, couleur, robe seyante,* pettinatura, colore, abito che dona.
sforzando [sfɔrtsando] adv. (ital.) MUS. sforzando.
sgraffite [sgrafit] m. ART graffito.
shaker [ʃɛkœr] m. shaker (angl.).
shakespearien, enne [ʃɛkspirjɛ̃, ɛn] adj. shakespeariano.
shako [ʃako] m. sciaccò.
shampooing [ʃɑ̃pwɛ̃] m. (angl.) [lavage] shampoo, shampooing. || [savon] shampoo.
shérif [ʃerif] m. sceriffo.
sherry [ʃeri] m. sherry (angl.).
shetland [ʃɛtlɑ̃d] m. TEXT. shetland (angl.).
shilling [ʃiliŋ] m. (angl.) scellino.
shimmy [ʃimi] m. AUTOM. shimmy (angl.).
shintoïsme [ʃintɔism] m. RELIG. scintoismo.
shirting [ʃœrtiŋ] m. TEXT. shirting (angl.).
shogoun ou **shogun** [ʃɔgun] m. HIST. shogun.
shoot [ʃut] m. (angl.) SPORT tiro, calcio.
shooter [ʃute] v. intr. tirare, calciare.
shop(p)ing [ʃɔpiŋ] m. shopping (angl.).
short [ʃɔrt] m. shorts m. pl. (angl.); calzoncini corti.
show [ʃo] m. show (angl.).
shrapnel(l) [ʃrapnɛl] m. MIL. shrapnel (angl.).
shunt [ʃœ̃t] m. ÉLECTR., MÉD. shunt (angl.); derivazione f.
shuntage [ʃœ̃taʒ] m. shuntaggio; collegamento (in derivazione).
shunter [ʃœ̃te] v. tr. shuntare, derivare.
1. si [si] conj. se. || **1.** [temps ; cause ; opposition] *si je ris, tout le monde rit,* se, quando rido, tutti ridono. | *si tu le savais, pourquoi ne l'as-tu pas dit?,* se lo sapevi, perché non l'hai detto? | *s'il n'a pas reçu de nouvelles, il ne peut rien dire,* se non ha ricevuto notizie non può dir nulla. | *si l'un dit oui, l'autre dit non,* se, quando l'uno dice di sì, l'altro dice di no. || **2.** [répétition dans le passé] *s'il se trompait, s'il s'était trompé, je corrigeais ses erreurs,* se sbagliava, se aveva sbagliato, correggevo i suoi errori. || **3.** LOC. *si..., c'est que,* se..., è perché. | *si je suis gai, c'est que j'ai eu de bonnes nouvelles,* se sono allegro, è perché ho avuto buone notizie. || **4.** [prop. suj. ou compl.] *c'est un miracle si nous sommes encore vivants,* è un miracolo se siamo ancora vivi. | *pardonne-moi si j'ai tardé à te répondre,* scusami se ho tardato a risponderti. || **5.** [souhait] *si j'osais!,* se osassi! | *si j'avais su!,* se l'avessi saputo! || [suggestion] *si nous allions nous promener?,* se andassimo a passeggio? || **6.** [condition] se. | [éventualité] *si tu continues à bien travailler, tu as des chances de réussir,* se continui a studiar bene, probabilmente ce la farai. | *s'il vient, je serai content,* se viene, se verrà, sarò contento. | *s'il est sorti, reviens plus tard,* se è uscito, torna più tardi. | *jouez, si cela vous fait plaisir,* giocate se vi fa piacere. | *s'il vient et que je sois absent, dis-lui de m'attendre,* se viene e se sono assente, digli di aspettarmi. || [hypothèse] *si tu le voyais, tu le lui dirais,* se tu lo vedessi, glielo diresti. | *même s'il payait comptant, je ne vendrais pas,* anche se pagasse in contanti non venderei. | *si jamais on te demandait, je dis, je dirais que tu es sorti,* caso mai chiedessero di te, dico, direi che sei uscito. | *si j'étais toi, voici ce que je ferais,* se fossi in te, ecco quel che farei. | *si j'avais eu, si j'eusse eu de l'argent, je t'en aurais, je t'en eusse prêté,* se avessi avuto del denaro, te ne avrei prestato. | *si nous étions partis plus tard, nous manquions la correspondance,* se partivamo più tardi perdevamo la coincidenza. | *il m'a dit que si l'entreprise réussissait, il achèterait un magasin plus important,* mi ha detto che se l'impresa fosse riuscita bene, avrebbe comprato un negozio più importante. || **7.** LOC. *si bon vous semble,* se vi pare, se Le pare. | *si faire se peut,* se è possibile. | *ce tableau est un des plus beaux s'il en fut,* questo quadro è bello quant'altro mai, quant'altri mai. || ***si ce n'est,*** se non. | *un des plus célèbres, si ce n'est le plus célèbre,* uno tra i più celebri, se non (addirittura) il più celebre. | *si ce n'était la peur de prendre l'avion, j'irais en Amérique,* se non fosse la paura di prendere l'aereo, andrei in America. || ***si ce n'est, n'était que :*** *il te ressemble, si ce n'est qu'il est plus petit,* ti rassomiglia, se non che, solo che è più piccolo. | *si ce n'était qu'il est plus grand, je le confondrais avec son père,* se non fosse più alto, lo scambierei per suo padre. || ***si tant est que,*** ammesso che. | *il veut passer l'examen, si tant est qu'il en soit capable,* vuol dar l'esame, ammesso che ne sia capace. || ***si...ne,*** se non. | *si je ne m'abuse, si je ne me trompe,* se non sbaglio. ◆ n. m. inv. se. | *je n'aime pas les si et les mais,* non mi piacciono i se e i ma. | *d'accord, mais il y a un si,* d'accordo, ma c'è un se.
2. si adv. interr. se. | *je me demande s'il viendra,* mi domando se verrà. | *je me demandais s'il viendrait,* mi domandavo se sarebbe venuto. | *il ne sait que faire, s'il part ou s'il reste,* non sa che cosa fare, se partire o restare.
3. si adv. de quantité : così, tanto. || **1.** [intensité] *c'est un homme si bon,* è un uomo così, tanto buono. | *ne cours pas si vite,* non correre così forte. || **2. si... que :** [conséquence] così, tanto ... che ; [comparaison] (così)... come, (tanto)... quanto. | *les vents sont si forts que les arbres sont déracinés,* il vento è così, tanto forte che gli alberi sono sradicati. | *il n'est pas si riche que toi, qu'on le dit,* non è (così) ricco come te, (tanto) ricco quanto te ; non è ricco come dicono. || [concession] : *si petit soit-il, qu'il soit,* per piccolo che

sia, per quanto piccolo sia. || **3.** [affirmation] sì. | *tu ne l'as pas vu ? — si,* non l'hai visto ? — sì. | *mais si, si fait,* ma sì, ma certo. ◆ loc. conj. ***si bien que,*** sicché, cosicché. | *il est parti mardi (tant et) si bien que je ne l'ai pas vu,* è partito martedì, sicché, cosicché non l'ho visto. || ***si peu que,*** per poco che. | *si peu que ce soit,* per poco che sia.
4. si m. inv. Mus. si.
sial [sjal] m. Géol. sial.
sialagogue [sjalagɔg] adj. et n. m. Pharm. scialagogo.
sialis [sjalis] m. Zool. sialide.
sialorrhée [sjalɔre] f. Méd. scialorrea ; ptialismo m.
siamois, e [sjamwa, az] adj. et n. siamese. | *frères siamois,* fratelli siamesi. | *chat siamois,* gatto siamese.
sibérien, enne [siberjɛ̃, ɛn] adj. et n. siberiano. | *froid sibérien,* freddo siberiano.
sibilant, e [sibilɑ̃, ɑ̃t] adj. Méd. sibilante. | *râle sibilant,* rantolo sibilante.
sibylle [sibil] f. sibilla.
sibyllin, e [sibilɛ̃, in] adj. sibillino. | [obscur] *langage sibyllin,* linguaggio sibillino.
sic [sik] adv. sic (lat.).
sicaire [sikɛr] m. Littér. sicario.
siccatif, ive [sikatif, iv] adj. (es)siccativo ; seccativo (rare). ◆ n. m. olio siccativo.
siccité [siksite] f. siccità, asciuttezza.
sicilien, enne [sisiljɛ̃, ɛn] adj. et n. siciliano. ◆ n. f. Mus. siciliana.
sicle [sikl] m. Antiq. siclo.
side-car [sidkar] m. side-car (angl.) ; [véhicule entier] side-car ; motocarrozzetta f.
sidéral, e, aux [sideral, o] adj. Astr. siderale, sidereo. | *année sidérale,* anno siderale, sidereo. | *jour sidéral,* giorno siderale, sidereo.
sidérant, e [siderɑ̃, ɑ̃t] adj. Fam. stupefacente, sbalorditivo (l.c.).
sidéré, e [sidere] adj. Fam. stupefatto, sbalordito (l.c.).
sidérer [sidere] v. tr. Fam. sbalordire, stupefare (l.c.).
sidérite [siderit] f. Minér. V. sidérose.
sidérographie [siderografi] f. siderografia.
sidérolit(h)ique [siderolitik] adj. Géol. siderolitico.
sidérose [sideroz] f. Minér. siderite. || Méd. siderosi.
sidérostat [siderɔsta] m. Astr. siderostato.
sidéroxylon [sideroksilɔ̃] m. Bot. sideroxilon.
sidérurgie [sideryrʒi] f. Ind. siderurgia.
sidérurgique [sideryrʒik] adj. siderurgico.
sidérurgiste [sideryrʒist] m. [spécialiste] siderurgista. || [ouvrier] (operaio) siderurgico.
siècle [sjɛkl] m. [période] secolo. | *à la fin des siècles,* alla fine dei secoli. | *fin de siècle,* v. fin 1. | *au seizième siècle,* nel secolo sedicesimo, nel Cinquecento. || [époque] secolo. | *le siècle des lumières, d'or,* v. ces mots. | *le siècle de Dante,* il secolo, l'età di Dante. | *le Grand Siècle,* il secolo di Luigi XIV. || [temps présent] secolo. | *l'événement, l'enfant du siècle,* l'avvenimento, il figlio del secolo. | *mal du siècle,* v. mal 1. | *être de son siècle,* essere del proprio secolo. || Relig. [monde] secolo, mondo. | *laisser le siècle pour entrer au couvent,* lasciare il secolo, il mondo per entrare in convento. || Loc. *dans les siècles des siècles,* nei secoli dei secoli. || Fam. *il y a un siècle que je ne t'ai vu,* è un secolo che non ti vedo.
siège [sjɛʒ] m. [meuble pour s'asseoir] sedile ; seggio (littér.) ; [de cocher] cassetta f. ; [d'avion] sedile, seggiolino ; [d'auto] *siège avant, arrière,* sedile anteriore, posteriore. | *prenez un siège,* (si) sieda, si accomodi. | *siège du juge,* seggio del giudice. || [résidence principale] sede f. | *le siège d'une société, d'un gouvernement, d'un tribunal,* la sede di una società, di un governo, di un tribunale. | *le siège d'un empire,* la capitale di un impero. | *siège social,* sede sociale. || Loc. *mon siège est fait,* ormai ho deciso così. || [mandat] seggio. | *ce parti a obtenu cinq sièges en plus,* questo partito ha ottenuto cinque seggi in più. || [centre] sede. | *le cerveau est le siège de la parole,* il cervello è la sede della parola. | *le siège de la maladie, de la douleur,* la sede della malattia, del dolore. || Jur. *magistrat du siège,* magistrato giudicante. || Méc. sede. | *siège d'une soupape,* sede di valvola. || [partie du corps] podice. | *bain de siège,* v. bain. || Mil. assedio. | *mettre le siège devant une ville,* porre l'assedio a una città. | *lever le siège,* togliere l'assedio ; Fig., Fam. togliere la seduta ; ritirarsi. | *état de siège,* stato d'assedio. || Relig. *siège épiscopal,* sede episcopale.
siéger [sjeʒe] v. intr. [faire partie d'une assemblée] sedere. | *siéger au Parlement,* sedere in Parlamento. || [résider] aver sede ; risiedere. | *la cour de Cassation siège à Paris,* la (corte di) Cassazione ha sede, risiede a Parigi. || Fig. risiedere. | *c'est là que siège le mal,* il male risiede proprio qui.
siemens [simɛns] m. Phys. siemens.
sien, sienne [sjɛ̃, sjɛn] adj. poss. 3e pers. sing. suo, sua (pl. *suoi, sue*). | *il considère cet objet comme sien,* considera quest'oggetto come suo. | *faire sienne cette idée est abusif,* far propria quest'idea è abusivo. || Littér. *un sien cousin,* un suo cugino (l.c.). ◆ pron. poss. il suo, la sua, i suoi, le sue. | *cette plume est la sienne,* questa penna è la sua. | *mon livre et le sien,* il mio libro e il suo, il mio e il suo libro. ◆ n. m. il suo. | *y mettre du sien,* metterci del suo ; metterci della buona volontà. ◆ n. m. pl. [parents] i suoi, i familiari. ◆ n. f. pl. Fam. *il a encore fait des siennes,* ne ha fatta un'altra delle sue.
siennois, e [sjenwa, az] adj. senese.
sierra [sjɛra] f. Géogr. sierra (esp.).
sieste [sjɛst] f. siesta. | *faire la sieste,* far la siesta ; fare il chilo (fam.).
sieur [sjœr] m. Péjor. *le sieur Renati,* un tal Renati. || Jur. signore.
sifflant, e [siflɑ̃, ɑ̃t] adj. et n. f. sibilante. | *consonne, respiration sifflante,* consonante, respiro sibilante.
sifflement [sifləmɑ̃] m. fischio, sibilo. | *sifflement du merle, du serpent,* fischio del merlo ; fischio, sibilo del serpente. | *sifflement du vent,* sibilo, fischio del vento. | *sifflement de la locomotive,* fischio della locomotiva. | *sifflement des projectiles,* fischio, sibilo dei proiettili. || Méd. sibilo. || Loc. *sifflements d'oreille,* ronzìi agli orecchi.
siffler [sifle] v. intr. fischiare, sibilare. | *siffler dans la rue,* fischiare per la strada. | *le merle, la locomotive siffle,* il merlo, la locomotiva fischia. | *on entend siffler le vent,* si sente fischiare, sibilare il vento. | *les projectiles sifflaient au-dessus de leurs têtes,* i proiettili fischiavano, sibilavano sopra le loro teste. || Pr. et fig. *les oreilles me sifflent,* mi fischiano gli orecchi. ◆ v. tr. fischiare. | *siffler un air,* fischiare un'aria. | *le public siffla l'acteur,* il pubblico fischiò l'attore. || Sport *l'arbitre a sifflé la fin de la partie,* l'arbitro ha fischiato la fine della partita. || [appeler] *siffler qn, son chien,* fischiare a qlcu., al cane ; fare un fischio a qlcu., al cane. || Pop. *siffler un verre,* tracannare un bicchiere (l.c.). | *siffler une bouteille,* scolarsi, sgocciolarsi una bottiglia.
sifflet [siflɛ] m. [instrument] fischio ; [à roulette] fischietto (con la pallina). | *sifflet d'alarme,* fischio d'allarme. | *coup de sifflet,* fischio, fischiata f. || Techn. *tailler en sifflet,* tagliare obliquamente ; augnare, ugnare. || Pop. *couper le sifflet à qn,* chiudere il becco a qlcu. ◆ pl. [désapprobation] fischi ; fischiate f. pl. | *accueillir par des sifflets,* accogliere con fischi, a fischiate.
siffleur, euse [siflœr, øz] adj. et n. fischiatore, trice.
sifflotement [siflɔtmɑ̃] m. fischiettìo.
siffloter [siflɔte] v. tr. et intr. fischiettare, fischierellare.
1. sigillaire [siʒilɛr] adj. di sigillo.
2. sigillaire f. Bot. sigillaria.
sigillé, e [siʒile] adj. sigillato. || Archéol. *vases sigillés,* terra sigillata.
sigillographie [siʒilografi] f. sigillografia, sfragistica.
sigisbée [siʒisbe] m. Vx cicisbeo.
siglaison [siglɛzɔ̃] f. siglatura.
sigle [sigl] m. sigla f.
sigmoïde [sigmɔid] adj. Anat. sigmoideo, sigmoide.
signal, aux [siɲal, o] m. [signe] segnale. | *signaux*

lumineux, routiers, de secours, signali luminosi, stradali, di soccorso. | *donner le signal de*, dare il segnale di. || [symptôme] segnale, sintomo. | *la prise de la Bastille a été le signal de la Révolution*, la presa della Bastiglia fu il segnale della Rivoluzione. | *un malaise, signal de la maladie*, un malessere, sintomo della malattia. || [appareil] segnale. | *tirer le signal d'alarme*, tirare il segnale d'allarme.

signalé, e [siɲale] adj. LITTÉR. *rendre un signalé service*, rendere un segnalato, notevole servizio.

signalement [siɲalmɑ̃] m. connotati m. pl.

signaler [siɲale] v. tr. [annoncer; appeler l'attention sur] segnalare. | *signaler un danger, une flotte*, segnalare un pericolo, una flotta. | *signaler qn, qch. à l'attention de qn*, segnalare qlcu., qlco. all'attenzione di qlcu. | *je vous signale que*, Le faccio presente, Le segnalo che. ◆ v. pr. segnalarsi, distinguersi. | *se signaler par un grand zèle*, distinguersi per un grande zelo.

signalétique [siɲaletik] adj. segnaletico.

signaleur [siɲalœr] m. segnalatore.

signalisation [siɲalizasjɔ̃] f. [installation] segnalazione. || [ensemble des signaux] segnalazione, segnaletica. | *signalisation routière*, segnalazione, segnaletica stradale.

signataire [siɲatɛr] n. firmatario, a; sottoscrittore, trice.

signature [siɲatyr] f. firma. | *avoir la signature*, aver la firma. | *mettre sa signature sur un document*, mettere, porre la firma su un documento. || TYP. segnatura.

signe [siɲ] m. [indice] segno, indizio. | *c'est bon signe*, è buon segno. | *signe avant-coureur*, segno premonitore. | *c'est signe de pluie*, è indizio di pioggia. | *en signe de*, in segno di. | *c'est un signe des temps*, è un segno dei tempi. | *ne pas donner signe de vie*, non dar segno di vita (pr.); non farsi vivo, non dar segno di vita (fig.). || MÉD. sintomo. | *avoir tous les signes de la maladie*, avere tutti i sintomi della malattia. || [marque] segno. | *signes particuliers, distinctifs*, segni caratteristici, distintivi. | *signe de ponctuation, d'addition*, segno d'interpunzione, dell'addizione. || FIN. *signes extérieurs (de richesse)*, indizi esteriori (di ricchezza ai fini dell'accertamento dell'imposta). || [geste] segno, cenno. | *se comprendre par signes*, intendersi a cenni. | *faire signe à qn*, far segno, cenno a qlcu. | *un signe de tête*, un cenno del capo. | *faire le signe de la croix*, V. CROIX. || ASTR. *les signes du zodiaque*, i segni dello zodiaco. | *né sous le signe des Gémeaux, sous le signe de la chance, du malheur*, nato sotto il segno dei Gemelli, sotto una buona stella, sotto il segno della sventura. || FIG. *sous le signe du patriotisme, de l'européanisme*, sotto l'insegna (f.) del patriottismo, dell'europeismo. || LING. segno.

signer [siɲe] v. tr. firmare. | *signer une lettre, un contrat, une œuvre*, firmare una lettera, un contratto, un'opera. | *signer d'une croix, en blanc, par procuration*, firmare con una croce, in bianco, per procura. | *ne pas savoir signer son nom*, non saper fare la firma. || LOC. *signer de son sang*, suggellare col proprio sangue. | *c'est signé*, porta, reca la firma. ◆ v. pr. RELIG. segnarsi; farsi il segno della croce.

signet [siɲɛ] m. segnalibro.

signifiant [siɲifjɑ̃] m. LING. significante.

significatif, ive [siɲifikatif, iv] adj. significativo.

signification [siɲifikasjɔ̃] f. [sens] significato m. || JUR. notificazione, notifica.

signifié [siɲifje] m. LING. significato.

signifier [siɲifje] v. tr. [avoir le sens de] significare. | *que signifie ce mot?*, che cosa significa questa parola? | *ton silence signifie ta désapprobation*, il tuo silenzio significa la tua disapprovazione. || [faire connaître] manifestare, significare. | *signifier ses intentions*, manifestare, significare le proprie intenzioni. || JUR. notificare.

sikh [sik] adj. et n. m. sikh.

sil [sil] m. MINÉR. sil; ocra f.

silence [silɑ̃s] m. PR. et FIG. silenzio. | *en silence*, in silenzio. | *garder le silence*, osservare il silenzio. | *garder le silence sur qch.*, mantenere il silenzio, il più assoluto riserbo su qlco. | *imposer silence*, imporre il silenzio. | *réduire au silence*, ridurre al silenzio. | *passer sous silence*, passare sotto silenzio; sottacere (littér.). | *le silence de la nuit*, il silenzio della notte. | *silence de mort*, silenzio di tomba. || MUS. pausa f.; battuta (f.) d'aspetto. ◆ interj. silenzio!; zitto! adj. | *silence, les enfants!*, silenzio, zitti, bambini! | *silence! on tourne*, silenzio, si gira!

silencieux, euse [silɑ̃sjø, øz] adj. silenzioso, zitto. | *demeurer silencieux*, rimanere silenzioso, zitto. | *rue silencieuse*, strada silenziosa. | *dans la nuit silencieuse*, nelle notte silenziosa; nella tacita notte (littér.). ◆ n. m. [appareil] silenziatore.

silène [silɛn] m. BOT. silene f.

silésien, enne [silezjɛ̃, ɛn] adj. et n. slesiano.

silex [silɛks] m. selce f.

silhouette [silwɛt] f. [dessin; forme] profilo m., siluetta, sagoma; silhouette (fr.). || [aspect général du corps] *une silhouette élancée*, una silhouette snella. || MIL. *silhouette de tir*, sagoma.

silhouetter [silwɛte] v. tr. delineare i contorni di; disegnare di profilo.

silicate [silikat] m. CHIM. silicato.

silice [silis] f. silice.

siliceux, euse [silisø, øz] adj. siliceo. | *roches siliceuses*, rocce silicee.

silicicole [silisikɔl] adj. BOT. silicicolo.

silicique [silisik] adj. CHIM. silicico.

silicium [silisjɔm] m. CHIM. silicio.

siliciure [silisjyr] m. CHIM. siliciuro.

silicone [silikon] f. CHIM. silicone m.

silicose [silikoz] f. MÉD. silicosi.

silicule [silikyl] f. BOT. siliquetta.

silique [silik] f. BOT. siliqua.

sillage [sijaʒ] m. MAR. scia f. || LOC. *marcher dans le sillage de qn*, navigare, mettersi nella scia, seguire la scia di qlcu.

sillet [sijɛt] m. MUS. capotasto.

sillon [sijɔ̃] m. solco. | *jeter le grain dans le sillon*, gettare il seme nel solco. || FIG. *sillon de feu dans le ciel*, solco di fuoco nel cielo. || LOC. *faire, creuser son sillon*, perseverare nel proprio cammino. ◆ pl. [rides] solchi; rughe f. pl. | *les sillons que trace l'âge sur le front*, i solchi lasciati sulla fronte dal tempo.

sillonner [sijɔne] v. tr. PR. (rare) solcare (L.C.). || FIG. *front sillonné de rides*, fronte solcata da rughe. || [parcourir] solcare. | *les avions sillonnent le ciel*, gli aerei solcano il cielo.

silo [silo] m. silo.

silotage [silɔtaʒ] m. insilamento.

silphe [silf] m. ZOOL. silfa f.

silure [silyr] m. ZOOL. siluro.

silurien, enne [silyrjɛ̃, ɛn] adj. et n. m. siluriano, silurico.

silves [silv] f. pl. HIST. LITT. selve.

sima [sima] m. GÉOL. sima.

simagrées [simagre] f. pl. FAM. moine, smorfie (L.C.). | *faire des simagrées*, far moine.

simarre [simar] f. zimarra.

simaruba [simaryba] m. BOT. simaruba f.

simarubacées [simarybase] f. pl. BOT. simarubacee.

simbleau [sɛ̃blo] m. TECHN. randa f.

simien, enne [simjɛ̃, ɛn] adj. scimmiesco, di scimmia.

simiesque [simjɛsk] adj. scimmiesco.

similaire [similɛr] adj. similare, affine. | *laminés de fer et produits similaires*, laminati di ferro e prodotti similari. || *fromages et produits similaires*, formaggi e (prodotti) affini.

simili [simili] m. TEXT. filo di cotone mercerizzato. || TYP. cliché (fr.) a mezzatinta. || FAM. imitazione f. (L.C.). | *bijoux en simili*, gioielli falsi. ◆ n. f. V. SIMILIGRAVURE.

similicuir [similikɥir] m. similpelle f.; imitazione (f.) cuoio.

similigravure [similigravyr] f. TYP. [procédé] autotipia f. || [cliché] cliché (m.) [fr.] a mezzatinta.

similisage [similizaʒ] m. TEXT. mercerizzazione f.

similiser [similize] v. tr. TEXT. mercerizzare.

similiste [similist] m. autotipista.
similitude [similityd] f. similitudine. || MATH. similitudine.
simoniaque [simɔnjak] adj. et n. m. simoniaco.
simonie [simɔni] f. simonia.
simoun [simun] m. simun.
simple [sɛ̃pl] adj. **1.** [qui n'est pas composé] semplice ; scempio (rare). | *corps simple*, corpo semplice. | *fil, fleur simple*, filo, fiore semplice, scempio. || CH. DE F. *billet simple*, biglietto di sola andata. || GRAMM. *consonne simple*, consonante scempia. | *temps simple*, tempo semplice. | *passé simple*, passato remoto. || **2.** [facile ; sans recherche] semplice. | *méthode simple*, metodo semplice. | *c'est très simple ; c'est simple comme bonjour* (fam.), è semplicissimo. | *ce n'est pas si simple que ça*, non è poi tanto facile. | *vêtement, style simple*, vestito, stile semplice. || [sans façon] *malgré sa situation, il est resté simple*, nonostante la sua posizione, è rimasto semplice. || **3.** [sans malice, naïf] semplice, ingenuo. | *il est si simple qu'il croit tout*, è così ingenuo, semplice che crede tutto. | *simple d'esprit*, povero di spirito ; sempliciotto. || **4.** [qui suffit à lui seul] semplice ; mero (littér.). | *c'est une simple formalité*, è una semplice, mera formalità. | *je le crois sur sa simple parole*, mi basta la sua parola. | *un refus pur et simple*, un rifiuto puro e semplice, un rifiuto reciso. || **5.** [seulement ce que le nom indique] *simple citoyen, particulier*, semplice cittadino ; privato m. | *simple soldat*, soldato semplice ; gregario m. ◆ n. m. [chose] *du simple au complexe, au double*, dal semplice al complesso, al doppio. || [personne] persona semplice ; semplice m. || [tennis] *simple messieurs, dames*, singolare maschile, femminile. ◆ n. m. pl. BOT. semplici.
simplement [sɛ̃pləmɑ̃] adv. [d'une manière simple] semplicemente, con semplicità. || [seulement] solamente, soltanto. | *purement et simplement*, semplicemente, unicamente.
simplet, ette [sɛ̃plɛ, ɛt] adj. sempliciotto.
simplicité [sɛ̃plisite] f. semplicità. || [naïveté] semplicità, ingenuità.
simplifiable [sɛ̃plifjabl] adj. semplificabile.
simplificateur, trice [sɛ̃plifikatœr, tris] adj. semplificatore, trice. | *esprit simplificateur*, mente semplificatrice.
simplification [sɛ̃plifikasjɔ̃] f. semplificazione.
simplifier [sɛ̃plifje] v. tr. semplificare.
simplisme [sɛ̃plism] m. semplicismo.
simpliste [sɛ̃plist] adj. semplicistico. ◆ n. semplicista.
simulacre [simylakr] m. LITTÉR. [apparence] parvenza f. | *un simulacre de gouvernement, de liberté, de justice*, una parvenza di governo, di libertà, di giustizia. || [action] *simulacre de combat, de mariage*, combattimento, matrimonio simulato ; finto matrimonio. | *faire le simulacre de*, far finta di.
simulateur, trice [simylatœr, tris] n. simulatore, trice. ◆ n. m. [appareil] simulatore. | *simulateur de vol*, simulatore di volo.
simulation [simylasjɔ̃] f. simulazione.
simulé, e [simyle] adj. simulato, finto.
simuler [simyle] v. tr. simulare, fingere. | *simuler la folie*, simulare, fingere la pazzia. | *peinture qui simule une fenêtre*, pittura che simula una finestra. || [faire le simulacre de] simulare. | *simuler un combat aérien*, simulare un combattimento aereo. || JUR. *simuler un contrat*, simulare un contratto.
simulie [simyli] f. ZOOL. simulio m.
simultané, e [simyltane] adj. simultaneo. | *traduction simultanée*, traduzione simultanea.
simultanéisme [simyltaneism] m. simultaneismo.
simultanéité [simyltaneite] f. simultaneità.
sinanthrope [sinɑtrɔp] m. sinantropo.
sinapisé, e [sinapize] adj. senapato, senapizzato.
sinapisme [sinapism] m. PHARM. senapismo.
sincère [sɛ̃sɛr] adj. sincero. | *ami, affection sincère*, amico, affetto sincero. | *aveu sincère*, confessione sincera. || [civilité] *agréez mes sincères salutations, mes sincères félicitations*, gradisca i miei sinceri saluti, le mie sincere, sentite felicitazioni. || [authentique] autentico, genuino.
sincérité [sɛ̃serite] f. sincerità. || [d'un document] genuinità, sincerità.
sincipital, e, aux [sɛ̃sipital, o] adj. sincipitale.
sinciput [sɛ̃sipyt] m. ANAT. sincipite.
sinécure [sinekyr] f. sinecura ; canonicato m. || FAM. *ce n'est pas une sinécure*, non è una sinecura.
sine die [sinedje] loc. adv. sine die (lat.).
sine qua non [sinekwanɔn] loc. adv. sine qua non (lat.).
singalette [sɛ̃galɛt] f. TEXT. garza apprettata ; tarlatana.
singe [sɛ̃ʒ] m. ZOOL. scimmia f. || LOC. *malin comme un singe*, furbo come una volpe. | *adroit comme un singe*, abile come una scimmia. | *faire le singe*, fare le smorfie, la scimmia. | *payer en monnaie de singe*, V. PAYER. || FIG. [qui contrefait ; personne laide] scimmia. || ARG. MIL. carne (f.) in scatola (L.C.). || POP. [patron] padrone (L.C.).
singer [sɛ̃ʒe] v. tr. scimmiottare, scimmieggiare ; rifare il verso a.
singerie [sɛ̃ʒri] f. [ménagerie] serraglio (m.) delle scimmie. || FIG. [imitation] scimmiottatura. || [grimace] smorfia. ◆ pl. FAM. [manières affectées] moine (L.C.).
single [siŋgəl] m. (angl.) CH. DE F. singolo. || [tennis] V. SIMPLE n. m.
singleton [sɛ̃glətɔ̃] m. [bridge] singleton (angl.), singolo.
singulariser [sɛ̃gylarize] v. tr. distinguere dagli altri, rendere singolare. ◆ v. pr. farsi notare, rendersi singolare ; singolareggiare v. intr. (rare).
singularité [sɛ̃gylarite] f. [originalité] singolarità. || [excentricité] singolarità, stravaganza, eccentricità.
singulier, ère [sɛ̃gylje, ɛr] adj. [extraordinaire] singolare. | *habileté singulière*, abilità singolare, straordinaria. | *destinée singulière*, destino eccezionale. || [bizarre] singolare, strano. | *attitude singulière*, atteggiamento singolare. | *aventure singulière*, avventura singolare, strana. | *homme singulier*, uomo singolare. | *c'est singulier !*, è strano ! || [d'homme à homme] *défier en combat singulier*, sfidare a duello ; sfidare a, in singolar tenzone (littér.). || GRAMM. *nombre singulier*, numero singolare. || MATH. *point singulier*, punto singolare. ◆ n. m. GRAMM. singolare.
singulièrement [sɛ̃gyljɛrmɑ̃] adv. [surtout] particolarmente, singolarmente. || [beaucoup] molto, oltremodo. || [bizarrement] singolarmente.
sinisation [sinizasjɔ̃] f. sinizzazione.
sinistre [sinistr] adj. [de mauvais augure ; effrayant] sinistro, funesto. | *avenir sinistre*, avvenire sinistro. | *présage sinistre*, presagio sinistro, funesto. | *bruit sinistre*, rumore sinistro. | *avoir un air sinistre*, avere un'aria sinistra, truce. | *un regard sinistre*, uno sguardo sinistro, truce. || [superl.] *un sinistre crétin*, un solenne cretino, un cretino matricolato. ◆ n. m. [dommage] sinistro.
sinistré, e [sinistre] adj. et n. sinistrato.
sinologie [sinɔlɔʒi] f. sinologia.
sinologue [sinɔlɔg] n. sinologo, a.
sinon [sinɔ̃] conj. [condition négative] se no ; altrimenti. | *cours, sinon tu manques le train*, corri, se no, altrimenti perdi il treno. || [restriction] se non, tranne, salvo. | *il ne se préoccupe de rien, sinon de boire et de manger*, non pensa a niente, se non a bere e a mangiare, tranne che, salvo che a bere e a mangiare. || [concession] se non. | *il a travaillé sinon parfaitement, du moins avec conscience*, ha lavorato se non perfettamente, almeno con coscienza. ◆ loc. conj. **sinon que**, se non che, sennonché. | *je ne sais rien, sinon qu'il est venu*, non so niente, se non che è venuto.
sinople [sinɔpl] m. HÉRALD. verde.
sinueux, euse [sinɥø, øz] adj. PR. et FIG. sinuoso.
sinuosité [sinɥozite] f. PR. et FIG. sinuosità.
sinus [sinys] m. ANAT., MATH. seno.
sinusite [sinyzit] f. MÉD. sinusite.
sinusoïdal, e, aux [sinyzɔidal, o] adj. sinusoidale.
sinusoïde [sinyzɔid] f. MATH. sinusoide.

sionisme [sjɔnism] m. sionismo.
sioniste [sjɔnist] adj. sionistico, sionista. ◆ n. sionista.
siphoïde [sifɔid] adj. a forma di sifone.
siphomycètes [sifɔmisɛt] m. pl. BOT. sifomiceti, ficomiceti.
siphon [sifɔ̃] m. [tube ; canalisation] sifone. ‖ [carafe] sifone da seltz. ‖ [spéléologie] sifone. ‖ ZOOL. sifone.
siphonné, e [sifɔne] adj. POP. mattoide, picchiatello (fam.).
siphonner [sifɔne] v. tr. travasare (con sifone).
siphonophores [sifɔnofɔr] m. pl. ZOOL. sifonofori.
sirdar [sirdar] m. sirdar, serdar, sardar.
sire [sir] m. HIST. [seigneur] signore ; [à l'adresse d'un souverain] maestà f., sire. ‖ PÉJOR. *un pauvre sire*, un povero diavolo, un poveraccio. | *un triste sire*, V. TRISTE.
sirène [sirɛn] f. PR. et FIG. sirena. | *chant, voix de sirène*, canto, voce di sirena. ‖ [appareil] *sirène d'alarme*, sirena d'allarme.
siréniens [sirenjɛ̃] m. pl. ZOOL. sirenidi.
sirex [sirɛks] m. ZOOL. sirex.
sirocco [sirɔko] m. scirocco.
sirop [siro] m. sciroppo.
siroter [sirɔte] v. tr. FAM. centellinare ; sorseggiare, sorbire, sorbirsi (L.C.).
sirupeux, euse [sirypø, øz] adj. PR. et FIG. sciropposo. | *musique sirupeuse*, musica sdolcinata.
sirventès [sirvɑ̃tɛs] m. V. SERVENTOIS.
sis, e [si, siz] adj. JUR. sito, ubicato, situato.
sisal [sizal] m. sisal f., sisalana f.
sister-ship [sistœrʃip] m. sister ship f. (angl.) ; nave gemella.
sistre [sistr] m. ANTIQ. sistro.
sisymbre [sizɛ̃br] m. BOT. sisymbrium.
site [sit] m. sito, paesaggio. ‖ LOC. *site protégé*, luogo protetto. | *protection des sites*, difesa dell'ambiente. ‖ GÉOGR. *site d'une ville*, ubicazione f., (litt.) sito di una città. ‖ MIL. *angle, ligne de site*, angolo, linea di sito.
sit-in [sitin] m. sit-in (angl.).
sitôt [sito] adv. appena, subito. | *sitôt revenu de l'école, il apprenait ses leçons*, (non) appena tornato da scuola imparava le lezioni. | *sitôt dit, sitôt fait*, detto fatto. | *sitôt après la gare, le train s'arrêta*, subito dopo la stazione il treno si fermò. ◆ loc. adv. ***de sitôt***, così presto. | *il ne reviendra pas de sitôt*, non tornerà così presto, tanto presto. ◆ loc. conj. ***sitôt que***, (non) appena. | *sitôt que j'eus appris la nouvelle, je partis*, (non) appena seppi la notizia, partii.
sittelle [sitɛl] f. ZOOL. picchio muratore.
situation [sitɥasjɔ̃] f. [position] posizione ; (VX) situazione ; ADM. ubicazione. | *situation d'une ville, d'une maison*, posizione, ubicazione di una città, di una casa. ‖ FIG. [état, condition] situazione. | *se trouver dans une situation difficile, critique*, trovarsi in una situazione difficile, critica. | *la situation internationale s'est améliorée*, la situazione internazionale è migliorata. | *être à la hauteur de la situation*, essere all'altezza della situazione. | *situation de famille*, stato (m.) di famiglia. ‖ FAM. *être dans une situation intéressante*, essere in stato interessante. ‖ *être en situation de*, essere in condizione di, in grado di. ‖ [emploi] posizione, sistemazione, posto m. | *se faire une situation*, farsi una posizione. | *trouver une bonne situation*, trovare una buona posizione, sistemazione. | *perdre sa situation*, perdere il posto. ‖ ÉCON., FIN. situazione. | *état de situation*, situazione patrimoniale. ‖ CRIT. LITT. PHILOS. situazione.
situer [sitɥe] v. tr. [placer] situare. | *maison située dans le centre de l'île*, casa situata nel centro dell'isola. ‖ [localiser] *situer une ville sur une carte*, localizzare una città su una carta. | *situer un romancier dans son siècle*, inquadrare un romanziere nel suo secolo. ‖ [placer dans un cadre] ambientare. | *l'auteur a situé l'histoire à Paris*, l'autore ha ambientato il racconto a Parigi.
sium [sjɔm] m. BOT. sium.
six [sis] adj. num. card. sei. | *six cents*, seicento. ‖ SPORT *les Six Jours*, la Seigiorni. ‖ LOC. *âgé de six ans*, che ha sei anni ; se(i)enne (rare). ◆ adj. num. ord. sesto. | *Charles six*, Carlo sesto. | *chapitre six*, capitolo sesto. | *page six*, pagina sei. ◆ n. m. sei. | *le six décembre*, il sei (di) dicembre. | *nous sommes le six décembre*, oggi è il sei di dicembre. ‖ [cartes] *le six de trèfle*, il sei di fiori.
sixain m. V. SIZAIN.
six-huit [sisɥit] m. MUS. sei ottavi.
sixième [sizjɛm] adj. num. ord. sesto. | *le sixième siècle*, il secolo sesto. ◆ n. *être le, la sixième*, essere il sesto, la sesta. ◆ n. m. [fraction] sesto. ◆ n. f. UNIV. *(classe de) sixième*, prima media.
sixièmement [sizjɛmmɑ̃] adv. in sesto luogo.
six-quatre-deux (à la) [alasiskatdø] loc. adv. FAM. alla carlona ; alla bell'e meglio.
sixte [sikst] f. MUS. sesta. ‖ [escrime] sesta.
sizain [sizɛ̃] m. POÉS. sestina f. ‖ [cartes à jouer] pacco di sei mazzi.
skeleton [skəletɔn] m. SPORT skeleton (angl.) ; slittino.
sketch [skɛtʃ] m. (pl. **sketches**) sketch (angl.) ; scenetta f., bozzetto.
ski [ski] m. sci. | *faire du ski tous les week-ends*, andare a sciare ogni fine-settimana. | *faire du ski*, fare dello sci ; sciare. | *ski nautique*, sci nautico. | *à, en skis*, con gli sci. | *gants de ski*, guanti da sci. | *bâtons de ski*, racchette da sci ; bastoncini. | *station de ski*, stazione invernale. | *course de ski*, gara di sci ; gara sciistica, sciatoria. | *ski de descente*, discesismo m. | *ski de fond*, sci di fondo.
skiable [skjabl] adj. sciabile.
skiascopie [skjaskɔpi] f. MÉD. schiascopia, cheratoscopia.
skier [skje] v. intr. sciare.
skieur, euse [skjœr, øz] n. sciatore, trice. ‖ MIL. *unité d'éclaireurs skieurs*, reparto sciatori.
skiff [skif] m. SPORT skiff (angl.) ; schifo, singolo.
skunks [skɔ̃s] m. V. SCONSE.
slalom [slalɔm] m. slalom.
slave [slav] adj. et n. slavo.
slavisant, e [slavizɑ̃, ɑ̃t] ou **slaviste** [slavist] n. slavista.
slaviser [slavize] v. tr. slavizzare.
slavisme [slavism] m. slavismo.
slavon [slavɔ̃] m. LING. slavone.
sleeping(-car) [slipiŋ(kar)] m. (angl.) VX, V. VOITURE-LIT.
slip [slip] m. [vêtement] slip m. inv. | *slip de bain*, slip da bagno. ‖ MAR. scivolo.
slogan [slɔgɑ̃] m. slogan m. inv. (angl.) ; motto pubblicitario.
sloop [slup] m. MAR. sloop (angl.).
sloughi [slugi] m. [lévrier] sloughi.
slovaque [slɔvak] adj. et n. slovacco.
slovène [slɔvɛn] adj. et n. sloveno.
smala(h) [smala] f. smala(h) (ar.). ‖ FAM. tribù.
smalt [smalt] m. = vetro colorato di blu con l'ossido di cobalto.
smaltine [smaltin] f. CHIM. smaltite, skutterudite ; smaltina (vx).
smaragdin, e [smaragdɛ̃, in] adj. LITTÉR. smeraldino.
smaragdite [smaragdit] f. MINÉR. smaragdite.
smart [smart] adj. inv. VX chic (fr.), elegante (L.C.).
smash [smaʃ] m. SPORT smash (angl.) ; schiacciata f. ; colpo schiacciato.
smasher [smaʃe] v. intr. schiacciare la palla, il pallone.
smectique [smɛktik] adj. smectico, smettico.
smilax [smilaks] m. BOT. smilace f.
smillage [smijaʒ] m. sgrossatura (f.) con la martellina.
smille [smij] f. martellina.
smiller [smije] v. tr. martellinare.
smithsonite [smitsɔnit] f. MINÉR. smithsonite.
smocks [smɔk] m. pl. smocks (angl.).
smoking [smɔkiŋ] m. smoking (angl.).
snack-bar [snakbar] m. snack-bar (angl.) ; tavola calda.
snob [snɔb] adj. snobistico ; snob (angl.). ◆ n. snob.
snober [snɔbe] v. tr. snobbare.

snobisme [snɔbism] m. snobismo.
sobre [sɔbr] adj. PR. sobrio; parco nel mangiare e nel bere. ‖ FIG. *style sobre,* stile sobrio. | *être sobre de louanges,* essere sobrio, parco di lodi. | *s'habiller de manière sobre,* vestirsi in modo sobrio.
sobriété [sɔbrijete] f. PR. et FIG. sobrietà.
sobriquet [sɔbrikɛ] m. soprannome, nomignolo.
soc [sɔk] m. vomere.
sociabilité [sɔsjabilite] f. socievolezza; sociabilità (littér.).
sociable [sɔsjabl] adj. socievole; accostevole (littér.). | *peu sociable,* poco socievole; scostante.
social, e, aux [sɔsjal, o] adj. sociale. | *psychologie sociale,* psicologia sociale. | *catholicisme social,* cattolicesimo sociale. ‖ HIST. *guerre sociale,* guerra sociale.
social-démocrate [sɔsjaldemɔkrat] adj. et n. socialdemocratico.
social-démocratie [sɔsjaldemɔkrasi] f. socialdemocrazia.
socialisant, e [sɔsjalizɑ̃, ɑ̃t] adj. socialisteggiante.
socialisation [sɔsjalizasjɔ̃] f. ÉCON., PSYCH. socializzazione.
socialiser [sɔsjalize] v. tr. socializzare.
socialisme [sɔsjalism] m. socialismo.
socialiste [sɔsjalist] adj. et n. socialista.
socialité [sɔsjalite] f. socialità.
social-révolutionnaire [sɔsjalrevɔlysjɔnɛr] adj. et n. m. HIST. socialrivoluzionario; socialista rivoluzionario.
sociétaire [sɔsjetɛr] n. socio m., membro m., tesserato, a. ‖ [acteur] sociétaire (fr.) [della Comédie-Française]; membro di compagnia sociale.
société [sɔsjete] f. [collectivité] società. | *les fourmis vivent en société,* le formiche vivono in società. | *la société humaine,* il consorzio umano; la società; gli uomini. | *société primitive, médiévale,* società primitiva, medievale. ‖ [association] società, associazione. | *société littéraire, sportive,* società, associazione letteraria, sportiva. | *société secrète,* società segreta. | *société savante,* V. l'adj. ‖ [réunion de personnes; relations] società, compagnia. | *fréquenter une société choisie,* frequentare un'eletta società. | *la haute société,* l'alta società. | *jeux de société,* giochi di società. | *rechercher la société des femmes,* ricercare la compagnia delle donne. ‖ COMM., JUR. società. | *société civile, anonyme, par actions, de capitaux,* società civile, anonima, per azioni, di capitali. | *société à responsabilité limitée (S. A. R. L.), en commandite,* società a responsabilità limitata, in accomandita. ‖ HIST. *Société des Nations,* Società delle Nazioni. ‖ RELIG. *Société de Jésus,* Compagnia di Gesù.
socinianisme [sɔsinjanism] m. RELIG. socinianesimo, socinianismo.
socioculturel, elle [sɔsjɔkyltyrɛl] adj. socioculturale.
sociodrame [sɔsjɔdram] m. PSYCH. sociodramma.
socio-économique [sɔsjɔekɔnɔmik] adj. socioeconomico.
sociogramme [sɔsjɔgram] m. PSYCH. sociogramma.
sociolinguistique [sɔsjɔlɛ̃gɥistik] f. sociolinguistica.
sociologie [sɔsjɔlɔʒi] f. sociologia.
sociologique [sɔsjɔlɔʒik] adj. sociologico.
sociologisme [sɔsjɔlɔʒism] m. sociologismo.
sociologiste [sɔsjɔlɔʒist] adj. sociologistico.
sociologue [sɔsjɔlɔg] n. sociologo, a.
sociométrie [sɔsjɔmetri] f. sociometria.
sociométrique [sɔsjɔmetrik] adj. sociometrico.
socioprofessionnel, elle [sɔsjɔprɔfɛsjɔnɛl] adj. socioprofessionale.
socle [sɔkl] m. ARCHIT., GÉOGR. zoccolo.
socque [sɔk] m. ANTIQ. socco. ‖ LOC. FIG. *quitter le socque et le cothurne,* lasciare il socco e il coturno. ‖ [chaussure à semelle de bois] zoccolo.
socquette [sɔkɛt] f. calzino corto; [en grosse laine] calzerotto m.
socratique [sɔkratik] adj. socratico. | *mœurs socratiques,* amore socratico.
soda [sɔda] m. soda f. (angl.).
sodé, e [sɔde] adj. che contiene soda, sodio; sodico.
sodique [sɔdik] adj. sodico.
sodium [sɔdjɔm] m. CHIM. sodio.
sodoku [sɔdɔky] m. MÉD. sodoku.
sodomie [sɔdɔmi] f. sodomia.
sœur [sœr] f. sorella. | *ma sœur,* mia sorella. | *ma petite sœur* (fam.), *ma sœur puînée,* la mia sorellina. | *mes sœurs,* le mie sorelle. | *sœur de lait,* sorella di latte. ‖ LOC. POP. *et ta sœur!,* neanche per sogno (L.C.); bada ai fatti tuoi (L.C.). ‖ RELIG. suora, sorella. | *les sœurs de la Miséricorde,* le suore, sorelle della Misericordia. | *sœur Angélique, Thérèse,* suor Angelica, Teresa. | *oui, ma sœur,* sì, sorella. | *sœur converse,* sorella conversa. | *bonne sœur* (fam.), suora, monaca (L.C.). ‖ FIG. sorella. | *âme sœur,* anima gemella. | *la poésie et la peinture sont sœurs,* la poesia e la pittura sono sorelle. | *les sœurs latines,* le sorelle latine. ‖ MYTH. *les Neuf Sœurs,* le Nove Sorelle, le Muse.
sœurette [sœrɛt] f. FAM. sorellina.
sofa [sɔfa] m. sofà.
soffite [sɔfit] m. ARCHIT. soffitto a cassettoni.
software [sɔftwɛr] m. software (angl.); logiziale; programmatica f.
soi [swa] pron. pers. réfl. 3e pers. m. et f. sé. | *ne penser qu'à soi,* pensare soltanto a sé. | *avoir une chambre à soi,* avere una camera propria. | *revenir à soi,* tornare, rientrare in sé; riaversi. | *chez soi,* a casa. | *être hors de soi,* essere fuori di sé. | *chacun pour soi,* ognuno per sé. | *avoir sur soi une carte d'identité,* avere con sé, avere addosso una carta di identità. | *mettre sur soi,* mettersi addosso. | *prendre sur soi,* assumersi la responsabilità, prendere su di sé. | *cela va de soi,* questo va da sé. | *la chose en soi a peu d'importance,* in sé, di per sé la cosa ha poca importanza. ‖ FAM. *à part soi,* tra sé e sé (L.C.). ‖ *soi-même,* se stesso. | *faire qch. (par) soi-même,* fare qlco. da se stesso, da solo. | *on travaille pour soi-même,* si lavora per se stessi. | *on choisit soi-même ses lectures,* scegliamo noi stessi le nostre letture, uno sceglie da sé le proprie letture. ◆ n. m. PHILOS. *en-soi, pour-soi,* in sé, per sé.
soi-disant [swadizɑ̃] adj. inv. [qui prétend être] sedicente. | *les soi-disant philosophes,* i sedicenti filosofi. ‖ [prétendu] cosiddetto, supposto. | *une soi-disant machination,* una supposta macchinazione. | *une soi-disant vertu,* una cosiddetta virtù. ◆ loc. adv. con la scusa di, a quanto dice. | *il voyage de nuit soi-disant pour gagner du temps,* viaggia di notte a quanto dice per guadagnare tempo. | *ils étaient partis soi-disant pour aller la chercher,* erano partiti con la scusa di andare a cercarla. ◆ loc. conj. FAM. *on l'a arrêté; soi-disant qu'il a volé,* l'hanno arrestato perché si dice che abbia rubato (L.C.).
soie [swa] f. [fil; tissu] seta. ‖ FIG. *cheveux fins comme de la soie,* capelli di seta. ‖ HIST. *route de la soie,* via della seta. ‖ [poil] setola. ‖ [de couteau, d'arme] codolo m.
soierie [swari] f. [industrie] setificio m.; [commerce] commercio (m.) della seta. | *être dans la soierie,* lavorare in un setificio; commerciare in seterie. ‖ [tissu] seteria. | *les soiries de Lyon,* le seterie di Lione. ‖ [fabrique] setificio, seteria.
soif [swaf] f. sete. | *avoir soif, souffrir de la soif,* avere, sentire sete, soffrire la sete. | *donner soif,* dar sete, far venir sete. | *boire à sa soif, jusqu'à plus soif* (fam.), bere a sazietà. ‖ FIG. sete. | *soif de l'or,* V. OR. ‖ LOC. *laisser qn sur sa soif,* lasciare qlcu. a bocca asciutta. | *garder une poire pour la soif,* V. POIRE.
soiffard, e [swafar, ard] n. FAM. bevitore, trice (L.C.); beone m.
soigné, e [swaɲe] adj. [personne] che ha cura di sé; [chose] (ac)curato. | *jeune homme soigné,* giovanotto che ha cura di sé. | *mains soignées,* mani curate. | *travail soigné,* lavoro accurato. | *travail soigné dans les moindres détails,* lavoro curato nei minimi particolari. | *avoir une mise peu soignée,* essere trascurato nel vestire. | *cuisine soignée,* cucina accurata. | *style soigné,* stile curato. ‖ FAM. *un rhume soigné,* un solenne raffreddore, un raffreddore coi fiocchi. | *une addition soignée,* un conto salato, pepato.

soigner [swaɲe] v. tr. [un malade, un mal] curare. | *soigner sa santé,* riguardarsi bene. ‖ [apporter du soin à] curare ; prendersi cura di. | *bien soigner ses enfants,* curar bene i figli. | *j'ai soigné mes invités,* ho preso cura degli invitati. | *tu ne soignes pas ta mise,* non hai cura del tuo vestire. | *soigner son style,* curare il proprio stile. | *soigner le bétail,* governare il bestiame. ◆ v. pr. curarsi.

soigneur [swaɲœr] m. SPORT massaggiatore.

soigneusement [swaɲøzmɑ̃] adv. accuratamente.

soigneux, euse [swaɲø, øz] adj. [qui apporte du soin à ; fait avec soin] accurato. | *ouvrier soigneux,* operaio preciso nel lavorare, accurato. | *recherches soigneuses,* ricerche accurate. ‖ [qui prend soin de] che ha cura di. | *être soigneux de sa personne,* avere, prendere cura di sé.

soin [swɛ̃] m. [application] cura f. | *travailler avec soin,* lavorare con cura, con accuratezza. | *avoir, prendre soin de qn, de qch.,* avere, prendersi cura di qlcu., di qlco. | *mettre du soin, tous ses soins à ce que l'on fait,* porre cura, la massima cura al proprio lavoro. ‖ [attention] *prendre soin de fermer la porte,* badare a chiudere la porta. | *aie soin que tout soit en ordre,* bada che tutto sia in ordine. | *ne pas avoir soin de sa personne,* essere trasandato, trascurato. ‖ [charge] incarico ; responsabilità f. | *laisser à qn le soin de ses affaires,* lasciare a qlcu. l'incarico, la responsabilità dei propri affari. ◆ pl. premure f. pl., attenzioni f. pl., cure f. pl. | *entourer qn de soins,* circondare, colmare qlcu. di premure, di attenzioni. | *aux bons soins de,* presso (prép.). | *par les soins de,* a cura di. ‖ MÉD. cure f. pl. | *recevoir les premiers soins,* ricevere le prime cure, i primi soccorsi. | *soins de beauté,* cure di bellezza. ‖ LOC. *être aux petits soins pour qn,* V. PETIT.

soir [swar] m. sera f. | *le soir tombe,* si fa sera ; cade la sera. | *sortir le soir,* uscire di sera, la sera. | *du matin au soir,* dalla mattina alla sera, da mane a sera. | *au soir tombant, sur, vers le soir,* sul far della sera, verso sera. | *la veille au soir,* V. VEILLE. | *tu viendras le deux au soir,* verrai la sera del due. | *ce soir,* stasera ; questa sera. | *à ce soir !,* arrivederci a questa sera ! | *il est six heures du soir, dix heures du soir,* sono le sei pomeridiane, del pomeriggio ; sono le dieci di sera. | *cours du soir, robe du soir,* V. ces mots. | *journal du soir,* giornale della sera. ‖ FIG. *le soir de la vie,* il tramonto, la sera della vita.

soirée [sware] f. [espace de temps] serata. | *je viendrai dans la soirée,* verrò in serata. ‖ [réunion] serata ; soirée (fr.). | *soirée d'adieu, de gala,* serata d'addio, di gala. (V. aussi DANSANT.) | *tenue de soirée,* abito da sera. ‖ [spectacle] serata. | *en soirée,* in rappresentazione serale. | *spectacle en soirée,* spettacolo serale.

soit [swa] conj. [alternative] *soit ..., soit ; soit ... ou* (plus rare), o ... o, sia ... sia ; sia ... o, sia ... che [moins correct]. | *tu verras soit l'un, soit l'autre,* vedrai o l'uno o l'altro. | *je partirai soit le dimanche, soit le lundi,* partirò sia la domenica sia il lunedì. ‖ [supposition] sia, dato. | *soit 4 à multiplier par 3,* sia 4 da moltiplicare per 3. | *soit le parallélépipède ABCD,* dato il parallelepipedo ABCD. | *soit la droite AB,* sia data la retta AB. ‖ [explication] cioè, ossia. | *une somme importante, soit un million,* una somma importante, cioè, ossia un milione. ◆ adv. (e) sia, sia pure. | *soit, je veux bien,* e sia, accetto. ‖ *tu préfères ce livre, soit,* preferisci questo libro, sia pure. ◆ loc. adv. ***tant soit peu,*** un tantino, un pochettino. | *si tu avais un tant soit peu d'imagination,* se tu avessi la benché minima fantasia, un tantino, un briciolo di fantasia. ◆ loc. conj. ***soit que ..., soit que ; soit que... ou que*** (plus rare), sia che ..., sia che. | *soit que tu partes, soit que tu restes,* sia che tu parta, sia che tu rimanga.

soit-communiqué [swakɔmynike] m. JUR. *ordonnance de soit-communiqué,* ordinanza di rimessione (f.) della causa al collegio.

soixantaine [swasɑ̃tɛn] f. sessantina. | *une soixantaine de pages,* una sessantina di pagine. | *avoir la soixantaine,* essere sulla sessantina, sui sessanta.

soixante [swasɑ̃t] adj. num. card. sessanta. | *soixante et onze, soixante-douze,* settantuno, settantadue. ‖ LOC. *âgé de soixante ans,* che ha sessant'anni ; sessantenne adj. ◆ adj. num. ord. sessantesimo. | *chapitre soixante,* capitolo sessantesimo. | *page soixante,* pagina sessanta. ◆ n. m. [nombre] sessanta.

soixante-dix [swasɑ̃dis] adj. num. card. settanta. ‖ LOC. *âgé de soixante-dix ans,* che ha settant'anni ; settantenne adj. ◆ adj. num. ord. settantesimo. ‖ *chapitre soixante-dix,* capitolo settantesimo. | *page soixante-dix,* pagina settanta. ◆ n. m. [nombre] settanta.

soixante-dixième [swasɑ̃tdizjɛm] adj. num. ord. et n. settantesimo. ◆ n. m. settantesimo.

soixantième [swasɑ̃tjɛm] adj. num. ord. et n. sessantesimo. ◆ n. m. sessantesimo.

soja [sɔʒa] ou **soya** [sɔja] m. BOT. soia f.

1. sol [sɔl] m. [surface de la terre] suolo. | *tomber sur le sol,* cadere al suolo. | *voler au ras du sol,* volare raso terra. | *à même le sol,* per terra. ‖ [terrain] *sol fertile,* suolo fertile. ‖ [pays] *sol natal,* suolo natìo.

2. sol m. CHIM. sol (pl. *soli*).

3. sol m. inv. MUS. sol. | *clef de sol,* chiave di sol, chiave di violino.

solaire [sɔlɛr] adj. solare. | *jour, éclipse, système solaire,* giorno, eclissi, sistema solare. | *cadran solaire,* V. CADRAN. ‖ ANAT. *plexus solaire,* plesso solare, celiaco.

solanacées [sɔlanase] f. pl. BOT. solanacee.

solarigraphe [sɔlarigraf] m. solarigrafo.

solarium [sɔlarjɔm] m. solario, solarium.

soldanelle [sɔldanɛl] f. BOT. soldanella.

soldat [sɔlda] m. soldato. | *simple soldat,* V. SIMPLE. | *soldat de 2e classe, de 1re classe,* soldato semplice, soldato scelto. | *soldat de métier,* militare di carriera. ‖ [jouet] *soldat de plomb,* soldatino di piombo. ‖ LOC. *soldat inconnu,* milite ignoto. | *soldat du Christ,* milite di Cristo.

soldatesque [sɔldatɛsk] adj. soldatesco. ◆ n. f. soldatesca.

1. solde [sɔld] f. soldo m. ‖ LOC. *être à la solde de qn,* essere al soldo di qlcu.

2. solde m. COMM. saldo. | *solde d'une facture,* saldo di una fattura. | *solde créditeur,* saldo creditore, positivo. | *solde débiteur,* saldo debitore, negativo. | *pour solde de tout compte,* a saldo d'ogni conto. ‖ [marchandise au rabais] saldo. | *soldes de fin de saison,* saldi di fine stagione. | *article en solde,* articolo di saldo, articolo svenduto.

solder [sɔlde] v. tr. [acquitter] saldare, pareggiare. | *solder un compte,* saldare un conto. ‖ [vendre] saldare ; [au-dessous du coût] svendere. ◆ v. pr. chiudersi, concludersi. | *l'affaire s'est soldée par un échec, par un bénéfice,* l'affare si è chiuso, concluso con un fallimento, con un utile.

soldeur, euse [sɔldœr, øz] n. commerciante in articoli di saldo.

1. sole [sɔl] f. ZOOL. sogliola.

2. sole f. AGR. appezzamento m. (destinato alla rotazione delle colture).

3. sole f. [de sabot ; de four] suola. ‖ MAR. fondo m. ‖ TECHN. piastra di fondazione.

soléaire [sɔleɛr] adj. et n. m. soleo.

solécisme [sɔlesism] m. solecismo.

soleil [sɔlɛj] m. sole. | *soleil levant,* sole levante, nascente. | *soleil couchant,* sole calante. | *lever, coucher du soleil,* V. ces mots. | *il fait (du) soleil,* c'è sole. | *exposé au soleil,* esposto al sole ; solatìo (adj.). | *coup de soleil,* colpo di sole. | *soleil pâle,* solicello. ‖ [pièce d'artifice] girandola f. ‖ LOC. *avoir des biens au soleil,* V. BIEN 2. | *rien de nouveau sous le soleil,* nulla di nuovo sotto il sole. ‖ BOT. girasole. ‖ HIST. *le Roi Soleil,* il Re Sole. ‖ RELIG. ostensorio a raggiera. ‖ FAM. *piquer un soleil,* V. PIQUER.

solen [sɔlɛn] m. ZOOL. solene, cannolicchio.

solennel, elle [sɔlanɛl] adj. solenne.

solennellement [sɔlanɛlmɑ̃] adv. solennemente, con solennità.

solenniser [sɔlanize] v. tr. solennizzare.

solennité [sɔlanite] f. solennità.

solénoïdal, e, aux [sɔlenɔidal, o] adj. solenoidale.
solénoïde [sɔlenɔid] m. ÉLECTR. solenoide.
soleret [sɔlrɛ] m. scarpa f.
solfatare [sɔlfatar] f. solfatara.
solfège [sɔlfɛʒ] m. solfeggio.
solfier [sɔlfje] v. tr. solfeggiare.
solidago [sɔlidago] m. BOT. solidagine f.
solidaire [sɔlidɛr] adj. solidale. | *être solidaire de qn*, essere solidale con qlcu. ‖ JUR., TECHN. solidale.
solidairement [sɔlidɛrmɑ̃] adv. solidalmente, in solido.
solidariser (se) [səsɔlidarize] v. pr. solidarizzare v. intr. | *se solidariser avec qn*, solidarizzare, essere solidale con qlcu.
solidarité [sɔlidarite] f. solidarietà. ‖ JUR. solidarietà.
solide [sɔlid] adj. [consistant] solido. | *corps, état solide*, corpo, stato solido. ‖ [vigoureux] robusto. | *un solide gaillard*, un pezzo d'uomo. | *être solide sur ses jambes*, reggersi saldo sulle gambe. ‖ LOC. *avoir le cœur solide*, avere il cuore robusto. | *avoir les nerfs solides*, v. NERF. ‖ FAM. *donner un solide coup*, dare un colpo sodo. ‖ [ferme, résistant] solido. | *bâtiment, terrain solide*, edificio, terreno solido. | *vêtement, tissu solide*, vestito, tessuto solido. ‖ FIG. saldo, solido. | *avoir de solides raisons pour refuser*, avere salde, fondate ragioni per rifiutare. | *solide culture*, solida cultura. | *solide bon sens*, solido buonsenso. | *amitié solide*, salda amicizia. | *cette affaire n'est pas solide*, quest'affare non è sicuro. | *tête solide*, testa solida. ◆ n. m. PHYS., MATH. et FIG. solido.
solidement [sɔlidmɑ̃] adv. solidamente, saldamente. | *attacher solidement deux cordes*, legare solidamente due funi. | *planté solidement sur ses jambes*, saldamente piantato sulle gambe.
solidification [sɔlidifikasjɔ̃] f. solidificazione.
solidifier [sɔlidifje] v. tr. solidificare. ◆ v. pr. solidificarsi.
solidité [sɔlidite] f. PR. et FIG. solidità, saldezza. | *solidité d'un bâtiment*, solidità, saldezza di un edificio. | *solidité d'une argumentation*, solidità, saldezza di un'argomentazione.
solifluxion ou **soliflucion** [sɔliflyksjɔ̃] f. GÉOGR. soliflussione, solifluizione ; soliflusso m.
soliloque [sɔlilɔk] m. soliloquio.
soliloquer [sɔlilɔke] v. intr. monologare.
solipède [sɔlipɛd] adj. et n. m. solipede.
solipsisme [sɔlipsism] m. PHILOS. solipsismo.
soliste [sɔlist] adj. et n. MUS. solista.
solitaire [sɔlitɛr] adj. solitario ; solingo (littér.). | *homme solitaire*, uomo solitario. | *endroit solitaire*, luogo solitario, isolato, appartato. ‖ BOT. *fleur solitaire*, fiore solitario. ‖ MÉD. *ver solitaire*, verme solitario. ◆ n. m. solitario. ‖ RELIG. solitario, eremita. ‖ [diamant] solitario. ‖ JEU solitario. ‖ ZOOL. cinghiale vecchio.
solitude [sɔlityd] f. [état ; lieu] solitudine. | *vivre, se retirer dans la solitude*, vivere, ritirarsi in solitudine. | *la solitude du cœur*, la solitudine del cuore.
solive [sɔliv] f. travicello m.
soliveau [sɔlivo] m. piccolo travicello. ‖ FIG., FAM. travicello.
sollicitation [sɔlisitasjɔ̃] f. PR. et FIG. sollecitazione.
solliciter [sɔlisite] v. tr. chiedere, pregare. | *solliciter une audience*, chiedere un'udienza. | *solliciter qn de faire qch.*, pregare qlcu. di fare qlco. ‖ [exciter] stimolare. ‖ FIG. *solliciter un texte*, forzare un testo. ‖ [attirer] *solliciter l'attention de qn*, attirare l'attenzione di qlcu. ‖ MÉC. sollecitare.
solliciteur, euse [sɔlisitœr, øz] n. richiedente, postulante.
sollicitude [sɔlisityd] f. sollecitudine, premura.
solo [solo] m. [ital.] (pl. **solos** ou **soli**) assolo, a solo ; solo (rare). ◆ adj. *violon solo*, violino solo.
solstice [sɔlstis] m. solstizio.
solsticial, e, aux [sɔlstisjal, o] adj. solstiziale. | *points solsticiaux*, punti solstiziali.
solubiliser [sɔlybilize] v. tr. solubilizzare.
solubilité [sɔlybilite] f. solubilità.
soluble [sɔlybl] adj. PR. et FIG. solubile. | *soluble dans l'eau*, solubile nell'acqua. | *problème soluble*, problema solubile, risolvibile.
soluté [sɔlyte] m. soluto.
solution [sɔlysjɔ̃] f. soluzione. | *solution d'un rébus, d'une difficulté*, soluzione di un rebus, di una difficoltà. | *l'affaire demande une prompte solution*, l'affare richiede una soluzione pronta. ‖ LOC. *solution de continuité*, soluzione di continuità. ‖ [mélange ; liquide] soluzione. | *solution saturée*, soluzione satura. ‖ MATH. soluzione, risoluzione.
solutionner [sɔlysjɔne] v. tr. risolvere.
solutréen, enne [sɔlytreɛ̃, ɛn] adj. et n. m. solutreano.
solvabilité [sɔlvabilite] f. solvibilità, solvenza.
solvable [sɔlvabl] adj. solvibile.
solvant [sɔlvɑ̃] m. solvente.
solvate [sɔlvat] m. CHIM. solvato.
soma [sɔma] m. BIOL. soma.
somation [sɔmasjɔ̃] f. BIOL. somazione.
somatique [sɔmatik] adj. somatico.
somatotrope [sɔmatɔtrɔp] adj. *hormone somatotrope*, ormone somatotropo.
sombre [sɔ̃br] adj. [peu éclairé] scuro, oscuro, buio. | *pièce sombre*, stanza (o)scura. ‖ *il fait sombre*, è scuro. | *ciel sombre*, cielo oscuro, buio. ‖ [foncé] scuro, cupo. | *rouge sombre*, rosso scuro, cupo. ‖ [ténébreux] cupo. | *nuit sombre*, notte cupa. ‖ FIG. [mélancolique] tetro, cupo. | *caractère sombre*, carattere cupo. | *regard sombre*, sguardo tetro, cupo. | *avoir le visage sombre*, essere scuro in viso. ‖ [inquiétant] scuro, fosco. | *sombre avenir*, avvenire scuro. | *sombres prévisions*, fosche previsioni. | *décrire sous des couleurs sombres*, descrivere a tinte fosche. ‖ FAM. *une sombre histoire*, una brutta faccenda, una storia torbida. | *sombre brute*, v. BRUTE. | *un sombre imbécile*, un autentico imbecille. ‖ LING. *voyelle sombre*, vocale oscura.
sombrer [sɔ̃bre] v. intr. MAR. affondare. | *le bateau a sombré*, la nave è affondata. ‖ FIG. [tomber] sprofondare. | *sombrer dans la douleur, dans le vice*, sprofondare nel dolore ; sprofondare, naufragare nel vizio. ‖ [s'anéantir] naufragare. | *il a vu sombrer sa fortune*, ha visto naufragare la sua fortuna.
sombrero [sɔ̃brero] m. (pl. **sombreros**) sombrero (esp.).
sommaire [sɔmmɛr] adj. sommario. | *analyse, justice sommaire*, analisi, giustizia sommaria. | *repas sommaire*, pasto sommario. ◆ n. m. sommario.
sommation [sɔm(m)asjɔ̃] f. [mise en demeure] ingiunzione. ‖ [force publique ; sentinelle] intimazione. ‖ JUR. ingiunzione, intimazione. ‖ MATH., PHYSIOL. sommazione.
1. somme [sɔm] f. [total ; montant] somma. | *somme algébrique, géométrique*, somma algebrica, geometrica. | *dépenser une grosse somme*, spendere una gran somma. | *gagner au loto une belle petite somme*, vincere al lotto una bella sommetta. ‖ [ouvrage] somma ; summa (lat.). ‖ THÉOL. *somme théologique*, somma teologica. ◆ loc. adv. ***somme toute, en somme***, tutto sommato ; insomma.
2. somme f. *bête de somme*, bestia da soma ; somiere m., somiero m. (vx).
3. somme m. FAM. [court, léger] pisolino ; pisolo (rare) ; sonnellino, dormitina f. | *faire un petit somme*, schiacciare un pisolino, un sonnellino ; fare una dormitina. | *faire un bon somme*, fare una bella dormita. | *ne faire qu'un somme*, fare tutto un sonno.
sommeil [sɔmɛj] m. sonno. | *premier sommeil*, primo sonno. | *sommeil de mort*, sonno di morte. | *être plongé dans le sommeil*, essere immerso nel sonno. | *trouver le sommeil*, prender sonno. | *dormir du sommeil du juste*, v. JUSTE. | *avoir sommeil*, aver sonno. | *le sommeil le gagne*, è vinto dal sonno. | *tomber de sommeil*, v. le verbe. | [mort] *sommeil éternel, dernier sommeil*, eterno, ultimo sonno. ‖ FIG. *le sommeil de la nature*, il sonno della natura. | *mettre en sommeil*, ridurre al minimo l'attività di. ‖ MÉD. *maladie du sommeil*, malattia del sonno. | *cure de sommeil*, v. le nom. ‖ ZOOL. *sommeil hibernal*, letargo invernale.

sommeiller [sɔmeje] v. intr. sonnecchiare, dormicchiare. || FIG. *des passions qui sommeillent*, delle passioni che sonnecchiano. | *l'hiver venu, la terre sommeille*, venuto l'inverno, la terra entra in letargo.
sommelier [sɔməlje] m. sommelier (fr.).
1. sommer [sɔme] v. tr. intimare, ingiungere. | *sommer qn de sortir*, intimare, ingiungere a qlcu. di uscire.
2. sommer v. tr. MATH. sommare.
sommet [sɔmɛ] m. PR. sommità f., cima f., vetta f. ; culmine (rare). | *sommet d'une montagne*, cima, vetta, sommità di un monte. | *sommet d'un arbre, d'une tour*, cima, vetta, sommità di un albero, di una torre. | *sommet de la tête*, cocuzzolo. | *au sommet de la page*, in cima alla pagina. || FIG. apice, vertice, sommità. | *atteindre le sommet de la carrière*, raggiungere l'apice, il vertice della carriera. | *le sommet de l'art*, la sommità dell'arte. || ANAT. apice. | *sommet du poumon*, apice del polmone. || POLIT. *conférence au sommet*, conferenza, incontro al vertice. || MATH. vertice.
sommier [sɔmje] m. ARCHIT. [d'arc, de voûte] imposta f. ; [de fenêtre, de porte] architrave. || [lit] saccone elastico. || [registre] registro. | *sommier judiciaire*, casellario giudiziale. || [partie d'orgue] somiere. || [traverse de grille] traversa f.
sommité [sɔm(m)ite] f. BOT. sommità, cima. || FIG. [personnalité] luminare m., cima.
somnanbule [sɔmnɑ̃byl] adj. et n. sonnambulo.
somnambulique [sɔmnɑ̃bylik] adj. sonnambolico.
somnambulisme [sɔmnɑ̃bylism] m. sonnambulismo.
somnifère [sɔmnifɛr] adj. sonnifero, soporifero, soporifico. ◆ n. m. sonnifero.
somnolence [sɔmnɔlɑ̃s] f. PR. et FIG. sonnolenza, torpore m.
somnolent, e [sɔmnɔlɑ̃, ɑ̃t] adj. sonnolento. | *état somnolent*, stato di sonnolenza. || FIG. sonnolento, intorpidito.
somnoler [sɔmnɔle] v. intr. sonnecchiare.
somptuaire [sɔ̃mptɥɛr] adj. suntuario. | *lois somptuaires*, leggi suntuarie. || LOC. *dépenses somptuaires*, spese voluttuarie.
somptueux, euse [sɔ̃mptɥø, øz] adj. sontuoso, fastoso, sfarzoso.
somptuosité [sɔ̃ptɥozite] f. sontuosità, fastosità ; sfarzo m.
1. son [sɔ̃] adj. poss. 3e pers. m. sing., **sa** [sa] f. sing., **ses** [se] m. et f. pl. (il) suo, (la) sua, i suoi, le sue ; [se référant à un sujet indéf.] il proprio, la propria, i propri, le proprie. | *son jardin, sa chaise, ses livres, ses pantouffles*, il suo giardino, la sua sedia, i suoi libri, le sue pantofole. | *son père, sa mère*, suo padre, sua madre. | *ses grands-parents*, i suoi nonni. | *ses tantes*, le sue zie. | *ses amis à lui, à elle*, gli amici suoi, gli amici di lui, di lei. | *dans sa chambre à lui, à elle*, in camera sua ; nella camera di lui, di lei. || [devant un nom de vêtement, un objet usuel] *il a égaré son portefeuille*, ha smarrito il portafoglio. | *il enlève son pardessus*, si leva il soprabito. | *il n'a pas étudié sa géographie*, non ha studiato la (lezione di) geografia. || [dans un titre] *Sa Majesté, Sa Sainteté, Son Excellence*, Sua Maestà, Sua Santità, Sua Eccellenza. || LOC. FAM. *faire son malin*, V. MALIN.
2. son m. MUS. suono. | *son grave, aigu*, suono grave, acuto. | *au son de*, al suono di. || GRAMM. *son ouvert, fermé*, suono aperto, chiuso. || PHYS. *vitesse, mur du son*, velocità, muro del suono. || CIN., TÉLÉCOM. *enregistrement du son*, registrazione del suono. | *ingénieur du son*, tecnico del suono. | *le son d'un film*, il sonoro, la colonna sonora di un film. || *spectacle son et lumière*, spettacolo suoni e luci.
3. son m. BOT. crusca f., semola f. || PROV. *faire l'âne pour avoir du son*, V. ÂNE. || *poupée de son*, bambola di pezza. || FAM. *tache de son*, crusca ; lentiggini f. pl. (L.C.). | *visage taché de son*, viso pieno di crusca, viso lentigginoso.
sonante [sɔnɑ̃t] f. LING. sonante.
sonar [sɔnar] m. sonar (angl.).
sonate [sɔnat] f. MUS. sonata. | *forme sonate*, forma-sonata.
sonatine [sɔnatin] f. MUS. sonatina.
sondage [sɔ̃daʒ] m. sondaggio, scandaglio. | *faire un sondage d'opinion*, effettuare un sondaggio d'opinione. || MÉD. sondaggio.
sonde [sɔ̃d] f. AÉR. sonda. | *sonde spatiale*, sonda spaziale. || MAR. scandaglio m. ; sonda (VX). || MÉD. sonda ; [pour fistule] specillo m. ; [pour alimenter] sonda. || MIN. sonda. || [de douanier] frucone m. || [à fromage] trivella ; trivello m. || LOC. FIG. *donner un coup de sonde*, fare un rapido sondaggio.
sonder [sɔ̃de] v. tr. sondare. | *sonder le sous-sol, le fond marin*, sondare il sottosuolo ; sondare, scandagliare il fondale marino. || FIG. sondare, scandagliare. | *sonder l'opinion*, V. OPINION. | *sonder les intentions de qn*, scandagliare le intenzioni di qlcu. | *sonder les reins et les cœurs*, V. REIN. || MÉD. sondare ; [fistule] specillare.
sondeur [sɔ̃dœr] m. [personne] MAR. scandagliatore ; MIN. sondatore ; [d'opinion] sondatore. || [appareil] AÉR. altimetro ; MAR. scandaglio. || *sondeur à ultrasons*, sonda ultrasonora.
sondeuse [sɔ̃døz] f. MIN. perforatrice, trivella.
songe [sɔ̃ʒ] m. LITTÉR., PR. et FIG. sogno (L.C.). | *en songe*, in sogno.
songe-creux [sɔ̃ʒkrø] m. inv. LITTÉR. = chi si perde in chimere ; sognatore m. ; fantasticone m. (rare).
songer [sɔ̃ʒe] v. tr. ind. [avoir l'intention de] pensare. | *songer à se marier, à partir*, pensare di sposarsi, di partire. || [s'occuper de ; penser à] *songer à l'avenir, à un ami*, pensare al futuro, a un amico. | *il faut y songer*, conviene pensarci. | *songes-y, songez-y*, pensaci su, ci pensi su. || LOC. *(ne pas) songer à mal*, (non) avere cattive intenzioni. | *tu n'y songes pas !, à quoi songes-tu ?*, nemmeno, neanche, neppure per sogno ! || [rêver] sognare, fantasticare. ◆ v. tr. *songer que*, pensare che. | *quand on songe que c'est toi qui as gagné !*, quando si pensa che hai vinto tu !
songerie [sɔ̃ʒri] f. fantasticheria.
songeur, euse [sɔ̃ʒœr, øz] adj. pensieroso, pensoso. | *être tout songeur*, essere soprappensiero.
sonique [sɔnik] adj. sonico.
sonnaille [sɔnaj] f. campano m., campanaccio m.
1. sonnailler [sɔnaje] m. [animal] guidaiolo.
2. sonnailler v. intr. scampanellare.
sonnant, e [sɔnɑ̃, ɑ̃t] adj. *horloge sonnante*, orologio che suona le ore. || [précis] *à six heures sonnantes*, V. HEURE. || LOC. *espèces sonnantes*, V. ESPÈCE. || VX, LITTÉR. *airain sonnant*, sonante bronzo.
sonné, e [sɔne] adj. sonato, suonato. | *il est midi sonné*, è mezzogiorno s(u)onato. | *il a cinquante ans sonnés*, ha cinquant'anni s(u)onati. || FAM. [un peu fou] tocco, svitato. || [commotionné] *un boxeur sonné*, un pugile s(u)onato. || POP. [réprimandé] strigliato (fam.).
sonner [sɔne] v. intr. [rendre un son ; être annoncé par un son] suonare ; [heures] suonare, scoccare. | *les cloches sonnent*, le campane suonano. | *le réveil a sonné*, la sveglia ha suonato. | *le téléphone sonne*, suona, squilla il telefono. | *on sonne à la porte*, suonano alla porta. | *sonner trois coups*, suonare tre volte. | *sonner creux*, V. CREUX. | *sonner clair*, squillare ; avere un suono argentino. | *l'Angélus sonne*, suona l'Avemmaria. | *au moment où cinq heures ont sonné*, quando suonarono, scoccarono le cinque. | *minuit est sonné*, è suonata, scoccata la mezzanotte. || MUS. suonare. | *sonner du cor*, suonare il corno. || [arriver] suonare, scoccare. | *la dernière heure sonne pour tout le monde*, l'ultima ora suona, scocca per tutti. || FIG. *ce mot sonne bien, mal à l'oreille*, questa parola suona bene, male all'orecchio. | *sonner faux*, V. FAUX. || LOC. *faire sonner une lettre*, far sentire una lettera. | *faire sonner une action, une victoire, son courage*, sbandierare, strombazzare un'azione, una vittoria, il proprio coraggio. ◆ v. tr. [faire résonner ; annoncer qch. ; faire entendre] suonare. | *sonner les cloches, la messe, la soupe, la retraite, le réveil*, suonare le campane, la messa, il rancio, la ritirata, la sveglia. | *la pendule sonne deux heures*, l'orologio suona, scocca le due. | *sonner le glas, le tocsin*, suonare a morto, a martello. || [appeler] chiamare. |

sonner la femme de chambre, chiamare la cameriera. ‖ Pop. *sonner qn* [assommer], suonare uno a dovere, suonarle a uno, picchiare qlcu. di santa ragione (fam.).

sonnerie [sɔnri] f. [cloches] scampanìo m. ‖ [appel; air] squillo m. | *sonnerie du téléphone, de clairon,* squillo del telefono, di tromba. ‖ Mil. *sonnerie au drapeau,* alzabandiera m. inv. ‖ [mécanisme] suoneria. | *sonnerie électrique, d'alarme,* suoneria elettrica, campanello (m.) di allarme.

sonnet [sɔnɛ] m. Poés. sonetto.

sonnette [sɔnɛt] f. campanello m. | *sonnette de la messe, électrique, d'alarme,* campanello della messa, elettrico, di allarme. | *appuyer sur la sonnette,* premere il campanello. | *coup de sonnette,* trillo; [fort et prolongé] scampanellata f. | *as-tu entendu un coup de sonnette ?,* hai sentito il campanello? ‖ Techn. [charpente] incastellatura. | [mouton] battipalo m. ‖ Zool. *serpent à sonnette,* serpente a sonagli.

sonneur [sɔnœr] m. [de cloches] campanaro; campanaio (tosc.). ‖ [de clairon, de cor] sonatore.

sono [sɔno] f. Fam. V. sonorisation.

sonomètre [sɔnɔmɛtr] m. sonometro.

sonore [sɔnɔr] adj. sonoro. | *corps sonores,* corpi sonori. | *voix, salle sonore,* voce, sala sonora. ‖ Cin., Gramm. sonoro.

sonorisation [sɔnɔrizasjɔ̃] f. Cin., Gramm. sonorizzazione. ‖ [ensemble d'appareils] impianto (m.) di sonorizzazione.

sonoriser [sɔnɔrize] v. tr. Cin., Gramm., Techn. sonorizzare.

sonorité [sɔnɔrite] f. sonorità.

sophisme [sɔfism] m. sofisma.

sophiste [sɔfist] m. sofista.

sophistication [sɔfistikasjɔ̃] f. sofisticazione.

sophistique [sɔfistik] adj. sofistico. ◆ n. f. sofistica.

sophistiqué, e [sɔfistike] adj. sofisticato.

sophistiquer [sɔfistike] v. tr. sofisticare, adulterare.

sophora [sɔfɔra] m. Bot. sofora f.

soporifique [sɔpɔrifik] adj. soporifero, soporifico. ‖ Fig. soporifero. ◆ n. m. sonnifero.

sopraniste [sɔpranist] m. Mus. (ital.) [castrat] sopranista.

soprano [sɔprano] (pl. **sopranos, soprani**) m. Mus. (ital.) [voix, instrument] soprano. ◆ n. [personne] soprano.

sorbe [sɔrb] f. Bot. sorba, sorbola.

sorbet [sɔrbɛ] m. sorbetto.

sorbetière [sɔrbətjɛr] f. gelatiera; sorbettiera (vx).

sorbier [sɔrbje] m. Bot. sorbo.

sorbonnard, e [sɔrbɔnar, ard] n. Fam. professore, professoressa, studente, studentessa della Sorbona (l.c.). ◆ adj. Péjor. professorale, pedantesco.

sorcellerie [sɔrsɛlri] f. [opération; profession] stregoneria, fattucchieria; stregheria (rare). | *pratiques de sorcellerie,* pratiche stregonesche. ‖ [tour d'adresse] stregoneria. | *cela tient de la sorcellerie,* sa di stregoneria.

sorcier, ère [sɔrsje, ɛr] n. stregone m., strega f.; fattucchiere, a. ‖ Loc. *l'apprenti sorcier,* l'apprendista stregone. ‖ Fam. *il ne faut pas être sorcier pour faire cela,* non ci vuole un'aquila per farlo. | *vieille sorcière,* vecchia strega. ‖ Hist., Polit. *chasse aux sorcières,* caccia alle streghe. ◆ adj. Fam. *ce n'est pas sorcier !,* bella forza!; non è mica difficile, complicato.

sordide [sɔrdid] adj. sordido, squallido. | *aspect, vêtement sordide,* aspetto, vestito sordido. | *masure sordide,* squallido tugurio. | *avarice sordide,* sordida avarizia.

sordidité [sɔrdidite] f. (rare) sordidezza.

sore [sɔr] m. Bot. soro.

sorgho [sɔrgo] m. Bot. sorgo.

sorite [sɔrit] m. Log. sorite.

sornette [sɔrnɛt] f. frottola, fandonia. | *conter, débiter des sornettes,* raccontar frottole, fandonie.

sororat [sɔrɔra] m. sororato.

sort [sɔr] m. **1.** [destinée] sorte f., fortuna f. | *favorisé par le sort,* favorito dalla sorte. | *coups, caprices du sort,* colpi della sorte; capricci della fortuna, della sorte. | *le sort est aveugle,* la sorte, la fortuna è cieca. | *être satisfait de son sort,* essere soddisfatto della propria sorte. | *abandonner qn à son sort, à son triste sort,* abbandonare qlcu. alla propria sorte, al suo triste destino. | *améliorer le sort des travailleurs,* migliorare la sorte, la condizione dei lavoratori. ‖ **2.** [hasard] sorte, sorteggio. | *le sort a décidé,* ha deciso il caso, la sorte. | *être choisi par le sort,* essere scelto dalla sorte. | *tirer au sort,* tirare, estrarre a sorte; sorteggiare; procedere al sorteggio, fare il sorteggio. | *tirage au sort,* sorteggio. | *conjurer le mauvais sort,* scongiurare la sorte avversa, la mala sorte. | **3.** [maléfice] iettatura f., malocchio. | *jeter un sort à qn,* dare la iettatura, gettare il malocchio a qlcu. | *les sorts,* i malefici. | *jeteur de sorts,* iettatore. | *il y a un sort sur tout ce que j'entreprends,* è una vera iettatura, non me ne va bene una. ‖ Loc. *par une ironie du sort,* per ironia della sorte. | *le sort en est jeté,* il dado è tratto; alea jacta est (lat.). ‖ Fam. *faire un sort à qch.,* dar fondo a qlco. | *faire un sort à une bouteille,* scolare una bottiglia. ‖ Interj. *coquin de sort !, bon sang de sort !,* accidenti!, diamine!, maledizione!

sortable [sɔrtabl] adj. Fam. *n'être pas sortable,* non essere presentabile.

sortant, e [sɔrtɑ̃, ɑ̃t] adj. [gagnant] *numéro sortant,* numero estratto (a sorte), numero sorteggiato. ‖ [qui termine un mandat] *député sortant,* deputato uscente. ◆ n. m. = chi esce. | *les entrants et les sortants,* quelli che entrano e quelli che escono.

sorte [sɔrt] f. [espèce] specie, sorta. | *objets de même sorte,* oggetti della stessa specie, sorta. | *une sorte de coiffe,* una specie, una sorta di cuffia. ‖ Loc. *toutes sortes de personnes, de bêtes,* ogni sorta, ogni specie di persone, di bestie. ‖ [état, condition] specie, fatta. | *les gens de cette sorte sont odieux,* la gente di questa fatta, di questo genere è odiosa. | *un homme de sa sorte,* un uomo della sua specie, fatta. ◆ loc. adv. ***de la sorte,*** in questo modo; così. | *pourquoi agis-tu de la sorte ?,* perchè agisci in questo modo, così? ‖ ***en quelque sorte,*** in qualche modo, in un certo senso. ◆ loc. conj. ***de, en sorte que; de telle sorte que,*** di, in modo che, in modo tale che. | *donnez-lui la lettre de sorte qu'il ne revienne pas,* dategli la lettera di modo che egli non torni. | *fais en sorte que tout soit prêt à cinq heures,* fa' in modo che, fa' sì che tutto sia pronto alle cinque. | *il a agi de telle sorte que tout le monde l'a loué,* ha agito in modo tale che tutti lo hanno elogiato. ◆ loc. prép. ***en sorte de :*** *fais en sorte d'arrriver à l'heure,* fa' in modo da essere in orario.

sortie [sɔrti] f. [action] uscita. | *la sortie des spectateurs est finie,* l'uscita degli spettatori è finita. | *la sortie de la gare eut lieu dans le désordre,* l'uscita dalla stazione fu assai disordinata. | *faire sa première sortie,* uscire per la prima volta. | *c'est le jour de sortie de la domestique,* è il giorno di libera uscita, di libertà della domestica. ‖ [endroit, issue] uscita. | *sortie de secours,* v. secours. | *la sortie de la gare,* l'uscita della stazione. | *sortie de voitures,* passo (m.) carrabile. ‖ Comm., Fin. uscita. | *les rentrées sont supérieures aux sorties,* le entrate superano le uscite. | *sortie de caisse,* uscita di cassa. | *droits de sortie,* diritti di uscita. ‖ Électron. uscita. ‖ Mil. [d'une garnison] sortita. ‖ [d'avions militaires] sortita. ‖ Techn. *sortie de la vapeur,* uscita, scarico (m.) del vapore. ‖ Théâtre. uscita. | *fausse sortie,* finta uscita. ‖ Univ. *examen de sortie,* esame finale. ‖ Fig. [mise en vente] uscita. ‖ [échappatoire] (via d')uscita; (via di) scampo m. ‖ Fam. [algarade] partaccia, sfuriata. ‖ [phrase inattendue] uscita. ◆ loc. prép. ***à la sortie de,*** all'uscita di; alla fine di. | *attendre à la sortie de la gare, de l'école,* aspettare all'uscita della stazione, della scuola. | *à la sortie de l'hiver,* alla fine dell'inverno.

sortie-de-bain [sɔrtidbɛ̃] f. accappatoio m.

sortie-de-bal [sɔrtidbal] f. cappa da sera.

sortilège [sɔrtilɛʒ] m. sortilegio, maleficio.

sortir [sɔrtir] v. intr. **1.** [aller hors d'un lieu; quitter] uscire. | *Monsieur est sorti,* il signore è uscito, è fuori. | *sortir en courant, par la fenêtre,* uscir di corsa, dalla finestra. | *sortir de chez soi, sur la place, de l'hôtel,* *sur la terrasse,* uscir di casa, in piazza, dall'albergo, sulla terrazza. | *sortir de prison,* uscir di prigione, dal carcere. | *sortir de l'école,* uscir di, dalla scuola. | *sortir de table,* alzarsi da tavola. | *sortir de son lit :* [suj. qn] uscire dal letto ; [suj. fleuve] straripare. | *sortir de la route, des rails,* uscir di strada, dalle rotaie. | *sortir faire les commissions,* uscire a far la spesa. | *sortez !,* fuori ! ; via ! | *le ballon est sorti du terrain,* il pallone è uscito dal campo. | *ce bijou ne sortira pas de la famille,* questo gioiello non uscirà dalla famiglia. || FIG. *sortir d'une excellente école,* uscire da un'ottima scuola. | *sortir de l'École normale supérieure,* essere un ex alunno della (Scuola) Normale (superiore). || [pour se promener, aller au spectacle, faire des visites] uscire. | *sortir beaucoup,* uscire molto. || **2.** [passer d'un état, d'une époque à un(e) autre] uscire. | *sortir de maladie, sain et sauf d'un accident,* uscir di malattia, uscir sano e salvo, incolume, illeso da un incidente. | *il sort d'apprentissage,* finisce ora l'apprendistato. | *sortir de l'automne, de l'enfance,* uscire dall'autunno, di, dalla fanciullezza. | *sortir vainqueur,* uscire vincitore. | *sortir d'affaire, d'embarras, d'un mauvais pas,* cavarsi d'impaccio. | *sortir de l'ordinaire,* uscire dall'ordinario. | *sortir de la légalité,* uscire dalla legalità. | *sortir des limites de la modestie, de la bienséance,* venir meno alla modestia, alla decenza. || **3.** [pousser] spuntare. | *le blé sort (de terre),* il grano spunta. | *les canines sortent à dix mois,* i canini spuntano a dieci mesi. || [se répandre] uscire ; venir fuori. | *une odeur âcre sort de la pièce,* dalla stanza vien fuori un odore acre. | *la fumée sort par la fenêtre,* il fumo esce dalla finestra. | *le sang sort de la blessure,* il sangue esce dalla ferita. || [faire saillie] sporgere. | *deux pierres sortent du mur,* due pietre sporgono dal muro. || **4.** [être issu, provenir] uscire, provenire. | *sortir d'une famille bourgeoise,* uscire da una famiglia borghese. | *les tissus qui sortent de cette usine sont très solides,* i tessuti che provengono da questa fabbrica sono robusti. || MIL. *sortir du rang,* V. RANG. || FAM. *se croire sorti de la cuisse de Jupiter,* V. CUISSE. | *tu te tiens mal, d'où sors-tu ?,* ti comporti male, da dove vieni ? | *je ne t'ai pas vu depuis longtemps, d'où sors-tu ?,* era un pezzo che non ti vedevo, da dove sbuchi ? || **5.** [s'échapper] *sortir de la mémoire, de l'esprit,* uscir di mente. || **6.** LOC. *ce livre sort des mains d'un tel,* il tale è l'autore di questo libro. || FAM. *les yeux me sortent de la tête,* gli occhi mi schizzano fuori dalla testa. | *ne pas sortir de là,* non smuoversi dalla propria opinione ; incaponirsi. | *sortir de travailler,* finire di lavorare. | *il sort d'être malade,* è appena uscito di malattia ; è appena ristabilito in salute. | *sortir d'en prendre,* esserne stufo. ◆ v. pr. *s'en sortir,* cavarsela. | *il gagne très peu, comment fait-il pour s'en sortir ?,* guadagna pochissimo, come fa per cavarsela, per tirare avanti ? ◆ v. impers. *il sort de cette fleur une odeur pénétrante,* questo fiore esala un odore penetrante. | *il ne sortira rien de leurs recherches,* non verrà fuori nulla dalle loro ricerche. ◆ v. tr. *sortir un cheval de l'écurie, un enfant,* portar fuori il cavallo dalla stalla, un bambino (a passeggio). | *sortir qn d'embarras,* trarre qlcu. d'impaccio. | *sortir les mains de ses poches,* tirar fuori le mani dalle tasche. || [mettre en vente, publier] *sortir un nouveau roman,* pubblicare un nuovo romanzo. | *sortir un nouveau type de voiture,* metter fuori, far uscire un nuovo tipo di macchina. | *sortir un projet,* varare un progetto. || FAM. [dire, raconter] tirar fuori. | *en sortir une bien bonne,* tirarne fuori una bella. || [expulser] *sortir un contradicteur,* buttar fuori, sbattere fuori un contradditore. || JUR. *sortir son plein effet,* produrre pieno effetto. ◆ loc. prép. ***au sortir de :*** *au sortir de l'école,* all'uscita dalla scuola. | *au sortir de l'enfance,* sul finir della fanciullezza.

S. O. S. [ɛsoɛs] m. S. O. S. *S. O. S. amitié,* telefono amico.

sosie [sɔzi] m. sosia m. inv.

sostenuto [sɔstenuto] adv. (ital.) MUS. sostenuto.

sot, sotte [so, sɔt] adj. [dénué d'esprit] sciocco, stupido, stolto. | *n'être pas sot du tout,* non essere per niente stupido, sciocco. | *il est sot de ne pas réagir,* è da sciocchi non reagire. | *sotte plaisanterie, réponse,* burla, risposta stolta. || [embarrassé] impacciato. | *rester tout sot,* rimanere impacciato, confuso. || [fâcheux, ridicule] increscioso, spiacevole. | *quelle sotte affaire !,* che affare increscioso ! | *des peurs sottes,* stolte paure. ◆ n. sciocco, a, stupido, a, stolto, a. | *quel grand sot !,* che scioccone !, che stupidone ! | *petit sot,* sciocchino, sciocccherello. | *un sot en trois lettres,* un perfetto sciocco. | *c'est le propre des sots de croire que,* è da stolti credere che.

sotch [sɔtʃ] m. GÉOGR. dolina f.

sot-l'y-laisse [sɔlilɛs] m. inv. boccone (m.) del prete.

sot(t)ie [sɔti] f. THÉÂTRE sot(t)ie (fr.).

sottise [sɔtiz] f. [défaut, parole, action] sciocchezza, stupidaggine, stupidità, stoltezza. || [injure] ingiuria, villania, improperio m.

sottisier [sɔtizje] m. repertorio di sciocchezze ; sciocchezzaio (rare).

sou [su] m. soldo. | *gros sou,* soldone. | *petit sou,* soldino. | *cent sous* (fam.), cinque franchi (L.C.). || LOC. FAM. *avoir des sous,* avere soldi. | *n'avoir pas le (premier) sou, n'avoir ni sou ni maille, être sans le sou, sans un sou vaillant,* non avere il becco di un quattrino ; essere squattrinato. | *n'avoir pas (pour) un sou de talent,* non avere un briciolo di talento. | *valoir mille francs comme un sou,* valere facilmente mille franchi (L.C.). | *n'être pas envieux pour un sou,* non essere invidioso neppure un tantino. | *un bijou de quatre sous,* un gioiello da quattro soldi. | *propre comme un sou neuf,* pulito come un soldo nuovo di zecca. | *être près de ses sous,* essere tirato nello spendere (L.C.). | *s'ennuyer à cent sous l'heure,* annoiarsi a morte (L.C.). || TECHN. *appareil à sous,* distributore automatico. ◆ loc. adv. ***sou à sou, sou par sou,*** a soldo a soldo.

souabe [swab] adj. et n. svevo.

souahéli, e [swaeli] ou **swahili, e** [swaili] adj. et n. LING. suaheli, swahili.

soubassement [subasmɑ̃] m. basamento ; base f. || FIG. base. || GÉOL. zoccolo.

soubresaut [subrəso] m. [saut] sbalzo. || [de cheval] scarto, sfaglio. || [danse] soubresaut (fr.). || FIG. trasalimento, sussulto.

soubrette [subrɛt] f. THÉÂTRE soubrette (fr.), servetta. || [femme de chambre] cameriera.

soubreveste [subrəvɛst] f. VX sopravveste.

souche [suʃ] f. [d'arbre, de vigne] ceppo m. || [de cheminée] fumaiolo m., comignolo m. || FIG. *dormir comme une souche,* dormire come un ciocco, come un macigno. | *être, rester comme une souche,* star lì come un ceppo. || [origine d'une famille] capostipite m. ; ceppo (littér.). | *Robert de Clermont est la souche des Bourbons,* Roberto di Clermont è il capostipite dei Borboni. | *faire souche,* dare origine a una discendenza. | *être de vieille souche,* essere di antica stirpe. | *un Français de vieille souche,* un Francese da molte generazioni. | *de bonne souche,* di nobile famiglia. || [origine] origine. | *mot de souche indo-européenne,* parola di origine indoeuropea. || [en appos.] *mot souche,* vocabolo base. || [d'un registre] matrice. | *carnet à souches,* V. CARNET. || JUR. *partage par souches,* divisione per stirpi. || BIOL. *souche microbienne,* ceppo microbico.

souchet [suʃɛ] m. ZOOL. mestolone. || BOT. cipero.

1. souci [susi] m. pensiero ; preoccupazione f. ; grattacapo (fam.). | *vivre sans souci,* vivere senza pensieri, vivere spensieratamente. | *être en souci, se faire du souci pour qn,* stare in pensiero, darsi pensiero per qlcu. | *il nous cause beaucoup de souci,* ci dà molti pensieri. | *elle a le souci de plaire,* si preoccupa di piacere. | *par souci de la vérité,* per amore del vero. || [objet de soin, d'affection] cura f. | *le travail est son unique souci,* il lavoro è la sua unica cura. || LOC. *c'est le cadet de mes soucis,* V. CADET.

2. souci m. BOT. calendola f., fiorrancio.

soucier (se) [səsusje] v. pr. **(de)** preoccuparsi (di), curarsi (di), prendersi pensiero [per]. || FAM. *se soucier de qch. comme de sa première chemise,* V. CHEMISE.

soucieusement [susjøzmɑ̃] adv. con preoccupazione.
soucieux, euse [susjø, øz] adj. preoccupato, inquieto. | *mère soucieuse*, madre preoccupata, inquieta. | *un air soucieux*, un'aria preoccupata. || [qui s'occupe avec soin] *il est soucieux de ses intérêts*, si prende cura dei propri interessi. | *peuple soucieux de sa liberté*, popolo geloso della propria libertà.
soucoupe [sukup] f. [d'une tasse] piattino m. (di tazza); [d'une coupe] sottocoppa. || Loc. *faire, ouvrir des yeux comme des soucoupes*, spalancare tanto d'occhi; spalancare gli occhi come fanali. || Aér. *soucoupe volante*, disco (m.) volante.
soudable [sudabl] adj. saldabile.
soudage [sudaʒ] m. saldatura f.
1. soudain, e [sudɛ̃, ɛn] adj. improvviso; subitaneo, repentino (littér.). | *mort soudaine*, morte improvvisa.
2. soudain et **soudainement** [sudɛnmɑ̃] adv. improvvisamente, all'improvviso, repentinamente; subitaneamente (rare).
soudaineté [sudɛnte] f. subitaneità, repentinità.
soudanais, e [sudanɛ, ɛz] ou **soudanien, enne** [sudanjɛ̃, ɛn] adj. et n. sudanese.
soudant, e [sudɑ̃, ɑ̃t] adj. Métall. saldante.
soudard [sudar] m. Vx soldato di ventura. || l.c., péjor. soldataccio, villanzone, zoticone.
soude [sud] f. Chim. soda. | *soude caustique*, soda caustica.
souder [sude] v. tr. Méd., Techn. saldare. | *souder un os*, saldare un osso. | *souder à l'arc, à l'autogène*, saldare ad arco, autogeneticamente. | *fer, lampe à souder*, v. ces noms. || Fig. saldare, congiungere, unire. ◆ v. pr. saldarsi.
soudeur, euse [sudœr, øz] n. saldatore, trice.
soudier, ère [sudje, ɛr] adj. di, della soda. | *industrie soudière*, industria della soda. ◆ n. m. operaio di una fabbrica di soda. ◆ n. f. fabbrica di soda.
soudoyer [sudwaje] v. tr. assoldare, prezzolare.
soudure [sudyr] f. [action; résultat; endroit soudé] saldatura. | *soudure à l'arc, autogène*, saldatura all'arco, autogena. || [alliage] lega per saldatura. || Fig. saldatura, unione. || Écon. *faire la soudure*, fare la saldatura. || Méd. saldatura.
soue [su] f. (rég.) porcile m. (l.c.).
soufflage [suflaʒ] m. [action; fabrication du verre] soffiatura f. || Mar. bottazzo, controfasciame.
soufflante [suflɑ̃t] f. Techn. soffiante.
soufflard [suflar] m. Géol. soffione.
souffle [sufl] m. [air] soffio, alito, fiato. | *souffle de vent*, soffio di vento; fiato di vento (littér.) | *léger souffle de vent*, alito di vento. || [respiration] soffio, fiato, respiro. | *éteindre la bougie d'un souffle*, con un soffio spegnere la candela. | *dans un souffle*, a fior di labbra. | *avoir du souffle*, aver fiato. | *avoir le souffle court, être à bout de souffle*, avere il fiato grosso. | *reprendre son souffle*, riprendere, ripigliare (il) fiato. | *retenir son souffle*, (trat)tenere il fiato, il respiro. | *n'avoir plus que le souffle, n'avoir qu'un souffle de vie*, avere solo un alito di vita. | *jusqu'au dernier souffle*, fino all'ultimo respiro. | *le médecin écoute le souffle du malade*, il medico ascolta la respirazione del malato. || [déplacement d'air] *le souffle d'une bombe*, il soffio di una bomba. || [exhalaison] *les souffles empoisonnés des marécages*, l'esalazione pestilenziale delle paludi. || Méd. soffio. | *souffle pleural, cardiaque*, soffio pleurico, cardiaco, al cuore. || [inspiration] estro, ispirazione f. | *le souffle d'un romancier*, l'estro, l'ispirazione di un romanziere. | *œuvre qui a du souffle*, opera di largo respiro. | *un souffle puissant de poésie*, un possente alito di poesia. || Fig. *un souffle de liberté*, un soffio di libertà. || Loc. *second souffle* = ripresa (f.) di attività. | *couper le souffle*, v. le verbe. | *en avoir le souffle coupé*, restare senza fiato.
soufflé, e [sufle] adj. gonfio. | *visage soufflé*, viso gonfio. || Culin. soffiato. | *beignet soufflé*, sgonfiotto m. | *omelette soufflée*, omelette soffiata. | *pommes de terre soufflées*, patate soffiate. || Techn. *bitume soufflé*, bitume soffiato. ◆ n. m. Culin. soffiato; soufflé (fr.).
soufflement [sufləmɑ̃] m. soffiatura f.
souffler [sufle] v. intr. **1.** [agiter l'air] soffiare, tirare, spirare. | *le vent souffle*, il vento soffia, spira; tira vento. || [envoyer de l'air par la bouche] soffiare. | *souffler sur les bougies, dans ses doigts*, soffiare sulle candele, soffiarsi sulle dita. | *souffler dans l'harmonica*, soffiare nell'armonica. || **2.** [respirer avec peine] soffiare, sbuffare, ansimare, ansare. | *suer et souffler*, sudare e sbuffare. | *souffler comme un bœuf, un phoque*, soffiare come un mantice. || **3.** [reprendre haleine] riprendere, ripigliare (il) fiato; rifiatare. || **4.** [crier] *le buffle souffle*, il bufalo soffia, mugghia. || **5.** Fig. *un vent de révolte souffle*, spira un vento di rivolta. | *l'esprit souffle où il veut*, lo spirito soffia dove vuole. | *regarder de quel côté souffle le vent*, vedere da che parte tira il vento. | *tu crois qu'il n'y a qu'à souffler dessus?* = credi che sia (una) cosa facile? | *souffler sur le feu*, soffiare sul fuoco. | *donne-moi le temps de souffler*, lasciami riprendere il fiato, rifiatare. ◆ v. tr. [pour activer; pour chasser] soffiare. | *souffler le feu*, soffiare sul fuoco (pr. et fig.). | *le vent soufflait la poussière*, il vento soffiava via la polvere. | *souffler la fumée par le nez*, soffiare il fumo dal naso. || [éteindre] spegnere. | *souffler la chandelle*, spegnere la candela. || [détruire par le souffle] spazzar via. | *l'explosion souffla la maison*, l'esplosione spazzò via la casa. || [suggérer; dire] suggerire; fiatare. | *souffler à qn sa leçon, son rôle*, suggerire a qlcu. la lezione, la parte. | *souffler qch. à l'oreille de qn*, soffiare qlco. nell'orecchio a qlcu. | *ne souffler mot*, non (ri)fiatare. | *sans souffler mot*, senza fiatare. || [étonner] sbalordire. || Jeu *souffler un pion*, soffiare una pedina. || Techn. *souffler le verre*, soffiare il vetro. || Fam. *souffler une personne, une chose à qn*, portar via, soffiare una persona, una cosa a qlcu.
soufflerie [sufləri] f. Ind. soffiera. || [d'orgue] mantice m. | *soufflerie aérodynamique*, galleria aerodinamica, del vento.
1. soufflet [suflɛ] m. mantice; [petit] soffietto. | *soufflet de forge*, mantice di fucina. || [de vêtement] gherone, tassello. || Ch. de f. mantice. || Phot. soffietto.
2. soufflet m. [gifle] schiaffo. || Fig. [affront] schiaffo (morale); smacco.
souffleter [sufləte] v. tr. schiaffeggiare. || Fig. oltraggiare, umiliare.
souffleur, euse [suflœr, øz] n. Théâtre suggeritore, trice. | *trou du souffleur*, buca (f.) del suggeritore. ◆ m. [ouvrier du verre] soffiatore.
soufflure [suflyr] f. Ind. soffiatura.
souffrance [sufrɑ̃s] f. sofferenza; patimento m., dolore m. | *il est mort dans d'atroces souffrances*, è morto fra atroci sofferenze. || Fig. *affaires en souffrance*, affari in sospeso. | *lettre, paquet en souffrance*, lettera, pacco giacente, in giacenza. || Jur. *jour de souffrance*, v. jour.
souffrant, e [sufrɑ̃, ɑ̃t] adj. sofferente. | *humanité souffrante*, umanità sofferente. || *être souffrant*, star poco bene, essere indisposto. || Relig. *Eglise souffrante*, Chiesa purgante.
souffre-douleur [sufrədulœr] m. inv. zimbello m., vittima f.
souffreteux, euse [sufrətø, øz] adj. malaticcio, patito.
souffrir [sufrir] v. tr. [ressentir, éprouver] soffrire, patire. | *souffrir la faim, le froid*, soffrire, patire la fame, il freddo. | *souffrir le martyre*, v. martyre. | *souffrir mille morts, mort et passion*, patire mille morti; soffrire le pene dell'inferno. || [endurer; supporter] sopportare, soffrire. | *il ne peut souffrir le mensonge*, non può sopportare le menzogne. | *souffrir un affront*, patire un affronto. | *pourquoi souffres-tu cela?*, perchè sopporti questo? | *je ne peux souffrir cet individu*, non posso soffrire questo individuo. || [admettre] ammettere. | *cela ne souffre pas de retard*, questo non ammette ritardo. | *cette règle souffre des exceptions*, questa regola ammette, comporta delle eccezioni. || [permettre] *souffrez que je vous fasse une observation*, mi permetta, mi consenta di farle

un'osservazione. ◆ v. intr. soffrire ; aver male. | *souffres-tu ?*, soffri ? | *où souffres-tu ?*, dove hai male ? | *faire souffrir*, far soffrire. | *souffrir du cœur, de migraine, des dents*, soffrire, patire di cuore, d'emicrania, di mal di denti. | *je souffre des dents*, mi dolgono i denti. | *souffrir de la faim, du mal de mer*, soffrire, patire la fame, il mal di mare. || [être endommagé par] soffrire, patire. | *les pêchers ont souffert de la grêle*, i peschi hanno sofferto, patito per la grandine. | *le pays souffre d'une crise économique*, il paese soffre di una crisi economica.

soufi ou **sufi** [sufi] m. sufi (ar.).

soufisme [sufism] m. sufismo.

soufrage [sufraʒ] m. AGR. inzolfatura f., solfatura f., solforazione f. || CHIM., TEXT. solforazione.

soufre [sufr] m. CHIM. zolfo. | *soufre en canon*, zolfo in bastoni. | *gisement de soufre*, solfara f., zolfara f. | *fleur de soufre*, fiori di zolfo. || LOC. *sentir le soufre*, sapere di zolfo (pr.) ; esserci odore, odorare di zolfo (pr. et fig.).

soufrer [sufre] v. tr. AGR. inzolfare, solforare. || CHIM., TEXT. solforare.

soufreuse [sufrøz] f. solforatrice.

soufrière [sufrijɛr] f. solfara, zolfara.

souhait [swɛ] m. [vœu] augurio ; [désir] desiderio. | *tous mes souhaits de bonne année*, tanti auguri di buon anno. | *réaliser un souhait*, realizzare un desiderio. || FAM. *à vos souhaits !*, salute ! ◆ loc. adv. ***à souhait***, a piacimento. | *avoir tout à souhait*, avere tutto a piacimento.

souhaitable [swɛtabl] adj. augurabile ; auspicabile (littér.). || desiderabile.

souhaiter [swete] v. tr. [désirer] desiderare ; augurarsi. | *il souhaite du bien à tous*, desidera il bene per tutti. | *je souhaiterais pouvoir t'aider*, vorrei poterti aiutare. | *il souhaitait partir en vacances*, desiderava partire in vacanze. | *je souhaite réussir*, mi auguro di riuscire. | *il est à souhaiter que tu arrives à temps*, è da augurarsi che tu arrivi in tempo. || [exprimer sous forme de vœu] augurare ; auspicare (littér.). | *souhaiter une bonne année, un bon voyage*, augurare un buon anno, un buon viaggio. | *souhaiter le bonjour, la bienvenue*, dare il buongiorno, il benvenuto. | *je te le souhaite*, te lo auguro. | *le parlement souhaite que*, il parlamento auspica che. || FAM. *Pierre te souhaite bien le bonjour*, tanti saluti da parte di Pietro. | *tu pars par ce vilain temps : je te souhaite bien du plaisir !, je t'en souhaite !*, parti con questo tempaccio : buon pro (ti faccia) !

souillard [sujar] m. (foro di) scarico.

souille [suj] f. [bauge] brago m.

souiller [suje] v. tr. PR. (littér.), imbrattare, insozzare, lordare ; [de boue] inzaccherare. || FIG. *souiller ses mains de sang*, macchiarsi le mani di sangue. | *souiller la mémoire de qn*, lordare la memoria di qlcu. | *souiller sa réputation*, insozzare la propria reputazione. | *le vice souille l'âme*, il vizio deturpa l'anima. | *souiller la couche nuptiale, le lit nuptial*, macchiare il talamo.

souillon [sujɔ̃] n. FAM. sudicione, a.

souillure [sujyr] f. PR. et FIG. lordura, macchia.

souïmanga [swimɑ̃ga] m. ZOOL. nettarin(i)a f.

souk [suk] m. suk (ar.).

soûl, e [su, sul] adj. ubriaco. || FIG. [rassasié] *être soûl de qch.*, essere sazio, stufo (fam.) di qlco. || FAM. *soûl comme une grive, comme une bourrique, comme un cochon*, ubriaco fradicio. ◆ n. m. FAM. *en avoir tout son soûl*, averne a sazietà (L.C.).

soulagement [sulaʒmɑ̃] m. sollievo. | *pousser un soupir de soulagement*, tirare un respiro di sollievo.

soulager [sulaʒe] v. tr. alleggerire ; sgravare (rare). | *soulager un âne trop chargé*, alleggerire, sgravare un asino troppo carico. || IRON. *soulager qn de son portefeuille*, alleggerire uno del portafogli. || FIG. [au physique, au moral] sollevare, alleggerire. | *ce remède me soulage*, questa medicina mi solleva, mi dà sollievo, mi allevia il dolore. | *se sentir soulagé*, sentirsi sollevato. | *la machine a soulagé l'ouvrier*, la macchina ha alleggerito il lavoro dell'operaio. || [secourir] soccorrere. | *soulager les malheureux*, soccorrere gl'infelici. || TECHN. *soulager une poutre*, alleggerire il carico di una trave. ◆ v. pr. *se soulager d'un poids, d'une partie de ses responsabilités*, alleggerirsi di un peso, di una parte delle proprie responsabilità. | *se soulager le cœur*, dare sfogo ai propri sentimenti. | *se soulager par l'aveu d'une faute*, alleggerirsi la coscienza con la confessione di una colpa. || FAM. andar di corpo.

soulane [sulan] f. V. ADRET.

soûlard, e [sular, ard], **soûlaud, e** [sulo, od] ou **soûlot, e** [sulo, ot] n. POP. sbornione, a.

soûler [sule] v. tr. POP. sborniare. || FIG. [étourdir] ubriacare ; stordire (L.C.) ; [importuner] scocciare. ◆ v. pr. POP. sborniarsi. || FIG. inebriarsi (L.C.).

soûlerie [sulri] f. POP. sbornia.

soulevé [sulve] m. SPORT sollevamento pesi.

soulèvement [sulɛvmɑ̃] m. sollevamento. | *soulèvement des eaux, de terrain*, sollevamento delle acque, del terreno. || FIG. [révolte] sommossa f., sollevazione f. || MÉD. *soulèvement de cœur*, nausea f.

soulever [sulve] v. tr. [élever] sollevare. | *soulever des poids*, sollevare dei pesi. | *soulever le couvercle*, alzare, sollevare il coperchio. | *soulever un peu le rideau*, aprire un po' la tenda. | *soulever la poussière*, sollevare la polvere. || FIG. [susciter ; faire naître] sollevare. | *soulever des protestations, des applaudissements*, sollevare proteste, applausi. | *soulever des critiques*, muovere critiche. | *soulever une question, un problème*, sollevare una questione, un problema. || LOC. *soulever le cœur* (pr. et fig.), v. le nom. || [pousser à la révolte] sollevare. ◆ v. pr. sollevarsi. || FIG. *le cœur se soulève*, si prova disgusto. | *devant cette injustice le cœur se soulève*, quest'ingiustizia rivolta lo stomaco. || [se révolter] sollevarsi, ribellarsi.

soulier [sulje] m. scarpa f. | *gros soulier*, scarpone m. | *souliers à bride, à talon haut*, scarpe con il cinturino, con tacco alto. | *souliers à clous*, scarpe chiodate. | *souliers plats, à talons*, scarpe senza tacchi, coi tacchi. || FIG. FAM. *être dans ses petits souliers*, essere sulle spine ; sentirsi a disagio (L.C.).

soulignement [suliɲmɑ̃] m. sottolineatura f.

souligner [suliɲe] v. tr. PR. et FIG. sottolineare. || TYP. [dans une citation] *c'est nous qui soulignons*, la sottolineatura è nostra ; (il) corsivo (è) nostro, mio.

soûlographie [sulɔgrafi] f. POP. vizio (m.) di ubriacarsi, ubriachezza (L.C.).

soulte [sult] f. conguaglio m. (in una divisione di beni).

soumettre [sumɛtr] v. tr. [devenir maître de] sottomettere, sottoporre, domare. | *soumettre les rebelles*, sottomettere, domare i ribelli. | *soumettre un peuple à sa domination*, sottomettere, sottoporre, assoggettare un popolo al proprio dominio. | *soumettre ses passions*, domare le proprie passioni. || [proposer] *soumettre un projet, une requête*, sottoporre un progetto, una richiesta. || [faire subir] sottoporre, sottomettere. | *soumettre à une analyse, à un examen, à une épreuve, à une enquête*, sottoporre a un'analisi, a un esame, a una prova, a un' inchiesta. ◆ v. pr. [faire sa soumission] sottomettersi. || [s'en remettre] **(à)** rimettersi (a).

soumis, e [sumi, iz] adj. [docile] sottomesso, remissivo. | *enfant soumis*, ragazzo sottomesso, remissivo. | *un air soumis*, un'aria sottomessa. || LOC. *fille soumise*, prostituta. || FIN. *revenu soumis à l'impôt*, reddito soggetto all'imposta.

soumission [sumisjɔ̃] f. [disposition à obéir] sottomissione ; sommissione (littér.). || [action ; résultat] sottomissione. | *faire sa soumission*, fare atto di sottomissione. || COMM. offerta. | *par voie de soumission*, mediante offerte.

soumissionnaire [sumisjɔnɛr] m. offerente.

soumissionner [sumisjɔne] v. tr. fare un'offerta.

soupape [supap] f. ÉLECTR., MÉCAN. valvola. | *soupape de sûreté*, valvola di sicurezza. | *soupape en chapelle, latérale*, valvola laterale. | *soupape en tête, en dessus*, valvola in testa. || FIG. [exutoire] valvola di sicurezza ; diversivo m., sfogo m.

soupçon [supsɔ̃] m. [méfiance] sospetto. | *être au-dessus de tout soupçon*, essere al disopra di ogni sospetto. | *éveiller les soupçons de qn*, destare i sospetti di qlcu., insospettire qlcu. || [conjecture] dubbio. | *j'ai quelque soupçon que c'est lui qui est venu*, ho il dubbio, il vago sospetto che sia venuto lui. || [apparence légère] ombra f., traccia f. | *il n'y a pas le moindre soupçon d'hypocrisie dans sa conduite*, non c'è la minima ombra di ipocrisia nella sua condotta. || FAM. ombra, idea. | *un soupçon de lait*, un'ombra, un'idea di latte. | *un soupçon de vin*, un goccio di vino. | *un soupçon de sel, de poivre*, un pizzico di sale, di pepe. | *un soupçon de fièvre*, un accenno di febbre.

soupçonnable [supsɔnabl] adj. sospettabile.

soupçonner [supsɔne] v. tr. [suspecter ; conjecturer] sospettare. | *soupçonner qn de vol*, sospettare qlcu. di furto. | *on le soupçonne d'être l'auteur, on soupçonne qu'il est l'auteur des lettres anonymes*, sospettano che sia lui l'autore delle lettere anonime. | *soupçonner une vengeance*, sospettare una vendetta. || [imaginer] *je ne soupçonnais pas le charme de ce pays*, non sospettavo, non immaginavo l'incanto di quel paese.

soupçonneux, euse [supsɔnø, øz] adj. sospettoso.

soupe [sup] f. [pain et bouillon] zuppa ; [légumes] minestra di legumi, di verdura ; [légumes, riz, pâtes] minestrone m. | *soupe aux choux, au lait, de poissons, à l'oignon*, zuppa di cavoli, al latte, di pesce, di cipolle. | *mange ta soupe*, mangia la minestra. | *cuiller à soupe*, cucchiaio da minestra. | *assiette à soupe*, scodella ; piatto fondo. | *une assiette de soupe*, un piatto di minestra. | *tremper la soupe*, V. TREMPER. || [repas] *soupe populaire*, mensa dei poveri. || FIG. FAM. *trempé comme une soupe*, bagnato come un pulcino ; tutto inzuppato ; bagnato fradicio. | *s'emporter comme une soupe au lait, être soupe au lait*, V. LAIT. || MIL. FAM. *aller à la soupe*, andare al rancio (L.C.). || FAM. *à la soupe !*, a tavola ! (L.C.). || POP. *un gros plein de soupe*, un ciccione.

soupente [supɑ̃t] f. [dans le haut d'une pièce] soppalco m., palco m. ; [sous un escalier] sottoscala m. inv.

souper [supe] v. intr. VX cenare (L.C.). | L.C. [tard dans la nuit] fare una cenetta. || FAM. *en avoir soupé*, averne fin sopra i capelli. ◆ n. m. VX [repas du soir ; mets] cena f. (L.C.). || L.C. [tard dans la nuit] cenetta f. ; souper (fr.).

soupeser [supəze] v. tr. soppesare (pr. et fig.), valutare (fig.).

soupeur, euse [supœr, øz] n. = chi ha l'abitudine di far una cenetta dopo lo spettacolo.

soupière [supjɛr] f. zuppiera.

soupir [supir] m. sospiro. | *pousser un long soupir*, mandare un lungo sospiro. | *rendre le dernier soupir*, V. DERNIER. || POÉT. *soupir du vent*, sospiro del vento. || MUS. pausa (f.) di semiminima. | *demi-soupir*, pausa di croma.

soupirail [supiraj] m. spiraglio.

soupirant [supirɑ̃] m. spasimante.

soupirer [supire] v. intr. sospirare, trarre sospiri. | *soupirer d'aise*, trarre un sospiro di contentezza. || [être amoureux] *soupirer pour une femme*, struggersi d'amore per, sospirare per una donna. ◆ v. tr. ind. *soupirer après qch.*, sospirare, desiderare qlco.

souple [supl] adj. flessibile, pieghevole, morbido, soffice. | *branche, lame, osier souple*, ramo, lama, vimine flessibile, pieghevole. | *tissus, cheveux souples*, tessuti, capelli morbidi, soffici. | *cuir souple*, cuoio morbido. | *col souple*, V. le nom. || [agile] agile. | *la gymnastique rend le corps souple*, la ginnastica rende agile il corpo. | *avoir une démarche souple*, avere un'andatura sciolta, flessuosa. || FIG. [docile] *caractère souple*, carattere duttile, arrendevole, pieghevole, cedevole. | *dans la vie il faut être souple*, nella vita bisogna essere duttili. || LOC. *avoir l'échine souple, les reins souples*, V. ÉCHINE.

souplesse [suplɛs] f. flessibilità, pieghevolezza, morbidezza. | *souplesse de l'osier*, flessibilità, pieghevolezza del vimine. | *souplesse du cuir, du tissu*, morbidezza del cuoio, del tessuto. || [agilité] agilità, scioltezza. | *souplesse d'un acrobate*, agilità, scioltezza di un acrobata. | *pédaler en souplesse*, pedalare con scioltezza, in souplesse (fr.). || FIG. [docilité] arrendevolezza, duttilità, cedevolezza. | *souplesse de caractère*, duttilità, arrendevolezza, cedevolezza di carattere. | *souplesse d'esprit, d'une langue*, duttilità d'ingegno, di una lingua.

souquenille [suknij] f. VX camiciotto m. (L.C.).

souquer [suke] v. tr. MAR. assuccare. ◆ v. intr. MAR. *souquer aux avirons*, far forza di remi.

sourate [surat] f. V. SURATE.

source [surs] f. PR. sorgente, fonte. | *eau de source*, acqua sorgiva. | *source thermale, d'un fleuve*, sorgente termale, di un fiume. | *prendre sa source (à)*, sorgere (da). || FIG. *source lumineuse, de chaleur, d'énergie, de radiations*, sorgente luminosa, di calore, d'energia, di radiazioni. || LOC. *couler de source*, V. le verbe. || [origine, cause] fonte, sorgente ; [d'informations] fonte. | *c'est une source de profits*, è fonte, sorgente, cespite (m.) di guadagno. | *remonter à la source*, risalire alla fonte. | *le retour aux sources*, il ritorno alle origini. | *savoir de bonne source, de source sûre*, sapere da buona fonte, da fonte sicura. || FIN. *retenue à la source*, trattenuta diretta. || PSYCHAN. *source de la pulsion*, fonte della pulsione. ◆ pl. [documents] fonti.

sourcier [sursje] m. rabdomante.

sourcil [sursi] m. sopracciglio (pl. m. *sopraccigli* ; pl. f. *sopracciglia*). | *deux sourcils noirs*, due sopraccigli neri. || LOC. *froncer les sourcils*, V. le verbe.

sourcilier, ère [sursilje, ɛr] adj. sopracciliare.

sourciller [sursije] v. intr. aggrottare le (soprac)ciglia. || LOC. *sans sourciller*, senza batter ciglio.

sourcilleux, euse [sursijø, øz] adj. accigliato. | *front sourcilleux*, fronte accigliata. || [pointilleux] meticoloso, cavilloso.

sourd, e [sur, surd] adj. PR. sordo. | *sourd de naissance, d'une oreille*, sordo dalla nascita, da un orecchio. || FIG. sordo. | *rester sourd aux prières de qn*, rimanere sordo alle preghiere di qlcu. | *faire la sourde oreille*, fare orecchio, fare orecchi da mercante. || [peu sonore] *voix sourde*, voce sorda. | *bruit sourd*, rumore sordo. || [caché] *douleur, guerre sourde*, dolore sordo, guerra sorda. | *lanterne sourde*, lanterna cieca. || GRAMM. *consonne sourde*, consonante sorda. || MAR. *lame sourde*, onda silenziosa. || TECHN. *lime sourde*, lima sorda. || FAM. *sourd comme un pot*, V. POT. ◆ n. sordo, a. | *faire le sourd*, fare il sordo. | *frapper comme un sourd*, dare botte da orbi. | *crier comme un sourd*, gridare come un ossesso, a squarciagola. | *autant vaudrait parler à un sourd*, è come parlare a un sordo, al muro. || PROV. *il n'est pire sourd que celui qui ne veut pas entendre*, non vi è peggior sordo di chi non vuol sentire. ◆ n. f. GRAMM. sorda.

sourdement [surdəmɑ̃] m. PR. sordamente, cupamente. || FIG. sordamente, celatamente.

sourdine [surdin] f. MUS. sordina. || FIG. *mettre une sourdine à son enthousiasme*, mettere la sordina al proprio entusiasmo. ◆ loc. adv. ***en sourdine***, in sordina.

sourd-muet, sourde-muette [surmɥɛ, surdmɥɛt] n. sordomuto, sordomuta.

sourdre [surdr] v. intr. scaturire, sgorgare.

souriant, e [surjɑ̃, ɑ̃t] adj. sorridente.

souriceau [suriso] m. topolino.

souricière [surisjɛr] f. PR. trappola per, da sorci, topi. || FIG. trappola, tranello m.

sourire [surir] v. intr. ou tr. ind. PR. sorridere. || FIG. [être favorable] arridere, sorridere. | *la fortune, l'avenir lui sourit*, la sorte gli arride, l'avvenire gli sorride. || [plaire] sorridere. | *cette affaire me sourit*, questa faccenda mi sorride. || [se moquer] *sourire de qn, de l'ingénuité de qn*, sorridere di qlcu., dell'ingenuità di qlcu. ◆ n. m. sorriso. | *léger sourire*, sorrisetto. || LOC. FIG. *avoir le sourire*, mostrarsi soddisfatto.

souris [suri] f. topo m., topolino m., sorcio m. | *souris blanche*, topo bianco. | *gris (de) souris*, grigio topo ; sorcino adj. (rare). || LOC. *on entendrait trotter une souris*, si sentirebbe volare una mosca. | *jouer au chat et à la souris*, giocare al gatto e al topo. | *souris d'hôtel*, topo d'albergo. || CULIN. = muscolo (m.) aderente all'osso (nel cosciotto di agnello).

sournois, e [surnwa, az] adj. sornione, subdolo. ◆ n. sornione, a.
sournoisement [surnwazmɑ̃] adv. subdolamente, in modo sornione.
sournoiserie [surnwazri] f. dissimulazione ; soppiattoneria (rare).
sous [su] prép. sotto. **1.** [position] *mettre un oreiller sous sa tête*, mettere un guanciale sotto la testa. | *sous terre*, sotto terra. | [devant un pron. pers.] sotto di. | *mets un coussin sous moi*, metti un cuscino sotto di me. || FIG. *sous le feu de l'ennemi*, sotto il fuoco del nemico. || MAR. *sous pavillon italien*, sotto bandiera italiana. || TYP. *sous presse*, v. le nom. || **2.** [temps] *sous la Révolution, l'Empire*, sotto la Rivoluzione, l'Impero. | *sous peu (de temps)*, fra poco. | *sous huitaine, quinzaine*, entro otto, quindici giorni. || **3.** [cause] *sous l'empire de la colère, de l'émotion*, sotto l'impulso della collera, dell'emozione. | *sous le poids des fruits*, sotto il peso dei frutti. | *sous une bonne, mauvaise étoile*, sotto una buona, cattiva stella. || **4.** [moyen] *sous un faux nom*, sotto un falso nome, uno pseudonimo. | *sous silence*, sotto silenzio. | *sous peine de, le prétexte de, le sceau de*, v. ces mots. | *sous cette condition*, a, con questa condizione. || **5.** [manière] *sous ce rapport*, da questo punto di vista. | *sous toutes ses faces*, sotto tutti gli aspetti. || **6.** [dépendance] *avoir sous ses ordres*, avere ai propri ordini. | *sous la protection, la férule de*, sotto la protezione, la guida, l'autorità di.
sous-admissibilité [suzadmisibilite] f. UNIV. = primo grado degli esami orali.
sous-admissible [suzadmisibl] adj. et n. = ammesso al primo grado degli orali.
sous-alimentation [zuzalimɑ̃tasjɔ̃] f. denutrizione, ipoalimentazione.
sous-alimenté, e [suzalimɑ̃te] adj. denutrito, sottoalimentato, ipoalimentato.
sous-alimenter [suzalimɑ̃te] v. tr. sottoalimentare.
sous-arbrisseau [suzarbriso] m. BOT. suffrutice, subarbusto.
sous-barbe [subarb] f. [du cheval] barbozza. || [du harnachement] sottogola. || MAR. briglia.
sous-bois [subwa] m. sottobosco. || [en peinture] bosco m.
sous-brigadier [subrigadje] m. vicebrigadiere.
sous-calibré, e [sukalibre] adj. MIL. decalibrato.
sous-chef [suʃɛf] m. sottocapo. | *sous-chef de gare*, capostazione aggiunto ; sottocapostazione. | *sous-chef de bureau*, vicecapoufficio. | *sous-chef d'état major*, sottocapo di stato maggiore.
sous-classe [suklas] f. LOG. sottoclasse.
sous-clavier, ère [suklavje, ɛr] adj. ANAT. succlavio.
sous-commission [sukɔmisjɔ̃] f. sottocommissione.
sous-consommation [sukɔ̃sɔmasjɔ̃] f. sottoconsumo m.
souscripteur [suskriptœr] m. sottoscrittore. | *souscripteur à un emprunt*, sottoscrittore di un prestito. | *souscripteur d'une lettre de change*, firmatario, traente di una cambiale.
souscription [suskripsjɔ̃] f. sottoscrizione. | *lancer une souscription*, lanciare, promuovere una sottoscrizione. || [somme] sottoscrizione.
souscrire [suskrir] v. tr. [signer] sottoscrivere. | *souscrire un contrat, un abonnement*, sottoscrivere un contratto, un abbonamento. ◆ v. tr. ind. **(à)** : *souscrire à un emprunt, une collecte*, sottoscrivere a un prestito, a una colletta. | *souscrire à une entreprise*, aderire a un' impresa. || FIG. *souscrire à la proposition de qn*, sottoscrivere, aderire alla proposta di qlcu. | *souscrire à un arrangement*, venire a un accomodamento. ◆ v. intr. *souscrire pour l'érection d'un monument*, sottoscrivere per l'erezione di un monumento. || LING. *iota souscrit*, iota sottoscritto.
sous-cutané, e [sukytane] adj. sottocutaneo.
sous-développé, e [sudevlɔpe] adj. sottosviluppato.
sous-développement [sudevlɔpmɑ̃] m. sottosviluppo.
sous-diaconat [sudjakɔna] m. RELIG. suddiaconato.
sous-diacre [sudjakr] m. suddiacono.
sous-directeur, trice [sudirɛktœr, tris] n. vicedirettore, trice.
sous-dominante [sudɔminɑ̃t] f. MUS. sottodominante.
sous-économe [suzekɔnɔm] m. subeconomo.
sous-emploi [suzɑ̃plwa] m. sottoccupazione f.
sous-ensemble [suzɑ̃sɑ̃bl] m. MATH. sottoinsieme.
sous-entendre [suzɑ̃tɑ̃dr] v. tr. sottintendere.
sous-entendu, e [suzɑ̃tɑ̃dy] adj. et n. m. sottinteso. | *parler par sous-entendus*, parlare per sottintesi.
sous-entrepreneur [suzɑ̃trəprənœr] m. subappaltatore.
sous-équipé, e [suzekipe] adj. insufficientemente attrezzato.
sous-équipement [suzekipmɑ̃] m. insufficienza (f.) di attrezzature.
sous-estimer [suzestime] ou **sous-évaluer** [suzevalɥe] v. tr. sottovalutare.
sous-exposer [suzɛkspoze] v. tr. PHOT. sottoesporre.
sous-faîte [sufɛt] m. contracatena f.
sous-fifre [sufifr] m. FAM. tirapiedi, impiegatuccio.
sous-frutescent, e [sufrytɛsɑ̃, ɑ̃t] adj. BOT. suffruticoso.
sous-garde [sugard] f. ponticello m.
sous-gorge [sugɔrʒ] f. inv. sottogola m. ou f. inv., soggolo m.
sous-groupe [sugrup] m. sottogruppo.
sous-jacent, e [suʒasɑ̃, ɑ̃t] adj. PR. sottostante. || FIG. *idées sous-jacentes*, idee sottese.
sous-jupe [suʒyp] f. sottogonna.
sous-lieutenant [suljøtnɑ̃] m. sottotenente.
sous-locataire [sulɔkatɛr] n. subaffittuario, a ; subinquilino (m.) ; sublocatario m. (rare).
sous-location [sulɔkasjɔ̃] f. subaffitto m., sublocazione.
sous-louer [sulwe] v. tr. [donner à loyer] subaffittare ; sublocare (rare). || [prendre à loyer] subaffittare.
sous-main [sumɛ̃] m. inv. sottomano m. ◆ loc. adv. FIG. ***en sous-main***, sottomano, sottobanco.
sous-marin, e [sumarɛ̃, in] adj. [qui vit, est sous la mer] sottomarino, subacqueo. | *faune, flore sous-marine*, fauna, flora sottomarina. | *câble sous-marin*, cavo sottomarino, subacqueo. || [qui s'effectue sous la mer] subacqueo. | *navigation, guerre, chasse, pêche sous-marine*, navigazione, guerra, caccia, pesca subacquea. ◆ n. m. sommergibile, sottomarino. | *sous-marin atomique, de poche*, sottomarino atomico, tascabile.
sous-marinier [sumarinje] m. sommergibilista.
sous-maxillaire [sumaksilɛr] adj. ANAT. sottomandibolare, sottomascellare.
sous-multiple [sumyltipl] adj. et n. m. MATH. sottomultiplo.
sous-nappe [sunap] f. mollettone m.
sous-normale [sunɔrmal] f. MATH. sottonormale.
sous-œuvre [suzœvr] n. m. LOC. ARCHIT. *reprise en sous-œuvre*, sottofondazione. | *reprendre un mur en sous-œuvre*, sottofondare un muro. || FIG. *reprendre un travail en sous-œuvre*, ricominciare un lavoro da capo.
sous-officier [suzɔfisje] m. ou fam. **sous-off** [suzɔf] m. sottufficiale (L.C.).
sous-orbitaire [suzɔrbitɛr] adj. ANAT. sottorbitale, sottorbitario.
sous-ordre [suzɔrdr] m. [personne] subordinato, subalterno. || BOT., ZOOL. sottordine. ◆ loc. adv. ***en sous-ordre***, in sottordine. || JUR. *créancier en sous-ordre*, creditore di un creditore.
sous-palan (en) [ɑ̃supalɑ̃] loc. adv. COMM. sotto paranco.
sous-payer [supeje] v. tr. pagare al di sotto del salario normale.
sous-peuplé, e [supœple] adj. sottopopolato.
sous-peuplement [supœpləmɑ̃] m. sottopopolamento.
sous-pied [supje] m. sottopiede ; staffa f.
sous-préfecture [suprefɛktyr] f. sottoprefettura.
sous-préfet [suprefɛ] m. sottoprefetto.

sous-préfète [suprefɛt] f. consorte del sottoprefetto.
sous-production [suprɔdyksjɔ̃] f. ÉCON. sottoproduzione.
sous-produit [suprɔdɥi] m. sottoprodotto.
sous-programme [suprɔgram] m. ÉLECTRON. sottoprogramma.
sous-prolétariat [suprɔletarja] m. POLIT. sottoproletariato.
sous-scapulaire [suskapylɛr] adj. ANAT. sottoscapolare.
sous-secrétaire [susəkretɛr] m. *sous-secrétaire d'État*, sottosegretario di Stato.
sous-secrétariat [susəkretarja] m. sottosegretariato.
sous-seing [susɛ̃] m. JUR. scrittura privata.
soussigné, e [susiɲe] adj. et n. sottoscritto. | *je soussigné(e) déclare que*, il sottoscritto, la sottoscritta dichiara, io sottoscritto dichiaro che.
sous-sol [susɔl] m. GÉOL. sottosuolo. || ARCHIT. sottosuolo, scantinato, seminterrato. | *en sous-sol*, seminterrato adj.
sous-station [sustasjɔ̃] f. ÉLECTR. sottostazione.
sous-tangente [sutɑ̃ʒɑ̃t] f. MATH. sottotangente.
sous-tendre [sutɑ̃dr] v. tr. MATH. et FIG. sottendere.
sous-tension [sutɑ̃sjɔ̃] f. ÉLECTR. bassa tensione.
sous-titrage [sutitraʒ] m. CIN. impressione (f.) dei sottotitoli, delle didascalie.
sous-titre [sutitr] m. TYP. sottotitolo. || CIN. didascalia f., sottotitolo.
sous-titré, e [sutitre] adj. con didascalie, con sottotitoli.
sous-titrer [sutitre] v. tr. mettere un sottotitolo a. || CIN. mettere i sottotitoli, le didascalie a.
soustractif, ive [sustraktif, iv] adj. MATH. sottrattivo. | *terme soustractif*, termine sottrattivo; sottraendo m.
soustraction [sustraksjɔ̃] f. [action, opération] sottrazione.
soustraire [sustrɛr] v. tr. MATH. et FIG. sottrarre. || LOC. *soustraire un portefeuille*, sottrarre, derubare un portafogli. | *soustraire qn à un danger*, sottrarre qlcu. a un pericolo. ◆ v. pr. **(à)** sottrarsi, sfuggire (a).
sous-traitance [sutrɛtɑ̃s] f. subappalto m.
sous-traitant [sutrɛtɑ̃] m. subappaltatore.
sous-traiter [sutrete] v. tr. subappaltare.
sous-ventrière [suvɑ̃trijɛr] f. sottopancia m. inv.
sous-verge [suvɛrʒ] m. inv. = cavallo attaccato alla destra del postiglione. || ARG. MIL. [sous-lieutenant] sottopancia.
sous-verre [suvɛr] m. inv. incorniciatura (f.) all'inglese.
sous-vêtement [suvɛtmɑ̃] m. capo di biancheria personale. | *les sous-vêtements*, la biancheria personale.
sous-virer [suvire] v. intr. AUTOM. sottosterzare.
sous-vireur, euse [suvirœr, øz] adj. sottosterzante.
soutache [sutaʃ] f. MODE passamano m., cordoncino m. || MIL. gallone m.
soutacher [sutaʃe] v. tr. guarnire con passamano.
soutane [sutan] f. (veste) talare; tonaca; sottana (fam.). || LOC. *prendre la soutane*, vestire la tonaca, la veste talare. | *renoncer à la soutane*, lasciare la veste talare, abbandonare la tonaca.
soute [sut] f. MAR. deposito m. | *soute à charbon*, carbonile m., carbonaia. | *soute à munitions*, deposito (m.) di munizioni; santabarbara. || *soute à bagages*, bagagliaio m. | *soute à carburant*, serbatoio m.
soutenable [sutnabl] adj. sopportabile. | *tyrannie soutenable*, tirannide sopportabile. || FIG. *opinion soutenable*, opinione sostenibile.
soutenance [sutnɑ̃s] f. UNIV. discussione (di una tesi).
soutènement [sutɛnmɑ̃] m. sostegno, appoggio. | *mur de soutènement*, muro di sostegno. || JUR. *soutènement de compte*, giustificazione (f.) di un rendiconto.
souteneur [sutnœr] m. protettore.
soutenir [sutnir] v. tr. **1.** [supporter] sostenere, reggere, sorreggere. | *les colonnes soutiennent la voûte*, le colonne sostengono, (sor)reggono la volta. | *mur soutenu par des contreforts*, muro sostenuto, (sor)retto da contrafforti. || **2.** [empêcher de tomber, de défaillir] sostenere, sorreggere. | *soutenir un blessé*, sostenere, sorreggere un ferito. | *il soutenait sa jambe cassée*, si sosteneva la gamba rotta. | *cet aliment te soutiendra*, questo cibo ti sosterrà. | *une piqûre pour soutenir le cœur*, un'iniezione per sostenere il cuore. | *soutenir une plante*, sostenere una pianta. || **3.** [résister à] reggere, sostenere. | *soutenir l'assaut des ennemis*, sostenere l'assalto dei nemici. | *la digue soutint l'assaut des vagues*, la diga resse l'impeto delle onde. || **4.** [aider, secourir] sorreggere, sostenere. | *soutenir un ami dans l'épreuve*, sorreggere, sostenere un amico nelle difficoltà. | *soutenir un candidat*, sostenere, appoggiare un candidato. | *soutenir une firme*, sostenere una ditta. | *soutenir financièrement une famille*, mantenere una famiglia. || **5.** [affirmer avec force] sostenere. | *soutenir le contraire*, sostenere il contrario. | *il soutient qu'il l'a vu, que nous avons tort*, sostiene di averlo visto, che abbiamo torto. || **6.** [défendre] sostenere. | *soutenir une cause, une opinion*, sostenere una causa, un'opinione. || UNIV. *soutenir sa thèse de doctorat*, discutere la tesi. || **7.** LOC. *soutenir son effort, son rang, sa réputation*, sostenere lo sforzo, il proprio decoro, la propria reputazione. | *soutenir l'intérêt*, sostenere l'interesse. | *soutenir le courage*, sostenere il coraggio, tener su il morale. | *soutenir la comparaison avec qn, avec qch.*, reggere al confronto con qlcu., con qlco. | *soutenir la conversation*, tener viva, sostenere la conversazione. | *soutenir le regard de qn*, sostenere lo sguardo di qlcu. | *soutenir la voix*, tenere la voce. ◆ v. pr. [se tenir debout] reggersi, sostenersi. | *se soutenir difficilement sur ses jambes*, reggersi a stento sulle gambe, faticare a sostenersi sulle gambe. || [s'empêcher réciproquement de tomber] reggersi, sostenersi tra sé, a vicenda. || [ne pas s'enfoncer] *se soutenir sur l'eau*, reggersi a galla. || [s'aider mutuellement] aiutarsi a vicenda. || FIG. *l'intérêt du roman se soutient jusqu'à la fin*, l'interesse del romanzo regge sino alla fine.
soutenu, e [sutny] adj. [noble] sostenuto. || *style soutenu*, stile sostenuto. || [qui ne se relâche pas] continuo, costante. | *intérêt soutenu*, interesse continuo. | *efforts soutenus*, sforzi costanti. | *allure soutenue*, andatura sostenuta. || [intense] *couleur soutenue*, colore intenso, carico. || COMM. *marché soutenu, prix soutenus*, mercato sostenuto, prezzi sostenuti. || HÉRALD. sostenuto.
souterrain, e [suterɛ̃, ɛn] adj. PR. et FIG. sotterraneo. | *passage souterrain*, V. PASSAGE. | *activité souterraine*, attività sotterranea. | *atteindre son but par des voies souterraines*, arrivare allo scopo per vie sotterranee. ◆ n. m. sotterraneo. || [tunnel] galleria f.; tunnel (angl.), traforo.
soutien [sutjɛ̃] m. sostegno. || FIG. sostegno, appoggio. | *soutien électoral*, appoggio elettorale. | *soutien de famille*, sostegno della famiglia. || MIL. *unité de soutien*, unità di rincalzo.
soutien-gorge [sutjɛ̃gɔrʒ] m. reggipetto, reggiseno.
soutier [sutje] m. MAR. f(u)ochista.
soutirage [sutiraʒ] m. [du vin] travasamento. || IND. spillamento.
soutirer [sutire] v. tr. travasare. || FIG. spillare, carpire. | *soutirer un secret*, carpire un segreto. | *soutirer de l'argent*, spillare denaro.
1. souvenir [suvnir] m. [impression gardée; mémoire] ricordo, memoria f. | *souvenirs d'enfance*, ricordi d'infanzia. | *évoquer le souvenir de qn, de qch.*, (ri)evocare il ricordo di qlcu., di qlco. | *si j'ai bon souvenir*, se ho buona memoria. | *je n'en ai pas gardé le moindre souvenir*, non ne ho la più lontana memoria. | *rappeler qch. au souvenir de qn*, ricordare qlco. a qlcu. | *se rappeler au (bon) souvenir de qn*, V. RAPPELER. | *en souvenir de*, a, in, per ricordo di. || [objet] ricordo; [touristique] ricordo; souvenir (fr.). | *petit souvenir*, ricordino. | *c'est un souvenir de famille*, è un ricordo di famiglia. || HIST. LITT. *écrire ses souvenirs*, scrivere i propri ricordi, le proprie memorie. || PSYCHAN.

souvenir-écran, souvenir de couverture, ricordo di copertura.
2. souvenir (se) [səsuvnir] v. pr. ricordarsi, rammentarsi. | *je m'en souviens parfaitement,* me ne ricordo, me ne rammento perfettamente. | *souvenez-vous-en,* ricordatevene. | *je ne me souviens plus de tes paroles,* non mi ricordo più, non mi rammento più delle tue parole, non ricordo più le tue parole. ‖ FAM. *je m'en souviendrai* [menace], me la lego al dito. ◆ v. impers. (littér.) *il me souvient que,* mi sovviene che. | *autant qu'il m'en souvienne,* per quanto mi ricordi.
souvent [suvɑ̃] adv. spesso ; sovente (littér.). | *le plus souvent,* per lo più ; il più delle volte. ‖ FAM. *plus souvent !* mai e poi mai ! (L.C.) ; un corno ! (vulg.).
souverain, e [suvrɛ̃, ɛn] adj. [suprême] sommo. | *le souverain bien,* v. le nom. | *une souveraine habileté,* una somma abilità. ‖ [sans contrôle] *puissance souveraine,* potere sovrano. ‖ [extrême] *souverain mépris,* supremo, sovrano disprezzo. | *souveraine indifférence,* suprema, sovrana indifferenza. ‖ [très efficace] *remède souverain,* rimedio sovrano. ‖ JUR. *cour souveraine,* corte suprema. ‖ RELIG. *souverain pontife,* v. le nom. ◆ n. sovrano, a. | *les souverains,* i sovrani, i reali. ◆ n. m. [monnaie] sovrana f.
souverainement [suv(ə)rɛnmɑ̃] adv. [au plus haut point] sommamente, supremamente. | *mépriser souverainement qn,* disprezzare sovranamente qlcu. | *livre souverainement ennuyeux,* libro sommamente noioso. ‖ [sans appel] sovranamente. | *juger souverainement,* giudicare sovranamente.
souveraineté [suvrɛnte] f. sovranità. | *souveraineté du roi, du peuple,* sovranità del re, del popolo, popolare. ‖ FIG. superiorità, sovranità. | *souveraineté de la raison,* sovranità, superiorità della ragione.
soviet [sɔvjɛt] m. soviet | *soviet suprême,* soviet supremo.
soviétique [sɔvjetik] adj. et n. sovietico.
soviétisation [sɔvjetizasjɔ̃] f. sovietizzazione.
soviétiser [sɔvjetize] v. tr. sovietizzare.
sovkhoz(e) [sɔvkoz] m. sovchoz.
soya m. V. SOJA.
soyeux, euse [swajø, øz] adj. [de la nature de la soie] serico, setoso. | *fil soyeux des araignées,* filo serico dei ragni. | *matière soyeuse,* materia setosa. ‖ [qui a l'apparence de la soie] serico, setoso. | *cheveux soyeux,* capelli serici, setosi ; capelli di seta. | *éclat soyeux,* lucentezza serica. | *froufrou soyeux,* fruscìo serico. | *soyeux au toucher,* setoso al tatto. ◆ n. m. FAM. [fabricant] setaiolo (L.C.).
spacieux, euse [spasjø, øz] adj. spazioso.
spadassin [spadasɛ̃] m. [bretteur] spadaccino. | [assassin gagé] sicario, sgherro.
spadice [spadis] m. BOT. spadice.
spaghetti [spageti] m. pl. (ital.) spaghetti. ‖ PÉJOR. V. MACARONI.
spahi [spai] m. spa(h)i.
spalax [spalaks] m. ZOOL. spalace.
spallation [spalasjɔ̃] f. PHYS. NUCL. spallazione.
spalter [spaltɛr] m. pennellessa f.
sparadrap [sparadra] m. cerotto ; sparadrappo (vx).
spardeck [spardɛk] m. MAR. spardeck (angl.).
sparganier [sparganje] m. BOT. sparganio, biodo.
spargoute [spargut] f. V. SPERGULE.
sparring-partner [spariŋpartnɛr] m. SPORT sparring-partner (angl.) ; allenatore di un pugile.
spart(e) [spart] m. BOT. sparto.
spartakisme [spartakism] m. POLIT. spartachismo.
spartakiste [spartakist] adj. et n. POLIT. spartachista.
spartéine [spartein] f. CHIM. sparteina.
sparterie [spartəri] f. sparteria.
spartiate [sparsjat] adj. et n. PR. et FIG. spartano. | *à la spartiate,* spartanamente. ◆ n. f. [sandale] sandalo (m.) alla schiava.
spasme [spasm] m. spasmo.
spasmodique [spasmɔdik] adj. PR. et FIG. spasmodico.
spatangue [spatɑ̃g] m. ZOOL. spatango.
spath [spat] m. MINÉR. spato. | *spath d'Islande,* spato d'Islanda. | *spath fluor,* spato di fluoro, spatofluoro ; fluorite f.
spathe [spat] f. BOT. spata.
spathique [spatik] adj. MINÉR. spatico.
spatial, e, aux [spasjal, o] adj. spaziale.
spatialiser [spasjalize] v. tr. spazializzare.
spatialité [spasjalite] f. spazialità.
spationaute [spasjɔnot] n., **spationautique** [spasjɔnotik] f., **spationef** [spasjɔnɛf] m. V. ASTRONAUTE, ASTRONAUTIQUE, ASTRONEF.
spatio-temporel, elle [spasjɔtɑ̃pɔrɛl] adj. spaziotemporale.
spatule [spatyl] f. [instrument ; partie du ski ; oiseau] spatola.
speaker, ine [spikœr, krin] n. (angl.) TÉLÉCOM. annunciatore, speaker ; annunciatrice. ◆ m. POLIT. speaker.
spécial, e, aux [spesjal, o] adj. speciale. | *train, envoyé spécial,* treno, inviato speciale. ‖ [exceptionnel] *cas spécial,* caso particolare, speciale. | *édition spéciale,* v. le nom. ‖ MIL. *armes spéciales,* armi batteriologiche, chimiche, nucleari. ‖ UNIV. *(classe de) mathématiques spéciales* = classe preparatoria ai concorsi d'ammmissione alle scuole superiori scientifiche. ‖ LOC. *avoir des mœurs spéciales,* avere abitudini speciali.
spécialement [spesjalmɑ̃] adv. specialmente, in specie.
spécialisation [spesjalizasjɔ̃] f. specializzazione.
spécialisé e [spesjalize] adj. specializzato. V. aussi OUVRIER.
spécialiser [spesjalize] v. tr. specializzare. ◆ v. pr. specializzarsi.
spécialiste [spesjalist] n. specialista. ‖ MÉD. *(médecin) spécialiste,* (medico) specialista.
spécialité [spesjalite] f. specialità. | *sa spécialité est l'histoire,* la sua specialità è la storia. ‖ CULIN., MÉD., PHARM. specialità.
spécieux, euse [spesjø, øz] adj. specioso. ◆ n. m. speciosità f.
spécification [spesifikasjɔ̃] f. specificazione. ‖ JUR., LOG. specificazione.
spécificité [spesifisite] f. specificità.
spécifier [spesifje] v. tr. specificare.
spécifique [spesifik] adj. et n. m. specifico.
spécimen [spesimɛn] m. [modèle] esemplare, modello. | *un beau spécimen de l'architecture de la Renaissance,* un bell'esemplare di architettura rinascimentale. ‖ [publication] saggio ; specimen (lat.). | *(numéro) spécimen,* copia di saggio ; specimen. ‖ COMM. *spécimen de signature,* specimen di firma.
spéciosité [spesjozite] f. speciosità.
spectacle [spɛktakl] m. [naturel, artistique] spettacolo. | *à grand spectacle,* spettacolare adj. | *courir les spectacles,* andare a tutti gli spettacoli. ‖ FIG. *se donner en spectacle,* dare spettacolo di sé. | *donner en spectacle sa virtuosité,* dare spettacolo della propria bravura. | *à ce spectacle,* a questa, a quella vista. | *au spectacle de qch.,* alla vista di qlco., al vedere qlco.
spectaculaire [spɛktakylɛr] adj. spettacolare (gall.) ; spettacoloso.
spectateur, trice [spɛktatœr, tris] n. spettatore, trice. ‖ FIG. *considérer les choses, la vie en spectateur,* considerare le cose, la vita da semplice spettatore.
spectral, e, aux [spɛktral, o] adj. spettrale. ‖ PHYS. *analyse spectrale,* analisi spettrale.
spectre [spɛktr] m. PR. et FIG. spettro. | *le spectre de la faim,* lo spettro della fame. ‖ FAM. [personne grande et maigre] spettro. ‖ PHYS. *spectre solaire,* spettro solare.
spectrogramme [spɛktrogram] m. spettrogramma.
spectrographe [spɛktrograf] m. spettrografo.
spectrohéliographe [spɛktroeljograf] m. spettroeliografo.
spectroscope [spɛktroskɔp] m. spettroscopio.
spectroscopie [spɛktroskɔpi] f. spettroscopia.
spectroscopique [spɛktroskɔpik] adj. spettroscopico.
spéculaire [spekylɛr] adj. MINÉR. speculare. ‖ [relatif

au miroir] *image spéculaire*, immagine speculare. ‖ MÉD. *écriture spéculaire*, scrittura speculare. ‖ PSYCH. *hallucination spéculaire*, allucinazione speculare. ‖ TECHN. *poli spéculaire*, levigatura speculare. ◆ n. f. BOT. specularia.
spéculateur, trice [spekylatœr, tris] n. speculatore, trice.
spéculatif, ive [spekylatif, iv] adj. ÉCON., PHILOS. speculativo.
spéculation [spekylasjɔ̃] f. ÉCON., PHILOS. speculazione.
spéculer [spekyle] v. intr. ÉCON., PHILOS. speculare. ‖ [compter sur] *spéculer sur la crédulité des gens*, speculare sulla credulità della gente.
spéculum [spekylɔm] m. MÉD. speculum (lat.), specolo.
speech [spitʃ] m. (angl.) FAM. discorso, discorsetto (di circostanza) [L.C.].
speiss [spɛs] m. MÉTALL. speiss (angl.).
spéléologie [speleɔlɔʒi] f. speleologia.
spéléologue [speleɔlɔg] n. speleologo, a.
spencer [spɛ̃sɛr] m. MOD., MIL. spencer (angl.).
spergule [spɛrgyl] f. BOT. spergola, spergula.
spermaceti [spɛrmaseti] m. spermaceti.
spermatique [spɛrmatik] adj. ANAT. spermatico. | *cordon spermatique*, cordone spermatico.
spermatogenèse [spɛrmatɔʒənɛz] f. spermatogenesi.
spermatophytes [spɛrmatɔfit] ou **spermaphytes** [spɛrmafit] m. pl. BOT. spermatofite f. pl.
spermatozoïde [spɛrmatozɔid] m. spermatozoo.
sperme [spɛrm] m. sperma.
spermophile [spɛrmɔfil] m. ZOOL. spermofilo ; citello comune.
sphaigne [sfɛɲ] f. sfagno m.
sphénoïdal, e, aux [sfenɔidal, o] adj. ANAT. sfenoidale.
sphénoïde [sfenɔid] adj. et n. m. ANAT. *(os) sphénoïde*, sfenoide m.
sphère [sfɛr] sfera. | *sphère céleste*, sfera celeste. ‖ FIG. campo m. ; ambiente m. ; sfera. | *sphère des connaissances humaines*, campo delle conoscenze umane. | *sphère d'activité*, sfera di attività, di azione. | *hors de la sphère familiale*, fuori dell'ambiente familiare. | *hautes sphères politiques*, alte sfere politiche. | *sphère d'attributions, d'influence*, sfera di competenza, d'influenza.
sphéricité [sferisite] f. sfericità.
sphérique [sferik] adj. sferico.
sphéroïdal, e, aux [sferɔidal, o] adj. sferoidale.
sphéroïde [sferɔid] m. MATH. sferoide.
sphéromètre [sferɔmɛtr] m. sferometro.
sphex [sfɛks] m. ZOOL. sfeco, sphex.
sphincter [sfɛ̃ktɛr] m. ANAT. sfintere.
sphinx [sfɛ̃ks] m. MYTH. et FIG. sfinge f. ‖ ZOOL. sfinge f. | *sphinx tête-de-mort*, sfinge testa di morto ; atropo.
sphygmomanomètre [sfigmomanɔmɛtr] ou **sphygmotensiomètre** [-tɑ̃sjɔmɛtr] m. MÉD. sfigmomanometro.
spic [spik] m. BOT. spigo ; lavanda f.
spica [spika] m. CHIR. fasciatura a spica.
spicilège [spisilɛʒ] m. spicilegio.
spicule [spikyl] m. spicola f.
spiegel [spigəl] m. MÉTALL. spiegel (all.).
spin [spin] m. PHYS. spin (angl.).
spina-bifida [spinabifida] f. MÉD. spina bifida (lat.).
spinal, e, aux [spinal, o] adj. ANAT. spinale.
spina-ventosa [spinavɛ̃toza] m. MÉD. spina ventosa (lat.).
spinelle [spinɛl] m. MINÉR. spinello.
spinozisme [spinozism] m. PHILOS. spinozismo.
spiracle [spirakl] m. ZOOL. spiracolo.
spiral, e, aux [spiral, o] adj. spirale. ◆ n. m. [horlogerie] spirale f. ◆ n. f. [volute] spirale. ‖ MATH. spirale. ‖ LOC. *spirales de fumée*, spirali di fumo. ‖ ÉCON. *spirale des prix et des salaires*, spirale prezzi-salari. ◆ loc. adv. ***en spirale***, a spirale, a spira.
spiralé, e [spirale] adj. spiralato ; a spirale.
spirant, e [spirɑ̃, ɑ̃t] adj. et n. f. LING. spirante.
spire [spir] f. MATH., ÉLECTR. spira.
spirée [spire] f. BOT. spirea.
spirifer [spirifɛr] m. ZOOL. spirifer.
spirille [spirij] m. spirillo, spirillum.
spirillose [spiri(l)loz] f. MÉD. spirillosi.
spiritain [spiritɛ̃] m. RELIG. spiritano.
spirite [spirit] adj. [expérimental] spiritico ; [théorique] spiritistico. | *revue spirite*, rivista spiritica. | *mouvement spirite*, movimento spiritistico. ◆ n. spiritista.
spiritisme [spiritism] m. spiritismo. | *séance de spiritisme*, seduta spiritica.
spiritualisation [spiritɥalizasjɔ̃] f. spiritualizzazione.
spiritualiser [spiritɥalize] v. tr. spiritualizzare.
spiritualisme [spiritɥalism] m. PHILOS. spiritualismo.
spiritualiste [spiritɥalist] adj. spiritualistico, spiritualista. ◆ n. spiritualista.
spiritualité [spiritɥalite] f. spiritualità. | *livre de spiritualité*, libro di spiritualità.
spirituel, elle [spiritɥɛl] adj. [relatif à l'esprit, à la religion, à l'Église] spirituale. | *parenté spirituelle*, V. PARENTÉ. | *pouvoir, concert spirituel*, potere, concerto spirituale. ‖ [qui a de l'esprit] spiritoso, arguto. | *réponse spirituelle*, risposta spiritosa, arguta. ◆ n. m. potere spirituale. ‖ [franciscain] spirituale.
spirituellement [spiritɥɛlmɑ̃] adv. [en esprit] spiritualmente. ‖ [avec esprit] spiritosamente, con spirito, argutamente.
spiritueux, euse [spiritɥø, øz] adj. alcolico ; spiritoso (rare). ◆ n. m. alcolico.
spirochète [spirɔkɛt] m. spirocheta f.
spirochétose [spirɔketoz] f. MÉD. spirochetosi.
spirographe [spirɔgraf] m. ZOOL. spirografide.
spiroïdal, e, aux [spirɔidal, o] adj. spiroidale.
spiroïde [spirɔid] adj. spiroidale. ‖ MÉD. *fracture spiroïde*, frattura spiroidale.
spiromètre [spirɔmɛtr] m. spirometro.
spirorbe [spirɔrb] m. ZOOL. spirorbis.
splanchnique [splɑ̃knik] adj. ANAT. splancnico.
splancnologie [splɑ̃knɔlɔʒi] f. ANAT. splancnologia.
spleen [splin] m. spleen (angl.) ; malinconia f., tedio.
splendeur [splɑ̃dœr] f. PR. et FIG. splendore m.
splendide [splɑ̃did] adj. PR. et FIG. splendido ; fulgido (littér.).
splénectomie [splenɛktɔmi] f. CHIR. splenectomia.
splénique [splenik] adj. splenico.
splénite [splenit] f. MÉD. splenite.
splénomégalie [splenomegali] f. MÉD. splenomegalia.
spoliateur, trice [spɔljatœr, tris] adj. et n. spogliatore, trice ; depredatore, trice (littér.).
spoliation [spɔljasjɔ̃] f. spo(g)liazione ; spogliamento m. (rare).
spolier [spɔlje] v. tr. spogliare, defraudare.
spondaïque [spɔ̃daik] adj. POÉS. spondaico.
spondée [spɔ̃de] m. POÉS. spondeo.
spondias [spɔ̃djas] m. BOT. spondias f.
spondylarthrite [spɔ̃dilartrit] f. MÉD. spondil(o)artrite.
spondyle [spɔ̃dil] m. ANAT. spondilo ; vertebra f.
spongiaires [spɔ̃ʒjɛr] m. pl. ZOOL. spongiari, poriferi.
spongieux, euse [spɔ̃ʒjø, øz] adj. spugnoso ; spongioso (vx).
spongille [spɔ̃ʒil] f. spongilla.
spontané, e [spɔ̃tane] adj. spontaneo. | *génération spontanée*, generazione spontanea. | *combustion spontanée*, combustione spontanea ; autocombustione.
spontanéisme [spɔ̃taneism] m. POLIT. spontaneismo.
spontanéité [spɔ̃taneite] f. spontaneità.
sporadicité [spɔradisite] f. sporadicità.
sporadique [spɔradik] adj. sporadico.
sporange [spɔrɑ̃ʒ] m. BOT. sporangio.
spore [spɔr] f. BOT. spora.
sporogone [spɔrɔgɔn] m. BOT. sporogonio.
sporophyte [spɔrɔfit] m. BOT. sporofito.
sporotriche [spɔrɔtriʃ] m. sporotrichum.
sporotrichose [spɔrɔtrikoz] f. MÉD. sporotricosi.

sporozoaires [spɔrɔzɔɛr] m. pl. sporozoi.
sport [spɔr] m. sport m. inv. | *faire du sport*, fare dello sport. | *sports individuels, d'équipe, de combat, nautiques, d'hiver*, sport individuali, di squadra, di combattimento, nautici, invernali. | *sport professionnel, amateur*, sport professionistico, dilettantistico. | *terrain, article de sport*, campo, articolo sportivo. | *voiture de sport*, macchina sportiva; macchina sport (inv.). || LOC. FAM. *c'est du sport!*, è un'impresa! || POP. *il va y avoir du sport*, sarà un'impresa, ci sarà una bella confusione (fam.). | *faire qch. pour le sport*, fare una cosa solo per sport, per diporto (L.C.). ◆ adj. inv. FAM. sportivo (L.C.). | *des chaussures sport*, scarpe sportive. || [loyal] leale, corretto, cavalleresco, sportivo.
sportif, ive [spɔrtif, iv] adj. et n. sportivo.
sportivité [spɔrtivite] f. sportività.
sportule [spɔrtyl] f. ANTIQ. sportula.
sporulation [spɔrylasjɔ̃] f. sporulazione.
sporuler [spɔryle] v. intr. sporulare.
spot [spɔt] m. [tache lumineuse] macchia f. || [projecteur] spot (angl.). || [lampe] riflettore; faretto orientabile. || [image T. V.] punto. || [film publicitaire] film pubblicitario.
spoutnik [sputnik] m. sputnik.
sprat [sprat] m. ZOOL. spratto; sarda, serretta f.
springbok [spriŋbɔk] m. ZOOL. springbok; antidorcade f.; antilope (f.) saltante.
sprint [sprint] m. SPORT sprint (angl.); scatto finale; spunto; [cyclisme] volata f. || FAM. *piquer un sprint*, scattare (L.C.). | *au sprint*, in volata.
sprinter [sprintœr] m. SPORT sprinter (angl.); scattista; [cyclisme] scattista, velocista.
sprinter [sprinte] v. intr. SPORT scattare.
spumescent, e [spymesɑ̃, ɑ̃t] adj. (rare) [qui ressemble à de l'écume] spumoso (L.C.). || [qui produit de l'écume] schiumoso (L.C.).
spumeux, euse [spymø, øz] adj. (rare) schiumoso (L.C.).
spumosité [spymozite] f. (rare) spumosità (L.C.).
squale [skwal] m. ZOOL. squalo.
squame [skwam] f. MÉD. squama.
squameux, euse [skwamø, øz] adj. squamoso, scaglioso.
squamifère [skwamifɛr] adj. ZOOL. squamoso.
squamule [skwamyl] f. ZOOL. squametta, scaglia.
square [skwar] m. (angl.) giardinetto pubblico.
squatina [skwatina] m. ZOOL. squatina f.; pesce angelo.
squatter [skwatɛr] m. HIST. squatter (angl.). || [occupant sans titre légal] (occupante) abusivo.
squelette [skəlɛt] m. PR. et FIG. scheletro. | *ce garçon est un squelette*, questo ragazzo è uno scheletro. | *le squelette d'un navire*, lo scheletro di una nave.
squelettique [skəletik] adj. PR. et FIG. scheletrico.
squirr(h)e [skir] m. MÉD. scirro.
squirreux, euse [skirø, øz] adj. MÉD. scirroso.
stabat mater [stabatmatɛr] m. inv. RELIG. Stabat Mater (lat.).
stabilisateur, trice [stabilizatœr, tris] adj. et n. m. stabilizzatore, trice.
stabilisation [stabilizasjɔ̃] f. stabilizzazione.
stabiliser [stabilize] v. tr. stabilizzare. | *accotements non stabilisés*, banchina non transitabile. ◆ v. pr. stabilizzarsi.
stabilité [stabilite] f. PR. et FIG. stabilità.
stable [stabl] adj. PR. et FIG. stabile.
stabulation [stabylasjɔ̃] f. stabulazione.
staccato [stakato] adv. et n. m. (ital.) MUS. staccato.
stade [stad] m. [mesure] stadio. || SPORT stadio. || FIG. stadio, fase f. | *les stades d'une évolution*, gli stadi di un' evoluzione. | *stade de fabrication*, fase di fabbricazione. || PSYCHAN. *stade du miroir*, stadio dello specchio. | *stade génital, libidinal, oral*, fase genitale, libidica, orale.
stadia [stadja] m. stadia f.
1. staff [staf] m. (angl.) ART = varietà (f.) di stucco.
2. staff m. [groupe] staff (angl.).
stage [staʒ] m. tirocinio, pratica f. | *faire un stage*, fare un tirocinio, far pratica. | *stage pédagogique*, tirocinio didattico, magistrale. | *stage sur les techniques audio-visuelles*, corso di preparazione alle, corso di aggiornamento sulle tecniche audiovisive.
stagiaire [staʒjɛr] adj. [qui fait un stage] tirocinante, praticante. || [qui a rapport au stage] *période stagiaire*, periodo di tirocinio, di pratica. ◆ n. tirocinante, praticante.
stagnant, e [stagnɑ̃, ɑ̃t] adj. PR. et ÉCON. stagnante. | *eaux, affaires stagnantes*, acque, affari stagnanti.
stagnation [stagnasjɔ̃] f. PR. stagnamento m., ristagno m. || ÉCON. ristagno.
stagner [stagne] v. intr. PR. et FIG. (ri)stagnare.
stakhanovisme [stakanɔvism] m. stacanovismo.
stakhanoviste [stakanɔvist] adj. stacanovistico. ◆ n. stacanovista.
stalactite [stalaktit] f. stalattite.
stalag [stalag] m. (all.) stalag.
stalagmite [stalagmit] f. stalagmite, stalammite.
stalagmomètre [stalagmɔmɛtr] m. PHYS. stalagmometro.
stalagmométrie [stalagmɔmetri] f. stalagmometria.
stalinien, enne [stalinjɛ̃, ɛn] adj. POLIT. staliniano, stalinista. ◆ n. stalinista.
stalinisme [stalinism] m. POLIT. stalinismo.
stalle [stal] f. [d'église] stallo m. || [d'écurie] box m. (angl.); posta. || [de garage] box.
staminal, e, aux [staminal, o] adj. BOT. staminale.
staminé, e [stamine] adj. BOT. staminato.
staminifère [staminifɛr] adj. BOT. staminifero.
stance [stɑ̃s] f. POÉS. stanza.
stand [stɑ̃d] m. [d'exposition] stand (angl.); reparto, padiglione. || *stand (de tir)*, stand; campo di tiro (al bersaglio). || *stand de ravitaillement*, box, posto di rifornimento.
1. standard [stɑ̃dar] adj. inv. standard (angl.). | *échange, modèle standard*, cambio, modello standard. || [sans originalité] *sourire standard*, sorriso stereotipato. ◆ n. m. standard; campione, tipo. || FIG. *standard de vie*, standard, livello di vita. || ZOOL. *standard d'une race*, standard di razza.
2. standard m. [téléphonique] centralino (telefonico).
standardisation [stɑ̃dardizasjɔ̃] f. standardizzazione.
standardiser [stɑ̃dardize] v. tr. standardizzare.
standardiste [stɑ̃dardist] n. centralinista.
standing [stɑ̃diŋ] m. (angl.) [train de vie] tenore di vita. || [confort] lusso. | *appartement de grand standing*, appartamento di gran lusso.
stanneux [stanø] adj. m. CHIM. stannoso.
stannifère [stanifɛr] adj. MINÉR. stannifero.
stannique [stanik] adj. CHIM. stannico.
staphisaigre [stafizɛgr] f. BOT. stafisagria.
staphylier [stafilje] m. BOT. staphylea f.
1. staphylin, e [stafilɛ̃, in] adj. ANAT. stafilino.
2. staphylin m. ZOOL. stafilino.
staphylococcie [stafilokɔksi] f. MÉD. stafilococcia.
staphylocoque [stafilokɔk] m. stafilococco.
staphylome [stafilom] m. MÉD. stafiloma.
star [star] f. star (angl.); stella, diva.
starlette [starlɛt] f. starlet (angl.), stellina.
starter [startɛr] m. MÉC. starter (angl.). || SPORT starter, mossiere.
starting-block [startiŋblɔk] m. (angl.) SPORT blocco di partenza.
starting-gate [startiŋgɛt] m. SPORT starting-gate (angl.); nastro di partenza.
stase [staz] f. MÉD. stasi. || PSYCHAN. *stase libidinale*, stasi della libido.
statère [statɛr] m. ANTIQ. statere.
stathouder [statudɛr] m. HIST. statolder, stathouder, stadhouder.
statice [statis] m. BOT. statice f.
statif [statif] m. TECHN. stativo.
station [stasjɔ̃] f. [façon de se tenir] posizione; stazione (rare). | *station assise, debout*, posizione, stazione seduta, eretta. || [pause] sosta. | *faire une longue station devant un magasin*, fare una lunga

sosta davanti a un negozio. || [en géodésie] stazione. || [lieu de séjour temporaire] *station thermale, de sports d'hiver,* stazione termale, invernale. || [arrêt] *station de métro,* stazione della metropolitana. || *station d'autobus,* fermata dell'autobus. | *station de taxis,* posteggio di tassì. | *chef de station,* capostazione (pl. *capistazione*). || [établissement] *station préhistorique, expérimentale, météorologique,* stazione preistorica, sperimentale, meteorologica. || ASTR. *en station,* in stazione. || AUTOM. *station(-service),* stazione di servizio, autostazione. || RAD., T.V. *station d'émission,* stazione trasmittente. || RELIG., ART stazione. | *stations du chemin de croix,* stazioni della Via Crucis. || TECHN. *station d'épuration,* stazione di depurazione.

stationnaire [stasjɔnɛr] adj. stazionario. ◆ n. m. [bâtiment de guerre] stazionario ; nave stazionaria.

stationnale [stasjɔnal] adj. et n. f. RELIG. stazionale.

stationnement [stasjɔnmɑ̃] m. sosta f., stazionamento. | *emplacement réservé au stationnement des autobus,* spazio riservato allo stazionamento degli autobus. | *stationnement interdit,* divieto di sosta. | *stationnement unilatéral,* divieto di sosta su un solo lato. | *parc de stationnement,* parcheggio.

stationner [stasjɔne] v. intr. [personne] sostare ; [véhicule] sostare, stazionare. | *défense de stationner,* divieto di sosta.

station-service [stasjɔ̃sɛrvis] f. stazione di servizio ; autostazione.

statique [statik] adj. statico. ◆ n. f. statica.

statisticien, enne [statistisjɛ̃, ɛn] n. studioso, studiosa di statistica ; statistico m. (rare).

statistique [statistik] adj. statistico. ◆ n. f. [science ; tableau numérique] statistica. | *dresser une statistique,* fare una statistica.

statocyste [statosist] m. ZOOL. statocisti f.

stator [statɔr] m. ÉLECTR. statore.

statoréacteur [statoreaktœr] m. AÉR. statoreattore, autoreattore.

statuaire [statɥɛr] adj. *art, marbre statuaire,* arte statuaria ; marmo statuario. ◆ n. m. [sculpteur] statuario (rare). ◆ n. f. [art] statuaria (rare).

statue [staty] f. PR. et FIG. statua.

statuer [statɥe] v. intr. **(sur)** deliberare (su), pronunciarsi (su).

statuette [statɥɛt] f. statuetta, statuina.

statufier [statyfje] v. tr. FAM. fare la statua a.

statu quo [statyk(w)o] m. inv. statu(s) quo (lat.). || JUR. *statu quo ante (bellum),* statu quo ante (bellum).

stature [statyr] f. statura. || FIG. *homme d'État d'une stature exceptionnelle,* statista di eccezionale statura, levatura.

statut [staty] m. [législation] statuto. | *statut des minorités,* statuto delle minoranze. || [situation de fait] posizione f. | *le statut de la femme,* la posizione della donna. ◆ pl. [règlement] statuto.

statutaire [statytɛr] adj. statutario.

statutairement [statytɛrmɑ̃] adv. secondo lo statuto.

stayer [stɛjœr] m. SPORT stayer (angl.) ; mezzofondista.

steak [stɛk] m. (angl.) V. BIFTECK.

steamer [stimœr] m. (angl.) VX, MAR. vapore (L.C.).

stéarate [stearat] m. CHIM. stearato.

stéarine [stearin] f. CHIM. stearina.

stéarique [stearik] adj. CHIM. stearico.

stéatite [steatit] f. steatite.

stéatome [steatom] m. MÉD. steatoma, lipoma.

stéatopygie [steatopiʒi] f. steatopigia.

stéatose [steatoz] f. MÉD. steatosi.

steeple-chase [stipəlʃɛz] m. ou **steeple** [stipl] m. [hippisme ; athlétisme] steeple-chase (angl.).

stégomyie [stegomii] f. stegomìa.

stégosaure [stegozɔr] m. stegosauro.

stèle [stɛl] f. ANTIQ. stele ; stela (rare) (pl. *stele ; steli* [rare]). || L.C. *stèle funéraire,* stele sepolcrale. || BOT. stele ; cilindro centrale.

stellage [stɛlaʒ] m. FIN. stellaggio.

stellaire [stɛlɛr] adj. ASTR. stellare. || [rayonné en étoiles] stellare, stellato. || ANAT. *ganglion stellaire,* ganglio stellato. ◆ n. f. BOT. stellaria.

stellérides [stelerid] m. pl. ZOOL. asteroidi ; stelleridi (VX).

stencil [stɛnsil] m. stencil (angl.) ; matrice (f.) per duplicatore.

stendhalien, enne [stɛ̃daljɛ̃, ɛn] adj. stendhaliano.

sténodactylo [stenodaktilo] n. stenodattilografo, a.

sténodactylographie [stenodaktilografi] f. stenodattilografia.

sténogramme [stenogram] m. stenogramma.

sténographe [stenograf] n. stenografo, a.

sténographie [stenografi] f. stenografia.

sténographier [stenografje] v. tr. stenografare.

sténographique [stenografik] adj. stenografico.

sténopé [stenope] m. PHOT. foro stenopeico.

sténosage [stenosaʒ] m. TEXT. stenosaggio.

sténose [stenoz] f. MÉD. stenosi. | *sténose du pylore,* stenosi pilorica.

sténotype [stenotip] f. macchina per stenotipia ; stenotype (fr.).

sténotypie [stenotipi] f. stenotipia.

sténotypiste [stenotipist] n. stenotipista.

stentor [stɑ̃tɔr] m. stentore. | *voix de stentor,* voce stentorea. || ZOOL. stentor.

steppe [stɛp] f. steppa. | *art des steppes,* arte delle steppe.

steppique [stɛpik] adj. steppico, stepposo.

stéradian [steradjɑ̃] m. MATH. steradiante.

stercoraire [stɛrkɔrɛr] m. [oiseau ; insecte] stercorario.

stercoral, e, aux [stɛrkɔral, o] adj. stercoraceo. || MÉD. *fistule stercorale,* fistola stercoracea.

sterculiacées [stɛrkyljase] f. pl. BOT. sterculiacee.

stère [stɛr] m. stero.

stéréobate [stereobat] m. ARCHIT. stereobate.

stéréochimie [stereoʃimi] f. stereochimica.

stéréochromie [stereokrɔmi] f. stereocromia.

stéréocomparateur [stereokɔ̃paratœr] m. stereocomparatore.

stéréognosie [stereognozi] f. PHYSIOL. stereognosia.

stéréogramme [stereogram] m. PHOT. stereogramma.

stéréographie [stereografi] f. stereografia.

stéréographique [stereografik] adj. stereografico.

stéréométrie [stereometri] f. stereometria.

stéréométrique [stereometrik] adj. stereometrico.

stéréophonie [stereofɔni] f. stereofonia.

stéréophonique [stereofɔnik] adj. stereofonico.

stéréophotographie [stereofɔtɔgrafi] f. stereofotografia.

stéréoscope [stereoskɔp] m. stereoscopio.

stéréoscopique [stereoskɔpik] adj. stereoscopico.

stéréotomie [stereotɔmi] f. stereotomia.

stéréotype [stereotip] m. PSYCH. stereotipo. || TYP. stereotipia f. || [banalité] banalità f., luogo comune, concetto rifritto.

stéréotypé, e [stereotipe] adj. TYP. et FIG. stereotipato. | *sourire stéréotypé,* sorriso stereotipato.

stéréotyper [stereotipe] v. tr. TYP. et FIG. stereotipare.

stéréotypie [stereotipi] f. MÉD., TYP. stereotipia.

stérile [steril] adj. PR. et FIG. sterile. | *arbre, terre, femme, esprit, discussion stérile,* albero, terra, donna, mente, discussione sterile. || [sans bactéries] sterile. ◆ n. m. MINÉR. sterile.

stérilet [sterilɛ] m. pessario, diaframma.

stérilisant, e [sterilizɑ̃, ɑ̃t] adj. sterilizzante.

stérilisateur [sterilizatœr] m. sterilizzatore.

stérilisation [sterilizasjɔ̃] f. PR. et FIG. sterilizzazione, isterilimento m. || MÉD. sterilizzazione.

stériliser [sterilize] v. tr. PR. et FIG. sterilizzare, isterilire. || MÉD. sterilizzare.

stérilisé, e [sterilize] adj. sterilizzato, isterilito.

stérilité [sterilite] f. PR. et FIG. sterilità.

sterlet [stɛrlɛ] m. ZOOL. sterletto, sterlatto.

sterling [stɛrliŋ] n. m. et adj. inv. [angl.] *(livre) sterling,* sterlina f. | *zone sterling,* zona della sterlina.

sternal, e, aux [stɛrnal, o] adj. ANAT. sternale.

sterne [stɛrn] f. ZOOL. sterna.

sterno-cléido-mastoïdien [stɛrnokleidomastɔidjɛ̃] adj. et n. m. ANAT. sternocleidomastoideo.

sternum [stɛrnɔm] m. ANAT. sterno.
sternutation [stɛrnytasjɔ̃] f. starnutamento m.
sternutatoire [stɛrnytatwar] adj. starnutatorio.
stéroïde [sterɔid] adj. CHIM. steroidale, steroideo. ◆ n. m. steroide.
stérol [sterɔl] m. CHIM. sterolo.
stertoreux, euse [stɛrtɔrø, øz] adj. MÉD. stertoroso.
stéthoscope [stetoskɔp] m. stetoscopio.
steward [stiwart] m. steward (angl.); cameriere di bordo.
sthène [stɛn] m. PHYS. steno.
stibié, e [stibje] adj. PHARM. stibiato.
stibine [stibin] f. CHIM., MINÉR. stibina.
stichomythie [stikomiti] f. THÉÂTRE sticomitia.
stick [stik] m. (angl.) Vx [canne] giannetta f. || [cosmétologie] stick, bastoncino. || MIL. reparto di paracadutisti. || [hockey sur glace] mazza f., bastone ricurvo.
stigmate [stigmat] m. [marque] PR. et FIG. stigma, stimma m. (pl. f. *stigmate, stimmate*). || BOT., ZOOL. stigma, stimma. ◆ pl. RELIG. stigmate, stimmate f. pl.
stigmatique [stigmatik] adj. OPT. stigmatico.
stigmatisation [stigmatizasjɔ̃] f. PR. et FIG. stigmatizzazione, stimmatizzazione; (lo) stigmatizzare, (lo) stimmatizzare.
stigmatiser [stigmatize] v. tr. PR. et FIG. stigmatizzare, stimmatizzare.
stigmatisme [stigmatism] m. OPT. stigmatismo.
stillation [stilasjɔ̃] f. stillamento m., stillazione, stillicidio m.
stillatoire [stilatwar] adj. stillante.
stilligoutte [stiligut] m. V. COMPTE-GOUTTES.
stimulant, e [stimylɑ̃, ɑ̃t] adj. stimolante. ◆ n. m. MÉD. stimolante. || FIG. stimolo, incentivo.
stimulateur [stimylatœr] m. MÉD. *stimulateur cardiaque*, stimolatore cardiaco.
stimulation [stimylasjɔ̃] f. PR. et FIG. stimolazione f.
stimuler [stimyle] v. tr. PR. et FIG. stimolare. | *stimuler un enfant, l'appétit, le zèle de qn*, stimolare un bambino, l'appetito, lo zelo di qlcu.
stimuline [stimylin] f. BIOL. stimolina.
stimulus [stimylys] m. PHYSIOL. stimolo.
stipe [stip] m. BOT. stipite.
stipendié, e [stipɑ̃dje] adj. PÉJOR. prezzolato, assoldato. ◆ n. persona prezzolata, assoldata.
stipendier [stipɑ̃dje] v. tr. prezzolare, assoldare.
stipulaire [stipylɛr] adj. BOT. stipolare.
stipulation [stipylasjɔ̃] f. JUR. stipulazione. || [condition] condizione; patto m. | *avec la stipulation que*, a condizione, a patto che; purché.
stipule [stipyl] f. BOT. stipola.
stipuler [stipyle] v. tr. JUR. stipulare. || [faire savoir] precisare, specificare.
stochastique [stɔkastik] adj. stocastico. ◆ n. f. stocastica.
stock [stɔk] m. (angl.) [ensemble de marchandises] stock inv.; scorta f., partita f. | *avoir en stock*, avere in stock. | *épuiser les stocks*, esaurire gli stock, le scorte. | *rupture de stock*, esaurimento degli stock, delle scorte. | *acheter un stock de tissus, de café*, comprare una partita di tessuti, di caffè. | *stock invendu*, stock invenduto; giacenza f. | *stock d'or*, riserva aurea. || FAM. *stock de chemises, d'anecdotes*, riserva, stock (gall.) di camicie, di storielle.
stockage [stɔkaʒ] m. stoccaggio, immagazzinamento.
stock-car [stɔkkar] m. SPORT stock-car (angl.).
stocker [stɔke] v. tr. mettere in stock; immagazzinare.
stockfish [stɔkfiʃ] m. stoccafisso.
stockiste [stɔkist] m. depositario.
stœchiométrie [stekjometri] f. CHIM. stechiometria.
stœchiométrique [stekjometrik] adj. stechiometrico.
stoïcien, enne [stɔisjɛ̃, ɛn] adj. et n. PHILOS. et FIG. stoico.
stoïcisme [stɔisism] m. PHILOS. et FIG. stoicismo.
stoïque [stɔik] adj. stoico.
stolon [stɔlɔ̃] m. BOT. stolone.
stomacal, e, aux [stɔmakal, o] adj. stomacale, gastrico.
stomachique [stɔmaʃik] adj. et n. m. MÉD. stomachico.
stomate [stɔmat] m. BOT. stoma.
stomatite [stɔmatit] f. MÉD. stomatite.
stomatologie [stɔmatolɔʒi] f. MÉD. stomatologia.
stomatologiste [stɔmatolɔʒist] n. stomatologo m.
stop! [stɔp] interj. stop! (angl.), alt! || [télégramme] stop, alt. ◆ n. m. [signalisation] stop; [sur un véhicule] stop; fanalino d'arresto. || FAM. V. AUTO-STOP.
stoppage [stɔpaʒ] m. rammendo invisibile.
1. stopper [stɔpe] v. tr. [réparer] fare un rammendo invisibile a.
2. stopper v. tr. [arrêter] arrestare, fermare. ◆ v. intr. arrestarsi, fermarsi.
stoppeur, euse [stɔpœr, øz] n. rammendatore, trice.
storax [stɔraks] m. V. STYRAX.
store [stɔr] m. [déroulable] avvolgibile. || [intérieur] tenda f. || *store capote, à l'italienne, vénitien*, tenda a capote (fr.), all'italiana, alla veneziana. || [de magasin] saracinesca f.
strabique [strabik] adj. strabico.
strabisme [strabism] m. MÉD. strabismo.
stradiot [stradjo] m. HIST. MIL. stradiotto, stradiota, stradioto.
stradivarius [stradivarjus] m. MUS. stradivario.
stramoine [stramwan] m. BOT. stramonio.
strangulation [strɑ̃gylasjɔ̃] f. strangolamento m.; strangolazione (rare).
strapontin [strapɔ̃tɛ̃] m. strapuntino. || FIG. *se contenter d'un strapontin*, accontentarsi di uno strapuntino.
stras(s) [stras] m. strass. || FIG. orpello.
strasse [stras] f. strusa; cascame (m.) di seta.
stratagème [strataʒɛm] m. PR. et FIG. stratagemma.
strate [strat] f. GÉOL. strato m. || [statistique] strato.
stratège [stratɛʒ] m. ANTIQ. stratego, stratega m. || [moderne] MIL. et FIG. stratega.
stratégie [strateʒi] f. PR. et FIG. strategia.
stratégique [strateʒik] adj. strategico.
stratification [stratifikasjɔ̃] f. stratificazione.
stratifié, e [stratifje] adj. stratificato.
stratifier [stratifje] v. tr. stratificare.
stratigraphie [stratigrafi] f. GÉOL., MÉD. stratigrafia.
stratigraphique [stratigrafik] adj. stratigrafico.
strato-cumulus [stratokymylys] m. MÉTÉOR. stratocumulo.
stratosphère [stratɔsfɛr] f. stratosfera.
stratosphérique [stratɔsferik] adj. stratosferico.
stratovision [stratovizjɔ̃] f. TÉLÉCOM. stratovisione.
stratus [stratys] m. MÉTÉOR. strato.
streptococcie [strɛptokɔksi] f. MÉD. streptococcosi.
streptocoque [strɛptokɔk] m. MÉD. streptococco.
streptomycine [strɛptomisin] f. streptomicina.
stress [strɛs] m. MÉD. stress (angl.).
stressant, e [strɛsɑ̃, ɑ̃t] adj. stressante.
strette [strɛt] f. MUS. stretta.
striation [strijasjɔ̃] f. striatura.
strict, e [strikt] adj. [précis, rigoureux] stretto, rigoroso. | *discipline, observance stricte*, stretta disciplina, osservanza. | *le strict nécessaire*, lo stretto necessario. | *au sens strict du mot*, nello stretto senso del termine. | *c'est son droit le plus strict*, è suo stretto diritto. | *dans la plus stricte intimité*, V. INTIMITÉ. | *deuil strict*, lutto stretto. | *la stricte vérité*, la stretta, pura verità. | *être strict en affaires*, essere rigoroso negli affari. || [sévère] severo. | *professeur strict*, professore severo; professore stretto, di manica stretta (fam.). || FIG. *tenue très stricte*, abbigliamento molto sobrio.
strictement [striktəmɑ̃] adv. strettamente, rigorosamente, severamente.
striction [striksjɔ̃] f. MÉD. costrizione, legatura. || PHYS. strizione.
stridence [stridɑ̃s] f. LITTÉR. stridore m. (L.C.); [prolongée] stridio m. (L.C.).
strident, e [stridɑ̃, ɑ̃t] adj. stridulo, stridente.
stridulation [stridylasjɔ̃] f. stridulazione.
striduler [stridyle] v. intr. stridulare.
striduleux, euse [stridylø, øz] adj. MÉD. stridulo.
strie [stri] f. ANAT. stria. || ARCHIT. listello m. || GÉOL. striatura.

strié, e [strije] adj. striato. | *coquille striée*, conchiglia striata. || ANAT., GÉOL. striato. || ARCHIT. scanalato.
strier [strije] v. tr. striare.
strigidés [striʒide] m. pl. ZOOL. strigidi.
strigile [striʒil] m. ANTIQ. strigile.
strioscopie [strijɔskɔpi] f. strioscopia.
stripping [stripiŋ] m. PHYS. NUCL. stripping (angl.); strippaggio. || [pétrochimie] stripping; strippaggio. || CHIR. safenectomia f.
strip-tease [striptiz] m. (angl.) spogliarello.
strip-teaseuse [striptizøz] f. spogliarellista.
striure [strijyr] f. [état] striatura. || [strie] stria.
strobile [strɔbil] m. BOT. strobilo.
stroboscope [strɔbɔskɔp] m. PHYS. stroboscopio.
stroboscopie [strɔbɔskɔpi] f. stroboscopia.
strombe [strɔ̃b] m. ZOOL. strombo.
strombolien, enne [strɔ̃bɔljɛ̃, ɛn] adj. GÉOL. stromboliano.
strongle [strɔ̃gl] ou **strongyle** [strɔ̃ʒil] m. ZOOL. strongilo.
strongylose [strɔ̃ʒiloz] f. VÉTÉR. strongilosi.
strontiane [strɔ̃sjan] f. CHIM. stronziana.
strontium [strɔ̃sjɔm] m. CHIM. stronzio.
strophantine [strɔfɑ̃tin] f. PHARM. strofantina.
strophantus [strɔfɑ̃tys] m. BOT. strofanto.
strophe [strɔf] f. POÉS. strofa, strofe (pl. *strofe*).
structural, e, aux [stryktyral, o] adj. strutturale. | *surface structurale*, superficie strutturale. | *linguistique structurale*, linguistica strutturale.
structuralisme [stryktyralism] m. strutturalismo.
structuraliste [stryktyralist] adj. strutturalistico. ◆ n. strutturalista.
structuration [stryktyrasjɔ̃] f. strutturazione.
structure [stryktyr] f. PR. et FIG. struttura. | *réforme de structure*, riforma strutturale. || LOC. *structure d'accueil*, ufficio (m.) informazioni.
structurel, elle [stryktyrɛl] adj. *analyse structurelle*, analisi strutturale. | *chômage structurel*, disoccupazione strutturale.
structurer [stryktyre] v. tr. strutturare.
strychnine [striknin] f. stricnina.
strychnos [striknos] m. BOT. strychnos f.
stuc [styk] m. stucco.
stucage [stykaʒ] m. stuccatura f., stuccamento.
stucateur [stukatœr] m. stuccatore.
stud-book [stœdbuk] m. stud-book (angl.).
studieux, euse [stydjø, øz] adj. [aimant l'étude] studioso. || [consacré à l'étude] di studio, consacrato allo studio. | *journée, vie studieuse*, giornata, vita di studio. | *vacances studieuses*, vacanze dedicate allo studio. | *retraite studieuse*, vita di pensionato dedita allo studio.
studio [stydjo] m. [logis] (appartamento di una) stanza (f.) con servizi; miniappartamento. || [atelier d'artiste] studio. || CIN. studio; teatro di posa. || RADIO, T. V. studio.
stupéfaction [stypefaksjɔ̃] f. stupefazione, stupore m.
stupéfait, e [stypefɛ, ɛt] adj. stupefatto, stupito, sbalordito.
stupéfiant, e [stypefjɑ̃, ɑ̃t] adj. stupefacente, sbalorditivo. || MÉD. stupefacente. ◆ n. m. stupefacente.
stupéfier [stypefje] v. tr. [étonner] stupefare, sbalordire. || MÉD., VX provocare euforia, torpore (L.C.).
stupeur [stypœr] f. stupore m., sbalordimento m. || MÉD. stupore.
stupide [stypid] adj. stupido. | *accident, danger stupide*, incidente, pericolo stupido.
stupidité [stypidite] f. [caractère] stupidità, stupidaggine. || [action, parole] stupidaggine.
stupre [stypr] m. LITTÉR. crapula f.; dissolutezza vergognosa (L.C.).
stuquer [styke] v. tr. stuccare.
style [stil] m. [poinçon] stilo. || [de cadran solaire] stilo, gnomone. || BOT. stilo. || [aiguille qui enregistre] punta (f.), penna (f.) scrivente. || [manière d'écrire] stile. | *soigner son style*, curare lo stile. | *style administratif, diplomatique, de notaire, du palais*, stile amministrativo, diplomatico, notarile, forense. || [comportement] *c'est dans son style d'agir ainsi*, è nel suo stile agire così. || ART stile. | *meuble de style Empire*, mobile stile Impero. || [chronologie] stile. | *nouveau style*, nuovo stile. || LING. *style direct, indirect*, stile diretto, indiretto. || SPORT stile. | *nager avec style*, nuotare con stile. || LOC. *meuble de style*, mobile di stile. | *offensive de grand style*, offensiva in grande stile.
stylé, e [stile] adj. stilè. | *valet de chambre stylé*, cameriere stilè.
styler [stile] v. tr. (rare) affinare i modi di.
stylet [stilɛ] m. [poignard] stiletto. || ZOOL. rostro.
stylisation [stilizasjɔ̃] f. stilizzazione.
styliser [stilize] v. tr. stilizzare.
stylisme [stilism] m. stilismo.
styliste [stilist] n. [littérature; esthétique industrielle] stilista.
stylisticien, enne [stilistisjɛ̃, ɛn] n. studioso, studiosa di stilistica.
stylistique [stilistik] f. stilistica.
stylite [stilit] m. stilita, stilite.
stylo [stilo] m. V. STYLOGRAPHE. | *stylo (à) bille*, penna (f.) a sfera; biro f. inv.
stylobate [stilɔbat] m. ARCHIT. stilobate.
stylographe [stilɔgraf] m. (penna) stilografica f.
stylographique [stilɔgrafik] adj. stilografico.
styptique [stiptik] adj. et n. m. PHARM. stiptico.
styrax [stiraks] m. BOT. styrax. || PHARM. [baume] storace.
styrène [stirɛn] ou **styrolène** [stirɔlɛn] m. CHIM. stirene, stirolo.
su [sy] m. LOC. *au vu et au su de*, V. VU.
suaire [sɥɛr] m. sudario. || RELIG. *le saint suaire*, la sacra sindone.
suave [sɥav] adj. soave.
suavité [sɥavite] f. soavità.
subaigu, ë [sybegy] adj. subacuto.
subalpin, e [sybalpɛ̃, in] adj. subalpino.
subalterne [sybaltɛrn] adj. et n. m. subalterno. | *employé subalterne*, impiegato subalterno, d'ordine. | *officier subalterne*, V. OFFICIER. || LOG. subalterno.
subconscience [sybkɔ̃sjɑ̃s] f. subcosciente m., subcoscienza, subconscio m.
subconscient, e [sybkɔ̃sjɑ̃, ɑ̃t] adj. et n. m. subconscio, subcosciente.
subdélégation [sybdelegasjɔ̃] f. subdelegazione.
subdéléguer [sybdelege] v. tr. subdelegare.
subdiviser [sybdivize] v. tr. suddividere.
subdivision [subdivizjɔ̃] f. suddivisione. || ADM. circoscrizione; distretto m.
subéreux, euse [syberø, øz] adj. sugheroso, suberoso.
subérine [syberin] f. CHIM. suberina.
subintrant, e [sybɛ̃trɑ̃, ɑ̃t] adj. MÉD. subentrante.
subir [sybir] v. tr. [se soumettre à; supporter] subire. | *subir un interrogatoire, une offense*, subire un interrogatorio, un'offesa. | *subir des dommages, des pertes sensibles*, subire, riportare danni; subire perdite sensibili. | *subir, faire subir une opération*, sottoporsi, sottoporre a un' operazione. || FIG. *subir des changements*, subire cambiamenti. | *subir un examen*, V. EXAMEN. || FAM. *subir qn*, subire qlcu.
subit, e [sybi, it] adj. improvviso, repentino, subitaneo.
subitement [sybitmɑ̃] adv. ou fam. **subito** [sybito] improvvisamente, repentinamente, subitaneamente; all'improvviso.
subjacent, e [sybʒasɑ̃, ɑ̃t] adj. V. SOUS-JACENT.
subjectif, ive [sybʒɛktif, iv] adj. [individuel] soggettivo. || LING., MÉD., PHILOS. soggettivo.
subjectile [sybʒɛktil] m. supporto.
subjectivisme [sybʒɛktivism] m. PHILOS. soggettivismo.
subjectiviste [sybʒɛktivist] adj. PHILOS. soggettivistico. ◆ n. soggettivista.
subjectivité [sybʒɛktivite] f. soggettività.
subjonctif [sybʒɔ̃ktif] adj. et n. m. GRAMM. congiuntivo.
subjuguer [sybʒyge] v. tr. PR. et FIG. soggiogare.

sublimation [syblimasjɔ̃] f. PHYS., PSYCHAN. et FIG. sublimazione.
sublime [syblim] adj. et n. m. sublime. | *style sublime,* stile sublime. | *être sublime de courage,* dimostrare un coraggio sublime. || HIST. *la Sublime-Porte,* la Sublime Porta.
sublimé [syblime] m. CHIM. sublimato. || *sublimé (corrosif),* sublimato corrosivo.
sublimer [syblime] v. tr. CHIM. et FIG. sublimare.
subliminaire [sybliminɛr] ou **subliminal, e, aux** [sybliminal, o] adj. PSYCH. subliminare, subliminale.
sublimité [syblimite] f. sublimità.
sublingual, e, aux [syblɛ̃gwal, o] adj. ANAT. sottolinguale, sublinguale.
sublunaire [syblynɛr] adj. sublunare. || IRON. *le monde sublunaire,* il mondo sublunare.
submerger [sybmɛrʒe] v. tr. PR. sommergere. || FIG. sopraffare, sommergere. | *être submergé par la joie, par la foule,* essere sopraffatto dalla gioia, dalla folla. | *être submergé de travail,* essere sommerso dal lavoro.
submersible [sybmɛrsibl] adj. et n. m. sommergibile.
submersion [sybmɛrsjɔ̃] f. sommersione.
subodorer [sybɔdɔre] v. tr. (rare) = fiutare da lontano. || FIG., FAM. subodorare ; aver sentore di, sospettare (L.C.).
subordination [sybɔrdinasjɔ̃] f. subordinazione. || LING., LOG. subordinazione. | *conjonction de subordination,* congiunzione subordinativa.
subordonnant [sybɔrdɔnɑ̃] m. V. SUBORDINATION (conjonction de).
subordonné, e [sybɔrdɔne] adj. subordinato. ◆ adj. et n. f. LING. *(proposition) subordonnée,* (proposizione) subordinata. ◆ n. subordinato m., sottoposto m., dipendente.
subordonner [sybɔrdɔne] v. tr. subordinare.
subornation [sybɔrnasjɔ̃] f. JUR. subornazione.
suborner [sybɔrne] v. tr. subornare.
suborneur, euse [sybɔrnœr, øz] adj. et n. subornatore, trice.
subrécargue [sybrekarg] m. MAR. rappresentante dell'armatore.
subreptice [sybrɛptis] adj. JUR. surrettizio. || L.C. furtivo, sleale, illecito.
subrepticement [sybrɛptismɑ̃] adv. JUR. surrettiziamente. || L.C. furtivamente, slealmente, illecitamente.
subreption [sybrɛpsjɔ̃] f. JUR. surrezione.
subrogateur [sybrɔgatœr] adj. m. JUR. relativo alla surrogazione. ◆ n. m. sostituto del relatore.
subrogation [sybrɔgasjɔ̃] f. JUR. *subrogation personnelle, réelle,* surrogazione personale, reale.
subrogatoire [sybrɔgatwar] adj. JUR. surrogatorio.
subrogé [sybrɔʒe] adj. JUR. surrogato. | *subrogé tuteur,* protutore.
subroger [sybrɔʒe] v. tr. JUR. surrogare.
subséquemment [sypsekamɑ̃] adv. JUR. et IRON. susseguentemente, conseguentemente.
subséquent, e [sypsekɑ̃, ɑ̃t] adj. JUR. susseguente.
subside [sypsid] m. sussidio.
subsidence [sypsidɑ̃s] f. GÉOL., MÉTÉOR. subsidenza.
subsidiaire [sypsidjɛr] adj. sussidiario, complementare. | *arguments subsidiaires,* argomenti sussidiari. | *question subsidiaire,* domanda complementare. | *garantie subsidiaire,* garanzia accessoria.
subsidiairement [sypsidjɛrmɑ̃] adv. in modo complementare. || [en second lieu] secondariamente.
subsistance [sybzistɑ̃s] f. sostentamento m. | *pourvoir à la subsistance de qn,* provvedere al sostentamento di qlcu. | *moyens de subsistance,* mezzi di sostentamento, di sussistenza. ◆ pl. MIL. *service des subsistances,* sussistenza f. sing.
subsistant, e [sybzistɑ̃, ɑ̃t] adj. [demeurant] rimanente. || [en vigueur] sussistente, vigente, in vigore.
subsister [sybziste] v. intr. [exister encore] esistere ancora, rimanere, sussistere. | *il subsiste quelques ruines,* esiste ancora, rimane qualche rovina. | *il subsiste des preuves contre lui,* sussistono prove contro di lui. || [être encore en vigueur] essere in vigore ; vigere. | *cette loi subsiste,* questa legge è in vigore, vige. || [vivre] campare, vivere. | *subsister d'aumônes,* campare, vivere di elemosine.
subsonique [sybsɔnik] adj. subsonico.
substance [sypstɑ̃s] f. sostanza. ◆ loc. adv. ***en substance,*** in sostanza ; sostanzialmente.
substantialisme [sypstɑ̃sjalism] m. PHILOS. sostanzialismo.
substantialiste [sypstɑ̃sjalist] adj. PHILOS. sostanzialistico. ◆ n. sostanzialista.
substantialité [sypstɑ̃sjalite] f. PHILOS. sostanzialità.
substantiel, elle [sypstɑ̃sjɛl] adj. PHILOS. sostanziale. | *principe substantiel,* principio sostanziale. || [nourrissant] PR. et FIG. sostanzioso. || FAM. [important] sostanziale. | *avantages substantiels,* vantaggi sostanziali.
substantiellement [sypstɑ̃sjɛlmɑ̃] adv. sostanzialmente. || [de façon nourrissante] *se nourrir substantiellement,* nutrirsi in modo sostanzioso.
substantif, ive [sypstɑ̃tif, iv] adj. et n. m. sostantivo.
substantivement [sypstɑ̃tivmɑ̃] adv. *employer un adjectif substantivement,* usare un aggettivo sostantivamente.
substituer [sypstitɥe] v. tr. sostituire. | *substituer une copie à l'original,* sostituire l'originale con una copia. || JUR. *substituer un héritier,* sostituire un erede. ◆ v. pr. sostituirsi. | *se substituer à la famille,* sostituirsi alla famiglia.
substitut [sypstity] m. sostituto. || JUR. *substitut du procureur de la République,* sostituto procuratore della Repubblica. || PSYCHAN. sostituto, surrogato.
substitutif, ive [sypstitytif, iv] adj. sostitutivo. || PSYCHAN. *formation substitutive,* formazione sostitutiva.
substitution [sypstitysjɔ̃] f. sostituzione. || JUR. *substitution d'enfant,* sostituzione di neonato. | *substitution fidéicommissaire, vulgaire,* sostituzione fidecommissaria, volgare. || CHIM., MATH., PSYCHAN. sostituzione.
substrat [sypstra] ou **substratum** [sypstratum] m. LING., PHILOS. sostrato, substrato.
subsumer [sypsyme] v. tr. PHILOS. sussumere.
subterfuge [syptɛrfyʒ] m. sotterfugio. | *user de subterfuges,* ricorrere a sotterfugi.
subtil, e [syptil] adj. sottile, acuto. | *esprit, raisonnement subtil,* ingegno, ragionamento sottile, acuto. | *analyse, question subtile,* analisi, questione sottile. | *parfum subtil,* profumo sottile. || BIOL. *bacille subtil,* bacillus subtilis (lat.). || PHILOS. *matière subtile,* materia sottile.
subtilisation [syptilizasjɔ̃] f. FAM. [vol adroit] (lo) sgraffignare.
subtiliser [syptilize] v. tr. FAM. [dérober] sgraffignare. ◆ v. intr. [raffiner à l'excès] **(sur)** sottilizzare, cavillare (su). | *ne subtilisons pas,* non andiamo tanto per il sottile ; non sottilizziamo.
subtilité [syptilite] f. sottigliezza ; sottilità (rare). | *subtilité d'esprit,* sottigliezza, sottilità d'ingegno. | *se perdre en subtilités,* perdersi in sottigliezze.
subtropical, e, aux [syptrɔpikal, o] adj. subtropicale.
subulé, e [sybyle] adj. subulato.
suburbain, e [sybyrbɛ̃, ɛn] adj. suburbano.
suburbicaire [sybyrbikɛr] adj. RELIG. suburbicario.
subvenir [sybvənir] v. tr. ind. **(à)** sovvenire, provvedere, sopperire (a). | *subvenir à ses besoins,* sovvenire, provvedere, sopperire ai propri bisogni.
subvention [sybvɑ̃sjɔ̃] f. sovvenzione ; sussidio m.
subventionner [sybvɑ̃sjɔne] v. tr. sovvenzionare, sussidiare.
subversif, ive [sybvɛrsif, iv] adj. sovversivo.
subversion [sybvɛrsjɔ̃] f. sovversione ; sovvertimento m.
subversivement [sybvɛrsivmɑ̃] adv. in modo sovversivo.
suc [syk] m. PR. et FIG. succo. || ANAT. *suc gastrique, pancréatique,* succo gastrico, pancreatico. | *sucs digestifs,* succhi digestivi. || BOT. *suc vacuolaire,* succo cellulare, vacuolare.

succédané, e [syksedane] adj. et n. m. surrogato, succedaneo.
succéder [syksede] v. tr. ind. **(à)** succedere, subentrare (a). | *la nuit succède au jour,* al giorno succede la notte. | *succéder à son père,* succedere, subentrare al padre. || JUR. succedere. ◆ v. pr. succedersi, susseguirsi.
succenturié [syksɑ̃tyrje] adj. ZOOL. *ventricule succenturié,* proventriglio m.
succès [syksɛ] m. Vx [issue] esito (L.C.). || [issue heureuse] successo ; buona riuscita. | *avoir du succès,* aver successo ; [en affaires] riuscire. | *pièce, écrivain à succès,* lavoro teatrale, scrittore di successo. | *succès fou,* successo strepitoso ; successone. | *avoir un succès fou,* spopolare (fam.). | *succès d'estime,* successo di stima.
successeur [syksɛsœr] m. successore.
successibilité [syksɛsibilite] f. successibilità.
successible [syksɛsibl] adj. et n. successibile.
successif, ive [syksɛsif, iv] adj. successivo, susseguente. || JUR. successorio.
succession [syksesjɔ̃] f. successione ; (il) succedersi, (il) susseguirsi. || HIST. *guerres de succession,* guerre di successione. || JUR. successione. | *droits de succession,* imposta di successione.
successoral, e, aux [syksesɔral, o] adj. JUR. successorio.
succin [syksɛ̃] m. MINÉR. succino.
succinique [syksinik] adj. CHIM. succinico.
succinct, e [syksɛ̃, ɛ̃t] adj. succinto. | *description succincte,* descrizione succinta. | *être succinct dans ses réponses,* essere conciso nelle risposte. || FAM. *repas succinct,* pasto leggero, frugale (L.C.).
succion [syksjɔ̃] f. suzione. || MÉD. *succion d'une plaie,* suzione del sangue da una ferita.
succomber [sykɔ̃be] v. intr. et tr. ind. **(à)** [mourir] decedere, soccombere (v. défect.). | *succomber (à ses blessures),* decedere (in seguito alle ferite). | *succomber à la maladie,* soccombere al male. || FIG. [être accablé] soccombere. | *succomber sous un fardeau,* soccombere sotto un fardello. || [être vaincu] (littér.) soggiacere. || [céder à] soccombere, cedere. | *succomber à la tentation,* cedere alla tentazione.
succube [sykyb] adj. et n. m. *(démon) succube,* succubo m. ; succube m. (moins correct).
succulence [sykylɑ̃s] f. succulenza.
succulent, e [sykylɑ̃, ɑ̃t] adj. [riche en suc ; savoureux] succulento.
succursale [sykyrsal] f. succursale.
succussion [sykysjɔ̃] f. MÉD. succussione.
sucement [sysmɑ̃] m. succhiamento.
sucer [syse] v. tr. succhiare. | *sucer son doigt,* succhiarsi il dito. || FIG. *sucer avec le lait,* succhiare col latte materno. || FAM. *sucer le sang de qn, jusqu'à la moelle,* succhiare il sangue a qlcu.
sucette [sysɛt] f. [pour bébé] succhietto m., succhiotto m., ciuccio m. || [bonbon] lecca-lecca m. inv.
suceur, euse [sysœr, øz] adj. et n. succhiatore, trice. ◆ n. f. TECHN. [embouchure] bocchetta ; boccaglio m. || [machine] aspiratore m.
suçoir [syswar] m. BOT., ZOOL. succhiatoio, succiatoio.
suçon [sysɔ̃] m. FAM. succio.
suçoter [sysɔte] v. tr. FAM. succhiare piano piano.
sucrage [sykraʒ] m. zuccheraggio.
sucrant, e [sykrɑ̃, ɑ̃t] adj. dolcificante.
sucrase [sykraz] f. V. SACCHARASE.
sucrate [sykrat] m. V. SACCHARATE.
sucre [sykr] m. zucchero. | *sucre en morceaux,* zucchero in zollette, in quadretti. | *sucre en poudre, cristallisé, glace, vanillé, raffiné, candi,* zucchero in polvere, cristallizzato, (a) velo, vanigliato, raffinato, candito. | *sucre de canne, de betterave,* zucchero di canna, di barbabietola. | *mettre un peu de sucre sur,* dare un'inzuccherata a. | *pain de sucre, pince à sucre,* v. ces mots. | *sucre d'orge,* zucchero d'orzo. | *sucre de raisin, de malt, de lait,* glucosio, maltosio, lattosio. | *sucre de fruit,* fruttosio, levulosio. || FAM. [morceau] *combien de sucres voulez-vous ?,* quanti quadretti ? ; quante zollette ? || FIG. *être en sucre,* essere di vetro. || LOC. *casser du sucre sur le dos de qn,* V. CASSER. | *être tout sucre et tout miel,* V. MIEL.
sucré, e [sykre] adj. PR. zuccherato, zuccherino. | *café (peu) sucré,* caffè (poco) zuccherato. | *poires sucrées,* pere zuccherine, dolci. || FIG. zuccherato, zuccheroso. | *paroles sucrées,* parole zuccherate, melliflue. | *un air sucré,* una maniera zuccherata, zuccherosa ; un fare mellifluo. ◆ n. *faire le, la sucré(e) :* [l'aimable] essere mellifluo, a ; [l'innocent] fare il santerello, la santerella.
sucrer [sykre] v. tr. zuccherare. || POP. *sucrer les fraises,* avere la mano che trema (L.C.). ◆ v. pr. FAM. servirsi di zucchero (L.C.). || POP. far la parte del leone (L.C.).
sucrerie [sykrəri] f. [usine] zuccherificio m. ◆ pl. dolciumi m. pl.
sucrier, ère [sykrije, ɛr] adj. zuccheriero, saccarifero. | *industrie sucrière,* industria zuccheriera, saccarifera. | *betterave sucrière,* (barba)bietola saccarifera. ◆ n. m. [fabricant ; ouvrier] zuccheriere. || [récipient] zuccheriera f.
sud [syd] m. sud, mezzogiorno, meridione. | *au sud, vers le sud,* a sud, a mezzogiorno ; verso sud, verso mezzogiorno. | *au sud de,* a sud di. | *vent du sud,* vento del sud ; austro. || [région] sud, meridione. | *aller dans le Sud,* andare nel Sud. | *l'Afrique, l'Amérique du Sud,* il Sud Africa, il Sud America. ◆ adj. inv. (del) sud ; meridionale adj. | *côtes sud,* coste meridionali. | *le côté sud,* il lato sud. | *hémisphère, latitude sud,* emisfero, latitudine sud. | *pôle Sud,* polo Sud.
sud-africain, e [sydafrikɛ̃, ɛn] adj. et n. sudafricano.
sud-américain, e [sydamerikɛ̃, ɛn] adj. et n. sudamericano.
sudation [sydasjɔ̃] f. BOT. traspirazione. || PHYSIOL. traspirazione, sudorazione, diaforesi.
sudatoire [sydatwar] adj. sudatorio, diaforetico.
sud-coréen, enne [sydkɔreɛ̃, ɛn] adj. et n. sudcoreano.
sud-est [sydɛst] adj. inv. (del) sud-est ; sudorientale adj. ◆ n. m. sud-est. | *au sud-est,* a sud-est. | *vent du sud-est,* vento di sud-est ; scirocco.
sudiste [sydist] m. HIST. sudista.
sudorifique [sydɔrifik] adj. sudorifero ; sudorifico (rare) ; diaforetico. ◆ n. m. sudorifero, diaforetico.
sudoripare [sydɔripar] ou **sudorifère** [sydɔrifɛr] adj. sudoriparo.
sud-ouest [sydwɛst] adj. inv. (del) sud-ovest ; sudoccidentale adj. ◆ n. m. sud-ovest. | *au sud-ouest,* a sud-ovest. | *vent du sud-ouest,* vento di sud-ovest ; libeccio.
sud-vietnamien, enne [sydvjɛtnamjɛ̃, ɛn] adj. et n. sudvietnamita.
suède [sɥɛd] m. pelle scamosciata.
suédé, e [sɥede] adj. scamosciato.
suédois, e [sɥedwa, az] adj. et n. svedese. | *gymnastique suédoise,* ginnastica svedese. ◆ n. m. LING. svedese.
suée [sɥe] f. FAM. sudata (L.C.). | *attraper une belle suée,* fare una bella sudata, una sudataccia.
suer [sɥe] v. intr. [suj. qn] sudare. | *suer à grosses gouttes,* V. GOUTTE. || [suj. qch.] *les murs suent,* i muri trasudano. || FIG., POP. *ça me fait suer !,* mi scoccia ! (fam.). | *faire suer qn,* romper l'anima a qlcu. ; scocciare qlcu. (fam.). || FAM. *faire suer le burnous* = sfruttare i popoli colonizzati. ◆ v. tr. sudare. | *suer du sang,* sudar sangue. | *le mur sue l'humidité,* il muro trasuda l'umidità. || [révéler] trasudare. | *suer l'ennui, la peur,* trasudare noia, paura. || FAM. *suer sang et eau,* sudare sangue, una camicia, quattro camicie, sette camicie. || POP. *en suer une* = ballare.
suette [sɥɛt] f. MÉD. febbre miliare.
sueur [sɥœr] f. sudore m. | *être en sueur, ruisselant de sueur,* essere sudato ; grondare di sudore. || LOC. *vivre de la sueur du peuple,* vivere del sudore del popolo. | *gagner son pain à la sueur de son front,* guadagnarsi il pane col sudore della fronte. || [peur] *avoir des sueurs froides,* sudare freddo.
suffète [syfɛt] m. ANTIQ. suf(f)eta.

suffire [syfir] v. intr. et tr. ind. bastare. | *un rien suffit à le mettre en colère*, basta un nonnulla per, a mandarlo in collera. | *il ne peut (pas) suffire à tout*, non può arrivare a far tutto. | *cette somme lui suffira pour payer*, questa somma gli basterà per pagare. ◆ v. impers. bastare. || FAM. *ça suffit; il suffit* (littér.), basta (L.C.). | *il a suffi de demander à un agent*, è bastato chiedere a un vigile. | *il me suffit de savoir si*, basta che io sappia se. | *il suffit que je le voie*, basta che io lo veda. ◆ v. pr. *se suffire (à soi-même)*, bastare a se stesso. | *qui se suffit à soi-même*, autosufficiente (adj.).
suffisamment [syfizamɑ̃] adv. abbastanza, sufficientemente, a sufficienza; bastevolmente (rare).
suffisance [syfizɑ̃s] f. [quantité] sufficienza. || [présomption] sufficienza, boria, sussiego m. ◆ loc. adv. ***à suffisance*** [vx]; ***à ma, ta, sa suffisance*** (littér.); ***en suffisance,*** a sufficienza (L.C.).
suffisant, e [syfizɑ̃, ɑ̃t] adj. [assez] sufficiente; bastevole (littér.). || [prétentieux] sufficiente, presuntuoso, borioso. || MATH. *condition nécessaire et suffisante*, condizione necessaria e sufficiente. || PHILOS. *raison suffisante*, ragion sufficiente. || THÉOL. *grâce suffisante*, grazia sufficiente. ◆ n. *faire le suffisant*, fare il sufficiente.
suffixal, e, aux [syfiksal, o] adj. LING. suffissale.
suffixation [syfiksasjɔ̃] f. LING. suffissazione.
suffixe [syfiks] m. GRAMM. suffisso.
suffixé, e [syfikse] adj. GRAMM. provvisto di suffisso.
suffocant, e [syfɔkɑ̃, ɑ̃t] adj. soffocante. | *fumée suffocante*, fumo soffocante. | *chaleur suffocante*, caldo soffocante, afoso. || [stupéfiant] sbalorditivo.
suffocation [syfɔkasjɔ̃] f. soffocazione; soffocamento m.
suffoquer [syfɔke] v. tr. et intr. soffocare. | *suffoquer de colère*, soffocare dalla collera. || [stupéfier] sbalordire. | *nous en sommes suffoqués*, ne siamo sbalorditi; c'è da sbalordire.
suffragant [syfragɑ̃] adj. et n. m. RELIG. suffraganeo.
suffrage [syfraʒ] m. [élection] suffragio, voto. | *à l'unanimité des suffrages*, con unanimità di suffragi. | *suffrage direct, indirect, restreint, universel*, suffragio diretto, indiretto, ristretto, universale. | *suffrage capacitaire*, suffragio basato sul possesso di titoli di studio. | *suffrage censitaire*, suffragio su base censuaria. || [approbation] suffragio; approvazione f., adesione f. | *briguer les suffrages de la foule*, cercare di cattivarsi l'approvazione della folla. | *cette pièce a remporté tous les suffrages*, questa opera teatrale ha riscosso unanimi suffragi. || RELIG. suffragio.
suffragette [syfraʒɛt] f. suffragista, suffragetta.
suffusion [syfyzjɔ̃] f. MÉD. soffusione, suffusione.
suggérer [sygʒere] v. tr. suggerire.
suggestibilité [sygʒɛstibilite] f. suggestionabilità.
suggestif, ive [sygʒɛstif, iv] adj. [évocateur] suggestivo. || [connotation érotique] eroticamente suggestivo.
suggestion [sygʒɛstjɔ̃] f. [action; résultat] suggerimento m. || PSYCH. suggestione. | *suggestion hypnotique*, suggestione ipnotica.
suggestionner [sygʒɛstjɔne] v. tr. suggestionare.
suggestivité [sygʒɛstivite] f. suggestività.
suicidaire [sɥisidɛr] adj. et n. suicida.
suicide [sɥisid] m. PR. et FIG. suicidio. || LOC. *c'est un vrai suicide*, è un voler suicidarsi, ammazzarsi.
suicidé, e [sɥiside] adj. et n. suicida.
suicider (se) [səsɥiside] v. pr. PR. et FIG. suicidarsi.
suidés [sɥide] m. pl. ZOOL. suidi.
suie [sɥi] f. fuliggine.
suif [sɥif] m. sego; sevo (rare). || BOT. *arbre à suif*, albero del sego. || POP. [réprimande] lavata (f.) di capo (fam.). || ARG. [bagarre] = baruffa (f.), tafferuglio.
suiffer [sɥife] v. tr. spalmare di sego.
suiffeux, euse [sɥifø, øz] adj. segoso.
sui generis [sɥiʒeneris] loc. adj. sui generis (lat.).
suint [sɥɛ̃] m. untume (della lana). || [du verre] scoria f.
suintement [sɥɛ̃tmɑ̃] m. (il) trasudare, (il) trapelare, trasudamento; gemitìo (littér.). | *suintement de l'humidité, d'une muraille, d'une plaie*, trasudamento dell'umidità, di un muro, di una piaga.
suinter [sɥɛ̃te] v. intr. trasudare, trapelare. ◆ v. tr. PR. et FIG. trasudare.
suisse [sɥis] adj. svizzero. || HIST. *les gardes suisses*, le guardie svizzere. ◆ n. m. GÉOGR. svizzero. || [portier] guardaportone; suisse (fr.). || [d'église] cerimoniere. || CULIN. *(petit-) suisse* = formaggino fresco. || LOC. *faire suisse, manger en suisse* = pranzare lautamente da soli.
suissesse [sɥisɛs] f. svizzera.
suite [sɥit] f. **1.** [ensemble de personnes] seguito m. | *la suite d'un prince, d'un ministre*, il seguito di un principe, di un ministro. | *il le traîne toujours à sa suite*, se lo porta sempre dietro. | *avoir toujours une suite d'admirateurs*, avere sempre un seguito, un codazzo (iron.) di ammiratori. || **2.** [ce qui vient ensuite] seguito, continuazione. | *suite d'un roman*, seguito, continuazione di un romanzo. | *la suite au prochain numéro*, V. NUMÉRO. | *suite page cinq*, continua a pagina cinque. | *suite de la première page*, (segue) dalla prima pagina. | *ta demande fait suite à sa proposition*, alla sua proposta segue, fa seguito la tua richiesta. | *prendre la suite de son père*, succedere al padre. | *prends la suite*, continua tu. || **3.** [série] seguito, successione. | *une suite de succès*, una serie, un susseguirsi di successi. | *longue suite d'aïeux*, lunga serie, successione di antenati. | *longue suite d'arbres*, lunga fila, lungo filare di alberi. | *une longue suite de malheurs*, una lunga serie, un lungo seguito di disgrazie; une sfilza di guai (fam.). || [hôtel] appartamento m. || **4.** [conséquence] seguito, conseguenza, strascichi m. pl., postumi m. pl. | *l'incident n'a pas eu de suites*, l'incidente non ha avuto alcun seguito. | *mourir des suites d'une maladie*, morire dei postumi di una malattia. | *l'affaire, la maladie a laissé des suites*, la faccenda, la malattia ha avuto degli strascichi. | *donner suite à*, dare seguito, corso, esecuzione a. || **5.** [ordre logique] coerenza. | *raisonnements, propos sans suite*, ragionamenti, discorsi sconnessi, sconclusionati. | *esprit de suite*, perseveranza, fermezza (nelle idee). | *il faut avoir de la suite dans les idées*, bisogna essere perseveranti nelle proprie idee. || **6.** ADM. *(comme) suite à*, facendo seguito a. || JUR. *droit de suite*, diritto di sequela, di seguito. || MATH. successione. || MÉD. *suites de couches*, puerperio m. || MUS. suite (fr.). ◆ loc. adv. ***de suite,*** di seguito. | *trois heures de suite*, tre ore di seguito. | *et ainsi de suite*, e così via; e via di seguito. || ***tout de suite,*** subito. || ***par suite,*** conseguentemente; per conseguenza; quindi. || ***par la suite,*** in seguito. ◆ loc. prép. ***à la suite de,*** a seguito di, in seguito a, a causa di; [après] dietro. | *à la suite de votre demande*, a seguito della sua domanda. | *à la suite de quoi*, in seguito a ciò. | *à la suite de cet accident il n'a plus travaillé*, in seguito a, a causa di questa disgrazia non ha più lavorato. | *marcher à la suite de qn*, camminare dietro qlcu. | ***par suite de,*** in seguito a, a causa di.
suitée [sɥite] adj. f. *jument suitée*, giumenta seguita dal puledro.
1. suivant [sɥivɑ̃] prép. [direction, conformité] secondo; [en fonction de] secondo; a seconda di. | *marcher suivant l'axe de la vallée*, camminare secondo l'asse della valle. | *suivant son habitude il arrivera à temps*, secondo il solito, come al solito arriverà in tempo. | *suivant Descartes*, secondo Cartesio. | *suivant les cas*, secondo i casi, a seconda dei casi. ◆ loc. conj. ***suivant que,*** secondo che. | *suivant qu'il travaillera ou non, il sera récompensé ou puni*, secondo che egli studi o no, sarà ricompensato o punito.
2. suivant, e [sɥivɑ̃, ɑ̃t] adj. seguente. ◆ n. *au suivant!, à la suivante!*, avanti un altro!, avanti un'altra! ◆ n. m. pl. seguito m. sing. ◆ n. f. dama, damigella di compagnia; donna del seguito. || THÉATRE confidente.
suiveur [sɥivœr] m. [cyclisme] suiveur (fr.). | *les suiveurs*, il seguito. || FAM. [de femmes] pappagallo. || PÉJOR. imitatore pedissequo.
suivi, e [sɥivi] adj. [continu] continuo. | *relations suivies*, relazioni continue. || [fréquenté] frequentato. |

conférences très suivies, conferenze molto frequentate. ‖ [logique] coerente, filato. | *discours, raisonnement suivi*, discorso, ragionamento coerente, filato. ‖ COMM. *article suivi* = articolo di cui è prevista la continuazione della produzione.

suivisme [sɥivism] m. imitazione pedissequa.

suivre [sɥivr] v. tr. seguire. | *suivre qn de près, pas à pas*, seguire qlcu. da vicino, passo passo. | *suivre une route, la lisière d'un bois*, seguire una strada, il limite di un bosco. ‖ [pour épier] pedinare. ‖ [accompagner] seguire, accompagnare. | *suivre un ami dans son exil, partout ses parents, le sort de qn*, seguire un amico nell'esilio, dovunque i genitori, la sorte di qlcu. | *suivre un enfant dans ses études*, seguire un ragazzo negli studi. ‖ FIG. *suivre qn par la pensée*, seguire qlcu. col pensiero. | *suivre un discours, un raisonnement*, seguire un discorso, un ragionamento. | *suis-moi bien*, seguimi bene. | *suivre facilement sa classe*, seguire con facilità la classe. ‖ [se conformer à] seguire ; tener dietro a. | *suivre (la philosophie de) Kant*, seguire (la filosofia di) Kant. | *un exemple à suivre*, un esempio da seguire. ‖ [observer] *suivre les progrès des négociations, une affaire*, seguire i progressi dei negoziati, un affare. ‖ COMM. *suivre un article*, continuare la produzione di un articolo. ‖ MÉD. *suivre un traitement, un régime*, seguire una cura, un regime. ‖ [fréquenter] *suivre un cours*, seguire, frequentare un corso. ‖ [venir après] seguire v. intr. | *le printemps suit l'hiver*, all'inverno segue la primavera. ‖ [s'attacher à] *l'envie suit la gloire*, l'invidia tien dietro alla gloria. ‖ LOC. *suivre qn dans la tombe*, seguire qlcu. nella tomba. | *suivre son cours*, seguire il proprio corso. ‖ FAM. *suivre le mouvement*, seguire la corrente. ◆ v. intr. *ne pas suivre en classe*, non stare attento a scuola. | *ce qui suit*, quel che segue. | *comme suit*, come segue. | *le paiement suivra*, il pagamento verrà effettuato in seguito. ‖ LOC. *à suivre*, continua. | *(prière de) faire suivre*, far proseguire. ◆ v. impers. *il suit de là que*, ne consegue che. ◆ v. pr. [se succéder] (sus)seguirsi, succedersi. ‖ [s'enchaîner] concatenarsi.

1. sujet [syʒɛ] m. [motif] motivo, ragione f. | *querelle sans sujet*, lite senza motivo. | *sujet d'inquiétude*, motivo, fonte (f.) d'inquietudine. | *donner à qn, avoir sujet de se plaindre*, dare a qlcu., avere motivo di lagnarsi. ‖ [thème] argomento, tema, soggetto. | *sujet de devoir, de pièce, de film*, argomento, tema, soggetto di compito, di opera teatrale, di film. | *entrer dans le sujet*, entrare in argomento. | *être plein de son sujet*, essere preso dall'argomento. | *sortir du sujet*, andare fuori tema, uscir di tema. | *à, sur ce sujet*, a questo proposito. ‖ [personne] soggetto. | *bon sujet*, buon elemento, persona perbene. | *brillant sujet, sujet d'élite*, elemento brillante. | *mauvais sujet*, cattivo soggetto, pessimo arnese. | *cet élève est un excellent sujet*, quest'alunno è un ottimo elemento. ‖ [ressortissant] suddito. ‖ JUR. *sujet de droit*, soggetto di diritto. ‖ BOT., GRAMM., MÉD., PHILOS. soggetto. ◆ loc. prép. ***au sujet de***, riguardo a, a proposito di.

2. sujet, ette [syʒɛ, ɛt] adj. [exposé] soggetto. | *sujet au mal de mer, à la colère, aux inconvénients, à l'impôt*, soggetto al mal di mare, alla collera, agli inconvenienti, all'imposta. | *l'homme est sujet à se tromper*, l'uomo è soggetto a sbagliare. ‖ [enclin] soggetto, portato, incline. | *être sujet à s'enivrer*, essere soggetto, portato, incline ad ubriacarsi. ‖ [susceptible de] suscettibile (di). | *texte sujet à des interprétations différentes*, testo suscettibile di interpretazioni diverse. ‖ LOC. *sujet à caution*, v. ce mot. | *être sujet à discussion*, essere discutibile, opinabile.

sujétion [syʒesjɔ̃] f. [dépendance] soggezione ; assoggettamento m. ‖ [contrainte] schiavitù. ‖ JUR. servitù.

sulciforme [sylsifɔrm] adj. MÉD. sulciforme.

sulfamide [sylfamid] m. sulfamidico.

sulfatage [sylfataʒ] m. AGR. ramatura f.

sulfate [sylfat] m. CHIM. solfato.

sulfaté, e [sylfate] adj. solfatato.

sulfater [sylfate] v. tr. ramare.

sulfhydrique [sylfidrik] adj. m. CHIM. solfidrico.

sulfinisation [sylfinizasjɔ̃] f. MÉTALL. sulfinizzazione.

sulfitage [sylfitaʒ] m. AGR. solfitazione.

sulfite [sylfit] m. CHIM. solfito.

sulfocarbonate [sylfokarbɔnat] m. V. THIOCARBONATE.

sulfoné, e [sylfɔne] adj. CHIM. solfonico.

sulfovinique [sylfovinik] adj. CHIM. etilsolforico.

sulfuration [sylfyrasjɔ̃] f. CHIM. solforazione, solfurazione.

sulfure [sylfyr] m. solfuro.

sulfuré, e [sylfyre] adj. solforato. | *hydrogène sulfuré*, idrogeno solforato.

sulfurer [sylfyre] v. tr. solforare.

sulfureux, euse [sylfyrø, øz] adj. solforoso, sulfureo. | *acide sulfureux*, acido solforoso. | *anhydride sulfureux*, anidride solforosa. | *eaux sulfureuses*, acque solforose, sulfuree. | *exhalaisons, vapeurs sulfureuses*, vapori solforosi ; putizze f. pl.

sulfurique [sylfyrik] adj. solforico.

sulfurisé, e [sylfyrize] adj. *papier sulfurisé*, (carta) pergamina ; pergamino m.

sulky [sylki] m. [hippisme] sulky (angl.) ; sediolo.

sulpicien [sylpisjɛ̃] m. RELIG. sulpiziano. ‖ PÉJOR. *art sulpicien* = arte sacra di qualità scadente.

sultan [syltɑ̃] m. sultano.

sultanat [syltana] m. [dignité ; règne] sultanato.

sultane [syltan] f. sultana.

sumac [symak] m. BOT. sommacco.

sumérien, enne [symerjɛ̃, ɛn] adj. HIST. sumerico, sumero. ◆ n. sumero, a. ◆ n. m. LING. sumero.

summum [sɔmmɔm] m. (lat.) LITTÉR. culmine, apogeo, apice.

sunlight [sœnlajt] m. (angl.) CIN. proiettore.

sunnite [synit] m. RELIG. sunnita.

super [sypɛr] m. FAM. super f. ◆ adj. inv. FAM. superlativo adj.

superbe [sypɛrb] adj. superbo, magnifico, splendido. | *superbe palais*, magnifico, superbo palazzo. | *femme superbe*, donna splendida. | *quel temps superbe !*, che tempo magnifico, splendido ! ◆ n. m. Vx [orgueilleux] superbo (L.C.). ◆ n. f. Vx superbia (L.C.).

supercarburant [sypɛrkarbyrɑ̃] m. supercarburante, benzina (f.) super.

supercherie [sypɛrʃəri] f. COMM. inganno m., frode. ‖ ART, HIST. LITT. finzione.

superciment [sypɛrsimɑ̃] m. TECHN. supercemento ; cemento a presa rapida.

supère [sypɛr] adj. BOT. supero.

supérette [syperɛt] f. minimercato m.

superfétation [sypɛrfetasjɔ̃] f. PHYSIOL. et FIG. superfetazione.

superfétatoire [sypɛrfetatwar] adj. superfluo.

superficie [sypɛrfisi] f. PR. et FIG. superficie. | *superficie d'un terrain*, superficie di un terreno. | *s'arrêter à la superficie des choses*, fermarsi alla superficie delle cose.

superficiel, elle [sypɛrfisjɛl] adj. PR. et FIG. superficiale.

superfinition [sypɛrfinisjɔ̃] f. TECHN. superfinitura.

superflu, e [sypɛrfly] adj. et n. m. superfluo.

superfluité [sypɛrflɥite] f. Vx superfluità (L.C.). ◆ pl. superfluità.

superforteresse [sypɛrfɔrtərɛs] f. AÉR. superfortezza.

supergrand [sypɛrgrɑ̃] m. FAM. V. SUPERPUISSANCE.

superhétérodyne [sypɛreterodin] adj. et n. m. TÉLÉCOM. supereterodina f.

super-huit [sypɛrɥit] adj. et n. m. inv. = formato 9,5 mm. | *caméra super-huit*, cinepresa per (pellicola di) 9,5 mm. | *filmer en super-huit*, filmare in 9,5 mm.

supérieur, e [syperjœr] adj. PR. et FIG. superiore. | *lèvre, qualité, intelligence supérieure*, labbro, qualità, intelligenza superiore. | *niveau, degré supérieur*, livello, grado superiore. | *d'un air supérieur*, con aria di superiorità. ‖ GÉOGR. *Rhône supérieur*, Rodano superiore. ‖ MIL. V. OFFICIER. ‖ BOT., ZOOL. superiore. ‖ LOC. *être supérieur aux événements*, essere più forte

degli eventi. ◆ n. RELIG. superiore, a. ◆ n. m. superiore. ‖ UNIV. istruzione superiore, universitaria.
supérieurement [sypɛrjœrmɑ̃] adv. superiormente, supremamente, superlativamente. | *supérieurement doué*, superdotato.
supériorité [sypɛrjɔrite] f. superiorità. | *supériorité de moyens, morale, intellectuelle*, superiorità di mezzi, morale, intellettuale. ‖ GRAMM. *comparatif de supériorité*, comparativo di maggioranza. ‖ MIL. *supériorité aérienne, navale*, superiorità, supremazia aerea, navale. ‖ RELIG., VX [dignité] superiorato m. (L.C.).
superlatif, ive [sypɛrlatif, iv] adj. et n. m. superlativo. | *superlatif absolu, relatif*, superlativo assoluto, relativo. ◆ loc. adv. ***au superlatif***, superlativamente. | *il est bête au superlatif*, è superlativamente stupido.
superlativement [sypɛrlativmɑ̃] adv. Vx superlativamente (L.C.).
superman [sypɛrman] m. (pl. **supermen**) superman (angl.). ‖ IRON. superuomo.
supermarché [sypɛrmarʃe] m. supermercato ; supermarket (angl.).
supernova [sypɛrnɔva] f. (pl. **supernovae**) ASTR. supernova.
superovarié, e [sypɛrovarje] adj. BOT. = con ovario supero.
superphosphate [sypɛrfɔsfat] m. superfosfato ; perfosfato (moins correct).
superposable [sypɛrpozabl] adj. MATH. et FIG. sovrapponibile.
superposer [sypɛrpoze] v. tr. PR. et FIG. sovrapporre. ◆ v. pr. PR. et FIG. sovrapporsi.
superposition [sypɛrpozisjɔ̃] f. sovrapposizione.
superpréfet [sypɛrprefɛ] m. V. IGAME.
superproduction [sypɛrprɔdyksjɔ̃] f. CIN. supercolosso m.
superpuissance [sypɛrpɥisɑ̃s] f. superpotenza.
supersonique [sypɛrsɔnik] adj. supersonico.
superstitieux, euse [sypɛrstisjø, øz] adj. et n. superstizioso.
superstition [sypɛrstisjɔ̃] f. superstizione. ‖ [attachement excessif] feticismo m.
superstrat [sypɛrstra] m. LING. superstrato.
superstructure [sypɛrstryktyr] f. PR. et FIG. sovrastruttura, soprastruttura.
supertanker [sypɛrtɑ̃kɛr] m. MAR. supertank ; superpetroliera f.
superviser [sypɛrvize] v. tr. sovrintendere a, soprintendere a. | *superviser les travaux, la rédaction d'un ouvrage collectif*, sovrintendere ai lavori, alla redazione di un'opera collettiva. ‖ ABSOL. *le directeur signe, supervise, dicte*, il direttore firma, sovrintende, detta.
supervision [sypɛrvizjɔ̃] f. supervisione.
supin [sypɛ̃] m. GRAMM. supino.
supinateur [sypinatœr] adj. et n. m. ANAT. supinatore.
supination [sypinasjɔ̃] f. PHYSIOL. supinazione.
supplanter [syplɑ̃te] v. tr. soppiantare.
suppléance [sypleɑ̃s] f. supplenza.
suppléant, e [sypleɑ̃, ɑ̃t] adj. et n. supplente.
suppléer [syplee] v. tr. [compléter] integrare. ‖ [remplacer] supplire. ◆ v. tr. ind. *suppléer à qch.*, supplire a qlco.
supplément [syplemɑ̃] m. supplemento. | *supplément de vivres*, supplemento di viveri. | *supplément littéraire, sportif*, supplemento letterario, sportivo. | *payer un supplément*, pagare un supplemento. ‖ MATH. supplemento. ◆ loc. adv. ***en supplément***, in più.
supplémentaire [syplemɑ̃tɛr] adj. supplementare, suppletivo, straordinario. | *crédits, dépenses, vivres supplémentaires*, crediti, spese, viveri supplementari. | *session supplémentaire*, sessione suppletiva. | *heures supplémentaires*, ore straordinarie ; ore di lavoro soprannumero. | *travail, train, autobus supplémentaire*, lavoro, treno, autobus straordinario. ‖ JUR. *jurés supplémentaires*, giurati supplenti. ‖ MATH., MUS. supplementare.
supplétif, ive [sypletif, iv] adj. GRAMM., MIL. suppletivo. ◆ n. m. MIL. soldato coloniale suppletivo.
supplétoire [sypletwar] adj. JUR. *serment supplétoire*, giuramento suppletorio.
suppliant, e [syplijɑ̃, ɑ̃t] adj. supplichevole, supplicante ; supplice (littér.). ◆ n. supplicante, supplice. ‖ HIST. LITT. *«les Suppliantes»*, «le Supplici».
supplication [syplikasjɔ̃] f. supplica. ‖ ANTIQ. supplicazione. ‖ HIST. [du Parlement de Paris] rimostranza orale.
supplice [syplis] m. PR. et FIG. supplizio. | *supplice du fouet*, supplizio della flagellazione. | *ce mal de dents, ce travail est un supplice*, questo mal di denti, questo lavoro è un supplizio. | *être, mettre au supplice*, soffrire, far soffrire le pene dell'inferno. | *marcher au supplice*, andare al supplizio. | *mener au supplice*, portare al supplizio, al patibolo. | *dernier supplice*, estremo, ultimo supplizio. | *supplice de Tantale*, supplizio di Tantalo.
supplicié, e [syplisje] adj. et n. suppliziato.
supplicier [syplisje] v. tr. PR. suppliziare. ‖ FIG. torturare.
supplier [syplije] v. tr. supplicare. | *supplier qn de faire qch.*, supplicare uno di far qlco. | *je t'en supplie*, te ne supplico. | *supplier à (deux) genoux*, supplicare in ginocchio.
supplique [syplik] f. supplica.
support [sypɔr] m. sostegno. | *supports d'une voûte*, sostegni di una volta. ‖ ART, CULIN. supporto. ‖ HÉRALD., MÉC., MIL. sostegno, supporto. ‖ LOC. *support d'information*, supporto d'informazione. | *support publicitaire*, mezzo, veicolo di pubblicità. ‖ FIG. *les images servent de support au rêve poétique*, le immagini servono da supporto al sogno poetico.
supportable [sypɔrtabl] adj. sopportabile, tollerabile.
1. supporter [sypɔrtɛr] m. SPORT supporter (angl.) ; tifoso (fam.). ‖ POLIT. sostenitore.
2. supporter [sypɔrte] v. tr. [soutenir] sopportare, reggere, sostenere. | *les colonnes supportent la voûte*, le colonne sopportano, reggono, sostengono la volta. ‖ FIG. sopportare, tollerare. | *supporter le froid, la fatigue, un malheur, une épreuve*, sopportare il freddo, la fatica, una disgrazia, una prova. | *nous ne supportons pas que tu sois insolent*, non sopportiamo, non tolleriamo che tu sia insolente. | *supporter qn*, sopportare qlcu. ‖ [prendre en charge] *supporter les frais*, sopportare, sostenere le spese. ‖ [résister] reggere a. | *ce livre ne supporte pas l'examen*, questo libro non regge all'esame. ◆ v. pr. [récipr.] sopportarsi a vicenda.
supposable [sypozabl] adj. supponibile, presumibile, immaginabile.
supposé, e [sypoze] adj. [faux] *testament supposé*, testamento apocrifo. | *nom supposé*, falso nome. ‖ [admis comme hypothèse] supposto, ammesso. | *cela supposé, je reconnais que tu as raison*, supposto questo, riconosco che hai ragione. ◆ loc. conj. ***supposé que***, supposto che. | *supposé qu'il fasse beau*, supposto che il tempo sia bello.
supposer [sypoze] v. tr. [admettre comme hypothèse] supporre, immaginare. | *supposons que cela soit vrai*, supponiamo, facciamo l'ipotesi che sia vero. | *à supposer que*, supponendo che. | *son attitude laisse supposer qu'il est malade*, il suo atteggiamento fa supporre che sia malato. ‖ [attribuer] attribuire. | *tu lui supposes des qualités qu'il n'a pas*, gli attribuisci qualità che non ha. ‖ [impliquer] presupporre. | *le crédit suppose la confiance*, il credito presuppone la fiducia. ‖ JUR. *supposer un enfant*, supporre un infante.
supposition [sypozisjɔ̃] f. supposizione. ‖ JUR. supposizione. | *supposition de part, d'enfant*, supposizione di parto. ‖ FAM. *une supposition (que)*, supponiamo che (L.C.).
suppositoire [sypozitwar] m. PHARM. supposta f., suppositorio.
suppôt [sypo] m. LITTÉR. accolito, sgherro. ‖ LOC. *suppôt de Satan*, tizzone d'inferno. | *suppôt de Bacchus*, sacerdote di Bacco.
suppression [sypresjɔ̃] f. soppressione. ‖ JUR. *suppression de part*, V. PART. | *suppression d'état*, occultamento di stato.

supprimer [syprime] v. tr. sopprimere. ‖ [retrancher d'un texte] togliere, espungere. ‖ [tuer] *supprimer qn*, sopprimere qlcu. ◆ v. pr. uccidersi.
suppurant, e [sypyrɑ̃, ɑ̃t] adj. suppurante.
suppuratif, ive [sypyratif, iv] adj. et n. m. suppurativo.
suppuration [sypyrasjɔ̃] f. suppurazione.
suppurer [sypyre] v. intr. suppurare. | *la plaie a suppuré*, la piaga è suppurata, ha suppurato.
supputation [sypytasjɔ̃] f. LITTÉR. computo m. ; supputazione (vx) ; calcolo m. (L.C.).
supputer [sypyte] v. tr. LITTÉR. computare ; supputare (vx) ; calcolare (L.C.).
supra [sypra] adv. (lat.) sopra. | *voir supra p. 212*, vedi sopra a pag. 212.
supraconducteur [syprakɔ̃dyktœr] adj. et n. m. PHYS. superconduttore.
supraconduction [syprakɔ̃dyksjɔ̃] ou **supraconductibilité** [syprakɔ̃dyktibilite] f. PHYS. sopraconduttività, superconduttività.
supranational, e, aux [sypranasjɔnal, o] adj. sopran(n)azionale, supernazionale.
supranationalité [sypranasjɔnalite] f. supernazionalità.
suprasensible [syprasɑ̃sibl] adj. sopras(s)ensibile, sovrasensibile.
supraterrestre [sypratɛrɛstr] adj. sopraterrestre, oltremondano.
suprématie [sypremasi] f. supremazia ; predominio m. ‖ HIST. *acte de suprématie*, atto di supremazia.
suprême [syprɛm] adj. supremo. | *au suprême degré*, in sommo grado. | *dans un suprême effort*, in uno sforzo supremo. | *suprême espoir*, suprema speranza. ‖ *l'Être suprême*, V. ÊTRE. ‖ [dernier] supremo, estremo. | *heure suprême*, ora suprema. | *honneurs suprêmes*, estremi onori. | *volontés suprêmes*, ultime volontà. ‖ JUR. *cour suprême*, corte suprema. ◆ n. m. CULIN. suprema f. ; suprême (fr.).
suprêmement [syprɛmmɑ̃] adv. sommamente, supremamente, in sommo grado.
1. sur [syr] prép. su, sopra. ‖ **1.** [position] *mettre sa tête sur un oreiller*, mettere la testa su, sopra un guanciale. | *porter un fardeau sur son dos, sur ses épaules*, portare un fardello a spalla. | *monter sur un bateau*, salire su una nave. | *s'appuyer sur un bâton*, appoggiarsi a un bastone. | *le chapeau sur la tête*, col cappello in testa. | *avoir un manteau sur soi*, avere un mantello addosso. | *avoir de l'argent sur soi*, avere del denaro con sé, in tasca. | *la fenêtre donne sur la place*, la finestra dà sulla piazza. ‖ **2.** [direction] *tourner sur la droite*, voltare a destra. | *se précipiter sur qn*, precipitarsi su qlcu., addosso a qlcu. | *tirer sur qn*, sparare su, contro qlcu., addosso a qlcu. | *fermer la porte sur soi*, chiudere l'uscio dietro di sé. | *revenir sur ses pas*, tornare indietro. ‖ FIG. *prendre sur soi*, prendere su di sé, sopra di sé. ‖ **3.** [temps] su, verso. | *sur les huit heures*, sulle, verso le otto. | *sur le soir*, sul far della sera. | *être sur son départ*, essere di partenza. ‖ FAM. *aller sur la cinquantaine*, andare per i cinquant' anni, per i cinquanta. ‖ **4.** [cause] *juger sur la mine*, giudicare dall'aspetto. | *sur présentation de*, dietro presentazione di. | *sur l'ordre de*, per ordine di. | *sur mon conseil*, su consiglio mio. | *croire sur parole*, V. PAROLE. ‖ **5.** [moyen] su. | *jurer sur l'Évangile*, giurare sul Vangelo. | *affirmer sur l'honneur*, affermare sull'onore. ‖ **6.** [manière] *parler sur un ton arrogant*, parlare con tono arrogante. | *prendre exemple sur qn*, prendere esempio da qlcu. | *vêtement sur mesure*, vestito su misura. ‖ **7.** [matière] su. | *écrire sur un sujet*, scrivere su un argomento. | *réfléchir sur un problème*, riflettere su un problema. | *un cours sur la poésie lyrique du XIXe siècle*, un corso sulla lirica dell'Ottocento. ‖ **8.** [proportion] *sur deux cents candidats*, su duecento candidati. | *dix mètres sur cinq*, dieci metri per cinque. | *un jour sur deux*, un giorno sì e uno no. | *dire bêtise sur bêtise*, dire una sciocchezza dopo l'altra. ‖ **9.** [supériorité] su. | *l'emporter sur qn*, avere la meglio su qlcu. | *ne pouvoir rien sur qn*, non avere alcun potere su qlcu. | *influer sur la santé*, influire sulla salute. ‖ **10.** LOC. *sur ce :* [parole] detto questo ; [action] fatto questo. | *sur ces mots*, detto questo. | *sur ce, je te quitte*, e ora ti lascio. ‖ *sur l'heure*, subito, sull'atto, lì per lì. ‖ *sur terre et sur mer*, per terra e per mare.
2. sur, e adj. aspretto, acerbetto. | *pomme sure*, mela aspretta, acerbetta. | *potage sur*, minestra un po'acida, che ha preso di acido.
sûr, e [syr] adj. [à qui on peut se fier] sicuro. | *ami sûr*, amico sicuro, fidato. | *mémoire sûre*, memoria sicura. | *avoir le coup d'œil sûr, le goût sûr, la main sûre, le pied sûr*, avere il colpo d'occhio sicuro, un gusto sicuro, la mano sicura, il piede sicuro. ‖ [sans danger] sicuro. | *route (peu) sûre*, strada (poco) sicura. | *mettre en lieu sûr, en mains sûres*, mettere in luogo sicuro, al sicuro ; mettere in mani sicure. ‖ [dont on ne peut douter] sicuro, certo. | *nouvelle sûre*, notizia sicura, certa. ‖ [certain, assuré] sicuro, certo. | *être sûr et certain*, essere sicurissimo. | *soyez-en sûr !*, non dubiti ! | *tenir pour sûr*, tenere per certo. | *être sûr de soi*, essere sicuro di sé. | *être sûr de son coup*, essere sicuro del fatto suo, sapere il fatto suo. | *le temps n'est pas sûr*, il tempo è incerto. | *gain sûr*, guadagno sicuro. | *remède sûr*, rimedio sicuro. ◆ loc. adv. ***à coup sûr***, a colpo sicuro. ‖ ***bien sûr !***, sicuro ! (V. aussi BIEN). | *bien sûr que oui !*, ma certo ! ; altro che ! | *bien sûr que non !*, ma certo che no ! | *bien sûr que j'y suis allé !*, ma certo che ci sono stato ! ‖ FAM. ***pour sûr !***, di certo, (per) certo.
surabondamment [syrabɔ̃damɑ̃] adv. sovrabbondantemente.
surabondance [syrabɔ̃dɑ̃s] f. sovrabbondanza.
surabondant, e [syrabɔ̃dɑ̃, ɑ̃t] adj. [très abondant ; superflu] sovrabbondante.
surabonder [syrabɔ̃de] v. intr. sovrabbondare.
suractivité [syractivite] f. superattività.
surah [syra] m. TEXT. surah, sura.
suraigu, ë [syregy] adj. [son] sopracuto. ‖ [douleur] acutissimo.
surajouter [syrajute] v. tr. aggiungere in più.
suralimentation [syralimɑ̃tasjɔ̃] f. superalimentazione, iperalimentazione, supernutrizione, ipernutrizione. ‖ MÉC. sovralimentazione, suralimentazione.
suralimenter [syralimɑ̃te] v. tr. superalimentare, supernutrire, ipernutrire. ‖ MÉC. sovralimentare.
suranné, e [syrane] adj. superato, antiquato ; vieto (vx). ‖ MODE antiquato.
surarbitre [syrarbitr] m. JUR. superarbitro.
surate [syrat] f. sura (ar.).
surbaissé, e [syrbese] adj. ARCHIT. *arc surbaissé*, arco ribassato. ‖ AUTOM. *carrosserie surbaissée*, carrozzeria bassa.
surbaisser [syrbese] v. tr. ARCHIT. ribassare.
surboom [syrbum] f. FAM. V. SAUTERIE.
surcharge [syrʃarʒ] f. [poids] sovraccarico m. ‖ [bagages] eccedenza. ‖ FIG. *surcharge de travail, de dépenses*, sovraccarico di lavoro, di spese. ‖ [mot, chiffre] parola, cifra scritta su un'altra. ‖ [timbre] sovrastampa. ‖ [hippisme] sovraccarico.
surcharger [syrʃarʒe] v. tr. PR. et FIG. sovraccaricare. ‖ [dans un texte] scrivere una parola, una cifra su un'altra. ‖ [timbre] sovrastampare. ‖ [hippisme] sovraccaricare. ◆ v. pr. *se surcharger l'estomac*, appesantirsi lo stomaco.
surchauffe [syrʃof] f. CHIM., MÉC., MÉTALL., ÉCON. surriscaldamento m.
surchauffer [syrʃofe] v. tr. CHIM., MÉTALL. et FIG. surriscaldare.
surchauffeur [syrʃofœr] m. MÉC. surriscaldatore.
surchoix [syrʃwa] m. prima scelta, prima qualità.
surclasser [syrklase] v. tr. SPORT surclassare.
surcompensation [syrkɔ̃pɑ̃sasjɔ̃] f. FIN. sovracompensazione.
surcomposé, e [syrkɔ̃poze] adj. GRAMM. *temps surcomposé*, tempo composto con due ausiliari. | *mot surcomposé*, composto secondario.
surcompression [syrkɔ̃prɛsjɔ̃] f. sovracompressione, surcompressione.

surcomprimé, e [syrkɔ̃prime] adj. sovracompresso, supercompresso, surcompresso.
surcontre [syrkɔ̃tr] m. [bridge] surcontre (fr.), raddoppio.
surcontrer [syrkɔ̃tre] v. tr. surcontrare.
surcouper [syrkupe] v. tr. JEU surtagliare.
surcroît [syrkrwa] m. soprappiù. | *c'est un surcroît de dépenses*, sono spese in soprappiù. ◆ loc. adv. ***par, de surcroît,*** per di più, per giunta. ◆ loc. prép. ***pour surcroît de,*** per colmo di.
surdétermination [syrdetɛrminasjɔ̃] f. PSYCHAN. sovradeterminazione.
surdi-mutité [syrdimytite] f. sordomutismo m.
surdité [syrdite] f. sordità.
surdos [syrdo] m. sopraschiena f.
sureau [syro] m. BOT. sambuco.
surélévation [syrelevasjɔ̃] f. [action] sopr(a)elevazione. || [élévation excessive] rialzo eccessivo.
surélever [syrelve] v. tr. sopr(a)elevare. | *rez-de-chaussée surélevé*, pianterreno sopraelevato.
sûrement [syrmɑ̃] adv. [avec sûreté] in modo sicuro. | *argent sûrement placé*, investimento sicuro. | *qui va lentement va sûrement*, chi va piano va sano. || [certainement] certamente, sicuramente. | *sûrement pas !*, certo che no !
suréminent, e [syreminɑ̃, ɑ̃t] adj. sovreminente.
surémission [syremisjɔ̃] f. FIN. emissione eccessiva.
surenchère [syrɑ̃ʃɛr] f. rilancio m.; maggiore offerta (f.). || FIG. (il) gareggiare in promesse.
surenchérir [syrɑ̃ʃerir] v. intr. rilanciare ; fare un'offerta maggiore. || FIG. gareggiare in promesse.
surenchérissement [syrɑ̃ʃerismɑ̃] m. nuovo rincaro.
surenchérisseur, euse [syrɑ̃ʃerisœr, øz] n. = chi fa un'offerta maggiore.
surentraînement [syrɑ̃trɛnmɑ̃] m. superallenamento.
surentraîner [syrɑ̃trene] v. tr. superallenare.
suréquipé, e [syrekipe] adj. superequipaggiato.
surérogation [syrerɔgasjɔ̃] f. supererogazione.
surérogatoire [syrerɔgatwar] adj. supererogatorio.
surestarie [syrɛstari] f. controstallia, soprastallia.
surestimation [syrɛstimasjɔ̃] f. sopravvalutazione.
surestimer [syrɛstime] v. tr. sopravvalutare.
suret, ette [syrɛ, ɛt] adj. acidulo, asprigno.
sûreté [syrte] f. sicurezza. | *voyager en sûreté*, viaggiare in, con sicurezza. || [certitude] *sûreté de coup d'œil*, sicurezza del colpo d'occhio. | *mémoire d'une sûreté absolue*, memoria assolutamente sicura. | *pour plus de sûreté*, per maggior sicurezza. || JUR. garanzia. | *sûretés personnelles, réelles*, garanzie personali, reali. | *complot contre la sûreté de l'État*, complotto contro la sicurezza dello Stato. | *Sûreté (nationale)*, Pubblica Sicurezza. || MIL. sicurezza. || LOC. *lieu de sûreté*, asilo m. | *épingle, dispositif, serrure de sûreté*, spillo, congegno, serratura di sicurezza. | *être, mettre en sûreté*, essere, mettere al sicuro. | *prendre ses sûretés*, prendere delle precauzioni.
surévaluer [syrevalɥe] v. tr. sopravvalutare.
surexcitable [syrɛksitabl] adj. sovreccitabile.
surexcitation [syrɛksitasjɔ̃] f. sovreccitazione ; sovreccitamento m.
surexciter [syrɛksite] v. tr. sovreccitare.
surexposer [syrɛkspoze] v. tr. PHOT. sovr(a)esporre.
surexposition [syrɛkspozisjɔ̃] f. sovr(a)esposizione.
surf [sœrf] m. SPORT surfing (angl.).
surfaçage [syrfasaʒ] m. TECHN. tornitura (f.) trasversale.
surface [syrfas] f. PR. et FIG. superficie. | *surface de la terre*, superficie della terra. | *revenir, remonter à la surface*, tornare a galla. | *s'arrêter à la surface des choses*, fermarsi alla superficie delle cose. || FAM. *avoir de la surface*, offrire ogni garanzia, essere solvibile (L.C.). || [football] *surface de réparation*, V. RÉPARATION. || MAR. *faire surface*, riemergere. || MATH. superficie. | *surface plane*, superficie piana. | *surface de révolution*, superficie di rotazione, di rivoluzione. | *surface du carré, du triangle*, superficie, area del quadrato, del triangolo. | *surface développable, réglée*, superficie sviluppabile, rigata. || TECHN. *surface de chauffe*, V. CHAUFFE.
surfacer [syrfase] v. tr. TECHN. spianare.
surfaire [syrfɛr] v. tr. chiedere un prezzo eccessivo per. || FIG. sopravvalutare.
surfait, e [syrfɛ, ɛt] adj. sopravvalutato. | *écrivain surfait*, scrittore sopravvalutato. | *réputation surfaite*, reputazione eccessiva.
surfaix [syrfɛ] m. sopraccinghia f.
surfil [syrfil] sopraffilo.
surfilage [syrfilaʒ] m. (il) sopraffilare. || TEXT. torsione (f.) supplementare.
surfiler [syrfile] v. tr. sopraffilare. || TEXT. aumentare la torsione di (un filo).
surfin, e [syrfɛ̃, in] adj. sopraffino.
surfusion [syrfyzjɔ̃] f. PHYS. sopraffusione.
surgélation [syrʒelasjɔ̃] f. surgelazione ; surgelamento m.
surgelé, e [syrʒəle] adj. et n. m. surgelato.
surgeler [syrʒəle] v. tr. surgelare.
surgeon [syrʒɔ̃] m. BOT. pollone.
surgir [syrʒir] v. intr. sorgere, spuntare. | *une colline surgit du milieu de la plaine*, un colle sorge in mezzo alla pianura. | *le soleil surgit de la mer*, il sole sorge, spunta dal mare. | *surgir dans l'embrasure de la porte*, apparire nel vano dell'uscio. || FIG. sorgere. | *des difficultés ont surgi*, sono sorte delle difficoltà.
surgissement [syrʒismɑ̃] m. (il) sorgere, (lo) spuntare.
surhaussé, e [syrose] adj. ARCHIT. rialzato. | *arc surhaussé*, arco rialzato, a sesto rialzato.
surhaussement [syrosmɑ̃] m. ARCHIT. [d'un mur] sopraelevazione f. ; [d'un arc] rialzamento.
surhausser [syrose] v. tr. ARCHIT. [un mur] sopraelevare ; [un arc] rialzare. || COMM. *surhausser le prix des denrées*, rialzare eccessivamente il prezzo delle derrate, rincarare eccessivamente le derrate.
surhomme [syrɔm] m. superuomo.
surhumain, e [syrymɛ̃, ɛn] adj. sovrumano.
surimposer [syrɛ̃poze] v. tr. mettere una soprattassa su ; gravare di soprattasse ; sovrimporre (rare).
surimposition [syrɛ̃pozisjɔ̃] f. FIN. sovrimposta, soprattassa. || GÉOL. sovrimposizione, epigenia.
surimpression [syrɛ̃prɛsjɔ̃] f. CIN., PHOT. sovrimpressione.
1. surin [syrɛ̃] m. BOT. giovane melo selvatico.
2. surin m. ARG. amico ; coltello (L.C.).
suriner [syrine] v. tr. ARG. puncicare ; accoltellare (L.C.).
surinfection [syrɛ̃fɛksjɔ̃] f. MÉD. superinfezione.
surintendance [syrɛ̃tɑ̃dɑ̃s] f. HIST. soprintendenza.
surintendant [syrɛ̃tɑ̃dɑ̃] m. HIST. soprintendente.
surintendante [syrɛ̃tɑ̃dɑ̃t] f. [de maison d'éducation] direttrice. || *surintendante d'usine*, V. ASSISTANTE (sociale).
surintensité [syrɛ̃tɑ̃site] f. ÉLECTR. sovracorrente.
surinterprétation [syrɛ̃tɛrpretasjɔ̃] f. PSYCHAN. sovrinterpretazione.
surinvestissement [syrɛ̃vɛstismɑ̃] m. PSYCHAN. superinvestimento.
surir [syrir] v. intr. inacidire.
surjalée [syrʒale] adj. f. MAR. *ancre surjalée*, ancora inceppata.
surjet [syrʒɛ] m. sopraggitto. | *point de surjet*, punto a sopraggitto.
surjeter [syrʒəte] v. tr. sopraggittare.
sur-le-champ [syrləʃɑ̃] loc. adv. subito ; senza indugio ; lì per lì.
surlendemain [syrlɑ̃dmɛ̃] m. *le surlendemain j'étais parti*, due giorni dopo ero partito.
surlonge [syrlɔ̃ʒ] f. soppelo m.
surmenage [syrmənaʒ] m. surmenage (fr.), strapazzo, esaurimento. | *surmenage intellectuel, scolaire*, fatica intellettuale, scolastica.
surmener [syrməne] v. tr. affaticare, strapazzare. ◆ v. pr. affaticarsi, strapazzarsi.
sur-moi [syrmwa] m. PSYCHAN. super-io.
surmontable [syrmɔ̃tabl] adj. superabile.
surmonter [syrmɔ̃te] v. tr. [dépasser] superare. | *l'eau*

surmontait les maisons, l'acqua superava le case. ‖ [s'élever sur le haut de] sovrastare. | *une statue surmonte la colonne*, una statua sovrasta la colonna. | *clocher surmonté d'une girouette*, campanile con sopra una banderuola, con una banderuola in cima. ‖ Fig. sormontare, superare, vincere. | *surmonter les difficultés, les obstacles*, sormontare, superare le difficoltà, gli ostacoli. | *ne pouvoir surmonter sa peur*, non poter vincere la propria paura.

surmoulage [syrmulaʒ] m. = calco fatto su un altro calco.

surmoule [syrmul] m. = forma ottenuta da un calco.

surmouler [syrmule] v. tr. = fare un calco da un altro calco.

surmulet [syrmylɛ] m. Zool. triglia (f.) di scoglio.

surmulot [syrmylo] m. Zool. surmolotto ; ratto delle chiaviche.

surmultiplié, e [syrmyltiplije] adj. Méc. *dispositif surmultiplié*, moltiplicatore n. m. | *vitesse surmultipliée*, marcia sovramoltiplicata ; overdrive m. (angl.).

surnager [syrnaʒe] v. intr. galleggiare ; stare, rimanere a galla. ‖ Fig. sopravvivere.

surnaturalisme [syrnatyralism] m. Philos., Relig. soprannaturalismo.

surnaturel, elle [syrnatyrɛl] adj. soprannaturale. ‖ [extraordinaire] soprannaturale, prodigioso, straordinario. ◆ n. m. soprannaturale.

surnaturellement [syrnatyrɛlmɑ̃] adv. in modo soprannaturale.

surnom [syrnɔ̃] m. soprannome, nomignolo.

surnombre [syrnɔ̃br] m. (rare) soprannumero. ‖ Loc. *en surnombre*, in soprannumero.

surnommer [syrnɔme] v. tr. soprannominare.

surnuméraire [syrnymerɛr] adj. soprannumerario. | *doigt, employé surnuméraire*, dito, impiegato soprannumerario. ◆ n. impiegato soprannumerario, in soprannumero ; impiegata soprannumeraria, in soprannumero ; (impiegato) avventizio m., (impiegata) avventizia f.

suroffre [syrɔfr] f. offerta superiore.

suroît [syrwa] m. vento di sud-ovest ; [en Méditerranée] libeccio. ‖ [chapeau] sud-ovest, nord-ovest. ‖ Vx [vareuse] gabbano (l.c.).

suros [syro] m. Vétér. soprosso.

suroxyder [syrɔkside] v. tr. Chim. iperossidare.

suroxygéné, e [syrɔksiʒene] adj. Chim. ossigenato con eccesso.

surpasser [syrpase] v. tr. Pr. et fig. superare. ‖ Fam. *cela me surpasse*, rimango di stucco. ◆ v. pr. superare se stesso.

surpâturage [syrpɑtyraʒ] m. sfruttamento eccessivo dei pascoli.

surpaye [syrpɛj] f. soprappaga.

surpayer [syrpeje] v. tr. strapagare, soprappagare.

surpeuplé, e [syrpœple] adj. sovrappopolato. ‖ [bondé] *plage surpeuplée*, spiaggia sovraffollata.

surpeuplement [syrpœpləmɑ̃] m. sovrappopolazione f. ‖ [foule] sovraffollamento.

surplace [syrplas] m. Sport surplace (fr.). ‖ Loc. *faire du surplace* : [cyclisme] stare in posizione di surplace ; [dans la circulation] rimanere immobilizzati, bloccati.

surplis [syrpli] m. Relig. cotta f.

surplomb [syrplɔ̃] m. [élément naturel] strapiombo. ‖ Archit. sporgenza f., aggetto. ◆ loc. adv. ***en surplomb,*** a strapiombo.

surplombement [syrplɔ̃bmɑ̃] m. (lo) strapiombare ; strapiombo.

surplomber [syrplɔ̃be] v. intr. strapiombare, essere a strapiombo. ◆ v. tr. strapiombare su, essere a strapiombo su.

surplus [syrply] m. soprappiù, sovrappiù ; eccedenza f. ; surplus (fr.). ◆ pl. surplus m. pl. ‖ Mil. residuati di guerra. ◆ loc. adv. ***au surplus,*** del resto ; peraltro. ‖ ***en surplus,*** in soprappiù.

surpopulation [syrpɔpylasjɔ̃] f. sovrappopolazione.

surprenant, e [syrprənɑ̃, ɑ̃t] adj. sorprendente, stupefacente. ‖ Loc. *tu es surprenant de perspicacité*, hai una perspicacia stupefacente.

surprendre [syrprɑ̃dr] v. tr. [prendre sur le fait, à l'improviste] sorprendere. | *surprendre les voleurs, l'ennemi*, sorprendere i ladri, il nemico. | *la pluie l'a surpris*, la pioggia l'ha sorpreso, colto di sorpresa. | *ce voleur ne s'est jamais fait surprendre*, questro ladro non si è mai fatto sorprendere, cogliere sul fatto. ‖ [arriver sans être attendu] *j'irai te surprendre un jour*, ti farò la sorpresa di venire a trovarti un giorno. ‖ Fig. sorprendere, stupire, meravigliare. | *cette nouvelle m'a surpris*, questa notizia mi ha sorpreso, stupito, meravigliato. ‖ [tromper] sorprendere. | *surprendre la bonne foi de qn*, sorprendere la, abusare della buona fede di qlcu. ‖ [découvrir] *surprendre un secret*, sorprendere, scoprire un segreto. ◆ v. pr. sorprendersi.

surpression [syrprɛsjɔ̃] f. sovrapressione.

surprime [syrprim] f. soprappremio m.

surprise [syrpriz] f. [étonnement ; plaisir inattendu] sorpresa. | *par surprise*, di sorpresa. | *rester muet de surprise*, rimanere muto dalla sorpresa. | *à ma grande surprise*, con mia grande sorpresa. | *jouer la surprise*, fingersi sorpreso ; v. aussi jouer. | *quelle surprise (de vous voir)!*, chi si vede ! ; che sorpresa ! | *boîte à surprise*, scatola magica, a sorpresa. | *pochette surprise*, sacchetto sorpresa. ‖ Mil. sorpresa.

surprise-partie [syrprizparti] f. V. sauterie.

surproduction [syrprɔdyksjɔ̃] f. sovrapproduzione.

surproduire [syrprɔdɥir] v. tr. sovrapprodurre.

surréalisme [syrrealism] m. surrealismo.

surréaliste [syrrealist] adj. surrealistico, surrealista. ◆ n. surrealista.

surrection [syrrɛksjɔ̃] f. Géol. sollevamento, corrugamento.

surréel [syrreɛl] m. surreale.

surrégénérateur [syrreʒeneratœr] m. Phys. reattore autofertilizzante.

surrénal, e, aux [syrrenal, o] adj. Anat. surrenale. | *glandes surrénales*, ghiandole surrenali ; surreni m. pl.

sursalaire [syrsalɛr] m. integrazione (f.) di salario.

sursaturation [syrsatyrasjɔ̃] f. Chim. sopras(s)aturazione, sovrasaturazione.

sursaturé, e [syrsatyre] adj. Chim. sopras(s)aturo. ‖ Fig. sazio fino al disgusto.

sursaturer [syrsatyre] v. tr. Chim. sopras(s)aturare. ‖ Fig. saziare fino al disgusto.

sursaut [syrso] m. soprassalto, sussulto, sobbalzo. ‖ [action de se ressaisir] *sursaut d'énergie*, sussulto d'energia. ◆ loc. adv. ***en sursaut,*** di soprassalto.

sursauter [syrsote] v. intr. sussultare, sobbalzare, trasalire ; dare un sussulto.

surseoir [syrswar] v. tr. ind. **(à)** Jur. soprassedere (a). ‖ Littér. *surseoir à la décision définitive*, soprassedere alla decisione definitiva.

sursis [syrsi] m. Jur. *sursis à statuer*, rinvio a nuova udienza. | *avec sursis*, col beneficio della condizionale. ‖ Mil. *sursis d'appel, d'incorporation*, rinvio di chiamata, del servizio militare.

sursitaire [syrsitɛr] adj. et n. m. Mil. = beneficiario di un rinvio limitato del servizio militare.

sursoufflage [syrsuflaʒ] m. Métall. (il) sovrasoffiare.

surtaux [syrto] m. Fin. tassa eccessiva.

surtaxe [syrtaks] f. soprat(t)assa. | *surtaxe postale*, soprattassa postale. | *surtaxe aérienne*, soprattassa per posta aerea. ‖ Fin. *surtaxe progressive*, imposta complementare progressiva.

surtaxer [syrtakse] v. tr. soprattassare. ‖ Fin. imporre una tassa supplementare a.

surtension [syrtɑ̃sjɔ̃] f. Électr. sovratensione.

1. surtout [syrtu] adv. soprattutto. | *surtout ne quitte pas la ville*, soprattutto, mi raccomando, non lasciare la città. ◆ loc. conj. Fam. ***surtout que,*** tanto più che (l.c.).

2. surtout m. Vx [vêtement] surtout (fr.) ; soprabito (l.c.). ‖ Art *surtout de table*, trionfo da tavola.

surveillance [syrvejɑ̃s] f. sorveglianza, vigilanza. | *exercer une surveillance*, esercitare una vigilanza. | *tromper la surveillance de qn*, sottrarsi alla, eludere la vigilanza di qlcu. | *placer sous surveillance*, sottoporre a vigilanza. | *policier chargé de la surveillance d'un* *édifice*, poliziotto incaricato del piantonamento di un edificio. || *surveillance du territoire*, V. TERRITOIRE.

surveillant, e [syrvejɑ̃, ɑ̃t] n. sorvegliante. || UNIV. *surveillant des études* : [collège relig.] prefetto; [enseign. publ.] istitutore. | *surveillant général* = funzionario addetto alla sorveglianza. ◆ f. [hôpital] caposala.

surveillé, e [syrveje] adj. *externe surveillé*, semiconvittore. || JUR. *liberté surveillée*, libertà vigilata. | *résidence surveillée*, obbligo (m.) di soggiorno.

surveiller [syrveje] v. tr. sorvegliare, vigilare. | *surveiller de près*, sorvegliare da vicino. | *surveiller les élèves, les prisionniers*, sorvegliare, vigilare gli alunni, i carcerati. | *surveiller la marche des travaux*, vigilare, sorvegliare l'andamento dei lavori. | *surveiller son langage*, sorvegliare, controllare il proprio linguaggio. | *surveiller sa santé*, badare alla propria salute. || LOC. *surveille ta santé*, abbiti riguardo. || [suj. police] piantonare. | *la maison fut surveillée pendant deux jours*, la casa venne piantonata per due giorni. ◆ v. pr. controllarsi. || [santé] badare alla propria salute. || [récipr.] osservarsi attentamente.

survenance [syrvənɑ̃s] f. JUR. *survenance d'enfant*, nascita che sopravviene (a un atto giuridico).

survenir [syrvənir] v. intr. sopravvenire, sopraggiungere, capitare. | *il est survenu des complications*, sono sopravvenute, sopraggiunte alcune complicazioni. | *il est survenu une catastrophe*, è sopraggiunta, capitata una catastrofe.

survente [syrvɑ̃t] f. vendita con alto beneficio.

survenue [syrvəny] f. LITTÉR. sopravvenienza (rare).

survêtement [syrvɛtmɑ̃] m. tuta f.

survie [syrvi] f. sopravvivenza. | *capacité de survie*, capacità di sopravvivenza. || [démographie] *tables de survie*, tavole di sopravvivenza. || [vie future] *survie de l'âme*, sopravvivenza dell'anima. || JUR. *gains, droits de survie*, diritti spettanti al superstite.

survirer [syrvire] v. intr. AUTOM. sovrasterzare.

survireur, euse [syrvirœr, øz] adj. AUTOM. sovrasterzante.

survitesse [syrvitɛs] f. eccessiva velocità.

survivance [syrvivɑ̃s] f. PR. et FIG. sopravvivenza. || HIST. diritto (m.) di scegliersi il successore.

survivant, e [syrvivɑ̃, ɑ̃t] adj. et n. superstite, sopravvissuto. | *père survivant à son fils*, padre superstite, sopravvissuto al figlio.

survivre [syrvivr] v. intr. et tr. ind. **(à)** PR. et FIG. sopravvivere (a). | *il n'a pas survécu*, non è sopravvissuto. | *elle a survécu à son frère, au naufrage*, è sopravvissuta al fratello, al naufragio. | *l'œuvre d'art survit à l'artiste*, l'opera d'arte sopravvive all'artista. ◆ v. pr. *se survivre dans ses ouvrages, dans ses enfants*, sopravvivere nelle proprie opere, nei propri figli.

survol [syrvɔl] m. AÉR. sorvolo. || FIG. esame superficiale. | *cette analyse n'est qu'un survol de la question*, quest'analisi si limita a sorvolare il problema.

survoler [syrvɔle] v. tr. AÉR. et FIG. sorvolare, trasvolare. | *survoler un territoire*, sorvolare, trasvolare un territorio. | *survoler la question*, sorvolare l'argomento; sorvolare, trasvolare sull'argomento.

survoltage [syrvɔltaʒ] m. ÉLECTR. survoltaggio.

survolté, e [syrvɔlte] adj. ÉLECTR. survoltato. || FIG. elettrizzato, elettrico.

survolter [syrvɔlte] v. tr. ÉLECTR. survoltare. || FIG. elettrizzare.

survolteur [syrvɔltœr] m. ÉLECTR. survoltore. || *survolteur-dévolteur*, survoltore-devoltore.

sus [sy(s)] adv. LOC. *courir sus à qn*, dare addosso a qlcu., attaccare qlcu., dare la caccia a qlcu. || INTERJ. *sus !*, orsù !, su ! ◆ loc. adv. ***en sus***, in più, per di più. ◆ loc. prép. ***en sus de***, in più di ; oltre.

susceptance [sysɛptɑ̃s] f. ÉLECTR. suscettanza.

susceptibilité [sysɛptibilite] f. suscettibilità, permalosità. || CHIM., PHYS. suscettività.

susceptible [sysɛptibl] adj. [capable] suscettibile, suscettivo. | *susceptible d'amélioration*, suscettivo di miglioramento. || [qui se vexe] suscettibile, permaloso.

susciter [sysite] v. tr. suscitare. | *susciter une révolte, l'enthousiasme*, suscitare una rivolta, l'entusiasmo.

suscription [syskripsjɔ̃] f. soprascritta.

susdit, e [sysdi, dit] adj. et n. suddetto, soprad(d)etto ; anzidetto (littér.).

sus-dominante [sysdɔminɑ̃t] f. MUS. sopradominante.

sus-hépatique [syzepatik] adj. ANAT. sopraepatico, sovraepatico.

sus-maxillaire [sysmaksilɛr] adj. ANAT. = della mascella superiore. ◆ n. m. osso mascellare superiore.

susmentionné, e [sysmɑ̃sjɔne] adj. summenzionato, sopram(m)enzionato ; summentovato, sopram(m)entovato (littér.).

susnommé, e [sysnɔme] adj. sopraccitato, sunnominato. ◆ n. suddetto, a.

suspect, e [syspɛ, ɛkt] adj. sospetto. | *témoin, silence suspect*, testimone, silenzio sospetto. | *champignons suspects*, funghi sospetti. | *suspect de partialité*, sospetto di parzialità. ◆ n. sospetto m., indiziato m. | *la police a interrogé les suspects*, la polizia ha interrogato i sospetti, gl'indiziati. || HIST. *loi des suspects*, legge dei sospetti.

suspecter [syspɛkte] v. tr. sospettare. | *suspecter qn d'espionnage*, sospettare qlcu. di spionaggio. | *suspecter l'honnêteté de qn*, diffidare dell'onestà di qlcu.

suspendre [syspɑ̃dr] v. tr. [accrocher] sospendere, appendere. | *suspendre le lustre au plafond*, sospendere il lampadario al soffitto. | *suspendre un tableau au mur, son imperméable au porte-manteau*, appendere un quadro alla parete, l'impermeabile all'attaccapanni. || [interrompre] sospendere. | *suspendre les travaux, la séance, les hostilités, les paiements*, sospendere i lavori, la seduta, le ostilità, i pagamenti. | *suspendre un fonctionnaire, un prêtre, un journal*, sospendere un funzionario, un sacerdote, un giornale. || [différer] *suspendre son jugement*, sospendere il giudizio. || FIG. *être suspendu aux lèvres de qn*, pendere dalle labbra di qlcu. ◆ v. pr. appendersi. | *se suspendre au cou de qn*, appendersi al collo di qlcu. | *se suspendre à une branche*, sospendersi a un ramo.

suspendu, e [syspɑ̃dy] adj. [accroché] sospeso. | *la bicyclette était suspendue au plafond*, la bicicletta era sospesa al soffitto. || [qui surplombe] *jardin suspendu*, giardino pensile. | *maisons suspendues au-dessus du torrent*, case sovrastanti il torrente. || AUTOM. *(bien) suspendu*, (ben) molleggiato. || GÉOGR. *vallée suspendue*, valle sospesa. || TECHN. *pont suspendu*, ponte sospeso. || LOC. *vie suspendue à un fil*, vita sospesa a un filo.

suspens [syspɑ̃] adj. RELIG. sospeso a divinis. ◆ loc. adv. ***en suspens***, in sospeso.

1. suspense [syspɑ̃s] f. RELIG. sospensione a divinis.

2. suspense [syspɛns] ou [syspɑ̃s] m. suspense f. (angl.) ; sospensione (f.) d'animo, trepidazione f.

suspenseur [syspɑ̃sœr] adj. m. ANAT. sospensore, sospensorio. | *ligament suspenseur*, legamento sospensore. ◆ n. m. BOT. sospensore.

suspensif, ive [syspɑ̃sif, iv] adj. sospensivo. || GRAMM. *points suspensifs*, V. SUSPENSION.

suspension [syspɑ̃sjɔ̃] f. [action ; état] sospensione. | *suspension du pendule*, sospensione del pendolo. | *point de suspension du balancier*, punto di sospensione del bilanciere. || [éclairage] (lampada a) sospensione. || [interdiction] *suspension d'un maire*, sospensione di un sindaco. | *infliger la suspension de l'ordre des avocats*, infliggere la sospensione dall'ordine degli avvocati. | *suspension du permis de conduire*, sospensione della patente. || CHIM. sospensione. | *en suspension*, in sospensione. || GÉOGR. sospensione. || GRAMM. *points de suspension*, puntini (di sospensione). || JUR. sospensione, sospensiva. | *suspension d'audience, de prescription, des poursuites, de paiements*, sospensione d'udienza, della prescrizione, dell'azione penale, di pagamento. | *demander la suspension de l'exécution d'un décret*, chiedere la sospensiva dell'esecutiva di un decreto. || MIL. *suspension d'armes, des hostilités*, sospensione d'armi, delle ostilità ; tregua. || TECHN.

sospensione. | *suspension antérieure à roues indépendantes*, sospensione anteriore a ruote indipendenti. | *la suspension de cette voiture est excellente*, il molleggio di questa macchina è ottimo. | *suspension à cardan*, sospensione cardanica, a cardano.
suspensoir [syspɑ̃swar] m. MÉD., SPORT sospensorio.
suspente [syspɑ̃t] f. AÉR. cavo (m.) di sospensione. || MAR. sospensore m.
suspicion [syspisjɔ̃] f. sospetto m. | *tenir en suspicion*, tenere in sospetto. || JUR. *suspicion légitime*, legittima suspicione, legittimo sospetto.
sustentation [systɑ̃tasjɔ̃] f. [action de nourrir] sostentamento m., sostentazione. || PHYS. sostentamento, sostentazione. | *plan de sustentation*, piano di sostentamento, di sostentazione. | *polygone de sustentation*, poligono di appoggio.
sustenter [systɑ̃te] v. tr. sostentare. ◆ v. pr. FAM. [se nourrir] sostentarsi.
susurrement [sysyrmɑ̃] m. sussurro.
susurrer [sysyre] v. tr. et intr. sussurrare.
susvisé, e [sysvize] adj. sopr(a)indicato.
sutural, e, aux [sytyral, o] adj. suturale.
suture [sytyr] f. ANAT., BOT., CHIR., ZOOL. sutura.
suturer [sytyre] v. tr. CHIR. suturare.
suzerain, e [syzrɛ̃, ɛn] n. HIST. signore, signora (feudale).
suzeraineté [syzrɛnte] f. HIST. signoria. || POLIT. sovranità.
svastika [svastika] m. svastica f.
svelte [svɛlt] adj. snello, slanciato, svelto.
sveltesse [svɛltɛs] f. snellezza, sveltezza.
swap [swap] m. FIN. swap (angl.).
sweater [switœr] m. sweater (angl.).
sweating-system [switiŋsistɛm] m. ÉCON. sweating system (angl.).
sweepstake [swipstɛk] m. (angl.) lotteria collegata ad una gara ippica.
swing [swiŋ] m. MUS. swing (angl.). || [boxe] swing; sventola f.
sybarite [sibarit] n. FIG. sibarita.
sybaritique [sibaritik] adj. sibaritico.
sybaritisme [sibaritism] m. vita (f.) da sibarita; costumi sibaritici m. pl.
sycomore [sikɔmɔr] m. [figuier] sicomoro. || [faux platane] acero montano.
sycophante [sikɔfɑ̃t] m. ANTIQ. sicofante. || LITTÉR. sicofante, delatore.
sycosis [sikozis] f. MÉD. sicosi, mentagra.
syénite [sjenit] f. MINÉR. sienite.
syllabaire [silabɛr] m. sillabario.
syllabe [silab] f. sillaba.
syllabique [silabik] adj. sillabico. | *écriture syllabique*, scrittura sillabica. | *vers syllabiques*, versi sillabici.
syllabisme [silabism] m. LING. scrittura, grafia sillabica.
syllabus [silabys] m. RELIG. syllabus (lat.); sillabo.
syllepse [silɛps] f. RHÉT. sillessi.
syllogisme [silɔʒism] m. sillogismo.
syllogistique [silɔʒistik] adj. sillogistico. ◆ n. f. sillogistica.
sylphe [silf] m. MYTH. silfo.
sylphide [silfid] f. MYTH. et FIG. silfide.
sylvains [silvɛ̃] m. pl. MYTH. silvani.
sylve [silv] f. POÉT. selva.
sylvestre [silvɛstr] adj. silvestre. || BOT. *pin sylvestre*, pino silvestre.
sylvicole [silvikɔl] adj. silvicolo.
sylviculteur [silvikyltœr] m. selvicoltore, silvicoltore, silvicultore.
sylviculture [silvikyltyr] f. selvicoltura, silvicoltura, silvicultura.
sylvinite [silvinit] f. silvinite.
symbiose [sɛ̃bjoz] f. BIOL. et FIG. simbiosi.
symbiote [sɛ̃bjɔt] m. BIOL. simbionte.
symbiotique [sɛ̃bjɔtik] adj. BIOL. simbio(n)tico.
symbole [sɛ̃bɔl] m. simbolo. | *la balance est le symbole de la justice*, la bilancia è il simbolo della giustizia. || ASTR., CHIM., MATH. simbolo. || RELIG. *Symbole des Apôtres, de Nicée, de saint Athanase*, Simbolo apostolico, niceno, atanasiano.
symbolique [sɛ̃bɔlik] adj. simbolico. | *don, langage symbolique*, dono, linguaggio simbolico. | *écriture symbolique*, scrittura simbolica; pittografia f. | *logique symbolique*, logica simbolica, matematica; logistica f. ◆ n. f. [ensemble des symboles] simbolismo m., simbologia. || [science] simbologia; [étude des confessions religieuses] simbolica. ◆ n. m. PSYCHAN. simbolico.
symbolisation [sɛ̃bɔlizasjɔ̃] f. (il) simboleggiare; simboleggiamento m. (rare). || [en logique, science] simbolizzazione.
symboliser [sɛ̃bɔlize] v. tr. simboleggiare, simbolizzare. || [en logique, science] simbolizzare.
symbolisme [sɛ̃bɔlism] m. ART, HIST. LITT., MATH., PSYCHAN. simbolismo.
symboliste [sɛ̃bɔlist] adj. ART, HIST. LITT. simbolistico, simbolista. ◆ n. simbolista.
symétrie [simetri] f. MATH. et FIG. simmetria.
symétrique [simetrik] adj. MATH. et FIG. simmetrico.
sympathectomie [sɛ̃patɛktɔmi] f. CHIR. simpaticectomia, simpatectomia.
sympathie [sɛ̃pati] f. simpatia. | *éprouver, inspirer de la sympathie*, provare, ispirare simpatia. | *se prendre de sympathie pour qn*, simpatizzare con qlcu. || [participation à la peine d'autrui], simpatia, solidarietà. | *témoignages de sympathie*, attestazioni di simpatia. | *être en sympathie avec les malheureux*, essere, sentirsi solidali con gl'infelici. | *veuillez croire à toute ma sympathie*, la prego di credere ai sensi della mia più viva simpatia, alla mia più sentita partecipazione.
sympathique [sɛ̃patik] adj. simpatico. || LOC. *encre sympathique*, inchiostro simpatico. ◆ n. m. ANAT. simpatico. | *(grand) sympathique*, sistema nervoso simpatico; (gran) simpatico.
sympathisant, e [sɛ̃patizɑ̃, ɑ̃t] adj. et n. simpatizzante.
sympathiser [sɛ̃patize] v. intr. **(avec)** simpatizzare (con).
symphonie [sɛ̃fɔni] f. sinfonia. || FIG. *symphonie de couleurs*, sinfonia di colori.
symphonique [sɛ̃fɔnik] adj. sinfonico.
symphoniste [sɛ̃fɔnist] n. MUS. sinfonista.
symphyse [sɛ̃fiz] f. ANAT., MÉD. sinfisi.
symposium [sɛ̃pozjɔm] ou **symposion** [sɛ̃pozjɔn] m. simposio.
symptomatique [sɛ̃ptomatik] adj. MÉD. et FIG. sintomatico. | *traitement symptomatique*, terapia sintomatica.
symptomatologie [sɛ̃ptomatolɔʒi] f. MÉD. sintomatologia.
symptôme [sɛ̃ptom] m. MÉD. et FIG. sintomo.
synagogue [sinagɔg] f. sinagoga.
synalèphe [sinalɛf] f. GRAMM. sinalefe.
synallagmatique [sinalagmatik] adj. JUR. sinallagmatico.
synapse [sinaps] f. PHYSIOL. sinapsi.
synarchie [sinarʃi] f. POLIT. sinarchia.
synarthrose [sinartroz] f. ANAT. sinartrosi.
synchrocyclotron [sɛ̃krosiklɔtrɔ̃] m. sincrociclotrone.
synchrone [sɛ̃kron] adj. sincrono.
synchronie [sɛ̃krɔni] f. sincronia.
synchronique [sɛ̃krɔnik] adj. sincronico.
synchronisation [sɛ̃krɔnizasjɔ̃] f. sincronizzazione.
synchroniser [sɛ̃krɔnize] v. tr. sincronizzare.
synchronisme [sɛ̃krɔnism] m. sincronismo.
synchrotron [sɛ̃krotrɔ̃] m. sincrotrone.
synclinal, e, aux [sɛ̃klinal, o] adj. et n. m. GÉOL. sinclinale adj. et n. f.
syncopal, e, aux [sɛ̃kɔpal, o] adj. MÉD. sincopale.
syncope [sɛ̃kɔp] f. GRAMM., MÉD., MUS. sincope. || LOC. *tomber en syncope*, cadere in deliquio.
syncoper [sɛ̃kɔpe] v. tr. MUS. sincopare.
syncrétisme [sɛ̃kretism] m. PHILOS., PSYCH., RELIG. sincretismo.
syndactyle [sɛ̃daktil] adj. MÉD. sindattilo.
synderme [sɛ̃dɛrm] m. similpelle f.

syndic [sɛ̃dik] m. *syndic des agents de change*, procuratore degli agenti di cambio. | *syndic d'immeuble*, amministratore di un immobile. ‖ JUR. *syndic de faillite*, curatore del fallimento.
syndical, e, aux [sɛ̃dikal, o] adj. sindacale. | *délégué syndical, chambre syndicale*, delegato, camera sindacale.
syndicalisme [sɛ̃dikalism] m. sindacalismo.
syndicaliste [sɛ̃dikalist] adj. sindacalistico, sindacalista. | *idéal, mouvement syndicaliste*, ideale, movimento sindacalistico, sindacalista. | *chef syndicaliste*, capo sindacalista. ◆ n. sindacalista.
syndicat [sɛ̃dika] m. sindacato. | *syndicat ouvrier, patronal*, sindacato operaio, padronale. ‖ *syndicat de banquiers, de propriétaires, financier*, consorzio bancario, di proprietari, finanziario. ‖ ADM. *syndicat de communes*, consorzio intercomunale. ‖ LOC. *syndicat d'initiative*, azienda autonoma di soggiorno.
syndicataire [sɛ̃dikatɛr] n. membro (m.) di un consorzio finanziario, di proprietari. ◆ adj. relativo a un consorzio finanzario, di proprietari.
syndiqué, e [sɛ̃dike] adj. et n. iscritto a un sindacato.
syndiquer [sɛ̃dike] v. tr. organizzare in sindacato. ◆ v. pr. [former un syndicat] organizzarsi in sindacato. ‖ [s'affilier] aderire a un sindacato.
syndrome [sɛ̃drom] m. MÉD. sindrome f.
synecdoque [sinɛkdɔk] f. RHÉT. sineddoche.
synérèse [sinerɛz] f. CHIM., GRAMM. sineresi.
synergie [sinɛrʒi] f. PHYSIOL. sinergia ; sinergismo m.
synesthésie [sinestezi] f. PSYCH. sinestesi.
syngnathe [sɛ̃gnat] m. ZOOL. singnato.
synodal, e, aux [sinɔdal, o] adj. sinodale.
synode [sinɔd] m. RELIG. sinodo. | *Saint Synode*, Santo Sinodo.
1. synodique [sinɔdik] adj. RELIG. sinodico. | *lettre synodique*, lettera sinodica.
2. synodique adj. ASTR. *révolution synodique*, rivoluzione sinodica.
synonyme [sinɔnim] adj. et n. m. sinonimo.
synonymie [sinɔnimi] f. sinonimia.
synonymique [sinɔnimik] adj. sinonimico.
synopsis [sinɔpsis] m. CIN. sinopsi f.
synoptique [sinɔptik] adj. sinottico. ‖ RELIG. *évangiles synoptiques*, vangeli sinottici.
synovial, e, aux [sinɔvjal, o] adj. sinoviale.
synoviale [sinɔvjal] f. sinoviale.
synovie [sinɔvi] f. ANAT. sinovia.
synovite [sinɔvit] f. MÉD. sinovite.
syntacticien, enne [sɛ̃taktisjɛ̃, ɛn] n. studioso, studiosa di sintassi.
syntactique [sɛ̃taktik] adj. *phonétique syntactique*, fonetica sintattica. ◆ n. f. PHILOS. sintattica.
syntagmatique [sɛ̃tagmatik] adj. sintagmatico.
syntagme [sɛ̃tagm] m. sintagma.
syntaxe [sɛ̃taks] f. sintassi.
syntaxique [sɛ̃taksik] adj. sintattico.
synthèse [sɛ̃tɛz] f. sintesi. ‖ PHOT. *synthèse additive, soustractive*, sintesi additiva, sottrattiva.
synthétique [sɛ̃tetik] adj. sintetico. ‖ IND. *caoutchouc synthétique*, gomma sintetica. ‖ LING. *langues synthétiques*, lingue sintetiche.
synthétiser [sɛ̃tetize] v. tr. sintetizzare.
syntonisation [sɛ̃tɔnizasjɔ̃] f. TÉLÉCOM. sintonizzazione.
syphilis [sifilis] f. MÉD. sifilide.
syphilitique [sifilitik] adj. et n. sifilitico.
syriaque [sirjak] adj. et n. m. siriaco.
syrien, enne [sirjɛ̃, ɛn] adj. et n. siriano. ◆ n. m. LING. siriano.
syringomyélie [sirɛ̃gomjeli] f. MÉD. siringomielia.
syrinx [sirɛ̃ks] f. siringe.
syrphe [sirf] m. ZOOL. sirfo.
systématique [sistematik] adj. sistematico. | *doute systématique*, dubbio sistematico. | *opposition systématique*, opposizione sistematica. | *esprit systématique*, mente sistematica. ◆ n. f. sistematica.
systématisation [sistematizasjɔ̃] f. (il) ridurre a sistema.
systématiser [sistematize] v. tr. ridurre a sistema. ◆ v. intr. PÉJOR. aver la mania dei sistemi.
système [sistɛm] m. sistema. | *système alpin, économique, électoral, nerveux, philosophique, représentatif, solaire*, sistema alpino, economico, elettorale, nervoso, filosofico, rappresentativo, solare. | *système juridique, politique*, sistema, ordinamento giuridico, politico. ‖ LOC. *changer de système de vie*, cambiar sistema di vita. | *par système, par esprit de système*, per sistema, per partito preso, sistematicamente. ‖ BOT. *système de Linné*, sistema di Linneo. ‖ GÉOL. sistema, periodo. ‖ MÉC. *système articulé*, sistema articolato. ‖ FAM. [moyen] *connaître le système pour faire fortune*, conoscere il sistema per far fortuna. | *pratiquer le système D* = saper arrangiarsi. ‖ *courir, porter, taper sur le système*, dare ai nervi.
systole [sistɔl] f. PHYSIOL. sistole.
systyle [sistil] adj. et n. m. ARCHIT. sistilo.
syzygie [siziʒi] f. ASTR. sizigia.

T

t [te] m. t f. ou m. | *fer en T, en double T*, ferro a T, a doppia T.
ta adj. poss. f. sing. V. TON.
tabac [taba] m. tabacco. | *tabac brun, léger*, tabacco scuro, dolce. | *tabac pour fumer ; à mâcher, à chiquer ; à priser*, tabacco da fumare ; da masticare ; da fiuto. | *prise de tabac*, presa, pizzico (m.) di tabacco. | *tabac en carotte*, tabacco in corda. | *tabac pour la pipe*, trinciato m. | *culture du tabac*, tabacchicoltura f. | *(débit, bureau de) tabac*, rivendita (f.) sali e tabacchi ; tabaccheria f. | *café-tabac*, bar tabacchi. | *marchand de tabac*, tabaccaio ; tabacchino (rég.). ‖ LOC. FAM. *c'est toujours le même tabac*, è sempre la solita solfa. | *pot à tabac*, V. POT. | *passer à tabac*, pestare ; picchiare di santa ragione. ‖ MAR. *coup de tabac*, temporale. ◆ adj. inv. color tabacco ; tabaccato (rare).
tabagie [tabaʒi] f. = locale (m.) in cui si è molto fumato e che conserva l'odore del tabacco. | *c'est une vraie tabagie* = sembra una fumeria.
tabagique [tabaʒik] adj. MÉD. tabagico.
tabagisme [tabaʒism] m. MÉD. tabagismo, nicotinismo.
tabasser [tabase] v. tr. POP. pestare (fam.) ; picchiare, bastonare, legnare (L.C.). ◆ v. pr. POP. menarsi di santa ragione (fam.).

tabatière [tabatjɛr] f. [boîte] tabacchiera. || [lucarne] lucernario m.
tabellaire [tabelɛr] adj. TYP. tabellare.
tabellion [tabeljɔ̃] m. HIST. tabellione. || (plais.) notaio (L.C.).
tabernacle [tabɛrnakl] m. RELIG. tabernacolo. | *fête des Tabernacles*, festa dei Tabernacoli, delle Capanne.
tabès [tabɛs] m. MÉD. tabe f.
tabétique [tabetik] adj. tabetico, tabico. ◆ n. tabetico, a.
tablature [tablatyr] f. MUS. intavolatura. | *tablature de luth*, intavolatura per liuto.
table [tabl] f. [pour le repas] tavola da pranzo, mensa ; desco m. (littér.). | *table pliante*, tavola pieghevole. | *table à abattants*, tavola a ribalta, tavola ribaltabile. | *table à rallonges, à roulettes*, tavola da allungare, a rotelle. | *mettre la table*, apparecchiare (la tavola). | *desservir (la table)*, sparecchiare (la tavola). | *table d'hôte* = tavola comune. | *au haut bout de la table*, a capotavola. | *tenir table ouverte*, tener tavola imbandita, tener corte bandita. || FAM. *à table !*, a tavola ! || [autre meuble] tavola, tavolo m., tavolino m. | *table de café*, tavolino da caffè. | *table de nuit*, tavolino da notte ; comodino m. | *table de jeu*, tavola da, tavolo di gioco. | *table à repasser*, tavola da stirare, da stiro. | *table de travail*, tavola, tavolo da lavoro, da studio ; tavolino. | *s'asseoir à sa table de travail*, mettersi a tavolino. | *table tournante*, tavola parlante. || [réunion] *table ronde*, tavola rotonda. || [nourriture] tavola, mensa, pasto m., vitto m. | *il aime la bonne table*, gli piace la buona tavola. | *table frugale*, mensa frugale, parca. | *dépenser beaucoup pour sa table*, spendere molto per il vitto. || [tablette ; tableau] tavola, tabella, indice m. | *table de multiplication, de Pythagore*, tavola pitagorica. | *table des matières*, indice. || CHIR. *table d'opération*, tavola operatoria. || HIST. *les Douze Tables*, le Dodici Tavole. || MIL. *table de tir*, tavola, tabella di tiro. || MUS. *table d'harmonie*, tavola armonica. || RELIG. *Tables de la Loi*, Tavole della Legge. | *table de communion, Sainte Table*, Sacra Mensa ; altare m. | *s'approcher de la Sainte Table*, accostarsi ai sacramenti, alla comunione. || LOC. *faire table rase*, far tavola rasa. | *jouer, mettre cartes sur table*, V. CARTE. | *ivre à rouler sous la table* = ubriaco fradicio. | *se mettre à table* : PR. sedere, mettersi a tavola ; POP. [avouer] vuotare il sacco ; sputare l'osso ; cantare.
tableau [tablo] m. ART quadro, dipinto. | *tableau sur toile*, dipinto su tela. | *tableau sur bois*, dipinto su legno, su tavola. | *tableau d'autel*, pala (f.) d'altare. || [panneau qui renseigne] quadro, tavola f., tabella f., pannello, albo. | *tableau horaire, de service, de contrôle*, quadro orario, di servizio, di controllo. | *tableau d'affichage*, pannello di affissione. | *tableau chronologique*, tavola cronologica. | *tableau d'honneur*, albo d'onore. | *tableau de l'ordre des avocats*, albo degli avvocati. | *tableau d'avancement*, graduatoria f. | *tableau de chasse* : bottino della battuta di caccia (pr.) ; bell'album di conquiste femminili (fig., fam.). || [évocation] *tableau d'une société*, quadro di una società. | *tableaux de la vie militaire*, bozzetti della vita militare. || [tableau noir] lavagna f. | *écrire au tableau*, scrivere sulla lavagna. || TECHN. *tableau de bord*, cruscotto. || SPORT *tableau de marche*, tabella di marcia. || THÉÂTRE *pièce en cinq actes et dix tableaux*, commedia in cinque atti e dieci quadri. | *tableau vivant*, quadro vivente, plastico. || LOC. *miser sur deux tableaux*, tenere il piede in due staffe. | *gagner sur les deux tableaux*, vincere su ogni fronte. | [description] *tableau poussé au noir*, quadro a fosche tinte. | *pour achever le tableau* = questo è il colmo. | *il y a une ombre au tableau*, c'è un neo. | *vous voyez d'ici le tableau !* (iron.) = immaginate la scena ! || FAM. *un vieux tableau*, una befana ; una tardona (rég.).
tableautin [tablotɛ̃] m. quadretto.
tablée [table] f. tavolata.
tabler [table] v. intr. **(sur)** contare (su) ; fare assegnamento (su).
tablette [tablɛt] f. mensola. | *tablette de cheminée*, mensola da camino ; tavoletta. | *tablette de chocolat, de chewing-gum*, tavoletta di cioccolato, di gomma da masticare. | *tablette de verre, de marbre*, lastra, palchetto (m.) di vetro, di marmo. || HIST. *tablette de cire*, tavoletta cerata. || LOC. *mettre, inscrire sur ses tablettes*, tenerselo a mente. | *rayer de ses tablettes*, toglierselo dalla mente ; non contarci più su.
tablier [tablije] m. grembiule, grembiale. | *tablier à bavette*, grembiule col pettino, a pettorina. || FAM. *rendre son tablier*, licenziarsi (L.C.). || AÉR., AUTOM. cruscotto ; tablier (fr.). || JEU scacchiera f., damiera f. || TECHN. [four, cheminée] serranda f. ; [pont] piano stradale.
tabloïd [tablɔid] adj. et n. m. tabloid.
tabou [tabu] m. et adj. PR. et FIG. tabù ; tabu (rare) inv.
tabouret [taburɛ] m. sgabello, panchetto, panchettino.
tabulaire [tabylɛr] adj. tabulare.
tabulateur [tabylatœr] m. tabulatore.
tabulatrice [tabylatris] f. tabulatrice.
tac [tak] onomat. tac. ◆ n. m. [bruit] tac. || [escrime] *riposter du tac au tac*, parare e rispondere. || FIG. *répondre du tac au tac*, rispondere per le rime.
tacca [taka] m. BOT. tacca f.
tacet [tasɛt] m. MUS. tacet (lat.).
tache [taʃ] f. macchia, chiazza, tacca. | *tache de graisse*, macchia di unto ; frittella (fam.). || *taches du pelage*, macchie, chiazze, tacche del pelame. || FIG. macchia, difetto m., pecca, menda. | *sans tache*, illibato, immacolato, intemerato adj. (littér.). | *vie sans tache*, vita senza macchia. | *taches d'un ouvrage*, pecche, mende di un'opera. || ANAT. *tache de vin*, macchia, voglia di vino. | *taches de rousseur*, lentiggini f. pl., efelidi f. pl. | *tache jaune*, macchia, macula lutea. | *tache auditive*, macchia acustica. || ART macchia. || ASTR. *tache solaire*, macchia solare. || BIOL. *tache géminative*, macchia, macula geminativa. || RELIG. *tache originelle*, peccato originale. || LOC. *faire tache d'huile*, far macchia d'olio. | *faire tache*, stonare.
tâche [tɑʃ] f. lavoro m., compito m., impegno m., mansione. | *remplir, accomplir sa tâche*, assolvere il proprio impegno, compito. | *remplir des tâches administratives*, svolgere mansioni amministrative. | *mourir à la tâche*, morire schiacciato dal peso del lavoro. || LOC. *travailler à la tâche*, lavorare a cottimo. || FIG. *ne pas être à la tâche* = non aver fretta, prendersela comoda. || LITTÉR. *prendre à tâche de*, prendersi l'impegno, l'incarico di, ingegnarsi di. | *il prend à tâche de justifier sa réputation*, gli sta a cuore, gli preme (di) giustificare la sua reputazione.
tachéomètre [takeɔmɛtr] m. tacheometro.
tachéométrie [takeɔmetri] f. tacheometria.
tacher [taʃe] v. tr. PR. et FIG. macchiare. | *tacher de graisse*, ungere. || ABSOL. *le vin tache*, il vino macchia. ◆ v. pr. macchiarsi, sporcarsi.
tâcher [tɑʃe] v. tr. ind. **(de)** cercare, procurare (di) ; fare in modo (di) ; sforzarsi (di) ; badare (a). | *tâche de parler avec un peu plus de respect !*, cerca di parlare con maggior rispetto ! | *tâche d'être à l'heure !*, bada a essere puntuale ! ◆ v. tr. *tâcher que* (subj.), fare in modo che (subj.).
tâcheron [tɑʃrɔ̃] m. PR. cottimista. || PÉJOR. sgobbone.
tacheté, e [taʃte] adj. macchiato, chiazzato, screziato. | *couleuvre tachetée*, biscia screziata.
tacheter [taʃte] v. tr. macchiare, chiazzare, screziare. | *le soleil m'a tacheté le visage*, il sole mi ha coperto il viso di lentiggini, di efelidi.
tachine [takin] f. ZOOL. tachina.
tachisme [taʃism] m. ART tecnica (f.) dei macchiaioli ; tachisme (fr.).
tachiste [taʃist] m. ART macchiaiolo.
tachycardie [takikardi] f. MÉD. tachicardia.
tachygraphie [takigrafi] f. tachigrafia.
tachymètre [takimɛtr] m. tachimetro ; contagiri m. inv.
tacite [tasit] adj. tacito. | *accord tacite*, tacito accordo. | *convention tacite*, convenzione tacita. | *tacite reconduction*, riconduzione tacita.

taciturne [tasityrn] adj. taciturno.
taciturnité [tasityrnite] f. LITTÉR. taciturnità.
tacon [takɔ̃] m. ZOOL. salmone giovane.
tacot [tako] m. FAM. bagnarola f., trabiccolo, macinino.
tact [takt] m. PR. tatto. ‖ FIG. tatto, discrezione f., delicatezza f., riguardo. | *manquer de tact*, non aver tatto.
tacticien, enne [taktisjɛ̃, ɛn] n. FAM. tatticone, a. ◆ m. MIL. tattico.
tactile [taktil] adj. tattile.
tactique [taktik] adj. PR. et FIG. tattico. ◆ n. f. MIL. et FIG. tattica.
tactisme [taktism] m. BOT. tattismo.
tadorne [tadɔrn] f. ZOOL. tadorna, volpoca.
tænia m. V. TÉNIA.
taffetas [tafta] m. TEXT. taffettà. ‖ PHARM. *taffetas anglais, gommé*, taffettà adesivo; sparadrappo, cerotto.
tafia [tafja] m. tafià, rum.
tagète [taʒɛt] ou **tagetes** [taʒetɛs] m. BOT. tagete.
tahitien, enne [taisjɛ̃, ɛn] adj. et n. ta(h)itiano.
taïaut! ou **tayaut!** [tajo] interj. dàgli! dàgli!
taie [tɛ] f. [d'oreiller] federa. ‖ MÉD. opacità corneale; leucoma m.
taïga [tajga] f. GÉOGR. taiga.
taillable [tajabl] adj. FÉOD. tagliabile. ‖ FIG. *taillable et corvéable à merci* = che si può sfruttare senza misericordia.
taillade [tajad] f. taglio.
taillader [tajade] v. tr. PR. fare dei tagli; tagliare. ‖ FIG. tagliare, sferzare. ◆ v. pr. tagliarsi.
taillage [tajaʒ] m. TECHN. lavorazione f.
taille [taj] f. **1.** [stature] statura, taglia, altezza, tacca. | *homme de grande taille*, uomo di alta statura. | *homme de taille moyenne*, uomo di media statura, di mezza taglia, di mezza tacca. | *par rang de taille*, per ordine di altezza. ‖ FIG. [envergure] statura. | *être de taille à*, essere in grado di, capace di; essere uomo, donna da. | *ne pas être de taille*, non essere all'altezza. ‖ **2.** [partie du corps] vita. | *tour de taille*, giro di vita. | *avoir la taille fine, une taille de guêpe*, avere la vita sottile, un vitino di vespa. | *entrer dans l'eau jusqu'à la taille*, entrare nell'acqua fino alla cintura. ‖ [torse] busto m., torso m. | *avoir la taille longue*, avere il busto lungo. | *redresser la taille*, raddrizzare il busto. | *avoir la taille bien prise*, essere ben fatto della persona, avere un bel personale. ‖ **3.** [partie du vêtement] cintura, cintola, vita. ‖ LOC. *sortir en taille* = uscire senza soprabito, senza cappotto. ‖ [mesure de vêtement] misura, taglia. ‖ **4.** [dimension] dimensione, formato m. ‖ FIG. *une erreur de taille*, un errore madornale. | *un problème de taille*, un problema arduo, difficile. ‖ **5.** [action, manière de tailler] taglio m. | *pierre de taille*, pietra da taglio. ‖ [diamant] taglio. | *taille brute*, sbozzatura. | *taille à facettes*, sfaccettatura. ‖ AGR. *taille des arbres*, taglio degli alberi. | *taille de la vigne*, potatura della vite. ‖ ART [gravure] intaglio m. ‖ MIN. taglio. | *front de taille*, fronte (f.) di taglio. ‖ CHIR., VX cistotomia. | **6.** [tranchant] taglio, fendente m. | *armes de taille*, armi da taglio. | *frapper d'estoc et de taille*, ferire di punta e di taglio. | *coup de taille*, fendente. ‖ **7.** [impôt] taglia. ‖ **8.** MUS., VX tenore m. (L.C.).
taillé, e [taje] adj. *taillé en athlète*, aitante, robusto; dalla corporatura atletica. | *taillé à coups de serpe*, tagliato con l'accetta. | *être taillé pour le sport*, essere tagliato per lo sport. ◆ adj. et n. m. HÉRALD. tagliato.
taille-crayon(s) [tajkrɛjɔ̃] m. temperalapis, temperamatite (inv.).
taille-douce [tajdus] f. taglio (m.) dolce; incisione a bulino.
tailler [taje] v. intr. *tailler dans le vif*, tagliare nel vivo. ‖ MAR. *tailler de l'avant*, fendere le onde. ◆ v. tr. tagliare. | *tailler en pointe*, tagliare a punta. | *tailler une pierre*, tagliare, squadrare una pietra. | *tailler un diamant à facettes*, sfaccettare un diamante. | *tailler un crayon*, appuntare, temperare una matita. | *tailler un vêtement sur un patron*, tagliare un abito secondo un cartamodello. | *se tailler une flèche dans une branche*, ricavare una freccia da un ramoscello. | *tailler la vigne*, potare la vite. ‖ LOC. *tailler en pièces*, fare a pezzi; disfare, sbaragliare. | *tailler des croupières à qn* (littér.) = suscitar brighe, impicci a qlcu. (L.C.). | *tailler une bavette*, V. BAVETTE. ◆ v. pr. *se tailler la part du lion*, farsi la parte del leone. | *se tailler un franc succès*, ottenere un gran successo. ‖ POP. [partir] tagliar la corda, svignarsela (fam.).
taillerie [tajri] f. [art] taglio m. (delle pietre preziose). ‖ [atelier] laboratorio (m.) del diamantaio.
tailleur [tajœr] m. sarto. ‖ MODE *(costume) tailleur*, tailleur (fr.). ‖ *tailleur de pierre*, tagliapietre inv., scalpellino. | *tailleur de diamants*, tagliatore di diamanti. ‖ AGR. potatore. ‖ LOC. *s'asseoir en tailleur*, sedersi alla turca.
taille-vent [tajvɑ̃] m. MAR. tagliavento inv.
taillis [taji] m. (bosco) ceduo; boscaglia f. ◆ adj. ceduo.
tailloir [tajwar] m. CULIN. tagliere. ‖ ARCHIT. abaco.
tain [tɛ̃] m. stagno.
taire [tɛr] v. tr. tacere. | *taire la vérité*, tacere la verità. | *faire taire qn*, far tacere qlcu., imporre silenzio a qlcu. | *faire taire qch.*, far tacere qlco. ◆ v. pr. tacere, ammutolire v. intr., star zitto. | *il s'est tu*, ha taciuto, è ammutolito, è stato zitto. | *tais-toi, taisez-vous!*, taci, tacete!; zitto, a, i, e, !; silenzio!; mosca! (fam.).
tala [tala] m. ARG. UNIV. = (studente) cattolico.
talc [talk] m. talco.
talent [talɑ̃] m. [monnaie] talento. ‖ [don] talento, ingegno, attitudine f., capacità f. | *de (grand) talent*, di (gran) vaglia; valente adj. | *avoir des talents de société*, avere attitudini ai giochi di società.
talentueux, euse [talɑ̃tɥø, øz] adj. ricco d'ingegno; bravo.
taler [tale] v. tr. ammaccare.
taleth [talɛt] m. RELIG. taled.
talion [taljɔ̃] m. taglione.
talisman [talismɑ̃] m. PR. et FIG. talismano.
talismanique [talismanik] adj. talismanico (rare).
talitre [talitr] m. ZOOL. talitro; pulce (f.) di mare.
talkie-walkie [tolkiwolki] m. walkie-talkie (angl.).
tallage [talaʒ] m. BOT. tallitura f., accestimento.
talle [tal] f. BOT. tallo m., pollone m.
taller [tale] v. intr. BOT. tallire, accestire.
talmud [talmyd] m. RELIG. talmud.
talmudique [talmydik] adj. talmudico.
talmudiste [talmydist] m. talmudista.
1. taloche [talɔʃ] f. FAM. sberla, ceffone m., sventola, scappellotto m., scapaccione m.
2. taloche f. TECHN. pialletto m., frettazzo m., frettazzino m., appianatoia.
talocher [talɔʃe] v. tr. FAM. prendere a scapaccioni, a scappellotti.
talon [talɔ̃] m. ANAT. tallone, calcagno; [du cheval] tallone, sponga f. ‖ [d'une chaussure, d'une chaussette] tallone, calcagno. ‖ [support rigide sous la chaussure] tacco. | *talon aiguille*, tacco a spillo. | *chaussures à talons plats*, scarpe basse. ‖ LOC. *claquer les talons*, battere i tacchi. | *être sur les talons de qn*, incalzare qlcu. | *être toujours sur les talons de qn*, star sempre alle calcagna, alle costole di qlcu. | *avoir des ailes aux talons* = andare, fuggire a tutta velocità. | *tourner, montrer les talons*, mostrare, voltare le calcagna; alzare, battere il tacco. | *avoir l'estomac dans les talons* = avere una fame da lupi; non vederci più dalla fame. | *talon d'Achille*, tallone d'Achille. ‖ VX *un talon rouge* = un nobile, un aristocratico. | *être très talon rouge* = essere molto distinto, signorile. ‖ [d'arme] tallone. ‖ ARCHIT. gola f. ‖ [de cartes] tallone. ‖ MAR. *talon d'une quille*, tallone, calcagnolo di una chiglia. ‖ [de chèque, de mandat] talloncino; matrice f.; tagliando (moins correct).
talonnage [talɔnaʒ] m. [rugby] tallonaggio.
talonner [talɔne] v. tr. [un cheval] spronare, speronare. ‖ [poursuivre] incalzare, inseguire; tallonare (gall.). ‖ [rugby] tallonare. ‖ FIG. assillare. ◆ v. intr. MAR. tallonare.

talonnette [talɔnɛt] f. [de pantalon] battitacco m. ‖ [de soulier] mezza soletta.
talonneur [talɔnœr] m. [rugby] tallonatore.
talonnière [talɔnjɛr] f. MYTH. talare m.
talquer [talke] v. tr. cospargere di talco.
talqueux, euse [talkø, øz] adj. talcoso.
1. talus [taly] m. [de route] ciglio, ciglione ; [de chemin de fer] scarpata f. ; [de fort] scarpa f., spalto. ‖ LOC. *en talus*, a scarpata. ‖ GÉOGR. pendio. | *talus continental*, scarpata continentale.
2. talus [talys] adj. m. *pied talus*, piede talo.
talweg [talvɛg] m. GÉOGR. talweg (all.) ; fondovalle ; linea (f.) d'impluvio.
tamanoir [tamanwar] m. ZOOL. formichiere gigante.
1. tamarin [tamarɛ̃] m. BOT. tamarindo.
2. tamarin m. ZOOL. tamarino.
tamarinier [tamarinje] m. BOT. tamarindo.
tamaris [tamaris] m. BOT. tamarisco, tamarice f., tamerice f.
tambouille [tɑ̃buj] f. POP. *faire la tambouille*, far da cucina, cucinare (L.C.).
tambour [tɑ̃bur] m. [instrument] tamburo. | *roulement de tambour*, rullo del tamburo. ‖ [musicien] (suonatore di) tamburo, tamburino. ‖ ARCHIT. [de coupole] tamburo ; [de colonne] rocchio. ‖ *porte à tambour*, bussola f. | *frein à tambour*, freno a tamburo. ‖ [pour broder] tombolo, tamburello. ‖ TECHN. tamburo. ‖ LOC. *tambour battant*, a tamburo battente, alla svelta. | *battre tambour*, stamburare (pr. et fig.) ; strombazzare (fig.). | *au son du tambour* = in modo chiassoso, senza discrezione. | *sans tambour ni trompette* = alla chetichella. ‖ FAM. *raisonner comme un tambour*, ragionare coi piedi.
tambourin [tɑ̃burɛ̃] m. MUS. tamburo basco ; tamburello, cembalo. ‖ JEU tamburello.
tambourinage [tɑ̃burinaʒ] ou **tambourinement** [tɑ̃burinmɑ̃] m. tambureggiamento, rullo.
tambourinaire [tɑ̃burinɛr] m. = suonatore di tamburello (in Provenza). ‖ [tambour de ville] vx = banditore.
tambouriner [tɑ̃burine] v. intr. tambureggiare ; s(u)onare il tamburo. ‖ FIG. *la pluie tambourine sur les vitres*, la pioggia tambureggia, tamburella sui vetri. | *tambouriner (avec les doigts) sur la porte*, tamburellare (con le dita) sull'uscio. ◆ v. tr. annunziare a suono di tamburo. ‖ FIG. *tambouriner une nouvelle*, stamburare, strombazzare una notizia.
tambour-major [tɑ̃burmaʒɔr] m. MIL. tamburo maggiore.
tamier [tamje] m. BOT. tamaro.
tamil m. V. TAMOUL.
tamis [tami] m. staccio, vaglio, crivello, setaccio. ‖ PR. et FIG. *passer au tamis*, s(e)tacciare, vagliare.
tamisage [tamizaʒ] m. stacciatura f., vagliatura f., crivellatura f.
tamiser [tamize] v. tr. stacciare, setacciare, vagliare, crivellare. ‖ FIG. filtrare, attenuare, smorzare. ◆ v. intr. passare attraverso uno staccio.
tamiseur, euse [tamizœr, øz] n. [ouvrier] stacciatore, trice ; crivellatore m., crivellista m. ◆ f. [machine] stacciatrice.
tamisier [tamizje] m. stacciaio.
tamoul [tamul] ou **tamil** [tamil] m. LING. tamul, tamil.
tampico [tɑ̃piko] m. TEXT. tampico.
tampon [tɑ̃pɔ̃] m. tappo ; turo (tosc.). ‖ [d'égout] tombino, chiusino. ‖ [tissu entortillé] batuffolo. | *vernir au tampon*, verniciare a stoppino, col tampone. | *tampon à récurer*, paglia (f.) di ferro ; paglietta f. | *tampon (encreur)*, tampone. | *tampon de la poste*, bollo postale, timbro. | *tampon-buvard*, tampone. ‖ MÉD. tampone, stuello ; tasta f. (rare). | *tampon hémostatique*, zaffo emostatico. ‖ CH. DE F. respingente, repulsore. | *tampon de butoir*, paraurti m. inv. ‖ LOC. *coup de tampon*, urto di respingenti (pr.) ; [coup de poing] (pop.) pugno, rissa f. (L.C.). ‖ FIG. *servir de tampon*, fare da cuscinetto. | *État tampon*, Stato cuscinetto. ‖ CHIM. *solution tampon*, soluzione tampone. ‖ TECHN. [cheville] tassello.
tamponnement [tɑ̃pɔnmɑ̃] m. tamponamento, urto, scontro, collisione f. ‖ MÉD. tamponamento, tamponatura f., zaffatura f.
tamponner [tɑ̃pɔne] v. tr. [obturer] tappare. ‖ [timbrer] timbrare. ‖ [heurter] tamponare, urtare. ‖ MÉD. tamponare, zaffare, stuellare. ‖ TECHN. tassellare. ◆ v. pr. [se heurter] scontrarsi. ‖ [essuyer] *se tamponner les yeux*, asciugarsi gli occhi.
tamponneur, euse [tɑ̃pɔnœr, øz] adj. che tampona, che urta. | *autos tamponneuses*, autoscontro m.
tam-tam [tamtam] m. MUS. tam-tam, tamtàm. ‖ FIG. baccano. ‖ FAM. *faire du tam-tam*, battere la grancassa.
tan [tɑ̃] m. tanno, concia f.
tanagra [tanagra] m. ART tanagra f.
tancer [tɑ̃se] v. tr. LITTÉR. rampognare, redarguire.
tanche [tɑ̃ʃ] f. ZOOL. tinca.
tandem [tɑ̃dɛm] m. [cycle] tandem. ‖ MÉC. et FIG. *en tandem*, in tandem. ‖ FAM. tandem, coppia f.
tandis que [tɑ̃di(s)kə] loc. conj. [temps] mentre ; intanto che (fam.). ‖ [opposition] mentre ; mentre invece (fam.).
tangage [tɑ̃gaʒ] m. beccheggio. | *coup de tangage*, beccheggiata f.
tangence [tɑ̃ʒɑ̃s] f. GÉOM. tangenza.
tangent, e [tɑ̃ʒɑ̃, ɑ̃t] adj. GÉOM. tangente. ‖ FAM. *c'est tangent*, ci manca un pelo ; ci manca poco, ci siamo quasi (L.C.). ◆ n. f. GÉOM. tangente. ‖ ARG. UNIV. = bidello m. ‖ FAM. *prendre la tangente :* [s'enfuir] fuggire per la tangente ; [éluder] = eludere una questione.
tangentiel, elle [tɑ̃ʒɑ̃sjɛl] adj. GÉOM. tangenziale.
tangibilité [tɑ̃ʒibilite] f. tangibilità.
tangible [tɑ̃ʒibl] adj. PR. et FIG. tangibile.
tango [tɑ̃go] m. [danse] tango. ◆ adj. inv. et n. m. [couleur] arancione.
tangon [tɑ̃gɔ̃] m. MAR. tangone.
tanguer [tɑ̃ge] v. intr. beccheggiare.
tanière [tanjɛr] f. PR. tana, covile m., covo m. ‖ FIG. tana, stamberga, covile, covo.
tanin [tanɛ̃] m. tannino.
taniser [tanize] v. tr. [cuir] aggiungere tanno a. ‖ [vin] aggiungere tannino a.
tank [tɑ̃k] m. (angl.) [citerne] tanca f., serbatoio. ‖ [char] tank ; carro armato.
tanker [tɑ̃kɛr] m. tanker (angl.) ; nave cisterna f. ; petroliera f.
tankiste [tɑ̃kist] m. MIL. carrista.
tannage [tanaʒ] m. concia f., conciatura f.
tannant, e [tanɑ̃, ɑ̃t] adj. conciante. ‖ FIG., FAM. scocciante, barboso ; seccante (L.C.).
tanne [tan] f. MÉD. comedone m.
tanné, e [tane] adj. PR. conciato. ‖ [couleur] tanè, castano. ‖ FIG. abbronzato. ◆ n. m. color tanè.
tannée [tane] f. PR. concia usata f. ‖ FIG., POP. *recevoir une tannée*, prendere un sacco di botte (fam.).
tanner [tane] v. tr. PR. conciare, tannare. ‖ FAM. [ennuyer] scocciare ; seccare (L.C.). ‖ POP. [battre] conciare per le feste (fam.).
tannerie [tanri] f. conceria, concia.
tanneur [tanœr] m. conciatore ; conciapelli inv.
tannin m. V. TANIN.
tanniser v. tr. V. TANISER.
tannique [tanik] adj. tannico.
tan-sad [tɑ̃sad] m. tan-sad (angl.) ; sella posteriore, seconda sella.
tant [tɑ̃] adv. [intensité] tanto. | *je souffre tant*, soffro tanto. | *personne ne l'écoute, tant il est menteur*, nessuno gli dà retta, tanto è bugiardo. ‖ [quantité] tanto adj. | *de ma vie je n'ai eu tant peur*, non ho mai avuto tanta paura in vita mia. | *vous m'en direz tant !* = se è così... ; in questo caso... | *un paysage comme il y en a tant*, un paesaggio come ce ne sono tanti. | *ne fais pas tant de façons*, non far tanti complimenti. | *je n'ai jamais eu tant de travail*, non ho mai avuto tanto lavoro. ‖ [quantité indéterminée] (un) tanto, tot. | *il me donne tant par mois*, mi dà un tanto al mese. | *tant pour l'habillement, tant pour la nourriture*, tanto per il vestiario, tanto per il vitto ; tot per il vestiario, tot per il vitto. | *tant pour cent*, tanto per cento. ‖

[date] *quand nous serons le tant*, ai tanti del mese di..., a tale data. || [comparaison] *tant vaut l'homme, tant vaut la terre*, tanto vale l'uomo tanto vale la terra. ◆ loc. adv. ***tant mieux, tant pis :*** *tant mieux pour lui*, (tanto) meglio per lui. | *tant pis pour lui*, peggio per lui. | *je ne pourrai pas venir, tant pis*, non potrò venire, pazienza. || FAM. *docteur Tant Pis, Tant Mieux* = dottore pessimista, ottimista. || ***tant bien que mal,*** alla meno peggio. || ***tant soit peu,*** solo un poco, solo un pochino. || ***tant qu'à*** (inf.) : *tant qu'à m'ennuyer, je préfère rester chez moi*, se proprio mi devo annoiare, tanto vale che stia in casa. | *tant qu'à faire, fais-le bien*, poiché lo devi fare, fallo bene. || ***tant s'en faut,*** anzi ; ci corre, ci manca molto. || ***tant et plus,*** assai, moltissimo ; tanto adj., numeroso adj. ; a bizzeffe (fam.). || POP. ***tant qu'à moi, toi, lui,*** quanto a me, te, lui (L.C.). ◆ loc. conj. ***tant... que :*** [coord.] sia... sia ; sia... che. | *tant les poètes que les artistes expriment leurs sentiments*, sia i poeti sia gli artisti esprimono i propri sentimenti. | *tant de jour que de nuit*, sia di giorno che di notte. || [subord. de temps] ***tant que ;*** (pop.) ***jusqu'à tant que*** (avec fut.), finché, sinché, fintantoché (avec fut.). || PROV. *tant va la cruche à l'eau qu'à la fin elle se casse*, tanto va la gatta al lardo che ci lascia lo zampino. || [compar.] *ce n'est pas tant une taquinerie qu'une méchanceté*, non è tanto un dispetto quanto una cattiveria. | *il travaille tant qu'il peut*, lavora a più non posso. || FAM. *il pleut tant que ça peut*, piove che Dio la manda. | *tant que ça*, tanto (L.C.). || [consécutive ; intensité] tanto che, talmente che. | *je souffre tant que je ne peux pas me lever*, soffro tanto che, talmente che non posso alzarmi. | *(faire) tant et si bien que*, (far) tanto che. | *tant il est vrai que*, tant'è vero che. || ***tant de... que :*** [quantité] tanto (adj.)... che. | *j'ai tant de choses à te dire que j'irai bientôt chez toi*, ho tante cose da dirti che verrò presto da te. | *tous tant que nous sommes*, tutti quanti noi. || ***si tant est que*** (avec subj.), seppure (avec indic.) ; sempre che (avec subj.). || ***en tant que :*** [dans la mesure où] in quanto ; [considéré comme] in quanto, come, quale.

1. tantale [tɑ̃tal] m. CHIM. tantalio.

2. tantale m. ZOOL. tantalo.

tante [tɑ̃t] f. zia. | *tante à la mode de Bretagne*, V. MODE. || FIG., FAM. *ma tante* = il Monte di Pietà. | *mettre chez ma tante*, avere, mettere, tenere in gobbo. || POP. finocchio m. ; pederasta m. (L.C.).

tantième [tɑ̃tjɛm] m. [part] percentuale f. || COMM. [bénéfice] = retribuzione distribuita agli amministratori di società.

tantine [tɑ̃tin] f. FAM. zietta, ziuccia.

tantinet [tɑ̃tinɛ] m. FAM. tantino, zinzino. | *un tantinet de pain*, un tantino di pane. | *un tantinet de poivre*, uno zinzino di pepe. ◆ loc. adv. ***un tantinet,*** un tantino, un pochino. | *il est un tantinet stupide*, è un tantino, un pochino stupido ; è uno stupidino, uno stupidetto.

tantôt [tɑ̃to] adv. [futur] fra poco. || [passé] poco fa, poc'anzi ; testé (littér.). || [après-midi] *j'irai tantôt*, andrò nel pomeriggio. || ***tantôt... tantôt,*** ora... ora, talvolta... talaltra. ◆ n. m. FAM. *le tantôt, ce tantôt*, il pomeriggio, questo pomeriggio (L.C.).

taoïsme [taoism] m. RELIG. taoismo.

taoïste [taoist] n. taoista m. ◆ adj. taoistico.

taon [tɑ̃] m. ZOOL. tafano.

tapage [tapaʒ] m. chiasso, baccano, strepito, schiamazzo, gazzarra f. ; cagnara f. (fam.). || JUR. *tapage nocturne*, schiamazzi notturni. || FIG. [scandale] *faire du tapage*, fare, destare scalpore.

tapager [tapaʒe] v. intr. (rare) far baccano, chiasso, gazzarra (L.C.).

tapageur, euse [tapaʒœr, øz] adj. [bruyant] rumoroso, chiassoso. || [qui se fait remarquer] chiassoso, vistoso. | *toilette tapageuse*, toeletta chiassosa. | *luxe tapageur*, lusso vistoso.

tapant, e [tapɑ̃, ɑ̃t] adj. FAM. preciso (L.C.) ; in punto loc. adv. (L.C.). | *à onze heures tapantes*, alle undici precise, alle undici in punto.

1. tape [tap] f. [bouchon] tappo.

2. tape f. pacca, manata. | *donner une tape sur l'épaule*, dare una pacca, una manata sulla spalla. || FAM. *ramasser une tape*, far fiasco.

tapé, e [tape] adj. CULIN. *pomme tapée* = mela schiacciata e seccata al forno. || [fruit trop mûr] mezzo. || [réussi] azzeccato, indovinato, coi fiocchi. || FAM. [fou] picchiatello, tocco. || LOC. FAM. *c'est bien tapé !*, ben ti sta. | *un demi bien tapé*, una bella birra.

tape-à-l'œil [tapalœj] adj. inv. FAM. chiassoso, vistoso. | *élégance tape-à-l'œil*, eleganza pacchiana. ◆ n. m. inv. FAM. falsa apparenza, orpello (L.C.).

tapecul [tapky] m. FAM. [automobile] trabiccolo ; macchina mal molleggiata (L.C.). || VX = tilbury. || MAR. randa f.

tapée [tape] f. FAM. mucchio m., sacco m., serqua. | *avoir une tapée d'enfants*, avere una serqua di figlioli.

taper [tape] v. tr. [frapper] *taper un enfant*, picchiare un bambino. | *taper trois coups à la porte*, battere tre colpi alla porta. || [battre ; claquer] (s)battere. | *taper un tapis*, (s)battere un tappeto. | *taper la porte*, sbattere l'uscio. | *taper une lettre à la machine*, battere a macchina una lettera. | *taper la carte* (fam.), sbattere la carta, farsi una partita a carte. || FAM. [emprunter] spillare, scroccare. ◆ v. intr. *taper des mains, des pieds*, battere le mani, i piedi. | *taper avec un marteau*, picchiare con un martello. || PÉJOR. *taper toute la journée sur un piano*, strimpellare tutto il giorno il pianoforte. || FIG., FAM. *taper sur qn*, tagliare i panni addosso a uno. | *taper dans l'œil*, dar nell'occhio ; far colpo (L.C.). | *taper sur les nerfs*, dare sui nervi. | *taper sur le ventre à qn*, V. VENTRE. | *vin qui tape*, vino che dà alla testa (L.C.). | *le soleil tape dur*, il sole picchia, batte forte. | *taper dans le mille*, azzeccarla, imbroccarla, indovinarla. || POP. [puer] *ça tape ici !* = che puzza !, che tanfo ! ◆ v. pr. FAM. *il y a de quoi se taper la tête contre les murs*, c'è da sbattere la testa contro il muro. | *il y a de quoi se taper le derrière par terre* = sono cose da far ridere i polli. || POP. *se taper la cloche* = mangiare a più non posso, a crepapelle ; sbafare. | *se taper tout le rôti*, sbafarsi l'arrosto da solo. | *se taper un litre de vin*, scolarsi un litro di vino. || FAM. [exécuter] accollarsi, sciropparsi. | *il s'est tapé tout le travail*, si è accollato, sciroppato tutto il lavoro. || POP. [se moquer] fregarsene. | *tu parles si je m'en tape !*, me ne frego, e come ! | *il peut toujours se taper !* = starà fresco !, potrà aspettare ! || VULG. *se taper une femme*, trombare una donna.

tapette [tapɛt] f. [petite tape] buffetto m. || [pour les tapis] battipanni m. inv. ; [contre les mouches] acchiappamosche m. inv. || JEU rimbalzino m. || FIG., FAM. *avoir une fière tapette*, avere una bella parlantina, avere lo scilinguagnolo sciolto. || POP. [homosexuel] dama.

tapeur, euse [tapœr, øz] n. FAM. scroccone, a.

tapi, e [tapi] adj. PR. et FIG. rimpiattato, nascosto.

tapin [tapɛ̃] m. POP. *faire le tapin*, battere il marciapiede.

tapinois (en) [ɑ̃tapinwa] loc. adv. di soppiatto, alla chetichella.

tapioca [tapjɔka] m. tapioca f.

1. tapir [tapir] m. ZOOL. tapiro. || ARG. UNIV. = alunno che prende lezioni private.

2. tapir (se) [sətapir] v. pr. rimpiattarsi, rannicchiarsi, rincantucciarsi, nascondersi.

tapis [tapi] m. PR. et FIG. tappeto. | *tapis de table, d'autel*, tappeto da tavola, da altare. | *tapis de sol*, pavimento (in tela gommata). || ***tapis-brosse,*** stoino, zerbino ; nettapiedi, puliscipiedi m. inv. || *tapis volant*, tappeto volante. | *tapis de billard*, panno del biliardo. | *tapis vert*, tavolo, tavolino da gioco. || FIG. *tapis de mousse*, tappeto di muschio. | *tapis de gazon*, tappeto erboso. || [boxe] *envoyer au tapis*, mandare al tappeto. || TECHN. *tapis roulant*, tapis roulant (fr.) ; nastro trasportatore. || LOC. *discussion de marchands de tapis*, discussione da bottegai. | *discuter autour du tapis vert*, discutere in campo diplomatico. | *mettre une question sur le tapis*, mettere, portare una questione sul tappeto. | *être sur le tapis*, essere in ballo. | *amuser le tapis*, divertire l'uditorio.

tapisser [tapise] v. tr. [sol] tappetare (rare) ; [mur]

tappezzare. ‖ FIG. *feuilles qui tapissent le fond de la vallée*, foglie che ricoprono il fondo della valle.
tapisserie [tapisri] f. [tenture] tappezzeria, arazzo m. ‖ [technique] arte del tappezziere ; tappezzeria, arazzeria. ‖ [papier mural] carta da parati. ‖ [ouvrage de dame] ricamo m. ‖ LOC. FAM. *faire tapisserie*, far tappezzeria.
tapissier, ère [tapisje, ɛr] n. tappezziere m., arazziere m. ◆ n. f. VX = furgone ippotrainato (per il trasporto di poltrone, sedie, sofà imbottiti).
tapon [tapɔ̃] m. VX batuffolo, batuffoletto (L.C.).
tapotement [tapɔtmɑ̃] m. picchiettio.
tapoter [tapɔte] v. tr. et intr. dare dei colpi, dei buffetti (su) ; picchiettare, picchierellare (su). ‖ FAM. *tapoter du piano*, strimpellare il piano.
taquer [take] v. tr. TYP. pareggiare con la (s)battitoia.
taquet [takɛ] m. [cale] zeppa f., tacco. ‖ [fermeture de porte] nottola f. ‖ [piquet] picchetto. ‖ CH. DE F. *taquet d'arrêt*, scarpa f. ‖ MAR. galloccia f. ‖ MÉC. arresto.
taquin, e [takɛ̃, in] adj. = che punzecchia, che stuzzica ; dispettoso. ◆ n. stuzzichino m.
taquiner [takine] v. tr. punzecchiare, stuzzicare, indispettire. ‖ FAM. *taquiner le goujon*, pescare con la lenza (L.C.). | *taquiner la muse*, comporre versi (L.C.). ◆ v. pr. punzecchiarsi, stuzzicarsi.
taquinerie [takinri] f. carattere dispettoso. ‖ [action ; parole] punzecchiamento m., stuzzicamento m., dispetto m.
taquoir [takwar] m. TYP. (s)battitoia f.
tarabiscoter [tarabiskɔte] v. tr. = sovraccaricare di ornamenti. | *style tarabiscoté*, stile arzigogolato.
tarabuster [tarabyste] v. tr. FAM. [malmener] = star sempre dietro a, dar noia a ; infastidire, anguriare. ‖ [préoccuper] importunare, assillare.
tarage [taraʒ] m. COMM. determinazione (f.) della tara.
tarare [tarar] m. AGR. tarara f.
taratata ! [taratata] interj. FAM. ma va' !, ma va' là !
taraud [taro] m. TECHN. maschio.
taraudage [tarodaʒ] m. maschiatura f.
tarauder [tarode] v. tr. TECHN. maschiare. ‖ [fileter] *tarauder une vis*, filettare, impanare una vite. ‖ FIG. *insecte qui taraude le bois*, insetto che rode il legno. ‖ [tourmenter] assillare.
taraudeur, euse [tarodœr, øz] adj. *insecte taraudeur* = insetto che rode il legno. | *pensée taraudeuse*, pensiero assillante. ◆ n. m. [ouvrier] maschiatore. ◆ n. f. [machine] maschiatrice.
tard [tar] adv. tardi. | *tôt ou tard*, presto o tardi, prima o poi. | *mieux vaut tard que jamais*, meglio tardi che mai. | *tard dans l'après-midi*, nel tardo pomeriggio. | *tard dans la nuit*, a tarda notte. | *il est, il se fait tard*, è tardi, si fa tardi. ◆ n. m. *sur le tard* : [à la fin du jour] sul tardi ; [à un âge avancé] andando avanti con gli anni ; verso la fine della vita.
tarder [tarde] v. intr. tardare ; far tardi. | *le matin il tarde toujours*, la mattina fa sempre tardi. | *pourquoi as-tu tant tardé ?*, perché hai tardato tanto, hai fatto tanto tardi ? | *une lettre qui tarde*, una lettera che tarda ad arrivare. | *sans tarder*, senza indugio. ◆ v. tr. ind. *tarder à venir*, tardare a venire. | *tarder à écrire*, indugiare a scrivere. ◆ v. impers. *il me tarde de* (inf.), non vedo l'ora di, mi preme di (inf.) ; mi par mill'anni che non (indic.). | *il me tarde que ce travail soit achevé*, non vedo l'ora, mi preme che questo lavoro sia terminato.
tardif, ive [tardif, iv] adj. tardivo.
tardigrades [tardigrad] m. pl. ZOOL. [paresseux] tardigradi, bradipi. ‖ [arachnides] tardigradi.
tare [tar] f. COMM. tara. | *faire la tare*, far la tara. ‖ [vice] difetto m., pecca, magagna. ‖ MÉD. tara.
taré, e [tare] adj. [vicié] guasto, magagnato, corrotto, bacato. ‖ MÉD. tarato.
tarentelle [tarɑ̃tɛl] f. [danse] tarantella.
tarentule [tarɑ̃tyl] f. ZOOL. tarantola.
tarer [tare] v. tr. COMM. tarare.
taret [tarɛ] m. ZOOL. teredine f., bruma f.
targe [tarʒ] f. MIL. (VX) targa, brocchiere m.
targette [tarʒɛt] f. chiavistello m., paletto m.
targuer (se) [sətarge] v. pr. **(de)** vantarsi, gloriarsi (di) ; attribuirsi (tr.) immeritatamente ; pretendere (di).
targui, e [targi] (pl. **touareg**) adj. et n. targ(h)i [pl. *tuareg(h)*].
tari, e [tari] adj. PR. inaridito. ‖ FIG. esausto.
tarière [tarjɛr] f. TECHN. trivella, trivello m. ‖ ZOOL. ovipositore m., terebra.
tarif [tarif] m. tariffa f. ‖ FIG., POP. *c'est le plein tarif* = è la pena massima (L.C.).
tarifaire [tarifɛr] adj. tariffale, tariffario.
tarifer [tarife] v. tr. tariffare.
tarification [tarifikasjɔ̃] f. tariffazione.
tarin [tarɛ̃] m. ZOOL. lucherino, lucarino.
tarir [tarir] v. tr. PR. [mettre à sec] disseccare, inaridire, esaurire, prosciugare. ‖ FIG. [faire cesser] esaurire. | *tarir les larmes de qn*, asciugare le lacrime di qlcu. ; tergere il pianto di qlcu. (littér.). ◆ v. intr. et v. pr. PR. disseccarsi, inaridirsi, esaurirsi, prosciugare, prosciugarsi. ‖ FIG. esaurirsi. | *ses pleurs ne tarissent pas*, non cessa di piangere. | *l'entretien tarissait*, la conversazione languiva. | *ne pas tarir sur un sujet*, non smettere di parlare di un argomento. | *ne pas tarir d'éloges sur qn*, non finire di lodare, di elogiare qlcu.
tarissable [tarisabl] adj. (rare) = che può inaridirsi, disseccarsi ; esauribile.
tarissement [tarismɑ̃] m. inaridimento, esaurimento, prosciugamento.
tarlatane [tarlatan] f. TEXT. tarlatana.
tarot [taro] m. tarocco.
tarse [tars] m. ANAT., ZOOL. tarso.
tarsien, enne [tarsjɛ̃, ɛn] adj. tarsale.
tarsier [tarsje] m. ZOOL. tarsio.
tartan [tartɑ̃] m. TEXT. tartan (angl.).
tartane [tartan] f. MAR. tartana.
tartare [tartar] adj. tartaresco, tartaro. ‖ CULIN. *sauce tartare*, salsa tartara. | *steak tartare*, (bistecca alla) tartara f. ◆ n. tartaro, a.
tartarin [tartarɛ̃] m. FAM. spaccone, millantatore.
tartarinade [tartarinad] f. FAM, VX spacconata, millanteria.
tarte [tart] f. torta, crostata. | *tarte aux pommes*, torta di mele. ‖ POP. [gifle] sventola (fam.). ‖ LOC. FIG. *tarte à la crème* = formula vacua e pretensiosa ; luogo comune (che sarebbe risposta a qualsiasi quesito). ◆ adj. FAM. = brutto, goffo, stupido.
tartelette [tartəlɛt] f. tortello m.
Tartempion [tartɑ̃pjɔ̃] n. pr. FAM. tizio ; Pinco Pallino.
tartine [tartin] f. tartina. ‖ FAM. [discours] lungagnata, lungagnola, tiritera ; [écrit] lungagnata.
tartiner [tartine] v. tr. spalmare.
tartrate [tartrat] m. CHIM. tartrato.
tartre [tartr] m. [dents] tartaro. ‖ [tonneau, canalisation] tartaro, gromma f., gruma f. ; taso (rare). ‖ CHIM. *crème de tartre*, cremore (m.) di tartaro.
tartré, e [tartre] adj. = con aggiunta di tartaro.
tartreux, euse [tartrø, øz] adj. = della natura del tartaro.
tartrique [tartrik] adj. tartarico.
tartu(f)fe [tartyf] m. tartufo.
tartu(f)ferie [tartyfri] f. tartuferia.
tas [tɑ] m. mucchio, ammasso, cumulo. | *mettre en tas*, mettere in mucchio ; ammucchiare. ‖ FAM. *un tas d'ennuis*, un mucchio di fastidi, un sacco di noie. | *un tas d'imbéciles*, un branco d'imbecilli. | *un tas de sottises*, una sfilza, una caterva di spropositi. ‖ POP. [injure] *tas de salauds !*, razza di farabutti ! ‖ ARCHIT. *tas de charge*, piano d'imposta. ‖ TECHN. *tailler les pierres sur le tas*, tagliare le pietre sul cantiere edilizio. ‖ LOC. *formation sur le tas*, formazione sul posto. | *grève sur le tas*, sciopero a braccia incrociate. ‖ POP. *taper dans le tas*, servirsi copiosamente, in abbondanza (L.C.). | *tirer dans le tas*, sparare alla cieca (L.C.).
tasse [tas] f. tazza. | *tasse de café, à café*, tazza di caffè, da caffè. ‖ FAM. *boire une, la tasse*, fare una bevuta.

tassé, e [tase] adj. FIG. *demi bien tassé*, V. TAPÉ. | *café bien tassé*, caffè ristretto.
tasseau [taso] m. regolo di sostegno.
tassement [tasmɑ̃] m. ARCHIT., GÉOL. [normal] assestamento ; [anormal] cedimento. ‖ FIN. *tassement des valeurs boursières*, assestamento dei valori di Borsa. ‖ MÉD. *tassement des vertèbres*, compressione (f.) delle vertebre.
tasser [tase] v. tr. [des objets] pigiare, calcare, premere, comprimere. | *tasser du tabac dans la pipe*, pigiare il tabacco nella pipa. | *tasser des affaires dans une caisse*, calcare la roba in una cassa. ‖ [des personnes] premere, pigiare, stipare. | *nous étions tassés dans le trolley*, eravamo pigiati, stipati nel filobus. ◆ v. pr. ARCHIT., GÉOL. [normalement] assestarsi ; [anormalement] cedere. ‖ FIN. assestarsi. ‖ [personne] *elle s'est tassée avec l'âge*, invecchiando si è rannicchiata. | *se tasser dans son fauteuil*, rannicchiarsi nella poltrona. ‖ FIG. [s'apaiser] = accomodarsi (L.C.). ‖ POP. [boire, manger] sbafarsi, scolarsi. ◆ v. intr. BOT. infoltire, accestire.
taste-vin [tastəvɛ̃] ou **tâte-vin** [tɑtvɛ̃] m. inv. saggiavino.
tata [tata] f. FAM. zietta. ‖ POP. finocchio m. ; pederasta (L.C.).
tatar, e [tatar] adj. et n. tataro. ◆ n. m. LING. tataro.
tâter [tɑte] v. tr. *tâter une étoffe*, palpare una stoffa. | *tâter le pouls*, tastare il polso. ‖ LOC. *tâter à l'aveuglette*, andar tastoni. | *tâter l'ennemi*, saggiare il nemico. | *tâter le fond*, scandagliare il fondo. | *tâter le vent* = rendersi conto della direzione del vento. ‖ FIG. *tâter qn*, *tâter le terrain*, tastare il terreno. ◆ v. tr. ind. **(de)** assaggiare, provare v. tr. | *je tâterais bien de ce rôti*, assaggerei volentieri quest'arrosto. | *il a déjà tâté de plusieurs métiers*, ha già provato parecchi mestieri. ◆ v. pr. *se tâter après une chute*, tastarsi le membra dopo una caduta. ‖ [hésiter] esitare, tentennare v. intr. ‖ [s'étudier] mettersi alla prova. | *les deux armées commencent par se tâter*, i due eserciti cominciano col mettersi alla prova.
tâteur [tɑtœr] m. TECHN. tastatore.
tâte-vin m. inv. V. TASTE-VIN.
tatillon, onne [tɑtijɔ̃, ɔn] adj. et n. FAM. pignolo adj. et n. m.
tatillonner [tɑtijɔne] v. intr. pignoleggiare.
tâtonnement [tɑtɔnmɑ̃] m. PR. brancolamento. ‖ FIG. prova f.
tâtonner [tɑtɔne] v. intr. PR. brancolare ; andar brancolando ; andar brancolone, brancoloni ; andar (a) tentone, (a) tentoni ; andare a tastoni. ‖ FIG. procedere a tastoni.
tâtons (à) [atɑtɔ̃] loc. adv. (a) tentone, (a) tentoni, a tastoni.
tatou [tatu] m. ZOOL. tatù.
tatouage [tatwaʒ] m. tatuaggio.
tatouer [tatwe] v. tr. tatuare.
tatoueur [tatwœr] adj. et n. = che, chi fa tatuaggi.
tau [to] m. TYP. tau. ‖ HÉRALD. croce (f.) a tau, di Sant'Antonio.
taud [to] ou **taude** [tod] f. MAR. tendaletto m.
taudis [todi] m. tugurio, topaia f., catapecchia f.
taule ou **tôle** [tol] f. POP. [chambre] camera, cameraccia (L.C.). ‖ ARG. [prison] carcere m., prigione (L.C.) ; gattabuia f. (plais.).
taulier ou **tôlier, ère** [tolje, ɛr] n. POP. albergatore, trice (L.C.).
taupe [top] f. talpa. ‖ LOC. FAM. *myope comme une taupe*, cieco come una talpa. | *vivre comme une taupe*, essere un talpone ; vivere rintanato in casa (L.C.). | *vieille taupe* = vecchia strega. ‖ ARG. UNIV. = classe di matematica preparatoria alla Scuola politecnica.
taupe-grillon [topgrijɔ̃] m. ZOOL. grillotalpa f. (pl. *grillotalpe*) ou m. [rare] (pl. *grillitalpa*).
taupière [topjɛr] f. trappola per talpe.
taupin [topɛ̃] m. ARG. UNIV. = alunno della classe di matematica preparatoria alla Scuola politecnica.
taupinière [topinjɛr] f. = monticello (m.) di terra (formato dalle talpe). ‖ [galerie] talpaia.
taure [tɔr] f. (rég.) giovenca (L.C.).
taureau [tɔro] m. toro. | *course de taureaux*, corrida (esp.). | *mener la vache au taureau*, mandar la vacca al toro. | *fort comme un taureau*, forte come un toro. ‖ FIG. *prendre le taureau par les cornes*, prendere il toro per le corna. | *cou, force de taureau*, collo taurino ; forza taurina. ‖ ASTR. Toro, Tauro.
taurillon [tɔrijɔ̃] m. torello.
taurin, e [tɔrɛ̃, in] adj. taurino.
taurobole [tɔrɔbɔl] m. ANTIQ. taurobolio.
tauromachie [tɔromaʃi] f. tauromachia.
tauromachique [tɔromaʃik] adj. = della tauromachia, relativo alla tauromachia.
tautologie [totolɔʒi] f. tautologia.
tautologique [totolɔʒik] adj. tautologico.
taux [to] m. tasso, saggio. | *taux d'accroissement, d'amortissement, de l'argent, de l'impôt, d'émission*, tasso d'accrescimento, d'ammortamento, del denaro, dell'imposta, d'emissione. | *taux d'escompte, d'intérêt*, tasso, saggio di, dello sconto, d'interesse. | *taux de natalité*, tasso di natalità. | *taux de change*, tasso del cambio. | *au taux de*, al tasso, al saggio di ‖ MÉC. *taux de compression*, rapporto di compressione. ‖ MÉD. *taux d'urée*, tasso, percentuale di urea. ‖ *taux d'invalidité*, coefficiente d'invalidità.
tavaïolle [tavajɔl] f. RELIG. tovaglia.
tavelé, e [tavle] adj. macchiettato, chiazzato, punteggiato, picchiettato ; [fruit] ticchiolato.
taveler [tavle] v. tr. macchiettare, chiazzare, picchiettare. ◆ v. pr. chiazzarsi, picchiettarsi.
tavelure [tavlyr] f. chiazzatura, picchiettatura, ticchio m.
taverne [tavɛrn] f. VX [cabaret] taverna, osteria, bettola. ‖ [café restaurant] taverna.
tavernier [tavɛrnje] m. VX ou PLAIS. tavernaio, oste, bettoliere ; taverniere (littér.).
taxable [taksabl] adj. tassabile.
taxacées [taksase] ou **taxinées** [taksine] f. pl. BOT. tassacee.
taxateur [taksatœr] m. tassatore.
taxation [taksasjɔ̃] f. [fixation d'un impôt] tassazione. ‖ [réglementation officielle] calmieramento m.
taxe [taks] f. [impôt] tassa. | *taxe sur la valeur ajoutée*, V. VALEUR. ‖ [prix fixé officiellement] calmiere m.
taxer [takse] v. tr. [frapper d'impôt] tassare. ‖ [fixer un prix] calmierare. | *taxer les denrées*, calmierare le derrate. | *prix taxés*, prezzi calmierati. ‖ FIG. *taxer qn d'avarice*, tacciare qlcu. di avarizia.
taxi [taksi] m. taxi (fr.) ; tassì. | *chauffeur de taxi*, (fam.) *taxi*, tassista.
taxidermie [taksidɛrmi] f. tassidermia.
taxidermiste [taksidɛrmist] m. tassidermista.
taximètre [taksimɛtr] m. tassametro.
taxinées f. pl. V. TAXACÉES.
taxinomie [taksinɔmi] ou **taxonomie** [taksɔnɔmi] f. tassonomia.
taxiphone [taksifɔn] m. telefono pubblico (a gettoni).
tayaut! interj. V. TAÏAUT.
taylorisation [tɛlɔrizasjɔ̃] f. ÉCON. = metodo (m.) Taylor (di organizzazione scientifica del lavoro).
tayloriser [tɛlɔrize] v. tr. ÉCON. = organizzare scientificamente.
taylorisme [tɛlɔrism] m. ÉCON. taylorismo.
tchécoslovaque [tʃekɔslɔvak] adj. et n. cecoslovacco.
tchèque [tʃɛk] adj. et n. ceco. ◆ n. m. LING. ceco.
te [tə] pron. pers. 2e pers. sing. ti. | *il te parle*, ti parla. | *te voici*, eccoti. ‖ [dans les pronoms groupés] te. | *il te le donne*, te lo dà.
1. té [te] m. TECHN. riga (f.) a T, ferro a T.
2. té! interj. (mérid.) = to'!, guarda !
tea-room [tirum] m. tea-room (angl.).
team [tim] m. team (angl.), squadra f.
technétium [tɛknesjɔm] m. CHIM. tecneto, tecnezio.
technicien, enne [tɛknisjɛ̃, ɛn] n. tecnico m. ; donna tecnico.
technicité [tɛknisite] f. tecnicità.
technique [tɛknik] adj. tecnico. | *terme technique*, tecnicismo ; parola tecnica. ◆ n. f. tecnica. ‖ FAM.

avoir, ne pas avoir la bonne technique, saperci, non saperci fare.
technocrate [tɛknɔkrat] m. tecnocrate.
technocratie [tɛknɔkrasi] f. tecnocrazia.
technocratique [tɛknɔkratik] adj. tecnocratico.
technologie [tɛknɔlɔʒi] f. tecnologia.
technologique [tɛknɔlɔʒik] adj. tecnologico.
teck ou **tek** [tɛk] m. BOT. tek, teck, teak.
teckel [tekɛl] m. ZOOL. (varietà [f.] di) bassotto.
tectonique [tɛktɔnik] f. tettonica, tectonica. ◆ adj. tettonico, tectonico.
tectrice [tɛktris] adj. et n. f. *(plume) tectrice*, penna tettrice, copritrice.
Te Deum [tedeɔm] m. inv. Te Deum (lat.).
tee [ti] m. [golf] tee (angl.).
tégénaire [teʒenɛr] f. ZOOL. tegenaria.
tégument [tegymɑ̃] m. ANAT. tegumento.
tégumentaire [tegymɑ̃tɛr] adj. tegumentale, tegumentario.
teigne [tɛɲ] f. ZOOL. tignola. ‖ MÉD. tigna. ‖ FAM. *cet enfant est une teigne*, questo bambino è una peste.
teigneux, euse [tɛɲø, øz] adj. et n. MÉD. tignoso.
teillage [tɛjaʒ] ou **tillage** [tijaʒ] m. TEXT. stigliatura f.
teille [tɛj] ou **tille** [tij] f. TEXT. tiglio m. ‖ [du chanvre] = scorza del fusto della canapa.
teiller [teje] ou **tiller** [tije] v. tr. TEXT. stigliare.
teilleur [tɛjœr] ou **tilleur, euse** [tijœr, øz] n. [ouvrier] stigliatore, trice. ◆ f. [machine] stigliatrice.
teindre [tɛ̃dr] v. tr. **(en)** tingere [di, in]. ‖ LITTÉR. [colorer] tingere, colorare. | *couchant teint de rouge*, tramonto tinto, colorato di rosso. ◆ v. pr. tingersi.
teint [tɛ̃] m. TEXT. colore, tinta f. | *étoffe bon teint, grand teint*, stoffa dalla tinta solida, dal colore solido. ‖ FIG. *un socialiste bon teint* = un socialista genuino. ‖ [carnation] carnagione f., colorito. | *avoir le teint hâlé*, essere abbronzato. | *avoir le teint fleuri*, essere colorito in volto. | *fond de teint*, fondo tinta.
teinte [tɛ̃t] f. tinta, colore m. ‖ FIG. [petite dose] ombra, sfumatura ; pizzico m. (fam.).
teinté, e [tɛ̃te] adj. leggermente colorato, tenuemente tinto. | *verres teintés*, lenti affumicate, occhiali affumicati.
teinter [tɛ̃te] v. tr. tingere ; colorare leggermente. | *eau teintée de vin*, acqua con un dito di vino. ‖ FIG. *remarque teintée d'ironie*, osservazione con una sfumatura d'ironia.
teinture [tɛ̃tyr] f. [action ; résultat ; produit] tintura ; tingitura (rare). ‖ PHARM. *teinture d'iode*, tintura di iodio. ‖ FIG. [connaissance superficielle] infarinatura ; tintura (rare).
teinturerie [tɛ̃tyrri] f. tintoria.
teinturier, ère [tɛ̃tyrje, ɛr] n. tintore, a.
tek m. V. TECK.
tel, telle [tɛl] adj. [similitude] tale, simile, siffatto. | *de telles interruptions sont inadmissibles*, tali, simili, siffatte interruzioni sono inammissibili. ‖ PROV. *tel père, tel fils*, tale, quale il padre tale il figlio. ‖ LOC. *comme tel*, in qualità, in veste di. | *en tant que tel*, in sé, di per sé. | *tel quel*, tale e quale. | *une femme telle que toi*, una donna come te. | *Racine peint les hommes tels qu'ils sont*, Racine rappresenta gli uomini quali sono. | *tel que je le connais, il refusera*, come lo conosco, egli rifiuterà. ‖ [comparaison] LITTÉR. *les feuilles des arbres, tels des oiseaux*, le foglie degli alberi, come altrettanti uccelli. ‖ [intensité] *je n'ai jamais eu une telle peur*, non ho mai avuto una tale paura. | *à tel point*, a tal punto, a tal segno. | *rien de tel qu'une belle journée pour se sentir en forme*, niente vale una bella giornata per sentirsi bene. ‖ [conséquence] ***tel... que***, tale... che. | *à tel point que*, a tal punto, a tal segno da (même suj. dans les deux prop.) ; a tal punto, a tal segno che (suj. différents). ◆ adj. indéf. *tel homme en particulier*, un dato uomo in particolare. | *tel ou tel numéro*, tal numero o talaltro. | *telle ou telle page*, tale pagina o talaltra. ◆ pron. indéf. ***tel (... tel)***, il tale (... il talaltro). ‖ *monsieur Un tel, madame Une telle*, il signor, la signora tal dei tali.
télamon [telamɔ̃] m. ARCHIT. telamone.
télautographe [telɔtɔgraf] m. teleautografo.
télé [tele] f. FAM. T. V. [prononcer : tivvù].
télébenne [telebɛn] ou **télécabine** [telekabin] f. telecabina.
télécinéma [telesinema] m. telecinema.
télécommande [telekɔmɑ̃d] f. telecomando m.
télécommander [telekɔmɑ̃de] v. tr. telecomandare.
télécommunication [telekɔmynikasjɔ̃] f. telecomunicazione.
télécontrôle [telekɔ̃trol] m. telecontrollo.
télécran [telekrɑ̃] m. teleschermo.
télédynamie [teledinami] f. = trasmissione a distanza dell'energia.
télédynamique [teledinamik] adj. teledinamico.
téléenseignement [teleɑ̃sɛɲmɑ̃] m. telescuola f.
téléférique ou **téléphérique** [teleferik] adj. teleferico. ◆ n. m. funivia f., teleferica f.
télégénique [teleʒenik] adj. telegenico.
télégoniomètre [telegɔnjɔmɛtr] m. telegoniometro.
télégramme [telegram] m. telegramma.
télégraphe [telegraf] m. telegrafo.
télégraphie [telegrafi] f. telegrafia. | *télégraphie sans fil, T.S.F.*, radiotelegrafia, radio(telefonia). | *(poste de) T.S.F.*, radio f.
télégraphier [telegrafje] v. tr. telegrafare.
télégraphique [telegrafik] adj. telegrafico.
télégraphiste [telegrafist] m. [opérateur] telegrafista. ‖ [porteur] fattorino.
téléguidage [telegidaʒ] m. teleguida f.
téléguider [telegide] v. tr. teleguidare.
téléimprimeur [teleɛ̃primœr] m. V. TÉLÉSCRIPTEUR.
télékinésie [telekinezi] f. telecinesi, telecinesia.
télémécanicien [telemekanisjɛ] m. operaio telemeccanico.
télémécanique [telemekanik] f. telemeccanica.
télémesure [teleməzyr] f. telemisura.
télémètre [telemɛtr] m. telemetro.
télémétreur [telemetrœr] m. telemetrista.
télémétrie [telemetri] f. telemetria.
télémétrique [telemetrik] adj. telemetrico.
téléobjectif [teleɔbʒɛktif] m. teleobiettivo.
téléologie [teleɔlɔʒi] f. PHILOS. teleologia.
téléologique [teleɔlɔʒik] adj. teleologico.
téléosaure [teleɔzɔr] m. ZOOL. teleosauro.
téléostéens [teleɔsteɛ̃] m. pl. ZOOL. teleostei.
télépathe [telepat] adj. et n. = che, chi pratica la telepatia.
télépathie [telepati] f. telepatia, telestesia.
télépathique [telepatik] adj. telepatico.
téléphérage [teleferaʒ] m. = trasporto per mezzo di teleferica.
téléphérique adj. et n. m. V. TÉLÉFÉRIQUE.
téléphone [telefɔn] m. telefono. | *donner, passer un coup de téléphone*, dare, fare una telefonata. | *un bref coup de téléphone*, una telefonatina, un colpo di telefono.
téléphoner [telefɔne] v. tr. et intr. telefonare.
téléphonie [telefɔni] f. telefonia.
téléphonique [telefɔnik] adj. telefonico.
téléphoniste [telefɔnist] n. telefonista.
téléphotographie [telefɔtɔgrafi] f. telefotografia.
télépointage [telepwɛ̃taʒ] m. MAR. = dispositivo per prendere la mira a distanza.
téléradiographie [teleradjɔgrafi] f. teleradiografia.
téléreportage [telerəpɔrtaʒ] m. telecronaca f.
télérupteur [teleryptœr] m. contattore di protezione ; teleruttore.
télescopage [telɛskɔpaʒ] m. scontro, tamponamento.
télescope [telɛskɔp] m. OPT. telescopio.
télescoper [telɛskɔpe] v. tr. urtare, tamponare. ◆ v. pr. urtarsi, scontrarsi.
télescopique [telɛskɔpik] adj. OPT. telescopico.
téléscripteur [teleskriptœr] m. telescrivente f., telescrittore, telestampante f.
télésiège [telesjɛʒ] m. seggiovia f.
téléski [teleski] m. V. REMONTE-PENTE.
téléspectateur, trice [telespɛktatœr, tris] n. telespettatore, trice.

télesthésie [telestezi] f. V. TÉLÉPATHIE.
télétype [teletip] m. V. TÉLÉSCRIPTEUR.
télévisé, e [televize] adj. televisivo. | *journal télévisé*, telegiornale ; giornale televisivo.
téléviser [televize] v. tr. teletrasmettere, televisionare. | *reportage télévisé (en direct)*, telecronaca (diretta).
téléviseur [televizœr] m. televisore.
télévision [televizjɔ̃] f. televisione. | *écran de télévision*, video m.
télévisuel, elle [televizɥɛl] adj. televisivo.
télex [telɛks] m. inv. telex.
tell [tɛl] m. ARCHÉOL. tell (ar.).
tellement [tɛlmɑ̃] adv. [intensité] tanto, talmente. | *nous avons tellement souffert !*, abbiamo sofferto tanto ! | *ce serait tellement mieux !*, sarebbe tanto meglio ! | *on aurait dit qu'il allait éclater, tellement il avait mangé*, sembrava che stesse per scoppiare, tanto aveva mangiato. || [subord.] *tellement... que*, talmente, tanto, così... da (même suj. dans les deux prop.) ; talmente, tanto, così, a tal punto... che (suj. différents). || FAM. [beaucoup] *tellement de*, tanto (adj.) di quel ; tanto adj. (L.C.). | *j'ai tellement de travail, de soucis*, ho tanto di quel lavoro, tante di quelle preoccupazioni. | *pas tellement, plus tellement*, non (più) tanto (L.C.). | *tu aimes ? — pas tellement*, ti piace ? — non tanto, non molto ; poco ; non direi. || VX *tellement quellement* = alla meno peggio.
tellière [tɛljɛr] m. et adj. *(papier) tellière*, carta (f.) protocollo.
tellure [tɛllyr] m. CHIM. tellurio.
tellureux, euse [tɛlyrø, øz] adj. CHIM. telluroso.
tellurhydrique [tɛlyridrik] adj. CHIM. telluridrico.
tellurique [tɛlyrik] ou **tellurien, enne** [tɛlyrjɛ̃, ɛn] adj. CHIM., PHYS. tellurico.
tellurure [tɛlyryr] m. CHIM. tellururo.
télophase [telɔfaz] f. BIOL. telofase.
telson [tɛlsɔ̃] m. ZOOL. telson, pigidio.
téméraire [temerɛr] adj. [audacieux] temerario. || [aventuré] *jugement téméraire*, giudizio avventato.
témérité [temerite] f. temerità, temerarietà.
témoignage [temwaɲaʒ] m. JUR. testimonianza f. | *faux témoignage*, falsa testimonianza. | *appelé en témoignage*, chiamato come testimonio, chiamato a testimoniare. || [attestation] *témoignage de bonne conduite*, attestato, certificato di buona condotta. || [marque, preuve] testimonianza, prova f., segno, pegno. | *en témoignage de*, quale testimonianza, prova, segno di. || LOC. *rendre témoignage à qn*, rendere omaggio a qlcu., testimoniare a, in favore di qlcu. | *rendre témoignage à une chose*, attestare, riconoscere qlco. | *rendre témoignage que*, far testimonianza che. | *porter un témoignage sur son temps*, essere un testimonio del proprio tempo. | *au, d'après le témoignage de*, secondo la testimonianza di ; teste... (rare). | *d'après son témoignage*, stando a quel che dice, scrive.
témoigner [temwaɲe] v. intr. JUR. testimoniare. | *appelé à témoigner*, chiamato a testimoniare. | *témoigner en faveur de, contre qn*, testimoniare a, in favore di, contro qlcu. ◆ v. tr. [certifier] *témoigner que*, testimoniare che. || [manifester] *témoigner ses sentiments*, manifestare, rivelare i propri sentimenti. ◆ v. tr. ind. **(de)** testimoniare v. tr. et tr. ind. (di), rivelare v. tr., essere il segno di. | *ton attitude témoigne de ta sincérité*, il tuo atteggiamento testimonia la tua sincerità. | *témoigner de la véracité d'une nouvelle*, testimoniare della veracità di una notizia.
témoin [temwɛ̃] m. JUR. teste, testimone, testimonio. | *audition des témoins*, escussione dei testi. | *témoin de l'accusation, de la défense*, teste d'accusa, di difesa. | *témoin à charge, à décharge*, teste, testimone a carico, a discarico. | *preuve par témoins*, prova testimoniale. || *être le témoin de la mariée*, far da testimonio, da testimone alla sposa. || [dans un duel] secondo, padrino. || RELIG. *Témoins de Jéhova*, Testimoni di Geova. || LOC. *prendre à témoin*, prendere come testimonio, a, per testimone. | *témoin ce fait*, ne fa testimonianza, ne fa fede questo fatto. || FIG. *monuments témoins d'une civilisation*, monumenti testimoni d'una civiltà. | *écrivains témoins de leur époque*, scrittori testimoni esemplari del loro tempo. || [en apposition] *lampe témoin*, lampad(in)a spia. | *appartement témoin*, appartamento modello. || ARCHIT. *poser un témoin*, porre una spia, una biffa. || GÉOL. carota f. || SPORT testimonio.
1. tempe [tɑ̃p] f. ANAT. tempia.
2. tempe f. [de boucher] = stecca.
tempérament [tɑ̃peramɑ̃] m. MÉD., VX temperamento. || [complexion] temperamento, complessione f. || [caractère] temperamento, carattere, indole f. || ABSOL. *c'est un tempérament*, è un uomo pieno di, una donna piena di temperamento. | *avoir du tempérament* = essere sensuale. || COMM. *vente à tempérament*, vendita rateale, a rate. || MUS. temperamento.
tempérance [tɑ̃perɑ̃s] f. temperanza.
tempérant, e [tɑ̃perɑ̃, ɑ̃t] adj. temperante.
température [tɑ̃peratyr] f. MÉTÉOR. temperatura. || MÉD. temperatura. | *prendre la température d'un malade*, prendere la temperatura a un malato. || [fièvre] *avoir de la, un peu de température*, avere (la) febbre, qualche linea di febbre.
tempéré, e [tɑ̃pere] adj. temperato, moderato. || GÉOGR. temperato. || MUS. *le Clavecin bien tempéré*, il Clavicembalo ben temperato.
tempérer [tɑ̃pere] v. tr. PR. et FIG. temperare, moderare ; mitigare (fig.). ◆ v. pr. temperarsi, moderarsi, mitigarsi.
tempête [tɑ̃pɛt] f. PR. tempesta, bufera. | *tempête en mer*, tempesta, fortunale m. ; procella (littér.). | *tempête de neige*, tempesta di neve. | *tempête de sable*, tempesta di polvere, di sabbia. | *le vent souffle en tempête*, il vento soffia tempestosamente, burrascosamente. || FIG. *cette mesure va déchaîner la tempête*, questo provvedimento scatenerà la tempesta. | *tempête d'injures*, diluvio (m.), tempesta d'ingiurie. | *une tempête de rires*, uno scrosciare di risate. | *tempête d'applaudissements, de hurlements*, tempesta di applausi, di urli. || ZOOL. *oiseau des tempêtes*, uccello delle tempeste ; procellaria f. || LOC. *une tempête dans un verre d'eau*, una tempesta in un bicchier d'acqua. || PROV. *qui sème le vent récolte la tempête*, chi semina vento raccoglie tempesta.
tempêter [tɑ̃pete] v. intr. FIG. **(contre)** tempestare (contro).
tempétueux, euse [tɑ̃petɥø, øz] adj. tempestoso ; procelloso (littér.).
temple [tɑ̃pl] m. tempio. || HIST. *ordre du Temple*, ordine del Tempio.
templier [tɑ̃plije] m. HIST. templare ; tempiere (vx).
tempo [tɛmpo] m. (ital.) MUS. tempo. | *a tempo*, a tempo. || FIG. [rythme] tempo, ritmo.
temporaire [tɑ̃pɔrɛr] adj. temporaneo.
temporal, e, aux [tɑ̃pɔral, o] adj. ANAT. temporale.
temporalité [tɑ̃pɔralite] f. temporalità.
temporel, elle [tɑ̃pɔrɛl] adj. et n. m. temporale.
temporisateur, trice [tɑ̃pɔrizatœr, tris] adj. et n. temporeggiatore, trice. ◆ n. m. TECHN. temporizzatore.
temporisation [tɑ̃pɔrizasjɔ̃] f. temporeggiamento m., (il) temporeggiare. || TECHN. temporizzazione.
temporiser [tɑ̃pɔrize] v. intr. temporeggiare. || TECHN. temporizzare.
temps [tɑ̃] m. **1.** [durée] tempo. | *il y a peu de temps*, poco fa ; poc'anzi (littér.). | *le temps presse*, il tempo incalza. | *la marche du temps*, il corso del tempo. | *je manque de temps pour*, mi manca il tempo per. | *gagner du temps*, guadagnare tempo. | *perdre son temps*, perdere tempo, buttar via il tempo, sprecare il proprio tempo. | *sans perdre de temps*, senza por tempo in mezzo. | *ne pas perdre son temps*, far presto. | *prendre son temps (pour)*, indugiare (a). | *en un rien de temps, en moins de temps qu'il ne faut pour le dire*, in men che non si dica ; = in un baleno. | *tuer le temps*, ingannare, ammazzare il tempo. | *se donner du bon temps*, darsi al bel, al buon tempo. | *il a fait son temps*, ha fatto il suo tempo. | *laisser le temps faire son œuvre*, dar tempo al tempo. | *le temps fait son œuvre* = il tempo risana ogni piaga, il tempo è un gran

medico. | *je trouve le temps long*, il tempo non mi passa mai. | *à plein temps*, a tempo pieno. || MIL. *faire son temps*, fare il servizio militare, il suo tempo di leva. || SPORT *réaliser le meilleur temps*, fare, realizzare il miglior tempo. || THÉÂTRE *unité de temps*, unità di tempo. || PR. et FIG. *temps mort*, tempo morto. || **2.** [division] MUS. tempo. | *une mesure à trois temps*, una battuta a tre tempi. || FIG. *en deux temps trois mouvements*, in un batter d'occhio, in un battibaleno, in un attimo, in quattro e quattr'otto. || TECHN. tempo. | *moteur à deux temps*, motore a due tempi. || **3.** [époque] tempo, epoca f. | *au bon vieux temps*, nel buon tempo andato. | *au temps de Napoléon*, al tempo di Napoleone. | *dans les derniers temps de la république*, negli ultimi tempi della repubblica. | *dans la nuit des temps*, nella notte dei tempi. | *autres temps, autres mœurs !*, altri tempi ! | *de mon temps*, ai miei tempi. | *marcher avec son temps*, adeguarsi ai tempi. || **4.** [moment précis] tempo, momento. | *il est temps de partir*, è ora di partire. | *en temps voulu*, in tempo. | *en temps utile*, a suo tempo. | *en temps opportun*, a tempo debito. | *en temps et lieu*, a tempo e luogo. | *remettre à un autre temps*, rinviare, rimandare (a più tardi). | *le temps n'est pas encore venu*, i tempi non sono maturi. | *chaque chose en son temps*, ogni cosa a suo tempo. | *choisir son temps*, cogliere il momento (opportuno). || **5.** MÉTÉOR. tempo. || MAR. *gros temps*, tempo da tempesta. || LOC. FIG. *faire la pluie et le beau temps*, fare la pioggia e il bel tempo ; fare il bello e il cattivo, il brutto tempo ; fare alto e basso. | *parler de la pluie et du beau temps*, parlare del più e del meno. | *prendre le temps comme il vient*, prendere il mondo come viene. || **6.** GRAMM. tempo. || **7.** RELIG. *les Quatre-Temps*, le Quattro, le Sante Tempora. ◆ loc. adv. ***à temps,*** in tempo. | *il n'arrivera pas à temps*, non farà più in tempo ad arrivare. || ***de tout temps,*** in ogni tempo ; sempre. || ***en même temps,*** nello stesso tempo, ad un tempo, simultaneamente, contemporaneamente, nel contempo. || ***en temps ordinaire,*** di solito. || ***la plupart du temps,*** quasi sempre. || ***quelque temps,*** per qualche tempo. || ***dans, sous peu de temps,*** fra poco. || ***à peu de temps de là,*** poco tempo dopo.

tenable [t(ə)nabl] adj. MIL. *cette position n'est pas tenable*, questa posizione è indifendibile. || *la maison n'est plus tenable*, la casa non è più abitabile. | *cet enfant n'est pas tenable*, questo bambino è insopportabile.

tenace [tənas] adj. [odeur] tenace, resistente. || FIG. [souvenir, préjugé] tenace, ben radicato. || [opiniâtre] tenace, perseverante, ostinato.

ténacité [tenasite] f. tenacia, tenacità.

tenaillement [tənajmɑ̃] m. attanagliamento.

tenailler [tənaje] v. tr. PR. (at)tanagliare. || FIG. tormentare.

tenailles [t(ə)naj] f. pl. tenaglie ; tanaglie (tosc.).

tenancier, ère [tənɑ̃sje, ɛr] n. [de petite exploitation agr.] affittuario, a ; fittaiolo m. ; fittavolo m. (septentr.). || [de bar, d'hôtel] gestore, gestrice. || PÉJOR. tenutario.

tenant, e [tənɑ̃, ɑ̃t] adj. LOC. *séance tenante*, seduta stante. || *chemise à col tenant*, camicia dal colletto attaccato. ◆ n. m. *terrain d'un (seul) tenant*, terreno tutto d'un pezzo. || HÉRALD. tenente. || FÉOD. = cavaliere che lanciava una sfida. || [défenseur d'une idée] difensore, sostenitore, seguace. || SPORT detentore, trice. ◆ n. m. pl. JUR. *tenants d'une propriété*, fondi adiacenti. | *les tenants et les aboutissants d'une terre*, le terre contigue, finitime, limitrofe ; le adiacenze. || FIG. *tenants et aboutissants d'une affaire*, V. ABOUTISSANT.

tendance [tɑ̃dɑ̃s] f. tendenza, propensione. | *avoir tendance à*, essere propenso a. | *faire un procès de tendance*, fare un processo alle intenzioni. || FIG. *tendances de la mode*, tendenze della moda. || POLIT. tendenza, corrente. || PSYCH. tendenza, spinta, pulsione.

tendanciel, elle [tɑ̃dɑ̃sjɛl] adj. tendenziale.

tendancieux, euse [tɑ̃dɑ̃sjø, øz] adj. tendenzioso.

tender [tɑ̃dɛr] m. CH. DE F. tender (angl.) ; carro di scorta.

tendeur [tɑ̃dœr] m. [personne] tenditore ; = chi tende. || MÉC. tenditore ; tendicinghia inv. ; [de bicyclette] tendicatena, tiracatena inv. || CH. DE FER. *tendeur d'attelage*, tenditore a vite. || [corde élastique] elastico.

tendineux, euse [tɑ̃dinø, øz] adj. ANAT. tendineo. || CULIN. tendinoso, tiglioso.

tendon [tɑ̃dɔ̃] m. ANAT. tendine. | *tendon d'Achille*, tendine d'Achille.

1. tendre [tɑ̃dr] adj. PR. *pâte tendre*, pasta morbida. | *pain tendre*, pane fresco. | *peau tendre*, pelle delicata. | *un vert tendre*, un verde tenero. || LOC. *dès sa plus tendre enfance*, sin dalla prima infanzia. | *âge tendre*, tenera età. || FIG. tenero, affettuoso. | *ne pas être tendre avec qn*, essere assai severo, crudele con uno. ◆ n. m. HIST. LITT. *Pays, Carte du Tendre*, Paese, Carta del Tenero. || FAM. *il y a du tendre entre ces deux-là*, c'è del tenero tra quei due.

2. tendre v. tr. [tirer sur] *tendre un arc, un ressort, une corde*, tendere un arco, una molla, una corda. || [avancer] tendere. | *tendre les bras, la main*, (pro)tendere le braccia, la mano. | *tendre l'oreille*, tendere, porgere l'orecchio. | *tendre le cou*, allungare il collo. || [disposer] *tendre des pièges*, tendere insidie. || [tapisser] tappezzare, parare. | *tendre une chambre de papier jaune*, tappezzare una camera di carta (da parati) gialla. | *tendre une salle*, parare a festa una sala. || [dresser] metter su, rizzare. || [concentrer] *tendre toute son énergie*, concentrare tutta la propria energia. | *tendre son esprit*, concentrarsi. || LOC. FIG. *tendre la main* : [mendier] parare, stendere la mano ; = chiedere l'elemosina. | *tendre le dos*, curvar la schiena. | *tendre la joue*, porgere, offrire, parare la gota. | *tendre la perche à qn*, tendere la mano a qlcu., aiutare qlcu. ◆ v. tr. ind. **(à, vers)** [s'efforcer de] tendere, mirare (a). | *tendre à sa fin*, volgere alla fine. | *à quoi tend ce discours ?*, dove va a parare questo discorso ? ◆ v. pr. essere teso ; attraversare un periodo di tensione.

tendresse [tɑ̃drɛs] f. tenerezza. | *n'avoir aucune tendresse pour*, non avere simpatia per. ◆ pl. tenerezze, affettuosità, simpatie. | *gâté par des tendresses excessives*, viziato da eccessive tenerezze. | *combler qn de tendresses*, essere molto affettuoso con qlcu.

tendreté [tɑ̃drəte] f. tenerezza.

tendron [tɑ̃drɔ̃] m. FAM. ragazzetta, pulzella f. ◆ pl. CULIN. *tendrons de veau*, tenerume (m. sing.) di vitello.

tendu, e [tɑ̃dy] adj. PR. et FIG. teso. || MIL. *tir tendu*, tiro teso. || LOC. *être tendu*, avere i nervi tesi. | *style tendu*, stile sforzato.

ténèbres [tenɛbr] f. pl. PR. et FIG. tenebre. || RELIG. *l'ange, le prince des ténèbres*, l'angelo, il principe, il re delle tenebre. | *office des ténèbres*, uffizio delle tenebre.

ténébreux, euse [tenebrø, øz] adj. PR. et FIG. tenebroso. ◆ n. m. *beau ténébreux*, bel tenebroso.

ténébrion [tenebrijɔ̃] m. ZOOL. tenebrione.

ténesme [tenɛsm] m. MÉD. tenesmo.

1. teneur [tənœr] f. tenore m.

2. teneur m. *teneur de livres*, contabile, computista, ragioniere.

ténia ou **tænia** [tenja] m. tenia f.

ténicide [tenisid] ou **ténifuge** [tenifyʒ] adj. et n. m. tenicida, tenifugo.

tenir [tənir] v. tr. **1.** [avoir dans la main, avec soi] tenere, reggere. | *tenir le gouvernail*, reggere il timone. | *tenir un livre à la main, dans sa main*, tenere un libro in mano. | *tiens-moi ça un instant*, reggimi questo per un attimo. | *si je le tenais !*, se lo avessi fra le mani ! || FIG. FAM. *tenir un de ces rhumes*, prendersi un bel raffreddore. | *tenir une de ces cuites*, prendersi una bella sbronza, una solenne sbornia. | *en tenir une couche* = essere duro di comprendonio. || [exclam.] *tiens, tenez, les voilà*, to' ; eccoli. | *tiens, tiens !* [étonnement] : to' ! ; toh ! ; ma guarda (un po') ! || **2.** [posséder, avoir] avere, possedere ; tenere (mérid., incorr.). | *tenir une ferme à bail*, avere un podere in

affitto. | *tenir un renseignement de qn*, avere un'informazione da qlcu. | *tenir de bonne source*, sapere di fonte sicura. | *faire tenir une lettre à qn*, far recapitare una lettera a qlcu. | *la colère le tient*, è preso dalla collera. || PROV. *mieux vaut tenir que courir, un tiens vaut mieux que deux tu l'auras* = meglio un uovo oggi che una gallina domani. || **3.** [être maître de] tenere; dominare (su) v. intr. | *nous tenons les voleurs*, i ladri sono nelle nostre mani. | *tenir en bride*, tenere a freno. | *tenir une classe, des élèves*, tenere la scolaresca a freno. | *tenir sa langue*, tenere la lingua a posto. | *tenir son sérieux*, restare serio. | *Venise a tenu les mers*, Venezia ha dominato sui mari. | *le navire tient la mer*, il piroscafo regge il mare. | *la voiture tient la route*, la macchina tiene la strada. | *tenir tête à*, tener testa, fronte a; resistere a. || FAM. *tenir le vin*, reggere il vino. | *tenir le coup*, resistere v. intr. (L.C.). || **4.** [occuper] tenere, occupare. | *tenir trop de place*, occupare troppo posto. | *tenir sa droite*, tenere la destra. || FIG. *tenir son rang*, tenere il proprio rango. || LOC. *tenir lieu de*, far le veci di. || **5.** [garder] tenere, mantenere. | *tenir sa parole*, mantenere, adempire una promessa; tener fede alla parola data. | *tenir ses distances*, tenere le distanze. | *tenir rigueur*, tenere il broncio. | *tenir au chaud*, mantenere caldo. | *tenir au courant*, tenere al corrente. | *tenir à l'œil*, tener d'occhio. | *tenir une porte fermée*, tenere una porta chiusa. | *tenir qn serré*, tenere qlcu. a stecchetto. || **6.** [exercer, diriger] tenere, gestire. | *tenir un emploi*, avere un impiego. | *tenir la caisse, la comptabilité*, tenere la cassa, la contabilità. | *tenir un bar, un magasin*, gestire un bar, un negozio. | *tenir l'orgue*, essere all'organo. || LOC. *tenir conseil*, tenere consiglio. | *tenir compte de*, tener conto di. || **7.** [énoncer] *tenir un raisonnement*, fare un ragionamento. | *tenir un langage châtié*, esprimersi con castigatezza. | *tenir un rôle*, sostenere, interpretare una parte. || **8.** [considérer] ritenere, considerare. | *tenir l'affaire faite*, ritenere, considerare l'affare concluso. || [avec *comme, pour*] *tenir qn pour son ami sincère*, tenere qlcu. per un amico sincero. | *tenir qn pour un génie*, ritenere, reputare, considerare qlcu. un genio. | *tenir comme son père*, considerare come il proprio padre. | *se le tenir pour dit*, tenerselo per detto.
◆ v. tr. ind. ***tenir à***. PR. [adhérer] tenere (a), essere attaccato (a). | *le fruit tient à la branche*, il frutto è attaccato al ramo. | *ma maison tient à la sienne*, la mia casa è attigua alla sua. || FIG. [avoir de l'affection] essere attaccato, affezionato (a). || [attacher de l'importance] far gran conto di. | *je tiens à te convaincre*, mi preme, m'importa convincerti. | *je tiens à déclarer*, tengo a dichiarare. | *je tiens à ce que tu saches*, m'importa che tu sappia. | *je n'y tiens pas*, non ci tengo. | *cette affaire me tient à cœur*, questa faccenda mi sta a cuore. || [résulter] *sa mauvaise humeur tient à son état de santé*, il suo malumore dipende, proviene dalle (sue) condizioni di salute. || ***tenir de :*** *il tient de son père*, tiene da, assomiglia a suo padre. | *avoir de qui tenir* = ereditare caratteristiche (fisiche, spirituali) di. | *tenir du miracle*, tenere del miracolo. || FAM. ***en tenir pour***, essere innamorato cotto di.
◆ v. intr. **1.** [être solide, durable] tenere, resistere, reggere. | *la colle tient*, la colla tiene. | *des couleurs qui tiennent*, colori resistenti adj. | *le beau temps tient*, il bel tempo regge, dura. | *cet argument ne tient pas (debout)*, quest'argomento non regge. | *il n'y a pas d'excuse qui tienne*, non c'è scusa che tenga, che valga. || FAM. *cela tient toujours pour demain ?*, siamo sempre d'accordo, siamo intesi per domani ? || **2.** [résister] *tenir bon, ferme*, resistere; tener duro, saldo. | *tenir debout*, reggersi in piedi. | *je ne tiens plus sur mes jambes*, le gambe non mi reggono più. || FAM. *ne plus pouvoir tenir, ne plus y tenir*, non resistere più; non poter stare alle mosse; scoppiare. | *ne pas pouvoir tenir en place*, non star più nella pelle, non potere star fermo. || **3.** [être contenu dans] stare. | *on tient à six dans cette voiture*, ci si sta in sei in questa macchina. | *tenir dans une boîte*, starci in una scatola. | *tenir en quelques pages*, constare di poche pagine.
◆ v. pr. [réfl.] *se tenir à la rampe*, reggersi alla ringhiera. || [se trouver] starsene. | *se tenir dans une pièce*, starsene in una stanza. | *se tenir à l'écart*, tenersi in disparte. | *se tenir au large*, tenersi al largo. || [avoir lieu] *le congrès s'est tenu en mai*, il congresso si è tenuto in maggio. || [se comporter] stare, comportarsi. | *se tenir debout, tranquille*, stare in piedi, quieto. | *se tenir sur ses gardes*, essere, stare in guardia. | *se tenir en contact avec qn*, mantenere i contatti con qlcu. | *se tenir bien, mal à table, dans le monde*, sapere stare, non sapere stare a tavola, in società. | *se tenir (à quatre) de*, trattenersi, frenarsi, contenersi (a stento) da. | *se tenir pour battu*, ritenersi, darsi per vinto, sconfitto. || FIG. *vous n'avez qu'à bien vous tenir*, badate a quel che fate. | *ne pas se tenir de joie*, non stare in sé dalla gioia. || LOC. ***s'en tenir à***, limitarsi, attenersi a. | *tenons-nous en là*, basta così, fermiamoci qui, non andiamo oltre. | *savoir à quoi s'en tenir sur qn* = penetrare le intenzioni di, capire il carattere di qlcu. || [récipr.] *se tenir par la main*, tenersi per mano. | *tout se tient*, tutto è collegato. || FAM. *se tenir le ventre de rire*, reggersi la pancia dalle risa.

tennis [tenis] m. tennis (angl.). | *joueur, euse de tennis*, tennista n. | *jouer au tennis*, giocare a tennis. | *chaussures, court de tennis*, scarpe, campo da tennis. | *tennis de table*, tennis da tavolo, ping-pong.

tennisman [tenisman] m. (angl.) tennista.

tenon [tənɔ̃] m. TECHN. tenone.

ténor [tenɔr] m. MUS. tenore. | *voix de ténor*, voce tenorile, di tenore. || FIG. *(grand) ténor d'un parti politique*, esponente di un partito politico. ◆ adj. et n. m. *bugle, saxophone ténor*, flicorno, sassofono tenore.

ténorino [tenɔrino] m. MUS. tenore leggero, tenorino.

ténorisant [tenɔrizɑ̃] adj. *baryton ténorisant* = baritono dal timbro tenorile.

ténoriser [tenɔrize] v. intr. MUS. tenoreggiare.

ténotomie [tenɔtɔmi] f. CHIR. tenotomia.

tenseur [tɑ̃sœr] adj. et n. m. ANAT., MATH. tensore. || MÉC. tenditore.

tensio-actif, ive [tɑ̃sjɔaktif, iv] adj. PHYS. tensioattivo.

tensiomètre [tɑ̃sjɔmɛtr] m. MÉD. sfigmomanometro. || PHYS. tensiometro.

tension [tɑ̃sjɔ̃] f. tensione. | *tension d'un ressort*, tensione di una molla. | *tension d'esprit*, tensione dell'animo. || ÉLECTR., PHYS. tensione. || MÉD. *tension artérielle*, tensione arteriosa, pressione sanguigna. | *avoir de la tension*, avere la tensione alta. || FIG. *tension internationale, sociale*, tensione internazionale, sociale.

tenson [tɑ̃sɔ̃] f. POÉS. tenzone.

tensoriel, elle [tɑ̃sɔrjɛl] adj. MATH. tensoriale.

tentaculaire [tɑ̃takylɛr] adj. PR. et FIG. tentacolare.

tentacule [tɑ̃takyl] m. PR. et FIG. tentacolo.

tentant, e [tɑ̃tɑ̃, ɑ̃t] adj. seducente, attraente, allettante.

tentateur, trice [tɑ̃tatœr, tris] adj. et n. tentatore, trice. || [diable] *le tentateur*, il tentatore.

tentation [tɑ̃tasjɔ̃] f. tentazione.

tentative [tɑ̃tativ] f. tentativo m. | *faire une tentative*, fare un tentativo. || JUR. *tentative de vol, de meurtre*, tentato furto, omicidio.

tente [tɑ̃t] f. tenda. | *dresser la tente*, alzare, rizzare, piantare la tenda. | *démonter la tente*, levar la tenda. | *tente militaire*, tenda da campo. || ***tente-abri*** = tenda leggera da campo. || MÉD. *tente à oxygène*, tenda a ossigeno. || LOC. FIG. *se retirer sous sa tente*, ritirarsi sotto la tenda.

tenter [tɑ̃te] v. tr. [essayer] tentare, provare. | *tenter le tout pour le tout*, tentare il tutto per il tutto. || PROV. *qui ne tente rien n'a rien* = chi non risica non rosica. || [entraîner au mal] tentare; indurre in tentazione. || [allécher] tentare, allettare. || FAM. *être tenté de faire qch.*, aver voglia di far qlco. ◆ v. tr. ind. **(de)** tentare, cercare (di).

tenthrède [tɑ̃trɛd] f. ZOOL. tentredine.

tenture [tɑ̃tyr] f. parato m.; carta, stoffa da parati. ◆ pl. paramenti funebri.
tenu, e [təny] adj. [soigné, ordonné] tenuto. || [obligé] *être tenu à, de,* essere tenuto a. || FIN. *valeurs (bien) tenues,* valori stabili, sostenuti. || MUS. tenuto.
ténu, e [teny] adj. tenue, sottile.
tenue [təny] f. [durée] *pendant la tenue de,* durante. || [entretien] tenuta. | *tenue des livres,* tenuta dei libri. | *tenue de la maison,* cura, direzione, buon andamento della casa. || AUTOM. *tenue de route,* tenuta di strada. || [comportement] contegno m., comportamento m. | *un peu de tenue!,* un po' di riguardo! || FIN. *bonne tenue de la Bourse,* fermezza, sostenutezza dei valori. || [habillement] modo (m.) di vestire; vestito m. | *avoir une tenue négligée,* essere trascurato nel vestire. | *être en petite tenue, en tenue légère* (fam.), essere succintamente vestito. || MIL. *grande tenue,* gran tenuta. | *en tenue,* in divisa. || MUS. tenuta. || [équitation] tenuta; posizione in sella. ◆ loc. adv. ***d'une seule tenue, tout d'une tenue,*** tutto d'un pezzo.
ténuirostres [tenɥirɔstr] m. pl. ZOOL. tenuirostri.
ténuité [tenɥite] f. LITTÉR. tenuità.
tenure [tenyr] f. FÉOD. [terre] tenuta. || [mouvance] dipendenza.
tenuto [tenuto] adv. (ital.) MUS. tenuto adj.
téorbe m. MUS. tiorba f.
tépidarium [tepidarjɔm] m. (lat.) ARCHÉOL. tepidario.
ter [tɛr] adv. (lat.) MUS. (da eseguire) tre volte. ◆ adj. inv. ter.
tératogène [teratɔʒɛn] adj. BIOL. teratogenetico.
tératologie [teratɔlɔʒi] f. BIOL. teratologia.
tératologique [teratɔlɔʒik] adj. teratologico.
terbium [tɛrbjɔm] m. CHIM. terbio.
tercer [tɛrse] v. tr. V. TIERCER.
tercet [tɛrsɛ] m. POÉS. terzina f., terzetto.
térébenthène [terebɑ̃tɛn] m. CHIM. terebentene, pinene.
térébenthine [terebɑ̃tin] f. CHIM. trementina. | *essence de térébenthine,* essenza di trementina, acqua (di) ragia.
térébinthe [terebɛ̃t] m. BOT. terebinto.
térébique [terebik] adj. CHIM. terebico.
térébrant, e [terebrɑ̃, ɑ̃t] adj. PR. et FIG. terebrante.
térébratule [terebratyl] f. ZOOL. terebratula.
Tergal [tɛrgal] m. TEXT. tergal, terital.
tergiversation [tɛrʒivɛrsasjɔ̃] f. tergiversazione.
tergiverser [tɛrʒivɛrse] v. intr. tergiversare.
terme [tɛrm] m. **1.** [limite] termine, limite. | *mettre un terme à,* porre termine a. | *passé ce terme,* scaduto questo termine, oltre questa data. | *toucher à son terme,* volgere al termine. | *mener à terme,* condurre a termine. || **2.** FIN. termine, scadenza f. | *terme de bail,* scadenza di affitto. | *terme d'échéance,* termine di scadenza. | *marché, opération à terme,* mercato, operazione a termine. | *à court, long, moyen terme,* a breve, lungo, medio termine. || [échéance] rata f. | *acheter, vendre à terme,* comprare, vendere a rate. | *payer à terme échu,* pagare a termine di scadenza. || [somme à payer] *devoir trois termes,* essere debitore di tre trimestri d'affitto, di pigione. || **3.** MÉD. *accouchement à terme,* parto a termine. | *être près de son terme,* essere prossimo al parto. | *né avant terme,* prematuro. || **4.** [mot] termine, parola f., vocabolo. | *en d'autres termes,* in altri termini, con altre parole. | *aux termes de la loi, du contrat,* a' termini di, della legge, ai termini del contratto. || LOC. *moyen terme,* mezzo termine. || ARCHÉOL. termine. || GRAMM., LOG., MATH. termine. ◆ pl. *être en bons termes avec qn,* essere in buoni termini, in buone relazioni con qlcu. | *en quels termes es-tu avec lui?,* in quali termini sei con lui?
terminaison [tɛrminɛzɔ̃] f. ANAT. terminazione. || GRAMM. terminazione, desinenza, uscita.
terminal, e, aux [tɛrminal, o] adj. terminale. | *formule terminale* [d'une lettre] : formula di chiusura, di commiato. | *classe terminale,* ultima classe, ultimo anno (di liceo). ◆ n. f. *être en terminale,* fare l'ultimo anno di liceo. ◆ n. m. terminale.
terminer [tɛrmine] v. tr. *terminer un travail,* terminare, finire, ultimare, concludere, porre termine a, condurre a termine un lavoro. | *terminer la journée par une promenade,* terminare, finire, concludere la giornata con una passeggiata. | *terminer sa journée (de travail),* concludere il lavoro; smettere, finire di lavorare. | *terminer ses jours à l'hôpital,* terminare i propri giorni all'ospedale. | *terminer ses études,* finire gli studi. || LOC. *en avoir terminé avec qn,* concludere la conversazione con qlcu. | *en avoir terminé avec qch.,* avere terminato, finito, ultimato, concluso qlco. | *et pour terminer,* e infine, e da ultimo. ◆ v. pr. terminare, finire v. intr.; concludersi; aver fine. | *cela s'est bien, mal terminé,* è finita bene, male. | *se terminer en pointe,* terminare a punta, in forma di punta. || GRAMM. *se terminer par,* uscire in.
terminologie [tɛrminɔlɔʒi] f. terminologia.
terminus [tɛrminys] m. capolinea (pl. *capilinea*).
termite [tɛrmit] m. ZOOL. termite f. || FIG. *travail de termite* = lavoro sotterraneo, subdolo di distruzione.
termitière [tɛrmitjɛr] f. termitaio m.
ternaire [tɛrnɛr] adj. ternario.
1. terne [tɛrn] m. JEU terno. | *terne sec,* terno secco. || ÉLECTR. terna f.
2. terne adj. PR. smorto, sbiadito, spento. || FIG. scialbo, sciatto, squallido.
ternir [tɛrnir] v. tr. PR. sbiadire, appannare. || FIG. offuscare, oscurare. ◆ v. pr. appannarsi.
ternissement [tɛrnismɑ̃] m. appannamento.
ternissure [tɛrnisyr] f. appannatura.
terpène [tɛrpɛn] m. CHIM. terpene.
terpine [tɛrpin] f. CHIM. terpina.
terpinéol [tɛrpineɔl] m. CHIM. terpinolo.
terrage [tɛraʒ] m. FÉOD. terratico.
terrain [tɛrɛ̃] m. terreno. | *terrain à bâtir,* terreno, area (f.) fabbricabile. | *terrain de chasse,* terreno di caccia. | *terrain vague,* terreno in abbandono. | *glissement de terrain,* smottamento, frana f. || LOC. *(véhicule) tout terrain,* campagnola f. || BIOL. terreno. || MIL., SPORT terreno, campo. | *disputer le terrain,* disputare, contrastare il terreno. || [duel] *aller sur le terrain,* scendere sul terreno, venire a duello. || PR. et FIG. *reconnaître, sonder, tâter le terrain,* studiare, sondare, tastare il terreno. | *se faire battre sur son propre terrain,* farsi battere sul proprio campo. || FIG. *être sur son terrain,* esser nel proprio elemento; = trovarsi a proprio agio. | *ménager le terrain* = usar prudenza. | *rester sur le terrain* = morire. | *trouver un terrain d'entente,* trovare il terreno propizio a un accordo. | *terrain neutre, glissant,* terreno neutro, infido. | *terrain brûlant,* argomento scottante.
terramare [tɛramar] f. ARCHÉOL. terramara.
terraqué, e [tɛrake] adj. LITTÉR. terra(c)queo.
terrasse [tɛras] f. terrazza, terrazzo m. | *toit en terrasse,* tetto a terrazza, tetto piano; terrazzo (rare). | *jardin en terrasses,* giardino a terrazze. | *terrasse couverte,* terrazzo coperto; altana. || [café, restaurant] terrazza (gall., rare). | *dîner à la terrasse,* cenare fuori, all'aperto. || ART [socle] (ri)piano m. (dello zoccolo). || GÉOL. terrazza. || HÉRALD. terrazzo.
terrassement [tɛrasmɑ̃] m. sterro, sterramento.
terrasser [tɛrase] v. tr. sterrare. || AGR. terrazzare. || [mettre à terre] PR. stendere a terra; PR. et FIG. atterrare, abbattere. || MÉD. colpire.
terrassier [tɛrasje] m. sterratore, terrazziere, badilante.
terre [tɛr] f. **1.** ASTR., GÉOGR. terra. | *la planète Terre,* il pianeta Terra. | *faire le tour de la terre,* fare il giro della terra. || FAM. *chercher aux quatre coins de la terre,* cercare per terra e per mare, in tutti i paesi; cercare dappertutto (L.C.). || **2.** [sol] *terre ferme,* terraferma. | *tremblement de terre,* terremoto m. | *terre battue,* terra battuta. || LOC. *porter, mettre en terre,* seppellire, sotterrare. | *tomber face contre terre,* cadere bocconi. | *à, en, par terre,* a, in, per terra. | *à ras de terre,* a fior di terra. || MAR. *toucher terre,* approdare. || FIG. *courir ventre à terre,* correre ventre a terra. | *vouloir rentrer sous terre (de honte),* volere nascondersi sotto terra. | *avoir les deux pieds sur terre* = avere il senso della realtà. | *mettre qn plus bas que*

terre, considerare qlcu. uno zero ; trattare qlcu. col massimo disprezzo ; denigrare qlcu. | *remuer ciel et terre* = armeggiare. | *revenir sur terre*, smettere di sognare. ‖ ÉLECTR. *prise de terre*, presa di terra. ‖ **3.** AGR. terra, humus m. | *en pleine terre*, in terra. | *terre brûlée*, terra bruciata. | *mettre en terre*, sotterrare, interrare. | *retour à la terre*, ritorno ai campi. ‖ **4.** [propriété] terra, fondo m., podere m. | *vivre sur ses terres*, vivere sulle proprie terre. | *vendre une (pièce de) terre*, vendere un (pezzo di) terreno. ‖ **5.** [région] paese m., regione. ‖ RELIG. *Terre promise, sainte*, Terra promessa, santa. ‖ **6.** [argile] *terre à porcelaine*, terra da porcellana, caolino m. | *terre glaise*, creta, argilla. | *terre cuite*, terracotta. ‖ ART *terre d'ombre, de Sienne*, terra d'ombra, di Siena. ‖ CHIM. *terres rares*, terre rare. ◆ loc. adj. inv. ***terre à terre,*** terra terra.

terreau [tɛro] m. terriccio.

terreauter [tɛrote] v. tr. ricoprire con terriccio.

terre-neuvas [tɛrnœva] adj. et n. m. inv. ou **terre-neuvien** [tɛrnœvjɛ̃] adj. et n. m. [navire] = peschereccio attrezzato per la pesca del merluzzo sui banchi di Terranova. ‖ [pêcheur] pescatore di merluzzi sui banchi di Terranova.

terre-neuve [tɛrnœv] m. inv. [chien] terranova. ‖ FIG. = persona fedele, affezionata, servizievole.

terre-plein [tɛrplɛ̃] m. terrapieno.

terrer [tɛre] v. tr. AGR. ricoprire di terra, rincalzare. ◆ v. pr. PR. et FIG. rintanarsi.

terrestre [tɛrɛstr] adj. [de la Terre] terrestre. ‖ FIG. [temporel] terreno.

terreur [tɛrœr] f. terrore m. ‖ HIST. Terrore. | *Terreur blanche*, Terrore bianco. ‖ POP. = bandito m., individuo pericoloso ; bullo m. (rom.).

terreux, euse [tɛrø, øz] adj. terroso ; terrigno (littér.). | *mains terreuses*, mani sporche di terra. | *goût terreux*, sapore di terra. | *métal terreux*, metallo terroso. ‖ FIG. *teint terreux*, carnagione terrea. ‖ PÉJOR. *cul-terreux* ou *terreux* n. m., zappaterra (inv.), cafone.

terrible [tɛribl] adj. terribile, spaventoso, spaventevole. ‖ FAM. [exagéré] terribile. ‖ LOC. *enfant terrible*, V. ENFANT. ◆ n. m. = quel che è terribile.

terricole [tɛrikɔl] adj. terricolo, terragno.

terrien, enne [tɛrjɛ̃, ɛn] adj. [propriétaire] terriero. ‖ FIG. *ascendance terrienne*, ascendenza campagnola. | *vertus terriennes*, virtù contadine. ◆ n. m. [habitant de la Terre] terrestre ; [de l'intérieur des terres] abitante del retroterra.

terrier [tɛrje] m. tana f. ‖ ZOOL. terrier (fr.).

terrifiant, e [tɛrifjɑ̃, ɑ̃t] adj. terrificante ; terrifico (littér.).

terrifier [tɛrifje] v. tr. terrificare, atterrire.

terrigène [tɛriʒɛn] adj. GÉOL. terrigeno.

terril [tɛril] ou **terri** [tɛri] m. = cumulo di scorie (di una miniera).

terrine [tɛrin] f. terrina. ‖ CULIN. pasticcio m. ; pâté m. (fr.).

territoire [tɛritwar] m. POLIT., ZOOL. territorio. | *la surveillance du territoire*, la protezione del territorio. | *territoires d'outre-mer*, territori d'oltremare.

territorial, e, aux [tɛritɔrjal, o] adj. territoriale. ◆ n. f. milizia territoriale. ◆ n. m. pl. m. soldati della milizia territoriale.

territorialité [tɛritɔrjalite] f. JUR. territorialità.

terroir [tɛrwar] m. AGR. terra f., suolo, terreno. | *goût de terroir* [du vin] = sapore sul quale ha influito la natura del terreno di produzione. ‖ FIG. = regione, provincia. | *sentir son terroir* = avere le caratteristiche della provincia d'origine. | *poète du terroir*, poeta regionalista.

terroriser [tɛrɔrize] v. tr. atterrire, terrificare ; terrorizzare (gall.).

terrorisme [tɛrɔrism] m. terrorismo.

terroriste [tɛrɔrist] adj. terrorista, terroristico. ◆ n. terrorista.

terser [tɛrse] v. tr. V. TIERCER.

tertiaire [tɛrsjɛr] adj. ÉCON., GÉOL., MÉD. terziario. ◆ n. RELIG. terziario, a.

tertio [tɛrsjo] adv. (lat.) in terzo luogo.

tertre [tɛrtr] m. altura f., monticello, poggetto. | *tertre funéraire*, tumulo.

tes adj. poss. pl. V. TON.

tesla [tɛsla] m. PHYS. tesla.

tessère [tesɛr] f. ANTIQ. tessera.

tessiture [tesityr] f. MUS. tessitura.

tesson [tesɔ̃] m. coccio.

1. test [tɛst] m. ZOOL. guscio, conchiglia f., carapace.

2. test m. TECHN. test m. inv. (angl.) ; saggio reattivo. ‖ [preuve] prova f.

testacé, e [tɛstase] adj. et n. m. ZOOL. testaceo.

testacelle [tɛstasɛl] f. ZOOL. testacella.

testament [tɛstamɑ̃] m. testamento. | *faire un, son testament*, fare testamento ; testamentare, testare v. intr. | *coucher qn sur son testament*, ricordarsi di uno nel testamento. ‖ FIG. *testament spirituel*, testamento spirituale. ‖ LOC. *il peut faire son testament*, è in fin di vita. ‖ RELIG. *l'Ancien et le Nouveau Testament*, l'Antico e il Nuovo Testamento.

testamentaire [tɛstamɑ̃tɛr] adj. testamentario.

testateur, trice [tɛstatœr, tris] n. testatore, trice ; testante (rare).

1. tester [tɛste] v. intr. testare, testamentare.

2. tester v. tr. sottomettere a uno, a più test.

testiculaire [tɛstikylɛr] adj. testicolare.

testicule [tɛstikyl] m. ANAT. testicolo.

testimonial, e, aux [tɛstimɔnjal, o] adj. testimoniale.

teston [tɛstɔ̃] m. [monnaie] testone.

testostérone [tɛstɔsterɔn] f. BIOL. testosterone m.

têt [tɛ] m. CHIM. crogiolo.

tétanie [tetani] f. ou **tétanisme** [tetanism] m. MÉD. tetania f.

tétanique [tetanik] adj. tetanico.

tétaniser [tetanize] v. tr. tetanizzare.

tétanos [tetanɔs] m. MÉD. tetano.

têtard [tɛtar] m. ZOOL. girino. ‖ BOT. capitozza f. ‖ ARG. = bambino (L.C.).

tête [tɛt] f. **1.** ANAT. testa, capo m. | *des pieds à la tête, de la tête aux pieds*, da capo a piedi. | *tête nue*, a testa nuda, a capo scoperto. | *la tête la première*, a capofitto. | *voix de tête*, voce di testa. | *mettre la tête à la fenêtre*, affacciarsi alla finestra. | *dépasser qn d'une tête*, essere più alto di una testa. | *gagner d'une tête*, vincere per una testa. | *piquer une tête*, tuffarsi. | *avoir la tête qui tourne*, avere un giramento di capo, un capogiro. | *coup de tête*, capata f. (pr.) ; colpo di testa (fig.). | *faire une tête* [football] : tirare, giocare di testa. ‖ LOC. FIG. *laver la tête à qn*, dare una lavata di capo a qlcu. | *faire dresser les cheveux sur la tête*, far rizzare i capelli in testa. | *en avoir par-dessus la tête*, averne fin sopra i capelli. | *se taper la tête contre les murs*, battere il capo, dare di capo nel muro. | *tête baissée*, a capofitto ; ciecamente. | *la tête basse*, a capo chino. | *ne savoir où donner de la tête*, non sapere dove sbattere la testa. | *je, j'en perds la tête*, perdo la testa. | *tomber sur la tête*, impazzire. | *se jeter à la tête de qn*, gettarsi al collo di uno. | *tenir tête à*, far fronte a. ‖ **2.** [vie] testa, vita. | *jurer sur la tête de ses enfants*, giurare sulla testa dei propri figli. | *risquer sa tête*, rischiare la vita, rischiare grosso. | *mettre à prix la tête de qn*, mettere una taglia sulla testa di qlcu. | *parier sa tête que*, scommetterci la testa che. ‖ **3.** [visage] faccia, aspetto m. | *une bonne tête*, un viso buono. | *une sale tête*, un brutto ceffo. | *tête à gifles, à claques*, faccia da schiaffi. | *tête d'enterrement*, muso lungo. | *tête de mort*, teschio m. ‖ FIG. *faire la tête*, fare, tenere il broncio. | *faire une drôle de tête*, fare una faccia strana. ‖ FAM. *se payer la tête de qn*, pigliare in giro qlcu., pigliare qlcu. per i fondelli ; sfottere qlcu. (pop.). ‖ [figuration] *tête de médaille*, diritto di una medaglia. | *tête de turc* (vx), testa di turco. | *bal de têtes*, ballo in maschera. ‖ FIG. *être la tête de turc de qn*, essere la testa di turco, lo zimbello, la vittima di qlcu. ‖ **4.** [siège du cerveau, du jugement, de la volonté] testa, mente, cervello m. | *avoir une tête bien faite*, aver cervello, aver una bella mente, essere una gran testa. | *n'avoir rien dans la tête, avoir une petite tête*, avere un cervellino, la testa vuota. | *tête de* *linotte*, V. LINOTTE. | *se mettre du plomb dans la tête*, mettere il capo a partito. | *ne pas avoir de tête*, comportarsi con poco cervello. | *homme, femme de tête*, uomo, donna di polso. | *avoir la tête vide*, sentirsi la testa vuota. | *rouler qch. dans sa tête*, rimuginare qlco. per la testa, nel cervello. || FAM. *se mettre, se fourrer dans la tête de, que*, mettersi, ficcarsi in testa di, che. | *quelle idée te passe par la tête !*, cosa ti passa per la testa !, cosa ti frulla per il capo ! | *se creuser, se casser la tête*, rompersi la testa, il capo ; spremersi le meningi ; lambiccarsi, stillarsi il cervello. | *casser la tête à qn*, far la testa come un pallone, gonfiare la testa a qlcu. | *cela m'est sorti de la tête*, mi è caduto nel dimenticatoio. || **5.** [siège des états psychiques] testa, cervello. | *avoir la tête chaude*, avere il sangue caldo. | *avoir la tête froide*, essere di sangue freddo. | *tête dure, de cochon, de lard*, zuccone m. | *tête de mule*, V. MULE | *tête brûlée*, scavezzacollo m. | *forte tête*, uomo, ragazzo riottoso. | *mauvaise tête*, V. MAUVAIS. | *se monter la tête*, montarsi il cervello. | *avoir la tête à l'envers*, essere tutto scombussolato. | *avoir la tête ailleurs*, aver la testa nelle nuvole. | *à tête reposée*, a mente fresca. || FIG. *n'en faire qu'à sa tête*, fare di propria testa. | *monter à la tête*, dare alla testa. || [état mental] *tête fêlée, folle*, testa matta, cervello balzano. | *l'âge lui a fait perdre la tête*, l'età gli ha fatto perdere la ragione. | *avoir toute sa tête*, avere la mente lucida. | *n'avoir plus sa tête à soi*, sragionare, vaneggiare. || **6.** [personne] *tête couronnée*, testa coronata. | *cette faute retombe sur sa tête*, questa colpa ricade sulla testa sua, su di lui. | *répondre de qn sur sa tête*, rispondere di qlcu. con la propria testa, vita. | *mettre un nom sur une tête*, mettere un nome su un viso. || **7.** [unité] *vote par tête*, voto individuale. | *tant par tête*, (fam.) *par tête de pipe*, tanto a testa. | *par tête d'habitant*, per abitante ; pro capite (lat.). | *cent têtes de bétail*, cento capi di bestiame. | *tête de laitue*, cespo (m.) d'insalata. || **8.** [partie supérieure] *tête des arbres*, vetta, cima degli alberi. | *tête de fémur*, testa del femore. | *tête d'épingle*, capocchia. || [de cylindre] testa. | *tête de lecture*, testina fonografica, testina di lettura ; fonorivelatore m. || **9.** [partie antérieure] *être sans queue ni tête*, non avere né capo né coda. | *tête d'affiche*, V. AFFICHE. | *tête de cortège, de train*, testa di corteo, di treno. | *tête de pont*, testata ; MIL. testa di ponte, di sbarco, di aviosbarco. | *tête chercheuse de missile*, testa cercante di missile. | *tête de ligne*, capolinea m. (pl. *capilinea*). | *tête de file*, capofila m. (pl. *capifila*). | *tête de liste*, capolista m. (pl. *capilista*). | *prendre la tête d'une rébellion*, capeggiare una ribellione. | *article de tête*, articolo di fondo. | *tête de chapitre*, capolettera m. ◆ loc. adv. ***en tête,*** avanti ; all'inizio. || ***en tête à tête,*** da solo a solo. ◆ loc. prép. ***à la tête de,*** alla testa, a capo di. | *il est à la tête de la classe*, è il migliore della classe. | *à la tête d'une fortune fabuleuse*, in possesso di una fortuna favolosa.

tête-à-queue [tɛtakø] m. inv. [cheval] voltafaccia ; [voiture] testa coda f.

tête-à-tête [tɛtatɛt] m. inv. colloquio m. ; tête-à-tête (fr.) ; = incontro intimo. || [canapé] amorino m., confidente m. || [service à thé, à café] tête-à-tête.

têteau [tɛto] m. AGR. = estremità (f.) di un ramo maestro.

tête-bêche [tɛtbɛʃ] loc. adv. *coucher tête-bêche*, dormire uno da testa e l'altro da piedi. | *livres, objets placés tête-bêche*, libri, oggetti disposti uno a rovescio dell'altro.

tête-de-clou [tɛtdəklu] m. testa (f.) di chiodo, bugna (f.) a punta di diamante.

tête-de-loup [tɛtdəlu] f. spolverapareti, spolverasoffitti m. inv.

tête-de-nègre [tɛtdənɛgr] adj. et n. m. inv. testa di moro ; marrone scuro.

tétée [tete] f. poppata.

téter [tete] v. tr. poppare. || FAM. [sucer] *téter son pouce*, succhiarsi il pollice. | *téter sa pipe*, succhiare la pipa.

téterelle [tetrɛl] f. tiralatte m. inv.

têtière [tɛtjɛr] f. [armure] testiera. || [garniture] capezziera. || [coussinet] (ap)poggiacapo, appoggiatesta m. inv. || MAR. testiera.

tétin [tetɛ̃] m. VX capezzolo (L.C.).

tétine [tetin] f. [pis] mammella. || [de biberon] tettarella. || [sucette] tettarella, succhietto m., succhiotto m.

téton [tetɔ̃] m. FAM. tetta f.

tétrachlorure [tetraklɔryr] m. CHIM. tetracloruro.

tétracorde [tetrakɔrd] m. MUS. tetracordo.

tétradactyle [tetradaktil] adj. ZOOL. tetradattilo.

tétradyname [tetradinam] adj. BOT. tetradinamo.

tétraèdre [tetraɛdr] m. GÉOM. tetraedro. ◆ adj. tetraedrico.

tétraédrique [tetraedrik] adj. tetraedrico.

tétragone [tetragɔn] f. BOT. tetragonìa.

tétralogie [tetralɔʒi] f. tetralogia.

tétramère [tetramɛr] adj. tetramero.

tétramètre [tetramɛtr] m. POÉS. tetrametro.

tétrapode [tetrapɔd] adj. et n. m. tetrapode.

tétrarchat [tetrarka] m. ANTIQ. tetrarcato.

tétrarchie [tetrarʃi] f. tetrarchia.

tétrarque [tetrark] m. tetrarca.

tétras [tetrɑ] m. ZOOL. tetraone ; gallo delle praterie.

tétrastyle [tetrastil] adj. ARCHIT. tetrastilo.

tétrasyllabe [tetrasilab] ou **tétrasyllabique** [tetrasilabik] adj. et n. m. quadrisillabo.

tette [tɛt] f. capezzolo m.

têtu, e [tety] adj. testardo, ostinato, caparbio, cocciuto. ◆ n. caparbio, cocciuto.

teuf-teuf [tœftœf] m. inv. FAM. V. TACOT.

teuton, onne [tøtɔ̃, ɔn] adj. HIST. et PÉJOR. teutonico. ◆ n. tèutone m.

texan, e [tɛksɑ̃, an] adj. et n. texano.

texte [tɛkst] m. testo. | *hors texte*, fuori testo. | *cahier de textes*, V. CAHIER.

textile [tɛkstil] adj. et n. m. tessile.

textuel, elle [tɛkstɥɛl] adj. testuale. || FAM. *textuel !* = tale e quale !

texture [tɛkstyr] f. TEXT. tessitura. || *texture de la peau*, struttura della pelle. || GÉOL. tessitura. || FIG. *texture d'un roman, d'une pièce*, struttura d'un romanzo, d'una commedia.

thaï, e [tai] adj. et n. m. thai.

thaïlandais, e [tailɑ̃dɛ, ɛz] adj. et n. tailandese.

thalamus [talamys] m. ANAT. talamo ottico.

thalassothérapie [talasɔterapi] f. MÉD. talassoterapia.

thaler [talɛr] m. [monnaie] tallero.

thalle [tal] m. BOT. tallo.

thallium [taljɔm] m. CHIM. tallio.

thallophytes [talɔfit] f. pl. BOT. tallofite.

thalweg m. V. TALWEG.

thaumaturge [tomatyrʒ] m. taumaturgo.

thaumaturgie [tomatyrʒi] f. taumaturgia.

thé [te] m. tè. | *arbre à thé*, tè. | *sachet de thé*, bustina di tè. | *salon de thé*, sala da tè. || [réunion] *thé dansant*, tè danzante.

théatin [teatɛ̃] m. RELIG. teatino.

théâtral, e, aux [teatral, o] adj. PR. et FIG. teatrale.

théâtralisme [teatralism] m. PSYCH. teatralismo. || [attitude théâtrale] teatralità f.

théâtre [teatr] m. teatro. | *aller au théâtre*, andare a teatro. | *théâtre de verdure*, teatro verde. | *pièce de théâtre*, lavoro teatrale. | *les gens de théâtre*, la gente di teatro. || PR. et FIG. *coup de théâtre*, colpo di scena. || FAM. *c'est du théâtre*, è tutta una commedia, una montatura. || [cadre ; lieu] teatro. || MIL. *théâtre des opérations*, teatro di operazioni ; scacchiere.

théâtreuse [teatrøz] f. FAM., VX attoretta (L.C.).

thébaïde [tebaid] f. LITTÉR. tebaide.

thébain, e [tebɛ̃, ɛn] adj. et n. tebano.

thébaïne [tebain] f. CHIM. tebaina.

thébaïque [tebaik] adj. PHARM. tebaico.

thébaïsme [tebaism] m. MÉD. tebaismo.

théier [teje] m. BOT. tè.

théière [tejɛr] f. teiera.

théine [tein] f. CHIM. teina.

1. théisme [teism] m. PHILOS. teismo.

2. théisme m. MÉD. teismo.
théiste [teist] adj. teistico. ◆ n. teista.
thématique [tematik] adj. tematico.
thème [tɛm] m. [sujet] tema, argomento. ‖ LING., MUS. tema. ‖ [astrologie] tema. ‖ UNIV. traduzione f. | *thème latin, italien,* traduzione in latino, in italiano. ‖ FAM. *un fort en thème* = uno scolaro bravo, ma più studioso che brillante ; uno sgobbone.
thénar [tenar] m. ANAT. eminenza (f.) tenar.
théobromine [teɔbrɔmin] f. CHIM. teobromina.
théocratie [teɔkrasi] f. teocrazia.
théocratique [teɔkratik] adj. teocratico.
théodicée [teɔdise] f. PHILOS. teodicea.
théodolite [teɔdɔlit] m. OPT. teodolite.
théogonie [teɔgɔni] f. RELIG. teogonia.
théogonique [teɔgɔnik] adj. teogonico.
théologal, e, aux [teɔlɔgal, o] adj. teologale. ◆ n. m. canonico teologo.
théologie [teɔlɔʒi] f. teologia.
théologien [teɔlɔʒjɛ̃] m. teologo.
théologique [teɔlɔʒik] adj. teologico. ‖ PHILOS. *état théologique,* stato teologico.
théophanie [teɔfani] f. RELIG. teofania.
théophilanthrope [teɔfilɑ̃trɔp] m. HIST. teofilantropo.
théophilanthropie [teɔfilɑ̃trɔpi] f. teofilantropia.
théophylline [teɔfilin] f. CHIM. teofillina.
théorbe m. V. TÉORBE.
théorématique [teɔrematik] adj. teorematico.
théorème [teɔrɛm] m. MATH. teorema.
théorétique [teɔretik] adj. PHILOS. teoretico. ◆ n. f. teoretica.
théoricien, enne [teɔrisjɛ̃, ɛn] n. teorico m.
1. théorie [teɔri] f. teoria, teorica. | *en théorie,* in teoria ; teoricamente adv.
2. théorie f. ANTIQ. teoria. ‖ LITTÉR. [procession] teoria ; fila, sfilata, corteo (L.C.).
théorique [teɔrik] adj. teorico. ‖ PÉJOR. teorico, astratto.
théosophe [teɔzɔf] n. teosofo m.
théosophie [teɔzɔfi] f. teosofia.
théosophique [teɔzɔfik] adj. teosofico.
thérapeute [terapøt] m. terapeuta. ‖ ANTIQ. terapeuta.
thérapeutique [terapøtik] adj. terapeutico. ◆ n. f. terapeutica, terapia.
thérapie [terapi] f. terapia, terapeutica.
thériaque [terjak] f. triaca, teriaca.
thermal, e, aux [tɛrmal, o] adj. termale. | *cure thermale :* [voie orale] cura idropinica ; [bains] cura idrotermale ; balneoterapia.
thermalisme [tɛrmalism] m. idroterapia f. ‖ [exploitation] = organizzazione (f.) e sfruttamento delle stazioni termali. | *le thermalisme est en crise,* le stazioni termali sono in crisi.
thermalité [tɛrmalite] f. = proprietà specifica di un'acqua termale.
thermes [tɛrm] m. pl. ANTIQ. terme f. pl. ‖ MÉD. terme ; stabilimento termale.
thermicité [tɛrmisite] f. PHYS. scambio termico.
thermidor [tɛrmidɔr] m. HIST. termidoro.
thermidorien, enne [tɛrmidɔrjɛ̃, ɛn] adj. et n. m. termidoriano.
thermie [tɛrmi] f. PHYS. termia, megacaloria.
thermique [tɛrmik] adj. termico.
thermistance [tɛrmistɑ̃s] f. ou **thermistor** [tɛrmistɔr] m. termistanza f., termistore m. ; resistenza (f.) a coefficiente di temperatura negativo ; resistenza CTN.
thermite [tɛrmit] f. MÉTALL. termite.
thermocautère [tɛrmokɔtɛr] m. MÉD. termocauterio.
thermochimie [tɛrmoʃimi] f. termochimica.
thermocouple [tɛrmokupl] m. ÉLECTR. termocoppia f. ; coppia termoelettrica.
thermodurcissable [tɛrmodyrsisabl] adj. termoindurente.
thermodynamique [tɛrmodinamik] adj. termodinamico. ◆ n. f. termodinamica.
thermo-électricité [tɛrmoelɛktrisite] f. termoelettricità.
thermo-électrique [tɛrmoelɛktrik] adj. termoelettrico.
thermogène [tɛrmoʒɛn] adj. termogeno. ‖ PHARM. *ouate thermogène,* cotone (m.) al capsico ; revulsivo m.
thermographe [tɛrmograf] m. termografo.
thermolabile [tɛrmolabil] adj. termolabile.
thermoluminescence [tɛrmolyminɛsɑ̃s] f. termoluminescenza.
thermolyse [tɛrmoliz] f. CHIM. termolisi.
thermomètre [tɛrmomɛtr] m. PR. et FIG. termometro. | *thermomètre médical,* termometro clinico.
thermométrie [tɛrmometri] f. PHYS. termometria.
thermométrique [tɛrmometrik] adj. termometrico.
thermonucléaire [tɛrmonykleɛr] adj. PHYS. termonucleare.
thermoplastique [tɛrmoplastik] adj. termoplastico.
thermopompe [tɛrmopɔ̃p] f. termopompa ; pompa di calore.
thermopropulsé, e [tɛrmoprɔpylse] adj. termopropulso.
thermopropulsif, ive [tɛrmoprɔpylsif, iv] adj. termopropulsivo.
thermopropulsion [tɛrmoprɔpylsjɔ̃] f. termopropulsione.
thermorégulateur, trice [tɛrmoregylatœr, tris] adj. termoregolatore, trice.
thermorégulation [tɛrmoregylasjɔ̃] f. termoregolazione.
thermorésistant, e [tɛrmorezistɑ̃, ɑ̃t] adj. termoresistente.
Thermos [tɛrmos] f. inv. t(h)ermos m. inv.
thermoscope [tɛrmoscɔp] m. PHYS. termoscopio.
thermosiphon [tɛrmosifɔ̃] m. termosifone.
thermosphère [tɛrmosfɛr] f. termosfera.
thermostable [tɛrmostabl] adj. termostabile.
thermostat [tɛrmosta] m. termostato.
thermothérapie [tɛrmoterapi] f. MÉD. termoterapia.
thésaurisation [tezɔrizasjɔ̃] f. tesaurizzazione, tesoreggiamento m.
thésauriser [tezɔrize] v. tr. et intr. tesaurizzare, tesoreggiare.
thésauriseur, euse [tezɔrizœr, øz] n. tesoreggiatore, trice.
thèse [tɛz] f. [proposition] tesi. | *roman à thèse,* romanzo a tesi. | *énoncer, formuler, soutenir, réfuter une thèse,* enunciare, formulare, sostenere, confutare una tesi. ‖ PHILOS. tesi. ‖ UNIV. tesi di laurea. | *thèse soutenue en Sorbonne,* tesi discussa alla Sorbona.
thésis [tezis] f. PHILOL. tesi.
thessalien, enne [tesaljɛ̃, ɛn] adj. tessalo, tessalico. ◆ n. tessalo. ◆ n. m. LING. tessalico.
thétique [tetik] adj. PHILOS. tetico.
théurgie [teyrʒi] f. teurgia.
théurgique [teyrʒik] adj. teurgico.
thibaude [tibod] f. = tessuto grossolano (che viene messo sotto i tappeti o le moquettes).
thiocarbonate [tjokarbɔnat] m. CHIM. tiocarbonato.
thionine [tjɔnin] f. CHIM. tionina.
thionique [tjɔnik] adj. tionico.
thixotropie [tiksɔtrɔpi] f. CHIM. tixotropia, tissotropia.
thlaspi [tlaspi] m. BOT. tlaspo, tlaspi.
thomisme [tɔmism] m. PHILOS. tomismo.
thomiste [tɔmist] adj. tomistico. ◆ n. tomista.
thon [tɔ̃] m. ZOOL. tonno. | *thon à l'huile,* tonno sott'olio.
tho(n)naire [tɔnɛr] m. tonnara f.
thonier [tɔnje] m. = battello per la pesca del tonno.
thonine [tɔnin] f. ZOOL. tonnetto m., tonnina.
thora [tɔra] f. RELIG. torà, torah.
thoracentèse [tɔrasɛ̃tɛz] f. CHIR. toracocentesi, toracentesi.
thoracique [tɔrasik] adj. toracico.
thoracoplastie [tɔrakɔplasti] f. CHIR. toracoplastica.
thorax [tɔraks] m. torace.
thorium [tɔrjɔm] m. CHIM. torio.

thrène [trɛn] m. ANTIQ. treno, trenodia f.
thrombine [trɔ̃bin] f. BIOL. trombina.
thrombose [trɔ̃boz] f. MÉD. trombosi.
thrombus [trɔ̃bys] m. MÉD. trombo.
thulium [tyljɔm] m. CHIM. tulio.
thune [tyn] f. Vx, ARG. = moneta d'argento da cinque franchi.
thuriféraire [tyriferɛr] m. RELIG. et FIG. turiferario.
thuya [tyja] m. BOT. tuia f.
thyade [tjad] f. MYTH. tiade.
thylacine [tilasin] m. ZOOL. tilacino.
thym [tɛ̃] m. BOT. timo.
thymique [timik] adj. timico.
thymol [timɔl] m. CHIM. timolo.
thymus [timys] m. ANAT. timo.
thyratron [tiratrɔ̃] m. PHYS. tiratrone.
thyroïde [tirɔid] adj. ANAT. tiroideo. ◆ n. f. tiroide.
thyroïdectomie [tirɔidɛktɔmi] f. CHIR. tiroidectomia.
thyroïdien, enne [tirɔidjɛ̃, ɛn] adj. tiroideo.
thyroxine [tirɔksin] f. CHIM. tiroxina.
thyrse [tirs] m. ANTIQ. tirso. || BOT. tirso, pannocchia f.
thysanoures [tizanur] m. pl. ZOOL. tisanuri.
tiare [tjar] f. tiara. | *tiare pontificale*, tiara pontificia ; triregno m. | LOC., Vx *abdiquer la tiare*, abdicare al pontificato (L.C.).
tibétain, e [tibetɛ̃, ɛn] adj. et n. tibetano. ◆ n. m. LING. tibetano.
tibia [tibja] m. tibia f.
tibial, e, aux [tibjal, o] adj. tibiale.
tic [tik] m. MÉD., VÉTÉR. tic, ticchio. || FIG. vezzo, mania f.
ticket [tikɛ] m. (angl.) [transport, entrée] biglietto. | *ticket de caisse*, scontrino. | *ticket de vestiaire*, scontrino del guardaroba. | *ticket de rationnement*, tagliando. || *ticket modérateur* = quota (parte) [f.] delle spese lasciata a carico del mutuato. || ARG. [billet de banque] sacco.
tic-tac ou **tictac** [tiktak] onomat. et n. m. tic tac.
tiédasse [tjedas] adj. PÉJOR. = di una tiepidezza sgradevole.
tiède [tjɛd] adj. PR. et FIG. tiepido ; tepido (rare). ◆ n. tiepido. ◆ adv. *boire tiède*, bere una bevanda tiepida.
tièdement [tjɛdmɑ̃] adv. *être accueilli tièdement*, essere accolto piuttosto freddamente.
tiédeur [tjedœr] f. PR. et FIG. tiepidezza, tiepidità, tepore m. ; tepidezza, tepidità (rare).
tiédir [tjedir] v. intr. int(i)epidire, int(i)epidirsi. ◆ v. tr. int(i)epidire.
tiédissement [tjedismɑ̃] m. (l')intiepidirsi.
tien, tienne [tjɛ̃, tjɛn] adj. poss. tuo. | *un tien cousin*, un tuo cugino. | *je suis tien*, sono tuo. ◆ pron. poss. ***le tien, la tienne, les tiens, les tiennes,*** il tuo, la tua, i tuoi, le tue. | *voilà mon opinion, donne-moi la tienne*, ecco la mia opinione, dammi la tua. || [attribut] *c'est le mien*, è il mio. || FAM. *à la tienne (Étienne)!*, alla tua salute !, cin cin !, cincin ! ◆ n. m. *le tien*, il tuo. | *mets-y du tien*, datti da fare ; cerca di essere conciliante. ◆ n. m. pl. *les tiens*, i tuoi parenti, amici, seguaci. ◆ n. f. pl. *tu as encore fait des tiennes*, ne hai fatto ancora una delle tue.
1. tierce [tjɛrs] f. JEU, MUS., RELIG., SPORT terza. || ASTR., MATH. sessantesima parte di un (minuto) secondo. || TYP. bozza definitiva.
2. tierce adj. V. TIERS.
tiercé, e [tjɛrse] adj. HÉRALD. interzato. ◆ n. m. [pari] totip m. inv. | *toucher un beau tiercé*, vincere una bella somma al totip.
tiercefeuille [tjɛrsəfœj] f. HÉRALD. terzafoglia, terzifoglia.
tiercelet [tjɛrsəlɛ] m. ZOOL. terzuolo.
tiercer [tjɛrse] v. tr. AGR. arare per la terza volta.
tierceron [tjɛrsərɔ̃] m. ARCHIT. = costolone supplementare (in una volta a ogiva).
1. tiers, tierce [tjɛr, tjɛrs] adj. terzo. | *tierce personne :* [troisième] terza persona ; [étranger] estraneo m. || HIST. *tiers état*, terzo stato. || JUR. *tiers arbitre*, terzo arbitro. | *tierce opposition*, opposizione di terzo. | *tiers opposant*, terzo opponente. || MATH. *a tierce, a'''*, a terzo, a'''. || MÉD. *fièvre tierce*, (febbre) terzana f. || POÉS. *tierce rime*, terza rima. || POLIT. *tiers monde*, terzo mondo. || RELIG. *tiers ordre*, terz'ordine. || TYP. *tierce épreuve*, bozza definitiva.
2. tiers m. [individu] terza persona. | *en tiers*, in terzo ; come terzo amico, socio. || [fraction] terzo. | *aux deux tiers*, per due terzi. || FAM. *se moquer, se ficher du tiers comme du quart*, infischiarsene di tutto e di tutti. || FIN. *tiers provisionnel* = terza parte delle tasse sul reddito annuo (da pagare quadrimestralmente). || JUR. *au compte de tiers*, per conto terzi. | *au préjudice de tiers*, a danno di terzi. | *tiers payant* = mutua (f.) che assume il pagamento delle spese sanitarie direttamente al medico, all'ospedale. || PHILOS. *principe du tiers exclu*, principio del terzo escluso.
tiers-point [tjɛrpwɛ̃] m. ARCHIT. *arc en tiers-point*, arco a sesto acuto. || MAR. terzar(u)olo. || TECHN. lima (f.) triangolare.
tifs [tif] m. pl. POP. capelli (L.C.).
tige [tiʒ] f. BOT. [herbe, fleur] stelo m., gambo m. ; [arbre] fusto m. ; [plante herbacée] caule m. | *arbre de haute tige*, albero d'alto fusto. || [d'une famille] capostipite m. || [de botte] gambale m., tromba. || [de colonne] fusto. || [broderie] *point de tige*, punto erba, punto stelo. || TECHN. asta. || FIG., FAM. *les vieilles tiges* = i primi piloti d'aeroplani.
tigelle [tiʒɛl] f. BOT. fusticino m.
tigette [tiʒɛt] f. ARCHIT. caulicolo m.
tiglon [tiglɔ̃] ou **tigron** [tigrɔ̃] m. ZOOL. tigone.
tignasse [tiɲas] f. FAM. zazzera, zazzeraccia.
tigre [tigr] m. ZOOL. tigre f. (m. rare) ; tigre maschio. | *peau de tigre*, scendiletto di pelle di tigre. || FIG. [personne cruelle] tigre. | *jaloux comme un tigre* = gelosissimo. || LOC. *mettez un tigre dans votre moteur !*, metti un tigre nel motore !
tigré, e [tigre] adj. tigrato.
tigresse [tigrɛs] f. ZOOL. tigre femmina. || FIG. *c'est une tigresse* = è una donna gelosissima.
tigron m. V. TIGLON.
tilde [tilde] m. tilde m. ou f.
tiliacées [tiljase] f. pl. BOT. tigliacee.
tillac [tijak] m. MAR. coperta f.
tillage m., **tille** f., **tiller** v. tr., **tilleur** n. V. TEILLAGE, TEILLE, TEILLER, TEILLEUR.
tilleul [tijœl] m. BOT. tiglio. || [boisson] infusione (f.) di tiglio.
timbale [tɛ̃bal] f. MUS. timballo m., timpano m. || [moule] stampo m., timballo. || [plat cuisiné] sformato m., timballo. || [gobelet] tazza, bicchiere (m.) di metallo. || LOC. FAM. *décrocher la timbale* = vincere il premio, avere la meglio al lotto, vincere un terno al lotto (pr.) ; spuntarla, farcela (fig.).
timbalier [tɛ̃balje] m. timpanista.
timbrage [tɛ̃braʒ] m. [d'un document] bollatura f. || [d'un timbre-poste] obliterazione f.
timbre [tɛ̃br] m. [de pendule] campanella f., timbro ; [d'appartement] campanello. || FIG., FAM. *avoir le timbre fêlé*, essere un po' tocco. || [d'instrument ; de la voix] timbro, tempra f. | *d'une voix sans timbre*, con voce neutra. || HÉRALD. timbro. || [cachet] bollo. | *timbre fiscal*, marca (f.) da bollo. | *timbre humide, sec*, bollo a secco, a umido. || ADM. *le Timbre*, l'Ufficio del Bollo. || ***timbre-poste,*** francobollo. || ***timbre-quittance,*** marca (f.) da bollo.
timbré, e [tɛ̃bre] adj. *papier timbré*, carta bollata, da bollo. || [voix] *bien timbrée*, che ha un bel timbro, una bella tempra. || FIG., FAM. un po' tocco.
timbrer [tɛ̃bre] v. tr. [document] bollare ; [lettre] affrancare. || HÉRALD. timbrare.
timide [timid] adj. et n. timido.
timidité [timidite] f. timidezza ; timidità (littér.).
timon [timɔ̃] m. timone. || MAR., Vx timone (L.C.).
timonerie [timɔnri] f. MAR. timoniera, losca ; casotto (m.) del timone.
timonier [timɔnje] m. MAR. timoniere. || [cheval] cavallo da timone.
timoré, e [timɔre] adj. [scrupuleux] timorato. || [craintif] timoroso.
tin [tɛ̃] m. MAR. taccata f.

tinctorial, e, aux [tɛ̃ktɔrjal, o] adj. [servant à teindre] tintorio. ‖ [relatif à la teinture] tintoriale.
tinette [tinɛt] f. tinozza (per escrementi). ◆ pl. FAM. cesso m. sing.
tintamarre [tɛ̃tamar] m. FAM. baccano, chiasso ; frastuono (L.C.).
tintement [tɛ̃tmɑ̃] m. (il) tintinnare ; tintinno, tintinnìo. | *tintement d'oreilles*, ronzìo, zufolìo, fischio.
tinter [tɛ̃te] v. tr. far rintoccare, tintinnare. ◆ v. intr. [résonner] rintoccare. ‖ [produire un son clair] tintinnare ; tintinnire, tinnire (littér.). ‖ [bourdonner] ronzare, zufolare, fischiare. ‖ FIG., FAM. *les oreilles ont dû te tinter*, ti saranno fischiati gli orecchi.
tintin [tɛ̃tɛ̃] m. POP. *faire tintin* = rimanere a bocca asciutta, a denti asciutti ; rimanere fregato (vulg.). ◆ interj. = niente !, nemmeno un fico secco !
tintinnabuler [tɛ̃tinabyle] v. intr. LITTÉR. tintinnire.
tintouin [tɛ̃twɛ̃] m. FAM. [bruit] baccano, chiasso. ‖ [soucis] grattacapo.
tipule [tipyl] f. ZOOL. tipula.
tique [tik] f. ZOOL. zecca.
tiquer [tike] v. intr. VÉTÉR. (cheval) = essere affetto da tic, da ticchio. ‖ FIG., FAM. = arricciare il naso ; trasalire (L.C.).
tiqueté, e [tikte] adj. picchiettato.
tiqueture [tiktyr] f. picchiettatura.
tiqueur, euse [tikœr, øz] adj. VÉTÉR. = affetto da tic, da ticchio. ◆ n. chi ha un tic nervoso.
tir [tir] m. tiro. | *tir à l'arc*, tiro con l'arco. | *tir au pigeon*, tiro al piccione, al piattello. | *tir à la cible*, tiro a segno, al bersaglio. | *tir forain*, tirassegno. ‖ MIL. *champ de tir*, campo di tiro ; balipedio. | *ligne de tir*, linea di tiro. | *arme à tir courbe, tendu*, arma a tiro curvo, teso. ‖ [football] *tir au but*, tiro in porta, a rete.
tirade [tirad] f. [monologue] tirata. ‖ PÉJOR. tirata, tiritera, filastrocca.
tirage [tiraʒ] m. TEXT. trattura f. ‖ MÉTALL. stiratura f., trafilatura f. ‖ [halage] VX alaggio (L.C.). ‖ FIG., FAM. *il y a du tirage* = vi è un po' di attrito. | *avec bien du tirage*, a prezzo di grandi difficoltà (L.C.). ‖ [dans une cheminée] tiraggio. ‖ TYP. stampa f., tiratura f., ristampa f. | *beau tirage*, bella edizione, bella stampa. | *tirage à part*, estratto. | *journal à grand tirage*, giornale a forte tiratura. | *dixième tirage d'un roman*, decima ristampa di un romanzo. | *tirage d'une eau-forte, d'une photo*, stampa (f.) di un'acquaforte, di una fotografia. ‖ [désignation par le sort] estrazione (f.) a sorte ; sorteggio. ‖ COMM. [chèque, traite] emissione f. ‖ FIN. [titres] estrazione a sorte ; sorteggio.
tiraillement [tirajmɑ̃] m. stiracchiamento. ◆ pl. [désaccord] dissenso, screzio m. sing. ‖ MÉD. crampi.
tirailler [tiraje] v. tr. stiracchiare ; dare strattoni a. ‖ FIG. tormentare, assillare. | *être tiraillé*, essere in dubbio ; esitare. ◆ v. intr. sparacchiare.
tirailleur [tirajœr] m. MIL. tiragliatore ; tirailleur (fr.). | *en tirailleurs*, in ordine sparso.
tirant [tirɑ̃] m. [de bourse] cordone. ‖ [de soulier] tirante. ‖ ARCHIT. tirante. ‖ MAR. *tirant d'eau*, pescaggio, pescagione f., tirante d'acqua.
tirasse [tiras] f. [filet] strascico m. ‖ [pédale d'orgue] pedale (m.) d'accoppiamento.
tire [tir] f. ARG. *vol à la tire*, borseggio. | *voleur à la tire*, borsaiolo, borseggiatore. | *voler à la tire*, borseggiare. ‖ [voiture] macinino m. (fam.).
tiré, e [tire] adj. *cheveux tirés (en arrière)*, capelli tirati (indietro). | *traits tirés*, viso, volto teso, tirato. ‖ LOC. *être tiré à quatre épingles*, essere azzimato, attillato ; sembrare uscito da uno scatolino. | *être à couteaux tirés*, essere ai ferri corti. ‖ FAM. *tiré par les cheveux*, tirato per i capelli ; stiracchiato. ◆ n. m. COMM. trassato, trattario. ‖ [gibier] selvaggina (cacciata col fucile). ‖ [taillis] bosco ceduo (per la caccia col fucile). ‖ TYP. *tiré à part*, estratto.
tire-au-flanc [tiroflɑ̃] m. inv. FAM. lavativo, fannullone m. ; scansafatiche ; sbuccione m. (tosc.).
tire-botte [tirbɔt] m. cavastivali, tirastivali m. inv.
tire-bouchon [tirbuʃɔ̃] m. cavaturaccioli, cavatappi m. inv. | *en tire-bouchon*, a cavatappi, a vite. | *(cheveux frisés en) tire-bouchons*, riccioli, boccoli. ‖ FAM. *pantalons en tire-bouchon*, calzoni a fisarmonica.
tire-bouchonner [tirbuʃɔne] v. tr. (rare) = avvolgere a spirale. ‖ FAM. *pantalons tire-bouchonnés*, calzoni a fisarmonica. ◆ v. pr. FAM. [rire] sbellicarsi dalle risa.
tire-bouton [tirbutɔ̃] m. allacciabottoni m. inv.
tire-braise [tirbrɛz] m. inv. tirabrace.
tire-clou [tirklu] m. cacciachiodo ; cacciachiodi m. inv.
tire-d'aile (à) [atirdɛl] loc. adv. con volo battente, con volo rapido. ‖ FIG. = come una saetta, come un fulmine.
tire-fesses [tirfɛs] m. inv. FAM. = sciovia f.
tire-fond [tirfɔ̃] m. inv. CH. DE F. caviglia f. ‖ TECHN. tirafondo m.
tire-jus [tirʒy] m. inv. POP. = fazzoletto m.
tire-lait [tirlɛ] m. inv. tiralatte.
tire-larigot (à) [atirlarigo] loc. adv. FAM. a più non posso ; smodatamente (L.C.).
tire-ligne [tirliɲ] m. tiralinee m. inv.
tirelire [tirlir] f. salvadanaio m. ‖ FAM. *bouche (fendue) en tirelire*, bocca a salvadanaio. ‖ POP. [estomac] pancia (fam.) ; stomaco m. (L.C.) ; [tête] testa (L.C.).
tire-pied [tirpje] m. pedale.
tirer [tire] v. tr. **1.** [amener vers soi, après soi] tirare. | *tirer une charrette*, tirare un carro. | *tirer la porte sur soi*, chiudere l'uscio dietro di sé. | *tirer la sonnette d'alarme*, azionare il segnale d'allarme (pr.) ; = avvertire, ammonire (fig.). | *tirer l'aiguille*, lavorare d'ago ; cucire. | *tirer la jambe*, strascicare la gamba. ‖ AGR. *tirer une vache*, mungere una mucca. ‖ MAR. *navire qui tire 6 m d'eau*, nave che pesca 6 m. ‖ LOC. FAM. *tirer les oreilles à qn*, tirare gli orecchi a qlcu. | *se faire tirer l'oreille* (fig.) = farsi pregare. | *tirer ses chausses, ses grègues* (vx) = darsela a gambe. | *tirer sa révérence* = salutare e andarsene. | *tirer les ficelles*, tenere le fila ; manovrare (L.C.). | *tirer en longueur*, tirare per le lunghe. | *tirer deux mois :* [prison] scontare due mesi (L.C.) ; [service] fare due mesi. | *il n'y a plus qu'à tirer l'échelle* = nessuno può far meglio di lui ; punto e basta. | *tirer la couverture à soi*, tirare l'acqua al proprio mulino. | *tirer un texte à soi*, sforzare, storcere l'interpretazione di un testo. | *tirer le diable par la queue* = stentare la vita, il pane. ‖ **2.** [faire sortir] tirar fuori, tirar su, (ri)cavare. | *tirer la langue à qn*, mostrare la lingua a qlcu. | *le chien assoiffé tire la langue*, il cane assetato ha la lingua fuori. | *tirer l'eau du puits*, attingere acqua dal pozzo. | *tirer le vin du tonneau*, attingere, spillare vino dalla botte. | *quand le vin est tiré, il faut le boire* (prov.) = il dado è tratto. | *tirer l'épée (du fourreau) :* [dégainer] sguainare la spada ; [se battre] battersi in duello. | *la pièce tire le jour d'une lucarne*, la stanza prende luce da un abbaino. | *tirer un renseignement de qn*, (ri)cavare, ottenere un'informazione da qlcu. | *tirer des larmes à qn*, strappare lacrime a qlcu. ‖ LOC. FIG. *tirer les marrons du feu*, cavare le castagne dal fuoco. | *tirer les vers du nez à qn*, scalzare uno, far cantare uno. | *tirer son épingle du jeu* = cavarsela bene. | *tirer une épine du pied*, togliere una spina dal cuore. | *tirer son chapeau à qn*, far tanto di cappello a uno. | *tirer argument de qch. pour*, avvalersi di qlco. per. | *tirer satisfaction d'une injure*, ottenere riparazione. | *tirer vengeance, vanité de*, vendicarsi, gloriarsi di. | *tirer qn d'embarras*, trarre qlcu. d'impaccio. | *tirer qn d'un doute*, liberare qlcu. da un dubbio. | *tirer origine de*, aver le sue origini in, derivare da. | *tirer des sons d'un instrument*, cavare suoni da uno strumento. | *on tire le gaz de la houille*, il gas viene estratto, ricavato dal carbon fossile. ‖ FAM. *tirer de l'argent de qn*, spillare soldi, quattrini a qlcu. | *tirer de l'argent de tout*, far denaro di tutto. ‖ COMM. *tirer une traite sur le compte de qn*, spiccare tratta su qlcu. | *tirer à vue*, emettere a vista. ‖ JEU *tirer au sort*, tirare a sorte ; sorteggiare. | *tirer une bonne carte*, pescare una buona carta. | *tirer les cartes*, fare le carte. | *tirer la loterie*, fare l'estrazione della lotteria. ‖ **3.** [avec une arme] tirare, sparare, esplodere. | *tirer le canon*, tirare cannonate. | *tirer une salve*, tirare, sparare a salva. | *il tira contre*

lui trois coups de pistolet, gli esplose contro tre colpi di pistola. | *tirer un oiseau au vol*, sparare a un uccello a volo. || **4.** [reproduire] *tirer un plan*, fare, elaborare un piano. || FIG. *tirer des plans*, fare progetti. || FAM. *tirer des plans sur la comète*, almanaccare, fantasticare ; fare castelli in aria. || PHOT. *tirer une épreuve*, tirare una copia. || FAM. *se faire tirer le portrait*, farsi fare la fotografia. || TYP. *tirer un livre à vingt mille exemplaires*, tirare un libro in venti mila copie. | *journal qui tire à trois cent mille*, giornale che ha una tiratura di trecento mila copie. | *bon à tirer*, visto si stampi. ◆ v. tr. ind. **(à)** : *tirer à sa fin*, volgere alla fine. | *tirer à conséquence*, avere gravi conseguenze. | *erreur qui ne tire pas à conséquence*, errore da poco. | *tirer à hue et à dia*, V. DIA. || **(sur)** : *tirer sur un oiseau*, sparare a un uccello. || FIG., FAM. *tirer sur la ficelle* = esagerare sfruttando una situazione. || [couleur] *tirer sur le jaune*, tendere al giallo. ◆ v. intr. [poêle] tirare. || [arme] sparare. | *tirer dans le tas, à bout portant*, sparare alla cieca, a bruciapelo. | *tirer dans le dos, dans les jambes*, sparare alle spalle, alle gambe. || FIG. *tirer à boulets rouges sur qn*, tirare a palle infocate contro uno. || [football] *tirer au but*, tirare a rete. ◆ v. pr. POP. darsela a gambe (fam.). | *on se tire !*, leviamo le tende !, tagliamo la corda ! || FAM. *ça se tire*, siamo agli sgoccioli. | *bien, mal s'en tirer*, cavarsela bene, male.

tiret [tirɛ] m. lineetta f., trattino.

tirette [tirɛt] f. [cordon] cordoncino m. || [tablette] = mensola, tavoletta estensibile.

tireur, euse [tirœr, øz] n. [avec une arme] tiratore, trice. | *tireur d'élite*, tiratore scelto. | *tireur, tireuse de cartes*, cartomante. ◆ m. COMM. traente. ◆ n. f. PHOT. stampatrice. || TECHN. = apparecchio (m.) per spillare vino e riempire le bottiglie. | *vin à la tireuse*, vino sfuso.

tiroir [tirwar] m. cassetto ; tiretto (septentr.). || LOC. FIG. *racler les fonds de tiroir*, racimolare, raggranellare quattro soldi. | *publier ses fonds de tiroir* = pubblicare scritti di poco pregio. || FAM. *à tiroirs :* [pièce, roman] = con episodi rimbalzanti ; [nom] = formato da più casati nobili. || MÉC. cassetto di distribuzione. || COMM. ***tiroir-caisse,*** cassa f.

tironien, enne [tirɔnjɛ̃, ɛn] adj. PHILOL. *notes tironiennes*, note tironiane.

tisane [tizan] f. tisana, decotto m., infusione.

tison [tizɔ̃] m. tizzo, tizzone. | *allumette tison*, fiammifero controvento. || LOC. VX *tison d'enfer*, tizzone d'inferno. | *tison de discorde*, V. BRANDON.

tisonné, e [tizɔne] adj. tizzonato.

tisonner [tizɔne] v. tr. et intr. attizzare (il fuoco).

tisonnier [tizɔnje] m. attizzatoio.

tissage [tisaʒ] m. [action] tessitura f. || [atelier] tessitura, tessitorìa f.

tisser [tise] v. tr. PR. et FIG. tessere. | *métier à tisser*, telaio m. || FIG. *tisser des mensonges*, tessere bugie, inganni. | *récit tissé de mensonges*, racconto intessuto di bugie.

tisserand, e [tisrɑ̃, ɑ̃d] n. tessitore, trice (su telaio a mano).

tisserin [tisrɛ̃] m. ZOOL. tessitore.

tisseur, euse [tisœr, øz] n. tessitore, trice.

1. tissu [tisy] m. PR. et FIG. tessuto. | *tissu d'ameublement*, stoffa per arredamento. || ***tissu-éponge,*** spugna f. || *tissu urbain*, tessuto urbano. || [façon de tisser] trama f. | *étoffe au tissu serré*, stoffa di trama fitta. || ANAT. tessuto. || PÉJOR. *tissu d'inventions, de bêtises*, tessuto d'invenzioni, di sciocchezze.

2. tissu, e adj. LITTÉR. [mêlé] intessuto.

tissulaire [tisylɛr] adj. BIOL. tissulare, tessutale.

tissure [tisyr] f. VX, PR. et FIG. tessitura.

titan [titɑ̃] m. titano.

titane [titan] m. CHIM. titanio.

titanesque [titanɛsk] ou **titanique** [titanik] adj. titanico.

titi [titi] m. POP. = monello parigino.

titillation [titilasjɔ̃] f. PR. et FIG. (littér. ou plais.) [il] titillare ; titillamento m. ; titillazione (rare).

titiller [titile] v. tr. PR. et FIG. (littér. ou plais.) titillare.

titisme [titism] m. POLIT. titoismo.

titiste [titist] adj. et n. titoista.

titrage [titraʒ] m. CHIM., TEXT. titolazione f.

titre [titr] m. TYP. titolo. | *titre courant*, titolo corrente. | *faux titre*, occhiello, occhietto. || [dignité ; emploi] titolo, dignità f. ; qualifica f. (néol.). | *titre de marquis*, titolo di marchese. | *titre de docteur*, qualifica di dottore. || [document, acte] *titre de transport*, biglietto. | *titre de propriété, de circulation*, titolo di proprietà, di circolazione. || FIN. *avance sur titres*, anticipo su titoli. || CHIM. *titre d'un alcool*, gradazione alcolica. | *titre d'un alliage*, titolo d'una lega. || SPORT titolo. | *défendre son titre*, difendere il titolo. || LOC. *avoir des titres à*, avere dei diritti a. | *en titre*, titolare adj. | *à titre amical, temporaire, onéreux*, a titolo d'amicizia, temporaneo, oneroso. | *à titre gracieux*, per graziosa, per gentile concessione ; gratuitamente. | *à double titre*, doppiamente. | *à ce titre*, per questa ragione. | *à quel titre ?*, a che titolo ?, con che diritto ? | *à aucun titre*, senza alcun diritto. ◆ loc. adv. ***à juste titre,*** con ragione, a buon diritto. ◆ loc. prép. ***à titre de,*** in qualità di. | *à titre d'ami*, in qualità d'amico. | *à titre d'indemnité*, per indennizzo. ◆ loc. conj. ***au même titre que,*** come, quanto.

titré, e [titre] adj. et n. *les gens titrés*, la società dei titolati.

titrer [titre] v. tr. CHIM. titolare.

titubant, e [titybɑ̃, ɑ̃t] adj. vacillante, barcollante.

titubation [titybasjɔ̃] f. (rare) [il] vacillare, vacillamento m.

tituber [titybe] v. intr. vacillare, barcollare.

titulaire [titylɛr] adj. et n. titolare. | *être (professeur) titulaire*, essere di ruolo. | *les titulaires du permis de conduire*, coloro che hanno conseguito la patente.

titularisation [titylarizasjɔ̃] f. nomina a titolare ; passaggio (m.) di ruolo.

titulariser [titylarize] v. tr. nominare ; far passare di ruolo. | *être titularisé*, passare di ruolo.

tmèse [tmɛz] f. GRAMM. tmesi.

T.N.T. [teɛnte] m. V. TRINITROTOLUÈNE.

toast [tost] m. (angl.) brindisi. | *porter un toast*, fare un brindisi. | *porter un toast à la santé de qn*, brindare alla salute di qlcu. || [pain] toast ; fetta (f.) di pane tostata, abbrustolita.

toasteur [tostœr] m. tostapane m. inv., tostino.

toboggan [tɔbɔgɑ̃] m. toboga m. inv. || [circulation routière] viadotto.

1. toc [tɔk] onomat. toc toc. | *faire toc toc à la porte* = bussare alla porta. ◆ adj. inv. FAM. *être toc, toc-toc*, essere (un po') tocco, picchiatello.

2. toc m. [imitation] paccottiglia f., orpello, similoro. | *bijou en toc*, gioiello falso. | *c'est du toc*, è roba fasulla.

tocante ou **toquante** [tɔkɑ̃t] f. FAM. orologio m. (L.C.).

tocard, e ou **toquard, e** [tɔkar, ard] adj. FAM. = brutto e ridicolo ; volgare, scadente. ◆ n. m. [cheval ; homme] brocco.

toccata [tɔkata] f. (ital.) MUS. toccata.

tocsin [tɔksɛ̃] m. = chiamata (f.) a raccolta. | *sonner le tocsin*, suonare a martello, a stormo, a raccolta.

toge [tɔʒ] f. toga.

togolais, e [tɔgɔlɛ, ɛz] adj. et n. togolese.

tohu-bohu [tɔybɔy] m. FAM. baraonda f., bailamme, baccano ; frastuono (L.C.).

toi [twa] pron. pers. 2ᵉ pers. sing. [compl.] te. | *avec toi*, con te. | *nous irons chez toi*, verremo da te, a casa tua. | *ce livre est à toi*, questo libro è tuo. || [avec un impér.] *regarde-toi*, guardati. || [vocat.] tu. | *toi, viens !*, tu, vieni ! | *toi, nous abandonner ?*, abbandonarci, tu ? || [suj.] tu. | *tu viendras toi aussi*, verrai anche tu. | *vous viendrez me chercher, tes parents et toi*, verrete a prendermi, tu e i tuoi genitori. | *toi parti, nous travaillerons*, partito tu, lavoreremo. || [après un compar.] *il est plus grand que toi*, è più alto di te.

toilage [twalaʒ] m. = fondo di un ricamo.

toile [twal] f. tela. | *toile de chanvre, de lin*, tela di canapa, di lino. | *toile cirée*, tela (in)cerata. | *toile d'araignée*, tela di ragno ; ragnatela. || MAR. velatura.

|| [pièce de toile] telo m. | *toile de tente*, telo di tenda. || ART tela, quadro m. | *barbouiller de la toile* (fam.), essere un imbrattatele. || THÉÂTRE *toile de fond*, sfondo m., fondale m.
toilerie [twalri] f. fabbrica, negozio (m.) di telerie.
toilettage [twalεtaʒ] m. = pulizia (f.) dei cani, dei gatti.
toilette [twalεt] f. [meuble] specchiera; to(e)letta (gall.). || [soins de propreté] to(e)letta. | *cabinet de toilette* = piccolo locale con lavabo. | *gant de toilette*, guanto di spugna, da bagno. | *être à sa toilette*, essere, stare alla to(e)letta, allo specchio. | *faire sa toilette*, (fam.) *un brin de toilette*, far (un po' di) to(e)letta. || [vêtement féminin] to(e)letta. | *être en grande toilette*, sfoggiare un'elegantissima to(e)letta. | *elle aime la toilette*, le piace l'eleganza del vestire. || [nettoyage] pulizia. || [toile pour envelopper] involucro m., invoglia. || CULIN. omento m. ◆ pl. [W.-C.] to(e)letta; gabinetto m.
toiletter [twalεte] v. tr. fare la pulizia di.
toilier, ère [twalje, εr] n. fabbricante, negoziante di tele. ◆ adj. *industrie toilière*, industria della tela.
toise [twaz] f. [mesure] tesa. || [règle graduée] antropometro m.
toiser [twaze] v. tr. FIG. guardare dall'alto in basso; squadrare.
toison [twazɔ̃] f. vello m.; tosone m. (vx). || FAM. [cheveux] chioma, zazzera. || [ordre] *Toison d'or*, Toson d'oro. || MYTH. Vello d'oro.
toit [twa] m. PR. et FIG. tetto. | *habiter sous les toits*, abitare sotto i tetti, a tetto. | *chambre sous les toits*, stanza a tetto. || LOC. *crier sur les toits*, gridare, predicare dai tetti.
toiture [twatyr] f. copertura, tetto m.
tokai, tokay [tɔkε] ou **tokaï** [tɔkaj] m. tokaj, tocai.
tokharien, enne [tɔkarjɛ̃, εn] adj. et n. m. LING. tocario, tocarico.
1. tôle [tol] f. lamiera, latta. | *tôle ondulée*, lamiera ondulata.
2. tôle f. V. TAULE.
tôlé, e [tole] adj. *neige tôlée*, neve vetrosa.
tolérable [tɔlerabl] adj. tollerabile.
tolérance [tɔlerɑ̃s] f. tolleranza. | *maison de tolérance*, casa di tolleranza. | *tolérance grammaticale*, forma tollerata dalla grammatica. || MÉD. tolleranza.
tolérant, e [tɔlerɑ̃, ɑ̃t] adj. tollerante.
tolérantisme [tɔlerɑ̃tism] m. tollerantismo; tolleranza religiosa.
tolérer [tɔlere] v. tr. tollerare.
tôlerie [tolri] f. fabbrica di lamiera. || [garage] reparto (m.) reparazioni carrozzeria. || [tôles] = carrozzeria.
tolet [tɔlε] m. MAR. scalmo, scalmiera f., forcola f.
1. tôlier [tolje] m. lamierista.
2. tôlier, ère n. V. TAULIER, ÈRE.
tolite [tɔlit] f. V. TRINITROTOLUÈNE.
tollé [tɔle] m. = manifestazione clamorosa di ostilità; levata (f.) di scudi.
tolu [tɔly] m. PHARM. *(baume de) tolu*, balsamo di tolù.
toluène [tɔlɥεn] m. CHIM. toluene.
toluol [tɔlɥɔl] m. CHIM. toluolo.
tomahawk [tɔmaok] m. tomahawk.
tomaison [tɔmεzɔ̃] f. = indicazione del tomo.
tomate [tɔmat] f. pomodoro m. | *jus de tomate*, succo di pomodoro. | *sauce tomate*, salsa di pomodoro. | *rougir comme une tomate*, farsi rosso come un pomodoro. || LOC. *recevoir des tomates*, farsi prendere a pomodorate.
tombac [tɔ̃bak] m. tombacco.
tombal, e, als [tɔ̃bal] adj. tombale, sepolcrale.
tombant, e [tɔ̃bɑ̃, ɑ̃t] adj. [aspect physique] spiovente. || LOC. *à la nuit tombante*, sul far della notte.
tombe [tɔ̃b] f. [lieu] tomba, fossa; avello m. (littér.). | *descendre le cercueil dans la tombe*, calare la bara nella fossa. | *une tombe toute fraîche*, una fossa appena scavata. | *aller sur la tombe de qn*, andare sulla tomba di qlcu. || [monument] tomba. || FIG. *être au bord de, avoir un pied dans la tombe*, stare con un piede nella tomba, essere con un piede nella fossa; = essere (ridotto) al lumicino. | *suivre qn dans la tombe* = morire poco dopo qlcu. | *se retourner dans sa tombe*, rivoltarsi nella tomba. | *muet comme une tombe*, muto come una tomba.
tombeau [tɔ̃bo] m. tomba f., sepolcro; avello, tumulo (littér.). | *mettre au tombeau*, seppellire. || [lieu sombre, triste] tomba. || FIG. *le tombeau de mes espérances*, la rovina delle mie speranze. | *fidèle jusqu'au tombeau*, fedele fino alla morte. || ART *Mise au tombeau*, Seppellimento, Sepoltura di Cristo. || HIST. LITT., MUS. = composizione (f.) in memoria (di). || LOC. *à tombeau ouvert*, a rotta di collo, a rompicollo, a precipizio.
tombée [tɔ̃be] f. *à la tombée du jour*, al tramonto. | *à la tombée de la nuit*, sul far della notte.
tombelle [tɔ̃bεl] f. ARCHÉOL. piccolo tumulo.
1. tomber [tɔ̃be] v. intr. **1.** cadere; cascare (fam.); calare; venir giù. | *tomber sur le dos*, cadere supino. || FIG. *tomber de sommeil*, cascare, non reggersi dal sonno. | *tomber du haut mal*, avere un attacco epilettico. || [mourir] *tomber (raide) mort*, cadere morto (stecchito). | *tomber en héros*, cadere, morire da eroe. || **2.** [s'effondrer] *les murs tombent*, le mura crollano. || FIG. *les prix tombent*, i prezzi crollano. | *le gouvernement, la ville tombe*, il governo cade; la città cade, capitola. | *la pièce est tombée*, la commedia è caduta, ha fatto fiasco. | *tomber bien bas*, cadere molto in basso, molto giù. | *une femme qui tombe*, una donna che cade, pecca. || **3.** [descendre] cadere, scendere. | *cheveux qui tombent sur le front*, capelli che (ri)cadono, scendono sulla fronte. | *la pluie tombe*, la pioggia scende, viene giù. | *le rideau tombe*, cala il sipario. || **4.** [diminuer] calare; venir meno. | *le jour tombe*, il giorno declina, cala. | *le soleil tombe*, il sole tramonta. | *le vent tombe*, il vento cala, si calma. | *la mer tombe*, il mare si calma. | *le feu tombe*, il fuoco languisce. | *la conversation tombe*, la conversazione cade. | *la fièvre tombe*, la febbre cala. || CULIN. smontare. || **5.** JOURN. *le journal tombe à 5 h*, il giornale esce alle 5. | *un télégramme vient de tomber*, or ora ci perviene un telegramma. || **6.** [arriver; se trouver] *tomber bien, à propos*, (fam.) *à pic, pile*, capitare bene, a proposito; venire, cadere in taglio (littér.). | *tomber mal*, capitare male. | *ça tombe bien*, va proprio bene. | *la robe tombe bien*, l'abito cade bene, a piombo. | *la division tombe juste*, la divisione è giusta. | *tu tombes juste*, l'hai indovinata, azzeccata, imbroccata. || [date] ricorrere. || **7.** LOC. FIG. *tomber amoureux*, innamorarsi. | *tomber malade*, ammalarsi. | *tomber d'accord*, mettersi d'accordo. | *les bras m'en tombent*, rimango sbalordito. | *laisser tomber* (absol.), lasciar perdere. | *laisser tomber qn*, piantare qlcu. || **8.** [avec prép.] ***(à)*** **:** *tomber à la mer*, cadere in mare. | *tomber aux mains de*, cadere in mano a, nelle mani di. | *tomber aux pieds de qn*, cadere, gettarsi ai piedi di qlcu. (pr. et fig.). || FIG. *tomber à l'eau*, andare a monte, in fumo; sfumare. || ***(dans)*** **:** *tomber dans les bras de qn*, cadere fra le braccia di qlcu. | *ne pas tomber dans l'oreille d'un sourd*, V. OREILLE. | *tomber dans la misère*, cadere, precipitare in miseria. || FIG. *tomber dans le panneau*, cascarci; cadere nella pania. || FAM. *tomber dans les pommes* = svenire. || ***(de)*** **:** *tomber de l'escalier*, ruzzolare per le scale, precipitare dalle scale; tombolare (dal)le scale (fam.). || FIG. *tomber de haut* = provare un'improvvisa delusione. | *tomber des nues*, cascare dalle nuvole. | *tomber du ciel*, piovere dal cielo. | *tomber de mal en pis, de Charybde en Scylla*, V. CHARYBDE. || ***(en)*** **:** *tomber en poussière*, andare in polvere. | *tomber en ruine*, andare in rovina; crollare, rovinare. | *tomber en syncope*, essere colpito da una sincope. || ***(sous)*** **:** *tomber sous le sens*, V. SENS. | *tomber sous la main*, venire fra le mani. | *tomber sous la coupe*, (fam.) *sous les pattes de*, cadere, cascare nelle grinfie di. || JUR. *tomber sous le coup de la loi*, essere punibile a norma di legge. || ***(sur)*** **:** *tomber sur qn à bras raccourcis*, piombare su qlcu. a tutta forza. | *un pot de fleurs lui est tombé sur la tête, dessus*, un vaso di fiori gli piombò sulla testa.

| *l'accent tombe sur la dernière syllabe*, l'accento cade sull'ultima sillaba. | *tombé sur la tête* (fam.), v. TÊTE. | *tomber sur qn* [hasard] : imbattersi in qlcu. (al momento opportuno). | *tomber sur un bec, un os* (pop.) = incappare, imbattersi in una difficoltà. ◆ v. tr. [lutte] *tomber son adversaire*, atterrare l'avversario. || POP. *tomber une femme* = sedurre una donna. || FAM. *tomber la veste* = togliersi, levarsi la giacca.
2. tomber m. [lutte] atterramento, schienata f.
tombereau [tɔ̃bro] m. tombarello ; sbarello (rare).
tombeur [tɔ̃bœr] m. [lutte] = lottatore che atterra l'avversario. || FAM. *tombeur (de femmes)* = seduttore, dongiovanni.
tombola [tɔ̃bɔla] f. (ital.) lotteria (di beneficenza).
tombolo [tɔ̃bɔlo] m. (ital.) GÉOGR. tombolo.
tome [tɔm] m. [division] tomo. || [volume] volume.
tomenteux, euse [tɔmɑ̃tø, øz] adj. BOT. tomentoso, cotonoso, feltrato.
tomer [tɔme] v. tr. [un ouvrage] dividere in tomi. || [les feuilles] segnare il tomo su.
tomme [tɔm] f. = formaggio (m.) che si fabbrica in Savoia.
tom(m)ette [tɔmɛt] f. mattonella, piastrella.
tommy [tɔmi] m. (pl. **tommies**) tommy (angl.).
tomographie [tɔmɔgrafi] f. MÉD. tomografia, stratigrafia.
tom-pouce [tɔmpus] m. inv. FAM. [petit homme] omino, ometto. || [parapluie] = ombrello da donna con manico corto.
1. ton [tɔ̃], **ta** [ta], **tes** [te] adj. poss. 2e pers. sing. tuo, tua, tuoi, tue. | *ton livre*, il tuo libro. | *ton père*, tuo padre. | *ta chaise*, la tua sedia. | *ta mère*, tua madre. | *tes livres*, i tuoi libri. | *tes grands-parents*, i tuoi nonni. | *tes chaises*, le tue sedie. | *tes tantes*, le tue zie. | *un de tes amis, une de tes amies*, un tuo amico, una tua amica. | [insistance] *ta maison à toi*, la casa tua. | *dans ta chambre à toi*, in camera tua. | *tes amis à toi*, gli amici tuoi.
2. ton m. tono. || [voix] *élever le ton*, alzare il tono. | *un ton ferme, détaché*, un tono energico ; un tono distaccato, indifferente. || [humeur] *le ton monte*, ci si infervora. | *le prendre sur un certain ton*, prenderla con un certo tono. || [style] tono, stile. || [manières] *le bon ton*, i bei modi, i modi garbati. | *de bon ton*, elegante, fine adj. ; ammodo adv. || [couleur] tono, colore. || GRAMM. tono. || MUS. tono, modo. || PR. et FIG. *donner le ton*, dare il tono. | *se mettre dans, prendre le ton*, intonarsi. | *sur tous les tons*, in tutti i toni, i modi.
tonal, e, als [tɔnal] adj. tonale.
tonalité [tɔnalite] f. tonalità. || [téléphone] segnale acustico.
tondage [tɔ̃daʒ] m. [d'animal] tosatura f. ; [de tissu] cimatura f.
tondeur, euse [tɔ̃dœr, øz] m. [d'animal] tosatore, trice ; [de tissu] cimatore, trice. ◆ n. f. tosatrice. | *tondeuse à gazon*, tosatrice ; tosaerba, tosaprato m. inv.
tondre [tɔ̃dr] v. tr. [animal ; cheveux ; gazon] tosare, rasare ; [tissu] cimare. || FIG. *tondre (la laine sur le dos de) qn*, tosare uno (come una pecora) ; pelare uno.
tondu [tɔ̃dy] m. FAM. *quatre pelés et un tondu*, quattro gatti.
tonicardiaque [tɔnikardjak] adj. cardiotonico.
tonicité [tɔnisite] f. tonicità.
tonifiant, e [tɔnifjɑ̃, ɑ̃t] adj. et n. m. tonificante.
tonifier [tɔnifje] v. tr. tonificare.
tonique [tɔnik] adj. PR. et FIG. tonico. ◆ n. m. tonico. ◆ n. f. MUS. tonica.
tonitruant, e [tɔnitryɑ̃, ɑ̃t] adj. FAM. tonitruante.
tonitruer [tɔnitrye] v. intr. FAM. tuonare, tonare (L.C.).
tonlieu [tɔ̃ljø] m. FÉOD. teloneo, telonio.
tonnage [tɔnaʒ] m. MAR. tonnellaggio.
tonnant, e [tɔnɑ̃, ɑ̃t] adj. PR. et FIG. tonante.
tonne [tɔn] f. [tonneau] = botte di grande capacità. || [bouée] gavitello m. || [mesure] tonnellata. | *un quinze tonnes*, un autocarro di quindici tonnellate. || FAM. *il est tombé des tonnes d'eau*, è piovuto un sacco. | *des tonnes de sottises*, quintali di sciocchezze.
tonneau [tɔno] m. botte. | *mettre en tonneau*, imbottare. | *mettre le tonneau en perce*, spillare la botte. || VX [voiture] = carrozzella f. || AÉR. tonneau (fr.) ; mulinello. || AUTOM. *faire plusieurs tonneaux*, ribaltare parecchie volte. || MAR. tonnellata f. || LOC. *tonneau des Danaïdes*, botte delle Danaidi. | *tonneau de Diogène*, doglio di Diogene. || FAM. *du même tonneau :* [personne] = della stessa risma ; [chose] = dello stesso genere. || POP. [ivrogne] = ubriacone, spugna f.
tonnelage [tɔnlaʒ] m. *marchandises de tonnelage* = merci [f. pl.] (che si mettono) in botte.
tonnelet [tɔnlɛ] m. bariletto, barilozzo.
tonnelier [tɔnəlje] m. bottaio, barilaio.
tonnelle [tɔnɛl] f. [verdure] pergolato m. (a cupola). || [voûte] volta a botte.
tonnellerie [tɔnɛlri] f. = arte, bottega, industria, commercio (m.) del bottaio, del barilaio.
tonner [tɔne] v. impers. tonare. ◆ v. intr. PR. et FIG. tonare.
tonnerre [tɔnɛr] m. tuono. | *coup de tonnerre*, tuono (pr.) ; fulmine a ciel sereno (fig.). | *grondement du tonnerre*, rombo del tuono. || [foudre] fulmine. || FIG. *tonnerre d'applaudissements*, scroscio, subisso d'applausi. || FAM. *un vacarme du tonnerre (de Dieu)*, un baccano indiavolato, del diavolo. | *c'est une fille du tonnerre !*, è una ragazza formidabile ! ; è una cannonata ! || [interj.] *tonnerre (de Dieu, de Brest) !*, *mille tonnerres !*, fuoco e fulmini !, corpo di mille diavoli !
tonomètre [tɔnɔmɛtr] m. tonometro.
tonométrie [tɔnɔmetri] f. tonometria.
tonsure [tɔ̃syr] f. [cérémonie] tonsura. || [espace rasé] tonsura, chierica. || FAM. [calvitie] chierica.
tonsuré [tɔ̃syre] m. tonsurato.
tonsurer [tɔ̃syre] v. tr. tonsurare.
tonte [tɔ̃t] f. [laine] tosatura. || [époque] tempo (m.) della tosatura.
tontine [tɔ̃tin] f. FIN. tontina.
tontisse [tɔ̃tis] adj. *bourre tontisse*, borra f., cascame m.
tonton [tɔ̃tɔ̃] m. FAM. zietto, zione.
tonture [tɔ̃tyr] f. TEXT. cimatura. || MAR. cavallino m.
tonus [tɔnys] m. PHYSIOL. tono. || [énergie] energia f., dinamismo.
top [tɔp] m. RADIO. segnale acustico. | *au quatrième top*, al quarto segnale orario.
top secret [tɔpsəkrɛ] loc. adj. (angl.) = segretissimo adj.
topaze [tɔpaz] f. MINÉR., ZOOL. topazio (m.).
toper [tɔpe] v. intr. = essere d'accordo. | *tope là !*, *topez là !* = qua la mano !, d'accordo !
topette [tɔpɛt] f. boccetta.
tophus [tɔfys] m. MÉD. tofo.
topinambour [tɔpinɑ̃bur] m. BOT. topinambur inv.
topique [tɔpik] adj. MÉD., RHÉT. topico. ◆ n. m. MÉD. topico. || RHÉT. luogo topico, luogo comune ; topos (pl. *topoi*). ◆ n. f. RHÉT. topica.
topo [tɔpo] m. FAM. [plan] pianta f. (L.C.). || [exposé] = discorso, discorsetto. | *c'est toujours le même topo*, è sempre il solito ritornello, la stessa solfa, la solita tiritera.
topographe [tɔpɔgraf] m. topografo.
topographie [tɔpɔgrafi] f. topografia.
topographique [tɔpɔgrafik] adj. topografico.
topologie [tɔpɔlɔʒi] f. topologia.
topologique [tɔpɔlɔʒik] adj. topologico.
toponyme [tɔpɔnim] m. toponimo.
toponymie [tɔpɔnimi] f. [science] toponomastica. || [ensemble des n. de lieux] toponomastica, toponimia.
toponymique [tɔpɔnimik] adj. [relatif à la toponymie] toponomastico ; [aux n. de lieux] toponimico.
toponymiste [tɔpɔnimist] n. specialista di toponomastica.
toquade [tɔkad] f. FAM. ghiribizzo m., grillo m. ; capriccio m. (L.C.). | *avoir une toquade pour une jeune fille*, prendere un'infatuazione per una ragazza.
toquante f. V. TOCANTE.
toquard, e adj. et n. V. TOCARD.
toque [tɔk] f. tocco m.
toqué, e [tɔke] adj. FAM. [fou] tocco, picchiatello. ||

[épris] incapricciato, infatuato. | *être toqué de pêche*, avere il pallino della pesca.

toquer [tɔke] v. intr. FAM. *toquer à la porte*, bussare lievemente alla porta (L.C.). ◆ v. pr. FAM. *se toquer de qn, de qch.*, incapricciarsi, infatuarsi di qlcu., di qlco. ; invaghirsi di qlcu., di qlco. (L.C.).

torah f. V. THORA.

torche [tɔrʃ] f. torcia, fiaccola ; face, teda (littér.). ‖ [en paille] rotolo (m.) di paglia. ‖ [dans une usine de pétrole] fiaccola. ‖ *torche électrique*, torcia elettrica. | *torche vivante*, torcia umana. | *parachute en torche*, paracadute che cade in vite.

torché, e [tɔrʃe] adj. FAM. *bien torché*, fatto bene, fatto con cura, riuscito (L.C.).

torcher [tɔrʃe] v. tr. [nettoyer] (ri)pulire. ‖ POP. [bâcler] abborracciare, acciabattare, acciarpare. ◆ v. pr. VULG. *je m'en torche*, me ne frego.

torchère [tɔrʃɛr] f. torciera.

torchis [tɔrʃi] m. = malta (f.) d'argilla e paglia.

torchon [tɔrʃɔ̃] m. [serviette] canovaccio. ‖ FAM. *coup de torchon* : [bagarre] tafferuglio, zuffa f. ; [épuration] repulisti. ‖ FAM. [écrit sans valeur] pasticcio, sgorbio. ‖ LOC. *le torchon brûle* = qui non spira buon vento. | *il ne faut pas mélanger les torchons et les serviettes* = non si deve mettere tutti in un mazzo ; non si deve mescolare Ebrei e Samaritani.

torchonner [tɔrʃɔne] v. tr. [bâcler] V. TORCHER.

torcol [tɔrkɔl] m. ZOOL. torcicollo.

tordage [tɔrdaʒ] m. torcitura f.

tordant, e [tɔrdɑ̃, ɑ̃t] adj. FAM. buffo. | *c'est tordant*, c'è da crepare dalle risa.

tord-boyaux [tɔrbwajo] m. inv. POP. zozza f.

tordeur, euse [tɔrdœr, øz] n. [ouvrier] torcitore, trice. ◆ f. [machine] torcitrice. ‖ ZOOL. tortrice.

tord-nez [tɔrne] m. inv. torcinaso ; tortiglione m.

tordoir [tɔrdwar] m. tortore (région.).

tordre [tɔrdr] v. tr. torcere, attorcere, contorcere. | *tordre le fil, une barre de fer*, torcere il filo, una sbarra di ferro. | *tordre le linge mouillé*, strizzare i panni bagnati. | *tordre le bras à qn*, storcere il braccio a qlcu. ‖ FIG. *la peur me tord l'estomac* = ho un nodo alla gola per la paura. | *tordre le nez*, storcere il naso, la bocca, le labbra. ‖ LOC. *tordre le cou à*, tirare, torcere il collo a (pr.) ; far fuori (fig., fam.). ◆ v. pr. [de douleur] (con)torcersi ; [de rire] torcersi. | *se tordre le pied*, farsi una storta al piede.

tordu, e [tɔrdy] adj. PR. storto. ‖ FAM. [fou] svitato, sonato. ‖ POP. *avoir la gueule tordue* = essere brutto come un accidente (fam.). ◆ n. POP. [mal bâti] bel fusto (iron.). ‖ [fou] svitato.

tore [tɔr] m. ARCHIT., GÉOM. toro.

toréador [toreadɔr] m. toreador, torero (esp.).

toréer [toree] v. intr. toreare.

torero [tɔrero] m. torero (esp.).

toreutique [tɔrøtik] f. toreutica.

torgnole [tɔrɲɔl] f. POP. sventola, scapaccione m. (fam.).

tormentille [tɔrmɑ̃tij] f. BOT. tormentilla.

tornade [tɔrnad] f. PR. tornado m. inv. ‖ FIG. bolide m.

toron [tɔrɔ̃] m. trefolo, legnolo.

toronneuse [tɔrɔnøz] f. = macchina per torcere i trefoli, i legnoli.

torpédo [tɔrpedo] f. torpedo.

torpeur [tɔrpœr] f. torpore m., torpidezza, torpidità.

torpide [tɔrpid] adj. torpido.

torpillage [tɔrpijaʒ] m. MAR. et FIG. siluramento.

torpille [tɔrpij] f. ZOOL. torpedine. ‖ MAR. siluro m., torpedine. ‖ AÉR. *torpille aérienne*, siluro aereo.

torpiller [tɔrpije] v. tr. MAR. et FIG. silurare.

torpillerie [tɔrpijri] f. MAR. siluripedio.

torpilleur [tɔrpijœr] m. [marin] silurista. ‖ [navire] torpediniera f., silurante f.

torréfacteur [tɔrefaktœr] m. torrefattrice f.

torréfaction [tɔrefaksjɔ̃] f. torrefazione, tostatura.

torréfier [tɔrefje] v. tr. torrefare, tostare.

torrent [tɔrɑ̃] m. PR. et FIG. torrente. | *pleuvoir à torrents*, piovere a torrenti, a catinelle, a dirotto.

torrentiel, elle [tɔrɑ̃sjɛl] adj. [de torrent] torrentizio. | *pluie torrentielle*, pioggia torrenziale.

torrentueux, euse [tɔrɑ̃tɥø, øz] adj. impetuoso.

torride [tɔrid] adj. torrido.

tors, torse [tɔr, tɔrs] adj. torto. | *fil tors*, filo torto. | *soie torse*, seta torta. | *jambes torses*, gambe storte, arcuate. | *colonne torse*, colonna tortile, a tortiglione. ◆ n. m. TEXT. torsione f.

torsade [tɔrsad] f. tortiglione. | *en torsade*, a tortiglione.

torsader [tɔrsade] v. tr. avvolgere a tortiglione.

torse [tɔrs] m. torso, busto.

torsion [tɔrsjɔ̃] f. MATH., MÉC. torsione. | *barre de torsion*, barra di torsione.

tort [tɔr] m. torto. | *tous les torts sont de son côté*, ha tutti i torti. | *donner tort à qn*, dar torto a qlcu. | *faire du tort à qn*, far torto a qlcu. | *être dans son tort*, essere in torto. | *mon seul tort est de*, unico mio torto è di. ◆ loc. adv. ***à tort***, a torto. ‖ ***à tort ou à raison***, a torto o a ragione. ‖ ***à tort et à travers***, a vanvera, a caso, a casaccio.

torticolis [tɔrtikɔli] m. torcicollo.

tortil [tɔrtil] m. HÉRALD. tortiglio.

tortillage [tɔrtijaʒ] m. attorcigliamento.

tortillard [tɔrtijar] m. FAM. = trenino lento.

tortillement [tɔrtijmɑ̃] m. (s)contorcimento.

tortiller [tɔrtije] v. tr. (s)contorcere. ◆ v. intr. FAM. *il n'y a pas à tortiller* = non c'è che dire. | *tortiller des hanches*, dimenare i fianchi ; ancheggiare ; scutrettolare (rare) ; sculettare (vulg.). ◆ v. pr. (s)contorcersi.

tortillon [tɔrtijɔ̃] m. cercine. ‖ [estompe] sfumino.

tortionnaire [tɔrsjɔnɛr] m. tormentatore, seviziatore, boia, carnefice ; tortore (vx).

tortis [tɔrti] m. TEXT. fila ritorte.

tortricidés [tɔrtriside] m. pl. ZOOL. tortricidi.

tortu, e [tɔrty] adj. LITTÉR. storto (L.C.). ‖ FIG. bislacco.

tortue [tɔrty] ZOOL. tartaruga, testuggine. | *tortue de mer*, tartaruga. ‖ FIG. tartaruga. | *avancer à pas de tortue*, andare a passo di lumaca. ‖ ANTIQ. MIL. testuggine.

tortueux, euse [tɔrtɥø, øz] adj. [sinueux] tortuoso. ‖ [retors] ambiguo, subdolo, tortuoso.

tortuosité [tɔrtɥozite] f. (rare) tortuosità (L.C.).

torturant, e [tɔrtyrɑ̃, ɑ̃t] adj. tormentoso, assillante.

torture [tɔrtyr] f. PR. et FIG. tortura, tormento m. | *instrument de torture*, strumento di tortura, di tormento. ‖ LOC. *mettre à la torture*, tormentare (pr. et fig.). | *se mettre l'esprit à la torture*, torturarsi il cervello ; scervellarsi. | *être à la torture*, tormentarsi, angustiarsi.

torturer [tɔrtyre] v. tr. torturare, tormentare (pr. et fig.) ; angustiare (fig.). | *torturer un texte*, sforzare (il senso di) un testo. | *se torturer l'esprit*, V. TORTURE. ◆ v. pr. torturarsi, tormentarsi, affliggersi.

torve [tɔrv] adj. torvo, bieco.

toscan, e [tɔskɑ̃, an] adj. et n. toscano ; tosco (vx). ‖ ART *ordre toscan*, ordine toscano, tuscanico. ◆ n. m. LING. toscano. ‖ [cigare] toscano.

tôt [to] adv. presto. | *avoir tôt fait de*, far presto a, sbrigarsi a. | *tôt ou tard*, presto o tardi. | *ce n'est pas trop tôt !*, finalmente ! | *le plus tôt sera le mieux*, prima è meglio è. | *le plus tôt possible*, più presto possibile, al più presto. | *revenir le plus tôt possible*, tornare quanto prima. | *dans une semaine au plus tôt*, al più presto fra una settimana. | *il est arrivé plus tôt que moi*, è arrivato prima di me. | *tu ne reviendras pas de si tôt*, ci vorrà tempo prima che tu torni. ◆ loc. conj. ***ne... pas plus tôt... que***, (non) appena. | *nous n'étions pas plus tôt rentrés qu'il se mit à pleuvoir*, (non) appena tornati cominciò a piovere.

total, e, aux [tɔtal, o] adj. et n. m. totale. ◆ adv. POP. = insomma ; in fin dei conti. ◆ loc. adv. ***au total***, tutto sommato ; a conti fatti ; insomma.

totalisateur [tɔtalizatœr] m. totalizzatore.

totalisation [tɔtalizasjɔ̃] f. totalizzazione.

totaliser [tɔtalize] v. tr. totalizzare.

totalitaire [tɔtalitɛr] adj. totalitario.

totalitarisme [tɔtalitarism] m. totalitarismo.
totalité [tɔtalite] f. totalità. | *la (presque) totalité de l'humanité*, (quasi) tutta l'umanità. | *en totalité*, totalmente ; tutto adj. ‖ PHILOS. *principe de totalité*, principio della totalità.
totem [tɔtɛm] m. totem inv.
totémique [tɔtemik] adj. totemico.
totémisme [tɔtemism] m. totemismo.
toto [tɔto] m. ARG. = pidocchio.
toton [tɔtɔ̃] m. [dé] biribissi inv. ‖ [toupie] biribissi ; piccola trottola. ‖ LOC. *faire tourner qn comme un toton* = menare uno per il naso.
touage [twaʒ] m. tonneggio.
touareg [twarɛg] adj. et n. V. TARGUI.
toubib [tubib] m. FAM. = medico.
toucan [tukɑ̃] m. ZOOL. tucano.
1. touchant, e [tuʃɑ̃, ɑ̃t] adj. commovente, toccante.
2. touchant prép. LITTÉR. riguardo a, in merito a (L.C.).
touchau [tuʃo] m. provino.
touche [tuʃ] f. [essai de l'or, de l'argent] saggio m. | *pierre de touche*, pietra di paragone (pr. et fig.) ; termine di confronto (fig.). ‖ [aiguillon] pungolo m. ‖ [pêche] (l')abboccare, abboccatura. | *pas la moindre touche* (fam.) = i pesci non abboccano. ‖ FIG., FAM. *avoir la touche* = essere gradito ; piacere. ‖ ART et FIG. tocco m., pennellata. ‖ POP. *une drôle de touche* = un aspetto strano, buffo, ambiguo. ‖ MUS. [piano, orgue] tasto m. ; [violon, guitare] tastiera. ‖ SPORT [escrime] botta ; [billard] colpo m., (il) colpire. ‖ [football, rugby] *rentrée en touche*, rimessa in gioco. | *ligne de touche*, linea laterale. | *juge de touche*, guard(i)alinee, segnalinee m. inv. ‖ FIG. *rester, être mis sur la touche* = rimanere inattivo, essere costretto all'inattività. | *faire touche*, fare centro.
touche-à-tout [tuʃatu] m. inv. FAM. toccatutto n. inv. ; = dispersivo m.
1. toucher [tuʃe] v. tr. **1.** PR. toccare. | *toucher la main*, stringere la mano ; = salutare. | *touchez-là*, qua la mano. | *toucher le plafond, le fond*, toccare, raggiungere il soffitto, il fondo. | *toucher de la main, du doigt*, toccare con mano. ‖ [escrime] *touché !*, toccato !. | *toucher un adversaire*, colpire un avversario (pr. et fig.). | *être touché par une balle*, essere ferito da una pallottola. ‖ FIG. *toucher juste*, dar nel segno ; azzeccarla (fam.). ‖ MAR. *toucher terre*, toccare terra ; approdare, accostare. | *toucher un écueil*, urtare uno scoglio. ‖ FIG. *je n'ai jamais touché un verre de vin*, non ho mai bevuto vino. | *toucher le succès du doigt*, essere vicino alla riuscita. ‖ AGR. *toucher les bœufs*, pungolare i buoi. ‖ [joindre] *où peut-on te toucher ?*, qual è il tuo indirizzo, recapito ? ‖ MUS. sonare. ‖ **2.** [recevoir] riscuotere. | *toucher un chèque*, incassare un assegno. | *toucher son traitement*, riscuotere lo stipendio. ‖ **3.** [affecter] commuovere, toccare, colpire. | *très touché de votre bon cœur*, commosso del Suo buon cuore. | *touché par une épreuve*, colpito da una prova. | *toucher au vif*, toccare nel vivo. ‖ **4.** [être contigu] essere attiguo a ; confinare con. | *ma maison touche (à) la sienne*, la mia casa è attigua alla sua, confina con la sua. ‖ [parenté] *toucher qn de près*, avere stretti legami di parentela con uno. ‖ **5.** [concerner] riguardare, toccare. | *cela ne me touche en rien*, questo non mi riguarda, non mi tocca affatto. | *en ce qui touche mon avenir*, per quanto riguarda il mio avvenire. | *question touchant, qui touche l'honneur*, questione toccante l'onore. ‖ **6.** [parler de] *toucher un sujet*, accennare a, toccare, sfiorare un argomento. | *en toucher deux mots à qn*, V. MOT. ◆ v. tr. ind. **(à)** toccare v. tr. | *les enfants touchent à tout*, i bambini toccano tutto. | *toucher à la nourriture*, toccar cibo. | *n'y touche pas*, (fam.) *pas touche !*, non toccare ! (L.C.). ‖ [être contigu] *ma maison touche à la sienne*, V. v. tr. ‖ [modifier ; entamer] *toucher à la loi*, modificare la legge. | *toucher à l'honneur de qn*, toccare, offendere, ledere (littér.) l'onore di qlcu. | *toucher à son capital*, toccare, intaccare il patrimonio. ‖ LOC. FIG. *toucher au but, au port*, giungere alla meta. | *toucher à sa fin*, volgere al termine, alla fine ; essere agli estremi. | *sans avoir l'air d'y toucher*, senza aver l'aria di farci caso, di accennarvi. ◆ v. pr. toccarsi. | *les extrêmes se touchent*, gli estremi si toccano.
2. toucher m. [sens] tatto. ‖ MÉD. esplorazione f. ‖ MUS. tocco.
touchette [tuʃɛt] f. [guitare] tasto m.
toucheur [tuʃœr] m. AGR. mandriano.
toue [tu] f. MAR. V. TOUAGE. ‖ [barque] chiatta.
touée [twe] f. MAR. = lunghezza (del cavo da tonneggio, della catena filata per dar fondo all'ancora).
touer [twe] v. tr. rimorchiare.
toueur, euse [twœr, øz] adj. et n. m. *(bateau) toueur*, rimorchiatore.
touffe [tuf] f. ciuffo m. | *touffe d'arbres*, gruppo (m.) d'alberi.
touffeur [tufœr] f. LITTÉR. afa (L.C.).
touffu, e [tufy] adj. folto, fitto. | *arbre touffu*, albero frondoso, fronzuto. ‖ FIG. farraginoso.
touiller [tuje] v. tr. FAM. mescolare (L.C.).
toujours [tuʒur] adv. sempre. | *depuis toujours*, da sempre. | *pour toujours*, per sempre. ‖ [encore maintenant] sempre, ancora, tuttora. | *il l'aime toujours*, le vuol sempre bene, le vuole ancora bene. | *il n'est toujours pas rentré*, non è ancora tornato. | *il est toujours en Afrique*, è ancora, tuttora in Africa. ‖ [en tout cas, de toute façon] intanto, pure, comunque, nondimeno. | *vas-y toujours, on verra bien* (fam.), fa' pure, poi si vedrà. | *un père, même en punissant, est toujours un père*, un padre che castiga rimane tuttavia, comunque, nondimeno un padre. ‖ LOC. *toujours est-il que*, fatto sta che. ‖ FAM. *c'est toujours ça de pris (sur l'ennemi)* = non ci ho rimesso tutto ; qualcosa ci ho guadagnato. | *tu peux toujours courir, attendre* = campa cavallo che l'erba cresce (prov.).
toundra [tundra] f. GÉOGR. tundra.
toupet [tupɛ] m. [poils, cheveux] ciuffetto. ‖ [coiffure] toupet (fr.), tup(p)è. ‖ FAM. [audace] faccia tosta ; toupet (fr., rare) ; sfacciataggine f., sfrontatezza f. (L.C.).
toupie [tupi] f. trottola. ‖ FAM. *tourner comme une toupie*, girare come una trottola. ‖ FIG., FAM. *quelle vieille toupie !*, è una befana ! ‖ TECHN. fresatrice, sagomatrice.
toupiller [tupije] v. tr. TECHN. fresare, sagomare.
toupilleur [tupijœr] m. fresatore, sagomatore.
toupilleuse [tupijøz] f. fresatrice, sagomatrice.
toupillon [tupijɔ̃] m. ciuffetto.
touque [tuk] f. fusto (m.), barile (m.) di latta.
1. tour [tur] f. ARCHIT. torre. | *tour de contrôle*, torre di controllo. ‖ HÉRALD. torre. ‖ [échecs] torre, rocca. ‖ MIL. *tour de lancement*, base di lancio. ‖ LOC. *s'enfermer dans une tour d'ivoire*, chiudersi in una torre d'avorio. | *c'est une vraie tour de Babel*, è una vera Babilonia. ‖ FAM. [femme] donnona, donnone m.
2. tour m. TECHN. tornio. ‖ [de couvent] ruota f.
3. tour m. **1.** [ligne courbe fermée] giro. | *tour du cou, de taille*, giro collo, giro vita. ‖ SPORT *le Tour d'Italie*, il Giro (d'Italia). | *le Tour de France*, il Giro di Francia, il Tour. ‖ FIG. *faire le tour de la situation*, esaminare la situazione sotto ogni aspetto. | *tour d'horizon*, giro d'orizzonte. | *faire le tour du cadran*, dormire dodici ore di fila. ‖ [promenade] giro, giretto, passeggiata f., passeggiatina f. ‖ **2.** [mouvement (sur soi-même)] giro. | *donner un tour de vis*, dare un giro di vite (pr. et fig.). | *donner un tour de clef à la serrure*, dare una mandata alla serratura. | *fermer à double tour*, chiudere a doppia mandata. | *moteur qui part au quart de tour* = motore che parte subito. ‖ FIG. *à tour de bras*, a tutta forza. | *frapper à tour de bras*, dare botte da orbi. | *en un tour de main*, in un attimo, in quattro e quattr'otto. | *tour de main d'un artisan*, destrezza (f.), abilità (f.) di un artigiano. ‖ MÉD. *tour de reins*, lombaggine f. ‖ **3.** [exercice difficile ; ruse] gioco, tiro, scherzo. | *tour de passe-passe, d'adresse, de cartes*, gioco di prestigio. | *tour de force*, prodezza f. (fig.) ; SPORT tour de force (fr.). | *avoir plus d'un tour dans son sac*, averne sempre una in serbo ; saperne una più del diavolo. | *jouer un mauvais tour*, (fam.) *un tour pendable*, (pop.) *un tour de cochon à qn*, giocare un brutto tiro a qlcu. | *cela te jouera des*

tours = bada alle conseguenze ; bada, te ne pentirai ; ti saprà d'aglio. | *le tour est joué,* il gioco è fatto. ‖ **4.** [tournure] *prendre un mauvais tour,* prendere una brutta piega. | *tour d'esprit,* finezza f. | *tour de phrase,* tono, stile. ‖ **5.** [succession] volta f., turno. | *être le tour de,* spettare, toccare a. | *c'est (à) mon tour,* spetta, tocca a me ; è il mio turno. | *chacun à son tour,* ognuno a sua volta. | *tour de faveur,* turno prioritario. | *premier tour de scrutin,* prima votazione. ◆ loc. adv. ***tour à tour, à tour de rôle,*** a volta a volta, a vicenda, a turno, l'uno dopo l'altro.

touraille [turaj] f. [machine] essiccatoio per l'orzo. ‖ [grains] orzo essiccato.

touraillon [turajɔ̃] m. orzo essiccato.

tourangeau, elle [turɑ̃ʒo, ɛl] adj. et n. = (abitante) della Turenna, di Tours.

touranien, enne [turanjɛ̃, ɛn] adj. et n. m. Vx, Ling. turanico.

1. tourbe [turb] f. [charbon] torba.

2. tourbe f. [foule] Péjor., littér. turba, accozzaglia, branco m.

tourbeux, euse [turbø, øz] adj. torboso.

tourbière [turbjɛr] f. torbiera.

tourbillon [turbijɔ̃] m. Pr. turbine, vortice, mulinello. ‖ Fig. turbine, vortice.

tourbillonnant, e [turbijɔnɑ̃, ɑ̃t] adj. Pr. et fig. turbinoso, vorticoso.

tourbillonnement [turbijɔnmɑ̃] m. turbinìo.

tourbillonner [turbijɔne] v. intr. Pr. et fig. turbinare, vorticare, mulinare.

tourd [tur] m. Zool. [poisson ; vx oiseau] tordo.

tourelle [turɛl] f. torretta, torricella. ‖ Mil. torre, torretta. ‖ Cin. torretta.

touret [turɛ] m. Techn. piccolo tornio ; [du cordier] arcolaio, filatoio. ‖ Mar. mulinello.

tourie [turi] f. = damigiana (per il trasporto dei liquidi caustici).

tourier, ère [turje, ɛr] adj. et n. [de couvent] portinaio, a ; rotaia f. (vx).

tourillon [turijɔ̃] m. Techn. perno. ‖ [de canon] orecchione.

tourisme [turism] m. turismo. | *agence, bureau de tourisme,* agenzia turistica, ufficio turistico. | *Office du tourisme italien,* Ente nazionale industrie turistiche (E.N.I.T.).

touriste [turist] n. turista. ◆ adj. *classe touriste,* classe turistica.

touristique [turistik] adj. turistico.

tourmaline [turmalin] f. Minér. tormalina.

tourment [turmɑ̃] m. Pr. et fig. tormento. | *donner bien du tourment,* dare molte preoccupazioni, molti pensieri.

tourmentant, e [turmɑ̃tɑ̃, ɑ̃t] adj. tormentoso.

tourmente [turmɑ̃t] f. tormenta (pr. et fig.) ; bufera (fig.).

tourmenté, e [turmɑ̃te] adj. [relief] tormentato ; accidentato (peu correct). ‖ Fig. *temps tourmentés,* tempi travagliati, agitati. | *caractère, style tourmenté,* carattere, stile tormentato.

tourmenter [turmɑ̃te] v. tr. [faire souffrir] tormentare, travagliare, torturare. ‖ [importuner] tormentare, seccare, molestare. | *tourmenter qn de requêtes,* assillare uno di richieste. ◆ v. pr. [s'inquiéter] tormentarsi, affliggersi, struggersi, crucciarsi, preoccuparsi ; darsi pensiero.

tourmenteur, euse [turmɑ̃tœr, øz] n. Littér. tormentatore, trice.

tourmentin [turmɑ̃tɛ̃] m. Mar. trinchettina (f.) di fortuna.

tournage [turnaʒ] m. Techn. tornitura f. ; [poterie] torneggio. ‖ Cin. ripresa f., riprese f. pl.

tournailler [turnaje] v. intr. Fam. gironzolare ; aggirarsi v. pr.

1. tournant, e [turnɑ̃, ɑ̃t] adj. girevole. | *pont tournant,* ponte girante. | *scène tournante,* (palcoscenico) girevole m. | *plaque tournante* (pr. et fig.), v. plaque. ‖ [sinueux] *route tournante,* strada tortuosa. | *escalier tournant,* scala a chiocciola. ‖ Loc. *grève tournante,* sciopero a scacchiera. | *mouvement tournant* : mil. aggiramento m. ; fig. raggiro m.

2. tournant m. curva f., svolta f. | *tournant en épingle à cheveux,* tornante. ‖ [coin de rue] angolo, canto, cantonata f. ‖ Fig. svolta, piega f. ‖ Loc. *attendre qn au tournant,* aspettare uno al varco. | *prendre le tournant* (fam.) = fare un voltafaccia, fiutare il vento.

tourné, e [turne] adj. [physique] *bien tourné,* ben fatto. | *mal tourné,* brutto. ‖ Fig. *phrases bien tournées,* frasi tornite bene. | *esprit mal tourné* = chi vede il male dappertutto, chi prende le cose in mala parte. ‖ [aigri] *vin tourné,* vino inacetito, inacidito. | *lait tourné,* latte andato a male, inacidito.

tourne-à-gauche [turnagoʃ] m. inv. [pour scie] licciaiola f.

tournebouler [turnəbule] v. tr. Fam. scombussolare.

tournebride [turnəbrid] m. Vx = locanda f. (annessa a un castello).

tournebroche [turnəbrɔʃ] m. [instrument] girarrosto. ‖ Vx [marmiton] = sguattero (addetto al girarrosto).

tourne-disque [turnədisk] m. giradischi inv.

tournedos [turnədo] m. Culin. tournedos (fr.) ; spesso medaglione di filetto di bue.

tournée [turne] f. giro m. ; [d'artistes, de sportifs] tournée (fr.). ‖ Fam. *faire la tournée des grands ducs* = fare il giro dei locali notturni. ‖ Fam. [boissons] bevuta, bicchierata. | *offrir, payer une tournée,* pagare da bere a tutti. | *c'est ma tournée,* offro io. ‖ Pop. [raclée] sacco (m.) di botte (fam.).

tournemain [turnəmɛ̃] m. Loc. *en un tournemain,* in quattro e quattr'otto, in un batter d'occhio.

tourne-pierre [turnəpjɛr] m. Zool. voltapietre inv.

tourner [turne] v. tr. **1.** Techn. tornire. ‖ Fig. *bien tourner une phrase, un compliment,* ben tornire una frase, un complimento. ‖ **2.** [rotation] girare ; [demi-tour] voltare, girare. | *tourner une clé, une manivelle,* girare una chiave, una manovella. | *tourner la tête, les pages,* voltare la testa, le pagine. | *tourner les yeux vers,* volgere gli occhi verso. ‖ Fig. *tourner et retourner dans son esprit,* volgere e rivolgere nella mente. ‖ Cin. *tourner un film,* girare un film. | *silence, on tourne !,* silenzio, si gira ! ‖ Culin. *tourner une sauce, la salade,* rivoltare, rimescolare una salsa, l'insalata. ‖ Loc. *tourner la tête à qn,* far girare la testa a uno. | *tourner l'estomac,* rivoltare lo stomaco. ‖ Fam. *tourner le sang,* (pop.) *les sangs,* far rimescolare il sangue. | *se tourner les pouces,* stare con le mani in mano. ‖ **3.** [sens inverse] *tourner bride,* tornare sui propri passi. | *tourner casaque,* voltar casacca, gabbana. | *tourner les talons,* alzare, battere i tacchi. | *tourner le dos à qn,* voltare le spalle a uno. ‖ **4.** [transformer] *tourner qn en ridicule,* mettere uno in ridicolo. | *tourner qn en dérision,* farsi beffe di qlcu. | *tourner qch. en plaisanterie,* volgere qlco. in burla. | *chacun tourne les choses à son avantage,* ognuno volge le cose a proprio vantaggio. ‖ **5.** [contourner] aggirare. | *tourner le coin de la rue,* voltare l'angolo della strada. | *tourner la montagne,* aggirare la montagna. ‖ Mil. *tourner une position,* aggirare una posizione. ‖ Fig. *tourner une difficulté, un obstacle,* aggirare una difficoltà, un ostacolo. | *tourner le règlement,* trasgredire il regolamento. ◆ v. intr. **1.** Pr. girare, r(u)otare ; [demi-tour] voltare, girare. | *la Terre tourne autour du Soleil,* la Terra gira, ruota attorno al Sole. | *tourner à droite,* (s)voltare, girare a destra. | *voir tout tourner,* vedere tutto girare intorno a sé, avere un capogiro. | *la tête me tourne,* mi gira il capo, la testa. | *faire tourner un disque,* mettere un disco. | *faire tourner les tables,* far girare le tavole. ‖ [fonctionner] *faire tourner une usine,* far funzionare una fabbrica. | *tourner rond,* funzionare bene. ‖ Fam. [personne] *ne pas tourner rond* = non avere tutti i venerdì ; dare i numeri. ‖ Loc. *tourner en rond, à vide,* girare a vuoto. | *tourner autour du pot,* v. pot. | *tourner autour d'une femme* = far la corte a una donna. | *tourner de l'œil* (fam.), svenire (l.c.). ‖ **2.** [changer ; prendre une tournure] cambiare, mutare, volgere. | *le vent tourne,* il vento cambia direzione. | *le vent a tourné au nord,* il vento ha voltato, s'è voltato a tramontana. | *le temps tourne* *au froid,* il tempo volge al freddo. | *la chance a tourné,* la sorte è mutata. | *tourner au bleu,* volgere, tendere all'azzurro. | *tourner à l'aigre,* inacidire, inacidirsi (pr.); inasprirsi (fig.). | *tourner à l'obésité,* star diventando obeso. | *tourner bien, mal :* [chose] prendere una buona, una brutta piega; [personne] prendere una buona, una brutta strada; finir male. | *tourner court* [échouer] = non concludersi; andare a monte; [être stoppé] finire bruscamente. | *tourner à l'avantage, au détriment de qn,* ridondare in danno, in favore di uno. ‖ **3.** [concerner] vertere. | *la conférence tourne autour de, sur l'économie,* la conferenza verte sull'economia. ‖ **4.** CIN., THÉÂTRE girare v. tr. ‖ **5.** [s'altérer] inacetire, inacidire, inacidirsi; andare a male; guastarsi. ◆ v. pr. *se tourner vers qn :* volgersi, voltarsi, girarsi verso uno (pr.); indirizzarsi a, ricorrere a qlcu. (fig.). | *se tourner vers une profession,* orientarsi verso una professione. | *ne plus savoir où se tourner,* non sapere a qual partito appigliarsi. | *se tourner contre qn* (fig.), voltarsi, ribellarsi contro qlcu. ‖ [se changer] *se tourner en haine,* mutarsi in odio.

tournesol [turnəsɔl] m. BOT. girasole. ‖ CHIM. tornasole, laccamuffa f. | *papier au tournesol,* carta, cartina al tornasole.

tournette [turnɛt] f. [dévidoir] arcolaio m. ‖ [d'écureuil] = gabbia mobile, girevole.

tourneur, euse [turnœr, øz] n. tornitore, trice. ◆ adj. RELIG. *derviche tourneur,* derviscio girante.

tourne-vent [turnəvɑ̃] m. inv. fumaiolo (m.) girevole, mobile.

tournevis [turnəvis] m. cacciavite.

tourniole [turnjɔl] f. giradito m.

tourniquer [turnike] v. intr. FAM. V. TOURNAILLER.

tourniquet [turnikɛ] m. tornello. ‖ [porte à tambour] bussola f. ‖ [arroseur] mulinello.

tournis [turni] m. VÉTÉR. cenurosi f., capostorno, capogatto. ‖ FAM. [vertige] vertigine f. (L.C.).

tournoi [turnwa] m. PR. et FIG. torneo.

tournoiement [turnwamɑ̃] m. turbinìo; [oiseaux] volteggiamento.

tournois [turnwa] adj. inv. HIST. *denier, livre tournois,* tornese m.

tournoyant, e [turnwajɑ̃, ɑ̃t] adj. [eau, vent] turbinoso, vorticoso. ‖ *les patineuses tournoyantes,* le pattinatrici volteggianti. | *les aigles tournoyants,* le aquile roteanti. | *le mouvement tournoyant des valses,* il giro turbinoso, vorticoso dei valzer.

tournoyer [turnwaje] v. intr. [feuilles] turbinare; [oiseaux] volteggiare; [fumée] *s'élever en tournoyant,* innalzarsi in volute. | *faire tournoyer sa canne,* roteare il bastone.

tournure [turnyr] f. [du corps] aspetto m., figura, personale m. ‖ [de l'esprit] forma mentis (lat.); disposizione mentale. ‖ [de style] costrutto m., periodare m., fraseggiare m., modo (m.) di dire. ‖ FIG. piega, svolta, andamento m. | *prendre une bonne, une mauvaise tournure,* prendere una buona, una brutta piega. ‖ MODE, VX sellino m., pouf m. (fr.). ‖ TECHN. = trucioli (m. pl.) di metallo.

touron [turɔ̃] m. torrone (di consistenza tenera).

tourte [turt] f. CULIN. torta (di carne, di pesce).

1. tourteau [turto] m. AGR. panello. ‖ HÉRALD. torta f.

2. tourteau m. ZOOL. granciporro.

tourtereau [turtəro] m. ZOOL. tortora (f.) nidiace. ◆ pl. FIG. colombi.

tourterelle [turtərɛl] f. ZOOL. tortora. | *gris tourterelle,* color tortora.

tourtière [turtjɛr] f. tortiera.

toussailler [tusaje] v. intr. tossicchiare.

Toussaint [tusɛ̃] f. RELIG. Ognissanti m. inv.

tousser [tuse] v. intr. tossire. ‖ FAM. *le moteur tousse,* il motore perde colpi.

tousseur, euse [tusœr, øz] n. = che tossisce spesso.

toussotement [tusɔtmɑ̃] m. (il) tossicchiare.

toussoter [tusɔte] v. intr. tossicchiare.

tout, e [tu, tut], **tous** [tu, tus, tuz], **toutes** [tut] adj. qual. **1.** [entier] tutto. | *toute la journée,* tutto il giorno. | *toute l'Italie, l'Europe,* tutta (l')Italia, (l')Europa. | *tout mon travail,* tutto il mio lavoro. | *tous ces champs,* tutti questi campi. | *toutes choses,* tutte le cose; tutto. | *tout le monde,* tutta la gente; tutti. | *tout ce qui, tout ce que,* tutto quello che, tutto quanto. | *tout Dante,* tutto Dante. | *tout Rome,* tutta Roma. | *le Tout-Paris,* il Tout-Paris. ‖ **2.** [en apposition] *être tout à son travail,* essere tutto occupato nel proprio lavoro, tutto dedito al proprio lavoro. | *une existence toute de sacrifice,* una vita tutta sacrifizio. | *de tout (mon, ton, son) cœur,* di tutto cuore, con tutto il cuore. | *avoir toute liberté,* avere piena libertà. | *donner toute satisfaction,* dare piena soddisfazione. | *être toute douceur,* essere la dolcezza stessa. | *avoir tout son temps,* avere tutto il tempo. | *avoir tout le temps de,* avere tutto il tempo per. | *pleurer tout le temps,* star sempre piangendo. | *de tout temps,* da sempre. | *de toute beauté,* bellissimo adj. | *en toute franchise,* francamente. | *en toute simplicité,* molto semplicemente. | *j'ai tout intérêt à venir,* è mio interesse venire. | *c'est toute la question,* qui sta il punto; qui sta il busillis (fam.). | *tout ce qu'il y a de plus stupide,* il colmo della stupidaggine. | *nous tous,* tutti noi. ‖ **3.** [seul] solo, unico. | *pour toute excuse, il allégua son ignorance,* come sola scusa addusse la propria ignoranza. | *avoir pour toute ambition,* avere come unica ambizione. ◆ adj. indéf. **1.** [chaque, n'importe quel] ogni. | *en toute occasion,* in ogni, in qualsiasi occasione. | *de toute façon,* in ogni modo. | *en tout cas,* in ogni caso. | *toutes les cinq minutes,* ogni cinque minuti. | *tout un chacun* (littér.), ognuno, tutti (L.C.). ‖ **2.** pl. [sans exception] tutti, tutte. | *de tous les côtés,* da tutte le parti. | *de toutes nos forces,* con tutte le nostre forze. ‖ **3.** pl. [pour récapituler] altrettanti, altrettante. | *tous mystères restés sans réponse,* altrettanti misteri insoluti. | *et tous les autres,* e tutti quanti. | *tous les deux,* tutti e due. ◆ pron. indéf. [personnes] *tous,* tutti; [choses] *tout,* tutto. | *tous tant que nous sommes,* tutti quanti siamo. | *c'est tout,* questo è tutto; non c'è altro da aggiungere. | *ce n'est pas tout,* non è tutto; c'è dell'altro. | *c'est tout ou rien,* o tutto o niente. | *faire tout au monde pour,* far di tutto per. ‖ FAM. *ce n'est pas tout de s'amuser, c'est pas tout ça* = c'è ben altro da fare. | *il est beau, riche et tout et tout,* è bello, ricco, ecc., ecc. | *riche comme tout,* straricco; ricco sfondato. | *avoir tout d'une mère,* avere tutti i requisiti per essere una madre, avere le qualità, le caratteristiche di una madre (L.C.). ◆ n. m. (pl. rare ***touts***) tutto. ‖ [ensemble] *le (grand) tout,* il (gran) tutto, l'universo. | *risquer le tout pour le tout,* rischiare il tutto per il tutto. ‖ [essentiel] *le tout est d'arriver à temps,* l'essenziale è di arrivare in tempo. ‖ LOC. *du tout au tout,* del tutto; completamente. ‖ [dans une phrase négat.] *du tout,* affatto. | *pas du tout,* niente affatto. | *est-ce cher? — pas du tout!,* è caro? — niente affatto!, macché!, tutt'altro! ‖ [dans une charade] totale. ◆ adv. *tout ému(e),* tutto commosso, tutta commossa. | *tout entier,* (tutto) intero. | *toute douce,* mitissima. | *être tout enfant,* essere un ragazzino, una ragazzina. | *ce n'est pas tout laine,* non è tutta lana. | *être tout ouïe, tout oreilles,* essere tutt'orecchi. | *avoir tout l'air de s'ennuyer,* sembrare proprio annoiarsi. | *tout au plus,* tutt'al più. ‖ [devant gérondif] *tout en écoutant, il regardait dehors* [pendant que], mentre ascoltava, guardava fuori. | *tout en t'aimant, elle te punissait souvent* [quoique], pur volendoti bene, ti castigava spesso. ◆ loc. adv. ***en tout,*** in tutto; complessivamente. ‖ ***tout à fait,*** affatto, del tutto. ◆ loc. conj. ***tout... que*** *: tout puissant qu'il est,* per quanto sia potente.

tout-à-l'égout [tutalegu] m. inv. fognatura f.

toute-épice [tutepis] f. BOT. nigella.

toutefois [tutfwa] adv. tuttavia, nondimeno, però.

toute-puissance [tutpɥisɑ̃s] f. onnipotenza.

tout-fou [tufu] adj. m. et n. FAM. = eccitato e un po' tocco.

toutou [tutu] m. FAM. = cagnolino.

tout-petit [tup(ə)ti] m. bimbo; pupo (fam.).

tout-puissant [tupɥisɑ̃], **toute-puissante** [tutpɥisɑ̃t] adj. et n. m. onnipotente.

tout-venant [tuvnɑ̃] m. [charbon] tout venant (fr.). ‖ FIG. [choses] scarto ; [personnes] accozzaglia f.
toux [tu] f. tosse.
toxémie [tɔksemi] f. MÉD. tossiemia.
toxicité [tɔksisite] f. tossicità.
toxicologie [tɔksikɔlɔʒi] f. tossicologia.
toxicologique [tɔksikɔlɔʒik] adj. tossicologico.
toxicologue [tɔksikɔlɔg] n. tossicologo m.
toxicomane [tɔksikɔman] adj. et n. tossicomane.
toxicomanie [tɔksikɔmani] f. tossicomania.
toxicose [tɔksikoz] f. tossicosi.
toxine [tɔksin] f. tossina.
toxique [tɔksik] adj. et n. m. tossico.
trabe [trab] m. asta (f.) di bandiera.
trabée [trabe] f. ANTIQ. trabea.
traboule [trabul] f. (rég.) = corridoio, passaggio (m.) attraverso un isolato.
trac [trak] m. FAM. tremarella f. ; paura f., apprensione f. (L.C.). ◆ loc. adv. ***tout à trac,*** tutt'a un tratto, di colpo, all'improvviso, bruscamente (L.C.).
traçage [trasaʒ] m. tracciamento, tracciatura f.
traçant, e [trasɑ̃, ɑ̃t] adj. BOT. strisciante. ‖ MIL. tracciante.
tracas [traka] m. FAM. grattacapo, seccatura f. ; fastidio (L.C.).
tracasser [trakase] v. tr. FAM. seccare ; mettere in pensiero (L.C.). ◆ v. pr. preoccuparsi, inquietarsi (L.C.).
tracasserie [trakasri] f. FAM. seccatura, pignoleria.
tracassier, ère [trakasje, ɛr] adj. FAM. seccante, pignolo. ◆ n. seccatore, trice.
tracassin [trakasɛ̃] m. FAM. grattacapo ; inquietudine f., preoccupazione f. (L.C.).
trace [tras] f. traccia, impronta, orma ; peste f. pl. | *suivre un renard à la trace,* seguire la traccia, le peste di una volpe. | *être sur la trace de qn, de qch.,* essere sulle tracce di qlcu., di qlco. | *suivre les, marcher sur les traces de qn,* seguire, calcare le orme di uno. ‖ [marque] segno m., orma, traccia. | *traces d'albumine dans le sang,* tracce d'albumina nel sangue. ‖ FIG. traccia, vestigio m.
tracé [trase] m. tracciato.
tracement [trasmɑ̃] m. (rare) tracciamento.
tracer [trase] v. tr. [dessiner] tracciare. | *tracer une route,* tracciare, aprire una strada. | *tracer un itinéraire,* segnare un itinerario. ‖ [décrire] abbozzare, tracciare, descrivere. ‖ [indiquer] *tracer à qn sa conduite,* segnare a uno la via da seguire. ◆ v. intr. BOT. strisciare.
traceret [trasrɛ] m. TECHN. punta (f.) a tracciare.
traceur, euse [trasœr, øz] n. TECHN. tracciatore, trice. ◆ n. m. MÉD., PHYS. tracciante.
trachéal, e, aux [trakeal, o] adj. ANAT. tracheale.
trachée [traʃe] f. BOT., ZOOL. et ANAT. (ou **trachée-artère**) trachea.
trachéen, enne [trakeɛ̃, ɛn] adj. tracheidale.
trachéite [trakeit] f. MÉD. tracheite.
trachéotomie [trakeɔtɔmi] f. CHIR. tracheotomia.
trachome [trakom] m. MÉD. tracoma.
trachyte [trakit] m. MINÉR. trachite f.
traçoir [traswar] m. V. TRACERET.
tract [trakt] m. volantino, manifestino.
tractation [traktasjɔ̃] f. trattativa. ◆ pl. PÉJOR. maneggi m. pl.
tracter [trakte] v. tr. tirare, autotrasportare, autotrainare. ‖ MIL. *artillerie tractée,* artiglieria autotrasportata.
tracteur [traktœr] m. trattore. ‖ *tracteur agricole,* trattrice f.
tractif, ive [traktif, iv] adj. = di trazione.
traction [traksjɔ̃] f. TECHN. trazione. ‖ AUTOM. *traction avant, arrière :* [système] tutto avanti, tutto dietro ; [voiture] auto a trazione anteriore, posteriore. ‖ CH. DE FER. *service de la traction,* servizio trazione. ‖ MÉD. trazione.
tractoriste [traktɔrist] n. trattorista.
tractus [traktys] m. ANAT. tratto.
traditeur [traditœr] m. HIST. RELIG. traditor (pl. *traditores*) [lat.].
tradition [tradisjɔ̃] f. tradizione. | *il est de tradition,* si usa, è un'usanza.
traditionalisme [tradisjɔnalism] m. tradizionalismo.
traditionaliste [tradisjɔnalist] adj. tradizionalistico. ◆ n. tradizionalista.
traditionnaire [tradisjɔnɛr] adj. et n. RELIG. tradizionario.
traditionnel, elle [tradisjɔnɛl] adj. tradizionale.
traducteur, trice [tradyktœr, tris] n. traduttore, trice.
traduction [tradyksjɔ̃] f. traduzione. | *traduction en langue vulgaire,* volgarizzamento m. | *traduction automatique,* traduzione automatica. ‖ FIG. espressione esatta.
traduire [tradɥir] v. tr. tradurre, volgere. | *traduire un texte, un auteur,* tradurre un testo, un autore. | *traduire de l'anglais en français,* tradurre, volgere dall' inglese in francese. | *traduire en langue vulgaire,* volgarizzare. ‖ FIG. esprimere, rispecchiare, palesare, rivelare. ‖ JUR. *traduire en justice,* tradurre in giudizio. ◆ v. pr. tradursi. ‖ FIG. esprimersi, rispecchiarsi, palesarsi, rivelarsi.
traduisible [tradɥizibl] adj. traducibile.
trafic [trafik] m. [commerce clandestin] traffico. ‖ FIG. *faire trafic de ses charmes,* far commercio del proprio corpo. ‖ [circulation] traffico. ‖ JUR. *trafic d'influence,* millantato credito.
trafiquant, e [trafikɑ̃, ɑ̃t] ou **trafiqueur, euse** [trafikœr, øz] n. PÉJOR. trafficante m., traffichino m., trafficone m.
trafiquer [trafike] v. tr. ind. **(de)** trafficare (in). ◆ v. intr. trafficare. ◆ v. tr. POP. [manipuler] adulterare, sofisticare (L.C.). | *trafiquer un moteur,* truccare un motore. ‖ FAM. *qu'est-ce que tu trafiques ?,* ma che cosa stai combinando ?
tragédie [traʒedi] f. HIST. LITT. et FIG. tragedia.
tragédien, enne [traʒedjɛ̃, ɛn] n. attore tragico, attrice tragica ; tragico, a, tragediante n. (rare) ; tragedo m. (littér.). ‖ FAM. [qui dramatise] tragico.
tragi-comédie [traʒikɔmedi] f. tragicommedia.
tragi-comique [traʒikɔmik] adj. tragicomico.
tragien, enne [traʒjɛ̃, ɛn] adj. ANAT. tragico.
tragique [traʒik] adj. tragico (pr. et fig.). ‖ [terrible] luttuoso, doloroso. ‖ FAM. *ce n'est pas tragique* = non è poi una cosa troppo grave, troppo seria. ◆ n. m. *le tragique quotidien,* il tragico quotidiano. | *le tragique de la situation,* il tragico, la tragicità della situazione. ‖ LOC. *prendre au tragique,* prendere sul tragico, in modo tragico. | *tourner au tragique,* finire tragicamente. ‖ [auteur] tragico.
tragus [tragys] m. ANAT. trago.
trahir [trair] v. tr. PR. et FIG. tradire. | *les forces m'ont trahi,* le forze mi hanno tradito, mi son venute meno. | *si la mémoire ne me trahit pas,* se la memoria non mi tradisce, non m'inganna. | *trahir un auteur,* tradire un autore. | *trahir un texte,* tradire un testo, travisare il significato di un testo. ‖ [révéler] tradire, manifestare, palesare ; lasciar apparire. ◆ v. pr. tradirsi.
trahison [traizɔ̃] f. tradimento m. ‖ JUR. *haute trahison,* alto tradimento. | *par trahison,* a tradimento ; proditoriamente adv.
traille [traj] f. [bac] chiatta con portante. ‖ [câble] portante. ‖ [filet] sciabica.
train [trɛ̃] m. **1.** [suite, ensemble] fila f. | *train de mulets, de péniches,* fila di muli, di chiatte. | *train de bois,* fodero m. | *train de pneus,* treno di gomme. | *train d'engrenages,* treno d'ingranaggi, treno dentato. | *train d'ondes,* treno d'onde. ‖ **2.** MIL. treno, traino, trasporto. | *train des équipages* (vx), servizio del treno degli equipaggi. | *train d'artillerie* (vx), treno, traino d'artiglieria, delle artiglierie. | *le train :* vx il corpo del treno ; [moderne] il servizio trasporti. | *train de combat,* trasporti di prima linea. ‖ **3.** VX [équipage] seguito, equipaggio. ‖ LOC. *train de maison,* servitù f. ; spese (f. pl.) della casa. | *train de vie,* tenore di vita. | *train de vie de grand seigneur,* tenore di vita da gran signore. | *mener grand train,* far vita da gran signore. ‖ **4.** CH. DE F. treno. | *train de marchandises,* treno merci. | *chef de train,* capotreno. | *voyager par le train,*

viaggiare in treno. ‖ [jouet] trenino. ‖ **5.** [allure] andatura f., passo. | *aller bon, grand train :* [marche] andare di buon passo, di gran corsa; [conversation] essere animato. | *aller un train d'enfer, à fond de train,* andare a rotta di collo. | *aller son petit train,* andare avanti pian pianino. | *au train dont, du train où vont les choses,* da come vanno, al ritmo con cui vanno le cose. | *mener le train,* essere in testa ; [cyclisme] tirare un gruppo di corridori. | *mener une affaire bon train,* affrettare, accelerare una faccenda. | *les choses vont leur train,* le cose procedono normalmente. | *train de sénateur* (fam.) = passo lento e solenne. ‖ **6.** [de quadrupède] *train de devant, de derrière,* treno anteriore, posteriore. ‖ AÉR. *train d'atterrissage,* treno d'atterraggio ; carrello. ‖ AUTOM. *train avant,* treno anteriore, avantreno m. | *train arrière,* treno posteriore. ‖ POP. [derrière] *botter le train à qn* = prendere uno a calci nel sedere. ◆ loc. adv. ***en train :*** *être, se sentir en train,* essere in forma, in gamba. | *mettre en train,* mettere in moto (pr.) ; avviare (fig.). | *mettre les invités en train,* mettere di buon umore gl'invitati. | *mise en train :* [mouvement] messa in moto ; [début de réalisation] avviamento. ◆ loc. prép. ***en train de*** [forme progressive] : *être en train de,* stare [et le gérondif]. | *être en train de travailler,* star lavorando.

traînage [trɛnaʒ] m. = trasporto (per mezzo di slitte, di carri tirati da cavi).

traînailler [trɛnɑje] v. intr. V. TRAÎNASSER.

traînant, e [trɛnɑ̃, ɑ̃t] adj. PR. = che strascica. ‖ FIG. strascicato.

traînard, e [trɛnar, ard] n. = chi sta indietro ; ritardatario m. ‖ FIG. perditempo m., lumaca f., tartaruga f.

traînasser [trɛnase] v. tr. *traînasser ses chaussures,* strascicare i piedi. | *traînasser une affaire,* tirare in lungo, per le lunghe una faccenda. ◆ v. intr. [lambiner] andare per le lunghe. ‖ [musarder] bighellonare. ‖ *voix qui traînasse,* voce strascicante.

traîne [trɛn] f. MODE strascico m. ‖ MAR. [filet] sciabica. ◆ loc. adv. ***à la traîne :*** *bateau à la traîne,* barca rimorchiata. ‖ FIG., FAM. *être à la traîne* = rimanere indietro, essere in ritardo. | *laisser les choses à la traîne,* lasciare le cose in disordine, in abbandono.

traîneau [trɛno] m. [véhicule] slitta f., treggia f. ‖ [filet] sciabica f.

traînée [trɛne] f. *traînée de sang,* traccia di sangue. | *traînée de feu,* falda di fuoco. | *traînée de parfum,* scia di profumo. | *traînée de vapeur,* striscia di vapore. ‖ FIG. *se répandre comme une traînée de poudre* = diffondersi in un lampo. ‖ [pêche] lenza di fondo. ‖ AÉR. resistenza di scia. ‖ POP. [femme] = donna di malaffare ; taccheggiatrice.

traîne-malheur [trɛnmalœr] ou **traîne-misère** [trɛnmizɛr] m. inv. povero spiantato n.

traînement [trɛnmɑ̃] m. strascinamento.

traîner [trene] v. tr. [tirer] trascinare, tirare. | *traîner une charrette (à bras),* tirare un carretto. ‖ [sans soulever] (s)trascinare. | *traîner un sac,* (s)trascinare un sacco. | *traîner une chaise,* trascinare una seggiola. | *traîner la jambe, les pieds,* strascicare la gamba, i piedi. ‖ FIG. *traîner qn dans la boue,* (s)trascinare uno nel fango. | *traîner à la barre, devant un tribunal,* chiamare in giudizio. ‖ [emmener] tirarsi dietro. | *traîner toujours avec soi toute sa famille,* tirarsi sempre dietro, rimorchiarsi tutta la famiglia. ‖ [faire durer] *traîner ses paroles,* strascicare le parole. ◆ v. intr. [pendre (à terre)] strascicare. ‖ [flotter] stendersi, rimanere. | *le ciel où traînent des vapeurs,* il cielo ove si stende una scia di vapore. | *une mauvaise odeur traîne dans cette pièce,* in questa stanza rimane un cattivo odore. ‖ [perdre du temps] gingillarsi. | *traîner au lit,* poltrire a letto. ‖ [prendre du temps] *traîner (en longueur),* andare per le lunghe. ‖ [voix] parlare con lo strascico. ‖ [être en désordre] essere in disordine. | *laisser traîner ses affaires,* lasciare la roba in giro. ‖ [être en arrière] rimanere indietro. | *ne traîne pas,* non attardarti, non far tardi ; affrettati. ‖ [errer] gironzolare. ◆ v. pr. strascinarsi. ‖ [conversation] illanguidire v. intr.

traîneur [trɛnœr] m. FAM. *traîneur de sabre* = militare che fa lo spaccone.

trainglot [trɛ̃glo] m. FAM. = soldato del treno.

train-train [trɛ̃trɛ̃] m. FAM. tran tran, trantran.

traire [trɛr] v. tr. mungere.

1. trait, e [trɛ, ɛt] adj. *or trait,* oro trafilato.

2. trait [trɛ] m. **1.** [action de tirer] tiro. | *cheval de trait,* cavallo da tiro. ‖ **2.** [longe] tirella f. | *couper les traits des attelages,* tagliare i finimenti. ‖ **3.** [projectile] arma da lancio. ‖ FIG. *les traits de l'Amour,* i dardi, gli strali (poét.) dell'Amore. | *les traits de l'ironie,* i dardi dell'ironia. | *partir comme un trait,* partire come una saetta. ‖ **4.** [ligne] tratto, linea f. | *dessin au trait,* disegno al tratto. ‖ LOC. *effacer d'un trait de plume,* cancellare con un tratto di penna (pr. et fig.). | *à grands traits,* a larghi tratti. | *trait pour trait,* esattamente, fedelmente. | *trait d'union :* TYP. lineetta f., trattino ; FIG. vincolo, collegamento, anello di congiunzione ; trait d'union (fr.). ‖ **5.** [signe] *trait de bravoure,* atto di coraggio. | *trait d'esprit,* tratto, motto di spirito ; arguzia f. | *trait de génie,* lampo di genio. | *trait de bonté,* tratto di buon cuore. | *trait de caractère,* aspetto saliente, carattere distintivo. ‖ LING., MUS. RELIG. tratto. ‖ **6.** LOC. *boire à grands traits,* bere a lunghi sorsi. | *avaler d'un seul trait,* trangugiare d'un sol fiato. | *avoir trait à,* riguardare, concernere ; riferirsi a. ◆ pl. [visage] tratti, lineamenti ; fattezze f. pl. ; viso, volto m. sing.

traitable [trɛtabl] adj. trattabile, arrendevole.

traitant [trɛtɑ̃] adj. *médecin traitant,* medico curante. ◆ n. m. HIST. = appaltatore delle imposte.

traite [trɛt] f. AGR. mungitura. ‖ [chemin] tratto m. (di strada). | *faire une longue traite,* fare una lunga camminata, tappa. ‖ FIG. *d'une (seule) traite,* tutto d'un fiato ; in una tirata sola. ‖ COMM. *traite des Noirs, des Blanches,* tratta dei negri, delle bianche. ‖ JUR. cambiale, tratta.

traité [trete] m. trattato.

traitement [trɛtmɑ̃] m. [manière d'agir] trattamento. | *mauvais traitements,* maltrattamenti, sevizie f. pl. ‖ [rémunération] stipendio, trattamento. ‖ MÉD. trattamento, cura f. ‖ CIN. trattamento, scaletta f. ‖ CYBERN., TECHN. trattamento.

traiter [trete] v. tr. trattare. | *bien, mal traiter les clients,* trattare bene, male i clienti. | *traiter ses amis* (littér.), invitare a pranzo gli amici (L.C.). | *traiter qn comme un chien, de haut (en bas),* trattare uno come un cane, dall'alto in basso. ‖ [qualifier] *traiter qn de menteur,* trattare uno da bugiardo, dare a uno del bugiardo. ‖ [négocier] *traiter une affaire,* trattare un affare. ‖ [examiner] *traiter un problème, un sujet,* trattare, discutere un problema, un argomento. ‖ TECHN. trattare, lavorare. ‖ MÉD. trattare, curare. ◆ v. tr. ind. **(de)** trattare (di). | *traiter de problèmes scientifiques,* trattare di problemi scientifici. ‖ [négocier] *traiter de la paix, de la trêve,* trattare la pace, la tregua. ◆ v. intr. *traiter avec qn,* trattare con uno. ◆ v. pr. trattarsi ; essere trattato. ‖ [se qualifier] *ils se sont traités de voleurs,* si son dati del ladro.

traiteur [trɛtœr] m. = trattore, rosticciere (che vende a domicilio pranzi cucinati).

traître, esse [trɛtr, ɛs] n. et adj. traditore, trice, tora ; proditore m. (vx). | *traître à sa patrie,* traditore della patria. | *vin traître,* vino traditore. ‖ VX *ah, traître !, traîtresse !,* ah perfido, perfida ! | *un coup de traître,* un colpo mancino. ‖ FAM. *pas un traître mot* = nemmeno una parola. | *ne pas comprendre un traître mot,* non capirci un'acca. ◆ loc. adv. ***en traître,*** a tradimento, alla traditora ; proditoriamente (littér.).

traîtrise [tretriz] f. [acte] tradimento m. ; prodizione (littér.). ‖ [caractère] perfidia, slealtà.

trajectoire [traʒɛktwar] f. traiettoria.

trajet [traʒɛ] m. tragitto, percorso, cammino.

tralala [tralala] m. LOC. FAM. *pas besoin de faire tant de tralalas,* inutile far tanti complimenti (L.C.). | *en grand tralala,* in ghingheri, di gran gala (L.C.). | *...et tout le tralala,* ...e compagnia bella.

tram V. TRAMWAY.

tramail [tramaj] ou **trémail** [tremaj] m. tramaglio, tremaglio.
trame [tram] f. TEXT., TÉLÉCOM. trama. ‖ PHOT. retino m. ‖ FIG. trama, ordito m., intreccio m., canovaccio m. ‖ VX [complot] trama, macchinazione (L.C.).
tramer [trame] v. tr. TECHN. tramare. ‖ [comploter] tramare, macchinare, ordire. ◆ v. pr. FIG. tramarsi, macchinarsi.
trameur, euse [tramœr, øz] n. = operaio, operaia che trama.
traminot [tramino] m. tranviere.
tramontane [tramɔ̃tan] f. [étoile] VX stella tramontana; stella polare (L.C.). ‖ [vent] tramontana. ‖ LOC. FIG. *perdre la tramontane*, perdere la tramontana.
tramp [trɑ̃p] m. MAR. tramp (angl.), carretta f.
tramway [tramwɛ] ou abr. fam. **tram** m. (angl.) tram, tranvai m. inv., tranvia f. | *ligne de tramway*, linea tranviaria.
tranchage [trɑ̃ʃaʒ] m. tranciatura f.
tranchant, e [trɑ̃ʃɑ̃, ɑ̃t] adj. PR. tagliente. ‖ LOC. VX *écuyer tranchant*, trinciante, trinciatore, scalco. ‖ FIG. *ton tranchant*, tono tagliente, reciso. ◆ n. m. PR. tagliente, taglio, filo. | *tranchant de la main* = mano f. ‖ FIG. tono tagliente. ‖ LOC. *arme à deux tranchants, à double tranchant*, arma a due tagli, a doppio taglio (pr.); arma a doppio taglio (fig.).
tranche [trɑ̃ʃ] f. fetta; trancia (gall.). | *couper en tranches*, tagliare a fette; affettare. ‖ CULIN. *tranche napolitaine*, cassata. ‖ LOC. *tranche de vie* (littér.), tranche de vie (fr.), bozzetto m. ‖ [d'un livre] taglio m. | *livre doré sur tranche*, libro col, dal taglio dorato. ‖ [d'une monnaie] trancia. | [partie, série] *la première tranche du travail*, la prima parte del lavoro. | *tirage de la troisième tranche*, estrazione della terza serie. | *emprunt par tranches*, prestito a lotti. | *payer en deux tranches*, pagare in due tempi, in due volte. ‖ [cuisse de bœuf] noce (septentr.); soccoscio m. (tosc.); rosa (rom.). ‖ ÉCON. *tranche or*, tranche (fr.) aurea; quota oro. | *tranche de trois chiffres*, gruppo di tre cifre. ‖ FIN. scaglione m. ‖ MIL. *deuxième tranche de la classe*, secondo scaglione della classe. ‖ LOC. FAM. *s'en payer une tranche* = farsi quattro risate, divertirsi un mondo.
tranché, e [trɑ̃ʃe] adj. FIG. distinto, spiccato. | *opinion tranchée*, opinione decisa. ‖ HÉRALD. *écu tranché*, scudo trinciato.
tranchée [trɑ̃ʃe] f. scavo m., fossa, trincea. ‖ MIL. trincea. | *guerre de tranchées*, guerra di trincea. ◆ pl. colica f.
tranchefile [trɑ̃ʃfil] f. capitello m., correggiolo m.
tranchefiler [trɑ̃ʃfile] v. tr. accapitellare.
tranche-montagne [trɑ̃ʃmɔ̃taɲ] m. spaccamonti inv.
trancher [trɑ̃ʃe] v. tr. PR. tagliare, recidere, troncare. | *trancher la tête*, mozzare il capo. | *trancher la gorge*, sgozzare. ‖ FIG. decidere, risolvere, sciogliere. | *trancher une difficulté*, risolvere una difficoltà. | *trancher le mot* (littér.), parlare reciso (L.C.). ‖ FAM. *tranchons là*, facciamola finita. ◆ v. intr. decidere. | *trancher sur tout*, trinciare giudizi. ‖ VX [couper] trinciare, scalcare. ‖ [se détacher] **(sur, avec)** spiccare, risaltare (su), contrastare (con). ‖ LITTÉR. *trancher du seigneur*, atteggiarsi a gran signore.
tranchet [trɑ̃ʃɛ] m. [de cordonnier] trincetto; [de serrurier] tagliolo.
trancheur [trɑ̃ʃœr] m. MIN. cavatore.
tranchoir [trɑ̃ʃwar] m. [plateau] tagliere; [couteau] trinciante.
tranquille [trɑ̃kil] adj. tranquillo, quieto. ‖ LOC. *tâche de rester tranquille!*, cerca di star quieto! | *laisser qn tranquille*, lasciare uno in pace. | *laisse ça tranquille!* (fam.) = non toccare!; non preoccupartene! | *tu peux être tranquille qu'il ne reviendra pas*, sta' sicuro che non tornerà. ‖ FAM. *un père tranquille* = un uomo placido, pacifico.
tranquillisant, e [trɑ̃kilizɑ̃, ɑ̃t] adj. tranquillante, tranquillizzante. ◆ n. m. tranquillante.
tranquilliser [trɑ̃kilize] v. tr. tranquillare, tranquillizzare. ◆ v. pr. tranquill(izz)arsi, rassicurarsi; mettersi l'animo in pace.
tranquillité [trɑ̃kilite] f. tranquillità, quiete.

transaction [trɑ̃zaksjɔ̃] f. transazione, compromesso m. | *transaction judiciaire*, transazione giudiziale.
transactionnel, elle [trɑ̃zaksjɔnɛl] adj. transattivo.
transafricain, e [trɑ̃zafrikɛ̃, ɛn] adj. transafricano.
transalpin, e [trɑ̃zalpɛ̃, in] adj. transalpino.
transat [trɑ̃zat] m. FAM. sedia (f.) a sdraio, sdraia f. (L.C.).
transatlantique [trɑ̃zatlɑ̃tik] adj. et n. m. transatlantico.
transbahuter [trɑ̃sbayte] v. tr. FAM. trasportare, traslocare (L.C.). ◆ v. pr. FAM. spostarsi (L.C.).
transbordement [trɑ̃sbɔrdəmɑ̃] m. trasbordo.
transborder [trɑ̃sbɔrde] v. tr. trasbordare.
transbordeur [trɑ̃sbɔrdœr] adj. et n. m. *(pont) transbordeur*, ponte scorrevole.
transcaspien, enne [trɑ̃skaspjɛ̃, ɛn] adj. transcaspiano, transcaspico.
transcaucasien, enne [trɑ̃skokazjɛ̃, ɛn] adj. transcaucasico.
transcendance [trɑ̃sɑ̃dɑ̃s] f. trascendenza.
transcendant, e [trɑ̃sɑ̃dɑ̃, ɑ̃t] adj. MATH., PHILOS. trascendente. | *transcendant à*, trascendente rispetto a; che trascende. ‖ FAM. *il n'est pas transcendant* = non è un'aquila, una cima (d'uomo). | *ça n'a rien de transcendant*, non ha nulla di trascendentale.
transcendantal, e, aux [trɑ̃sɑ̃dɑ̃tal, o] adj. trascendentale.
transcendantalisme [trɑ̃sɑ̃dɑ̃talism] m. trascendentalismo.
transcender [trɑ̃sɑ̃de] v. tr. trascendere. ◆ v. pr. trascendersi; superare se stesso.
transcodage [trɑ̃skɔdaʒ] m. transcodifica f.
transcoder [trɑ̃skɔde] v. tr. transcodificare.
transcontinental, e, aux [trɑ̃skɔ̃tinɑ̃tal, o] adj. transcontinentale.
transcripteur [trɑ̃skriptœr] m. trascrittore.
transcription [trɑ̃skripsjɔ̃] f. trascrizione.
transcrire [trɑ̃skrir] v. tr. trascrivere.
transe [trɑ̃s] f. PSYCH. trance (angl.); sonno ipnotico. | *être, entrer en transe*, essere, entrare in trance; FAM. [s'agiter] essere in orgasmo, eccitarsi (L.C.). ◆ pl. [anxiété] angoscia f., ansia f., affanno m.
transenne [trɑ̃sɛn] f. ARCHIT. transenna.
transept [trɑ̃sɛpt] m. ARCHIT. transetto.
transfèrement [trɑ̃sfɛrmɑ̃] m. trasferimento.
transférer [trɑ̃sfere] v. tr. trasferire.
transfert [trɑ̃sfɛr] m. [transport] traslazione f. ‖ ADM. trasferimento. ‖ ÉCON. *transfert de fonds*, trasferimento di fondi. ‖ JUR. trasferimento, traslazione, trapasso. ‖ PSYCHAN. transfert inv. (fr.), traslazione.
transfiguration [trɑ̃sfigyrasjɔ̃] f. trasfigurazione.
transfigurer [trɑ̃sfigyre] v. tr. trasfigurare.
transfiler [trɑ̃sfile] v. tr. MAR. [joindre] = legare bordo a bordo. ‖ [filer] *transfiler une amarre*, filare un cavo.
transfini, e [trɑ̃sfini] adj. MATH. transfinito.
transfo m. FAM. V. TRANSFORMATEUR.
transformable [trɑ̃sfɔrmabl] adj. trasformabile.
transformateur, trice [trɑ̃sfɔrmatœr, tris] adj. trasformatore, trice. ◆ n. m. ou abr. fam. ***transfo*** m. trasformatore.
transformation [trɑ̃sfɔrmasjɔ̃] f. trasformazione.
transformationnel, elle [trɑ̃sfɔrmasjɔnɛl] adj. LING. trasformazionale.
transformer [trɑ̃sfɔrme] v. tr. trasformare. ‖ MATH. trasformare, convertire. ‖ [rugby] *transformer un essai*, trasformare una meta. ◆ v. pr. trasformarsi.
transformisme [trɑ̃sfɔrmism] m. BIOL. trasformismo, lamarckismo. ‖ POLIT. trasformismo.
transformiste [trɑ̃sfɔrmist] adj. trasformistico. ◆ n. trasformista.
transfuge [trɑ̃sfyʒ] m. PR. et FIG. transfuga.
transfusé [trɑ̃sfyze] m. MÉD. accettore, ricevitore.
transfuser [trɑ̃sfyze] v. tr. PR. trasfondere. ‖ FIG. trasfondere, trasmettere.
transfuseur [trɑ̃sfyzœr] m. MÉD. trasfusionista.
transfusion [trɑ̃sfyzjɔ̃] f. MÉD. trasfusione. | *centre de transfusion*, centro trasfusionale.

transgresser [trɑ̃sgrese] v. tr. trasgredire v. tr. et intr. (a).
transgresseur [trɑ̃sgrɛsœr] m. trasgressore ; trasgreditore (rare).
transgressif, ive [trɑ̃sgrɛsif, iv] adj. trasgressivo.
transgression [trɑ̃sgrɛsjɔ̃] f. trasgressione.
transhumance [trɑ̃zymɑ̃s] f. transumanza.
transhumant, e [trɑ̃zymɑ̃, ɑ̃t] adj. transumante.
transhumer [trɑ̃zyme] v. tr. et intr. transumare.
transi, e [trɑ̃si, zi] adj. intirizzito, assiderato. ‖ FIG., FAM. *amoureux transi*, cascamorto m. ◆ n. m. ART = giacente nudo.
transiger [trɑ̃ziʒe] v. intr. PR. et FIG. transigere. | *transiger avec sa conscience*, venire a patti con la propria coscienza. | *transiger sur un point*, transigere su di un punto.
transir [trɑ̃sir, zir] v. tr. défect. intirizzire, assiderare. ◆ v. intr. défect. intirizzire, assiderarsi.
transistor [trɑ̃zistɔr] m. [semi-conducteur, récepteur] transistor inv. (angl.), transistore ; [récepteur] radiolina f.
transit [trɑ̃zit] m. transito. | *en transit*, in transito.
transitaire [trɑ̃zitɛr] adj. di transito. ◆ n. m. transitario.
transiter [trɑ̃zite] v. tr. far transitare. ◆ v. intr. transitare.
transitif, ive [trɑ̃zitif, iv] adj. transitivo.
transition [trɑ̃zisjɔ̃] f. transizione. | *époque de transition*, epoca di transizione, di passaggio, di trapasso. ‖ RHÉT. trapasso m., collegamento m. | *sans transition*, con brusco trapasso. ‖ UNIV. *classe de transition*, classe di collegamento.
transitivité [trɑ̃zitivite] f. transitività.
transitoire [trɑ̃zitwar] adj. transitorio.
transjordanien, enne [trɑ̃sʒɔrdanjɛ̃, ɛn] adj. transgiordano.
translatif, ive [trɑ̃slatif, iv] adj. traslativo.
translation [trɑ̃slasjɔ̃] f. traslazione.
translit(t)ération [trɑ̃sliterasjɔ̃] f. LING. traslitterazione.
translit(t)érer [trɑ̃slitere] v. tr. LING. traslitterare.
translucide [trɑ̃slysid] adj. traslucido.
translucidité [trɑ̃slysidite] f. traslucidità.
transmetteur [trɑ̃smɛtœr] m. trasmettitore.
transmettre [trɑ̃smɛtr] v. tr. [mouvement, ordre, courant] trasmettere. ‖ *transmettre à la postérité*, tramandare ai posteri. ‖ JUR. trasferire. ◆ v. pr. trasmettersi, tramandarsi.
transmigration [trɑ̃smigrasjɔ̃] f. RELIG. trasmigrazione.
transmigrer [trɑ̃smigre] v. intr. RELIG. trasmigrare.
transmissibilité [trɑ̃smisibilite] f. trasmissibilità.
transmissible [trɑ̃smisibl] adj. trasmissibile.
transmission [trɑ̃smisjɔ̃] f. trasmissione. | *transmission à la postérité*, tramandamento (m.) ai posteri. ‖ JUR. *transmission des pouvoirs*, passaggio (m.) dei poteri. ‖ MÉC. *courroie de transmission*, cinghia di trasmissione. ‖ PSYCH. *transmission de pensée*, trasmissione del pensiero. ◆ pl. MIL. trasmissioni.
transmodulation [trɑ̃smɔdylasjɔ̃] f. transmodulazione.
transmuable [trɑ̃smɥabl] ou **transmutable** [trɑ̃smytabl] adj. LITTÉR. trasmutabile.
transmutant, e [trɑ̃smytɑ̃, ɑ̃t] adj. trasmutante.
transmutation [trɑ̃smytasjɔ̃] f. tra(n)smutazione.
transmuer [trɑ̃smɥe] ou **transmuter** [trɑ̃smyte] v. tr. LITTÉR. trasmutare. ◆ v. pr. trasmutarsi.
transocéanique [trɑ̃zɔseanik] adj. transoceanico.
transpadan, e [trɑ̃spadɑ̃, an] adj. traspadano, transpadano.
transparaître [trɑ̃sparɛtr] v. intr. PR. et FIG. trasparire, tralucere, trapelare.
transparence [trɑ̃sparɑ̃s] f. PR. et FIG. trasparenza.
transparent, e [trɑ̃sparɑ̃, ɑ̃t] adj. PR. et FIG. trasparente. ◆ n. m. [papier réglé] falsariga f. ‖ [panneau] trasparente.
transpercer [trɑ̃spɛrse] v. tr. trapassare, trafiggere, traforare. | *transpercer l'intestin*, trapassare l'intestino. | *transpercer le cœur*, trapassare il cuore (pr.) ; trafiggere il cuore (fig.). | *transpercer une montagne*, traforare un monte. | *transpercer un secret*, penetrare un segreto.
transphrastique [trɑ̃sfrastik] adj. LING. transfrastico.
transpiration [trɑ̃spirasjɔ̃] f. PHYSIOL., BOT. traspirazione. | *être en transpiration*, essere tutto sudato.
transpirer [trɑ̃spire] v. intr. PR. traspirare, sudare. ‖ FAM. *transpirer sur un travail*, sudar sangue a fare un lavoro. ‖ FIG. traspirare, trapelare.
transplantable [trɑ̃splɑ̃tabl] adj. trapiantabile.
transplantation [trɑ̃splɑ̃tasjɔ̃] f. PR. et FIG. trapianto m. ‖ CHIR. *transplantation cardiaque*, trapianto del cuore.
transplanter [trɑ̃splɑ̃te] v. tr. PR. et FIG. trapiantare. ◆ v. pr. FIG. trapiantarsi.
transplantoir [trɑ̃splɑ̃twar] m. trapiantatoio.
transpolaire [trɑ̃spɔlɛr] adj. transpolare.
transport [trɑ̃spɔr] m. trasporto. | *transport routier*, trasporto su strada ; autotrasporto. | *transports en commun*, trasporti pubblici. | *avion, navire de transport*, aereo da trasporto, nave (da) trasporto. | *indemnité de transport*, trasferta f. ‖ COMM. *transport en créance*, trasferimento, cessione (f.) di credito. ‖ ÉLECTR. trasporto. ‖ JUR. *transport de justice*, sopralluogo m. ‖ MÉD. *transport au cerveau*, congestione (f.) cerebrale. ‖ FIG. [sentiment] trasporto, impeto, entusiasmo, passione f. ◆ pl. mezzi di trasporto.
transportable [trɑ̃spɔrtabl] adj. trasportabile.
transportation [trɑ̃spɔrtasjɔ̃] f. JUR. deportazione (dei galeotti).
transporter [trɑ̃spɔrte] v. tr. PR. et FIG. trasportare. | *les personnes transportées*, i trasportati. ‖ FIG. [émouvoir] sopraffare, esaltare. ‖ JUR. *transporter un droit de propriété*, trasferire, cedere un diritto di proprietà. ‖ [déporter] deportare. ‖ [transférer] trasferire. ◆ v. pr. PR. recarsi. ‖ FIG. *se transporter dans le passé*, trasportarsi nel passato.
transporteur, euse [trɑ̃spɔrtœr, øz] adj. trasportatore, trice. ◆ n. m. [appareil] trasportatore. ‖ [conducteur] V. ROUTIER.
transposable [trɑ̃spozabl] adj. = che si può trasporre. ‖ MUS. trasportabile.
transposer [trɑ̃spoze] v. tr. trasporre. | *transposer les mots d'une phrase*, trasporre le parole, invertire l'ordine delle parole di una frase. ‖ MUS. trasportare, trasporre.
transpositeur, trice [trɑ̃spozitœr, tris] adj. et n. MUS. traspositore, trice.
transposition [trɑ̃spozisjɔ̃] f. trasposizione. ‖ MATH. trasposizione. ‖ MUS. trasposizione, trasporto m.
transpyrénéen, enne [trɑ̃spireneɛ̃, ɛn] adj. transpirenaico.
transsaharien, enne [trɑ̃saarjɛ̃, ɛn] adj. transahariano.
transsibérien, enne [trɑ̃siberjɛ̃, ɛn] adj. et n. m. transiberiano.
transsonique [trɑ̃sɔnik] adj. transonico.
transsubstantiation [trɑ̃sypstɑ̃sjasjɔ̃] f. RELIG. transustanziazione.
transsubstantier [trɑ̃sypstɑ̃sje] v. tr. RELIG. transustanziare.
transsudat [trɑ̃syda] m. MÉD. trasudato.
transsudation [trɑ̃sydasjɔ̃] f. trasudamento m., (il) trasudare.
transsuder [trɑ̃syde] v. intr. et tr. trasudare.
transtévérin, e [trɑ̃steverɛ̃, in] adj. trasteverino.
transtraîneur [trɑ̃strɛnœr] m. MÉC. trasportatore a catena.
transuranien [trɑ̃syranjɛ̃] adj. m. CHIM. transuranico.
transvasement [trɑ̃svazmɑ̃] m. travasamento, travaso.
transvaser [trɑ̃svaze] v. tr. travasare.
transverbérer [trɑ̃svɛrbere] v. tr. RELIG. trafiggere.
transversal, e, aux [trɑ̃svɛrsal, o] adj. trasversale ; trasverso (rare). ◆ n. f. MATH. trasversale.
transverse [trɑ̃svɛrs] adj. traverso.
transvider [trɑ̃svide] v. tr. travasare.

transylvain, e [trɑ̃silvɛ̃, ɛn] adj. transilvanico.
trapèze [trapɛz] m. ANAT., GÉOM. trapezio. ‖ SPORT *faire du trapèze,* lavorare al trapezio.
trapéziste [trapezist] n. trapezista.
trapézoèdre [trapezɔɛdr] m. trapezoedro.
trapézoïdal, e, aux [trapezɔidal, o] adj. trapezoidale.
1. trappe [trap] f. [piège] trappola, tagliola, trabocchetto m. ‖ [ouverture] botola.
2. trappe f. RELIG. trappa.
trappeur [trapœr] m. = cacciatore nordamericano di animali da pelliccia.
trappiste [trapist] m. RELIG. trappista.
trappistine [trapistin] f. RELIG. trappistina. ‖ [liqueur] = liquore fabbricato dai trappisti.
trapu, e [trapy] adj. tarchiato, tozzo, trac(c)agnotto, atticciato. ‖ ARG. [calé] = bravo ; [ardu] = difficile.
traque [trak] f. battuta.
traquenard [traknar] m. PR. tagliola f. ‖ FIG. trappola f., trabocchetto. | *question traquenard,* domanda trabocchetto. | *tomber dans un traquenard,* cadere in trappola.
traquer [trake] v. tr. [gibier] battere, braccare. ‖ FIG. braccare, incalzare.
1. traquet [trakɛ] m. tagliola f.
2. traquet m. ZOOL. *traquet pâtre,* saltimpalo. | *traquet motteux,* culbianco. | *traquet pie,* monachella (f.) dorsonero. | *traquet rieur,* monachella nera.
traqueur [trakœr] m. [chasse] battitore.
trauma [troma] m. trauma.
traumatique [tromatik] adj. traumatico.
traumatisant, e [tromatizɑ̃, ɑ̃t] adj. traumatizzante.
traumatiser [tromatize] v. tr. traumatizzare.
traumatisme [tromatism] m. trauma.
traumatologie [tromatɔlɔʒi] f. traumatologia. | *service de traumatologie,* centro traumatologico.
traumatologique [tromatɔlɔʒik] adj. traumatologico.
1. travail, aux [travaj, o] m. **1.** [activité] lavoro. | *travail aux pièces, à mi-temps,* lavoro a cottimo, a mezza giornata. | *bourreau de travail,* lavoratore indefesso ; sgobbone m. (péjor.). | *avoir le travail rapide,* essere rapido a lavorare. | *cesser le travail,* scioperare. | *se tuer au, de travail,* ammazzarsi al lavoro ; sgobbare. | *Confédération générale du travail (C.G.T.) :* [dans un contexte fr.] Confederazione generale del lavoro ; [dans un contexte it.] Confederazione generale italiana del lavoro (CGIL). | *bourse, ministère du Travail,* camera, ministero del Lavoro. | *inspection, médecine du travail,* ispettorato, medicina del lavoro. ‖ **2.** [profession] arte f., mestiere, lavoro. | *travail du forgeron,* arte, mestiere del fabbro. | *travail intellectuel,* lavoro intellettuale. ‖ [technique de travail] *travail à la main,* lavorazione a mano. | *le travail du fer,* la lavorazione del ferro. | *bijou d'un beau travail,* gioiello di bella fattura. ‖ IRON. *voilà du beau travail !,* bel lavoro ! ‖ **3.** MÉC. lavoro, energia f. ‖ **4.** [modification] *travail d'une poutre de bois,* (l')imbarcarsi, imbarcatura (f.), deformazione (f.) di una trave di legno. | *travail du vin,* depurazione (f.), [lo] spogliarsi del vino. ‖ **5.** [ouvrage] lavoro, opera f., impresa f. ; fatica f. (littér.). | *travaux d'un philosophe,* lavori, opere di un filosofo. ‖ AGR. *travaux des champs,* lavoro dei campi. ‖ IND. *grands travaux,* lavori di interesse generale. ‖ **6.** [enfantement] travaglio di parto ; doglie f. pl. | *salle de travail,* sala (di) parto. ◆ pl. *travaux guerriers,* imprese militari. ‖ *les douze travaux d'Hercule,* le dodici fatiche d'Ercole. ‖ *travaux publics,* lavori pubblici. | *attention, travaux !,* lavori in corso. ‖ JUR. *travaux forcés,* lavori forzati. | *travaux forcés à perpétuité,* ergastolo m. ‖ UNIV. *travaux pratiques :* [littéraires] esercitazioni f. pl. ; [scientifiques] esercitazioni (pratiche). ‖ HIST. LITT. *les Travaux et les Jours,* le Opere e i Giorni.
2. travail (pl. **travails**) m. TECHN. travaglio.
travailler [travaje] v. tr. [façonner] lavorare. | *travailler le fer, la terre, la pâte,* lavorare il ferro, la terra, la pasta. ‖ [s'exercer] studiare. | *travailler les sciences,* studiare le scienze. | *travailler son piano,* esercitarsi al pianoforte. ‖ SPORT *travailler un cheval,* maneggiare, addestrare un cavallo. ‖ [soigner] *travailler son style,* raffinare lo stile. ‖ FAM. *travailler qn :* [circonvenir] lavorarsi, circuire qlcu. ; POP. [interroger, malmener] lavorarsi qlcu. ‖ [agiter] sobillare, travagliare, tormentare. | *travailler les esprits,* sobillare gli animi. | *travaillé par la fièvre, par un désir,* travagliato, tormentato dalla febbre, da un desiderio. | *ça le travaille* (fam.) = è una cosa che lo preoccupa. ◆ v. tr. ind. **(à)** *travailler à un roman,* lavorare a un romanzo. | *travailler à la perte de qn,* macchinare, ordire la rovina di uno. ◆ v. intr. [exercer une activité] lavorare. | *travailler comme mineur,* lavorare da minatore. | *travailler dans la chaussure* (fam.) = lavorare in un calzaturificio. | *travailler intensément,* lavorare indefessamente ; sgobbare (péjor.). | *travailler pour l'honneur,* (fam.) *pour le roi de Prusse,* lavorare per la gloria ; lavorare gratis et amore Dei (fam., lat.). ‖ [rapporter] *faire travailler son argent,* far fruttare, far fruttificare il proprio denaro. ‖ FIG. *travailler au grand jour,* agire apertamente. | *son imagination travaille,* la sua fantasia lavora. | *le temps travaille contre lui,* il tempo lavora contro di lui. ‖ [se modifier] *le bois travaille,* il legno s'incurva, s'imbarca. | *le vin travaille,* il vino fermenta. ‖ LOC. FAM. *travailler du chapeau, de la toiture* = dare i numeri.
travailleur, euse [travajœr, øz] adj. et n. lavoratore, trice. | *élève travailleur,* scolaro studioso. | *un grand travailleur,* un gran lavoratore ; uno sgobbone (péjor.). ◆ n. f. tavolino (m.) per lavori femminili.
travaillisme [travajism] m. POLIT. laburismo.
travailliste [travajist] adj. et n. POLIT. laburista.
travailloter [travajɔte] v. intr. lavoricchiare.
travée [trave] f. [portée de poutre] portata. ‖ [espace entre deux points d'appui] campata. ‖ [rangée] fila. ‖ [dans un amphi, une assemblée] settore m. ‖ [d'une bibliothèque] sezione, scaffale m.
travelling [travliŋ] m. (angl.) CIN. carrellata f. | *tourner en travelling,* carrellare.
travers [travɛr] m. [défaut] difetto, difettuccio. ‖ VX [étendue] *un travers de doigt,* la larghezza d'un dito. | *haut de quatre travers de doigts,* alto quattro dita traverse. ‖ [position] *en travers,* di traverso, per il traverso ; trasversalmente adv. ‖ FIG. *si rien ne se met en travers,* se niente vi si frappone. ‖ MAR. *par le, en travers,* al traverso. ◆ loc. adv. ***à, au travers,*** a traverso. ‖ FAM. *passer au travers,* scamparla (bella), cavarsela. | *parler à tort et à travers,* parlare a sproposito. ‖ ***de travers,*** pop. ***de traviole,*** di, in, per traverso ; a sghembo, di sghimbescio. | *aller de travers,* camminare di traverso. | *il a avalé de travers,* gli è andato di traverso. | *comprendre de travers,* capire a rovescio. | *prendre une observation de travers,* prendere, pigliare un'osservazione di traverso. | *prendre tout de travers,* pigliare tutto in mala parte. | *regarder qn de travers,* guardare uno di traverso. | *avoir l'esprit de travers,* essere un cervello balzano, bislacco. | *tout va de travers (pour moi),* non me ne va bene una ; tutto va alla rovescia. ◆ loc. prép. ***au travers de, à travers,*** attraverso. | *à travers champs,* attraverso i campi. | *on voit ses yeux au travers de, à travers son masque,* gli si vedono gli occhi attraverso la maschera. ‖ ***en travers de :*** *se mettre en travers de qch.,* opporsi a, ostacolare qlco. | *en travers du chemin,* di traverso, per traverso.
traversable [travɛrsabl] adj. = che si può (at)traversare.
traverse [travɛrs] f. [barre] traversa. ‖ CH. DE F. traversa, traversina. ‖ LOC. *chemin de traverse,* traversa. ‖ FIG. *se mettre à la traverse de* (littér.), ostacolare (L.C.). ◆ pl. FIG., LITTÉR. traversie, avversità pl.
traversée [travɛrse] f. traversata. ‖ CH. DE F. *traversée de voie,* incrocio m. ‖ AÉR. *traversée de l'Atlantique,* trasvolata dell'Atlantico.
traverser [travɛrse] v. tr. [une rue, une ville, la mer] (at)traversare ; [un cours d'eau] traghettare ; tragittare (rare) ; [en volant] *traverser l'océan, les continents,* trasvolare l'oceano, i continenti. ‖ [transpercer] passare attraverso. ‖ FIG. *traverser une période difficile,*

attraversare un periodo difficile. | *un soupçon me traverse l'esprit,* mi balena un sospetto.

traversière [traversjɛr] adj. *barque traversière,* traghetto m. | *flûte traversière,* flauto traverso.

traversin [travɛrsɛ̃] m. capezzale ; traversino (septentr.). || [d'un tonneau] lulla f., lunetta f.

traversine [travɛrsin] f. traversa, sbarra.

travertin [travɛrtɛ̃] m. travertino.

travesti, e [travɛsti] adj. *bal travesti,* ballo in maschera. || THÉÂTRE travestito. || [parodié] travestito. ◆ n. m. [déguisement] travestimento. || [rôle] travesti (fr.). || [acteur] attore travestito. || PSYCH. travestito, transvestito.

travestir [travɛstir] v. tr. **(en)** travestire (da). || LITTÉR. travestire. || [déformer] travisare. ◆ v. pr. travestirsi.

travestisme [travɛstism] m. PSYCH. transvestismo, transvestitismo.

travestissement [travɛstismɑ̃] m. travestimento. || [déformation] travisamento.

traviole (de) [d(ə)travjɔl] loc. adv. POP. V. TRAVERS loc. adv.

trayeur, euse [trɛjœr, øz] n. mungitore, trice. ◆ n. f. mungitrice.

trayon [trɛjɔ̃] m. capezzolo.

trébuchant, e [trebyʃɑ̃, ɑ̃t] adj. [mal assuré] barcollante, malsicuro, malcerto. || LOC. *payer en espèces sonnantes et trébuchantes* = pagare in contanti.

trébucher [trebyʃe] v. intr. PR. et FIG. **(sur, contre)** inciampare, incespicare (in) ; FIG. vacillare. || [balance] traboccare, tracollare. ◆ v. tr. VX pesare col trabocco.

trébuchet [trebyʃɛ] m. [piège] trappola f. (per uccelli). || [balance] trabocco. || HIST. trabocco, trabucco.

tréfilage [trefilaʒ] m. trafilatura f.

tréfiler [trefile] v. tr. trafilare.

tréfilerie [trefilri] f. trafileria.

tréfileur [trefilœr] m. trafilatore.

tréfileuse [trefiløz] f. trafilatrice, trafila ; banco (m.) a trafilare, di trafilatura.

trèfle [trɛfl] m. BOT. trifoglio. | *trèfle à quatre feuilles,* quadrifoglio m. | *trèfle d'eau,* trifoglio d'acqua ; fibrino. || ARCHIT. ornamento trilobato. || [cartes] fiori m. pl.

tréflé, e [trefle] adj. ARCHIT. trilobato, trilobo. | *croix tréflée,* croce trifogliata.

tréflière [treflijɛr] f. trifogliaio m.

tréfonds [trefɔ̃] m. JUR., VX sottosuolo. || FIG. recessi m. pl. (littér.) ; intimo. || LOC. *connaître le fond et le tréfonds d'une affaire* = essere addentro nei minimi particolari di un affare.

treillage [trɛjaʒ] m. [support] graticolato ; [clôture] steccato.

treillager [trɛjaʒe] v. tr. graticciare, graticolare.

treille [trɛj] f. [en berceau] pergola, pergolato m. ; [sur un mur] spalliera di viti. || FAM. *jus de la treille* = vino.

treillis [treji] m. TEXT. traliccio. || [vêtement] tuta f. ; MIL. tuta da lavoro. || [clôture] graticolato, steccato.

treize [trɛz] adj. num. card. et n. m. tredici. | *âgé de treize ans,* tredicenne adj. et n. | *treize cents,* milletrecento. | *il est treize heures,* sono le tredici. | *treize à la douzaine,* V. DOUZAINE. ◆ adj. num. ord. *Louis treize,* Luigi tredicesimo, decimoterzo. | *page treize,* pagina tredici.

treizième [trɛzjɛm] adj. num. ord. tredicesimo. | *treizième mois,* tredicesima f. (mensilità).

trélingage [trelɛ̃gaʒ] m. MAR. trilingaggio (delle sartie).

tréma [trema] m. dieresi f.

trémail m. V. TRAMAIL.

trématage [trematаʒ] m. MAR. *droit de trématage* = diritto di precedenza (a una chiusa).

trémater [tremate] v. tr. MAR. = sorpassare.

trématodes [trematɔd] m. pl. ZOOL. trematodi.

tremblaie [trɑ̃blɛ] f. luogo piantato a tremuli ; pioppeto m.

tremblant, e [trɑ̃blɑ̃, ɑ̃t] adj. tremante ; tremebondo (littér.) ; [légèrement] tremolante, tremulo. | *voix tremblante,* voce tremante, tremula. | *flamme tremblante,* fiamma tremolante. | *être tout tremblant de peur,* tremare tutto per la paura.

tremble [trɑ̃bl] m. BOT. (pioppo) tremulo m.

tremblé, e [trɑ̃ble] adj. [écriture] tremante ; [son] tremolante.

tremblement [trɑ̃bləmɑ̃] m. LITTÉR. [angoisse] tremore. || [oscillation] tremito, tremore ; [continu] tremolìo. | *tremblement des feuilles,* tremolìo delle foglie. || *tremblement de terre,* terremoto. || [du corps] *tremblement convulsif, de froid, de fièvre,* tremito convulso, di freddo, di febbre. || MUS. trillo. || LOC. FAM. *et tout le tremblement :* [personnes] e compagnia bella ; e tutti quanti ; e tutti gli altri ; [choses] e altri accidenti ; e tutto il resto.

trembler [trɑ̃ble] v. intr. tremare, vibrare. | *trembler de froid, de peur,* tremare di freddo, per la paura. | *trembler comme une feuille,* tremare come una foglia. | *le plancher tremble,* l'intavolato vibra. || FIG. [craindre] **(de, que)** temere (di, che) ; **[pour]** trepidare (per).

trembleur, euse [trɑ̃blœr, øz] n. (rare) uomo pauroso, donna paurosa ; fifone m., fifoso m. (fam.). ◆ n. m. RELIG. quacchero tremante. || ÉLECTR. vibratore.

tremblotant, e [trɑ̃blɔtɑ̃, ɑ̃t] adj. FAM. tremolante, tremulo (L.C.).

tremblote [trɑ̃blɔt] f. FAM. *avoir la tremblote,* avere la tremarella.

tremblotement [trɑ̃blɔtmɑ̃] m. tremolìo ; tremolamento (rare).

trembloter [trɑ̃blɔte] v. intr. tremolare.

trémelle [tremɛl] f. BOT. tremella.

trémie [tremi] f. TECHN. tramoggia. || [mangeoire] beccatoio m.

trémière [tremjɛr] adj. f. *rose trémière,* malvone m.

trémolo [tremɔlo] m. MUS. tremolo. || [voix] tremolìo, (il) tremolare.

trémoussement [tremusmɑ̃] m. dimenio.

trémousser (se) [sətremuse] v. pr. dimenarsi ; [se dandiner] scodinzolare v. intr. || FIG., FAM. affaccendarsi (L.C.).

trempage [trɑ̃paʒ] m. *le trempage du linge,* l'ammollare i panni.

trempe [trɑ̃p] f. PR. et FIG. tempra. || POP. [correction] fracco m. (di botte, di legnate) [septentr.].

trempé, e [trɑ̃pe] adj. PR. et FIG. temprato. || FAM. [très mouillé] inzuppato. | *trempé comme une soupe, jusqu'aux os,* bagnato come un pulcino, fino alle ossa. | *visage trempé de larmes,* viso bagnato di lacrime. | *trempé de sueur,* molle di sudore.

tremper [trɑ̃pe] v. tr. [immerger] *tremper la plume dans l'encre,* intingere la penna nell'inchiostro. | *tremper (le pain dans) la soupe,* inzuppare il pane ; versare brodo sul pane. || [diluer] *tremper son vin,* annacquare il vino. || [mouiller] bagnare. | *tremper son mouchoir de larmes,* bagnare il fazzoletto di lacrime. || FIG. *tremper ses mains dans le sang,* imbrattarsi le mani di sangue. || TECHN. *tremper l'acier,* temprare l'acciaio. || FIG. *tremper un caractère,* temprare un carattere. ◆ v. intr. *mettre le linge à tremper, faire tremper le linge,* ammollare, mettere a mollo i panni. || FIG. *tremper dans un crime,* aver parte in un delitto. ◆ v. pr. *se tremper dans l'eau,* fare, prendere una bagnatina.

trempette [trɑ̃pɛt] f. FAM. *faire trempette :* [avec du pain] inzuppare il pane (in una bevanda) ; [se baigner] fare un bagnettino.

tremplin [trɑ̃plɛ̃] m. SPORT trampolino, pedana f. || FIG. trampolino.

trémulation [tremylasjɔ̃] f. MÉD. tremito m.

trench-coat [trɛnʃkot] m. (angl.) MODE trench inv.

trentain [trɑ̃tɛ̃] m. RELIG. = messe (f. pl.) di suffragio (per un defunto, dette durante trenta giorni).

trentaine [trɑ̃tɛn] f. trentina. | *avoir la trentaine,* essere sulla trentina, sui trenta.

trente [trɑ̃t] adj. num. card. et n. m. trenta. | *la guerre de Trente ans,* la guerra dei Trent'anni. || LOC. FAM. *il n'y en a pas trente-six sortes,* non ce ne sono poi tante sorte. | *voir trente-six chandelles,* vedere le stelle. |

tous les trente-six du mois = (quasi) mai. ◆ adj. num. ord. trentesimo, trenta. | *page trente*, pagina trenta.
trente-et-quarante [trɑ̃tekarɑ̃t] m. inv. JEU trenta e quaranta.
trente-et-un [trɑ̃teœ̃] m. FAM. *se mettre sur son trente-et-un*, mettersi in ghingheri.
trentenaire [trɑ̃tnɛr] adj. trentennale.
trentième [trɑ̃tjɛm] adj. num. ord. et n. trentesimo; trigesimo (littér.).
trépan [trepɑ̃] m. CHIR. trapano. || TECHN. trapano, trapanatrice f.
trépanation [trepanasjɔ̃] f. CHIR. trapanazione.
trépaner [trepane] v. tr. CHIR. trapanare.
trépas [trepa] m. LITTÉR. trapasso. | *passer de vie à trépas*, V. TRÉPASSER.
trépassé [trepase] adj. et n. defunto.
trépasser [trepase] v. intr. LITTÉR. passar di vita; passare a miglior vita; trapassare.
trépidant, e [trepidɑ̃, ɑ̃t] adj. PR. vibrante. || FIG. *vie trépidante*, vita agitata, frenetica.
trépidation [trepidasjɔ̃] f. PR. vibrazione. || FIG. agitazione.
trépider [trepide] v. intr. tremare, vibrare.
trépied [trepje] m. treppiede. || ANTIQ. tripode.
trépignement [trepiɲmɑ̃] m. trepestio; (il) pestare i piedi.
trépigner [trepiɲe] v. intr. pestare i piedi; [de joie] = saltare; [d'impatience] = spazientirsi. ◆ v. tr. (rare) calpestare (L.C.).
trépointe [trepwɛ̃t] f. tramezza.
tréponème [trepɔnɛm] m. MÉD. treponema.
très [trɛ(z)] adv. [avec adj., part. passé, adv.] molto, assai. | *très beau*, molto bello, assai bello; bellissimo. | *très noir, très rouge*, nero nero, rosso rosso (fam.). | *très content*, arcicontento (fam). | *très riche*, straricco (fam.). | *très bon cœur*, ottimo cuore. | *très bonne qualité*, ottima qualità. | *être très haï*, essere molto odiato. | *très souvent*, molto spesso; spessissimo. || [dans des loc. verb.] *avoir très chaud*, sentire un gran caldo. | *il fait très froid*, fa molto freddo. | *avoir très mal à la tête*, avere un gran mal di testa. | *avoir très faim, très soif*, avere molta fame, molta sete; una gran fame, una gran sete. | *faire très attention*, stare molto attento. || ABSOL., FAM. *es-tu content? — très, pas très*, sei contento? — molto, non troppo.
trésaille [trezaj] f. = sostegno (m.) orizzontale (dei cassini di un carretto).
trésor [trezɔr] m. PR. et FIG. tesoro. || LOC. *épuiser des trésors de patience*, spendere tesori di pazienza. || [musée] tesoro. || FIN. *Trésor (public)*, Erario (pubblico). || FAM. *mon (petit) trésor!*, tesoro, tesoruccio mio!
trésorerie [trezɔ(r)ri] f. tesoreria, erario; [d'une entreprise privée] cassa. | *déficit de trésorerie*, deficit, disavanzo di tesoreria.
trésorier, ère [trezɔrje, ɛr] tesoriere, a. || ADM. *trésorier-payeur général*, intendente di finanza.
tressage [trɛsaʒ] m. trecciatura f.
tressaillement [tresajmɑ̃] m. trasalimento, sobbalzo, sussulto.
tressaillir [tresajir] v. intr. *tressaillir de joie, de peur*, sobbalzare, sussultare di gioia, di paura; trasalire di paura. || ABSOL. trasalire.
tressauter [tresote] v. intr. sussultare, sobbalzare, trasalire.
tresse [trɛs] f. [cheveux] treccia. || [galon] gallone m., spighetta. || ARCHIT. treccia.
tresser [trese] v. tr. intrecciare. || FIG. *tresser des couronnes à qn*, tessere le lodi di qlcu.
tresseur, euse [trɛsœr, øz] n. trecciaiolo, a; trecciaio, a (rare).
tréteau [treto] m. cavalletto, trespolo. ◆ pl. VX [théâtre] palco di saltimbanchi. | *monter sur les tréteaux*, fare il saltimbanco.
treuil [trœj] m. verricello.
trêve [trɛv] f. PR. et FIG. tregua. | *son mal ne lui laisse pas de trêve*, il male non gli dà tregua, pace, requie. | *n'avoir ni trêve ni repos*, non avere un momento di pace, di tranquillità. || FÉOD. *trêve de Dieu*, tregua di Dio. || POLIT. *trêve des confiseurs* = sospensione dell'attività politica durante le vacanze natalizie. || LOC. *trêve de plaisanteries, de cérémonies!*, bando agli scherzi, ai complimenti! ◆ loc. adv. ***sans trêve***, senza tregua, senza sosta, senza requie.
trévire [trevir] f. MAR. lentia.
trévirer [trevire] v. tr. sollevare, filare con la lentia.
tri [tri] m. smistamento, scelta f. | *tri du courrier*, smistamento della corrispondenza. | *bureau de tri*, ufficio (postale) di smistamento. | *tri des cartes perforées*, selezione (f.) delle schede. | *faire un tri parmi les informations*, fare la scelta, la selezione delle informazioni.
triacide [triasid] m. triacido.
triade [trijad] f. triade.
triage [trijaʒ] m. smistamento, cernita f. | *gare de triage*, stazione di smistamento. | *triage des matériaux, des semences*, cernita di materiali, di semenze.
triangle [trijɑ̃gl] m. GÉOM., MUS. triangolo.
triangulaire [trijɑ̃gylɛr] adj. GÉOM. triangolare. ◆ n. m. ANAT. muscolo triangolare.
triangulation [trijɑ̃gylasjɔ̃] f. triangolazione.
trianguler [trijɑ̃gyle] v. tr. eseguire la triangolazione di.
trias [trijas] m. GÉOL. trias, triassico.
triasique [trijasik] adj. triassico.
triatomique [triatɔmik] adj. triatomico.
tribade [tribad] f. LITTÉR. tribade.
tribadisme [tribadism] m. tribadismo.
tribal, e, aux [tribal, o] adj. tribale.
tribalisme [tribalism] m. tribalismo.
tribart [tribar] m. = pastoia f.
tribasique [tribazik] adj. tribasico.
tribo-électricité [tribɔelɛktrisite] f. triboelettricità.
triboluminescence [tribɔlyminɛsɑ̃s] f. triboluminescenza.
tribomètre [tribɔmɛtr] m. tribometro.
tribord [tribɔr] m. dritta f.; tribordo (gall.).
tribordais [tribɔrdɛ] m. marinaio di dritta.
triboulet [tribulɛ] m. calibro per anelli.
tribraque [tribrak] m. POÉS. tribraco.
tribu [triby] f. HIST. tribù. || [ethnie] tribù. || BOT. tribù, sottofamiglia. || FAM. *s'amener avec toute sa tribu*, venire con tutta la tribù.
tribulation [tribylasjɔ̃] f. RELIG. tribolazione. ◆ pl. FAM. *il n'est pas au bout de ses tribulations*, non sono ancora finiti i suoi guai.
tribun [tribœ̃] m. HIST. et PÉJOR. tribuno. | *éloquence de tribun*, oratoria tribunizia.
tribunal, aux [tribynal, o] m. JUR., RELIG. et FIG. tribunale. | *se rendre, se présenter au tribunal*, presentarsi in tribunale. | *comparaître devant un tribunal*, comparire davanti al tribunale. | *tribunal pour enfants*, tribunale per i minorenni. (V. aussi INSTANCE.)
tribunat [tribyna] m. ANTIQ. tribunato.
tribune [tribyn] f. tribuna. | *tribune d'orgue, des chantres*, tribuna dell'organo, dei cantori. || LOC. *éloquence de la tribune*, eloquenza politica, parlamentare. | *monter à la tribune*, salire sul podio. || [public] *les tribunes*, il pubblico delle tribune.
tribut [triby] m. PR. et FIG. tributo. | *payer tribut à la tradition, à la nature, à la grippe*, pagare il proprio tributo alla tradizione, alla natura, all'influenza. | *payer son tribut de reconnaissance*, pagare il proprio tributo di riconoscenza.
tributaire [tribytɛr] adj. PR. tributario. || FIG. **(de)** dipendente, che dipende (da). || GÉOGR. tributario (di).
tricennal, e, aux [trisenal, o] adj. trentennale.
tricentenaire [trisɑ̃tnɛr] m. terzo centenario.
tricéphale [trisefal] adj. LITTÉR. tricipite, tricefalo.
triceps [trisɛps] adj. et n. m. ANAT. tricipite.
triche [triʃ] f. FAM. imbroglio m. (L.C.).
tricher [triʃe] v. intr. [jeu] barare. | *tricher aux examens*, imbrogliare agli esami. | *tricher sur les prix*, frodare sui prezzi. || [cacher un défaut] mascherare (un difetto).
tricherie [triʃri] f. [jeu] (il) barare. || [tromperie] inganno m., imbroglio m., frode.
tricheur, euse [triʃœr, øz] n. [au jeu] baro m. || [qui

trompe, fraude] ingannatore, trice ; raggiratore, trice ; imbroglione, a ; frodatore, trice.
trichiasis [trikjazis] m. MÉD. trichiasi f.
trichine [trikin] f. ZOOL. trichina, trichinella.
trichinose [trikinoz] f. MÉD., VÉTÉR. trichinosi.
trichloracétique [triklɔrasetik] adj. CHIM. tricloroacetico.
trichloréthylène [triklɔretilɛn] m. CHIM. tricloroetilene ; trielina f.
trichocéphale [trikɔsefal] m. ZOOL. tricocefalo.
tricholome [trikɔlɔm] m. BOT. tricoloma.
trichoma [trikɔma] ou **trichome** [trikom] m. MÉD. tricoma.
trichomonas [trikɔmɔnas] m. ZOOL. tricomonade.
trichophyton [trikɔfitɔ̃] m. BOT. tricofito.
trichromie [trikrɔmi] f. PHOT. tricromia.
triclinique [triklinik] adj. triclino.
triclinium [triklinjɔm] m. (lat.) ANTIQ. triclinio.
tricoises [trikwaz] f. pl. tenaglia f. (per maniscalco).
tricolore [trikɔlɔr] adj. tricolore. ‖ SPORT *l'équipe tricolore* = la squadra nazionale francese. ◆ n. m. SPORT = giocatore della squadra nazionale francese.
tricorne [trikɔrn] m. tricorno.
tricot [triko] m. (lavoro a) maglia f. ; tricot (fr.). | *en tricot*, di maglia. | *faire du tricot*, lavorare a maglia.
tricotage [trikɔtaʒ] m. lavorazione (f.), (il) lavorare a maglia.
tricoter [trikɔte] v. tr. fare a maglia. | *tricoter un pull, une robe*, fare un golf, un vestito a maglia. | *tricoter des bas*, far la calza. | *aiguille à tricoter*, ago, ferro da calza. | *machine à tricoter*, macchina per maglieria. ◆ v. intr. PR. lavorare a maglia, far la calza ; sferruzzare. ‖ POP. *tricoter (des jambes)* = [courir] correre a precipizio ; [pédaler] = pedalare.
tricoteur, euse [trikɔtœr, øz] n. magliaio, a ; maglierista (rare). ◆ n. f. [machine] macchina, telaio (m.) per maglieria. ◆ n. f. pl. HIST. tricoteuses (fr.).
trictrac [triktrak] m. (onomat.) JEU tric-trac ; tavola (f.) reale.
tricuspide [trikyspid] adj. ANAT. *valvule tricuspide*, (valvola) tricuspide f.
tricycle [trisikl] m. triciclo.
tridacne [tridakn] m. ZOOL. tridacna f.
tridactyle [tridaktil] adj. tridattilo.
trident [tridɑ̃] m. tridente.
tridenté, e [tridɑ̃te] adj. BOT. tridentato.
tridimensionnel, elle [tridimɑ̃sjɔnɛl] adj. tridimensionale.
triduum [tridɥɔm] m. RELIG. triduo.
trièdre [tri(j)ɛdr] adj. triedrico. ◆ n. m. triedro.
triennal, e, aux [tri(j)ɛ(n)nal, o] adj. triennale.
trier [trije] v. tr. smistare, scegliere, cernere. | *trier le courrier*, smistare la posta. ‖ LOC. *trier sur le volet*, selezionare. | *société triée sur le volet*, società scelta.
triérarque [tri(j)erark] m. ANTIQ. trierarco, trierarca.
trière [tri(j)ɛr] ou **trirème** [trirɛm] f. ANTIQ. triere, triera, trireme.
trieur, euse [trijœr, øz] n. sceglitore, trice ; cernitore, trice. ◆ n. f. [machine] selezionatrice ; (vibro)vaglio m.
trifacial [trifasjal] adj. *nerf trifacial*, (nervo) trigemino m.
trifide [trifid] adj. BOT. trifido, triforcuto.
trifolié, e [trifɔlje] ou **trifoliolé, e** [trifɔljɔle] adj. BOT. trifogliato, trifogliolato.
triforium [trifɔrjɔm] m. ARCHIT. triforio.
trifouiller [trifuje] v. intr. POP. = frugare, rovistare (mettendo tutto sottosopra).
trigémellaire [triʒemellɛr] adj. trigemino, trigemellare.
trigle [trigl] m. ZOOL. trigla f.
triglyphe [triglif] m. ARCHIT. triglifo.
trigone [trigɔn] adj. (rare) trigono. ◆ n. m. ANAT. trigono.
trigonelle [trigɔnɛl] f. BOT. trigonella.
trigonocéphale [trigɔnɔsefal] m. ZOOL. trigonocefalo.
trigonométrie [trigɔnɔmetri] f. trigonometria.
trigonométrique [trigɔnɔmetrik] adj. trigonometrico.
trijumeau [triʒymo] adj. et n. m. *(nerf) trijumeau*, (nervo) trigemino.
trilatéral, e, aux [trilateral, o] adj. GÉOM. trilatero, trilaterale. ‖ *accord trilatéral*, accordo trilaterale.
trilingue [trilɛ̃g] adj. trilingue inv.
trilinguisme [trilɛ̃gɥism] m. trilinguismo.
trili(t)tère [triliter] adj. LING. trilittero.
trille [trij] m. trillo.
triller [trije] v. intr. trillare.
trillion [triljɔ̃] m. trilione.
trilobé, e [trilɔbe] adj. BOT. trilobato, trilobo. ‖ ARCHIT. trilobato.
trilobites [trilɔbit] m. pl. BOT. trilobiti.
triloculaire [trilɔkylɛr] adj. BOT. triloculare.
trilogie [trilɔʒi] f. trilogia.
trimaran [trimarɑ̃] m. MAR. trimarano.
trimard [trimar] m. ARG. = strada f., cammino.
trimarder [trimarde] v. intr. ARG. = vagabondare.
trimardeur [trimardœr] m. ARG. = vagabondo.
trimbalage [trɛ̃balaʒ] ou **trimbalement** [trɛ̃balmɑ̃] m. FAM. (il) portarsi, (il) tirarsi, (il) trascinarsi dietro ; (il) rimorchiarsi.
trimbaler [trɛ̃bale] v. tr. FAM. portarsi, tirarsi, trascinarsi dietro ; rimorchiarsi. | *se faire trimbaler*, farsi scarrozzare.
trimer [trime] v. intr. FAM. sgobbare, sfacchinare.
trimestre [trimɛstr] m. trimestre.
trimestriel, elle [trimɛstrijɛl] adj. trimestrale ; trimestre (littér.).
trimètre [trimɛtr] m. POÉS. trimetro.
trimoteur [trimɔtœr] m. AÉR. trimotore.
trin, trine [trɛ̃, trin] adj. RELIG. trino.
trinervé, e [trinɛrve] adj. BOT. = a tre nervature.
tringle [trɛ̃gl] f. barra, verga ; [d'un cintre] stanga ; [de rideau] asta. ‖ ARCHIT. listello m. ‖ LOC. FAM. *se mettre la tringle* = privarsi (L.C.) ; patire la stanga (fam., tosc.).
tringlot m. V. TRAINGLOT.
trinitaire [trinitɛr] adj. et n. RELIG. trinitario.
trinité [trinite] f. RELIG. trinità. ‖ [réunion de trois éléments] triade.
trinitrotoluène [trinitrɔtɔlɥɛn] m. CHIM. trinitrotoluene.
trinôme [trinom] m. MATH. trinomio.
trinqueballe [trɛ̃kbal] m. V. TRIQUEBALLE.
trinquer [trɛ̃ke] v. intr. brindare ; fare un brindisi. | *trinquer à la santé de qn*, brindare alla salute di uno. ‖ POP. [subir un préjudice] = rimetterci ; essere danneggiato.
trinquet [trɛ̃kɛ] m. MAR. trinchetto.
trinquette [trɛ̃kɛt] f. MAR. trinchettina.
trio [trijo] m. MUS. [instruments] trio ; [voix] terzetto. ‖ FIG. trio, terzetto.
triode [tri(j)ɔd] f. PHYS. triodo m.
triolet [trijɔlɛ] m. POÉS. triolet (fr.). ‖ MUS. terzina f.
triomphal, e, aux [trijɔ̃fal, o] adj. trionfale.
triomphant, e [trijɔ̃fɑ̃, ɑ̃t] adj. trionfante. ‖ RELIG. *Église triomphante*, Chiesa trionfante.
triomphateur, trice [trijɔ̃fatœr, tris] n. trionfatore, trice.
triomphe [trijɔ̃f] m. trionfo. ‖ HIST. *obtenir le triomphe*, riportare il trionfo. ‖ LOC. *porter qn en triomphe*, portare qlcu. in trionfo. | *avoir un air de triomphe*, avere un'aria trionfante. | *faire un triomphe à qn*, tributare un'ovazione a qlcu.
triompher [trijɔ̃fe] v. intr. trionfare. ‖ [exulter] trionfare, esultare. ◆ v. tr. ind. **(de)** trionfare (su) ; vincere, superare v. tr.
trionyx [tri(j)ɔniks] m. ZOOL. trionice f.
tripaille [tripaj] f. FAM. budella f. pl., budellame m.
tripale [tripal] adj. *hélice tripale*, elica tripala.
triparti, e [triparti] ou **tripartite** [tripartit] adj. tripartito, tripartitico.
tripartisme [tripartism] m. tripartitismo.
tripartition [tripartisjɔ̃] f. tripartizione.
tripatouillage [tripatujaʒ] m. FAM. [maladroit] rabberciamento, raffazzonamento, rabberciatura f., raffazzonatura f. (L.C.). ‖ [malhonnête] = pasticcio,

intrallazzo, maneggio. | *tripatouillage électoral,* V. TRIPOTAGE.
tripatouiller [tripatuje] v. tr. FAM. [maladroitement] rabberciare, raffazzonare (L.C.). || [malhonnêtement] cincischiare, brancicare, maneggiare. || [altérer] truccare, rimaneggiare. || ABSOL. [manigancer] combinar pasticci.
tripatouilleur, euse [tripatujœr, øz] n. FAM. rabberciatore, trice ; raffazzonatore, trice ; maneggione, a.
tripe [trip] f. LOC. FAM. *avoir la tripe républicaine* = essere svisceratamente repubblicano. ◆ pl. CULIN. trippa. || LOC. POP. *rendre tripes et boyaux* = vomitare. | *un spectacle qui vous prend aux tripes* = uno spettacolo avvincente, sconvolgente.
triperie [tripri] f. tripperia ; commercio (m.) del trippaio.
tripette [tripɛt] f. FAM. *ça ne vaut pas tripette* = non vale un fico secco, una patacca.
triphasé, e [trifaze] adj. trifase.
triphénylméthane [trifenilmetan] m. CHIM. trifenilmetano.
triphtongue [triftɔ̃g] f. GRAMM. trittongo m.
tripier, ère [tripje, ɛr] n. trippaio, a ; trippaiolo, a (rare).
triplace [triplas] adj. triposto inv.
triplan [triplɑ̃] m. AÉR., VX triplano.
triple [tripl] adj. [trois fois (plus)] triplo ; [en trois parties] triplice. | *triple nœud,* nodo triplo. | *but triple,* scopo triplice. | *en triple exemplaire,* in triplice copia. | *triple alliance, entente,* triplice alleanza, intesa. | *triple accouchement, naissance,* parto trigemino. || LOC. *un triple sot,* uno stupido patentato. | *au triple galop,* di gran carriera. ◆ n. m. triplo.
1. triplement [tripləmɑ̃] adv. tre volte.
2. triplement m. triplicazione f., (il) triplicare.
tripler [triple] v. tr. triplicare. ◆ v. intr. triplicarsi v. pr.
triplés, ées [triple] n. pl. gemelli trigemini, gemelle trigemine ; tre gemelli, tre gemelle.
triplet [triplɛ] m. OPT. tripletto.
triplette [triplɛt] f. tripletta.
triplicata [triplikata] m. inv. (lat.) terza copia.
triplure [triplyr] f. MODE teletta.
tripode [tripɔd] adj. *mât tripode,* tripode m.
tripodie [tripɔdi] f. POÉS. tripodia.
tripoli [tripɔli] m. tripoli ; farina (f.) fossile.
triporteur [triporɔtœr] m. triciclo.
tripot [tripo] m. PÉJOR. bisca f.
tripotage [tripɔtaʒ] m. FIG., FAM. maneggio, intrigo, affare losco (L.C.). | *tripotages électoraux,* broglio elettorale ; pastetta f.
tripotée [tripɔte] f. FAM. [coups] scarica di botte ; fracco (m.) di legnate, batosta. || [grand nombre] *une tripotée d'enfants,* una serqua di figlioli.
tripoter [tripɔte] v. tr. FAM. sciupacchiare ; brancicare, toccare (L.C.). | *tripoter son collier,* giocherellare con la collana. ◆ v. intr. FAM. frugare (L.C.). || FIG. trafficare, brogliare (L.C.).
tripoteur, euse [tripɔtœr, øz] n. FAM. brancicone, a (tosc.). || FIG. maneggione, a ; imbroglione, a (L.C.).
triptyque [triptik] m. trittico.
trique [trik] f. FAM. randello, manganello (L.C.). | *un coup de trique,* una randellata, una manganellata. || PR. *faire avancer un âne à coups de trique,* fare avanzare, andar avanti un asino a colpi di randello, a suon di bastone. | *faire avancer des prisonniers à coups de trique,* fare avanzare, andar avanti dei prigionieri col randello. || FIG. *faire marcher à la trique,* governare col manganello, comandare a bacchetta. | *sec comme un coup de trique,* magro come uno stecco, come un chiodo.
triqueballe [trikbal] m. = sorta (f.) di carro matto.
trirectangle [trirɛktɑ̃gl] adj. GÉOM. trirettangolo.
trirègne [trirɛɲ] m. RELIG. triregno.
trirème f. V. TRIÈRE.
trisaïeul, e, euls ou **eux** [trizajœl, jø] n. trisavolo, a, arcavolo, a.
trisannuel, elle [trizanɥɛl] adj. triennale.
trisecteur, trice [trisɛktœr, tris] adj. *courbe trisectrice,* trisettrice f.
trisection [trisɛksjɔ̃] f. GÉOM. trisezione. | *réaliser la trisection d'un angle,* trisecare un angolo.
trisme [trism] ou **trismus** [trismys] m. MÉD. trisma.
trismégiste [trismeʒist] adj. LITTÉR. trismegisto.
trisoc [trisɔk] m. AGR. trivomere.
1. trisser [trise] v. tr. [faire répéter] trissare (néol.).
2. trisser v. intr. [hirondelle] garrire, trissare.
3. trisser (se) [sətrise] v. pr. POP. svignarsela, sgattaiolare v. intr. (fam.).
triste [trist] adj. [affligé] triste, mesto. | *visage triste,* volto mesto. | *triste de la mort d'un ami,* triste per la morte d'un amico. | *regard triste,* sguardo triste. | *un triste sourire,* un mesto sorriso. | *triste cérémonie,* mesta cerimonia. | *le son triste des cloches,* il suono mesto delle campane. || [affligeant] penoso, triste. | *triste nouvelle, circonstance, réalité,* triste notizia, circostanza, realtà. | *chambre triste,* camera triste. | *il est triste d'être accusé à tort,* è penoso essere accusato a torto. | *couleurs tristes,* colori smorti. | *histoire triste,* storia triste, pietosa. || [malheureux] *triste existence,* vita misera. | *faire une triste fin,* fare una brutta fine. || PÉJOR. [méprisable] tristo. | *triste individu, personnage, sire,* tristo figuro. | *triste état, réputation,* pessimo stato, pessima reputazione. || LOC. *faire triste mine, figure,* essere imbronciato. | *faire triste mine à qn,* fare cattiva cera a uno. | *avoir le vin triste,* avere il vino triste. | *triste comme un bonnet de nuit, comme une porte de prison,* triste come un giorno senza sole.
tristement [tristəmɑ̃] adv. tristemente, mestamente. || PÉJOR. tristamente.
tristesse [tristɛs] f. tristezza, mestizia ; tristizia (VX).
trisyllabe [trisilab] adj. trisillabo, trisillabico. ◆ n. m. trisillabo.
trisyllabique [trisilabik] adj. trisillabico.
tritium [tritjɔm] ou **tritérium** [triterjɔm] m. CHIM. tritio, trizio.
1. triton [tritɔ̃] m. MYTH., ZOOL. tritone.
2. triton m. MUS. tritono.
3. triton m. CHIM. tritone.
triturateur [trityratœr] m. trituratore.
trituration [trityrasjɔ̃] f. trituramento m., triturazione.
triturer [trityre] v. tr. triturare, tritare. || FAM. *se triturer les méninges,* spremersi le meningi.
triumvir [trijɔmvir] m. (lat.) ANTIQ. triumviro.
triumviral, e, aux [trijɔmviral, o] adj. triumvirale.
triumvirat [trijɔmvira] m. triumvirato.
trivalent, e [trivalɑ̃, ɑ̃t] adj. CHIM. trivalente.
trivial, e, aux [trivjal, o] adj. [grossier] triviale, scurrile, sguaiato. || [banal] triviale.
trivialité [trivjalite] f. [grossièreté] trivialità, scurrilità, sguaiataggine. || [banalité] trivialità.
trivium [trivjɔm] m. (lat.) trivio.
troc [trɔk] m. baratto, scambio, permuta f. | *économie de troc,* economia di baratto.
trocart [trɔkar] m. CHIR. trequarti inv.
trochaïque [trɔkaik] adj. POÉS. trocaico.
trochanter [trɔkɑ̃tɛr] m. ANAT., ZOOL. trocantere.
troche [trɔʃ] ou **troque** [trɔk] f. ZOOL. troco m., trottola di mare.
1. trochée [trɔʃe] m. POÉS. trocheo.
2. trochée f. BOT. gettata, rimessiticcio m., pollone m. ; messa (rare).
troches [trɔʃ] f. pl. = sterco m. (della selvaggina).
trochet [trɔʃɛ] m. BOT. ciocca f. (di fiori, di frutti).
trochilidés [trɔkilide] m. pl. ZOOL. trochilidi.
trochiter [trɔkitɛr] m. ANAT. trochite.
trochlée [trɔkle] f. ANAT. troclea.
troène [trɔɛn] m. BOT. ligustro.
troglodyte [trɔglɔdit] m. troglodita, cavernicolo. || ZOOL. scricciolo.
troglodytique [trɔglɔditik] adj. trogloditico.
trogne [trɔɲ] f. FAM. = faccia rubiconda (di mangiatore, di beone). || PÉJOR. [tête] ceffo m., grugno m.
trognon [trɔɲɔ̃] m. torso, torsolo. || LOC. POP. *jusqu'au trognon* = completamente, fino all'osso. || POP. [terme

d'affection] tesoro (fam.). ◆ adj. POP. = carino, grazioso.
troïka [trɔika] f. troica.
trois [trwa] adj. num. card. et n. m. tre. ‖ MATH. *règle de trois*, regola del tre. ‖ LOC. *et de trois !*, e tre ! | *trois quarts*, v. QUART. ◆ adj. num. ord. terzo, tre. | *Henri III*, Enrico III (terzo). | *page trois*, pagina tre.
trois-étoiles [trwazetwal] m. inv. *Monsieur****, il signor N. N., il signor X. | *hôtel trois-étoiles* = albergo di gran lusso.
trois-huit [trwaɥit] m. inv. MUS. tre ottavi. ◆ pl. [journée de travail] = tre turni di otto ore.
troisième [trwazjɛm] adj. num. ord. et n. terzo. | *habiter au troisième (étage)*, abitare al terzo (piano). ‖ AUTOM. *passer en troisième*, innestare la terza. ‖ UNIV. *la (classe de) troisième* = la quinta ginnasio.
trois-mâts [trwama] m. inv. MAR. trealberi.
trois-points [trwapwɛ̃] adj. inv. *frère trois-points* (plais.) = (fram)massone m.
trois-ponts [trwapɔ̃] m. inv. MAR., VX trepponti.
trois-quarts [trwakar] m. inv. ‖ MODE trequarti.‖ MUS. = piccolo violino (per bambini). ‖ SPORT. [rugby] trequarti. ‖ CHIR. trequarti.
trois-quatre [trwakatr] m. MUS. tre quarti.
troll [trɔl] m. MYTH. troll.
trolley [trɔlɛ] m. trolley (angl.).
trolleybus [trɔlɛbys] m. ou fam. **trolley** filobus, filovia f.
trombe [trɔ̃b] f. MÉTÉOR. tromba. | *trombe d'eau*, pioggia torrenziale. ‖ FAM. *en trombe*, a tutta birra.
trombidion [trɔ̃bidjɔ̃] m. ZOOL. trombidio.
trombidiose [trɔ̃bidjoz] f. MÉD. trombidiosi.
trombine [trɔ̃bin] f. POP. mostaccino m., musino m. (fam.).
tromblon [trɔ̃blɔ̃] m. [fusil court] trombone. ‖ [lance-grenades] tromboncino. ‖ VX *(chapeau) tromblon*, cilindro.
trombone [trɔ̃bɔn] m. [instrument] *trombone à coulisse, à pistons*, trombone a coulisse (fr.), a pistoni. ‖ [musicien] trombone ; trombonista (rare). ‖ [agrafe] fermaglio.
trompe [trɔ̃p] f. **1.** MUS. corno m. | *trompe de chasse*, corno da caccia. ‖ MAR. *trompe de brume*, corno da nebbia. ‖ [d'automobile] tromba. ‖ LOC. *proclamer à son de trompe* : PR., VX proclamare a suono di tromba ; FIG., FAM. strombazzare, strombettare. ‖ **2.** ZOOL. [d'éléphant] proboscide ; tromba (pop.) ; [d'insecte] proboscide, succhiatoio m. ‖ POP. = nasone m. ‖ ANAT. tromba. ‖ **3.** ARCHIT. arco (m.) di aggetto, volta di sporto. ‖ **4.** TECHN. *trompe à eau*, tromba ad acqua.
trompe-l'œil [trɔ̃plœj] m. inv. ART trompe-l'œil (fr.). ‖ FIG. illusione f., inganno ; pura apparenza, apparenza ingannatrice.
tromper [trɔ̃pe] v. tr. ingannare ; trarre in inganno. | *tromper les clients sur la qualité*, ingannare i clienti sulla qualità. | *tromper sa femme, son mari*, ingannare, tradire la moglie, il marito. ‖ [échapper à] ingannare, (d)eludere. | *tromper la vigilance*, ingannare, eludere la vigilanza. | *tromper tous les espoirs*, deludere tutte le speranze. | *tromper la loi*, eludere la legge. | *tromper les regards*, sottrarsi alla vista. | *tromper la faim, la soif*, ingannare, incantare la fame, la sete. | *tromper le temps, le chemin*, ingannare il tempo, la strada. ◆ v. pr. sbagliare v. tr. et intr., sbagliarsi, ingannarsi ; errare (littér.) v. intr. | *tout le monde peut se tromper*, tutti possono sbagliare. | *se tromper dans ses comptes*, sbagliare i conti. | *se tromper de rue*, sbagliare strada. ‖ LOC. *c'est à s'y tromper*, c'è da sbagliare. | *si je, à moins que je ne me trompe ; je me trompe fort ou...*, se non sbaglio, se non m'inganno, se non erro.
tromperie [trɔ̃pri] f. inganno m., frode.
trompeter [trɔ̃p(ə)te] v. tr. FAM. [divulguer] strombettare, strombazzare. ◆ v. intr. VX suonare la tromba (L.C.). ‖ [aigle] gridare.
trompette [trɔ̃pɛt] f. MUS. tromba ; [jouet] trombetta. ‖ FIG. *emboucher, entonner la trompette* = usare il tono epico, sublime. ‖ AUTOM. scatola del semiasse. ‖ BOT. *trompette-des-morts*, trombetta dei morti ; corno (m.) dell'abbondanza ; cicciola (tosc.). ‖ ZOOL. [poisson] trombetta (di mare) ; [oiseau] agami m. ; [mollusque] tritone m. ‖ LOC. *nez, queue en trompette*, naso, coda all'insù. | *sans tambour ni trompette* = alla chetichella. ◆ m. [soldat] trombettiere ; [d'orchestre] trombettista ; tromba f.
trompettiste [trɔ̃petist] m. trombettista ; tromba f.
trompeur, euse [trɔ̃pœr, øz] adj. ingannatore, trice, ingannevole, fallace. ◆ n. ingannatore, trice.
trompeusement [trɔ̃pøzmɑ̃] adv. falsamente ; con inganno.
trompillon [trɔ̃pijɔ̃] m. ARCHIT. archetto di aggetto ; piccola volta di sporto.
tronc [trɔ̃] m. ANAT., ARCHIT., BOT., GÉOM. tronco. ‖ [pour aumônes] cassetta (f.) delle elemosine ; ceppo. ‖ [souche d'une famille] tronco, ceppo, stipite. ‖ UNIV. *tronc commun*, insegnamento unificato.
tronche [trɔ̃ʃ] ou **tronce** [trɔ̃s] f. ceppo m., ciocco m. ‖ POP. [tête] zucca (fam.) ; chiorba (tosc.).
tronchet [trɔ̃ʃɛ] m. TECHN. ceppo (con tre piedi).
tronçon [trɔ̃sɔ̃] m. [d'épée] troncone. ‖ [de colonne] tronco. ‖ [de route] tronco, tratto.
tronconique [trɔ̃kɔnik] adj. troncoconico.
tronçonnage [trɔ̃sɔnaʒ] ou **tronçonnement** [trɔ̃sɔnmɑ̃] m. = (il) segare in tronconi.
tronçonner [trɔ̃sɔne] v. tr. segare in tronconi.
tronçonneuse [trɔ̃sɔnøz] f. sega a nastro.
trône [tron] m. trono. | *héritier du trône*, erede al trono. | *discours du trône*, discorso della corona. | *monter sur le trône*, ascendere, salire al trono. | *le Trône et l'Autel*, il Trono e l'Altare. ‖ FAM. [W.-C.] trono. ◆ pl. THÉOL. Troni.
trôner [trone] v. intr. troneggiare.
tronqué, e [trɔ̃ke] adj. troncato, tronco, monco ; mutilo (littér.). | *colonne tronquée*, cippo m. | *citation tronquée*, citazione troncata. | *nouvelles tronquées*, notizie monche. ‖ GÉOM. *cône tronqué*, tronco di cono. | *pyramide tronquée*, tronco di piramide.
tronquer [trɔ̃ke] v. tr. PR. troncare, mozzare. ‖ FIG. troncare, mutilare.
trop [tro] adv. **1.** [excessivement] troppo. | *(un peu) trop stupide*, (un po') troppo stupido. | *trop manger*, mangiar troppo. | *(beaucoup, bien) trop rarement*, (ben) troppo raramente ; (davvero) troppo di rado. | *trop... pour, pour que*, troppo... per, perché. ‖ **2.** [très] *vous êtes trop aimable !*, (Lei è) troppo gentile ! ‖ **3.** [avec un n.] *trop de*, troppo adj. | *trop de sel*, troppo sale. | *trop de gens*, troppa gente ; troppi pron. indéf. | *trop de journaux, de chaises*, troppi giornali, troppe sedie. ‖ [attribut] *ils sont trop*, sono troppi. ‖ **4.** LOC. *de trop, en trop*, di troppo. | *pas trop*, non troppo. | *par trop* (fam.), troppo (L.C.). | *c'en est trop !*, questo è troppo ! | *je n'ai été que trop patient*, sono stato sin troppo paziente. | *je ne sais pas trop*, non saprei. | *être de trop*, essere di troppo ; essere di soverchio (littér.). ◆ n. m. troppo. | *trop ne vaut rien*, il troppo stroppia. | *son trop de familiarité*, la sua troppa, eccessiva, soverchia confidenza.
tropaire [trɔpɛr] m. MUS. tropario.
trope [trɔp] m. RHÉT., MUS. tropo.
trophée [trɔfe] m. ANTIQ. trofeo. ‖ *trophée de chasse*, trofeo di caccia. ‖ [ornement] trofeo.
trophique [trɔfik] adj. BIOL. trofico.
trophonévrose [trɔfɔnevroz] f. MÉD. trofoneurosi.
tropical, e, aux [trɔpikal, o] adj. tropicale.
tropicalisation [trɔpikalizasjɔ̃] f. tropicalizzazione.
tropique [trɔpik] adj. et n. m. tropico. ◆ pl. [région] *vivre sous les tropiques*, vivere ai tropici. | *maladies des tropiques*, malattie tropicali.
tropisme [trɔpism] m. BIOL. tropismo.
tropologie [trɔpɔlɔʒi] f. RHÉT. tropologia.
tropopause [trɔpɔpoz] f. MÉTÉOR. tropopausa.
troposphère [trɔpɔsfɛr] f. MÉTÉOR. troposfera.
trop-perçu [trɔpɛrsy] m. = somma riscossa in soprappiù.
trop-plein [trɔplɛ̃] m. TECHN. troppopieno. ‖ [liquide] eccesso di liquido. ‖ FIG. *trop-plein de forces*, eccesso di forze. | *trop-plein d'énergie, de vie*, sovrabbondanza (f.) di energia, di vita. | *épancher le trop-plein de son cœur*, sfogarsi.

troque f. V. TROCHE.
troquer [trɔke] v. tr. COMM. *troquer une chose contre une autre*, barattare, scambiare una cosa con un'altra. ‖ [changer] cambiare, permutare. | *être à l'âge de troquer une culotte contre un pantalon*, essere in età di sostituire i calzoni corti coi pantaloni.
troquet [trɔkɛ] m. POP. bar, caffè, osteria f. (L.C.).
trot [tro] m. trotto. | *courses de trot*, corse al trotto. | *petit trot*, piccolo trotto. | *grand trot*, trotto serrato. | *piste de trot*, trottatoio m. ‖ FAM. *aller au trop*, andare di trotto, al trotto. | *au trot !*, alla svelta !
trotskysme [trɔtskism] m. trotzkismo.
trotskyste [trɔtskist] adj. et n. trotzkista.
trotte [trɔt] f. FAM. trottata ; camminata (L.C.) ; scarpinata (rég.). | *tout d'une trotte*, in una tirata sola (L.C.).
trotte-menu [trɔtməny] adj. inv. VX = che trotterella. | *la gent trotte-menu* (littér.) = i sorci.
trotter [trɔte] v. intr. [cheval] trottare. ‖ [homme] FAM. trottare, sgambettare ; scarpinare (rég.) ; scorrazzare, andare su e giù (L.C.). ‖ FIG., FAM. *trotter par, dans la cervelle, la tête*, frullare, ronzare, mulinare per il capo. | *faire trotter son imagination*, galoppare con la fantasia. ◆ v. pr. POP. svignarsela, squagliarsela (fam.).
trotteur, euse [trɔtœr, øz] n. [cheval ; personne] trottatore, trice. ◆ n. f. [aiguille] lancetta dei secondi.
trottin [trɔtɛ̃] m. VX = inserviente (f.) di modista, di sarta (incaricata delle commissioni).
trottinement [trɔtinmɑ̃] m. (il) trotterellare.
trottiner [trɔtine] v. intr. [trotter] trotterellare. ‖ [marcher vite] sgambettare, trotterellare.
trottinette [trɔtinɛt] f. [jouet] monopattino m. ‖ FAM. [voiture] macinino m.
trotting [trɔting] m. (angl.) allevamento di trottatori.
trottoir [trɔtwar] m. marciapiede. | *trottoir cyclable*, ciclopista f. | *trottoir roulant*, tapis roulant (fr.), tappeto portante. ‖ FIG., POP. *faire le trottoir*, battere il marciapiede.
trou [tru] m. buco, foro, pertugio. | *faire un trou dans le mur*, fare, praticare un foro nel muro. | *trou de chaussette*, buco nel calzino. | *passer par un trou de la haie*, passare attraverso un pertugio della siepe. ‖ [de flûte] foro ; [de serrure] toppa f. ; [d'aiguille] cruna f. ‖ [dans le sol] buca f. ; [au golf] buca ; [du souffleur] buca. ‖ FIG. *j'ai un trou dans mon emploi du temps*, ho un buco nel mio orario. | *trou de mémoire*, vuoto di memoria. | *j'ai un trou de mémoire*, la memoria mi tradisce ; mi sfugge la parola. ‖ POP. [prison] gattabuia f. ‖ LOC. FAM. *boucher un trou* [dette ; remplacement] : tappare un buco. | *faire son trou*, trovare un buco ; trovare un posto, sistemarsi (L.C.). | *boire comme un trou* = bere come una spugna. | *faire le trou normand* = bere un bicchierino tra una portata e l'altra. | *ne pas avoir les yeux en face des trous* = non vederci chiaro. ‖ PÉJOR. [localité] *habiter dans un trou*, stare in un paesetto sperduto. | *un petit trou pas cher*, un posticino a buon mercato. | *vivre dans son trou*, vivere nel proprio buco. ‖ AÉR. *trou d'air*, sacca (f.), vuoto d'aria. ‖ ANAT. *trou occipital*, foro occipitale. | *trou de conjugaison*, foro di coniugazione. ‖ MIL. *trou de loup*, bocca (f.) di lupo. ‖ TECHN. *trou de coulée, de graissage*, foro di colata, di lubrificazione.
troubadour [trubadur] m. trovatore. ◆ adj. *genre, style troubadour* = genere, stile neogotico (dell'Ottocento).
troublant, e [trublɑ̃, ɑ̃t] adj. [embarrassant] conturbante, sconcertante. ‖ [excitant] eccitante.
1. trouble [trubl] adj. PR. torbido. ‖ FIG. torbido, ambiguo. | *pensées, regards, temps troubles*, pensieri, sguardi, tempi torbidi. | *joie trouble*, gioia ambigua. ‖ LOC. *pêcher en eau trouble*, pescare nel torbido.
2. trouble m. [confusion] agitazione f., disordine, confusione f., scompiglio. ‖ [discorde] discordia f., lite f., torbido. ‖ [état affectif] turbamento. ‖ JUR. *trouble de la possession*, turbativa (f.) del possesso. ◆ pl. discordia f. ; lite, torbido ; disordini. | *fauteur de troubles*, fomentatore di disordini. ‖ MÉD. [légers] disturbi. | *troubles respiratoires, hépatiques, de la nutrition*, disturbi respiratori, epatici, trofici. ‖ [graves] turba f., disfunzione f. | *troubles digestifs, nerveux, psychiques, mentaux*, turbe digestive, nervose, psichiche, mentali. | *troubles endocriniens, hépatiques, cardiaques*, disfunzione ghiandolare, epatica, cardiaca.
3. trouble ou **truble** [trybl] f. [filet] bertovello m.
troublé, e [truble] adj. PR. intorbidato, torbido. ‖ FIG. *temps troublés*, tempi torbidi. | *avoir l'esprit troublé*, avere la mente confusa. | *le candidat est troublé*, il candidato è emozionato.
trouble-fête [trubləfɛt] n. inv. guastafeste.
troubler [truble] v. tr. PR. intorbidare, intorbidire, turbare. | *troubler la vue*, offuscare la vista. ‖ FIG. *troubler les idées*, scompigliare, confondere le idee. | *troubler la raison*, alterare la mente. | *troubler l'ordre public*, turbare l'ordine pubblico. | *troubler le silence, le sommeil, une discussion*, disturbare il silenzio, il sonno, una discussione. ‖ [agiter] turbare. | *cette éventualité le trouble*, questa eventualità lo turba. ◆ v. pr. PR. intorbidarsi, intorbidire, offuscarsi. ‖ FIG. confondersi, smarrirsi.
trouée [true] f. [dans une haie] buco m., foro m., passaggio m. ; [entre les nuages] squarcio m. ‖ MIL. sfondamento m. ‖ GÉOGR. passo m., valico m., sella.
trouer [true] v. tr. bucare, forare. ‖ FIG. *trouer les nuages, les ténèbres*, squarciare le nuvole, le tenebre. ‖ FAM. *se faire trouer la peau* = farsi uccidere. ◆ v. pr. bucarsi, forarsi.
troufignon [trufiɲɔ̃] m. POP. = ano.
troufion [trufjɔ̃] m. POP. = soldato semplice.
trouillard, e [trujar, ard] adj. et n. POP. fifone, a ; fifoso, a.
trouille [truj] f. POP. fifa.
troupe [trup] f. [individus] truppa, torma ; [enfants] stormo m., sciame m., frotta ; [animaux] torma, branco m., stormo. | *en troupe*, in truppa, in branco. | *par troupes*, a truppe, a branchi. ‖ MIL. truppa. | *homme de troupe*, uomo di truppa, soldato semplice. | *enfant de troupe*, V. ENFANT. | *troupes d'élite, de renfort*, truppe scelte, di rinforzo. | *troupes de choc*, truppa d'assalto ; [Première Guerre] arditi m. pl. ‖ [cigarette] sigaretta militare. ‖ THÉÂTRE compagnia teatrale ; troupe (fr.). | *chef de troupe*, capocomico m.
troupeau [trupo] m. branco ; [ovins] branco, gregge (pl. *le greggi*) ; [chevaux, bœufs, buffles] branco, armento, mandr(i)a f. ; [animaux sauvages] branco. ‖ PÉJOR. [foule] frotta f., gregge, branco. ‖ RELIG. gregge.
troupiale [trupjal] m. ZOOL. ittero.
troupier [trupje] m. FAM. = soldato semplice. ‖ LOC. *boire comme un troupier* = bere come un lanzo. | *fumer, jurer comme un troupier* = fumare, bestemmiare come un turco. ◆ adj. *comique troupier* = comico triviale.
troussage [trusaʒ] m. CULIN. (l')accosciare. ‖ TECHN. formatura f.
trousse [trus] f. astuccio m., borsa. | *trousse de toilette, de voyage*, astuccio da toletta ; nécessaire (m., fr.), necessario (m.) da viaggio. | *trousse de médecin*, valigetta del medico. | *trousse de couture*, astuccio, nécessaire da lavoro, da cucito. | *trousse de manucure*, astuccio della manicure. | *trousse à outils*, borsa per i ferri. | *trousse d'écolier*, astuccio da tavolo. ◆ pl. LOC. *aux trousses (de)*, alle calcagna (di).
trousseau [truso] m. [vêtements] corredo. ‖ [clefs] mazzo.
trousse-pied [truspje] m. inv. fasciapiede.
trousse-queue [truskø] m. inv. sottocoda ; posolino m.
1. troussequin [truskɛ̃] m. arcione posteriore.
2. troussequin m. TECHN. V. TRUSQUIN.
trousser [truse] v. tr. [relever] tirar(si) su ; succingere (littér.). ‖ POP. *trousser les filles*, sdraiare le ragazze. ‖ LITTÉR. [composer] *trousser un sonnet*, improvvisare un sonetto. | *bien trousser un compliment*, ben tornire un complimento. | *trousser une affaire*, sbrigare una faccenda. ‖ CULIN. accosciare. ◆ v. pr. tirarsi su la gonna, la veste.
trousseur [trusœr] m. POP. *trousseur de jupons* = donnaiolo.

trou-trou [trutru] m. passanastro.
trouvable [truvabl] adj. reperibile ; trovabile (rare).
trouvaille [truvaj] f. [découverte] trovata, ritrovato m., scoperta. ‖ [objet] occasione.
trouvé, e [truve] adj. *enfant trouvé*, trovatello, trovatella. | *bureau des objets trouvés*, ufficio ritrovamento, ufficio oggetti smarriti. | *endroit tout trouvé pour*, posto proprio adatto per. | *expression bien trouvée*, espressione indovinata, azzeccata. ‖ IRON. *voilà qui est bien trouvé !*, che bella trovata !
trouver [truve] v. tr. **1.** [après recherche] trovare, rinvenire, scoprire. | *trouver un appartement*, trovare un appartamento. | *trouver un objet égaré, le corps du délit*, rinvenire un oggetto smarrito, il corpo del reato. | *découvrir le coupable*, scoprire il colpevole. ‖ FIG. *trouver le sommeil*, prendere sonno. | *trouver refuge*, ripararsi, riparare. ‖ **2.** [par hasard] trovare, incontrare ; imbattersi in. | *trouver la fenêtre grande ouverte*, trovare la finestra spalancata. | *trouver une difficulté*, trovare, incontrare una, imbattersi in una difficoltà. | *trouver un portefeuille*, trovare, rinvenire un portafoglio. ‖ **3.** [rendre visite à] *aller trouver qn*, andare a trovare uno. ‖ [surprendre] trovare, cogliere, sorprendere. | *trouver qn en faute*, cogliere uno in fallo. | *trouver qn barbouillant un mur*, trovare, cogliere, sorprendere uno mentre imbratta il muro. ‖ **4.** [inventer] trovare, scoprire, inventare, ideare, escogitare. | *trouver une excuse*, inventare una scusa. | *trouver une solution*, trovare, escogitare una soluzione. ‖ **5.** [estimer] trovare, ritenere. | *trouver qn innocent*, ritenere uno innocente. | *je trouve le temps long*, mi par mill'anni. | *trouver du plaisir*, provar piacere. | *trouver (bon) que*, ritenere, stimare (opportuno) che. | *trouver qch. bien*, apprezzare qlco. | *trouver qch. bien, mal fait*, giudicare, ritenere qlco. fatto bene, fatto male. | *trouves-tu ?*, trovi ? ‖ **6.** LOC. *trouver à qui parler, trouver son maître* = trovare chi vi tiene testa. | *trouver (le) moyen de*, trovare il mezzo, il verso di. ‖ FAM. *la trouver mauvaise*, prendersela a male. ◆ v. pr. [se rencontrer ; être] (ri)trovarsi ; essere (casualmente), stare, versare. | *c'est là que se trouve la difficulté*, qui sta il busillis. | *son nom ne se trouve pas sur la liste*, il suo nome non è sull'elenco. | *cet article se trouve au marché*, quest'articolo si trova in vendita, viene venduto al mercato. | *se trouver en danger*, trovarsi, versare in pericolo. | *se trouver dans de mauvaises conditions*, versare in cattive condizioni. ‖ [se juger] ritenersi, giudicarsi, stimarsi. ‖ [circonstance fortuite] *se trouver être, avoir*, per l'appunto essere, avere. | *elle se trouva libre*, per l'appunto non aveva impegni. ‖ [se sentir] *comment te trouves-tu aujourd'hui ?*, come ti senti, come stai oggi ? | *se trouver mal*, venir meno, svenire. ‖ FIG. *se trouver bien de*, esser contento di. | *se trouver mal de*, pentirsi di. ◆ v. impers. esserci. | *il se trouve des gens heureux*, c'è della gente fortunata. | *il se trouve que*, fatto sta che. ‖ POP. *si ça se trouve, il est déjà parti* = può darsi che sia già uscito.
trouvère [truvɛr] m. trovero, troviero.
troyen, enne [trwajɛ̃, ɛn] adj. et n. troiano.
truand [tryɑ̃] m. VX vagabondo (L.C.). ‖ [voyou] teppista, malvivente.
truander [tryɑ̃de] v. intr. VX vivere da vagabondo (L.C.). ◆ v. tr. POP. infinocchiare (fam.).
truanderie [tryɑ̃dri] f. VX vagabondaggio m. (L.C.). ‖ [truands] malavita ; malviventi m. pl.
truble m. V. TROUBLE 3.
trublion [tryblijɔ̃] m. PÉJOR. [agitateur] agitatore, arruffapopoli. ‖ [brouillon, importun] confusionario, arruffone, importuno.
1. truc [tryk] m. FAM. trucco. | *les trucs du métier*, i trucchi del mestiere. ‖ [chose] coso, cosino, arnese, aggeggio, affare ; [personne] coso. | *se dire des trucs désagréables*, dirsi delle cose spiacevoli (L.C.).
2. truc ou **truck** m. CH. DE F. truck (angl.).
truca [tryka] f. CIN. truca.
trucage m. V. TRUQUAGE.
truchement [tryʃmɑ̃] m. LITTÉR. [intermédiaire] intermediario, tramite. | *servir de truchement*, far da intermediario, da tramite. ‖ LOC. *par le truchement de qn*, per il tramite, per opera di qlcu. ; tramite qlcu.
trucider [tryside] v. tr. FAM. (plais.) = uccidere.
trucmuche [trykmyʃ] m. POP. coso (fam.).
truculence [trykylɑ̃s] f. = violenza espressiva ; crudezza realistica. | *truculence du style*, violenza realistica dello stile.
truculent, e [trykylɑ̃, ɑ̃t] adj. *un personnage truculent* = un personaggio violentemente espressivo. | *langage truculent* = linguaggio realistico, crudo.
truelle [tryɛl] f. TECHN. cazzuola. ‖ [à poisson] spatola.
truellée [tryele] f. cazzolata, cazzuolata.
truffe [tryf] f. tartufo m. ; trifola (septentr.). ‖ *truffe au chocolat* = cioccolatino m. ‖ [du chien, (fam.) de l'homme] naso m. ‖ FAM. [sot] *quelle truffe !* = che babbeo !
truffer [tryfe] v. tr. PR. tartufare. ‖ FIG. infarcire.
trufficulture [tryfikyltyr] f. AGR. tartuficoltura.
truffier, ère [tryfje, ɛr] adj. *région truffière*, regione tartuficola. | *chêne truffier*, quercia tartufigera. | *chien truffier*, cane da tartufi. ◆ n. f. tartufaia.
truie [trɥi] f. ZOOL. troia, scrofa.
truisme [tryism] m. truismo.
truite [trɥit] f. ZOOL. trota. | *truite saumonée*, trota salmonata. ‖ CULIN. *truite au bleu*, v. BLEU.
truité, e [trɥite] adj. [pelage] trotinato ; [porcelaine] screpolato. ‖ MÉTALL. *fonte truitée*, ghisa trotata.
trullo [trullo] m. (pl. **trulli** [truli]) [ital.] ARCHIT. trullo.
trumeau [trymo] m. trumeau (fr.). ‖ ARCHIT. *trumeau gothique*, trumeau gotico. ‖ CULIN. garretto di bue.
truquage [trykaʒ] m. trucco. | *truquage électoral*, manipolazione (f.) dei risultati elettorali.
truquer [tryke] v. tr. truccare, falsificare.
truqueur, euse [trykœr, øz] n. falsificatore, trice ; contraffattore, trice. ‖ CIN. = tecnico addetto al trucco cinematografico, agli effetti speciali.
trusquin [tryskɛ̃] TECHN. truschino.
trusquiner [tryskine] v. tr. TECHN. = segnare tratti paralleli col truschino (su).
trust [trœst] m. ÉCON. trust (angl.).
truste [tryst] ou **trustis** [trystis] f. FÉOD. trustis.
truster [trœste] v. tr. ÉCON. accaparrare, incettare. ‖ FIG. monopolizzare.
trusteur [trœstœr] m. accaparratore, incettatore.
trutticulture [trytikyltyr] f. troticoltura.
trypanosome [tripanozom] m. MÉD. tripanosoma.
trypanosomiase [tripanozomjaz] f. tripanosomiasi, tripanosi.
trypsine [tripsin] f. BIOL. tripsina.
tryptophane [triptɔfan] m. BIOL. triptofano.
tsar [tsar] m. zar inv.
tsarévitch [tsarevitʃ] m. zarevic.
tsarine [tsarin] f. zarina.
tsarisme [tsarism] m. regime zarista ; zarismo.
tsariste [tsarist] adj. et n. zarista.
tsé-tsé [tsetse] f. *(mouche) tsé-tsé*, (mosca) tsetse inv.
T.S.F. [teɛsɛf] f. V. TÉLÉGRAPHIE.
tsigane ou **tzigane** [tsigan] adj. zingaresco. ◆ n. zingaro ; zingano m. (littér.).
tsunami [tsynami] m. GÉOGR. tsunami.
tu [ty] pron. pers. 2ᵉ pers. sing. tu. ‖ [sujet] *tu as raison*, (pop.) *t'as raison*, hai ragione. | *viens-tu ?*, vieni ? | *tu ne veux pas ?*, non vuoi ? ‖ [compl.] *dire tu à qn*, dare del tu a uno. ‖ FAM. *être à tu et à toi avec qn*, essere come pane e cacio.
tuant, e [tɥɑ̃, ɑ̃t] adj. FAM. [épuisant] massacrante. ‖ [énervant] asfissiante.
tub [tœb] m. tub (angl.).
tuba [tyba] m. MUS. tuba f.
tubage [tybaʒ] m. MÉD. intubazione f. ‖ TECHN. rafforzamento con tubi ; posa (f.) dei tubi.
tubaire [tybɛr] adj. MÉD. tubarico.
tubard, e [tybar, ard] adj. et n. MÉD. POP. V. TUBERCULEUX.
tube [tyb] m. ANAT., BOT., ÉLECTR., MIL., PHYS. tubo. | *tube digestif*, tubo digerente. | *tube lance-torpilles*, tubo di lancio ; lanciasiluri m. inv. | *tube à essais*,

provetta f. | *tube d'aspirine, de couleur, de dentifrice,* tubetto di aspirina, di colore, di dentifricio. || FAM., VX [chapeau] tuba f. || ARG. [succès] successo strepitoso. || POP. *un coup de tube* = una telefonata. || LOC. FAM. *à plein(s) tube(s),* a tutto gas.
1. tuber [tybe] v. tr. TECHN. munire di tubi.
2. tuber [tœbe] v. tr. fare il bagno a (in un tub). ◆ v. pr. fare il bagno (in un tub).
tubercule [tybɛrkyl] m. ANAT., BOT., MÉD. tubercolo. || [rhizome] tubero.
tuberculeux, euse [tybɛrkylø, øz] adj. BOT. tubercoluto, tubercolare. || MÉD. tubercolare. ◆ adj. et n. [malade] tubercoloso, tubercolotico, tisico.
tuberculination [tybɛrkylinasjɔ̃] ou **tuberculinisation** [tybɛrkylinizasjɔ̃] f. tubercolinizzazione.
tuberculine [tybɛrkylin] f. tubercolina.
tuberculiner [tybɛrkyline] ou **tuberculiniser** [tybɛrkylinize] v. tr. tubercolinizzare.
tuberculinique [tybɛrkylinik] adj. tubercolinico.
tuberculisation [tybɛrkylizasjɔ̃] f. tubercolizzazione.
tuberculiser (se) [sətybɛrkylize] v. pr. produrre tubercoli.
tuberculose [tybɛrkyloz] f. MÉD. tubercolosi.
tubéreuse [tyberøz] f. BOT. tuberosa.
tubéreux, euse [tyberø, øz] adj. tuberoso.
tubériforme [tyberifɔrm] adj. tuberiforme.
tubérisation [tyberizasjɔ̃] f. tuberizzazione.
tubérisé, e [tyberize] adj. tuberizzato.
tubérosité [tyberozite] f. ANAT., BOT. tuberosità.
tubifex [tybifɛks] m. ZOOL. tubifex.
tubipore [tybipɔr] m. ZOOL. tubipora f.
tubiste [tybist] m. TECHN. tubista.
tubitèle [tybitɛl] m. ZOOL. ragno tubitelo.
tubulaire [tybylɛr] adj. [en forme de tube ; composé de tubes] tubolare ; tubolato (rare).
tubulé, e [tybyle] adj. tubolato, tubulato.
tubuleux, euse [tybylø, øz] adj. BOT. tubuloso, tubulato.
tubulure [tybylyr] f. [tubes] tubatura.
tudesque [tydɛsk] adj. PÉJOR. V. TEUTON.
tudieu! [tydjø] interj. Vx affé di Dio!
tue-chien [tyʃjɛ̃] m. inv. BOT. colchico m. (pl. *colchici*).
tue-diable [tydjabl] m. inv. [pêche] ancoretta f.
tue-loups [tylu] m. inv. BOT. aconito m.
tue-mouches [tymuʃ] m. inv. BOT. ovolo malefico. ◆ adj. *papier tue-mouches,* carta moschicida.
tuer [tɥe] v. tr. **1.** [un homme] uccidere, ammazzare ; [un animal] abbattere, ammazzare, macellare. || FIG. *tuer le veau gras* = festeggiare con un banchetto un lieto avvenimento familiare. | *tuer la poule aux œufs d'or,* V. POULE. | *il n'a jamais tué personne,* non farebbe male a una mosca. || FAM. *tuer le ver* = bersi un cicchetto a stomaco vuoto. || **2.** FIG. [détruire] uccidere, distruggere, rovinare, stroncare. | *la dictature tue la liberté,* la dittatura uccide, distrugge la libertà. | *tuer dans l'œuf,* stroncare sul nascere. | *cette couleur tue les autres,* questo colore annulla gli altri. || **3.** [faire passer] *tuer le temps, l'ennui,* ammazzare il tempo, la noia. | *tuer le plaisir de qch.,* togliere a qlco. ogni piacere, ogni lato piacevole. || **4.** [épuiser] sfibrare, logorare, fiaccare. | *tuer qn de travail,* ammazzare uno di lavoro. || [importuner] seccare, infastidire. ◆ v. pr. [réfl.] uccidersi ; togliersi la vita ; [dans un accident] morire. || [se fatiguer] ammazzarsi, rimetterci la salute. | *se tuer à,* affaticarsi, sgolarsi, spolmonarsi a. || [récipr.] uccidersi, ammazzarsi.
tuerie [tyri] f. macello m., massacro m., strage.
tue-tête (à) [atytɛt] loc. adv. a squarciagola, a perdifiato.
tueur, euse [tɥœr, øz] n. uccisore, ucciditrice ; assassino m. | *tueur à gages,* sicario. || [dans un abattoir] macellatore ; ammazzatore (rare).
tuf [tyf] m. GÉOL. tufo. || FIG., LITTÉR. = fondo, intimo.
tuf(f)eau [tyfo] m. GÉOL. tufo calcareo.
tufier, ère [tyfje, ɛr] adj. tufaceo ; tufoso (rare).
tuile [tɥil] f. tegola. | *tuile plate,* tegola piana ; embrice m. | *tuile ronde,* tegola curva ; coppo m ; tegolo m. (tosc.). | *tuile mécanique,* (tegola) marsigliese f. | *tuile faîtière,* tegola di colmo. || FAM. [ennui] tegola.
tuileau [tɥilo] m. coccio (di tegola).
tuilerie [tɥilri] f. tegolaia.
tuilier [tɥilje] m. = chi fabbrica, vende tegole.
tularémie [tylaremi] f. tularemia.
tulipe [tylip] f. BOT. tulipano m. || [objet] tulipano.
tulipier [tylipje] m. BOT. tulipifero.
tulle [tyl] m. MODE tulle.
tuméfaction [tymefaksjɔ̃] f. tumefazione.
tuméfié, e [tymefje] adj. tumefatto.
tuméfier [tymefje] v. tr. tumefare. ◆ v. pr. tumefarsi.
tumescence [tymɛsɑ̃s] f. MÉD. tumescenza. || PHYSIOL. turgore m.
tumescent, e [tymɛsɑ̃, ɑ̃t] adj. tumescente.
tumeur [tymœr] f. tumore m.
tumoral, e, aux [tymɔral, o] adj. tumorale.
tumulaire [tymylɛr] adj. tumulare, tombale.
tumulte [tymylt] m. PR. tumulto. | *faire du tumulte,* tumultuare. || FIG. tumulto, turbine, turbinio. ◆ loc. adv. ***en tumulte,*** in tumulto (pr.) ; tumultuante adj. (pr. et fig.).
tumultueux, euse [tymyltyø, øz] adj. PR. et FIG. tumultuoso.
tumulus [tymylys] m. (lat.) ARCHÉOL. tumulo.
tungar [tœgar] m. ÉLECTRON. tungar.
tungstate [tœ̃kstat] m. tungstato, wolframato.
tungstène [tœ̃kstɛn] m. tungsteno, wolframio.
tungstique [tœ̃kstik] adj. tungstico, wolframico.
tungstite [tœ̃kstit] f. tungstite.
tunicelle [tynisɛl] f. RELIG. tunicella.
tuniciers [tynisje] m. pl. ZOOL. tunicati, urocordati.
tunique [tynik] f. ANTIQ., MIL., MODE tunica. || ANAT. tunica, tonaca. || BOT. tunica. || MYTH. *tunique de Nessus,* camicia di Nesso. || [liturgie] tunicella.
tuniqué, e [tynike] adj. BOT. tunicato.
tunisien, enne [tynizjɛ̃, ɛn] adj. et n. tunisino.
tunisois, e [tynizwa, az] adj. et n. tunisino.
tunnel [tynɛl] m. tunnel (angl.), galleria f., traforo. || AÉR. *tunnel aérodynamique,* tunnel aerodinamico, galleria aerodinamica. || FIG., FAM. = periodo penoso.
tupaïa ou **tupaya** [typaja] m. ZOOL. tupaia f.
tupi [typi] adj. et n. inv. tupì. ◆ n. m. LING. tupì.
turban [tyrbɑ̃] m. turbante.
turbellariés [tyrbɛlarje] m. pl. ZOOL. turbellari.
turbide [tyrbid] adj. LITTÉR. torbido (L.C.).
turbidité [tyrbidite] f. torbidezza ; torbidità (rare).
turbin [tyrbɛ̃] m. POP. lavoro (L.C.) ; sfacchinata f. (fam.).
turbine [tyrbin] f. MÉC. turbina.
turbiné, e [tyrbine] adj. BOT. turbinato.
turbiner [tyrbine] v. intr. POP. lavorare (L.C.) ; sfacchinare (fam.).
turbo-alternateur [tyrbɔalternatœr] m. turboalternatore.
turbocompresseur [tyrbɔkɔ̃presœr] m. turbocompressore.
turbomachine [tyrbɔmaʃin] f. turbomacchina.
turbomoteur [tyrbɔmɔtœr] m. turbomotore.
turbopompe [tyrbɔpɔ̃p] f. turbopompa.
turbopropulseur [tyrbɔprɔpylsœr] m. turbopropulsore, turboelica f.
turboréacteur [tyrbɔreaktœr] m. turboreattore, turbogetto, aeroreattore.
turbosoufflante [tyrbɔsuflɑ̃t] f. turbosoffiante.
turbot [tyrbo] m. ZOOL. rombo.
turbotière [tyrbɔtjɛr] f. = pesciaiola (a forma di losanga).
turbulence [tyrbylɑ̃s] f. turbolenza.
turbulent, e [tyrbylɑ̃, ɑ̃t] adj. turbolento.
turc, turque [tyrk] adj. et n. turco. | *bain turc,* bagno turco. | *café turc,* caffè alla turca. | *cabinets, latrines à la turque,* gabinetto alla turca. | *tête de Turc* = zimbello. | *fort comme un Turc* = forte come un toro. | *s'asseoir à la turque,* sedere alla turca. | *le Grand Turc,* il (Gran) Turco, il sultano. || MUS. *à la turque,* alla turca. | *marche turque,* rondò (m.) alla

turca. ‖ POLIT. *jeune-turc* = elemento giovane e progressista di un partito. ◆ n. m. LING. turco.
turcique [tyrsik] adj. ANAT. *selle turcique,* sella turcica.
turco [tyrko] m. FAM., HIST. = tiragliatore algerino.
turcoman [tyrkɔmɑ̃] ou **turcmène** [tyrkmɛn] adj. et n. turcomanno, turkmeno. ◆ n. m. LING. turcomanno, turkmeno.
turdidés [tyrdide] m. pl. ZOOL. turdidi.
turf [tyrf] m. [terrain] turf (angl.), ippodromo. ‖ [milieu] turf, ippica f.
turfiste [tyrfist] n. ippofilo m.
turgescence [tyrʒɛsɑ̃s] f. turgescenza, turgidezza; turgore m. (rare).
turgescent, e [tyrʒɛsɑ̃, ɑ̃t] adj. turgescente.
turgide [tyrʒid] adj. LITTÉR. turgido.
turinois, e [tyrinwa, az] adj. et n. torinese.
turion [tyrjɔ̃] m. BOT. turione.
turlupinade [tyrlypinad] f. VX = freddura infelice, battuta ghiaccia.
turlupiner [tyrlypine] v. tr. FAM. seccare.
turlutaine [tyrlytɛn] f. FAM. [rengaine] solfa. ‖ [manie] fissazione.
turlututu [tyrlytyty] interj. FAM., IRON. *turlututu chapeau pointu!,* marameo!; non me la fai!; ma va' là!; un corno! (pop.).
turne [tyrn] f. POP. = stamberga, tugurio m. ‖ ARG. UNIV. = camera (alla Scuola normale superiore).
turnep(s) [tyrnɛp(s)] m. AGR. = sorta di rapa foraggiera.
turonien, enne [tyrɔnjɛ̃, ɛn] adj. et n. m. GÉOL. turoniano.
turpitude [tyrpityd] f. [conduite; action] turpitudine, sconcezza.
turquerie [tyrk(ə)ri] f. = opera artistica, letteraria di ispirazione, di gusto turco, orientale.
turquin [tyrkɛ̃] adj. et n. m. LITTÉR. turchino.
turquoise [tyrkwaz] f. MINÉR. turchese. ◆ adj. inv. (couleur) *bleu turquoise,* color turchese.
tussilage [tysilaʒ] m. BOT. tussilago f., tossilagine f., farfaro.
tussor [tysɔr] m. TEXT. tussor.
tutélaire [tytelɛr] adj. tutelare. ‖ JUR. tutelare; della tutela.
tutelle [tytɛl] f. JUR. tutela. | *être en tutelle,* essere sotto tutela. | *territoire sous tutelle,* territorio sotto amministrazione fiduciaria. | *autorité de tutelle,* autorità tutoria. ‖ [protection] tutela, protezione.
tuteur, trice [tytœr, tris] n. JUR. tutore, trice. ‖ [protecteur] tutore. ◆ n. m. AGR. tutore, sostegno.
tuteurer [tytœre] v. tr. AGR. incannucciare.
tutie ou **tuthie** [tyti] f. CHIM. tuzia.
tutoiement [tytwamɑ̃] m. (il) dare, (il) darsi del tu.
tutoyer [tytwaje] v. tr. dare del tu. ◆ v. pr. darsi del tu.
tutti [tu(t)ti] m. inv. (ital.) MUS. tutti.
tutti quanti [tutikwɑ̃ti] loc. nominale (ital.) *et tutti quanti,* e tutti quanti, e tutti gli altri, e compagnia bella.
tutu [tyty] m. tutù.
tuyau [tɥijo] m. TECHN. tubo, canna f. | *tuyau du gaz, d'échappement,* tubo del gas, di scappamento. | *tuyau d'orgue,* canna dell'organo. | *tuyau de poêle,* tubo, cannone della stufa. | *tuyau de cheminée,* canna fumaria del camino. | *tuyau de pipe,* cannuccia (f.) della pipa. ‖ BOT. *tuyau (de tige),* culmo. ‖ ZOOL. [de plume] calamo. ‖ MODE [pli] cannoncino. ‖ FAM. [renseignement] = informazione (f.) confidenziale. ‖ LOC. FAM. *tuyau de poêle* [chapeau], tuba f. | *dire qch. à qn dans le tuyau de l'oreille* = dire qlco. a uno in confidenza.
tuyautage [tɥijotaʒ] m. MODE stiratura (f.), pieghettatura (f.) a cannoncini. ‖ FAM. [informations] = (il) dare informazioni confidenziali.
tuyauter [tɥijote] v. tr. MODE stirare, pieghettare a cannoncini. | *bonnet tuyauté,* cuffia inamidata e stirata a cannoncini. ‖ FAM. [renseigner] = informare confidenzialmente. ◆ v. intr. AGR. *le blé commence à tuyauter,* il culmo del grano comincia a formarsi.
tuyauterie [tɥijotri] f. TECHN. tubatura.
tuyère [tɥijɛr, tyjɛr] f. ugello m.
tweed [twid] m. TEXT. tweed (angl.).
twist [twist] m. twist (angl.).
tylenchus [tilɛ̃kys] m. ZOOL. tylenchus, anguillula f.
tympan [tɛ̃pɑ̃] m. ANAT., ARCHIT., MÉC. timpano. ‖ FIG. *briser le tympan à qn,* rompere i timpani a qlcu.
tympanique [tɛ̃panik] adj. ANAT., MÉD., ZOOL. timpanico.
tympanisme [tɛ̃panism] m. MÉD. timpanismo.
tympanon [tɛ̃panɔ̃] m. MUS. timpano.
tyndallisation [tɛ̃dalizasjɔ̃] f. tindalizzazione.
type [tip] m. [exemple, modèle] tipo. | *le type de la beauté grecque, de l'avare,* il tipo della bellezza greca, dell'avaro. ‖ [préfiguration] *Adam est le type du Christ,* Adamo è il tipo di Cristo. ‖ [en apposition] *appartement, famille type,* appartamento, famiglia tipo. | *erreur type,* errore tipico. ‖ LOC. *du type* (suivi d'un adj., d'un n.), del tipo di, sul tipo di; tipo. ‖ FAM. [original] bel tipo; macchietta f. (originale). ‖ POP. tipo, tizio, uno, individuo. | *quel type!,* guarda che tipo! | *un type est venu te chercher,* è venuto uno a cercarti. | *qui est ce type?,* chi è quel tipo, quel tizio, quel tale? | *un brave type,* un brav'uomo. | *un pauvre type,* un povero diavolo, un poveraccio. | *un sale type,* un bel campione (iron.). ‖ FAM. *elle a un type,* è un tipo. | *cette femme est tout à fait mon type,* questa donna è proprio il mio tipo. ‖ POP. [amant] ganzo. ‖ BOT., ZOOL. tipo. ‖ TECHN., TYP. tipo.
typer [tipe] v. tr. LITTÉR. tipi(ci)zzare, tipificare.
typesse [tipɛs] f. POP., PÉJOR. = donnaccia, ragazzaccia.
typhique [tifik] adj. MÉD. tifico. ◆ n. tifoso, a; ammalato, a di tifo.
typhlite [tiflit] f. MÉD. tiflite.
typho-bacillose [tifɔbasiloz] f. MÉD. tifobacillosi.
typhoïde [tifɔid] adj. tifoide, tifoideo, tifoso. | *fièvre typhoïde,* febbre tifoide, tifoidea. | *état typhoïde,* stato tifoide, tifoso. ◆ n. f. tifoidea; tifo (m.) addominale; ileotifo m.
typhoïdique [tifɔidik] adj. relativo alla tifoidea.
typhon [tifɔ̃] m. MÉTÉOR. tifone.
typhose [tifoz] f. MÉD. stato tifoide, tifoso. ‖ VÉTÉR. tifosi aviaria.
typhus [tifys] m. MÉD. *typhus (exanthématique),* tifo esantematico, petecchiale. ‖ VÉTÉR. tifo (del cane, del gatto).
typique [tipik] adj. tipico.
typographe [tipɔgraf] n. et fam. abr. **typo** m. tipografo m.
typographie [tipɔgrafi] f. [procédé] tipografia. ‖ [présentation du texte] veste tipografica.
typographique [tipɔgrafik] adj. tipografico.
typologie [tipɔlɔʒi] f. tipologia.
typologique [tipɔlɔʒik] adj. tipologico.
typomètre [tipɔmɛtr] m. TYP. tipometro.
typtologie [tiptɔlɔʒi] f. tiptologia.
1. tyran [tirɑ̃] m. PR. et FIG. tiranno.
2. tyran m. ZOOL. tiranno.
tyranneau [tirano] m. tirannello.
tyrannicide [tiranisid] n. tirannicida. ◆ n. m. [acte] tirannicidio.
tyrannie [tirani] f. HIST. tirannide; tirannia (rare). ‖ [despotisme] tirannide, tirannia. ‖ FIG. tirannia, prepotenza; tirannide (rare).
tyrannique [tiranik] adj. PR. tirannico. ‖ FIG. tirannico, prepotente.
tyranniser [tiranize] v. tr. tiranneggiare (pr. et fig.); asservire (fig.).
tyrannosaure [tiranɔzɔr] m. ZOOL. tirannosauro.
tyrolien, enne [tirɔljɛ̃, ɛn] adj. et n. tirolese. | *chapeau tyrolien,* cappello alla tirolese. ◆ n. f. [air] jodler m. (all.); [danse] tirolese.
tyrosine [tirozin] f. CHIM. tirosina.
tyrothricine [tirɔtrisin] f. PHARM. tirotricina.
tyrrhénien, enne [tirenjɛ̃, ɛn] adj. tirrenico.
tzar m., **tzarine** f., **tzarévitch** m. V. TSAR, TSARINE, TSARÉVITCH.
tzigane adj. et n. V. TSIGANE.

U

u [y] m. u m. ou f.
ubac [ybak] m. = versante in ombra, versante a bacio.
ubiquiste [ybikɥist] ou **ubiquitaire** [ybikɥitɛr] adj. et n. RELIG. ubiquista, ubiquitario.
ubiquité [ybikɥite] f. ubiquità.
ubuesque [ybyɛsk] adj. = comicamente crudele e codardo ; grottesco, farsesco.
uhlan [ylɑ̃] m. MIL. ulano.
ukase ou **oukase** [ukaz] m. ukase inv.
ukrainien, enne [ykrɛnjɛ̃, ɛn] adj. et n. ucraino. ◆ n. m. LING. ucraino.
ulcératif, ive [ylseratif, iv] adj. (es)ulcerativo.
ulcération [ylserasjɔ̃] f. ulcerazione.
ulcère [ylsɛr] m. MÉD. ulcera f.
ulcéré, e [ylsere] adj. *avoir l'air ulcéré,* parere (es)ulcerato. | *cœur ulcéré,* cuore ulcerato. | *conscience ulcérée,* coscienza ulcerata.
ulcérer [ylsere] v. tr. MÉD. ulcerare. || FIG. (es)ulcerare.
ulcéreux, euse [ylserø, øz] adj. ulceroso.
ulcéroïde [ylserɔid] adj. ulceroide.
uléma [ylema] ou **ouléma** [ulema] m. RELIG. ulema, ulama.
uliginaire [yliʒinɛr] ou **uligineux, euse** [yliʒinø, øz] adj. uliginoso.
ulmacées [ylmase] f. pl. BOT. olmacee, ulmacee.
ulmaire [ylmɛr] f. BOT. olmaria ; regina dei prati.
ulnaire [ylnɛr] adj. ANAT. ulnare.
ultérieur, e [ylterjœr] adj. ulteriore.
ultimatum [yltimatɔm] m. ultimatum (lat.) ; ultimato (rare). | *signifier un ultimatum,* notificare un ultimatum.
ultime [yltim] adj. (rare) ultimo, estremo (L.C.).
ultimo [yltimo] adv. (lat.) infine, da ultimo, in ultimo luogo.
ultra [yltra] m. HIST. oltranzista, estremista, ultrà ; ultra [pl. *ultras*] (fr.).
ultracentrifugeuse [yltrasɑ̃trifyʒøz] f. ultracentrifuga.
ultra-chic [yltraʃik] adj. FAM. arcielegante.
ultra-court, e [yltrakur, kurt] adj. ultracorto.
ultrafiltration [yltrafiltrasjɔ̃] f. ultrafiltrazione.
ultrafiltre [yltrafiltr] m. ultrafiltro.
ultramicroscope [yltramikrɔskɔp] m. ultramicroscopio.
ultramicroscopie [yltramikrɔskɔpi] f. ultramicroscopia.
ultramicroscopique [yltramikrɔskɔpik] adj. ultramicroscopico.
ultra-moderne [yltramɔdɛrn] adj. ultramoderno.
ultramontain, e [yltramɔ̃tɛ̃, ɛn] adj. ultramontano.
ultramontanisme [yltramɔ̃tanism] m. RELIG. ultramontanismo.
ultra-petita [yltrapetita] m. (lat.) JUR. sentenza (f.) ultra petita. || LOC. *statuer ultra-petita,* statuire ultra petita.
ultrapression [yltraprɛsjɔ̃] f. ultrapressione.
ultraroyaliste [yltrarwajalist] adj. et n. ultrarealista.
ultra-sensible [yltrasɑ̃sibl] adj. PR. ultrasensibile. || FIG. sensibilissimo.
ultrason [yltrasɔ̃] m. PHYS. ultrasuono.
ultrasonique [yltrasɔnik] adj. ultrasonico, supersonico.
ultrasonore [yltrasɔnɔr] adj. ultrasonoro.
ultraviolet, ette [yltravjɔlɛ, ɛt] adj. et n. m. PHYS. ultravioletto.
ultravirus [yltravirys] m. MÉD. ultravirus.
ululation [ylylasjɔ̃] f. ou **ululement** [ylylmɑ̃] m. strido m., stridìo m.
ululer [ylyle] v. intr. gridare.
ulve [ylv] f. BOT. ulva.
un [œ̃], **une** [yn] adj. num. un(o), una. || [cardinal] *cent un mètres,* centun metri, metri cento uno. | *vingt et une autos,* ventun macchine. | *« les Mille et Une Nuits »,* « Le Mille e Una Notte ». | *un jour sur deux,* un giorno sì e uno no, un giorno su due. || [ordinal] uno, primo. | *page un ; chapitre un,* pagina uno ; capitolo uno, primo. | *l'an un de l'ère chrétienne,* l'anno primo dell'era cristiana. | *acte un,* atto primo. | *à une heure,* alle ore una, all'una. ◆ adj. qual. uno, una. | *la république est une et indivisible,* la repubblica è una e indivisibile. | *c'est tout un,* è tutt'uno. ◆ art. indéf. un(o), una. | *un homme,* un uomo. | *une autruche,* uno struzzo. | *un jour,* un giorno. | *une femme, une âme,* una donna, un'anima. || [emph.] *c'est d'un mauvais goût !,* che gusto pessimo ! || [devant un n. pr.] *c'est un Cicéron !,* è un Cicerone ! | *c'est un (tableau de) Delacroix,* è un (quadro di) Delacroix. ◆ pron. indéf. un(o), una. | *un de mes compatriotes,* un mio compatriota. | *un d'entre vous,* uno di voi. | *ne faire qu'un avec,* essere tutt'uno con. | *l'un, l'une... l'autre,* l'uno, l'una... l'altro, l'altra. | *ces oranges coûtent cinquante centimes l'une,* queste arance costano cinquanta centesimi l'una. | *de deux choses l'une,* una delle due. | *l'un, l'une dans l'autre,* in media. ◆ n. *un et un font deux,* uno e uno fa due. | *une fois un, un,* uno via uno fa uno. | *il n'y en avait pas un(e) de réussi(e),* non ce n'era uno che fosse riuscito, una che fosse riuscita. | *plus d'un,* più di uno. | *un à un,* a uno a uno. | *un par un,* uno per uno. || [pour scander] *un, deux !, un, deux !,* un, due !, un, due ! || LOC. *ne faire ni une ni deux,* V. DEUX. | [dans une énumération] FAM. *et d'un... et de deux !,* e uno !... e due ! || PHILOS. *l'Un,* l'Uno. ◆ n. f. JOURN. *à la une,* in prima pagina. || FAM. *en griller une,* fumare una sigaretta (L.C.).
unanime [ynanim] adj. unanime, concorde. | *tous furent unanimes à reconnaître son honnêteté,* tutti furono unanimi, concordi nel riconoscere la sua onestà.
unanimisme [ynanimism] m. unanimismo.
unanimiste [ynanimist] adj. et n. unanimista.
unanimité [ynanimite] f. unanimità.
unau [yno] m. ZOOL. bradipo.
unciforme [ɔ̃sifɔrm] adj. ANAT. uncinato, unciniforme.
unciné, e [ɔ̃sine] adj. BOT. uncinato.
une adj. et n. f. V. UN.
unguéal, e, aux [ɔ̃g(ɥ)eal, o] adj. ANAT. ungueale.
unguifère [ɔ̃gɥifɛr] adj. ZOOL. unghiato.
unguis [ɔ̃gɥis] m. ANAT. unguis (lat.) ; osso lacrimale.
uni, e [yni] adj. [d'accord] unito, concorde. | *unis comme les deux doigts de la main* = amici intimi. || *États-Unis d'Amérique,* Stati Uniti d'America. | *(Organisation des) Nations unies,* (Organizzazione delle) Nazioni unite. | *Royaume-Uni,* Regno Unito. || [égal ; lisse] uniforme, liscio, piano. | *mer unie,* mare calmo. | *route unie,* strada piana. || [sans ornement] *étoffe unie,* stoffa in tinta unita. | *une robe tout unie,* un vestito semplice. || FIG. *une vie tout unie,* una vita uguale, uniforme. ◆ n. m. TEXT. tessuto in tinta unita.
uniate [ynjat] adj. et n. RELIG. uniate.
uniaxe [yniaks] adj. MINÉR. uniassico, monoassico.
unicellulaire [yniselylɛr] adj. BIOL. unicellulare.
unicité [ynisite] f. unicità.
unicolore [ynikɔlɔr] adj. monocolore ; unicolore (rare).
unicorne [ynikɔrn] m. unicorno adj. et n.
unidirectionnel, elle [ynidirɛksjɔnɛl] adj. unidirezionale.
unième [ynjɛm] adj. num. ord. -unesimo (suff.). | *vingt et unième,* ventunesimo. | *trente et unième,*

trentunesimo. | *cent unième*, centunesimo. | *mille et unième*, millesimo primo.
unificateur, trice [ynifikatœr, tris] adj. et n. unificatore, trice.
unification [ynifikasjɔ̃] f. unificazione.
unifier [ynifje] v. tr. unificare. ◆ v. pr. unificarsi.
unifilaire [ynifilɛr] adj. unifilare, monofilare.
uniflore [ynifIɔr] adj. Bot. unifloro.
1. uniforme [ynifɔrm] adj. Pr. et FIG. uniforme.
2. uniforme m. uniforme f., divisa f. | *en grand uniforme*, in grande, alta uniforme. || Fig. [armée] *endosser l'uniforme*, abbracciare la carriera militare. | *quitter l'uniforme*, lasciare l'esercito.
uniformément [ynifɔrmemɑ̃] adv. *mouvement uniformément accéléré*, moto uniformemente accelerato.
uniformisation [ynifɔrmizasjɔ̃] f. uniformazione.
uniformiser [ynifɔrmize] v. tr. uniformare.
uniformité [ynifɔrmite] f. Pr. et FIG. uniformità.
unijambiste [yniʒɑ̃bist] adj. privo di una gamba. ◆ n. persona priva di una gamba.
unilatéral, e [ynilateral] adj. *décision unilatérale*, decisione unilaterale. | *engagement unilatéral*, impegno unilaterale. | *stationnement unilatéral*, v. STATIONNEMENT.
unilinéaire [ynilineɛr] adj. unilineare.
unilingue [ynilɛ̃g] adj. monolingue (rare). | *dictionnaire unilingue*, vocabolario.
uniloculaire [ynilɔkylɛr] adj. Bot. uniloculare.
uniment [ynimɑ̃] adv. uniformemente. || Fig. *dire tout uniment*, dire semplicemente, in poche parole, alla buona.
uninominal, e, aux [yninɔminal, o] adj. uninominale.
union [ynjɔ̃] f. [association] unione. | *l'union de l'âme et du corps*, l'unione dell'anima col corpo. | *l'union fait la force*, l'unione fa la forza. || [mariage] unione, matrimonio m. || Écon. *union douanière, économique, monétaire, tarifaire*, unione doganale, economica, monetaria, tariffaria. || Psychan. *union des pulsions*, fusione delle pulsioni. || Typ. *trait d'union*, trattino, lineetta.
unionisme [ynjɔnism] m. Hist. unionismo.
unioniste [ynjɔnist] adj. et n. unionista.
unipare [ynipar] adj. Biol. uniparo.
unipersonnel, elle [ynipɛrsɔnɛl] adj. *verbe unipersonnel*, verbo impersonale.
unipolaire [ynipɔlɛr] adj. unipolare.
unique [ynik] adj. unico. | *voie à sens unique*, strada a senso unico. || Ch. de f. *ligne à voie unique*, linea a binario semplice. || [incomparable] *talent unique*, ingegno unico, senza pari. || [extravagant] *tu es unique !*, sei straordinario !, sei speciale !
unir [ynir] v. tr. [joindre] unire, congiungere. | *unir en mariage*, unire, congiungere in matrimonio. | *unir la prudence au courage*, unire la prudenza al coraggio. || [égaliser] *unir une planche*, appianare un'asse. | *unir une surface*, spianare una superficie. | *unir une teinte*, uniformare una tinta. ◆ v. pr. [s'allier] unirsi, congiungersi. | *s'unir contre l'ennemi*, unirsi contro il nemico. | *s'unir à un groupe*, unirsi a un gruppo. || [par mariage] unirsi, congiungersi (in matrimonio). || [être harmonieux] armonizzare v. intr. | *couleurs qui s'unissent harmonieusement*, colori che armonizzano bene insieme.
unisexe [ynisɛks] adj. inv. unisex.
unisexué, e [ynisɛksɥe] ou **unisexuel, elle** [ynisɛksɥɛl] adj. unisessuale, unisessuato.
unisson [ynisɔ̃] m. Mus. unisono. || Loc. *à l'unisson*, all'unisono.
unitaire [ynitɛr] adj. unitario. | *prix unitaire*, prezzo unitario. || Math. *théorie du champ unitaire*, teoria del campo unitario.
unitarien [ynitarjɛ̃] adj. et n. unitariano, unitario.
unitarisme [ynitarism] m. Relig. unitarismo.
unité [ynite] f. [caractère de ce qui est un] unità. | *unité et pluralité*, unità e pluralità. | *unité de culture*, unità, identità di cultura. | *unité d'action, de temps, de lieu*, unità d'azione, di tempo, di luogo. || [harmonie ; accord] *ce livre manque d'unité*, non c'è unità in questo libro. | *complète unité de vues*, completa armonia, identità di vedute. | *unité de couleur, de style*, uniformità, unitezza di colore, di stile. || [étalon] *unité de mesure*, unità di misura. | *unité monétaire*, unità monetaria. || [élément] *une production de six cents unités*, una produzione di seicento pezzi. | *unité de production*, unità di produzione. || Mar. unità. || Math. unità. || Mil. unità, reparto m. | *petite unité*, unità elementare. | *grande unité*, grande unità. | *unités combattantes*, reparti combattenti. | *unités de choc*, reparti d'assalto. || Univ. *unité d'enseignement et de recherche (U.E.R.)* = unità scientifico-didattica. || [informatique] *unité de contrôle, d'entrée, de sortie, de mémoire*, unità di controllo, di ingresso, d'uscita, di memoria.
unitif, ive [ynitif, iv] adj. Relig. unitivo.
univalent, e [ynivalɑ̃, ɑ̃t] adj. Chim. monovalente.
univalve [ynivalv] adj. univalve.
univers [ynivɛr] m. Pr. et FIG. universo, mondo.
universalisation [ynivɛrsalizasjɔ̃] f. universalizzazione.
universaliser [ynivɛrsalize] v. tr. universalizzare.
universalisme [ynivɛrsalism] m. universalismo.
universaliste [ynivɛrsalist] adj. universalistico. ◆ n. universalista.
universalité [ynivɛrsalite] f. universalità. || Jur. *universalité des biens*, universalità di beni.
universaux [ynivɛrso] m. pl. Philos. universali.
universel, elle [ynivɛrsɛl] adj. et n. Pr. et FIG. universale. | *légataire universel*, erede universale. | *clef universelle*, chiave universale. | *quantificateur universel*, quantificatore universale. | *moteur universel*, motore universale.
universitaire [univɛrsitɛr] adj. universitario. ◆ n. insegnante universitario, a.
université [ynivɛrsite] f. [enseignement sup.] università, ateneo m. | *ville d'université*, sede universitaria. | *universités populaires*, università popolari. || [au Moyen Âge] studio m. || [bâtiment] università. || [enseignants] corpo (m.) insegnante.
univitellin, e [ynivitɛlɛ̃, in] adj. Biol. univitellino, monocoriale.
univocité [ynivɔsite] f. univocità.
univoque [ynivɔk] adj. univoco.
untel [ɛ̃tɛl] m. V. TEL.
upas [ypɑs] m. Bot. upas.
uppercut [ypɛrkyt] m. uppercut (angl.), montante.
upsilon [ypsilɔn] m. ipsilon m. ou f.
uræus [yreys] m. Art ureo.
uranate [yranat] m. Chim. uranato.
urane [yran] m. Chim. ossido di uranio.
uranie [yrani] f. Zool. urania.
uranifère [yranifɛr] adj. Géol. uranifero.
uraninite [yraninit] f. Minér. uraninite.
uranique [yranik] adj. uranico.
uranisme [uranism] m. Méd. uranismo.
uranite [yranit] f. Minér. uranite.
uranium [yranjɔm] m. Chim. uranio.
uranographe [yranɔgraf] m. uranografo.
uranographie [yranɔgrafi] f. uranografia.
uranoplastie [yranɔplasti] f. Chir. uranoplastica.
uranoscope [yranɔskɔp] m. Zool. uranoscopo.
uranyle [yranil] m. Chim. uranile.
urate [yrat] m. Chim. urato.
urbain, e [yrbɛ̃, ɛn] adj. urbano. || Littér. [affable] cortese, civile, urbano (l.c.).
urbanisation [yrbanizasjɔ̃] f. [d'une région] urbanizzazione. || [concentration vers les villes] urbanesimo m.
urbaniser [yrbanize] v. tr. urbanizzare. || Fig. incivilire, ingentilire.
urbanisme [yrbanism] m. urbanistica f. | *plan d'urbanisme*, piano urbanistico.
urbaniste [yrbanist] adj. urbanistico. ◆ n. urbanista.
urbanité [yrbanite] f. civiltà, cortesia, urbanità.
urbi et orbi [yrbiɛtɔrbi] loc. adv. urbi et orbi (lat.).
urcéole [yrseɔl] f. Bot. urceola.
urcéolé, e [yrseɔle] adj. urceolato.
urdu [yrdy] m. Ling. urdù.

ure m. V. URUS.
urédinales [yredinal] m. pl. BOT. uredinali.
urédospore [yredɔspɔr] f. BOT. uredospora.
urée [yre] f. CHIM. urea.
uréide [yreid] f. CHIM. ureide.
urémie [yremi] f. MÉD. uremia.
urémique [yremik] adj. uremico.
urétéral, e, aux [yreteral, o] adj. ureterale, ureterico.
uretère [yrtɛr] m. ANAT. uretere.
urétérite [yreterit] f. MÉD. ureterite.
urétral, e, aux [yretral, o] adj. uretrale.
urètre [yrɛtr] m. ANAT. uretra f.
urétrite [yretrit] f. MÉD. uretrite.
urgence [yrʒɑ̃s] f. urgenza. ‖ MÉD. caso (m.) urgente. | *service des urgences,* (posto di) pronto soccorso m. ‖ POLIT. *état d'urgence,* stato di emergenza. | *procédure d'urgence,* procedura d'urgenza. ◆ loc. adv. ***d'urgence, de toute urgence,*** d'urgenza, con urgenza.
urgent, e [yrʒɑ̃, ɑ̃t] adj. urgente, pressante; impellente, stringente (littér.). | *appel urgent,* chiamata d'urgenza. | *être urgent,* urgere v. intr., essere urgente. ◆ n. m. *l'urgent pour eux était de s'enfuir,* urgeva per loro fuggire.
urger [yrʒe] v. intr. FAM. *ça urge,* c'è urgenza (L.C.).
urgonien [yrgɔnjɛ̃] adj. et n. m. GÉOL. urgoniano.
uricémie [yrisemi] f. MÉD. uricemia.
urinaire [yrinɛr] adj. urinario.
urinal, aux [yrinal, o] m. pappagallo.
urine [yrin] f. orina; MÉD. urina.
uriner [yrine] v. tr. et intr. orinare; MÉD. mingere.
urineux, euse [yrinø, øz] adj. urinoso.
urinifère [yrinifɛr] adj. urinifero.
urinoir [yrinwar] m. orinatoio.
urique [yrik] adj. urico.
urne [yrn] f. urna. | *aller aux urnes,* andare alle urne. ‖ BOT. urna.
urobiline [yrɔbilin] f. urobilina.
urochrome [yrɔkrɔm] m. urocromo.
urocordés [yrɔkɔrde] m. pl. ZOOL. urocordati.
urodèles [yrɔdɛl] m. pl. ZOOL. urodeli.
uro-génital, e, aux [yrɔʒenital, o] adj. urogenitale, genitourinario.
urographie [yrɔgrafi] f. urografia.
urolithe [yrɔlit] m. urolito.
urolithiase [yrɔlitjaz] f. urolitiasi.
urologie [yrɔlɔʒi] f. urologia.
urologue [yrɔlɔg] m. urologo.
uropode [yrɔpɔd] m. ZOOL. uropodio.
uropygial, e, aux [yrɔpiʒial, o] adj. ZOOL. uropigeo.
uropygienne [yrɔpiʒjɛn] adj. f. ZOOL. *glande uropygienne,* ghiandola uropigea, dell'uropigio; uropigio m.
ursidés [yrside] m. pl. ZOOL. ursidi.
ursuline [yrsylin] f. RELIG. orsolina.
urticacées [yrtikase] f. pl. BOT. urticacee.
urticaire [yrtikɛr] f. MÉD. orticaria, urticaria.
urticant, e [yrtikɑ̃, ɑ̃t] adj. orticante, urticante.
urtication [yrtikasjɔ̃] f. orticazione, urticazione.
urubu [yryby] m. ZOOL. urubù.
uruguayen, enne [yrygwɛjɛ̃, ɛn] adj. et n. uruguaiano.
urus [yrus] ou **ure** [yr] m. ZOOL. uro.
us [ys] m. pl. LOC. *les us et coutumes,* gli usi e i costumi.
usage [yzaʒ] m. [utilisation] uso. | *faire (bon, mauvais) usage de,* fare (buon, cattivo) uso di. | *faire de l'usage, un bon usage,* fare un buon uso. | *faire beaucoup d'usage,* durare a lungo. ‖ [pratique] *perdre l'usage de la parole,* perdere la parola. | *l'usage des sacrements, du monde,* la pratica dei sacramenti, del mondo. | *l'usage établi,* l'uso invalso. | *terme entré dans l'usage,* voce entrata nell'uso. | *méthodes en usage,* metodi in uso, in vigore. ‖ LOC. *locaux à usage d'habitation,* locali uso abitazione. | *médicaments à usage externe,* medicine per uso esterno. | *à l'usage de,* a uso di. | *livres à l'usage de la jeunesse,* libri a uso della gioventù. | *livres à l'usage des élèves,* libri scolastici. | *à l'usage,* con l'uso. ◆ pl. *les usages de la société,* le regole (f. pl.) della buona creanza. | *ignorer les usages,* mancare d'educazione, essere senza creanza.
usagé, e [yzaʒe] adj. usato. | *effets usagés,* capi di vestiario usati.
usager [yzaʒe] m. [qui utilise] utente. ‖ [qui a un droit d'usage] usuario.
usance [yzɑ̃s] f. COMM. mese m. | *effet à usance, à double usance,* effetto a trenta giorni, a due mesi data.
usant, e [yzɑ̃, ɑ̃t] adj. spossante, logorante.
usé, e [yze] adj. [vêtement] logoro, consunto, frusto, malandato; [chaussure] sciupato. | *serviettes (de table) usées,* tovaglioli lisi, frusti. | *être usé jusqu'à la corde,* mostrar la corda. ‖ FIG. *organisme usé,* organismo logoro. | *usé avant l'âge,* invecchiato, sfinito anzi tempo. | *plaisanterie usée,* barzelletta frusta, trita (e ritrita). | *sujet usé,* argomento, tema trito. | *eaux usées,* acque di scarico; [industrielles] scoli m. pl.
user [yze] v. tr. ind. **(de)** far uso (di), servirsi (di), usare v. tr. | *user de patience, de violence, de contrainte,* usare pazienza, violenza, mezzi coercitivi. | *user d'un droit,* valersi di un diritto. | *user de son droit,* esercitare un proprio diritto. | *en user bien, mal avec qn* (littér.), trattar bene, male qlcu, comportarsi bene, male con qlcu. (L.C.). ◆ v. tr. PR. consumare, logorare, rovinare, sciupare. | *user ses vêtements,* logorare, sciupare i vestiti. | *user ses souliers,* consumare, sciupare le scarpe. | *user trop de charbon,* consumare troppo carbone. ‖ FIG. *user sa santé,* guastarsi, rovinarsi la salute. | *user ses dons,* sprecare le proprie doti. ◆ v. pr. consumarsi, logorarsi, rovinarsi, sciuparsi.
usinage [yzinaʒ] m. [à la machine-outil] lavorazione (f.) alla macchina utensile. ‖ [en usine] fabbricazione (f.) in officina.
usine [yzin] f. fabbrica, officina, stabilimento m. (industriale). | *usine d'automobiles,* fabbrica d'automobili. | *usine génératrice d'électricité,* centrale elettrica. | *usine textile,* fabbrica di tessuti. | *usine de ciment,* cementificio m. | *usine à gaz,* officina del gas. | *usine hydraulique,* impianto idraulico. | *usine pilote,* impianto pilota. | *ouvrier d'usine,* operaio di officina. | *travailler en usine,* lavorare in officina, in fabbrica. ‖ COMM. *prix à l'usine,* prezzo franco fabbrica. ‖ FAM. *cet hôpital est une usine,* quest'ospedale è una vera officina.
usiner [yzine] v. tr. [à la machine-outil] lavorare (alla macchina utensile). ‖ [en usine] *usiner des produits finis,* fabbricare (in officina) prodotti finiti. ‖ POP. *ça usine!,* si lavora sodo, con accanimento! (L.C.).
usinier, ère [yzinje, ɛr] adj. *industrie usinière,* industria manifatturiera. | *faubourg usinier,* sobborgo, periferia industriale. ◆ n. m. VX direttore di una fabbrica (L.C.).
usité, e [yzite] adj. usitato, in uso, di uso. | *locution usitée,* locuzione usitata.
usnée [ysne] f. BOT. usnea.
ustensile [ystɑ̃sil] m. attrezzo, utensile. | *ustensiles de jardinage,* attrezzi di giardinaggio. | *ustensiles de cuisine,* utensili di cucina.
ustilaginales [ystilaʒinal] f. pl. BOT. ustilaginali.
usucapion [yzykapjɔ̃] f. JUR. usucapione.
usuel, elle [yzɥɛl] adj. comune, consueto, corrente, solito, d'uso, usuale. | *aux conditions usuelles,* alle condizioni d'uso. ◆ n. m. opera (f.) di consultazione (corrente).
usufructuaire [yzyfryktɥɛr] adj. usufruttuario.
usufruit [yzyfrɥi] m. JUR. usufrutto. | *avoir l'usufruit d'un capital, un capital en usufruit,* avere, godere l'usufrutto di un capitale; avere un capitale in usufrutto; usufruire di un capitale; usufruttare un capitale (vx).
usufruitier, ère [yzyfrɥitje, ɛr] adj. et n. usufruttuario.
usuraire [yzyrɛr] adj. usurario, usuraio.
1. usure [yzyr] f. JUR. usura; strozzo m., strozzinaggio m. (pop). ‖ FIG. *avec usure,* a, con usura.
2. usure f. [détérioration] consumo m., logorio m., logoramento m.; usura (gall.). | *guerre d'usure,* guerra di logoramento.

usurier, ère [yzyrje, ɛr] n. usuraio, a ; strozzino, a (pop.).
usurpateur, trice [yzyrpatœr, tris] adj. et n. usurpatore, trice.
usurpation [yzyrpasjɔ̃] f. usurpazione ; usurpamento m. (rare). | *usurpation de pouvoir,* esercizio abusivo di potere. | *usurpation de décorations,* uso abusivo di decorazioni.
usurpatoire [yzyrpatwar] adj. usurpativo.
usurper [yzyrpe] v. tr. usurpare, appropriarsi. ◆ v. intr. LITTÉR. *usurper sur les terres de qn,* sconfinare nelle terre di qlcu. | *usurper sur les droits de qn,* ledere i diritti di qlcu.
ut [yt] m. MUS. do ; ut (vx). | *clef d'ut,* chiave di do. | *ut de poitrine,* do di petto.
utérin, e [yterɛ̃, in] adj. uterino.
utérus [yterys] m. (lat.) ANAT. utero.
utile [ytil] adj. utile, vantaggioso. | *utile à qn, à qch.,* utile a, per qlcu., qlco. | *puis-je t'être utile?,* posso esserti utile ? ‖ LOC. *il est utile de noter que,* giova notare che. | *en temps utile,* in tempo utile. ◆ n. m. *joindre l'utile à l'agréable,* unire l'utile al dilettevole.
utilement [ytilmɑ̃] adv. utilmente, con buon esito, con profitto.
utilisable [ytilizabl] adj. utilizzabile.
utilisateur, trice [ytilizatœr, tris] n. utente.
utilisation [ytilizasjɔ̃] f. utilizzazione.
utiliser [ytilize] v. tr. utilizzare, impiegare, adoperare ; giovarsi, valersi di. | *utilisé comme,* adibito a.
utilitaire [ytilitɛr] adj. utilitario. | *véhicule utilitaire,* V. VÉHICULE. ◆ n. m. PHILOS. utilitario, utilitarista.
utilitarisme [ytilitarism] m. PHILOS. utilitarismo.
utilitariste [ytilitarist] adj. utilitaristico. ◆ n. utilitarista.
utilité [ytilite] f. [service rendu] utilità. | *être d'une grande utilité, sans utilité,* essere di grande utilità, senza utilità. ‖ [profit] vantaggio m., profitto m., tornaconto m. | *pour l'utilité personnelle,* per la propria utilità. ‖ JUR. *pour cause d'utilité publique,* per pubblica utilità. ‖ ÉCON. utilità. ◆ pl. *acteur, actrice qui joue les utilités,* (attore) generico, (attrice) generica. | *jouer les utilités,* recitare le parti secondarie.
utopie [ytɔpi] f. utopia.
utopique [ytɔpik] adj. utopistico, da utopista.
utopiste [ytɔpist] n. utopista.
utraquistes [ytrakɥist] m. pl. RELIG. utraquisti.
utriculaire [ytrikylɛr] adj. BOT. otricolare. ◆ n. f. otricolaria.
utricule [ytrikyl] m. ANAT., BOT. otricolo.
uval, e, aux [yval, o] adj. di uva, dell'uva. | *cure uvale,* cura dell'uva. | *station uvale,* sosta, stazione per la cura dell'uva.
uva-ursi [yvayrsi] m. BOT. V. BUSSEROLE.
uvée [yve] f. ANAT. uvea.
uvéite [yveit] f. MÉD. uveite.
uvulaire [yvylɛr] adj. LING. uvulare.
uvule [yvyl] f. ANAT. ugola ; uvula (littér.).

V

v [ve] m. v m. ou f.
V1, V2 [veœ̃, vedø] m. MIL. V1, V2 f.
va [va] interj. FAM. [encouragement] *ne t'en fais pas, va!,* non ti preoccupare, va' là! ‖ [injure] *va donc, idiot!* = pezzo d'asino! ‖ [accord] *va pour cent francs,* vada per cento franchi.
vacance [vakɑ̃s] f. vacanza. | *vacance d'une chaire,* vacanza di una cattedra ; cattedra vacante adj. | *vacance du pouvoir, de la légalité,* vacanza del potere, della legalità. ‖ JUR. *vacance de succession,* eredità vacante. ‖ [suspension de travail] *demain c'est vacance,* domani è vacanza. ◆ pl. vacanze, ferie. | *les grandes vacances,* le vacanze, le ferie estive. | *partir en vacances,* andare in vacanza, in vacanze. | *partir pour les vacances,* partire per le ferie. | *devoirs de vacances,* compiti per le vacanze. ‖ JUR. *vacances judiciaires,* ferie giudiziarie.
vacancier [vakɑ̃sje] m. villeggiante.
vacant, e [vakɑ̃, ɑ̃t] adj. [non occupé] vacante, non occupato. | *trône épiscopal vacant,* sede episcopale vacante. | *logement vacant,* appartamento non occupato. ‖ JUR. *succession vacante,* eredità vacante. ‖ FIG. *avoir l'esprit vacant* (littér.), avere la mente disponibile (L.C.).
vacarme [vakarm] m. baccano, chiasso, fracasso.
vacataire [vakatɛr] n. = impiegato (-a), retribuito (-a) secondo la durata della prestazione.
vacation [vakasjɔ̃] f. [temps ; rémunération] vacazione. ◆ pl. JUR. *chambre des vacations,* sezione (f. sing.) feriale di un tribunale.
vaccaire [vakɛr] f. BOT. saponaria.
vaccin [vaksɛ̃] m. MÉD. vaccino.
vaccinable [vaksinabl] adj. vaccinabile.
vaccinal, e, aux [vaksinal, o] adj. vaccinico.
vaccinateur, trice [vaksinatœr, tris] n. et adj. vaccinatore, trice.
vaccination [vaksinasjɔ̃] f. vaccinazione.
vaccine [vaksin] f. vaiolo vaccino, equino.
vacciner [vaksine] v. tr. MÉD. vaccinare. ‖ PR. et FIG. immunizzare.
vaccinostyle [vaksinɔstil] m. vaccinostilo.
vache [vaʃ] f. **1.** ZOOL. vacca. | *vache laitière,* mucca. ‖ FIG., FAM. *vache à lait,* vacca da mungere. | *période de vaches grasses, maigres,* tempo di vacche grasse, magre. ‖ **2.** LOC. FAM. *le plancher des vaches* = la terra ferma. | *montagne à vaches* = montagna poco alta. | *manger de la vache enragée,* tirare la cinghia ; vivere negli stenti (L.C.). | *il pleut comme vache qui pisse* = piove a catinelle. | *parler français comme une vache espagnole,* parlare francese come una vacca spagnola. | *coup (de pied) en vache,* colpo a tradimento (L.C.). ‖ **3.** POP. [policier] = poliziotto. | *quelle (belle, vieille) vache!, quelle peau de vache!,* che carogna!, che canaglia! | *oh! les vaches, ils m'ont eu!,* oh, che carogne!, m'hanno buggerato! ‖ **4.** [cuir] *sac en vache,* borsetta di vacchetta. ‖ **5.** [récipient] *vache à eau* = recipiente (m.) di tela per l'acqua. ◆ adj. FAM. [méchant] severo, cattivo (L.C.). ‖ [par antiphrase] *un(e) vache de...* = favoloso, sensazionale.
vachement [vaʃmɑ̃] adv. FAM. [méchamment] maledettamente, un sacco ; terribilmente (L.C.). ‖ POP. [très] follemente, pazzamente (fam.) ; un pozzo (pop.). | *elle est vachement belle, élégante!,* ammazza(lo)!, ammappelo! (rom.), com'è bella!, elegante! ; è di una bel-

lezza, di una eleganza favolosa! (L.C.). | *ça me plaît vachement,* mi piace un pozzo.
vacher, ère [vaʃe, ɛr] n. vaccaio m., vaccaro m.; guardiana (f.) di vacche.
vacherie [vaʃri] f. [étable] vaccheria. ‖ POP. [méchanceté] carognata.
vacherin [vaʃrɛ̃] m. [fromage] = vacchino di pasta molle. ‖ [gâteau] dolce di meringhe e panna montata.
vachette [vaʃɛt] f. [jeune vache] vaccherella. ‖ [cuir] vacchetta.
vacillant, e [vasijɑ̃, ɑ̃t] adj. PR. et FIG. vacillante.
vacillation [vasijasjɔ̃] ou **vacillement** [vasijmɑ̃] m. PR. et FIG. (il) vacillare; vacillazione f. (rare); vacillamento m. (littér.).
vaciller [vasije] v. intr. PR. et FIG. vacillare.
vacuité [vakɥite] f. PR. et FIG. vacuità.
vacuolaire [vakɥɔlɛr] adj. vacuolare.
vacuole [vakɥɔl] f. BIOL. vacuolo m.
vacuum [vakɥɔm] m. (lat.) PHYS. vuoto; vacuo (rare).
vade-mecum [vademekɔm] m. inv. vademecum (lat.).
vadrouille [vadruj] f. MAR. redazza. ‖ FAM. [promenade] passeggiata (L.C.). | *aller en vadrouille,* V. VADROUILLER.
vadrouiller [vadruje] v. intr. FAM. bighellonare, andare a zonzo (L.C.).
vadrouilleur, euse [vadrujœr, øz] n. FAM. bighellone, a (L.C.).
va-et-vient [vaevjɛ̃] m. inv. ÉLECTR. deviatore (elettrico, di corrente). ‖ [porte] porta (f.) a ventola, a va-et-vient (fr.). ‖ [cordage] va e vieni. ‖ [bac] traghetto m.; chiatta (f.) per traghetto. ‖ [d'un piston] viavai. ‖ [allées et venues] andirivieni. | *faire le va-et-vient entre les deux maisons,* fare la spola tra le due case.
vagabond, e [vagabɔ̃, ɔ̃d] adj. vagabondo, errante. ◆ n. vagabondo, a.
vagabondage [vagabɔ̃daʒ] m. (il) vagabondare; vagabondaggio. ‖ JUR. *vagabondage spécial,* sfruttamento della prostituzione. ‖ FIG. (il) fantasticare.
vagabonder [vagabɔ̃de] v. intr. vagabondare, vagare, errare. ‖ FIG. vagare, errare con la fantasia, fantasticare.
vagin [vaʒɛ̃] m. ANAT. vagina f.
vaginal, e, aux [vaʒinal, o] adj. vaginale.
vaginisme [vaʒinism] m. MÉD. vaginismo.
vaginite [vaʒinit] f. MÉD. vaginite.
vagir [vaʒir] v. intr. [nouveau-né] vagire. ‖ [lapin] squittire; zigare (rare).
vagissant, e [vaʒisɑ̃, ɑ̃t] adj. = che vagisce.
vagissement [vaʒismɑ̃] m. [nouveau-né] vagito. ‖ [lapin] (lo) squittire; (lo) zigare (rare).
vagotonique [vagɔtɔnik] adj. PHYS. vagotonico.
1. vague [vag] f. onda; flutto m. (littér.); [puissante] maroso m., ondata. | FIG. *vague de chaleur, de froid, d'enthousiasme,* ondata di caldo, di freddo, di entusiasmo. ‖ LOC. *la nouvelle vague,* la nouvelle vague (fr.); la nuova ondata (gall.). ‖ MIL. *vague d'assaut,* ondata d'assalto. | *assaut par vagues,* assalto a ondate.
2. vague adj. [vide] *terrain vague,* terreno incolto, abbandonato. ◆ n. m. *regarder dans le vague,* avere lo sguardo perduto nel vuoto.
3. vague adj. [imprécis] vago, indefinito, impreciso, incerto. | *j'ai la vague impression que,* ho una vaga impressione che. | *une vague odeur de fumée,* un vago odore di fumo. | *une douleur vague,* un dolore impreciso. ‖ ANAT. *nerf vague,* nervo vago. ‖ MODE *un manteau vague,* un cappotto ampio. ◆ n. m. vago. | *rester dans le vague,* rimanere nel vago. | *avoir du vague à l'âme,* provare, sentire tedio; essere oppresso dal tedio.
vaguelette [vaglɛt] f. ondetta.
vaguement [vagmɑ̃] adv. vagamente, confusamente.
vaguemestre [vagmɛstr] m. MIL. sottufficiale addetto alla posta.
vaguer [vage] v. intr. PR. vagare, errare. ‖ FIG. *laisser vaguer son imagination,* vagare, errare con la fantasia; fantasticare.
vaigre [vɛgr] f. MAR. serretta.
vaillance [vajɑ̃s] f. valore m., coraggio m.
vaillant, e [vajɑ̃, ɑ̃t] adj. [courageux] valoroso, coraggioso. ‖ [vigoureux] robusto. ‖ LOC. *n'avoir pas un sou vaillant,* non avere il becco di un quattrino, non avere neanche un soldo, essere povero in canna.
vain, e [vɛ̃, vɛn] adj. vano, inefficace; privo di consistenza. | *de vains mots,* parole vane. | *lutte vaine,* lotta inefficace, infruttuosa, inutile. ‖ [frivole] *esprit vain,* mente vana, futile, frivola. ‖ [vaniteux] fatuo. ‖ JUR. *droit de vaine pâture,* V. PÂTURE. ◆ loc. adv. ***en vain,*** invano.
vaincre [vɛ̃kr] v. tr. vincere. ‖ ABSOL. vincere; avere il sopravvento. | *vaincre qn aux échecs,* vincere qlcu. agli scacchi. | *vaincre aux points,* vincere ai punti. ‖ FIG. *vaincre une résistance, des obstacles,* vincere, superare una resistenza, ostacoli. | *vaincre ses passions,* vincere, dominare le proprie passioni. ◆ v. pr. vincersi, dominarsi.
vaincu, e [vɛ̃ky] adj. et n. vinto. | *s'avouer vaincu,* darsi per vinto. | *malheur aux vaincus!,* guai ai vinti!
vainqueur [vɛ̃kœr] adj. et n. m. vincitore.
vair [vɛr] m. HÉRALD., MODE vaio.
vairé, e [vɛre] adj. HÉRALD. vaiato.
1. vairon [vɛrɔ̃] m. ZOOL. vairone.
2. vairon adj. m. *yeux vairons,* occhi di colori diversi.
vaisseau [vɛso] m. MAR. bastimento, vascello; nave f. | *vaisseau amiral,* nave ammiraglia. | *vaisseau-école, vaisseau-hôpital,* V. NAVIRE. ‖ LOC. FIG. *brûler ses vaisseaux,* bruciare i ponti alle spalle. ‖ AÉR. *vaisseau spatial,* veicolo spaziale; astronave f. ‖ ANAT., BOT. vaso. | *vaisseaux sanguins,* vasi sanguigni. ‖ ARCHIT. navata f.
vaisselier [vɛsəlje] m. credenza f.
vaisselle [vɛsɛl] f. stoviglie f. pl., piatti m. pl.; [précieuse] vasellame m. | *faire, laver la vaisselle,* lavare i piatti, rigovernare le stoviglie. | *machine à laver la vaisselle,* (macchina) lavastoviglie f. inv. | *eau de vaisselle,* risciacquatura f. (di piatti).
val, vaux ou **vals** [val, vo] m. valle f., vallata f. ‖ LOC. *par monts et par vaux,* V. MONT. | *à val,* a valle.
valable [valabl] adj. valido, valevole. | *argument valable,* argomento valido, valevole, efficace. | *interlocuteur valable,* interlocutore qualificato. | *écrivain valable,* scrittore valido. | *sans motif valable,* senza motivo valido, serio.
valablement [valabləmɑ̃] adv. JUR. validamente.
valdisme [valdism] m. RELIG. valdismo.
valdôtain, e [valdotɛ̃, ɛn] adj. et n. valdostano.
1. valence [valɑ̃s] f. BOT. valencia.
2. valence f. CHIM. valenza.
valenciennes [valɑ̃sjɛn] f. inv. valenciennes f. ou m. et adj. inv. (fr.).
valentinite [valɑ̃tinit] f. CHIM. valentinite.
valériane [valerjan] f. BOT. valeriana.
valet [valɛ] m. servo, domestico, servitore. | *valet de chambre,* cameriere, | *valet de pied,* servitore in livrea; valletto. ‖ FIG. *âme de valet,* animo servile. | *les valets du pouvoir,* i lacchè, i galoppini, il servitorame del potere. ‖ PROV. *tel maître, tel valet* = quale il padrone tale il servitore. ‖ [salarié] *valet de ferme,* garzone di fattoria. | *valet d'écurie,* garzone, mozzo di stalla; stalliere. | *valet de chiens, de meute,* bracchiere. ‖ [jeu de cartes] fante. ‖ [en menuiserie] barletto. | *valet (de nuit),* stiracalzoni m. inv. ‖ THÉÂTRE servo.
valetaille [valtaj] f. PÉJOR. servitorame m.
valétudinaire [valetydinɛr] adj. LITTÉR. valetudinario.
valeur [valœr] f. **1.** [qualité morale] valore m., merito m.; virtù (littér.). | *c'est un homme de (grande) valeur, c'est une valeur,* è un uomo di (gran) valore, è un valore. | *mettre qn en valeur,* valorizzare qlcu. ‖ LITTÉR. [courage] valore, ardire m., eroismo m., virtù. | *actes de valeur,* atti di valore. | *médaille de la valeur militaire,* medaglia al valor militare. ‖ **2.** [qualité d'un objet, d'un concept] valore, pregio m. | *ouvrage, tableau de grande valeur,* opera, quadro di gran valore, di gran pregio. ‖ PHILOS. *jugement de valeur,* giudizio di valore, di merito. | *valeurs morales, esthétiques,* valori morali, estetici. | *philosophie des valeurs,*

filosofia dei valori. | *échelle des valeurs,* scala di valori. || **3.** [efficacité] *valeur d'une méthode,* valore, efficacia, utilità di un metodo. | *valeur d'une expression,* significato (m.) di un'espressione. || ART *valeurs plastiques, d'un ton,* valori plastici, tonali. || LING. valore. | *participe à valeur d'adjectif,* participio con valore di aggettivo. || **4.** ÉCON. [prix] valore, prezzo m. | *valeur d'un terrain,* valore, prezzo di un terreno. | *bijoux de valeur,* gioielli di valore. | *échantillon sans valeur,* campione senza valore. | *mettre en valeur des biens, un capital,* valorizzare i beni, un capitale. || FIG. *cet objet est d'une grande valeur pour moi,* quest'oggetto ha un gran pregio per me. || FIN. *valeur nominale :* [monnaie] valore nominale ; [timbre-poste] valore facciale. | *valeur réelle,* valore reale, intrinseco. | *valeur d'usage, d'échange,* valore d'uso, di scambio. | *taxe sur la valeur ajoutée* (T.V.A.), imposta sul valore aggiunto (IVA). | *valeurs mobilières,* valori mobiliari. | *Bourse des valeurs,* Borsa valori. || COMM. valuta. | *valeur (au) 1er mars,* valuta (al) primo marzo. | *débiter valeur à l'échéance,* addebitare valuta alla scadenza. || **5.** [mesure] valore, misura. | *la valeur d'un verre d'eau,* il valore, la quantità di un bicchier d'acqua. || [d'une carte à jouer] valore. || MATH. *valeur d'une variable,* valore di una variabile. || MUS. *la valeur d'une noire est de deux croches,* una semiminima ha il valore di due crome.

valeureux, euse [valørø, øz] adj. valoroso.

valgus, valga [valgys, valga] adj. MÉD. valgo.

validation [validasjɔ̃] f. convalida, (con)validazione.

valide [valid] adj. [sain] valido, vigoroso. || [valable] valido.

valider [valide] v. tr. convalidare.

validité [validite] f. validità.

valine [valin] f. BIOL. valina.

valise [valiz] f. valigia. | *valise diplomatique,* valigia diplomatica. || PR. et FIG. *faire ses valises,* far le valigie.

vallée [vale] f. valle, vallata ; vallea (poét.). || LOC. *cette vallée de larmes,* questa valle di lacrime.

vallisnérie [valisneri] f. BOT. vallisneria.

vallon [valɔ̃] m. vallone, valletta f.

vallonné, e [valɔne] adj. ondulato.

vallonnement [valɔnmɑ̃] m. ondulazione f.

valoir [valwar] v. intr. **1.** [coûter tant] valere, costare. | *valoir cher,* valere molto, costare caro. | *valoir mille francs,* valere, costare mille franchi. | *ne pas valoir cher,* non costare caro. || **2.** [avoir de la valeur] valere. | *ne pas valoir cher,* non valere un gran che. | *ces oranges, ces arguments ne valent rien,* queste arance, questi argomenti non valgono nulla. || PROV. *un tiens vaut mieux que deux tu l'auras* = meglio un uovo oggi che una gallina domani. || **3.** [mériter] *valoir la peine (de)* ; (fam.) *valoir le coup (de),* valere la pena (di) [L.C.]. | *tout ça ne vaut pas la peine qu'on se donne* (fam.), è una faccenda che non vale la fatica che è costata (L.C.). | *la chapelle vaut une visite,* la cappella vale, merita una visita. || **4.** [être équivalent] *autant vaut en rire,* tanto vale riderne. || PROV. *un homme averti en vaut deux,* uomo avvisato, mezzo salvato. || LOC. *ne rien valoir à qn, à qch.,* essere nocivo a qlcu., a qlco. | *rien ne vaut de courir,* non serve a nulla correre. | *cet homme, cette femme ne me dit rien qui vaille,* è un, una poco di buono. || COMM. *à valoir sur,* in acconto su, a valere su. || **5.** ***faire valoir :*** *se faire valoir,* farsi valere. | *faire valoir ses raisons, ses droits,* far valere le proprie ragioni, i propri diritti. | *tu me fis valoir que je m'étais trompé,* mi facesti notare che mi ero sbagliato. | *faire valoir son argent,* valorizzare, far fruttare il proprio denaro. ◆ v. impers. *mieux vaut, il vaut mieux,* è meglio. ◆ v. tr. valere, meritare, procurare, costare. | *le prix que t'a valu ton dernier roman,* il premio che ti ha valso il tuo ultimo romanzo. | *qu'est-ce qui nous vaut l'honneur de ta visite ?,* a che dobbiamo l'onore della tua visita? ◆ v. pr. equivalersi. || FAM. *ça se vaut,* una cosa vale l'altra. ◆ loc. adv. ***vaille que vaille,*** alla men peggio, alla meglio.

valorisation [valɔrizasjɔ̃] f. valorizzazione.

valoriser [valɔrize] v. tr. valorizzare.

valse [vals] f. valzer m. || FIG., FAM. *la valse des ministres, des employés,* il carosello, il valzer dei ministri, degl'impiegati (L.C.).

valser [valse] v. intr. ballare il valzer. || FIG., FAM. *il est allé valser contre le mur,* è stato scaraventato contro, è andato a sbattere contro il muro. | *faire valser l'argent,* spendere e spandere v. intr. | *faire, envoyer valser qn :* [s'en débarrasser] spedire qlcu. ; [le tourmenter] molestare qlcu. (L.C.).

valseur, euse [valsœr, øz] n. danzatore, trice di valzer.

valvaire [valvɛr] adj. valvare.

valve [valv] f. BOT., ZOOL. valva. || TECHN. valvola.

valvulaire [valvylɛr] adj. ANAT. valvolare.

valvule [valvyl] f. ANAT., TECHN. valvola.

vamp [vɑ̃p] f. vamp (angl.), maliarda.

vampire [vɑ̃pir] m. PR., FIG. et ZOOL. vampiro.

vampirisme [vɑ̃pirism] m. vampirismo.

1. van [vɑ̃] m. AGR. ventilabro.

2. van m. (angl.) = furgone (adibito al trasporto dei cavalli da corsa).

vanadium [vanadjɔm] m. CHIM. vanadio.

vanda [vɑ̃da] f. BOT. vanda.

vandale [vɑ̃dal] adj. HIST. vandalico. ◆ n. HIST. et FIG. vandalo.

vandalisme [vɑ̃dalism] m. vandalismo.

vanelle [vanɛl] ou **vantelle** [vɑ̃tɛl] f. [vanne] piccola cateratta, piccola paratoia. || [valve] valvoletta.

vanesse [vanɛs] f. ZOOL. vanessa.

vanille [vanij] f. vaniglia ; vainiglia (rare).

vanillé, e [vanije] adj. vanigliato.

vanillier [vanilje] m. vaniglia f.

vanilline [vanilin] f. CHIM. vanilina.

vanillon [vanijɔ̃] m. vaniglione.

vanité [vanite] f. [fatuité] vanità, vanagloria. || [coquetterie ; inefficacité] vanità. | *tirer vanité de,* vantarsi, gloriarsi di. | *soit dit sans vanité,* non dico, non faccio per vantarmi. || HIST. *l'autodafé des vanités,* il bruciamento delle vanità.

vaniteux, euse [vanitø, øz] adj. et n. vanitoso, vanaglorioso.

1. vannage [vanaʒ] m. AGR. spulatura f.

2. vannage m. TECHN. = sistema di cateratte.

vanne [van] f. TECHN. cateratta, paratoia, saracinesca.

vanneau [vano] m. ZOOL. pavoncella f., fifa f.

1. vanner [vane] v. tr. AGR. spulare, ventilare, ventolare. || FAM. [fatiguer] stancare, spossare, sfinire, sfibrare (L.C.). | *je suis vanné,* sono stracco morto.

2. vanner v. tr. TECHN. munire di cateratte, di paratoie.

vannerie [vanri] f. [fabrication] arte del vimine ; [objets] articoli di vimini.

vanneur, euse [vanœr, øz] n. = chi spula, ventila, ventola il grano.

vannier [vanje] m. canestraio.

vannure [vanyr] f. AGR. pula.

vantail, aux [vɑ̃taj, o] m. [de porte, de fenêtre] battente ; [d'armoire] anta f.

vantard, e [vɑ̃tar, ard] adj. millantatore, trice ; vanaglorioso. ◆ n. millantatore, trice ; spaccone, a ; rodomonte, smargiasso, fanfarone m.

vantardise [vɑ̃tardiz] f. vanteria, fanfaronata, spacconata, smargiassata.

vantelle f. V. VANNELLE.

vanter [vɑ̃te] v. tr. lodare, vantare, esaltare. ◆ v. pr. millantarsi, vanagloriarsi. || LOC. *sans me vanter,* non faccio per vantarmi. | *et je m'en vante !,* e me ne vanto ! || FAM. *il ne s'en est pas vanté* = ha dissimulato il fatto (L.C.). | *se vanter de,* vantarsi, gloriarsi di.

vanterie [vɑ̃tri] f. VX, V. VANTARDISE.

va-nu-pieds [vanypje] n. inv. pezzente m., straccione, a ; scalzacane n.

vapeur [vapœr] f. vapore m. | *bain de vapeur,* bagno a vapore. || PR. et FIG. *renverser la vapeur,* far macchina indietro. || FAM. *à toute vapeur,* a tutto vapore, a tutta birra. || CULIN. *cuisson à la vapeur,* cottura a(l) vapore. | *pommes vapeur,* patate (cotte) a(l) vapore. || [exhalaison] nebbia, fumo m. || FIG. *les*

vapeurs du vin, de l'ivresse, i fumi, i vapori del vino. ‖ Vx *avoir des vapeurs,* avere i vapori. ‖ MAR. *bateau à vapeur* ou *vapeur* m., (nave [f.] a) vapore.
vaporeux, euse [vapɔrø, øz] adj. [qui contient de la, qui est voilé par la vapeur] vaporoso. ‖ FIG. [obscur] vaporoso, vago, fumoso. ‖ [léger] *tissu vaporeux,* tessuto vaporoso.
vaporisage [vapɔrizaʒ] m. vaporizzazione f., vaporissaggio.
vaporisateur [vapɔrizatœr] m. vaporizzatore, spruzzatore. ‖ AGR. irroratrice f.
vaporisation [vapɔrizasjɔ̃] f. vaporizzazione.
vaporiser [vapɔrize] v. tr. vaporizzare.
vaquer [vake] v. intr. [être en vacances] *les classes vaqueront du 2 au 5,* la scuola sarà in vacanza dal 2 al 5. ◆ v. tr. ind. **(à)** *vaquer à ses occupations,* attendere, accudire, badare alle proprie faccende.
var [var] m. ÉLECTR. var.
varan [varɑ̃] m. ZOOL. varano.
varangue [varɑ̃g] f. MAR. madiere m.
varappe [varap] f. SPORT = scalata (di una parete rocciosa, di un canalone).
varapper [varape] v. intr. fare una scalata, una arrampicata.
varappeur, euse [varapœr, øz] n. arrampicatore, trice; scalatore, trice.
varech [varɛk] m. BOT. alghe f. pl., fuco.
vareuse [varøz] f. [blouse] camiciotto m. ‖ [veste] giaccone m.
varheure [varœr] m. ÉLECTR. varora.
varheuremètre [varœrmɛtr] m. varorametro.
varia [varja] m. pl. (lat.) varia f. pl.
variabilité [varjabilite] f. variabilità.
variable [varjabl] adj. PR. et FIG. variabile, mutevole. ‖ MÉTÉOR. variabile, incerto. ‖ GRAMM., MATH. variabile. ◆ n. m. *le temps, le baromètre est au variable,* il barometro segna tempo variabile. ◆ n. f. variabile.
variance [varjɑ̃s] f. varianza.
variante [varjɑ̃t] f. variante.
variateur [varjatœr] m. *variateur de vitesse,* variatore di velocità.
variation [varjasjɔ̃] f. variazione [tous sens techn.]; cambiamento m., mutamento m. (L.C.).
varice [varis] f. MÉD. varice.
varicelle [varisɛl] f. MÉD. varicella.
varicocèle [varikɔsɛl] f. MÉD. varicocele.
varié, e [varje] adj. (s)variato, vario. | *hors-d'œuvre, mets variés,* antipasti, cibi variati. | *conversation variée,* conversazione variata, varia. | *terrain varié,* terreno accidentato. | *musique variée,* musica varia, leggera. ‖ [couleurs] variegato, variopinto. ‖ PHYS. *mouvement uniformément varié,* moto uniformemente vario.
varier [varje] v. tr. variare, cambiare. | *varier le style,* variare lo stile. ‖ FAM. *varier la sauce,* variare la presentazione (L.C.). | *pour varier les plaisirs,* tanto per cambiare. ‖ MUS. *varier un thème,* variare un tema. ◆ v. intr. variare, cambiare, mutare. | *souvent femme varie* = la donna è mobile. | *les usages varient selon les lieux,* gli usi variano secondo i paesi. | *les opinions varient sur ce point,* le opinioni divergono su questo punto; su questo punto le opinioni variano da individuo a individuo. | *ce critique a varié (d'opinion),* questo critico ha mutato parere.
variété [varjete] f. varietà, diversità. | *variété de goûts,* varietà, diversità di gusti. ‖ BOT., ZOOL. varietà. ◆ pl. *spectacle de variétés,* spettacolo di varietà; varietà m. | *émission, disque de variétés,* trasmissione, disco di varietà.
variole [varjɔl] f. MÉD. vaiolo m.
variolé, e [varjɔle] adj. butterato.
varioleux, euse [varjɔlø, øz] adj. et n. vaioloso.
variolique [varjɔlik] adj. vaioloso.
variolisation [varjɔlizasjɔ̃] f. vaiolizzazione.
varioloïde [varjɔlɔid] f. vaioloide.
variomètre [varjɔmɛtr] m. variometro.
variqueux, euse [varikø, øz] adj. varicoso.
varlope [varlɔp] f. TECHN. piallone m.
varloper [varlɔpe] v. tr. piallare.
varron [varɔ̃] m. [larve] estro bovino; ipoderma. ‖ [tumeur] tumore provocato dagli estri.
varus, vara [varys, vara] adj. MÉD. varo.
vasculaire [vaskylɛr] ou **vasculeux, euse** [vaskylø, øz] adj. ANAT., BOT. vascolare.
vascularisation [vaskylarizasjɔ̃] f. vascolarizzazione.
vascularisé, e [vaskylarize] adj. vascolarizzato.
1. vase [vaz] m. vaso. | *vase sacré,* vaso sacro. | *vase à fleurs,* vaso da fiori. | *vase de nuit,* vaso da notte; orinale; pitale (pop.). ‖ LOC. *vivre en vase clos,* vivere nel più assoluto isolamento, in un ambiente chiuso.
2. vase f. melma.
vaseline [vazlin] f. vasel(l)ina.
vaseux, euse [vazø, øz] adj. PR. melmoso. ‖ FAM. [fatigué] *je me sens vaseux,* son giù di corda; mi sento tutto imbarcato (tosc.); mi sento fiacco (L.C.). ‖ FAM. [obscur] *raisonnement vaseux,* ragionamento fiacco (L.C.). ‖ [médiocre] *astuce vaseuse,* barzelletta, spiritosaggine insulsa. | *article vaseux,* articolo un po' fiacco.
vasière [vazjɛr] f. luogo melmoso. ‖ [marais salant] = primo bacino di una salina. ‖ [à moules] parco (m.) di mitili.
vasistas [vazistas] m. vasistas (fr.), sportellino, finestrino.
vaso-constricteur [vazokɔ̃striktœr] adj. m. vasocostrittore.
vaso-dilatateur [vazodilatatœr] adj. m. vasodilatatore.
vaso-moteur, trice [vazomɔtœr, tris] adj. vasomotorio; vasomotore adj. m.
vasouillard, e [vazujar, ard] adj. FAM. fiacco (L.C.).
vasouiller [vazuje] v. intr. FAM. [s'embrouiller] essere impacciato, goffo, maldestro (L.C.); [mal fonctionner] andar male (L.C.).
vasque [vask] f. [bassin] vasca. ‖ [coupe] coppa.
vassal, e, aux [vasal, o] n. PR. et FIG. vassallo m. ◆ adj. *peuples vassaux,* popoli vassalli.
vassaliser [vasalize] v. tr. (rare) asservire, rendere vassallo.
vassalité [vasalite] f. vassallaggio m. ‖ FIG. soggezione.
vaste [vast] adj. PR. et FIG. vasto, ampio, esteso. ‖ ANAT. *(muscles) vastes,* (muscoli) vasti. ‖ FAM. *c'est une vaste blague,* è tutta una fandonia. | *c'est une vaste rigolade,* è tutto da ridere.
vaticane [vatikan] adj. f. vaticana.
vaticinateur, trice [vatisinatœr, tris] n. LITTÉR. vaticinatore, trice.
vaticination [vatisinasjɔ̃] f. LITTÉR. vaticinio m.
vaticiner [vatisine] v. intr. LITTÉR. vaticinare.
va-tout [vatu] m. inv. LOC. *jouer son va-tout :* JEU puntare tutto il proprio denaro; FIG. giocare l'ultima carta.
vau [vo] m. (pl. **vaux**) ARCHIT. = struttura (f.) portante della centina.
vauclusien, enne [voklyzjɛ̃, ɛn] adj. GÉOL. *source vauclusienne,* fontanile m., risorgiva f.
vaudeville [vodvil] m. vaudeville (fr.).
vaudevillesque [vodvilɛsk] adj. = comico, farsesco.
vaudevilliste [vodvilist] m. autore di vaudevilles.
vaudois, e [vodwa, az] adj. et n. GÉOGR., RELIG. valdese.
vau-l'eau (à) [avolo] loc. adv. *aller à vau-l'eau :* PR. navigare a seconda; lasciarsi portare dalla corrente; FIG. andare a rotoli, a monte; sfumare v. intr.
vaurien, enne [vorjɛ̃, ɛn] n. mascalzone m., donnaccia f.
vautour [votur] m. ZOOL. avvoltoio. | *vautour fauve,* grifone. ‖ FIG. strozzino, usuraio.
vautrer (se) [səvotre] v. pr. [se traîner, se coucher] *se vautrer sur l'herbe,* sdraiarsi scompostamente sull'erba. | *se vautrer dans la boue,* (av)voltolarsi nel fango. | *se vautrer dans un fauteuil, sur un lit,* stravaccarsi in una poltrona, sul letto. ‖ FIG. *se vautrer dans le vice, dans l'oisiveté,* sprofondarsi nel vizio, nell'ozio.

vavassal [vavasal] ou **vavasseur** [vavasœr] m. FÉOD. valvassore.
va-vite (à la) [alavavit] loc. adv. alla spiccia, alla (bell'e) meglio, alla peggio.
veau [vo] m. ZOOL. vitello m., vitella f. | *veau de lait,* vitello, vitella di latte ; vitello lattone ; lattonzolo. | *côtelette de veau,* costoletta di vitello, di vitella. || [cuir] (pelle [f.] di) vitello. || FAM. [nigaud] bue, stupidone. || FAM. [voiture lente] = automobile poco nervosa (L.C.). || LOC. *adorer le veau d'or,* adorare il vitello d'oro. | *tuer le veau gras,* uccidere il vitello grasso. | *pleurer comme un veau,* piangere come un vitello. || ZOOL. *veau marin,* vitello marino, vitello di mare.
vecteur, trice [vɛktœr, tris] adj. vettore, trice. ◆ n. m. MATH., MIL., BIOL. vettore.
vectoriel, elle [vɛktɔrjɛl] adj. vettoriale.
vécu, e [veky] adj. et n. m. vissuto.
vedette [vədɛt] f. MIL. vedetta || LOC. *mettre un nom en vedette,* mettere un nome in vista, in mostra, in risalto. | *avoir la vedette,* avere il primo posto (pr. et fig.). || [artiste] vedette (fr.) ; divo, diva ; stella ; SPORT asso m. || FIG. *les vedettes de la politique,* i personaggi più in vista nel mondo politico ; gli esponenti della politica. || MAR. (moto)vedetta. | *vedette de combat, lance-torpilles,* motosilurante m., mas m. inv.
védique [vedik] adj. vedico.
védisme [vedism] m. RELIG. religione vedica.
végétal, e, aux [veʒetal, o] adj. et n. m. vegetale.
végétarien, enne [veʒetarjɛ̃, ɛn] adj. et n. vegetariano.
végétarisme [veʒetarism] ou **végétalisme** [veʒetalism] m. vegetarianismo.
végétatif, ive [veʒetatif, iv] adj. PR. et FIG. vegetativo.
végétation [veʒetasjɔ̃] f. vegetazione. ◆ pl. MÉD. *végétations (adénoïdes),* (vegetazioni) adenoidi.
végéter [veʒete] v. intr. PR. et FIG. vegetare.
véhémence [veemɑ̃s] f. veemenza, impeto m., impetuosità.
véhément, e [veemɑ̃, ɑ̃t] adj. veemente, impetuoso, violento, ardente.
véhiculaire [veikylɛr] adj. LING. strumentale.
véhicule [veikyl] m. PR. et FIG. veicolo. | *véhicule automobile,* autoveicolo, automezzo. | *véhicule utilitaire,* veicolo da trasporto. | *véhicule spatial,* veicolo spaziale. || PHARM. veicolo.
véhiculer [veikyle] v. tr. PR. = trasportare a mezzo di un veicolo. || FIG. veicolare, trasmettere.
veille [vɛj] f. [absence de sommeil] veglia. | *nuit de veille,* notte di veglia, notte insonne. | *entre la veille et le sommeil,* nel dormiveglia, tra la veglia e il sonno. || [jour précédent] vigilia ; giorno precedente, giorno prima. | *la veille de Noël,* la vigilia di Natale. | *la veille de sa mort,* la vigilia della sua morte ; il giorno precedente alla, il giorno prima della sua morte. | *la veille au soir,* la sera prima. || FIG. *être à la veille de,* essere sul punto di. || FAM. *ce n'est pas demain la veille,* non è ancora giunto il momento, ne siamo ancora lontani (L.C.).
veillée [vɛje] f. veglia, serata. | *passer la veillée chez qn,* stare a veglia da qlcu. | *veillée funèbre,* veglia funebre ; vigilia (littér.). | *veillée d'armes,* vigilia, veglia d'armi.
veiller [vɛje] v. intr. [ne pas dormir] vegliare ; stare sveglio ; essere desto di notte. || [être vigilant] vigilare, vegliare, stare all'erta. || [passer la soirée] stare a veglia da qlcu. ◆ v. tr. *veiller un malade,* vegliare (al capezzale di) un infermo. ◆ v. tr. ind. **(à)** vigilare (a, su), badare (a). | *veiller à l'ordre public,* vigilare sull'ordine pubblico. | *veiller au grain,* stare all'erta. | *veiller à ses intérêts,* vigilare, curare i, badare ai propri interessi. | *veille à conduire avec prudence,* sta attento a, bada a guidare con prudenza. | *veiller à ce que personne ne sorte,* vigilare che nessuno esca. || **(sur)** : *veiller sur qn, qch.,* vegliare su qlcu., qlco.
veilleur [vɛjœr] m. *veilleur de nuit,* guardiano notturno ; [dans un hôtel] portiere notturno.
veilleuse [vɛjøz] f. lampadina, lumino (m.) da notte ; [d'un chauffe-eau] | (beccuccio [m.] della) fiammella spia. || LOC. *mettre en veilleuse :* [lumière] smorzare, abbassare la luce di ; [flamme] diminuire l'intensità di ; FIG. = ridurre l'attività di, mettere la sordina a, mettere tra parentesi. || FIG. *le service est en veilleuse,* l'attività del servizio è ridotta. | *l'enquête de la police est en veilleuse,* l'indagine della polizia è in sospeso.
veinard, e [vɛnar, ard] adj. FAM. fortunato (L.C.). ◆ n. uomo fortunato, donna fortunata (L.C.).
veine [vɛn] f. **1.** ANAT. vena. | *s'ouvrir les veines,* recidersi, tagliarsi le vene. || LOC. FIG. *se saigner aux quatre veines,* V. SAIGNER. | *ne pas avoir de sang dans les veines,* non aver sangue nelle vene. || **2.** LITTÉR. *veine poétique,* vena poetica. | *être en veine,* essere in vena. | *en veine de travailler,* in vena di, disposto a lavorare. || **3.** MINÉR. vena, filone m. || [du bois, de la pierre] venatura. || BOT. vena. || **4.** FAM. [chance] *avoir de la veine,* averci fortuna. | *avoir une veine de pendu,* (pop.) *de cocu* = avere una fortuna sfacciata. || [interj.] *pas de veine !,* che sfortuna ! ; che disdetta ! (L.C.). | *veine alors !,* tanto meglio ! (L.C.).
veiner [vɛne] v. tr. venare ; segnare di venature. | *bois, marbre veiné,* legno, marmo venato.
veinette [vɛnɛt] f. [brosse] pennellessa per venare, per marezzare.
veineux, euse [venø, øz] adj. venoso.
veinule [vɛnyl] f. venetta.
veinure [vɛnyr] f. venatura.
vêlage [vɛlaʒ] ou **vêlement** [vɛlmɑ̃] m. parto, figliatura (f.) della vacca.
vélaire [velɛr] adj. et n. f. LING. velare.
vélarisation [velarizasjɔ̃] f. velarizzazione.
vélarium [velarjɔm] m. (lat.) ANTIQ. velario.
velche ou **welsch** [vɛlʃ] m. straniero. || PÉJOR. ignorante, cafone.
vêlement m. V. VÊLAGE.
vêler [vɛle] v. intr. partorire, figliare.
vélin [velɛ̃] m. velino. | *(papier) vélin,* carta velina.
vélique [velik] adj. MAR. velico. | *point vélique,* centro velico.
vélite [velit] m. ANTIQ. velite.
vélivole [velivɔl] adj. VX [à la voile] velivolo. || [au vol à voile] volovelistico. ◆ n. volovelista.
velléitaire [veleitɛr] adj. et n. velleitario.
velléité [veleite] f. velleità.
vélo [velo] m. FAM. bici f. | *faire du vélo,* andare in bicicletta.
véloce [velɔs] adj. LITTÉR. veloce, rapido (L.C.).
vélocifère [velɔsifɛr] m. VX velocifero.
velocipède [velɔsipɛd] m. VX velocipede.
vélocité [velɔsite] f. (rare) velocità, rapidità, celerità (L.C.). || MUS. agilità.
vélodrome [velɔdrom] m. velodromo.
vélomoteur [velɔmɔtœr] m. ciclomotore.
velot [vəlo] m. = pelle (f.) di vitello nato morto (che serve a fabbricare il velino).
velours [vəlur] m. TEXT. velluto. | *velours côtelé,* velluto a coste. || [aspect] *le velours d'une pêche,* la pelle vellutata di una pesca. | *veau velours,* vitello scamosciato. || LOC. *jouer, marcher sur le velours,* giocare, camminare sul velluto. | *faire patte de velours :* PR. = ritirare le unghie, gli artigli ; FIG. = dissimulare l'intenzione di nuocere. | *faire des yeux de velours,* fare gli occhi dolci.
velouté, e [vəlute] adj. PR. et FIG. vellutato. || CULIN. *crème veloutée,* salsa vellutata. | *vin velouté,* vino abboccato. ◆ n. m. TEXT. morbidezza f. || CULIN. *velouté d'asperges, de tomates* = brodo cremoso di asparagi, di pomodoro.
velouter [vəlute] v. tr. vellutare, ammorbidire. ◆ v. pr. coprirsi di peluria, di lanugine.
veloutier [vəlutje] m. vellutiere.
velu, e [vəly] adj. villoso, peloso ; velloso (littér.).
vélum [velɔm] m. velario ; tendale (rare).
venaison [vənɛzɔ̃] f. [chair] selvaggina, cacciagione. || [graisse] grasso m.
vénal, e, aux [venal, o] adj. venale. || HIST. *charge vénale,* carica che si può acquistare con denaro.
vénalité [venalite] f. venalità.

venant [vənɑ̃] m. Loc. *à tout venant, à tous venants,* al primo venuto, al primo che capita, a chiunque, a tutti. (V. aussi TOUT-VENANT.)
vendable [vɑ̃dabl] adj. vendibile.
vendange [vɑ̃dɑ̃ʒ] f. [cueillette] vendemmia. ‖ [raisin] uva. | *fouler la vendange,* pigiare, pestare l'uva.
vendanger [vɑ̃dɑ̃ʒe] v. tr. *vendanger le raisin,* vendemmiare l'uva. ◆ v. intr. vendemmiare ; raccogliere l'uva.
vendangette [vɑ̃dɑ̃ʒɛt] f. (rég.) Zool. tordo m.
vendangeoir [vɑ̃dɑ̃ʒwar] m. gerla (f.) per la vendemmia.
vendangeur, euse [vɑ̃dɑ̃ʒœr, øz] n. vendemmiatore, trice.
vendéen, enne [vɑ̃deɛ̃, ɛn] adj. et n. vandeano.
vendémiaire [vɑ̃demjɛr] m. vendemmiaio.
vendetta [vɑ̃dɛta] f. (ital.) vendetta.
1. vendeur, euse [vɑ̃dœr, øz] n. venditore, trice ; [employé] commesso, a ; [dans un magasin élégant] vendeuse f. (fr.).
2. vendeur, eresse [vɑ̃dœr, ərɛs] n. Jur. venditore, trice.
vendre [vɑ̃dr] v. tr. vendere. | *à vendre,* vendesi. ‖ Fig. *vendre chèrement sa vie,* vendere cara la pelle. ‖ [trahir] *vendre son pays à l'ennemi,* vendere, tradire la patria. | *vendre qn,* denunziare qlcu. per denaro. ‖ Loc. fam. *vendre la mèche,* svelare un segreto (l.c.). ◆ v. pr. Comm. *ces mouchoirs se vendent bien,* questi fazzoletti si vendono bene. ‖ [réfl.] *se vendre (à),* vendersi (a) ; lasciarsi corrompere (da) ; prostituirsi (a).
vendredi [vɑ̃drədi] m. venerdì. | *Vendredi saint,* Venerdì santo. | *faire maigre le vendredi,* osservare il venerdì.
vendu, e [vɑ̃dy] adj. Fig. venduto, corrotto. ◆ n. m. farabutto, mascalzone.
venelle [vənɛl] f. stradina, viuzza, vicolo m.
vénéneux, euse [venenø, øz] adj. Pr. velenoso, venefico. ‖ Fig. velenoso.
vénérable [venerabl] adj. venerabile, venerando. ‖ Relig. venerabile.
vénération [venerasjɔ̃] f. venerazione, (il) venerare.
vénérer [venere] v. tr. venerare.
vénerie [venri] f. (arte della) caccia coi cani. | *lieutenant de vénerie,* capocaccia m.
vénérien, enne [venerjɛ̃, ɛn] adj. venereo.
venette [vənɛt] f. Fam. tremarella, fifa.
veneur [vənœr] m. capocaccia. | *grand veneur,* capo delle cacce reali.
vénézuélien, enne [venezɥeljɛ̃, ɛn] adj. et n. venezolano, venezuelano.
vengeance [vɑ̃ʒɑ̃s] f. vendetta. | *tirer vengeance de,* fare vendetta di, vendicarsi di. | *crier vengeance,* gridare vendetta. | *par (esprit de) vengance,* per (sentimento di) vendetta.
venger [vɑ̃ʒe] v. tr. vendicare; fare vendetta di. | *venger son honneur,* vendicare l'onore ; riscattare l'onore con una vendetta. ◆ v. pr. vendicarsi. | *je saurai me venger,* saprò prendermi la mia vendetta. | *se venger sur qn de qch.,* vendicarsi di qlco. su, sopra qlcu.
vengeur, eresse [vɑ̃ʒœr, ərɛs] adj. et n. vendicatore, trice.
véniel, elle [venjɛl] adj. Relig. veniale. ‖ *mensonge véniel,* bugia veniale.
venimeux, euse [vənimø, øz] adj. Pr. velenoso. ‖ Fig. *langue venimeuse,* lingua velenosa. | *caractère venimeux,* carattere astioso. | *regard venimeux,* sguardo malvagio, maligno.
venimosité [vənimozite] f. Fig. velenosità.
venin [vənɛ̃] m. veleno. ‖ Fig. *cracher son venin,* schizzare veleno (da tutti i pori).
venir [vənir] v. intr. **1.** [se rendre ; arriver] venire. | *aller et venir,* andare e venire. | *je ne fais qu'aller et venir,* vado e torno (subito). | *faire venir qn,* far venire qlcu., mandare a chiamare qlcu. | *il est venu chez moi,* è venuto da me, a casa mia. | *faire venir un livre,* ordinare un libro. | *voici venir les vacances,* ormai ci avviciniamo alle vacanze. | (impers.) *il vient des touristes,* vengono dei turisti. ‖ Loc. fig. *voir venir,* stare a vedere. | *voir venir qn,* indovinare dove uno va a parare. | *je ne vois pas où tu veux en venir,* non vedo dove tu voglia andare a parare. | *venir en possession de,* venire in possesso di. ‖ **2.** [avec prép.] **à :** *venir à Paris,* venire a Parigi. | *venir à l'épaule,* arrivare alle spalle. ‖ [impers.] *il m'est venu à l'esprit, à l'idée,* mi è venuto in mente. ‖ Fig. *en venir à détester qn,* arrivare a detestare uno. | *venir à savoir,* venire a sapere ; venire a conoscenza di. | *venir à bout de,* venire a capo di. | *en venir à ses fins,* raggiungere lo scopo prefisso. | *venir à maturité,* giungere a maturazione, a maturità. | *en venir au fait,* venire al fatto, al dunque. | *en venir à travailler,* risolversi a lavorare. | *en venir aux mains, aux coups,* venire alle mani. ‖ **de :** *venir de Paris,* venire, arrivare da Parigi. | *venir de la part de qn,* venire da parte di qlcu. ‖ Fig. venire, derivare. | *d'où viens-tu que tu ne connaisses pas ce livre ?,* in che mondo vivi che non conosci questo libro ? | *mes biens me viennent de ma mère,* i miei beni mi vengono dalla mamma. | *ce mot vient du latin,* questa parola deriva dal latino. | *tout cela vient de ce que,* tutto ciò deriva dal fatto che. | *de là vient que,* donde, di qui viene che ; donde deriva che ; è la ragione per cui. | *d'où vient que ?,* come mai ?, perché mai ?, come va che ?, donde viene che ? ‖ **3.** [semi-aux.] *je viens te chercher,* vengo a prenderti. | *et vous venez m'affirmer que,* e mi pretendete che. | *s'il venait à mourir,* caso mai, se mai morisse. | *venir à manquer,* venire a mancare. | *si je viens à le rencontrer,* se mi capita d'incontrarlo. ‖ **4.** [passé proche] *elle vient de sortir,* è appena uscita ; è uscita or ora, poco fa, proprio in questo momento. | *mon ami venait d'arriver qu'il dut repartir,* il mio amico era appena arrivato che dovette ripartire. | *ce que je viens de faire,* quel che ho fatto poco fa. ‖ **5.** [survenir] succedere, capitare, giungere. | *le jour viendra où,* verrà il giorno in cui. | *prendre les choses comme elles viennent,* pigliare il mondo come viene ; prendersela con calma. | *venir au monde,* venire al mondo, alla luce ; nascere. | *le jour venu,* venuto il giorno. ‖ **6.** [pousser] venire, crescere, spuntare. | *le blé vient bien,* il grano viene (su) bene, cresce bene. | *il lui vient des boutons,* gli spuntano delle bollicine. ◆ v. pr. *s'en venir,* venirsene. | *il s'en venait tout doucettement,* se ne veniva bel bello. ◆ loc. adv. ***à venir,*** di là da venire ; futuro, venturo adj.
vénitien, enne [venisjɛ̃, ɛn] adj. et n. veneziano. ◆ n. m. Ling. veneziano.
vent [vɑ̃] m. **1.** Météor. vento. | *vent du nord,* tramontana f., aquilone ; [dans l'Adriatique Nord] bora. | *vent du sud-est, du sud-ouest* [en Méditerranée] : libeccio, scirocco. | *vent du large, de terre,* vento dal largo, di terra. | *coup de vent,* colpo di vento, ventata f. | *les quatre vents,* i punti cardinali. | *aux quatre vents, à tous les vents,* ai quattro venti. | *souffle de vent,* soffio, alito di vento. | *vent coulis,* spiffero. | *il fait du vent,* tira vento. | *le vent fraîchit,* il vento aumenta di intensità. | *moulin à vent,* mulino a vento. ‖ **2.** Mar. *aire du vent,* direzione del vento. | *bord de vent,* orza f. ; sopravvento. | *vent debout,* vento di bolina. | *vent largue,* vento largo. | *sous le vent,* sottovento adv. | *au vent,* sopravvento adv. | *donner vent devant,* presentare al vento. | *remonter le vent,* risalire il vento. ‖ Loc. *avoir le vent en poupe,* V. POUPE. | *avoir du vent dans les voiles :* Mar. andare a gonfie vele ; Fam. [ivresse] = camminare a zigzag. ‖ **3.** Loc. *flotter, voler au vent,* sventolare, volare al vento, in balìa del vento. | *mettre flamberge au vent,* sguainare la spada. | *le nez au vent,* col naso in aria. | *en plein vent,* all'aria aperta, all'aperto. ‖ Fig. *prendre le vent, regarder d'où vient le vent,* stare a vedere, osservare di dove soffia il vento. | *avoir vent de qch.,* aver sentore di qlco. | *aller contre vents et marées* = tirar dritto. | *faire qch. contre vents et marées,* fare qlco. a dispetto di marea e vento. | *être dans le vent* = adottare l'ultima moda. | *quel bon vent t'amène ?,* qual buon vento (ti porta) ? | *tourner à tous les vents,* voltarsi a tutti i venti, essere una banderuola. | *le vent*

tourne, le cose cambiano. | *vent de folie, de fronde,* vento di follia, di fronda. | *aller plus vite que le vent,* andare più presto del vento. | *passer en coup de vent,* passare come un bolide. | *être coiffé en coup de vent,* avere i capelli arruffati, scarmigliati. | *autant en emporte le vent* = sono parole ; [titre littér.] « Via col vento ». || **4.** [chose vaine] *du vent !,* aria !, chiacchiere !, promesse al vento ! | *il est rempli de vent,* è un pallone gonfiato. || **5.** MIL. [artillerie] vento. || MUS. *instruments à vent, vents,* strumenti a fiato. || PHYSIOL. vento. || [chasse] odore, sentore.

ventage [vɑ̃taʒ] m. AGR. ventilatura f.

ventail [vɑ̃taj] m. (pl. **ventaux**) HIST. ventaglia f.

vente [vɑ̃t] f. vendita. | *mettre en vente,* mettere in vendita. | *vente en gros, en vrac,* vendita all'ingrosso, alla rinfusa. | *vente à tempérament,* vendita rateale, a rate. | *vente de gré à gré,* vendita amichevole, a trattative private. | *vente aux enchères,* vendita all'asta, all'incanto. | *vente judiciaire,* vendita giudiziale. | *vente de charité,* fiera di beneficenza. || [sylviculture] taglio m. || [carbonarisme] vendita.

venté, e [vɑ̃te] adj. ventoso.

venter [vɑ̃te] v. impers. tirar vento. || FIG. *qu'il pleuve ou qu'il vente* = qualunque cosa accada.

venteux, euse [vɑ̃tø, øz] adj. ventoso.

ventilateur [vɑ̃tilatœr] m. ventilatore.

ventilation [vɑ̃tilasjɔ̃] f. TECHN., COMM., MÉD. ventilazione.

ventiler [vɑ̃tile] v. tr. TECHN., COMM., ventilare.

ventis [vɑ̃ti] m. pl. = alberi abbattuti dal vento.

ventôse [vɑ̃toz] m. ventoso.

ventosité [vɑ̃tozite] f. MÉD. flatulenza, ventosità.

ventouse [vɑ̃tuz] f. MÉD., ZOOL. ventosa. | *faire ventouse,* aderire. || TECHN. sfiatatoio m. ; presa d'aria, spiraglio m.

ventral, e, aux [vɑ̃tral, o] adj. ventrale.

ventre [vɑ̃tr] m. ANAT. ventre ; pancia f. (fam.) | *dormir sur le ventre,* dormire bocconi. | *se coucher sur le ventre,* mettersi ventre a terra. || FIG., FAM. *taper sur le ventre de qn* = pigliarsi soverchia confidenza, eccessiva familiarità con qlcu. || FIG. *se coucher, se mettre à plat ventre devant qn,* strisciarsi a qlcu. | *marcher, passer sur le ventre de,* passare sopra il corpo, il cadavere di. | *courir ventre à terre,* correre di gran carriera, a gambe levate, ventre a terra. || FAM. *avoir du ventre,* metter su pancia, pancetta, buzzo. | *avoir le ventre creux, plat, plein,* essere a pancia vuota, piena. | *ventre affamé n'a pas d'oreilles,* ventre digiuno non sente nessuno. | *avoir les yeux plus grands que le ventre,* avere gli occhi più grandi della bocca. | *manger, rire à ventre déboutonné,* V. DÉBOUTONNER. | *se serrer le ventre,* tirare la cinghia. | *bouder contre son ventre,* non mangiare. | *tout fait ventre,* tutto fa ventre. || FIG. *ça me fait mal au ventre de* = provo ripugnanza a. | *avoir du cœur au ventre,* aver fegato, coraggio. | *remettre du cœur au ventre* = rincuorare, riconfortare, ridare coraggio. | *il n'a rien dans le ventre* = è un incapace, un inetto. | *chercher à savoir ce qu'il a dans le ventre,* cercar di sapere quel che ha in corpo, che tipo d'uomo è. | *faire rentrer les paroles dans le ventre de qn,* ricacciare le parole in gola a qlcu. || JUR. *curateur au ventre,* curatore del nascituro. || [renflement] *ventre d'une cruche,* pancia, ventre di una brocca. | *ce mur fait ventre,* questo muro fa pancia. || PHYS. *ventre d'une onde,* ventre di un'onda.

ventrebleu ! [vɑ̃trəblø] interj. corpo di bacco !

ventrée [vɑ̃tre] f. POP. scorpacciata, spanciata. | *se fiche une pleine ventrée de,* farsi una scorpacciata di.

ventre-saint-gris ! [vɑ̃trəsɛ̃gri] interj. corpo di Bacco !

ventriculaire [vɑ̃trikylɛr] adj. ventricolare.

ventricule [vɑ̃trikyl] m. ANAT. ventricolo.

ventrière [vɑ̃trijɛr] f. [sangle] sottopancia m. inv. || MAR. ventriera.

ventriloque [vɑ̃trilɔk] adj. et n. ventriloquo.

ventriloquie [vɑ̃trilɔki] f. ventriloquio m., ventriloquìa.

ventripotent, e [vɑ̃tripɔtɑ̃, ɑ̃t] et **ventru, e** [vɑ̃try] adj. panciuto.

venu, e [vəny] adj. *être bien, mal venu :* [réussi] essere riuscito bene, male ; [reçu] essere bene, male accolto. | *un enfant mal venu,* un fanciullo malaticcio. | *être mal venu à, de,* aver torto di ; non avere il diritto di. || [impers.] *il serait mal venu d'insister,* sarebbe inopportuno insistere. ◆ n. m. *le premier venu,* il primo venuto ; chiunque pron. indéf.

venue [vəny] f. [arrivée] venuta, arrivo m. | *allées et venues,* andirivieni m. || [croissance] crescita, sviluppo m. | *d'une belle venue,* venuto su, cresciuto bene ; che viene su, che cresce bene. | *tout d'une venue,* tutto d'un pezzo.

Vénus [venys] f. FIG., FAM. *ce n'est pas une Vénus,* non è una Venere, una bellezza. || BOT. *cheveux de Vénus,* capelvenere m. || ZOOL. cappa.

vénusté [venyste] f. LITTÉR. venustà ; grazia (L.C.).

vêpres [vɛpr] f. pl. RELIG. vespro m. ; [solennelles] vespri pl. | *dire vêpres,* dire, recitare il vespro. | *chanter vêpres,* cantare i vespri. | *sonner les vêpres,* suonare a vespro. | *aller à, aux vêpres,* andare a vespro, ai vespri. || HIST. *Vêpres siciliennes,* Vespro siciliano, Vespri siciliani.

ver [vɛr] m. ZOOL. verme, larva f. | *ver de terre,* verme di terra ; lombrico. | *ver à soie,* baco da seta ; filugello. | *ver blanc,* larva del maggiolino. | *ver coquin,* tignola (f.) della vite. | *ver luisant,* lucciola f. | *ver de la farine,* verme della farina. | *ver de viande,* verme della carne. | *ver solitaire,* verme solitario ; tenia f. | *ver du bois,* verme dei legni ; tarlo. || PR. *avoir des vers,* avere i vermi. | *armoire mangée aux vers, piquée des vers,* armadio roso dai tarli, tarlato. || FIG., FAM. *ce n'est pas piqué des vers,* V. PIQUÉ. | *un froid qui n'est pas piqué des vers* = un freddo cane ; un freddo rigido (L.C.). | *tirer les vers du nez à qn* = far parlare, cantare qlcu. ; scalzare qlcu. ; sciogliere la lingua a qlcu. | *tuer le ver* = bersi un grappino, bersi un cicchetto la mattina a digiuno. | *se tortiller comme un ver* = contorcersi ; smaniare. | *avoir le ver solitaire* = essere sempre affamato. | *nu comme un ver,* nudo bruco, nudo come un verme, nudo nato.

véracité [verasite] f. veracità.

véraison [verɛzɔ̃] f. AGR. invaiatura.

véranda [verɑ̃da] f. veranda.

vératre [veratr] m. BOT. veratro, elabro. | *vératre blanc,* veratro bianco, elleboro bianco.

vératrine [veratrin] f. CHIM. veratrina.

verbal, e, aux [vɛrbal, o] adj. verbale.

verbalement [vɛrbalmɑ̃] adv. verbalmente, a parole, a (viva) voce.

verbaliser [vɛrbalize] v. intr. fare, contestare, elevare una contravvenzione. ◆ v. tr. PSYCH. tradurre in parole.

verbalisme [vɛrbalism] m. PÉJOR. verbalismo.

verbe [vɛrb] m. GRAMM. verbo. || THÉOL. Verbo. || [ton de voix] *avoir le verbe haut,* parlare con arroganza ; parlar forte. || LITTÉR. [langue] linguaggio (L.C.).

verbénacées [vɛrbenase] f. pl. BOT. verbenacee.

verbeux, euse [vɛrbø, øz] adj. verboso.

verbiage [vɛrbjaʒ] m. vaniloquio.

verboquet [vɛrbɔkɛ] m. TECHN. = fune (f.) di stabilizzazione.

verbosité [vɛrbozite] f. PÉJOR. verbosità.

verdage [vɛrdaʒ] m. AGR. sovescio.

verdâtre [vɛrdɑtr] adj. verdastro.

verdelet, ette [vɛrdəlɛ, ɛt] adj. VX *vin verdelet,* vino asprigno, agretto.

verdeur [vɛrdœr] f. [vin, fruit] asprezza, acidità. || FIG. *verdeur de langage,* crudezza di linguaggio. || [vigueur] vigore m., forza, giovinezza.

verdict [vɛrdikt] m. JUR. verdetto. || [avis] verdetto, giudizio. | *verdict du médecin,* responso del medico.

verdier [vɛrdje] m. ZOOL. verdone, calenzuolo.

verdir [vɛrdir] v. intr. BOT. (r)inverdire, rinverdirsi, verdeggiare ; verdicare, verzicare (poét.). || FIG. [blêmir] impallidire, illividire. ◆ v. tr. (r)inverdire.

verdissage [vɛrdisaʒ] m. (il) colorare di verde.

verdissement [vɛrdismɑ̃] m. inverdimento.

verdoiement [vɛrdwamɑ̃] m. (il) verdeggiare ; verdeggiamento (rare).

verdoyant, e [vɛrdwajɑ̃, ɑ̃t] adj. verdeggiante.
verdoyer [vɛrdwaje] v. intr. verdeggiare.
verdunisation [vɛrdynizasjɔ̃] f. CHIM. verdunizzazione.
verdure [vɛrdyr] f. [couleur] verde m. ; verzura (littér.) ; verdura (rare). | *la verdure des prés,* il verde dei prati. || [herbe] *tapis de verdure,* tappeto d'erba. || LOC. *théâtre de verdure,* teatro di verdura, di verzura ; teatro verde. || CULIN. *potage de verdure,* minestra di verdura, di verdure. || ART [tapisserie] = arazzo (m.) in cui predomina la rappresentazione della natura.
vérétille [veretij] m. ZOOL. veretillum.
véreux, euse [verø, øz] adj. PR. bacato. || FIG. *financier véreux,* finanziere losco, corrotto. | *affaire véreuse,* affare assai losco.
verge [vɛrʒ] f. verga, bacchetta ; [d'huissier] mazza. || ANAT. verga. || BOT. *verge d'or,* verga aurea. || MAR. *verge de l'ancre,* fuso (m.) dell'ancora. || MIL. *verge de fusée,* bacchetta di razzo. || TECHN. *verge d'une balance,* asta, stilo (m.), braccio (m.) di una stadera. ◆ pl. *battre de verges,* fustigare colle verghe. || FIG. *donner des verges pour se faire fouetter* = darsi la zappa sui piedi.
vergé, e [vɛrʒe] adj. *(papier) vergé,* carta vergata ; (carta) vergatina.
vergence [vɛrʒɑ̃s] f. OPT. vergenza.
verger [vɛrʒe] m. frutteto.
vergeté, e [vɛrʒəte] adj. MÉD. smagliato. || HÉRALD. verghettato.
vergette [vɛrʒɛt] f. verghetta. || HÉRALD. verghetta.
vergetures [vɛrʒətyr] f. pl. MÉD. smagliature.
vergeure [vɛrʒyr] f. vergella.
verglacé, e [vɛrglase] adj. coperto di vetrato, di vetrone.
verglas [vɛrgla] m. vetrato, vetrone. | *attention, verglas !,* attenzione, ghiaccio !
vergogne [vɛrgɔɲ] f. *sans vergogne,* senza pudore ; spudorato, scostumato, spregiudicato adj.
vergue [vɛrg] f. MAR. pennone. | *grand-vergue,* pennone di maestra.
véridicité [veridisite] f. LITTÉR. veridicità.
véridique [veridik] adj. veridico, veritiero, verace.
vérifiable [verifjabl] adj. verificabile.
vérificateur, trice [verifikatœr, tris] n. verificatore, trice ; controllore m.
vérificatif, ive [verifikatif, iv] adj. che serve a verificare ; di verifica, di controllo.
vérification [verifikasjɔ̃] f. verifica, controllo m., riscontro m. ; verificazione (rare). || LOC. *vérification d'identité,* accertamento (m.) d'identità. | *vérification des pouvoirs,* verifica dei poteri. || [confirmation] conferma.
vérifier [verifje] v. tr. verificare, controllare, riscontrare, confermare. ◆ v. pr. verificarsi, avverarsi ; trovar conferma.
vérin [verɛ̃] m. MÉC. martinetto ; martinello (rare).
vérine [verin] ou **verrine** [vɛrin] f. MAR. verina.
vérisme [verism] m. HIST. LITT. verismo.
vériste [verist] adj. veristico, verista. ◆ n. verista.
véritable [veritabl] adj. vero, autentico, genuino, reale. | *histoire véritable,* storia vera. | *or véritable,* oro autentico. | *véritable ami,* vero amico. | *véritable canaille,* autentica canaglia, vera e propria canaglia. | *se montrer sous son véritable jour,* mostrarsi nella propria vera luce. | *les véritables capacités de qn,* le reali capacità di qlcu.
véritablement [veritabləmɑ̃] adv. veramente, effettivamente.
vérité [verite] f. verità, vero m. | *être dans la vérité,* essere nel vero. | *sérum de vérité,* siero della verità. | *la vérité, c'est que...,* in verità, in realtà, per dire il vero... | *chacun sa vérité,* così è (se vi pare). | *vérités éternelles,* verità di fede, verità rivelate. | *toutes les vérités ne sont pas bonnes à dire* = non tutte le verità si devono dire. | *vérité d'évangile,* vangelo m. || [sincérité] *un air de vérité qui ne trompe pas,* un'aria sincera che non inganna. || [réalité] *en dessous de la vérité,* inferiore (adj.) alla realtà. | *vérité des prix,* costo (m.) reale. || ART *vérité d'un portrait,* naturalezza, somiglianza di un ritratto. || FAM. *dire à qn ses (quatre) vérités,* dire a qlcu. il fatto suo. ◆ loc. adv. ***à la vérité,*** in verità ; per dire la verità, il vero. || ***en (toute) vérité,*** in verità.
verjus [vɛrʒy] m. agresto.
verjuté, e [vɛrʒyte] adj. *sauce verjutée,* salsa all'agresto. | *vin verjuté,* vino agro.
vermée [vɛrme] f. mazzacchera.
vermeil, eille [vɛrmɛj] adj. vermiglio. ◆ n. m. argento dorato ; vermeil (fr.).
vermicelle [vɛrmisɛl] m. CULIN. vermicelli m. pl. | *une assiette de vermicelle,* una scodella di minestra di vermicelli.
vermiculaire [vɛrmikylɛr] adj. ANAT. vermiforme. | *appendice vermiculaire,* appendice vermiforme.
vermiculé, e [vɛrmikyle] adj. scanalato con solchi vermicolari.
vermiculure [vɛrmikylyr] f. solco (m.) vermicolare.
vermiforme [vɛrmifɔrm] adj. vermiforme.
vermifuge [vɛrmifyʒ] adj. et n. m. vermifugo.
vermiller [vɛrmije] v. intr. grufolare.
vermillon [vɛrmijɔ̃] m. CHIM. vermiglione. || [couleur] vermiglio. ◆ adj. inv. vermiglio.
vermillonner [vɛrmijɔne] v. intr. = frugare, razzolare (alla ricerca di cibo).
vermine [vɛrmin] f. PR. parassiti m. pl. (dell'uomo). | *mangé, dévoré de vermine,* infestato da parassiti ; = pidocchioso, cimicioso, pulcioso. || FIG. canaglia, gentaglia, marmaglia, ciurmaglia.
vermineux, euse [vɛrminø, øz] adj. MÉD. verminoso.
vermis [vɛrmi] m. ANAT. verme.
vermisseau [vɛrmiso] m. vermetto, vermicciolo. || FIG., PÉJOR. verme, vermiciattolo.
vermivore [vɛrmivɔr] adj. et n. vermivoro.
vermoulu, e [vɛrmuly] adj. tarlato.
vermoulure [vɛrmulyr] f. tarlatura.
vermout(h) [vɛrmut] m. vermut.
vernaculaire [vɛrnakylɛr] adj. LING. vernacolare.
vernal, e, aux [vɛrnal, o] adj. vernale. || ASTR. *point vernal,* punto vernale, equinoziale.
vernalisation [vɛrnalizasjɔ̃] f. AGR. vernalizzazione.
vernier [vɛrnje] m. TECHN. nonio ; verniero (vx).
verni, e [vɛrni] adj. *souliers vernis,* scarpe di vernice, di copale. || FIG., FAM. *être verni,* esser nato con la camicia ; = essere fortunato.
vernir [vɛrnir] v. tr. (in)verniciare.
vernis [vɛrni] m. vernice f. || [de poterie] vetrina f. | *vernis à ongles,* smalto per le unghie. || FIG. *vernis de bonne éducation,* vernice, (in)verniciatura (f.) di buona educazione. || [connaissances] infarinatura f. || BOT. *vernis du Japon,* ailanto.
vernissage [vɛrnisaʒ] m. (in)verniciatura f. || [d'une exposition] vernice f. ; vernissage (fr.)
vernissé, e [vɛrnise] adj. PR. (in)verniciato. || FIG. brillante, lucente, lucido.
vernisser [vɛrnise] v. tr. (in)verniciare.
vernisseur, euse [vɛrnisœr, øz] n. (in)verniciatore, trice.
vérole [verɔl] f. MÉD. *petite vérole,* vaiolo m. || POP. [syphilis] = sifilide.
vérolé, e [verɔle] adj. POP. = sifilitico.
1. véronique [verɔnik] f. BOT. veronica, ederella.
2. véronique f. [tauromachie] veronica.
verrat [vɛra] m. ZOOL. verro.
verre [vɛr] m. vetro. | *verre incassable,* vetro infrangibile, di sicurezza. | *verre résistant aux balles,* vetro blindato. | *verre dormant,* vetro cemento. | *laine de verre,* lana di vetro. | *papier de verre,* carta vetrata. | *verre de montre,* vetro d'orologio. | *industrie du verre,* industria vetraria. || [contenant] bicchiere. | *verre à pied,* bicchiere a calice. | *choquer les verres,* brindare v. intr. | *qui casse les verres les paie,* V. CASSER. || [contenu] *un petit verre,* un cicchetto, un grappino. || FAM. *avoir un verre dans le nez,* essere un po'brillo. | *se jeter un verre derrière la cravate,* V. CRAVATE. | *se noyer dans un verre d'eau,* annegare in un bicchier d'acqua. || OPT. lente f. | *verre grossissant,* lente d'ingrandimento. ◆ pl. [lunettes] occhiali m. pl.,

lenti ; vetrine (fam.). | *verres fumés*, lenti affumicate. | *verres de contact*, lenti a contatto. || FAM. *chausser ses verres*, inforcare gli occhiali.
verré, e [vɛre] adj. vetrato.
verrerie [vɛrri] f. [usine ; commerce] vetreria. || [objets] vetrame m.
verrier [vɛrje] m. vetraio. ◆ adj. *peintre verrier*, pittore su vetro.
verrière [vɛrjɛr] f. [vitrail ; toit] vetrata. || AÉR. tettuccio (m.) dell'abitacolo.
verrine f. V. VÉRINE.
verroterie [vɛrɔtri] f. conterie f. pl. || FIG. paccottiglia.
verrou [veru] m. chiavistello, catenaccio. | *mettre le verrou*, chiudere col chiavistello, col catenaccio. | *verrou de sûreté*, serratura (f.) di sicurezza. || LOC. *mettre sous les verrous*, mettere sotto chiave ; imprigionare. | *être sous les verrous*, essere sotto chiave, in prigione. || CH. DE F. fermascambio m. || GÉOL. *verrou glaciaire*, soglia (f.) glaciale. || MIL. posizione (f.) chiave ; caposaldo.
verrouillage [vɛrujaʒ] m. (il) chiudere col chiavistello, col catenaccio. || [d'une arme] chiusura f. || MIL. chiusura.
verrouiller [vɛruje] v. tr. chiudere col chiavistello, col catenaccio. || [un mécanisme] chiudere. || [enfermer] rinchiudere. || MIL. *verrouiller une brèche*, chiudere una sacca. ◆ v. pr. *se verrouiller chez soi*, rinchiudersi in casa ; tapparsi in casa (fam.).
verrucaire [vɛrykɛr] f. BOT. verrucaria.
verrucosité [vɛrykɔzite] f. MÉD. verrucosità.
verrue [vɛry] f. MÉD. verruca ; porro m. (fam.).
verruqueux, euse [vɛrykø, øz] adj. verrucoso.
1. vers [vɛr] m. verso. | *vers blancs*, versi sciolti. | *faire des vers*, scrivere versi. | *mettre en vers*, mettere in versi ; verseggiare. || PÉJOR. *faiseur de vers*, versaiolo, poetastro.
2. vers prép. [espace ; temps] verso. | *vers les montagnes*, verso i monti. | *vers le nord*, dalla parte del nord. | *vers cinq heures*, verso le cinque. || [suivi d'un pron. pers.] verso di.
versant [vɛrsɑ̃] m. GÉOGR. versante. | *versant nord*, versante settentrionale, a bacìo. | *versant sud*, versante meridionale, a solatìo. || [du toit] spiovente, pendenza f.
versatile [vɛrsatil] adj. volubile, incostante.
versatilité [vɛrsatilite] f. volubilità, incostanza.
1. verse [vɛrs] f. AGR. allettamento m.
2. verse (à) [avɛrs] loc. adv. *il pleut à verse*, piove a dirotto, a scroscio, a catinelle ; l'acqua viene giù, cade a rovesci.
versé, e [vɛrse] adj. **(dans)** versato, esperto (in) ; dotto (di, in).
verseau [vɛrso] m. ARCHIT. pendenza (f.) di cornicione. || [zodiaque] A(c)quario.
versement [vɛrsəmɑ̃] m. versamento, pagamento. | *contre versement de*, contro, verso pagamento di.
verser [vɛrse] v. tr. versare, rovesciare, spargere. | *verser des larmes, son sang*, versare lacrime, il proprio sangue. || FIG. *verser l'or à pleines mains*, spendere e spandere. || AGR. allettare. || [payer] versare, pagare, corrispondere. | *on lui versait son salaire chaque mois*, ogni mese gli si versava, pagava, corrispondeva lo stipendio. || [joindre] *verser une pièce à un dossier*, allegare un documento a una pratica. || [affecter] assegnare. | *être versé dans l'intendance*, essere assegnato all'intendenza. ◆ v. intr. [basculer] capovolgersi, rovesciarsi, ribaltare. | *la voiture a versé dans le fossé*, la macchina si è capovolta, è ribaltata nel fosso. || AGR. allettarsi. || FIG. *verser dans la facilité*, inclinare alla facilità. ◆ v. pr. [fleuve] versarsi ; sboccare, sfociare (in).
verset [vɛrsɛ] m. versetto.
verseur [vɛrsœr] adj. m. *bec, bouchon verseur*, beccuccio, tappo che serve a versare.
verseuse [vɛrsøz] f. bricco m., cuccuma.
versicolore [vɛrsikɔlɔr] adj. LITTÉR. versicolore ; cangiante (L.C.).
versificateur [vɛrsifikatœr] m. verseggiatore ; versaiolo, poetastro (péjor.).
versification [vɛrsifikasjɔ̃] f. [art] versificazione ; [facture] verseggiatura.
versifier [vɛrsifje] v. tr. et intr. verseggiare, versificare.
version [vɛrsjɔ̃] f. versione. || CIN. *version originale, doublée*, versione originale, doppiata.
vers-librisme [vɛrlibrism] m. POÉS. versiliberismo.
vers-libriste [vɛrlibrist] n. et adj. versiliberista.
verso [vɛrso] m. verso, tergo. | *voir au verso*, vedi a tergo.
versoir [vɛrswar] m. AGR. versoio.
verste [vɛrst] f. versta.
vert, e [vɛr, vɛrt] adj. verde. | *olives vertes*, olive verdi. | *plantes vertes*, piante verdi. | *légumes verts*, V. LÉGUME. | *haricots verts*, fagiolini. | *sauce verte*, salsa verde. | *tapis vert*, tappeto verde. | *zone verte*, zona verde; verde m. | *habit vert* = uniforme (f.) degli accademici di Francia. || BOT. *chêne vert*, leccio, cerro. || LING. *langue verte*, gergo m. || TRANSP. *feu vert*, (semaforo) verde m. | *donner le feu vert* (fig.), dare il via ; permettere. || FIG. *vert de froid, de peur, de rage*, verde, livido di freddo, di paura, di rabbia. | *une verte réprimande*, un acerbo, aspro rimprovero. || [encore impropre à être utilisé] *bois vert*, legna verde. | *café vert*, caffè crudo. | *cuir vert*, cuoio greggio. | *foin vert*, fieno fresco. | *fruits verts*, frutta acerba. | *vin vert*, vino crudo. || FIG. *une volée de bois vert*, una scarica, un fiacco di legnate. || LOC. *ils, les raisins sont trop verts !*, robaccia acerba ! || [gaillard] *vieillard encore vert*, vecchio ancora vivo e vegeto, arzillo, in gamba. | *un vert galant*, un vecchio donnaiolo. ◆ n. m. verde. | *vert foncé*, verde cupo. | *vert jaune*, verdegiallo. | *vert pomme, bouteille*, verde mela, bottiglia. || LOC. *mettre un cheval au vert*, dare foraggio fresco ad un cavallo. | *se mettre au vert* (fig.) = andare a riposarsi in campagna. | *prendre sans vert* (vx) = prendere alla sprovvista. ◆ n. f. pl. FAM. *en dire de vertes et de pas mûres*, dirne di cotte e di crude ; raccontarne di tutti i colori.
vert-de-gris [vɛrdəgri] m. inv. verderame. ◆ adj. inv. *uniforme vert-de-gris*, divisa grigioverde.
vert-de-grisé, e [vɛrdəgrize] adj. coperto di verderame.
vertébral, e, aux [vɛrtebral, o] adj. vertebrale.
vertèbre [vɛrtɛbr] f. ANAT. vertebra.
vertébré, e [vɛrtebre] adj. vertebrato. ◆ n. m. pl. vertebrati.
vertement [vɛrtəmɑ̃] adv. vivacemente, aspramente.
vertical, e, aux [vɛrtikal, o] adj. PR. et FIG. verticale. ◆ n. m. ASTR. verticale. ◆ n. f. verticale. | *falaise à la verticale*, falesia verticale. | AÉR. *être à la verticale de Turin*, sorvolare Torino.
verticalité [vɛrtikalite] f. verticalità.
verticille [vɛrtisil] m. BOT. verticillo.
verticillé, e [vɛrtisile] adj. verticillato.
vertige [vɛrtiʒ] m. vertigine f. [souvent MÉD.] ; vertigini f. pl. ; [léger] capogiro. | *avoir le vertige*, avere le vertigini ; esser preso da una vertigine. | *à donner le vertige*, da far venire le vertigini. || FIG. [égarement] smarrimento. | *vertige de la gloire*, ebbrezza (f.), fumi (m. pl.) della gloria. || [tentation] tentazione f.
vertigineux, euse [vɛrtiʒinø, øz] adj. PR. et FIG. vertiginoso.
vertigo [vɛrtigo] m. VÉTÉR. capostorno, capogatto.
vertu [vɛrty] f. virtù, valore m. | *vertus cardinales, théologales*, virtù cardinali, teologali. || [mérite] *il a de la vertu à faire ce travail*, ha del merito a far questo lavoro. || LOC. *faire de nécessité vertu*, fare di necessità virtù. || [fidélité] onestà. || FAM. *cette femme n'est pas une vertu*, questa donna non è una virtù, un fiore di virtù. | *femme de petite vertu*, donnetta leggera ; sgualdrinella f. || [pouvoir] virtù, facoltà, capacità. ◆ loc. prép. ***en vertu de***, in, per virtù di.
vertueux, euse [vɛrtɥø, øz] adj. virtuoso.
vertugadin [vɛrtygadɛ̃] m. MODE verdugale, guardinfante. || [pente gazonnée] = pendìo erboso ad anfiteatro.

verve [vɛrv] f. brio m., estro m. | *verve poétique,* estro poetico. | *être en verve (de),* essere in vena (di).
verveine [vɛrvɛn] f. Bot. verbena. | *verveine odorante,* cedrina, cedronella ; verbena odorosa.
1. verveux [vɛrvø] m. [filet] bertuello.
2. verveux, euse [vɛrvø, øz] adj. Littér. vivace, brioso, brillante (l.c.).
vesce [vɛs] f. Bot. veccia.
vésical, e, aux [vezikal, o] adj. vescicale.
vésicant, e [vezikɑ̃, ɑ̃t] adj. vescicante.
vésication [vezikasjɔ̃] f. Méd. vescicazione.
vésicatoire [vezikatwar] adj. et n. m. Méd. vescicatorio.
vésiculaire [vezikylɛr] adj. Méd. *murmure vésiculaire,* murmure vesicolare
vésicule [vezikyl] f. Anat. Bot. vescicola. | *vésicule biliaire,* vescicola biliare ; cistifellea. ‖ Méd. [cloque] vescica, vescichetta, vescicola.
vésiculeux, euse [vezikylø, øz] adj. vescicoloso.
vespasienne [vɛspazjɛn] f. vespasiano m. ; orinatoio pubblico.
vespéral, e, aux [vɛsperal, o] adj. Littér. vespertino, vesperale. ◆ n. m. Relig. vesperale.
vespertilion [vɛspɛrtiljɔ̃] m. Zool. vespertilio.
vespidés [vɛspide] m. pl. Zool. vespidi.
vesse [vɛs] f. Pop. loffa, vescia.
vesse-de-loup [vɛsdəlu] f. Bot. vescia ; loffa di lupo (rég.).
vessie [vɛsi] f. Anat. vescica. ‖ Zool. *vessie natatoire,* vescica natatoria. ‖ Loc. fig. *prendre des vessies pour des lanternes,* prendere lucciole per lanterne.
vestale [vɛstal] f. Pr. et fig. vestale.
veste [vɛst] f. Mode giacca. | *tomber la veste* (fam.), togliersi la giacca (l.c.). ‖ Fig. *retourner sa veste,* voltare gabbana. ‖ Fam. [échec] *remporter, ramasser, prendre une veste* = far fiasco ; subire uno scacco (l.c.).
vestiaire [vɛstjɛr] m. [lieu de dépôt] guardaroba m. inv. | *dame du vestiaire,* guardarobiera f. ‖ [pour se déshabiller] spogliatoio. ‖ [vêtements] vestiario. ‖ Fam. *au vestiaire !* fuori ! ; che schiappa (pop.) !
vestibulaire [vɛstibylɛr] adj. Anat. vestibolare.
vestibule [vɛstibyl] m. anticamera f. ; [de palais, théâtre, église] vestibolo. ‖ Anat. vestibolo.
vestige [vɛstiʒ] m. Pr. et fig. vestigio (pl. *le vestigia* [pr. et fig.] ; *i vestigi* [pr.]).
vestimentaire [vɛstimɑ̃tɛr] adj. = del vestire, dell'abbigliamento. | *dépenses vestimentaires,* spese per gli abiti.
veston [vɛstɔ̃] m. Mode giacca f. | *veston croisé,* giacca a doppio petto, a due petti. | *veston droit,* giacca a un petto.
vêtement [vɛtmɑ̃] m. vestito, abito ; indumento, vestimento (littér.). | *vêtement d'homme, de femme, d'été, d'hiver, de demi-saison,* vestito da uomo, da donna, da estate, da inverno, da mezza stagione. | *vêtement de deuil,* abito da lutto. | *vêtement habillé,* abito (da cerimonia). | *vêtements sacerdotaux,* vestimenti sacerdotali. | *vêtement civil,* abito borghese. | *vêtement militaire,* uniforme f., divisa f. ‖ [manteau, veste] soprabito, giacca f. ‖ [boutique ; industrie] *travailler dans le vêtement,* lavorare in un negozio di abbigliamento, nell'industria dell'abbigliamento. ‖ Fig. *le vêtement de la pensée,* la veste del pensiero.
vétéran [veterɑ̃] m. Pr. et fig. veterano.
vétérinaire [veterinɛr] adj. et n. veterinario.
vétille [vetij] f. bagattella, inezia, bazzecola, quisquilia.
vétilleux, euse [vetijø, øz] adj. cavilloso, meticoloso ; pignolo (fam.).
vêtir [vɛtir] v. tr. vestire. ◆ v. pr. vestirsi.
vétiver [vetivɛr] m. Bot. vetiver.
veto [veto] m. inv. veto.
vêture [vɛtyr] f. Hist., Relig. vestizione, monacazione. ‖ Vx [habit] V. vêtement.
vétuste [vetyst] adj. Littér. vetusto ; vecchio, logoro, malandato (l.c.).
veuf, veuve [vœf, vœv] adj. et n. vedovo, vedova. ◆ adj. *veuf de,* privo di. ◆ n. f. Pop. [potence] = forca, ghigliottina. | *épouser la veuve,* essere impiccato, ghigliottinato. ‖ Bot. *fleur de veuve,* fiore della vedova ; vedovella. ‖ Zool. [oiseau] vedova del Paradiso ; [araignée] vedova nera.
veule [vøl] adj. molle, debole, fiacco.
veulerie [vølri] f. mollezza, debolezza, fiacchezza.
veuvage [vœvaʒ] m. vedovanza f.
veuve adj. et n. f. V. veuf.
vexant, e [vɛksɑ̃, ɑ̃t] adj. [irritant] irritante, seccante. ‖ [blessant] offensivo.
vexateur, trice [vɛksatœr, tris] adj. vessatorio.
vexation [vɛksasjɔ̃] f. Littér. [brimade] vessazione, angheria, sopruso m. ‖ [humiliation] mortificazione, offesa.
vexatoire [vɛksatwar] adj. vessatorio.
vexer [vɛkse] v. tr. Vx [tourmenter] vessare, maltrattare. ‖ [humilier] mortificare, offendere. | *être vexé,* essere contrariato, irritato. ◆ v. pr. offendersi.
vexillaire [vɛksilɛr] m. Hist. vessillario, vessillifero.
vexille [vɛksil] m. Hist. vessillo.
vexillologie [vɛksilɔlɔʒi] f. vessillologia.
via [vja] prép. via (lat.).
viabiliser [vjabilize] v. tr. *viabiliser un lotissement,* dotare di viabilità un'area lottizzata.
1. viabilité [vjabilite] f. [d'un embryon] vitalità.
2. viabilité f. [route ; urbanisme] viabilità.
viable [vjabl] adj. Biol. vitale. ‖ Fig. durevole, duraturo.
viaduc [vjadyk] m. viadotto ; [pont routier] cavalcavia m. inv.
viager, ère [vjaʒe, ɛr] adj. et n. m. vitalizio. | *une rente viagère,* una rendita vitalizia, un vitalizio. | *mettre son bien en viager,* fare, costituire un vitalizio. ‖ Loc. *à titre viager, en viager,* vita natural durante.
viande [vjɑ̃d] f. carne. | *viande blanche, noire, rouge,* carne bianca, nera, rossa. ‖ Loc. *viande creuse,* cibo poco nutriente (pr.) ; chimera, illusione, fumo m. (fig.). ‖ Pop. *amène ta viande,* vieni qua (l.c.). | *sac à viande* = lenzuola (f. pl.) per sacco a pelo. | *montrer sa viande,* spogliarsi (l.c.).
viander [vjɑ̃de] v. intr. pascolare.
viatique [vjatik] m. Pr. et fig. viatico.
vibices [vibis] f. pl. Méd. vibici.
vibrage [vibraʒ] m. Techn. vibrazione f. ; vibramento (rare). ‖ [du béton] vibratura f., vibrazione.
vibrant, e [vibrɑ̃, ɑ̃t] adj. Pr. et fig. vibrante. ◆ n. f. Ling. vibrante.
vibraphone [vibrafɔn] m. Mus. vibrafono.
vibraphoniste [vibrafɔnist] n. vibrafonista.
vibrateur [vibratœr] m. vibratore.
vibratile [vibratil] adj. vibratile.
vibration [vibrasjɔ̃] f. vibrazione.
vibrato [vibrato] m. (ital.) Mus. vibrato.
vibratoire [vibratwar] adj. vibratorio.
vibrer [vibre] v. intr. Pr. et fig. vibrare.
vibreur [vibrœr] m. vibratore.
vibrion [vibrijɔ̃] m. Biol. vibrione. ‖ Fig., fam. *c'est un vibrion,* è tutto pepe, è un granellino di pepe.
vibrisse [vibris] f. Anat., Zool. vibrissa.
vicaire [vikɛr] m. Relig. vicario. ◆ adj. Ling. sostitutivo.
vicarial, e, aux [vikarjal, o] adj. vicariale.
vicariant, e [vikarjɑ̃, ɑ̃t] adj. vicariante.
vicariat [vikarja] m. Relig. vicariato, vicarìa.
vice [vis] m. Pr. et fig. vizio. ‖ Jur. *vice de forme,* vizio di forma. ‖ Fam. *c'est du vice !* = è un paradosso !
vice-amiral, aux [visamiral, o] m. viceammiraglio.
vice-chancelier [visʃɑ̃səlje] m. vicecancelliere.
vice-consul [viskɔ̃syl] m. viceconsole.
vice-légat [vislega] m. vicelegato.
vicennal, e, aux [visɛnal, o] adj. ventennale.
vice-présidence [visprezidɑ̃s] f. vicepresidenza.
vice-président, e [visprezidɑ̃, ɑ̃t] n. vicepresidente, essa.
vice-reine [visrɛn] f. viceregina.
vice-roi [visrwa] m. viceré.
vice-royauté [visrwajɔte] f. [dignité] dignità, fun-

zione di viceré; vicereame m. (rare). || [pays] vicereame.
vicésimal, e, aux [visezimal, o] adj. vigesimale.
vice(-)versa [visvɛrsa] loc. adv. viceversa (lat.).
vichy [viʃi] m. TEXT. rigatino, zefir. || [eau minérale] *commander un vichy,* ordinare un bicchiere di acqua di Vichy.
vichyssois [viʃiswa] n. POLIT. = seguace del governo di Vichy.
vicier [visje] v. tr. viziare, corrompere. | *air vicié,* aria viziata. | *sang vicié,* sangue guasto. | *vicier le goût,* guastare il gusto. || JUR. viziare.
vicieux, euse [visjø, øz] adj. [corrompu] vizioso, depravato. || [mauvais] *enfant vicieux,* ragazzo con cattive inclinazioni. | *cheval vicieux,* cavallo ombroso. | *coup vicieux,* colpo mancino. || [défectueux] vizioso, difettoso. | *attitude vicieuse du corps,* posizione viziosa del corpo. | *prononciation, expression vicieuse,* pronunzia, espressionne scorretta, sbagliata, viziosa. | *cercle vicieux,* circolo vizioso. || JUR. *contrat vicieux,* contratto viziato. ◆ n. vizioso, a.
vicinal, e, aux [visinal, o] adj. *chemin vicinal,* strada comunale.
vicissitudes [visisityd] f. pl. vicissitudini, vicende.
vicomtal, e, aux [vikɔ̃tal, o] adj. vicecomitale; visconteo (rare).
vicomte, esse [vikɔ̃t, ɛs] n. visconte, essa.
vicomté [vikɔ̃te] f. [titre] viscontado m. || [territoire] viscontea, viscontado.
victime [viktim] f. PR. et FIG. vittima. | *être victime d'une erreur,* essere, restare vittima di un errore. | *être victime d'un malaise,* essere colto da un malore.
victoire [viktwar] f. vittoria. | *chanter victoire,* cantar vittoria. || LOC. *victoire à la Pyrrhus,* vittoria di Pirro.
victoria [viktɔrja] f. BOT. victoria regia. || [voiture] victoria.
victorien, enne [viktɔrjɛ̃, ɛn] adj. HIST. vittoriano.
victorieux, euse [viktɔrjø, øz] adj. vittorioso. | *air victorieux,* aria trionfante.
victuailles [viktɥaj] f. pl. viveri m. pl.
vidage [vidaʒ] m. svuotamento.
vidame [vidam] m. HIST. visdomino, vicedomino.
vidamé [vidame] m. ou **vidamie** [vidami] f. visdominato m.
vidange [vidɑ̃ʒ] f. svuotamento m., spurgo m. || AUTOM. *vidange (d'huile),* cambio (m.) dell'olio. | *bouchon de vidange,* tappo scarico. || [plomberie] *vidange du lavabo, de la baignoire,* tappo (m.) del lavandino, della vasca. ◆ pl. spurghi m. pl.
vidanger [vidɑ̃ʒe] v. tr. [fosse] svuotare, spurgare. || AUTOM. cambiar l'olio.
vidangeur [vidɑ̃ʒœr] m. vuotacessi m. inv., bottinaio.
vide [vid] adj. PR. et FIG. vuoto. | *revenir les mains vides,* tornare a mani vuote. | *avoir le ventre vide,* essere a stomaco vuoto. | *avoir la tête vide, se sentir vide,* avere la testa vuota, il cervello vuoto; sentirsi un gran vuoto, una gran vuotaggine. | *tête vide,* cervello vuoto; zucca vuota (fam.). | *vide de,* vuoto, privo, sprovvisto di. || LING. *mots vides,* parole vuote. ◆ n. m. PHILOS., PHYS. vuoto. | *la nature a horreur du vide,* la natura ha orrore del, aborre dal vuoto. | *se jeter dans le vide,* gettarsi nel vuoto. || [trou; ouverture] PR. et FIG. vuoto. | *vide sanitaire,* vespaio m. || LOC. *parler dans le vide,* dire, parlare al muro. | *regarder dans le vide,* guardare nel vuoto. | *faire le vide autour de qn* (pr. et fig.), fare il vuoto attorno a qlcu. || FIG. *avoir un passage à vide,* avere un periodo di inefficienza, una fase negativa; non riuscire a concludere nulla. | *faire le vide dans son esprit,* fare il vuoto nella propria mente. || POLIT. *vide du pouvoir,* vuoto di potere. || [vacuité] *vide des idées,* vuotaggine (f.) del pensiero. | *vide d'un raisonnement,* vacuità (f.) di un ragionamento. | *vide des plaisirs du monde,* vanità (f.) dei piaceri del mondo. || TECHN. *conditionné sous vide,* condizionato sotto vuoto. ◆ loc. adv. ***à vide,*** a vuoto. | *tourner à vide* (pr. et fig.), girare a vuoto.
vidé, e [vide] adj. PR. *poulet vidé de son sang,* pollo dissanguato. || FIG. [fatigué] esausto, spossato, sfinito; [intellectuellement] svuotato, finito.
vide-bouteille [vidbutɛj] m. sifone.
vide-gousset [vidgusɛ] m. VX borsaiolo (L.C.).
videlle [vidɛl] f. [de pâtissier] tagliapasta m. inv. || [de confiseur] snocciolatrice.
vidéo [video] adj. et n. f. video (adj. et n. m. inv.).
vidéocassette [videokasɛt] f. videocassetta.
vidéofréquence [videofrekɑ̃s] f. videofrequenza.
vide-ordures [vidɔrdyr] m. inv. [conduit] condotto (m.) di immondezzaio. || [ouverture] bocca f. (di scarico).
vide-poches [vidpɔʃ] m. inv. = cestello m., cofanetto m. || AUTOM. vano (m.) portaguanti.
vider [vide] v. tr. (s)vuotare. | *vider une bouteille,* vuotare un fiasco; [en la buvant] asciugarsi, scolarsi un fiasco (fam.). | *vider un poulet, un poisson,* svuotare, sventrare, sbuzzare un pollo, un pesce. | *vider une pièce de ses meubles,* svuotare una stanza dei mobili. | *faire vider une salle,* (fare) sgomb(e)rare una sala. || MIL. *vider le terrain,* abbandonare il terreno. || FAM. *vide les lieux, le plancher!,* sloggia di qui! | *vider son sac,* vuotare il sacco. || [équitation] *vider les arçons,* perdere le staffe. | *le cheval a vidé son cavalier,* il cavallo ha disarcionato il cavaliere. || [chasser] *vider qn d'une réunion,* cacciar fuori qlcu. da una riunione. | *se faire vider,* farsi mandar via. || [fatiguer] *la promenade l'a vidé,* la passeggiata l'ha spossato. || [régler] *vider une querelle,* accomodare, comporre una lite. | *vider une question, une affaire,* regolare, sistemare una questione, un affare. ◆ v. pr. (s)vuotarsi.
vidimer [vidime] v. tr. JUR. vidimare, autenticare.
vidimus [vidimys] m. (lat.) JUR. vidimazione f., autenticazione f.
viduité [vidɥite] f. JUR. vedovanza. | *délai de viduité,* lutto vedovile. || LITTÉR. [abandon] stato (m.) di abbandono, solitudine (L.C.).
vie [vi] f. **1.** [fait de vivre] *être en vie,* essere in vita; vivere. | *sans vie,* morto. | *rester un moment sans vie,* rimanere esanime per un momento. | *donner signe de vie,* V. SIGNE. | *être entre la vie et la mort,* essere tra la vita e la morte. | *avoir la vie dure,* essere duro a morire. | *si Dieu me prête vie,* se Dio mi dà vita. | *payer de sa vie,* pagare con la vita. | *donner la vie pour,* dare la vita per. | *avoir, laisser la vie sauve,* avere, lasciare salva la vita. | *la bourse ou la vie!,* o la borsa o la vita! | *question de vie ou de mort,* questione di vita o di morte. || FIG. *tu me rends la vie!,* mi fai tornare alla vita! || **2.** [animation] *un portrait, un garçon plein de vie,* un quadro, un ragazzo pieno di vita. | *rue pleine de vie,* strada piena di vita, di animazione. || **3.** [espace de temps] *le cours, les âges de la vie,* il corso, le età della vita. | *la vie durant,* vita natural durante. | *jamais de la vie!,* mai e poi mai!, nemmeno per sogno!; manco per sogno! (pop.). | *de ma vie je n'ai vu cela,* in vita mia, mai e poi mai ho visto una cosa simile. | *prison à vie,* prigione a vita. | *pour la vie; à la vie et à la mort,* per la vita e per la morte. || [biographie] vita, biografia. || **4.** [façon de vivre] *changer de vie,* cambiar vita. | *mener joyeuse vie,* far vita beata. | *vie de bohème,* vita scapigliata. | *vie de chien,* vita da cani. | *vie de bâton de chaise, de patachon* (fam.), vita disordinata, dissoluta (L.C.). | *faire, mener, rendre la vie dure à qn,* rendere la vita dura, difficile a qlcu.; amareggiare la vita, l'esistenza a qlcu. | *faire, vivre sa vie,* vivere la propria vita. | *faire la vie :* [insupportable] essere irrequieto, maleducato, scomposto; [débauché] far vita dissoluta. | *femme de mauvaise vie,* donna di vita, di malaffare. || **5.** [moyens d'existence] *gagner sa vie,* guadagnarsi la vita, da vivere; guadagnarsi di che campare (fam.). | *la vie chère,* il carovita. | *la vie a doublé,* la vita è raddoppiata, il vivere è raddoppiato. || **6.** [le monde] *voir la vie en rose,* veder tutto rosa. | *que veux-tu, c'est la vie,* che vuoi, la vita è così. || **7.** [durée] *vie d'un peuple, d'un mot, d'une idée,* vita, durata di un popolo, di una parola, di un'idea. || **8.** [être humain] *cette catastrophe a coûté des milliers de vies,* questa catastrofe è costata migliaia di vite.
vieil adj. et n. V. VIEUX.
vieillard [vjɛjard] m. vecchio, anziano; vegliardo

(littér.) ; vecchiardo (péjor., littér.). | *vieillard imposant,* vecchione.
1. vieille [vjɛj] f. ZOOL. labro m.
2. vieille adj. et n. V. VIEUX.
vieillerie [vjɛjri] f. vecchiume m., anticaglia. || FAM. [vieillesse] vecchiaia (L.C.).
vieillesse [vjɛjɛs] f. [de l'homme] vecchiaia, vecchiezza. | *bâton de vieillesse,* bastone della vecchiaia. | *robuste vieillesse,* robusta vecchiezza. | *vieillesse précoce,* vecchiaia precoce. | *les ennuis, les rides de la vieillesse,* gli acciacchi, le rughe della vecchiaia. || [des choses] vecchiaia ; vecchiezza (rare). || [les vieillards] vecchiaia.
vieilli, e [vjɛji] adj. invecchiato.
vieillir [vjɛjir] v. intr. PR. invecchiare ; avanzare negli anni ; attemparsi (VX). || [vin] invecchiare. || FIG. *c'est une œuvre qui vieillit,* è un'opera che invecchia ogni giorno. | *ce roman a vieilli,* questo romanzo è invecchiato. ◆ v. tr. invecchiare. | *la barbe te vieillit,* la barba t'invecchia. | *tu me vieillis d'un an,* mi fai più vecchio d'un anno. || TECHN. invecchiare. ◆ v. pr. farsi più vecchio. | *elle se vieillit à plaisir,* fa apposta di sembrare più anziana.
vieillissant, e [vjɛjisɑ̃, ɑ̃t] adj. = che invecchia.
vieillissement [vjɛjismɑ̃] m. [de l'homme] invecchiamento, (l')invecchiare ; [des choses] invecchiamento, stagionatura f. || [sociologie] invecchiamento.
vieillot, otte [vjɛjo, ɔt] adj. vecchiotto.
vièle [vjɛl] f. MUS. viella.
vielle [vjɛl] f. MUS. ghironda.
vieller [vjɛle] v. intr. MUS. suonare la ghironda.
vielleur [vjɛlœr] m. ou **vielleux, euse** [vjɛlø, øz] n. suonatore, suonatrice di ghironda.
viennois, e [vjɛnwa, az] adj. et n. viennese.
vierge [vjɛrʒ] adj. PR. et FIG. vergine. | *huile, cire vierge,* olio, cera vergine. | *forêt, terre vierge,* foresta, terra vergine. | *feuille (de papier) vierge,* foglio bianco. | *c'est un terrain vierge,* è un terreno vergine. || LITTÉR. *vierge de,* vergine, puro, immune di. ◆ n. f. vergine.
vieux [vjø] ou **vieil** [vjɛj], **vieille** [vjɛj] adj. [âgé] vecchio, anziano ; in là con gli anni. | *vieux garçon,* scapolo adj. et n. ; zitellone (plais.). | *vieille fille,* zitella ; zitellona (plais.). | *se faire vieux, prendre un coup de vieux* (fam.), invecchiare v. intr. (L.C.). | *sur mes, tes, ses vieux jours,* in vecchiaia ; quando sarò, sarai, sarà vecchio. | *ne pas faire de vieux os* (fam.) = non vivere a lungo. || FIG. *une vieille barbe,* un vecchio barbogio. | *être plus vieux de deux ans,* essere più vecchio, più anziano di due anni. || [ancien] *une vieille amitié,* una vecchia amicizia. | *le bon vieux temps,* il buon tempo antico. | *vieille habitude,* abitudine inveterata. | *vieille famille, maison,* famiglia, casa antica. || RELIG. *le vieil homme,* l'uomo vecchio. || [usé] *vieux habits,* vecchi abiti. | *vieille maison,* vecchia casa. | *vieux rose, vieil or,* rosa, oro antico. || [qui n'a plus cours] *de vieux mots,* parole antiquate. | *vieil italien,* italiano antico. | *être très vieille France,* essere un Francese all'antica. | *ça fait vraiment vieille Toscane,* fa proprio Toscana d'altri tempi. ◆ n. m. *c'est du vieux,* sono mobili, oggetti antichi. ◆ n. *petit vieux,* vecchietto, vecchierello. | *petite vieille,* vecchietta, vecchierella. || FAM. [terme d'affection] *(mon) vieux,* vecchio mio. || [parents] *mes vieux ne sont pas venus,* i miei vecchi non sono venuti. | *le vieux, la vieille ne va pas bien,* il babbo, la mamma non sta bene. || HIST. *un vieux de la vieille,* uno della vecchia guardia (di Napoleone).
vif, vive [vif, viv] adj. [vivant] vivo. | *mort ou vif,* vivo o morto. | *eau vive,* acqua sorgiva. | *poids vif,* peso vivo. | *chaux, haie vive,* calce, siepe viva. || [mis à nu] *chair, pierre vive,* carne, pietra viva. | *angle, joint vif,* angolo, giunto vivo. || [qui a de la vie] *œil, garçon vif,* occhio, ragazzo vivo, vivace. | *intelligence vive,* intelligenza viva, vivace. || [intense] *couleurs vives,* colori vivi ; colori vividi (littér.). | *rouge vif,* rosso intenso. | *lumière vive,* luce intensa. | *froid vif,* freddo pungente. | *feu vif,* fuoco vivo. | *vive discussion,* discussione viva, violenta. | *vive douleur,* dolore acuto. | *vive curiosité,* gran curiosità. || [essentiel] *œuvres vives d'un navire,* opere vive di una nave. ◆ n. m. [personne vivante] vivo. || JUR. *donation entre vifs,* donazione tra vivi. | *le mort saisit le vif* = l'erede subentra direttamente nel patrimonio del defunto. || [partie vitale] vivo. | *couper, trancher dans le vif,* tagliare nel vivo. | *saisir sur le vif,* cogliere dal vivo. | *toucher au vif,* toccare nel vivo. | *le vif du sujet,* il vivo della questione. || PHOT. *prendre sur le vif,* ritrarre dal vero. ◆ loc. adv. ***à vif,*** in carne viva. | *plaie à vif,* piaga scoperta. | *avoir les nerfs à vif,* avere i nervi a fior di pelle. || ***de vive force,*** a viva forza. || ***de vive voix,*** a viva voce.
vif-argent [vifarʒɑ̃] m. MINÉR. argento vivo ; mercurio. || FIG. *être comme du vif-argent,* avere l'argento vivo addosso.
vigie [viʒi] f. MAR. [homme] vedetta ; [poste] posto di vedetta.
vigilance [viʒilɑ̃s] f. vigilanza.
vigilant, e [viʒilɑ̃, ɑ̃t] adj. vigilante ; vigile (littér.). | *soins vigilants,* cure (f. pl.) sollecite.
1. vigile [viʒil] f. RELIG. vigilia.
2. vigile m. HIST. vigile.
vigne [viɲ] f. [plant] vite. | *vigne vierge,* vite del Canada. | *vigne blanche,* vitalba. || [plantation] vigna, vigneto m. || FIG. *la vigne du Seigneur,* la vigna del Signore. || FAM. *être dans les vignes,* essere brillo. || ART *feuille de vigne,* foglia di fico.
vigneron, onne [viɲərɔ̃, ɔn] n. vignaiolo m., viticoltore m.
vignette [viɲɛt] ART, TYP. vignetta. || AUTOM. bollo (m.) di circolazione. || PHARM. fustella.
vignettiste [viɲetist] m. ART vignettista.
vignoble [viɲɔbl] m. vigna f., vigneto.
vigogne [vigɔɲ] f. ZOOL. vigogna.
vigoureux, euse [vigurø, øz] adj. PR. et FIG. vigoroso.
vigueur [vigœr] f. PR. et FIG. vigore m., vigoria, forza, energia. || ADM., JUR. *en vigueur,* in vigore; vigente adj.
vil, e [vil] adj. [méprisable] vile, abietto, spregevole. | *vil séducteur,* vile seduttore. || HIST. *de naissance vile,* di nascita vile. || [sans valeur] *à vil prix,* a vil prezzo.
vilain, e [vilɛ̃, ɛn] n. FÉOD. villano, a, contadino, a. || LOC. *jeu(x) de main, jeu(x) de vilain,* scherzi di mano, scherzi da villano. || [langue enfantine] *oh! le petit vilain!,* che monello! ◆ n. m. [bagarre] *il va y avoir du vilain,* le cose si metton male, ci sarà burrasca. ◆ adj. [méprisable] vile. | *un vilain monsieur,* un bel messere (iron.). | *un vilain moineau, oiseau* = un tipaccio. | *vilain mot,* parolaccia f. || FAM. [méchant] brutto, cattivo. | *c'est vilain de mentir,* è vergogna, è brutto mentire. || [laid] brutto. | *elle n'est pas vilaine,* non è brutta. | *vilain temps,* tempaccio. | *vilaine blessure,* brutta ferita.
vilebrequin [vilbrəkɛ̃] m. TECHN. menarola f. || MÉC. albero a gomito.
vilenie [vil(e)ni] f. LITTÉR. villania ; bassezza, infamia (L.C.).
vilipender [vilipɑ̃de] v. tr. LITTÉR. vilipendere, disprezzare.
villa [villa] f. villa, villino m.
village [vilaʒ] m. villaggio, paese. | *village de toile,* tendopoli f. | *idiot du village,* scemo del villaggio.
villageois, e [vilaʒwa, az] adj. campagnolo, paesano, rusticano. | *manières paysannes,* maniere rusticane. | *habitudes paysannes,* abitudini, usanze paesane. | *costumes paysans,* costumi campagnoli. | *air paysan,* aria campagnola. | *danses, fêtes paysannes,* danze, feste campagnole. ◆ n. paesano, a ; abitante di un villaggio ; villico m. (littér.).
villanelle [vilanɛl] f. MUS., POÉS. villanella.
ville [vil] f. città. | *ville d'eau(x),* città termale. | *ville-dortoir,* città dormitorio. | *ville nouvelle,* città nuova. | *aller à la ville,* recarsi in città. || [quartier] *vieille ville,* città vecchia. | *aller en ville,* andare in centro. | *les gens de la ville,* i cittadini. || LOC. *en ville* (abr. : E.V.), Città. | *dîner en ville,* pranzare fuori (di casa). | *costume de ville,* abito da passeggio. || ADM. municipio m. | *hôtel de ville,* municipio. | *employé de la ville,*

impiegato del municipio. || [population] *toute la ville en parle,* tutti ne parlano in città.
villégiature [vileʒjatyr] f. villeggiatura.
villégiaturer [vileʒjatyre] v. intr. Vx villeggiare (L.C.).
villeux, euse [vilø, øz] adj. BOT., ZOOL. villoso.
villosité [vilozite] f. villosità.
vin [vɛ̃] m. vino. | *vin rouge,* vino rosso, nero. | *vin rosé,* vino rosato. | *vin ordinaire, de table,* vino comune, da pasto. | *vin fin,* vino fine, superiore, speciale, di lusso. | *petit vin,* vinello. | *vin qui travaille,* vino che fermenta. | *vin de coupage,* vino da taglio. | *vin coupé,* vino tagliato. | *vin baptisé, coupé d'eau,* vino annacquato. | *vin chaud,* vino brulè (fr.). | *marchand de vin,* oste, vinaio ; vinattiere (littér.). | *négociant en vins,* commerciante in vini. | *tirer le vin,* spillare il vino. || LOC. FIG. *mettre de l'eau dans son vin,* V. EAU. | *tenir bien le vin,* portare bene, reggere il vino. || [réception] *vin d'honneur,* vino d'onore; bicchierata f. || [ivresse] ubriachezza, sbornia. | *avoir le vin mauvais, triste, gai,* avere il vino cattivo, triste, allegro. || FAM. *cuver son vin,* smaltire la sbornia. | *être entre deux vins, pris de vin,* essere brillo, alticcio. || PROV. *quand le vin est tiré il faut le boire* = quando si è in ballo bisogna ballare. || [boisson alcoolisée] *vin de palme,* vino di palma.
vinage [vinaʒ] m. = alcoolizzazione (f.) del vino.
vinaigre [vinɛgr] m. aceto. | *mère du vinaigre,* madre dell'aceto. || LOC. *tourner au vinaigre :* inacetire (pr.); = prendere una brutta piega, mettersi male (fig.). || *faire vinaigre :* [saut à la corde] = imprimere un movimento rapido alla corda; FAM. [se dépêcher] = sbrigarsi, spicciarsi.
vinaigrer [vinɛgre] v. tr. condire con aceto.
vinaigrerie [vinɛgrəri] f. acetificio m.
vinaigrette [vinɛgrɛt] f. CULIN. vinaigrette (fr.).
vinaigrier [vinɛgrije] m. fabbricante, commerciante di aceto. || [flacon] ampolla (f.) per l'aceto ; = oliera f.
vinasse [vinas] f. PÉJOR. vinaccio m.
vindas [vɛ̃dɑ] m. TECHN. piccolo argano, piccolo cabestano.
vindicatif, ive [vɛ̃dikatif, iv] adj. vendicativo, astioso. ◆ n. vendicativo m.
vindicte [vɛ̃dikt] f. LITTÉR. *désigner à la vindicte publique,* additare alla pubblica esecrazione.
vinée [vine] f. raccolta dell'uva ; vendemmia.
viner [vine] v. tr. = alcoolizzare.
vineux, euse [vinø, øz] adj. [couleur] vinato. || [goût, odeur] vinoso. || LITTÉR. [riche en vin] vitifero, vinifero. || [riche en alcool] = di alta gradazione alcoolica ; generoso, robusto.
vingt [vɛ̃] adj. num. card. venti. | *qui a vingt ans,* ventenne adj. et n. | *vingt et un francs,* ventun franco, franchi. | *les vingt et un francs que m'a coûté cet objet,* i ventun franchi che m'è costato quest'oggetto. | *vingt et un beaux jours,* ventun bei giorni. || [grande quantité] *je te l'ai demandé vingt fois,* te l'ho chiesto venti volte. ◆ adj. num. ord. ventesimo, venti. | *chapitre vingt,* capitolo ventesimo. | *page vingt,* pagina venti. ◆ n. m. *miser sur le vingt,* puntare sul venti. | *habiter au vingt,* abitare al venti. || JEU *vingt-et-un,* ventuno.
vingtaine [vɛ̃tɛn] f. ventina.
vingtième [vɛ̃tjɛm] adj. num. ord. et n. m. ventesimo ; vigesimo (littér.).
vinicole [vinikɔl] adj. vinicolo.
vinifère [vinifɛr] adj. vinifero.
vinification [vinifikasjɔ̃] f. vinificazione.
vinifier [vinifje] v. tr. vinificare.
vinyle [vinil] m. CHIM. vinile.
vinylique [vinilik] adj. CHIM. vinilico.
vioc ou **vioque** [vjɔk] adj. POP. vecchio (L.C.). ◆ n. pl. POP. vecchi (fam.) ; genitori (L.C.).
viol [vjɔl] m. PR. stupro ; violenza (f.) carnale. || FIG. violazione f.
violacé, e [vjɔlase] adj. violaceo, paonazzo. ◆ n. f. pl. BOT. violacee.
violacer [vjɔlase] v. tr. dare un colore violaceo a. ◆ v. pr. assumere un colore violaceo.
violat [vjɔla] adj. m. PHARM. violato.
violateur, trice [vjɔlatœr, tris] m. JUR. stupratore. ◆ n. *violateur, trice d'un lieu sacré, des lois, d'un secret,* violatore, trice di un luogo sacro, delle leggi, di un segreto.
violation [vjɔlasjɔ̃] f. violazione.
violâtre [vjɔlɑtr] adj. (rare) V. VIOLACÉ.
viole [vjɔl] f. MUS. viola. | *viole d'amour, de gambe,* viola d'amore, da gamba.
violemment [vjɔlamɑ̃] adv. PR. violentemente. || [ardemment] con ardore, con passione.
violence [vjɔlɑ̃s] f. PR. violenza. || FIG. *faire violence à qn,* far, usar violenza, far forza a qlcu. | *se faire violence,* farsi forza. | *faire violence à un texte,* stiracchiare un testo, forzare il significato di un testo. | *avec une douce violence,* con dolce violenza. ◆ pl. JUR. *violences et voies de fait,* atti di violenza e vie di fatto.
violent, e [vjɔlɑ̃, ɑ̃t] adj. violento, impetuoso. | *vent violent,* vento violento, impetuoso, travolgente. || LOC. *mort violente,* morte violenta. || FAM. *c'est un peu violent !,* è un po' grossa !
violenter [vjɔlɑ̃te] v. tr. PR. et FIG. violentare.
violer [vjɔle] v. tr. [une femme] violentare, violare, stuprare. || FIG. violare.
violet, ette [vjɔlɛ, ɛt] adj. viola inv., violetto. ◆ n. m. (color) viola ; violetto. ◆ n. f. BOT. viola (mammola), mammola, violetta.
violeur [vjɔlœr] m. V. VIOLATEUR.
violier [vjɔlje] m. BOT. viola(c)ciocca f.
violine [vjɔlin] adj. = color di viola porpora.
violiste [vjɔlist] n. MUS. violista.
violon [vjɔlɔ̃] m. [instrument] violino. | *facteur de violons,* violinaio m. | *gratter, racler du violon* (fam.), grattare, strimpellare il violino. || FIG. *violon d'Ingres,* pallino ; hobby (angl.), passatempo. || [musicien] violino. | *premier violon,* primo violino. || LOC. FIG. *accordez vos violons !* (fam.), mettetevi d'accordo ! (L.C.). | *aller plus vite que les violons,* precipitare le cose. | *payer les violons* = pagare le spese senza averne il profitto. || FAM. [prison] guardina f., camera (f.) di sicurezza (L.C.). | *passer la nuit au violon,* passare la notte al fresco.
violoncelle [vjɔlɔ̃sɛl] m. [instrument] violoncello, cello. || [musicien] violoncello.
violoncelliste [vjɔlɔ̃sɛlist] m. violoncellista.
violoneux [vjɔlɔnø] m. violinista di campagna. || PÉJOR. violinista da strapazzo.
violoniste [vjɔlɔnist] n. violinista.
vioque adj. et n. V. VIOC.
viorne [vjɔrn] f. BOT. viburno m. | *viorne obier,* pallone (m.) di maggio. | *viorne tinus,* laurotino m. || [clématite] clematide, vitalba.
vipère [vipɛr] f. ZOOL. et FIG. vipera.
vipereau [vipro] m. ZOOL. piccolo della vipera ; viperella f., viperetta f., viperina f.
vipéridés [viperide] m. pl. ZOOL. viperidi.
vipérin, e [viperɛ̃, in] adj. PR. et FIG. viperino. ◆ n. f. BOT. (erba) viperina ; echio m.
virage [viraʒ] m. AÉR., MAR. virata f., viraggio. || [d'une route] curva f., svolta f. || FIG. svolta. || MÉD., PHOT. viraggio.
virago [virago] f. FAM. virago.
viral, e, aux [viral, o] adj. virale.
vire [vir] f. [alpinisme] cengia.
virée [vire] f. FAM. [promenade] giro m., girata. || [tournée des cafés] giro.
virelai [virlɛ] m. POÉS. virelai (fr.).
virement [virmɑ̃] m. MAR. virata f. || COMM. *virement bancaire,* giraconto, bancogiro. | *virement de fonds,* trasferimento di fondi. | *virement postal,* postagiro. | *chèque de virement,* assegno di postagiro. || FIN. *virement budgétaire,* storno del bilancio.
virer [vire] v. tr. MAR. *virer le cabestan,* virare, far girare l'argano, il cabestano. || COMM. girare. | *virer une somme sur un compte,* girare, trasferire una somma su un conto. || PHOT. *virer une épreuve,* sottoporre una copia al viraggio. || FAM. *virer qn :* [d'un lieu] sbattere fuori qlcu. ; [d'un emploi] sbalestrare qlcu. | *se faire virer,* farsi sbattere fuori ; essere sbalestrato. ◆ v. intr.

AÉR., MAR. virare. | *virer de bord,* virare, girare di bordo (pr.); fare un voltafaccia (fig.). | *virer vent devant,* virare di bordo in prora, per davanti. | *virer sur l'ancre,* girare sull'ancora. | *pare à virer!,* pronti a virare di bordo! || AUTOM. svoltare, curvare. || MÉD. *cuti qui vire,* cutireazione che diventa positiva. ◆ v. tr. ind. *virer au rouge,* virare al rosso.

vireton [virtɔ̃] m. [flèche] verrettone.

vireux, euse [virø, øz] adj. [vénéneux] velenoso. || [nauséabond] nauseabondo, nauseante.

virevolte [virvɔlt] f. [équitation] giravolta. || FIG. giravolta; voltafaccia m. inv.

virevolter [virvɔlte] v. intr. far giravolte.

1. virginal, e, aux [virʒinal, o] adj. verginale; virgineo (littér.).

2. virginal m. MUS. virginale.

virginie [virʒini] m. [tabac] virginia m. inv.

virginité [virʒinite] f. verginità. || FIG. verginità, purezza.

virgule [virgyl] f. virgola. || LOC. *ne pas changer une virgule à,* non cambiare, non togliere, non mutare (neanche) una virgola a. || BIOL. *bacille virgule,* bacillo virgola. || [cheveux] virgola.

viril, e [viril] adj. PR. et FIG. virile. || ANTIQ. *toge virile,* toga virile.

virilisation [virilizasjɔ̃] f. virilizzazione.

viriliser [virilize] v. tr. BIOL. et FIG. virilizzare.

virilisme [virilism] m. MÉD. virilismo.

virilité [virilite] f. virilità.

virole [virɔl] f. [anneau] ghiera. || [frappe de la monnaie] conio m.

viroler [virɔle] v. tr. [un manche] munire di ghiera. || [une monnaie] introdurre nel conio.

virtualité [virtɥalite] f. PHILOS. virtualità, potenzialità.

virtuel, elle [virtɥɛl] adj. virtuale, potenziale.

virtuose [virtɥoz] n. virtuoso, a. || LOC. *c'est un virtuose du vol* = è un ladro matricolato.

virtuosité [virtɥozite] f. virtuosismo m.; virtuosità (rare).

virulence [virylɑ̃s] f. MÉD. virulenza. || FIG. virulenza, asprezza, violenza.

virulent, e [virylɑ̃, ɑ̃t] adj. MÉD. virulento. || FIG. virulento, aspro, violento.

virure [viryr] f. MAR. corso (m.) di fasciame.

virus [virys] m. BIOL. virus. || FIG. virus, morbo.

vis [vis] f. TECHN. vite. | *vis sans fin,* vite senza fine, vite perpetua. | *pas de vis,* passo di vite. | *vis mère,* madrevite. | *escalier à vis,* scala a spirale, a vite. || LOC. *donner un tour de vis,* dar un giro di vite (pr. et fig.). | *serrer la vis à qn,* stringere i freni a qlcu.

visa [viza] m. visto. | *visa diplomatique,* visto diplomatico. | *accorder, apposer un visa,* concedere, apporre un visto.

visage [vizaʒ] m. faccia f., viso; volto (littér.). || [mine] *avoir bon, mauvais visage,* avere una buona, brutta cera. || FIG. *faire bon visage,* far buon viso a cattiva sorte. | *faire bon visage à qn,* far buona accoglienza, buona cera a qlcu. || [expression] *visage énergique,* espressione energica. | *visage de circonstance,* viso di circostanza. || LOC. FIG. *à visage découvert,* a viso aperto. | *sans visage,* anonimo adj. | *à deux visages,* falso, subdolo adj. | *les Visages pâles,* i Visi pallidi.

visagiste [vizaʒist] n. visagista.

vis-à-vis [vizavi] loc. adv. di fronte, faccia a faccia; vis à vis (fr.). ◆ loc. prép. ***vis-à-vis de :*** [en face de] di fronte a, dirimpetto a; [à l'égard de] verso di, rispetto a, nei riguardi di, nei confronti di; [par rapport à] in confronto a. | *son attitude vis-à-vis de moi,* il suo atteggiamento verso di me, nei miei riguardi, nei miei confronti. ◆ n. m. *mon vis-à-vis,* la persona di fronte a me. | *en vis-à-vis,* uno di fronte all'altro. | *avoir pour vis-à-vis,* aver di fronte, dirimpetto. | *un immeuble sans vis-à-vis,* uno stabile senza edificio dirimpetto. || [canapé] amorino.

viscache [viskaʃ] f. ZOOL. viscaccia.

viscéral, e, aux [viseral, o] adj. PR. et FIG. viscerale.

viscère [visɛr] m. ANAT. [organe interne] (plus fréquent au pl.) viscere.

viscose [viskoz] f. CHIM. viscosa.

viscosimètre [viskozimɛtr] m. viscometro.

viscosité [viskozite] f. PHYS. viscosità; vischiosità (L.C.) || PSYCHAN. *viscosité de la libido,* vischiosità della libido. || ÉCON. *viscosité de la main-d'œuvre,* vischiosità della manodopera.

visé [vize] m. *tirer au visé* = mirare e far fuoco.

visée [vize] f. MIL., OPT. mira. | *ligne de visée,* linea di mira. | *angle de visée,* angolo di visuale. ◆ pl. FIG. mire; scopi, intenti, propositi m. pl. | *visées ambitieuses,* mire ambiziose. | *avoir des visées sur qn, qch.,* avere delle mire su qlcu., su qlco.

1. viser [vize] v. tr. ou intr. mirare (a). | *viser un lièvre,* mirare a una lepre. | *viser le but,* mirare il bersaglio. | *viser au cœur,* mirare al cuore. || FIG. *viser haut,* mirare alto. | *viser trop haut,* essere troppo ambizioso. || [ambitionner] mirare, aspirare, ambire a. || [s'appliquer à] rivolgersi a. | *ce reproche te vise en particulier,* questo rimprovero si rivolge specialmente a te. | *être, se sentir visé,* essere, sentirsi preso di mira. || POP. [regarder] guardare (L.C.). || PHYS. collimare. ◆ v. tr. ind. tendere (a). | *viser à l'effet,* tendere all'effetto. | *à quoi vise cette nouvelle?,* a che cosa tende questa notizia?

2. viser v. tr. [document, passeport] vistare. || [authentifier] *viser une signature,* vidimare, autenticare una firma.

viseur [vizœr] m. OPT. mirino.

visibilité [vizibilite] f. visibilità.

visible [vizibl] adj. PR. visibile. || [évident] manifesto, evidente. | *son plaisir était visible,* la sua gioia era chiara, evidente. | *il est visible que,* è evidente che. || FAM. *le directeur n'est pas visible,* il direttore non può ricevere (L.C.). | *il n'est pas visible dans cet état,* non è presentabile in questo stato.

visière [vizjɛr] f. [casque, chapeau, etc.] visiera. || FIG. *rompre en visière (avec),* attaccare di fronte, contraddire violentemente. || [pour protéger les yeux] visiera. || LOC. *mettre sa main en visière,* far(si) solecchio.

vision [vizjɔ̃] f. [perception par la vue] (il) vedere, capacità visiva. || OPT. *la vision de près, de loin,* la vista da vicino, da lontano. || CIN. visione. || [conception] concezione, visione, intuizione. || [apparition] apparizione, visione. || FAM. *avoir des visions,* vaneggiare, farneticare.

visionnaire [vizjɔnɛr] adj. et n. visionario.

visionner [vizjɔne] v. tr. visionare.

visionneuse [vizjɔnøz] f. visore m.

visitandine [vizitɑ̃din] f. RELIG. visitandina.

Visitation [vizitasjɔ̃] f. RELIG. Visitazione.

visitatrice [vizitatris] f. RELIG. visitatrice.

visite [vizit] f. visita. | *heures de visite,* orario (m.) delle visite. | *rendre visite à,* visitare; far visita a. | *rendre sa visite à qn,* restituire la visita a qlcu. | *carte de visite,* biglietto da visita. || MÉD. visita. || [visiteur] *il y a une visite pour toi,* c'è una visita per te. || ADM. *visite de la douane,* visita doganale. || JUR. *droit de visite,* diritto di visita. | *visite domiciliaire,* perquisizione domiciliare. | *visite des lieux,* sopralluogo m. || MIL. *visite des armes,* ispezione delle armi. || RELIG. *visite pastorale,* visita pastorale.

visiter [vizite] v. tr. [lieu, personne] visitare. | *visiter ses amis,* visitare gli amici, far visita agli amici. || [examiner] esaminare, visitare; [douane] ispezionare. || RELIG. visitare.

visiteur, euse [vizitœr, øz] n. visitatore, trice. || [douane] ispettore, trice. || *visiteur apostolique,* visitatore apostolico. | *visiteur médical* = rappresentante di prodotti farmaceutici.

vison [vizɔ̃] m. visone.

visqueux, euse [viskø, øz] adj. PHYS. viscoso. || [gluant] vischioso, appiccicaticcio, appiccicoso, viscido. || FIG. *individu visqueux,* individuo viscido.

vissage [visaʒ] m. TECHN. avvitamento, (l')avvitare, invitatura f. || CHIR. avvitamento.

visser [vise] v. tr. MÉC. avvitare, invitare. || FAM. *être*

vissé sur sa chaise, essere inchiodato sulla seggiola. || [serrer] *visser à bloc*, stringere al massimo, a fondo. || FIG., FAM. *visser qn*, tenere a briglia qlcu.
visserie [visri] f. TECHN. viteria. || [fabrique] fabbrica di viti ; bulloneria.
visualisation [vizɥalizasjɔ̃] f. visualizzazione.
visualiser [vizɥalize] v. tr. visualizzare.
visuel, elle [vizɥɛl] adj. visivo. | *champ visuel*, campo visivo ; visuale f. | *organe visuel*, organo visivo. | *angle visuel*, angolo visuale. || LOC. *mémoire visuelle*, memoria eidetica.
vital, e, aux [vital, o] adj. vitale. | *élan vital*, slancio vitale. || FIG. essenziale, fondamentale. | *c'est une question vitale*, è una questione vitale, di essenziale importanza. || LOC. *espace, minimum vital*, spazio, minimo vitale.
vitalisme [vitalism] m. vitalismo.
vitaliste [vitalist] adj. vitalistico. ◆ n. vitalista.
vitalité [vitalite] f. vitalità. | *manquer de vitalité*, mancar di vitalità, di dinamismo.
vitamine [vitamin] f. BIOL. vitamina. | *riche en vitamines*, vitaminico.
vitaminé, e [vitamine] adj. MÉD. vitaminizzato.
vite [vit] adj. *le coureur le plus vite*, il corridore più veloce, il migliore velocista. ◆ adv. presto. | *au plus vite*, al più presto, quanto prima. | *faire vite*, far presto ; sbrigarsi. | *y aller un peu vite*, agire, lavorare un po' troppo alla svelta. | *avoir vite fait de*, aver fatto presto a. | *pas si vite !*, piano piano !
vitellin, e [vitɛlɛ̃, in] adj. vitellino.
vitellus [vitɛlys] m. (lat.) BIOL. vitello.
vitesse [vitɛs] f. velocità, rapidità, celerità. | *prendre de la vitesse*, acquistare velocità ; accelerare. | *faire de la vitesse*, guidare velocemente. | *excès de vitesse*, eccesso di velocità. | *gagner qn de vitesse*, superare qlcu. in velocità, essere più svelto di qlcu. || LOC. *à petite, grande, toute vitesse*, a piccola, grande, tutta velocità. | *en vitesse*, alla svelta, in fretta, velocemente. || AÉR. *vitesse de sustentation*, velocità di sostentamento. | *vitesse de libération*, velocità di fuga, di liberazione. | *être en perte de vitesse*, essere in perdita di velocità ; FIG. perdere il favore, il prestigio. || AUTOM. marcia. | *changer de vitesse*, cambiare marcia. | *boîte de vitesses*, cambio m. | *passer en quatrième vitesse*, ingranare, innestare la quarta. || FIG., FAM. *en quatrième vitesse*, a tutta birra. || MAR. *en avant, toute vitesse !*, avanti, a tutta forza ! || PSYCH. *vitesse de réaction*, velocità di reazione. || SPORT [cyclisme] *course de vitesse :* [entre coureurs] gara di velocità (su strada) ; [d'un coureur] corsa di velocità (su pista). | *coureur de vitesse*, velocista su strada, su pista. | *course de vitesse à pied*, gara podistica di velocità.
viticole [vitikɔl] adj. viticolo.
viticulteur [vitikyltœr] m. viticoltore.
viticulture [vitikyltyr] f. viticoltura.
vitiligo [vitiligo] m. MÉD. vitiligine f.
vitrage [vitraʒ] m. [vitres] vetri m. pl. ; [église] vetrate f. pl. || [pose] invetriatura f. (rare). || [voilage] tendina f.
vitrail, aux [vitraj, o] m. vetrata f.
vitre [vitr] f. vetro m. | *faire les vitres*, pulire i vetri. || FIG., FAM. *casser les vitres* = fare una scenata, uno scandalo.
vitré, e [vitre] adj. [garni de vitres] vetrato, vetriato ; a vetri. || ANAT. vitreo.
vitrer [vitre] v. tr. invetriare.
vitrerie [vitrəri] f. [fabrique] vetreria. || [marchandises] vetrame m.
vitreux, euse [vitrø, øz] adj. ANAT. *humeur vitreuse*, corpo, umor vitreo. || GÉOL. *état vitreux*, stato vetroso. | *roche vitreuse*, roccia vetrosa. || FIG. *œil, regard vitreux*, occhio, sguardo vitreo. | *porcelaine vitreuse*, porcellana vetrosa.
vitrier [vitrije] m. vetraio.
vitrifiable [vitrifjabl] adj. vetrificabile.
vitrification [vitrifikasjɔ̃] f. vetrificazione.
vitrifier [vitrifje] v. tr. [transformer en verre] vetrificare. || [parquet] invetriare.
vitrine [vitrin] f. [devanture] vetrina. || [horizontale] bacheca. || [petit meuble] credenza a vetri ; vetrina (rég.).
vitriol [vitrijɔl] m. PR. et FIG. vetriolo.
vitriolage [vitrijɔlaʒ] m. TEXT. = (il) sottoporre all'azione dell'acido solforico. || [jet de vitriol] (il) vetrioleggiare.
vitrioler [vitrijɔle] v. tr. TEXT. = sottoporre all'azione dell'acido solforico. || [pour défigurer] vetrioleggiare.
vitrioleur, euse [vitrijɔlœr, øz] n. = chi vetrioleggia.
vitupérateur, trice [vityperatœr, tris] n. LITTÉR. vituperatore, trice.
vitupération [vityperasjɔ̃] f. LITTÉR. vituperazione.
vitupérer [vitypere] v. tr. LITTÉR. vituperare, biasimare. ◆ v. tr. ind. **(contre)** protestare (contro).
vivable [vivabl] adj. FAM. tollerabile, sopportabile, accettabile (L.C.).
1. vivace [vivas] adj. BOT. [qui vit plusieurs années] perenne ; [résistant] vivace, rigoglioso. || FIG. durevole, tenace. | *haine, sentiment, préjugé vivace*, odio, sentimento, pregiudizio tenace, duraturo.
2. vivace [vivatʃe] adj. et adv. (ital.) MUS. vivace.
vivacité [vivasite] f. [qui a de la vie] vivacità. | *vivacité d'esprit*, vivezza, prontezza d'ingegno. | *vivacité d'une conversation*, vivacità, animazione, brio (m.) di una conversazione. || [intensité] *vivacité d'une couleur, du style*, vivacità, vivezza di un colore, dello stile. | *vivacité de l'air*, fresco (m.) dell'aria ; frescura. || FIG. *vivacité de caractère*, irritabilità, impazienza. | *vivacité de paroles*, asprezza di parole.
vivandier, ère [vivɑ̃dje, ɛr] n. HIST. vivandiere, a.
vivant, e [vivɑ̃, ɑ̃t] adj. [en vie] vivo, vivente. | *êtres vivants*, esseri viventi. | *matière vivante*, materia vivente. | *tableaux vivants*, quadri viventi. | *exemple vivant*, esempio vivo. | *langue vivante*, lingua viva. | *souvenir vivant*, ricordo vivo. || [animé] *regard vivant*, sguardo vivo, vivace, animato. | *portrait vivant*, ritratto parlante. | *rue vivante*, strada animata, piena di vita. ◆ n. m. *les vivants*, i viventi, i vivi. | *bon vivant*, buontempone, allegrone. ◆ loc. prép. ***du vivant de****/de son vivant* [quand il, elle était en vie] : lui vivo, vivente ; lei viva, vivente ; da vivo, da viva ; in vita sua. | *de mon vivant* [tant que je serai en vie] : finché sarò vivo, viva. | *du vivant de Napoléon*, durante la vita di, al tempo di Napoleone ; finché Napoleone fu vivo.
vivarium [vivarjɔm] m. vivaio.
vivat [viva] m. evviva inv.
1. vive [viv] f. ZOOL. trachino dragone m. ; tracina ; pesce ragno m.
2. vive ! interj. (ev)viva ! | *vive, vivent les vacances !*, evviva le vacanze ! | *vive Dieu !*, vivaddio !
vivement [vivmɑ̃] adv. [rapidement] presto, in fretta, rapidamente. | *mener vivement une affaire*, condurre una faccenda alla svelta. || [avec vivacité] *répliquer vivement*, replicare aspramente, con impazienza. | *se féliciter, regretter, remercier vivement*, rallegrarsi, dolersi, ringraziare vivamente, sentitamente. | *vivement touché*, profondamente, sentitamente commosso. ◆ interj. FAM. *vivement les vacances !* = a quando le sospirate vacanze ! | *vivement que ça finisse !*, speriamo finisca presto !
viverridés [viveride] m. pl. ZOOL. viverridi.
viveur [vivœr] m. viveur (fr.) ; vitaiolo ; (raffinato) gaudente.
vivier [vivje] m. PR. et FIG. vivaio.
vivifiant, e [vivifjɑ̃, ɑ̃t] adj. vivificante ; vivificatore, trice.
vivificateur, trice [vivifikatœr, tris] adj. et n. LITTÉR. (rare) vivificatore, trice.
vivification [vivifikasjɔ̃] f. vivificazione.
vivifier [vivifje] v. tr. vivificare, ravvivare.
vivipare [vivipar] adj. et n. viviparo.
viviparité [viviparite] f. BIOL. viviparità.
vivisection [vivisɛksjɔ̃] f. vivisezione.
vivoter [vivɔte] v. intr. FAM. vivacchiare ; vivere stentatamente, alla meglio.
vivre [vivr] v. intr. **1.** [être en vie] vivere. | *tout ce qui vit*, tutto ciò che vive, che ha vita. | *il n'y avait âme*

qui vive, non v'era anima viva. | *il a vécu*, visse ; è morto. || **2.** [mener sa vie] vivere ; condurre la vita. | *les années qu'il a vécu*, gli anni che è vissuto. | *vivre à la campagne, chez qn*, vivere in campagna, in casa di qlcu. | *vivre heureux, en paix, seul, à deux*, vivere felice, in pace, solo, in due. | *homme qui sait, qui ne sait pas vivre*, uomo che sa, che non sa vivere. | *apprendre à vivre à qn*, insegnare a vivere a qlcu. | *homme facile à vivre*, uomo con cui si può vivere facilmente. | *se laisser vivre*, lasciarsi vivere ; vivere senza pensieri. | *art de vivre*, arte del vivere. | *ne pas vivre (de peur)*, morire (dalla paura). || **3.** [moyens] vivere ; campare (fam.). | *vivre de pain*, nutrirsi di pane. | *vivre de rien, de son travail*, vivere con niente, del proprio lavoro. | *vivre de privations*, vivere di stenti. | *vivre de son bien*, vivere, campare del proprio. | *vivre sur son capital*, vivere sul proprio capitale. | *vivre sur sa réputation*, vivere della propria fama, del proprio prestigio. | *vivre sur son acquis*, vivere di rendita, adagiarsi sulle proprie acquisizioni. | *vivre sur ses souvenirs*, vivere, nutrirsi di ricordi. | *vivre aux dépens de qn*, vivere alle spalle di qlcu. | *travailler pour vivre*, lavorare per vivere. | *avoir de quoi vivre*, avere di che vivere. | *vivre au jour le jour*, vivere alla giornata. | *faire vivre qn*, far vivere qlcu., sostentare qlcu. | *il faut bien vivre* (fam.), si deve pur vivere. || FIG. *vivre d'amour et d'eau claire*, campare d'amore e d'aria. || **4.** [expérience ; durée] vivere, sopravvivere. | *homme qui a vécu*, uomo che ha vissuto, uomo esperto della vita, uomo vissuto. || PROV. *qui vivra verra*, chi vivrà vedrà ; se son rose, fioriranno. | *son souvenir vit en nous*, il suo ricordo vive, sopravvive in noi. || **5.** MIL. *qui vive ?*, chi vive ?, chi va là ? ◆ v. tr. *vivre sa vie*, vivere la propria vita. | *vivre une heure pénible, un grand amour*, vivere un brutto momento, un grand'amore. | *les jours d'angoisse qu'il a vécus*, i giorni d'angoscia che ha vissuto. | *vivre sa foi*, vivere la propria fede.

2. vivre m. *le vivre et le couvert*, il vitto e l'alloggio. ◆ pl. *couper les vivres à qn*, tagliare i viveri a qlcu. | *magasin aux vivres*, magazzino viveri.

vivrier, ère [vivrije, ɛr] adj. = per uso alimentare.

vizir [vizir] m. HIST. visir.

vizirat [vizira] m. visirato.

vlan ! ou **v'lan !** [vlɑ̃] interj. FAM. paf ! ; pif ! paf ! ; paffete !

vocable [vɔkabl] m. LING. parola f., vocabolo, termine. || RELIG. patronato. | *église sous le vocable de saint Pierre*, chiesa dedicata a San Pietro.

vocabulaire [vɔkabylɛr] m. vocabolario.

vocal, e, aux [vɔkal, o] adj. vocale ; della voce. || RELIG. [qui vote] votante adj. et n.

vocalique [vɔkalik] adj. vocalico.

vocalisation [vɔkalizasjɔ̃] f. GRAMM., MUS. vocalizzazione.

vocalise [vɔkaliz] f. vocalizzo m.

vocaliser [vɔkalize] v. tr. GRAMM. vocalizzare. ◆ v. intr. MUS. vocalizzare.

vocalisme [vɔkalism] m. GRAMM. vocalismo.

vocatif [vɔkatif] m. GRAMM. vocativo.

vocation [vɔkasjɔ̃] f. vocazione. | *manquer sa vocation*, non seguire la propria vocazione ; sbagliare strada (fam.). || ADM. *avoir vocation à, pour*, essere qualificato per.

vocero [vɔtʃero] m. (pl. **voceri**) [en Corse] vócero ; nenia funebre.

vociférateur, trice [vɔsiferatœr, tris] n. LITTÉR. vociferatore, trice (rare) ; sbraitone, a (fam.).

vociférations [vɔsiferasjɔ̃] f. pl. urla, sbraitìo m. sing.

vociférer [vɔsifere] v. intr. sbraitare, urlare. ◆ v. tr. urlare, gridare, scagliare.

vodka [vɔdka] f. vodka.

vœu [vø] m. RELIG. voto. | *faire vœu de*, far voto di. | *prononcer ses vœux*, prendere, pronunciare i voti ; entrare in religione. | *délier qn d'un vœu*, sciogliere qlcu. da un voto. || [souhait] desiderio ; voto (littér.). | *faire des vœux*, esprimere voti. | *faire des vœux pour*, far voti per. | *faire le vœu que*, fare il voto che ; augurarsi che. || [au pl.] *tous mes vœux de bonheur*, i miei migliori auguri di felicità. | *offrir ses vœux en retour*, ricambiare gli auguri.

vogue [vɔg] f. voga, successo m. | *en vogue*, in voga, di moda.

voguer [vɔge] v. intr. PR., LITTÉR. vogare. | *voguer dans l'espace*, navigare nello spazio. | *voguer au gré des événements*, lasciarsi trascinare, trasportare dalle circostanze ; essere in balìa delle circostanze. || FAM. *vogue la galère !* = sarà quel che sarà !

voici [vwasi] adv. [proche dans l'espace] ecco (qui). | *me voici*, eccomi. | *nous voici*, eccoci. | *en voici quelques-uns*, eccone alcuni. | *le voici qui arrive*, eccolo che viene. | *me voici à compter les minutes*, ed ecco che conto, eccomi a contare i minuti. | *l'argent que voici*, questo denaro. | *Monsieur que voici*, il signore qui presente. || [proche dans le temps] *voici la pluie*, ecco la pioggia. | *voici venir l'hiver, voici que l'hiver vient*, ecco che viene l'inverno. | *te voici tranquillisé*, eccoti tranquillizzato. || [durée écoulée] *voici trois ans*, tre anni or sono, tre anni fa. | *voici trois jours qu'il pleut*, sono tre giorni che piove, piove da tre giorni. || [annonce ce qui suit] *voici comment il faut faire*, ecco come bisogna fare. | *nous y voici*, ecco, ci siamo.

voie [vwa] f. **1.** [chemin] via, strada, cammino m. || PR. et FIG. *suivre, être sur la bonne voie*, essere sulla buona strada. | *voies de communication*, vie di comunicazione. | *par voie de terre*, per via di terra, via terra. | *par voie de mer*, per via marittima, via mare. | *voie publique*, via pubblica. | *voie navigable*, idrovia. || CH. DE F. *voie ferrée*, ferrovia ; strada ferrata. | *à voie étroite*, a scartamento ridotto. || [rails] binario. | *à voie unique*, a semplice binario. || [chaussée] carreggiata ; [d'autoroute] corsia. || **2.** [chasse] *voies du gibier*, traccia, pesta della selvaggina. || **3.** ANAT. *voies respiratoires, urinaires*, vie respiratorie, urinarie. || CHIM. *voie sèche, humide*, via secca, umida. || MÉD. *par voie orale, buccale*, per bocca. | *voie d'une scie*, strada, passo (m.) di una sega. | *voie d'eau*, falla. || [distance entre roues] carreggiata. || **4.** [sens moral] *la bonne voie*, la retta via, la buona strada. | *la mauvaise voie*, la cattiva strada. || [orientation] *être en bonne voie, sur la bonne voie, en voie de réussir*, andar bene, essere in via di riuscire. | *mettre sur la bonne voie*, mettere sulla buona strada. | *mettre sur la voie*, avviare. | *il a trouvé sa voie*, ha trovato la sua strada. || [dessein] *les voies du Seigneur*, le vie del Signore. || **5.** [moyen] *préparer, aplanir la voie, les voies à qn*, preparare, appianare il cammino a qlcu. | *par voie diplomatique, hiérarchique*, per via diplomatica, gerarchica. | *par des voies détournées*, per vie traverse. | *par voie de négociations*, per mezzo di trattative. | *par voie de conséquence*, di conseguenza ; quindi. || FIN. *les voies et les moyens* = i mezzi con cui il Tesoro ottiene le entrate necessarie al pareggio del bilancio. || **6.** JUR. *par voies de droit*, per vie legali. | *voie d'exécution, de recours*, via d'esecuzione ; mezzo (m.) di ricorso. | *se livrer à des voies de fait*, trascendere, passare a vie di fatto. ◆ loc. prép. ***en voie de***, in via di.

voilà [vwala] prép. ecco (là). | *voilà nos amis*, ecco i nostri amici. | *coucou, le voilà !* (fam.), cucù eccolo là ! | *voilà, j'arrive !*, ecco, vengo ! | *le voilà qui vient*, eccolo che viene. | *le voilà content*, eccolo contento. | *les choses que voilà*, quelle cose. | *voilà ce qui est arrivé*, ecco che cosa è successo. | *voilà ce que c'est que de*, ecco che cosa vuol dire. | *toi que voilà*, tu che sei presente. | *la belle affaire que voilà !, que voilà une belle affaire !*, bell'affare, davvero ! | *voilà le hic*, ecco la difficoltà, qui sta il busillis ! | *voilà tout*, ecco tutto. | *voilà qui est bien !*, così va bene ! | *voilà bien les hommes !*, così sono gli uomini ! | *nous voilà bien !*, stiamo freschi ! | *comme te voilà arrangé !*, come ti sei conciato ! | *nous y voilà*, ecco, ci siamo. | *voilà où j'en suis*, ecco qual'è la situazione ; ecco a che punto sono arrivato. | *voilà où je veux en venir*, ecco dove voglio andare a parare. || FAM. *et voilà que, (ne) voilà-t-il pas que*, ed ecco che. | *en voilà un imbécile !*, che imbecille ! | *en voilà des façons !*, che modi ! || [durée écoulée] *c'est arrivé voilà trois semaines,* è successo tre settimane fa, or sono. | *voilà trois jours qu'il pleut,* piove da tre giorni. || FAM. *en veux-tu en voilà,* V. VOULOIR.

voilage [vwalaʒ] m. velo, tenda f., tendina f.

1. voile [vwal] m. velo. | *voile de mariée, d'infirmière,* velo da sposa, di infermiera. || RELIG. *prendre le voile,* prendere il velo, farsi monaca, monacarsi. || TEXT. *voile de coton, de soie,* velo di cotone, di seta. || FIG. *voile de brume,* velo di nebbia. | *étendre, jeter, tirer un voile sur qch.,* stendere un velo su qlco. | *soulever un coin du voile,* svelare una parte del mistero. | *sous le voile de,* sotto le parvenze, il manto di. || AÉR. *voile gris, noir, rouge,* velo grigio, nero, rosso. || ANAT. *voile du palais,* velo palatino, pendulo. || BOT. *voile des champignons,* velo dei funghi. || MÉD. *voile du poumon,* ombra (f.) sul polmone. || PHOT. velo. || TECHN. V. VOILEMENT.

2. voile f. MAR. vela. | *à pleines voiles,* a gonfie vele. | *faire voile sur,* far vela, veleggiare in direzione di. | *mettre à la voile,* salpare. | *mettre les voiles,* mettere alla vela, spiegare le vele ; FAM. [s'en aller] tagliare la corda ; levare le tende. | *mettre toutes voiles dehors,* spiegare le vele ; FIG. [tout tenter] tentare tutti i mezzi. || FIG. *avoir le vent dans les voiles,* andare a gonfie vele. | *avoir du vent dans les voiles* (fam.) = essere ubriaco. || SPORT *faire de la voile,* fare della vela. | *vol à voile,* volo a vela.

voilé, e [vwale] adj. [obscurci] velato. | *ciel voilé,* cielo annebbiato, nuvoloso, rannuvolato. || FIG. *regard voilé,* sguardo velato. | *termes voilés,* parole velate. | *voix voilée,* voce fioca. || PHOT. velato. || TECHN. *roue voilée,* ruota svergolata.

voilement [vwalmɑ̃] m. TECHN. svergolamento.

voiler [vwalje] v. tr. velare. || FIG. velare, nascondere. || MAR. fornire di vele, armare. | *bâtiment voilé en brick,* bastimento armato, attrezzato a brigantino. || TECHN. *voiler une roue,* svergolare una ruota. ◆ v. pr. velarsi. || FIG. *sa voix se voila,* gli si velò la voce. || FIG. *se voiler la face,* coprirsi il volto dalla vergogna. || TECHN. svergolarsi.

voilerie [vwalri] f. veleria, velificio m.

voilette [vwalɛt] f. veletta.

voilier [vwalje] m. [navire] veliero. || [ouvrier] velaio. || [oiseau] volatore.

voilure [vwalyr] f. MAR. velatura. | *surface de voilure,* superficie velica. || AÉR. ala, velatura. || [de parachute] calotta. || TECHN. svergolamento m.

voir [vwar] v. tr. vedere. | *j'ai vu dans le journal que,* ho visto, letto sul giornale che. | *nous ne voyons plus personne,* non vediamo, non frequentiamo più nessuno. | *voir l'avenir,* vedere, prevedere quel che avverrà. || LOC. *voir le jour,* vedere la luce ; nascere. | *faire voir,* far vedere ; mostrare. || FAM. *n'y voir que du feu* = non capire niente. | *voir trente-six chandelles,* vedere le stelle. | *je lui en ferai voir (de toutes les couleurs) !,* gliene farò vedere di tutti i colori ! | *se faire bien, mal voir de,* essere bene, male accetto a. | *voir venir,* lasciare che le cose maturino. | *je le vois venir,* ben vedo dove vuole andare a parare. | *il ferait beau voir,* sarebbe bello vedere. | *vous n'avez encore rien vu !,* e questo è niente ! | *je ne peux pas le voir (en peinture),* non lo posso vedere, soffrire. | *il faut voir (ce qu'on peut faire),* è da vedere. | *c'est tout vu,* non c'è niente da fare. | *c'est à voir :* [cela vaut la peine] è una cosa da vedere ; [peut-être] forse. | *cela n'a rien à voir avec, dans,* non ci ha che fare con, non c'entra con, non ci ha nulla a che vedere con. | *tu n'as rien à voir là-dedans,* non ti riguarda. ◆ v. tr. ind. **(à)** [veiller] cercare (di), procurare (di), badare (a). | *vois à ne pas tomber,* vedi di non cadere, bada a non cadere. | *je verrai à te procurer ce livre,* vedrò di procurarti questo libro. || FAM. *il faudrait voir à le réparer,* bisognerebbe cercare di ripararlo (L.C.). ◆ v. intr. vedere. | *voir double,* vederci doppio. | *je vois trouble,* la vista mi si annebbia. | *y voir clair,* vederci chiaro. | *on verra,* vedremo. | *voyons un peu,* vediamo un po'. | *voyons voir !* (pop.) = vediamo ! | *voir page 10,* vedi a pagina 10. || [en incise] *vois-tu, voyez-vous,* vedi, vedete. | *essayons, pour voir,* proviamo, tanto per vedere. | *écoute voir,* senti un po'. | *dis voir,* di' un po', di'su. || [rappel à l'ordre] *mais voyons !, c'est interdit,* ma via !, è proibito. || [encouragement] *voyons, un peu de courage !,* su, via, un po' di coraggio ! ◆ v. pr. *se voir tel qu'on est,* vedersi quali, come siamo. || [se fréquenter] vedersi, frequentarsi. || FAM. *tu te vois en train de conduire à 200 à l'heure ?,* ti ci vedi a guidare a 200 all'ora ? || LOC. *ça se voit tous les jours,* cose che si vedono, che capitano ogni giorno. | *ça ne s'est jamais vu !,* è una cosa mai vista !, cose mai viste !

voire [vwar] adv. LITTÉR. anzi, e anche, perfino (L.C.).

voirie [vwari] f. [ensemble des voies] rete stradale. | *le service de voirie,* la nettezza urbana. || [dépôt d'immondices] (im)mondezzaio m.

voisin, e [vwazɛ̃, in] adj. **(de)** vicino (a). || FIG. vicino, simile, affine (a) ; somigliante. ◆ n. *voisin de palier, de table,* vicino di pianerottolo, di tavola.

voisinage [vwazinaʒ] m. [voisins] vicinato. | *rapports de bon voisinage,* rapporti di buon vicinato. | *les enfants du voisinage,* i ragazzi del vicinato. ◆ loc. prép. ***dans le, au voisinage de,*** nelle vicinanze di. | *au voisinage de la mer,* in vicinanza del mare.

voisiner [vwazine] v. intr. [fréquenter ses voisins] frequentare i vicini, frequentarsi tra vicini. || [être proche de] **(avec)** essere accanto, vicino (a).

voiturage [vwatyraʒ] m. carreggio, trasporto.

voiture [vwatyr] f. vettura, veicolo m. | *voiture à bras,* carretto (m.) a mano. | [d'enfant] carrozzella, carrozzina, carrozzino m. ; [d'infirme] carrozzella. || [automobile] macchina, automobile, autovettura. || VX *voiture de place,* automobile di piazza. || CH. DE F. carrozza, vagone m. | *messieurs les voyageurs, en voiture !,* signori, in carrozza ! || ***voiture-bar,*** carrozza bar. || ***voiture-lit,*** carrozza letto. || ***voiture-restaurant,*** carrozza ristorante. || ***voiture-salon,*** vettura salotto. || COMM. *lettre de voiture,* lettera di vettura.

voiturée [vwatyre] f. carrata, vagonata.

voiturer [vwatyre] v. tr. [un objet] carreggiare ; FAM. [une personne] scarrozzare.

voiturette [vwatyrɛt] f. carrozzella. || [automobile] piccola macchina.

voiturier [vwatyrje] m. vetturale.

voïvode [vɔjvɔd] ou **voïévode** [vɔjevɔd] m. HIST. voivoda.

voix [vwa] f. **1.** voce. | *de vive voix,* a (viva) voce. | *à haute et intelligible voix,* ad alta voce, a gran voce, a piena voce. | *à voix basse,* a bassa voce, con voce sommessa ; sottovoce adv. | *voix blanche,* V. BLANC. | *élever la voix,* alzare la voce. | *rester sans voix,* restare senza voce, restare muto, afono. | *avoir des larmes dans la voix,* aver il pianto nella voce. | *faire la grosse voix,* V. GROS. || **2.** MUS. voce. | *avoir de la voix,* aver un bel volume di voce. | *être en voix,* essere in voce. | *voix de tête,* voce di testa, di falsetto. | *se casser la voix,* perdere la voce. || **3.** [bruit] *la voix du violon, du tonnerre* (littér.), la voce del violino, del tuono. | *donner de la voix,* abbaiare. || [cri d'animal] verso m., grido m. || **4.** FIG. *la voix de la conscience, du sang,* la voce della coscienza, del sangue. | *élever la voix contre les abus,* alzare la voce contro gli abusi. || **5.** [suffrage] voto, suffragio. | *avoir voix au chapitre,* aver voce in capitolo (pr. et fig.). | *voix consultative,* voce consultiva. | *donner sa voix à un candidat,* votare per un candidato. | *mettre aux voix,* mettere ai voti. | *à l'unanimité des voix,* a voto unanime, a unanimità di voti.

1. vol [vɔl] m. PR. volo. | *oiseau de haut vol,* uccello di alto volo. | *au vol,* a(l) volo, di volo, di volata. | *tirer un oiseau au vol,* tirare, sparare a volo a un uccello. || PR. et FIG. *prendre son vol,* prendere, pigliare, spiccare il volo. || FIG. *escroc de haut vol,* truffatore di alto bordo, in guanti gialli. | *saisir l'occasion au vol,* cogliere, afferrare l'occasione a volo. | *à vol d'oiseau,* a volo d'uccello, in linea d'aria. || [groupe d'oiseaux] stormo, volata f., branco, passo. || ZOOL. [envergure] apertura (f.) alare. || VX [chasse] caccia (f.) col falcone. || AÉR. volo. | *vol sans visibilité,* volo cieco, strumentale. | *vol transatlantique,* trasvo-

lata atlantica. | *vol de nuit,* volo notturno, volo di notte. | *vol à voile,* volo a vela. || HÉRALD. volo.
2. vol m. [action] furto, latrocinio, ruberia f. | *vol à l'étalage,* taccheggio. | *vol à la tire,* borseggio. | *vol à l'arrachage,* scippo. | *vivre de ses vols,* vivere di ladroneccio. | *vol à main armée,* rapina f. | *vol qualifié,* furto qualificato, aggravato. | *vol de deniers publics,* peculato. || [produit] furto, refurtiva f.
volage [vɔlaʒ] adj. volubile, incostante, mobile, mutevole, instabile.
volaille [vɔlɑj] f. pollame m., gallinacei m. pl. | *manger une volaille,* mangiare un pollo, una gallina.
volailler [vɔlɑje] m. [marchand] pollaiolo, pollivendolo. || [poulailler] pollaio.
volailleur [vɔlɑjœr] m. pollaiolo, pollivendolo.
1. volant, e [vɔlɑ̃, ɑ̃t] adj. [qui vole] volante. || [mobile] mobile. | *camp volant, table volante,* campo, tavola mobile. | *feuille volante,* foglio volante, staccato, sciolto. ◆ n. m. pl. AÉR. personale navigante.
2. volant m. AUTOM. volante, sterzo. | *tenir le volant,* sedere, stare al volante. | *as du volant,* asso del volante. | *donner un coup de volant,* fare una sterzata. || ADM. [feuillet détachable] figlia f. || FIN. *volant de trésorerie,* riserva (f.) di tesoreria. || ÉCON. *volant de sécurité,* volano di sicurezza. || JEU volano. || MAR. *petit volant,* gabbia (f.) volante, alta. | *volant d'artimon,* contramezzana (f.) volante. || MÉC. volano. | *volant magnétique,* volano magnete. || MODE volant (fr.), volante, gala f. | *volant festonné,* frappa f.
1. volatil, e [vɔlatil] adj. CHIM. volatile. | *alcali volatil,* alcali volatile ; ammoniaca f. || FIG. volatile, labile ; = che svanisce presto.
2. volatile m. [oiseau] volatile, uccello ; [de basse-cour] uccello da cortile.
volatilisable [vɔlatilizabl] adj. = che può volatilizzarsi.
volatilisation [vɔlatilizasjɔ̃] f. CHIM. volatilizzazione, evaporazione. || FIG. scomparsa, dileguo m.
volatiliser [vɔlatilize] v. tr. CHIM. volatilizzare. ◆ v. pr. volatilizzarsi. || FIG. volatilizzarsi, scomparire, sparire, dileguarsi.
volatilité [vɔlatilite] f. CHIM. volatilità.
vol-au-vent [vɔlovɑ̃] m. CULIN. vol-au-vent (fr.), timballo.
volcan [vɔlkɑ̃] m. PR. et FIG. vulcano. | *dormir sur un volcan,* essere, dormire sopra un vulcano. | *être assis, marcher sur un volcan,* essere seduto, camminare su un vulcano.
volcanique [vɔlkanik] adj. PR. et FIG. vulcanico.
volcanisme [vɔlkanism] m. vulcanismo.
volcanologie [vɔlkanɔlɔʒi] f. vulcanologia.
volcanologique [vɔlkanɔlɔʒik] adj. vulcanologico.
volcanologue [vɔlkanɔlɔg] m. vulcanologo.
vole [vɔl] f. LOC. JEU *faire la vole,* far cappotto.
volée [vɔle] f. [vol] volata, volo m. | *prendre sa volée,* spiccare il volo (pr. et fig.). || [groupe d'oiseaux] volo, volata, stormo m., branco m. || FIG. *volée d'enfants,* stuolo m., brigata di ragazzi. | *de haute volée,* di alto bordo. || [coups] *volée de bois vert, de coups de bâton,* scarica di legnate, di bastonate. | *administrer une bonne volée,* darne un fracco. | *gifler qn à la volée,* prendere qlcu. a schiaffi. || ARCHIT. [escalier] branca. || [football, tennis] volata ; volée (fr.). | *reprendre la balle de volée, à la volée,* riprendere la palla al volo. || [haltères] slancio m. || TECHN. [canon] volata ; [grue] braccio m. ; [voiture] bilancino m. | *cheval de volée,* bilancino. || LOC. *à la, à toute volée, en volée,* a volo, di volata. | *semer à la volée,* seminare alla volata, a spaglio. | *sonner les cloches à toute volée,* suonare le campane a distesa.
1. voler [vɔle] v. intr. [se mouvoir en l'air] volare. | *voler en l'air, au vent,* volare per aria. | *l'oiseau vole très haut,* l'uccello vola molto alto. | *l'avion vole très haut,* l'aereo vola ad alta quota. | *l'avion a volé longtemps,* l'aereo ha volato a lungo. || LOC. *on n'entend pas voler une mouche,* non si sente volare una mosca. || FIG. *il a volé à la gare, au secours de qn,* è volato alla stazione, in soccorso di qlcu. | *le temps vole,* il tempo vola. | *voler au secours de la victoire,* farsi combattente dell'ultima ora.
2. voler v. tr. [dérober] rubare. | *voler son portefeuille à qn,* rubare il portafoglio a qlcu. | *voler qn,* derubare qlcu. || FIG., FAM. *il ne l'a pas volé,* se l'è meritata. | *on n'est pas volé* = non si rimane delusi. | *je suis volé,* sono defraudato.
1. volerie [vɔlri] f. [chasse] = caccia col falcone.
2. volerie f. VX [larcin] ladroneccio m., ruberia.
volet [vɔlɛ] m. TECHN. imposta f. ; [à claire-voie] persiana f. ; [intérieur] scuro. || AÉR. aletta f., alettone, deflettore. | *volet d'intrados,* aletta d'intradosso. || [rabat] risvolto. || ART [d'un triptyque] sportello, ala f. || [de carburateur] farfalla f., valvola (f.) del gas. || [de caméra] mascherino. || [d'une roue à aubes] pala f. || LOC. *trier sur le volet,* V. TRIER.
voleter [vɔlte] v. intr. svolazzare ; volitare (littér.).
voleur, euse [vɔlœr, øz] adj. et n. ladro.
volière [vɔljɛr] f. uccelliera, voliera.
volige [vɔliʒ] f. TECHN. assicella.
voliger [vɔliʒe] v. tr. TECHN. = rivestire di assicelle.
volitif, ive [vɔlitif, iv] adj. PSYCH. volitivo.
volition [vɔlisjɔ̃] f. PSYCH. volizione.
volley-ball [vɔlɛbol] m. (angl.) pallavolo f.
volleyeur, euse [vɔlɛjœr, øz] n. giocatore, trice di pallavolo. || [au tennis] = specialista del gioco al volo.
volontaire [vɔlɔ̃tɛr] adj. volontario, spontaneo. | *contribution volontaire,* contribuzione volontaria. || [décidé] volitivo. | *menton volontaire,* mento volitivo. || [têtu] caparbio, testardo. ◆ n. m. MIL. volontario.
volontariat [vɔlɔ̃tarja] m. volontariato.
volontarisme [vɔlɔ̃tarism] m. PHILOS. volontarismo.
volontariste [vɔlɔ̃tarist] adj. volontaristico. ◆ n. volontarista.
volonté [vɔlɔ̃te] f. volontà, volere m., voglia. | *être de bonne volonté,* essere di buona volontà, di buon volere, essere volonteroso. | *y mettre de la mauvaise volonté,* far qlco. malvolentieri, di malavoglia. | *n'en faire qu'à sa volonté,* fare di testa propria, fare quel che pare e piace. ◆ pl. *les dernières volontés,* le ultime volontà. || FAM. *faire les quatre volontés de qn* = fare quel che pare e piace a uno. ◆ loc. adv. ***à volonté,*** a volontà, a piacere, a piacimento. || COMM. *billet payable à volonté,* effetto pagabile a richiesta. | *(feu) à volonté !,* fuoco a volontà !
volontiers [vɔlɔ̃tje] adv. volentieri, di buon grado.
volt [vɔlt] m. volt inv.
voltage [vɔltaʒ] m. voltaggio.
1. voltaïque [vɔltaik] adj. ÉLECTR. voltaico.
2. voltaïque adj. GÉOGR., LING. voltaico.
voltaire [vɔltɛr] m. = tipo di poltrona.
voltairianisme [vɔltɛrjanism] m. PHILOS. volter(r)ianismo.
voltairien, enne [vɔltɛrjɛ̃, ɛn] adj. et n. volter(r)iano.
voltamètre [vɔltamɛtr] m. voltametro.
voltampère [vɔltɑ̃pɛr] m. voltampere.
volte [vɔlt] f. [équitation, escrime, danse] volta ; [gymnastique] volteggio m.
volte-face [vɔltəfas] f. inv. PR. et FIG. voltafaccia m. inv.
volter [vɔlte] v. intr. fare una volta.
voltige [vɔltiʒ] f. AÉR., SPORT acrobatismo m. || [équitation] *haute voltige,* volteggio acrobatico. || FIG. acrobatismo.
voltiger [vɔltiʒe] v. intr. [voleter] svolazzare. || FIG. sfarfallare. || SPORT volteggiare.
voltigeur [vɔltiʒœr] m. MIL., SPORT volteggiatore. || [acrobate] acrobata. || [cigare] = sigaro corto e sottile.
voltmètre [vɔltmɛtr] m. voltmetro.
volubile [vɔlybil] adj. BOT. volubile. || [bavard] = pronto e sciolto nel parlare.
volubilis [vɔlybilis] m. BOT. vilucchio, convolvulo.
volubilité [vɔlybilite] f. = abbondanza e velocità di parola.
volucelle [vɔlysɛl] f. ZOOL. volucella.
volume [vɔlym] m. PHILOL. volume. || [livre] volume, libro, tomo. || [cubage] volume, massa f. || LOC. FAM. *faire du volume,* darsi delle arie. || [capacité] capa-

cità f., capienza f. | *volume d'eau d'un fleuve,* portata (f.) di un fiume. || Mus. volume, ampiezza f.
volumétrique [vɔlymetrik] adj. volumetrico.
volumineux, euse [vɔlyminø, øz] adj. voluminoso.
volumique [vɔlymik] adj. volumico.
volupté [vɔlypte] f. voluttà.
voluptuaire [vɔlyptɥɛr] adj. *dépenses voluptuaires,* spese voluttuarie.
voluptueux, euse [vɔlyptɥø, øz] adj. voluttuoso.
volute [vɔlyt] f. voluta.
volvaire [vɔlvɛr] f. Bot. volvaria.
volve [vɔlv] f. Bot. volva.
volvulus [vɔlvylys] m. Méd. volvolo.
vomer [vɔmɛr] m. Anat. vomere.
vomi [vɔmi] m. Fam. vomito (l.c.).
1. vomique [vɔmik] adj. Bot. *noix vomique,* noce vomica.
2. vomique f. Méd. vomica.
vomiquier [vɔmikje] m. Bot. noce vomica.
vomir [vɔmir] v. tr. Pr. et fig. vomitare ; recere (tosc., rare) v. intr. et défect. | *vomir les tièdes,* vomitare i tiepidi. | *vomir ses contemporains,* esecrare, aborrire i contemporanei. | *c'est à faire vomir,* cose che danno nausea ; cose da far recere. | *ça me fait vomir,* mi fa vomitare ; mi viene da recere.
vomissement [vɔmismɑ̃] m. vomito.
vomissure [vɔmisyr] f. vomito m.
vomitif, ive [vɔmitif, iv] adj. et n. Méd. emetico, vomitativo.
vomitoire [vɔmitwar] m. Archéol. vomitorio.
vomito negro [vɔmitonegro] m. Méd. vomito negro (esp.) ; febbre gialla.
vorace [vɔras] adj. Pr. et fig. vorace.
voracité [vɔrasite] f. Pr. et fig. voracità.
vortex [vɔrtɛks] m. vortice.
vorticelle [vɔrtisɛl] f. Zool. vorticella.
vos adj. poss. pl. V. votre.
votant, e [vɔtɑ̃, ɑ̃t] adj. et n. votante.
votation [vɔtasjɔ̃] f. votazione.
vote [vɔt] m. [suffrage] voto. | *bulletin, bureau de vote,* scheda, seggio elettorale. || [scrutin] votazione f., scrutinio. || [décision] votazione.
voter [vɔte] v. intr. et tr. votare. | *voter pour qn,* votare per, a favore di qlcu. | *voter contre qn,* votare contro qlcu. | *voter une loi,* votare una legge.
votif, ive [vɔtif, iv] adj. votivo.
votre [vɔtr], pl. **vos** [vo] adj. poss. 2e pers. pl. (il) vostro, (i) vostri, (la) vostra, (le) vostre. || [formule de politesse] (il) vostro, (la) vostra, (i) vostri, (le) vostre ; (il) Suo, (i) Suoi, (la) Sua, (le) Sue. | *une de vos sœurs,* una vostra, una Sua sorella.
vôtre [votr] adj. poss. [2e pers. pl. ou formule de politesse] vostro ; Suo. || Littér. *je suis vôtre,* sono vostro, Suo. | *mon cœur est vôtre,* il mio cuore è vostro, Suo. || [style épistolaire] *affectueusement vôtre,* con affetto (il) vostro, (il) Suo. ◆ pron. poss. *le, la vôtre, les vôtres,* il vostro, la vostra, i vostri, le vostre ; il Suo, la Sua, i Suoi, le Sue. | *nos intérêts et les vôtres,* i nostri interessi e i vostri, e i Suoi. || [en trinquant] Fam. *à la (bonne) vôtre !,* alla vostra !, alla Sua ! ◆ n. m. *le vôtre,* il vostro, il Suo. || Loc. *mettez-y du vôtre,* metteteci del vostro, ci metta del suo ; = impegnatevi, s'impegni. ◆ n. f. pl. *vous avez encore fait des vôtres,* ne avete ancora fatte delle vostre, ne ha fatto ancora delle sue. ◆ n. m. pl. [parents, partisans] i vostri, i Suoi (genitori, seguaci, fautori). || Loc. *je serai des vôtres,* verrò da voi, da Lei ; sarò con voi, con Lei.
vouer [vwe] v. tr. [consacrer] votare, consacrare, dedicare. || [destiner] votare, destinare. | *être voué à la mort,* essere votato alla morte. | *maison vouée à la destruction,* casa destinata ad essere demolita. ◆ v. pr. votarsi, consacrarsi, dedicarsi. || Loc. *ne pas savoir à quel saint se vouer,* non sapere a che santo votarsi.
1. vouloir [vulwar] v. tr. **1.** [intention] volere. | *je veux venir, que tu viennes,* voglio venire, che tu venga. | *je voudrais venir,* vorrei venire. | *que veux-tu, il fallait le faire,* che vuoi, bisognava farlo. | *tant que vous voudrez,* quanto volete. | *tu l'as bien voulu* = la colpa è tua. || [politesse] *veuillez me suivre,* voglia, favorisca seguirmi. || **2.** [désir] volere, richiedere. | *je voudrais une chambre,* vorrei una stanza. | *vouloir une femme,* desiderare una donna. | *vouloir qch. de qn,* volere qlco. da qlcu. | *que me veux-tu ?,* (che) cosa vuoi da me ? || [souhait] *vouloir du mal, du bien à qn,* voler male, bene a qlcu. || Fam. *je voudrais t'y voir,* qui ti voglio ! || **3.** [acquiescement] volere, ammettere, concedere. | *moi je veux bien,* per me ben volentieri. | *si vous voulez bien, suivez-moi,* si compiaccia di, abbia la cortesia di seguirmi, favorisca seguirmi. | *je veux bien qu'il en soit ainsi,* ammetto, concedo che sia così. || **4.** [exigence] *ce travail veut de la patience,* questo lavoro richiede pazienza. | *le hasard, le malheur voulut que,* il caso, la disgrazia volle che. || Gramm. *ce verbe veut un infinitif,* questo verbo vuole un infinito. || **5.** [semi-aux. du futur] *il veut pleuvoir* (rég.), vuol piovere (l.c.). || **6.** Loc. *il en veut à ton argent,* ha delle mire sul tuo denaro. | *en vouloir à la vie de qn,* volere la morte di qlcu. | *en vouloir à qn,* serbare rancore a qlcu., avercela con uno. | *il m'en veut,* ce l'ha con me. | *il ne veut pas de mon amitié,* non vuole la mia amicizia, non ne vuol sapere della mia amicizia. | *je ne veux pas de ce vin,* non voglio di questo vino. | *je ne veux pas de lui comme associé,* non lo voglio come socio, non ne voglio sapere di averlo come socio. | *personne ne voulait d'elle,* nessuno la voleva. | *s'en vouloir de,* rammaricarsi di. | *je m'en veux d'être venu,* mi rammarico di, mi spiace d'essere venuto. | *vouloir dire,* voler dire ; significare. | *sans le vouloir,* senza volerlo, senza farlo apposta ; involontariamente. | *Dieu le veuille !,* Dio (lo) voglia ! || Fam. *en veux-tu en voilà,* a bizzeffe, a iosa ; a piacere (l.c.). ◆ v. pr. volere essere.
2. vouloir m. volere, volontà f. | *bon vouloir,* buon volere. | *mauvais vouloir,* malavoglia f. | *à ton bon vouloir,* a tuo piacimento.
voulu, e [vuly] adj. *effet voulu,* effetto voluto. | *impolitesse voulue,* sgarbo intenzionale, sgarbo fatto volutamente. | *c'est voulu* (fam.), è (stato) fatto apposta. | *les qualités voulues,* le doti richieste.
vous [vu] pron. pers. 2e pers. pl. [suj.] voi ; [compl. atone] vi. || [politesse] : (suj.) voi, Lei ; (compl. atone) vi, La. || [renforcé] *vous-mêmes, vous autres,* voi stessi, voialtri. | *vous-même,* voi stesso, Lei stesso. | *à vous deux vous en viendrez à bout,* in due ne verrete a capo. || [indéf. compl.] vi, ti. ◆ n. m. *employer le vous,* dare del voi, del Lei.
vousseau [vuso] ou **voussoir** [vuswar] m. Archit. concio, cuneo.
voussoiement m., **voussoyer** v. tr. V. vouvoiement, vouvoyer.
voussure [vusyr] f. Archit. curvatura.
voûte [vut] f. Archit. volta. || Anat. *voûte crânienne, palatine,* volta cranica. del cranio, volta palatina. || Fig. *voûte du ciel,* volta, cappa celeste. | *voûte du feuillage,* volta delle fronde.
voûté, e [vute] adj. Archit. a volta. || Fig. *homme voûté,* uomo curvo. | *avoir le dos voûté,* avere le spalle curve.
voûter [vute] v. tr. coprire con una volta. ◆ v. pr. Fig. incurvarsi ; ingobbire v. intr.
vouvoiement [vuvwamɑ̃] ou **voussoiement** [vuswamɑ̃] m. (il) dare del voi, del Lei.
vouvoyer [vuvwaje] ou **voussoyer** [vuswaje] v. tr. dare del voi, del Lei a.
voyage [vwajaʒ] m. viaggio. | *partir en voyage,* partire per un viaggio. | *chèque de voyage,* assegno turistico, per viaggiatori. || Loc. *les gens du voyage,* gli artisti del circo. | *partir pour le grand voyage,* fare l'ultimo, l'estremo viaggio. || [d'un drogué] viaggio.
voyager [vwajaʒe] v. intr. [personne] viaggiare, fare viaggi. || [objet] *cette marchandise voyage bien, mal,* questa merce sopporta bene, male il trasporto.
voyageur, euse [vwajaʒœr, øz] n. viaggiatore, trice. | *commis voyageur ; voyageur (de commerce),* [commesso] viaggiatore ; viaggiatore di commercio. || [touriste] turista. || [explorateur] *Marco Polo a été un grand voyageur,* Marco Polo fu un gran viaggiatore.
voyance [vwajɑ̃s] f. veggenza.

voyant, e [vwajɑ̃, ɑ̃t] adj. vistoso, sgargiante. ◆ n. [occultisme] veggente; indovino, a. ◆ n. m. MAR. miraglio. ‖ TECHN. segnale, spia f. | *voyant lumineux,* lampada spia; [pour nivellement] scopo.
voyelle [vwajɛl] f. vocale.
voyer [vwaje] adj. *agent voyer* = addetto alla sorveglianza e manutenzione stradale.
voyeur, euse [vwajœr, øz] n. voyeur (fr.); scopofilo, a; guardone m. (rom.).
voyeurisme [vwajœrism] m. scopofilia f.
voyou [vwaju] m. mascalzone, canaglia f. ‖ FAM. *petit voyou,* monello, birichino.
vrac [vrak] m. COMM. = merce non condizionata, non confezionata. ◆ loc. adv. ***en vrac,*** alla rinfusa.
vrai, e [vrɛ] adj. vero, reale, esatto. | *sous son vrai jour,* nella sua giusta luce. | *sous son vrai nom,* col suo vero, autentico nome. | *une vraie canaille,* un vero, autentico mascalzone. | *un repentir vrai,* un vero, sincero pentimento. | *c'est la vérité vraie* (fam.), è la pura verità. | *cela est si vrai que,* tant'è vero che. | *il n'en est pas moins vrai que,* nondimeno conj. ‖ [concession] *il est vrai que,* vero è che. | *je suis venu, c'est vrai, mais je suis reparti,* sono venuto, è vero, ma sono ripartito. ‖ FAM. *(c'est) pas vrai?,* nevvero?, vero?; non è vero? (L.C.). | *c'est pas vrai!,* ma no?; ma come è possibile? (L.C.). ◆ n. m. vero, verità f. | *être dans le vrai,* essere nel vero. | *tu dis vrai,* dici la verità. ‖ LOC. *à vrai dire, à dire (le) vrai,* a dire il vero, a dir vero, a onor del vero. ‖ FAM. *pour de vrai,* per davvero, sul serio. ◆ adv. *faire vrai* = dare l'illusione della verità.
vraiment [vrɛmɑ̃] adv. [véritablement] veramente; invero (littér.). ‖ [pour souligner] davvero, proprio. ‖ [interr.] davvero?
vraisemblable [vrɛsɑ̃blabl] adj. et n. m. verosimile.
vraisemblance [vrɛsɑ̃blɑ̃s] f. verosimiglianza.
vrillage [vrijaʒ] m. TEXT. = eccesso di torsione.
vrille [vrij] f. BOT. cirro m., viticcio m. ‖ TECHN. succhiello m. ‖ AÉR. *tomber en vrille,* cadere a vite.
vrillé, e [vrije] adj. BOT. munito di viticci. ‖ FIG. contorto, attorcigliato.
vriller [vrije] v. intr. attorcigliarsi, contorcersi. ‖ AÉR. *vriller en montant, en descendant,* salire, scendere a spirale. ◆ v. tr. TECHN. succhiellare. ‖ FIG. *vriller le tympan,* rompere i timpani. | *vriller qn de son regard,* bucare qlcu. con lo sguardo.
vrillette [vrijɛt] f. ZOOL. tarlo (m.) del legno.
vrombir [vrɔ̃bir] v. intr. ronzare, rombare.
vrombissement [vrɔ̃bismɑ̃] m. ronzìo, rombo.
1. vu, e [vy] adj. [considéré] *bien vu (de),* benvisto, benvoluto (da). | *mal vu (de),* malvisto (da), inviso (a). ‖ [compris] *c'est bien vu?,* (fam.) *vu?,* (è) capito? | *c'est tout vu* = inutile spendere altre parole. ‖ LOC. *ni vu ni connu,* mai visto; neppure esistito. ◆ prép. *vu la difficulté,* vista (adj.), stante (prép.) la difficoltà; avuto riguardo alla difficoltà. ◆ n. m. *au vu et au su de,* a veduta e saputa di. | *c'est du déjà vu,* son cose arcinote. | *sur le vu des documents,* dall'esame dei documenti. ◆ loc. conj. ***vu que,*** visto che, considerato che, atteso che.
2. vue f. **1.** [sens] vista, (il) vedere. | *perdre la vue,* perdere la vista. ‖ **2.** [regard] vista, sguardo m. | *perdre de vue,* perdere di vista, d'occhio. | *ne pas perdre de vue,* tenere d'occhio; non perdere di vista, d'occhio. | *jeter la vue sur,* gettare lo sguardo, buttare gli occhi su. | *ôte-toi de ma vue,* togliti dalla mia vista. ‖ FAM. *en mettre, en jeter plein la vue à qn* = gettar la polvere negli occhi a qlcu.; illudere qlcu. (L.C.). ‖ FIG. *être en vue :* [homme] essere in vista; [chose] essere in vista, imminente. ‖ LOC. *à perte de vue,* a perdita d'occhio. | *point de vue,* punto di vista (pr. et fig.); aspetto m., lato m. (fig.). | *à mon, de mon point de vue,* dal mio punto di vista. | *du point de vue politique,* dal lato politico. ‖ **3.** [panorama] veduta, panorama m., spettacolo m. | *vue cavalière,* veduta a vol d'uccello. ‖ PHOT. veduta. ‖ CIN. *prise de vues,* (ri)presa. ‖ **4.** [coup d'œil] occhiata. | *à première vue,* a prima vista, sul momento. ‖ FIG. *à vue de nez,* a lume di naso; a occhio e croce; a vista d'occhio. ‖ **5.** [ouverture] veduta, finestra, luce. | *ouvrir une vue sur le jardin,* aprire una veduta, una finestra sul giardino. ‖ JUR. *droit de vue(s),* diritto di luce. | *vues de souffrance, de tolérance,* luci precarie. ‖ **6.** [conception] veduta, idea, opinione. | *échange de vues,* scambio di idee, di vedute. | *vue de l'esprit,* punto di vista teorico. ‖ **7.** [intention] mira, scopo m. | *avoir en vue de,* avere in vista di, mirare a. | *avoir des vues sur qch., qn,* avere di mira qlco., qlcu. | *avoir qn en vue pour un emploi,* avere qlcu. in vista per un impiego. ◆ loc. adv. ***à vue,*** a vista. | *garder un prisonnier à vue,* guardare un prigioniero a vista. | *payable à vue,* pagabile a vista. | *déchiffrer à vue,* leggere a prima vista. | *marche à vue,* marcia a vista. ◆ loc. prép. ***en vue de,*** in vista di, a scopo di.
vulcain [vylkɛ̃] m. ZOOL. atalanta f.
vulcanien, enne [vylkanjɛ̃, ɛn] adj. GÉOL. vulcaniano.
vulcanisation [vylkanizasjɔ̃] f. CHIM. vulcanizzazione.
vulcaniser [vylkanize] v. tr. vulcanizzare.
vulcanologie f. V. VOLCANOLOGIE.
vulcanologique adj. V. VOLCANOLOGIQUE.
vulcanologue m. V. VOLCANOLOGUE.
vulgaire [vylgɛr] adj. PR. et FIG. volgare. ◆ n. m. [la foule] volgo, plebe f. ‖ [ce qui est vulgaire] volgarità f.
vulgarisateur, trice [vylgarizatœr, tris] n. volgarizzatore, trice.
vulgarisation [vylgarizasjɔ̃] f. volgarizzazione.
vulgariser [vylgarize] v. tr. [faire connaître] volgarizzare. ‖ [rendre vulgaire] rendere volgare, triviale.
vulgarisme [vylgarism] m. volgarismo. ‖ LING. volgarismo.
vulgarité [vylgarite] f. volgarità, trivialità.
vulgate [vylgat] f. volgata, vulgata (lat.).
vulgo [vylgo] adv. (lat.) volgarmente.
vulnérabilité [vylnerabilite] f. vulnerabilità.
vulnérable [vylnerabl] adj. PR. et FIG. vulnerabile.
vulnéraire [vylnerɛr] adj. PHARM. vulnerario, cicatrizzante. ◆ n. m. PHARM. vulnerario. ◆ n. f. BOT. vulneraria.
vulpin [vylpɛ̃] m. BOT. coda (f.) di volpe.
vultueux, euse [vyltɥø, øz] adj. MÉD. = gonfio e infiammato.
1. vulvaire [vylvɛr] f. BOT. vulvaria.
2. vulvaire adj. ANAT. vulvare.
vulve [vylv] f. ANAT. vulva.
vulvite [vylvit] f. MÉD. vulvite.

w [dubləve] m. w m. ou f.
wagnérien, enne [vagnerjɛ̃, ɛn] adj. et n. wagneriano.
wagon [vagɔ̃] m. CH. DE F. vagone, carro. | *wagon de marchandises, à bestiaux, à bagages,* carro merci ; carro bestiame ; bagagliaio. || ***wagon-citerne,*** vagone cisterna. || ***wagon-foudre,*** carro botte. || ***wagon-poste,*** vagone postale, ambulante postale. || ***wagon-réservoir,*** V. WAGON-CITERNE. || ***wagon-tombereau,*** carro a sponde alte. || ***wagon-trémie,*** carro tramoggia. (V. aussi VOITURE.) || ARCH. = condotto di terracotta incluso nel muro.
wagonnet [vagɔnɛ] m. vagoncino.
wagonnier [vagɔnje] m. = addetto alla manovra dei vagoni.
walk-over [valkɔvœr] m. SPORT walk-over (angl.).
wallon, onne [walɔ̃, ɔn] adj. et n. vallone.
wapiti [wapiti] m. ZOOL. vapiti, wapiti.
warrant [warɑ̃] m. COMM. warrant (angl.); nota (f.) di pegno.
water-ballast [watɛrbalast] m. (angl.) [pour l'eau] cassa (f.) acqua potabile ; [pour le mazout] serbatoio nafta. || [dans un sous-marin] casse (f. pl.) di immersione e di emersione.
water-closet [watɛrklɔzɛt] m., ou **waters** [watɛr] ou abr. **W.-C.** [dubləvese] m. pl. water-closet, water m. sing. (angl.) ; latrina f., ritirata f., gabinetto m.
water-polo [watɛrpolo] m. (angl.) SPORT pallanuoto f.
waterproof [watɛrpruf] adj. inv. et n. m. (angl.) impermeabile.
watt [wat] m. ÉLECTR. watt m. inv.
watt-heure [watœr] m. wattora f.
wattman [watman] m. (angl.) Vx tranviere (L.C.).
wattmètre [watmɛtr] m. ÉLECTR. wattmetro, wattometro.
W.-C. m. pl. V. WATER-CLOSET.
weber [vebɛr] m. ÉLECTR. weber.
week-end [wikɛnd] m. week-end m. inv. (angl.) ; finesettimana m. ou f.
welsch m. V. VELCHE.
welter [vɛltɛr] m. inv. [boxe] welter (angl.) ; medio leggero.
western [wɛstɛrn] m. western inv. (angl.).
wharf [warf] m. (angl.) banchina f.
whig [wig] m. POLIT. whig (angl.).
whisky [wiski] m. (pl. **whiskies**) whisky (angl.).
whist [wist] m. JEU whist (angl.).
wigwam [wigwam] m. wigwam (angl.).
wisigoth, e [vizigot, ɔt] adj. et n. HIST. visigoto.
wisigothique [vizigɔtik] adj. visigotico.
wolfram [vɔlfram] m. MINÉR. volframio, wolframio. || CHIM. tungsteno.

x [iks] m. x m. ou f. || PHYS. *rayons X,* raggi X. || MATH. *axe des «x»,* asse degli «x». || ARG. UNIV. *l'X* = il Politecnico, la Scuola politecnica (di Parigi). | *un X* = un allievo del Politecnico. || FIG. [inconnu] *Monsieur X,* il signor X. | *pendant x temps, x années* (fam.) = durante un tempo indeterminato, un numero indeterminato di anni. || JUR. *information contre X,* denuncia contro persona non denominata; denuncia contro sconosciuto (L.C.).
xanthie [gzɑ̃ti] f. V. NOCTUELLE.
xanthome [gzɑ̃tom] m. MÉD. xantoma.
xantophylle [gzɑ̃tɔfil] f. BOT. xantofilla.
xénon [ksenɔ̃] m. CHIM. xeno.
xénophobe [ksenofɔb] adj. et n. xenofobo, senofobo.
xénophobie [ksenofɔbi] f. xenofobia, senofobia.
xérodermie [kserodɛrmi] f. MÉD. xerodermia.
xérographie [kserografi] f. TYP. xerografia.
xérophile [kserofil] adj. BOT. xerofilo.
xérophtalmie [kseroftalmi] f. MÉD. xeroftalmia, xeroftalmo m.
xérophytes [kserofit] f. pl. BOT. (piante) xerofite.
xérus [kserys] m. ZOOL. xero.
xiphoïde [ksifɔid] ou **xiphoïdien, enne** [ksifɔidjɛ̃, ɛn] adj. ANAT. *appendice xiphoïde,* (appendice) xifoide m. || BOT. xifoideo, ensiforme.
xylène [ksilɛn] m. CHIM. xilene.
xylographe [ksilograf] m. silografo, xilografo.
xilographie [ksilografi] f. ART silografia, xilografia.
xylophage [ksilofaʒ] adj. et n. m. silofago, xilofago.
xylophone [ksilofɔn] m. MUS. silofono, xilofono.

1. y [igrɛk] m. y m. ou f. || MATH. *axe des «y»,* asse degli «y».
2. y [i] adv. ci ; vi (plus rare). | *tu y es,* ci sei. | *n'y va pas,* non andarci ; non ci andare (littér.). | *j'y passe tous les jours,* ci, vi passo tutti i giorni. | *nous y voilà !,* ci siamo finalmente ! | *ça y est !,* ecco fatto !; doveva capitare ! | *y avoir,* esserci, esservi. | *il y a,* V. AVOIR. | *je n'y vois pas,* non ci vedo. | *y compris le(s) pour-*

boire(s), mancia compresa, mance comprese. ◆ pr. pers. 3e pers. sing. [chose] *j'y crois,* ci credo. | *tu peux y compter,* ci puoi contare. | *s'y connaître, s'y entendre,* intendersene. | *tu n'y peux rien,* non puoi farci nulla. | *je n'y comprends rien,* non ci capisco nulla ; non vi capisco nulla (littér.). | *je n'y tiens plus,* non ci resisto più ; non ce la faccio più. | [personne] *je m'y fie,* me ne fido. | *j'y ai dit* (pop.), io ci ho detto.
yacht [jot, jak] m. SPORT yacht (angl.), panfilo.
yacht-club [jotklœb] m. (angl.) circolo nautico.
yachting [jotiŋ] m. yachting (angl.), velismo.
yacht(s)man [jotman] m. yachtsman (angl.), velista.
yack ou **yak** [jak] m. ZOOL. yak.
yankee [jɑ̃ki] adj. et n. yankee (angl.).
yaourt [jaurt] ou **yogourt** [jɔgurt] m. yog(h)urt, iogurt inv.
yaourtière [jaurtjɛr] f. prepara-yogurt m. inv.
yearling [jœrliŋ] m. yearling (angl.) ; puledro di un anno.
yeuse [jøz] f. BOT. leccio m.
yeux m. pl. V. ŒIL.
yé-yé [jeje] adj. et n. yé-yé (fr.).
yiddish [jidiʃ] m. LING. jiddish, yiddish.
yod [jɔd] m. LING. iod.
yoga [jɔga] m. yoga.
yogi [jɔgi] m. yoghi, yoghin.
yogourt m. V. YAOURT.
yole [jɔl] f. MAR. iole, yole.
yougoslave [jugɔslav] adj. et n. iugoslavo.
youpin, e [jupɛ̃, in] n. PÉJOR. ebreaccio, a.
yourte [jurt] f. iurta.
youyou [juju] m. MAR. yuyu.
yo-yo [jojo] m. JEU yo-yo, iò-iò.
ypérite [iperit] f. CHIM. iprite, yprite.
ytterbium [itɛrbjɔm] m. CHIM. itterbio.
yttrium [itrijɔm] m. CHIM. ittrio.
yucca [juka] m. BOT. iucca f.

Z

z [zɛd] m. z f. ou m.
zabre [zabr] m. ZOOL. zabro.
zain [zɛ̃] adj. m. zaino.
zanni ou **zani** [dzani] m. inv. THÉÂTRE zanni.
zazou [zazu] m. et adj. FAM. zazou (fr.).
zèbre [zɛbr] m. ZOOL. zebra f. ‖ FAM. *courir, filer comme un zèbre,* correre, fuggire come una lepre. ‖ POP. *un drôle de zèbre,* un tipo strano.
zébré, e [zebre] adj. zebrato ; = striato a righe bianche e nere.
zébrer [zebre] v. tr. striare, rigare.
zébrure [zebryr] f. [pelage] zebratura. ‖ [sur la peau] = segno (m.) lasciato da frustate.
zébu [zeby] m. ZOOL. zebù.
zélateur, trice [zelatœr, tris] n. LITTÉR. zelatore, trice.
zèle [zɛl] m. zelo ; impegno assiduo. ‖ FAM. *faire du zèle,* fare lo zelante. ‖ LOC. *grève du zèle,* sciopero bianco.
zélé, e [zele] adj. zelante.
zélote [zelɔt] m. HIST. zelota.
zen [zɛn] adj. RELIG. zenista. | *art, doctrine zen,* zenismo m. ◆ n. m. zen.
zend, e [zɛ̃d] adj. et n. m. LING. zendo.
zénith [zenit] m. zenit. ‖ FIG. apice, apogeo, zenit.
zénithal, e, aux [zenital, o] adj. zenitale.
zéolite ou **zéolithe** [zeɔlit] f. MINÉR. zeolite.
zéphyr [zefir] m. POÉT. [vent] zefiro, zeffiro. ‖ TEXT. zefir.
zeppelin [zɛplɛ̃] m. AÉR. zeppelin.
zéro [zero] m. MATH., PHYS. zero. | *réduire à zéro, mettre à zéro,* azzerare. | *réduction à zéro,* azzeramento m. ‖ SPORT *deux buts à zéro,* due a zero. ‖ FIG. *réduire à zéro,* annichilare. | *reprendre à zéro,* ricominciare, rifare, riprendere daccapo, da capo ; rifare ex novo. | *(c'est) zéro pour moi* (fam.), per me non è niente, non vale (L.C.). | *compter pour zéro,* contare zero, non contar nulla. | *être un zéro,* essere uno zero, una nullità. | *avoir le moral à zéro,* esser giù di morale. ◆ adj. *zéro franc,* franchi zero.
zérotage [zerɔtaʒ] m. azzeramento.
zest [zɛst] m. FAM. *être entre le zist et le zest :* [personne] stare tra il sì e il no ; essere in forse (L.C.). ; [personne, chose] essere indefinibile (L.C.).
zeste [zɛst] m. [noix] setto. ‖ [agrume] = scorza f. | *un zeste de citron,* un pezzettino di scorza di limone. ‖ FIG., FAM. *cela ne vaut pas un zeste,* non vale un fico secco, un'acca.
zeugma [zøgma] ou **zeugme** [zøgm] m. GRAMM. zeugma.
zeuzère [zøzɛr] f. ZOOL. perdilegno m., rodilegno m.
zézaiement [zezɛmɑ̃] m. blesità f.
zézayer [zezeje] v. intr. pronunziare in modo bleso.
zibeline [ziblin] f. zibellino m.
zieuter ou **zyeuter** [zjøte] v. tr. POP. adocchiare (L.C.). | *tu ne m'as pas zyeuté !,* non sai con chi parli !
zig ou **zigue** [zig], **zigomar** [zigɔmar], **zigoteau** ou **zigoto** [zigoto] m. POP. tipo, tomo (fam.). | *tu es un drôle de zigoto,* sei un bel tomo. | *faire le zigoto,* fare il ganzo (pop.), il furbo (L.C.) ; [en public] fare l'interessante (L.C.).
ziggourat [zigurat] f. ARCHÉOL. ziggurat, zikkurat.
zigouiller [ziguje] v. tr. POP. far fuori.
zigzag [zigzag] m. zigzag m. inv. | *en zigzag,* a zigzag.
zigzaguer [zigzage] v. intr. zigzagare.
zinc [zɛ̃g] m. zinco. ‖ FAM. [comptoir] *sur le zinc,* al banco. ‖ [bar] osteriuccia f., caffeuccio. ‖ FAM. [avion] = aereo.
zincage ou **zingage** [zɛ̃gaʒ] m. zincatura f.
zincographie [zɛ̃kografi] f. ART zincografia.
zingibéracées [zɛ̃ʒiberase] f. pl. BOT. zingiberacee.
zinguer [zɛ̃ge] v. tr. zincare.
zingueur [zɛ̃gœr] m. zincatore.
zinnia [zinja] m. BOT. zinnia f.
zinzin [zɛ̃zɛ̃] m. POP. coso, aggeggio (fam.). ◆ adj. POP. picchiatello, tocco (fam.).
zinzinuler [zɛ̃zinyle] v. intr. cinguettare.
zircon [zirkɔ̃] m. MINÉR. zircone.
zircone [zirkɔn] f. CHIM. zirconia.
zirconium [zirkɔnjɔm] m. CHIM. zirconio.
zist m. V. ZEST.
zizanie [zizani] f. BOT. zizzania. ‖ FIG. *semer la zizanie,* seminare, spargere zizzania.
1. zizi [zizi] m. ZOOL. zigolo nero.

2. zizi m. FAM. [membre viril] pistolino.
zoanthropie [zɔɑ̃trɔpi] ou **zoopathie** [zoopati] f. PSYCH. zoantropia.
zodiacal, e, aux [zɔdjakal, o] adj. zodiacale.
zodiaque [zɔdjak] m. zodiaco.
zoé [zɔe] f. ZOOL. zoea.
zoécie [zɔesi] f. ZOOL. zoecio m.
zoïle [zɔil] m. LITTÉR. zoilo.
zona [zona] m. MÉD. zona f., erpete ; zoster herpes.
zonage [zonaʒ] m. zonatura f.
zonal, e, aux [zonal, o] adj. zonale.
zone [zon] f. zona, regione. ‖ FIN. *zone dollar, franc, sterling,* area del dollaro, del franco, della sterlina. ‖ LOC. *zone douanière, franche, industrielle, monétaire,* zona doganale, franca, industriale, monetaria. | *zone de salaire,* zona salariale. | *zone bleue,* zona disco. | *zone verte,* zona verde. | *zone d'influence,* zona, sfera di influenza. ‖ MIL. zona. ‖ [quartier misérable] squallido sobborgo ; bidonville f. (fr.).
zoné [zone] adj. MINÉR. zonato.
zoo [zoo] m. FAM. zoo m. inv.
zooglée [zoogle] f. BIOL. zooglea.
zoolâtrie [zoolɑtri] f. RELIG. zoolatria.
zoologie [zooloʒi] f. zoologia.
zoologique [zooloʒik] adj. zoologico.
zoologiste [zooloʒist] ou **zoologue** [zoolɔg] n. zoologo, a.
zoom [zum] m. CIN., PHOT. zoom inv., trasfocatore m.
zoomorphisme [zoomɔrfism] m. zoomorfismo.
zoopathie f. V. ZOANTHROPIE.
zoophobie [zoofɔbi] f. PSYCH. zoofobia.
zoophore [zoofɔr] m. ARCHÉOL. zooforo.
zoophyte [zoofit] m. BIOL. zoofito.
zoopsie [zoopsi] f. PSYCH. zoopsia.
zoospore [zoospɔr] f. BOT. zoospora.
zootechnicien, enne [zooteknisjɛ̃, ɛn] n. zootecnico, a.
zootechnie [zootɛkni] f. zootecnia.
zootomie [zootɔmi] f. zootomia.
zorille [zɔrij] f. zorilla.
zoroastrien, enne [zɔrɔastrijɛ̃, ɛn] adj. et n. RELIG. zoroastriano.
zostère [zostɛr] f. BOT. zostera.
zouave [zwav] m. MIL. zuavo. ‖ FIG., FAM. *faire le zouave :* [le fanfaron] fare lo spavaldo, lo spaccone ; [le pitre] fare il buffone, il pagliaccio ; [perdre son temps] ammuffire.
zozo [zozo] m. POP. fesso.
zozoter [zɔzɔte] v. intr. FAM. V. ZÉZAYER.
zut ! [zyt] interj. FAM. uf(f) !, uffa !, accidenti !
zwinglianisme [zvɛ̃glijanism] m. RELIG. zuinglianesimo.
zyeuter v. tr. V. ZIEUTER.
zygène [ziʒɛn] f. ZOOL. zigena.
zygoma [zigoma] m. ANAT. zigomo.
zygomatique [zigomatik] adj. zigomatico.
zygomorphe [zigomɔrf] adj. BOT. zigomorfo.
zygomycètes [zigomisɛt] m. pl. BOT. zigomiceti.
zygote [zigɔt] m. BIOL. zigote, zigoto.
zymase [zimɑs] f. CHIM. zimasi.

LOCUTIONS ET PROVERBES FRANÇAIS	LOCUTIONS ET PROVERBES ITALIENS ÉQUIVALENTS
A beau mentir qui vient de loin	*Lunga via, lunga bugia*
À bon chat, bon rat	*A brigante, brigante e mezzo*
À bon entendeur, salut	*A buon intenditore poche parole*
À bon vin point d'enseigne	*Il buon vino si vende senza frasca*
À brebis tondue, Dieu mesure le vent	*Dio manda il freddo secondo i panni*
À bride abattue	*A briglia sciolta*
À chaque fou sa marotte	*Ognuno ha il suo rametto di pazzia*
À chaque jour suffit sa peine	*A ogni giorno basta il suo affanno*
À chemin battu il ne croît point d'herbe	*L'erba non cresce sulla strada maestra*
À cheval donné on ne regarde pas à la bouche	*A caval donato non si guarda in bocca*
À chose faite pas de remède	*Cosa fatta, capo ha*
À cœur vaillant rien d'impossible	*Cuor forte vince cattiva sorte*
À cor et à cri	*A gran voce*
À corps perdu	*A corpo morto*
À force de mal aller tout ira bien	*Chi la dura la vince*
À la fleur de l'âge	*Nel fiore degli anni*
À la guerre comme à la guerre	*Far di necessità virtù*
À laver la tête d'un âne on y perd sa lessive	*A lavar la testa all'asino ci si perde il ranno e il sapone*
À l'impossible nul n'est tenu	*Ciascuno fa quel che può*
À l'œuvre on connaît l'ouvrier	*Dall'opera si conosce il maestro*
À malin, malin et demi	*A briccone, briccone e mezzo*
À père avare, enfant prodigue	*A padre avaro, figliuol prodigo*
À quelque chose malheur est bon	*Non tutto il male vien per nuocere*
À sotte demande point de réponse	*Sciocca proposta non vuol risposta*
À tout seigneur, tout honneur	*Onore al merito*
À vaincre sans péril on triomphe sans gloire	*Dove non c'è pericolo, non c'è gloria*
Abattre de la besogne	*Lavorar sodo*
Abondance de biens ne nuit pas	*Il superfluo non nuoce*
Accuser son âge	*Dimostrare la propria età*
Acheter à prix d'or	*Comprare a peso d'oro*
Acheter chat en poche	*Comprare a scatola chiusa*
Aide-toi, le ciel t'aidera	*Aiutati che il ciel t'aiuta*
Aller à la dérive	*Andare alla deriva*
Aller à l'aveuglette	*Andare alla cieca*
Aller ad patres	*Andare a patrasso*
Aller bon train	*Andare di buon passo*
Aller de mal en pis	*Andare di male in peggio*
Aller droit au but	*Andar dritto allo scopo*
Aller son petit bonhomme de chemin	*Tirare per la propria strada*
Aller vite en besogne	*Andar dritto allo scopo*
Appeler un chat un chat	*Dire pane al pane e vino al vino*
Applaudir à tout rompre	*Applaudire fragorosamente*
Après la pluie, le beau temps	*Buon tempo e mal tempo non dura tutto il tempo*
Après moi le déluge	*Morto io morti tutti*
Arriver à bon port	*Arrivare in porto*
Arriver à ses fins	*Raggiungere lo scopo*
Attendre quelqu'un au tournant	*Aspettare qualcuno al varco*
Au danger on connaît les braves	*Il coraggio si vede nel pericolo*
Au pis aller	*Per mal che vada*
Au renard endormi rien ne tombe dans la gueule	*Chi dorme non piglia pesce*
Au royaume des aveugles les borgnes sont rois	*In terra di ciechi l'orbo è re*
Aussitôt dit, aussitôt fait	*Detto fatto*
Autres temps, autres mœurs	*Altri tempi, altri costumi*
Aux chevaux maigres vont les mouches	*Ai cavalli magri vanno addosso le mosche*

Aux grands maux les grands remèdes	*A mali estremi estremi rimedi*
Avaler des couleuvres	*Ingoiare un rospo*
Avoir bon dos	*Avere buone spalle*
Avoir bonne conscience	*Avere la coscienza a posto*
Avoir d'autres chats à fouetter	*Avere altre gatte da pelare*
Avoir de l'aplomb	*Esser sicuro di sé*
Avoir du pain sur la planche	*Avere molto lavoro in cantiere*
Avoir du plomb dans l'aile	*Essere ridotto a mal partito*
Avoir la dent dure	*Essere severissimo*
Avoir la mort dans l'âme	*Aver la morte nel cuore*
Avoir la tête sur les épaules	*Aver la testa sulle spalle*
Avoir le vent en poupe	*Avere il vento in poppa*
Avoir les yeux plus grands que le ventre	*Avere gli occhi più grandi della bocca*
Avoir l'estomac qui crie famine	*Avere una fame da lupo*
Avoir pieds et poings liés	*Avere mani e piedi legati*
Avoir plusieurs cordes à son arc	*Avere molte frecce al proprio arco*
Avoir son franc-parler	*Non aver peli sulla lingua*
Avoir un appétit d'oiseau	*Mangiare come un uccellino*
Bâtir des châteaux en Espagne	*Far castelli in aria*
Battre comme plâtre	*Picchiare di santa ragione*
Battre de l'aile	*Essere in difficoltà*
Bien bas choit qui trop haut monte	*Chi monta più alto che non deve cade più basso che non crede*
Bien faire vaut mieux que bien dire	*I fatti contano più delle parole*
Bien mal acquis ne profite jamais	*La farina del diavolo va tutta in crusca*
Boire le calice jusqu'à la lie	*Bere il calice fino alla feccia*
Bon sang ne saurait mentir	*Buon sangue non mente*
Brûler la chandelle par les deux bouts	*Spendere e spandere*
Ça vous apprendra !	*Vi sta bene !*
Cacher son jeu	*Nascondere le proprie intenzioni*
Ce n'est pas la mer à boire	*Non è pòi la fine del mondo*
Ce n'est pas tous les jours dimanche	*Non è sempre domenica*
Ce n'est pas une petite affaire	*Non è una faccenda da poco*
Ce que femme veut, Dieu le veut	*Ciò che donna vuole Dio lo vuole*
C'est bonnet blanc et blanc bonnet	*Se non è zuppa è pan bagnato*
C'est dans le besoin qu'on connaît le véritable ami	*I veri amici si conoscono nel bisogno*
C'est de l'histoire ancienne	*È acqua passata*
C'est en forgeant qu'on devient forgeron	*Sbagliando s'impara*
C'est la goutte d'eau qui fait déborder le vase	*È la goccia d'acqua che fa traboccare il vaso*
C'est le cadet de mes soucis !	*È l'ultimo dei mei pensieri !*
C'est le résultat qui compte	*È il risultato che conta*
C'est l'hôpital qui se moque de la charité	*La padella disse al paiolo : fatti in là che tu mi tingi*
C'est une autre paire de manches	*È un altro paio di maniche*
Chacun pour soi et Dieu pour tous	*Ognun per sé e Dio per tutti*
Changer son cheval borgne pour un aveugle	*Cadere dalla padella nella brace*
Chaque chose en son temps	*Ogni cosa a suo tempo*
Charité bien ordonnée commence par soi-même	*Il primo prossimo è se stesso*
Chassez le naturel, il revient au galop	*Contro natura invan arte si adopra*
Chat échaudé craint l'eau froide	*Cane scottato dall'acqua calda teme la fredda*
Chercher la petite bête	*Cercare il pelo nell'uovo*
Chercher midi à quatorze heures	*Complicarsi l'esistenza*
Chercher une aiguille dans une botte de foin	*Cercare un ago in un pagliaio*
Chien qui aboie ne mord pas	*Can che abbaia non morde*
Chose promise, chose due	*Ogni promessa è debito*
Clouer le bec à quelqu'un	*Chiudere il becco a qualcuno*
Cœur qui soupire n'a pas ce qu'il désire	*Chi dice « ma » il cor contento non ha*
Comme on fait son lit on se couche	*Come si semina si raccoglie*

Comparaison n'est pas raison	*Somiglianza non è uguaglianza*
Composer avec sa conscience	*Venire a patti con la propria coscienza*
Connaître son affaire	*Sapere il fatto proprio*
Corps et âme	*Corpo e anima*
Couper les cheveux en quatre	*Spaccare un capello in quattro*
Couper les ponts	*Tagliare i ponti*
Courir à sa perte	*Correre incontro alla propria rovina*
Crier à tue-tête	*Gridare a squarciagola*
Crier famine	*Piangere miseria*
Croiser le fer	*Incrociare i ferri*
Dans le bonheur comme dans le malheur	*Nella buona come nell'avversa fortuna*
Dans le doute, abstiens-toi	*Nel dubbio, astienti*
Dans les petites boîtes les bons onguents	*In botte piccola buon vino*
Danser devant le buffet	*Non avere da mangiare*
De deux maux, il faut choisir le moindre	*Tra due mali il minore*
De fil en aiguille	*Di argomento in argomento*
De fond en comble	*Da cima a fondo*
Déborder de santé	*Sprizzare salute da tutti i pori*
Dépasser les bornes	*Passare i limiti*
Descendre l'escalier quatre à quatre	*Scendere le scale a quattro a quattro*
Déshabiller saint Pierre pour habiller saint Paul	*Tappare i buchi con i buchi*
Deux avis valent mieux qu'un	*Quattro occhi vedono meglio di due*
Déverser sa mauvaise humeur sur quelqu'un	*Sfogare il proprio umore su qualcuno*
Dieu abat les puissants	*Dio umilia i potenti*
Dieu vous soit en aide !	*Dio vi aiuti !*
Dire ses quatre vérités à quelqu'un	*Dire a qualcuno il fatto suo*
Discuter sur la pointe d'une aiguille	*Fare questioni di lana caprina*
Dommage rend sage	*Si impara sempre a proprie spese*
Donner du fil à retordre	*Dare del filo da torcere*
Donner la chair de poule	*Far venire la pelle d'oca*
Donner un œuf pour avoir un bœuf	*Dare un ago per avere un palo*
Donner une volée de bois vert	*Dare un sacco di legnate*
Dormir du sommeil du juste	*Dormire il sonno del giusto*
Dormir en chien de fusil	*Dormire raggomitolato*
Dresser l'oreille	*Drizzare gli orecchi*
Élever au ciel	*Portare alle stelle*
En avoir pour son argent	*Avere per ciò che si è pagato*
En avril ne te découvre pas d'un fil	*D'aprile non ti scoprire*
En chair et en os	*In carne ed ossa*
En faire son affaire	*Vedersela*
En mon âme et conscience	*Secondo la mia coscienza*
Enfermer le loup dans la bergerie	*Mettere il lupo nell'ovile*
Entre l'arbre et l'écorce il ne faut pas mettre le doigt	*Tra moglie e marito non mettere il dito*
Errer comme une âme en peine	*Errare come un anima in pena*
Être à couteaux tirés avec quelqu'un	*Essere ai ferri corti con qualcuno*
Être à l'abri de tout soupçon	*Essere al di sopra di ogni sospetto*
Être aux anges	*Toccare il cielo con un dito*
Être comme chien et chat	*Essere come cane e gatto*
Être connu comme le loup blanc	*Essere conosciuto come l'erba betonica*
Être dans la confidence de quelqu'un	*Godere della confidenza di qualcuno*
Être dans le plus simple appareil	*Stare un costume adamitico*
Être doux comme un agneau	*Essere mite come in agnello*
Être du même acabit	*Essere della stessa risma*
Être en froid avec quelqu'un	*Essere in urto con qualcuno*
Être en nage	*Essere in un bagno di sudore*
Être gai comme un pinson	*Essere allegro come un fringuello*
Être le dindon de la farce	*Essere lo zimbello di tutti*
Être libre comme l'air	*Essere libero come l'aria*

Être plus royaliste que le roi	*Essere più realisti del re*
Être sans cœur	*Essere senza cuore*
Être sourd comme un pot	*Essere sordo come una campana*
Être sur des charbons ardents	*Stare sui carboni ardenti*
Être sur le qui-vive	*Stare sul chi vive*
Faillir à ses promesses	*Mancare alle proprie promesse*
Faire acte de présence	*Far atto di presenza*
Faire amende honorable	*Fare onorevole ammenda*
Faire bande à part	*Far gruppo a parte*
Faire bonne mine à mauvais jeu	*Far buon viso a cattiva sorte*
Faire chou blanc	*Fare un buco nell'acqua*
Faire contre mauvaise fortune bon cœur	*Far buon viso a cattiva sorte*
Faire de l'esbroufe	*Fare lo spaccone*
Faire de l'esprit	*Fare dello spirito*
Faire d'une pierre deux coups	*Prendere due piccioni con una fava*
Faire flèche de tout bois	*Aiutarsi con le mani e coi piedi*
Faire la fine bouche	*Storcere la bocca*
Faire la mouche du coche	*Far la mosca cocchiera*
Faire la pluie et le beau temps	*Fare il bello e il brutto tempo*
Faire la sourde oreille	*Fare orecchio da mercante*
Faire l'école buissonnière	*Marinare la scuola*
Faire plus de bruit que de besogne	*Far più parole che fatti*
Fais ce que dois, advienne que pourra	*Fa il tuo dovere e non temere*
Faute de grives, on mange des merles	*In tempo di carestia pane di veccia*
Faute de mieux	*In mancanza di meglio*
Filer le parfait amour	*Filare il perfetto amore*
Fonder un foyer	*Fondare una famiglia*
Fusiller du regard	*Fulminare con lo sguardo*
Garder ses distances	*Mantenere le distanze*
Grand bien te fasse !	*Buon pro ti faccia !*
Grincer des dents	*Digrignare i denti*
Habillé de pied en cap	*Vestito da capo a piedi*
Haut en couleur	*A forti tinte*
Heureux au jeu malheureux en amour	*Fortunato in amore non giochi a carte*
Il attend que les alouettes lui tombent toutes rôties dans la bouche	*Vuol trovare la pappa fatta*
Il fait un froid de canard	*Fa un freddo cane*
Il faut battre le fer pendant qu'il est chaud	*Batti il ferro finché è caldo*
Il faut de tout pour faire un monde	*Il mondo è bello perché è vario*
Il faut être enclume ou marteau	*Bisogna essere incudine o martello*
Il faut prendre son mal en patience	*Bisogna portare pazientemente la propria croce*
Il faut que jeunesse se passe	*La gioventù vuol fare il suo corso*
Il faut tourner sa langue sept fois dans sa bouche avant de parler	*Parla poco e ascolta assai e giammai non fallirai*
Il gèle à pierre fendre	*Fa un freddo che spacca le pietre*
Il ne faut jamais jeter le manche après la cognée	*Non gettare il manico dietro la scure*
Il ne faut jamais vendre la peau de l'ours qu'on ne l'ait pas mis par terre	*Non vendere la pelle dell'orso prima di averlo ucciso*
Il ne faut jurer de rien	*Non si è sicuri mai di nulla*
Il ne faut pas chanter triomphe avant la victoire	*Non dir quattro se non l'hai nel sacco*
Il ne faut pas courir deux lièvres à la fois	*Chi troppo vuole nulla stringe*
Il ne faut pas dire : « Fontaine je ne boirai pas de ton eau »	*Fino che uno ha denti in bocca non sa mai quel che gli tocca*
Il ne faut pas jouer avec le feu	*Con il fuoco non si scherza*
Il ne faut pas se fier à l'eau qui dort	*Acqua cheta rompe i ponti*
Il ne faut pas se fier aux apparences	*L'apparenza inganna*
Il ne sert à rien de pleurer sur le lait répandu	*A nulla serve piangere sul latte versato*
Il n'est pire aveugle que celui qui ne veut pas voir	*Non c'è peggior cieco di chi non vuol vedere*

Il n'est point de sot métier	*Tutti i mestieri danno il pane*
Il n'y a âme qui vive	*Non c'è anima viva*
Il n'y a pas de fumée sans feu	*Non c'è fumo senza arrosto*
Il n'y a que ceux qui ne font rien qui ne se trompent pas	*Chi non fa non sbaglia*
Il n'y a que la vérité qui blesse	*La verità offende*
Il n'y a que le premier pas qui coûte	*Il peggior passo è quello dell'uscio*
Il n'y a que les montagnes qui ne se rencontrent jamais	*Le montagne stanno ferme e gli uomini si muovono*
Il vaut mieux aller au moulin qu'au médecin	*È meglio spendere i soldi dal fornaio che dal farmacista*
Il vaut mieux faire envie que pitié	*Meglio essere invidiati che compatiti*
Il vaut mieux tenir que courir	*Non lasciare il certo per l'incerto*
Il y a anguille sous roche	*Gatta ci cova*
Il y a loin de la coupe aux lèvres	*Tra il dire e il fare c'è di mezzo il mare*
Jamais deux sans trois	*Non c'è due senza tre*
Jeter de l'huile sur le feu	*Gettare olio sul fuoco*
Jeter l'argent par les fenêtres	*Gettare i soldi dalla finestra*
Jeux de main, jeux de vilain	*Gioco di mano, gioco di villano*
Joindre l'utile à l'agréable	*Unire l'utile al dilettevole*
Jouer cartes sur table	*Giocare a carte scoperte*
Jurer ses grands dieux	*Giurare e spergiurare*
La critique est aisée, mais l'art est difficile	*Criticare è più facile che fare*
La faim chasse le loup du bois	*La fame fa uscire il lupo dal bosco*
La fête passée, adieu le saint	*Passata la festa gabbato il santo*
La fin justifie les moyens	*Il fine giustifica i mezzi*
La foudre ne tombe que sur les sommets	*I fulmini colpiscono solo le cime più alte*
La musique adoucit les mœurs	*La musica addolcisce i costumi*
La nuit porte conseil	*La notte porta consiglio*
La nuit, tous les chats sont gris	*Di notte tutti i gatti sono bigi*
La parole est d'argent, mais le silence est d'or	*Il silenzio è d'oro e la parola è d'argento*
La plus belle fille du monde ne peut donner que ce qu'elle a	*La botte dà il vino che ha*
La raison du plus fort est toujours la meilleure	*Contro la forza la ragione non vale*
La vie est un combat	*La vita è lotta*
Laisser courir sa plume	*Lasciar correre la penna*
L'amour est aveugle	*L'amore è cieco*
L'appétit vient en mangeant	*L'appetito viene mangiando*
L'argent est le maître du monde	*Il denaro apre tutte le porte*
L'argent est un bon serviteur et un mauvais maître	*Il denaro è un buon servo e un cattivo padrone*
L'argent lui fond dans les mains	*Ha le mani bucate*
L'argent n'a pas d'odeur	*Il denaro non puzza*
L'argent ne fait pas le bonheur	*La ricchezza non fa la felicità*
L'avenir appartient à ceux qui se lèvent tôt	*Le ore del mattino hanno l'oro in bocca*
Latin de cuisine	*Latino maccheronico*
Le jeu n'en vaut pas la chandelle	*Il gioco non vale la candela*
Le mieux est l'ennemi du bien	*Il meglio è nemico del bene*
Le temps blanchit les têtes sans les mûrir	*A testa bianca, spesso cervella manca*
Le temps c'est de l'argent	*Il tempo è denaro*
L'enfer est pavé de bonnes intentions	*L'inferno è lastricato di buone intenzioni*
Les absents ont toujours tort	*Gli assenti hanno sempre torto*
Les bons comptes font les bons amis	*Patti chiari, amici cari*
Les chiens aboient, la caravane passe	*La luna non cura l'abbaiar dei cani*
Les cordonniers sont les plus mal chaussés	*In casa di calzolaio non si hanno scarpe*
Les derniers arrivés sont les plus mal servis	*Chi tardi arriva male alloggia*
Les grandes douleurs sont muettes	*Le grandi sofferenze si sopportano in silenzio*
Les jours se suivent et ne se ressemblent pas	*Non tutti i giorni sono uguali*
Les loups ne se mangent pas entre eux	*Lupo non mangia lupo*
Les murs ont des oreilles	*Anche i muri hanno orecchi*

Les petits cadeaux entretiennent l'amitié	*Le piccole attenzioni tengono viva l'amicizia*
Les petits ruisseaux font les grandes rivières	*Tanti piccoli ruscelli fanno grandi fiumi*
Les plaisanteries les plus courtes sont les meilleures	*Ogni bel gioco dura poco*
Les yeux sont le miroir de l'âme	*Gli occhi sono lo specchio dell'anima*
L'esprit est prompt mais la chair est faible	*Lo spirito è pronto, ma la carne è debole*
L'exception confirme la règle	*L'eccezione conferma la regola*
L'habit ne fait pas le moine	*L'abito non fa il monaco*
L'homme propose et Dieu dispose	*L'uomo propone e Dio dispone*
L'occasion fait le larron	*L'occasione fa l'uomo ladro*
Loin des yeux, loin du cœur	*Lontano dagli occhi, lontano dal cuore*
L'oisiveté est la mère de tous les vices	*L'ozio è il padre dei vizi*
L'union fait la force	*L'unione fa la forza*
Marcher sur la corde raide	*Camminare sul filo del rasoio*
Marquer au fer rouge	*Marchiare a fuoco*
Mauvaise herbe croît toujours	*La mal'erba cresce presto*
Ménager la chèvre et le chou	*Salvare capra e cavoli*
Mener quelqu'un à la baguette	*Comandare qualcuno a bacchetta*
Mener une affaire tambour battant	*Concludere un affare senza perder tempo*
Mentir comme un arracheur de dents	*Essere bugiardo come un epitaffio*
Mettre à feu et à sang	*Mettere a ferro e fuoco*
Mettre au ban de la société	*Mettere al bando della società*
Mettre des bâtons dans les roues	*Mettere il bastone fra le ruote*
Mettre la charrue devant les bœufs	*Mettere il carro devanti ai buoi*
Mettre la main au feu	*Mettere la mano sul fuoco*
Mieux vaut tard que jamais	*Meglio tardi che mai*
Monter en amazone	*Cavalcare all'amazzone*
Ne craindre ni Dieu ni Diable	*Non aver paura né di diavoli né di versiere*
Ne dormir que d'un œil	*Dormire con un occhio solo*
Ne pas regarder à la dépense	*Non badare a spese*
Ne remettez jamais au lendemain ce que pouvez faire le jour même	*Non rimandare a domani quello che puoi fare oggi*
Ne réveillez pas le chat qui dort	*Non svegliare il can che dorme*
Nul bien sans peine	*Non c'è rosa senza spine*
Nul n'est prophète en son pays	*Nessuno è profeta in patria*
Œil pour œil, dent pour dent	*Occhio per occhio, dente per dente*
Oiseau de mauvais augure	*Uccello del malaugurio*
On n'apprend pas à un vieux singe à faire la grimace	*Non si insegna ai gatti ad arrampicarsi*
On ne fait pas d'omelette sans casser d'œufs	*Senza romper l'uova non si fa la frittata*
On ne peut être à la fois au four et au moulin	*Non si può cantare e portare la croce*
On ne peut être à la fois juge et partie	*Nessuno può essere giudice e parte*
On ne prête qu'aux riches	*A veste logorata poca fede vien prestata*
On ne saurait faire boire un âne qui n'a pas soif	*Trenta monaci e un abate non farebbero bere un asino per forza*
On n'est jamais si bien servi que par soi-même	*Chi fa da sé fa per tre*
Par monts et par vaux	*Per terra e per mare*
Paris ne s'est pas fait en un jour	*Roma non fu fatta in un giorno*
Parler à mots couverts	*Parlare a parole velate*
Parler clair et net	*Parlare chiaro e tondo*
Parler en l'air	*Parlare alla leggera*
Parler entre ses dents	*Parlare fra i denti*
Parler le cœur sur la main	*Parlare con il cuore in mano*
Partir, c'est mourir un peu	*Partire è un pò morire*
Pas de nouvelles, bonnes nouvelles	*Nessuna nuova, buona nuova*
Patience et longueur de temps font plus que force ni que rage	*Chi la dura la vince*
Péché avoué est à demi pardonné	*Peccato confessato è mezzo perdonato*
Perdre la face	*Perdere la faccia*
Petit à petit l'oiseau fait son nid	*A quattrino a quattrino si fa il fiorino*

Petite pluie abat grand vent	*Basta un nonnulla per sedare una lite*
Pierre qui roule n'amasse pas mousse	*Pietra smossa non fa muschio*
Plaie d'argent n'est pas mortelle	*Alla mancanza di denaro si remedia sempre*
Pleurer toutes les larmes de son corps	*Piangere tutte le lacrime del proprio corpo*
Point d'argent point de Suisse	*Per niente il prete non canta*
Prêcher dans le désert	*Predicare al vento*
Prendre à cœur	*Prendere a cuore*
Prendre la clé des champs	*Svignarsela*
Prendre le dessus	*Prendere il sopravvento*
Prendre le taureau par les cornes	*Prendere il toro per le corna*
Prendre quelque chose pour argent comptant	*Prendere qualcosa per oro colato*
Prendre ses jambes à son cou	*Mettersi le gambe a spalla*
Prêter main-forte	*Dar manforte*
Quand la corde est trop tendue, elle casse	*Chi troppo tira, la corda si strappa*
Quand le chat n'est pas là, les souris dansent	*Quando manca il gatto i topi ballano*
Quand le diable est vieux, il se fait ermite	*Il diavolo da vecchio si fa frate*
Quand le vin est tiré, il faut le boire	*Quando si è in ballo bisogna ballare*
Quand les poules auront des dents	*Quando gli asini voleranno*
Quand on parle du loup, on en voit la queue	*Quando si parla del lupo se ne vede la coda*
Que la volonté du roi s'accomplisse	*Che il volere del re si compia*
Que le Ciel t'entende !	*Che il Cielo t'ascolti !*
Qui a bu boira	*Il lupo perde il pelo ma non il vizio*
Qui aime bien châtie bien	*Chi ben ama, ben corregge*
Qui casse les verres les paie	*Chi rompe paga e i cocci son suoi*
Qui court deux lièvres n'en prend aucun	*Chi due lepri caccia, l'una non piglia e l'altra lascia*
Qui dort dîne	*Il sonno sazia*
Qui ne dit mot consent	*Chi tace acconsente*
Qui ne risque rien n'a rien	*Chi non risica non rosica*
Qui n'entend qu'une cloche, n'entend qu'un son	*Bisogna sentir tutt'e due le campane*
Qui paye ses dettes s'enrichit	*Chi paga debito acquista credito*
Qui peut le plus peut le moins	*Nel tanto ci sta il poco*
Qui se fait brebis, le loup le mange	*Chi pecora si fa, lupo la mangia*
Qui se ressemble s'assemble	*Chi s'assomiglia si piglia*
Qui sème le vent récolte la tempête	*Chi semina vento raccoglie tempesta*
Qui s'y frotte s'y pique	*Chi tocca si scotta*
Qui trop embrasse mal étreint	*Chi troppo vuole nulla stringe*
Qui va à la chasse perd sa place	*Chi va via perde il posto all'osteria*
Qui veut aller loin ménage sa monture	*Chi va piano, va sano e va lontano*
Qui veut noyer son chien l'accuse de la rage	*Chi il suo cane vuol ammazzare qualche scusa ha da trovare*
Qui vole un oeuf vole un bœuf	*Chi ruba un uovo oggi, ruba una gallina domani*
Quiconque se sert de l'épée, périra par l'épée	*Chi di spada ferisce, di spada perisce*
Regarder du coin de l'œil	*Guardare con la coda dell'occhio*
Remuer ciel et terre	*Darsi un gran daffare*
Rendre à quelqu'un la monnaie de sa pièce	*Rendere a qualcuno pan per focaccia*
Rentrer dans sa coquille	*Rinchiudersi nel proprio guscio*
Renvoyer aux calendes grecques	*Rimandare alle calende greche*
Répondre du bout des lèvres	*Rispondere a denti stretti*
Rester bouche bée	*Restare a bocca aperta*
Rira bien qui rira le dernier	*Ride ben chi ride l'ultimo*
Rire aux anges	*Sorridere agli angeli*
Rire sous cape	*Ridere sotto i baffi*
S'abandonner à la providence	*Affidarsi alla Provvidenza*
S'acheminer vers la gloire	*Avviarsi alla gloria*
S'acquitter des formalités d'usage	*Assolvere le formalità d'uso*
S'aider les uns les autres	*Aiutarsi gli uni cogli altri*
Sans coup férir	*Senza colpo ferire*

Scier la branche sur laquelle on est assis	*Darsi la zappa sui piedi*
Se brûler les ailes	*Bruciarsi le ali*
Se confondre en excuses	*Profondersi in scuse*
Se couvrir de gloire	*Coprirsi di gloria*
Se cramponner à un prétexte	*Appigliarsi a un pretesto*
Se donner le mot	*Passarsi la parola*
Se faire du mauvais sang	*Farsi cattivo sangue*
Se jeter dans la gueule du loup	*Gettarsi in bocca al lupo*
Se jeter dans l'eau par peur de la pluie	*Buttarsi a mare per paura della pioggia*
Se mordre les doigts	*Mordersi le mani*
Se regarder en chiens de faïence	*Guardarsi in cagnesco*
Se renvoyer la balle	*Fare a scaricabarile*
Si jeunesse savait, si vieillesse pouvait	*Se gioventù sapesse, se vecchiaia potesse*
Souvent femme varie	*La donna è mobile*
Suer sang et eau	*Sudare sangue*
Suivre le droit chemin	*Seguire la retta via*
Tant qu'il y a de la vie, il y a de l'espoir	*Finché c'è vita c'è speranza*
Tant va la cruche à l'eau qu'à la fin elle se casse	*Tanto va la gatta al lardo che ci lascia lo zampino*
Tel père, tel fils	*Tale il padre, tale il figlio*
Tenir les cordons de la bourse	*Amministrare i soldi di casa*
Tirer les marrons du feu	*Cavar le castagne dal fuoco*
Tirer son épingle du jeu	*Cavarsela con abilità ed eleganza*
Tirer une affaire au clair	*Mettere in chiaro una faccenda*
Toucher du bois	*Toccar ferro*
Toucher la corde sensible	*Toccare il punto debole*
Tous les chemins mènent à Rome	*Tutte le strade conducono a Roma*
Tous les goûts sont dans la nature	*Tutti i gusti son gusti*
Tout ce qui brille n'est pas or	*Non è tutt'oro quel che riluce*
Tout est bien qui finit bien	*Tutto è bene quel che finisce bene*
Tout passe, tout lasse, tout casse	*Tutto ha fine*
Tout vient à temps à qui sait attendre	*Col tempo e con la paglia maturano le nespole*
Toute médaille a son revers	*Ogni medaglia ha il suo rovescio*
Toute peine mérite salaire	*Ogni fatica merita premio*
Traiter d'égal à égal	*Trattare da pari a pari*
Travailler d'arrache-pied	*Lavorare con accanimento*
Trop gratter cuit, trop parler nuit	*Chi troppo gratta, scortica ; chi troppo parla, zoppica*
Un ange passe	*È morto un frate*
Un clou chasse l'autre	*Chiodo scaccia chiodo*
Un de perdu, dix de retrouvés	*Per uno perso, cento trovati*
Un homme averti en vaut deux	*Uomo avvisato è mezzo salvato*
Un malheur n'arrive jamais seul	*Una disgrazia tira l'altra*
Un mauvais arrangement vaut mieux qu'un bon procès	*Meglio un magro accordo che una grassa sentenza*
Un temps de chien	*Un tempo da lupi*
Un Tiens vaut mieux que deux Tu l'auras	*Meglio un uovo oggi che una gallina domani*
Une fois n'est pas coutume	*Un fior non fa ghirlanda*
Une hirondelle ne fait pas le printemps	*Una rondine non fa primavera*
Vendre chèrement sa vie	*Vendere la propria vita a caro prezzo*
Vendre son âme au diable	*Vendere l'anima al diavolo*
Ventre affamé n'a point d'oreilles	*Ventre digiuno non sente nessuno*
Vivre aux dépens d'autrui	*Vivere a spese altrui*
Vivre d'amour et d'eau fraîche	*Campare d'aria e d'amore*
Vivre de l'air du temps	*Campare d'aria*
Voir la paille dans l'œil du prochain et ne pas voir la poutre dans le sien	*Veder la pagliuzza nell'occhio altrui e non veder la trave nel proprio*
Voler de ses propres ailes	*Uscire dal nido*
Vouloir, c'est pouvoir	*Volere è potere*

LOCUTIONS ET PROVERBES ITALIENS	LOCUTIONS ET PROVERBES FRANÇAIS ÉQUIVALENTS
A briccone, briccone e mezzo	*À malin, malin et demi*
A brigante, brigante e mezzo	*À bon chat, bon rat*
A briglia sciolta	*À bride abattue*
A buon intenditore poche parole	*À bon entendeur, salut*
A caval donato non si guarda in bocca	*À cheval donné on ne regarde pas à la bouche*
A corpo morto	*À corps perdu*
A forti tinte	*Haut en couleur*
A gran voce	*À cor et à cri*
A lavar la testa all'asino ci si perde il ranno e il sapone	*À laver la tête d'un âne on y perd sa lessive*
A mali estremi estremi rimedi	*Aux grands maux les grands remèdes*
A nulla serve piangere sul latte versato	*Il ne sert à rien de pleurer sur le lait répandu*
A ogni giorno basta il suo affanno	*À chaque jour suffit sa peine*
A padre avaro, figliuol prodigo	*À père avare, enfant prodigue*
A quattrino a quattrino si fa il fiorino	*Petit à petit l'oiseau fait son nid*
A testa bianca, spesso cervella manca	*Le temps blanchit les têtes sans les mûrir*
A veste logorata poca fede vien prestata	*On ne prête qu'aux riches*
Acqua cheta rompe i ponti	*Il ne faut pas se fier à l'eau qui dort*
Affidarsi alla Provvidenza	*S'abandonner à la providence*
Ai cavalli magri vanno addosso le mosche	*Aux chevaux maigres vont les mouches*
Aiutarsi con le mani e coi piedi	*Faire flèche de tout bois*
Aiutarsi gli uni cogli altri	*S'aider les uns les autres*
Aiutati che il ciel t'aiuta	*Aide-toi, le ciel t'aidera*
Alla mancanza di denaro si remedia sempre	*Plaie d'argent n'est pas mortelle*
Altri tempi, altri costumi	*Autres temps, autres mœurs*
Amministrare i soldi di casa	*Tenir les cordons de la bourse*
Anche i muri hanno orecchi	*Les murs ont des oreilles*
Andar dritto allo scopo	*Aller droit au but*
Andar dritto allo scopo	*Aller vite en besogne*
Andare a patrasso	*Aller ad patres*
Andare alla cieca	*Aller à l'aveuglette*
Andare alla deriva	*Aller à la dérive*
Andare di buon passo	*Aller bon train*
Andare di male in peggio	*Aller de mal en pis*
Appigliarsi a un pretesto	*Se cramponner à un prétexte*
Applaudire fragorosamente	*Applaudir à tout rompre*
Arrivare in porto	*Arriver à bon port*
Aspettare qualcuno al varco	*Attendre quelqu'un au tournant*
Assolvere le formalità d'uso	*S'acquitter des formalités d'usage*
Aver la morte nel cuore	*Avoir la mort dans l'âme*
Aver la testa sulle spalle	*Avoir la tête sur les épaules*
Avere altre gatte da pelare	*Avoir d'autres chats à fouetter*
Avere buone spalle	*Avoir bon dos*
Avere gli occhi più grandi della bocca	*Avoir les yeux plus grands que le ventre*
Avere il vento in poppa	*Avoir le vent en poupe*
Avere la coscienza a posto	*Avoir bonne conscience*
Avere mani e piedi legati	*Avoir pieds et poings liés*
Avere molte frecce al proprio arco	*Avoir plusieurs cordes à son arc*
Avere molto lavoro in cantiere	*Avoir du pain sur la planche*
Avere per ciò che si è pagato	*En avoir pour son argent*
Avere una fame da lupo	*Avoir l'estomac qui crie famine*
Avviarsi alla gloria	*S'acheminer vers la gloire*
Basta un nonnulla per sedare una lite	*Petite pluie abat grand vent*
Batti il ferro finché è caldo	*Il faut battre le fer pendant qu'il est chaud*
Bere il calice fino alla feccia	*Boire le calice jusqu'à la lie*
Bisogna essere incudine o martello	*Il faut être enclume ou marteau*

Bisogna portare pazientemente la propria croce	*Il faut prendre son mal en patience*
Bisogna sentir tutt'e due le campane	*Qui n'entend qu'une cloche, n'entend qu'un son*
Bruciarsi le ali	*Se brûler les ailes*
Buon pro ti faccia!	*Grand bien te fasse!*
Buon sangue non mente	*Bon sang ne saurait mentir*
Buon tempo e mal tempo non dura tutto il tempo	*Après la pluie, le beau temps*
Buttarsi a mare per paura della pioggia	*Se jeter dans l'eau par peur de la pluie*
Cadere dalla padella nella brace	*Changer son cheval borgne pour un aveugle*
Camminare sul filo del rasoio	*Marcher sur la corde raide*
Campare d'aria e d'amore	*Vivre d'amour et d'eau fraîche*
Campare d'aria	*Vivre de l'air du temps*
Can che abbaia non morde	*Chien qui aboie ne mord pas*
Cane scottato dall'acqua calda teme la fredda	*Chat échaudé craint l'eau froide*
Cavalcare all'amazzone	*Monter en amazone*
Cavar le castagne dal fuoco	*Tirer les marrons du feu*
Cavarsela con abilità ed eleganza	*Tirer son épingle du jeu*
Cercare il pelo nell'uovo	*Chercher la petite bête*
Cercare un ago in un pagliaio	*Chercher une aiguille dans une botte de foin*
Che il Cielo t'ascolti!	*Que le Ciel t'entende!*
Che il volere del re si compia	*Que la volonté du roi s'accomplisse*
Chi ben ama, ben corregge	*Qui aime bien châtie bien*
Chi di spada ferisce, di spada perisce	*Quiconque se sert de l'épée, périra par l'épée*
Chi dice « ma » il cor contento non ha	*Cœur qui soupire n'a pas ce qu'il désire*
Chi dorme non piglia pesce	*Au renard endormi rien ne tombe dans la gueule*
Chi due lepri caccia, l'una non piglia e l'altra lascia	*Qui court deux lièvres n'en prend aucun*
Chi fa da sé fa per tre	*On n'est jamais si bien servi que par soi-même*
Chi il suo cane vuol ammazzare qualche scusa ha da trovare	*Qui veut noyer son chien l'accuse de la rage*
Chi la dura la vince	*À force de mal aller tout ira bien*
Chi la dura la vince	*Patience et longueur de temps font plus que force ni que rage*
Chi monta più alto che non deve cade più basso che non crede	*Bien bas choit qui trop haut monte*
Chi non fa non sbaglia	*Il n'y a que ceux qui ne font rien qui ne se trompent pas*
Chi non risica non rosica	*Qui ne risque rien n'a rien*
Chi paga debito acquista credito	*Qui paye ses dettes s'enrichit*
Chi pecora si fa, lupo la mangia	*Qui se fait brebis, le loup le mange*
Chi rompe paga e i cocci son suoi	*Qui casse les verres les paie*
Chi ruba un uovo oggi, ruba una gallina domani	*Qui vole un oeuf vole un bœuf*
Chi s'assomiglia si piglia	*Qui se ressemble s'assemble*
Chi semina vento raccoglie tempesta	*Qui sème le vent récolte la tempête*
Chi tace acconsente	*Qui ne dit mot consent*
Chi tardi arriva male alloggia	*Les derniers arrivés sont les plus mal servis*
Chi tocca si scotta	*Qui s'y frotte s'y pique*
Chi troppo gratta, scortica; chi troppo parla, zoppica	*Trop gratter cuit, trop parler nuit*
Chi troppo tira, la corda si strappa	*Quand la corde est trop tendue, elle casse*
Chi troppo vuole nulla stringe	*Il ne faut pas courir deux lièvres à la fois*
Chi troppo vuole nulla stringe	*Qui trop embrasse mal étreint*
Chi va piano, va sano e va lontano	*Qui veut aller loin ménage sa monture*
Chi va via perde il posto all'osteria	*Qui va à la chasse perd sa place*
Chiodo scaccia chiodo	*Un clou chasse l'autre*
Chiudere il becco a qualcuno	*Clouer le bec à quelqu'un*
Ciascuno fa quel che può	*À l'impossible nul n'est tenu*
Ciò che donna vuole Dio lo vuole	*Ce que femme veut, Dieu le veut*
Col tempo e con la paglia maturano le nespole	*Tout vient à temps à qui sait attendre*
Comandare qualcuno a bacchetta	*Mener quelqu'un à la baguette*

Come si semina si raccoglie	*Comme on fait son lit on se couche*
Complicarsi l'esistenza	*Chercher midi à quatorze heures*
Comprare a peso d'oro	*Acheter à prix d'or*
Comprare a scatola chiusa	*Acheter chat en poche*
Con il fuoco non si scherza	*Il ne faut pas jouer avec le feu*
Concludere un affare senza perder tempo	*Mener une affaire tambour battant*
Contro la forza la ragione non vale	*La raison du plus fort est toujours la meilleure*
Contro natura invan arte si adopra	*Chassez le naturel, il revient au galop*
Coprirsi di gloria	*Se couvrir de gloire*
Corpo e anima	*Corps et âme*
Correre incontro alla propria rovina	*Courir à sa perte*
Cosa fatta, capo ha	*À chose faite pas de remède*
Criticare è più facile che fare	*La critique est aisée, mais l'art est difficile*
Cuor forte vince cattiva sorte	*À cœur vaillant rien d'impossible*
Da cima a fondo	*De fond en comble*
Dall'opera si conosce il maestro	*À l'œuvre on connaît l'ouvrier*
D'aprile non ti scoprire	*En avril ne te découvre pas d'un fil*
Dar manforte	*Prêter main-forte*
Dare del filo da torcere	*Donner du fil à retordre*
Dare un ago per avere un palo	*Donner un œuf pour avoir un bœuf*
Dare un sacco di legnate	*Donner une volée de bois vert*
Darsi la zappa sui piedi	*Scier la branche sur laquelle on est assis*
Darsi un gran daffare	*Remuer ciel et terre*
Detto fatto	*Aussitôt dit, aussitôt fait*
Di argomento in argomento	*De fil en aiguille*
Di notte tutti i gatti sono bigi	*La nuit, tous les chats sont gris*
Digrignare i denti	*Grincer des dents*
Dimostrare la propria età	*Accuser son âge*
Dio manda il freddo secondo i panni	*À brebis tondue, Dieu mesure le vent*
Dio umilia i potenti	*Dieu abat les puissants*
Dio vi aiuti !	*Dieu vous soit en aide !*
Dire a qualcuno il fatto suo	*Dire ses quatre vérités à quelqu'un*
Dire pane al pane e vino al vino	*Appeler un chat un chat*
Dormire con un occhio solo	*Ne dormir que d'un œil*
Dormire il sonno del giusto	*Dormir du sommeil du juste*
Dormire raggomitolato	*Dormir en chien de fusil*
Dove non c'è pericolo, non c'è gloria	*À vaincre sans péril on triomphe sans gloire*
Drizzare gli orecchi	*Dresser l'oreille*
È acqua passata	*C'est de l'histoire ancienne*
È il risultato che conta	*C'est le résultat qui compte*
È la goccia d'acqua che fa traboccare il vaso	*C'est la goutte d'eau qui fait déborder le vase*
È l'ultimo dei mei pensieri !	*C'est le cadet de mes soucis !*
È meglio spendere i soldi dal fornaio che dal farmacista	*Il vaut mieux aller au moulin qu'au médecin*
È morto un frate	*Un ange passe*
È un altro paio di maniche	*C'est une autre paire de manches*
Errare come un anima in pena	*Errer comme une âme en peine*
Esser sicuro di sé	*Avoir de l'aplomb*
Essere ai ferri corti con qualcuno	*Être à couteaux tirés avec quelqu'un*
Essere al di sopra di ogni sospetto	*Être à l'abri de tout soupçon*
Essere allegro come un fringuello	*Être gai comme un pinson*
Essere bugiardo come un epitaffio	*Mentir comme un arracheur de dents*
Essere come cane e gatto	*Être comme chien et chat*
Essere conosciuto come l'erba betonica	*Être connu comme le loup blanc*
Essere della stessa risma	*Être du même acabit*
Essere in difficoltà	*Battre de l'aile*
Essere in un bagno di sudore	*Être en nage*
Essere in urto con qualcuno	*Être en froid avec quelqu'un*
Essere libero come l'aria	*Être libre comme l'air*

Essere lo zimbello di tutti	*Être le dindon de la farce*
Essere mite come un agnello	*Être doux comme un agneau*
Essere più realisti del re	*Être plus royaliste que le roi*
Essere ridotto a mal partito	*Avoir du plomb dans l'aile*
Essere senza cuore	*Être sans cœur*
Essere severissimo	*Avoir la dent dure*
Essere sordo come una campana	*Être sourd comme un pot*
Fa il tuo dovere e non temere	*Fais ce que dois, advienne que pourra*
Fa un freddo cane	*Il fait un froid de canard*
Fa un freddo che spacca le pietre	*Il gèle à pierre fendre*
Far atto di presenza	*Faire acte de présence*
Far buon viso a cattiva sorte	*Faire bonne mine à mauvais jeu*
Far buon viso a cattiva sorte	*Faire contre mauvaise fortune bon cœur*
Far castelli in aria	*Bâtir des châteaux en Espagne*
Far di necessità virtù	*À la guerre comme à la guerre*
Far gruppo a parte	*Faire bande à part*
Far la mosca cocchiera	*Faire la mouche du coche*
Far più parole che fatti	*Faire plus de bruit que de besogne*
Far venire la pelle d'oca	*Donner la chair de poule*
Fare a scaricabarile	*Se renvoyer la balle*
Fare dello spirito	*Faire de l'esprit*
Fare il bello e il brutto tempo	*Faire la pluie et le beau temps*
Fare lo spaccone	*Faire de l'esbroufe*
Fare onorevole ammenda	*Faire amende honorable*
Fare orecchio da mercante	*Faire la sourde oreille*
Fare questioni di lana caprina	*Discuter sur la pointe d'une aiguille*
Fare un buco nell'acqua	*Faire chou blanc*
Farsi cattivo sangue	*Se faire du mauvais sang*
Filare il perfetto amore	*Filer le parfait amour*
Finché c'è vita c'è speranza	*Tant qu'il y a de la vie, il y a de l'espoir*
Fino che uno ha denti in bocca non sa mai quel che gli tocca	*Il ne faut pas dire : « Fontaine je ne boirai pas de ton eau »*
Fondare una famiglia	*Fonder un foyer*
Fortunato in amore non giochi a carte	*Heureux au jeu malheureux en amour*
Fulminare con lo sguardo	*Fusiller du regard*
Gatta ci cova	*Il y a anguille sous roche*
Gettare i soldi dalla finestra	*Jeter l'argent par les fenêtres*
Gettare olio sul fuoco	*Jeter de l'huile sur le feu*
Gettarsi in bocca al lupo	*Se jeter dans la gueule du loup*
Giocare a carte scoperte	*Jouer cartes sur table*
Gioco di mano, gioco di villano	*Jeux de main, jeux de vilain*
Giurare e spergiurare	*Jurer ses grands dieux*
Gli assenti hanno sempre torto	*Les absents ont toujours tort*
Gli occhi sono lo specchio dell'anima	*Les yeux sont le miroir de l'âme*
Godere della confidenza di qualcuno	*Être dans la confidence de quelqu'un*
Gridare a squarciagola	*Crier à tue-tête*
Guardare con la coda dell'occhio	*Regarder du coin de l'œil*
Guardarsi in cagnesco	*Se regarder en chiens de faïence*
Ha le mani bucate	*L'argent lui fond dans les mains*
I fatti contano più delle parole	*Bien faire vaut mieux que bien dire*
I fulmini colpiscono solo le cime più alte	*La foudre ne tombe que sur les sommets*
I veri amici si conoscono nel bisogno	*C'est dans le besoin qu'on connaît le véritable ami*
Il buon vino si vende senza frasca	*À bon vin point d'enseigne*
Il coraggio si vede nel pericolo	*Au danger on connaît les braves*
Il denaro apre tutte le porte	*L'argent est le maître du monde*
Il denaro è un buon servo e un cattivo padrone	*L'argent est un bon serviteur et un mauvais maître*
Il denaro non puzza	*L'argent n'a pas d'odeur*

Il diavolo da vecchio si fa frate	*Quand le diable est vieux, il se fait ermite*
Il fine giustifica i mezzi	*La fin justifie les moyens*
Il gioco non vale la candela	*Le jeu n'en vaut pas la chandelle*
Il lupo perde il pelo ma non il vizio	*Qui a bu boira*
Il meglio è nemico del bene	*Le mieux est l'ennemi du bien*
Il mondo è bello perché è vario	*Il faut de tout pour faire un monde*
Il peggior passo è quello dell'uscio	*Il n'y a que le premier pas qui coûte*
Il primo prossimo è se stesso	*Charité bien ordonnée commence par soi-même*
Il silenzio è d'oro e la parola è d'argento	*La parole est d'argent, mais le silence est d'or*
Il sonno sazia	*Qui dort dîne*
Il superfluo non nuoce	*Abondance de biens ne nuit pas*
Il tempo è denaro	*Le temps c'est de l'argent*
In botte piccola buon vino	*Dans les petites boîtes les bons onguents*
In carne ed ossa	*En chair et en os*
In casa di calzolaio non si hanno scarpe	*Les cordonniers sont les plus mal chaussés*
In mancanza di meglio	*Faute de mieux*
In tempo di carestia pane di veccia	*Faute de grives, on mange des merles*
In terra di ciechi l'orbo è re	*Au royaume des aveugles les borgnes sont rois*
Incrociare i ferri	*Croiser le fer*
Ingoiare un rospo	*Avaler des couleuvres*
La botte dà il vino che ha	*La plus belle fille du monde ne peut donner que ce qu'elle a*
La donna è mobile	*Souvent femme varie*
La fame fa uscire il lupo dal bosco	*La faim chasse le loup du bois*
La farina del diavolo va tutta in crusca	*Bien mal acquis ne profite jamais*
La gioventù vuol fare il suo corso	*Il faut que jeunesse se passe*
La luna non cura l'abbaiar dei cani	*Les chiens aboient, la caravane passe*
La mal'erba cresce presto	*Mauvaise herbe croît toujours*
La musica addolcisce i costumi	*La musique adoucit les mœurs*
La notte porta consiglio	*La nuit porte conseil*
La padella disse al paiolo : fatti in là che tu mi tingi	*C'est l'hôpital qui se moque de la charité*
La ricchezza non fa la felicità	*L'argent ne fait pas le bonheur*
La verità offende	*Il n'y a que la vérité qui blesse*
La vita è lotta	*La vie est un combat*
L'abito non fa il monaco	*L'habit ne fait pas le moine*
L'amore è cieco	*L'amour est aveugle*
L'apparenza inganna	*Il ne faut pas se fier aux apparences*
L'appetito viene mangiando	*L'appétit vient en mangeant*
Lasciar correre la penna	*Laisser courir sa plume*
Latino maccheronico	*Latin de cuisine*
Lavorar sodo	*Abattre de la besogne*
Lavorare con accanimento	*Travailler d'arrache-pied*
Le grandi sofferenze si sopportano in silenzio	*Les grandes douleurs sont muettes*
Le montagne stanno ferme e gli uomini si muovono	*Il n'y a que les montagnes qui ne se rencontrent jamais*
Le ore del mattino hanno l'oro in bocca	*L'avenir appartient à ceux qui se lèvent tôt*
Le piccole attenzioni tengono viva l'amicizia	*Les petits cadeaux entretiennent l'amitié*
L'eccezione conferma la regola	*L'exception confirme la règle*
L'erba non cresce sulla strada maestra	*À chemin battu il ne croît point d'herbe*
L'inferno è lastricato di buone intenzioni	*L'enfer est pavé de bonnes intentions*
Lo spirito è pronto, ma la carne è debole	*L'esprit est prompt mais la chair est faible*
L'occasione fa l'uomo ladro	*L'occasion fait le larron*
Lontano dagli occhi, lontano dal cuore	*Loin des yeux, loin du cœur*
L'ozio è il padre dei vizi	*L'oisiveté est la mère de tous les vices*
Lunga via, lunga bugia	*A beau mentir qui vient de loin*
L'unione fa la forza	*L'union fait la force*
L'uomo propone e Dio dispone	*L'homme propose et Dieu dispose*
Lupo non mangia lupo	*Les loups ne se mangent pas entre eux*

Mancare alle proprie promesse	*Faillir à ses promesses*
Mangiare come un uccellino	*Avoir un appétit d'oiseau*
Mantenere le distanze	*Garder ses distances*
Marchiare a fuoco	*Marquer au fer rouge*
Marinare la scuola	*Faire l'école buissonnière*
Meglio essere invidiati che compatiti	*Il vaut mieux faire envie que pitié*
Meglio tardi che mai	*Mieux vaut tard que jamais*
Meglio un magro accordo che una grassa sentenza	*Un mauvais arrangement vaut mieux qu'un bon procès*
Meglio un uovo oggi che una gallina domani	*Un Tiens vaut mieux que deux Tu l'auras*
Mettere a ferro e fuoco	*Mettre à feu et à sang*
Mettere al bando della società	*Mettre au ban de la société*
Mettere il bastone fra le ruote	*Mettre des bâtons dans les roues*
Mettere il carro devanti ai buoi	*Mettre la charrue devant les bœufs*
Mettere il lupo nell'ovile	*Enfermer le loup dans la bergerie*
Mettere in chiaro una faccenda	*Tirer une affaire au clair*
Mettere la mano sul fuoco	*Mettre la main au feu*
Mettersi le gambe a spalla	*Prendre ses jambes à son cou*
Mordersi le mani	*Se mordre les doigts*
Morto io morti tutti	*Après moi le déluge*
Nascondere le proprie intenzioni	*Cacher son jeu*
Nel dubbio, astienti	*Dans le doute, abstiens-toi*
Nel fiore degli anni	*À la fleur de l'âge*
Nel tanto ci sta il poco	*Qui peut le plus peut le moins*
Nella buona come nell'avversa fortuna	*Dans le bonheur comme dans le malheur*
Nessuna nuova, buona nuova	*Pas de nouvelles, bonnes nouvelles*
Nessuno è profeta in patria	*Nul n'est prophète en son pays*
Nessuno può essere giudice e parte	*On ne peut être à la fois juge et partie*
Non aver paura né di diavoli né di versiere	*Ne craindre ni Dieu ni Diable*
Non aver peli sulla lingua	*Avoir son franc-parler*
Non avere da mangiare	*Danser devant le buffet*
Non badare a spese	*Ne pas regarder à la dépense*
Non c'è anima viva	*Il n'y a âme qui vive*
Non c'è due senza tre	*Jamais deux sans trois*
Non c'è fumo senza arrosto	*Il n'y a pas de fumée sans feu*
Non c'è peggior cieco di chi non vuol vedere	*Il n'est pire aveugle que celui qui ne veut pas voir*
Non c'è rosa senza spine	*Nul bien sans peine*
Non dir quattro se non l'hai nel sacco	*Il ne faut pas chanter triomphe avant la victoire*
Non è pòi la fine del mondo	*Ce n'est pas la mer à boire*
Non è sempre domenica	*Ce n'est pas tous les jours dimanche*
Non è tutt'oro quel che riluce	*Tout ce qui brille n'est pas or*
Non è una faccenda da poco	*Ce n'est pas une petite affaire*
Non gettare il manico dietro la scure	*Il ne faut jamais jeter le manche après la cognée*
Non lasciare il certo per l'incerto	*Il vaut mieux tenir que courir*
Non rimandare a domani quello che puoi fare oggi	*Ne remettez jamais au lendemain ce que pouvez faire le jour même*
Non si è sicuri mai di nulla	*Il ne faut jurer de rien*
Non si insegna ai gatti ad arrampicarsi	*On n'apprend pas à un vieux singe à faire la grimace*
Non si può cantare e portare la croce	*On ne peut être à la fois au four et au moulin*
Non svegliare il can che dorme	*Ne réveillez pas le chat qui dort*
Non tutti i giorni sono uguali	*Les jours se suivent et ne se ressemblent pas*
Non tutto il male vien per nuocere	*À quelque chose malheur est bon*
Non vendere la pelle dell'orso prima di averlo ucciso	*Il ne faut jamais vendre la peau de l'ours qu'on ne l'ait pas mis par terre*
Occhio per occhio, dente per dente	*Œil pour œil, dent pour dent*
Ogni bel gioco dura poco	*Les plaisanteries les plus courtes sont les meilleures*
Ogni cosa a suo tempo	*Chaque chose en son temps*

Ogni fatica merita premio	*Toute peine mérite salaire*
Ogni medaglia ha il suo rovescio	*Toute médaille a son revers*
Ogni promessa è debito	*Chose promise, chose due*
Ognun per sé e Dio per tutti	*Chacun pour soi et Dieu pour tous*
Ognuno ha il suo rametto di pazzia	*À chaque fou sa marotte*
Onore al merito	*À tout seigneur, tout honneur*
Parla poco e ascolta assai e giammai non fallirai	*Il faut tourner sa langue sept fois dans sa bouche avant de parler*
Parlare a parole velate	*Parler à mots couverts*
Parlare alla leggera	*Parler en l'air*
Parlare chiaro e tondo	*Parler clair et net*
Parlare con il cuore in mano	*Parler le cœur sur la main*
Parlare fra i denti	*Parler entre ses dents*
Partire è un pò morire	*Partir, c'est mourir un peu*
Passare i limiti	*Dépasser les bornes*
Passarsi la parola	*Se donner le mot*
Passata la festa gabbato il santo	*La fête passée, adieu le saint*
Patti chiari, amici cari	*Les bons comptes font les bons amis*
Peccato confessato è mezzo perdonato	*Péché avoué est à demi pardonné*
Per mal che vada	*Au pis aller*
Per niente il prete non canta	*Point d'argent point de Suisse*
Per terra e per mare	*Par monts et par vaux*
Per uno perso, cento trovati	*Un de perdu, dix de retrouvés*
Perdere la faccia	*Perdre la face*
Piangere miseria	*Crier famine*
Piangere tutte le lacrime del proprio corpo	*Pleurer toutes les larmes de son corps*
Picchiare di santa ragione	*Battre comme plâtre*
Pietra smossa non fa muschio	*Pierre qui roule n'amasse pas mousse*
Portare alle stelle	*Élever au ciel*
Predicare al vento	*Prêcher dans le désert*
Prendere a cuore	*Prendre à cœur*
Prendere due piccioni con una fava	*Faire d'une pierre deux coups*
Prendere il sopravvento	*Prendre le dessus*
Prendere il toro per le corna	*Prendre le taureau par les cornes*
Prendere qualcosa per oro colato	*Prendre quelque chose pour argent comptant*
Profondersi in scuse	*Se confondre en excuses*
Quando gli asini voleranno	*Quand les poules auront des dents*
Quando manca il gatto i topi ballano	*Quand le chat n'est pas là, les souris dansent*
Quando si è in ballo bisogna ballare	*Quand le vin est tiré, il faut le boire*
Quando si parla del lupo se ne vede la coda	*Quand on parle du loup, on en voit la queue*
Quattro occhi vedono meglio di due	*Deux avis valent mieux qu'un*
Raggiungere lo scopo	*Arriver à ses fins*
Rendere a qualcuno pan per focaccia	*Rendre à quelqu'un la monnaie de sa pièce*
Restare a bocca aperta	*Rester bouche bée*
Ride ben chi ride l'ultimo	*Rira bien qui rira le dernier*
Ridere sotto i baffi	*Rire sous cape*
Rimandare alle calende greche	*Renvoyer aux calendes grecques*
Rinchiudersi nel proprio guscio	*Rentrer dans sa coquille*
Rispondere a denti stretti	*Répondre du bout des lèvres*
Roma non fu fatta in un giorno	*Paris ne s'est pas fait en un jour*
Salvare capra e cavoli	*Ménager la chèvre et le chou*
Sapere il fatto proprio	*Connaître son affaire*
Sbagliando s'impara	*C'est en forgeant qu'on devient forgeron*
Scendere le scale a quattro a quattro	*Descendre l'escalier quatre à quatre*
Sciocca proposta non vuol risposta	*À sotte demande point de réponse*
Se gioventù sapesse, se vecchiaia potesse	*Si jeunesse savait, si vieillesse pouvait*
Se non è zuppa è pan bagnato	*C'est bonnet blanc et blanc bonnet*
Secondo la mia coscienza	*En mon âme et conscience*

Seguire la retta via	*Suivre le droit chemin*
Senza colpo ferire	*Sans coup férir*
Senza romper l'uova non si fa la frittata	*On ne fait pas d'omelette sans casser d'œufs*
Sfogare il proprio umore su qualcuno	*Déverser sa mauvaise humeur sur quelqu'un*
Si impara sempre a proprie spese	*Dommage rend sage*
Somiglianza non è uguaglianza	*Comparaison n'est pas raison*
Sorridere agli angeli	*Rire aux anges*
Spaccare un capello in quattro	*Couper les cheveux en quatre*
Spendere e spandere	*Brûler la chandelle par les deux bouts*
Sprizzare salute da tutti i pori	*Déborder de santé*
Stare in costume adamitico	*Être dans le plus simple appareil*
Stare sui carboni ardenti	*Être sur des charbons ardents*
Stare sul chi vive	*Être sur le qui-vive*
Storcere la bocca	*Faire la fine bouche*
Sudare sangue	*Suer sang et eau*
Svignarsela	*Prendre la clé des champs*
Tagliare i ponti	*Couper les ponts*
Tale il padre, tale il figlio	*Tel père, tel fils*
Tanti piccoli ruscelli fanno grandi fiumi	*Les petits ruisseaux font les grandes rivières*
Tanto va la gatta al lardo che ci lascia lo zampino	*Tant va la cruche à l'eau qu'à la fin elle se casse*
Tappare i buchi con i buchi	*Déshabiller saint Pierre pour habiller saint Paul*
Tirare per la propria strada	*Aller son petit bonhomme de chemin*
Toccar ferro	*Toucher du bois*
Toccare il cielo con un dito	*Être aux anges*
Toccare il punto debole	*Toucher la corde sensible*
Tra due mali il minore	*De deux maux, il faut choisir le moindre*
Tra il dire e il fare c'è di mezzo il mare	*Il y a loin de la coupe aux lèvres*
Tra moglie e marito non mettere il dito	*Entre l'arbre et l'écorce il ne faut pas mettre le doigt*
Trattare da pari a pari	*Traiter d'égal à égal*
Trenta monaci e un abate non farebbero bere un asino per forza	*On ne saurait faire boire un âne qui n'a pas soif*
Tutte le strade conducono a Roma	*Tous les chemins mènent à Rome*
Tutti i gusti son gusti	*Tous les goûts sont dans la nature*
Tutti i mestieri danno il pane	*Il n'est point de sot métier*
Tutto è bene quel che finisce bene	*Tout est bien qui finit bien*
Tutto ha fine	*Tout passe, tout lasse, tout casse*
Uccello del malaugurio	*Oiseau de mauvais augure*
Un fior non fa ghirlanda	*Une fois n'est pas coutume*
Un tempo da lupi	*Un temps de chien*
Una disgrazia tira l'altra	*Un malheur n'arrive jamais seul*
Una rondine non fa primavera	*Une hirondelle ne fait pas le printemps*
Unire l'utile al dilettevole	*Joindre l'utile à l'agréable*
Uomo avvisato è mezzo salvato	*Un homme averti en vaut deux*
Uscire dal nido	*Voler de ses propres ailes*
Veder la pagliuzza nell'occhio altrui e non veder la trave nel proprio	*Voir la paille dans l'œil du prochain et ne pas voir la poutre dans le sien*
Vedersela	*En faire son affaire*
Vendere la propria vita a caro prezzo	*Vendre chèrement sa vie*
Vendere l'anima al diavolo	*Vendre son âme au diable*
Venire a patti con la propria coscienza	*Composer avec sa conscience*
Ventre digiuno non sente nessuno	*Ventre affamé n'a point d'oreilles*
Vestito da capo a piedi	*Habillé de pied en cap*
Vi sta bene!	*Ça vous apprendra!*
Vivere a spese altrui	*Vivre aux dépens d'autrui*
Volere è potere	*Vouloir, c'est pouvoir*
Vuol trovare la pappa fatta	*Il attend que les alouettes lui tombent toutes rôties dans la bouche*

ITALIEN-FRANÇAIS
ITALIANO-FRANCESE

ITALIEN
FRANÇAIS

DIRECTION :
Gianfranco Folena

RÉDACTION :
Anna Maria Dal Cengio
Dario Formentin et Françoise Fruchart Formentin
Denise Gouat Punzi
Elio Mosele
Maria Luigia Zilli

RÉVISION :
Gianfranco Folena et Claude Margueron

CORRECTION-RÉVISION :
Louis Petithory, chef-correcteur
Monique Bagaïni
Sylvie Girard
Charles Prioux

Prefazione

Gli autori di questo dizionario si sono proposti soltanto di mettere uno strumento di lavoro pratico fra le mani degli studenti delle scuole secondarie e delle università, e in genere del pubblico colto. Si è messo perciò in primo piano l'uso moderno dell'italiano e del francese da un secolo a questa parte. L'utente vi troverà dunque in gran copia parole e locuzioni appartenenti alla lingua familiare, popolare, volgare e anche gergale, e così termini tecnici e scientifici : questi ultimi non con finalità enciclopediche, ma nella misura in cui una persona colta ha oggi occasione d'incontrarli nelle sue letture e di adoperarli fuori della propria specialità. Parallelamente a questo arricchimento quotidiano del *corpus*, gli autori hanno eliminato tutto quello che della lingua antica e letteraria non è più sentito come vivo nella coscienza linguistica di un contemporaneo che non sia uno storico della letteratura o della lingua.

Nella misura del possibile le traduzioni prosposte appartengono nella lingua di partenza (LP) e in quella d'arrivo (LA) allo stesso livello linguistico; in caso di divergenza, il livello viene precisato. Quanto al segno (=), esso precede, quando manchi nella LA un termine di significato e di livello analogo, una perifrasi esplicativa piuttosto che una traduzione.

Non è parso opportuno generalizzare la traduzione di una espressione non marcata nella LP mediante un idiotismo nella LA : se questa possiede anche un idiotismo, esso viene indicato, ma di seguito alla prima traduzione non marcata, cioè di livello analogo.

Dato il numero stragrande delle formazioni diminutive, accrescitive o comunque «modificate» dei nomi e degli aggettivi (di riflesso anche degli avverbi) in italiano, non è stato possibile, a costo di accrescere pericolosamente la mole di questo dizionario, registrarle tutte né farle figurare sia nell'ordine alfabetico sia di seguito al lemma-base. Esse non figurano espressamente se non quando presentano un senso particolare che non si può ricavare dal lemma-base oppure una qualche irregolarità di formazione; in tali casi costituiscono un lemma autonomo (*fioretto, fiorellino, cagnolino*, ecc.).

Per ragioni simili d'economia sono stati esclusi gli avverbi formati regolarmente sul femminile singolare dell'aggettivo seguito dal suffisso *-mente* in italiano e *-ment* in francese, e quando il loro significato non differisce da quello dell'aggettivo di base. In compenso, ogni particolarità di forma *(altrimenti)* e/o di significato *(follemente)* comporta la registrazione dell'avverbio nel dizionario.

Il genere dei nomi è indicato soltanto in caso di differenza fra le due lingue, e non viene ripetuto all'interno della voce. Il cambiamento di genere al plurale è sempre segnalato. Dei plurali dei nomi e degli aggettivi solo quelli irregolari vengono registrati subito dopo il lemma.

La pronuncia figurata viene indicata nell'alfabeto fonetico dell'API.

La sezione dei nomi propri comprende : 1. i nomi di persona, prenomi (coi loro diminutivi e accorciati o ipocoristici più usuali) e i nomi di personaggi storici e mitologici più frequentemente usati e che presentano nelle due lingue adattamenti diversi o esiti divergenti; 2. i nomi geografici (compresi quelli di regioni storiche e gli etnici non registrati fra i nomi comuni) che sono stati italianizzati o francesizzati oppure che presentano difficoltà accentuative per gli utenti italiani o francesi. Per motivi di economia la pronuncia figurata dei nomi propri è stata indicata in francese solo nel caso che essa presentasse particolari difficoltà, mentre in italiano si è indicata l'accentazione direttamente sul lemma (non vengono accentate solo le parole piane per le quali non possano sussistere incertezze di pronuncia).

Trascrizione fonetica - Transcription phonétique

	SONS ITALIENS	EXEMPLE	CORRESPONDANCE EN FRANÇAIS
1. Voyelles			
[a]	*a* central	st*a*lla	sans correspondant
[e]	*e* fermé	st*e*lla	comme dans *pré*
[ɛ][1]	*e* ouvert	b*e*llo	comme dans *bec*
[i]	*i*	st*i*lla	comme en français
[o]	*o* fermé	b*o*tte	comme dans *sot*
[ɔ][1]	*o* ouvert	b*o*tta	comme dans *note*
[u]	*u*	m*u*to	comme dans *mou*
2. Semi-consonnes			
[j]	*i* semi-consonne	f*i*era	comme dans *lieu*
[w]	*u* semi-consonne	f*u*ori	comme dans *oui*
3. Consonnes			
[p]	occlusive bilabiale sourde	co*p*ia	comme en français
[b]	occlusive bilabiale sonore	a*b*ate	comme en français
[t]	occlusive dentale sourde	fa*t*o	comme en français
[d]	occlusive dentale sonore	ca*d*e	comme en français
[k]	occlusive vélaire sourde	e*c*o	comme en français
[g]	occlusive vélaire sonore	se*g*a	comme en français
[f]	fricative labio-dentale sourde	*f*are	comme en français
[v]	fricative labio-dentale sonore	*v*ia	comme en français
[s]	fricative sifflante sourde	ca*s*a	comme dans *sac*
[z][2]	fricative sifflante sonore	ro*s*a	comme dans *rose*
[ʃ][3]	fricative palatale sourde	fa*sc*ia	comme dans *chèque*, mais longue
[tʃ]	affriquée palatale sourde	pa*c*e	comme dans *tchèque*
[dʒ]	affriquée palatale sonore	gri*g*io	comme dans *badge*
[ts][3]	affriquée dentale sourde	raga*zz*a	comme dans *tsé-tsé*
[dz][3]	affriquée dentale sonore	a*zz*urro	comme dans *mezzanine*
[r]	liquide vibrante apicale	ca*r*o	comme *r* roulé du Midi
[l]	liquide latérale	pa*l*a	comme en français
[ʎ][3]	liquide latérale mouillée	mo*gl*ie	sans correspondant
[m]	nasale labiale	fu*m*o	comme en français
[n]	nasale dentale	ca*n*e	comme en français
[ɲ]	nasale dentale mouillée	ca*gn*a	comme dans *agneau*, mais longue

1. Les voyelles ouvertes sont toujours toniques (l'opposition entre [e] et [ɛ], [o] et [ɔ] se manifeste uniquement sous l'accent; autrement *e* et *o* sont fermés).
2. Ce son n'est jamais doublé (long) entre voyelles.
3. Ces sons sont toujours doublés (longs) entre voyelles.

Toutes les autres consonnes ont une opposition de durée entre voyelles (ou entre voyelle et liquide), ex. : *copia/coppia, Ebe/ebbe, fato/fatto, cade/cadde, eco/ecco, sego/seggo, face/facce, agio/aggio, tufo/tuffo, beve/bevve, casa/cassa, caro/carro, pala/palla, fumo/fummo, cane/canne,* etc.

Abbreviazioni del dizionario - Abréviations du dictionnaire

abbr.	abbreviazione	ABRÉV.
acc.	accorciato	abr.
ACCR.	accrescitivo	AUGM.
agg.	aggettivo	adj.
amer.	americano	amér.
ar.	arabo	ar.
ARC.	arcaico	Vx
art.	articolo	art.
assol., ASSOL.	assoluto, assolutamente	ABSOL.
att.	attivo	act.
aus.	ausiliare	aux.
avv.	avverbio	adv.
card.	cardinale	card.
cfr.	confronta	cf.
comp.	comparativo	compar.
compl.	complemento	compl.
cond.	condizionale	cond.
cong.	congiunzione	conj.
congiunt.	congiuntivo	subj.
coniug.	coniugazione	conjug.
cons.	consonante	cons.
coord.	coordinazione	coord.
det.	determinato	déf.
deriv.	derivato	dériv.
DIAL., dial.	dialettale	DIAL., dial.
difett.	difettivo	défect.
dim.	dimostrativo	dém.
DIM.	diminutivo	DIM.
dir.	diretto	dir.
ellitt.	ellittico	ellipt.
emil.	emiliano	émil.
enf.	enfatico	emph.
es.	esempio	ex.
euf.	eufemismo, eufemistico	euph.
f.	femminile	f.
FAM., fam.	familiare	FAM., fam.
FIG.	figurato	FIG.
fr.	francese	fr.
fut.	futuro	fut.
gall.	gallicismo	gall.
ger.	gerundio	gér.
GERG.	gergale	ARG.
imperf.	imperfetto	imparf.
imper.	imperativo	impér.
impers.	impersonale	impers.
ind.	indiretto	ind.
indet.	indeterminato	indéf.
indic.	indicativo	indic.
infin.	infinito	infin.
ingl.	inglese	angl.
interiez.	interiezione	interj.
interr.	interrogativo	interr.
intr.	intransitivo	intr.
invar.	invariabile	invar.
iperb.	iperbolico	hyperb.
iron.	ironico	iron.
irr.	irregolare	irr.
lat.	latino	lat.
L.C.	lingua comune	L.C.
lett.	letterario	LITTÉR., littér., litt.
lig.	ligure	lig.
LOC.	locuzione	LOC.

LOC. AVV.	locuzione avverbiale	LOC. ADV.
LOC. CONG.	locuzione congiunzionale	LOC. CONJ.
LOC. PREP.	locuzione preposizionale	LOC. PRÉP.
lomb.	lombardo	lomb.
m.	maschile	m.
merid.	meridionale	mérid.
mil.	milanese	mil.
n.	nome	n.
nap.	napoletano	nap.
N.B.	nota bene	N.B.
n. com.	nome comune	n. comm.
NEOL.	neologismo	NÉOL.
n. pr.	nome proprio	n. pr.
num.	numerale	num.
ogg.	oggetto	obj.
onomat.	onomatopea, -ico	onomat.
ord.	ordinale	ord.
part.	participio	part.
pass.	passivo	pass.
PEGGIOR.	peggiorativo	PÉJOR.
pers.	persona, personale	pers.
piem.	piemontese	piém.
pl.	plurale	pl.
POET.	poetico	POÉT.
pop.	popolare	
poss.	possessivo	poss.
PR.	proprio	PR.
pref.	prefisso	préf.
p. rem.	passato remoto	p. simple
prep.	preposizione	prép.
pres.	presente	prés.
pron.	pronome	pron.
PROV.	proverbio	PROV.
qlco.	qualcosa	qch.
qlcu.	qualcuno	qn
qual.	qualificativo	qual.
reg.	regionale, regionalismo	rég.
relat.	relativo	relat.
rifl.	riflessivo	pr.
rom.	romano	rom.
sard.	sardo	sard.
settentr.	settentrionale	sept., septentr.
sicil.	siciliano	sicil.
sing.	singolare	sing.
scherz.	scherzoso	plais.
scorr.	scorretto	incorr.
sogg.	soggetto	suj.
sostantiv.	sostantivato, sostantivamente	substantiv.
sp.	spagnolo	esp.
suff.	suffisso	suff.
superl. ass.	superlativo assoluto	superl. abs.
superl. rel.	superlativo relativo	superl. rel.
ted.	tedesco	all.
tosc.	toscano	tosc.
tr.	transitivo	tr.
TRIV.	triviale	TRIV.
v.	verbo	v.
v.	vedi	v.
ven.	veneto	vén.
voc.	vocale	voy.
VOLG.	volgare	VULG.

Categorie lessicali - Rubriques

Aer.	Aeronautica	Aér.
Agr.	Agricoltura	Agr.
Amm.	Amministrazione	Adm.
Anat.	Anatomia	Anat.
Antic.	Antichità	Antiq.
Arald.	Araldica	Hérald.
Archeol.	Archeologia	Archéol.
Archit.	Architettura	Archit.
Arte	Arte	Art
Astr.	Astronomia	Astr.
Autom.	Automobilismo	Autom.
Biol.	Biologia	Biol.
Bot.	Botanica	Bot.
Chim.	Chimica	Chim.
Chim. org.	Chimica organica	Chim. org.
Chir.	Chirurgia	Chir.
Cibern.	Cibernetica	Cybern.
Cin.	Cinema	Cin.
Comm.	Commercio	Comm.
Cuc.	Cucina, Culinaria	Culin.
Dir.	Diritto	Jur.
Econ.	Economia	Écon.
Educ.	Educazione	
Elettr.	Elettricità	Électr.
Elettron.	Elettronica	Électron.
Farm.	Farmacia	Pharm.
Ferr.	Ferrovie	Ch. de f.
Feud.	Feudalesimo	Féod.
Filol.	Filologia	Philol.
Filos.	Filosofia	Philos.
Fin.	Finanze (Banca, Borsa)	Fin.
Fis.	Fisica	Phys.
Fis. nucl.	Fisica nucleare	Phys. nucl.
Fisiol.	Fisiologia	Physiol.
Fot.	Fotografia	Phot.
Geogr.	Geografia	Géogr.
Geol.	Geologia	Géol.
Geom.	Geometria	Géom.
Gioco	Gioco	Jeu
Giorn.	Giornalismo	Journ.
Gramm.	Grammatica	Gramm.
Ind.	Industria	Ind.
Inf.	Informatica	Inf.
Ling.	Linguistica	Ling.
Log.	Logica	Log.
Mar.	Marina	Mar.
Mat.	Matematica	Math.
Mecc.	Meccanica	Méc.
Med.	Medicina	Méd.
Metall.	Metallurgia	Métall.
Meteor.	Meteorologia	Météor.
Mil.	Arte militare	Mil.
Min.	Miniere	Min.
Miner.	Mineralogia	Minér.
Mit.	Mitologia	Myth.
Moda	Moda	Mode
Mus.	Musica	Mus.
Ott.	Ottica	Opt.
Pedag.	Pedagogia	Pédag.
Poes.	Poesia	Poés.
Polit.	Politica	Polit.
Psic.	Psicologia	Psych.
Psican.	Psicanalisi	Psychan.
Radio	Radio	Radio
Relig.	Religione	Relig.
Ret.	Retorica	Rhét.
Sport	Sport	Sport
Stat.	Statistica	Stat.
Stor.	Storia	Hist.
Teatro	Teatro	Théâtre
Tecn.	Tecnica, Tecnologia	Techn.
Telecom.	Telecomunicazioni	Télécom.
Teol.	Teologia	Théol.
Tess.	Tessili	Text.
Tip.	Tipografia	Typ.
Trasp.	Trasporti	Transp.
TV	Televisione	T.V.
Univ.	Università	Univ.
Veter.	Veterinaria	Vétér.
Zool.	Zoologia	Zool.

Nomi di persona - Noms de personnes

Fra i derivati dei nomi personali si distingue fra i nomi accorciati (acc.), comprendenti gli ipocoristici, e i diminutivi (dim.) veri e propri, formati mediante suffissi diminutivi. Sono inclusi anche alcuni nomi propri di animali e di cose.

ABELARDO m. Abélard
ABÈLE m. Abel
ABRAMO m. Abraham
ADAMO m. Adam
ADE m. Hadès
ADELÀIDE f. Adélaïde
ADÈLE, dim. ADELINA f. Adèle, dim. Adeline
ADÒLFO m. Adolphe
ADÓNE m. Adonis
ADRIANA f. Adrienne
ADRIANO m. Adrien, Hadrien
AFRODITE f. Aphrodite
AGAMÈNNONE m. Agamemnon
ÀGATA f. Agathe
AGNÉSE f. Agnès
AGOSTINO m. Augustin
AIÀCE m. Ajax
AIMÓNE m. Aymon
ALAMANNI m. pl. Alamans
ALANI m. pl. Alains
ALANO m. Alain
ALBÈRTA, dim. ALBERTINA f. Alberte, dim. Albertine
ALBÈRTO, acc. BÈRTO, dim. ALBERTINO m. Albert
ALCÈSTE, ALCÈSTI m. Alceste
ALCIBÌADE m. Alcibiade
ALDA f. Aude
ALESSANDRO, acc. SANDRO, dim. SANDRINO m. Alexandre, acc. Alex; *Alessandro Magno,* Alexandre le Grand
ALESSANDRA, acc. SANDRA, dim. ALESSANDRINA, acc. SANDRINA f. Alexandrine, acc. Sandrine
ALÈSSIO m. Alexis
ALFONSINA f. Alphonsine
ALFÒNSO m. Alphonse
ALFRÉDO, acc. FRÉDI m. Alfred, acc. Fred
ALICE f. Alix, Alice
ALINA f. Aline
AMÀZZONI (LE) f. pl. les Amazones
AMBRÒGIO, acc. BRÒGIO m. Ambroise
AMEDÉO m. Amédée
AMERICO, AMERIGO, acc. RIGO m. Aimeri, Aymeri; *Amerigo Vespucci,* Améric Vespuce
AMÌLCARE m. Hamilcar, Amilcar
AMINTA m. Amyntas; (del Tasso) Aminta
AMLÈTO m. Hamlet
ANACRÉONTE m. Anacréon
ANASTÀSIA f. Anastasie
ANASTÀSIO m. Anastase
ANATÒLIO m. Anatole
ANDRÈA, acc. (tosc.) DRÈA m. André, dim. Dédé
ANDREÌNA f. Andrée
ANDRÒMACA f. Andromaque
ÀNGELO, (tosc.) ÀNGIOLO, (tosc. arc.) ÀGNOLO m. Ange
ÀNGELA, dim. ANGELINA f. Angèle
ANGÈLICA f. Angélique
ANGLI m. pl. Angles
ANNA, dim. ANNÉTTA, ANNINA f. Anne, dim. Annette; *Annamaria,* Anne-Marie; *Anna Karenina,* Anna Karenine
ANNÌBALE m. Hannibal, Annibal
ANSÉLMO m. Anselme
ANTÒNIA, dim. ANTONIETTA f. Antoinette
ANTÒNIO, acc. (tosc.) TÒNIO, (sett.) TONI, dim. ANTONINO, acc. TONINO m. Antoine, acc. Tony, dim. Toinet; *Antonino Pio,* Antonin le Pieux
APOLLINARE m. Apollinaire
APÒLLO m. Apollon
ARCIBALDO m. Archibald
ARETINO (L') m. l'Arétin
ARIÀNNA f. Ariane
ARIO m. Arius
ARIÒSTO (L') m. l'Arioste
ARISTÒFANE m. Aristophane
ARISTÒTELE m. Aristote
ARLECCHINO m. Arlequin
ARNALDO m. Arnaud
ARÒNNE m. Aaron
ARRIGO m. V. ENRICO
ARTASÈRSE m. Artaxerxès
ARTÉMIDE f. Artémis
ARTÙ m. Arthur, Artus
ARTURO m. Arthur
ASBURGO, ABSBURGO cogn. Habsbourg; *gli Asburgo,* les Habsbourg
ASDRÙBALE m. Hasdrubal, Asdrubal
ASMODÈO m. Asmodée
ASPÀSIA f. Aspasie
ATÈNA f. Athéna
ATLANTE m. Atlas
ÀTTILA m. Attila
AUGUSTA f. Augustine
AUGUSTO m. Auguste
ÀULO GÈLLIO m. Aulu-Gelle
AVERROÈ m. Averroès
BACCO m. Bacchus
BALDASSARE, BALDASSARRE m. Balthazar
BALDOVINO m. Baudouin
BARBABLÙ m. Barbe-Bleue
BÀRBARA f. Barbe, Barbara
BARBARÓSSA (IL) m. Barbe-rousse
BARTOLOMÈO, BARTOLOMMÈO, acc. (tosc.) MÈO m. Barthélemy
BASÌLIO m. Basile
BATTISTA m. acc. (tosc.) TISTA Baptiste
BEATRICE, acc. BICE f. Béatrice, Béatrix
BELFAGÒR m. Belphégor
BELZEBÙ m. Belzébuth, Belzébul
BENEDÉTTA f. Bénédicte
BENEDÉTTO m. Benoît
BENIAMINO m. Benjamin
BENVENUTO m. Bienvenu
BÈPPE, BEPPINO m. acc. dim. V. GIUSEPPE
BERENGÀRIA f. Bérengère
BERENGÀRIO m. Bérenger
BERNARDO, dim. BERNARDINO m. Bernard, dim. Bernardin
BÈRTA f. Berthe
BERTÒLDO m. Berthold
BÈTTA, BETTINA f. acc. dim. V. ELISABÈTTA
BIÀGIO m. Blaise
BIÀNCA f. Blanche
BIANCANÉVE f. Blanche-Neige
BIÀNTE m. Bias
BICE f. acc. V. BEATRICE
BOCCÀCCIO m. Boccace
BOÈZIO m. Boèce
BONIFAZIO, BONIFACIO m. Boniface
BORBÓNE m. e f. Bourbon; *i Borboni,* les Bourbons
BORGHÉSE cogn. Borghèse
BORROMÈO m. Borromée
BRÌGIDA f. Brigitte
BRUNILDE f. Brunehaut, Brun(e)hild
BRUNO m. Bruno
BRUTO m. Brutus
BUDDA m. Bouddha
BURGUNDI m. pl. Burgondes
CÀIFA m. Caïphe
CAÌNO m. Caïn
CALÌGOLA m. Caligula
CALLÌOPE f. Calliope
CALVINO m. Calvin
CAMILLA f. Camille
CAMILLO m. Camille
CAPETÌNGI m. pl. Capétiens
CAPÈTO m. Capet
CAPULÈTI (I) m. pl. les Capulets
CARAVÀGGIO (IL) m. le Caravage
CARDANO (GIROLAMO) m. Jérôme Cardan
CARLA, dim. CARLOTTA f. Charlotte
CARLO, dim. CARLINO, CARLUCCIO m. Charles, dim. Charlot, Charlie; *Carlo Quinto* [imperatore], Charles Quint; *Carlo il Calvo,* Charles le Chauve; *san Carlo Borromeo,* saint Charles Borromée.
CARLOMAGNO m. Charlemagne
CARÒLA, dim. CAROLINA f. Carole, dim. Caroline
CAROLÌNGI m. pl. Carolingiens
CARÓNTE m. Charon
CARRACCI m. Carrache; *i Carracci,* les Carraches
CÀSSIO m. Cassius
CATERINA, acc. CATE f. Catherine, acc. Cathy
CATÓNE m. Caton; *Catone il Censore,* Caton le Censeur; *Catone Uticense,* Caton d'Utique
CATULLO m. Catulle
CECÌLIA f. Cécile
CENERÈNTOLA f. Cendrillon
CÈRBERO m. Cerbère
CÈRERE f. Cérès
CÉSARE m. César
CHIÀRA f. Claire
CHISCIÒTTE (DON) m. Don Quichotte
CICÉRÓNE m. Cicéron
CINCINNATO (QUINZIO) m. (Quinctius) Cincinnatus
CIRÌACO m. Cyriaque
CIRÌLLO m. Cyrille
CIRO m. Cyrus
CIUFFETTINO m. [fiaba] Riquet à la houppe
CLARA, dim. CLARÉTTA f. Claire, dim. Clairette (V. CHIARA)
CLARISSA f. Clarisse
CLÀUDIA f. Claude, dim. Claudine
CLÀUDIO m. Claude; [imperatore] Claude, [personaggi della repubblica romana] Claudius

CLEOPATRA f. Cléopâtre
CLODOVÈO m. Clovis
COLÓMBO (CRISTÒFORO) m. Christophe Colomb
CONFÙCIO m. Confucius
COPÈRNICO m. Copernic
CORIOLANO m. Coriolan
CORNÈLIA f. Cornélie
CORNÈLIO m. Cornélius; *Cornèlio Nepote,* Cornélius Nepos
CORRADO m. Conrad; dim. (Stor.) *Corradino,* Conradin
CORRÉGGIO (IL) m. le Corrège
CÒSIMO (DEI MÈDICI) m. Cosme (de Médicis)
COSTANTINO m. Constantin
COSTANZA m. Constance
CRASSO m. Crassus
CRÈSO m. Crésus
CRISÒSTOMO m. Chrysostome
CRISPINO m. Crépin
CRISTIÀNA f. Christiane
CRISTIÀNO m. Christian
CRISTINA f. Christine
CRISTO m. Christ, Jésus-Christ
CRISTÒFORO m. Christophe.
CUPÌDO m. Cupidon
CURIÀZI m. pl. Curiaces
DAFNE f. Daphné
DAFNI m. Daphnis
DAMIÀNO m. Damien
DÀMOCLE m. Damoclès; *la spada di Damocle,* l'épée de Damoclès
DANIÈLA f. Danielle, Danièle
DANIÈLE m. Daniel
DÀRIO m. Darios, Darius
DÀVID, DÀVIDE m. David
DÈDALO m. Dédale
DEMÈTRA f. Déméter
DEMÒCRITO m. Démocrite
DEODATO m. Déodat, Dieudonné
DESDÈMONA f. Desdémone
DESIDÈRIO m. Didier
DIÀNA f. Diane
DÌDIMO m. [epiteto di san Tommaso] Didyme
DIDÓNE f. Didon
DIOCLEZIÀNO m. Dioclétien
DIÒGENE m. Diogène
DIOMÈDE m. Diomède
DIONIGI m. Denys; *Dionigi l'Areopagita,* Denys l'Aréopagite; *san Dionigi,* saint Denis, saint Denys
DIONÌSIA f. Denise
DIONÌSIO m. Denis
DIÒNISO, DIONÌSO m. Dionysos
DIÒSCURI m. pl. Dioscures
DOMÉNICA f. Dominique
DOMENICHINO (IL) m. le Dominiquin
DOMÉNICO m. Dominique
DÒRA, dim. DORINA, DORÉTTA f. Dorine
DOROTÈA f. Dorothée
DULCINÈA f. Dulcinée
DURLINDANA f. Durendal, Durandal
ÈACO m. Éaque
EBERARDO m. Évrard
ÈCO f. Écho
ÈCUBA f. Hécube
ÈDIPO m. Œdipe
EDITTA, EDITH f. Édith
EDOÀRDO m. Édouard
EGÈRIA f. Égérie
EGÌDIO m. Gilles
EGISTO m. Egisthe
ÈLENA f. Hélène
ELEONÒRA f. Éléonore; *Eleonora d'Aquitania,* Aliénor (Éléonore) d'Aquitaine
ELÈTTRA f. Electre
ELÌA m. Élie
ELÌGIO m. Eloi
ELISA, acc. LISA, dim. LISÉTTA f. Élise, acc. Lise, dim. Lisette, Lison. V. ELISABÈTTA
ELISABÈTTA, acc. BÈTTA, dim. BETTINA f. Élisabeth, acc. Élise, Elsa, Lise, dim. Lisette, Lison, Lisbeth, Babette
ELISÈO m. Élisée
EMANUÈLA, acc. MANUÈLA f. Emmanuelle
EMANUÈLE m. Emmanuel; *Emanuel Filiberto (Testa di ferro),* Emmanuel-Philibert Tête-de-fer
EMÌLIA f. Émilie
EMÌLIO m. Émile
EMPÈDOCLE m. Empédocle
ENÈA m. Enée
ENRICA, dim. ENRICHETTA f. Henriette
ENRICO m. Henri
ÈOLO m. Éole
EPICURO m. Épicure
EPITTÈTO m. Épictète
ÈRA f. Héra
ÈRACLE m. Héraclès
ERÀCLITO, ERACLÌTO m. Héraclite
ERASMO m. Erasme
ÈRATO f. Érato
ÈRCOLE m. Hercule
ERINNI f. pl. Érin(n)yes
ÈRMES, ERMÈTE m. Hermès; *Ermete Trismegisto,* Hermès Trismégiste
ERMÌNIA f. Herminie
ERNESTA f. Ernestine
ERNÈSTO m. Ernest
ERÒDE m. Hérode
ERODÌADE f. Hérodiade, Hérodias
ERÒDOTO m. Hérodote
ÈROS m. Éros
ÈSCHILO m. Eschyle
ÈSCHINE m. Eschine
ESCULÀPIO m. Esculape
ESÌODO m. Hésiode
ESÒPO m. Ésope
ÈSTER f. Esther
ÈTTORE m. Hector
EUCLIDE m. Euclide
EUGÈNIA f. Eugénie
EUGÈNIO m. Eugène
EULÀLIA f. Eulalie
EUSTÀCHIO m. Eustache
ÈVA f. Ève
EVELINA f. Éveline, Évelyne
EZECHÌA m. Ezéchias
EZECHIÈLE m. Ezéchiel
FABIÀNA f. Fabienne
FABIÀNO m. Fabien
FABÌOLA f. Fabiola
FABRÌZIO m. Fabrice; (Stor.) Fabricius
FALÀRIDE m. Phalaris
FARNÉSE m. Farnèse
FÀUSTA, FAUSTINA f. Faustine
FAÙSTO m. Faustus
FÈBO m. Phébus
FEDERICA f. Frédérique
FEDERICO, FEDERIGO, acc. FREDI, RIGO, RICO m. Frédéric, acc. Frédi
FEDÓNE m. Phédon
FÈDRA f. Phèdre
FÈDRO m. Phèdre
FELICE m. Félix
FELÌCITA f. Félicité
FERDINANDO, acc. FERNANDO, NANDO m. Ferdinand, acc. Fernand
FERNANDA f. Fernande
FETÓNTE m. Phaéton
FICINO (MARSILIO) m. (Marsile) Ficin
FÌDIA m. Phidias
FIÉSCHI m. Fiesque
FÌGARO m. Figaro
FILIPPO, acc. PIPPO m. Philippe; *Filippo il Macèdone,* Philippe de Macédoine.
FIÓRA, FIÓRE f. Fleur.
FIORÈNZA f. Florence
FIORÈNZO m. Florent
FLÒRA f. Flore
FÓLCO m. Foulque(s)
FORTUNATO m. Fortuné; *Venanzio Fortunato,* Venance Fortunat
FRANCA f. France, dim. Francine. V. FRANCO e FRANCESCA
FRANCÉSCA acc. FRANCA, CÉCCA, CHÉCCA, dim. CECCHINA, CHECCHINA f. Françoise, dim. Fanchette, Fanchon
FRANCÉSCO, acc. FRANCO, CÉCCO, CHÉCCO, dim. CECCHINO, CHECCHINO m. François, acc. Fanfan
FRANCO m. Frank. V. FRANCA E FRANCESCO
GABRIÈLE m. Gabriel
GABRIÈLLA f. Gabrielle
GAETANO m. Gaétan
GALÈNO m. Galien
GALILÈO (GALILEI) m. Galilée
GALLI m. pl. Gaulois
GÀSPARE m. Gaspard
GASTÓNE m. Gaston
GELTRUDE, GERTRUDE f. Gertrude
GENNARO m. Janvier
GENÈSIO m. Genès, Genest
GENOVÈFFA f. Geneviève
GÈOVA m. Jéhovah
GERARDO m. Gérard
GEREMÌA m. Jérémie
GERÒLAMO, GIRÒLAMO m. Jérôme
GERÓNE m. Hiéron
GERTRUDE f. V. GELTRUDE
GERVASO, GERVÀSIO m. Gervais
GESÙ m. Jésus; *Gesù Bambino,* l'Enfant Jésus
GIACINTO m. Hyacinthe
GIACÒBBE m. Jacob
GIÀCOMO, IÀCOPO m. Jacques
GIACOMINA f. Jacqueline, GIACOMINO m. Jacquot
GIAMBATTISTA m. Jean-Baptiste
GIANGIÀCOMO m. Jean-Jacques
GIANMARÌA m. Jean-Marie
GIANNI acc. m. V. GIOVANNI
GIANO m. Janus
GIANSÈNIO m. Jansénius
GINA acc. f. V. LUIGINA
GINÉVRA f. Guenièvre
GINO acc. m. V. LUIGINO
GIOACCHINO m. Joachim
GIÒBBE m. Job
GIOCÓNDA f. Joconde
GIÒNA m. Jonas
GIÒNATA m. Jonathan
GIÓRGIA, dim. GIORGINA f. Georgette
GIÓRGIO m. Georges
GIOSAFATTE m. Josaphat
GIOSUÈ m. Josué
GIOVANNA, acc. GIANNA, VANNA,

dim. GIOVANNINA, GIANNINA, NINA f. Jeanne, dim. JEANNETTE, J(E)ANNINE, JEANNETON
GIOVANNI, acc. GIANNI, VANNI, dim. GIOVANNINO, GIANNINO, NINO m. Jean, dim. Jeannet, Jeannot. *Don Giovanni,* Don Juan
GIÒVE m. Jupiter
GIOVENALE m. Juvénal
GIRÒLAMO m. V. GERÒLAMO
GISÈLLA f. Gisèle
GIUDA m. Judas
GIUDITTA f. Judith
GIUGURTA m. Jugurtha
GIÙLIA, dim. GIULIÉTTA f. Julie, dim. Juliette
GIULIÀNA f. Julienne
GIULIÀNO m. Julien
GIÙLIO m. Jules
GIUNÓNE f. Junon
GIUSÈPPE, acc. BÈPPE (tosc.) GÈPPE (tosc.), BÈPI (ven.), PÈPPE (merid.), dim. BEPPINO, PEPPINO, GEPPÉTTO m. Joseph, acc. José, Jojo
GIUSÈPPA (raro), acc. BÈPPA, PÈPPA, dim. GIUSEPPINA, BEPPINA, PEPPINA f. Josèphe, Joséphine, acc. Josée, dim. Josette, Josiane
GIUSTINIÀNO m. Justinien
GIUSTO m. Just
GOFFRÉDO m. Geoffroi; (Stor.) Godefroy
GOLÌA m. Goliath
GONZAGA m. e f. Gonzague
GORGÓNE f. Gorgone
GRACCO n. Gracchus; *i Gracchi,* les Gracques
GREGÒRIO m. Grégoire
GUERCINO (IL) m. le Guerchin
GUGLIELMINA f. Wilhelmine
GUGLIÈLMO m. Guillaume
GUICCIARDINI (FRANCÉSCO) m. (François) Guichardin
GUÌDO m. Guy, Gui; *Guido Rèni* m. le Guide; *Guido d'Arézzo,* m. Gui o Guido d'Arezzo
ÌACOPO m. Jacques. V GIÀCOMO
IBÈRI m. pl. Ibères
ÌCARO m. Icare
IÈFTE m. Jephté
IFIGENÌA f. Iphigénie
IGNÀZIO m. Ignace
ILÀRIO m. Hilaire
ILLIRI m. pl. Illyriens
INNOCÈNTE m. Innocent
INNOCÈNZO m. Innocent
IOLANDA f. Yolande
IPPÒCRATE m. Hippocrate
IPPÒLITA f. Hippolyte
IPPÒLITO m. Hippolyte
IRÈNE f. Irène
IRENÈO m. Irénée
ÌRIDE f. Iris
ISABÈLLA f. Isabelle
ISACCO m. Isaac
ISAÌA m. Isaïe
ÌSIDE f. Isis
ISÒTTA f. Iseut, Yseult (arc.), Isolde (arc.).
IVANO m. Ivan
IVETTA f. Yvette, Yvonne
IVO m. Yves, dim. Yvon
KEPLÈRO m. Kepler
LADISLÀO m. Ladislas
LANCILLÒTTO m. Lancelot
LAOCOÓNTE m. Laocoon
LÀURA f. Laure
LÀZZARO m. Lazare
LÈNIN m. Lénine
LEONARDO m. Léonard; *Leonardo da Vinci,* Léonard de Vinci
LÉÓNE m. Léon
LEÒNIDA m. Léonidas
LETÌZIA f. Laetitia
LÈVI m. Lévi
LÌDIA f. Lydie
LÌGURI m. pl. Ligures
LILIÀNA f. Liliane
LINNÈO m. Linné
LISA f. Lise. V. ELISABÈTTA
LÌVIA f. Livie
LÌVIO m. Livius; *Tito Livio,* Tite-Live; *Livio Andronico,* Livius Andronicus
LODOVICO m. V. LUDOVICO
LORÈNZA, acc. RÈNZA f. Laurence
LORÈNZO, acc. RÈNZO m. Laurent
LÒT m. Loth
LOTÀRIO m. Lothaire
LUCA m. Luc
LUCÌA, dim. LUCIÉTTA f. Lucie, acc. Luce
LUCIÀNA f. Lucienne
LUCIÀNO m. Lucien
LUCÌFERO m. Lucifer
LUCILLA f. Lucile
LUCRÈZIA f. Lucrèce
LUCRÈZIO m. Lucrèce
LUCULLO m. Lucullus
LUDOVICA, LODOVICA f. Ludovique
LUDOVICO, LODOVICO m. Ludovic, Louis; *Ludovico il Pio,* Louis le Pieux o le Débonnaire; *Ludovico il Germanico,* Louis le Germanique; *Ludovico il Mòro,* Ludovic le More
LUÌGI, acc. GIGI, dim. LUIGINO, GIGINO, GINO m. Louis, acc. Loulou
LUÌGIA, acc. GÌGIA, dim. LUIGINA, GIGINA, GINA, GIGÉTTA f. Louise, dim. Louisette, Louison. V. LUISA
LUÌSA, dim. LUISÈLLA f. Louise. V. LUIGÌA
LUTÈRO m. Luther
MACÀRIO m. Macaire
MACCABÈI m. pl. Macchabées
MACHIAVÈLLI m. Machiavel
MADDALÉNA, acc. LÈNA f. Madeleine, acc. Mado, dim. Madelon
MAFALDA f. Mahaut
MAFFÈO m. V. MATTÈO
MAGELLANO m. Magellan
MANFRÉDI m. Manfred
MANFRÉDO m. Manfred
MANUÈLA f. Emmanuelle
MANUÈLE m. Manuel
MANÙZIO (ALDO) m. (Alde) Manuce
MAOMÉTTO m. Mahomet
MARC'ANTÒNIO m. Marc Antoine
MARC'AURÈLIO m. Marc Aurèle
MARCÈLLA f. Marcelle
MARCÈLLO m. Marcel; (Stor.) Marcellus
MARGHERITA, acc. RITA f. Marguerite, acc. Rita
MARÌA, dim. MARIÉTTA, MARIÙCCIA, MARIOLINA f. Marie, dim. Mariette, Marion, Manon, Mimi; *Maria José,* Marie-José; *Maria Antonietta,* Marie-Antoinette; *Maria Cristina,* Marie-Christine; *Maria Maddalena,* Marie-Madeleine; *Maria Piera,* Marie-Pierre; *Maria Teresa,* Marie-Thérèse; *Maria Luisa,* acc. *Marisa,* Marie-Louise, acc. Maryse
MARIÀNNA f. Marianne
MÀRIO m. Marius
MÀRSIA m. Marsyas
MARSÌLIO m. Marsile
MARTA f. Marthe
MARTE m. Mars
MASSÈNZIO m. Maxence
MASSIMILIÀNO m. Maximilien
MÀSSIMO m. Maxime
MATELDA f. Mathilde
MATILDE f. Mathilde; (Stor.) Mathilde, Mahaut [spesso equivalente]; *Matilde di Toscana,* Mathilde o Mahaut de Toscane. V. MAFALDA
MATTÈO, MAFFÈO m. Mathieu, Matthieu
MATTÌA m. Matthias
MAURÌZIA f. Mauricette
MAURÌZIO m. Maurice
MÀUSOLO m. Mausole
MECENATE m. Mécène
MEDÈA f. Médée
MÈDICI cogn. Médicis
MEFISTÒFELE m. Méphistophélès
MELCHIÒRRE m. Melchior
MELPÒMENE f. Melpomène
MENELÀO n. Ménélas
MERCÙRIO m. Mercure
MERLINO m. Merlin; *il Mago Merlino,* Merlin l'Enchanteur
MEROVÈO m. Mérovée
MEROVINGI m. pl. Mérovingiens
METÈLLO m. Metellus
MICHÈLA, MICAÈLA, dim. MICHELINA f. Michèle, dim. Micheline
MICHELÀNGELO m. Michel-Ange
MICHÈLE m. Michel
MIDA m. Midas
MILZÌADE m. Miltiade
MINÒSSE m. Minos
MINOTÀURO m. Minotaure
MIRÈLLA f. Mireille
MIRRA f. Myrrha
MÒNICA f. Monique
MOSÈ m. Moïse
NABUCODÒNOSOR, NABUCCO m. Nabuchodonosor
NÀDIA f. Nadège, Nadia
NAPOLEÓNE m. Napoléon
NARCISO m. Narcisse
NATALE m. Noël
NATALÌA f. Nat(h)alie
NATALINA f. Noëlle
NAUSÌCAA f. Nausicaa
NAZÀRIO m. Nazaire
NEMBRÒD, NEMBRÒTTE m. Nembrod
NÈMESI f. Némésis
NERÈO m. Nérée
NERÓNE m. Néron
NÈSSO m. Nessus; *la camicia di Nesso,* la tunique de Nessus
NÈSTORE m. Nestor
NETTUNO m. Neptune
NIBELUNGHI (I) m. pl. les Nibelungen
NICÒLA m. V. NICCOLÒ
NICOLÉTTA f. Nicol(l)e, dim. Nicolette, Colette
NICCOLÒ, NICÒLA, acc. CÒLA, dim. COLUCCIO m. Nicolas, acc. Colas, Nicou
NINA, dim. NINÉTTA f. Nina, dim. Ninon. V. GIOVANNA
NINO, dim. NINÉTTO m. V. GIOVANNI

NIOBE f. Niobé
NISO m. Nisus
NOÈ m. Noé
OCEÀNIDI, OCEANÌNE f. pl. Océanides
ODDÓNE m. Odon, Eude(s)
ODÉTTA (raro) f. Odette
ODILA (raro) f. Odile
ODILÓNE m. Odilon
ODINO m. Odin
OFÈLIA f. Ophélie
OLIMPÌADE f. Olympias
OLIVA f. Olive
OLIVIÈRO, (Ant.) OLIVIÈRI, ULIVIÈRI m. Olivier
OLIVO m. Olive
OMÈRO m. Homère
ORÀZIO m. Horace; *Orazio Còclite,* Horatius Coclès; *gli Orazi e i Curiazi,* les Horaces et les Curiaces
ORFÈO m. (Mit.) Orphée
ORLANDO m. Roland; *Orlandi Innamorato,* Roland amoureux; *Orlando Furioso,* Roland furieux
ÓRSOLA f. Ursule
ORTÈNSIA f. Hortense
ÒSCHI, OSCI m. pl. Osques
OSÈA m. Osée
OSÌRIDE f. Osiris
OTÈLLO m. Othello
OTTÀVIA f. Octavie
OTTAVIÀNO m. Octavien
OTTÀVIO m. Octave
OTTÓNE m. Othon
OVÌDIO m. Ovide
PÀLLADE f. Pallas
PALLANTE m. Pallas
PAN(E) m. Pan
PANCRÀZIO m. Pancrace
PANDÒRA f. Pandore; *il vaso di Pandora,* la boîte de Pandore
PÀNFILO m. Pamphile
PANTALÓNE m. Pantalon
PANURGO m. Panurge
PÀOLA, dim. PAOLINA f. Paule, dim. Pauline
PAOLINO m. Paulin
PÀOLO m. Paul
PAPERINO m. Donald (Duck)
PARACÈLSO m. Paracelse
PARCHE (LE) f. pl. les Parques
PÀRIDE m. Pâris
PASÌFAE, PASIFE f. Pasiphaé
PASQUÀLE, dim. PASQUALINO m. Pascal
PASQUALINA f. Pascale
PATRÌZIA f. Patricia
PATRÌZIO m. Patrice, Patrick
PÀTROCLO m. Patrocle
PÈGASO m. Pégase
PELÀGIA f. Pélagie
PELÀGIO m. Pélage
PELASGI m. pl. Pélasges
PÈLEO m. Pélée
PENÈLOPE f. Pénélope
PERGOLÉSI m. Pergolèse
PÈRICLE m. Périclès
PERPÈTUA f. Perpétue
PÈRSEO, PERSÈO m. Persée
PÈRSIO m. Perse
PERUGINO (IL) m. le Pérugin
PETRARCA m. Pétrarque
PETRÒNIO m. Pétrone
PICO DELLA MIRÀNDOLA m. Pic de la Mirandole
PIÈRA, dim. PIERINA f. Pierrette
PIÈR DAMIANI m. Pierre Damien
PIÈTRO, acc. PIÈRO, dim. PIERINO m. Pierre, dim. Pierrot
PÌLADE m. Pylade
PILATO m. Pilate
PINDARO m. Pindare
PIO m. Pie
PIPINO m. Pépin; *Pipino il Breve,* Pépin le Bref
PÌRAMO m. Pyrame; *Piramo e Tisbe* [poemetto medievale], Piramus et Thisbé
PIRRO m. Pyrrhos, Pyrrhus
PITTI m. pl. (peuple) Pictes
PLANTAGENÈTO m. Plantagenêt
PLATÓNE m. Platon
PLÀUTO m. Plaute
PLÌNIO m. Pline; *Plinio il Vecchio,* Pline l'Ancien; *Plinio il Giovane,* Pline le Jeune
PLUTARCO m. Plutarque
PLUTO m. Ploutos, Plutus
PLUTÓNE m. Pluton
POLÌBIO m. Polybe
POLIÈUCTO, POLIÙTO m. Polyeucte
POLIZIÀNO (IL) m. (le) Politien
POLLUCE m. Pollux
POMPÈO m. Pompée
PÓNZIO m. Pontius; *Ponzio Pilati,* Ponce Pilate
POSIDÓNE m. Poséidon
PRASSÈDE f. Praxède
PRÌAMO m. Priam
PRIMATÌCCIO (IL) m. le Primatice
PROMÈTEO m. Prométhée
PROSÈRPINA f. Proserpine
PROTÀSIO m. Protais
PRÒTEO m. Protée
PRUDÈNZIO m. Prudence
QUINTILIÀNO m. Quintilien
QUINTINO m. Quentin
RACHÈLE f. Rachel
RAMBALDO m. Raimbaut
RAMSÈTE m. Ramsès
RAFFAÈLLA f. Raphaëlle
RAFFAÈLLO, RAFFAÈLE m. Raphaël
RAIMÓNDO m. Raymond
RANIÈRI m. Rainier
RÀUL m. Raoul
REA f. Rhea; *Rea Silvia,* Rhea Silvia
REBECCA f. Rébecca
REGINALDO m. Régis
RÈGOLO m. Régulus
REMÌGIO m. Remi, Remy
RÈMO m. Rémus
RENATA f. Renée, dim. Nénette
RENATO m. René
RÈNZO m. V. LORÈNZO
RICCARDO m. Richard
RINALDO m. Renaud
ROBÈRTA f. Roberte
ROBÈRTO m. Robert
RÒCCO m. Roch
RODÒLFO m. Rodolphe
RODOMÓNTE m. Rodomont
RODRIGO, RODERIGO m. Rodrigue
ROLANDO m. Roland. V. ORLANDO
ROMANO (GIÙLIO) m. Jules Romain
ROMÈO m. Roméo
RÒMOLO m. Romulus
RONZINANTE m. Rossinante
RÒSA, dim. ROSINA, ROSÉTTA, ROSITA f. Rose, dim. Rosine, Rosette
ROSALÌA, dim. LÌA f. Rosalie
ROSALINDA f. Roseline
ROSSANA f. Roxane
RÒTARI m. Rotharis
RUGG(I)ÈRO m. Roger
RUT f. Ruth
SABÈLLI m. pl. Sabelliens
SAFFO f. Sap(p)ho
SALLÙSTIO m. Salluste
SÀNCIO PANZA m. Sancho Pança
SANDRO m. V. ALESSANDRO
SANNAZARO m. Sannazar
SANNITI m. pl. Samnites
SANTIPPE f. Xanthippe
SASSONI m. pl. Saxons
SÀTANA m. Satan
SATURNO m. Saturne
SÀUL, SAÙLLE m. (lett.) Saül
SAVÈRIO m. Xavier
SAVONARÒLA m. Savonarole
SCALÌGERO m. Scaliger
SCAPPINO m. Scapin
SCARAMUCCIA m. Scaramouche
SCÒTI m. pl. Scots
SCÒTO ERIÙGENA m. Scot Erigène; *Duns Scoto,* Duns Scot
SEBASTIÀNO, acc. BASTIÀNO m. Sébastien, acc. Bastien
SEBASTIÀNA, acc. BASTIÀNA f. Sébastienne, acc. Bastienne
SEMIRÀMIDE f. Sémiramis
SÈNECA m. Sénèque
SENOFÓNTE m. Xénophon
SERAFINO m. Séraphin
SERÀPIDE m. Sérapis, Sarapis
SÈRGIO m. Serge
SÈRSE m. Xerxès
SEVERINO m. Séverin
SEVÈRO m. Sévère
SIBILLA f. Sibylle
SIDONIO APOLLINARE m. Sidoine Apollinaire
SILLA m. Sulla, Sylla
SILVANA f. Sylvaine
SILVANO m. Sylvain
SILVÈRIO m. Silvère
SILVESTRO m. Sylvestre
SÌLVIA f. Sylvie
SÌLVIO m. Sylvius
SÌSIFO m. Sisyphe
SISTO m. Sixte; *Sisto Quinto,* Sixte Quint
SÒCRATE m. Socrate
SÒFOCLE m. (lett.) Sophocle
SORDÈLLO m. Sordel
STÀLIN m. Staline
STANISLÀO m. Stanislas
STÀZIO m. Stace
STEFÀNIA f. Stéphanie, acc. Fanny
STÉFANO m. Stéphane
STRADIVÀRIO m. Stradivarius
STUÀRDA (MARÌA) f. Marie Stuart
SUSANNA, acc. SUSI f. Suzanne, acc. Suzy, dim. Suzon
SVETÒNIO m. Suétone
SVÈVI m. pl. Suèves
TÀCITO m. Tacite
TALÈTE m. Thalès
TANCRÉDI m. Tancrède
TÀNTALO m. Tantale
TARQUÌNIO m. Tarquin; *Tarquinio Prisco,* Tarquin l'Ancien
TARTUFO m. Tartuffe
TASSO (IL) m. le Tasse
TELÈMACO m. Télémaque
TEMÌSTOCLE m. Thémistocle
TE(O)BALDO m. Thibaut, Thibaud, Théobald
TEÒCRITO m. Théocrite
TEODÒRA f. Théodora
TEODORICO m. Théodoric, Thierry, Thierri
TEODÒRO m. Théodore
TEODÒSIO m. Théodose
TEÒDULO m. Théodule
TEÒFILO m. Théophile

TEOFRASTO m. Théophraste
TEÒGNIDE m. Théognis
TERÈNZIO m. Térence
TERÈSA f. Thérèse
TERSÌCORE f. Terpsichore
TERSITE m. Thersite
TÈSEO, TESÈO m. Thésée
TÈSPI m. Thespis
TÈTI f. Thétis
TÈUTONI m. pl. Teutons
TIBÈRIO m. Tibère
TIBULLO m. Tibulle
TIMÈO m. Timée
TINTORÉTTO (IL) m. le Tintoret
TITO m. Titus; *Tito Livio,* Tite-Live
TIZIÀNO m. Titien
TOLOMÈO m. Ptolémée
TOMMASO, TOMASO m. Thomas
TÒNIO, TONINO m. acc. e dim. V. ANTÒNIO
TOPOLINO m. Mickey (Mouse)
TRAIÀNO m. Trajan
TRISSINO m. le Trissin
TUCÌDIDE m. Thucydide
UBÈRTO m. Hubert
UGG(I)ÈRI (IL DANÈSE) m. Ogier le Danois
UGHÉTTA f. Huguette
UGO m. Hugues
UGOLINO m. Ugolin
ULISSE m. Ulysse
ULRICO m. Ulrich
UMBÈRTO m. Humbert
UNNI m. pl. Huns
URÀNIA f. Uranie
URANO m. Ouranos, Uranus
URBANO m. Urbain
ÙRSULA f. Ursule. V. ORSOLA
VALDO (PIETRO) m. (Pierre) Valdo o Valdès (Pierre de Vaux)
VALENTINO m. Valentin; *il Valentino,* le duc de Valentinois
VALÈRIA f. Valérie
VALÈRIO m. Valère; *Valerio Massimo,* Valère Maxime; *Valerio Flacco,* Valerius Flaccus
VALPURGA f. Walpurgis, Walburge
VÀNDALI m. pl. Vandales
VENCESLÀO m. Venceslas
VÈNERE f. Vénus
VERONÉSE (IL) m. Veronèse
VERÒNICA f. Véronique
VÈRRE m. Verrès
VESPUCCI (AMERIGO) m. Amerigo Vespucci, Améric Vespuce (Ant.)
VICHINGHI m. pl. Vikings
VINCÈNZO m. Vincent
VIRGÌLIO m. Virgile
VISIGÒTI m. pl. Visigoths, Wisigoths
VISNÙ m. Vishnu, Vichnou
VITO m. Gui, Guy
VITRÙVIO m. Vitruve
VITTÓRE m. Victor
VITTÒRIA f. Victoire; (la reine) Victoria
VITTORINA f. Victorine
VITTORINO m. Victorin
VITTÒRIO m. Victor; *Vittorio Amedeo,* Victor-Amédée; *Vittorio Emanuele,* Victor-Emmanuel
VIVIÀNA f. Viviane
VOLFANGO m. Wolfgang
VÒLSCI m. pl. Volsques
VULCANO m. Vulcain
ZACCARÌA m. Zacharie
ZACCHÈO m. Zachée
ZAÌRA f. Zaïre
ZENÒBIA f. Zénobie
ZENÓNE m. Zénon
ZÈUS m. Zeus
ZÈUSI m. Zeuxis
ZÒE f. Zoé
ZUÌNGLIO, ZWINGLI m. Zwingli

Nomi di luogo - Noms de lieux

Abbiamo ritenuto superfluo per i nomi di luogo come per quelli di persona offrire la trascrizione fonetica. L'accento è indicato nel lemma su tutte le parole non accentate sulla penultima, e anche sulla penultima per indicare *e* e *o* aperte o chiuse e *i* tonica in iato. Sul genere, spesso incerto, dei nomi di città in francese, cfr. il *Prospetto grammaticale*.

ABRUZZI m. pl. (raramente ABRUZZO m. s.) Abruzzes
ABISSÌNIA f. Abyssinie
ACHERÓNTE m. Achéron
ACRI f. Acre m.
ÀDIGE m. Adige ‖ *Alto Adige* m. Haut-Adige
ADRIANÒPOLI f. Andrinople m.
ADRIÀTICO m. Adriatique f.
ÀDUA f. Adoua m.
AFGÀNISTAN m. Afghanistan
ÀFRICA f. Afrique
AGRIGÈNTO f. Agrigente m.
AIA (L') f. La Haye
ALBANÌA f. Albanie
ALEUTINE (ÌSOLE) f. pl. (Îles) Aléoutiennes
ALGÈRI f. Alger m.
ALGERÌA f. Algérie
ALPI f. pl. Alpes
ALSÀZIA f. Alsace
ALVÈRNIA f. Auvergne
AMÀZZONI (RIO DELLE) m. Amazone
AMAZZÒNIA f. Amazonie
AMÈRICA f. Amérique
ANATÒLIA f. Anatolie
ANCÓNA f. Ancône
ANDALUSÌA f. Andalousie
ANDE f. pl. Andes
ANGIÒ m.
ANTÀRTIDE f. Antarctique
ANTILLE f. pl. Antilles
ANTIÒCHIA f. Antioche
ANVÈRSA f. Anvers m.
AÒSTA f. Aoste
APPENNINI m. pl., APPENNINO m. s. Apennin(s)
ÀPPIA (VIA) f. (voie) Appienne
APÙLIA f. Apulie
AQUILÈIA f. Aquilée
AQUISGRANA f. Aix-la-Chapelle
AQUITÀNIA f. Aquitaine
ARÀBIA f. Arabie
ARAGONA f. Aragon m.
ARCÀDIA f. Arcadie
ÀRCOLE f. Arcole m.
ARDÈNNE f. pl. Ardennes
ARETUSA f. Aréthuse
ARGO f. Argos
ARMÈNIA f. Arménie
ARMÒRICA f. Armorique
ÀRTIDE f. Arctique m.
ÀSIA f. Asie
ÀSSIA f. Hesse
ASSÌRIA f. Assyrie
ASSISI f. Assise
ASTÙRIE f. pl. Asturies
ATÈNE f. Athènes
AUGUSTA f. Augsbourg m.
ÀULIDE f. Aulis, Aulide
AUSÒNIA f. Ausonie
AUSTRALÀSIA f. Australasie
AUSTRÀLIA f. Australie
ÀUSTRIA f. Autriche
ÀUSTRIA-ÙNGHERIA f. Autriche-Hongrie
AVANA (L') f. La Havane
ÀVARI m. pl. Avares
AVENTINO m. Aventin
AVIGNÓNE f. Avignon m.
AXÙM f. Axoum m.
AZERBAIGIÀN m. Azerbaïdjan
ÀZIO f. Actium m.
AZZÒRRE f. pl. Açores

BABÈLE f. Babel
BABILÒNIA f. Babylone
BÀDEN m. Bade
BAIONA f. Bayonne m.
BALCANI m. pl. Balkans
BALEARI f. pl. Baléares
BÀLTICO m. (Mer) Baltique f.
BALTIMORA f. Baltimore
BAMBÈRGA f. Bamberg m.
BANATO m. Banat
BARBERÌA f. Barbarie
BARCELLÓNA f. Barcelone
BARDONÉCCHIA f. Bardonèche
BASILÈA f. Bâle m.
BASILICATA f. Basilicate
BASTÌA f. Bastia m.
BÈLGIO m. Belgique f.
BELLUNO f. Bellune
BELÙCISTAN m. Baloutchistan (Bél-)
BENEVÈNTO f. Bénévent m.
BENGALA m. Bengale
BENGÀSI f. Benghazi m.
BEÒZIA f. Béotie
BÈRGAMO f. Bergame m.
BERLINO f. Berlin m.
BÈRNA f. Berne m.
BESSARÀBIA f. Bessarabie
BETLÈMME f. Bethléem m.
BIRMÀNIA f. Birmanie
BISÀNZIO f. Byzance
BISCÀGLIA f. Biscaye
BOÈMIA f. Bohême
BOLÓGNA f. Bologne m.
BORBONÉSE m. Bourbonnais
BORGÓGNA f. Bourgogne
BÒSNIA f. Bosnie
BÒSFORO m. Bosphore
BRABANTE m. Brabant
BRANDEBURGO m. Brandebourg
BRASILE m. Brésil
BRÈNNERO m. Brenner
BRESLÀVIA f. Breslau m.
BRETAGNA (ARC. BRETTAGNA) f. Bretagne
BULGARÌA f. Bulgarie
BUONA SPERANZA (CAPO DI) m. (Cap de) Bonne-Espérance

CABÌLIA f. Kabylie
CÀDICE f. Cadix m.
CAIÈNNA f. Cayenne
CÀIRO (IL) m. Le Caire
CALÀBRIA f. Calabre
CALEDÒNIA f. Calédonie ‖ *Nuova Caledonia,* Nouvelle-Calédonie
CAMBÒGIA f. Cambodge m.
CAMPÀNIA f. Campanie
CAMPOFÒRMIO m. Campo-Formio
CANADÀ (CÀNADA) m. Canada
CÀNDIA f. Candie
CANNE f. Cannes
CAMPIDÒGLIO m. Capitole
CÀPUA f. Capoue
CARIDDI f. Charybde
CARMÈLO, CÀRMINE m. Carmel
CARPAZI m. pl. Carpates
CARTÀGINE f. Carthage
CASÈRTA f. Caserte
CÀSPIO (MAR) m. Mer Caspienne f.
CASSINO (MONTE), MONTECASSINO m. Mont Cassin
CASTÌGLIA f. Castille
CATALÓGNA f. Catalogne
CATÀNIA f. Catane
CÀUCASO m. Caucase
CECOSLOVÀCCHIA f. Tchécoslovaquie
CEFALÒNIA f. Céphalonie
CÈLIO (MONTE) m. (Mont) Coelius
CERESÒLE f. Cérisoles
CHIARAVALLE f. Clairvaux m.
CÌCLADI f. pl. Cyclades
CILE m. Chili
CINA (ARC. CHINA) f. Chine
CIPRO f. Chypre
CIRENAÌCA f. Cyrénaïque
CIRÈNE f. Cyrène
COCINCINA f. Cochinchine
COCITO m. Cocyte
CÒIRA f. Coire
CÒLCHIDE f. Colchide
COLÒNIA f. Cologne
COLÓMBIA f. Colombie
CÒMO f. Côme
COPENÀGHEN f. Copenhague m.
CÒRDOVA f. Cordoue
CORÈA f. Corée
CORFÙ f. Corfou m.
CORINTO f. Corinthe
CORNOVÀGLIA f. Cornouaille(s)
CÒRSICA f. Corse
CORTÓNA f. Cortone
COSTANTINÒPOLI f. Constantinople
COSTANZA f. Constance
COSTARICA f. Costa Rica m.
CÒZIE (ALPI) f. pl. Alpes Cottiennes
CRACÒVIA f. Cracovie
CREMLINO m. Kremlin
CREMÓNA f. Crémone
CRÈTA f. Crète
CRIMÈA f. Crimée
CÙNEO f. Coni m.
CÙRDISTAN m. Kurdistan

DÀCIA f. Dacie
DALMÀZIA f. Dalmatie
DAMASCO f. Damas
DANIMARCA f. Danemark m.
DANÙBIO m. Danube
DARDANELLI m. pl. Dardanelles
DÀNZICA f. Dantzig m.
DÈLFI f. Delphes
DELFINATO m. Dauphiné
DÈLO f. Délos
DIGIÓNE f. Dijon m.
DOBRUGIA f. Dobroudja
DOLOMITI f. pl. Dolomites
DOMINGO (SAN) f. Saint-Domingue m.
DÒRA f. Doire ‖ *Dora Bàltea,* Doire Baltée; *Dòra Ripària,* Doire Ripaire.
DORDÓGNA f. Dordogne
DÒVER f. Douvres
DRÈSDA f. Dresde m.
DUBLINO f. Dublin m.
DUÈRO m. Douro

ÈBRO m. Èbre
ECUADÒR m. Équateur
ÈFESO f. Éphèse
ÈGADI f. pl. Égades, Égates
EGÈO (MARE) m. (Mer) Égée f.
EGITTO m. Égypte f.
ÉLBA m. Elbe [fiume], f. Elbe [isola]
ELÈA f. Élée
ELÈUSI f. Éleusis
ÈLIDE f. Élide [regione], Élis [città]
ELISI (CAMPI) m. pl. Champs-Élysées
ÈLLADE f. Hellade
ELVÈZIA f. Helvétie
EMÌLIA f. Émilie
EMMÀUS f. Emmaüs
ENGADINA f. Engadine
ENÒTRIA f. Énotrie
EÒLIA f. Éolide, Éolie

ÈOLIE (ISOLE) f. pl. Îles Éoliennes
EPIDÀURO f. Épidaure
ÈPIRO m. Épire
ERCOLANO f. Herculanum m.
ÈREBO m. Erèbe
ÈRICE f. e m. Éryx
ERÌDANO m. Éridan
ERINA f. ARC. Érin
ERITRÈA f. Érythrée
ESCURIALE m. Escurial
ESPÈRIA f. Hespérie
ESQUILINO m. Esquilin
ESTÒNIA f. Estonie
ETIÒPIA f. Éthiopie
ETÒLIA f. Étolie
ETRURIA f. Étrurie
EUBÈA f. Eubée
EUFRÀTE m. Euphrate
EURÀSIA f. Eurasie
EURÒPA f. Europe

FÀRSALO, FARSÀGLIA f. Pharsale
FENÌCIA f. Phénicie
FERRARA f. Ferrare m.
FIANDRA pl. FIANDRE f. Flandre, pl. Flandres
FIÈSOLE f. Fiésole
FIGI (ISOLE) f. pl. (Îles) Fidji
FILIPPI f. Philippes
FILIPPINE f. pl. Philippines
FINLÀNDIA f. Finlande
FIRÈNZE f. Florence
FLEGREI (CAMPI) m. pl. Champs Phlégréens
FLORIDA f. Floride
FÒCIDE f. Phocide
FORMÓSA f. Formose
FORNÒVO f. Fornoue
FRANCA CONTÈA f. Franche-Comté
FRANCIA f. France
FRANCOFÒRTE f. Francfort m. || *Francoforte sul Meno*, Francfort-sur-le-Main
FRANCÒNIA f. Franconie
FRIBURGO f. Fribourg m.
FRÌGIA f. Phrygie
FRÌSIA f. Frise
FRIÙLI m. Frioul
FÙCINO m. (Lac) Fucin

GAÉTA f. Gaète
GALÌZIA f. Galice [Iberia], Galicie [Europa centr.]
GALILÈA f. Galilée
GÀLLES m. Pays de Galles || *Nuova Galles del Sud*, Nouvelle-Galles du Sud
GÀLLIA f. Gaule
GÀMBIA f. Gambie
GANGE f. Gange
GARDA m. Garde
GARÒNNA f. Garonne
GÈNOVA f. Gênes m.
GÈRICO f. Jéricho
GERMÀNIA f. Allemagne || STOR. Germanie
GERUSALÈMME f. Jérusalem
GETSÈMANI m. Gethsémani
GIANÌCOLO m. Janicule
GIAPPÓNE m. Japon
GIAVA f. Java
GIBUTI f. Djibouti m.
GINÉVRA f. Genève m.
GIORDÀNIA f. Jordanie
GIORDANO m. Jourdain
GIRÓNDA f. Gironde
GIUBA f. Djouba m.
GIUDÈA f. Judée
GIURA m. Jura
GÒLGOTA m. Golgotha
GOTTARDO (SAN) m. Saint-Gothard
GRÀIE (ALPI) f. pl. Alpes Graies, Grées
GRAN BRETAGNA f. Grande-Bretagne
GRANATA f. Grenade m.
GRÈCIA f. Grèce

GRIGIÓNI (I) m. pl. Les Grisons
GROENLÀNDIA f. Groenland m.
GRONINGA f. Groningue m.
GUADALUPA f. Guadeloupe
GUASCÓGNA f. Gascogne
GUINÈA f. Guinée || *Nuova Guinea*, Nouvelle-Guinée
GUIANA f. Guyane
GUIENNA f. Guyenne

HÀIFA f. Haïfa
HAÌTI f. Haïti
HANNÒVER f. Hanovre
HANÒI f. Hanoi m.
HAWÀI (ISOLE) f. pl. (Îles) Hawaii
HIMÀLAIA f. Himalaya

IBÈRIA f. Ibérie
ILIO f. Ilion m.
ILLÌRIA f. Illyrie
IMÈTTO m. Hymette
ÌNDIA f. ARC. INDIE pl. Inde(s)
INDO m. Indus
INDOCINA f. Indochine
INDONÈSIA f. Indonésie
INGHILTÈRRA f. Angleterre || *Nuova Inghilterra*, Nouvelle Angleterre
INSULÌNDIA f. Insulinde
IÒNIA f. Ionie
ÌRAK, ÌRAQ m. Irak
ÌRAN m. Iran
IRLANDA f. Irlande || *Nuova Irlanda*, Nouvelle-Irlande
ISLANDA f. Islande
ISRAÈLE m. Israël
ÌSTRIA f. Istrie
ÌTACA f. Ithaque
ITALIA f. Italie
IUGOSLÀVIA f. Yougoslavie
IVRÈA f. Ivrée

JÈNA f. Iéna m.

KABÙL f. Kaboul m.
KARTÙM, KHARTÙM f. Khartoum
KATMANDÙ f. Katmandou

LACEDÈMONE f. Lacédémone
LAPPÒNIA f. Laponie
LATERANO m. Latran
LÀZIO m. Latium
LÈIDA f. Leyde m.
LEMANO m. Léman
LÈMNO f. Lemnos
LENINGRADO f. Leningrad
LÈPANTO f. Lépante
LEPONTINE (ALPI) f. pl. Alpes Lépontiennes
LÈTE m. Léthé
LETTÒNIA f. Lettonie
LÈUTTRA f. Leuctres
LÌBANO m. Liban
LIBÈRIA f. Libéria m.
LÌBIA f. Libye
LICAÒNIA f. Lycaonie
LÌCIA f. Lycie
LIÈGI f. Liège m.
LIGÙRIA f. Ligurie
LILIBÈO m. Lilybée
LILLA f. Lille m.
LIMBURGO m. Limbourg
LIMOSINO m. Limousin
LINGUADÒCA f. Languedoc m.
LIÓNE f. Lyon m.
LÌPSIA f. Leipzig m.
LISBÓNA f. Lisbonne m.
LITUÀNIA f. Lituanie
LIVÒNIA f. Livonie
LIVÓRNO f. Livourne m.
LÒCRI f. Locres
LÒCRIDE f. Locride
LÒIRA f. Loire

LOMBARDÌA f. Lombardie || *regno Lombardo-Veneto*, royaume Lombardo-Vénitien
LÓNDRA f. Londres m.
LORÈNA f. Lorraine
LORÉTO f. Lorette || *la Madonna di Loreto*, Notre-Dame de Lorette
LOSANNA f. Lausanne m.
LOVÀNIO f. Louvain m.
LUBÈCCA f. Lübeck m.
LUBIANA f. Ljubljana m.
LUBLINO f. Lublin m.
LUCÀNIA f. Lucanie
LUCCA f. Lucques
LUISIANA f. Louisiane
LUSITÀNIA f. Lusitanie
LUTÈZIA f. Lutèce
LUSSEMBURGO f. [città] e m. [Granducato] Luxembourg m.

MACEDÒNIA f. Macédoine
MAGDEBURGO m. Magdebourg m.
MAGNA GRÈCIA f. Grande-Grèce
MAGÓNZA f. Mayence m.
MAIÒRCA f. Majorque
MALÈSIA f. Malaisie
MALTA f. Malte
MÀNCIA f. Manche
MANCIÙRIA f. Mandchourie
MÀNICA (LA) f. La Manche
MÀNTOVA f. Mantoue
MARBURGO f. Marbourg [Germania], Maribor [Iugoslavia]
MARCHE (LE) f. pl. Les Marches
MARCHESI (ISOLE) f. pl. (Îles) Marquises
MARNA f. Marne
MARATÓNA f. Marathon
MARÒCCO m. Maroc
MARSIGLIA f. Marseille
MARIANNE (ISOLE) f. Îles Mariannes
MARTINICA f. Martinique
MASCARÈNE (ISOLE) f. pl. (Îles) Mascareignes
MASSÀUA f. Massaouah
MAURITÀNIA f. Mauritanie
MEANDRO m. Méandre
MÈCCA (LA) f. La Mecque
MÈDIA f. Médie
MEDINA f. Médine
MEDITERRÀNEO m. Méditerranée f.
MÈGARA f. Mégare
MELANÈSIA f. Mélanésie
MELEGNANO f. Marignan m.
MÈNFI f. Memphis m.
MÈNO m. Main
MENTÓNE f. Menton m.
MEÒNIA f. Méonie
MÈSIA f. Mésie
MESOPOTÀMIA f. Mésopotamie
MESSÈNE f. Messène
MESSÈNIA f. Messénie
MÈSSICO m. Mexique || *Città del Messico*, Mexico || *Nuovo Mèssico*, Nouveau-Mexique
MESSINA f. Messine
METAPÒNTO f. Métaponte m.
METÀURO m. Métaure
MICÈNE f. Mycènes m.
MICRONÈSIA f. Micronésie
MILANO f. Milan m.
MILÈTO f. Milet
MINÒRCA f. Minorque
MINTURNO f. Minturnes m.
MIRÀNDOLA f. Mirandole
MISÈNO m. Misène
MÌSIA f. Mysie
MISSURI m. Missouri
MITILÈNE f. Mytilène
MITTELEURÒPA f. Europe centrale
MÒDENA f. Modène
MÒLDAVA f. Moldau
MOLDÀVIA f. Moldavie

MÒNACO f. Munich [di Baviera], Monaco [Principato]
MONCENÌSIO m. Mont Cenis
MONFERRATO m. Montferrat
MONGINÉVRO m. Mont Genèvre
MONGÒLIA f. Mongolie
MONTECASSINO f. Mont Cassin ‖ V. CASSINO
MONVISO m. Mont Viso
MÒRAVA f. Morava
MORÀVIA f. Moravie
MORÈA f. Morée
MORIANA (VAL) f. Maurienne
MÒRTO (MAR) m. Mer Morte f.
MÒSA f. Meuse
MÓSCA f. Moscou m.
MOSÈLLA f. Moselle
MOSCÒVA f. Moskova
MOZAMBICO m. Mozambique

NAMÌBIA f. Namibie
NANCHINO f. Nankin
NÀPOLI f. Naples m.
NARBONA f. Narbonne ‖ *Gallia Narbonese*, Narbonnaise
NAVARRA f. Navarre
NAZIANZO f. Nazianze
NEMÈA f. Némée
NÈUSTRIA f. Neustrie
NÈVA f. Neva
NICÈA f. Nicée
NICOMÈDIA f. Nicomédie
NICOSÌA f. [Sicilia, Cipro] Nicosie
NILO m. Nil
NIMÈGA f. Nimègue m.
NIVERNÉSE m. Nivernais
NIZZA f. Nice m.
NÒLA f. Nole m.
NORIMBÈRGA f. Nuremberg m.
NORMANDÌA f. Normandie
NORVÈGIA f. Norvège
NOVARA f. Novare m.
NÙBIA f. Nubie
NUMÀNZIA f. Numance
NUMÌDIA f. Numidie
NUOVA DELHI f. Nouvelle-Delhi
NUOVA ORLEANS f. Nouvelle-Orléans
NUOVA YORK f. New York m.
NUOVE ÈBRIDI f. pl. Nouvelles-Hébrides

OCCITÀNIA f. Occitanie
OCEANIA f. Océanie
OLANDA f. *Hollande [*h* aspirata]
OLÌMPIA f. Olympie
OLIMPO m. Olympe
ORÀNO f. Oran m.
OSTÈNDA f. Ostende m.
ÒSTIA f. Ostie
ÒTRANTO f. Otrante m.

PÀDOVA f. Padoue
PAÉSI BASSI m. pl. Pays-Bas
PAESTUM ['pestum] f. Paestum [pes'tɔm]
PALATINO m. Palatin
PALÈRMO f. Palerme
PALESTINA f. Palestine
PÀNAMA m. e f. Panama
PANNÒNIA f. Pannonie
PAPUÀSIA f. Papouasie
PARIGI f. Paris m.
PARMA f. Parme
PARNASO, Arc. PARNASSO m. Parnasse
PARO f. Paros
PARAGÒNIA f. Patagonie
PAVÌA f. Pavie
PECHINO f. Pékin m.
PENSILVÀNIA f. Pennsylvanie
PÈRGAMO f. Pergame
PERMÈSSO m. Permesse
PÈRSIA f. Perse
PERÙGIA f. Pérouse
PIACÈNZA f. Plaisance

PICCARDÌA f. Picardie
PIEMÓNTE m. Piémont
PIETROBURGO f. Saint-Pétersbourg, V. LENINGRADO. PIETROGRADO f. Petrograd
PINERÒLO f. Pignerol m.
PIRENEI m. pl. Pyrénées f. pl.
PISA f. Pise
PISTÓIA f. Pistoie
PO m. Pô
POLINÈSIA f. Polynésie
POLÒNIA f. Pologne
POMERÀNIA f. Poméranie
POMPÈI f. Pompéi
PONTINE (PALUDI) f. pl. Marais Pontins
PONTO EUSINO m. Pont-Euxin
PORTOGALLO m. Portugal
POSÌLLIPO m. Pausilippe
POSNÀNIA f. Posnanie
POZZUÒLI f. Pouzzoles
PRESBURGO f. ARC. [Brastislava] Presbourg m.
PROVÈNZA f. Provence
PRÙSSIA f. Prusse
PÙGLIA e PÙGLIE f. sing. e pl. Pouille(s)

QUIRINALE m. Quirinal

RAGUSA f. [Sicilia, Iugoslavia (Dubrovnik)] Raguse
RATISBÓNA f. [Regensburg] Ratisbonne m.
RAVENNA f. Ravenne
RENÀNIA f. Rhénanie
RÈNO m. Rhin
RÈTICHE (ALPI) f. pl. (Alpes) Rhétiques
RÈZIA f. Rhétie
RÌVOLI f. Rivoli m.
RÒDI f. Rhodes
RÒDANO m. Rhône
RODÈSIA f. Rhodésie
ROMAGNA f. Romagne
RÓMA f. Rome
ROMANÌA, ROMENÌA (RU-) f. Roumanie
ROMÀNIA f. Romania
RONCISVALLE f. Roncevaux
ROSSIGLIONE m. Roussillon
RUMÈLIA f. Roumélie
RÙSSIA f. Russie

SÀAR f. Sarre
SÀBA f. Saba m.
SABINA f. Sabine
SAGUNTO f. Sagonte
SALAMINA f. Salamine
SALÈNTO m. Salente
SALÈRNO f. Salerne m.
SALISBURGO f. Salzbourg m.
SALONICCO f. Salonique m.
SAMÀRIA f. Samarie
SAMO f. Samos
SAMOTRÀCIA f. Samothrace
SAN MARINO m. e f. Saint-Marin
SAN GALLO m. e f. Saint-Gall
SANT'ÀNGELO (CASTEL) m. Château Saint-Ange
SANT'ÈLENA f. Sainte-Hélène
SANTIAGO f. *di Compostella,* Saint-Jacques-de-Compostelle; *(del Cile)* Santiago (du Chili)
SANTONGÉSE m. Saintonge
SAÓNA f. Saône
SARAGÒZZA f. Saragosse
SARDEGNA f. Sardaigne
SASSÒNIA f. Saxe
SAVÒIA f. Savoie
SAVÓNA f. Savone
SCANDINÀVIA f. Scandinavie
SCHÈLDA f. Escaut
SCHIAVÒNIA f. Esclavonie
SCIAFFUSA f. Schaffouse m.
SCIANGÀI f. Chang-Hai, Shangai
SCILLA f. Scylla

SCÒZIA f. Écosse; *Nuova Scozia,* Nouvelle-Écosse
SEGÈSTA f. Ségeste
SELINUNTE f. Sélinonte
SÌBARI f. Sybaris
SICÌLIA f. Sicile
SIÈNA f. Sienne
SINGAPÓRE f. Singapour
SÌNOPE f. Sinope
SIRACUSA f. Syracuse
SÌRIA f. Syrie
SIRTE f. Syrte
SISTINA (CAPPÈLLA) f. (Chapelle) Sixtine
SIVIGLIA f. Séville
SLAVÒNIA f. Slavonie
SLÈSIA f. Silésie
SLOVÀCCHIA f. Slovaquie
SMIRNE f. Smyrne
SÒDOMA f. Sodome
SÒFIA f. Sofia m.
SOLÉTTA f. Soleure
SOMÀLIA f. Somalie; *Somali* m. pl. Somalis
SÒRGA f. Sorgue
SORRÈNTO f. Sorrente m.
SPÀLATO f. Split m.
SPARTA f. Sparte
SPLUGA m. Splügen
SPOLÈTO f. Spolète m.
SPÒRADI f. pl. Sporades
STÀBIA f. Stabies
STAFFARDA f. Staffarde
STALINGRADO f. Stalingrad m.
STATI UNITI m. pl. États-Unis
STETTINO f. Stettin m.
STIGE m. Styx
STIRIA f. Styrie
STOCCARDA f. Stuttgart m.
SUSA f. [in Italia] Suse; [in Tunisia] Sousse
SVÈVIA f. Souabe
SVÈZIA f. Suède
SVÌZZERA f. Suisse

TÀBOR m. Thabor
TAGO m. Tage
TAIGÈTO m. Taygète
TAILÀNDIA f. Thaïlande
TAMIGI m. Tamise f.
TÀNAI m. Tanaïs
TANGANICA m. Tanganyika
TÀNGERI f. Tanger m.
TANZÀNIA f. Tanzanie
TAORMINA f. Taormine
TARANTÀSIA f. Tarentaise
TÀRANTO f. Tarente
TARASCÓNA f. Tarascon m.
TARQUÌNIA f. Tarquinies
TASMÀNIA f. Tasmanie
TÀURIDE f. Tauride
TÀURO m. Taurus
TEBÀIDE f. Thébaïde
TÈBE f. Thèbes
TÈNDA f. Tende
TERMÒPILI f. pl. Thermopyles
TERRACINA f. Terracine
TÈRRA DEL FUÒCO f. Terre de Feu
TERRANÒVA f. Terre-Neuve
TERRASANTA f. Terre Sainte
TESSÀGLIA f. Thessalie
TETUÀN f. Tétouan
TEUTOBURGO (SÉLVA DI) f. Teutoburger Wald
TÉVERE f. Tibre
TIBERÌADE (LAGO DI) m. (Lac de) Tibériade
TICINO f. Tessin
TIGRI f. Tigre
TIRO f. Tyr
TIRÒLO m. Tyrol
TIRRÈNO (MAR) m. (Mer) Tyrrhénienne f.
TOLÉDO f. Tolède m.

TOLÓNE f. Toulon m.
TOLÓSA f. Toulouse
TONCHINO m. Tonkin
TORINO f. Turin m.
TOSCANA f. Toscane
TRANSGIORDÀNIA f. Transjordanie
TRANSILVÀNIA f. Transylvanie
TRASIMÈNO m. Trasimène
TRASTÉVERE m. e f. Transtévère
TRÉBBIA m. e f. Trébie f.
TRÈNTO f. Trente m. || *Trentino*, Trentin
TRÉVIRI f. Trèves m.
TREVISO f. Trévise m.
TRIÈSTE f. Trieste
TRINÀCRIA f. Trinacrie
TRIPOLITÀNIA f. Tripolitaine
TRÒIA f. Troie
TULE f. Thulé
TÙNISI f. Tunis
TUNISÌA f. Tunisie

UCRÀINA f. Ukraine
UGANDA f. Ouganda
ULMA f. Ulm m.
ÙMBRIA f. Ombrie
UNGHERÌA f. *Hongrie [*h* aspirata]
ÙPSALA, ÙPPSALA f. Upsal, Uppsala m.
URALI m. pl. Oural m. sing.
URBINO f. Urbin m.
ÙTICA f. Utique

VALÀCCHIA f. Valachie
VALCHIUSA f. Vaucluse
VALÈNZA f. [Francia, Spagna] Valence
VALLÉSE m. Valais
VALLÉTTA (LA) f. La Valette
VALLOMBRÓSA f. Vallombreuse
VALTELLINA f. Valteline
VANDÈA f. Vendée
VARÉSE f. Varèse m.
VARO f. Var
VARSÀVIA f. Varsovie
VATICANO m. Vatican
VÈIO f. Véies
VÈNETO m. Vénétie f.
VENÈZIA f. Venise m. || *Venèzia Giulia*, Vénétie Julienne; *Venèzia Tridentina*, Vénétie Tridentine
VENASSINO (CONTADO) m. Comtat Venaissin
VENTIMÌGLIA f. Vintimille
VERCÈLLI f. Verceil
VÈRNA (LA) f. (le mont) Alverne, la Verna
VESTFÀLIA f. Westphalie
VERÓNA f. Vérone m.
VERSÀGLIA f. Versailles m.
VESÙVIO m. Vésuve
VICÈNZA f. Vicence m.
VIÈNNA f. Vienne
VILNA f. Vilna m.
VIMINALE m. Viminal
VÌSTOLA f. Vistule
VITÈRBO f. Viterbe m.
VOLTURNO m. Vulturne
VÒSGI m. pl. Vosges

ZACINTO (ZANTE) f. Zante
ZAGÀBRIA f. Zagreb m.
ZÀIRE m. Zaïre
ZAMBÉSI m. Zambèze
ZÀMBIA f. Zambie
ZELANDA f. Zélande
ZURIGO f. Zurich m.

Sigle e abbreviazioni italiane
Abréviations et sigles italiens

Per la grafia delle sigle e abbreviazioni va osservato che di massima in italiano le sigle in cui le iniziali componenti non sono separate dal punto sono lette come parole normali (così AGIP, ANAS, ecc.), mentre le sigle in cui le iniziali sono separate dal punto, generalmente impronunciabili, vengono lette secondo i singoli componenti o gruppi pronunciabili (C. G. I. L. = ci-gi-èlle, C. N. R. = ci-ènne-èrre). Ma le eccezioni non mancano, e l'uso è talora oscillante. Non vengono registrate le sigle di uso internazionale (automobilistiche, chimiche, ecc.) né quelle bibliografiche.

A	Autostrada [il numero arabo seguente consente l'individuazione, p. es. A1 = Autostrada del Sole]
AAS	Azienda Autonoma di Soggiorno
a. c.	1. Tip. a capo 2. Banc. assegno circolare
a. C.	avanti Cristo
A. C.	Azione Cattolica
ACI	1. Automobile Club d'Italia 2. Azione Cattolica Italiana
ACLI	Associazione Cristiana dei Lavoratori Italiani
A. D.	Anno Domini
AGIP	Azienda Generale Italiana dei Petroli
AGIS	Associazione Generale Italiana dello Spettacolo
AIE	Associazione Italiana degli Editori
AIEG	Associazione Italiana degli Editori e Giornali
all.	allegato
ANAS	Azienda Nazionale Autonoma delle Strade Statali
A. N. C. R.	Associazione Nazionale dei Combattenti e Reduci
ANIC	[anik] Azienda Nazionale Idrogenazione Carburanti
ANPI	Associazione Nazionale dei Partigiani d'Italia
ANSA	Agenzia Nazionale Stampa Associata
API	1. Anonima Petroli Italiana. 2. Association Phonétique Internationale
A. R.	Altezza Reale
ARCI	Associazione Ricreativa Culturale Italiana
ASCI	Associazione Scoutistica Cattolica Italiana
atm.	atmosfera
AVIS	Associazione Volontari Italiani del Sangue
BAR	Battaglione Addestramento Reclute
B. C. I.	Banca Commerciale Italiana
B. d'I.	Banca d'Italia
bibl.	bibliografia, bibliografico
B. N. L.	Banca Nazionale del Lavoro
brev.	brevetto, brevettato
btg	Milit. battaglione
btr	Milit. batteria
B. U.	Bolletino Ufficiale
ca.	circa
c. a.	corrente anno
cab	cablogramma
CAI	Club Alpino Italiano
Càmbital	Ufficio italiano dei Cambi
CAP	Codice di Avviamento Postale
CAR	Milit. Centro di Addestramento Reclute
Cav.	Cavaliere
Cav. d. Lav.	Cavaliere del Lavoro
Cav. di Gr. Cr.	Cavaliere di Gran Croce
Cav. uff.	Cavaliere ufficiale
CC	Carabinieri
c.c.	conto corrente
C.C.	1. Corte Costituzionale 2. Corte di Cassazione 3. Codice Civile 4. Corpo Consolare [sigla autom.]
C. C. I. A. A.	Camera di Commercio Industria Agricoltura e Artigianato
c. c. p.	conto corrente postale
C. D.	1. Corpo Diplomatico 2. Consigliere Delegato
C. d. A.	1. Corte d'Appello 2. Corte d'Assise 3. Milit. Corpo d'Armata
c. d. d.	Matem. come dovevasi dimostrare
C. d. L.	Camera del Lavoro
C. d. R.	Cassa di Risparmio
C. E.	1. Comitato Esecutivo 2. Consiglio Europeo
CECA	Comunità Europea del Carbone e dell' Acciaio
CEE	Comunità Economica Europea
CEEA	Comunità Europea dell'Energia Atomica
CEI	Conferenza Episcopale Italiana
CERN	Comitato Europeo di Ricerche Nucleari
C. F. I.	Corpo Forestale Italiano
cfr. (cfr.)	confronta
C. G. I. L.	[ci-gi-èlle] Confederazione Generale Italiana del Lavoro.
C. I.	Credito Italiano
CIO	Comitato Internazionale Olimpico
CIP	Comitato Interministeriale dei Prezzi
CIPE	Comitato Interministeriale per la Programmazione Economica
CISL	Confederazione Italiana Sindacati dei Lavoratori
CISNAL	Confederazione Italiana Sindacati Nazionali dei Lavoratori
CIT	Compagnia Italiana Turismo
cl	centilitro
C. L. N.	Comitato di Liberazione Nazionale
cm	centimetro
c. m.	corrente mese
cmq	centimetro quadrato
CNEL	Consiglio Nazionale dell'Economia e del Lavoro
CNEN	Comitato Nazionale per l'Energia Nucleare
C. N. R.	Consiglio Nazionale delle Ricerche
Comm.	Commendatore
CONFAGRICOLTURA	Confederazione Generale dell'Agricoltura Italiana
CONFAPI	Confederazione Nazionale della Piccola Industria
CONFARTIGIANATO	Confederazione Generale dell'Artigianato Italiano
CONFCOMMERCIO	Confederazione Generale del Commercio Italiano
CONFINDUSTRIA	Confederazione Generale dell'Industria Italiana
CONI	Comitato Olimpico Nazionale Italiano
C. P.	1. Casella Postale 2. Codice Penale 3. Consiglio Provinciale
CRAL	Circolo Ricreativo Assistenziale dei Lavoratori
CRI	Croce Rossa Italiana
C. T.	Sport Commissario Tecnico
C. U.	Sport Commissario Unico
CUS	Centro Universitario Sportivo
CUT	Centro Universitario Teatrale
c. v. d.	Matem. come volevasi dimostrare
dag	decagrammo
dal	decalitro
dam	decametro
D. C.	[di-ci] Democrazia Cristiana
d. C.	dopo Cristo
D. D.	Decreto Delegato
dev. mo	devotissimo
dg	decigrammo
D. G.	Direzione Generale

DIRSTAT	Associazione Nazionale dei Funzionari Direttivi dell'Amministrazione dello Stato
dl	decilitro
D. L.	Decreto Legge
dm	decimetro
D. M.	Decreto Ministeriale
Dp	Democrazia proletaria
D. P.	Decreto Presidenziale
D. P. R.	Decreto del Presidente della Repubblica
D. T.	SPORT Direttore Tecnico
EA	Ente Autonomo
E/C	COMM. Estratto Conto
ECA	Ente Comunale di Assistenza
E. C. G.	Elettro-cardiogramma
E. E. G.	Elettro-encefalogramma
E. I.	Esercito Italiano
ENAL	Ente Nazionale Assistenza Lavoratori
ENALOTTO	(Concorso pronostici gestito dall' ENAL)
ENAPI	Ente Nazionale dell'Artigianato e delle Piccole Industrie
ENEL	Ente Nazionale per l'Energia Elettrica
ENI	Ente Nazionale degli Idrocarburi
ENIC	Ente Nazionale delle Industrie Cinematografiche
ENIT	Ente Nazionale per il Turismo
ENPA	Ente Nazionale per la Protezione degli Animali
ENPAS	Ente Nazionale di Previdenza e Assistenza per i dipendenti Statali
ENPI	Ente Nazionale per la Prevenzione degli Infortuni
E. P. T.	Ente Provinciale per il Turismo
ETI	Ente Teatrale Italiano
EUR	Esposizione Universale di Roma [oggi quartiere di Roma]
E. V.	Era Volgare
FEDERCALCIO	Federazione italiana Gioco del Calcio
FEDERCONSORZI	Federazione italiana dei Consorzi agrari
FEDERTERRA	Federazione dei lavoratori della Terra
FF. AA.	Forze Armate
FF. SS.	Ferrovie dello Stato
F. G. C. I.	Federazione Giovanile Comunista Italiana
F. G. R.	Federazione Giovanile Repubblicana
F. G. S. I.	Federarzione Giovanile Socialista Italiana
FIAP	SPORT Federazione Italiana Atletica Pesante
FIAT	Fabbrica Italiana Automobili di Torino
FIDAL	SPORT Federazione Italiana Di Atletica Leggera
F. I. G. C.	SPORT Federazione Italiana Gioco del Calcio
FIM	SPORT Federazione Italiana Motociclistica
FIOM	Federazione Impiegati e Operai Metallurgici
FIP	SPORT Federazione Italiana Pallacanestro
FIS	SPORT Federazione Italiana Scherma
FISI	SPORT Federazione Italiana Sport Invernali
FIT	SPORT Federazione Italiana Tennis
F. L. N.	Fronte di Liberazione Nazionale
F. M. I.	Fondo Monetario Internazionale
F. P. I.	SPORT Federazione Pugilistica Italiana
FUCI	Federazione degli Universitari Cattolici Italiani
g	grammo
G. C.	Genio Civile

G. d. F.	Guardia di Finanza
GESCAL	Gestione Case per Lavoratori
G. I.	Giudice Istruttore
G. L.	Giustizia e Libertà
G. T.	AUTOM. Gran Turismo
G. U.	Gazzetta Ufficiale
h	etto
ha	ettaro
hg	ettogrammo
hl	ettolitro
hm	ettometro
ibid.	ibidem
id.	idem
ILOR	Imposta Locale sui Redditi
Ill. mo	Illustrissimo
INA	Istituto Nazionale delle Assicurazioni
INAIL	Istituto Nazionale per l'Assicurazione contro gli Infortuni sul Lavoro
INAM	Istituto Nazionale per l'Assicurazione contro le Malattie
I. N. P. S.	Istituto Nazionale per la Previdenza Sociale
I. P. S.	Istituto Poligrafico dello Stato
IRI	Istituto per la Ricostruzione Industriale
IRPEF	Imposta sui Redditi delle Persone Fisiche
IRPEG	Imposta sui Redditi delle Persone Giuridiche
ISTAT	Istituto centrale di Statistica
ITALCABLE	Italian Cable (Company)
IVA	Imposta sul Valore Aggiunto
jr.	junior
kc	chilociclo
kg	chilogrammo
km	chilometro
km/h	chilometri orari
kmq	chilometro quadrato
K. O.	[kappaò] SPORT knock-out
kW	chilowatt
kWh	chilowattora
l	litro
lat.	latitudine
lb	libbra
LL. PP.	Lavori Pubblici
loc. cit.	luogo citato
log	logaritmo
long.	longitudine
m	metro
m.	mese
max.	maximum
M. C. D.	MATEM. Massimo comun divisore
m. c. m.	MATEM. minimo comun multiplo
M. E.	Medio Evo
MEC	Mercato Comune Europeo
M. F. E.	Movimento Federalista Europeo
mg	milligrammo
min.	1. minimum 2. minuto secondo
mm	millimetro
M. M.	Marina Militare
M/N	Motonave
M. O.	Medio Oriente
m/o	COMM. mio ordine
mq	metro quadrato
ms.	manoscritto
m/sec	metri al secondo
M. S. I.	[emme-esse-ì *o* mis] Movimento Sociale Italiano
M. S. I.-D. N.	Movimento Sociale Italiano - Destra Nazionale
n.	1. numero 2. nota
NATO	North Atlantic Treaty Organization
N. B.	Nota bene
N. D.	Nobil Donna
N. d. A.	Nota dell'Autore

N. d. E.	Nota dell'Editore
N. d. R.	Nota del Redattore o della Redazione
N. d. T.	Nota del Traduttore
N. H.	Nobil Uomo
NN	[ènne-ènne] paternità ignota
ns.	COMM. nostro, nostra
N. S.	Nostro Signore
N. T.	Nuovo Testamento
n. t.	nota tipografica
N. U.	Nazioni Unite (= O. N. U.)
obbl. mo	obbligatissimo
OC	ELETTR. Onde Corte
OECE	Organizzazione Europea per la Cooperazione Economica
OL	ELETTR. Onde Lunghe
OM	ELETTR. Onde Medie
O. M. S.	Organizzazione Mondiale della Sanità
ONPI	Opera Nazionale per i Pensionati d'Italia
ONU	Organizzazione delle Nazioni Unite [= U. N. O.]
OO. PP.	Opere Pubbliche
op. cit.	opera citata
p.	pagina V. anche pag.
P. A.	Pubblica Amministrazione
pA	CHIM. peso atomico
pag.	pagina
par.	paragrafo
p. c.	per conoscenza
p/c	COMM. per conto
p. c. c.	BUROCR. per copia conforme
P. C. I.	[pi - ci - ì] Partito Comunista Italiano
P. d'A.	Partito d'Azione
PdUP	Partito di Unità Proletaria
p. e.	per esempio
p. es.	per esempio
p. f.	per favore
P. G.	Procuratore Generale
P. I.	Pubblica Istruzione
P. L. I.	[pi - elle - ì] Partito Liberale Italiano
P. M.	Pubblico Ministero
pM	CHIM. peso molecolare
P. O. A.	Pontificia Opera di Assistenza
POLFEM	Polizia Femminile
POLFER	Polizia Ferroviaria
pp.	pagine
p. p.	1. per procura 2. pacco postale
PP. TT.	Poste e Telegrafi
P. R.	Procuratore della Repubblica
Preg.mo	Pregiatissimo
P. R. I.	[pi - erre - ì] Partito Repubblicano Italiano
P. S.	1. Post Scriptum 2. Pubblica Sicurezza
P. S. D. I.	[pi - esse - dì] Partito Socialista Democratico Italiano
P. S. I.	[pi - esse - ì] Partito Socialista Italiano
P. T. P.	Posto Telefonico Pubblico
p. v.	prossimo venturo
q	quintale
q. b.	MEDIC. quanto basta
Q. I.	PSIC. Quoziente Intellettuale
r	recto
racc.	raccomandata
RAI-TV	Radio-Televisione Italiana
s	(minuto) secondo
S. A.	Società Anonima
S. acc.	Società in accomandita
s. b. f.	BANC. salvo buon fine
S. E.	Sua Eccellenza
sec	(minuto) secondo
sec.	secolo
SIAE	Società Italiana degli Autori e degli Editori
Sig.	Signor
Sig.na	Signorina
Sig.ra	Signora
SIP	Società Italiana Per l'esercizio telefonico [prec. Società Idroelettrica Piemonte]
SISDE	Servizio di Informazioni per la Sicurezza Democratica
s. l. m.	sul livello del mare
S. M.	1. Sua Maestà 2. Stato maggiore
S. M. O. M.	Sovrano Militare Ordine di Malta
Soc.	Società
S. p. A.	Società per Azioni
Spett.	Spettabile
S. P. M.	Sue Proprie Mani
S. r. l.	Società a responsabilità limitata
S. S.	Sua Santità
S. V.	Signoria Vostra
S. V. P.	Südtiroler Volkspartei
t	tonnellata
TBC	[ti-bi-cì] tubercolosi
T. C. I.	Touring Club Italiano
TOTIP	Totalizzatore Ippico
TOTOCALCIO	Totalizzatore (del) Calcio
T. U.	Testo Unico
UDI	Unione Donne Italiane
UIL	Unione Italiana del Lavoro
UNO	V. O. N. U.
UPU	Unione Postale Universale
u. s.	ultimo scorso
UVI	Unione Velocipedistica Italiana
v	verso [rovescio]
v.	1. volume 2. verso
V.	vedi
ved.	vedova
V. F.	Vigili del Fuoco
vs.	COMM. vostro, vostra
V. T.	Vecchio Testamento
wc	[vu-ci] water-closet [toilette]
Y. C. I.	Yacht Club Italiano

Précis de grammaire italienne

I. Articles

	masculin			féminin	
	(1)	(2)	(3)	(4)	(5)
défini singulier	*il*	*l'*	*lo*	*la*	*l'*
défini pluriel	*i*	*gli (gl')*	*gli*	*le*	*le (l')*
indéfini singulier		*un*	*uno*	*una*	*un' (una)*

(1) masc. sing. *il*, pl. *i* devant une consonne autre que *s* + cons. et *z* : *il cane, i vini, un libro.* Seule exception : *gli dei*, pl. de *il dio.*

(2) masc. sing. *l'*, pl. *gli (gl')* devant voyelle : *l'uomo, gli animali* (au pl. l'élision est admise devant *i*, p. ex. *gl'Italiani*), *un amico.*

(3) masc. sing. *lo*, pl. *gli* devant *s* + cons. et *z* : *lo spirito, gli zeri, uno straniero* ; de même devant *gn*, *i* semi-consonne (devant une voyelle), *x, pn, ps* : *gli gnocchi, lo iato, uno xenofobo, lo pneumatico, gli psicologi.*

(4) fém. sing. *la*, pl. *le* devant consonne : *la casa, le mele, una mosca.*

(5) fém. sing. *l'*, pl. *le (l')* devant voyelle : *l'anima, le amiche, un'ostrica* (les formes entre parenthèses sont rares mais admissibles : *l'esequie, una estate*).

Articles composés (prépositions + articles définis)

Prépositions	Articles IL	LO	L'	LA	I	GLI	LE
A	*al*	*allo*	*all'*	*alla*	*ai*	*agli*	*alle*
DA	*dal*	*dallo*	*dall'*	*dalla*	*dai*	*dagli*	*dalle*
DI	*del*	*dello*	*dell'*	*della*	*dei*	*degli*	*delle*
IN	*nel*	*nello*	*nell'*	*nella*	*nei*	*negli*	*nelle*
SU	*sul*	*sullo*	*sull'*	*sulla*	*sui*	*sugli*	*sulle*
CON (1)	*col*	*collo*	*coll'*	*colla*	*coi*	*cogli*	*colle*
PER (2)	*pel*				*pei*		

(1) Les formes non composées sont de plus en plus répandues, exception faite pour *col, coi,* qui coexistent avec *con il, con i.*
(2) *Pel* et *pei* sont archaïques et très rares.

Usages particuliers

(a) Avec les noms propres de famille, l'usage de l'article est nécessaire pour les femmes *(la Gréco, la Morante),* solennel et technique pour les hommes *(l'Alighieri, il Manzoni, il Croce)* ; devant les prénoms d'hommes, jamais d'article (*Dante, Virgilio,* sauf pour les emplois métonymiques, p. ex. *il Virgilio dell'Ambrosiana,* c.-à-d. le manuscrit) ; devant les prénoms de femmes, l'usage de l'article est familier.

(b) Locutions temporelles : *il 1980 è finito,* 1980 est fini. *Sono le dieci,* il est dix heures.

(c) Lieux : avec les noms *via, piazza, porta, ponte, riva,* etc., suivis d'un nom propre, l'article est absent surtout après préposition : *in via Calzaioli, a Piazza di Spagna, da porta Pia.*

(d) Avec infinitif substantivé : *il mangiar troppo fa male alla salute,* trop manger nuit à la santé.

Au pluriel, l'indéfini est exprimé par le « degré zéro » de l'article ou par la forme plurielle du partitif (v. ci-dessous) : *un amico,* pl. *amici* ou *degli amici.*

Articles partitifs

Pour le partitif, on utilise en italien les articles composés avec *di.* Ces formes alternent avec le « degré zéro », qui est généralisé dans les phrases négatives ou de sens négatif : *bevo (del) vino,* mais *non bevo vino* ; *acqua con (del) vino,* mais *acqua senza vino.*

À noter la forme *di* sans article, qui correspond souvent à l'usage partitif du *de* français : *di gran cose* ; *di stranieri non c'è che lui.*

II. Noms et adjectifs

Genre et accord

Les noms communs de personne correspondent en italien au sexe masculin ou féminin de la personne, à peu d'exceptions près, p. ex. *la guardia,* le garde. Le genre des noms communs de chose est fixé par tradition. Les noms en *-ore* sont tous masculins : *il valore,* la valeur. Pour les noms étrangers on suit, en général, le genre de la langue d'origine (mais *il Walhalla,* all. *die Walhalla*), p. ex. *le «Études», le «Fleurs du mal», i «Mémoires»;* pour les noms anglais le genre italien est analogique : *il film, lo yacht, la jeep.*

Tous les adjectifs s'accordent en genre et en nombre avec les noms auxquels ils se rapportent.

Catégories flexionnelles et formation du pluriel

	(1) masc.	(2) fém.	(3) masc./fém.	(4) masc.	(5) masc.	(6) masc./fém.
sing.	*-o*	*-a*	*-e*	*-a*	*-o*	-
pl.	*-i*	*-e*	*-i*	*-i*	masc. *-i* fém. *-a*	-

La plupart des adjectifs italiens se distribuent en deux classes : la première, masc. sing. *-o,* fém. sing. *-a,* masc. pl. *-i,* fém. pl. *-e,* correspond aux deux premières catégories flexionnelles; la seconde, masc. et fém. sing. *-e,* masc. et fém. pl. *-i,* correspond à la troisième.

(1) masc. sing. *-o,* pl. *i.* Exemples : *libro nero / libri neri.* Font exception les noms en *-o : la mano / le mani, l'eco / gli echi* (pl. masc.), qui sont du genre féminin. Cas particuliers : *l'uomo / gli uomini, il bue / i buoi, orecchio / orecchi* et *orecchie* (et aussi le fém. sing. *orecchia,* plus fréquent au sens figuré).

(a) Noms et adjectifs en *-co* et *-go :* les mots d'origine populaire, pour la plupart accentués sur l'avant-dernière syllabe, gardent au pluriel leur son vélaire → *-chi, -ghi : fuoco* pl. *fuochi, lungo* pl. *lunghi* (mais *amico* pl. *amici, nemico* pl. *nemici, porco* pl. *porci*); les mots savants, dont la plupart sont accentués sur l'antépénultième, changent au pluriel la vélaire en palatale → *-ci, -gi : medico* pl. *medici, logico* pl. *logici, teologo* pl. *teologi* (mais *catalogo* pl. *-ghi, dialogo* pl. *-ghi, analogo* pl. *analoghi, omologo* pl. *omologhi, carico* pl. *carichi*).

(b) Noms et adjectifs en *-io :* si l'*i* est accentué, le pluriel est normal : *ronzìo* pl. *ronzìi, stantìo* pl. *stantìi;* si l'*i* n'est pas accentué, le pluriel est généralement *-i : studio* pl. *studi, vario* pl. *vari;* mais on peut trouver aussi *-ii, -î,* ou l'accent sur la syllabe tonique, surtout pour éviter des homographies : *desiderio* pl. *desiderii, -î, desidèri; princìpio* pl. *principii, -î, princìpi.* Toujours *-i* après vélaire, palatale et *z : occhi, ricci, saggi, ozi, sazi.*

(c) Adjectifs *bello, buono, santo :* l'adjectif *bello* change de forme au masculin comme l'article défini et le démonstratif *quello : un bel libro, un bell'esempio, un bello spirito,* pl. *bei libri, begli esempi, begli spiriti* (mais *libri belli,* etc.); l'adjectif *buono* change de forme au masc. sing. comme l'article indéfini : *buon uomo, buon tempo, buono stile;* l'adjectif *santo* présente la même réduction au masc. sing. devant un nom propre de saint commençant par une consonne autre que *s* + cons. : *san Francesco, san Zanobi* mais *sant'Antonio, santo Stefano* (et devant un nom commun : *santo lavoro, santo giorno*).

(2) fém. sing. *-a,* pl. *-e : donna bella / donne belle.*

(a) Noms et adjectifs en *-ca* et *-ga :* ils gardent toujours au pluriel leur son vélaire : *amica* pl. *amiche, larga* pl. *larghe.*

(b) Noms et adjectifs en *-cia* et *-gia* (*i* non accentué) : si *-cia* et *-gia* sont précédés d'une consonne on préfère le pluriel en *-ce, -ge;* après une voyelle on préfère le pluriel en *-cie, -gie : spiagge lerce* mais *camicie grigie.*

(3) masc. et fém. sing. *e,* pl. *i.* Exemples : *il padre forte, la madre triste / i padri forti, le madri tristi.* Le nom *carcere* est masc. au sing. (*la carcere* est littéraire et archaïque), toujours fém. au pl. : *il carcere / le carceri.* L'adjectif *grande* peut changer de forme au masc. et au fém. sing. et pl. en perdant la dernière syllabe devant une consonne : *gran(de) baccano, gran(di) colpi* (mais *grand'uomo, grande schiaffo*), *gran(de) perdita, gran(di) cose, gran belle notizie.*

(4) masc. sing. *-a,* pl. *-i : il poeta / i poeti, l'egoista / gli egoisti.* Les noms d'agent en *-ista* sont féminins pour la plupart et usités comme adjectifs : *una donna egoista; belga,* nom et adj. masc. et fém., forme le masc. pl. avec palatale *belgi,* le fém. pl. en vélaire *belghe.*

(5) masc. sing. *-o,* fém. pl. *-a* / masc. pl. *-i.* Quelques noms masc. en *-o* ont uniquement un pluriel fém. en *-a :*

l'uovo / le uova	*il centinaio / le centinaia*
il riso [= le rire] / *le risa*	*il migliaio / le migliaia*
il paio / le paia	*il miglio / le miglia*

Pour beaucoup d'autres noms le pluriel fém. en *-a* coexiste avec un pluriel masc. en *-i*, qui a pris un sens différent, figuré ou individuel opposé au sens propre ou collectif du pluriel en *-a* :

Masculin singulier	Féminin pluriel	Masculin pluriel
il braccio	*le braccia* [du corps]	*i bracci* [d'un objet]
il ciglio	*le ciglia*	*i cigli* [d'un fossé]
il sopracciglio	*le sopracciglia*	*i sopraccigli*
il corno	*le corna*	*i corni*
il dito	*le dita*	*i diti*
il fondamento	*le fondamenta*	*i fondamenti*
il frutto	*le frutta* [coll., aussi *la frutta*]	*i frutti*
il ginocchio	*le ginocchia*	*i ginocchi*
il grido	*le grida*	*i gridi*
il labbro	*le labbra*	*i labbri*
il legno	*le legna* [coll., aussi *la legna*]	*i legni*
il lenzuolo	*le lenzuola*	*i lenzuoli*
il membro	*le membra* [du corps]	*i membri*
il muro	*le mura*	*i muri*
l'osso	*le ossa*	*gli ossi*

(6) Cette catégorie comprend tous les noms invariables masc. et fém., et quelques adjectifs également invariables :

(a) tous les noms accentués sur la dernière voyelle : *lunedì, caffè, città, virtù ;*

(b) tous les noms et adjectifs monosyllabiques : *re, gru, blu ;*

(c) tous les noms et adjectifs avec sing. en *-i : crisi, eclissi, pari, dispari ;*

(d) certains féminins en *-ie : la serie / le serie, la specie / le specie* (mais *le superfici*) ;

(e) tous les noms d'origine étrangère terminés par une consonne : *i lapis, i film, gli sport, le jeep ;*

(f) les substantifs utilisés comme adjectifs désignant des couleurs : *lilla, rosa, viola ; marrone* a aussi un pl. masc. et fém. *marroni.*

Modification des noms et des adjectifs

La possibilité de former au moyen de suffixes des augmentatifs, des diminutifs souvent flatteurs ou des péjoratifs toujours nouveaux est beaucoup plus grande en italien qu'en français : on ne trouvera dans le dictionnaire que ceux qui impliquent une modification de sens *(palazzo → palazzina, chiave → chiavetta).* Il ne faut pas toutefois croire que cette liberté soit illimitée.

(a) Augmentatifs

-ONE masc., -ONA fém. : *un libro → un librone, un uomo → un omone, ricco, -a → riccone, -a.* La modification suffixale masculine peut s'appliquer aux noms féminins avec une connotation hyperbolique et caricaturale : *una donna → una donnona, un donnone, la casa → il casone.*

(b) Diminutifs et augmentatifs modérés (« assez grand »)

-INO masc., -INA fém. : *piede → piedino, bello → bellino.* La modification suffixale féminine s'applique quelquefois aux noms masc. : *palazzo → palazzina ;* le diminutif masc. appliqué à un nom fém. a une connotation caricaturale : *donna → donnina, donnino ; bocca → bocchina, bocchino* [petite bouche]. Les noms en *-on(e)* n'admettent que le suffixe diminutif -CINO : *cartone → cartoncino, portone → portoncino.*

-ICINO masc., -ICINA fém. : *corpo → corpicino, serpe → serpicina.*

-ETTO masc., -ETTA fém. : *libro → libretto, chiave → chiavetta, furbo → furbetto.*

-ETTINO, -A (-ETTO + -INO) : *librettino.*

-ELLO masc., -ELLA fém. : *cattivo → cattivello, piatto → piattello.*

-ERELLO masc., -ERELLA fém. : *vecchio → vecchierello, fatto → fatterello, fuoco → fuocherello.*

-ERELLINO, -A (-ERELLO + -INO) : *fuocherellino.*

-ELLINO, -A (-ELLO + -INO) : *porco → porcello → porcellino, piattello → piattellino.*

-ICELLO masc., -ICELLA fém. : *campo → campicello, botte → botticella, grande → grandicello.*

-OTTO masc., -OTTA fém. : *anziano → anzianotto ;* [petits d'animaux] : *aquila → aquilotto, lepre → leprotto, tigre → tigrotto.*

-ACCHIOTTO, -A : *fesso → fessacchiotto ;* [petits d'animaux] : *lupo → lupacchiotto, orso → orsacchiotto.*

-UCCIO masc., -UCCIA fém. : *cappello → cappelluccio, capanna → capannuccia, debole → deboluccio.*

-(U)ÒLO masc., -(U)ÒLA fém. : *ragazzo, -a → ragazzuolo, -a, montagna → montagnola, notizia → notiziola, poesia → poesiola.*

-OLINO, -A (-[U]ÒLO + -INO) : *cane → cagnolino, pesce → pesciolino, verde → verdolino.*

-OCCIO masc., -OCCIA fém. : *grasso, -a → grassoccio, -a.*

-OTTELLO, -A (-OTTO + -ELLO) : *grassottello.*

(c) Péjoratifs

-ACCIO masc., -ACCIA fém. : *uomo → omaccio, donna → donnaccia, avaro → avaraccio* (et -AZZO : *amore → amorazzo*).

-ASTRO, -A : *poeta → poetastro, verde → verdastro.*

-ICCIO, -A : *umido → umidiccio, malato → malaticcio.*

-ICIATTOLO, -A : *mostro → mostriciattolo, febbre → febbriciattola.*

-ÓGNOLO, -A, comme -ASTRO et -ICCIO, ajouté aux adjectifs de couleur, indique des nuances pâles ou douteuses : *azzurrognolo, giallognolo.*

-ÒNZOLO : *medico → mediconzolo, prete → pretonzolo.*

Ces suffixes peuvent modifier aussi certains verbes, par exemple :

ridere → rid-acchiare — *piovere → piov-igginare*
scrivere → scrib-acchiare — *piangere → piagn-ucolare*
cantare → cant-erellare — *tagliare → tagli-uzzare.*

Degrés de comparaison

	(1) Comparatif	(2) Superlatif relatif	(3) Superlatif absolu
1. Supériorité	*più* + adj. + *di/che*	*(il) più* + adj. + *(di)*	*-issimo*
2. Infériorité	*meno* + adj. + *di/che*	*(il) meno* + adj. + *(di)*	
3. Égalité	*(così)* + adj. + *come* *tanto* + adj. + *quanto*		

Les comparatifs d'inégalité ont les mêmes constructions : *è più bravo di me; la sua intelligenza è minore della sua diligenza.* Dans le second terme, on emploie *di* quand la comparaison est considérée comme réelle ou possible, *che* dans tous les autres cas et toujours quand la comparaison concerne deux adjectifs, deux noms, deux adverbes ou deux verbes : *è più diligente che intelligente; ha più diligenza che intelligenza; lavora più diligentemente che intelligentemente; suole divertirsi più che studiare.*

Le comparatif d'égalité se réalise avec *così* ou *tanto* (qui peuvent être supprimés dans le premier terme) et *come* ou *quanto* (et dans certains cas *che*) dans le second : *sei bravo come (quanto) Pietro; è tanto (così) coraggioso a parole quanto (come) vigliacco a fatti; è venuto tanto prima che poi.*

Dans le superlatif relatif, si l'adjectif est placé après le nom, l'article n'est pas redoublé comme en français : *la più bella vittoria, la vittoria più bella.* L'article n'est redoublé que s'il y a disjonction : *il cielo di Toscana, il più azzurro d'Italia.*

Le superlatif absolu peut être réalisé aussi par un adverbe quantificateur de l'adjectif : *oltremodo, sommamente,* ou par la réduplication de l'adjectif : *sommamente piccolo, piccolo piccolo.* La réduplication est synonymique dans plusieurs locutions figées : *bagnato fradicio, pieno zeppo, stanco morto.* Le suffixe *-issimo* peut modifier aussi certains noms : *campionissimo, salutissimi.*

Cas particuliers

	(1) Comparatif	(2) Superlatif relatif	(3) Superlatif absolu
(alto)	*superiore*		*sommo*
(basso)	*inferiore*		*infimo* (litt.)
buono	*migliore* *(meglio)*	*il migliore* *il meglio* [toujours au sens neutre]	*ottimo*
cattivo	*peggiore* *(peggio)*	*il peggiore* *il peggio* [toujours au sens neutre]	*pessimo*
grande	*maggiore*	*il maggiore*	*massimo*
piccolo	*minore*	*il minore*	*minimo*

III. Noms et adjectifs numéraux

(1) Cardinaux

0	*zero* (pl. *zeri*)	23	*ventitré*	200	*duecento*
1	*uno (un, una)*	24	*ventiquattro*		(*dugento* arch.)
2	*due*	25	*venticinque*	300	*trecento*
3	*tre*	26	*ventisei*		etc.
4	*quattro*	27	*ventisette*	1 000	*mille*
5	*cinque*	28	*ventotto*	1 001	*mille (e) uno*
6	*sei*	29	*ventinove*	1 002	*mille (e) due*
7	*sette*	30	*trenta*	1 101	*mille (e) centouno*
8	*otto*	31	*trentuno*		etc.
9	*nove*		etc.	2 000	*duemila*
10	*dieci*	40	*quaranta*	2 100	*duemilacento*
11	*undici*	41	*quarantuno*		etc.
12	*dodici*		etc.	3 000	*tremila*
13	*tredici*	50	*cinquanta*		etc.
14	*quattordici*	60	*sessanta*	10 000	*diecimila*
15	*quindici*	70	*settanta*	100 000	*centomila*
16	*sedici*	80	*ottanta*	1 000 000	*un milione (di)*
17	*diciassette*	90	*novanta*	1 000 001	*un milione e uno*
18	*diciotto*	100	*cento*	1 100 000	*un milione e centomila*
19	*diciannove*	101	*centouno*	2 000 000	*due milioni*
20	*venti*		etc.	1 000 000 000	*un miliardo (di)*
21	*ventuno*	108	*cento otto*	2 000 000 000	*due miliardi*
22	*ventidue*	180	*centottanta*		etc.

Les noms des années et des siècles prennent l'article : *nel Mille (e) novecentottanta.* À noter les dénominations des siècles à partir du XIIIe : *il Duecento* ('200) = *il secolo tredicesimo* (1200-1299 [sec. XIII]), *il Novecento* ('900) = *il secolo ventesimo* (sec. XX). L'article masculin devant un nom cardinal exprime les ans ; l'article féminin, les heures : *è sui quaranta,* il a la quarantaine ; *è l'una, sono le una,* il est une heure. Les adjectifs numéraux terminés par *uno* peuvent être suivis d'un nom singulier accordé avec la forme variable de *uno, un, una ;* l'usage contemporain préfère le pluriel : *ha ventun(o) anni* ou *ventun anno, ventuno studentesse.* Le titre italien traditionnel des *Mille et une Nuits* est *Le mille e una notte,* mais aujourd'hui on dirait *trentuno notti* plutôt que *trentuna notte.*

(2) Ordinaux

1er *primo,* 2e *secondo,* 3e *terzo,* 4e *quarto,* 5e *quinto,* 6e *sesto,* 7e *settimo,* 8e *ottavo,* 9e *nono,* 10e *decimo,* 11e *undicesimo,* 12e *dodicesimo,* etc., 23e *ventitreèsimo,* etc., 1 149e *millecentoquarantanove-simo.*

À noter les latinismes *undecimo, duodecimo, vigesimo* (20e), *trigesimo* (30e), *quadragesimo* (40e), etc., employés dans des cas particuliers, et la série *decimoprimo, decimosecondo,* etc., utilisée surtout pour indiquer les siècles, ainsi qu'avec les noms des papes, des rois, etc. : *Luigi XVI (sedicesimo* ou *decimosesto), Leone XII (dodicesimo* ou *duodecimo).*

IV. Pronoms

Pronoms personnels

Personnes	Formes fortes			Formes faibles	
	Sujets	Objets directs	Objets indirects	Objets directs	Objets indirects
sing. 1	*io*	*me*	*me*	*mi*	*mi*
2	*tu*	*te*	*te*	*ti*	*ti*
3 masc.	*egli, esso, lui*	*lui*	*lui, esso*	*lo*	*gli, ne*
fém.	*ella, essa, lei*	*lei*	*lei, essa*	*la*	*le, ne*
réfléchis		*sé*	*sé*	*si*	*si*
plur. 1	*noi*	*noi*	*noi*	*ci*	*ci*
2	*voi*	*voi*	*voi*	*vi*	*vi*
3 masc.	*essi, loro*	*loro*	*loro, essi*	*li*	*loro, gli, ne*
fém.	*esse, loro*	*loro*	*loro, esse*	*le*	*loro, ne*
réfléchis		*sé*	*sé*	*si*	*si*

Les pronoms sujets s'emploient pour insister et pour opposer : *me lo ha consigliato lui ; io ho fame, e tu ?* Quand plusieurs pronoms sujets sont coordonnés, l'ordre est libre : *tu e io ; io e te ; io, tu e lui ; io, lui e te* (après la conjonction *e* on préfère *te* comme sujet de 2e pers.). Pour la 3e pers. les formes les plus communes sont *lui, lei, loro ; egli, essi, essa, esse* sont de la langue écrite ou surveillée ; *ella* est plus recherché que *essa*. Pour des choses ou des animaux on utilise *esso, -a, -i, -e*. Quand les pronoms faibles sont employés par deux, le pronom objet indirect précède d'ordinaire l'objet direct, et *mi, ti, si, ci, vi* changent leur *i* en *e* devant *lo, la, li, le, ne : te lo dico, ve ne parla ; gli* et *le* dans les mêmes conditions se changent en *glie*, uni d'ordinaire graphiquement au pronom qui suit : *glielo dico, gliene parlo.*

Les pronoms faibles précèdent le verbe, exception faite pour les formes suivantes :
(a) infinitif : *per dirvelo, per annunziar(e) loro ; (b)* gérondif : *dicendovelo ; (c)* participe passé : *vendutogli* et rarement participe présent : *riferentesi ; (d)* impératif (2e pers. sing. et pl., 1re pers. pl.) : *mangialo, credetelo, andiamoci* (mais après une négation : *non lo mangiare, non lo credete* à côté de *non mangiarlo, non credetelo*).

Adjectifs et pronoms possessifs

Personnes	Singulier Masc.	Singulier Fém.	Pluriel Masc.	Pluriel Fém.
sing. 1	*mio*	*mia*	*miei*	*mie*
2	*tuo*	*tua*	*tuoi*	*tue*
3	*suo*	*sua*	*suoi*	*sue*
plur. 1	*nọstro*	*nostra*	*nostri*	*nostre*
2	*vostro*	*vostra*	*vostri*	*vostre*
3	*loro*	*loro*	*loro*	*loro*

Adjectifs et pronoms possessifs ont en italien les mêmes formes. Pour éviter l'ambiguïté de la référence, on utilise *proprio, -a,* à la place de *suo, -a,* avec la valeur de « son propre » : *come suo padre temeva, il figlio distrusse la propria fortuna.*

Adjectifs et pronoms démonstratifs

Personnes	Adjectifs		
1	*questo, -a*	*(quest') ;*	pl. *-i, -e*
2	*(codesto, -a)*	*(codest') ;*	(pl. *-i, -e*)
3	*quello, -a*	*(quel, quell') ;*	pl. *quegli, quei, quegl' ; quelle*

Personnes	Pronoms			Adverbes
1	*questo, -a ;* pl. *-i, -e*	*questi*	*ciò, ciò che*	*qui, qua*
2	*(codesto, -a ;* pl. *-i, -e)*	*costui, costei ;* pl. *costoro*		*(costì, costà)*
3	*quello, -a ;* pl. *quelli, -e*	*quegli, colui, colei,* pl. *coloro*		*lì, là*

À l'origine, l'italien a un système de démonstratifs à trois formes, correspondant aux trois personnes, pour indiquer un objet proche du locuteur *(questo),* de l'interlocuteur *(codesto* ou *cotesto),* ou hors de la portée des deux *(quello).* L'usage contemporain a presque partout abandonné l'expression de la 2e personne *codesto (cotesto),* toutefois encore vivante en Toscane, et présente un système réduit à deux termes, *questo* (1re pers.) et *quello* (2e et 3e pers.).

Questo, -a (et *codesto, -a*), s'élident toujours devant une voyelle ; les formes de *quello* varient comme celles de l'article contracté : *quel cane, quello scafo, quell'elmo,* fém. *quella sera, quell'anima ;* pl. masc. *quei fiori, quegli spari, quegl'italiani,* fém. *quelle vene, quelle erbe.* Au masc. pl., noter la différence de forme entre adjectif et pronom : *quegli Svizzeri,* ces Suisses-là ; *degli orologi preferisco quelli svizzeri* (où *quelli* est pronom et *svizzeri* adjectif).

Les pronoms masc. sing. *questi* et *quegli* sont de l'usage littéraire, et ont une valeur anaphorique (« le premier », « le dernier », ou « la personne dont on parle »).

Adjectifs et pronoms interrogatifs et exclamatifs

che, invariable, adjectif interr. et exclam. : *che treno prendi ? che libri leggi ? a che ora vieni ? che sciagura !*

che, che cosa, et (en langue parlée) *cosa,* pronom neutre : *che avverrà ? che dici ? di che parli ? cosa fai ? per (che) cosa lavori ? che vedo !*

chi, pronom personnel (employé aussi pour les animaux) sujet et complément : *chi parla ? chi preferisci, il cane o il gatto ? per chi lavori ? chi vedo ! non so a chi giovi.*

quale, pl. *quali,* adj. et pronom masc. et fém. : *quali ore hai scelto ? di quali hai bisogno ?* Dans les exclamations, *quale* se trouve seulement avec une valeur qualitative intensive : *una amicizia sola, ma quale amicizia !*

quanto, -a, pl. *-i, -e,* adj. et pronoms masc. et fém. : *quanti anni hai ? in quanti verranno ? quanta pazienza !* (quelle patience !).

Pronoms relatifs

L'italien possède deux séries de pronoms relatifs.

(1) Invariables

che (a) sujet et complément direct : *il cane che abbaia, il vino che bevo.*

(b) neutre, avec ou sans article (= *ciò che*) : ..., *(il) che è falso.*

cui (a) complément indirect avec préposition : *lo studio a cui attendo, di cui parlo ; l'amico con cui viaggio, da cui mi congedo, per cui mi sacrifico. Cui* peut être employé sans la préposition *a,* avec valeur de datif : *l'amico cui donai il libro.*

(b) avec valeur d'appartenance ou de possession (= dont) : on le place (sans prép. *di*) entre l'article (ou la prép. + art.) et le nom à définir, comme un adjectif relatif invariable : *una fontana, la cui acqua* (= *l'acqua della quale*) *è limpida.* Si le nom à définir est un complément d'objet direct, cette construction est facultative : *una fontana, la cui acqua vorrei bere,* mais aussi *di cui vorrei bere l'acqua.*

(2) Variables

il quale (la quale, i quali, le quali), pronom sujet et complément, est aussi adjectif relatif : *il verbo, la quale parola... ;* ces formes, plus marquées et plus précises, sont utilisées pour éviter des ambiguïtés et introduisent en général des propositions détachées ou incidentes, *che* et *cui* étant réservés aux déterminatives. Le relatif *quale* sans article a une valeur consécutive indéfinie (correspondant à « tel que ») : *alberi quali crescono in montagna.*

(3) Il faut ajouter que les deux interrogatifs *chi* et *quanto* (adj. accordé ou pronom neutre) ont aussi une fonction de relatifs : *chi sa, fa ; chiedilo a chi lo sa; attaccò con quante truppe gli restavano ; non credo a quanto mi dici.*

Adjectifs et pronoms indéfinis

De quantité

tutto, molto, troppo, poco, parecchio, alquanto, mezzo, tanto, quanto, altrettanto, entrambi, -e pl., *ambedue* (pl. inv.), tous adjectifs et pronoms variables et aussi adverbes invariables : *troppo pochi, mezzo rovinati.* L'union de *tutto* avec un numéral cardinal est marquée par la conj. *e : tutti e due, tutte e due,* équivalant à *entrambi, -e, ambedue.*

qualche, adj. sing. en union avec des noms comptables : *qualche rosa.*

un poco, un po' (di), avec des noms non comptables : *un po' di latte.* Comme pronom : *ne voglio un poco, un po', un altro po'.*

più, assai, abbastanza, adj. et pronoms invar.

ogni, adj. sing. : *ogni cosa* (= *tutto*). Au pl., suivi d'un numéral : *ogni tre passi.*

ognuno, -a, pron. sing.

ciascuno, -a, adj. et pron. sing.

De qualité et de personnalité

tale, quale, adj. et pron. var. et corrélatifs.

un tale, una tale ; dei, delle tali, pron. et adj. var. (personnes).

(un) certo, (una) certa ; certi, certe, adj. var. ; au pl. est aussi pronom.

uno, una, pron. sing. (personnes).

alcuno, -a ; alcuni, -e, adj. et pron., au sing. seulement dans des phrases négatives : *non ho visto alcun segnale ; ne ho visto alcuni.*

diversi, -e ; vari, varie, adj. pl. rarement sing. : *diverso, vario tempo.*

taluno, talaltro, pron. var. et corrélatifs ; au pl. est aussi adjectif.

qualcuno, -a (qualcheduno, -a), pron. sing. (personnes).

qualcosa (qualche cosa), pron. invar. sing. (choses) ; uni à un adj. substantivé par la prép. *di : qualcosa di bello.*

qualunque, qualsiasi, adj. invar., suivi par un nom sing. ou précédé par un nom pl. : *(un) qualunque vestito, un vestito qualsiasi, dei vestiti qualunque.*

chiunque, pron. invar. sing. (personnes ; pour des choses *qualunque cosa*).

checché, chicchessia, pron. invar. sing. litt. : *checché* (= *qualunque cosa*) *tu faccia ; non lo direbbe a chicchessia* (= *ad alcuno*).

D'identité et de différence

stesso, medesimo, adj. et pron. var. interchangeables seulement dans l'expression de l'identité : *ho gli stessi (i medesimi) insegnanti*, mais *oggi stesso*, aujourd'hui même.

altro, adj. et pron. var.

altri, pron. sing. masc. d'usage littér.

altrui, adj. inv. avec valeur de possessif : *le cose altrui ;* d'usage archaïque comme pron. : *non giova altrui* (= *ad altri*).

De négation

nessuno, -a ; alcuno, -a, adj. et pron. var. sing. ; dans la phrase négative le verbe doit être en général précédé d'une négation : *nessuno l'ha visto ? non l'ha visto nessuno (alcuno).*

niente, nulla, pron. invar. (= *nessuna cosa*) : *niente mi conforta, non mi conforta nulla.*

V. Adverbes

(1) De manière

(a) formés comme en français, mais avec plus de facilité, à l'aide d'un adjectif, en ajoutant *-mente* au fém. sing. : *lentamente, felicemente ;* si l'adj. se termine par *-le, -re*, la voyelle *-e* tombe devant *-mente : facilmente, particolarmente* (et aussi *benevolo, benevolmente ; leggero, leggermente*). Avec *violento* on forme *violentemente.* Tous ces adverbes ont des formes de comparatif et de superlatif parallèles à celles des adjectifs : *gentilmente, più gentilmente, gentilissimamente* ou *molto gentilmente, il più gentilmente possibile, più gentilmente che può.*

(b) formés par certains adjectifs invariables : *parlare forte, piano, sommesso ; abitare lontano, vicino ; è proprio vero.*

(c) remplacés par certains adjectifs liés au verbe et accordés avec le sujet : *risposero timide ; lo guardò risoluta ; camminavano svelti.*

(d) formés par des locutions constituées de prép. + adj. : *a pieno, all'italiana, alla buona, di recente, di continuo, d'improvviso, di sicuro, davvero, da vicino, da ultimo, in breve, per le lunghe.*

(e) d'origine latine : *bene, male*, avec comparatifs et superlatifs *meglio, peggio ; il meglio possibile, il peggio possibile ; meglio che può, peggio che può ; benissimo, malissimo ; ottimamente, pessimamente.*

(2) De modalité

così, come ; altrimenti ; proprio, quasi, apposta ; piuttosto, anzi, però ; anche, perfino ; pure, tuttavia, pertanto.

(3) De quantité

poco, molto, assai, troppo, abbastanza.

(4) De lieu

(a) indéterminés : *dove* (*ove* litt.), *dovunque, dappertutto, da nessuna parte, altrove, via* (éloignement).

(b) démonstratifs [v. Adjectifs et pronoms démonstratifs] : les deux séries *qui (costì), lì* et *qua, (costà), là*, largement interchangeables, s'opposent pour la détermination, précise et ponctuelle de la première, approximative et extensive de la seconde, qui s'exprime dans des composés et des locutions : *quassù, (costassù), lassù ; quaggiù, (costaggiù), laggiù ; di qua, di là ; in qua, in là ; per di qua, per di là.*

Les formes pronominales *ci, vi* (= *qua, là*) et *ne* (= *di qua, di là*) ont une valeur anaphorique (renvoyant au contexte précédent) : *vi abita, ci vado ; ero a Parigi, ne sono venuto a Padova e ora ne riparto.*

(c) déterminatifs

Hauteur			Distance	Direction		Situation
				état	mouvement	
su,	*(di) sopra,*	*in cima*	*vicino*	*davanti*	*avanti*	*(di) dentro, all' interno*
		in mezzo	*presso*			*intorno*
giù,	*(di) sotto,*	*in fondo*	*lontano*	*(di) dietro*	*indietro*	*(di) fuori, al esterno*

(5) De temps

oggi, domani, ieri, dopodomani (posdomani, domani l'altro), l'altro ieri (avantieri, ieri l'altro); prima, dopo; ora, adesso, poi; allora, ancora, già, ormai; subito, presto, tardi; sempre, mai; spesso, di rado.

(6) D'affirmation, doute et opposition

sì, certo, già, appunto, certamente, evidentemente; forse; invece, al contrario.

(7) De négation

no, niente, affatto, niente affatto; non, non... affatto, non... punto, non... mica, né, né... né, neppure, neanche, nemmeno; mai. Comme pour les pronoms de négation, le verbe doit être précédé d'une négation : *non è venuto mai; mai è venuto.*

(8) D'interrogation

quando? dove? di dove (donde)? come? perchè? quanto? Les interrogatives indirectes sont introduites par les mêmes adverbes et par *se : vieni? dimmi se vieni.*

VI. Prépositions

Pour les prépositions simples, sans article ou composées avec l'article (v. Articles), voir dans le dictionnaire *a, con, da, di, per, su, tra (fra).* Plusieurs adverbes et adjectifs neutres sont utilisés comme prépositions simples : *attraverso, contro, dentro (entro), dietro, dopo, durante, lungo, presso, secondo, senza, sopra, sotto, verso.*

Les prépositions composées sont formées en grande partie par des adverbes (ou locutions adverbiales) en union avec les prépositions simples *a, di, da : accanto a, addosso a, davanti a, dietro a, di faccia a, di fronte a, dirimpetto a, fino a (sino a), in cima a, incontro a, in fondo a, in mezzo a, intorno a, presso a, vicino a; dietro di, fuori di, invece di, presso di, prima di; fin(o) da (sin da), giù da, lontano da,* etc. Les prépositions *attraverso, contro, dentro, dietro, dopo, presso, senza, sopra, sotto, su, verso,* suivies d'un pronom personnel, s'y relient en général par *di : contro di lui, sotto di te, su di me.* À noter aussi *su per, giù per,* où l'adverbe garde son autonomie : *su per i monti, giù per la discesa.*

VII. Conjonctions

(1) De coordination

e, eppure; o, oppure, ossia, ovvero, ma; né; dunque, infatti, cioè; nondimeno, sennonché, etc. (v. le dictionnaire).

(2) De subordination

(a) constatation, temps, supposition : *allorché, allorquando, appena, casomai, che, come, da che, dato che; finché, fino a tanto che, mentre che, poiché, quando; quand'anche, se, seppure.*

(b) cause, concession : *benché, ché, dacché, da quanto, giacché, perché, poiché; purché, quantunque, sebbene.*

(c) conséquence, fin : *affinché, perché, sicché, talché.*

VIII. Verbes*

Auxiliaires

essere

INDICATIF

Présent	Passé composé		Imparfait	Plus-que-parfait	
sono	sono	stato, -a	ero	ero	stato, -a
sei	sei	stato, -a	eri	eri	stato, -a
è	è	stato, -a	era	era	stato, -a
siamo	siamo	stati, -e	eravamo	eravamo	stati, -e
siete	siete	stati, -e	eravate	eravate	stati, -e
sono	sono	stati, -e	èrano	èrano	stati, -e

Passé simple	Passé antérieur		Futur simple	Futur antérieur	
fui	fui	stato, -a	sarò	sarò	stato, -a
fosti	fosti	stato, -a	sarai	sarai	stato, -a
fu	fu	stato, -a	sarà	sarà	stato, -a
fummo	fummo	stati, -e	saremo	saremo	stati, -e
foste	foste	stati, -e	sarete	sarete	stati, -e
fùrono	fùrono	stati, -e	saranno	saranno	stati, -e

SUBJONCTIF

Présent	Passé		Imparfait	Plus-que-parfait	
sia	sia	stato, -a	fossi	fossi	stato, -a
sia	sia	stato, -a	fossi	fossi	stato, -a
sia	sia	stato, -a	fosse	fosse	stato, -a
siamo	siamo	stati, -e	fóssimo	fossimo	stati, -e
siate	siate	stati, -e	foste	foste	stati, -e
sìano	sìano	stati, -e	fóssero	fossero	stati, -e

CONDITIONNEL — IMPÉRATIF — INFINITIF

Conditionnel Présent	Conditionnel Passé		Impératif Présent	Infinitif
sarei	sarei	stato, -a	—	**Présent**
saresti	saresti	stato, -a	sii (*nég.* non essere)	èssere
sarebbe	sarebbe	stato, -a	sia	
saremmo	saremmo	stati, -e	siamo	**Passé**
sareste	sareste	stati, -e	siate	èssere stato
sarèbbero	sarèbbero	stati, -e	sìano	

PARTICIPE — GÉRONDIF

Participe Présent	Participe Passé	Gérondif Présent	Gérondif Passé
—	stato, -a, -i, -e	essendo	essendo stato, -a, -i, -e

* Dans tous les paradigmes, nous avons marqué l'accent sur les proparoxytons : *èrano, avévano*, etc.

avere

INDICATIF

Présent	Passé composé	Imparfait	Plus-que-parfait
ho	ho avuto	avevo	avevo avuto
hai	hai avuto	avevi	avevi avuto
ha	ha avuto	aveva	aveva avuto
abbiamo	abbiamo avuto	avevamo	avevamo avuto
avete	avete avuto	avevate	avevate avuto
hanno	hanno avuto	avévano	avévano avuto

Passé simple	Passé antérieur	Futur simple	Futur antérieur
ebbi	ebbi avuto	avrò	avrò avuto
avesti	avesti avuto	avrai	avrai avuto
ebbe	ebbe avuto	avrà	avrà avuto
avemmo	avemmo avuto	avremo	avremo avuto
aveste	aveste avuto	avrete	avrete avuto
èbbero	èbbero avuto	avranno	avranno avuto

SUBJONCTIF

Présent	Passé	Imparfait	Plus-que-parfait
abbia	abbia avuto	avessi	avessi avuto
abbia	abbia avuto	avessi	avessi avuto
abbia	abbia avuto	avesse	avesse avuto
abbiamo	abbiamo avuto	avéssimo	avéssimo avuto
abbiate	abbiate avuto	aveste	aveste avuto
àbbiano	abbiano avuto	avéssero	avéssero avuto

CONDITIONNEL / IMPÉRATIF / INFINITIF

Conditionnel Présent	Conditionnel Passé	Impératif Présent	Infinitif
avrei	avrei avuto	—	**Présent**
avresti	avresti avuto	abbi (*nég.* non avere)	avere
avrebbe	avrebbe avuto	abbia	
avremmo	avremmo avuto	abbiamo	**Passé**
avreste	avreste avuto	abbiate	
avrèbbero	avrèbbero avuto	àbbiano	aver(e) avuto

PARTICIPE / GÉRONDIF

Participe Présent	Participe Passé	Gérondif Présent	Gérondif Passé
avente	avuto, -a, -i, -e	avendo	avendo avuto

Verbes réguliers

I	II	III	
vol*are**	**cré*dere*** **tem*ére***	**a) dorm*ire*****	**b) cap*ire*****

INDICATIF

Présent

volo	credo	dormo	capisco
voli	credi	dormi	capisci
vola	crede	dorme	capisce
voliamo	crediamo	dormiamo	capiamo
volate	credete	dormite	capite
vólano	crédono	dòrmono	capiscono

Passé composé

ho volato (son volato, -a)	ho creduto	ho dormito
etc.	*etc.*	*etc.*

Imparfait

volavo	credevo	dormivo
volavi	credevi	dormivi
volava	credeva	dormiva
volavamo	credevamo	dormivamo
volavate	credevate	dormivate
volàvano	credévano	dormìvano

Plus-que-parfait

avevo volato (ero volato, -a)	avevo creduto	avevo dormito

Futur simple

volerò	crederò	dormirò
volerai	crederai	dormirai
volerà	crederà	dormirà
voleremo	crederemo	dormiremo
volerete	crederete	dormirete
voleranno	crederanno	dormiranno

Futur antérieur

avrò volato (sarò volato, -a)	avrò creduto	avrò dormito

Passé simple

volai	credei, -etti	dormii
volasti	credesti	dormisti
volò	crédé, -ette	dormì
volammo	credemmo	dormimmo
volaste	credeste	dormiste
volàrono	credérono, -éttero	dormìrono

Passé antérieur

ebbi volato (fui volato, -a)	ebbi creduto	ebbi dormito

SUBJONCTIF

Présent

voli	creda	dorma	capisca
voli	creda	dorma	capisca
voli	creda	dorma	capisca
voliamo	crediamo	dormiamo	capiamo
voliate	crediate	dormiate	capiate
vólino	crédano	dòrmano	capiscano

Passé

abbia volato (sia volato, -a)	abbia creduto	abbia dormito

Imparfait

volassi	credessi	dormissi
volassi	credessi	dormissi
volasse	credesse	dormisse
volàssimo	credéssimo	dormìssimo
volaste	credeste	dormiste
volàssero	credéssero	dormìssero

Plus-que-parfait

avessi volato (fossi volato, -a)	avessi creduto	avessi dormito

CONDITIONNEL

Présent

volerei	crederei	dormirei
voleresti	crederesti	dormiresti
volerebbe	crederebbe	dormirebbe
voleremmo	crederemmo	dormiremmo
volereste	credereste	dormireste
volerèbbero	crederèbbero	dormirèbbero

Passé

avrei volato (sarei volato, -a)	avrei creduto	avrei dormito

IMPÉRATIF

Présent

vola (*nég.* non volare)	credi (*nég.* non credere)	dormi (*nég.* non dormire)	capisci (*nég.* non capire)
voli	creda	dorma	capisca
voliamo	crediamo	dormiamo	capiamo
volate	credete	dormite	capite
vólino	crédano	dórmano	capiscano

INFINITIF

Présent

volare	crédere	dormire

Passé

aver(e) volato (esser(e) volato)	avere creduto	avere dormito

PARTICIPE

Présent

volante, -anti	credente, -enti	dormente, -enti (-iente, -ienti)

Passé

volato	creduto	dormito

GÉRONDIF

Présent

volando	credendo	dormendo

Passé

avendo volato (essendo volato, -a)	avendo creduto	avendo dormito

* V. ci-dessous 1. ** Se distinguent uniquement au présent de l'indicatif et du subjonctif et à l'impératif [v. ci-dessous **4 (c)**].

1. « Avere » et « essere » dans les temps composés

En règle générale, les verbes transitifs prennent *avere* pour auxiliaire dans les temps composés et les verbes intransitifs prennent *essere*, comme en français : *ho mangiato, sono andato.* Voici les verbes les plus usuels qui prennent toujours *essere : accadere, andare, arrivare, bastare, bisognare, cadere, comparire, costare, dipendere, diventare, entrare, essere, morire, nascere, parere, partire, piacere, restare, rimanere, riuscire, scappare, sembrare, sparire, spiacere, stare, succedere, uscire, venire.*

Les verbes impersonnels ont comme auxiliaire *essere ;* mais les impersonnels « météorologiques » ont la double possibilité, souvent avec des nuances différentes (*essere* = état, *avere* = action ou durée) : *oggi è piovuto, ha piovuto tutta la giornata.*

Les verbes réfléchis ont toujours *essere : ho sbagliato*, mais *mi sono sbagliato ; ho bevuto una birra*, mais *mi son bevuto una birra.*

Dans les constructions des verbes *dovere, potere, volere* avec l'infinitif des verbes qui prennent d'ordinaire *essere*, on a la double possibilité : *è dovuto andare a scuola, ha dovuto andarci ;* pour les verbes réfléchis, il faut remarquer l'opposition : *ha potuto mangiarselo*, mais *se lo è potuto mangiare*, et aussi avec *cominciare, ha cominciato a lavarsi, s'è cominiciato a lavare.*

Plusieurs verbes prennent l'auxiliaire *avere* dans leur emploi transitif et *essere* dans leur emploi intransitif : *i commercianti hanno aumentato i prezzi*, mais *i prezzi sono aumentati ; ha cessato i pagamenti*, mais *i pagamenti sono cessati ; ha terminato il lavoro*, mais *il lavoro è terminato ;* d'autres, dans leur usage intransitif, ont l'auxiliaire *essere* avec une valeur momentanée ou d'état et *avere* avec une valeur durative ou d'action : *è saltato in testa alla classifica,* mais *ha saltato di gioia; è vissuto onestamente,* mais *ha vissuto due anni a Parigi; è corso a casa,* mais *ha corso a lungo; è volato via,* mais *ha volato sull'Atlantico; la commedia è durata due ore,* mais *egli ha durato fatica; il coraggio gli è mancato,* mais *egli ha mancato di coraggio; il male ha* (ou *è*) *proceduto* (= progressé), mais *egli ha proceduto* (= s'est comporté) *con prudenza; la villa gli è appartenuta* ou *gli ha appartenuto.*

2. Accord du participe passé aux temps composés

(a) Avec *essere,* le participe passé s'accorde toujours avec le sujet : *io sono stato* (masc.), *sono stata* (fém.), *siamo stati* (pl. masc.), *sono state* (pl. fém.). Avec les verbes réfléchis, le participe peut aussi s'accorder avec l'objet : *si son bevuti* (ou *bevuta*) *tutta la bottiglia.*

(b) Avec *avere,* le participe passé reste invariable ou (plus rarement) s'accorde avec l'objet : *ho visto* (rar. *visti*) *gli amici, gli amici che ho visti (visto), ci hanno visti (visto).* C'est seulement si l'objet est un pronom faible de 3e pers. que l'accord avec l'objet est obligatoire : *li ho visti; l'ha bevuta tutta, la birra.*

3. Le passif

Les verbes transitifs peuvent être tournés de l'actif au passif au moyen de l'auxiliaire *essere* suivi du participe passé : *i tarli mangiano il legno,* passif *il legno è mangiato dai tarli; il gatto ha mangiato la carne,* passif *la carne è stata mangiata dal gatto.* La construction passive est plus usuelle quand l'agent n'est pas exprimé : *è stato licenziato.* On préfère mettre en relief l'objet, au lieu d'employer le passif, surtout en langue parlée : *la carne, l'ha mangiata il gatto.* Dans les temps simples d'*essere,* pour éviter l'ambiguïté entre sa fonction de passivation et sa fonction copulative, cet auxiliaire est souvent remplacé par *venire : la porta viene aperta; il lavoro viene terminato.* Il y a aussi d'autres tours de sens passif : *è rimasta uccisa; è andato perduto.* Mais *andare* + participe passé réalise généralement le sens passif d'obligation : *va detto, va fatto,* il faut dire, faire.

4. Notes sur les conjugaisons

(a) Dans la 1re conjugaison, la consonne vélaire de la finale du radical (verbes en *-care, -gare*) se maintient phonétiquement et s'adapte orthographiquement à la voyelle suivante *(toccare : tocco, tocchi; pregare : prego, preghi);* dans les 2e et 3e conjugaisons, au contraire, cette consonne s'adapte phonétiquement et se maintient orthographiquement *(lèggere : leggo, leggi, leggiamo; fuggire : fuggo, fuggi, fuggiamo).*

(b) Dans la 1re conjugaison, les verbes à radical en *i* non accentué (graphique ou semi-consonantique) perdent cet *i* devant un *i* de la désinence *(cambiare : cambio, cambi, cambiamo; cominciare : comincio, cominci, cominciamo; picchiare : picchio, picchi, picchiamo).* Dans ces verbes, les secondes personnes du pluriel de l'indicatif présent, du subjonctif présent et de l'impératif sont identiques. Pour *i* accentué, cf. *avviare : avvio, avvii,* mais *avviamo.* [V. ci-dessous **5**.]

(c) La plupart des verbes de la 3e conjugaison *(-ire)* se comportent comme *capire* [III b] avec intercalation de l'infixe *-isc-* au présent de l'indicatif et du subjonctif et à l'impératif, sauf aux deux premières personnes du pluriel. Les verbes suivants se comportent comme *dormire* [III a] : *aprire**, *bollire* (et *ribollire*), *coprire**, *cucire, divertire, fuggire* (et *rifuggire*), *offrire**, *partire* (mais non *partire* au sens de « partager »), *seguire* (et *conseguire, perseguire*), *sentire* (et *assentire, consentire, dissentire, risentire*), *servire* (et *asservire*), *soffrire**, *vestire* (les verbes marqués par un astérisque ont des formes fortes au passé [v. ci-dessous **5**]). D'autres verbes ont les deux formes, mais celles sans *-isc-* sont les plus usuelles : *apparire, applaudire, assalire, assorbire, avvertire, comparire, convertire, mentire, pervertire.*

(d) Les principales variations du radical au présent de l'indicatif (et formes connexes : présent du subjonctif et impératif) sont les suivantes (voir aussi ci-dessous **5**) :

— alternance de formes diphtonguées et non diphtonguées *(iè/e, uò/o)* de la voyelle du radical selon qu'elle porte l'accent ou non : *siedo/sediamo; tiene/teniamo; vieni/venite; muore/morite; puoi/potete.*

— alternance de *-r-* et *-i-* à la fin du radical (à cause de la réduction de *-ri-* entre voyelles à *-i-*) : *morire* (qui a aussi la diphtongue mobile) : ind. prés. *muoio, muori, muore, moriamo* (rar. *muoiamo*), *morite, muoiono,* subj. *muoia,* etc., *moriamo* (rar. *muoiamo*), *moriate* (rar. *muoiate*), *muoiano; parere :* ind. prés. *paio, pari, pare, pariamo* (ou *paiamo*), *parete, paiono;* subj. *paia,* etc., *pariamo* ou *paiamo, pariate* (ou *paiate*), *paiano.*

— introduction d'une vélaire d'appui *(-g-)* à la fin du radical devant *a, o* de la désinence : *dolere :* ind. prés. *dolgo, duoli, duole, dogliamo, dolete, dolgono,* subj. *dolga,* etc., *dogliamo, dogliate, dolgano; tenere :* ind. prés. *tengo, tieni, tiene, teniamo, tenete, tengono,* subj. *tenga,* etc., *teniamo, teniate, tengano.* Ce modèle est suivi par *cogliere, dolere, porre, rimanere, salire, scegliere, sciogliere, tenere, togliere, trarre, valere, venire* et leurs composés.

(e) Verbes forts

La presque totalité des verbes de la IIe conj. *(-ére* et *-ere)* et plusieurs de la IIIe *(-ire)* ont un passé simple avec trois formes « fortes » (c'est-à-dire accentuées sur le radical, différent de celui du présent) toujours marquées par les désinences *-i* à la 1re et *-e* à la 3e personne du singulier, *-ero* à la 3e personne du pluriel, tandis que les autres personnes suivent le modèle régulier avec le même radical du présent :

	Formes fortes	Formes faibles
prendere	1. *presi*	
		2. *prendesti*
	3. *prese*	
		4. *prendemmo*
		5. *prendeste*
	6. *présero*	

	Formes fortes	Formes faibles
tacere	1. *tacqui*	2. *tacesti*
	3. *tacque*	
		4. *tacemmo*
		5. *taceste*
	6. *tàcquero*	

Ces verbes ont souvent aussi un participe passé « fort », tantôt avec le même radical que le passé simple fort, tantôt avec un radical différent : *prendere, preso ; nascere, nato (tacere* a un participe faible, *taciuto).* Certains verbes de la IIIe conj., qui ont un passé simple faible, ont un participe fort : *coprire, coprii, coperto.*

Les points de repère des paradigmes des verbes forts et irréguliers sont par conséquent la 1re personne du passé simple (Ps) et le participe passé (Pp).

Les types les plus répandus sont les suivants :

TYPES Ps	Pp	EXEMPLES Inf.	Ps	Pp
1. sigmatique				
a) -si (-ssi)	*-so (-sso)*	*ràdere*	*rasi*	*raso*
b) -si (-ssi)	*-to (-tto)*	*discùtere*	*discussi*	*discusso*
		piàngere	*piànsi*	*pianto*
		scrìvere	*scrissi*	*scritto*
2. *a)* avec redoublement de consonne	généralement faible	*cadere*	*caddi*	*(caduto)*
b) avec redoublement de consonne + *-ui*	—	*tacere*	*tacqui*	*(taciuto)*
3. *a)* avec changement de voyelle	*-so (-sso), -to (-tto)*	*méttere*	*misi*	*messo*
b) avec changement de voyelle + redoublement de consonne	faible	*sapere*	*seppi*	*(saputo)*

5. Verbes irréguliers et défectifs

Nous ne donnons ici que les formes qui s'éloignent des paradigmes réguliers. Pour le passé simple fort, nous ne donnons que la 1re pers. du sing. *(-i),* sur laquelle se forment la 3e du sing. *(-e)* et la 3e du pl. *(-ero).* Pour *avoir* et *essere,* voir AUXILIAIRES.

ABRÉVIATIONS : Ind. = indicatif ; Subj. = subjonctif ; Cond. = conditionnel ; Impér. = impératif ; Gér. = gérondif ; Part. = participe ; Prés. = présent ; Imp. = imparfait ; Fut. = futur ; Ps = passé simple ; Pp = participe passé ; Impers. (3e pers. du sing.) = impersonnel ; rad. = radical. La 1re personne n'est pas marquée, les autres, si le paradigme entier n'est pas donné, sont indiquées par des chiffres de 2 à 6.

ACCADERE (Impers.). Fut. *accadrà,* Ps *accadde* (v. CADERE).
ACCÈNDERE. Ps *accesi,* Pp *acceso.*
ACCLÙDERE. Ps *acclusi,* Pp *accluso.*
AGGÒGLIERE. Prés. Ind. *accolgo,* Ps *accolsi,* Pp *accolto* (v. CÒGLIERE).
ACCÒRGERSI. Ps *mi accorsi,* Pp *accorto* (v. SCÒRGERE).
ADDURRE (rad. *adduc-*). Fut. *addurrò,* Ps *addussi,* Pp *addotto* (v. CONDURRE, INDURRE, PRODURRE).
AFFLÌGGERE. Ps *afflissi,* Pp *afflitto.*
AGGIÙNGERE. Ps *aggiunsi,* Pp *aggiunto* (v. GIÙNGERE).
ALLÙDERE. Ps *allusi,* Pp *alluso* (v. COLLÙDERE, DELÙDERE, ELÙDERE, ILLÙDERE).
AMMÉTTERE. Ps *ammisi,* Pp *ammesso* (v. METTERE).
ANDARE. Prés. Ind. *vado (vo* tosc.), *vai, va, andiamo, andate, vanno,* Fut. *andrò,* etc., Prés. Subj. 1-3 *vada, andiamo, andiate, vàdano,* Impér. 2 *va (vai),* 5 *andate.*
APPARIRE. Prés. Ind. *appaio, appari, appare, appaiamo (appariamo), apparite, appaiano* et aussi *apparisco,* etc. [v. 4 c], Prés. Subj. 1-3 *appaia, appariamo, appariate, appàiano* et aussi *apparisca,* etc., Ps *apparvi (apparii, apparsi),* Pp *apparso* (v. PARERE).
APPARTENERE. Prés. Ind. *appartengo,* Fut. *apparterrò,* Ps *appartenni* (v. TENERE).
APPÈNDERE. Ps *appesi,* Pp *appeso* (v. DIPÈNDERE, SOSPÈNDERE, SPÈNDERE).
APPRÈNDERE. Ps. *appresi,* Pp *appreso* (v. PRÈNDERE).
APRIRE. Ps *aprii (apersi),* Pp *aperto* (v. COPRIRE).

ASCRIVERE. V. SCRIVERE.
ASSALIRE. Prés. Ind. *assalgo (assalisco)*, Ps *assalii (assalsi)*.
ASSÌSTERE. Pp *assistito*.
ASSÒLVERE. Ps *assolsi (assolvei)*, Pp *assolto* (V. RISÒLVERE).
ASSÙMERE. Ps *assunsi*, Pp *assunto* (V. PRESÙMERE).
ATTÈNDERE. Ps *attesi*, Pp *atteso* (V. TÈNDERE).
ATTÌNGERE. Ps *attinsi*, Pp *attinto*.
ATTRARRE (rad. *attra-*). Ind. Prés. *attraggo*, Ps *attrassi*, Pp *attratto* (V. TRARRE).
AVVENIRE (Impers.). Prés. Ind. 3 *avviene*, 6 *avvèngono*, Ps *avvenne* (V. VENIRE).
AVVÌNCERE. Ps *avvinsi*, Pp *avvinto* (V. VÌNCERE).
AVVÒLGERE. Ps *avvolsi*, Pp *avvolto*.
BERE (rad. *bev-*). Fut. *berrò*, etc., Ps *bevvi*.
CADERE. Fut. *cadrò*, etc., Ps *caddi*.
CHIÈDERE. Ps *chiesi*, Pp *chiesto*.
CHIÙDERE. Ps *chiusi*, Pp *chiuso*.
CIRCOSCRÌVERE. V. SCRÌVERE.
CÒGLIERE. Prés. Ind. *colgo, cogli, coglie, cogliamo, cogliete, còlgono*, Prés. Subj. 1-3 *colga, cogliamo, cogliate, còlgano*, Ps *colsi*, Pp *colto*.
COLLÌDERE. Ps *collisi*, Pp *colliso*.
COLLÙDERE. Ps *collusi*, Pp *colluso* (V. ALLÙDERE, DELÙDERE, ELÙDERE, ILLÙDERE).
COMMÉTTERE. Ps *commisi*, Pp *commesso* (V. MÉTTERE).
COMMUÒVERE. Prés. Ind. 4 *commoviamo*, 5 *commovete*, Imp. *commovevo*, etc., Fut. *commoverò*, Prés. Subj. 4 *commoviamo*, 5 *commoviate*, Imp. Subj. *commovessi*, etc., Impér. 5 *commovete*, Gér. *commovendo*, Part. prés. *commovente*, Ps *commossi*, Pp *commosso* (V. MUÒVERE).
COMPARIRE. V. APPARIRE.
COMPORRE (rad. *compon-*). Prés. Ind. *compongo*, Prés. Subj. *componga*, Ps *composi*, Pp *composto* (V. PORRE).
COMPRÈNDERE. Ps *compresi*, Pp *compreso* (V. PRÈNDERE).
COMPRÌMERE. Ps *compressi*, Pp *compresso* (V. ESPRÌMERE, SOPPRÌMERE).
CONCÈDERE. Ps *concessi (concedei)*, Pp *concesso (conceduto)*.
CONCLÙDERE. Ps *conclusi*, Pp *concluso* (V. ACCLÙDERE, PRECLÙDERE).
CONDOLERE. V. DOLERE.
CONDURRE (rad. *conduc-*). Fut. *condurrò*, Ps *condussi*, Pp *condotto* (V. ADDURRE, INDURRE, PRODURRE, TRADURRE).
CONFÓNDERE. Ps *confusi*, Pp *confuso* (V. FÓNDERE).
CONGIÙNGERE, Ps *congiunsi*, Pp *congiunto* (V. GIÙNGERE).
CONÓSCERE. Ps *conobbi*.
CONSISTERE. Pp *consistito*.
CONSUMARE. À côté des formes régulières, il y a quelques formes fortes (dérivées du lat. *consumere*) : Ps 1 *consunsi*, 3 *consunse*, 6 *consùnsero*, Pp *consunto*.
CONTÈNDERE. Ps *contesi*, Pp *conteso* (V. TÈNDERE).
CONTENERE. Prés. Ind. *contengo*, Prés. Subj. *contenga*, Fut. *conterrò*, Ps *contenni*.
CONTRARRE (rad. *contra-*). Ind. Prés. *contraggo*, Ps *contrassi*, Pp *contratto* (V. TRARRE).
CONVÈRGERE. Défectif, sans Pp ni temps composés.
CONVÌNCERE. Ps *convinsi*, Pp *convinto* (V. VÌNCERE).
COPRIRE. Ps *coprii (copersi)*, Pp *coperto* (V. APRIRE, SCOPRIRE).
CORRÈGGERE. Ps *corressi*, Pp *corretto* (V. RÈGGERE).
CÓRRERE. Ps *corsi*, Pp *corso*.
CORRÓMPERE. Ps *corruppi*, Pp *corrotto* (V. RÓMPERE).
COSTRÌNGERE. Ps *costrinsi*, Pp *costretto* (V. STRÌNGERE).
CRÉSCERE. Ps *crebbi*.
CUÒCERE. Ps *cossi*, Pp *cotto*.
DARE. Prés. Ind. *do, dai, dà, diamo, date, danno*, Fut. *darò*, Prés. Subj. 1-3 *dia, diamo, diate, dìano*, Imp. Subj. *dessi*, etc., Impér. 2 *da' (dà, dai)*, Ps *detti (diedi), desti, dette (diede), demmo, deste, dèttero (dièdero)*.
DECÌDERE. Ps *decisi*, Pp *deciso* (V. RECÌDERE, UCCÌDERE).
DEDURRE (rad. *deduc-*). Ps *dedussi*, Pp *dedotto* (V. ADDURRE, CONDURRE, PRODURRE).
DELÙDERE. Ps *delusi*, Pp *deluso* (V. ALLÙDERE, ELÙDERE, ILLÙDERE).
DESCRÌVERE. Ps *descrissi*, Pp *descritto* (V. SCRÌVERE).
DETRARRE (rad. *detra-*). Ind. Prés. *detraggo*, Ps *detrassi* , Pp *detratto* (V. TRARRE).
DIFÈNDERE. Ps *difesi*, Pp *difeso* (V. OFFÈNDERE).
DIFFÓNDERE. Ps *diffusi*, Pp *diffuso* (V. FÓNDERE).
DIPÈNDERE. Ps *dipesi*, Pp *dipeso* (V. APPÈNDERE, SOSPÈNDERE).
DIPÌNGERE. Ps *dipinsi*, Pp *dipinto* (V. RESPÌNGERE, SOSPÌNGERE).
DIRE (rad. *dic-*). Impér. *di' (dì)*, Ps *dissi*, Pp *detto*.
DIRÌGERE. Ps *diressi*, Pp *diretto*.
DISCÙTERE. Ps *discussi*, Pp *discusso*.
DISFARE (rad. *disfac-*). Prés. Ind. *disfo (disfaccio, disfò)*, Imp. *disfacevo (disfavo)*, etc., Fut. *disfarò (disferò)*, etc., Gér. *disfacendo (disfando)*, Ps *disfeci*, Pp *disfatto* (V. FARE).
DISPIACERE. Prés. Ind. *dispiaccio*, Ps *dispiacqui* (V. PIACERE).
DISPORRE (rad. *dispon-*). Prés. Ind. *dispongo*, Prés. Ind. *disponga*, Ps *disposi*, Pp *disposto* (V. PORRE).
DISSUADERE. Ps *dissuasi*, Pp *dissuaso* (V. PERSUADERE).
DISTÈNDERE. Ps *distesi*, Pp *disteso* (V. TÈNDERE).

DISTÌNGUERE. Ps *distinsi*, Pp *distinto* (v. ESTÌNGUERE).
DISTRARRE (rad. *distra-*). Prés. Ind. *distraggo*, Ps *distrassi*, Pp *distratto* (v. TRARRE).
DISTRÙGGERE. Ps *distrussi*, Pp *distrutto* (v. STRÙGGERE).
DIVÈRGERE. Défectif, sans Pp ni temps composés.
DIVÌDERE. Ps *divisi*, Pp *diviso*.
DOLERE. Prés. Ind. *dolgo, duoli, duole, dogliamo, dolete, dòlgono*, Fut. *dorrò*, etc., Prés. Subj. 1-3 *dolga, dogliamo, dogliate, dòlgano*, Impér. 2 *duoli*, 5 *dolete*, Ps *dolsi*.
DOVERE. Prés. Ind. *devo* ou *debbo, devi, deve, dobbiamo, dovete, dévono* ou *débbono*, Fut. *dovrò*, etc., Prés. Subj. 1-3 *debba, dobbiamo, dobbiate, débbano*.
EDURRE. Fut. *edurrò*, Ps *edussi*, Pp *edotto*.
ELÈGGERE. Ps *elessi*, Pp *eletto*.
ELÌDERE. Ps *elisi*, Pp *eliso* (v. COLLÌDERE).
ELÙDERE. Ps *elusi*, Pp *eluso* (v. COLLÙDERE).
EMÈRGERE. Ps *emersi*, Pp *emerso* (v. SOMMÈRGERE).
ERÌGERE. Ps *eressi*, Pp *eretto* (v. DIRÌGERE).
ESCLÙDERE. Ps *esclusi*, Pp *escluso* (v. ACCLÙDERE, CONCLÙDERE).
ESÌGERE. Pp *esatto* (v. TRANSÌGERE).
ESÌMERE. Défectif, sans Pp ni temps composés.
ESÌSTERE. Pp *esistito* (v. ASSÌSTERE, CONSÌSTERE, PERSÌSTERE, SUSSÌSTERE).
ESPÈLLERE. Ps *espulsi*, Pp *espulso*.
ESPLÒDERE. Ps *esplosi*, Pp *esploso*.
ESPORRE (rad. *espon-*). Ind. Prés. *espongo*, Ps *esposi*, Pp *esposto* (v. PORRE).
ESPRÌMERE. Ps *espressi*, Pp *espresso* (v. COMPRÌMERE, IMPRÌMERE, OPPRÌMERE, SOPPRÌMERE).
ÈSSERE. V. Paradigme auxiliaire.
ESTÈNDERE. Ps *estesi*, Pp *esteso* (v. TÈNDERE).
ESTÌNGUERE. Ps *estinsi*, Pp *estinto*.
ESTRARRE (rad. *estra-*). Ind. Prés. *estraggo*, Ps *estrassi*, Pp *estratto* (v. TRARRE).
EVÀDERE. Ps *evasi*, Pp *evaso* (v. INVÀDERE).
FARE (rad. *fac-*). Prés. Ind. *faccio* (*fo* tosc.), *fai, fa, facciamo, fate, fanno*, Imp. *facevo*, etc., Fut. *farò*, etc., Prés. Subj. 1-3 *faccia, facciamo, facciate, fàcciano*, Imp. Subj. *facessi*, etc., Cond. *farei*, etc., Impér. 2 *fa' (fai)*, 5 *fate*, Ps *feci*, Pp *fatto*.
FÌGGERE. Ps *fissi*, Pp *fitto*.
FÌNGERE. Ps *finsi*, Pp *finto*.
FÓNDERE. Ps *fusi*, Pp *fuso*.
FRÌGGERE. Ps *frissi*, Pp *fritto*.
FÙNGERE. Ps *funsi*, Pp *funto*.
GIACERE. Prés. Ind. *giaccio, giace, giacciamo (giaciamo), giacete, giàcciono (giàciono)*, Prés. Subj. 1-3 *giaccia, giacciamo, giacciate, giàcciano*, Ps *giacqui*.
GIÙNGERE. Ps *giunsi*, Pp *giunto*.
GODERE. Fut. *godrò*, etc.
ILLÙDERE. Ps *illusi*, Pp *illuso* (v. ALLÙDERE, COLLÙDERE, DELÙDERE, ELÙDERE).
IMMÈRGERE. Ps *immersi*, Pp *immerso* (v. EMÈRGERE, SOMMÈRGERE).
IMPORRE (rad. *impon-*). Prés. Ind. *impongo*, Prés. Subj. *imponga*, Ps. *imposi*, Pp *imposto* (v. PORRE).
IMPRÌMERE. Ps *impressi*, Pp *impresso* (v. ESPRÌMERE, IMPRÌMERE, OPPRÌMERE, SOPPRÌMERE).
INCÌDERE. Ps *incisi*, Pp *inciso* (v. UCCÌDERE).
INDURRE (rad. *induc-*). Fut. *indurrò*, Ps *indussi*, Pp *indotto* (v. ADDURRE, EDURRE, CONDURRE, PRODURRE).
INFÌGGERE. Ps *infissi*, Pp *infitto* (v. FÌGGERE).
INFLÌGGERE. Ps *inflissi*, Pp *inflitto* (v. AFFLÌGGERE).
INFRÀNGERE. Ps *infransi*, Pp *infranto*.
INSÌSTERE. Pp *insistito* (v. ASSÌSTERE, PERSÌSTERE, SUSSÌSTERE).
INTÈNDERE. Ps *intesi*, Pp *inteso* (v. TÈNDERE).
INTERRÓMPERE. Ps *interruppi*, Pp *interrotto* (v. RÓMPERE).
INTRODURRE (rad. *introduc-*). Fut. *introdurrò*, etc., Ps *introdussi*, Pp *introdotto* (v. CONDURRE, etc.).
INVÀDERE. Ps *invasi*, Pp *invaso* (v. EVÀDERE).
ISCRÌVERE. Ps *iscrissi*, Pp *iscritto* (v. SCRÌVERE).
LÈGGERE. Ps *leggi*, Pp *letto*.
LÙCERE. Défectif, sans Pp ni temps composés (v. RILÙCERE).
MANTENERE. Prés. Ind. *mantengo*, Prés. Subj. *mantenga*, Fut. *manterrò*, etc., Ps *mantenni* (v. TENERE).
MÉTTERE. Ps *misi*, Pp *messo*.
MÒRDERE. Ps *morsi*, Pp *morso*.
MORIRE. Prés. Ind. *muoio, muori, muore, moriamo (muoiamo), morite, muòiono*, Prés. Subj. 1-3 *muoia, moriamo (muoiamo), moriate (muoiate), muòiano*, Impér. 2 *muori*, 5 *morite*, Pp *morto*.
MUÒVERE. Prés. Ind. 4 *moviamo (muoviamo)*, 5 *movete (muovete)*, Prés. Subj. 4 *moviamo (muoviamo)*, 5 *moviate (muoviate)*, Imp. Subj. *movessi*, etc., Impér. 5 *movete (muovete)*, Gér. *movendo*, Part. Prés. *movente*, Ps *mossi*, Pp *mosso*.
NÀSCERE. Ps *nacqui*, Pp *nato*.
NASCÓNDERE. Ps *nascosi*, Pp *nascosto*.
OCCÓRRERE (Impers.). Ps *occorse*, Pp *occorso*.
OFFÈNDERE. Ps *offesi*, Pp *offeso* (v. DIFÈNDERE).
OFFRIRE. Ps *offrii (offersi)*, Pp *offerto* (v. SOFFRIRE).
OPPORRE (rad. *oppon-*). Prés. Ind. *oppongo*, Prés. Subj. *opponga*, Ps *opposi*, Pp *opposto* (v. PORRE).
OPPRÌMERE. Ps *oppressi*, Pp *oppresso* (v. SOPPRÌMERE).

OTTENERE. Prés. Ind. *ottengo*, Prés. Subj. *ottenga*, Fut. *otterrò*, etc., Ps *ottenni* (v. TENERE).
PARERE. Prés. Ind. *paio, pari, pare, paiamo* ou *pariamo, parete, pàiono*, Prés. Subj. 1-3 *paia, paiamo* ou *pariamo, paiate* ou *pariate, pàiano*, Fut. *parrà*, Cond. *parrei*, Ps *parvi (parsi)*, Pp *parso*.
PÈRDERE. Ps *persi (perdei)*, Pp *perso* ou *perduto*.
PERMANERE. Prés. Ind. *permango*, Fut. *permarrò*, Prés. Subj. *permanga*; Ps et Pp ne sont pas en usage.
PERMÉTTERE. Ps *permisi*, Pp *permesso* (v. MÉTTERE).
PERSÌSTERE. Pp *persistito* (v. ASSÌSTERE, INSÌSTERE).
PERSUADERE. Ps *persuasi*, Pp *persuaso* (v. DISSUADERE).
PERVÀDERE. Ps *pervasi*, Pp *pervaso* (v. INVÀDERE).
PIACERE. Prés. Ind. *piaccio, piaci, piace, piacciamo, piacete, piàcciono*, Prés. Subj. 1-3 *piaccia, piacciamo, piacciate, piàcciano*, Ps *piacqui*.
PIÀNGERE. Ps *piansi*, Pp *pianto*.
PIÒVERE (Impers.). Ps *piovve*.
PÒRGERE. Ps *porsi*, Pp *porto*.
PORRE (rad. *pon-*). Prés. Ind. *pongo*, 6 *póngono*, Prés. Subj. 1-3 *ponga, poniamo, poniate, póngano*, Fut. *porrò*, Cond. *porrei*, Ps *posi*, Pp *posto*.
POSSEDERE. Prés. Ind. *possiedo (posseggo), possiedi, possiede, possediamo, possedete, possièdono (possèggono)*, Prés. Subj. 1-3 *possieda (possegga), possediamo, possediate, possièdano (possèggano)* [v. SEDERE].
POTERE. Prés. Ind. *posso, puoi, può, possiamo, potete, pòssono*, Fut. *potrò*, etc., Prés. Subj. 1-3 *possa, possiamo, possiate, pòssano*.
PRECLÙDERE. Ps *preclusi*, Pp *precluso*.
PRÈNDERE. Ps *presi*, Pp *preso*.
PRESCRÌVERE. Ps *prescrissi*, Pp *prescritto* (v. SCRÌVERE).
PRESÙMERE. Ps *presunsi*, Pp *presunto* (v. ASSÙMERE).
PRETÈNDERE. Ps *pretesi*, Pp *preteso*.
PREVEDERE. Ps *previdi*, Pp *previsto* (v. VEDERE).
PRODURRE (rad. *produc-*). Fut. *produrrò*, Cond. *produrrei*, Ps *produssi*, Pp *prodotto* (v. CONDURRE, etc.).
PROMÉTTERE. Ps *promisi*, Pp *promesso* (v. MÉTTERE).
PROMUÒVERE. Prés. Ind. 4 *promoviamo*, 5 *promovete*, Imp. *promovevo*, Fut. *promoverò*, Cond. *promoverei*, Prés. Subj. 4 *promoviamo*, 5 *promoviate*, Imp. Subj. *promovessi*, Impér. 5 *promovete*, Gér. *promovendo*, Part. prés. *promovente*, Ps *promossi*, Pp *promosso* (v. MUÒVERE).
PROPORRE (rad. *propon-*). Prés. Ind. *propongo*, Prés. Subj. *proponga*, Ps *proposi*, Pp *proposto* (v. PORRE).
PROTÈGGERE. Ps *protessi*, Pp *protetto*.
PRÙDERE. Défectif, sans Pp ni temps composés.
PÙNGERE. Ps *punsi*, Pp *punto*.
RACCÒGLIERE. Prés. Ind. *raccolgo*, Prés. Subj. *raccolga*, Ps *raccolsi*, Pp *raccolto* (v. CÒGLIERE).
RÀDERE. Ps *rasi*, Pp *raso*.
RAGGIÙNGERE. Ps *raggiunsi*, Pp *raggiunto* (v. GIÙNGERE).
RECÌDERE. Ps *recisi*, Pp *reciso* (v. UCCÌDERE).
RÈGGERE. Ps *ressi*, Pp *retto*.
RÈNDERE. Ps *resi*, Pp *reso*.
REPÈLLERE. Ps *repulsi*, Pp *repulso* (v. ESPÈLLERE).
RESÌSTERE. Pp *resistito* (v. INSÌSTERE, etc.).
RESPÌNGERE. Ps *respinsi*, Pp *respinto*.
RÌDERE. Ps *risi*, Pp *riso*.
RIDURRE (rad. *riduc-*). Fut. *ridurrò*, Cond. *ridurrei*, Ps *ridussi*, Pp *ridotto* (v. CONDURRE, etc.).
RIFLÈTTERE. (1) refléter : Ps *riflessi*, Pp *riflesso*; (2) réfléchir (fig.) : formes régulières.
RILÙCERE. Défectif, sans Pp ni temps composés (v. LÙCERE).
RIMANERE. Prés. Ind. *rimango*, Prés. Subj. *rimanga*, Fut. *rimarrò*, etc., Cond. *rimarrei*, etc., Ps *rimasi*, Pp *rimasto*.
RINCRÉSCERE (Impers.). Ps *rincrebbe*.
RISÒLVERE. Ps *risolsi*, Pp *risolto* (v. ASSÒLVERE).
RISPÓNDERE. Ps *risposi*, Pp *risposto*.
RITENERE. Prés. Ind. *ritengo, ritieni, ritiene, riteniamo, ritenete, ritèngono*, Prés. Subj. *ritenga*, Fut. *riterrò*, etc., Cond. *riterrei*, etc., Ps *ritenni* (v. TENERE).
RIUSCIRE. Prés. Ind. *riesco, riesci, riesce, riusciamo, riuscite, rièscono*, Prés. Subj. 1-3 *riesca, riusciamo, riusciate, rièscano* (v. USCIRE).
RIVÒLGERE. Ps *rivolsi*, Pp *rivolto* (v. VÒLGERE).
RÓMPERE. Ps *ruppi*, Pp *rotto*.
SALIRE. Prés. Ind. *salgo*, 6 *sàlgono*, Prés. Subj. 1-3 *salga*, 6 *sàlgano*.
SAPERE. Prés. Ind. *so, sai, sa, sappiamo, sapete, sanno*, Fut. *saprò*, etc., Cond. *saprei*, etc., Prés. Subj. 1-3 *sappia, sappiamo, sappiate, sàppiano*, Imp. 2 *sappi*, 5 *sappiate*, Part. Prés. *sapiente* (seulement comme adj. et nom), Ps *seppi*.
SCALFIRE. Pp *scalfito (scalfitto)*.
SCÉGLIERE. Prés. Ind. *scelgo*, 6 *scélgono*, Prés. Subj. 1-3 *scelga*, 6 *scélgano*, Ps *scelsi*, Pp *scelto*.
SCÈNDERE. Ps *scesi*, Pp *sceso*.
SCIÒGLIERE. Prés. Ind. *sciolgo*, 6 *sciòlgono*, Prés. Subj. 1-3 *sciolga*, 6 *sciòlgano*, Ps *sciolsi*, Pp *sciolto*.
SCOMMÉTTERE. Ps *scommisi*, Pp *scommesso*.
SCOMPARIRE. Prés. Ind. *scompaio, scompari, scompare, scompariamo, scomparite, scompàiono* et aussi *scomparisco*, etc. [v. 4 c], Prés. Subj. 1-3 *scompaia, scompariamo, scompariate, scompàiano* et aussi *scomparisca*, etc., Ps *scomparvi (scomparii, scomparsi)*, Pp *scomparso* (v. PARERE).

SCONFÌGGERE. Ps *sconfissi*, Pp *sconfitto* (v. FÌGGERE).
SCOPRIRE. Ps *scoprii (scopersi)*, Pp *scoperto* (v. COPRIRE).
SCÒRGERE. Ps *scorsi*, Pp *scorto* (v. ACCÒRGERSI).
SCRÌVERE. Ps *scrissi*, Pp *scritto*.
SCUÒTERE. Ps *scossi*, Pp *scosso*.
SEDERE. Prés. Ind. *siedo (seggo), siedi, siede, sediamo, sedete, sièdono (sèggono)*, Prés. Subj. 1-3 *sieda (segga), sediamo, sediate, sièdano (sèggano)*, Impér. 2 *siedi*, 5 *sedete* [v. POSSEDERE].
SEPPELLIRE. Pp *sepolto* et *seppellito*.
SMÉTTERE. Ps *smisi*, Pp *smesso* (v. MÉTTERE).
SOCCÓRRERE. Ps *soccorsi*, Pp *soccorso* (v. CÓRRERE).
SODDISFARE (rad. *soddisfac-*). Prés. Ind. *soddisfaccio (soddisfò, soddisfo), soddisfai (soddisfi), soddisfà (soddisfa), soddisfacciamo (soddisfiamo), soddisfate, soddisfanno (soddisfano)*, Prés. Subj. 1-3 *soddisfaccia (soddisfi), soddisfacciamo (soddisfiamo), soddisfacciate (soddisfiate), soddisfàcciano (soddisfino)*, Fut. *soddisferò*, Cond. *soddisferei*, Impér. 2 *soddisfà (soddisfa)*, 5 *soddisfate*, Gér. *soddisfacendo*, Part. Prés. *soddisfacente* (adj.), Ps *soddisfeci*, Pp *soddisfatto*.
SOFFRIRE. Ps *soffrii (soffersi)*, Pp *sofferto* (v. OFFRIRE).
SOLERE. Prés. Ind. *soglio, suoli, suole, sogliamo, solete, sògliono*, Prés. Subj. 1-3 *soglia, sogliamo, sogliate, sògliano*. Défectif, sans Fut. ni Pp ni Part. Prés.
SOMMÈRGERE. Ps *sommersi*, Pp *sommerso* (v. EMÈRGERE, IMMÈRGERE).
SÓRGERE. Ps *sorsi*, Pp *sorto*.
SOPPRÌMERE. Ps *soppressi*, Pp *soppresso* (v. ESPRÌMERE, etc.).
SORPRÈNDERE. Ps *sorpresi*, Pp *sorpreso* (v. PRÈNDERE).
SORRÌDERE. Ps *sorrisi*, Pp *sorriso* (v. RÌDERE).
SOSPÈNDERE. Ps *sospesi*, Pp *sospeso* (v. APPÈNDERE, etc.).
SOSPÌNGERE. Ps *sospinsi*, Pp *sospinto* (v. SPÌNGERE).
SOSTENERE. Prés. Ind. *sostengo*, Prés. Subj. *sostenga*, Fut. *sosterrò*, Ps *sostenni* (v. TENERE).
SPÀNDERE. Pp *spanto* (rare).
SPÀRGERE. Ps *sparsi*, Pp *sparso*.
SPÉGNERE (SPÉNGERE). Prés. Ind. *spengo, spegni (spengi), spegne (spenge), spegnamo (spengiamo), spegnete (spengete), spéngono*, Imp. *spegnevo (spengevo)*, etc., Fut. *spegnerò (spengerò)*, Cond. *spegnerei (spengerei)*, Prés. Subj. 1-3 *spenga, spegnamo (spengiamo), spegnate (spengiate), spéngano*, Imp. Subj. *spegnessi (spengessi)*, Impér. 2 *spegni (spengi)*, 5 *spegnete (spengete)*, Gér. *spegnendo (spengendo)*, Part. Prés. *spegnente (spengente)*, Ps *spensi*, Pp *spento*. Les formes en *-ng-* sont de l'usage toscan.
SPÈNDERE. Ps *spesi*, Pp *speso* (v. APPÈNDERE, etc.).
SPIACERE. Prés. Ind. *spiaccio*, Prés. Subj. *spiaccia*, Ps *spiacqui* (v. PIACERE).
SPÌNGERE. Ps *spinsi*, Pp *spinto* (v. SOSPÌNGERE).
STARE. Prés. Ind. *sto, stai, sta, stiamo, state, stanno*, Fut. *starò*, Cond. *starei*, Prés. Subj. 1-3 *stia, stiamo, stiate, stìano*, Imp. Subj. *stessi*, etc., Impér. 2 *sta' (stai)*, Ps *stetti, stesti, stette, stemmo, steste, stéttero*.
STÈNDERE. Ps *stesi*, Pp *steso* (v. TÈNDERE).
STRÌDERE. Défectif, sans Pp ni temps composés.
STRÌNGERE. Ps *strinsi*, Pp *stretto* (v. COSTRÌNGERE).
SUCCÈDERE. (1) Impers. [= il arrive] : Ps *successe*, Pp *successo* ; (2) succéder : formes régulières.
SUONARE. Tout le paradigme maintient la diphtongue : des formes comme Prés. Ind. 4 *soniamo*, 5 *sonate*, Prés. Subj. 4 *soniamo*, 5 *soniate*, Impér. 5 *sonate*, etc. (règle de la diphtongue mobile, v. 4 d), sont en voie de disparition.
SUPPORRE. Prés. Ind. *suppongo*, Prés. Subj. *supponga*, Ps *supposi*, Pp *supposto* (v. PORRE).
SUSSÌSTERE. Pp *sussistito* (v. ASSÌSTERE, etc.).
SVENIRE. Prés. Ind. *svengo*, Prés. Subj. *svenga*, Fut. *sverrò*, Ps *svenni* (v. VENIRE).
SVÒLGERE. Ps *svolsi*, Pp *svolto* (v. VÒLGERE).
TACERE. Prés. Ind. *taccio, taci, tace, taciamo, tacete, tàcciono*, Prés. Subj. 1-3 *taccia, taciamo, taciate, tàcciano*, Ps *tacqui*.
TÈNDERE. Ps *tesi*, Pp *teso*.
TENERE. Prés. Ind. *tengo, tieni, tiene, teniamo, tenete, tèngono*, Prés. Subj. 1-3 *tenga, teniamo, teniate, tèngano*, Fut. *terrò*, Ps *tenni*.
TÌNGERE. Ps *tinsi*, Pp *tinto*.
TÒGLIERE. Prés. Ind. *tolgo, togli, toglie, togliamo, togliete, tòlgono*, Prés. Subj. 1-3 *tolga, togliamo, togliate, tòlgano*, Ps *tolsi*, Pp *tolto*.
TRADURRE (rad. *traduc-*). Fut. *tradurrò*, Ps *tradussi*, Pp *tradotto* (v. ADDURRE, etc.).
TRAFÌGGERE. Ps *trafissi*, Pp *trafitto* (v. FÌGGERE).
TRANSÌGERE. Pp *transatto* (jurid.).
TRARRE (rad. *tra-*). Prés. Ind. *traggo, trai, trae, traiamo, traete, tràggono*, Prés. Subj. 1-3 *tragga, traiamo, traiate, tràggano*, Fut. *trarrò*, Cond. *trarrai*, Ps *trassi*, Pp *tratto*.
TRASCÓRRERE. Ps *trascorsi*, Pp *trascorso* (v. CÓRRERE).
UCCÌDERE. Ps *uccisi*, Pp *ucciso* (v. DECÌDERE, etc.).
UDIRE. Prés. Ind. *odo, odi, ode, udiamo, udite, òdono*, Prés. Subj. 1-3 *oda, udiamo, udiate, òdano*, Fut. *udirò (udrò)*, Cond. *udirei (udrei)*, Impér. 2 *oda*, 5 *òdano*.
ÙNGERE. Ps *unsi*, Pp *unto*.
ÙRGERE. Impers. défectif, sans Ps ni Pp (et temps composés).
USCIRE. Prés. Ind. *esco, esci, esce, usciamo, uscite, èscono*, Prés. Subj. 1-3 *esca, usciamo, usciate, èscano*, Impér. 2 *esci*, 5 *uscite*.
VALERE. Prés. Ind. *valgo*, 6 *vàlgono*, Prés. Subj. 1-3 *valga*, 6 *vàlgano*, Fut. *varrò*, Ps *valsi*, Pp *valso*.
VEDERE. Fut. *vedrò*, Cond. *vedrei*, Ps *vidi*, Pp *visto (veduto)*.

VENIRE. Prés. Ind. *vengo, vieni, viene, veniamo, venite, vèngono,* Prés. Subj. 1-3 *venga, veniamo, veniate, vèngano,* Fut. *verrò,* Impér. 2 *vieni,* 5 *venite,* Ps *venni.*
VÈRTERE. Défectif, sans Ps ni Pp (et temps composés).
VÌGERE. Défectif, sans Ps ni Pp (et temps composés).
VÌNCERE. Ps *vinsi,* Pp *vinto* (V. AVVÌNCERE, CONVÌNCERE).
VÌVERE. Fut. *vivrò,* Cond. *vivrei,* Ps *vissi,* Pp *vissuto.*
VOLERE. Prés. Ind. *voglio, vuoi, vuole, vogliamo, volete, vògliono,* Prés. Subj. 1-3 *voglia, vogliamo, vogliate, vògliano,* Fut. *vorrò,* Cond. *vorrei,* Impér. 2 *vogli,* 5 *vogliate,* Ps *volli.*
VÒLGERE. Ps *volsi,* Pp *volto.*

IX. Syntaxe

1. Compléments du nom et du verbe et prépositions

PRINCIPAUX TYPES DE COMPLÉMENTS	PRÉPOSITIONS LES PLUS FRÉQUENTES		EXEMPLES
	Italien	Français	
Attribution (et objet secondaire)	A	à	*Nuoce alla salute,* Cela nuit à la santé. *Paga le tasse allo stato,* Il paie ses impôts à l'État.
Prédication	PER, A, IN, COME	pour	*Ha preso per moglie una megera,* Il a pris pour femme une mégère.
		en	*Lo porto ad esempio,* Je le donne en exemple.
Agent	DA	par	*colpito dal fulmine,* tué par la foudre; *atterrito dalle responsabilità,* atterré par les responsabilités.
		de	*amata dai suoi figli,* aimée de ses enfants.
Circonstanciels			
— possession	DI	de	*il libro di mia madre,* le livre de ma mère.
		à	*Il libro è di mio padre,* Le livre est à mon père.
— but, destination	DA	à	*ferro da stiro,* fer à repasser; *macchina da scrivere,* machine à écrire.
		de	*un giubbotto da sci,* un blouson de ski; *un gioco da ragazzi,* un jeu d'enfant; *vestito da ballo,* robe de bal.
		pour	*scarpe da uomo,* chaussures pour hommes.
	PER	pour	*film per adulti,* film pour adultes.
— cause	PER	pour	*Grazie per il tuo regalo,* Merci pour ton cadeau. *Sto in pena per i miei figli,* Je suis inquiet pour mes enfants.
		par	*L'ha chiesto per curiosità,* Il l'a demandé par curiosité.
		pour cause de	*chiuso per restauri,* fermé pour cause de restauration.
		de	*gridare per il dolore,* crier de douleur.
	DI	de	*morire di freddo,* mourir de froid; *morire di cancro,* mourir d'un cancer.
	DA	de	*Si rode dalla curiosità di esperienze nuove,* Il se ronge de curiosité pour des expériences nouvelles.
		à	*Lo riconosco dalla camminatura,* Je le reconnais à sa démarche.
	CON	avec, par	*con tutti i mezzi,* par tous les moyens. *Con questo freddo non si può lavorare,* Avec ce froid on ne peut pas travailler.
— manière, qualité	DA	à	*una bottiglia dal collo lungo,* une bouteille au long col; *un uomo dalla scienza profonda,* un homme à la science profonde.
		en	*da vero artista,* en véritable artiste; *da uomo di mondo,* en homme du monde.

PRINCIPAUX TYPES DE COMPLÉMENTS	PRÉPOSITIONS LES PLUS FRÉQUENTES		EXEMPLES
	Italien	Français	
	A	sans prép.	*a testa bassa,* tête basse; *cadere a gambe levate,* tomber les jambes en l'air.
		à	*a bassa voce,* à voix basse; *correre a gambe levate,* courir à toutes jambes.
		en	*due sentieri a ipsilon,* deux sentiers en Y; *tetto a terrazza,* toit en terrasse.
	CON	avec	*agire con prudenza,* agir avec prudence; *finestre con le tende,* fenêtres avec les rideaux.
		à	*un bicchiere col piede,* un verre à pied.
	DI	de	*di buon appetito,* de bon appétit.
— moyen, instrument	CON	avec	*guardare col cannocchiale,* regarder avec une longue-vue; *tagliarsi con un coltello,* se couper avec un couteau.
		à	*guardare col binocolo,* regarder à la jumelle; *tagliare col coltello,* couper au couteau.
		par	*È partito col treno delle 8,* Il est parti par le train de 8 heures; *Risponde con ingiurie,* Il répond par des injures.
		en	*con l'aereo, con la macchina,* en avion, en voiture.
		de	*Risponde con voce aspra,* Il répond d'une voix aigre.
	PER	par	*per posta,* par la poste; *per via aerea,* par avion.
— matière, spécialité	DI	de	*scala di marmo,* escalier de (en) marbre; *professore di diritto,* professeur de droit.
		en	*un tavolo di legno,* une table en bois; *un orologio d'oro,* une montre en or; *studente di diritto,* étudiant en droit.
	IN	en	*esperto in pubblicità,* expert en publicité.
		dans	*esperto in questa materia,* expert dans ce domaine.
		ès	*dottore in lettere,* docteur ès lettres.
— conséquence	PER	pour	*Per sua disgrazia è arrivato in ritardo,* Pour son malheur, il est arrivé en retard.
	DA	à	*Mi secca a morte (da morire),* Cela m'ennuie à mourir.
— accompagnement, union	CON	avec	*La pace sia con voi,* La paix soit avec vous. *S'è sposato con Maria,* Il s'est marié avec Marie.
— opposition	CONTRO	contre	*contro la tosse,* contre la toux; *contro di te,* contre toi.
— concession	CON	avec	*Con tante qualità, ha fallito,* Avec tant de qualités, il a cependant échoué.
	PER	pour	*Per uno straniero, parla bene il francese,* Pour un étranger il parle bien le français, *Per la sua età è alto,* Il est grand pour son âge.
	MALGRADO, NONOSTANTE	malgré	*Nonostante (malgrado) la nebbia è partito,* Il est parti malgré le brouillard.
— mesure (prix, poids, valeur)	sans prép.	sans prép.	*Costa 100 franchi,* Ça coûte 100 francs. *Pesa 50 chili,* Ça pèse 50 kilos. *È alta un metro e sessanta,* Elle mesure un mètre soixante.
		de	*lungo 10 metri,* long de 10 mètres (de 10 mètres de long).
	DA	à	*un francobollo da 100 lire,* un timbre à 100 lires.
		de	*un biglietto da 1000,* un billet de mille; *un regalo da un milione,* un cadeau (de la valeur) d'un million.
	DI	de	*allargare un vestito (di) due centimetri,* élargir un vêtement de deux centimètres.

PRINCIPAUX TYPES DE COMPLÉMENTS	PRÉPOSITIONS LES PLUS FRÉQUENTES		EXEMPLES
	Italien	Français	
	sans prép.	pour	*Me ne metta 3 franchi,* Donnez-m'en pour 3 francs.
	PER	(pour)	*L'ho venduto per 1000 lire,* Je l'ai vendu (pour) 1 000 lires.
	A	(à)	*Lo vende a 1000 lire,* Il le vend (à) 1 000 lires.
— échange	CON	pour	*cambiare con un altro,* changer pour un autre.
		contre	*Cambierei volentieri i miei dischi coi suoi libri,* Je troquerais volontiers mes livres contre ses disques.
	IN	en	*cambiare franchi in lire,* changer des francs en lires.
— lieu			
localisation et destination	IN	avec ou sans prép.	*Abita in città, in campagna, a Torino, in un quartiere popolare,* Il habite (à) la ville, (à) la campagne, (à) Turin, (dans) un quartier populaire.
		en	*Abito nel Veneto,* J'habite en Vénétie. *Vado nel Veneto,* Je vais en Vénétie.
		à	*Ha vissuto negli Stati Uniti,* Il a vécu aux États-Unis. *Va negli Stati Uniti,* Il va aux États-Unis. *Va nei campi,* Il va aux champs.
		dans	*Si è trasferito in un quartiere elegante,* Il est allé s'établir dans un quartier élégant. *In braccio,* dans les bras.
	A	à	*Prima di venire a Milano, vivevo a Lione,* Avant de venir à Milan, je vivais à Lyon.
		dans	*È difficile parcheggiare a Parigi,* Il est difficile de garer sa voiture dans Paris.
[*personnes*]	DA	chez	*Sto da mio zio,* J'habite chez mon oncle. *Vado dal sarto,* je vais chez mon tailleur.
départ pour une destination	PER	pour	*Parto per Roma, per l'America,* Je pars pour Rome, pour l'Amérique.
		à	*Parto per la montagna,* Je pars à la montagne.
mouvement à l'intérieur, passage	PER	dans	*Passeggio per la strada,* Je me promène dans la rue
		par	*passare per il bosco,* passer par le bois.
	ATTRAVERSO	par	*passare attraverso una fessura,* passer par une fente.
	DA	par	*passare da Torino,* passer par Turin.
provenance	DA	de	*Vengo da Parigi, dalla città,* Je viens de Paris, de la ville.
[*personnes*]		de chez	*Torno dal pasticciere,* Je reviens de chez le pâtissier.
provenance + destination	DA...A	de...à	*da Marsiglia a Genova,* de Marseille à Gênes.
distance	(A)...DA	à...de	*Eravamo (a) 10 chilometri dal confine,* Nous étions à 10 kilomètres de la frontière.
	DA...(IN POI)	dès	*dal confine (in poi),* dès la frontière.
— temps			
époque, date	sans prép.	sans prép.	*un giorno,* un jour ; *il 21 agosto (del) 1980,* le 21 août 1980. *Verremo domenica,* Nous viendrons dimanche.
	DI	sans prép.	*di giorno,* le jour ; *di sera,* le soir ; *di domenica,* le dimanche.
		en	*d'estate,* en été ; *di pieno giorno,* en plein jour.
		à	*di primavera,* au printemps.
	IN	en	*nel 1793 (nel '93),* en 1793 (en 93).

PRINCIPAUX TYPES DE COMPLÉMENTS	PRÉPOSITIONS LES PLUS FRÉQUENTES		EXEMPLES
	Italien	Français	
		à	*nell'aprile del 1981*, au mois d'avril 1981.
	A	à	*alle dieci*, à dix heures ; *a Pasqua*, à Pâques ; *a San Giovanni*, à la Saint-Jean.
passé, par rapport au présent	(...FA)	il y a	*tre giorni fa*, il y a trois jours.
futur, par rapport au présent	FRA	dans	*fra tre giorni*, dans trois jours.
		d'ici (à)	*fra poco*, d'ici peu (dans peu de temps). *Fra qualche settimana ti lascerò*, D'ici (à) quelques semaines, je vais te quitter.
durée	sans prép.	sans prép.	*Ci rimane due mesi*, Il y reste deux mois.
	PER	pour	*Parte per tre giorni*, Il part pour trois jours.
simultanéité	DURANTE	pendant	*durante la tua attesa*, pendant ton attente.
simultanéité continue	LUNGO	durant	*lungo tutto il viaggio*, durant tout le voyage.
début d'une action dont la durée est marquée	DA	depuis	*da stamani*, depuis ce matin. *Non mi scrive da Natale*, Il ne m'écrit pas depuis Noël.
	FIN(O) DA	depuis	*Si conoscono fin dall'infanzia*, Ils se connaissent depuis l'enfance. *Lavoro fin d'all'alba*, Je travaille depuis l'aube.
début d'une action dont la durée n'est pas marquée	DA (A PARTIRE DA)	à partir de	*Le scuole si aprono dal 15 settembre*, Les écoles ouvrent à partir du 15 septembre.
		dès	*da oggi in poi*, dès aujourd'hui. *Ho cominciato a lavorare fin dalle otto*, J'ai commencé à travailler dès huit heures.
terme de la durée	FINO A	jusqu'à	*fino a tre anni fa*, jusqu'à il y a trois ans ; *fino all'alba*, jusqu'à l'aube.
double terme	DA...A	de...à	*dal 1945 al 1968*, de 1945 à 1968.
	FRA...E	entre...et	*fra le undici e mezzanotte*, entre onze heures et minuit.
échéance	PER	pour	*Te lo prometto per la settimana prossima, ma, per il momento, non posso consegnartelo*, Je te le promets pour la semaine prochaine, mais, pour le moment, je ne peux te le remettre.
	ENTRO	dans	*entro oggi*, dans la journée ; *entro due giorni*, dans deux jours.
		sous	*entro otto, quindici giorni*, sous huitaine, quinzaine (comm.).
		d'ici (à)	*entro domani*, d'ici (à) demain ; *entro un anno*, d'ici un an.
fréquence	sans prép. (OGNI...)	sans prép. (tou[te]s)	*ogni tre giorni*, tous les trois jours.
	(VOLTA, -E)	(fois)	*tre volte al giorno*, trois fois par jour.
approximation	SU, VERSO	vers	*sulla sera, verso sera*, vers le soir ; *sulle dieci, verso le dieci*, vers dix heures.
		à	*sul tramontar del sole*, au soleil couchant.

2. Ordre des mots dans la phrase

L'ordre des mots est en italien beaucoup moins rigide qu'en français. L'ordre fondamental des éléments constitutifs de la phrase est toutefois le même (syntagme nominal sujet + syntagme verbal + syntagme prépositionnel ou adverbe de phrase) : *Bruno ha mangiato il pollo con le mani*, Bruno a mangé le poulet avec ses mains.

Dans de nombreux cas, cet ordre linéaire peut être modifié par des inversions obligatoires ou facultatives. En général l'ordre des éléments est déterminé, surtout dans la langue parlée, par le rapport entre l'élément qui énonce l'argument (thème : ce qui est déjà connu ou donné) et correspond normalement au sujet de l'énoncé et l'élément qui énonce ce qu'on dit de l'argument (rhème : ce qui apporte une information nouvelle) et correspond normalement au prédicat. L'ordre habituel en italien est toujours thème + rhème, et, quand le thème correspond au prédicat et le rhème au sujet, le syntagme nominal sujet est postposé.

Considérons l'ordre normal dans les phrases minimales (sans objet) suivantes :

	A. SUJET + PRÉDICAT (thème + rhème)		B. PRÉDICAT + SUJET (rhème + thème)
[Quelle action accomplit le sujet ou dans quelle situation se trouve-t-il ?]	*Bruno ha mangiato.* *Il cane abbaia.* *I prezzi aumentano.* *La tela si lacera.* *La sera è limpida.*	[Quel est le sujet de l'action ou de la situation ?]	*È arrivato Bruno.* *Cade la neve.* *Cala la tela.* *Scende la sera.* *Viene Pasqua.* *È successa una disgrazia.* *Sono stato io.*

Les verbes comme *arrivare, giungere, sopraggiungere, spuntare* et *avvenire, capitare, succedere,* etc. sont donc des verbes « thématiques », qui comportent en général la postposition du sujet. De même, les verbes d'énonciation (*dire, esclamare,* etc.) sont d'ordinaire postposés comme en français dans les propositions incises ou après l'énonciation : *No! rispose Mario. Obbedisco, telegrafò Garibaldi.*

Mais s'il y a un autre déterminant qui a fonction de rhème, la postposition du sujet n'a pas lieu, p. ex. *Oggi è arrivato Pietro* mais *Pietro è arrivato oggi, Così va il mondo* mais *Il mondo va così,* et le verbe garde une position intermédiaire.

Un ordre inverse (rhème + thème) avec une valeur emphatique est toujours possible, car on peut mettre en relief l'élément marqué (rhème) par un accent dominant et aussi en l'isolant par une pause (,) : *Ha mangiato (,) Bruno. Bruno (,) è arrivato. È limpida (limpida è) la sera. Io (,) sono stato!*

D'ailleurs un énoncé avec objet comme *Bruno ha mangiato il dolce* peut donner en contexte des informations nouvelles bien différentes (rhèmes), que nous marquons en petites capitales dans les exemples suivants :

	Sujet	Verbe	Objet	
(1) [Qu'est-ce qu'il a fait, Bruno ?]	*Bruno*	HA MANGIATO	IL DOLCE.	Bruno a mangé le gâteau.
(2) [Qu'est-ce qu'il a mangé, Bruno ?]	*Bruno*	*ha mangiato*	IL DOLCE.	C'est un gâteau que Bruno a mangé.
(3) [Qui a mangé le gâteau ?]	BRUNO	*ha mangiato*	*il dolce.*	C'est Bruno qui a mangé le gâteau.

Dans l'ordre emphatique correspondant, le thème peut être postposé et isolé :

(1 a) HA MANGIATO IL DOLCE, *Bruno* (VO,S). Il a mangé le gâteau, Bruno.
(2 a) IL DOLCE, *Bruno ha mangiato* (O,SV).

Mais selon la règle que nous avons donnée, l'énoncé (3) a déjà une valeur emphatique (ordre rhème + thème) : *Bruno, ha mangiato il dolce.*

L'ordre normal correspondant est :

(3 a) *Ha mangiato* BRUNO, *il dolce* (VS,O),

le plus souvent marqué par la reprise de l'objet-thème au moyen d'un pronom anaphorique :

(3 b) *L'ha mangiato* BRUNO, *il dolce,*

ou

(3 c) *Il dolce (,) l'ha mangiato* BRUNO (O,VS). Le gâteau, c'est Bruno qui l'a mangé.

Dans les phrases interrogatives et exclamatives, l'ordre est généralement inverse (rhème + thème) : *Ha mangiato il dolce, Bruno? Abbaia il cane? È bello il tempo? È bella la tua casa? (È) simpatico quel ragazzo!* Mais l'ordre opposé est toujours possible. Le sujet se place toujours après le verbe dans les propositions interrogatives directes introduites par un mot interrogatif et dans les exclamatives introduites par un adverbe ou un adjectif exclamatif : *Qual è la tua opinione?* Quelle est ton opinion ? *Cosa vogliono i tuoi amici?* Que veulent tes amis ? *Dove andrà Bruno?* Où ira-t-il, Bruno ? *Quanto mangia, Bruno!* Qu'est-ce qu'il mange, Bruno ! *Quante lacrime ha versato quella madre!* Combien de larmes cette mère n'a-t-elle pas versées ! Dans les interrogatives causales introduites par *perché,* la postposition du sujet est seulement possible : *Perché Bruno parte?* ou *Perché parte Bruno?* Dans les interrogatives indirectes introduites par un mot interrogatif autre que *se,* la postposition du sujet est facultative : *Mi chiedevo cosa volessero i tuoi amici* (ou *cosa i tuoi amici volessero*) ; après *se*, elle ne l'est jamais : *Gli domandai se Bruno fosse partito.*

La postposition est obligatoire comme en français dans les propositions au subjonctif non introduites par une conjonction : *Siano le due rette AB e CD.* Soient les deux droites AB et CD. *Possa tornare il bel tempo!* Puisse le beau temps revenir!

3. Propositions subordonnées

Nous considérons ici — laissant de côté les propositions relatives, déterminatives ou appositives, qui ne présentent pas de différence sensible par rapport au français (voir les exemples donnés *supra*, Pronoms et adjectifs relatifs) — les complétives conjonctives (introduites par une conjonction de subordination qui est d'ordinaire *che*, comme en français *que*) et infinitives, les circonstancielles conjonctives et infinitives. Pour les interrogatives indirectes, qui sont des complétives introduites par tous les mots interrogatifs et par la conjonction *se*, voir plus loin, CONCORDANCE DES TEMPS.

(1) Complétives

FONCTIONS	CONSTRUCTION CONJONCTIVE	CONSTRUCTION INFINITIVE
(a) Complément d'objet direct ou indirect du verbe de la principale.	*Si lamenta (del fatto) che voi parliate troppo forte.* Il se plaint de ce que vous parlez trop fort. *Temo che sia troppo tardi.* Je crains qu'il ne soit trop tard. [Après les verbes exprimant la crainte, l'empêchement ou le doute, l'italien n'a pas de négation explétive (à la différence du français parlé et écrit courant).]	[Comme en français, cette construction est possible quand le sujet de la subordonnée est le même que dans la principale; dans ce cas l'italien préfère toujours la construction infinitive. Le sujet peut être différent uniquement avec les verbes de perception.]
	Dubito che egli possa venire.	*Dubito di poter venire.*
	Promette che il lavoro verrà finito.	*Promette di finire il lavoro.*
	Credo che (egli) abbia ragione. [Après les verbes exprimant une opinion, *credere, pensare*, etc., l'italien emploie le subjonctif (l'indicatif dans la langue parlée du Midi).]	*Credo di avere ragione.*
	Si sentiva che arrivava l'inverno (ou *Si sentiva l'inverno che arrivava*), On sentait que l'hiver venait.	*Si sentiva arrivare l'inverno.* On sentait venir l'hiver [sujet différent].
	(Sente un bambino che piange)	*Sente piangere un bambino.* Il entend un enfant pleurer [sujet différent].
[Interrogatives indirectes]	*Non capisco come abbia (ha) fatto.*	*Non so come fare.*
	Non so quando egli venga (viene).	*Non so quando venire.*
	Mi domando perché egli faccia (fa) questo.	*Mi domando perché farlo.*
(b) Sujet du verbe de la principale ou sujet réel d'une construction impersonnelle.	*È inutile che protestiate.* Il est inutile que vous protestiez. *Che egli sia commosso, è ben comprensibile.* Qu'il soit ému, c'est bien compréhensible.	*È inutile protestare.* Il est inutile de protester.
(c) Attribut (après *essere* copule).	*Il fatto è che ti sbagli.* La vérité est que tu te trompes.	
	Il guaio è che siamo arrivati troppo tardi. Le malheur est que nous sommes arrivés trop tard.	*Il guaio è di essere arrivati troppo tardi.* Le malheur est d'être arrivés trop tard.
[apposition]	*Mi dispiace una cosa, che tu debba partire subito.*	*Mi dispiace una cosa, di dover partire subito.*
(d) Complément d'un nom abstrait, correspondant morphologiquement à un verbe ou proche par le sens d'un verbe.	*La paura che un malore lo colga lo terrorizza.*	*La paura di essere colto da un malore lo terrorizza.*
	La speranza che tu guarisca mi conforta.	*La speranza di guarire ti conforta.*
	Il pensiero che dovrai partire mi tormenta.	*Il pensiero di dover partire mi tormenta.*
[d'un adjectif]	*Sono lieto che la tua relazione abbia avuto successo.* Je suis heureux que ton exposé ait eu du succès.	*Sono lieto di avere ascoltato la tua relazione.* Je suis heureux d'avoir écouté ton exposé.

(2) Circonstancielles

	CONJONCTIVES				INFINITIVES
NATURE	CONJONCTION ITALIENNE	SUBORDONNÉE ITALIENNE	CONJONCTION FRANÇAISE	EXEMPLES	
TEMPS	*quando*	ind.	quand	*Quando arrivò Bruno, ero assente.*	
	nel momento che	ind.	au moment où	*Lo vidi nel momento che arrivava.*	*Nel momento di congedarmi (Nel congedarmi) gli dissi* [même sujet].
	da che, da quando, dal momento che	ind.	depuis que, à partir du moment où	*Da che è partito, l'ho perso di vista.*	
	mentre	ind.	pendant que, alors que	*Lo incontrai mentre rincasavo.*	*Lo incontrai nel rincasare.*
	(non) appena [la négation explétive souligne l'instantanéité]	ind.	sitôt que, aussitôt que, dès que	*(non) appena fu uscito,*	
	come	ind.	comme	*Come mi vide, mi corse incontro.*	*nel vedermi,* en me voyant
	finché (non)	ind. et subj.	jusqu'à ce que, en attendant que	*Aspettate finché (non) sia ritornato.* Attendez jusqu'à ce que je sois revenu.	
	prima che	subj.	avant que	*prima che tu parta,* avant que tu ne partes.	*prima di partire.*
	dopo che	subj.	après que		*dopo essere partito.*
	una volta che	ind. et subj.	une fois que	*Una volta che ha (abbia) deciso di partire, non cambia opinione.*	
	pt. passé + *che* + passé simple d'*essere* ou *avere*	ind.		*Giunto che fu a casa, accese il fuoco. Scritta che ebbe la lettera, la impostò.*	
	ogni volta che, tutte le volte che	ind.	chaque fois que	*Ogni volta che arrivo a casa apro le finestre.*	
BUT	*perché*	subj.	pour que	*Ti aiutiamo perché tu riesca.*	*Si dà da fare per riuscire.* Il se donne du mal pour réussir. *È venuto a domandare.* Il est venu demander.
	per timore (paura) che	subj.	de peur (crainte) que	*Si nasconde per paura che la mamma lo sgridi.* Il se cache de peur que sa mère le gronde.	
	affinché	subj.	afin que	*Lo dico affinché lo sappiate.*	
	in modo (maniera) che	subj.	en sorte que	*Fate in modo che non se ne accorga.* Faites en sorte qu'il ne s'en aperçoive pas.	*Fa' in modo di venire.* Arrange-toi pour venir. *in modo da convincerlo,* de manière à le convaincre.

	CONJONCTIVES				INFINITIVES
NATURE	CONJONCTION ITALIENNE	SUBORDONNÉE ITALIENNE	CONJONCTION FRANÇAISE	EXEMPLES	
CAUSE	*perché*	ind.	parce que	*Non viene perché è malato.* Il ne vient pas parce qu'il est malade.	*Ha avuto una multa per aver superato il limite di velocità. Brontolava per essere obbligato a ricominciare.* Il bougonnait d'être obligé de recommencer.
	poiché	ind.	comme, car	*Poiché dovevo partire lo salutai.* Comme je devais partir, je lui ai dit au revoir. *È tornato perché non stava bene.* Il est rentré car il n'était pas bien.	
	dato che	ind.	étant donné que	*Dato che sono malato, non ci vado.* Étant donné que je suis malade, je n'y vais pas.	
	giacché	ind.	puisque	*Giacché è qui, parliamone!* Puisqu'il est là, parlons-en.	
	dal momento che	ind.	du moment que	*Dal momento che vi conoscete, non vi presento.* Du moment que vous vous connaissez, je ne vous présente pas.	
	visto che	ind.	vu que		
	atteso che	ind.	attendu que		
	col pretesto che	ind.	sous prétexte que	*Gli hanno dato l'incarico col pretesto che sa il tedesco.* On lui a confié cette mission sous prétexte qu'il sait l'allemand.	*Col pretesto di sapere il tedesco vuole l'incarico.* Sous prétexte qu'il sait l'allemand, il prétend obtenir cette mission.
CONDITION	*se*	ind.	si	[Voir ci-dessous PROPOSITION HYPOTHÉTIQUE]	
	secondo che	subj. (rar. ind.)	selon que, suivant que (+ ind. ou cond.)	*Secondo che piova o no, prenderò l'ombrello.* Selon qu'il pleuvra ou non, je prendrai mon parapluie.	
	nel caso che	subj.	au cas où (+ cond.)	*Nel caso che tu cambiassi opinione, avvertimi.* Au cas où tu changerais d'avis, préviens-moi.	
	a condizione che	subj.	à supposer que, à condition que, en admettant que	*A condizione che tu mi dia carta bianca, accetto.*	*A condizione di avere carta bianca, accetto.*
	purché	subj.	pourvu que	*Verrò purché non piova.* Je viendrai pourvu qu'il ne pleuve pas.	*Pur di non rattristarla farebbe qualsiasi cosa.* Il ferait n'importe quoi pour ne pas la chagriner.

	CONJONCTIVES				INFINITIVES
NATURE	CONJONCTION ITALIENNE	SUBORDONNÉE ITALIENNE	CONJONCTION FRANÇAISE	EXEMPLES	
	sia che... sia che	subj.	soit que..., soit que	*sia che tu venga, sia che tu non venga.*	
	che... o che (o no)	subj.	que... ou que (ou non, ou pas)	*Che tu venga o che tu non venga (Che tu venga o no) è lo stesso.* Que tu viennes ou pas, c'est la même chose.	
	...o... (sans conj.)	subj.		*Faccia bello o piova, verrò.* Qu'il fasse beau ou qu'il pleuve, je viendrai.	
CONSÉQUENCE	*tanto... che, tanto che*	ind.	tant... que	*I ragazzi fanno un rumore tale che non posso lavorare.* Les enfants font un tel bruit que je ne peux pas travailler.	*tanto... da, tanto da*
	tal(e)... che, talché	ind.	tel... que, tellement que		*tale... da. L'odore è forte (sì) da togliere il fiato.*
	sì che, sicché	ind.	si... que, si bien que	*La marea è bassa, sicché si può pescare sugli scogli.* La marée est basse, si bien qu'on peut pêcher dans les rochers.	
	troppo... perché	subj.	trop... pour que, assez... pour que	*Il fatto è troppo remoto perché tu lo ricordi.* Le fait est trop éloigné pour que tu t'en souviennes.	*È troppo intelligente per crederci.*
CONCESSION OU OPPOSITION	*benché* *malgrado che*	subj. subj.	bien que malgré que	*benché fossi stato informato;* bien que j'eusse été prévenu.	
	quantunque	subj.	quoique	*Quantunque il film fosse divertente, si annoiò.* Quoique le film fût amusant, il s'ennuya.	
	per quanto	subj.	quelque... que, si... que	*per quanto facilmente tu possa farlo;* si facilement que tu puisses le faire.	*Per essere francese parla bene l'italiano.*
	per quanti, -e	subj.	(pour) autant que, quelques... qui/que	*per quante scuse accampi;* quelques raisons qu'il donne.	
	ancorché	subj.	encore que	*Ancorché il freddo fosse intenso, usciva senza cappotto.*	
	dato e non concesso che	subj.	à supposer que	*dato e non concesso che tu abbia ragione;* à supposer que tu aies raison.	
	quand'anche	subj.	quand (bien) même, lors même que (+cond.)	*quand'anche tu avessi ragione;* quand (bien) même tu aurais raison.	

NATURE	CONJONCTIVES: CONJONCTION ITALIENNE	SUBORDONNÉE ITALIENNE	CONJONCTION FRANÇAISE	EXEMPLES	INFINITIVES
	anche se	ind. et subj.	même si, quand bien même (+ cond.)	*Anche se insistesse non accetterei.* Quand bien même vous insisteriez, je n'accepterais pas.	
	per poco che, per quanto poco	subj.	si peu que, pour peu que	*Per poco che abbia parlato con lui, mi è parso intelligente.* Si peu que j'aie parlé avec lui, il m'a paru intelligent. *Per poco che piova, resterò a casa.* Pour peu qu'il pleuve, je resterai à la maison.	
	per + adj. + *che* + subj. du verbe *essere*	subj.	*tout* + adj. + *que* + ind. du verbe *être*	*per ricco che sia*; tout riche qu'il est, si riche qu'il soit.	
	a meno che, salvo che	subj.	à moins que	*A meno che non sia matto, tornerà.* À moins qu'il ne soit fou (À moins d'être fou) il reviendra.	[La construction infinitive est possible uniquement après des verbes impersonnels : *A meno di essere malati, bisogna lavorare.*]
	salvo che, sennonché	ind. et subj.	sauf que	*Ti somiglia, salvo che (sennonché) è bionda,* Elle te ressemble, sauf qu'elle est blonde.	
	mentre [v. Infinitif]	ind.	alors que, tandis que, loin que, au lieu que	*La lettera m'è arrivata oggi, mentre l'aspettavo una settimana fa.* La lettre m'est parvenue aujourd'hui, alors que je l'attendais il y a une semaine.	*invece di, invece che, lungi da* : *Invece di diminuire i delitti aumentano.* Loin de diminuer, les crimes augmentent.
[concession négative]	*non che*	subj.	non (pas) que, ce n'est pas que	*Non che sia cattivo, ma non ha carattere.* Ce n'est pas qu'il soit mauvais, mais il n'a pas de caractère.	
COMPARAISON	*come*	ind.ou cond.	comme	*Farò come ho sempre fatto e come avrebbe fatto mio padre.*	
	(così) come *(tale) quale*	ind.	ainsi que, de même que, tel que,	*Così come lo vedi, è capace di vivere ancora a lungo.* Tel que tu le vois, il est capable de vivre encore longtemps.	
	(tanto) quanto	ind.	aussi que, autant que		
	più che (non) *meglio che (non)* *meno che (non)*	ind.ou subj.	plus que mieux que moins que	*Sono felice più che non pensiate, più che possiate immaginare.*	*Più che studiare leggeva il giornale.*
	diversamente da, diversamente che	ind.	autrement que	*Parla diversamente da come (quello che) pensa.*	

NATURE	CONJONCTION ITALIENNE	SUBORDONNÉE ITALIENNE	CONJONCTION FRANÇAISE	EXEMPLES	INFINITIVES
	più (ou *meno*)... *di quanto (non)*	ind.ou subj.	plus... que... (ne)	[L'italien peut introduire ici une négation explétive : *È più abile di quanto (non) pensassi.*]	
	quanto più... (tanto) più	ind.	d'autant plus que plus... plus	*Quanto più correva, tanto più si stancava.* Plus il courait, plus il se fatiguait.	
	quanto meglio... tanto meglio (quanto) meno... (tanto) meno	ind.	d'autant mieux que d'autant moins que moins... moins		
	adj. + *come* (ou *qual[e]*) + ind. du verbe *essere*	ind.	adj. + *comme* + ind. du verbe *être*	*Superbo com'è (qual è) non accetta critiche.* Orgueilleux comme il est, il n'accepte pas de critiques.	
MANIÈRE	*come*	ind.	comme	*Fa' come credi.* Fais comme tu l'entends. *Fa' come ha detto tua madre.* Fais comme l'a dit ta mère [on n'emploie jamais le pronom anaphorique après *come*].	
	nella misura in cui	ind.	dans la mesure où (que)	*Nella misura in cui lo riterrete necessario.* Dans la mesure où vous le croirez nécessaire.	
	senza che	subj.	sans que	*È uscito senza che lo notassimo.* Il est sorti sans qu'on le remarque.	*È uscito senza farsi notare.* Il est sorti sans se faire remarquer.
[addition]	*(oltre al fatto che)*	ind.	outre que	*Oltre al fatto che è pieno d'errori, quel compito è copiato.*	*Oltre che essere pieno d'errori, quel compito è copiato.*

4. Proposition hypothétique

CONDITION	PROPOSITION SUBORDONNÉE (Protase)		PROPOSITION PRINCIPALE (Apodose)	
	MODES ET TEMPS			MODES (1) ET TEMPS
RÉELLE	Ind. Prés.	*Se credi nella libertà*	*devi difenderla.*	Ind. Prés.
		Se dici la verità	*ti perdonerò.*	Fut.
	Fut.	*Se arriverai domani*	*mi troverai.*	
	P. comp.	*Se hai studiato*	*puoi dormire tranquillo.*	Prés.
		Se hai studiato	*potrai dormire tranquillo.*	Fut.
		Se sei arrivato ieri	*hai potuto vederlo.*	P. comp.

(1) Dans l'apodose réelle ou éventuelle, l'impératif est toujours possible.

CONDITION	PROPOSITION SUBORDONNÉE (Protase)			PROPOSITION PRINCIPALE (Apodose)	
	MODES ET TEMPS				MODES (1) ET TEMPS
ÉVENTUELLE	Subj. Imp.	*Se tu dicessi la verità* *Se tu venissi domani*	*ti perdonerei.* *mi troveresti.*		Cond. Prés.
IRRÉELLE (a) DANS LE PRÉSENT	Subj. Imp.	*Se fossi una rondine* *Se conoscessi l'arabo*	*volerei in Egitto.* *leggerei il Corano.*		Cond. Prés.
(b) DANS LE PASSÉ	Subj. Plus-que-parfait (2)	*Se tu fossi venuto ieri*	*mi avresti trovato.*		Cond. Passé
	Ind. Imp.	*Se venivi ieri*	*mi trovavi.*		Ind. Imp. (2)

(1) Voir note (1), page précédente.

(2) L'usage « irréel » de l'imparfait de l'indicatif est généralement limité à la langue parlée, mais il est plus répandu que celui qu'on trouve quelquefois en français : *Si nous étions partis plus tard, nous manquions le train,* cf. *Se partivo più tardi perdevo il treno.*

5. Concordance des temps *(consecutio temporum)*

(1) Concordance commandée par le sens

(a) Subordonnée à l'indicatif ou au conditionnel

TEMPS DE L'INDICATIF	PRINCIPALE	SUBORDONNÉE événement simultané	événement postérieur	événement antérieur	événement intemporel
Prés.	*descrivo (ora)**	*ciò che vedo (ora)*	*ciò che vedrò (domani)*	*ciò che ho visto ieri; ciò che vidi; ciò che vedevo**; ciò che avevo visto*	*ciò che vedo sempre*
Fut.	*descriverò (domani)*	*ciò che vedrò (allora)*	*ciò che vedrò (l'indomani)*	*ciò che avrò visto (la vigilia)*	*ciò che vedo sempre*
Passés	*descrivevo (ieri)*	*ciò che vedevo (allora)*	*ciò che avrei visto (l'indomani)* [o *fr.* ce que je verrais]	*ciò che avevo visto (la vigilia)*	*ciò che vedo sempre*
	descrissi	*ciò che vedevo; ciò che vidi*			
	ho descritto (ieri)	*ciò che vedevo; ciò che ho visto*			

* Les adverbes de temps sont choisis pour souligner la relation chronologique entre les événements exprimés dans la principale et ceux qui sont exprimés dans la subordonnée. Quand la principale est au futur ou au passé, ils sont transformés dans la subordonnée comme en général dans le style indirect (récit).

** L'imparfait et le plus-que-parfait ne sont possibles que s'ils expriment une relation ultérieure de simultanéité (imparfait) ou d'antériorité (plus-que-parfait).

(b) *Subordonnée au subjonctif*

TEMPS DE L'INDICATIF	PRINCIPALE	SUBORDONNÉE			
		événement simultané	événement postérieur	événement antérieur	événement intemporel
Prés.	*penso (ora)*	*che (ora) sia tardi; che se lo meriti; che se lo meritasse****	*che (domani) sia tardi*	*che (ieri) sia stato tardi; che se lo fosse meritato*	*che domani sia sempre tardi*
Fut.	*penserò (domani)*	*che allora sia tardi*	*che l'indomani sia tardi*	*che la vigilia sia stato tardi*	*che domani sia sempre tardi*
Passés	*pensavo (ieri)* *pensai (ieri)* *ho pensato (ieri)*	*che (allora) fosse tardi*	*che (l'indomani) fosse tardi (sarebbe stato tardi)*	*che (la vigilia) fosse stato tardi*	*che domani sia sempre tardi*

*** L'imparfait du subjonctif est possible après un présent dans la principale si le fait qu'il exprime est présenté comme habituel ou continu dans le passé.

(2) Concordance obligatoire : passage du discours direct *(oratio directa)* au discours indirect ou récit *(oratio obliqua).*

La transformation est à la troisième personne.

DISCOURS DIRECT	TEMPS DU DISCOURS		TEMPS DU RÉCIT	DISCOURS INDIRECT	VERBE INTRODUCTEUR DÉCLARATIF
« Ho fame.	Prés.	→	Imp.	Disse che aveva fame.	Disse che...
Avevo sete,	Imp.	=	Imp.	Aveva sete,	
ma ho bevuto.	Passé comp. (ou simple)	→	Plus-que-parf.	ma aveva bevuto.	
Ora dammi qualcosa da mangiare,	Impér.	→	Subj. imp. ou inf.	Disse che gli desse (di dargli) subito qualcosa da mangiare,	Disse che...
e quando sarò sazio	Fut. dans la subordonnée	→	Subj. imp. ou plus-que-parf.	e quando fosse stato sazio	
potremo parlare.	Fut.	→	Condit. passé [en français, cond. prés.]	avrebbero potuto parlare.	
Hai capito? »				Gli chiese se aveva capito.	Disse che...

Attraction modale

Comme en français on a en italien le subjonctif à la place de l'indicatif dans les propositions relatives, quand la relative dépend d'une proposition elle-même au subjonctif :

Quale che sia il danno che egli ti abbia potuto causare, cerca di essere indulgente. Quel que soit le dommage qu'il ait pu te causer, fais ton possible pour être indulgent.

Parfois on trouve le subjonctif dans les propositions complétives quand elles dépendent d'une proposition elle-même au subjonctif :

Desidero non sappia che io lo conosca (conosco). Je veux qu'il ne sache pas que je le connais.

ITALIANO - FRANCESE

a [a] f. o m. a m. ‖ abbr. ELETTR., FIS. A. ‖ LOC. FIG. *dall'a alla zeta,* de a à z. | *non dire né a né ba,* ne pas souffler mot.
a [a] prep.

I. LUOGO : **1.** stato in : à ; **2.** moto a : à ; **3.** direzione : à.
II. DISTANZA : à.
III. TEMPO : à, en, de.
IV. TERMINE : à.
V. MODO : à, en, (-).
VI. MEZZO : à.
VII. SCOPO, DESTINAZIONE : à.
VIII. DISTRIBUZIONE : à, par, (-).
IX. A + infinito storico narrativo : de + infinito.
X. A + infinito : **1.** introduce una prop. secondaria : à + infin., de + infin. **2.** se collega due proposizioni, sottolineandone la simultaneità : en + gerundio.

I. LUOGO. **1.** [stato in] à. | *abita a Milano,* il habite à Milan. ‖ FIG. *all'inizio,* au début. ‖ **2.** [moto a] à. | *vado a Firenze, a teatro, a scuola,* je vais à Florence, au théâtre, à l'école. ‖ **3.** [direzione] à. | *a Sud, a Est,* au sud, à l'est. ‖ FIG. POP. *mandare al diavolo,* envoyer à tous les diables. | *al fuoco !,* au feu !
II. DISTANZA : à. | *è a cento metri da casa mia,* c'est à cent mètres de chez moi.
III. TEMPO : à, en, de. | *a mezzanotte, alle quattro,* à minuit, à quatre heures. | *oggi a otto,* d'aujourd'hui en huit. | *al tempo dei nostri avi,* du temps de nos aïeux. | *ai nostri giorni,* de nos jours.
IV. TERMINE : à. | *dare un premio a qlcu.,* donner un prix à qn.
V. MODO : à, en, (-). | *comprare a rate,* acheter à tempérament. | *a tastoni,* à tâtons. | *a nuoto,* à la nage. | *diapositiva a colori,* diapositive en couleurs. | *vendita all'ingrosso, al minuto,* vente en gros, au détail. | *a capo scoperto,* nu-tête. | *a occhi chiusi,* les yeux fermés. ‖ LOC. FIG. *girare a vuoto,* tourner à vide. | *a briglia sciolta,* à bride abattue.
VI. MEZZO : à. | *battere a macchina,* taper à la machine. | *pollo allo spiedo,* poulet à la broche.
VII. SCOPO, DESTINAZIONE : à. | *buono a nulla,* bon à rien. ‖ GIUR. *teste a carico,* témoin à charge.
VIII. DISTRIBUZIONE : à, par | *due a due,* deux à deux, deux par deux. | *due calmanti al giorno,* deux calmants par jour. | *a frotte,* par bandes. | *costa cento lire al litro,* ça coûte cent lires le litre. ‖ LOC. FIG. *vivere alla giornata,* vivre au jour le jour.
IX. A + infinito storico narrativo : de + infinito. | *... e lui a rimproverarlo,* ... et lui de le gronder.
X. A + infinito. **1.** à + infin., de + infin. | *a sentir lui, tutto è possibile,* à l'en croire, tout est possible. | *hai fatto bene a rivederlo,* tu as bien fait de le revoir. ‖ **2.** en + gerundio. | *a sentir ciò, si arrabbiò,* en entendant cela, il se mit en colère.

abaco ['abako] (**-chi** pl.) m. ARCHIT. abaque, tailloir. ‖ [antico pallottoliere] abaque, boulier.
abate [a'bate] m. ECCL. [superiore di un'abbazia] abbé, prieur. ‖ PER EST. [titolo conferito a un prete secolare] abbé.
abatino [aba'tino] m. jeune abbé. ‖ [dal '700 giovane prete galante] abbé de cour.
abbacchiamento [abbakkja'mento] m. FIG. FAM. abattement (L.C.).
abbacchiare [abbak'kjare] v. tr. gauler, chabler. ‖ FIG. FAM. abattre, déprimer (L.C.).
abbacchiato [abbak'kjato] agg. FIG. FAM. abattu, déprimé (L.C). | *era veramente abbacchiato,* il était vraiment à plat (fam.).
abbacchiatura [abbakkja'tura] f. gaulage m.
abbacchio [ab'bakkjo] m. CULIN. agneau de lait.
abbacinamento [abbatʃina'mento] m. éblouissement.
abbacinante [abbatʃi'nante] agg. éblouissant.
abbacinare [abbatʃi'nare] v. tr. éblouir. ‖ FIG. [ingannare] éblouir, fourvoyer.
abbaco ['abbako] m. V. ABACO.
abbagliamento [abbaʎʎa'mento] m. PR. e FIG. éblouissement.
abbagliante [abbaʎ'ʎante] agg. éblouissant, éclatant, aveuglant. ‖ FIG. *una bellezza abbagliante,* une beauté éblouissante, éclatante. ‖ AUTOM. *fari abbaglianti,* phares ; feux de route.
abbagliare [abbaʎ'ʎare] v. tr. éblouir, aveugler. | *il riflesso lo abbaglia,* le reflet l'éblouit, l'aveugle. ‖ FIG. éblouir, fasciner.
abbaglio [ab'baʎʎo] m. (raro) éblouissement. ‖ FIG. méprise f., bévue f., impair. | *un abbaglio grossolano,* une méprise grossière. ‖ LOC. FIG. *prendere un abbaglio,* commettre une bévue (L.C.), gaffer (v. intr.), faire une gaffe (fam.). | *è una persona che prende frequenti abbagli,* c'est un gaffeur (m. e agg.).
abbaiamento [abbaja'mento] m. aboiement.
abbaiare [abba'jare] v. intr. aboyer. | *il cane abbaia dietro a, contro qlcu.,* le chien aboie après, contre qn. ‖ FIG. *« vuoi spicciarti ? » abbaiò il fabbro,* « veux-tu te grouiller ? » aboya le forgeron. ‖ PROV. *can che abbaia non morde,* chien qui aboie ne mord pas.
abbaiata [abba'jata] f. aboiements m. pl. ‖ FIG. huées pl.
abbaino [abba'ino] m. [piccola finestra sul tetto] lucarne f. ‖ PER EST. [soffitta] mansarde f.
abbaio [ab'bajo] m. aboiement.
abbandonare [abbando'nare] v. tr. **1.** [lasciare] abandonner, quitter. | *abbandonare i propri figli,* abandonner ses enfants. | *abbandonare la propria casa,* quitter sa maison. | *abbandonare il proprio posto di lavoro,* abandonner, déserter son poste. ‖ **2.** [rinunciare a] abandonner, renoncer à. | *abbandonare un progetto,* abandonner un projet. | *abbandonare il mondo,* renoncer au monde. ‖ **3.** [tralasciare] négliger, délaisser. | *abbandonare le scienze per le lettere,* délaisser les sciences pour les lettres. ‖ **4.** [lasciare in balìa a] abandonner, livrer. | *abbandonare a qlcu. la cura dei*

propri affari, abandonner à qn le soin de ses affaires. | *abbandonarono la città al saccheggio*, ils livrèrent la ville au pillage. || **5.** [lasciare andare] *abbandonò la testa sulla sua spalla*, il abandonna sa tête sur son épaule. || **6.** [allentare] *abbandonare la presa*, lâcher prise. ◆ v. rifl. **1.** [lasciarsi cadere] s'abandonner, se laisser tomber. | *si abbandonò sulla poltrona*, il se laissa tomber sur le fauteuil. || **2.** FIG. [cedere] s'abandonner, se livrer, céder à. | *abbandonarsi alla disperazione*, s'abandonner, se livrer au désespoir. || **3.** [lasciarsi andare senza ritegno] s'adonner. | *si è abbandonato al bere*, il s'est adonné à la boisson.

abbandonato [abbando'nato] part. pass. e agg. abandonné. || [lasciato in balìa di] livré. | *un ragazzo abbandonato a se stesso*, un garçon livré à lui-même. || [desolato, incolto] abandonné, à l'abandon. | *un giardino abbandonato*, un jardin à l'abandon, abandonné. || LOC. *l'infanzia abbandonata*, les enfants abandonnés.

abbandono [abban'dono] m. abandon. | *l'abbandono dei propri diritti*, l'abandon de ses droits. || [fiducia] abandon. | *parlò in un momento d'abbandono*, il parla dans un moment d'abandon. || [desolazione] abandon, délaissement. | *una casa che dà un'impressione di abbandono*, une maison qui donne une impression de délaissement. || GIUR. abandon. | *abbandono del domicilio coniugale*, abandon du domicile conjugal. || MAR. abandon. | *abbandono della nave*, abandon du navire. || SPORT abandon.

abbarbicamento [abbarbika'mento] m. enracinement.

abbarbicare [abbarbi'kare] v. intr. s'enraciner v. rifl. ◆ v. rifl. BOT. s'enraciner (dans), s'accrocher (à), se cramponner (à). | *le piante marine si abbarbicano alle rocce*, les plantes marines s'accrochent aux rochers. || FIG. s'enraciner, s'accrocher, se cramponner (fam.). | *i pregiudizi si abbarbicano facilmente*, les préjugés s'enracinent facilement. | *abbarbicarsi a qlcu.*, se cramponner à qn.

abbassabile [abbas'sabile] agg. abaissable.

abbassamento [abbassa'mento] m. abaissement, baisse f. | *abbassamento di un muro*, l'abaissement d'un mur. | *abbassamento del livello delle acque*, baisse f. (du niveau) des eaux. || FIS. *abbassamento della temperatura*, baisse de la température. || GEOL. *abbassamento del suolo*, affaissement du sol. || MED. *abbassamento di voce*, affaiblissement de la voix. | *abbassamento di un organo*, descente (f.) d'un organe. || ELETTR. *abbassamento di tensione*, dévoltage.

abbassare [abbas'sare] v. tr. [far scendere a un livello più basso] abaisser, baisser. | *abbassare un muro*, abaisser, baisser un mur. || [calare] baisser, descendre. || [chinare] abaisser, baisser. | *abbassare il capo*, baisser la tête. || FIG. [diminuire] abaisser, baisser. | *abbassare la voce, i prezzi*, baisser, abaisser la voix, les prix. || LOC. FIG. *abbassare le ali a qlcu.*, rabattre le caquet à qn. | *abbassare le armi*, baisser pavillon. || AUTOM. *abbassare la frizione*, débrayer. || MAR. amener. | *abbassare le vele*, amener les voiles. || MAT. abaisser. ◆ v. rifl. baisser v. intr. | *il livello delle acque si è abbassato*, le niveau des eaux a baissé. || FIG. *i prezzi si sono abbassati*, les prix ont baissé. || [umiliarsi] s'abaisser, se plier. || [degnarsi di] s'abaisser (à); daigner v. tr. | *si è abbassato a parlargli*, il a daigné lui parler.

abbasso [ab'basso] avv. en bas. || interiez. à bas! | *abbasso i dittatori, evviva la libertà!*, à bas les dictateurs, vive la liberté! || [giù] bas. | *abbasso le mani!*, bas les mains!; bas les pattes! (fam.).

abbastanza [abbas'tantsa] avv. [a sufficienza] assez; [in misura notevole] assez, pas mal. | *ho lavorato abbastanza*, j'ai assez travaillé. | *questo quadro è abbastanza buono*, ce tableau n'est pas mal. || LOC. *ne ho abbastanza*, j'en ai assez; j'en ai marre (pop.). || [+ sost.] assez de, pas mal de. | *c'era abbastanza lavoro per tutti*, il y avait assez de travail pour tout le monde. | *ha abbastanza soldi*, il a assez, pas mal d'argent.

abbattere [ab'battere] v. tr. abattre, jeter à terre. || [uccidere] abattre. | *abbattere un cavallo ferito*, abattre un cheval blessé. || PER ANAL. *abbattere un aereo*, abattre, descendre un avion. || FIG. [far cadere] renverser. | *abbattere un dittatore*, renverser un dictateur. || [annullare] éliminer. | *abbattere le barriere doganali*, éliminer les barrières douanières. || [indebolire] abattre. | *le sue disgrazie non hanno abbattuto la sua forza d'animo*, ses malheurs n'ont pas abbatu sa force d'âme. ◆ v. rifl. s'abattre, s'affaisser, s'écrouler, tomber (sur). | *un acquazzone si abbatté sull'orto*, une averse s'abattit sur le verger. | *egli si abbatté sul marciapiede*, il s'affaissa, s'écroula sur le trottoir. | *il fulmine si abbatté su quella casa*, la foudre tomba sur cette maison-là. || FIG. [scoraggiarsi] se laisser abattre, se déprimer, se décourager.

abbattimento [abbatti'mento] m. abattage. | *l'abbattimento di un albero*, l'abattage d'un arbre. | *abbattimento del bestiame*, abattage du bétail. || FIG. abattement, accablement, dépression f. | *essere in uno stato di abbattimento*, être dans un état d'abattement, de dépression. || FIN. *abbattimento alla base*, abattement à la base. || MAR. *abbattimento in carena*, abattage en carène. || MIN. abattage.

abbattitore [abbatti'tore] (**-trice** f.) m. abatteur. || [nelle cave] abatteur. ◆ f. abatteuse.

abbattuta [abbat'tuta] f. [di alberi] abattis m. || AER. e MAR. abattée. || MIL. abattis.

abbattuto [abbat'tuto] part. pass. e agg. abattu. | *l'albero è abbattuto*, l'arbre est abattu. || FIG. abattu, déprimé. | *è abbattuto*, il est abattu, déprimé.

abbazia [abbat'tsia] f. abbaye.

abbaziale [abbat'tsjale] agg. abbatial. | *chiesa abbaziale*, église abbatiale.

abbecedario [abbetʃe'darjo] m. e agg. abécédaire.

abbellimento [abbelli'mento] m. embellissement. | *l'abbellimento della città*, l'embellissement de la ville. || enjolivement, enjolivure f. || MUS. *abbellimenti musicali*, notes d'agrément, d'ornement.

abbellire [abbel'lire] v. tr. embellir, flatter. | *questa pettinatura l'abbellisce*, cette coiffure l'embellit, la flatte. | *il sogno abbellisce la realtà*, le rêve embellit la réalité. || PER EST. FIG. orner, enjoliver, agrémenter. | *abbelliva il suo racconto con immagini rare*, il enjolivait, agrémentait son récit par de singulières images. ◆ v. rifl. embellir v. intr. | *si abbellisce di giorno in giorno*, elle embellit de jour en jour.

abbeverare [abbeve'rare] v. tr. abreuver. ◆ v. rifl. s'abreuver. || FIG. s'abreuver.

abbeverata [abbeve'rata] f. abreuvage m.

abbeveratoio [abbevera'tojo] m. abreuvoir.

abbicare [abbi'care] v. tr. AGR. emmeuler.

abbiccì [abbit'tʃi] m. a b c, alphabet. | *imparare l'abbiccì*, apprendre l'alphabet, l'a b c. || FIG. a b c. | *in politica è ancora all'abbiccì*, en politique, il en est encore à l'a b c.

abbiente [ab'bjɛnte] agg. aisé, riche. | *i cittadini abbienti*, les citoyens aisés. ◆ m. e f. aisé, e. | *gli abbienti e i non abbienti*, les gens aisés et les économiquement faibles.

abbigliamento [abbiʎʎa'mento] m. habillement, vêtements pl. | *spese di abbigliamento*, frais d'habillement. | *abbigliamento maschile, femminile*, vêtements pour hommes, pour dames. || confection f. | *negozio d'abbigliamento*, magasin de confection. || [modo di vestire] mise f., accoutrement (peggior.). | *curare il proprio abbigliamento*, soigner sa mise. | *che strano abbigliamento!*, quel drôle d'accoutrement!

abbigliare [abbiʎ'ʎare] v. tr. habiller, vêtir. || FIG. orner, parer. ◆ v. rifl. s'habiller.

abbigliato [abbiʎ'ʎato] part. pass. e agg. habillé.

abbinamento [abbina'mento] m. jumelage.

abbinare [abbi'nare] v. tr. jumeler, accoupler. || TECN. coupler. | *abbinare dei motori*, coupler des moteurs.

abbinata [abbi'nata] f. V. ACCOPPIATA.

abbinato [abbi'nato] part. pass. e agg. jumelé. | *ruote abbinate*, roues jumelées.

abbindolare [abbindo'lare] v. tr. TESS. dévider, bobiner. || FIG. embobiner, enjôler, duper, entortiller (fam.), emberlificoter (fam.). || LOC. *lasciarsi abbindolare*, être dupe.

abbindolatore [abbindola'tore] (**-trice** f.) agg. e m. FIG. enjôleur, euse.

abbisciare [abbiʃ'ʃare] v. tr. MAR. lover.

abbisognare [abbizoɲ'ɲare] v. intr. avoir besoin. | *abbisognare di appoggio,* avoir besoin d'appui. || [occorrere] falloir. | *per questa costruzione abbisognano grosse somme,* pour cette construction il faut de grosses sommes.
abboccamento [abbokka'mento] m. entretien, abouchement, entrevue f. | *avere un abboccamento con qlcu.,* avoir un entretien avec qn. || MED., TECN. abouchement.
abboccare [abbok'kare] v. tr. mordre (à) v. intr. | *il pesce abbocca l'amo,* le poisson mord à l'hameçon. || FIG. v. intr. se laisser prendre. | *finì per abboccare,* il finit par se laisser prendre. || TECN. aboucher. || LOC. FAM. *è inutile, non abbocco,* c'est inutile, ça ne prend pas. ◆ v. rifl. s'aboucher. | *abboccarsi con qlcu.,* s'aboucher avec qn.
abboccatura [abbokka'tura] f. TECN. abouchement m., jonction.
abbonamento [abbona'mento] m. abonnement. | *sottoscrivere un abbonamento,* s'abonner; prendre un abonnement.
abbonare [abbo'nare] v. tr. abonner. | *abbonare qlcu. a un giornale,* abonner qn à un journal. ◆ v. rifl. s'abonner; prendre un abonnement.
abbonato [abbo'nato] agg. e m. abonné. | *gli abbonati alla radio,* les abonnés, les usagers de la radio. || SCHERZ. habitué.
abbondanza [abbon'dantsa] f. abondance; luxuriance. | *l'abbondanza della vegetazione,* la luxuriance de la végétation. || affluence. | *l'abbondanza del pubblico,* l'affluence du public. || FIG. richesse, luxe m. | *una grande abbondanza di particolari,* une grande richesse de détails. | *vive nell'abbondanza,* il vit dans le luxe. || LOC. *nuotare nell'abbondanza,* nager dans l'abondance. *il corno dell'abbondanza,* la corne d'abondance. ◆ LOC. AVV. **en abondance,** à foison. | *aveva soldi in abbondanza,* il avait de l'argent en abondance, à foison.
abbondare [abbon'dare] v. intr. abonder, foisonner. | *questo paese abbonda di cereali,* ce pays abonde en céréales. | *gli errori abbondano in questo testo,* les erreurs foisonnent dans ce texte. || FIG. [eccedere] exagérer. | *abbonda in cautela,* ses précautions sont exagérées. || LOC. *abbondare in parole,* abonder en paroles.
abbordabile [abbor'dabile] agg. abordable. || FIG. abordable, d'un abord facile. | *un prezzo abbordabile,* un prix abordable. | *non è abbordabile,* il n'est pas d'un abord facile.
abbordaggio [abbor'daddʒo] m. MAR. abordage. | *andare all'abbordaggio,* aller à l'abordage. || FIG. *andare all'abbordaggio di una carica,* briguer une charge.
abbordare [abbor'dare] v. tr. MAR. aborder. | *abbordare un vascello,* aborder, prendre d'assaut un vaisseau. || FIG. aborder, accoster. | *abbordare una questione delicata,* aborder un sujet délicat. | *abborda le ragazze per la strada,* il accoste les jeunes filles dans la rue.
abbordo [ab'bordo] m. MAR. abord. || FIG. NEOL. *di facile abbordo,* d'un abord facile.
abborracciamento [abborrattʃa'mento] m. bâclage, bousillage (fam.).
abborracciare [abborrat'tʃare] v. tr. bâcler, gâcher, bousiller (fam.).
abborraccione [abborrat'tʃone] m. bâcleur, gâcheur, bousilleur (fam.).
abbottonare [abbotto'nare] v. tr. boutonner. | *abbottonare una giacca,* boutonner une veste. ◆ v. rifl. se boutonner. || FIG. FAM. [assumere un atteggiamento riservato] rester sur ses gardes (L.C.).
abbottonato [abbotto'nato] part. pass. e agg. boutonné. || FIG. FAM. réservé (L.C.).
abbottonatura [abbottona'tura] f. boutonnage m.
abbozzare [abbot'tsare] v. tr. ARTI, LETT. esquisser, ébaucher. | *abbozzare un disegno, un racconto,* esquisser, ébaucher un dessin, une histoire. || FIG. esquisser, ébaucher. | *abbozzò un gesto,* il esquissa un geste.
abbozzata [abbot'tsata] f. ébauche. | *dare un'abbozzata,* faire une rapide ébauche.
abbozzato [abbot'tsato] part. pass. e agg. esquissé, ébauché. || FIG. *un sorriso appena abbozzato,* un sourire à peine esquissé.
abbozzo [ab'bɔttso] m. ARTI, LETT. esquisse f., ébauche f., étude f. | *l'abbozzo d'un disegno, d'un racconto,* l'esquisse d'un dessin, d'une histoire. | *l'abbozzo di una casa,* l'étude d'une maison. || [disegno a matita] croquis. || FIG. ébauche f., esquisse f. | *un abbozzo di saluto,* une ébauche de salut.
abbracciare [abbrat'tʃare] v. tr. embrasser, enlacer, étreindre. | *lo abbracciò teneramente,* il l'embrassa tendrement. || PER ANAL. [abbracciare con lo sguardo] embrasser. | *abbracciare con una sola occhiata tutto un paesaggio,* embrasser d'un seul coup d'œil tout un paysage. || PER EST. FIG. [scegliere] embrasser, choisir, adopter. | *abbracciare la religione protestante,* embrasser le protestantisme. || FIG. [afferrare col pensiero] embrasser. | *il suo pensiero abbracciava l'infinito,* sa pensée embrassait l'infini. || PROV. *chi troppo abbraccia nulla stringe,* qui trop embrasse mal étreint. ◆ v. recipr. s'embrasser, s'enlacer.
abbraccio [ab'brattʃo] m. embrassement, enlacement, étreinte f., accolade f. || [stile epistolare] *baci e abbracci dalla tua zia Maria,* de bons baisers de tante Marie.
abbreviamento [abbrevja'mento] m. abrègement.
abbreviare [abbre'vjare] v. tr. abréger, écourter. | *abbreviare un discorso,* abréger, écourter un discours. || [metrica] *abbreviare una sillaba,* abréger une syllabe.
abbreviatamente [abbrevjata'mente] avv. en abrégé.
abbreviativo [abbrevja'tivo] agg. abréviatif.
abbreviatore [abbrevja'tore] m. STOR., ECCL. abréviateur.
abbreviazione [abbrevjat'tsjone] f. abréviation. | *segni di abbreviazione,* signes abréviatifs.
abbronzamento [abbrondza'mento] m. hâle.
abbronzare [abbron'dzare] v. tr. METALL. bronzer, brunir. || PER ANAL. bronzer, hâler. | *il sole abbronza la pelle,* le soleil bronze la peau. ◆ v. rifl. se bronzer. ◆ v. intr. bronzer. | *prese un bagno di sole per abbronzarsi,* il prit un bain de soleil pour bronzer.
abbronzato [abbron'dzato] part. pass. e agg. basané, bronzé, hâlé. | *la sua faccia era abbronzata,* il avait un teint basané, hâlé.
abbronzatura [abbrondza'tura] f. [della pelle] bronzage m., hâle m. || METALL. bronzage m.
abbruciacchiamento [abbrutʃakkia'mento] m. CULIN. flambage.
abbruciacchiare [abbrutʃak'kiare] v. tr. CULIN. flamber. ◆ v. rifl. avoir un coup de feu. | *il dolce si è abbruciacchiato,* le gâteau a eu un coup de feu.
abbrunare [abbru'nare] v. tr. [una bandiera] mettre un crêpe à un drapeau. ◆ v. rifl. (raro) [vestirsi a lutto] prendre le deuil.
abbrunato [abbru'nato] agg. cravaté de noir.
abbrunire [abbru'nire] v. tr. brunir.
abbrustolimento [abbrustoli'mento] m. [del pane] grillage. || [del caffè] torréfaction f.
abbrustolire [abbrusto'lire] v. tr. [pane] griller. || [caffè] torréfier. ◆ v. rifl. griller v. intr. | *il pane si è abbrustolito,* le pain a grillé. || FIG. se rôtir. | *abbrustolirsi al sole,* se rôtir au soleil.
abbrustolito [abbrusto'lito] part. pass. e agg. grillé. || [caffè] torréfié.
abbrutimento [abbrutimento] m. abrutissement, abêtissement.
abbrutire [abbru'tire] v. tr. abrutir, abêtir. ◆ v. rifl. s'abrutir.
abbrutito [abbru'tito] part. pass. e agg. abruti, abêti.
abbuffarsi [abbuf'farsi] v. rifl. bâfrer [v. tr. e intr.] (pop.), s'empiffrer. || LOC. POP. *si è abbuffato come un porco,* il s'en est fourré jusque-là.
abbuono [ab'bwɔno] m. réduction f., remise f., escompte, rabais. || COMM. abandon, abattement, bonification f. || SPORT bonification f.
abdicare [abdi'kare] v. intr. abdiquer (v. tr.). | *abdicare al trono,* abdiquer le trône. || PER EST. [rinunciare a] abdiquer. | *abdicare ad un diritto,* abdiquer un droit. || ASSOL. abdiquer.
abdicatario [abdika'tarjo] m. NEOL. abdicataire.
abdicazione [abdikat'tsjone] f. abdication.
abducente [abdu'tʃɛnte] agg. ANAT. abducteur.

abduttore [abdut'tore] m. ANAT. abducteur.
abduzione [abdut'tsjone] f. MED. abduction.
aberrante [aber'rante] agg. aberrant.
aberrare [aber'rare] v. intr. aberrer.
aberrazione [aberrat'tsjone] f. ASTRON., OTT. aberration. | *aberrazione cromatica*, aberration chromatique. || FIG. aberration.
abete [a'bete] m. sapin.
abiettamente [abjetta'mente] avv. d'une manière abjecte.
abietto [a'biɛtto] agg. abject, ignoble, abominable.
abiezione [abjet'tsjone] f. abjection.
abile ['abile] agg. [capace] habile, adroit, capable. | *è un operaio abile*, c'est un ouvrier habile, adroit. || [astuto] adroit, rusé. || [idoneo] apte. | *abile a esercitare un mestiere*, apte à exercer un métier. || MIL. apte, bon (pour). | *abile al servizio militare*, apte (au), bon (pour le) service militaire.
abilità [abili'ta] f. [perizia, destrezza] habileté, adresse, dextérité. | *un tecnico di grande abilità*, un technicien d'une grande habileté. | *l'abilità del prestidigitatore*, la dextérité du prestidigitateur. || [capacità intellettuale] habileté, adresse, dextérité, intelligence. | *condurre in porto un affare con grande abilità*, mener à bien une affaire avec une grande adresse. || GIUR. habilité. || LOC. *giochi di abilità*, jeux d'adresse.
abilitare [abili'tare] v. tr. GIUR. habiliter. | *abilitare qlcu. a compiere un atto giuridico*, habiliter qn à accomplir un acte juridique. || [conferire un certificato d'abilitazione] *abilitare qlcu. all'insegnamento*, conférer à qn un certificat d'aptitude pédagogique à l'enseignement secondaire.
abilitato [abili'tato] agg. e m. [professore idoneo all'insegnamento] titulaire du certificat d'aptitude pédagogique à l'enseignement secondaire ; certifié, e.
abilitazione [abilitat'tsjone] f. GIUR. habilitation. | *abilitazione di un minore emancipato*, habilitation d'un mineur émancipé. || [titolo di abilitazione] *diploma di abilitazione professionale*, diplôme d'aptitude professionnelle. | *diploma di abilitazione tecnica*, brevet d'enseignement technique.
abilmente [abil'mente] avv. habilement, adroitement.
abissale [abis'sale] agg. abyssal. | *fauna abissale*, faune abyssale. || FIG. incommensurable. | *un'ignoranza abissale*, un abîme d'ignorance.
abisso [a'bisso] m. GEOL. abysses m. pl. | *gli abissi marini*, les abysses. || FIG. abîme, fossé. | *il cuore dell'uomo è un abisso insondabile*, le cœur de l'homme est un abîme insondable.
abitabile [abi'tabile] agg. habitable, logeable.
abitabilità [abitabili'ta] f. habitabilité.
abitacolo [abi'takolo] m. AER., AUTOM., MAR. habitacle. || AER. cockpit.
abitante [abi'tante] m. e f. habitant. | *abitante del Giura, di Reims, dell'Avana*, Jurassien, Rémois, Havanais. || [di sobborgo] faubourien.
abitare [abi'tare] v. tr. e intr. habiter. | *abitare una, in una villa*, habiter une, dans une villa. ◆ v. intr. habiter, demeurer. | *abito in via Venezia*, j'habite, je demeure rue de Venise. | *abito a Parigi*, j'habite Paris, à Paris, je demeure à Paris. || LOC. *abitare a casa del diavolo*, habiter, demeurer au diable vauvert.
abitato [abi'tato] part. pass. habité. || FIG. hanté. | *casa abitata dagli spiriti*, maison hantée (par les esprits). ◆ m. agglomération f. | *abitato cittadino, rurale*, agglomération urbaine, rurale.
abitatore [abita'tore] m. LETT. habitant (L.C.), hôte (lett. e arc.). | *abitatori dei boschi*, les hôtes des bois.
abitazione [abitat'tsjone] f. habitation, maison, logement m. | *cercare un'abitazione*, chercher une habitation, une maison. | *un'abitazione di due stanze*, un logement de deux pièces, un deux-pièces. || logis m. (lett. e arc.).
abito ['abito] m. **1.** [da donna] robe f. | *abito da passeggio*, robe d'après-midi. | *abito da sera*, robe du soir. || **2.** [da uomo] complet, costume. | *abito di gala*, habit de gala. || RELIG. FIG. habit. | *prender l'abito, gettare l'abito alle ortiche*, prendre l'habit, jeter l'habit, le froc aux orties. || **3.** [in senso generale] tenue f. | *abito da lavoro*, tenue de travail. | *abito da sera*, tenue de soirée. || [indumenti] pl. habits, vêtements. | *abiti vecchi*, vieux habits. | *abiti estivi, invernali*, vêtements d'été, d'hiver. | *abiti fatti*, vêtements de confection. || **4.** FIG. [disposizione abituale] *abito mentale*, habitude f. mentale ; tournure f. d'esprit. || **5.** MED. habitus. | *abito epilettico*, habitus épileptique. || PROV. *l'abito non fa il monaco*, l'habit ne fait pas le moine.
abituale [abitu'ale] agg. habituel, accoutumé, coutumier | *è un frequentatore abituale*, c'est un habitué (sostant.) || TEOL. *la grazia abituale*, la grâce coutumière.
abitualmente [abitual'mente] avv. habituellement, d'habitude, d'ordinaire.
abituare [abitu'are] v. tr. habituer, accoutumer. | *abituare alla pulizia*, habituer à la propreté. ◆ v. rifl. s'habituer (à). || FAM. se faire (à). | *abituarsi all'idea della morte*, s'habituer, se faire à l'idée de la mort.
abituato [abitu'ato] part. pass. e agg. habitué, accoutumé. | *è abituato al rumore*, il est habitué au bruit. || LOC. *ci sono abituato*, j'en ai l'habitude. || LOC. *mi ci sono abituato*, je m'y suis fait.
abitudinario [abitudi'narjo] m. e agg. routinier.
abitudine [abi'tudine] f. habitude. ◆ pl. habitudes, usages m. | *conformarsi alle abitudini di un paese*, se conformer aux habitudes, aux usages d'un pays. || LOC. *aver l'abitudine di*, avoir l'habitude de. | *non è mia abitudine*, ce n'est pas mon habitude, dans mes habitudes. ◆ LOC. AVV. **per abitudine**, par habitude. || PROV. *l'abitudine è una seconda natura*, l'habitude est une seconde nature.
abituro [abi'turo] m. taudis.
abiura [a'bjura] f. abjuration.
abiurare [abju'rare] v. tr. e intr. abjurer. || PER EST. abjurer, rétracter. | *abiurare i propri principi*, abjurer, rétracter ses propres principes.
ablativo [abla'tivo] agg. e m. GRAMM. ablatif. | *ablativo assoluto*, ablatif absolu.
ablazione [ablat'tsjone] f. MED., GEOL. ablation.
ablegato [able'gato] m. RELIG. ablégat.
abluzione [ablut'tsjone] f. ablution. || RELIG. ablutions pl.
abnegazione [abnegat'tsjone] f. abnégation.
abnorme [ab'nɔrme] agg. invar. anormal agg.
abolire [abo'lire] v. tr. abolir, annuler, supprimer. || GIUR. abolir, abroger. | *abolire una legge*, abolir, abroger une loi.
abolitivo [aboli'tivo] agg. abrogatif.
abolizione [abolit'tsjone] f. abolition, suppression.
abolizionismo [abolittsjo'nizmo] m. abolitionnisme.
abolizionista [abolittsjo'nista] m. abolitionniste.
abolizionistico [abolittsjo'nistiko] agg. abolitionniste.
abominare [abomi'nare] v. tr. LETT. abominer, exécrer.
abominazione [abominat'tsjone] f. abomination.
abominevole [abomi'nevole] agg. invar. abominable ; affreux.
abominio [abo'minjo] (**-ni** pl.) m. abomination f. | *è un abominio!*, c'est une abomination, une honte !
aborigeno [abo'ridʒeno] agg. e m. aborigène.
aborrire [abor'rire] v. tr. abhorrer. ◆ v. intr. avoir horreur (de). | *aborrire dal peccato*, avoir horreur du péché.
abortire [abor'tire] v. intr. MED. avorter, faire une fausse couche. || FIG. [fallire] avorter, échouer. | *l'impresa è abortita miseramente*, l'entreprise a avorté, échoué misérablement.
abortivo [abor'tivo] agg. MED. abortif. | *pratiche abortive*, procédés abortifs. ◆ m. FARM. abortif.
aborto [a'bɔrto] m. MED. avortement, fausse couche f. | *procurare un aborto*, provoquer, pratiquer un avortement. || FIG. *è un aborto di natura*, c'est un vrai avorton.
abracadabra [abraka'dabra] m. abracadabra.
abradere [a'bradere] v. tr. abraser.
abrasione [abra'zjone] f. MED., GEOL. abrasion.
abrasivo [abra'zivo] agg. e m. abrasif. | *polvere abrasiva*, poudre abrasive. | *la carta smerigliata è un abrasivo*, le papier émeri est un abrasif.
abreazione [abreat'tsjone] f. PSICAN. défoulement m.
abrogare [abro'gare] v. tr. GIUR. abroger, abolir.

abrogatorio [abroga'tɔrjo] agg. GIUR. abrogatoire, abrogatif.
abrogazione [abrogat'tsjone] f. GIUR. abrogation.
absidale [absi'dale] agg. invar. ARCHIT. absidal, absidial.
abside ['abside] f. ARCHIT. abside, chevet m.
absidiola [absi'diola] f. ARCHIT. absidiole.
absintismo [absin'tizmo] m. MED. absinthisme.
abulia [abu'lia] f. aboulie.
abulico [a'buliko] agg. e m. aboulique.
abusare [abu'zare] v. intr. abuser (de). | *abusare della fiducia altrui,* abuser de la confiance d'autrui. || [fare violenza] abuser. | *abusare di una donna,* abuser d'une femme.
abusivamente [abuziva'mente] avv. abusivement.
abusivo [abu'zivo] agg. abusif, illégal.
abuso [a'buzo] m. [uso eccessivo di qlco.] abus. | *l'abuso degli alcoolici,* l'abus des alcools. || [ingiustizia] pl. abus. | *gli abusi di un regime,* les abus d'un régime. || GIUR. abus d'autorité.
acacia [a'katʃa] f. BOT. acacia m.
acagiù [aka'dʒu] m. BOT. acajou.
acanto [a'kanto] m. BOT., ARCHIT. acanthe f.
acaro ['akaro] m. ZOOL. acarus. ◆ pl. acariens.
acaule [a'kaule] agg. BOT. acaule.
acca ['akka] f. e m. h m. || LOC. FIG. [nulla] *non sapere un'acca,* ne savoir ni a ni b. | *non capirci un'acca,* ne rien y comprendre, n'y entendre goutte (lett.). | *questo non c'entra un'acca,* ça n'a rien à (y) voir (L.C.).
accademia [akka'dɛmja] f. [sodalizio culturale] académie. | *Accademia delle scienze di Berlino,* académie des sciences de Berlin. | *Accademia di Francia,* Académie française. || [istituto superiore] Académie. | *accademia navale,* Académie navale. | *Accademia di Belle Arti,* Académie, École des beaux-arts.
accademicamente [akkademika'mente] avv. académiquement.
accademico [akka'dɛmiko] **(-ci** pl.) agg. académique. | *consiglio accademico,* conseil académique. || FIG. PEGGIOR. *sono dei discorsi accademici,* ce sont des discours académiques. ◆ m. e f. académicien, enne. || PER EST. pl. | *gli accademici di Francia,* les Quarante, les Immortels (fam.).
accademismo [akkade'mizmo] m. académisme.
accademista [akkade'mista] **(-sti** pl.) MIL. m. cadet.
accadere [akka'dere] v. intr. [verificarsi] arriver, se produire v. rifl. | *cos'è accaduto ?,* qu'est-ce qui est arrivé, s'est passé ? | *sono accaduti fatti strani,* il est arrivé, il s'est produit de drôles de choses ; de drôles de choses sont arrivées, se sont produites. || [uso impers.] arriver, advenir (lett.). | *accade a tutti di sbagliare,* il arrive à tout le monde de se tromper, tout le monde peut se tromper. || LOC. *accada quel che accada,* advienne que pourra !
accado ['akkado] e **accadico** [ak'kadiko] agg. akkadien. ◆ m. [lingua] akkadien.
accaduto [akka'duto] m. [ciò che è accaduto] *ci ricordò l'accaduto,* il nous rappela ce qui était arrivé.
accagionare [akkadʒo'nare] v. tr. accuser.
accagliatura [akkaʎʎa'tura] f. [del latte] caillement m., caillage m.
accalappiacani [akkalappja'kani] m. employé de la fourrière.
accalappiamento [akkalappja'mento] m. capture f. || leurre, duperie f. (lett.).
accalappiare [akkalap'pjare] v. tr. attraper. | *il cane fu accalappiato e portato al canile comunale,* le chien fut attrapé et emporté à la fourrière. || FIG. leurrer, avoir (fam.), mettre le grappin (sur) [fam.]. | *è riuscita ad accalappiarlo,* elle a réussi à l'avoir. | *accalappiare qlcu.,* mettre le grappin sur qn (fam.).
accalappiatore [akkalappja'tore] m. V. ACCALAPPIACANI. || FIG. **(-trice** f.) dupeur.
accalappiatura [akkalappja'tura] f. V. ACCALAPPIAMENTO.
accalcare [akkal'kare] v. tr. entasser. ◆ v. rifl. s'entasser, se presser. | *la gente si accalcava davanti al botteghino,* les gens se pressaient devant le guichet.
accaldarsi [akkal'darsi] v. rifl. s'échauffer. || PER EST. [eccitarsi] s'échauffer, s'animer.
accaldato [akkal'dato] agg. PR. e FIG. échauffé.

accaloramento [akkalora'mento] m. FIG. [l'accalorarsi] chaleur f., fièvre f.
accalorare [akkalo'rare] v. tr. FIG. réchauffer. ◆ v. rifl. FIG. s'échauffer, s'enflammer. | *accalorarsi nel parlare,* s'enflammer en parlant.
accalorato [akkalo'rato] agg. FIG. animé.
accampamento [akkampa'mento] m. camp. || MIL. campement. | *porre, togliere l'accampamento,* établir, lever le camp, décamper.
accampare [akkam'pare] v. tr. MIL. camper. | *accampare delle truppe,* camper des troupes. || PER EST. v. intr. camper, s'établir, être établi, installé. | *i profughi furono accampati in baracche di legno,* les réfugiés furent installés dans des baraques en bois. || FIG. [produrre, mettere inanzi] alléguer, prétexter. | *accampare motivi di salute,* alléguer, prétexter des raisons de santé. ◆ v. rifl. [porre l'accampamento, attendarsi] camper v. intr.
accampionamento [akkampjona'mento] m. [l'accampionare] enregistrement au cadastre.
accampionare [akkampjo'nare] v. tr. cadastrer.
accanimento [akkani'mento] m. acharnement. | *studiare con accanimento,* étudier avec acharnement.
accanirsi [akka'nirsi] v. rifl. [scagliarsi su, contro qlcu.] s'acharner sur, contre qn. || FIG. [ostinarsi] s'acharner (à).
accanito [akka'nito] agg. acharné. || FIG. acharné, enragé. | *una discussione accanita,* une discussion acharnée, enragée. || LOC. *la lotta fu accanita,* la lutte fut chaude.
accannellamento [akkannella'mento] m. TESS. bobinage.
accannellare [akkannel'lare] v. tr. TESS. bobiner.
accanto [ak'kanto] loc. avv. à côté, tout à côté, tout près. | *abita qui accanto,* il habite ici à côté, tout à côté, tout près. ◆ LOC. PREP. ***accanto a,*** à côté de, près de. | *il salotto è accanto alla salla da pranzo,* le salon est à côté de, près de la salle à manger. ◆ [come agg.] d'à côté. | *la casa accanto,* la maison d'à côté. || FIG. [paragonato a] à côté (de), en comparaison (de). | *i tuoi guai non sono niente accanto ai miei,* tes ennuis ne sont rien à côté, en comparaison des miens.
accantonamento [akkantona'mento] m. COMM. mise (f.) en stock, stockage. || [contabilità] réserve f. || MIL. cantonnement.
accantonare [akkanto'nare] v. tr. mettre de côté, stocker. | *accantonare denaro,* mettre de l'argent de côté. || FIG. laisser de côté, laisser en rade (fam.). | *accantonare una questione,* laisser de côté, en rade un problème.
accaparramento [akkaparra'mento] m. ECON. accaparement. || FIG. accaparement. | *accaparramento del potere,* accaparement du pouvoir.
accaparrare [akkapar'rare] v. tr. ECON. accaparer. | *i trusts hanno accaparrato la produzione,* les trusts ont accaparé la production. || [acquistare mediante caparra] acheter en donnant des arrhes f. pl. || FIG. accaparer. | *il suo lavoro lo accaparra del tutto,* son travail l'accapare complètement.
accaparratore [akkaparra'tore] **(-trice** f.) m. accapareur.
accapigliamento [akkapiʎʎa'mento] m. dispute f., bagarre f.
accapigliarsi [akkapiʎ'ʎarsi] v. rifl. s'empoigner. || [litigare] se disputer. || LOC. FAM. se crêper le chignon.
accapo e **a capo** [ak'kapo] loc. avv. à la ligne. | *andare accapo,* aller à la ligne. ◆ m. [capoverso] alinéa.
accappatoio [akkappa'tojo] m. peignoir (de bain), sortie f. (de bain).
accappiare [akkap'pjare] v. tr. [fare un cappio] faire un nœud coulant [avec]. || [afferrare (con un cappio)] attraper. || FIG. V. ACCALAPPIARE.
accappiatura [akkappja'tura] f. nœud (m.) coulant.
accapponare [akkappo'nare] v. tr. chaponner. || MAR. [ricuperare l'ancora a bordo] remonter l'ancre. ◆ v. rifl. LOC. avoir la chair de poule. | *mi si accapponava la pelle al solo ripensarci,* j'avais la chair de poule rien que d'y penser.
accapponatura [akkappona'tura] f. chaponnage m.
accarezzare [akkaret'tsare] v. tr. caresser. | *accarezzare un bambino,* caresser un enfant. || [un animale]

caresser, flatter. ‖ PER EST. *accarezzarsi la barba*, se caresser la barbe | *accarezzare il groppone a qlcu.*, caresser les côtes à qn (iron.). ‖ PER ANAL. [sfiorare] *lo zefiro le accarezzava i capelli*, le zéphyr lui caressait les cheveux. ‖ FIG. [lusingare] caresser, flatter. | *accarezzare l'amor proprio, la vanità di qlcu.*, caresser, flatter l'amour-propre, la vanité de qn. ‖ FIG. [vagheggiare] caresser. | *accarezzare un'idea*, caresser une idée.

accarezzevole [akkaret'tsevole] agg. V. CAREZZEVOLE.

accarezzevolmente [akkarettsevol'mente] avv. tendrement.

accartocciamento [akkartottʃa'mento] m. BOT. recroquevillement.

accartocciare [akkartot'tʃare] v. tr. rouler en cornet. | *accartocciare un foglio di carta*, rouler en cornet une feuille de papier. ◆ v. rifl. se recroqueviller. ‖ BOT. [foglia] racornir, (se) racornir.

accartocciato [akkartot'tʃato] agg. recroquevillé. ‖ BOT. racorni.

accartocciatura [akkartottʃa'tura] f. V. ACCARTOCCIAMENTO.

accasare [akka'sare] v. tr. marier, caser (fam.). | *è riuscito ad accasare le sue quattro figlie*, il a réussi à marier, caser ses quatre filles. ◆ v. rifl. [metter su casa] s'établir. ‖ [sposarsi] se marier.

accasato [akka'sato] agg. e m. établi, marié.

accasciamento [akkaʃʃa'mento] m. affaissement. ‖ PER EST. FIG. abattement, accablement.

accasciare [akkaʃ'ʃare] v. tr. [abbattere, spossare] abattre, accabler. | *questo caldo lo accasciava*, cette chaleur l'accablait. ◆ v. rifl. [persone o animali] s'abattre, s'écrouler, s'affaisser. ‖ PER EST. s'affaler (fam.). | *usava accasciarsi sul divano*, il avait l'habitude de s'affaler sur le divan.

accasciato [akkaʃ'ʃato] agg. accablé.

accasermare [akkazer'mare] v. tr. caserner, encaserner.

accastellamento [akkastella'mento] m. [atto ed effetto dell'accastellare] amoncellement. ‖ MAR. accastillage.

accatastamento [akkatasta'mento] m. [l'accatastare] entassement, accumulation f. ‖ [effetto dell'accatastare] amas, tas, pile f. ‖ [registrazione, al catasto] cadastrage.

accatastare [akkatas'tare] v. tr. amonceler, entasser, amasser, empiler. | *accatastare la legna nella legnaia*, amonceler le bois dans le bûcher. | *accatastare i libri*, amonceler les livres. ‖ FIG. amonceler, accumuler. | *accatastare concetti*, accumuler des concepts. ‖ [registrare al catasto] cadastrer. ◆ v. rifl. [solo cose] s'amonceler, s'entasser, s'empiler.

accatastato [akkatas'tato] part. pass. e agg. amoncelé, entassé, empilé.

accattabrighe [akkatta'brige] m. V. ATTACABRIGHE.

accattare [akkat'tare] v. tr. [chiedere con insistenza] solliciter.

accatto [ak'katto] m. mendicité f., quête f.

accattonaggio [akkatto'naddʒo] m. mendicité f.

accattone [akkat'tone] m. mendiant, clochard (fam.), quémandeur.

accavallamento [akkavalla'mento] m. chevauchement.

accavallare [akkaval'lare] v. tr. [incrociare] *accavallare le gambe, un filo*, croiser les jambes, rabattre un fil. ◆ v. rifl. [addensarsi] *la nebbia si era poco a poco accavallata*, le brouillard s'était peu à peu intensifié. ‖ [aggrovigliarsi] s'enchevêtrer. ‖ FIG. *i pensieri mi si accavallano nella testa*, les idées s'enchevêtrent dans ma tête.

accavigliare [akkaviʎ'ʎare] v. tr. TECN. cheviller. ‖ MAR. fixer (les câbles) aux chevilles d'amarrage.

accecamento [attʃeka'mento] m. MED. cécité f. ‖ FIG. aveuglement. | *nell'accecamento della collera*, dans l'aveuglement de la colère. ‖ AGR. ébourgeonnage, ébourgeonnement, ébornage. ‖ MIL. *tiro d'accecamento*, tir d'aveuglement.

accecare [attʃe'kare] v. tr. crever les yeux (à). ‖ FIG. aveugler. | *la passione lo accieca*, la passion l'aveugle. ‖ PER EST. [ostruire] boucher. | *accecare una conduttura, un canale*, boucher une conduite, un canal. ‖ AGR. ébourgeonner ; [albero] éborgner. ‖ [rendere cieco da un occhio] éborgner. ◆ v. rifl. se crever les yeux, se rendre aveugle.

accecato [attʃe'kato] part. pass. e agg. aveuglé.

accecatura [attʃeka'tura] f. V. ACCECAMENTO. ‖ TECN. fraisure, noyure.

accedere [at'tʃɛdere] v. intr. [recarsi] se rendre (sur) v. rifl. GIUR. *accedere al luogo del delitto*, se rendre sur les lieux du crime. ‖ *avere accesso*, accéder, avoir accès. | *alla galleria si accede dalla porta grande*, on accède à la galerie par la grande porte. ‖ FIG. *accedere alla potenza*, accéder, avoir accès à la puissance. ‖ [aderire, acconsentire] adhérer, consentir.

acceleramento [attʃelera'mento] m. accélération f.

accelerare [attʃele'rare] v. tr. accélérer, activer. | *accelerare il passo*, presser, hâter le pas. ‖ ASSOL. v. intr. accélérer.

accelerata [attʃele'rata] f. coup (m.) d'accélérateur.

accelerato [attʃele'rato] part. pass. e agg. accéléré. | *moto accelerato*, mouvement accéléré. | *treno accelerato*, train omnibus. ◆ m. FERR. omnibus.

acceleratore [attʃelera'tore] agg. accélérateur. ◆ m. accélérateur (autom., fot., fis.).

accelerazione [attʃelerat'tsjone] f. FIS. accélération. ‖ ECON. *teoria dell'accelerazione*, théorie de l'accélération. ‖ CIN. accéléré (m.).

accelerografo [attʃele'rɔgrafo] m. FIS. accélérographe.

accendere [at'tʃɛndere] v. tr. allumer. ‖ PER EST. FAM. *accendere la luce, la radio*, allumer la lumière, la radio. ‖ FIG. [suscitare] susciter, provoquer. | *accendere una discussione*, susciter, provoquer une discussion. ‖ AMM., COMM. *accendere un conto*, ouvrir un compte. | *accendere un'ipoteca*, inscrire une hypothèque. ‖ LOC. FAM. «*fammi accendere per piacere*», «donne-moi du feu, s'il te plaît». ◆ v. rifl. [prendere fuoco] s'allumer, s'embraser. ‖ FIG. s'enflammer. | *accendersi d'odio*, s'enflammer de haine. | *accendersi in viso*, s'empourprer.

accendigas [attʃendi'gas] m. invar. allume-gaz.

accendino [attʃen'dino] m. briquet.

accendisigaro [attʃendi'sigaro] m. briquet.

accenditoio [attʃendi'tojo] m. allumoir.

accenditore [attʃendi'tore] m. [persone o dispositivo] allumeur.

accennare [attʃen'nare] v. intr. [fare cenno] faire signe. | *gli accennai di tacere*, je lui fis signe de se taire. ‖ [far capire] sembler, faire mine (de). | *il cane accennò di voler mordere*, le chien fit mine de vouloir mordre. ‖ PER EST. [alludere] faire allusion (à), évoquer (v. tr.). | *ti ho già accennato il problema*, j'ai déjà évoqué ce problème, fait allusion à ce problème avec toi. ‖ [abbozzare] v. tr. indiquer, esquisser, ébaucher. | *accennare un saluto*, esquisser un salut. ‖ SPORT [scherma] *accennare una botta*, marquer un coup. ‖ MUS. *accennare una melodia*, donner les premières notes d'une mélodie.

accenno [at'tʃenno] m. signe, avertissement. ‖ allusion (à) f. ‖ ébauche f. | *l'accenno d'un sorriso*, l'ébauche d'un sourire. ‖ [traccia] soupçon. | *un accenno di febbre*, un soupçon de fièvre.

accensione [attʃen'sjone] f. allumage m. | *accensione di un fuoco*, allumage d'un feu. | *accensione ad accumulatore*, allumage par accumulateur. ‖ AUTOM. *chiave di accensione*, clef de contact. ‖ IND. *l'accensione di un forno*, mise à feu d'un four. ‖ AMM., COMM. *accensione di conto*, ouverture de compte. | *accensione di ipoteca*, inscription d'une hypothèque.

accentare [attʃen'tare] v. tr. GRAMM. accentuer.

accentato [attʃen'tato] agg. e part. pass. GRAMM. accentué. ‖ FIG. augmenté.

accentazione [attʃentat'tsjone] f. accentuation.

accento [at'tʃɛnto] m. accent. | *accento tonico*, accent tonique. | *accento acuto, grave, circonflesso*, accent aigu, grave, circonflexe. ‖ [tono] ton. | *parlare con accento di sdegno*, parler d'un ton dédaigneux. ‖ LOC. FIG. *porre l'accento su questo problema*, mettre l'accent sur ce problème. ‖ MUS. accent. ‖ POET. pl. accents, accords.

accentramento [attʃentra'mento] m. [di popolazione] concentration (f.). ‖ POLIT. [di poteri] centralisation (f.).

accentrare [attʃen'trare] v. tr. centraliser. | *accentrare i poteri, i servizi pubblici,* centraliser les pouvoirs, les services publics. ‖ [adunare in un luogo] réunir. | *accentrare gli uffici di una società in una sede,* réunir les bureaux d'une société dans un seul siège. ‖ [concentrare] concentrer. | *accentrare dei raggi luminosi,* concentrer des rayons lumineux. ◆ v. rifl. se concentrer.
accentratore [attʃentra'tore] agg. e m. centralisateur. | *un regime accentratore,* un régime centralisateur.
accentuare [attʃentu'are] v. tr. accentuer. | *accentuare la vocale finale in francese,* accentuer la voyelle finale en français. ‖ PER EST. [rendere più marcato] accentuer, souligner. | *accentuare il disegno dell'occhio con una matita,* accentuer, souligner le dessin de l'œil avec un crayon. ◆ v. rifl. s'accentuer.
accentuativo [attʃentua'tivo] agg. LING. accentuel.
accentuato [attʃentu'ato] agg. accentué (pr. e fig.).
accentuazione [attʃentuat'tsjone] f. accentuation (pr. e fig.).
accerchiamento [attʃerkja'mento] m. [atto ed effetto dell'accerchiare] encerclement. | *accerchiamento di polizia,* bouclage. ‖ POLIT. *politica di accerchiamento,* politique d'encerclement.
accerchiare [attʃer'kjare] v. tr. MIL. encercler. | *accerchiare i nemici, la città,* encercler les ennemis, la ville. | *accerchiare* (polizia), boucler. ‖ [circondare] entourer. | *al suo ritorno gli amici lo accerchiarono affettuosamente,* à son retour ses amis l'entourèrent affectueusement.
accercinare [attʃertʃi'nare] v. tr. [capelli] torsader, (rouler) en torsade f.
accertabile [attʃer'tabile] agg. vérifiable.
accertamento [attʃerta'mento] m. vérification f. | *accertamenti domiciliari,* vérifications domiciliaires. ‖ COMM. contrôle. | *accertamento di una contabilita,* contrôle d'une comptabilité. | *accertamento fiscale,* évaluation d'impôts.
accertare [attʃer'tare] v. tr. [riconoscere come certo] vérifier. | *accertare l'esattezza di una notizia,* vérifier l'exactitude d'une nouvelle. ‖ [compiere un accertamento] évaluer. | *accertare il reddito,* évaluer les revenus (m. pl.) ◆ v. rifl. s'assurer, vérifier v. tr.
accertato [attʃer'tato] part. pass. e agg. ‖ LOC. GIUR. *danno accertato,* préjudice justifié. | *notizia non accertata,* nouvelle sujette à caution (f.).
acceso [at'tʃeso] agg. allumé. ‖ FIG. enflammé. ‖ COMM. V. APERTO.
accessibile [attʃes'sibile] agg. accessible. | *un luogo accessibile,* un endroit accessible. ‖ FIG. [cordiale] accessible, abordable. ‖ [di concetto chiaro] accessible, compréhensible. ‖ [modico] accessible, abordable. | *un prezzo accessibile,* un prix abordable.
accessibilità [attʃessibili'ta] f. accessibilité.
accessione [attʃes'sjone] f. accession. | *accessione al trono,* accession au trône. ‖ [adesione] *accessione d'uno Stato ad un trattato,* accession d'un Etat à un traité. ‖ GIUR. accession.
accesso [at'tʃɛsso] m. [possibilità o diritto di accedere ad un luogo] accès, entrée f. | *vietato l'accesso ai non addetti ai lavori,* accès interdit aux personnes étrangères aux travaux. ‖ GIUR. *accesso giudiziale,* descente sur les lieux. ‖ MED. *accesso di tosse,* accès, quinte (f.) de toux. | *accesso di febbre,* accès, poussée (f.) de fièvre. ‖ FIG. [l'accedere] accès, abord. | *è un uomo di difficile accesso,* c'est un homme d'un abord difficile. ‖ [impeto] accès. | *accesso d'ira,* accès de colère. ‖ LOC. *via d'accesso,* bretelle (f.) de raccordement.
accessoriamente [attʃessorja'mente] avv. accessoirement.
accessorio [attʃes'sɔrjo] agg. accessoire. | *un atto accessorio,* une action accessoire. ‖ GIUR. *bene accessorio,* bien accessoire. ◆ m. (spec. pl.) accessoires. | *la borsa, la cravatta sono degli accessori del vestiario,* le sac à main, la cravate sont des accessoires de l'habillement.
accessorista [attʃesso'rista] n. TEATRO, CIN., TV. accessoiriste.
accestimento [attʃesti'mento] m. BOT. tallage.
accestire [attʃes'tire] v. intr. taller.
accetta [at'tʃetta] f. hachette. ‖ FIG. *un profilo tagliato con l'accetta,* un profil taillé à la hache. ‖ LOC. *darsi l'accetta sui piedi,* donner des verges pour se faire battre (gall.).
accettabile [attʃet'tabile] agg. acceptable.
accettante [attʃet'tante] m. COMM. accepteur. ‖ GIUR. acceptant.
accettare [attʃet'tare] v. tr. [qlcu. o qlco.] accepter. | *accettare un regalo,* accepter un cadeau. | *accettare per sposo,* accepter pour époux. | *accettare la sfida,* accepter, relever le défi. ‖ [sottomettersi a] accepter. | *accettare il pericolo, il rischio,* accepter le danger, le risque. ‖ COMM. *accettare una cambiale,* accepter une lettre de change.
accettata [attʃet'tata] f. coup (m.) de hache.
accettazione [attʃettat'tsjone] f. [linguaggio amministrativo o giuridico] acceptation. | *l'accettazione delle domande di concorso,* l'acceptation des demandes de concours. ‖ COMM. acceptation. | *accettazione di una cambiale,* acceptation d'une lettre de change. ‖ [ufficio in cui si accettano domande] réception. ‖ [sala in cui si ricevono ammalati] (salle des) admissions.
accetto [at'tʃɛtto] agg. [di cose] bien accueilli. | *una proposta accetta da tutti,* une proposition bien accueillie par tout le monde. ‖ [di persone] bien vu. | *una persona bene accetta,* une personne bien vue.
accettore [attʃet'tore] m. CHIM. accepteur. | *atomo accettore,* atome accepteur.
accezione [attʃet'tsjone] f. acception.
acchetare [akke'tare] v. tr. e rifl. V. ACQUIETARE.
acchiappacani [akkjappa'kani]. V. ACCALAPPIACANI.
acchiappamosche [akkjappa'moske] m. pl. chasse-mouches, émouchoir m. ‖ BOT. *acchiappamosche,* attrape-mouche (ou attrape-mouches).
acchiappare [akkjap'pare] v. tr. attraper. | *acchiappare un pallone al volo,* attraper un ballon à la volée. ‖ POP. [sorprendere sul fatto] attraper (L.C.), agrafer, épingler (fig. fam.). | *l'acchiappò mentre rubava la moto,* il l'épingla, il l'agrafa en train de voler la moto. ‖ FIG. attraper. | *acchiappare un colpo di sole, un raffreddore,* attraper un coup de soleil, un rhume. ◆ v. recipr. s'attraper. ‖ LOC. *fare ad acchiapparsi,* jouer à s'attraper, jouer au gendarme et au voleur.
acchiocciolamento [akkjottʃola'mento] m. enroulement.
acchiocciolare [akkjottʃo'lare] v. tr. enrouler (en spirale). ◆ v. rifl. se pelotonner.
acchitare [akki'tare] v. tr. [al biliardo] donner l'acquit (à).
acchito [ak'kito] m. [al biliardo] acquit. ‖ LOC. FIG. *di primo acchito,* du premier coup, de prime abord, d'emblée.
acchiudere [ak'kjudere] v. tr. V. ACCLUDERE.
accia ['attʃa] f. fil (m.) écru en écheveau.
acciabattamento [attʃabatta'mento] m. bâclage.
acciabattare [attʃabat'tare] v. intr. traîner (v. tr.) ses savates. ◆ v. tr. FIG. bâcler.
acciabattone [attʃabat'tone] m. bâcleur.
acciaccare [attʃak'kare] v. tr. [schiacciare] écraser. ‖ FIG. FAM. [infiacchire] abattre. | *la sua malattia lo lasciò acciaccato per molto tempo,* sa maladie le laissa abattu pendant longtemps.
acciaccato [attʃak'kato] agg. écrasé. ‖ FIG. abattu.
acciaccatura [attʃakka'tura] f. bosselure. ‖ MUS. acciaccatura (it.).
acciacco [at'tʃakko] (**-chi** pl.) m. maladie f., infirmité f. | *gli acciacchi della vecchiaia,* les infirmités de la vieillesse.
acciaccoso [attʃak'koso] agg. maladif.
acciaiare [attʃa'jare] v. tr. METALL. aciérer.
acciaiatura [attʃaja'tura] f. METALL. aciérage m.
acciaieria [attʃaje'ria] f. aciérie.
acciaio [at'tʃajo] m. **1.** acier. ‖ **2.** POET. [arma] acier. ‖ **3.** FIG. *muscoli d'acciaio,* muscles d'acier. | *avere una tempra d'acciaio, essere d'acciaio,* avoir un tempérament de fer.
acciambellare [attʃambel'lare] v. tr. rouler. ‖ MAR. [di corda, cavo] lover. ◆ v. rifl. se rouler (en boule), se lover.
acciarino [attʃa'rino] m. (pierre à) fusil. ‖ [genericamente] allumeur, briquet. ‖ MAR. [nei siluri] dispositif de mise à feu. ‖ TECN. [di ruota] esse f.

acciarpare [attʃar'pare] v. tr. bâcler, saboter, gâcher. ‖ [raccogliere] ramasser pêle-mêle.
accidempoli [attʃi'dɛmpoli] interiez. EUF. V. ACCIDENTE 5.
accidentale [attʃiden'tale] agg. accidentel.
accidentalità [attʃidentali'ta] f. éventualité, contingence.
accidentalmente [attʃidental'mente] avv. accidentellement.
accidentato [attʃiden'tato] agg. accidenté.
accidente [attʃi'dɛnte] m. **1.** accident. | *per accidente,* par accident, par hasard. ‖ **2.** FAM. [colpo apoplettico] attaque f. (L.C.). ‖ [malanno] mal (L.C.). | *mettiti un maglione o (ti) prenderai un accidente,* mets un pull-over ou tu vas attraper la crève (pop.), ou tu vas prendre mal (L.C.). ‖ [iperb.] *mi è venuto un accidente,* j'en étais malade ! (L.C.). | *ti pigliasse un accidente !, ti venga un accidente !,* va(-t'en) au diable ! (L.C.), va te faire voir ! (volg.). | *mandare un accidente a qlcu.,* envoyer qn au diable (L.C.). ‖ **3.** FAM. [niente] rien (du tout) (L.C.); que dalle (gerg.). | *non si capisce un accidente,* on n'y comprend rien, que dalle. ‖ **4.** FAM. [di bambino] diable, démon, peste f. ; [di adulto] fléau. | *quell'accidente del professore,* ce satané, ce maudit professeur. ‖ **5.** ***accidenti !*** interiez. FAM. [dispetto] zut !, flûte !, crotte !, mince ! (pop.), merde (volg.) ! | VOLG. *accidenti a te,* va(-t'en) au diable ! (L.C.), va te faire voir ! ‖ [meraviglia] mince (alors) ! (pop.), merde (alors) ! (volg.), bigre !, bougre ! ‖ **6.** FILOS., MED., MUS. accident.
acciderba [attʃi'dɛrba] interiez. EUF. V. ACCIDENTE 5.
accidia [at'tʃidja] f. paresse.
accidioso [attʃi'djoso] agg. paresseux.
accigliarsi [attʃiʎ'ʎarsi] v. rifl. froncer le(s) sourcil(s) v. tr.
accigliato [attʃiʎ'ʎato] agg. renfrogné, qui fronce le(s) sourcil(s).
accingersi [at'tʃindʒersi] v. rifl. [prepararsi] se préparer, s'apprêter, se disposer. ‖ [stare per] se préparer, s'apprêter, se disposer ; être sur le point (de).
acciò [at'tʃɔ], **acciocché** [attʃok'ke] cong. LETT. afin que (L.C.), pour que (L.C.).
acciottolare [attʃotto'lare] v. tr. empierrer, caillouter. ‖ [battere insieme] entrechoquer.
acciottolato [attʃotto'lato] m. cailloutage.
acciottolio [attʃotto'lio] m. cliquetis.
accipicchia [attʃi'pikkja] interiez. EUF. V. ACCIDENTE 5.
accipigliarsi [attʃipiʎ'ʎarsi] v. rifl. se renfrogner, froncer le(s) sourcil(s).
acciuffare [attʃuf'fare] v. tr. attraper. | *acciuffare per il bavero,* empoigner au collet. ‖ [arrestare] attraper, prendre au collet, épingler (fam.), emballer (fam.), agrafer (pop.). ◆ v. rifl. se colleter, s'empoigner.
acciuga [at'tʃuga] f. ZOOL. anchois m. ‖ LOC. FIG. SCHERZ. *è (magro come) un'acciuga,* il est maigre comme un clou, sec comme un hareng. | *stare come le acciughe nel barile,* être serrés comme des harengs, comme des sardines.
acciugata [attʃu'gata] f. sauce aux anchois.
acclamare [akkla'mare] v. tr. acclamer, applaudir. ‖ [approvare] applaudir (à). ‖ [eleggere] élire par acclamation. ◆ v. intr. applaudir.
acclamatore [akklama'tore] (**-trice** f.) m. acclamateur (raro), applaudisseur.
acclamazione [akklamat'tsjone] f. acclamation. | *per acclamazione,* par acclamation.
acclimatare [akklima'tare] v. tr. acclimater. ◆ v. rifl. s'acclimater.
acclimatazione [akklimatat'tsjone] f. acclimatation.
accline [ak'kline] agg. LETT. enclin (L.C.).
acclive [ak'klive] agg. LETT. escarpé (L.C.).
accludere [ak'kludere] v. tr. inclure, joindre. | *accludere un assegno ad una lettera,* inclure un chèque dans, joindre un chèque à une lettre. | *accludiamo i documenti richiesti,* ci-joint les documents demandés.
accluso [ak'kluzo] agg. (ci-)joint, (ci-)inclus. | *la copia (qui) acclusa,* la copie ci-jointe, ci-incluse. | *troverete qui acclusa la copia,* vous trouverez ci-jointe la copie.
accoccolarsi [akkokko'larsi] v. rifl. s'accroupir.
accodamento [akkoda'mento] m. alignement.
accodare [akko'dare] v. tr. mettre en file, mettre l'un derrière l'autre. ◆ v. rifl. **1.** se mettre en file. ‖ **2.** [dietro agli altri] prendre la file, se mettre à la queue. ‖ **3.** *accodarsi a qlcu., ad una fila di macchine,* se mettre derrière qn, derrière une file de voitures ; suivre qn, une file de voitures.
accogliente [akkoʎ'ʎɛnte] agg. accueillant.
accoglienza [akkoʎ'ʎɛntsa] f. accueil m. | *riservare una buona accoglienza a qlcu.,* faire bon accueil à qn.
accogliere [ak'kɔʎʎere] v. tr. accueillir, recevoir. ‖ [ospitare] accueillir, donner l'hospitalité (à). | *ci ha accolti a casa sua,* il nous a accueillis chez lui. ‖ [approvare] approuver, accepter, accueillir. | *accogliere una proposta,* accepter, approuver une proposition. ‖ [esaudire] exaucer, accorder.
accoglimento [akkoʎʎi'mento] m. LETT. accueil (L.C.).
accogliticcio [akkoʎʎi'tittʃo] agg. disparate, fait de pièces et de morceaux.
accolitato [akkoli'tato] m. RELIG. acolytat.
accolito [ak'kɔlito] m. PR. e FIG. acolyte.
accollamento [akkolla'mento] m. [l'accollare] attribution f. ‖ [l'accollarsi] acceptation f.
accollare [akkol'lare] v. tr. **1.** [affidare la responsabilità di] faire supporter, faire assumer, faire endosser ; donner, laisser la responsabilité de. | *accollare le spese a qlcu.,* faire supporter, faire payer les frais à qn. | *mi accollano tutte le responsabilità,* ils me laissent toutes les responsabilités. | *le hanno accollato tutta la colpa,* ils ont rejeté toute la faute sur elle ; ils ont tout mis sur son dos. ‖ [con particella pronominale] *accollarsi qlco.,* supporter qch., assumer qch., endosser qch. | *accollarsi le spese,* supporter les frais. | *accollarsi la responsabilità,* assumer, supporter, endosser, prendre sur soi la responsabilité. | *ha dovuto accollarsi i debiti del padre,* il a dû se charger des dettes de son père, payer les dettes de son père. ‖ **2.** PR. LETT. charger. ◆ v. intr. être montant. | *questo vestito accolla troppo,* cette robe est trop montante.
accollata [akkol'lata] f. STOR. accolade.
accollato [akkol'lato] agg. montant, fermé jusqu'au cou. | [di scarpa] montant.
accollatura [akkolla'tura] f. encolure.
accollo [ak'kɔllo] m. acceptation f., prise (f.) en charge. ‖ ARCHIT. saillie f.
accolta [ak'kɔlta] f. assemblée, réunion. ‖ PEGGIOR. ramassis m.
accoltellare [akkoltel'lare] v. tr. poignarder, frapper à coups de couteau. ◆ v. rifl. se battre au couteau, à coups de couteau.
accolto [ak'kɔlto] part. pass. di ACCOGLIERE.
accomandita [akko'mandita] f. commandite. | *società in accomandita,* (société en) commandite.
accomiatare [akkomja'tare] v. tr. congédier. ◆ v. rifl. prendre congé.
accomodabile [akkomo'dabile] agg. réparable, arrangeable.
accomodamento [akkomoda'mento] m. accommodement, arrangement, conciliation f. ‖ PR. (raro) réparation f.
accomodante [akkomo'dante] agg. accommodant, arrangeant, conciliant, de bonne composition.
accomodare [akkomo'dare] v. tr. **1.** [rimettere in buono stato] arranger, réparer. ‖ FIG. arranger. | *accomodare un testo,* arranger un texte. ‖ [appianare] arranger, régler, apaiser, accommoder (antiq.). | *accomodare una controversia,* arranger, régler un différend. | *accomodare una lite,* apaiser une querelle. | *sono riuscito ad accomodare tutto,* j'ai réussi à tout arranger. ‖ IRON. *ora t'accomodo io !,* je vais te faire passer le goût du pain ! ‖ **2.** [mettere in ordine] arranger, ranger. | *accomodare una camera,* arranger une chambre ; mettre une chambre en état. | *accomodare dei libri su uno scaffale,* ranger des livres sur une étagère. | *accomodarsi i capelli,* arranger sa coiffure. ◆ v. intr. arranger (tr.), convenir. | *non gli accomoda affatto,* cela ne l'arrange, ne lui convient pas du tout. ◆ v. rifl. **1.** [sedersi] s'asseoir, prendre place, s'installer. | *« prego, s'accomodi »,* « je vous en prie, prenez place ». ‖ [entrare] entrer. ‖ [termine di cortesia] *« s'accomodi da questa parte »,* « par ici, je vous prie ». | *« posso prendere un bicchiere d'acqua ? » — « accomodati ! »,* « je peux prendre un verre d'eau ? »

— « je t'en prie ; sers-toi ». ‖ **2.** [adattarsi] s'adapter. | *si accomoda facilmente,* il s'adapte facilement. | *accomodarsi a qlco.,* s'arranger, s'accommoder de qch. | *accomodarsi a fare qlco.,* accepter de, se résigner à faire qch. ◆ v. recipr. s'arranger, se mettre d'accord, s'accorder.

accomodaticcio [akkomoda'tittʃo] agg. rafistolé. ◆ m. rafistolage.

accomodatura [akkomoda'tura] f. réparation.

accomodazione [akkomodat'tsjone] f. FISIOL. accommodation. | *muscoli di accomodazione,* muscles accommodateurs.

accompagnamento [akkompaɲɲa'mento] m. accompagnement. ‖ [persone che accompagnano] accompagnement (raro), cortège, suite f. ; [scorta] escorte f. | *accompagnamento funebre,* cortège funèbre. ‖ GIUR. *mandato d'accompagnamento,* mandat d'amener. ‖ MIL. accompagnement. | *tiro di accompagnamento,* tir d'accompagnement. ‖ MUS. accompagnement.

accompagnare [akkompaɲ'ɲare] v. tr. **1.** accompagner. | *ti accompagno alla stazione,* je t'accompagne à la gare. | *devo accompagnare a casa la baby-sitter,* je dois ramener, reconduire, raccompagner la baby-sitter chez elle. | *accompagnare un bambino a scuola in macchina,* conduire un enfant à l'école en voiture. ‖ FIG. *un'idea che mi accompagna sempre,* une idée qui ne me quitte pas. | *accompagnare con l'occhio,* suivre du regard. | *Dio vi accompagni !,* que Dieu vous accompagne ! ‖ PARTICOL. *accompagnare qlcu. al cimitero,* suivre le cortège funèbre de qn. | *accompagnare la porta,* fermer la porte doucement. ‖ **2.** [unire] accompagner. | *accompagnare una critica con una risata sprezzante,* accompagner une critique d'un rire méprisant. ‖ [accoppiare] unir, associer, allier, joindre. | *accompagnare lo studio al divertimento,* associer l'étude à l'amusement. ‖ [armonizzare] assortir. ‖ **3.** MUS. accompagner. ◆ v. rifl. se joindre. | *accompagnarsi con qlcu.,* se joindre à qn ; accompagner qn. ‖ [armonizzare] être assorti, bien aller (avec). ‖ MUS. s'accompagner.

accompagnatore [akkompaɲɲa'tore] (**-trice** f.) m. [di comitive] accompagnateur, trice ; guide. ‖ MUS. accompagnateur.

accompagnatoria [akkompaɲɲa'tɔrja] f. lettre d'accompagnement. ◆ agg. d'accompagnement.

accomunabile [akkomu'nabile] agg. (raro) comparable (L.C.).

accomunare [akkomu'nare] v. tr. mettre en commun, unir. ‖ [rendere simile] unir. | *ci accomunava la passione del teatro,* nous avions en commun la passion du théâtre. | *nulla ci accomuna,* nous n'avons rien de commun. ‖ [riunire] réunir.

acconciamente [akkontʃa'mente] avv. LETT. convenablement (L.C.).

acconciamento [akkontʃa'mento] m. arrangement. ‖ [preparazione] préparation f.

acconciare [akkon'tʃare] v. tr. **1.** [i capelli] coiffer. ‖ [abbigliare] habiller ; [con particolare ricerca] parer, apprêter. | *acconciare la sposa,* parer, apprêter la mariée. ‖ IRON. *acconciare qlcu. per il dì delle feste,* rosser, corriger qn. ‖ **2.** PR. e FIG. [preparare] préparer, disposer. | *preparare l'animo ad una brutta notizia,* se préparer à (entendre) une mauvaise nouvelle. ‖ **3.** ANTIQ. [mettere in ordine, sistemare] mettre en ordre (L.C.), arranger (L.C.). ‖ [adattare] adapter (L.C.). ‖ **4.** CULIN. préparer. ‖ [polli] trousser. ◆ v. rifl. **1.** [capelli] se coiffer. ‖ [vestirsi] s'habiller ; [con ricerca] se parer. ‖ **2.** [prepararsi] s'apprêter, se préparer. ‖ **3.** [adattarsi] s'adapter.

acconciatore [akkontʃa'tore] (**-trice** f.) m. coiffeur, -euse.

acconciatura [akkontʃa'tura] f. coiffure.

acconcio [ak'kontʃo] agg. approprié, adapté, convenable. ‖ ARC. [adorno] paré (L.C.).

accondiscendente [akkondiʃʃen'dɛnte] agg. V. CONDISCENDENTE.

accondiscendere [akkondiʃ'ʃendere] v. intr. accéder, condescendre, céder, consentir. | *accondiscendere ai desideri di qlcu.,* accéder, consentir, condescendre aux désirs de qn. | *accondiscendere alle preghiere di qlcu.,* céder, accéder aux prières de qn. | *accondiscendere a fare qlco.,* consentir, condescendre à faire qch.

acconsentimento [akkonsenti'mento] m. (raro) consentement (L.C.).

acconsentire [akkonsen'tire] v. intr. consentir, accéder, accepter (v. tr.), adhérer. | *non ha acconsentito alla partenza del figlio,* il n'a pas consenti au départ de son fils. | *acconsentire a una proposta,* accepter une proposition ; adhérer à une proposition. ‖ [permettere] permettre, consentir. | *acconsente che parta,* il consent à ce qu'il parte ; il permet qu'il parte. ‖ PROV. *chi tace acconsente,* qui ne dit mot consent.

acconsenziente [akkonsen'tsjɛnte] agg. consentant.

accontentare [akkonten'tare] v. tr. contenter, satisfaire. | *è difficile accontentarlo,* il est difficile à contenter. | *per il momento non posso accontentare la vostra richiesta,* pour le moment je ne peux pas satisfaire votre demande. | *l'ho fatto per accontentarlo,* je l'ai fait pour lui faire plaisir. | *i suoi genitori lo accontentano in tutto,* ses parents font tout ce qu'il veut. ◆ v. rifl. se contenter. | *non è molto ma mi accontento,* ce n'est pas beaucoup, mais je m'en contente.

acconto [ak'konto] m. acompte. | *gli ho dato diecimila lire in acconto,* je lui ai donné un acompte de dix mille lires, dix mille lires d'acompte.

accoppare [akkop'pare] v. tr. FAM. tuer (L.C.), bousiller (pop.). ‖ PER EST. [ridurre male] assommer (L.C.), rosser (L.C.), dérouiller (pop.), tabasser (pop.). | *l'hanno mezzo accoppato,* ils l'ont à moitié assommé. | *accoppare qlcu. di botte,* bourrer qn de coups (pop.), rosser qn. ◆ v. rifl. [uccidersi] se tuer (L.C.). ‖ [ferirsi] se blesser (L.C.), s'amocher (pop.). ‖ [recipr.] se tabasser (pop.), se cogner dessus (pop.), se battre (L.C.).

accoppiamento [akkoppja'mento] m. accouplement. ‖ TECN. [funzionamento combinato] couplage.

accoppiare [akkop'pjare] v. tr. accoupler, jumeler. ‖ PROV. *Dio li fa e poi li accoppia,* qui se ressemble s'assemble. ‖ TECN. accoupler, coupler. ‖ ZOOL. accoupler. ◆ v. rifl. s'accoupler. | [disporsi in coppie] se mettre deux par deux. ‖ [unirsi a coppia] former un couple. ‖ [sposarsi] (raro) se marier.

accoppiata [akkop'pjata] f. pari couplé.

accoppiato [akkop'pjato] agg. accouplé. ‖ [assortito] assorti. ‖ POES. *rime accoppiate,* rimes plates.

accoramento [akkora'mento] m. affliction f. (lett.), chagrin.

accorare [akko'rare] v. tr. affliger, peiner, attrister, chagriner. ◆ v. rifl. s'affliger, se chagriner, s'attrister.

accorato [akko'rato] agg. affligé, triste.

accorciamento [akkortʃa'mento] m. raccourcissement.

accorciare [akkor'tʃare] v. tr. raccourcir. | *accorciare la distanza,* raccourcir la distance. ‖ [abbreviare] raccourcir, abréger, écourter. | *cerca di accorciare un pò il testo,* essaie d'abréger un peu le texte. ◆ v. rifl. o intr. (raro) raccourcir (v. intr.) | *le giornate (si) accorciano,* les jours raccourcissent. ‖ [della vista] baisser (v. intr.).

accorciativo [akkortʃa'tivo] agg. (raro) abréviatif. ◆ m. diminutif.

accorciatura [akkortʃa'tura] f. raccourcissement m.

accordabile [akkor'dabile] agg. accordable.

accordare [akkor'dare] v. tr. **1.** [delle persone] accorder (raro), concilier (lett.), mettre d'accord. ‖ [dei sentimenti, delle idee, ecc.] accorder, concilier. ‖ [assortire] assortir, harmoniser. | *accordare i colori,* harmoniser les couleurs. ‖ GRAMM. accorder. ‖ MUS. accorder. ‖ **2.** [concedere] accorder. | *accordare un'udienza,* accorder une audience. ◆ v. recipr. s'accorder, se mettre d'accord. ‖ [armonizzarsi] s'harmoniser, bien aller ensemble.

accordata [akkor'data] f. MUS. accord (m.), accordage (m.) rapide. | *dare un'accordata al pianoforte,* accorder rapidement le piano.

accordato [akkor'dato] agg. MUS. accordé.

accordatore [akkorda'tore] (**-trice** f.) m. MUS. accordeur.

accordatura [akkorda'tura] f. MUS. accord m., accordage m., accordement m.

accordo [ak'kɔrdo] m. **1.** accord, entente f., harmonie f. (lett.). | *c'è nel nostro gruppo un accordo perfetto*, il règne dans notre groupe un accord parfait, une entente parfaite. | *vivono in perfetto accordo*, ils vivent en parfaite intelligence. || Loc. *d'accordo*, d'accord. | *di comune accordo*, d'un commun accord. | *essere, trovarsi d'accordo*, être, tomber d'accord. | *restare, mettersi d'accordo*, se mettre d'accord, s'entendre. | *andare d'accordo, d'amore e d'accordo, con qlcu.*, bien s'entendre avec qn. | *siamo d'accordo*, nous sommes d'accord ; c'est entendu ; c'est une affaire entendue. ◆ Loc. avv. ***d'accordo !***, d'accord ! ; entendu ! ; d'ac ! (pop.). | *verrò alle sette come d'accordo*, je viendrai à sept heures comme convenu. || **2.** [cose] accord, harmonie f. || **3.** Giur. accord, arrangement. || [patto] accord, convention f. || **4.** Gramm. accord. || **5.** Mus. accord.

accorgersi [ak'kɔrdʒersi] v. rifl. s'apercevoir, se rendre compte, remarquer. | *non si è accorto di te*, il ne s'est pas aperçu de ta présence ; il ne t'a pas remarqué. | *mi accorgo di aver parlato troppo*, je m'aperçois que j'en ai trop dit. | *non ti accorgi che è tardi ?*, est-ce que tu ne te rends pas compte qu'il est tard ?

accorgimento [akkordʒi'mento] m. moyen, mesure f. | *questi sono gli accorgimenti che propongo per fronteggiare la situazione*, voici les mesures que je propose pour faire face à la situation. || [precauzione] précaution f. | *ha avuto l'accorgimento di non fare rumore*, il a pris la précaution de ne pas faire de bruit.

accorrere [ak'korrere] v. intr. accourir. | *accorrere a vedere*, accourir pour voir.

accortezza [akkor'tettsa] f. astuce, adresse, perspicacité.

accorto [ak'kɔrto] agg. astucieux, adroit, dégourdi (fam.). || [prudente] avisé, prudent. || Loc. *star accorto*, être prudent, sur ses gardes ; faire très attention. | *far accorto qlcu. di qlco.* (raro), avertir qn de qch.

accosciarsi [akkoʃ'ʃarsi] v. rifl. s'accroupir.

accostabile [akkos'tabile] agg. Pr. accostable, accessible. || Fig. abordable, accessible.

accostamento [akkosta'mento] m. **1.** Pr. accès, abord. || [combinazione] combinaison f., assemblage. | *accostamento di colori*, combinaison, mariage de couleurs. || **2.** Fig. rapprochement. || **3.** Mar. changement de cap. || [attracco] accostage.

accostare [akkos'tare] v. tr. mettre contre, approcher, rapprocher. | *accostare un mobile alla parete*, mettre un meuble contre le mur ; (r)approcher un meuble du mur. | *accostare la mano alla bocca*, mettre la main devant la bouche. | *accostare l'uscio*, pousser la porte. | *accostare la macchina al marciapiede*, ranger, garer la voiture contre le trottoir. || [persone] aborder ; [in modo maleducato] accoster. | *accostare, abbordare una donna per la strada*, accoster une femme dans la rue. ◆ v. intr. être contre, être près de, toucher. || Mar. [mutar direzione] changer de cap. || [attraccare] aborder, accoster. ◆ v. rifl. s'approcher, se rapprocher. | *accostarsi al tavolo*, s'approcher de la table. || [in automobile] *accostarsi al marciapiede*, se ranger, se garer près du trottoir. || Fig. se rapprocher. | *accostarsi a un partito*, se rapprocher d'un parti. || [di colori] se rapprocher, tirer (sur). || Relig. *accostarsi ai sacramenti*, s'approcher des sacrements.

accostata [akkos'tata] f. Mar. changement (m.) de cap. || [attracco] accostage m.

accostato [akkos'tato] agg. rapproché. | *porta, finestra accostata*, porte, fenêtre entrebâillée, entrouverte.

accosto [ak'kɔsto] avv. près, à côté. | *farsi accosto*, s'approcher. ◆ Loc. prép. ***accosto a***, près de, à côté de. | *accosto alla libreria*, près de la bibliothèque.

accostumare [akkostu'mare] v. tr. (antiq.) accoutumer (l.c.), habituer (l.c.). ◆ v. rifl. s'accoutumer, s'habituer.

accostumato [akkostu'mato] agg. (antiq.) accoutumé (l.c.), habitué (l.c.). || [educato] bien élevé, poli.

accotonare [akkoto'nare] v. tr. Tess. friser, ratiner. || Neol. [capelli] crêper.

accotonatura [akkotona'tura] f. Tess. ratinage m., frisage. || Neol. [di capelli] crêpage (neol.).

accovacciarsi [akkovat'tʃarsi] v. rifl. se blottir, se pelotonner. || [sedersi sulle calcagna] s'accroupir.

accozzaglia [akkot'tsaʎʎa] f. [persone o cose] ramassis m., assemblage m. || [cose] fouillis, fatras.

accozzare [akkot'tsare] v. tr. mélanger, mêler, amalgamer. || Loc. *non riuscire ad accozzare il pranzo con la cena*, ne pas réussir à joindre les deux bouts ; tirer le diable par la queue. ◆ v. rifl. (lett.) se réunir, se rencontrer.

accozzo [ak'kottso] m. fouillis, fatras, méli-mélo.

accreditamento [akkredita'mento] m. confirmation f. || Comm. crédit.

accreditare [akkredi'tare] v. tr. accréditer, autoriser. | *accreditare un'opinione*, accréditer une opinion. || [un diplomatico] accréditer. || Comm. créditer. ◆ v. rifl. s'accréditer.

accreditato [akkredi'tato] m. [banca] personne (f.) accréditée.

accrescere [ak'kreʃʃere] v. tr. accroître, augmenter. | *non fece che accrescere il malcontento*, cela ne fit qu'ajouter au mécontentement. || [in superficie] agrandir, étendre. ◆ v. rifl. o intr. (raro) s'accroître (rifl.), augmenter (intr.), s'agrandir (rifl.).

accrescimento [akkreʃʃi'mento] m. accroissement, augmentation f. || [in superficie] agrandissement, extension f. || Biol. croissance.

accrescitivo [akkreʃʃi'tivo] agg. augmentatif. | *suffisso accrescitivo*, suffixe augmentatif.

accucciarsi [akkut'tʃarsi] v. rifl. [di cani] se coucher. | *accucciati !*, couché ! || [di persone] se blottir, se pelotonner. || [sedersi sulle calcagna] s'accroupir.

accudire [akku'dire] v. intr. s'occuper (de), s'appliquer (à), vaquer (à). | *accudire alle faccende domestiche*, s'occuper (des soins) du ménage. ◆ v. tr. o intr. Arc. assister [v. tr.], soigner [v. tr.].

acculare [akku'lare] v. tr. faire reculer. || [di carro] faire basculer (une charrette) les brancards en l'air. ◆ v. rifl. [di animali] s'asseoir.

acculturazione [akkulturat'tsjone] f. Neol., Etnol., Sociol. acculturation.

accumulamento [akkumula'mento] m. accumulation f.

accumulare [akkumu'lare] v. tr. accumuler, amasser, entasser. || Fig. accumuler. | *accumulare prove*, accumuler des preuves. ◆ v. rifl. s'accumuler.

accumulatore [akkumula'tore] (**-trice** f.) m. personne (f.) qui accumule. || Tecn. accumulateur, accu (fam.).

accumulazione [akkumulat'tsjone] f. accumulation, entassement m., amas m. || Fig. accumulation. || Tecn. accumulation.

accumulo [ak'kumulo] m. accumulation f.

accuratezza [akkura'tettsa] f. soin m.

accurato [akku'rato] agg. [fatto con cura] soigné, consciencieux. || [che opera con diligenza] soigneux, consciencieux, scrupuleux.

accusa [ak'kuza] f. accusation. || Giur. accusation, inculpation, imputation. | *atto, capi d'accusa*, acte, chefs d'accusation. | *sotto l'accusa di*, sous l'inculpation de. | *la Pubblica Accusa*, le ministère public. || Giochi [carte] déclaration.

accusabile [akku'zabile] agg. inculpable (raro).

accusare [akku'zare] v. tr. **1.** accuser. || Giur. accuser, inculper. || **2.** [manifestare] accuser. | *il suo viso accusa stanchezza*, son visage accuse de la fatigue. || [burocratico] *accusare ricevuta*, accuser réception.

accusativo [akkuza'tivo] agg. e m. Gramm. accusatif.

accusato [akku'zato] m. accusé, inculpé.

accusatore [akkuza'tore] (**-trice** f.) m. accusateur, trice. || Giur. *Pubblico Accusatore*, procureur de la République ; Stor. accusateur public.

accusatorio [akkuza'tɔrjo] agg. Giur. accusatoire.

acedia [atʃe'dia] f. apathie, inertie. || Psic. état (m.) dépressif.

acefalo [a'tʃɛfalo] agg. acéphale.

acerbità [atʃerbi'ta] f. Pr. verdeur, acidité. || Fig. acidité, âpreté, acerbité (raro).

acerbo [a'tʃɛrbo] agg. **1.** Pr. vert. || [acre] aigre, acide, âpre. || **2.** Fig. [non maturo] immature (lett.), pas assez mûr. | *sei troppo acerbo per capire*, tu n'es pas assez mûr pour comprendre. || [aspro] acerbe, aigre, âpre. | *critiche acerbe*, critiques acerbes. || Lett. [crudele] cruel, âpre.

acero ['atʃero] m. Bot. érable.

acerrimo [a'tʃɛrrimo] agg. [superl. di ACRE] implacable, acharné. | *nemico acerrimo*, ennemi acharné, juré.
acervo [a'tʃɛrvo] m. LETT. amas (L.C.), monceau (L.C.).
acetato [atʃe'tato] m. CHIM. acétate.
acetico [a'tʃɛtiko] (**-ci** pl.) agg. acétique.
acetificio [atʃeti'fitʃo] m. vinaigrerie f.
acetilene [atʃeti'lɛne] m. CHIM. acétylène.
aceto [a'tʃeto] m. vinaigre. | *capperi, cetrioli, cipolline sotto aceto*, câpres, cornichons, petits oignons au vinaigre. | *vino che sa di aceto*, vin qui sent l'aigre. ‖ FARM., ANTIQ. *aceto aromatico*, vinaigre aromatique. ‖ FIG. LETT. esprit mordant.
acetone [atʃse'tone] m. CHIM. acétone.
acetosella [atʃeto'sɛlla] f. BOT. oseille.
acetosità [atʃetosi'ta] f. acidité; goût (m.) de vinaigre.
acetoso [atʃe'toso] agg. vinaigré.
acheo [a'kɛo] agg. e m. achéen.
acheronteo [akeron'tɛo] o **acherontico** [ake'rontiko] (**-ci** pl.) agg. LETT. de l'Achéron, infernal (L.C.).
achillea [akil'lɛa] f. BOT. achillée.
aciclico [a'tʃikliko] (**-ci** pl.) agg. acyclique.
acidificare [atʃidifi'kare] v. tr. acidifier.
acidificazione [atʃidifikat'tsjone] f. acidification.
acidità [atʃidi'ta] f. acidité, aigreur. | *avere acidità di stomaco*, avoir des aigreurs (pl.) d'estomac. ‖ FIG. acidité, aigreur.
acido ['atʃido] agg. acide, aigre. ‖ FIG. acide, acerbe, aigre. ‖ CHIM. acide. ◆ m. aigre. ‖ CHIM. acide.
acidosi [atʃi'dɔzi] f. MED. acidose.
acidulare [atʃidu'lare] v. tr. aciduler.
acidulo [a'tʃidulo] agg. acidulé, aigrelet.
acidume [atʃi'dume] m. goût aigre.
acino ['atʃino] m. grain.
acme ['akme] f. acmé m.
acne ['akne] f. acné.
acneico [ak'nɛiko] (**-ci** pl.) agg. qui souffre d'acné.
aconfessionale [akonfessio'nale] agg. laïque.
aconito [a'kɔnito o ako'nito] m. aconit.
acqua ['akkwa] f. **1.** eau; flotte (fam.). | *acqua piovana*, eau de pluie. | *passare le acque, far la cura dell'acqua*, prendre les eaux. ‖ MAR. *far acqua*, faire eau. ‖ RELIG. *acqua benedetta, santa*, eau bénite. ‖ FIG. *questo caffè è acqua*, c'est de la lavasse (fam.), de l'eau de vaisselle (fam.), de la flotte (fam.), ce café! ‖ [raccolta di acque] eau; flotte (fam.). | *cadere in acqua*, tomber à l'eau. | *mettere in acqua*, mettre à l'eau. | *acqua stanca*, mer étale. | *acqua alta*, hautes eaux. | *a fior d'acqua*, à fleur d'eau. | *pelo dell'acqua*, surface de l'eau. | *filo dell'acqua*, courant. ‖ pl. *acque di rifiuto*, eaux usées. ‖ **2.** [pioggia] pluie, eau; flotte (fam.). | *rovescio d'acqua*, averse, ondée, grain. | *quanta acqua!*, quelle pluie!, qu'est-ce qui tombe! (fam.) *l'acqua vien giù a dirotto, a catinelle, a secchie*, il pleut à seaux, à verse, à flots, à torrents, comme vache qui pisse (pop.) | *prendere l'acqua*, se mouiller, se faire saucer (fam.). ‖ **3.** [soluzione] eau. | *acqua ossigenata, pesante*, eau oxygénée, lourde. | *acqua di Colonia, di lavanda*, eau de Cologne, de lavande. ‖ [decotto] décoction, eau. | *acqua di riso*, eau de riz. ‖ [infuso] infusion. | *acqua di camomilla*, infusion de camomille. ‖ **4.** [umori dell'organismo] eau. | *perdere le acque*, perdre les eaux. ‖ **5.** [purezza] eau. ‖ FIG. *un farabutto della più bell'acqua*, un coquin de la plus belle eau. ‖ **6.** LOC. *mettere a pane ed acqua*, mettre au pain et à l'eau. ‖ PR. e FIG. *fare acqua*, faire eau (pr.). ‖ FIG. *la barca fa acqua*, les affaires vont mal. | *chiaro come l'acqua*, clair comme de l'eau de roche. | *è come bere un bicchiere d'acqua*, c'est facile comme bonjour. | *affogare in un bicchier d'acqua*, se noyer dans un verre d'eau. | *acqua in bocca!*, (motus et) bouche cousue! | *aver l'acqua alla gola*, avoir le couteau sur la gorge. | *far un buco nell'acqua*, donner un coup d'épée dans l'eau. | *tirar su l'acqua con un paniere, pestar l'acqua con un mortaio*, battre l'eau (avec un bâton). | *lavorare sott'acqua*, travailler en sourdine. | *intorbidare le acque*, embrouiller les choses. | *trovarsi in cattive acque*, être en fâcheuse posture, dans de beaux draps, dans de sales draps. | *è acqua passata*, c'est une vieille histoire, c'est de l'histoire ancienne; c'est du passé. ‖ GIOCHI *acqua!*, froid!, tu gèles! ‖ PROV. *acqua cheta rovina i ponti*, il n'est pire eau que l'eau qui dort. | *l'acqua va al mare*, l'eau va à la rivière. | *acqua passata non macina più*, ce qui est fait est fait.
acquacedrata [akkwatʃe'drata] f. sirop (m.) de cédrat.
acquaforte [akkwa'fɔrte] f. eau-forte.
acquafortista [akkwafor'tista] (**-i** pl.) m. e f. graveur (m.) à l'eau-forte.
acquaio [ak'kwajo] m. évier.
acquaiolo [akkwa'jolo] agg. aquatique. ◆ m. porteur d'eau; vendeur d'eau.
acquamarina [akkwama'rina] (**acquemarine** pl.) f. aigue-marine.
acquaplano [akkwa'plano] m. SPORT aquaplane.
acquaragia [akkwa'radʒa] f. térébenthine.
acquarello [akkwa'rɛllo] m. V. ACQUERELLO.
acquario [ak'kwarjo] m. aquarium.
acquartieramento [akkwartjera'mento] m. MIL. casernement, cantonnement.
acquartierare [akkwartje'rare] v. tr. caserner, cantonner. ◆ v. rifl. prendre ses quartiers.
acquasanta [akkwa'santa] f. eau bénite.
acquasantiera [akkwasan'tjɛra] f. bénitier m.
acquata [ak'kwata] f. averse. ‖ MAR. provision d'eau douce.
acquatico [ak'kwatiko] (**-ci** pl.) agg. aquatique.
acquatinta [akkwa'tinta] f. aquatinte.
acquattarsi [akkwat'tarsi] v. rifl. se tapir. ‖ [accuciarsi] se coucher.
acquavite [akkwa'vite] f. eau-de-vie, alcool m. (fam.); [di qualità superiore] fine; [cattiva e forte] tord-boyaux (fam.).
acquazzone [akkwat'tsone] m. averse f., grain m., sauce f. (fam.), ondée f.
acquedotto [akkwe'dotto] m. aqueduc. ‖ [conduttura di acqua] conduite (f.) d'eau.
acqueo ['akkweo] agg. aqueux, d'eau. | *vapore acqueo*, vapeur d'eau. ‖ ANAT. *umore acqueo*, humeur aqueuse.
acquerella [akkwe'rɛlla] f. bruine, crachin m.
acquerellare [akkwerel'lare] v. intr. peindre à l'aquarelle.
acquerellista [akkwerel'lista] (**-i** pl.) m. e f. aquarelliste.
acquerello [akkwe'rɛllo] m. aquarelle f. | *dipingere all'acquerello*, peindre à l'aquarelle; faire de l'aquarelle.
acquerello [akkwe'rɛllo] m. [bevanda] piquette f.
acquerugiola [akkwe'rudʒola] f. bruine, crachin m.
acquetta [ak'kwetta] f. DIMIN. **1.** petite pluie. ‖ **2.** PEGGIOR. [caffè, brodo, ecc., annacquati] lavasse, flotte (fam.), eau sale (o teintée). ‖ [vino annacquato] piquette. ‖ [veleno] poison m. (à base d'arsenic).
acquiescente [akkwjeʃ'ʃɛnte] agg. [remissivo] accommodant. ‖ [che accetta] favorable, consentant.
acquiescenza [akkwjeʃ'ʃɛntsa] f. complaisance. ‖ [accettazione] acquiescement m., consentement m., acceptation.
acquiescere [ak'kwjɛʃʃere] v. intr. LETT. acquiescer, accepter tr.
acquietare [akkwje'tare] v. tr. calmer, apaiser. | *acquietare l'ira*, calmer la colère. | *acquietare un desiderio*, apaiser, satisfaire un désir. ◆ v. rifl. se calmer, s'apaiser. | *la tempesta si acquietò*, la tempête s'apaisa.
acquifero [ak'kwifero] agg. aquifère.
acquirente [akkwi'rente] m. acquéreur, acheteur, preneur.
acquisire [akkwi'zire] v. tr. acquérir. | *acquisire esperienza*, acquérir, prendre de l'expérience. | *acquisire un diritto*, obtenir un droit.
acquisito [akkwi'zito] agg. acquis. ‖ BIOL., MED., PSIC. acquis.
acquisitore [akkwizi'tore] (**-trice** f.) m. NEOL. acquéreur (m.). ‖ [produttore] agent.
acquisizione [akkwizit'tsjone] f. acquisition.
acquistabile [akkwis'tabile] agg. achetable.
acquistare [akkwis'tare] v. tr. **1.** [senso generale] acquérir. ‖ **2.** [comperare] acheter. | *acquistare a credito*, acheter à crédit. ‖ **3.** FIG. acquérir. | *acqui-*

stare cognizioni, fama, acquérir des connaissances, de la réputation. | *acquistare forza,* prendre de la force. | *acquistare la stima di qlcu.*, gagner, obtenir l'estime de qn. || LOC. *acquistar tempo,* gagner du temps. || PR. e FIG. *acquistar terreno,* gagner du terrain. ◆ v. intr. gagner. | *acquistar in vigore,* se fortifier, gagner en vigueur. | *nella lettura dei grandi autori ha acquistato molto,* il a beaucoup gagné à lire les grands auteurs. | *in montagna il bambino ha acquistato,* le séjour à la montagne a fait du bien à l'enfant.

acquisto [ak'kwisto] m. [senso generale] acquisition f. | *fare acquisto di qlco.*, faire l'acquisition de qch. | *roba di mal acquisto,* bien mal acquis. || [il comperare] achat ; [di piccole cose] emplette f. | *uscire per fare acquisti,* aller faire des courses. || [cosa acquisita] achat, acquisition f. || ECON. *potere d'acquisto,* pouvoir d'achat. || pl. GIUR. acquêts.

acquitrino [akkwi'trino] m. marécage.

acquitrinoso [akkwitri'noso] agg. marécageux.

acquolina [akkwo'lina] f. DIMIN. di ACQUA. | *far venire, avere l'acquolina in bocca,* faire venir, avoir l'eau à la bouche.

acquosità [akkwosi'ta] f. liquide m., aquosité (arc.).

acquoso [ak'kwoso] agg. aqueux.

acre ['akre] agg. âcre, aigre, acide. | *fumo acre,* fumée âcre. || FIG. aigre.

acredine [a'krɛdine] f. âcreté, aigreur. || FIG. acrimonie, aigreur, âcreté (raro).

acrimonia [akri'mɔnja] f. acrimonie, aigreur. || PR. (raro) âcreté.

acrimonioso [akrimo'njoso] agg. acrimonieux (lett.), acerbe, aigre.

acro ['akro] m. acre.

acrobata [a'krɔbata] (**-i** pl.) m. e f. PR. e FIG. acrobate.

acrobatico [akro'batiko] (**-ci** pl.) agg. PR. e FIG. acrobatique.

acrobatismo [akroba'tizmo] m. PR. e FIG. acrobatie f.

acrobazia [akrobat'tsia] f. PR. e FIG. acrobatie.

acromatico [akro'matiko] (**-ci** pl.) agg. achromatique.

acropoli [a'krɔpoli] f. acropole.

acrostico [a'krɔstiko] (**-ci** pl.) m. POES. acrostiche.

acroterio [akro'tɛrjo] m. ARCHIT. acrotère.

acuire [aku'ire] v. tr. aiguiser, aviver, exciter. | *acuire l'ingegno,* aiguiser l'intelligence. | *acuire il desiderio,* exciter le désir. | *acuire il dolore,* aviver la douleur. | PR. (raro) aiguiser.

acuità [akui'ta] f. acuité.

aculeo [a'kuleo] m. ZOOL. aiguillon, dard. || BOT. aiguillon.

acume [a'kume] m. pénétration f., finesse f., acuité (f.) d'esprit.

acuminare [akumi'nare] v. tr. tailler (en pointe), appointer (tecn.).

acuminato [akumi'nato] agg. acéré, pointu. || BOT. acuminé.

acustica [a'kustika] f. acoustique.

acustico [a'kustiko] (**-ci** pl.) agg. acoustique. | *nervo acustico,* nerf acoustique (o auditif).

acutangolo [aku'tangolo] agg. GEOM. acutangle.

acutezza [aku'tettsa] f. acuité. || FIG. finesse, acuité. | *acutezza di una argomentazione,* finesse d'une argumentation.

acutizzare [akutid'dzare] v. tr. NEOL. aiguiser. ◆ v. rifl. s'aggraver.

acuto [a'kuto] agg. **1.** aigu, pointu, acéré. | *accento acuto,* accent aigu. || **2.** FIG. [penetrante] pénétrant, intense. | *odore acuto,* odeur pénétrante. | *freddo acuto,* froid intense, vif. || [di suono] aigu. | *voce acuta,* voix aiguë, perçante. || [della vista] perçant. || [dell'udito] fin, sensible. || [di ingegno o intelletto] perspicace, subtil, pénétrant, aigu. || **3.** [intenso] vif, intense, aigu. | *desiderio acuto,* vif désir. | *dolore acuto,* douleur aiguë. || **4.** ARCHIT. *arco a sesto acuto,* arc brisé. || **5.** GEOM. *angolo acuto,* angle aigu. || **6.** MED. aigu. | *fase acuta,* phase aiguë. ◆ m. MUS. aigu.

ad [ad] prep. V. A.

adagiare [ada'dʒare] v. tr. étendre, coucher, installer. || [cose] placer, installer, étendre. | *adagiare sulla barella,* coucher sur une civière. ◆ v. rifl. [stendersi] s'étendre, s'allonger, se coucher ; [mettersi comodo] s'installer. || FIG. s'installer (dans), s'abandonner (à), se laisser aller (à). | *adagiarsi nell'ozio,* s'installer dans l'inaction. | *adagiarsi nel vizio,* s'abandonner au vice.

1. adagio [a'dadʒo] avv. **1.** [senza fretta] lentement, doucement. | *camminare adagio,* marcher lentement. || **2.** [con riguardo, con cautela] doucement. | *parlare, camminare adagio per non fare rumore,* parler, marcher doucement pour ne pas faire de bruit. | *posare adagio un oggetto fragile,* poser doucement un objet fragile. || **3.** LOC. *andare adagio, fare adagio,* [con cautela] y aller doucement ; [senza rumore] ne pas faire de bruit. || FAM. *adagio Biagio !,* doucement, doucement ! (L.C.). || [molto lentamente] très lentement ; [a poco a poco] petit à petit, peu à peu ; [con molta cautela] tout doucement. ◆ m. MUS. adagio.

2. adagio [a'dadʒo] m. adage.

adamantino [adaman'tino] agg. diamantin (raro), adamantin (lett. raro), diamantaire (tecn. raro). || FIG. [puro] cristallin. || [duro] dur, solide, ferme, inébranlable, incorruptible.

adamitico [ada'mitiko] (**-ci** pl.) agg. adamique. || SCHERZ. *essere in costume adamitico,* être dans le plus simple appareil, dans le costume d'Adam.

adattabile [adat'tabile] agg. adaptable. || FIG. *persona adattabile,* personne qui s'adapte à toutes les situations.

adattabilità [adattabili'ta] f. [cose] facilité d'adaptation. || [persone] faculté d'adaptation.

adattamento [adatta'mento] m. adaptation f. | *sforzo di adattamento,* effort d'adaptation. | *adattamento teatrale, radiofonico,* adaptation théâtrale, radiophonique. || BIOL. adaptation.

adattare [adat'tare] v. tr. adapter. | *adattare un romanzo per il teatro,* adapter un roman pour le théâtre. || [vestiti] mettre, ajuster à la taille (de). | *adattare una gonna a una bambina,* mettre une jupe à la taille d'une petite fille. || [trasformare in] transformer. | *adattare una stanza a laboratorio,* transformer une pièce en laboratoire. || [disporre, applicare] adapter, mettre, ajuster, disposer, placer. | *adattare una museruola ad un cane,* mettre, adapter une muselière à un chien. | *adattare gli occhiali al naso,* ajuster, chausser (fam.) ses lunettes. ◆ v. rifl. **1.** s'adapter. | *adattarsi alle circostanze,* s'adapter aux circonstances. || [rassegnarsi] se résigner, se faire. | *adattarsi a vivere solo,* se résigner à vivre seul ; s'adapter à une vie solitaire. || [abituarsi] s'habituer, se faire. | *adattarsi a un'idea,* se faire à une idée. || LOC. *bisogna adattarsi,* il faut savoir s'adapter ; il faut se contenter de ce qu'on a. || **2.** [essere adatto] convenir (à), aller (avec). | *questa stanza non si adatta all'uso che ne è fatto,* cette chambre ne convient pas à l'usage qui en est fait. | *questa poltrona si adatta perfettamente al resto dell'arredamento,* ce fauteuil va parfaitement avec le reste de l'ameublement. || [essere della misura giusta] s'ajuster (à), aller (sur). | *il coperchio non si adatta più alla scatola,* le couvercle ne s'ajuste plus à la boîte, ne va plus sur la boîte.

adatto [a'datto] agg. **1.** [di cose] qui convient, indiqué, approprié, convenable (lett.), adéquat. | *questo lavoro non è adatto a te,* ce travail ne te convient pas. | *clima adatto ai bambini,* climat qui convient aux enfants, indiqué pour les enfants. | *mezzo adatto allo scopo,* moyen approprié, indiqué (pour atteindre le but). | *cercare la parola adatta,* chercher le mot juste, le mot qui convient. || [che si armonizza] qui va (bien) (avec). | *gioiello adatto a un abito,* bijou qui va bien avec une robe. || [opportuno] qui convient, opportun, favorable, bon. | *non è un luogo adatto per discutere,* ce n'est pas un endroit pour discuter ; ce n'est pas l'endroit qui convient, indiqué pour une discussion. | *non è il momento adatto,* ce n'est pas le moment. | *aspettare il momento adatto,* attendre le moment favorable, le bon moment. || **2.** [di persone] propre (à), apte (à), fait (pour), qui convient. | *cerco una persona adatta per questo impiego,* je cherche une personne propre à remplir cet emploi. | *la persona più adatta per rappresentarci,* la personne la plus apte à, la mieux placée pour nous représenter. | *non è adatto alla vita militare,* il n'est pas fait pour la vie militaire. | *è l'uomo adatto,* c'est la personne qui convient ; c'est l'homme qu'il nous faut. || [dotato] doué, fait pour. | *non è adatto agli studi,* il n'est pas doué pour les études.

addebitamento [addebita'mento] m. COMM., FIN. débit.

addebitare [addebi'tare] v. tr. COMM., FIN. débiter. | *addebitare un conto di una somma,* débiter un compte d'une somme. | *addebitare una spesa a qlcu.,* porter une dépense au débit de qn. || FIG. imputer, attribuer, accuser (qn de qch.). | *addebitare l'errore a qlcu.,* imputer, attribuer l'erreur à qn, accuser qn de l'erreur.

addebito [ad'debito] m. COMM., FIN. débit. || FIG. accusation f., imputation f.

addenda [ad'dɛnda] m. pl. addenda m. invar.

addendo [ad'dɛndo] m. MAT. terme.

addensamento [addensa'mento] m. épaississement. || [di nuvole] amoncellement, accumulation f. || [di persone] rassemblement.

addensare [adden'sare] v. tr. (raro) épaissir. ◆ v. rifl. s'épaissir. || [di nuvole] s'amonceler. || [di persone] s'amasser, se rassembler, s'entasser.

addentare [adden'tare] v. tr. mordre. | *addentare una mela,* mordre dans une pomme. | *il cane gli ha addentato la mano,* le chien lui a mordu la main, l'a mordu à la main. || TECN. mordre. ◆ v. rifl. TECN. s'engrener.

addentatura [addenta'tura] f. morsure. || TECN. adent m.

addentellare [addentel'lare] v. tr. denteler.

addentellato [addentel'lato] agg. dentelé. ◆ m. ARCHIT. harpe f. || FIG. [appoggio] appui. || [connessione] rapport, lieu. || [pretesto] prétexte.

addentrare [adden'trare] v. tr. enfoncer, faire pénétrer. ◆ v. rifl. pénétrer, s'enfoncer. || FIG. pénétrer. | *addentrarsi nei particolari,* pénétrer dans les détails. | *addentrarsi in una discussione,* s'engager dans une discussion.

addentro [ad'dentro] avv. profondément. | *scavare addentro,* creuser profondément. || FIG. *andare molto addentro nello studio dell'anima,* étudier l'âme jusque dans ses profondeurs. || [anche con valore di agg.] compétent, au courant. | *essere molto addentro nelle questioni sociali,* connaître à fond les questions sociales ; être très au courant des questions sociales. | *è uno scienziato molto addentro in questa questione,* c'est un savant très compétent en la matière.

addestrabile [addes'trabile] agg. qui peut être dressé, qu'on peut dresser.

addestramento [addestra'mento] m. entraînement, formation f. | *addestramento professionale,* formation professionnelle. || [di animali] dressage. || MIL. exercice, instruction f. || SPORT entraînement.

addestrare [addes'trare] v. tr. exercer, entraîner. || [cavalli] entraîner. || [altri animali] dresser. || SPORT entraîner. ◆ v. rifl. s'exercer, s'entraîner.

addestratore [addestra'tore] (**-trice** f.) m. MIL. instructeur. || SPORT moniteur, trice ; entraîneur. || [di cavalli] entraîneur. || [di altri animali] dresseur, euse.

addetto [ad'detto] agg. préposé (à), chargé (de). | *l'operaio addetto alla sorveglianza della macchina,* l'ouvrier préposé à, chargé de la surveillance de la machine. | *il personale addetto alla segreteria,* le personnel du secrétariat. | *rivolgersi alla persona addetta,* s'adresser à la personne compétente. | *vietato l'ingresso alle persone non addette ai lavori,* entrée interdite aux personnes étrangères aux travaux. ◆ n. préposé, employé. | *gli addetti ai lavori,* les personnes chargées des travaux. | *è addetto alla segreteria,* il est employé au secrétariat. || POLIT. [diplomazia, ecc.] attaché. | *addetto ministeriale,* attaché ministériel. | *addetto stampa,* attaché de presse.

addì [ad'di] loc. [burocrazia] le, ce. | *addì 20 novembre 1980,* ce 20 novembre 1980.

addiaccio [ad'djattʃo] m. enclos, parc. || MIL. bivouac. || LOC. *dormire all'addiaccio,* dormir à la belle étoile.

addietro [ad'djɛtro] avv. **1.** [luogo] PR. e FIG. en arrière. | *dare addietro,* reculer. V. INDIETRO. || **2.** [tempo ; in rapporto con passato] avant ; auparavant. | *ne avevano sentito parlare anni addietro,* ils en avaient entendu parler quelques années auparavant, avant. || [in rapporto con presente] *me ne ha parlato giorni addietro, tempo addietro,* il m'en a parlé il y a quelques jours, il y a quelque temps. || [con valore di agg.] passé. | *il tempo addietro,* le temps passé. | *il giorno addietro,* la veille. ◆ LOC. AVV. ***per l'addietro,*** par le passé.

addio [ad'dio] interiez. adieu ! | *addio libertà !,* adieu la liberté ! || FAM. *rispondigli, e addio,* réponds-lui, et qu'on n'en parle plus. ◆ m. adieu. | *fare gli addii,* faire ses adieux.

addirittura [addirit'tura] avv. **1.** [direttamente] (raro) directement, tout droit. || **2.** [senza esitazione] carrément, franchement. | *digli addirittura che cosa vuoi,* dis-lui carrément ce que tu veux. || **3.** [semplicemente, decisamente] simplement, tout bonnement, carrément, franchement, réellement, vraiment, décidément. | *è addirittura impossibile,* c'est tout simplement, tout bonnement impossible. | *dipingiamolo addirittura in rosso,* peignons-le carrément en rouge. | *è addirittura impazzito,* il est carrément, vraiment devenu fou. || **4.** [nientemeno, persino] même, jusqu'à. | *ne ho addirittura tre,* j'en ai même trois. | *se lo facessi mi ucciderebbe addirittura,* si je le faisais il irait jusqu'à me tuer. | *conosce addirittura il ministro,* il connaît même le ministre. | *saluta addirittura il più piccolo impiegato,* il salue jusqu'au plus petit employé. || **5.** [nelle risposte] à ce point !, sérieusement ? || IRON. rien que ça !, sans blague ! (fam.).

addirizzare [addirit'tsare] v. tr. (raro). V. RADDRIZZARE.

addirsi [ad'dirsi] v. rifl. convenir, aller, seoir (lett.). | *questo modo di parlare non ti si addice,* cette façon de parler ne te convient pas.

additamento [addita'mento] m. indication f.

additare [addi'tare] v. tr. montrer (du doigt), indiquer (du doigt), désigner (du doigt). || PER EST. montrer, indiquer. | *additare la soluzione di un problema,* indiquer la solution d'un problème.

additivo [addi'tivo] agg. MAT. additif. ◆ m. CHIM. additif.

addizionale [addittsjo'nale] agg. additionnel. ◆ f. FIN. centime (m.) additionnel.

addizionare [addittsjo'nare] v. tr. additionner. || PER EST. ajouter.

addizionatrice [addittsjona'tritʃe] f. additionneuse.

addizione [addit'tsjone] f. addition.

addobbamento [addobba'mento] m. décoration f.

addobbare [addob'bare] v. tr. orner, décorer, parer (lett.). | *addobbare una sala per una festa,* décorer une salle pour une fête. || SCHERZ. [vestire] parer, vêtir somptueusement. || ARC. STOR. adouber.

addobbatore [addobba'tore] (**-trice** f.) m. décorateur, trice.

addobbo [ad'dɔbbo] m. décoration f.

addolcimento [addoltʃi'mento] m. adoucissement. || LING. affaiblissement. || TECN. *addolcimento dell'acciaio,* détrempe (f.) de l'acier.

addolcire [addol'tʃire] v. tr. PR. [inzuccherare] sucrer ; [ammorbidire] adoucir. | *addolcire il caffè,* sucrer le café. | *addolcire una salsa,* adoucir une sauce. || PER EST. ramollir. | *addolcire la terra,* ramollir la terre. || FIG. adoucir. | *addolcire il carattere di qlcu.,* adoucir le caractère de qn. || [mitigare] adoucir, atténuer, calmer. | *addolcire il dolore,* atténuer la douleur. || TECN. *addolcire l'acqua,* adoucir l'eau. | *addolcire l'acciaio,* détremper l'acier. ◆ v. rifl. PR. e FIG. s'adoucir.

addolcitivo [addoltʃi'tivo] agg. adoucissant.

addolorare [addolo'rare] v. tr. peiner, faire de la peine (à), attrister, affliger, chagriner, affecter. ◆ v. rifl. être peiné, avoir de la peine, s'affliger, s'attrister. | *addolorarsi per la morte di qlcu.,* être peiné par la mort de qn.

addolorato [addolo'rato] agg. peiné, affligé, attristé. ◆ f. RELIG. *l'Addolorata,* Notre-Dame des Sept-Douleurs.

addome [ad'dɔme] m. ANAT. abdomen.

addomesticabile [addomesti'kabile] agg. apprivoisable.

addomesticamento [addomestika'mento] m. domestication f., apprivoisement. || [ammaestramento] dressage. || FIG. [persone] apprivoisement, adoucissement.

addomesticare [addomesti'kare] v. tr. domestiquer, apprivoiser. || [ammaestrare] dresser. || FIG. [persone]

apprivoiser, amadouer. ◆ v. rifl. s'apprivoiser, se familiariser.

addomesticato [addomesti'kato] agg. apprivoisé, domestiqué. ‖ [ammaestrato] dressé. ‖ FIG. NEOL. truqué. | *elezioni addomesticate*, élections truquées. ‖ [reso meno spiacevole] adouci.

addomesticatore [addomestika'tore] m. (**-trice** f.) dresseur, euse.

addominale [addomi'nale] agg. abdominal.

addoppiare [addop'pjare] v. tr. TESS. doubler.

addoppiatura [addoppja'tura] f. TESS. doublage m.

addormentare [addormen'tare] v. tr. **1.** endormir. ‖ **2.** PER EST. [annoiare] endormir, assommer. ‖ **3.** FIG. endormir, calmer, atténuer. ‖ [intorpidire] engourdir. | *addormentare i sensi*, engourdir les sens. ◆ v. rifl. s'endormir. ‖ [di una parte del corpo] s'engourdir. ‖ FIG. s'endormir, s'engourdir.

addormentato [addormen'tato] agg. endormi. | *la Bella Addormentata nel bosco*, la Belle au bois dormant. ‖ [intorpidito] engourdi. ‖ FIG. endormi. | *mi sembra un tipo un pò addormentato*, il ne m'a pas l'air très dégourdi. | *che addormentato !*, quel endormi !, quelle moule ! f. (fam.).

addossamento [addossa'mento] m. FIG. attribution f.

addossare [addos'sare] v. tr. **1.** PR. adosser. | *addossare un armadio al muro*, adosser une armoire au mur. ‖ [mettere sul dorso] (raro) mettre (sur le dos). | *addossare un sacco sulle spalle di qlcu.*, mettre un sac sur les épaules de qn. ‖ **2.** FIG. attribuer (qch. à qn), charger (qn de qch.), faire endosser (qch. à qn), mettre (qch.) sur le dos (de qn) (fam.). | *addossare a qlcu. un errore*, faire endosser, attribuer une erreur à qn, mettre une erreur sur le dos de qn. | *addossare una responsabilità a qlcu.*, charger qn d'une responsabilité ; faire endosser à qn une responsabilité. ‖ [spesa] laisser (qch. à qn). | *non potete addossargli tutta la spesa*, vous ne pouvez pas lui laisser tous les frais. ‖ [con particella pronominale] *addossarsi qlco.*, endosser, assumer, prendre sur soi, se charger (de) ; [spesa] prendre à sa charge. | *si è addossato tutta la responsabilità*, il a assumé, pris sur lui toute la responsabilité. ◆ v. rifl. s'adosser.

addossato [addos'sato] agg. adossé. ‖ FIG. *addossato (a)*, à la charge (de).

addosso [ad'dɔsso] avv. **1.** sur moi, toi, etc. | *avere addosso molto denaro*, avoir beaucoup d'argent sur soi. ‖ [vestiti] *avere addosso un brutto vestito*, porter une vilaine robe. | *non voglio più vederti con questa gonna addosso*, je ne veux plus te voir avec cette jupe. | *non aveva niente addosso*, il n'avait rien sur le dos. ‖ **2.** FIG. [a carico] à ma, ta, sa, ..., charge. | *ha tutta la famiglia addosso*, il a toute sa famille à sa charge. ‖ [in corpo, in animo] *ho addosso una febbre da cavallo*, j'ai une fièvre de cheval. | *aveva addosso una paura...*, il avait une de ces peurs... ‖ LOC. FIG. *avere molti anni addosso*, être très âgé, chargé d'ans. | *avere il diavolo addosso*, avoir le diable au corps. | *ha l'argento vivo addosso*, c'est du vif-argent. | *avere il malanno, la maledizione, la sfortuna addosso*, jouer de malchance ; avoir la guigne (fam.), la poisse (fam.). ◆ LOC. AVV. ***d'addosso.*** | *togliersi i panni d'addosso*, enlever ses vêtements. | *levarsi d'addosso una preoccupazione*, se délivrer d'un souci. | *levarsi qlcu. d'addosso*, se débarrasser de qn. | *non le toglie gli occhi d'addosso*, il ne la quitte pas des yeux. ◆ LOC. PREP. ***addosso a*, 1.** [su] sur. | *la polizia ha trovato una pistola addosso al tuo amico*, la police a trouvé un pistolet sur ton ami. | *non ha niente da mettersi addosso*, il n'a rien à se mettre (sur le dos). ‖ **2.** [assai vicino] contre, sur. | *la mia casa è addosso al municipio*, ma maison est tout contre la mairie. | *le case, le persone stanno una addosso all'altra*, les maisons, les personnes sont les unes sur les autres. ‖ **3.** [contro] contre, sur, dans. | *il ciclista è andato addosso al muro*, le cycliste s'est jeté sur le mur, est entré dans le mur (fam.), a foncé dans le mur (fam.). | *piombare, gettarsi addosso a qlcu.*, tomber, se jeter sur qn. ‖ **4.** FIG. *mi fa venire i brividi addosso*, cela, ça me donne froid dans le dos. | *mi metti la paura addosso*, tu me fais peur. | *mi è venuta addosso una grande stanchezza*, je commence à être très fatigué. | *gli è piovuta addosso una disgrazia*, un malheur lui est tombé dessus. | *tirarsi addosso guai*, s'attirer des ennuis. ‖ **5.** LOC. *mettere le mani addosso a qlcu.*, [picchiare] lever la main sur qn ; [afferrare] empoigner qn ; [toccare] toucher qn. | *non mi metta le mani addosso !*, ne me touchez pas ! | *mettere gli occhi addosso a qlcu.*, jeter les yeux sur qn. ‖ **6.** LOC. PR. e FIG. *dare addosso a qlcu.*, PR. tomber sur qn (à bras raccourcis), se jeter sur qn (fam.). | FIG. *non è colpa mia ma evidentemente tutti danno addosso a me*, ce n'est pas de ma faute, mais bien entendu tout le monde me tombe dessus. ‖ VOLG. PR. e FIG. *farsela addosso*, faire dans sa culotte (L.C.) ; faire dans son froc (pop.) ; FIG. avoir les foies (pop.). ‖ **7.** LOC. FIG. *stare addosso a qlcu.*, être toujours sur, derrière le dos de qn, ne pas lâcher qn (d'une semelle). | *tagliare i panni addosso a qlcu.*, médire de qn, casser du sucre sur le dos de qn (fam.), taper sur qn (fam.), débiner qn (fam.). | *vivere addosso a qlcu.*, vivre aux crochets de qn. ◆ interiez. *addosso !*, attrapez-le, -la, -les ! ; tapez dessus !

addottorare [addotto'rare] v. tr. faire passer le doctorat, la licence à qn ; donner à qn le titre de docteur, de licencié. ◆ v. rifl. passer, obtenir son doctorat, sa licence.

addottrinamento [addottrina'mento] m. instruction f. ‖ PEGGIOR. endoctrinement.

addottrinare [addottri'nare] v. tr. instruire. ‖ PEGGIOR. endoctriner. ◆ v. rifl. s'instruire.

addottrinato [addottri'nato] agg. instruit. ‖ PEGGIOR. endoctriné.

addurre [ad'durre] v. tr. invoquer, alléguer. | *addurre una testimonianza, un argomento*, invoquer un témoignage, un argument. | *addurre un pretesto*, alléguer un prétexte. | *addurre a pretesto qlco.*, prendre qch. pour prétexte. ‖ [produrre] fournir, produire, présenter. | *addurre una prova*, fournir une preuve.

adduttore [addut'tore] agg. e m. ANAT., TECN. adducteur.

adduzione [addut'tsjone] f. ANAT., TECN. adduction.

adeguamento [adegwa'mento] m. adaptation f., ajustement. | *adeguamento delle parole ai concetti*, adaptation, ajustement des mots aux idées. ‖ [dei salari] réajustement, rajustement.

adeguare [ade'gware] v. tr. conformer, proportionner, adapter. | *adeguare le proprie azioni ai propri principi*, conformer ses actions à ses principes. | *adeguare lo sforzo allo scopo da raggiungere*, proportionner l'effort au but à atteindre. ‖ [di stipendi] réajuster, rajuster. ◆ v. rifl. se conformer, s'adapter.

adeguato [ade'gwato] agg. adéquat, approprié, convenable, qui convient. ‖ [proporzionato] proportionné, en rapport (avec). | *ricompensa adeguata ai meriti*, récompense proportionnée aux mérites.

adeguazione [adegwat'tsjone] f. adéquation, adaptation.

adempiere [a'dempjere] v. tr. V. ADEMPIRE.

adempimento [adempi'mento] m. accomplissement, exécution. ‖ [soddisfazione] réalisation f., satisfaction f.

adempire [adem'pire] v. tr. accomplir, s'acquitter (de), exécuter, remplir. | *adempire il proprio dovere*, accomplir, s'acquitter de son devoir. | *adempire un ordine*, exécuter un ordre. | *adempire una promessa*, remplir, tenir une promesse. ‖ [esaudire] satisfaire, réaliser, exaucer. | *adempire un desiderio*, satisfaire, réaliser un désir. | *adempire una preghiera*, satisfaire, exaucer une prière. ◆ v. intr. [abusiv.] s'acquitter (de), remplir tr. ◆ v. rifl. s'accomplir, se réaliser.

adenite [ade'nite] f. MED. adénite.

adenoide [ade'nɔide] agg. ANAT. adénoïde. ◆ f. pl. MED. végétations (adénoïdes).

adenoidite [adenoi'dite] f. MED. inflammation des végétations (adénoïdes).

adepto [a'dɛpto] m. adepte.

aderente [ade'rɛnte] agg. adhérent. ‖ [di indumenti] collant, ajusté. ‖ FIG. qui colle (à), exact, fidèle (à). | *parola aderente a un concetto*, mot qui colle à une idée. | *traduzione aderente al testo*, traduction près du texte, qui colle au texte. ◆ n. adhérent, e.

aderenza [ade'rɛntsa] f. adhérence. ‖ FIG. [fedeltà] fidélité. ‖ [persone] relation, connaissance. | *avere*

aderenze nella polizia, avoir des relations, des accointances dans la police.
aderire [ade'rire] v. intr. **1.** adhérer, coller. | *i capelli madidi di sudore gli aderivano alla fronte,* ses cheveux trempés de sueur collaient à son front. | *fango che aderisce alle scarpe,* boue qui colle, qui s'attache aux chaussures. || **2.** FIG. [essere vicino] coller, adhérer, être près (de). | *traduzione che aderisce al testo,* traduction près du texte, qui colle au texte. || [diventare seguace] adhérer. | *aderire ad un partito, ad una sottoscrizione,* adhérer à un parti, à une souscription. || [adottare] se ranger, se rallier, adopter (v. tr.). | *aderire al parere di qlcu.*, se ranger à l'avis de qn. || [acconsentire] accéder, accepter (tr.). | *aderire, acconsentire al desiderio di qlcu.*, accéder au désir de qn. | *aderire ad un invito,* accepter une invitation.
adescamento [adeska'mento] m. séduction f., attirance f. || [prostitute] racolage. || TECN. [di pompa] amorçage.
adescare [ades'kare] v. tr. **1.** [pesci, uccelli] amorcer, attirer. || **2.** FIG. attirer, séduire, allécher, aguicher. || [di prostituta] racoler, raccrocher. || **3.** TECN. [pompa] amorcer.
adescatore [adeska'tore] (**-trice** f.) m. séducteur, trice, aguicheur, euse. || PARTICOL. f. [donna] allumeuse. || [prostituta] racoleuse.
adesione [ade'zjone] f. **1.** adhésion. || **2.** FIG. [approvazione] adhésion, accord m., assentiment m. || [iscrizione] adhésion. || **3.** GIUR. adhésion.
adesivo [ade'zivo] agg. adhésif, collant. | *nastro adesivo,* ruban adhésif, papier collant, Scotch. ◆ m. [materia] adhésif. || NEOL. vignette (f.) adhésive.
adesso [a'dɛsso] avv. **1.** [presentemente] maintenant, à présent, présentement, actuellement. | *adesso ho molto da fare,* j'ai beaucoup à faire actuellement. | *adesso capisco !,* je comprends maintenant ! || [d'ora in poi] maintenant, dorénavant. || **2.** [poco fa] il y a un instant. | *è stato qui adesso,* il était ici il y a un instant. | *sono arrivato adesso,* je viens (juste) d'arriver. || **3.** [tra poco] dans un instant, tout de suite. | *adesso comincerà la riunione,* la réunion commence dans un instant. | *adesso vengo,* je viens tout de suite. ◆ LOC. AVV. ***adesso,*** à l'instant. | ***per adesso,*** pour le moment, pour l'instant. || *fino (a) adesso,* jusqu'à maintenant, jusqu'à présent. | *fin da adesso,* dès à présent, dès maintenant. | *da adesso in poi,* dorénavant, désormais.
adiacente [adja'tʃɛnte] agg. attenant (à), adjacent, contigu, voisin. || GEOM. adjacent.
adiacenza [adja'tʃɛntsa] f. proximité. ◆ pl. voisinage m. sing., proximité sing. | *nelle adiacenze del municipio,* dans le voisinage, à proximité de la mairie.
adibire [adi'bire] v. tr. [adoperare] utiliser, employer, se servir (de). | *adibire una stanza a salotto,* utiliser, se servir (d')une pièce comme salon. || [destinare] affecter, destiner. | *adibire un locale ad un uso,* destiner, affecter un local à un usage.
adibito [adi'bito] agg. employé (comme), utilisé (comme), destiné (à). | *edificio adibito a chiesa,* édifice utilisé comme église ; édifice affecté au culte.
adipe ['adipe] m. graisse f.
adiposo [adi'poso] agg. adipeux.
adirarsi [adi'rarsi] v. rifl. LETT. se fâcher (L.C.), se mettre en colère (L.C.), s'irriter (L.C.), se courroucer. | *adirarsi con qlcu.*, se fâcher contre qn.
adirato [adi'rato] agg. LETT. fâché (L.C.), irrité (L.C.), courroucé, en colère (L.C.).
adire [a'dire] v. tr. GIUR. recourir (à), engager (une action légale). || LOC. *adire le vie legali,* agir ; recourir à la justice ; avoir recours aux voies de droit. | *adire il tribunale,* engager une action judiciaire. | *adire un'eredità,* entrer en possession d'un héritage.
adito ['adito] m. **1.** accès. | *porta che dà adito al salone,* porte qui donne accès, qui permet d'accéder au salon. | *proibire l'adito, l'accesso al parco,* interdire l'accès, l'entrée (f.) du parc. || FIG. *aver libero adito, accesso presso qlcu.*, avoir accès auprès de qn. || LOC. FIG. *dare adito,* donner matière, donner lieu. | *dare adito alla critica,* donner matière à (la) critique. || **2.** [apertura] passage, échappée f.
adiutore [adju'tore] (**-trice** f.) m. ARC. aide m. e f. (L.C.), auxiliaire m. e f. (L.C.)
ad libitum [ad'libitum] loc. lat. ad libitum.
adocchiamento [adokkja'mento] m. coup d'œil.
adocchiare [adok'kjare] v. tr. [fissare] lorgner, reluquer (fam.), loucher (sur) (fam.), guigner (fam.). | *adocchiare una donna,* lorgner, reluquer (fam.) une femme. || [discernere] reconnaître, remarquer. | *ti ho adocchiato appena sei arrivato,* je t'ai remarqué dès que tu es arrivé.
adolescente [adoleʃ'ʃɛnte] m. e f. adolescent, e. ◆ agg. d'adolescent, de l'adolescence.
adolescenza [adoleʃ'ʃɛntsa] f. adolescence.
adombramento [adombra'mento] m. PR. (raro) [cavalli] écart. || FIG. [persone] ombrage (antiq.), ressentiment.
adombrare [adom'brare] v. tr. ombrager. || FIG. voiler. || [esprimere] refléter, exprimer. ◆ v. rifl. PR. s'effrayer, s'effaroucher. | *cavallo che si adombra facilmente,* cheval ombrageux. || FIG. se froisser, se vexer, se piquer (lett.).
adone [a'done] m. adonis.
adonide [a'dɔnide] f. BOT. adonis.
adontamento [adonta'mento] m. LETT. mortification f.
adoperabile [adope'rabile] agg. utilisable, employable (raro).
adoperare [adope'rare] v. tr. employer, se servir (de), utiliser. | *adoperare male il proprio tempo,* mal employer son temps. | *dovresti imparare ad adoperare la testa,* tu devrais apprendre à te servir de ton cerveau. || LOC. PR. e FIG. *adoperare il bastone,* jouer du bâton (pr.), utiliser, employer la manière forte, la force (fig). ◆ v. rifl. s'employer (à), se dépenser (pour), mettre tout en œuvre (pour). | *adoperarsi per qlcu., in favore di qlcu.*, se prodiguer pour qn, apporter son appui à qn.
adorabile [ado'rabile] agg. adorable.
adorare [ado'rare] v. tr. adorer.
adoratore [adora'tore] (**-trice** f.) m. PR. e FIG. adorateur.
adorazione [adorat'tsjone] f. PR. e FIG. adoration.
adornare [ador'nare] v. tr. orner, agrémenter. ◆ v. rifl. se parer, faire toilette.
adorno [a'dorno] agg. orné. || PER EST. beau.
adottante [adot'tante] m. e f. GIUR. adoptant.
adottare [adot'tare] v. tr. PR. e FIG. adopter.
adottivo [adot'tivo] agg. adoptif.
adozione [adot'tsjone] f. PR. e FIG. adoption.
adragante [adra'gante] agg. adragante agg. f. | *gomma adragante,* gomme adragante. ◆ m. adragante f.
adrenalina [adrena'lina] f. adrénaline.
adriatico [adri'atiko] (**-ci** pl.) agg. de l'Adriatique.
adstrato [ads'trato] m. LING. adstrat.
adulare [adu'lare] v. tr. flatter, flagorner, encenser, aduler (antiq.). | *adulare la vanità di qlcu.*, flatter la vanité de qn. ◆ v. rifl. se flatter (lett.), se vanter, se surestimer.
adulatore [adula'tore] (**-trice** f.) m. flatteur, euse ; flagorneur, euse ; adulateur, trice.
adulatorio [adula'tɔrjo] agg. flatteur.
adulazione [adulat'tsjone] f. flatterie, flagornerie, adulation.
adulteramento [adultera'mento] m. V. ADULTERAZIONE.
adulterare [adulte'rare] v. tr. falsifier, frelater, altérer, adultérer (arc.). | *adulterare un vino,* falsifier, frelater un vin. || FIG. falsifier, altérer, corrompre (lett.). | *adulterare un testo,* altérer un texte.
adulterato [adulte'rato] agg. falsifié, frelaté. || FIG. falsifié, altéré, corrompu.
adulteratore [adultera'tore] (**-trice** f.) m. falsificateur, trice.
adulterazione [adulterat'tsjone] f. falsification, altération, frelatage m., sophistication, adultération (arc.). || FIG. falsification, altération.
adulterino [adulte'rino] agg. [nato dall'adulterio] adultérin. || [adultero] adultère.
adulterio [adul'tɛrjo] m. adultère.
adultero [a'dultero] (**-a** f.) agg. e m. adultère agg. e n.
adulto [a'dulto] agg. e m. PR. e FIG. adulte agg. e n.
adunanza [adu'nantsa] f. réunion. | *aprire, sciogliere*

l'adunanza, ouvrir, lever la séance. ‖ [persone adunate] assemblée.
adunare [adu'nare] v. tr. **1.** [persone] réunir, rassembler. ‖ **2.** [cose] (raro) rassembler, réunir. ‖ **3.** MIL. rassembler. ‖ [truppe in disordine] rallier. ◆ v. rifl. se rassembler, se réunir.
adunata [adu'nata] f. [affollamento] rassemblement m., attroupement. ‖ MIL. rassemblement. ‖ [di soldati sparsi] ralliement.
adunatore [aduna'tore] (**-trice** f.) m. rassembleur.
adunco [a'dunko] agg. crochu.
adunghiare [adun'gjare] v. tr. saisir (avec, de ses griffes).
adunque [a'dunkwe] cong. lett. V. DUNQUE.
adusare [adu'zare] v. tr. LETT. habituer (L.C.).
adusto [a'dusto] agg. LETT. brûlé. ‖ [secco] desséché.
aedo [a'ɛdo] m. aède.
aerare [ae'rare] v. tr. aérer.
aerato [ae'rato] agg. aéré.
aeratore [aera'tore] m. aérateur.
aerazione [aerat'tsjone] f. aération, aérage m. (raro).
aere ['aere] m. POET. air (L.C.).
aereare [aere'are] v. tr. e deriv. V. AERARE e deriv.
aereo [a'ɛreo] agg. **1.** [di aria] PR. e FIG. aérien. | *forme aeree,* formes aériennes. ‖ [senza fondamento] en l'air. ‖ **2.** [relativo alla navigazione aerea] aérien. | *posta aerea,* poste aérienne ; par avion. | *mandare per via aerea,* envoyer par avion. ◆ m. [aeroplano] avion. ‖ [antenna] aérien (neol.), antenne f.
aerobio [ae'rɔbjo] agg. aérobie. ◆ m. organisme aérobie.
aerobus [aero'bus] m. Airbus.
aerocisterna [aerotʃis'tɛrna] f. avion-citerne m.
aeroclub [aero'klub] m. aéro-club.
aerodinamica [aerodi'namika] f. FIS. aérodynamique.
aerodinamico [aerodi'namiko] (**-ci** pl.) agg. aérodynamique.
aerodromo [ae'rɔdromo] m. aérodrome.
aerofagia [aerofa'dʒia] f. MED. aérophagie.
aerofotografia [aerofotogra'fia] f. photographie aérienne.
aerogramma [aero'gramma] (**-i** pl.) m. aérogramme (raro, néol.) ; lettre par avion.
aerolinea [aero'linea] f. ligne aérienne.
aerolito [ae'rɔlito] m. aérolite, aérolithe.
aerometro [ae'rɔmetro] m. aéromètre.
aeromobile [aero'mɔbile] m. aéronef (antiq.).
aeromodellismo [aeromodel'lizmo] m. aéromodélisme.
aeromotore [aeromo'tore] m. aéromoteur.
aeronauta [aero'nauta] (**-i** pl.) m. aéronaute. ‖ PER EST. aviateur.
aeronautica [aero'nautika] f. aéronautique, aviation. | *ministero dell'aeronautica,* ministère de l'Air.
aeronautico [aero'nautiko] (**-ci** pl.) agg. aéronautique.
aeronavale [aerona'vale] agg. aéronaval.
aeronave [aero'nave] f. aérostat, dirigeable m.
aeronavigazione [aeronavigat'tsjone] f. navigation aérienne.
aeroplano [aero'plano] m. avion, aéroplane (antiq.). | *aeroplano a reazione,* avion à réaction.
aeroporto [aero'pɔrto] m. aéroport.
aeropostale [aeropos'tale] agg. aéropostal. ◆ m. avion postal.
aeroscalo [aeros'kalo] m. aéroport.
aerosol [aero'sɔl] m. aérosol.
aerostatica [aeros'tatika] f. aérostatique.
aerostatico [aeros'tatiko] (**-ci** pl.) agg. aérostatique.
aerostato [ae'rɔstato] m. aérostat.
aerostazione [aerostat'tsjone] f. aérogare.
aerotrasportato [aerotraspor'tato] agg. aéroporté.
aerotrasporto [aerotras'pɔrto] m. transport aérien.
aerovia [aero'via] f. couloir (m.) aérien.
afa ['afa] f. chaleur étouffante.
afasia [afa'zia] f. MED. aphasie.
afelio [a'fɛljo] m. ASTRON. aphélie.
aferesi [a'fɛrezi] f. FON. aphérèse.
affabile [af'fabile] agg. affable, aimable.
affabilità [affabili'ta] f. affabilité, amabilité.
affabulazione [affabulat'tsjone] f. LETT. affabulation.
affaccendamento [affattʃenda'mento] m. affairement.
affaccendare [affattʃen'dare] v. tr. (raro) occuper. ◆ v. rifl. s'affairer, s'activer. | *affaccendarsi nei preparativi,* s'affairer aux préparatifs.
affaccendato [affattʃen'dato] agg. affairé, très occupé. ‖ LOC. *essere in tutt'altre faccende affaccendato,* avoir d'autres chats à fouetter.
affacciare [affat'tʃare] v. tr. (raro) placer, mettre, présenter. ‖ FIG. avancer. | *affacciare una proposta,* avancer une proposition. ◆ v. rifl. se placer, se mettre, se présenter, se montrer. | *affacciarsi alla finestra,* se mettre à la fenêtre. | *affacciarsi alla porta,* se montrer à la porte. ‖ [di edifici, ecc.] donner (sur). ‖ FIG. se présenter, venir (à l'esprit). | *mi si affacciò un'idea,* il me vint une idée.
affacciato [affat'tʃato] agg. mis, situé l'un en face de l'autre ; placé face à face, vis-à-vis. | *due muri affacciati,* deux murs placés l'un en face de l'autre. ‖ [appoggiato] appuyé. | *essere affacciato alla finestra,* être à la fenêtre.
affagottare [affagot'tare] v. tr. faire un baluchon (de qch.). ◆ v. rifl. se fagoter. — V. anche INFAGOTTARE.
affamare [affa'mare] v. tr. affamer.
affamato [affa'mato] agg. e m. PR. e FIG. affamé.
affamatore [affama'tore] (**-trice** f.) m. affameur, euse.
affannare [affan'nare] v. tr. essouffler. ‖ FIG. tourmenter, oppresser, angoisser, tracasser. ◆ v. rifl. PR. (raro) s'essouffler. ‖ PER EST. [affaticarsi] se fatiguer, s'échiner. ‖ FIG. se fatiguer, s'évertuer, s'escrimer, se tuer, s'efforcer (de). | *mi affannavo a ripetergliela,* je me tuais à le lui répéter. | *perché ti affanni così?,* pourquoi te donnes-tu tout ce mal ? ; pourquoi te fatigues-tu ainsi ? ‖ [affrettarsi] se dépêcher, se presser.
affannato [affannato] agg. haletant ; [solo di persone] essoufflé, hors d'haleine. | *respiro affannato,* respiration haletante. ‖ FIG. tourmenté, angoissé, oppressé.
affanno [af'fanno] m. essoufflement. | *gli prende facilmente l'affanno,* il s'essouffle facilement. | *avere l'affanno,* être essoufflé. | *dare l'affanno,* essouffler. ‖ FIG. angoisse f., anxiété f. | *vivere in affanno,* vivre dans l'anxiété. ‖ [preoccupazione] souci. ‖ [afflizione] peine f., tourment (lett.), affres f. pl. (lett.). ‖ LOC. *prendersi affanno per qlco.,* se faire beaucoup de souci pour qch.
affannosamente [affannosa'mente] avv. en haletant. | *respirava affannosamente,* il haletait. ‖ FIG. péniblement.
affannoso [affan'noso] agg. **1.** PR. haletant. ‖ [che reca affanno] suffocant. ‖ **2.** FIG. tourmenté, angoissé, pénible, difficile. | *esistenza affannosa,* existence tourmentée. ‖ [agitato] agité, fébrile. | *ricerca affannosa,* recherche fébrile.
affaraccio [affa'rattʃo] m. PEGGIOR. sale, vilaine affaire f. ; sale histoire f. ‖ [cosa difficile] affaire f. | *è stato un affaraccio convincerla,* ça a été toute une affaire, toute une histoire de la convaincre.
affare [af'fare] m. **1.** [faccenda] affaire f. | *non è affare tuo,* ce n'est pas ton affaire ; ça ne te regarde pas. | *affari suoi!,* ce sont ses affaires ; ça le regarde. | *è un affare da nulla,* ce n'est pas une affaire. | *sarà affare di poco,* c'est l'affaire d'un instant. ‖ LOC. FIG. *farne un affare di Stato,* en faire toute une histoire, en faire une affaire d'Etat. ‖ [situazione preoccupante] affaire, histoire. | *brutto affare!,* fâcheuse affaire ! ; sale histoire ! ‖ IRON. *è un bell'affare!,* quelle affaire ! ‖ **2.** [condizione sociale] condition. | *di alto affare,* de haute extraction, de condition élevée. | *gente di malaffare,* personnes pas très catholiques. | *casa di malaffare,* maison de passe. ‖ **3.** FAM. [oggetto] truc, machin, engin (pop.). ‖ **4.** ECON. affaire. ◆ pl. affaires. | *è negli affari,* il est dans les affaires.
affarismo [affa'rizmo] m. affairisme.
affarista [affa'rista] (**-i** pl.) m. affairiste (peggior.), brasseur d'affaires.
affarone [affa'rone] m. ACCR. bonne affaire f., affaire (f.) d'or, en or.
affascinante [affaʃʃi'nante] agg. séduisant, charmeur, fascinant, ensorcelant. | *è molto affascinante,*

elle est très séduisante ; elle est ensorcelante. | *sorriso affascinante,* sourire charmeur. | *è una idea affascinante,* c'est une idée séduisante.
affascinare [affaʃʃi'nare] v. tr. charmer, fasciner ; [solo di cose] séduire. ‖ PR. charmer, ensorceler, fasciner.
affascinatore [affaʃʃina'tore] (**-trice** f.) m. charmeur, euse.
affastellare [affastel'lare] v. tr. [legna] mettre en fagots ; fagoter (arc.). ‖ [fieno, paglia] botteler, lier en bottes. ‖ FIG. entasser.
affaticamento [affatika'mento] m. fatigue f.
affaticare [affati'kare] v. tr. fatiguer. | *affaticare la vista,* fatiguer les yeux. ◆ v. rifl. se fatiguer. | *affaticarsi a correre troppo forte,* se fatiguer en courant trop vite. ‖ FIG. se donner du mal, peiner (intr.), se démener, se décarcasser (fam.). ‖ IRON. [in frasi negative] se fatiguer, se fouler (fam.), se casser (fam.). | *non si è certo affaticato !,* il ne s'est pas foulé !
affaticato [affati'kato] agg. fatigué.
affatto [af'fatto] avv. **1.** tout à fait, complètement, parfaitement. | *è affatto esatto,* c'est parfaitement exact. ‖ **2.** [per rinforzare una negazione] pas du tout, absolument pas, pas le moins du monde. | *non è affatto sciocco,* il n'est pas bête du tout. | *non sono affatto d'accordo,* je ne suis absolument pas d'accord. ‖ [anche assol.] pas du tout, pas le moins du monde, absolument pas. | *« Si è offeso ? » « (Niente) affatto »,* « Il s'est vexé ? » « Pas du tout ».
affatturare [affattu'rare] v. tr. ensorceler, envoûter, jeter un sort (à). ‖ PER EST. altérer, falsifier, frelater.
afferente [affe'rɛnte] agg. ANAT, GIUR. afférent.
affermare [affer'mare] v. tr. affirmer. | *affermare la validità di una teoria,* affirmer qu'une théorie est valable. | *affermo di non averne saputo niente,* j'affirme que je n'en ai rien su. ‖ ASSOL. répondre par l'affirmative, dire (que) oui. ‖ FIG. LETT. [sostenere] affirmer. ◆ v. rifl. s'affirmer.
affermativa [afferma'tiva] f. affirmation. | *rispondere con l'affermativa,* répondre par l'affirmative. ‖ GIUR. réponse affirmative, acceptation.
affermativo [afferma'tivo] agg. affirmatif. | *in caso affermativo,* dans l'affirmative.
affermazione [affermat'tsjone] f. affirmation. ‖ [l'affermarsi] affirmation. ‖ [successo] succès. | *ottenere un'affermazione,* obtenir un succès.
afferrare [affer'rare] v. tr. **1.** saisir, attraper, prendre. | *afferrare qlcu. per le mani, per le spalle,* saisir, prendre qn par les mains, aux épaules. | *afferrare un ramo,* saisir une branche. | *afferrare il pallone,* attraper le ballon. ‖ FIG. saisir. | *afferrare l'occasione,* saisir, sauter sur (fam.) l'occasion. ‖ **2.** [capire] saisir, comprendre. ◆ v. rifl. PR. e FIG. s'accrocher, s'agripper.
1. affettare [affet'tare] v. tr. couper en tranches. ‖ IPERB. SCHERZ. trucider. ‖ LOC. FIG. *nebbia da affettarsi col coltello,* brouillard à couper au couteau.
2. affettare [affet'tare] v. tr. affecter.
1. affettato [affet'tato] agg. affecté, étudié.
2. affettato [affet'tato] m. charcuterie f. (en tranches). | *affettato misto,* charcuterie assortie.
affettatrice [affetta'tritʃe] f. machine à découper ; trancheur m. (neol).
affettatura [affetta'tura] f. découpage (m.) en tranches.
affettazione [affettat'tsjone] f. affectation.
affettività [affettivi'ta] f. [anche PSICOL.] affectivité.
affettivo [affet'tivo] agg. [anche PSICOL.] affectif.
affetto [af'fɛtto] m. affection f. | *nutrire, provare affetto per (o verso) qlcu.,* avoir, éprouver de l'affection pour qn.
affettuosità [affettuosi'ta] f. caractère (m.) affectueux. ‖ [atto, parola] manifestation d'affection. ◆ pl. tendresses.
affettuoso [affettu'oso] agg. affectueux.
affezionare [affettsjo'nare] v. tr. attacher (qn à qch.), faire aimer (qch. à qn), affectionner (qn à qch.) (arc.). ◆ v. rifl. s'attacher, s'affectionner (arc.). | *gli si è affezionato,* il s'est attaché à lui ; il l'a pris en affection. ◆ v. recipr. s'attacher (l'un à l'autre).
affezionato [affettsjo'nato] agg. attaché. | *cliente affezionato,* fidèle client. ‖ [in formula finale di lettera] affectionné.
affezione [affet'tsjone] f. affection ; [fenomeno morboso] affection. ‖ PSICOL., LETT. [fenomeno affettivo] affection.
affiancare [affjan'kare] v. tr. **1.** [mettere a fianco] placer (qch.) à côté (de qch.). ‖ **2.** [stare al fianco] flanquer. ‖ [persone] rester à côté (de). ‖ **3.** FIG. adjoindre. | *gli affiancheremo un altro impiegato,* nous lui adjoindrons un autre employé. ‖ [sostenere] appuyer, soutenir. ◆ v. rifl. se mettre à côté, aux côtés (de). ◆ v. recipr. se mettre côte à côte.
affiatamento [affjata'mento] m. entente f., accord, harmonie f. (lett.).
affiatare [affja'tare] v. tr. mettre d'accord, accorder, faire régner une bonne entente (entre). ◆ v. recipr. (bien) s'entendre, s'accorder.
affiatato [affja'tato] agg. bien accordé, uni, homogène. | *coppia affiatata,* couple uni. | *amici affiatati,* amis qui s'entendent bien ; bons amis. | *complesso vocale molto affiatato,* ensemble vocal très homogène.
affibbiare [affib'bjare] v. tr. **1.** PR. boucler, agrafer. ‖ [con lacci, ecc.] attacher, nouer. ‖ **2.** FIG. [assestare] envoyer, flanquer, allonger, coller (fam.). | *affibbiare un ceffone,* flanquer une claque. ‖ [dare] donner, gratifier (de), flanquer, coller (fam.), refiler (pop.). | *mi ha affibbiato la metà del lavoro,* il m'a gratifié (de), il m'a refilé la moitié du travail. | *chi mi ha affibbiato questi collaboratori ?,* qui m'a flanqué, collé des collaborateurs pareils ? | *affibbiare una multa,* flanquer une amende. | *affibbiare una moneta falsa,* refiler une fausse pièce. | *affibbiare à qlcu. un soprannome,* affubler qn d'un sobriquet. | *affibbiare a qlcu. la responsabilità,* rejeter la responsabilité sur qn.
affibbiatura [affibbja'tura] f. agrafage m. ‖ [concreto] boucle.
affidamento [affida'mento] m. confiance f. | *fare affidamento su,* compter sur ; se fier à. | *dare affidamento,* inspirer confiance. | *dare affidamento che,* assurer que. ‖ [l'affidare] action (f.) de confier. | *stabilire l'affidamento di un bambino a una famiglia,* décider de confier un enfant à la garde d'une famille.
affidare [affi'dare] v. tr. confier. ‖ LETT. (raro) [dar fiducia] rassurer. ‖ GIUR. *affidare un bambino a una famiglia,* confier un enfant à la garde d'une famille. ◆ v. rifl. se fier, s'en remettre, se confier. | *mi affido a te,* je me fie à toi ; je m'en remets à toi.
affievolimento [affjevoli'mento] m. affaiblissement.
affievolire [affjevo'lire] v. tr. affaiblir. ◆ v. rifl. s'affaiblir.
affiggere [af'fiddzere] v. tr. afficher, placarder, poser. | *affiggere le pubblicazioni del matrimonio, un avviso,* publier les bans ; afficher un avis. | *affiggere un manifesto,* poser, placarder une affiche. ‖ [fissare] (raro) fixer.
affigliare [affiʎ'ʎare] e deriv. V. AFFILIARE e deriv.
affilamento [affila'mento] m. affilage, affûtage, aiguisage, repassage.
affilare [affi'lare] v. intr. aiguiser, affiler, affûter, repasser. ‖ LOC. FIG. *affilare le armi,* fourbir ses armes. ‖ FIG. amaigrir, émacier. ◆ v. rifl. FIG. s'amaigrir, s'émacier.
affilata [affi'lata] f. repassage m., aiguisage m. | *dare un'affilata ad un coltello,* aiguiser rapidement un couteau.
affilato [affi'lato] agg. aiguisé, affilé, acéré, tranchant. ‖ FIG. mince, fin. ‖ LOC. FIG. *aver la lingua affilata,* avoir la langue bien affilée, (trop) bien pendue.
affilatrice [affila'tritʃe] f. machine à aiguiser, affiloir m.
affilatura [affila'tura] f. affilage m., affûtage m., aiguisage m., repassage m.
affiliare [affi'ljare] v. tr. affilier. ‖ GIUR. adopter. ◆ v. rifl. s'affilier.
affiliato [affi'ljato] agg. e m. affilié. ‖ GIUR. adopté.
affiliazione [affiljat'tsjone] f. affiliation. ‖ GIUR. adoption.
affinamento [affina'mento] m. affinement.
affinare [affi'nare] v. tr. PR. e FIG. affiner. | *affinare l'ingegno,* affiner l'esprit. ‖ TECN. raffiner, affiner. ◆ v. rif. s'affiner.
affinatore [affina'tore] m. TECN. affineur, raffineur.

affinazione [affinat'tsjone] f. raffinage m.
affinché [affin'ke] cong. pour que, afin que. | *accendo il fuoco affinché abbiate caldo*, j'allume le feu pour que vous ayez chaud.
affine di [af'finedi] cong. lett. afin de (loc. prep.) (L.C.), pour (prep.) (L.C.), dans le but de (loc. prep.) (L.C.).
affine [af'fine] agg. semblable, voisin, proche, similaire. | *hanno idee molto affini*, ils ont des idées très semblables. | *l'italiano è affine al francese*, l'italien est proche du français. ◆ m. o f. [persone] parent (m.) par alliance. || m. pl. [prodotti] produits similaires.
affinità [affini'ta] f. **1.** [somiglianza, simpatia] affinité. || **2.** [analogia di caratteristiche] parenté, ressemblance, analogie, affinité (antiq.). | *c'è molta affinità tra queste due lingue*, il y a une grande analogie entre ces deux langues. || CHIM. affinité. || GIUR. parenté par alliance ; affinité (arc.).
affiochimento [affjoki'mento] m. affaiblissement.
affiochire [affjo'kire] v. tr. affaiblir. ◆ v. rifl. s'affaiblir.
affiochito [affjo'kito] agg. affaibli, assourdi.
affioramento [affjora'mento] m. GEOL. affleurement. || MAR. émersion partielle. | *sommergibile in affioramento*, sous-marin qui fait surface.
affiorare [affjo'rare] v. intr. **1.** affleurer. | *roccia che affiora*, roche qui affleure. | *affiorare dall'acqua*, être à fleur d'eau, émerger. || [di sommergibile] faire surface. || **2.** FIG. émerger, se faire jour, affleurer. | *i motivi del suo gesto cominciano ad affiorare*, les raisons de son geste commencent à émerger. | *ogni tanto la sua sensibilità affiora*, sa sensibilité affleure parfois.
affissione [affis'sjone] f. affichage m. | *divieto di affissione*, défense d'afficher.
affisso [af'fisso] agg. affiché, placardé. ◆ m. affiche f., placard. || LING. affixe.
affittacamere [affitta'kamere] m. logeur, euse.
affittanza [affit'tantsa] f. location. || [di fondo rustico] affermage m.
affittare [affit'tare] v. tr. louer. | *affittasi appartamento*, appartement à louer. || [fondo rustico] affermer. || ABUSIV. [prendere in affitto] louer.
affittire [affit'tire] v. tr. (raro) rendre plus épais, plus dense. ◆ v. intr. o rifl. s'épaissir. | *la nebbia (si) affittisce*, le brouillard s'épaissit.
affitto [af'fitto] m. **1.** [locazione] location f. | *dare in affitto*, louer, donner en location. | *prendere in affitto*, louer, prendre en location, à loyer. | *contratto d'affitto (di locali)*, bail (à loyer). || [di un fondo rustico] affermage. | *dare in affitto*, affermer, donner à ferme. | *prendere in affitto*, affermer, prendre à ferme. || **2.** [importo dovuto o riscosso] loyer. || [di fondo rustico] fermage.
affittuario [affittu'arjo] m. locataire. || [di fondo rustico] fermier.
afflato [af'flato] m. LETT. (raro), souffle (L.C.).
affliggente [afflid'dʒɛnte] agg. désolant, affligeant.
affliggere [af'fliddʒere] v. tr. [rattristare] affliger, faire du chagrin (ou de la peine), peiner, chagriner, désoler, navrer. || [tormentare] tourmenter, accabler, affliger (lett.). | *la affliggeva con assurdi sospetti*, il la tourmentait par des soupçons absurdes. || [danneggiare] accabler, affliger (lett.). | *la carestia affligge il paese*, la famine accable le pays. ◆ v. rifl. s'affliger, se désoler.
afflittivo [afflit'tivo] agg. GIUR. afflictif.
afflitto [af'flitto] agg. e m. affligé.
afflizione [afflit'tsjone] f. chagrin m., détresse, affliction (lett.). || [causa di tormento] tourment m., source de chagrin.
afflosciare [affloʃ'ʃare] v. tr. (raro) amollir, ramollir. || FIG. affaiblir, abattre. ◆ v. rifl. se ramollir. || [sgonfiarsi] se dégonfler. || [di vela] s'affaisser. || [di persona] s'affaisser. || FIG. s'abattre, perdre courage.
affluente [afflu'ɛnte] m. affluent.
affluenza [afflu'entsa] f. [di liquidi organici] afflux m. || [grande quantità] abondance. | *affluenza di merci*, abondance de marchandises. || [grande concorso di persone] affluence f.
affluire [afflu'ire] v. intr. [liquidi organici] affluer. || [altri liquidi] couler. || FIG. affluer, arriver en grand nombre.
afflusso [af'flusso] m. PR. afflux. || FIG. affluence f., afflux.
affocato [affo'kato] agg. LETT. embrasé, ardent.
affogamento [affoga'mento] m. noyade f.
affogare [affo'gare] v. tr. noyer. || PER EST. [di fiamma] étouffer, éteindre. || FIG. étouffer, opprimer. || LOC. FIG. *affogare i dispiaceri nel vino*, noyer son chagrin dans l'alcool. ◆ v. intr. se noyer (rifl.). || LOC. FIG. *affogare nei debiti*, être perdu, criblé de dettes. | *affogare in un bicchier d'acqua*, se noyer dans un verre d'eau. ◆ v. rifl. se noyer, se suicider par noyade.
affogato [affo'gato] agg. noyé. || FIG. accablé. || CULIN. *uova affogate*, œufs pochés.
affollamento [affolla'mento] m. grande affluence f., foule f., entassement.
affollare [affol'lare] v. tr. se presser (dans, sur), remplir, encombrer. | *la gente affollava la sala, la piazza*, la foule se pressait dans la salle, sur la place. | *i dimostranti affollano le vie*, les manifestants encombrent les rues. || FIG. [sopraffare] accabler. ◆ v. rifl. se presser, se masser, s'entasser, s'amasser. | *un gran numero di spettatori gli si affollava attorno*, une foule de spectateurs se pressait autour de lui. | *si affollano davanti agli sportelli*, ils se massent devant les guichets. || FIG. se presser. | *i ricordi si affollano nella mia mente*, les souvenirs se pressent dans mon esprit.
affollato [affol'lato] agg. plein de monde, bondé. | *l'autobus è affollato*, l'autobus est bondé. | *il teatro è affollatissimo*, le théâtre est (archi)comble, (archi)bondé.
affondamento [affonda'mento] m. [l'andare a fondo] naufrage. || [di merci per incuria] coulage. || [il mandare a fondo] destruction f. || FIG. naufrage, anéantissement.
affondare [affon'dare] v. tr. **1.** [di navi] couler, envoyer par le fond. || **2.** [immergere] plonger. || MAR. *affondare l'ancora*, mouiller l'ancre. || **3.** [far penetrare] enfoncer, plonger. | *affondare un palo in terra*, enfoncer un pieu dans la terre. ◆ v. intr. o (raro) rifl. **1.** [di nave] couler, sombrer, s'abîmer, s'engloutir. || **2.** [penetrare] s'enfoncer, pénétrer. | *affondare nel fango*, s'enfoncer dans la boue, s'embourber, s'enliser. || FIG. sombrer, s'anéantir, se perdre. | *affondare nella disperazione*, sombrer dans le désespoir.
affondo [af'fondo] avv. à fond. ◆ m. SPORT [scherma] fente f.
affossamento [affossa'mento] m. [l'affossarsi] affaissement. || [l'essere affossato] dépression f. || [fossa] fossé. || FIG. abandon, enterrement.
affossare [affos'sare] v. tr. FIG. enterrer, abandonner. | *affossare un progetto*, enterrer un projet. ◆ v. rifl. s'affaisser, s'enfoncer. || FIG. [degli occhi] s'enfoncer. || [delle guance] se creuser.
affossato [affos'sato] agg. creusé. || FIG. [occhi] enfoncé. || [guance] creux.
affossatore [affossa'tore] m. terrassier. || [nei cimiteri] fossoyeur. || FIG. fossoyeur (lett.), naufrageur.
affrancamento [affranka'mento] m. affranchissement, libération f.
affrancare [affran'kare] v. tr. affranchir, libérer. || [posta] affranchir, timbrer. ◆ v. rifl. s'affranchir, se libérer.
affrancato [affran'kato] agg. affranchi, libéré. || [posta] affranchi, timbré.
affrancatore [affranka'tore] (**-trice** f.) m. LETT. libérateur, trice (L.C.).
affrancatura [affranka'tura] f. [posta] affranchissement m.
affrancazione [affrankat'tsjone] f. affranchissement m., libération. || GIUR. affranchissement.
affranto [af'franto] agg. [fisicamente] épuisé, éreinté, harassé, fourbu, vanné (fam.), moulu. | *sono affranto dalla stanchezza*, je suis épuisé, harassé ; je suis brisé, mort de fatigue. | *è affranto per lo sforzo*, l'effort l'a épuisé, harassé. | *è affranto dagli anni*, il est écrasé, accablé sous le poids des années. || [moralmente] accablé, effondré, abattu. | *è affranto per quel fallimento*, il est accablé par cet échec. | *quando gli ho*

detto la verità è rimasto affranto, quand je lui ai dit la vérité, il s'est effondré.
affratellamento [affratella'mento] m. fraternisation f.
affratellare [affratel'lare] v. tr. unir, rapprocher, rendre frères. | *il dolore che ci affratella,* la douleur qui nous unit, qui nous rapproche. ◆ v. rifl. fraterniser (intr.).
affrescare [affres'kare] v. tr. orner, décorer de fresques.
affresco [af'fresko] (**-chi** pl.) m. fresque f.
affrettare [affret'tare] v. tr. [rendere più rapido] hâter, presser, activer, accélérer. | *affrettare il passo,* presser, hâter le pas. || [rendere più spedito] activer, hâter, presser. | *affrettare i lavori,* activer les travaux. || [anticipare] avancer, hâter (lett.). | *affrettare il matrimonio,* avancer la date du mariage. ◆ v. rifl. se dépêcher, se hâter, se presser. || [farsi premura] s'empresser. | *mi affretto a risponderle,* je m'empresse de vous répondre.
affrettato [affret'tato] agg. rapide, pressé. | *passo affrettato,* pas pressé. || [prematuro] précipité, hâtif. | *decisione affrettata,* décision précipitée. || [sbrigativo] hâtif. | *lavoro affrettato,* travail hâtif.
africata [affri'kata] f. o agg. f. FON. affriquée.
affrontare [affron'tare] v. tr. affronter. || [cominciare ad occuparsi di] aborder de front, aborder avec décision. | *questo problema va affrontato,* il faut aborder de front ce problème; il faut prendre le taureau par les cornes. ◆ v. recipr. s'affronter.
affronto [af'fronto] m. affront, outrage.
affumicare [affumi'kare] v. tr. enfumer. | *fornello a carbone che affumica la stanza,* poêle à charbon qui enfume la pièce. || PARTICOL. *affumicare api,* enfumer des abeilles. || CULIN. fumer.
affumicato [affumi'kato] agg. enfumé. || [di lenti, ecc.] fumé. || CULIN. fumé.
affumicatura [affumika'tura] f. enfumage m. || CUC. fumage m.
affusolare [affuso'lare] v. tr. fuseler. || [assottigliare] amincir.
affusolato [affuso'lato] agg. fuselé.
affusto [af'fusto] m. affût.
afonia [afo'nia] f. aphonie.
afono ['afono] agg. aphone.
aforisma [afo'rizma] (**-i** pl.) m. aphorisme.
a fortiori [afor'tsjɔri] loc. avv. (lat.) a fortiori.
afosità [afosi'ta] f. chaleur étouffante, lourdeur.
afoso [a'foso] agg. étouffant, lourd. | *caldo afoso,* chaleur étouffante; lourdeur.
africanistica [afrika'nistika] f. études (pl.) africaines, africanisme m.
africano [afri'kano] agg. e m. africain.
africo ['afriko] (**-ci** pl.) agg. POET. africain (L.C.). ◆ m. [vento] suroît.
afro ['afro] agg. LETT. africain.
afrodisiaco [afrodi'ziako] (**-ci** pl.) agg. e m. aphrodisiaque.
afta ['afta] f. MED. aphte m. || VETER. *afta epizootica,* fièvre aphteuse.
aftoso [af'toso] agg. MED. aphteux.
agape ['agape] f. STOR. agape. || PER EST. agapes pl., festin m.
agar-agar ["aga'ragar] m. agar-agar.
agarico [a'gariko] (**-ci** pl.) m. BOT. agaric.
agata ['agata] f. MINER. agate.
agave ['agave] f. BOT. agave m., agavé m.
agenda [a'dʒɛnda] f. agenda m.
agente [a'dʒɛnte] m. **1.** agent. | *agente di commercio,* agent commercial. || PARTICOL. *agente (di polizia),* agent (de police). | *agente di spionaggio,* agent de renseignements. | *agente investigativo,* détective. || **2.** [forza che agisce] agent. | *agenti chimici, atmosferici,* agents chimiques, atmosphériques. || **3.** GRAMM. agent. | *complemento d'agente,* complément d'agent. ◆ agg. agissant.
agenzia [adʒen'tsia] f. **1.** agence. | *agenzia di stampa, d'informazioni,* agence de presse. || **2.** [ufficio distaccato di uno stabilimento bancario] agence. || [di altro stabilimento commerciale] succursale.
agevolamento [adʒevola'mento] m. V. AGEVOLAZIONE.
agevolare [adʒevo'lare] v. tr. faciliter. | *ha agevolato il mio compito,* il m'a facilité la tâche. || [riferito a persona] aider. | *lo hanno molto agevolato,* ils l'ont beaucoup aidé; ils lui ont beaucoup facilité les choses.
agevolazione [adʒevolat'tsjone] f. aide. || PARTICOL. COMM. [al pl.] facilités de paiement.
agevole [a'dʒevole] agg. aisé, facile.
agevolezza [adʒevo'lettsa] f. facilité, aisance.
agevolmente [adʒevol'mente] avv. facilement, aisément.
agganciamento [aggantʃa'mento] m. accrochage. || FERR. accrochage, attelage. || MIL. accrochage.
agganciare [aggan'tʃare] v. tr. **1.** accrocher. | *agganciare un rimorchio,* accrocher une remorque. || **2.** [allacciare, abbottonare] attacher, agrafer, fermer. | *agganciare il vestito,* agrafer, fermer sa robe. || **3.** FIG. accrocher, retenir. | *sono riuscito ad agganciarlo per parlargli,* j'ai réussi à l'accrocher pour lui parler. || **4.** MIL. accrocher.
aggancio [ag'gantʃo] m. V. AGGANCIAMENTO.
aggeggio [ad'dʒeddʒo] m. machin (fam.), truc (fam.), chose (f.), bidule (pop.). | *a che serve questo aggeggio?,* à quoi sert ce machin-là?
aggettare [addʒet'tare] v. intr. ARCHIT. faire saillie, saillir, enjamber, forjeter.
aggettivale [addʒetti'vale] agg. adjectif. | *locuzione aggettivale,* locution adjective. | *sostantivo con funzione aggettivale,* substantif en fonction d'adjectif, employé adjectivement.
aggettivare [addʒetti'vare] v. tr. adjectiver. | *participio aggettivato,* participe employé comme adjectif.
aggettivazione [addʒettivat'tsjone] f. usage (m.) des adjectifs, emploi (m.) des adjectifs.
aggettivo [addʒet'tivo] m. adjectif.
aggetto [ad'dʒɛtto] m. ARCHIT. saillie f., encorbellement, ressaut.
agghiacciamento [aggjattʃa'mento] m. congélation f.
agghiacciare [aggjat'tʃare] v. tr. PR. (raro) geler. || FIG. glacer. ◆ v. intr. o rifl. PR. geler (intr.). || FIG. se glacer.
agghiacciato [aggjat'tʃato] agg. PR. e FIG. glacé.
agghindare [aggin'dare] v. tr. parer, apprêter, pomponner; attifer (peggior.). ◆ v. rifl. se parer, se pomponner; s'attifer (peggior.).
agghindato [aggin'dato] agg. pomponné, en grande toilette, tiré à quatre épingles; attifé (peggior.). || FIG. orné.
aggio ['addʒo] m. FIN. agio.
aggiogamento [addʒoga'mento] m. PR. (raro) mise (f.) sous le joug. || FIG. assujettissement.
aggiogare [addʒo'gare] v. tr. PR. e FIG. mettre sous le joug. || FIG. assujettir, subjuguer.
aggiornamento [addʒorna'mento] m. mise (f.) à jour. | *aggiornamento dei registri,* mise à jour des registres. | *aggiornamento dei metodi,* modernisation (f.) des méthodes. | *corso di aggiornamento,* cours, stage de perfectionnement, d'information (f.). || NEOL. [rinvio] ajournement.
aggiornare [addʒor'nare] v. tr. mettre à jour. | *aggiornare un testo scientifico,* mettre à jour un livre scientifique. || NEOL. [rinviare] ajourner, renvoyer, remettre. | *aggiornare la seduta,* ajourner la séance. ◆ v. intr. LETT. faire jour, commencer à faire jour. ◆ v. rifl. se mettre à jour, se mettre au courant.
aggiornato [addʒor'nato] agg. à jour, mis à jour. | *edizione aggiornata,* édition mise à jour. || [di persona] au courant. | *aggiornato sulle ricerche,* au courant des recherches.
aggiotaggio [addʒo'taddʒo] m. FIN. agiotage.
aggiramento [addʒira'mento] m. MIL. encerclement, débordement. || FIG. tour.
aggirare [addʒi'rare] v. tr. ANTIQ. faire le tour (de). || MIL. encercler. | *aggirare una posizione nemica,* encercler une position ennemie. || FIG. attraper, circonvenir, rouler (fam.), avoir (pop.). | *sono stato aggirato,* j'ai été attrapé, roulé, eu. ◆ v. rifl. rôder (peggior.), traîner, errer. || FIG. [di discorsi] *aggirarsi attorno a,* tourner autour de, rouler sur. || [di quantità numericamente espresse] *aggirarsi su,* atteindre environ, monter environ à, aller chercher dans (fam.). | *il deficit si*

aggira sui due milioni, le déficit atteint environ deux millions, va chercher dans les deux millions.
aggiudicare [addʒudi'kare] v. tr. adjuger. | *aggiudicato !,* adjugé ! ‖ PER EST. décerner. | *aggiudicare un premio,* décerner un prix. ◆ v. rifl. obtenir, remporter. | *aggiudicarsi il primo posto,* remporter la première place.
aggiudicatario [addʒudika'tarjo] m. adjudicataire.
aggiudicazione [addʒudikat'tsjone] f. adjudication.
aggiungere [ad'dʒundʒere] v. tr. ajouter. | *aggiungere un documento ad una pratica,* ajouter, joindre une pièce à un dossier. | *aggiungere (ancora),* rajouter. | *aggiungere un altro pò di sale,* rajouter un peu de sel. ‖ [soggiungere] ajouter. | *se venite con me, aggiunse, vi mostrerò tutto,* si vous venez avec moi, ajouta-t-il, je vous montrerai tout. ‖ ARC. [raggiungere] atteindre. ◆ v. intr. (arc.) parvenir. ◆ v. rifl. s'ajouter.
aggiunta [ad'dʒunta] f. ajout m., addition, adjonction. | *manoscritto pieno di aggiunte,* manuscrit plein d'ajouts. | *questa aggiunta è superflua,* cette addition est superflue. | *l'aggiunta di una rimessa alla casa,* l'adjonction d'un garage à la maison. ‖ AMM. *aggiunta di famiglia,* allocations (pl.) familiales. ‖ TIP. béquet, becquet.
aggiuntare [addʒun'tare] v. tr. joindre.
aggiuntivo [addʒun'tivo] agg. additionnel. ‖ GRAMM. *congiunzioni aggiuntive,* conjonctions de coordination.
aggiunto [ad'dʒunto] agg. e m. adjoint. | *direttore aggiunto,* directeur adjoint.
aggiustabile [addʒus'tabile] agg. réparable, arrangeable.
aggiustaggio [addʒus'taddʒo] m. TECN. ajustage.
aggiustamento [addʒusta'mento] m. arrangement, accommodement. ‖ [riparazione] réparation f. ‖ MIL. réglage.
aggiustare [addʒus'tare] v. tr. **1.** [riparare, accomodare] arranger, réparer. | *aggiustare un vestito,* arranger, retaper (fam.) une robe. ‖ FIG. IRON. arranger, corriger. | *ora t'aggiusto io !,* je vais te corriger !, je vais t'apprendre ! ‖ **2.** [mettere in ordine] arranger, mettre en ordre, ajuster (antiq.). | *aggiustarsi i capelli, la cravatta,* arranger ses cheveux, sa cravate. ‖ **3.** [mettere a punto] ajuster. ‖ **4.** MIL. régler, ajuster. | *aggiustare il tiro,* régler le tir. ‖ PER ANAL. envoyer, flanquer (fam.). | *aggiustare un calcio,* flanquer un coup de pied. ◆ v. rifl. FAM. s'arranger. | *per stanotte ci aggiusteremo qui,* pour cette nuit on s'arrangera ici, on s'installera ici comme on pourra.
aggiustatore [addʒusta'tore] m. MEC. ajusteur.
aggiustatura [addʒusta'tura] f. réparation.
agglomeramento [agglomera'mento] m. [azione] agglomération f. ‖ [assembramento] rassemblement.
agglomerante [agglome'rante] m. TECN. liant, agglutinant.
agglomerare [agglome'rare] v. tr. agglomérer, agglutiner. ‖ TECN. agglomérer. ◆ v. rifl. s'agglutiner, s'agglomérer.
agglomerato [agglome'rato] m. agglomération f. | *agglomerato urbano,* agglomération f. ‖ GEOL. agglomérat, conglomérat. ‖ TECN. aggloméré. | *parete di agglomerato,* mur d'aggloméré.
agglomerazione [agglomerat'tsjone] f. agglomération.
agglutinante [aggluti'nante] agg. agglutinant. ‖ LING. *lingua agglutinante,* langue agglutinante.
agglutinare [aggluti'nare] v. tr. agglutiner, agglomérer. ◆ v. rifl. s'agglutiner.
agglutinazione [agglutinat'tsjone] f. [anche LING.] agglutination.
aggobbire [aggob'bire] v. tr. voûter. ◆ v. intr. se voûter (rifl.).
aggomitolare [aggomito'lare] v. tr. rouler en boule, en pelote, pelotonner. ◆ v. rifl. FIG. se pelotonner, se blottir, se rouler en boule.
aggottare [aggot'tare] v. tr. MAR. écoper.
aggradare [aggra'dare] v. intr. [si usa solo la 3ª pers. sing. « aggrada »] plaire, convenir, agréer (lett.). | *se vi aggrada,* si cela vous agrée, si cela vous convient ; si ça vous va (fam.). | *come meglio le aggrada,* comme bon vous semble, comme il vous plaira.
aggradire [aggra'dire] v. tr. LETT. V. GRADIRE. ◆ v. intr. LETT. V. AGGRADARE.
aggraffare [aggraf'fare] v. tr. TECN. cramponner, agrafer. ‖ PER EST. agripper, happer.
aggraffatura [aggraffa'tura] f. TECN. agrafage m.
aggrappare [aggrap'pare] v. tr. agripper, saisir. ◆ v. rifl. PR. e FIG. s'agripper, se cramponner, s'accrocher. | *aggrapparsi ad un'illusione,* se cramponner à une illusion.
aggravamento [aggrava'mento] m. aggravation f.
aggravante [aggra'vante] agg. aggravant. ‖ GIUR. *circostanza aggravante* (o *aggravante* f.), circonstance aggravante.
aggravare [aggra'vare] v. tr. PR. e FIG. aggraver. | *aggravare la pena,* aggraver la peine. ‖ [rendere più pesante] alourdir, charger. | *aggravare il carico,* alourdir, augmenter la charge. ◆ v. rifl. PR. e FIG. s'aggraver, empirer (intr.). | *il malato si è aggravato,* l'état du malade a empiré, s'est aggravé.
aggravato [aggra'vato] agg. aggravé. ‖ GIUR. *furto aggravato,* vol qualifié. ‖ [appesantito] (raro) alourdi.
aggravio [ag'gravjo] m. **1.** aggravation f. ‖ FIN. *aggravio* (fiscale), augmentation (f.) des impôts. ‖ **2.** LETT. charge f., fardeau. ‖ **3.** LOC. LETT. *fare aggravio a qlcu. di qlco.,* reprocher, imputer qch. à qn (L.C.).
aggraziare [aggrat'tsjare] v. tr. embellir, enjoliver, agrémenter. ‖ LOC. *aggraziarsi qlcu.,* s'attirer la sympathie de qn.
aggraziatamente [aggratsjata'mente] avv. avec grâce, gracieusement.
aggraziato [aggrat'tsjato] agg. gracieux. | *fare aggraziato,* manières pleines de grâce.
aggredire [aggre'dire] v. tr. attaquer, assaillir, agresser. ‖ FIG. attaquer. | *aggredire con rimproveri,* accabler de reproches.
aggregamento [aggrega'mento] m. agrégation f. ; agrégat.
aggregare [aggre'gare] v. tr. agréger, associer. ‖ [riunire] rattacher, réunir. ‖ FIS. agréger. ◆ v. rifl. s'agréger.
aggregativo [aggrega'tivo] agg. agrégatif (raro).
aggregato [aggre'gato] agg. associé. ‖ AMM. MIL. rattaché. ◆ m. agrégat. ‖ MAT. ensemble.
aggregazione [aggregat'tsjone] f. agrégation. ‖ FIS. agrégation.
aggressione [aggres'sjone] f. agression. | *aggressione a mano armata,* attaque à main armée.
aggressività [aggressivi'ta] f. agressivité.
aggressivo [aggres'sivo] agg. agressif.
aggressore [aggres'sore] (**aggreditrice** [aggredi'tritʃe] f.) agg. e m. agresseur.
aggrondare [aggron'dare] v. tr. V. AGGROTTARE.
aggrottare [aggrot'tare] v. tr. froncer, plisser. | *aggrottare le sopracciglia,* froncer les sourcils. | *aggrottare la fronte,* plisser le front.
aggrottato [aggrot'tato] agg. froncé, plissé. | *sopracciglia aggrottate,* sourcils froncés. ‖ PER EST. renfrogné, maussade. | *è aggrottato in volto,* il a l'air renfrogné.
aggrovigliare [aggroviʎ'ʎare] v. tr. PR. e FIG. emmêler, enchevêtrer, embrouiller, emberlificoter (fam.). | *aggrovigliare dei fili,* emmêler des fils. | *cerca di aggrovigliare ancora la situazione,* il essaie d'embrouiller encore la situation. ◆ v. rifl. PR. e FIG. s'emmêler, s'embrouiller, s'empêtrer.
aggrovigliato [aggroviʎ'ʎato] agg. PR. e FIG. embrouillé.
aggrumare [aggru'mare] v. tr. coaguler, cailler. | *aggrumare il sangue,* coaguler le sang. | *aggrumare il latte,* cailler le lait. | *aggrumare la farina,* mettre la farine en grumeaux. ◆ v. rifl. se coaguler, se cailler, faire des grumeaux.
aggruppamento [aggruppa'mento] m. groupement, rassemblement.
aggruppare [aggrup'pare] v. tr. grouper, regrouper. ◆ v. rifl. se grouper, se rassembler.
agguagliabile [aggwaʎ'ʎabile] agg. comparable.
agguagliamento [aggwaʎʎa'mento] m. égalisation f. ‖ [paragone] comparaison f.
agguagliare [aggwaʎ'ʎare] v. tr. **1.** égaliser. ‖ [di persone] mettre sur un pied d'égalité. ‖ **2.** FIG. [confrontare] comparer, mettre sur le même plan

(que). ‖ [essere o diventare uguale] égaler. ◆ v. recipr. être équivalent.
agguantare [aggwan'tare] v. tr. empoigner, attraper, saisir, happer. | *agguantare per il collo,* attraper, saisir à la gorge. | *agguantare qlcu. per il braccio,* empoigner qn par le bras. | *l'hanno agguantato,* ils l'ont attrapé. ‖ MAR. *agguantare un cavo,* saisir un câble. ◆ v. rifl. s'accrocher, se cramponner, s'agripper.
agguato [ag'gwato] m. embuscade f., guet-apens. | *essere, stare in agguato,* être, se tenir en embuscade ; être aux aguets. ‖ [cacciatori, animali] *in agguato,* à l'affût.
agguerrire [aggwer'rire] v. tr. PR. e FIG. aguerrir. ◆ v. rifl. PR. e FIG. s'aguerrir.
agguerrito [aggwer'rito] agg. PR. e FIG. aguerri.
aghetto [a'getto] m. lacet. ‖ DIAL. [uncinetto] crochet.
agiatamente [adʒata'mente] avv. dans l'aisance.
agiatezza [adʒa'tettsa] f. aisance.
agiato [a'dʒato] agg. aisé. | *non è ricco ma è agiato,* il n'est pas riche, mais il est à son aise, aisé.
agibile [a'dʒibile] agg. lett. praticable. ‖ GIUR. autorisé à fonctionner.
agile ['adʒile] agg. agile, leste, vif. ‖ FIG. agile, vif.
agilità [adʒili'ta] f. PR. e FIG. agilité, aisance, vivacité. | *agilità di mente,* vivacité d'esprit.
agilmente [adʒil'mente] avv. agilement.
agio ['adʒo] m. **1.** aise f. | *essere, trovarsi a proprio agio,* être à l'aise, à son aise ; se sentir à son aise. | *non si trova a suo agio,* il ne se sent pas à son aise. ‖ **2.** [tempo] loisir, temps. ‖ LOC. *a mio, tuo... agio,* (tout) à loisir ; en prenant mon, ton... temps ; à mon, ton... aise. | *guardatelo a vostro agio,* regardez-le à votre aise, prenez votre temps pour le regarder. ‖ **3.** pl. aisance (f. sing.), bien-être (sing.), confort (sing.), commodités f. | *vivere negli agi,* vivre dans l'aisance. ‖ **4.** TECN. jeu.
agiografia [adʒogra'fia] f. hagiographie.
agiografico [adʒo'grafiko] (**-ci** pl.) agg. hagiographique.
agiografo [a'dʒɔgrafo] m. hagiographe.
agire [a'dʒire] v. intr. **1.** agir. ‖ [comportarsi] agir, se comporter, se conduire. | *hai agito male,* tu as mal agi. | *ha agito come un delinquente,* il s'est conduit comme un bandit. ‖ **2.** [esercitare un'azione] agir, faire effet. | *agisce negativamente su di me,* il produit sur moi un effet négatif. ‖ [funzionare] fonctionner, marcher. | *il freno non ha agito,* le frein n'a pas fonctionné. ‖ **3.** GIUR. agir. ‖ **4.** TEATRO jouer.
agitare [adʒi'tare] v. tr. **1.** PR. agiter, secouer. | *agitare il fazzoletto,* agiter son mouchoir. ‖ **2.** FIG. agiter, exciter. ‖ [discutere] agiter, discuter, traiter. | *abbiamo agitato tutti gli aspetti della questione,* nous avons discuté tous les aspects de la question. ◆ v. rifl. **1.** s'agiter, remuer. ‖ **2.** FIG. s'agiter. ‖ [turbarsi] s'agiter, se troubler, s'exciter.
agitato [adʒi'tato] agg. PR. e FIG. agité. | *era agitatissimo quando mi ha parlato,* il était très agité, il était dans tous ses états quand il m'a parlé. ◆ agg. e m. MED. agité. | *reparto agitati,* pavillon des agités. ◆ m. MUS. agitato.
agitatore [adʒita'tore] (**-trice** f.) m. agitateur, trice. ‖ CHIM., TECN. agitateur.
agitazione [adʒitat'tsjone] f. agitation, mouvement m. ‖ FIG. agitation, nervosité, surexcitation. | *essere in agitazione,* être surexcité. ‖ [di un gruppo di persone] agitation, effervescence. | *tutta la città era in agitazione,* toute la ville était en effervescence, en ébullition. | *agitazione politica,* agitation politique. ‖ [sciopero] grève. ‖ FIS. agitation.
agli ['aʎʎi] prep. articolata. V. A.
agliaceo [aʎ'ʎatʃeo] agg. alliacé.
agliata [aʎ'ʎata] f. CULIN. aillade, ailloli m.
aglio ['aʎʎo] m. ail.
agnato [aɲ'ɲato] m. GIUR. agnat.
agnazione [aɲɲat'tsjone] f. GIUR. agnation.
agnelletto [aɲɲel'letto] m. DIMIN. agnelet.
agnellino [aɲɲel'lino] m. DIMIN. agnelet.
agnello [aɲ'ɲɛllo] (**-a** f.) m. PR. e FIG., e RELIG. agneau.
agnellone [aɲɲel'lone] m. agneau (de boucherie).
agnizione [aɲɲit'tsjone] f. reconnaissance, agnition (raro).
agnocasto [aɲɲo'kasto] m. BOT. agnus-castus, gattilier.
agnolotto [aɲɲo'lɔtto] m. (specie pl.) CULIN. « agnolotto », ravioli.
agnosticismo [aɲɲosti'tʃizmo] m. FILOS., RELIG. agnosticisme.
agnostico [aɲ'ɲɔstiko] (**-ci** pl.) agg. e m. agnostique.
ago ['ago] m. **1.** aiguille f. | *ago da cucire, da macchina,* aiguille à coudre, de machine à coudre. ‖ LOC. FIG. *cercare un ago in un pagliaio,* chercher une aiguille dans une botte de foin. | *infilare aghi al buio,* parler à tort et à travers. ‖ **2.** PER ANAL. *ago da calza,* aiguille à tricoter. | *ago torto,* crochet. ‖ [lancetta di bilancia, bussola] aiguille. ‖ BOT. aiguille. ‖ FERR. aiguille, aiguillage. ‖ MED. *ago da siringa,* aiguille à injection. ‖ ZOOL. aiguille.
agognare [agoɲ'ɲare] v. tr. désirer ardemment ; aspirer (à).
agone [a'gone] m. LETT. compétition f., lutte f. ‖ LOC. *scendere nell'agone,* descendre dans l'arène (f.) ; entrer en lice (f.).
agonia [ago'nia] f. PR. e FIG. agonie. | *essere in agonia,* être à l'agonie. ‖ FIG. (iperb.) angoisse.
agonico [a'gɔniko] (**-ci** pl.) agg. d'agonie.
agonismo [ago'nizmo] m. esprit de compétition.
agonista [ago'nista] m. LETT. concurrent (L.C.), athlète (L.C.).
agonistico [ago'nistiko] (**-ci** pl.) agg. de compétition. | *spirito agonistico,* esprit de compétition. ‖ FIG. combatif, batailleur.
agonizzante [agonid'dzante] agg. e m. agonisant. ◆ f. agonisante.
agonizzare [agonid'dzare] v. intr. PR. e FIG. agoniser.
agopuntura [agopun'tura] f. MED. acupuncture, acuponcture.
agorafobia [agorafo'bia] f. MED. agoraphobie.
agoraio [ago'rajo] m. étui à aiguilles, aiguillier.
agostiniano [agosti'njano] agg. augustinien. | *filosofia agostiniana,* philosophie augustinienne. | *pensiero agostiniano,* pensée de saint Augustin. ◆ agg. e m. [appartenente all'ordine agostiniano] augustin.
agosto [a'gosto] m. août.
agraria [a'grarja] f. agronomie, agriculture. | *dottore in agraria,* ingénieur agronome. | *insegnante di agraria,* professeur d'agriculture.
agrario [a'grarjo] agg. agricole. | *insegnamento agrario,* enseignement agricole. ‖ [che riguarda la proprietà o la ripartizione della terra] agraire. | *riforma, legge agraria,* réforme, loi agraire. ‖ POLIT. agrarien. | *partito agrario,* parti agrarien. ◆ m. [proprietario] propriétaire foncier. ‖ [importante coltivatore] grand cultivateur.
agreste agg. (lett.) agreste, champêtre.
agretto [a'gretto] m. goût aigrelet.
agrezza [a'grettsa] f. aigreur, acidité. ‖ FIG. LETT. aigreur.
agricolo [a'grikolo] agg. agricole.
agricoltore [agrikol'tore] m. agriculteur, cultivateur.
agricoltura [agrikol'tura] f. agriculture.
agrifoglio [agri'fɔʎʎo] m. BOT. houx.
agrimensore [agrimen'sore] m. arpenteur.
agrimensura [agrimen'sura] f. arpentage m.
1. agro ['agro] agg. aigre, acide. | *vino agro,* vin aigre. ‖ FIG. aigre, acide, acerbe. | *parole agre,* paroles acerbes. ‖ [duro] dur. ◆ m. aigre, aigreur f., acidité f. | *questo vino ha dell'agro,* ce vin sent l'aigre. ‖ [succo di limone] (jus de) citron. | *cipolline all'agro,* petits oignons au citron. ‖ LOC. CULIN. *cuocere all'agro,* cuire avec du sucre et du vinaigre. | *cetrioli all'agro,* cornichons aigres-doux. ‖ FIG. aigreur, acidité.
2. agro ['agro] m. campagne f. | *agro romano,* campagne romaine.
agrodolce ['agro'doltʃe] agg. PR. e FIG. aigre-doux. | *ciliegine agrodolci,* de petites cerises aigres-douces. | *un sorriso agrodolce,* un sourire aigre-doux.
agronomia [agrono'mia] f. agronomie.
agronomico [agro'nɔmiko] (**-ci** pl.) agg. agronomique.
agronomo [a'grɔnomo] m. agronome.
agrumario [agru'marjo] agg. d'agrumes, des agrumes.
agrume [a'grume] m. [frutto] agrumes (solo al pl.).
agrumeto [agru'meto] m. plantation (f.) d'agrumes.

agrumicoltura [agrumikol'tura] f. culture des agrumes, agrumiculture (néol.).
agucchiare [aguk'kjare] v. intr. [con ago] tirer l'aiguille, coudre. || [con ferri da calza] faire du tricot, tricoter.
aguglia [a'guʎʎa] f. ZOOL. aiguille, bécasse de mer.
agugliata [aguʎ'ʎata] f. (raro) aiguillée.
aguzzare [agut'tsare] v. tr. tailler en pointe ; aiguiser. | *aguzzare un palo,* tailler un pieu en pointe. || FIG. aiguiser. | *aguzzare l'appetito,* aiguiser l'appétit. || LOC. FIG. *aguzzare la vista,* s'efforcer de mieux voir. | *aguzzare gli orecchi,* tendre l'oreille.
aguzzatura [aguttsa'tura] f. aiguisage m. || [concreto] pointe.
aguzzino [agud'dzino] m. STOR. argousin. || PER EST. geôlier. || FIG. bourreau, tyran.
aguzzo [a'guttso] agg. pointu ; aigu, acéré. || *palo aguzzo,* pieu pointu. | *punta aguzza,* pointe acérée.
ah! [a] interiez. ah !
ahi! ['ai] interiez. aïe !
ahimé! [ai'mɛ] o **aimé!** interiez. hélas !, las ! (antiq.).
1. ai ['ai] prep. articolata m. pl. V. A.
2. ai ['ai] solo nella LOC. *né ai né bai,* rien. | *non disse né ai né bai,* il ne dit mot.
aia ['aja] f. aire. || LOC. FIG. *menar il can per l'aia,* tergiverser ; tourner autour du pot.
aiola [a'jɔla] f. parterre m., massif m. ; [rotonda, ovale] corbeille ; [allungata] plate-bande. | *aiola fiorita,* parterre de fleurs. | *aiola di rose,* massif de roses.
airone [ai'rone] m. ZOOL. héron.
aitante [ai'tante] agg. vigoureux, bien bâti, bien balancé (fam.).
aiuola [a'jwɔla] f. LETT. V. AIOLA.
aiutante [aju'tante] m. e f. aide, assistant, e. | *è il mio migliore aiutante,* c'est mon meilleur assistant. || MAR. premier maître. || MIL. *aiutante di campo,* aide de camp, officier d'ordonnance. | *aiutante maggiore,* adjudant-major.
aiutare [aju'tare] v. tr. aider. | *aiutare qlcu. nel lavoro,* aider, assister qn dans son travail. || PER EST. [favorire] faciliter, aider. | *farmaco che aiuta la digestione,* médicament qui facilite la digestion. ◆ v. rifl. s'aider. || PROV. *aiutati che il ciel t'aiuta,* aide-toi, le ciel t'aidera. ◆ v. recipr. s'aider, s'entraider.
aiuto [a'juto] m. **1.** aide f., assistance f. ; [soccorso] secours. | *ho bisogno di aiuto,* j'ai besoin d'aide. | *chiedere, portare aiuto,* demander de l'aide, apporter son aide ; porter secours. | *correre, venire in aiuto,* courir, venir au secours, en aide. || LOC. *essere d'aiuto,* aider. || interiez. *aiuto !,* au secours !, à l'aide ! || **2.** [concreto] aide f., subside. | *aiuti per i paesi sottosviluppati,* aide aux pays sous-développés. || **3.** [persona] aide m., assistant. | *aiuto contabile,* aide-comptable. | *aiuto regista,* assistant (du) metteur en scène. || UNIV., MED. assistant.
aizzare [ait'tsare] v. tr. exciter. | *aizzare un cane,* exciter un chien. | *aizzare il popolo alla rivolta,* pousser le peuple à la révolte. | *l'invidia li aizzava l'uno contro l'altro,* l'envie les dressait l'un contre l'autre.
aizzatore [aittsa'tore] (**-trice** f.) m. (raro) provocateur, trice ; agitateur, trice.
al ['al] prep. articolata (m. sing.) V. A.
ala ['ala] (**ali** pl.) f. **1.** [organo del volo] aile. | *apertura d'ali,* envergure. | *battere le ali,* battre des ailes. || FIG. LETT. *ali della fantasia, della gloria,* ailes de l'imagination, de la gloire. || LOC. FIG. *metter le ali,* voler de ses propres ailes. | *alzar le ali,* se sentir qn ; lever la crête (fam.). | *abbassare le ali,* baisser pavillon ; en rabattre. | *tarpar le ali a qlcu.,* rogner les ailes de qn. | *raccogliersi sotto le ali di qlcu.,* se mettre sous l'aile de qn. | *aver le ali ai piedi,* avoir des ailes. | *in un batter d'ali,* en un clin d'œil, en un rien de temps. || **2.** PER ANAL. aile. | *ala di un mulino a vento, di un aereo,* aile d'un moulin à vent, d'un avion. | *ala di un cappello,* bord (m.) d'un chapeau. || **3.** PER EST. [parte laterale] aile. | *ali di un edificio,* ailes d'une construction. || [fila di persone] haie. || LOC. *fare ala a qlcu.,* faire la haie à qn. || **4.** BOT. aile. || **5.** MIL. aile. || **6.** SPORT [giocatore] ailier m. | *ala destra, sinistra,* ailier droit, ailier gauche. || [parte laterale della linea degli avanti] aile.
alabarda [ala'barda] f. hallebarde.
alabardiere [alabar'diɛre] m. hallebardier.
alabastrino [alabas'trino] agg. PR. e FIG. d'albâtre.
alabastrite [alabas'trite] f. MINER. alabastrite.
alabastro [ala'bastro] m. albâtre.
alacre ['alakre] agg. actif, dynamique, diligent (lett.). | *segretaria alacre,* secrétaire active, diligente. || [volonteroso] travailleur. | *alunno alacre,* élève travailleur. || FIG. vif, prompt, rapide. | *ingegno alacre,* esprit rapide, vif.
alacremente [alakre'mente] avv. avec entrain.
alacrità [alakri'ta] f. dynamisme m., entrain m., zèle m.
alaggio [a'laddʒo] m. halage. | *strada di alaggio,* chemin de halage.
alamaro [ala'maro] m. brandebourg.
alambicco [alam'bikko] (**-chi** pl.) m. alambic.
alano [a'lano] m. ZOOL. danois.
1. alare [a'lare] agg. alaire. | *apertura alare,* envergure. | *superficie alare,* surface alaire.
2. alare [a'lare] m. chenet, landier, hâtier.
3. alare [a'lare] v. tr. MAR. haler.
alato [a'lato] agg. PR. e FIG. ailé. || BOT. ailé. ◆ m. pl. *gli alati,* les oiseaux.
1. alba ['alba] f. PR. e FIG. aube. | *allo spuntar dell'alba,* dès l'aube, au petit jour, au point du jour.
2. alba ['alba] f. LETT. [camice] aube (L.C.).
albanella [alba'nɛlla] f. ZOOL. busard m.
albanese [alba'nese] agg. e m. albanais, e.
albata [al'bata] f. MUS. aubade.
albatro ['albatro] m. ZOOL. albatros.
albeggiamento [albeddʒa'mento] m. premières lueurs (f. pl.) de l'aube ; point du jour.
albeggiare [albed'dʒare] v. intr. impers. commencer à faire jour. | *albeggiava,* l'aube pointait, naissait. ◆ v. intr. FIG. naître. | *la civiltà albeggiava,* c'était l'aube de la civilisation. ◆ SOSTANT. point du jour. || FIG. naissance f.
alberare [albe'rare] v. tr. planter d'arbres. || MAR. mâter.
alberato [albe'rato] agg. planté d'arbres. || MAR. mâté.
alberatura [albera'tura] f. MAR. mâture.
alberello [albe'rello] m. DIMIN. arbrisseau, arbuste.
albereto [albe'reto] m. terrain (m.) planté d'arbres.
albergare [alber'gare] v. tr. héberger, loger, accueillir. | *ci ha albergati in casa sua,* il nous a accueillis chez lui. || FIG. nourrir. ◆ v. intr. loger.
albergatore [alberga'tore] (**-trice** f.) m. hôtelier, ère.
alberghiero [alber'gjɛro] agg. hôtelier. | *industria alberghiera,* industrie hôtelière ; hôtellerie.
albergo [al'bɛrgo] (**-ghi** pl.) m. **1.** hôtel. | *albergo di lusso,* hôtel de luxe, palace. || PARTICOL. *albergo diurno,* bains publics pl., établissement de bains. | *albergo per la gioventù,* auberge de jeunesse. || **2.** LETT. hospitalité f. | *chiedere, dare albergo,* demander, donner l'hospitalité. | *trovare albergo per la notte,* trouver un abri pour la nuit. || LOC. FIG. *dare albergo,* nourrir. || **3.** ARC. demeure f. (L.C.) ; hôtel.
albero ['albero] m. **1.** arbre. | *albero da frutto,* arbre fruitier. | *albero di Natale,* arbre de Noël. | *albero del pane, della cera,* arbre à pain, à cire. || **2.** PER ANAL. *albero della cuccagna,* mât de cocagne. | *albero genealogico,* arbre généalogique. || **3.** ANAT. arbre. | *albero della vita,* arbre de vie. || **4.** MAR. mât. || **5.** MEC. arbre. | *albero motore, a camme,* arbre moteur (o de couche), à cames. | *albero a gomito,* vilebrequin ; arbre coudé.
albicocca [albi'kɔkka] f. abricot m.
albicocco [albi'kɔkko] m. abricotier.
albigese [albi'dʒese] agg. e n. STOR. albigeois, pl.
albinaggio [albi'naddʒo] m. STOR. GIUR. aubaine f.
albino [al'bino] agg. e m. albinos.
albo ['albo] m. **1.** tableau, panneau d'affichage. | *albo scolastico, comunale,* tableau d'affichage de l'école, de la mairie. || **2.** [elenco] tableau. | *albo degli avvocati,* tableau de l'ordre des avocats. | *iscritto all'albo,* inscrit au tableau. || PER EST. *albo d'onore, albo d'oro,* livre d'or. | *albo d'oro del giro di Francia,* palmarès du Tour de France. || **3.** [fascicolo illustrato] album. || [per raccolta] album.
albore [al'bore] m. LETT. PR. (raro) blancheur f., clarté

f. || FIG. (spesso pl.) aube f. | *agli albori della Rivoluzione*, à l'aube de la Révolution.
alborella [albo'rɛlla] f. ZOOL. ablette.
album ['album] m. invar. album.
albume [al'bume] m. albumen.
albumina [albu'mina] f. albumine.
albuminoide [albumi'nɔide] agg. e m. albuminoïde.
albuminoso [albumi'noso] agg. albumineux.
albuminuria [albumi'nurja] f. MED. albuminurie.
alcaico [al'kaiko] (**-ci** pl.) agg. POES. alcaïque.
alcali ['alkali] m. invar. CHIM. alcali.
alcalino [alka'lino] agg. CHIM. alcalin.
alcaloide [alka'lɔide] m. CHIM. alcaloïde.
alcanna [al'kanna] f. BOT. henné m. | *olio di alcanna*, henné.
alce ['altʃe] f. ZOOL. élan m.
alchimia [alki'mia] f. alchimie.
alchimista [alki'mista] (**-i** pl.) m. alchimiste.
alchimistico [alki'mistiko] (**-ci** pl.) agg. alchimique.
alchimizzare [alkimid'dʒare] v. tr. transmuer, transmuter.
alcione [al'tʃone] m. ZOOL. alcyon.
alcolato [alko'lato] m. CHIM., FARM. alcoolat.
alcol ['alkol], **alcole** ['alkole], **alcool** ['alkool] (**alcoli** pl.) m. alcool. | *uomo dedito all'alcol*, homme qui boit, qui s'adonne à l'alcool, à la boisson.
alcolico [al'kɔliko] (**-ci** pl.) agg. alcoolique. | *bevande alcoliche*, boissons alcooliques, alcoolisées. ◆ m. alcool. | *tassa sugli alcolici*, taxe sur les alcools, sur les spiritueux.
alcolismo [alko'lizmo] m. MED. alcoolisme, éthylisme.
alcolizzare [alkolid'dzare] v. tr. alcooliser. ◆ v. rifl. s'alcooliser (fam.), devenir alcoolique.
alcolizzato [alkolid'dzato] agg. e m. alcoolique, éthylique (med. o euf.).
alcolizzazione [alkoliddzat'tsjone] f. alcoolisation.
alcolometro [alko'lɔmetro] m. alcoomètre.
alcool ['alkool] e deriv. V. ALCOL e deriv.
alcova [al'kɔva] f. alcôve.
alcunché [alkun'ke] pron. indef. LETT. quelque chose. | *c'è alcunché di strano in questa faccenda*, il y a quelque chose de bizarre dans cette histoire. || [in frasi negative] rien. | *non c'è alcunché di vero in tutto quello*, il n'y a rien de vrai dans tout cela.
alcuno [al'kuno] agg. indef. **1.** pl. [valore affermativo] quelques. | *bisognerebbe dare alcuni esempi*, il faudrait donner quelques exemples. | *ho portato alcuni miei, tuoi, suoi amici*, j'ai amené quelques-uns de mes, tes, ses amis, quelques amis à moi, à toi, à lui. || **2.** sing. [valore negativo] aucun. | *agisce senza alcuna cautela*, il agit sans aucune prudence, sans la moindre prudence. | *non c'è dubbio alcuno*, il n'y a aucun, pas le moindre doute. | *non ho visto alcun film questo mese*, je n'ai vu aucun film ce mois-ci, je n'ai pas vu un seul film ce mois-ci. | *non ho alcuna paura*, je n'ai pas peur du tout, je n'ai absolument pas peur. | *non c'è alcuna fretta*, rien ne presse, ce n'est absolument pas pressé. || **3.** LETT. sing. [valore affermativo] (raro) quelque. | *vi è alcuna difficoltà?*, y a-t-il quelque difficulté ? ; est-ce qu'il y a une difficulté ? (L.C.). ◆ pron. indef. **1.** pl. [valore affermativo] quelques-uns, certains ; [solo di persone, solo sogg.] d'aucuns (lett.). | *ha dei bei quadri, ne ho visti alcuni quando sono andato a casa sua*, il a de beaux tableaux, j'en ai vu quelques-uns quand je suis allé chez lui. | *alcuni pretendono che...*, quelques-uns, certains, d'aucuns prétendent que... | *ho visto alcuni di voi, di loro*, j'ai vu quelques-uns, certains d'entre vous, d'entre eux. || **2.** sing. [valore negativo] (raro) personne. | *non c'era alcuno*, il n'y avait personne.
aldeide [al'dɛide] f. CHIM. aldéhyde m.
aldilà [aldi'la] m. invar. au-delà.
al di là [aldi'la] loc. avv. V. LÀ.
aldino [al'dino] agg. TIP. aldin.
alé! [a'le] interiez. FAM. allez !
alea ['alea] f. risque m., aléa m. | *correre l'alea*, courir le risque.
aleatorio [alea'tɔrjo] agg. aléatoire.
aleggiare [aled'dʒare] v. intr. voleter, voltiger. || FIG. flotter. | *nell'aria aleggiava ancora un lieve odore d'incenso*, une légère odeur d'encens flottait encore dans l'air.
alemanno [ale'manno] agg. e m. alémanique.
alerione [ale'rjone] m. ARALD. alérion.
alesaggio [ale'zaddʒo] m. TECN. alésage.
alesare [ale'zare] v. tr. TECN. aléser.
alesatoio [aleza'tɔjo] m. TECN. alésoir, aléseur.
alesatore [aleza'tore] m. TECN. aléseur. || [utensile] (raro) alésoir.
alesatrice [aleza'tritʃe] f. TECN. aléseuse.
alesatura [aleza'tura] f. TECN. alésage.
alessandrinismo [alessandri'nizmo] m. alexandrinisme.
alessandrino [alessan'drino] agg. e m. alexandrin. || METR. *(verso) alessandrino*, alexandrin m.
aletta [a'letta] f. [uccelli, squali] aileron m. || [altri pesci] nageoire. || AER. volet m. || MIL., TECN. ailette. | *radiatore, siluro ad alette*, radiateur, torpille à ailettes.
alettone [alet'tone] m. AER. aileron.
1. alfa ['alfa] f. alpha m. || LOC. *l'alfa e l'omega*, l'alpha et l'oméga. || FIS. *raggi alfa*, rayons alpha.
2. alfa ['alfa] f. BOT. alfa m.
alfabeticamente [alfabetika'mente] avv. alphabétiquement, dans l'ordre alphabétique.
alfabetico [alfa'bɛtiko] (**-ci** pl.) agg. alphabétique.
alfabetizzazione [alfabetiddzat'tsjone] f. NEOL. alphabétisation.
alfabeto [alfa'bɛto] m. alphabet. || [concreto] alphabet, A B C, abécédaire. || FIG. A B C, rudiments (pl.). | *l'alfabeto della fisica*, les rudiments, l'A B C de la physique. || LOC. FIG. *perdere l'alfabeto*, perdre la tête.
alfana [al'fana] f. cheval (m.) arabe.
alfiere [al'fjɛre] m. STOR. MIL. porte-enseigne (antiq.), porte-drapeau ; [ufficiale] enseigne. || [nel gioco degli scacchi] fou. || FIG. champion, défenseur, porte-drapeau.
alfine [al'fine] avv. enfin.
alga ['alga] (**alghe** ['alge] pl.) f. BOT. algue.
algebra ['aldʒebra] f. algèbre. || FIG. FAM. algèbre. | *per me è algebra*, pour moi c'est de l'algèbre, de l'hébreu (m.), du chinois (m.).
algebricamente [aldʒebrika'mente] avv. algébriquement.
algebrico [al'dʒɛbriko] (**-ci** pl.) agg. algébrique.
algebrista [aldʒe'brista] (**-i** pl.) m. e f. algébriste.
algerese [aldʒe'rese] agg. e n. algérois, e.
algerino [aldʒe'rino] agg. e n. algérien, enne.
algido ['aldʒido] agg. LETT. glacial.
aliante [ali'ante] m. planeur.
alias ['aljas] avv. (lat.) alias.
alibi ['alibi] m. invar. alibi.
alice [a'litʃe] f. anchois m.
alidada [ali'dada] f. alidade.
alienabile [alje'nabile] agg. aliénable.
alienabilità [aljenabili'ta] f. aliénabilité.
alienamento [aljena'mento] m. GIUR. aliénation f.
alienare [alje'nare] v. tr. GIUR. aliéner. || PER EST. | *alienare la propria libertà*, aliéner sa liberté. || [allontanare] aliéner, éloigner. | *le tue parole ti hanno alienato la benevolenza del ministro*, tes paroles t'ont aliéné la bienveillance du ministre. ◆ v. rifl. s'aliéner. | *alienarsi la simpatia di qlcu.*, s'aliéner la sympathie de qn.
alienato [alje'nato] agg. GIUR. aliéné. ◆ m. aliéné, malade mental.
alienazione [aljenat'tsjone] f. GIUR. e PER EST. aliénation. || MED. aliénation, folie.
alienista [alje'nista] (**-i** pl.) m. e f. aliéniste.
alieno [a'ljɛno] agg. **1.** LETT. étranger (L.C.). || [che appartiene ad altri] d'autrui, des autres (L.C.) || **2.** *alieno da*, étranger à. | *era alieno da ogni sentimento di pietà*, il était étranger à tout sentiment de pitié ; tout sentiment de pitié lui était étranger. || [contrario] opposé à. | *alieno dai compromessi*, opposé aux compromis, contre les compromis. | *essere alieno dal fare qlco.*, ne pas être disposé à, près de (fam.) faire qch. | *non essere alieno dal fare qlco.*, ne pas être éloigné, loin de faire qch.
1. alimentare [alimen'tare] v. tr. alimenter, nourrir. || PER EST. alimenter. | *alimentare una caldaia*, alimenter une chaudière. || FIG. entretenir, alimenter. |

alimentare l'odio, entretenir la haine. ◆ v. rifl. s'alimenter, se nourrir.
2. alimentare [alimen'tare] agg. alimentaire. | *assegno alimentare,* pension alimentaire. ◆ m. pl. denrées (f.), produits alimentaires ; comestibles. | *negozio di alimentari,* magasin d'alimentation ; épicerie.
alimentario [alimen'tarjo] agg. alimentaire. ‖ ANAT. *canale alimentario,* canal nourricier.
alimentarista [alimenta'rista] (**-i** pl.) m. NEOL. [droghiere] épicier. ‖ [lavoratore] travailleur de l'industrie alimentaire. ‖ MED. diététicien.
alimentatore [alimenta'tore] m. personne (f.) qui alimente. ‖ PARTICOL. [operaio] ouvrier chargé de l'alimentation (d'une machine). ‖ ELETTR. feeder (ingl.). ‖ TECN. nourrice f.
alimentazione [alimentat'tsjone] f. alimentation.
alimento [ali'mento] m. PR. e FIG. aliment, nourriture f. ◆ pl. GIUR. aliments.
alinea [a'linea] m. invar. alinéa, paragraphe.
aliosso [ali'ɔsso] m. osselet.
aliquota [a'likwota] f. aliquote.
aliscafo [alis'kafo] m. NEOL. hydrofoil, hydroptère.
aliseo [ali'zɛo] agg. e m. alizé.
alitare [ali'tare] v. intr. respirer. | *nessuno alitava,* tous retenaient leur souffle. ‖ PER EST. souffler doucement.
alito ['alito] m. haleine f. | *aver l'alito cattivo,* avoir mauvaise haleine. ‖ PER EST. souffle, haleine (lett.). | *alito di vita, di vento,* souffle de vie, de vent.
alla ['alla] prep. articolata (f. sing.). V. A.
allacciamento [allattʃa'mento] m. laçage. ‖ ELETTR., FERR., TECN. branchement, raccordement. | *allacciamento telefonico,* branchement du téléphone.
allacciare [allat'tʃare] v. tr. **1.** lacer, attacher. | *allacciarsi le scarpe, il busto,* lacer ses souliers, son corset. | *allacciare due funi, una cintura,* attacher deux cordes, une ceinture. | *allacciare un vestito,* fermer un vêtement. ‖ **2.** PER EST. relier. | *allacciare due centri con un'autostrada, una linea telegrafica,* relier deux centres par une autoroute, une ligne télégraphique. ‖ **3.** FIG. nouer, lier. | *allacciare un'amicizia con qlcu.,* nouer une amitié, se lier d'amitié avec qn. ‖ **4.** AGR. accoler. ‖ **5.** ELETTR., TELECOM. brancher. | *allacciare il telefono,* brancher le téléphone. ‖ **6.** FERR. raccorder. | *allacciare due tronchi ferroviari,* raccorder deux voies ferrées. ‖ **7.** MED. ligaturer. ‖ **8.** TECN. raccorder.
allacciatura [allattʃa'tura] f. laçage m. ‖ [di un abito] fermeture ; [con bottoni] boutonnage m. ‖ MED. ligature.
allagamento [allaga'mento] m. inondation f.
allagare [alla'gare] v. tr. inonder. ‖ FIG. envahir.
allali [alla'li] m. hallali.
allampanato [allampa'nato] agg. maigre, étique. | *secco allampanato,* maigre comme un clou, comme un coup de trique.
allargamento [allarga'mento] m. élargissement.
allargare [allar'gare] v. tr. élargir. | *allargare una strada, una gonna,* élargir une route, une jupe. | *allargare le braccia,* écarter, ouvrir les bras. ‖ PER EST. élargir, agrandir, étendre. | *allargare il dibattito, il governo,* élargir le débat, le gouvernement. | *allargare le ricerche,* étendre les recherches. | *allargare il respiro,* faciliter la respiration. ‖ LOC. FIG. *allargare il cuore,* dilater, réchauffer le cœur. | *allargare il freno,* donner plus de liberté, lâcher la bride (à qn). ‖ MUS. (assol.) ralentir le mouvement. ‖ SPORT aérer. ◆ v. rifl. PR. e FIG. s'élargir. | *la maggioranza si è allargata,* la majorité s'est élargie. ‖ FIG. s'agrandir. | *il proprietario del negozio ha deciso di allargarsi,* le propriétaire du magasin a décidé de s'agrandir. ‖ LOC. *allargarsi nelle spese,* trop dépenser. ◆ v. intr. MAR. pousser au large.
allargata [allar'gata] f. [solo in qualche espressione] *dare un'allargata,* élargir (à la hâte).
allarmante [allar'mante] agg. alarmant.
allarmare [allar'mare] v. tr. alarmer, inquiéter, effrayer. ◆ v. rifl. s'alarmer, s'inquiéter, s'effrayer.
allarmato [allar'mato] agg. alarmé, inquiet.
allarme [al'larme] m. **1.** alarme f., alerte f. | *dare, suonare l'allarme,* donner, sonner l'alarme. | *truppe in stato d'allarme,* troupes en état d'alerte. | *allarme aereo,* alerte aérienne. | *cessato allarme,* fin de l'alerte. | *segnale d'allarme,* signal d'alarme. ‖ FIG. *falso allarme,* fausse alerte, fausse alarme. ‖ **2.** [timore] alarme, inquiétude f. | *stare in allarme,* être inquiet, se faire du souci.
allarmismo [allar'mizmo] m. défaitisme, pessimisme. ‖ [stato di timore diffuso] inquiétude f.
allarmista [allar'mista] (**-i** pl.) m. e f. alarmiste.
allarmistico [allar'mistiko] (**-ci** pl.) agg. alarmiste.
allato [al'lato] avv. o prep. (lett.). V. ACCANTO.
allattamento [allatta'mento] m. allaitement.
allattare [allat'tare] v. tr. allaiter, donner le sein (à). | *allattare artificialmente,* nourrir au biberon.
alle ['alle] prep. articolata (f. pl.). V. A.
alleanza [alle'antsa] f. alliance. ‖ STOR. *Santa Alleanza, Triplice Alleanza,* Sainte-Alliance, Triple-Alliance (Triplice).
alleare [alle'are] v. tr. (raro) allier. ◆ v. rifl. s'allier.
alleato [alle'ato] agg. e m. allié.
allegamento [allega'mento] m. BOT. nouaison, nouure. ‖ (raro) [denti] agacement (des dents).
1. allegare [alle'gare] v. tr. joindre. ‖ [i denti] agacer. | *il limone allega i denti,* le citron agace les dents. ‖ ANTIQ. [metalli] allier. ◆ v. intr. BOT. nouer.
2. allegare [alle'gare] v. tr. invoquer, alléguer, produire ; exciper (lett.) ; administrer (giur.). | *allegare un certificato medico,* produire un certificat médical. | *allegare una testimonianza,* invoquer un témoignage.
allegato [alle'gato] agg. joint, inclus. | *qui allegato,* ci-joint, ci-inclus. ◆ m. pièce (f.) jointe, document joint. | *l'allegato qui accluso,* le document ci-joint.
allegazione [allegat'tsjone] f. allégation. ‖ GIUR. [produzione] administration.
alleggerimento [alleddʒeri'mento] m. PR. e FIG. allégement.
alleggerire [alleddʒe'rire] v. tr. PR. e FIG. alléger. | *alleggerire i programmi scolastici,* alléger les programmes scolaires. | *alleggerire un dolore,* alléger, soulager une douleur. ‖ SCHERZ. *alleggerire qlcu. del portafoglio,* soulager, délester qn de son portefeuille. ◆ v. rifl. s'habiller plus légèrement ; se découvrir.
alleggio [al'leddʒo] m. MAR. [barca] allège f.
allegoria [allego'ria] f. allégorie.
allegoricamente [allegorika'mente] avv. allégoriquement.
allegorico [alle'gɔriko] (**-ci** pl.) agg. allégorique.
allegramente [allegra'mente] avv. gaiement, joyeusement. ‖ [spensieratamente] avec insouciance, sans s'en faire (fam.), allégrement (anche peggior.). | *prendersela allegramente,* prendre les choses du bon côté, ne pas s'en faire (fam.).
allegrare [alle'grare] v. tr. LETT. V. RALLEGRARE.
allegretto [alle'gretto] m. MUS. allégretto. ◆ avv. allegretto (it.).
allegrezza [alle'grettsa] f. allégresse, joie.
allegria [alle'gria] f. gaieté. | *essere, stare in allegria,* être gai, plein d'entrain, en fête. | *folla in allegria,* foule en fête, en liesse. | *fare allegria,* réjouir, égayer ; mettre en gaieté, en joie. | *il vino fa allegria,* le vin rend gai. | *vivere in allegria,* mener joyeuse vie. | *allegria !,* réjouissons-nous !, soyons gais !
allegro [al'legro] agg. **1.** gai, joyeux. | *carattere allegro,* caractère gai, enjoué. | *faccia allegra,* visage réjoui, joyeux. | *la serata fu molto allegra,* la soirée fut très gaie. | *allegri !,* amusons-nous ! ‖ [che infonde allegria] gai, joyeux. | *colori allegri,* couleurs gaies, riantes. | *musica allegra,* musique joyeuse ; musique entraînante. ‖ **2.** [svelto, vivace] vif, allègre. | *passo allegro,* pas allègre. ‖ [spensierato] insouciant, qui ne s'en fait pas (fam.). | *amministrazione allegra,* administration qui se livre à un joyeux gaspillage. ‖ **3.** SCHERZ. [avvinazzato] gai, gris, éméché. ‖ **4.** LOC. *stare allegro,* s'amuser. | *più si è, più si sta allegri,* plus on est de fous, plus on rit. | *far vita allegra,* mener joyeuse vie ; faire la fête, la noce. ‖ **5.** [per litote] *poco allegro,* triste, morose. | *prospettive poco allegre,* perspectives peu réjouissantes ; tristes perspectives. | *c'è poco da stare allegri !,* c'est gai ! ‖ **6.** EUF. *donnina allegra,* fille facile, légère. ◆ m. MUS. allégro. ◆ avv. allegro (it.).
allegrone [alle'grone] (**-a** f.) m. FAM. joyeux luron,

joyeux drille (solo m.), joyeux compère (solo m.), bon vivant (solo m.).
alleluia [alle'luja] m. alléluia.
allemanda [alle'manda] f. Mus. allemande.
allenamento [allena'mento] m. Sport entraînement. | *essere in allenamento*, être à l'entraînement ; [essere ben allenato] être en (bonne) forme.
allenare [alle'nare] v. tr. Sport entraîner. ◆ v. rifl. s'entraîner.
allenato [alle'nato] agg. entraîné. | *non è abbastanza allenato*, il n'a pas assez d'entraînement.
allenatore [allena'tore] (**-trice** f.) m. Sport entraîneur, euse.
allentamento [allenta'mento] m. Pr. e fig. relâchement. ‖ [di viti o bulloni] desserrage.
allentare [allen'tare] v. tr. **1.** [rendere meno teso] relâcher, détendre, lâcher. | *allentare una corda*, relâcher, détendre une corde. | *allentare le redini*, lâcher les rênes. | *allentare una molla*, détendre, débander un ressort. ‖ **2.** [rendere meno stretto] desserrer, relâcher, lâcher. | *allentare un nodo*, desserrer un nœud. | *allentarsi la cintura*, desserrer, lâcher sa ceinture. | *allentare una vite*, desserrer une vis. ‖ **3.** Fam. allonger, flanquer. | *allentare un calcio*, allonger, flanquer, envoyer (l.c.) un coup de pied. ‖ **4.** Per est. relâcher. | *allentare i muscoli*, relâcher les muscles. ‖ **5.** Fig. relâcher. | *allentare l'attenzione, la disciplina*, relâcher l'attention, la discipline. ‖ [mitigare] alléger, adoucir. ‖ **6.** Loc. fig. *allentare il freno a qlcu.*, lâcher la bride à qn. | *allentare i cordoni della borsa*, desserrer les cordons de sa bourse. ◆ v. rifl. se relâcher, se détendre, se desserrer. | *il cavo si è allentato*, le câble s'est détendu, s'est relâché, s'est distendu. ‖ Fig. s'atténuer, se relâcher. ‖ [di persona] (raro) se relâcher, se laisser aller.
allentato [allen'tato] agg. lâche, mou.
allergia [aller'dʒia] f. Med. allergie.
allergico [al'lɛrdʒiko] (**-ci** pl.) agg. allergique.
allergizzare [allerdʒid'dzare] v. tr. rendre allergique.
allerta [al'lerta] o **all'erta** [all'erta] avv. Mil. sur le qui-vive, sur ses gardes. | *allerta !*, attention !, faites bonne garde ! ‖ Loc. pr. e fig. *stare allerta*, être sur le qui-vive, être sur ses gardes. ◆ f. Neol. alerte.
allesso [al'lesso] avv. à l'eau, bouilli (agg.). ‖ Prov. *chi la vuole allesso, chi la vuole arrosto*, chacun ses goûts. ◆ agg. bouilli, (cuit) à l'eau. | *manzo allesso*, bœuf bouilli. | *patate allesse*, pommes de terre à l'eau. ◆ m. (raro) bouilli (solo sing.), viande (f.) bouillie.
allestimento [allesti'mento] m. préparation f., préparatifs pl., aménagement, disposition f. | *curare l'allestimento della sala da ballo*, s'occuper de la préparation, de l'aménagement de la salle de bal. | *allestimento di una cena*, préparation d'un dîner. ‖ [l'attrezzare] équipement. ‖ Mar. équipement, armement. ‖ Teatro mise (f.) en scène.
allestire [alles'tire] v. tr. préparer, disposer, arranger. | *allestire uno stand*, préparer, installer un stand. | *allestire il pasto*, préparer, apprêter le repas. ‖ [attrezzare] équiper. | *allestire delle truppe*, équiper des troupes. ‖ Mar. équiper, armer. ‖ Teatro monter. | *allestire una rappresentazione teatrale*, monter une pièce de théâtre.
allettamento [alletta'mento] m. attrait, séduction f., charme. | *allettamenti ingannevoli*, charme trompeur.
allettante [allet'tante] agg. alléchant, séduisant, engageant.
allettare [allet'tare] v. tr. allécher, séduire, attirer, affriander (lett.). | *allettare qlcu. con belle promesse*, allécher, appâter qn par de belles promesses. | *non mi alletta*, cela ne m'attire pas.
allettatore [alletta'tore] (**-trice** f.) agg. e m. charmeur, euse ; enjôleur, euse.
allettevole [allet'tevole] agg. (raro) alléchant.
allevamento [alleva'mento] m. **1.** [di animali] élevage. ‖ **2.** [di bambini] éducation f. | *norme per l'allevamento del bambino*, comment élever son enfant.
allevare [alle'vare] v. tr. **1.** [bambini] élever. | *è stato allevato dalla sorella*, c'est sa sœur qui l'a élevé. ‖ **2.** Per est. [animali] élever. | *allevare polli*, élever des poulets. ‖ **3.** [piante] cultiver. ‖ **4.** Loc. fig. *allevare una serpe in seno*, réchauffer un serpent dans son sein.
allevatore [alleva'tore] (**-trice** f.) m. éleveur, euse.
alleviamento [allevja'mento] m. soulagement, adoucissement, allégement.
alleviare [alle'vjare] v. tr. soulager, adoucir, alléger. ◆ v. rifl. (lett.) accoucher (l.c.).
allibire [alli'bire] v. intr. [restare sbalordito] être interdit, abasourdi, stupéfait ; demeurer saisi. ‖ [impallidire] blêmir.
allibito [alli'bito] agg. interdit, médusé, abasourdi, suffoqué, stupéfait.
allibramento [allibra'mento] m. enregistrement. | *certificato di allibramento*, reçu ; attestation de versement.
allibrare [alli'brare] v. tr. enregistrer.
allibratore [allibra'tore] m. bookmaker.
allietare [allje'tare] v. tr. égayer, réjouir.
allievo [al'ljɛvo] (**-a** f.) m. élève. | *allievo di un filosofo*, élève, disciple d'un philosophe.
alligatore [alliga'tore] m. Zool. alligator.
allignare [alliɲ'ɲare] v. intr. prendre, pousser. | *la palma alligna nei paesi caldi*, le palmier pousse dans les pays chauds. ‖ Fig. prendre. | *moda che non alligna*, mode qui ne prend pas.
allineamento [allinea'mento] m. alignement. ‖ Econ., Fin. *allineamento dei prezzi, dei salari*, alignement, ajustement des prix, des salaires. | *allineamento monetario*, alignement monétaire.
allineare [alline'are] v. tr. Pr. e fig. aligner. | *allineare i prezzi sul costo della vita*, aligner les prix sur le coût de la vie. ◆ v. rifl. s'aligner. ‖ Polit., neol. s'aligner. | *allinearsi con la politica dei paesi alleati*, aligner sa politique sur celle des pays alliés.
allineato [alline'ato] agg. aligné. ‖ Polit., neol. *paesi non allineati*, pays non-alignés.
allitterazione [allitterat'tsjone] f. allitération.
allo ['allo] prep. articolata (m. sing.) V. a.
allocchito [allok'kito] agg. hébété, sidéré, abasourdi.
allocco [al'lɔkko] m. Zool. hulotte f., chat-huant. ‖ Fig. (**-a** f.) abruti, niais, nigaud, cruche f. (fam.). | *ha proprio una faccia da allocco*, il a l'air d'un beau nigaud.
allocutore [alloku'tore] (**-trice** f.) m. Lett. orateur, trice (l.c.).
allocuzione [allokut'tsjone] f. allocution.
allodiale [allo'djale] agg. Stor. allodial.
allodio [al'lɔdjo] m. Stor. (franc-)alleu.
allodola [al'lɔdola] f. Zool. alouette.
allogamento [alloga'mento] m. placement.
allogare [allo'gare] v. tr. placer. | *allogare qlcu. come autista*, placer qn comme chauffeur. | *allogare i libri nella libreria*, placer, ranger les livres dans la bibliothèque. ‖ [ospitare] loger. ‖ [dare in affitto] louer. ◆ v. rifl. se placer.
allogeno [al'lɔdʒeno] m. allogène.
alloggiamento [alloddʒa'mento] m. **1.** (raro) logement. ‖ **2.** Mil. logement, cantonnement. ‖ **3.** Tecn. logement.
alloggiare [allod'dʒare] v. tr. loger, héberger. | *alloggiare qlcu. in casa propria*, loger qn chez soi. ‖ Fig. *alloggiare un sentimento nel cuore*, nourrir un sentiment dans son cœur. ◆ v. intr. loger. ‖ Prov. *chi tardi arriva male alloggia*, les derniers arrivés sont les plus mal servis.
alloggiatore [alloddʒa'tore] (**-trice** f.) m. logeur, euse.
alloggio [al'lɔddʒo] m. [abitazione] logement. ‖ [ospitalità] logement (raro), hébergement. | *dare alloggio a qlcu.*, loger, héberger qn. | *cercare, trovare alloggio*, chercher, trouver à se loger. | *prendere alloggio presso qlcu*, se loger chez qn. ‖ Loc. *il vitto e l'alloggio*, le vivre et le couvert. ‖ Mar. cabine f.
allontanamento [allontana'mento] m. éloignement. | [solo di persone] départ. ‖ [estromissione] renvoi, exclusion f., expulsion f.
allontanare [allonta'nare] v. tr. **1.** éloigner, écarter. ‖ Fig. *allontanare il pericolo*, éloigner (o conjurer) le danger. | *allontanare i sospetti*, écarter (o détourner) les soupçons. ‖ **2.** [mandar via] exclure, renvoyer, mettre à la porte, expulser. | *è stato allontanato dalla scuola*, il a été renvoyé de l'école. | *allontanare i disturbatori*, expulser les perturbateurs. ‖ **3.** [indisporre] indisposer, irriter. ◆ v. rifl. s'éloigner. ‖ [assentarsi] s'absenter. | *non mi sono allontanato da*

casa, je n'ai pas bougé de chez moi. || FIG. [distaccarsi] s'éloigner, s'écarter, se détourner. | *allontanarsi dalla religione*, s'éloigner, se détourner de la religion. | *allontanarsi dall'argomento*, s'écarter du sujet. | *allontanarsi da un'attività*, cesser une activité.
allopatia [allopa'tia] f. allopathie.
allora [al'lora] avv. **1.** [in quel momento] alors, à ce moment(-là). | *fu allora che me ne accorsi*, c'est alors, c'est à ce moment que je m'en aperçus. | *solo allora si decise a parlare*, ce n'est qu'à ce moment-là qu'il se décida à parler ; ce n'est qu'alors qu'il se décida à parler ; alors seulement il se décida à parler. || **2.** [in quel tempo] à cette époque(-là), alors, en ce temps-là, à ce moment-là. || **3.** [riferito al futuro] alors, à ce moment-là. || **4.** LOC. *allora*, juste à ce moment, depuis un instant. | *era uscito allora*, il venait juste de sortir ; il était à peine sorti. || *allora come allora*, à ce moment-là. | *di allora, d'allora*, de cette époque, de ce temps(-là), d'alors. || *da allora* (in poi), [riferito al passato] depuis lors, depuis ce temps-là, à partir de ce moment, depuis ; [riferito al futuro] alors, à partir de ce moment. | *da allora non l'ho più visto*, je ne l'ai pas revu depuis. || *fino (a) allora*, jusque-là, jusqu'à ce moment(-là) ; [riferito solo al passato] jusqu'alors. | *fin da allora*, dès ce moment. | *cominciò a tradirci fin da allora*, dès ce moment il commença à nous trahir. || *per allora*, pour cette époque. | *era abbastanza avanzato per allora*, il était plutôt avancé pour son époque. || **5.** [in espressioni interrogative, valore enfatico] alors. | *e allora che si fa ?*, et alors, qu'est-ce qu'on fait ? || **6.** [valore di agg.] d'alors, de cette époque. | *l'allora presidente Bianchi*, Bianchi, qui était alors président. || **7.** [valore di cong.] alors, dans ce cas. | *allora, non ne parliamo più*, alors n'en parlons plus.
allorché [allor'ke] cong. lorsque, quand.
alloro [al'lɔro] m. BOT. laurier. || FIG. laurier. | *dormire, riposare sugli allori*, s'endormir sur ses lauriers.
allorquando [allor'kwando] cong. lorsque, quand.
allotropo [al'lɔtropo] m. LING. doublet.
alluce ['allutʃe] m. gros orteil.
allucinante [allutʃi'nante] agg. hallucinant.
allucinare [allutʃi'nare] v. tr. (raro) halluciner.
allucinato [allutʃi'nato] agg. e m. halluciné.
allucinatorio [allutʃina'tɔrjo] agg. hallucinatoire.
allucinazione [allutʃinat'tsjone] f. hallucination.
alluda [al'luda] f. TECN. aluminage m., alunage m. || [pelle trattata] basane.
alludere [al'ludere] v. intr. faire allusion.
allumare [allu'mare] v. tr. TECN. aluner.
allumatura [alluma'tura] f. TECN. alunage m., aluminage m.
allume [al'lume] m. CHIM. alun.
allumina [allu'mina] f. CHIM. alumine.
alluminare [allumi'nare] v. tr. ARC. LETT. enluminer.
alluminatura [allumina'tura] f. TECN. alunage m.
alluminio [allu'minjo] m. aluminium.
allunaggio [allu'naddʒo] m. NEOL. alunissage.
allunare [allu'nare] v. intr. alunir.
allunga [al'lunga] f. CHIM., METALL. allonge, rallonge. || [di cambiale] allonge.
allungabile [allun'gabile] agg. qui peut être allongé. | *tavolo allungabile*, table à rallonges.
allungamento [allunga'mento] m. allongement.
allungare [allun'gare] v. tr. **1.** [rendere più lungo] allonger. | *allungare una gonna*, allonger, rallonger une jupe. | *allungare il passo*, allonger le pas. | *allungare la strada*, faire un détour. || [stendere] allonger, étendre, tendre. | *allungare le gambe*, allonger les jambes. | *allungare le braccia*, (é)tendre les bras. | *allungare la mano, il collo*, tendre la main, le cou. || LOC. FIG. *allungare le mani*, chaparder, voler. || *allungare gli orecchi*, être tout oreilles. || **2.** FAM. [porgere] passer. | *allungami il sale*, passe-moi le sel. || [appioppare] allonger, flanquer. | *allungare una pedata*, flanquer un coup de pied. || **3.** [protrarre] allonger, prolonger. | *allungare la vita*, prolonger la vie. || **4.** [diluire] allonger, étendre. | *allungare il brodo*, allonger le bouillon. ◆ v. rifl. s'allonger. | *le giornate si allungano*, les jours s'allongent, allongent (intr.). | *bambino che si allunga*, enfant qui grandit. || [sdraiarsi] s'allonger, s'étendre.
allungatura [allunga'tura] f. allongement m. || [concreto] rallonge.
allungo [al'lungo] (**-ghi** pl.) m. SPORT [ciclismo, atletica] accélération f. || [calcio] passe f. || [pugilato] direct.
allusione [allu'zjone] f. allusion.
allusivo [allu'zivo] agg. allusif.
alluviale [allu'vjale] agg. GEOL. alluvial.
alluvionale [alluvjo'nale] agg. GEOL. alluvial.
alluvionato [alluvjo'nato] agg. inondé.
alluvione [allu'vjone] f. inondation. || FIG. masse, tas m., avalanche. || GEOL. alluvion.
alma ['alma] f. POET. V. ANIMA.
almanaccare [almanak'kare] v. intr. [fantasticare] rêvasser. || [far castelli in aria] tirer des plans sur la comète, faire des châteaux en Espagne. || [lambiccarsi il cervello] se creuser la cervelle, la tête ; cogiter.
almanacco [alma'nakko] m. almanach.
almanaccone [almanak'kone] (**-a** f.) m. rêvasseur, euse.
almea ['almea] f. almée.
almeno [al'meno] avv. au moins. | *potresti almeno essere educato !*, tu pourrais au moins être poli ! || [con un' indicazione di quantità] au moins, au minimum, pour le moins. | *ce ne sono almeno duecento*, il y en a au moins deux cents, au bas mot deux cents, deux cents au minimum. || [con valore restrittivo] du moins. | *l'ha fatto lui, almeno così dice*, il l'a fait lui-même, du moins c'est ce qu'il dit. || [seguito dal cong.] si au moins, si encore. | *almeno mi avessi avvertito !*, si au moins, si encore tu m'avais prévenu !
alno ['alno] m. BOT. aune, aulne. V. anche ONTANO.
aloe ['aloe] m. invar. BOT. aloès.
alogenato [alodʒe'nato] agg. CHIM. halogène.
alogeno [a'lɔdʒeno] m. CHIM. halogène.
alone [a'lone] m. halo. || FIG. halo, auréole f.
alopecia [alo'pεtʃa] f. alopécie.
alosa [a'lɔza] f. ZOOL. alose.
alpaca [al'paka] m. invar. TESS., ZOOL. alpaga m.
alpacca [al'pakka] f. argentan m., maillechort m.
alpe ['alpe] f. [pascolo] alpage m., alpe. || [montagna] haute montagne.
alpeggiare [alped'dʒare] v. tr. conduire (les troupeaux) sur les alpages. ◆ v. intr. être sur l'alpage.
alpeggio [al'peddʒo] m. alpage.
alpestre [al'pεstre] agg. alpestre.
alpigiano [alpi'dʒano] (**-a** f.) agg. e m. montagnard, arde.
alpinismo [alpi'nizmo] m. alpinisme.
alpinista [alpi'nista] (**-i** pl.) m. e f. alpiniste.
alpinistico [alpi'nistiko] (**-ci** pl.) agg. de l'alpinisme. | *attività alpinistica*, alpinisme m. | *club alpinistico*, club d'alpinisme.
alpino [al'pino] agg. alpin. | *Club alpino*, Club alpin. || BOT. *stella alpina*, edelweiss m. || MIL. *truppe alpine*, troupes alpines. | *cappello d'alpino*, chapeau des chasseurs alpins. ◆ m. MIL. chasseur alpin.
alquanto [al'kwanto] agg. indef. **1.** sing. un certain ; pas mal de ; [solo di quantità indeterminata] une certaine, une assez grande quantité de. | *ci voleva alquanto coraggio*, il fallait un certain courage, pas mal de courage. | *dopo alquanto tempo*, après un certain temps. | *nei suoi bagagli trovarono alquanta eroina*, on trouva dans ses bagages une certaine quantité d'héroïne. || **2.** pl. un certain, un assez grand nombre de, pas mal de, (bon) nombre de. | *da alquanti anni*, depuis quelques années, depuis nombre d'années. ◆ pron. indef. sing. une certaine quantité. | *ne ho comperato alquanto*, j'en ai acheté une certaine quantité. || pl. un certain nombre, pas mal. | *ne ho comperati alquanti*, j'en ai acheté un certain nombre. ◆ avv. pas mal, assez, quelque peu. | *era alquanto brillo*, il était pas mal, plutôt, quelque peu éméché. | *la situazione è alquanto migliorata*, la situation s'est sensiblement, passablement, pas mal améliorée. | *si era alquanto riavuto dallo spavento*, il s'était assez bien remis de son effroi. ◆ [con valore di sost.] pas mal, assez. | *mangiammo e bevemmo alquanto*, nous avons pas mal mangé et bu.
alsaziano [alsat'tsjano] (**-a** f.) agg. e m. alsacien, enne.
alt ['alt] interiez. halte !

altalena [alta'lena] f. [sospesa] balançoire, escarpolette (raro). ‖ [su perno] balançoire, bascule. | *fare all'altalena,* faire de la balançoire, se balancer. ‖ FIG. suite de hauts et de bas. | *la vita è un'altalena,* dans la vie il y a des hauts et des bas.
altalenare [altale'nare] v. intr. se balancer (v. rifl.).
altamente [alta'mente] avv. hautement. | *altamente comico,* hautement, supérieurement comique ; d'un haut comique. ‖ [con verbo] énormément, beaucoup. | *me ne infischio altamente,* je m'en fiche complètement, royalement, pas mal (fam.).
altana [al'tana] f. belvédère m., mirador m. ‖ MIL. mirador.
altare [al'tare] m. autel. | *altare maggiore,* maître-autel. ‖ LOC. *condurre, portare (qlcu.) all'altare,* conduire (qn) à l'autel. ‖ LOC. PR. e FIG. *elevare, porre (qlcu.) sugli altari :* PR. canoniser (qn) ; FIG. dresser, élever des autels (à qn).
altarino [alta'rino] m. DIMIN. petit autel. ‖ LOC. SCHERZ. *scoprire gli altarini,* découvrir les petits secrets de qn.
alterabile [alte'rabile] agg. altérable.
alterabilità [alterabili'ta] f. altérabilité.
alteramente [altera'mente] avv. avec hauteur, d'un air hautain.
alterare [alte'rare] v. tr. **1.** [rendere diverso] altérer. | *il calore altera i cibi,* la chaleur altère, abîme, détériore les aliments. ‖ **2.** PER EST. [falsificare] altérer, falsifier. | *alterare i fatti,* altérer, fausser les faits. ‖ **3.** [disturbare] déranger, détraquer (fam.). ‖ FIG. déranger, troubler, détraquer (fam.). | *questi avvenimenti gli hanno alterato la mente,* ces événements lui ont dérangé l'esprit, l'ont détraqué. ◆ v. rifl. s'altérer. | *tenuto al caldo il vino si altera facilmente,* le vin conservé au chaud s'altère facilement. | *chiudi bene la bottiglia sennò il vino si altera,* ferme bien la bouteille, ou le vin s'éventera. ‖ FIG. [turbarsi] se troubler, s'agiter. ‖ [irritarsi] s'irriter.
alterato [alte'rato] agg. PR. e FIG. altéré. ‖ PR. [al contatto dell' aria] éventé. ‖ MED. *polso alterato,* pouls déréglé.
alterazione [alterat'tsjone] f. PR. e FIG. altération. ‖ [all'aria] éventement m., évent m. ‖ CHIM. altération. ‖ MED. dérèglement m. ‖ LOC. *avere un po' di alterazione,* avoir un peu de fièvre. ‖ MUS. altération.
altercare [alter'kare] v. intr. se disputer, se quereller (rifl.).
alterco [al'tɛrko] (**-chi** pl.) m. altercation f., dispute f., prise (f.) de bec, empoignade f.
alterigia [alte'ridʒa] f. hauteur, arrogance, fierté.
alterità [alteri'ta] f. FILOS. altérité.
alternamente [alterna'mente] avv. alternativement.
alternanza [alter'nantsa] f. alternance.
alternare [alter'nare] v. tr. faire alterner. | *alternare la lettura e lo sport,* faire alterner la lecture et le sport. | *madre che alterna la severità alla debolezza,* mère qui passe de la sévérité à la faiblesse. ‖ AGR. alterner. ◆ v. rifl. alterner [intr.]. | *un vento violento si alternava a momenti di calma,* un vent violent alternait avec des moments de calme. ‖ [di persone] se relayer, se succéder. | *due secondini si alternavano alla porta della cella,* deux gardiens se relayaient à la porte de la prison. | *i due fratelli si alternavano al capezzale della madre,* les deux frères veillaient à tour de rôle au chevet de leur mère. ◆ SOSTANT. alternance f., succession f.
alternatamente [alternata'mente] avv. alternativement.
alternativa [alterna'tiva] f. alternative. | *non abbiamo alternativa,* nous n'avons pas le choix.
alternativamente [alternativa'mente] avv. alternativement.
alternativo [alterna'tivo] agg. alternatif.
alternato [alter'nato] agg. alterné. ‖ ELETTR. alternatif. | *corrente alternata,* courant alternatif. ‖ POES. *rime alternate,* rimes croisées, alternées.
alternatore [alterna'tore] m. ELETTR. alternateur.
alterno [al'tɛrno] agg. qui alterne, alternatif. | *moto alterno del pendolo,* mouvement alternatif du pendule. | *l'alterno avvicendarsi delle stagioni,* la succession régulière des saisons. ‖ FIG. *le alterne vicende della vita,* les hauts et les bas, les vicissitudes de la vie. ‖ BOT., GEOM. alterne.
altero [al'tɛro] agg. altier, fier, hautain (peggior.). | *portamento altero,* fier maintien.
altezza [al'tettsa] f. **1.** hauteur. | *altezza di un muro,* hauteur d'un mur. ‖ [di una persona] taille. ‖ [specificando numericamente] haut m, hauteur. | *cento metri di altezza,* cent mètres de haut. | *un'altezza di cento metri,* une hauteur de cent mètres. ‖ [spessore] épaisseur. | *altezza della neve,* épaisseur de la couche de neige. ‖ [profondità] profondeur. | *altezza dell'acqua,* profondeur de l'eau. ‖ [rispetto al mare] altitude. ‖ **2.** [concreto] hauteur. | *altezza da capogiro,* hauteur vertigineuse. | *saltare da grande altezza,* sauter de très haut. ‖ **3.** FIG. hauteur, grandeur, noblesse. ‖ LOC. FIG. *essere all'altezza di,* être à la hauteur de. ‖ **4.** [titolo] altesse. | *Sua Altezza Regale,* Son Altesse Royale. ‖ **5.** ASTRON. hauteur. ‖ **6.** FIS., MUS. hauteur, acuité. ‖ **7.** GEOGR. hauteur. ‖ PER EST. *all' altezza del Duomo,* à la hauteur de la cathédrale. ‖ **8.** GEOM. hauteur. ‖ **9.** MAR. *altezza di un'onda,* creux (m.) d'une vague. ‖ **10.** TESS. largeur.
altezzosamente [altettsoza'mente] avv. avec hauteur, arrogamment (raro).
altezzosità [altettsozi'ta] f. hauteur, arrogance, morgue.
altezzoso [altet'tsozo] agg. hautain, arrogant.
alticcio [al'tittʃo] agg. éméché, gris, gai, pompette (fam.).
altimetro [al'timetro] m. altimètre.
altipiano [alti'pjano] m. V. ALTOPIANO.
altisonante [altiso'nante] agg. retentissant, tonitruant (fam.). ‖ PEGGIOR. grandiloquent. | *parole altisonanti,* grands mots.
altissimo [al'tissimo] m. RELIG. le Très-Haut.
altitudine [alti'tudine] f. altitude.
alto ['alto] agg. **1.** [sviluppato verticalmente] haut, élevé. | *sul monte più alto,* sur la plus haute montagne, sur la montagne la plus élevée. | *stanza dall'alto soffitto,* pièce haute de plafond. | *tacchi alti,* hauts talons, talons hauts. | *alta quota,* altitude élevée. ‖ [persona o animale] grand, de haute taille. | *uomo alto,* homme grand, de haute taille. | *scimmia molto alta,* très grand singe. | *come è diventato alto !,* comme il a grandi ! ‖ LOC. *alto come un soldo di cacio,* pas plus haut qu'une botte ; haut comme trois pommes. ‖ [alberi] grand, élevé. ‖ **2.** [specificando numericamente] haut (de). | *muro alto due metri,* mur haut de deux mètres, de deux mètres de haut, de deux mètres de hauteur, d'une hauteur de deux mètres. | *questa casa è alta dieci metri,* cette maison a, mesure dix mètres de haut. ‖ [stoffa] large. | *tessuto alto settanta centimetri,* tissu de soixante-dix centimètres de large. ‖ [persone] *un uomo alto due metri,* un homme qui mesure deux mètres. | *mio figlio è alto un metro e mezzo,* mon fils mesure un mètre cinquante. | *quanto sei alto ?,* combien mesures-tu ?, quelle est ta taille ? ‖ **3.** [in posizione dominante] haut. | *la città alta,* la ville haute. | *il sole è alto sull'orizzonte,* le soleil est au plus haut de sa course. ‖ LOC. FIG. *andare a testa alta,* marcher la tête haute. | *tenere alto il morale,* garder bon moral. ‖ **4.** [situato in altitudine, a nord, in prossimità della sorgente di un fiume] haut. | *alta Italia,* Italie du Nord. | *alto Nilo,* haut Nil. | *alto tedesco,* haut allemand. ‖ PER EST. [nel tempo] haut. | *alto Medio Evo,* haut Moyen Age. ‖ **5.** [profondo] profond. | *acqua molto alta,* eau profonde. | *alto mare,* haute mer. | *pesca di alto mare,* pêche hauturière. ‖ LOC. FIG. *essere in alto mare,* être loin de la, d'une solution. | *la questione è in alto mare,* la question n'est pas près d'être résolue. ‖ **6.** [di notevole spessore] gros, grand, épais. | *fetta di torta alta cosí,* morceau de gâteau gros comme ça. ‖ **7.** [inoltrato] avancé, plein. | *a notte alta,* en pleine nuit ; à une heure avancée de la nuit ; tard dans la nuit. ‖ [tardivo] tardif. | *Pasqua è alta quest'anno,* Pâques tombe tard cette année. ‖ **8.** [di suono acuto] haut, aigu. | *ha una voce molto alta,* il a une voix très aiguë. ‖ [possente] haut, fort. | *a voce alta,* à haute voix, tout haut. | *disse con voce molto alta,* il dit d'une voix très forte, d'une voix sonore. ‖ **9.** [grande, elevato] élevé, haut. | *prezzi alti,* prix élevés. | *stipendio alto,* salaire élevé, impor-

tant ; haut salaire. | *alta pressione,* pression élevée, haute pression. | *febbre alta,* forte fièvre. ‖ **10.** FIG. [nel dominio sociale] haut, élevé. | *l'alta società,* la haute société ; la haute (pop.). | *persona di alto rango, di alto bordo,* personne d'un rang élevé, du grand monde. | FAM. *alto papavero,* huile f. | *avere alte mire,* viser haut. ‖ [nel dominio morale o intellettuale] élevé, éminent, haut. | *alti sentimenti,* sentiments élevés. | *alto ingegno,* esprit éminent. | *avere un alto concetto di sè,* avoir une haute idée de soi-même. | *tenere alto il proprio nome,* soutenir l'honneur de son nom. ‖ [arduo] dur, ardu. ◆ avv. haut. | *volare alto,* voler haut. | PR. e FIG. *mirare alto,* viser haut. ◆ m. **1.** haut. | *l'alto di un palazzo, di una montagna,* le haut d'une maison, d'une montagne. | *salto in alto,* saut en hauteur (f.). ‖ **2.** FIG. *gli alti ed i bassi,* les hauts et les bas. ‖ **3.** LOC. AVV. ***in alto,*** en haut. | *in alto in alto,* tout en haut. | *mani in alto !,* les mains en l'air !, haut les mains ! ‖ FIG. *in alto i cuori !,* haut les cœurs ! ‖ **4.** LOC. AVV. PR. e FIG. ***dall' alto,*** de haut, d'en haut. | *guardare qlcu. dall' alto in basso,* regarder qn de haut, de haut en bas, du haut de sa grandeur.

altoatesino [altoate'zino] agg. du Haut-Adige. ◆ m. habitant du Haut-Adige.

altoforno [alto'forno] (**altiforni** pl.) m. haut fourneau.

altolà [alto'la] interiez. halte-là !

altolocato [altolo'kato] agg. haut placé, huppé (fam.). | *uomini altolocati,* hommes haut placés.

altoparlante [altopar'lante] m. haut-parleur.

altopiano [alto'pjano] m. haut plateau, plateau. | *altopiano calcareo,* causse.

altorilievo [altori'ljɛvo] m. ARTI haut-relief.

altresì [altre'si] avv. LETT. aussi, de plus, en outre, de même.

altrettanto [altret'tanto] agg. indef. autant de (avv.). | *dieci donne ed altrettanti uomini,* dix femmes et autant, le même nombre d'hommes. | *dimostrò altrettanta presunzione quanta incompetenza,* il fit preuve d'autant de présomption que d'incompétence. ◆ pron. indéf. **1.** autant. | *ce ne vorrebbero ancora altrettanti,* il en faudrait encore autant. | *ne avrai altrettanto quanto lui,* tu en auras autant que lui. ‖ **2.** [la stessa cosa] en... autant ; de même (loc. avv.). | *non posso dire altrettanto,* je ne peux en dire autant. | *tutti risero ed io feci altrettanto,* tout le monde se mit à rire et j'en fis autant, et je fis de même. ‖ [in risposta ad un augurio] de même. | «*buona passeggiata*», «*grazie, altrettanto*», «bonne promenade !», «merci, de même» (o «merci, à vous aussi» ; «merci, à vous également»). ◆ avv. **1.** [con verbi] autant. | *soffro altrettanto di te,* je souffre autant que toi. ‖ **2.** [con agg. o avv.] aussi. | *è altrettanto buona quanto bella,* elle est aussi bonne que belle. | *guida altrettanto male quanto sua sorella,* il conduit aussi mal que sa sœur. | *è altrettanto ubriaco di ieri,* il est (tout) aussi ivre qu'hier. | *possibile che sia altrettanto difficile ?,* est-il possible que ce soit aussi difficile, si difficile ?

altri ['altri] pron. indef. sing. un autre, quelqu'un d'autre ; [solo compl.] autrui. | *altri dirà se ho ragione o torto,* d'autres diront, un autre dira si j'ai raison ou tort. | *non prendere la roba d'altri,* ne prends pas le bien d'autrui. | *chi altri ?,* qui d'autre ? ‖ [in frasi negative] personne d'autre. | *non può essere altri che lui,* ce ne peut être personne d'autre que lui. ‖ [qualcuno] on, quelqu'un. | *altri dirà che ho torto,* on dira que j'ai tort. ‖ [ripetuto o in correlazione con taluno, alcuno] l'un... l'autre ; les uns... les autres ; les uns... d'autres. | *altri (o taluno) dice di sì, altri di no,* les uns disent que oui, les autres que non.

altrimenti [altri'menti] avv. [diversamente] autrement. | *non si può fare altrimenti,* on ne peut pas faire autrement. ‖ [sennò] autrement, sinon, sans quoi. | *sbrigati, altrimenti perdi il treno,* dépêche-toi, sinon tu vas manquer le train.

altro ['altro] agg. indef. **1.** autre. | *mettiti altre scarpe,* mets d'autres chaussures. | *un'altra volta,* une autre fois. | *parlo di un'altra cosa, di tutt'altra cosa,* je parle d'autre chose, de tout autre chose. ‖ [in correlazione con uno] *lo baciò sull'una e sull'altra guancia,* il l'embrassa sur les deux joues, sur l'une et l'autre joue (antiq.). | *né l'uno né l'altro libro,* aucun des deux livres ; ni l'un ni l'autre livre (antiq.). ‖ **2.** [rimanente] autre, qui reste. | *le altre mie amiche sono sposate,* mes autres amies sont mariées. | *gli altri venti uomini si misero al lavoro,* les vingt autres hommes se mirent au travail. | *che cosa farai dell'altra lana ?,* qu'est-ce que tu vas faire de la laine qui reste ?, du reste de la laine ? ‖ **3.** [ancora uno, ancora un po'] autre ; encore un ; encore du, de la. | *dammi dell'altro vino, altre dieci lire,* donne-moi encore du vin, encore dix lires. | *cantala un'altra volta,* chante-la encore une fois. ‖ [secondo, nuovo] autre, nouveau, second. | *un altro Napoleone,* un nouveau Napoléon. | *un altro me stesso,* un autre moi-même. ‖ **4.** [riferito al tempo] [scorso] dernier. | *l'altr'anno ; l'altro mese ; l'altra settimana ;* l'année dernière, l'année passée ; le mois dernier ; la semaine dernière, la semaine passée. | *l'altro lunedì,* lundi dernier. ‖ [immediatamente anteriore a quello precedente] *l'altr'anno,* il y a deux ans. | *l'altro giorno, l'altro ieri, ieri l'altro,* avant-hier. ‖ [riferito al futuro] prochain. | *quest'altr'anno,* l'an prochain. | *quest'altro lunedì,* lundi prochain, lundi en huit. | *domani l'altro,* après-demain. ‖ **5.** [unito ad agg. o pron.] autre. | *che altro ?, cos'altro ?,* quoi d'autre ?, quoi encore ? ‖ *qualcosa d'altro,* quelque chose d'autre. ‖ *chiunque altro,* n'importe qui d'autre, tout autre ; [secondo termine di paragone] aucun autre, personne. | *lo poteva fare chiunque altro, ma tu sei più adatto di chiunque altro,* n'importe qui d'autre pouvait le faire, mais tu conviens mieux que personne. ‖ *ogni altro,* tout autre. ‖ *nessun altro* [pron. ; solo persone] personne d'autre ; [pron. e agg.] aucun autre. ‖ *moltri altri ; pochi altri ; certi altri ;* bien, beaucoup d'autres ; quelques autres ; certains autres. ‖ *quest' altro, quell'altro* [agg. e pron.] cet autre ; [pron.] celui-là ; [di persone, peggior.] celui-là, l'autre. | *mi dà sui nervi quell'altro,* il m'énerve celui-là. ‖ *noialtri, voialtri,* nous autres, vous autres. ◆ pron. **1.** autre. | *gli altri,* les autres. | *un altro non avrebbe accettato,* un autre n'aurait pas accepté. | *se non lo vuoi fare lo farà un altro,* si tu ne veux pas le faire (c'est) quelqu'un d'autre (qui) le fera. | *avanti un altro !,* au suivant ! | *pare un altro, un'altra,* il, elle est tout autre. | *mi sento un altro,* je me sens un autre homme. | *raccontalo ad altri !,* à d'autres ! ‖ **2.** [uno in più, qualcosa in più] encore un, encore (un peu). | *ne vuoi un altro ?, un altro po' ?,* tu en veux encore un ?, encore un peu ? | *ce n'è dell'altro ?,* il y en a encore ? | *ne ha fatta un'altra delle sue,* il a encore fait des siennes. ‖ **3.** [in correlazione con uno, alcuno] autre. | *alcuni vennero, altri no,* quelques-uns vinrent, d'autres non. | *in un modo o nell'altro,* d'une façon ou d'une autre. | *un anno sull'altro,* bon an mal an. | *ho bisogno dell'uno e dell'altro,* j'ai besoin aussi bien de l'un que de l'autre ; j'ai besoin des deux. ‖ **4.** [reciproco] autre. | *amatevi gli uni gli altri,* aimez-vous les uns les autres. ◆ SOSTANT. **1.** [neutro] autre chose. | *ho altro da fare,* j'ai autre chose à faire. ‖ [nei negozi] *vuole altro ?,* et avec ça ? ‖ [ripetuto] *altro..., altro,* une chose..., une autre... | *altro è parlare della morte, altro è morire,* c'est une chose de parler de la mort, c'en est une autre de mourir. ‖ **2.** *dell'altro,* (encore) autre chose. | *c'è dell'altro,* il y a autre chose, il y a plus, ce n'est pas tout. | *ho fatto questo e dell'altro,* j'ai fait cela et (bien) d'autres choses encore. ‖ **3.** [in frasi negative] rien d'autre ; ne... que. | *non ho altro da fare,* je n'ai rien d'autre à faire. | *non penso ad altro,* je ne pense qu'à cela, qu'à ça. | *non meriti altro,* c'est tout ce que tu mérites. | *non c'è altro,* il n'y a plus rien ; c'est tout ; il n'y a rien d'autre. ‖ **4.** *altro che* [nelle frasi negative] ne... (rien d'autre) que. | *non desidera altro che la mia partenza,* il ne désire (rien d'autre) que mon départ ; tout ce qu'il désire, c'est que je parte. | *non sei altro che un bugiardo,* tu n'es qu'un menteur ; tu es vraiment un menteur. | *se ti occorre qlco. non devi fare altro che chiederlo,* si tu as besoin de qch., tu n'as qu'à le demander. ‖ [nelle risposte] (mais) comment donc ! ; et comment ! (fam.), je te, vous crois ! (fam.). | «*ti piace ?*», «*altro che !*», «il te plaît ?», «et comment !» ; «je te crois !» ‖ [in espressioni positive] *altro che scherzo !,* ça n'est pas une plaisanterie ! ‖ **5.** *tutt'altro, ben altro,* tout autre chose. | *pensavo a tutt'altro, a ben altro,* je pensais à tout autre chose. |

ho sopportato ben altro, j'en ai vu (bien) d'autres. | *è tutt'altro che uno scherzo,* cela n'a rien d'une plaisanterie. | *è tutt'altro che perfetto,* c'est loin d'être parfait. || [come loc. avv.] loin de là, au contraire. | *non ti critico, tutt'altro,* je ne te critique pas, au contraire. || **6.** ***tra l'altro,*** entre autres, entre autres choses. || ***per altro,*** du reste, par ailleurs, d'ailleurs. || ***più che altro,*** surtout, plutôt. | *più che altro mi sento solo,* ce qu'il y a surtout, c'est que je me sens seul. | *non fosse altro,* ne serait-ce que... || ***se non altro,*** (tout) au moins. | *se non altro ci ha fatto l'abitudine,* il en a au moins pris l'habitude. || ***senz' altro,*** sans aucun doute, absolument. | *è senz' altro il migliore,* c'est sans aucun doute, indiscutablement le meilleur. | *vengo domani senz' altro,* je viens demain sans faute. || **7.** Loc. *ci vuole altro, ci vorrebbe altro, ben altro,* il en faut, il en faudrait plus. | *ci vuole altro per fermarmi,* il en faudrait plus pour m'arrêter ; ce n'est pas cela, ça qui m'arrêtera. | *non ci mancava altro !,* il ne manquait plus que ça ! ; allons bon ! ; c'est le comble ! ; c'est la fin de tout, la fin des haricots (fam.) ! | *ci mancherebbe altro !,* ce serait du joli !, ce serait le comble ! ; il ne manquerait plus que ça ! | *pazzo che non sei altro !,* tu es complètement fou !

altro ieri (l') [laltro'jɛri] m. Loc. avv. avant-hier (avv.).

altronde [al'tronde] avv. Lett. d'ailleurs. || Loc. avv. l.c. ***d'altronde,*** d'autre part, par ailleurs, de toute façon, d'ailleurs. | *d'altronde cosa vuoi farci ?,* de toute façon, que veux-tu y faire ?

altrove [al'trove] avv. ailleurs, autre part. | *sono diretto altrove,* je vais d'un autre côté. | *venire da altrove,* venir d'ailleurs. || Fig. *aver la testa altrove,* avoir la tête ailleurs.

altrui [al'trui] agg. poss. invar. d'autrui, des autres. | *la roba altrui,* le bien d'autrui. | *immischiarsi nei fatti altrui,* s'occuper des affaires des autres. ◆ pron. indef. invar. Lett. (à) autrui, (aux) autres. | *fare altrui del bene,* faire du bien à autrui, aux autres. ◆ m. bien d'autrui.

altruismo [altru'izmo] m. altruisme.

altruista [altru'ista] agg. e n. altruiste.

altruistico [altru'istiko] (**-ci** pl.) agg. altruiste.

altura [al'tura] f. hauteur, éminence, élévation, butte. | *salire su un'altura,* monter sur une hauteur. || Fig. antiq. lett. hauteur. || Mar. haute mer. | *navigazione d'altura,* navigation hauturière.

alturiero [altu'rjɛro] agg. Mar. hauturier.

alunno [a'lunno] (**-a** f.) m. élève m. e f. || Fig. *alunno delle Muse,* nourrisson des Muses.

alveare [alve'are] m. ruche f. || Fig. *sembra di essere in un alveare,* quelle cohue ! || Neol. *abitare in un alveare (umano),* habiter dans une vraie caserne (f.).

alveo ['alveo] m. lit. || Lett. (raro) creux.

alveolare [alveo'lare] agg. Anat., Ling. alvéolaire.

alveolo [al'vɛolo] m. Anat. alvéole f. o (raro) m. || Lett. [cella] alvéole.

alzabandiera [altsaban'djɛra] m. invar. envoi (m.), lever (m.) des couleurs. | *fare l'alzabandiera,* hisser, envoyer les couleurs.

alzacristallo [altsakris'tallo] m. Neol. monte-glace invar.

alzaia [al'tsaja] f. [fune] câble (m.) de halage, haussière. || [strada] chemin (m.) de halage.

alzamento [altsa'mento] m. élévation f.

alzare [al'tsare] v. tr. **1.** lever. | *alzare le mani al cielo,* lever les bras au ciel. | *alzare le spalle,* hausser les épaules. | *alzare il sipario,* lever le rideau. | *alzare la bandiera,* hisser le drapeau. | *alzare le vele,* hisser les voiles ; [salpare] lever l'ancre. | *alzare una cassa da terra,* soulever une caisse. || Giochi *alzare le carte,* couper. || **2.** [costruire] élever, bâtir, construire. | *alzare un muro,* construire, élever un mur. || [sopraelevare] élever, surélever, hausser, exhausser. || **3.** Fig. élever, hausser. | *alzare i prezzi,* hausser les prix. | *alzare la voce,* élever la voix. || **4.** Loc. fig. *alzare il gomito,* lever le coude. | *alzare i tacchi,* déguerpir, décamper, ficher le camp (fam.), filer (fam.). | *alzare la cresta,* monter sur ses ergots ; lever la crête (antiq.). | *alzare qlcu. alle stelle, al cielo,* porter qn aux nues. ◆ v. rifl. **1.** se lever. | *non ti sei ancora alzato ?,* tu n'es pas encore levé, debout ? | *alzati !,* lève-toi !, debout ! | *alzarsi in punta di piedi,* se hausser sur la pointe des pieds. || [ellittico] *lo fecero alzare,* ils le firent lever. || [sorgere] se lever. | *si è alzato il sole,* le soleil s'est levé. | *si sta alzando il vento,* le vent se lève. || **2.** [diventare più alto] s'élever, monter. | *il livello si alza,* le niveau s'élève, monte. || [di persone] grandir, pousser (fam.). || **3.** Sostant. lever.

alzata [al'tsata] f. **1.** élévation. | *alzata di terra,* élévation, levée de terre. | *alzata di spalle,* haussement (m.) d'épaules. | *votare per alzata di mano,* voter à main levée. || [costruzione] érection, construction. || Fig. *alzata di scudi,* levée de boucliers. | [spesso iron.] *alzata d'ingegno,* idée de génie. | *alzata di testa,* coup (m.) de tête. || **2.** [vassoio] plateau (m.) à étages. || **3.** [parte di credenza] dressoir m., vaisselier m. || **4.** [specchiera] glace. || **5.** [testata del letto] tête.

alzato [al'tsato] agg. levé, debout. ◆ m. Archit. projection verticale.

alzavola [al'tsavola] f. Zool. sarcelle.

alzo ['altso] m. Mil. hausse f.

amabile [a'mabile] agg. aimable, affable. || [di vino] doux.

amabilità [amabili'ta] f. amabilité, affabilité, obligeance.

amabilmente [amabil'mente] avv. aimablement.

amaca [a'maka] f. hamac m.

amadriade [ama'driade] f. Mit. hamadryade. || Zool. hamadrias m.

amalgama [a'malgama] (**-i** pl.) m. Chim. amalgame. || Fig. amalgame.

amalgamare [amalga'mare] v. tr. Chim. amalgamer. || Fig. amalgamer, mêler, fondre. ◆ v. rifl. s'amalgamer. || Fig. s'amalgamer, se mêler, se fondre.

amamelide [ama'mɛlide] f. Bot. hamamélis m.

amanita [ama'nita] f. Bot. amanite.

amante [a'mante] agg. qui aime. | *amante della natura,* qui aime la nature ; ami, amant (antiq. lett.) de la nature. | *persona amante della giustizia,* personne qui aime la justice, éprise de justice. | *essere amante della musica,* aimer la musique ; être un amateur de musique ; être un ami de la musique. ◆ m. o f. **1.** Antiq. [innamorato] amoureux, euse (l.c.) ; amant, e. || **2.** [chi ha una relazione amorosa illecita] amant m., maîtresse f. || *gli amanti,* les amants.

amanuense [amanu'ɛnse] m. copiste (antiq.).

amaramente [amara'mente] avv. amèrement. | *pentirsi amaramente,* regretter amèrement.

amaranto [ama'ranto] m. Bot. amarante f. ◆ agg. invar. amarante.

amare [a'mare] v. tr. **1.** aimer. | *amare il prossimo,* aimer son prochain. | *amare teneramente,* aimer tendrement, chérir. | *amare la giustizia,* aimer la justice. || **2.** [di animali o piante] aimer. | *pianta che ama il sole, l'acqua,* plante qui aime le soleil, l'eau ; plante qui a besoin de soleil, d'eau. | *il gatto ama più la casa che il padrone,* le chat s'attache plus à sa maison qu'à son maître. || **3.** [seguito da infinito o da che + congiunt.] aimer. ◆ v. rifl. aimer (soi-même). ◆ v. recipr. s'aimer.

amareggiamento [amareddʒa'mento] m. amertume f.

amareggiare [amared'dʒare] v. tr. assombrir, attrister ; chagriner ; peiner. | *quello scandalo amareggiò i suoi ultimi anni,* ce scandale assombrit les dernières années de sa vie. | *la notizia l'ha molto amareggiato,* la nouvelle l'a beaucoup chagriné, peiné. || Pr. (raro) rendre amer. ◆ v. rifl. s'attrister, s'affliger, se tourmenter, se faire du mauvais sang, se tracasser.

amareggiato [amared'dʒato] agg. chagriné, peiné, attristé. | *viso amareggiato,* visage chagrin.

amarena [ama'rɛna] f. Bot. griotte. || [sciroppo] sirop (m.) de griottes.

amareno [ama'rɛno] m. Bot. griottier (raro).

amaretto [ama'retto] m. macaron.

amarezza [ama'rettsa] f. Pr. et fig. amertume. ◆ pl. chagrins m., amertumes (lett.).

amarilli [ama'rilli] o **amarillide** f. Bot. amaryllis.

amaro [a'maro] agg. amer. | *medicina amara,* médicament amer. | *bere il caffè amaro,* boire le café sans sucre. || Fig. amer. | *amara esperienza,* amère expérience. || Loc. pr. e fig. *aver la bocca amara,* avoir la bouche amère. || Loc. FIG. *mandar giù un boccone amaro*, avaler la pilule, le morceau (fam.). ◆ m. **1.** amertune f. || FIG. amertume, rancœur f. | *c'è dell'amaro tra loro*, il y a de la rancœur entre eux. || Loc. FIG. *avere dell'amaro in corpo*, être plein de fiel. | *masticare amaro*, avoir la rage au cœur ; enrager ; râler (fam.). | *inghiottire amaro e sputar dolce*, avaler des couleuvres. || **2.** [liquore] amer. || **3.** [alterazione del vino] amertume.

amarognolo [ama'rɔɲɲolo] agg. un peu amer, légèrement amer.

amarra [a'marra] f. amarre.

amarrare [amar'rare] v. tr. V. AMMARRARE.

amato [a'mato] agg. chéri, cher, aimé, bien-aimé. | *amata patria*, chère patrie ; patrie bien-aimée. ◆ SOSTANT. bien-aimé, aimé. | *contemplava l'amata*, il contemplait sa bien-aimée. || *mio amato*, mon aimé, mon amour

amatore [ama'tore] (**-trice** f.) m. amateur (solo m.) | *amatore della musica*, amateur de musique. | *amatore della tranquillità*, personne qui aime la tranquillité. || [appassionato] amateur. || SPORT amateur. || (antiq.) amoureux (L.C.), amant.

amatorio [ama'tɔrjo] agg. LETT. d'amour. | *arte amatoria*, art d'aimer.

amazzone [a'maddzone] f. MIT. amazone. || PER EST. amazone. | *cavalcare all'amazzone*, monter en amazone. || [abito] amazone.

ambagi [am'badʒi] f. pl. détours m. pl. ◆ LOC. AVV. ***senza ambagi,*** sans ambages, sans détours.

ambasceria [ambaʃʃe'ria] f. ambassade. | *mandare una ambasceria*, envoyer une ambassade.

ambasciata [ambaʃ'ʃata] f. ambassade.

ambasciatore [ambaʃʃa'tore] (**-trice** f.) m. ambassadeur, drice. || [messaggero] (**-a** f. fam.) ambassadeur ; messager, ère.

ambedue [ambe'due] agg. num. invar. (lett.) les deux (L.C.) ; l'un et l'autre. | *ambedue le mani*, les deux mains. | *da ambedue i lati*, des deux côtés. ◆ pron. (lett.) tous (les deux) (L.C.), les deux (L.C.). | *sono morte ambedue*, elles sont mortes toutes les deux. | *ambedue sono interessanti*, les deux sont intéressants.

ambidestro [ambi'dɛstro] agg. ambidextre.

ambientale [ambjen'tale] agg. ambiant ; du milieu. | *caratteristiche ambientali*, caractéristiques du milieu (ambiant). | *condizioni ambientali sfavorevoli*, milieu défavorable.

ambientamento [ambjenta'mento] m. acclimatation f., adaptation f.

ambientare [ambjen'tare] v. tr. acclimater. || FIG. situer. | *ambientare un romanzo nel Settecento*, situer un roman au XVIIIᵉ siècle. || ◆ v. rifl. PR. e FIG. s'acclimater, s'adapter. | *si è ambientato subito in questo nuovo clima*, il s'est tout de suite adapté à ce nouveau climat.

ambientatore [ambjenta'tore] (**-trice** f.) m. ensemblier. || TEATRO, CIN. décorateur, trice.

ambientazione [ambjentat'tsjone] f. (raro). V. AMBIENTAMENTO. || TEATRO, CIN. décor m., décoration.

ambiente [am'bjɛnte] m. **1.** milieu, habitat. | *ambiente naturale*, milieu naturel. | *protezione dell' ambiente*, protection de l'environnement. || **2.** FIG. milieu. | *influenza dell' ambiente*, influence du milieu. | *ambienti politici*, milieux politiques. | *mi sento nel mio ambiente*, je me sens dans mon élément. || [atmosfera] ambiance f., climat, atmosphère f. | *ambiente ostile*, climat d'hostilité. || [solo materiale] cadre, décor. | *ambiente suntuoso*, décor somptueux. || **3.** [vano] pièce f. ◆ [come agg.] ambiant. | *temperatura ambiente*, température ambiante.

ambigenere [ambi'dʒɛnere] agg. des deux genres.

ambiguità [ambigui'ta] f. ambiguïté.

ambiguo [am'biguo] agg. ambigu, équivoque. | *risposta ambigua*, réponse équivoque ; réponse de Normand. || PER EST. équivoque, douteux, louche, suspect. | *fama ambigua*, réputation équivoque, douteuse.

ambio ['ambjo] m. amble. | *andare all'ambio*, aller l'amble.

ambire [am'bire] v. tr. e intr. ambitionner (tr.), convoiter (tr.), aspirer (à). | *ambisce a prendere il mio posto*, il ambitionne de me prendre ma place. | *ambire un posto*, convoiter un poste.

1. ambito [am'bito] agg. convoité, recherché.

2. ambito ['ambito] m. PR. (lett.) intérieur, limites f. pl. | *nell'ambito del nostro territorio*, à l'intérieur, dans les limites de notre territoire. || FIG. domaine. | *fece importanti scoperte nell'ambito delle scienze esatte*, il a fait d'importantes découvertes dans le domaine des sciences exactes. || [con idea di limite] cadre. | *nell'ambito delle sue funzioni*, dans le cadre de ses fonctions. | *non rientra nell'ambito delle mie competenze*, ce n'est pas mon rayon ; ce n'est pas de mon ressort. | *nell'ambito delle mie possibilità*, dans la mesure de mes possibilités. || FIG. [cerchia sociale] cercle, groupe. | *nell'ambito della sua famiglia*, dans sa famille. | *nell'ambito dei miei amici*, parmi mes amis.

ambivalente [ambiva'lente] agg. ambivalent.

ambivalenza [ambiva'lɛntsa] f. ambivalence.

ambizione [ambit'tsjone] f. ambition.

ambiziosamente [ambittsjosa'mente] avv. ambitieusement.

ambizioso [ambit'tsjoso] agg. ambitieux.

1. ambo ['ambo] agg. num. invar. (anche pl., m. ambi, f. ambe) (lett.) les deux. | *prendere qlco. con ambo le mani*, prendre qch. des deux mains. | *da ambo le parti*, des deux côtés.

2. ambo ['ambo] m. [lotto] ambe.

ambra ['ambra] f. ambre m. || [colore] ambre.

ambracane [ambra'kane] m. ANTIQ. ambre gris.

ambrato [am'brato] agg. ambré.

ambrosia [am'brɔzja] f. ambroisie.

ambrosiano [ambro'zjano] agg. RELIG. ambrosien. ◆ PER EST. agg. e m. milanais.

ambrosio [am'brɔzjo] agg. LETT. ambrosiaque, ambrosien.

ambulante [ambu'lante] agg. ambulant. | *venditore ambulante*, marchand ambulant, colporteur, camelot, (spesso peggior.). | *fruttivendolo ambulante*, marchand des quatre saisons. || FIG. *quell' uomo è una biblioteca ambulante*, cet homme est une encyclopédie vivante, ambulante. ◆ m. *ambulante postale*, wagon-poste.

ambulanza [ambu'lantsa] f. ambulance. || MIL. ambulance.

ambulare [ambu'lare] v. intr. LETT. o SCHERZ. marcher (L.C.).

1. ambulatorio [ambula'tɔrjo] agg. ambulatoire.

2. ambulatorio [ambula'tɔrjo] m. cabinet de consultation. || [dispensario] dispensaire.

amburghese [ambur'gese] agg. e n. hambourgeois, e.

ameba [a'mɛba] f. ZOOL. amibe.

amebiasi [ame'biazi] f. MED. amibiase.

amebico [a'mɛbiko] (**-ci** pl.) agg. amibien.

amen ['amen] avv. e m. [lat.] amen. || LOC. FIG. *in un amen*, en un clin d'œil.

amenamente [amena'mente] avv. agréablement.

amenità [ameni'ta] f. agrément m., charme m. || [modo di esprimersi] piquant m. || [motto faceto] boutade, mot (d'esprit) m. || IRON. sottise, baliverne.

ameno [a'mɛno] agg. agréable, plaisant, attrayant. | *paesaggio ameno*, paysage riant. || [divertente, strano] amusant, drôle, bizarre. | *capo ameno, tipo ameno*, drôle de type, boute-en-train, farceur.

americanata [amerika'nata] f. SCHERZ. extravagance, excentricité « à l'américaine ».

americanismo [amerika'nizmo] m. américanisme.

americanizzare [amerikanid'dzare] v. tr. américaniser.

americano [ameri'kano] (**-a** f.) agg. e m. américain, e. || LOC. *all' americana*, « à l'américaine ». ◆ f. SPORT américaine.

amerindio [ame'rindjo] o **amerindiano** [amerin'djano] (**-a** f.) agg. e m. amérindien, enne.

ametista [ame'tista] f. améthyste.

amianto [a'mjanto] m. amiante.

amicare [ami'kare] v. tr. LETT. attacher (L.C.). | *amicare qlcu. a qlco.*, gagner qn à qch. | *amicarsi qlcu.*, gagner l'amitié de qn, s'attacher qn.

amichevole [ami'kevole] agg. amical. || GIUR. amiable ; à l'amiable (loc. avv.). | *spartizione amichevole*, partage amiable. || SPORT *incontro amichevole*, match amical.

amichevolezza [amikevo'lettsa] f. amabilité.

amichevolmente [amikevol'mente] avv. amicalement.

amicizia [ami'tʃittsja] f. amitié. | *fare, stringere amicizia con qlcu.*, se lier d'amitié avec qn. | *amicizia provata*, solide amitié. ‖ PROV. *patti chiari, amicizia lunga*, les bons comptes font les bons amis. ‖ [persona] ami m., relation, fréquentation. | *avere amicizie influenti*, avoir des relations. | *uomo di poche amicizie*, homme qui n'a pas beaucoup d'amis.

amico [a'miko] (**-a** f. ; **-ci** pl. m.) m. **1.** ami. | *amico di famiglia, del cuore*, ami de la maison, de cœur. | *è un mio caro amico*, c'est un de mes bons amis, un ami qui m'est cher. | *amici per la pelle*, amis inséparables. | *falso amico*, faux frère. | *comportarsi da amico*, agir en ami. ‖ LOC. *amici come prima, più di prima*, sans rancune. ‖ SCHERZ. O IRON. *l'amico*, l'ami, le cher ami, l'autre. | *e l'amico che ne dice?*, et l'autre (individu), qu'est-ce qu'il en dit ? ‖ **2.** EUF. [amante] ami. | *l'amica del direttore*, l'amie, la bonne amie (fam.) du directeur. ‖ **3.** [chi sente inclinazione verso qlco.] ami. | *amico delle arti*, ami des arts. ◆ agg. ami.

amicone [ami'kone] (**-a** f.) m. FAM. copain, copine f. ; pote (pop.).

amidaceo [ami'datʃeo] agg. V. AMILACEO.

amidatura [amida'tura] f. amidonnage m.

amido ['amido] m. amidon.

amigdala [a'migdala] f. ANAT. amygdale. ‖ ARCHEOL. coup-de-poing m.

amilaceo [ami'latʃeo] agg. amylacé.

amilasi [ami'lazi] f. CHIM. amylase.

amina [a'mina] f. V. AMMINA.

aminoacido [amino'atʃido] m. V. AMMINOACIDO.

amitto [a'mitto] m. RELIG. amict.

amletico [am'lɛtiko] (**-ci** pl.) agg. d'Hamlet. ‖ PER EST. digne d'Hamlet.

ammaccamento [ammakka'mento] m. bossellement, bosselure f., bosse f.

ammaccare [ammak'kare] v. tr. **1.** cabosser, bosseler, bossuer. | *ammaccare un'automobile*, cabosser une voiture. ‖ **2.** [corpo] faire un bleu, des bleus ; meurtrir, froisser, contusionner. ‖ [occhio] pocher. ‖ **3.** [frutta] meurtrir, abîmer, taler. ◆ v. rifl. se cabosser. ‖ [corpo] se faire un bleu ; se meurtrir. | *si è tutto ammaccato*, il est couvert de bleus. ‖ [frutta] se meurtrir, s'abîmer, se taler.

ammaccato [ammak'kato] agg. cabossé, bosselé, bossué. ‖ [corpo] meurtri, contusionné, plein de bleus. | *ha il viso tutto ammaccato*, il a le visage tout meurtri, il a la tête en compote (fam.). ‖ [occhio] poché ; au beurre noir (fam.). ‖ [frutta] abîmé, meurtri, talé.

ammaccatura [ammakka'tura] f. bosse. | *macchina piena di ammaccature*, voiture pleine de bosses, toute cabossée. ‖ [corpo] bleu (m.), contusion, meurtrissure. ‖ [frutta] meurtrissure, tache, talure.

ammaestrabile [ammaes'trabile] agg. éducable. ‖ [animali] qu'on peut dresser.

ammaestramento [ammaestra'mento] m. [animali] dressage. ‖ [persone] éducation f., instruction f., formation f. ‖ [insegnamento] leçon f., enseignement (lett.).

ammaestrare [ammaes'trare] v. tr. **1.** [animali] dresser. ‖ **2.** [persone] instruire. ‖ [educare] former, éduquer. ‖ [con severa disciplina] dresser (peggior.).

ammaestrato [ammaes'trato] agg. dressé, savant. | *cane ammaestrato*, chien savant.

ammaestratore [ammaestra'tore] (**-trice** f.) m. dresseur, euse.

ammainabandiera [ammainaban'djɛra] f. MIL. descente des couleurs. | *fare l'ammainabandiera*, amener les couleurs.

ammainare [ammai'nare] v. tr. amener. | *ammainare le vele*, amener les voiles.

ammalare [amma'lare] v. intr. (raro) tomber malade (L.C.). ◆ v. tr. (raro) rendre malade (L.C.). ◆ v. rifl. tomber malade. | *finirai con l'ammalarti*, tu vas finir par tomber malade. ‖ [con il nome della malattia] attraper (tr.), contracter (tr.). | *ammalarsi di tifo*, attraper le typhus.

ammalato [amma'lato] agg. e m. malade. | *è ammalato di fegato*, il est malade du foie ; il a une maladie de foie. | *è ammalato di nervi*, il a les nerfs malades. | *ammalato di cuore*, cardiaque. ‖ [con il nome della malattia] *essere ammalato di colera*, avoir le choléra. ‖ FIG. *essere ammalato di nostalgia*, être malade de nostalgie.

ammaliamento [ammalja'mento] m. PR. ensorcellement, enchantement. ‖ FIG. ensorcellement, enchantement, fascination f.

ammaliante [amma'ljante] agg. PR. e (specie) FIG. ensorcelant, fascinant, enchanteur.

ammaliare [amma'ljare] v. tr. PR. ensorceler, enchanter. ‖ FIG. ensorceler, enchanter, fasciner, envoûter.

ammaliatore [ammalja'tore] (**-trice** f.) m. e agg. PR. e FIG. enchanteur, teresse ; charmeur, euse ; ensorceleur, euse (raro come agg.). ‖ [solo agg.] ensorcelant, envoûtant, fascinateur, trice.

ammanco [am'manko] (**-chi** pl.) m. COMM. déficit, découvert, manque.

ammanettare [ammanet'tare] v. tr. mettre, passer les menottes (à).

ammanieramento [ammanjera'mento] m. affectation f.

ammanierare [ammanje'rare] v. tr. rendre maniéré, rendre affecté. | *ammanierare la recitazione*, mettre trop d'affectation dans sa diction.

ammanierato [ammanje'rato] agg. maniéré, affecté.

ammannire [amman'nire] v. tr. préparer, apprêter.

ammansire [amman'sire] v. tr. apprivoiser. ‖ FIG. amadouer, adoucir, apaiser, calmer.

ammantare [amman'tare] v. tr. envelopper, couvrir (d'une cape). ‖ [cose] recouvrir. ‖ [nascondere] masquer, dissimuler. | *ammantare la verità*, masquer la vérité. ◆ v. rifl. s'envelopper, se couvrir (d'une cape), se draper. ‖ FIG. *si ammanta della propria dignità*, il se drape dans sa dignité. ‖ [di cose] se recouvrir.

ammaraggio [amma'raddʒo] m. amerrissage.

ammarare [amma'rare] v. intr. amerrir.

ammarrare [ammar'rare] v. tr. MAR. amarrer.

ammassamento [ammassa'mento] m. entassement, amoncellement, accumulation f., amas.

ammassare [ammas'sare] v. tr. PR. e FIG. [cose] amasser, entasser, amonceler, accumuler. | *ammassare prove*, accumuler des preuves. ‖ [persone] masser. | *ammassare truppe alla frontiera*, masser des troupes à la frontière. ◆ v. rifl. [cose] s'amasser, s'entasser, s'accumuler, s'amonceler. ‖ [persone] s'amasser, se masser. ‖ [in un spazio ristretto] s'entasser.

ammasso [am'masso] m. **1.** amas, tas, monceau, entassement. | *ammasso di macerie*, monceau de ruines. ‖ FIG. monceau, masse f., tas. | *ammasso di errori*, monceau d'erreurs. ‖ **2.** [raccolta di derrate] réserve (publique) f., entrepôt (public).

ammatassare [ammatas'sare] v. tr. mettre en écheveau.

ammattire [ammat'tire] v. intr. PR. e FIG. devenir fou. | *questo rumore mi fa ammattire*, ce bruit me rend fou. | *ma sei ammattito?, rallenta!*, tu es (devenu) fou ?, tu perds la tête ?, tu es malade ?, tu es cinglé ? (pop.), ralentis !

ammattonare [ammatto'nare] v. tr. paver (avec des briques), briqueter.

ammattonato [ammatto'nato] agg. pavé (de briques). ◆ m. pavage, pavement (en briques).

ammazza(lo)! [am'mattsa(lo)] interiez. rom. mince (alors) !

ammazzare [ammat'tsare] v. tr. **1.** tuer ; [solo con arma da fuoco] abattre, descendre (pop.) ; [colpire con oggetto pesante] assommer. ‖ [animali] tuer, abattre, descendre (fam.). | *ammazzare il maiale*, tuer le cochon. | *ammazzare un cavallo ferito*, abattre un cheval blessé. ‖ FIG. tuer. | *ammazzare il tempo*, tuer le temps. ‖ **2.** PER EST. tuer, exténuer, éreinter, démolir (fam.), claquer (fam.), crever (pop.). | *lavoro che ammazza*, travail tuant, crevant (pop.). ◆ v. rifl. se tuer. ‖ PER EST. se tuer, s'éreinter, se claquer (fam.), se crever (fam.), s'esquinter (fam.). | *ammazzarsi di lavoro*, se tuer de travail, se crever au travail. ◆ v. recipr. s'entre-tuer.

ammazzasette [ammattsa'sɛtte] m. invar. fier-à-bras m., matamore m., bravache m.

ammazzata [ammat'tsata] f. FAM. chose tuante, exténuante, crevante (pop.). | *questo viaggio è stato un'ammazzata*, ce voyage a été exténuant.

ammazzatoio [ammattsa'tojo] m. abattoir.
ammazzatore [ammattsa'tore] (**-trice** f.) m. tueur, euse.
ammenda [am'mɛnda] f. amende ; contravention, contredanse (fam.). ‖ FIG. *fare ammenda*, faire amende honorable, reconnaître ses torts. | *fare ammenda di un fallo*, réparer une faute.
ammendamento [ammenda'mento] m. V. EMENDAMENTO. ‖ AGR. amendement.
ammendare [ammen'dare] v. tr. V. EMENDARE. ‖ AGR. amender.
ammennicolo [ammen'nikolo] m. prétexte, (mauvaise) excuse f. ‖ [cosuccia] babiole f., bricole f.
ammesso [am'messo] agg. admis. ◆ agg. e m. UNIV. *ammesso a sostenere l'esame orale*, admissible.
ammettere [am'mettere] v. tr. **1.** [ricevere] admettre. | *ammettere in prima media*, admettre en sixième. ‖ **2.** [concedere] admettre. | *non ammetterò nessuna interruzione*, je n'admettrai, je ne tolérerai aucune interruption. | *regola che non ammette eccezioni*, règle qui n'admet, ne souffre, ne comporte aucune exception. ‖ **3.** [riconoscere] reconnaître, admettre. | *perché non vuoi ammettere il tuo errore ?*, pourquoi ne veux-tu pas reconnaître ton erreur ? ‖ **4.** [supporre] admettre, supposer. | *ammettiamo (pure) che sia vero*, admettons, supposons (même) que ce soit vrai. ‖ LOC. *ammesso che*, en admettant que.
ammezzato [ammed'dzato] m. entresol, mezzanine f.
ammezzimento [ammettsi'mento] m. blettissement, blettissure f.
ammezzire [ammet'tsire] v. intr. blettir.
ammiccare [ammik'kare] v. intr. cligner de l'œil, faire un clin d'œil. | *ammiccare a qlcu.*, faire un clin d'œil à qn.
ammicco [am'mikko] (**-chi** pl.) m. clin d'œil, clignement d'œil.
ammina [am'mina] f. CHIM. amine.
amministrare [amminis'trare] v. tr. administrer. | *amministrare un' azienda*, administrer, gérer une entreprise. | *amministrare la giustizia*, rendre la justice. ‖ [somministrare] (raro) administrer (L.C.). ‖ RELIG. *amministrare i sacramenti*, administrer les sacrements.
amministrativo [amministra'tivo] agg. administratif.
amministrato [amminis'trato] (**-a** f.) m. administré.
amministratore [amministra'tore] (**-trice** f.) m. administrateur, trice ; régisseur ; gérant, e. | *amministratore delegato*, administrateur délégué. ‖ [di una proprietà] intendant, e ; régisseur.
amministrazione [amministrat'tsjone] f. **1.** [azione] administration. | *amministrazione di una proprietà*, administration d'une propriété. ‖ LOC. *di ordinaria amministrazione*, courant, de pratique courante, usuel, de routine. | *affari di ordinaria amministrazione*, affaires courantes. | *precauzioni di ordinaria amministrazione*, précautions de routine. ‖ **2.** [complesso degli amministratori ; ente] Administration. | *amministrazione dei trasporti pubblici*, administration des transports publics. ‖ **3.** [uffici] bureaux (m. pl.) de l'Administration.
amminoacido [ammino'atʃido] m. CHIM. acide aminé.
ammirabile [ammi'rabile] agg. admirable.
ammiraglia [ammi'raʎʎa] f. vaisseau (m.) amiral. ‖ NEOL. SPORT [ciclismo] voiture du directeur technique. ◆ anche agg. f. *nave ammiraglia*, vaisseau amiral.
ammiragliato [ammiraʎ'ʎato] m. [grado di ammiraglio] amiralat (raro). ‖ [organi direttivi della marina e residenza] amirauté f. ‖ [ministero della marina] Amirauté.
ammiraglio [ammi'raʎʎo] m. amiral. | *grande ammiraglio*, amiral de la flotte. | *moglie dell'ammiraglio*, amirale f. (fam.).
ammirare [ammi'rare] v. tr. admirer. | *ammirare qlcu. a bocca aperta*, rester bouche bée devant qn.
ammirativamente [ammirativa'mente] avv. avec admiration, admirativement.
ammirativo [ammira'tivo] agg. admiratif.
ammirato [ammi'rato] agg. émerveillé, ébloui. | *rimase ammirato*, il fut saisi d'admiration. | *guardare qlco. ammirato*, regarder admirativement qch.
ammiratore [ammira'tore] (**-trice** f.) m. admirateur, trice.
ammirazione [ammirat'tsjone] f. admiration. | *essere in ammirazione*, être en admiration. | *essere l'ammirazione di qlcu.*, faire l'admiration de qn.
ammirevole [ammi'revole] agg. admirable.
ammissibile [ammis'sibile] agg. admissible, recevable, acceptable, valable. | *ipotesi ammissibile*, hypothèse acceptable, valable.
ammissibilità [ammissibili'ta] f. admissibilité.
ammissione [ammis'sjone] f. **1.** admission. | *esame d'ammissione*, examen d'entrée. | *tassa di ammissione*, droit d'inscription. ‖ TECN. *ammissione dei gas*, admission des gaz. ‖ **2.** [assenso] acceptation, consentement m., approbation.
ammobiliamento [ammobilja'mento] m. ameublement.
ammobiliare [ammobi'ljare] v. tr. meubler.
ammobiliato [ammobi'ljato] agg. meublé. | *appartamento ammobiliato*, (appartement) meublé.
ammodernamento [ammoderna'mento] m. modernisation f.
ammodernare [ammoder'nare] v. tr. moderniser.
ammodo [am'modo] avv. comme il faut ; correctement, convenablement, bien. | *fare le cose ammodo*, faire les choses comme il faut ; bien faire les choses. ◆ [come agg. invar.] comme il faut (fam.), convenable, bien. | *un signore molto ammodo*, un monsieur très comme il faut.
ammogliare [amoʎ'ʎare] v. tr. marier. ◆ v. rifl. se marier, prendre femme.
ammogliato [ammoʎ'ʎato] agg. marié.
ammollamento [ammolla'mento] m. mouillage, trempage.
ammollare [ammol'lare] v. tr. faire tremper, mettre à tremper. ‖ [inzuppare] tremper. ◆ v. rifl. se mouiller.
ammollimento [ammolli'mento] m. amollissement, ramollissement. ‖ [della terra] ameublissement. ‖ FIG. amollissement, affaiblissement, relâchement.
ammollire [ammol'lire] v. tr. amollir, ramollir. ‖ [della terra] ameublir. ‖ FIG. amollir, ramollir (lett.), affaiblir. | *questa vita troppo facile lo ha ammollito*, cette vie trop facile l'a amolli. ‖ LETT. adoucir. ◆ v. rifl. PR. e FIG. s'amollir, se ramollir.
ammoniaca [ammo'niaka] f. CHIM. ammoniac m. | *ammoniaca liquida*, ammoniaque.
ammoniacale [ammonia'kale] agg. CHIM. ammoniacal.
ammoniaco [ammo'niako] (**-ci** pl.) agg. CHIM. ammoniacé.
ammonimento [ammoni'mento] m. avertissement, réprimande f., observation f., reproche. | *saggio ammonimento*, sage avertissement. | *severo ammonimento*, reproche sévère. | *vi sia di ammonimento*, que cela vous serve de leçon.
ammonio [am'mɔnjo] m. CHIM. ammonium.
ammonire [ammo'nire] v. tr. réprimander, reprendre, admonester (lett.). ‖ [consigliare severamente] avertir. | *l'ho ammonito di comportarsi meglio*, je l'ai averti qu'il devra mieux se conduire. ‖ [di cose] instruire, édifier. ‖ GIUR. admonester, blâmer.
ammonite [ammo'nite] f. GEOL. ammonite.
ammonitore [ammoni'tore] (**-trice** f.) agg. réprobateur, trice. ◆ m. personne (f.) qui réprimande.
ammonizione [ammonit'tsjone] f. avertissement m., réprimande, blâme m., admonestation, admonition (lett.). | *il preside gli ha inflitto un'ammonizione*, le proviseur lui a donné un avertissement. ‖ GIUR. admonition, blâme m.
ammontare [ammon'tare] v. tr. (raro) entasser. ◆ v. intr. se monter, s'élever (rifl.). | *a quanto ammonterà la spesa ?*, à combien se montera, s'élèvera la dépense ? ◆ SOSTANT. montant.
ammonticchiare [ammontik'kjare] v. tr. entasser, amonceler. ◆ v. rifl. s'entasser, s'amonceler.
ammorbamento [ammorba'mento] m. infection f., pollution f.
ammorbare [ammor'bare] v. tr. infecter, souiller, polluer. ‖ FIG. corrompre, souiller (lett.), infecter (lett.).
ammorbidimento [ammorbidi'mento] m. amollissement, ramollissement, assouplissement.
ammorbidire [ammorbi'dire] v. tr. assouplir, attendrir, ramollir, amollir. | *ammorbidire del cuoio*, assou-

plir du cuir. | *ammorbidire la carne battendola,* attendrir la viande en la battant. | *ammorbidire del burro, della cera,* ramollir, amollir du beurre, de la cire. || FIG. adoucir, assouplir. | *ammorbidire i contorni di un disegno,* estomper les contours d'un dessin. || POP. démolir. ◆ v. rifl. o intr. s'amollir, s'assouplir, s'attendrir. || FIG. s'adoucir, s'assouplir.
ammortamento [ammorta'mento] m. FIN. amortissement.
ammortare [ammor'tare] v. tr. FIN. amortir.
ammortizzabile [ammortid'dzabile] agg. NEOL. FIN. amortissable.
ammortizzamento [ammortiddza'mento] m. FIN., MEC. amortissement.
ammortizzare [ammortid'dzare] v. tr. FIN., MECC. amortir.
ammortizzatore [ammortiddza'tore] m. MECC. amortisseur.
ammortizzazione [ammortiddza'zjone] f. FIN. amortissement.
ammosciare [ammoʃ'ʃare] v. tr. amollir, ramollir. || [piante] flétrir. || FIG. abattre. ◆ v. rifl. s'amollir, se ramollir, s'avachir. || [piante] se flétrir. || FIG. se relâcher, se laisser abattre, aller ; s'avachir (fam.).
ammostatoio [ammosta'tojo] m. fouloir.
ammucchiamento [ammukkja'mento] m. entassement, accumulation f., amoncellement.
ammucchiare [ammuk'kjare] v. tr. entasser, amonceler, accumuler. | *ammucchiare alla rinfusa,* entasser n'importe comment. || FIG. accumuler, entasser. | *ammucchiare brutti voti,* accumuler les mauvaises notes. ◆ v. rifl. **1.** s'entasser, s'amonceler, s'accumuler. || **2.** [persone] se masser. || [in uno spazio limitato] s'entasser.
ammuffire [ammuf'fire] o **ammuffare** v. intr. moisir. | *la frutta è ammuffita,* les fruits ont moisi. || FIG. moisir. | *tenere i soldi ad ammuffire,* laisser moisir son argent. || [di persona] se confiner. | *ammuffire sui libri,* pâlir sur ses livres. | *ammuffire a casa,* s'enterrer chez soi.
ammuffito [ammuf'fito] agg. moisi.
ammutinamento [ammutina'mento] m. mutinerie f.
ammutinarsi [ammuti'narsi] v. rifl. se mutiner. ◆ v. tr. (raro) [ammutinare], soulever ; pousser à la révolte.
ammutinato [ammuti'nato] agg. mutiné. ◆ m. mutin, mutiné.
ammutolire [ammuto'lire] v. intr. PR. e FIG. devenir muet. | *ammutolì per lo spavento,* la peur le rendit muet. ◆ v. tr. (raro) rendre muet.
amnesia [amne'zia] f. amnésie. | *soffrire di amnesia,* être amnésique.
amnistia [amnis'tia] f. amnistie.
amnistiare [amnis'tjare] v. tr. amnistier.
amnistiato [amnis'tjato] agg. amnistié.
amo ['amo] m. hameçon. | *doppio amo,* hameçon à deux crochets. || LOC. FIG. *abboccare all'amo,* mordre à l'hameçon, gober l'hameçon. | *tendere l'amo a qlcu.,* tendre un piège à qn. | *prendere all'amo,* prendre au piège.
a modo [am'mɔdo] loc. avv. V. AMMODO.
amoerro [amo'ɛrro] o **amoerre** m. moire f.
amorale [amo'rale] agg. amoral.
amoralismo [amora'lizmo] m. FILOS. amoralisme.
amorazzo [amo'rattso] m. PEGGIOR. flirt (ingl.).
amore [a'more] m. **1.** amour. | *sentire, provare amore per qlcu.,* avoir, éprouver de l'amour pour qn. | *amore libero,* amour, union (f.) libre. || [vicenda amorosa] amours pl. (f. lett.). | *gli amori di Casanova,* les amours de Casanova. || PROV. *il primo amore non si scorda mai,* on revient toujours à ses premières amours. || [persona amata] *amore (mio) !,* mon amour ! || **2.** [di animali] chaleur f., amour. | *in amore,* en chaleur, en rut. || **3.** [attaccamento] amour, passion f. | *amore del lusso,* amour du luxe ; passion pour le luxe. | *amore di libertà,* amour de la liberté. || *amor proprio,* amour-propre. || [concreto] *l'unico suo amore fu l'arte,* sa seule passion fut l'art. || **4.** [persona o cosa graziosa] amour. | *che amore di bambina !,* quel amour, cette petite fille ! | *è un amore !,* il est joli comme un cœur ! | *un cappellino che era un amore,* un amour de petit chapeau. || **5.** ARTI, MIT. amour. || **6.** RELIG. *il sommo, il divino amore,* Dieu. || **7.** LOC. *fare l'amore, all'amore,* [amoreggiare] flirter ; [unirsi fisicamente] faire l'amour. | *per amore,* de plein gré. | *per amore o per forza,* de gré ou de force, bon gré mal gré. | *per amore di qlcu.,* pour faire plaisir à qn. | *fallo per amore mio,* fais-le pour moi. | *per amore di qlco.,* pour qch. | *per amore di pace,* pour ne pas faire d'histoires. | *per amore di verità,* pour la vérité. | *per amore di giustizia, di brevità,* pour être juste, bref. | *per amor del cielo, di Dio,* pour l'amour du ciel, de Dieu ; [come interiez.] Seigneur ! ; mon Dieu ! | *d'amore e d'accordo,* dans une entente parfaite. | *andare d'amore e d'accordo,* s'entendre à merveille.
amoreggiamento [amoreddʒa'mento] m. flirt (ingl.).
amoreggiare [amored'dʒare] v. intr. flirter.
amoretto [amo'retto] m. amourette f., flirt.
amorevole [amo'revole] agg. affectueux, tendre, aimant.
amorevolezza [amorevo'lettsa] f. affection, tendresse. || [azione] amitiés pl., tendresses pl.
amorevolmente [amorevol'mente] avv. tendrement.
amorfo [a'mɔrfo] agg. PR. e FIG. amorphe. | *fiammiferi amorfi,* allumettes suédoises, de sûreté.
amorino [amo'rino] m. ARTI amour. || PER EST. amour. || [divano] tête-à-tête. || BOT. réséda.
amorosamente [amorosa'mente] avv. avec amour, amoureusement.
amoroso [amo'roso] agg. [affettuoso] aimant, tendre, affectueux. | *madre amorosa,* mère aimante. | *amorose cure,* tendres soins. || [relativo ad amore] amoureux. | *relazione amorosa,* relation amoureuse. | *parole amorose,* paroles pleines d'amour. | *poesia amorosa,* poésie d'amour. || MUS. amoroso. ◆ m. [innamorato] amoureux. || TEATRO [attor giovane o amoroso] *primo amoroso,* jeune premier.
amovibile [amo'vibile] agg. amovible.
amovibilità [amovibili'ta] f. amovilibité.
amperaggio [ampe'raddʒo] m. ELETTR. ampérage.
ampere [ɑ̃'pɛr] m. fr. ELETTR. ampère.
amperometro [ampe'rɔmetro] m. ELETTR. ampèremètre.
ampiamente [ampja'mente] avv. amplement, largement, abondamment. || [completamente] tout à fait, pleinement, complètement, entièrement.
ampiezza [am'pjettsa] f. **1.** grandeur ; dimensions f. pl. | *ampiezza di una piazza,* dimensions, grandeur d'une place. || [larghezza] largeur. || [di vestiti] ampleur. || **2.** FIG. étendue, ampleur, importance. | *ampiezza di conoscenze,* étendue, ampleur des connaissances. | *ampiezza di vedute,* largeur de vues. | *ampiezza di esempi,* abondance d'exemples. | *ampiezza di mezzi,* importance des moyens. || **3.** GEOGR. *ampiezza di marea,* amplitude de la marée. || **4.** GEOM. *ampiezza di un arco,* amplitude d'un arc. | *ampiezza di un angolo,* ouverture d'un angle. || **5.** FIS. amplitude.
ampio ['ampjo] agg. vaste, grand, spacieux. | *ampia sala,* vaste salle. | *ampia finestra,* grande fenêtre. | *ampio portabagagli,* coffre spacieux, vaste. | *valle ampia,* large vallée. || [di vestiti] ample. || FIG. vaste, large, ample, grand. | *ampia gamma di colori,* vaste gamme de couleurs. | *ampia scelta,* large, grand choix. | *preparare un resoconto più ampio,* préparer un compte rendu plus ample. | *ampi elogi,* nombreux éloges. | *ampie conoscenze,* connaissances étendues. | *uomo di ampie vedute,* homme d'une grande largeur de vues.
amplesso [am'plɛsso] m. union (f.) sexuelle, charnelle. || LETT. étreinte f., enlacement, embrassement.
ampliamento [amplja'mento] m. agrandissement. || FIG. accroissement, élargissement, extension f., augmentation f. | *ampliamento dei poteri,* élargissement des pouvoirs.
ampliare [am'pljare] v. tr. agrandir. || FIG. étendre, élargir, accroître, agrandir. | *ampliare la propria influenza,* étendre son influence. ◆ v. rifl. s'agrandir. || FIG. s'étendre, s'amplifier, s'élargir, s'agrandir. ◆ SOSTANT. élargissement, extension.
amplificare [amplifi'kare] v. tr. PR. amplifier, agrandir. || FIG. amplifier, exagérer. || FIS. amplifier.
amplificativo [amplifika'tivo] agg. qui amplifie, qui exagère ; d'amplification.
amplificatore [amplifika'tore] (**-trice** f.) m. amplifi-

cateur, trice. | *amplificatore ad alta fedeltà*, amplificateur, ampli (fam.) haute fidélité.
amplificazione [amplifikat'tsjone] f. amplification. || FIS. amplification.
amplissimo [am'plissimo] agg. superl. di ampio.
amplitudine [ampli'tudine] f. ASTRON. amplitude. || LETT. étendue, ampleur.
ampolla [am'polla] f. fiole, burette, ampoule. | *ampolle di un'ampolliera*, burettes d'un huilier. || RELIG. burette.
ampolliera [ampol'ljɛra] f. huilier m.
ampollina [ampol'lina] f. DIMIN. RELIG. burette.
ampollosità [ampollosi'ta] f. emphase, enflure, boursouflure. | *ampollosità dello stile*, boursouflure, bouffissure du style.
ampolloso [ampol'loso] agg. ampoulé, boursouflé, bouffi, guindé.
amputabile [ampu'tabile] agg. qui peut être amputé.
amputare [ampu'tare] v. tr. amputer. | *amputare una gamba a qlcu.*, amputer qn d'une jambe. || FIG. amputer, mutiler, couper.
amputazione [amputat'tsjone] f. amputation. || FIG. mutilation, coupure, amputation.
amuleto [amu'lɛto] m. amulette f., gri-gri.
anabattista [anabat'tista] (**-i** pl.) m. e f. RELIG. anabaptiste.
anabbagliante [anabbaʎ'ʎante] agg. NEOL. qui n'éblouit pas. ◆ m. AUTOM. feu de croisement, phare code. | *gli anabbaglianti*, les feux de croisement, les phares code, le code (fam.). | *mettere gli anabbaglianti*, se mettre en code.
anaciato [ana'tʃato] agg. anisé.
anacoluto [anako'luto] m. GRAMM. anacoluthe f.
anacoreta [anako'rɛta] (**-i** pl.) m. PR. e FIG. anachorète.
anacreontica [anakre'ɔntika] f. LETT. ode anacréontique.
anacreontico [anakre'ɔntiko] (**-ci** pl.) agg. LETT. anacréontique.
anacronismo [anakro'nizmo] m. anachronisme.
anacronistico [anakro'nistiko] (**-ci** pl.) agg. anachronique.
anacrusi [ana'kruzi] f. MUS., POES. anacrouse.
anaerobio [anae'rɔbjo] m. BIOL. anaérobie.
anafilassi [anafi'lassi] f. MED. anaphylaxie.
anafonesi [anafo'nɛzi] f. LING. anaphonie.
anafora [a'nafora] f. RET. anaphore.
anagogia [anago'dʒia] f. anagogie.
anagogico [ana'gɔdʒiko] (**-ci** pl.) agg. anagogique.
anagrafe [a'nagrafe] f. [registro] registre (m.) d'état civil. || [ufficio] bureau (m.) de l'état civil ; état civil m.
anagrafico [ana'grafiko] (**-ci** pl.) agg. de l'état civil. | *dati anagrafici*, état civil.
anagramma [ana'gramma] m. anagramme f.
anagrammare [anagram'mare] v. tr. faire l'anagramme (de).
analcolico [anal'kɔliko] (**-ci** pl.) agg. sans alcool. ◆ m. boisson (f.) sans alcool.
anale [a'nale] agg. anal.
analessi [ana'lɛssi] f. RET. répétition.
analetti [ana'lɛtti] m. pl. (raro) analecta, analectes.
analfabeta [analfa'bɛta] (**-i** pl.) m. e f. analphabète, illettré, e.
analgesia [analdʒe'sia] f. MED. analgésie.
analgesico [anal'dʒɛsiko] (**-ci** pl.) agg. e m. analgésique.
analisi [a'nalizi] f. analyse. | *analisi matematica*, analyse mathématique. | *analisi del sangue*, analyse du sang. || LOC. *in ultima analisi*, en dernière analyse.
analista [ana'lista] (**-i** pl.) m. e f. analyste.
analitico [ana'litiko] (**-ci** pl.) agg. analytique.
analizzabile [analid'dzabile] agg. analysable.
analizzare [analid'dzare] v. tr. PR. e FIG. analyser.
analogamente [analoga'mente] avv. semblablement (raro), pareillement, de façon analogue.
analogia [analo'dʒia] f. analogie. | *ragionamento per analogia*, raisonnement par analogie.
analogicamente [analodʒika'mente] avv. par analogie, d'une manière analogique.
analogico [ana'lɔdʒiko] (**-ci** pl.) agg. analogique.
analogo [a'nalogo] (**-ghi** pl.) agg. analogue, comparable, voisin.
anamnesi [a'namnezi] f. FILOS. réminiscence. || PSIC. anamnèse.
ananasso [ana'nasso] m. BOT. ananas.
anapesto [ana'pɛsto] m. POES. anapeste.
anarchia [anar'kia] f. [dottrina politica] anarchisme m., anarchie. || [disordine] anarchie.
anarchicamente [anarkika'mente] avv. anarchiquement.
anarchico [a'narkiko] (**-ci** pl.) agg. POLIT. anarchiste, anarchique. || FIG. [disordinato] anarchique. ◆ m. POLIT. anarchiste, anar (fam.).
anarchismo [anar'kizmo] m. POLIT. anarchisme.
anarcoide [anar'kɔide] agg. anarchisant.
anastigmatico [anastig'matiko] (**-ci** pl.) agg. OTT. anastigmatique.
anastrofe [a'nastrofe] f. RET. anastrophe.
anatema [ana'tɛma] (**-i** pl.) m. PR. e FIG. anathème. | *scagliar l'anatema contro qlcu.*, jeter l'anathème sur qn.
anatematizzare [anatematid'dzare] v. tr. anathématiser.
anatomia [anato'mia] f. anatomie. || [dissezione] anatomie, dissection. || FIG. épluchage m. | *fare l'anatomia di un romanzo*, disséquer, éplucher un roman.
anatomico [ana'tɔmiko] (**-ci** pl.) agg. anatomique. | *sala anatomica*, amphithéâtre d'anatomie. | *pezzo anatomico*, pièce d'anatomie. | *tavolo anatomico*, table de dissection. | *coltello anatomico*, bistouri. ◆ m. anatomiste.
anatomista [anato'mista] (**-i** pl.) n. anatomiste.
anatomizzare [anatomid'dzare] v. tr. disséquer. | *anatomizzare un cadavere*, disséquer (faire l'anatomie d')un cadavre. || FIG. disséquer, éplucher.
anatra ['anatra] f. canard m. ; [femmina] cane. | *anatra selvatica*, canard sauvage. | *camminare come un' anatra*, marcher comme un canard, se dandiner.
anatroccolo [ana'trɔkkolo] m. caneton.
anca ['anka] f. ANAT. hanche.
ancata [an'kata] f. déhanchement m. || SPORT [lotta] coup (m). de hanche.
ancella [an'tʃɛlla] f. LETT. o SCHERZ. servante. || RELIG. *l'ancella del Signore*, la servante du Seigneur.
ancestrale [antʃes'trale] agg. ancestral.
anche ['anke] cong. **1.** [in più] aussi (avv.). | *sa l'inglese ed anche il tedesco*, il sait l'anglais et aussi l'allemand. | *anche questa volta ho sbagliato*, je me suis trompé une fois de plus. | *anch'io ; anche lui*, moi aussi, également, moi de même, itou (pop.) ; lui aussi, également. | *vengo anch'io*, je viens aussi. || [in frasi negative] (raro) non plus, aussi (fam.). || LOC. *non solo..., ma anche*, non seulement..., mais encore, mais aussi. || **2.** [in proposizioni ipotetiche] bien ; aussi (bien). | *potrebbe anche succedere*, cela pourrait bien arriver. | *avrebbe potuto anche sporgere querela*, il aurait très bien pu porter plainte. || **3.** [perfino] même. | *anche il saggio può sbagliare*, même le sage peut se tromper. | *anche tu mi hai tradito*, même toi, toi aussi tu m'as trompé. || *anche troppo*, même trop, ne ... que trop. | *è durato anche troppo*, cela n'a que trop duré. || **4.** [con ger. o a + infin.] même si (+ indic.), même en (+ part. presente). | *anche pagandolo e anche a pagarlo, non lo farebbe*, même si on le payait, il ne le ferait pas. | *anche facendo in fretta, non lo finirò oggi*, même en me dépêchant, même si je me dépêche, je ne le finirai pas aujourd'hui. ◆ **5.** LOC. CONG. ***anche se, se anche***, même si (+ indic.) ; quand (bien) même (+ cond.) [lett.]. | *anche se hai ragione non ti crederanno*, même si tu as raison, ils ne te croiront pas. | *anche se volessi non potrei*, même si je voulais, quand (bien) même je voudrais, quand je le voudrais (lett.), lors même que (lett.) je le voudrais, je ne le pourrais pas. || [benché] bien que (+ cong.). | *è venuto anche se è ammalato*, il est venu bien qu'il soit malade, bien que malade. || ***quand' anche, anche quando***, même si (+ indic.), quand (bien) même (+ cond. ; lett.), quand (+ cond. ; lett.), lors même que (+ cond. lett.). | *quand'anche lo facessi*, même si je le faisais, quand bien même je le ferais.
ancheggiare [anked'dʒare] v. intr. rouler, balancer les hanches ; tortiller des hanches ; se déhancher (rifl.) ◆ SOSTANT. déhanchement.

anchilosare [ankilo'zare] v. tr. MED. ankyloser. ◆ v. rifl. s'ankyloser.
anchilosi [anki'lozi] f. MED. ankylose.
ancia ['antʃa] (**ance** pl.) f. MUS. anche.
ancillare [antʃil'lare] agg. ancillaire.
ancipite [an'tʃipite] agg. LETT. double, à double face. | *lama ancipite,* lame à deux tranchants, à double tranchant. ‖ FIG. ambigu, équivoque. ‖ LING. *sillaba ancipite,* syllabe mixte.
ancona [an'kona] f. ARTI icône, retable m.
ancora ['ankora] f. MAR. ancre. | *gettar, levar l'ancora,* jeter, lever l'ancre. | *stare all'ancora,* être à l'ancre. ‖ LOC. FIG. *ancora di salvezza,* ancre, planche de salut. ‖ TECN. [di orologio] ancre.
ancora [an'kora] avv. **1.** [persistenza] encore. | *ho ancora fame,* j'ai encore faim. | *abbiamo ancora tempo,* nous avons du temps devant nous, nous avons encore le temps. | *non si è ancora deciso,* il ne s'est pas encore, toujours pas décidé. | *ancora niente?,* toujours rien? ‖ **2.** [ripetizione] encore. | *tentiamo ancora,* essayons encore, de nouveau. ‖ **3.** [per rafforzare il comparativo] encore. | *ancora più bello,* encore plus beau.
ancoraggio [anko'raddʒo] m. MAR. ancrage, mouillage. | *tassa di ancoraggio,* droit d'ancrage. ‖ TECN. ancrage, fixation f.
ancorare [anko'rare] v. tr. MAR. ancrer, mettre au mouillage. ‖ TECN. ancrer, fixer. ‖ ECON. indexer. ◆ v. rifl. mouiller (intr.); jeter l'ancre; s'ancrer. ‖ FIG. s'accrocher. | *ancorarsi ad una speranza,* s'accrocher à un espoir.
ancorato [anko'rato] agg. MAR. ancré. ‖ TECN. ancré, fixé. ‖ FIG. ancré, enraciné, fixé. | *dimostrazione ancorata all'esperienza,* démonstration solidement fondée sur l'expérience.
ancorché [ankor'ke] cong. LETT. encore que, bien que (L.C.), quoique (L.C.). | *ancorché la cosa non sia stata dimostrata,* encore que la chose n'ait pas été démontrée.
ancoressa [anko'ressa] f. MAR. (ancre de) corps-mort.
ancorotto [anko'rɔtto] m. MAR. grappin.
andamento [anda'mento] m. marche f., cours. | *sorvegliare l'andamento dell' officina,* veiller à la marche de l'atelier. | *buon andamento degli affari,* bonne marche des affaires. | *andamento di un' impresa,* développement d'une entreprise. ‖ [il progredire] cours, marche, développement. | *andamento delle stagioni,* marche, cours des saisons. | *andamento della malattia,* cours, progrès de la maladie. ‖ MUS., POES. mouvement.
andana [an'dana] f. allée.
andante [an'dante] agg. ordinaire, commun, moyen. ◆ agg. e m. MUS. andante.
andantino [andan'tino] agg. e m. MUS. andantino.
andare [an'dare] v. intr.

I. MUOVERSI, RECARSI : aller, se rendre ; SPOSTARSI : aller, se déplacer ; CAMMINARE : aller, marcher ; PARTIRE : s'en aller, partir ; TRASCORRERE : s'en aller, passer ; VENDERSI : se vendre, partir ; RIGUARDARE : être adressé à, concerner ; AGGIRARSI SU : monter (environ) à.
II. CONDURRE, PORTARE : mener, conduire, aller.
III. PROCEDERE : marcher, aller.
IV. FUNZIONARE : marcher, fonctionner.
V. ESSERE ADATTO : aller, convenir ; ESSERE GRADITO : plaire, aller, dire, convenir ; ESSERE SODDISFACENTE : aller ; AVER SUCCESSO : être à la mode ; se faire ; ESSERE NECESSARIO : être nécessaire ; AVER CORSO : avoir cours, valoir qch.
VI. + AGG. = ESSERE : [apparenza esterna] aller, marcher, être ; [disposizione interiore] être.
VII. DIVENTARE : [persone] devenir ; [cose] être réduit, s'en aller.
VIII. SUCCEDERE : se faire.
IX. AUSILIARE : [con gerundio] aller ; [con p.p.] devoir être ; [di passivo] être.
X. LOC.
XI. ANDARSENE : v. rifl.

I. MUOVERSI DA UN POSTO VERSO UN ALTRO. **1.** [recarsi] aller, se rendre. | *andare a scuola,* aller à l'école. | *andare a letto,* aller se coucher. | *andare per funghi,* aller aux champignons. | *andare per legna,* aller chercher, ramasser du bois. ‖ *andare a* + infin., aller + infin. | *andare a comperare le sigarette, a lavorare, a dormire,* aller chercher des cigarettes, aller travailler, aller dormir. ‖ [di cose] *questo autobus va fino alla piazza,* cet autobus va jusqu'à la place. ‖ **2.** [senza compl. di luogo] [spostarsi] aller, se déplacer. | *andare a piedi, in bicicletta, piano,* aller, se déplacer à pied, à bicyclette, lentement. | *vado e vengo,* je ne fais qu'aller et venir. ‖ [camminare] aller, marcher. | *andare a passo lento,* marcher à pas lents. ‖ [partire] s'en aller, partir. | *è ora ch'io vada,* il est temps que je m'en aille. | *andiamo o arriveremo tardi,* partons, ou nous arriverons en retard. | *non ho più bisogno di lei, può andare,* je n'ai plus besoin de vous, vous pouvez vous en aller, vous pouvez disposer. ‖ [trascorrere] s'en aller, passer. | *l'estate è già andata,* l'été est déjà passé. ‖ [vendersi] partir. | *l'ultima edizione va in un momento,* la dernière édition part en un rien de temps. ‖ **3.** FIG. [riguardare] être adressé [à]; concerner [tr.] | *il suo discorso andava a te,* ses paroles t'étaient adressées; il a dit ça pour toi. ‖ [aggirarsi su] monter (environ) [à], aller chercher [dans les] (fam.). ‖ **4.** [usato con avv. o sostant. compl. di luogo o di modo] *andare su e giù per le scale,* monter et descendre l'escalier. | *andar(e) via,* s'en aller, partir. V. anche ANDARSENE (XI). | *andare dietro a qlcu,* suivre qn. | *andare dietro alle ragazze,* tourner autour des filles. | *andare in cerca* [di], chercher; aller à la recherche [de]. | *andare in terra,* tomber (par terre). | *andare troppo oltre,* aller trop loin, exagérer; y aller trop fort (fam.). | *andare alle stelle,* monter en flèche, augmenter démesurément. | *andare a monte,* tomber à l'eau, échouer, foirer (pop.). | *andare all'altro mondo,* partir pour l'autre monde, mourir. | *andare di corsa,* courir. | *andare col pensiero a qlco,* repenser à qch., évoquer qch. | *andare con qlcu,* fréquenter qn. | *andare a caso, a casaccio,* y aller au petit bonheur, se fier au hasard. | *andare sul sicuro,* ne pas courir de risques. | *andare per le lunghe,* traîner, s'éterniser. | *andare per i fatti propri,* s'occuper de ses affaires. ‖ PER ALTRI ESEMPI, V. L'AVV. O IL SOSTANT. COMPL.
II. CONDURRE, PORTARE : mener, conduire, aller. | *questa strada va a Roma,* cette route mène, va à Rome. | *la porta andava in giardino,* la porte donnait sur le jardin, conduisait au jardin, menait au jardin.
III. PROCEDERE : marcher, aller. | *le cose, gli affari vanno a gonfie vele,* les choses, les affaires marchent comme sur des roulettes (fam.). | *come va?,* comment ça va? ; ça gaze? (pop.). | *mi è andata bene, liscia,* ça a (bien) marché, j'ai eu de la chance.
IV. FUNZIONARE : marcher, fonctionner. | *il mio orologio non va,* ma montre ne marche pas. | *questo autocarro va a nafta,* ce camion marche, fonctionne au gas-oil.
V. ESSERE ADATTO. **1.** [vestiti] aller. | *questo vestito mi va a pennello,* cette robe me va comme un gant. | *i tuoi guanti mi vanno stretti,* tes gants sont trop étroits pour moi. ‖ **2.** [convenienza estetica] convenir, aller. | *a questo quadro andrebbe bene una cornice dorata,* un cadre doré conviendrait, irait bien à ce tableau. ‖ **3.** [essere gradito] plaire, aller, dire, convenir. | *quel tipo non mi va,* ce type ne me plaît pas. | *vi va?,* ça vous va? | *non mi va,* ça ne me dit rien. | *non mi va di lavorare intanto che tu ti diverti,* je n'aime pas travailler pendant que tu t'amuses. ‖ LOC. *andare a genio, a fagiolo* (fam.), plaire. ‖ **4.** [essere soddisfacente] aller. | *questo lavoro non va,* ce travail ne va pas, est mal fait. | *andrà bene lo stesso,* ça ira quand même. ‖ **5.** [aver successo] être à la mode, en vogue ; [vestiti] se faire, se porter. | *quest'anno va molto il rosso,* le rouge se porte beaucoup cette année. ‖ **6.** [essere necessario] être nécessaire. | *qua ci andrebbe un altro chiodo,* il faudrait encore un clou ici. | *quanto sale andrà in questa pietanza?,* combien de sel faut-il mettre dans ce plat? ‖ **7.** [aver corso legale] avoir cours, valoir quelque chose. | *queste banconote non vanno più,* ces billets de banque ne valent plus rien.
VI. [+ AGG.] ESSERE. **1.** [apparenza esterna] aller, mar-

cher, être. | *andare scalzo,* aller, marcher pieds nus, nu-pieds. | *andare gobbo, zoppo,* marcher courbé, en boitant. || **2.** [disposizione interiore, sentimenti] être. | *andare fiero (di qlco.),* être fier (de qch.). | *andare cauto nel giudicare,* être prudent dans ses jugements. | *andare pazzo,* adorer (tr.), être fou (de), raffoler (de).
VII. DIVENTARE. **1.** [persone] devenir. | *andar(e) soldato,* partir pour, à (fam.) l'armée, devenir soldat. | *andar(e) sposa,* épouser. | *andare in collera,* se mettre en colère. || **2.** [cose] être réduit, s'en aller. | *andare in cenere,* être réduit en cendres. | *andare a pezzi,* se casser en mille morceaux. | *andare in briciole,* s'en aller en miettes, être réduit en poudre. | *andare a male,* se gâter, s'abîmer.
VIII. SUCCEDERE : se faire. | *come va che sei sempre stanco?,* comment se fait-il que tu sois toujours fatigué?
IX. AUSILIARE. **1.** [con gerundio] aller. | *andare crescendo,* aller en augmentant. | *il male va peggiorando,* le mal empire, va en empirant. | *andava dicendo a tutti che,* il disait à tout le monde que. || **2.** [con part. passato] devoir être. | *questa tassa va pagata da tutti,* cette taxe doit être payée par tous; tout le monde doit payer cette taxe. | *questo va fatto subito,* il faut faire cela tout de suite. || [di passivo] être. | *l'originale è andato perduto,* l'original a été perdu. | *stai attento che le carte non vadano rovinate,* fais attention que les papiers ne s'abîment pas. || LOC. *se non vado errato,* si je ne m'abuse, si je ne me trompe (pas), sauf erreur (de ma part).
X. LOC. *lasciar andare,* PR. [mollare] laisser aller, lâcher; [appioppare] envoyer, flanquer; [lasciar partire] laisser aller, partir; FIG. laisser tomber; [trascurare] négliger. | *lascia andare, non importa,* laisse tomber (fam.), ça n'a pas d'importance. || *lasciarsi andare,* PR. se laisser tomber, se laisser aller; FIG. se laisser aller, se laisser abattre; [trascurarsi] se laisser aller, se négliger. | *lasciarsi andare in una poltrona,* se laisser tomber dans un fauteuil. | *si lascia andare nel vestire,* il s'habille de façon négligée. || *andare a finire,* se terminer, finir. | *la macchina è andata a finire nel fosso,* la voiture est allée se jeter, échouer dans le fossé. | *come andrà a finire?,* comment cela va-t-il se terminer? | *è andato a finire che...,* à la fin... | *andrà a finire che diventeremo tutti matti,* nous finirons par devenir tous fous. || *andarne (di)...,* y aller (de)... | *ne va della tua vita, del mio onore,* il y va de ta vie, de mon honneur; c'est ta vie, c'est mon honneur qui est en jeu. || *andare di mezzo,* être compromis; prendre (fam.). || *vada per questa volta,* c'est bon pour cette fois. || *va da sé che...,* il va de soi que... || *va bene!,* d'accord!; (c'est) entendu!; ça va (bien). || FAM. *finché la va...,* tant que ça dure... || FAM. *come va va,* ça ira comme ça pourra. || [imperativo] *ma va'!, va' là!, andiamo!,* allons donc!, allons!, va! | *va' là stupido,* imbécile, va!, va donc, imbécile! | *va' là che ti piace,* avoue donc que ça te plaît! | *vai al diavolo!,* va(-t'en) au diable!
XI. ANDARSENE (v. rifl.). **1.** [partire] s'en aller, partir (intr.). | *me ne vado,* je m'en vais. | *se ne sono andati tutti,* ils sont tous partis. | *quanti soldi se ne vanno in questa casa!,* comme l'argent file, s'en va dans cette maison! || **2.** EUF. [morire] s'en aller, partir, quitter ce monde. | *se ne è andato,* il nous a quittés.

andare [an'dare] m. **1.** [andata] aller. || **2.** [andatura] allure f., démarche f. | *il suo andare è inconfondibile,* il a une démarche tout à fait particulière. || **3.** [del tempo] écoulement. || **4.** LOC. *un andare e venire,* un va-et-vient, des allées et venues. | *di questo andare,* à ce train-là, du train où vont les choses. | *a tutto andare,* à toute allure; FIG. énormément. | *piove a tutto andare,* il pleut à seaux, il pleut tout ce qu'il peut. | *spende a tutto andare,* il dépense sans compter. | *a lungo andare,* à la longue. | *con l'andare del tempo,* avec le temps.

andata [an'data] f. aller m. | *il viaggio di andata,* le voyage (d')aller; l'aller. | *andata e ritorno,* aller et retour. || SPORT *incontro di andata,* match aller.

andato [an'dato] agg. passé. | *nei tempi andati,* par le passé, dans le temps. || FAM. [guasto] fichu, abîmé (L.C.), foutu (pop.). || [spacciato] fichu. | *ormai è un uomo andato,* c'est un homme mort (L.C.), il n'en a plus pour longtemps (L.C.), il est fichu.

andatura [anda'tura] f. allure, démarche. | *andatura sciolta,* démarche souple. | *andatura dinoccolata,* allure dégingandée. | *andatura ridicola,* dégaine (fam.). | *a forta andatura,* à vive allure. || MAR. allure. || SPORT train m. | *l'andatura è sostenuta,* le train est soutenu. | *fare l'andatura,* mener (le train). || [del cavallo] allure, train m.

andazzo [an'dattso] m. mode f., habitudes f. pl. | *è un andazzo che non mi piace,* c'est une mode qui ne me plaît pas. | *anche tu ti sei messo a seguire l'andazzo del momento?,* toi aussi, tu as pris les manies à la mode? || [andamento] tour, allure f. | *le cose hanno preso un andazzo preoccupante,* les choses ont pris un tour inquiétant.

andicappare [andikap'pare] v. tr. handicaper.

andicappato [andikap'pato] agg. handicapé.

andirivieni [andiri'vjɛni] m. [viavai] va-et-vient, allées et venues f. pl. | *grande andirivieni di carretti,* allées et venues incessantes de charrettes. || PER EST. [intrico di vie, corridoi] dédale. || FIG. [giro di parole] circonlocution f. | *senza andirivieni,* sans détours, loyalement.

andito ['andito] m. couloir, entrée f., vestibule. || PER EST. [stanzino riposto] recoin, réduit, cagibi.

androgino [an'drɔdʒino] agg. e m. androgyne.

androne [an'drone] m. passage, couloir, allée f.

aneddotica [aned'dɔtika] f. ensemble (m.) d'anecdotes; anecdotes pl.

aneddotico [aned'dɔtiko] (**-ci** pl.) agg. anecdotique.

aneddoto [a'nɛddoto] m. anecdote f.

anelante [ane'lante] agg. haletant, essouflé; hors d'haleine.

anelare [ane'lare] v. intr. LETT. haleter; être essouflé, hors d'haleine. || FIG. désirer ardemment, aspirer (à). | *anelare alla libertà,* aspirer à la liberté. ◆ v. tr. POET. convoiter, soupirer (après).

anelasticità [anelastitʃi'ta] f. inextensibilité (raro).

anelastico [ane'lastiko] (**-ci** pl.) agg. inextensible.

anelito [a'nɛlito] m. halètement, essoufflement. || LETT. souffle. | *ultimo anelito,* dernier soupir. || FIG. LETT. désir ardent (L.C.), aspiration f. (L.C.). | *anelito verso l'ideale,* aspiration vers l'idéal.

anellidi [a'nɛllidi] m. pl. ZOOL. annélides.

anello [a'nɛllo] m. **1.** [ornamento del dito] anneau, bague f., jonc (raro). | *anello nuziale,* alliance f. | *anello con monogramma,* chevalière f. | *anello pastorale,* anneau pastoral. | [ornamento dell' orecchio] anneau, boucle (f.) d'oreille. || **2.** PER ANAL. *anelli di fumo,* ronds de fumée. || ASTRON. *anelli di Saturno,* anneaux de Saturne. || BOT. *anello annuale,* cerne. || TECN. bague, anneau. | *anello d'arresto,* bague d'arrêt. | *anello di guarnizione,* joint. | *munire di anelli,* baguer. | *anello di una catena,* maillon, chaînon. || ZOOL. anneau. | *anelli di un serpente,* anneaux d'un serpent. || **3.** LOC. *dare, prendere l'anello,* épouser [qn]; se marier. || **4.** f. pl. *anella* (poet., arc.) boucles (L.C.), anneaux m. pl.

anemia [ane'mia] f. MED. anémie.

anemico [a'nɛmiko] (**-ci** pl.) agg. anémique.

anemometro [ane'mɔmetro] m. METEOR. anémomètre.

anemone [a'nɛmone] m. BOT. anémone f. || ZOOL. *anemone di mare,* anémone de mer.

anestesia [aneste'zia] f. MED. anesthésie.

anestesista [aneste'zista] n. MED. anesthésiste.

anestetico [anes'tɛtiko] (**-ci** pl.) agg. e m. anesthésique, anesthésiant.

anestetizzare [anestetid'dzare] v. tr. MED. anesthésier, insensibiliser.

aneurisma [aneu'rizma] m. MED. anévrisme.

anfetamina [anfeta'mina] f. FARM. amphétamine.

anfibio [an'fibjo] agg. e m. amphibie. | *animale anfibio,* animal amphibie. | *veicolo anfibio,* véhicule amphibie. || FIG. [ingannevole] *linguaggio anfibio,* langage équivoque, douteux. || m. pl. ZOOL. amphibiens.

anfibologia [anfibolo'dʒia] f. RET. FILOS. amphibologie. || FIG. ambiguïté.

anfiteatro [anfite'atro] m. amphithéâtre. || UNIV. [aula scolastica] amphithéâtre, amphi (fam.). || GEOL. cirque naturel.

anfora ['anfora] f. amphore.

anfratto [an'fratto] m. anfractuosité f. ‖ POET. [burrone] ravin (L.C.).
anfrattuosità [anfrattuosi'ta] f. anfractuosité.
anfrattuoso [anfrattu'oso] agg. accidenté.
angariare [anga'rjare] v. tr. brimer, maltraiter, molester, opprimer.
angelica [an'dʒɛlika] f. BOT. angélique.
angelicamente [andʒelika'mente] avv. d'une manière angélique.
angelico [an'dʒɛliko] (**-ci** pl.) agg. angélique.
angelo ['andʒelo] m. ange. | *angelo custode, angelo tutelare*, ange gardien. | *lunedì dell'angelo*, lundi de Pâques. | *essere buono come un angelo*, être un ange de douceur. | *angelo del male, angelo delle tenebre, angelo cattivo* (euf.), ange déchu ; démon. ‖ FIG. *essere l'angelo tutelare di qlcu.*. être le bon ange de qn. ‖ SPORT *volo dell'angelo, tuffo ad angelo*, saut de l'ange. | [pattinaggio] *fare l'angelo*, faire l'ange. ‖ ZOOL. *pesce angelo*, ange de mer.
angelus ['andʒelus] m. [lat.] RELIG. [preghiera] angélus.
angheria [ange'ria] f. vexation, tracasserie, brimade. | *subire angherie*, subir des vexations, des brimades. | *fare angherie*, faire des misères, tracasser.
angina [an'dʒina] f. MED. angine. ‖ LAT. *angina pectoris*, angine de poitrine.
angioletto [andʒo'letto], **angiolino** [andʒo'lino] m. DIM. angelot.
angiolo ['andʒolo] m. tosc. V. ANGELO.
angioma [an'ʒɔma] m. MED. angiome.
angiosperme [andʒos'perme] f. pl. BOT. angiospermes.
angiporto [andʒi'pɔrto] m. (raro) ruelle f., impasse f.
anglicano [angli'kano] agg. e m. anglican. | *rito anglicano*, rite anglican.
anglicismo [angli'tʃizmo] m. anglicisme.
anglicizzare [anglitʃid'dzare] v. tr. angliciser.
anglofilo [an'glɔfilo] agg. e m. anglophile.
anglofobo [an'glɔfobo] agg. e m. anglophobe.
anglomania [angloma'nia] f. anglomanie.
anglonormanno [anglonor'manno] agg. e m. anglonormand.
anglossassone [anglo'sassone] agg. e n. anglosaxon, saxonne.
angolare [ango'lare] agg. angulaire. | *distanza angolare*, distance angulaire. | *colonna angolare*, colonne d'angle. ‖ PR. e FIG. *pietra angolare*, pierre angulaire. ◆ m. TECN. fer d'angle, cornière f. ‖ FOT. *grand'angolare*, grand angle. V. anche GRANDANGOLARE.
angolarmente [angolar'mente] avv. en forme d'angle, de façon à former un angle.
angolazione [angolat'tsjone] f. FOT., CIN. angle (m.) de prise de vues, angle de vue. ‖ V. anche INCLINAZIONE.
angolo ['angolo] m. **1.** [cantone] angle, coin. | *quel palazzo fa angolo su due vie*, ce bâtiment est à l'angle de deux rues. | *abitare all'angolo della via*, habiter au coin de la rue. | *ai quattro angoli del mondo*, aux quatre coins du monde. ‖ **2.** [rientranza] coin, encoignure f. | *mandare un bambino nell'angolo*, envoyer un enfant au coin. ‖ **3.** [lembo, pezzo] coin. | *vedere un angolo di cielo*, voir un coin de ciel. ‖ [luogo riposto] coin, recoin. | *starsene in un angolo*, rester dans son coin. | *angolo pittoresco*, coin pittoresque. | *pulire la casa fin negli angoli più reconditi*, nettoyer la maison jusque dans ses recoins les plus cachés. ‖ **4.** ANAT. *angolo facciale*, angle facial. | *angoli della bocca*, coins des lèvres, commissures (f. pl.) des lèvres. | *sorridere con l'angolo della bocca*, sourire du coin des lèvres. ‖ **5.** FIS., GEOM. angle. | *angolo retto*, angle droit. | *ad angolo*, en forme d'angle. ‖ **6.** MIL. *angolo di tiro*, angle de tir. ‖ **7.** SPORT *calcio d'angolo*, corner (ingl.), coup de coin. ‖ **8.** LOC. FIG. *smussare gli angoli*, arrondir les angles.
angoloso [ango'loso] agg. anguleux. | *forme angolose*, formes anguleuses. ‖ FIG. [scontroso] rébarbatif, rude.
angora ['angora] f. angora m. e agg. | *lana d'angora*, laine angora.
angoscia [an'gɔʃʃa] f. angoisse, affres f. pl.
angosciare [angoʃ'ʃare] v. tr. angoisser, tourmenter. ◆ v. rifl. se tourmenter.
angosciato [angoʃ'ʃato] part. passato e agg. angoissé.
angosciosamente [angoʃʃosa'mente] avv. avec angoisse. ‖ [in modo che dà angoscia] de façon angoissante.
angoscioso [angoʃ'ʃoso] agg. [affannoso] angoissant. | *situazione angosciosa*, situation angoissante. ‖ [pieno d'angoscia] plein d'angoisse. | *grido angoscioso*, cri d'angoisse.
anguilla [an'gwilla] f. **1.** ZOOL. anguille. ‖ LOC. FIG. *sguizzare dalle mani come un' anguilla*, glisser des mains comme une anguille. | *tenere le anguille per la coda*, s'engager dans une entreprise difficile. ‖ **2.** MAR. anguille.
anguria [an'gurja] f. pastèque, melon d'eau m.
angustia [an'gustja] f. PR. e FIG. étroitesse. | *angustia di vedute*, étroitesse de vues. ‖ [miseria] détresse matérielle, gêne, misère. ‖ FIG. [ansia] anxiété, souci m., peine. | *essere in angustie*, être dans l'anxiété.
angustiare [angus'tjare] v. tr. inquiéter, tourmenter, angoisser.
angustiato [angus'tjato] agg. inquiet, tourmenté.
angusto [an'gusto] agg. étroit, limité, resserré, restreint, exigu. | *terreno di gioco troppo angusto*, terrain de jeux trop exigu. ‖ FIG. étroit, limité, borné. | *ambizione angusta*, ambition limitée. | *intelligenza angusta*, intelligence bornée.
anice ['anitʃe] m. BOT. anis. | *anice stellato*, anis étoilé. ‖ [liquore] anisette f.
anidride [ani'dride] f. CHIM. anhydride m. | *anidride arseniosa*, arsenic blanc.
anidro ['anidro] agg. CHIM. anhydre.
anilina [ani'lina] f. CHIM. aniline.
anima ['anima] f. **1.** [principio di vita] âme. | *anima dell' universo*, âme de l'univers. | *tutto è anima*, tout est plein d'âme. ‖ FIG. [agente motore] âme. | *l'anima di una congiura*, l'âme d'une conspiration. ‖ **2.** [principio spirituale] âme. | *anime beate, dannate, del purgatorio*, âme des bienheureux, des damnés, du purgatoire. | *rendere l'anima (a Dio)*, rendre l'âme, rendre son âme à Dieu. | *la buon'anima di mio padre*, mon défunt père. | *consacrare l'anima a Dio*, consacrer son âme à Dieu. | *avere un delitto sull'anima*, avoir un crime sur la conscience. | *dannarsi l'anima*, perdre son âme ; se damner. ‖ FIG. *essere l'anima dannata di qlcu.*, être l'âme damnée de qn. | *vendere l'anima al diavolo*, vendre son âme au diable. | *far dannare l'anima (a qlcu.)*, mettre en rage, irriter (qn). ‖ **3.** [insieme delle facoltà intellettuali e morali] âme, esprit m. | *anima nobile, abietta*, âme noble, vile. | *anima semplice*, âme simple ; simple (m.) d'esprit. | *quell' anima semplice crede tutto ciò che le si racconta*, ce naïf croit tout ce qu'on lui raconte. | *dare l'anima alla scienza*, consacrer sa vie, se consacrer entièrement à la science. ‖ PER EST. *l'anima di un popolo*, l'âme d'un peuple. ‖ FIG. *senz'anima* [detto di cose], sans vie, inexpressif. | *quadro senza anima*, tableau inexpressif. ‖ **4.** [sede degli affetti e delle passioni] âme, cœur m. | *anima tenera, sensibile*, âme, cœur tendre, sensible. | *amare con tutta l'anima; volere un bene dell' anima*, aimer de tout son cœur. | *anima mia*, mon amour. | *appartenere anima e corpo*, appartenir corps et âme. | *arrivare all' anima*, toucher le cœur. | *despota senza anima*, tyran sans cœur. ‖ **5.** [persona] âme. | *anima gemella*, âme sœur. | *borgo di mille anime*, village de mille âmes, mille habitants (m.). | *non si vedeva anima viva*, on ne voyait âme qui vive. | *non dirlo ad anima viva*, ne le dis à personne, à âme qui vive. | *aver cura d'anima*, avoir charge d'âme. ‖ **6.** [parte centrale, vitale di un oggetto] âme. | *anima di un cavo*, âme d'un câble. | *anima di una scala a chiocciola*, noyau, axe d'un escalier tournant. | *anima del bottone*, moule du bouton. ‖ MIL. *anima del cannone*, âme du canon. ‖ **7.** LOC. FIG. *è lui in corpo e in anima*, c'est lui en chair et en os. | *rimettere l'anima in corpo*, remettre le cœur en place. | *due anime in un nocciolo*, deux têtes sous le même bonnet. ‖ FAM. *mangiarsi l'anima*, se ronger les sangs, se faire du mauvais sang. | *non roderti l'anima così*, ne t'en fais pas comme ça. | *rompere l'anima*, casser les pieds (pop.). | *cavare, rubare l'anima*,

dépouiller. ‖ Volg. *vomitare l'anima,* rendre tripes et boyaux (fam.). | *sudar l'anima,* suer sang et eau (fam.).
animale [ani'male] m. animal. | *animali predatori,* animaux de proie. ‖ Fig. animal, bête f., brute f. | *niente da fare con quel pezzo d'animale,* rien à faire avec cet animal-là. ‖ Univ. *animale da concorsi,* bête à concours. ‖ [offesa] Volg. *sporco animale,* sale bête (fam.). ◆ agg. animal. | *funzioni animali,* fonctions animales.
animalesco [anima'lesko] (**-chi** pl.) agg. animal, bestial.
animaletto [anima'letto] m. petit animal, petite bête. ‖ Zool. animalcule.
animalista [anima'lista] agg. e n. Arti animalier m.
animalità [animali'ta] f. animalité, bestialité.
animare [ani'mare] v. tr. **1.** [dare vita] animer. ‖ Per est. *l'artista anima il marmo,* l'artiste anime le marbre. ‖ **2.** [dare movimento] animer. | *la festa ha animato le strade,* la fête a animé les rues. ‖ Fig. animer, égayer. | *animare la conversazione,* animer la conversation. ‖ **3.** [dare vivacità] animer, aviver, enflammer. | *il vino aveva animato gli sguardi,* le vin avait animé les regards. ‖ **4.** [incitare] animer, stimuler, encourager, exciter. | *animare alla vendetta,* exciter à la vengeance. ◆ v. rifl. s'animer.
animatamente [animata'mente] avv. avec animation.
animato [ani'mato] agg. **1.** [vivente] animé, vivant. | *esseri animati,* êtres animés. ‖ **2.** [vivace] animé, vif. | *disputa animata,* vive altercation. ‖ **3.** [movimentato] animé, mouvementé, plein de vie. | *quartiere animato,* quartier animé, plein de vie. ‖ **4.** Cin. *cartoni animati,* dessins animés.
animatore [anima'tore] (**-trice** f.) agg. e m. animateur, trice.
animazione [animat'tsjone] f. animation. | *paese senza animazione,* village privé d'animation.
animella [ani'mella] f. Culin. ris m. | *animelle di vitello,* ris de veau. ‖ Tecn. clapet m.
animismo [ani'mizmo] m. animisme.
animista [ani'mista] agg. e n. animiste.
animistico [ani'mistiko] (**-ci** pl.) agg. animiste.
animo ['animo] m. **1.** [sede dei sentimenti] âme f., cœur. | *animo buono,* bon cœur. | *sei cattivo d'animo,* tu es la méchanceté personnifiée. | *animo debole, forte,* caractère faible, fort. | *stato d'animo,* état d'âme. | *cattivarsi l'animo di qlcu.,* s'attirer les bonnes grâces de qn. | *fare qlco. di buon animo, di mal animo,* faire qch. de bon cœur, à contrecœur. | *aprire l'animo,* se confier. | *mettersi l'animo in pace,* se tranquilliser. | *toccare l'animo,* toucher le cœur. ‖ **2.** [mente, ingegno] esprit, intelligence f., jugement. | *profondi pensieri occupavano il suo animo,* des pensées profondes occupaient son esprit. ‖ [attenzione] esprit, attention f. | *avere l'animo altrove,* avoir l'esprit ailleurs, la tête ailleurs (fam.). ‖ **3.** [intento] esprit, intention f., idée f. | *avere in animo di fare qlco.,* avoir l'intention, avoir dans l'idée de faire qch. ‖ [disposizione] disposition f. | *essere pieno di malanimo verso qlcu.,* être mal disposé envers qn. ‖ **4.** [coraggio] courage, cœur. | *se ti basta l'animo,* si tu en as le courage. | *farsi animo,* se donner du courage, du cœur au ventre (fam.). | *animo !,* courage ! | *perdersi d'animo,* se décourager.
animosamente [animosa'mente] avv. [ostilmente] avec animosité, hargneusement. ‖ [con coraggio] courageusement.
animosità [animosi'ta] f. animosité, malveillance, inimitié, hostilité, hargne. | *provare animosità verso qlcu.,* avoir de l'animosité contre qn. ‖ Lett. [coraggio] courage m.
animoso [ani'moso] agg. courageux, audacieux, hardi. | *cavallo animoso,* cheval fougueux. ‖ Lett. [ostile] hostile.
anione [a'njone] m. Fis. anion.
anisetta [ani'zetta] f. anisette.
anitra ['anitra] f. V. anatra.
annacquamento [annakkwa'mento] m. coupage, mouillage.
annacquare [annak'kware] v. tr. étendre d'eau, allonger, couper, mouiller, tremper. | *annacquare il vino,* couper, mouiller le vin ; baptiser le vin (fam.). ‖ Fig. [mitigare] adoucir, édulcorer. | *riferire un discorso violento annacquandolo nei particolari più crudi,* rapporter des propos violents en en édulcorant les détails les plus crus. ‖ Chim. *annacquare una soluzione,* étendre une solution.
annacquata [annak'kwata] f. fait (m.) d'ajouter un peu d'eau. | *dare un' annacquata al brodo,* ajouter un peu d'eau dans le bouillon. ‖ [pioggia] averse, ondée. | *ho preso una di quelle annacquate !,* j'ai pris une de ces douches !
annacquato [annak'kwato] agg. étendu d'eau. | *vino copiosamente annacquato,* eau rougie. ‖ Fig. mou, édulcoré. | *prosa annacquata,* prose délayée. ‖ Chim. *alcol annacquato,* alcool étendu.
annaffiamento [annaffja'mento] m. arrosage.
annaffiare [annaf'fjare] v. tr. arroser. ‖ Scherz. *annaffiare il vino,* baptiser le vin.
annaffiata [annaf'fjata] f. arrosage (m.) léger. | *dare un'annaffiata ai fiori,* donner un peu d'eau aux fleurs. ‖ Per est. [pioggerella] ondée.
annaffiatoio [annaffja'tɔjo] m. arrosoir.
annaffiatore [annaffja'tore] (**-trice** f.) agg. e m. arroseur, euse. | *autobotte annaffiatrice,* arroseuse, voiture d'arrosage. ◆ Sostant. f. *annaffiatrice,* arroseuse.
annaffiatura [annaffja'tura] f. arrosage m.
annali [an'nali] m. pl. Pr. e fig. annales f. pl.
annalista [anna'lista] m. annaliste.
annaspare [annas'pare] v. intr. se démener, gesticuler, se débattre. | *annaspare nel buio,* tâtonner, avancer à tâtons dans le noir. ‖ Fig. se démener, tâtonner, se battre les flancs (loc. fam.). | *annaspava senza risultato,* il se démenait sans résultat. ◆ v. tr. Tecn. *annaspare il filo,* dévider le fil.
annaspicare [annaspi'kare] v. intr. (raro) bredouiller, bafouiller.
annaspo [an'naspo] m. Pop. dévidoir (l.c.).
annata [an'nata] f. année. ‖ Fin. annuité.
annebbiamento [annebbja'mento] m. formation (f.) de brouillard, obscurcissement. ‖ Fig. obscurcissement, confusion f., trouble. | *l'annebbiamento della sua mente era tale...,* le trouble, la confusion de son esprit était tel (telle)...
annebbiare [anneb'bjare] v. tr. embrumer, voiler, couvrir ; assombrir, obscurcir. ‖ Fig. troubler, brouiller, obscurcir. | *i vizi annebbiano la sua mente,* les vices troublent son esprit. ◆ v. rifl. se troubler, se voiler, s'offusquer. | *l'orizzonte si annebbiava,* l'horizon se voilait. | *la vista gli si annebbiò,* sa vue se brouilla.
annebbiato [anneb'bjato] agg. embrumé, brumeux, brouillé, assombri. | *cielo annebbiato,* ciel brumeux. ‖ Fig. brouillé, embrouillé, brumeux, nébuleux.
annegamento [annega'mento] m. noyade f.
annegare [anne'gare] v. tr. Pr. e fig. noyer. | *annegare il dolore nell'alcol,* noyer son chagrin dans l'alcool. ◆ v. intr. se noyer (rifl.). | *è annegato,* il s'est noyé. ‖ Fig. se noyer ; être submergé ; être plongé (dans). ‖ Loc. *annegare in un mare di guai,* être dans le pétrin (fam.). | *annegare in un bicchier d'acqua,* se noyer dans un verre d'eau. ◆ v. rifl. se noyer.
annegato [anne'gato] agg. e m. noyé.
annerimento [anneri'mento] m. noircissement.
annerire [anne'rire] v. tr. noircir. ‖ [col fumo] enfumer. ◆ v. intr. noircir, se noircir. | *pelle che annerisce al sole,* peau qui noircit, qui brunit au soleil. ‖ [del tempo] s'assombrir. ◆ v. rifl. noircir, se noircir, s'assombrir.
annerito [anne'rito] agg. noirci.
annessione [annes'sjone] f. annexion, rattachement m.
annesso [an'nɛsso] agg. annexé, annexe, attenant. | *cimitero annesso alla chiesa,* cimetière attenant à l'église. ‖ Amm. *qui annesso,* ci-joint. ◆ m. pl. annexe f. sing., dépendances f. pl. | *il palazzo e i suoi annessi,* le bâtiment et ses dépendances. ‖ Giur. e fig. *annessi e connessi,* tenants et aboutissants.
annettere [an'nɛttere] v. tr. [allegare] annexer, joindre. | *annettere dei documenti a un incartamento,* joindre des pièces à un dossier. ‖ [aggiungere] ajouter. ‖ Loc. fig. *annettere grande importanza a...,* attacher grande importance à... ‖ Polit. annexer, rattacher.

annichilare [anniki'lare] v. tr. V. ANNICHILIRE.
annichilazione [annikilat'tsjone] f. FIS. ATOM. annihilation.
annichilimento [annikili'mento] m. annihilation f., anéantissement, annulation f.
annichilire [anniki'lire] v. tr. anéantir, détruire. ‖ FIG. anéantir, annihiler, réduire à néant. | *il destino ha annichilito tutti i suoi sforzi,* le destin a anéanti tous ses efforts. ◆ v. rifl. s'anéantir, se détruire. ‖ FIS. s'annuler. ‖ FIG. s'annihiler ; s'abaisser, s'effacer.
annidare [anni'dare] v. tr. [dar ricetto] abriter. | *annidare nell' animo pensieri colpevoli,* nourrir dans son esprit des pensées coupables. ◆ v. rifl. ZOOL. nicher (intr.), se nicher. ‖ PER EST. [nascondersi] se nicher, se blottir, se cacher. | *paese annidato nella valle,* village niché au creux d'un vallon.
annientamento [annjenta'mento] m. PR. e FIG. anéantissement, écrasement, destruction f. | *annientamento della città,* anéantissement de la ville. | *annientamento della personalità,* écrasement, anéantissement de la personnalité.
annientare [annjen'tare] v. tr. PR. e FIG. anéantir, annihiler, écraser. | *annientare una civiltà,* anéantir une civilisation. | *annientare l'opposizione,* écraser l'opposition. ◆ v. rifl. s'anéantir, s'annihiler.
anniversario [anniver'sarjo] agg. e m. anniversaire. | *messa funebre anniversaria,* messe du bout de l'an.
anno ['anno] m. **1.** année f., an. | *anno civile,* année civile. | *l'altro anno,* l'année dernière. | *entro l'anno,* avant la fin de l'année. | *in capo a un anno,* d'ici un an. | *anno nuovo,* nouvelle année. | *Capo d'anno,* Nouvel An. | *buon anno !,* bonne année ! | *anni fa,* il y a quelques années. | *gli anni trenta,* les années trente. | *un anno di stipendio,* un an de salaire. | *garantito per cinque anni,* garanti cinq ans. | *anno commerciale, amministrativo, scolastico, accademico,* année commerciale, administrative, scolaire, universitaire. ‖ UNIV. *iscriversi al terzo anno di medicina,* s'inscrire en troisième année de médecine. ‖ RELIG. *anno santo,* jubilé, année sainte. ‖ **2.** [età] an, année, âge. | *uomo di trenta anni,* homme de trente ans. | *compiere gli anni,* fêter son anniversaire. | *anni verdi,* jeunes, vertes années. | *nel fiore degli anni,* dans la fleur de l'âge. | *portare bene gli anni,* bien porter son âge. | *avere molti anni addosso,* être chargé d'ans (lett.), être vieux. | *è avanti con gli anni,* il n'est plus de la première jeunesse. | *nascondersi, togliersi gli anni,* se rajeunir. ‖ **3.** [vita] *passare male i propri anni,* gâcher sa vie. | *con gli anni,* avec le temps. ‖ **4.** ASTRON. année. | *anno solare,* année solaire. | *anno luce,* année de lumière, année-lumière (L.C.). ‖ **5.** LOC. *avere parecchi anni sulla groppa* (fam.), avoir pris de la bouteille (fam.). | *anni duri questi !,* les temps sont durs ! | *starci un anno a fare qlco.,* mettre une éternité à faire qch.
annobilire [annobi'lire] v. tr. ennoblir, élever. | *è la forza di carattere che annobilisce l'uomo,* c'est la force de caractère qui ennoblit l'homme. ‖ PR. (raro) anoblir.
annodamento [annoda'mento] m. nœud ; fait de nouer. ‖ TECN. nouement, nouage. ‖ FIG. *annodamento di un patto,* établissement d'un pacte.
annodare [anno'dare] v. tr. nouer, attacher. | *annodare due spaghi,* nouer deux ficelles. ‖ FIG. nouer, lier. | *annodare una relazione con qlcu.,* se lier avec qn. ◆ v. rifl. nouer, attacher. | *annodarsi (i lacci del) le scarpe,* attacher, nouer ses lacets. ‖ PR. et FIG. s'emmêler. | *capelli che si annodano,* cheveux qui s'emmêlent. | *dopo pochi bicchieri la lingua gli si annodava,* il suffisait de quelques verres pour lui donner la bouche pâteuse. ‖ LOC. FIG. *annodarsi il fazzoletto,* faire un nœud à son mouchoir.
annodatura [annoda'tura] f. nœud m.
annoiare [anno'jare] v. tr. ennuyer, assommer ; embêter (fam.), raser (fam.), barber (fam.), enquiquiner (fam.), faire suer (pop.). ◆ v. rifl. s'ennuyer, s'embêter (fam.), s'empoisonner (pop.).
annoiato [anno'jato] agg. blasé, dégoûté, revenu (de tout). ◆ SOSTANT. *fare l'annoiato,* faire le blasé, jouer au blasé.
annona [an'nɔna] f. service (m.) de l'alimentation. ‖ STOR. annone.
annonario [anno'narjo] agg. de ravitaillement, d'approvisionnement, d'alimentation. | *tessera annonaria,* carte de rationnement.
annoso [an'noso] agg. PR. LETT. chargé d'ans, vieux (L.C.) ; [di cose] vétuste. ‖ FIG. ancien, éternel, interminable. | *annosa trattativa,* pourparlers interminables.
annotare [anno'tare] v. tr. [prender nota] noter, inscrire, marquer, prendre note (de). | *annotare un indirizzo,* noter une adresse. ‖ [un testo] annoter.
annotatore [annota'tore] (**-trice** f.) m. annotateur, trice ; commentateur, trice.
annotazione [annotat'tsjone] f. [promemoria] note, mémorandum m. ‖ [commento] annotation, glose.
annottare [annot'tare] v. impers. commencer à faire nuit. | *annotta,* il se fait nuit, la nuit tombe. ◆ SOSTANT. *all' annottare,* à la nuit tombante, à la tombée de la nuit, au crépuscule.
annoverare [annove'rare] v. tr. [elencare] énumérer, dénombrer, passer en revue. | *sarebbe troppo lungo annoverare i suoi meriti,* il serait trop long d'énumérer ses mérites. ‖ [includere] compter (au nombre de), ranger (parmi). | *lo annoverano tra i più importanti,* on le range parmi les plus importants. ◆ SOSTANT. dénombrement, énumération f. ◆ v. rifl. [senso passivo] se ranger (parmi) [fig.], être au nombre de.
annuale [annu'ale] agg. annuel. | *contratto annuale,* contrat annuel. ‖ GIUR. annal.
annualità [annuali'ta] f. annualité. ‖ FIN. [quota annuale] annuité. ‖ GIUR. annalité.
annualmente [annual'mente] avv. annuellement.
annuario [annu'arjo] m. annuaire ; indicateur.
annuire [annu'ire] v. intr. acquiescer (à). ‖ PER EST. approuver (tr.). ‖ LOC. *annuente il tribunale,* avec la permission du tribunal.
annullabile [annul'labile] agg. annulable (raro). ‖ GIUR. résiliable.
annullamento [annulla'mento] m. annulation f., abolition f. ‖ GIUR. abrogation f., résiliation f., invalidation f. | *annullamento d'un contratto,* résiliation d'un contrat. | *annullamento di una legge,* abrogation d'une loi. | annullamento di un matrimonio, annulation d'un mariage.
annullare [annul'lare] v. tr. annuler, abolir. | *annullare un appuntamento,* annuler un rendez-vous. | *annullare un divieto,* lever une interdiction. ‖ GIUR. annuler, abolir, abroger, résilier. | *annullare un matrimonio,* annuler, dissoudre un mariage. | *la Corte ha annullato il giudizio,* la Cour a cassé le jugement. | *annullare un testamento,* annuler, infirmer un testament. | *annullare una marca da bollo,* oblitérer un timbre. ◆ v. rifl. PR. e FIG. s'annuler.
annullatore [annulla'tore] (**-trice** f.) agg. qui annule. | *timbro annullatore,* timbre, tampon oblitérateur.
annullo [an'nullo] m. AMM. oblitération f.
annunciare [annun'tʃare] v. tr. **1.** [rendere noto] annoncer, informer [de]. | *annunciare un matrimonio,* annoncer un mariage. | *annunciare un'asta mediante manifesti,* afficher une vente aux enchères. ‖ **2.** [predire] annoncer, prédire. ‖ **3.** FIG. [far presentire] annoncer, indiquer. | *fiore che annuncia la primavera,* fleur qui annonce le printemps. ‖ **4.** [segnalare l'arrivo di qlcu.] annoncer. | *farsi annunciare,* se faire annoncer.
annunciatore [annuntʃa'tore] (**-trice** f.) m. annonceur (arc.), annonciateur, trice (raro). | *mi faccio qui l'annunciatore di una buona notizia,* je suis ici pour annoncer une bonne nouvelle. ‖ RADIO, T.V. speaker, speakerine f., présentateur, trice.
annunciazione [annuntʃat'tsjone] f. RELIG., ARTI Annonciation.
annuncio [an'nuntʃo] m. annonce f., nouvelle f. | *la radio diede l'annuncio di...,* la radio donna la nouvelle de... | *annuncio pubblicitario,* annonce publicitaire, réclame f. | *annunci economici,* petites annonces. | *annuncio di morte,* avis de décès. ‖ [previsione] annonce, signe, indice. | *la caduta del vento è annuncio di pioggia,* la chute du vent est signe de pluie.
annunziare [annun'tsjare] v. tr. e deriv. V. ANNUNCIARE e deriv.
annuo ['annuo] agg. annuel.
annusare [annu'zare] v. tr. sentir, humer ; [di animali] flairer. | *annusare un profumo,* humer, respirer un

parfum. | *annusa un po' quest'odore,* sens un peu cette odeur. | *annusare rumorosamente,* renifler. || PARTICOL. *annusare tabacco,* priser. || FIG. flairer. | *annusare la truffa,* flairer une escroquerie.
annusata [annu'zata] f. action de humer, de sentir. | *con un' annusata si rende conto della qualità del vino,* rien qu'en le respirant il se rend compte de la qualité du vin.
annuvolamento [annuvola'mento] m. nébulosité f., amoncellement de nuages. | *da domani, annuvolamenti più densi,* à partir de demain, nébulosité plus importante.
annuvolare [annuvo'lare] v. tr. ennuager, couvrir de nuages; assombrir. || FIG. troubler, brouiller. ◆ v. rifl. s'ennuager, se couvrir, se troubler. || FIG. se rembrunir, se renfrogner. | *a questa proposta, il suo volto si annuvolò,* à cette proposition, son visage se renfrogna.
ano ['ano] m. ANAT. anus.
anodino [a'nɔdino] agg. MED. ARC. anodin, calmant. | PER EST. e FIG. anodin, inoffensif, insignifiant, inefficace. | *provvedimento anodino,* mesure inefficace. || FIG. [di persone] anodin, insignifiant, falot.
anodo ['anodo] m. FIS. anode f.
anofele [a'nɔfele] m. ZOOL. anophèle.
anomalia [anoma'lia] f. anomalie, irrégularité.
anomalo [a'nɔmalo] agg. anomal, irrégulier, anormal.
anonimato [anoni'mato] m. anonymat.
anonimo [a'nɔnimo] agg. e n. anonyme. || GIUR. *società anonima,* société anonyme. ◆ m. anonymat. | *serbare l'anonimo,* conserver l'anonymat.
anoressia [anores'sia] f. MED. anorexie.
anormale [anor'male] agg. anormal, inhabituel, insolite. | *trovo anormale pagare tante tasse,* je trouve anormal de payer tant d'impôts. || [minorato] (anche SOSTANT.) anormal, arriéré; déficient (solo agg.). | *bambino anormale,* enfant anormal. | *scuola per anormali,* école pour arriérés.
anormalità [anormali'ta] f. anomalie, singularité, irrégularité.
ansa ['ansa] f. anse. || PER EST. [di un fiume] boucle, méandre m.; [di una costa] anse. || ANAT. *ansa intestinale,* anse intestinale.
ansante [an'sante] agg. essoufflé, haletant, hors d'haleine.
ansare [an'sare] v. intr. haleter. ◆ SOSTANT. halètement.
anseatico [anse'atiko] agg. STOR. hanséatique.
ansia ['ansja] f. anxiété; inquiétude. || *stava in ansia,* il s'inquiétait; il était inquiet. | *ha messo tutti in ansia,* il a plongé tout le monde dans l'inquiétude. || [desiderio] passion, fièvre, désir m. | *preso dall' ansia di vederlo,* pris de la fièvre de le voir. ◆ pl. alarmes.
ansietà [ansje'ta] f. anxiété.
ansimante [ansi'mante] agg. haletant, essoufflé, hors d'haleine.
ansimare [ansi'mare] v. intr. haleter, souffler. ◆ SOSTANT. halètement.
ansiosamente [ansjosa'mente] avv. anxieusement.
ansioso [an'sjoso] agg. anxieux, inquiet. | *sguardo ansioso,* regard anxieux. | *era estremamente ansioso a causa del tuo ritardo,* ton retard l'a mis dans tous ses états. || [impaziente] anxieux, impatient. ◆ SOSTANT. *è un ansioso,* c'est un inquiet, c'est un caractère anxieux.
ansito ['ansito] m. LETT. halètement (L.C.). | *ansito del motore,* halètement du moteur.
anta ['anta] f. [di armadio] porte. || [di finestra] volet m. || ARCHIT. ante. || PITT. volet m. | *ante di un trittico,* volets d'un triptyque.
antagonismo [antago'nizmo] m. antagonisme, rivalité f. | *antagonismo di interessi,* conflit d'intérêts.
antagonista [antago'nista] agg. antagoniste; rival. || ANAT. *muscoli antagonisti,* muscles antagonistes. ◆ m. e f. antagoniste; rival, e.
antartico [an'tartiko] (**-ci** pl.) agg. e m. antarctique.
antecedente [antetʃe'dɛnte] agg. antérieur, précédent, antécédent (raro). | *capitolo antecedente,* chapitre précédent. ◆ m. GRAMM., LOG., MAT. antécédent. || FIG. m. pl. antécédents.
antecedenza [antetʃe'dɛntsa] f. antécédence (raro), antériorité. | *in antecedenza,* précédemment.
antecedere [ante'tʃɛdere] v. tr. e intr. LETT. précéder. || FIG. l'emporter (sur).
antecessore [antetʃes'sore] m. prédécesseur, devancier.
antefatto [ante'fatto] m. antécédents m. pl.
anteguerra [ante'gwɛrra] loc. avv. o agg. d'avant-guerre. ◆ SOSTANT. m. *l'anteguerra,* l'avant-guerre m. ou f.
antelucano [antelu'kano] agg. qui précède l'aube.
antenato [ante'nato] m. ancêtre. ◆ pl. ancêtres, aïeux (lett.).
antenna [an'tenna] f. TELECOM. antenne, aérien m. (neol.). || MAR. antenne. || MIL. mât m., hampe. || ZOOL. antenne.
antennista [anten'nista] m. NEOL. installateur d'antennes.
anteporre [ante'porre] v. tr. placer avant. LING. antéposer. | *anteporre l'aggettivo,* anteposer l'adjectif. || FIG. placer avant, faire passer avant, préférer. | *anteporre la fede alla ragione,* placer la foi au-dessus de la raison.
anteriore [ante'rjore] agg. antérieur. | *membri anteriori,* membres antérieurs. | *zampa anteriore,* patte de devant. || GRAMM. *futuro anteriore,* futur antérieur.
anteriorità [anterjori'ta] f. antériorité.
anteriormente [anterjor'mente] avv. [nel tempo] antérieurement, précédemment, auparavant. || [nello spazio] devant, en avant (de).
antesignano [antesiɲ'ɲano] m. e agg. précurseur.
antiabbagliante [antiabbaʎ'ʎante] agg. e m. V. ANABBAGLIANTE.
antiaereo [antia'ɛreo] agg. antiaérien. | *difesa antiaerea,* D. C. A., défense antiaérienne. ◆ f. D. C. A.
antialcolico [antial'kɔliko] (**-ci** pl.) agg. antialcoolique.
antiappannante [antiappan'nante] agg. antibuée (neol.).
antiatomico [antia'tɔmiko] (**-ci** pl.) agg. antiatomique. | *rifugio antiatomico,* refuge, abri antiatomique.
antibatterico [antibat'tɛriko] (**-ci** pl.) agg. e m. bactéricide, bactériostatique.
antibecco [anti'bekko] m. ARCHIT. avant-bec.
antibiotico [anti'bjɔtiko] (**-ci** pl.) agg. e m. MED. antibiotique.
anticaglia [anti'kaʎʎa] f. antiquaille (peggior.), vieillerie.
anticamente [antika'mente] avv. anciennement, autrefois.
anticamera [anti'kamera] f. antichambre, vestibule m., hall m. || LOC. *fare anticamera,* faire antichambre. || LOC. FIG. *questo pensiero non mi è passato nemmeno per l'anticamera del cervello,* cette idée ne m'a pas même effleuré.
anticanceroso [antikantʃe'rozo] agg. MED. anticancéreux.
anticarro [anti'karro] agg. invar. MIL. antichar.
anticatodo [anti'katodo] m. FIS. anticathode f.
anticeltico [anti'tʃɛltiko] (**-ci** pl.) agg. antivénérien.
antichità [antiki'ta] f. [l'essere antico] antiquité, ancienneté. | *monumento venerabile per la sua antichità,* monument vénérable par son ancienneté. || [età antica] antiquité. | *la più remota antichità,* la plus haute antiquité. | *dalla piu remota antichità,* de toute antiquité. || [oggetto antico] (particol. pl.) antiquité, objet ancien. | *sala delle antichità orientali,* salle des antiquités orientales.
anticiclone [antitʃi'klone] m. METEOR. anticyclone.
anticipare [antitʃi'pare] v. tr. **1.** avancer, anticiper. | *anticipare la data della cerimonia,* avancer la date de la cérémonie. || **2.** FIN. payer par anticipation, par avance; faire une avance. | *anticipare una parte dello stipendio,* faire une avance sur le traitement. || **3.** MIL. *anticipare la leva,* devancer l'appel. || **4.** SPORT anticiper. || **5.** NEOL. [comunicare in anticipo] *anticipare una notizia,* donner une nouvelle à l'avance. || **6.** LOC. *non anticipare i tempi,* n'anticipe pas. ◆ v. intr. être en avance, arriver en avance. | *il treno ha anticipato di due minuti,* le train a eu deux minutes d'avance.
anticipatamente [antitʃipata'mente] avv. d'avance, en avance; par anticipation.
anticipato [antitʃi'pato] agg. en avance, (fait)

d'avance, anticipé. | *ringraziamenti anticipati*, remerciements anticipés. | *affitto anticipato*, loyer payé d'avance. || [prematuro] prématuré. | *parto anticipato*, accouchement avant terme.

anticipazione [antitʃipat'tsjone] f. anticipation. || ECON. avance. || FILOS., RET. anticipation. || MIL. *anticipazione di leva*, devancement (m.) de l'appel. || PER EST. antécédents m. pl., annonce. | *la «Vita Nuova» è l'anticipazione delle altre opere di Dante*, la *Vita Nuova* annonce les autres œuvres de Dante.

anticipo [an'titʃipo] m. avance f. | *anticipo di due ore*, deux heures d'avance. || FIN. avance f. | *chiedere un anticipo*, demander une avance. || TECN. *anticipo dell' accensione*, avance à l'allumage.

anticlericale [antikleri'kale] agg. e n. anticlérical.

anticlericalismo [antiklerika'lismo] m. anticléricalisme.

anticlinale [antikli'nale] f. GEOL. anticlinal m. et agg.

antico [an'tiko] (**-chi** pl.) agg. antique, ancien. | *antico edificio*, édifice ancien. || PARTICOL. *storia antica*, histoire ancienne, antique. | *Roma antica*, Rome antique. | *antichi Romani*, anciens Romains. | *arte antica*, art antique. || PER EST. antique, démodé. ◆ m. antique. | *gli antichi*, les antiques. || ARTI *imitare l'antico*, imiter l'antique. || LOC. *all' antica*, à l'antique. | *uomo all' antica*, un homme de la vieille roche (lett.).

anticoagulante [antikoagu'lante] agg. e m. anticoagulant.

anticolonialismo [antikolonja'lizmo] m. anticolonialisme.

anticolonialista [antikolonja'lista] m. anticolonialiste.

anticomunismo [antikomu'nizmo] m. anticommunisme.

anticomunista [antikomu'nista] agg. e n. anticommuniste.

anticoncettivo [antikontʃet'tivo] o **anticoncezionale** [antikontʃet'tsjonale] agg. MED. anticonceptionnel, contraceptif. | *politica anticoncezionale*, politique anticonceptionnelle. | *prodotto anticoncettivo (anticoncezionale)*, contraceptif m.

anticongelante [antikondʒe'lante] agg. e m. antigel.

anticorpo [anti'kɔrpo] m. MED. anticorps.

anticostituzionale [antikostituttsjo'nale] agg. anticonstitutionnel.

anticristiano [antikris'tjano] agg. antichrétien.

anticristo [anti'kristo] m. antéchrist.

anticrittogamico [antikritto'gamiko] (**-ci** pl.) agg. e m. anticryptogamique.

antidatare [antida'tare] v. tr. antidater.

antidemocratico [antidemo'kratiko] (**-ci** pl.) agg. antidémocratique.

antiderapante [antidera'pante] agg. e m. (neol.) antidérapant. V. anche ANTISDRUCCIOLEVOLE.

antidiluviano [antidilu'vjano] agg. PR. e FIG. antédiluvien.

antidisturbo [antidis'turbo] agg. TELECOM. antiparasite.

antidoto [an'tidoto] m. antidote. || FIG. antidote, remède. | *un antidoto contro la malinconia*, un remède contre la mélancolie.

antiemorragico [antiemor'radʒiko] agg. hémostatique ; contre les hémorragies.

antiestetico [anties'tɛtiko] (**-ci** pl.) agg. inesthétique, disgracieux.

antifascismo [antifaʃ'ʃizmo] m. antifascisme.

antifascista [antifaʃ'ʃista] agg. e n. antifasciste.

antifebbrile [antifeb'brile] agg. antipyrétique, fébrifuge.

antifecondativo [antifekonda'tivo] agg. e m. MED. contraceptif.

antiflogistico [antiflo'dʒistiko] (**-ci** pl.) agg. MED. antiphlogistique.

antifona [an'tifona] f. MUS. RELIG. antienne. || FIG. FAM. refrain m., antienne. | *ricomincia con la solita antifona*, le voilà qui reprend le refrain habituel. || LOC. *capire l'antifona*, saisir l'allusion.

antiforo [anti'foro] agg. invar. NEOL. TECN. increvable. | *gomma antiforo*, pneu increvable.

antifrasi [an'tifrazi] f. RET. antiphrase.

antifrizione [antifrit'tsjone] agg. invar. METALL. antifriction. | *lega antifrizione*, antifriction (m.).

antifurto [anti'furto] agg. invar. e m. antivol.

antigas [anti'gas] agg. invar. contre les gaz. | *maschera antigas*, masque à gaz.

antigelo [anti'dʒɛlo] agg. invar. e m. NEOL. antigel.

antigienico [anti'dʒɛniko] (**-ci** pl.) agg. antihygiénique.

antigovernativo [antigoverna'tivo] agg. antigouvernemental.

antigrafo [an'tigrafo] m. FILOL. antigraphe, exemplaire.

antigrandine [anti'grandine] agg. invar. paragrêle. | *razzi antigrandine*, fusées paragrêle.

antilope [an'tilope] f. ZOOL. antilope.

antimateria [antima'tɛrja] f. FIS. antimatière.

1. antimeridiano [antimeri'djano] agg. du matin.

2. antimeridiano [antimeri'djano] m. GEOGR. antiméridien.

antimilitarismo [antimilita'rizmo] m. antimilitarisme.

antimilitarista [antimilita'rista] agg. e n. antimilitariste.

antimilitaristico [antimilita'ristiko] (**-ci** pl.) agg. antimilitariste.

antimonarchico [antimo'narkiko] (**-ci** pl.) agg. antimonarchique. ◆ m. antimonarchiste.

antimonio [anti'mɔnjo] m. CHIM. antimoine.

antincendio [antin'tʃɛndjo] agg. invar. contre l'incendie. | *pompa antincendio*, pompe à incendie.

antinevralgico [antine'vraldʒiko] (**-ci** pl.) agg. e m. antinévralgique.

antinfortunistico [antinfortu'nistiko] (**-ci** pl.) agg. contre les accidents. | *misure antinfortunistiche*, mesures de prévention contre les accidents.

antinomia [antino'mia] f. FILOS. antinomie. || PER EST. contradiction.

antinomico [anti'nɔmiko] (**-ci** pl.) agg. antinomique, antithétique, contradictoire.

antiofidico [antio'fidiko] (**-ci** pl.) agg. antivenimeux.

antiorario [antio'rarjo] agg. qui va dans le sens contraire à celui des aiguilles d'une montre.

antipapa [anti'papa] m. STOR. RELIG. antipape.

antiparassitario [antiparassi'tarjo] agg. e m. antiparasite.

antiparlamentare [antiparlamen'tare] agg. antiparlementaire.

antipartito [antipar'tito] agg. invar. POLIT. antiparti.

antipasto [anti'pasto] m. CULIN. hors-d'œuvre invar.

antipatia [antipa'tia] f. antipathie, aversion.

antipatico [anti'patiko] (**-ci** pl.) agg. antipathique. || [spiacevole] désagréable, déplaisant. | *situazione antipatica*, situation déplaisante. ◆ SOSTANT. personne antipathique. | *è un antipatico*, il a une sale tête (fam.).

antipiega [anti'pjɛga] agg. invar. infroissable.

antipiretico [antipi'rɛtiko] (**-ci** pl.) agg. e m. MED. antipyrétique.

antipirina [antipi'rina] f. MED. antipyrine.

antipode [an'tipode] m. antipode [spesso al pl.].

antiprotone [antipro'tone] m. FIS. antiproton.

antiquariato [antikwa'rjato] m. commerce d'antiquités. || [oggetti antichi] antiquités f. pl. | *oggetto d'antiquariato*, antiquité f.

antiquario [anti'kwarjo] m. antiquaire. ◆ agg. d'antiquités.

antiquato [anti'kwato] agg. démodé, suranné, désuet, vieilli. | *vestito antiquato*, costume qui date. || [arretrato] périmé, arriéré, rétrograde. | *metodi antiquati*, méthodes périmées.

antireligioso [antireli'dʒoso] agg. antireligieux.

antirepubblicano [antirepubbli'kano] agg. antirépublicain.

antiruggine [anti'ruddʒine] agg. e m. invar. antirouille.

antisdrucciolevole [antisdruttʃo'levole] agg. antidérapant.

antisemita [antise'mita] m. e agg. antisémite.

antisemitismo [antisemi'tizmo] m. antisémitisme.

antisepsi [anti'sɛpsi] f. MED. antisepsie.

antisettico [anti'sɛttiko] (**-ci** pl.) agg. e m. MED. antiseptique.

antisismico [anti'sizmiko] (**-ci** pl.) agg. antisismique.

antisociale [antiso'tʃale] agg. antisocial.

antispasmodico [antispaz'mɔdiko] (**-ci** pl.) agg. e m. MED. antispasmodique.
antispastico [antis'patiko] (**-ci** pl.) agg. e m. MED. antispasmodique.
antistante [antis'tante] agg. qui est en face. | *il piazzale antistante alla stazione,* la place (qui se trouve en face) de la gare. | *l'edificio antistante,* l'édifice d'en face.
antistorico [anti'stɔriko] (**-ci** pl.) agg. contraire au sens de l'histoire.
antistrofe [an'tistrofe] f. POES. antistrophe.
antitarmico [anti'tarmiko] (**-ci** pl.) agg. antimite.
antitesi [an'titezi] f. RET., FILOS. antithèse. || FIG. antithèse, contraste m., contradiction. | *i suoi atti sono in antitesi con le sue parole,* ses actions sont en contradiction avec ses paroles.
antitetanico [antite'taniko] (**-ci** pl.) agg. e m. antitétanique.
antiteticamente [antitetika'mente] avv. par antithèse.
antitetico [anti'tɛtiko] (**-ci** pl.) agg. antithétique; opposé.
antitossina [antitos'sina] f. MED. antitoxine.
antitubercolare [antituberko'lare] agg. antituberculeux. | *dispensario antitubercolare,* dispensaire antituberculeux.
antiveggenza [antived'dʒɛntsa] f. voyance.
antiveleno [antive'leno] m. contrepoison.
antivigilia [antivi'dʒilja] f. avant-veille.
antologia [antolo'dʒia] f. anthologie.
antologico [anto'lɔdʒiko] (**-ci** pl.) agg. anthologique.
antonimo [an'tɔnimo] agg. e m. antonyme.
antozoi [antod'dzɔi] m. pl. ZOOL. anthozoaires.
antrace [an'tratʃe] m. MED. anthrax.
antracite [antra'tʃite] f. anthracite m. | *colore antracite,* anthracite (agg.).
antro ['antro] m. caverne f., antre (lett.). || FIG. antre, taudis, trou. || ANAT. antre.
antropofagia [antropofa'dʒia] f. anthropophagie, cannibalisme m.
antropofago [antro'pɔfago] (**-ci** pl.) agg. e m. anthropophage, cannibale.
antropoide [antro'pɔide] agg. e m. ZOOL. anthropoïde.
antropologia [antropolo'dʒia] f. anthropologie.
antropologo [antro'pɔlogo] (**-gi** pl.) m. anthropologue, anthropologiste.
antropometria [antropome'tria] f. anthropométrie.
antropomorfico [antropo'mɔrfiko] (**-ci** pl.) agg. anthropomorphique.
antropomorfismo [antropomor'fizmo] m. FILOS. anthropomorphisme.
antropomorfo [antropo'mɔrfo] agg. anthropomorphe. | *divinità antropomorfa,* divinité anthropomorphe.
anulare [anu'lare] agg. e m. annulaire.
anzi ['antsi] avv. **1.** [al contrario] au contraire. | *così non mi aiuti, anzi,* de cette façon tu ne m'aides pas, au contraire. || **2.** [piuttosto] ou plutôt. | *dammi un coltello, anzi una forbice,* donne-moi un couteau, ou plutôt des ciseaux. || **3.** [ancor più] même, que dis-je. | *sono contento, anzi, contentissimo,* je suis content, même très content. | *è una noia, anzi è un disastro,* c'est un ennui, que dis-je, c'est un désastre. ◆ PREP. (ARC. LETT.) avant. | *anzi il dì,* avant le jour. ◆ LOC. AVV. ***poc' anzi,*** il y a un moment, peu avant.
anzianità [antsjani'ta] f. [di persone] vieillesse, âge m. | *rispettare l'anzianità,* respecter l'âge. || [di cose] ancienneté. | *anzianità di un titolo nobiliare,* ancienneté d'un titre de noblesse. || [tempo trascorso nell' esercizio di una funzione] ancienneté. | *promozione per anzianità,* promotion à l'ancienneté.
anziano [an'tsjano] agg. [vecchio] âgé, vieux. | *un signore anziano,* un monsieur âgé; un vieux monsieur. || [nelle funzioni] ancien. ◆ m. personne âgée. || STOR. *consiglio degli Anziani,* conseil des Anciens.
anziché (o **anzi che**) [antsi'ke] cong. au lieu de, plutôt que. | *dovresti mangiare anziché fumare,* tu devrais manger au lieu de fumer. | *preferisco parlare con Pietro anziché con Gianni,* je préfère parler avec Pierre plutôt qu'avec Jean. || [nel tempo] avant que.
anzidetto [antsi'detto] agg. susdit.
anzitutto [antsi'tutto] avv. avant tout, en premier lieu, d'abord.
aoristo [ao'risto] m. GRAMM. aoriste.
aorta [a'ɔrta] f. ANAT. aorte.
apatia [apa'tia] f. apathie, inertie.
apatico [a'patiko] (**-ci** pl.) agg. e m. apathique; nonchalant.
ape ['ape] f. abeille; mouche à miel (raro). | *ape regina,* reine. | *ape operaia,* ouvrière. || TESS. *a nido d'ape,* en nid d'abeille.
aperitivo [aperi'tivo] agg. e m. apéritif, apéro m. (pop.).
apertamente [aperta'mente] avv. ouvertement, franchement. | *parla apertamente,* il parle franc.
aperto [a'pɛrto] agg. **1.** ouvert. | *finestra aperta,* fenêtre ouverte. | *lettera aperta,* lettre ouverte. || **2.** PER EST. [senza limiti definiti] libre, illimité. | *uscire all'aria aperta,* sortir à l'air libre. | *passeggiare all'aria aperta,* se promener en plein air. | *in aperta campagna,* en rase campagne. ◆ SOSTANT. *dormire all'aperto,* dormir à la belle étoile. || **3.** [libero, accessibile] ouvert, libre. | *la pesca è aperta,* la pêche est ouverte. | *le scommesse sono aperte,* les paris sont ouverts. || **4.** FIG. [manifesto] ouvert, clair, évident. | *aperta dimostrazione di simpatia,* évidente preuve de sympathie. || **5.** FIG. ouvert. | *carattere, ingegno aperto,* caractère, esprit ouvert. | *idee aperte,* idées larges. || **6.** LOC. *rimanere a bocca aperta,* rester bouche bée. | *tenere gli occhi aperti,* bien ouvrir les yeux; être sur ses gardes. | *a viso aperto,* à visage découvert; en face.
apertura [aper'tura] f. **1.** [fatto di aprire] ouverture. | *giorni di apertura,* jours d'ouverture. || **2.** PER EST. [inizio] ouverture. | *apertura di un nuovo negozio,* ouverture d'un nouveau magasin. | *seduta di apertura,* séance inaugurale. | *apertura della caccia,* ouverture de la chasse. || SPORT, SCACCHI *apertura di una partita,* ouverture d'une partie. || **3.** [fenditura] ouverture. | *apertura nelle pareti,* ouverture dans les murs. | *nella apertura della porta,* dans l'entrebâillement (m.) de la porte. | *apertura su un angolo di cielo,* échappée sur un coin de ciel. || **4.** [ampiezza dell' apertura] écart m., écartement m. | *apertura di un compasso,* écartement des branches d'un compas. | *apertura alare,* envergure. || FIN. ouverture. || **5.** FIG. [assenza di limiti] ouverture. | *apertura mentale,* ouverture d'esprit. || POLIT. *apertura a sinistra,* ouverture à gauche.
apiario [a'pjarjo] m. rucher.
apicale [api'kale] agg. apical.
apice ['apitʃe] m. sommet, faîte, cime f. | *apice di un monte,* sommet d'une montagne. || FIG. sommet, comble, apogée f. | *essere all'apice della felicità,* être au comble du bonheur. | *apice della scala sociale,* sommet de l'échelle sociale. || ANAT., ASTRON., BOT. apex.
apicoltore [apikol'tore] m. apiculteur.
apicoltura [apikol'tura] f. apiculture.
apocalisse [apoka'lisse] f. apocalypse.
apocalittico [apoka'littiko] (**-ci** pl.) agg. PR e FIG. apocalyptique.
apocope [a'pɔkope] f. FON., GRAMM. apocope.
apocrifo [a'pɔkrifo] agg. e m. apocryphe.
apodittico [apo'dittiko] (**-ci** pl.) agg. FILOS. apodictique.
apodosi [a'pɔdozi] f. GRAMM. apodose.
apofisi [a'pɔfizi] f. ANAT. apophyse.
apogeo [apo'dʒɛo] m. ASTRON. anche FIG. apogée.
apografo [a'pɔgrafo] agg. e m. FILOL. apographe, copie f.
apolide [a'pɔlide] agg. e m. apatride.
apolitico [apo'litiko] (**-ci** pl.) agg. apolitique.
apologetica [apolo'dʒɛtika] f. apologétique.
apologetico [apolo'ʒɛtiko] (**-ci** pl.) agg. apologétique.
apologia [apolo'dʒia] f. apologie.
apologista [apolo'dʒista] m. apologiste.
apologo [a'pɔlogo] m. apologue.
apoplessia [apoples'sia] f. MED. apoplexie.
apoplettico [apo'plɛttiko] (**-ci** pl.) agg. e m. MED. apoplectique. | *colpo apoplettico,* attaque d'apoplexie.
aporia [apo'ria] f. FILOS. aporie.
apostasia [aposta'zia] f. apostasie.

apostata [a'pɔstata] m. e f. apostat agg. e n.
a posteriori [a poste'rjɔri] loc. avv. e agg. invar. [lat.] a posteriori.
apostolato [aposto'lato] m. RELIG. e FIG. apostolat.
apostolico [apos'toliko] (**-ci** pl.) agg. apostolique.
apostolo [a'pɔstolo] m. RELIG. e FIG. apôtre.
apostrofare [apostro'fare] v. tr. apostropher.
apostrofe [a'pɔstrofe] f. RET. apostrophe.
apostrofo [a'pɔstrofo] m. GRAMM. apostrophe f.
apotema [apo'tɛma] m. GEOM. apothème.
apoteosi [apote'ɔzi] f. PR. e FIG. apothéose.
appacificare [appatʃifi'kare] V. RAPPACIFICARE.
appagamento [appaga'mento] m. PR. e FIG. assouvissement, satisfaction f. | *sensazione di appagamento,* sensation d'apaisement.
appagare [appagare] v. tr. satisfaire. | *soluzione che appaga tutti,* solution qui satisfait tout le monde. || [qlco.] assouvir, satisfaire. | *appagare la fame,* rassasier. | *appagare la sete,* désaltérer. | *appagare un desiderio,* satisfaire un désir. || [calmare] apaiser, tranquilliser. ◆ v. rifl. se contenter ; se rassasier.
appaiamento [appaja'mento] m. accouplement. | *appaiamento dei buoi,* appareillement des bœufs.
appaiare [appa'jare] v. tr. accoupler, apparier, appareiller ; jumeler. || TECN. coupler.
appallottolare [appallotto'lare] v. tr. faire des boules, faire des boulettes de. ◆ v. rifl. se rouler en boule, se pelotonner. | *gatto che si appallottola su un cuscino,* chat qui se pelotonne, qui se blottit sur un coussin. || [ridursi a bozzoli] faire des grumeaux.
appaltare [appal'tare] v. tr. AMM. [dare in appalto] adjuger ; attribuer par adjudication. || [prendere in appalto] (raro) recevoir par adjudication.
appaltatore [appalta'tore] m. AMM. [chi prende in appalto] adjudicataire, entrepreneur. || [chi dà in appalto] (raro) adjudicateur.
appalto [ap'palto] m. AMM. adjudication f.
appannaggio [appan'naddʒo] m. apanage. || FIG. apanage, propre, prérogative f., lot. | *l'umiltà è l'appannaggio dei santi,* l'humilité est le propre des saints.
appannamento [appanna'mento] m. formation (f.) de buée. || TECN. ternissure f. || FIG. obscurcissement, trouble.
appannare [appan'nare] v. tr. embuer. || FIG. estomper ; brouiller, troubler. ◆ v. rifl. PR. e FIG. s'embuer, se brouiller, se troubler.
apparato [appa'rato] m. **1.** [pompa] apparat, pompe f., faste. | *nozze celebrate con splendido apparato,* noces célébrées en grand apparat. || **2.** FIG. appareil. | *apparato ministeriale,* appareil ministériel. || **3.** ANAT. appareil. | *apparato digerente,* appareil digestif. || **4.** FILOL. *apparato critico,* appareil critique. || **5.** TEATRO *apparato scenico,* mise en scène (f.). || **6.** TECN. appareil.
apparecchiare [apparek'kjare] v. tr. préparer, apprêter. | *apparecchiare la tavola,* mettre, dresser la table, le couvert. || TECN. apprêter. | *apparecchiare la pelle, i tessuti, la carta,* apprêter la peau, les tissus, le papier. ◆ v. rifl. LETT. s'apprêter, se préparer.
apparecchiato [apparek'kjato] agg. [tavola] mis, dressé. || [pronto] prêt.
apparecchiatura [apparekkja'tura] f. appareillage m., outillage m., équipement m. || [preparazione] préparation. || [di carta o stoffa] apprêt m.
apparecchio [appa'rekkjo] m. appareil. | *apparecchio telefonico,* appareil téléphonique ; téléphone. || FAM. [aeroplano] avion, appareil.
apparentare [apparen'tare] v. tr. apparenter. ◆ v. rifl. s'apparenter.
apparente [appa'rɛnte] agg. apparent.
apparentemente [apparente'mente] avv. apparemment.
apparenza [appa'rɛntsa] f. [aspetto esterno] apparence, aspect m. | *aver bella apparenza,* avoir belle apparence. | *apparenza malaticcia,* air maladif. || [contrapposto a realtà] apparence, extérieur m., dehors m. pl., enveloppe, façade. | *l'apparenza inganna,* les apparences sont trompeuses. | *tenerezza nascosta da un'apparenza severa,* tendresse cachée sous des dehors sévères. | *falsa apparenza,* faux-semblant m. | *salvare le apparenze,* sauver les apparences. | *giudicare dalle apparenze,* se fier aux apparences. || FILOS. apparence. ◆ LOC. AVV. ***in apparenza,*** en apparence.
apparire [appa'rire] v. intr. **1.** [divenire visibile] apparaître, paraître, se montrer (rifl.) | *la nebbia si alzò e la montagna apparve,* la brume se leva et la montagne apparut. | *all' angolo della via apparve una macchina,* une voiture surgit au coin de la rue. | *un angelo apparve a Maria,* un ange apparut à Marie. || **2.** [risultare] apparaître, s'avérer, ressortir. | *dalle indagini appare chiara la sua responsabilità,* d'après l'enquête, sa responsabilité apparaît claire. | *la nostra ipotesi è apparsa infondata,* notre hypothèse s'est avérée sans fondement. || **3.** [parere] paraître, apparaître, sembler. | *l'idea gli apparve luminosa,* l'idée lui parut lumineuse. || **4.** TECN. [edizione] paraître, sortir.
appariscente [appariʃ'ʃɛnte] agg. voyant, tapageur. | *vestirsi in modo appariscente,* s'habiller de façon voyante.
appariscenza [appariʃ'ʃɛntsa] f. aspect (m.) voyant.
apparitore [appari'tore] m. STOR. appariteur.
apparizione [apparit'tsjone] f. apparition.
appartamento [apparta'mento] m. appartement, logement, habitation f. | *appartamento ammobiliato,* appartement meublé, meublé m., garni m. | *affittasi appartamento,* appartement à louer. || [in un albergo] suite f.
appartare [appar'tare] v. tr. (raro) écarter, mettre de côté. ◆ v. rifl. se mettre à l'écart, s'isoler. | *appartarsi in un angolo,* s'isoler dans un coin.
appartato [appar'tato] agg. PR. e FIG. écarté, retiré, isolé, solitaire ; à l'écart (loc. avv.). | *sentiero appartato,* chemin écarté. | *vivere, starsene appartato,* vivre, se tenir à l'écart.
appartenenza [apparte'nɛntsa] f. appartenance.
appartenere [apparte'nere] v. intr. [proprietà] appartenir (à), être (à). | *questa macchina mi appartiene,* cette voiture est à moi, m'appartient. || [far parte] appartenir, faire partie (de). | *appartenere alla aristocrazia locale,* faire partie de la noblesse du pays. || [spettare] appartenir (spesso impers.), concerner. | *la decisione appartiene al Consiglio,* il appartient au Conseil d'en décider. ◆ v. rifl. s'appartenir.
appassimento [appassi'mento] m. PR. e FIG. flétrissure f., dessèchement.
appassionare [appassjo'nare] v. tr. passionner, captiver ; emballer (fam.). || [commuovere] émouvoir, bouleverser. ◆ v. rifl. se passionner (pour), s'éprendre (de) ; s'enfiévrer. | *appassionarsi a una ricerca,* se passionner pour une recherche.
appassionatamente [appassjonata'mente] avv. passionnément, follement.
appassionato [appassjo'nato] agg. [di cose] passionné, ardent, brûlant. | *descrizione appassionata,* description passionnée. || [di persone] passionné, fervent. | *amante appassionato,* amant passionné. ◆ m. amateur ; fervent ; fanatique (peggior.). | *un appassionato di musica,* un amateur de musique.
appassire [appas'sire] v. intr. PR. e FIG. se faner, se flétrir, se dessécher (v. rifl.).
appassito [appas'sito] agg. PR. e FIG. fané, flétri, desséché.
appastellarsi [appastel'larsi] v. rifl. se grumeler, faire des grumeaux.
appellare [appel'lare] v. tr. LETT. appeler. ◆ v. rifl. en appeler (à), s'en remettre (à). | *mi appello al tuo senso di giustizia,* je m'en remets à ton sentiment de la justice. || GIUR. faire appel (de, contre), interjeter appel.
appellativo [appella'tivo] m. surnom, sobriquet. ◆ agg. GRAMM. *nome appellativo,* nom commun. || GIUR. d'appel.
appellazione [appellat'tsjone] f. appellation, dénomination. || GIUR. appel m., recours m.
appello [ap'pɛllo] m. **1.** appel. | *fare l'appello,* faire l'appel. | *scrutinio per appello nominale,* vote par appel nominal. || **2.** LETT. [invocazione] appel (L.C.). | *appello dell' avventura,* appel de l'aventure. | *appello al popolo,* appel au peuple. || **3.** GIUR. appel. | *Corte d'appello,* cour d'appel. | *fare appello,* faire appel. || **4.** FIG. *decisione senz' appello,* décision sans appel. || **5.** LOC. FIG. *fare appello a tutte le proprie forze,* rassembler toutes ses forces.
appena [ap'pena] avv. e cong. avv. **1.** [a fatica] à

peine, avec peine. | *riesco appena a tenere gli occhi aperti,* c'est à peine si je réussis à garder les yeux ouverts. || **2.** [con valore limitativo] à peine, tout juste, tout au plus. | *sentiero appena tracciato,* sentier à peine tracé. | *ha appena di che nutrirsi,* il a tout juste de quoi manger. | *sono appena le dieci,* il n'est que dix heures; il est à peine, tout au plus, dix heures. | *glielo pagherà appena appena mille lire,* il vous le paiera mille lires, et encore! || **3.** [temporale] à peine, juste, tout juste. | *ha appena avuto il tempo di,* il n'a eu que le temps de; il a juste eu le temps de. | *siamo appena arrivati,* nous venons d'arriver. | *ufficiale appena uscito dall'Accademia militare,* officier frais émoulu de l'Ecole militaire. || [in correlazione con *che* o *quando*] *finivo appena di mangiare quando...,* je finissais juste de manger quand... ◆ cong. dès que, aussitôt que; sitôt que. | *appena avrai finito me lo mostrerai,* dès que tu auras fini, tu me le montreras. | *appena mi vide, cominciò a gridare,* du plus loin qu'il me vit, il se mit à crier.

appendere [ap'pɛndere] v. tr. [attaccare] suspendre, accrocher; fixer. | *appendere dei vestiti,* suspendre des vêtements. || [impiccare] pendre. ◆ v. rifl. se suspendre, s'accrocher. || [impiccarsi] se pendre.

appendice [appen'ditʃe] f. appendice m. || [nei libri o giornali] supplément m. || Loc. *romanzo d'appendice,* roman-feuilleton, feuilleton. || Anat. appendice.

appendicista [appendi'tʃista] m. e f. feuilletoniste.

appendicite [appendi'tʃite] f. Med. appendicite.

appenninico [appen'niniko] (**-ci** pl.) agg. des Appennins.

appesantimento [appesanti'mento] m. alourdissement, appesantissement.

appesantire [appesan'tire] v. tr. alourdir. || Fig. alourdir, appesantir. | *la stanchezza gli appesantiva i movimenti,* la fatigue alourdissait ses mouvements. ◆ v. rifl. Pr. e fig. s'alourdir, s'appesantir.

appeso [ap'peso] part. passato e agg. suspendu, accroché.

appestare [appes'tare] v. tr. [contagiare] empester (arc.), contaminer. || [diffondere odore] empester, empuantir, infecter. | *odore di fumo che appesta la stanza,* odeur de fumée qui empeste la pièce.

appestato [appes'tato] agg. e m. pestiféré. ◆ agg. Fig. empesté.

appetenza [appe'tɛntsa] f. appétit m. || Fig., Filos. appétence, appétit.

appetibile [appe'tibile] agg. désirable, séduisant.

appetibilità [appetibili'ta] f. appétibilité (raro).

appetire [appe'tire] v. tr. désirer, convoiter. ◆ v. intr. être appétissant, tenter.

appetito [appe'tito] m. appétit. | *avere appetito,* avoir de l'appétit, avoir faim. | *ha un grosso appetito,* il a bon appétit; il a la dent (fam.). | *appetito morboso,* appétit maladif, boulimie f. | *mangiare senza appetito,* manger du bout des dents. || Fig. appétit, désir, soif f. | *appetito di conoscenze,* soif de connaître. | *soddisfare i propri appetiti,* satisfaire ses appétits.

appetitoso [appeti'toso] agg. appétissant, alléchant. || Fig. appétissant, attirant, affriolant.

appetto [ap'pɛtto] cong. Lett. en comparaison (de), en face (de).

appezzamento [appettsa'mento] m. pièce (f.) de terre.

appezzare [appet'tsare] v. tr. joindre, assembler, unir.

appezzatura [appettsa'tura] f. assemblage m., réunion.

appianabile [appja'nabile] agg. qu'on peut aplanir; qu'on peut résoudre.

appianamento [appjana'mento] m. aplanissement, nivelage, nivellement. || Fig. aplanissement, accommodement, règlement. | *raggiungere l'appianamento di un disaccordo,* résoudre un désaccord.

appianare [appja'nare] v. tr. aplanir, niveler, égaliser. || Fig. aplanir, régler. | *appianare una difficoltà,* aplanir, régler une difficulté. || [di persone] accommoder, concilier.

appianatoia [appjana'toja] f. Tecn. taloche.

appianatoio [appiana'tojo] m. Agr. brise-mottes; croskill.

appiattare [appjat'tare] v. tr. cacher. ◆ v. rifl. se cacher, se blottir, se tapir.

appiattimento [appjatti'mento] m. aplatissement. || Astron. *appiattimento polare,* aplatissement polaire. || Fig. neol. nivellement, égalisation f. | *appiattimento dei salari,* nivellement des salaires.

appiattire [appjat'tire] v. tr. aplatir. ◆ v. rifl. s'aplatir. | *appiattirsi contro un muro,* se plaquer, s'aplatir contre un mur.

appiccare [appik'kare] v. tr. *appicare il fuoco,* mettre le feu. || [appendere] accrocher. || [impiccare] (raro) pendre. ◆ v. rifl. (raro) se pendre.

appiccato [appik'kato] m. [tarocchi] pendu.

appiccicare [appittʃi'kare] v. tr. coller. | *appiccicare francobolli alle lettere,* coller des timbres sur les lettres. || Loc. fam. *essere appiccicato con lo sputo,* être mal collé. || Fig. coller, flanquer (fam.), refiler (fam.), affubler. | *appiccicare un pugno,* flanquer, coller un coup de poing. | *appiccicare un soprannome a qlcu.,* affubler qn d'un sobriquet. ◆ v. intr. coller, être collant. ◆ v. rifl. coller, se coller, adhérer. || Fig. coller (à), se coller (à); s'accrocher (à). | *si appiccica a me,* il ne me lâche plus.

appiccicaticcio [appittʃika'tittʃo] agg. collant, gluant, poisseux. || Fig. collant (fam.). | *persona appiccicaticcia,* crampon, pot-de-colle (fam.), colle-de-pâte (pop.).

appiccicatura [appittʃika'tura] f. Fam. collage m. (l.c.). || [aggiunta] ajout m., rajout m.

appiccicoso [appittʃi'koso] agg. collant, visqueux, poisseux. || Fig. collant (fam.).

1. appicco [ap'pikko] (**-chi** pl.) m. point d'appui; prise f. || Fig. prétexte m.

2 appicco [ap'pikko] (**-chi** pl.) m. paroi (f.) à pic.

appiedare [appje'dare] v. tr. Mil. démonter, faire descendre (de cheval, de voiture, etc.). || Per est. obliger à aller à pied.

appiedato [appje'dato] agg. démonté, obligé d'aller à pied. | *cavaliere appiedato,* cavalier démonté.

appieno [ap'pjɛno] avv. Lett. pleinement, complètement; à plein, en plein (raro).

appigliarsi [appiʎ'ʎarsi] v. rifl. Pr. e fig. s'accrocher, s'agripper; se cramponner. | *appigliarsi a un ramo,* s'agripper, se retenir à une branche. | *si appigliava alle sue illusioni,* il s'accrochait, se cramponnait à ses illusions.

appiglio [ap'piʎʎo] m. point d'appui; prise f. | *alpinista che cerca un appiglio,* alpiniste qui cherche une prise. || Mil. *appiglio tattico,* point d'appui; base (f.) opérationnelle. || Fig. prétexte; occasion f. | *dare appiglio a,* donner prise à.

appio ['appjo] m. Bot. ache f.

appiola [ap'pjɔla] f. Bot. pomme d'api.

appiombo [ap'pjombo] m. aplomb. | *muro che perde l'appiombo,* mur qui perd son aplomb. || [del cavallo] aplombs m. pl.

appioppare [appjop'pare] v. tr. Fam. flanquer, ficher, coller. | *appioppare un ceffone,* flanquer une claque. | *mi hanno appioppato mille lire false,* je me suis fait refiler un faux billet de mille (lires). | *appioppare un soprannome a qlcu.,* affubler qn d'un sobriquet. || Pr. agr. planter des peupliers.

appisolarsi [appizo'larsi] v. rifl. s'assoupir; sommeiller.

applaudire [applau'dire] v. tr. e intr. applaudir. ◆ v. intr. Fig. applaudir (à), approuver (tr.).

applauso [ap'plauzo] m. applaudissement. | *coro di applausi,* salve d'applaudissements; chœur d'acclamations. | *sentivo risa e applausi,* j'entendais des rires et des bravos. | *applausi a scena aperta,* applaudissements en cours de représentation. || Fig. applaudissement (lett.), approbation f.

applicabile [appli'kabile] agg. applicable.

applicare [appli'kare] v. tr. **1.** [porre sopra] appliquer; mettre, placer, poser. | *applicare un cataplasma,* appliquer un cataplasme. | *applicare un' etichetta,* mettre une étiquette. | *applicare l'orecchio alla parete,* coller son oreille à la cloison. || **2.** Fig. appliquer. | *applicare la mente allo studio,* appliquer son esprit à l'étude. || **3.** [infliggere] appliquer, infliger; flanquer (fam.). | *applicare un castigo,* infliger un châtiment. | *applicare la tortura,* faire subir la torture.

|| **4.** [destinare] affecter. | *applicare qlcu. al servizio meteorologico,* affecter qn au service météo. || **5.** [mettere in atto] appliquer, mettre en pratique. | *applicare la legge,* appliquer la loi. || **6.** MAT. appliquer. || ◆ v. rifl. s'appliquer, s'adonner. | *applicarsi a comprendere qlco.,* s'appliquer à comprendre qch.

applicato [appli'kato] agg. appliqué. | *scienze applicate,* sciences appliquées. ◆ m. commis, agent de bureau.

applicazione [applikat'tsjone] f. **1.** [apposizione] application. | *applicazione di un intonaco,* application d'un enduit. || **2.** [messa in atto] application, mise en vigueur. | *applicazione di un regolamento,* application d'un règlement. | *campo d'applicazione,* champ d'application. || **3.** FIG. [concentrazione] application, assiduité, diligence, zèle m. || **4.** [cucito] application, ornement (m.) appliqué, applique. | *applicazioni di velluto su un cappotto,* appliques de velours sur un manteau. || **5.** FIN. application.

applique [a'plik] f. [fr.] applique.

appoggiamano [appoddʒa'mano] m. invar. appuie-main, appui-main (pl. : appuis-main ou appuis-mains).

appoggiare [appod'dʒare] v. tr. **1.** [accostare] appuyer, adosser, poser (contre) ; accoter. | *appoggiare una scopa al muro,* appuyer un balai au mur, poser un balai contre le mur. | *appoggiare le spalle alla parete,* s'adosser au mur. || **2.** [posare] poser, mettre. | *appoggiare il posacenere sul comodino,* poser le cendrier sur la table de nuit. || **3.** PER EST. [insistere] appuyer, insister. | *appoggiare la voce su una parola,* appuyer sur un mot. || **4.** FIG. appuyer, soutenir. | *appoggiare una proposta,* appuyer une proposition. | *partito che appoggia un candidato,* parti qui soutient, appuie un candidat. ◆ v. rifl. s'appuyer, s'adosser. | *appoggiati al mio braccio,* appuie-toi à mon bras. | *appoggiarsi alla parete,* s'adosser au mur. || FIG. s'appuyer, se fonder. | *ragionamento che si appoggia all' esperienza,* raisonnement qui repose, se fonde sur l'expérience. | *appoggiarsi a un amico,* compter sur un ami.

appoggiatesta [appoddʒa'tɛsta] m. invar. appuie-tête, appui-tête (pl. : appuis-tête).

appoggiatoio [appoddʒa'tojo] m. [di scala] rampe f., main courante f. || [in una macchina] accoudoir. || [di ponte, ecc.] parapet, garde-fou.

appoggio [ap'pɔddʒo] m. **1.** appui, soutien, support. | *senza l'appoggio del bastone non riesce a camminare,* sans le soutien de sa canne il n'arrive pas à marcher. | *appoggio di una cupola,* appui d'une coupole. || **2.** FIG. appui, soutien, secours. | *offrire il proprio appoggio,* offrir son appui. | *mi aspettavo almeno un appoggio morale,* je m'attendais au moins à un soutien moral. || **3.** COMM. *pezze d'appoggio,* documents comptables, pièces justificatives. || **4.** MIL. *appoggio aereo,* appui aérien.

appollaiarsi [appolla'jarsi] v. rifl. se percher ; brancher (intr.), jucher (intr.) [raro]. || PER EST. se percher (fam.), se jucher. | *andò ad appollaiarsi in cima alla scala,* il alla se percher en haut de l'échelle.

appontare [appon'tare] v. intr. AER., NEOL. apponter.

apporre [ap'porre] v. tr. **1.** apposer. | *apporre la propria firma,* apposer sa signature. || **2.** [aggiungere] apposer, insérer, ajouter. | *apporre una clausola a un atto,* insérer une clause dans un acte.

apportare [appor'tare] v. tr. [cagionare] causer, occasionner, provoquer, apporter. | *il gelo apporta danni alle culture,* le gel cause des dommages aux cultures. | *apportare disgrazia,* porter malheur. | *apportare modifiche a un disegno di legge,* modifier un projet de loi. || LETT. [recare] apporter (L.C.). | *il sole apporta la luce,* le Soleil apporte la lumière.

apporto [ap'pɔrto] m. apport, contribution f. || GIUR. apport. || TECN. *metallo d'apporto,* métal d'apport.

appositamente [appozita'mente] avv. exprès ; à dessein.

appositivo [appozi'tivo] agg. complémentaire. || GRAMM. (mis) en apposition. | *sostantivo appositivo,* substantif mis en apposition.

apposito [ap'pɔzito] agg. fait exprès ; approprié, spécial. | *aprire la scatola con l'apposita chiavetta,* ouvrir la boîte avec la clé spéciale, prévue pour cet usage.

apposizione [appozit'tsjone] f. apposition. | *apposizione di un sigillo,* apposition d'un sceau. || GRAMM. apposition.

apposta [ap'pɔsta] avv. exprès. | *è venuto apposta per vederti,* il s'est dérangé exprès pour te voir. | *ha sbagliato apposta,* il a fait exprès de se tromper, c'est à dessein qu'il s'est trompé. | *fa apposta a contraddirti,* il fait exprès de te contredire. | *non l'ho fatto apposta,* je ne l'ai pas fait exprès. | *a farlo apposta non ci sarebbe riuscito,* il aurait voulu le faire qu'il n'aurait pas réussi. || LOC. *neanche (neppure) a farlo apposta,* c'est comme un fait exprès. ◆ come agg. FAM. exprès, spécial ; étudié pour (fam.). | *ci vorrebbero degli arnesi apposta,* il faudrait des outils spéciaux. | *ha un apparecchio apposta,* il a un appareil spécial, étudié pour (fam.).

appostamento [apposta'mento] m. guet, surveillance f. | *erano in appostamento vicino al ponte,* ils faisaient le guet près du pont. || [imboscata] embuscade f., guet-apens. | *mettersi in appostamento,* se mettre en embuscade. || MIL. poste de guet : retranchement. || [caccia] affût.

appostare [appos'tare] v. tr. guetter, épier, surveiller. | *appostare un cinghiale,* guetter un sanglier. || MIL. poster. | *appostare delle sentinelle,* poster des sentinelles. ◆ v. rifl. se poster, s'embusquer.

appostissimo [appostis'simo] agg. invar. FAM. (superl. di *a posto*) très convenable (L.C.) ; tout à fait comme il faut.

apprendere [ap'prɛndere] v. tr. apprendre. | *apprendere una lingua,* apprendre une langue. | *ha appreso la notizia da suo padre,* il tient la nouvelle de son père. || LETT. [insegnare] apprendre, enseigner. ◆ v. rifl. LETT. ARC. s'attacher (à).

apprendibile [appren'dibile] agg. qu'on peut apprendre.

apprendimento [apprendi'mento] m. étude f., initiation f. | *apprendimento della filosofia,* initiation à la philosophie. || PSICOL. apprentissage.

apprendista [appren'dista] m. e f. apprenti, e ; arpète (pop.). | *apprendista sarta,* apprentie couturière.

apprendistato [apprendis'tato] m. apprentissage.

apprensione [appren'sjone] f. appréhension, inquiétude. | *stare in apprensione,* avoir de l'appréhension, être inquiet. | *mettere in apprensione,* donner de l'appréhension. || FILOS. appréhension.

apprensivo [appren'sivo] agg. craintif, anxieux. | *indole apprensiva,* naturel craintif.

appresso [ap'prɛsso] avv. (lett.) à côté (L.C.), derrière (L.C.). | *si teneva sempre quel bambino appresso,* elle avait toujours cet enfant avec elle, pendu à ses jupes (fam.). | *vienimi appresso,* suis-moi. || [dopo] après, par la suite. | *come si vide appresso,* comme on le vit par la suite. ◆ PREP. ARC. O LETT. à côté de (L.C.) ; derrière (L.C.). | *l'uno appresso dell' altro,* l'un derrière l'autre. ◆ come agg. suivant. | *l'anno appresso,* l'année suivante.

apprestamento [appresta'mento] m. (lett.) préparation f. (L.C.), préparatifs m. pl.

apprestare [appres'tare] v. tr. (lett.) préparer (L.C.), apprêter (L.C.). | *apprestare un'esercito,* organiser une armée. ◆ v. rifl. s'apprêter, se préparer, se disposer. | *mi appresto a partire,* je m'apprête à partir.

apprettare [appret'tare] v. tr. TECN. apprêter. | *apprettare le pelli,* apprêter les peaux. | *apprettare una stoffa,* apprêter une étoffe, donner de la main à une étoffe.

apprettatore [appretta'tore] (**-trice** f.) m. apprêteur, euse.

apprettatura [appretta'tura] f. TECN. apprêtage m., apprêt m.

appretto [ap'prɛtto] m. TECN. apprêt.

apprezzabile [appret'tsabile] agg. [importante] appréciable, notable, important. | *ha fatto progressi apprezzabili,* il a fait de notables progrès. || [pregevole] remarquable, estimable. || [valutabile] appréciable, sensible. | *nessuna differenza apprezzabile,* aucune différence appréciable.

apprezzamento [apprettsa'mento] m. appréciation f., évaluation f. || FIG. appréciation, jugement, avis. | *il suo apprezzamento conta molto per me,* son appréciation compte beaucoup pour moi. | *apprezzamento fondato,* jugement bien fondé.

apprezzare [appret'tsare] v. tr. apprécier, évaluer. | *apprezzare il valore di un oggetto,* apprécier la valeur d'un objet. ‖ FIG. apprécier, estimer. | *non apprezzo molto il suo atteggiamento,* je n'apprécie pas beaucoup son attitude. | *lo apprezzo molto,* j'ai beaucoup d'estime pour lui.
apprezzatore [apprettsa'tore] (**-trice** f.) m. appréciateur, trice.
approccio [ap'prɔttʃo] m. **1.** premier contact ; rapprochement, avances f. pl. | *tentare un approccio,* faire des avances. | *gli approcci non sono stati molto soddisfacenti,* les premiers contacts n'ont pas été très satisfaisants. ‖ **2.** MIL. approches f. pl.
approdare [appro'dare] v. intr. MAR. aborder. | *approdare in un isola,* aborder dans une île. ‖ FIG. aboutir, conduire, mener. | *misure che non approderanno a niente,* mesures qui ne mèneront à rien.
approdo [ap'prɔdo] m. MAR. abord. | *costa di facile approdo,* côte d'accès facile. | *l'approdo in questa isola è pericolosa,* l'abord de cette île est dangereux. ‖ [luogo d'approdo] accès, point d'accès.
approfittare [approfit'tare] v. intr. profiter. | *bisogna saperne approffitare,* il faut savoir en profiter. | *approfittare di un'occasione,* saisir une occasion. ◆ v. rifl. profiter, abuser. | *ti approfitti della sua debolezza,* tu profites, tu abuses de sa faiblesse. | *approfittarsi di una donna,* abuser d'une femme.
approfondimento [approfondi'mento] m. PR. e FIG. approfondissement.
approfondire [approfon'dire] v. tr. approfondir. | *approfondire un fosso,* approfondir un fossé. ‖ FIG. approfondir, creuser, fouiller. | *approfondire le proprie conoscenze,* approfondir ses connaissances. | *approfondire un'idea,* creuser une idée.
approntamento [appronta'mento] m. préparation f.
approntare [appron'tare] v. tr. préparer.
appropriare [appro'prjare] v. tr. (raro) approprier, accorder, adapter. ◆ v. rifl. [adattarsi] s'approprier (vx), s'adapter, convenir. ‖ [attribuirsi] s'approprier, s'adjuger. ‖ ABUSIV. *appropriarsi di un titolo,* s'approprier, usurper un titre.
appropriatamente [approprjata'mente] avv. de façon appropriée, convenablement.
appropriato [appro'prjato] agg. approprié, adéquat.
appropriazione [approprjat'tsjone] f. appropriation.
approssimare [approssi'mare] v. tr. (raro) approcher. ◆ v. rifl. approcher (intr.), s'approcher, se rapprocher. | *approssimarsi alla meta,* approcher du but. | *l'estate si approssimava,* l'été s'approchait, approchait. | *approssimarsi alla verità,* se rapprocher de la vérité. ◆ SOSTANT. approche f.
approssimativamente [approssimativa'mente] avv. approximativement, en gros.
approssimativo [approssima'tivo] agg. approximatif.
approssimato [approssi'mato] agg. approximatif, approché. | *risultato approssimato,* résultat approché.
approssimazione [approssimat'tsjone] f. [avvicinamento] approche, rapprochement m. ‖ FIS., MAT. approximation.
approvare [appro'vare] v. tr. approuver. ‖ GIUR. approuver. | *visto e approvato,* lu et approuvé. ‖ UNIV. recevoir.
approvativo [approva'tivo] agg. approbatif, approbateur.
approvatore [approva'tore] (**-trice** f.) m. approbateur, trice.
approvazione [approvat'tsjone] f. approbation. ‖ GIUR. approbation, agrément m. | *il prefetto ha dato la sua approvazione,* le préfet a donné son agrément. | *approvazione di un progetto di legge,* adoption d'un projet de loi.
approvvigionamento [approvvidʒona'mento] m. [azione] approvisionnement, ravitaillement, alimentation f. | *approvvigionamento di acqua, di combustibile,* approvisionnement en eau, en combustible. ‖ [provviste] approvisionnement, réserve f. | *gli approvvigionamenti si esauriscono,* les réserves s'épuisent.
approvvigionare [approvvidʒo'nare] v. tr. approvisionner, alimenter, ravitailler. ◆ v. rifl. s'approvisionner, se fournir.
appuntamento [appunta'mento] m. rendez-vous ; rancard (pop.). | *appuntamento amoroso,* rendez-vous galant. | *mancare a un appuntamento (con qlcu.),* faire faux-bond (à qn), poser un lapin (à qn) [fam.], manquer un rendez-vous (avec qn). | *casa di appuntamento,* maison de rendez-vous.
1. appuntare [appun'tare] v. tr. **1.** tailler (en pointe) ; aiguiser, appointer (tecn.). | *appuntare una matita,* tailler un crayon. ‖ **2.** [con uno spillo] épingler. ‖ [con qualche punto di cucito] pointer. | *appuntare un ago, uno spillo,* piquer une aiguille, une épingle. ‖ **3.** [puntare] pointer, diriger, braquer. ‖ **4.** FIG. diriger, braquer, tendre. | *appuntare le proprie speranze,* tendre ses espoirs. ◆ v. rifl. se diriger, se tendre.
2. appuntare [appun'tare] v. tr. noter ; prendre note (de). ‖ FIG. (raro) reprocher. | *appuntare qlcu. di qlco.,* faire grief à qn de qch.
1. appuntato [appun'tato] m. MIL. [carabinieri] caporal-chef (des carabiniers).
2. appuntato [appun'tato] agg. pointu.
appuntellare [appuntel'lare] v. tr. V. PUNTELLARE.
appuntire [appun'tire] v. tr. tailler en pointe.
appuntito [appun'tito] agg. pointu.
appunto [ap'punto] avv. justement, précisément. | *volevo appunto telefonarti,* je voulais justement te téléphoner. | *ci mancava appunto questo !,* il ne manquait plus que ça ! ‖ [nelle risposte] justement, exactement, tout juste. ◆ LOC. AVV. ***per l'appunto,*** justement, précisément. | *avevo fretta e per l'appunto ho perso la filovia,* j'étais pressé et justement j'ai manqué, et pour comble j'ai manqué l'autobus.
appunto [ap'punto] m. note f. | *prendere appunti,* prendre des notes. ‖ [rimprovero] reproche, observation f. | *muovere degli appunti a qlcu,* faire des observations à qn.
appuramento [appura'mento] m. vérification f., contrôle. ‖ FIN. apurement.
appurare [appu'rare] v. tr. vérifier, contrôler, établir, s'assurer (de). | *appurare una testimonianza,* vérifier un témoignage. | *appurare la solidità della porta,* s'assurer de la solidité de la porte. | *appurare un fatto,* établir un fait.
appuzzare [apput'tsare] v. tr. empester, empuantir.
apribile [a'pribile] agg. qu'on peut ouvrir.
apribottiglie [apribot'tiʎʎe] m. invar. ouvre-bouteille(s), décapsuleur (néol.).
aprico [a'priko] (**-chi** pl.) agg. POET. ensoleillé.
aprile [a'prile] m. avril. | *pesce d'aprile,* poisson d'avril.
a priori [a pri'ɔri] loc. avv. invar. [lat.] a priori.
apriorismo [aprio'rizmo] m. apriorisme.
aprioristico [aprio'ristiko] (**-ci** pl.) agg. a priori. | *giudizio aprioristico,* jugement a priori, préconçu.
aprire [a'prire] v. tr. **1.** [dischiudere, allargare] ouvrir. | *aprire la porta,* ouvrir la porte. | *aprire il finestrino,* baisser la vitre. | *aprire un pacco,* ouvrir un paquet. | *aprire le braccia,* ouvrir les bras. ‖ **2.** [praticare un' apertura] ouvrir. | *aprire una breccia nel muro,* ouvrir une brèche dans le mur. | *si apre un varco tra la folla,* il se fraie un chemin dans la foule. | *aprire una fossa,* creuser une fosse. ‖ **3.** [rendere accessibile] ouvrir. | *aprire il negozio,* ouvrir le magasin. ‖ **4.** [fondare] ouvrir, créer, fonder. | *aprire una scuola,* ouvrir une école. ‖ **5.** [dare inizio] ouvrir ; mettre en train. | *aprire un ciclo di conferenze,* commencer une série de conférences. | *aprire il corteo,* ouvrir le cortège. ‖ **6.** PER EST. [avviare] ouvrir. | *aprire il rubinetto,* ouvrir le robinet. | *aprire la radio, la luce,* allumer, ouvrir la radio, la lumière. ‖ **7.** FIG. ouvrir. | *aprire nuove vie all'attività del paese,* ouvrir des voies nouvelles à l'activité du pays. | *aprire il cuore, l'anima a qlcu.,* ouvrir son cœur, son âme à qn. ‖ **8.** LOC. *aprire bene gli occhi,* ouvrir l'œil. | *aprire gli occhi a qlcu.,* ouvrir, dessiller les yeux à qn. | *non aprire bocca,* ne pas desserrer les dents. ◆ v. rifl. s'ouvrir. | *la porta si aprì,* la porte s'ouvrit. ‖ [del tempo] s'ouvrir, s'éclaircir. ‖ FIG. *si è aperto con me,* il s'est ouvert à moi. ‖ LOC. *apriti cielo !,* grand(s) dieu(x) !
apriscatole [apris'katole] m. invar. ouvre-boîte(s).
apritoio [apri'tojo] m. TESS. ouvreuse f.
aquila ['akwila] f. **1.** aigle m. ; [femmina] aigle f. | *aquila marina,* aigle pêcheur. | *un' aquila femmina,* une aigle. ‖ LOC. *avere un occhio d'aquila,* avoir un œil d'aigle. | *strillare come un' aquila,* crier comme un

putois. ‖ FIG. aigle m., phénix m. ‖ LOC. *non è un' aquila,* ce n'est pas un aigle ; il n'a pas inventé la poudre ; il n'a pas inventé le fil à couper le beurre. ‖ **2.** PER EST. [insegna] aigle f. | *aquile romane,* aigles romaines. | *aquila bicipite,* aigle bicéphale. ‖ **3.** TECN. [formato di carta] grand aigle.
aquilegia [akwi'lɛdʒa] f. BOT. ancolie.
aquilino [akwi'lino] agg. aquilin ; en bec d'aigle.
1. aquilone [akwi'lone] m. LETT. aquilon.
2. aquilone [akwi'lone] m. [giocattolo] cerf-volant.
aquilotto [akwi'lɔtto] m. aiglon.
1. ara ['ara] f. LETT. autel m. (L.C.).
2. ara ['ara] f. [misura] are m.
arabescare [arabes'kare] v. tr. décorer d'arabesques. ‖ PER EST. gribouiller (sur), barbouiller.
arabesco [ara'besko] m. arabesque f. ‖ PER EST. e SCHERZ. gribouillage. ◆ agg. arabe ; de style arabe.
arabico [a'rabiko] (**-ci** pl.) agg. arabe. | *deserto arabico,* désert d'Arabie. | *mare arabico,* mer d'Oman. | *cifre arabiche,* chiffres arabes. ‖ *gomma arabica,* gomme arabique.
arabile [a'rabile] agg. arable, labourable.
arabista [ara'bista] m. arabisant.
arabo ['arabo] agg. e m. arabe. ‖ LOC. *per me è arabo,* pour moi c'est de l'hébreu, du chinois, de l'algèbre.
arachide [a'rakide] f. arachide. | *olio di arachide,* huile d'arachide. ‖ [frutto] arachide, cacahuète, cacahouète.
aracnoide [arak'nɔide] f. ANAT. arachnoïde.
aragosta [ara'gosta] f. langouste.
araldica [a'raldika] f. héraldique, blason m.
araldico [a'raldiko] (**-ci** pl.) agg. héraldique.
araldo [a'raldo] m. héraut.
aramaico [ara'maiko] (**-ci** pl.) agg. e m. araméen.
aranceto [aran'tʃeto] m. orangerie f.
arancia [a'rantʃa] f. orange. | *arancia amara,* orange amère, bigarade.
aranciata [aran'tʃata] f. orangeade.
aranciato [aran'tʃato] agg. orangé, orange (invar.).
arancio [a'rantʃo] m. oranger. | *fiori d'arancio,* fleurs d'oranger. ‖ [colore] orange. ◆ agg. orange (invar.).
arancione [aran'tʃone] agg. invar. (o **-i** pl.) e m. orange, orangé, abricot. | *colore arancione scuro,* couleur tango.
arare [a'rare] v. tr. **1.** labourer. | *arare un campo,* labourer un champ. | *contadino che sta arando,* paysan en train de labourer. ‖ LOC. FIG. *arare in riva al mare,* se fatiguer pour rien, faire des efforts inutiles. ‖ **2.** PER EST. LETT. *arare il mare,* fendre les flots. ‖ **3.** MAR. déraper, chasser.
arativo [ara'tivo] agg. AGR. labourable.
aratore [ara'tore] (**-trice** f.) m. laboureur. ◆ come agg. *cavallo aratore,* cheval de labour.
aratro [a'ratro] m. charrue f. | *aratro a due vomeri,* charrue bissoc. | *aratro senza avantreno,* araire m.
aratura [ara'tura] f. labourage m., labour m. | *periodo dell'aratura,* moment des labours. | *aratura invernale,* hivernage m.
arazzeria [arattse'ria] f. art (m.) de la tapisserie. ‖ [fabbrica] manufacture de tapisseries.
arazziere [arat'tsjɛre] m. tapissier (d'art).
arazzo [a'rattso] m. tapisserie f. | *cartone di un arazzo,* carton de tapisserie. | *punto d'arazzo,* point de tapisserie.
arbitraggio [arbi'traddʒo] m. arbitrage.
arbitrale [arbi'trale] agg. arbitral.
arbitrare [arbi'trare] v. intr. être arbitre. ◆ v. tr. SPORT arbitrer.
arbitrariamente [arbitrarja'mente] avv. arbitrairement.
arbitrario [arbi'trarjo] (**-ri** pl.) agg. arbitraire.
arbitrato [arbi'trato] m. arbitrage.
arbitrio [ar'bitrjo] (**-ri** pl.) m. volonté f. | *ad arbitrio di qlcu.,* selon la volonté de qn. | *puoi agire a tuo arbitrio,* tu peux agir à ta guise, à ton gré. ‖ [abuso] acte arbitraire ; abus. ‖ FILOS. *libero arbitrio,* libre arbitre.
arbitro ['arbitro] m. arbitre. | *ho fatto da arbitro nella discussione,* j'ai servi d'arbitre dans la discussion. | *La faccio arbitro di,* je vous laisse juge de. | *sono arbitro delle mie azioni,* je suis maître de mes actions. ‖ SPORT arbitre. ‖ GIUR. arbitre, médiateur, amiable compositeur.
arboreo [ar'bɔreo] agg. arborescent. ‖ [di albero] d'arbre.
arborescente [arboreʃ'ʃɛnte] agg. arborescent.
arboreto [arbo'reto] m. [frutteto] verger. ‖ [orto botanico] jardin botanique.
arboricoltore [arborikol'tore] m. arboriculteur.
arboricoltura [arborikol'tura] f. arboriculture.
arboscello [arboʃ'ʃɛllo] m. LETT. arbuste, arbrisseau.
arbusto [ar'busto] m. arbuste, arbrisseau.
arca ['arka] f. sarcophage m. ‖ RELIG. arche. | *arca dell'alleanza,* arche d'alliance, arche sainte. | *arca di Noè,* arche de Noé. ‖ LOC. FIG. *arca di scienza,* puits (m.) de science.
arcade ['arkade] agg. e n. arcadien, enne. ‖ FIG. idyllique. ◆ m. LETT. membre de l'Académie de l'Arcadie ; arcadien.
arcadico [ar'kadiko] (**-ci** pl.) agg. arcadien. ‖ FIG. idyllique. ‖ [lezioso] précieux, maniéré. ‖ LETT. de l'Académie de l'Arcadie ; arcadien.
arcaicità [arkaitʃi'ta] f. archaïsme m.
arcaicizzante [arkaitʃid'dzante] agg. V ARCAIZZANTE.
arcaicizzare [arkaitʃid'dzare] v. intr. V. ARCAIZZARE.
arcaico [ar'kaiko] (**-ci** pl.) agg. archaïque.
arcaismo [arka'izmo] m. archaïsme.
arcaistico [arka'istiko] (**-ci** pl.) agg. archaïsant.
arcaizzante [arkaid'dzante] agg. archaïsant.
arcaizzare [arkaid'dzare] v. intr. archaïser.
arcangelo [ar'kandʒelo] m. archange.
arcano [ar'kano] agg. mystérieux, énigmatique, hermétique. | *parole arcane,* paroles énigmatiques. | *poesia arcana,* poésie secrète. ◆ m. arcanes m. pl., mystère, énigme f. | *svelare l'arcano,* déchiffrer l'énigme, dévoiler le mystère. | *gli arcani della politica,* les arcanes de la politique.
arcata [ar'kata] f. arcade. | *arcate di un acquedotto,* arcades d'un aqueduc. | *arcate di un ponte,* arches d'un pont. ‖ PER EST. ANAT. arcade. ‖ MUS. coup (m.) d'archet.
arcatella [arka'tɛlla] f. ARCHIT. petite arcade. | *serie di arcatelle,* arcature.
arcato [ar'kato] agg. arqué.
arcavolo [ar'kavolo] (**-a** f.) m. trisaïeul, e ; ancêtre.
archeggiatura [arkeddʒa'tura] f. série d'arcades ; arcades f. pl.
archeologia [arkeolo'dʒia] f. archéologie.
archeologico [arkeo'lɔdʒiko] (**-ci** pl.) agg. archéologique.
archeologo [arke'ɔlogo] (**-gi** pl.) m. archéologue.
archetipo [ar'ketipo] m. archétype.
archetto [ar'ketto] m. petit arc. ‖ [giocattolo] lance-pierre(s). ‖ [trappola per uccelli] piège, lacet. ‖ MUS., ARC. O FAM. archet (L.C.).
archiacuto [arkia'kuto] agg. en arc brisé ; ogival.
archibugiata [arkibu'dʒata] f. arquebusade.
archibugiera [arkibu'dʒɛra] f. meurtrière.
archibugiere [arkibu'dʒɛre] m. arquebusier.
archibugio [arki'budʒo] m. arquebuse f.
archimandrita [arkiman'drita] m. archimandrite.
architettare [arkitet'tare] v. tr. dresser le projet (d'une construction). | *ha architettato lui questo palazzo,* c'est lui qui a été l'architecte de ce bâtiment. ‖ FIG. monter, combiner, échafauder ; machiner (peggior.), tramer (peggior.). | *architettare un piano d'azione,* échafauder un plan d'action.
architetto [arki'tetto] m. architecte.
architettonico [arkitet'tɔniko] (**-ci** pl.) agg. architectonique, architectural. | *regole architettoniche,* règles architectoniques. | *motivo architettonico,* motif architectural.
architettura [arkitet'tura] f. architecture. ‖ PER EST. architecture, édifice m. | *l'architettura del Brunelleschi,* les œuvres (f. pl.) architecturales de Brunelleschi. ‖ FIG. architecture, structure.
architrave [arki'trave] m. ARCHIT. architrave f. ‖ [di porta o finestra] linteau.
archiviare [arki'vjare] v. tr. mettre aux archives ; archiver (raro). ‖ FIG. classer. | *archiviare un affare,* classer une affaire.
archiviazione [arkivjat'tsjone] f. mise aux archives. ‖ FIG. classement m.

archivio [ar'kivjo] m. archives f. pl., fonds (m.) d'archives. | *archivio di Stato,* archives nationales.
archivista [arki'vista] (**-i** pl.) m. e f. archiviste.
archivolto [arki'vɔlto] m. ARCHIT. archivolte f.
arciconfraternita [artʃikonfra'tɛrnita] f. archiconfrérie.
arcicontento [artʃikon'tento] agg. FAM. enchanté (L.C.), ravi (L.C.).
arcidiaconato [artʃidjako'nato] m. archidiaconat.
arcidiacono [artʃi'djakono] m. archidiacre.
arcidiavolo [artʃi'djavolo] m. (spesso SCHERZ.) prince des démons.
arcidiocesi [artʃi'djɔtʃezi], **archi-** f. archidiocèse m.
arciduca [artʃi'duka] m. archiduc.
arciducato [artʃidu'kato] m. archiduché.
arciduchessa [artʃidu'kɛssa] f. archiduchesse.
arciera [ar'tʃɛra] f. archère, archière, meurtrière.
arciere [ar'tʃɛre] m. archer.
arcifalso [artʃi'falso] agg. archifaux.
arcigno [ar'tʃiɲɲo] agg. hargneux. | *sguardo arcigno,* regard hargneux. | *aspetto arcigno,* air revêche. | *parlare in modo arcigno,* parler d'un ton aigre.
arcione [ar'tʃone] m. arçon. || PER EST. selle f. | *balzare in arcione, in arcioni,* sauter en selle.
arcipelago [artʃi'pɛlago] m. archipel.
arciprete [artʃi'prɛte] m. archiprêtre.
arcivescovado [artʃivesko'vado], **arcivescovato** [artʃivesko'vato] m. [residenza dell' arcivescovo] archevêché. || [dignità di arcivescovo] archiépiscopat.
arcivescovile [artʃivesko'vile] agg. archiépiscopal.
arcivescovo [artʃi'veskovo] m. archevêque.
arco ['arko] (**-chi** pl.) m. **1.** [arma] arc. | *tirare con l'arco,* tirer à l'arc. | *tendere l'arco,* bander l'arc. || LOC. FIG. *avere molte freccie al proprio arco,* avoir plus d'une corde à son arc. || **2.** ANAT. arc, arcade f. | *arco sopracciliare,* arcade sourcilière. | *arco aortico,* crosse (f.) de l'aorte. || **3.** ARCHIT. arc. | *arco di un ponte,* arche (f.) d'un pont. | *arco acuto,* arc brisé. | *arco rampante,* arc-boutant. | *arco trionfale,* arc de triomphe. | *ad arco,* en arc. | *diga ad arco,* barrage voûté. || **4.** ELETTR., FIS. *arco voltaico,* arc voltaïque. || **5.** GEOM. arc. || PER EST. *arco celeste,* voûte (f.) céleste. || FIG. *arco di tempo,* période (f.) de temps. || **6.** MUS. archet. | *strumenti ad arco,* instruments à cordes (frottées). | *orchestra d'archi,* orchestre de cordes. | *quartetto d'archi,* quatuor à cordes.
arcobaleno [arkoba'leno] m. arc-en-ciel.
arcolaio [arko'lajo] m. dévidoir.
arconte [ar'konte] m. archonte.
arcuare [arku'are] v. tr. arquer, courber.
arcuato [arku'ato] agg. arqué, courbe, courbé. | *gambe arcuate,* jambes arquées. | *ciglia arcuate,* cils recourbés.
ardente [ar'dɛnte] agg. **1.** PR. [che brucia] ardent, embrasé, enflammé. | *roveto ardente,* buisson ardent. | *camera ardente,* chapelle ardente. || [che scotta] ardent, brûlant. || **2.** FIG. [luccicante] ardent, brillant. | *occhi ardenti di febbre,* yeux luisants de fièvre. | *colore ardente,* couleur ardente. | *sguardi ardenti,* regards enflammés. || [appassionato, intenso] ardent, brûlant, véhément, passionné. | *desiderio ardente,* désir véhément. | *amore ardente,* amour ardent. | *ardente preghiera,* fervente prière. || [di persona] ardent, brûlant, bouillant. | *ardente di affrontare la prova,* brûlant d'affronter l'épreuve.
ardentemente [ardɛnte'mente] avv. ardemment.
ardere ['ardere] v. tr. brûler. | *la casa è stata arsa,* la maison a brûlé. | *fu arso vivo,* il fut brûlé vif. | *il gelo ha arso le piante,* le gel a grillé les plantes. ◆ v. intr. brûler. | *la legna ardeva nel caminetto,* le bois brûlait dans la cheminée. || PER EST. brûler, être brûlant. | *il sole arde,* le soleil est brûlant. | *ardere dalla febbre,* brûler de fièvre. | *la fronte gli ardeva,* son front était brûlant. || FIG. brûler, être enflammé. | *ardere di amore,* brûler d'amour. | *ardere d'impazienza,* griller, brûler d'impatience.
ardesia [ar'dɛzja] f. MINER. ardoise. | *cava di ardesia,* carrière d'ardoise, ardoisière.
ardiglione [ardiʎ'ʎone] m. ardillon.
ardimento [ardi'mento] m. LETT. hardiesse f., audace f., courage.
ardimentoso [ardimen'toso] agg. hardi.
ardire [ar'dire] v. intr. oser (tr.), avoir le courage (de). | *non ardiva affrontarlo,* il n'avait pas le courage de l'affronter. | *ardisce dire questo a me,* il ose me dire cela, à moi. | *ardire di fare qlco.,* se permettre de faire qch. ◆ SOSTANT. hardiesse f., audace f., courage. || PEGGIOR. audace, impudence f., effronterie f. | *hai l'ardire di guardarlo in faccia?,* tu as le front de le regarder en face?
arditamente [ardita'mente] avv. hardiment, audacieusement.
arditezza [ardi'tettsa] f. hardiesse, courage m. | *arditezza di una teoria,* hardiesse d'une théorie.
ardito [ar'dito] agg. [coraggioso] hardi, courageux, audacieux. | *ardito alpinista,* alpiniste audacieux. | *impresa ardita,* entreprise hardie. | *farsi ardito,* s'enhardir. | *è molto ardito,* il est très courageux; il a de l'estomac (fam.). || [originale] hardi. | *ardita costruzione,* construction hardie. ◆ m. soldat d'élite.
ardore [ar'dore] m. PR. e FIG. ardeur f. | *amare con ardore,* aimer ardemment. | *ti ha difeso con ardore,* il t'a défendu avec ardeur. | *lavorare con ardore,* travailler avec entrain, avec ardeur.
arduo ['arduo] agg. raide, escarpé, rude; ardu (raro). | *salita ardua,* rude montée. || FIG. ardu, difficile, rude. | *problema arduo,* problème ardu. | *il nostro compito è arduo,* notre tâche est ingrate.
area ['area] f. **1.** [terreno destinabile a particolari fini] terrain m. | *area pubblica,* terrain public. | *area fabbricabile,* terrain à bâtir. | *area di atterraggio,* aire d'atterrissage. | *area di gioco,* terrain, aire de jeu. || **2.** [regione interessata da un dato fenomeno] zone, aire. | *area sismica,* zone de tremblements de terre. | *area di distribuzione,* zone de répartition. | *area depressa,* région sous-équipée. | *area monetaria,* zone monétaire. | *area linguistica,* aire linguistique. | *area romanza,* domaine (m.) roman. || **3.** GEOM. aire, surface, superficie. | *area di un quadrato,* surface, aire d'un carré. | *area di un terreno,* superficie d'un terrain. || **4.** POLIT., NEOL. bloc m., zone d'influence. | *paese dell'area comunista,* pays du bloc communiste. || **5.** SPORT [calcio] *area di rigore,* surface de réparation. || [rugby] *area di meta,* terrain d'en-but.
1. arena [a'rena] f. sable m.; arène (poet. o tecn.). || PER EST. LETT. plage. || POET. sol m. (L.C.).
2. arena [a'rɛna] f. [centro di anfiteatro] arène. | *i gladiatori combattevano nell' arena,* les gladiateurs combattaient dans l'arène. || FIG. arène, lice. | *arena politica, letteraria,* arène politique, littéraire. | *scendere nell'arena,* descendre dans l'arène, entrer en lice. || PER EST. [anfiteatro] arènes f. pl. | *arena di Verona,* arènes de Vérone. || [per la corrida] arènes.
arenamento [arena'mento] m. échouement. || FIG. enterrement, échec; enlisement. | *arenamento di un progetto di legge,* enterrement d'un projet de loi.
arenare [are'nare] v. intr. (raro) e **arenarsi** v. rifl. MAR. s'ensabler, échouer, s'échouer. || FIG. échouer, s'enliser, avorter. | *le trattative si sono arenate,* les négociations ont avorté.
arenaria [are'narja] f. grès m. | *cava di arenaria,* carrière de grès, grésière.
arenario [are'narjo] agg. sableux. | *roccia arenaria,* grès m. | *cimiteri arenari,* catacombes f. pl.
arenile [are'nile] m. plage f.
arenoso [are'noso] agg. sableux, sablonneux; aréneux.
areola [a'rɛola] f. ANAT. aréole.
areometro [are'ɔmetro] m. FIS. aréomètre.
areopago [are'ɔpago] m. STOR. aréopage.
argano ['argano] m. treuil. || MAR. *argano ad asse verticale,* cabestan. || MIN. bourriquet, tourniquet.
argentare [ardʒen'tare] v. tr. argenter. || [specchi] étamer.
argentato [ardʒen'tato] agg. argenté.
argentatore [ardʒenta'tore] m. argenteur.
argentatura [ardʒenta'tura] f. argenture.
argenteo [ar'dʒɛnteo] agg. [di argento] en argent; d'argent. || [colore] argenté. | *luce argentea della luna,* lumière argentée de la lune.
argenteria [ardʒente'ria] f. argenterie.
argentiere [ardʒen'tjɛre] m. orfèvre. || STOR. [tesoriere] argentier.
argentifero [ardʒen'tifero] agg. argentifère.

argentina [ardʒen'tina] f. pull-over m. (ras du cou, à manches longues).
1. argentino [ardʒen'tino] agg. argentin. | *riso argentino,* rire argentin.
2. argentino [ardʒen'tino] agg. e m. argentin.
argento [ar'dʒɛnto] m. **1.** [metallo] argent. | *coppa d'argento,* coupe en argent, d'argent. | *argento dorato,* argent doré ; vermeil. || *argento vivo,* vif-argent. || **2.** FIG. *d'argento,* d'argent, argenté. | *nozze d'argento,* noces d'argent. || **3.** pl. *gli argenti,* l'argenterie f. sing.
argilla [ar'dʒilla] f. argile, terre glaise, glaise. | *argilla bianca,* argile blanche ; kaolin m. || LOC. FIG. *colosso dai piedi d'argilla,* colosse aux pieds d'argile.
argilloso [ardʒil'loso] agg. argileux.
arginamento [ardʒina'mento] m. PR. e FIG. endiguement.
arginare [ardʒi'nare] v. tr. endiguer. | *arginare un corso d'acqua,* endiguer un cours d'eau. || FIG. endiguer, contenir, enrayer. | *la polizia si sforzava di arginare la folla dei dimostranti,* la police s'efforçait d'endiguer, de contenir le flot des manifestants. | *arginare un' epidemia,* enrayer une épidémie.
argine ['ardʒine] m. berge f. ; digue f. ; chaussée f. || PER EST. talus, terre-plein, levée (f.) de terre. || FIG. digue, frein. | *mettere un argine a,* mettre un frein à. | *rompere ogni argine,* renverser toutes les barrières.
argivo [ar'dʒivo] agg. e m. LETT. argien.
1. argo ['argo] m. CHIM. argon.
2. argo ['argo] m. ZOOL. argus.
argomentare [argomen'tare] v. tr. (raro) déduire, conclure, inférer. ◆ v. intr. (L.C.) argumenter, raisonner. ◆ v. rifl. ARC. s'efforcer.
argomentazione [argomentat'tsjone] f. argumentation.
argomento [argo'mento] m. **1.** argument. | *argomenti irrefutabili,* arguments irréfutables, arguments massue (fam.). | *trarre argomento da,* tirer argument de. || **2.** [tema] sujet, thème. | *argomento di un libro,* sujet d'un livre. | *argomento di una discussione,* thème, sujet d'une discussion. | *possiedo bene il mio argomento,* je suis maître de mon sujet. | *su questo argomento sono impreparato,* je suis incompétent sur cette matière, en la matière. | *è al di fuori dell' argomento,* c'est à côté de la question ; c'est en dehors du sujet. | *basta con quest' argomento,* (en voilà) assez sur ce chapitre. || **3.** [sommario] argument, résumé, sommaire. || **4.** [pretesto] prétexte. | *ha preso argomento dalle tue parole,* il a pris prétexte de tes paroles.
argon ['argon] m. CHIM. argon.
argonauta [argo'nauta] m. MIT., ZOOL. argonaute.
arguire [argu'ire] v. tr. [dedurre] déduire, arguer (lett.). || ANTIQ. [far supporre] dénoter.
argutamente [arguta'mente] avv. finement, spirituellement.
argutezza [argu'tettsa] f. finesse, esprit m. || [frase arguta] mot (m.) d'esprit.
arguto [ar'guto] agg. **1.** [sottile] fin, subtil. | *ingegno arguto,* esprit subtil. || **2.** [brioso] spirituel, brillant, malin. | *conversatore arguto,* brillant causeur. | *osservazione arguta,* remarque piquante. | *motto arguto,* bon mot, trait d'esprit. | *viso arguto,* visage malicieux.
arguzia [ar'guttsja] f. esprit m., finesse ; malice, piquant m. (lett.). | *parlare con arguzia,* parler avec esprit. | *sorridere con arguzia,* sourire malicieusement. || [frase arguta] bon mot m., mot d'esprit, trait (m.) d'esprit, boutade, saillie (lett.).
1. aria ['arja] f. **1.** [miscuglio di gas] air m. | *vita all'aria aperta,* vie au grand air, en plein air. | *dormire all'aria aperta,* dormir à la belle étoile. | *dare aria a un ambiente,* aérer une pièce. | *andare a prendere una boccata d'aria,* aller prendre l'air. || LOC. FIG. *aver paura dell'aria,* avoir peur de son ombre. | *campare d'aria,* vivre de l'air du temps. | *parlare all'aria,* parler à un mur. | SCHERZ. *aria !,* dehors, oust(e) ! (fam.). || **2.** [vento] air, vent m. | *non c'è un filo d'aria,* il n'y a pas un souffle de vent, d'air. | *corrente d'aria,* courant (m.) d'air. | *colpo d'aria,* coup (m.) de froid. || **3.** PER EST. [clima] air. | *aria di mare,* air de la mer. | *cambiare aria,* changer d'air. || FIG. *qui non è aria buona per lui,* il ne fait pas bon pour lui par ici. | *tira un'aria pericolosa,* il y a de l'orage dans l'air ; ça sent le roussi, il y a de l'eau dans le gaz (pop.). | *c'è qlco. per aria,* il y a qch. dans l'air. || **4.** [spazio libero verso il cielo] air. | *forze dell'aria,* forces de l'air. | *mal d'aria,* mal de l'air. | *sollevarsi in aria,* s'élever dans les airs. || LOC. *saltare in aria,* sauter, exploser. | *sdraiarsi a pancia all'aria,* se coucher sur le dos. | *andare, mandare a pancia all'aria,* tomber, renverser les quatre fers en l'air (fam.) ; tomber cul par-dessus tête (pop.). ◆ **5.** LOC. AVV. ***in aria,*** en l'air. || FIG. *far castelli in aria,* faire des châteaux en Espagne, des projets en l'air. | *promesse campate in aria,* promesses en l'air. || LOC. PR. e FIG. ***a mezz'aria,*** PR. à moitié levé ; FIG. à demi-mot. | *parlare a mezz'aria,* parler à mots couverts, laisser entendre à demi-mot. | *discorso a mezz'aria,* discours plein de sous-entendus. || LOC. FIG. ***all'aria,*** en l'air. | *ho voglia di mandare all'aria tutto,* j'ai envie de tout envoyer promener ; j'ai envie de tout fiche en l'air (fam.). | *hai mandato all'aria i miei progetti,* tu as envoyé, flanqué (fam.), fichu (fam.), foutu (pop.) mes projets par terre. | *la festa è andata all'aria,* la fête est tombée à l'eau. | *ha buttato la stanza all'aria per cercare queste carte,* il a mis la pièce en l'air pour chercher ces papiers. || **6.** CHIM. *aria liquida,* air liquide. || **7.** TECN. *aria compressa,* air comprimé. | *camera d'aria,* chambre à air. | *filtro dell'aria,* filtre à air.
2. aria ['arja] f. **1.** [apparenza] air m., aspect m., apparence. | *ha l'aria di un bambino,* il a l'air d'un enfant. | *aria di famiglia,* air de famille. | *senza averne l'aria,* sans en avoir l'air. || **2.** [espressione] air m., expression, mine. | *hai un' aria strana,* tu as un drôle d'air. | *hai l'aria stanca,* tu as l'air, tu parais fatigué. | *hanno l'aria contenta,* ils ont l'air content(s). | *che aria mite !,* quelle expression douce ! || **3.** [di cose] *la città aveva l'aria deserta,* la ville avait l'air, semblait déserte. | *ha tutta l'aria di un quadro d'autore,* ça a tout l'air d'un tableau de maître, on dirait vraiment un tableau de maître. | *ha l'aria di voler piovere,* on dirait qu'il va pleuvoir. || **4.** LOC. *darsi arie,* prendre, se donner de grands airs, faire l'important, poser pour la galerie, crâner (fam.). | *si danno arie da eroi,* ils jouent les héros. || [anche sing.] *si dà l'aria di gran poeta,* il pose au grand poète, il se donne des airs de grand poète.
3. aria ['arja] f. MUS. air m. | *aria di una canzone,* air, mélodie d'une chanson. | *aria di flauto,* air de flûte. || [in musica classica] aria. | *una aria di Bach,* une aria de Bach.
arianesimo [arja'nezimo] m. RELIG. arianisme.
1. ariano [a'rjano] agg. e m. RELIG. arien, enne.
2. ariano [a'rjano] agg. e m. ETNOL. aryen, enne.
aridamente [arida'mente] avv. de façon aride, avec aridité, sèchement.
aridità [aridi'ta] f. PR. e FIG. aridité, sécheresse.
arido ['arido] agg. PR. e FIG. aride ; sec. | *terra arida,* terre aride. | *cuore arido,* cœur sec. | *argomento arido,* sujet aride, rébarbatif.
arieggiare [arjed'dʒare] v. tr. aérer. | *arieggiare una stanza,* aérer une pièce. || PER EST. [esporre all' aria] éventer, aérer, mettre à l'air. | *arieggiare il grano,* éventer le blé. || [imitare] imiter, s'inspirer (de). | *arieggiare lo stile di qlcu.,* imiter le style de qn. ◆ v. intr. [atteggiarsi] (raro) se donner des airs (de).
arieggiato [arjed'dʒato] agg. aéré, ventilé.
ariete [a'rjɛte] m. ASTRON., MIL., ZOOL. bélier. || TECN. *ariete idraulico,* bélier hydraulique. | *colpo di ariete,* coup de bélier.
arietta [a'rjetta] f. [venticello] brise. || MUS. ariette.
aringa [a'ringa] f. hareng m. | *aringa affumicata,* hareng saur. | *aringa salata,* hareng salé, hareng blanc. || LOC. FIG. *pigiati come aringhe,* serrés comme des harengs.
ario ['arjo] agg. aryen ; indo-iranien.
1. arioso [a'rjoso] agg. aéré ; spacieux, vaste. | *casa ariosa,* maison spacieuse et claire. | *paesaggio arioso,* paysage vaste. || PER EST. ample, large. | *gesti ariosi,* gestes amples. || FIG. LETT. *stile arioso,* style aisé, souple.
2. arioso [a'rjoso] m. MUS. arioso.
ariostesco [arjos'tesko] (**-schi** pl.) agg. d'Arioste ; dans le style de l'Arioste.
1. arista [a'rista] f. BOT. barbe, arête (d'un épi).

2. arista ['arista] f. CULIN. [tosc.] carré (m.) de porc.
aristocraticamente [aristokratika'mente] avv. aristocratiquement.
aristocratico [aristo'kratiko] (**-ci** pl.) agg. aristocratique, noble. ‖ PER EST. [raffinato] aristocratique, raffiné, racé. ◆ m. aristocrate ; aristo (peggior.).
aristocrazia [aristokrat'tsia] f. aristocratie, noblesse. ‖ FIG. aristocratie, élite, crème (fam.), gratin m. (pop.). ‖ [signorilità] distinction, raffinement m., aristocratie.
aristolochia [aristo'lɔkja] f. BOT. aristoloche.
aristotelico [aristo'tɛliko] (**-ci** pl.) agg. aristotélicien, aristotélique. ◆ m. aristotélicien.
aristotelismo [aristote'lizmo] m. FILOS. aristotélisme.
aritmetica [arit'mɛtika] f. arithmétique.
aritmeticamente [aritmetika'mente] avv. arithmétiquement.
aritmetico [arit'mɛtiko] (**-ci** pl.) agg. arithmétique. ◆ m. arithméticien.
aritmia [arit'mia] f. MED. arythmie.
aritmico [a'ritmiko] (**-ci** pl.) agg. arythmique, irrégulier.
arlecchinata [arlekki'nata] f. PR. e FIG. arlequinade.
arlecchinesco [arlekki'nesko] (**-schi** pl.) agg. digne d'Arlequin ; bouffon.
arlecchino [arlek'kino] m. TEATRO arlequin. ‖ PER EST. arlequin ; plaisantin, farceur, pitre. ‖ PER ANAL. agg. invar. multicolore, bariolé.
arma ['arma] (**armi** pl. ; **arme** pl. ARC.) f. **1.** [oggetto] arme. | *arma da fuoco, bianca*, arme à feu, arme blanche. | *porto d'armi*, port d'armes. ‖ MIL. *presentare le armi*, présenter les armes. | *pied' arm'!*, reposez arme ! | *spall' arm'!*, arme sur l'épaule ! ‖ LOC. *concedere l'onore delle armi*, accorder les honneurs de la guerre. | *passare per le armi*, passer par les armes. | *andarsene con armi e bagagli*, s'en aller avec armes et bagages. ‖ **2.** FIG. arme. | *arma a doppio taglio*, arme à double tranchant. ‖ LOC. *dare un'arma in mano a qlcu.*, donner des armes à qn. ‖ **3.** PER EST. pl. [guerra] armes f. pl., guerre f. sing. | *fatto d'armi*, fait d'armes. | *all'armi!*, aux armes ! | *venire alle armi*, livrer combat (m.). | *mettere in armi un paese*, mettre un pays sur le pied de guerre. | *deporre le armi*, déposer, rendre les armes ; se rendre. ‖ [servizio, vita militare] armes. | *mestiere delle armi*, métier militaire, des armes (lett.). | *compagno d'armi*, compagnon d'armes. | *chiamare alle armi*, appeler sous les drapeaux. ‖ LOC. PR. e FIG. *essere alle prime armi*, faire ses premières armes. ‖ **4.** [milizia] armée, troupe. | *armi mercenarie*, troupes de mercenaires. ‖ **5.** sempre sing. [corpo dell' esercito] arme. | *arma dei carabinieri* (o assol. *Arma*), arme des carabiniers. | *arma azzurra, aeronautica*, armée de l'air. ‖ **6.** [scherma] *sala d'armi*, salle d'armes. ‖ **7.** ARALD. V. ARME.
armacollo [arma'kɔllo] m. ARC. bandoulière f. ‖ LOC. *ad armacollo*, en bandoulière.
armadillo [arma'dillo] m. ZOOL. tatou.
armadio [ar'madjo] m. armoire f. | *armadio a specchio*, armoire à glace. | *armadio a muro*, placard. | *armadio farmaceutico*, armoire à pharmacie.
armaiolo [arma'jɔlo] m. armurier.
armamentario [armamen'tarjo] (**-ri** pl.) m. [complesso di arnesi] équipement, attirail (antiq.). ‖ SCHERZ. attirail, bataclan (fam.), bazar (fam.), fourbi (fam.), barda (fam.). ‖ ARC. [armeria] armurerie f.
armamento [arma'mento] m. **1.** armement. ‖ **2.** MAR. armement. ‖ [equipaggio] armement, équipage. ‖ **3.** TECN. équipement. | *armamento ferroviario*, équipement ferroviaire. | *armamento di un aeroporto*, équipement d'un terrain d'aviation. ‖ **4.** [complesso degli armatori] armement.
armare [ar'mare] v. tr. **1.** armer. | *armare una pistola*, armer un pistolet. ‖ **2.** MAR. armer, gréer. | *armare un bastimento*, armer un bâtiment. ‖ **3.** STOR. *armare (un) cavaliere*, armer (un) chevalier. ‖ **4.** TECN. renforcer, consolider, armer. | *armare una galleria*, coffrer, boiser une galerie. ‖ MIN. *armare un pozzo*, cuveler un puits. ◆ v. rifl. s'armer. | *armarsi di un sasso*, s'armer d'une pierre. ‖ FIG. [munirsi] s'armer, se munir. | *armarsi di pazienza*, s'armer de patience.
armata [ar'mata] f. MIL. [unità di guerra] armée. | *corpo d'armata*, corps d'armée. | *armata navale* (o assol. *armata*), armée de mer. | *armata aerea*, armée de l'air. ‖ [esercito] (raro) armée. ‖ FIG. *un'armata di campeggiatori*, une armada de campeurs. ‖ STOR. *Invincibile Armata*, Invincible Armada.
armato [ar'mato] agg. PR. e FIG. armé. | *essere armato di tutto punto*, être armé jusqu'aux dents, de pied en cap. | *forze armate*, armée f. sing. | *carro armato*, char d'assaut, tank. | *armato di coraggio*, armé de son courage. ‖ TECN. armé. | *cemento armato*, ciment armé.
armatore [arma'tore] m. armateur. ‖ TECN. boiseur, charpentier.
armatoriale [armato'rjale] agg. d'armateur.
armatura [arma'tura] f. [corazza] armure. ‖ ELETTR. armature. ‖ MIN. coffrage m., boisage m., châssis m. ‖ MUS. armature. ‖ TECN. armature, charpente. ‖ TESS. armure.
arme ['arme] f. ARALD. armes f. pl., armoiries f. pl., blason m.
armeggiamento [armeddʒa'mento] m. activité (f.) désordonnée ; remue-ménage ; affairement.
armeggiare [armed'dʒare] v. intr. s'affairer, bricoler, se démener, s'escrimer. | *sono due ore che sta armeggiando attorno a quel motore*, il y a deux heures qu'il s'escrime sur ce moteur. | *cosa stai armeggiando?*, qu'est-ce que tu fabriques ? ‖ [macchinare] intriguer, manœuvrer. ‖ ARC. manier les armes, jouter.
armeggio [armed'dʒio] m. manigance f., micmac (fam.). ‖ [confusione] remue-ménage, fouillis.
armeggione [armed'dʒone] m. intrigant.
armellinato [armelli'nato] agg. ARALD. d'hermine ; herminé.
armellino [armel'lino] m. ZOOL. (arc.). V. ERMELLINO. ‖ ARALD. hermine f.
armeno [ar'mɛno] agg. e m. arménien, enne.
armentario [armen'tarjo] m. gardien de troupeaux. ‖ [proprietario] éleveur de bétail.
armento [ar'mento] m. troupeau.
armeria [arme'ria] f. dépôt (m.) d'armes. ‖ PER EST. [negozio] armurerie. ‖ [collezione] collection d'armes.
armerista [arme'rista] m. armorial.
armiere [ar'mjɛre] m. mitrailleur (d'aviation). ‖ (raro) armurier.
armigero [ar'midʒero] m. LETT. homme d'armes ; écuyer. ◆ agg. (raro) armé ; belliqueux.
armillare [armil'lare] agg. ASTRON. armillaire.
armistiziale [armistit'tsjale] agg. d'armistice.
armistizio [armis'tittsjo] m. armistice.
armo ['armo] m. MAR., SPORT équipage ; équipe f.
armonia [armo'nia] f. **1.** [consonanza di voci o suoni] harmonie. ‖ MUS. harmonie. | *trattato di armonia*, traité d'harmonie. ‖ **2.** PER ANAL. LETT. harmonie. | *armonia di un periodo*, harmonie d'une période. ‖ **3.** PER EST. [proporzione] harmonie, équilibre m., unité. | *armonia della composizione*, équilibre de la composition. ‖ [rispondenza] harmonie, concordance. | *armonia dei pensieri e dell'azione*, concordance entre la pensée et l'action. | *in armonia con la legge*, en accord (m.), en harmonie avec la loi. ‖ **4.** FIG. [concordia] harmonie (lett.), entente, union. | *vivere in perfetta armonia*, vivre en parfaite harmonie, dans une entente parfaite.
armonica [ar'mɔnika] f. [strumento musicale] harmonica. ‖ FIS., MUS. harmonique.
armonicamente [armonika'mente] avv. harmonieusement. ‖ MUS. harmoniquement.
armonicista [armoni'tʃista] m. joueur d'harmonica. ‖ [chi fabbrica strumenti musicali] facteur.
armonico [ar'mɔniko] (**-ci** pl.) agg. MUS. harmonique. | *cassa armonica*, table d'harmonie. | *suoni armonici ; armonici (m. pl.)*, sons harmoniques ; harmoniques m. pl. ‖ FIG. harmonieux.
armoniosamente [armonjosa'mente] avv. harmonieusement.
armonioso [armo'njoso] agg. harmonieux, mélodieux. ‖ PER EST. harmonieux, (bien) proportionné. | *disposizione armoniosa*, disposition harmonieuse. | *corpo armonioso*, corps bien proportionné.
armonista [armo'nista] (**-i** pl.) m. e f. harmoniste.
armonium [ar'mɔnjum] m. harmonium.
armonizzare [armonid'dzare] v. tr. MUS. harmoniser.

‖ PER EST. harmoniser, accorder. ◆ v. intr. s'harmoniser [v. rifl.], bien aller (ensemble). | *tinte, caratteri che armonizzano bene insieme,* teintes, caractères qui s'harmonisent, qui vont bien ensemble.

armonizzazione [armoniddzat'tsjone] f. harmonisation.

arnese [ar'nese] m. **1.** outil. | *arnesi del calzolaio,* outils du cordonnier. ‖ FAM. [oggetto qualsiasi] machin, truc, fourbi ; chose (m. con questo significato (L.C.), machine f. (L.C.) ; bidule (fam.). | *cos'è quell'arnese ?,* qu'est-ce que c'est que ce machin-là ? ‖ FAM. e PEGGIOR. [di persona] individu (louche). | *è un pessimo arnese,* c'est un triste individu, un voyou, un mauvais sujet. | *strano arnese !,* drôle de type ! ‖ **2.** [abiti] tenue f., accoutrement (peggior.). ‖ LOC. *essere male in arnese,* PR. être mal fagoté ; FIG. être dans un sale état, être mal en point. | *essere bene in arnese,* PR. être bien habillé ; FIG. bien aller, prospérer. ‖ LOC. FIG. *rimettersi in arnese,* se remettre à flot. ‖ **3.** ARC. [armatura] harnais.

arnia ['arnja] f. ruche.

arnica ['arnika] f. BOT. arnica.

aro ['aro] m. BOT. arum.

aroma [a'rɔma] m. [spezia] aromate, épice f. ‖ [sostanza usata come profumo] parfum, essence f. ‖ [profumo] arôme, parfum. | *aroma del caffè,* arôme du café. | *aroma di un vino,* arôme, bouquet d'un vin. | *aroma di una pietanza,* fumet d'un mets.

aromatico [aro'matiko] (**-ci** pl.) agg. aromatique.

aromatizzare [aromatid'dzare] v. tr. aromatiser.

aromatizzazione [aromatiddzat'tsjone] f. aromatisation.

arpa ['arpa] f. harpe. | *arpa eolica,* harpe éolienne.

arpeggiare [arped'dʒare] v. intr. MUS. arpéger. ‖ [suonare l'arpa] jouer de la harpe.

arpeggio [ar'peddʒo] m. MUS. arpège.

arpento [ar'pɛnto] m. [antica misura agr.] arpent.

arpia [ar'pia] f. MIT. harpie. ‖ FIG. harpie, mégère. ‖ ZOOL. harpie.

arpionare [arpjo'nare] v. tr. harponner. ◆ SOSTANT. harponnage.

arpione [ar'pjone] m. [gancio] crochet. ‖ [arma] harpon.

arpista [ar'pista] m. e f. harpiste.

arpone [ar'pone] m. harpon.

arra ['arra] f. ARC. arrhes f. pl. ‖ FIG. gage m.

arrabattarsi [arrabat'tarsi] v. rifl. s'escrimer, se démener, s'évertuer, se décarcasser (fam.).

arrabbiarsi [arrab'bjarsi] v. rifl. se fâcher, se mettre en colère. | *si è arrabbiato con me,* il s'est mis en colère contre moi. ‖ LOC. *far arrabbiare,* mettre en colère. | *la tua passività mi fa arrabbiare,* ta passivité me met en colère, en rage. | *non far arrabbiare tua sorella,* ne fais pas enrager ta sœur.

arrabbiato [arrab'bjato] agg. PR. enragé. | *cane arrabbiato,* chien enragé. ‖ FIG. en colère, furieux, fâché. | *sembri arrabbiato,* tu as l'air furieux. | *è arrabbiato,* il est en colère, il râle (fam.), il rage (fam.). | *è molto arrabbiato, è arrabbiatissimo,* il est très en colère, dans une colère noire, il enrage (lett.). | *sei arrabbiato con me ?,* tu es fâché contre moi, en colère contre moi ? | *non l'ho mai visto arrabbiato così,* je ne l'ai jamais vu dans une telle rage. ‖ [ostinato] enragé, effréné, obstiné. | *fumatore arrabbiato,* fumeur acharné. ‖ LOC. *all'arrabbiata,* à la diable.

arrabbiatura [arrabbja'tura] f. colère. | *prendersi un'arrabbiatura,* prendre, piquer une colère. | *gli ha fatto prendere un'arrabbiatura tremenda,* il l'a mis dans une colère folle ; il lui a fait piquer une crise terrible (fam.).

arraffare [arraf'fare] v. tr. [rubare] rafler (fam.), faucher (fam.), soustraire. ‖ [carpire] arracher.

arrampicarsi [arrampi'karsi] v. rifl. grimper v. intr. | *bambino che si arrampica su un albero,* enfant qui grimpe à, sur un arbre. | *arrampicarsi su un muro,* grimper, se hisser sur un mur. | *l'edera si arrampica sul muro,* le lierre grimpe le long du mur. ‖ PER EST. grimper, escalader, gravir. | *arrampicarsi su per la collina,* gravir la colline. | *arrampicarsi su per le scale,* grimper l'escalier. ‖ LOC. FIG. *arrampicarsi sugli specchi,* faire des pieds et des mains ; se démener.

arrampicata [arrampi'kata] f. grimpée, escalade.

arrampicatore [arrampika'tore] (**-trice** f.) m. grimpeur, euse. ‖ NEOL. *arrampicatore (sociale),* arriviste.

arrancare [arran'kare] v. intr. boiter. ‖ PER EST. [andare avanti con fatica] se traîner, traîner la jambe ; avancer péniblement, avec peine. ‖ MAR. souquer ferme, souquer dur.

arrangiamento [arrandʒa'mento] m. MUS., NEOL. arrangement.

arrangiare [arran'dʒare] v. tr. [aggiustare] arranger, retaper, rafistoler (fam.). | *arrangiare un vecchio vestito,* rafistoler une vieille robe. ‖ FIG. FAM. [malmenare] corriger, arranger. | *come ti hanno arrangiato !,* ils t'ont bien arrangé ! | *ora lo arrangio io,* je (m'en) vais le corriger, je vais lui donner une leçon. ‖ [mettere insieme] arranger, improviser. | *abbiamo arrangiato una merenda sull'erba,* nous avons arrangé, improvisé un petit pique-nique. ‖ MUS. arranger. ◆ v. rifl. se débrouiller (fam.), s'arranger. | *arrangiati !,* débrouille-toi ! | *bisogna che cerchiamo di arrangiarci da soli,* il faut qu'on essaie de s'en sortir seuls (fam.) ; nous devons essayer de nous en sortir seuls. | *sa sempre arrangiarsi,* c'est un débrouillard (fam.). ‖ [accordarsi] se mettre d'accord, s'arranger.

arrangiatore [arrandʒa'tore] m. MUS. arrangeur.

arrecare [arre'kare] v. tr. provoquer, causer, entraîner. | *arrecare danni,* causer du dommage, provoquer des dégâts. | *arrecare dei dispiaceri,* amener des désagréments. ‖ PR. LETT. [portare] apporter.

arredamento [arreda'mento] m. [azione] installation f., décoration f. | *in questi giorni non pensa ad altro che all'arredamento della sua casa,* ces jours-ci il ne pense qu'à l'installation de sa maison. | *ho curato io l'arredamento di questo salottino,* c'est moi qui me suis occupé de la décoration de ce petit salon. ‖ [concreto] ameublement, mobilier, décoration f. | *un tappeto e alcuni cuscini erano tutto l'arredamento della stanza,* un tapis et quelques coussins composaient tout l'ameublement de la pièce. | *arredamento lussuoso,* mobilier luxueux. | *tessuto d'arredamento,* tissu d'ameublement. | *arredamento teatrale, cinematografico,* décor de théâtre, de cinéma.

arredare [arre'dare] v. tr. meubler, installer, décorer. | *arredare un appartamento,* meubler un appartement. | *casa ben arredata,* maison bien installée.

arredatore [arreda'tore] (**-trice** f.) m. ensemblier, décorateur, trice. ‖ [teatro, cinema] décorateur. ‖ [operaio] tapissier, ère ; tapissier-décorateur.

arredo [ar'rɛdo] m. (generalmente pl.) ornement, décoration f. (sempre sing.). ‖ *arredi sacri,* instruments du culte, objets liturgiques.

arrembaggio [arrem'baddʒo] m. MAR. abordage. | *all'arrembaggio !,* à l'abordage !

arrembare [arrem'bare] v. tr. MAR. aborder.

arrendere [ar'rɛndere] v. tr. ARC. rendre, livrer. ◆ v. rifl. se rendre. | *arrendersi a discrezione,* se rendre sans conditions. ‖ FIG. se rendre, céder. | *arrendersi alle preghiere di qlcu.,* céder aux prières de qn. | *arrendersi all'evidenza,* se rendre à l'évidence.

arrendevole [arren'devole] agg. arrangeant, conciliant, accommodant, complaisant. ‖ [di cose] souple, flexible, malléable.

arrendevolezza [arrendevo'lettsa] f. complaisance ; attitude arrangeante, esprit (m.) de conciliation ; malléabilité. ‖ [di cose] souplesse, malléabilité.

arrestare [arres'tare] v. tr. arrêter. | *arrestare l'avanzata del nemico,* arrêter, stopper, couper court à la progression de l'ennemi. | *arrestare un'epidemia,* arrêter, enrayer une épidémie. | *arrestare un motore,* arrêter un moteur. | *arrestare il gioco,* interrompre le jeu. ‖ [catturare, imprigionare] arrêter. | *è stato arrestato,* il s'est fait arrêter. ◆ v. rifl. s'arrêter, s'immobiliser. | *vedendo il pericolo si arrestò,* voyant le danger il s'immobilisa, il s'arrêta. | *improvvisamente il treno si arrestò,* tout à coup le train stoppa. | *arrestarsi durante il lavoro,* s'interrompre pendant le travail. | *il motore di questa macchina si arresta sempre,* le moteur de cette voiture cale toujours.

arresto [ar'rɛsto] m. **1.** arrêt, interruption f. | *arresto del traffico,* arrêt de la circulation. | *arresto dei negoziati,* interruption des négociations. | *battuta d'arresto,* temps d'arrêt, pause f. ‖ [nella segnaletica stradale] *linea d'arresto,* ligne de stop. ‖ **2.** GIUR. arrestation f.

| *essere in arresto, in stato di arresto,* être en état d'arrestation. | *mandato d'arresto,* mandat d'arrêt, de dépôt. || **3.** pl. MIL. arrêts m. pl. || **4.** SPORT, GIOCHI suspension f. (de la partie pour un coup franc). || [pugilato] *arresto dell'incontro,* arrêt du combat. || [scherma] *colpo d'arresto,* coup d'arrêt. || **5.** TECN. arrêt ; butée f. | *vite di arresto,* vis de blocage.

arretramento [arretra'mento] m. recul.

arretrare [arre'trare] v. tr. [di cose] reculer. | *arretrare i confini di una nazione,* reculer les frontières d'un pays. ◆ v. intr. reculer. | *non arretrare di un passo,* ne pas reculer d'un pas. || FIG. *i dialetti arretrano davanti alla lingua nazionale,* les dialectes reculent devant la langue nationale. | *non posso arretrare dai miei propositi,* je ne peux pas revenir sur mes projets, renoncer à mes projets.

arretrato [arre'trato] agg. arriéré. | *popolazione arretrata,* population arriérée. | *lavoro arretrato,* travail en retard. | *ho trovato dei numeri arretrati del* Times, j'ai trouvé de vieux numéros du *Times.* ◆ SOSTANT. m. pl. arrérages, arriéré sing. || LOC. FIG. *avere un arretrato con qlcu.,* avoir un (vieux) compte à régler avec qn.

arri! ['arri] interiez. hue !

arricchimento [arrikki'mento] m. PR. e FIG. enrichissement.

arricchire [arrik'kire] v. tr. PR. e FIG. enrichir. *arricchire le casse dello Stato,* remplir les caisses de l'Etat. | *arricchire la solitudine con buoni libri,* meubler sa solitude avec de bons livres. | *arricchire un romanzo,* étoffer un roman. ◆ v. intr. s'enrichir. ◆ v. rifl. s'enrichir. | *la lingua si arricchisce sempre di espressioni nuove,* la langue ne cesse de s'enrichir d'expressions nouvelles. | *arricchirsi col sudore del popolo,* s'engraisser (peggior.) de la sueur du peuple.

arricciacapelli [arrittʃaka'pelli] m. invar. fer à friser ; frisoir (antiq.).

arricciamento [arrittʃa'mento] m. frisage. || [solo per i capelli] ondulation f.

arricciare [arrit'tʃare] v. tr. **1.** friser, boucler, onduler. | *arricciare leggermente,* frisotter. || [di animali] *arricciare il pelo,* se hérisser ; hérisser ses poils. || [cucito] *arricciare una stoffa,* froncer une étoffe. || **2.** LOC. FIG. *arricciare il naso,* faire la grimace, se renfrogner. || ANTIQ. *sentirsi arricciare i capelli,* sentir ses cheveux se dresser sur la tête. ◆ v. rifl. friser, boucler. | *i capelli gli si arricciano,* ses cheveux bouclent, frisent. | *carta che si arriccia per il calore,* papier qui se recroqueville à la chaleur.

arricciato [arrit'tʃato] agg. frisé, bouclé, ondulé. | *capelli arricciati,* cheveux frisés. || [corrugato] froncé.

arricciatura [arrittʃa'tura] f. **1.** frisure. || **2.** [cucito] froncis m., fronces f. pl.

arricciolare [arrittʃo'lare] v. tr. (raro) frisotter. | *arricciolare il burro,* faire des coquilles de beurre. ◆ v. rifl. frisotter.

arridare [arri'dare] v. tr. MAR. rider.

arridere [ar'ridere] v. intr. PR. e (più spesso) FIG. sourire. | *la sorte ci arrideva,* la chance nous souriait. | *la fortuna arride ai semplici,* aux innocents les mains pleines (prov.).

arringa [ar'ringa] f. [discorso] harangue. || GIUR. [difesa] plaidoirie, plaidoyer m.

arringare [arrin'gare] v. tr. haranguer.

arringatore [arringa'tore] m. (raro) orateur, harangueur.

arrischiare [arris'kjare] v. tr. risquer, exposer. *arrischiare la vita,* risquer sa vie. | *arrischiare la propria fama,* risquer, hasarder sa réputation. | *bisogna arrischiare,* il faut prendre, courir le risque. || [azzardare] risquer, hasarder. | *arrischiare una domanda,* risquer une question. ◆ v. rifl. se risquer, s'exposer. | *non mi arrischierò in un'impresa simile,* je ne me risquerai pas, je ne m'aventurerai pas dans une affaire pareille. | *hanno vinto senza arrischiare,* ils ont gagné sans prendre de risques, sans s'exposer. || [ardire] se risquer, se hasarder. | *si arrischiò a entrare,* il se risqua, il se hasarda à entrer.

arrischiato [arris'kjato] agg. risqué, téméraire, hasardeux. | *tentativo arrischiato,* démarche risquée. || [di persona] téméraire.

arrivare [arri'vare] v. intr. **1.** [giungere a destinazione] [persone] arriver. | *arrivare a casa, in città,* arriver chez soi, à la ville. | *finalmente è arrivato con due ore di ritardo,* il a fini par arriver avec deux heures de retard. | *arrivi a proposito,* tu tombes bien. | *arrivare addosso a sopra qlcu.,* rattraper, rejoindre qn. || FIG. *arrivare allo scopo,* atteindre le, arriver (au) but, toucher le but (lett.). | *arrivare alla conclusione del discorso,* arriver (à), aborder la conclusion du discours. | *arrivo ora al motivo della mia presenza qui,* j'en arrive, j'en viens maintenant au motif de ma présence ici. || [cose] *il pacco che aspettavo è arrivato,* le paquet que j'attendais est arrivé. | *ti è arrivata una lettera,* il y a une lettre pour toi. | *ora ti arriva un ceffone,* tu vas attraper une claque. || [capitare] *gli è arrivata una disgrazia,* il lui est arrivé un malheur, un coup dur (fam.). || **2.** [raggiungere un determinato punto o livello] arriver, atteindre. | *l'acqua gli arriva appena alle caviglie,* l'eau lui arrive à peine aux chevilles. | *la foca arriva a pesare anche 400 chili,* le poids du phoque peut atteindre jusqu'à 400 kilos. || PER EST. [resistere] résister. | *questa carne a domani non ci arriva,* cette viande ne résistera pas jusqu'à demain. | *il malato non arriverà a mezzanotte,* le malade ne passera pas minuit. || FIG. *le trattative sono arrivate a buon punto,* les négociations sont bien avancées, ont bien progressé. | *chi pensava che si potesse arrivare a questo punto ?,* qui aurait cru qu'on puisse en arriver là ? | *è arrivato a rinnegare i suoi amici,* il en est venu à renier ses amis. || LOC. FIG. *arrivare al 27,* joindre les deux bouts. || **3.** [riuscire] arriver, parvenir, réussir. | *non arrivo a distinguere i particolari,* je n'arrive pas à distinguer les détails. || [capire] comprendre. | *i tuoi ragionamenti sono troppo complicati per me, non ci arrivo,* tes raisonnements sont trop compliqués pour moi, je n'y comprends rien, je n'y pige rien (pop.). || **4.** ASSOL. arriver, réussir. | *vuole arrivare ad ogni costo,* il veut arriver à n'importe quel prix.

arrivato [arri'vato] agg. e m. arrivé. | *ben arrivato !,* bienvenue (f.) !, soyez le bienvenu ! | *nuovi arrivati,* nouveaux venus. || [che ha ottenuto successo] arrivé. | *uomo arrivato,* homme arrivé.

arrivederci [arrive'dertʃi] interiez. au revoir. ◆ m. *un cordiale arrivederci,* un cordial au revoir.

arrivederla [arrive'derla] interiez. au revoir.

arrivismo [arri'vizmo] m. arrivisme.

arrivista [arri'vista] m. arriviste.

arrivo [ar'rivo] m. **1.** arrivée f. | *al suo arrivo, tutti fecero silenzio,* à son arrivée, à son entrée tout le monde se tut. | *lato arrivi e lato partenze,* côté arrivées et côté départs. || LOC. *essere in arrivo,* être sur le point d'arriver. | *nuovi modelli sono in arrivo,* de nouveaux modèles vont arriver. | *il diretto per Roma è in arrivo,* le train direct pour Rome entre en gare. || **2.** pl. nouveautés f. pl. | *mostrare a un cliente gli ultimi arrivi,* montrer les dernières nouveautés à un client. || **3.** SPORT arrivée. || **4.** TECN. arrivée, entrée f. | *arrivo dell'aria,* arrivée d'air.

arroccamento [arrokka'mento] m. [negli scacchi]. V. ARROCCO. || MIL. rocade f.

arroccare [arrok'kare] v. tr. [negli scacchi] roquer. ◆ v. rifl. (raro) se mettre à l'abri.

arrocco [ar'rɔkko] (**-chi** pl.) m. [negli scacchi] roque.

arrochire [arro'kire] v. tr. (raro) enrouer. ◆ v. intr. s'enrouer, s'érailler.

arrochito [arro'kito] agg. enroué, éraillé ; rauque.

arrogante [arro'gante] agg. arrogant, hautain. | *atteggiamento arrogante,* attitude cavalière, arrogante. || FAM. [di bambini] anche SOSTANT. insolent, effronté. | *è un arrogantello,* c'est un petit effronté.

arrogantemente [arrogante'mente] avv. avec arrogance, cavalièrement.

arroganza [arro'gantsa] f. arrogance, insolence. | *parlare con arroganza,* avoir le verbe haut. | *rispondere con arroganza,* le prendre de haut, répondre avec arrogance, cavalièrement. | *trattare qlcu. con arroganza,* traiter qn de haut.

arrogarsi [arro'garsi] v. rifl. s'arroger, s'approprier, usurper.

arrolare e deriv. V. ARRUOLARE e deriv.

arrossamento [arrossa'mento] m. [l'essere rosso] rougeur f. || [l'arrossire] rougissement.

arrossare [arros'sare] v. tr. rougir, colorer de rouge.

| *il sole arrossa la pelle,* le soleil rougit la peau. ◆ v. intr. (raro) o rifl. V. ARROSSIRE.

arrossato [arros'sato] agg. rougi. | *occhi arrossati,* yeux rougis.

arrossimento [arrossi'mento] m. (raro). V. ARROSSAMENTO.

arrossire [arros'sire] v. intr. PR. e FIG. rougir. | *arrossire dalla collera,* rougir de colère. | *arrossì violentemente,* son visage s'empourpra ; il devint cramoisi ; il piqua un fard (fam.).

arrostimento [arrosti'mento] m. rôtissage (raro). || METALL. *arrostimento di un minerale,* grillage d'un minéral.

arrostire [arros'tire] v. tr. rôtir. | *arrostire un agnello,* rôtir, faire rôtir un agneau. | *arrostire il pesce sulla graticola,* griller, faire griller le poisson. || METALL. griller. ◆ v. intr. o v. rifl. FIG. rôtir, se rôtir. | *arrostirsi al sole,* se rôtir au soleil.

arrosto [ar'rɔsto] m. rôti. | *arrosto di vitello, di maiale,* rôti de veau, de porc. || LOC. *molto fumo e poco arrosto,* plus d'apparence que de substance. || PROV. *non c'è fumo senza arrosto,* il n'y a pas de fumée sans feu. ◆ avv. *carne arrosto,* viande rôtie.

arrotare [arro'tare] v. tr. **1.** [affilare] aiguiser, affiler, affûter, repasser. | *arrotare i coltelli,* aiguiser les couteaux. | *arrotare una sega,* affûter une scie. || **2.** [levigare] polir. || FIG. *arrotare i denti,* grincer des dents.

arrotatrice [arrota'tritʃe] f. ponceuse.

arrotatura [arrota'tura] f. affilage m., aiguisage m., affûtage m.

arrotino [arro'tino] m. [ambulante] rémouleur, repasseur. || [operaio specializzato] aiguiseur, affûteur.

arrotolamento [arrotola'mento] m. enroulement.

arrotolare [arroto'lare] v. tr. enrouler, rouler. | *arrotolare un tappeto,* rouler un tapis. | *arrotolare una sigaretta,* rouler une cigarette. ◆ v. rifl. s'enrouler.

arrotolato [arroto'lato] agg. roulé, enroulé.

arrotondamento [arrotonda'mento] m. arrondissement.

arrotondare [arroton'dare] v. tr. arrondir. | *arrotondare un foro,* arrondir un trou. || FIG. *arrontondare un numero,* arrondir un nombre. | *arrotondare per eccesso, per difetto,* arrondir par excès, par défaut. | *arrotondare lo stipendio,* arrondir son salaire ; mettre du beurre dans les épinards (loc. fam.). ◆ v. rifl. s'arrondir. | *si è arrotondato da quando vive in campagna,* il s'est arrondi, il a pris de l'embonpoint depuis qu'il vit à la campagne.

arrontondato [arroton'dato] agg. arrondi.

arrovellare [arrovel'lare] v. tr. ARC. (raro) tourmenter, agacer. || LOC. L.C. *arrovellarsi il cervello,* se casser la tête, se creuser la cervelle (fam.). ◆ v. rifl. [arrabbiarsi] (raro) s'irriter, s'énerver, s'emporter. || [darsi da fare] s'évertuer, s'escrimer, s'échiner.

arroventamento [arroventa'mento] m. chauffage à blanc.

arroventare [arroven'tare] v. tr. [metalli] chauffer à blanc, chauffer au rouge. || PER EST. rendre brûlant. || FIG. attiser, envenimer. ◆ v. rifl. devenir incandescent. || PER EST. devenir brûlant. || FIG. s'envenimer, s'aggraver. | *la discussione si sta arroventando,* la discussion s'envenime. ◆ SOSTANT. embrasement.

arroventato [arroven'tato] agg. chauffé à blanc, chauffé au rouge, incandescent. || PER EST. o FIG. brûlant, enflammé, surchauffé, survolté. || PR. e FIG. *atmosfera arroventata,* atmosphère surchauffée.

arrovesciare [arroveʃ'ʃare] v. tr. V. ROVESCIARE.

arrubinare [arrubi'nare] v. tr. LETT. colorer de rouge ; donner la couleur du rubis (à).

arruffamatasse [arruffama'tasse] m. e f. invar. FAM. filou (L.C.) ; emberlificoteur.

arruffapopoli [arruffa'pɔpoli] m. invar. (peggior.) agitateur ; trublion (neol.).

arruffare [ar'ruffare] v. tr. emmêler, embrouiller, enchevêtrer. | *arruffare i capelli,* emmêler les cheveux, écheveler, ébouriffer. | *animale che arruffa il pelo,* animal qui hérisse le poil. || FIG. embrouiller, brouiller, enchevêtrer, emberlificoter (fam.), entortiller (fam.). | *arruffare le idee,* embrouiller les idées. || LOC. PR. e FIG. *arruffare la matassa,* PR. emmêler l'écheveau ; FIG. embrouiller l'affaire.

arruffato [arruf'fato] agg. emmêlé, embrouillé. | *capelli arruffati,* cheveux emmêlés, ébouriffés, embroussaillés, en broussaille. | *aveva i capelli tutti arruffati,* il était tout échevelé, tout ébouriffé, hirsute. | *pelo arruffato,* poil hérissé. || FIG. embrouillé, confus, compliqué, enchevêtré. | *faccenda arruffata,* affaire embrouillée. | *frase arruffata,* phrase entortillée (fam.).

arruffianare [arruffja'nare] v. tr. o rifl. (volg.). ◆ v. tr. ARC. o LETT. prostituer (L.C.). ◆ v. rifl. *arruffianarsi con qlcu.,* passer de la pommade à qn, lécher les bottes de, à qn (fam.), faire de la lèche à qn (pop.), flagorner qn (lett.).

arruffone [arruf'fone] (**-a** f.) m. [disordinato] brouillon, onne. || [imbroglione] filou, fripouille f. (fam.).

arrugginire [arruddʒi'nire] v. intr. e **arrugginirsi** v. rifl. rouiller, se rouiller. | *questo arnese comincia ad arrugginirsi,* cet outil commence à (se) rouiller. || FIG. se rouiller. ◆ v. tr. rouiller.

arrugginito [arruddʒi'nito] agg. PR. e FIG. rouillé.

arruolamento [arrwola'mento] m. MIL. enrôlement ; levée f. | *arruolamento volontario,* engagement (volontaire).

arruolare [arrwo'lare] v. tr. MIL. enrôler, recruter. | *arruolare di forza,* enrôler de force, racoler. ◆ v. rifl. s'engager, s'enrôler.

arruvidire [arruvi'dire] v. tr. rendre rugueux, rendre rêche. ◆ v. intr. e rifl. (raro) devenir rugueux, rêche.

arsella [ar'sɛlla] f. ZOOL. palourde.

arsenale [arse'nale] m. arsenal. || FIG. SCHERZ. [luogo ingombrato] bazar (fam.), fouillis (fam.), capharnaüm. | *hai visto che arsenale è la tua camera ?,* tu as vu ce fouillis, ce bazar dans ta chambre ? || [oggetti eterogenei] arsenal, bazar, fourbi (fam.), barda (pop.). | *porta con sé un arsenale,* il emporte tout un fourbi.

arsenicale [arseni'kale] agg. CHIM. arsénical.

arsenico [ar'sɛniko] m. CHIM. arsenic.

arsenioso [arse'njoso] agg. CHIM. arsénieux. | *anidride arseniosa,* arsenic blanc, anhydride arsénieux.

arsi f. FILOL. arsis.

arsiccio [ar'sittʃo] agg. LETT. roussi (L.C.). || [asciutto] sec (L.C.), desséché (L.C.), aride (L.C.). | *gola arsiccia,* gorge sèche, irritée.

arsione [ar'sjone] f. brûlure, feu m. || [sete] soif ardente.

arso ['arso] agg. brûlé ; sec, desséché, aride. | *gola arsa,* gorge en feu.

arsura [ar'sura] f. [dell'atmosfera] chaleur ardente, torride. || [del corpo] brûlure, feu m.

arte ['arte] f. **1.** art m. | *opera d'arte,* œuvre d'art. | *l'arte per l'arte,* l'art pour l'art. | *belle arti,* beaux-arts. | *arti applicate,* arts décoratifs. | *settima arte,* septième art. || PARTICOL. *arte drammatica,* art dramatique. | *spettacolo di arte varia,* spectacle de variétés. | *nome d'arte,* nom de guerre, de théâtre. | *figlio d'arte,* enfant de la balle. || **2.** [complesso di tecniche e metodi] art. | *arte poetica,* art poétique. | *arte di vivere,* art de vivre. | *prosa d'arte,* prose poétique. | *film d'arte,* film d'art. || **3.** PER EST. [mestiere] art (arc.), métier m. | *arti liberali, meccaniche,* arts libéraux, mécaniques. | *conoscere, esercitare, imparare un'arte,* connaître, exercer, apprendre un métier. | *essere dell'arte,* être du métier, être un homme de l'art. | *lavoro fatto a regola d'arte,* travail fait dans les règles de l'art. || LOC. *non avere né arte né parte,* être un bon à rien. || SCHERZ. *l'arte di Michelaccio,* l'art de ne rien faire. || **4.** [abilità] art, habileté, don m. | *ha l'arte di accontentare tutti,* il a l'art de contenter tout le monde. | *ha l'arte di ottenere quello che vuole lei,* elle a l'art, le don d'obtenir ce qu'elle veut. | *con le sue arti è riuscito a convincerlo,* avec ses manèges il a réussi à le convaincre. || ARC. *arti magiche,* sortilèges. || LOC. *ad arte,* exprès, à dessein. | *con arte,* artificiellement. || **5.** STOR. corporation.

artefatto [arte'fatto] agg. artificiel, frelaté. || FIG. artificiel, affecté ; artificieux (lett.). | *stile artefatto,* style affecté, guindé.

artefice [ar'tefitʃe] m. artisan, auteur, ouvrier (lett.). | *essere l'artefice della propria disgrazia,* être l'artisan de son propre malheur. | *il divino artefice,* le divin, le grand ouvrier.

artemisia [arte'mizja] f. BOT. armoise.

arteria [ar'tɛrja] f. ANAT. artère. ‖ PER EST. [via di comunicazione] artère.
arteriola [arte'riɔla] f. ANAT. artériole.
arteriosclerosi [arterjoskle'rɔzi] f. MED. artériosclérose.
arterioso [arte'rjoso] agg. artériel. | *pressione arteriosa*, tension artérielle.
artesiano [arte'zjano] agg. *pozzo artesiano*, puits artésien.
artico ['artiko] (**-ci** pl.) agg. arctique.
articolare [artiko'lare] agg. ANAT. articulaire.
articolare [artiko'lare] v. tr. **1.** [pronunciare] articuler. | *articolare le parole per farsi capire*, articuler pour se faire comprendre. ‖ **2.** ANAT. faire jouer une articulation ; plier. | *non riesco ad articolare la gamba destra*, je n'arrive pas à plier la jambe droite. ‖ FIG. articuler, diviser, organiser. | *articolare un libro in capitoli*, diviser un livre en chapitres. ◆ v. rifl. PR. e FIG. s'articuler. | *il femore s'articola col bacino*, le fémur s'articule avec le bassin. | *capitoli che si articolano bene*, chapitres qui s'articulent bien, qui s'enchaînent bien.
1. articolato [artiko'lato] agg. articulé. ‖ GEOGR. accidenté, découpé. | *costa articolata*, côte découpée, déchiquetée.
2. articolato [artiko'lato] agg. GRAMM. *preposizione articolata*, article contracté.
articolazione [artikolat'tsjone] f. **1.** ANAT. articulation, jointure. ‖ [l'articolare, l'articolarsi] jeu, mouvement des articulations. ‖ FIG. *articolazione di uno scritto*, manière dont un écrit s'articule ; plan (m.) d'un ouvrage. ‖ **2.** FON. articulation. ‖ **3.** TECN. articulation. | *articolazione di un congegno meccanico*, articulation d'un mécanisme. | *articolazione a sfera*, genou m.
articoletto [artiko'letto] m. DIMIN. entrefilet.
articolista [artiko'lista] (**-i** m. pl.) m. e f. auteur (m.) d'articles (de journal).
articolo [ar'tikolo] m. **1.** [di giornale] article. | *articolo di fondo, di apertura*, article de fond, de tête. ‖ **2.** [suddivisione di un testo legislativo, giuridico, ecc.] article. ‖ AMM. article. | *controllare il bilancio articolo per articolo*, vérifier le budget article par article, point par point. ‖ RELIG. (anche fig.) *articolo di fede*, article de foi. ‖ **3.** [merce] article. | *articoli sportivi*, articles de sport. | *articoli scolastici, per ufficio*, fournitures (f. pl.) scolaires, de bureau. | *è un articolo che va molto*, c'est un article qui se vend beaucoup, un article très demandé. ‖ FIG. [di persona] type (fam.), numéro (fam.). | *sei proprio un bell'articolo*, tu es vraiment un drôle de numéro, un drôle de zèbre (fam.). ‖ **4.** GRAMM. article. | *articolo determinativo, indeterminativo*, article défini, indéfini.
artiere [ar'tjɛre] m. ANTIQ. e LETT. artisan. ‖ PER EST. artiste. ‖ MIL. sapeur, pionnier.
artificiale [artifi'tʃale] agg. artificiel. ‖ [simile al prodotto naturale] artificiel, factice, faux. | *fiori artificiali*, fleurs artificielles. | *seta, lana artificiale*, soie, laine synthétique, artificielle. | *marmo artificiale*, imitation de marbre, faux marbre. | *rubino artificiale*, rubis factice. ‖ FIG. [artefatto] affecté, forcé, artificiel. | *allegria artificiale*, enjouement affecté. | *sorriso artificiale*, sourire forcé. | *bellezza artificiale*, beauté d'emprunt.
artificialmente [artifitʃal'mente] avv. artificiellement.
artificiere [artifi'tʃɛre] m. artificier.
artificio [arti'fitʃo] m. **1.** [mezzo] procédé, artifice, astuce f. | *artifici scenici*, procédés scéniques, astuces de mise en scène. | *adornare con vari artifici*, embellir par différents procédés. ‖ **2.** [stratagemma] artifice, subterfuge, stratagème, ruse f. | *trova sempre un artificio per ottenere ciò che vuole*, il trouve toujours un système pour obtenir ce qu'il veut. ‖ **3.** [affettazione] recherche f., affectation f., apprêt. | *gli artifici del suo stile non mi piacciono*, je n'aime pas l'affectation de son style. ‖ **4.** [ordigno] artifice. | *fuochi d'artificio*, feux d'artifice.
artificiosamente [artifitʃosa'mente] avv. artificieusement (lett.), avec affectation ; sans naturel.
artificiosità [artifitʃosi'ta] f. recherche, affectation ; caractère (m.) artificiel. | *l'artificiosità delle sue poesie è insopportabile*, ses poèmes sont insupportablement artificiels. | *artificiosità delle maniere di qlcu.*, affectation de qn dans ses manières.
artificioso [artifi'tʃoso] agg. artificiel, recherché, affecté, alambiqué. | *stile artificioso*, style alambiqué, affecté. ‖ [insincero] spécieux, artificieux (lett.). | *ragionamento artificioso*, raisonnement spécieux.
artifizio [arti'fittsjo] V. ARTIFICIO.
artigianale [artidʒa'nale] agg. artisanal.
artigianato [artidʒa'nato] m. artisanat.
artigianesco [artidʒa'nesko] (**-schi** pl.) spesso PEGGIOR. artisanal.
artigiano [arti'dʒano] m. artisan. ◆ agg. artisanal. | *industria artigiana*, industrie artisanale.
artigliare [artiʎ'ʎare] v. tr. LETT. saisir dans ses griffes ; agripper.
artigliato [artiʎ'ʎato] agg. griffu.
artigliere [artiʎ'ʎɛre] m. MIL. artilleur.
artiglieria [artiʎʎe'ria] f. artillerie. | *pezzo d'artiglieria*, pièce d'artillerie.
artiglio [ar'tiʎʎo] m. griffe f. ‖ [solo di uccelli rapaci] serre (specie pl. serres). ‖ FIG. griffe. | *cadere negli artigli di qlcu.*, tomber sous la griffe de qn.
artimone [arti'mone] m. MAR. ANTIQ. artimon.
artista [ar'tista] (**-i** pl. m.) m. e f. artiste.
artisticamente [artistika'mente] avv. artistiquement.
artistico [ar'tistiko] (**-ci** pl.) agg. artistique.
arto ['arto] m. membre. | *arti inferiori, superiori*, membres inférieurs, supérieurs.
artrite [ar'trite] f. MED. arthrite.
artritico [ar'tritiko] (**-ci** pl.) agg. arthritique.
artropodi [ar'trɔpodi] m. pl. ZOOL. arthropodes.
artrosi [ar'trɔzi] f. MED. arthrose.
aruspice [a'ruspitʃe] m. STOR. ANTIQ. haruspice, aruspice.
arvicola [ar'vikola] f. ZOOL. campagnol.
arzigogolare [ardzigogo'lare] v. intr. subtiliser, tarabiscoter (fam.), couper les cheveux en quatre (fam.). ‖ [fantasticare] rêvasser.
arzigogolato [ardzigogo'lato] agg. tarabiscoté, contourné, alambiqué.
arzigogolo [ardzi'gɔgolo] m. argutie f., ratiocination f., détours m. pl. ‖ [fantasticheria] rêvasserie f. ‖ [espediente] subterfuge, expédient, détour.
arzillo [ar'dzillo] agg. alerte, fringant, guilleret, ingambe. | *vecchietto arzillo*, petit vieux alerte. ‖ SCHERZ. [alticcio] gai, éméché, pompette (fam.). ‖ TOSC. *vino arzillo*, vin pétillant.
ascaride [as'karide] m. ZOOL. ascaride, ascaris.
ascella [aʃ'ʃɛlla] f. ANAT., BOT. aisselle.
ascellare [aʃʃel'lare] agg. ANAT., BOT. axillaire. | *cavo ascellare*, creux de l'aisselle.
ascendentale [aʃʃenden'tale] agg. ascendant. | *moto ascendentale*, mouvement ascendant.
ascendente [aʃʃen'dɛnte] agg. ascendant. ‖ FON. *dittongo ascendente*, diphtongue ascendante. ‖ GIUR. *linea ascendente*, ligne ascendante ; ascendance. ◆ m. [influenza] ascendant, emprise f., empire. | *avere un grande ascendente su qlcu.*, avoir beaucoup d'ascendant sur qn ; exercer une grande emprise sur qn. ‖ GIUR. (specie pl.) [antenato] ascendants.
ascendenza [aʃʃen'dɛntsa] f. (raro) ascendance.
ascendere [aʃ'ʃendere] v. intr. LETT. PR. e FIG. [salire] monter, s'élever. | *ascendere al cielo*, monter aux cieux. | *ascendere ai più alti onori*, s'élever aux plus grands honneurs. ‖ [ammontare] s'élever (à), monter (à). ◆ v. tr. (raro) monter, gravir.
ascensionale [aʃʃensjo'nale] agg. ascensionnel.
ascensione [aʃʃen'sjone] f. ascension. ‖ *ascensione di un monte*, ascension, escalade d'une montagne. ‖ FIG. ascension, élévation. ‖ ASTRON. *ascensione retta*, ascension droite. ‖ RELIG. Ascension.
ascensore [aʃʃen'sore] m. ascenseur.
ascensorista [aʃʃenso'rista] (**-i** pl.) m. liftier, garçon d'ascenseur.
ascesa [aʃ'ʃesa] f. PR. montée, ascension. ‖ [più spesso FIG.] ascension, élévation, progrès m.
ascesi [aʃ'ʃɛzi] f. ascèse.
ascesso [aʃ'ʃɛsso] m. MED. abcès.
asceta [aʃ'ʃɛta] n. ascète.
ascetico [aʃ'ʃɛtiko] (**-ci** pl.) agg. ascétique.
ascetismo [aʃʃe'tizmo] m. ascétisme.

ascia ['aʃʃa] (**-asce** pl.) f. hache. | *maestro d'ascia,* maître charpentier. || Loc. FIG. *fatto con l'ascia,* fait, taillé à coups de hache, taillé à la serpe.
asciata [aʃ'ʃata] f. coup (m.) de hache.
ascissa [aʃ'ʃissa] f. abscisse.
asciugacapelli [aʃʃugaka'pelli] m. invar. sèche-cheveux ; séchoir à cheveux. | *asciugacapelli a casco,* casque.
asciugamano [aʃʃuga'mano] m. serviette f. (de toilette). | *asciugamano-spugna,* serviette-éponge. || PARTICOL. [per le mani] essuie-main(s).
asciugamento [aʃʃuga'mento] m. (raro) essuyage.
asciugante [aʃʃu'gante] agg. V. ASSORBENTE. ◆ m. V. ESSICCATOIO.
asciugare [aʃʃu'gare] v. tr. **1.** [strofinando] essuyer ; sécher (raro). | *asciugare i piatti, il tavolo,* essuyer les assiettes, la table. | *asciugarsi le mani,* s'essuyer les mains. | *asciugarsi le lacrime,* essuyer, sécher ses larmes. | *asciugarsi il sudore con un fazzoletto,* éponger sa sueur avec un mouchoir. || **2.** [esponendo a una fonte di calore o al vento] sécher. | *il sole asciugherà presto la strada,* le soleil aura tôt fait de sécher la route. | *asciugarsi i capelli,* se sécher les cheveux. || **3.** [disseccare] sécher, dessécher. || **4.** FIG. *asciugare le lacrime (a qlcu.),* sécher, étancher (lett.) les larmes (de qn). || Loc. SCHERZ. *asciugare un bicchiere,* sécher un verre ; faire cul sec. | *asciugare un fiasco,* vider, nettoyer une bouteille. ◆ v. intr. o rifl. sécher. | *mettere la biancheria ad asciugare,* mettre le linge à sécher. ◆ v. rifl. [con panno] s'essuyer ; se sécher (raro). || [al vento, al sole...] se sécher. ◆ SOSTANT. essuyage.
asciugatrice [aʃʃuga'tritʃe] f. sécheuse ; sécheur m.
asciugatura [aʃʃuga'tura] f. [con panno] essuyage m. || [al vento, al sole...] séchage m.
asciuttamente [aʃʃutta'mente] avv. sèchement.
asciutto [aʃ'ʃutto] agg. **1.** sec. | *clima, tempo, vento asciutto,* climat, temps, vent sec. | *conservare in luogo asciutto,* tenir au sec. || PARTICOL. *pasta asciutta,* pâtes f. pl. || FIG. *pane asciutto,* pain sec. | *vino asciutto,* vin sec. | *balia asciutta,* nourrice sèche. || Loc. *a piedi asciutti,* à pied sec. || Loc. PR. e FIG. *a occhi asciutti,* d'un œil sec. || Loc. FIG. *rimanere a bocca asciutta,* rester Gros-Jean comme devant. || **2.** FIG. [magro] sec, maigre. || **3.** FIG. [brusco] sec, bref. | *con voce asciutta,* d'une voix brève, sèche. | *tono asciutto,* ton glacial. | *rispose in modo asciutto,* il répondit sèchement. ◆ m. sec. | *camminare sull'asciutto,* marcher sur le sec. | *questo asciutto non mi giova,* cette sécheresse, ce temps sec ne me fait pas de bien. || FIG. *trovarsi, essere all'asciutto,* être à sec, être fauché (fam.).
asclepiadeo [asklepja'dεo] agg. e m. POES. asclépiade.
ascoltare [askol'tare] v. tr. **1.** écouter. | *ascoltare una lezione,* assister à une leçon. | *ascoltare la messa,* entendre, assister (à) la messe. | *ascoltare distrattamente,* écouter distraitement, n'écouter que d'une oreille. || **2.** [dar retta] écouter. | *ascoltare i consigli di un amico,* écouter, suivre les conseils d'un ami. | *non vuole ascoltare nessuno,* il ne veut écouter personne. || **3.** [esaudire] écouter, entendre. | *le sue preghiere sono state ascoltate,* ses prières ont été écoutées, entendues. || **4.** MED. V. AUSCULTARE. ◆ v. rifl. [essere indulgenti verso sé stessi] s'écouter. || [ascoltare il suono delle proprie parole] s'écouter parler.
ascoltatore [askolta'tore] (**-trice** f.) m. auditeur, trice.
ascolto [as'kolto] m. écoute f. | *stare in ascolto,* écouter, être aux écoutes. | *questo disco mi è piaciuto solo al secondo ascolto,* je n'ai aimé ce disque qu'à la deuxième audition (f.). || [radio] *stare, mettersi in ascolto,* être, se mettre à l'écoute. || [attenzione] attention f. | *dare, prestare ascolto (a),* prêter attention (à), prêter l'oreille (à). || TELECOM. *dispositivo d'ascolto,* table d'écoute.
ascorbico [as'kɔrbiko] agg. CHIM. *acido ascorbico,* acide ascorbique.
ascritto [as'kritto] agg. GRAMM. adscrit.
ascrivere [as'krivere] v. tr. admettre. | *ascrivere qlcu. a une associazione,* admettre qn à une association. | *ascrivere nel numero dei partecipanti,* inscrire au nombre des participants. || [attribuire] attribuer. | *ascrivere a lode (qlco. a qlcu.),* louer (qn de qch.), accorder le mérite (de qch. à qn). | *ascrivere a colpa* (qlco. a qlcu.), imputer (qch. à qn), accuser (qn de qch.). | *ascrivere a biasimo,* blâmer. || COMM. imputer. | *ascrivere a credito,* créditer. || GIUR. imputer. ◆ v. rifl. s'inscrire.
ascrizione [askrit'tsjone] f. (raro) inscription. || COMM. imputation.
asepsi [a'sεpsi] f. MED. asepsie.
asessuale [asessu'ale] agg. BIOL. asexuel, asexué.
asessuato [asessu'ato] agg. asexué.
asettico [a'sεttiko] (**-ci** pl.) agg. aseptique.
asfaltare [asfal'tare] v. tr. asphalter, goudronner. | *strada asfaltata,* route goudronnée.
asfaltatore [asfalta'tore] m. goudronneur.
asfaltatura [asfalta'tura] f. asphaltage m. ; goudronnage m.
asfalto [as'falto] m. asphalte, goudron.
asfissia [asfis'sia] f. PR. e FIG. asphyxie.
asfissiante [asfis'sjante] agg. PR. e FIG. asphyxiant, suffocant. || FIG. [fastidioso] assommant (fam.), barbant (fam.), rasoir (pop.).
asfissiare [asfis'sjare] v. tr. asphyxier. || FIG. étouffer, suffoquer. | *il caldo li asfissiava,* la chaleur les suffoquait. || FIG. FAM. [infastidire] assommer, raser (pop.), barber (pop.). | *i suoi discorsi mi asfissiano,* il me rase avec ses discours. ◆ v. intr. PR. e FIG. mourir d'asphyxie ; étouffer, suffoquer.
asfissiato [asfis'sjato] agg. asphyxié, étouffé.
asfittico [as'fittiko] (**-ci** pl.) agg. d'asphyxie, asphyxique. | *stato asfittico,* état d'asphyxie. | *neonato asfittico,* nouveau-né en état d'asphyxie.
asfodelo [asfo'dεlo] m. BOT. asphodèle.
asiatico [a'zjatiko] (**-ci** pl.) agg. e m. asiatique.
asilo [a'zilo] m. **1.** asile. | *diritto d'asilo,* droit d'asile. | *asilo politico,* asile politique. || PER EST. asile, refuge, abri. | *trovare asilo nella casa di un amico,* trouver (un) asile, trouver refuge, se réfugier chez un ami. | *dare, offrire asilo a qlcu.,* donner asile, offrir un refuge à qn. || **2.** [edificio] asile. | *asilo notturno,* asile de nuit. | *asilo di mendicità,* hospice. || **3.** PARTICOL. *asilo infantile* o (assol.) *asilo,* jardin d'enfants, école (f.) maternelle ; maternelle f. | *quest'anno mia figlia comincia a frequentare l'asilo,* cette année ma fille entre à la maternelle. | *asilo nido,* crèche f., pouponnière f.
asimmetria [asimme'tria] f. asymétrie.
asimmetrico [asim'mεtriko] (**-ci** pl.) agg. asymétrique.
asina ['asina] f. PR. e FIG. ânesse ; bourrique (specie fig.).
asinaggine [asi'naddʒine] f. ânerie, stupidité, ignorance crasse. | *la sua asinaggine è incredibile,* il est d'une ânerie incroyable.
asinaio [asi'najo] m. ânier.
asinata [asi'nata] f. ânerie, imbécillité, sottise.
asincrono [a'sinkrono] agg. asynchrone.
asindetico [asin'dεtiko] (**-ci** pl.) agg. GRAMM. asyndétique.
asindeto [a'sindeto] m. GRAMM. asyndète.
asinello [asi'nεllo] m. DIMIN. petit âne, ânon ; bourricot, bourriquet (fam. e peggior.). | *guarda l'asinello !,* regarde le petit âne ! || FIG. *sei un asinello,* tu es un gros bêta, une grosse bête.
asineria [asine'ria] f. ânerie.
asinesco [asi'nesko] (**-schi** pl.) agg. stupide, idiot.
asinino [asi'nino] agg. d'âne, de l'âne. | *orecchie asinine,* oreilles d'âne. | *caparbietà asinina,* entêtement de mulet. || MED., POP. *tosse asinina,* coqueluche (L.C.).
asinità [asini'ta] f. [ignoranza] ânerie, stupidité, sottise, bêtise. || [sproposito] ânerie, bêtise, imbécillité, idiotie. | *ha detto un sacco di asinità,* il a dit un tas d'imbécillités, de bêtises.
asino ['asino] (**-a** f.) m. **1.** âne, ânesse ; baudet (fam.). | *trasportare a dorso d'asino,* transporter à dos d'âne. || Loc. FIG. *ponte a schiena d'asino,* pont en dos d'âne. || **2.** FIG. [testardo] âne ; mulet, mule f. | *duro, testardo come un asino,* têtu comme un âne, comme une mule, comme un mulet, comme une bourrique. | *è cocciuto come un asino,* c'est une vraie tête de mule. || [stupido] âne, imbécile, idiot, ignorant. | *è un pezzo*

d'asino, il est bête comme ses pieds, bête comme un âne, bête à manger du foin. | *asino !, pezzo d'asino !,* espèce d'imbécile, d'idiot ! | *quell'asino di X,* cet imbécile, cet animal de X. | *comportarsi da asino,* agir bêtement. ‖ Loc. *qui casca l'asino,* voilà le hic. | *calcio dell'asino,* coup de pied de l'âne. ‖ Prov. *meglio un asino vivo che un dottore morto,* un chien vivant vaut mieux qu'un lion mort. ‖ **3.** [non peggior.] Loc. fig. *credere, far credere che un asino voli,* prendre, faire prendre des vessies pour des lanternes. | *lavar la testa all'asino,* perdre sa peine. | *legare l'asino dove vuole il padrone,* faire tout ce qu'on vous dit pour ne pas avoir d'ennuis. | *fare come l'asino che porta il vino e beve l'acqua,* se laisser exploiter. ‖ Prov. *in mancanza di cavalli trottano gli asini,* faute de grives on mange des merles.

asintotico [asin'tɔtiko] (**-ci** pl.) agg. Geom. asymptote, asymptotique.

asintoto [a'sintoto] m. asymptote.

asismico [a'sizmiko] (**-ci** pl.) agg. non sujet aux tremblements de terre.

asma ['azma] f. Med. asthme.

asmatico [az'matiko] (**-ci** pl.) agg. e m. Med. asthmatique. ‖ Fig. poussif, saccadé.

asociale [aso'tʃale] agg. asocial.

asola ['azola] f. boutonnière.

asparago [as'parago] (**-gi** pl.) m. asperge f.

aspergere [as'pɛrdʒere] v. tr. asperger.

asperità [asperi'ta] f. aspérité. ‖ Fig. rudesse, difficulté, aspérité (lett.). | *rudezza del carattere,* rudesse du caractère. | *rudezza della vita,* difficultés de la vie.

asperrimo [as'pɛrrimo] agg. superl. di aspro (senso fig.).

aspersione [asper'sjone] f. aspersion.

aspersorio [asper'sɔrjo] m. Relig. goupillon, aspersoir.

aspettare [aspet'tare] v. tr. **1.** attendre. | *aspettare un amico, una lettera, il treno,* attendre un ami, une lettre, le train. ‖ [di una donna] *aspettare un bambino,* attendre un enfant, un bébé. ‖ Iron. *aspettalo !,* tu peux toujours l'attendre ! ‖ Fig. *qui t'aspettavo !,* je t'y attendais ! | *aspettare qlcu. al varco,* attendre qn au tournant. | *non sai quello che ti aspetta ?,* tu ne sais pas ce qui t'attend ? ‖ Loc. *farsi aspettare,* se faire attendre, faire attendre qn. | *mi sono fatto aspettare ?,* je me suis fait attendre ?, je vous ai fait attendre ? ‖ Prov. *chi la fa l'aspetti,* c'est un prêté pour un rendu. ‖ **2.** Assol. attendre. | *sono stanco di aspettare,* j'en ai assez d'attendre, de poireauter (pop.). | *può aspettare cinque minuti ?,* pouvez-vous patienter cinq minutes ? ‖ [indugiare] *aspetta a decidere,* attends, avant de décider. ‖ [minaccia] *aspetta, che ti sistemo io,* attends un peu, tu vas voir de quel bois je me chauffe. | *aspetta che ci rivediamo,* tu ne perds rien pour attendre. ◆ v. rifl. (tr.) s'attendre (à), prévoir (tr.). | *tutti si aspettavano un aumento di stipendio,* tout le monde s'attendait à une augmentation du salaire. | *non mi aspettavo che rifiutasse,* je ne m'attendais pas à ce qu'il refuse, je n'avais pas prévu son refus. | *m'aspettavo di meglio da parte sua,* j'attendais mieux de lui. | *non aspettarti niente da me,* n'attends rien, n'espère rien de moi. | *da un tipo così c'è da aspettarsi di tutto,* avec un type pareil il faut s'attendre à tout. | *me l'aspettavo !,* je m'y attendais ! | *c'era da aspettarselo,* il fallait s'y attendre.

aspettativa [aspetta'tiva] f. attente ; expectative (lett.). | *essere in aspettativa,* être dans l'expectative, être en train d'attendre. | *la nostra aspettativa non è stata delusa,* notre attente n'a pas été déçue. ‖ Amm. disponibilité, inactivité (specie mil.). | *ho chiesto un anno di aspettativa,* j'ai demandé une (mise en) disponibilité d'un an.

aspettazione [aspettat'tsjone] f. (raro) attente. ‖ [speranza] espoir m., attente.

1. aspetto [as'pɛtto] m. Arc. attente f. ‖ Loc. (moderno) *sala d'aspetto,* salle d'attente. ‖ Mus. *battuta d'aspetto,* pause. ‖ Sport *caccia all'aspetto,* chasse à l'affût.

2. aspetto [as'pɛtto] m. **1.** aspect, apparence f. | *aspetto giovanile,* apparence, allure (f.) juvénile. | *aspetto florido,* bonne mine. | *hai un aspetto cadaverico,* tu as une mine de déterré. | *aspetto poco rassicurante,* air peu rassurant. | *questo materiale ha esattamente l'aspetto del cuoio,* cette matière imite parfaitement le cuir. | *il paesaggio ha un aspetto fantastico,* le paysage a un aspect fantastique. ‖ Fig. [punto di vista] aspect, point de vue. | *guardando le cose sotto questo aspetto,* à regarder les choses sous cet aspect, dans cette perspective, de ce point de vue. | *vedi solo un aspetto del problema,* tu ne vois qu'un aspect, qu'un côté du problème. ‖ **2.** Arc. aspect, vue f. ‖ **3.** Gramm. aspect.

aspide ['aspide] m. Zool. aspic.

aspirante [aspi'rante] agg. aspirant. | *pompa aspirante,* pompe aspirante. ◆ m. aspirant. | *aspirante alla carica di ministro,* aspirant ministre. | *aspirante al trono,* prétendant au trône. | *aspirante al titolo di campione,* candidat au titre de champion. ‖ Mar. mil. aspirant.

aspirapolvere [aspira'polvere] m. invar. aspirateur m.

aspirare [aspi'rare] v. tr. aspirer. | *aspirare il fumo della sigaretta,* aspirer la fumée de sa cigarette. | *aspirare il profumo di un fiore,* respirer, humer le parfum d'une fleur. ◆ v. intr. aspirer (à). | *aspirare alla gloria,* aspirer à la gloire.

aspirato [aspi'rato] agg. Fon. aspiré.

aspiratore [aspira'tore] m. aspirateur.

aspirazione [aspirat'tsjone] f. Pr. e fig. aspiration. ‖ Fon. aspiration.

aspirina [aspi'rina] f. Farm. aspirine.

aspo ['aspo] m. Tess. dévidoir. ‖ Tecn. [per estrarre la seta dai bozzoli] aspe, asple.

asportare [aspor'tare] v. tr. emporter. | *è vietato asportare i libri dalla sala di lettura,* il est interdit d'emporter les livres de la salle de lecture. | *i ladri hanno asportato l'argenteria,* les voleurs ont emporté, se sont emparés de l'argenterie. ‖ Med. [chirurgia] enlever, pratiquer l'ablation (de), extirper. | *asportare le tonsille,* enlever les amygdales. | *asportare un tumore,* extirper une tumeur.

asportazione [asportat'tsjone] f. (raro) transport m. ‖ Med. [chirurgia] ablation ; extirpation.

asporto [as'pɔrto] m. transport. | *vino da asporto,* vin à emporter.

aspramente [aspra'mente] avv. âprement.

aspreggiare [aspred'dʒare] v. tr. Lett. rudoyer.

asprezza [as'prettsa] f. **1.** [sapori o odori] âpreté, âcreté, aigreur. | *asprezza di un vino,* âpreté d'un vin. ‖ **2.** [suoni] âpreté (lett.), rudesse. | *asprezza di una voce,* rudesse d'une voix. ‖ **3.** [clima] rudesse, dureté, rigueur (lett.), âpreté (lett.). | *rudezza dell'inverno,* rudesse, dureté de l'hiver. ‖ **4.** [terreno] âpreté (lett.), rudesse, rugosité (raro), aspérité (generalmente pl.). ‖ **5.** Fig. âpreté, rudesse, dureté ; aigreur, acrimonie, acerbité (raro). | *rudezza del carattere,* rudesse du caractère. | *rudezza delle parole,* âpreté des paroles. | *rispose con rudezza,* il répondit avec acrimonie, avec aigreur.

asprigno [as'priɲɲo] agg. aigrelet ; suret.

aspro ['aspro] agg. **1.** [sapori o odori] âpre, âcre ; aigre, sur. | *il limone è aspro,* le citron est aigre. | *mele aspre,* pommes sures. ‖ **2.** [suoni] âpre, rude, aigre. | *ordine gridato con voce aspra,* ordre crié d'une voix âpre. ‖ **3.** [al tatto] rugueux, raboteux, rude ; âpre (antiq.). ‖ Per est. [scosceso] dur, rude, abrupt. | *sentiero aspro,* sentier abrupt. ‖ **4.** [clima] rude, rigoureux, âpre. ‖ **5.** Fig. [duro] âpre, dur, rude. | *lotta aspra,* lutte âpre. | *aspra penitenza,* dure peine. ‖ [brusco, scontroso] âpre, rude, aigre, acerbe. | *modi aspri,* manières rudes. | *rimproverare qlcu. con parole aspre,* faire à qn des critiques acerbes.

assaggiare [assad'dʒare] v. tr. **1.** goûter. | *assaggia questo dolce,* goûte ce gâteau. | *assaggiare un vino,* goûter un vin. ‖ [mangiare o bere poco] goûter (à), toucher (à). | *assaggiare appena la cena,* à peine toucher au dîner. ‖ Fig. scherz. *assaggiare i pugni di qlcu.,* déguster des coups de poing de qn, sentir passer les poings de qn. ‖ **2.** [saggiare] essayer, éprouver. ‖ Loc. fig. *assaggiare il terreno,* tâter le terrain.

assaggiatore [assaddʒa'tore] m. dégustateur.

assaggio [as'saddʒo] m. **1.** dégustation f. | *dare in assaggio,* faire goûter, donner à goûter. ‖ **2.** [concreto] [campione] échantillon. ‖ [piccola quantità di cibo] bouchée ; [di bevanda] gorgée. ‖ **3.** [prova] essai. | *fare* *un giro d'assaggio,* faire un tour d'essai. || **4.** TECN. sondage.

assai [as'sai] avv. **1.** [molto] beaucoup. | *è gia assai quello che ho fatto per voi,* j'ai déjà fait beaucoup pour vous. | *è assai più bello di quanto pensassi,* il est beaucoup, bien plus beau que je ne le pensais. | *assai meno, assai peggio, assai meglio,* beaucoup, bien moins, bien pire, bien, beaucoup mieux. | *assai prima, assai dopo,* bien avant, bien après. || [con verbi (spesso posposto)] beaucoup, joliment (fam.). | *ci siamo divertiti assai,* nous nous sommes beaucoup, bien amusés ; on s'est joliment amusés (fam.). | *ho viaggiato assai,* j'ai beaucoup voyagé. | *mi dispiace assai,* cela m'ennuie beaucoup, cela me contrarie fort (lett.). | *ne dubito assai,* j'en doute fort. || [per antifrasi] pas du tout. | *m'importa assai,* c'est le cadet de mes soucis ; je m'en fiche pas mal (fam.). || [nei superlativi] très, joliment (fam.), fort (lett.). | *è assai ricercato,* c'est très recherché. | *assai difficile,* très, joliment difficile. | *assai caro,* très, bien cher. | *assai bene,* très bien. | *assai male,* très, bien mal. || [con valore di agg.] (raro) beaucoup de. | *c'era assai gente,* il y avait beaucoup de monde. || **2.** [a sufficienza] assez, suffisamment. | *non ne voglio più : ne ho assai,* je n'en veux plus : j'en ai assez, j'en ai suffisamment. | *ne ho assai di queste storie,* j'en ai assez, marre (pop.) de ces histoires. | *ti ho visto assai,* je t'ai assez vu. || **3.** SOSTANT. PROV. *l'assai basta e il troppo guasta,* le mieux est l'ennemi du bien.

assale [as'sale] m. essieu.

assalire [assa'lire] v. tr. attaquer, assaillir. | *assalire il nemico alle spalle,* attaquer l'ennemi par derrière. || FIG. attaquer. | *fu violentemente assalito dai suoi avversari politici,* il fut violemment pris à partie par (il fut l'objet de violentes attaques de) ses adversaires politiques. || [tormentare] assaillir. | *un dubbio lo assaliva,* un doute l'assaillait. | *essere assalito dai rimorsi,* être harcelé, tourmenté par les remords. | *troppe difficoltà lo assalivano,* trop de difficultés l'assaillaient. | *lo assalì la nausea,* il fut pris de nausée.

assalitore [assali'tore] (**-trice** f.) m. attaquant, e ; assaillant, e ; agresseur.

assaltare [assal'tare] v. tr. attaquer. | *assaltare un treno,* attaquer un train. | *assaltare una trincea,* prendre d'assaut, enlever une tranchée.

assalto [as'salto] m. assaut, attaque f. | *l'assalto alla fortezza,* l'assaut, l'attaque de la forteresse. | *prepararsi all'assalto di una posizione,* se préparer à l'attaque d'une position. | *andare, muovere all'assalto,* aller, monter à l'assaut. | *all'assalto !,* à l'assaut ! || FIG. assaut. | *prendere d'assalto un negozio,* prendre un magasin d'assaut. | *prendere d'assalto una difficoltà, un lavoro,* s'attaquer à, prendre de front une difficulté, un travail. || MIL. *reparti d'assalto,* troupes d'assaut, de choc. | [marina] *mezzi d'assalto,* navires d'assaut. || SPORT [scherma] assaut.

assaporamento [assapora'mento] m. dégustation f.

assaporare [assapo'rare] v. tr. PR. e FIG. savourer, déguster. | *assaporare un gelato,* savourer, déguster une glace. | *assaporare l'umiliazione di un nemico,* savourer l'humiliation d'un ennemi. || ARC. V. INSAPORIRE.

assaporire [assapo'rire] v. tr. V. INSAPORIRE.

assassinare [assassi'nare] v. tr. assassiner. || FIG. [far pagare troppo] assassiner. | *tassa che assassina il commercio,* impôt qui assassine le commerce. || [danneggiare] massacrer. | *assassinare un lavoro,* massacrer, bousiller (pop.) un travail.

assassinio [assas'sinjo] m. assassinat, meurtre. || FIG. [lavoro mal fatto] massacre. | *questa interpretazione è un assassinio,* cette interprétation est un massacre. || [azione riprovevole] crime. | *mettere acqua in questo vino è un assassinio,* c'est un crime de mettre de l'eau dans ce vin.

assassino [assas'sino] m. assassin, meurtrier. || FIG. massacreur. | *questo pianista è un vero assassino,* ce pianiste est un vrai massacreur ; ce pianiste fait un vrai massacre. ◆ agg. assassin, criminel. || FIG. [nocivo] tuant. || [che seduce] assassin.

1. asse ['asse] f. planche. | *assi di un'impalcatura,* planches d'un échafaudage. | *asse da stiro,* planche à repasser. || SPORT *asse di equilibrio,* poutre (d'équilibre).

2. asse ['asse] m. **1.** [astratto] axe. | *asse di simmetria,* axe de symétrie. || ASTRON., GEOM., OTT. axe. || PER EST. *asse stradale,* axe routier. || FIG. POLIT. axe. || **2.** [concreto] MECC. *asse di una ruota,* axe d'une roue. || [assale] essieu. | *asse anteriore, posteriore di un'automobile,* essieu avant, arrière d'une automobile. || [albero] axe, arbre. | *asse di trasmissione,* arbre de transmission. || LOC. *mettere fuori asse,* désaxer. | *ruota fuori asse,* roue désaxée.

3. asse ['asse] m. STOR. [moneta] as. || GIUR. patrimoine.

assecondare [assekon'dare] v. tr. favoriser, seconder. | *assecondare un progetto,* favoriser un projet. | *assecondare i capricci dei bambini,* encourager les, céder aux caprices des enfants.

assediante [asse'djante] agg. e m. MIL. assiégeant.

assediare [asse'djare] v. tr. PR. e FIG. assiéger. || PER EST. [importunare] assaillir. | *il ministro fu assediato dai giornalisti,* le ministre fut assailli par les journalistes. | *assediare di domande,* assaillir, harceler de questions.

assediato [asse'djato] agg. assiégé.

assedio [as'sɛdjo] m. siège. | *porre (o mettere), levare (o togliere) l'assedio,* mettre, lever le siège. | *cingere, stringere d'assedio una città,* mettre le siège devant une ville. | *stato d'assedio,* état de siège. | *assedio economico,* blocus (économique).

assegnamento [asseɲɲa'mento] m. **1.** confiance f. | *fare assegnamento su qlcu., qlco.,* faire confiance, se fier, s'en remettre à qn, qch. ; compter, faire fond, s'appuyer sur qn, qch. || **2.** (raro) attribution f. || [concreto] rente f., allocation f. || **3.** *assegnamento di una somma a qlco.,* affectation (f.) d'une somme à qch.

assegnare [asse'ɲɲare] v. tr. **1.** attribuer, assigner. | *assegnare un alloggio,* attribuer, assigner un logement. | *assegnare un premio,* décerner un prix. | *assegnare le parti,* distribuer les rôles. || PARTICOL. [somma di denaro o bene] allouer. || **2.** [concedere] accorder, donner. | *vi assegno quattro ore per lo svolgimento del tema,* je vous donne quatre heures pour faire votre dissertation. || **3.** [affidare] confier. | *assegnare un lavoro a qlcu.,* confier un travail à qn. || **4.** [destinare] affecter. | *assegnare qlcu. a un altro impiego,* affecter qn à un autre emploi.

assegnatario [asseɲɲa'tarjo] m. bénéficiaire.

assegnato [asse'ɲɲato] agg. COMM. *porto assegnato,* port dû.

assegnato [asse'ɲɲato] m. STOR. assignat.

assegnazione [asseɲɲat'tsjone] f. attribution. || [destinazione] affectation. || FIN., GIUR. assignation, allocation.

assegno [as'seɲɲo] m. allocation f. | *assegni alimentari,* pension (f. sing.) alimentaire. | *assegni familiari,* allocations familiales. || FIN. [titolo di credito] chèque. | *libretto di assegni,* carnet de chèques, chéquier. | *emettere, riscuotere, girare un assegno,* tirer, toucher, endosser un chèque. | *assegno a vuoto,* chèque sans provision. | *assegno turistico,* chèque de voyage traveller's cheque. || PR. e FIG. *assegno in bianco,* chèque en blanc. | *spedizione contr'assegno,* expédition contre remboursement.

assemblea [assem'blɛa] f. assemblée. || MAR. rassemblement.

assembramento [assembra'mento] m. rassemblement, attroupement. | *sciogliere un'assembramento,* disperser un attroupement.

assembrare [assem'brare] v. tr. LETT. rassembler. ◆ v. rifl. se rassembler, s'assembler.

assennatamente [assennata'mente] avv. avec bon sens, sagement.

assennatezza [assenna'tettsa] f. jugement m., bon sens m.

assennato [assen'nato] agg. sensé, judicieux, raisonnable, rassis. | *ragazzo assennato,* garçon sensé. | *decisione assennata,* décision judicieuse.

assenso [as'sɛnso] m. assentiment, approbation f. | *dare, negare il proprio assenso,* donner, refuser son assentiment.

assentarsi [assen'tarsi] v. rifl. s'absenter.

assente [as'sɛnte] agg. absent. ‖ FIG. absent, distrait. | *fissare con sguardo assente,* fixer d'un air absent. ◆ m. absent.
assenteismo [assente'izmo] m. absentéisme.
assenteista [assente'ista] (**-i** pl. m.) agg. e n. absentéiste
assentimento [assenti'mento] m. assentiment, acquiescement, adhésion f.
assentire [assen'tire] v. intr. consentir, acquiescer, adhérer. | *i genitori hanno assentito al matrimonio,* les parents ont consenti au mariage. | *assentire con un cenno,* acquiescer, approuver d'un geste. | *assentire a una proposta,* adhérer à une proposition.
assenza [as'sɛntsa] f. absence. | *questo alunno fa troppe assenze,* les absences de cet élève sont trop nombreuses. | *in assenza del sindaco rivolgetevi al vicesindaco,* en l'absence, à défaut du maire, adressez-vous à son adjoint. ‖ [mancanza] absence, manque m., défaut m. | *una completa assenza di senso pratico,* une absence totale de sens pratique. ‖ MED. absence.
assenziente [assen'tsjɛnte] agg. consentant. | *assenziente l'autore,* avec le consentement de l'auteur.
assenzio [as'sɛntsjo] m. BOT. absinthe f. ‖ [liquore] absinthe f. ‖ FIG. LETT. amertume f.
asserire [asse'rire] v. tr. affirmer. | *asseriva di averli visti,* il affirmait qu'il les avait vus. | *asserisce il contrario,* il soutient, il affirme le contraire.
asserragliamento [asserraʎʎa'mento] m. retranchement, barricade f.
asserragliare [asserraʎ'ʎare] v. tr. ARC. barricader. ‖ ◆ v. rifl. PR. e FIG. se retrancher, se barricader.
assertivo [asser'tivo] agg. LETT. affirmatif. ‖ LING. *proposizione assertiva,* proposition énonciative.
assertore [asser'tore] (**-trice** f.) m. défenseur, partisan, ane ; champion, onne.
assertorio [asser'tɔrjo] (**-ri** pl.) agg. affirmatif.
asservimento [asservi'mento] m. asservissement.
asservire [asser'vire] v. tr. asservir. ◆ v. rifl. s'asservir.
asserzione [asser'tsjone] f. [l'asserire] affirmation. ‖ [cosa asserita] affirmation, assertion. | *asserzione menzognera,* assertion mensongère. | *asserzioni contraddittorie,* affirmations contradictoires.
assessorato [assesso'rato] m. fonction (f.) d'adjoint. | *durante il suo assessorato,* pendant qu'il était adjoint.
assessore [asses'sore] m. adjoint ; assesseur.
assestamento [assesta'mento] m. mise (f.) en ordre, mise (f.) en place, rangement. | *provvedere all'assestamento dei propri affari,* s'occuper de mettre ses affaires en ordre. | *assestamento tellurico,* tassement du terrain. ‖ [di una casa] tassement.
assestare [asses'tare] v. tr. mettre en ordre, mettre en place, agencer, ranger. | *assestare il carico nella stiva,* disposer le chargement dans la cale. | *assestare il libro mastro,* mettre en ordre le livre de comptes. | *assestare i fiori nel vaso,* arranger les fleurs dans le vase. ‖ [mirare] ajuster. ‖ [mettere a segno] appliquer, coller (fam.), flanquer (fam.). | *assestare un colpo,* assener un coup. | *pugno ben assestato,* coup de poing bien envoyé (fam.). ◆ v. rifl. s'installer, s'organiser. ‖ [della terra] se tasser.
assestato [asses'tato] agg. équilibré, solide.
assetare [asse'tare] v. tr. donner soif, altérer, assoiffer. | *assetare il nemico,* priver l'ennemi d'eau. ‖ FIG. donner soif (de), exciter le désir (de). ◆ v. intr. PR. e FIG. avoir soif, être assoiffé, être altéré.
assetato [asse'tato] agg. assoiffé. ‖ [arido] desséché. | *campi assetati,* champs desséchés. ‖ FIG. assoiffé, altéré, affamé. | *assetato di vendetta, di sangue, di gloria,* assoiffé de vengeance, altéré de sang, affamé de gloire.
assettamento [assetta'mento] m. aménagement, mise (f.) en ordre.
assettare [asset'tare] v. tr. mettre en ordre, ranger, arranger. | *assettare la propria camera,* ranger, faire sa chambre. | *assettarsi la cravatta,* arranger sa cravate. | *assettarsi gli occhiali,* rajuster ses lunettes. ◆ v. rifl. s'arranger, se rajuster.
assettato [asset'tato] agg. soigné, recherché. | *era assettato nel vestire,* il s'habillait avec recherche.
assetto [as'sɛtto] m. rangement ; ordre. | *città in assetto di guerra,* ville sur le pied de guerre. | *soldato in assetto di guerra,* soldat en tenue de combat. ‖ MAR. *assetto di una nave,* assiette (f.) d'un navire.
asseverare [asseve'rare] v. tr. (lett.) affirmer (L.C.).
asseverativo [assevera'tivo] agg. (raro) affirmatif.
assiale [as'sjale] agg. GEOM. axial.
assibilazione [assibilat'tsjone] f. FON. assibilation.
assicella [assi'tʃɛlla] f. DIMIN. planchette. ‖ ARCHIT. bardeau m.
assicurare [assiku'rare] v. tr. **1.** [affermare] assurer, garantir, certifier, affirmer. | *assicurò di non aver mentito,* il assura, certifia qu'il n'avait pas menti. ‖ **2.** [garantire] assurer. | *assicurare l'avvenire dei figli,* assurer l'avenir de ses enfants. | *questa precauzione ci assicura da qualsiasi sorpresa,* cette précaution nous garantit contre toute surprise. ‖ **3.** [provvedere] assurer. | *assicurare la sorveglianza,* assurer la surveillance. ‖ **4.** PARTICOL. *assicurare un ladro alla giustizia,* remettre un voleur entre les mains de la justice. ‖ **5.** [mediante contratto di assicurazione] assurer. ‖ PER EST. *assicurare una lettera,* charger une lettre. ‖ **6.** [fissare] assurer, fixer. | *assicurare una persiana,* assurer, fixer un volet. | *assicurare la porta con un legnetto,* caler, fixer la porte avec un bout de bois. ‖ **7.** MAR. *assicurare la bandiera,* assurer le pavillon. ◆ v. rifl. s'assurer, vérifier, contrôler. | *assicurarsi che la porta sia chiusa,* vérifier si, s'assurer que la porte est fermée. | *dovreste assicurarvene,* vous devriez vous en assurer. ‖ [fare una assicurazione] s'assurer. ‖ [procurarsi] s'assurer, se procurer. | *assicurarsi un impiego,* s'assurer un emploi.
assicurata [assiku'rata] f. lettre chargée.
assicurativo [assikura'tivo] agg. d'assurance.
assicurato [assiku'rato] agg. e m. assuré. ‖ [di lettera o plico] chargé (solo agg.).
assicuratore [assikura'tore] (**-trice** f.) agg. d'assurance. ◆ m. assureur, agent d'assurances.
assicurazione [assikurat'tsjone] f. assurance. | *hanno dato assicurazione di fare tutto il possibile,* ils ont donné l'assurance, ils ont assuré qu'ils feront tout ce qu'ils pourront. ‖ [contratto] assurance. | *assicurazione sulla vita, contro gli infortuni, di responsabilità civile,* assurance-vie, assurance-accidents, assurance de responsabilité civile. | *assicurazione autoveicoli, contro tutti i rischi, contro terzi,* assurance automobile, assurance tous risques, assurance au tiers. ‖ *assicurazioni sociali,* sécurité sociale, assurances sociales (antiq.).
assideramento [assidera'mento] m. coup de froid. | *morire per assideramento,* mourir de froid.
assiderare [asside'rare] v. tr. (raro) geler, glacer, transir (lett.). ◆ v. intr. o rifl. (se) geler. | *mi sono tutto assiderato stando fuori,* à rester dehors je suis complètement gelé.
assiderato [asside'rato] agg. gelé, glacé, transi. ‖ PR. e FIG. *morto assiderato,* mort de froid.
assiduamente [assidua'mente] avv. assidûment.
assiduità [assidui'ta] f. assiduité. | *assiduità nello studio,* assiduité, application à l'étude. | *assiduità alle lezioni,* présence régulière aux leçons.
assiduo [as'siduo] agg. assidu, diligent, appliqué. | *essere assiduo al proprio lavoro,* travailler assidûment. | *allievo assiduo,* élève appliqué. ‖ [che frequenta spesso] assidu, régulier. | *visitatore assiduo,* visiteur assidu. | *assiduo frequentatore di un bar,* habitué d'un café. | *essere un assiduo frequentatore dei cinema,* fréquenter les cinémas avec assiduité. ‖ [di cose] assidu, soutenu, diligent. | *lavoro assiduo,* travail assidu. | *sforzi assidui,* efforts soutenus.
assieme [as'sjɛme] avv. ensemble. | *siamo usciti assieme,* nous sommes sortis ensemble. ◆ LOC. PREP. **assieme a,** avec. | **assieme a me,** avec moi. ◆ m. ensemble.
assiepamento [assjepa'mento] m. attroupement, rassemblement, foule f.
assiepare [assje'pare] v. tr. (raro) PR. entourer d'une haie. ‖ FIG. encombrer, remplir. ◆ v. rifl. s'amasser, s'entasser, se presser.
assillante [assil'lante] agg. harcelant, obsédant. | *ricordo assillante,* souvenir obsédant, lancinant. | *preoccupazioni assillanti,* soucis dévorants.
assillare [assil'lare] v. tr. harceler, obséder. | *assillare*

qlcu. di domande, harceler qn de questions. | *questo ricordo lo assillava*, ce souvenir l'obsédait, le hantait, le poursuivait. | *i creditori lo assillano*, ses créanciers le relancent (fam.) sans arrêt, le harcèlent.
assillo [as'sillo] m. obsession f., hantise f., idée (f.) fixe. | *era tormentato dall'assillo della morte*, il était obsédé par l'idée, il avait la hantise de la mort.
assimilabile [assimi'labile] agg. assimilable.
assimilare [assimi'lare] v. tr. **1.** assimiler. || **2.** (raro) [paragonare] assimiler, comparer. || **3.** FISIOL., LING. assimiler. ◆ v. rifl. s'assimiler.
assimilazione [assimilat'tsjone] f. **1.** [del cibo] assimilation. || FIG. [delle conoscenze] assimilation. || [di persone] assimilation, intégration, absorption. || **2.** (non comune) [parificazione] assimilation, rapprochement. || **3.** LING. assimilation.
assioma [as'sjɔma] (**-i** pl.) m. axiome.
assiriologia [assirjolo'dʒia] f. assyriologie.
assiriologo [assi'rjɔlogo] m. assyriologue.
assiro [as'siro] agg. assyrien.
assisa [as'siza] f. ANTIQ., LETT. uniforme m., livrée. || BIOL. assise. || GEOL. assises f. pl.
assise [as'size] f. pl. assises. | *Corte d'Assise*, cour d'assises.
assistentato [assisten'tato] m. UNIV. assistanat.
assistente [assis'tente] m. e f. assistant m., assistante f., aide. | *assistente ai lavori*, surveillant des travaux. | *assistente universitario*, assistant. | *assistente sociale*, assistante (f.) sociale (raro m. assistant social). || NEOL. *assistente (f.) di volo*, hôtesse de l'air.
assistenza [assis'tɛntsa] f. [presenza] présence, assistance. || [aiuto] assistance, aide, secours m. | *prestare assistenza ai feriti*, porter secours aux blessés. || PARTICOL. *assistenza legale*, assistance devant les tribunaux. | *assistenza medica*, aide, assistance médicale. | *Pubblica assistenza*, Aide sociale, Assistance publique (antiq.). | *ente di assistenza*, service de l'Aide sociale. || COMM. *assistenza ai clienti*, service après-vente.
assistenziale [assisten'tsjale] agg. d'assistance.
assistere [as'sistere] v. intr. assister (à). ◆ v. tr. assister, aider. | *assistere un ammalato*, assister un malade. | *assistere una donna nel parto*, accoucher une femme. | *che Dio ti assista*, que Dieu te vienne en aide.
assistito [assis'tito] agg. e m. assisté.
assito [as'sito] m. [parete] cloison (f.) de planches. || [pavimento] plancher.
asso ['asso] m. **1.** as. || LOC. FIG. *avere l'asso nella manica*, avoir tous les atouts dans son jeu. || **2.** FIG. as, crack, champion. | *è un asso in latino*, c'est un crack en latin. | *asso del volante*, as du volant. || **3.** LOC. *lasciare, piantare in asso qlcu.*, planter là qn, fausser compagnie à qn, laisser qn en plan, en rade (fam.).
associare [asso'tʃare] v. tr. **1.** associer. | *associarsi qlcu.*, s'associer qn. || **2.** [collegare] unir, lier, associer. || PARTICOL. *associare i capitali*, mettre des capitaux en société. || FIG. [conciliare] unir, allier, associer. | *associare l'utile al dilettevole*, allier l'utile à l'agréable. || **3.** [trasferire] conduire. | *associare qlcu. al carcere*, écrouer qn. ◆ v. rifl. **1.** s'associer, s'unir, se joindre. | *ditta che si associa ad una compagnia estera*, maison qui s'associe à, avec une compagnie étrangère. || ASSOL. s'associer. || FIG. *associarsi al dolore di qlcu.*, prendre part, participer, s'associer au chagrin de qn. || **2.** [farsi socio] s'inscrire, s'affilier.
associativo [assotʃa'tivo] agg. MAT., PSIC. associatif.
associato [asso'tʃato] (**-a** f.) agg. e m. associé, e.
associazione [assotʃat'tsjone] f. **1.** [l'associarsi] association, union. | *associazione ad una pubblicazione*, souscription à une publication. | *pagare la quota di associazione*, payer sa cotisation. || **2.** [gruppo di associati] association. | *formare un'associazione politica, sportiva*, former une association politique, sportive. || GIUR. *associazione a delinquere*, association de malfaiteurs. || **3.** PSIC. *associazione di idee*, association d'idées.
assodamento [assoda'mento] m. durcissement, raffermissement, affermissement. || FIG. [accertamento] vérification f., établissement.
assodare [asso'dare] v. tr. raffermir, durcir, affermir. || FIG. affermir, fortifier. || [accertare] établir, démontrer, vérifier. | *verità assodata*, vérité établie. ◆ v. rifl. se consolider, se raffermir, durcir [intr.]. || FIG. s'affermir, se fortifier.
assoggettamento [assoddʒetta'mento] m. [l'assoggettare] domination f., asservissement, assujettissement (antiq. o lett.). || [l'assoggettarsi] soumission f., asservissement, servitude f., assujettissement (antiq.).
assoggettare [assoddʒet'tare] v. tr. soumettre, asservir, assujettir (lett. o antiq.). | *assoggettare un popolo*, asservir un peuple. | *assoggettare un animale*, domestiquer un animal. ◆ v. rifl. se soumettre, se plier, s'assujettir (lett.). | *assoggettarsi ad un partito*, s'inféoder à un parti.
assolato [asso'lato] agg. ensoleillé, inondé de soleil.
assoldamento [assolda'mento] m. recrutement, engagement.
assoldare [assol'dare] v. tr. engager, recruter, soudoyer. | *assoldare sicari*, soudoyer des tueurs. | *una spia assoldata dallo straniero*, un espion à la solde de l'étranger.
assolo [as'solo] m. MUS. solo. || SPORT échappée (f.) en solitaire.
assolutamente [assoluta'mente] avv. absolument. *vuole assolutamente uscire*, il veut absolument, à tout prix sortir. | *non devi assolutamente muoverti*, tu ne dois absolument pas bouger, tu ne dois bouger à aucun prix. | *non intendevo assolutamente offenderla*, je n'avais absolument pas, pas le moins du monde, pas du tout l'intention de vous vexer. | *me ne infischio assolutamente*, je m'en moque éperdument. || [con un aggettivo] absolument, complètement, entièrement, tout à fait. | *è assolutamente necessario*, c'est absolument nécessaire. | *è assolutamente improbabile*, c'est tout à fait, absolument improbable. | *è assolutamente falso*, c'est entièrement, totalement, absolument faux.
assolutezza [assolu'tettsa] f. caractère (m.) absolu.
assolutismo [assolu'tizmo] m. absolutisme.
assolutista [assolu'tista] (**-i** pl.) m. e f. absolutiste. || FIG. FAM. tyran.
assolutistico [assolu'tistiko] (**-ci** pl.) agg. absolutiste.
assoluto [asso'luto] agg. **1.** absolu. | *giudizi troppo assoluti*, jugements trop entiers, trop définitifs. || **2.** [completo] absolu, complet, entier, total. | *ubbidienza assoluta*, obéissance inconditionnelle, absolue. | *assoluta parità di diritti*, égalité absolue des droits. || **3.** [urgente] absolu, urgent, pressant. | *necessità assoluta*, nécessité absolue, impérieuse. | *ho assoluto bisogno di parlarti*, j'ai absolument besoin, un besoin urgent de te parler. || **4.** GRAMM., FIS., MAT. absolu. ◆ m. FILOS. absolu.
assolutorio [assolu'tɔrjo] agg. GIUR., RELIG. absolutoire.
assoluzione [assolut'tsjone] f. **1.** GIUR. [se l'imputato non è colpevole] acquittement m. || [se il reato non è punibile dalla legge] absolution. || **2.** RELIG. absolution. || *assoluzione al tumulo*, absoute.
assolvere [as'sɔlvere] v. tr. **1.** GIUR. [dichiarare non colpevole] acquitter. | *assolto per insufficienza di prove*, acquitté pour insuffisance de preuves. || [per impunibilità] absoudre. || **2.** RELIG. absoudre. || **3.** [adempiere] s'acquitter (de), remplir, accomplir. | *assolvere il proprio compito*, s'acquitter de ses fonctions. || **4.** (raro) [liberare da un impegno] délier, libérer. | *assolvere da un giuramento*, délier d'un serment.
assolvimento [assolvi'mento] m. accomplissement.
assomigliare [assomiʎ'ʎare] v. intr. ressembler. | *assomiglia al padre*, il ressemble à son père. ◆ v. recipr. se ressembler. ◆ v. tr. [paragonare] comparer.
assommare [assom'mare] v. tr. PR. additionner. || FIG. réunir. | *assommava in sé le virtù della madre ed i difetti del padre*, il réunissait les qualités de sa mère et les défauts de son père. ◆ v. intr. s'élever (à). | *i dispersi assommano a cinquanta*, le nombre des disparus s'élève à cinquante.
assonante [asso'nante] agg. POES. assonant.
assonanza [asso'nantsa] f. POES. assonance.
assonnato [asson'nato] agg. endormi, ensommeillé, somnolent. || FIG. engourdi, somnolent.
assopimento [assopi'mento] m. assoupissement.
assopire [asso'pire] v. tr. (raro) assoupir. || FIG. assoupir, endormir, engourdir, apaiser, calmer. | *asso-*

pire il dolore, assoupir la douleur. | *assopire i rimorsi*, engourdir les remords. ◆ v. rifl. s'assoupir. ‖ FIG. s'assoupir, se calmer, s'apaiser.
assorbente [assor'bɛnte] agg. absorbant. | *carta assorbente*, buvard m., papier buvard. ◆ m. *assorbente igienico*, serviette (f.) hygiénique. | *assorbente interno*, tampon périodique.
assorbimento [assorbi'mento] m. absorption f. ‖ CHIM., ECON., FIS., FISIOL. absorption.
assorbire [assor'bire] v. tr. **1.** absorber, s'imbiber. ‖ **2.** FIG. [assimilare] absorber, assimiler. | *i Romani assorbirono la cultura greca*, les Romains s'imprégnèrent de, assimilèrent la culture grecque. ‖ **3.** FIG. [consumare] absorber. | *questa spesa ha assorbito tutti i miei risparmi*, cette dépense a englouti, absorbé toutes mes économies. ‖ **4.** FIG. [tenere occupato] absorber.
assordamento [assorda'mento] m. assourdissement.
assordante [assor'dante] agg. assourdissant, étourdissant ; fracassant.
assordare [assor'dare] v. tr. PR. (raro) rendre sourd. ‖ PER EST. [stordire] assourdir, étourdir, abasourdir. | *questi dischi mi assordano*, ces disques me cassent les oreilles. ‖ FIG. [tediare] assommer, excéder. ‖ [attutire] assourdir, amortir. ◆ v. intr. devenir sourd. ◆ v. rifl. s'affaiblir. ‖ FON. s'assourdir.
assordimento [assordi'mento] m. assourdissement. ‖ FON. assourdissement.
assortimento [assorti'mento] m. assortiment. | *assortimento di cravatte*, assortiment, jeu de cravates. | *ricco assortimento di camicette*, grand choix de chemisiers.
assortire [assor'tire] v. tr. assortir. | *assortire mobili di stili diversi*, assortir des meubles de styles différents. | *assortire colori*, assortir, marier des couleurs. ‖ [rifornire] (raro) assortir (raro), approvisionner (L.C.).
assortito [assor'tito] agg. [che armonizza] assorti. | *coppia ben assortita*, couple bien assorti. ‖ [vario] assorti. | *caramelle assortite*, bonbons assortis. | *antipasto assortito*, hors-d'œuvre variés. ‖ [fornito] assorti, fourni, approvisionné.
assorto [as'sɔrto] agg. absorbé. | *assorto nella meditazione*, plongé dans la méditation. | *aria assorta*, air absorbé, pensif.
assottigliamento [assottiʎʎa'mento] m. amincissement. ‖ [diminuzione] diminution f., réduction f.
assottigliare [assottiʎ'ʎare] v. tr. **1.** amincir. | *assottigliare una trave*, amincir, amaigrir une poutre. ‖ FIG. [ridurre] réduire, diminuer. ‖ **2.** [affilare] aiguiser, affiler. ‖ FIG. affiner, aiguiser. | *assottigliare la mente*, affiner l'esprit. ◆ v. rifl. [di persona] s'amincir, maigrir. ‖ [di cose] s'amincir, se réduire. | *le file si sono assottigliate*, les rangs se sont clairsemés. ‖ [diminuire] s'amoindrir, diminuer, se réduire. | *le sue risorse si sono assottigliate*, ses ressources se sont amoindries, se sont réduites.
assuefare [assue'fare] v. tr. accoutumer, habituer. ◆ v. rifl. s'accoutumer, s'habituer. | *assuefarsi all'idea della morte*, s'accoutumer, se faire à l'idée de la mort.
assuefatto [assue'fatto] agg. accoutumé, habitué.
assuefazione [assuefat'tsjone] f. accoutumance, acclimatement m., adaptation. ‖ MED. accoutumance. | *farmaco che non dà assuefazione*, médicament qui ne crée pas d'accoutumance.
assumere [as'sumere] v. tr. **1.** [prendere su di sé] assumer, prendre. | *assumere un incarico*, assumer une charge. | *ne assumo tutta la responsabilità*, j'en assume, j'en prends toute la responsabilité ; je prends tout sur moi. | *assumere la difesa dell'imputato*, se charger de, assumer la défense de l'accusé. ‖ **2.** [acquistare, presentare] prendre. | *assumere un atteggiamento*, prendre une attitude. | *la febbre ha assunto un carattere intermittente*, la fièvre a pris, affecte maintenant un caractère intermittent. ‖ [procurarsi] prendre, se procurer. | *assumere informazioni*, prendre des renseignements. ‖ GIUR. [ammettere] supposer. | *si assume che l'imputato sia innocente*, l'accusé est supposé innocent. ‖ **3.** [prendere alle proprie dipendenze] engager. ‖ [operai] embaucher. ‖ **4.** [innalzare] élever.
assunta [as'sunta] f. RELIG. [festa] Assomption. ‖ [la Vergine] Notre-Dame de l'Assomption. ‖ ARTI assomption.
assuntivo [assun'tivo] agg. démonstratif, probant.
assunto [as'sunto] m. thèse f. ‖ LETT. [impegno] engagement.
assuntore [assun'tore] m. GIUR. adjudicataire.
assunzione [assunt'tsjone] f. recrutement m., engagement m. (rare) ; [di operai] embauchage m. | *non ci sono possibilità di assunzione in questo cantiere*, il n'y a pas d'embauche (f. sing.) sur ce chantier. | *bisogna che ci occupiamo dell'assunzione di una nuova segretaria*, il faut que nous nous occupions d'engager une nouvelle secrétaire. ‖ [di un compito] prise en main. | *assunzione del comando*, prise du commandement. ‖ [ascesa] accession, élévation. | *assunzione al trono*, accession au trône, avènement m. | *assunzione al potere*, arrivée au pouvoir. ‖ RELIG. Assomption.
assurdamente [assurda'mente] avv. absurdement.
assurdità [assurdi'ta] absurdité.
assurdo [as'surdo] agg. absurde, inepte. ◆ m. absurdité f., absurde. | *è un assurdo*, c'est absurde. | *dimostrazione per assurdo*, démonstration par l'absurde. ‖ FILOS. absurde.
assurgere [as'surdʒere] v. intr. (lett.) s'élever (L.C.).
asta ['asta] f. **1.** hampe, mât m. | *asta di una bandiera, di una lancia*, hampe d'un drapeau, d'une lance. | *bandiera a mezz'asta*, drapeau en berne. ‖ ASSOL. *asta*, lance. ‖ **2.** barre. | *asta del tram*, trolley m. | *asta di una stadera*, fléau (m.) d'une (balance) romaine. | *aste degli occhiali, di un compasso*, branches des lunettes ; branches, jambes d'un compas. ‖ **3.** [nella scrittura] hampe. | *asta di una d*, hampe d'un d. ‖ [che scende sotto la linea della scrittura] queue, hampe. | *asta di una p*, queue d'un p. ‖ [esercizi di scrittura] bâton m. | *fare le aste*, faire des bâtons. ‖ **4.** [vendita] vente aux enchères, vente à la criée, criée (raro). | *mettere, vendere all'asta*, mettre, vendre aux enchères, à l'encan. | *asta fallimentare*, vente aux enchères après faillite. | *casa delle aste*, hôtel des ventes. ‖ **5.** MAR. *asta di fiocco*, bâton (m.) de foc. ‖ **6.** SPORT [ginnastica] perche. | *salto con l'asta*, saut à la perche. ‖ **7.** TECN. *asta dentata*, crémaillère. | *asta indicatrice livello olio, benzina*, jauge d'huile, d'essence. ‖ ZOOL. *aste di un cervo*, bois d'un cerf.
astante [as'tante] m. e f. personne (f.) présente. ‖ [generalmente pl.] *gli astanti*, les assistants, l'assistance (f. sing.).
astanteria [astante'ria] f. salle de garde (d'un hôpital).
astato [as'tato] agg. armé d'une lance. ‖ BOT. hasté.
astemio [as'tɛmjo] agg. qui ne boit pas d'alcool ; sobre. | *sono astemio*, je ne bois jamais d'alcool.
astenere [aste'nere] v. tr. LETT. retenir. ◆ v. rifl. s'abstenir (de), renoncer (à). | *astenersi dal vino*, s'abstenir de boire du vin, renoncer au vin. | *astenersi da ogni commento*, s'abstenir de, s'interdire tout commentaire. ‖ ASSOL. [voto] s'abstenir.
astenia [aste'nia] f. MED. asthénie.
astenico [as'tɛniko] (**-ci** pl.) agg. e m. asthénique.
astensione [asten'sjone] f. abstention. | *astensione dal vino, dalla carne*, renoncement (m.) au vin, à la viande.
astensionismo [astensjo'nizmo] m. abstentionnisme.
astensionista [astensjo'nista] m. e f. abstentionniste.
aster ['aster] m. BOT. aster.
asteria [as'tɛrja] f. ZOOL. astérie.
asterisco [aste'risko] (**-chi** pl.) m. TIP. astérisque. ‖ GIORN. [trafiletto] entrefilet.
asteroide [aste'rɔjde] m. ASTRON. astéroïde.
asticciola [astit'tʃɔla] f. DIMIN. baguette, bâtonnet m. ‖ [di freccia] tige. ‖ [di penna] porte-plume (m.). ‖ [di pennello] manche m., ente (raro).
astice ['astitʃe] m. homard.
asticella [asti'tʃɛlla] f. DIMIN. baguette, bâtonnet m. ‖ SPORT [salto] barre.
astigmatismo [astigma'tizmo] m. MED., OTT. astigmatisme.
astile [as'tile] agg. *croce astile*, croix processionnelle.
astinente [asti'nɛnte] agg. abstinent. | *astinente nel bere, nel cibo*, qui s'abstient de boire, de manger.

astinenza [asti'nɛntsa] f. abstinence. | *giorni di astinenza,* jours d'abstinence; jours maigres.
astio ['astjo] m. rancune f., rancœur f., animosité f., haine f., hargne f. | *provare astio per, verso qlcu.,* avoir de la rancune contre qn; avoir de la rancœur pour, contre qn. | *parlare con astio,* parler avec hargne, avec animosité.
astiosamente [astjosa'mente] avv. hargneusement.
astiosità [astjosi'ta] f. malveillance, caractère (m.) rancunier.
astioso [as'tjoso] agg. rancunier, vindicatif. | *persona astiosa,* personne rancunière. ‖ [pieno di odio] haineux. | *sguardo astioso,* regard haineux.
astracan [astra'kan] m. astrakan.
astragalo [as'tragalo] m. ANAT., ARCHIT., BOT. astragale.
astrale [as'trale] agg. astral.
astrarre [as'trarre] v. tr. abstraire. | *astrarre un elemento dall'insieme,* abstraire, isoler un élément de l'ensemble. ‖ LETT. [allontanare] détourner. ◆ v. intr. faire abstraction (de), négliger. | *non si può astrarre da questi dati,* on ne peut pas faire abstraction de ces données. ◆ v. rifl. s'abstraire.
astrattamente [astratta'mente] avv. abstraitement.
astrattezza [astrat'tettsa] f. caractère (m.) abstrait, abstraction.
astrattismo [astrat'tizmo] m. ARTI (mouvement de l') art abstrait, art non figuratif.
astrattista [astrat'tista] m. ARTI artiste abstrait, artiste non figuratif.
astrattivo [astrat'tivo] agg. abstractif.
astratto [as'tratto] agg. abstrait. ‖ ARTI abstrait, non figuratif. ‖ GRAMM. *sostantivo astratto,* nom abstrait. ‖ MAT. *numero astratto,* nombre abstrait. ◆ m. abstrait. | *in astratto,* dans l'abstrait; abstraitement.
astrazione [astrat'tsjone] f. abstraction. ‖ LOC. *fare astrazione da,* faire abstraction de. | *facendo astrazione dalla sua età,* abstraction faite de son âge.
astringente [astrin'dʒɛnte] agg. e m. MED. astringent.
astringere [as'trindʒere] v. tr. LETT. astreindre, contraindre. ‖ MED. resserrer.
astro ['astro] m. astre. ‖ FIG. célébrité, astre (antiq.). ‖ BOT. *astro della Cina,* aster de Chine.
astrofisica [astro'fizika] f. astrophysique.
astrofisico [astro'fiziko] (-**ci** pl.) m. astrophysicien.
astrolabio [astro'labjo] (-**bi** pl.) m. astrolabe.
astrologare [astrolo'gare] v. intr. pratiquer l'astrologie, faire des prédictions astrologiques.
astrologia [astrolo'dʒia] f. astrologie.
astrologico [astro'lɔdʒiko] (-**ci** pl.) agg. astrologique.
astrologo [as'trɔlogo] (-**gi** o -**ghi** pl.) m. astrologue. ‖ LOC. FIG., SCHERZ. *crepi l'astrologo!,* au diable l'oiseau de mauvais augure!
astronauta [astro'nauta] (-**i** pl.) m. astronaute.
astronautica [astro'nautika] f. astronautique.
astronautico [astro'nautiko] (-**ci** pl.) agg. astronautique.
astronave [astro'nave] f. astronef.
astronomia [astrono'mia] f. astronomie.
astronomicamente [astronomika'mente] avv. astronomiquement.
astronomico [astro'nɔmiko] (-**ci** pl.) agg. astronomique.
astronomo [as'trɔnomo] m. astronome.
astrusaggine [astru'zaddʒine] f. obscurité, nébulosité, confusion, inintelligibilité (raro).
astruseria [astruze'ria] f. obscurité; [discorso astruso] galimatias m. (peggior.), charabia m. (fam.).
astrusità [astruzi'ta] f. obscurité, embrouillement m., confusion.
astruso [as'truzo] agg. obscur, incompréhensible, inintelligible, énigmatique, confus; abstrus (raro).
astuccio [as'tuttʃo] m. étui. | *astuccio degli occhiali,* étui à lunettes. | *astuccio del violino,* étui, boîte (f.) de, à violon. ‖ [per i gioielli] écrin. ‖ [per più oggetti diversi] trousse f. | *astuccio per penne e matite,* trousse (d'écolier). | *astuccio per il cucito,* trousse, nécessaire de couture. | *astuccio per manicure,* trousse à ongles.
astutamente [astuta'mente] avv. astucieusement.
astuto [as'tuto] agg. astucieux, fin, malin, futé, rusé, madré (lett.). | *è astuto come una volpe,* il est rusé comme un renard. ‖ [di cose] astucieux, ingénieux.
astuzia [as'tuttsja] f. finesse, astuce, adresse, habileté, ruse, rouerie (peggior.). | *destreggiarsi con astuzia,* se tirer d'affaire avec astuce, habileté. | *giocare d'astuzia,* user de finesse. ‖ [idea, azione astuta] astuce, finesse. | *le astuzie di un mestiere,* les astuces, les ficelles d'un métier. | *ho trovato un'astuzia per entrare senza pagare,* j'ai trouvé un truc (m. fam.), une combine (pop.) pour entrer sans payer.
atarassia [ataras'sia] f. FILOS. ataraxie.
atassia [atas'sia] f. MED. ataxie.
atassico [a'tassiko] (-**ci** pl.) agg. ataxique.
atavico [a'taviko] (-**ci** pl.) agg. atavique.
atavismo [ata'vizmo] m. atavisme.
ateismo [ate'izmo] m. athéisme.
ateista [ate'ista] (-**i** pl.) m. athée.
ateistico [ate'istiko] (-**ci** pl.) agg. athée.
atelier [atə'lje] m. [fr.] atelier.
atematico [ate'matiko] (-**ci** pl.) agg. GRAMM. athématique.
ateneo [ate'nɛo] m. STOR. ANTIQ. athénée. ‖ PER EST. université f.
ateniese [ate'njese] agg. e m. athénien.
ateo ['ateo] agg. e m. athée.
atesino [ate'zino] agg. de l'Adige. ◆ m. *Alto-Atesino,* habitant du Haut-Adige.
atlante [a'tlante] m. atlas. ‖ ANAT. atlas. ‖ ARCHIT. atlante.
atlantico [a'tlantiko] (-**ci** pl.) agg. atlantique. ‖ POLIT. *carta atlantica,* charte de l'Atlantique. | *patto atlantico,* pacte atlantique.
atleta [a'tlɛta] (-**i** pl.) m. e f. athlète.
atletica [a'tlɛtika] f. *atletica leggera,* athlétisme m. ‖ *atletica pesante,* haltérophilie et lutte.
atleticamente [atletika'mente] avv. athlétiquement.
atletico [a'tlɛtiko] (-**ci** pl.) agg. athlétique.
atletismo [atle'tizmo] m. athlétisme.
atmosfera [atmos'fɛra] f. atmosphère. ‖ PER EST. atmosphère, air m. | *atmosfera soffocante,* atmosphère étouffante. ‖ FIG. atmosphère, climat m., ambiance. | *atmosfera di festa,* ambiance de fête.
atmosferico [atmos'fɛriko] (-**ci** pl.) agg. atmosphérique.
atollo [a'tɔllo] m. atoll.
atomicità [atomitʃi'ta] f. atomicité.
atomico [a'tɔmiko] (-**ci** pl.) agg. atomique. ‖ FIG. prodigieux, stupéfiant.
atomismo [ato'mizmo] FILOS. ANTICA atomisme. ‖ FILOS. PSIC. *atomismo psicologico,* associationnisme, atomisme.
atomizzare [atomid'dzare] v. tr. atomiser. ‖ NEOL. MIL. atomiser.
atomizzato [atomid'dzato] agg. atomisé.
atomizzatore [atomiddza'tore] m. [piccolo] atomiseur, vaporisateur. ‖ [grande] pulvérisateur, bombe f.
atomizzazione [atomiddzat'tsjone] f. vaporisation.
atomo ['atomo] m. atome. ‖ FIG. atome, gramme, grain, brin.
atonale [ato'nale] agg. MUS. atonal.
atonalità [atonali'ta] f. MUS. atonalité.
atonia [ato'nia] f. FON. absence d'accent tonique. ‖ MED. atonie, inertie.
atonico [a'tɔniko] (-**ci** pl.) agg. atone.
atono ['atono] agg. FON. atone, inaccentué. ‖ MED. V. ATONICO.
atout [a'tu] m. [fr.] atout.
atrabile [atra'bile] f. ANTIQ. MED. atrabile, humeur noire.
atrabiliare [atrabi'ljare] agg. ANTIQ. MED. atrabilaire. ‖ [moderno] FIG. atrabilaire (antiq.), bilieux.
atrio ['atrjo] m. hall. | *atrio del castello,* le hall du château. | *atrio di una stazione,* hall d'une gare; salle (f.) des pas perdus. ‖ ANAT. oreillette f. ‖ STOR. atrium.
atroce [a'trotʃe] agg. atroce, horrible, affreux, épouvantable. | *spettacolo atroce,* spectacle horrible. | *delitto atroce,* crime atroce, abominable. | *atroce mal di denti,* mal de dents épouvantable, rage (f.) de dents.
atrocemente [atrotʃe'mente] avv. atrocement.
atrocità [atrotʃi'ta] f. atrocité. | *atrocità di un supplizio,* atrocité, horreur d'un supplice.
atrofia [atro'fia] f. MED. atrophie.

atrofico [a'trɔfiko] (**-ci** pl.) agg. atrophié.
atrofizzare [atrofid'dzare] v. tr. PR. e FIG. atrophier. ◆ v. rifl. PR. e FIG. s'atrophier.
atropina [atro'pina] f. CHIM. atropine.
attaccabile [attak'kabile] agg. attaquable.
attaccabottoni [attakkabot'toni] m. e f. invar. FAM. crampon n., casse-pieds.
attaccabrighe [attakka'brige] m. e f. invar. FAM. querelleur m. (-euse f.), chamailleur m. (-euse f.), batailleur m. (-euse f.), bagarreur m. (-euse f.). | *è un attaccabrighe,* il est chicanier ; il a l'esprit de chicane.
attaccamento [attakka'mento] m. (gall.) attachement, affection f.
attaccante [attak'kante] agg. e m. attaquant, e.
attaccapanni [attakka'panni] m. portemanteau.
attaccare [attak'kare] v. tr. **1.** [unire mediante sostanza adesiva] coller. || [mediante cucitura] coudre. | *attaccare un bottone,* coudre un bouton. || [legando] attacher, nouer, lier. || PARTICOL. [di animali da traino] atteler. | *attaccare il cavallo alla carretta,* atteler le cheval à la charrette. || [appendere] accrocher, suspendre. | *attaccare un quadro, il cappotto,* suspendre un tableau, son manteau. || LOC. FIG. *attaccare bottone,* lier conversation. | *la sua vita è attaccata ad un filo,* sa vie ne tient qu'à un fil. || **2.** [trasmettere] passer, donner. | *ha attaccato la pertosse a tutti i compagni,* il a passé la coqueluche à tous ses camarades. | *è stato lui ad attaccarmi il vizio del fumo,* c'est lui qui m'a donné la mauvaise habitude de fumer. | *attaccare il fuoco a qlco.,* mettre le feu à qch. || **3.** [dare inizio] commencer. | *attaccare (il) lavoro,* se mettre au travail. | *attaccare discorso,* engager, lier conversation. | *attaccare lite con qlcu.,* chercher querelle à qn. | *attaccare battaglia,* engager le combat. || MUS. *attaccare un brano,* attaquer un morceau. || **4.** [assalire] attaquer. | *attaccare lo schieramento nemico,* attaquer les lignes ennemies. || FIG. attaquer, critiquer. | *attaccare la politica del governo,* attaquer la politique du gouvernement. || CHIM. [intaccare] attaquer. || SPORT attaquer. ◆ v. intr. coller. | *padella che non attacca,* poêle qui ne colle, qui n'attache pas. || PER EST. [attecchire] prendre. || FIG. prendre, marcher. | *questa moda non attacca,* cette mode ne prend pas. | *non attacca !,* ça ne prend pas ! || [avere inizio] commencer. ◆ v. rifl. [aderire] se coller. || [di vivanda] attacher [intr.] (fam.), coller [intr.] (au fond de la casserole). | *la carne si è attaccata,* la viande a attaché. || LOC. *attaccarsi al fiasco,* boire comme un trou. || *attaccarsi al telefono,* se mettre au téléphone. || **5.** [appigliarsi] PR. e FIG. s'accrocher. | *attaccarsi ad un ramo,* se raccrocher à une branche. | *attaccarsi ad un pretesto,* saisir un prétexte. || **6.** [affezionarsi] s'attacher, se lier. || **7.** [comunicarsi per contagio] s'attraper, être contagieux.
attaccaticcio [attakka'tittʃo] agg. collant, poisseux. || FIG. FAM. [di persona] collant. ◆ SOSTANT. *sapere d'attaccaticcio,* avoir un goût de brûlé.
attaccato [attak'kato] agg. attaché. | *è molto attaccato a quest'idea,* il est très attaché, il tient beaucoup à cette idée. | *è molto attaccato al denaro,* il tient beaucoup à l'argent. | *è attaccatissimo ai regolamenti,* il est à cheval sur les règlements. || LOC. *stare sempre attaccato a qlcu.,* ne pas quitter qn d'un pas, ne pas lâcher qn.
attaccatura [attakka'tura] f. (raro) action d'attacher, fixation ; attache, point (m.) d'attache. | *attaccatura del braccio,* attache, naissance du bras. | *attaccatura della manica,* emmanchure.
attacchino [attak'kino] m. colleur d'affiches, afficheur.
attacco [at'takko] (**-chi** pl.) m. **1.** [assalto] attaque f., assaut. | *muovere all'attacco,* marcher à l'attaque. || FIG. attaque, critique f. || **2.** [accesso] crise f., accès, attaque. | *attacco epilettico, cardiaco,* crise d'épilepsie, crise cardiaque. | *attacco febbrile,* accès de fièvre. | *attacco apoplettico,* coup d'apoplexie. || **3.** CHIM. action (f.) corrosive. || **4.** MUS. attaque. || **5.** SPORT attaque. | **6.** TECN. [punto d'attaccatura] point d'attache. | *attacco delle maniche,* emmanchure f. || [ciò che serve ad attaccare] attache f. | *attacco degli sci,* attache, fixation des skis. | *attacco per la lampadina,* douille f. || PARTICOL. [tiro] attelage. || FIG. LETT. [appiglio] prétexte.
attanagliare [attanaʎ'ʎare] v. tr. saisir avec des tenailles. || FIG. tenailler, torturer.
attardarsi [attar'darsi] v. rifl. s'attarder.
attecchimento [attekki'mento] m. AGR. enracinement.
attecchire [attek'kire] v. intr. s'enraciner, prendre racine, prendre. || PER EST. *la vaccinazione ha attecchito,* le vaccin a pris. || FIG. prendre, s'enraciner, s'implanter. | *le nuove idee non attecchiscono da queste parti,* les idées nouvelles ne trouvent aucun écho par ici.
atteggiamento [atteddʒa'mento] m. attitude f., air. | *atteggiamento minaccioso,* attitude menaçante, air menaçant. | *atteggiamento ispirato,* attitude inspirée, air inspiré. || [posizione] attitude f., position f. | *qual è il suo atteggiamento nei confronti di questo problema ?,* quelle est son attitude à l'égard de, sa position sur ce problème ?
atteggiare [atted'dʒare] v. tr. donner un air (de qch. à qch.). | *atteggiare il viso a compassione,* prendre, affecter un visage compatissant ; se composer un visage compatissant. | *atteggiare le proprie parole a tenerezza,* donner une apparence de tendresse à ses paroles. ◆ v. rifl. se donner, prendre des airs (de), se poser (en), s'ériger (en). | *atteggiarsi a protettore dei deboli,* se poser en défenseur des faibles. | *atteggiarsi a eroe,* jouer le héros.
attempato [attem'pato] agg. d'un certain âge, âgé.
attendamento [attenda'mento] m. campement.
attendarsi [atten'darsi] v. rifl. camper (intr.).
attendente [atten'dɛnte] m. MIL. ordonnance f.
attendere [at'tɛndere] v. tr. attendre. ◆ v. intr. s'occuper de, s'appliquer à. | *attendere ai propri affari,* s'occuper de ses affaires. | *attendere agli studi,* s'appliquer à l'étude, étudier avec assiduité. | *attendere alla casa,* s'occuper de la maison. | *attendere alle cure domestiche,* s'occuper de la maison, vaquer aux soins du ménage. ◆ v. rifl. s'attendre. | *mi attendo che tu mantenga la promessa,* je compte que tu tiendras ta promesse ; je m'attends à ce que tu tiennes ta promesse.
attendibile [atten'dibile] agg. digne de foi. | *testimone attendibile,* témoin digne de foi. | *notizia poco attendibile,* nouvelle sujette à caution.
attendibilità [attendibili'ta] f. NEOL. crédibilité ; vraisemblance.
attendismo [atten'dizmo] m. NEOL. attentisme.
attendista [atten'dista] (**-i** pl.) m. NEOL. attentiste.
attenere [atte'nere] v. tr. LETT. tenir. | *attenere un giuramento,* tenir un serment. ◆ v. intr. concerner. ◆ v. rifl. se conformer, suivre (tr.). | *attenetevi strettamente agli ordini,* conformez-vous strictement aux ordres. | *attenersi ai fatti,* s'en tenir aux faits. || PR. (raro) se tenir.
attentamente [attenta'mente] avv. attentivement.
attentare [atten'tare] v. intr. PR. e FIG. attenter, porter atteinte. | *attentare all'onore di una donna,* attenter à l'honneur d'une femme. | *attentare alla religione,* porter atteinte à la religion. ◆ v. intr. [di o a] se hasarder (à), se risquer (à).
attentato [atten'tato] m. PR. e FIG. attentat. | *attentato al presidente,* attentat contre le président. | *attentato alla libertà,* attentat à la liberté.
attentatore [attenta'tore] (**-trice** f.) m. auteur d'un attentat.
attenti [at'tɛnti] m. e interiez. MIL. garde à vous ! | *mettersi sull'attenti,* se mettre au garde-à-vous. | *attenti a destra, a sinistra,* tête (à) droite, tête (à) gauche.
attento [at'tɛnto] agg. attentif. | *lavoratore attento,* travailleur consciencieux. || LOC. *stare attento,* faire attention. ◆ interiez. *attento !, attenti !,* attention ! (f.). | *attento che caschi,* attention, prends garde, méfie-toi, fais gaffe (pop.), tu vas tomber. | *attenti al treno,* attention au train.
attenuante [attenu'ante] agg. GIUR. atténuant. | *circostanze attenuanti,* circonstances atténuantes.
attenuare [attenu'are] v. tr. atténuer. | *attenuare il dolore,* atténuer, adoucir la douleur. | *attenuare un rumore,* atténuer, étouffer un bruit. ◆ v. rifl. s'atté-

nuer. | *le sue sofferenze si andavano attenuando,* ses souffrances s'atténuaient, s'émoussaient.
attenuazione [attenuat'tsjone] f. atténuation.
attenzione [atten'tsjone] f. attention. | *ascoltare con viva attenzione,* écouter avec grande attention ; être tout oreilles. | *mettere molta attenzione in una cosa,* porter tous ses soins sur qch. | *richiamare, sviare l'attenzione,* attirer, détourner l'attention. ◆ interiez. *attenzione !,* attention ! ◆ pl. [premure] attentions, égards m. | *pieno d'attenzioni,* plein d'attentions.
attero ['attero] agg. ZOOL. aptère.
atterraggio [atter'raddʒo] m. AER., MAR. atterrissage. | *carrello d'atterraggio,* train d'atterrissage.
atterramento [atterra'mento] m. action (f.) de jeter à terre.
atterrare [atter'rare] v. tr. [una persona] terrasser, renverser, étendre (fam.), étaler (fam.). || [una cosa] abattre, renverser. | *atterrare un albero,* abattre un arbre. || FIG. accabler, écraser, abattre, anéantir, atterrer. | *la notizia lo ha atterrato,* la nouvelle l'a atterré, anéanti. || ◆ v. intr. AER., MAR., SPORT atterrir.
atterrire [atter'rire] v. tr. terrifier, terroriser, épouvanter. || ◆ v. rifl. s'épouvanter, être pris de terreur.
atterrito [atter'rito] agg. terrifié, terrorisé, épouvanté.
attesa [at'tesa] f. attente. | *l'attesa per i risultati del concorso era grandissima,* les résultats du concours étaient très attendus. | *in attesa di,* dans l'attente de.
attesismo [atte'sizmo] m. V. ATTENDISMO.
attesista [atte'sista] m. V. ATTENDISTA.
atteso [at'teso] agg. attendu. || ANTIQ. [attento] attentif. ◆ prep. ANTIQ. attendu. ◆ LOC. CONG. ***atteso che, attesoché,*** attendu que, étant donné que.
attestabile [attes'tabile] agg. qui peut être attesté.
1. attestare [attes'tare] v. tr. attester, certifier. || PER EST. [provare] attester, prouver, témoigner (de). | *i fatti attestano la sua innocenza,* les faits témoignent de son innocence.
2. attestare [attes'tare] v. tr. TECN. abouter. || MIL. faire prendre position. ◆ v. rifl. prendre position.
attestato [attes'tato] m. attestation f., certificat.
attestatura [attesta'tura] f. TECN. aboutement m.
attestazione [attestat'tsjone] f. attestation, témoignage m., affirmation. || [attestato] attestation, certificat m. || [dimostrazione] témoignage m., preuve, marque. | *attestazione di stima,* marque d'estime.
atticismo [atti'tʃizmo] m. atticisme.
atticizzare [attitʃid'dzare] v. intr. parler, écrire avec élégance.
attico ['attiko] (**-ci** pl.) agg. attique. ◆ m. ARCHIT. attique.
attiguità [attigui'ta] f. contiguïté.
attiguo [at'tiguo] agg. contigu, attenant, voisin. | *giardino attiguo alla casa,* jardin attenant à la maison. | *stanza attigua,* chambre voisine.
attillare [attil'lare] v. tr. (raro) habiller avec soin, parer. ◆ v. rifl. s'habiller avec recherche, se parer.
attillato [attil'lato] agg. collant ; qui moule le corps. || PEGGIOR. *troppo attillato,* étriqué. || [vestito con cura] tiré à quatre épingles.
attimo ['attimo] m. instant. | *aspetta un attimo,* attends un instant, une seconde. | *in un attimo,* en un instant ; en un clin d'œil ; en un tournemain. | *di attimo in attimo,* d'instant en instant, d'un instant à l'autre. | *cogliere l'attimo fuggente,* profiter de l'instant qui passe.
attinente [atti'nɛnte] agg. relatif (à), concernant, se rapportant (à) ; pertinent. | *incartamenti attinenti al processo,* dossiers qui se rapportent au procès. | *la tua risposta non è attinente alla domanda,* tu n'as pas répondu à la question posée. | *questo discorso non è attinente all'argomento,* ces propos n'ont aucun rapport, n'ont rien à voir avec le sujet.
attinenza [atti'nɛntsa] f. rapport m., relation. | *quello che dici non ha alcuna attinenza con il problema,* ce que tu dis n'a aucun rapport avec le problème. || pl. annexes, dépendances.
attingere [at'tindʒere] v. tr. PR. e FIG. puiser. | *attingere acqua dal pozzo, al ruscello,* puiser de l'eau au puits, dans le ruisseau. | *Virgilio ha attinto da Omero alcuni paragoni,* Virgile a puisé chez, a emprunté à Homère, doit à Homère quelques comparaisons. | *scrittore che attinge molto da Dante,* écrivain qui fait des emprunts fréquents à Dante. | *attingere notizie da fonti sicure,* tenir des nouvelles de source sûre.
attinia [at'tinja] f. ZOOL. actinie.
attinio [at'tinjo] m. CHIM. actinium.
attirare [atti'rare] v. tr. PR. e FIG. attirer. ◆ v. rifl. s'attirer. | *attirarsi l'odio di qlcu.,* s'attirer la haine de qn. ◆ v. recipr. s'attirer.
attitudinale [attitudi'nale] agg. d'aptitude.
1. attitudine [atti'tudine] f. aptitude, disposition. | *avere attitudine per la pittura,* avoir des dispositions pour la peinture. | *attitudine per le lingue, le matematiche,* don (m.) pour les langues, les mathématiques.
2. attitudine [atti'tudine] f. [atteggiamento] attitude.
attivamente [attiva'mente] avv. activement.
attivante [atti'vante] m. CHIM. activeur.
attivare [atti'vare] v. tr. mettre en service, mettre en action. | *attivare una macchina,* faire marcher une machine. | *attivare una mina,* amorcer une mine. || [rendere più attivo] activer. | *attivare la circolazione del sangue,* activer la circulation du sang. || CHIM. activer.
attivatore [attiva'tore] m. CHIM. activeur.
attivazione [attivat'tsjone] f. mise en activité, mise en service. | *attivazione di un tronco di autostrada,* mise en activité, ouverture d'un tronçon d'autoroute. || CHIM., PSIC. activation.
attivismo [atti'vizmo] m. FILOS., POLIT. activisme. | *attivismo pedagogico,* méthode (f.) active.
attivista [atti'vista] (**-i** pl.) m. e f. POLIT. activiste.
attivistico [atti'vistiko] (**-ci** pl.) activiste.
attività [attivi'ta] f. **1.** [qualità di una persona attiva] activité. | *è un uomo di grande attività,* cet homme a une activité débordante. | *la sua attività non conosce sosta,* il est sans cesse en activité. || PER EST. *vulcano in attività,* volcan en activité. || BIOL., PSIC. *attività cardiaca,* activité cardiaque. || **2.** [stato di una persona che esercita il suo lavoro] activité. | *in attività,* en activité. | *entrare in attività,* entrer en exercice, en fonctions (f. pl.). || PER ANAL. *industria in piena attività,* industrie en pleine activité. || **3.** [occupazione] activité. | *non so niente delle sue attività,* j'ignore tout de ses activités, de ses occupations. || [lavoro] travail m., métier m., fonctions f. pl. | *svolgeva un'attività importante,* il exerçait des fonctions importantes. | *è un'attività remunerativa,* c'est un travail bien payé. || CHIM., FIS. activité. || COMM. actif m. | *attività di un bilancio,* actif d'un bilan.
attivizzare [attivid'dzare] v. tr. NEOL., ECON., POLIT. rendre actif, stimuler.
attivo [at'tivo] agg. actif. | *prendere parte attiva in qlco.,* prendre une part active à qch. | *impiegato in servizio attivo,* employé en exercice. | *la fabbrica è attiva da diversi anni,* il y a plusieurs années que l'usine fonctionne. || COMM. *azienda attiva,* entreprise rentable. | *bilancia dei pagamenti attiva,* balance des paiements excédentaire. || GRAMM. actif. || MIL. actif. || PEDAG. actif. | *scuola attiva,* enseignement actif. ◆ m. COMM. actif. | *attivo di un'azienda,* actif d'une entreprise. || GRAMM. actif.
attizzare [attit'tsare] v. tr. attiser, ranimer, tisonner, fourgonner (raro). || FIG. attiser, aviver, ranimer.
attizzatoio [attittsa'tojo] m. tisonnier, fourgon (raro).
attizzatore [attittsa'tore] (**-trice** f.) m. (raro) instigateur, trice ; fomentateur, trice.
1. atto ['atto] agg. apte (à), capable (de). | *atto a un impiego,* propre à remplir un emploi. || MIL. *atto alle armi,* bon pour le service.
2. atto ['atto] m. **1.** [l'agire] acte, action f. | *atto eroico,* action héroïque. | *atto di coraggio, di abnegazione,* acte de courage, d'abnégation. | *rendere conto dei propri atti,* rendre compte de ses actions, de ses actes. || FILOS. acte. || **2.** [gesto] geste, attitude f. | *fece (l')atto di colpirlo,* il fit le geste de le frapper. | *fare atto di andarsene,* faire mine de s'en aller. | *è stato raffigurato nell'atto di scrivere,* il a été représenté en train d'écrire. || **3.** [dimostrazione] geste, marque f., preuve f. | *atto di amicizia,* geste d'amitié. | *atto di pentimento,* marque de repentir. | *atto di sottomissione,* acte de soumission. || RELIG. *atto di fede, di dolore,* acte de foi, de contrition. || **4.** GIUR. acte. | *atto legislativo,* acte législatif. || [documento] acte. | *atto di*

stato civile, di nascita, acte d'état civil, de naissance. | *atto notarile,* acte notarié. | *atto di accusa,* acte d'accusation. | *atto privato,* acte sous seing privé, sous-seing. || pl. actes. | *atti di un processo,* pièces (f. pl.) d'un procès. || RELIG. *Atti degli Apostoli,* Actes des Apôtres. || **5.** TEATRO acte. | *atto unico,* pièce (f.) en un acte. || **6.** LOC. *in atto,* actuel, en cours. | *le trattative in atto,* les négociations en cours. | *disposizioni in atto,* réglementation en vigueur. | *porre, tradurre, mettere in atto,* réaliser, mettre à exécution, en pratique. | *all'atto (di),* au moment (de). | *pagherà all'atto della consegna,* vous paierez à la livraison. | *all'atto pratico,* dans la pratique, en pratique. | *sull'atto, nell'atto (di),* au moment (où). | *è stato sorpreso nell'atto di rubare,* il a été surpris au moment où il volait, il a été surpris en train de voler, il a été pris en flagrant délit de vol. | *fare atto di presenza,* faire acte de présence. || PR. e FIG. *prendere atto,* prendre acte. | *dare atto,* donner acte (pr.) ; accorder, reconnaître (fig.). | *bisogna dargli atto di una grande onestà,* il faut lui reconnaître une grande honnêteté. | *mettere agli atti,* PR. classer ; FIG. mettre aux oubliettes.

attonito [at'tɔnito] agg. stupéfait, ahuri, ébahi, interdit. | *ne è rimasto attonito,* il en a été stupéfait ; il en est resté baba (fam.). | *lo guardava con occhi attoniti,* il le regardait d'un air ébahi.

attorcigliamento [attortʃiʎʎa'mento] m. entortillement.

attorcigliare [attortʃiʎ'ʎare] v. tr. entortiller. | *attorcigliare una fune ad una sbarra,* entortiller une corde autour d'une barre. | *attorcigliarsi i baffi,* tortiller sa moustache. || [avvolgere] enrouler. ◆ v. rifl. s'entortiller, s'enrouler.

attore [at'tore] (**-trice** f.) m. [teatro e cinema] acteur, trice ; artiste (fam.). | *è il primo attore,* il a le rôle principal. | *attore comico,* acteur comique, comédien. | *attore tragico,* acteur tragique, tragédien. | *attor(e) giovane,* jeune premier. | *attore da strapazzo,* cabotin (fam.). || [solo teatro] comédien, enne. || FIG. acteur, protagoniste. || GIUR. demandeur.

attorniare [attor'njare] v. tr. entourer. ◆ v. rifl. s'entourer.

attorno [at'torno] avv. **1.** autour, alentour. | *c'era un gran parco tutt'attorno,* il y avait un grand parc tout autour. | *volse lo sguardo attorno,* il jeta un regard circulaire. || **2.** [con una misura di distanza] à la ronde. | *lo conoscono tutti per dieci chilometri attorno,* tout le monde le connaît à dix kilomètres à la ronde. || **3.** [nei dintorni] aux alentours, dans les environs. | *non c'era nessuno attorno,* il n'y avait personne aux alentours, dans les parages. | *abita qui attorno,* il habite par ici, dans les environs. || **4.** LOC. *andare attorno,* flâner, errer, rôder (peggior.). | *avere qlcu. attorno,* avoir qn sans cesse avec soi. | *l'ho sempre attorno,* je l'ai toujours dans les jambes. | *levarsi qlcu. d'attorno,* se débarrasser de qn. | *levati d'attorno !,* enlève-toi !, va-t'en !, fiche le camp ! (fam.), débarrasse le plancher ! (fam.). || PR. e FIG. *guardarsi attorno,* regarder autour de soi (pr.) ; prendre garde, agir avec circonspection (fig.). ◆ prep. ***attorno a.* 1.** autour de. || **2.** [con valore temporale] *attorno al 1950,* vers 1950 ; aux environs de, autour de 1950. | *ha attorno ai cinquant'anni,* il a autour de, environ cinquante ans. || **3.** LOC. FIG. *stare attorno a qlcu.,* courtiser qn, faire la cour à qn. | *girare, ronzare attorno ad una ragazza,* tourner autour d'une fille. | *stare attorno ad un lavoro,* donner tous ses soins à un travail. || FAM. *girare attorno ad un argomento,* tourner autour du pot.

attorucolo [atto'rukolo] m. DIMIN. PEGGIOR. cabotin.

attraccare [attrak'kare] v. intr. MAR. aborder, accoster (tr.). | *attraccare al molo,* accoster au quai, aborder à quai.

attracco [at'trakko] m. MAR. accostage. || [luogo] quai.

attraente [attra'ɛnte] agg. attrayant, séduisant, attirant. | *proposte attraenti,* propositions alléchantes. | *ragazza attraente,* jeune fille séduisante. | *aria attraente,* air engageant.

attrarre [at'trarre] v. tr. PR. e FIG. attirer. | *questo particolare ha attratto la mia attenzione,* ce détail a attiré, a retenu mon attention. | *pubblicità che attrae l'occhio,* publicité qui accroche l'œil. | *non mi attrae,* cela ne m'attire pas ; ça ne me dit rien. | *siamo stati attratti dal profumo,* nous avons été alléchés par l'odeur.

attrattiva [attrat'tiva] f. attrait m., charme m., séduction. | *attrattiva della novità,* l'attrait de la nouveauté. || pl. agréments m., charmes m.

attraversamento [attraversa'mento] m. traversée f., franchissement, passage. || [luogo dove si può attraversare] passage. | *attraversamento pedonale,* passage pour piétons, passage clouté.

attraversare [attraver'sare] v. tr. PR. e FIG. traverser. | *la ferrovia attraversa la strada,* la voie ferrée croise, coupe la route. | *attraversare un periodo difficile,* traverser une période difficile. || [varcare] traverser, franchir. | *attraversare un fiume, le Alpi, le linee nemiche,* franchir une rivière, les Alpes, les lignes ennemies. | *attraversare la strada, il passo a qlcu.,* PR. couper le chemin à qn ; FIG. se mettre sur le chemin, en travers du chemin de qn.

attraverso [attra'vɛrso] prep. e ***attraverso a*** LOC. PREP. **1.** [da una parte all'altra] à travers. | *passare attraverso i campi,* passer à travers champs. | *guardare attraverso un vetro,* regarder à travers une vitre. || FIG. *attraverso i secoli,* à travers les siècles. || [quando c'è un ostacolo] au travers de, à travers. | *attraverso le linee nemiche,* au travers des lignes ennemies. || **2.** [di traverso] en travers de. | *attraverso (al)la strada,* en travers de la route. || **3.** FIG. [per mezzo di] par. | *attraverso la radio,* par la radio. || [persone] par (l'intermédiaire de). | *attraverso amici,* par l'intermédiaire d'amis, par des amis. ◆ avv. de travers. | *mi è andato qlco. attraverso,* j'ai avalé qch. de travers. || V. anche TRAVERSO (di), TRAVERSO (a), TRAVERSO (per).

attrazione [attrat'tsjone] f. attraction. | *attrazione universale,* attraction universelle. || FIG. attraction, attirance, attrait m., charme m. || [spettacolo] attraction. || FIS., LING. attraction.

attrezzamento [attrettsa'mento] m. équipement.

attrezzare [attret'tsare] v. tr. équiper. | *attrezzare un laboratorio,* équiper un laboratoire. || MAR. équiper, armer, gréer. | *attrezzare una nave,* équiper, armer un navire. | *attrezzare una nave a goletta,* gréer un navire en goélette. || TECN. équiper, outiller. | *operaio ben attrezzato,* ouvrier bien outillé. ◆ v. rifl. s'équiper.

attrezzatura [attrettsa'tura] f. **1.** équipement m. | *occuparsi dell'attrezzatura di un locale,* s'occuper de l'équipement, de l'aménagement d'un local. | *attrezzatura di una palestra,* équipement d'un gymnase. | *attrezzatura da pesca, da sci,* équipement de pêche, de ski. || TECN. outillage m., équipement. | *hanno un'attrezzatura molto completa,* ils ont un outillage très complet. | *attrezzatura di una fabbrica,* équipement d'une usine. || **2.** MAR. [l'attrezzare una nave] équipement, armement m. || [concreto] gréement m., agrès m. pl.

attrezzista [attret'tsista] (**-i** pl.) n. SPORT gymnaste. || TEATRO accessoiriste. || TECN. [operaio] outilleur m.

attrezzo [at'trettso] m. outil. | *attrezzi del fabbro,* outils du forgeron. | *attrezzi di cucina,* ustensiles de cuisine. || AUTOM. *carro attrezzi,* voiture (f.) de dépannage, dépanneuse f. || pl. SPORT agrès. || TEATRO accessoire.

attribuibile [attribu'ibile] agg. attribuable ; qu'on peut attribuer.

attribuire [attribu'ire] v. tr. attribuer. | *attribuire a ciascuno il suo,* attribuer à chacun son dû. || [supporre] attribuer. | *attribuire un'intenzione a qlcu.,* attribuer, prêter une intention à qn. || [ascrivere, imputare] attribuer. | *attribuire l'incidente alla negligenza,* attribuer l'accident à la négligence. | *attribuire qlco. a biasimo a qlcu.,* blâmer qn de qch. (L.C.). ◆ v. rifl. s'attribuer, s'approprier, s'arroger.

attributivo [attribu'tivo] agg. attributif. || GRAMM. *proposizione attributiva,* proposition attributive. | *complemento attributivo,* complément d'attribution.

attributo [attri'buto] m. attribut. || GRAMM. attribut.

attribuzione [attribut'tsjone] f. attribution. || pl. attributions. | *ciò non rientra nelle mie attribuzioni,* cela n'entre pas dans mes attributions.

attrice [at'tritʃe] f. actrice ; comédienne. V. ATTORE.

attristare [attris'tare] v. tr. e rifl. LETT. V. RATTRISTARE.
attrito [at'trito] m. FIS., TECN. friction f., frottement. | *forza d'attrito*, force de friction. | *attrito dell'aria*, frottement de l'air. || FIG. friction, désaccord.
attrizione [attrit'tsjone] f. TEOL. attrition.
attruppamento [attruppa'mento] m. attroupement.
attruppare [attrup'pare] v. tr. attrouper. ◆ v. rifl. s'attrouper.
attuabile [attu'abile] agg. réalisable, exécutable.
attuabilità [attuabili'ta] f. possibilité de réaliser.
attuale [attu'ale] agg. actuel. | *opera sempre attuale*, œuvre toujours actuelle. || FILOS., TEOL. actuel.
attualità [attuali'ta] f. actualité. || LOC. *d'attualità*, d'actualité, actuel. || pl. actualités. | *documentari d'attualità*, actualités (cinématographiques).
attualizzare [attualid'dzare] v. tr. actualiser.
attualmente [attual'mente] avv. actuellement.
attuare [attu'are] v. tr. réaliser, exécuter. | *attuare un piano*, exécuter un plan. ◆ v. rifl. se réaliser, s'exécuter, se matérialiser. | *progetto difficile ad attuarsi*, projet difficile à réaliser, projet qui se réalisera difficilement.
attuariale [attua'rjale] agg. FIN. actuariel.
attuazione [attuat'tsjone] f. réalisation, exécution. | *portare ad attuazione*, mettre à exécution. || PSICOL. actualisation.
attutire [attu'tire] v. tr. amortir. || [rumori] amortir, étouffer, assourdir. || FIG. calmer, apaiser. ◆ v. rifl. s'amortir, s'assourdir. || FIG. s'apaiser, s'estomper.
audace [au'datʃe] agg. [persone] hardi, intrépide, audacieux (antiq.). | *audace navigatore*, navigateur intrépide. || [cose] audacieux, hardi. | *impresa audace*, entreprise audacieuse. || PEGGIOR. insolent, provocant, effronté, audacieux (antiq.), hardi (antiq.). | *sguardo audace*, regard provocant. || PER EST. osé. | *questa scena è un po' troppo audace*, cette scène est un peu osée.
audacemente [audatʃe'mente] avv. audacieusement.
audacia [au'datʃa] f. audace; hardiesse (lett.); cran m. (fam.). | *hanno agito con audacia*, ils ont agi avec audace; ils ont eu de l'estomac (fam.). || [originalità] audace. || [insolenza] audace, aplomb m., culot m. (pop.), toupet m. (fam.). | *ci vuole una bella audacia a parlare così*, il faut avoir de l'audace, un sacré culot (pop.) pour parler comme ça.
audio ['audjo] m. invar. T. V. son.
audiogramma [audjo'gramma] m. audiogramme.
audiometro [au'djɔmetro] m. audiomètre.
audiovisivo [audjovi'zivo] agg. audio-visuel.
auditivo [audi'tivo] agg. V. UDITIVO.
auditore [audi'tore] m. V. UDITORE.
auditorio [audi'tɔrjo] m. auditorium.
audizione [audit'tsjone] f. audition. | *fare una audizione ad un cantante*, faire passer une audition à un chanteur. || GIUR. *audizione dei testi*, audition des témoins.
auf [a'uf] interiez. pff(t), pfut, ouf.
auge ['audʒe] f. (sempre sing.) sommet m., faîte m., apogée m. || LOC. *essere in auge*, être en vogue; faire fureur.
augurabile [augu'rabile] agg. souhaitable.
augurale [augu'rale] agg. de vœux. || STOR. augural.
augurare [augu'rare] v. tr. souhaiter. | *augurare il buon giorno*, souhaiter le bonjour. | *augurare buon anno*, offrir ses vœux de bonne année, souhaiter la bonne année (fam.). ◆ v. rifl. souhaiter, espérer. | *mi auguro di riuscire*, je souhaite réussir. | *mi auguro che finisca presto*, je souhaite que cela finisse vite, j'espère que cela finira vite. ◆ v. intr. STOR. augurer. || PER EST. LETT. augurer, présager (tr.).
augure ['augure] m. STOR. augure. || PER EST. POET. voyant, prophète.
augurio [au'gurjo] m. **1.** vœu, souhait. | *fare l'augurio di una pronta guarigione*, souhaiter une guérison rapide. | *formulare un augurio per la salute di qlcu.*, formuler des vœux pour la santé de qn. | *auguri per l'esame!*, bonne chance pour ton examen! | *auguri!*, bonne chance!, tous mes vœux! || PARTICOL. *fare, mandare gli auguri di buon Natale, di buon anno*, faire, envoyer ses vœux, ses souhaits de joyeux Noël, de bonne année. | *(tanti) auguri!*, meilleurs vœux! || **2.** [presagio] augure, présage. | *essere di buono, di cattivo augurio*, être de bon, de mauvais augure. || **3.** STOR. cérémonie (f.) augurale.
augusto [au'gusto] agg. auguste.
aula ['aula] f. [nelle scuole] salle (de classe); classe. *entrare in aula*, entrer en, dans la classe. | *aula di disegno*, salle de dessin. || [nelle università] salle. | *aula magna*, grand amphithéâtre, grand amphi (fam.). || [negli altri edifici] salle. | *aula delle udienze*, salle d'audience. | *nell'aula del tribunale*, dans l'enceinte du tribunal.
aulicamente [aulika'mente] avv. dans un style élevé; pompeusement (peggior.).
aulico ['auliko] (**-ci** pl.) agg. aulique (antiq.), de cour. | *poeta aulico*, poète de cour. || [di linguaggio o stile] élevé, noble; pompeux (peggior.), académique (peggior.).
aumentabile [aumen'tabile] agg. augmentable.
aumentare [aumen'tare] v. tr. augmenter, accroître. | *aumentare il patrimonio*, augmenter, agrandir, accroître son patrimoine. | *aumentare il prezzo*, augmenter, élever le prix. | *aumentare i salari*, augmenter, relever les salaires. | *mi hanno aumentato lo stipendio*, j'ai été augmenté; mon salaire a été augmenté. | *aumentare le tasse*, augmenter, relever, aggraver les impôts. | *aumentare la gioia*, augmenter, accroître la joie. | *aumentare gli sforzi*, accentuer les efforts. | *aumentare il disordine*, ajouter au désordre. || [lavoro a maglia] *aumentare le maglie*, augmenter. ◆ v. intr. augmenter, s'accroître. | *la popolazione aumenta*, la population augmente, s'accroît. | *la temperatura aumenta*, la température s'élève. | *la febbre aumenta*, la fièvre monte. | *aumentare di prezzo*, augmenter. | *aumentare di peso*, grossir. | *è aumentato di quattro chili*, il a pris, il a grossi de quatre kilos. | *la preoccupazione aumentava*, l'inquiétude augmentait, croissait, s'accroissait.
aumento [au'mento] m. augmentation f., accroissement. | *aumento della popolazione*, accroissement, augmentation de la population. | *aumento della temperatura*, élévation (f.), hausse (f.) de la température. | *aumento dei salari*, relèvement des salaires. || LOC. *essere in aumento*, augmenter; [di prezzi] être en hausse. | *gli incidenti sono in continuo aumento*, le nombre des accidents ne cesse d'augmenter. | *i prezzi sono in aumento*, les prix sont en hausse.
aura ['aura] f. LETT. e POET. brise, souffle m. || FIG. aura, atmosphère.
aureo ['aureo] agg. **1.** d'or, en or. | *corona aurea*, couronne d'or. || ECON. *riserva aurea*, réserve or. | *sistema aureo*, étalon-or. || **2.** LETT. [che ha il colore dell'oro] d'or, doré. | *chioma aurea*, cheveux d'or. || ASTRON. *numero aureo*, nombre d'or. || MAT. *sezione aurea*, nombre d'or. || MIT. *età aurea*, âge d'or.
aureola [au'rɛola] f. PR. e FIG. auréole. || ASTRON. [alone] auréole, halo m.
auricola [au'rikola] f. ANAT. auricule.
auricolare [auriko'lare] agg. auriculaire. ◆ m. écouteur.
aurifero [au'rifero] agg. aurifère.
auriga [au'riga] m. ANTIQ. aurige.
aurora [au'rɔra] f. aurore. || FIG. aurore, aube. | *aurora della civiltà*, aube de la civilisation.
auscultare [auskul'tare] v. tr. MED. ausculter.
auscultazione [auskultat'tsjone] f. MED. auscultation.
ausiliare [auzi'ljare] agg. e n. auxiliaire. || GRAMM. *(verbo) ausiliare*, (verbe) auxiliaire.
ausiliaria [auzi'ljarja] f. MIL. auxiliaire féminine (de l'armée).
ausiliario [auzi'ljarjo] agg. auxiliaire. | *motore ausiliario*, moteur auxiliaire. || MIL. *truppe ausiliarie*, troupes auxiliaires. ◆ m. auxiliaire, aide. || STOR. auxiliaire.
ausilio [au'ziljo] m. LETT. aide f., secours.
auspicabile [auspi'kabile] agg. souhaitable.
auspicare [aus'pikare] v. tr. (lett.) [augurare] souhaiter (L.C.). || [prevedere] présager.
auspicio [aus'pitʃo] m. STOR. ANTIQ. auspice. || LETT. augure, présage. | *essere di buon auspicio*, être de bon augure. | *sotto infausti auspici*, sous de funestes auspices. || LOC. FIG. *sotto l'auspicio, gli auspici di*, sous les auspices de.

austerità [austeri'ta] f. austérité. ‖ ECON. austérité.
austero [aus'tɛro] agg. austère, sévère. ‖ [di clima] (raro) rude.
australe [aus'trale] agg. austral.
australiano [austra'ljano] agg. australien.
austriaco [aus'triako] (**-ci** pl.) agg. e m. autrichien.
austro ['austro] m. POET. autan. ‖ FIG. sud, midi.
austroungarico [austroun'gariko] (**-ci** pl.) agg. austro-hongrois.
autarchia [autar'kia] f. ECON. autarcie. ‖ AMM. autonomie. ‖ POLIT. (raro) autocratie.
autarchico [au'tarkiko] (**-ci** pl.) agg. ECON. autarcique. ‖ AMM. autonome.
aut aut ['aut'aut] LOC. LAT. alternative f., dilemme m. | *imporre un aut aut* [a qlcu.] obliger [qn] au choix, à faire un choix.
autentica [au'tɛntika] f. AMM. déclaration d'authenticité.
autenticabile [autenti'kabile] agg. qui peut (ou doit) être authentifié.
autenticamente [autentika'mente] avv. authentiquement.
autenticare [autenti'kare] v. tr. AMM. authentifier, légaliser, authentiquer (antiq.), certifier. | *firma autenticata*, signature légalisée. | *autenticare un'opera d'arte*, expertiser, certifier l'authenticité (d')une œuvre d'art.
autenticazione [autentikat'tsjone] f. AMM. authentification, légalisation.
autenticità [autentitʃi'ta] f. authenticité.
autentico [au'tɛntiko] (**-ci** pl.) authentique. | *autentico whisky scozzese*, véritable whisky écossais. | *autentica canaglia*, vraie canaille. | *copia autentica*, copie certifiée conforme.
autentificare [autentifi'kare] v. tr. V. AUTENTICARE.
autiere [au'tjɛre] m. MIL. chauffeur militaire.
autista [au'tista] m. chauffeur.
auto ['auto] f. invar. FAM. auto.
autoaccensione [autoattʃen'sjone] f. auto-allumage m.
autoadesivo [autoade'zivo] agg. NEOL. adhésif.
autoambulanza [autoambu'lantsa] f. ambulance.
autoanalisi [autoa'nalizi] f. PSICANAL. auto-analyse.
autoarticolato [autoartiko'lato] m. semi-remorque.
autobiografia [autobiogra'fia] f. autobiographie.
autobiografico [autobio'grafiko] (**-ci** pl.) agg. autobiographique.
autoblindato [autoblin'dato] agg. blindé. | *divisione autoblindata*, division blindée.
autoblindo [auto'blindo] m. invar. automitrailleuse f., (engin) blindé m.
autobotte [auto'botte] f. camion-citerne m.
autobruco [auto'bruko] (**-chi** pl.) m. autochenille f.
autobus ['autobus] m. invar. autobus, bus (fam.). | *perdere l'autobus*, PR. manquer l'autobus; FIG. manquer, louper (fam.) le coche.
autocarro [auto'karro] m. camion; poids lourd.
autocisterna [autotʃis'tɛrna] f. camion-citerne m.
autocivetta [autotʃi'vetta] f. NEOL. voiture piège, voiture banalisée.
autoclave [auto'klave] f. autoclave m.
autocombustione [autokombus'tjone] f. combustion spontanée.
autocommiserazione [autokommizerat'tsjone] f. apitoiement sur soi-même.
autocompiacimento [autokompjatʃi'mento] m. NEOL. autosatisfaction f.
autocontrollo [autokon'trɔllo] m. contrôle, maîtrise (f.) de soi; self-control (ingl.). | *mantenere l'autocontrollo*, rester maître de soi, se contrôler.
autocorriera [autokor'rjɛra] f. autocar, car.
autocoscienza [autokoʃ'ʃɛntsa] f. conscience de soi.
autocrate [au'tɔkrate] m. autocrate.
autocratico [auto'kratiko] (**-ci** pl.) agg. autocratique.
autocrazia [autokrat'tsia] f. autocratie.
autocritica [auto'kritika] f. NEOL. autocritique.
autocritico [auto'kritiko] (**-ci** pl.) agg. NEOL. qui fait de l'autocritique.
autoctono [au'tɔktono] agg. e m. autochtone.
autodafé [autoda'fe] m. invar. STOR. autodafé.
autodenuncia [autode'nuntʃa] o **autodenunzia** [-tsja] f. aveux spontanés (m. pl.); autoaccusation.
autodeterminazione [autodeterminat'tsjone] f. autodétermination
autodidatta [autodi'datta] (**-i** pl.) m. e f. autodidacte.
autodifesa [autodi'fesa] f. autodéfense.
autodisciplina [autodiʃʃi'plina] f. maîtrise de soi. | *imporsi una ferrea autodisciplina*, s'astreindre à une discipline sévère.
autodromo [au'tɔdromo] m. autodrome.
autoemoteca [autoemo'tɛka] f. NEOL. ambulance équipée pour faire des prises de sang.
autoerotismo [autoero'tizmo] m. PSICANAL. autoérotisme.
autofecondazione [autofekondat'tsjone] f. BIOL. autofécondation.
autoferrotranviario [autoferrotranvi'arjo] agg. SIND. des transports publics.
autoferrotranvieri [autoferrotranvi'ɛri] m. pl. SIND. employés des transports publics.
autofficina [autoffi'tʃina] f. garage m., atelier (m.) de réparations.
autofilotranviario [autofilotranvi'arjo] agg. SIND. des transports urbains.
autofinanziamento [autofinantsja'mento] m. autofinancement.
autofurgone [autofur'gone] m. fourgon (automobile). | *autofurgone funebre*, corbillard; fourgon funéraire, funèbre, mortuaire. | *autofurgone cellulare*, voiture (f.) cellulaire, panier à salade (fam.).
autogeno [au'tɔdʒeno] agg. autogène.
autogiro [auto'dʒiro] m. AER. autogire.
autogol [auto'gɔl] m. invar. SPORT = but marqué contre sa propre équipe.
autogoverno [autogo'vɛrno] m. AMM., POLIT. autonomie f.
autografo [au'tɔgrafo] agg. e m. autographe.
autogrill [auto'grill] m. invar. NEOL. Restoroute.
autogru [auto'gru] f. invar. dépanneuse.
autoinnaffiatrice [autoinnaffja'tritʃe] f. arroseuse (automobile).
autointossicazione [autointossikat'tsjone] f. MED. auto-intoxication.
autolesionismo [autolezjo'nizmo] m. automutilation f. ‖ FIG. masochisme (fig.).
autolettiga [autolet'tiga] f. ambulance.
autolinea [auto'linea] f. ligne d'autocars.
automa [au'tɔma] (**-mi** pl.) m. PR. e FIG. automate.
automaticamente [automatika'mente] avv. automatiquement.
automaticità [automatitʃi'ta] f. automatisme m.
automatico [auto'matiko] (**-ci** pl.) agg. PR. e FIG. automatique. | *bottone automatico*, pression f., bouton à pression, bouton-pression.
automatismo [automa'tizmo] m. automatisme.
automatizzare [automatid'dzare] v. tr. NEOL. automatiser.
automatizzazione [automatiddzat'tsjone] f. automatisation, automation (neol.).
automazione [automat'tsjone] f. NEOL. automation (neol.), automatisation.
automezzo [auto'mɛddzo] m. véhicule automobile.
automobilastro [automobi'lastro] m. PEGGIOR. chauffard.
automobile [auto'mɔbile] f. automobile, voiture; bagnole (pop.), tire (pop.). | *automobile da corsa, da turismo*, voiture de course, de tourisme.
automobilismo [automobi'lizmo] m. automobilisme.
automobilista [automobi'lista] (**-i** pl.) m. automobiliste.
automobilistico [automobi'listiko] (**-ci** pl.) agg. automobile. | *assicurazione automobilistica*, assurance automobile. | *patente automobilistica*, permis de conduire. | *incidente automobilistico*, accident d'auto.
automotore [automo'tore] agg. automoteur.
automotrice [automo'tritʃe] f. autorail m., automotrice.
automutilazione [automutilat'tsjone] f. automutilation.
autonoleggiatore [autonoleddʒa'tore] m. NEOL. loueur de voitures.
autonoleggio [autono'leddʒo] m. NEOL. location (f.) de voitures.
autonomia [autono'mia] f. autonomie.

autonomismo [autono'mizmo] m. mouvement, caractère autonomiste.
autonomista [autono'mista] m. e f. autonomiste.
autonomistico [autono'mistiko] (**-ci** pl.) agg. autonomiste.
autonomo [au'tɔnomo] agg. autonome.
autoparcheggio [autopar'keddʒo] m. NEOL. parc (de stationnement), parking (ingl.).
autoparco [auto'parko] (**-chi** pl.) m. NEOL. parc (de stationnement), parking (ingl.). ‖ [insieme di autoveicoli] parc automobile.
autopilota [autopi'lɔta] (**-i** pl.) m. AER. pilote automatique.
autopista [auto'pista] f. [nei deserti] piste. ‖ NEOL. [nei parchi di divertimento] piste pour autos tamponneuses.
autopompa [auto'pompa] f. autopompe.
autopsia [autop'sia] f. MED. autopsie. | *fare l'autopsia*, faire l'autopsie ; autopsier.
autopubblica [auto'pubblika] f. taxi m.
autopullman [auto'pulman] m. invar. autocar, car.
autopunizione [autopunit'tsjone] f. PSICANAL. autopunition.
autoradio [auto'radjo] f. invar. autoradio m. (neol.), radio pour automobiles. ‖ NEOL. [automobile con ricetrasmittente] voiture radio.
autore [au'tore] (**-trice** f.) m. **1.** auteur m. | *l'autore dell'universo*, l'auteur, le créateur de l'univers. | *autore di un furto*, auteur, responsable d'un vol. | *autore della propria disgrazia*, artisan de son malheur. | *questa donna è l'autrice del quadro che ti ho mostrato*, cette femme est l'auteur du tableau que je t'ai montré. | *quadro d'autore*, tableau de maître. ‖ SCHERZ. *l'autore dei miei giorni*, l'auteur de mes jours. ‖ **2.** [di opera letteraria] auteur m., écrivain m., homme de lettres m., femme de lettres f. | *un'autrice nota*, un auteur connu.
autorespiratore [autorespira'tore] m. scaphandre autonome.
autorete [auto'rete] m. V. AUTOGOL.
autorevole [auto'revole] agg. autorisé, qui fait autorité. | *critico autorevole*, critique autorisé. | *studioso, opera autorevole*, savant, ouvrage qui fait autorité. | *personaggio autorevole*, personnage influent. | *parere autorevole*, avis autorisé. | *appoggio autorevole*, appui d'une personne influente. ‖ [che denota autorità] d'autorité. | *espressione autorevole*, air d'autorité.
autorevolezza [autorevo'lettsa] f. autorité. | *autorevolezza di una testimonianza*, autorité d'un témoignage.
autorevolmente [autorevol'mente] avv. avec autorité.
autorimessa [autori'messa] f. garage m.
autorità [autori'ta] f. **1.** [facoltà legittima di comandare] autorité. | *autorità dello Stato*, autorité de l'Etat. ‖ [organi del potere] autorité, pouvoir m. ‖ pl. autorités. | *autorità internazionali*, instances (neol.) internationales. ‖ GIUR. *autorità del giudicato*, autorité de la chose jugée. ‖ **2.** [influenza] autorité, ascendant m., emprise. | *esercitare autorità su qlcu.*, avoir de l'autorité, de l'ascendant sur qn. ‖ **3.** PER EST. [stima, credito] autorité. ‖ FILOS. *principio di autorità*, principe d'autorité. ‖ **4.** LOC. *d'autorità*, d'autorité. | *di propria autorità*, de sa propre autorité.
autoritariamente [autoritarja'mente] avv. autoritairement (raro), d'une manière autoritaire.
autoritario [autori'tarjo] agg. autoritaire.
autoritarismo [autorita'rizmo] autoritarisme.
autoritratto [autori'tratto] m. autoportrait.
autorizzare [autorid'dzare] v. tr. autoriser. | *non sono autorizzato a risponderle*, je ne suis pas autorisé à, il ne m'est pas permis de vous répondre. ‖ [giustificare] autoriser (lett.), justifier.
autorizzazione [autoriddzat'tsjone] f. autorisation.
autoscala [autos'kala] f. grande échelle des pompiers.
autoscatto [autos'katto] m. FOT. déclencheur automatique.
autoscontro [autos'kontro] m. NEOL. autos tamponneuses f. pl.
autoscuola [autos'kwɔla] f. auto-école.
autoservizio [autoser'vittsjo] m. service d'autocars.
autosnodato [autozno'dato] m. NEOL. véhicule articulé.
autospazzatrice [autospattsa'tritʃe] f. balayeuse.
autostazione [autostat'tsjone] f. gare routière.
autostello [autos'tɛllo] m. NEOL. motel.
autostop [autos'tɔp] m. invar. NEOL. auto-stop. | *fare l'autostop*, faire de l'auto-stop ; faire du stop (fam.).
autostoppista [autostop'pista] (**-i** pl.) m. e f. NEOL. auto-stoppeur m., auto-stoppeuse f.
autostrada [autos'trada] f. autoroute ; autostrade (antiq.).
autostradale [autostra'dale] agg. des autoroutes, autoroutier (neol.). | *traffico autostradale*, circulation sur l'autoroute, des autoroutes ; trafic autoroutier.
autosufficiente [autosuffi'tʃɛnte] agg. qui se suffit à soi-même.
autosufficienza [autosuffi'tʃɛntsa] f. fait (m.) de se suffire à soi-même, indépendance.
autosuggestionarsi [autosuddʒetjo'narsi] v. rifl. s'autosuggestionner.
autosuggestione [autosuddʒes'tjone] f. PSIC. autosuggestion.
autotelaio [autote'lajo] m. AUTOM. châssis.
autotrasportare [autotraspor'tare] v. tr. [persone o cose] transporter (en voiture, en car, en camion). ‖ [merci con autocarro] camionner.
autotrasportatore [autotrasporta'tore] m. transporteur routier, entrepreneur de transports (par route).
autotrasporto [autotras'pɔrto] m. transport routier, transport automobile. ‖ [di merci con autocarro] camionnage.
autotreno [auto'trɛno] m. camion à remorque, poids lourd.
autoveicolo [autove'ikolo] m. véhicule automobile.
autovettura [autovet'tura] f. automobile, voiture.
autunnale [autun'nale] agg. automnal.
autunno [au'tunno] m. PR. e FIG. automne. | *autunno inoltrato, tardo autunno*, arrière-saison f.
avallante [aval'lante] m. COMM. avaliseur, avaliste.
avallare [aval'lare] v. tr. COMM. avaliser. ‖ FIG. confirmer, garantir.
avallo [a'vallo] m. COMM. aval.
avambecco [avam'bekko] (**-chi** pl.) m. ARCHIT. avant-bec.
avambraccio [avam'brattʃo] m. avant-bras.
avamporto [avam'pɔrto] m. avant-port.
avamposto [avam'posto] m. MIL. avant-poste.
avana [a'vana] agg. e m. invar. havane.
avancarica [avan'karika] **(ad)** loc. avv. *armi ad avancarica*, armes qui se chargent par la bouche. | *caricamento ad avancarica*, chargement par la bouche.
avancorpo [avan'kɔrpo] m. ARCHIT. avant-corps.
avanguardia [avan'gwardja] f. MIL. e FIG. avant-garde.
avanguardismo [avangwar'dizmo] m. position (f.) d'avant-garde.
avanguardista [avangwar'dista] (**-i** pl.) m. STOR. = membre des jeunesses fascistes (de 14 à 18 ans). ‖ [chi appartiene all'avanguardia] (raro) artiste, écrivain d'avant-garde.
avannotto [avan'nɔtto] m. ZOOL. alevin. ‖ pl. frai sing.
avanscoperta [avansko'pɛrta] f. MIL. reconnaissance. | *partire in avanscoperta*, partir en éclaireur, partir en reconnaissance.
avanspettacolo [avanspet'takolo] m. lever de rideau.
avanti [a'vanti] avv. **1.** [luogo] en avant. | *guardare avanti*, regarder en avant. | *camminare avanti*, marcher en avant, marcher devant. | *abito più avanti*, j'habite plus loin. | *mandare qlcu. avanti*, envoyer qn en avant, devant. ‖ LOC. *in avanti*, en avant. | *fare tre passi (in) avanti*, faire trois pas en avant. ‖ *venire avanti*, (s')avancer, (s')approcher. | *viene avanti con aria dignitosa*, il s'avance d'un air digne. | *venite avanti*, approchez. | *non restare fuori della porta, vieni avanti*, ne reste pas devant la porte, entre. ‖ *andare avanti*, avancer, aller de l'avant (più spesso fig.) ; [procedere] continuer. | *andare avanti indietro*, marcher de long en large. | *il lavoro non va avanti*, le travail n'avance pas. | *vai avanti, ti raggiungo subito*, continue, je te rejoins tout de suite. | *non si può*

andare avanti così, on ne peut pas continuer comme ça ; ça ne peut pas durer. | *andare avanti con gli anni*, avancer en âge, se faire vieux. || *farsi, mettersi avanti*, PR. s'avancer, se présenter ; FIG. se mettre en avant, se pousser. | *cerca di farsi avanti a qualsiasi costo*, il essaie de se pousser à n'importe quel prix. || *portarsi avanti in un lavoro, portare avanti un lavoro*, avancer un travail. || *tirare, andare avanti*, vivoter, survivre, vivre. | *si tira avanti*, on vit comme on peut. | *mi sono fatto prestare un po' di soldi per tirare avanti fino alla fine del mese*, j'ai emprunté un peu d'argent pour résister jusqu'à la fin du mois. || *tirare, mandare avanti qlcu.*, entretenir, faire vivre qn. || *mandare avanti la baracca, la carretta*, faire bouillir la marmite. || *mandare avanti l'azienda, il negozio*, faire marcher son entreprise, son commerce. || *essere avanti*, être en avance. | *questo orologio è avanti*, cette montre avance. | *è avanti con gli anni*, il n'est plus de la première jeunesse ; il se fait vieux ; il est âgé. || *mettere avanti*, avancer. | *mettere avanti un orologio*, avancer une montre. || *mettere avanti scuse, pretesti*, se retrancher derrière des prétextes. || *mettere le mani avanti*, prendre ses précautions. || **2.** [come interiez.] *avanti !*, en avant ! || [invito ad entrare] entrez ! || [esortazione] allons !, allez ! | *fatti coraggio, avanti !*, allons, un peu de courage ! | *avanti, non ti offendere*, allons, ne te vexe pas ! || MIL. *avanti march !*, en avant, marche ! || **3.** [tempo] [prima] (raro) avant. | *bisognava pensarci avanti*, il fallait y penser avant, plus tôt. | *risalire molto avanti nel tempo*, remonter très loin dans le temps. | *molto avanti nella notte*, très en avant, tard dans la nuit. ◆ LOC. AVV. ***d'ora in avanti,*** dorénavant, désormais. ◆ LOC. CONG. ***avanti di, avanti che,*** avant de, avant que ; [con valore comparativo] plutôt que (de). ◆ prep. **1.** [tempo] avant. | *alzarsi avanti giorno*, se lever avant le jour. | *avanti Cristo*, avant Jésus-Christ. || LOC. *avanti lettera*, avant la lettre. ◆ LOC. PREP. ARC. ***avanti di,*** avant. || **2.** [luogo] LOC. PREP. ***avanti a,*** devant. | *camminava avanti a lui*, il marchait devant lui. || [con valore di agg.] précédent. | *il mese avanti*, le mois précédent, le mois d'avant. | *il giorno avanti*, la veille. ◆ m. MAR. avant, proue f. || SPORT avant.

avantieri [avan'tjɛri] avv. avant-hier.

avantreno [avan'trɛno] m. avant-train.

avanzamento [avantsa'mento] m. PR. e FIG. avancement, progrès. || [promozione] avancement.

1. avanzare [avan'tsare] v. intr. avancer. | *avanzare a gran velocità*, avancer à toute vitesse. | *avanzare in età*, avancer en âge. | *avanzare di grado*, avancer, monter en grade ; obtenir de l'avancement. || FIG. avancer, progresser. || MIL. avancer, progresser ; gagner du terrain. || FAM. [sporgere] dépasser (L.C.). ◆ v. tr. **1.** avancer. | *avanzare una sedia*, avancer une chaise. || **2.** [superare] dépasser, devancer. || FIG. surpasser, dépasser. || **3.** [promuovere] donner de l'avancement (à). || **4.** [presentare] avancer, présenter. | *avanzare una proposta*, avancer une proposition. | *avanzare una richiesta, delle scuse*, présenter une demande, des excuses. ◆ v. rifl. s'avancer, s'approcher. || FIG. se risquer, se hasarder.

2. avanzare [avan'tsare] v. intr. rester (impers.). | *mi avanzano pochi soldi*, il ne me reste pas beaucoup d'argent. | *è avanzato del pane*, il reste du pain. | *se ti avanza tempo*, si tu as du temps de reste. || [abbondare] *c'è vino e ne avanza*, il y a du vin plus qu'il n'en faut. ◆ v. tr. être créditeur (de). | *avanzo mille lire da te*, tu me dois mille lires. | *quanto avanzi (da me ?)*, combien te dois-je ? || [risparmiare] (raro) épargner, mettre de côté.

avanzata [avan'tsata] f. avance, progression.

avanzato [avan'tsato] agg. MIL. avancé. || FIG. [inoltrato] avancé. | *essere in età avanzata*, être d'un âge avancé, être âgé. | *siamo in autunno avanzato*, l'automne est déjà bien avancé. || [innovatore] avancé, d'avant-garde. | *idee avanzate*, idées avancées.

avanzo [a'vantso] m. **1.** reste. | *avanzi di un banchetto*, restes, reliefs (lett.) d'un festin. | *avanzo di stoffa*, reste d'étoffe. | *avanzi di un esercito*, restes, débris (lett.) d'une armée. | *avanzi di una città*, restes, ruines (f.) d'une ville. | *avanzi mortali*, restes ; dépouille mortelle (f. sing.). | *avanzo di galera*, gibier de potence. || LOC. *d'avanzo*, plus qu'assez. | *ne ho d'avanzo di queste storie*, j'en ai assez, j'en ai plein le dos (fam.) de ces histoires. || **2.** COMM. excédent, boni. || MAT. reste. | *il 3 nel 10 sta 3 volte con l'avanzo di 1*, en 10, 3 est contenu trois fois et il reste 1.

avaria [ava'ria] f. MAR. avarie. || PER EST. avarie, détérioration.

avariarsi [ava'rjarsi] v. rifl. s'avarier, s'abîmer. | *la frutta si è avariata*, les fruits se sont abîmés. | *il caldo ha fatto avariare la carne*, la chaleur a abîmé la viande. ◆ v. tr. (raro) avarier, abîmer.

avariato [ava'rjato] agg. avarié, détérioré, endommagé.

avarizia [ava'rittsja] f. avarice. || SCHERZ. *crepi l'avarizia !*, au diable l'avarice !

avaro [a'varo] agg. e m. PR. e FIG. avare.

ave ['ave] interiez. salut. || RELIG. *Ave Maria*, je vous salue Marie. ◆ f. Ave m., Ave Maria m.

avellana [avel'lana] f. BOT. aveline. || ARALD. coquerelles pl.

avemaria [avema'ria], **avemmaria** o **ave Maria** f. Ave Maria m., Ave m. || LOC. *sapere qlco. come l'avemmaria*, savoir qch. sur le bout des doigts. || [suono di campane] angélus m.

avena [a'vena] f. BOT. avoine. || LETT. [flauto] chalumeau m.

1. avere [a'vere] v. tr.

I. POSSEDERE : **1.** [cose] avoir, posséder. **2.** [qualità fisiche o morali, età] avoir. **3.** [persone] avoir. **4.** [tenere, indossare] avoir, porter. **5.** [provare, sentire] avoir. **6.** senso indebolito.
II. RICEVERE, PROCURARSI : avoir, recevoir.
III. FARE, PRODURRE : avoir.
IV. LOC.
V. AUSILIARE : avoir.

I. POSSEDERE : **1.** [cose] PR. e FIG. avoir, posséder. | *avere la macchina*, [possederne una] avoir, posséder une voiture ; [averla con sé] avoir la voiture. | *avere da mangiare*, avoir de quoi, à manger. | *non ha neppure da, di che vivere*, il n'a même pas de quoi vivre. | *avere poche ore di vita*, ne plus (en) avoir que (pour) quelques heures à vivre. | *avere degli obblighi, un mestiere, tempo*, avoir des obligations, un métier, le temps. || **2.** [qualità fisiche o morali, età] avoir. | *avere vent'anni, i capelli biondi, occhi grigi*, avoir vingt ans, les cheveux blonds, des yeux gris. | *avere coraggio*, avoir du courage. || **3.** [persone] *avere moglie*, être marié. | *avere moglie e bambini*, avoir une femme et des enfants. | *avere gente a pranzo*, avoir du monde à déjeuner. || PARTICOL. VOLG. *avere una donna*, avoir une femme. || **4.** [tenere, indossare] avoir, porter. | *avere qlco. in mano, in borsa*, avoir qch. en main, dans son sac. | *aveva un cappello grigio*, il portait un chapeau gris ; il avait un chapeau gris. || **5.** [provare, sentire] avoir. | *avere sete*, avoir soif. | *avere paura, voglia*, avoir peur, envie. | *avere speranza*, avoir de l'espoir ; espérer. | *avere mal di gola, avere la febbre*, avoir mal à la gorge, avoir de la fièvre. | *avere qlco. (che non va)*, avoir qch. (qui ne va pas). | *che cos'ha ?*, qu'est-ce qu'il a ? || **6.** senso indebolito [in espressioni il cui compl. ogg. equivale al sogg. di una prop. retta da « essere »] *ha la mamma ammalata*, sa mère est malade. | *aveva le scarpe rotte*, ses chaussures étaient trouées. | *hai la faccia sporca*, tu as la figure sale. || [alla prima pers. pl.] *quando abbiamo gli esami ?*, quand sont, c'est quand (fam.), quand est-ce qu'on a (fam.) les examens ? | *abbiamo avuto un inverno molto freddo*, l'hiver a été, nous avons eu un hiver très froid. || [seguito da « sotto », « sopra », « accanto », « dietro », ecc.] *l'avevo di fronte*, il était en face de moi. | *ce l'hai accanto*, il est à côté de toi.

II. RICEVERE, PROCURARSI : avoir, recevoir. | *avere un premio*, avoir, recevoir un prix. | *hai avuto notizie ?*, as-tu eu des nouvelles ? | *se lo avessi qui, gliene direi quattro*, si je le tenais, je lui dirais deux mots.

III. FARE, PRODURRE : avoir. | *ebbe un singhiozzo*, il eut

un sanglot. | *avere buone parole*, avoir de bonnes paroles.
IV. Loc. **1.** [con vari sostant.] *avere piacere*, être content. | *ho piacere di rivederti*, je suis content de te revoir. | *avrei piacere che tu mi scrivessi*, j'aimerais bien, je serais content que tu m'écrives. || *avere parte in qlco.*, avoir part, participer à qch. || *avere fortuna, sfortuna*, avoir de la chance, de la malchance. || *avere scalogna*, jouer de malchance. || *avere a mente*, se rappeler, ne pas oublier. || *avere in animo di*, avoir l'intention de. || *avere in odio, in orrore*, détester, avoir en horreur. || **2.** [con «ce»] *ce le hai, mille lire da prestarmi?*, as-tu mille lires à me prêter? | *non ce l'ho con me*, je ne l'ai pas avec moi. || *avercela con qlcu.*, en vouloir à qn; s'en prendre à qn; en avoir après (fam.), contre qn. | *ce l'ha con te*, il t'en veut. | *con chi ce l'ha?*, après qui en a-t-il? || **3.** altre Loc. *avere da, avere a* (+ infin.), avoir à, devoir. | *avere da lavorare*, avoir du travail, avoir à travailler. | *ho altro da fare*, j'ai autre chose à faire. | *ebbe a pentirsene*, il eut à s'en repentir. || Fam. *avere ancora da fare qlco.*, ne pas encore avoir fait qch. (l.c.). | *ha ancora da cominciare*, il n'a pas encore commencé. | *ha ancora da nascere*, il n'est pas encore né. || *aver(ci) a (che) fare con qlcu.*, avoir affaire à qn. | *non voglio avere a che fare con lui*, je ne veux rien avoir à faire avec lui. | *avrà a che fare con me*, il aura affaire à moi, il aura de mes nouvelles. || *avere a che dire con qlcu.*, avoir maille à partir avec qn. || *non avere a che fare, a che vedere, a che dire con...*, n'avoir rien à voir, n'avoir aucun rapport avec... || *aversela, aversene a male (di qlco.)*, se vexer (de qch.), mal prendre (qch.). | *se l'è avuta a male di quel che hai detto*, il a mal pris ce que tu as dit. || *avere (qlco.) di*, tenir de. | *ha molto del nonno*, il tient beaucoup de son grand-père. | *ha un pò del pazzo*, il a l'air un peu fou. | *ha qlco. del miracolo*, cela tient du miracle. || *avere qlcu. dalla sua*, avoir qn pour, avec soi; avoir qn de son côté. | *ha il sindaco dalla sua*, il a le maire pour lui; le maire est avec lui. || *averla vinta*, obtenir gain de cause, gagner. || *avere la meglio*, triompher, l'emporter. || *averne abbastanza, d'avanzo, fin sopra i capelli*, en avoir assez, marre (pop.), jusque par-dessus la tête, plein le dos (fam.).
V. Ausiliare [dei v. tr. att., dei v. intr. che esprimono attività fisica o morale, di alcuni v. intr. di moto] avoir. | *ho guardato*, j'ai regardé. | *ha avuto*, il a eu. | *quando ebbe terminato*, quand il eut terminé. | *aveva camminato molto*, il avait beaucoup marché.
2. avere [a'vere] m. avoir, bien. | *perse tutti i suoi averi*, il perdit toute sa fortune (f. sing.). || Comm. avoir, crédit. | *dare e avere*, doit et avoir, débit et crédit. || [ciò che è dovuto] dû. | *esigere il proprio avere*, exiger son dû.
averla [a'vɛrla] f. Zool. pie-grièche.
avestico [a'vɛstiko] (**-ci** pl.) agg. avestique.
aviario [a'vjarjo] agg. des oiseaux, d'oiseaux. ◆ m. volière f.
aviatore [avja'tore] (**-trice** f.) m. aviateur.
aviazione [avjat'tsjone] f. aviation. || Mil. aviation, armée de l'air.
avicolo [a'vikolo] agg. avicole.
avicoltore [avikol'tore] m. aviculteur.
avicoltura [avikol'tura] f. aviculture.
avidamente [avida'mente] avv. avidement.
avidità [avidi'ta] f. avidité, voracité. || Fig. avidité, soif, envie, cupidité (solo peggior.). | *avidità di imparare*, soif d'apprendre.
avido ['avido] agg. avide, vorace. || Fig. avide, affamé, cupide. | *avido di sangue*, assoiffé de sang. | *avido di gloria*, avide de gloire. | *avido di guadagno*, âpre au gain, cupide.
aviere [a'vjɛre] m. Mil. aviateur.
aviogetto [avjo'dʒɛtto] m. jet, avion à réaction.
aviolancio [avjo'lantʃo] m. Neol. parachutage.
aviolinea [avjo'linea] f. ligne aérienne.
aviorimessa [avjori'messa] f. hangar m.
aviosbarco [avjoz'barko] m. Mil. débarquement aérien.
aviotrasportare [avjotraspor'tare] v. tr. transporter par avion.
aviotrasportato [avjotraspor'tato] agg. transporté par avion. || Mil. aéroporté.
aviotrasporto [avjotras'pɔrto] m. transport aérien.
avitaminosi [avitami'nɔzi] f. Med. avitaminose.
avo ['avo] (**-a** f.) m. Lett. aïeul, e (antiq.), grand-père (grand-mère f.) (l.c.). || pl. aïeux (lett.), ancêtres (l.c.).
avocado [avo'kado] m. Bot. [albero] avocatier. || [frutto] avocat.
avocare [avo'kare] v. tr. Giur. évoquer. || Per est. [confiscare] confisquer. | *i beni dell'ex re furono avocati allo Stato*, l'État confisqua les biens de l'ex-roi.
avocatorio [avoka'tɔrjo] agg. Giur. évocatoire.
avocazione [avokat'tsjone] f. Giur. évocation.
avocetta [avo'tʃetta] f. Zool. avocette.
avorio [a'vɔrjo] m. ivoire. | *statuetta d'avorio*, statuette d'ivoire, en ivoire. || pl. ivoires. | *collezione d'avori*, collection d'ivoires. || Per est. [colore] ivoire, blanc cassé. || Loc. fig. *d'avorio*, blanc comme l'ivoire, d'ivoire (poet.). || Tecn. *nero d'avorio*, noir d'ivoire. ◆ agg. ivoire, blanc cassé.
avulso [a'vulso] agg. séparé, détaché, sans rapport (avec). | *avulso dalla realtà*, hors de la réalité, sans rapport avec la réalité. | *avulso dal contesto*, détaché du contexte, sans rapport avec le contexte.
avvalersi [avva'lersi] v. rifl. se servir (de), faire usage (de), user (de). | *avvalersi di un diritto*, user d'un droit.
avvallamento [avvalla'mento] m. dépression f., affaissement, creux. | *casa sita in un avvallamento*, maison située dans un enfoncement, dans un creux.
avvaloramento [avvalora'mento] m. valorisation f.; augmentation (f.) de valeur, renforcement. | *avvaloramento di un'ipotesi*, renforcement d'une hypothèse.
avvalorare [avvalo'rare] v. tr. valoriser, donner de la valeur (à), accréditer, renforcer, confirmer. | *avvalorare un'opinione*, renforcer, accréditer une opinion. ◆ v. rifl. se renforcer, se confirmer.
avvampare [avvam'pare] v. intr. s'enflammer, prendre feu. || Per est. s'embraser, s'enflammer, flamboyer, rougir. || [del viso] rougir, s'embraser. || Fig. lett. [di passione] s'enflammer.
avvantaggiare [avvantad'dʒare] v. tr. avantager, favoriser. ◆ v. rifl. tirer avantage (de), tirer profit (de), profiter (de). || [guadagnare tempo] gagner du temps, se mettre en avance. || [sopravanzare] prendre l'avantage (sur), prendre le dessus (sur). | *avvantaggiarsi sugli altri concorrenti*, prendre l'avantage sur les autres concurrents.
avvedersi [avve'derʒi] v. rifl. s'apercevoir, se rendre compte, prendre conscience.
avvedutamente [avveduta'mente] avv. prudemment, adroitement.
avvedutezza [avvedu'tettsa] f. perspicacité, sagacité.
avveduto [avve'duto] agg. [accorto] avisé, prudent. || [furbo] adroit, dégourdi. || Loc. *fare avveduto qlcu. di qlco.*, aviser, avertir qn de qch.
avvelenamento [avvelena'mento] m. empoisonnement.
avvelenare [avvele'nare] v. tr. empoisonner. || Per est. empoisonner, infecter. || Fig. empoisonner, gâcher. | *avvelenare la gioia*, gâcher la joie. || [corrompere] pervertir, corrompre. | *avvelenare la gioventù*, pervertir la jeunesse. ◆ v. rifl. Pr. e fig. s'empoisonner.
avvelenato [avvele'nato] agg. empoisonné. || Loc. fig. *aver il dente avvelenato contro qlcu.*, avoir une dent contre qn.
avvelenatore [avvelena'tore] (**-trice** f.) m. empoisonneur, euse.
avvenente [avve'nɛnte] agg. avenant, gracieux, agréable; accorte (solo f.; lett.).
avvenenza [avve'nɛntsa] f. grâce, agrément m., charme m.
avvenimento [avveni'mento] m. événement. || *quando parte in viaggio, è un avvenimento*, quand il part en voyage, c'est un événement, c'est toute une affaire, c'est toute une histoire.
1. avvenire [avve'nire] v. intr. arriver, se passer, se produire, avoir lieu. | *il fatto è avvenuto ieri*, cela s'est passé hier, c'est arrivé hier. | *è avvenuta una disgrazia*, il est arrivé un malheur. | *cosa avviene?*, qu'est-ce qui se passe?, que se passe-t-il? | *questi errori*

avvengono troppo spesso, ces erreurs se produisent trop souvent. ◆ v. impers. arriver, advenir. | *avveniva spesso che partisse senza avvertirmi*, il lui arrivait souvent de partir sans m'avertir. | *avvenga quel che vuole*, advienne que pourra ; quoi qu'il arrive. | *come spesso avviene, come suole avvenire*, comme il arrive souvent, comme il advient souvent.

2. avvenire [avve'nire] m. avenir. ‖ PER EST. [probabilità di successo] avenir. | *giovane, mestiere d'avvenire*, jeune homme, métier d'avenir. ‖ LOC. *in avvenire*, à l'avenir, dorénavant. ◆ agg. à venir, futur.

avvenirismo [avveni'rizmo] m. attitude (f.) futuriste.

avvenirista [avveni'rista] (**-i** pl.) m. e f. = personne qui anticipe, croit anticiper l'avenir. ◆ agg. V. AVVENIRISTICO.

avveniristico [avveni'ristiko] (**-ci** pl.) agg. = qui anticipe l'avenir ; futuriste.

avventare [avven'tare] v. tr. PR. jeter, balancer (fam.), lancer ; PER EST. envoyer. | *avventare uno schiaffo*, envoyer, flanquer (fam.) une claque. ‖ [più spesso] FIG. avancer à la légère. | *avventare un giudizio*, juger sans réfléchir. ◆ v. rifl. se lancer, s'élancer, se précipiter, foncer, fondre. | *gli si avventò contro*, il s'élança contre lui, il se précipita sur lui. | *avventarsi nella mischia*, se lancer dans la mêlée, foncer dans le tas (pop.). ‖ [di cose] s'abattre (sur).

avventatamente [avventata'mente] avv. inconsidérément, avec légèreté.

avventatezza [avventa'tettsa] f. étourderie, inconséquence, légèreté.

avventato [avven'tato] agg. inconsidéré, irréfléchi, hasardé. | *ipotesi avventata*, hypothèse hasardée. ‖ [di persona] inconséquent, étourdi, léger.

avventista [avven'tista] (**-i** pl.) m. e f. RELIG. adventiste.

avventizio [avven'tittsjo] agg. **1.** provisoire. ‖ [di cose] occasionnel, accessoire. ‖ AMM. *impiegato avventizio* (o sostant. *avventizio*), employé auxiliaire, auxiliaire m. ‖ **2.** BOT. adventif. ‖ **3.** FILOS. adventice.

avvento [av'vɛnto] m. avènement, arrivée f., venue f. ‖ [ascesa al trono] avènement, accession f. ‖ RELIG. [periodo precedente Natale] Avent.

avventore [avven'tore] (**-a** f.) m. client, e.

avventura [avven'tura] f. aventure. | *in cerca d'avventure*, en quête d'aventures. ‖ PARTICOL. *avventura (galante)*, aventure (amoureuse), passade. ◆ LOC. AVV. ***per avventura***, par hasard, par aventure (lett.), d'aventure (lett.).

avventurare [avventu'rare] aventurer, exposer, risquer. ◆ v. rifl. s'aventurer, se risquer, se hasarder.

avventuriero [avventu'rjɛro] m. aventurier.

avventurosamente [avventurosa'mente] avv. aventureusement.

avventuroso [avventu'roso] agg. aventureux. ‖ LETT. [fortunato] heureux, chanceux.

avverabile [avve'rabile] agg. réalisable.

avveramento [avvera'mento] m. réalisation f.

avverare [avve'rare] v. tr. réaliser, vérifier, confirmer. | *i fatti hanno avverato le mie previsioni*, les faits ont confirmé mes prévisions. ◆ v. rifl. s'avérer, se vérifier, se réaliser. | *le sue previsioni si sono avverate*, ses prévisions se sont révélées justes, ses prévisions se sont vérifiées. | *la profezia si avverò*, la prophétie se réalisa, s'accomplit.

avverbiale [avver'bjale] agg. GRAMM. adverbial.

avverbialmente [avverbjal'mente] avv. adverbialement.

avverbio [av'vɛrbjo] (**-bi** pl.) m. GRAMM. adverbe.

avversare [avver'sare] v. tr. contrecarrer, contrarier. ‖ [persone] s'opposer (à), se dresser (contre), contrer (fam.). | *hai sempre cercato di avversarmi*, tu as toujours cherché à me contrer.

avversario [avver'sarjo] (**-i** pl.) m. adversaire. ◆ agg. opposé, adverse. | *la parte avversaria*, la partie adverse. | *le persone anziane sono spesso avversarie delle novità*, les personnes âgées sont souvent opposées aux nouveautés, sont souvent les adversaires des nouveautés.

avversativo [avversa'tivo] agg. GRAMM. adversatif.

avversatore [avversa'tore] (**-trice** f.) m. adversaire, opposant, e.

avversione [avver'sjone] f. aversion, antipathie. | *nutrire avversione per qlcu.*, avoir de l'aversion pour qn. | *avere avversione per i gatti*, avoir horreur des chats.

avversità [avversi'ta] f. [l'essere avverso] hostilité. *avversità della fortuna*, hostilité du sort. | *avversità del tempo*, temps défavorable. ‖ specie pl. [situazione difficile, disgrazia] adversité (sempre sing.), malheur m., épreuve. | *dimostrarsi forte nelle avversità*, se montrer fort dans l'adversité. | *nelle avversità si conoscono gli amici*, c'est dans le malheur qu'on reconnaît ses amis.

avverso [av'vɛrso] agg. défavorable, contraire, hostile, adverse (lett.). | *avverso destino*, destin contraire, fortune adverse (lett.). | *natura avversa*, nature hostile. | *eventi avversi*, événements malheureux. ‖ GIUR. *parte avversa*, partie adverse.

avvertenza [avver'tɛntsa] f. circonspection, prudence, attention, précaution. | *aveva avuto l'avvertenza di chiudere la porta*, il avait pris la précaution, il avait eu soin (m.) de fermer la porte. ‖ [ammonimento] avertissement m., remarque. ‖ [avviso esposto al pubblico] avis m. ‖ [breve prefazione] avertissement, avis au lecteur. ‖ pl. [istruzioni] instructions, notice (sing.), mode d'emploi (m. sing.).

avvertibile [avver'tibile] agg. perceptible.

avvertimento [avverti'mento] m. avertissement.

avvertire [avver'tire] v. tr. avertir, prévenir, informer, aviser (lett. o amm.). | *hanno avvertito la polizia*, ils ont prévenu la police. | *ti avverto di non scherzare troppo*, ne plaisante pas trop, je t'avertis. ‖ [percepire] percevoir. | *avvertire un rumore strano*, percevoir un bruit bizarre. ‖ [provare] sentir, ressentir. | *avvertire un dolore*, sentir, éprouver, ressentir une douleur. | *avvertì qlco. di anormale*, il sentit, il perçut qch. d'anormal.

avvertito [avver'tito] agg. averti ; avisé. ‖ LOC. *rendere, fare avvertito*, mettre en garde.

avvezzamento [avvettsa'mento] m. accoutumance f., habitude f. | *avvezzamento del corpo alle fatiche*, endurcissement du corps.

avvezzare [avvet'tsare] v. tr. habituer, accoutumer. ◆ v. rifl. s'habituer, s'accoutumer, se faire (à).

avvezzo [av'vettso] agg. habitué, accoutumé.

avviamento [avvia'mento] m. **1.** acheminement. | *avviamento della posta*, acheminement du courrier. ‖ FERR. aiguillage. ‖ **2.** FIG. [indirizzo verso uno studio, un lavoro] orientation f. | *avviamento alla carriera medica*, orientation vers la carrière médicale. | *avviamento professionale*, orientation professionnelle. ‖ PARTICOL. *scuola d'avviamento ; avviamento*, école (f.) professionnelle, centre (m.) de formation professionnelle. ‖ [testo di preparazione] introduction f. | *avviamento agli studi storici*, introduction aux études historiques. ‖ **3.** [il dare inizio] mise (f.) en route, mise en train, démarrage. | *avviamento di un affare*, mise en route d'une affaire. ‖ **4.** COMM. achalandage. ‖ **5.** MECC. mise en marche, démarrage. | *motorino di avviamento*, démarreur.

avviare [avvi'are] v. tr. **1.** [dirigere] acheminer (vers), diriger (vers, sur). | *avviare il convoglio verso, ad un'altra città*, acheminer le convoi vers une autre ville ; diriger le convoi sur une autre ville. ‖ FERR. aiguiller. | *avviare il treno a un altro binario*, aiguiller le train sur une autre voie. ‖ FIG. diriger, orienter. | *avviare le ricerche verso qlco.*, orienter, aiguiller les recherches vers qch. ‖ **2.** [dare inizio] engager, commencer, mettre en train. | *avviare trattative*, engager, entamer, ouvrir, amorcer des négociations. | *avviare un lavoro*, mettre un travail en train ; se mettre à, commencer un travail. ‖ ECON. *avviare un'impresa di trasporti*, monter, lancer, mettre sur pied une entreprise de transports. ‖ MECC. mettre en marche, mettre en route, faire démarrer, faire partir. | *avviare un motore*, mettre un moteur en marche. ◆ v. rifl. **1.** PR. se diriger (vers), s'acheminer (vers). | *avviarsi a casa*, se diriger vers la maison. | *avviarsi incontro a qlcu.*, aller, partir à la rencontre de qn. ‖ ASSOL. se mettre en chemin, en route ; partir ; s'acheminer. ‖ [di macchina, motore...] démarrer, partir, se mettre en marche. ‖ **2.** FIG. s'acheminer (vers ; à), approcher (de), toucher (à). | *pare che ci stiamo avviando a una conclusione*, il semble que nous approchions d'une conclusion. ‖ [con infinito] *avviarsi a fare qlco.*, être

sur le point de, être en passe de faire qch. | ASSOL. démarrer. | *l'affare si avvia bene*, l'affaire démarre bien, prend un bon départ.
avviato [avvi'ato] agg. PR. parti, en route. || FIG. commencé. | *ben avviato*, bien parti, bien lancé. | *giovane ben avviato*, jeune homme qui fera son chemin. | *azienda ben avviata*, affaire bien partie, qui marche bien. | *negozio ben avviato*, magasin bien achalandé, prospère.
avvicendamento [avvitʃenda'mento] m. alternance f. || [di lavoratori] roulement. || AGR. rotation f., assolement.
avvicendare [avvitʃen'dare] v. tr. faire alterner. | *avvicendare lo studio con lo sport*, faire alterner l'étude et le sport. || [di persone] faire se relayer. || AGR. alterner. ◆ v. rifl. alterner [intr.], se succéder. || [di persone] se relayer, se succéder. ◆ SOSTANT. alternance f., succession f. | *l'avvicendarsi delle stagioni*, l'alternance des saisons.
avvicinabile [avvitʃi'nabile] agg. approchable, abordable, accessible.
avvicinamento [avvitʃina'mento] m. approche f.
avvicinare [avvitʃi'nare] v. tr. [mettere vicino] approcher. | *avvicinare una scala al muro*, approcher une échelle du mur. || [mettere più vicino] rapprocher. | *avvicinare il tavolo alla finestra*, rapprocher la table de la fenêtre. || [farsi vicino] approcher, s'approcher (de). | *avvicinare un vigile per chiedere la strada*, s'approcher d'un agent de police pour demander son chemin. | *non si riesce mai ad avvicinarlo*, on n'arrive jamais à l'approcher. | *avvicinare uno sconosciuto per la strada*, aborder, accoster un inconnu dans la rue. ◆ v. rifl. PR. e FIG. s'approcher (de), approcher (de) (spec. fig.). | *si avvicina il momento della partenza*, le moment du départ approche. | *ci stiamo avvicinando alla meta*, nous approchons du but, nous touchons au but. | *avvicinarsi ad un partito politico*, se rapprocher d'un parti politique. || FIG. [essere paragonabile] ressembler (à), rappeler [v. tr.]. || RELIG. *avvicinarsi ai sacramenti*, (s')approcher des sacrements.
avvilente [avvi'lɛnte] agg. démoralisant, décourageant. || [degradante] avilissant, dégradant.
avvilimento [avvili'mento] m. accablement, abattement, démoralisation f., découragement. || [degradazione] abaissement, avilissement, dégradation f.
avvilire [avvi'lire] v. tr. [scoraggiare] démoraliser, abattre, décourager. | *questo fallimento lo avvilisce*, cet échec l'abat, le démoralise. || [mortificare] humilier, mortifier. | *avvilire con un rifiuto*, humilier par un refus. || [degradare] avilir, abaisser, rabaisser, dégrader. || ◆ v. rifl. [perdersi d'animo] se démoraliser, se décourager, se laisser abattre. || [abbassarsi] s'abaisser, s'avilir, se dégrader, s'humilier.
avvilito [avvi'lito] agg. abattu, démoralisé, découragé, cafardeux (fam.). || [mortificato] humilié, mortifié.
avviluppamento [avviluppa'mento] m. enveloppement. || [aggrovigliamento] enchevêtrement. || FIG. enchevêtrement, embrouillement, confusion f.
avviluppare [avvilup'pare] v. tr. PR. e FIG. envelopper. | *avviluppare l'esercito nemico*, envelopper, encercler l'armée ennemie. || [aggrovigliare] PR. e FIG. emmêler, enchevêtrer, embrouiller. | *avviluppare una corda*, emmêler une corde. || [raggirare] circonvenir, embobiner (fam.), embobeliner (fam.), entortiller (fam.). ◆ v. rifl. s'envelopper, s'enrouler. | *avvilupparsi in una coperta*, s'enrouler dans une couverture.
avvinare [avvi'nare] v. tr. TECN. aviner.
avvinazzare [avvinat'tsare] v. tr. (raro) enivrer. ◆ v. rifl. s'enivrer.
avvinazzato [avvinat'tsato] agg. aviné.
avvincente [avvin'tʃɛnte] agg. captivant, prenant, passionnant, attachant, fascinant.
avvincere [av'vintʃere] v. tr. PR. LETT. enlacer, étreindre, enserrer, serrer, entourer. | *avvincere qlcu. tra le braccia*, serrer qn dans ses bras; enlacer, étreindre qn. | *edera che avvince un albero*, lierre qui enlace, qui entoure, qui s'enroule autour d'un arbre. || [legare] lier, attacher. || FIG. captiver, passionner, séduire.
avvinghiare [avvin'gjare] v. tr. enserrer, serrer, étreindre, enlacer. | *il serpente lo avvinghiò alla vita*, le serpent s'enroula autour de sa taille. | *lottatore che avvinghia l'avversario*, lutteur qui étreint son adversaire. ◆ v. rifl. s'accrocher. ◆ v. recipr. s'étreindre, s'enlacer.
avvio [av'vio] m. départ, début. | *quell'affare ha avuto un buon avvio*, cette affaire a pris un bon départ, a bien démarré. | *avvio delle trattative*, ouverture (f.) des pourparlers. || LOC. *dare l'avvio a qlco.*, commencer qch., faire commencer qch., donner lieu à qch. | *spero che questi risultati possano dare l'avvio ad altre ricerche*, j'espère que ces résultats seront le point de départ d'autres recherches. || *avere l'avvio da qlco.*, commencer par qch.; avoir qch. pour origine, comme point de départ.
avvisaglia [avvi'zaʎʎa] f. escarmouche. || LOC. FIG. *prime avvisaglie*, premiers symptômes (m.), premiers signes (m.).
1. avvisare [avvi'zare] v. tr. avertir, informer, prévenir; aviser (lett. o amm.). || PROV. *uomo avvisato, mezzo salvato*, un homme averti en vaut deux. || [ammonire] avertir. | *l'ho avvisato di stare attento*, je l'ai averti de faire attention.
2. avvisare [avvi'zare] v. tr. ARC. voir. ◆ v. rifl. s'apercevoir.
avvisato [avvi'zato] agg. averti, informé. || *bene, male avvisato*, bien, mal inspiré.
avvisatore [avviza'tore] m. avertisseur. | *avvisatore di incendio*, avertisseur d'incendie.
avviso [av'vizo] m. **1.** [informazione] avis, annonce f., communication f., information f. | *ho un importante avviso per Lei*, j'ai une importante communication à vous faire. | *dare avviso a qlcu. di qlco.*, informer qn de qch.; donner avis de qch. à qn (lett.). || **2.** [documento] avis. | *avviso al pubblico*, avis au public. | *avviso di sfratto*, avis d'expulsion. || [in un giornale] annonce f., avis. | *avviso economico*, petite annonce. || COMM. *avviso di pagamento, di ricevimento*, avis de paiement, de réception. || **3.** [ammonimento] (raro) avertissement. | *mettere sull'avviso*, mettre en garde. | *stare sull'avviso*, être sur ses gardes. || **4.** LETT. [parere] avis. | *a mio avviso*, à mon avis. | *essere d'avviso, dello stesso avviso*, être d'avis, du même avis.
avvistamento [avvista'mento] m. repérage.
avvistare [avvis'tare] v. tr. repérer; apercevoir.
avvitamento [avvita'mento] m. vissage. || AER. vrille f.
avvitare [avvi'tare] v. tr. visser. ◆ v. rifl. (senso passivo) se visser. | *questo tappo si avvita*, ce bouchon se visse. || AER. vriller (v. intr.).
avviticchiamento [avvitikkja'mento] m. (lett.). entortillement (L.C.), enroulement (L.C.), enlacement.
avviticchiare [avvitik'kjare] v. tr. entortiller, enrouler. ◆ v. rifl. s'entortiller, s'enrouler.
avvivare [avvi'vare] v. tr. V. RAVVIVARE.
avvizzimento [avvittsi'mento] m. flétrissure f.
avvizzire [avvit'tsire] v. intr. PR. e FIG. se faner (rifl.), se flétrir (rifl.). | *il suo viso è avvizzito*, son visage s'est flétri, son visage a perdu sa fraîcheur. ◆ v. tr. faner, flétrir.
avvizzito [avvit'tsito] agg. PR. e FIG. fané, flétri.
avvocatesco [avvoka'tesko] (**-schi** pl.) agg. PEGGIOR. avocassier (fam.).
avvocato [avvo'kato] (**-essa** f.) m. avocat, e. | *avvocato presso la Corte d'appello*, avocat à la cour d'appel. | *avvocato d'ufficio*, avocat d'office. | *avvocato difensore*, avocat de la défense. || PEGGIOR. *avvocato da strapazzo*, avocaillon. || [titolo] maître. | *Le presento l'avvocato Bianchi*, je vous présente maître Bianchi. | *piacere, avvocato!*, enchanté, Maître! || FIG. avocat, défenseur, champion. | *avvocato del diavolo*, avocat du diable.
avvocatura [avvoka'tura] f. profession d'avocat. | *darsi all'avvocatura*, devenir avocat, entrer au barreau (m.). || [insieme degli avvocati di un luogo] barreau m. | *avvocatura di Milano*, barreau de Milan.
avvolgente [avvol'dʒɛnte] agg. enveloppant. || MIL. enveloppant, d'enveloppement. | *manovra avvolgente*, manœuvre d'enveloppement.
avvolgere [av'vɔldʒere] v. tr. [arrotolare] enrouler, rouler. | *avvolgere del filo su un rocchetto*, enrouler du fil sur une bobine, bobiner du fil. | *avvolgere un tappeto*, rouler un tapis. || [avviluppare] envelopper. |

avvolgere un regalo in carta dorata, envelopper un cadeau dans du papier doré. || FIG. envelopper. | *le tenebre avvolgevano la terra*, les ténèbres enveloppaient la terre. | *la sua morte è avvolta nel mistero*, sa mort est entourée, enveloppée de mystère. ◆ v. rifl. [arrotolarsi] s'enrouler. || [avvilupparsi] s'enrouler, s'envelopper. | *avvolgersi in uno scialle*, s'envelopper dans un châle.
avvolgibile [avvol'dʒibile] m. store. || [saracinesca] rideau de fer.
avvolgimento [avvoldʒi'mento] m. enroulement; enveloppement. || ELETTR. bobinage, enroulement. || MIL. enveloppement.
avvolgitore [avvoldʒi'tore] (**-trice** f.) m. bobineur, euse. || [addetto alla confezione di pacchi] empaqueteur, euse; emballeur, euse.
avvolgitrice [avvoldʒi'tritʃe] f. MECC. bobineuse, bobinoir m.
avvoltoio [avvol'tojo] m. PR. e FIG. vautour. || FIG. charognard.
avvoltolare [avvolto'lare] v. tr. (raro) rouler, enrouler. ◆ v. rifl. PR. e FIG. se rouler, se vautrer.
azalea [addza'lɛa] f. BOT. azalée.
azienda [ad'dzjɛnda] f. entreprise, établissement m. | *azienda industriale*, entreprise industrielle, établissement industriel, industrie. | *azienda agricola*, exploitation agricole, entreprise agricole, établissement agricole. | *azienda privata, statale*, entreprise privée, d'État. | *azienda autonoma*, régie autonome. | *piccole e medie aziende*, petites et moyennes entreprises.
aziendale [addzjen'dale] agg. d'entreprise, de l'entreprise.
azimut ['addzimut] m. ASTRON. azimut.
azionare [attsjo'nare] v. tr. actionner.
azionario [attsjo'narjo] agg. FIN. d'actions. | *capitale azionario*, capital en actions.
1. azione [at'tsjone] f. **1.** [l'agire] action. | *uomo d'azione*, homme d'action. || **2.** [atto] action, acte m. | *buona, cattiva azione*, bonne, mauvaise action. | *far seguire l'azione alla parola*, passer de la parole à l'acte. || **3.** [movimento] action, activité, mouvement. | *stare in azione tutto il giorno*, être en mouvement tout le jour. | *motore in azione*, moteur en marche. || LOC. *mettere in azione*, mettre en action; actionner; mettre en marche; mettre en mouvement. || CIN. *azione!*, on tourne! || **4.** [manifestazione di una forza fisica o spirituale] action. | *esporre all'azione della luce*, exposer à l'action de la lumière. || **5.** [lotta] action. | *azione politica*, action politique. || MIL. action, manœuvre. | *coraggiosa azione dei partigiani*, courageuse action des partisans. | *azione di ripiegamento*, manœuvre de repli. | *azione di avvicinamento*, mouvement d'approche. || SPORT attaque. || **6.** GIUR. action. | *azione penale*, action pénale. || **7.** LETT., TEATRO, CIN. action. | *unità d'azione*, unité d'action.
2. azione [at'tsjone] f. FIN. action. | *azione al portatore, nominativa*, action au porteur, nominative. | *azione in rialzo, in ribasso*, action en hausse, en baisse. | *società per azioni*, société par actions.
azionista [attsjo'nista] (**-i** pl.) m. e f. actionnaire.
azotato [addzo'tato] agg. azoté.
azoto [ad'dzɔto] m. CHIM. azote.
azteco [ats'tɛko] (**-chi** pl.) agg. e m. aztèque.
azzannare [attsan'nare] v. tr. saisir entre ses crocs; enfoncer ses crocs (dans); happer. | *il leone azzannò la gazzella*, le lion enfonça ses crocs dans le corps de la gazelle. | *il cane azzannò il bambino alla gamba*, le chien happa la jambe de l'enfant. || FIG. déchirer. ◆ v. rifl. recipr. s'entre-déchirer (lett.).
azzannata [attsan'nata] f. coup (m.) de crocs; coup de dents.
azzardare [addzar'dare] v. tr. risquer, exposer, hasarder (lett.). | *azzardare la propria salute*, risquer sa santé. || ASSOL. risquer. || PER EST. [tentare] hasarder, risquer. ◆ v. rifl. se hasarder (à), se risquer (à), oser [v. tr.]. | *non si azzardò a rispondere*, il n'osa pas répondre, il ne se risqua pas à répondre.
azzardato [addzar'dato] agg. [rischioso] hasardeux, risqué. | *tentativo azzardato*, tentative hasardeuse. || [avventato] hasardé, aventuré. | *giudizio azzardato*, jugement hasardé, fait à la légère.
azzardo [ad'dzardo] m. risque; péril (lett.), hasard (antiq.). | *giochi d'azzardo*, jeux de hasard.
azzardoso [addzar'doso] agg. [di persona] audacieux, téméraire. || [di cosa] hasardeux, risqué.
azzeccagarbugli [attsekkagar'buʎʎi] m. invar. PEGGIOR. avocaillon.
azzeccare [attsek'kare] v. tr. **1.** PR. atteindre, toucher. | *l'ha azzeccato in pieno viso con una sassata*, il lui a envoyé une pierre en pleine figure. || **2.** FIG. (più spesso) deviner, trouver, tomber (sur). | *azzeccare la risposta esatta*, trouver, tomber sur la bonne réponse. | *azzeccare la difficoltà*, mettre le doigt sur la difficulté. || PARTICOL. *azzeccare un terno al lotto*, gagner le gros lot. || ASSOL. *azzeccarci, azzecarla*, deviner (juste), tomber juste, toucher juste; mettre le doigt dessus, mettre (en plein) dans le mille (fam.). || LOC. FAM. *non ne azzecca (mai) una*, rien ne lui réussit; il n'a pas de chance.
azzeccato [attsek'kato] agg. bien trouvé. | *formula, risposta (bene) azzeccata*, formule, réponse bien trouvée.
azzeramento [addzera'mento] m. mise (f.) au zéro.
azzerare [addze'rare] v. tr. mettre au zéro.
azzeruola [addze'rwɔla] f. BOT. azerole.
azzeruolo [addze'rwɔlo] m. BOT. azerolier.
azzimare [addzi'mare] v. tr. bichonner, pomponner. ◆ v. rifl. se bichonner, se pomponner.
azzimato [addzi'mato] agg. bichonné, pomponné.
azzimo ['addzimo] agg. azyme. ◆ m. pain azyme.
azzoppare [attsop'pare] v. tr. estropier; rendre boiteux. ◆ v. intr. V. AZZOPPIRE.
azzoppire [attsop'pire] v. intr. o **azzoppirsi** v. rifl. s'estropier, devenir boiteux.
azzuffarsi [attsuf'farsi] v. rifl. se bagarrer (fam.); échanger des coups, se colleter, s'empoigner; se tabasser (pop.), s'expliquer (pop.); se prendre aux cheveux. || [solo di donne] se crêper le chignon.
azzurrare [addzur'rare] v. tr. bleuir, azurer.
azzurrato [addzur'rato] agg. bleuté. | *lenti azzurrate*, verres teintés (de bleu).
azzurrino [addzur'rino] agg. bleuté, d'azur pâle (lett.), azuré (lett.).
azzurrite [addzur'rite] f. MINER. azurite.
azzurro [ad'dzurro] agg. bleu ciel (invar.), bleu, azuré (poet.), d'azur (poet.). | *abito azzurro*, robe bleue, robe bleu ciel. | *azzurro chiaro, scuro*, bleu clair, foncé. || FIG. *sangue azzurro*, sang bleu. | *Principe Azzurro*, Prince Charmant. ◆ m. bleu, azur (lett.). | *l'azzurro del cielo*, le bleu du ciel, l'azur (lett.). || CHIM. bleu. | *azzurro di cobalto*, bleu de cobalt. ◆ agg. e m. SPORT membre d'une équipe nationale italienne. | *sciatori azzurri*, skieurs de l'équipe italienne.
azzurrognolo [addzur'rɔɲɲolo] agg. bleuâtre, gris-bleu.

B

b [bi] f. e m. b m. ‖ TELECOM. *b come Bologna*, b comme Berthe.
baba [ba'ba] m. CULIN. baba.
ba o **bah** [ba] interiez. bah !
babau [ba'bau] m. invar. FAM. méchant loup, croque-mitaine, père fouettard.
babbeo [bab'bɛo] agg. e m. benêt, nigaud, niais, bêta, jobard, jocrisse (antiq.). ‖ m. dadais, huître f. (fam.), moule f. (fam.). | *si comporta da babbeo*, il se conduit comme un grand dadais.
babbo ['babbo] m. FAM. papa, père (L.C.). | *babbo Natale*, le père, le bonhomme Noël. | *rassomiglia tutto al babbo*, c'est son père tout craché (fam.).
babbuccia [bab'buttʃa] f. (**-ucce** pl.) babouche, mule.
babbuino [babbu'ino] m. ZOOL. babouin. ‖ FIG. FAM. ballot.
babele [ba'bɛle] f. FIG. *è una vera babele*, c'est une vraie tour de Babel, une vraie pétaudière.
babelico [ba'bɛliko] agg. FIG. [pieno di confusione] babélique, babélesque.
babilonese [babilo'nese] agg. e n. babylonien, enne.
babilonia [babi'lɔnja] f. FIG. tohu-bohu m., pagaille (fam.). | *che babilonia !*, quelle pagaille !, quel cirque !
babilonico [babi'lɔniko] agg. LETT. V. BABILONESE. ‖ FIG. [gigantesco e confuso] babélique.
babordo [ba'bordo] m. MAR. bâbord.
baby sitter ['beibi'sitə] f. [ingl.] baby-sitter.
bacare [ba'kare] v. tr. gâter, corrompre. ◆ v. intr. devenir véreux, se piquer, se gâter.
bacarozzo [baka'rɔttso] m. V. BACHEROZZOLO.
bacato [ba'kato] agg. véreux, piqué. ‖ FIG. taré, dépravé, désaxé. | *un uomo bacato*, un homme taré. | *ha il cervello bacato*, il est toqué, il a l'esprit dérangé.
bacca ['bakka] f. BOT. baie.
baccagliare [bakkaʎ'ʎare] v. intr. GERG. vociférer (L.C.).
baccalà [bakka'la] m. CUC. morue (sèche) f., merluche f. | *baccalà mantecato*, brandade (f.) de morue. ‖ FIG. *è magro come un baccalà*, il est maigre comme un hareng ; c'est un grand échalas. ‖ FIG. POP. [persona stupida] andouille f., gourde f.
baccanale [bakka'nale] m. bacchanale f. | *la festa degenerò in un baccanale*, la fête a dégénéré en bacchanale. ‖ pl. STOR. bacchanales.
baccano [bak'kano] m. vacarme, chahut, tintamarre, tapage, charivari, chambard (fam.), raffut (fam.), boucan (pop.), barouf, baroufle (raro) [pop.], hourvari (lett.). | *far baccano*, faire du chahut ; chahuter. ‖ FIG. *si è fatto molto baccano intorno a quella faccenda*, on a fait beaucoup de bruit autour de cette affaire.
baccante [bak'kante] f. bacchante.
1. baccarà [bakka'ra] m. GIOCHI baccara.
2. baccarà [bakka'ra] m. [cristallo] baccarat.
baccellatura [battʃella'tura] f. godronnage m.
baccelletto [battʃel'letto] m. godron.
baccellierato [battʃellje'rato] m. baccalauréat.
baccelliere [battʃel'ljɛre] m. STOR. bachelier.
baccello [bat'tʃɛllo] m. BOT. cosse f., gousse f. | *baccello di piselli*, cosse de petits pois. | *baccello del cacao*, cabosse f. | *baccello greco*, caroubier. ‖ DIAL. fève f. (L.C.). ‖ ARCHIT. godron.
bacchetta [bak'ketta] f. baguette, houssine (arc.). | *bacchetta magica*, baguette magique, de fée. | *bacchetta da rabdomante*, baguette divinatoire, de sourcier. ‖ FIG. *comandare qlcu. a bacchetta*, mener, faire marcher qn à la baguette. | *obbedisce a bacchetta*, il obéit au doigt et à l'œil. ‖ MIL. *bacchetta del fucile*, baguette de fusil. ‖ MUS. baguette.
bacchettata [bakket'tata] f. coup (m.) de baguette.
bacchettone [bakket'tone] m. PEGGIOR. bigot, dévot, faux dévot, cagot, cafard, calotin.
bacchettoneria [bakkettone'ria] f. bigoterie, fausse dévotion, bondieuserie (peggior.).
bacchiare [bak'kjare] v. tr. gauler. | *bacchiare le noci*, gauler, chabler (dial.) les noix.
bacchiatura [bakkja'tura] f. gaulage m.
bacchico ['bakkiko] agg. bachique.
bacchio ['bakkjo] m. gaule f.
bacciforme [battʃi'forme] agg. BOT. bacciforme.
Bacco ['bakko] [nell'interiez.] *per Bacco*, parbleu !, sapristi (fam.). | *corpo di Bacco !*, bigre !
bacetto [ba'tʃetto] m. [dimin. di BACIO] bise f. (fam.), bécot (fam.). V. anche BACINO.
bacheca [ba'kɛka] f. vitrine, tableau m. | *affiggere un avviso alla bacheca*, afficher un avis au tableau.
bachelite [bake'lite] f. Bakélite.
bacherozzolo [bake'rɔttsolo] m. **1.** [dimin. di BACO] vermisseau, asticot. ‖ **2.** [bruco] chenille f. ‖ **3.** [scarafaggio] cafard, cancrelat, blatte f.
bachicoltore [bakikol'tore] m. magnanier, sériciculteur.
bachicoltura [bakikol'tura] f. magnanerie, sériciculture.
baciamano [batʃa'mano] m. baisemain. | *fare il baciamano a una signora*, baiser la main d'une dame.
baciamento [batʃa'mento] m. RELIG. baisement.
baciapile [batʃa'pile] m. bigot, faux dévot, cagot, cafard, grenouille (f.) de bénitier (pop.), punaise (f.) de sacristie (fam.).
baciare [ba'tʃare] v. tr. **1.** PR. embrasser, baiser. (sost. gener. dal primo per il suo sign. pop. sessuale). | *la baciò sulla guancia*, il l'embrassa sur la joue. | *baciare in fronte*, donner un baiser sur le front. | *baciare il crocefisso*, baiser le crucifix. | *Signora, le bacio le mani*, Madame, je vous baise les mains. ‖ FAM. biser, bécoter. ‖ **2.** FIG. *la fortuna lo ha baciato in fronte*, la fortune lui a souri. | *una casa baciata del sole*, une maison baignée de soleil. | *le onde baciano lo scafo della nave*, les vagues lèchent la coque du bateau. ◆ v. rifl. s'embrasser.
baciasanti [batʃa'santi] m. invar. PEGGIOR. calotin.
baciato [ba'tʃato] agg. METRICA *rime baciate*, rimes plates, suivies.
bacile [ba'tʃile] m. **1.** bassin, bassine f., cuvette f. | *bacile del barbiere*, plat à barbe. ‖ **2.** (contenitore) *bacile refrigerante*, bac réfrigérant. ‖ **3.** ARCHIT. échine f., ove.
bacillare [batʃil'lare] agg. MED. bacillaire.
bacillo [ba'tʃillo] m. **1.** BIOL. *bacillo del carbonchio*, bactéridie (f.) du charbon. ‖ **2.** BOT. rhizobium. ‖ **3.** MED. bacille. | *bacillo della tubercolosi*, bacillose f.
bacinella [batʃi'nɛlla] f. cuvette.
bacinello [batʃi'nɛllo] m. bassinet. ‖ FOT. cuve (f.) de développement.
bacinetto [batʃi'netto] m. ANAT. bassinet. ‖ ANTIQ. [di armi da fuoco] bassinet. ‖ MIL. bassinet, armet, heaume.
1. bacino [ba'tʃino] m. **1.** bassin, cuvette f. ‖ PER EST. vasque f., pièce (f.) d'eau. ‖ *bacino per l'ostricoltura*, claire f. ‖ **2.** ANAT., GEOL., GEOGR. bassin. ‖ **3.** MAR. *bacino portuale*, dock. | *bacino di carenaggio*, bassin de radoub, cale sèche (f.). | *bacino galleggiante*, dock flottant, bassin à flot.
2. bacino [ba'tʃino] m. [dimin. di BACIO] bise f. (fam.), bécot (fam.). | *dare dei bacini*, bécoter (fam.).
1. bacio ['batʃo] m. baiser, bise f. (fam.). ‖ LOC. FIG. *lo si mangerebbe di baci*, il est joli à croquer. ‖ LOC. *tanti baci*, bons baisers, grosses bises. ‖ FIG. FAM. *al bacio*, parfait (L.C.), épatant (fam.).
2. baciò [ba'tʃio] agg. e m. exposé au nord. | *un prato esposto a bacio*, un pré exposé au nord.

bacione [ba'tʃone] m. [accr.] gros baiser, grosse bise (fam.).
baco ['bako] m. ver. | *baco da seta*, ver à soie. || FIG. démon, désir. | *avere il baco della gelosia*, avoir le démon de la jalousie.
bacolo ['bakolo] m. LETT. V. BASTONE.
bacologia [bakolo'dʒia] f. sériciculture.
bacologico [bako'lɔdʒiko] agg. séricicole.
bacucco [ba'kukko] agg. gâteux, gaga (fam.). | *vecchio bacucco*, vieux gâteux, vieux gaga (fam.).
bada ['bada] f. nella loc. *tenere a bada*, tenir en respect, surveiller. | *teneva a bada il nemico*, il tenait l'ennemi en respect. | *tieni a bada i bambini*, surveille les enfants. | *tenere a bada i creditori*, bercer d'espérances illusoires ses créanciers, amuser ses créanciers par des promesses, tenir ses créanciers le bec dans l'eau (pop.).
badalone [bada'lone] m. **1.** [leggio] lutrin. || **2.** [sempliclone] badaud.
badare [ba'dare] v. intr. **1.** [sorvegliare, avere cura] s'occuper (de). | *badare alla casa*, s'occuper du ménage, vaquer aux soins du ménage. | *bada stesso*, veille sur toi. || **2.** [occuparsi attivamente] penser à, s'occuper de, songer à. | *bada solo a divertirsi*, il ne pense, ne songe qu'à s'amuser. | *bada ai fatti tuoi*, occupe-toi de tes affaires, mêle-toi de tes oignons (pop.). | *ci baderò io*, j'y veillerai. | *badare al più urgente*, courir au plus pressé. | *bada!*, gare à toi!, prends garde!, gare! || **3.** [fare attenzione] prendre garde, veiller, songer, faire attention. | *non badategli*, ne faites pas attention à lui, ne vous occupez pas de lui. | *non badate alle chiacchiere*, ne faites pas attention aux commérages. | *bada di non sporcarti*, prends garde de, fais attention à ne pas te salir. | *badate che non manchi nulla*, veillez à ce que rien ne manque. | *non badare a spese*, ne pas regarder à la dépense; dépenser sans calculer; ne point ménager ses frais. ◆ v. tr. [sorvegliare] garder. | *badare il gregge*, garder le troupeau. ◆ v. rifl. se garder. | *badatevi dalle cattive compagnie*, gardez-vous des mauvaises fréquentations.
baderna [ba'dɛrna] f. MAR. baderne.
badessa [ba'dessa] f. abbesse. || FIG. FAM. *fare la badessa*, faire la princesse, prendre des airs de princesse. | *pare una badessa*, elle a l'air d'une matrone.
badia [ba'dia] f. LETT. abbaye (L.C.). || LOC. *casa mia, casa mia, per piccina che tu sia, tu mi sembri una badia*, ma maison est mon château, mon Louvre et mon Fontainebleau.
badiale [badi'ale] agg. LETT. abbatial. | *i diritti badiali*, les droits abbatiaux. || FIG. gros, gras, énorme.
badiana [ba'djana] f. BOT. badiane.
badilante [badi'lante] m. terrassier, journalier, bêcheur à la journée.
badilata [badi'lata] f. coup (m.) de bêche, de pelle. || [contenuto] pelletée.
badile [ba'dile] m. pelle f., bêche f.
baffo ['baffo] m. moustache f., bacchantes f. pl. (pop.). | *baffi ricurvi, all'insù*, moustache en croc. | *baffi spioventi*, moustache à la gauloise. | *un uomo con tanto di baffi*, un homme avec une grosse moustache. | *un uomo coi baffi*, un homme à moustache. | *tagliarsi i baffi*, se raser la moustache. | *aggiustarsi i baffi con le forbici*, tailler sa moustache. || [degli animali] moustaches pl. | *i baffi del gatto, del leone*, les moustaches du chat, du lion. || FIG. *un pranzo da leccarsi i baffi*, un repas à s'en lécher les babines (fam.). || LOC. FIG. *ridersela sotto i baffi, ridere sotto i baffi*, rire dans sa barbe, rire sous cape, en cachette. || LOC. POP. *me ne faccio un baffo*, je m'en balance, je m'en fiche (fam.), je m'en bats l'œil (pop.), je m'en moque (L.C.). || [macchia] tache f., moustache f. | *si era fatto un baffo bianco*, il s'était fait une moustache blanche. | *hai un baffo di carbone sul naso*, tu as une tache de charbon sur le nez. | *c'era un baffo d'inchiostro sul fazzoletto*, il y avait une traînée d'encre sur le mouchoir. || MAR. *baffi di prua*, lames (f.) de proue.
baffone [baf'fone] m. SCHERZ. moustachu.
baffuto [baf'futo] agg. moustachu.
bagagliaio [bagaʎ'ʎajo] m. FERR. fourgon, compartiment, wagon à bagages. || AUTOM. coffre (à bagages). || [deposito dei bagagli] consigne (f.) (des bagages).
bagaglio [ba'gaʎʎo] m. bagage. | *bagaglio a mano*, bagages (pl.) à main. | *bagaglio appresso*, bagages (pl.) accompagnés. | *il deposito bagagli*, la consigne (des bagages). | *fare i bagagli*, faire ses bagages, plier bagages. || FIG. *un bagaglio di cognizioni*, un bagage de connaissances. || MIL. équipement. || LOC. FIG. *andarsene con armi e bagagli*, partir avec armes et bagages. | *è arrivato con armi e bagagli*, il est arrivé avec tout son barda (fam.), son fourbi (fam.).
bagagliume [bagaʎ'ʎume] m. fourbi (fam.), barda (fam.), bataclan (fam.).
bagarinaggio [bagari'naddʒo] m. [incetta di merci] accaparement et vente (f.) abusive de marchandises; vente (f.) à la sauvette (de billets de théâtre).
bagarino [baga'rino] m. vendeur à la sauvette, traficant.
bagascia [ba'gaʃʃa] f. VOLG. putain, drôlesse (peggior.).
bagassa [ba'gassa] f. [fr.] AGR. bagasse.
bagattella [baga'tɛlla] f. bagatelle, babiole. | *divertirsi con bagattelle*, s'amuser à des bagatelles, à des riens. | *tre milioni in prestito? una bagattella!*, trois millions d'emprunt? c'est une bagatelle! || MUS. bagatelle.
baggiana [bad'dʒana] f. BOT. grosse fève.
baggianata [baddʒa'nata] f. bêtise, sottise.
baggiano [bad'dʒano] m. e agg. nigaud balourd, niais.
baghetta [ba'getta] f. [fr.] MODA baguette.
bagigi [ba'dʒidʒi] m. pl. REGION. VEN. cacahouètes (f.), cacahuètes (f.).
baglio ['baʎʎo] m. MAR. barrot, bau. | *mezzo baglio*, barrotin.
bagliore [baʎ'ʎore] m. lueur f. | *il bagliore del sole*, l'éclat du soleil.
bagna ['baɲɲa] f. DIAL. jus m.
bagnante [baɲ'ɲante] m. baigneur. ◆ f. baigneuse.
bagnare [baɲ'ɲare] v. tr. **1.** [cospargere d'acqua] mouiller, inonder. | *la pioggia ha bagnato la strada*, la pluie a mouillé la route. | *il bambino aveva bagnato di lacrime il cuscino*, l'enfant avait inondé son oreiller de larmes. | *quel bambino bagna ancora il letto*, cet enfant mouille encore son lit. | *bagnare di vapore, di nebbia*, envelopper de vapeur, de brume. || FAM. *bagnarsi il becco*, boire un coup. || POP. *bagnarsi il gargarozzo, l'ugola*, se rincer la dalle, s'humecter le gosier. || **2.** [immergere in acqua] tremper. || **3.** [annaffiare] arroser. | *bagnare i fiori*, arroser les fleurs. || CULIN. *bagnare un arrosto*, arroser un rôti. || FIG. SCHERZ. [festeggiare] *bagnare i galloni, un lieto evento*, arroser ses galons, un heureux événement. || **4.** [lambire] arroser, baigner (lett.). | *la Senna bagna Parigi*, la Seine arrose Paris. | *la Manica bagna le coste normanne*, la Manche baigne les côtes normandes. | *una città bagnata dal mare*, une ville au bord de la mer. ◆ v. rifl. se mouiller, se tremper. | *mi sono bagnato tutto*, je me suis tout mouillé, tout trempé. || [farsi il bagno] se baigner. | *è vietato bagnarsi*, défense de se baigner; baignade interdite.
bagnarola [baɲɲa'rɔla] f. baignoire, cuve. || SCHERZ. [automobile fuor di moda] vieille bagnole. || [barca vecchia] rafiot m., sabot m., coquille de noix.
bagnasciuga [baɲɲaʃ'ʃuga] m. invar. MAR. ligne (f.) de flottaison. || [impropr. per battigia] ligne (f.) de brisement des vagues.
bagnata [baɲ'ɲata] f. mouillage m. | *dare una bagnata alla biancheria*, arroser légèrement le linge. || SCHERZ. douche. | *che bagnata mi son preso!*, quelle douche j'ai prise!
bagnato [baɲ'ɲato] agg. mouillé. | *scivolare su un marciapiede bagnato*, glisser sur un trottoir mouillé. | *bagnato fradicio*, trempé, inondé. | *bagnato fino alle ossa*, trempé jusqu'aux os, comme une soupe. | *bagnato come un pulcino*, trempé comme un canard. | *un volto bagnato di lacrime*, un visage mouillé, baigné de larmes. || FIG. *un paesaggio bagnato di luce, bagnato di nebbia*, un paysage inondé de lumière, couvert de brouillard. || FIG. *sembrare un pulcino bagnato*, être une poule mouillée. || LOC. FIG. *se non è zuppa, è pan bagnato*, c'est blanc bonnet et bonnet blanc. ◆ m. mouillé. | *avere odore di bagnato*, sentir le mouillé. | *non camminare sul bagnato*, ne marche

pas dans l'eau. ‖ LOC. PROV. *piove sempre sul bagnato,* l'eau va (toujours) à la rivière, [o se sono guai] un malheur n'arrive jamais seul.
bagnatura [baɲɲa'tura] f. PR. arrosage m., mouillage m. | *la bagnatura del cuoio,* le mouillage du cuir. ‖ [stagione dei bagni] saison des bains. ◆ pl. [bagni che si succedono] les bains, la baignade.
bagnetto [baɲ'ɲetto] m. FAM. bain.
bagnina [baɲ'ɲina] f. employée des bains, baigneuse (antiq.).
bagnino [baɲ'ɲino] m. baigneur (antiq.), gardien de plage, maître nageur.
bagno ['baɲɲo] m. **1.** bain, baignade f. | *fare il bagno (in vasca),* prendre son, un bain (dans la baignoire). | *fare il bagno (al mare),* se baigner (à la mer). | *costume da bagno,* maillot de bain. | [solo per uomo] caleçon de bain. | *è l'ora del bagno,* c'est l'heure de la baignade, du bain. | *andare ai bagni,* aller aux bains (de mer). | *bagno di fango,* bain de boue. | *bagno di sole,* bain de soleil. | *bagno oculare,* bain ophtalmique. ‖ **2.** [immersione prolungata] *mettere a bagno,* faire tremper. | *mettere a bagno i fagioli,* faire tremper les haricots. | *essere in un bagno di sudore,* être tout trempé de sueur; être en nage. ‖ FIG. *essere in un bagno turco,* être comme dans une étuve. ‖ **3.** [vasca da bagno e acqua contenuta] baignoire f., bain. | *entrare nel bagno,* entrer dans la baignoire. | *scaldare il bagno,* chauffer le bain. | *il bagno era molto caldo,* le bain était très chaud. ‖ **4.** [locale] salle (f.) de bains, cabinet de toilette (f.). | *andare in bagno,* aller à la salle de bains, dans le cabinet de toilette. | *è stato due ore nel bagno,* il est resté deux heures dans la salle de bains. ‖ **5.** [stabilimento balneare o termale] (établissement de) bains. | *bagni pubblici,* bains publics, bains-douches. ‖ **6.** CHIM. bain. | *bagno di anilina,* bain, solution d'aniline. ‖ FOT. bain. ‖ TESS. *bagno di candeggio,* bain de blanchiment. ‖ **7.** [bagno penale] bagne. V. ERGASTOLO.
bagnolo [baɲ'ɲɔlo] m. compresse f.
bagnomaria [baɲɲoma'ria] m. invar. CUC. bain-marie. | *a bagnomaria,* au bain-marie.
bagola ['bagola] f. REGION. [settentr.] REGION. [fandonia] blague.
bagolaro [bago'laro] m. REGION. BOT. micocoulier.
bagolone [bago'lone] m. [settentr.] hâbleur.
bagordare [bagor'dare] v. intr. faire la noce, faire la bombe (fam.), bambocher (fam.).
bagordo [ba'gordo] m. bombance f., bombe f. (fam.), noce f. (fam.), ripaille f. | *darsi ai bagordi,* faire la noce (fam.), mener une vie de débauche; se débaucher.
bah [ba] interiez. bah!
1. baia ['baja] f. [beffa] moquerie. ‖ LOC. *dar la baia a qlcu.,* se moquer de qn. ‖ [fandonia] blague, bagatelle, sornette.
2. baia ['baja] f. GEOGR. baie.
baiadera [baja'dɛra] f. bayadère.
baiata [ba'jata] f. huée.
baicoli [ba'ikoli] m. pl. REGION. [venez.] CULIN. [biscottini secchi] « baicoli ».
bailamme [bai'lamme] m. chahut, tohu-bohu, cohue f.
baio ['bajo] (**bai** pl.) agg. e m. ZOOL. (cheval) bai.
baiocco [ba'jɔkko] m. [antica moneta dello Stato Pontificio] baïoque f. ‖ SCHERZ. sou. | *non ha un baiocco in tasca,* il n'a pas le sou. ‖ FIG. *non vale un baiocco,* cela ne vaut pas un fétu, pas un clou (fam.), pas chipette (fam.), pas tripette (pop.).
baionetta [bajo'netta] f. baïonnette. | *baionette in canna, inastata,* baïonnette au canon. | *inastare la baionetta,* mettre baïonnette au canon. | *andare all' assalto alla baionetta,* aller à l'assaut, baïonnette au canon. ‖ ELETTR. *attacco a baionetta,* douille (f.) à baïonnette. ‖ MECC. *innesto a baionetta,* joint à baïonnette.
baionettata [bajonet'tata] f. coup (m.) de baïonnette.
baita ['baita] f. cabane de berger, buron m., chalet m.
bakelite [bake'lite]. V. BACHELITE.
balalaica [bala'laika] f. MUS. balalaïka.
balano [ba'lano] m. ZOOL. balane f.
balascio [ba'laʃʃo] m. MINER. (rubis) balais.
balausta [bala'usta] f., **balausto** m. BOT. [frutto] grenade f. ‖ [fiore del melograno] fleur (f.) de grenadier.
balaustra [bala'ustra] o **balaustrata** [balaus'trata] f. ARCHIT. balustrade.
balaustrato [balaus'trato] agg. ARCHIT. à balustres.
balaustrino [balaus'trino] m. (compas à) balustre.
balaustro [bala'ustro] m. ARCHIT. balustre.
balbettamento [balbetta'mento] m. balbutiement, bégaiement. ‖ FIG. *i balbettamenti del cinema nel 1900,* les balbutiements du cinéma en 1900.
balbettare [balbet'tare] v. intr. bégayer. ‖ [farfugliare] bredouiller, bafouiller (fam.), cafouiller (fam.). ‖ [dei bambini] balbutier, gazouiller. ◆ v. tr. bégayer, bredouiller. | *balbettare scuse,* bredouiller des excuses. ‖ [una lingua straniera] baragouiner. | *balbettare un po' di tedesco,* baragouiner un peu en allemand, écorcher l'allemand.
balbettio [balbet'tio] m. bégaiement. ‖ [farfugliamento] bredouillement. ‖ [dei bambini] babil, balbutiement, gazouillement.
balbo ['balbo] agg. ARC. LETT. V. BALBUZIENTE.
balbutire [balbu'tire] v. intr. LETT. V. BALBETTARE.
balbuzie [bal'buttsje] f. bégaiement m.
balbuziente [balbut'tsjɛnte] agg. e m. bègue.
balcanico [bal'kaniko] agg. balkanique.
balconata [balko'nata] f. balcon m. ‖ TEATRO galerie, balcon m.
balcone [bal'kone] m. balcon.
baldacchino [baldak'kino] m. baldaquin, dais. ‖ [sopra un letto] ciel de lit.
baldanza [bal'dantsa] f. assurance, hardiesse. | *prendere baldanza,* prendre de l'assurance, s'enhardir. ‖ [spavalderia] crânerie.
baldanzosamente [baldantsosa'mente] avv. hardiment, gaillardement, avec assurance. | *aggredire baldanzosamente un lavoro,* s'attaquer avec entrain à un travail, attaquer gaillardement un travail.
baldanzoso [baldan'tsoso] agg. plein d'assurance, crâne, hardi, faraud (fam.). | *un atteggiamento baldanzoso,* un air crâne. | *un passo baldanzoso,* un pas assuré.
baldo ['baldo] agg. hardi, vaillant.
baldoria [bal'dɔrja] f. noce (fam.), foire (fam.), bringue (pop.), nouba (pop.). | *che baldoria!,* quelle foire! (fam.). | *far baldoria,* faire la noce (fam.), la foire (fam.), la bombe (fam.); bambocher.
baldracca [bal'drakka] f. VOLG. putain, gueuse, femme de mauvaise vie.
balena [ba'lena] f. ZOOL. baleine. | *stecca di balena,* baleine. ‖ FAM. = personne très grosse.
balenamento [balena'mento] m. éclair.
balenare [bale'nare] v. intr. impers. faire des éclairs. | *in men che non balena,* avec la rapidité de l'éclair. ◆ v. intr. **1.** briller, étinceler. ‖ FIG. *gli balenavano gli occhi,* ses yeux lançaient des éclairs; ses yeux étincelaient. ‖ FIG. *la collera gli balenava negli occhi,* ses yeux lançaient des éclairs de colère. ‖ FIG. *far balenare un brillante avvenire,* faire miroiter un brillant avenir. ‖ **2.** [comparire all'improvviso nel pensiero] traverser l'esprit. | *mi è balenata un'idea,* il m'est venu une idée. | *gli balenò il sospetto d'essere stato tradito,* le soupçon qu'il ait été trahi lui traversa l'esprit. ‖ **3.** [barcollare, raro] tituber, chanceler.
balengo [ba'lengo] agg. DIAL. [matto] tapé (fam.), cinglé (pop.). ‖ GERG. [falso] faux (L.C.).
baleniera [bale'njɛra] f. MAR. baleinier m., baleinière.
baleniere [bale'njɛre] m. [marinaio] baleinier.
balenio [bale'nio] m. succession (f.), série (f.) d'éclairs. ‖ scintillement.
baleno [ba'leno] m. éclair. ‖ LOC. *in un baleno, in un battibaleno,* en un éclair, avec la rapidité de l'éclair, avec une rapidité foudroyante. ‖ FIG. [guizzo di luce vivida] éclair.
balenottera [bale'nɔttera] f. ZOOL. baleinoptère m., rorqual m.
balenotto [bale'nɔtto] m. ZOOL. baleineau.
balera [ba'lɛra] f. REGION. [settentr.] guinguette.
balestra [ba'lɛstra] f. [arma] arbalète. ‖ AUTOM. ressort (m.) à lames. ‖ m. ZOOL. *pesce balestra,* baliste.
balestrare [bales'trare] v. tr. ANTIQ. tirer à l'arbalète. ‖ [colpire con la balestra] atteindre d'un coup d'arbalète. ‖ [mandare lontano] expédier. V. BALESTRARE.

balestrata [bales'trata] f. ANTIQ. coup, tir d'arbalète. ‖ [distanza] portée d'arbalète.
balestriera [bales'trjɛra] f. [feritoia] arbalétrière.
balestriere [bales'trjɛre] m. arbalétrier.
balestrone [bales'trone] m. MIL. arbalète (f.) de siège.
balestruccio [bales'truttʃo] m. ZOOL. hirondelle (f.) de fenêtre, à dos blanc.
balì [ba'li] m. STOR. bailli.
balia ['balja] f. nourrice, nounou (fam.). | *balia asciutta*, nourrice sèche, nurse. | *essere a balia*, être en nourrice. | *dare a balia un bambino*, placer, mettre un enfant en nourrice. | *andare a far la balia*, se placer comme nourrice. ‖ FIG. *avere bisogno della balia*, avoir besoin d'être couvé. ‖ FIG. *tenere a balia un lavoro*, faire traîner (en longueur) un travail. ‖ LOC. FIG. FAM. *non siamo mica stati a balia insieme*, nous n'avons pas gardé les cochons ensemble.
balìa [ba'lia] f. toute-puissance, empire m. | *avere in propria balìa*, avoir en son pouvoir. | *essere in balìa di*, être à la merci de, en proie à. | *essere in balìa di se stesso*, être livré à soi-même. | *in sua balìa*, à sa merci. ‖ LOC. *in balìa delle onde*, au gré des flots. | *essere in balìa delle onde*, être le jouet des vagues. | *nave in balìa delle onde*, navire désemparé. ‖ STOR. bailliage m.
baliaggio [bali'addʒo] m. STOR. bailliage.
baliatico [ba'ljatiko] m. [funzione della balia] allaitement. ‖ [retribuzione della balia] salaire de nourrice. ‖ [bimbo a balia] enfant en nourrice.
balilla [ba'lilla] m. STOR. = membre des Jeunesses fascistes (de 8 à 14 ans).
balio ['baljo] m. [marito della balia] (père) nourricier. ‖ ANTIQ. STOR. [balivo] bailli.
balipedio [bali'pɛdjo] m. MIL. champ de tir. ‖ [per l'artiglieria] polygone de tir.
balistica [ba'listika] f. balistique.
balistico [ba'listiko] agg. balistique.
balivo [ba'livo] m. STOR. FEUD. bailli.
balla ['balla] f. **1.** ballot m., colis m. | *una balla di carta*, un ballot de papier. | *una balla di biancheria sporca*, un ballot de linge sale. ‖ **2.** [involucro per il trasporto di fibbre tessili e di merci in genere] balle. | *una balla di cotone*, une balle de coton. ‖ **3.** [di vegetali] botte. | *una balla di paglia*, une botte de paille. ‖ **4.** FIG. LOC. AVV. ***a balle,*** à foison. ‖ **5.** FIG. *parere una balla di cenci*, être fagoté, ficelé comme un sac. ‖ **6.** FIG. VOLG. [fandonia] bobard m. (fam.), bourde (antiq.). | *raccontare balle*, raconter des bobards. | *non è una balla*, ce n'est pas du bidon (pop.). ‖ **7.** [per imprese non lecite] *essere di balla*, être de connivence (L.C.), être de mèche (fam.). ‖ **8.** POP. [ubriacarsi] *pigliar la balla*, prendre une cuite. | *essere in balla*, être paf.
ballabile [bal'labile] agg. dansant, de danse. | *motivo ballabile*, air dansant. ◆ m. air de danse, dansant, musique (f.) dansante.
ballare [bal'lare] v. intr. **1.** danser. | *ballare a tempo*, danser en mesure. | *ballare sulle punte*, faire des pointes. | *ballare come un orso*, danser lourdement. ‖ PER EST. [agitarsi] *ballare per la gioia*, danser de joie. | *ballare per l'impazienza*, piétiner, trépigner d'impatience. ‖ **2.** [essere scosso] danser, branler, ballotter. | *questa seggiola balla*, cette chaise branle. | *le scarpe ballano nella scatola*, les chaussures ballottent dans leur boîte. | *la nave ballava molto sulle onde*, le bateau était ballotté sur les flots. | *ballare nei vestiti*, flotter dans ses vêtements. | *il vestito le balla addosso*, elle nage dans sa robe. ‖ **3.** FIG. *far ballare i quattrini*, faire valser l'argent, les écus. ‖ **4.** PROV. *siamo in ballo e bisogna ballare*, le vin est tiré, il faut le boire. ‖ **5.** PROV. *quando manca la gatta, i topi ballano*, quand le chat n'est pas là, les souris dansent. ◆ v. tr. danser. | *ballare il valzer*, danser la valse, valser.
ballata [bal'lata] f. POES., MUS. ballade.
ballatoio [balla'tojo] m. ARCHIT. accourse f., coursive f. ‖ [più com.] galerie (f.), balcon (en encorbellement). ‖ TEATRO passerelle f. (d'évolution). ‖ MAR. galerie f. ‖ [non com.] perchoir.
ballerina [balle'rina] f. danseuse, ballerine. | *prima ballerina*, danseuse étoile. | *allieva ballerina (dell' Opera)*, petit rat m. (de l'Opéra). | *ballerina del varietà*, danseuse de music-hall ; girl. | *la migliore ballerina della festa*, la meilleure danseuse de la soirée. | *la mia ballerina era deliziosa*, ma cavalière était charmante. ‖ [scarpa] ballerine. ‖ ZOOL. bergeronnette, hochequeue m.
ballerino [balle'rino] m. danseur. | *ballerino di corda*, danseur de corde. | *ballerino di varietà*, boy.
ballettare [ballet'tare] v. intr. dansotter (fam.).
balletto [bal'letto] m. ballet. ‖ [corpo di ballo] corps de ballet. ‖ MUS. ballet.
ballista [bal'lista] m. FAM. blagueur (L.C.), hâbleur.
ballo ['ballo] m. **1.** danse f. | *musica da ballo*, musique de danse. | *va matto per il ballo*, il adore la danse, danser. | *il valzer non è un ballo moderno*, la valse n'est pas une danse moderne. | *ieri sera non ho perduto un ballo*, hier soir, je n'ai pas manqué une danse. ‖ **2.** [trattenimento danzante] bal. | *festa da ballo*, bal. | *ballo in maschera*, bal masqué. | *è stato invitato a un ballo*, il a été invité à un bal. | *serata da ballo*, soirée dansante. | *sala da ballo*, salle de bal ; dancing. | *ballo popolare, d'osteriuccia*, bastringue (pop.). ‖ **3.** [azione scenica] ballet. | *corpo di ballo*, corps de ballet. | *maestro di ballo*, maître de ballet. | *scarpette da ballo*, chaussons de danse. ‖ **4.** FIG. *essere in ballo*, être en jeu, en cause. | *sono in ballo grossi interessi*, de gros intérêts sont en jeu. | *qui è in ballo la tua reputazione*, ici, c'est ta réputation qui est en cause. ‖ FIG. *tirare in ballo qlcu.*, mettre qn en cause. | *tirare in ballo una questione*, mettre une question sur le tapis. | *tirare in ballo di nuovo*, remettre en cause. ‖ FIG. *entrare in ballo*, entrer en jeu, dans la danse. | *ora l'artiglieria entra in ballo*, maintenant l'artillerie va entrer en, dans la danse. ‖ FIG. *condurre il ballo*, mener la danse. ‖ **5.** MED. *ballo di San Vito*, danse de Saint-Guy. ‖ FIG., FAM. *avere il ballo di San Vito*, avoir la bougeotte.
ballon d'essai [ba'lɔ̃de'sɛ] m. [fr.] ballon d'essai [anche fig.].
ballonzolare [ballontso'lare] v. intr. dansotter (fam.), sautiller. ‖ PER EST. [gingillarsi] *faceva ballonzolare il mazzo delle chiavi*, il jouait avec le trousseau de clefs.
ballotta [bal'lɔtta] f. marron (m.) bouilli. ‖ ANTIQ. [pallina per votare] ballotte.
ballottaggio [ballot'taddʒo] m. POLIT. ballottage.
ballottare [ballot'tare] v. tr. V. SBALLOTTARE.
balma ['balma] f. DIAL. GEOGR. baume.
balneare [balne'are] agg. balnéaire. | *stabilimento balneare*, établissement balnéaire, de bains.
balneoterapia [balneotera'pia] f. MED. balnéothérapie.
baloccare [balok'kare] v. tr. amuser. ◆ v. rifl. s'amuser, jouer, faire joujou (fam.), baguenauder (antiq.), badauder (raro). | *ti balocchi invece di studiare*, tu t'amuses au lieu d'étudier. | *baloccarsi con una bambola*, faire joujou avec une poupée.
balocco [ba'lɔkko] m. (raro) jouet, joujou (fam.). ‖ FIG. passe-temps. | *questo lavoro non è un balocco*, ce travail n'est pas un passe-temps.
baloccone [balok'kone] m. [tosc.] V. GINGILLONE, PERDITEMPO.
balogio [ba'lɔdʒo] agg. [tosc.] (fiacco, indisposto) patraque, mal fichu (fam.), pas dans son assiette (fam.). ‖ [nuvoloso] maussade.
balordaggine [balor'daddʒine] f. balourdise, jobardise, nigauderie.
balordo [ba'lordo] agg. balourd, nigaud. ‖ [intontito] *sentirsi balordo*, se sentir (tout) drôle, tout chose (fam.). ‖ [assurdo] drôle, extravagant. | *un tipo balordo*, un drôle de type. | *che idea balorda è la tua*, quelle drôle d'idée tu as ! | *dei ragionamenti balordi*, des raisonnements qui ne tiennent pas debout, qui n'ont ni queue ni tête. | *tempo balordo*, temps incertain. | *che tempo balordo !*, quel drôle de temps !, quel temps bizarre ! (fam.). | *un affare balordo*, une affaire incertaine, qui ne promet rien de bon.
balsamella [balsa'mɛlla] f. CULIN. POP. V. BESCIAMELLA.
balsamico [bal'samiko] agg. balsamique. ‖ FIG. salubre. | *l'aria balsamica di montagna*, l'air salubre de la montagne.
balsamina [balsa'mina] f. BOT. balsamine.

balsamino [balsa'mino] m. Bot. balsamier m., baumier m.
balsamo ['balsamo] m. Bot., Farm. baume. ‖ Fig. baume, dictame (poet.).
balteo ['balteo] m. baudrier.
baltico ['baltiko] agg. balte. | *i paesi baltici*, les pays baltes.
baluardo [balu'ardo] m. rempart, boulevard (antiq.). ‖ Fig. rempart, bastion. | *l'ultimo baluardo della fede*, le dernier rempart de la foi.
baluginare [baludʒi'nare] v. intr. briller vaguement, jeter un éclat fugitif. | *si vedeva baluginare un lume in lontananza*, on voyait briller vaguement une lumière dans le lointain. ‖ Fig. *mi baluginò una strana idea*, une idée bizarre me passa par la tête.
balza ['baltsa] f. **1.** Geogr. abrupt m., escarpement m. ‖ **2.** [breve ripiano aperto su un dirupo] corniche. | *le balze del Purgatorio dantesco*, les corniches du Purgatoire dantesque. ‖ **3.** [abbigliamento] volant m., falbala m. | *un vestito di seta con quattro balze*, une robe de soie avec quatre volants, quatre falbalas. ‖ **4.** [parte bianca della zampa del cavallo] balzane.
balzana [bal'tsana] f. balzane.
balzano [bal'tsano] agg. [cavallo] balzan. ‖ Fig. [strambo] drôle (de), farfelu. | *un'idea balzana*, une drôle d'idée, une idée saugrenue, farfelue. | *un cervello balzano*, un cerveau fêlé, une tête fêlée.
balzare [bal'tsare] v. intr. bondir, sauter. | *balzò in piedi*, il se leva d'un bond. | *balzare dalla sedia*, bondir de sa chaise. | *balzare in sella*, sauter en selle. | *balzare giù dal letto*, sauter (à bas) du lit. | *la tigre balzò addosso alla sua preda*, le tigre bondit, se jeta, s'élança d'un bond sur sa proie. | *balzare avanti*, bondir en avant, faire un bond en avant. ‖ Fig. [sussultare] tressaillir, sursauter. | *ho sentito che il cuore mi balzava in petto*, j'ai senti que mon cœur bondissait dans ma poitrine, battait la chamade. | *balzare dalla gioia*, tressaillir de joie. ‖ Fig. [apparire evidente] *balzare agli occhi*, sauter aux yeux. | *mi è balzata in mente un'idea*, il m'est venu tout à coup une idée. ◆ v. tr. v. sbalzare.
balzellare [baltsel'lare] v. intr. sautiller. ◆ v. tr. Caccia [tosc.] épier, attendre à l'affût.
balzello [bal'tsɛllo] m. petit bond. ‖ [tosc.] *stare a balzello*, être à l'affût. ‖ Peggior. stor. impôt.
balzelloni [baltsel'loni] avv. par sauts, par bonds. | *venir avanti a balzelloni*, avancer par bonds.
balzo ['baltso] m. **1.** bond. | *fare un balzo*, faire un bond, bondir. | *il pallone fece un balzo altissimo*, le ballon rebondit très haut. | *varcare un fosso con un balzo*, franchir un fossé d'un bond. | *i balzi di un camoscio*, les bondissements d'un chamois. ‖ **2.** [sobbalzare] sursaut. | *vedendomi ebbe un balzo*, il sursauta en me voyant. | *il cuore mi diede un balzo*, mon sang ne fit qu'un tour. ‖ **3.** Fig. *fare un balzo in avanti*, faire un bond en avant, faire un grand pas en avant. ‖ **4.** Loc. fig. *cogliere la palla al balzo*, prendre, saisir la balle au bond. ‖ **5.** V. balza.
bambagia [bam'badʒa] f. ouate, déchets (m. pl.) de coton. ‖ Fig. *tenere, allevare un bambino nella bambagia*, élever un enfant dans du coton. ‖ Fig. *un cielo di bambagia*, un ciel ouaté.
bambagino [bamba'dʒino] agg. ouateux, euse. ◆ m. [imbottitura] ouatine f.
bambagioso [bamba'dʒoso] agg. cotonneux.
bambina [bam'bina] f. enfant, petite fille, fillette.
bambinaggine [bambi'naddʒine] f. V. bambinata.
bambinaia [bambi'naja] f. bonne d'enfants, nurse.
bambinata [bambi'nata] f. enfantillage m., puérilité (lett.), bêtise d'enfant. | *sono proprio delle bambinate !*, ce sont vraiment des enfantillages ! ‖ Fig. *è una bambinata*, c'est enfantin, c'est d'une simplicité enfantine, c'est bête comme chou (fam.).
bambinello [bambi'nɛllo] m. Dimin. bambin.
bambinesco [bambi'nesko] agg. enfantin, puéril. | *discorsi bambineschi*, propos enfantins. | *comportamento bambinesco*, comportement puéril.
bambino [bam'bino] m. **1.** enfant, petit garçon, garçonnet, gosse (fam.). ‖ [piccolo] bambin, poupon. | *bambino viziato*, enfant gâté. | *è un bambino pestifero*, c'est une (petite) peste. | *bambino in fasce*, enfant au berceau, bambin (fam.). | *che bel bambino !*, quel beau bébé !, quel beau poupon ! | *è un bambino sveglio*, c'est un petit bout d'homme, un bout de chou (fam.) très éveillé pour son âge. | *bambino di una colonia*, colon. ‖ **2.** Loc. *da bambino*, dans ma tendre enfance, lorsque j'étais enfant, gosse (fam.). | *fin da bambino*, dès ma plus tendre enfance ; tout enfant. | *è un gioco da bambini*, c'est un jeu d'enfant. | *bambini miei*, mes (chers) enfants. ‖ *Gesù Bambino*, l'Enfant Jésus. ‖ **3.** (figlio) enfant. | *ha tre bambini : due femminucce e un maschietto*, elle a trois enfants : deux fillettes et un garçonnet. ◆ agg. enfant. | *è rimasta molto bambina*, elle est restée très enfant. | *mente bambina*, esprit enfantin. ‖ Fig. *civiltà ancora bambina*, civilisation encore à ses débuts.
bambinone [bambi'none] m. grand enfant.
bambocciata [bambot'tʃata] f. enfantillage m. ‖ Stor. pitt. bambochade.
bamboccio [bam'bɔttʃo] m. poupard, poupon, gros bébé. ‖ [uomo ingenuo] enfant, grand bébé. ‖ [fantoccio] poupée (f.) de chiffon.
bambola ['bambola] f. poupée. | *giocare con la bambola*, jouer à la poupée. | *pranzetto per le bambole*, dînette. ‖ Fam. *che bambola !*, quelle belle poupée, quelle belle pépée ! (pop.).
bamboleggiare [bamboled'dʒare] v. intr. minauder, faire l'enfant, bêtifier.
bambolotto [bambo'lɔtto] m. [bambola] poupard (antiq.). | *bambolotto di celluloide*, baigneur. ‖ [bambino] poupard, poupon.
bambù [bam'bu] m. Bot. bambou.
bambusaia [bambu'zaja] f. plantation de bambous.
banale [ba'nale] agg. banal. | *discorsi banali*, propos banals. | *è piuttosto banale*, il est assez banal, il est quelconque (fam.). | *rendere banale*, banaliser (v. tr.).
banalità [banali'ta] f. banalité. ‖ Stor. V. bannalità.
banalizzare [banalid'dzare] v. tr. banaliser.
banana [ba'nana] f. Bot. banane.
bananeto [bana'neto] m. bananeraie f.
bananiera [bana'njɛra] f. Mar. bananier m.
bananiero [bana'njɛro] agg. des bananes. | *commercio bananiero*, commerce des bananes. | *nave bananiera*, cargo bananier. ◆ m. marchand de bananes.
banano [ba'nano] m. Bot. bananier.
banato [ba'nato] m. Stor., Geogr. banat.
banca ['banka] f. **1.** Fin. banque. | *banca di sconto*, banque, comptoir (m.) d'escompte. | *biglietto di banca*, billet (m.) de banque, fafiot m. (pop.). | *andare in banca*, aller à la banque. | *depositare un conto in banca*, déposer un compte en banque, à la banque. | *avere un conto scoperto in banca*, avoir un découvert à la banque. ‖ **2.** Med. *banca del sangue, degli occhi*, banque du sang, des yeux. ‖ **3.** [terrapieno a ridosso dell'argine dei fiumi] levée. ‖ **4.** Antiq. [panca] banc m.
bancabile [ban'kabile] agg. Fin. bancable.
bancarella [banka'rɛlla] f. étal m., étalage m., éventaire m. | *la frutta sulle bancarelle del mercato*, les fruits sur les étals du marché. | *bancarella del fruttivendolo*, étal du marchand de fruits. | *bancarella di una fioraia*, éventaire d'une fleuriste. | *bancarella di un venditore di libri usati*, boîte d'un bouquiniste. | *ho comprato questo libro su una bancarella*, j'ai acheté ce livre chez un bouquiniste.
bancarellista [bankarel'lista] m. vendeur de marché, marchand forain. ‖ [di libri usati] bouquiniste.
bancario [ban'karjo] agg. bancaire. ◆ m. employé de banque.
bancarotta [banka'rotta] f. banqueroute. | *fare bancarotta*, faire faillite, faire banqueroute.
bancarottiere [bankarot'tjɛre] agg. e m. banqueroutier.
banchettante [banket'tante] m. V. banchettatore.
banchettare [banket'tare] v. intr. banqueter.
banchettatore [banketta'tore] m. banqueteur.
banchetto [ban'ketto] m. banquet, festin.
banchiere [ban'kjɛre] m. banquier.
banchina [ban'kina] f. **1.** Mar., Ferr. quai m. | *banchina di scarico*, quai de débarquement, débarcadère m. | *banchina di carico*, quai d'embarquement, rampe de chargement. ‖ **2.** [ripiano tra la carreggiata e il fossato] accotement m. ‖ [riservato ai pedoni] bas-côté m. ‖ [per ciclisti] piste cyclable. ‖ **3.** Edil. poutre. ‖ **4.** Mil. banquette (de tir).

banchisa [ban'kiza] f. banquise.
banchista [ban'kista] m. serveur, barman. ◆ f. serveuse, barmaid.
banco ['banko] m. **1.** [sedile] banc. | *banco degli imputati*, banc, box des accusés. ‖ RELIG. *banco dei fabbricieri*, banc d'œuvre. ‖ **2.** [bancone] comptoir, éventaire, étalage. | *stare a banco*, être à son comptoir. | *consumazione al banco*, consommation au comptoir, sur le zinc (fam.). | *i banchi del mercato*, les étalages, les éventaires du marché. | *banco di macelleria*, étal de boucherie. | *merce di sotto banco*, marchandise clandestine. ‖ FIG. *vendere sotto banco*, vendre sous le manteau, vendre en cachette. ‖ **3.** [tavolo di lavoro] banc, établi. | *banco di falegname*, établi, banc de menuisier. | *banco di prova*, banc d'essai [anche fig.]. ‖ **4.** [istituto di credito] banque f. | *banco di Sicilia*, banque de Sicile. | *banco di sconto*, comptoir d'escompte. ‖ LOC. *pagare come un banco*, payer comptant. ‖ *banco del lotto*, bureau de loterie. ‖ **5.** [gioco] banque f. | *tenere il banco*, tenir la banque. | *vincere il banco*, faire sauter la banque. ‖ [a baccarà] *tenere il banco*, faire banco. ‖ FIG. *tenere banco contro tutti*, tenir tête à tout le monde. ‖ **6.** GEOL. banc. | *banco di sabbia*, banc de sable. | *banco roccioso*, banc de roches. | *banco corallino*, banc de coraux. ‖ **7.** [grande quantità] banc. | *banco di nebbia*, banc, nappe (f.) de brume. | *banco di aringhe*, banc de harengs. | *banco di ostriche*, banc d'huîtres ; huîtrière f.
bancogiro [banko'dʒiro] m. FIN. virement.
bancone [ban'kone] m. [di vendita o di mescita] comptoir, zinc (pop.). ‖ TIP. marbre.
banconiere [banko'njɛre] m. vendeur, serveur, barman.
banconista [banko'nista] m. V. BANCONIERE.
banconota [banko'nɔta] f. billet (m.) de banque. | *banconota di piccolo taglio*, coupure.
1. banda ['banda] f. **1.** [gruppo] bande. | *una banda di guerriglieri*, une bande de guérilleros. ‖ PEGGIOR. *banda di ladri, di teppisti*, bande de voleurs, de voyous. ‖ SCHERZ. *banda di buontemponi*, bande de joyeux compères. ‖ **2.** [complesso musicale] musique, fanfare, clique. | *banda militare*, fanfare militaire ; clique. | *ogni domenica c'è la banda nella piazza del paese*, tous les dimanches il y a la fanfare sur la place du village.
2. banda ['banda] f. LETT. [parte] côté m. | *accorrono da ogni banda*, on accourt de toutes parts, de tous côtés. | *prendere qlcu. da banda*, prendre qn à part. ‖ [uscio] *uscio a due bande*, porte à deux battants. ‖ MAR. [lato della nave] bande (antiq.). ‖ MAR. [inclinazione] bande. | *nave che va alla banda*, navire qui donne de la bande.
3. banda ['banda] f. [striscia di stoffa] bande. ‖ ARALD. bande. | *Giovanni delle Bande Nere*, Jean des bandes noires. ‖ FIS. bande.
4. banda ['banda] f. METALL. bande. | *banda stagnata*, bande étamée.
bandato [ban'dato] agg. e m. ARALD. (écu) bandé.
bandella [ban'dɛlla] f. [parte di cerniera] penture.
banderaio [bande'rajo] m. [fabbricante di paramenti da chiesa] fabricant de chasubles. ‖ ANTIQ. [fabbricante di bandiere] fabricant de drapeaux.
banderese [bande'rese] m. STOR. FEUD. banneret.
banderilla [bande'riʎa] f. [spagn.] banderille.
banderuola [bande'rwɔla] f. girouette. ‖ FIG. *essere una banderuola*, être une girouette, changer d'idée comme de chemise (fam.), plier à tout vent. ‖ [piccola bandiera che orna le aste e le lance] banderole, flamme.
bandiera [ban'djɛra] f. **1.** drapeau m. | *la bandiera bianca, rossa e verde dell'Italia*, le drapeau vert, blanc, rouge de l'Italie. | *bandiera bianca*, drapeau blanc [anche fig.]. | *bandiera di cavalleria*, étendard m. | *bandiera a stella*, bannière étoilée. | *bandiera a mezz'asta*, drapeau en berne. | *alzare la bandiera*, hisser le drapeau, envoyer les couleurs. | *ammainare la bandiera*, amener les couleurs. | *a bandiere spiegate*, enseignes déployées. ‖ **2.** FIG. *abbandonare la bandiera*, déserter (l'armée). | *mutare bandiera*, tourner casaque. | *portare alta la bandiera di qlco*, faire honneur à qch. ‖ **3.** MAR. pavillon m. | *bandiera di combattimento*, pavillon de guerre. ‖ LOC. *battere bandiera*, battre pavillon. | *navigare sotto bandiera inglese*, naviguer sous pavillon anglais. ‖ **4.** ARALD. *scudo a bandiera*, écu en bannière. ‖ **5.** GIOCHI *giocare a bandiera*, jouer au foulard. ‖ **6.** SPORT drapeau.
bandierina [bandje'rina] f. SPORT fanion m., petit drapeau m. | *bandierina di metà campo*, fanion de la ligne médiane.
bandinella [bandi'nɛlla] f. essuie-mains (m. invar.) suspendu à un rouleau, touaille f. (antiq.). ‖ RELIG. voile (m.) de pupitre. ‖ AGR. rideau (m.) d'arbres.
bandire [ban'dire] v. tr. proclamer, annoncer, publier. | *bandire un concorso*, annoncer un concours. ‖ FIG. *bandire ai quattro venti*, publier à son de trompe, crier sur les toits. ‖ FIG. *bandire la croce addosso a qlcu*, crier haro sur qn. ‖ [esiliare] bannir. ‖ PER EST. *bandire da una società*, bannir d'une société. ‖ FIG. *bandire un'usanza*, bannir un usage. | *sono parole da bandire*, ce sont des mots qu'il faut bannir. | *bandire i complimenti*, ne pas faire de façons.
bandista [ban'dista] m. musicien de fanfare.
bandistico [ban'distiko] agg. de fanfare. | *musica bandistica*, musique pour fanfare.
bandita [ban'dita] f. réserve. | *bandita di caccia*, chasse gardée.
banditismo [bandi'tizmo] m. banditisme.
bandito [ban'dito] agg. [esiliato] banni. ‖ STOR. *corte bandita*, cour plénière. ‖ FIG. LETT. *tenere corte bandita*, tenir table ouverte (antiq.). ◆ m. [malvivente] bandit. | *tre banditi armati si impadronirono della borsa del cassiere*, trois bandits armés s'emparèrent de la sacoche de l'encaisseur.
banditore [bandi'tore] m. STOR. crieur public, héraut. ‖ [nelle aste pubbliche] commissaire-priseur. ‖ FIG. [sostenitore] propagateur, héraut. | *banditore di una fede*, propagateur d'une foi. | *banditore della verità*, héraut de la vérité.
bando ['bando] m. [annunzio di interesse pubblico] avis, ban. | *bando di concorso*, avis de concours. | *bando d'arruolamento*, avis de recrutement. | *bando d'asta*, avis de vente aux enchères. ‖ [condanna all'esilio] ban, bannissement. | *mettere al bando*, bannir, mettre au ban. | *rompere il bando*, être en rupture de ban. ‖ FIG. *mettere al bando*, mettre au ban, mettre à l'index. ‖ LOC. *bando alle chiacchiere*, trêve de bavardages ; assez bavardé. | *bando ai complimenti*, trêve de politesse ; pas de façons. | *bando agli scrupoli*, pas de scrupules. | *bando agli scherzi*, blague à part, blague dans le coin (pop.).
bandoliera [bando'ljɛra] f. bandoulière. ‖ LOC. *a bandoliera*, en bandoulière, en écharpe.
bandolo ['bandolo] m. bout de l'écheveau. ‖ FIG. *trovare il bandolo della matassa*, arriver au nœud de la question, trouver le joint (fam.). | *ho perso il bandolo*, j'ai perdu le fil, je ne m'y retrouve plus.
bandone [ban'done] m. tôle f. ‖ [saracinesca] rideau de fer, de tôle ondulée.
banjo ['bɛndʒo] m. [ingl.] banjo.
bannalità [bannali'ta] f. STOR. FEUD. banalité.
bano ['bano] m. STOR. ban.
bantù ['bantu] agg. e m. bantou.
baobab [bao'bab] m. BOT. baobab.
1. bar ['bar] m. invar. [ingl.] bar. ‖ [nelle stazioni, teatri, ecc.] buvette f. ‖ PER EST. [mobile per i liquori] bar.
2. bar ['bar] m. invar. FIS. bar.
bara ['bara] f. bière, cercueil m. ‖ FIG. *avere un piede nella bara*, avoir un pied dans la tombe. ‖ ANTIQ. [barella] brancard m.
barabba [ba'rabba] m. invar. [briccone] coquin, canaille f.
baracano [bara'kano] m. V. BARRACANO.
baracca [ba'rakka] f. baraque. ‖ FIG. [famiglia, faccenda male organizzata] baraque. | *faccio fatica a mandare avanti la baracca*, j'ai du mal à mener mon affaire, à boucler mon budget. | *mandar avanti la baracca*, faire bouillir la marmite. ‖ LOC. FIG. *piantar baracca e burattini*, tout plaquer (pop.), prendre ses cliques et ses claques. ‖ [veicolo malandato] tacot m., clou m. | *è una vecchia baracca*, c'est un vieux tacot.
baraccamento [barakka'mento] m. baraquement.
baraccato [barak'kato] m. habitant d'une baraque.

baracchino [barak'kino] m. V. CHIOSCO.
baraccone [barak'kone] m. grande baraque f. ‖ [nelle fiere] baraque (f.) foraine. | *i baracconi della fiera*, les baraques foraines. | *un fenomeno da baraccone*, un phénomène de foire.
baraonda [bara'onda] f. [confusione di gente] cohue, tohu-bohu m., pagaille. | *che baraonda in quella casa !*, quelle pagaille, quel cirque (pop.) dans cette maison ! ‖ [insieme di oggetti sparsi] fouillis m., fatras m., fourbi m. (fam.), pagaille.
barare [ba'rare] v. intr. PR. e FIG. tricher.
baratro ['baratro] m. gouffre, abîme [anche fig.]. | *precipitare in un baratro*, tomber dans un gouffre. | *il baratro infernale*, l'abîme infernal. | *un baratro di vizi*, un abîme de vices.
barattamento [baratta'mento] m. V. BARATTO.
barattare [barat'tare] v. tr. échanger, troquer. | *barattare un giocattolo con delle figurine*, échanger, troquer un jouet contre des images. | *barattare delle parole con qlcu.*, échanger quelques mots avec qn. ‖ FIG. *barattare le carte in mano ad uno*, changer les données du jeu. ‖ ANTIQ. [far baratteria] prévariquer [v. intr.].
barattatore [baratta'tore] m. troqueur.
baratteria [baratte'ria] f. ANTIQ. concussion, prévarication. ‖ DIR. MAR. baraterie.
barattiere [barat'tjεre] m. STOR. concussionnaire, prévaricateur. ‖ ANTIQ. [rigattiere] fripier, brocanteur.
baratto [ba'ratto] m. échange, troc, change. | *fare baratto di una cosa con un'altra*, faire l'échange, le troc d'une chose contre une autre. ‖ ANTIQ. [baratteria] fraude f., escroquerie f.
barattolo [ba'rattolo] m. (petit) pot, boîte f. | *barattolo di marmellata*, pot de confitures. | *barattolo del sale*, boîte à sel. | *barattolo di vetro*, bocal.
barba ['barba] f. **1.** barbe. | *barba folta*, barbe drue, fournie, épaisse. | *barba rada*, barbe clairsemée. | *barba a punta*, barbe en pointe. | *barba circolare, alla Cavour*, barbe en collier, collier (m.) de barbe. | *barba all'imperiale*, impériale. | *lamette da barba*, lames de rasoir. | *farsi la barba*, se faire la barbe, se raser. ‖ PER ANAL. *barba di carciofo*, foin m. ‖ FIG. *mangiare alla barba di qlcu.*, manger aux frais de qn. | *farla in barba a qlcu.*, agir à la barbe, au mépris de qn. | *servire qlcu. di barba e capelli ; fare la barba e il contropelo a qlcu.*, rosser qn. ‖ FAM. *non c'è barba d'uomo che possa impedirmelo*, personne au monde ne pourra m'empêcher de le faire. | *un professore con tanto di barba*, un professeur intimidant. | *che barba !*, quelle barbe !, ce qu'on s'embête ! (fam.). | *questi discorsi mi fanno venire la barba*, ces propos me barbent, me rasent. ‖ **2.** BOT. racine, barbe. | *barba di cappuccino*, barbe de capucin. ‖ FIG. *mettere le barbe*, prendre racine. ‖ **3.** MAR. [pezzo di cavo] barbe. ‖ **4.** ZOOL. [filamenti costituenti le penne] barbe. ‖ [di certi animali] barbe. ◆ pl. [della carta] barbe.
barbabietola [barba'bjεtola] f. BOT. betterave. | *barbabietola da zucchero*, betterave à sucre. | *industria della barbabietola*, industrie betteravière.
barbablù [barba'blu] m. croque-mitaine.
barbacane [barba'kane] m. EDIL. MIL. barbacane f.
barbaforte [barba'fɔrte] m. BOT. raifort.
barbagianni [barba'dʒanni] m. invar. ZOOL. effraie f., chat-huant. ‖ FIG. [persona sciocca] balourd, nigaud. | *è un barbagianni*, c'est une vraie buse (fam.).
barbaglio [bar'baʎʎo] m. éblouissement, berlue f.
barbaresco [barba'resko] agg. barbare, barbaresque. | *uso barbaresco*, coutume barbare. ‖ [di Barberia] barbaresque. | ◆ m. [abitante della Barberia] Barbaresque. ‖ [cavallo barbero] barbe.
barbarico [bar'bariko] agg. barbare. | *le invasioni barbariche*, les invasions barbares. | *usanze barbariche*, usages barbares.
barbarie [bar'barje] f. barbarie. ‖ [atto da barbaro] barbarie, cruauté, acte (m.) barbare. | *è una vera barbarie*, c'est de la véritable cruauté, c'est du vandalisme.
barbarismo [barba'rizmo] m. barbarisme.
barbaro ['barbaro] agg. barbare. ‖ FIG. [di cattivo gusto, scorretto] barbare. | *che gusti barbari hai !*, quels drôles de goûts tu as ! | *uno stile barbaro*, un style barbare. ◆ m. barbare.
barbassore [barbas'sore] m. LETT. e SCHERZ. savantasse, savantas (antiq. e peggior.).
barbata [bar'bata] f. [insieme delle barbe di una pianta] barbes pl. ‖ V. BARBATELLA.
barbatella [barba'tella] f. [rampollo d'albero] rejeton m. ‖ [talea di vite] bouture. | *riprodurre per via di barbatelle*, bouturer [v. tr.].
barbato [bar'bato] agg. BOT. barbu. ‖ LETT. V. BARBUTO. ‖ ARALD. barbé.
barbazzale [barbat'tsale] m. [nel morso del cavallo] gourmette f.
barbera [bar'bεra] m. [vino del Piemonte] « barbera ».
barbero ['barbero] agg. e m. [cavallo] barbe.
barbetta [bar'betta] f. **1.** DIMIN. petite barbe, barbiche. ‖ **2.** [estremità del ferro del cavallo] talon m. ‖ **3.** [ciuffo di peli del cavallo] fanon m. ‖ **4.** MAR. amarre, bosse. ‖ **5.** MIL. barbette.
barbiere [bar'bjεre] m. coiffeur (pour hommes), barbier (antiq.).
barbierìa [barbje'ria] f. [raro] salon (m.) de coiffure pour hommes.
barbificare [barbifi'kare] v. intr. mettre des racines, s'enraciner.
barbiglio [bar'biʎʎo] m. [appendice sensoriale di alcuni pesci] barbillon. ‖ [parte della freccia o dell' amo] barbillon.
barbino [bar'bino] agg. [meschino] piètre. | *che figura barbina !*, quelle piètre figure ! ‖ [bizzarro] bizarre, drôle.
barbio ['barbjo] m. ZOOL. V. BARBO.
barbitonsore [barbiton'sore] m. SCHERZ. barbier, figaro (fam.).
barbiturico [barbi'turiko] agg. e m. CHIM. barbiturique.
barbo ['barbo] m. ZOOL. barbeau. | *piccolo barbo*, barbillon m.
barbogio [bar'bɔdʒo] agg. [di persona rimbecillita] gâteux, gaga (fam.). | *un vecchio barbogio*, un vieux gâteux, un vieux croûton (fam.), une vieille croûte (fam.), une vieille baderne (fam.).
barboncino [barbon'tʃino] m. ZOOL. caniche.
barbone [bar'bone] m. **1.** [grossa barba] grande barbe f., longue barbe f. ‖ **2.** [uomo barbuto] barbu. ‖ **3.** [lomb., vagabondo] clochard. | *i barboni*, la cloche f. ‖ **4.** ZOOL. barbet, caniche.
barboso [bar'boso] agg. ennuyeux, assommant (fam.), barbant (fam.), rasant (fam.), rasoir (fam.).
barbozza [bar'bɔttsa] f. [del cavallo] sous-barbe. ‖ [parte dell' armatura] mentonnière.
barbugliamento [barbuʎʎa'mento] m. bredouillage, bredouillement, bafouillage (fam.).
barbugliare [barbuʎ'ʎare] v. intr. bredouiller, bafouiller (fam.). | *barbugliò una frase incomprensibile*, il bredouilla une phrase inintelligible.
barbuglione [barbuʎ'ʎone] m. bafouilleur (fam.).
barbuta [bar'buta] f. STOR. MIL. salade, bassinet m.
barbuto [bar'buto] agg. barbu.
1. barca ['barka] f. **1.** barque, bateau m. | *barca a vela*, bateau à voile. | *barca a motore*, bateau à moteur. | *barca a remi*, barque, bateau à rames. | *barca da pesca*, bateau de pêche. | *barca baleniera*, baleinière. | *barca di traghetto*, bac m. | *barca da trasporto*, chaland m., péniche. | *barca di salvataggio*, bateau, canot (m.) de sauvetage. | *andare in barca*, aller en bateau ; SPORT faire du bateau. | *questa barca fa acqua*, ce bateau prend l'eau, fait eau. ‖ **2.** FAM. SCHERZ. *queste scarpe sono delle vere barche*, ces chaussures sont de vrais bateaux. ‖ **3.** [carico di una barca] V. BARCATA. ‖ **4.** FIG. [famiglia, affare] *mandare avanti la barca*, bien mener sa barque, faire marcher les affaires. ‖ **5.** MED. *addome a barca*, abdomen en bateau.
2. barca ['barka] f. [covone] meule, gerbier m. ‖ PER EST. [mucchio] tas m., montagne. | *una barca di soldi*, un tas d'argent, un argent fou. ◆ LOC. AVV. ***a barche***, en grandes quantités, à foison.
barcaccia [bar'kattʃa] f. **1.** PEGGIOR. vieille barque, rafiot m. (fam.), barcasse (fam.). ‖ **2.** TEATRO loge d'avant-scène, corbeille.
barcaiolo [barka'jɔlo] m. passeur, batelier. ‖ [noleggiatore] loueur de bateaux.
barcamenarsi [barkame'narsi] v. rifl. louvoyer

[v. intr.], nager [v. intr.] entre deux eaux, manœuvrer [v. intr.] habilement, mener habilement sa barque, se débrouiller. | *riesce a barcamenarsi*, il arrive à se débrouiller.
barcana [bar'kana] f. GEOL. barkhane.
barcareccio [barka'rettʃo] m. MAR. flottille f.
barcarizzo [barka'rittso] m. MAR. coupée f.
barcarola [barka'rɔla] f. barcarolle.
barcata [bar'kata] f. batelée (antiq.), chargement (m.) d'un bateau.
barcheggiare [barked'dʒare] v. intr. se promener en bateau. ◆ v. rifl. V. BARCAMENARSI, DESTREGGIARSI.
barcheggio [bar'keddʒo] m. [barcheggiare] batelage, va-et-vient de bateaux. || [traghettamento] passage (d'un fleuve).
barchereccio [barke'rettʃo] m. MAR. V. BARCARECCIO.
barchessa [bar'kessa] f. hangar m. || DIAL. grange.
barchetta [bar'ketta] f. **1.** MAR. petit bateau m., batelet m. (raro), petite barque, barquette. || **2.** [cose a forma di barca] *scollatura a barchetta*, encolure, décolleté bateau. || **3.** CULIN. pasticcino a forma di barchetta, barquette. || **4.** MAR. [del solcometro] flotteur de loch. || [nei sommergibili] réservoir de lest.
barchino [bar'kino] m. MAR. bachot. || MIL. petit bateau d'assaut.
barco ['barko] m. MAR. grosse embarcation (f.) de transport.
barcollamento [barkolla'mento] m. chancellement.
barcollante [barkol'lante] agg. chancelant, titubant. | *un vecchio barcollante*, un vieillard chancelant. | *un ubriacone barcollante*, un ivrogne titubant. || [indeciso] irrésolu, chancelant. | *una fede barcollante*, une foi chancelante.
barcollare [barkol'lare] v. intr. chanceler, tituber, flageoler, aller en zigzag. | *barcollare come un ubriaco*, chanceler comme un homme ivre. || FIG. [perdere autorità e prestigio] chanceler. | *il governo barcolla*, le gouvernement chancelle.
barcollio [barkol'lio] m. chancellement. || PER ANAL. MAR. roulis.
barcolloni [barkol'loni], **-e** avv. d'une façon chancelante. | *andar barcolloni*, marcher en chancelant, en titubant.
1. barcone [bar'kone] m. barge f., chaland, péniche f. || [barca per la costruzione di ponti] ponton. | *ponte di barconi*, pont de bateaux.
2. barcone [bar'kone] m. AGR. meule f., gerbier.
barda ['barda] f. STOR. MIL. [armatura per proteggere i cavalli] barde. || selle sans arçons.
bardare [bar'dare] v. tr. barder, harnacher. | *bardare cavalli*, harnacher des chevaux. || PER EST. CULIN. [guarnire] barder. ◆ v. rifl. [vestire in modo vistoso] s'attifer, être harnaché.
bardassa [bar'dassa] m. e f. SCHERZ. polisson. || ANTIQ. [cinedo] jeune homme efféminé.
bardato [bar'dato] agg. harnaché. || FIG. harnaché, attifé.
bardatura [barda'tura] f. harnachement m., harnais m. || FIG. SCHERZ. harnachement m., accoutrement m., affublement m., chamarrure.
bardiglio [bar'diʎʎo] m. [marmo grigio delle Alpi Appuane] « bardiglio ».
bardito [bar'dito] agg. des bardes. ◆ m. chant de guerre des bardes ; bardit.
bardo ['bardo] m. barde.
bardolino [bardo'lino] m. [vino del Garda] « bardolino ».
bardosso (a) [abar'dɔsso] loc. avv. à cru, à nu.
bardotto [bar'dɔtto] m. ZOOL. bardeau, bardot. || [apprendista] apprenti, grouillot. || [chi tira le barche lungo i fiumi] haleur.
barella [ba'rɛlla] f. brancard m., civière. || [per trasportare sassi] bard m., bayart m., civière.
barellante [barel'lante] m. brancardier.
barellare [barel'lare] v. tr. brancarder, transporter sur une civière, sur un brancard. ◆ v. intr. V. BARCOLLARE.
barelliere [barel'ljɛre] m. V. BARELLANTE.
barena [ba'rena] f. REGION. VEN. banc (m.) émergeant de la lagune.
barenatura [barena'tura] f. MECC. alésage m.
bareno [ba'rɛno] m. aléseuse f.
barese [ba'rese] agg. de Bari.
bargello [bar'dʒɛllo] m. STOR. [capo della polizia nel Medioevo e palazzo dove risiedeva] barigel.
bargiglio [bar'dʒiʎʎo] m. caroncule f. | *bargiglio del tacchino*, fraise (f.) du dindon.
baria [ba'ria] f. FIS. barye.
baricentro [bari'tʃɛntro] m. barycentre, centre de gravité.
bariglione [bariʎ'ʎone] m. [tosc.] caque f.
barilaio [bari'lajo] m. tonnelier.
barilatura [barila'tura] f. MECC. polissage (m.) au tonneau.
barile [ba'rile] m. baril, barrique f., fût. | *barile per acciughe*, barrot. || LOC. FIG. *fare a scarica barile*, se renvoyer la balle.
barilotto [bari'lɔtto] m. tonnelet, barillet. || FIG. [persona grassa e tozza] barrique f. | *sembra un barile*, il est gros comme une barrique.
barimetria [barime'tria] f. barymétrie.
bario ['barjo] m. CHIM. baryum.
barisfera [baris'fɛra] f. barysphère.
barista [ba'rista] m. barman, buvetier. ◆ f. barmaid.
baritina [bari'tina] f. MINER. barytine.
baritonale [barito'nale] agg. MUS. de baryton. | *voce baritonale*, voix de baryton.
baritono [ba'ritono] agg. e m. baryton. | *basso-baritono*, basse-taille f.
barlaccio [bar'lattʃo] agg. [tosc.] couvi, gâté. | *uova barlacce*, œufs couvis. || FIG. maladif, mal fichu (fam.), patraque.
barletto [bar'letto] m. TECN. [morsa del falegname] valet.
barlume [bar'lume] m. lueur f. || FIG. lueur. | *un barlume di speranza*, une lueur d'espoir.
baro ['baro] m. tricheur, pipeur (antiq.). || PER EST. [truffatore] filou.
barocchetto [barok'ketto] m. ARTI baroque tardif.
barocchismo [barok'kizmo] m. ARTI manière (f.) baroque, baroquisme.
barocco [ba'rɔkko] m. ARTI baroque. ◆ agg. baroque. || [stravagante] baroque, bizarre.
baroccume [barok'kume] m. ARTI PEGGIOR. mauvais baroque, surabondance (f.) baroque.
barografo [ba'rɔgrafo] m. FIS. barographe.
barolo [ba'rɔlo] m. [vino del Piemonte] « barolo ».
barometrico [baro'mɛtriko] agg. FIS. barométrique.
barometro [ba'rɔmetro] m. FIS. baromètre.
baronaggio [baro'naddʒo] m. baronnage. || [giurisdizione di un barone] baronnie f.
baronale [baro'nale] agg. de baron.
baronato [baro'nato] m. V. BARONIA, BARONAGGIO.
barone [ba'rone] m. FEUD. baron. || PER EST. maître. || NEOL. [chi detiene un incontrollato potere spec. economico] magnat. | *i baroni della finanza*, les magnats de la finance. || NEOL. UNIV. mandarin. | *i baroni dell'università*, les mandarins de l'université.
baronesco [baro'nesko] agg. V. BARONALE.
baronessa [baro'nessa] f. baronne.
baronetto [baro'netto] m. [titolo inglese] baronnet.
baronia [baro'nia] f. [dignità di barone] baronnage m. || [territorio] baronnie. || NEOL. toute-puissance économique, pouvoir (m.) despotique, privilège.
baroscopio [baros'kɔpjo] m. FIS. baroscope.
barra ['barra] f. **1.** TECN. barre. || MAR. barre. || AER. *barra di comando*, manche (m.) à balai. || **2.** [verga metallica] barre. | *barra d'oro*, barre, lingot (m.) d'or. || **3.** [verga del morso del cavallo] barre. || **4.** GIUR. barre. | *presentarsi alla barra*, se présenter à la barre. || **5.** [lancetta diagonale] barre. || **6.** GEOGR. barre.
barracano [barra'kano] m. burnous.
barracuda [barra'kuda] m. ZOOL. (sphyrène f.) barracuda.
barramina [barra'mina] f. TECN. MIN. barre à mine.
barrare [bar'rare] v. tr. [sbarrare] barrer. | *barrare un assegno*, barrer un chèque. || ANTIQ. [sprangare] mettre une barre (à), verrouiller.
barrato [bar'rato] agg. barré. | *assegno barrato*, chèque barré. || ANTIQ. [chiuso] fermé avec une barre.
barricadiero [barrika'djɛro] agg. barricadier, ère.
barricare [barri'kare] v. tr. barricader. ◆ v. rifl. se barricader [anche fig.].

barricata [barri'kata] f. barricade. | *fare le barricate,* élever des barricades. || FIG. *essere dall' altra parte della barricata,* être de l'autre côté de la barricade.
barriera [bar'rjɛra] f. **1.** barrière. | *barriera del passaggio a livello,* barrière du passage à niveau. || **2.** GEOL. [formazione naturale] barrière. || **3.** FIG. [ostacolo] *barriera doganale,* barrière douanière. | *porre una barriera tra due persone,* élever une barrière entre deux personnes. | *una barriera d'incomprensione,* un mur d'incompréhension. | *superare ogni barriera,* surmonter, briser toutes les barrières. || **4.** FIS. barrière. | *infrangere la barriera del suono,* franchir le mur du son. || **5.** GIOCHI *fare a barriera,* jouer aux barres.
barrire [bar'rire] v. intr. barrir, baréter.
barrito [bar'rito] m. barrissement, barrit. || PER EST. [voce d'uomo, potente o sgraziata] beuglement.
barrocciaio [barrot'tʃajo] m. charretier.
barrocciata [barrot'tʃata] f. charretée.
barroccino [barrot'tʃino] m. [calessino] cabriolet.
barroccio [bar'rɔttʃo] m. charrette f., tombereau.
baruffa [ba'ruffa] f. bagarre, échauffourée, chamaillerie (fam.). | *far baruffa,* se quereller, se chamailler (fam.).
baruffare [baruf'fare] v. intr. se quereller, se bagarrer, se chamailler (fam.).
barzelletta [bardzel'letta] f. histoire drôle, historiette, plaisanterie. | *raccontare una barzelletta,* raconter une histoire drôle. | *barzelletta salace, piccante, spinta,* histoire salée ; gaudriole, gauloiserie. || LOC. *pigliare qlco. in barzelletta,* ne pas prendre qch. au sérieux ; prendre qch. à la légère.
basale [ba'zale] agg. basal, de base. | *parte basale di un organo,* partie basale d'un organe. | *metabolismo basale,* métabolisme basal. || NEOL. [fondamentale] fondamental. | *i principi basali della democrazia,* les principes fondamentaux de la démocratie.
basaltico [ba'zaltiko] agg. MINER. basaltique.
basalto [ba'zalto] m. MINER. basalte.
basamento [baza'mento] m. ARCHIT. base f., soubassement. || EDIL. embasement, soubassement. || [di statua] socle. || AUTOM. monobloc.
basare [ba'zare] v. tr. fonder. || FIG. fonder, baser, appuyer. | *basare i propri calcoli su,* baser, fonder ses calculs sur. | *su che cosa è basata la tua asserzione ?,* sur quoi se base, se fonde ton assertion ? ◆ v. rifl. se fonder, s'appuyer. | *si è basato su delle prove sicure,* il s'est appuyé sur des, il a fait état de preuves irréfutables.
basca ['baska] f. MODA basque.
baschetto [bas'ketto] m. [dimin. di basco] (petit) béret.
basco ['basko] agg. e m. basque. | *palla basca,* pelote basque. | *tamburo basco,* tambour de basque. || [berretto] *basco,* béret. | *lingua basca,* basque m. || CULIN. *alla basca,* à la basquaise.
basculla [bas'kulla] f. bascule.
base ['baze] f. **1.** [parte inferiore] base, naissance. | *base di una colonna,* base d'une colonne. | *la bottiglia è incrinata alla base,* la bouteille est fêlée à sa base. | *base del collo,* naissance du cou. || **2.** [elemento principale] base. | *alimento di base,* aliment de base. | *stipendio (di) base,* salaire de base. || LOC. *a base di,* à base de. || **3.** [fondamento] base, fondement m. | *le basi di un accordo,* les bases d'un accord. | *avere una solida base di cognizioni,* posséder un fonds de connaissances. | *scolaro privo di basi,* un écolier qui ne possède pas de bases. | *ragionamento privo di basi,* raisonnement sans fondement. | *punto base,* jalon m. | *stabilire le basi,* poser des jalons. || LOC. PREP. ***in base a,*** d'après, selon, sur la base de. | *in base alle ultime notizie,* d'après les dernières nouvelles. || **4.** CHIM. base. || **5.** FIN. *base dell' imposta,* assiette de l'impôt. || **6.** MAT. base. || **7.** MIL. base. | *rientrare alla base,* rentrer à sa base ; rentrer chez soi (fig.). || **8.** NEOL. POL. (gli iscritti di un partito) base. | *consultare la base,* consulter la base. || **9.** SPORT base.
basetta [ba'zetta] f. favoris m. pl. | *basette corte,* pattes (de lapin).
basicità [bazitʃi'ta] f. CHIM. basicité.
basico ['baziko] agg. CHIM. basique.
basilare [bazi'lare] agg. fondamental, essentiel, de base. | *pietra basilare,* pierre angulaire. || ANAT. basilaire. | *osso basilare,* os basilaire.
basilica [ba'zilika] f. ARCHIT. basilique.
basilicale [bazili'kale] agg. basilical.
basilico [ba'ziliko] m. BOT. basilic.
basilisco [bazi'lisko] m. MIT., ZOOL. basilic. || MIL., STOR. bouche (f.) à feu.
basino [ba'zino] m. TESS. basin.
basire [ba'zire] v. intr. défaillir, s'évanouir.
basista [ba'zista] m. [gerg.] = cerveau d'un hold-up.
basket-ball ['bɑskit'bɔ:l] m. SPORT V. PALLACANESTRO.
1. bassa ['bassa] f. GEOGR. dépression (de terrain), basse plaine. | *la bassa padana,* la basse plaine du Pô.
2. bassa ['bassa] f. GERG. MIL. laissez-passer m., billet (m.) d'hôpital.
bassetta [bas'setta] f. GIOCHI bassette.
bassetto [bas'setto] m. MUS. basset. | *corno di bassetto,* cor de basset.
bassezza [bas'settsa] f. FIG. bassesse. | *compiere bassezze,* faire des bassesses.
basso ['basso] agg. **I.** bas. **1.** [non alto] *casa bassa,* maison basse. | *rami bassi di un albero,* branches basses d'un arbre. | *tacchi bassi,* talons plats. | *basso ventre,* bas-ventre. | *bassa quota,* basse altitude. | *bassa temperatura,* basse température. | *stipendio basso,* salaire peu élevé. | *prezzi bassi,* prix modérés, peu élevés. | *a basso prezzo,* à bas prix. | *bassa pressione,* basse pression. | *avere la pressione bassa,* avoir peu de tension, avoir une tension basse. || MAT. *i numeri bassi,* les petits nombres. || **2.** [poco profondo] *acque basse,* basses eaux. | *bassa marea,* marée basse. | *il mare è basso,* la mer est peu profonde. || FIG. *trovarsi in acque basse,* être dans le creux de la vague ; se trouver à sec (fam.). || **3.** [inferiore, meridionale] bas, inférieur. | *la città bassa,* la basse ville. | *quartieri bassi,* bas quartiers. | *bassa Italia,* Italie méridionale. | *basso Egitto,* Basse Égypte. || **4.** [tardo] *basso Impero,* bas Empire. | *basso latino,* bas latin. || **5.** [sommesso, grave] bas, grave. | *a bassa voce,* à voix basse ; tout bas. | *messa bassa,* messe basse. | *tenere la radio bassa,* mettre la radio en sourdine. || MUS. *suono basso,* son grave. | *chiave di basso,* clé de fa. | *basso-baritono,* basse-taille f. || **6.** [di qualità inferiore] *bassa macelleria,* bas morceaux. || FIG. *di bassa lega,* de bas, de mauvais aloi. || **7.** [umile, modesto] *gente bassa,* bas peuple ; petites gens. | *di basse origini,* de basse extraction ; de naissance modeste. | *basso clero,* bas clergé. || **8.** [abietto, vile] *bassa vendetta,* basse vengeance. | *bassi propositi,* viles intentions. | *colpo basso,* coup bas. || FIG. *tirare colpi bassi a qlcu.,* tirer dans les jambes de qn. || **II.** petit. | *di bassa statura,* de petite taille. | *uomo basso e tarchiato,* homme petit et trapu. | *è più basso del fratello,* il est plus petit que son frère. || **III.** [rivolto a terra] baissé. | *tenere gli occhi bassi,* tenir les yeux baissés. | *a capo basso,* la tête basse, baissée. || LOC. *far man bassa,* faire main basse. ◆ avv. bas. | *parlare basso,* parler (tout) bas. | *mirare basso,* viser bas. || FIG. *cadere (in) basso,* tomber bien bas. || LOC. AVV. ***da basso,*** en bas. || ***in basso,*** bas, en bas, en contrebas. | *troppo in basso,* trop bas. ◆ m. **1.** [parte bassa] bas. | *il basso della pagina,* le bas de la page. || FIG. *la vita ha degli alti e dei bassi,* la vie a des hauts et des bas. || MUS. basse f. | *basso profondo,* basse-contre (antiq.). || [a Napoli] *« basso »* = logement misérable au rez-de-chaussée.
bassofondo [basso'fondo] m. MAR. haut-fond, bas-fond, basse (f.). ◆ ***bassifondi*** pl. FIG. bas-fonds.
bassopiano [basso'pjano] m. GEOGR. dépression f.
bassorilievo [bassori'ljɛvo] m. (**bassorilievi** pl.) bas-relief.
bassotto [bas'sɔtto] agg. petit, courtaud. ◆ m. ZOOL. basset.
bassura [bas'sura] f. dépression, basse plaine, bas-fond m.
1. basta ['basta] f. [imbastitura] faufilure. || [piega] rempli m., troussis m. (antiq.).
2. basta ['basta] interiez. assez !, ça suffit !, baste ! (antiq.). | *basta, smettila di piangere !,* ça suffit, assez !, arrête de pleurer ! | *basta con queste storie !,* assez, finissez-en avec ces histoires ! | *basta così !,* c'est assez ! | *ho detto troppo, basta !,* j'en ai déjà trop

dit ! | *punto e basta !*, un point, c'est tout ! | *basta, mi hai convinto*, c'est bon, tu m'as convaincu. | *basta !, grazie*, ça va, merci !

bastaio [bas'tajo] m. bourrelier.

bastante [bas'tante] agg. suffisant.

bastardaggine [bastar'daddʒine] f. bâtardise.

bastardella [bastar'dɛlla] f. CULIN. [tegame] fait-tout m. invar.

bastardo [bas'tardo] agg. e m. [nato illegittimo] bâtard. ‖ PER ANAL. [ibrido] bâtard. | *cane bastardo*, chien bâtard ; corniaud m. ‖ PER EST. [non schietto, corrotto] altéré, corrompu. | *tempi bastardi*, temps corrompus. ‖ PEGGIOR. *che bastardo !*, quel salaud ! ‖ FIG. [di forma o grandezza ibrida] bâtard. | *scrittura bastarda*, écriture bâtarde. | *letto bastardo*, lit à une place et demie.

bastare [bas'tare] v. intr. **1.** suffire. | *bastano tre etti*, trois cents grammes suffisent ; il suffit de trois cents grammes. | *mi bastano due ore*, j'ai besoin de deux heures ; deux heures me suffisent. | *bastare a se stesso*, se suffire à soi-même. | *basta un niente per farlo ridere*, il suffit d'un rien pour le faire rire ; un rien suffit à le faire rire. ‖ FIG. *non mi basta l'animo di*, je n'ai pas le courage de. ‖ LOC. CUC. *quanto basta*, en quantité suffisante. ‖ **2.** [resistere] durer, résister. | *questo cappotto mi deve bastare per due inverni*, ce manteau doit me durer, me faire deux hivers. ◆ v. impers. **1.** il suffit. | *basta chiedere*, il suffit de demander. | *mi pare che basti*, il me semble que cela suffit, que c'est assez. | *e non basta, ha anche rubato una macchina*, et ce n'est pas tout, il a même volé une voiture. | *come se non bastasse !*, comme si cela ne suffisait pas ! ‖ LOC. *basta ricordare che*, je rappellerai seulement. ‖ **2.** [purché] *basta che*, pourvu que.

bastevole [bas'tevole] agg. suffisant.

bastia [bas'tia] f. STOR. bastide, bastille.

bastiano [bas'tjano] m. LOC. *fare il bastian contrario*, avoir l'esprit de contradiction.

bastimento [basti'mento] m. MAR. bâtiment, navire. ‖ [quantità di merce trasportata] cargaison f.

bastingaggio [bastin'gaddʒo] m. MAR. bastingage.

bastionare [bastjo'nare] v. tr. bastionner.

bastionata [bastjo'nata] f. rempart m. ‖ grande paroi rocheuse.

bastione [bas'tjone] m. PR. e FIG. bastion, rempart [anche fig.].

bastita [bas'tita] f. STOR. MIL. bastide.

basto ['basto] m. bât. | *cesto da basto*, baste. | *mettere il basto (a)*, bâter v. tr. ‖ FIG. [peso ingrato] poids, charge f., fardeau. | *portare il basto*, supporter toute la charge. ‖ EDIL. *basto rovescio*, caniveau.

bastonare [basto'nare] v. tr. bâtonner ; frapper, battre à coups de bâton. | *bastonare di santa ragione*, battre comme plâtre, rosser d'importance, étriller (fam.). | *era mogio mogio come un cane bastonato*, il se tenait tout coi comme un chien battu. ‖ FIG. [maltrattare] maltraiter, taper (sur). | *bastonare il pianoforte*, taper sur le piano. ◆ v. rifl. se battre à coups de bâton. | *si sono bastonati di santa ragione*, ils se sont roués de coups.

bastonata [basto'nata] f. bastonnade, coup (m.) de bâton. | *darsi bastonate da orbi*, se donner de grands coups de bâton. | *una buona dose di bastonate*, une volée de coups de bâton. ‖ FIG. coup dur, rude coup, perte considérable.

bastonatore [bastona'tore] m. matraqueur.

bastonatura [bastona'tura] f. bastonnade, volée de coups de bâton, volée de bois vert, danse (fam.), dérouillée (pop.).

bastoncello [baston'tʃɛllo] m. DIMIN. bâtonnet, petit bâton. ‖ [pane] flûte f. ‖ TIP. petit caractère. ‖ ANAT. bâtonnet.

bastoncino [baston'tʃino] m. **1.** DIMIN. petit bâton, bâtonnet, badine f. ‖ **2.** CULIN. [pane] baguette f., flûte f. ‖ *bastoncino di pesce*, bâtonnet de poisson. ‖ **3.** ARCHIT. astragale, baguette f. ‖ **4.** GIOCHI [gioco dello sciangai] pl. *bastoncini*, jonchets, honchets.

bastone [bas'tone] m. **1.** bâton. | *bastone (da passeggio)*, canne f. | *bastone da pastore*, houlette f. | *bastone animato*, canne-épée f. ‖ SPORT *bastone da sci*, bâton de ski. | *bastone da golf*, canne (f.) de golf ; club. | *bastone da hockey*, crosse f. | *bastone della staffetta*, bâton de relais, témoin. ‖ *bastone di maresciallo*, bâton de maréchal. ‖ FIG. *tenere il bastone del comando*, avoir le commandement ; détenir le pouvoir. ‖ LOC. FIG. *usare il metodo del bastone e della carota*, employer la politique de la carotte et du bâton, la méthode de la douche écossaise. ‖ *mettere il bastone fra le ruote*, mettre des bâtons dans les roues. ‖ **2.** [pane] bâtard. ‖ **3.** TIP. bâton. ‖ **4.** ARALD. bâton. ‖ **5.** pl. GIOCHI [tarocchi] bâtons.

batacchiare [batak'kjare] v. tr. matraquer.

batacchio [ba'takkjo] m. gourdin. ‖ [bacchio] gaule f. ‖ [battaglio] battant.

batata [ba'tata] f. BOT. patate.

batavo [ba'tavo] agg. batave.

batea [ba'tɛa] f. TECN. MINER. batée.

batigrafia [batigra'fia] f. bathygraphie.

batimetria [batime'tria] f. bathymétrie.

batimetro [ba'timetro] m. bathymètre.

batiscafo [batis'kafo] m. MAR. bathyscaphe.

batisfera [batis'fera] f. MAR. bathysphère.

batista [ba'tista] agg. e f. TESS. batiste f.

batocchio [ba'tɔkkjo] m. [bastone dei ciechi] bâton, canne blanche d'aveugle. ‖ [battaglio] battant.

batometria [batome'tria] f. V. BATIMETRIA.

batosta [ba'tɔsta] f. [legnata] coup m. (de bâton), raclée. | *grossa batosta*, drôle de raclée. ‖ FIG. [danno, perdita, sconfitta] rude coup, échec m. | *ho avuto una bella batosta*, j'ai reçu un rude coup. | *prendersi una batosta*, écoper (fig. fam.). | *subire una batosta*, subir un échec. | *preparati a ricevere una batosta*, numérote tes abattis (pop.).

batraci [ba'tratʃi] m. pl. (**batrace** sing.) ZOOL. batraciens

battage [ba'taʒ] m. [fr.] battage (fam.), publicité (f.) tapageuse.

battaglia [bat'taʎʎa] f. bataille. ‖ [combattimento] combat m. | *battaglia campale*, bataille rangée. | *campo di battaglia*, champ de bataille. | *un'aspra battaglia*, une dure bataille. | *finta battaglia*, combat simulé. | *nome di battaglia*, nom de guerre. | *schierarsi in battaglia*, se ranger en ordre de bataille. | *dar battaglia*, livrer bataille. | *ingaggiare battaglia, attaccare battaglia*, engager la bataille. | *vincere la battaglia*, gagner la bataille. ‖ FIG. *cavallo di battaglia*, cheval de bataille. ‖ PER EST. [lotta] lutte, bataille. | *battaglia elettorale*, bataille électorale. | *battaglia di passioni*, combat de passions. ‖ GIOCHI *battaglia navale*, bataille navale. ‖ [a carte] bataille. ‖ MUS. chanson narrative.

battagliare [battaʎ'ʎare] v. intr. combattre. ‖ PER EST. [lottare] batailler (fam.), combattre.

battagliero [battaʎ'ʎɛro] agg. batailleur, combatif, guerrier. | *temperamento battagliero*, tempérament batailleur. | *animo battagliero*, esprit guerrier.

battaglio [bat'taʎʎo] m. [della campana] battant (de cloche). ‖ [martello della porta] heurtoir, marteau.

battagliola [battaʎ'ʎɔla] f. MAR. rambarde, batayole.

battaglione [battaʎ'ʎone] m. MIL. bataillon.

battellata [battel'lata] f. batelée (antiq.).

battelliere [battel'ljɛre] m. batelier. | *prezzo pagato al battelliere*, batelage m.

battello [bat'tɛllo] m. bateau. | *battello da pesca*, bateau de pêche. | *battello di salvataggio*, bateau, canot de sauvetage. | *battello da diporto*, bateau de plaisance. | *battello pilota*, bateau-pilote. | *battello segnale*, bateau-balise. | *battello porta*, bateau-porte. | *battello pompa*, bateau-pompe. | *battello faro*, bateau-feu, bateau-phare. | *battello a ruote*, bateau à aubes. | *battello postale*, bateau-poste. ‖ [tipo di letto, stile impero] lit (en) gondole. | *battello*, lit bateau.

battente [bat'tente] m. **1.** [metà di porta o finestra] battant, vantail. | *gli uffici chiudono battenti alle dodici*, les bureaux ferment à midi. | *la fiera aprirà i battenti la settimana prossima*, la foire ouvrira ses portes la semaine prochaine. ‖ **2.** [anello metallico per bussare] heurtoir, marteau. ‖ **3.** TESS. battant. ‖ **4.** [in sartoria, patta] patte f. ‖ **5.** [idraulica] charge (f.) d'eau. ‖ **6.** MAR. battant.

battere ['battere] v. tr. **1.** [picchiare] battre, frapper. | *battere i tappeti*, battre les tapis. | *battere un chiodo col martello*, taper sur un clou avec un marteau. | *battere il grano*, battre le blé. | *battere la carne*, aplatir la viande. | *battere le mani,* battre des mains, frapper dans ses mains. | *battere i denti,* claquer des dents ; grelotter (v. intr.). | *battere le ali,* battre des ailes ; s'ébrouer (v. rifl.). | *un battere d'ali,* un battement d'ailes. | *battere i piedi,* taper du pied ; trépigner (v. intr.) ; [per scaldarsi] battre la semelle. | *battere le ciglia,* ciller (v. intr.). | *battere le palpebre,* ciller ; cligner des yeux. | *il battere delle palpebre,* le clignotement des paupières. | *battersi la fronte ricordando qlco.,* se frapper le front en se rappelant qch. | *battere i tacchi,* claquer des talons. | *battere la mano sulla spalla,* donner une tape sur l'épaule. || **2.** [urtare] taper, cogner. | *battere la testa contro qlco.,* donner de la tête contre, heurter qch., se cogner la tête contre qch. || **3.** [percorrere] parcourir, battre. | *battere la campagna,* battre la campagne. | *battere i mercati,* fréquenter les marchés. || FIG. *battere una via cattiva,* suivre un mauvais chemin, être dans une mauvaise voie. | *battere il marciapiede,* faire le trottoir. || **4.** [vincere, sconfiggere] battre. | *battere il nemico,* battre l'ennemi. | *battere un primato,* battre un record. | *battere sul traguardo,* coiffer au, sur le poteau. | *ha trovato chi lo batte,* il a trouvé son maître. | *è stato battuto su tutta la linea,* il a été battu à plate couture. || **5.** LOC. *battere una lettera a macchina,* taper une lettre à la machine. | *battere le ore,* sonner les heures. | *automa che batte le ore,* jaquemart. | *battere un colpo,* frapper un coup. || FIN. *battere moneta,* battre monnaie. | *battere una moneta,* frapper une monnaie. || MAR. *battere bandiera,* battre pavillon. || MIL. *battere la ritirata,* battre en retraite. || MUS. *battere il tempo,* battre la mesure. || **6.** LOC. FIG. *non saper dove battere la testa,* ne pas savoir où donner de la tête ; être aux cent coups. | *battersi il petto,* se frapper la poitrine, battre sa coulpe. | *in un battere d'occhio,* en un clin d'œil, en un tour de main. | *senza batter ciglio,* sans broncher, sans ciller. | *a tamburo battente,* tambour battant. | *battere i tacchi, il tacco,* montrer les talons, lever le pied. || FAM. *battersela,* mettre les voiles, prendre la clef des champs, décamper, déguerpir. | *battere la fiacca,* tirer sa flemme (fam.). | *battere la grancassa,* battre la grosse caisse. || FAM. *battere cassa,* taper qn, demander de l'argent à qn (L.C.). ◆ v. intr. **1.** [cadere, picchiare su qlco.] battre, cogner, frapper. | *la pioggia gli batteva contro il viso,* la pluie lui fouettait le visage. | *la pioggia batte sui vetri,* la pluie fouette, bat contre les vitres. | *le onde battono sugli scogli,* les vagues déferlent sur, contre les rochers. | *il sole batte tutto il giorno,* le soleil donne toute la journée. | *battono alla porta,* on frappe à la porte. | *è battuta la mezza,* la demie vient de sonner. || AUTOM. *il motore batte in testa,* le moteur cogne. || FAM. *dare un calcio dove non batte il sole,* donner un coup de pied dans le derrière. || PROV. *la lingua batte dove il dente duole,* on revient toujours au point sensible. || **2.** [insistere] insister. | *battere su un argomento,* insister sur un sujet. || FIG. *battere sempre sullo stesso tasto,* taper toujours sur le même clou. || *batti e ribatti,* à force d'insister. || **3.** [pulsare] battre. | *mi batte il cuore,* j'ai le cœur qui bat. ◆ v. rifl. e recipr. se battre ; s'expliquer (pop.). | *battersi in duello,* se battre en duel. | *battersi fino all'ultimo sangue,* se battre jusqu'au dernier souffle. | *battersi da eroi,* se battre en héros.

batteria [batte'ria] f. MIL. batterie. || FIG. *piazzare le proprie batterie,* dresser ses batteries. | *scoprire le proprie batterie,* démasquer, dévoiler ses batteries. || ELETTR. batterie. || MUS. batterie. || [insieme di attrezzi] *batteria da cucina,* batterie de cuisine. || SPORT éliminatoire, épreuves (pl.) éliminatoires.

battericida [batteri'tʃida] m. e agg. MED. bactéricide.

batterico [bat'tɛriko] agg. MED. bactérien.

batterio [bat'tɛrjo] m. MED. bactérie f.

batteriofago [batte'rjɔfago] m. bactériophage.

batteriologia [batterjolo'dʒia] f. MED. bactériologie.

batteriologico [batterjo'lɔdʒiko] agg. MED. bactériologique.

batteriologo [batte'rjɔlogo] m. MED. bactériologiste.

batterista [batte'rista] m. MUS. batteur.

battesimale [battezi'male] agg. RELIG. baptismal. | *il fonte battesimale,* les fonts baptismaux (pl.).

battesimo [bat'tezimo] m. RELIG. baptême. | *tenere un bambino a battesimo,* tenir un enfant sur les fonts baptismaux. | *fede di battesimo,* acte de baptême. | *battesimo provvisorio (senza cerimonie),* ondoiement. || PER EST. [cerimonia inaugurale] *battesimo dell'aria,* baptême de l'air. | *battesimo dell'equatore,* baptême de la ligne. | *battesimo di una nave,* baptême d'un navire. | *battesimo del fuoco,* baptême du feu.

battezzando [batted'dzando] m. e agg. (celui) qui doit recevoir le baptême, qui est à baptiser.

battezzare [batted'dzare] v. tr. baptiser. || SCHERZ. *battezzare il vino,* baptiser le vin. || [dare il nome, soprannominare] nommer, appeler, baptiser, surnommer. | *è stato battezzato col nome di,* il a été baptisé du nom de. | *lo battezzarono il « rosso »,* on le surnomma, on le baptisa le « rouquin ». ◆ v. rifl. recevoir le baptême. || FIG. se prétendre, s'attribuer le titre de, se faire passer pour.

battibaleno [battiba'leno] m. LOC. *in un battibaleno,* en un éclair, en un clin d'œil.

battibecco [batti'bekko] m. querelle f., prise (f.) de bec, accrochage (fam.).

batticarne [batti'karne] m. invar. battoir à viande.

batticoda [batti'koda] f. ZOOL. hochequeue m.

batticuore [batti'kwɔre] m. battements (pl.) de cœur. | *ho il batticuore,* j'ai des battements de cœur. || FIG. [ansia] inquiétude f., appréhension f. | *stare col batticuore,* avoir de l'appréhension. | *non farmi stare col batticuore,* ne me laisse pas dans l'inquiétude.

battifiacca [batti'fjakka] m. invar. V. SCANSAFATICHE.

battifianco [batti'fjanko] m. [nelle scuderie] batflanc.

battifolle [batti'fɔlle] m. V. BASTIONE.

battifredo [batti'fredo] m. STOR. beffroi. || MIL. beffroi.

battigia [bat'tidʒa] f. GEOGR. laisse.

battilardo [batti'lardo] m. invar. hachoir, planche (f.) à hacher.

battiloro [batti'lɔro] m. invar. batteur d'or.

battima ['battima] f. V. BATTIGIA.

battimano [batti'mano] m. spec. pl. battement de mains, applaudissements.

battimazza [batti'mattsa] m. invar. [aiutante del fabbro] frappeur.

battimento [batti'mento] m. battement. || FIS. battement.

battipalo [batti'palo] m. **1.** [macchina a maglio] sonnette f., mouton. || [a mano] dame f. || **2.** [operaio] ouvrier chargé de faire fonctionner la sonnette.

battipanni [batti'panni] m. tapette f.

battirame [batti'rame] m. invar. batteur de cuivre.

battistero [battis'tɛro] m. ARCHIT. baptistère. || [fonte battesimale] fonts (pl.) baptismaux.

battistrada [battis'trada] m. invar. STOR. avant-courrier. | *fare da battistrada,* ouvrir la route. || FIG. *fare da battistrada a qlcu.,* précéder qn, tracer le chemin de qn. || SPORT homme de tête. | *fare da battistrada,* être en tête, mener (v. intr.). || AUTOM. [parte esterna dei pneumatici] bande (f.) de roulement, chape f.

battitacco [batti'takko] m. talonnette f.

battito ['battito] m. battement. | *un battito di ciglia,* un battement de cils. | *il battito del cuore,* les battements du cœur. || MECC. *battito in testa,* cognement.

battitoia [batti'toja] f. TIP. taquoir m.

battitoio [batti'tojo] m. **1.** [battente] battant. || **2.** [parte di una cornice] feuillure f. || **3.** IND. TESS. batteur.

battitore [batti'tore] m. **1.** [a caccia] rabatteur, traqueur. || **2.** AGR. batteur. || **3.** [nelle aste] commissaire-priseur. || **4.** SPORT [cricket, base-ball] batteur. || [tennis] serveur.

battitrice [batti'tritʃe] f. AGR. batteuse.

battitura [batti'tura] f. coup m. || FIG. [sventura] malheur m. || AGR. battage m. || METALL. battitures pl. | *battitura dell'oro,* batte de l'or.

battola ['battola] f. EDIL. batte, taloche. || MUS. crécelle. || TECN. [in un mulino] claquet m.

battologia [battolo'dʒia] f. LETT. battologie, redite.

battura [bat'tura] f. MAR. râblure.

battuta [bat'tuta] f. **1.** [atto] battement m. | *la battuta dei remi,* le battement des rames. || **2.** [effetto] coup m. || **3.** [in dattilografia] frappe. | *un errore di battuta,* une faute de frappe. ‖ **4.** Mus. mesure. | *mezza battuta,* demi-mesure. | *battuta d'aspetto,* pause. ‖ Fig. temps d'arrêt. ‖ Fig. *essere alle prime battute,* être au début. ‖ Fig. *in poche battute,* en moins de deux, en deux temps trois mouvements (fam.). ‖ **5.** [metr.] mètre m. ‖ **6.** Teatro réplique. | *dare la battuta,* donner la réplique. | *mangiarsi la battuta,* manquer sa réplique. | *soffiare la battuta,* devancer une réplique. ‖ Fig. *avere sempre la battuta pronta,* avoir toujours la repartie prompte. ‖ Per anal. [frase spiritosa] *battuta di spirito,* boutade ; trait m., mot (m.) d'esprit. ‖ **7.** Edil. feuillure. ‖ **8.** [a caccia] battue. ‖ [l'atto di incalzare la selvaggina] rabattage m. ‖ Per est. [della polizia] battue. ‖ **9.** Sport [tennis] service m. ‖ [pelota] *muro di battuta,* fronton m.

battuto [bat'tuto] agg. **1.** [percosso] battu, frappé. | *terra battuta,* terre battue. | *ferro battuto,* fer forgé. | *a spron battuto,* à bride abattue, à toute bride, à franc étrier. ‖ **2.** [frequentato] battu, fréquenté. | *sentiero battuto,* sentier battu. | *strada molto battuta,* chemin très fréquenté. ‖ **3.** [sconfitto] battu. ◆ m. Culin. hachis. ‖ Edil. fond en terre battue.

batuffolo [ba'tuffolo] m. tampon. | *batuffolo di cotone,* tampon d'ouate. | *batuffolo di lana,* flocon de laine. ‖ Fig. [bambino paffutello] poupon.

bau bau [bau'bau] [voce onomat.] oua oua. ◆ m. [spauracchio] méchant loup, croquemitaine.

baule [ba'ule] m. malle f. | *baule a cassetta,* cantine f. | *fare il baule,* faire sa malle. ‖ Fig. *fare i bauli,* faire ses malles, plier bagages.

bauletto [bau'letto] m. mallette f. ‖ [cofanetto] coffret.

bautta [ba'utta] f. Stor. [mantellina] domino m. ‖ [mascherina] loup m.

bauxite [bauk'site] f. Miner. bauxite.

bava ['bava] f. **1.** bave, écume. | *fare la bava,* baver (v. intr.). ‖ Fig. *avere la bava alla bocca,* écumer de rage. | *con la bava alla bocca,* écumant de rage. | *far venire la bava alla bocca,* faire enrager. ‖ **2.** Tess. *bava di seta,* bourre de soie. ‖ **3.** *bava di vento,* souffle (m.) de vent. ‖ **4.** Metall. bavure.

bavaglino [bavaʎ'ʎino] m. bavette f. ‖ [di neonato] bavoir.

bavaglio [ba'vaʎʎo] m. bâillon. ‖ Fig. *mettere il bavaglio alla stampa,* bâillonner la presse.

bavarese [bava'rese] agg. e m. bavarois. ◆ f. Culin. bavaroise.

bavella [ba'vɛlla] f. bourre de soie, bourrette, schappe.

bavellina [bavel'lina] f. soie floche.

bavero ['bavero] m. col, collet. | *bavero di pelliccia,* col, collet de fourrure. ‖ Fig. *prendere per il bavero qlcu.,* saisir, prendre qn au collet, par le colback (pop.). | *afferrare per il bavero,* colleter. ‖ [prendere in giro] se payer la tête de qn.

bavetta [ba'vetta] f. Metall. bavure. ◆ pl. Culin. = petites nouilles (en forme de rubans).

bavoso [ba'voso] agg. baveux.

bazar [bad'dzar] m. invar. bazar.

bazooka [ba'zu:ka] m. ingl. Mil. bazooka.

1. bazza ['baddza] f. [mento molto pronunciato] menton (m.) en galoche.

2. bazza ['baddza] f. [fortuna] chance, aubaine. | *bazza a chi tocca !,* heureux qui l'aura !

bazzana [bad'dzana] f. [in legatoria] basane.

bazzecola [bad'dzɛkola] f. [cosa da nulla] babiole, bagatelle, broutille (fam.), brimborion m. (raro). | *occuparsi di bazzecole,* s'occuper à des frivolités. | *litigare per una bazzecola,* discuter sur des pointes d'aiguille, pour des broutilles.

bazzica ['battsika] f. Giochi bésigue m.

bazzicare [battsi'kare] v. tr. fréquenter, hanter (lett.). | *bazzicare cattive compagnie,* fréquenter de mauvaises compagnies, avoir de mauvaises fréquentations. | *bazzicare qlcu.,* se frotter à qn. ◆ v. intr. fréquenter, hanter. | *bazzicare in casa di qlcu.,* fréquenter chez qn. | *bazzicare nelle bische,* hanter les tripots. | *non bazzica più da queste parti,* on ne le voit plus par ici.

bazzicotto [battsi'kɔtto] m. Giochi brelan.

bazzotto [bad'dzɔtto] agg. mollet. | *uovo bazzotto,* œuf mollet. ‖ Fig. incertain.

bè [bɛ] [voce onomat., verso della pecora] bê.

be [bɛ] interiez. V. beh.

beante [be'ante] agg. Med. béant.

beare [be'are] v. tr. Lett. charmer. ◆ v. rifl. se délecter, prendre plaisir, se pâmer de joie.

beatamente [beata'mente] avv. béatement.

beatificare [beatifi'kare] v. tr. combler de joie. ‖ Relig. béatifier.

beatificazione [beatifikat'tsjone] f. Relig. béatification.

beatifico [bea'tifiko] agg. Relig. béatifique.

beatitudine [beati'tudine] f. béatitude, félicité. | *vivere in pace e beatitudine,* vivre en paix et dans la félicité. ‖ Relig. béatitude.

beato [be'ato] agg. heureux, bienheureux. | *vivere beato e contento,* vivre heureux et satisfait. | *avere un'aria beata,* avoir un air béat. | *beato te che hai trovato subito,* tu as de la chance d'avoir trouvé tout de suite. | *beato chi...,* heureux celui qui... | *beato chi riesce a vederlo,* quel miracle de le voir ! | *far vita beata,* mener joyeuse vie, la bonne vie ; filer des jours heureux. | *beata ignoranza,* bienheureuse ignorance. ‖ Prov. *beati gli ultimi se i primi sono discreti,* la sobriété des uns fait le bonheur des autres. ‖ Relig. bienheureux, béat. | *i Beati Apostoli,* les Saints Apôtres. | *beati i poveri di spirito,* bienheureux les pauvres en esprit. ◆ m. bienheureux.

bebè [be'bɛ] m. [fr.] bébé.

becca [bek'ka] f. Stor. = bonnet (m.) ducal (des doges de Venise) à deux pointes.

beccaccia [bek'kattʃa] f. Zool. bécasse. | *beccaccia d'acqua,* barge. | *beccaccia di mare,* huîtrier m.

beccaccino [bekkat'tʃino] m. Zool. bécassine f. ‖ [piccolo della beccaccia] bécasseau.

beccafico [bekka'fiko] m. Zool. becfigue, gobe-mouches invar.

beccaio [bek'kajo] m. boucher.

beccamorti [bekka'mɔrti] m. invar. Peggior. fossoyeur (l.c.), croque-mort (fam.).

beccapesci [bekka'peʃʃi] m. invar. Zool. hirondelle (f.) de mer.

beccare [bek'kare] v. tr. **1.** prendre avec le bec. ‖ Per est. becqueter, béqueter, picorer. ‖ donner des coups de bec. ‖ Scherz. [mangiare] becqueter. | *non c'è nulla da beccare,* il n'y a rien à becqueter. ‖ **2.** [stuzzicare] taquiner. ‖ **3.** Fig. [prendere] attraper. | *mi son beccato, ho beccato un bel raffreddore,* j'ai attrapé, j'ai chopé (fam.) un gros rhume. ‖ *guai a te se ti becco !,* gare à toi si je t'attrape ! | *l'hanno beccato che si allontanava,* ils l'ont pincé tandis qu'il s'éloignait. | *non mi beccano più,* on ne m'y reprendra plus ; on ne m'aura pas deux fois. ‖ **4.** Fig. [guadagnare facilmente] gagner, ramasser. | *ho beccato un milione,* j'ai gagné, décroché un million. | *beccarsi un bello stipendio,* gagner un joli salaire. ‖ **5.** Gerg. teatro [disapprovare] huer. | *l'attore è stato più volte beccato,* l'acteur a été hué plusieurs fois. ◆ v. rifl. se donner des coups de bec. ‖ [bisticciare] se chamailler (fam.), se lancer des pointes.

beccastrino [bekkas'trino] m. Agr. houe f.

beccata [bek'kata] f. coup (m.) de bec. ‖ [quantità di cibo] becquée. ‖ [punzecchiatura] becquetage m.

beccatello [bekka'tɛllo] m. Edil. corbeau.

beccatoio [bekka'tojo] m. mangeoire f.

beccheggiare [bekked'dʒare] v. intr. Mar. tanguer.

beccheggio [bek'keddʒo] m. Mar. tangage.

beccheria [bekke'ria] f. boucherie.

becchettare [bekket'tare] v. tr. béqueter, becqueter.

becchime [bek'kime] m. pâtée f.

becchino [bek'kino] m. fossoyeur, croque-mort (fam.). ‖ Zool. nécrophore.

1. becco ['bekko] m. **1.** bec. | *becco adunco,* bec crochu. | *colpi di becco,* becquetage m. sing. ‖ Scherz. *ecco fatto il becco all'oca !,* voilà qui est fait ! ‖ **2.** Fam. scherz. [bocca] bec. | *bagnarsi il becco,* se rincer le bec, la dalle (pop.). | *restare a becco asciutto,* rester sur sa soif. | *chiudere il becco a qlcu.,* clouer le bec, river son clou, boucler, fermer la gueule (volg.) à qn. | *chiudi il becco !,* ferme ton bec, ta gueule (volg.), ta boîte (pop.), ton clapet (pop.) ! | *mettere il becco in,* se mêler de, fourrer son nez dans. ‖ **3.** [cosa simile a un becco] bec. | *becco di boccale,* bec de cruche. | *maniglia a becco,* bec-de-cane m. ‖ Loc.

FAM. *non avere, essere senza il becco di un quattrino,* ne pas avoir un sou vaillant, ne pas avoir le sou, un radis ; être à fond de cale (pop.). ‖ **4.** MUS. bec. ‖ **5.** TECN. bec. | *becco a gas,* bec de gaz. | *becco di Bunsen,* bec Bunsen. | *becco corvino,* bec-de-corbin, bec-de-corbeau.

2. becco ['bekko] m. ZOOL. bouc. ‖ FIG. VOLG. cocu.

beccofrusone [bekkofru'zone] m. ZOOL. jaseur.

beccuccio [bek'kuttʃo] m. bec. ‖ [pinzetta] pince (f.) à cheveux.

becerata [betʃe'rata] f. [tosc.] goujaterie.

becero ['betʃero] m. [tosc.] mufle, goujat, arsouille (pop.).

becerume [betʃe'rume] m. [tosc.] racaille f.

bechamel [beʃa'mɛl] f. fr. CULIN. béchamel.

beduino [bedu'ino] m. e agg. bédouin. ‖ FIG. [persona incivile, incolta] pignouf (pop.), sauvage.

befana [be'fana] f. **1.** Épiphanie, jour (m.) des Rois. ‖ **2.** [vecchia brutta che porta regali ai bambini] « befana ». ‖ PER EST. [donna brutta] sorcière. | *che befana !,* quelle vieille sorcière ! ‖ **3.** [strenna che si fa per l'Epifania] étrennes, cadeau du jour des Rois.

beffa ['bɛffa] f. farce, (bon) tour m., blague (fam.). | *fare una beffa ai danni di qlcu.,* jouer un bon tour à qn. | *farsi beffa di uno,* se moquer, se gausser de qn, berner qn, tourner qn en dérision, se payer la tête de qn (fam.). | *rimanere col danno e con le beffe,* être le dindon de la farce (fam.). ‖ FIG. [danno fortuito] *una beffa del destino,* un coup du sort.

beffardamente [beffarda'mente] avv. railleusement, narquoisement.

beffardo [bef'fardo] agg. railleur, goguenard, narquois, moqueur. | *sorriso beffardo,* sourire narquois, moqueur. | *tono beffardo,* ton railleur, goguenard.

beffare [bef'fare] v. tr. bafouer, berner, brimer. ◆ v. rifl. se gausser (de), se moquer (de). | *beffarsi di una legge,* se gausser d'une loi.

beffatore [beffa'tore] (**-trice** f.) m. railleur, euse.

beffeggiare [beffed'dʒare] v. tr. [beffare con insistenza] V. BEFFARE.

bega ['bɛga] f. querelle, chicane, dispute. ‖ [faccenda fastidiosa] histoire, ennui m., embêtement m. (fam.). | *ho avuto un mucchio di beghe con lui,* j'ai eu des tas d'ennuis, des tas d'histoires avec lui.

begardo [be'gardo] m. STOR. RELIG. bégard, béguard, beggard.

beghina [be'gina] f. RELIG. béguine. ‖ PEGGIOR. [bacchettona] bigote.

beghinaggio [begi'naddʒo] m. RELIG. béguinage.

begonia [be'gɔnja] f. BOT. bégonia m.

begum [be'gum] f. bégum.

beh [bɛ] interiez. [interrogativo] eh bien ! | *beh, che c'è ?,* eh bien, qu'est-ce qu'il y a ? ‖ [conclusivo] bon. | *beh, andiamocene,* bon, alors allons-nous-en.

behaviorismo [beavjo'rizmo] m. [ingl.] PSIC. béhaviorisme, béhaviourisme.

bei [bɛi] m. STOR. bey.

beige [bɛʒ] agg. fr. beige.

belare [be'lare] v. intr. bêler. ‖ [del capretto] chevroter. ‖ FIG. [piagnucolare] pleurnicher, geindre, bêler. ◆ v. tr. FIG. bêler. | *belare una canzone,* bêler une chanson.

belato [be'lato] m. bêlement (anche fig.).

bel canto [bɛl 'kanto] m. MUS. bel canto.

belga ['bɛlga] agg. (**belgi** pl.) belge.

belinogramma [belino'gramma] m. bélinogramme.

bella ['bɛlla] f. **1.** [donna bella] belle, beauté. | *la Bella Addormentata nel bosco,* la Belle au bois dormant. | *bella mia !,* ma belle ! ‖ PER EST. [fidanzata] chère et tendre ; belle. | *l'ho visto con la sua bella,* je l'ai vu avec sa belle, avec sa chère et tendre. ‖ **2.** [bella copia] copie définitive. | *mettere in bella,* mettre au propre, au clair, au net ; recopier. ‖ **3.** GIOCHI belle. ‖ **4.** BOT. *bella di giorno,* belle-de-jour. | *bella di notte,* belle-de-nuit.

belladonna [bella'dɔnna] f. BOT., FARM. belladone.

bellamente [bella'mente] avv. [con baldanza] tranquillement. ‖ FIG. [garbatamente] gentiment, poliment, adroitement. | *gli fece bellamente capire che non poteva,* il lui fit comprendre poliment, adroitement, qu'il ne pouvait pas. ‖ IRON. tout bonnement. | *l'hanno messo bellamente alla porta,* on l'a mis tout bonnement à la porte.

belletta [bel'letta] f. LETT. fange.

belletto [bel'letto] m. fard. | *mettersi il belletto,* se mettre du fard, se farder. ‖ FIG. artifice, ornement, fard. | *senza belletto,* sans fard.

bellezza [bel'lettsa] f. **1.** [carattere di ciò che è bello] beauté. | *donna di grande bellezza,* femme d'une grande beauté. | *bellezza della natura,* beauté, charmes (m. pl.) de la nature. ‖ FIG. *bellezza dell' asino,* beauté du diable. ‖ **2.** [persona o cosa bella] beauté, splendeur. | *questa donna è una bellezza celebre,* cette femme est une beauté célèbre. | *una bellezza di bambino,* un amour d'enfant, un enfant ravissant. | *che bellezza quel gattino !,* quel amour de chaton ! ‖ IRON. *addio bellezza !,* adieu ma belle ! | *dove si va bellezza ?,* où allez-vous la belle ? ‖ **3.** LOC. *che bellezza !,* quelle joie !, que c'est beau ! chic alors ! (fam.). ‖ *in quel ristorante si mangia che è una bellezza,* dans ce restaurant on mange de façon délicieuse, exquise. | *questa pianta cresce che è una bellezza,* c'est un plaisir (que) de voir pousser cette plante. | *quest'orologio funziona che è una bellezza,* cette montre marche à merveille. ‖ LOC. *per bellezza,* pour faire joli, pour servir d'ornement. ‖ *in bellezza,* en beauté. ‖ LOC. *questa serata mi è costata la bellezza di un mese di stipendio,* cette soirée m'a coûté la bagatelle d'un mois de salaire. | *la bellezza di un milione,* la modeste, la jolie somme d'un million. | *m'ha fatto aspettare la bellezza di due ore,* il m'a fait attendre deux bonnes heures, ni plus ni moins que deux heures. ◆ pl. beautés.

bellicismo [belli'tʃizmo] m. bellicisme.

bellicista [belli'tʃista] m. e agg. belliciste.

bellico ['bɛlliko] agg. de guerre.

bellicoso [belli'koso] agg. belliqueux.

belligerante [bellidʒe'rante] agg. e m. belligérant.

belligeranza [bellidʒe'rantsa] f. belligérance.

belligero [bel'lidʒero] agg. LETT. V. BELLICOSO.

bellimbusto [bellim'busto] m. bellâtre, damoiseau (scherz.), godelureau (fam.), mirliflore, faraud (antiq.). ‖ LOC. *fare il bellimbusto,* faire le mirliflore, le joli cœur.

bellino [bel'lino] agg. DIMIN. joli. | *è anche bellina,* elle est même assez jolie.

bellissimo [bel'lissimo] agg. ACCR. très beau, de toute beauté.

bello ['bɛllo] agg. **1.** [non brutto] beau, joli. | *begli occhi,* de beaux yeux. | *bell' oggetto,* bel objet. | *bella ragazza,* belle, jolie fille. | *bella canzone,* jolie chanson. | *le belle arti,* les beaux-arts. | *Filippo il Bello,* Philippe le Bel. | *farsi bello,* se faire beau, se faire une beauté. | *si è fatta più bella,* elle est devenue plus jolie. ‖ **2.** [non cattivo, non mediocre] beau. | *un bel gesto,* un beau geste. ‖ LOC. *per il bel gesto,* pour la beauté du geste. | *è un bel pensiero da parte sua,* c'est très gentil de sa part. | *un bello spirito,* un bel esprit. | *il bel mondo,* le beau monde, la bonne société. | *bella gente,* des gens chics. | *fa bel tempo,* il fait beau (temps). ‖ IRON. *sarebbe troppo bello,* ce serait trop beau. | *sarebbe bello che arrivasse adesso,* ce serait drôle s'il arrivait maintenant. ‖ LOC. *averla scampata bella,* l'avoir échappé belle, revenir de loin. ‖ FAM. *bella roba !,* c'est du joli !, c'est du beau ! | *l'hai fatta bella !,* tu as fait du joli ! | *questa è bella !,* elle est (bien) bonne !, voilà qui est drôle ! | *dirne delle belle,* en conter de bonnes, de belles. | *gliene ha fatto vedere delle belle,* il lui en a fait voir de belles ; il lui en a fait voir des vertes et des pas mûres (fam.). ‖ **3.** [buono, grande] bon, beau. | *una bella occasione,* une bonne occasion. | *avere bella cera,* avoir bonne mine. | *guadagnare un bello stipendio,* toucher un bon salaire. | *belle maniere,* de bonnes façons. | *è una bella idea,* c'est une bonne idée. | *trascorrere dei bei momenti,* passer de bons moments. | *darsi al bel tempo,* se donner du bon temps. | *fare la bella vita,* mener la belle vie. | *qui fa un bel calduccio,* il fait bon ici. | *è bello riposarsi,* il fait bon se reposer. | *fare una bella figura,* faire une bonne impression. ‖ IRON. *bella figura hai fatto !,* tu as fait (une) piètre impression, une piètre figure. | *ha una bella pazienza,* il a une drôle de patience. | *è un bel pò che l'aspetto,* il y a un bon moment, un bout de temps que je l'attends. | *è partito da un bel po'pezzo,* il y a beau temps, il y a belle lurette (fam.) qu'il est parti. || FAM. *un bel pezzo di ragazza,* un beau brin de fille. || **4.** [rafforzativo] *è una canaglia bella e buona,* c'est une canaille et rien d'autre. | *è una truffa bella e buona,* c'est une escroquerie pure et simple. | *un bel giorno,* un beau jour. | *un bel mattino,* un de ces quatre matins. | *nel bel mezzo di qlco.,* au beau milieu de qch. | *non ti dirò un bel niente,* je ne te dirai rien du tout. | *hai un bel gridare...,* tu as beau crier... | *gli ha risposto un bel no,* il lui a répondu non carrément, un non tout sec. || **5.** [con valore di già, completamente] *un vestito bell'e fatto,* un costume de confection, tout fait. | *sono bell'e pronti,* ils sont fin prêts. | *bell'e morto,* raide mort. | *è bell'e spacciato,* il est bel et bien perdu. | *è bell'e finita,* c'est bien fini. || LOC. *fare qlco. alla bell'e meglio,* faire qch. tant bien que mal. || LOC. AVV. ***bel bello,*** tout doucement, tranquillement. || LOC. FAM. *e compagnia bella,* et tout ce qui s'ensuit. ◆ m. beau. | *il culto del bello,* le culte du beau. || [affettuoso] *fai la nanna, bello!,* fais dodo, mon chou. | *bello mio,* mon cher. || FAM. [il fidanzato] amoureux, flirt. || LOC. *il tempo si mette al bello,* le temps se met au beau, il commence à faire beau. | *cosa fai di bello?,* que deviens-tu?, qu'est-ce que tu fais de beau? | *che c'è di bello?,* quoi de neuf? | *il bello è che,* le plus beau (de l'histoire), le plus fort, le plus drôle, c'est que... | *è il più bello,* c'est le bouquet! (fam.) | *adesso viene il bello,* mais voici le plus beau, la fin de l'histoire. | *sul più bello,* au plus beau moment. | *ci vuole del bello e del buono per...,* c'est le diable pour... | *ci volle del bello e del buono per...,* ce fut la croix et la bannière pour..., on a eu toutes les peines du monde à...

belloccio [bel'lɔttʃo] agg. assez beau.

bellospirito [bellos'pirito] m. bel esprit.

belluino [bellu'ino] agg. LETT. bestial, brutal. | *istinti belluini,* instincts brutaux. | *furore belluino,* fureur bestiale.

bellumore [bellu'more] m. farceur, loustic (fam.).

beltà [bel'ta] f. LETT. beauté.

beluga [be'luga] m. ZOOL. béluga, bélouga.

belva ['belva] f. ZOOL. fauve m., bête féroce, bête sauvage, bête fauve. || FIG. *quella donna è una belva quando si arrabbia,* cette femme est une vraie tigresse quand elle se met en colère.

belvedere [belve'dere] m. invar. belvédère. || MAR. perruche f. || *carrozza belvedere,* voiture panoramique.

bemolle [be'mɔlle] m. MUS. bémol.

benaccetto [benat'tʃɛtto] agg. LETT. bien reçu, bienvenu, agréable. | *dono benaccetto,* cadeau apprécié. | *è benaccetto dovunque,* il est bien reçu, bien vu partout.

benamato [bena'mato] agg. bien-aimé.

benarrivato [benarri'vato] agg. bienvenu. | *benarrivato a casa nostra!,* soyez le bienvenu chez nous! ◆ m. bienvenue f. | *dare il benarrivato,* souhaiter la bienvenue.

benaugurato [benaugu'rato] agg. LETT. tant souhaité, heureux.

benché [ben'ke] cong. bien que, quoique, encore que. | *benché ti avessi avvertito,* bien que, quoique je t'aie averti. | *benché scontento, mi ha aiutato lo stesso,* quoique, bien que mécontent, il m'a aidé quand même.

benda ['bɛnda] f. **1.** MED. bande. || **2.** [con cui si coprono gli occhi] bandeau m. || FIG. *avere le bende sugli occhi,* avoir un bandeau sur les yeux. | *mi è caduta la benda dagli occhi,* j'ai ouvert les yeux. || **3.** ARCHIT., ARCHEOL. bandelettes. || **4.** MAR. limande.

bendaggio [ben'daddʒo] m. V. BENDATURA.

bendare [ben'dare] v. tr. bander.

bendatura [benda'tura] f. bandage m.

bendisposto [bendis'posto] agg. bien disposé.

1. bene ['bɛne] avv. **1.** bien. | *ho mangiato bene,* j'ai bien mangé. | *ci vedi bene?,* est-ce que tu y vois bien? | *tutto finì bene,* tout s'est bien terminé. | *guadagnare bene,* bien gagner sa vie. | *morire bene,* avoir une belle mort. | *faresti bene a...,* tu ferais bien de... | *dire, parlare bene di qlcu,* dire du bien de qn. | *un ragazzo ben fatto,* un garçon bien découplé. | *presentarsi bene,* avoir de bonnes manières. | *andar bene,* bien marcher, gazer (fam.), coller (pop.), carburer (pop.). | *(va) tutto bene?,* ça va?, ça marche?, ça gaze? (fam.). | *tutto va bene,* tout va bien, tout se passe bien. | *gli va sempre bene tutto,* tout lui réussit. | *gli è andata bene!,* il a eu de la chance! || **2.** *star bene,* aller (bien). | *questo vestito non ti sta bene,* cette robe ne te va pas. | *queste scarpe stanno bene al piede,* ces souliers chaussent bien, vont bien. | *qui si sta bene,* on est bien ici, il fait bon ici. | *non sto bene, sto poco bene,* je ne suis, je ne me sens pas bien. | *ben ti sta!, ti sta bene!,* c'est bien fait pour toi! | *non sta bene fare così,* il n'est pas convenable, il n'est pas beau, ce n'est pas bien d'agir ainsi. | *sta bene, va bene, ho capito,* ça va, bon, j'ai compris. | *star bene con qlcu.,* se trouver bien en compagnie de qn. | *star bene a soldi,* avoir de l'argent. || **3.** *sarebbe bene che partissimo,* il serait bon (pour nous) de partir. | *è bene a sapersi,* c'est bon à savoir. || **4.** *una ragazza per bene,* une jeune fille rangée, comme il faut. | *gente (per) bene,* des gens bien. | *un uomo dabbene,* un digne homme. || NEOL. *nascere bene,* être de bonne naissance. || LOC. *fare qlco. per bene,* bien faire qch., faire qch. comme il faut. | *fallo per bene,* fais-le avec soin. | *ben bene,* comme il faut, tout à fait bien. || **5.** IRON. *ti sei conciato bene!,* tu t'es mis dans un bel état! | *andiamo bene!,* on est, nous voilà frais! || LOC. *di bene in meglio,* de mieux en mieux. || **6.** [rafforzativo] bien. | *ne sei ben persuaso?,* en es-tu bien persuadé? | *dovrà ben capirlo prima o poi,* tôt ou tard, il faudra bien qu'il le comprenne. | *ha cantato per ben due ore,* il a bien chanté pendant deux heures. | *un esercito di ben due milioni di uomini,* une armée d'au moins, ne comptant pas moins de deux millions d'hommes. | *si tratta di ben altro,* il s'agit de tout autre chose. | *c'è ben altro,* il y a encore autre chose. || **7.** [interiez.] *bene!,* bien!, bon!

2. bene ['bɛne] m. **1.** bien. | *il bene comune,* le bien commun. | *è per il suo bene,* c'est pour son bien. | *il sole fa bene,* le soleil fait du bien. | *il sommo bene,* le bien suprême, le souverain bien. | *opere di bene,* œuvres de bienfaisance. | *a fin di bene,* avec de bonnes intentions. | *ti auguro ogni bene,* je te souhaite tout le bonheur possible. || **2.** [affetto] amour, affection f. | *nonostante tutto il bene che si volevano,* malgré tout l'amour qu'ils se portaient, qu'ils avaient l'un pour l'autre. | *volersi bene,* s'aimer. | *voler un gran bene, un bene dell' anima a qlcu.,* aimer chèrement, chérir qn. || **3.** [persona amata] bien-aimé, e m. e f. ◆ spec. pl. [ricchezze] bien. | *lasciare i propri beni agli eredi,* laisser son bien à ses héritiers. || LOC. *ogni ben di Dio,* toutes sortes, un tas de bonnes choses. || GIUR. biens. | *beni futuri,* biens à venir. | STOR. GIUR. ANTICH. *censimento e denuncia dei beni,* cens m.

benedettino [benedet'tino] agg. e m. bénédictin, e. | [monaci] *benedettino, a,* bénédictin, e m. e f. ◆ m. [liquore] bénédictine f.

benedetto [bene'detto] agg. **1.** [chi ha ricevuto la benedizione] bénit. | *acqua benedetta,* eau bénite. *olivo (pasquale) benedetto,* [in Francia si benedice il bosso] buis bénit. || PER EST. [ben dotato] béni. | *terra benedetta,* terre bénie. || LOC. *ha le mani benedette,* il a le coup de main. || **2.** [sacro] saint. | *la Vergine benedetta,* la Sainte Vierge. | *siate benedetti,* que Dieu vous bénisse! || **3.** FAM. [esclamativo] sacré, cher. *benedetto figliolo!,* mon cher enfant! | *quella benedetta donna di mia moglie,* ma très chère femme. *quel benedetto uomo non arriva mai!,* ce diable d'homme n'arrive jamais! | *non vedo l'ora di finire questi benedetti esami,* j'ai hâte d'en avoir fini avec ces sacrés, ces maudits examens. | *benedetto Iddio! finalmente sei arrivato!,* Dieu soit loué, te voilà enfin

benedicite [bene'ditʃite] m. RELIG. bénédicité.

benedire [bene'dire] v. tr. bénir. | *che Dio vi benedica,* que Dieu vous bénisse! || LOC. FIG. FAM. *mandare qlcu. a farsi benedire,* envoyer promener, balader qn. | *andate a farvi benedire,* allez vous promener, allez au diable! | *i loro progetti sono andati a farsi benedire,* leurs projets sont tombés à l'eau.

benedizione [benedit'tsjone] f. bénédiction. | *impartire, dare la benedizione,* donner la bénédiction. || FIG. bénédiction. | *quel ragazzo è la benedizione della*

famiglia, ce garçon fait le bonheur de sa famille. | *questi soldi sono una vera benedizione*, cet argent est une véritable aubaine. || RELIG. bénédiction, salut m. | *andare alla benedizione*, aller au salut.
beneducato [benedu'kato] agg. bien élevé, poli.
benefattore [benefat'tore] m. (**-trice** f.) bienfaiteur, trice.
beneficare [benefi'kare] v. tr. faire du bien (à). | *beneficare i poveri*, faire du bien aux pauvres.
beneficato [benefi'kato] m. obligé. | *è un mio beneficato*, il est mon obligé.
beneficenza [benefi'tʃɛntsa] f. bienfaisance. | *una signora dedita alla beneficenza*, une dame qui se consacre aux œuvres de bienfaisance. | *spettacolo di beneficenza*, soirée de bienfaisance. | *vendita, fiera di beneficenza*, vente de charité.
beneficiare [benefi'tʃare] v. intr. bénéficier (de). ◆ v. tr. ANTIQ. V. BENEFICARE.
beneficiario [benefi'tʃarjo] agg. GIUR. béneficiaire. || RELIG. bénéficial. ◆ m. GIUR. bénéficiaire. || RELIG. bénéficier.
beneficiata [benefi'tʃata] f. TEATRO représentation au bénéfice d'un acteur de la troupe. || FIG. *giorno di beneficiata*, jour de chance.
beneficiato [benefi'tʃato] agg. GIUR. bénéficiaire. *erede beneficiato*, héritier bénéficiaire. ◆ m. GIUR. bénéficiaire. || RELIG. bénéficier.
beneficio [bene'fitʃo] m. bienfait. | *mi ha colmato di benefici*, il m'a comblé de bienfaits. || PER EST. bienfait, avantage. | *i benefici del riposo*, les bienfaits du repos. | *godere di particolari benefici*, jouir d'avantages particuliers. | *trarre beneficio da una cura*, tirer profit d'une cure. || GIUR. bénéfice. | *a beneficio di*, au bénéfice de. | *con beneficio d'inventario*, sous bénéfice d'inventaire (anche fig.). | *beneficio della condizionale*, bénéfice du sursis. | *a titolo di beneficio*, à titre de faveur. || GIUR. RELIG. bénéfice. | *beneficio ecclesiastico*, bénéfice ecclésiastique. || COMM. *parte di beneficio*, part bénéficiaire.
benefico [be'nɛfiko] agg. bienfaisant, bénéfique. || [che si dedica ad opere di beneficenza] bienfaisant.
benefizio [bene'fittsjo] m. V. BENEFICIO.
benemerente [beneme'rɛnte] agg. LETT. V. BENEMERITO.
benemerenza [beneme'rɛntsa] f. (titre de) mérite m. | *attestato di benemerenza*, diplôme (m.) d'honneur. | *per, in benemerenza*, en récompense.
benemerito [bene'mɛrito] agg. méritant, qui a bien mérité. | *è benemerito della patria*, il a bien mérité de la patrie. | *la (arma) Benemerita*, les carabiniers m. pl.
beneplacito [bene'platʃito] m. consentement, agrément, approbation f. | *dare il proprio beneplacito a*, donner son consentement, son approbation à. || [volontà] gré, volonté f. | *faccia a suo beneplacito*, agissez à votre gré, selon votre bon plaisir.
benessere [be'nɛssere] m. [prospero stato di salute] bien-être. || [florida condizione economica] aisance f., bien-être. | *vivere nel benessere*, vivre dans l'aisance.
benestante [benes'tante] agg. aisé. | *di famiglia benestante*, d'une famille aisée. ◆ m. personne (f.) aisée, rentier.
benestare [benes'tare] m. [autorizzazione] autorisation f., consentement, approbation f. || [benessere] bien-être.
benevolente [benevo'lɛnte] agg. LETT. V. BENEVOLO.
benevolenza [benevo'lɛntsa] f. bienveillance. | *accattivarsi la benevolenza di qlcu.*, se concilier la bienveillance de qn. || [indulgenza] indulgence, bienveillance.
benevolmente [benevol'mɛnte] avv. bénévolement, avec bienveillance, avec indulgence.
benevolo [be'nɛvolo] agg. bienveillant, bénévole (lett.) | *un giudizio benevolo*, un jugement bienveillant. | *sorriso benevolo*, sourire bienveillant, benoît (antiq.).
benfatto [ben'fatto] agg. bien fait.
bengala [ben'gala] m. feu de Bengale.
bengalese [benga'lese] agg. [del Bengala] bengali.
bengali [ben'gali] m. LING. bengali.
bengalino [benga'lino] m. ZOOL. bengali.
bengodi [ben'gɔdi] m. [paradiso terrestre immaginario] eldorado ; pays de cocagne.
beniamino [benja'mino] m. [figlio prediletto] enfant gâté, enfant chéri, chouchou, benjamin (antiq.). || [anche f.] *è la beniamina del babbo*, c'est la chouchoute, l'enfant gâtée, la préférée de son papa. || PER EST. [persona preferita] favori, enfant chéri, coqueluche f. (fam.). | *il beniamino del pubblico*, le favori, l'enfant chéri du public.
benignità [beniɲɲi'ta] f. bienveillance, bénignité (lett.). || [mitezza] douceur. || [di malattia] bénignité.
benigno [be'niɲɲo] agg. **1.** [benevolo, clemente] bienveillant, bénin, indulgent. | *un giudizio benigno*, un jugement bienveillant, indulgent. | *un critico benigno*, un critique bénin, bienveillant. || **2.** FIG. [propizio] propice, favorable. | *astro benigno*, astre propice. || **3.** [mite, sereno] doux. | *cielo benigno*, ciel serein. || **4.** [di natura non grave] bénin. | *tumore benigno*, tumeur bénigne.
benino [be'nino] avv. DIMIN. assez bien. | *per benino*, comme il faut, soigneusement.
benintenzionato [benintentsjo'nato] agg. bien intentionné.
beninteso [benin'teso] avv. bien entendu, naturellement, cela va sans dire.
benissimo [be'nissimo] avv. ACCR. très bien, fort bien. | *questo vestito le sta benissimo*, cette robe lui va à merveille, à ravir. | *sta benissimo*, il se porte comme un charme, à merveille. | *può darsi benissimo che*, il se peut fort bien, il est tout à fait possible que.
benna ['bɛnna] f. benne.
bennato [ben'nato] agg. [beneducato] bien élevé, poli. | *animo bennato*, âme généreuse. || [di nobile famiglia] de noble extraction, de haute naissance, bien né.
benone [be'none] avv. ACCR. très bien, tout à fait bien. | *sto benone*, je me sens tout à fait bien. || bon, d'accord, (c'est) entendu. | *allora ci vediamo domani ? benone !*, alors on se voit demain ? d'accord, c'est entendu.
benparlante [benpar'lante] agg. e m. qui parle bien, bien-disant [poco com.].
benpensante [benpen'sante] m. bien-pensant.
benportante [benpor'tante] agg. bien-portant, en bonne santé.
benservito [benser'vito] m. certificat de bons (et loyaux) services, attestation (f.) d'emploi. || EUF. *dare il benservito a qlcu.*, donner son congé à qn ; congédier, remercier qn.
bensì [ben'si] cong. mais plutôt. | *non ho voglia di andare a cinema, bensì di ascoltare musica*, je n'ai pas envie d'aller au cinéma, mais plutôt d'écouter de la musique. || [tuttavia] mais, cependant. | *è difficile, bensì non impossibile*, c'est difficile, mais ce n'est pas impossible. || [sì, certo] certes, certainement. | *lo sforzo era bensì notevole, ma non sufficiente*, certes, l'effort était remarquable, mais pas suffisant.
bentonite [bento'nite] f. MINER. bentonite.
bentornato [bentor'nato] agg. bienvenu. ◆ m. bienvenue f. | *dare il bentornato*, souhaiter la bienvenue. | *bentornato finalmente*, ah !, vous voilà enfin de retour !
bentos ['bɛntos] m. BIOL. benthos.
bentrovato [bentro'vato] agg. bienvenu.
benveduto [benve'duto] V. BENVISTO.
benvenuto [benve'nuto] agg. bienvenu. ◆ m. bienvenue f. | *dare il benvenuto*, souhaiter la bienvenue.
benvisto [ben'visto] agg. bien vu, aimé. | *benvisto da tutti*, aimé de tout le monde. | *non è benvisto dai suoi professori*, il n'est pas bien vu de ses professeurs.
benvolere [benvo'lere] v. tr. [solo infin.] aimer. | *farsi benvolere*, se faire aimer, attirer la sympathie. || *prendere a benvolere*, prendre en affection. ◆ SOSTANT. m. bienveillance f., affection f., estime f.
benvoluto [benvo'luto] agg. qu'on aime bien, aimé. | *era benvoluto da tutti*, tout le monde l'aimait bien.
benzene [ben'dʒɛne] m. CHIM. benzène.
benzina [ben'dzina] f. [per i motori] essence. || FAM. *far benzina*, prendre de l'essence. || [benzina raffinata per aerei] gazoline. || [per smacchiare] benzine. | *smacchiare un vestito con la benzina*, détacher un vêtement à la benzine.
benzinaio [bendzi'najo] m. pompiste.
benzoato [bendzo'ato] m. CHIM. benzoate.
benzoico [ben'dzɔiko] agg. CHIM. benzoïque.
benzoino [bendzo'ino] m. BOT., CHIM. benjoin.
benzolo [ben'dzɔlo] m. CHIM. benzol.

beola ['bɛola] f. MINER. gneiss (m.) micacé. ‖ [lastra per costruzioni] dalle.
beone [be'one] m. gros, grand buveur ; ivrogne, sac à vin, pochard (pop.).
beota [be'ɔta] (pl. **beoti**) agg. béotien. ‖ FIG. [persona incolta, tarda d'ingegno] béotien, idiot. ‖ [sciocco] idiot.
bequadro [be'kwadro] m. MUS. bécarre.
berberidacee [berberi'datʃee] f. pl. BOT. berbéridacées.
berbero ['bɛrbero] agg. e m. berbère. ‖ [cavallo] barbe. ‖ BOT. épine-vinette f., vinetier.
berciare [ber'tʃare] v. intr. brailler. | *senti come bercia,* écoute comme il braille. ‖ FAM. beugler. ‖ POP. gueuler.
bercio ['bɛrtʃo] m. braillement.
1. bere ['bere] v. tr. **1.** boire. | *bere a collo,* boire au goulot. | *bere alla bottiglia, a garganella,* boire à même la bouteille, à la régalade. | *bere a sorsi, a centellini,* boire à, par petites gorgées, boire à petits coups, siroter. | *bere d'un colpo, in un fiato,* boire d'un seul coup, d'un trait. | *su, bevi, che ti fa bene,* allons, bois, ça te fera du bien. | *andiamo a bere un bicchiere,* allons prendre un verre, boire un coup (fam.). | *bere una bottiglia,* boire une chopine (pop.). | *ti pago da bere,* je te paie à boire, je t'offre un verre. | *bere smodatamente, bere come una spugna,* boire comme une éponge, comme un trou (fam.), boire à tire-larigot (fam.), avoir une éponge dans le gosier (pop.). | *bere il caffè,* prendre son café. | *bere un uovo,* gober un œuf. | *beviamoci su e finiamola !,* buvons là-dessus et n'en parlons plus ! ‖ *è stato semplice come bere un uovo,* cela a été simple comme bonjour. ‖ *tuffandomi, ho bevuto parecchio,* en plongeant, j'ai bu une bonne tasse. ‖ FIG. FAM. *bere a tutte le osterie,* manger à tous les râteliers. ‖ **2.** [assorbire] boire. ‖ **3.** FIG. [ascoltare o guardare con attenzione] boire. | *bere con gli occhi,* manger, dévorer des yeux. | *bere le parole di qlcu.,* boire les paroles de qn. ‖ **4.** FIG. [credere ogni cosa] gober, avaler. | *bevi tutto quello che ti raccontano,* tu avales tout ce qu'on te raconte. | *se l'è bevuta,* il a marché (fam.). | *darla a bere a qlcu.,* en faire accroire à qn. | *non me la dai a bere,* tu ne me feras pas avaler cela. ‖ **5.** FIG. [sopportare] avaler. | *bere un affronto,* avaler (fam.), digérer un affront. ‖ LOC. *o bere o affogare,* le vin est tiré, il faut le boire (prov.).
2. bere ['bere] m. [l'azione del bere] boisson f. | *darsi al bere,* s'adonner à la boisson. ‖ boire. | *il bere e il mangiare,* le boire et le manger. ‖ [bevanda] boissons f. pl. | *io pagherò il bere,* je paierai les boissons.
bergamasca [berga'maska] f. MUS. bergamasque.
bergamotta [berga'mɔtta] agg. e f. BOT. bergamote.
bergamotto [berga'mɔtto] m. [albero] bergamotier, bigaradier. ‖ [frutto] bergamote f.
beriberi [beri'beri] m. invar. MED. béribéri.
berillio [be'rilljo] m. CHIM. béryllium.
berillo [be'rillo] m. MINER. béryl, aigue-marine f.
berlicche [ber'likke] m. invar. SCHERZ. diable. | *far berlicche e berlocche,* ne pas tenir sa parole (L.C.).
berlina [ber'lina] f. [pena e luogo] pilori m. | *mettere qlcu. alla berlina,* clouer qn au pilori ; FIG. [esporre alle beffe] exposer à la risée du public, vouer qn aux gémonies. ‖ [carrozza e automobile] berline.
berlingozzo [berlin'gɔttso] m. CULIN. [ciambella] berlingot.
bermuda [ber'muda] m. pl. [ingl.] bermuda m. sing.
bermudiana [bermu'djana] agg. MAR. [vela] bermudienne.
bernardino [bernar'dino] agg. e m. RELIG. bernardin.
bernardo l'eremita [ber'nardolere'mita] m. ZOOL. FAM. bernard-l'ermite.
bernecche [ber'nɛkke] LOC. invar. VOLG. *essere in bernecche,* être gris. | *andare in bernecche,* se griser.
bernesco [ber'nesko] agg. [alla maniera di Berni] bernesque. ‖ [burlesco, scherzoso] burlesque, badin. ‖ FIG. *mettere in bernesco,* tourner en plaisanterie, en ridicule.
bernoccolo [ber'nɔkkolo] m. bosse f., enflure f. ‖ [di vegetali] nœud. ‖ FIG., FAM. *avere il bernoccolo di qlco.,* avoir la bosse de qch.
bernoccoluto [bernokko'luto] agg. plein de bosses. ‖ [di cose deformate per accidente] bosselé, bossué. ‖ [di legno] noueux.
berretta [ber'retta] f. bonnet m. | *berretta con visiera,* casquette. ‖ [copricapo ecclesiastico] calotte, barrette. ‖ [di magistrati] toque, mortier m. ‖ BOT. *berretta da prete,* bonnet-de-prêtre, bonnet carré. ‖ LOC. *far di berretta,* faire des révérences, ôter son bonnet. ‖ FIG. *avere il cervello sopra la berretta,* être toqué (fam.).
berrettaio [berret'tajo] m. chapelier, bonnetier.
berrettinaio [berretti'najo] V. BERRETTAIO.
berrettino [berret'tino] m. DIMIN. petit bonnet, petit béret. ‖ MIL. képi, calot. ◆ agg. ARC. [colore] bis.
berretto [ber'retto] m. bonnet. | *berretto con visiera,* casquette f. | *berretto basco,* béret basque. | *berretto frigio,* bonnet phrygien. | *berretto goliardico,* béret d'étudiant, faluche f. | *berretto da fantino,* casquette (f.) de jockey. ‖ MIL. képi, capot. ‖ [di magistrati] toque f.
bersagliare [bersaʎ'ʎare] v. tr. [colpire ripetutamente] tirer sur, tirailler. ‖ FIG. [perseguitare] poursuivre, harceler, persécuter, tourmenter. | *sono bersagliato dalla sfortuna,* je suis poursuivi par la malchance. | *mi hanno bersagliato di domande,* on m'a harcelé de questions.
bersagliera [bersaʎ'ʎɛra] f. LOC. *alla bersagliera,* en tirailleur, en bersaglier. ‖ [con prontezza] avec élan. | *avere il cappello alla bersagliera,* avoir le chapeau sur l'oreille.
bersagliere [bersaʎ'ʎɛre] m. [in Italia] bersaglier. ‖ [in Francia] tirailleur.
bersaglio [ber'saʎʎo] m. cible f. | *tiro al bersaglio,* tir à la cible. | *puntare l'arma sul bersaglio,* braquer son arme vers la cible. | *mirare al bersaglio,* viser la cible. ‖ FIG. but. | *colpire il bersaglio,* atteindre son but. ‖ [zimbello] cible, point de mire, tête de Turc. | *prendere a bersaglio,* prendre pour cible. | *è il bersaglio di tutte le critiche,* c'est toujours lui qu'on critique. ‖ [vittima] *essere il bersaglio della fortuna,* être en butte aux coups de la fortune.
bersò [ber'sɔ] m. invar. [fr.] [pergolato] berceau.
berta ['bɛrta] f. [burla] raillerie, moquerie. | *dar la berta a qlcu.,* se moquer de qn, railler qn. ‖ MECC. [battipalo] mouton m., hie, demoiselle. ‖ ZOOL. geai.
berteggiare [berted'dʒare] v. tr. LETT. railler, se moquer de.
bertesca [ber'teska] f. bretèche, bretesse.
bertoldo [ber'tɔldo] m. [balordo] benêt, sot, niais. ‖ LOC. *farne più che Bertoldo,* en faire de drôles.
bertovello [berto'vɛllo] V. BERTUELLO.
bertuccia [ber'tuttʃa] f. **1.** ZOOL. magot m. ‖ FIG. [uomo brutto] magot, macaque m. (fam.). ‖ [donna brutta] guenon (fam.). ‖ **2.** LOC. *pigliare la bertuccia,* s'enivrer, prendre une cuite (fam.).
bertuccione [bertut'tʃone] m. gros singe. ‖ [uomo brutto] magot, pot à tabac.
bertuello [bertu'ɛllo] m. [rete] verveux, nasse f., épuisette f.
besciamella [beʃʃa'mɛlla] f. CULIN. béchamel.
bestemmia [bes'temmja] f. **1.** blasphème m. ‖ **2.** [imprecazione] juron m. | FAM. *una sfilza di bestemmie,* une bordée de jurons. | POP. *tirar bestemmie,* lâcher des jurons. ‖ **3.** [sproposito] énormité. | *dire delle bestemmie,* dire des énormités.
bestemmiare [bestem'mjare] v. intr. [imprecare] jurer, sacrer. | *bestemmiare come un turco,* jurer comme un païen. ‖ [dire spropositi] dire des énormités. ◆ v. tr. [maledire] blasphémer. | *bestemmiare i santi,* blasphémer (contre) le nom des saints. ‖ [parlare in modo scorretto] *bestemmiare una lingua,* baragouiner, massacrer, écorcher une langue.
bestemmiatore [bestemmja'tore] m. blasphémateur.
bestia ['bestja] f. **1.** bête, animal m. | *bestia da macello,* animal de boucherie. ‖ **2.** [bestiame] *le bestie,* le bétail. | *bestie grosse,* gros bétail. ‖ **3.** FIG. FAM. *lavorare come una bestia,* travailler comme une brute, comme une bête. ‖ *andare in bestia,* se mettre en colère, s'emporter, monter sur ses grands chevaux (fam.), se fâcher tout rouge. ‖ **4.** FIG. [persona sciocca] bête. | *tuo fratello è una vera bestia,* ton frère n'est qu'une bête. | *bestia che non sei altro,* espèce d'idiot. | *è proprio bestia,* il est bouché à l'émeri (fam.), il est

bête comme ses pieds (fam.), c'est une vraie buse (fam.).
bestiaccia [bes'tjattʃa] f. sale bête. ‖ FIG. buse.
bestiale [bes'tjale] agg. bestial. | *modi bestiali*, manières (f.) effroyables. ‖ FAM. [terribile] terrible, énorme, atroce. | *un caldo bestiale*, une chaleur terrible, étouffante. | *un freddo bestiale*, un froid de canard. | *un tempo bestiale*, un temps de chien. | *una fame bestiale*, une faim de loup. | *una paura bestiale*, une peur de tous les diables. | *un peso bestiale*, un poids énorme.
bestialità [bestjali'ta] f. bestialité. ‖ FAM. [sproposito] bêtise (L.C.), énormité.
bestialmente [bestjal'mente] avv. bestialement.
bestiame [bes'tjame] m. bétail, cheptel. | *un capo di bestiame*, une pièce de bétail. | *mercato del bestiame*, marché aux bestiaux.
bestiario [bes'tjarjo] m. [raccolta di favole e di moralità sulle bestie] bestiaire. ‖ STOR. [gladiatore] bestiaire, belluaire.
bestiola [bes'tjɔla] f. bestiole, petite bête. ‖ FIG., FAM. bête, bêta m.
bestione [bes'tjone] m. grosse bête. ‖ FIG., FAM. [uomo sciocco e ignorante] grosse bête, grosse buse, grand bêta. ‖ POP. [persona grande e grossa] malabar. ‖ FIG. [uomo rozzo] rustre, balourd.
beta ['bɛta] m. [nell' alfabeto greco] bêta. ‖ FIS. *raggi beta*, rayons bêta.
betaina [beta'ina] f. CHIM. bétaïne.
betatrone [beta'trone] m. FIS. bêtatron.
betel ['bɛtel] m. BOT. bétel.
betonica [be'tɔnika] f. BOT. bétoine. | *essere più noto dell' erba betonica*, être connu comme le loup blanc, être connu de n'importe qui.
betoniera [beto'njɛra] f. MECC. bétonnière.
betta ['betta] f. MAR. [piccola nave] bette.
bettola ['bettola] f. gargote, bistro m. (fam.), estaminet m., caboulot m. (fam.). | *discorsi da bettola*, propos d'ivrogne, propos grossiers.
bettolaccia [betto'lattʃa] f. PEGGIOR. endroit (m.) borgne, gargote, bouge m.
bettolante [betto'lante] m. [bettoliere] gargotier. ‖ [frequentatore di bettole] pilier de cabaret.
bettoliere [betto'ljɛre] m. cabaretier, gargotier. ‖ POP. mastroquet.
bettolino [betto'lino] m. [nelle caserme e prigioni] cantine f.
betulla [be'tulla] f. BOT. bouleau m.
beuta ['bɛuta] f. CHIM. matras m.
bevanda [be'vanda] f. boisson. | *bevanda alcolica*, boisson alcoolisée. | *bevanda analcolica*, boisson sans alcool. | *bevanda gassata*, boisson gazeuse, boisson gazéifiée. | *bevanda dissetante*, boisson désaltérante.
bevatrone [beva'trone] m. FIS. bévatron.
beveraggio [beve'raddʒo] m. breuvage. ‖ [intruglio] philtre, breuvage empoisonné.
beverino [beve'rino] m. auget.
beverone [beve'rone] m. [spec. per le bestie] buvée f., breuvage. ‖ MED. potion f. ‖ POP., PEGGIOR. [bevanda scipita] bibine f., bistouille f.
bevibile [be'vibile] agg. buvable, potable. | *non bevibile*, imbuvable.
bevitore [bevi'tore] m. buveur.
bevuta [be'vuta] f. gorgée, lampée, coup m. | *fare una buona bevuta*, boire un bon coup.
bey ['bɛi] m. bey.
bezzicare [bettsi'kare] v. tr. picoter, becqueter. ‖ FIG. [punzecchiare] taquiner, harceler. ◆ v. rifl. se quereller, se chamailler.
bezzicata [bettsi'kata] f. coup (m.) de bec. ‖ FIG. mot piquant.
bezzo ['bettso] m. [moneta veneziana] « bezzo ». ◆ pl. FIG., POP. [denaro] argent, galette f. (fam.).
biacca ['bjakka] f. céruse, blanc (m.) d'argent, de plomb, de zinc.
biacco ['bjakko] m. ZOOL. couleuvre (f.) verte et jaune.
biada ['bjada] f. avoine. ◆ pl. LETT. [messi] moissons, blés m.
bianca ['bjanka] f. [donna bianca] blanche. ‖ [sericoltura] première mue (du ver à soie). ‖ TIP. premier côté. ‖ TESS. blanchiment.
biancastro [bjan'kastro] agg. blanchâtre.
biancheggiante [bjanked'dʒante] agg. LETT. blanchissant.
biancheggiare [bjanked'dʒare] v. intr. LETT. [diventare bianco] blanchir. ‖ [apparire bianco] tirer sur le blanc. | *il mare biancheggia*, la mer moutonne, est blanche d'écume.
biancheria [bjanke'ria] f. linge m. | *biancheria intima*, linge de corps, de dessous, sous-vêtements m. pl., lingerie. | *biancheria fresca di bucato*, linge frais lavé. | *negozio di biancheria*, magasin de blanc. | *armadio della biancheria*, armoire à linge.
biancherista [bjanke'rista] f. lingère.
bianchetto [bjan'ketto] m. CHIM. lait de chaux, blanc. ‖ [belletto] fard. ◆ pl. ZOOL. blanchaille f. sing.
bianchezza [bjan'kettsa] f. blancheur.
bianchiccio [bjan'kittʃo] agg. blanchâtre.
bianchimento [bjanki'mento] m. [per un muro] blanchiment. ‖ [per lo zucchero o la biancheria] blanchissage.
bianchire [bjan'kire] v. tr. [solo per i metalli o lo zucchero] blanchir. ‖ V. IMBIANCHIRE.
bianco ['bjanko] agg. **1.** [colore] blanc. | *bianco latte*, blanc de lait. | *bianco gesso*, blanc crayeux. | *macchiettato di grigio e di bianco*, grivelé. ‖ **2.** [pallido] blanc. | *farsi bianco per lo spavento*, devenir blanc de peur. | *essere bianco come un panno lavato*, être blanc comme un linge. | *fare il viso bianco*, blêmir. ‖ **3.** [canuto] blanc. ‖ FIG. [far disperare] *far venire i capelli bianchi*, donner des cheveux blancs. ‖ **4.** [pulito] *lenzuolo bianco di bucato*, drap frais lavé. ‖ **5.** [senza scrittura] *presentare foglio bianco*, rendre une copie blanche. | *scheda bianca*, bulletin blanc. ‖ FIG. *dare carta bianca*, donner carte blanche. ‖ **6.** ELETTR. *carbone bianco*, houille blanche. ‖ **7.** LOC. FIG. *raro come una mosca bianca*, aussi rare qu'un merle blanc. ◆ m. **1.** [colore] blanc. | *vestire di bianco*, s'habiller en blanc. | *cucitrice di bianco*, lingère. | *fiera del bianco*, exposition, semaine du blanc. | *film in bianco e nero*, film en noir et blanc. | *dare il bianco*, badigeonner. ‖ **2.** [di razza bianca] Blanc. ‖ **3.** (parte bianca di un oggetto) blanc. ‖ **4.** [cibo non condito] sans sauce, bouilli. | *pesce in bianco*, poisson bouilli. | *pasta in bianco*, pâtes au beurre. ‖ **5.** [senza scrittura] *lasciare uno spazio in bianco*, laisser un blanc. ‖ COMM. *firma in bianco*, blanc-seing. | *cambiale in bianco*, effet en blanc. | *fare una tratta in bianco*, tirer à découvert. ‖ **6.** LOC. FIG. *di punto in bianco*, de but en blanc. | *passare una nottata in bianco*, passer une nuit blanche. ‖ **7.** [opinione incostante] *dice bianco oggi, domani nero*, il dit tantôt blanc, tantôt noir.
biancomangiare [bjankoman'dʒare] m. CUC. (antiq.) blanc-manger.
biancone [bjan'kone] m. ZOOL. circaète, aigle jean-le-blanc, milan blanc.
biancore [bjan'kore] m. LETT. blancheur f.
biancosegno [bjanko'seɲɲo] m. blanc-seing.
biancospino [bjankos'pino] m. BOT. aubépine f.
biascicare [bjaʃʃi'kare] v. tr. mâchouiller (fam.), mâchonner. ‖ FIG. [pronunziare male] mâchonner, marmonner, marmotter, bredouiller, bafouiller (fam.). ‖ [una lingua] baragouiner (fam.).
biascicatura [bjaʃʃika'tura] f. mâchonnement m. ‖ FIG. marmottage m., bredouillage m., bafouillage m. (fam.). ‖ [di una lingua] baragouin m. (fam.), baragouinage m. (fam.).
biasimare [bjazi'mare] v. tr. blâmer, réprouver.
biasimevole [bjazi'mevole] agg. blâmable, répréhensible, condamnable.
biasimo ['bjazimo] m. blâme, reproche, réprobation f. | *dare una nota di biasimo*, infliger un blâme. | *incorrere nel biasimo di qlcu.*, s'attirer le blâme de qn.
biavo ['bjavo] agg. LETT. bleu pâle.
bibasico [bi'baziko] agg. CHIM. bibasique.
bibbia ['bibbja] f. bible. | *carta bibbia*, papier bible. ‖ PER EST. [opera fondamentale] bible. ‖ POP. REGION. *che bibbia !*, la barbe !
bibita ['bibita] f. [bevanda dissetante, di solito analcolica] boisson. ◆ f. pl. rafraîchissements m. pl.
biblico ['bibliko] agg. biblique. | *racconto biblico*, récit biblique. ‖ FIG. *semplicità biblica*, simplicité biblique.

bibliofilia [bibljofi'lia] f. bibliophilie.
bibliofilo [bibli'ɔfilo] m. bibliophile.
bibliografia [bibljogra'fia] f. bibliographie.
bibliografico [bibljo'grafiko] agg. bibliographique.
bibliografo [bibli'ɔgrafo] m. bibliographe.
bibliomania [bibljoma'nia] f. bibliomanie.
biblioteca [bibljo'tɛka] f. bibliothèque. | *lavorare in biblioteca,* travailler à la bibliothèque.
bibliotecario [bibljote'karjo] m. bibliothécaire.
bibulo ['bibulo] agg. absorbant. | *carta bibula,* papier buvard.
bica ['bika] f. AGR. [mucchio di covoni] meule. || [gran quantità] tas m.
bicamerismo [bikame'rizmo] m. bicamérisme.
bicarbonato [bikarbo'nato] m. CHIM. bicarbonate.
bicchierata [bikkje'rata] f. [bevuta fatta in comitiva] tournée. | *fare una bicchierata,* offrir un vin d'honneur.
bicchiere [bik'kjɛre] m. **1.** [recipiente] verre. | *bicchiere a calice,* verre à pied. | *bicchiere da vino,* verre à vin. | *bicchiere a pancia tonda,* verre ballon. | *bicchiere da spumante,* [allungato] flûte f. ; [calice] coupe f. | *bicchiere da birra,* chope f. || **2.** [contenuto] verre, coup (fam.). | *bere un bicchiere,* boire un verre, un coup (fam.). | *bicchiere di birra,* bock. | *bicchiere colmo,* rasade f. || **3.** [diamante falso] *fondo di bicchiere,* cul de verre. || **4.** LOC. *bere il bicchiere della staffa,* boire le coup de l'étrier. || FIG. *affogare in un bicchiere d'acqua,* se noyer dans un verre d'eau.
bicchierino [bikkje'rino] m. DIMIN. petit verre, verre à liqueur. || [contenuto] petit verre, canon (pop.). | *bere un bicchierino,* boire un canon (pop.). | *bere un bicchierino dopo il caffé,* prendre le pousse-café. || [lumino per i morti] veilleuse f. || [per luminarie] lampion.
bicefalo [bi'tʃɛfalo] agg. bicéphale. | *mostro bicefalo,* monstre bicéphale. || FIG. *ministero bicefalo,* ministère bicéphale.
bicentenario [bitʃente'narjo] agg. e m. bicentenaire.
bici ['bitʃi] f. ABBR. FAM. [bicicletta] vélo m., bécane (pop.), clou m. (peggior. pop.).
bicicletta [bitʃi'kletta] f. bicyclette, vélo m. (fam.). | *andare in bicicletta,* aller à bicyclette.
biciclo [bi'tʃiklo] m. bicycle.
bicilindrico [bitʃi'lindriko] agg. MECC. à deux cylindres.
bicipite [bi'tʃipite] agg. bicéphale. || ARALD. *aquila bicipite,* aigle (f.) bicéphale, à deux têtes. ◆ m. ANAT. biceps. | *ha dei bicipiti muscolosi,* il a des biceps musclés.
bicloruro [biklo'ruro] m. CHIM. bichlorure.
bicocca [bi'kɔkka] f. bicoque.
bicolore [biko'lore] agg. bicolore, de deux couleurs, de deux teintes. | *un governo bicolore,* un gouvernement bicolore. | *un'auto bicolore,* une voiture de deux couleurs.
biconcavo [bi'kɔnkavo] agg. GEOM., OTT. biconcave.
biconvesso [bikon'vɛsso] agg. GEOM., OTT. biconvexe.
bicorne [bi'kɔrne] agg. bicornu.
bicornia [bi'kɔrnia] f. bigorne.
bicorno [bi'kɔrno] m. [copricapo] bicorne.
bicornuto [bikor'nuto] agg. bicornu, à deux cornes. || FIG., FAM. [stravagante] biscornu.
bicromato [bikro'mato] m. CHIM. bichromate.
bicromia [bikro'mia] f. TIP. bichromie.
bicuspide [bi'kuspide] agg. à deux pointes.
bidè [bi'dɛ] m. invar. bidet.
bidello [bi'dɛllo] m. concierge ; garçon de classe, de bureau ; [univ.] appariteur. || [in parlamento] huissier.
bidente [bi'dɛnte] agg. ZOOL. bidenté. ◆ m. bident, serfouette f.
bidimensionale [bidimensjo'nale] agg. à deux dimensions, bidimensionnel (neol.).
bidonare [bido'nare] v. tr. POP. [imbrogliare] rouler, duper (L.C.). | *ti hanno bidonato,* tu t'es fait rouler. || [mancare a un appuntamento] poser un lapin à (pop.).
bidonata [bido'nata] f. POP. [imbroglio] tour (m.) de cochon, sale tour (L.C.). || LOC. *prendere una bidonata,* se faire rouler, se faire pigeonner. | *questo film è una bidonata,* ce film est un attrape-nigaud (L.C.).
bidone [bi'done] m. bidon. | *bidone di latte,* bidon de lait. | *bidone di benzina,* bidon, jerrican d'essence. | *bidone della spazzatura,* poubelle f. || [imbroglio] POP. *fare un bidone a qlcu.,* rouler qn. || [appuntamento mancato] *mi ha fatto il bidone,* il m'a posé un lapin.
bidonista [bido'nista] m. POP. [imbroglione] faisan (gerg.), filou (L.C.), escroc (L.C.), charlatan (L.C.).
biecamente [bjeka'mente] avv. obliquement, de travers, de biais, d'un mauvais œil. | *guardare biecamente,* regarder d'un œil malveillant.
bieco ['bjɛko] agg. oblique. || [torvo, malvagio] torve, farouche, louche. | *sguardo bieco,* regard torve. || *azione bieca,* action malhonnête. || [equivoco] louche.
biella ['bjɛlla] f. MECC. bielle.
biennale [bien'nale] agg. [che dura due anni] biennal, de deux ans. | *corso biennale,* cours de deux ans. || [che ricorre ogni due anni] bisannuel, biennal. | *fiera biennale,* foire bisannuelle. || BOT. bisannuel. ◆ f. [manifestazione] biennale. | *la biennale di Venezia,* la biennale de Venise.
biennio [bi'ɛnnjo] m. période (f.) de deux ans. || UNIV. cours de deux ans.
bieticolo [bje'tikolo] agg. betteravier, de la betterave. | *mercato bieticolo,* marché de la betterave.
bieticoltore [bjetikol'tore] m. betteravier.
bieticultura [bjetikul'tura] f. BOT. culture, industrie betteravière.
bietola ['bjɛtola] f. BOT. bette.
bietolone [bjeto'lone] m. BOT. arroche f. || FIG. [sempliciotto] grand nigaud, niais, jobard, benêt.
bietta ['bjetta] f. TECN. [cuneo per spaccare la legna] coin m. || MECC. [zeppa] cale, clavette (à rainure), goupille. | *serrare con bietta,* coincer.
bifase [bi'faze] agg. ELETTR. [due correnti monofase di segno contrario] biphasé. || [due correnti alternate della stessa frequenza e ampiezza, sfasate di 1/4 di periodo] diphasé.
biffa ['biffa] f. jalon m. | *segnare con biffe,* jalonner.
biffare [bif'fare] v. tr. jalonner. || [cancellare] biffer.
bifido ['bifido] agg. bifide.
bifocale [bifo'kale] agg. FIS., OTT. bifocal. | *lente bifocale,* lentille bifocale. | *occhiali bifocali,* lunettes à double foyer.
bifolco [bi'folko] m. AGR. bouvier, laboureur. || FIG. PEGGIOR. [uomo rozzo] paysan, péquenot (pop.), rustre, butor, huron (antiq.). || LOC. *bestemmiare come un bifolco, avere dei modi da bifolco,* jurer, se conduire comme un charretier.
bifora ['bifora] agg. e f. ARCHIT. fenêtre jumelée, géminée, bilobée.
biforcamento [biforka'mento] m. bifurcation f.
biforcarsi [bifor'karsi] v. rifl. bifurquer (v. intr.). | *la strada si biforca,* la route bifurque.
biforcato [bifor'kato] agg. [diviso in due] fourchu.
biforcatura [biforka'tura] f. fourche, bifurcation. | *la biforcatura di un albero,* la fourche d'un arbre.
biforcazione [biforkat'tsjone] f. bifurcation, fourche, embranchement m. | *la biforcazione di due strade,* l'embranchement de deux routes.
biforcuto [bifor'kuto] agg. fourchu. || FIG. *lingua biforcuta,* langue de vipère.
bifronte [bi'fronte] agg. bifront, à double visage, à deux faces. | *Giano bifronte,* Janus bifront. || [ambiguo, sleale] double, déloyal. | *una linea politica bifronte,* une ligne politique ambivalente. ◆ SOSTANT. e agg. [che può essere letto in senso inverso senza cambiare] palindrome m. | *la parola radar è (un) bifronte,* le mot radar est un palindrome.
biga ['biga] f. [carro romano] bige m. || MAR. bigue.
bigamia [biga'mia] f. bigamie.
bigamo ['bigamo] agg. e m. bigame.
bigattiera [bigat'tjɛra] f. [Reg. settentr.] magnanerie.
bigatto [bi'gatto] m. [Reg. settentr.] ver à soie (L.C.).
bigello [bi'dʒɛllo] m. bure f.
bigetto [bi'dʒetto] agg. grisâtre.
bigemino [bi'dʒɛmino] agg. gémellaire. | *parto bigemino,* accouchement gémellaire. || MED. [polso aritmico] bigéminé.
bighellonare [bigello'nare] v. intr. [andare senza scopo] flâner, vagabonder, se balader (pop.). || [perdere il tempo] fainéanter, musarder, paresser, lambiner (fam.).

bighellone [bigel'lone] m. flâneur, badaud, vagabond. ‖ [disoccupato, fannullone] désœuvré, fainéant.
bigia ['bidʒa] f. ZOOL. fauvette.
bigiare [bi'dʒare] v. intr. [Reg. lomb.] faire l'école buissonnière (L.C.).
bigio ['bidʒo] agg. bis. | *pane bigio*, pain bis. | *lana bigia*, laine bise. | *tempo bigio*, temps gris. ‖ PROV. *di notte tutti i gatti sono bigi*, la nuit, tous les chats sont gris. ‖ FIG. [indeciso, spec. in politica] irrésolu, flottant.
bigiotteria [bidʒotte'ria] f. bijoux (m. pl.) fantaisie. ‖ [bottega dove si vende] magasin (m.) de frivolités (f. pl.), bimbeloterie.
biglia ['biʎʎa] f. V. BILIA.
bigliardo [biʎ'ʎardo] m. V. BILIARDO.
bigliettaio [biʎʎet'tajo] m. [in tram, autobus, metropolitana] receveur. ‖ [sul treno] contrôleur. ‖ [addetto alle biglietterie] employé, vendeur de billets, guichetier.
biglietteria [biʎʎette'ria] f. [alla stazione] guichets m. pl. ‖ [di teatro] bureau (m.) de location. ‖ [di cinema] caisse.
bigliettino [biʎʎet'tino] m. DIMIN. petit billet. ‖ [galante] billet doux.
biglietto [biʎ'ʎetto] m. **1.** [letterina] billet. | *biglietto galante*, billet doux, galant. | *gli scriverò un biglietto*, je lui écrirai un petit mot. ‖ **2.** [cartoncino stampato] carte f. | *biglietto d'auguri*, carte de vœux. | *biglietto da visita*, carte de visite. | *biglietto postale*, carte-lettre. ‖ **3.** [foglietto che attesta un pagamento] billet, ticket. | *biglietto della lotteria*, billet de loterie. | *biglietto omaggio*, billet de faveur. | *biglietto di prenotazione*, billet de réservation. | *biglietto ferroviario*, billet de chemin de fer. | *biglietto dell' autobus, della metropolitana*, ticket d'autobus, de métro. | *fare il biglietto*, prendre son billet. | *essere munito di biglietto*, être muni d'un billet. | *biglietto festivo*, billet à tarif spécial. | *pagare metà biglietto*, payer demi-tarif. ‖ **4.** ECON. [moneta di carta] billet. | *biglietto da mille*, billet de mille. | *biglietto di piccolo, di grosso taglio*, petite, grosse coupure. ‖ **5.** MIL. *biglietto d'alloggio*, billet de logement.
biglione [biʎ'ʎone] m. billon.
bignè [biɲ'ɲɛ] m. invar. CULIN. chou à la crème.
bignonia [biɲ'ɲɔnja] f. BOT. bignonia m.
bigodino [bigo'dino] m. bigoudi.
bigoncia [bi'gontʃa] f. [recipiente per la vendemmia] comporte, baste. ‖ LOC. *a bigonce*, en grandes quantités, à foison. ‖ ANTIQ. [cattedra] chaire.
bigoncio [bi'gontʃo] m. baquet, cuve f.
bigotta [bi'gɔtta] f. bigote, fausse dévote, punaise de sacristie (pop.), grenouille de bénitier (pop.).
bigotteria [bigotte'ria] f. bigoterie.
bigottismo [bigot'tizmo] m. bondieuserie f., bigotisme.
bigotto [bi'gɔtto] m. bigot, bondieusard, calotin. ‖ [con senso più spregiativo] cagot, faux dévot, cafard.
bikini [bi'kini] m. bikini.
bilabiale [bila'bjale] agg. e m. bilabial.
bilancella [bilan'tʃɛlla] f. MAR. balancelle.
bilancia [bi'lantʃa] f. **1.** [strumento per pesare] balance. | *bilancia a piatti*, balance à plateaux. | *bilancia a ponte*, bascule. | *bilancia a molla*, peson m., balance à ressort. | *bilancia dell' orefice*, trébuchet m. | *bilancia per lettere*, pèse-lettres m. | *giogo, ago della bilancia*, fléau, aiguille de la balance. ‖ **2.** FIG. [equilibrio] *in bilancia*, en équilibre. ‖ **3.** FIG. [paragone] *mettere qlco. sulla bilancia*, jeter qch. dans la balance. | *dare il tratto, il tracollo alla bilancia*, faire pencher la balance. ‖ **4.** FIG. *pesare con la bilancia dell' orafo, del farmacista*, examiner attentivement, tatillonner. ‖ **5.** COMM., ECON. balance. | *la bilancia commerciale*, la balance commerciale. ‖ **6.** [piccola rete da pesca] balance (à écrevisses), carrelet m., langoustier m. ‖ **7.** TEATRO [apparecchio di illuminazione] herse. ‖ **8.** TECN. [ponteggio provvisorio] échafaudage (m.) volant.
bilanciamento [bilantʃa'mento] m. [atto] équilibrage. ‖ [risultato] équilibre. ‖ MAR. balancement.
bilanciare [bilan'tʃare] v. tr. **1.** [equilibrare] tenir en équilibre, équilibrer. | *il carico è stato bilanciato bene*, le chargement a été bien équilibré. ‖ **2.** FIG. [compensare] balancer, contrebalancer, correspondre à (v. intr.). | *le entrate bilanciano le uscite*, les recettes balancent les dépenses. ‖ **3.** FIG. [esaminare, valutare] balancer, peser, mesurer. | *bilanciare il pro e il contro*, peser le pour et le contre. | *bilanciare le parole*, mesurer ses paroles. ◆ v. rifl. se balancer, se tenir en équilibre. | *non riesce a bilanciarsi sulla bicicletta*, il n'arrive pas à se tenir en équilibre sur sa bicyclette. ‖ FIG. s'équilibrer, se valoir. | *le forze dei due contendenti si bilanciano*, les forces des deux adversaires se valent.
bilanciato [bilan'tʃato] agg. équilibré, pondéré, mesuré, balancé. | *mangimi bilanciati*, aliments équilibrés. | *passo bilanciato*, pas balancé.
bilanciere [bilan'tʃɛre] m. **1.** [di orologio] balancier. *asse del bilanciere*, verge du balancier. | *bilanciere di un orologio a pendolo*, balancier d'une pendule. ‖ **2.** FERR. *bilanciere fermacambio*, verrou d'aiguille. ‖ **3.** MECC. culbuteur, basculeur. ‖ **4.** [su certe imbarcazioni] balancier. ‖ **5.** [asta dei funamboli] balancier (d'équilibriste). ‖ **6.** [asta dei portatori d'acqua] palanche f. ‖ **7.** ZOOL. [organo di certi insetti] balancier.
bilancio [bi'lantʃo] m. **1.** [entrate e spese di una famiglia] budget. | *fare quadrare il bilancio*, boucler son budget. ‖ **2.** ECON., COMM. budget. | *stabilire un bilancio*, établir un budget. | *controllo del bilancio*, contrôle budgétaire. | *fuori del bilancio*, extrabudgétaire [agg.]. | *iscrivere nel bilancio*, budgétiser. ‖ **3.** ECON., COMM. [inventario dell' attivo e del passivo] bilan. | *bilancio consuntivo*, bilan définitif. | *fare un bilancio*, dresser, faire un bilan. | *rassegnare il bilancio*, déposer son bilan. ‖ **4.** COMM. [pareggiamento tra il dare e l'avere] balance f. | *bilancio generale dei conti*, balance des comptes. | *fare il bilancio di un conto*, balancer, solder, clôturer un compte. ‖ **5.** FIG. [valutazione degli aspetti positivi e negativi] bilan. | *fare il bilancio della propria esistenza*, faire le bilan de sa vie. ‖ **6.** FIS. bilan. | *bilancio termico*, bilan calorifique.
bilaterale [bilate'rale] agg. bilatéral.
bilateralità [bilaterali'ta] f. caractère (m.) bilatéral.
bile ['bile] f. bile. ‖ FIG. [collera] *riversare la propria bile su qlcu.*, décharger sa bile contre qn. | *crepare dalla bile*, crever de dépit. | *far mangiare la bile*, faire enrager. | *è diventato verde dalla bile*, il en a fait une jaunisse.
bilia ['bilja] f. [buca del biliardo] trou m., blouse. ‖ [palla del biliardo] bille. | *fare bilia*, blouser une bille. ‖ [pallina di vetro] bille. | *partita a bilia*, partie de billes.
biliardino [biljar'dino] m. billard électrique, flipper (ingl.).
biliardo [bi'ljardo] m. billard. | *stecca da biliardo*, queue de billard. | *circolo di biliardo*, académie (f.) de billard. ‖ LOC. *questa strada è liscia come un biliardo*, cette route est un vrai billard.
biliare [bi'ljare] agg. MED. biliaire.
bilico ['biliko] m. équilibre instable. | *essere in bilico*, être en équilibre instable, être en déséquilibre, être prêt à tomber. ‖ FIG. *tenere qlcu. in bilico*, tenir qn en suspens. ‖ LOC. *essere in bilico tra la vita e la morte*, être entre la vie et la mort. ‖ TECN. [cardine] gond.
bilingue [bi'lingwe] agg. e m. bilingue.
bilinguismo [bilin'gwizmo] m. bilinguisme.
bilione [bi'ljone] m. [milione di milioni = 10^{12}] billion.
bilioso [bi'ljoso] agg. bilieux. ‖ FIG. [collerico] colérique, irascible.
bilirubina [biliru'bina] f. BIOL. bilirubine.
bilobato [bilo'bato] agg. BOT., ARCHIT. bilobé.
bimbo ['bimbo] m. FAM. [neonato] bébé, poupon. ‖ [bambino] bambin, enfant, gosse (fam.).
bimensile [bimen'sile] agg. bimensuel.
bimestrale [bimes'trale] agg. [che ricorre ogni due mesi] bimestriel. ‖ [che dura due mesi] de deux mois.
bimestre [bi'mɛstre] m. bimestre, espace de deux mois. | *ogni bimestre*, tous les deux mois.
bimotore [bimo'tore] agg. e m. bimoteur.
binare [bi'nare] v. tr. [raddoppiare] doubler. ‖ RELIG. biner.
binario [bi'narjo] agg. binaire. ◆ m. FERR. [rotaia] rail. | [linea] voie f. | *binario morto*, voie de garage. | *divieto di attraversare i binari*, défense de traverser

les voies. | *il treno è al binario n° 5,* le train se trouve sur le quai n° 5. | *il treno arriverà sul terzo binario,* le train arrivera sur la voie 3. | *circolare su binario illegale,* marcher à contre-voie (f.) || *uscire dai binari,* dérailler ; s'écarter du bon chemin (fig.). || FIG. *mettere sul giusto binario,* remettre sur les rails, dans le droit chemin, sur la bonne voie.
binda ['binda] f. MECC. cric m.
bindolo ['bindolo] m. TESS. dévidoir. || TECN. noria f., chapelet hydraulique. || FIG. [raggiro] tour. || FIG. (raro) [imbroglione] filou, enjôleur.
binocolo [bi'nɔkolo] m. OTT. jumelles f. pl. | *binocolo da marina,* jumelle (f. sing.) marine. | *guardare con il binocolo,* regarder à la jumelle.
binoculare [binoku'lare] agg. binoculaire.
binomio [bi'nɔmjo] agg. MAT., SC. NAT. binomial. | *equazione binomia,* équation binomiale. ◆ m. MAT. binôme.
bioccolo ['bjɔkkolo] m. flocon. | *bioccolo di lana, di cotone,* flocon de laine, de coton. || grumeau. | *bioccolo di pasta, di farina,* grumeau de pâte, de farine. || *lana in bioccoli,* laine non cardée.
biochimica [bio'kimika] f. biochimie.
biochimico [bio'kimiko] agg. biochimique. ◆ m. biochimiste.
biofisica [bio'fizika] f. biophysique.
biografia [biogra'fia] f. biographie. || FIG. IRON. *far la biografia di qlcu.,* raconter les faits et gestes de qn.
biografico [bio'grafiko] agg. biographique.
biografo [bi'ɔgrafo] m. biographe.
biologia [biolo'dʒia] f. biologie.
biologico [bio'lɔdʒiko] agg. biologique.
biologo [bi'ɔlogo] m. biologiste.
biondastro [bjon'dastro] agg. e m. PEGGIOR. blondasse.
biondeggiare [bjonded'dʒare] v. intr. [divenire biondo] blondir ; [avere riflessi biondi] blondoyer. | *le messi biondeggiano,* les moissons blondissent, jaunissent. ◆ SOSTANT. blondoiement.
biondella [bjon'dɛlla] f. BOT. centaurée.
biondezza [bjon'dettsa] f. blond m., blondeur.
biondiccio [bjon'dittʃo] agg. PEGGIOR. blondasse ; qui tire sur le blond.
biondina [bjon'dina] f. DIMIN. blondinette, blondine.
biondino [bjon'dino] m. DIMIN. blondinet, blondin.
biondo ['bjondo] agg. blond. ◆ m. blond. | *biondo scuro, oro, cenere,* blond foncé, doré, cendré.
biopsia [bio'psia] f. MED. biopsie.
biosfera [bios'fɛra] f. biosphère.
biossido [bi'ɔssido] m. CHIM. bioxyde.
bioterapia [biotera'pia] f. MED. biothérapie.
bipartire [bipar'tire] v. tr. partager en deux, diviser en deux.
bipartitico [bipar'titiko] agg. POLIT. bipartite. | *il sistema bipartitico americano,* le système bipartite américain.
bipartitismo [biparti'tizmo] m. POLIT. bipartisme.
bipartito [bipar'tito] agg. biparti, e. | *commissione bipartita,* commission bipartie. || BOT., MED. biparti, tite (f.). | *foglia bipartita,* feuille bipartite. || ARALD. mi-parti.
bipartizione [bipartit'tsjone] f. bipartition.
bipede ['bipede] agg. e m. bipède.
bipenne [bi'pɛnne] f. bipenne, hache à deux tranchants.
biplano [bi'plano] m. AER. biplan.
bipolare [bipo'lare] agg. FIS., MAT. bipolaire.
biposto [bi'posto] agg. invar. AER. biplace.
biquadrato [bikwa'drato] agg. e m. MAT. bicarré.
birba ['birba] f. [furfante] gredin m., filou m., coquin m. | *è una birba matricolata,* c'est un fameux coquin, un fieffé coquin. || [senso attenuato] SCHERZ. garnement m., mauvais sujet m., petit fripon.
birbantaggine [birban'taddʒine] f. V. BIRBANTERIA.
birbante [bir'bante] m. [furfante] fripon, coquin, vaurien, gredin. || [senso attenutato] coquin, fripon.
birbanteggiare [birbanted'dʒare] v. intr. faire le coquin, filouter.
birbantello [birban'tɛllo] m. DIMIN. (petit) fripon petit coquin, petite canaille f.
birbanteria [birbante'ria] f. friponnerie, gredinerie. || SCHERZ. coquinerie.
birbonata [birbo'nata] f. friponnerie. || SCHERZ..gaminerie.
birboncello [birbon'tʃɛllo] m. V. BIRBANTELLO.
birbone [bir'bone] m. chenapan, vaurien, mauvais drôle. || SCHERZ. coquin. ◆ agg. *fa un freddo birbone,* il fait un froid de canard, il fait sacrément froid. | *un tiro birbone,* un sale tour, un vilain tour, un tour pendable, un tour de cochon (pop.). | *una sete birbona,* une soif du diable. | *una fame birbona,* une faim de loup.
birboneria [birbone'ria] f. V. BIRBANTERIA.
bireattore [bireat'tore] m. AER. biréacteur.
birichinata [biriki'nata] f. espièglerie, friponnerie.
birichino [biri'kino] m. polisson, petit diable. ◆ agg. espiègle, coquin, canaille, fripon. | *occhi birichini,* yeux malicieux. | *naso birichino,* nez fripon.
birifrangente [birifran'dʒɛnte] agg. FIS., OTT. biréfringent.
birifrangenza [birifran'dʒɛntsa] f. biréfringence.
birifrazione [birifrat'tsjone] f. OTT. biréfringence, double réfraction.
birillo [bi'rillo] m. quille f.
birmano [bir'mano] agg. e m. birman.
biro ['biro] f. invar. stylo (m.) à bille.
biroccio [bi'rɔttʃo] m. V. BARROCCIO.
birra ['birra] f. bière. | *birra scura,* bière brune. | *birra alla spina,* bière (à la) pression. | *un bicchiere di birra,* un bock, un demi. | *una birra media alla spina,* un demi pression. | *fabbricazione della birra,* brassage m. || FIG. FAM. *correre a tutta birra,* rouler, filer à toute pompe, à pleins gaz, à fond de train (L.C.), à toute allure (L.C.). || FIG. POP. [notevole distacco] *dare la birra a qlcu.,* faire la pige à qn (fam.), semer qn (fam.).
birraio [bir'rajo] m. brasseur.
birrario [bir'rarjo] agg. de la bière.
birreria [birre'ria] f. brasserie.
birro ['birro] m. V. SBIRRO.
bis ['bis] avv. e interiez. bis. ◆ m. bis. | *chiedere il bis a un cantante,* réclamer un bis à un chanteur, bisser un chanteur. | *fare il bis di qlcô.,* (en) reprendre. ◆ agg. bis. | *treno bis,* train bis, train supplémentaire.
bisaccaride [bisak'karide] m. CHIM. disaccharide.
bisaccia [bi'zattʃa] f. besace, bissac m. (antiq.). || MIL. havresac m.
bisante [bi'zante] m. STOR. [moneta] besant. || ARCHIT., ARALD. besant.
bisavolo [bi'zavolo] m. bisaïeul.
bisbetico [biz'bɛtiko] agg. acariâtre, grincheux, hargneux, revêche. | *un carattere bisbetico,* un caractère bougon, hargneux. | *una donna bisbetica,* une femme acariâtre, une pie-grièche, une mégère. || LETT. *la Bisbetica domata,* la Mégère apprivoisée.
bisbigliamento [bizbiʎʎa'mento] m. chuchotement, chuchotis.
bisbigliare [bizbiʎ'ʎare] v. intr. e tr. chuchoter, susurrer, murmurer. || PER EST. [sparlare di nascosto] faire courir le bruit, murmurer tout bas, potiner.
1. bisbiglio [biz'biʎʎo] m. chuchotement, murmure. || [pettegolezzo] potin, commérage.
2. bisbiglìo [bizbiʎ'ʎio] m. [bisbiglio continuo] chuchotements pl., chuchoterie f. (fam.).
bisboccia [biz'bɔttʃa] f. bombance, ripaille (fam.). | *fare bisboccia,* faire bombance, la bringue (pop.), un gueuleton (pop.). | *una sera di bisboccia,* un soir de ribote.
bisbocciare [bizbot'tʃare] v. intr. faire bombance, ripailler, bambocher (fam.), faire la noce (fam.).
bisboccione [bizbot'tʃone] m. bambocheur, noceur (fam.).
bisca ['biska] f. maison de jeu, tripot m. (peggior.).
biscaglina [biskaʎ'ʎina] f. MAR. échelle de pilote.
biscazziere [biskat'tsjɛre] m. [chi tiene una bisca] tenancier de tripot. || [chi segna i punti al biliardo] marqueur.
bischero ['biskero] m. MUS. [piolo] cheville f., fiche f. || [tosc.] TRIV. e POP. [stupido] con, couillon.
biscia ['biʃʃa] f. ZOOL. couleuvre.
biscione [biʃ'ʃone] m. grosse couleuvre f. || ARALD. *il biscione dei Visconti,* la guivre f. des Visconti.
biscottare [biskot'tare] v. tr. CULIN. recuire, sécher au four. | *fette biscottate,* biscottes.

biscotteria [biskotte'ria] f. [fabbrica] biscuiterie. || [assortimento] assortiment (m.) de biscuits.
biscottiera [biskot'tjɛra] f. boîte à biscuits.
biscottificio [biskotti'fitʃo] m. biscuiterie f.
biscottino [biskot'tino] m. petit biscuit, gâteau sec. || TECN. jumelle (f.) de ressort.
biscotto [bis'kɔtto] m. biscuit. | *biscotto da tè*, biscuit pour le thé. | *biscotto della salute*, biscotte f. || [terracotta] biscuit. || [buffetto] chiquenaude f., pichenette f.
biscroma [bis'krɔma] f. MUS. double croche.
biscugino [bisku'dʒino] m. cousin au second degré.
biscuit [bis'kɥi] m. fr. [porcellana senza rivestimento] biscuit.
bisdosso (a) [abiz'dɔsso] loc. avv. à cru, à nu. | *cavalcare a bisdosso*, monter à cru, à nu.
bisdrucciolo [biz'druttʃolo] agg. GRAMM. accentué sur la syllabe qui précède l'antépénultième.
bisecante [bise'kante] f. et adj. GEOM. bissecteur, bissectrice. | *retta bisecante*, droite bissectrice.
bisecare [bise'kare] v. tr. GEOM. bissecter.
bisecolare [biseko'lare] agg. bicentenaire.
bisellare [bizel'lare] v. tr. ARCHIT. biseauter, chanfreiner.
bisellatura [bizella'tura] f. biseautage m.
bisello [bi'zɛllo] m. biseau.
bisenso [bi'sɛnso] m. mot à double sens.
bisessuale [bisessu'ale] agg. bisexué, bisexuel.
bisestile [bizes'tile] agg. bissextile f. | *anno bisestile*, année bissextile.
bisettimanale [bisettima'nale] agg. bihebdomadaire.
bisettore [biset'tore] agg. GEOM. bissecteur.
bisettrice [biset'tritʃe] f. GEOM. bissectrice.
bisezione [biset'tsjone] f. GEOM. bissection.
bisillabo [bi'sillabo] agg. e m. dissyllabe. ◆ agg. dissyllabique.
bislaccheria [bizlakke'ria] f. extravagance, cocasserie, loufoquerie.
bislacco [biz'lakko] agg. farfelu, extravagant ; loufoque, louf [abbr.], louftingue (pop.) | *una testa bislacca*, une tête folle. | *un cervello bislacco*, un esprit fantasque. | *un gusto bislacco*, un drôle de goût. || FIG. *essere bislacco*, avoir l'esprit de travers, l'esprit biscornu.
bislungo [biz'lungo] agg. oblong, barlong.
bismalva [biz'malva] f. BOT. guimauve.
bismuto [biz'muto] m. CHIM. bismuth.
bisnipote [bizni'pote] m. [di zii] arrière-neveu (-nièce f.). || [di nonni] arrière-petit-fils, -petite-fille f.
bisnonna [biz'nɔnna] f. arrière-grand-mère ; bisaïeule.
bisnonni [biz'nɔnni] m. pl. arrière-grands-parents. || PER EST. [antenati] aïeux.
bisnonno [biz'nɔnno] m. arrière-grand-père ; bisaïeul.
bisogna [bi'zoɲɲa] f. LETT. tâche, besogne. | *attendere alla bisogna*, accomplir sa tâche.
bisognare [bizoɲ'ɲare] v. intr. [usato solo nella terza persona sing. e pl.] avoir besoin (de), falloir. | *mi bisognano subito i libri*, j'ai besoin des, il me faut immédiatement les livres. | *ci bisognerebbe il tuo aiuto*, il nous faudrait ton aide. ◆ v. impers. [obbligazione] falloir, convenir. | *bisognerà pure partire*, il faudra bien partir. | *bisogna che tu venga*, il faut, il convient que tu viennes. || [necessità] falloir, être nécessaire. | *bisognando, potremmo anche farlo*, si nécessaire, au besoin, nous pourrions toujours le faire. | *ce n'è più che non bisogna*, il y en a plus qu'il n'en faut. || ENF. *bisogna sentire che strilli*, il faut entendre quels cris !
bisognatario [bizoɲɲa'tarjo] m. GIUR. besoin, recommandataire.
bisognevole [bizoɲ'ɲevole] agg. [necessario] nécessaire, utile. || [bisognoso] besogneux, nécessiteux. ◆ m. [il necessario] le nécessaire. | *mancare dello stretto bisognevole*, manquer du strict nécessaire.
bisogno [bi'zɔɲɲo] m. **1.** [mancanza di qlco.] besoin. | *ho urgente bisogno di*, il faut absolument que. | *di cosa hai bisogno ?*, de quoi as-tu besoin ?, que te faut-il ? || **2.** [necessità] besoin, nécessité f. | *lavora per bisogno*, il travaille par nécessité. || EUF. FAM. [necessità corporea] besoin. | *avere urgenza di fare un bisogno*, avoir un besoin pressant à faire. || **3.** [indigenza] besoin, indigence f. | *trovarsi nel bisogno*, se trouver dans l'indigence. | *i veri amici si conoscono nel bisogno*, c'est dans le besoin qu'on connaît ses amis. || **4.** COMM. *al bisogno*, au besoin. || **5.** LOC. *esserci bisogno di*, falloir. | *c'è bisogno di pane*, il faut du pain. | *non c'è bisogno di gridare così*, ce n'est pas la peine de crier comme ça ! | *se c'è bisogno*, si besoin est. | *far bisogno*, être nécessaire. | *ti chiederò i soldi quando ne avrò bisogno*, je te demanderai de l'argent quand j'en aurai besoin. | *spende più del bisogno*, il dépense plus qu'il n'est nécessaire. | *in caso di bisogno*, en cas de besoin. || **6.** PROV. *il bisogno non ha legge*, nécessité fait loi. | *il bisogno rende ingegnosi, aguzza l'ingegno*, nécessité est mère de l'industrie.
bisognoso [bizoɲ'ɲoso] agg. besogneux, nécessiteux, indigent. | *una vecchia bisognosa di aiuto*, une vieille femme qui a besoin d'aide. ◆ m. besogneux, nécessiteux, indigent.
bisolfito [bisol'fito] m. CHIM. bisulfite.
bisolfuro [bisol'furo] m. CHIM. bisulfure.
bisonte [bi'zonte] m. ZOOL. bison.
bissare [bis'sare] v. tr. [concedere un bis] bisser.
bisso ['bisso] m. TESS. soie (f.) de mer. || ZOOL. byssus.
bissona [bis'sona] f. [imbarcazione veneta da parata] « bissona ». || [antica moneta milanese] « bissona ».
bistecca [bis'tekka] f. CULIN. bifteck m., steak [ingl.]. | *bistecca al sangue*, bifteck saignant. | *bistecca ai ferri*, bifteck grillé. | *bistecca alla fiorentina*, entrecôte grillée.
bistecchiera [bistek'kjɛra] f. gril m. (à biftecks).
bisticciare [bistit'tʃare] v. intr. e v. rifl. se quereller, se disputer, se chamailler. | *hanno bisticciato come cane e gatto*, ils se sont disputés comme chien et chat.
bisticcio [bistit'tʃo] m. dispute f., querelle f., accrochage (fam.). || [gioco di parole] calembour, jeu de mots.
bistorto [bis'tɔrto] agg. tordu, tortu. | *un ramo nodoso e bistorto*, une branche noueuse et tortue. || ANTIQ., FIG. [strambo] tortu, retors.
bistrare [bis'trare] v. tr. bistrer.
bistrato [bis'trato] agg. bistré.
bistrattare [bistrat'tare] v. tr. bousculer, bouleverser, chambouler (fam.). || FIG. [maltrattare] maltraiter, rudoyer, houspiller.
bistro ['bistro] m. bistre. | *colorire a bistro*, bistrer.
bisturi ['bisturi] m. CHIR. bistouri.
bisunto [bi'zunto] agg. graisseux, crasseux. | *un cappotto unto e bisunto*, un manteau crasseux.
bitorzolo [bi'tortsolo] m. bosse f. || [per le piante] loupe f. || [per i rami] nœud. || MED. bouton. | *coprirsi di bitorzoli*, boutonner (fam.).
bitorzoluto [bitortso'luto] agg. [per la pelle] couvert de boutons, boutonneux, bourgeonneux (fam.). | *ha il naso bitorzoluto*, son nez bourgeonne (fam.). || [per varie superfici] bossué, couvert de bosses.
bitta ['bitta] f. MAR. bitte. | *bitta d'ormeggio*, bitte d'amarrage, bollard m.
bitter ['bitter] m. [amars] bitter.
bitumare [bitu'mare] v. tr. bitumer, bituminer.
bitumatrice [bituma'tritʃe] f. TECN. goudronneuse.
bitumatura [bituma'tura] f. bitumage m.
bitume [bi'tume] m. bitume. || [colore] bitume.
bituminoso [bitumi'noso] agg. bitumineux.
biunivocità [biunivotʃi'ta] f. MAT. correspondance biunivoque.
bivaccare [bivak'kare] v. intr. bivouaquer, camper.
bivacco [bi'vakko] m. bivouac.
bivalente [biva'lɛnte] agg. CHIM. bivalent.
bivalenza [biva'lɛntsa] f. CHIM. bivalence, caractère bivalent.
bivalve [bi'valve] agg. ZOOL. bivalve. ◆ m. pl. bivalves.
bivio ['bivjo] m. bifurcation f., fourche f., carrefour, embranchement. | *bivio di una strada*, embranchement d'une route. || FIG. carrefour, bifurcation f.
bizantineggiare [biddzantined'dʒare] v. intr. faire des querelles, des discussions byzantines. || imiter l'art byzantin, la manière byzantine.
bizantinismo [biddzanti'nizmo] m. byzantinisme.
bizantino [biddzan'tino] agg. byzantin. || FIG. byzantin, oiseux, futile. | *questioni bizantine*, querelles byzantines, chinoiseries.

bizza ['biddza] f. caprice m., colère. | *fare le bizze*, faire des caprices, piquer une colère (fam.).
bizzarramente [biddzarra'mente] avv. bizarrement.
bizzarria [biddzar'ria] f. [stravaganza] bizarrerie, loufoquerie, extravagance. || [atto o detto bizzarro] bizarrerie, caprice m. | *gli è venuta la bizzarria di scrivere un poema*, il a été pris du caprice d'écrire un poème.
bizzarro [bid'dzarro] agg. bizzare, étrange, fantasque, drôle. | *idee bizzarre*, idées fantasques, bizarres, drôles d'idées. || [cavallo focoso] fougueux, emporté.
bizzeffe (a) [abid'dzɛffe] Loc. avv. à foison, en masse (fam.), à gogo (fam.). | *non ce n'è a bizzeffe*, il n'y en a pas bézef, bésef (pop.).
bizzoco [bid'dzɔko] m. = franciscain du tiers ordre. || Per est. anche agg. [pinzochero] bigot.
bizzosamente [biddzosa'mente] avv. capricieusement, rageusement, avec colère.
bizzoso [bid'dzoso] agg. capricieux, emporté.
blandamente [blanda'mente] avv. doucement, délicatement, modérément.
blandire [blan'dire] v. tr. Lett. [lusingare] flatter (l.c.). || [lenire] apaiser, adoucir.
blandizia [blan'dittsja] f. Lett. flatteries pl. (l.c.), cajoleries pl. (l.c.).
blando ['blando] agg. léger, faible. | *punizione blanda*, punition légère. || [affabile] doux, aimable.
blasfemo [blas'fɛmo] agg. blasphématoire. ◆ m. blasphémateur.
blasonato [blazo'nato] agg. blasonné, armorié, titré. ◆ m. noble.
blasone [bla'zone] m. blason, armoiries f. pl.
blastoderma [blasto'dɛrma] m. Biol. blastoderme.
blaterare [blate'rare] v. intr. déblatérer (fam.), jacasser, jaser, parler à tort et à travers.
blatta ['blatta] f. Zool. blatte, cafard m., cancrelat m.
blefarite [blefa'rite] f. Med. blépharite.
blenda ['blenda] f. Miner. blende.
blenorragia [blenorra'dʒia] f. Med. blennorragie.
blesità [blezi'ta] f. Med. blèsement m., blésité, zézaiement m., bégaiement m.
bleso ['blɛzo] agg. blèse, bègue. | *parlare bleso*, bléser.
blindaggio [blin'daddʒo] m. Mil. blindage.
blindare [blin'dare] v. tr. Mil. blinder. | *mezzi blindati*, engins blindés.
bloccaggio [blok'kaddʒo] m. blocage. || Mecc. *bloccaggio col nottolino*, encliquetage. || Sport [calcio] blocage ; [rugby] placage.
bloccamento [blokka'mento] m. Mil. blocus.
bloccare [blok'kare] v. tr. **1.** [impedire l'accesso] bloquer. || **2.** [immobilizzare] bloquer, immobiliser, coincer. || **3.** [ostruire] bloquer. | *bloccare il traffico*, bloquer la circulation. || **4.** Tecn. bloquer, caler. | *bloccare il motore*, caler le moteur. || Mecc. *bloccare col nottolino*, encliqueter. || **5.** Sport bloquer ; [rugby] plaquer. || **6.** Econ., Comm. bloquer, geler. | *bloccare un conto in banca, i fitti*, bloquer un compte en banque, les loyers. | *beni bloccati*, biens gelés. ◆ v. pr. se bloquer, se coincer. | *la chiave si è bloccata*, la clé s'est coincée. || Tecn. *il motore si è bloccato*, le moteur a calé. || Mil. s'enrayer.
blocchetto [blok'ketto] m. carnet, bloc-notes.
1. blocco ['blɔkko] m. **1.** [massa compatta] bloc. | *ricavare da un solo blocco*, tailler dans la masse. || **2.** Per anal. [pacco di carta] bloc. | *blocco per appunti*, bloc-notes. || **3.** Per est. [elementi raggruppati in modo omogeneo] bloc. || Mecc. *blocco motore*, bloc-moteur. || Polit. *blocco dei partiti*, bloc des partis. | *fare blocco*, faire bloc. || Sport *blocco di partenza*, starting-block (ingl.), marques f. pl. | *ai blocchi di partenza!*, à vos marques ! || **4.** Ferr. *sistema di blocco*, bloc-système. | *cabina da blocco*, cabine de cantonnement. ◆ Loc. avv. ***in blocco,*** en bloc.
2. blocco ['blɔkko] m. **1.** [interruzione delle vie di comunicazione] blocus. | *blocco economico*, blocus économique. || Stor. *blocco continentale*, blocus continental. || **2.** [arresto di un funzionamento] blocage. | *blocco dei freni*, blocage des freins. || Med. *blocco renale*, blocage rénal. | Econ. *blocco dei prezzi*, blocage des prix. || **3.** Loc. *posto di blocco*, barrage de police ; poste de contrôle (mil.).
blonda ['blonda] f. Tess. blonde.
blu [blu] agg. bleu. | *blu scuro*, bleu foncé. | *blu mare*, bleu marine. || Fig. *sangue blu*, sang bleu. | *avere sangue blu*, avoir du sang bleu. || Fig. fam. *fifa blu*, frousse bleue. ◆ m. bleu. | *blu di Prussia*, bleu de Prusse. | *blu oltremarino*, bleu d'outremer. | *blu di metilene*, bleu de méthylène.
bluastro [blu'astro] agg. bleuâtre.
blue-jeans ['blu:dʒi:nz] m. pl. [ingl., amer.] blue-jeans, jeans.
blues [blu:z] m. invar. [ingl., amer.] blues.
bluff [blʌf] m. [ingl.] bluff.
bluffare [bluf'fare] v. tr. bluffer. ◆ v. intr. [vantarsi] bluffer, se vanter.
blusa ['bluza] f. blouse. || [di donna] chemisette, corsage m. caraco m. (arc.).
1. boa ['bɔa] m. Zool. boa. || Per anal. boa.
2. boa ['bɔa] f. Mar. bouée, flotte. | *boa di salvataggio*, bouée de sauvetage. | *boa d'ormeggio*, coffre m. || Aer. balise.
boaria [boa'ria] f. [region. emil.] ferme, bouverie.
boarina [boa'rina] f. Zool. bergeronnette.
boario [bo'arjo] agg. des bœufs. | *foro boario*, marché au bétail.
boaro [bo'aro] m. bouvier.
boato [bo'ato] m. grondement. || détonation f. | *ad un tratto, abbiamo sentito un forte boato*, tout à coup, nous avons entendu une grande détonation.
bob [bɔb] m. Sport [ingl.] bobsleigh, bob.
bobina [bo'bina] f. bobine.
bocca ['bokka] f. **1.** bouche. | *una bocca che arriva fino alle orecchie*, une bouche fendue jusqu'aux oreilles. | *far venire l'acquolina in bocca*, faire venir l'eau à la bouche. | *avere la bocca cattiva*, avoir mauvaise bouche. | *rifarsi la bocca*, faire passer le mauvais goût. | *stare a bocca aperta*, rester la bouche ouverte ; Fig. rester bouche bée. | *storcere la bocca*, faire la grimace ; Fig. faire la petite bouche. || Loc. fig. *restare a bocca asciutta*, rester sur sa faim. | *essere di bocca scelta*, être une fine bouche. | *levarsi il pane di bocca*, s'ôter le pain de la bouche. | *ha parlato la bocca della verità*, c'est la voix de la vérité qui a parlé. | *ha sempre quella parolaccia in bocca*, il a toujours ce gros mot à la bouche. | *non metto bocca* (in conversazione), je n'interviens pas. | *mettere un discorso in bocca di qlcu.*, mettre des propos dans la bouche de qn. | *essere sulla bocca di tutti*, être la fable de tout le monde. | *passare di bocca in bocca*, passer de bouche en bouche. | *mi ha tolto la parola di bocca*, j'allais le dire. | *mi è scappato di bocca*, cela m'a échappé. | *non sono riuscito a cavarglielo di bocca*, je ne suis pas arrivé à le lui faire dire. | *non ha aperto bocca*, il n'a pas desserré les dents, il n'a soufflé mot. || Fig., fam. *chiudere, tappare la bocca a qlcu.*, fermer, clouer le bec à qn. || **2.** Fig. [persona] bouche. | *avere molte bocche da sfamare*, avoir de nombreuses bouches à nourrir. || **3.** Zool. bouche, gueule. | *la bocca del cavallo*, la bouche du cheval. | *la bocca del cane, della tigre*, la gueule du chien, du tigre. || **4.** Per est. [apertura] bouche, ouverture, gueule. | *bocca di calore*, bouche de chaleur. | *bocca di un forno*, bouche d'un four. | [di alto forno o di caldaia] gueulard m. | *bocca del cannone*, gueule du canon. | *bocca di un sacco*, ouverture d'un sac. | *bocca di una caverna*, entrée d'une caverne. | *bocca di scarico*, goulotte. || **5.** Bot. *bocca di leone*, gueule-de-loup. || **6.** Geogr. bouche, embouchure. || **7.** Med. *bocca dello stomaco*, orifice supérieur de l'estomac. | *medicina da prendere per bocca*, remède à prendre par voie orale, buccale. || **8.** Mil. stor. *bocche da fuoco*, bouches à feu. || **9.** Tecn. *bocca del martello*, face du marteau. || **10.** Loc. fig. *acqua in bocca!*, motus et bouche cousue ! | *in bocca al lupo!*, bonne chance ! || **11.** Prov. *a caval donato, non si guarda in bocca*, à cheval donné on ne regarde pas la bride.
boccaccesco [bokkat'tʃesko] agg. Lett. à la manière de Boccace. || Fig. [salace] croustillant, grivois.
boccaccia [bok'kattʃa] f. Peggior. [persona maldicente] mauvaise langue, langue de vipère. || Loc. *fare le boccacce*, faire la grimace.
boccaglio [bok'kaʎʎo] m. Mecc. ajutage. || [della

maschera per pesca subacquea] embout. ‖ [del portavoce] embouchure f.
boccale [bok'kale] m. broc, pichet, cruche f. ‖ *boccale di birra*, chope. ◆ agg. ANAT. buccal.
boccaporto [bokka'pɔrto] m. MAR. écoutille f.
boccascena [bokkaʃ'ʃɛna] m. invar. TEATRO avant-scène f., embrasure (f.) de la scène.
boccata [bok'kata] f. [di cibo] bouchée. ‖ [di fumo] bouffée. ‖ *andare a prendere una boccata d'aria*, aller prendre l'air, un peu d'air.
boccetta [bot'tʃetta] f. flacon m., fiole. ‖ [palla di biliardo] boule.
boccheggiamento [bokkeddʒa'mento] m. [respiro affannoso] halètement. ‖ [agonia] agonie f.
boccheggiante [bokked'dʒante] agg. [che respira con affanno] haletant. ‖ mourant, agonisant.
boccheggiare [bokked'dʒare] v. intr. [respirare con affanno] haleter. ‖ agoniser. ‖ FIG., FAM. *scarpe che boccheggiano*, chaussures qui bâillent.
bocchetta [bok'ketta] f. MUS. embouchure, embouchoir m. ‖ TECN. [della serratura] gâche, platine. ‖ [dell' annaffiatoio] pomme.
bocchettone [bokket'tone] m. MECC. tubulure f.
bocchino [bok'kino] m. DIMIN. petite bouche f. | *fare il bocchino (tondo)*, faire la bouche en cœur. ‖ [per fumare] fume-cigare m. invar., fume-cigarette m. invar. ‖ MUS. embouchure f., embouchoir, bec.
boccia ['bɔttʃa] f. [di vetro] carafe. ‖ [di legno] boule. | *partita alle bocce*, partie de boules. | *gioco delle bocce*, boulisme. ‖ SCHERZ. POP. tête (L.C.), boule (fam.), caboche (fam.). | *gli gira la boccia*, il perd la boule.
bocciarda [bot'tʃarda] f. TECN. boucharde. | *lavorare con la bocciarda*, boucharder.
bocciare [bot'tʃare] v. tr. refuser, recaler, blackbouler (fam.), coller (gerg. univ.), étendre (gerg. univ. pop.). | *è stato bocciato al suo esame*, il a échoué, il a été ajourné à son examen, il a loupé (fam.), il a été collé (gerg. univ.). ‖ [una proposta] refuser, repousser.
bocciatura [bottʃa'tura] f. insuccès m., ajournement m., échec m., recalage m., blackboulage m. (fam.).
boccino [bot'tʃino] m. SPORT but. ‖ [a bocce] cochonnet.
boccio ['bɔttʃo] m. BOT. bouton. | *in boccio*, en bouton.
bocciodromo [bot'tʃɔdromo] m. boulodrome
bocciofilo [bot'tʃɔfilo] m. bouliste, boulomane (fam.).
bocciolo [bot'tʃɔlo], **bocciuolo** [bot'tʃw'ɔlo] m. BOT. bouton. ‖ AGR. entre-nœud. ‖ [del candeliere] bobêche f.
boccola ['bɔkkola] f. boucle d'oreille. ‖ MECC. boîte d'essieu, happe.
boccolo ['bokkolo] m. boucle f. (de cheveux).
bocconcino [bokkon'tʃino] m. DIMIN. petite bouchée f., petit morceau. ‖ [cibo prelibato] morceau délicat, friand ; fin, bon morceau. | *avere la passione dei bocconcini ghiotti*, aimer les bons morceaux, la bonne chère. ‖ FIG. [persona o cosa piacente] morceau de roi. ◆ pl. CULIN. *bocconcini*, fricassée f. sing.
boccone [bok'kone] m. **1.** bouchée f., morceau. | *mangiare un boccone in fretta*, manger un morceau à la hâte, manger sur le pouce, casser la croûte (pop.). | *tra un boccone e l'altro*, entre deux bouchées, tout en mangeant. | *lo ha mangiato in un (solo) boccone*, il l'a mangé en une seule bouchée ; il n'en a fait qu'une bouchée (pr. et fig.). ‖ LOC. FIG. *contare i bocconi a qlcu.*, compter les morceaux à qn. | *levarsi il boccone dalla bocca*, s'ôter le pain de la bouche. | *boccone amaro*, chose (f.) dure à avaler. | *mandare giù bocconi amari*, avaler des couleuvres. ‖ **2.** [cibo squisito] fin morceau, morceau exquis. ‖ FAM. *boccone del prete*, croupion. ‖ **3.** [cibo avvelenato] boulette empoisonnée. ‖ **4.** [pezzetto] morceau, bout.
bocconi [bok'koni] avv. à plat ventre, sur le ventre.
boccuccia [bok'kuttʃa] f. petite bouche. ‖ FIG. *far boccuccia*, faire la petite bouche, faire le difficile. ‖ *fare le boccucce*, faire des grimaces.
bodino [bo'dino] m. V. BUDINO.
bodoniano [bodo'njano] agg. TIP. cartonné. | *libro rilegato alla bodoniana*, livre cartonné, relié en carton. | *caratteri bodoniani*, caractères Bodoni.
boemo [bo'ɛmo] agg. de Bohême, bohémien.
boero [bo'ɛro] agg. boer. ◆ m. bouchée (f.) au chocolat, griotte f.
bofonchiare [bofon'kjare] v. intr. grommeler, marmonner, marmotter, bougonner (fam.).
bofonchio [bo'fonkjo] m. ZOOL. bourdon.
boga ['bɔga] f. ZOOL. brème.
boheme [bo'ɛ:m] f. fr. [vita scapigliata] bohème.
boia ['bɔja] m. invar. GIUR. bourreau, exécuteur (des hautes œuvres). ‖ [ribaldo] scélérat. ◆ agg. FAM. *che tempo boia !*, quel sale, quel fichu temps !, quel temps de cochon ! (pop.). | *fa un freddo boia*, il fait un froid de canard. ‖ VOLG. [settentr.] *boia cane !*, nom d'un chien ! (euf.).
boiaro [bo'jaro] m. boyard.
boiata [bo'jata] f. FAM. [opera mancata] navet m.
boicottaggio [boikot'taddʒo] m. boycottage.
boicottare [boikot'tare] v. tr. boycotter.
boicottatore [boikotta'tore] m. boycotteur.
bolero [bo'lɛro] m. MUS., ABBIGL. boléro.
boleto [bo'lɛto] m. BOT. bolet.
bolgia ['bɔldʒa] f. ANTIQ. [sacca] besace, sacoche, sac m. ‖ LETT. fosse (de l'enfer dantesque). ‖ FIG. [luogo di confusione] enfer m., chaos m., pagaille. | *che bolgia in quella classe !*, quelle pagaille dans cette classe !
bolide ['bɔlide] m. bolide. | *è entrato come un bolide*, il est entré en coup de vent.
bolina [bo'lina] f. MAR. bouline.
bolinare [boli'nare] v. tr. MAR. bouliner.
boliviano [boli'vjano] agg. e m. bolivien.
1. bolla ['bolla] f. **1.** bulle. | *bolla d'aria*, bulle d'air. | *bolla di sapone*, bulle de savon. ‖ FIG. *finire in bolla di sapone*, finir en queue de poisson. ‖ **2.** [nei liquidi in ebollizione] bouillon m. ‖ **3.** PER ANAL. [aria imprigionata nel vetro] bouillon m., soufflure. ‖ **4.** [rigonfiamento della pelle] cloque, ampoule. ‖ **5.** MED. [per malattia] pustule. | *le bolle del vaiolo*, les pustules de la variole. ‖ **6.** BOT. *mal della bolla*, cloque. ‖ **7.** CHIM. [ampolla] ampoule. ‖ **8.** LOC. *far bŏlla*, cloquer.
2. bolla ['bolla] f. RELIG. bulle. ‖ COMM. bulletin m. | *bolla di consegna*, bulletin de livraison.
bollare [bol'lare] v. tr. timbrer. ‖ [col fuoco] marquer. | *bollare a fuoco*, marquer au fer rouge ; stigmatiser (fig.), flétrir (fig.). ‖ [col punzone] poinçonner. ‖ [con ceralacca] sceller. ‖ [di peso e misure] étalonner. ‖ [di manifatturato] estampiller.
bollario [bol'larjo] m. RELIG. bullaire.
bollato [bol'lato] agg. timbré. | *carta bollata*, papier timbré. ‖ [a fuoco] marqué. ‖ [su ceralacca] scellé. ‖ [col punzone] poinçonné. ‖ [per pesi e misure] étalonné. ‖ [di manifatturato] estampillé. ‖ FIG. marqué.
bollatore [bolla'tore] m. timbreur, marqueur.
bollatura [bolla'tura] f. timbrage m., marquage m. | *bollatura della carne*, marquage de la viande.
bollente [bol'lɛnte] agg. [che bolle] bouillant. | *acqua bollente*, eau bouillante. ‖ [caldissimo] bouillant, brûlant. | *pentola bollente*, casserole brûlante, bouillante. | *fronte bollente*, front brûlant. ‖ FIG. [impulsivo] bouillant, ardent. | *sangue bollente*, sang bouillant. | *calmare gli spiriti bollenti*, calmer les esprits agités.
bolletta [bol'letta] f. [ricevuta] quittance, récépissé m. | *bolletta del gas*, quittance du gaz. | *bolletta del telefono*, facture du téléphone. ‖ COMM. acquit m., bulletin m. | *bolletta d'ordinazione*, bulletin de commande. | *bolletta di transito*, acquit-à-caution. | *bolletta doganale*, acquit de douane. | *bolletta di spedizione*, bordereau (m.) d'envoi. | *bolletta di trasporto*, passe-debout m. ‖ FIG., FAM. *essere in bolletta*, être fauché (comme les blés) ; être sans le sou, n'avoir plus le sou, être à fond de cale, être dans la dèche (pop.). | *andare in bolletta*, tomber dans la ruine (L.C.), tomber dans la débine (pop.).
bollettario [bollet'tarjo] m. COMM. carnet, registre à souche.
bollettino [bollet'tino] m. bulletin. | *bollettino medico*, bulletin de santé. | *bollettino ai naviganti*, bulletin aux navigateurs. | *bollettino di guerra*, communiqué des opérations de guerre. | *bollettino dei cambi*, bulletin, cote (f.) des changes.
bollicina [bolli'tʃina] f. DIMIN. V. BOLLA.
bollimento [bolli'mento] m. V. BOLLITURA.

bollino [bol'lino] m. coupon.
bollire [bol'lire] v. intr. 1. bouillir. | *bollire rumorosamente*, bouillonner. | *bollire adagio*, bouillotter, bouillir à petit feu. || 2. FIG. [fremere] bouillir, bouillonner. | *il sangue gli bolle nelle vene*, le sang bouillonne dans ses veines. | *bollire dalla rabbia*, bouillir de colère. || LOC. FIG. FAM. *lasciare bollire uno nel suo brodo*, laisser qn mijoter dans son jus. || FIG., FAM. [dal caldo] bouillir. || LOC. FIG. *sapere quel che bolle in pentola*, connaître le dessous des cartes, savoir ce qui se mijote (fam.). ◆ v. tr. FAM. [cuocere] *bollire il latte*, faire bouillir le lait.
bollita [bol'lita] f. tour (m.) de bouillon.
bollito [bol'lito] agg. bouilli. ◆ m. CULIN. bouilli, pot-au-feu.
bollitore [bolli'tore] m. CULIN. bouilloire f. || TECN. bouilleur, bouilloire.
bollitura [bolli'tura] f. ébullition.
bollizione [bollit'tsjone] f. V. BOLLITURA.
bollo ['bollo] m. 1. timbre. | *apporre un bollo*, apposer un timbre. | *bollo a data*, timbre-dateur. | *bollo per quietanza*, timbre-quittance. | *marca da bollo*, timbre fiscal. | *carta da bollo*, papier timbré. | *tassa di bollo*, droits de timbre. || 2. [timbro] cachet. | *bollo postale*, cachet de la poste. || 3. [marchio] marque f. (de contrôle sanitaire), contrôle. || 4. [per una tassa] vignette f. | *bollo di circolazione per l'auto*, vignette (automobile). | *bollo del monopolio*, vignette de la Régie. || 5. ABBR. [francobollo] timbre-(poste). || 6. FIG. [marchio d'infamia] flétrissure f. || 7. FIG., FAM. [ammaccatura] marque f. || 8. TESS. [pallino] pois. | *stoffa a bolli*, tissu à pois.
bollore [bol'lore] m. ébullition f. | *dare un bollore*, donner un premier bouillon. || FIG. [riscaldamento dell' animo] ardeur f., effervescence f., feu. | *i bollori della passione*, les feux de la passion.
bolloso [bol'loso] agg. BOT. cloqué, bulleux.
bolo ['bɔlo] m. MED. bol.
bolognese [boloɲ'ɲese] agg. e m. bolonais.
bolsaggine [bol'saddʒine] f. MED. cornage m., pousse, courbature. || FIG. [debolezza] épuisement m., lassitude.
bolscevico [bolʃe'viko] agg. POLIT. bolchevique. ◆ m. bolchevique, bolcheviste.
bolscevismo [bolʃe'vizmo] m. POLIT. bolchevisme.
bolscevizzare [bolʃevid'dzare] v. tr. bolcheviser.
bolso ['bolso] agg. [di cavallo] poussif, courbatu. || [di persona] asthmatique, poussif. || [di stile] poussif, boursouflé.
bolzone [bol'tsone] m. 1. ARC. MIL. [sorte (f.) de] bélier. || 2. STOR. matras. || 3. ARCHIT. tirant. || 4. MAR. bouge. || 5. [punzone] poinçon. || 6. [strumento per macellaio] maillet.
boma ['bɔma] f. MAR. gui m.
bomba ['bomba] f. 1. bombe. | *bomba a orologeria*, bombe à mouvement d'horlogerie. | *bomba a scoppio ritardato*, bombe à retardement. | *bomba a mano*, grenade. | *bomba di profondità*, grenade sous-marine. | *bomba lacrimogena*, grenade lacrymogène. | *bomba fetida*, boule puante. || LOC. *a prova di bomba*, à toute épreuve. || 2. FIG. [notizia clamorosa] bombe. || 3. FIS. [recipiente per misurazione] bombe. || 4. GEOL. [massa di lava] bombe. || 5. MED. *bomba al cobalto*, bombe au cobalt. || 6. SPORT [sostanza eccitante] dopant m. || 7. LOC. FIG. *tornare a bomba*, revenir sur un sujet. | *torniamo a bomba*, revenons à nos moutons.
bombarda [bom'barda] f. bombarde. || MIL. [guerra del '14-'18] mortier m., crapouillot m.
bombardamento [bombarda'mento] m. bombardement. | *bombardamento aereo*, bombardement aérien. | *bombardamento a tappeto*, pilonnage. || FIS. bombardement. || FIG. | *bombardamento di domande*, avalanche (f.) de questions.
bombardare [bombar'dare] v. tr. bombarder. || FIG. *bombardare qlcu. di domande*, bombarder qn de questions.
bombardiera [bombar'djɛra] f. MIL. embrasure.
bombardiere [bombar'djɛre] m. bombardier.
bombardino [bombar'dino] m. MUS. bugle.
bombardone [bombar'done] m. MUS. bombardon, hélicon.
bombetta [bom'betta] f. (chapeau) melon m.
bombice ['bombitʃe] m. ZOOL. bombyx. | *bombice del gelso*, bombyx du mûrier, ver à soie.
bombo ['bombo] m. V. RIMBOMBO, RONZIO.
bombola ['bombola] f. bouteille, bonbonne. | *bombola di gas, di metano*, bouteille de gaz, de métane. || bonbonne, ballon m. | *bombola di ossigeno*, ballon d'oxygène.
bombolo ['bombolo] m. SCHERZ. petit boulot (pop.).
bombolone [bombo'lone] m. CULIN. beignet.
bomboniera [bonbo'njɛra] f. bonbonnière.
bompresso [bom'prɛsso] m. MAR. beaupré.
bonaccia [bo'nattʃa] f. MAR. calme (m.) plat, bonace. | *il mare è in bonaccia*, la mer est au calme plat. || FIG. accalmie, calme m.
bonaccione [bonat'tʃone] agg. débonnaire, bonasse, bonhomme. || LOC. *avere un' aria bonacciona*, avoir l'air bon enfant, avoir un air bonhomme. ◆ m. bon bougre, bonne pâte, bon diable.
bonapartismo [bonapar'tizmo] m. STOR. bonapartisme.
bonapartista [bonapar'tista] m. STOR. bonapartiste.
bonariamente [bonarja'mente] avv. avec bonhomie, débonnairement. | *trattare bonariamente qlcu.*, traiter qn avec bonhomie.
bonarietà [bonarje'ta] f. bonhomie, débonnaireté.
bonario [bo'narjo] agg. bonasse, débonnaire. | *un'aria bonaria*, un air bon enfant.
bondiola [bon'djɔla] f. CULIN. [EMIL., LOMB.] saucisson (m.) à cuire rond.
bonifica [bo'nifika] f. 1. bonification. || 2. [di terreno paludoso] assainissement m., assèchement m. || 3. [terreno bonificato] terrain bonifié. || 4. FIG. [risanamento sociale e morale] purification, épuration. || 5. METALL. traitement (m.) d'amélioration.
bonificabile [bonifi'kabile] agg. qui peut être bonifié.
bonificare [bonifi'kare] v. tr. 1. bonifier. || 2. [terreni paludosi] assécher, assainir. || 3. [liberare dalle mine] déminer. || 4. [dai gas] dégazer. || 5. COMM. [eseguire un bonifico] virer, passer en compte. || 6. METALL. traiter, améliorer.
bonificatore [bonifika'tore] m. assainisseur. || MIL. démineur.
bonifico [bo'nifiko] m. COMM. [sconto, riduzione] bonification f. || FIN. [ordine di pagamento] virement, transfert.
bonomia [bono'mia] f. bonhomie.
bontà [bon'ta] f. 1. [l'essere buono] bonté. || 2. [cortesia] bonté, amabilité. | *bontà sua !*, c'est bien aimable à vous !, vous êtes bien aimable ! | *bontà loro, ho avuto ciò che desideravo*, grâce à eux, j'ai eu ce que je désirais. | *abbiate la bontà di*, ayez l'obligeance, l'amabilité de, soyez assez aimable pour. || LOC. IRON. *troppa bontà !*, trop aimable ! | *finalmente bontà sua, mi ha dato ascolto*, enfin il m'a fait la grâce de m'entendre. || 3. [efficacia] *bontà di un prodotto*, bonne qualité d'un produit. | *bontà di un clima*, douceur d'un climat. || 4. [gusto gradevole] saveur agréable. | *bontà di una pietanza*, bonne saveur d'un mets. || 5. LOC. *che bontà !*, comme c'est bon !
bontempone [bontem'pone] m. V. BUONTEMPONE.
bonzo ['bondzo] m. bonze. | *convento di bonzi*, bonzerie f.
book-maker ['bukmeikə] m. [ingl.] bookmaker.
boom ['bu:m] m. NEOL. ECON. [amer.] boom. | *boom dell'edilizia*, boom de la construction.
boomerang ['bu:məræŋ] m. [ingl.] boomerang.
bora ['bɔra] f. GEOGR. bora.
borace [bo'ratʃe] m. CHIM. borax.
borasso [bo'rasso] m. BOT. borassus.
borato [bo'rato] m. CHIM. borate.
borbogliare [borboʎ'ʎare] v. intr. gargouiller.
borboglio [borboʎ'ʎio] m. murmure, gargouillement, gargouillis. | *borboglio delle onde*, gargouillis des vagues. || [del ventre] gargouillement.
borbonese [borbo'nese] agg. e m. bourbonnais.
borbonico [bor'bɔniko] agg. STOR. bourbonien. | *naso borbonico*, nez bourbonien. || FIG. [retrogrado] réactionnaire. | *sistemi borbonici*, systèmes réactionnaires.
borborigmo [borbo'rigmo] m. borborygme.
borbottamento [borbotta'mento] m. bougonnement, grognement. || [del ventre] borborygme, gargouillement.

borbottare [borbot'tare] v. intr. [lamentarsi] grommeler, grogner, bougonner. | *ubbidisce borbottando*, il obéit en bougonnant. ◆ v. tr. [parlare in modo confuso] marmotter, bafouiller, marmonner, bredouiller. | *borbottare delle preghiere*, marmotter des prières. | *borbottare delle scuse*, bredouiller, marmonner des excuses. | *borbottare delle frasi incomprensibili*, mâchonner des phrases incompréhensibles.
borbottìo [borbot'tio] m. murmure prolongé, bougonnement. || [dell' intestino] borborygme, gargouillement.
borbottone [borbot'tone] m. bougon, grognon, râleur (fam.).
borchia ['bɔrkja] f. [ornamento sul morso del cavallo] bossette. || [in tappezzeria] broquette, cabochon m., clou (m.) de tapissier.
borchiato [bor'kjato], **borchiettato** [borkjet'tato] agg. clouté, garni de clous.
bordame [bor'dame] m. MAR. bordure f.
bordare ['bor'dare] v. tr. [orlare] border, liserer, ourler. | *bordare una tovaglia*, ourler une nappe. || MAR. border.
bordata [bor'data] f. MAR. bordée. | *prendere una bordata*, tirer une bordée.
bordatino [borda'tino] m. TESS. coutil.
bordatura [borda'tura] f. [orlatura] bordure, ourlet m. || MAR. bordage m.
bordeaux [bor'do] m. fr. [vino] bordeaux. || [colore] bordeaux. V. anche bordò.
bordeggiare [borded'dʒare] v. intr. MAR. louvoyer, tirer une bordée. || FIG. [barcamenarsi] louvoyer, nager entre deux eaux.
bordeggio [bor'deddʒo] m. MAR. louvoyage. || FIG. louvoiement.
bordello [bor'dɛllo] m. POP. bordel. || FIG. [confusione] bordel, pagaille f. (fam.), boucan (fam.), tapage (L.C.).
borderò [bordə'ro] m. invar. [fr.] bordereau.
bordino [bor'dino] m. [spighetta] liseré. || FERR. boudin; saillie (f.) de jante.
bordo ['bordo] m. **1.** MAR. bord. | *andare a bordo*, monter à bord. | *gente di bordo*, hommes du bord. | *virar di bordo*, virer de bord (pr. et fig.). || PER EST. *essere a bordo di un'auto*, être à bord d'une automobile. || FIG. *persona d'alto bordo*, personne de haut parage, du grand monde. || **2.** [orlo] bord. || **3.** [di stoffa] bordure f., ourlet, liseré, liteau. | *fece un bordo ricamato al lenzuolo*, elle fit un ourlet brodé au drap. | *un asciugamano con bordi rossi*, un essuie-mains à liteaux rouges. || **4.** [di moneta] tranche f. || **5.** LOC. *bordo bordo*, bord à bord. || *fuori bordo*, par-dessus bord.
bordò [bor'dɔ] agg. [colore] bordeaux.
bordolese [bordo'lese] agg. e m. bordelais. || CHIM. *poltiglia bordolese*, bouillie bordelaise. ◆ m. [recipiente] bordelaise f.
bordone [bor'done] m. **1.** ARC [bastone] bourdon. || FIG. *piantare il bordone*, faire halte, se fixer dans un lieu. | *prendere il bordone*, s'en aller. || **2.** MUS. bourdon. || FIG. *tener bordone a uno*, prêter la main à qn. || **3.** pl. [prime penne] duvet, plumule f. || FIG. *far venire i bordoni a qlcu.*, donner la chair de poule à qn.
bordura [bor'dura] f. bordure. || ARALD. bordure.
borea ['bɔrea] m. POET. borée. || PER EST. nord.
boreale [bore'ale] agg. boréal. | *aurora boreale*, aurore boréale.
borgata [bor'gata] f. bourgade.
borghese [bor'geze] agg. e m. **1.** bourgeois. | *ambiente piccolo borghese*, milieu petit-bourgeois. || **2.** PER EST. [comune] bourgeois. | *idee borghesi*, idées bourgeoises. || PEGGIOR. *è un borghese*, c'est un bourgeois, un épicier (fig., fam.). || **3.** [non militare] civil. | *abito borghese*, tenue civile. | *mettersi in borghese*, se mettre en civil.
borghesia [borge'zia] f. bourgeoisie. | *alta, media, piccola borghesia*, haute, moyenne, petite bourgeoisie.
borghesemente [borgeze'mente] avv. bourgeoisement.
borghesuccio [borge'zuttʃo] m. PEGGIOR. petit-bourgeois.
borghetto [bor'getto] m. petit bourg, hameau, bourgade f.
borghigiano [borgi'dʒano] m. villageois.
borgo ['borgo] m. bourg. || [annesso a città] faubourg. | *abita in borgo San Lorenzo*, il habite faubourg Saint-Laurent.
borgogna [bor'goɲɲa] m. [vino di Borgogna] bourgogne.
borgognone [borgoɲ'ɲone] agg. e m. bourguignon.
borgognotta [borgoɲ'ɲɔtta] f. STOR. bourguignotte.
borgomastro [borgo'mastro] m. bourgmestre.
boria ['bɔrja] f. orgueil m., morgue, suffisance, arrogance. | *mettere su boria*, prendre des airs de suffisance. | *pieno di boria*, gonflé d'orgueil, plein de suffisance. | *con boria*, cavalièrement.
boriarsi [bo'rjarsi] v. pr. se vanter, se donner des airs.
borico ['bɔriko] agg. CHIM. borique, boriqué. | *acido borico*, acide borique. | *acqua borica*, eau boriquée.
borione [bo'rjone] m. vantard.
boriosamente [borjosa'mente] avv. prétentieusement, orgueilleusement, avec suffisance.
boriosità [borjosi'ta] f. orgueil m., suffisance, prétention.
borioso [bo'rjoso] agg. arrogant, suffisant, hâbleur.
boro ['bɔro] m. CHIM. bore.
borotalco ['bɔro'talko] m. FARM. (n. brev.) talc boré.
borra ['bɔrra] f. bourre. || [per imbottire] *borra di seta*, capiton m. | *togliere la borra*, débourrer. || FIG. [riempitivo] remplissage m. | *c'è molta borra in questo libro*, il y a bien du remplissage dans ce livre.
borraccia [bor'rattʃa] f. bidon m., gourde.
borraccina [borrat'tʃina] f. BOT. mousse. ◆ agg. moussu. | *rosa borraccina*, rose moussue, rose mousseuse.
borraginacee [borradʒi'natʃee] f. pl. BOT. borraginacées.
borrana [bor'rana] f. BOT. bourrache.
borrare [bor'rare] v. tr. TECN. MIN. bourrer.
borro ['borro] m. LETT. ravin, ravine f. || [fosso di raccolta] rigole f.
borsa ['borsa] f. **1.** sac m. | *borsa da viaggio*, sac de voyage. | *borsa per la spesa*, sac à provisions. | *borsa per signora*, sac (à main). || trousse. | *borsa dei ferri*, trousse à outils. | *borsa da toilette*, trousse de toilette. || poche. | *borsa dei marsupiali*, poche des marsupiaux. || *borsa d'acqua calda*, bouillotte. | *borsa da tabacco*, blague à tabac. || FIG. *avere le borse sotto gli occhi*, avoir des poches sous les yeux. || **2.** PER EST. [denaro] bourse. | *avere la borsa piena*, avoir une bourse bien garnie. | *avere la borsa vuota*, avoir la bourse plate. || LOC. *mettere mano alla borsa*, mettre la main à la poche, délier les cordons de la bourse. | *tenere la borsa stretta*, tenir serrés les cordons de la bourse, être dur à la détente (fam.). | *o la borsa o la vita!*, la bourse ou la vie! || **3.** [sussidio] bourse. | *borsa di studio*, bourse d'études. || **4.** ANAT. bourse. || **5.** BOT. *borsa di pastore*, bourse-à-pasteur. || **6.** FIN., COMM. Bourse. | *Borsa valori*, Bourse des valeurs. | *quotato in borsa*, coté en Bourse. | *quotazioni di Borsa*, le cours de la Bourse. | *piccole operazioni in Borsa*, boursicotage m. || **7.** [commercio illecito] *borsa nera*, marché (m.) noir.
borsaiolo [borsa'jɔlo] m. pickpocket, voleur à la tire (fam.), escamoteur, coupeur de bourses (antiq. fam.).
borsanerista [borsane'rista] m. trafiquant du marché noir.
borseggiare [borsed'dʒare] v. tr. subtiliser (fam.), dérober.
borseggiatore [borseddʒa'tore] m. V. BORSAIOLO.
borseggio [bor'seddʒo] m. vol à la tire (fam.), vol à l'esbroufe (gerg.), subtilisation (fam.).
borsellino [borsel'lino] m. porte-monnaie. || gousset (antiq.). || FIG. *non mette mai mano al borsellino*, il n'ouvre jamais son porte-monnaie.
borsetta [bor'setta] f. sac m. (à main). | *borsetta di raso*, pochette en satin.
borsista [bor'sista] m. boursier.
borsistico [bor'sistiko] agg. boursier, de la Bourse. | *ambienti borsistici*, milieux de la Bourse.
borsone [bor'sone] m. gros sac. | *borsone da viaggio*, fourre-tout (fam.).
boscaglia [bos'kaʎʎa] f. fourré m., hallier m., broussailles f. pl. || [regione coperta di boscaglia] brousse.
boscaiolo [boska'jɔlo] m. bûcheron.
boschereccio [boske'rettʃo] agg. des bois, bocager.

| *divinità boscherecce*, divinités bocagères. || [silvestre] des bois, sylvestre. | *funghi boscherecci*, champignons des bois. | *piante boscherecce*, plantes sylvestres. || FIG. [semplice] champêtre, pastoral. | *canto boschereccio*, chant pastoral.
boschetto [bos'ketto] m. bosquet, boqueteau, touffe (f.) d'arbres.
boschivo [bos'kivo] agg. [piantato a boschi] boisé. || [proprio del bosco] forestier.
bosco ['bɔsko] m. **1.** bois, forêt f. | *andare nel bosco*, aller au bois. | *andare a fare legna nel bosco*, aller ramasser du bois dans la forêt. | *bosco d'alto fusto*, haute futaie. | *bosco ceduo*, taillis. | *bosco ceduo* [di uno o due anni] cépée f. | *bosco di proprietà collettiva*, ségrairie f. | *il folto di un bosco*, le fourré. | *nel folto del bosco*, au plus profond du bois. | *piantare a bosco*, boiser. | *taglio di un bosco*, abattage. || [a caccia] *uscire dal bosco*, débucher. || LOC. FIG. *essere uccel di bosco*, être libre comme l'air. | *essere uomo da bosco e da riviera*, être débrouillard (fam.). || **2.** FIG. [groviglio] forêt f. || **3.** TECN. [in bachicoltura] ramée f., cabane f. | *i bachi vanno al bosco*, les vers à soie montent à la ramée.
boscosità [boskosi'ta] f. surfaces boisées f. pl. | *indice di boscosità*, pourcentage de surfaces boisées.
boscoso [bos'koso] agg. boisé.
bosso ['bɔsso] m. BOT. buis. || [legno duro] bois de buis.
bossolo ['bɔssolo] m. [vasetto] petit pot, sébile f., gobelet. || [per elemosina] tronc. || [per dadi] cornet à dés. || MIL. [delle cartucce] douille f., étui de cartouche.
botanica [bo'tanika] f. botanique.
botanico [bo'taniko] agg. botanique. | *orto botanico*, jardin botanique. ◆ m. botaniste.
botola ['bɔtola] f. trappe.
botolo ['bɔtolo] m. roquet. || FIG. [uomo stizzoso] roquet.
botro ['bɔtro] m. ravin, ravine f. | *botro con acqua*, fondrière f.
botta ['bɔtta] f. **1.** coup m., horion m., ramponneau m. (pop.). | *ho preso una botta in testa*, j'ai reçu un coup sur la tête. || LOC. FAM. *dare un sacco di botte a qlcu.*, donner une (drôle de) raclée, une volée, une dégelée (pop.), donner une bonne correction (L.C.) à qn. || FIG. *darsi un sacco di botte*, se flanquer une tripotée (pop.), une frottée (pop.). || LOC. *fare a botte*, se bagarrer. | *dare botte da orbi*, frapper, taper comme un sourd, à tour de bras. || **2.** [scoppio] coup m., décharge. || **3.** FIG. [frecciata] coup (m.) de dent, mot (m.) piquant, pointe, brocard m. (antiq.). | *tutti capirono che la botta era indirizzata a lui*, tout le monde comprit que la pointe s'adressait à lui. || **4.** SPORT [scherma] botte. | *tirare una botta*, porter une botte. | *accennare una botta*, marquer un coup. || LOC. FIG. *a botta calda*, sur le coup. | *a botta e risposta*, du tac au tac.
bottaccio [bot'tattʃo] m. **1.** IDRAUL. [bacino di raccolta] bief d'un canal. || ARC. [barilotto] tonnelet, barillet. || **2.** ZOOL. [uccello] grive f.
bottaio [bot'tajo] m. tonnelier.
bottame [bot'tame] m. futaille f.
bottarga [bot'targa] f. CULIN. poutargue, boutargue.
bottata [bot'tata] f. brocard m. | *dare una bottata*, porter une botte, donner un coup de boutoir m.
bottatrice [botta'tritʃe] f. ZOOL. lotte.
bottazzo [bot'tattso] m. MAR. soufflage.
botte ['botte] f. tonneau m.; [abbastanza grande] fût m., futaille, barrique.; [molto grande] tonne, foudre m.; [piccola] baril m., tonnelet m.; [per il pesce] caque. | *spillare il vino dalla botte*, tirer le vin du tonneau, mettre un tonneau en perce. | *sapere di botte*, sentir le fût. || ARCHIT. *volta a botte*, voûte en berceau m. || LOC. FIG. *essere in una botte di ferro*, être à l'abri de tout danger. | *dare un colpo al cerchio e uno alla botte*, ménager la chèvre et le chou. | *la botte dà il vino che ha*, la plus belle fille du monde ne peut donner que ce qu'elle a. || PROV. *non si può avere la botte piena e la moglie ubriaca*, on ne fait pas d'omelette sans casser d'œufs.
bottega [bot'tega] f. **1.** [negozio] boutique, commerce m. | *bottega ben avviata*, boutique bien achalandée. | *avere una bottega*, tenir boutique. | *mettere su bottega*, monter un magasin, se mettre en boutique. | *ragazzo di bottega*, garçon de magasin. | *chiudere bottega*, fermer boutique; mettre la clef sous la porte (fig.). | *fondi di bottega*, fonds de boutique, rossignols (fam.). || **2.** [laboratorio] atelier m. | *la bottega del falegname*, l'atelier du menuisier. | *bottega di rigattiere*, friperie. | *bottega del calderaio*, chaudronnerie. || LOC. *mettere il figliolo a bottega*, mettre son fils en apprentissage. | *essere casa e bottega*, partager son temps entre sa maison et son travail. || LOC. AVV. *a uscio e bottega*, tout près. || **3.** LOC. FIG. *è ora di chiudere bottega*, il est temps d'en finir. | *far bottega di tutto*, trafiquer de tout. | (pop.) [rom.] *andare a bottega*, aller à la campagne (gerg.), en prison (L.C.).
bottegaio [botte'gajo] m. boutiquier, commerçant, mercanti (peggior.). ◆ agg. PEGGIOR. boutiquier, mercantile. | *spirito bottegaio*, esprit mercantile. | *scienza bottegaia*, science mercantile. | *letteratura bottegaia*, littérature d'épicier.
botteghino [botte'gino] m. échoppe f., petite boutique f. || [biglietteria di teatro] bureau, guichet de location. || [del lotto] bureau de loterie.
botteguccia [botte'guttʃa] f. échoppe.
botticella [botti'tʃɛlla] f. DIMIN. V. BOTTE.
bottiglia [bot'tiʎʎa] f. bouteille. | *bottiglia vuota*, bouteille vide, cadavre m. (fam.). | *bottiglia di birra*, canette (de bière). || FAM. *pagare una bottiglia*, payer une chopine (pop.). | *vino in bottiglia*, vin bouché. || CHIM. *bottiglia di lavaggio*, barboteur m. || ELETTR. *bottiglia di Leyda*, bouteille de Leyde. || MIL. *bottiglia Molotov*, cocktail (m.) Molotov.
bottigliere [bottiʎ'ʎɛre] m. STOR. bouteiller, boutillier.
bottiglieria [bottiʎʎe'ria] f. commerce (m.) de vins et spiritueux, débit (m.) de boissons. || [dove si conservano le bottiglie] cave.
bottiglietta [bottiʎ'ʎetta] f. flacon m.
bottiglione [bottiʎ'ʎone] m. grosse bouteille f., magnum
bottinaio [botti'najo] m. vidangeur.
bottinare [botti'nare] v. intr. [saccheggiare] butiner (arc).
bottinatrice [bottina'tritʃe] f. ZOOL. abeille butineuse.
1. bottino [bot'tino] m. [preda] butin. | *far bottino* faire du butin. | *mettere a bottino*, piller.
2. bottino [bot'tino] m. [residui organici] gadoue f. || PER EST. [deposito] fosse (f.) d'aisances.
botto ['bɔtto] m. coup. | *in un botto*, d'un seul coup. | *tutti in un botto*, tous à la fois, en même temps. ◆ LOC. AVV. ***di botto***, tout d'un coup, brusquement. | *fermarsi di botto*, s'arrêter net, court, sur-le-champ.
bottonaio [botto'najo] m. boutonnier.
bottoncino [botton'tʃino] m. petit bouton.
bottone [bot'tone] m. **1.** bouton. | *bottone automatico*, bouton-pression. | *bottoni gemelli, da polso*, boutons de manchettes. | *attaccare un bottone*, coudre un bouton. || LOC. FIG. *attaccare bottone a qlcu.*, tenir la jambe à qn, tenir le crachoir à qn (fam.). | *quest'arnese non vale un bottone*, ce truc-là ne vaut pas un clou. || **2.** [oggetto a forma di bottone] bouton. | *bottone dell'avviamento*, démarreur. || SPORT [scherma] *bottone del fioretto*, bouton de fleuret, mouche f. | *applicare il bottone*, moucheter. | *togliere il bottone*, démoucheter, déboutonner. || **3.** FIG. [boccio] bouton. || **4.** MED. [pustoletta] bouton. || **5.** ANAT. papille f. | *bottone gustativo*, papille gustative. || **6.** BOT. *bottone d'oro*, bouton d'or. | *bottone d'argento*, bouton d'argent.
bottoniera [botto'njɛra] f. rangée de boutons. || [occhiello] boutonnière. || CHIR. boutonnière. || TECN. [quadro di comando] tableau (m.) de commande. | *bottoniera dell' ascensore*, tableau de commande de l'ascenseur.
bottoniero [botto'njɛro] agg. de bouton. || FIG. [attaccabottoni] crampon (fam.).
bottonificio [bottoni'fitʃo] m. fabrique (f.) de boutons, boutonnerie f.
botulismo [botu'lizmo] m. MED. botulisme.
boutade [bu'tad] f. [fr.] boutade, saillie.
boutique [bu'tik] f. [fr.] boutique.
bovarina [bova'rina] f. V. BOARINA.

bovarismo [bova'rizmo] m. LETT. bovarysme.
bovaro [bo'varo] m. bouvier.
bove ['bɔve] m. LETT. V. BUE.
bovidi ['bɔvidi] m. pl. ZOOL. bovidés.
bovile [bo'vile] m. bouverie f.
bovina [bo'vina] f. bouse.
bovindo [bo'vindo] m. ARCHIT. bow-window [ingl.].
bovino [bo'vino] agg. bovin. | *razza bovina*, race bovine. || FIG., FAM. bovin. | *sguardo bovino*, regard bovin. ◆ m. pl. bovins, bovinés.
box ['bɔks] m. ingl. [recinto per cavalli] box. || [garage] box. || [negli autodromi] stand. || [recinto per bambini] parc.
boxare [bok'sare] v. intr. boxer.
boxe ['bɔks] f. [fr.] boxe.
boy-scout ['bɔi'skaut] m. [ingl.] boy-scout.
bozza ['bɔttsa] f. **1.** ARCHIT. bossage m., balèvre. | *mezza bozza*, demi-bosse. || **2.** ANAT. [protuberanza naturale] bosse. || [bernoccolo] bosse, enflure. || **3.** [abbozzo] ébauche. V. BOZZETTO. || **4.** TIP. épreuve. | *bozza a mano*, épreuve à la brosse. | *ultima bozza*, morasse. | *licenziare le bozze*, donner le bon à tirer. || **5.** MAR. bosse.
bozzago [bot'tsago], **bozzagro** [bot'tsagro] m. ZOOL. buse f.
bozzare [bot'tsare] v. tr. V. ABBOZZARE.
bozzato [bot'tsato] m. V. BUGNATO.
bozzello [bot'tsɛllo] m. MAR. poulie f., moufle f. (de poulie). | *bozzello a due occhi*, poulie double.
bozzettista [bottset'tista] m. [novelliere] nouvelliste. || NEOL. dessinateur publicitaire. || ARTI maquettiste.
bozzetto [bot'tsetto] m. ARTI étude f. || [in pittura] croquis, ébauche f., esquisse f. || [in scultura] maquette f. || LETT. croquis; tableau, nouvelle f. | *bozzetto di un carattere*, croquis d'un caractère.
bozzima ['bɔddzima] f. TESS. apprêt m. || [pastone per polli] pâtée. || PER EST. [qualsiasi intruglio] gâchis m.
1. bozzo ['bɔttso] m. ARCHIT. bosse f., pierre (f.) de taille brute.
2. bozzo ['bɔddzo] m. [tosc.] flaque (f.) d'eau.
bozzolo ['bɔttsolo] m. cocon. || FIG., FAM. *chiudersi nel proprio bozzolo*, se renfermer dans son cocon, dans sa coquille. || [bitorzolo] bosse f. || [grumo] grumeau. | *bozzolo di farina*, grumeau de farine. || [antica misura] boisseau.
bozzoloso [bottso'loso] agg. grumeleux.
bozzoluto [bottso'luto] agg. bosselé. | *tronco bozzoluto*, tronc bosselé, noueux.
brabantino [braban'tino] agg. e m. brabançon. | *aratro brabantino*, brabant m.
braca ['braka] f. **1.** [una delle due parti dei calzoni] jambe (de pantalon). || **2.** TECN. [corda per sollevare pesi] brayer m. || **3.** MAR. élingue. || **4.** [fortificazione] braie. ◆ ***brache*** f. pl. **1.** STOR. [dei Galli] braies. || [nel Medioevo] haut-de-chausses m. sing., grègues. || **2.** FAM. pantalon m. (sing. L.C.), culotte f. (sing. L.C.). | *tirati su le brache*, remonte ton pantalon. || **3.** LOC. FIG. FAM. *calare le brache*, caler, se dégonfler (pop.), caner (pop.), se rendre (L.C.).
bracalone [braka'lone] m. FAM. individu débraillé, négligé. || LOC. AVV. *a bracaloni*, en tire-bouchon. ◆ m. pl. (raro) salopette f. sing.
braccare [brak'kare] v. tr. PR. e FIG. traquer.
braccata [brak'kata] f. [raro] battue, traque.
braccetto (a) [abrat'tʃetto] loc. avv. bras dessus, bras dessous. | *prendere qlcu. a braccetto*, prendre qn par le bras. | *l'ho vista a braccetto con*, je l'ai vue au bras de.
bracchiere [brak'kjɛre] m. ANTIQ. [a caccia] piqueur, piqueux.
bracciale [brat'tʃale] m. [braccialetto] bracelet. || PER EST. [fascia portata al braccio] brassard. || STOR. brassard. || [bracciolo] bras, accoudoir.
braccialetto [brattʃa'letto] m. bracelet. | *orologio a braccialetto*, montre-bracelet f. | *braccialetto a catena*, gourmette f.
bracciantato [brattʃan'tato] m. ouvriers (pl.) agricoles, catégorie (f.) des journaliers, manœuvres pl.
bracciante [brat'tʃante] m. journalier, ouvrier agricole.
bracciantile [brattʃan'tile] agg. ouvrier, des manœuvres.
bracciare [brat'tʃare] v. tr. MAR. brasser. | *bracciare di punta*, brasser en pointe.
bracciata [brat'tʃata] f. brassée. | *a bracciate*, par brassées. || SPORT brasse. | *in due bracciate fu al largo*, en quelques brasses, il fut au large.
braccio ['brattʃo] m. (**braccia** f. pl.; **bracci** m. pl.) **1.** bras. | *portare un bambino in braccio*, porter un enfant dans ses bras. | *camminare sotto braccio con qlcu.*, marcher bras dessus, bras dessous avec qn. | *stringere fra le braccia*, serrer dans ses bras. | *gettare le braccia al collo di qlcu.*, jeter les bras autour du cou de qn. | *stare a braccia conserte*, rester les bras croisés. | *andare a braccia scoperte*, avoir les bras nus. | *avere il braccio al collo*, avoir le bras en écharpe. | *con le braccia ciondoloni*, les bras ballants. | *a braccia aperte*, à bras ouverts. | *trasportare a braccio*, transporter à bras. || FIG. *essere il braccio destro di qlcu.*, être le bras droit de qn. | *avere le braccia lunghe*, avoir le bras long. | *questa notizia mi fa cascare le braccia*, cette nouvelle me coupe bras et jambes. | *mi cascano le braccia*, les bras m'en tombent. | *darsi in braccio al nemico*, se livrer à l'ennemi, se jeter dans les bras de l'ennemi. | *avere le braccia legate*, avoir pieds et poings liés. | *avere qlcu. sulle braccia*, avoir qn sur les bras. | *campare con le proprie braccia*, vivre de ses bras. | *fare a braccio di ferro*, faire le bras de fer. | *scrivere a braccia*, écrire d'abondance. || LOC. FIG. *se gli dai un dito, si prende tutto il braccio*, donnez-lui un doigt, il vous prendra le bras. || **2.** pl. [braccianti] bras, main-d'œuvre f. sing. | *questi poderi hanno abbondanza di molte braccia*, ces terres abondent en main-d'œuvre. || **3.** [potere] *il braccio secolare*, le bras séculier. || **4.** PER EST. bras, tige f. | *braccio del candelabro*, bras du chandelier. | *lampada a braccio*, lampe à tige. | *braccio di un edificio*, aile (f.) d'un bâtiment. || **5.** ELETT. *braccio di contatto*, frotteur. || **6.** FIS. *braccio di leva*, bras de levier. || **7.** GEOGR. *braccio di mare*, bras de mer. || **8.** MAR. *braccio dell'asse portaelica*, chaise-support f. || **9.** MIL. *bracci' arm*, arme à la bretelle. || **10.** TECN. *braccio della gru*, flèche (f.), bras de la grue. || **11.** [unità di misura] brasse f.
bracciolo [brat'tʃɔlo] m. accoudoir, bras. | *bracciolo della poltrona*, bras du fauteuil. || [di scala] main (f.) courante. || MAR. guibre f.
bracco ['brakko] m. ZOOL. braque. || FIG. [segugio] limier.
bracconaggio [brakko'naddʒo] m. braconnage.
bracconiere [brakko'njɛre] m. braconnier.
brace ['bratʃe] f. braise, escarbille. || FIG. *essere sulla brace*, être sur le gril, sur des charbons ardents. | *soffiare sulla brace*, jeter de l'huile sur le feu. | *avere le gote come la brace*, avoir les joues en feu. | *occhi di brace*, des yeux de braise. | *cadere dalla padella nella brace*, aller de mal en pis, tomber de Charybde en Scylla. | *farsi di brace*, rougir violemment. || [tosc.] (carbonella) braisette. || FIG. *nero come la brace*, noir comme le charbon.
brachetta [bra'ketta] f. pont m. (de pantalon). || [mutandine corte] caleçons m. pl., culotte.
brachiale [bra'kjale] agg. ANAT. brachial.
brachicefalia [brakitʃefa'lia] f. MED. brachycéphalie.
brachieraio [brakje'rajo] m. MED. bandagiste.
brachiere [bra'kjɛre] m. MED. bandage, ceinture (f.) herniaire.
brachilogia [brakilo'dʒia] f. brachylogie.
brachiopodi [bra'kjɔpodi] m. pl. ZOOL. brachiopodes.
bracia ['bratʃa], **bragia** ['bradʒa] f. V. BRACE.
braciaio [bra'tʃajo] m. brasier. || [venditore di carbone] charbonnier.
braciere [bra'tʃɛre] m. brasier. || [contenitore] brasero, étouffoir.
bracino [bra'tʃino] m. **1.** [carbonella] braisette f. || **2.** [venditore di carbone] charbonnier.
braciola [bra'tʃɔla] f. CULIN. côte(lette) de porc. | *braciola di vitello*, côte de veau. || DIAL. V. INVOLTINO.
brado ['brado] agg. en liberté, (à l'état) sauvage. | *allevamento brado*, élevage en liberté. || FIG. *un ragazzo cresciuto brado*, un enfant qui a grandi à l'état sauvage.
braga ['braga] f. [settentr.] V. BRACA.

brago ['brago] m. LETT. fange f., boue f. (L.C.), bourbe f. (L.C.).
bragozzo [bra'gɔttso] m. [barca di pescatore sull'Adriatico] « bragozzo ».
brahmano [bra'mano] m. V. BRAMANO.
braille ['braj] agg. e m. [fr.] braille.
brama ['brama] f. désir (m.) ardent, envie, soif, convoitise. | *brama di vendetta*, soif de vengeance. | *brama di denaro*, convoitise de l'argent. | *eccitare le brame*, exciter les convoitises. | *brama di vivere*, rage de vivre. || [in senso buono] soif. | *brama di conoscere*, soif de connaître. | *ha brama di*, il brûle d'envie de, il lui tarde de.
bramanesimo [brama'nezimo] m. RELIG. brahmanisme.
bramanico [bra'maniko] agg. RELIG. brahmanique.
bramano [bra'mano] m. V. BRAMINO.
bramare [bra'mare] v. tr. LETT. convoiter, désirer ardemment, ambitionner, soupirer (après). | *bramare la pace*, soupirer après la paix. | *bramare delle ricchezze*, convoiter des richesses. | *bramava di partire*, il brûlait, il était impatient de partir.
bramino [bra'mino] m. RELIG. brahmane, brahme, brame.
bramire [bra'mire] v. intr. bramer.
bramito [bra'mito] m. bramement, brame.
bramma ['bramma] f. TECN. [lamiera] brame.
bramosamente [bramosa'mente] avv. avec convoitise, avidement.
bramosia [bramo'sia] f. LETT. convoitise, fringale (fam.). | *guardare con bramosia*, regarder avec convoitise.
bramosità [bramosi'ta] f. V. BRAMA, BRAMOSIA.
bramoso [bra'moso] agg. désireux, avide, assoiffé. | *occhi bramosi*, des yeux avides. | *con sguardo bramoso*, avec un regard d'envie, envieux.
branca ['branka] f. **1.** LETT. griffe. | *stringere nelle branche*, serrer dans ses griffes. || [di rapace] serres f. pl. || [di crostacei] pinces f. pl. || FIG. griffe. | *cadere nelle branche di qlcu.*, tomber dans les griffes de qn. || **2.** TECN. griffe, mâchoire, mors m. || **3.** [ramo principale] branche. || **4.** [della scala] volée, rampe.
brancare [bran'kare] v. tr. ANTIQ. agripper, agrafer (fig. fam.).
brancata [bran'kata] f. ANTIQ. poignée (L.C.). | *una brancata d'erba*, une poignée d'herbe. || [per zampata] coup (m.) de griffe, de patte.
branchia ['brankja] f. branchie.
branchiale [bran'kjale] agg. branchial.
brancicamento [brantʃika'mento] m. tripotage.
brancicare [brantʃi'kare] v. tr. tripoter, patouiller (fam.). ◆ v. intr. tâtonner, aller à tâtons.
brancichio [brantʃi'kio] m. V. BRANCICAMENTO.
branco ['branko] m. troupeau, bande f., compagnie f. | *un branco di oche*, un troupeau d'oies. | *un branco di lupi*, une bande de loups. || [di cerbiatti] harde f., harpail. || [di pesci] banc. || PEGGIOR. bande, troupe f. | *un branco di monellacci*, une bande de galopins (fam.). || LOC. *a branchi*, par troupeaux, par bandes.
brancolamento [brankola'mento] m. tâtonnement.
brancolare [branko'lare] v. intr. hésiter, tâtonner, avancer à tâtons, à l'aveuglette. || FIG. [con incertezza] *brancola nel buio*, il nage complètement (fam.).
brancoloni [branko'loni] avv. à tâtons, à l'aveuglette.
branda ['branda] f. lit (m.) de camp, de sangle. || MAR. hamac m., cadre m., branle m. (antiq.).
brandabbasso [brandab'basso] m. MAR. branle-bas.
brandeburghese [brandebur'gese] agg. e m. brandebourgeois.
brandeggiare [branded'dʒare] v. tr. MIL. pointer en direction de, pointer sur.
brandeggio [bran'deddʒo] m. MIL. pointage en direction.
brandello [bran'dɛllo] m. lambeau, haillon (per lo più pl.), loque f. | *brandello di carne*, lambeau de chair. | *brandello di stoffa*, lambeau d'étoffe. | *a brandelli*, en lambeaux, en loques; loqueteux agg., dépenaillé agg. (fam.). || FIG. [pezzettino] bribe f., brin. | *coglieva solo qualche brandello della discussione*, il ne saisissait que des bribes de la discussion. | *non hai un brandello di dignità*, tu n'as pas un brin de dignité.
brandire [bran'dire] v. tr. brandir. ◆ v. intr. REGION. [vibrare] branler.
brando ['brando] m. LETT. épée f., fer. || MUS. branle.
brandy ['brændi] m. [ingl.] brandy, eau-de-vie f.
brano ['brano] m. [pezzo] lambeau, fragment. | *brandò di cielo*, lambeau de ciel. | *fare a brani*, déchirer en petits morceaux, mettre en lambeaux. || LETT. *a brano a brano*, point par point. || [parte di un' opera musicale o letteraria] morceau, passage, extrait. | *un brano di Vivaldi*, un morceau de Vivaldi. | *un brano dei Miserabili*, un extrait, un passage des *Misérables*.
branzino [bran'tsino] m. ZOOL. bar, loup de mer.
brasare [bra'zare] v. tr. CULIN. braiser. || TECN. braser.
brasato [bra'zato] agg. CULIN. braisé. ◆ m. bœuf braisé.
brasatura [brasa'tura] f. TECN. brasage m. || [saldatura ottenuta] brasure.
brasile [bra'zile] m. [legno rosso] brésil, campêche. | *tingere con il brasile*, brésiller v. tr.
brasiliano [brazi'ljano] agg. e m. brésilien.
brattare [brat'tare] v. intr. MAR. godiller.
brattea ['brattea] f. BOT. bractée.
bratto ['bratto] m. MAR. godille f. | *vogare a bratto*, avancer à la godille.
bravacciata [bravat'tʃata] f. V. SPACCONATA.
bravaccio [bra'vattʃo] m. bravache, fier-à-bras, matamore, tranche-montagne (lett.). | *fare il bravaccio*, faire le bravache, mettre flamberge au vent. || ANTIQ. [sgherro] sicaire, tueur à gages (L.C.).
bravamente [brava'mente] avv. [bene] bien. || [animosamente] bravement, courageusement. || [con grande sicurezza] avec décision.
bravare [bra'vare] v. tr. LETT. [provocare] braver. || [rimproverare] (rare) réprimander. ◆ v. intr. LETT. [ostentare con spavalderia] faire le bravache.
bravata [bra'vata] f. bravade. || LETT. (raro) [rabuffo] réprimande.
braveggiare [braved'dʒare] v. intr. LETT. faire le bravache.
braveria [brave'ria] f. V. SPAVALDERIA.
bravo ['bravo] agg. **1.** [abile, esperto] bon, fort, habile, émérite, calé (fam.). | *un bravo cantante*, un bon chanteur. | *un bravo chirurgo*, un bon, un habile chirurgien; un chirurgien émérite. | *uno scolaro bravo in matematica*, un écolier fort, bon, calé (fam.) en mathématiques. | *è bravo a scuola*, c'est un bon écolier. | *bravo per*, habile, apte à. || LOC. FIG. *sei solo bravo a far pasticci*, tu n'es bon qu'à faire des bêtises. | *chi l'indovina è bravo*, je vous le donne en mille. | *chi ci capisce è bravo*, si qn y comprend qch., c'est qu'il a de la chance, c'est qu'il est malin. || [interiez.] TEATRO *bravo! brava!, bravi!, bis!*, bravo! (invar.) bis! || [antifrastico] *bravo, complimenti!*, eh bien, bravo, félicitations!; c'est malin, tu peux être fier de toi! || **2.** [onesto, dabbene] brave, sage. | *un brav'uomo*, un brave homme, un chic type (fam.). | *se farai il bravo, ti darò una cosa*, si tu es sage, je te donnerai qch. | *su, da bravo, salta anche tu il fosso*, allons, courage, saute le fossé toi aussi. | *su, da bravi, state a sentirmi*, allons, soyez gentils, écoutez-moi. || **3.** [coraggioso] brave. || **4.** FAM. [rafforzativo] *ho dormito le mie brave otto ore*, j'ai dormi (mes) huit bonnes heures. | *se si comporta così, avrà i suoi bravi motivi*, s'il se conduit ainsi, c'est qu'il a sans doute de bonnes raisons. ◆ LOC. AVV. ***alla brava***, à la va-vite; en moins de deux. ◆ m. STOR. [sgherro] bravo (bravi pl.).
bravura [bra'vura] f. habileté, bravoure. | *pezzo di bravura*, morceau de bravoure. || [ironico] *ci è voluto proprio una gran bravura a fare questo*, il fallait vraiment être malin pour faire cela! | *bella bravura!*, c'est malin!
break ['breik] m. [ingl.] SPORT, MUS. [jazz] break.
breccia ['brettʃa] f. **1.** [varco in opera di difesa] brèche. | *battere in breccia*, battre en brèche (anche fig.). || FIG. *far breccia su qlcu.*, faire impression sur qn, gagner qn à sa cause. | *essere, restare sulla breccia*, être toujours sur la brèche. || **2.** GEOL. brèche, caillasse. || [frantumi di pietra] cailloutis m., caillasse.
brecciame [bret'tʃame] m. cailloutis.
breccioso [bret'tʃoso] agg. caillouteux.
brefotrofio [brefo'trɔfjo] m. hospice pour enfants trouvés, orphelinat.

bregma ['brɛgma] m. ANAT. bregma.
breitschwanz ['braitʃvants] m. [ted.] breitschwanz.
brenna ['brenna] f. haridelle, canasson m. (pop.), rosse (antiq.), carne (pop. antiq.).
brenta ['brɛnta] f. bouille, hotte.
brentolo ['brentolo] m. BOT. brande f.
bresca ['breska] f. [tosc. e emil.] rayon (m.) de miel.
bretella [bre'tɛlla] f. bretelle. ‖ [spallina] bretelle, épaulette. ‖ AER. *bretella di rullaggio*, voies (f. pl.) de circulation. ‖ FERR., MIL., AUTOSTR. bretelle.
bretone ['brɛtone], **brettone** ['brɛttone] agg. e m. breton. | *razza bretone*, race bretonne. | [lingua] breton m.
bretzel ['brɛ':tsəl] m. [ted.] bretzel.
breva ['breva] f. [lomb.] vent (m.) du sud-est qui souffle en Lombardie.
breve ['breve] agg. **1.** [di poca durata] bref, court. | *la vita è breve*, la vie est courte, brève. | *un breve periodo*, une courte période. | *un breve viaggio*, un petit voyage. ‖ LOC. *tra breve*, sous peu, avant peu. | *nel più breve termine*, au plus vite. ‖ **2.** [poco esteso] court. | *un breve tragitto*, un court trajet. | *un breve tratto di strada*, un petit bout de chemin. ‖ STOR. *Pipino il Breve*, Pépin le Bref. ‖ **3.** [conciso] bref. | *una breve introduzione*, une brève introduction. | *breve chiacchierata*, (petite) causette. | *un breve discorso d'occasione*, un compliment. ‖ LOC. *andare per le brevi*, aller droit au but, dire en bref. | *per farla breve*, pour tout dire, pour abréger ; en un mot ; bref. | *in breve*, en abrégé, en raccourci. ‖ **4.** [in fonetica] bref. | *vocale breve*, voyelle brève. ◆ f. MUS. brève. ◆ m. [lettera pontificia] bref. ‖ [amuleto] petit reliquaire.
brevemente [breve'mente] avv. [in breve tempo] en peu de temps. ‖ [concisamente] brièvement.
brevettare [brevet'tare] v. tr. breveter.
brevettato [brevet'tato] agg. breveté. ‖ FIG. SCHERZ. [geniale, straordinario] infaillible. | *ha un sistema brevettato per cuocere il pollo*, il a un système infaillible pour faire cuire le poulet.
brevetto [bre'vetto] m. GIUR. brevet. ‖ AER., MAR. [patente di abilitazione] brevet.
breviario [bre'vjarjo] m. RELIG. bréviaire. | *recitare il breviario*, réciter son bréviaire. ‖ [compendio] compendium, condensé, précis. | *breviario di estetica*, précis d'esthétique.
brevilineo [brevi'lineo] agg. bréviligne.
breviloquente [brevilo'kwɛnte] agg. LETT. concis.
brevità [brevi'ta] f. [l'esser breve] brièveté. ‖ LOC. *per brevità*, pour abréger. | *per brevità di spazio*, faute d'espace. ‖ [concisione] brièveté. | *la brevità di uno stile*, la brièveté d'un style. ‖ [in fonetica] brévité. | *brevità di una sillaba*, brévité d'une syllabe.
brezza ['breddza] f. brise.
briaco [bri'ako] agg. V. UBRIACO.
bricchetta [brik'ketta] f. MINER. briquette.
briccica ['brittʃika] f. vétille, bricole (fam.).
bricco ['brikko] m. coquemar, bouilloire f., bouillotte f., pot. | *il bricco del latte*, le pot, la verseuse (f.) à lait. | *il bricco del caffè*, la cafetière.
briccola ['brikkola] f. STOR. MIL. bricole.
bricconaggine [brikko'naddʒine] f. coquinerie.
bricconata [brikko'nata] f. [azione da briccone] coquinerie, tour (m.) de coquin, friponnerie (antiq.), gredinerie (antiq.).
bricconcello [brikkon'tʃɛllo] m. DIMIN. SCHERZ. petite canaille f., (petit) fripon, (petit) coquin, mâtin (fam.).
briccone [brik'kone] m. coquin, gredin, fripon (antiq.), pendard (antiq.), drôle (antiq.), vaurien, brigand [per esager.].
bricconeria [brikkone'ria] f. coquinerie, gredinerie, friponnerie, fripouillerie.
bricconesco [brikko'nesko] agg. de fripon.
briciola ['britʃola] f. miette, bribe. | *paletta per briciole*, ramasse-miettes m. invar. ‖ FIG. [frammento] bribes pl., miettes pl., lambeau m. | *ridurre in briciole*, mettre en miettes.
briciolo ['britʃolo] m. petit morceau, petit bout, brin, bribes f. pl. | *ne ho preso un briciolo*, j'en ai pris un tout petit morceau. ‖ FIG. *non hai un briciolo di buon senso*, tu n'as pas un brin de bon sens, un brin de jugeote (fam.).
bricolla [bri'kɔlla] f. sac m. (de contrebandier).
bridge ['bridʒ] m. [ingl.] bridge. | *giocare a bridge*, bridger.
bridgista [brid'dʒista] m. bridgeur.
briga ['briga] f. [cruccio, seccatura] ennui m., souci m., tracas m., peine. | *ha mille brighe*, il a des tas d'ennuis. | *dar briga a qlcu.*, créer des ennuis, donner du fil à retordre à qn. | *cacciarsi in una briga*, se mettre dans de beaux draps (fam.). | *darsi, prendersi la briga di qlco.*, se donner la peine de qch. ‖ [lite] chicane, querelle, noise (antiq.). | *attaccar, cercar briga con qlcu.*, chercher querelle, noise, des crosses (pop.) à qn, chicaner qn.
brigadiere [briga'djɛre] m. brigadier. | *brigadiere generale*, général de brigade.
brigantaggio [brigan'taddʒo] m. brigandage. | *darsi al brigantaggio*, brigander (antiq.), se livrer au brigandage. ‖ [bande di briganti] bandes (f. pl.) de brigands.
brigante [bri'gante] m. brigand, coupe-jarret, gueux [litt.]. ‖ FAM. SCHERZ. [briccone] brigand, coquin, canaille f., vaurien. | *quel brigante di mio figlio*, mon vaurien de fils.
briganteggiare [briganted'dʒare] v. intr. brigander (antiq.).
brigantesco [brigan'tesko] agg. de brigand.
brigantina [brigan'tina] f. MAR. [randa] brigantine. ‖ STOR. [giubboncino] brigandine.
brigantino [brigan'tino] m. MAR. brigantin, brick. | *brigantino a palo*, trois-mâts barque.
brigare [bri'gare] v. intr. e tr. intriguer [v. intr.], fricoter [v. intr., pop.], briguer [v. tr.], ambitionner [v. tr.]. | *brigare un incarico*, briguer une charge.
brigata [bri'gata] f. bande, compagnie. | *in piccola brigata*, en petit comité. ‖ PROV. *poca brigata, vita beata*, on est mieux quand on est peu nombreux (L.C.). ‖ MIL. brigade. | *generale di brigata*, général de brigade, brigadier général (fam.).
brigidino [bridʒi'dino] m. [tosc.] CULIN. = gâteau à l'anis. ‖ SCHERZ. cocarde.
briglia ['briʎʎa] f. **1.** rêne, bride, guides pl. | *tenere a briglia il cavallo*, tenir son cheval en bride. ‖ FIG. [freno, guida] bride. | *allentare le briglie*, lâcher la bride. | *tirare le briglie*, tenir la bride haute. | *a briglia sciolta*, à bride abattue, à toute bride ; à grandes guides. | *lasciare la briglia sul collo*, laisser la bride sur le cou. ‖ **2.** [per i bambini] laisse. ‖ **3.** MAR. *briglia di bompresso*, sous-barbe. ‖ **4.** [costruzione muraria] épi m. ‖ **5.** MED. bride.
briglietta [briʎ'ʎetta] f. bridon m.
brillamento [brilla'mento] m. ASTRON. éruption (f.) chromosphérique. ‖ [di mine] explosion (f.) d'une mine, éclatement (d'une mine).
brillantare [brillan'tare] v. tr. **1.** [tagliare le pietre dure] brillanter. ‖ **2.** [ornare con brillanti] orner de brillants, garnir de paillettes. ‖ PER EST. [rendere lucido] brillanter. ‖ **3.** [glassare] glacer.
brillantato [brillan'tato] agg. **1.** brillanté. ‖ **2.** orné de brillants. ‖ FIG. [lucente] *un discorso brillantato*, un discours brillanté. ‖ **3.** glacé.
brillante [bril'lante] agg. brillant. ‖ FIG. [che suscita l'ammirazione] brillant. | *un brillante avvenire*, un brillant avenir. | *un'azione brillante*, une action d'éclat. | *un brillante uomo politico*, un brillant politicien. | *poco brillante*, peu reluisant. ‖ FIG. [spiritoso, vivace] brillant. | *una commedia brillante*, une comédie brillante. ◆ m. brillant. ‖ TEATRO premier comique.
brillantemente [brillante'mente] avv. brillamment.
brillantina [brillan'tina] f. brillantine.
brillanza [bril'lantsa] f. FIS. brillance.
brillare [bril'lare] v. intr. briller, reluire, avoir de l'éclat. | *gli ottoni brillavano*, les cuivres brillaient, reluisaient. | *le stelle brillano nel cielo*, les étoiles brillent dans le ciel. | *le brillano gli occhi di soddisfazione*, ses yeux brillent de satisfaction. | *far brillare come il diamante*, diamanter. ‖ FIG. [farsi notare] briller. ‖ SCHERZ. *brillare per la sua assenza*, briller par son absence. ‖ [esplodere] exploser, éclater. | *far brillare una mina*, *brillare* (v. tr.) *una mina*, faire exploser, sauter une mine. ‖ [togliere l'involucro al riso, ecc.] décortiquer.
brillatoio [brilla'tojo] m. [macchina] machine (f.) à décortiquer. ‖ [stabilimento] rizerie f.
brillatura [brilla'tura] f. décorticage m.

brillio [bril'lio] m. scintillement.
brillo ['brillo] agg. gris, éméché (fam.), pompette (fam.). | *essere brillo,* avoir un verre, un coup (pop.) dans le nez, en avoir un coup dans l'aile (fam.).
brina ['brina] f. givre m., gelée blanche, frimas m. (poet.). | *stamattina gli alberi erano coperti di brina,* ce matin, les arbres étaient couverts de givre, étaient tout givrés. ‖ FIG. [prima canuzie] premiers cheveux blancs.
brinare [bri'nare] v. intr. impers. *questa notte è brinato,* cette nuit il y a eu de la gelée blanche. ◆ v. tr. givrer. | *alberi brinati,* arbres givrés, blancs de givre. | *brinare i bicchieri,* givrer les verres. ‖ FIG. *l'età brina i capelli,* l'âge fait blanchir les cheveux. | *capigliatura brinata,* chevelure argentée.
brinata [bri'nata] f. gelée blanche.
brincello [brin'tʃɛllo] m. [tosc.] V. BRANDELLO.
brindare [brin'dare] v. intr. boire à la santé (de qn), trinquer, porter un toast, lever son verre (à la santé de qn). | *brindo alla tua salute,* je bois à ta santé.
brindello [brin'dɛllo] m. V. BRANDELLO.
brindellone [brindel'lone] (**a** f.) agg. e m. souillon m. e f. (antiq.), personne déguenillée. | *una banda di brindelloni,* une troupe de déguenillés.
brindisi ['brindizi] m. invar. toast. | *fare un brindisi,* porter un toast, boire à la santé (de qn). ‖ [breve componimento conviviale] (petit) compliment. | *leggere un brindisi,* lire un petit compliment.
brio ['brio] m. verve f., entrain, allant, brio, abattage (fig.). | *è pieno di brio,* il est plein d'entrain, il a vraiment de l'abattage. | *parlare con brio,* parler avec verve. | *una conversazione senza brio,* une conversation sans entrain. | *la squadra ha giocato con brio,* l'équipe a joué avec brio. | *che infonde brio,* entraînant agg. ‖ LOC. MUS. *con brio,* con brio.
brioche [bri'ɔʃ] f. [fr.] CULIN. brioche. ‖ [a forma di mezzaluna] croissant m.
briosità [briosi'ta] f. verve, entrain m., vivacité.
brioso [bri'oso] agg. entraînant, enlevé, plein de verve, plein d'entrain, sémillant, fringant. | *un ritmo brioso,* un rythme entraînant. | *una scena molto briosa,* une scène magistralement enlevée. | *una conversazione briosa,* une conversation pleine d'entrain. | *ingegno brioso,* esprit étincelant, sémillant. | *cavallo brioso,* cheval fringant. | *un vecchietto ancora brioso,* un petit vieux encore tout fringant, guilleret.
briozoi [briod'dzɔi] m. pl. ZOOL. bryozoaires.
briscola ['briskola] f. GIOCHI brisque [più com. mariage m.]. ‖ [carta dello stesso seme di quella scoperta] atout m., brisque. ‖ LOC. FIG. *valere come il due di briscola,* ne rien valoir; compter pour des prunes (fam.). | *avere in mano tutte le briscole,* avoir tous les atouts en main. ‖ FAM. [bussa, percossa] taloche (fam.), coups m. pl.
bristol ['bristol] m. [ingl.] bristol.
britannico [bri'tanniko] agg. britannique.
britanno [bri'tanno] agg. brittonique. ‖ LETT. britannique.
brivido ['brivido] m. frisson, frissonnement (lett.). | *avere i brividi,* avoir des frissons. ‖ FIG. [intensa emozione] frisson. | *il brivido della velocità,* le frisson, la griserie de la vitesse. | *gli spettacoli del brivido,* les spectacles à sensation. ‖ LOC. *far venire i brividi,* donner le frisson. | *mi dà i brividi,* cela me fait, me donne froid dans le dos.
brizzolato [brittso'lato] agg. grivelé, moucheté. | *un cavallo brizzolato,* un cheval grivelé. ‖ [di capelli e barba] grisonnant, poivre et sel (fam.). | *tempie brizzolate,* tempes grisonnantes.
brocca ['brɔkka] f. broc m., cruche, aiguière (antiq.).
broccato [brok'kato] m. TESS. brocart.
brocchetta [brok'ketta] f. [chiodo, borchia] broquette, semence. ‖ DIMIN. cruchon m.
brocciatrice [brottʃa'triʃe] f. TECN. brocheuse.
brocciatura [brottʃa'tura] f. TECN. brochage m.
brocco ['brɔkko] m. **1.** [stecco spinoso] brindille sèche. ‖ **2.** [punta al centro di un bersaglio] mouche f. ‖ LOC. *dare nel brocco, centrare il brocco,* faire mouche; frapper, deviner juste (fig.), mettre dans le mille (fig., fam.). ‖ **3.** ANTIQ. [filo rilevato a riccio] broché. | *tessuto a brocchi,* broché. | *tessere a brocchi,* brocher. ‖ **4.** [cavallo di poco pregio] canasson (fam.), haridelle f., carne f. (pop. antiq.). ‖ PER EST. [persona inetta] empoté (fam.), mazette f. (peggior.), nouille f. (pop.), emplâtre (pop.). | *sei proprio un brocco!,* ce que tu peux être nouille!, tu es vraiment nouille! (agg., pop.).
broccolo ['brɔkkolo] m. BOT. brocoli. ‖ FIG. [persona sciocca] nigaud, cornichon.
broccolone [brokko'lone] m. V. BROCCOLO FIG. *è un broccolone,* il est bête comme chou (fam.).
broche ['brɔʃ] f. [fr.] broche. ‖ V. SPILLA.
brochure [bro'ʃyr] f. [fr.] V. BROSSURA.
broda ['brɔda] f. brouet m. ‖ PEGGIOR. [minestra o bevanda insipida] eau de vaisselle, lavure, lavasse (fam.). | *questo caffè è una broda,* ce café est de la lavasse (fam.). ‖ [scritto prolisso o noioso] délayage m., verbiage m. ‖ V. SPROLOQUIO.
brodaglia [bro'daʎʎa] f. bouillon (m.) fade, lavasse (fam.).
brodetto [bro'detto] m. CULIN. soupe (f.) de poisson. ‖ STOR. CULIN. brouet noir.
brodicchio [bro'dikkjo] m. brouet.
brodo ['brɔdo] m. CULIN. bouillon. | *brodo di carne,* bouillon gras. | *brodo vegetale,* bouillon de légumes. | *brodo lungo,* bouillon clair. | *brodo ristretto,* consommé. | *brodo di dadi,* bouillon en cube. | *minestra in brodo,* potage. | *pastina in brodo,* potage aux pâtes. ‖ MED. bouillon. | *brodo di coltura,* bouillon de culture. ‖ FIG. *lasciar cuocere qlcu. nel proprio brodo,* laisser qn mijoter, cuire dans son jus. ‖ LOC. FIG. *tutto fa brodo,* tout est bon, tout peut servir. | *andare in brodo di giuggiole,* boire du petit lait. ‖ PROV. *gallina vecchia fa buon brodo,* c'est dans les vieux pots qu'on fait la meilleure soupe.
brodocoltura [brodokol'tura] f. bouillon (m.) de culture.
brodoso [bro'doso] agg. clair. | *zuppa brodosa,* soupe trop claire.
brogliaccio [broʎ'ʎattʃo] m. COMM. brouillard, brouillon, main (f.) courante.
brogliare [broʎ'ʎare] v. intr. briguer, intriguer.
broglio ['brɔʎʎo] m. brigue f., manœuvres f. pl., manipulations f. pl. | *broglio elettorale,* fraude f. électorale, tripotage électoral, truquage des élections.
broletto [bro'letto] m. STOR. = palais municipal.
brolo ['brɔlo] m. ANTIQ. [orto attiguo alla casa] jardin (potager), verger.
bromato [bro'mato] agg. CHIM. bromique. ◆ m. CHIM. bromate.
bromo ['brɔmo] m. CHIM. brome. ‖ BOT. brome.
bromuro [bro'muro] m. CHIM. bromure.
bronchiale [bron'kjale] agg. ANAT. bronchial.
bronchiectasia [bronkiekta'zia] f. MED. bronchectasie, bronchiectasie.
bronchiolo [bron'kjɔlo] m. ANAT. bronchiole f.
bronchite [bron'kite] f. MED. bronchite.
bronchitico [bron'kitiko] agg. MED. bronchitique.
broncio ['brontʃo] m. moue f., bouderie f. | *mettere, fare il broncio,* bouder, faire la moue, faire la tête (fam.), la lippe (fam.). | *tenere il broncio a qlcu.,* bouder qn.
bronco ['bronko] m. ANAT. bronche f. ‖ ARC. LETT. V. STERPO.
broncopolmonare [bronkopolmo'nare] agg. MED. broncho-pulmonaire.
broncopolmonite [bronkopolmo'nite] f. MED. broncho-pneumonie.
broncoscopia [bronkosko'pia] f. MED. bronchoscopie.
broncoscopio [bronkos'kɔpjo] m. bronchoscope.
brontolamento [brontola'mento] m. grognement, grommellement, grondement.
brontolare [bronto'lare] v. intr. [lamentarsi] grogner, grommeler, maronner, maugréer, bougonner (fam.), rouspéter (fam.), râler (fam.), ronchonner (fam.), rouscailler (pop.). ‖ [rumore sordo] gronder. | *il tuono brontola,* le tonnerre gronde. ◆ v. tr. grommeler, marmonner.
brontolio [bronto'lio] m. grognement, bougonnement. | [del tuono] grondement.
brontolone [bronto'lone] m. grognon, bougon (fam.), râleur (fam.), rouspéteur (fam.), ronchon, ronchonneur (fam.).

brontosauro [bronto'sauro] m. brontosaure.
bronzare [bron'dzare] v. tr. TECN. bronzer.
bronzatura [brondza'tura] f. TECN. bronzage.
bronzeo ['brondzeo] agg. [di bronzo] de bronze. || [del colore del bronzo] bronzé. | *un colorito bronzeo*, un teint bronzé. || [suono del bronzo] d'airain. | *voce bronzea*, voix d'airain.
bronzetto [bron'dzetto] m. SCULT. petit bronze.
bronzina [bron'dzina] f. MECC. coussinet m. || AUTOM. *fondere una bronzina*, couler une bielle.
bronzino [bron'dzino] agg. LETT. bronzé.
bronzista [bron'dzista] m. [chi lavora il bronzo] bronzeur. || [artista] bronzier.
bronzo ['brondzo] m. bronze, airain (lett.). | *l'età del bronzo*, l'âge d'airain, l'âge du bronze. | *incidere nel bronzo*, graver dans l'airain. || FIG. *cielo di bronzo*, ciel d'airain. || FIG. [duro] *cuore di bronzo*, cœur d'airain. || LOC. FIG. *avere una faccia di bronzo*, avoir du toupet (fam.). | *che faccia di bronzo !*, quel effronté ! || [opera d'arte] bronze. || POET. [campane] *i sacri bronzi*, l'airain. || [il cannone] airain.
brossura [bros'sura] f. TIP. brochure. | *libro in brossura*, livre broché. | *rilegatura in brossura*, brochage m.
browning ['brawniŋ] m. [ingl.] browning.
brucare [bru'kare] v. tr. brouter. || V. anche SFRONDARE.
brucellosi [brutʃel'lɔzi] f. MED. brucellose.
bruciacchiare [brutʃak'kjare] v. tr. brûler légèrement, roussir. || [effetto del gelo] griller.
bruciacchiatura [brutʃakkja'tura] f. légère brûlure, roussissement m.
bruciamento [brutʃa'mento] m. brûlage.
bruciante [bru'tʃante] agg. brûlant, cuisant.
bruciapelo (a) [abrutʃa'pelo] loc. avv. à bout portant, à brûle-pourpoint. | *sparare a bruciapelo*, tirer à bout portant. || FIG. *fare una domanda a bruciapelo*, poser une question à brûle-pourpoint.
bruciaprofumi [brutʃapro'fumi] m. invar. brûle-parfum, cassolette f.
bruciare [bru'tʃare] v. tr. **1.** [distruggere col fuoco] brûler, consumer, calciner. | *bruciare la legna*, brûler du bois. || **2.** [cuocere troppo] carboniser, calciner. | *l'arrosto è completamente bruciato*, le rôti est tout calciné (fam.). || **3.** [seccare] brûler, griller. | *il freddo ha bruciato il raccolto*, le froid a grillé la récolte. || **4.** FIG. *bruciare i ponti*, brûler ses vaisseaux, couper les ponts. | *bruciare le tappe*, brûler les étapes. | *bruciarsi le ali*, se brûler les ailes. | *bruciarsi le cervella*, se brûler la cervelle, se faire sauter le caisson (pop.). | *bruciare le proprie energie*, gaspiller ses forces. | *bruciare un avversario politico*, griller, compromettre un adversaire politique. || **5.** SPORT griller. | *l'ha bruciato sul traguardo*, il l'a battu, il l'a grillé sur la ligne d'arrivée, au poteau. || *bruciare un semaforo*, griller un feu (rouge). | *bruciare la scuola*, faire l'école buissonnière (L.C.), sécher les cours (gerg. scol.). ◆ v. intr. **1.** [ardere] brûler, flamber, griller. | *la legna brucia nel camino*, le bois brûle, flambe dans la cheminée. | *lo stoppino brucia male*, la mèche charbonne. || FIG. *bruciare dal desiderio*, brûler de désir. || **2.** [scottare] brûler. | *stai attento che brucia !*, attention, ça brûle ! | *la fronte gli brucia per la febbre*, son front brûle de fièvre. || FIG. *mi bruciano le mani*, la main me démange. || **3.** [provare sensazione di forte calore] cuire, brûler. | *mi bruciano gli occhi*, les yeux me brûlent, me piquent. || **4.** FIG. [per un' offesa] être cuisant. | *è un' offesa che mi brucia ancora*, c'est une offense encore cuisante. ◆ v. rifl. se brûler, s'ébouillanter. | *mi son bruciato con l'acqua bollente*, je me suis ébouillanté, brûlé avec l'eau bouillante. | *mi son bruciato con la minestra*, je me suis brûlé avec la soupe.
bruciata [bru'tʃata] f. V. CALDARROSTA.
bruciaticcio [brutʃa'tittʃo] m. brûlé, roussi. | *odore di bruciaticcio*, odeur de roussi. | *sapore di bruciaticcio*, goût de brûlé.
bruciato [bru'tʃato] agg. **1.** [arso] brûlé, calciné. | *è morto bruciato vivo*, il est mort brûlé vif. | *un arrosto bruciato*, un rôti brûlé, calciné. | *materia non bruciata*, imbrûlé m. || **2.** [inaridito] brûlé, grillé. | *un viso bruciato dal sole*, un visage brûlé, grillé par le soleil. | *le ore bruciate*, les heures de la canicule. || **3.** ELETT., MECC. grillé. || **4.** CULIN. *zucchero bruciato*, caramel m. || **5.** [colore] *marrone bruciato*, pain brûlé. || **6.** FIG. [soppiantato] grillé. | *un concorrente bruciato*, un concurrent grillé. || **7.** FIG. [smascherato, compromesso] brûlé. | *una spia bruciata*, un espion brûlé. || **8.** FIG. NEOL. *la gioventù bruciata*, la jeunesse brûlée. ◆ m. brûlé. | *c'è puzza (un odore) di bruciato*, ça sent le brûlé (anche fig.).
bruciatore [brutʃa'tore] m. TECN. brûleur.
bruciatura [brutʃa'tura] f. brûlure.
bruciore [bru'tʃore] m. brûlure f., cuisson f. | *il bruciore di una scottatura*, la douleur cuisante, la cuisson d'une brûlure. | *bruciore di stomaco*, brûlure d'estomac. || FIG. douleur f.
bruco ['bruko] m. ZOOL. chenille f. | *nido di bruchi*, chenillère f.
bruffolo ['bruffolo], **brufolo** m. [REG. SETTENTR.] bouton, clou (fam.). | *avere dei bruffoli*, avoir des points noirs.
brughiera [bru'gjɛra] f. bruyère, lande.
brugo ['brugo] m. BOT. bruyère f.
bruire [bru'ire] v. intr. bruire.
brûlé [bry'le] agg. [fr.] *vino brûlé*, vin chaud.
brulicame [bruli'kame] m. [moltitudine in movimento] fourmillement, grouillement.
brulicante [bruli'kante] agg. fourmillant, grouillant.
brulicare [bruli'kare] v. intr. fourmiller, grouiller, pulluler. | *le strade brulicavano di gente*, les rues grouillaient, fourmillaient de gens. || FIG. fourmiller. | *gli brulicavano in mente mille propositi assurdi*, une foule d'idées absurdes fourmillaient, se bousculaient dans son cerveau.
brulichio [bruli'kio] m. [il brulicare] fourmillement, grouillement, pullulement. | *un brulichio di api*, un grouillement d'abeilles.
brullo ['brullo] agg. aride, dénudé, pelé, nu, chauve. | *una collina brulla*, une colline pelée, chauve. | *un paesaggio brullo*, un paysage dénudé. | *una campagna brulla*, una campagne aride, nue, pelée. | *un albero brullo*, un arbre dénudé, chauve.
brulotto [bru'lɔtto] m. MAR. STOR. brûlot.
bruma ['bruma] f. lett. [nebbia] brume. || POET. [cattiva stagione] bise, hiver m. (L.C.), froid m. (L.C.).
brumaio [bru'majo] m. STOR. brumaire.
brumale [bru'male] agg. LETT. [invernale] brumal. || [nebbioso] brumeux (L.C.).
brumista [bru'mista] m. [lomb.] cocher.
brumoso [bru'moso] agg. LETT. brumeux, embrumé. | *mattino brumoso*, matin brumeux. | *orizzonte brumoso*, horizon embrumé.
brunastro [bru'nastro] agg. brunâtre.
brunetta [bru'netta] f. brunette, petite brune.
brunetto [bru'netto] m. petit brun.
brunire [bru'nire] v. tr. TECN. brunir.
brunito [bru'nito] agg. TECN. bruni. || LETT. [scurito] bruni.
brunitoio [bruni'tɔjo] m. TECN. brunissoir. || [dell'arrotino] polissoir.
brunitura [bruni'tura] f. TECN. brunissage m.
bruno ['bruno] agg. brun, basané, noiraud. | *colorito bruno*, teint brun, basané. | *capelli bruni*, cheveux bruns. | *bruno rosso*, auburn invar. (ingl.) | *un vestito bruno*, un costume brun. | *pane bruno*, pain noir. | *la razza bruna alpina*, la race brune des Alpes. ◆ m. [colore] brun. || [persona bruna] brun. | *un piccolo bruno*, un petit brun, un moricaud (fam.). || [lutto] deuil, crêpe. | *vestire a bruno*, se mettre en deuil, porter le deuil. | *parare a bruno*, tendre de deuil.
brusca ['bruska] f. brosse dure (de pansage). || BOT. maladie des oliviers. || [fuscello] fêtu m.
bruscamente [bruska'mente] avv. abruptement, brusquement.
bruschetta [brus'ketta] f. GIOCHI, LOC. *fare alle bruschette*, tirer à la courte-paille.
bruschezza [brus'kettsa] f. [raro] aigreur. || FIG. [ruvidezza] brusquerie. || FIG. [subitaneità] soudaineté.
bruschinare [bruski'nare] v. tr. brosser, frotter. | *bruschinare un cavallo*, brosser, panser un cheval. | *bruschinare un pavimento*, frotter un parquet.
bruschino [brus'kino] m. V. BRUSCA.
brusco ['brusko] agg. **1.** [sapore asprigno] âpre, aigre.

| *vino brusco*, vin âpre. ‖ **2.** FIG. [burbero, sgarbato] brusque, cassant, abrupt, à l'emporte-pièce. | *tono brusco*, ton cassant, brusque. | *parola brusca*, mot à l'emporte-pièce. | *atteggiamento brusco*, air bourru. ‖ LOC. FAM. *con le brusche*, avec des manières brusques, brutalement avv. ‖ **3.** [improvviso, violento] brusque. ◆ m. [sapore brusco] aigreur f. ‖ LOC. FIG. FAM. *tra il lusco e il brusco*, entre chien et loup.

bruscolino [brusko'lino] m. graine (f.) de courge grillée et salée.

bruscolo ['bruskolo] m. fétu, grain de poussière. | *avere un bruscolo nell' occhio*, avoir un grain de poussière dans l'œil. ‖ FIG. *fare di un bruscolo una trave*, monter quelque chose en épingle. ‖ FIG. [persona assai piccola] petit bout. | *un bruscolo di bambino*, un petit bout d'enfant.

brusio [bru'zio] m. bourdonnement, bruissement, brouhaha. | *il brusio di un alveare*, le bourdonnement, bruissement d'une ruche. | *il brusio delle foglie*, le bruissement des feuilles.

brusire [bru'zire] v. intr. LETT. bourdonner, bruire. | *le foglie che brusiscono*, les feuilles qui bruissent.

brustolare [brusto'lare] v. tr. V. ABBRUSTOLIRE, TOSTARE.

brutale [bru'tale] agg. [selvaggio, animalesco] brutal, féroce. | *istinti brutali*, instincts brutaux. | *un brutale fatto di sangue*, un crime féroce et sanglant. ‖ PER EST. [rozzo] brutal, grossier. | *gesto brutale*, geste brutal. ‖ LOC. *in modo brutale*, à la hussarde.

brutalità [brutali'ta] f. brutalité.

brutalizzare [brutalid'dzare] v. tr. brutaliser.

brutalmente [brutal'mente] avv. brutalement, à la hussarde.

bruto ['bruto] agg. [irragionevole, violento] brut, brutal. | *animale bruto*, bête brute. ‖ [insensibile, inerte] brut. | *materia bruta*, matière brute. ‖ CHIM. *formula bruta*, formule brute. ◆ m. [essere irragionevole, istintivo] brute f. | *vivere come bruti*, vivre comme des brutes. ‖ [uomo rozzo e violento] brute. ‖ [uomo dagli istinti perversi] maniaque, obsédé, sadique. | *è stato seviziato da un bruto*, il a été torturé par un sadique.

brutta ['brutta] f. [brutta copia, abbozzo] brouillon m.

bruttare [brut'tare] v. tr. salir, souiller.

bruttezza [brut'tettsa] f. laideur, hideur. ‖ FIG. laideur. ‖ [cosa brutta] horreur. | *questo dipinto è una bruttezza*, cette peinture est une horreur.

bruttino [brut'tino] agg. FAM. moche, pas très joli.

brutto ['brutto] agg. **1.** [sgraziato] laid, vilain. | *un uomo brutto*, un homme laid. | *delle gambe brutte*, de vilaines jambes. | *un brutto suono*, un vilain son. | *un brutto paesaggio*, un vilain paysage. | *non dire brutte parole*, ne dis pas de vilains, de gros mots. | *è bruttissimo*, il est laid comme tout (fam.). | *è brutto come il demonio, il peccato*, il est laid comme les sept péchés capitaux, comme un pou (fam.). | *è una bruttona*, c'est un laideron. | *brutto da far spavento*, laid à faire peur. | *avere brutta cera*, avoir mauvaise mine. | *brutta copia*, brouillon m. ‖ LOC. FIG. *far brutta figura*, faire une piteuse mine, une piètre figure. ‖ **2.** [cattivo, sgradevole, riprovevole] mauvais, vilain. | *un brutto voto*, une mauvaise note. | *brutto segno*, mauvais signe. | *brutto momento, brutto quarto d'ora*, mauvais moment, mauvais quart d'heure. | *brutta storia*, vilaine, sale (fam.) histoire. | *brutta notizia*, mauvaise nouvelle. | *brutto mestiere*, vilain, sale (fam.) métier. | *brutta ferita*, vilaine blessure. | *brutta azione*, mauvaise action. ‖ **3.** LOC. *è arrivato in un brutto momento*, il est arrivé à un mauvais moment, il est mal tombé. | *corrono brutti tempi*, les temps sont durs. | *fare una brutta morte*, mourir de malemort (antiq.). | *con le buone o con le brutte*, par la douceur ou par la force. ‖ LOC. FIG. *si mette brutta*, ça va chauffer (fam.). | *se l'è vista brutta*, il a eu chaud (fam.). | *essere in brutte acque*, être en fâcheuse posture. ‖ FIG. FAM. *farla brutta a qlcu.*, jouer un sale tour à qn, mettre qn dans l'embarras (L.C.). | *guardare brutto, far il viso brutto*, regarder de travers. ‖ FIG. *rimanere brutto*, être confus. ‖ **4.** [del tempo] mauvais, fichu (fam.), sale (fam.). | *un brutto inverno*, un mauvais hiver. | *il mare è brutto*, la mer est mauvaise. | *brutto tempo*, mauvais, vilain, sale (fam.), fichu (fam.) temps. ‖ **5.** [rafforzativo] *brutto bugiardo*, sale menteur ! (fam.). | *brutto stupido !*, espèce d'idiot ! | *brutto cattivo*, sale gosse, vilain garnement. ◆ m. laid, laideur f. | *il bello e il brutto*, le beau et le laid. ‖ LOC. *il brutto è che...*, le malheur est que... ‖ [del tempo] mauvais temps. ‖ LOC. *mettersi al brutto*, se gâter.

bruttura [brut'tura] f. laideur. | *quella cosa è una bruttura*, cette chose est une horreur. ‖ [cosa sudicia] saleté, ordure.

bua ['bua] f. INFANT. bobo m. | *farsi la bua*, se faire bobo.

buaccio [bu'attʃo], **buacciolo** [buat'tʃɔlo] m. [tosc.] balourd.

buaggine [bu'addʒine] f. balourdise.

bubalo ['bubalo] m. ZOOL. bubale.

bubbola ['bubbola] f. **1.** [frottola] sornette, baliverne, calembredaine. ‖ [cosa da niente] bagatelle, babiole. ‖ **2.** ZOOL. huppe. V. anche UPUPA. ‖ **3.** BOT. coulemelle.

bubbolare [bubbo'lare] v. intr. [del tuono] gronder. ‖ [del mare] mugir. ‖ [brontolare] grogner. ◆ v. tr. TOSC. [abbindolare] tromper.

bubboliera [bubbo'ljɛra] f. collier (m.) de grelots.

bubbolina [bubbo'lina] f. BOT. POP. coucoumelle.

bubbolino [bubbo'lino] m. hochet.

bubbolio [bubbo'lio] m. grondement, grognement.

bubbolo ['bubbolo] m. grelot, sonnaille f.

bubbone [bub'bone] m. MED. bubon.

bubbonico [bub'bɔniko] agg. MED. bubonique.

buca ['buka] f. **1.** [cavità del terreno] trou m., fosse. | *la buca di una bomba*, le trou, l'entonnoir d'un obus. ‖ **2.** [apertura] *buca delle lettere*, boîte aux lettres. | *buca sepolcrale*, fosse, tombeau m. | *buca cieca*, trappe. ‖ GIOCHI [golf] trou m. | *una partita alle buche*, une partie de golf. ‖ [del bigliardo] blouse. ‖ [delle palline] pot m. ‖ TEATRO *buca del suggeritore*, trou du souffleur. | *buca dell'orchestra*, fosse (d'orchestre). ‖ **3.** [avvallamento] creux m., trou. | *buca del letto*, creux du lit. | *il paese è situato in una buca*, le pays, le village est situé dans un creux. | *la strada è piena di buche*, la route est pleine de trous, de cahots (m.), de fondrières, de nids (m.) de poule (fam.), la route est cahoteuse.

bucaneve [buka'neve] m. invar. BOT. perce-neige f. invar.

bucaniere [buka'njɛre] m. STOR. boucanier.

bucare [bu'kare] v. tr. trouer, percer. | *bucare i biglietti*, poinçonner les billets. | *si è bucato un occhio*, il s'est crevé un œil, il s'est éborgné. ‖ AUTOM. *ho bucato una gomma*, j'ai crevé. ‖ LOC. FIG. *ha le mani bucate*, l'argent lui file entre les doigts ; c'est un panier percé. ‖ FIG. FAM. *ha le ossa che gli bucano la pelle*, les os lui percent la peau. ‖ SPORT *ha bucato*, il a manqué le ballon. ‖ [ferire, pungere] piquer. ‖ SCHERZ. *gli bucò la pancia*, il l'embrocha.

bucataio [buka'tajo] m. [tosc.] buandier, blanchisseur.

bucatini [buka'tini] m. pl. CULIN. = sorte de « spaghetti » creux.

bucato [bu'kato] m. lessive f. | *mettere lenzuola (fresche) di bucato*, mettre des draps blancs, fraîchement lavés, tout propres. ‖ FIG. *fare il bucato in famiglia*, laver son linge sale en famille.

bucatura [buka'tura] f. perçage m. ‖ SPORT. [cicl.] crevaison. ‖ [puntura] piqûre.

bucchero ['bukkero] m. ARCHEOL. boucaro, terre (f.) rouge.

buccia ['buttʃa] f. **1.** peau, écorce. | *buccia delle patate, pesche, castagne, banane*, la peau des pommes de terre, des pêches, des châtaignes, des bananes. | *buccia del cocomero, melone, dell'arancia*, l'écorce de la pastèque, du melon, de l'orange. | *buccia di limone*, zeste (m.) de citron. ‖ **2.** pl. [scarti] épluchures, pelures. ‖ FIG. *rivedere le bucce a qlcu.*, éplucher le travail, la conduite de qn. ‖ **3.** [corteccia] écorce. | *buccia del gelso*, écorce du mûrier. ‖ **4.** [pelle] *buccia di serpe*, peau de serpent. ‖ LOC. FAM. *lasciarci la buccia*, y laisser la peau.

buccina ['buttʃina] f. MUS., ZOOL. buccin m.

buccinare [buttʃi'nare] v. intr. sonner du buccin. ‖ FIG. [divulgare] crier sur tous les toits, aux quatre vents ; trompeter.

buccinatore [buttʃina'tore] m. STOR., ANAT. buccinateur.
buccola ['bukkola] f. [orecchino] boucle d'oreille. | *buccola a perno*, dormeuse. || [ricciolo] boucle.
buccolo ['bukkolo] m. boucle f.
buccolotto [bukko'lɔtto] m. DIMIN. bouclette f.
bucero ['butʃero] m. ZOOL. calao.
bucherame [buke'rame] m. TESS. bougran.
bucherare [buke'rare] **1.** v. tr. ARC. V. BUCHERELLARE. || **2.** v. intr. ARC. [brogliare] briguer.
bucherellare [bukerel'lare] v. tr. cribler de trous, trouer.
bucherellato [bukerel'lato] agg. criblé de trous, tout troué.
bucinare [butʃi'nare] v. tr. chuchoter, murmurer. | *si va bucinando che*, le bruit court que.
bucintoro [butʃin'tɔro] m. STOR. MAR. bucentaure.
buco ['buko] m. (**buchi** pl.) **1.** trou. | *il buco della chiave*, le trou de la serrure. | *i buchi di una cinta*, les crans d'une ceinture. | *far un buco*, percer, faire un trou. || LOC. FIG. *fare un buco nel patrimonio*, entamer son patrimoine. | *fare un buco nell'acqua*, donner un coup d'épée dans l'eau. | *non cavare un ragno da un buco*, ne venir à bout de rien, ne pas savoir se débrouiller. || PROV. *non tutte le ciambelle riescono col buco*, on ne fait pas mouche à tous les coups. || **2.** MAR. *buco del gatto*, trou du chat. || **3.** FIG. [luogo riposto] coin. | *vivere nel proprio buco*, vivre dans sa coquille. || [ambiente angusto e buio] trou (de rat). | *abitare in un buco*, habiter dans un trou. | *un buco di bottega*, une boutique minuscule, pas plus grande qu'un mouchoir de poche. || **4.** FIG. FAM. *non riesce a trovare un buco*, il n'arrive pas à se caser, à trouver un emploi (L.C.). || **5.** FIG. [intervallo libero] trou. || **6.** FIG. POP. interiez. [a calcio, intervento mancato] loupé !
bucolica [bu'kɔlika] f. LETT. bucolique.
bucolico [bu'kɔliko] agg. LETT. bucolique. || PER EST. [idillico] bucolique.
bucranio [bu'kranjo] m. ARCHIT. bucrane.
buddismo [bud'dizmo] m. RELIG. bouddhisme.
buddista [bud'dista] agg. e m. RELIG. bouddhiste.
buddistico [bud'distiko] agg. RELIG. bouddhique.
budellame [budel'lame] m. tripaille f.
budello [bu'dɛllo] m. [PR. **budella** f. pl. ; FIG. **budelli** m. pl.] **1.** PR. ANAT. boyau, tripe f. (pop.). | *budella di maiale*, boyaux de porc. | *corda di budello*, (corde [f.] de) boyau. || LOC. VOLG. *riempirsi le budella*, se remplir le ventre. | *cavar le budella di corpo a qlcu.*, étriper qn (fam.). | *sentirsi tremare le budella*, avoir une peur bleue (fam.). | *quell'odore mi ha rimescolato le budella*, cette odeur m'a tourné le sang (fam.). || **2.** FIG. [tubo lungo e stretto] boyau. || PER EST. [passaggio stretto] boyau.
budget ['bʌdʒit] m. [ingl.] FIN. budget.
budgetario [buddʒe'tarjo] agg. FIN. budgétaire.
budino [bu'dino] m. CULIN. crème (f.) renversée, flan, pudding, pouding. | *budino di cioccolato*, flan, entremets au chocolat.
budriere [bu'drjɛre] m. ANTIQ. baudrier.
bue ['bue] m. (**buoi** pl.) **1.** bœuf. | *bue da ingrasso*, bœuf à l'engrais. | *bue da macello*, bœuf de boucherie. | *bue giovane*, bouvillon. || FIG. *lavorare come un bue*, travailler comme un bœuf. | *mettere il carro innanzi ai buoi*, mettre la charrue avant les bœufs. || PROV. *donne e buoi dei paesi tuoi*, choisis ta femme et tes bœufs dans ton village (L.C.). || **2.** [piatto di carne] *bue alla moda*, bœuf à la mode. || **3.** FIG. [uomo ottuso] bœuf, lourdaud. | *pezzo di bue !*, espèce d'imbécile ! || **4.** ZOOL. *bue muschiato*, bœuf musqué.
bufala ['bufala] f. ZOOL. bufflonne, bufflesse.
bufalo ['bufalo] m. ZOOL. buffle. || LOC. *soffiare come un bufalo*, souffler comme un bœuf.
bufera [bu'fɛra] f. tempête, tourmente (lett.). || FIG. [grave sconvolgimento] tourmente, tempête.
1. buffa ['buffa] f. [cappuccio] cagoule. || ANTIQ. [visiera della celata] visière mobile.
2. buffa ['buffa] f. [folata di vento] bouffée.
3. buffa ['buffa] f. GERG. MIL. [fanteria] biffe (pop.).
buffare [buf'fare] v. intr. ANTIQ. [spirare vento] souffler. ◆ v. tr. GIOCHI [soffiare, nel gioco della dama] souffler.
buffata [buf'fata] f. bouffée.
buffè, buffet [by'fɛ] m. [fr.] buffet.
buffetteria [buffette'ria] f. [spec. pl.] MIL. buffleterie.
buffetto [buf'fetto] m. chiquenaude f., pichenette f., nasarde f. (antiq.), croquignole f. (antiq.).
buffo ['buffo] agg. **1.** drôle, désopilant, cocasse (fam.), rigolo (fam.), marrant (pop.), crevant (pop.), bouffon. | *una storiella molto buffa*, une histoire très drôle, désopilante, très marrante (pop.). || **2.** [singolare] drôle, curieux, marrant (pop.). | *che buffa coincidenza !*, quelle curieuse, quelle étrange coïncidence ! ; quelle drôle de coïncidence. | *sarebbe buffo che arrivasse prima di te*, ce serait drôle, marrant (pop.) s'il arrivait avant toi. || **3.** TEATRO [comico] bouffe. | *opera buffa*, opera (m.) bouffe. ◆ m. [attore buffo] bouffon, comique.
buffo ['buffo] m. bouffée f., coup de vent.
buffonata [buffo'nata] f. pitrerie, drôlerie, bouffonnerie. || [cosa poco seria] mascarade, fumisterie. | *la vita è solo una gran buffonata*, la vie n'est qu'une vaste fumisterie. | *non è l'ora di dire buffonate*, ce n'est pas le moment de dire des sottises. | *è tutta una buffonata*, tout ça c'est de la rigolade (fam.).
buffone [buf'fone] m. [giullare] bouffon, fou. | *buffone di corte*, bouffon de cour, fou du roi. || PER EST. [pagliaccio] pitre, clown. | *ti sembra il momento di fare il buffone ?*, crois-tu que ce soit le moment de faire le pitre ? || [persona non degna di fede] guignol, charlatan, pantin, girouette f., marionnette f., amuseur (antiq.). | *come puoi credere a quel buffone ?*, comment peux-tu croire ce charlatan !
buffoneggiare [buffoned'dʒare] v. intr. faire, dire des plaisanteries, bouffonner (lett.), plaisanter.
buffoneria [buffone'ria] f. bouffonnerie.
buffonesco [buffo'nesko] agg. bouffon.
buganvillea [bugan'villea] f. BOT. bougainvillée, bougainvillier m.
buggerare [buddʒe'rare] v. tr. VOLG. rouler (fam.), embobiner (fam.).
1. bugia [bu'dʒia] f. mensonge m., menterie (antiq.). | *dire una bugia*, mentir. | *una pietosa bugia*, un pieux mensonge. | *non dico bugie*, je n'exagère pas, je ne mens pas.
2. bugia [bu'dʒia] f. [piccolo candeliere] bougeoir m., martinet m. (antiq.).
bugiardaggine [budʒar'daddʒine] f. habitude de mentir.
bugiarderia [budʒarde'ria] f. menterie (fam., antiq.), mensonge m. || [bugiardaggine] habitude de mentir, fausseté.
bugiardo [bu'dʒardo] agg. e m. menteur. || LOC. *più bugiardo di un epitaffio*, menteur comme un arracheur de dents. || [solo agg.] LETT. [ingannevole] mensonger.
bugigattolo [budʒi'gattolo] m. [stanzino buio] réduit, cagibi (fam.), débarras.
bugliolo [buʎ'ʎɔlo] m. MAR. seau, baille f. || [per i bisogni corporali] seau hygiénique.
bugna ['buɲɲa] f. ARCHIT. bosse, bossage m. || MAR. [angolo inferiore delle vele] point (m.) d'écoute.
bugnato [buɲ'ɲato] m. ARCHIT. bossage. | *bugnato liscio*, bossage arrondi.
bugno [buɲɲo] m. ruche f.
bugnola ['buɲɲola] f. corbeille, petit panier m.
bugola ['bugola] f. BOT. bugle.
buio ['bujo] agg. sombre, obscur. | *stanza buia*, pièce obscure, noire. | *avvenire buio*, avenir sombre. | *essere, apparire buio in volto*, avoir un visage sombre. ◆ m. **1.** noir, obscurité f. | *buio pesto, fitto*, obscurité profonde. | *è buio pesto*, il fait nuit noire, il fait noir comme dans un four. | *restare al buio*, rester dans l'obscurité, dans le noir. | *si fa, sta venendo buio*, il commence à faire nuit, à faire noir ; il se fait nuit ; la nuit tombe. | *prima di buio*, avant la tombée de la nuit. || **2.** FIG. *tenere qlcu. al buio di qlco.*, tenir qn dans l'ignorance de qch. | *ho provato a fargli qualche domanda : buio completo !*, j'ai essayé de lui poser quelques questions : il est resté muet, il a séché (fam.) complètement. | *fare un salto nel buio*, se lancer à l'aveuglette, faire un saut dans l'inconnu. || **3.** SCHERZ. [prigione] frais, ombre f. | *lo hanno messo al buio*, on

l'a mis au frais (fam.), à l'ombre (fam.). ‖ **4.** GIOCHI [poker] *aprire al buio*, ouvrir sans voir.
bulbillo [bul'billo] m. BOT. bulbille f., caïeu, cayeu.
bulbo ['bulbo] m. BOT. bulbe. | *bulbo di tulipano*, bulbe, oignon de tulipe. ‖ ANAT. bulbe. ‖ PER EST. [oggetto tondeggiante] *bulbo di termometro*, boule (f.) de thermomètre. ‖ ARCHIT. bulbe.
bulboso [bul'boso] agg. bulbeux.
bulgaro ['bulgaro] agg. e m. bulgare. ◆ m. [lingua] bulgare. ‖ [cuio odoroso] cuir de Russie.
bulicame [buli'kame] m. ANTIQ. source (f.) d'eau bouillante. ‖ FIG. [brulichio] grouillement.
bulicare [buli'kare] v. intr. ANTIQ. [sgorgare bollendo] bouillonner. ‖ [brulicare] grouiller.
bulimia [buli'mia] f. MED. boulimie.
bulinare [buli'nare] v. tr. buriner.
bulinatore [bulina'tore] m. TECN. burineur.
bulinatura [bulina'tura] f. TECN. burinage m.
bulino [bu'lino] m. TECN. burin, échoppe f. | *intagliare col bulino*, champlever.
bulla ['bulla] f. [presso i Romani, ciondolo decorato] bulle.
bulldog ['buld'ɔg] m. [ingl.] ZOOL. bouledogue.
bulldozer ['buldouzə] m. [ingl.] TECN. bulldozer.
bulletta [bul'letta] f. [chiodo a testa larga] broquette. ‖ [per scarpe] clou (m.) à chaussures, caboche. | *guarnire con bullette*, clouter v. tr.
bullo ['bullo] m. [reg. rom.] casseur (fam.), dur (fam.). | *fare il bullo*, jouer les durs (fam.), les casseurs (fam.). | *non fare il bullo*, ne fais pas, ne joue pas les caïds (pop.).
bullonare [bullo'nare] v. tr. boulonner.
bullonatura [bullona'tura] f. boulonnage m.
bullone [bul'lone] m. boulon. | *bullone a dado*, boulon à écrou. | *bullone ad alette*, boulon à oreilles. | *bullone a gancio*, boulon à patte.
bulloneria [bullone'ria] f. boulonnerie.
bum [bum] interiez. ONOMAT. boum !, pan !.
bumerang ['bumerang] m. V. BOOMERANG.
bungalow ['bʌngəlou] m. [ingl.] bungalow.
bunker ['bunker] m. [ted.] MIL. bunker.
buonafede, buona fede [bwona'fede] f. bonne foi. | *agire in buona fede*, agir de bonne foi. | *in perfetta buonafede*, en toute bonne foi. ‖ PER EST. [fiducia, ingenuità] confiance, bonne foi.
buonalana [bwona'lana] f. (**buonelane** pl.) garnement, vaurien.
buonamano [buona'mano] f. pourboire m.
buonanima [bwo'nanima] f. [solo sing.] *la buonanima di mio nonno diceva sempre che...*, mon grand-père — Dieu ait son âme — disait toujours que... | *mio nonno buonanima*, feu mon grand-père, mon pauvre grand-père.
buonanotte [bwona'nɔtte] f. bonne nuit. | *dare la buonanotte*, souhaiter une bonne nuit. | *buonanotte a tutti !*, bonne nuit, tout le monde ! ‖ FAM. [per troncare una questione o esprimere una rinuncia definitiva] *gli si dice di no e buonanotte*, on lui dit que non, un point c'est tout, et on n'en parle plus. | *mi doveva dare dei soldi ; invece se n'è andato e buonanotte al secchio !*, il devait me donner de l'argent, mais il est parti, et adieu Berthe ! ‖ SCHERZ. *e buonanotte suonatori !*, adieu paniers, vendanges sont faites ; adieu Berthe !
buonasera [bwona'sera] f. bonsoir m. | *dare la buonasera*, donner, souhaiter le bonsoir.
buoncostume [bwonkos'tume] m. bonnes mœurs f. pl. | *reato contro il buoncostume*, attentat aux mœurs. | *squadra del buoncostume*, police des mœurs.
buondì [bwon'di] m. bonjour. ‖ PROV. *il buondì si conosce dal mattino*, un bon départ annonce une bonne réussite (L.C.).
buongiorno [bwon'dʒorno] m. bonjour.
buongoverno [bwongo'vɛrno] m. bon gouvernement.
buongustaio [bwongus'tajo] m. (fin) gourmet, fine bouche, fine gueule (pop.).
buongusto [bwon'gusto] m. (bon) goût. | *vestire con buongusto*, s'habiller avec goût. | *una persona di buongusto*, une personne de goût.
1. buono ['bwɔno] agg. **1.** bon. | [senso morale] *quest'uomo è buono e generoso*, cet homme est bon et généreux. | *è una buona pasta d'uomo*, c'est une bonne pâte (d'homme). | *una buona azione*, une bonne action. ‖ [efficace] *buon consiglio*, bon conseil. | *buon risultato*, bon résultat. | *buon senso*, bon sens, sens commun. ‖ [capace] *buon medico*, bon médecin. ‖ [integro] *in buono stato*, en bon état, *in buona salute*, en bonne santé. | *buona fama*, bonne réputation. ‖ [livello sociale] *buona società*, bonne société. ‖ [propizio] *al momento buono*, au bon moment. | *un'ora buona*, une heure convenable. | *buon onomastico !*, bonne fête ! | *buon Natale !*, joyeux Noël ! | *auguri di buon anno*, vœux de nouvel an. | *augurare buon anno*, souhaiter la bonne année, offrir ses vœux. | *buona Pasqua !*, bonnes Pâques ! f. pl. | *a buon mercato*, à bon marché. ‖ *di buon umore*, de bonne humeur. | *di buon grado*, de bon gré. | *la buona stagione*, la bonne saison. ‖ [piacevole] *buon sapore*, bon goût. | *buon odore*, bonne odeur. | *saper di buono*, sentir bon. ‖ **2.** [onesto] brave. | *buona gente*, de braves gens. ‖ FAM. *è un buon diavolo*, c'est un brave type, c'est un bon diable, un bon bougre. ‖ **3.** [tranquillo] sage. | *state buoni*, soyez sages. | *stare buono*, être bien sage. | *buono con le mani*, bas les pattes ! (fam.). ‖ **4.** gentil. | *è sempre buono con me*, il est toujours gentil avec moi. ‖ **5.** [valido] valable, bon. | *il biglietto non è buono se non è timbrato*, le billet n'est pas valable s'il n'est pas timbré. | *non è un motivo buono perché tu te ne vada*, ce n'est pas une raison valable, suffisante pour t'en aller. | *ho le mie buone ragioni*, j'ai mes raisons. ‖ **6.** [misura] *una buona dose*, une bonne dose. | *distava tre buoni chilometri*, il se trouvait à trois bons kilomètres de distance. | *finiamola una buona volta*, finissons-en une bonne fois, une fois pour toutes. ‖ **7.** LOC. *far buon viso, buona cera a qlcu.*, faire bon visage à qn. | *far buon viso a cattivo gioco*, faire contre mauvaise fortune bon cœur. | *avere buon naso*, avoir du nez, avoir du flair (fam.), avoir le nez creux (fam.). | *avere buona mano*, avoir un beau coup de crayon, de pinceau. | *essere una buona forchetta*, avoir un joli coup de fourchette. | *essere di bocca buona*, ne pas être difficile, manger de tout. | *tenersi buono qlcu.*, ménager qn. | *essere in buoni rapporti con qlcu.*, être en bons termes avec qn. | *andare a buona fine*, réussir. | *state di buon animo !*, bon courage !, haut les cœurs ! | *mia nonna, di buona memoria*, ma grand-mère, de pieuse mémoire. | *darsi buon tempo*, prendre du bon temps. | *ci sono annate buone e annate cattive*, bon an, mal an. | *trovare il verso buono*, trouver le joint. | *il lavoro è a buon punto*, le travail est bien avancé. | *l'abito buono*, la robe des dimanches. | *il salotto buono*, le salon des grands jours, des grandes occasions. | *troppo buono !*, trop aimable ! | *tre volte buono*, trop bon, trop bête. | *aver buon gioco*, avoir beau jeu. | *non sono buono a*, je suis incapable de. | *non è buono a nulla*, il n'est bon à rien. | *è buona norma che*, il est bon que. | *buon per me che*, heureusement pour moi que. | *buon pro ti faccia*, grand bien te fasse ! | *Dio ce la mandi buona !*, Dieu nous aide ! | *prendere qlcu. con le buone*, prendre qn par la douceur, traiter qn avec les égards voulus. ‖ **8.** LOC. AVV. *di buona voglia*, de bon cœur. ‖ *di buona lena*, avec entrain. ‖ *alla buona*, sans façons, à la bonne franquette, sans cérémonies, sans faire de chichis (fam.). | *gente alla buona*, des gens simples, des gens qui ne font pas de façons. | *lavoro fatto alla buona*, travail fait à la va-comme-je-te-pousse (fam.). ‖ *con le buone o con le cattive*, de gré ou de force ; bon gré mal gré. ‖ *a buon diritto*, à juste titre. ‖ *ad ogni buon conto*, en tout cas. ‖ **9.** PROV. *buon sangue non mente*, bon sang ne peut mentir. | *a buon intenditore, poche parole*, à bon entendeur, salut ! ◆ m. bon. | *un poco di buono*, un vaurien, un pas grand-chose. | *un buono a nulla*, un bon à rien, un propre à rien, un inutile, un incapable. ‖ LOC. *ci vuole del bello e del buono per*, c'est le diable, c'est la croix et la bannière pour ; on a toutes les peines du monde à.
2. buono ['bwɔno] m. bon. | *buono di consegna*, bon de livraison. | *buono di sconto*, bon de remise. | *buoni fruttiferi*, bons de jouissance. | *buono premio*, timbres (pl.) prime. | *buono per la benzina*, coupon d'essence. | *i buoni mensa (universitaria)*, les tickets du restaurant universitaire.
buonora o **buon'ora** [bwo'nora] f. nella loc. avv. *di*

buonora, de bonne heure. ‖ [esclamazione] *alla buonora !*, à la bonne heure !, enfin !, il était temps !
buonsenso o **buon senso** [bwon'senso] m. bon sens, jugeote f. (fam.).
buontempone [bwontem'pone] m. bon vivant, joyeux compagnon, joyeux compère, joyeux drille, fameux luron. ◆ agg. jovial, réjoui.
buonumore o **buon umore** [bwonu'more] m. bonne humeur f. | *perdere il buonumore*, perdre sa bonne humeur.
buonuomo o **buon uomo** [bwo'nwɔmo] m. brave homme, brave type (fam.). | *ditemi buonuomo !*, dites-moi, brave homme !
buonuscita [bwonuʃ'ʃita] f. pas-de-porte (m.), reprise. ‖ [gratifica a un dipendente] indemnité.
bupreste [bu'prɛste] f. ZOOL. bupreste m.
burattinaio [buratti'najo] m. montreur de marionnettes, marionnettiste. ‖ [fabbricante] fabricant de marionnettes. ‖ [venditore] marchand de marionnettes.
burattinata [buratti'nata] f. PEGGIOR. [buffonata] pitrerie.
burattino [burat'tino] m. marionnette f., pantin. ‖ [animato con le dita] guignol. | *teatro dei burattini*, théâtre des marionnettes, guignol. ‖ LOC. FIG. *piantare baracca e burattini*, prendre ses cliques et ses claques (fam.) ; tout plaquer (pop.). ‖ FIG. PEGGIOR. [persona priva di carattere] marionnette (f.), fantoche, pantin, polichinelle. | *è un vero burattino*, c'est un vrai polichinelle, c'est une vraie marionnette.
buratto [bu'ratto] m. [setaccio] blutoir. ‖ TESS. burat.
burba ['burba] f. GERG. MIL. [recluta] bleu m.
burbanza [bur'bantsa] f. arrogance, morgue.
burbanzoso [burban'tsoso] agg. arrogant, hautain, rogue.
burbera ['burbera] f. TECN. treuil (m.) simple.
burbero ['burbero] agg. bourru, revêche. | *con aria burbera*, d'un air bourru, d'un air chagrin (lett.). | *il burbero benefico*, le bourru bienfaisant.
burchiello [bur'kjɛllo] m. MAR. bachot. | [Ven.] « burchiello ».
burchio ['burkjo] m. MAR. chaland.
bure ['bure] f. AGR. age m., haie, flèche.
burella [bu'rɛlla] f. ANTIQ. cachot m. (L.C.), geôle (L.C.). | LETT. (Dante) boyau.
buretta [bu'retta] f. CHIM. burette.
burgravio [bur'gravjo] m. STOR. burgrave.
buriana [bu'rjana] f. bourrasque. ‖ FIG. [confusione] pagaille (fam.), foire (fam.).
burino [bu'rino] m. [rom.] cul-terreux (peggior.), péquenot (pop.).
burla ['burla] f. [scherzo] plaisanterie, farce. | *mettere volgere in burla*, tourner en plaisanterie. | *per burla*, par plaisanterie, pour rire. ‖ [bazzecola] plaisanterie, bagatelle.
burlare [bur'lare] v. tr. [schernire] railler. | *burlare il prossimo*, railler son prochain. ‖ [ingannare] berner, tromper, jouer. | *ci ha burlati*, il nous a bernés, joués. ‖ ASSOL. [parlare, agire per burla] plaisanter. ◆ v. rifl. se moquer (de), se gausser (de), se jouer (de), se payer la fiole (de) [pop.].
burlesco [bur'lesko] agg. burlesque, plaisant. | *parlare in tono burlesco*, parler sur un ton plaisant. ‖ STOR. LETT. burlesque. ◆ m. STOR. LETT. burlesque.
burletta [bur'letta] f. plaisanterie, badinerie. | *prende tutto in burletta*, il prend tout à la rigolade (fam.).
burlevole [bur'levole] agg. LETT. V. BURLESCO.
burlone [bur'lone] m. farceur, blagueur (fam.), plaisantin (fam.), rigolo (fam.), loustic (fam.). ◆ agg. plaisant, facétieux.
burnus [bur'nus] m. burnous.
burocrate [bu'rɔkrate] m. [fr.] bureaucrate. ‖ PEGGIOR. rond-de-cuir.
burocraticamente [burokratika'mente] avv. d'une manière bureaucratique.
burocratico [buro'kratiko] agg. bureaucratique. | *lungaggini burocratiche*, lenteurs de la bureaucratie.
burocratismo [burokra'tizmo] m. fonctionnarisme (peggior.).
burocratizzare [burokratid'dzare] v. tr. fonctionnariser.
burocrazia [burokrat'tsia] f. bureaucratie (anche peggior.).
burrasca [bur'raska] f. bourrasque. | *tempo di burrasca*, temps d'orage m. | *il mare è in burrasca*, la mer est grosse, démontée, en tempête, en furie. | *burrasca di neve*, tourmente de neige ; blizzard m. | *burrasca magnetica*, tempête magnétique. ‖ FIG. orage m. | *una vita senza burrasche*, une vie sans orages. ‖ LOC. *c'è aria di burrasca*, il y a de l'orage dans l'air. | *c'è burrasca in famiglia*, le torchon brûle (à la maison).
burrascoso [burras'koso] agg. orageux. | *cielo burrascoso*, ciel orageux, menaçant. | *mare burrascoso*, mer grosse, houleuse. ‖ FIG. orageux, houleux. | *passato burrascoso*, passé orageux, mouvementé.
burriera [bur'rjɛra] f. beurrier m.
burrificare [burrifi'kare] v. tr. baratter.
burrificazione [burrifikat'tsjone] f. barattage m.
burrificio [burri'fitʃo] m. beurrerie f.
burro ['burro] m. beurre. | *panetto di burro*, pain, motte (f.) de beurre. | *siero di burro*, babeurre. | *industria del burro*, industrie beurrière. ‖ LOC. FIG. *questa bistecca è un burro*, ce bifteck est tendre comme du beurre. | *avere delle mani di burro*, être maladroit de ses mains. ‖ PER ANAL. [sostanza di aspetto simile al burro] beurre. | *burro di cacao*, beurre de cacao.
burrona [bur'rona] agg. *pera burro*, beurré m.
burrone [bur'rone] m. ravin.
burroso [bur'roso] agg. crémeux. ‖ [morbido] fondant, moelleux. ‖ CHIM. V. BUTIRROSO.
busca ['buska] f. quête, recherche. | *andare in busca di*, aller à la recherche, se mettre en quête de. ‖ LOC. *andare in busca di bastonate*, chercher à se faire battre.
buscare [bus'kare] v. tr. [più com. **buscarsi**] se procurer, gagner. | *buscarsi il pane*, gagner son pain, sa croûte (fam.). ‖ FIG. *buscarsi un raffreddore*, attraper, ramasser (fam.) un rhume. | *buscarsi dei rimproveri*, s'attirer des reproches. | *buscarsi un sacco di legnate*, recevoir une bonne raclée, une bonne volée (fam.) ; écoper (fam.). ‖ FAM. *buscarne*, *buscarle*, ramasser une volée. | *le ha buscate*, il a dérouillé (fam.). | *quante ne abbiamo buscate !*, qu'est-ce qu'on a dégusté ! (pop.).
buscherare [buske'rare] v. tr. POP. [raggirare] tromper (L.C.), duper (L.C.), rouler (fam.), embobiner (fam.).
buscherio [buske'rio] m. FAM. [chiasso] vacarme (L.C.), tapage (L.C.). ‖ [grande quantità] tas, foule f. (L.C.), quantité f. (L.C.), flopée f. (pop.).
busillis [bu'zillis] m. point difficile, difficulté f. ‖ LOC. *qui sta il busillis*, voilà, c'est bien là le hic (fam.).
bussa ['bussa] f. coup m. | *prendere le busse*, recevoir des coups, une raclée.
bussare [bus'sare] v. intr. frapper, heurter, cogner. | *hanno bussato*, on a frappé. ‖ FIG. *bussare a tutte le porte*, frapper à toutes les portes. ‖ SCHERZ. *bussare a quattrini*, demander de l'argent, taper qn (fam.).
bussata [bus'sata] f. coup m. [anche fig.].
bussetto [bus'setto] m. [arnese da calzolaio] buis.
1. bussola ['bussola] f. boussole. ‖ TECN. MAR. compas m. | *bussola giroscopica*, compas (m.) gyroscopique, gyrocompas m. ‖ FIG. *perdere la bussola*, perdre le nord, la boussole (fam.) ; être déboussolé (fam.).
2. bussola ['bussola] f. **1.** [portantina] chaise à porteur. ‖ **2.** [riparo in legno nelle chiese] tambour m. ‖ PER EST. [porta ruotante] tambour m., porte tournante. ‖ **3.** [cassetta] urne, tronc m. ‖ **4.** [manicotto di un perno] manchon m.
bussolotto [busso'lɔtto] m. [per i dadi] gobelet. ‖ FIG. *è un gioco di bussolotti*, c'est un tour de passe-passe.
busta ['busta] f. enveloppe. | *busta intestata*, enveloppe à en-tête. | *in busta chiusa*, sous enveloppe cachetée. | *busta paga*, enveloppe de paye. ‖ [cartella per documenti] serviette, chemise. ‖ PER EST. [custodia] étui m., trousse. | *busta per i ferri*, trousse de chirurgien. | *busta per occhiali*, étui (m.) à lunettes.
bustaia [bus'taja] f. corsetière.
bustarella [busta'rɛlla] f. NEOL. pot-de-vin m., dessous-de-table m. invar.
bustina [bus'tina] f. **1.** petite enveloppe. ‖ **2.** [per polveri] sachet m. | *bustina di lavanda*, sachet (m.) de lavande. | *tè in bustina*, thé en sachet. ‖ **3.** [per

fiammiferi] pochette. ‖ **4.** MIL. calot m., bonnet (m.) de police.
bustino [bus'tino] m. [corpetto] bustier, gaine f. ‖ [parte superiore di un abito] corsage, haut (de robe).
busto ['busto] m. **1.** ANAT., SCULT. buste. ‖ **2.** [capo di vestiario armato di stecche] corset, guêpière f. (antiq.). ‖ **3.** [corsetto] corselet.
bustrofedico [bustro'fɛdiko] agg. *scrittura bustrofedica*, boustrophédon m.
butano [bu'tano] m. CHIM. butane.
butirrico [bu'tirriko] agg. CHIM. butyrique.
butirro [bu'tirro] m. DIAL. V. BURRO.
butirroso [butir'roso] agg. CHIM. butyreux.
butta ['butta] f. TECN. MIN. étançon m.
buttafuoco [butta'fwɔko] m. STOR. MIL. boutefeu.
buttafuori [butta'fwɔri] m. TEATRO directeur de scène, régisseur, avertisseur (antiq.). ‖ MAR. bout-dehors.
buttare [but'tare] v. tr. **1.** [gettare] jeter. | *buttare le braccia al collo di qlcu.*, jeter ses bras autour du cou de qn, se jeter au cou de qn. | *buttare in faccia*, jeter à la tête, à la figure. | *buttare in acqua*, jeter à l'eau. | *buttare nella spazzatura*, jeter aux ordures. | *buttare via qlco.*, jeter qch., mettre qch. au rancart (fam.). | *butta via questa sigaretta*, jette cette cigarette. ‖ FIG. *buttare via il denaro*, jeter l'argent par les fenêtres, gaspiller son argent. | *non è da buttare*, ce n'est pas mal du tout. | *cammina tutto buttato in avanti*, il marche tout penché en avant. ‖ **2.** [abbattere] *buttare in terra un palazzo*, jeter bas, démolir, abattre un immeuble. | *buttar giù qlcu.*, faire tomber, renverser qn. ‖ FIG. *buttar giù qlcu.*, dénigrer qn, jeter le discrédit sur qn. ‖ *la malattia lo ha buttato tanto giù che non si riconosce*, la maladie l'a tellement affaibli, mis à plat (fam.) qu'on ne le reconnaît plus. ‖ **3.** [inghiottire] *buttar giù una medicina*, avaler un médicament. | FIG. *buttar giù un boccone amaro.* ‖ **4.** [scrivere in fretta] *buttar giù quattro righe*, jeter quelques lignes sur le papier, griffonner quelques lignes. | *buttar giù un articolo*, bâcler un article. ‖ **5.** *buttar giù la pasta*, plonger les pâtes dans l'eau, mettre les pâtes à cuire. ‖ **6.** *buttar fuori*, jeter (dehors). | *buttar fuori qlcu.*, mettre, flanquer (fam.) qn à la porte, chasser qn. ‖ STOR. *buttar fuori del paese il nemico*, bouter l'ennemi hors du pays. ‖ FIG. *buttare una famiglia in mezzo alla strada*, jeter une famille à la rue, mettre une famille sur le pavé. ‖ *buttare all'aria*, mettre sens dessus dessous, chambouler (fam.), chambarder (fam.). ‖ *buttar là una proposta*, lâcher, glisser une proposition. ‖ **7.** [emettere] *buttare fumo*, jeter, cracher de la fumée. ‖ **8.** GIOCHI *buttare le carte in tavola*, abattre son jeu. ‖ ◆ v. intr. [germoglione] bourgeonner. ‖ *questo recipiente butta (acqua)*, ce récipient fuit. | *la ferita butta ancora*, la blessure suppure encore. ◆ v. rifl. se jeter. | *buttarsi in acqua*, se jeter à l'eau. | *buttarsi dalla finestra*, se jeter par la fenêtre. | *buttarsi per terra*, se jeter, se flanquer (fam.), se ficher (fam.) par terre. | *buttarsi giù*, se laisser tomber, s'affaler (fam.). ‖ FIG. *buttarsi giù*, se décourager. | *non buttarti giù*, ne t'en fais pas. ‖ [impegnarsi con tutte le forze] se lancer. | *buttarsi a capofitto in un'impresa*, se lancer, se jeter à corps perdu dans une entreprise. ‖ LOC. *buttarsi allo sbaraglio*, risquer le tout pour le tout. | *buttarsi a indovinare*, chercher à deviner.
buttasella [butta'sɛlla] m. invar. MIL. boute-selle.
buttata [but'tata] f. BOT. poussée, pousse.
butterato [butte'rato] agg. MED. grêlé, variolé. | *viso butterato*, visage grêlé, marqué par la variole.
1. buttero ['buttero] m. marque (f.) de la variole.
2. buttero ['buttero] m. [mandriano a cavallo, della Maremma] gardien de troupeaux = gardian [nella Camargue].
buzzago [but'tsago], **buzzagro** [but'tsagro] m. V. BOZZAGO.
buzzo ['buddzo] m. VOLG. ventre (L.C.), bedaine f. (fam.), panse f. (fam.). ‖ LOC. FAM. *lavorare di buzzo buono*, travailler avec ardeur. | *mettercisi di buzzo buono*, s'y mettre pour de bon.
buzzone [bud'dzone] m. FAM. gros pansu, gros lard. ‖ [pancione] grosse panse, bedaine (f.).
buzzurro [bud'dzurro] m. DIAL. [zotico] rustaud, rustre, croquant, péquenot (pop.).
by-pass ['bai'pa:s] m. [ingl.] TECN. by-pass.
byroniano [bairo'njano] agg. LETT. byronien.

C

c [tʃi] m. o f. c m.
Ca [ka] CHIM. [calcio] Ca.
ca' [ka] f. ANTIQ. [casa] maison (L.C.).
cab [kæb] m. invar. [ingl.] cab.
cabala ['kabala] f. RELIG. cabale. ‖ PER EST. [scienza occulta] cabale. | *la cabala del lotto*, le pronostic sur les numéros sortants du «lotto». ‖ [intrigo] cabale, intrigue. | *ordire una cabala contro qlcu.*, monter une cabale contre qn.
cabalare [kaba'lare] v. intr. (raro) cabaler (lett.).
cabalista [kaba'lista] (**-ti** pl.) m. RELIG. e PER EST. [scienza occulta] cabaliste. ‖ [lotto] = celui qui pronostique les numéros sortants du «lotto».
cabalistico [kaba'listiko] agg. PR. e FIG. cabalistique.
cabarè, cabaret [kaba'rɛ] m. [fr.] cabaret. | *cabaret sistemato in una cantina*, cave f., caveau. ‖ SETT. [vassoio] plateau.
cabarettistico [kabaret'tistiko] agg. de cabaret.
cabbala ['kabbala] e deriv. V. CABALA e deriv.
cabestano [kabes'tano] m. TECN. cabestan.
cabila [ka'bila] f. kabyle (anche agg.).
cabina [ka'bina] f. MAR. cabine. ‖ PER EST. *cabina balneare*, cabine de bain. | *cabina telefonica*, cabine téléphonique. ‖ AER. cockpit m., cabine. ‖ AUTOM. [automezzo] *cabina di guida*, cabine du conducteur. | [gru] guérite. ‖ CIN. *cabina di proiezione*, cabine de projection. ‖ ELETTR. *cabina elettrica*, poste (m.) d'électricité. ‖ FERR. *cabina di manovra, di blocco*, cabine, poste (m.) d'aiguillage. | *cabina di locomotiva*, abri (m.) de locomotive. ‖ POLIT. *cabina elettorale*, isoloir m.
cabinato [kabi'nato] m. MAR. canot à moteur doté d'une cabine.
cablaggio [ka'bladdʒo] m. TELECOM. câblage.
cablare [ka'blare] v. tr. TELECOM. câbler.
cablo ['kablo] m. TELECOM. câble.
cablografare [kablogra'fare] v. tr. TELECOM. câbler.
cablografia [kablogra'fia] f. TELECOM. transmission par câble.
cablogramma [kablo'gramma] (**-mi** pl.) m. TELECOM. câblogramme.
cabochon [kabɔ'ʃɔ̃] m. (fr.) [pietra] cabochon.
cabotaggio [kabo'taddʒo] (**-gi** pl.) m. MAR. cabotage. | *cabotaggio costiero*, bornage.
cabotare [kabo'tare] v. intr. MAR. caboter.
cabotiere [kabo'tjɛre] m. caboteur.

cabotiero [kabo'tjɛro] agg. caboteur.

cabrare [ka'brare] v. intr. AER. cabrer v. tr., se cabrer v. rifl. | *l'aereo ha cabrato,* l'avion s'est cabré. | *far cabrare un aereo,* cabrer un avion.

cabrata [ka'brata] f. AER. cabrage m.

cabriolet [kabriɔ'lɛ] m. (fr.) [calesse] cabriolet. || PER EST. AUTOM. cabriolet.

cacadubbi [kaka'dubbi] m. e f. invar. (raro, pop.) barguigneur m. (fam. e antiq.), barguigneuse f. (fam. e antiq.).

cacaiola [kaka'jɔla] f. VOLG. chiasse (pop.).

cacao [ka'kao] m. BOT. [pianta] cacaoyer, cacaotier. | *frutto del cacao,* cabosse f. || [bacca] cacao. || PER EST. [polvere] cacao. | *bere un bicchiere di latte e cacao,* boire un verre de lait cacaoté.

cacare [ka'kare] v. intr. POP. chier. || [animali] crotter.

cacarella [kaka'rɛlla] f. POP. chiasse. || FIG. POP. trouille.

cacasenno [kaka'senno] m. (raro) PEGGIOR. savantas, -asse (antiq.).

cacasentenze [kakasen'tɛntse] m. e f. invar. (raro) PEGGIOR. savantas, -asse (antiq.).

cacata [ka'kata] f. POP. = action de chier. | *ho fatto una bella cacata,* j'ai bien chié. || [escrementi animali] chiasse, chiure. | [bovini] bouse. || [escrementi umani] POP. merde.

cacatoio [kaka'tojo] m. VOLG. chiottes f. pl.

cacatoa [kaka'tɔa] o **cacatua** [kaka'tua] m. invar. ZOOL. cacatoès.

cacatura [kaka'tura] f. ZOOL. chiasse, chiure.

cacca ['kakka] (**-che** pl.) f. POP. merde. || [linguaggio infantile] caca m. | *fare la cacca,* faire caca. || PER EST. e PEGGIOR. [sudiciume] caca m. || FIG. e PEGGIOR. [alterigia] morgue.

cacchio! ['kakkjo] esclam. VOLG. EUFEM. pardi! (fam.), dame! (fam.).

cacchione [kak'kjone] m. [uovo di mosca] œuf. || [larva di ape] larve f.

caccia ['kattʃa] (**-ce** pl.) f. [azione] chasse. | *andare a caccia,* aller à la chasse; chasser. | *andare a caccia di farfalle,* aller à la chasse aux papillons. | *caccia grossa,* chasse aux (grands) fauves, au gros gibier. | *licenza di caccia,* permis de chasse. | *corno da caccia,* huchet m. | *caccia di frodo,* braconnage m. | *caccia di frodo con reti,* filetage m. | *caccia in palude,* chasse au marais, chasse au gibier d'eau. | *riserva di caccia,* chasse gardée. | *bandita di caccia,* réserve de chasse. || [terreno] chasse. | *caccia ricca di selvaggina,* chasse giboyeuse. || [selvaggina] chasse, gibier m. || PER EST. [inseguimento, ricerca] chasse. | *andare a caccia di un marito,* faire la chasse au mari. | *andare a caccia di qlco., dar la caccia a qlco.,* se mettre en chasse de qch. || FIG. [ricerca affannosa] *andare a caccia di denaro,* faire la chasse aux écus. | *andare a caccia d'applausi,* courir après les applaudissements. | *la caccia ai posti,* la curée des places. | *essere a caccia di notizie,* être en quête de nouvelles. || AER., MAR. MIL. chasse. | *aviazione da caccia,* (aviation de) chasse. | *aereo da caccia,* avion de chasse, chasseur m. | *nave da caccia,* contre-torpilleur m., destroyer m. || GIOCHI *caccia al tesoro,* cache-tampon m. invar. ◆ m. AER. MIL. chasseur.

cacciabalene [kattʃaba'lene] f. invar. MAR. baleinier m.

cacciabombardiere [kattʃabombar'djɛre] m. AER. MIL. chasseur bombardier.

cacciachiodo [kattʃa'kjɔdo] m. repoussoir.

cacciacopiglie [kattʃako'piʎʎe] m. TECNOL. chasse-goupilles.

cacciagione [kattʃa'dʒone] f. gibier m., chasse. | *boschi ricchi di cacciagione,* bois giboyeux (agg.).

cacciare [kat'tʃare] v. intr. [andare a caccia] chasser. | *cacciare col furetto,* fureter. | *cacciare di frodo,* braconner. | *cacciare in riserva,* tirer en chasse gardée. ◆ v. tr. **1.** [inseguire] chasser. || PER EST. [mandare davanti a sè] chasser. || **2.** [scacciare] PR. e FIG. chasser. | *cacciare un impiegato,* renvoyer un employé. | *cacciare via qlcu.,* chasser qn. | *cacciare fuori* (fam.), expulser (L.C.), vider (fam.). | *si è fatto cacciare fuori,* il s'est fait vider. || **3.** [tirare fuori] (fam.) sortir (L.C.). | *caccia fuori i soldi!,* sors l'argent! | *cacciare fuori il pugnale,* sortir son poignard. || FIG. *cacciare un urlo,* jeter un cri. || **4.** [spingere, ficcare] (fam.) fourrer, flanquer (pop.), foutre (pop.). | *cacciare degli oggetti in una borsa,* fourrer des objets dans un sac. | *cacciarsi le dita nel naso,* se fourrer les doigts dans le nez. | *lo hanno cacciato in prigione* (fam.), on l'a jeté en prison, on l'a foutu en tôle (pop.). || PER ANAL. *cacciare un chiodo nel muro,* enfoncer un clou dans le mur. || FIG. *cacciare qlcu. in un affare losco,* engager, embarquer qn dans une affaire louche. | *cacciare il naso negli affari altrui,* fourrer le nez dans les affaires d'autrui. | *cacciati in testa che bisogna lavorare per vivere,* mets-toi bien dans la tête qu'il faut travailler pour vivre. ◆ v. rifl. [intrufolarsi] se faufiler, se fourrer. || PER EST. [nascondersi] (fam.) se cacher (L.C.), se fourrer. | *dove ti sei cacciato?,* où t'es-tu fourré? || FIG. [compromettersi] s'engager, se fourrer, s'empêtrer, s'embarquer. | *cacciarsi in un brutto affare,* s'engager, s'embarquer dans une mauvaise affaire. | *cacciarsi nei guai,* se fourrer dans le pétrin (fam.). || LOC. *cacciarsi le mani nei capelli,* s'arracher les cheveux.

cacciareattore [kattʃareat'tore] m. AER. MIL. chasseur à réaction.

cacciasommergibili [kattʃasommer'dʒibili] m. invar. AER., MAR. MIL. chasseur de sous-marins.

cacciata [kat'tʃata] f. **1.** [partita di caccia] partie de chasse. || **2.** [espulsione] expulsion. || **3.** [salasso] POP. saignée (L.C.).

cacciatoio [kattʃa'tɔjo] m. TECN. repoussoir.

cacciatora [kattʃa'tora] f. veste de chasse. || LOC. *vestirsi alla cacciatora,* s'habiller en chasseur. || CUC. *pollo alla cacciatora,* poulet sauté chasseur.

cacciatore [kattʃa'tore] m. chasseur. | *cacciatore di frodo,* braconnier. | *cacciatore di pellicce* [Nord America], trappeur. || PER ANAL. *cacciatore di teste,* chasseur de têtes. || FIG. *cacciatore di dote,* coureur de dot. || AER. [pilota] pilote de chasse. || PER EST. [aereo] avion de chasse. || MIL. chasseur. || STOR. [domestico] chasseur.

cacciatorpediniere [kattʃatorpedi'njɛre] m. invar. MAR. MIL. destroyer, contre-torpilleur.

cacciatrice [kattʃa'tritʃe] f. chasseuse. || POET. chasseresse. | *Diana cacciatrice,* Diane chasseresse.

cacciavite [kattʃa'vite] m. TECN. tournevis.

cacciù [kat'tʃu] m. V. CATECÙ.

cacciucco [kat'tʃukko] m. [zuppa di pesce] bouillabaisse f.

caccola [kak'kola] f. [muco] VOLG. morve (L.C.). || [cispa] chassie. || [sterco di pecora] crotte.

cachemire [kaʃ'mir] m. invar. [fr.] TESS. cachemire.

cache-sexe [kaʃ'sɛks] m. invar. [fr.] cache-sexe.

cachessia [kakes'sia] f. MED. cachexie.

cachet [ka'ʃɛ] m. invar. [fr.] **1.** FARM. cachet. || **2.** [retribuzione di un artista] cachet. | *lavorare a cachet,* travailler au cachet. || **3.** [impronta] cachet. || **4.** [colorante per capelli] rinçage, shampooing colorant.

cachettico [ka'kettiko] agg. MED. cachectique.

1. cachi ['kaki] m. invar. BOT. [pianta] kaki, plaqueminier du Japon. || PER EST. [frutto] kaki, plaquemine f.

2. cachi ['kaki] agg. invar. [colore] kaki.

caciaio [ka'tʃajo] o **caciaiolo** [katʃa'jɔlo] m. fromager.

caciara [ka'tʃara] f. REG. MERID. FAM. *che caciara,* quelle foire!

cacico ['katʃiko] (**-chi** pl.) m. cacique.

cacimperio [katʃim'pɛrjo] m. CULIN. fondue f. || [merid.] V. PINZIMONIO.

cacio ['katʃo] (**-ci** pl.) m. fromage. | *cacio pecorino,* fromage de brebis. || LOC. FIG. *è alto come un soldo di cacio* (L.C.), c'est un bout de chou (fam.), il n'est pas plus haut qu'une botte, il est haut comme ça (iron.). | *sono come pane e cacio* (L.C.), ils sont toujours fourrés ensemble, ils sont comme les deux doigts de la main (fam.). | *arrivare come il cacio sui maccheroni,* arriver comme marée en carême.

cacodilato [kakodi'lato] m. FARM. cacodylate.

cacofonia [kakofo'nia] f. FON., MUS. cacophonie.

cacofonico [kako'fɔniko] agg. cacophonique.

cacografia [kakogra'fia] f. cacographie.

cacone [ka'kone] (**-i** pl.) m. VOLG. chieur. || FIG., VOLG. trouillard.

cactacee [kak'tatʃee] f. pl. BOT. cactées, cactacées.

cactus ['kaktus] o **cacto** ['kaktɔ] m. BOT. cactus.
cacume [ka'kume] m. LETT. sommet (L.C.).
cacuminale [kakumi'nale] agg. LING. cacuminal. || GEOGR. *zona cacuminale di una montagna*, crête.
cadauno [kada'uno] pron. indef. chacun. | *venti bottiglie cadauno*, vingt bouteilles chacun. ◆ agg. chaque.
cadavere [ka'davere] m. (L.C.) cadavre, macchabée (pop.). | *trovare qlcu. cadavere*, trouver qn mort. || LOC. FIG. *bianco come un cadavere*, pâle comme un mort. | *freddo come un cadavere*, froid comme le marbre. | *pare un cadavere*, on dirait un cadavre. | *un cadavere che cammina, un cadavere ambulante*, un cadavre ambulant.
cadaverico [kada'vɛriko] agg. [di cadavere] cadavérique. || FIG. [cereo] cadavérique, cadavéreux. | *viso cadaverico*, visage cadavérique. | *colorito cadaverico*, teint cadavéreux. | *avere un aspetto cadaverico*, avoir une mine de déterré.
caddie ['kadi] m. invar. [ingl.] SPORT [golf] caddie.
cade ['kade] m. BOT. cade. || FARM. *olio di cade*, huile de cade.
cadente [ka'dɛnte] part. pres. e agg. [in rovina] tombant, e, croulant, e. || PER ANAL. *spalle cadenti*, épaules tombantes. | *guance cadenti*, joues flasques. || LOC. *sole cadente*, soleil couchant. | *dì cadente*, jour mourant. | *anno, mese cadente*, année, mois en cours. || FIG. [decrepito] décrépit, te, déliquescent. | *età cadente*, âge (m.) caduc. || ASTRON. *stella cadente*, étoile filante. || ARTI [danza] *passo cadente*, pas tombé.
cadenza [ka'dɛntsa] f. **1.** [ritmo] cadence. || PER EST. [velocità] cadence. || MIL., MUS., POES., RET. cadence. || **2.** [inflessione] accent m. | *avere una cadenza veneta, genovese*, avoir un accent vénitien, génois.
cadenzare [kaden'tsare] v. tr. [regolare] cadencer. || POES., RET. cadencer.
cadenzato [kaden'tsato] part. pass. e agg. cadencé. | *marciare a passo cadenzato*, marcher en cadence, au pas cadencé. | *passo di corsa cadenzata*, pas gymnastique. | *si sentiva il tonfo cadenzato dei remi*, on entendait les rames frapper l'eau en cadence. || MUS. *voce cadenzata*, voix cadencée. || POES., RET. cadencé.
cadere [ka'dere] v. intr.

I. PR. **1.** Precipitare. **2.** Pendere.
II. FIG. **1.** Usato da solo : *a) fenomeni atmosferici ; b) morire ; c) finire ; d) fare fiasco.* **2.** *Capitare.* **3.** *Fenomeni fisiologici e psicologici.* **4.** LOC.
III. USATO CON UN ALTRO VERBO. **1.** *Far cadere.* **2.** *Lasciar cadere.*
IV. SOSTANT.

I. PR. **1.** [caduta] tomber. || LOC. *cadere con le gambe all'aria* (fam.), tomber les quatre fers en l'air. | *cadere a capofitto*, tomber la tête la première. | *cadere a precipizio*, dégringoler (fam.). | *cadere come un sacco di patate*, tomber comme une masse. | *cadere lungo disteso*, tomber de tout son long, s'étaler (de tout son long). | *cadere in acqua*, tomber à l'eau. | *cadere in terra* (L.C.), tomber par terre, se ficher (v. rifl.) par terre (fam.). | *cadere di mano*, échapper. | *gli è caduta addosso una trave*, une poutre s'est écroulée sur lui. || PER EST. *gli cadono i capelli*, il perd ses cheveux. || PER ANAL. UNIV. *è caduto proprio all'ultimo esame*, il a échoué juste à son dernier examen. || **2.** [pendere] tomber, retomber. | *i capelli le cadono dolcemente sul viso*, les cheveux lui retombent doucement sur le visage. | *vestito che cade bene*, robe qui tombe bien. || PER ANAL. [posarsi] *i suoi occhi caddero sul foglio*, ses yeux tombèrent sur le papier. || FON. tomber.
II. FIG. **1.** [usato da solo] [fenomeni atmosferici] tomber. | *tra poco cadrà la nebbia*, le brouillard va tomber sous peu. | *cade (del) nevischio*, il grésille (v. impers.). || [morire] tomber. || [finire] tomber. | *il discorso cadde improvvisamente*, la conversation tomba tout à coup. || MIL. *la città è caduta*, la ville est tombée. || [far fiasco] tomber, chuter (fam.). || **2.** [capitare] *il mio compleanno cade di lunedì*, mon anniversaire tombe un lundi. || **3.** [fenomeni fisiologici e psicologici] tomber. | *cadere ammalato*, tomber malade. | *cadere addormentato*, s'endormir (v. rifl.), sombrer dans le sommeil. | *cadere dal sonno, dalla fatica*, tomber de sommeil, de fatigue. | *cadere svenuto*, tomber sans connaissance. | *cadere morto*, tomber raide mort. || PER ANAL. [morale] FAM. fauter. || **4.** LOC. *cadere tra capo e collo*, tomber sur le dos. | *cadere dalle nuvole*, tomber des nues, tomber de son haut. | *cadere ai piedi di qlcu.*, tomber aux pieds de qn. || PR. e FIG. *cadere in piedi*, tomber sur ses pieds (pr.) ; retomber sur ses pieds (fig.). | *cadere dalla padella nella brace*, tomber de Charybde en Scylla. | *cadere nelle mani di qlcu.*, tomber aux mains de qn. | *essere caduto molto in basso*, être tombé bien bas. | *cadere in disperazione*, tomber dans le désespoir. | *cadere in errore*, se tromper (v. rifl.). | *cadere in contraddizione*, se contredire (v. rifl.). | *cadere nella rete di qlcu.*, tomber dans les filets de qn. | *cadere nel ridicolo*, donner dans le ridicule. | *denaro che cade dal cielo*, argent qui tombe du ciel. | *cadere in disuso*, tomber en désuétude. | *cadere in miseria*, tomber dans la misère. | *cadere in ginocchio*, tomber à genoux. | *cadere in disgrazia di qlcu.*, encourir la disgrâce de qn. | *cadere in tentazione*, succomber à la tentation. | *cadere in peccato*, pécher. | *cadere in rovina*, tomber en ruine. | *cadere in pezzi*, tomber en pièces. | *cadere su*, tomber sur. || IRON. *sei caduto da piccolo ?*, est-ce que tu es tombé sur la tête ? || GIUR. tomber.
III. USATO CON UN ALTRO VERBO. **1.** [fare] *far cadere*, faire tomber, renverser, abattre. | *far cadere le braccia*, faire tomber les bras. || PER ANAL. *far cadere le responsabilità su qlcu.*, rejeter les responsabilités sur qn. || FIG. *far cadere dall'alto*, tenir la dragée haute (fam.). || **2.** [lasciare] *lasciar cadere*, laisser tomber. | *lasciar cadere lo sguardo su qlco.*, laisser tomber son regard sur qch. | *lasciar cadere un piatto*, laisser échapper un plat. || FAM. *lasciarsi cadere*, s'abattre (v. rifl.), s'affaler (v. rifl.), s'écrouler (v. rifl.). | *lasciarsi cadere su una poltrona*, s'écrouler, s'affaler dans un fauteuil. | *lasciarsi cadere indietro*, se rejeter en arrière.
IV. SOSTANT. *al cadere del sole*, au coucher du soleil. | *al cadere della notte*, à la tombée de la nuit, à la nuit tombante.

cadetto [ka'detto] agg. cadet. | *figlio cadetto*, fils cadet. || PER EST. *ramo cadetto di una famiglia*, branche (f.) cadette d'une famille. || SPORT [calcio] *la nazionale cadetta*, l'équipe nationale B. ◆ m. cadet. || MIL. cadet. || SPORT [calcio] = joueur de l'équipe nationale B. || STOR. cadet. | *i cadetti di Guascogna*, les cadets de Gascogne.
cadi [ka'di] m. [magistrato arabo] cadi.
caditoia [kadi'toja] f. ARCHIT. MIL. mâchicoulis m. || [strade urbane] bouche d'égout.
cadmia ['kadmja] f. METALL. cadmie.
cadmio ['kadmjo] m. CHIM. cadmium.
caduca [ka'duka] f. ANAT. caduque.
caduceo [kadu'tʃɛo] m. MIT. caducée.
caducità [kadutʃi'ta] f. DIR. caducité. || FIG. [precarietà] caducité, instabilité, fragilité, précarité.
caduco [ka'duko] (**-chi** pl.) agg. caduc, caduque. || FIG. [precario] caduc, précaire. || BIOL. *denti caduchi*, dents de lait. || BOT. *foglie caduche*, feuilles caduques. || MED., FAM. *mal caduco*, haut mal (antiq.), mal caduc.
caduta [ka'duta] f. [azione di cadere] chute. | *caduta da cavallo, dalla bicicletta*, chute de cheval, de bicyclette. | *caduta di sassi*, chute de pierres. || FIG. *caduta di Adamo*, chute d'Adam. | *caduta di un'opera teatrale*, chute d'une pièce de théâtre. | [capitolazione] chute, capitulation. || ELETTR., FIN., FIS., RELIG. chute. || POLIT. chute, culbute. || SPORT [paracadutismo] *caduta libera*, chute libre.
caduto [ka'duto] m. mort. | *monumento ai caduti*, monument aux morts.
caffè [kaf'fɛ] m. invar. **1.** BOT. [pianta] caféier. || [seme] café. | *caffè crudo*, café vert. | *caffè in chicchi*, café en grains. | *tostatura del caffè*, grillage du café. | *macinino del caffè*, moulin à café. || **2.** [bevanda] café. | *caffè forte, ristretto*, café fort, serré. | *caffè lungo* (L.C.), café noir, jus (pop.). | *caffè e latte*, café au lait. | *caffè macchiato, corretto*, café crème, arrosé. | *macchina da caffè*, percolateur m. | *caffè freddo con panna*, café liégeois. || PER EST. [a pranzo] *arrivare al caffè*, arriver au café. || **3.** [locale] (L.C.) café, bistrot

(fam.). | *andare al caffè*, aller au café. || REGION. [piccolo caffè del nord della Francia] estaminet. | *chiacchiere da caffè*, potins d'estaminet. || *caffè concerto*, café chantant m. invar. (néol.), café-concert. | [caffè concerto di infimo ordine] beuglant (pop.). | *caffè tabaccheria*, café-tabac. || *color caffè*, (couleur) café agg. e m. ◆ agg. invar. café.
caffeario [kaffe'arjo] (**-ri** pl.) agg. du café. || COMM. *mercato caffeario*, marché du café.
caffeina [kaffe'ina] f. CHIM. caféine.
caffel'latte [kaffel'latte], **caffelatte** m. invar. café au lait. ◆ agg. [colore] café-au-lait.
caffettano [kaffe'tano] m. cafetan, caftan.
caffetteria [kaffette'ria] f. rafraîchissements m. pl.
caffettiera [kaffet'tjɛra] f. cafetière. || FIG. SCHERZ. [vecchia locomotiva] bécane. || [auto] FAM. guimbarde, tacot m., clou m. (pop.).
caffettiere [kaffet'tjɛre] m. (raro) cafetier (L.C.), limonadier (antiq.).
caffo ['kaffo] agg. e m. [tosc.] impair. | *giocare a pari e caffo*, jouer au pair ou impair.
cafonaggine [kafo'naddʒine] f. muflerie, goujaterie.
cafonata [kafo'nata] f. goujaterie.
cafone [ka'fone] m. (merid.) [contadino] PEGGIOR. culterreux, bouseux. || PER EST. [zoticone] mufle, goujat, malotru. | *avere modi da cafone*, avoir des façons de malotru. ◆ agg. *cravatta cafona*, cravate de mauvais goût.
cafoneria [kafone'ria] f. muflerie, goujaterie.
cafro ['kafro] agg. e m. cafre.
cagionare [kadʒo'nare] v. tr. causer, provoquer, occasionner, engendrer. | *cagionare dolore, pena a qlcu.*, chagriner qn. | *cagionare un leggero malessere*, indisposer. | *cagionare delle dispute*, engendrer des querelles.
cagione [ka'dʒone] f. motif m., cause. || LOC. *a cagione di*, à cause de. | *per tua cagione*, par ta faute.
cagionevole [kadʒo'nevole] agg. invar. fragile, souffreteux, euse.
cagionevolezza [kadʒonevo'lettsa] f. fragilité.
cagliare [kaʎ'ʎare] v. intr. cailler, se cailler v. rifl. | *il latte caglia*, le lait caille. | *far cagliare*, cailler v. tr.
cagliata [kaʎ'ʎata] f. caillebotte, caillé m.
caglio ['kaʎʎo] (**-gli** pl.) m. [sostanza] présure f. || BOT. gaillet, caille-lait [invar.] || ANAT. [ruminanti] caillette f.
cagna ['kaɲɲa] f. ZOOL. chienne. | *cagna da caccia*, lice. || FIG. [donna impudica] garce. || [donna astiosa] pie-grièche. || TECN. serre-joint m., sergent m.
cagnaccio [kaɲ'ɲattʃo] (**-ci** pl.) m. PEGGIOR. vilain cabot.
cagnara [kaɲ'ɲara] f. [abbaiare di cani] (raro) clabaudage m. (L.C.). || FIG. FAM. vacarme m. (L.C.), chahut m., raffut m., chambard m., charivari m., boucan m. (pop.), beuglante (pop.). | *far cagnara*, chahuter. | *una cagnara del diavolo*, un boucan (m.) de tous les diables.
cagnesco [kaɲ'ɲesko] (**-chi** pl.) agg. de chien. || LOC. FIG. *guardare qlcu. in cagnesco*, regarder qn de travers. | *guardarsi in cagnesco*, se regarder en chien(s) de faïence.
cagnetto [kaɲ'ɲetto] o **cagnolino** [kaɲɲɔ'lino] m. ZOOL., DIMIN. petit chien. || [linguaggio infantile] toutou.
cagnolo [kaɲ'ɲɔlo] agg. ZOOL. *cavallo cagnolo*, cheval cagneux.
cagnotte [ka'ɲot] f. [fr.] GIOCHI [roulette, ecc.] cagnotte.
cagnotto [kaɲ'ɲɔtto] m. STOR. [bravo] bravo. || PER EST. [complice] homme de main. || PER ANAL. [poliziotto] limier (de police).
cagoulard [kagu'lar] m. [fr.] STOR. POLIT. cagoulard.
Cagoule [ka'gul] f. [fr.] STOR. POLIT. Cagoule.
CAI ['kai] [Club Alpino Italiano] Club alpin d'Italie.
caiac(c)o [ka'jako] (**-chi** pl.) m. [ingl.] SPORT kayak.
caicco [ka'ikko] (**-chi** pl.) m. MAR. caïque.
caid ['kaid] m. invar. [magistrato arabo] caïd.
caimano [kai'mano] m. ZOOL. caïman.
Caio ['kajo] m. *parlare con Tizio e Caio*, parler avec Pierre et Paul, avec tel et tel autre. | *parlare con Tizio, Caio e Sempronio*, parler avec tout le monde, parler avec n'importe qui.
cake ['kɛk] m. [ingl.] cake. | *plum-cake*, cake.
cala ['kala] f. GEOGR. calanque, crique. || MAR. cale. || [immersione delle reti da pesca] jet m.
calabrese [kala'brese] agg. calabrais, e. ◆ m. e f. [abitante] Calabrais, e. || [dialetto] calabrais.
calabro ['kalabro] agg. calabrais. | *regione calabra*, région calabraise.
calabrone [kala'brone] m. ZOOL. bourdon, frelon.
calafataggio [kalafa'taddʒo] m. MAR. calfatage.
calafatare [kalafa'tare] v. tr. MAR. calfater.
calafato [kala'fato] m. MAR. calfat.
calamaio [kala'majo] (**-ai** pl.) m. encrier. || ZOOL. [raro] calmar.
calamaro [kala'maro] m. ZOOL. calmar. ◆ pl. [occhiaie] cernes f. pl. | *avere i calamari agli occhi*, avoir les yeux cernés, avoir les yeux battus.
calamina [kala'mina] f. MINER. calamine. | *togliere la calamina*, décalaminer (v. tr.).
calaminta [kala'minta] f. BOT. calament m.
calamistro [kala'mistro] m. [strumento per arricciare i capelli] fer à friser. || ANTIQ. *capelli arricciati col calamistro*, cheveux calamistrés.
calamita [kala'mita] f. FIS. e FIG. aimant m. || MINER. calamite.
calamità [kalami'ta] f. [pubblica] calamité, catastrophe. || [privata] calamité, malheur m.
calamitare [kalami'tare] v. tr. aimanter. || FIG. attirer.
calamitazione [kalamitat'tsjone] f. aimantation.
calamitoso [kalami'toso] agg. LETT. calamiteux, catastrophique (L.C.). | *tempi calamitosi*, époque calamiteuse.
calamo ['kalamo] m. **1.** BOT. [canna] (lett.) roseau (L.C.). || PER ANAL. [parte della canna compresa tra due nodi] entre-nœud. || PER EST. [filo d'erba] tige f. || **2.** [parte basale della penna di uccello] tuyau. || PER EST. [cannuccia di cui ci si serviva per scrivere] calame. || PER ANAL. [piccolo dardo] (antiq.) flèche f. (L.C.). || BOT. *calamo aromatico*, acore, acorus.
calanca [ka'lanka] f. GEOGR. (raro) calanque (L.C.).
calanco [ka'lanko] (**-chi** pl.) m. GEOL. calanque f.
1. calandra [ka'landra] f. ZOOL. [uccello, insetto] calandre. | *calandra del grano*, charançon (m.) du blé. | *grano attaccato dalla calandra*, blé charançonné.
2. calandra [ka'landra] f. TECN. [macchina per carta e tessuti] calandre, lisseuse. | *calandra per goffrare*, gaufreuse. || AUTOM. calandre.
calandrare [kalan'drare] v. tr. TECN. [carta, tessuti] calandrer, lisser.
calandratura [kalandra'tura] f. TECN. [carta, tessuti] calandrage m., lissage m.
calandrino [kalan'drino] m. TECN. biveau. || [falsa squadra] sauterelle f., équerre (f.) mobile.
calandro [ka'landro] m. ZOOL. pipi, pipit.
calante [ka'lante] part. pres. e agg. décroissant, te. || ASTRON. *luna calante*, lune en décroît. | *sole calante*, (soleil) couchant. || FIN. *moneta calante*, monnaie écharse. || MAR. *marea calante*, marée descendante. || MUS. *nota calante*, note décroissante.
calappio [ka'lappjo] m. SPORT [caccia] collet, lacet. || FIG. piège.
calapranzi [kala'prandzi] m. invar. monte-plats.
calare [ka'lare] v. tr. [far scendere] descendre. | *calare una bara nella fossa*, descendre un cercueil dans la fosse. || PER ANAL. [abbassare] baisser, abaisser. | *calarsi il cappello sugli occhi*, rabattre son chapeau sur ses yeux. || [lavori a maglia] diminuer. || FIG. VOLG. *calarsi le brache*, se dégonfler v. rifl. (fam.), caler v. intr. (fam.), caner v. intr. (pop.). || COMM. baisser. | *calare i prezzi di alcuni articoli per svenderli*, démarquer quelques articles pour les solder. || GIOCHI [carte] *calare le carte*, abattre son jeu. || MAR. *calare le vele*, amener, caler, abaisser les voiles. | *calare una scialuppa in mare*, mettre une chaloupe à la mer. | *calare una sciabica*, affaler un chalut. | *calare le reti*, jeter, caler les filets. || MAT. *calare una perpendicolare*, abaisser une perpendiculaire. ◆ v. intr. **1.** [venire giù] descendre. || FIG. *sta calando la notte*, la nuit descend. || PER ANAL. [diminuire di altezza] baisser, diminuer, descendre. | *il fiume è calato di due metri*, la rivière a baissé de deux mètres. || PARTICOL. *calare di valore*, diminuer de valeur. | *la febbre cala*, la fièvre diminue. | *le sue forze stanno calando*, ses

forces déclinent. | *la sua vista, la sua memoria sta calando*, sa vue, sa mémoire baisse. || LOC. FIG. *calare di tono*, perdre sa verve. | *calare di pretese*, mettre de l'eau dans son vin. || ASTRON. *la luna cala*, la lune décroît. | *il sole cala*, le soleil baisse. || COMM. *i prezzi calano*, les prix baissent, fléchissent. | *è calato tanto* (fam.), il y a eu beaucoup de déchets (fam.). || FIN. *quelle azioni cominciano a calare*, ces actions commencent à baisser. || MUS. *calare di un tono*, descendre d'un ton. || **2.** [dimagrire] maigrir. ◆ v. rifl. descendre v. intr., se laisser glisser (v. intr.). ◆ SOSTANT. *il calare del sipario*, la chute du rideau. | *al calare del sole*, au coucher du soleil, au soleil couchant. | *il calare di un astro*, déclin d'un astre.

calastra [ka'lastra] f. [per botti e imbarcazioni] chantier m.

calata [ka'lata] f. **1.** [azione] *la calata dei barbari*, la descente des Barbares. | *alla calata della notte*, à la tombée de la nuit, à la nuit tombante. | *calata del sole*, coucher (m.) du soleil. | *calata del sipario*, chute, baisser (m.) du rideau. || **2.** [cadenza] accent m. | *calata veneta*, accent vénitien. || **3.** [pendio] raidillon m. || MAR. quai m., cale.

calaverna [kala'vɛrna] f. frimas m. || MAR. (antiq.) galaverne.

calaza [ka'laddza] f. BIOL., BOT. chalaze.

calazio [ka'lattsjo] m. MED. chalazion.

calca ['kalka] f. cohue, foule, presse (lett.). | *c'era una grande calca*, il y avait une grande cohue. | *fendere la calca*, fendre la foule.

calcafogli [kalka'fɔʎʎi] m. invar. (raro) presse-papiers (L.C.).

calcagnata [kalkaɲ'ɲata] f. coup (m.) de talon.

calcagno [kal'kaɲɲo] (**-gni** pl. m. pr. ; **-gna** pl. f. fig.) m. talon. || LOC. FIG. *avere qlcu. alle calcagna*, avoir qn à ses trousses. | *essere alle calcagna di qlcu.*, être sur les talons de qn. | *lavoro fatto coi calcagni*, travail mal fait. | *avere lo stomaco nei calcagni*, avoir l'estomac dans les talons. || PER EST. [di scarpa e calza] talon. || ANAT. calcanéum.

calcagnolo [kalkaɲ'ɲɔlo] m. MAR. talon. || TECN. [scalpello] repoussoir.

calcalettere [kalka'lɛttere] m. invar. (raro) presse-papiers (L.C.).

calcante [kal'kante] part. pres. e agg. *carta calcante*, papier-calque (m.).

calcara [kal'kara] f. chaufour m.

1. calcare [kal'kare] m. MINER. calcaire. | *calcare concrezionato*, calcaire de concrétion. ◆ agg. *pietra calcare*, calcaire m.

2. calcare [kal'kare] v. tr. **1.** [premere con i piedi] fouler. | *calcare la terra*, fouler la terre. || PER EST. [percorrere] fouler. | *calcare il suolo della patria*, fouler le sol de sa patrie. || FIG. *calcare le scene*, être sur les planches. | *calcare le orme di qlcu.*, marcher sur les traces de qn. || PER ANAL. [pigiare] tasser, presser. | *calcarsi il cappello in testa*, camper son chapeau sur sa tête. | *calcarsi gli occhiali sul naso*, se camper les lunettes sur le nez. || ASSOL. e v. tr. *calcare (con) la matita*, appuyer sur son crayon. || FIG. appuyer (sur) v. intr. | *calcare una parola, una frase*, appuyer sur un mot, sur une phrase. || **2.** [copiare] calquer, décalquer. | *carta da calcare*, papier-calque (m.)

calcareo [kal'kareo] agg. calcaire. | *pietra calcarea*, pierre à chaux. | *incrostazione, gromma calcarea*, calcin m. || GEOGR. *altipiano calcareo*, causse m.

calcastoppa [kalkas'toppa] m. invar. MAR. patarasse f.

calcata [kal'kata] f. *dare una calcata a qlco.*, fouler qch.

calcatoio [kalka'tojo] m. calquoir. || MIN. bourroir. || STOR. MIL. refouloir.

calcatura [kalka'tura] f. foulement m., tassement m.

calce ['kaltʃe] f. MINER. chaux. | *fornace per calce*, chaufour m. || TECN. *imbiancare a calce*, échauder. || LOC. AVV. ***in calce***, ci-dessous, au bas de (loc. prep.). | *firma (apposta) in calce*, signature apposée ci-dessous. | *apporre la firma in calce*, apposer sa signature au bas de la page.

calcedonio [kaltʃe'dɔnjo] m. MINER. calcédoine f.

calcemia [kaltʃe'mia] f. MED. calcémie.

calceolaria [kaltʃeo'larja] f. BOT. calcéolaire.

calcestruzzo [kaltʃes'truttso] m. IND. béton. | *costruire in calcestruzzo*, bétonner. | *ricovero di calcestruzzo*, abri bétonné. | *getto in calcestruzzo*, bétonnage.

calcetto [kal'tʃetto] m. chausson. | *calcetto da ballo*, chausson de danse. || GIOCHI [calciobalilla] baby-foot (ingl.).

calchino [kal'kino] m. (raro) presse-papiers (L.C.).

calciare [kal'tʃare] v. intr. [persone] donner des coups de pied. || [animali] ruer. || SPORT [giocare a calcio] jouer au football. || [colpire con forza la palla] botter, shooter (ingl.). | *calciare in porta*, shooter au but.

calciatore [kaltʃa'tore] (**-trice** f.) m. footballeur, footballeuse f.

calcico ['kaltʃiko] (**-ci** pl.) agg. CHIM. calcique.

calcicolo [kal'tʃikolo] agg. AGR. calcicole.

calcificare [kaltʃifi'kare] v. intr. calcifier. ◆ v. rifl. se calcifier.

calcificato [kaltʃifi'kato] part. pass. e agg. MED. calcifié.

calcificazione [kaltʃifikat'tsjone] f. MED. calcification.

calcina [kal'tʃina] f. chaux éteinte. || [malta] mortier m. | *fare la calcina*, gâcher du mortier.

calcinaccio [kaltʃi'nattʃo] (**-ci** pl.) m. plâtras. || pl. gravats, plâtras. || PER EST. [rovine] décombres. || AGR. [malattia del baco da seta] muscardine f.

calcinaio [kaltʃi'najo] (**-ai** pl.) m. TECN. [vasca per spegnere la calce] fosse (f.) à chaux. || PER ANAL. [vasca per calcinare le pelli] plain. || PER EST. [manovale addetto alla preparazione della calcina] gâcheur.

calcinare [kaltʃi'nare] v. tr. CHIM. [trasformare in calce viva] calciner. || PER EST. [ridurre a calce mediante calore] calciner. | *calcinare un metallo*, calciner un métal. || PER ANAL. [concia delle pelli] dépiler à la chaux. || FIG. brûler, calciner. || AGR. chauler.

calcinato [kaltʃi'nato] part. pass. e agg. TECN. calciné. || FIG. [bianco] (lett.), blanc (L.C.). || AGR. [di baco da seta] atteint de muscardine.

calcinatura [kaltʃina'tura] f. TECN. dépilage (m.) à la chaux.

calcinazione [kaltʃinat'tsjone] f. CHIM. calcination. || AGR. chaulage m.

calcino [kal'tʃino] m. AGR. muscardine f.

1. calcio ['kaltʃo] (**-ci** pl.) m. [persona] coup de pied. | *tirare un calcio nel sedere a qlcu.*, botter le derrière de qn (fam.). || [animale] ruade f. || LOC. FIG. *dare un calcio alla fortuna*, tourner le dos à la chance. | *dare un calcio alle convenienze*, jeter son bonnet par-dessus les moulins. | *dare calci all'aria* (scherz.), se balancer au bout d'une corde. | *dare calci alla greppia* (raro), cracher dans l'assiette où l'on a mangé (L.C.). || FERR. talon. || MAR. [di albero] pied. || MIL. [di fucile] crosse f. || SPORT *(gioco del) calcio*, football (ingl.). | *partita di calcio*, match (ingl.) de football. | *calcio di punizione*, coup franc. | *calcio d'angolo*, corner (ingl.). | *calcio di rimbalzo*, drop-goal (ingl.). | *calcio di rigore*, coup de réparation.

2. calcio ['kaltʃo] m. CHIM. calcium.

calciobalilla [kaltʃoba'lilla] m. invar. baby-foot (ingl.).

calciolo [kal'tʃɔlo] m. plaque (f.) de couche.

calcisponge [kaltʃis'pɔndʒe] f. pl. ZOOL. éponges calcaires.

calcistico [kal'tʃistiko] (**-ci** pl.) agg. de football. | *incontro calcistico*, match de football. | *mondo calcistico*, monde du football.

calcite [kal'tʃite] f. MINER. calcite.

calco ['kalko] (**-chi** pl.) m. [impronta di cera, argilla o gesso] moulage. | *fare il calco di un busto*, mouler un buste. || PER EST. [riproduzione, lucido] calque, décalque, décalquage. | *fare un calco*, décalquer. || LING. *calco semantico*, calque sémantique. || TECN. empreinte f. || TIP. cliché.

calcografia [kalkogra'fia] f. chalcographie, gravure sur cuivre. || TIP. impression en taille-douce.

calcola ['kalkola] f. TECN. [telaio] marche.

calcolabile [kalko'labile] agg. calculable, chiffrable. || PER ANAL. [valutabile] évaluable.

calcolare [kalko'lare] v. tr. [determinare mediante calcolo] calculer, évaluer, supputer (lett.), chiffrer, mesurer. | *calcolare il danno*, évaluer le dommage. |

calcolare una distanza a occhio, calculer, évaluer une distance à vue d'œil. | *calcolare i profitti*, supputer les profits. | *calcolare le spese annuali*, chiffrer les dépenses annuelles. || PER EST. [tener conto] compter. | *erano cinque, senza calcolare i bambini*, ils étaient cinq, sans compter les enfants. | *calcolava di partire con il treno delle tre*, il comptait partir par le train de trois heures. | *senza calcolare che*, sans compter que. || PER ANAL. [giudicare, valutare in anticipo] calculer, mesurer, peser, supputer (lett.). | *calcolare il pro e il contro*, peser le pour et le contre. | *calcolare i vantaggi e gli inconvenienti di qlco.*, supputer les avantages et les risques de qch. || FIG. [ponderare attentamente] *calcolare i gesti*, mesurer ses gestes. | *calcolare ogni parola*, peser chaque mot. || FIN. compter. || MAT. calculer. || TIP. *calcolare l'originale*, calibrer un manuscrit, calibrer la copie. || ASSOL. [fare calcoli] calculer. | *calcolare a mente*, calculer de tête. || PER EST. [riflettere] calculer, combiner. | *piano ben calcolato*, plan bien agencé.

calcolatore [kalkola'tore] (**-trice** f.) agg. MAT. *regolo calcolatore*, règle à calcul, règle à calculer. | *macchina calcolatrice*, machine à calculer. || FIG. *spirito calcolatore*, esprit calculateur. ◆ m. PR. e FIG. calculateur. || INF. ordinateur. | *calcolatore elettronico*, ordinateur électronique.

calcolatrice [kalkola'tritʃe] f. machine à calculer, calculateur m., calculatrice. | *calcolatrice tascabile*, calculette.

1. calcolo ['kalkolo] m. MAT. calcul. | *calcolo a mente*, calcul mental. | *sbagliare i calcoli*, se tromper dans ses calculs. | *salvo errore di calcolo*, sauf erreur de calcul. | *fare (i) calcoli*, calculer. || PER EST. *calcolo delle probabilità*, calcul des probabilités. || PER ANAL. [in anticipo] calcul, évaluation f., supputation f. (lett.). | *fare i propri calcoli*, faire ses calculs. | *faccio calcolo di partire domani*, je compte partir demain. || FIG. calcul. | *agire per calcolo*, agir par calcul. | *fare calcolo su qlcu., su qlco.*, compter sur qn, sur qch.

2. calcolo ['kalkolo] m. MED. (L.C.) calcul, gravier (antiq.). | *calcolo biliare, renale*, calcul biliaire, rénal.

calcolosi [kalko'lɔzi] f. MED. (L.C.) calculose, gravelle (antiq.).

calcoloso [kalko'loso] agg. MED. (antiq.) calculeux (L.C.), graveleux (antiq.).

calcomania [kalkoma'nia] f. V. DECALCOMANIA.

calcopirite [kalkopi'rite] f. MINER. chalcopyrite.

calcosina [kalko'sina] f. MINER. chalcosine, chalcosite.

calda ['kalda] f. TECN. chaude.

caldaia [kal'daja] f. chaudière. | *caldaia automatica per lavare*, chaudière-lessiveuse automatique. || TECNOL. *caldaia a vapore*, chaudière à vapeur. | *duomo di caldaia*, dôme de chaudière. | *incrostazione di caldaia*, calcin m. | *locale, sale delle caldaie*, chaufferie f. sing.

caldallessa [kaldal'lessa] f. marron (m.) bouilli, châtaigne bouillie.

caldana [kal'dana] f. **1.** [vampata di calore] bouffée de chaleur. || **2.** [stanzino sopra il forno] gloriette.

caldano [kal'dano] m. brasero.

caldarrosta [kaldar'rɔsta] f. marron (m.) grillé, châtaigne rôtie. | *caldarroste!*, chauds les marrons!

caldarrostaio [kaldarros'tajo] (**-ai** pl.) m. marchand de marrons.

caldeggiare [kalded'dʒare] v. tr. soutenir, appuyer.

caldeo [kal'dɛo] agg. e m. chaldéen.

calderaio [kalde'rajo] (**-ai** pl.) m. chaudronnier. | *arte, bottega del calderaio*, chaudronnerie f. | *oggetti fabbricati dal calderaio*, chaudronnerie f.

calderone [kalde'rone] m. cuiseur, chaudron. || FIG. *mettere tutto nello stesso calderone*, mettre tout dans le même panier.

calderotto [kalde'rɔtto] m. chaudron.

caldezza [kal'dettsa] f. ANTIQ. chaleur (L.C.).

caldo ['kaldo] agg. PR. e FIG. chaud. | *fare un bagno caldo*, prendre un bain chaud. | *servire caldo*, servir chaud. | *diventare caldo*, chauffer. | *tempo caldo e umido*, temps mou. | *mangiare cibi caldi*, manger chaud. | *bere bevande calde*, boire chaud. | *pigliarsela calda*, s'en faire. | *tavola calda*, snack (ingl.) m., snack-bar (ingl.). || LOC. FIG. *piangere a calde lacrime*, pleurer à chaudes larmes. || [color] *toni caldi*, tons chauds. || ZOOL. *animale a sangue caldo*, animal à sang chaud. || PER ANAL. *cappotto caldo*, manteau chaud. || PER EST. [caloroso] *accoglienza calda*, accueil chaleureux. | *calda amicizia*, chaude amitié. | *caldo affetto*, affection vive. | *caldo discorso*, discours passionné. || PROV. *mani fredde cuore caldo*, mains froides cœur chaud. ◆ m. chaleur f., chaud. | *soffrire il caldo e il freddo*, supporter la chaleur et le froid. | *tenere, mettere in caldo un piatto*, tenir, garder un plat au chaud. | *si muore dal caldo, si scoppia dal caldo* (fam.), on grille, on crève de chaud (pop.). | *i primi caldi*, les premières chaleurs. | *bere qlco. di caldo*, boire qch. de chaud. | *caldo soffocante*, chaleur accablante. | *che caldo!*, quelle chaleur! | *gran caldo*, forte chaleur. || FIG. *non mi fa né caldo né freddo* (fam.), cela ne me fait ni chaud ni froid. || CHIR. *operare a caldo*, opérer à chaud. || FARM. *teme il caldo*, tenir éloigné de la chaleur. || FISIOL. [animali] *entrare in caldo*, entrer en chaleurs. || TECN. [metalli] *lavorare a caldo*, travailler à chaud.

calduccio [kal'duttʃo] agg. DIMIN. tiède. ◆ m. tiédeur f., bonne chaleur f. | *che bel calduccio!*, quelle bonne chaleur!, [quando la temperatura è fredda] qu'il fait bon! | *fa un bel calduccio qui*, il fait bon ici. | *se ne sta al calduccio*, il se tient bien au chaud.

caldura [kal'dura] f. grande chaleur.

caledoniano [kaledo'njano] agg. e m. calédonien. || GEOL. e GEOGR. calédonien.

calefazione [kalefat'tsjone] f. FIS. caléfaction.

caleidoscopio [kaleidos'kɔpjo] (**-pi** pl.) m. kaléidoscope.

calembour [kalã'bur] m. [fr.] calembour.

calendario [kalen'darjo] (**-ri** pl.) m. **1.** [sistema di divisione del tempo] calendrier. || PER ANAL. *calendario sportivo*, calendrier sportif. | *calendario degli esami*, calendrier des examens. || **2.** [pubblicazione a stampa] calendrier. | *orologio a calendario*, montre (f.), à cadran dateur.

calende [ka'lɛnde] f. pl. STOR. calendes. || IRON. *rimandare alle calende greche*, renvoyer aux calendes grecques.

calendimaggio [kalendi'maddʒo] m. fête du Premier-Mai.

calendimarzo [kalendi'martso] m. Premier-Mars.

calendola [ka'lɛndola] f. BOT. souci m.

calenzuolo [kalen'tswɔlo] m. ZOOL. frinson.

calepino [kale'pino] m. calepin.

calere [ka'lere] v. impers. difett. (antiq. lett.) chaloir. | *poco mi cale*, peu m'en chaut. | *tenere in non cale*, ne faire aucun cas (de).

calesse [ka'lɛsse] m. calèche f.

calessino [kales'sino] m. DIMIN. cabriolet.

caletta [ka'letta] f. TECN. entaille.

calettamento [kaletta'mento] m. TECN. empatture f., emboîtage, embrèvement.

calettare [kalet'tare] v. tr. empatter, emboîter, embrever.

calettatura [kaletta'tura] f. empatture, emboîtage m., embrèvement m.

calia [ka'lia] f. ANTIQ. [particella d'oro] limaille d'or. || FIG. [anticaglia] antiquaille, vieillerie.

calibrare [kali'brare] v. tr. MIL. [dare il calibro] calibrer. || TECN. [misurare il calibro] calibrer, étalonner, jauger. | *calibrare una macchina*, calibrer une machine. | *calibrare uno strumento*, étalonner un instrument. || PER EST. [classificare secondo il calibro] calibrer.

calibratoio [kalibra'tojo] m. V. ALESAGGIO.

calibratore [kalibra'tore] m. [operaio] jaugeur. || PER EST. [apparecchio] calibreur, jaugeur.

calibratura [kalibra'tura] f. TECN. [misura] calibrage m., étalonnage m., étalonnement m., jaugeage m. || MIN. triage m. | *calibratura a gravità*, triage par gravité.

calibrazione [kalibrat'tsjone] f. V. CALIBRATURA.

calibro ['kalibro] m. calibre. || MIL. calibre. || TECN. calibre, jauge f., pied. | *calibro a forchetta*, calibre femelle. | *calibro campione*, jauge-étalon f., cale f. | *calibro a facce a punta*, calibre à bouts pointus. || FIG. FAM. *sono tutti di un calibro*, ils sont tous du même calibre. | *uno sproposito di grosso calibro*, une sottise

de gros calibre. | *i grossi calibri dei partiti*, les gros bonnets des partis.
calice ['kalitʃe] m. [bicchiere a piede allungato] flûte f., verre à pied. | *levare i calici*, lever les verres. ‖ ANAT., BOT., RELIG. calice. ‖ LOC. FIG. *bere il calice sino alla feccia*, boire le calice jusqu'à la lie.
calicetto [kali'tʃetto] m. BOT. calicule.
calicò [kali'kɔ] m. TESS. calicot.
calidra [ka'lidra] f. ZOOL. bécasseau (m.) des sables.
caliere [ka'ljɛre] m. MAR. calier.
califfato [kalif'fato] m. califat.
califfo [ka'liffo] m. calife.
californiano [kalifor'njano] agg. e m. californien.
californio [kali'fɔrnjo] m. CHIM. californium.
caligine [ka'lidʒine] f. brume. ‖ PER EST. [nebbia] brouillard m.
caliginoso [kalidʒi'noso] agg. brumeux. | *cielo caliginoso*, ciel brumeux, embrun m. (raro).
caliorna [ka'ljɔrna] o **calorna** [ka'lɔrna] f. MAR. caliorne.
calla ['kalla] f. BOT. caladium m.
callaiola [kalla'jɔla] f. [rete] poche.
calle ['kalle] m. ANTIQ. sentier (L.C.). ◆ f. [a Venezia] « calle ».
callifugo [kalli'fugo] (**-ghi** pl.) m. FARM. coricide.
calligrafia [kalligra'fia] f. [arte di ben tracciare la scrittura] calligraphie. | *scrivere in bella calligrafia*, calligraphier. ‖ PER EST. [scrittura] écriture. | *avere una bella calligrafia*, avoir une belle écriture.
calligraficamente [kalligrafika'mente] avv. calligraphiquement. | *scrivere calligraficamente*, calligraphier.
calligrafico [kalli'grafiko] (**-ci** pl.) agg. calligraphique. ‖ GIUR. *perizia calligrafica*, expertise graphologique.
calligrafismo [kalligra'fizmo] m. formalisme.
calligrafo [kal'ligrafo] m. calligraphe. ‖ GIUR. *esperto calligrafo*, expert en écritures. ‖ ARTI [scrittore, artista] formaliste.
callipigio [kalli'pidʒo] agg. [spec. attr. di Venere] callipyge. | *Venere callipigia*, Vénus callipyge.
callista [kal'lista] (**-ti** pl.) n. pédicure.
callo ['kallo] m. MED. [ispessimento della pelle] cal, durillon. ‖ [ai piedi] cor, oignon. ‖ FIG. *fare il callo a qlco.*, se faire à qch. | *ci ho fatto il callo*, je m'y suis fait. | *fare il callo al lavoro*, s'endurcir au travail. | *non farsi pestare i calli* (fam.), ne pas se faire marcher sur les pieds. ‖ ANAT. [di animale] châtaigne f. ‖ BOT. [di saldatura] calus. ‖ [di tubo cribroso] cal. ‖ MED. *callo osseo*, cal osseux.
callosità [kallosi'ta] f. callosité.
calloso [kal'loso] agg. calleux. ‖ FIG. endurci. ‖ ANAT. *corpo calloso*, corps calleux.
calma ['kalma] f. MAR. calme m. | *calma assoluta*, calme plat. | *calma momentanea*, accalmie f. ‖ PER EST. [pace, tranquillità materiale] calme m., tranquillité, répit m. ‖ FIG. [morale] calme. | *conservare la calma*, garder son calme. | *parlategli con calma!*, parlez-lui gentiment! | *perdere la calma*, perdre son calme. | *non perdere la calma*, garder son sang-froid. | *calma e sangue freddo*, calme et sang-froid. | *calma!, calma!;* du calme! du calme! | *prendersela con calma*, ne pas se presser. ‖ GEOGR. *calma equatoriale*, calme équatorial. | *zona delle calme*, région des calmes.
calmante [kal'mante] agg. e m. FARM. calmant. | *olio calmante*, huile adoucissante.
calmare [kal'mare] v. tr. [cose] calmer, apaiser. | *calmare la collera di qlcu.*, apaiser la colère de qn. ‖ PER EST. *calmare un dolore*, calmer, endormir une douleur. | *calmare la fame*, apaiser sa faim. | *calmare la sete*, étancher sa soif. ‖ PER ANAL. [persone] calmer, apaiser. | *calmare i malcontenti*, calmer les mécontents. | *vedrai, ti calmo io!* (fam.), tu vas voir, je vais te calmer! ◆ v. rifl. MAR. se calmer, calmir v. intr. | *il mare si è calmato*, la mer s'est calmée, la mer a calmi. ‖ PER EST. *la febbre si è calmata*, la fièvre s'est calmée. ‖ FIG. se calmer, s'apaiser.
calmieramento [kalmjera'mento] m. taxation f.
calmierare [kalmje'rare] v. tr. taxer.
calmiere [kal'mjɛre] m. taxe f.
calmo ['kalmo] agg. calme, étale. ‖ PER ANAL. *sonno calmo*, sommeil tranquille. ‖ FIG. calme, tranquille, paisible, quiet (lett.). | *è un carattere calmo*, c'est un caractère paisible. | *a mente calma*, à tête reposée. ‖ FAM. PR. E FIG. *stai calmo!*, tiens-toi coi!, tiens-toi tranquille! (pr.); garde ton calme! (fig.). ‖ COMM., FIN. calme.
calmucco [kal'mukko] (**-chi** pl.) agg. e m. kalmouk.
calo ['kalo] m. [diminuzione] baisse f., abaissement. ‖ PER ANAL. [dimagrimento] *che calo hai fatto!*, que tu as maigri! ‖ [invecchiamento] *in questi ultimi mesi ha fatto un calo notevole*, ces derniers mois il a vieilli remarquablement. ‖ FIG. *la sua influenza ha subito un calo*, son influence a subi une baisse. ‖ FAM. *essere in calo*, être en baisse. ‖ COMM. [perdita di peso] déchet, freinte f. ‖ [subito dalla merce durante il trasporto] déchet, freinte de route. | *calo di volume, di peso*, déchet en volume, en poids. ‖ [di lavorazione] freinte f. ‖ [di merci immagazzinate] discale f. ‖ [di moneta, per logorio] frai. ‖ FIN. baisse f., fléchissement, diminution f. | *calo in Borsa*, fléchissement en Bourse. ‖ TECN. [di botti] vidange f. ‖ [di metalli, di conglomerati in cemento] retrait.
calocchia [ka'lɔkkja] f. AGR. échalas m.
calomelano [kalome'lano] m. FARM. calomel.
calore [ka'lore] m. chaleur f., chaud. | *dare calore*, donner de la chaleur. ‖ FIG. chaleur f. | *con, senza calore*, avec, sans chaleur. ‖ FIS. chaleur f., chaude f. | *calore specifico* (L.C.), chaleur spécifique, calorique (m.) spécifique (antiq.). | *calore bianco*, chaude blanche. ‖ FISIOL. *calore animale*, chaleur animale. ‖ [fregola] *essere in calore*, être en chaleur. ‖ MED. *colpo di calore*, coup de chaleur. ‖ POP. [eruzione] éruption f. (L.C.). ‖ METEOR. *lampo di calore*, fulguration f.
caloria [kalo'ria] f. FIS., FISIOL. calorie.
calorico [ka'lɔriko] (**-ci** pl.) agg. FIS. calorique. ‖ FISIOL. *giornata calorica*, ration calorique.
calorifero [kalo'rifero] m. [impianto] calorifère. | *calorifero ad aria calda, ad acqua calda, a vapore*, calorifère à air chaud, à eau chaude, à vapeur. ‖ PER EST. [radiatore] radiateur.
calorifico [kalo'rifiko] agg. calorifique.
calorimetria [kalorime'tria] f. FIS. calorimétrie.
calorimetrico [kalori'mɛtriko] (**-ci** pl.) agg. FIS. calorimétrique.
calorimetro [kalo'rimetro] m. FIS. calorimètre.
calorizzazione [kaloriddzat'tsjone] f. METALL. calorisation.
calorna [ka'lɔrna] f. V. CALIORNA.
calorosità [kalorosi'ta] f. FIS. (raro) caloricité (L.C.). ‖ FIG. chaleur.
caloroso [kalo'roso] agg. [che dà calore] échauffant. ‖ PER EST. [che non teme il freddo] *è un tipo caloroso*, c'est un type qui n'est pas frileux. ‖ FIG. chaleureux. | *accoglienza calorosa*, accueil chaleureux. ‖ PER ANAL. [animato] *discussione calorosa*, discussion passionnée.
caloscia [ka'lɔʃʃa] (**-sce** pl.) f. caoutchouc m.
calotta [ka'lɔtta] f. [zucchetto] calotte. ‖ AER. *calotta di prua*, chapeau (m.) de proue. | *calotta del paracadute*, voilure du parachute. ‖ ANAT. *calotta cranica*, calotte crânienne. ‖ ASTRON. *calotta celeste*, calotte des cieux. ‖ GEOGR. *calotta polare*, calotte polaire. ‖ GEOM. *calotta sferica*, calotte sphérique. ‖ STOR. calotte. ‖ TECN. *calotta di fanale*, calotte de projecteur. | *calotta dello spinterogeno*, chapeau (m.) de distributeur. | *calotta di orologio*, boîtier (m.) de montre.
calpestamento [kalpesta'mento] m. (raro) piétinement. ‖ FIG. avilissement.
calpestare [kalpes'tare] v. tr. piétiner, écraser, fouler aux pieds. ‖ PER EST. fouler, marcher [sur]. | *vietato calpestare il prato*, défense de marcher sur la pelouse. ‖ FIG. fouler aux pieds, piétiner, mépriser.
calpestatore [kalpesta'tore] (**-trice** f.) m. (raro) oppresseur (L.C.).
calpestio [kalpes'tio] m. piétinement, bruit (de pas). | *calpestio di cavalli*, piétinement de chevaux.
calugine [ka'ludʒine] o **caluggine** [ka'luddʒine] f. (lett.) duvet m. (L.C.).
calumare [kalu'mare] v. tr. MAR. affaler.
calumet [kaly'mɛ] m. invar. [fr.] calumet m.
calumo [ka'lumo] m. MAR. touée f.
calunnia [ka'lunnja] f. calomnie. | *esposto alle calunnie*, en butte aux calomnies.

calunniare [kalun'njare] v. tr. calomnier.
calunniatore [kalunnja'tore] (**-trice** f.) m. e agg. calomniateur, trice.
calunnioso [kalun'njoso] agg. calomnieux.
calura [ka'lura] f. LETT. chaleur (L.C.). | *calura estiva*, les grandes chaleurs (de l'été), les feux de l'été (lett.).
calvados [kalva'do:s] m. invar. [fr.] calvados; calva (fam.).
calvario [kal'varjo] (**-ri** pl.) m. RELIG. e FIG. calvaire.
calvilla [kal'villa] f. BOT. [varietà di mele] calville.
calvinismo [kalvi'nizmo] m. RELIG. calvinisme.
calvinista [kalvi'nista] (**-ti** pl.) m. e f. RELIG. calviniste n. e agg.
calvinistico [kalvi'nistiko] (**-ci** pl.) agg. RELIG. calviniste.
calvizie [kal'vittsje] f. invar. calvitie.
calvo ['kalvo] agg. chauve. ◆ m. chauve.
calza ['kaltsa] f. [uomo] chaussette f. | *tirarsi su le calze*, tirer ses chaussettes. || [a mezza gamba] mi-bas m. || [da donna] bas m. || PARTICOL. FAM. *fare la calza*, tricoter (L.C.). | *imparare a fare la calza*, apprendre à tricoter. | *ferri da calza*, aiguilles à tricoter. || PER EST. [lucignolo] mèche.
calzamaglia [kaltsa'maλλa] f. collant m. || [ballerini] maillot m., collant m.
calzante [kal'tsante] agg. *scarpa calzante*, soulier qui chausse bien. || FIG. [appropriato] *la tua risposta è calzante*, ta réponse est appropriée. | *argomentazione calzante*, argumentation pertinente. | *osservazione calzante*, remarque qui tombe à propos. ◆ m. chausse-pied.
1. calzare [kal'tsare] m. (lett.) chaussure f. (L.C.).
2. calzare [kal'tsare] v. tr. **1.** [scarpe] chausser. | *calzare il 37*, chausser du 37. | *che numero calza?*, combien chaussez-vous?, quelle est votre pointure? | *queste scarpe mi calzano bene*, ces chaussures me chaussent bien. || PER ANAL. [guanti] mettre. | *calza i guanti!*, mets tes gants! || **2.** [fornire di scarpe] *calzare qlcu.*, chausser qn. || TEATRO *calzare il socco*, chausser le brodequin. || TECN. [mobile, veicolo] caler. ◆ v. intr. *questi stivali non calzano bene*, ces bottes ne chaussent pas bien. | *berretto che calza bene*, bonnet qui coiffe bien. | *calzare a pennello*, aller comme un gant. || FIG. *gli ha dato una risposta che calzava alla perfezione*, il lui a donné une réponse qui collait à merveille.
calzato [kal'tsato] part. pass. e agg. chaussé. | *calzato di ghette, di uose* (antiq.), guêtré. || LOC. FIG. *è un asino calzato e vestito*, c'est un âne bâté.
calzatoia [kaltsa'toja] f. TECN. cale.
calzatoio [kaltsa'tojo] (**-oi** pl.) m. chausse-pied.
calzatura [kaltsa'tura] f. chaussure. | *commerciare in calzature* (L.C.), être dans la chaussure (fam.).
calzaturiere [kaltsatu'rjεre] m. chausseur.
calzaturiero [kaltsatu'rjεro] agg. des chaussures. | *produzione calzaturiera*, production des chaussures. | *industria calzaturiera*, (industrie de) la chaussure. ◆ m. [operaio] *i calzaturieri*, les ouvriers de la chaussure.
calzaturificio [kaltsaturi'fitʃo] (**-ci** pl.) m. fabrique (f.) de chaussure(s).
calzerotto [kaltse'rɔtto] m. [calza corta] chaussette (f.) de laine. || [per neonato] chausson.
calzetta [kal'tsetta] f. chaussette. || LOC. FIG. PEGGIOR. *essere una mezza calzetta*, être une personne de peu de poids (L.C.).
calzettaio [kaltset'tajo] (**-ai** pl.) m. bonnetier.
calzettone [kaltset'tone] m. chaussette montante, mi-bas.
calzificio [kaltsi'fitʃo] (**-ci** pl.) m. bonneterie f.
calzino [kal'tsino] m. chaussette f. | *calzino lungo*, demi-bas. || LOC. FIG. POP. *tirare il calzino*, casser sa pipe (pop.), mourir (L.C.).
calzolaio [kaltso'lajo] (**-ai** pl.) m. cordonnier, chausseur. | *mastro calzolaio*, bottier. | *arte del calzolaio*, cordonnerie f.
calzoleria [kaltsole'ria] f. [bottega] cordonnerie. || PER EST. [arte] (antiq.) cordonnerie (L.C.). || PER ANAL. [negozio] magasin (m.) de chaussures.
calzoncini [kaltson'tʃini] m. pl. [indumento maschile] culottes courtes. | *mettere i calzoncini a un bambino*, culotter un enfant. || [abbigliamento sportivo, per vacanze ecc.] short (sing.) [ingl.].
calzone [kal'tsone] m. **1.** [parte che ricopre la gamba] jambe f. || CULIN. *calzone ripieno di composta di mele*, chausson aux pommes. || **2.** calzoni m. pl. [indumento maschile] pantalon (sing.). | *calzoni alla zuava*, pantalon de golf. | *mettere i calzoni a qlcu.*, culotter qn. | *togliere i calzoni a qlcu.*, déculotter qn. | *togliersi i calzoni*, se déculotter. | *apertura dei calzoni*, braguette f. || LOC. FIG. *è sua moglie che porta i calzoni*, c'est sa femme qui porte la culotte.
camaglio [ka'maλλo] m. STOR. MIL. [armatura] camail. || PER EST. [passamontagna] (lett.) passe-montagne (L.C.).
camaldolese [kamaldo'lese] agg. invar. e m. RELIG. camaldule.
camaleonte [kamale'onte] m. ZOOL. e FIG. caméléon.
camarilla [kama'rilla] f. POLIT. [Spagna] camarilla. || PER EST. [cricca, combriccola] camarilla.
camarlengo [kamar'lengo] m. V. CAMERLENGO.
cambellotto [kambel'lɔtto] m. ANTIQ. TESS. camelot (L.C.).
cambiabile [kam'bjabile] agg. invar. changeable.
cambiadischi [kambja'diski] m. invar. changeur (de disques).
cambiale [kam'bjale] f. FIN. effet m., billet à ordre m., lettre de change, traite. | *cambiale attiva, passiva*, effet à recevoir, à payer. | *cambiale di favore*, effet de complaisance. | *cambiale a tempo vista, a tempo data*, lettre de change à délai de vue, à délai de date. | *cambiale in bianco*, effet en blanc.
cambiamento [kambja'mento] m. [modificazione] changement, variation f., modification f., transformation f. | *avere dei bruschi cambiamenti d'umore*, avoir des sautes (f.) d'humeur. | *cambiamento di scena* (anche fig.), changement de décor. || MAR. *cambiamento di turno*, changement de quart. | *cambiamento di rotta*, changement de cap. || MIL. *cambiamento di fronte*, conversion f.
cambiare [kam'bjare] **I.** v. tr. **1.** [scambiare] changer (contre), échanger (pour, contre), troquer (contre). | *cambiare il proprio posto con un altro*, échanger sa place contre une autre. || FIN. *cambiare denaro*, changer de l'argent. | *cambiare sterline in dollari*, changer des livres en dollars. | *mi può cambiare mille lire?*, est-ce que vous pouvez me faire la monnaie de mille lires? | *mi può cambiare?*, est-ce que vous pouvez me faire de la monnaie? || **2.** [sostituire] changer (contre, pour), remplacer (par), substituer (à). | *non cambierei la mia macchina con la tua!*, je ne changerais pas ma voiture contre la tienne! | *cambiare i vecchi mobili con dei nuovi*, remplacer son ancien mobilier par du neuf. | *bisogna cambiare un pezzo del motore*, il faut changer une pièce du moteur. | *cambiare un vetro rotto*, remplacer un carreau cassé. | *cambiare le lenzuola*, changer les draps. | *cambiare i cavalli*, relayer les chevaux. || PER EST. *cambiare un bambino, un malato*, changer un enfant, un malade. || AUTOM. *cambiare le gomme della macchina* (L.C.), changer les pneus de sa voiture (L.C.), chausser sa voiture de neuf (neol.). || MAR. *cambiare la barra*, changer la barre. || cambiare di, changer (de). | *cambiare (di) argomento, abito, indirizzo*, changer de sujet, de vêtement, d'adresse. | *cambiare posto a qlcu., a qlco.*, changer qn, qch. de place. | *cambiare treno, strada*, changer de train, de route. | *cambiamo casa domani*, nous allons déménager demain. | *far cambiare paese*, dépayser v. tr. | *cambiare colore*, changer de couleur, de visage. | *cambiare mano*, changer de main. | *cambiare mani, proprietario*, changer de mains, de propriétaire. | *la cosa cambia aspetto!*, cela change tout! || LOC. FIG. FAM. *cambiare vita*, faire une fin. | *non cambiare proposito, opinione*, rester sur ses positions, être ferme sur ses étriers. | *cambiare discorso* (L.C.), détourner la conversation, rompre les chiens (fam.). | *cambiare bandiera*, tourner casaque. || AUTOM. *cambiare marcia*, changer de vitesse. || MAR. *cambiare rotta*, changer de cap. || **3.** [modificare] changer, modifier. | *(tanto) per cambiare*, pour changer, histoire de changer. | *cambiare da così a così* (fam.), changer du tout au tout. | *non cambiare le carte in tavola!*, ne change pas les données du jeu!, ne brouille pas les cartes! ◆ **II.** v. intr. changer, évoluer, se modifier (v. rifl.), se transformer

(v. rifl.). ‖ [azione] *le cose sono cambiate*, les choses ont changé. | *come sei cambiata !*, que tu as changé ! | *il tempo sta per cambiare*, le temps va changer. ‖ [situazione] *sono cambiati i tempi !*, les temps sont bien changés ! | *le idee cambiano*, les idées évoluent. | *le sue idee non sono cambiate con l'età*, ses idées ne se sont pas modifiées avec l'âge. ◆ **III.** v. rifl. **1.** [modificarsi, trasformarsi] se changer, se modifier, se transformer. | *la pioggia si è cambiata in neve*, la pluie s'est changée en neige. ‖ **2.** [d'abito] se changer, changer (de) v. tr. indir. | *mi cambio e vengo*, je me change et je viens. | *mi cambio le scarpe e scendo*, je change de chaussures et je descends.

cambiario [kam'bjarjo] (**-ri** pl.) agg. FIN. cambial. | *mercato cambiario*, marché des changes. | *vaglia cambiario*, billet à ordre. | *titoli cambiari*, effets de commerce.

cambiatore [kambja'tore] m. FIN. changeur (antiq.), cambiste (antiq.), agent de change (L.C.).

cambiavalute [kambjava'lute] m. invar. FIN. V. CAMBIATORE.

cambio ['kambjo] (**-bi** pl.) m. **1.** [scambio] échange, change, troc. | *guadagnare, perdere al cambio*, gagner, perdre au change. | *fare un cambio con qlcu.*, faire un troc avec qn. ◆ LOC. AVV. ***in cambio,*** en échange. ◆ LOC. PREP. ***in cambio di,*** en échange de, en remplacement de, à la place de. ‖ **2.** FIN. change. | *ufficio di cambio*, bureau de change. | *agente di cambio*, agent de change. | *cambio ufficiale*, change officiel. ‖ **3.** [azione] relève f., relais. | *dare il cambio a qlcu.*, prendre le relais de qn, relayer qn, relever qn. | *darsi il cambio*, se relayer. | *cambio della guardia*, relève de la garde. | *cambio delle squadre*, relève des équipes. | *fare il cambio delle lenzuola*, changer les draps. ‖ ANAT. couche ostéogène. ‖ AUTOM. *cambio di velocità*, changement de vitesse. | *leva del cambio*, levier du changement de vitesse. | *scatola del cambio*, boîte de vitesses. ‖ BOT. cambium. ‖ SPORT [staffetta] *bastoncino del cambio*, témoin. ‖ TECN. [bicicletta] dérailleur.

cambista [kam'bista] m. FIN. (antiq.) changeur (antiq.), cambiste (antiq.), agent de change (L.C.).

cambretta [kam'bretta] f. TECN. crampillon m., cavalier m.

cambriano [kam'brjano] agg. e m. GEOL. cambrien.

cambusa [kam'buza] f. MAR. cambuse.

cambusiere [kambu'zjɛre] m. MAR. cambusier.

camelia [ka'mɛlja] f. BOT. camélia m.

camelidi [ka'mɛlidi] m. pl. ZOOL. camélidés.

camelina [kame'lina] f. BOT. caméline, cameline.

1. camera ['kamera] f. **1.** [stanza] (L.C.) chambre, pièce, carrée (pop.). | *camera da letto*, chambre à coucher. | *camera degli ospiti*, chambre d'amis. | *camera a mansarda*, chambre mansardée. | *camera ammobiliata*, chambre garnie, chambre meublée. | *camera a due letti*, chambre à deux lits. | *dormire in camere separate*, faire chambre à part. | *rimanere in camera*, garder la chambre. ‖ *veste da camera*, robe de chambre. | *giacca da camera*, veste d'intérieur. | *musica da camera*, musique de chambre. ‖ *affittansi camere*, chambres à louer. | *rinchiudere in una camera*, cloîtrer, chambrer, enfermer. ‖ PER EST. *camera di sicurezza*, chambre de sécurité, de sûreté. | *camera a gas*, chambre à gaz. | *camera ardente*, chapelle ardente. | *camera mortuaria*, morgue. ‖ PER ANAL. [mobilio] chambre. ‖ **2.** POLIT. [associazione] *Camera dei deputati*, Chambre des députés. ‖ COMM. *Camera del lavoro*, Bourse du travail. | *Camera di commercio*, Chambre de commerce. ‖ **3.** GIUR. *camera di consiglio*, chambre de conseil. | *deliberazione in camera di consiglio*, délibéré m. ‖ **4.** FIS., TECN. *camera d'aria*, [di pneumatici] chambre à air, [di altoforno] boîte à vent. | *camera del fumo*, boîte à fumée. | *camera (della turbina idraulica)*, bâche (de la turbine hydraulique). | *camera di combustione*, chambre de combustion. | *camera di scoppio*, chambre d'explosion. | [di un forno a riverbero termico] laboratoire m. | [siluri] *camera di lancio*, compartiment (m.) des torpilles. | *camera di chiusa*, sas (m.) d'écluse. ‖ **5.** FOT. *camera oscura*, chambre noire.

2. camera ['kamera] f. CIN., FOT., TV. caméra. | *camera televisiva*, caméra de télévision. | *camera da presa*, caméra. | *operatore di camera*, cameraman (ingl.).

camerale [kame'rale] agg. FIN. *beni camerali*, biens domaniaux. ‖ POLIT. de la Chambre.

1. camerata [kame'rata] (**-ti** pl.) n. camarade.

2. camerata [kame'rata] f. [dormitorio] chambrée. ‖ PER EST. [sodalizio] cercle m.

cameratesco [kamera'tesko] agg. de camaraderie. | *spirito cameratesco*, esprit de camaraderie.

cameratismo [kamera'tizmo] m. camaraderie f.

cameretta [kame'retta] f. DIMIN. chambrette.

cameriera [kame'rjɛra] f. **1.** [addetta alle camere in un albergo] femme de chambre. ‖ [addetta al servizio di sala] serveuse. | *chiamare la cameriera*, appeler la serveuse. | *cameriera !*, mademoiselle ! ‖ **2.** [domestica] femme de chambre, bonne, cameriste, chambrière (antiq., lett.). ‖ STOR. [addetta al servizio personale] camériste. ‖ TEATRO [ruolo] soubrette.

cameriere [kame'rjɛre] m. **1.** [domestico] domestique, serviteur (antiq.). ‖ **2.** [in un locale pubblico, addetto alle consumazioni] garçon (de café). ‖ [addetto al servizio in sala] garçon (de salle), serveur. | *cameriere !*, garçon ! ‖ RELIG. [di un cardinale, del papa] camérier.

camerino [kame'rino] m. **1.** DIMIN. chambrette f. ‖ MAR. [cabina degli ufficiali] chambre f. ‖ MAR. MIL. [su una nave da guerra] cabine f. ‖ TEATRO loge f. ‖ **2.** FAM. [latrina] cabinets (pl.) (L.C.).

camerista [kame'rista] f. STOR. cameriste.

camerlengo [kamer'lengo] m. RELIG. camerlingue.

camerotto [kame'rɔtto] m. MAR. garçon (de cabine).

camice ['kamitʃe] (**-ci** pl.) m. [di medico, ecc.] blouse f. ‖ RELIG. [di sacerdote] aube f.

camiceria [kamitʃe'ria] f. chemiserie.

camicetta [kami'tʃetta] f. [camicia da uomo a maniche corte] chemisette. ‖ [abbigliamento femminile] chemisette, chemisier m. | *camicetta senza maniche*, guimpe (antiq.). | *camicetta a maglia*, jersey m. | *camicetta a casacca*, blouse.

camicia [ka'mitʃa] (**-cie** pl.) f. chemise, liquette (gerg.), limace (gerg.). | *camicia da uomo*, chemise d'homme. | *camicia da notte*, chemise de nuit. | *camicia sportiva*, chemise de sport. | *cambiare camicia*, changer de chemise. | *negozio di camicie*, chemiserie f. | *in maniche di camicia*, en bras de chemise. ‖ PER ANAL. *camicia di forza*, camisole de force. ‖ LOC. FIG. *sudare sette camicie*, suer sang et eau. | *essere nato con la camicia*, être né coiffé. | *si è ridotto in camicia, ci ha rimesso anche la camicia*, il y a laissé jusqu'à sa dernière chemise. | *darebbe via anche la camicia*, il donnerait jusqu'à sa chemise. ‖ AMM. [cartella] chemise. ‖ CULIN. *uova in camicia*, œufs pochés. ‖ POLIT. *camicie rosse, brune, nere*, chemises rouges, brunes, noires. ‖ STOR. *camicia di maglia*, cotte de mailles. ‖ TECN. chemise.

camiciaio [kami'tʃajo] (**-ai** pl.) m. chemisier.

camicino [kami'tʃino] m. [per neonato] brassière f.

camiciola [kami'tʃɔla] f. [maglietta che si porta sulla carne] maillot (m.) de corps, gilet (m.) (de corps, de santé), chemise américaine. ‖ PER EST. [camicia da uomo] chemisette.

camiciotto [kami'tʃɔtto] m. [tunica da lavoro] blouse (f.) de travail. | *camiciotto di tela*, bourgeron. ‖ PER EST. [abbigliamento] blouson. ‖ MAR. vareuse f.

caminetto [kami'netto] m. DIMIN. cheminée f. ‖ SPORT [alpinismo] cheminée f.

caminiera [kami'njɛra] f. [parafuoco] garde-feu m. ‖ PER EST. [specchio] glace (f.) de cheminée.

camino [ka'mino] m. cheminée f. | *spazzatura, ripulitura del camino*, ramonage m. | *spazzare, pulire il camino*, ramoner. | *cappa del camino*, manteau de la cheminée. ‖ PER ANAL. *camino di locomotiva*, cheminée de locomotive. | *camino di fabbrica*, cheminée d'usine. ‖ GEOL. *camino vulcanico, diamantifero*, cheminée volcanique, diamantifère. ‖ SPORT [alpinismo] cheminée.

camion ['kamjon] m. invar. TRASP. camion m., poids lourd m. | *camion a rimorchio*, camion à remorque. | *camion a cassone ribaltabile*, camion à benne (basculante). | *camion per traslochi*, camion de déménagement. | *trasporto con camion*, camionnage. | *trasportare con camion*, camionner.

camionabile [kamjo'nabile] agg. ouvert aux poids-lourds. ◆ f. route ouverte aux poids-lourds, route pour poids-lourds.
camionale [kamjo'nale] agg. pour poids-lourds. ◆ f. route pour poids-lourds.
camioncino [kamjon'tʃino] m. camionnette f.
camionetta [kamjo'netta] f. MIL. camionnette.
camionista [kamjo'nista] (**-ti** pl.) m. camionneur.
camionistico [kamjo'nistiko] (**-ci** pl.) agg. de camion.
camisaccio [kami'zattʃo] (**-ci** pl.) m. MAR. vareuse f.
camisardo [kami'zardo] m. STOR. camisard.
camma ['kamma] f. MECC. came.
cammella [kam'mɛlla] f. ZOOL. chamelle.
cammelliere [kammel'ljɛre] m. chamelier.
cammello [kam'mɛllo] m. ZOOL. chameau. || TESS. [tessuto] poil de chameau.
cammeo [kam'mɛo] m. [pietra] camée, camaïeu (antiq.).
camminamento [kammina'mento] m. MIL. cheminement, boyau.
camminare [kammi'nare] v. intr. marcher. | *camminare di buon passo, a passo spedito*, marcher bon train. | *camminare sulla punta dei piedi*, marcher sur la pointe des pieds. | *camminare a passi felpati*, marcher à pas de loup. | *camminare a quattro zampe*, marcher à quatre pattes. | *camminare diritto davanti a sé*, marcher droit devant soi. | *camminare zoppiconi, zoppicando, a fatica*, clopiner (fam.). | *camminare lungo qlco.*, longer qch. | *camminare su e giù*, faire les cent pas. | *camminare su e giù per una stanza*, arpenter une pièce. | *camminare con le grucce*, béquiller. | *camminare sul patrio suolo*, fouler le sol de sa patrie. | *camminare come le oche* (fam.), chalouper (gerg.). | *camminare a lungo*, cheminer. | *modo di camminare*, démarche (f.). || PER ANAL. [progredire, funzionare] *gli affari camminano bene, male*, les affaires marchent bien, mal. || LOC. FIG. *camminare dritto*, filer droit. | *camminare sulle uova*, marcher sur des œufs. | *camminare sul velluto*, marcher sur le velours. | *cammina cammina, arrivarono ad un fiume*, après un bon bout de chemin, ils arrivèrent à un fleuve. | *cammina!*, [spicciati] (fam.) dépêche-toi! (L.C.); [vattene] (fam.) file!, décampe!, fiche le camp! (pop.). ◆ SOSTANT. m. [azione] *il camminare fa bene*, la marche fait du bien. || PER EST. [andatura] allure f., démarche f.
camminata [kammi'nata] f. [azione] marche, promenade, cheminement m. | *fare una bella camminata*, faire une belle promenade. | *fare una lunga camminata*, faire une longue marche. | *che camminata!*, quelle marche! | *camminata lunga e faticosa*, cheminement. || PER EST. [andatura] marche, démarche, allure. | *avere una strana camminata*, avoir une drôle d'allure, une drôle de démarche.
camminatore [kammina'tore] (**-trice** f.) m. marcheur, euse. | *è un grande camminatore*, c'est un grand marcheur.
cammino [kam'mino] m. **1.** [azione, durata] chemin, route f. | *proseguire il cammino*, poursuivre sa marche, son chemin. | *cammino facendo*, chemin faisant. | *in cammino!*, en route! || **2.** PER ANAL. [percorso] chemin, parcours, route f. | *mostrare, indicare il cammino*, montrer, indiquer le chemin, la route. | *essere a metà cammino*, être à mi-chemin. | *conoscere il cammino*, connaître la route. | *aprirsi un cammino*, se frayer un chemin. || MIL. *cammino di ronda*, chemin de ronde. | *cammino coperto*, chemin couvert. || **3.** FIG. *cammino della gloria*, chemin, voie (f.) de la gloire. | *allontanarsi dal retto cammino*, s'écarter du droit chemin. | *tagliare il cammino a qlcu.*, barrer le chemin à qn.
camola ['kamola] f. REGION. [tarma] mite, teigne.
camolatura [kamola'tura] f. TECN. piqûres f. pl.
camomilla [kamo'milla] f. BOT. camomille.
camorra [ka'mɔrra] f. bande, gang m. || FIG. [chiasso] (fam.) boucan m., vacarme m. (L.C.).
camosciare [kamoʃ'ʃare] v. tr. e deriv. V. SCAMOSCIARE e deriv.
camoscio [ka'mɔʃʃo] (**-sci** pl.) m. ZOOL. chamois. | *camoscio dei Pirenei*, isard. || [pelle] chamois, daim. | *guanti di camoscio*, gants de chamois. | *pelle di camoscio*, peau de chamois. | *scarpe di camoscio*, chaussures de daim. | *borsa di camoscio*, sac de daim. ◆ agg. invar. chamois.
campagna [kam'paɲɲa] f. **1.** [in opposizione a città] (L.C.) campagne, cambrousse (fam.). | *abitare, andare in campagna*, habiter, aller à la campagne. | *gente di campagna*, gens de la campagne. | *albergo di campagna*, hôtellerie f. | *casa di campagna*, [in Provenza] cabanon m. | *modesto castello di campagna*, gentilhommière f. | *nobilotto di campagna*, hobereau. | *perdersi in piena campagna*, se perdre en pleine cambrousse. | *ritirarsi in campagna* (L.C.), aller planter ses choux (fam.). || PER EST. [terra coltivata] *la campagna promette bene*, la récolte promet bien. | *avere molte campagne*, avoir beaucoup de terres. || **2.** MIL. [spazio] *artiglieria da campagna*, artillerie de campagne. | *capitolare in aperta campagna*, capituler en rase campagne. || PER EST. [attività] *campagna di Russia*, campagne de Russie. | *le campagne di Napoleone*, les campagnes de Napoléon. || LOC. (iron.) *ha fatto le sue campagne*, il a eu ses aventures. || **3.** COMM., ECON. *campagna di vendita*, campagne de vente. || FIG. *fare una campagna in favore di qlcu.*, faire campagne pour qn. | *campagna elettorale, pubblicitaria, di stampa*, campagne électorale, publicitaire, de presse. || **4.** LOC. [senso pr. e fig.] *battere la campagna*, battre la campagne. | *buttarsi alla campagna*, prendre le maquis.
campagnola [kampaɲ'ɲɔla] f. paysanne. || [automobile] tout(-)terrain invar.
campagnolo [kampaɲ'ɲɔlo] agg. campagnard. || ZOOL. *topo campagnolo*, campagnol m. ◆ SOSTANT. m. campagnard, paysan. | *i campagnoli*, les gens de la campagne. ◆ LOC. AVV. ***alla campagnola***, à la mode campagnarde.
campale [kam'pale] agg. MIL. *battaglia campale*, bataille rangée. | *artiglieria campale*, artillerie de campagne. || FIG. *giornata campale*, rude journée.
campana [kam'pana] f. [strumento] cloche. | *suonare le campane a morto, a martello*, sonner le glas m., le tocsin m. | *suonare le campane a festa, a distesa, a stormo*, sonner à toute volée. || PER EST. [recipiente] cloche. || PER ANAL. *gonna a campana*, jupe cloche. || LOC. FIG. *sordo come una campana*, sourd comme un pot. | *sentire tutte e due le campane*, écouter les deux sons de cloche. | *fare la testa come una campana a qlcu.*, casser la tête, les oreilles à qn. | *tenere sotto una campana di vetro*, tenir dans du coton. || ARCHIT. campane. || BOT. *fiore a campana*, cloche. || GIOCHI marelle. || TECN. *campana pneumatica*, cloche à air.
campanaccio [kampa'nattʃo] (**-ci** pl.) m. [campanello del bestiame] sonnaille f., clarine f. | *campanaccio del montone*, bélière f.
campanaio [kampa'najo] (**-ai** pl.) m. [tosc.] carillonneur.
campanario [kampa'narjo] (**-ri** pl.) agg. *torre campanaria*, clocher m. | *torre campanaria comunale*, beffroi m. | *cella campanaria*, cage de clocher.
campanaro [kampa'naro] m. carillonneur.
campanatura [kampana'tura] f. AUTOM. [inclinazione delle ruote direttrici] carrossage m.
campanella [kampa'nɛlla] f. **1.** DIMIN. clochette. || PER ANAL. [campanello] sonnette. || **2.** [anello metallico] anneau m. || PER EST. [battente in ferro] heurtoir m. || **3.** [orecchino] boucle d'oreille. || BOT. clochette (fam.).
campanello [kampa'nɛllo] m. [a forma di campana] sonnette f.; [con martelletto] timbre. | *chiamare la domestica con il campanello*, sonner la bonne. || RELIG. *campanello dell'elevazione*, sonnette de l'élévation. || TECN. *campanello (di bicicletta)*, timbre, avertisseur (de bicyclette). | *campanello* [della stazione], vibreur, trembleur électrique.
campanile [kampa'nile] m. clocher. || FIG. *rivalità di campanile*, rivalités, querelles de clocher. || ARCHIT. [campanile staccato dalla chiesa o a vela] campanile. || GEOGR. [alpinismo] aiguille f. || SPORT *tiro a campanile*, tir en chandelle.
campaniletto [kampani'letto] m. DIMIN. clocheton.
campanilismo [kampani'lizmo] m. esprit de clocher.
campanilistico [kampani'listiko] (**-ci** pl.) agg. de

clocher. | *spirito campanilistico*, esprit de clocher. | *rivalità campanilistica*, rivalités de clocher.
campanone [kampa'none] m. Accr. bourdon.
campanula [kam'panula] f. Bot. campanule, clochette (fam.).
campanulacee [kampanu'latʃee] f. pl. Bot. campanulacées.
campanulato [kampanu'lato] agg. Bot. *fiore campanulato*, cloche f. ‖ Archit. *capitello campanulato*, campane f.
campare [kam'pare] v. intr. [mantenersi in vita] vivre. ‖ Fam. *campare alla meglio*, vivoter. | *campare alla giornata, tirare a campare*, vivre au jour le jour. | *non camperà a lungo*, il ne fera pas de vieux os. | *si campa!*, on vit! ‖ Prov. *campa cavallo che l'erba cresce*, tu peux toujours attendre! ◆ v. tr. [nutrire] (raro) nourrir (l.c.). ‖ Arti [pittura] réchampir, rechampir.
campata [kam'pata] f. Archit. travée. ‖ Aer. envergure.
campato [kam'pato] agg. Loc. *campato in aria*, en l'air. | *progetti, discorsi campati in aria*, projets, discours en l'air. ‖ Arti réchampi, rechampi.
campeccio [kam'pettʃo] m. Bot. campêche.
campeggiare [kamped'dʒare] v. intr. Sport camper. ‖ Mil. (raro) cantonner (l.c.). ‖ Fig. [risaltare] se détacher (sur), se découper (sur), ressortir (sur), trancher (sur). ◆ v. tr. Mil. (antiq.) assiéger (l.c.). ‖ Arti (raro) réchampir, peindre (le fond) [l.c.].
campeggiatore [kampeddʒa'tore] (**-trice** f.) m. Sport campeur, euse. | *campeggiatore che viaggia con la roulotte*, caravanier (neol.), campeur qui pratique le caravaning.
1. campeggio [kam'peddʒo] (**-gi** pl.) m. Bot. campêche.
2. campeggio [kam'peddʒo] m. Sport [azione e dimora] camping (ingl.). | *fare un campeggio*, camper, faire du camping (ingl.). ‖ *(terreno da) campeggio*, (terrain de) camping.
campestre [kam'pɛstre] agg. champêtre. | *ballo campestre*, bal champêtre. | *lavori campestri*, travaux champêtres, travaux des champs, travaux de la campagne. | *guardia campestre*, garde champêtre. | *fiori campestri*, fleurs des champs. ‖ Sport *corsa campestre*, cross-country (ingl.).
campicchiare [kampik'kjare] v. intr. Fam. vivoter.
camping ['kæmpiŋ] m. [ingl.] Sport camping.
campionamento [kampjona'mento] m. Comm. échantillonnage.
campionare [kampjo'nare] v. tr. Comm. échantillonner. ‖ [metalli] étalonner.
campionario [kampjo'narjo] (**-ri** pl.) m. Comm. carnet, catalogue d'échantillons, échantillonnage. ◆ agg. Comm. *fiera campionaria*, foire-exposition.
campionato [kampjo'nato] m. Sport championnat.
campionatura [kampjona'tura] f. échantillonnage m. ‖ [metalli] étalonnage m.
campione [kam'pjone] m. **1.** Pr. e fig. champion. ‖ Comm. échantillon. | *come da campione*, conforme à l'échantillon. | *preparazione, taglio, scelta dei campioni*, échantillonnage m., préparation des échantillons. | *tagliare, preparare, scegliere i campioni*, échantillonner (v. tr.), couper des échantillons. ‖ [di pesi e misure] étalon. ‖ [di pubblicazioni] spécimen. ‖ **2.** Sport *campione di pugilato*, champion de boxe. ‖ **3.** Statist. *metodo del campione*, méthode de l'échantillon. ‖ Econ. *campione del catasto* (antiq.), cadastre (l.c.).
campionessa [kampjo'nessa] f. Sport e fig. championne.
campire [kam'pire] v. tr. Arti [pittura] réchampir.
campitura [kampi'tura] f. Arti. [pittura] réchampissage.
campo ['kampo] m. **1.** champ. | *campo di grano*, champ de blé. | *fiore di campo*, fleur des champs. | *vita dei campi*, vie des champs. | *campo di canna da zucchero*, cannaie f. | *campo sperimentale*, champ d'expérimentation. | *attraverso i campi*, à travers champs. | *i campi* (l.c.), les guérets (poet.). ‖ [nel Veneto, unità agraria da 3000 a 5000 m^2] «campo». ‖ **2.** Per est. *campo d'aviazione*, champ, camp, terrain d'aviation. | *campo di tiro*, champ de tir. | *campo di Marte*, champ de Mars. | *campo di battaglia*, champ de bataille. | *campo minato*, champ de mines. | *campo di lavoro*, camp de travail. | *campo di concentramento*, camp de concentration. | *campo di sterminio*, camp d'extermination. | *campo (di) profughi*, camp de réfugiés. ‖ **3.** Mil. camp. | *mettere il campo*, établir son camp. | *levare il campo*, lever le camp. | *latrina da campo*, feuillées f. pl. | *marmitta da campo*, bouteillon m. | *letto da campo*, lit de camp. | *tenuta da campo*, tenue de campagne. | *ospedale da campo*, hôpital de campagne. ‖ Loc. *morire sul campo dell'onore*, mourir au champ d'honneur. | *combattere in campo aperto*, combattre en rase campagne. | *battersi in campo chiuso*, se battre en champ clos. ‖ **4.** Fig. champ, domaine, secteur. | *nel campo della storia, della letteratura, della pubblicità*, dans le domaine de l'histoire, de la littérature, de la publicité. | *ciò che mi chiedi esce dal campo della mia competenza*, ce que tu me demandes n'est pas de mon domaine. | *dare campo libero*, donner carrière (f.). | *rientrare nel campo (di)*, relever (de), dépendre (de). | *tenere campo a qlcu.*, faire front à qn, tenir tête à qn. | *mettere in campo*, avancer. | *cedere il campo*, abandonner le terrain. | *prendere campo*, gagner du terrain. | *entrare in campo a favore di qlcu.*, faire campagne pour qn. | *fuori campo*, hors limite. ‖ **5.** Arald. champ. ‖ Chir. *campo operatorio*, champ opératoire. ‖ Cin., Fot. *campo lungo*, plan général. | *voci fuori campo*, voix off (ingl.). ‖ Elettr., Fis., Ling., Miner. champ. ‖ **6.** Sport [alpinismo] *campo base*, camp de base. ‖ *campo sportivo*, terrain de sport. | *campo di tennis*, court. | *campo da bocce*, jeu de boules. | *campo di golf*, terrain de golf. | *campo di corse*, champ de courses. ‖ **7.** [piazza di Venezia] «campo».
camposanto [kampo'santo] m. cimetière.
campus ['kæmpəs] m. [ingl.] Univ. campus.
camuffamento [kamuffa'mento] m. camouflage.
camuffare [kamuf'fare] v. tr. Pr. e fig. camoufler, déguiser. ‖ Mil. camoufler. ◆ v. rifl. se déguiser. | *camuffarsi da*, se déguiser en. ‖ Mil. se camoufler.
camuso [ka'muzo] agg. camus. | *naso camuso*, nez camus, nez camard.
canadà [kana'da] m. invar. Bot. *mela canada*, canada.
canadese [kana'dese] agg. Geogr. canadien, enne. | *giacca canadese*, canadienne f. ‖ Sport *canoa canadese*, canadienne f. ◆ m. Geogr. [abitante] Canadien, enne. ◆ f. [giacca] canadienne. ‖ [canoa] canadienne.
canaglia [ka'naʎʎa] f. [cattivo soggetto] (l.c.) crapule, canaille, fripouille (pop.). ‖ Fam. eufem. [di bambini] coquin, fripon, canaille. | *ah, canaglia!*, (petite) canaille! ‖ *aria da canaglia*, air crapule, air canaille. ‖ Per est. [marmaglia] crapule (ant.), canaille (ant.), racaille (l.c.), pègre (pop.).
canagliata [kanaʎ'ʎata] f. crapulerie, fripouillerie, canaillerie.
canagliesco [kanaʎ'ʎesko] (**-chi** pl.) agg. crapule, canaille.
canaglietta [kanaʎ'ʎetta] f. Dimin. Fam. eufem. [di bambini] petite canaille.
canagliume [kanaʎ'ʎume] m. (raro) canaille (ant.), crapule (ant.), racaille (l.c.), pègre (pop.).
canale [ka'nale] m. **1.** [corso d'acqua artificiale] canal. | *canale di derivazione*, canal de dérivation, bief d'amont. | *canale di scarico*, rigole (f.), canal d'écoulement, canal d'évacuation; [fogna] canal d'égout; [tetto] gouttière f. ‖ **2.** Fig. *canale diplomatico*, voie (f.) diplomatique. | *canali d'informazione*, moyens d'information. ‖ **3.** Per anal. Anat. *canali midollari*, canaux médullaires. ‖ Archit. canal. ‖ Comm., Elettr. canal. ‖ **4.** Geogr. [braccio di mare] (l.c.) canal, manche f. (antiq.), détroit. ‖ [braccio di mare stretto] canal, chenal. | *canale di Panama*, canal de Panamá. | *canale di Mozambico*, canal du Mozambique. ‖ [a Venezia] *il Canal Grande*, le Grand Canal. ‖ Metall. chenal. | *canale di colata*, chenal de coulée. ‖ Tecn. [condotta di mulino] chenal. | *canale di ventilazione*, canal d'aérage, de ventilation. ‖ **5.** Telecom. *canal multicanale*, canal à plusieurs voies. ‖ TV. *primo e secondo canale*, première et deuxième chaîne.
canaletto [kana'letto] m. Dimin. Mar. [ombrinale] *canaletto di scolo*, dalot. ‖ Tecn. [per lo scolo delle acque] caniveau (l.c.), goulotte f., larron d'eau.

canalicolo [kana'likolo] m. ANAT. canalicule.
canalizzabile [kanalid'dzabile] agg. invar. canalisable.
canalizzare [kanalid'dzare] v. tr. canaliser.
canalizzazione [kanaliddzat'tsjone] f. canalisation.
canalone [kana'lone] m. GEOGR. [alpinismo] couloir.
canapa ['kanapa] f. BOT. chanvre m.
canapaia [kana'paja] f. **1.** [terreno coltivato] chènevière. ‖ **2.** [operaia] chanvrière.
canapaio [kana'pajo] (**-ai** pl.) m. **1.** [terreno coltivato] chènevière f. ‖ **2.** [lavoratore della canapa] chanvrier.
canapè [kana'pɛ] m. invar. canapé. ‖ CULIN. canapé.
canapicolo [kana'pikolo] agg. chanvrier.
canapicoltore [kanapikol'tore] m. chanvrier.
canapicoltura [kanapikol'tura] f. culture du chanvre.
canapiero [kana'pjɛro] agg. chanvrier. | *industria canapiera,* industrie chanvrière.
canapificio [kanapi'fitʃo] (**-ci** pl.) m. filature (f.) du chanvre.
canapino [kana'pino] agg. de chanvre. | *tela canapina,* toile de chanvre. ‖ PER ANAL. *capelli canapini,* cheveux de la couleur du chanvre. ◆ m. TESS. toile (f.) tailleur.
canapo ['kanapo] m. TESS. câble de chanvre. ‖ PER EST. câble (de chanvre). ‖ MAR. filin.
canapuccia [kana'puttʃa] f. BOT. chènevis m.
canarino [kana'rino] m. ZOOL. canari, serin. ‖ [in apposizione] *giallo canarino,* jaune serin, jaune canari. | *guanti (color) canarino,* gants canari. ‖ LOC. *mangiare come un canarino,* manger comme un oiseau.
canasta [ka'nasta] f. GIOCHI [carte] canasta. | *giocare a canasta,* jouer à la canasta.
cancan [kan'kan] m. invar. (fr.) [danza] cancan. ‖ PER EST. [chiasso] potin (fam.), chahut, boucan (pop.), barouf (pop.), foin (pop.). | *fare cancan,* faire du barouf, faire du foin, faire du chahut ; chahuter v. intr. | *quando lo saprà, farà un cancan !,* quand il le saura, il en fera du foin !
cancellamento [kantʃella'mento] m. (raro) annulation f. (L.C.).
cancellare [kantʃel'lare] v. tr. **1.** [grattare, strofinare] effacer. | *cancellare una parola con la gomma,* gommer un mot. ‖ PER ANAL. [cancellare con un tratto di penna] effacer, biffer, barrer, raturer, rayer. | *questo passo è stato cancellato dalla censura,* ce passage a été censuré, ce passage a été caviardé. | *cancellare qlcu. da una lista,* rayer qn d'une liste. ‖ FIG. [disdire] *cancellare un appuntamento,* annuler un rendez-vous. ‖ PER EST. [distruggere] effacer, détruire. ‖ FIG. [far scomparire] effacer. | *cancellare un'ingiuria con il sangue,* laver une injure dans le sang. ‖ GIUR. *cancellare un'ipoteca,* rayer une hypothèque. | *cancellare un debito,* annuler une dette. | *cancellare una sentenza,* casser un jugement. ‖ **2.** ANTIQ. [chiudere con un cancello] griller (L.C.). ◆ v. rifl. s'effacer, s'estomper.
cancellata [kantʃel'lata] f. grille.
cancellato [kantʃel'lato] agg. ARALD. fretté.
cancellatura [kantʃella'tura] f. [frego] biffage m., biffure, rature. | *manoscritto pieno di cancellature,* manuscrit chargé de ratures.
cancellazione [kantʃellat'tsjone] f. AMM. effacement m. ‖ PER ANAL. [radiazione] radiation. | *cancellazione di qlcu. da una lista,* radiation de qn d'une liste. ‖ GIUR. *cancellazione di un decreto,* révocation d'un décret. | *cancellazione di un'ipoteca,* radiation d'une hypothèque. | *cancellazione di un debito,* annulation d'une dette.
cancelleresco [kantʃelle'resko] (**-chi** pl.) agg. *stile cancelleresco,* style de chancellerie ; [peggior.] style bureaucratique.
cancelleria [kantʃelle'ria] f. **1.** STOR. POLIT. chancellerie. ‖ PER EST. [amministrazione centrale] *cancelleria consolare,* chancellerie consulaire. ‖ GIUR. *cancelleria giudiziaria,* greffe m. ‖ RELIG. *cancelleria del Vaticano,* chancellerie du Vatican. ‖ **2.** [materiale scrittorio] matériel (m.) de bureau. | *spese di cancelleria,* frais de papeterie.
cancelliere [kantʃel'ljɛre] m. STOR. POLIT. chancelier. | *cancelliere dello Scacchiere,* chancelier de l'Échiquier. | *Cancelliere federale,* chancelier fédéral. | *moglie del cancelliere,* chancelière. ‖ GIUR. greffier. ‖ RELIG. *cancelliere apostolico,* cardinal-chancelier.
cancellino [kantʃel'lino] m. [spugna] éponge f. ; [panno] torchon.
cancello [kan'tʃɛllo] m. grille f.
cancerizzazione [kantʃeriddzat'tsjone] f. MED. cancérisation.
cancerogeno [kantʃe'rɔdʒeno] agg. MED. cancérigène.
cancerologia [kantʃerolo'dʒia] f. MED. cancérologie.
canceroso [kantʃe'roso] agg. e m. MED. cancéreux.
canchero ['kankero] m. POP. cancer (L.C.). ‖ PER EST. [malattia] maladie. ‖ LOC. *ti venisse un canchero !,* que le diable t'emporte ! ‖ FIG. [individuo fastidioso] casse-pieds (m. e agg. invar.), raseur m. e agg. | *che canchero !,* quel raseur !
cancheroso [kanke'roso] agg. POP. rasoir.
cancrena [kan'krɛna] f. gangrène. | *fare cancrena,* se gangrener.
cancrenarsi [kankre'narsi] v. rifl. (raro) se gangrener (L.C.).
cancrenoso [kankre'noso] agg. gangreneux.
1. cancro ['kankro] m. MED. cancer, carcinome. | *cancro allo stomaco, alla lingua,* cancer de l'estomac, de la langue. ‖ BOT. *cancro degli alberi,* chancre des arbres. ‖ FIG. cancer, chancre.
2. Cancro ['kankro] m. ASTRON. Cancer. ‖ GEOGR. *tropico del Cancro,* tropique du Cancer.
cancroide [kan'krɔjde] m. MED. cancroïde.
candeggiante [kanded'dʒante] part. pres. e agg. blanchissant. ◆ m. CHIM. produit blanchissant.
candeggiare [kanded'dʒare] v. tr. CHIM. blanchir.
candeggiatore [kandeddʒa'tore] m. TESS. blanchisseur.
candeggina [kanded'dʒina] f. CHIM. eau de Javel.
candeggio [kan'deddʒo] (**-gi** pl.) m. TESS. blanchiment.
candela [kan'dela] f. [di cera] bougie ; [di sego] chandelle. | *leggere a lume di candela,* lire à la chandelle. | *cenare a lume di candela,* dîner aux chandelles (pl.). ‖ [in chiesa] *accendere una candela,* brûler un cierge (m.). ‖ *fabbrica di candele,* chandellerie. ‖ LOC. *struggersi come una candela,* se consumer comme une bougie. | *puoi accendergli una candela,* tu lui dois une fière chandelle. | *tenere, reggere la candela* (fam.), tenir la chandelle. | *il gioco non vale la candela,* le jeu n'en vaut pas la chandelle. ‖ SCHERZ. [moccio] FAM. chandelle (pop.). ‖ AER., SPORT chandelle. ‖ AUTOM. bougie. ‖ FIS. [unità di intensità luminosa] bougie (antiq.).
candelabro [kande'labro] m. flambeau, candélabre.
candelaio [kande'lajo] (**-ai** pl.) m. chandelier.
candeletta [kande'letta] f. CHIR. bougie.
candeliere [kande'ljɛre] m. chandelier, bougeoir. ‖ MAR. chandelier.
Candelora [kande'lɔra] f. RELIG. Chandeleur.
candelotto [kande'lɔtto] m. grosse bougie f., grosse chandelle f. ‖ PER EST. *candelotto di dinamite, di tritolo,* cartouche (f.) de dynamite. | *candelotto fumogeno,* pot fumigène.
candidamente [kandida'mente] avv. candidement, naïvement.
candidato [kandi'dato] m. candidat. | *presentarsi candidato,* se porter candidat. ‖ UNIV. candidat. | *candidato al concorso di « agregazione »,* candidat à l'agrégation, agrégatif. ‖ FIG. *ci sono molti candidati a quel posto,* il y a beaucoup de monde sur les rangs pour cette place.
candidatura [kandida'tura] f. candidature. | *presentare la propria candidatura,* se porter candidat ; faire acte de, poser sa candidature.
candidezza [kandi'dettsa] f. blancheur. ‖ FIG. candeur, pureté.
candido ['kandido] agg. blanc. ‖ FIG. candide ; naïf, ingénu, innocent.
candire [kan'dire] v. tr. CULIN. confire (dans le sucre).
candito [kan'dito] part. pass. e agg. CULIN. confit, glacé, candi. | *zucchero candito,* sucre candi. | *frutta candita,* fruits confits. | *marroni canditi,* marrons glacés. ◆ m. fruit confit.
candore [kan'dore] m. blancheur f., blanc. ‖ FIG. candeur f.

1. cane ['kane] m. **1.** ZOOL. chien, cabot (gerg.). | *cane poliziotto, da guardia, pastore, da pagliaio, da caccia,* chien policier, de garde, de berger, de ferme, de chasse. | *cane da ferma, cane da punta,* chien d'arrêt, chien couchant. | *attenti al cane!,* chien méchant. || **2.** FIG. [potente] gros bonnet. || PER EST. [uomo spietato] canaille f., animal. | *quel cane me la pagherà,* l'animal, il me le paiera! || LOC. FIG. FAM. *non c'è un cane,* il n'y a pas un chat. | *fare una fatica da cani a fare qlco.,* avoir un mal de chien à faire qch. || [dolore] *avere un male cane,* avoir un mal de chien. | *fa un freddo cane,* il fait un froid de canard. | *fare una vita da cani,* mener une vie de chien. | *un tempo cane,* un temps de chien, un temps de cochon. | *accogliere qlcu. come un cane in chiesa,* recevoir qn comme un chien dans un jeu de quilles. || *quell'attore è proprio un cane,* cet acteur est une vraie savate, cet acteur est un cabotin. | *morire come un cane,* mourir au coin d'un bois. | *menare il can(e) per l'aia,* tourner autour du pot. | *non stuzzicare il cane che dorme,* ne pas réveiller le chat qui dort. || PROV. *cane che abbaia non morde,* chien qui aboie ne mord pas. || **3.** ESCLAM. *mondo cane!,* chienne de vie! | *figlio d'un cane!,* fils de chien! | *porco cane!,* nom d'un chien! || ASTRON. *Cane Maggiore, Cane Minore,* Grand Chien, Petit Chien. || TECN. [arma] chien.

2. cane ['kane] m. [titolo di alta sovranità tartara] khān.

canea [ka'nɛa] f. aboiements (m. pl.) de chiens. || FIG. clameurs (f. pl.).

canefora [ka'nɛfora] f. canéphore.

canestraio [kanes'traio] (**-ai** pl.) m. **1.** [fabbricante] vannier. || **2.** [venditore] marchand de paniers.

canestrata [kanes'trata] f. corbeille, panier m., panerée.

canestrello [kanes'trɛllo] m. MAR. [anello] erseau.

canestro [ka'nɛstro] m. corbeille f., panier, cueilloir, couffe f., couffin. || SPORT panier. | *fare un canestro,* réussir un panier.

canfora ['kanfora] f. CHIM. camphre m.

canforato [kanfo'rato] agg. camphré.

canforo ['kanforo] m. BOT. camphrier.

cangiante [kan'dʒante] part. pres. e agg. changeant, chatoyant. | *colore cangiante,* couleur changeante, gorge-de-pigeon. | *stoffa cangiante,* étoffe chatoyante. | *riflessi cangianti,* chatoiement m. | *avere riflessi cangianti,* chatoyer v. intr.

cangiare [kan'dʒare] v. tr. e intr. changer, chatoyer v. intr.

canguro [kan'guro] m. ZOOL. kangourou.

canicola [ka'nikola] f. ASTRON. Canicule. || PER EST. [caldo intenso] canicule.

canicolare [kaniko'lare] agg. caniculaire.

canile [ka'nile] m. chenil. | *canile comunale,* fourrière f.

canino [ka'nino] agg. canin. | *mostra canina,* exposition canine. || FIG. *avere una fame canina,* avoir faim, une fringale de loup. || ANAT. *dente canino,* canine f. || BOT. *rosa canina,* églantine f. || MED. POP. *tosse canina,* coqueluche f.

canizie [ka'nittsje] f. invar. MED. canitie. || PER EST. [capelli bianchi] cheveux blancs. || FIG. [vecchiaia] POET. vieillesse (L.C.).

canizza [ka'nittsa] f. aboiements (m. pl.) de chiens. || FIG. clameurs (f. pl.).

canna ['kanna] f. **1.** canne, roseau m. | *canna da zucchero,* canne à sucre. | *campo di canne da zucchero,* cannaie f. || **2.** BOT. *canna indica,* canna m., balisier m. | *frutto della canna indica,* balise. | *sedia impagliata con canna indica,* chaise cannée. || PER ANAL. [bastone] canne (de bambou). || **3.** LOC. FIG. *essere come una canna al vento,* être comme une feuille au vent. | *tremare come una canna,* trembler comme une feuille. | *essere povero in canna,* être pauvre comme Job. || **4.** [tubo] MIL. canon m. | *baionetta in canna!,* baïonnette au canon! || TECN. tuyau m. | *canna fumaria,* [di un forno] carneau m.; [di stufa] tuyau. | *canna antincendio,* tuyau à incendie. | *canna della bicicletta,* cadre (m.) de la bicyclette. || [industria del vetro] fêle, felle. | *canna a soffio,* canne à vent. || **5.** POP. [gola] gosier m. (L.C.). | *gridava con quanto fiato aveva in canna,* il criait à plein gosier.

cannata [kan'nata] f. coup (m.) de canne.

canneggiare [kannɛd'dʒare] v. tr. AGR. arpenter.

1. cannella [kan'nɛlla] f. BOT. cannelle. || *scarpe color cannella,* chaussures cannelle.

2. cannella [kan'nɛlla] f. [rubinetto] cannelle, canette.

cannello [kan'nɛllo] m. chalumeau. || PER EST. *cannello di una pipa,* tuyau d'une pipe. | *cannello di una penna,* canon d'une plume. | *cannello di ceralacca,* bâton de cire. || CHIR. canule f. || TECN. *cannello ossidrico,* chalumeau oxhydrique. | *cannello per tagliare,* chalumeau coupeur.

cannelloni [kannel'loni] m. plur. CULIN. cannelloni.

canneto [kan'neto] m. cannaie f.

cannetta [kan'netta] f. DIMIN. petite canne. || TESS. cannette.

cannibale [kan'nibale] m. cannibale.

cannibalesco [kanniba'lesko] (**-chi** pl.) agg. de cannibale. || PSICANAL. *desideri cannibaleschi,* désirs cannibaliques.

cannibalismo [kanniba'lizmo] m. cannibalisme.

cannicciata [kannit'tʃata] f. claie.

canniccio [kan'nittʃo] (**-ci** pl.) m. claie f.

cannocchiale [kannok'kjale] m. lunette f., longue-vue f. | *mettere a fuoco il cannocchiale,* mettre la lunette au point. | *cannocchiale da viaggio,* lunette de voyage. || ASTRON. *cannocchiale cercatore,* chercheur (de télescope) astronomique. || OTT. *cannocchiale a rifrazione,* lunette d'approche, longue-vue.

cannonata [kanno'nata] f. MIL. coup (m.) de canon. || FIG. *che cannonata!,* formidable! || SPORT [calcio] shoot m. (ingl.).

cannoncino [kannon'tʃino] m. DIMIN. petit canon. ◆ pl. MODA *gonna e cannoncini,* jupe tuyautée. | *cuffia a cannoncini (in rilievo),* bonnet tuyauté.

cannone [kan'none] m. MIL. canon. | PARTIC. *cannone antigrandine,* canon paragrêle. | *donna cannone,* femme canon. || FAM. *è un cannone,* c'est un type énorme. || UNIV. *è un cannone in matematica,* c'est un crack en mathématiques. | *quello studente è un cannone, sa tutto,* cet étudiant est incollable, il sait tout. || TECN. tuyau.

cannoneggiamento [kannoneddʒa'mento] m. MIL. [serie di cannonate] canonnade f. || [azione] canonnage.

cannoneggiare [kannoned'dʒare] v. tr. MIL. canonner.

cannoniera [kanno'njɛra] f. MIL. [apertura per far passare la bocca da fuoco] embrasure. || MAR. MIL. canonnière.

cannoniere [kanno'njɛre] m. MIL. [soldato] canonnier. || SPORT [calcio] buteur.

cannuccia [kan'nuttʃa] f. BOT. chalumeau m. || PER EST. [per bibite] chalumeau m., paille. || PER ANAL. *cannuccia di una penna,* canon (m.) d'une plume. | *cannuccia di una pipa,* tuyau (m.) d'une pipe.

cannula ['kannula] f. MED. canule.

canoa [ka'nɔa] f. canoë m. | *praticare la canoa,* faire du canoë. || SPORT *canoa canadese,* canadienne f.

canocchia [ka'nɔkkja] e **cannocchia** f. ZOOL. squille, sauterelle, cigale de mer.

canocchiale [kanok'kjale] m. V. CANNOCCHIALE.

canoista [kano'ista] (**-ti** pl.) m. SPORT canoéiste.

cañon [ka'ɲon] (sp.) m. cañon.

canone ['kanone] m. **1.** RELIG., MUS., ARTI, FILOS. canon. || **2.** [somma] redevance f. | *canone d'affitto,* loyer. | *canone d'affitto di un fondo rustico,* fermage.

canonica [ka'nɔnika] f. cure.

canonicale [kanoni'kale] agg. canonial.

canonicato [kanoni'kato] m. RELIG. canonicat. || FIG. FAM. filon, bon fromage, aubaine f. | *ha trovato un canonicato!,* il s'est trouvé un bon fromage!

canonicità [kanonitʃi'ta] f. RELIG. canonicité.

1. canonico [ka'nɔniko] (**-ci** pl.) m. RELIG. chanoine. || LOC. FAM. SCHERZ. *grasso come un canonico,* gras comme un moine.

2. canonico [ka'nɔniko] (**-ci** pl.) agg. RELIG. canon, canonique. | *diritto canonico,* droit canon, canonique. || PER EST. FAM. *è l'ora canonica,* c'est le moment opportun. || MAT. canonique.

canonista [kano'nista] (**-ti** pl.) m. RELIG. canoniste.

canonizzare [kanonid'dzare] v. tr. RELIG. canoniser.

canonizzazione [kanoniddzat'tsjone] f. RELIG. canonisation.
canopo [ka'nɔpo] m. ARCHEOL. canope.
canoro [ka'nɔro] agg. chantant, mélodieux. | *voce canora*, voix mélodieuse. | *uccelli canori*, oiseaux chanteurs.
canottaggio [kanot'taddʒo] (**-gi** pl.) m. SPORT canotage, aviron. | *fare del canottaggio*, canoter, faire de l'aviron.
canottiera [kanot'tjɛra] f. maillot (m.) de corps. || [cappello] canotier m.
canottiere [kanot'tjɛre] m. MAR. [membro dell'equipaggio] canotier. || SPORT canoteur.
canotto [ka'nɔtto] m. [divertimento e competizione] canot. | *andare in canotto*, canoter.
canovaccio [kano'vattʃo] (**-ci** pl.) m. [tessuto] canevas. || PER EST. [per uso cucina] torchon. || TEATRO canevas.
cantabile [kan'tabile] agg. chantant. | *musica cantabilissima*, musique très chantante. || MUS. *moderato cantabile*, moderato cantabile (ital.). ◆ m. MUS. cantabile (ital.).
cantafavola [kanta'favola] f. LETT. chantefable.
cantalupo [kanta'lupo] m. BOT. cantaloup.
cantambanco [kantam'banko] o **cantimbanco** [kantim'banco] m. STOR. LETT. jongleur.
cantante [kan'tante] m. chanteur. | *cantante di canzonette sentimentali*, chanteur de charme. | *cantante lirico*, chanteur d'opéra. ◆ f. chanteuse. | *cantante d'operetta*, divette (antiq.), chanteuse d'opérette. | *cantante lirica*, cantatrice. | *cantante d'opera lirica*, chanteuse d'opéra.
1. cantare [kan'tare] v. intr. chanter. || LOC. FIG. *non si può cantare e portar la croce*, on ne peut pas être au four et au moulin. ◆ v. tr. chanter. || POET. [celebrare] chanter. || RELIG. *cantare messa*, chanter la messe. || LOC. FIG. FAM. *cantare vittoria*, chanter victoire. | *canta sempre la stessa canzone*, il chante toujours la même chanson ; on connaît la chanson. | *gliele ho cantate*, je lui ai dit ses quatre vérités. | *lascialo cantare !*, laisse-le-dire ! || POP. [essere indiscreto] jaser. || [di persone interrogate dalla polizia] lâcher le paquet, manger, lâcher le morceau. || PER EST. *far cantare qlcu.*, confesser qn.
2. cantare [kan'tare] m. LETT. cantare.
cantarellare [kantarel'lare] v. tr. e intr. fredonner, chantonner.
cantarello [kanta'rɛllo] m. BOT. chanterelle f., girolle f.
cantaride [kan'taride] f. ZOOL. cantharide.
cantastorie [kantas'tɔrje] m. e f. invar. chanteur, euse des rues, chanteur, euse ambulant, e. || STOR. jongleur.
cantata [kan'tata] f. MUS. cantate. || FAM. *fare una cantata*, pousser une chanson, en pousser une, chanter (L.C.).
cantatina [kanta'tina] f. MUS. cantatille. || FAM. *fare una cantatina*, pousser une chansonnette, en pousser une.
cantatore [kanta'tore] m. (raro) chanteur (L.C.). ◆ agg. *uccello cantatore*, oiseau chanteur.
cantatrice [kanta'tritʃe] f. (raro) ANTIQ. cantatrice, chanteuse (L.C.).
cantautore [kantau'tore] (**-trice** f.) m. = auteur-compositeur-interprète.
canterano [kante'rano] m. ANTIQ. commode f. (L.C.).
canterellare [kanterel'lare] v. tr. e intr. fredonner, chantonner. ◆ SOSTANT. *il canterellare*, chantonnement m., fredonnement m.
canterellio [kanterel'lio] m. fredonnement, chantonnement.
canterino [kante'rino] agg. chanteur. || [che canta] *uccello canterino*, oiseau chanteur. || [caccia] chanterelle f. ◆ m. *i Napoletani sono canterini*, les Napolitains aiment beaucoup chanter. || SCHERZ. *è un canterino*, c'est un chanteur.
cantero ['kantero] m. POP. jules, vase de nuit (L.C.), pot de chambre (L.C.).
cantica ['kantika] (**-che** pl.) f. LETT. poème m., chant m. | *le cantiche della Divina Commedia*, les parties de la *Divine Comédie*.
canticchiare [kantik'kjare] v. tr. e intr. fredonner, chantonner. ◆ SOSTANT. *il canticchiare*, le fredonnement, le chantonnement.
cantico ['kantiko] (**-ci** pl.) m. LETT. RELIG. cantique. | *Cantico dei Cantici*, Cantique des Cantiques.
cantiere [kan'tjɛre] m. MAR. chantier. || TECN. chantier. || LOC. PR. e FIG. *mettere in cantiere*, mettre en chantier.
cantilena [kanti'lɛna] f. **1.** LETT., MUS. cantilène. | *cantilena di Santa Eulalia*, cantilène de sainte Eulalie. || PER EST. [ninna nanna] berceuse. || FIG. [tiritera] rengaine. || **2.** [intonazione monotona] voix traînante. || PER EST. [cadenza dialettale] accent chantant.
cantilenante [kantile'nante] part. pres. e agg. chantant. | *ha una parlata cantilenante*, il a un accent chantant.
cantilenare [kantile'nare] v. intr. [parlare con intonazione strascicata] parler d'une voix traînante. ◆ v. tr. e intr. [canticchiare con voce monocorde] (raro) chantonner d'une voix monotone.
cantina [kan'tina] f. cave, cellier m. | *vado in cantina*, je vais à la cave. | *mettere in cantina*, encaver. | *piccola cantina*, caveau m. || PER EST. *avere una cantina ben fornita*, avoir une bonne cave. || PER ANAL. [bottega del vinaio] débit (m.) de boissons. || FIG. [tugurio umido e buio] cave. || ECON. *cantina sociale*, coopérative vinicole. || MIL. [spaccio] cantine.
cantinella [kanti'nɛlla] f. TEATRO battant m.
cantiniere [kanti'njɛre] m. [alberghi e ristoranti] sommelier, caviste. || [operaio addetto ai vini] caviste. | *capo cantiniere*, maître de chai. || PER ANAL. [venditore di vini] marchand de vins. || MIL. cantinier. || RELIG. [convento] cellérier.
cantino [kan'tino] m. MUS. chanterelle f.
1. canto ['kanto] m. **1.** [emissione di suoni modulati] chant. | *canto a solo*, chant à une seule voix. | *lezione di canto*, cours de chant. | *maestro di canto*, professeur de chant. | *scuola di canto*, maîtrise f. || **2.** PER EST. [componimento, canzone] chant, chanson f. | *canti goliardici*, chansons d'étudiants. | *canti di guerra*, chansons de guerre. | *canti conviviali* (lett.), chansons à boire (L.C.). | *canto piano*, plain-chant. || FIG. *canto del cigno*, chant du cygne. || LETT. [componimento] poème. || [parti di un componimento] chant. | *i dodici canti dell'Eneide*, les douze chants de l'Énéide.
2. canto ['kanto] m. [angolo] coin, encoignure f. | *mettersi in un canto*, se mettre dans un coin. | *sistemare un mobile in un canto di una stanza*, placer un meuble dans l'encoignure d'une pièce. | *buttare in un canto*, jeter dans un coin. | *spingere in un canto qlco.* (L.C.), rencogner qch. (fam.). || LOC. *mettere da canto*, mettre de côté. | *levarsi da canto qlcu., qlco.*, se débarrasser de qn, de qch. | *d'altro canto*, d'autre part ; d'ailleurs. | *da un canto, dall'altro*, d'un côté, de l'autre ; d'une part, de l'autre. | *dal canto mio*, de mon côté ; pour ma part ; quant à moi.
cantonale [kanto'nale] agg. AMM. [Svizzera e Francia] cantonal. | *elezioni cantonali*, élections cantonales. ◆ m. meuble de coin, encoignure f. || TECN. cornière f.
cantonata [kanto'nata] f. **1.** coin m. | *svoltare alla cantonata*, tourner au coin de la rue. || FIG. *fermarsi a tutte le cantonate*, s'arrêter à tout bout de champ. | *è scritto su tutte le cantonate !*, c'est connu ! || **2.** FIG. FAM. [grosso equivoco] gaffe, bourde, bévue, brioche, impair m. | *pigliare una cantonata*, faire une gaffe, une bourde ; se mettre dedans ; gaffer. | *chi prende una cantonata*, gaffeur.
cantone [kan'tone] m. [angolo] coin, encoignure f. || GIOCHI *giocare ai quattro cantoni*, jouer aux quatre coins. || AMM. [Francia e Svizzera] canton. || ARALD. canton.
cantoniera [kanto'njɛra] f. encoignure, meuble (m.) de coin. ◆ agg. FERR. *casa cantoniera*, maison cantonnière.
cantoniere [kanto'njɛre] m. cantonnier.
cantore [kan'tore] m. PR. e FIG. chantre.
cantoria [kanto'ria] f. tribune des chantres. || MUS. [complesso di cantori] maîtrise.
cantuccio [kan'tuttʃo] m. DIMIN. coin, recoin. | *spingere qlco. in un cantuccio* (L.C.), rencogner qch. (fam.). || PER ANAL. [pezzetto] morceau, bout. | *dammi un cantuccio di pane*, donne-moi un bout de pain.

‖ LOC. FIG. *stare in un cantuccio,* se tenir à l'écart. | *restarsene nel proprio cantuccio,* rester au coin du feu.
canuto [ka'nuto] agg. chenu.
canzonare [kantso'nare] v. tr. railler, brocarder (fam.), blaguer (fam.), se moquer (de) [v. rifl.]. | *non sopporta di essere canzonato,* il ne souffre pas qu'on le raille. | *canzonare qlcu. per qlco.,* blaguer qn sur qch. ◆ v. intr. (fam.) blaguer, plaisanter (L.C.).
canzonatore [kantsona'tore] (**-trice** o **-tora** f.) m. railleur, euse ; persifleur, euse ; moqueur, euse.
canzonatorio [kantsona'tɔrjo] (**-ri** pl.) agg. railleur, persifleur, moqueur. | *risolino canzonatorio,* petit rire railleur.
canzonatura [kantsona'tura] f. raillerie, moquerie, persiflage m., brocard m. (fam.).
canzone [kan'tsone] f. chanson, beuglante (pop.). | *canzone sentimentale,* chanson de charme. | *raccolta di canzoni,* chansonnier. | *comporre una canzone satirica contro qlcu., contro il governo,* chansonner qn, le gouvernement. ‖ FIG. *è sempre la solita canzone,* c'est toujours la même chanson ; on connaît la chanson. ‖ LETT. *canzone di gesta,* chanson de geste.
canzonetta [kantso'netta] f. chanson, chansonnette. | *canzonetta sentimentale,* chanson de charme. ‖ LETT. chansonnette.
canzonettista [kantsonet'tista] (**-ti** pl.) m. e f. chanteur (m.) de café-concert.
canzoniere [kantso'njɛre] m. LETT. chansonnier. ‖ PER EST. [raccolta di canzoni] chansonnier.
caolinizzazione [kaoliniddzat'tsjone] f. CHIM. kaolinisation.
caolino [kao'lino] m. CHIM. kaolin.
caos ['kaos] m. PR. e FIG. chaos.
caotico [ka'ɔtiko] (**-ci** pl.) agg. chaotique.
capace [ka'patʃe] agg. ASSOL. [capiente] *vaso poco capace,* vase de peu de capacité. | *stanza molto capace,* pièce très vaste, pièce spacieuse. ‖ FIG. *è un ragazzo molto capace,* c'est un garçon très intelligent. | *uomo capace,* homme capable. | *essere capace* (L.C.), être à la hauteur (fam.). | *dimostrarsi capace nel proprio lavoro,* faire preuve de capacité dans son travail. ‖ CON PREPOSIZIONE [cose] *questa sala è capace di trecento persone,* cette salle peut contenir jusqu'à trois cents personnes. | *cisterna capace di duecentotrenta litri,* citerne qui cube deux cent trente litres. ‖ [persone] capable (de), à même (de), apte (à). | *è capacissimo di ripeterlo !* (L.C.), il est tout à fait capable de le répéter ! ; il est fichu de le répéter ! (fam.). | *voglio proprio vedere di che cosa è capace,* je veux bien voir ce qu'il sait faire. ‖ [convincersi] *farsi capace di qlco.,* se persuader, se convaincre de qch. ‖ GIUR. *capace di intendere e di volere,* capable d'entendre et de vouloir. | *rendere capace,* habiliter. ‖ IMPERS. *è capace che ci sia anche lui* (fam.), il est possible que lui aussi soit là.
capacità [kapatʃi'ta] f. [capienza] capacité. ‖ [recipienti] contenance. ‖ FIG. [competenza, talento, attitudine] capacité, compétence, faculté, talent m., aptitude, moyens m. pl. | *averne le capacità* (L.C.), être à la hauteur (fam.). | *questo studente manca di capacità,* cet étudiant manque de moyens. | *non avere nessuna capacità in materia* (L.C.), s'y entendre comme à ramer des choux (fam.). ‖ PER ANAL. [potere, potenziale] capacité, pouvoir m. ‖ ECON., FIS., GIUR. capacité. ‖ MAR. jauge. | *misurazione della capacità,* jaugeage. | *misurare la capacità,* jauger.
capacitare [kapatʃi'tare] v. tr. persuader, convaincre. ◆ v. rifl. se persuader, se convaincre, se rendre compte. | *non so capacitarmene,* je n'en reviens pas.
capanna [ka'panna] f. hutte, cabane. ‖ [paesi africani] case, paillote. | *capanna con tetto di paglia,* chaumière. ‖ PER EST. [tugurio] cabane, masure. ‖ FIG. *un cuore e una capanna,* une chaumière et un cœur. ‖ LETT. *la Capanna dello zio Tom,* la Case de l'oncle Tom. ‖ POET. chaume m.
capannello [kapan'nɛllo] m. groupe. | *fare capannello attorno a qlcu.,* se rassembler autour de qn.
capanno [ka'panno] m. [caccia] hutte f., gabion, cabane f. | *capanno per la caccia alle anatre selvatiche,* canardière f. ‖ PER ANAL. [cabina] cabine (f.) (de bain).
capannone [kapan'none] m. hangar. ‖ AER. hangar.
capannuccia [kapan'nuttʃa] (**-ce** pl.) f. DIMIN. cabanon m. (L.C.), cahute, chaumine (antiq.).
caparbietà [kaparbje'ta] f. entêtement m., obstination, opiniâtreté (antiq.).
caparbio [ka'parbjo] agg. entêté, têtu, cabochard (fam.), accrocheur (fam.). ◆ SOSTANT. entêté.
caparra [ka'parra] f. COMM. arrhes pl.
capatina [kapa'tina] f. DIMIN. *fare una capatina da qlcu.,* faire un saut (m.) chez qn.
capecchio [ka'pekkjo] (**-chi** pl.) m. TESS. étoupe f.
capeggiare [kaped'dʒare] v. tr. être à la tête (de), mener, guider. ‖ MAR. *capeggiare un paranco,* renverser un palan.
capellini [kapel'lini] m. CULIN. [pasta da minestra lunga e sottile] cheveux d'ange.
capello [ka'pello] m. cheveu. | *pettinare, ravviare i capelli (a),* arranger les cheveux (de), coiffer, peigner. | *pettinarsi ; ravviarsi i capelli,* se coiffer ; se peigner. | *lozione per capelli,* lotion capillaire. | *tempie, cranio senza capelli,* tempes dégarnies, crâne dégarni. | *perdere i capelli,* perdre ses cheveux ; se dégarnir. | *capelli ispidi* (L.C.), cheveux en baguette de tambour (fam.). | *persona dai capelli grigi* (L.C.), grison m. (antiq.). | *fare i capelli grigi,* grisonner v. intr. ‖ LOC. *cacciarsi, mettersi le mani nei capelli (dalla disperazione),* s'arracher les cheveux (de désespoir). | *sentirsi rizzare i capelli in capo,* sentir ses cheveux se dresser sur sa tête. | *farsi venire i capelli bianchi,* se faire des cheveux (blancs). | *avere un diavolo per capello,* avoir les nerfs tendus. | *non gli è stato torto un capello,* on ne lui a pas touché un cheveu. | *afferrare l'occasione per i capelli,* saisir l'occasion par les cheveux, aux cheveux. | *averne fin sopra i capelli* (L.C.), en avoir les oreilles cassées (fam.) ; en avoir par-dessus la tête (fam.) ; en avoir sa claque (pop.). | *c'è mancato un capello che la macchina non si rovesciasse nel fosso,* il n'a tenu qu'à un cheveu, il s'en est fallu d'un cheveu que la voiture ne bascule dans le fossé. | *servire qlcu. di barba e capelli,* traiter quelqu'un comme il le mérite. ◆ LOC. AVV. ***a capello,*** à merveille.
capellone [kapel'lone] m. (neol.) beatnik (ingl.). ‖ agg. chevelu. | *questo ragazzino è capellone,* ce garçonnet est chevelu.
capelluto [kapel'luto] agg. chevelu. ‖ ANAT. *cuoio capelluto,* cuir chevelu.
capelvenere [kapel'vɛnere] m. BOT. cheveu-de-Vénus, capillaire.
capestro [ka'pɛstro] m. licol, licou. ‖ PER EST. [corda usata per impiccare] *condannare al capestro,* condamner à la pendaison, à la potence, au gibet. ‖ PER ANAL. [cordiglio dei francescani] cordon. ‖ FIG. *porre il capestro a qlcu.,* tenir, mener qn en laisse.
capetingio [kape'tindʒo] agg. e m. STOR. capétien.
capezzale [kapet'tsale] m. [guanciale] traversin. ‖ PER EST. [parte del letto presso la spalliera] chevet. | *stare al capezzale di un ammalato,* être au chevet d'un malade.
capezzolo [ka'pettsolo] m. ANAT. (L.C.), mamelon, tétin (antiq.). ‖ ZOOL. [in genere] tette f. ‖ [di mucca, scrofa, capra, ecc.] tétine f., trayon.
capidoglio [kapi'dɔʎʎo] m. ZOOL. cachalot.
capienza [ka'pjɛntsa] f. [di recipiente] contenance, capacité. ‖ PER EST. [locali] *il teatro ha la capienza di mille persone,* le théâtre peut contenir mille personnes. ‖ GIUR. valeur.
capifosso [kapi'fɔsso] m. AGR. fossé collecteur.
capigliatura [kapiʎʎa'tura] f. chevelure.
capillare [kapil'lare] agg. ANAT., BOT., FIS. capillaire. ‖ FIG. *organizzazione capillare di vendita,* réseau de vente très étendu. | *indagine capillare,* enquête minutieuse.
capillarità [kapillari'ta] f. FIS. capillarité. ‖ FIG. minutie.
capinera [kapi'nera] f. ZOOL. fauvette à tête noire. *capinera alpina,* fauvette des Alpes.
capire [ka'pire] v. tr. [sul piano intellettuale] comprendre, entendre, saisir, réaliser, concevoir. | *questo bambino capisce poco,* cet enfant n'est pas très éveillé. | *dammi il tempo di capire la situazione,* laisse-moi le temps de réaliser la situation. | *farsi capire,* se faire comprendre, se faire entendre. | *è facile da capire*

c'est facile à comprendre. | *non capisco come sia potuto entrare*, je n'arrive pas à concevoir comment il a pu entrer. | *ora capisco le sue intenzioni!*, me voilà édifié sur ses intentions! || PER ANAL. [sentire, udire] entendre, comprendre, saisir. | *parla più forte, non ti capisco*, parle plus haut, je ne t'entends pas. || PER EST. [sul piano morale] comprendre, entendre. || LOC. *non voler capire*, faire la sourde oreille. | *capire fischi per fiaschi* (fam.), comprendre à l'envers (L.C.). | *non ci capisce un cavolo* (pop.), il s'y entend comme à ramer des choux (fam.); il n'y entend rien (L.C.). | *mostrare di aver capito*, prendre un air entendu. | *non vuole capirla*, il ne veut pas entendre raison. | *rinunciare a capire* (L.C.), donner sa langue au chat (fam.). | *si capisce!*, cela s'entend! | *pago io, si capisce*, c'est moi qui paie, bien entendu. | *capire l'antifona*, saisir l'allusion. | *vuoi capirla?*, tu as compris? ◆ v. rifl. se comprendre, s'entendre.

capitale [kapi'tale] agg. capital. | *pena, sentenza capitale*, peine, sentence capitale. | *i peccati capitali*, les péchés capitaux. || FIG. capital, essentiel. | *di capitale importanza*, d'une importance capitale. ◆ m. FIN. capital. | *capitale azionario*, capital-actions. | *capitale di esercizio*, capital de roulement. | *apporto di capitale*, capital apporté. | *fabbisogno di capitale*, capital requis. | *capitale giacente, improduttivo, circolante*, capital oisif, improductif, roulant. || LOC. *mangiarsi il capitale*, manger son capital. | *dar fondo al proprio capitale*, épuiser son capital. | *costare un capitale*, coûter une fortune. || FIG. *far capitale di qlco.*, tirer profit de qch. ◆ f. [città] capitale. || [scrittura] écriture en capitales. || TIP. [lettera] (lettre) capitale.

capitalismo [kapita'lizmo] m. capitalisme.

capitalista [kapita'lista] (**-ti** pl.) m. capitaliste (agg. e m.). | *i capitalisti* (L.C.), les gros (pop.).

capitalistico [kapita'listiko] (**-ci** pl.) agg. capitaliste.

capitalizzare [kapitalid'dzare] v. tr. FIN. capitaliser.

capitalizzazione [kapitaliddzat'tsjone] f. FIN. capitalisation.

capitana [kapi'tana] f. STOR. MAR. capitane. || SCHERZ. [moglie del capitano] femme du capitaine. || PER EST. [donna autoritaria] virago, gendarme m. ◆ agg. MAR. *galea capitana*, galère capitane.

capitanare [kapita'nare] v. tr. MIL. commander. || PER ANAL. [dirigere] diriger. | *capitanare un'impresa*, diriger une entreprise. || PER EST. *capitanare una sommossa*, être à la tête d'une émeute.

capitanato [kapita'nato] m. [giurisdizione] capitainerie.

capitaneria [kapitane'ria] f. MAR. *capitaneria di porto*, capitainerie de, du port.

capitano [kapi'tano] m. [capo di un corpo d'armata] capitaine. || MIL. [ufficiale preposto al comando di una compagnia, il cui grado si situa tra quello di tenente e quello di comandante] capitaine, capiston (gerg.). | *ai suoi ordini capitano*, à vos ordres, mon capitaine. || MAR. MIL., MAR. MERCANTILE capitaine. || PER EST. STOR. [italiano] *capitano del popolo*, capitaine (des libertés) du peuple. | *capitano di ventura*, condottiere. || SPORT *capitano di una squadra*, capitaine d'une équipe. || LETT., TEATRO *Capitan Fracassa*, Capitaine Fracasse. || FIG. FIN. *capitano d'industria*, capitaine d'industrie.

capitare [kapi'tare] v. intr. **1.** [giungere, sopraggiungere, di persone] arriver, survenir, tomber. | *capitare al momento buono*, survenir au bon moment. | *sei capitato in piena riunione*, tu es tombé en pleine réunion. | *se capiti a Napoli*, si tu passes par Naples. | *capitare tra i piedi di qlcu.*, tomber sur le dos de qn. || [di cose] tomber, arriver. | *capitare a proposito*, tomber à pic, tomber à point, tomber pile (fam.). | *mi è capitata una frase difficile*, je suis tombé sur une phrase difficile. || PER ANAL. [cadere, andare a finire] tomber. | *capitare bene, male*, tomber bien, tomber mal. | *quest'anno il mio compleanno capita di sabato*, cette année mon anniversaire tombe un samedi. || PER EST. [presentarsi, offrirsi] *se capita un buon affare, bisogna approfittarne*, si une bonne affaire se présente, il faut en profiter. | *mangia tutto quello che gli capita sotto i denti*, il mange tout ce qui lui tombe sous la dent. || **2.** [accadere] arriver v. impers., advenir v. impers. | *mi è capitato un incidente*, il m'est arrivé un accident. | *che cosa gli capita?*, qu'est-ce qui lui arrive? | *qualsiasi cosa capiti*, quoi qu'il advienne, quoi qu'il arrive. | *mi è capitata tra capo e collo una disgrazia*, il m'est arrivé une tuile. | *capitano tutte a me!*, quelle guigne! | *se ti capitasse di dimenticarlo*, s'il t'arrivait de l'oublier. | *che non ti capiti più!*, que cela ne t'arrive plus! || ◆ v. impers. arriver. | *capita che*, il arrive que. | *capita!*, cela arrive! | *capiti quel che capiti*, advienne que pourra. | *come capita*, n'importe comment. | *dove capita*, n'importe où. | *quando capita*, n'importe quand.

capitazione [kapitat'tsjone] f. STOR. capitation.

capitello [capi'tello] m. ARCHIT., TECN. chapiteau. || [di libro] tranchefile f.

1. capitolare [kapito'lare] agg. invar. RELIG. capitulaire. | *sala capitolare*, salle capitulaire. || [delle capitolazioni] *regime capitolare*, régime des capitulations. ◆ m. pl. STOR. capitulaires. || RELIG. m. délibérations (f. pl.) capitulaires.

2. capitolare [kapito'lare] v. intr. PR. e FIG. capituler, se rendre.

capitolato [kapito'lato] m. GIUR. *capitolati d'appalto, d'oneri*, cahiers des charges (f.).

capitolazione [kapitolat'tsjone] f. PR. e FIG. capitulation. | *capitolazione incondizionata*, capitulation sans conditions. ◆ f. pl. STOR. capitulations.

capitolino [kapito'lino] agg. capitolin.

capitolo [ka'pitolo] m. chapitre. || PER EST. [di articolo, legge, contratto] article. || PER ANAL. [di bilancio] chapitre. || LETT. [di componimento] poésie (f.) en tercets. || RELIG. chapitre. | *sala del capitolo*, salle du chapitre, salle capitulaire. || LOC. FIG. *avere voce in capitolo*, avoir voix au chapitre.

capitombolare [kapitombo'lare] v. intr. rouler, culbuter, dégringoler (fam.), débouler (fam.). | *capitombolare per le scale*, débouler dans l'escalier.

capitombolo [kapi'tombolo] m. culbute f., dégringolade f. | *fare un capitombolo* (L.C.), prendre une bûche (fam.). || FIG. [rovina] dégringolade f., culbute f.

capitone [kapi'tone] m. **1.** ZOOL. grosse anguille (f.). || **2.** ANTIQ. O REGION. [alare] chenet (L.C.). || **3.** TESS. [filo di seta grossa] capiton.

capitonné [kapito'ne] m. [fr.] capitonnage, ouvrage capitonné.

capitozza [kapi'tottsa] f. AGR. [albero] arbre étêté, arbre écimé. || PER EST. [effetto] étêtage m., étêtement m., écimage m. | *tagliare a capitozza*, étêter.

capitozzatura [kapitottsa'tura] f. AGR. étêtage m., étêtement m., écimage m.

capo ['kapo] m. **1.** [testa] tête f., chef m. (antiq.). | *a capo scoperto*, nu-tête; la tête nue. | *a capo chino*, la tête basse, baissée. | *precipitare a capofitto*, précipiter la tête la première. | *avere mal di capo*, avoir mal à la tête. | *bagnarsi da capo a piedi*, se mouiller de la tête aux pieds. | *squadrare qlcu. da capo a piedi*, toiser qn de la tête aux pieds. || PER EST. [chi capeggia] chef m. || MIL. *capo di stato maggiore*, chef d'état-major. || POLIT. leader (ingl.) m. || TECN. *capo officina*, chef d'atelier. | *capo operaio*, maître ouvrier. || [apposizione] en chef. || FIG. tête f. | *organismo al quale fanno capo molti servizi*, organisme qui coiffe plusieurs services. || LOC. FIG. *si è messo in capo di aspettarti*, il s'est mis dans la tête, en tête, dans l'esprit de t'attendre, qu'il t'attendrait. | *che cosa ti frulla in capo?, che cosa ti passa per il capo?*, qu'est-ce qui te passe par la tête? | *quel vino mi dà al capo*, ce vin me monte à la tête. | *tra capo e collo*, à l'improviste. | *non so dove sbattere il capo*, je ne sais où donner de la tête. | *lavata di capo* (fam.), réprimande (L.C.), douche. | *dare una lavata di capo a qlcu.* (fam.), réprimander qn (L.C.); doucher qn; sonner les cloches à qn. | *mi ha dato una bella lavata di capo; che lavata di capo mi sono preso!* (fam.), il m'a cassé qch.; qu'est-ce qu'il m'a cassé! | *prendersi una lavata di capo* (fam.), se faire sonner les cloches. | *mettersi le gambe in capo* (fam.), prendre les jambes à son cou. | *tutto ciò non ha né capo né coda*, tout cela n'a ni queue ni tête, ni rime ni raison. | *da capo a fondo*, de fond en comble. || **2.** [unità] tête f., pièce f. | *cento capi di bestiame*, cent têtes de bétail. | *due capi di* *selvaggina*, deux pièces de gibier. | *alcuni capi di vestiario*, quelques pièces de vêtement. | *contare capo per capo*, compter pièce à pièce. ‖ PER EST. [capitolo] chapitre. | *capo uno, due*, chapitre numéro un, numéro deux. ‖ [punto] *capo primo, capo secondo*, primo, secundo ; premièrement, deuxièmement. ◆ LOC. AVV. ***per sommi capi,*** à grands traits. ‖ GIUR. *capo d'accusa*, chef d'accusation. ‖ **3.** [inizio] *capo d'anno*, jour de l'an, premier de l'an. | *augurare buon capo d'anno*, souhaiter la bonne année. | *discorsi senza capo né coda*, propos sans queue ni tête. | *andare a capo* [scrivendo], aller à la ligne. | *punto e a capo*, point, à la ligne. | *venire a capo di qlco.*, venir à bout de qch. | *siamo da capo*, nous y revoilà. | *questa strada fa capo (a)*, cette route aboutit (à). | *da un capo all'altro*, d'un bout à l'autre. | *da capo*, derechef. | *dove vuoi far capo con questo discorso ?*, où veux-tu en venir ? ◆ LOC. PREP. ***in capo a*** [spaziale] *in capo alla lista*, en tête de liste. | *in capo al letto*, à la tête du lit. | *andare in capo al mondo*, aller au bout du monde. ‖ [temporale] au bout de. ‖ **4.** TECN. brin. ‖ **5.** GEOGR. cap. ‖ **6.** ARALD. chef. ‖ **7.** PROV. *cosa fatta capo ha*, ce qui est fait est fait.

capobanda [kapo'banda] (**capibanda** pl.) m. **1.** [di banditi o truppe irregolari] chef de bande. ‖ SCHERZ. chef de la bande. ‖ **2.** [di fanfara] chef de fanfare.

capocaccia [kapo'kattʃa] (**capicaccia** pl.) m. veneur.

capocameriere [kapokame'rjɛre] (**capicamerieri** pl.) m. maître d'hôtel.

capocannoniere [kapokanno'njɛre] (**capicannonieri** pl.) m. MAR. MIL. chef de pièce. ‖ SPORT buteur excellent.

capocarceriere [kapokartʃe'rjɛre] (**capicarcerieri** pl.) m. geôlier chef.

capocarro [kapo'karro] (**capicarro** pl.) m. MIL. chef de car.

capocchia [ka'pɔkkja] f. TECN. tête. | *capocchia di spillo*, tête d'épingle. | *capocchia di fiammifero*, bouton m. | *smeraldo a capocchia*, émeraude (f.) en cabochon. ‖ PER EST. [testa] (scherz.) tête (L.C.), caboche (fam.). ‖ LOC. FIG. *fare qlco. a capocchia*, faire qch. au hasard, à la diable. ‖ PER ANAL. FAM. *è il capocchia*, c'est le cacique (peggior.).

capoccia [ka'pɔttʃa] (**-cia** o **-ci** pl.) m. [famiglia colonica] chef de famille. ‖ PER EST. [sorvegliante] contremaître. ‖ PER ANAL. [pezzo grosso] (scherz.) patron, caïd (pop.). ◆ f. (**-ce** pl.) (scherz.) caboche (fam.), ciboulot m. (pop.), coco m. (pop.).

capoccione [kapot'tʃone] m. (fam.) têtu (L.C.), cabochard.

capocellula [kapo'tʃɛllula] (**capicellula** pl.) m. POLIT. chef de cellule.

capoclasse [kapo'klasse] (**capiclasse** pl.) m. UNIV. chef de classe.

capocomico [kapo'kɔmiko] (**capocomici** o **capicomici,** raro, pl.) m. TEATRO directeur, chef de troupe.

capoconvoglio [kapokon'vɔʎʎo] (**capiconvoglio** pl.) m. FERR. chef de train.

capocorda [kapo'kɔrda] (**capicorda** pl.) m. ELETTR. cosse f.

capocordata [kapokor'data] (**capicordata** pl.) m. SPORT [alpinisme] chef de cordée.

capocronista [kapokro'nista] (**capricronisti** pl.) m. rédacteur en chef de la chronique locale.

capocuoco [kapo'kwɔko] (**capicuochi** pl.) m. CULIN. chef (cuisinier), maître queux (antiq. o scherz.). ‖ MAR. maître coq.

capodanno [kapo'danno] (**capodanni** pl.) m. jour de l'an, premier de l'an. | *augurare buon capodanno*, souhaiter la bonne année.

capodibanda [kapodi'banda] m. MAR. lisse (f.) de rambarde, plat-bord.

capodivisione [kapodivi'zjone] (**capidivisione** pl.) m. AMM. chef de service.

capodoglio [kapo'dɔʎʎo] (**capidoglio** pl.) m. ZOOL. cachalot.

capofabbrica [kapo'fabbrika] (**capifabbrica** pl.) m. contremaître.

capofabbricato [kapofabbri'kato] (**capifabbricato** pl.) m. chef d'îlot.

capofamiglia [kapofa'miʎʎa] (**capifamiglia** pl.) m. chef de famille.

capofila [kapo'fila] (**capifila** pl.) m. POLIT. chef de file. ‖ SPORT [in testa a una squadra] leader (ingl.). ‖ FIG. chef de file. ‖ LOC. *in, a capofila*, en tête de file.

capofitto [kapo'fitto] agg. (raro) e LOC. AVV. (L.C.) ***a capofitto.*** | *cadere (a) capofitto*, tomber la tête la première. ‖ FIG. *gettarsi a capofitto in un lavoro*, se jeter tête baissée dans un travail.

capoflottiglia [kapoflot'tiʎʎa] (**capiflottiglia** pl.) m. MAR. chef de flottille.

capogabinetto [kapogabi'netto] (**capigabinetto** pl.) m. chef de cabinet.

capogatto [kapo'gatto] (**capogatti** o **capigatto** pl.) m. ZOOL. [malattia] tournis.

capogiro [kapo'dʒiro] m. vertige, étourdissement, éblouissement. | *avere dei capogiri*, avoir des éblouissements.

capogruppo [kapo'gruppo] m. (**capigruppo** pl.) m. chef de groupe. ‖ [tra i giovani esploratori] chef éclaireur. | *ragazza capogruppo*, cheftaine f.

capoguardia [kapo'gwardja] (**capiguardia** pl.) m. gardien-chef. ‖ [nelle carceri] geôlier-chef.

capolavoro [kapola'voro] m. chef-d'œuvre.

capolinea [kapo'linea] (**capilinea** pl.) m. [punto di partenza] tête (f.) de ligne. ‖ [punto d'arrivo] terminus.

capolino [kapo'lino] m. LOC. *far capolino (da)*, [persone] passer le bout du nez (par), [cose] percer, pointer. | *il sole faceva capolino tra le nuvole*, le soleil perçait à travers les nuages, perçait les nuages. ‖ FIG. percer, pointer. ‖ BOT. capitule.

capolista [kapo'lista] m. e f. invar. tête (f.) de liste. ‖ SPORT leader m. (ingl.).

capoluogo [kapo'lwɔgo] (**-ghi** pl.) m. chef-lieu.

capomacchinista [kapomakki'nista] m. FERR. chef conducteur, chef mécanicien. ‖ MAR. officier mécanicien.

capomastro [kapo'mastro] m. TECN. chef de chantier. ‖ ARCHIT. contremaître, maître maçon, conducteur (des travaux). ‖ [in proprio] (region.) entrepreneur (L.C.).

capomusica [kapo'muzika] (**capimusica** pl.) m. MUS. chef de fanfare.

capone [ka'pone] m. ZOOL. grondin, rouget, trigle f.

caponiera [kapo'njɛra] f. V. CAPPONIERA.

capoofficina [kapoffi'tʃina] (**capiofficina** pl.) m. chef d'atelier, d'usine.

capopagina [kapo'padʒina] (**capipagina** pl.) m. TIP. fleuron.

capopattuglia [kapopat'tuʎʎa] (**capipattuglia** pl.) m. MIL. chef de patrouille.

capopezzo [kapo'pɛttso] (**capipezzo** pl.) m. MIL. chef de pièce.

capoposto [kapo'pɔsto] (**capiposto** pl.) m. MIL. chef de poste.

caporale [kapo'rale] m. MIL. [esercito, aviazione] caporal, cabot (gerg.). | [di cavalleria o di artiglieria] brigadier. | *caporal(e) maggiore* [dell'esercito], caporal-chef ; [del corpo dei gendarmi] brigadier-chef. ‖ SCHERZ. gendarme. ‖ STOR. *il Piccolo Caporale* [soprannome di Napoleone I], le Petit Caporal.

caporalesco [kapora'lesko] (**-chi** pl.) agg. de caporal. | *che maniera caporalesca !*, quel caporalisme !

caporedattore [kaporedat'tore] (**capiredattori** pl.) m. rédacteur en chef. ‖ **caporedattrice** f. rédactrice en chef.

caporeparto [kapore'parto] (**capireparto** pl.) m. COMM. [negozio] chef de rayon. ‖ IND. chef d'atelier, contremaître. ◆ f. COMM. chef de rayon. ‖ IND. contremaîtresse.

caporione [kapo'rjone] m. PEGGIOR. (pop.) caïd. ‖ SCHERZ. chef de bande, meneur.

caposala [kapo'sala] (**capisala** pl.) m. [di ufficio, stabilimento, ospedale, ecc.] gardien de salle. ◆ f. gardienne de salle.

caposaldo [kapo'saldo] (**capisaldi** pl.) m. (point de) repère. ‖ MIL. point d'appui. ‖ FIG. fondement.

caposcuola [kapos'kwɔla] (**capiscuola** pl.) m. chef de file d'école.

caposervizio [kaposer'vittsjo] (**capiservizio** pl.) m. chef de service. ‖ GIORN. *caposervizio Interni*, chef du service de politique intérieure.

caposezione [kaposet'tsjone] (**capisezione** pl.) m. chef de section.
caposquadra [kapos'kwadra] (**capisquadra** pl.) m. MIL. chef d'escouade. || TECN. [operai] chef d'équipe. || [miniera] porion. || SPORT leader (ingl.).
caposquadriglia [kaposkwa'driʎʎa] (**capisquadriglia** pl.) m. AER. chef d'escadrille.
caposquadrone [kaposkwa'drone] (**capisquadrone** pl.) m. MIL. [cavalleria] chef d'escadron.
capostazione [kapostat'tsjone] (**capistazione** pl.) m. FERR. chef de gare.
capostipite [kapos'tipite] m. souche f. || AGR. souche f. || FILOL. archétype.
capostorno [kapos'torno] m. ZOOL. [malattia] tournis.
capotamburo [kapotam'buro] (**capitamburo** pl.) m. MIL. tambour-major.
capotamento [kapota'mento] m. AER., AUTOM. capotage.
capotare [kapo'tare] v. intr. AER., AUTOM. capoter.
capotavola [kapo'tavola] (**capitavola** pl.) m. haut (bout) de la table. | *sedere a capotavola,* occuper le haut (bout) de la table. || PER EST. [persone] celui qui tient le haut (bout) de la table, celui qui occupe la place d'honneur.
capotecnico [kapo'tɛknico] (**-ci** o **capitecnici** pl.) m. TECN. chef d'atelier.
capotimoniere [kapotimo'njɛre] (**capitimonieri** pl.) m. MAR. chef de timonerie (f.).
capotreno [kapo'trɛno] (**capitreno** o **capitreni** pl.) m. FERR. chef de train.
capotribù [kapotri'bu] (**capitribù** pl.) m. chef de tribu.
capottare [kapot'tare] e deriv. V. CAPOTARE e deriv.
capoturno [kapo'turno] (**capiturno** pl.) m. e f. chef d'équipe.
capoufficio [kapouf'fitʃo] (**capi ufficio** pl.) m. e f. chef de bureau.
capoverso [kapo'vɛrso] m. TIP. alinéa.
capovoga [kapo'voga] (**capivoga** pl.) m. SPORT chef de nage, barreur.
capovolgere [kapo'vɔldʒere] v. tr. retourner, basculer, chavirer, renverser, abattre. || FIG. retourner, renverser, bouleverser. | *capovolgere la situazione,* renverser la situation. ◆ v. rifl. capoter (v. intr.), verser (v. intr.), culbuter (v. intr.), se renverser. || AER., AUTOM. capoter. || MAR. chavirer (v. intr.), se renverser. || FIG. se renverser.
capovolgimento [kapovoldʒi'mento] m. retournement, renversement, chavirement (raro), capotage. || FIG. bouleversement, renversement.
capovolta [kapo'vɔlta] f. retournement m. || SPORT [nuoto] culbute.
capovolto [kapo'vɔlto] part. pass. e agg. V. CAPOVOLGERE.
1. cappa ['kappa] f. [mantello] cape. || LOC. *romanzo, film di cappa e spada,* roman, film de cape et d'épée. || ARCHIT. chape. || MAR. [telone] bâche, capot m. || LOC. *vela di cappa,* cape. | *navigare alla cappa,* être à la cape. || MAR. COMM. [regalia] chapeau de mérite. || RELIG. chape. | *cappa magna,* « cappa magna ». || TECN. [di camino] manteau (m.) de cheminée, hotte. | *cappa di aspirazione,* hotte d'aspiration. || PER EST. *la cappa del cielo,* la calotte des cieux. || FIG. *una cappa di piombo,* une chape de plomb. || ZOOL. solen m., couteau m., coque. || PROV. *per un punto Martin perse la cappa,* faute d'un point, Martin perdit son âne.
2. cappa ['kappa] m. [lettera dell'alfabeto] k m.
1. cappella [kap'pɛlla] f. chapelle. || MUS. chapelle. | *ufficio di maestro di cappella,* maîtrise. || RELIG. [tabernacolo] chapelle.
2. cappella [kap'pɛlla] f. BOT. [funghi] chapeau m. (de champignon), tête (de champignon). || TECN. [testa del chiodo] tête. || PER EST. MIL. [recluta] (gerg.) bleu m. (fam.).
cappellaccia [kappel'lattʃa] (**-ce** pl.) f. ZOOL. alouette huppée, cochevis m.
cappellaccio [kappel'lattʃo] (**-ci** pl.) m. **1.** GEOL. affleurement. || **2.** PEGGIOR. vilain chapeau.
cappellaio [kappel'lajo] (**-ai** pl.) m. chapelier.
cappellano [kappel'lano] m. RELIG. chapelain. || [presso enti o istituti] aumônier.
cappellata [kapel'lata] f. coup (m.) de chapeau. ◆ LOC. AVV. ***a cappellate,*** à foison.
cappelleria [kappelle'ria] f. chapellerie.
cappelletto [kappel'letto] m. DIMIN. (raro) petit chapeau. || PER ANAL. [di ombrello] petite rondelle en cuir. || [di calze] pointe renforcée. || CULIN. [insaccati] capelet. || TECN. [di valvola] chapeau, bouchon.
cappelliera [kappel'ljɛra] f. [valigietta] chapelière. || [scatola di cartone] carton (m.) à chapeau(x), boîte à chapeau(x).
cappellina [kappel'lina] f. **1.** [copricapo femminile] capeline. || **2.** DIMIN. petite chapelle, petit autel (m.).
cappellino [kappel'lino] m. DIMIN. petit chapeau. || IRON. (L.C.) bibi (iron. fam.).
cappello [kap'pɛllo] m. [copricapo] chapeau. | *mettere il cappello,* mettre son chapeau. | *cappello duro,* (chapeau) melon, cape f. | *cappello a cilindro,* chapeau haut de forme. | *cappello di paglia,* chapeau de paille. | *cappello a cencio, floscio,* chapeau mou. | *cappello a soffietto,* claque. | *cappello a larghe tese,* chapeau à larges bords. | *cappello goliardico,* béret d'étudiant. | *cappello di carta,* chapeau de gendarme. | *donna senza cappello,* femme en cheveux. | *con un cappello in testa,* coiffé. | *portare il cappello sulle ventitré,* porter le chapeau sur l'oreille. | *giù il cappello!,* chapeau bas ! | *far tanto di cappello,* donner un, saluer d'un grand coup de chapeau. || FIG. *ti faccio tanto di cappello!* (fam.), chapeau ! || LOC. FIG. FAM. *prender cappello,* se fâcher, se froisser. || BOT., GIORN., TECN. chapeau. || MUS. *cappello a sonagli,* chapeau chinois. || RELIG. *ottenere il cappello cardinalizio,* recevoir le chapeau. || EDIL. [di un muro a forma di tetto] chaperon.
cappellotto [kappel'lɔtto] m. TECN. capuchon. | *cappellotto dell'interruttore,* couvercle de l'interrupteur.
cappelluto [kappel'luto] agg. huppé. | *gallina cappelluta,* poule huppée.
capperi! ['kapperi] interiez. eufem. fichtre !
cappero ['kappero] m. BOT. [pianta] câprier. || [frutto] câpre. || CULIN. *salsa di capperi,* sauce aux câpres.
cappio ['kappjo] m. [nodo] nœud coulant. || LOC. FIG. *avere il cappio al collo,* avoir les mains liées.
capponaia [kappo'naja] f. cage à poules, mue, épinette.
cappone [kap'pone] m. ZOOL. chapon.
capponiera [kappo'njɛra] f. MIL. caponnière.
cappotta [kap'pɔtta] f. MAR. MIL. [giacca] caban m., capote. || PER EST. AUTOM. capote. | *adattare una cappotta a,* capoter. | *mettere la cappotta di,* capoter.
cappottare [kappot'tare] e deriv. V. CAPOTARE e deriv.
cappottatura [kappotta'tura] f. AER., AUTOM. [carenatura] capotage m.
cappotto [kap'pɔtto] m. [per uomo] manteau, pardessus. || [per donna] manteau. || [per bambino] paletot. || [per militare] capote f. || FIG. GIOCHI [vincere] faire capot. | [perdere] être capot, prendre une culotte. || MAR. *far cappotto,* faire capot.
cappuccetto [kapput'tʃetto] m. DIMIN. petit chaperon. || LETT. *Cappuccetto rosso,* le Petit Chaperon rouge.
cappuccina [kapput'tʃina] f. RELIG. capucine. || BOT. capucine. | *insalata cappuccina,* laitue grasse.
cappuccino [kapput'tʃino] m. **1.** RELIG. capucin. || LOC. *far vita da cappuccino,* vivre comme un moine. || FIG. *barba da cappuccino,* barbe de capucin. || **2.** [bibita] capuccino. || MAR. courbe f. || ZOOL. [scimmia] capucin.
cappuccio [kap'puttʃo] (**-ci** pl.) m. RELIG. [di monaco] capuce. || PER EST. [copricapo] capuche f., capuchon, chaperon. || PER ANAL. *cappuccio di penna stilografica,* capuchon de stylo. || AGR. *cavolo cappuccio,* choux cabus. || SPORT [caccia] *cappuccio del falco,* chaperon.
capra ['kapra] f. ZOOL. chèvre, bique (fam.). || LOC. FIG. *salvare capra e cavoli,* ménager la chèvre et le chou. | *saltare come una capra,* bondir comme un cabri. || MAR. bigue. || TECNOL. chèvre.
capraio [ka'prajo] (**-ai** pl.) m. chevrier.
capretto [ka'pretto] m. ZOOL., DIMIN. chevreau, cabri, biquet (fam.), bicot (fam.). || PER EST. [pelle] chevreau.
capriccio [ka'prittʃo] (**-ci** pl.) m. [voglia o idea

irragionevole] caprice, fantaisie f. | *agire a capriccio*, agir par caprice. | *soddisfare tutti i capricci di qlcu.*, passer tous ses caprices à qn. || PER ANAL. [collera passeggera, sbalzo d'umore] caprice, colère f. | *bambino che fa i capricci*, enfant qui fait des caprices. | *fare un capriccio*, faire une colère. || PER EST. [amore passeggero] caprice, toquade f. (fam.), béguin (fam.), amourette f. (fam.). || FIG. [incostanza] caprice, quinte f. (antiq.). | *capricci della moda*, caprices de la mode. || MUS. caprice. || ARTI *capricci ornamentali*, fantaisies ornementales. || TECN. [banda di stoffa che copre le tende di una finestra] cantonnière f.

capriccioso [kaprit'tʃoso] agg. [persona] capricieux. || FIG. [mutevole] capricieux, changeant, inconstant. | *moda capricciosa*, mode capricieuse.

Capricorno [kapri'kɔrno] m. ASTRON., ASTROL. Capricorne.

caprificazione [kaprifikat'tsjone] f. AGR. caprification.

caprifoglio [kapri'fɔʎʎo] m. BOT. chèvrefeuille.

caprigno [ka'priɲɲo] agg. (lett.) caprin (L.C.).

caprile [ka'prile] m. étable (f.) à chèvres.

caprimulgo [kapri'mulgo] m. ZOOL. engoulevent.

caprino [ka'prino] agg. de chèvre, caprin. | *latte caprino*, lait de chèvre. | *formaggio di capra*, crottin. || ZOOL. *razza caprina*, race caprine. || LOC. FIG. *questioni di lana caprina*, querelles d'Allemand. ◆ m. [lezzo di capra] *puzzare di capra*, suer comme un bouc, sentir le bouc. || PER EST. [sterco] crotte (f.) de chèvre.

1. capriola [kapri'ɔla] f. [salto] cabriole, culbute, gambade, galipette (fam.). | *fare capriole sul prato*, faire des cabrioles dans le pré, cabrioler dans le pré. || PER EST. [capitombolare] cabriole. || FIG. culbute, ruine. || ARTI [danza] cabriole, entrechat m. || SPORT [equitazione] cabriole.

2. capriola [kapri'ɔla] f. ZOOL. chevrette.

capriolo [kapri'ɔlo] m. ZOOL. chevreuil. | *capriolo di un anno*, brocard, broquard.

capro ['kapro] m. ZOOL. bouc. || FIG. *capro espiatorio*, bouc émissaire.

caprone [ka'prone] m. ZOOL. [vecchio capro] (L.C.) bouquin (antiq.).

caprugginare [kapruddʒi'nare] v. tr. TECN. jabler.

caprugginatoio [kapruddʒina'tojo] (**-oi** pl.) m. TECN. jabloir.

capruggine [ka'pruddʒine] f. [intaccatura di doga di una botte] jable m.

capsula ['kapsula] f. [in tutti i sensi] capsule. | *a forma di capsula*, capsulaire agg. || MIL. *capsula fulminante, esplosiva*, capsule fulminante.

capsulatura [kapsula'tura] f. capsulage m.

captare [kap'tare] v. tr. TECN. TELECOM. capter. || FIG. [cattivarsi] capter, gagner, se concilier (v. rifl.).

captazione [kaptat'tsjone] f. GIUR. captation. | *reo di captazione (di eredità)*, captateur. || TECN. TELECOM. captage m., interception.

capufficio [kapuf'fitʃo] (**-ci** pl.) m. chef de bureau.

capziosità [kaptsjosi'ta] f. spéciosité.

carabattola [kara'battola] f. bricole, bagatelle. || pl. fourbi m. s. | *prendere le proprie carabattole e andarsene* (fam.), prendre ses cliques et ses claques (pop.).

carabina [kara'bina] f. carabine.

carabiniere [karabi'njɛre] m. MIL. gendarme. || STOR. carabinier. || PER EST. [carabiniere italiano] carabinier. || FIG. gendarme. | *quella donna è un carabiniere*, cette femme est un gendarme.

carabo ['karabo] m. ZOOL. carabe.

carabottino [karabot'tino] m. MAR. caillebotis.

carachiri [kara'kiri] m. invar. hara-kiri.

caracollare [karakol'lare] v. intr. PR. e FIG. caracoler.

caracollo [kara'kɔllo] m. caracole f.

caracul [kara'kul] m. invar. ZOOL. caracul, karakul.

caraffa [ka'raffa] f. carafe. | *piccola caraffa*, carafon m.

caraffetta [karaf'fetta] f. DIMIN. carafon m.

caramba! [ka'ramba] interiez. [spagn.] dame!, sapristi!

carambola [ka'rambola] f. GIOCHI [biliardo] carambolage m. | *far carambola*, caramboler. | *giocare a carambola*, jouer à la carambole. || FIG. FAM. [scontro, urto] NEOL. carambolage m.

carambolare [karambo'lare] v. intr. GIOCHI [biliardo] caramboler.

caramella [kara'mɛlla] f. bonbon m. | *caramella fondente*, bonbon fondant. | *caramella aromatizzata*, berlingot m. | *caramella di zucchero cotto*, caramel m. | *caramella ripiena*, bonbon fourré. | *caramella alla menta*, bonbon à la menthe, bêtise de Cambrai. || PER ANAL. FAM. [monocolo] monocle m. (L.C.).

caramellare [karamel'lare] v. tr. caraméliser.

caramello [kara'mɛllo] m. CULIN. caramel. ◆ agg. invar. caramel.

caramelloso [karamel'loso] agg. douceâtre, mielleux (lett.). || FIG. doucereux, mielleux.

caramente [kara'mente] avv. affectueusement, chèrement. || [in chiusura di lettera] affectueusement, bien à toi. || [a caro prezzo] cher, chèrement. | *pagare caramente il successo*, payer chèrement son succès.

carampana [karam'pana] f. FAM. vieille taupe (pop.).

carapace [kara'patʃe] m. ZOOL. carapace f.

carato [ka'rato] m. carat. | *oro a diciotto carati*, or à dix-huit carats. || MAR. quirat, action f.

carattere [ka'rattere] m. **1.** [segno grafico] caractère. | *scrittura a grossi caratteri*, grosse f. (antiq.). || TIP. *caratteri tipografici*, caractères d'imprimerie. | *caratteri mobili*, lettres séparées. | *carattere tondo, corsivo, grassetto*, caractère romain, italique, gras. | *a caratteri cubitali*, en gros caractères. | *la notizia è stata pubblicata a caratteri cubitali, in prima pagina*, la nouvelle a été publiée en grosses manchettes. || PER EST. *scritto a caratteri d'oro, di fuoco*, écrit en lettres (f.) d'or, de feu. || **2.** [segno distintivo delle cose] caractère, caractéristique f., marque f., trait. | *il carattere di questo strumento è l'estrema maneggevolezza*, cet instrument se caractérise par son extrême maniabilité. || FIG. [impronta] caractère, empreinte f. | *rivista a carattere storico*, revue à caractère historique. || **3.** [natura umana] caractère, naturel, tempérament, nature f., complexion f. (antiq.). | *aspetto del carattere*, trait de caractère. | *avere un brutto carattere*, avoir un mauvais caractère, avoir un fichu caractère (fam.). | *è silenzioso di carattere*, il est de caractère silencieux. || PER EST. [personalità, fermezza] caractère, fermeté f., personnalité f. | *uomo di carattere, senza carattere*, homme de caractère, homme sans caractère, sans personnalité. | *fermezza di carattere*, force de caractère. | *dar prova di carattere, dimostrare carattere*, faire preuve de caractère. || LETT. *commedia di carattere*, comédie de caractère. || RELIG. caractère. || LOC. *essere in carattere (con)*, être en harmonie (avec).

caratteriale [karatteri'ale] agg. e m. PSIC. caractériel.

caratterino [karatte'rino] m. DIMIN. *ha un caratterino, è un caratterino*, il (elle) n'est pas commode.

caratterista [karatte'rista] (**-ti** pl.) m. TEATRO., CIN. acteur de genre. ◆ f. actrice de genre.

caratteristica [karatte'ristika] (**-che** pl.) f. caractéristique, caractère (m.) propre. | *il riso è la caratteristica dell'uomo*, le rire est le propre de l'homme.

caratteristico [karatte'ristiko] (**-ci** pl.) agg. caractéristique, particulier, typique. | *ristorante caratteristico*, restaurant typique. | *è un piatto caratteristico di quella regione*, c'est un plat particulier à cette région. | *segni caratteristici*, marques distinctives. || AMM. *note caratteristiche*, appréciations f. pl.

caratterizzare [karatterid'dzare] v. tr. caractériser.

caratterizzato [karatterid'dzato] part. pass. e agg. caractérisé. | *essere caratterizzato (da)*, se caractériser (par).

caratterizzazione [karatteriddzat'tsjone] f. caractérisation.

caratterologia [karatterolo'dʒia] f. PSIC. caractérologie.

caratura [kara'tura] f. [misurazione in carati] mesurage (m.) en carats. || MAR. quirat m., action.

caravanning [kærə'væniŋ] m. [ingl.] caravaning, circulation (f.) en caravane.

caravanserraglio [karavanser'raʎʎo] (**-gli** pl.) m. caravansérail. || FIG. capharnaüm.

caravella [kara'vɛlla] f. STOR. MAR. caravelle.

carbogeno [kar'bɔdʒeno] m. CHIM. carbogène.

carboidrato [karboi'drato] m. CHIM. hydrate de carbone.
carbonaia [karbo'naja] f. **1.** [mucchio di legna da carbone] meule (de charbonnière). ‖ PER EST. [stanza dove si conserva il carbone] charbonnerie (antiq.). ‖ MAR. soute à charbon. ‖ FIG. cave à charbon. ‖ **2.** [venditrice di carbone] charbonnière.
carbonaio [karbo'najo] (**-ai** pl.) m. charbonnier, bougnat (pop.).
carbonarismo [karbona'rizmo] m. STOR. carbonarisme.
carbonaro [karbo'naro] m. STOR. carbonaro.
carbonato [karbo'nato] m. CHIM. carbonate.
carbonchio [kar'bonkjo] (**-chi** pl.) m. AGR., BOT. [malattia] charbon. ‖ ARALD., MINER. escarboucle f.
carbonchioso [karbon'kjoso] agg. charbonneux.
carboncino [karbon'tʃino] m. charbon à dessiner. ‖ PER EST. [disegno] dessin au charbon. ‖ ARTI fusain. | *(disegno a) carboncino*, fusain.
carbone [kar'bone] m. charbon. | *carbone fossile*, charbon de terre, houille f. | *carbone fino*, charbon menu. | *miniera di carbone fossile*, houillère f., charbonnage m. | *riscaldamento a carbone*, chauffage au charbon. | *annerire, sporcare con carbone*, charbonner. | *catrame di carbone*, coaltar (ingl.). | *estrazione del carbone*, charbonnage m. ‖ AGR., BOT. [malattia] charbon. ‖ ELETTR. *carbone bianco*, houille blanche. ‖ LOC. FIG. *essere sui carboni accesi*, être sur des charbons ardents. | *nero come il carbone*, noir comme du jais, du cirage, du charbon. | *avere l'anima nera come il carbone*, avoir l'âme noire. | *brillare come i carboni accesi*, briller comme des charbons ardents. ◆ agg. *carta carbone*, papier (m.) carbone.
carbonella [karbo'nɛlla] f. charbon (m.) de bois, braise. | *legna (minuta) per fare carbonella*, charbonnette.
carboneria [karbone'ria] f. STOR. charbonnerie.
carbonico [kar'bɔniko] (**-ci** pl.) agg. carbonique. | *neve carbonica*, neige carbonique. ‖ GEOL. carbonifère.
carboniera [karbo'njɛra] f. MAR. [nave] charbonnier m. ‖ FERR. tender m. (ingl.).
carboniere [karbo'njɛre] m. industriel du charbon. ‖ [minatore] mineur (dans une mine de charbon).
carboniero [karbo'njɛro] agg. houiller. | *industria carboniera*, industrie houillère. | *nave carboniera*, charbonnier m.
carbonifero [karbo'nifero] agg. charbonnier, houiller, carbonifère. | *bacino carbonifero*, bassin houiller. ‖ GEOL. carbonifère.
carbonio [kar'bɔnjo] m. CHIM. carbone. | *idrato di carbonio*, hydrate de carbone.
carbonioso [karbo'njoso] agg. [contenente carbone] charbonneux.
carbonizzare [karbonid'dzare] v. tr. [ridurre in carbone] carboniser. ◆ v. rifl. [ridursi in carbone] charbonner v. intr. ‖ PER ANAL. [bruciarsi] se brûler, se calciner.
carbonizzazione [karboniddzat'tsjone] f. carbonisation, houillification.
carbosiderurgico [karboside'rurdʒiko] (**-ci** pl.) agg. IND. du charbon et de l'acier.
carburante [karbu'rante] m. e agg. carburant.
carburare [karbu'rare] v. intr. TECN. carburer. ‖ FIG. POP. [funzionare] carburer.
carburatore [karbura'tore] m. carburateur.
carburazione [karburat'tsjone] f. carburation.
carbureattore [karbureat'tore] m. CHIM. carburéacteur.
carburo [kar'buro] m. CHIM. carbure.
carcadè [karka'dɛ] m. BOT. karkadé.
carcame [kar'kame] m. (lett.) carcasse (L.C.). ‖ FIG. PEGGIOR. carcasse.
carcassa [kar'kassa] f. [ossa dello scheletro animale] carcasse. ‖ PER ANAL. IRON. [corpo umano] carcasse. ‖ PER EST. [auto] carcasse, guimbarde, tacot m. ‖ [nave] carcasse.
carcerare [kartʃe'rare] v. tr. emprisonner, enfermer, interner, écrouer. ‖ GIUR. incarcérer.
carcerario [kartʃe'rarjo] (**-ri** pl.) agg. de(s) prison(s), carcéral. | *guardia carceraria*, gardien (m.) de prison, geôlier m. (antiq.). ‖ GIUR. *regolamento carcerario*, règlement des prisons.
carcerato [kartʃe'rato] m. détenu, prisonnier. ‖ LOC. FIG. *fare una vita da carcerato*, mener une vie de moine.
carcerazione [kartʃerat'tsjone] f. [azione] emprisonnement m., internement m., incarcération. | *carcerazione preventiva*, détention préventive. ‖ GIUR. écrou m.
carcere ['kartʃere] (**-ri** pl. f.) m. [luogo] prison f., bloc (pop.), cabane f. (pop.), tôle f., taule f. (gerg.), geôle (antiq.). | *mettere in carcere*, mettre en prison. | *tradurre alle carceri*, emmener à la prison. ‖ PER EST. [pena] prison f., emprisonnement, réclusion f. | *scontare due anni di carcere*, purger deux ans de prison. ‖ GIUR. *carcere preventivo*, détention préventive. ‖ FIG. *che carcere questa casa !*, cette maison, quelle prison !
carceriere [kartʃe'rjɛre] m. gardien de prison, guichetier, geôlier (antiq.).
carcinoma [kartʃi'nɔma] (**-mi** pl.) m. MED. carcinome.
carciofaia [kartʃo'faja] f. AGR. artichautière.
carciofo [kar'tʃɔfo] m. BOT. artichaut.
carco ['karko] (**-chi** pl.) agg. e m. POET. chargé, charge f. (L.C.).
carda ['karda] f. TESS. carde, cardeuse. | *carda sgrossatrice*, (carde) briseuse, briseur m. | *cardo uso lana*, carde à hérissons.
cardamomo [karda'mɔmo] m. BOT. cardamome f.
cardanico [kar'daniko] (**-ci** pl.) agg. TECN. *giunto cardanico*, joint de cardan, transmission par cardan. | *asse cardanico*, arbre à cardan.
cardano [kar'dano] m. TECN. cardan.
cardare [kar'dare] v. tr. TESS. carder.
cardatore [karda'tore] m. TESS. [operaio] cardeur.
cardatrice [karda'tritʃe] f. TESS. [macchina] cardeuse, carde.
cardatura [karda'tura] f. TESS. cardage m.
cardellino [kardel'lino] m. ZOOL. chardonneret.
cardiaco [kar'diako] (**-ci** pl.) agg. MED. cardiaque. | *attacco cardiaco*, crise cardiaque. | *soffio cardiaco*, souffle au cœur. ◆ m. MED. cardiaque.
cardialgia [kardial'dʒia] f. MED. cardialgie.
cardigan ['kardigan] m. invar. [ingl.] cardigan.
cardinalato [kardina'lato] m. cardinalat.
cardinale [kardi'nale] agg. cardinal. ‖ GEOGR., GRAMM., MAT., RELIG. cardinal. ‖ LOC. *rosso cardinale*, rouge cardinal. ◆ m. RELIG. cardinal. ‖ ZOOL. cardinal.
cardinalizio [kardina'littsjo] (**-zi** pl.) agg. cardinalice. | *cappello cardinalizio*, chapeau de cardinal. | *porpora cardinalizia*, pourpre cardinalice.
cardine ['kardine] m. TECN. gond. ‖ FIG. pivot, charnière f. ‖ ZOOL. *cardine di una conchiglia*, charnière d'une coquille.
cardiografia [kardjogra'fia] f. MED. cardiographie.
cardiografo [kar'diɔgrafo] m. MED. cardiographe.
cardiogramma [kardjo'gramma] m. MED. cardiogramme.
cardiologia [kardjolo'dʒia] f. MED. cardiologie.
cardiologo [kar'djɔlogo] (**-gi** pl.) m. MED. cardiologue.
cardiopalmo [kardjo'palmo] m. MED. palpitations f. pl.
cardiopatia [kardjopa'tia] f. MED. cardiopathie.
cardiopatico [kardjo'patiko] (**-ci** pl.) agg. e m. MED. cardiaque.
cardioplegia [kardjople'dʒia] f. MED. arrêt (m.) du cœur.
cardiotonico [kardjo'tɔniko] (**-ci** pl.) agg. e m. FARM. cardiotonique.
cardiovascolare [kardjovasko'lare] agg. ANAT., MED. cardiovasculaire.
cardite [kar'dite] f. MED. cardite.
cardo ['kardo] m. BOT. [commestibile] cardon. | [costola commestibile della foglia del cardo], carde f. | *cardo dei lanaioli*, cardère f., chardon à foulon. ‖ TESS. [strumento] carde f.
carena [ka'rɛna] f. carène.
carenaggio [kare'naddʒo] m. MAR. carénage, radoub. | *bacino di carenaggio*, bassin de radoub, de carénage.

carenare [kare'nare] v. tr. MAR., AER., AUTOM. caréner.
carenatura [karena'tura] f. AER., AUTOM. carénage m.
carente [ka'rɛnte] agg. invar. insuffisant, incomplet, pauvre (en).
carenza [ka'rɛntsa] f. carence, pénurie, insuffisance, pauvreté, manque m. ‖ MED. *malattia da carenza*, maladie de, par carence, maladie carentielle. ‖ PSIC. carence.
carestia [kares'tia] f. [mancanza di derrate alimentari] famine, disette. ‖ PER ANAL. [scarsezza] pénurie, manque m.
caretta [ka'retta] f. ZOOL. caret m.
carezza [ka'rettsa] f. caresse, cajolerie, câlinerie, chatterie. | *far carezze*, faire des mamours (fam.); câliner.
carezzare [karet'tsare] v. tr. V. ACCAREZZARE.
carezzevole [karet'tsevole] agg. invar. caressant, câlin, tendre, suave.
cargo ['kargo] (**-ghi** pl.) m. MAR. (neol.) cargo.
cariare [ka'rjare] v. tr. MED., BOT. carier. ◆ v. rifl. se carier.
cariatide [ka'rjatide] f. ARCHIT. cariatide, caryatide. ‖ PER EST. [persona inerte] *far da cariatide*, faire tapisserie. ‖ PEGGIOR. fossile m. | *è una vecchia cariatide*, c'est un fossile.
caribù [kari'bu] m. ZOOL. caribou.
carica ['karika] (**-che** pl.) f. AMM. [grado] charge. | *le alte cariche dello Stato*, les hautes fonctions de l'État. | *essere, restare in carica*, être, rester en fonctions. | *entrare in carica*, entrer en exercice. | *indennità di carica*, frais de représentation. | *assolvere i doveri della propria carica*, s'acquitter des devoirs de sa charge. | *il governo in carica*, le gouvernement établi. | *carica di sindaco*, mairie. | *carica di ambasciatore*, charge d'ambassadeur. ‖ MIL. [assalto] charge. | *passo di carica*, pas de charge. | *carica!*, à la charge! ‖ TECN. charge. | *carica (di un orologio)*, [molla] ressort m., [azione] remontage m. | *carica di profondità*, grenade sous-marine. | *dare la carica a un trenino*, remonter un tortillard (fam.). ‖ PSIC. *carica affettiva*, charge affective. ‖ SPORT [calcio, rugby] charge. ‖ TESS. charge. ‖ LOC. FIG. *tornare alla carica*, revenir à la charge.
caricafieno [karika'fjɛno] m. invar. TECN. chargeur à foin.
caricamento [karika'mento] m. chargement. | *caricamento di un orologio*, remontage d'une montre.
caricare [kari'kare] v. tr. charger. | *caricare un mulo, un camion, una nave*, charger un mulet, un camion, un navire. ‖ PER EST. *caricare, caricarsi lo stomaco*, se charger l'estomac. ‖ COMM. *caricare un conto*, grossir un compte. ‖ MIL. [attaccare] charger, attaquer. | *caricare il nemico*, charger l'ennemi. ‖ PER EST. *la polizia caricava i dimostranti*, la police chargeait les manifestants. ‖ SPORT [calcio, rugby] charger. ‖ TECN. *caricare un forno, un accumulatore*, charger un four, un accumulateur. | *caricare una molla*, bander un ressort. | *caricare un orologio*, remonter une montre. ‖ PER ANAL. *caricare la pipa*, bourrer sa pipe. ‖ FIG. charger, cribler, accabler, écraser, surcharger. | *caricare di debiti*, cribler, accabler de dettes. | *caricare di imposte*, charger, surcharger d'impôts. | *caricare di lezioni*, bourrer de devoirs. | *caricare di busse*, bourrer de coups. | *caricare di ingiurie*, agonir, abreuver d'injures. ‖ PER EST. [esagerare] forcer, charger, exagérer. | *caricare la mano*, avoir la main lourde.
caricatore [karika'tore] m. [operaio] chargeur. ‖ MAR. [noleggiatore] chargeur, affréteur. ‖ MIL. [uomo], FOT., TECN. [macchina] chargeur. ◆ agg. *piano caricatore*, rampe (f.) de chargement, quai de chargement.
caricatrice [karika'tritʃe] f. METALL. enfourneuse. ‖ MIN. chargeuse. | *caricatrice meccanica da miniera*, chargeuse mécanique.
caricatura [karika'tura] f. caricature, charge. | *fare la caricatura di qlcu.*, faire le portrait-charge, la caricature de qn. ‖ PER EST. *mettere in caricatura qlcu.*, caricaturer qn, tourner qn en ridicule. ‖ PEGGIOR. [imitazione] caricature.
caricaturale [karikatu'rale] agg. caricatural.
caricaturista [karikatu'rista] (**-ti** pl. m.) m. e f. caricaturiste.
carice ['karitʃe] f. BOT. carex m., laîche.
carico ['kariko] (**-chi** pl.) agg. PR. e FIG. chargé. | *carico di lavoro*, surchargé de travail. | *carico di debiti*, criblé de dettes. ‖ PARTICOL. *colore carico*, couleur soutenue. | *caffè, tè carico*, café, thé fort. | *pipa carica*, pipe bourrée. | *orologio carico*, horloge remontée. ‖ FIG. chargé, lourd, gros, plein, rempli. ◆ m. [peso] charge f., poids, fardeau, faix (antiq.). | *carico di rottura*, charge de rupture. | *carico massimo trasportabile*, charge utile (maximum). | *pieno carico*, pleine charge. ‖ PER EST. [azione di caricare] chargement, embarquement. | *banchina di carico*, rampe de chargement. | *nave sotto carico*, navire en chargement. ‖ PER ANAL. [materiale trasportato] chargement. | *carico di legname*, chargement de bois. ‖ IRON. *carico di legnate*, volée (f.) de coups. ‖ MAR. cargaison f., fret, chargement. | *stivare un carico*, arrimer une cargaison. | *carico di andata, di ritorno*, fret d'aller, de retour. | *nave da carico*, cargo. | *polizza di carico*, connaissement. ‖ AMM. *avere figli a carico*, avoir charge d'enfants, avoir des enfants à sa charge. | *carichi di famiglia*, charges de famille. ‖ COMM. *registro di carico e scarico*, livre des entrées (f.) et des sorties (f.). | *spese a carico*, frais au débit. ‖ FIN. *carichi fiscali*, charges (f.) fiscales. ‖ GIUR. *testimone a carico*, témoin à charge. | *testimoniare a carico (di)*, charger. ‖ FIG. [onere, peso, cura] charge f., fardeau, poids. | *assumere a carico*, prendre en charge.
carie ['karje] f. BOT., MED. carie.
carillon [kari'jɔ̃] m. (fr.) [sistema di campane accordate] carillon. | *orologio a carillon*, carillon, horloge à carillon. | *suonare il carillon*, carillonner v. intr.
carino [ka'rino] agg. joli, mignon, gentil, chou (fam.), croquignolet (fam.). | *è una ragazza carina*, c'est une jolie fille. | *ha un bambino molto carino*, elle a un enfant charmant. | *questo cappello è proprio carino*, ce chapeau est vraiment mignon. | *com'è carina questa stanza!*, que c'est chou, cette pièce! ‖ [gentile] gentil. | *essere carino con qlcu.*, être gentil avec, pour qn. | *che carino!*, que tu es gentil!
cariocinesi [karjotʃi'nɛzi] f. BIOL. caryocinèse, kariokinèse.
cariofillacee [karjofil'latʃee] f. pl. BOT. caryophyllacées.
cariosside [ka'rjɔsside] f. BOT. caryopse m.
carisma [ka'rizma] (**-i** pl.) m. RELIG. charisme.
carità [kari'ta] f. charité. | *dama di carità*, dame de charité. | *fare la carità*, faire la charité. ‖ IRON. *carità pelosa*, charité intéressée. ‖ RELIG. *le Figlie della Carità*, les Filles de la Charité. ‖ FIG. *mi faccia la carità di*, faites-moi la charité de. ‖ LOC. *per carità!*, pour l'amour de Dieu!
caritatevole [karita'tevole] agg. [persona, atto] charitable.
caritativo [karita'tivo] agg. *istituti caritativi*, institutions charitables.
carlinga [kar'linga] (**-ghe** pl.) f. AER. carlingue, nacelle.
carlino [kar'lino] m. [moneta] carlin. ‖ ZOOL. carlin.
carlista [kar'lista] (**-ti** pl.) agg. e m. STOR. carliste.
carlona [kar'lona] **(alla)** LOC. *fare qlco alla carlona*, faire qch. par-dessus l'épaule.
carlotta [kar'lɔtta] f. CULIN., MODA charlotte.
carmagnola [karmaɲ'ɲɔla] f. STOR. [canzone, giubba, danza] carmagnole.
carme ['karme] m. POES. poème, poésie f.
carmelitana [karmeli'tana] agg. e f. RELIG. *(suora) carmelitana*, carmélite f.
carmelitano [karmeli'tano] agg. RELIG. du Carmel. ◆ m. RELIG. carme.
carminativo [karmina'tivo] agg. e m. FARM. carminatif agg.
carminio [kar'minjo] (**-ni** pl.) m. carmin. | *color carminio*, carmin (agg. invar.). | *tingere di carminio*, carminer v. tr. | *rosso carminio*, carminé (agg.).
carmino [kar'mino] m. (lett.) carmin (L.C.).
carnaccia [kar'nattʃa] f. PEGGIOR. mauvaise viande, carne (pop.).
carnagione [karna'dʒone] f. carnation, teint m.
carnaio [kar'najo] (**-ai** pl.) m. [cumulo di cadaveri]

charnier. ‖ PER ANAL. *questa spiaggia è un carnaio,* cette plage est un amas de corps. ‖ PER EST. [carneficina] carnage, tuerie f., massacre, boucherie f.
carnale [kar'nale] agg. charnel. ‖ [consanguineità] *fratelli carnali,* frères germains.
carname [kar'name] m. charnier.
carnascialesco [karnaʃʃa'lesko] (**-chi** pl.) agg. LETT. *canti carnascialeschi,* chants carnavalesques.
carne ['karne] f. **1.** [uomo] chair. ‖ LOC. *mettersi in carne,* se remplumer (fam.). | *essere bene in carne,* être bien en chair. | *color carne,* couleur chair. ‖ LOC. FIG. *non essere né carne né pesce,* n'être ni chair ni poisson. ‖ [animali] chair. ‖ PER ANAL. BOT. chair. ‖ **2.** [per alimentazione] viande. | *carne in scatola,* viande en conserve. | *carne tritata,* hachis m. | *carne congelata,* viande congelée, frigo m. (pop.). | *brodo di carne,* bouillon gras. | *carne ai ferri, alla griglia,* grillade. | *carne di maiale,* cochonaille (pop.). ‖ COMM. *venditore di carne all'ingrosso,* chevillard. ‖ LOC. COMM. *vendita all'ingrosso della carne* [di animali squartati appesi a uncini], vente à la cheville. ‖ LOC. FIG. *mettere troppa carne al fuoco,* entreprendre trop de choses à la fois.
carnefice [kar'nefitʃe] m. PR. e FIG. bourreau.
carneficina [karnefi'tʃina] f. carnage m., massacre m., tuerie, boucherie.
carneo ['karneo] agg. [a base di carne] carné. ‖ [colore della carne] carné.
carnet [kar'nɛ] m. [fr.] carnet.
carnevalata [karneva'lata] f. PR. e FIG. mascarade.
carnevale [karne'vale] m. carnaval. | *maschera da carnevale,* chienlit m. | *faccia da carnevale,* figure de carnaval. | *gli ultimi tre giorni di carnevale,* le carême-prenant. ‖ FIG. *essere vestito da carnevale,* être vêtu comme un carnaval, être un (vrai) carnaval. | *far carnevale,* faire la noce (fam.). ‖ PROV. *a carnevale ogni scherzo vale,* c'est carnaval, tout est permis.
carnevalesco [karneva'lesko] (**-chi** pl.) agg. carnavalesque.
carniera [kar'njɛra] f. carnassière, gibecière, carnier m.
carniere [kar'njɛre] m. carnassière f., gibecière f., carnier.
carnivoro [kar'nivoro] agg. carnassier, carnivore. | *dente carnivoro,* (dent) carnassière. ‖ BOT. *pianta carnivora,* plante carnivore. ◆ m. pl. ZOOL. carnassiers.
carnosità [karnosi'ta] f. MED. [escrescenza carnosa] excroissance. ‖ (lett.) [grassezza] embonpoint m. (L.C.). ‖ ARTI [pittura] rondeur.
carnoso [kar'noso] agg. charnu.
caro ['karo] agg. **1.** [amato] cher, aimé, adoré, chéri. | *mio caro, mia cara,* mon cher, ma chère. | *mio caro signor X,* mon cher monsieur X. | *carissimi fratelli,* (mes) très chers frères. ‖ [sfumature affettive] *caro signore mio,* mon bon monsieur. | *cara amica,* ma bonne amie. | *tieni, mio caro,* tiens, mon vieux. | *eh no, mio caro, adesso parlo io,* eh non, mon bon, maintenant c'est moi qui parle. | *cara lei,* ma chère. | *cari voi,* mes chers. ‖ PER EST. [gentile] gentil, aimable. | *sei tanto caro a dirmi questo,* c'est gentil à toi, de ta part de me dire ça. | *quanto sei caro!,* que tu es gentil! ‖ LOC. *avrei caro che ci fosse anche lui,* j'aimerais qu'il y fût lui aussi. ‖ **2.** [costoso] cher, coûteux, salé (fam.). ◆ avv. cher, chèrement. | *costare, pagare caro,* coûter, payer cher. | *vender cara la pelle,* vendre cher, chèrement sa vie. ‖ LOC. *me la pagherà cara,* il me le paiera cher. ◆ m. pl. *i propri cari,* [genitori] ses parents, [famiglia] sa famille.
carogna [ka'roɲɲa] f. charogne. ‖ FIG. FAM. *che carogna!,* quel chameau! | *è una carogna,* [spregevole] c'est un salaud, [perfido] c'est un charognard.
carola [ka'rɔla] f. MUS. carole.
carolingio [karo'lindʒo] (**-gi** pl.) agg. e m. STOR. carolingien.
caropane [karo'pane] m. cherté (f.) du pain.
carosello [karo'zɛllo] m. STOR. carrousel. ‖ PER EST. [giostra] carrousel, (manège de) chevaux de bois. ‖ PER ANAL. [di macchine] carrousel. ‖ FIG. *carosello di pensieri,* tourbillon de pensées.
carota [ka'rɔta] f. BOT. carotte. ‖ FIG. FAM. *pel di carota,* poil-de-carotte. ‖ TECN. MIN. carotte. ‖ LOC. *color carota,* carotte agg.
carotaggio [karo'taddʒo] m. TECN. MIN. carottage.
carotare [karo'tare] v. tr. TECN. MIN. carotter.
carotene [karo'tɛne] m. BOT., CHIM. carotène.
carotide [ka'rɔtide] f. ANAT. carotide.
carotideo [karoti'dɛo] agg. carotidien.
carotiera [karo'tjɛra] m. TECN. MIN. [utensile] carottier.
carovana [karo'vana] f. caravane. ‖ PER EST. *carovana pubblicitaria,* caravane publicitaire. ‖ PER ANAL. [rimorchio abitabile] caravane, roulotte. | *campeggiatore che viaggia con una carovana,* caravanier (neol.).
carovaniere [karova'njɛre] m. caravanier.
carovaniero [karova'njɛro] agg. de(s) caravane(s). | *pista carovaniera,* piste des caravanes.
carovita [karo'vita] m. invar. cherté (f.) de la vie, vie chère. ‖ AMM. [indennità] indemnité (f.) de vie chère.
caroviveri [karo'viveri] m. invar. cherté (f.) de la vie, vie chère.
carpa ['karpa] f. ZOOL. carpe. | *giovane carpa,* carpeau m., carpette. | *carpa giovanissima,* carpillon m.
carpale [kar'pale] agg. ANAT. carpien.
carpello [kar'pɛllo] m. BOT. carpelle.
carpenteria [karpente'ria] f. [struttura portante] charpente. ‖ [officina] charpenterie.
carpentiere [karpen'tjɛre] m. charpentier.
carpiato [kar'pjato] agg. SPORT [con trampolino, partic. nel nuoto] *salto, tuffo carpiato,* saut de carpe (f.).
carpine ['karpine] m. BOT. charme. | *viale di carpini,* charmille f., allée de charmes.
carpione [kar'pjone] m. ZOOL. carpion. ‖ CUC. *in carpione,* en matelote.
carpire [kar'pire] v. tr. extorquer, escroquer, soutirer, tirer, carotter (fam.). | *carpire denaro a qlcu.,* soutirer de l'argent à qn, tirer une carotte à qn (fam.).
carpo ['karpo] m. ANAT. carpe.
carpocapsa [karpo'kapsa] f. ZOOL. carpocapse.
carponi [kar'poni], **carpone** [kar'pone] avv. à quatre pattes.
carrabile [kar'rabile] agg. charretier. | *strada carrabile,* voie charretière. | *passo carrabile,* passage pour voitures.
carradore [karra'dore] m. charron. | *arte, lavoro del carradore,* charronnage.
carraio [kar'rajo] (**-ai** pl.) m. (raro) charron. ◆ agg. *porta carraia,* porte charretière.
carrata [kar'rata] f. charretée, tombereau m. | *carrata di fieno,* charretée de foin. ◆ LOC. AVV. ***a carrate,*** en grande quantité.
carré [ka're] m. [fr.] CULIN. carré. | *pane carré,* pain de mie. ‖ GIOCHI [roulette] carré. ‖ MODA. empiècement.
carreggiabile [karred'dʒabile] agg. charretier, carrossable. | *strada carreggiabile,* chemin charretier.
carreggiamento [karreddʒa'mento] m. GEOL. charriage. | *falda di carreggiamento,* nappe de charriage.
carreggiare [karred'dʒare] v. tr. [trasportare su carro o altro veicolo] charroyer, charrier.
carreggiata [karred'dʒata] f. [traccia di ruote] ornière. | *guidare in modo da evitare le carreggiate,* cartayer v. intr. ‖ PER EST. [distanza tra due ruote] voie. ‖ PER ANAL. [larghezza di una strada] chaussée. | *strada a carreggiata doppia,* route à double voie. | *strada a carreggiata unica,* voie à sens unique. ‖ FIG. *rimettersi in carreggiata,* [di scolaro] se rattraper, [moralmente] retourner sur le droit chemin. | *uscire di carreggiata,* [divagare] divaguer, [moralmente] se fourvoyer.
carreggio [kar'reddʒo] (**-gi** pl.) m. [trasporto a mezzo carri] charroi, charriage. ‖ MIL. [convoglio] train. ‖ MIN. [trasporto a mezzo vagoncini] roulage. ‖ [passaggio di carri] passage.
carrellare [karrel'lare] v. intr. CIN., TV. tourner en travelling.
carrellata [karrel'lata] f. CIN., TV. travelling m. (ingl.).
carrellato [karrel'lato] agg. TECN. *gru carrellata,* grue à chariot. ‖ MIL. *artiglieria carrellata,* artillerie tractée.
carrellista [karrel'lista] (**-ti** pl.) m. [venditore nelle stazioni] vendeur, euse du buffet roulant. ‖ CIN., TV. opérateur, cameraman (ingl.).

carrello [kar'rɛllo] m. [per trasporto materiali] chariot. | *carrello portabagagli*, chariot à bagages. | *carrello (a due ruote) a mano*, diable. || [in casa] table roulante f. || TECN., CIN. chariot. | *carrello avvolgitubi*, dévidoir. || FERR. *carrello ferroviario*, bog(g)ie. | *carrello per trasporto materiale leggero*, draisine f. | *carrello monorotaia*, chariot monorail. | *carrello di servizio*, transbordeur. || AER. train. | *carrello retrattile*, train escamotable. | *carrello d'atterraggio*, train d'atterrissage.
carretta [kar'retta] f. charrette, carriole. | *carretta a mano*, charrette à bras. || PER EST. PEGGIOR. [auto] *vecchia carretta*, carriole, vieux tacot m., vieille guimbarde. || MAR. navire (m.) de charge, cargo m. || STOR. [usata per i condannati] tombereau m. || LOC. FIG. *tirare la carretta*, avoir de la peine à vivre.
carrettata [karret'tata] f. charretée, tombereau m. || FIG. charretée. ◆ LOC. AVV. ***a carrettate,*** en grande quantité, à foison.
carrettiere [karret'tjɛre] m. charretier, charroyeur. || LOC. *bestemmiare come un carrettiere*, jurer comme un charretier.
carrettino [karret'tino] m. DIMIN. charreton, charretin. || [di commerciante ambulante] baladeuse f.
carretto [kar'retto] m. chariot, charrette f. || TECN. [da scalo] diable. | *carretto a estremità ribaltabile*, tombereau. || TEATRO chariot.
carriaggio [karriaddʒo] (**-gi** pl.) m. MIL. fourgon. || LETT. *Carriaggio di Nîmes*, Charroi de Nîmes. ◆ pl. MIL. charrois (antiq.).
carriera [kar'rjɛra] f. [professione] carrière. | *la carriera diplomatica*, la Carrière. || [annunci pubblicitari] *possibilità di carriera*, situation d'avenir. || [cavallo] allure. || SCHERZ. [uomo] *andare di gran carriera*, aller à vive allure.
carriola [kar'rjɔla] f. brouette. | *trasportare con la carriola*, brouetter v. tr.
carriolata [karrjo'lata] f. brouettée. ◆ agg. MIL. blindé.
carrista [kar'rista] (**-ti** pl.) m. MIL. tankiste.
carro ['karro] m. [veicolo rurale] chariot, charrette f., char (antiq.). || PER EST. [contenuto di un carro] char, charretée f. || PARTICOL. *carro funebre*, char, fourgon funèbre, corbillard. || AGR. *carro da foraggio*, fourragère f. || ASTRON. *Grande, Piccolo Carro*, Grand, Petit Chariot. || AUTOM. *carro attrezzi*, voiture (f.) de dépannage, dépanneuse (f.). || FERR. *carro frigorifero*, wagon frigorifique. | *carro bestiame*, fourgon, wagon à bestiaux. | *carro botte*, wagon-citerne. || GIOCHI [tarocchi] chariot. || MIL. fourgon. | *carro armato*, char de combat. | *carri armati*, engins blindés. || MIN. chariot. || TRASP. *carro rifiuti*, camion d'enlèvement des ordures. | *carro matto*, fardier. | *carro per trasporto legname*, triqueballe. || LOC. FIG. *mettere il carro davanti ai buoi*, mettre la charrue devant, avant les bœufs. | *essere l'ultima ruota del carro*, être la cinquième roue du carrosse.
car(r)onata [ka(r)ro'nata] f. STOR. MIL. caronade.
carrozza [kar'rɔttsa] f. voiture. | *carrozza di piazza*, fiacre m. || FERR. voiture, wagon m. | *in carrozza !*, en voiture ! || STOR. carrosse. || LOC. FIG. *non si va in Paradiso in carrozza*, on n'obtient rien sans peine.
carrozzabile [karrot'tsabile] agg. carrossable.
carrozzaio [karrot'tsajo] (**-ai** pl.) m. carrossier.
carrozzare [karrot'tsare] v. tr. AUTOM. carrosser. | *il carrozzare*, carrossage.
carrozzella [karrot'tsella] f. [per bambini] voiture d'enfant, poussette, landau m. || PER EST. [per infermi] fauteuil (m.) d'invalide, petite voiture (fam.). || [Roma, Centro, Sud] fiacre m.
carrozzeria [karrottse'ria] f. AUTOM. [officina, sovrastruttura] carrosserie.
carrozziere [karrot'tsjɛre] m. carrossier.
carrozzina [karrot'tsina] f. voiture d'enfant, poussette, landau m.
carrozzino [karrot'tsino] m. [carrozza a due posti] cabriolet. || [di motocicletta] side-car (ingl.).
carrozzone [karrot'tsone] m. **1.** [nomadi] roulotte f. || **2.** [vettura ferroviaria] wagon. || **3.** [cellulare] voiture (f.) cellulaire, panier à salade (fam.). || **4.** (region.) corbillard.
car(r)uba [ka(r)'ruba] f. BOT. caroube, carouge.
car(r)ubo [ka(r)'rubo] m. BOT. caroubier.
carrucola [kar'rukola] f. MECC. poulie.
carsico ['karsiko] (**-ci** pl.) agg. karstique.
carta ['karta] f. **1.** papier m. | *carta assorbente*, papier buvard, papier brouillard. | *carta bibbia, India*, papier bible. | *carta Cina*, papier de Chine. | *carta colorata*, papier de couleur. | *carta da giornali*, papier journal. | *carta da imballo*, papier (d')emballage. | *carta da lettere*, papier à lettres. | *carta da lucido, da ricalco*, papier-calque, papier à calquer. | *carta da parati*, papier peint. | *carta da tappezzeria*, papier peint. | *carta di gran formato* (1,06 × 0,75 m), papier grand aigle. | *carta fantasia*, papier fantaisie. | *carta filtro*, papier-filtre, joseph. | *carta giapponese*, papier du Japon. | *carta intestata*, papier à en-tête. | *carta per macchina da scrivere*, papier (pour) machine (à écrire). | *carta per matrici*, stencil. | *carta per rivestimenti*, papier doublé. | *carta per sigarette*, papier à cigarettes. | *carta pesta*, papier mâché. | *carta quadrettata, a quadretti*, papier quadrillé. | *carta rigata, a righe*, papier réglé. | *carta riso*, papier de Chine, papier Chine. | *carta ruvida* [da guazzo e acquerello] papier torchon. | *carta seta*, papier de soie, papier pelure. | *carta uso pergamena*, papier simili parchemin. | *carta uso tela*, papier imitation toile. | *cappello di carta*, chapeau de gendarme (fam.). || LOC. *in carta*, par écrit. || PER EST. [foglio di carta] papier. | *gettare fogli di carta dappertutto*, jeter des papiers partout. | *carta semplice, bollata*, papier libre, timbré. | *carta protocollo*, papier ministre. | *carta da visita*, carte de visite. | *carta da mille (lire)*, carte de mille lires. | *carta moneta*, papier-monnaie. | *carte valori*, papiers-valeurs. || LOC. FIG. *dare, avere carta bianca*, donner, avoir carte blanche. | *mandare a carte quarantotto*, envoyer au diable. ◆ pl. [documento, atto pubblico] papiers. | *ordinare le proprie carte*, ranger ses papiers. | *fare le carte per sposarsi*, réunir les papiers nécessaires pour se marier. || LOC. FIG. *avere tutte le carte in regola*, avoir toutes les cartes (tous les atouts) dans son jeu. | *far carte false (per)*, faire des pieds et des mains (pour). || **2.** CULIN. carta f. | *mangiare alla carta*, manger à la carte. || **3.** AMM. carte f. | *carta d'identità*, carte d'identité. | *carta annonaria*, carte d'alimentation. || **4.** GIOCHI *carte (da gioco)*, cartes (à jouer). | *fare una partita a carte*, faire une partie de cartes. | *giocare a carte*, jouer aux cartes, battre, taper (pop.) le carton. | *mescolare le carte*, battre les cartes. | *tocca a te fare le carte*, c'est à toi la donne. | *fare, leggere le carte*, faire, tirer les cartes. | *avere belle carte*, avoir du jeu. | *gioco di carte*, belote f. || LOC. FIG. *giocare a carte scoperte*, jouer franc jeu. | *mettere le carte in tavola*, jouer cartes sur table, ne pas cacher son jeu. | *giocare l'ultima carta*, jouer sa dernière carte. || PROV. *chi ha fortuna in amor non giochi a carte*, heureux au jeu, malheureux en amour. || **5.** GEOGR. carte. | *carta geografica*, carte géographique. || **6.** POLIT. STOR. charte. | *carta costituzionale*, charte constitutionnelle. || **7.** RELIG. *le Sacre Carte*, les Saintes Écritures.
cartacarbone [kartakar'bone] (**cartecarbone** pl.) f. papier (m.) carbone.
cartaccia [kar'tattʃa] (**-ce** pl.) f. chiffon (m.) de papier, paperasse. | *gettare via le cartacce*, jeter les vieux papiers. || GIOCHI [carta senza valore] mauvaise carte.
cartaceo [kar'tatʃeo] agg. *moneta cartacea*, papier-monnaie. | *codice cartaceo*, manuscrit sur papier.
cartaginese [kartadʒi'nese] agg. GEOGR. carthaginois. ◆ m. e f. [abitante] Carthaginois, e.
cartaio [kar'tajo] (**-ai** pl.) m. [fabbricante di carta] papetier.
cartamodello [kartamo'dɛllo] m. MODA patron, tracé de coupe.
cartamoneta [kartamo'neta] f. papier-monnaie.
cartapecora [karta'pɛkora] f. parchemin m. || FIG. *faccia, viso di cartapecora*, visage parcheminé.
cartapesta [karta'pesta] f. carton-pâte m., papier mâché m. || MODA *testa di cartapesta*, marotte. || FIG. *uomo di cartapesta*, pantin, fantoche. | *eroe di cartapesta*, héros de comédie, de carton-pâte.
cartario [kar'tarjo] (**-ri** pl.) agg. papetier. | *industria cartaria*, industrie papetière.
cartastraccia [kartas'trattʃa] (**cartestracce** pl.) f.

papier brouillard, papier d'emballage. || FIG. paperasse, chiffon (m.) de papier.
carteggiare [karted'dʒare] v. intr. (raro) correspondre (avec), échanger des lettres (avec). || MAR. pointer (v. tr.) la carte.
carteggio [kar'teddʒo] (**-gi** pl.) m. correspondance f.
cartella [kar'tɛlla] f. **1.** [cartoncino con cifre] fiche. | *cartella clinica*, fiche médicale. | *cartella della tombola*, billet (m.) de loterie. || FIN. *cartella delle tasse*, feuille d'impôt. || **2.** [titolo] titre m. | *cartella di rendita*, titre de rente. || **3.** [copertura di libro] couverture. || PER EST. *cartella da disegno*, carton à dessin. | *cartella da scrivania*, sous-main (m. invar.), buvard m. || PER ANAL. [custodia] chemise, carton m. || [portacarte in pelle] serviette. || [da scolaro] cartable m., serviette (d'écolier), carton (m.) d'écolier. || **4.** ARCHIT. cartouche m. || **5.** GIOCHI [biliardo] boulier (m.) à marquer les points. || **6.** MIL. platine. || **7.** RELIG., ANTIQ. canon (m.) d'autel. || **8.** TIP. [foglio di originale] page.
cartellina [kartel'lina] f. chemise. | *cartellina per disegno*, carton (m.) à dessin.
cartellino [kartel'lino] m. étiquette f. | *mettere i cartellini alla merce*, étiqueter la marchandise. || PER EST. [targhetta con il nome] plaque f. || PER ANAL. [scheda] fiche f. | *cartellino segnaletico*, fiche signalétique. || [sul lavoro] *timbrare il cartellino*, pointer (la fiche).
cartello [kar'tɛllo] m. **1.** [cartoncino con avviso] écriteau, placard, affiche f., pancarte f. | *affiggere un cartello*, afficher un placard, placarder une affiche. | *cartelli direzionali*, écriteaux indiquant la direction. | *cartello stradale*, panneau indicateur, de signalisation. | *mettere il cartello dell'esaurito*, afficher complet. || **2.** [insegna] enseigne f. || STOR. *cartello di sfida*, cartel. || POLIT., ECON. cartel. || TEATRO *artista di cartello*, artiste de marque.
cartellone [kartel'lone] m. affiche f., placard. | *cartellone pubblicitario*, affiche publicitaire, affiche-réclame, placard. | *cartellone di teatro*, affiche de théâtre. | *spettacolo in cartellone*, spectacle au programme. || LOC. *questo spettacolo tiene il cartellone*, ce spectacle tient l'affiche. || GIOCHI [tombola] tableau.
carter ['karter] m. [ingl.] carter.
cartesiano [karte'zjano] agg. e m. FILOS. cartésien. || MAT. cartésien.
cartiera [kar'tjɛra] f. papeterie.
cartiglio [kar'tiʎʎo] m. ARCHIT. cartouche f. || [stretta lista di carta] (raro) bande (f.) de papier.
cartilagine [karti'ladʒine] f. ANAT. cartilage m.
cartilagineo [kartila'dʒineo] agg. cartilagineux.
cartilaginoso [kartiladʒi'noso] agg. cartilagineux.
cartina [kar'tina] f. DIMIN. papier m. | *cartina di tornasole*, papier de tournesol. || [piccola confezione] paquet m. | *cartina di aghi*, paquet d'aiguilles. || FARM. cachet m., sachet m. || GEOGR. carte. || [che mette in risalto un dettaglio] carton m. || GIOCHI basse carte.
cartista [kar'tista] (**-ti** pl.) m. e agg. STOR. (ingl.) chartiste.
cartoccio [kar'tɔttʃo] (**-ci** pl.) m. cornet (de papier). | *cartoccio di patate fritte*, cornet de frites. || CUC. papillote. | *quaglie al cartoccio*, cailles en papillote. || ARCHIT. cartouche. || BOT. [brattea] bractée f. || MIL. [di artiglieria] cartouche (f.) d'artillerie, gargousse f.
cartografia [kartogra'fia] f. cartographie.
cartografico [karto'grafiko] (**-ci** pl.) agg. cartographique.
cartografo [kar'tɔgrafo] m. cartographe.
cartolaio [karto'lajo] (**-ai** pl.) m. papetier.
cartoleria [kartole'ria] f. papeterie.
cartolibrario [kartoli'brarjo] (**-ri** pl.) agg. libraire-papetier.
cartolibreria [kartolibre'ria] f. librairie-papeterie.
cartolina [karto'lina] f. carte (postale). | *cartolina illustrata*, carte illustrée. | *cartolina postale*, [formato cartolina] carte postale, [formato lettera] carte-lettre. || MIL. *cartolina precetto*, feuille d'appel.
cartomante [karto'mante] m. e f. cartomancien, enne ; tireur, euse (de cartes).
cartomanzia [kartoman'tsia] f. cartomancie.
cartonaggio [karto'naddʒo] (**-gi** pl.) m. cartonnage.
cartonare [karto'nare] v. tr. cartonner. ◆ *il cartonare*, cartonnage m.
cartoncino [karton'tʃino] m. [cartone leggero] carton (léger). | *cartoncino patinato*, carton couché. || PER EST. [biglietto] carte (f.) de visite.
cartone [kar'tone] m. [materiale] carton. | *libro rilegato in cartone*, livre cartonné. | *fabbrica di cartone*, cartonnerie f. | *fabbricante, venditore di oggetti di cartone*, cartonnier. || ARTI [pittura] carton. | *artista che esegue cartoni (di arazzi)*, cartonnier. || CIN. *cartone animato*, dessin animé. || TESS. *dare il cartone*, catir v. tr.
cartonista [karto'nista] (**-ti** pl.) m. e f. dessinateur, trice de dessins animés.
cartuccia [kar'tuttʃa] (**-ce** pl.) f. MIL. cartouche. | *cartuccia a salve*, cartouche à blanc. | *fabbrica di cartucce*, cartoucherie. || PER ANAL. *cartuccia di ricambio per penna a sfera*, cartouche de recharge pour stylo à bille. || LOC. FIG. *sparare l'ultima cartuccia*, brûler sa dernière cartouche. || PEGGIOR. FAM. *è una mezza cartuccia*, c'est un freluquet, un gringalet.
cartucciera [kartut'tʃɛra] f. étui (m.) à cartouches, cartouchière. || MIL. [artiglieria] gargoussière (antiq.).
caruncola [ka'runkola] o **caroncola** [ka'ronkola] f. ANAT., BOT. caroncule.
casa ['kasa] f. **1.** maison, immeuble m., édifice m. | *casa di campagna*, maison de campagne, maison de plaisance. | *case popolari*, habitations à bon marché (H. B. M.), à loyer modéré (H. L. M.). | *casa da affittare*, [a scopo di lucro] maison de rapport. | *isolato di case*, pâté de maisons. || PARTICOL. *casa di cura*, maison de santé. | *casa di pena*, pénitencier m. | *casa dello studente*, maison des étudiants, foyer d'étudiants. | *casa d'appuntamenti*, maison de passe, de rendez-vous. || AMM. *casa delle aste*, hôtel des ventes. || GIUR. *casa di correzione*, maison de correction. || RELIG. *casa di Dio*, maison de Dieu. || POLIT. *la Casa Bianca*, la Maison-Blanche. || **2.** [abitazione] maison, logis m., foyer m., intérieur m., chez-soi m., boîte (pop.), crèche (gerg.). | *cercar casa*, chercher un logement. | *padrone di casa*, maître de maison, de logis. | *padrona di casa*, maîtresse de maison, bourgeoise (pop.). | *metter su casa*, monter son ménage. | *fare le pulizie di casa, riordinare la casa*, faire son ménage. | *cambiare casa*, déménager. | *dove stai di casa ?*, où habites-tu, où demeures-tu ? | *vestito da casa*, vêtement d'intérieur. | *casa paterna*, foyer paternel. || **3.** [con preposiz.] *essere, restare in casa*, être, rester à la maison, chez soi, au logis. | *restano a casa di Marie*, elles restent chez Marie. | *abita in casa Verdi*, il habite chez les Verdi. | *vicino a casa mia, a casa tua, a casa loro*, près de chez moi, de chez toi, de chez eux, de chez elles. | *è in casa la Signora ?*, est-ce que Madame est à la maison, chez elle ? | *la Signora non è in casa*, Madame est sortie. | *finalmente sei tornato a casa !*, tu es rentré, enfin ! | *fai come se fossi a casa tua*, fais comme chez toi. || LOC. FIG. *tapparsi in casa*, se cadenasser chez soi, se cloîtrer. | *vivere tappato in casa*, vivre en vase clos. | *rintanarsi in casa*, se claquemurer. | *non uscir di casa*, rester au coin du feu. | *passare la notte fuori casa*, découcher. | *essere a casa propria*, s'y connaître. || LOC. FIG. FAM. *tieni le mani a casa tua !*, bas les pattes ! | *riportare a casa la pelle*, rentrer sain et sauf. | *abita a casa del diavolo*, il habite au diable. || **4.** [comunità di persone] maison. | *casa madre*, maison mère. || PER ANAL. [ambiente familiare] maison, famille. | *fare gli onori di casa*, faire les honneurs de la maison. | *uomo di casa*, homme casanier. | *donna di casa*, ménagère, femme d'intérieur. | *mandare avanti la casa*, tenir la maison. | *saluti a casa*, bien des choses chez toi. | *scrivi spesso a casa ?*, est-ce que tu écris souvent à ta famille, aux tiens ? | *incontrare qlcu. di casa*, rencontrer qn de la famille. | *sono di casa qui*, je suis un familier de la maison. | *essere tutto casa e lavoro*, partager son temps entre sa famille et son travail. | *dolce fatto in casa*, gâteau maison (agg. invar.). | *pane fatto in casa*, pain de ménage. || PER EST. [stirpe] maison. | *appartenere a una casa illustre*, appartenir à une maison illustre. | *casa regnante*, famille régnante. | *casa reale*, maison royale. || **5.** COMM. maison, firme. | *casa editrice*, maison d'édition(s). | *casa di spedizioni*,

maison d'expédition. ‖ **6.** GIOCHI [scacchiera] case. ‖ [carta dei tarocchi] maison-dieu. ‖ **7.** ASTROL. maison. ‖ **8.** SPORT [base-ball] point (m.) de battage. ‖ LOC. [calcio] *giocare in casa, fuori casa,* jouer sur son terrain, à l'extérieur.

casacca [ka'zakka] (**-che** pl.) f. casaque, caraco m. ‖ LOC. FIG. *cambiar casa,* changer de camp ; tourner casaque ; changer son fusil d'épaule.

casacchina [kazak'kina] f. casaquin m.

casaccio (a) [aka'zattʃo] LOC. AVV. [a caso] au petit bonheur, au hasard, inconsidérément. ‖ PER EST. [male] à la va-comme-je-te-pousse (fam.).

casale [ka'sale] m. [agglomerato rurale] hameau. ‖ [edificio rustico isolato] ferme f.

casalinga [kasa'linga] (**-ghe** pl.) f. ménagère. ‖ AMM. « sans profession ».

casalingo [kasa'lingo] (**-ghi** pl.) agg. casanier agg. e m. ‖ [fatto in casa] *dolce casalingo,* gâteau maison. | *cucina casalinga,* cuisine bourgeoise. ‖ SPORT *incontro casalingo,* match sur son terrain. ◆ LOC. AVV. ***alla casalinga,*** à la bourgeoise. | *cucinare alla casalinga,* faire des plats maison. | *zuppa alla casalinga,* soupe de ménage. ◆ m. pl. articles ménagers. | *negozio di casalinghi,* droguerie f. | *negoziante di casalinghi,* droguiste.

casamatta [kasa'matta] (**casematte** pl.) f. MIL., MAR. casemate. | *fortificare con casematte,* casemater.

casamento [kasa'mento] m. bâtisse f.

casareccio [kasa'rettʃo], **casereccio** [-e-] (**-ci** pl.) agg. *pane casareccio,* pain maison.

casata [ka'sata] f. maison, famille.

casato [ka'sato] m. [cognome] nom de famille. ‖ [stirpe] (lett.) famille (L.C.), maison (L.C.).

casba ['kazba] f. casbah.

cascame [kas'kame] m. bourre f. ◆ m. pl. TESS. déchets.

cascamorto [kaska'mɔrto] m. céladon. ‖ LOC. *fare il cascamorto,* faire le joli cœur.

cascante [kas'kante] part. pres. e agg. PR. e FIG. flasque agg.

cascare [kas'kare] v. intr. FAM. chuter. ‖ LOC. FIG. *cascare bene, male,* bien, mal tomber. | *la notizia gli ha fatto cascare le braccia,* la nouvelle lui a coupé bras et jambes. | *cascare dalle nuvole,* tomber des nues ; tomber de son haut. | *cascare dal sonno,* dormir debout ; tomber de sommeil. | *ci è cascato anche lui !,* il s'y est laissé prendre lui aussi ! | *cascasse il mondo !,* le monde dût-il s'écrouler ! | *non casca il mondo se...,* ce n'est pas la fin du monde si...

cascata [kas'kata] f. chute, cascade. | *le cascate di Tivoli,* les cascades de Tivoli. | *le cascate del Niagara,* les chutes du Niagara. | *andare giù a cascata,* cascader. ‖ PER ANAL. *cascata di diamanti,* rivière de diamants. ‖ ELETTR. *in cascata,* en cascade. ‖ IDRAUL. chute d'eau.

cascatella [kaska'tɛlla] f. DIMIN. cascatelle (lett.).

cascatore [kaska'tore] (**-trice** f.) m. [cinema e circo] cascadeur, euse.

caschimpetto [kaskim'pɛtto] m. sautoir.

cascina [kaʃ'ʃina] f. ferme, mas m. [in Provenza].

cascinale [kaʃʃi'nale] m. ferme f., mas [in Provenza].

1. casco ['kasko] (**-chi** pl.) m. **1.** MIL. casque. | *i Caschi blu,* les Casques bleus. | *casco da minatore,* casque de mineur. | *con il casco in testa,* casqué. ‖ TECN. [asciugacapelli] séchoir, casque. ‖ **2.** [capelli] casque.

2. casco ['kasko] m. BOT. *casco di banane,* régime de bananes.

cascola ['kaskola] f. BOT. coulure.

caseario [kaze'arjo] (**-ri** pl.) agg. fromager.

caseggiato [kased'dʒato] m. [edificio] immeuble.

caseificazione [kaseifikat'tsjone] f. caséification.

caseificio [kazei'fitʃo] (**-ci** pl.) m. laiterie f., fromagerie f.

caseina [kaze'ina] f. CHIM. caséine. | *colla alla caseina,* colle de caséine.

casella [ka'sɛlla] f. case. | *casella postale,* case, boîte postale. | *casella di un alveare,* case, cellule d'une ruche. | *casella di un foglio a quadretti,* case d'un papier quadrillé. ‖ TECN. *casella salante,* evaporante, bassin (m.) d'évaporation.

casellante [kasel'lante] m. FERR. cantonnier. ‖ [di passaggio a livello] garde-barrière.

casellario [kasel'larjo] (**-ri** pl.) m. [mobile] casier. | *casellario per dischi, per bottiglie,* casier à disques, à bouteilles. | *casellario postale,* boîte postale. ‖ GIUR. [servizio amministrativo] *casellario giudiziale,* casier judiciaire. | *servizio di casellario giudiziale,* identité (f.) judiciaire.

casellista [kasel'lista] (**-ti** pl.) m. usager d'une case postale.

casello [ka'sɛllo] m. maison du cantonnier. ‖ [autostrada] péage. ‖ FERR. [ai passaggi a livello] guérite (f.) de garde-barrière.

caseoso [kaze'oso] agg. MED. caséeux.

caserma [ka'zɛrma] f. MIL. caserne ; [di carabinieri] gendarmerie. | *vita di caserma* (FIG. : *da caserma*), vie de caserne. | *scherzo da caserma,* plaisanterie de corps de garde. ◆ pl. [insieme di locali] casernement m.

casermaggio [kazer'maddʒo] m. équipement de casernement.

casermone [kazer'mone] m. [grande casa popolare] PEGGIOR. caserne f.

casetta [ka'setta] f. DIMIN. maisonnette. ‖ [per lo più di legno] chalet m.

casimir [kazi'mir] m. TESS. V. CACHEMIRE.

casina [ka'sina] f. DIMIN. maisonnette.

casino [ka'sino] m. bordel, maison close. ‖ FIG. VOLG. bordel, foutoir.

casinò [kazi'nɔ] m. invar. GIOCHI casino.

casista [ka'zista] (**-ti** pl.) TEOL. e PER EST. casuiste.

casistica [ka'zistika] (**-che** pl.) f. TEOL. e PER EST. casuistique.

caso ['kazo] m. [tutti i sensi] cas. | *caso fortuito,* cas fortuit. | *caso di forza maggiore,* cas de force majeure. | *bisogna esaminare caso per caso,* il faut examiner chaque cas un par un. ‖ LOC. *poniamo (mettiamo) il caso di qlcu. che...,* prenons le cas de qn qui... | *far caso di qlco.,* faire état de qch. | *non farci caso,* n'y fais pas attention. | *al caso,* le cas échéant. | *in caso contrario,* dans le cas contraire. | *in ogni caso,* en tout état de cause, à toute fin. | *è il caso di dire che...,* il y a lieu de dire que... | *questo fa al caso nostro,* cela fait notre affaire, c'est ce qu'il nous faut. | *mi fa caso che non mi abbia ancora chiamato,* cela m'étonne qu'il ne m'ait pas encore appelé. ◆ LOC. AVV. *in questo caso,* en ce cas. | *in tal caso,* en pareil cas. | *in ogni caso,* en tout cas ; dans tous les cas. | *in nessun caso,* en aucun cas. | *secondo i casi,* selon les cas. ◆ LOC. PREP. *in caso di,* en cas de. | *in caso che venga,* dans le, pour le, au cas où il viendrait, dans l'hypothèse qu'il viendra. | *caso mai chiedesse di me,* au, dans le, pour le cas où il me demanderait ; si par hasard il me demandait. ‖ [caso fortuito] hasard. | *non lasciare nulla al caso,* ne rien laisser au hasard. ‖ PER EST. [possibilità, probabilità] cas, chance f., possibilité f., probabilité f. | *non c'è caso che riesca,* il n'a aucune chance de réussir. | *non c'è caso che tu mi dia ragione,* il n'y a pas de chance que tu me donnes raison. ◆ LOC. AVV. ***per caso,*** par hasard. ‖ PER EST. [forse] *hai la mia penna per caso ?,* est-ce que tu as mon stylo, par hasard ? ‖ ***a caso,*** au hasard. | *rispondere a caso,* répondre au hasard, répondre au petit bonheur. ‖ LOC. *si può dare il caso che,* il se peut que. | *puta caso che venga,* si par exemple il vient. | *guarda caso, non lo sa,* par un hasard étrange, il ne le sait pas. ‖ GIUR., GRAMM., MAT., MED. cas. ◆ pl. [eventi, circostanze] cas, circonstances f. pl., vicissitudes f. pl. | *badare ai casi propri,* penser à ses affaires.

casoario [kazo'arjo] o **casoaro** [kazo'aro] m. ZOOL. casoar.

casolare [kaso'lare] m. bicoque f., petite maison (f.) solitaire.

casomai [kazo'mai] [loc. cong.] au cas où, dans le cas où, pour le cas où. ‖ [loc. cond.] dans l'hypothèse que. ‖ [cong. indic.] si par hasard. ‖ [loc. indic.] *casomai arrivasse prima di me digli di aspettarmi,* si par hasard il arrivait avant moi, dis-lui de m'attendre ; au cas où il arriverait avant moi, dis-lui de m'attendre. ‖ ASSOL. éventuellement. | *casomai scrivimi,* éventuellement, écris-moi.

casotto [ka'sɔtto] m. [di guardiano] maisonnette (f.)

de gardien. ‖ [del giornalaio] kiosque. ‖ [del portinaio] loge f. ‖ [al mare] cabine f. ‖ [di cantoniere] maison (f.) de cantonnier. ‖ [del cane] niche f. ‖ FERR. [sul treno, del conduttore] vigie f. ‖ [di casellante a un passaggio a livello] guérite (f.) de garde-barrière. ‖ MIL. [di sentinella] guérite f. ‖ MAR. MIL. *casotto di rotta*, chambre de veille, des cartes, de navigation.
caspita! ['kaspita], **caspiterina!** [kaspite'rina] interj. diantre!, fichtre!, mâtin!, par exemple!
cassa ['kassa] f. **1.** caisse. | *cassa da imballaggio*, caisse, cadre (m.) d'emballage. | *cassa da morto*, cercueil m. | *cassa di orologio da polso*, boîtier (m.) de montre. | *cassa di orologio da muro*, cage d'horloge. ‖ ANAT. *cassa del timpano*, caisse du tympan. ‖ AUTOM. caisse. ‖ **2.** COMM. caisse. | *registratore di cassa*, caisse enregistreuse f. | *documento, nota di cassa*, pièce, bordereau (m.) de caisse. | *pagare, spendere con fondo cassa*, décaisser. | *fare i conti di cassa*, faire sa caisse. | *ammanco, vuoto di cassa; eccedenza di cassa*, déficit de caisse; excédent de caisse. | *commesso di cassa*, garçon de caisse. | *si accomodi alla cassa*, passez à la caisse. ‖ FERR. caisse. ‖ FIN. caisse. | *Cassa di risparmio*, Caisse d'épargne. | *cassa malattia*, caisse de maladie. | *Cassa di depositi e prestiti*, Caisse des dépôts et consignations. | *Cassa di previdenza sociale*, Caisse de la sécurité sociale. | *le casse dello Stato*, les coffres (m.) de l'État. ‖ FIS. caisse. ‖ **3.** MAR. *cassa dell'acqua*, water-ballast m. (ingl.). ‖ MUS. *grancassa*, grosse caisse. ‖ TECN. *cassa d'aria*, réservoir (m.) d'air. | *cassa di combustione*, boîte à feu. ‖ TIP. *cassa alta, bassa*, haut, bas de casse. | *cassa per spaziatura*, casse. ‖ TRASP. *cassa ribaltabile*, benne basculante. | *cassa mobile*, cadre (m.) de déménagement. ‖ **4.** LOC. *tener la cassa*, tenir la bourse. | *batter cassa da qlcu.*, taper qn.
cassaforma [kassa'forma] (**casseforme** pl.) f. TECN. coffrage m., coffre m.
cassaforte [kassa'fɔrte] (**casseforti** pl.) f. coffre-fort m.
cassamadia [kassa'madja] (**cassemadie** pl.) f. huche.
cassapanca [kassa'panka] (**-che** o **cassepanche** pl.) f. coffre m.
cassare [kas'sare] v. tr. [depennare] biffer, rayer, raturer, gommer. ‖ PER ANAL. AMM. *cassare un funzionario*, casser un fonctionnaire. ‖ COMM. *cassare un debito*, éteindre, annuler une dette. ‖ GIUR. *cassare una sentenza*, casser un jugement.
cassata [kas'sata] f. CULIN. cassate.
1. cassazione [kassat'tsjone] f. cassation. ‖ GIUR. *Corte di cassazione*, Cour de cassation. | *ricorrere in cassazione*, se pourvoir en cassation.
2. cassazione [kassat'tsjone] f. MUS. cassation.
casseretto [kasse'retto] m. MAR. gaillard d'arrière, dunette f.
cassero ['kassero] m. MAR. dunette f., gaillard. ‖ TECN. [per calcestruzzo] coffrage, coffre.
casseruola [kasse'rwɔla] f. casserole.
cassetta [kas'setta] f. **1.** caisse, caissette. ‖ [per frutta e legumi] harasse, cageot m. | *cassetta di uva*, cageot de raisin. ‖ PARTICOL. *cassetta degli attrezzi, da fiori*, caisse à outils, à fleurs. | *cassetta delle lettere*, boîte aux lettres. | *cassetta delle elemosine*, tronc m. | *cassetta di sicurezza*, coffre m. | *cassetta del lustrascarpe*, sellette du cireur. ‖ TECN. caisse, bac m., nécessaire m., récipient m. ‖ **2.** [cassetto] tiroir m. ‖ PER EST. [incasso] *film di cassetta*, film qui fait recette. | *successo di cassetta*, succès de recette. ‖ **3.** [sedile in alto della carrozza] siège m. | *montare a cassetta*, monter sur son siège. | *stare a cassetta*, être sur son siège. ‖ CULIN. *pane a cassetta*, pain de mie.
cassettiera [kasset'tjɛra] f. [mobile] chiffonnier m. ‖ PER ANAL. [parte di mobile occupata da cassetti] tiroirs m. pl.
cassetto [kas'setto] m. tiroir | *cassetto per legumi (del frigorifero)*, bac à légumes (du réfrigérateur). ‖ TECN. *cassetto di distribuzione*, tiroir de distribution, valve (f.) tiroir.
cassettone [kasset'tone] m. commode f. ‖ ARCHIT. caisson. | *soffitto a cassettoni*, plafond à caissons, à compartiments.
cassiere [kas'sjɛre] (**-a** f.) m. caissier, ère.
cassoulet [kassu'lɛ] m. [fr.] CULIN. cassoulet.
cassone [kas'sone] m. caisson. ‖ PER EST. [per biancheria e vestiti] coffre. ‖ AGR. *cassone vetrato*, bâche f., châssis, caisse (f.) vitrée. ‖ MIL. [carro portamunizioni] caisson. ‖ TECN. [idrotecnica] caisson. ‖ TRASP. *cassone ribaltabile*, benne (f.) basculante.
cast [ka:st] m. [ingl.] CIN., TEATRO distribution f. (d'une pièce, d'un film). | *il cast di quel film è buono*, la distribution de ce film est bonne.
casta ['kasta] f. caste.
castagna [kas'taɲɲa] f. châtaigne, marron m. | *castagne lessate, arrostite*, châtaignes bouillies, rôties. | *castagna d'India*, marron d'Inde. ‖ LOC. FIG. *cavare le castagne dal fuoco*, tirer les marrons du feu. | *prendere qlcu. in castagna*, prendre qn en faute. | *farsi prendere in castagna*, se laisser prendre sur le fait. ‖ BOT. *castagna d'acqua*, macre, macle. ‖ ZOOL. [placca del garretto degli equini] châtaigne.
castagnaccio [kastaɲ'ɲattʃo] (**-ci** pl.) m. CULIN. gâteau de marrons.
castagneto [kastaɲ'ɲeto] m. châtaigneraie f.
castagnette [kastaɲ'ɲette] f. pl. MUS. [nacchere] castagnettes.
1. castagno [kas'taɲɲo] m. BOT. châtaignier. | *castagno d'India*, marronnier.
2. castagno [kas'taɲɲo] o **castano** [kas'tano] agg. châtain.
castalderia [kastalde'ria] f. intendance.
castaldo [kas'taldo] m. [amministratore di proprietà rurale, di castello] intendant.
castale [kas'tale] agg. de caste.
castano [kas'tano]. V. CASTAGNO 2.
castellana [kastel'lana] f. châtelaine.
castellaneria [kastellane'ria] f. châtellenie.
castellania [kastella'nia] f. châtellenie.
castellano [kastel'lano] m. châtelain.
castellanza [kastel'lantsa] f. châtellenie.
castelletto [kastel'letto] m. DIMIN. châtelet. ‖ FIN. [massimo fido concesso dalle banche] crédit maximum. ‖ [registro] grand livre. ‖ MIN. chevalement. ‖ TECN. [edilizia] sapine f.
castello [kas'tɛllo] m. château, manoir, castel (antiq.). | *modesto castello di campagna*, gentilhommière f. ‖ PER EST. *letti a castello*, lits superposés. ‖ FIG. *castelli di sabbia*, châteaux de cartes. | *fare castelli in aria*, faire, bâtir des châteaux en Espagne. ‖ AER. *castello motore oscillante*, bâti-moteur pivotant. ‖ MAR. *castello di prua, di poppa*, château, gaillard d'avant, d'arrière. ‖ MECC. *castello motore*, berceau (d'un moteur), bâti-moteur. ‖ MIN. châssis. ‖ TECN. [edilizia] échafaudage. ‖ [idraulica] *castello d'acqua*, château d'eau. ‖ STOR. MIL. [torre] beffroi.
castigamatti [kastiga'matti] m. invar. bâton m. ‖ SCHERZ. Père fouettard.
castigare [kasti'gare] v. tr. châtier, corriger, punir.
castigatezza [kastiga'tettsa] f. pureté, austérité, sévérité. | *esprimersi con castigatezza*, s'exprimer avec pureté. | *castigatezza di costumi*, austérité, sévérité de mœurs.
castigato [kasti'gato] part. pass. e agg. châtié. | *stile castigato*, style châtié. | *abito castigato*, robe sévère, austère. | *vita castigata*, vie austère. | *edizione castigata*, édition expurgée.
castigo [kas'tigo] (**-ghi** pl.) m. châtiment, punition f. ‖ LOC. FAM. *mettere un bambino in castigo*, mettre un enfant au coin, au cachot; mettre un enfant en pénitence.
castità [kasti'ta] f. chasteté. | *vivere in castità*, vivre dans la chasteté.
casto ['kasto] agg. chaste.
castone [kas'tone] m. chaton.
castoreo [kas'tɔreo] m. FARM. castoréum.
castorino [kasto'rino] m. ZOOL. ragondin. ‖ PER EST. [pelliccia] ragondin. ‖ PER ANAL. [stoffa] castorine f.
castoro [kas'tɔro] m. ZOOL. castor. ‖ PER EST. [pelliccia] castor.
castrare [kas'trare] v. tr. castrer, châtrer, émasculer. ‖ [veterinaria] bistourner. ‖ FIG. châtrer.
castrato [kas'trato] part. pass. e agg. châtré. ‖ ZOOL. hongre agg. e m. | *cavallo castrato*, hongre m. ◆ m. MUS. castrat. ‖ ZOOL. [agnello castrato] mouton.
castratura [kastra'tura] o **castrazione** [kastrat't-

sjone] f. castration, émasculation. ‖ [veterinaria] bistournage m. ‖ FIG. mutilation.
castronaggine [kastro'naddʒine] f. FAM. stupidité, bêtise, idiotie, imbécillité.
castrone [kas'trone] m. hongre. ‖ FIG. VOLG. con.
castroneria [kastrone'ria] f. VOLG. connerie.
casuale [kazu'ale] agg. invar. casuel, accidentel, fortuit, occasionnel, de rencontre. | *incontro casuale*, rencontre fortuite. | *una conoscenza casuale*, une connaissance de rencontre. ‖ FIN. *emolumenti, entrate casuali*, casuel m. s.
casualità [kazuali'ta] f. hasard m.
casuario [kazu'arjo] m. ZOOL. casoar.
casuista [kazu'ista] m. TEOL. casuiste.
casuistica [kazu'istika] f. TEOL. casuistique.
casupola [ka'supola] f. PEGGIOR. bicoque, cahute, cagna, masure.
casus belli ['kazuz'bɛlli] LOC. LAT. m. casus belli.
catabolismo [katabo'lizmo] m. BIOL. catabolisme.
cataclisma [kata'klizma] (**-mi** pl.) m. PR. e FIG. cataclysme.
catacomba [kata'komba] f. RELIG. catacombe. ‖ FIG. trou (m.) noir.
catacresi [kata'krɛzi] f. RET. catachrèse.
catadiottrico [kata'djɔttriko] (**-ci** pl.) agg. OTT. catadioptrique.
catadiottro [kata'djɔttro] m. OTT. catadioptre.
catafalco [kata'falko] (**-chi** pl.) m. catafalque.
catafascio (a) [akata'faʃʃo] LOC. AVV. pêle-mêle, en vrac. ‖ FIG. *andare a catafascio*, aller à vau-l'eau.
catalano [kata'lano] agg. e m. GEOGR. catalan.
catalessi [kata'lessi] o **catalessia** [katales'sia] f. invar. MED. catalepsie.
catalettico [kata'lɛttiko] (**-ci** pl.) agg. e m. MED. cataleptique.
catalisi [ka'talizi] f. CHIM. catalyse.
catalizzare [katalid'dzare] v. tr. CHIM. e FIG. catalyser.
catalizzatore [kataliddza'tore] m. CHIM. e FIG. catalyseur.
catalogare [katalo'gare] v. tr. PR. e FIG. cataloguer.
catalogazione [katalogat'tsjone] f. catalogage m.
catalogo [ka'talogo] (**-ghi** pl.) m. catalogue. | *mettere in catalogo*, insérer au catalogue.
catalpa [ka'talpa] f. BOT. catalpa m.
catapecchia [kata'pekkja] f. masure, bicoque, baraque, taudis m.
cataplasma [kata'plazma] (**-mi** pl.) m. MED. cataplasme, enveloppement.
catapulta [kata'pulta] f. STOR. MIL. e AER. catapulte.
catapultamento [katapulta'mento] m. catapultage.
catapultare [katapul'tare] v. tr. AER. e FIG. catapulter.
catarifrangente [katarifran'dʒɛnte] agg. réfléchissant. | *dispositivo catarifrangente*, dispositif réfléchissant. ◆ m. AUTOM. catadioptre, Cataphote.
cataro ['kataro] agg. e m. STOR. cathare.
catarrale [katar'rale] agg. MED. catarrhal.
catarro [ka'tarro] m. MED. catarrhe.
catarroso [katar'roso] agg. catarrheux.
catarsi [ka'tarsi] f. catharsis.
catartico [ka'tartiko] (**-ci** pl.) agg. cathartique.
catasta [ka'tasta] f. amas m., tas m., pile, échafaudage m. ◆ LOC. AVV. *a cataste*, à foison.
catastale [katas'tale] agg. cadastral. | *mappa, registro catastale*, plan, registre cadastral. | *reddito catastale*, revenu cadastral.
catastare [katas'tare] v. tr. V. ACCATASTARE.
catasto [ka'tasto] m. cadastre. | *ufficio del catasto*, bureau du cadastre. | *mettere, segnare a catasto*, cadastrer v. tr.
catastrofe [ka'tastrofe] f. catastrophe. ‖ FAM. IRON. désastre m.
catastrofico [katas'trɔfiko] (**-ci** pl.) agg. catastrophique. ‖ FIG. IRON. *è un uomo catastrofico*, c'est un pessimiste.
catch [kætʃ] m. [ingl.] SPORT catch. | *praticare il catch*, catcher. | *chi pratica il catch*, catcheur m.
catechesi [kate'kɛzi] f. RELIG. catéchèse.
catechismo [kate'kizmo] m. catéchisme.
catechista [kate'kista] (**-ti** pl.) n. catéchiste.
catechizzare [katekid'dzare] v. tr. catéchiser.
catechizzazione [katekiddzat'tsjone] f. catéchisation.
catecù [kate'ku] m. cachou.
catecumeno [kate'kumeno] m. RELIG. catéchumène.
categorema [katego'rɛma] m. FILOS. catégorème.
categoria [katego'ria] f. catégorie. ‖ [classe] catégorie, classe.
categorico [kate'gɔriko] (**-ci** pl.) agg. catégorique. | *imperativo categorico*, impératif catégorique. ‖ PER EST. catégorique, formel. | *mi ha dato l'ordine categorico di*, il m'a donné l'ordre formel de. ‖ PER ANAL. *elenco telefonico categorico*, annuaire téléphonique par professions.
catena [ka'tena] f. chaîne. | *anello di catena*, chaînon m. | *sciogliere dalle catene*, désenchaîner. ‖ FIG. [servitù] *tener qlcu. a catena*, tenir qn dans les chaînes. | *trascinare le catene*, traîner un boulet. | *spezzare le catene*, briser ses chaînes, ses fers. | *per lui, il matrimonio è una catena*, pour lui, le mariage est un lien. ‖ PER EST. [concatenamento, serie] chaîne, enchaînement m., suite. | *reazione a catena*, réaction en chaîne. | PR. e FIG. *lavoro a catena*, travail à la chaîne. ‖ ARCHIT. chaîne. | *rafforzare con catene*, chaîner. ‖ GEOGR. chaîne. | *piccola catena di monti*, chaînon m. ‖ TECN. *catena di focolare*, crémaillère. ‖ AGR. *catena agrimensoria*, chaîne d'arpenteur. | *misurare con la catena (agrimensoria)*, chaîner. | *misurazione con la catena (agrimensoria)*, chaînage m. ‖ AUTOM. *catena (da, per neve)*, chaîne (à neige). | *catena antisdrucciolevole*, chaîne antidérapante. ‖ COMM. chaîne. | *catena di distribuzione*, chaîne de distribution. ‖ MAR. *catena dell'ancora*, chaîne de l'ancre, câble-chaîne m. ‖ MECC. *catena a rulli, a ganci, a maglie*, chaîne à rouleaux. | *catena di montaggio*, chaîne de montage.
catenaccio [kate'nattʃo] (**-ci** pl.) m. loquet, verrou, cadenas ; [piccolo e piatto] targette f. | *mettere il catenaccio all'uscio*, fermer la porte au loquet. | *chiudere a catenaccio*, verrouiller. | *chiusura a catenaccio*, verrouillage. | *togliere il catenaccio*, déverrouiller. ‖ FIG. [bicicletta mal ridotta] cadenas, clou. ‖ GIUR. *decreto catenaccio*, loi du cadenas.
catenaria [kate'narja] f. MECC. chaînette. ‖ FERR. *sospensione a catenaria*, suspension caténaire.
catenatura [katena'tura] f. TECN. [edilizia] chaînage m.
catenella [kate'nɛlla] f. chaînette, chaîne. | *catenella d'oro*, chaîne en or. ‖ [appesa alla cintura per chiavi, forbici, gioielli] châtelaine. | *catenella di orologio*, gourmette. ‖ TESS. *punto a catenella*, point de chaînette.
cateratta [kate'ratta] f. GEOGR., MED. cataracte. ‖ LOC. FIG. *piove a cateratte*, il pleut des hallebardes, il pleut à verse. ‖ STOR. herse, sarrasine. ‖ TECN. [saracinesca] vanne. ‖ [di mulino] abée.
caterinetta [kateri'netta] f. REGION. [sartina] midinette.
caterva [ka'tɛrva] f. tas m., quantité, multitude.
catetere [kate'tɛre] m. MED. cathéter.
cateterismo [katete'rizmo] m. MED. cathétérisme.
cateto [ka'teto] m. MAT. côté de triangle rectangle.
catetometro [kate'tɔmetro] m. cathétomètre.
catgut ['kaetgʌt] m. [ingl.] MED. catgut.
catilinaria [katili'narja] f. catilinaire. | *le Catilinarie*, les Catilinaires.
catinella [kati'nɛlla] f. cuvette. ‖ LOC. FIG. *piove a catinelle*, il pleut des hallebardes, il pleut à verse. ‖ PROV. *cielo a pecorelle, pioggia a catinelle*, ciel qui moutonne annonce la pluie.
catino [ka'tino] m. bassine f., cuvette f. ‖ ARCHIT., GEOGR. cuvette.
catione [kati'one] m. FIS. cation.
catoblepa [kato'blɛpa] m. MIT. catoblépas.
catodico [ka'tɔdiko] (**-ci** pl.) agg. FIS. cathodique.
catodo ['katodo] m. FIS. cathode f.
catone [ka'tone] m. censeur. | *fare il catone*, faire le censeur.
catottrica [ka'tɔttrika] f. OTT. catoptrique.
catramare [katra'mare] v. tr. goudronner, bitumer, bituminer. ‖ [con catrame di carbone] coaltarer.
catramatrice [katrama'tritʃe] f. TECN. goudronneuse.

catramatura [katrama'tura] f. goudronnage m., bitumage m.
catrame [ka'trame] m. goudron. | *catrame vegetale*, goudron végétal. | *catrame di carbone*, coaltar (ingl.).
catramoso [katra'moso] agg. goudronneux.
cattedra ['kattedra] f. RELIG. chaire. | *dalla cattedra*, du haut de la chaire. | *la cattedra di Pietro*, la chaire de saint Pierre. || UNIV. [banco soprelevato] chaire. || PER EST. [ufficio di professore] (scuole medie inferiori) poste (m.) de professeur; [scuole medie superiori e università] chaire. | *istituire una cattedra*, créer une chaire. || FIG. *montare in cattedra*, prendre un ton magistral, doctoral.
cattedrale [katte'drale] agg. (raro) cathédral, e. | *chiesa cattedrale*, église cathédrale. || LOC. *vetro cattedrale*, verre cathédrale. ◆ f. cathédrale.
cattedratico [katte'dratiko] (**-ci** pl.) agg. *lezione cattedratica*, leçon magistrale. || PEGGIOR. *tono cattedratico*, ton magistral, doctoral. || FIG. *fare il cattedratico*, prendre un ton professoral, doctoral.
cattivarsi [katti'varsi] v. rifl. captiver v. tr., gagner v. tr., charmer v. tr. | *cattivarsi qlcu.*, captiver qn.
cattiveria [katti'vɛrja] f. méchanceté, malveillance.
cattività [kattivi'ta] f. captivité. || STOR. RELIG. *la cattività babilonese*, la captivité de Babylone.
cattivo [kat'tivo] agg. **1.** [imperfetto, sgradevole] mauvais. | *di cattivo augurio*, de mauvais augure. | *di cattivo umore*, de mauvaise humeur, de mauvais poil (fam.). | *cattivo esito, cattiva riuscita*, insuccès m. | *cattiva condotta*, inconduite. | *cattivo sapore*, relent. | *la sua salute è in cattivo stato*, sa santé est mauvaise; il est mal en point (fam.). | *quell'edificio è in cattivo stato*, cet immeuble est délabré. | *cattivo chirurgo*, charcutier (fam.), boucher (fam.). | *parlare un cattivo francese*, parler un mauvais français. | *ha un cattivo carattere*, il a un fichu caractère (fam.). | *che cattivo tempo!*, quel fichu temps! (fam.). | *ci sono annate buone e annate cattive*, bon an mal an. | *essere di cattiva luna*, être mal luné. || **2.** [immorale] mauvais, méchant. | *fare una cattiva azione*, faire une mauvaise action. | *è una lingua cattiva*, c'est une mauvaise langue. | *in cattiva fede*, de mauvaise foi. | *senza cattive intenzioni*, sans mauvaise intention. | *che cattivo soggetto!*, quel mauvais sujet! | *frequentare luoghi cattivi*, fréquenter de mauvais lieux. | *è più stupido che cattivo*, il est plus bête que méchant. | *è un uomo cattivo*, c'est un homme méchant, un méchant homme. | *gettare uno sguardo cattivo su qlcu.*, jeter un regard méchant sur qn. || **3.** [senza valore] méchant. | *fare cattivi versi*, faire de méchants vers. || LOC. *essere in cattive acque*, être dans une mauvaise passe. | *farsi cattivo sangue*, se faire du mauvais sang. | *cattivo come la peste*, méchant, mauvais comme la gale. | *prendere una cattiva piega*, prendre un faux pli. || AGR. *terra cattiva*, terre forte. || TECN. *esecuzione cattiva (di un lavoro)*, malfaçon. ◆ m. [cose] mauvais. || [uomo] méchant. | *i buoni e i cattivi*, les bons et les méchants. || LOC. *con le buone o con le cattive*, bon gré, mal gré; de gré ou de force. | *né con le buone né con le cattive*, ni par la force ni par la douceur. ◆ avv. mauvais. | *sapere di cattivo*, sentir mauvais.
cattolicesimo [kattoli'tʃezimo] o **cattolicismo** [kattoli'tʃizmo] m. catholicisme.
cattolicità [kattolitʃi'ta] f. catholicité.
cattolico [kat'tɔliko] (**-ci** pl.) agg. e m. catholique.
cattura [kat'tura] f. GEOL., MAR. capture. || GIUR. capture, arrestation. | *mandato di cattura*, mandat d'arrêt.
catturare [kattu'rare] v. tr. GEOL., MAR. capturer. || GIUR. capturer.
caucasico [kau'kaziko] (**-ci** pl.) agg. e m. GEOGR. caucasien. || [etnologia] *razza caucasica*, race caucasique.
caucciù [kaut'tʃu] m. caoutchouc.
caudale [kau'dale] agg. invar. ZOOL. caudal.
caudatario [kauda'tarjo] (**-ri** pl.) m. ECCL. caudataire.
causa ['kauza] f. FILOS. cause. || PER EST. [motivo] cause, motif m., raison. | *essere causa di*, être (la) cause de. || GIUR. cause, procès m. | *causa pendente*, cause pendante. | *avente causa*, ayant cause. | *essere in causa con qlcu.*, être en procès avec qn. | *vincere una causa*, avoir, obtenir gain de cause; gagner une cause; gagner un procès. | *intentare causa (contro)*, poursuivre en justice, intenter un procès (à). | *dar causa vinta*, donner gain de cause. | *avvocato delle cause perse*, avocat des causes perdues. | *far causa comune con*, faire cause commune avec. | *essere fuori causa*, être hors de cause. | *chiamare in causa*, mettre en cause. | *per il bene, per la riuscita della causa*, pour les besoins de la cause. || GRAMM. cause. || LOC. PREP. ***a causa di***, à cause de. || ***per causa di***, par la faute de. | *a causa tua, sua, loro*, à cause de toi, de lui, d'eux (d'elles). | *a causa del maltempo*, à cause du mauvais temps. | *per causa mia, tua*, par ma, ta faute.
causale [kau'zale] agg. causal. ◆ f. [motivo] mobile m., cause, motif m. | *causale di un delitto*, mobile d'un crime. | *causale di un versamento*, cause d'un versement. || LING. causale.
causalità [kauzali'ta] f. causalité.
causare [kau'zare] v. tr. [provocare] causer. | *causare una disgrazia*, causer un malheur. | *causare dispiacere (a)*, chagriner. || PER EST. [avere per conseguenza] engendrer, entraîner, causer.
causativo [kausa'tivo] agg. e m. LING. causatif.
caustica ['kaustika] f. OTT. caustique.
causticità [kaustitʃi'ta] f. CHIM. causticité. || FIG. causticité, mordant m.
caustico ['kaustiko] (**-ci** pl.) agg. CHIM. caustique. || FIG. caustique, mordant, piquant.
cautela [kau'tɛla] f. circonspection, précaution, prudence, cautèle (antiq.).
1. cautelare [kaute'lare] agg. GIUR. de prudence. | *misure cautelari*, mesures de prudence. | *giurisprudenza cautelare*, droit conservatoire.
2. cautelare [kaute'lare] v. tr. protéger, assurer. || GIUR. cautionner. ◆ v. rifl. se garantir (contre), se prémunir (contre), se précautionner (contre) [antiq.].
cautelativo [kautela'tivo] agg. de prudence.
cauterio [kau'tɛrjo] (**-ri** pl.) m. MED. cautère.
cauterizzare [kauterid'dzare] v. tr. MED. cautériser.
cauterizzazione [kauteriddzat'tsjone] f. MED. cautérisation.
cauto ['kauto] agg. circonspect, prudent, cauteleux. || LOC. FIG. *andar cauto*, agir avec circonspection.
cauzionale [kauttsjo'nale] agg. GIUR. *contratto, deposito cauzionale*, cautionnement.
cauzionare [kauttsjo'nare] v. tr. GIUR. verser une caution, un cautionnement.
cauzione [kaut'tsjone] f. caution, cautionnement m. | *versare una cauzione*, verser un cautionnement, une caution. || FIN. [Borsa] couverture. || GIUR. caution. | *cauzione legale*, caution légale. | *libertà dietro cauzione*, liberté sous caution.
1. cava ['kava] f. e agg. ANAT. *(vena) cava*, veine cave.
2. cava ['kava] f. [pietre] carrière. | *cava d'ardesia*, carrière d'ardoise. | *cava di argilla*, glaisière. | *cava di gesso*, crayère. | *cava di marmo*, marbrière. | *cava di sabbia*, sablière. | *cava di zolfo*, soufrière.
cavadenti [kava'dɛnti] m. invar. PEGGIOR. arracheur de dents.
cavalcare [kaval'kare] v. intr. aller à cheval, faire du cheval, chevaucher (ant.). | *a me piace molto cavalcare*, j'aime beaucoup faire du cheval, aller à cheval. | *calvalcare all'amazzone*, monter en amazone. | *cavalcare in compagnia*, cavalcader. | *cavalcare molto bene*, monter très bien à cheval. ◆ v. tr. monter, chevaucher, enfourcher. | *cavalcare un mulo*, monter un mulet. || PER EST. *cavalcare un manico di scopa*, chevaucher un manche à balai. || PER ANAL. *cavalcare una sedia*, s'asseoir à califourchon sur une chaise. || TECN. enjamber.
cavalcata [kaval'kata] f. [corsa a cavallo] chevauchée, promenade, course à cheval, cavalcade (antiq.). || [compagnia di gente a cavallo] ANTIQ. cavalcade (L.C.).
cavalcatura [kavalka'tura] f. monture.
cavalcavia [kavalka'via] m. invar. viaduc, passage supérieur.
cavalcioni (a) [akkaval'tʃoni] loc. prep. e avv. à califourchon, à cheval. | *essere a cavalcioni di una sedia*, être à califourchon, à cheval sur une chaise.
cavalierato [kavalje'rato] m. titre, dignité (f.) de chevalier.

cavaliere [kava'ljɛre] m. [che va a cavallo] cavalier. | *è un buon cavaliere*, c'est un bon cavalier, un écuyer. | *pista riservata ai cavalieri*, piste cavalière agg. | *i quattro cavalieri dell'Apocalisse*, les quatre cavaliers de l'Apocalypse. || STOR. [appartenente all'ordine equestre nell'antica Roma, alla cavalleria nel Medio Evo] chevalier. | *i cavalieri della Tavola Rotonda*, les Chevaliers de la Table ronde. | *cavaliere senza macchia e senza paura*, chevalier sans peur et sans reproche. | *cavaliere errante*, chevalier errant. | *i cavalieri di Malta*, les chevaliers de Malte. || PER EST. [accompagnatore di una dama] cavalier, galant. | *far da cavaliere ad una dama*, servir de cavalier à une dame. | *cavalier(e) servente*, chevalier, cavalier servant. | *sia cavaliere, mi cerchi una sedia*, soyez galant, cherchez-moi une chaise. || PER ANAL. [titolo onorifico] *cavaliere della Repubblica*, chevalier de la République. | *cavaliere della Legion d'onore*, chevalier de la Légion d'honneur. || PEGGIOR. *cavaliere d'industria*, chevalier d'industrie. || MIL. [soldato a cavallo] cavalier; [fortificazione] ANTIQ. cavalier. || GIOCHI [cavallo degli scacchi] cavalier. || TECN. [forcella per bilancia di precisione] cavalier. || ZOOL. [uccellopalustre] *cavaliere (d'Italia)*, chevalier; [baco da seta] (dial.) ver à soie (L.C.).
cavalla [ka'valla] f. ZOOL. jument, cavale (poet.). || MAR. grand-voile d'étai.
cavallaio [kaval'lato] (**-ai** pl.) m. [guardiano di cavalli] gardien de chevaux. || [mercante di cavalli] maquignon.
cavalleggero [kavalled'dʒɛro], **cavalleggere** [kavalled'dʒɛre] m. MIL. chevau-léger (pl. chevau-légers).
cavalleresco [kavalle'resko] (**-chi** pl.) agg. STOR. chevaleresque. | *romanzi cavallereschi*, romans de chevalerie. || PER EST. *codice cavalleresco*, code de l'honneur. | *comportarsi in modo cavalleresco*, se conduire d'une façon très chevaleresque. | *è cavalleresco*, c'est de bonne guerre. || PER ANAL. [titolo onorifico] *ordine cavalleresco*, ordre de chevalerie.
cavalleria [kavalle'ria] f. MIL. cavalerie. | *cavalleria leggera*, cavalerie légère. | *cavalleria pesante*, grosse cavalerie. || LOC. FIG. FAM. *il libro che gli hai prestato è passato, è andato in cavalleria*, le livre que tu lui as prêté, tu ne le reverras plus. || STOR. chevalerie. || PER ANAL. [nobiltà o generosità di cavaliere] *agire con cavalleria*, agir chevaleresquement. || PER EST. [cortesia verso una dama] galanterie. | *un gesto di cavalleria*, un geste galant.
cavallerizza [kavalle'riddza] f. [donna che cavalca bene] écuyère.
cavallerizzo [kavalle'riddzo] m. écuyer. | *Cavallerizzo maggiore*, Grand Écuyer. || PER ANAL. [maestro o professionista di equitazione] écuyer.
1. cavalletta [kaval'letta] f. ZOOL. criquet m., sauterelle. | *cavalletta del deserto*, pèlerin m.
2. cavalletta [kaval'letta] f. MAR. foc (m.) d'artimon.
cavalletto [kaval'letto] m. ARTI chevalet. || STOR. [strumento di tortura] chevalet. || TECN. [supporto] chevalet, tréteau; [per segare il legno] baudet. | *cavalletto di sostegno (per motociclette)*, béquille f. | *cavalletto (di muratore)*, tréteau, chevalet (de maçon). || [di macchina fotografica] trépied. | [pilone di teleferica] pilône. || *mettere su cavalletto*, chevaler (v. tr.).
cavallina [kaval'lina] f. DIMIN. pouliche. || LOC. FIG. FAM. *corre la cavallina*, c'est un coureur de jupons. || GIOCHI saute-mouton m. | *giocare alla cavallina*, jouer à saute-mouton. || SPORT cheval de bois, cheval d'arçons.
1. cavallino [kaval'lino] agg. PR. e FIG. chevalin. || MED. POP. *tosse cavallina*, coqueluche f. || ZOOL. *mosca cavallina*, taon m. || LOC. FIG. *noioso come una mosca cavallina*, un vrai taon.
2. cavallino [kaval'lino] m. DIMIN. petit cheval, poulain. || PER ANAL. *cavallino a dondolo*, cheval à bascule. || PER EST. [pelliccia] poulain. || MAR. [curvatura] tonture f.; [pompa] petit cheval.
cavallo [ka'vallo] m. **1.** ZOOL. cheval. | *cavallo da tiro*, cheval de tir; limonier. | *cavallo da lavoro, da corsa*, cheval de labour, de course. | *cavallo isabella*, isabelle m. | *stazione di monta per i cavalli*, haras m. || PER ANAL. *da cavallo*, chevalin agg. | *occhi da cavallo*, yeux chevalins. || **2.** LOC. *essere a cavallo di una sedia*, être à cheval, à califourchon sur une chaise. || LOC. FIG. FAM. *febbre da cavallo*, fièvre de cheval, carabinée. | *medicina da cavallo*, remède de cheval. | *a ferro di cavallo*, en fer à cheval. | *è il suo cavallo di battaglia*, c'est son cheval de bataille, son dada. | *andare, viaggiare con il cavallo di San Francesco*, voyager à pied. | *essere a cavallo*, tenir le bon bout. || **3.** GIOCHI [scacchi] cavalier; [tarrocchi] chevalier. | *cavallo a dondolo*, cheval à bascule. || **4.** SPORT cheval de bois, cheval d'arçons. || **5.** MIL. *soldato a cavallo*, cavalier. | *polizia a cavallo*, police montée. | *cavallo di Frisia*, cheval de Frise. || **6.** MODA. [dei pantaloni] entrejambe. || **7.** MECC. *cavallo (vapore)*, cheval (vapeur). || AUTOM. *una quattro cavalli*, une quatre-chevaux. | *cavalli fiscali*, chevaux fiscaux.
cavallone [kaval'lone] m. ACCR. gros cheval (de trait). || MAR. grosse vague.
cavallottino [kavallot'tino] m. TECN. [chiodo a U] cavalier, clou en U à deux pointes, crampillon.
cavalluccio [kaval'luttʃo] m. DIMIN. petit cheval; [linguaggio infantile] dada. || LOC. *portare qlcu. a cavalluccio sulle spalle*, porter qn (à califourchon, à cheval, à dada) sur ses épaules. || ZOOL. *cavalluccio marino*, cheval marin.
cavapietre [kava'pjɛtre] m. invar. carrier.
cavare [ka'vare] v. tr. **1.** [tirare fuori] tirer, sortir. | *cavare le mani di tasca*, sortir les mains de ses poches. || **2.** PER EST. [togliere strappando] enlever, arracher. | *cavare un dente*, arracher une dent. || **3.** PER ANAL. [togliere di dosso] ôter, enlever, retirer. | *cavati i guanti!*, ôte tes gants! | *cavare gli stivali*, retirer ses bottes. || **4.** FIG. *cavare la sete*, étancher la soif. | *cavarsi la fame*, calmer sa faim. | *cavare d'impaccio*, tirer d'embarras, dépanner (fam.). | *bisogna cavargli le parole di bocca*, il faut lui tirer les vers du nez. | *non siamo riusciti a cavargli una parola di bocca*, nous n'avons pas réussi à lui tirer un seul mot. | *non saper cavar(e) un ragno dal buco*, ne venir à bout de rien. | *mi hai cavato una spina dal cuore*, tu m'as ôté une épine du pied. | *ne abbiamo cavato qlco.* [per trasformazione], nous en avons fait qch. | *ne cavo un bel profitto!*, cela me fait une belle jambe! (fam.). ◆ v. rifl. **1.** *cavarsi abilmente d'impaccio*, tirer son épingle du jeu. || **2.** FAM. *cavarsela*, s'en tirer, s'en sortir, tenir le coup. | *non credo che se la cavi* [guarisca], je ne crois pas qu'il s'en relève. | *non se la caverà* [non guarirà], il ne s'en relèvera pas. | *cavarsela da solo*, voler de ses propres ailes, s'en tirer tout seul. | *aveva un compito difficile, ma se l'è cavata a meraviglia*, il avait une tâche difficile, mais il s'en est tiré à merveille. | *non è ricco, ha appena di che cavarsela*, il n'est pas riche, il a tout juste de quoi s'en tirer. | *abbiamo avuto un incidente, ma ce la siamo cavata con la paura*, nous avons eu un accident, mais nous en avons été quittes pour la peur. | *se la sono cavata a buon mercato*, il en ont été quittes à bon compte. | *cavarsela per il rotto della cuffia*, s'en tirer de justesse. | *non so come cavarmela*, je suis aux cent coups.
cavastivali [kavasti'vali] m. invar. tire-botte.
cavatappi [kava'tappi] m. invar. tire-bouchon.
cavedano [kave'dano] m. ZOOL. chevesne, chevenne, chevaine.
cavedio [ka'vɛdjo] (**-di** pl.) m. ARCHIT. puits d'aération.
caverna [ka'vɛrna] f. caverne, grotte, antre m. || GEOL. *caverna calcarea*, bétoire. || MED. caverne.
cavernicolo [kaver'nikolo] agg. e m. cavernicole.
cavernoso [kaver'noso] agg. caverneux, creux. || FIG. caverneux, sépulcral. | *voce cavernosa*, voix caverneuse, sépulcrale. || ANAT. *corpo cavernoso*, corps caverneux.
cavestro [ka'vestro] m. V. CAPESTRO.
cavetto [ka'vetto] m. ARCHIT. cavet.
cavezza [ka'vettsa] f. [fune] longe, licol m., licou m., caveçon m. || LOC. FIG. *tenere qlcu. a cavezza*, tenir qn en laisse, en bride, tenir la bride haute, courte à qn. | *rompere, strappare la cavezza*, se livrer à la débauche.
cavezzone [kavet'tsone] m. caveçon.

cavia ['kavja] f. ZOOL. cobaye m., cochon (m.) d'Inde. ‖ LOC. FIG. *servire, fare da cavia,* servir de cobaye.
caviale [ka'vjale] m. caviar.
cavicchio [ka'vikkjo] (**-chi** pl.) m. TECN. cheville f., goujon. ‖ AGR. plantoir.
cavicchiolo [kavik'kjɔlo] m. TECN. chevillette f.
caviglia [ka'viʎʎa] f. ANAT. cheville. ‖ FERR. *caviglia di rotaia,* crampon (m.) de rail. ‖ MAR. [per fissare i cordami] cabillot m. ; [maniglia di timone] poignée. ‖ TECN. cheville, goujon m. | *caviglia ad anello,* cheville à boucle.
cavigliera [kaviʎ'ʎɛra] f. bande de crêpe élastique. ‖ MAR. râtelier (m.) de manœuvre.
cavillare [kavil'lare] v. intr. chicaner, ergoter, vétiller, chipoter (fam.), pinailler (fam.). | *cavillare sul senso delle parole,* chicaner sur les mots. | *trova da cavillare su tutto,* il trouve à pinailler à propos de tout. ‖ SOSTANT. *il cavillare,* chipotage m.
cavillatore [kavilla'tore] (**-trice** f.) m. chicaneur, chicanier, abstracteur de quintessence, chipoteur (fam.), pinailleur (fam.).
cavillo [ka'villo] m. [obiezione capziosa] chicane f., ergoterie f., subtilité f. | *ricorrere a cavilli procedurali,* avoir recours aux ruses de la chicane. ‖ PER EST. [pretesti] chicanerie f., chipotage (fam.). ‖ FIG. *i cavilli dell' amministrazione,* les chinoiseries administratives.
cavillosità [kavillosi'ta] f. invar. [carattere cavilloso] *è di una cavillosità esagerata,* il est trop pointilleux. ‖ PER EST. [sottigliezza eccessiva] ergotage m., chicanerie, chipotage m. (fam.).
cavilloso [kavil'loso] agg. chicaneur, chicanier (agg. e m.), ergoteur (agg. e m.), vétilleux, pointilleux (agg. e m.). ‖ PER EST. [minuzioso] pointilleux, pinailleur agg. e m. (fam.), chipoteur agg. e m. (fam.), vétillard agg. e m. (antiq.), processif (antiq.), procédurier. | *è un uomo cavilloso,* c'est un coupeur de cheveux en quatre. ‖ PER ANAL. [di ragionamento] chicaneur, spécieux, sophistique.
cavità [kavi'ta] f. invar. cavité, creux m. ‖ ANAT. *cavità timpanica,* caisse tympanique. ‖ MECC. évidage m., évidement m.
1. cavo ['kavo] agg. creux. ‖ ANAT. *vena cava,* veine cave. ◆ m. [concavità] creux. | *cavo della mano, della spalla,* creux de la main, de l'épaule.
2. cavo ['kavo] m. câble. ‖ AER. câble, hauban. | *fissare con cavi,* haubaner v. tr. ‖ ELETTR. *cavo elettrico, di distribuzione, di terra,* câble électrique, de distribution, de terre. ‖ MAR. cordage, filin, câble. | *cavo di ormeggio,* câble d'amarrage. | *lunghezza del cavo di tonnaggio,* touée f. | *allentare il cavo,* filer, mouiller le câble. ‖ TECN. câble, hauban. | *intrecciare un cavo,* câbler v. tr. | *avvolgere, svolgere un cavo,* enrouler, dérouler un câble. | *fabbrica di cavi,* câblerie f. ‖ TELECOM. *cavo telefonico, telegrafico,* câble téléphonique, télégraphique.
cavolfiore [kavol'fjore] m. BOT. chou-fleur.
cavolo ['kavolo] m. BOT. chou. | *cavolo cappuccio,* chou cabus. | *cavolo palmizio,* chou-palmiste. | *cavolo rapa,* chou-rave. ‖ CULIN. *zuppa di cavoli,* soupe aux choux. ‖ LOC. FIG. VOLG. *è una testa di cavolo,* il est bête comme ses pieds. | *non ci vedo un cavolo,* je n'y vois que couic. | *non fa un cavolo,* il ne fiche rien. | *non ci capisce un cavolo,* il ne comprend rien à rien, il est bouché (à l'émeri). | *entrarci come i cavoli a merenda,* venir comme des cheveux sur la soupe. ◆ VOLG. esclam. fichtre ! | *un cavolo !, col cavolo !,* pas le moins du monde !, que dalle ! (pop.).
cazzimperio [kattsim'pɛrio] m. DIAL. CULIN. poivrade f.
cazzo ['kattso] m. VOLG. verge, vit (pop.).
cazzottare [kattsot'tare] v. tr. POP. donner, assener des coups de poings (à) [fam.], flanquer des torgnoles (à). ◆ v. rifl. se battre à coups de poings, se cogner dessus, se flanquer des torgnoles, se taper dessus (fam.).
cazzottata [kattsot'tata] f. POP. raclée, volée, dégelée, dérouillée. | *darsi una bella cazzottata,* se donner une bonne raclée, une bonne volée.
cazzotto [kat'tsɔtto] m. POP. marron, châtaigne f., torgnole f. | *prendere qlcu. a cazzotti,* flanquer des châtaignes à qn. | *fare a cazzotti,* échanger des torgnoles.
cazzuola [kat'tswɔla] f. truelle.
ce [tʃe] pron. pers. **1.** [1ª pers. pl.] nous. | *ce lo disse,* il nous le dit. | *ce lo ha portato lui,* c'est lui qui nous l'a porté. | *vuole darcele tutte,* il veut nous les donner toutes. | *portatecene,* portez-nous-en. | *diccelo,* dis-le-nous. ‖ **2.** [coniug. dei verbi riflessivi] nous. | *ce ne andiamo,* nous nous en allons. ‖ **3.** [rinforzo enfatico] *ce ne siamo venuti via subito,* nous sommes partis tout de suite. | *ce ne andiamo al cinema,* nous allons au cinéma. | *ce ne torniamo a casa,* nous rentrons à la maison. ◆ avv. y, là. | *ce lo porterò domani,* je l'y amènerai demain. | *sono stato io a mettercelo,* c'est moi qui l'ai mis là. | *non ce n'è più,* il n'y en a plus. | *ce ne vuole poco,* il en faut très peu.
1. ceca ['tʃɛka] o **cieca** ['tʃɛka] f. ZOOL. civelle.
2. ceca ['tʃɛka] f. TECN. fraisure.
cecale [tʃe'kale] agg. ANAT. V. CIECALE.
cece ['tʃetʃe] m. BOT. pois chiche. ‖ PER EST. [verruca] verrue f.
cecità [tʃetʃi'ta] f. invar. PR. e FIG. cécité.
ceco ['tʃɛko] (**-chi** pl.) agg. GEOGR. tchèque. ◆ m. [abitante] Tchèque.
cecoslovacco [tʃekozlo'vakko] (**-chi** pl.) agg. GEOGR. tchécoslovaque. ◆ [abitante] Tchécoslovaque.
cedente [tʃe'dɛnte] part. pres. e agg. GIUR. cédant.
cedere ['tʃɛdere] v. intr. **1.** (di persone) [ritirarsi] céder, faiblir, se rendre (v. rifl.), flancher (fam.), mollir (fam.). ‖ FIG. [desistere, piegarsi] céder (à, devant). | *cedere alle minacce, alle preghiere,* céder devant les menaces, aux prières. | *cedere alla collera,* céder à la colère. | *interrogato senza tregua, il sospettato finì per cedere,* interrogé sans trêve, le suspect finit par s'effondrer. ‖ SPORT *l'atleta ha ceduto cento metri prima dell' arrivo,* l'athlète a faibli cent mètres avant l'arrivée. ‖ PER EST. [accondiscendere] céder, consentir, acquiescer. ‖ PER ANAL. [di donne] céder. ‖ LOC. *per perspicacia, per coraggio, non la cede a nessuno,* il ne le cède à personne en perspicacité, en courage. | *non cede !,* il n'en démord pas ! ‖ **2.** (di cose) [deformarsi, rompersi] céder, faiblir, plier, s'affaisser (v. rifl.), lâcher, craquer. | *il terreno ha ceduto a tratti,* le sol s'est affaissé par endroits. | *quel ramo cederà sotto il tuo peso,* cette branche va craquer sous ton poids. ‖ PER ANAL. *questa tela cede all'uso,* cette toile donne à l'usage. | *tessuto di lana que cede,* jersey qui s'étire. ◆ v. tr. PR. e FIG. céder, donner, livrer. | *cedere il posto a qlcu.,* céder sa place à qn. | *cedere il passo a qlcu.,* donner le passage à qn. | *cedere le armi,* rendre les armes. | *cedere terreno,* céder du terrain. ‖ GIUR. *cedere un diritto,* céder un droit. ‖ PER EST. [vendere] céder, vendre, se défaire (de), se dessaisir (de), livrer. | *cedere un negozio,* céder un magasin.
cedevole [tʃe'devole] agg. malléable, souple. | *terreno cedevole,* terrain mouvant, ébouleux. ‖ FIG. docile, conciliant, accommodant.
cedevolezza [tʃedevo'lettsa] f. [pieghevolezza] malléabilité. | *cedevolezza del terreno,* instabilité du terrain. ‖ FIG. souplesse, flexibilité.
cedibile [tʃe'dibile] agg. cessible. ‖ GIUR. *non cedibile,* incessible.
cedibilità [tʃedibili'ta] f. cessibilité. ‖ GIUR. *non cedibilità,* incessibilité.
cediglia [tʃe'diʎʎa] f. GRAMM. cédille.
cedimento [tʃedi'mento] m. affaissement, éboulement, effondrement. ‖ FIG. fléchissement. ‖ MIN. tassement. ‖ TECN. [edilizia] faix.
cedola ['tʃɛdola] f. cédule. ‖ FIN. [Borsa] coupon m.
cedolare [tʃedo'lare] agg. FIN. cédulaire. | *imposta cedolare,* impôt (m.) cédulaire. ◆ f. FIN. impôt cédulaire.
cedracca [tʃe'drakka] o **cetracca** [tʃe'trakka] (**-che** pl.) f. BOT. cétérac m.
cedrata [tʃe'drata] f. sirop (m.), jus (m.) de cédrat.
1. cedro ['tʃedro] m. BOT. [albero] cédratier. ‖ BOT. [frutto] cédrat.
2. cedro ['tʃedro] m. BOT. [conifera] cèdre.
cedrone [tʃe'drone] m. ZOOL. *gallo cedrone,* coq de bruyère.
cedronella [tʃedro'nɛlla] f. BOT. citronnelle.
ceduo ['tʃɛduo] agg. taillis agg. (antiq.) e m. | *bosco ceduo,* taillis. | *bosco ceduo di uno o due anni,* cépée f.
cefalalgia [tʃefalal'dʒia], **cefalgia** [tʃefal'dʒia],

cefalea [tʃefa'lɛa] f. MED. céphalalgie, céphalée.
cefalico [tʃe'faliko] (**-ci** pl.) agg. céphalique.
cefalo ['tʃɛfalo] m. ZOOL. cabot, muge.
cefalopodi [tʃefa'lɔpodi] m. pl. ZOOL. céphalopodes.
cefalorachidiano [tʃefaloraki'djano] agg. ANAT. céphalo-rachidien.
cefalotorace [tʃefaloto'ratʃe] m. ZOOL. céphalothorax.
cefeide [tʃe'feide] f. ASTRON. céphéide.
ceffo ['tʃɛffo] m. museau, mufle. ‖ FAM. PEGGIOR. gueule f. (volg.). | *ha un brutto ceffo*, il a une sale gueule. | *è un brutto ceffo*, c'est un sale type, un sale individu.
ceffone [tʃef'fone] m. claque f., gifle f. | *appioppare, mollare un paio di ceffoni a qlcu.*, flanquer une paire de gifles à qn.
celacanto [tʃela'kanto] m. ZOOL. cœlacanthe.
celare [tʃe'lare] v. tr. celer, cacher. | *celare qlco. a qlcu.*, cacher qch. à qn. | *celare le proprie intenzioni*, cacher son jeu, ses cartes. ◆ v. rifl. se cacher.
celata [tʃe'lata] f. STOR. [copricapo per uomo d'armi] salade.
celato [tʃe'lato] part. pass. e agg. caché. | *con mal celata invidia*, avec une envie mal dissimulée.
celeberrimo [tʃele'bɛrrimo] agg. très célèbre.
celebrante [tʃele'brante] m. RELIG. célébrant.
celebrare [tʃele'brare] v. tr. [esaltare] célébrer. | *celebrare qlcu., qlco.*, célébrer qn, qch. ‖ PER EST. [festeggiare] célébrer, fêter. | *celebrare un anniversario*, fêter un (jour) anniversaire. | *celebrare le feste*, sanctifier le dimanche et les jours fériés. ‖ PER ANAL. [compiere solennemente] célébrer. | *celebrare la messa, un matrimonio*, célébrer la messe, un mariage.
celebrativo [tʃelebra'tivo] agg. de circonstance. ‖ [commemorativo] commémoratif. ‖ [elogiativo] de louange (pour).
celebrazione [tʃelebrat'tsjone] f. célébration.
celebre ['tʃɛlebre] agg. célèbre, fameux.
celebret ['tʃɛlebret] m. [lat.] RELIG. celebret.
celebrità [tʃelebri'ta] f. [fama e persona] célébrité.
celenterati [tʃelente'rati] m. pl. ZOOL. cœlentérés.
celere ['tʃɛlere] agg. [che si sposta con rapidità] rapide. | *cavallo celere*, cheval rapide, vite (litt.). | *servizio celere*, service accéléré. ‖ PER EST. [vivace, pronto] vif, prompt. ‖ MIL. *reparti celeri*, troupes légères. ◆ f. [polizia] police secours.
celerità [tʃeleri'ta] f. célérité, rapidité.
celeste [tʃe'lɛste] agg. céleste. | *color celeste*, couleur (f.) bleu céleste ; bleu ciel, bleu clair. | *avere gli occhi celesti*, avoir les yeux bleus. | *volta celeste*, voûte céleste. ‖ FIG. [divino] céleste, divin. | *beatitudine celeste*, béatitude céleste. | *il Padre celeste*, le Père céleste. ‖ PER EST. [perfetto, bellissimo] céleste. ‖ MUS. *registro celeste*, voix (f.) céleste. ‖ STOR. *il Celeste Impero*, le Céleste Empire. ◆ m. *il celeste non ti dona*, le bleu clair ne te va pas. ◆ m. pl. *i Celesti*, les esprits célestes.
celestiale [tʃeles'tjale] agg. céleste. | *bellezza celestiale*, beauté céleste.
celestino [tʃeles'tino] agg. e m. [colore] bleu pâle. ◆ m. RELIG. célestin.
celetto [tʃe'letto] m. TEATRO frise f.
celia ['tʃɛlja] f. badinerie, plaisanterie, badinage m. | *dire, fare per celia*, dire, faire pour rire, pour plaisanter. | *mettere qlco. in celia*, tourner qch. en ridicule. | *senza celia*, plaisanterie mise à part.
celiaco [tʃe'ljako] (**-ci** pl.) agg. ANAT. cœliaque.
celiare [tʃe'ljare] v. intr. badiner, plaisanter, railler.
celibatario [tʃeliba'tarjo] (**-ri** pl.) m. célibataire.
celibato [tʃeli'bato] m. célibat.
celibe ['tʃɛlibe] agg. [uomo e donna] célibataire. ◆ m. célibataire.
celidonia [tʃeli'dɔnja] f. BOT. chélidoine.
cella ['tʃɛlla] f. [stanza] cellule. | *cella di rigore*, cellule disciplinaire. | *cella di isolamento* [in un asilo per alienati mentali], cabanon m. ‖ PER ANAL. *cella d'alveare*, cellule, alvéole de ruche. ‖ PER EST. *cella mortuaria*, chambre mortuaire. | *cella campanaria*, cage du clocher. ‖ ARCHIT. cella. ‖ FIS., TECN. cellule. | *cella frigorifera*, chambre froide, freezer m. [ingl.].
celletta [tʃel'letta] f. DIMIN. case, cellule. | *cellette di un alveare*, cases d'une ruche.
cellofan ['tʃɛllofan] m. cellophane f.
cellula ['tʃɛllula] f. ANAT., AER., BOT., FIS. cellule. | *cellula fotoelettrica*, cellule photo-électrique. ‖ POLIT. *cellula del partito comunista*, cellule du parti communiste.
cellulare [tʃellu'lare] agg. BIOL. cellulaire. | *tessuto cellulare*, tissu cellulaire. ‖ AMM. *(furgone) cellulare*, voiture (f.) cellulaire. | *prigione cellulare*, prison cellulaire.
cellulite [tʃellu'lite] f. MED. cellulite.
celluloide [tʃellu'lɔide] f. Celluloïd m.
cellulosa [tʃellu'losa] f. CHIM. cellulose.
cellulosico [tʃellu'lɔziko] (**-ci** pl.) agg. cellulosique.
cellulosio [tʃellu'lɔzjo] m. CHIM. cellulose f.
celluloso [tʃellu'loso] agg. BIOL. cellulaire. | *tessuto celluloso*, tissu cellulaire.
celtico ['tʃɛltiko] (**-ci** pl.) agg. e m. celtique, celte agg. | *arte celtica*, art celte. | *lingua celtica*, langue celtique.
cembalista [tʃemba'lista] (**-ti** pl.) m. e f. MUS. claveciniste.
cembalo ['tʃembalo] m. MUS. clavecin. ◆ m. pl. STOR. cymbales.
cementare [tʃemen'tare] v. tr. PR. e FIG. cimenter. ‖ METALL. cémenter.
cementazione [tʃementat'tsjone] f. cimentation. ‖ METALL. cémentation. | *polvere per cementazione*, cément m. | *acciaio di cementazione*, acier de cémentation.
cementiere [tʃemen'tjɛre] m. [industriale e operaio] cimentier.
cementiero [tʃemen'tjɛro] agg. de, du ciment. ◆ m. [operaio] cimentier.
cementificio [tʃementi'fitʃo] (**-ci** pl.) m. cimenterie f.
cementista [tʃemen'tista] (**-ti** pl.) m. [muratore] cimentier.
cemento [tʃe'mento] m. PR. e FIG. ciment. | *cemento a presa rapida*, ciment prompt. | *cemento armato*, béton, ciment armé. | *fondamenta in cemento*, bétonnage m. ‖ ANAT., METALL. cément. | *cemento dentario*, cément.
cena ['tʃena] f. dîner m. | *prima di, dopo cena*, avant, après le dîner. | *saltare la cena*, dîner par cœur. | *andare a cena fuori*, dîner en ville. | *far da cena*, préparer le dîner. | *avere qlcu. a cena*, avoir qn à dîner. | *essere a cena da qlcu.*, dîner chez qn. ‖ ARTI Cène. ‖ RELIG. *Ultima Cena*, Cène. | *Cena Santa* [dei Protestanti] Cène.
cenacolo [tʃe'nakolo] m. PR. e FIG. cénacle. | *cenacolo letterario*, cercle littéraire. ‖ ARTI Cène f.
cenare [tʃe'nare] v. intr. dîner. | *cenare fuori*, dîner en ville. | *cenare alla svelta e in piedi*, dîner sur le pouce.
cenciaio [tʃen'tʃajo] (**-ai** pl.) m. chiffonnier, biffin (pop.).
cenciaiolo [tʃentʃa'jɔlo] m. chiffonnier, biffin (pop.).
cencio ['tʃentʃo] (**-ci** pl.) m. [vecchio pezzo di tessuto logoro] chiffon, torchon, linge, chiffe f. (raro). | *pasta di cenci*, pâte de chiffons. ‖ PEGGIOR. loque f., haillon, guenille f., lambeau. | *pezzente coperto di cenci*, gueux couvert de haillons. | *vendere i propri cenci*, vendre ses nippes (f.). | *portati via i tuoi cenci*, emmène tes hardes (f.). ‖ LOC. FIG. *la paura lo ha ridotto un cencio*, la peur en a fait une loque. | *bianco come un cencio*, blanc comme un linge. | *essere un cencio molle*, être une chiffe molle (fam.). ‖ MED. *cencio necrotico*, bourbillon. ‖ MOD. *cappello a cencio*, chapeau mou.
cencioso [tʃen'tsoso] agg. [coperto di cenci] déguenillé, loqueteux, en haillons, vêtu de guenilles.
ceneraio [tʃene'rajo] (**-ai** pl.) m. [di stufa, fornello, caldaia] cendrier.
cenere ['tʃenere] f. cendre. | *coperto, sporco di cenere*, cendreux agg. ‖ FIG. *covare sotto le ceneri*, couver sous la cendre. | *risorgere dalle proprie ceneri*, renaître de ses cendres. ‖ CHIM. *cenere di mare*, cendre de varech. ◆ pl. RELIG. Cendres. | *mercoledì delle Ceneri*, mercredi des Cendres. ◆ agg. *color cenere*, couleur cendrée. | *capelli biondo cenere*, cheveux blond cendré.
cenerentola [tʃene'rɛntola] f. cendrillon.

cenericcio [tʃene'rittʃo] agg. cendré.
cenerino [tʃene'rino] agg. cendré. | *nuvole cenerine*, nuages cendrés.
cenerognolo [tʃene'roɲɲolo] agg. cendré. | *luce cenerognola*, lumière cendrée.
cenestesia [tʃeneste'zia] f. MED. cénesthésie.
cenetta [tʃe'netta] f. DIMIN. dînette, dîner (m.) intime.
cennamella [tʃenna'mɛlla] f. MUS. chalumeau m.
cenno ['tʃenno] m. signe. | *fece un cenno con la mano*, il fit un signe de la main. | *fa cenno di voler parlare*, il fait signe qu'il veut parler. | *esprimersi a cenni*, s'exprimer par signes. | *salutare qlcu. con un cenno del capo*, saluer qn d'une inclination de tête. | *approvare con un cenno del capo*, approuver d'un hochement de tête. | *far cenno di qlco. a qlcu.*, toucher un mot de qch. à qn. || PER EST. [indizio, annuncio] signe. || COMM. *cenno di ricevuta*, accusé de réception. ◆ pl. notice (f. s.), exposé (m. s.), échappée (f. s.), aperçu (m. s.). | *cenni biografici*, notice biographique. | *dare alcuni cenni sulla materia da studiare*, donner un aperçu de la matière à étudier.
cenobio [tʃe'nɔbjo] (**-bi** pl.) m. RELIG. monastère.
cenobita [tʃeno'bita] (**-ti** pl.) m. RELIG. cénobite. || LOC. FIG. *fare una vita da cenobita, cenobitica*, vivre en cénobite.
cenobitico [tʃeno'bitiko] (**-ci** pl.) agg. RELIG. cénobitique.
cenone [tʃe'none] m. [di Natale e Capodanno] réveillon.
cenotafio [tʃeno'tafjo] (**-fi** pl.) m. cénotaphe.
censimento [tʃensi'mento] m. recensement, dénombrement. | *censimento della popolazione*, dénombrement de la population. || STOR. [romana] *censimento e denuncia dei beni*, cens.
censire [tʃen'sire] v. tr. recenser, dénombrer.
censo ['tʃɛnso] m. STOR. [a Roma] cens. || PER EST. [ricchezza] richesse f., patrimoine. | *dividere i cittadini secondo il censo*, classer les citoyens d'après leur richesse.
censorato [tʃenso'rato] m. censorat.
censore [tʃen'sore] m. PR. e FIG. censeur.
censoriale [tʃenso'rjale] agg. censorial.
censorio [tʃen'sɔrjo] (**-ri** pl.) agg. censorial, de censeur. | *severità censoria*, sévérité censoriale.
censuario [tʃensu'arjo] (**-ri** pl.) agg. STOR. censitaire.
censura [tʃen'sura] f. censure. || POLIT. *mozione di censura*, motion de censure.
censurare [tʃensu'rare] v. tr. censurer. || [di scritti] caviarder, passer au caviar.
cent ['sent] m. [ingl.] FIN. [moneta] cent.
centaurea [tʃentau'rɛa] f. BOT. centaurée, bleuet m.
centauro [tʃen'tauro] m. [corridore motociclista] motocycliste, motard (fam.).
centellinare [tʃentelli'nare] v. tr. boire à petits coups, siroter.
centenario [tʃente'narjo] (**-ri** pl.) agg. e m. centenaire. ◆ m. **1.** MIL., STOR. [Medio Evo] centenier. || **2.** [ricorrenza] centennal.
centennio [tʃen'tɛnnjo] (**-ni** pl.) m. espace de cent ans, cent ans.
centesimale [tʃentezi'male] agg. centésimal.
centesimo [tʃen'tɛzimo] agg. num. ord. e m. centième. | *un centesimo*, un centième. || [con valore di num. card.] cent. | *aprite il libro alla centesima pagina*, ouvrez votre texte à la page cent. ◆ m. [moneta] centime. || LOC. FIG. *oggetto che non vale un centesimo*, objet qui ne vaut pas un sou, pas un liard (lett.). | *non ha un centesimo*, il n'a pas le sou, il est sans le sou ; il n'a pas un liard, un sou vaillant (lett.).
centiara [tʃenti'ara] f., **centiaro** [tʃenti'aro] m. centiare m.
centigrado [tʃen'tigrado] agg. e m. centigrade.
centigrammo [tʃenti'grammo] m. centigramme.
centilitro [tʃen'tilitro] m. centilitre.
centimetrare [tʃentime'trare] v. tr. diviser en centimètres.
centimetrato [tʃentime'trato] part. pass. e agg. divisé en centimètres. | *righello centimetrato*, réglette graduée. | *nastro centimetrato*, ruban métrique.
centimetro [tʃen'timetro] m. centimètre.
centina ['tʃɛntina] f. AER. nervure. || COSTR. [armatura] cintre m. || TECN. [curvatura] cambrure. | *trave a centina*, poutre cambrée. || [ricamo] feston m.
centinaio [tʃenti'najo] (**-aia** pl. f.) m. centaine. | *alcune centinaia*, quelques centaines. | *a centinaia*, par centaines. | *due, tre centinaia di uova*, deux, trois cents d'œufs.
centinare [tʃenti'nare] v. tr. COSTR. cintrer. || TECN. cintrer, cambrer. || SOSTANT. *il centinare*, le cintrage m. || [ricamare] broder à point de feston.
centinatura [tʃentina'tura] f. COSTR. cintre m. || TECN. [curvatura] cintrage m., courbure, cambrure.
cento ['tʃɛnto] agg. num. card. cent. | *duecento*, deux cents. | *duecentocinque*, deux cent cinq. | *ogni due cento anni*, tous les deux cents ans. || PER EST. [con valore di agg. num. ord. : centesimo] cent. | *pagina cento*, page cent. | *arrivare a, passare i cento anni*, arriver à la, dépasser la centaine. || PER ANAL. [con valore di : centinaio] cent, centaine f. | *ancora un cento passi*, encore une centaine de pas. | *ha un cento cani*, il a quelque cent chiens. || LOC. FIG. *ripetere cento volte qlco.*, répéter cent fois qch. || STOR. *la guerra dei cento Anni*, la guerre de Cent Ans. | *i cento Giorni*, les Cent-Jours. ◆ m. COMM. *tasso del dieci per cento*, taux de dix pour cent. | *sconto del venticinque per cento*, remise (f.) du quart. || LOC. *scommettere a uno contro cento*, parier à cent contre un. | *essere in cento contro uno*, être à cent contre un. | *fare i cento all'ora*, faire du cent à l'heure. | *cento di questi giorni !*, bon anniversaire !
centogambe [tʃento'gambe] m. invar. ZOOL. mille-pattes.
centometrista [tʃentome'trista] (**-ti** pl.) m. SPORT [atletica leggera] sprinter de cent mètres.
centomila [tʃento'mila] agg. num. card. cent mille. || LOC. FIG. *te l'ho detto centomila volte*, je te l'ai dit cent mille fois.
centomillesimo [tʃentomil'lɛzimo] agg. num. ord. cent millième.
centonchio [tʃen'tonkjo] (**-chi** pl.) m. BOT. mouron des oiseaux.
centone [tʃen'tone] m. LETT. centon.
centopelle [tʃento'pɛlle] o **centopelli** [tʃento'pɛlli] m. ZOOL. [stomaco] feuillet.
centopiedi [tʃento'pjɛdi] m. invar. ZOOL. mille-pattes.
centoventicinque [tʃentoventi'tʃinkwe] agg. num. card. cent vingt-cinq. | *centoventicinque grammi di burro*, un quart de beurre.
centraggio [tʃen'traddʒo] m. AER., TECN. [di strumento] centrage. || TV. décentrement.
centrale [tʃen'trale] agg. central. || FIG. *l'idea centrale*, l'idée centre. || COMM. *mercato centrale degli ortofrutticoli* [a Parigi], carreau des halles. || FERR. *dirigenza centrale*, dispatching m. (ingl.). ◆ f. [dove convergono i fili di una rete] central m. | *centrale telefonica*, central téléphonique. || [impianto di produzione e distribuzione] centrale f. | *centrale elettrica, atomica*, centrale électrique, atomique. || [di polizia] commissariat (m.), centre (m.) de police.
centralinista [tʃentrali'nista] (**-ti** pl.) m. e f. standardiste.
centralino [tʃentra'lino] m. poste téléphonique. || [apparecchio] standard.
centralità [tʃentrali'ta] f. position centrale. | *la centralità del negozio spiega i suoi guadagni*, le fait que le magasin se trouve dans le centre explique ses bénéfices.
centralizzare [tʃentralid'dzare] v. tr. centraliser.
centralizzatore [tʃentraliddza'tore] (**-trice** f.) m. centralisateur, -trice f.
centralizzazione [tʃentraliddzat'tsjone] f. centralisation.
centrare [tʃen'trare] v. tr. TECN. centrer. || MIL. [tiro] *centrare un obiettivo*, coiffer un objectif. || PER EST. *centrare il bersaglio* (pr. et fig.), faire mouche (pr.), toucher juste (fig.), mettre dans le mille (fig.). || FIG. *centrare un argomento*, toucher au centre même d'un sujet.
centratore [tʃentra'tore] m. MECC. centreur.
centrattacco [tʃentrat'takko] (**-chi** pl.) m. SPORT avant-centre.
centratura [tʃentra'tura] f. TECN. centrage m.

centravanti [tʃentra'vanti] m. invar. SPORT avant-centre.
centrifuga [tʃen'trifuga] f. TECN. centrifugeur m., centrifugeuse. ‖ [di lavatrice] essoreuse.
centrifugare [tʃentrifu'gare] v. tr. centrifuger.
centrifugazione [tʃentrifugat'tsjone] f. centrifugation.
centrifugo [tʃen'trifugo] (**-ghi** pl.) agg. FIS. centrifuge.
centrino [tʃen'trino] m. napperon de dentelle.
centripeto [tʃen'tripeto] agg. FIS. centripète.
centrismo [tʃen'trizmo] m. POLIT. centrisme, politique (f.) du centre.
centrista [tʃen'trista] (**-ti** pl.) m. POLIT. centriste.
centro ['tʃɛntro] m. **1.** [punto centrale] centre. | *centro della terra*, centre de la terre. | *al centro della sala*, au milieu, au centre de la salle. ‖ PER EST. *abitare al centro*, habiter dans le centre. ‖ LOC. *far centro* (pr. et fig.), faire mouche (pr.), toucher juste (fig.), mettre dans le mille (fig.). ‖ FIG. *il centro del problema*, le nœud du problème. | *questa proposta è stata al centro del dibattito*, cette proposition a été au cœur du débat. ‖ FIS. *centro di gravità*, centre de gravité. ‖ **2.** [sede] centre. ‖ AMM. *grandi centri urbani*, grands centres urbains. ‖ MIL., UNIV., POLIT. centre. ‖ **3.** [centrino] napperon de dentelle.
centrocampo [tʃentro'kampo] m. invar. SPORT centre (du terrain).
centroeuropeo [tʃentroeuro'pɛo] agg. GEOGR. de l'Europe centrale.
centrosinistra [tʃentrosi'nistra] m. invar. POLIT. centre gauche.
centrosostegno [tʃentrosos'teɲɲo] m. SPORT demi-centre.
centuplicare [tʃentupli'kare] v. tr. centupler. ◆ v. rifl. centupler (v. intr.).
centuplicato [tʃentupli'kato] part. pass. e agg. centuplé. ‖ PER EST. *restituire centuplicato*, rendre au centuple.
centuplo ['tʃɛntuplo] agg. e m. centuple.
centuria [tʃen'turja] f. STOR. [a Roma] centurie. ‖ PER EST. [gruppo di cento persone] centaine.
centurione [tʃentu'rjone] m. STOR. [a Roma] centurion, centenier.
cenuro [tʃe'nuro] m. ZOOL. cénure, cœnure.
ceppa ['tʃeppa] f. souche. ‖ [cavità] trou m.
ceppaia [tʃep'paja] f. [ciuffo di polloni] cépée.
ceppatella [tʃeppa'tɛlla] f. plant m.
ceppatello [tʃeppa'tɛllo] m. BOT. cèpe.
cepperello [tʃeppe'rɛllo] m. [ceppo da ardere] billette f.
ceppo ['tʃeppo] m. BOT. souche f., estoc; [di vite] cep. ‖ PER EST. [per tagliare la legna e la testa dei condannati] billot. ‖ PER ANAL. [di Natale] bûche f. ‖ FIG. [capostipite] souche f. ‖ TECN. *ceppo dell' aratro*, cep, sep de la charrue. | *ceppo dell' incudine*, billet de chabotte, semelle (f.) de l'enclume. | *ceppo di freno*, mâchoire (f.) de frein. ◆ pl. [di un prigioniero] fers. ‖ LOC. FIG. *essere nei ceppi*, être dans les fers. | *spezzare i propri ceppi*, briser ses chaînes (f.).
1. cera ['tʃera] f. cire. ‖ PER EST. *cera da scarpe*, cirage m. | *cera da pavimento*, cire à parquet, encaustique. | *dare la cera al pavimento*, cirer, encaustiquer le parquet. ‖ FIG. *volto di cera*, visage jaune comme cire, visage cireux. | *mani di cera*, mains cireuses. ‖ STOR. *tavoletta di cera*, tablette de cire.
2. cera ['tʃera] f. [aspetto] mine. | *avere una brutta cera*, avoir mauvaise mine. ‖ FIG. *far buona cera a qlcu.*, faire bonne figure à qn, faire bon accueil à qn, faire bonne chère à qn (antiq.).
ceraio [tʃe'rajo] agg. *ape ceraia*, abeille cirière. ◆ m. (**-ai** pl.) cirier.
ceraiolo [tʃera'jɔlo] m. [fabbricante di candele] cirier.
ceralacca [tʃera'lakka] (**-che** pl.) f. cire à cacheter. | *cannello di ceralacca*, bâton de cire. | *pane di ceralacca*, pain à cacheter. | *sigillare una busta con la ceralacca*, fermer une enveloppe avec un cachet de cire.
cerambice [tʃe'rambitʃe] m. ZOOL. [insetto] capricorne.
cerambicidi [tʃerambi'tʃidi] m. pl. ZOOL. cérambycidés.
ceramica [tʃe'ramika] (**-che** pl.) f. céramique.
ceramico [tʃe'ramiko] (**-ci** pl.) agg. céramique.
ceramista [tʃera'mista] (**-i** pl.) m. céramiste.
cerasella [tʃera'sɛlla] f. [liquore] cherry m. (ingl.).
cerasta [tʃe'rasta] f. o **ceraste** [tʃe'raste] m. ZOOL. céraste.
cerato [tʃe'rato] part. pass. e agg. [impermeabilizzato] ciré. ◆ m. FARM. cérat.
cerbero ['tʃɛrbero] m. cerbère, dogue. ‖ FIG. FAM. [di donna] dragon.
cerbiatta [tʃer'bjatta] f. ZOOL. biche.
cerbiatto [tʃer'bjatto] m. ZOOL. faon.
cerbottana [tʃerbot'tana] f. sarbacane.
cerca ['tʃerka] f. **1.** LOC. *essere, mettersi in cerca di qlco.*, être, se mettre en quête de qch. | *andare in cerca di complimenti*, quêter des compliments. | *andare in cerca di qlcu.*, aller à la recherche de qn. | *partire in cerca di qlco.*, se mettre en campagne. ‖ **2.** [questua] quête. ‖ **3.** [del cane] flair m.
cercamine [tʃerka'mine] m. invar. MIL. détecteur de mines.
cercare [tʃer'kare] v. tr. [sforzarsi di trovare] chercher. | *cercare (di) qlcu., qlco.*, chercher (après) qn, qch. ‖ LOC. *cercare moglie*, chercher femme. | *cercare lite, rogna* (pop.), chercher querelle, noise (L.C.). | *cercare il pelo nell'uovo*, chercher la petite bête. | *cercare complicazioni inutili* (L.C.), chercher midi à quatorze heures (fam.). | *cercare un ago in un pagliaio*, chercher une aiguille dans une botte de foin. | *cercare avventure galanti* (L.C.), courir le guilledou (fam.). | *cercare rifugio*, s'enfouir (v. rifl.), se réfugier (v. rifl.). | *cercare libri usati*, bouquiner (v. intr.). | *cercasi cameriera*, on demande une femme de chambre. ‖ PER EST. [chiedere] demander. | *ti hanno cercato ieri*, on t'a demandé hier. ◆ v. intr. chercher (à), tenter (de), tâcher (de), essayer (de). | *cerca di salvare la faccia*, il cherche à sauver la face. | *cercate di non farvi sorprendere*, cherchez (à ce) qu'on ne vous surprenne pas. | *cercare di convincere qlcu.*, entreprendre qn. ◆ v. rifl. se chercher.
cercatore [tʃerka'tore] (**-trice** f.) agg. chercheur. ◆ m. chercheur. | *cercatori d'oro*, chercheurs d'or.
cerchia ['tʃerkja] f. enceinte, ceinture, couronne. | *cerchia di colline*, couronne de collines. ‖ FIG. [gruppo, cerchio] cercle m. | *cerchia di amici*, cercle d'amis.
cerchiare [tʃer'kjare] v. tr. [circondare] entourer, enclore, encercler. ‖ MIL. fretter. ‖ TECN. [di una botte] relier, cercler.
cerchiato [tʃer'kjato] part. pass. e agg. TECN. *ruota cerchiata*, roue embattue. | *botte cerchiata*, tonneau cerclé. ‖ FIG. *avere gli occhi cerchiati*, avoir des cernes autour des yeux, avoir les yeux cernés.
cerchiatore [tʃerkja'tore] m. TECN. tonnelier.
cerchiatura [tʃerkja'tura] f. MIL. frette, ceinturage m. ‖ TECN. [botte] cerclage m. | *cerchiatura a caldo* [di una ruota], embattage m.
cerchietto [tʃer'kjetto] m. DIMIN. [anello, braccialetto] jonc. ◆ m. pl. GIOCHI jeu de grâces.
cerchio ['tʃerkjo] (**-chi** pl.) m. cerceau. ‖ GEOM. cercle. | *area del cerchio*, aire du cercle. | *cerchio massimo di sfera*, grand cercle d'une sphère. ‖ PER ANAL. *a forma di cerchio*, en cercle. | *sedersi in cerchio*, s'asseoir en rond. ‖ BOT. *cerchio annuale (degli alberi)*, cerne. ‖ TECN. *cerchio di botte*, cerceau de tonneau. | *cerchio della ruota*, jante f. | *levare i cerchi*, décercler (v. tr.). ‖ TOP. *cerchio (graduato) orizzontale, verticale*, limbe horizontal, vertical. ‖ FIG. *avere un cerchio alla testa* (fam.), avoir mal aux cheveux (pop.), avoir la gueule de bois (pop.).
cerchione [tʃer'kjone] m. TECN. [di ruota] jante f., ceinture f., couronne f., bandage.
cercine ['tʃertʃine] m. [panno a forma di ciambella] bourrelet. ‖ [pettinatura] tortillon. ‖ ARALD., BOT. bourrelet.
cercopiteco [tʃerkopi'tɛko] m. ZOOL. cercopithèque, guenon f.
cereale [tʃere'ale] agg. céréale. ◆ m. pl. céréales f.
cerealicolo [tʃerea'likolo] agg. céréalier.
cerealicoltore [tʃerealikol'tore] m. céréalier.
cerealicoltura [tʃerealikol'tura] f. culture des céréales (f.)
cerebellare [tʃerebel'lare] agg. ANAT. cérébelleux.

cerebrale [tʃere'brale] agg. ANAT. MED. e FIG. cérébral. ◆ m. FIG. cérébral.
cerebrospinale [tʃerebrospi'nale] agg. invar. ANAT. cérébro-spinal.
1. cereo ['tʃɛreo] agg. PR. e FIG. cireux. | *volto cereo*, visage jaune comme cire.
2. cereo ['tʃɛreo] m. BOT. cierge.
ceretta [tʃe'retta] f. cire dépilatoire. || [lucido da scarpe] cirage m.
cerfoglio [tʃer'fɔʎʎo] (**-gli** pl.) m. BOT. cerfeuil.
cerimonia [tʃeri'mɔnja] f. cérémonie. | *maestro delle cerimonie*, maître des cérémonies. ◆ pl. [cortesie eccessive] PEGGIOR. cérémonies ; façons, histoires (pop.). | *senza cerimonie*, sans cérémonie.
cerimoniale [tʃerimo'njale] m. cérémonial.
cerimoniere [tʃerimo'njɛre] m. maître des cérémonies.
cerimonioso [tʃerimo'njoso] agg. cérémonieux, complimenteur.
cerino [tʃe'rino] m. allumette-bougie f. || [stoppino rivestito di cera] rat de cave.
cerio ['tʃɛrio] m. CHIM. cérium.
cernere ['tʃɛrnere] v. tr. [separare] (lett.) séparer (L.C.). || PER EST. [separare delle cose da altre] trier. || IND. TESS. [di stracci, lana] délisser, détricher. || FIG. [discernere] discerner.
cernia ['tʃɛrnia] f. ZOOL. mérou m., cernier m.
cerniera [tʃer'njɛra] f. charnière. || [di borse e astucci] fermoir m. || LOC. *cerniera lampo*, fermeture Éclair, fermeture à glissière.
cernita ['tʃɛrnita] f. tri m. || [di elementi rappresentativi di un insieme per facilitare un'inchiesta] échantillonnage m. || MIN. triage m. || IND. TESS. [di stracci] délissage m.
cero ['tʃero] m. PR. e FIG. cierge. ◆ pl. [lampade] luminaire m.
cerone [tʃe'rone] m. fard (d'acteur). | *mettere il cerone ad un attore*, farder un acteur.
ceroplastica [tʃero'plastika] f. ARTI céroplastique.
ceroso [tʃe'roso] agg. cireux.
cerotto [tʃe'rɔtto] m. FARM. sparadrap. || FIG. FAM. emplâtre.
cerro ['tʃɛrro] m. BOT. chêne vert.
certamente [tʃerta'mente] avv. certainement, certes (ant. o reg.). | *ti scriverà certamente !*, certainement qu'il t'écrira (fam.) ! | *verrai ?, certamente !*, est-ce que tu viendras ?, bien sûr !
certezza [tʃer'tettsa] f. certitude. || LOC. *lo so con certezza*, j'en ai la certitude. | *con tutta certezza*, en toute certitude.
certificare [tʃertifi'kare] v. tr. certifier, attester. | *io sottoscritto certifico che*, je soussigné certifie que. ◆ v. rifl. s'assurer.
certificato [tʃertifi'kato] m. certificat. | *certificato medico*, certificat médical. | *certificato di buona condotta*, certificat de bonne conduite. | *certificato di idoneità*, certificat d'aptitude. || AMM. *certificato elettorale*, carte (f.) d'électeur. | *certificato di nascita*, acte de naissance. || GIUR. *certificato penale*, extrait du casier judiciaire. || COMM., TECN. *certificato di origine*, certificat d'origine. | *certificato di collaudo*, certificat de réception, d'essai.
certificazione [tʃertifikat'tsjone] f. certification.
certo ['tʃɛrto] agg. [sicuro] certain, sûr, assuré. | *dare per certo*, donner pour certain. | *è certo che*, il est certain que. | *questo è certo !*, ça, c'est sûr !, c'est couru (fam.). || [determinato] certain, déterminé. | *data certa*, date certaine. || [abbastanza grande] certain. | *un certo numero di ore*, un certain nombre d'heures. | *è una persona di una certa età*, c'est une personne d'un certain âge. | *dopo un certo tempo*, au bout d'un certain temps. || agg. indef. certain, quelque. | *certi amici miei*, certains amis à moi. | *in un certo modo*, en quelque sorte, d'une certaine façon. ◆ pron. indef. pl. certains, quelques-uns. | *certi lo negano*, certains le nient. | *certi sono venuti, altri no*, quelques-uns sont venus, d'autres non. ◆ m. certain. || FIN. certain. ◆ avv. certainement, certes, sans doute, bien sûr. | *sì certo !*, oui-da ! | *verrai ?, certo !*, est-ce que tu viendras ?, bien sûr ! || LOC. AVV. ***di certo,*** certainement, sans doute.
certosa [tʃer'toza] f. [convento] chartreuse.
certosino [tʃerto'zino] agg. de bénédictin. | *lavoro da certosino*, travail de bénédictin. ◆ m. RELIG. chartreux. || LOC. FIG. *fare una vita da certosino*, vivre en ermite.
certuno [tʃer'tuno] pron. indef. quelqu'un, certain. | *certuni dicono che*, certains disent que.
ceruleo [tʃe'ruleo] agg. (lett.) céruléen (lett.), bleu d'azur, bleu de mer. | *occhi cerulei*, yeux bleus.
cerume [tʃe'rume] m. ANAT. cérumen, cire f.
cerussa [tʃe'russa] f. céruse.
cerussite [tʃerus'site] f. MINER. cérusite.
cerva ['tʃɛrva] f. ZOOL. biche.
cervella [tʃer'vɛlla] f. pl. LOC. *bruciarsi, farsi saltare le cervella*, se faire sauter la cervelle, se faire sauter le caisson (pop.).
cervellata [tʃervel'lata] f. CULIN. cervelas m.
cervelletto [tʃervel'letto] m. ANAT. cervelet.
cervellino [tʃervel'lino] m. FIG. FAM. tête (f.) de linotte, étourneau.
cervello [tʃer'vɛllo] (**cervelli** pl. m., **cervella** pl. f. arc.) m. ANAT. cerveau. || CULIN. cervelle f. || TECN. *cervello elettronico*, cerveau électronique. || FIG. [mente] *lavaggio del cervello*, lavage de cerveau. | *è un gran cervello*, c'est un (grand) cerveau. | *è lui il cervello di tutta l'amministrazione*, c'est lui le cerveau de toute l'administration. | *cervello balzano*, cerveau brûlé. | *uomo di cervello*, homme de tête. | *lambiccarsi, stillarsi il cervello*, se creuser la cervelle, le ciboulot (pop.). | *quest'idea mi frulla nel cervello da un pezzo*, cette idée me trotte dans la cervelle depuis un bout de temps (fam.). | *ha cervello lei !*, vous avez de la tête ! || LOC. *gli da di volta il cervello*, il bat la breloque (pop.).
cervellone [tʃervel'lone] m. SCHERZ. [persona molto intelligente] *è un cervellone*, c'est un (grand) cerveau.
cervellotico [tʃervel'lɔtiko] (**-ci** pl.) agg. fantasque.
cervicale [tʃervi'kale] agg. ANAT. cervical.
cervice [tʃer'vitʃe] f. (lett.) nuque (L.C.). || ANAT. *cervice uterina*, col (m.) de l'utérus.
cervo ['tʃɛrvo] m. ZOOL. cerf. | *cervo volante*, lucane f., cerf-volant. || GIOCHI *cervo volante*, cerf-volant.
cesare ['tʃezare] m. [imperatore] césar.
cesareo [tʃe'zareo] agg. [imperiale] césarien. | *poeta cesareo*, poète de cour. || MED. *taglio cesareo*, césarienne f.
cesariano [tʃeza'rjano] agg. [di Giulio Cesare] césarien. || [partigiano di Cesare] césarien.
cesarismo [tʃeza'rizmo] m. césarisme.
cesellare [tʃezel'lare] v. tr. PR. e FIG. ciseler.
cesellatore [tʃezella'tore] m. ciseleur.
cesellatura [tʃezella'tura] f. ARTI ciselure.
cesello [tʃe'zɛllo] m. TECN. ciselet.
cesena [tʃe'zɛna] f. ZOOL. grive, litorne.
cesio [tʃɛ'zjo] m. CHIM. caesium, césium.
cesoia [tʃe'zoja] f. TECN. [per lastre e lamiere] cisaille. ◆ pl. [grosse forbici] cisailles.
cespite ['tʃɛspite] m. [fonte di guadagno, reddito] source (f.) de profit ; revenu, rente f.
cespo ['tʃespo] m. touffe f. | *cespo di insalata*, pied de salade.
cespuglio [tʃes'puʎʎo] (**-gli** pl.) m. buisson. | *terreno coperto di cespugli*, terrain couvert de broussailles (f.).
cespuglioso [tʃespuʎ'ʎoso] agg. buissonneux, broussailleux. || FIG. *capelli cespugliosi*, cheveux broussailleux, en broussaille.
cessare [tʃes'sare] v. intr. cesser. | *la pioggia è cessata*, la pluie a cessé. | *il vento è cessato*, le vent est tombé. | *quando cesserai di infastidirmi ?*, quand finiras-tu de m'embêter ? ◆ v. tr. cesser. || MIL. e FIG. *il cessate il fuoco*, le cessez-le-feu.
cessazione [tʃessat'tsjone] f. cessation. | *cessazione di esercizio*, cessation de commerce. | *cessazione di un giornale*, disparition d'un journal. | *cessazione del lavoro* (L.C.), débrayage m. (pop.).
cessionario [tʃessjo'narjo] (**-ri** pl.) m. GIUR. cessionnaire.
cessione [tʃes'sjone] f. GIUR. cession, abandon m., délaissement m. | *cessione di azienda*, cession de fonds (de commerce). | *cessione di un'eredità*, délaissement d'un héritage.

cesso ['tʃɛsso] m. POP. chiottes f. pl., cabinet(s) d'aisance (L.C.), lieux d'aisance (L.C.).
cesta ['tʃesta] f. **1.** panier m. ‖ [grosso paniere] banne, manne. ‖ [per selvaggina e pesci] bourriche. ‖ [per frutta] couffin m., couffe. ‖ **2.** [navicella di aerostato] nacelle. ‖ **3.** [valigia di attore] paquet m. ‖ GIOCHI [pelota] chistera.
cestaio [tʃes'tajo] (**-ai** pl.) m. vannier.
cestella [tʃes'tɛlla] f. ZOOL. corbeille.
cestello [tʃes'tɛllo] m. panier, corbillon, cabas, couffin, couffe f.
cestinare [tʃesti'nare] v. tr. jeter au panier.
cestino [tʃes'tino] m. corbeille f. | *cestino da lavoro,* boîte (f.) à ouvrage. | *cestino della carta,* corbeille à papier. | *cestino da viaggio,* panier-repas.
cestista [tʃes'tista] (**-ti** pl. m., **-te** pl. f.) m. e f. SPORT [pallacanestro] basketteur, euse.
1. cesto ['tʃesto] m. cabas. | *cesto da basto,* baste, panier à bât. ‖ SPORT STOR. [guanto e gara] ceste. ‖ [pallacanestro] *fare un cesto,* faire un panier.
2. cesto ['tʃesto] m. BOT. pied. | *far cesto,* pommer (v. intr.).
cestodi [tʃes'tɔdi] m. pl. ZOOL. cestodes.
cestone [tʃes'tone] m. AGR. [a doppio manico] gabion.
cesura [tʃe'zura] f. POES. césure.
cetacei [tʃe'tatʃei] m. pl. ZOOL. cétacés.
ceto ['tʃɛto] m. [ordine sociale] classe f. | *il ceto medio,* les classes moyennes. | *essere di basso ceto,* être du bas peuple. | *gente di ogni ceto,* des gens de tout rang.
cetonia [tʃe'tɔnja] f. ZOOL. cétoine.
cetra ['tʃɛtra] f. MUS. cithare. ‖ FIG. lyre.
cetriolino [tʃetrjo'lino] m. DIMIN. cornichon.
cetriolo [tʃetri'ɔlo] m. BOT. concombre. ‖ FIG. cornichon.
challenge [tʃælindʒ] m. [ingl.] SPORT challenge.
challenger [tʃælindzə] m. [ingl.] SPORT challenger.
champagne [ʃã'paɲ] m. [fr.] champagne. V. SCIAMPAGNA.
chaperon [ʃa'prɔ̃] m. [fr.] chaperon. | *far da chaperon,* chaperonner v. tr.
charleston ['tʃa:lstən] m. [ingl.] charleston.
charlotte [ʃar'lɔt] f. [fr.] CULIN. e MODA charlotte.
châssis [ʃa'si] m. [fr.] AUTOM. châssis.
chauffeur [ʃo'fœr] m. [fr.] chauffeur.
chateaubriand [ʃatobri'ã] m. [fr.] CULIN. chateaubriand, châteaubriant.
1. che [ke]

I. pron. relat. **1.** soggetto. **2.** compl. oggetto. **3.** il che. **4.** compl. indir. **5.** loc. circostanziali.
II. CHE, CHE COSA : pron. interr. dir. **1.** soggetto. **2.** compl. ogg. con verbo coniugato. **3.** compl. ogg. con verbo all'infinito. **4.** compl. ogg. in frasi ellittiche. **5.** compl. indir. **6.** esclamativo. **7.** LOC.
III. CHE, CHE COSA : pron. interr. indir. **1.** soggetto. **2.** compl. ogg. con verbo coniugato. **3.** compl. ogg. con verbo all'infinito.
IV. AGG. **1.** interr. **2.** esclam.
V. SOSTANT.
VI. ESCLAM.

I. pron. relat. **1.** [soggetto] qui. | *l'uomo che parla,* l'homme qui parle. | *è lui che lo ha detto,* c'est lui qui l'a dit. | *ma, quel che è peggio,* mais, qui pis est. | *fa quello che ti pare,* fais ce que bon te semble. | *da quel che sembra,* à ce qu'il semble. | *capiti quel che capiti* (L.C.), advienne que pourra (lett.). ‖ **2.** [compl. oggetto] que. | *la persona che ascolti,* la personne que tu écoutes. | *la lettera che hai letto,* la lettre que tu as lue. | *la canzone che ho sentito cantare,* la chanson que j'ai entendu chanter. ‖ **3.** *il che* [soggetto], ce qui. | *è uscito, il che mi preoccupa,* il est sorti, ce qui m'inquiète. | *il che dice che* (L.C.), comme quoi (fam.). ‖ [compl. ogg.] ce que. | *sei egoista, il che non accetto,* tu es égoïste, ce que je n'accepte pas. ‖ *del che,* ce dont. | *mi hanno detto che è partito, del che non sono convinto,* on m'a dit qu'il est parti, ce dont je ne suis pas convaincu. ‖ *al che,* (ce) à quoi. | *gli ho chiesto del denaro, al che non mi ha neppure risposto,* je lui ai demandé de l'argent, (ce) à quoi il ne m'a même pas répondu. ‖ *dal che,* d'où. | *dal che si deduce che,* d'où on déduit que. ‖ **4.** [compl. indir.] quoi. | *non c'è di che,* il n'y a pas de quoi. | *dopo di che,* après quoi. | *senza di che,* sans quoi, faute de quoi. | *c'è di che arrabbiarsi,* il y a de quoi se fâcher. ‖ **5.** [loc. circostanziali] *l'anno che l'ho conosciuta,* l'année où je l'ai connue.
II. CHE, CHE COSA : pron. interr. dir. **1.** [soggetto] que, qu'est-ce qui. | *cosa importa?,* qu'importe? | *che vi rimane?,* que vous reste-t-il? | *che cosa ve ne sembra?,* qu'est-ce que vous en pensez? | *che (cosa) succede?,* qu'est-ce qui se passe?. | *che cosa brilla laggiù?,* qu'est-ce qui brille là-bas? ‖ **2.** [compl. ogg. con verbo coniugato] que, qu'est-ce que. | *che (cosa) fai?,* que fais-tu?, qu'est-ce que tu fais? ‖ **3.** [compl. ogg. con verbo all'infinito] que (L.C.), quoi (fam.). | *che dire?,* que, quoi dire? | *che fare?,* quoi faire? ‖ **4.** [compl. ogg. in frasi ellittiche o in costrutti familiari] quoi. | *per essere che cosa?,* pour être quoi? | *ha finito per dirti che cosa?,* il a fini par te dire quoi? | *che altro?,* quoi encore? ‖ **5.** [compl. indir.] quoi. | *a che pensi?,* à quoi penses-tu? | *di che parlavate?,* de quoi parliez-vous? ‖ **6.** [esclam.] que. | *che buono!,* que c'est bon! | *che bravo!,* qu'il est habile! ‖ **7.** LOC. *che è, che non è,* tout à coup.
III. CHE, CHE COSA : pron. interr. indir. **1.** [soggetto] ce qui. | *digli che cosa, quello che è successo,* dis-lui ce qui s'est passé. ‖ **2.** [compl. ogg. con verbo coniugato] ce que. | *guarda che cosa sei diventato!,* regarde ce que tu es devenu! | *non so che cosa voglia,* je ne sais pas ce qu'il veut. ‖ **3.** [compl. ogg. con verbo all' infinito] que (L.C.), quoi (fam.). | *non so che fare,* je ne sais que faire.
IV. AGG. **1.** [interr.] quel. | *a che ora parti?,* à quelle heure pars-tu? | *con che diritto dici questo?,* de quel droit dis-tu cela? ‖ **2.** [esclam.] *che bella bambola!,* quelle belle poupée! | *che bestia sei!,* que tu es bête! | *che pazzo sono!,* fou que je suis!
V. SOSTANT. *un non so che,* un je-ne-sais-quoi. | *non me ne importa un gran che,* cela ne m'intéresse pas beaucoup. | *non lavorare, non valere un gran che,* ne pas faire, ne pas valoir grand-chose. | *ha un che di distinto,* il a quelque chose de distingué.
VI. ESCLAM. [stupore, indignazione] *che cosa!, hai la sfrontatezza di,* quoi!, tu as le front de.
2. che [ke]

I. congiunzione. **1.** prop. indipendente. **2.** cong. di subordinazione. **3.** cong. di coordinazione. **4.** loc. avv.
II. LOC. CONG.
III. ESPLET.
IV. SIA... CHE.

I. congiunzione. **1.** [prop. indipendente] que. ‖ [augurio] *che tu sia benedetto!* que tu sois béni! ‖ [ordine] *che entri!,* qu'il entre! ‖ **2.** [cong. di subordinazione] que. | *credo che sia qui,* je crois qu'il est là. ‖ [concessiva] *no, che io sappia,* non, que je sache. | *per ricco che sia,* quelque riche, si riche, pour riche qu'il soit, tout riche qu'il est. ‖ [consecutiva] *è tanto sciocco che,* il est si sot, tellement sot que. ‖ [condizione] *(sia) che venga o no,* qu'il vienne ou non; qu'il vienne ou qu'il ne vienne pas. ‖ [temporale] *eri appena uscito che ti hanno cercato,* tu venais de sortir qu'on t'a demandé. | *aspetta che esca almeno!,* attends au moins qu'il sorte! ‖ **3.** [cong. di coordinazione] que. | *ha più, meno volontà che intelligenza,* il a plus de, moins de volonté que d'intelligence. | *è più facile parlare che agire,* il est plus facile de parler que d'agir. ‖ **4.** LOC. AVV. ***non... che,*** ne... que. | *non ha che la bicicletta,* il n'a qu'une bicyclette. | *non gli ho chiesto (altro) che un'informazione,* je ne lui ai demandé qu'un renseignement. | *non ho altro che pane,* je n'ai que du pain. | *non fa altro che giocare,* il passe son temps à jouer.
II. LOC. CONG. ***dato che,*** étant donné que, attendu que, en considération de. ‖ ***dopo che,*** après que. ‖

prima che, avant que. ‖ ***in modo che,*** de façon que, de telle sorte que. ‖ ***per paura che,*** de peur que. ‖ ***visto che,*** vu que.
III. ESPLET. que. | *sono tre settimane che studia per quell'esame,* cela fait trois semaines qu'il étudie pour cet examen. | *sono cinque mesi che è partito,* il y a cinq mois qu'il est parti.
IV. SIA... CHE : autant... que, autant que ; et. | *sia suo padre che sua madre sono francesi,* aussi bien son père que sa mère sont français, son père et sa mère sont français.
checché [kek'ke] pron. relat. indef. (lett.) quoi que.
checchessia [kekkes'sia] pron. indef. ANTIQ. O LETT. [in frasi affermative] n'importe quoi. ‖ [in frasi negative, con valore di *nulla*] quoi que ce soit [con verbo al pres. o al fut.] ; quoi que ce fût [con verbo al pass. o al condiz.].
cheddite [ked'dite] f. [esplosivo] cheddite.
chef [ʃɛf] m. [fr.] CULIN. chef (cuisinier). ‖ [nei ristoranti] maître queux.
cheilite [kei'lite] f. MED. chéilite.
chela ['kɛla] f. ZOOL. chélate m.
chelonii [ke'lɔni] m. pl. ZOOL. chéloniens.
chemioterapia [kemjotera'pia] f. chimiothérapie.
chemisier [ʃəmi'zje] m. [fr.] robe (f.) chemisier.
chenella [ke'nɛlla] f. CULIN. quenelle.
chenopodio [keno'pɔdjo] m. BOT. chénopode.
chepì [ke'pi] m. MIL. képi.
cheppia ['keppja] f. ZOOL. alose.
chèque [ʃɛk] m. [fr.] (raro) chèque.
cheratina [kera'tina] f. BIOL. kératine.
cheratinizzazione [keratiniddzat'tsjone] f. kératinisation.
cheratite [kera'tite] f. MED. kératite.
chermes ['kɛrmes] m. ZOOL. kermès.
cherosene [kero'zɛne] m. CHIM. kérosène.
cherry-brandy ['tʃeri'brændi] m. [ingl.] cherry.
cherubino [keru'bino] m. chérubin.
chetare [ke'tare] v. tr. calmer, apaiser. ◆ v. rifl. [calmarsi] se calmer, s'apaiser. ‖ [tacere] se taire. ‖ [di venti] tomber (v. intr.).
chetichella (alla) [allaketi'kɛlla] LOC. AVV. en cachette, en catimini (fam.), en douce (fam.). | *sloggiare, sgomberare alla chetichella,* déloger sans tambour ni trompette (fam.), déménager à la cloche de bois (fam.). | *andarsene alla chetichella,* filer à l'anglaise.
cheto ['keto] agg. coi. | *star cheto,* se tenir coi. ‖ LOC. FIG. *è un' acqua cheta,* c'est une eau dormante. | *attenzione all' acqua cheta !,* méfiez-vous de l'eau qui dort !
chetogeno [ke'tɔdʒeno] agg. MED. cétogène.
chetone [ke'tone] m. CHIM. cétone (f.).
cheviot ['tʃeviət] m. [ingl.] TESS. cheviotte f.
chewing-gum ['tʃuːin'gʌm] m. [ingl.] chewing-gum.
chi [ki]

I. pron. relat. dimostr. **1.** soggetto. **2.** compl. oggetto. **3.** compl. indir.
II. pron. relat. indef. **1.** [valore di *chiunque*]. **2.** CHI... CHI.
III. pron. interr. **1.** diretto. **2.** indiretto.
IV. pron. esclam.

I. pron. relat. dimostr. **1.** [soggetto : colui che] celui qui. | *chi te lo ha detto è un bugiardo,* celui qui te l'a dit est un menteur. | *chi parla troppo, spesso sbaglia,* ceux qui parlent trop se trompent souvent. | *chi di voi è arrivato per primo può entrare,* celui d'entre vous qui est arrivé le premier peut entrer. ‖ **2.** [compl. oggetto : colui che] celui que. | *chi stai osservando è un artista molto noto,* celui que tu es en train d'observer est un artiste très connu. ‖ **3.** [compl. indir.] (sogg.) celui qui ; (ogg.) celui que. | *hanno fatto bere del cognac anche a chi non piaceva,* ils ont fait boire du cognac même à ceux qui ne l'aimaient pas. | *scrivi anche a chi non conosci ?,* est-ce que tu écris même à des gens que tu ne connais pas ? | *chiedilo a chi te lo ha venduto,* demande-le à celui qui te l'a vendu. | *questa notizia viene da chi sai,* cette nouvelle vient de qui tu sais. | *fanno a chi parlerà per ultimo,* c'est à qui parlera le dernier.
II. pron. relat. indef. **1.** [chiunque] quiconque, celui qui. | *può andarci chi vuole,* quiconque peut y aller. | *chi volesse informazioni più precise può telefonare a,* quiconque voudrait des renseignements plus détaillés peut téléphoner à. | *venga chi vuole,* vienne qui voudra. ‖ **2.** *chi ... chi,* qui ... qui ; les uns ... les autres. | *c'è chi ride, c'è chi piange,* les uns rient, les autres pleurent. | *hanno avuto bei regali, chi una bicicletta, chi un giradischi, chi un paio di sci,* ils ont eu de beaux cadeaux : qui une bicyclette, qui un tourne-disques, qui une paire de skis. | *tutti, chi più chi meno, si sono divertiti,* ils se sont tous plus ou moins amusés.
III. pron. interr. **1.** [diretto] (sogg.) qui ?, qui est-ce qui ? | *bussano ; chi è ?,* on frappe ; qui est-ce ? | *lo conosci ?, chi è ?,* tu le connais ?, qui est-ce ? | *chi è stato a dartelo ?,* qui est-ce qui te l'a donné ? | *chi cercate ?,* qui demandez-vous ? | *lo hai visto ?, chi ?,* tu l'as vu ?, qui ça ? ‖ [compl. ogg.] qui ?, qui est-ce que ? | *chi vedi ?,* qui vois-tu ?, qui est-ce que tu vois ? | *chi di loro lo sapeva ?,* qui d'entre eux, qui parmi eux le savait ? ‖ [compl. indir.] *di chi è ?,* à qui est-ce ? | *a chi lo hai chiesto ?,* à qui l'as-tu demandé ?, à qui est-ce que tu l'as demandé ? ‖ **2.** [indiretto] qui. | *non so chi sia,* je ne sais pas qui c'est. | *mi ha chiesto chi ha telefonato,* il m'a demandé qui a téléphoné. | *non saprei a chi rivolgermi,* je ne saurais à qui m'adresser.
IV. pron. esclam. qui. | *chi lo avrebbe detto !,* qui l'aurait dit !
chiacchiera ['kjakkjera] f. **1.** [notizia senza fondamento, pettegolezzo] bavardage m., commérage m., cancan m., ragot m., racontar m. | *non crederci, sono chiacchiere,* n'y crois pas, ce sont des racontars. | *non bisogna dar ascolto alle chiacchiere,* il ne faut pas faire attention aux ragots. | *circolano chiacchiere malevole sul suo conto,* des potins désobligeants courent sur lui. | *si sono fatte molte chiacchiere sul suo conto,* on a beaucoup jasé sur son compte. | *me ne infischio delle chiacchiere !,* je me moque des qu'en-dira-t-on ! | *chiacchiere !,* chansons !, sornettes ! ‖ **2.** [parlantina] bagou m., bagout m. | *avere chiacchiera,* avoir du bagou. ◆ pl. [ciarle] babillage m., boniments m., blablabla m. (pop.). | *mi stordisci con le tue chiacchiere !,* tu m'étourdis avec ton babillage ! | *niente chiacchiere, venga al punto !,* pas de bavardage, allez directement au fait ; pas de blablabla, venez-en aux faits ; pas de boniments, venez au fait lui-même ! ‖ LOC. *fare quattro chiacchiere,* tailler une bavette, faire la causette, faire un brin, un bout de causette. | *bando alle chiacchiere !,* assez causé !, trêve de discours ! ‖ CULIN. [dolce dell'Italia settentrionale] roussette.
chiacchierare [kjakkje'rare] v. intr. [conversare] bavarder, causer, caqueter, jacasser, papoter, discuter (fam.), discourir (peggior.), deviser (lett.), cailleter (antiq.). | *chiacchierare con un conoscente,* causer avec une connaissance. | *passare la giornata a chiacchierare con i vicini,* passer la journée à caqueter avec ses voisins. ‖ PER EST. [pettegolare] causer, jaser, cancaner, potiner. | *la vita che conduce fa chiacchierare i vicini,* la vie qu'il mène fait jaser ses voisins. | *quello scandalo ha fatto chiacchierare molto,* ce scandale a beaucoup fait cancaner. ‖ PER ANAL. [tradire un segreto] jaser, bavarder.
chiacchierata [kjakkje'rata] f. causerie, conversation, bavardage m., discussion (fam.). | *fare una breve chiacchierata con qlcu.,* faire la causette avec qn.
chiacchiericcio [kjakkje'rittʃo] (**-ci** pl.) m. caquetage, babillage, bavardage.
chiacchierino [kjakkje'rino] agg. babillard, bavard. ◆ m. [persona] bavard. ‖ [pizzo] frivolités f. pl.
chiacchierio [kjakkje'rio] m. bavardage, babillage, caquetage.
chiacchierona [kjakkje'rona] agg. f. bavarde. ◆ f. causeuse, jacasse (fam.), caillette (antiq.).
chiacchierone [kjakkje'rone] agg. bavard, babillard, causeur, causant (fam.). ◆ m. bavard, babillard, discoureur, phraseur, caillette f. (antiq.). ‖ LOC. FIG. *essere chiacchierone,* avoir la langue bien affilée (fam.).
chiamare [kja'mare] v. tr. **1.** appeler. | *chiamare qlcu.,* appeler qn. | *chiamare un taxi,* héler un taxi. |

andare a, mandare a chiamare qlcu., aller, envoyer chercher qn. | *la chiamano al telefono*, on vous demande au téléphone. | *chiamare aiuto*, appeler au secours. | *è stato chiamato alla direzione dell'azienda*, il a été appelé à prendre la direction de l'entreprise. | *chiamare qlcu. ad un posto*, nommer qn à un poste. || GIOCHI *chiamare una carta*, demander une carte. || MIL. *chiamare alle armi*, appeler (sous les drapeaux). | *chiamare a raccolta* (pr. e fig.), battre le rappel. | *chiamare a raccolta i propri amici*, battre le rappel de ses amis. || TEATRO *chiamare un attore alla ribalta*, rappeler un acteur. || LOC. GIUR. *chiamare qlcu. in giudizio*, citer qn en justice. || **2.** [dare un nome] appeler, nommer. | *la chiamano Mimì*, on l'appelle Mimi. | *quello strano sentimento che si chiama amore*, cet étrange sentiment que l'on nomme amour. || GIUR. dénommer. ◆ medio intr. [aver nome] s'appeler. | *come ti chiami?*, comment t'appelles-tu? | *questo si chiama parlar chiaro!*, voilà ce qui s'appelle parler clair! ◆ v. rifl. [dichiararsi] se déclarer, s'avouer.

chiamata [kja'mata] f. appel m. | *chiamata telefonica*, appel téléphonique. | *ricevere una chiamata interurbana*, recevoir une communication interurbaine. | *ricevere una chiamata urgente*, être appelé d'urgence. || GIOCHI [carte] demande. || GIUR. assignation. || MIL. rappel. | *chiamata alle armi*, appel sous les drapeaux. || TEATRO rappel. || TIP. lettrine.

chiappa ['kjappa] f. POP. fesse.

chiappare [kjap'pare] v. tr. V. ACCHIAPPARE.

chiara ['kjara] f. (fam.) *chiara d'uovo*, blanc (m.) d'œuf.

chiaramente [kjara'mente] avv. clairement. | *parlare chiaramente*, parler clairement. || FIG. carrément.

chiarella [kja'rɛlla] f. TESS. clairière.

chiarello [kja'rɛllo] m. [vino] clairet agg. e m.

chiarezza [kja'rettʃa] f. [luminosità] clarté, luminosité. || [limpidità] clarté, limpidité. || T.V. [di trasmissione] netteté. || FIG. clarté, netteté. | *esprimersi con chiarezza*, parler de façon claire. | *rispondere con chiarezza*, répondre avec netteté.

chiarificare [kjarifi'kare] v. tr. CHIM. clarifier. | *chiarificare un liquido*, clarifier un liquide. | *chiarificare del vino*, coller du vin. || FIG. clarifier, éclaircir.

chiarificazione [kjarifikat'tsjone] f. CHIM. clarification. || [vino] collage m. || FIG. clarification, éclaircissement m.

chiarimento [kjari'mento] m. élucidation f., éclaircissement, explication f.

chiarire [kja'rire] v. tr. CHIM. clarifier, tirer au clair. || [vino] coller. || FIG. clarifier, éclaircir, élucider, expliciter, expliquer. | *voglio chiarire questo problema*, je veux tirer au clair ce problème. ◆ v. rifl. s'éclaircir, s'éclairer.

chiarissimo [kja'rissimo] agg. superl. très clair. || FIG. [illustre] illustre. || [nella corrispondenza] *Chiarissimo Professore*, Monsieur le Professeur.

chiaro ['kjaro] agg. clair. | *azzurro chiaro*, bleu clair. | *legno chiaro*, bois clair. | *piuttosto chiaro*, clairet. | *verde chiaro*, céladon (agg. invar. e m.). | *stanza chiara*, salle claire. | *le parti chiare di una tappezzeria, di un quadro*, les clairs (m.) d'une tapisserie, d'un tableau. || PER EST. *parola chiara*, parole distincte. || FIG. *è chiaro come il sole*, c'est simple comme bonjour; c'est clair comme le jour; c'est clair comme de l'eau de source. | *scrittore di chiara fama*, écrivain célèbre. || LOC. FIG. *vederci chiaro*, y voir clair. | *parlare chiaro e tondo, cantare a chiare note*, parler de façon claire, parler clair et net; dire, parler carrément; parler franc, parler en bon français, parler haut et clair, ne pas mâcher ses mots (fam.). | *dirla chiara a qlcu.*, dire son fait à qn. ◆ m. clair. | *chiaro di luna*, clair de lune. | *messaggio in chiaro*, message en clair. || FIG. *mettere in chiaro qlco.*, tirer qch. au clair. ◆ avv. clair. | *veder chiaro*, voir clair. | *parlare chiaro*, parler clair. | *scrivere chiaro*, écrire lisiblement.

chiarore [kja'rore] m. lueur f., faible clarté (f.). | *al chiarore di una candela*, à la lueur d'une bougie. | *chiarore lunare*, clair de lune.

chiaroscuro [kjaros'kuro] m. ARTI clair-obscur. || [pittura monocroma] camaïeu. | *pittura a chiaroscuro*, grisaille f., camée. | *a chiaroscuro*, en camaïeu. | *dipingere a chiaroscuro*, grisailler v. tr.

chiaroveggente [kjaroved'dʒɛnte] agg. clairvoyant. ◆ f. [arti divinatorie] voyante extralucide.

chiaroveggenza [kjaroved'dʒɛntsa] f. clairvoyance. || [arti divinatorie] divination.

chiasma ['kjasma] (**-i** pl.) m. ANAT. chiasma. || RET. V. CHIASMO.

chiasmo ['kjasmo] m. RET. chiasme.

chiassata [kjas'sata] f. chahut m., vacarme m., tapage m. || [sgridata] scène.

chiasso ['kjasso] m. tapage, charivari, vacarme. || LOC. FIG. *far chiasso*, faire du bruit.

chiassone [kjas'sone] (**-a** f.) agg. e m. chahuteur.

chiassoso [kjas'soso] agg. [rumoroso] bruyant, tapageur. | *è una strada molto chiassosa*, c'est une rue très bruyante. || [vistoso] voyant, criant, criard. | *colori chiassosi*, couleurs criardes.

chiatta ['kjatta] f. MAR. chaland m., bac m., barge. | *fila di chiatte a rimorchio*, train de chalands.

chiatto ['kjatto] m. MAR. bachot.

chiavarda [kja'varda] f. TECN. gros boulon (m.).

chiavare [kja'vare] v. tr. VOLG. baiser (pop.).

chiave ['kjave] f. clef, clé. | *chiudere con un giro di chiave*, donner un tour de clef. | *chiudere a chiave*, fermer à clef. || FIG. [di un mistero, di un problema] clef, clé. | *romanzo a chiave*, roman à clef(s). || ARCHIT. e FIG. *chiave di volta*, clef de voûte. || MUS. *chiave di basso, di fa*, clé de fa. || TECN. clef, clé. || [per accordare pianoforti, organi, ecc.] accordoir m. || MECC. *chiave inglese*, clé anglaise, clé à molette. | *chiave maestra*, passe-partout m.

chiavetta [kja'vetta] f. MECC. clavette. | *chiavetta a nasello*, clavette à talon. | *chiavetta di valvola*, clavette de soupape. | *chiavetta di arresto*, clavette de calage, d'arrêt.

chiavettare [kjavet'tare] v. tr. MECC. claveter.

chiavica ['kjavika] (**-che** pl.) f. égout m.

chiavistello [kjavis'tɛllo] m. verrou, loquet. | *chiudere con il chiavistello*, verrouiller (v. tr.), fermer au loquet, au verrou.

chiazza ['kjattsa] f. tache, plaque.

chiazzare [kjat'tsare] v. tr. tacheter.

chic [ʃik] agg. invar. [fr.] chic. | *è una donna chic*, c'est une femme qui a du chic. ◆ m. [eleganza] chic.

chicca ['kikka] f. [linguaggio infantile] bonbon m.

chicchera ['kikkera] f. tasse.

chicchessia [kikkes'sia] pron. indef. invar. (lett.) n'importe qui (L.C.), quiconque (L.C.). | *parlare con chicchessia*, parler avec n'importe qui.

chicchirichì [kikkiri'ki] ONOMAT. cocorico.

chicco ['kikko] (**-chi** pl.) m. grain. | *chicco d'uva*, grain de raisin. | *chicco di grandine*, grêlon.

chiedere ['kjɛdere] v. tr. **1.** [pregare di dare, desiderare] demander. | *chiedere l'elemosina, il permesso*, demander l'aumône, la permission. | *chiedere con insistenza*, demander avec insistance. | *chiedere perdono*, demander pardon. | *non chiede di meglio*, il ne demande pas mieux. || **2.** [reclamare, sollicitare] demander, réclamer, solliciter. | *chiedere pietà*, crier grâce. | *chiedere un prezzo eccessivo*, demander un prix excessif. || **3.** [fare una domanda] demander. | *chiedere l'ora*, demander l'heure. | *chiede di parlarti*, il demande à te parler. | *gli ho chiesto di parlarti*, je lui ai demandé de te parler. | *chiedere consiglio*, demander conseil. || **4.** PER EST. [informarsi] *chiedere notizie sulla salute di qlcu.*, s'inquiéter de la santé de qn. | *hai chiesto informazioni su quel viaggio?*, t'es-tu enquis de ce voyage? || **5.** COMM. *chiedere a prestito*, emprunter. | *il chiedere a prestito*, l'emprunt m. || **6.** GIUR. *chiedere il pagamento dei danni*, demander des dommages-intérêts. ◆ v. rifl. [interrogarsi] se demander.

chierica ['kjɛrika] (**-che** pl.) f. RELIG. tonsure. || FIG. [membro del clero] clerc m., ecclésiastique m.

chiericato [kjeri'kato] m. [condizione di ecclesiastico] cléricature f. || [clero] clergé.

chierichetto [kjeri'ketto] m. enfant de chœur, clergeon (fam.).

chierico ['kjɛriko] (**-ci** pl.) m. RELIG. clerc. || [chierichetto] enfant de chœur, clergeon (fam.).

chiesa ['kjɛza] f. [cattolica] église; [protestante] temple m. | *andare in chiesa*, aller à l'église, au temple. | *entrare in chiesa*, entrer dans l'église. | *uomo di chiesa*, homme pieux. || Loc. *essere accolto come un cane in chiesa*, se faire recevoir comme un chien dans un jeu de quilles. || [istituzione] Église. | *padri della Chiesa*, pères de l'Église. || Loc. *tornare in seno alla Chiesa*, revenir au bercail.

chiesastico [kje'zastiko] (**-ci** pl.) agg. religieux.

chiesto ['kjɛsto] part. pass. V. CHIEDERE.

chiffon [ʃi'fɔ̃] m. [fr.] MODA voile.

chiglia ['kiʎʎa] f. MAR. quille.

chignon [ʃi'ɲɔ̃] m. [fr.] chignon.

1. chilo ['kilo] m. BIOL. chyle. || Loc. FIG. *fare il chilo*, faire la sieste.

2. chilo ['kilo] m. kilo.

chilociclo [kilo'tʃiklo] m. FIS. kilocycle.

chilogrammetro [kilo'grammetro] m. kilogrammètre.

chilogrammo [kilo'grammo] m. kilogramme.

chilolitro [ki'lɔlitro] m. kilolitre.

chilometraggio [kilome'traddʒo] (**-gi** pl.) m. AUTOM. kilométrage.

chilometrare [kilome'trare] v. tr. kilométrer.

chilometrico [kilo'mɛtriko] (**-ci** pl.) agg. kilométrique. || FIG. [lunghissimo] interminable.

chilometro [ki'lɔmetro] m. kilomètre. | *duecento chilometri all'ora*, deux cents kilomètres (à l')heure. | *divorare kilometri*, bouffer du kilomètre (fam.).

chilotone [kilo'tone] m. MILIT. kilotonne.

chilowat ['kilovat] m. ELETTR. kilowatt.

chilowattora [kilovat'tora] m. ELETTR. kilowatt-heure.

chimera [ki'mɛra] f. FIG. chimère. | *le chimere dell'amore*, les imaginations de l'amour. | *vivere di chimere*, se repaître de chimères.

chimerico [ki'mɛriko] (**-ci** pl.) agg. chimérique.

chimica ['kimika] f. chimie. | *chimica fisica*, chimie pratique.

chimico ['kimiko] (**-ci** pl.) agg. chimique. | *industria chimica metallurgica*, industrie métallochimique. | *prodotti chimici*, produits chimiques. ◆ m. chimiste. | *ingegnere chimico*, ingénieur chimiste.

chimista [ki'mista] m. (raro) chimiste (L.C.).

chimo ['kimo] m. BIOL. chyme.

chimono [ki'mɔno] m. kimono.

1. china ['kina] f. [pendio] pente, descente. || Loc. FIG. *essere su una brutta china*, être fourvoyé.

2. china ['kina] f. BOT., MED. quinquina m.

3. china ['kina] f. Loc. *inchiostro di China*, encre de Chine.

chinare [ki'nare] v. tr. plier, baisser, courber, incliner. | *chinare gli occhi*, baisser les yeux. | *chinare la testa*, baisser, courber la tête. ◆ v. rifl. se pencher, s'incliner, se baisser. | *chinarsi davanti all'altare*, s'incliner devant l'autel. | *si chinò per osservare i particolari*, il se pencha pour observer les détails. || FIG. *chinarsi ai voleri di qlcu.*, s'incliner devant qn, se résigner aux volontés de qn.

chinato [ki'nato] agg. [aromatizzato con china] *vino chinato*, vin au quinquina.

chincagliere [kinkaʎ'ʎɛre] m. quincailler.

chincaglierie [kinkaʎʎe'rie] f. pl. [oggetti] quincaillerie (sing.).

chinesiterapia [kinezitera'pia] f. MED. kinésithérapie.

chinina [ki'nina] f., **chinino** [ki'nino] m. FARM. quinine f.

chino ['kino] agg. courbé, penché. | *chino sui libri*, courbé sur ses livres. || Loc. *a capo chino*, la tête basse, la tête baissée.

chinolina [kino'lina] f. CHIM. quinoléine.

chinotto [ki'nɔtto] m. BOT. chinois.

chintz ['tʃints] m. [ingl.] TESS. chintz.

chioccia ['kjɔttʃa] (**-ce** pl.) f. couveuse. || FIG. mère poule, mère Gigogne.

chiocciare [kjot'tʃare] v. intr. glousser. || SOSTANT. gloussement m. || [fare la chioccia] couver.

chiocciata [kjot'tʃata] f. couvée (de poussins). || FIG. nichée, flopée (fam.), tapée (pop.). | *chiocciata di bambini*, flopée d'enfants.

chioccio ['kjɔttʃo] agg. rauque. | *voce chioccia*, voix rauque.

chiocciola ['kjɔttʃola] f. ZOOL. escargot m., limaçon m., colimaçon m. || CULIN. *chiocciole alla borgognona*, escargots à la bourguignonne. || FIG. *scala a chiocciola*, escalier en colimaçon. || ANAT., TECN. [vite] limaçon m. || ARCHIT. *scala a chiocciola*, escalier en hélice. || MUS. *chiocciola del violino*, crosse du violon.

chioccolare [kjokko'lare] v. intr. [di merlo] flûter. || [di acque] clapoter.

chioccolio [kjokko'lio] m. [fischio] sifflement. || [di acque] clapotement.

chioccolo ['kjɔkkolo] m. pipeau.

chiodaiolo [kjoda'jɔlo] m. cloutier.

chiodare [kjo'dare] v. tr. clouer.

chiodato [kjo'dato] part. pass. e agg. clouté. | *cintura chiodata*, ceinture cloutée. | *bastone chiodato*, bâton ferré. | *scarpe chiodate*, souliers ferrés. || MIL. *elmo chiodato*, casque à pointe.

chiodatrice [kjoda'tritʃe] f. MECC. riveuse, riveteuse.

chiodatura [kjoda'tura] f. clouage m. || MECC. rivetage m., rivure.

chiodino [kjo'dino] m. BOT. [fungo] armillaire couleur de miel.

chiodo ['kjɔdo] m. **1.** clou. | *chiodo a testa piatta*, clou à tête plate. | *chiodo per ferro di cavallo*, clou à cheval. | *chiodo per scarpe*, caboche f. | *guarnire con chiodi*, clouter v. tr. || Loc. FAM. *magro come un chiodo*, maigre comme un clou. | *roba da chiodi!*, c'est inouï! || FIG. FAM. [idea fissa] dada, marotte f. | *è il suo chiodo*, c'est son dada. || Loc. FAM. *battere sempre sullo stesso chiodo*, revenir toujours sur la même question. || MED. clou. || SPORT [alpinismo] piton. | *chiodo da roccia*, piton à roche. | *chiodo da ghiaccio*, broche f. || **2.** [debito] FAM. dette f. || Loc. FAM. *piantare chiodi ovunque*, avoir des ardoises partout. || **3.** BOT. *chiodo di garofano*, clou de girofle.

chioma ['kjɔma] f. **1.** [capelli] (lett.) chevelure (L.C.). | *ragazza dalle bionde chiome*, jeune fille à la chevelure blonde. || PER EST. [criniera] crinière. || FIG. *chioma degli alberi*, chevelure des arbres. || ASTRON. [cometa] chevelure. || MIT. *chioma di Berenice*, chevelure de Bérénice. || **2.** [pennacchio] panache m.

chiosa ['kjɔza] f. glose.

chiosare [kjo'zare] v. tr. gloser.

chiosatore [kjoza'tore] (**-trice** f.) m. glossateur, commentateur.

chiosco ['kjɔsko] (**-chi** pl.) m. [padiglione, edicola] kiosque. | *chiosco dei giornali*, kiosque à journaux.

chiostra ['kjɔstra] f. (lett.) enceinte (L.C.). || *chiostra dei denti*, dentition.

chiostro ['kjɔstro] m. cloître. || FIG. *chiudere in un chiostro*, claustrer v. tr., cloîtrer v. tr.

chirie ['kirje] m. invar. RELIG. kyrie.

chirieleison [kirje'lɛizon] m. invar. RELIG. kyrie eleison.

chirografario [kirogra'farjo] (**-ri** pl.) agg. GIUR. chirographaire.

chiromante [kiro'mante] m. e f. chiromancien, enne.

chiromanzia [kiroman'tsia] f. chiromancie.

chirotteri [ki'rɔtteri] m. pl. ZOOL. chiroptères, cheiroptères.

chirurgia [kirur'dʒia] f. chirurgie.

chirurgico [ki'rurdʒiko] (**-ci** pl.) agg. chirurgical. | *praticare un intervento chirurgico maldestro* (L.C.), charcuter v. tr. (pop.) : V. MACELLARE.

chirurgo [ki'rurgo] (**-gi** o **-ghi** pl.) m. chirurgien. | *chirurgo da strapazzo*, charcutier (fam.) : V. MACELLAIO. | *chirurgo odontoiatra*, chirurgien-dentiste.

chisciottesco [kiʃʃot'tesko] agg. V. DONCHISCIOTTESCO.

chissà [kis'sa] avv. (va) savoir!, (allez) savoir! (fam.), qui sait? (fam.). | *chissà con chi ha parlato di ciò!*, va, allez savoir avec qui il a parlé de ça! | *chissà chi è!*, savoir qui c'est! | *chissà chi si crede di essere!*, qui croit-il donc être! | *ritornerà chissà quando*, il reviendra Dieu sait quand. | *chissà che tempo farà domani!*, savoir quel temps il fera demain! | *riuscirà?, chissà!*, réussira-t-il?, qui sait! ◆ Loc. CONJ. ***chissà che,*** peut-être. | *chissà che non venga*, peut-être viendra-t-il.

chissisia [kissi'sia] pron. indef. V. CHICCHESSIA.

chitarra [ki'tarra] f. MUS. guitare. | *suonare la chitarra*, jouer de la guitare.

chitarrista [kitar'rista] (**-ti** pl.) m. e f. MUS. guitariste.

chitina [ki'tina] f. BIOL. chitine.

chitone [ki'tone] m. chiton.

chiù [kju] m. ZOOL. petit duc.

chiudere ['kjudere]

I. v. tr. **1.** senso generale. **2.** proibire l'accesso. **3.** LOC.
II. v. intr.
III. v. rifl. **1.** senso generale. **2.** condizioni atmosferiche.

I. v. tr. **1.** [senso generale] fermer. | *chiudere una porta, una finestra, un libro,* fermer une porte, une fenêtre, un livre. | *chiudere con un lucchetto, a doppia mandata, con tanto di paletto,* cadenasser. | *chiudere una lettera,* cacheter une lettre. || COMM. *chiudere il bilancio in parità,* boucler son budget. | *chiudere un conto,* arrêter un compte. || ELETTR. *chiudere il circuito,* fermer le circuit. | *chiudere la corrente,* couper le courant. || MIL. *chiudere una breccia,* colmater une brèche. || TECN. *chiudere per mezzo di una conca,* écluser. | *chiudere con graticolato,* grillager. || **2.** [proibire l'accesso] fermer. | *chiudere una fabbrica, una strada,* fermer une usine, une route. | *chiudere le frontiere,* fermer les frontières. || PER EST. [rinchiudere] enfermer, fermer, enclore, clore. | *chiudere con recinto, steccato, palizzata,* clôturer. | *muro che chiude un giardino,* mur qui enclôt un jardin. | *chiudere in un chiostro,* claustrer, cloîtrer. || **3.** LOC. *chiudere la marcia,* fermer la marche. | *chiudere il pugno,* fermer le poing. | *chiudere una discussione,* mettre fin à, clore une discussion. | *l'incidente è chiuso,* l'incident est clos. | *non chiudere occhio per tutta la notte,* ne pas fermer l'œil de toute la nuit. | *chiudere bottega* [sgomberare], mettre la clef sous la porte. | *chiudi il becco!* (pop.), ferme-la!, boucle-la! | *chiudere il becco a qlcu.* (pop.), river son clou à qn (fam.), clouer le bec à qn. | *chiudere un occhio su qlco.,* fermer un œil sur qch. | *chiudere la partita, il conto con qlcu.,* régler ses comptes avec qn.
II. v. intr. fermer. | *si chiude!,* on ferme! | *la valigia non chiude,* la valise ne ferme pas. || LOC. FIG. *chiudere con qlcu.,* rompre avec qn. || GIOCHI [carte] *chiudere in mano,* faire rami.
III. v. rifl. **1.** [senso generale] se fermer. | *ho gli occhi che si chiudono,* mes yeux se ferment. || PER ANAL. [ferita] se (re)fermer. || PER EST. [rinchiudersi] s'enfermer. | *chiudersi in casa,* s'enfermer chez soi. || FIG. s'enfermer, se renfermer. | *chiudersi in se stesso,* se renfermer sur soi-même, dans sa coquille. || MED. *chiudersi in una cisti,* s'enkyster. || **2.** [del cielo] se couvrir, être bouché.

chiunque [ki'unkwe] pron. indef. **1.** [seguito da un verbo all'indicativo] quiconque, n'importe qui; [con tempo pres. o futuro] qui que ce soit (antiq.); [con tempo passato o cond.] qui que ce fût (antiq.). | *chiunque può farlo,* quiconque, n'importe qui peut le faire, qui que ce soit peut le faire. || [termine di un verbo] *lo direi a chiunque,* je le dirais à quiconque, à n'importe qui, à qui que ce fût. | *quando ha bisogno di qlco. si rivolge a chiunque,* quand il a besoin de qch. il s'adresse à n'importe qui. | *proibizione assoluta di parlare a chiunque,* défense absolue de parler à quiconque. || **2.** [seguito da un verbo al cong.] (cong. pres.) qui que ce soit qui [sogg.], qui que ce soit que [ogg.]; (cong. imperfetto) qui que ce fût qui [sogg.], qui que ce fût que (ogg.). | *a chiunque vi rivolgiate,* à qui que ce soit que vous vous adressiez. | *chiunque ve lo abbia detto si è sbagliato,* qui que ce soit qui vous l'ait dit, il s'est trompé. || **3.** [seguito dal verbo essere] qui que, [3ª pers. s. e pl.] quel(s) qu'il(s). | *chiunque tu sia,* qui que tu sois. | *chiunque esse siano,* quelles qu'elles soient. || **4.** [in relazione a due verbi] quiconque. | *riceverebbe chiunque tu conoscessi,* elle recevrait quiconque tu connaîtrais. | *sarà criticato da chiunque conosca l'argomento,* il sera critiqué par quiconque connaît le sujet. | *ha promesso di rispondere a chiunque gli faccia una domanda,* il a promis de répondre à quiconque lui posera une question. | *chiunque lo abbia sentito parlare lo giudica un buon oratore,* quiconque l'a entendu parler le juge un bon orateur. || **5.** [nelle espressioni comparative] quiconque, aucun autre. | *sa parlare meglio di chiunque (altro),* il sait parler mieux qu'aucun autre. | *so meglio di chiunque altro che cosa mi rimane da fare,* je sais mieux que quiconque ce qu'il me reste à faire.

chiurlo ['kjurlo] m. ZOOL. courlis, corlieu.

chiusa ['kjusa] f. [di terreno] enclos m., clôture, enceinte. | *una chiusa di sassi,* un enclos de pierres. || GEOL. [restringimento di valle fluviale] cluse. || TECN. [sbarramento artificiale] écluse, vanne. | *far passare un battello da una chiusa,* écluser un bateau. || [di lettera] fin, conclusion.

chiusino [kju'sino] m. grille f.

chiuso ['kjuso] part. pass. di CHIUDERE e agg. **1.** [senso generale] fermé. | *è un ambiente molto chiuso,* c'est un milieu très fermé. | *strada chiusa al traffico,* route barrée. || LOC. *mare chiuso,* mer fermée. | *strada chiusa,* cul-de-sac m. | *casa chiusa,* maison close. | *circolo chiuso,* cercle vicieux. | *affare chiuso,* affaire arrêtée. | *la vendita è chiusa,* la vente est terminée. | *la seduta è chiusa,* la séance est close. | *chiuso per ferie,* fermeture annuelle. || COMM. *conto corrente chiuso al,* compte courant arrêté au. || FON. *sillaba chiusa,* syllabe fermée. | *E chiusa,* E fermé. || GIUR. *a porte chiuse,* à huis clos. || LOC. FIG. *tenere la bocca chiusa,* avoir la bouche close. | *agire ad occhi chiusi,* agir les yeux fermés. | *comprare ad occhi chiusi, a scatola chiusa,* acheter chat en poche. || **2.** [carattere] renfermé. | *carattere molto chiuso,* caractère très renfermé. || **3.** [tempo] bouché. ◆ m. [spazio chiuso] enclos, enceinte f. || PER ANAL. [per pecore] parc. | *mettere le pecore nel chiuso,* parquer les moutons. || LOC. *sapere di chiuso,* sentir le renfermé.

chiusura [kju'sura] f. **1.** fermeture, clôture. | *ora della chiusura dei negozi,* heure de la fermeture, de la clôture des magasins. | *chiusura per ferie,* fermeture annuelle. | *chiusura di una fabbrica* [per mancanza di lavoro], chômage (m.) d'une usine. || PER EST. [termine, conclusione] *chiusura della seduta,* clôture de la séance. | *chiusura delle scuole,* fermeture des classes. || COMM. clôture. || **2.** [di una porta] serrure. || **3.** *chiusura lampo,* fermeture Éclair, fermeture à glissière.

chi va là [kivva'la] LOC. MIL. qui vive?

chi vive [ki'vive] LOC. *stare sul chi vive,* se tenir sur le qui-vive.

choc [ʃɔk] m. [fr.] choc.

chow chow ['tʃau'tʃau] m. [ingl.] ZOOL. chow-chow.

ci [tʃi] pron. pers. di Iª pers. pl. **1.** [compl. ogg.] nous. | *non ci ha visto nessuno,* personne ne nous a vus. | *ci chiamerà,* il va nous appeler. || **2.** [compl. indir.] nous. | *ci sembra che,* il nous semble que. || **3.** [verbi rifl.] nous. | *ci siamo addormentati subito,* nous nous sommes endormis tout de suite. || **4.** [enclitica] nous. | *eccoci!,* nous voilà! | *raccontaci qualcosa!,* racontenous quelque chose! || **5.** [costruzione impers.] on. | *ci si diverte molto qui,* on s'amuse beaucoup ici. | *ci ricorderemo questo viaggio!,* on se souviendra de ce voyage! ◆ pron. dim. [a ciò, di ciò, ecc.] y. | *non ci credo,* je n'y crois pas. | *ci penseremo,* nous y réfléchirons. | *non ci capisco nulla,* je n'y comprends rien. | *noi non c'entriamo,* nous n'y sommes pour rien. | *ci farò l'abitudine,* je m'y ferai. ◆ avv. **1.** [qui, lì] y, là. | *ci vivo da un anno,* j'y vis depuis un an. | *ci andrò domani,* j'irai demain. | *quasi ci siamo,* nous y sommes presque. | *non ci sono per nessuno,* je n'y suis pour personne. | *vacci!,* vas-y! | *cosa vuoi che ci faccia?,* que veux-tu que j'y fasse? | *ci sono anche i miei genitori?,* est-ce que mes parents aussi sont là? || **2.** [pleonastico] *ci sento molto male,* j'entends très mal. | *ci vedi bene?,* tu vois bien? | *godiamoci questo sole!,* profitons de ce soleil!

ciabatta [tʃa'batta] f. savate. || LOC. FIG. *trattare qlcu. come una ciabatta,* traiter qn comme une vieille savate.

ciabattare [tʃabat'tare] v. intr. traîner ses savates, traîner les pieds.

ciabattina [tʃabat'tina] f. DIMIN. mule.

ciabattino [tʃabat'tino] m. cordonnier, savetier (antiq.), bouif (pop.).

ciac [tʃak] m. CIN. claquette f. || interiez. flac ! || LOC. *fare ciac ciac,* faire flic flac.
ciaccona [tʃak'kona] f. MUS. chaconne.
cialda ['tʃalda] f. CULIN. gaufre, gaufrette. || FARM. cachet m.
cialdino [tʃal'dino] m. DIMIN. CULIN. gaufrette f. || FARM. cachet.
cialdone [tʃal'done] m. ACCR., CULIN. gaufre f., cornet, oublie f. (antiq.).
cialtronata [tʃaltro'nata] f. saloperie (fam.), vacherie (pop.).
cialtrone [tʃal'trone] m. goujat, malotru, mufle.
cialtroneria [tʃaltrone'ria] f. goujaterie, muflerie.
ciambella [tʃam'bɛlla] f. CULIN. gimblette, pain (m.) en couronne. || PROV. *non tutte le ciambelle riescono col buco,* on ne fait pas mouche à tous les coups. || PER EST. [cuscino] bourrelet m. || [di gabinetto] lunette. || [cercine] tortillon m. || [salvagente] bouée de sauvetage.
ciambellano [tʃambel'lano] m. chambellan. || FIG. courtisan.
ciancia ['tʃantʃa] (**-ce** pl.) f. [chiacchiera] bavardage m., calembredaine, blablabla m. invar. (fam.), cailletage m. (antiq.). | *basta con le, bando alle ciance !,* trêve de discours ! | *quante ciance !,* que de discours ! || PER EST. [fandonie] sornettes, balivernes, chansons. | *sono tutte ciance !,* ce sont des sornettes ! | *ciance !,* chansons ! || PER ANAL. [pettegolezzo] cancan m., potin m., ragot m., racontar m. | *sono soltanto ciance,* ce ne sont que des racontars.
cianciare [tʃan'tʃare] v. intr. [chiacchierare] bavarder, babiller, jacasser, jaser, dégoiser (pop.), cailleter (antiq.). | *smettila di cianciare !* trêve de discours !
ciancicare [tʃantʃi'kare] v. intr. bredouiller, bafouiller, marmonner. || PER EST. [agire svogliatamente] lambiner, lanterner, traînasser. ◆ v. tr. [sciupare] chiffonner, froisser.
ciancione [tʃan'tʃone] (**-a** f.) m. bavard, babillard.
cianfrinare [tʃanfri'nare] v. tr. TECN. chanfreiner.
cianfrinatura [tʃanfrina'tura] f. TECN. chanfrein m.
cianfrino [tʃan'frino] m. TECN. matoir.
cianfrugliare [tʃanfruʎ'ʎare] v. tr. e intr. [abborracciare] bâcler (fam.). || [parlare in modo confuso] bredouiller, bafouiller, baragouiner.
cianfrusaglia [tʃanfru'zaʎʎa] f. fanfreluche, brimborion m., bric-à-brac m., affutiaux m. pl. (fam. e antiq.) ; [di cattivo gusto] colifichet m. | *ha i cassetti pieni di cianfrusaglie,* ses tiroirs sont pleins de fanfreluches.
cianico ['tʃaniko] agg. CHIM. cyanique.
cianidrico [tʃa'nidriko] agg. CHIM. cyanhydrique.
ciano ['tʃiano] m. (lett.) bleuet, bluet (L.C.).
cianosi [tʃa'nɔzi] f. MED. cyanose.
cianotico [tʃa'nɔtiko] (**-ci** pl.) agg. MED. cyanotique.
cianuro [tʃa'nuro] m. CHIM. cyanure.
ciao ['tʃao] interiez. [saluto confidenziale] salut !
ciaramella [tʃara'mɛlla] f. MUS. cornemuse.
ciarda ['tʃarda] f. MUS. csardas, czardas.
ciarla ['tʃarla] f. [chiacchiera] bavardage m., jacasserie, papotage m., blablabla m. invar. (fam.), cailletage m. (antiq.). || LOC. *fare quattro ciarle con qlcu.,* faire un brin de causette avec qn, tailler une bavette avec qn, faire la causette avec qn. || PER EST. [pettegolezzo] cancan m., potin m., racontar m., ragot m., commérage m. || PER ANAL. [falsa notizia] faux bruit (m.).
ciarlare [tʃar'lare] v. intr. [chiacchierare] bavarder, causer, babiller, jaser, jacasser, papoter, caqueter, jaboter (fam. e ant.), cailleter (antiq). || SOSTANT. jacasserie f.
ciarlatanata [tʃarlata'nata] f. [azione, parole] charlatanerie.
ciarlataneria [tʃarlatane'ria] f. [modo di agire] cabotinage m., jonglerie.
ciarlatanesco [tʃarlata'nesko] (**-chi** pl.) agg. charlatanesque.
ciarlatanismo [tʃarlata'nizmo] m. charlatanisme.
ciarlatano [tʃarla'tano] m. charlatan. || PER EST. [impostore] charlatan, imposteur, escroc.
ciarliero [tʃar'ljɛro] agg. bavard, babillard.
ciarlona [tʃar'lona] agg. f. bavarde, babillarde. ◆ f. causeuse, jacasse (fam.), caillette (antiq.).
ciarlone [tʃar'lone] agg. m. bavard, babillard, causeur, causant. ◆ m. bavard, babillard, discoureur, phraseur.
ciarpame [tʃar'pame] m. friperie f.
ciascheduno [tʃaske'duno] pron. indef. invar. V. CIASCUNO.
ciascuno [tʃas'kuno] agg. indef. chaque. | *ciascuno alunno verrà interrogato,* chaque élève sera interrogé. ◆ pron. indef. chacun, chaque (fam.). | *rimetti questi libri ciascuno al proprio posto,* remets ces livres chacun à sa, à leur place. | *regalò un disco a ciascuna delle sue sorelle,* il donna un disque à chacune de ses sœurs. | *ciascuno ritornò a casa contento,* chacun rentra à la maison, chez lui content. | *ciascuno di voi ci deve riflettere,* chacun de vous, chacun d'entre vous doit y réfléchir. | *ebbero un libro per ciascuno,* ils eurent un livre chacun. | *queste cravatte costano due mila lire ciascuna,* ces cravates coûtent deux mille lires chacune, (la) pièce, deux mille lires chaque (fam.).
cibare [tʃi'bare] v. tr. PR. e FIG. nourrir. ◆ v. rifl. se nourrir, s'alimenter. || FIG. se nourrir, se repaître. | *cibarsi di illusioni,* se repaître d'illusions.
cibarie [tʃibarje] f. pl. victuailles.
cibario [tʃi'barjo] (**-i** pl.) agg. alimentaire.
cibernetica [tʃiber'nɛtika] f. cybernétique. | *studioso di cibernetica,* cybernéticien m.
cibernetico [tʃiber'nɛtiko] (**-ci** pl.) agg. cybernétique.
cibo ['tʃibo] m. aliment, nourriture f. | *cibi in scatola,* aliments en boîte, en conserve. | *toccar cibo,* toucher à la nourriture, prendre de la nourriture. | *non ha toccato cibo* (L.C.), il ne s'est rien mis sous la dent (fam.). | *toccare appena il cibo,* manger du bout des lèvres. | *è un buongustaio, gli piace il buon cibo,* c'est un gourmet, il aime la bonne chère. || PER EST. [vivanda, portata] mets. | *è un cibo regionale,* c'est un mets régional. || PER ANAL. [pasto] repas, manger (pop.). | *preparare il cibo dei bambini,* préparer le manger (fam.) des enfants. || FIG. aliment, nourriture. | *cibo dello spirito,* nourriture de l'esprit. || RELIG. *cibo eucaristico,* pain eucharistique. || [degli animali] pâture f., nourriture, pâtée.
ciborio [tʃi'bɔrjo] (**-ri** pl.) m. ARCHEOL. RELIG. ciborium. || RELIG. [pisside] ciboire.
cicala [tʃi'kala] f. ZOOL. cigale. || PER EST. *cicala di mare,* cigale de mer. || PER ANAL. [campanello] sonnette. || FIG. [chiacchierone] bavard m., babillard m. || MAR. [dell'ancora] cigale.
cicalare [tʃika'lare] v. intr. bavarder, babiller, jaser, jacasser, caqueter, causer, cailleter (antiq.).
cicaleccio [tʃika'lettʃo] m. bavardage, babillage, babil, jacasserie f., caquet, cailletage (antiq.).
cicalino [tʃika'lino] m. [campanello] sonnette f.
cicalio [tʃika'lio] m. bavardage, babillage, babil, caquetage, caquet, jacasserie f., cailletage (antiq.).
cicalone [tʃika'lone] m. bavard, babillard, crécelle f.
cicatrice [tʃika'tritʃe] f. cicatrice ; [allungata] couture ; [sul viso, sfregio] balafre. | *coprire di cicatrici,* couturer. | *viso coperto di cicatrici,* visage tout couturé. || FIG. blessure.
cicatrizzabile [tʃikatrid'dzabile] agg. cicatrisable.
cicatrizzare [tʃikatrid'dzare] v. tr. e intr. cicatriser. ◆ v. rifl. se cicatriser.
cicatrizzazione [tʃikatriddzat'tsjone] f. cicatrisation.
cicca ['tʃikka] (**-che** pl.) f. FAM. mégot m. (pop.), clope (gerg.). || PER EST. [tabacco da masticare] chique. || LOC. FIG. *non vale una cicca,* ça ne vaut pas deux sous. | *questo quadro non vale una cicca,* ce tableau ne vaut pas un radis.
ciccaiolo [tʃikka'jɔlo] m. ramasseur de mégots.
ciccare [tʃik'kare] v. intr. FAM. chiquer. | *chi cicca,* chiqueur m. ◆ v. tr. [raro] POP. [rimproverare] moucher (fam.), engueuler, passer un savon (à), attraper (fam.).
cicchetto [tʃik'ketto] m. [bicchierino] POP. goutte f. (fam.). | *bere un cicchetto,* boire une goutte. || FIG. FAM. [ramanzina] attrapade f., engueulade f. (pop.), savon. | *ha ricevuto un cicchetto,* il a reçu un bon savon.
ciccia ['tʃit'tʃa] (**-ce** pl.) f. FAM. viande (L.C.), bidoche (pop.). || PER EST. [adipe] FAM. embonpoint m. (L.C.). | *mettere su ciccia,* prendre de l'embonpoint. |

un bambino tutta ciccia, un enfant bien dodu, bien potelé, tout grassouillet.
cicciolo ['tʃittʃolo] m. CULIN. rillons pl. ‖ PER EST. [escrescenza] FAM. loupe f. (L.C.).
cicciona [tʃit'tʃona] f. FAM. dondon.
ciccione [tʃit'tʃone] m. homme gros et gras ; gros (fam.), gros lard (pop.).
cicciuto [tʃit'tʃuto] agg. FAM. dodu, potelé, grassouillet.
cicciottello [tʃittʃot'tɛllo] agg. DIMIN. FAM. grassouillet, dodu, potelé.
cicerbita [tʃi'tʃerbita] f. BOT. laiteron m.
cicerchia [tʃi'tʃerkja] f. BOT. gesse.
cicerone [tʃitʃe'rone] m. [guida] cicérone, guide. | *far da cicerone,* servir de cicérone, de guide.
cicindela [tʃitʃin'dɛla] f. ZOOL. cicindèle.
cicisbeo [tʃitʃiz'bɛo] m. STOR. [Settecento] chevalier servant. ‖ PER EST. [damerino] damoiseau, dameret, sigisbée (iron.).
ciclabile [tʃi'klabile] agg. NEOL. cyclable.
ciclamino [tʃikla'mino] m. BOT. cyclamen.
ciclicità [tʃiklitʃ'ta] f. caractère (m.) cyclique.
ciclico ['tʃikliko] (**-ci** pl.) agg. cyclique.
ciclismo [tʃi'klizmo] m. SPORT cyclisme.
ciclista [tʃi'klista] m. e f. SPORT cycliste.
ciclistico [tʃi'klistiko] (**-ci** pl.) agg. cycliste.
ciclo ['tʃiklo] m. [tutti i sensi] cycle. | *ciclo solare, lunare, economico, mestruale,* cycle solaire, lunaire, économique, menstruel. | *ciclo termico,* cycle thermique. | *ciclo operativo,* cycle d'opérations. ‖ GEOGR. *ciclo d'erosione,* cycle d'érosion. ‖ LETT. *ciclo bretone, carolingio,* cycle breton, carolingien. ‖ FAM. [bicicletta] bicyclette f. (L.C.), vélo.
ciclofurgone [tʃiklofur'gone] m. triporteur.
cicloidale [tʃikloi'dale] agg. cycloïdal.
cicloide [tʃi'klɔide] f. MAT. cycloïde.
ciclomotore [tʃiklomo'tore] m. cyclomoteur, vélomoteur.
ciclomotorista [tʃiklomoto'rista] (**-ti** pl.) m. cyclomotoriste.
ciclone [tʃi'klone] m. PR. e FIG. cyclone.
ciclonico [tʃi'klɔniko] (**-ci** pl.) agg. cyclonal, cyclonique.
ciclope [tʃi'klɔpe] m. MIT. cyclope. ‖ ZOOL. cyclope.
ciclopico [tʃi'klɔpiko] (**-ci** pl.) agg. PR. e FIG. cyclopéen.
ciclopista [tʃiklo'pista] f. piste cyclable.
cicloraduno [tʃiklora'duno] m. meeting (ingl.) de cyclisme.
ciclostilare [tʃiklosti'lare] v. tr. polycopier, ronéotyper.
ciclostilato [tʃiklosti'lato] part. pass. e agg. polycopié, ronéotypé. | *testo ciclostilato,* polycopié m.
ciclostile [tʃiklos'tile] m. machine (f.) à polycopier, ronéo f.
ciclotimia [tʃikloti'mia] f. MED. cyclothymie.
ciclotimico [tʃiklo'timiko] agg. e n. m. MED. cyclothymique.
ciclotrone [tʃiklo'trone] m. FIS. cyclotron.
cicogna [tʃi'koɲɲa] f. ZOOL. cigogne. ‖ TECN. [idraulica] cigogne.
cicognino [tʃikoɲ'ɲino] m. DIMIN. ZOOL. cigogneau.
cicoria [tʃi'kɔrja] f. BOT. chicorée.
cicuta [tʃi'kuta] f. BOT. ciguë.
ci-devant [sidə'vã] m. [fr.] STOR. ci-devant.
cieca ['tʃɛka] f. ZOOL. civelle. ‖ TECN. fraisure.
ciecale [tʃe'kale] agg. ANAT. cæcal, e.
cieco ['tʃɛko] (**-chi** pl.) agg. aveugle. | *cieco dalla nascita,* aveugle de naissance. | *diventare cieco,* devenir aveugle. | *è cieco da un occhio,* il est borgne. | *essere cieco come una talpa,* être aveugle comme une taupe. | *bisogna essere ciechi per non...,* il faut avoir les yeux bandés pour ne pas... ‖ PER EST. *vicolo cieco,* impasse f., rue (f.) sans issue, cul-de-sac m. | *finestra cieca,* fenêtre aveugle. | *lanterna cieca,* lanterne sourde. ‖ FIG. aveugle. | *odio cieco,* haine (f.) aveugle. | *cieco di passione,* aveuglé par la passion. | *cieco di rabbia,* fou de rage. | *era cieco di rabbia,* il s'est fâché tout rouge (fam.). ‖ LOC. FIG. *è un vicolo cieco,* c'est une impasse. ‖ AER. *volo cieco,* vol instrumental, sans visibilité. ‖ ANAT. *intestino cieco,* cæcum m. ‖ GIOCHI *giocare a mosca cieca,* jouer à colin-maillard. ◆ LOC. AVV. ***alla cieca,*** en aveugle, à tâtons. | *agire alla cieca,* agir à l'aveuglette. | *procedere alla cieca,* procéder à tâtons. | *spendere alla cieca,* dépenser sans calculer. ◆ n. aveugle m. e f., canne (f.) blanche (fam.). | *istituto per ciechi,* institut des aveugles. | *è un cieco,* c'est une canne blanche.
cielo ['tʃɛlo] m. ciel. | *cielo chiuso,* ciel bas. | *a cielo scoperto,* à ciel ouvert. | *vivere sotto altri cieli,* vivre sous d'autres cieux. ‖ [clima] ciel, climat. | *i cieli di Napoli,* les ciels de Naples. ‖ LOC. FIG. *portare, sollevare qlcu. al cielo,* porter qn aux nues. | *toccare il cielo con un dito, essere al settimo cielo,* être au septième ciel, être aux anges, nager dans la joie. | *storie che non stanno né in cielo né in terra,* histoires à dormir debout. | *è come dare un pugno al cielo,* c'est comme un cautère sur une jambe de bois. | *come un fulmine a ciel sereno,* comme un coup de tonnerre dans un ciel serein. ‖ PROV. *cielo a pecorelle, pioggia a catinelle,* ciel qui moutonne annonce la pluie. ‖ ARTI *i cieli dei quadri del Rinascimento,* les ciels des tableaux de la Renaissance. ‖ RELIG. ciel. | *andare in cielo,* aller au ciel. | *salire in cielo,* monter au ciel. | *il regno dei cieli,* le royaume des cieux. | *è il cielo che ti manda !,* c'est le ciel qui t'envoie ! ‖ PROV. *aiutati che il cielo t'aiuta,* aide-toi, le ciel t'aidera. ‖ TECN. ciel. | *cielo di letto,* ciel de lit. ‖ PER EST. *cielo di pulpito,* abat-voix. ◆ interiez. *giusto cielo !,* juste ciel ! | *per amor del cielo !,* au nom du ciel ! | *volesse il cielo !,* plût au ciel ! | *grazie al cielo !,* Dieu merci !
cifosi [tʃi'fɔzi] f. invar. MED. cyphose.
cifra ['tʃifra] f. [segno a numero] chiffre m. | *in cifra tonda,* en chiffre(s) rond(s). | *far cifra tonda,* arrondir un chiffre. ‖ PER EST. [somma di denaro] somme. | *spendere cifre astronomiche,* dépenser des sommes énormes. ‖ COMM. *cifra d'affari,* chiffre d'affaires. ‖ [crittografia] chiffre m. | *ufficio cifra,* bureau du chiffre. ‖ [monogramma] chiffre, monogramme m.
cifrare [tʃi'frare] v. tr. [crittografia] chiffrer, coder. ‖ PER EST. [biancheria] chiffrer.
cifrario [tʃi'frarjo] (**-ri** pl.) m. chiffre, code. | *chiave del cifrario,* clé du chiffre.
cifrato [tʃi'frato] part. pass. e agg. [crittografia] chiffré, codé. | *scrittura cifrata,* écriture en chiffres. | *dispaccio non cifrato,* dépêche (f.) en clair. ‖ PER EST. [biancheria] chiffré.
cifratura [tʃifra'tura] f. [crittografia] chiffrage m., chiffrement m., codage m. | *cifratura parziale di un messaggio,* camouflage (m.) d'un message.
cifrista [tʃi'frista] (**-ti** pl.) m. [crittografia] chiffreur.
cigiellista [tʃidʒiel'lista] agg. e m. [della C.G.I.L.] cégétiste, de la C.G.T.
ci(g)liare [tʃiʎ'ʎare] agg. ciliaire.
cigliato [tʃiʎ'ʎato] agg. cilié. ◆ m. pl. ZOOL. ciliés.
ciglio ['tʃiʎʎo] m. **1.** (**-glia** pl. f. L.C. ; **-gli** pl. m. pop.) cil. | *il battere le ciglia,* cillement. | *battere le ciglia,* ciller des yeux, ciller les yeux (antiq.). ‖ LOC. FIG. *senza batter ciglio,* sans broncher. | *nessuno osa batter ciglio in sua presenza,* personne n'ose ciller devant lui. | *in un batter di ciglia,* en un clin d'œil. ‖ PER EST. [sopracciglio] sourcil. | *aggrottare le ciglia,* froncer le sourcil. ‖ **2.** (**-gli** pl. m.) [orlo, bordo] bord, bordure f. | *sul ciglio della strada,* en bordure de la route.
ciglione [tʃiʎ'ʎone] m. [di strada] talus. ‖ [di precipizio] bord. ‖ [di fiume] berge f.
cigno ['tʃiɲɲo] m. ZOOL. e FIG. [poeta] cygne. | *canto del cigno,* chant du cygne.
cigolamento [tʃigola'mento] m. grincement. | *cigolamento di una porta,* grincement, gémissement d'une porte.
cigolare [tʃigo'lare] v. intr. grincer, crier, gémir. *porta che cigola,* porte qui grince. ‖ SOSTANT. grincement m. ‖ PER EST. [di legno verde che brucia] gémir.
cigolio [tʃigo'lio] m. grincement. | *cigolìo di una porta,* grincement, gémissement d'une porte.
cilecca [tʃi'lekka] f. LOC. MIL. *far cilecca,* s'enrayer (v. rifl.), faire long feu, rater (v. intr.), foirer (v. intr.) [pop.]. ‖ LOC. FIG. *far cilecca,* faire long feu, échouer (v. intr.), rater (v. intr.), foirer (pop.), faire chou blanc (pop.), louper. ◆ esclam. *cilecca !,* manqué ! ‖ FIG. c'est loupé !
cileno [tʃi'lɛno] agg. e m. GEOGR. chilien.

cilicio [tʃi'litʃo] (**-ci** pl.) m. cilice, haire f. ‖ FIG. supplice.
ciliegeto [tʃilje'dʒeto] m. cerisaie f.
ciliegia [tʃi'ljɛdʒa] (**-gie** o **-ge** pl.) f. BOT. cerise. | *ciliegia duracina*, bigarreau m. | *ciliegia selvatica*, merise. | *ciliegia dolce*, guigne. | *ciliegia secca*, cerisette. | *ciliege sotto spirito*, cerises à l'eau-de-vie. | *liquore di ciliegie*, guignolet m. | *acquavite di ciliege*, cherry (ingl.) m. ‖ LOC. *come una ciliegia tira l'altra*, au fil de l'aiguille. ‖ PROV. *le disgrazie sono come le ciliege : una tira l'altra*, un malheur ne vient jamais seul. ◆ agg. invar. *(color) ciliegia*, cerise.
ciliegio [tʃi'ljɛdʒo] (**-gi** pl.) m. BOT. cerisier. | *ciliegio selvatico*, merisier. | *ciliegio duracino*, bigarreautier. | *terreno piantato a ciliegi*, cerisaie f. ‖ PER EST. [legno] cerisier. | *legno di ciliegio selvatico*, merisier.
ciliegiolo [tʃilje'dʒɔlo] m. BOT. [marasco, ciliego selvatico] merisier.
cilindrare [tʃilin'drare] v. tr. cylindrer. ‖ TECN. [carta, tessuto] calandrer.
cilindrata [tʃilin'drata] f. MECC. cylindrée.
cilindratura [tʃilindra'tura] f. MAR. laminage m. ‖ MECC. cylindrage m. ‖ TECN. [carta, tessuti] calandrage m.
cilindrico [tʃi'lindriko] (**-ci** pl.) agg. cylindrique.
cilindro [tʃi'lindro] m. GEOM. cylindre. ‖ PER ANAL. [rullo] cylindre. | *cilindro stampatore*, cylindre imprimeur. ‖ PER EST. [cappello] (chapeau) haut de forme, haut-de-forme. ‖ MECC. *motore a quattro cilindri*, moteur à quatre cylindres. ‖ MED. cylindre. ‖ TECN. *laminatoio a due cilindri*, duo.
cima ['tʃima] f. **1.** [senso generale] sommet m., faîte m., haut m. | *cima di un albero, di una montagna*, sommet d'un arbre, d'une montagne. | *cima del tetto*, faîte du toit. | *la cima delle colline è coperta d'alberi*, le haut des collines est couvert d'arbres. | *arrampicarsi sulla cima di un albero*, grimper au sommet d'un arbre. ‖ FIG. [perfezione] sommet, faîte. ‖ PER EST. SCHERZ. [personalità eminente] aigle m. | *non è una cima*, ce n'est pas un aigle. ‖ **2.** [estremità] bout m., bord m., extrémité. ‖ **3.** BOT. cyme. ‖ **4.** GEOGR. sommet. | *cima tondeggiante*, ballon m. ‖ **5.** MAR. cordage m. ; [cavo in fibre vegetali] câble m. ◆ LOC. PREP. ***in cima a,*** en haut de. | *in cima alla pagina*, en haut de la page. | *in cima alla montagna*, au sommet de la montagne. | *in cima alla corda*, au bout de la corde. ‖ LOC. AVV. ***proprio in cima ; in cima in cima,*** tout en haut. ‖ ***da cima a fondo,*** de haut en bas, de fond en comble. | *conoscere una casa da cima a fondo*, connaître les aîtres (antiq.) d'une maison.
cimare [tʃi'mare] v. tr. AGR. étêter, écimer, rabattre. ‖ TESS. tondre.
cimasa [tʃi'maza] f. ARCHIT. corniche, cimaise.
cimatore [tʃima'tore] m. TESS. tondeur.
cimatura [tʃima'tura] f. AGR. écimage m., étêtement m. ‖ TESS. tondage m.
cimbalo ['tʃimbalo] m. ARC. e POET. cymbale. ‖ MUS. [piatto di batteria] disque du gong. ‖ LOC. FIG. *essere in cimbali*, être en goguette.
cimelio [tʃi'mɛljo] (**-li** pl.) m. relique f. | *cimelio di guerra*, relique de guerre. ‖ SCHERZ. vieillerie f.
cimentare [tʃimen'tare] v. tr. essayer, éprouver. | *cimentare le proprie forze*, éprouver ses forces. ‖ TECN. [metalli] essayer. ◆ v. rifl. s'essayer, se risquer, se hasarder, s'aligner (pop.). | *non cimentarti a rifiutare !*, ne te risque pas, ne te hasarde pas à refuser ! | *cimentarsi con qlcu.*, se mesurer avec qn.
cimento [tʃi'mento] m. risque, épreuve f. | *mettere a rude cimento* (lett.), mettre à rude épreuve. | *sopportare, sottostare a un cimento*, subir, supporter une épreuve. | *mettere a cimento le propria vita*, mettre en danger sa vie, risquer sa vie.
cimice ['tʃimitʃe] f. ZOOL. punaise. | *cimice delle piante*, gendarme m. ‖ PER ANAL. [puntina da disegno] punaise.
cimiciaio [tʃimi'tʃajo] (**-ai** pl.) m. nid de punaises.
cimiero [tʃi'mjɛro] m. STOR. MIL., ARALD. cimier.
ciminiera [tʃimi'njɛra] f. cheminée. | *ciminiera di fabbrica*, cheminée d'usine. | *ciminiera di una nave*, cheminée de navire.
cimitero [tʃimi'tɛro] m. cimetière.
cimolo ['tʃimolo] m. [parte terminale e tenera delle piante commestibili] cœur.
cimosa [tʃi'mosa] f. TESS. [orlo] lisière. ‖ [cancellino] chiffon m.
cimurro [tʃi'murro] m. VETER. gourme f., morve f. ‖ SCHERZ. [di uomini] rhume.
cinabro [tʃi'nabro] m. MINER. e PER EST. [colore] cinabre.
cincia ['tʃintʃa] (**-ce** pl.) f. ZOOL. mésange. | *cincia bigia*, mésange nonnette, nonnette des marais. | *cincia nera*, charbonnière.
cinciallegra f. ZOOL. (mésange) charbonnière.
cinciarella [tʃintʃa'rɛlla] f. ZOOL. mésange bleue, meunière.
cincillà [tʃin'tʃilla] m. invar. ZOOL. chinchilla.
cincin [tʃin'tʃin] ONOMAT. [brindisi] à ta, à votre santé ; à la tienne, à la vôtre (fam.). | *fare un cincin*, boire à la santé de qn, trinquer v. intr.
cincischiare [tʃintʃis'kjare] v. intr. [operare distrattamente] lambiner, lanterner, traînasser. | *cincischiare tutto il pomeriggio*, lambiner tout l'après-midi. ‖ [toccare macchinalmente] tripoter. ‖ PER EST. [sgualcire] friper, chiffonner. ‖ PER ANAL. *cincischiare le parole*, manger ses mots. ◆ v. rifl. [sgualcirsi] se friper, se chiffonner, se froisser.
cine ['tʃine] m. invar. POP. ciné.
cineamatore [tʃineama'tore] m. cinéaste amateur.
cineasta [tʃine'asta] (**-ti** pl.) m. cinéaste.
cinecamera [tʃine'kamera] f. caméra.
cineclub [tʃine'klub] m. ciné-club.
cinema ['tʃinema] m. invar. cinéma. | *cinema sperimentale*, cinéma d'essai. | *fare del cinema*, faire du cinéma. | *adattare un romanzo al cinema*, porter un roman à l'écran. ‖ [locale] cinéma. | *andare al cinema*, aller au cinéma. | *cinema rionale*, cinéma de quartier.
cinemascope [tʃinemas'kop] m. cinémascope.
cinematica [tʃine'matika] f. FIS. cinématique.
cinematografare [tʃinematogra'fare] v. tr. filmer, tourner, cinématographier (antiq.).
cinematografia [tʃinematogra'fia] f. cinématographie.
cinematografico [tʃinemato'grafiko] (**-ci** pl.) agg. cinématographique. | *industria cinematografica*, industrie cinématographique. | *trucco cinematografico*, truquage de cinéma. | *regista cinematografico*, metteur en scène de cinéma.
cinematografo [tʃinema'tɔgrafo] m. cinématographe, cinéma.
cinepresa [tʃine'presa] f. CIN. caméra.
cinerama [tʃine'rama] m. invar. cinérama.
cineraria [tʃine'rarja] f. BOT. cinéraire.
cinerario [tʃine'rarjo] (**-ri** pl.) agg. cinéraire. | *urna cineraria*, urne cinéraire. ◆ m. [vaso] urne (f.) cinéraire. ‖ TECN. [di stufa, caldaia, ecc.] cendrier.
cinerastro [tʃine'rastro] agg. PEGGIOR. cendreux.
cinereo [tʃi'nɛreo] agg. (lett.) cendré, cendreux. | *volto cinereo*, (visage au) teint cendreux. ‖ ASTRON. *luce cinerea*, lumière cendrée.
cinerino [tʃine'rino] agg. cendré.
cineromanzo [tʃinero'mandzo] m. NEOL. ciné-roman.
cinescopio [tʃines'kɔpjo] (**-pi** pl.) m. T.V. kinescope.
cinese [tʃi'nese] agg. e m. GEOGR. chinois. | *ombre cinesi*, ombres chinoises. | *figurina cinese grottesca*, magot (m.) [de porcelaine]. | *porcellana cinese*, chine f. ‖ LOC. FIG. *per me è cinese*, c'est du chinois pour moi.
cineseria [tʃinese'ria] f. PR. e FIG. chinoiserie.
cinesiterapia [tʃinezitera'pia] f. MED. kinésithérapie.
cinesiterapista [tʃinezitera'pista] m. e f. MED. kinésithérapeute.
cinetica [tʃi'nɛtika] f. FIS. cinétique.
cinetico [tʃi'nɛtiko] (**-ci** pl.) agg. FIS. cinétique.
cinetoscopio [tʃinetos'kɔpjo] (**-pi** pl.) m. kinétoscope.
cingalese [tʃinga'lese] agg. e m. GEOGR. cingalais.
cingallegra [tʃingal'legra] f. V. CINCIALLEGRA.
cingere ['tʃindʒere] v. tr. [corpo, parti del corpo] ceindre (lett.), entourer (L.C.). | *cingersi le spalle con una sciarpa*, entourer ses épaules d'une écharpe. ‖ PER EST. [di città, fortezza, ecc.] ceindre. | *cingere di mura una città*, ceindre une ville de murailles. | *cingere d'assedio una fortezza*, assiéger une forteresse. ‖ [di giardino, orto, ecc.] enclore, clôturer, clore. | *cingere*

un giardino, enclore un jardin. ‖ LOC. (lett.) *cingere la corona, la spada,* ceindre la couronne, l'épée. | *cingere la sciarpa di sindaco,* ceindre l'écharpe municipale. ‖ SPORT *cingere qlcu. alla vita,* ceinturer qn, embrasser qn.
cinghia ['tʃingja] f. [di pantalone] ceinture. | *affibbiarsi la cinghia,* boucler sa ceinture. ‖ LOC. FIG. *stringere, tirare la cinghia,* se serrer la ceinture, se serrer d'un cran (fam.). ‖ [di libri, finimenti] sangle. ‖ [bretella di zaino] courroie. ‖ [bretella di gerla, di bambino che impara a camminare] brassière. ‖ MIL. [di fucile] bretelle. ‖ TECN. courroie. | *cinghia di trasmissione,* courroie de transmission.
cinghiale [tʃin'gjale] m. ZOOL. sanglier. | *femmina del cinghiale,* laie f. | *piccolo del cinghiale,* marcassin. | *stagione in cui il cinghiale è grosso,* porchaison f. ‖ PER EST. [pelle] pécari.
cinghialetto [tʃingja'letto], **cinghialino** [tʃingja'lino] m. DIMIN. ZOOL. petit sanglier. ‖ [piccolo del cinghiale] marcassin.
cinghiata [tʃin'gjata] f. coup (m.) de ceinture.
cinghietta [tʃin'gjetta] f. [di orologio] bracelet-montre m.
cingolato [tʃingo'lato] agg. TECN. chenillé. | *mezzo cingolato,* véhicule chenillé, à chenilles.
cingoletta [tʃingo'letta] f. MIL. chenillette.
cingolo ['tʃingolo] m. RELIG. cordon. ‖ TECN. chenille f. | *trattore a cingoli,* tracteur chenillé, à chenilles.
cinguettamento [tʃingwetta'mento] m. gazouillement, gazouillis, babil, ramage.
cinguettare [tʃingwet'tare] v. intr. [uccelli] gazouiller, babiller. ‖ PER EST. [bambini] gazouiller, babiller, jaser.
cinguettio [tʃingwet'tio] m. gazouillement, gazouillis, babil, ramage. ‖ PER EST. [bambini] gazouillement, gazouillis, babil, ramage.
cinico ['tʃiniko] (**-ci** pl.) agg. e m. cynique.
ciniglia [tʃi'niʎʎa] f. chenille.
cinismo [tʃi'nizmo] m. cynisme.
cinocefalo [tʃino'tʃɛfalo] agg. à tête de chien. ◆ m. ZOOL. cynocéphale.
cinodromo [tʃi'nɔdromo] m. cynodrome.
cinofilo [tʃi'nɔfilo] agg. e m. cynophile.
cinquanta [tʃin'kwanta] agg. num. card. invar. cinquante. | *un uomo sui cinquant'anni,* un homme sur la cinquantaine (fam.). | *una donna di quasi cinquant'anni,* une femme qui frise la cinquantaine. ‖ LOC. *gli anni cinquanta,* les années cinquante. ◆ m. cinquante.
cinquantamila [tʃinkwanta'mila] agg. num. card. invar. e m. cinquante mille.
cinquantenario [tʃinkwante'narjo] (**-ri** pl.) m. [anniversario] cinquantenaire. ◆ agg. de cinquante ans.
cinquantennale [tʃinkwanten'nale] agg. [che dura cinquant'anni] qui dure cinquante ans. ‖ [che ricorre ogni cinquant'anni] qui a lieu tous les cinquante ans.
cinquantenne [tʃinkwan'tɛnne] agg. e n. cinquantenaire, quinquagénaire.
cinquantennio [tʃinkwan'tɛnnjo] (**-ni** pl.) m. espace de cinquante ans.
cinquantesimo [tʃinkwan'tɛzimo] agg. num. ord. cinquantième. | *arrivare cinquantesimo,* arriver cinquantième. | *capitolo cinquantesimo,* chapitre cinquante. ◆ m. cinquantième.
cinquantina [tʃinkwan'tina] f. cinquantaine. | *un uomo sulla cinquantina,* un homme sur la cinquantaine, d'une cinquantaine d'années. | *un uomo vicino alla cinquantina,* un homme qui frise la cinquantaine.
cinque ['tʃinkwe] agg. num. card. invar. cinq. | *cinque gemelli,* quintuplés m. pl. ‖ [tempo] *ogni cinque ore,* toutes les cinq heures. ‖ FIG. *avere i cinque minuti di celebrità,* avoir son heure de célébrité. ◆ m. cinq. ‖ GIOCHI *cinque di quadri,* cinq de carreau. ◆ f. pl. [indicazione delle ore] *sono le cinque del pomeriggio, di sera, pomeridiane,* il est cinq heures de l'après-midi.
cinquecentesco [tʃinkwetʃen'tesko] (**-chi** pl.) agg. du XVIe siècle.
cinquecentista [tʃinkwetʃen'tista] (**-i** pl.) m. [artista, scrittore del Cinquecento] artiste, écrivain du XVIe siècle. ‖ [studioso del Cinquecento] seiziémiste.
cinquecento [tʃinkwe'tʃɛnto] agg. num. card. invar. cinq cents. | *cinquecentoquaranta,* cinq cent quarante. | *nel Cinquecento,* au XVIe siècle. ◆ f. AUTOM. [utilitaria Fiat] *ha comperato una cinquecento,* il a acheté une Fiat 500, une petite Fiat.
cinquefoglie [tʃinkwefɔ'ʎʎe] m. invar. BOT., ARALD. quintefeuille f.
cinquemila [tʃinkwe'mila] agg. num. card. invar. e m. cinq mille.
cinquennio [tʃin'kwɛnnjo] (**-ni** pl.) m. V. QUINQUENNIO.
cinquina [tʃin'kwina] f. GIOCHI [lotto e tombola] quine (m.). ‖ MIL. [paga del soldato] solde.
cinta ['tʃinta] f. [per difesa] enceinte, ceinture. | *muro di cinta,* mur d'enceinte. ‖ PER EST. [recinzione] clôture. | *muro di cinta,* mur de clôture. ‖ AMM. *cinta daziaria,* limite de l'octroi. ‖ ARALD. orle m. ‖ MAR. plat-bord m.
cintare [tʃin'tare] v. tr. [per difesa] ceinturer, ceindre (de murailles). ‖ PER EST. [recintare] clôturer, enclore, clore. | *cintare un giardino,* clôturer un jardin. ‖ SPORT. ceinturer, embrasser.
cinto ['tʃinto] part. pass. e agg. V. CINGERE. ◆ m. MED. *cinto erniario,* ceinture (f.) herniaire. ‖ MIT. *cinto di Venere,* ceinture de Vénus.
cintola ['tʃintola] f. [cintura] FAM. ceinture (L.C.). ‖ LOC. FIG. *star cucito alla cintola di qlcu.,* être toujours pendu à la ceinture de qn. ‖ PER EST. [vita] ceinture. | *aver l'acqua fino alla cintola,* avoir de l'eau jusqu'à la ceinture. ‖ LOC. FIG. *starsene con le mani alla cintola,* rester les bras croisés.
cintura [tʃin'tura] f. [fascia, striscia che si stringe in vita] ceinture. | *abito con cintura inserita,* robe avec ceinture incrustée. ‖ AER., AUTOM. *cintura di sicurezza,* ceinture de sécurité, de sûreté. ‖ MAR. *cintura di salvataggio,* ceinture de sauvetage. ‖ SPORT [presa] ceinture. | *cintura anteriore,* ceinture avant. ‖ [judo] *cintura nera, verde,* ceinture noire, verte. ‖ STOR. *cintura di castità,* ceinture de chasteté. ‖ PER EST. [vita] ceinture. | *gonna stretta alla cintura,* jupe serrée à la taille. | *camminare con l'acqua fino alla cintura,* marcher en ayant de l'eau jusqu'à la ceinture.
cinturare [tʃintu'rare] v. tr. SPORT [lotta] ceinturer.
cinturato [tʃintu'rato] agg. e m. TECN. [pneumatico] à carcasse (f.) radiale.
cinturino [tʃintu'rino] m. [di orologio] bracelet-montre. ‖ [di scarpa] bride f. ‖ [bordo della camicia cui viene applicato il collo] pied de col. ‖ MIL. lanière f., bélière f.
cinturone [tʃintu'rone] m. ceinturon.
cinz [tʃints] m. TESS. chintz.
ciò [tʃɔ] pron. dim. invar. [questo] ceci, [quello] cela; ça (fam.). | *ciò non mi piace,* ceci ne me plaît pas. | *tutto ciò è vero,* tout cela est vrai. ‖ [antecedente di pron. relat.] ce. | *tutto ciò che fai è ben fatto,* tout ce que tu fais est bien fait. | *parla di ciò che vuoi,* parle de ce que tu veux. | *raccontagli ciò che è successo,* raconte-lui ce qui est arrivé. ‖ USI PARTICOL. *da ciò deriva che,* il s'ensuit que. | *ciò detto,* cela dit. | *con ciò,* ce faisant, par là. | *ciò nonostante,* en dépit de cela, malgré cela. | *con tutto ciò,* malgré tout.
ciocca ['tʃɔkka]] (**-che** pl.) f. [di capelli] mèche. ‖ [di erbe, frutti] bouquet m., trochet m. | *ciocca di ciliege,* bouquet de cerises. | *ciocca di noccioline,* trochet de noisettes.
ciocco ['tʃɔkko] (**-chi** pl.) m. bûche f. ‖ LOC. FIG. *dormire comme un ciocco,* dormir comme une souche.
cioccolata [tʃokko'lata] f. [prodotto e bevanda] chocolat m.
cioccolataio [tʃokkola'tajo] (**-ai** pl.) m. chocolatier.
cioccolatiera [tʃokkola'tjɛra] f. chocolatière.
cioccolatiere [tʃokkola'tjɛre] m. [operaio] chocolatier.
cioccolatino [tʃokkola'tino] m. bonbon au chocolat. | *cioccolatino ripieno,* bonbon fourré au chocolat, bouchée (f.) au chocolat, crotte (f.) en chocolat.
cioccolato [tʃokko'lato] m. chocolat. | *cioccolato al latte,* chocolat au lait. | *al cioccolato,* chocolaté agg.
cioè [tʃo'ɛ] avv. c'est-à-dire (abbrev. c.-à-d.). | *l'altro ieri, cioè domenica,* avant-hier, c'est-à-dire dimanche. ‖ [nelle enumerazioni] (à) savoir. | *bisogna riconoscergli alcune virtù, cioè la bontà, la generosità, ecc.,* il

faut lui reconnaître quelques vertus, à savoir la bonté, la générosité, etc.

ciompi ['tʃompi] m. pl. STOR. *Tumulto dei Ciompi* Tumulte des Ciompi, des cardeurs de laine.

ciondolamento [tʃondola'mento] m. balancement.

ciondolare [tʃondo'lare] v. intr. [penzolare] balancer, se balancer v. rifl., baller. | *ti ciondola la testa,* tu dodelines de la tête. | *ciondolare dal sonno,* tomber de sommeil. || FIG. [aggirarsi oziosamente] flâner, baguenauder. ◆ v. tr. balancer. | *ciondolare le braccia,* balancer les bras.

ciondolo ['tʃondolo] m. [al polso] breloque f. || [al collo] pendentif. || [alle orecchie] pendeloque f.

ciondolone [tʃondo'lone] m. [bighellone] flâneur. || [buono a nulla] fainéant.

ciondoloni [tʃondo'loni] AVV. *con le braccia ciondoloni,* les bras ballants. | *andare ciondoloni,* flâner, baguenauder.

ciotola ['tʃɔtola] f. bol m., jatte ; [di legno] sébile. || PER EST. [contenuto] jatte, bolée.

ciotolata [tʃoto'lata] f. jatte, bolée.

ciottolato [tʃotto'lato] m. cailloutage.

ciottolo ['tʃɔttolo] m. caillou. | *strada a ciottoli, pavimentazione a ciottoli,* chemin de cailloutage.

ciottoloso [tʃotto'loso] agg. caillouteux.

1. cip [tʃip] ONOMAT. couic !

2. cip [tʃip] m. GIOCHI [poker] enjeu.

cipiglio [tʃi'piʎʎo] (**-gli** pl.) [-ʎʎi] m. air renfrogné. | *fare il cipiglio,* se renfrogner, froncer les sourcils, prendre un air courroucé.

cipolla [tʃi'polla] f. BOT. oignon m. | *cipolla d'inverno,* ciboule. || CULIN. *zuppa di cipolle,* soupe à l'oignon. || PER ANAL. [di lume a petrolio] réservoir m. || [di innaffiatoio] pomme. || SCHERZ. [orologio da tasca] oignon m., bassinoire (pop.).

cipollato [tʃipol'lato] agg. TECN. [di legno] roulé.

cipollatura [tʃipolla'tura] f. TECN. [del legno] roulure.

cipollina [tʃipol'lina] f. BOT. DIMIN. ciboule, ciboulette, cive, civette.

cipollino [tʃipol'lino] m. [marmo] cipolin.

cipollone [tʃipol'lone] m. ACCR., SCHERZ. [grosso orologio da tasca] oignon, bassinoire f. (pop.).

cippo ['tʃippo] m. ARCHIT. cippe. || [di confine] borne f.

cipresseto [tʃipres'seto] m. cyprière f.

cipresso [tʃi'prɛsso] m. BOT. cyprès.

cipria ['tʃiprja] f. poudre. | *darsi la cipria,* se poudrer.

ciprino [tʃi'prino] m. ZOOL. cyprin.

cipriota [tʃipri'ɔta] agg. e n. GEOGR. cypriote.

circa ['tʃirka] avv. environ, à peu près, quelque chose comme ; [con numerale anche] quelque invar. | *sarò di ritorno alle dieci circa,* je serai de retour à dix heures environ. | *sono circa due settimane che non lo vedo,* il y a à peu près deux semaines que je ne l'ai pas vu. | *incassare un milione circa,* toucher près d'un million. ◆ prep. [intorno a, riguardo a] quant à, en ce qui concerne, à propos de, au sujet de. | *non si sa nulla circa quell'incidente,* on ne sait rien au sujet de cet accident.

circasso [tʃir'kasso] agg. e m. GEOGR. circassien.

circense [tʃir'tʃɛnse] agg. STOR. du cirque. | *ludi circensi,* jeux du cirque.

circo ['tʃirko] (**-chi** pl.) m. [in tutti i significati] cirque. | *tendone da circo,* chapiteau de cirque.

circolante [tʃirko'lante] agg. circulant. | *biblioteca circolante,* bibliothèque de prêt à domicile. || FIN. *capitale circolante,* capital roulant. ◆ agg. e m. FIN. [capitale] numéraire m.

1. circolare [tʃirko'lare] agg. invar. circulaire. | *moto circolare,* mouvement circulaire. || FIN. *assegno circolare,* chèque de banque. || MAT. *funzione circolare,* fonction circulaire. || AGR. *fare un'incisione circolare nella corteccia di un albero,* cerner un arbre. ◆ f. [lettera] circulaire. || FERR. [linea tramviaria] ligne de ceinture. || [linea ferroviaria] chemin de fer (m.) circulaire, train (m.) de ceinture.

2. circolare [tʃirko'lare] v. intr. [in tutti i significati] circuler. | *circolare !,* circulez ! | *circola la voce che...,* le bruit court que... | *far circolare una notizia,* faire circuler une nouvelle, ébruiter une nouvelle. || FIN. [capitali] rouler.

circolatorio [tʃirkola'tɔrjo] (**-ri** pl.) agg. ANAT. circulatoire.

circolazione [tʃirkolat'tsjone] f. circulation. | *circolazione stradale,* circulation routière. | *bollo di circolazione,* vignette. | *libretto di circolazione,* carte grise. || ECON., FIN., FISIOL. circulation. || TECN. [automobili] *tubo di circolazione dell'acqua di raffreddamento,* durit f. || LOC. PR. e FIG. *mettere in circolazione,* mettre en circulation. | *togliere dalla circolazione,* retirer de la circulation.

circolo ['tʃirkolo] m. GEOM. cercle. | *circolo massimo, minore di una sfera,* grand, petit cercle d'une sphère. || PER ANAL. *far circolo attorno a qlcu.,* faire cercle autour de qn. | *in circolo,* en rond, en cercle. || AMM. cercle. || ARCHIT. *quarto di circolo,* quart-de-rond. || GEOGR. *circolo polare,* cercle polaire. || LOG. *circolo vizioso,* cercle vicieux. || FIG. [luogo di riunione] cercle, club (ingl.). | *circolo di biliardo,* académie (f.) de billard. | *andare al circolo,* aller au club. || PER EST. [ambiente] milieu. | *è molto noto nei circoli artistici,* il est fort connu dans les milieux artistiques. || LOC. SCHERZ. *tener circolo,* polariser l'attention.

circoncidere [tʃirkon'tʃidere] v. tr. circoncir.

circoncisione [tʃirkontʃi'zjone] f. CHIR. e RELIG. circoncision.

circonciso [tʃirkon'tʃizo] part. pass. e agg. circoncis.

circondare [tʃirkon'dare] v. tr. entourer, environner, border, cerner. | *la piazza è circondata da vecchie case,* la place est bordée de vieilles maisons. || PER EST. *il chirurgo è circondato dai suoi assistenti,* le chirurgien est encadré de ses assistants. || PER ANAL. [avviluppare] envelopper, entourer, ceindre. | *uno scialle le circondava le spalle,* un châle entourait ses épaules. | *circondare qlcu. con le braccia,* embrasser qn. || FIG. entourer, environner. | *circondare qlcu., qlco. di mistero,* entourer qn, qch. de mystère. | *circondare di cure,* entourer de soins. || PER EST. [circuire] (raro) circonvenir, entreprendre, embobiner (fam.). || MIL. cerner, encercler, entourer. | *circondare un distaccamento,* cerner un détachement. | *la polizia ha circondato il quartiere,* la police a bouclé le quartier. ◆ v. rifl. s'entourer, s'environner. | *circondarsi di adulatori,* s'environner d'adulateurs. || FIG. s'entourer.

circondario [tʃirkon'darjo] (**-ri** pl.) m. AMM. circonscription f. || PER EST. [territorio limitrofo] alentours pl., environs pl.

circonduzione [tʃirkondut'tsjone] f. circumduction.

circonferenza [tʃirkonfe'rɛntsa] f. circonférence.

circonflesso [tʃirkon'flɛsso] agg. [incurvato] (raro) courbé. || GRAMM. circonflexe.

circonflettere [tʃirkonf'lɛttere] v. tr. [incurvare] courber. || GRAMM. (raro) mettre un accent circonflexe (sur).

circonfuso [tʃirkon'fuzo] agg. *circonfuso di luce,* baigné de lumière.

circonlocuzione [tʃirkonlokut'tsjone] f. circonlocution, circonvolution.

circonscrivere [tʃirkon'skrivere] e deriv. v. tr. V. CIRCOSCRIVERE e deriv.

circonvallazione [tʃirkonvallat'tsjone] f. MIL. circonvallation. || PER EST. [di centro abitato] *strada di circonvallazione,* chemin (m.) de ceinture. || [a Parigi] (boulevard) périphérique. || FERR. *linea di circonvallazione esterna, interna,* (ligne de) grande, petite ceinture.

circonvenire [tʃirkonve'nire] v. tr. circonvenir, embobiner (fam.).

circonvenzione [tʃirkonvent'tsjone] f. GIUR. abus m. | *circonvenzione di minore,* abus d'un mineur.

circonvicino [tʃirkonvi'tʃino] agg. avoisinant, environnant, circonvoisin.

circonvoluzione [tʃirkonvolut'tsjone] f. circonvolution. || ANAT. *circonvoluzioni cerebrali,* circonvolutions cérébrales.

circoscrivere [tʃirkos'krivere] v. tr. circonscrire, délimiter. | *circoscrivere con picchetti,* borner. | *circoscrivere un incendio,* localiser, circonscrire un incendie. | *circoscrivere i danni,* limiter les dégâts. || FIG. circonscrire, délimiter, cerner. | *circoscrivere un argomento,* délimiter un sujet. || GEOM. circonscrire.

circoscrizione [tʃirkoskrit'tsjone] f. [azione] circons-

cription. ‖ AMM. circonscription. | *circoscrizione amministrativa degli ex-territori francesi d'oltremare,* cercle m.
circospetto [tʃirkos'pɛtto] agg. circonspect, cauteleux.
circospezione [tʃirkospet'tsjone] f. circonspection, cautèle.
circostante [tʃirkos'tante] agg. environnant, avoisinant. ◆ m. pl. personnes (f.) présentes, assistance (f. sing.).
circostanza [tʃirkos'tantsa] f. circonstance. | *dipende dalle circostanze,* cela dépend des circonstances. | *secondo le circostanze,* selon les circonstances. | *le circostanze della vita,* les circonstances, les contingences de la vie. | *assumere un'aria di circostanza,* prendre un air de circonstance. ‖ GIUR. *circostanze aggravanti, attenuanti,* circonstances aggravantes, atténuantes.
circostanziare [tʃirkostan'tsjare] v. tr. circonstancier.
circostanziato [tʃirkostan'tsjato] part. pass. e agg. circonstancié.
circuire [tʃirku'ire] v. tr. [girare intorno a] ANTIQ. faire le tour (de) [L.C.]. ‖ FIG. circonvenir, entreprendre, enjôler.
1. circuito [tʃir'kuito] m. circuit. | *chiudere il circuito,* boucler le circuit.
2. circuito [tʃirku'ito] part. pass. e agg. FIG. circonvenu.
circumnavigare [tʃirkumnavi'gare] v. tr. faire la circumnavigation (de).
circumnavigazione [tʃirkumnavigat'tsjone] f. circumnavigation.
circumpolare [tʃirkumpo'lare] agg. circumpolaire.
cireneo [tʃire'nɛo] agg. e m. cyrénéen. ‖ FIG. bouc émissaire.
cirillico [tʃi'rilliko] (**-ci** pl.) agg. cyrillique.
cirro ['tʃirro] m. METEOR. cirrus. ‖ BOT. cirre, cirrhe. ‖ ZOOL. cire, cirrhe, cirre.
cirrosi [tʃir'rɔzi] f. MED. cirrhose. | *cirrosi epatica,* cirrhose du foie.
cisalpino [tʃizal'pino] agg. GEOGR. cisalpin. ‖ STOR. *Repubblica Cisalpina,* République Cisalpine.
cispa ['tʃispa] f. MED. chassie.
cispadano [tʃispa'dano] agg. GEOGR. cispadan. ‖ STOR. *Repubblica Cispadana,* République Cispadane.
cisposo [tʃis'poso] agg. chassieux.
cistacee [tʃis'tatsee] f. pl. BOT. cistacées.
ciste ['tʃiste] f. MED. kyste m. | *chiudersi in una ciste,* s'enkyster.
cistercense [tʃister'tʃɛnse] agg. e n. RELIG. cistercien.
cisterna [tʃis'tɛrna] f. citerne. | *nave cisterna,* bateau-citerne m. | *auto cisterna,* camion-citerne m.
cisti ['tʃisti] f. V. CISTE.
cistico ['tʃistiko] (**-ci** pl.) agg. MED. kystique. ‖ ANAT. cystique. | *dotto cistico,* canal cystique.
cistifellea [tʃisti'fɛllea] f. ANAT. vésicule (biliaire).
cistifellico [tʃisti'fɛlliko] (**-ci** pl.) agg. cholécystopathique. ‖ [bilioso] bilieux.
cistite [tʃis'tite] f. MED. cystite.
cisto ['tʃisto] m. BOT. ciste.
citante [tʃi'tante] agg. GIUR. qui cite en jugement. ◆ m. e f. GIUR. demandeur m., demanderesse f.
citare [tʃi'tare] v. tr. [in tutti i significati] citer. | *citare passi, versi di qlcu.,* citer des passages, des vers de qn. | *citare ad esempio,* citer en exemple. ‖ GIUR. citer, intimer, assigner, ajourner. | *citare testi a discarico,* citer des témoins à décharge. | *citare qlcu. per danni,* poursuivre qn pour dommages et intérêts. ‖ MIL. *citare un soldato all'ordine del giorno,* citer un soldat à l'ordre du jour.
citarista [tʃita'rista] (**-ti** pl.) m. e f. cithariste.
citato [tʃi'tato] part. pass. e agg. cité. ‖ [suddetto] nommé, dénommé. | *il citato signor X,* le dénommé monsieur X.
citatorio [tʃita'tɔrjo] (**-ri** pl.) agg. GIUR. de citation. | *(lettera) citatoria,* lettre de citation, d'assignation.
citazione [tʃitat'tsjone] f. [in tutti i significati] citation.
citiso ['tʃitizo] m. BOT. cytise.
citofono [tʃi'tɔfono] m. interphone, parlophone.
citologia [tʃitolo'dʒia] f. BIOL. cytologie.
citrato [tʃi'trato] m. CHIM. citrate.
citrico ['tʃitriko] (**-ci** pl.) agg. citrique.
citrino [tʃi'trino] m. MINER. citrine f.
citronella [tʃitro'nɛlla] f. BOT. citronnelle.
citrullaggine [tʃitrul'laddʒine] f. imbécillité, niaiserie, sottise.
citrullo [tʃi'trullo] m. (grand) dadais, niais, cruche f. (fam.), gros-jean (antiq., pop.).
città [tʃit'ta] f. invar. **1.** [agglomerato urbano] ville, cité (lett.). | *abitare in città,* habiter la ville. | *andare, recarsi in città,* aller à la ville. | [fuori casa] *è in città,* il est en ville. | *dentro la città,* dans la ville. | *fuori delle mura della città,* hors (de) la ville. | *città natale,* ville natale. | *città satellite, aperta, termale,* ville satellite, ouverte, d'eaux. | *preferisce la vita di città,* il préfère vivre en ville. ‖ PER EST. [abitanti] *è una voce che corre in città,* c'est un bruit qui court dans la ville. ‖ **2.** [centro storico, città con particolari caratteristiche] cité. | *le città del Rinascimento,* les cités de la Renaissance. | *città del Vaticano,* Cité du Vatican. | *Gerusalemme è detta la Città Santa,* Jérusalem est appelée la Cité Sainte. ‖ PER EST. *città giardino,* cité-jardin. | *città universitaria,* cité universitaire. ‖ ARCHEOL. *città lacustre,* cité lacustre.
cittadella [tʃitta'dɛlla] f. PR. e FIG. citadelle.
1. cittadina [tʃitta'dina] f. DIMIN. petite ville.
2. cittadina [tʃitta'dina] f. citoyenne.
cittadinanza [tʃittadi'nantsa] f. nationalité, citoyenneté. | *cittadinanza italiana,* nationalité italienne. | *concedere la cittadinanza,* nationaliser v. tr. | *ha ottenuto la cittadinanza francese,* il a été naturalisé français. | *avere la cittadinanza onoraria di una città,* être citoyen d'honneur d'une ville. ‖ PER EST. [abitanti] population, citoyenneté. | *appello alla cittadinanza,* appel à la population. ‖ STOR. e FIG. *(diritto di) cittadinanza,* droit de cité.
cittadino [tʃitta'dino] agg. [della città] de la ville, urbain. | *vie cittadine,* rues de la ville. | *monumenti cittadini,* monuments de la ville. | *milizia cittadina,* milice urbaine. ‖ PER EST. [opposto a rurale] citadin, urbain. | *abitudini cittadine,* habitudes citadines. | *avere un'aria cittadina,* avoir un air de citadin. ‖ STOR. [intestino] *lotte, rivalità cittadine,* luttes, rivalités intestines. ◆ m. [chi abita in una città] habitant (de la ville). | *i cittadini di Roma,* les habitants de Rome. ‖ [in opposizione a campagna] citadin. ‖ [che appartiene ad uno stato] citoyen. | *essere cittadino italiano,* être citoyen italien. | *cittadino del mondo,* citoyen du monde. | *è stato fatto cittadino onorario,* il a été nommé citoyen d'honneur. ‖ STOR. [durante la Rivoluzione francese] citoyen.
ciucca ['tʃukka] f. POP. [sbornia] cuite, biture. | *ha preso una ciucca!,* il a pris une de ces bitures!
ciucciare [tʃuk'kare] v. tr. e intr. FAM. suçoter.
ciuccio ['tʃuttʃo] (**-ci** pl.) m. DIAL. [asino] âne. ‖ FAM. [tettarella di gomma] sucette f.
ciuchino [tʃu'kino] m. DIMIN. bourriquet, ânon.
ciuco ['tʃuko] (**-chi** pl.) m. âne, bourricot, bourriquot, baudet. ‖ FIG. [persona stupida, ignorante] aliboron, bourrique f.
ciuffetto [tʃuf'fetto] m. DIMIN. houppette f., toupillon.
ciuffo ['tʃuffo] m. [di crini, peli, piume] houppe f. ‖ [di capelli] toupet, touffe f., houppe f., mèche f. ‖ [di uccelli] huppe f., touffe f., aigrette f. ‖ [di erba] touffe f. ‖ [di piante] bouquet, massif. | *un ciuffo d'alberi,* un bouquet, une touffe d'arbres, un boqueteau. | *un ciuffo di rose,* un massif de roses.
ciuffolotto [tʃuffo'lɔtto] m. ZOOL. bouvreuil.
ciurma ['tʃurma] f. MAR. [basso equipaggio] équipage m. ‖ STOR. [rematori di una galera, forzati o schiavi] chiourme. ‖ FIG. PEGGIOR. canaille, racaille.
civet [si'vɛ] m. [fr.] civet.
civetta [tʃi'vetta] f. ZOOL. chouette, chevêche. ‖ FIG. coquette (agg. e f.). | *fare la civetta,* faire la coquette, coqueter v. intr. (fam.). ‖ PER ANAL., MIL. *nave civetta,* navire (m.), bateau (m.) piège.
civettare [tʃivet'tare] v. intr. FIG. faire la coquette, coqueter (fam.).
civetteria [tʃivette'ria] f. coquetterie.
civettona [tʃivet'tona] f. POP. coquette agg. e f.

civettone [tʃivet'tone] m. coquet agg. e m. | *fare il civettone*, coqueter v. intr. (fam.).
civettuolo [tʃivet'twɔlo] agg. coquet. | *casa civettuola*, maison coquette.
civico ['tʃiviko] (**-ci** pl.) agg. [diretto all'ordine] civique. | *virtù civiche*, vertus civiques. | *educazione civica*, éducation civique. || [municipale] municipal. | *biblioteca civica*, bibliothèque municipale. || STOR. *guardia civica*, garde (m.) civique. || UNIV. *educazione civica*, instruction civique.
civile [tʃi'vile] agg. civil, civique. | *diritti civili*, droits civiques. || [opposto a militare] *nella vita civile fa il giornalista*, dans le civil il est journaliste. || [opposto a selvaggio] civilisé. | *i popoli civili, la gente civile*, les civilisés. || FIG. [cortese] poli, courtois, civil (antiq.). || AMM. *stato civile*, état civil. | *il Genio civile*, les Ponts et Chaussées. || GIUR. *diritto, codice civile*, droit, Code civil. | *condanna alla perdita dei diritti civili e politici*, dégradation civique. | *costituirsi parte civile*, se porter partie civile. | *procedura civile*, civil m. ◆ m. [opposto a militare] civil. | *i civili e i militari*, les civils et les militaires. | *mettersi in civile*, s'habiller en civil.
civilista [tʃivi'lista] (**-ti** pl.) m. GIUR. civiliste.
civilizzabile [tʃivilid'dzabile] agg. civilisable.
civilizzare [tʃivilid'dzare] v. tr. PR. e FIG. civiliser. ◆ v. rifl. se civiliser.
civilizzato [tʃivilid'dzato] part. pass. e agg. civilisé.
civilizzatore [tʃiviliddza'tore] (**-trice** f.) agg. e n. civilisateur, trice.
civilizzazione [tʃiviliddzat'tsjone] f. civilisation.
civilmente [tʃivil'mente] avv. AMM. GIUR. civilement. | *essere responsabile civilmente*, être civilement responsable. | *essere perseguito civilmente*, être poursuivi au civil. || FIG. [educatamente] poliment, honnêtement, civilement (lett.).
civiltà [tʃivil'ta] f. invar. civilisation. || FIG. [urbanità] civilité, politesse, courtoisie.
civismo [tʃi'vizmo] m. civisme.
clacson ['klakson] m. AUTOM. klaxon. | *suonare il clacson*, klaxonner (v. intr.).
clamide ['klamide] f. STOR. [abbigliamento] chlamyde. || PER EST. [manto] (lett.) manteau m.
clamore [kla'more] m. clameur f., vacarme. || FIG. [scalpore] *quell'avvenimento ha fatto clamore*, cet événement a fait du bruit.
clamoroso [klamo'roso] agg. bruyant, retentissant. | *applausi clamorosi*, applaudissements retentissants. | *risata clamorosa*, rire sonore. || FIG. éclatant, retentissant. | *avere un successo clamoroso*, avoir un succès éclatant.
clan [klan] m. invar. [ingl.] clan. || FIG. clan, chapelle f., coterie f.
clandestinamente [klandestina'mente] avv. clandestinement. | *imbarcarsi clandestinamente*, s'embarquer clandestinement.
clandestinità [klandestini'ta] f. clandestinité.
clandestino [klandes'tino] agg. e m. clandestin.
claque [klak] f. [fr.] TEATRO claque.
claquettes [kla'kɛt] f. pl. [fr.] [per il tip-tap e altre danze] claquettes.
clarinettista [klarinet'tista] (**-ti** pl.) m. e f. MUS. clarinettiste.
clarinetto [klari'netto] m. MUS. clarinette f. || PER EST. [clarinettista] clarinettiste, clarinette f.
clarino [kla'rino] m. [chiarina] clairon. || [clarinetto] MUS. clarinette f.
clarissa [kla'rissa] f. RELIG. clarisse.
classare [klas'sare] v. tr. classer.
classe ['klasse] f. [ordine sociale] classe. | *lotta di classe*, lutte des classes. || [classificazione] classe. | *classe dei mammiferi*, classe des mammifères. || FIG. *aver classe*, avoir de la classe. | *fuori classe*, hors classe. || SPORT. *atleta di classe internazionale*, athlète de classe internationale. || AMM. [categoria] cadre m. | *la classe degli impiegati*, la catégorie des employés. || FERR., MIL. classe. | *classe di leva*, classe de recrutement. || UNIV. [anno, livello di studi] classe. | *in che classe sei?, che classe fai?*, en quelle classe es-tu? | *frequentare la stessa classe*, être dans la même classe. | *ripetere la classe*, redoubler la classe. || PER EST. [aula] (salle de) classe. | *andare, essere in classe*, aller, être en classe. | *compito in classe*, composition. | *fare un compito in classe*, composer v. intr. | *abbiamo fatto un compito in classe di latino*, nous avons composé en latin. || [insieme degli alunni di una classe] classe. | *classe mista*, classe mixte.
classicheggiante [klassiked'dʒante] agg. qui imite les classiques.
classicheggiare [klassiked'dʒare] v. intr. imiter les classiques.
classicismo [klassi'tʃizmo] m. classicisme.
classicista [klassi'tʃista] (**-ti** pl.) m. partisan du classicisme. || [cultore di studi classici] savant spécialisé dans l'étude de l'antiquité classique.
classicità [klassitʃi'ta] f. caractère (m.) classique. || [mondo della cultura classica] (raro) antiquité classique.
classico ['klassiko] (**-ci** pl.) agg. e n. [in tutti i significati] classique. | *studi classici* [in Belgio], humanités f. pl.
classifica [klas'sifika] (**-che** pl.) f. classement m. | *essere in testa alla classifica*, être en tête du classement.
classificabile [klassifi'kabile] agg. [catalogabile] qu'on peut classer.
classificare [klassifi'kare] v. tr. [catalogare] classer. | *classificare documenti*, classer des papiers. || [distribuire in classi] classifier. || FIG. FAM. *classificare subito una persona*, classer une personne tout de suite. || MAR. coter. || UNIV. noter, coter. | *classificare il compito di un alunno*, noter le devoir d'un élève. ◆ v. rifl. se classer.
classificatore [klassifika'tore] (**-trice** f.) agg. classificateur. ◆ m. [persona] classificateur. || [cartella] dossier, classeur. || [mobile] classeur, cartonnier.
classificazione [klassifikat'tsjone] f. [azione] classement m. || [distribuzione in classi] classification. || MAR. cote. || UNIV. note, classement m. | *avere una buona classificazione*, avoir de bonnes notes.
classismo [klas'sizmo] m. politique (f.) de classe.
classista [klas'sista] (**-ti** pl.) agg. fondé sur la lutte des classes. ◆ m. personne (f.) qui fait de la politique de classe.
classistico [klas'sistiko] (**-ci** pl.) agg. fondé sur la lutte des classes.
claudia ['klaudja] f. BOT. *(susina) claudia*, reine-claude.
claudicante [klaudi'kante] agg. invar. (lett.) claudicant, boiteux (L.C.).
claudicare [klaudi'kare] v. intr. (lett.) claudiquer, boiter (L.C.), clocher (antiq.).
claudicazione [klaudikat'tsjone] f. MED. claudication.
claunesco [klau'nesko] (**-chi** pl.) agg. clownesque, bouffon.
clausola ['klauzola] f. GIUR. clause. | *clausola compromissoria, all'ordine, d'uso*, clause compromissoire (ou arbitrale), d'ordre, de style. || POET., RET. clausule.
claustrale [klaus'trale] agg. claustral.
claustrofobia [klaustrofo'bia] f. claustrophobie.
clausura [klau'zura] f. [isolamento] claustration. || RELIG. clôture. | *suore di clausura*, religieuses cloîtrées.
clava ['klava] f. massue, casse-tête m. invar. || SPORT mil m.
clavaria [kla'varja] f. BOT. clavaire.
clavicembalista [klavitʃemba'lista] (**-ti** pl.) m. e f. MUS. claveciniste.
clavicembalo [klavi'tʃembalo] m. MUS. clavecin.
clavicola [kla'vikola] f. ANAT. clavicule.
clearing ['kliəriŋ] m. [ingl.] FIN. clearing.
clematide [kle'matide] f. BOT. clématite.
clemente [kle'mɛnte] agg. [in tutti i significati] clément.
clementina [klemen'tina] f. BOT. clémentine.
clemenza [kle'mentsa] f. clémence.
cleptomane [klep'tɔmane] agg. e n. cleptomane, kleptomane.
cleptomania [kleptoma'nia] f. cleptomanie, kleptomanie.
clericale [kleri'kale] agg. e m. clérical.
clericalismo [klerika'lizmo] m. cléricalisme.
clericato [kleri'kato] m. cléricature f.
clero ['klɛro] m. clergé, calotte f. (peggior.). | *l'influenza del clero*, l'influence de la calotte.

clessidra [kles'sidra] f. [a sabbia] sablier m. || [a acqua] clepsydre.
clic [klik] ONOMAT. clic.
clicchettio [klikket'tio] m. cliquetis, cliquettement.
cliché [kli'ʃɛ] m. [fr.] TIP. cliché. | *eseguire dei clichés*, clicher v. tr. || FIG. cliché, poncif.
cliente [kli'ɛnte] m. client, chaland (antiq.) ; [di caffè e ristorante] consommateur. | *essere cliente da qlcu.*, être client chez qn. | *i clienti abituali*, les habitués. || FIG. PEGGIOR. *procacciatore di clienti*, rabatteur. || COMM. *visitare i clienti*, visiter la clientèle. || STOR. client. ◆ f. cliente.
clientela [klien'tɛla] f. PR. e FIG. clientèle. | *quell'avvocato ha una buona clientela*, cet avocat a un bon cabinet. | *avvocato senza clientela*, avocat sans causes.
clientelare [kliente'lare] agg. basé sur les clientèles. | *politica clientelare*, politique basée, fondée sur les clientèles.
clima ['klima] (**-i** pl.) m. climat, ciel. | *clima temperato*, climat tempéré. | *vivere in altri climi*, vivre sous d'autres cieux. || FIG. climat, ambiance f. | *clima culturale*, climat culturel. | *clima ostile*, ambiance hostile.
climaterico [klima'tɛriko] (**-ci** pl.) agg. climatérique.
climaterio [klima'tɛrjo] (**-i** pl.) m. MED. retour d'âge, ménopause f.
climatico [kli'matiko] (**-ci** pl.) agg. climatique.
climatizzazione [klimatiddzat'tsjone] f. climatisation.
climatologia [klimatolo'dʒia] f. climatologie.
climatologico [klimato'lɔdʒiko] (**-ci** pl.) agg. climatologique.
climatologo [klima'tɔlogo] (**-gi** pl.) m. climatologue.
clinica ['klinika] (**-che** pl.) f. clinique.
clinico ['kliniko] (**-ci** pl.) agg. clinique. | *caso clinico*, cas clinique. | *cartella clinica*, fiche médicale. || FIG. *avere l'occhio clinico*, avoir l'œil américain. ◆ m. clinicien.
clinometro [kli'nɔmetro] m. clinomètre.
clip [klip] m. [ingl.] clip.
clipper ['klipə] m. [ingl.] MAR., AER. clipper.
cliscè [kli'ʃɛ] m. TIP. (antiq.) cliché.
clistere [klis'tɛre] m. MED. [medicamento] lavement, clystère (ant.). || PER EST. [strumento] bock (ingl.).
clitoride [kli'tɔride] f. ANAT. clitoris m.
cloaca [klo'aka] (**-che** pl.) f. PR. e FIG. cloaque m. || ZOOL. cloaque. || STOR. *la Cloaca massima*, la Cloaca maxima.
cloche [klɔʃ] f. [fr.] (chapeau [m.]) cloche. || AER. cloche. || AUTOM. *cambio a cloche*, changement de vitesse au plancher.
cloisonné [klwazo'ne] agg. e m. [fr.] ARTI (émail) cloisonné.
cloralio [klo'raljo] m. CHIM. chloral.
clorato [klo'rato] m. CHIM. chlorate.
clorico ['klɔriko] (**-ci** pl.) agg. CHIM. chlorique.
cloridrico [klo'ridriko] agg. CHIM. chlorhydrique.
cloro ['klɔro] m. CHIM. chlore.
clorofilla [kloro'filla] f. chlorophylle.
clorofilliano [klorofil'ljano] agg. chlorophyllien.
cloroformio [kloro'fɔrmjo] m. CHIM. chloroforme.
cloroformizzare [kloroformid'dzare] v. tr. chloroformer.
clorosi [klo'rɔzi] f. MED. chlorose.
clorotico [klo'rɔtiko] agg. e m. chlorotique.
cloruro [klo'ruro] m. CHIM. chlorure.
clown ['klaun] m. [ingl.] clown.
club [klʌb] m. [ingl.] club, cercle. || SPORT club.
cluniacense [klunja'tʃɛnse] agg. e m. RELIG. clunisien (agg.).
coabitare [koabi'tare] v. intr. cohabiter.
coabitazione [koabitat'tsjone] f. cohabitation.
coaccusato [koakku'zato] agg. e n. GIUR. coaccusé.
coacervare [koatʃer'vare] v. tr. (lett.) accumuler, entasser.
coacervo [koa'tʃɛrvo] m. (lett.) monceau. || AMM. *coacervo dei redditi*, somme (f.) des revenus.
coadiutore [koadju'tore] (**-trice** f.) m. collaborateur. || RELIG. coadjuteur.
coadiuvare [koadju'vare] v. tr. (lett.) aider, coopérer (avec). | *coadiuvare uno studioso in una ricerca*, coopérer avec un savant à une recherche.
coagulabile [koagu'labile] agg. coagulable.
coagulante [koagu'lante] agg. e m. coagulant.
coagulare [koagu'lare] v. tr. coaguler. || [latte] cailler. || [sangue] figer, cailler, coaguler. | *la paura gli ha fatto coagulare il sangue*, la peur lui a figé le sang. ◆ v. rifl. se coaguler, prendre (v. intr.). || [latte] se cailler. || [sangue] se figer, se coaguler, se cailler. || FIG. se figer.
coagulazione [koagulat'tsjone] f. coagulation, prise. || [latte] caillement m., caillage m. || [sangue] coagulation, figement m. (raro).
coalizione [koalit'tsjone] f. coalition.
coalizzare [koalid'dzare] v. tr. coaliser. ◆ v. rifl. se coaliser.
coartare [koar'tare] v. tr. (lett.) contraindre, forcer, obliger.
coassiale [koas'sjale] agg. coaxial.
coassicurazione [koassikurat'tsjone] f. coassurance.
coattivo [koat'tivo] agg. coactif, coercitif. || [obbligatorio] obligatoire, forcé. | *vendita coattiva*, vente forcée.
coatto [ko'atto] agg. forcé, obligatoire. || GIUR. *domicilio coatto*, résidence forcée. | *mandare a domicilio coatto*, interner (v. tr.).
coattore [koat'tore] m. GIUR. codemandeur.
coautore [koau'tore] m. coauteur, collaborateur.
coazione [koat'tsjone] f. contrainte, coercition, coaction.
cobalto [ko'balto] m. CHIM. cobalt. | *ossido di cobalto*, safre. || MED. *bomba al cobalto*, bombe au cobalt.
cobaltoterapia [kobaltotera'pia] f. cobaltothérapie, cobalthérapie.
coboldo [ko'bɔldo] m. kobold.
cobra ['kɔbra] m. invar. ZOOL. cobra.
coca ['kɔka] f. BOT. [pianta] coca m. o f. || [sostanza] coca.
coca-cola ['kɔka'kɔla] f. Coca-Cola m.
cocaina [koka'ina] f. FARM. cocaïne, coco (fam.), came (pop.), neige (gerg.).
cocainomane [kokai'nɔmane] m. e f. cocaïnomane.
cocainomania [kokainoma'nia] f. cocaïnomanie.
1. cocca ['kɔkka] (**-che** pl.) f. [tacca] encoche, coche (antiq. o region.).
2. cocca ['kɔkka] (**-che** pl.) f. MAR. coque.
3. cocca ['kɔkka] (**-che** pl.) f. [nel linguaggio infantile : gallina] cocotte. || FIG. [termine affettuoso] cocotte, chouchoute. | *è la mia cocca*, c'est ma cocotte.
4. cocca ['kɔkka] (**-che** pl.) f. [angolo di tessuto quadrato] coin m.
coccarda [kok'karda] f. cocarde.
cocchiera [kok'kjɛra] agg. LOC. FIG. *fare la mosca cocchiera*, faire la mouche du coche.
cocchiere [kok'kjɛre] m. cocher.
cocchio ['kɔkkjo] (**-chi** pl.) m. carrosse. || STOR. [Roma] bige f.
coccia ['kɔttʃa] (**-ce** pl.) f. [calotta sull'impugnatura della spada] garde. || [fornello di pipa] (raro) fourneau m. || PER EST. [guscio di legume] cosse ; [di uovo] coque. || SCHERZ. region. [testa] caboche, cocarde (pop.).
coccidiosi [kottʃi'djɔzi] f. invar. MED. coccidiose.
coccige ['kɔttʃidʒe] m. ANAT. coccyx, croupion (fam.).
coccinella [kottʃi'nɛlla] f. ZOOL. coccinelle, bête à bon Dieu (fam.).
cocciniglia [kottʃi'niʎʎa] f. ZOOL. cochenille.
coccio ['kɔttʃo] (**-ci** pl.) m. [terracotta] terre (f.) cuite. || PER ANAL. [frammento] débris. | *coccio di bottiglia*, tesson de bouteille. || PROV. *chi rompe paga e i cocci sono suoi*, qui casse les verres les paye.
cocciutaggine [kottʃu'taddʒine] f. entêtement m., opiniâtreté (lett.).
cocciuto [kot'tʃuto] agg. entêté, têtu, buté, cabochard (fam.). | *essere cocciuto come un mulo*, être têtu comme une mule.
1. cocco ['kɔkko] (**-chi** pl.) m. BOT. [pianta] cocotier. || [frutto] coco.
2. cocco ['kɔkko] (**-chi** pl.) m. [batterio] coque.
3. cocco ['kɔkko] (**-chi** pl.) m. [nel linguaggio infan-

tile : uovo] coco. || FIG. [termine affettuoso] chouchou. | *il cocco di mamma*, l'enfant chéri.
coccodrillo [kokko'drillo] m. ZOOL. PR. e FIG. crocodile.
coccola ['kɔkkola] f. BOT. baie.
coccolare [kokko'lare] v. tr. cajoler, dorloter, choyer, chouchouter (fam.), mignoter (antiq.). ◆ v. rifl. se dorloter. || [crogiolarsi] lézarder v. intr. | *coccolarsi al sole*, lézarder au soleil.
coccolo ['kɔkkolo] m. [termine affettuoso] chouchou.
coccoloni [kokko'loni] avv. à croupetons.
cocente [ko'tʃɛnte] agg. PR. e FIG. brûlant, cuisant.
cocker ['kɔker] m. [ingl.] ZOOL. cocker.
cocktail ['kɔkteil] m. [ingl.] cocktail.
cocolla [ko'kolla] f. RELIG. [abbigl.] coule.
cocomero [ko'komero] m. BOT. pastèque f., melon (d'eau). || FIG. niais, cornichon.
cocorita [koko'rita] f. ZOOL. FAM. perruche.
cocotte [kɔ'kɔt] f. [fr.] cocotte.
cocuzza [ko'kuttsa] f. reg. [zucca] courge. || FIG. SCHERZ. [testa] caboche, cocarde. ◆ pl. [lire] SCHERZ. balles.
cocuzzolo [ko'kuttsolo] m. [di cappello] calotte f. || [di testa] sommet. || [di vetta] sommet, faîte.
coda ['koda] f. [di animali] queue. || PER EST. [di oggetti] queue. | *coda di una cometa*, queue d'une comète. | *coda di un abito*, queue d'une robe. | *abito a coda*, habit à queue, queue-de-morue (fam.). | *giacca a coda*, jaquette. || PER ANAL. [pettinatura] *coda di cavallo*, queue-de-cheval. || FIG. *mettersi in coda*, se mettre à la queue, prendre la queue. | *fare la coda*, faire la queue. | *ho fatto due ore di coda*, j'ai fait une queue de deux heures. || LOC. *non aver né capo né coda*, n'avoir ni queue ni tête. | *andarsene, tornare con la coda fra le gambe*, s'en aller, filer, revenir la queue basse, la queue entre les jambes. | *quando il diavolo ci mette la coda*, quand le diable s'en mêle. | *guardare con la coda dell'occhio*, regarder en coulisse. | *essere il fanalino di coda*, être la lanterne rouge. || AER. *pattino di coda*, béquille. || AUTOM. *sbandare di coda*, faire une queue de poisson. || BOT. *coda di cavallo*, queue de cheval. || COMM. [di cambiale] allonge. || MAR. fouet m. || MIL. *coda dell'affusto del cannone*, crosse de canon. || MUS. [di nota] queue. || POES. [di sonetto] suite. || TECN. [di lima, di coltello] queue. | *incastro a coda di rondine*, assemblage à queue d'aronde. || TIP. ligne creuse. || ZOOL. *coda di rospo*, crapaud de mer, baudroie.
codardia [kodar'dia] f. couardise, lâcheté.
codardo [ko'dardo] agg. e m. couard, lâche.
codazzo [ko'dattso] m. cortège, suite f.
codeina [kode'ina] f. FARM. codéine.
codesto [ko'desto] agg. dimostr. m. [davanti a consonante e h aspirata] ce, [davanti a vocale] cet ; f. cette ; pl. ces. | *dammi codesto libro*, donne-moi ce livre. | *codesta risposta non soddisfa nessuno*, cette réponse ne satisfait personne. | *fammi vedere codeste penne che hai in mano*, montre-moi les plumes que tu as à la main. ◆ pron. dim. m. celui-là ; f. celle-là ; m. pl. ceux-là ; f. pl. celles-là. | *non voglio questa, ma codesta*, je ne veux pas celle-ci, mais celle-là. | *che modi sono codesti ?*, en voilà des façons ! || [ciò] (raro) cela, ça (fam.). | *codesto non mi va bene*, cela ne me va pas.
codice ['kɔditʃe] m. [manoscritto antico] manuscrit. || GIUR., LING., MAR., MIL. code. || PER EST. *codice stradale*, Code de la route.
codicillo [kodi'tʃillo] m. GIUR. codicille. || [di lettera o documento] post-scriptum.
codificare [kodifi'kare] v. tr. codifier.
codificazione [kodifikat'tsjone] f. codification.
codino [ko'dino] m. DIMIN. [piccola coda] couette f. || [dei Cinesi] natte f. || [di parrucca] queue f. || [di bambina] couette f. || FIG. PEGGIOR. [retrogrado] rétrograde, réactionnaire.
codione [ko'djone] m. V. CODRIONE.
codirosso [kodi'rosso] m. ZOOL. rouge-queue.
codolo ['kodolo] m. queue f.
codone [ko'done] m. ZOOL. pilet.
codrione [ko'drjone] m. ZOOL. croupion. || PER ANAL. [coccige] FAM. o SCHERZ. croupion. || CULIN. bonnet d'évêque.
coeducazione [koedukat'tsjone] f. coéducation.
coefficiente [koeffi'tʃɛnte] m. [fattore] facteur. || MAT., FIS. coefficient.
coercibile [koer'tʃibile] agg. coercible.
coercitivo [koertʃi'tivo] agg. coercitif.
coercizione [koertʃit'tsjone] f. coercition.
coerede [koe'rɛde] m. e f. GIUR. cohéritier m., cohéritière f.
coerente [koe'rɛnte] agg. cohérent. || FIG. [di persona] conséquent.
coerenza [koe'rɛntsa] f. cohérence. || FIG. [di persona] esprit (m.) de suite.
coesione [koe'zjone] f. cohésion.
coesistente [koezis'tɛnte] agg. coexistant.
coesistenza [koezis'tɛntsa] f. coexistence.
coesistere [koe'zistere] v. intr. coexister.
coesivo [koe'zivo] agg. cohésif.
coetaneo [koe'taneo] agg. du même âge. | *i due cugini sono quasi coetanei*, les deux cousins sont presque du même âge. ◆ n. [della stessa età] *questo bambino non vuole mai giocare con i suoi coetanei*, cet enfant ne veut jamais jouer avec les enfants de son âge. || PER EST. [della stessa epoca] contemporain.
coeterno [koe'tɛrno] agg. coéternel.
coevo [ko'ɛvo] agg. (raro) contemporain (L.C.).
cofanetto [kofa'netto] m. coffret, cassette f. || AUTOM. [di cruscotto] boîte (f.) à gants.
cofano ['kɔfano] m. [cassa antica] bahut, coffre. || AUTOM. capot. | *cofano mobile*, capot basculant. || MIL. *cofano di artiglieria*, coffre à munitions.
coffa ['kɔffa] f. MAR. hune.
cofirmatario [kofirma'tarjo] (**-ri** pl.) agg. e m. GIUR. cosignataire.
cogerente [kodʒe'rɛnte] m. e f. cogérant.
cogestione [kodʒes'tjone] f. cogestion.
cogitabondo [kodʒita'bondo] agg. LETT. o SCHERZ. pensif (L.C.), songeur (L.C.).
cogitare [kodʒi'tare] v. intr. LITT. o SCHERZ. penser (L.C.), cogiter (fam.).
cogitativo [kodʒita'tivo] agg. LETT. cogitatif.
cogitazione [kodʒitat'tsjone] f. LETT. cogitation.
cogli ['koʎʎi] prep. art. m. pl. V. CON.
cogliere ['kɔʎʎere] v. tr. cueillir. | *cogliere un fiore*, cueillir une fleur. || FIG. *cogliere allori*, cueillir des lauriers. | *cogliere il frutto delle proprie fatiche*, recueillir les fruits de ses fatigues. || PER EST. [afferrare] saisir. | *cogliere il momento buono*, choisir le bon moment. | *cogliere la palla al balzo*, saisir la balle au bond. || PER ANAL. [sorprendere] *cogliere una conversazione*, saisir une conversation. | *cogliere in flagrante*, prendre en flagrant délit. | *cogliere alla sprovvista*, prendre au dépourvu. | *cogliere sul fatto*, prendre sur le fait, la main dans le sac. | *la notte ci colse in aperta campagna*, la nuit nous surprit en pleine campagne. ◆ v. intr. *cogliere nel segno*, frapper au but, deviner juste.
coglionata [koʎʎo'nata] f. VOLG. couillonnade.
coglione [koʎ'ʎone] m. VOLG. [testicolo] couille f. || FIG. [imbecille] con, couillon.
coglioneria [koʎʎone'ria] f. VOLG. couillonnade.
cognac [kɔɲ'ɲak] m. [fr.] cognac.
cognata [koɲ'ɲata] f. belle-sœur.
cognato [koɲ'ɲato] m. beau-frère.
cognazione [koɲɲat'tsjone] f. GIUR. cognation.
cognizione [koɲɲit'tsjone] f. connaissance. | *Pietro è venuto a cognizione del fatto*, l'affaire est venue à la connaissance de Pierre. || PER EST. [comprensione] intelligence, compréhension. || GIUR. connaissance. || LOC. GIUR. *con cognizione di causa*, en connaissance de cause. ◆ pl. connaissances, acquis m., notions. | *un bagaglio di cognizioni*, un bagage de connaissances. | *un uomo che ha molte cognizioni*, un homme qui a de l'acquis. | *avere alcune cognizioni di astronomia*, avoir quelques notions d'astronomie.
cognome [koɲ'ɲome] m. nom de famille. || [soprannome] ARC. o STOR. [latinità] surnom.
coi ['koi] prep. art. m. pl. V. CON.
coibente [koi'bɛnte] agg. e m. FIS. calorifuge, isolant.
coincidenza [kointʃi'dɛntsa] f. [casualità] coïncidence. | *ma guarda che coincidenza !*, quelle coïncidence ! || [corrispondenza] correspondance. | *coinci-*

denza di idee, di sentimenti, correspondance d'idées, de sentiments. ‖ FERR. correspondance.
coincidere [koin'tʃidere] v. intr. PR. e FIG. coïncider.
coinciso [koin'tʃizo] part. pass. di COINCIDERE.
coiné [koi'nɛ] f. LING. koinè, koinê.
coinquilino [koinkwi'lino] m. colocataire.
cointeressare [kointeres'sare] v. intr. COMM. intéresser.
cointeressato [kointeres'sato] agg. e m. intéressé.
cointeressenza [kointeres'sɛntsa] f. COMM. participation aux bénéfices.
coinvolgere [koin'vɔldʒere] v. tr. [trascinare] entraîner, embringuer (fam.). | *coinvolgere qlcu. in un'avventura,* embringuer qn dans une aventure. | *lo ha coinvolto nella sua rovina,* il l'a entraîné dans sa ruine. ‖ PER EST. [implicare] impliquer, engager, envelopper. | *essere coinvolto in un affare,* être impliqué dans une affaire.
coiote [ko'jote] m. invar. ZOOL. coyote.
coito ['kɔito] m. coït.
coke ['kouk] m. [ingl.] coke.
cokeria [koke'ria] f. cokerie.
cokificazione [kokifikat'tsjone] f. cokéfaction.
col [kol] prep. art. m. sing. V. CON.
cola ['kɔla] f. BOT. kola m., cola m.
colà [ko'la] avv. là, là-bas. | *non andrò mai colà,* je n'irai jamais là-bas.
colabrodo [kola'brɔdo] m. passoire f.
colaggio [ko'laddʒo] m. coulage.
colapasta [kola'pasta] m. invar. passoire f.
colare [ko'lare] v. tr. [di liquido] passer, filtrer. | *colare il brodo, il tè,* passer le bouillon, le thé. | *colare il vino,* filtrer le vin. | *colare la pasta,* égoutter les pâtes. ‖ MAR. *colare a picco una nave,* couler, saborder un navire. ‖ TECN. [di statue] couler; [di metalli] fondre. ◆ v. intr. [gocciolare, stillare] couler, dégouliner (fam.). | *cola sangue dalla ferita,* le sang coule de la blessure. | *gli colava l'acqua nel collo,* l'eau lui dégoulinait dans le cou. | *ti cola il naso,* ton nez coule, tu as le nez qui goutte. ‖ PER ANAL. [versare a goccia a goccia] couler (goutte à goutte), goutter. ‖ MAR. *colare a picco,* couler à pic. ‖ TECN. couler.
colata [ko'lata] f. GEOL., METALL. coulée.
colato [ko'lato] part. pass. e agg. METALL. coulé. | *colato in sabbia,* coulé au sable. ‖ LOC. FIG. *prendere tutto per oro colato,* prendre tout pour de l'or en barres.
colatura [kola'tura] f. METALL. coulage m.
colazione [kolat'tsjone] f. [mattino] (Centro e Sud) petit déjeuner m. | *far colazione alle otto,* prendre son petit déjeuner à huit heures, déjeuner (v. intr.) à huit heures. ‖ [tazza e piattino] *servizio da prima colazione,* déjeuner. ‖ [caffè, latte e pane] *prima colazione,* café complet. ‖ PER ANAL. [mezzogiorno] (Nord) déjeuner. | *far colazione,* déjeuner (v. intr.). | *andare a colazione da qlcu.,* aller déjeuner chez qn. | *far colazione fuori (casa),* déjeuner en ville. | *mi ha invitato a colazione per domani,* il m'a invité à déjeuner pour demain. | *far colazione al sacco,* déjeuner sur l'herbe. | *colazione al sacco,* déjeuner sur l'herbe.
colbacco [kol'bakko] (**-chi** pl.) m. colback, bonnet à poil.
colchico ['kɔlkiko] m. BOT. colchique.
colcos [kol'kɔs] m. kolkhoze.
colecistite [koletʃis'tite] f. MED. cholécystite.
coledoco [ko'lɛdoko] m. ANAT. cholédoque.
colei [ko'lɛi] pron. dim. f. sing. celle-là. ‖ [seguito da pron. relat.] celle. | *colei di cui mi hai parlato,* celle dont tu m'as parlé. | *colei a cui pensi,* celle à qui tu penses.
coleottero [kole'ɔttero] m. ZOOL. coléoptère.
colera [ko'lɛra] m. MED. choléra.
colerico [ko'lɛrico] (**-ci** pl.) agg. e m. MED. cholérique.
colerina [kole'rina] f. MED. cholérine.
coleroso [kole'roso] agg. e m. MED. cholérique.
colesterina [koleste'rina] f. CHIM., BIOL. cholestérine.
colesterolo [koleste'rɔlo] m. CHIM., BIOL. cholestérol.
colf [kɔlf] f. [collaboratrice familiale] NEOL. collaboratrice familiale.
colibacillosi [kolibatʃil'lozi] f. MED. colibacillose.
colibrì [koli'bri] m. ZOOL. colibri.
colica ['kɔlika (**-che** pl.) f. colique.
colimbo [ko'limbo] m. ZOOL. plongeon.
colino [ko'lino] m. passoire f.
colite [ko'lite] f. MED. colite.
1. colla ['kɔlla] f. colle. | *colla di falegname,* colle à bois. ‖ FIG. FAM. [di persona importuna di cui non si riesce a liberarsi] *ti attacchi come la colla!,* que tu es collant!
2. colla ['kolla] prep. art. f. sing. V. CON.
collaborare [kollabo'rare] v. intr. collaborer.
collaboratore [kollabora'tore] (**-trice** f.) m. collaborateur, trice.
collaborazione [kollaborat'tsjone] f. collaboration.
collaborazionismo [kollaborattsjo'nizmo] m. STOR. PEGGIOR. collaboration f.
collaborazionista [kollaborattsjo'nista] (**-i** pl.) m. e f. STOR. PEGGIOR. collaborateur, collaborationniste, collabo (pop.).
collage [kɔ'la:ʒ] m. [fr.] collage.
collana [kol'lana] f. collier m. | *collana di diamanti,* collier, rivière (f.) de diamants. ‖ PER EST. [collare di ordine cavalleresco] collier. ‖ FIG. [serie di opere] collection. ‖ ANAT. *collana di Venere,* collier de Vénus.
collant [kɔ'lã] m. [fr.] collant.
collante [kol'lante] agg. collant, adhésif. ◆ m. adhésif.
collare [kol'lare] m. [per guinzaglio] collier. ‖ [di ordine cavalleresco] collier. ‖ [di prete] petit collet. | *gettare il collare,* jeter le froc aux orties, quitter le froc, se défroquer (v. rifl.). ‖ TECN. collier. ‖ ZOOL. [anello di piume] collier.
collarino [kolla'rino] m. DIMIN. [collettino applicato] collerette f. ‖ [di prete] petit collet. ‖ ARCHIT. colarin. ‖ ZOOL. [anello di piume] collier.
collasso [kol'lasso] m. MED. collapsus.
collaterale [kollate'rale] agg. ANAT., GEOGR., GIUR. collatéral.
collatore [kolla'tore] m. RELIG. collateur.
collaudare [kollau'dare] v. tr. [macchine e motori] essayer. ‖ [costruzioni] éprouver, faire l'épreuve (de). ‖ [lavori dati in appalto] recevoir, réceptionner. ‖ FIG. mettre à l'épreuve. | *con quell'azione ha collaudato il suo coraggio,* par cette action il a mis à l'épreuve son courage.
collaudatore [kollauda'tore] (**-trice** f.) m. essayeur, euse. ‖ AER. *pilota collaudatore,* pilote d'essai.
collaudo [kol'laudo] m. [di macchine e motori] essai, épreuve f. | *superare il collaudo,* subir l'essai (avec succès). | *certificato di collaudo,* certificat d'épreuve. ‖ [di costruzioni] réception. | *collaudo di un ponte,* réception d'un pont. ‖ FIG. [verifica] vérification f. ‖ AER. *volo di collaudo,* vol d'essai.
collazionare [kollattsjo'nare] v. tr. FILOL. [confrontare] collationner.
collazione [kollat'tsjone] f. FILOL. [confronto] collation. ‖ STOR. [di un beneficio] collation.
1. colle ['kɔlle] m. GEOGR. [rilievo] colline f. | *i colli Euganei,* les monts Euganéens. | *i sette colli di Roma,* les sept collines de Rome. ‖ [passo] col. | *colle del Moncenisio,* col du Mont-Cenis.
2. colle ['kolle] prep. art. f. pl. V. CON.
collega [kol'lɛga] (**-ghi** pl.) m. e f. collègue. ‖ [tra professionisti] confrère m.
collegamento [kollega'mento] m. liaison f. | *mettere in collegamento,* mettre en liaison. | *essere in collegamento telefonico con qlcu.,* être en contact téléphonique avec qn. | *collegamento di due strade,* raccordement de deux routes. ‖ ELETTR. branchement, groupement, connexion f., raccordement. | *collegamento elettrico per utente,* branchement d'abonné. | *collegamento in serie,* groupement, connexion en série. ‖ FERR. *stazione di collegamento,* gare de jonction (f.). ‖ MECC. assemblage, jonction f. ‖ MIL. liaison f., communications f. pl. | *ufficiale di collegamento,* officier de liaison. | *rompere i collegamenti,* couper, interrompre les communications. ‖ TECN. [radio, telefono, telegrafo, televisione] liaison f., connexion f. | *collegamento televisivo,* liaison de télévision. ‖ FIG.

connexion f. | *discorsi senza collegamento,* discours sans connexion.
collegare [kolle'gare] v. tr. [unire] unir, joindre. | *collegare due capi,* joindre deux bouts. || PER ANAL. [mettere in communicazione] relier, lier, réunir, joindre. | *collegare due città con un'autostrada,* relier deux villes par une autoroute. || ELETTR. brancher, connecter, relier, accoupler, grouper. || FERR. [vagoni] atteler, embrancher. || MECC. assembler, connecter. || TECN. [tubi, cavi] embrancher. || FIG. (re)lier, coordonner, enchaîner. | *collegare le idee,* enchaîner ses idées. | *collegare due fatti,* mettre en rapport deux faits. ◆ v. rifl. [mettersi in contatto] se mettre en communication, établir une communication. || FIG. [coalizzarsi, allearsi] se liguer, se coaliser, s'allier. | *collegarsi contro qlcu.,* se coaliser contre qn. ◆ v. intr. (raro) [collimare] lier.
collegato [kolle'gato] part. pass. e agg. *industrie collegate,* industries associées. || FIG. *sforzi collegati,* efforts coalisés.
collegiale [kolled'dʒale] agg. [da collegio] de collège, de pensionnat. | *vita collegiale,* vie de pensionnat, de collège. || PER EST. [costituito da molti membri] collégial. | *adunanza collegiale,* assemblée collégiale, plénière. || PER ANAL. [collettivo] collectif. | *responsabilità collegiale,* responsabilité collective. || RELIG. collégial. | *chiesa collegiale,* (église) collégiale. ◆ m. e f. [convittore] collégien, enne, pensionnaire, interne. | *avere un aspetto da collegiale,* avoir l'air d'une petite pensionnaire. | *comportarsi come un collegiale,* se conduire comme un collégien. | *tutti i collegiali vanno in passeggiata,* tout le pensionnat va en promenade.
collegiata [kolle'dʒata] f. RELIG. [chiesa] collégiale.
collegio [kol'lɛdʒo] (**-gi** pl.) m. POLIT., RELIG., STOR. collège. || UNIV. [pensionato per studenti] collège, pensionnat, pension f. | *mettere in collegio,* mettre en pension. | *collegio femminile,* pensionnat de jeunes filles. || [associazione] *il collegio dei professori,* le conseil des professeurs. | *collegio degli avvocati,* ordre des avocats, barreau. | *collegio dei notai,* chambre (f.) des notaires.
collera ['kɔllera] f. colère. | *scatto di collera,* accès de colère. | *andare, essere in collera con qlcu.,* se mettre, être en colère, piquer une colère contre qn. | *essere rosso per la collera,* être rouge de colère.
collerico [kol'lɛriko] (**-ci** pl.) agg. coléreux, colérique.
colletta [kol'lɛtta] f. collecte. | *fare una colletta,* faire une collecte, se cotiser. || RELIG. quête.
collettivismo [kolletti'vizmo] m. collectivisme.
collettivista [kolletti'vista] (**-i** pl.) agg. e n. collectiviste.
collettivistico [kolletti'vistiko] (**-ci** pl.) agg. collectiviste.
collettività [kollettivi'ta] f. collectivité.
collettivizzare [kollettivid'dzare] v. tr. collectiviser.
collettivizzazione [kollettividdzat'tsjone] f. collectivisation.
collettivo [kollet'tivo] agg. collectif. || COMM. *gestione collettiva dei mezzi di produzione,* collectivité (f.) des moyens de production. || GIUR. collectif. || GRAMM. *(nome) collettivo,* collectif m. || TRASP. *biglietto collettivo,* collectif. ◆ m. *collettivo di lavoro,* collectif de travail.
colletto [kol'letto] m. [parte di vestito] col. | *colletto staccabile,* faux col. | *colletto alla marinara,* col marin. | *colletto da sparato,* col cassé, à manger de la tarte (fam.). || *colletto rotondo* [da collegiale], collerette f. || LOC. FAM. *prendere qlcu. per il colletto,* prendre, saisir qn au collet. || ANAT. [dente] collet. || BOT. collet.
collettore [kollet'tore] m. ELETTR., MECC. collecteur. || AGR. *collettore di scolo,* drain. ◆ agg. *canale collettore,* égout collecteur.
collezionare [kollettsjo'nare] v. tr. collectionner.
collezione [kollet'tsjone] f. collection. | *far collezione di,* collectionner v. tr.
collezionista [kollettsjo'nista] (**-i** pl.) m. e f. collectionneur, euse.
collie ['kɔli] m. [ingl.] ZOOL. [cane] colley.
collier [kɔ'lje] m. [fr.] collier.
collimare [kolli'mare] v. intr. [combaciare] se toucher v. rifl. || FIG. [corrispondere] correspondre, s'accorder, coïncider, concorder. | *le mie opinioni politiche collimano con le vostre,* mes opinions politiques coïncident avec les vôtres. | *le date non collimano,* les dates ne correspondent pas. || OTT. viser.
collimatore [kollima'tore] m. OTT. collimateur.
collimazione [kollimat'tsjone] f. OTT. collimation.
collina [kol'lina] f. colline.
collinare [kolli'nare] agg. de collines. || GEOGR. *zona collinare,* région de collines.
collinetta [kolli'netta] f. DIMIN. butte.
collinoso [kolli'noso] agg. vallonné. | *regione collinosa,* région vallonnée.
collirio [kol'lirjo] m. FARM. collyre.
collisione [kolli'zjone] f. collision.
1. collo ['kɔllo] m. ANAT. cou. || LOC. *portare qlcu. al collo,* porter qn dans ses bras. | *portare un braccio al collo,* porter le bras en écharpe. | *buttare le braccia, buttarsi al collo di qlcu.,* se jeter, sauter au cou de qn. | *tirare il collo a un pollo,* tordre le cou à un poulet. || FAM. *rompersi l'osso del collo,* se casser le cou. | *essere nei debiti fino al collo,* être dans les dettes jusqu'au cou. | *correre a rotta di collo,* [auto] rouler à toute vitesse, à tout casser ; [a piedi] courir comme un dératé. | *gli affari vanno a rotta di collo,* les affaires vont de mal en pis. | *mettersi la corda al collo,* se mettre la corde au cou. | *far allungare il collo a qlcu.,* tenir la dragée haute à qn. || PER ANAL. [parte stretta] *collo di bottiglia,* col, goulot de bouteille. || ANAT. *collo del femore, della vescica,* col du fémur, de la vessie. | *collo del piede,* cou-de-pied. || [di camicia e maglione] col. | *collo rovesciato,* col roulé. || CULIN. *collo di vitello,* collier de veau. || TECN. *collo d'oca,* col de cygne.
2. collo ['kɔllo] m. [pacco] colis. | *collo postale,* colis postal.
3. collo ['kɔllo] prep. art. m. sing. V. CON.
collocamento [kolloka'mento] m. [operazione] rangement. || [effetto] disposition f. || [posto di lavoro] situation f., place f. | *ufficio di collocamento,* bureau de placement. | *collocamento a riposo,* mise (f.) à la retraite. || FIN. *collocamento di titoli,* placement de titres.
collocare [kollo'kare] v. tr. [disporre] ranger, placer, disposer. | *collocare tutte le opere di consultazione in un settore,* ranger tous les ouvrages de consultation dans un rayon. || [impiegare] placer. || *collocare a riposo,* mettre à la retraite. || [accasare] marier. || [inquadrare] placer. || FIN. *collocare dei capitali,* placer des capitaux.
collocazione [kollokat'tsjone] f. [disposizione] disposition, arrangement m. | *collocazione delle parole in una frase,* arrangement, ordre des mots dans une phrase. | *cambiare la collocazione di alcuni oggetti in una stanza,* changer la disposition de quelques objets dans une pièce. || [segnatura di libri] cote.
collodio [kol'lɔdjo] (**-di** pl.) m. CHIM. collodion.
collodione [kollo'djone] m. CHIM. collodion.
colloidale [kolloi'dale] agg. invar. CHIM. colloïdal.
colloide [kol'lɔide] m. CHIM. colloïde.
colloquiale [kollo'kwjale] agg. familier.
colloquiare [kollo'kwjare] v. intr. converser, s'entretenir (avec).
colloquio [kol'lɔkwjo] (**-qui** pl.) m. entretien, entrevue f. | *intrattenersi a colloquio con qlcu.,* s'entretenir avec qn. | *intrattenersi a colloquio alcune ore,* avoir un entretien de quelques heures. | *chiedere, concedere un colloquio a qlcu.,* demander, accorder une entrevue à qn. | *colloquio a quattr'occhi,* tête-à-tête. || POLIT. [trattativa] dialogue, pourparler. | *i collòqui tra le due potenze sono stati interrotti,* les pourparlers entre les deux puissances ont été rompus. | *arrivare a un colloquio,* trouver un point d'entente. | *i colloqui continuano,* le dialogue se poursuit. || UNIV. conversation f.
collosità [kollosi'ta] f. viscosité.
colloso [kol'loso] agg. visqueux, gluant, collant.
collottola [kol'lɔttola] f. nuque. || LOC. FAM. *prendere qlcu. per la collottola,* prendre qn par la peau du cou.
colloverde [kollo'verde] m. ZOOL. col-vert.
collusione [kollu'zjone] f. GIUR. collusion.
collusivo [kollu'zivo] agg. GIUR. collusoire.

collusorio [kollu'zɔrjo] (**-ri** pl.) agg. GIUR. collusoire.
colluttazione [kolluttat'tsjone] f. (lett.) lutte corps à corps, corps à corps m.
colma ['kolma] f. MAR. marée haute.
colmare [kol'mare] v. tr. remplir jusqu'au bord. | *colmare una vasca d'acqua*, remplir un bassin d'eau jusqu'au bord. || [interrare] combler, boucher. | *colmare le buche di una strada*, combler les creux d'une route. || PER EST. [alzare il livello] remblayer. | *colmare una strada, un fossato*, remblayer une route, un fossé. || FIG. combler. | *colmare di regali, di attenzioni*, combler de cadeaux, de prévenances. | *colmare di gioia*, combler de joie. | *colmare di insulti*, abreuver d'injures. | *colmare una lacuna*, combler une lacune. | *colmare la misura*, combler la mesure. || AGR. colmater. | *colmare una palude*, colmater un marais.
colmata [kol'mata] f. [azione] comblement m., colmatage m. || [di strade] remblayage m., remblaiement m. || [banco di rena] banc (m.) de sable. || AGR. colmatage, colmate. || GEOL. [di terreni per alluvione] atterrissement m., remblaiement m.
colmatura [kolma'tura] f. [azione] comblement m. || [di strade] remblayage m., remblai m. || [eccedenza] surplus m., trop-plein m., comble m. (raro). || GEOL. [di terreni per alluvione] remblayage m., colmatage m.
1. colmo ['kolmo] agg. rempli jusqu'au bord, tout plein, comble, à pleins bords. | *bicchiere colmo di vino*, verre rempli de vin jusqu'au bord. || PER EST. *la sala era colma*, la salle était comble. || LOC. *la misura è colma*, la mesure est comble.
2. colmo ['kolmo] m. [il più alto grado] comble. | *essere al colmo della gioia*, être au comble de la joie. | *il colmo del ridicolo*, le comble du ridicule. || FAM. *(questo) è il colmo!*, c'est un comble!, c'est le comble!, c'est le bouquet! | *sarebbe il colmo!*, ce serait complet! | *per colmo di sventura*, pour comble de malheur. || ARCHIT. comble, faîte.
colofonia [kolofo'nia] f. CHIM. colophane.
cologaritmo [kologa'ritmo] m. MAT. cologarithme.
colomba [ko'lomba] f. ZOOL. colombe. || FIG. oie blanche.
colombaccio [kolom'battʃo] (**-ci** pl.) m. ZOOL. (pigeon) ramier.
colombaia [kolom'baja] f. colombier m., pigeonnier m.
colombario [kolom'barjo] (**-ri** pl.) m. columbarium (lat.), colombaire.
colombella [kolom'bɛlla] f. ZOOL. pigeon (m.) colombin. || [piccione selvatico] biset m. || FIG. oie blanche.
colombiano [kolom'bjano] agg. e m. GEOGR. colombien.
colombicoltore [kolombikol'tore] m. colombophile.
colombiformi [kolombi'formi] m. pl. ZOOL. colombins.
colombina [kolom'bina] f. [sterco di piccione] colombine. || [razzo] fusée horizontale. || BOT. [fungo] russule.
colombino [kolom'bino] agg. colombin. ◆ m. [escremento di piccione] colombine f.
colombo [ko'lombo] m. ZOOL. pigeon. || POES. colombe f. | *colombo viaggiatore*, pigeon voyageur. || FIG. [innamorato] tourtereau.
colombofilia [kolombofi'lia] f. colombophilie.
colombofilo [kolom'bɔfilo] agg. e m. colombophile.
colon ['kɔlon] m. ANAT., POES. [metrica] côlon.
1. colonia [ko'lɔnja] f. [in tutti i sensi] colonie. | *bambino, bambina di una colonia estiva*, colon (neol.).
2. colonia [ko'lɔnja] f. *acqua di Colonia*, eau-de-Cologne.
coloniale [kolo'njale] agg. colonial. ◆ m. [chi vive in una colonia] colon, colonial. ◆ pl. *(generi) coloniali*, denrées (f.) coloniales.
colonialismo [kolonja'lizmo] m. colonialisme.
colonialista [kolonja'lista] (**-i** pl.) agg. e n. colonialiste. || [esperto di problemi coloniali] expert en problèmes coloniaux.
colonialistico [kolonja'listiko] (**-ci** pl.) agg. colonialiste.
colonico [ko'lɔniko] (**-ci** pl.) agg. rural. | *casa colonica*, maison rurale, ferme f. | *famiglia colonica*, famille de fermiers. || GIUR. *parte colonica*, part du métayer. | *contratto colonico*, contrat de fermage.
colonizzare [kolonid'dzare] v. tr. coloniser.
colonizzatore [koloniddza'tore] (**-trice** f.) agg. e n. colonisateur.
colonizzazione [koloniddzat'tsjone] f. colonisation.
colonna [ko'lonna] f. [in tutti i sensi] colonne. | *metter(si) in colonna*, (se) mettre, (se) disposer en colonne. || FIG. colonne, soutien m. || CIN. *colonna sonora*, piste sonore, sillon (m.) sonore.
colonnato [kolon'nato] agg. orné de colonnes. ◆ m. ARCHIT., GEOL. colonnade f.
colonnello [kolon'nɛllo] m. MIL. colonel, colon (gerg.). | *tenente colonnello*, lieutenant-colonel.
colonnetta [kolon'netta] f. DIMIN. colonnette. || [di distributore di benzina] pompe à essence.
colonnina [kolon'nina] f. DIMIN. colonnette.
colonnino [kolon'nino] m. DIMIN. colonnette f. || [di balaustrata] balustre f. || [di ringhiera] barreau de rampe. || TIP. petite colonne f.
colono [ko'lɔno] m. [coltivatore di una fattoria] colon, fermier. || (lett.) [contadino] paysan (L.C.). || STOR. [abitante di una colonia] colon.
coloquintide [kolo'kwintide] f. BOT. coloquinte.
coloramento [kolora'mento] m. coloration f.
colorante [kolo'rante] agg. CHIM. colorant. ◆ m. colorant, couleur f.
colorare [kolo'rare] v. tr. colorer. || [con pastelli, acquarello, ecc.] colorier, peindre. || FIG. [ornare] (raro) colorer. || ◆ v. rifl. se colorer. || PER ANAL. [arrossire] rougir v. intr.
colorato [kolo'rato] part. pass. e agg. coloré. | *vetro colorato*, verre coloré. | *gessetti colorati*, craies de couleur. || [con pastelli, acquarello, ecc.] colorié. || FIG. coloré. | *conversazione colorata*, conversation colorée.
coloratura [kolora'tura] f. (raro) coloration (L.C.).
colorazione [kolorat'tsjone] f. [azione] coloration. || [risultato] couleur.
colore [ko'lore] m. couleur f. | *occhi di colore azzurro*, yeux couleur d'azur, yeux bleus. | *colore carminio*, carmin agg. invar. | *capelli color(e) stoppa*, cheveux filasse. | *gamma di colori*, gamme de coloris. | *gente di colore*, gens de couleur. | *accozzaglia di colori* (peggior.), chamarrure f. || PER ANAL. [colorito] teint, coloris, coloration f., couleurs f. pl. | *fare il viso, farsi, diventare di mille colori, di tutti i colori*, passer par, devenir de toutes les couleurs. | *riprendere colore dopo una malattia*, reprendre des couleurs après une maladie. || PER EST. [materia colorante] couleur. || FIG. *stile senza, privo di colore*, style sans couleur. || ARTI *colore locale*, couleur locale. || GIOCHI [carte] couleur. || POLIT. *mutare colore*, changer de couleur. || TECN. *foto, film a colori*, photo, film en couleurs. || LOC. FIG. FAM. *dirne, farne, vederne di tutti i colori*, en dire, en faire voir, en voir de toutes les couleurs. ◆ pl. [bandiera] couleurs f. pl. | *i colori nazionali*, les couleurs nationales.
colorificio [kolori'fitʃo] (**-ci** pl.) m. fabrique (f.) de colorants.
colorimetro [kolo'rimetro] m. CHIM. colorimètre.
colorire [kolo'rire] v. tr. [ravvivare con colori] colorer, colorier. | *colorire un vaso di terracotta*, colorier un pot en terre cuite. || FIG. [ornare] colorer, enluminer. | *colorire il discorso*, colorer son discours. ◆ medio intr. [acquistare colorito] prendre des couleurs. || PER ANAL. [arrossire] rougir v. intr.
colorista [kolo'rista] (**-i** pl.) m. e f. ARTI [pittura] coloriste.
coloristico [kolo'ristiko] (**-ci** pl.) agg. ARTI [pittura] de couleur. | *effetti coloristici*, effets de couleurs.
colorito [kolo'rito] agg. coloré. || [con pastelli, acquarello, ecc.] colorié. || FIG. *espressione molto colorita*, expression haute en couleur. ◆ m. [carnagione] teint, coloris, carnation f. | *colorito pallido, olivastro*, teint pâle, olivâtre. || MUS. coloris.
coloritura [kolori'tura] f. coloriage m. || FIG. coloris m. | *coloritura sentimentale di un racconto*, coloris sentimental d'un conte. || POLIT. couleur.
coloro [ko'loro] pron. dim. m. pl. ceux-là, f. pl. celles-là. || [non specificato] ces gens-là. | *che chiedono, coloro?*, qu'est-ce qu'ils demandent, ces gens-là? || [antecedente di un pron. relat.] ceux, celles. | *andremo*

con coloro che partiranno per primi, nous irons avec ceux qui partiront les premiers.
colossale [kolos'sale] agg. PR. e FIG. colossal.
colosso [ko'lɔsso] m. [in tutti i sensi] colosse.
colpa ['kolpa] f. faute. | *essere in colpa*, être en faute. | *commettere una colpa*, commettre une faute. | *sentirsi in colpa*, se sentir fautif. | *dichiararsi in colpa*, s'avouer coupable. ‖ PER EST. [responsabilità] faute. | *buttare la colpa, far ricadere la colpa su qlcu.*, rejeter la faute sur le dos de qn. | *è colpa mia, sua*, c'est ma, sa faute ; c'est de ma, de sa faute. | *per colpa sua*, par sa faute. | *non averci colpa*, n'en pouvoir mais. | *è (tutta) colpa di suo padre*, c'est la faute de son père. | *di chi è la colpa ?*, à qui la faute ? | *la mia colpa è di aver...*, ma faute à moi est d'avoir... | *attribuire a qlcu. la colpa di qlco.*, attribuer à qn la responsabilité de qch. ‖ PSICANAL. *complesso di colpa*, complexe de culpabilité. ‖ RELIG. péché m., faute.
colpetto [kol'petto] m. petite tape. | *dare un colpetto sulla spalla a qlcu.*, donner une petite tape sur l'épaule de qn.
colpevole [kol'pevole] agg. coupable, fautif. ◆ m. coupable.
colpevolezza [kolpevo'lettsa] f. culpabilité.
colpire [kol'pire] v. tr. PR. frapper, battre. | *colpire con un pugno*, frapper d'un coup de poing. | *il grano è stato colpito dalla grandine*, le blé a été grêlé. ‖ PER EST. PR. e FIG. *colpire il bersaglio*, toucher la cible, loger deux balles dans la cible. ‖ PER ANAL. [con un'arma] frapper, blesser. ‖ FIG. [affliggere] affecter, affliger, éprouver. | *il suo stato mi ha colpito*, son état m'a affecté. | *la morte della moglie lo ha colpito molto*, la mort de sa femme l'a beaucoup éprouvé. ‖ PER EST. [impressionare] frapper. | *il tuo nome non lo ha colpito*, ton nom ne l'a pas frappé. | *sono rimasto colpito dalla sua bontà*, j'ai été frappé de sa bonté. | *bellezza che colpisce*, beauté frappante. ‖ AMM. [provvedimenti] frapper. | *tassa che colpisce gli articoli di lusso*, taxe qui frappe les articles de luxe. ‖ GIUR. *persona colpita da diffida di permanenza*, interdit, interdite de séjour. ‖ MIL. *colpire un obiettivo*, coiffer un objectif. ‖ LOC. *ha colpito nel segno*, il a frappé juste. | *colpire nel vivo*, frapper juste.
colpo ['kolpo] m. PR. e FIG. coup. | *battere due colpi*, frapper deux coups. | *far partire un colpo*, faire partir un coup. | *un colpo di cannone*, un coup de canon. | *colpo di fortuna*, coup de chance, de veine ; raccroc. | *per un colpo di fortuna*, par raccroc. | *colpo di fulmine*, coup de foudre. | *colpo di scena*, coup de théâtre. | *prendersi un colpo di sole*, attraper une insolation. | *colpo di becco*, becquetage m. | *colpo di telefono*, coup de téléphone (L.C.), de fil (fam.). | *con un colpo d'occhio*, d'un coup d'œil. | *accusare il colpo*, accuser le coup. | *tirare colpi bassi a qlcu.*, tirer dans les jambes à qn. | *dare il colpo di grazia*, donner l'estocade. | *colpo mancino*, coup de Jarnac. | *tirare un colpo mancino a qlcu.*, faire le coup du père François à qn. | *fare un bel colpo*, réussir un (beau) coup. | *è un colpo maestro*, c'est un coup d'éclat. | *fallire il colpo*, manquer son coup. | *tentare il colpo*, risquer, tenter le coup. | *uccidere sul colpo*, tuer raide. ‖ PER EST. [rumore] éclat. ‖ GIUR. *colpi e lesioni*, coups et blessures. ‖ MED. POP. *gli è venuto un colpo quando lo ha saputo*, il en a eu un coup au cœur quand il l'a su (L.C.). ‖ POLIT. *colpo di Stato*, coup d'État. ‖ SPORT [boxe] PR. e FIG. *colpo basso*, coup bas. | *accusare il colpo*, accuser le coup. ‖ [scherma] *colpo di punta, di taglio*, coup d'estoc, de taille. ‖ [tennis] *(colpo) d(i)ritto*, coup droit. ‖ [caccia] *uccidere due animali con un colpo solo*, faire coup double. ‖ LOC. FIG. *invecchiare di colpo*, prendre un coup de vieux (fam.). | *dare un colpo di spugna*, passer l'éponge. | *far colpo*, frapper (v. tr.), épater (v. tr.), faire impression, faire sensation (fam.). | *è stato un colpo duro*, ç'a été un coup dur, un sale coup (pop.). ‖ LOC. AVV. ***con un colpo solo***, d'un seul coup. | *ad ogni colpo*, à tous les coups. | *a colpo sicuro*, à coup sûr. ‖ PROV. *dare un colpo al cerchio e uno alla botte*, ménager la chèvre et le chou.
colposo [kol'poso] agg. GIUR. par imprudence. | *omicidio colposo*, homicide par imprudence.
colt ['kɔlt] f. [ingl.] colt.
coltella [kol'tɛlla] f. coutelas m.
coltellaccio [koltel'lattʃo] (**-ci** pl.) m. coutelas. ‖ MAR. bonnette f.
coltellata [koltel'lata] f. coup (m.) de couteau. | *assassinare a coltellate*, suriner v. tr. [gerg.]. ‖ FIG. coup (m.) de poignard.
coltelleria [koltelle'ria] f. coutellerie, industrie coutelière.
coltelliera [koltel'lj'ɛra] f. écrin (m.) à couteaux.
coltellinaio [koltelli'najo] (**-ai** pl.) m. ouvrier coutelier.
coltello [kol'tɛllo] m. couteau. | *coltello da cucina, da frutta*, couteau de cuisine, à dessert. ‖ PER ANAL. [di bilancia] couteau. ‖ LOC. FIG. *lotta a coltello*, lutte à outrance. | *nebbia che si taglia con il coltello*, brouillard à couper au couteau. | *avere il coltello dalla parte del manico*, être maître de la situation. ‖ EDIL. *mattone a coltello*, brique posée de chant. ‖ TECN. [di aratro] coutre.
coltivabile [kolti'vabile] agg. cultivable. ‖ MIN. exploitable.
coltivare [kolti'vare] v. tr. AGR. cultiver. | *vi si coltiva il grano, l'insalata*, là, on fait du blé, de la salade. | *coltivare il giardino, l'orto*, jardiner (v. intr.). ‖ FIG. *coltivare l'intelligenza*, cultiver son intelligence. ‖ PER EST. *coltivare una persona, un'amicizia*, cultiver une personne, une amitié. ‖ MIN. *coltivare un giacimento*, exploiter un gisement. ◆ v. rifl. se cultiver.
coltivato [kolti'vato] part. pass. e agg. AGR. cultivé. | *terreno coltivato a*, terrain planté de. | *terra coltivata*, terre en labeur. ‖ PER EST. *perle coltivate*, perles de culture. ‖ MIN. exploité.
coltivatore [koltiva'tore] (**-trice** f.) m. agriculteur, trice, cultivateur, trice. | *coltivatore diretto*, propriétaire-exploitant.
coltivazione [koltivat'tsjone] f. culture. | *coltivazione intensiva*, culture intensive. | *coltivazione dell'orto*, jardinage m. ‖ MIN. exploitation.
colto ['kɔlto] part. pass. e agg. V. COGLIERE.
coltre ['koltre] f. couverture. ‖ PER ANAL. [drappo funebre] drap (m.) mortuaire. ‖ FIG. *coltre di neve*, manteau (m.) de neige, couche de neige.
coltrice [kol'tritʃe] f. matelas m.
coltro ['koltro] m. TECN. [lama dell'aratro] coutre.
coltura [kol'tura] f. **1.** [coltivazione] culture. | *cambiare l'ordine delle colture*, dessoler v. tr. ‖ PER ANAL. [batteriologia] *coltura microbica*, culture microbienne. ‖ **2.** [sapere, civiltà] culture.
colturale [koltu'rale] agg. cultural.
colubrina [kolu'brina] f. STOR. MIL. couleuvrine.
colui [ko'lui] pron. dim. m. s. celui-là. ‖ [indeterminato] cet homme-là. | *che dice colui ?*, qu'est-ce qu'il dit, cet homme-là ? ‖ [antecedente di un pron. relat.] celui. | *colui che parla*, celui qui parle. | *colui che te lo ha dato*, celui qui te l'a donné.
colza ['kɔltsa] f. o m. BOT. colza m.
coma ['kɔma] m. MED. coma. | *entrare in coma*, entrer dans le coma.
comandamento [komanda'mento] m. RELIG. commandement.
comandante [koman'dante] m. MIL. commandant. | *si, signor comandante !*, oui, mon commandant ! ‖ MAR. commandant. | *comandante in seconda*, commandant en second.
comandare [koman'dare] v. tr. [dare un ordine] ordonner, commander, enjoindre, imposer. | *ti comando di tacere*, je t'ordonne de te taire. | *cosa comanda ?*, que désirez-vous ? ‖ FIG. *comandare i propri sentimenti*, commander à ses sentiments. | *è paralizzato, non comanda più le gambe*, il est paralysé, il ne commande plus à ses jambes. ‖ AMM. [destinare] affecter, détacher. ‖ MIL. commander. | *comandare un reggimento*, commander un régiment. | *comandi !*, à vos ordres ! ‖ TECN. commander. ‖ ASSOL. commander. | *qui comando io !*, c'est moi qui commande ici !
comandata [koman'data] f. MAR., MIL. corvée.
comandato [koman'dato] part. pass. e agg. AMM. [di funzionario, impiegato] affecté, détaché (de son poste, de sa résidence). | *essere comandato*, être en détachement. ‖ RELIG. *feste comandate*, fêtes d'obligation. ‖ TECN. commandé.
comando [ko'mando] m. [ordine] ordre. | *obbedire a*

un comando, obéir à un ordre. ‖ PER EST. [funzione, potere] commandement. | *essere abituato al comando*, avoir l'habitude du commandement. | *con un tono da comando*, d'un ton de commandement. ‖ MIL. commandement. | *prendere il comando*, prendre le commandement. ‖ PER EST. [autorità] *il comando supremo (delle forze armate)*, le haut commandement (des armées). ‖ AMM. [di funzionario, impiegato] affectation f., détachement. | *dare un comando a qlcu.*, envoyer qn en détachement. ‖ MAR. *ponte di comando*, passerelle f. ‖ TECN. commande f. | *comando a manovella*, commande par manivelle. ‖ LOC. AVV. ***a comando***, sur commande.

comare [ko'mare] f. ANTIQ. [madrina] marraine (L.C.). ‖ PER EST. FAM. [donna del vicinato chiacchierona] commère. | *chiacchiere da comari*, histoires de bonnes femmes (pop.).

comatoso [koma'toso] agg. comateux.

combaciamento [kombatʃa'mento] m. [azione] jonction f. ‖ [punto o linea di fusione] jointure f.

combaciare [komba'tʃare] v. intr. joindre, se toucher, fermer, s'ajuster (à). | *assi che combaciano male*, planches qui joignent mal. | *che combacia*, jointif agg. | *far combaciare*, affleurer, abuter. | *far combaciare due sportelli*, affleurer deux guichets.

combattente [kombat'tente] agg. e n. combattant. | *un ex-combattente*, un ancien combattant. ◆ m. ZOOL. combattant, chevalier.

combattentistico [kombatten'tistiko] (**-ci** pl.) agg. d'anciens combattants.

combattere [kom'battere] v. intr. e tr. PR. e FIG. combattre. | *combattere per un'idea*, combattre pour une idée. | *combattere gli abusi*, faire la guerre aux abus.

combattimento [kombatti'mento] m. [soprattutto mil.] combat. ‖ PR. e FIG. *mettere fuori combattimento*, mettre hors (de) combat. | *andare al combattimento*, aller au feu. | *è stato ferito durante un combattimento*, il a été blessé au cours d'un engagement. ‖ SPORT [di galli, tori] combat.

combattività [kombattivi'ta] f. combativité, agressivité, mordant m.

combattivo [kombat'tivo] agg. combatif, belliqueux.

combinare [kombi'nare] v. tr. combiner. | *combinare dei colori*, combiner des couleurs. | *combinare un romanzo*, échafauder un roman. ‖ FAM. *ne ha combinato di tutti i colori, delle belle*, il en a fait de toutes les couleurs, de belles. | *che cosa stai combinando?*, qu'est-ce que tu fabriques?, que fabriques-tu là? ‖ ASSOL. *non combinerà mai nulla*, il n'arrivera jamais à rien. | *avete combinato per quell'affare*, est-ce que vous vous êtes entendus à propos de cette affaire? ◆ v. intr. [collimare] concorder, coïncider. | *i nostri punti di vista combinano*, nos points de vue concordent. ◆ medio intr. FAM. *come ti sei combinata?*, comment t'es-tu accoutrée? ◆ v. rifl. [accordarsi] se combiner, se mettre d'accord. | *combinarsi sul prezzo*, s'entendre sur le prix.

combinata [kombi'nata] f. SPORT combiné m.

combinato [kombi'nato] part. pass. e agg. *colori ben combinati*, couleurs bien combinées, bien assorties. ‖ FAM. *come sei combinata male!*, tu es dans un bel état! ‖ FIG. [concluso] arrangé. | *matrimonio combinato*, mariage arrangé. ‖ MIL. *operazioni combinate*, opérations combinées.

combinatore [kombina'tore] (**-trice** f.) m. *combinatore di intrighi*, combinard agg. e m. (pop.). ‖ ELETTR. *combinatore di marcia*, combinateur. ◆ agg. TECN. [telefono] *disco combinatore*, cadran d'appel.

combinatorio [kombina'torjo] (**-ri** pl.) agg. combinatoire.

combinazione [kombinat'tsjone] f. **1.** [accostamento] combinaison. ‖ FIG. [coincidenza] coïncidence, chance, hasard m. | *guarda che combinazione!*, quelle coïncidence!, comme cela se trouve! | *sarebbe una vera combinazione se*, ce serait bien le diable si. ‖ **2.** [sottoveste] NEOL. combinaison (L.C.), combine. ‖ **3.** [tuta] combinaison. ‖ **4.** CHIM. combinaison. ‖ **5.** TECN. [di una serratura] chiffre m.

combriccola [kɔm'brikkola] f. PEGGIOR. e SCHERZ. clique, bande, cabale, coterie, camarilla, clan m.

comburente [kombu'rɛnte] agg. e m. CHIM. comburant.

combustibile [kombus'tibile] agg. e m. combustible. | *olio combustibile*, fuel-oil (ingl.).

combustibilità [kombustibili'ta] f. combustibilité.

combustione [kombus'tjone] f. combustion. | *camera di combustione*, chambre de chauffe.

combutta [kom'butta] f. LOC. *essere in combutta con qlcu.*, être de mèche avec qn. | *mettersi in combutta con qlcu.*, s'acoquiner avec qn.

come ['kome]

I. AVV. **1.** interr. dir. e indir. **2.** interiez. **3.** paragone. **4.** maniera. **5.** quantità. **6.** similitudine. **7.** altre sfumature.
II. CONG. **1.** paragone. **2.** maniera. **3.** intensità. **4.** dichiarazione. **5.** tempo. **6.** causa.
III. SOSTANT.
IV. LOC.

I. AVV. **1.** [interr. dir. e indir.] comment. | *come sta?*, comment allez-vous?, comment vous portez-vous? | *come sia potuto succedere non lo so*, je ne sais pas comment cela a pu arriver. | *come mai?*, comment cela se fait-il?, en quel honneur? (iron.). | *come va che sei, come mai sei in ritardo?*, comment se fait-il que tu sois en retard? ‖ PER EST. [perché] pourquoi? | *non so come mai non ci sia*, je ne sais pas pourquoi il n'est pas là. | *voleva sapere come mai voi non eravate andati con lui*, il voulait savoir pourquoi vous n'étiez pas allés avec lui. ‖ **2.** [interiez.] comment. | *come!, non lo sapevi?*, comment!, tu ne le savais pas? | *ma come!*, comment donc!, quoi! ‖ **3.** [paragone] que. | *mi piace così com'è*, je l'aime tel qu'il est. | *il francese come si parla in Belgio*, le français, tel qu'on le parle en Belgique. | *non sei generoso come lui*, tu n'es pas si généreux que lui. | *lavori come me, non di più*, tu travailles autant que moi, pas davantage. | *io, come voi, devo andarmene*, moi, comme vous, je dois m'en aller. ‖ **4.** [maniera] comme. | *un uomo come si deve*, un homme comme il faut. | *è come ti dico*, c'est comme je te dis. ‖ **5.** [quantità] comme, que. | *come è bello!*, que c'est beau! | *come parli bene!*, comme tu parles bien! | *come mi annoio!*, que je m'ennuie! ‖ **6.** [similitudine] comme. | *tremare come una foglia*, trembler comme une feuille. | *gridare come un matto*, crier comme un fou. | *forte come un toro*, fort comme un taureau. | *è brutto come il demonio*, il est laid comme tout. ‖ **7.** [altre sfumature] [in qualità di] comme, pour, en, en tant que. | *come francese sono di diversa opinione*, en tant que Français je suis d'un tout autre avis. | *come cittadino, protesto*, en tant que citoyen, je proteste. | *è venuto da me come amico*, il est venu chez moi en ami. | *si comporta comme un uomo di mondo*, il se conduit en homme du monde. ‖ [per così dire] comme. | *ho avuto come un presentimento*, j'ai eu comme un pressentiment.

II. CONG. **1.** [paragone] comme, que. | *è proprio come sospettavo*, c'est justement comme je le soupçonnais. | *è come se non ci capissi nulla*, c'est (tout) comme si je n'y comprenais rien. | *come se nulla fosse*, comme si de rien n'était. | *il débito è più grosso di come mi avevi detto*, la dette est plus lourde que tu ne me l'avais dit. | *non è tardi come pensavo*, il n'est pas si tard que je le pensais. | *questo romanzo è più interessante di come credessi*, ce roman est plus intéressant que je ne le croyais. ‖ **2.** [maniera] comme. | *gli uni come gli altri*, les uns comme les autres. | *poco dopo, come ti dicevo*, peu après, comme je te le disais. | *non è difficile farlo, come vedi*, comme tu vois, ce n'est pas difficile à faire. ‖ **3.** [intensità] comme, combien. | *non mostrare come lo odi!*, ne montre pas combien tu le hais! ‖ **4.** [dichiarazione] que. | *gli spiegò come non avesse più la possibilità di studiare*, il lui expliqua qu'il n'avait plus la possibilité d'étudier. ‖ **5.** [tempo] dès que, aussitôt que, comme. | *come mi vide, si mise a studiare*, dès qu'il me vit, il se mit à étudier. | *come avrò sue notizie, ti telefonerò*, je te téléphonerai aussitôt que j'aurai de ses nouvelles. ‖ **6.** [causa] (raro) comme, puisque, du moment que. |

come non ti interessava, non ti ho informato, puisque cela ne t'intéressait pas, je ne t'ai pas informé.
III. SOSTANT. comment. | *dimmi il come e il perché*, dis-moi le comment et le pourquoi.
IV. LOC. *oggi come oggi*, aujourd'hui. | *io come io*, quant à moi. | *come Dio volle*, tant bien que mal. | *come è vero Dio*, aussi vrai que Dieu existe. | *Dio sa come*, Dieu sait comment. | *com'è, come non è*, tout à coup. | *come dire che*, autant dire que. | *è, come dire, un bambino difficile*, c'est, comment dirais-je, un enfant difficile.
comecchessia [komekes'sia] avv. (raro) de quelque façon que ce soit (L.C.).
comedone [kome'done] m. ANAT. comédon.
cometa [ko'meta] f. comète.
comica ['komika] (**-che** pl.) f. film (m.) comique.
comicità [komitʃi'ta] f. comicité, drôlerie.
comico ['kɔmiko] (**-ci** pl.) agg. comique, cocasse, drôle, original. | *il lato comico della situazione*, la cocasserie de la situation. | *è comicissimo*, c'est inénarrable (fam.), impayable (fam.), c'est d'un haut comique. ◆ m. [attore] comique. | *comico ambulante*, cabotin (ant.). ‖ [autore] auteur comique.
comignolo [ko'miɲɲolo] m. cheminée f.
cominciare [komin'tʃare] v. tr. commencer, débuter. | *cominciare a*, commencer à, de. | *cominciava a piovere*, il commençait à pleuvoir. | *comincia col dire, col fare*, commence par dire, par faire. | *cominciare dalla fine*, commencer par la fin. | *sta per cominciare*, ça va commencer. | *cominciare un combattimento*, engager un combat. ‖ FIG. engager, aborder, entamer. | *cominciare una conversazione*, engager une conversation. ◆ v. intr. commencer. | *quest'anno l'inverno comincia presto*, l'hiver commence tôt cette année. | *comincia il combattimento*, le combat s'engage. ‖ [di persona] *ha cominciato bene*, il a bien commencé. ‖ LOC. *a cominciare da*, à partir de. | *sul cominciare*, au début.
comino [ko'mino] m. BOT. cumin.
comitale [komi'tale] agg. comtal.
comitato [komi'tato] m. comité. | *comitato direttivo*, comité directeur. ‖ STOR. *comitato di salute pubblica*, comité de salut public.
comitiva [komi'tiva] f. bande, groupe m., équipe (fam.), compagnie (antiq.), noce (pop.). | *in comitiva*, en groupe. | *che comitiva!*, quelle équipe! ‖ [seguito] (lett.) suite, cortège m.
comizio [ko'mittsjo] (**-zi** pl.) m. meeting (ingl.). | *tenere un comizio*, tenir un meeting. ◆ pl. STOR. comices.
comma ['kɔmma] m. GIUR. [capoverso] alinéa. ‖ MUS. comma.
commando [kom'mando] m. MIL. commando. ‖ MAR. bitord.
commedia [kom'mɛdja] f. comédie. | *cominciare una commedia, iniziare le recite di una commedia*, mettre une comédie à l'affiche. | *commedia d'intrigo*, imbroglio m. ‖ LETT. *commedia dell'arte*, commedia dell'arte. | *la Divina Commedia*, la Divine Comédie.
commediante [komme'djante] m. e f. ARC. comédien, enne (L.C.). ‖ FIG. comédien. | *fare il commediante*, cabotiner (fam.).
commediografo [komme'djɔgrafo] m. auteur théâtral, auteur de comédies.
commediola [komme'djɔla] f. DIMIN. petite pièce, saynète. ‖ [che apre una serata teatrale] lever (m.) de rideau.
commemorare [kommemo'rare] v. tr. commémorer.
commemorativo [kommemora'tivo] agg. commémoratif.
commemorazione [kommemorat'tsjone] f. commémoration. ‖ RELIG. commémoraison.
commenda [kom'mɛnda] f. RELIG. commanderie, commande. ‖ STOR. commanderie.
commendatario [kommenda'tarjo] (**-ri** pl.) agg. e m. RELIG. commandataire.
commendatizia [kommenda'tittsja] f. lettre de recommandation.
commendatore [kommenda'tore] m. [in tutti i sensi] commandeur.
commensale [kommen'sale] m. e f. commensal, dîneur. ‖ [in un banchetto] convive.
commensalismo [kommensa'lizmo] m. BIOL. commensalisme.
commensurabile [kommensu'rabile] agg. commensurable.
commensurare [kommensu'rare] v. tr. proportionner.
commentare [kommen'tare] v. tr. commenter, expliquer, illustrer. | *commentare un testo*, expliquer un texte.
commentario [kommen'tarjo] (**-ri** pl.) m. (raro) commentaire. ‖ LETT. *i Commentari di Cesare*, les Commentaires de César.
commentatore [kommenta'tore] m. commentateur, gloseur. ‖ [nel linguaggio giornalistico] commentateur, éditorialiste.
commento [kom'mento] m. [in tutti i sensi] commentaire. | *commento di testi*, explication (f.) de textes. ‖ LOC. FAM. *senza commenti!*, sans commentaires!
commerciabile [kommer'tʃabile] agg. négociable, commerçable, marchand. | *articolo commerciabile*, article marchand.
commerciale [kommer'tʃale] agg. [che ha rapporti con il commercio] commercial, de commerce. | *trattato commerciale*, traité de commerce, commercial. | *azienda commerciale*, maison de commerce. | *bilancia commerciale*, balance du commerce. | *valore commerciale*, valeur marchande. ‖ [che fa commercio] commerçant, marchand. | *città commerciale*, ville marchande. ‖ PEGGIOR. commercial. | *film commerciale*, film commercial. ‖ COMM. *agenzia commerciale all'estero*, factorerie.
commercialista [kommertʃa'lista] (**-ti** pl.) m. conseiller commercial. | *dottore commercialista*, licencié ès sciences économiques.
commercializzare [kommertʃalid'dzare] v. tr. commercialiser.
commerciante [kommer'tʃante] agg. e n. commerçant, négociant, marchand. | *commerciante al minuto*, commerçant, marchand au détail. | *commerciante disonesto*, mercanti (peggior.). | *fare il commerciante*, être dans le commerce.
commerciare [kommer'tʃare] v. intr. commercer, être dans le commerce, faire du commerce. | *commercia in tessuti*, il fait commerce de tissus. | *commerciare in anticaglie*, chiner.
commercio [kom'mɛrtʃo] (**-ci** pl.) m. commerce. | *commercio all'ingrosso, al minuto*, commerce de gros, de détail. | *commercio tra l'ingrosso e il minuto*, commerce de demi-gros. | *ritiro dal commercio*, cessation (f.) de commerce. | *Camera di commercio*, Chambre de commerce. | *darsi al commercio*, entrer dans le commerce. | *commercio di maioliche*, faïencerie f. | *commercio di articoli di latta*, ferblanterie f. | *commercio di anticaglie*, brocante f. | *commercio frutticolo*, fruiterie f. | *commercio di tessuti di lana*, draperie f. | *il commercio calzaturiero*, la chaussure. | *commercio ambulante*, colportage. | *articolo che non è ancora in commercio*, article qui n'est pas encore dans le commerce. ‖ PER EST. [trafico] commerce. | *far commercio di qlco.*, faire commerce de qch. ‖ FIG. [relazione] LETT. o ANTIQ. commerce, négoce. | *evitare il commercio degli uomini*, fuir le commerce des hommes.
1. commessa [kom'messa] f. COMM. commande, ordre m.
2. commessa [kom'messa] f. [venditrice] vendeuse; demoiselle de magasin (antiq.).
commesso [kom'messo] part. pass. V. COMMETTERE. ◆ m. [venditore] commis. | *commesso viaggiatore*, commis voyageur, représentant (de commerce). ‖ [in un negozio] commis, vendeur. | *commesso di un negozio di mode*, calicot (pop.). ‖ [impiegato] commis. | *commesso di banca*, commis de banque. ‖ PER EST. [fattorino] commissionnaire, garçon de courses. ‖ MAR. *commesso ai viveri*, commis aux vivres.
commessura [kommes'sura] f. ANAT. [punto di giuntura] commissure. ‖ [cervello] commissure.
commestibile [kommes'tibile] agg. comestible. ‖ BOT. *costola commestibile del cardo*, carde f. ◆ m. pl. comestibles.
commettere [kom'mettere] v. tr. **1.** [fare] commettre, faire. | *commettere un errore in un problema*,

commettre une erreur dans un problème. || PER EST. [perpetrare] commettre. | *commettere un crimine*, commettre, perpétrer un crime. | *commettere frodi*, frauder (v. intr.). || PER ANAL. [aver luogo] *vengono commesse molte atrocità durante le guerre*, il se commet bien des atrocités pendant les guerres. || GIOCHI [carte] *stare attenti a non commettere il minimo fallo*, se tenir à carreau (fam.). || **2.** [incaricare di un lavoro, di vendere, ecc.] commissionner. || **3.** [affidare] LETT. o ANTIQ. commettre, confier (L.C.). || COMM. commander. | *commettere una partita di stoffe*, commander un stock de tissus. || TECN. assembler, emboîter. ◆ v. intr. TECN. joindre, s'emboîter (v. rifl.).

commettitura [kommetti'tura] f. ANAT. [punto di giuntura] commissure, jointure. || [cervello] commissure. || MAR. [di corde] commettage m.

commiato [kom'mjato] m. [consenso a partire] congé. | *dare commiato a qlcu.*, donner congé à qn, congédier qn. | *prendere commiato da qlcu.*, prendre congé de qn, dire adieu à qn. || [saluto] adieu. | *il commiato fu lungo e affettuoso*, les adieux furent longs et affectueux. || POES. [canzone] envoi.

commilitone [kommili'tone] m. compagnon d'armes, camarade.

comminare [kommi'nare] v. tr. GIUR. menacer.

comminatorio [kommina'tɔrjo] (**-ri** pl.) agg. GIUR. comminatoire.

commiserabile [kommize'rabile] agg. LETT. digne de commisération, de compassion (L.C.).

commiserare [kommize'rare] v. tr. plaindre, s'apitoyer (sur), compatir (à). | *commiserare un infelice*, plaindre un malheureux. | *commiserare le sventure altrui*, compatir aux, s'apitoyer sur les souffrances d'autrui. | *gli piace farsi commiserare*, il aime se faire plaindre.

commiserazione [kommizerat'tsjone] f. commisération.

commissariato [kommissa'rjato] m. [in tutti i sensi] commissariat, clou (pop.). | *commissariato di polizia, di Pubblica Sicurezza*, commissariat de police. | *ufficiale del commissariato aeronautico*, commissaire ordonnateur de l'armée de l'air. || MAR. *ufficiale del commissariato marittimo*, commissaire de la marine. || MIL. *commissariato militare*, intendance (f.) militaire.

commissario [kommis'sarjo] (**-ri** pl.) m. commissaire. | *commissario di polizia, di Pubblica Sicurezza*, commissaire de police. | *vice commissario*, commissaire adjoint. || MAR. *commissario di bordo*, commissaire du bord. || SPORT *commissario tecnico*, sélectionneur. || UNIV. [membro di una commissione di esami] membre (d'un jury d'examen).

commissionare [kommissjo'nare] v. tr. COMM. commander.

commissionario [kommissjo'narjo] (**-ri** pl.) agg. de commission. ◆ m. commissionnaire, commis.

commissione [kommis'sjone] f. **1.** [incarico] commission. | *sbrigare una commissione*, exécuter, remplir une commission. || PER EST. [spesa, acquisto] commission. | *fare le commissioni*, faire les commissions. | *che fa (occasionalmente) una commissione, la spesa (per conto d'altri)*, commissionnaire m. | *quel ragazzo fa bene le commissioni*, ce garçon est un bon commissionnaire. || **2.** [comitato, delegazione] commission, comité m. | *commissione d'inchiesta*, commission d'enquête. | *commissione esaminatrice*, commission d'examen, jury m. | *commissione interna (di una fabbrica)*, comité d'entreprise. || COMM. commission, commande, ordre m. | *ricevere molte commissioni*, recevoir beaucoup de commandes. || PER EST. [compenso] commission, courtage m., remise. | *riscuotere una commissione del 2 %*, toucher une commission de 2 %. | *commissione sulle vendite*, commission de vente, sur les ventes.

commissorio [kommis'sɔrjo] (**-ri** pl.) agg. GIUR. commissoire.

commisto [kom'misto] agg. LETT. mélangé (de), mêlé (à).

commisurare [kommizu'rare] v. tr. [comparare] comparer, confronter, rapprocher. || [adeguare] proportionner.

committente [kommit'tɛnte] m. GIUR. commettant.

commodoro [kommo'dɔro] m. MAR. commodore.

commosso [kom'mɔsso] part. pass. di COMMUOVERE e agg. ému, touché. | *con voce commossa*, d'une voix émue. | *rimanere commosso da qlco.*, s'émouvoir de qch.

commovente [kommo'vɛnte] agg. touchant, émouvant.

commozione [kommot'tsjone] f. émotion; [molto forte] commotion. | *parlare sotto la spinta di una viva commozione*, parler sous l'effet d'une vive émotion. || MED. *commozione cerebrale*, commotion cérébrale.

commuovere [kom'mwɔvere] v. tr. [toccare, intenerire] émouvoir, toucher, troubler, ébranler, empoigner, remuer, affecter, agiter. | *il racconto delle sue pene commosse tutti*, le récit de ses malheurs émut tout le monde. | *lasciarsi commuovere dalle suppliche di qlcu.*, se laisser ébranler par les adjurations de qn. ◆ v. rifl. s'affecter, s'émouvoir, se troubler, être touché.

commutabile [kommu'tabile] agg. commuable.

commutabilità [kommutabili'ta] f. commuabilité.

commutare [kommu'tare] v. tr. GIUR. commuer. || MAT. inverser, intervertir. || ELETTR. commuter.

commutativo [kommuta'tivo] agg. GIUR., MAT. commutatif.

commutatore [kommuta'tore] m. ELETTR. commutateur. | *commutatore telefonico*, jack (ingl.).

commutatrice [kommuta'tritʃe] f. ELETTR. commutatrice.

commutazione [kommutat'tsjone] f. ELETTR., GIUR. commutation.

comò [ko'mɔ] m. commode f.

comodaccio [komo'dattʃo] (**-ci** pl.) m. PEGGIOR., LOC. FAM. *fare il proprio comodaccio*, (n')en prendre (qu')à son aise.

comodamente [komoda'mente] avv. [in modo comodo] confortablement. | *comodamente seduto*, confortablement assis. | *sistemarsi comodamente*, se carrer v. rifl., prendre, avoir ses aises. || PER EST. [lentamente] tranquillement, à son aise, (tout) à loisir. | *prendersela comodamente*, en prendre à son aise, prendre son temps. | *faccia pure comodamente*, faites à votre aise, prenez vos aises. || PER ANAL. [senza difficoltà] aisément, facilement. | *ci entro comodamente*, j'y entre aisément. || FIG. [agiatamente] aisément, confortablement.

comodare [komo'dare] v. intr. plaire, convenir. | *fai pure quello che ti comoda*, fais ce que bon te semble, fais ce qui te plaît.

comodino [komo'dino] m. table (f.) de nuit.

comodità [komodi'ta] f. invar. commodité. | *per maggior comodità*, pour plus de commodité. | *il telefono è una grande comodità*, le téléphone est une grande commodité. || FIG. [facilità] *ho la comodità dell'autobus vicino a casa*, j'ai l'avantage (m.) d'avoir l'autobus près de chez moi. || [comodo, lusso] commodités (pl.), confort (m. s.), aises (m. pl.). | *questo appartamento ha tutte le comodità desiderabili*, cet appartement a toutes les commodités désirables, tout le confort désirable, cet appartement est bien installé. | *gli piace avere tutte le comodità*, il aime ses aises.

comodo ['kɔmodo] agg. [confortevole] confortable. || [di indumenti] commode. | *giacca comoda*, veston commode. | *queste scarpe mi stanno comode*, ces chaussures sont commodes, larges. || PER EST. [facile] facile, commode, aisé. | *soluzione comoda*, solution commode. | *libro comodo da consultare*, livre aisé à consulter. || FIG. [di persona] *è un carattere comodo*, il a un caractère accommodant. | *non ha un carattere comodo!*, il n'est pas commode! || PEGGIOR. *morale comoda*, morale commode. || LOC. *mettiti comodo!*, mets-toi à ton aise! | *sto comodo, grazie*, je suis bien, merci. | *stia comodo!*, ne vous dérangez pas! || FAM. *è comodo fare come te!*, c'est commode de faire comme toi! | *(troppo) comodo!*, c'est (trop) commode! ◆ m. [agio] confort, commodités (f. pl.), aises (m. pl.). | *un appartamento con tutti i comodi*, un appartement avec tout le confort, avec toutes les commodités. || LOC. *mi fa comodo*, cela m'arrange, cela fait mon affaire, cela me convient. | *fare i(l) propri(o) comodi(o)*, prendre ses aises. | *fa sempre il proprio comodo*, il fait toujours ce que bon lui semble. | *fare il comodo altrui*, servir les intérêts d'autrui. |

con (tutto) comodo, (tout) à loisir. | *soluzione di comodo*, solution de facilité. || FIN. *cambiale di comodo*, effet de complaisance.

compaesano [kompae'zano] m. compatriote, pays (fam.).

compaginare [kompadʒi'nare] v. tr. TIP. mettre en pages.

compagine [kom'padʒine] f. organisation, équipe. | *compagine dello Stato*, organisation de l'État. | *compagine ministeriale*, équipe gouvernementale.

compagna [kom'paɲɲa] f. compagne, camarade. || [sposa, amante] compagne.

compagnia [kompaɲ'ɲia] f. [azione di accompagnare, presenza] compagnie. | *tenere, fare compagnia a qlcu.*, tenir compagnie à qn. | *essere di compagnia*, être de bonne compagnie. | *persona di piacevole compagnia*, personne d'un commerce agréable. | *essere in compagnia di*, être en compagnie de. | *dama di compagnia*, chaperon m., duègne. || [gruppo] groupe m., assistance, fréquentation, compagnie (antiq.). | *frequenta sempre la solita compagnia*, il fréquente toujours les mêmes gens. | *non è una compagnia adatta a lui*, ce n'est pas une fréquentation pour lui. | *evitare le cattive compagnie*, éviter les mauvaises fréquentations. | ... *e compagnia (bella)*, ... et compagnie, ... et tout ce qui s'ensuit. || TEATRO, MUS. ensemble m., compagnie. | *compagnia teatrale*, compagnie théâtrale. || COMM. [società] compagnie, société. | *compagnia d'assicurazioni, di navigazione*, compagnie d'assurances, de navigation. || MIL. compagnie. | *soldato di una compagnia di disciplina*, disciplinaire m. || RELIG. *compagnia di Gesù*, Compagnie de Jésus. || STOR. *compagnie di ventura*, Grandes Compagnies.

compagno [kom'paɲɲo] m. compagnon. | *compagno di ventura, di viaggio*, compagnon de misère, d'infortune; compagnon de voyage, de route. | *compagno d'armi*, compagnon d'armes. | *compagno di prigionia*, codétenu. | *compagno di squadra*, coéquipier. || [di scuola, giochi, studio, collegio] camarade, copain (fam.). || [nella massoneria] compagnon. || COMM. *ditta Bianchi e Compagni*, Maison Bianchi et Compagnie. || PER EST. SCHERZ. *il signor Carlo e compagni*, Monsieur Charles et compagnie. || POLIT. camarade. ◆ agg. pareil. | *giacche compagne*, vestons pareils. | *un vino compagno a questo non lo si trova in nessuna parte*, on ne trouve nulle part un vin comparable à celui-ci.

compagnone [kompaɲ'ɲone] m. joyeux compagnon, joyeux compère, bon vivant, (gai) luron.

companatico [kompa'natiko] (**-ci** pl.) m. ce qu'on mange avec le pain.

comparabile [kompa'rabile] agg. comparable.

comparare [kompa'rare] v. tr. LETT. comparer (L.C.).

comparatista [kompara'tista] (**-i** pl.) m. e f. UNIV. comparatiste.

comparativo [kompara'tivo] agg. comparatif. ◆ m. GRAMM. comparatif.

comparato [kompa'rato] part. pass. e agg. comparé. | *diritto comparato*, droit comparé.

comparatore [kompara'tore] m. TECN. comparateur.

comparazione [komparat'tsjone] f. [raro] comparaison (L.C.), confrontation. || GRAMM. comparaison.

compare [kom'pare] m. [padrino di battesimo e di cresima] parrain; compère (fam. o region.). || [testimone di matrimonio] témoin. || PER EST. [titolo affettuoso] (fam. o reg.) compère. || [favoreggiatore] compère.

comparente [kompa'rɛnte] m. GIUR. comparant.

comparire [kompa'rire] v. intr. [presentarsi alla vista] paraître. | *comparire in pubblico, in scena*, paraître en public, en scène. | *non ho il coraggio di comparirgli davanti*, je n'ai pas le courage de paraître devant lui. | *questa voce non compare*, cette rubrique fait défaut. || PER EST. [essere pubblicato] paraître. || PER ANAL. [mettersi in mostra] paraître. | *gli piace comparire*, il aime à paraître.

comparizione [komparit'tsjone] f. GIUR. comparution.

comparsa [kom'parsa] f. apparition. | *ha fatto una breve comparsa ieri*, il a fait une brève apparition hier. || FIG. [effetto] *far comparsa*, faire de l'effet. || GIUR. mémoire m. || TEATRO [e per est. personaggio secondario] comparse (m. e f.), figurant m. | *le comparse*, la figuration. | *è solo una comparsa*, ce n'est qu'un comparse. | *fa la comparsa*, il fait de la figuration. | *fare la comparsa*, figurer (v. intr.).

comparso [kom'parso] part. pass. V. COMPARIRE.

compartecipare [kompartetʃi'pare] v. intr. participer.

compartecipazione [kompartetʃipat'tsjone] f. coparticipation.

compartecipe [kompar'tetʃipe] agg. e m. coparticipant.

compartimentale [kompartimen'tale] agg. départemental.

compartimento [komparti'mento] m. compartiment. || AMM. département. || GIUR. [sezione] compartiment. || MAR. e FIG. *compartimenti stagni*, compartiments étanches (pr.), cloisons (f.) étanches (fig.).

compartire [kompar'tire] v. tr. compartimenter.

compartizione [kompartit'tsjone] f. compartimentage m., cloisonnage m., cloisonnement m.

comparto [kom'parto] m. compartiment.

compassare [kompas'sare] v. intr. (raro) TECN. compasser.

compassato [kompas'sato] part. pass. e agg. FIG. compassé, affecté, guindé. | *gente compassata*, gens collet monté.

compassionare [kompassjo'nare] v. tr. plaindre, compatir (à), s'apitoyer (sur). | *compassionare qlcu. per le sue disgrazie*, plaindre qn de ses malheurs; compatir aux malheurs de qn.

compassione [kompas'sjone] f. compassion, apitoiement m. | *meritare compassione*, être à plaindre. || FAM. PEGGIOR. *spettacolo che fa compassione*, spectacle piteux, pitoyable, spectacle qui fait pitié.

compassionevole [kompassjo'nevole] agg. compatissant. | *con uno sguardo compassionevole*, d'un regard compatissant. || PER EST. [lamentevole] piteux, pitoyable, lamentable. | *in uno stato compassionevole*, en piteux état.

compasso [kom'passo] m. compas. || MAR. [bussola] compas.

compatibile [kompa'tibile] agg. [ammissibile] admissible, justifiable. || [consiliabile] compatible, conciliable.

compatibilità [kompatibili'ta] f. [giustificabilità] justification, excuse. || [conciliabilità] compatibilité.

compatibilmente [kompatibil'mente] avv. *collaborare con qlcu. compatibilmente con i propri impegni*, collaborer avec qn pour autant que cela soit compatible avec ses engagements, dans la mesure où cela est compatible avec ses engagements.

compatimento [kompati'mento] m. compassion f., commisération f., pitié f., apitoiement. || IRON. *mi guardò con un'aria di compatimento*, il me regarda d'un air de commisération.

compatire [kompa'tire] v. tr. plaindre, avoir compassion (de), compatir (à). | *compatire le disgrazie altrui*, plaindre les malheurs d'autrui, compatir aux malheurs d'autrui. || PER EST. [tollerare] tolérer, excuser, pardonner, avoir de la compréhension, avoir de l'indulgence (pour). || IRON. *poveretto, ti compatisco!*, mon pauvre, tu me fais pitié! ◆ v. recipr. se supporter, se tolérer.

compatriot(t)a [kompatri'ɔ(t)ta] (**-ti** pl.) m. et f. compatriote, pays (fam. o region.).

compattezza [kompat'tettsa] f. compacité. || FIG. solidarité.

compatto [kom'patto] agg. PR. compact. || PER EST. [poco liquido] épais. || FIG. compact. | *maggioranza compatta*, majorité compacte. || MIL. en rangs serrés.

compendiare [kompen'djare] v. tr. condenser, abréger, résumer. | *compendiare un romanzo*, abréger un roman. ◆ v. rifl. se résumer.

compendio [kom'pɛndjo] (**-di** pl.) m. condensé, précis, abrégé, compendium (lat.). || LOC. *in compendio*, en abrégé. || LETT. condensé. || FIG. raccourci.

compenetrabile [kompene'trabile] agg. pénétrable.

compenetrabilità [kompenetrabili'ta] f. pénétrabilité.

compenetrare [kompene'trare] v. tr. e intr. PR. e FIG. pénétrer. ◆ v. rifl. se pénétrer. | *compenetrarsi a vicenda*, s'interpénétrer. || SOSTANT. *il compenetrarsi a vicenda*, l'interpénétration f.

compenetrazione [compenetrat'tsjone] f. pénétration.
compensabile [kompen'sabile] agg. compensable.
compensare [kompen'sare] v. tr. [retribuire] rétribuer, rémunérer. || PER EST. [di danni] dédommager. || [équilibrare] compenser, balancer. | *compensare le spese*, couvrir les frais. || FIG. racheter. | *compensare i difetti con le virtù*, racheter ses défauts par ses vertus. || TECN. *compensare l'usura*, compenser l'usure. ◆ v. rifl. se compenser.
compensativo [kompensa'tivo] agg. compensatoire.
compensato [kompen'sato] part. pass. e agg. V. COMPENSARE. || TECN. *(legno) compensato*, (bois) contre-plaqué.
compensatore [kompensa'tore] (**-trice** f.) agg. compensateur. ◆ m. TECN. compensateur. | *munito di compensatore*, compensé (part. pass. e agg.).
compensatorio [kompensa'tɔrjo] (**-ri** pl.) agg. compensatoire.
compensazione [kompensat'tsjone] f. compensation. || ECON., FIN., GIUR. compensation.
compenso [kom'pɛnso] m. [risarcimento] compensation f., dédommagement. || [contropartita, contraccambio] échange, contrepartie f., compensation f. | *in compenso*, en compensation, en échange, en contrepartie. || PER EST. [ricompensa] récompense f. || [remunerazione] rémunération f., payement. | *dietro compenso*, contre payement. | *senza compenso*, bénévolement. || [di artisti] cachet.
compera ['kompera] f. achat m., emplette. ◆ pl. courses, emplettes. | *far compere*, faire des courses.
comperare [kompe'rare] v. tr. V. COMPRARE.
competente [kompe'tɛnte] agg. compétent. | *dimostrarsi molto competente nel proprio lavoro*, faire preuve d'une grande capacité dans son travail. ◆ m. e f. compétence f. (fam.). | *è un competente*, c'est une compétence.
competenza [kompe'tentsa] f. compétence. | *essere di competenza di*, relever de, dépendre de. | *non è di mia competenza*, cela ne relève pas de moi, cela n'est pas de mon domaine, de mon département, de mon ressort. || GIUR. *grado di competenza*, degré de juridiction. | *negare a un tribunale la competenza a conoscere*, dessaisir un tribunal.
competere [kom'pɛtere] v. intr. [gareggiare] rivaliser (de), concurrencer (v. tr.), jouter. | *competere con qlcu. in qlco.*, rivaliser avec qn de qch. | *quel prodotto non può competere con il nostro*, ce produit ne peut pas concurrencer le nôtre. || [concorrere] concourir. | *competere per un posto*, concourir pour un poste. || [riguardare] être de la compétence (de). | *non compete a te giudicare i risultati*, ce n'est pas à toi de juger les résultats. | *ciò non mi compete*, ce n'est pas de mon département. || [spettare] être dû. | *gli darò quello che gli compete*, je lui donnerai ce qui lui est dû. || GIUR. être du ressort de, de la compétence de. | *questa causa compete al tribunale di*, cette cause est du ressort du tribunal de.
competitivo [kompeti'tivo] agg. compétitif.
competitore [kompeti'tore] (**-trice** f.) agg. e n. compétiteur, trice ; concurrent, ente.
competizione [kompetit'tsjone] f. compétition.
compiacente [kompja'tʃɛnte] agg. [amabile, servizievole] complaisant, obligeant. | *mostrarsi compiacente con qlcu.*, se montrer complaisant envers, pour qn. || PEGGIOR. [accomodante] complaisant, arrangeant, condescendant. | *marito compiacente*, mari complaisant.
compiacenza [kompja'tʃɛntsa] f. [amabilità, gentilezza] complaisance, amabilité, obligeance. | *abbiate la compiacenza di*, ayez l'obligeance de. | *per compiacenza*, par complaisance. || [soddisfazione] satisfaction, contentement m., complaisance. | *ascoltare qlcu. con compiacenza*, prêter une oreille complaisante à qn.
compiacere [kompja'tʃere] v. intr. [soddisfare] complaire (à), plaire, satisfaire. | *cerca solo di compiacerti*, il ne cherche qu'à te satisfaire. ◆ v. intr. rifl. [provare compiacimento] se plaire, se complaire. | *compiacersi di fare qlco.*, se complaire à faire qch. | *non compiacerti nella tua ignoranza !*, ne te complais pas dans ton ignorance ! || [degnarsi] daigner v. tr. | *si compiacque di ascoltarci*, il daigna nous écouter. || [rallegrarsi] se réjouir. | *compiacersi con un amico per il suo successo*, se réjouir avec un ami de son succès.
compiacimento [kompjatʃi'mento] m. [soddisfazione] complaisance f., satisfaction f., contentement. | *trovare il proprio compiacimento nel lavoro*, se complaire dans le travail. | *provare un grande compiacimento per un premio*, éprouver une grande satisfaction pour un prix.
compiaciuto [kompja'tʃuto] part. pass. e agg. complaisant, satisfait (de soi). | *guardarsi compiaciuto*, se regarder avec complaisance, se regarder d'un œil complaisant.
compiangere [kom'pjandʒere] v. tr. [di persona] plaindre, compatir (à). | *compiangere qlcu. per le sue disgrazie*, plaindre qn de ses malheurs, plaindre les malheurs de qn (litt.), compatir aux malheurs de qn. | *è da compiangere*, il est à plaindre. || PER EST. [di cosa] regretter.
compianto [kom'pjanto] part. pass. di COMPIANGERE e agg. regretté. | *il compianto presidente*, le regretté président. ◆ m. [cordoglio] chagrin, peine f., douleur f.
compiere ['kompiere] v. tr. [realizzare] accomplir, fournir, faire, exécuter. | *compiere una buona azione*, accomplir une bonne action. | *compiere un lavoro ingrato*, exécuter un travail ingrat. | *compiere il proprio dovere*, accomplir son devoir, s'acquitter de son devoir, remplir sa tâche. | *compiere un voto, una promessa*, accomplir un vœu, une promesse. | *compiere un atto decisivo*, frapper un grand coup. | *compiere evoluzioni*, évoluer ; exécuter des évolutions. | *compiere scavi archeologici*, faire des fouilles. || PER EST. [perpetrare] commettre, consommer. | *compiere un crimine*, commettre, perpétrer un crime. || [finire] achever, parachever, finir. | *compiere un'opera*, parachever un ouvrage. || LOC. *oggi compio gli anni*, aujourd'hui c'est mon anniversaire. ◆ v. intr. [aver luogo] avoir lieu. || FIG. [avverarsi] s'accomplir, se réaliser.
compieta [kom'pjɛta] f. RELIG. complies (pl.).
compilare [kompi'lare] v. tr. [comporre] compiler. | *compilare un'antologia*, compiler une anthologie. || [redigere] dresser. | *compilare un elenco*, dresser une liste. | *compilare un articolo*, rédiger un article. || [riempire] remplir. | *compilare un modulo, una scheda*, remplir un formulaire, une fiche. || COMM. [di vaglia, assegno] libeller.
compilatore [kompila'tore] (**-trice** f.) m. compilateur.
compilazione [kompilat'tsjone] f. compilation. || COMM. établissement m. | *compilazione di un conto*, établissement d'un compte.
compimento [kompi'mento] m. [realizzazione] accomplissement, exécution f. | *compimento di un dovere, di un voto*, accomplissement d'un devoir, d'un vœu. || [conclusione] achèvement, parachèvement. | *portare qlco. a compimento*, achever qch.
compire [kom'pire] v. tr. V. COMPIERE.
compitare [kompi'tare] v. tr. épeler. || PEGGIOR. [leggere stentatamente] ânonner. || SOSTANT. épellation f.
compitezza [kompi'tettsa] f. politesse. | *pieno di compitezza*, très poli.
1. compito [kom'pito] part. pass. di COMPIRE e agg. poli.
2. compito ['kompito] m. tâche f., devoir. | *svolgere il proprio compito*, accomplir son devoir, s'acquitter de son devoir, de sa tâche. | *è compito mio, tuo*, c'est à moi, à toi (de). || UNIV. [esercizio scritto] devoir ; [in classe] devoir en classe, composition f. | *fare un compito in classe*, composer v. intr. || PER EST. [foglio del compito] copie f.
compiutamente [kompjuta'mente] avv. complètement. | *trattare compiutamente*, épuiser (v. tr.).
compiuto [kom'pjuto] part. pass. di COMPIERE e agg. accompli. | *porre qlcu. davanti al fatto compiuto*, mettre qn devant le fait accompli. | *l'affare è compiuto*, l'affaire est close. || PER EST. *trent'anni compiuti*, trente ans révolus, accomplis.
compleanno [komple'anno] m. anniversaire.
complementare [komplemen'tare] agg. [a] complémentaire (de).
complemento [komple'mento] m. [in tutti i sensi]

complément. | *a complemento di*, en complément de. || MIL. *ufficiale di complemento*, officier du cadre de réserve.
complessato [komples'sato] agg. e n. NEOL. complexé.
complessità [komplessi'ta] f. complexité.
complessivo [komples'sivo] agg. [intero] global, total. | *l'ammontare complessivo è di tre milioni*, le montant global est de trois millions. || [che abbraccia tutto] général, d'ensemble. | *giudizio complessivo*, jugement d'ensemble. | *vista complessiva*, vue d'ensemble.
complesso [kom'plεsso] agg. complexe. || FIG. complexe, compliqué. | *la questione è molto complessa*, la question est très compliquée. ◆ m. [totalità] ensemble. | *il complesso degli impianti industriali di un paese*, l'ensemble des implantations industrielles d'un pays. || PER EST. *essere malcontento per un complesso di circostanze*, être mécontent à la suite d'une série de circonstances. | *nel complesso*, dans l'ensemble, somme toute. || ECON. complexe. | *complesso industriale*, complexe industriel; combinat. | *complesso urbano*, agglomération f. || PSICOL. complexe. | *essere afflitto da complessi*, faire des complexes. || UNIV. *complesso scolastico*, groupe scolaire.
completamente [kompleta'mente] avv. [in frasi affermative] tout à fait; [in frasi negative] du tout. | *non ho visto completamente nulla*, je n'ai rien vu du tout. | *era completamente sconvolto*, il était tout à fait bouleversé.
completamento [kompleta'mento] m. complément (raro), achèvement, parachèvement, accomplissement. | *ottenere un completamento d'orario*, obtenir un complément d'horaire.
completare [komple'tare] v. tr. compléter, achever, parachever. | *completare un'opera*, parachever un ouvrage. ◆ v. rifl. se compléter.
completezza [komple'tettsa] f. caractère exhaustif. || PER EST. [perfezione] perfection.
completivo [komple'tivo] agg. GRAMM. complétif.
completo [kom'plεto] agg. PR. e FIG. complet. | *avere completa fiducia in qlcu.*, avoir une confiance totale en qn. | *lo spettacolo è stato un completo fallimento*, le spectacle a été un échec total. | *l'autobus è completo*, l'autobus est complet. | *uomo completo*, homme complet. | *pensione completa*, logé et nourri. | *in completo abbandono*, dans un état d'abandon total. || FIG. FAM. *è un completo fannullone*, c'est un fainéant indécrottable. ◆ m. [indumento] complet, costume. || LOC. *essere al (gran) completo*, être au (grand) complet.
complicare [kompli'kare] v. tr. compliquer, emmêler. ◆ v. rifl. se compliquer, se corser. | *l'affare si è complicato*, l'affaire s'est corsée.
complicazione [komplikat'tsjone] f. complication. | *cercare complicazioni*, chercher midi à quatorze heures (fam.).
complice ['komplitʃe] agg. complice. | *un'occhiata, un sorriso complice*, un clin d'œil, un sourire entendu. | *sono complici nell'ingannarla*, ils sont d'intelligence pour vous tromper. ◆ m. complice, compère (fam.).
complicità [komplitʃi'ta] f. complicité, compérage m. (antiq.), connivence.
complimentare [komplimen'tare] v. tr. complimenter, féliciter. ◆ v. rifl. [con] complimenter v. tr., féliciter v. tr., se congratuler. | *complimentarsi con qlcu. per qlco.*, faire compliment à qn de qch., féliciter qn de qch.
complimento [kompli'mento] m. [congratulazioni] compliment, félicitation f., congratulation f. (antiq.). | *fare i complimenti al vincitore*, faire ses félicitations au vainqueur. || [talvolta ironico] *(i miei) complimenti !*, tous mes compliments ! || [cerimonie] cérémonie f., façon f. | *fare complimenti*, faire des cérémonies, des embarras, se gêner. | *perdersi in complimenti*, perdre son temps à complimenter. | *senza complimenti*, sans façons. | *senza tanti complimenti !*, sans trop de formalités ! | *quanti complimenti !*, que de chichis !, que d'histoires ! ◆ pl. [omaggi] compliments, civilités f.
complimentoso [komplimen'toso] agg. [che fa complimenti] complimenteur, cérémonieux. | *è una persona complimentosa*, c'est un complimenteur. || PEGGIOR. *è un uomo complimentoso*, c'est un faiseur d'embarras. || [che esprime complimenti] flatteur. | *parole complimentose*, paroles flatteuses.
complottare [komplot'tare] v. tr. e intr. comploter, conspirer, être de mêche (avec) [pop.]. | *chi complotta*, comploteur.
complotto [kom'plɔtto] m. complot.
compluvio [kom'pluvjo] (**-vi** pl.) m. ARCHIT. noue f. || EDIL. [canale] cornière f.
componente [kompo'nεnte] agg. CHIM. composant, élément. ◆ m. [membro] membre. | *componente di consiglio di amministrazione*, membre d'un conseil d'administration. || CHIM. composant. ◆ f. MECC., MAT. composante.
componimento [komponi'mento] m. [lavoro letterario] pièce f. | *breve componimento*, compliment. || GIUR. [accordo] composition f., accommodement. || MUS. composition f. || UNIV. [svolgimento di un tema] composition, rédaction f., dissertation f.
comporre [kom'porre] v. tr. PR. composer. || [mettere in ordine] arranger. || PER EST. *comporre il volto*, composer son visage. || [conciliare] concilier, ajuster. | *comporre un dissidio*, régler une dissension. || LETT., MUS. écrire. | *comporre una canzone satirica contro qlcu., contro il governo*, chansonner qn, le gouvernement. || TIP. *comporre a mano (con il compositoio)*, composter. ◆ v. rifl. [farsi] se composer. || [constare di] se composer (de), être constitué (de). ◆ v. intr. UNIV. [fare un compito in classe] composer.
comportamentismo [komportamen'tizmo] m. PSICOL. psychologie (f.) du comportement, behaviorisme.
comportamentista [komportamen'tista] agg. invar. du comportement.
comportamento [komporta'mento] m. [di persone] comportement, attitude f., tenue f., conduite f. | *il comportamento degli studenti è buono*, la conduite des étudiants est bonne. | *ha sempre un comportamento corretto*, il a toujours une bonne tenue. || PER ANAL. [di cose] comportement.
comportare [kompor'tare] v. tr. [ammettere] comporter, admettre. | *tale regola non comporta eccezioni*, cette règle n'admet pas d'exceptions. || [implicare] comporter, impliquer, emporter, entraîner. | *lavoro che comporta una grossa spesa*, travail qui entraîne des dépenses considérables. | *la guerra comporta sempre sofferenze*, la guerre entraîne toujours des souffrances. | *questo non comporta nessun obbligo*, cela n'engage à rien. ◆ v. rifl. se conduire, se tenir, se comporter, agir. | *comportarsi sfacciatamente*, agir cavalièrement.
compositivo [kompozi'tivo] agg. [che entra nella composizione] constitutif. || [di, della composizione] de (la) composition. | *tecnica compositiva*, technique de la composition. | *gli elementi compositivi di una struttura*, les éléments qui composent une structure.
composito [kom'pɔzito] agg. ARCHIT. e FIG. composite.
compositoio [kompozi'tojo] (**-oi** pl.) m. TIP. composteur.
compositore [kompozi'tore] (**-trice** f.) m. MUS., TIP. compositeur. | *compositore monotipista*, claviste.
compositrice [kompozi'tritʃe] f. TIP. machine à composer, linotype.
composizione [kompozit'tsjone] f. [constituzione] composition. || [conciliazione] accommodement m., règlement m., arrangement m., accord m., conciliation. | *composizione di un litigio*, règlement d'un différend. || CHIM., MUS., TIP. composition. || GIUR. composition. || UNIV. [componimento in lingua materna] composition, rédaction, dissertation.
compossessione [komposses'sjone] f. GIUR. copossession.
compossesso [kompos'sεsso] m. GIUR. copossession f.
composta [kom'posta] f. AGR. [concime] compost m. | *ammendare con composta*, composter v. tr. || CULIN. [frutta] compote. | *calzone riempito di composta di mele*, chausson aux pommes.
compostezza [kompos'tettsa] f. bonne tenue. || FIG. mesure, sobriété.
compostiera [kompos'tjεra] f. compotier m.
composto [kom'posto] part. pass. di COMPORRE e agg.

BOT., CHIM., GRAMM. composé. | *quel servizio è composto di parecchi uffici*, ce service comporte plusieurs bureaux. || TECN. compound (ingl.). | *macchina a espansione composta*, machine compound. || FIG. *con volto composto a mestizia*, d'un air triste. || LOC. *stare composto*, se tenir bien. ◆ m. composé, mélange. || CHIM., GRAMM. composé, combiné. || FIG. ensemble.

compra ['kompra] f. V. COMPERA.

comprare [kom'prare] v. tr. PR. e FIG. acheter, acquérir (lett.). | *comprare a caro prezzo*, acheter cher. | *comprare in contanti*, acheter (au) comptant. | *comprare e vendere su commissione*, faire du courtage. | *comprare le scarpe da X*, se chausser chez X.

compratore [kompra'tore] (**-trice** f.) m. acheteur.

compravendere [kompra'vendere] v. tr. acheter et vendre.

compravendita [kompra'vendita] f. COMM. achat (m.) et vente.

comprendere [kom'prɛndere] v. tr. [contenere] comprendre. || PER EST. [comportare] comprendre, grouper, se composer (de), être composé (de). | *la proprietà comprende anche una casa e un giardino*, la propriété est composée aussi d'une maison et d'un jardin. || PER ANAL. [includere] comprendre, inclure, embrasser, englober. | *servizio compreso*, service compris. || FIG. [capire, afferrare] comprendre, saisir, réaliser, piger (pop.). | *hai compreso le loro intenzioni?*, est-ce que tu as saisi leurs intentions? | *non riusciva a comprendere le difficoltà dell'impresa*, il n'arrivait pas à réaliser les difficultés de l'entreprise. || PER EST. [rendersi conto] comprendre, réaliser, se rendre compte (de), concevoir. | *capiamo le sue difficoltà*, nous nous rendons compte de vos difficultés. || ASSOL. comprendre (v. tr.). | *è un uomo che sa comprendere*, c'est un homme qui sait comprendre les choses. ◆ v. rifl. recipr. se comprendre, s'entendre.

comprendonio [kompren'dɔnjo] (**-i** pl.) m. IRON. FAM. comprenette f. | *è duro di comprendonio*, il n'a pas la comprenette facile, il a la tête dure.

comprensibile [kompren'dibile] agg. compréhensible.

comprensibilità [komprensibili'ta] f. compréhensibilité.

comprensione [kompren'sjone] f. compréhension, intelligence.

comprensivo [kompren'sivo] agg. compréhensif.

comprensorio [kompren'sɔrjo] (**-ri** pl.) m. AMM. zone à assécher, comprise entre des limites données. | *comprensorio di bonifica*, zone d'assèchement.

compreso [kom'preso] part. pass. di COMPRENDERE e agg. compris. | *fino all'anno scorso compreso*, jusqu'à l'an dernier inclus. || FIG. [preso, afferrato] pris, pénétré. | *compreso nel lavoro*, pris par son travail. || [con valore avv.] *dieci macchine, comprese le nostre*, dix voitures, y compris les nôtres.

compressa [kom'prɛssa] f. MED. compresse. || FARM. comprimé m.

compressible [kompres'sibile] agg. compressible.

compressibilità [kompressibili'tà] f. invar. compressibilité.

compressione [kompres'sjone] f. compression.

compressore [kompres'sore] agg. e m. TECN. compresseur. | *rullo compressore, compressore stradale*, rouleau compresseur, cylindre.

comprimario [kompri'mario] (**-ri** pl.) m. TEATRO second rôle.

comprimere [kom'primere] v. tr. comprimer. || FIG. comprimer, réprimer, contenir. | *comprimere la collera*, contenir sa colère. | *comprimere un istinto*, réprimer un instinct. | *comprimere le lacrime*, retenir ses larmes.

comprimibile [kompri'mibile] agg. compressible.

comprimibilità [komprimibili'ta] f. invar. compressibilité.

compromesso [kompro'messo] part. pass. di COMPROMETTERE. ◆ m. compromis. | *giungere ad un compromesso*, en arriver, parvenir à un compromis. | *scendere a un compromesso*, consentir à un compromis.

compromettente [kompromet'tɛnte] agg. compromettant.

compromettere [kompro'mettere] v. tr. compromettre. | *l'incidente ha compromesso la sua salute*, l'accident a ébranlé sa santé. | *compromettere la propria reputazione*, compromettre sa réputation, se compromettre (v. rifl.). ◆ v. rifl. se compromettre, se mouiller (fam.).

compromissione [kompromis'sjone] f. (raro) compromission (L.C.).

comproprietà [komproprje'ta] f. invar. copropriété.

comproprietario [komproprje'tarjo] (**-ri** pl.) m. copropriétaire.

comprova [kom'prɔva] f. *produrre un documento a comprova di qlco.*, produire un document pour prouver qch.

comprovabile [kompro'vabile] agg. prouvable.

comprovare [kompro'vare] v. tr. prouver, établir, démontrer.

compulsare [kompul'sare] v. tr. compulser, consulter, feuilleter.

compunto [kom'punto] agg. [addolorato] chagriné. || [con compunzione] *mi ascoltò tutto compunto, con aria compunta*, il m'écouta avec componction, d'un air de componction.

compunzione [kompun'tsjone] f. componction.

computabile [kompu'tabile] agg. [conteggiabile] calculable, chiffrable. || FIG. [addebitabile] *il risultato non è computabile alla sua mancanza di volontà*, on ne peut pas attribuer ce résultat à son manque de volonté.

computare [kompu'tare] v. tr. calculer. || FIG. [addebitare] attribuer, faire peser (sur). | *computare la sconfitta a qlcu.*, faire peser la défaite sur qn. || COMM. débiter.

computer [kɔm'pjutər] m. INF. ordinateur, calculateur.

computo ['kɔmputo] m. calcul, chiffrage, chiffrement, compte, supputation f. || [del tempo] computation f. || RELIG. comput.

comunale [komu'nale] agg. communal, municipal. | *biblioteca, scuola comunale*, bibliothèque, école communale. | *canile comunale*, fourrière f. | *tassa communale*, taxe municipale. | *stadio, teatro comunale*, stade, théâtre municipal. | *torre comunale*, beffroi m. | *palazzo comunale*, mairie f. | *segretario comunale*, secrétaire de mairie. | *beni municipali*, communaux m.

comunanza [komu'nantsa] f. [stato di ciò che è comune] communauté, indivision. | *comunanza dei beni, degli interessi*, communauté des biens, des intérêts. | *comunanza dei mezzi di produzione*, collectivité des moyens de production. || [gruppo, società] communauté. | *comunanza religiosa*, communauté religieuse.

comunardo [komu'nardo] m. STOR. communard.

comune [ko'mune] agg. commun. | *di commune accordo*, d'un commun accord. | *senso comune*, sens commun. || *vino comune*, vin ordinaire. | *nel senso comune del termine*, au sens habituel du terme. | *è un caso molto comune*, c'est un cas très banal. | *sono i bicchieri comuni*, ce sont les verres usuels. | *è merce comune*, c'est de la marchandise courante. | *gente comune*, des gens quelconques. || GIUR. *condannato comune, per reati comuni*, condamné de droit commun. || GRAMM. *nome comune*, nom commun. || MAT. *massimo comune divisore*, plus grand commun diviseur. | *minimo comune multiplo*, plus petit commun multiple. || ZOOL. *corvo comune*, freux m. | *gufo comune*, moyen duc. ◆ m. commun. | *fuori del comune*, hors du commun. || AMM. commune f., municipalité f. || PER EST. *andare in comune*, aller à la mairie. || [in Francia] *comuni e dipartimenti*, les collectivités f. pl. || POLIT. [Inghilterra] *la Camera dei comuni*, la Chambre des communes (f.). || STOR. [Medio Evo] commune f. ◆ f. RELIG. commun m. || STOR. [di Parigi] Commune. ◆ LOC. AVV. ***in comune***, en commun. | *caratteri che non hanno nulla in comune*, caractères qui n'ont rien de commun. || GIUR. *godimento in comune*, cojouissance f.

comunella [komu'nɛlla] f. LOC. *fare comunella con qlcu.*, faire bande avec qn, s'acointer avec qn.

comunicabile [komuni'kabile] agg. communicable.

comunicabilità [komunikabili'ta] f. invar. communicabilité.

comunicando [komuni'kando] m. RELIG. communiant.

comunicante [komuni'kante] agg. communicant. | *queste stanze sono comunicanti,* ces pièces communiquent.

1. comunicare [komuni'kare] v. tr. [trasmettere] communiquer, transmettre. | *comunicare un movimento,* imprimer un mouvement. || PER EST. [divulgare] propager, donner communication (de). | *comunicare un segreto,* communiquer un secret. || PER ANAL. [far parte] communiquer, exprimer, faire part (de). | *comunicare i propri dubbi,* faire part de ses doutes. ◆ v. intr. [persone] communiquer. | *comunicare per telefono, per lettera,* communiquer par téléphone, par lettre. || PER EST. [cose] communiquer, correspondre, se commander v. rifl. | *stanze che comunicano tra loro, con altre stanze,* pièces qui communiquent entre elles, avec d'autres pièces. || FIG. *ragazzo che non riesce a comunicare,* garçon qui n'arrive pas à s'ouvrir. || UNIV. *è vietato comunicare durante le prove,* il est interdit de communiquer pendant les épreuves. ◆ medio intr. [propagarsi] se communiquer, se répandre, se propager.

2. comunicare [komuni'kare] v. tr. RELIG. communier. ◆ v. rifl. communier (v. intr.). | *si è comunicato a Pasqua,* il a communié à Pâques.

comunicativa [komunika'tiva] f. LOC. *avere poca comunicativa,* être peu communicatif (agg.).

comunicativo [komunika'tivo] agg. communicatif.

comunicato [komuni'kato] m. communiqué. | *comunicato stampa,* communiqué de presse.

comunicazione [komunikat'tsjone] f. communication. | *mi dia la comunicazione con Milano,* mettez-moi en communication, donnez-moi, passez-moi la communication (téléphonique) avec Milan.

comunione [komu'njone] f. communion. | *fare la santa Comunione,* recevoir le bon Dieu. | *essere in comunione (di sentimenti, di idee) con qlcu.,* communier avec qn. || [presso i protestanti] cène. || GIUR. *proprietà in comunione,* indivision.

comunismo [komu'nizmo] m. POLIT. communisme.

comunista [komu'nista] (**-i** pl.) agg. e n. POLIT. communiste, coco (pop. e peggior). | *simpatizzante comunista,* communisant.

comunistico [komu'nistiko] (**-ci** pl.) agg. (raro) POLIT. communiste (L.C.).

comunità [komuni'ta] f. invar. [collettività] communauté. | *comunità nazionale,* communauté nationale. || [gruppo, società] communauté.

comunitario [komuni'tarjo] (**-ri** pl.) agg. communautaire.

comunque [ko'munkwe] avv. [in ogni modo] quoi qu'il en soit; de toute façon, en tout état de cause, d'une façon ou d'une autre, quand même. | *sarò comunque presente anch'io,* de toute façon moi aussi je serai là. | *partiranno comunque,* ils partiront quand même. || [correlativo] de quelque façon que, quoi que. | *comunque tu la pensi, io agisco così,* quoi que tu en penses, j'agis de la sorte. | *comunque tu lo abbia fatto,* de quelque façon que tu l'aies fait. | *comunque sia,* quoi qu'il en soit. ◆ cong. [tuttavia] de toute façon, quand même.

con [kon] prep.

I. compagnia, unione.
II. strumento.
III. mezzo.
IV. maniera.
V. simultaneità; opposizione, contrasto.
VI. condizioni atmosferiche.
VII. riferito a parti del corpo; stato; qualità.
VIII. avversativo; verso, contro.
IX. davanti a un infinito; *cominciare con, finire con.*
X. usi particol.; CULIN., SPORT.

I. [compagnia, unione] avec. | *uscire con qlcu.,* sortir avec qn. | *vieni con me!,* viens avec moi! || **II.** [strumento] avec. | *aprire una scatola con un coltello,* ouvrir une boîte avec un couteau. || **III.** [mezzo] par. | *cerca di riuscire con tutti i mezzi,* il cherche à réussir par tous les moyens. | *viaggiare con il treno,* voyager par le train. | *andare con la macchina,* aller en voiture. | *lo ha ottenuto con il ricatto,* il l'a obtenu par un chantage. || LOC. *pescare con la lenza,* pêcher à la ligne. | *fatto con la penna, con la matita,* fait à la plume, au crayon. | *battersi con la pistola, con la spada,* se battre au pistolet, à l'épée. || **IV.** [maniera] avec. | *con gioia,* avec joie. | *difendersi con molto coraggio,* se défendre avec un grand courage. || **V. 1.** [simultaneità] avec. | *alzarsi con l'alba, con il sole,* se lever avec le jour, avec le soleil. | *verremo con voi dal medico,* nous viendrons avec vous chez le médecin. || **2.** [opposizione, contrasto] avec. | *con un po' più di buona volontà sarebbe riuscito,* avec un peu plus de bonne volonté il aurait réussi. || **VI.** [condizioni atmosferiche] par. | *è preferibile non uscire con la nebbia,* par temps de brouillard il est préférable de ne pas sortir. | *non si può studiare con questo caldo,* on ne peut pas étudier par cette chaleur. | *con il tempo che corre,* par le temps qui court. | *con questo freddo,* par le froid qu'il fait. || **VII. 1.** [riferito a parti del corpo] de. | *lo ha fatto con le sue mani,* il l'a fait de ses (propres) mains. | *con un'aria astuta,* d'un air rusé. | *con la coda dell'occhio,* du coin de l'œil. || **2.** [stato] *entrò con le mani in tasca,* il entra les mains dans ses poches. | *ritornare con le mani vuote,* revenir les mains vides. | *rimanere con le braccia incrociate,* rester les bras croisés. || **3.** [qualità] à | *donna con i capelli lunghi,* femme aux cheveux longs. | *uomo con la barba bianca,* homme à la barbe blanche. || **VIII. 1.** [avversativo] malgré. | *con tutta la sua boria, dovette accettare,* malgré toute sa morgue il dut accepter. || **2.** [verso, contro] *essere giusto con qlcu.,* être juste à l'égard de, pour, envers qn. | *agire bene, male con qlcu.,* bien, mal agir envers qn. | *essere arrabbiato con qlcu.,* être fâché contre qn. | *essere gentile con qlcu.,* être aimable envers qn. || **IX. 1.** [davanti ad un infinito] en (+ gerundio). | *con l'insistere, si ottiene tutto,* en insistant, on obtient tout. | *con il fare ciò,* en faisant cela. || **2.** *cominciare con, finire con,* commencer par, finir par. | *cominciò con il lamentarsi e finì con il ringraziarlo,* il commença par se plaindre et finit par le remercier. || **X.** [usi particolari] *con lo scopo di,* dans le but de. | *con la speranza di,* dans l'espoir de. | *con l'intenzione di,* dans l'intention de. | *prendere qlcu. con le buone,* prendre qn par la douceur. | *con il pretesto,* sous prétexte de. | *con vostro comodo,* à votre aise. | *con voce alta,* à haute voix. | *con il favore della notte,* à la faveur de la nuit. | *con il tempo,* avec le temps. | *con grande spesa,* à grands frais. | *avere qlco. con sé,* avoir qch. sur soi. | *con mia grande gioia,* à ma grande joie. || CULIN. *arrosto con patate,* rôti aux pommes de terre. | *zuppa con cipolle,* soupe à l'oignon. || SPORT [canottaggio] *due con,* deux barré.

conato [ko'nato] m. effort. | *avere dei conati di vomito,* avoir des haut-le-cœur.

conca ['konka] (**-che** pl.) f. **1.** [capace recipiente] cuve. || [per il bucato] cuvier m., lessiveuse. || PER EST. [vasca] bassin m. || ANAT. [del naso] cornet m. || GEOGR. combe, cuvette, bassin m., creux m. || PER EST. [vallata] vallée. || TECN. [idraulica] écluse. | *chiudere, sbarrare per mezzo di una conca,* écluser (v. tr.). || **2.** [conchiglia] (lett.) conque. || FIG. *con la mano a conca sull'orecchio,* la main en cornet sur l'oreille.

concatenare [konkate'nare] v. tr. [coordinare, collegare] enchaîner, coordonner. ◆ v. rifl. recipr. s'enchaîner. || SOSTANT. *il concatenare delle idee,* l'enchaînement, la chaîne (f.) des idées.

concatenazione [konkatenat'tsjone] f. enchaînement m., suite. | *concatenazione delle idee,* chaîne des idées.

concausa [kon'kauza] f. cause concomitante.

concavità [konkavi'ta] f. invar. [in tutti i sensi] concavité, creux m.

concavo ['kɔnkavo] agg. concave. ◆ m. creux.

concedere [kon'tʃɛdere] v. tr. [accordare, permettere] concéder, accorder, octroyer, impartir. | *concedere un privilegio,* concéder un privilège. | *concedere la grazia a qlcu.,* octroyer la grâce à qn. | *concedere una dilazione,* accorder un délai. | *concedere la cittadinanza,* naturaliser v. tr. | *che non si può concedere,* inaccordable (agg.). | *non è concesso a tutti di...,* il n'est pas donné à tout le monde de... || [consentire, autorizzare] consentir, autoriser. | *mi conceda di dirle* *che...*, permettez-moi de vous dire que... ‖ LOC. *dato e non concesso che...*, à supposer que... ◆ v. rifl. se donner.

concentramento [kontʃentra'mento] m. concentration f. | *concentramenti urbani*, concentrations urbaines. ‖ CHIM., ECON. POLIT. concentration f. ‖ MIL. concentration f. | *concentramento di truppe*, concentration de troupes. | *campo di concentramento*, camp de concentration. | *di, da campo di concentramento*, concentrationnaire (agg.).

concentrare [kontʃen'trare] v. tr. [far convergere] concentrer. ‖ CHIM., MIL. concentrer. | *concentrare il tiro, le truppe*, concentrer le tir, les troupes. ‖ FIG. concentrer. ◆ v. rifl. se concentrer.

concentrato [kontʃen'trato] part. pass. e agg. concentré. ◆ m. CULIN. concentré, extrait, coulis.

concentrazione [kontʃentrat'tsjone] f. [in tutti i sensi] concentration. ‖ FIG. [applicazione] (anche) contention.

concentrico [kon'tʃɛntriko] (**-ci** pl.) agg. GEOM. concentrique.

concepibile [kontʃe'pibile] agg. concevable.

concepimento [kontʃepi'mento] m. PR. e FIG. conception f.

concepire [kontʃe'pire] v. tr. FISIOL. concevoir. | *concepire un figlio*, concevoir un enfant. ‖ FIG. [creare] concevoir, former, imaginer. | *concepire un progetto*, concevoir un projet. ‖ [comprendere] concevoir, comprendre, admettre. | *non posso concepire che sia partito senza salutarci*, je ne peux pas admettre qu'il soit parti sans nous saluer. ‖ [provare (un sentimento)] concevoir, nourrir, éprouver.

conceria [kontʃe'ria] f. [stabilimento] tannerie. ‖ [tecnica] art (m.) du tannage, corroierie.

concernere [kon'tʃɛrnere] v. tr. concerner, intéresser, regarder, toucher. | *per quanto mi concerne*, en ce qui me concerne, pour ma part. | *non mi concerne per nulla*, cela ne me touche en rien.

concertante [kontʃer'tante] agg. MUS. concertant.

concertare [kontʃer'tare] v. tr. PR. e FIG. concerter. ‖ MUS. orchestrer, harmoniser. ◆ v. rifl. recipr. se concerter, s'accorder.

concertato [kontʃer'tato] part. pass. e agg. PR. e FIG. concerté, fixé, établi, convenu. | *all'ora concertata*, à l'heure fixée. | *un piano ben concertato*, un plan bien concerté. ‖ MUS. *duetto concertato*, duo concertant. ◆ m. MUS. morceau d'ensemble.

concertatore [kontʃserta'tore] (**-trice** f.) m. MUS. *maestro concertatore e direttore d'orchestra*, chef d'orchestre (m.).

concertazione [konʃertat'tsjone] f. orchestration.

concertino [kontʃer'tino] m. DIMIN., MUS. concertino.

concertista [kontʃer'tista] (**-i** pl.) m. e f. MUS. concertiste.

concertistico [kontʃer'tistiko] (**-ci** pl.) agg. MUS. de(s) concert(s). | *pezzo concertistico*, morceau de concert. ‖ [da concertista] de concertiste.

concerto [kon'tʃɛrto] **1.** m. PR. e FIG. concert. ◆ LOC. AVV. ***di concerto,*** de concert, ensemble, concurremment, de connivence. | *agire di concerto*, agir de concert. ‖ **2.** [concordia] (lett.) concert (L.C.). ‖ MUS. [composizione] concerto. ‖ [esecuzione] concert. | *andare ad un concerto*, aller à un concert. | *caffè concerto*, café-concert, café chantant. | *caffè concerto di infimo ordine*, beuglant (pop.).

concessionario [kontʃessjo'narjo] (**-ri** pl.) agg. e m. COMM. concessionnaire. | *società concessionaria*, société exploitante.

concessione [kontʃes'sjone] f. PR. e FIG. concession.

concessivo [kontʃes'sivo] agg. GRAMM. concessif. | *proposizione concessive*, proposition concessive.

concesso [kon'tʃɛsso] part. pass. V. CONCEDERE.

concetto [kon'tʃɛtto] m. [pensiero] concept, idée f. *lavoro pieno di concetti*, ouvrage plein d'idées. ‖ LOC. *lavoro di concetto*, travail intellectuel. ‖ *impiegato di concetto*, rédacteur. ‖ PER EST. [nozione] notion f. ‖ PER ANAL. [opinione] conception f., opinion f. | *farsi un concetto di qlco., di qlcu.*, se faire une opinion de qch., de qn. | *ha un concetto molto utilitario della letteratura*, il a une conception très utilitaire de la littérature. ‖ FILOS. concept. ‖ LETT. concetto.

concettosità [kontʃettosi'ta] f. [densità] richesse, densité d'idées.

concettoso [kontʃet'toso] agg. [denso di concetti] plein d'idées. ‖ [conciso] concis. ‖ [manierato] alambiqué.

concettuale [kontʃettu'ale] agg. conceptuel.

concettualizzare [kontʃettualid'dzare] v. tr. conceptualiser.

concezione [kontʃet'tsjone] f. FISIOL. conception. ‖ TEOL. *l'Immacolata Concezione*, l'Immaculée Conception. ‖ FIG. conception.

conchiglia [kon'kiʎʎa] f. coquillage m. | *collana di conchiglie*, collier (m.) de coquillages. ‖ ZOOL. [involucro] coquille. ‖ ARCHIT. coquille. ‖ CULIN. [tipo di pasta] coquillette. ‖ SPORT [pugilato] coquille. ‖ TECN. [calco] coquille.

conchilifero [konki'lifero] agg. GEOL. coquillier, conchylien. | *calcare conchilifero*, coquillart m., calcaire conchylien.

conchiudere [kon'kjudere] e deriv. V. CONCLUDERE e deriv.

concia ['kontʃa] (**-ce** pl.) f. [trattamento delle pelli] tannage m. ‖ [trattamento del cuoio] corroyage m., corroi m., corroierie. ‖ PER EST. [trattamento del tabacco] traitement m. ‖ PER ANAL. [sostanza] tan m.

conciabrocche [kontʃa'brɔkke] m. invar. raccommodeur de faïences.

conciante [kon'tʃante] agg. CHIM. tannant. ◆ m. CHIM. substance tannante.

conciapelli [kontʃa'pɛlli] m. invar. tanneur.

conciare [kon'tʃare] v. tr. [di pelli] tanner. ‖ [di cuoio] corroyer. ‖ PER EST. [di tabacco] traiter. ‖ FIG. [ridurre male, di cose] réduire. | *ma guarda come mi hai conciato la camicia !*, regarde donc dans quel état tu as mis ma chemise ! ‖ [di persona] malmener. *conciare male*, amocher (fam.). | *conciare qlcu. per le feste*, dauber (lett.), passer qn à la casserole (fam.). | *lo ha conciato per le feste !*, il l'a drôlement arrangé ! ‖ [vestire male] IRON. affubler. ◆ v. rifl. [rendersi impresentabile] se mettre dans un bel état (fam.). | *come ti sei conciato !*, dans quel état tu t'es mis ! ‖ IRON. FAM. [vestirsi male] s'accoutrer, s'affubler. | *si concia sempre in modo buffo*, il est toujours drôlement accoutré.

conciatetti [kontʃa'tetti] m. invar. couvreur.

conciatore [kontʃa'tore] (**-trice** f.) m. [di pelli] tanneur, mégissier. ‖ [di cuoio] corroyeur.

conciatura [kontʃa'tura] f. [di pelli] tannage m. ‖ [di cuoio] corroyage m., corroierie f.

conciliabile [kontʃi'ljabile] agg. conciliable.

conciliabilità [kontʃiljabili'ta] f. invar. conciliabilité.

conciliabolo [kontʃi'ljabolo] m. conciliabule.

conciliante [kontʃi'ljante] agg. conciliant, arrangeant, commode, coulant, accommodant. | *è un uomo conciliante*, c'est un homme tout en rondeur.

1. conciliare [kontʃi'ljare] agg. RELIG. conciliaire.

2. conciliare [kontʃi'ljare] v. tr. PR. e FIG. concilier. | *conciliarsi i favori di qlcu.*, se concilier, gagner les bonnes grâces de qn. ◆ v. rifl. [venire ad un accordo] s'accorder. | *i due contendenti si sono conciliati*, les deux adversaires se sont accordés. ◆ v. recipr. s'accorder. | *caratteri che si conciliano male*, caractères qui s'accordent mal.

conciliativo [kontʃilja'tivo] agg. conciliant. | *parole conciliative*, paroles conciliantes, de conciliation.

conciliatore [kontʃilja'tore] (**-trice** f.) agg. e m. conciliateur, trice. | *giudice conciliatore*, juge de paix.

conciliazione [kontʃiljat'tsjone] f. PR. e FIG. conciliation. ‖ GIUR. justice de paix. ‖ STOR. [tra Italia e Santa Sede] traité (m.) du Latran.

concilio [kon'tʃiljo] (**-li** pl.) m. RELIG. concile. ‖ FIG. IRON. *tener concilio*, tenir un conciliabule.

concimaia [kontʃi'maja] f. fosse à fumier.

concimare [kontʃi'mare] v. tr. [con letame] fumer. ‖ [con concimi artificiali] mettre des engrais, engraisser, amender.

concimatura [kontʃima'tura] f. [con letame] fumure, fumage m., fumaison. ‖ [con concimi artificiali] amendement m.

concimazione [kontʃimat'tsione] f. V. CONCIMATURA.

concime [kon'tʃime] m. AGR. [animale] fumier, fumure f. || [artificiale] engrais, fertilisant. || TECN. *spandi concime*, distributeur d'engrais.
concione [kon'tʃone] f. IRON. o SCHERZ. harangue. || LOC. *tener concione*, tenir chapitre.
concisione [kontʃi'zjone] f. concision.
conciso [kon'tʃizo] agg. concis, ramassé.
concistoro [kontʃis'toro] m. RELIG. consistoire.
concitamento [kontʃita'mento] m. excitation f., agitation f.
concitare [kontʃi'tare] v. tr. (lett.) exciter (L.C.). || PER EST. [sollevare] (lett.) soulever (L.C.). | *concitare il popolo*, soulever, ameuter le peuple.
concitato [kontʃi'tato] agg. [persona] troublé, agité. || [cosa] *con voce concitata*, d'une voix altérée. | *tenere un discorso concitato*, tenir un discours animé.
concitazione [kontʃitat'tsjone] f. excitation, agitation. || [molto forte] surexcitation.
concittadino [kontʃitta'dino] (**-a** f.) m. concitoyen, enne ; compatriote.
conclave [kon'klave] m. RELIG. conclave.
conclavista [konkla'vista] (**-ti** pl.) m. RELIG. conclaviste.
concludente [konklu'dɛnte] agg. [convincente] concluant, probant, convaincant. || [efficiente] efficient.
concludere [kon'kludere] v. tr. [condurre a buon termine] conclure. | *concludere affari*, faire des affaires. | *ha concluso il discorso dicendo che...*, il a conclu son discours en disant que... || [concretare] concrétiser, réaliser, aboutir (à). | *se ne andarono sensa aver concluso nulla*, ils s'en allèrent sans avoir abouti à rien. | *non ho concluso nulla in tutto il giorno*, je n'ai rien fait de toute la journée. | *sono argomenti che non concludono nulla*, ce sont des argumentations qui ne mènent à rien. | *conclude poco o nulla*, il ne fait pas grand-chose. || [trarre a conseguenza] conclure, déduire, induire, inférer. | *ne concludo che*, j'en déduis que. | *hanno concluso che si è trattato di un incidente*, ils ont conclu à l'accident. | *che cosa vuoi concludere ?*, où veux-tu en venir ? ◆ v. intr. [terminare] se terminer. | *il congresso si è concluso dopo tre giorni di comunicazioni*, le congrès s'est terminé après trois jours de communications.
conclusione [konklu'zjone] f. conclusion, épilogue m. | *la conclusione è stata poco piacevole*, l'épilogue a été peu agréable. | *a che conclusione vuoi giungere ?*, où veux-tu en venir ? | *giungere alla conclusione che si tratta di*, conclure à. | *è giunto alla conclusione che si è trattato di un incidente*, il a conclu à un accident. || pl. GIUR. conclusions. | *presentare conclusioni*, déposer des conclusions.
conclusivo [konklu'zivo] agg. décisif, conclusif, définitif. | *i colloqui sono giunti a una fase conclusiva*, les entretiens en sont à une phase décisive. | *dare una risposta conclusiva*, donner une réponse définitive. || PER ANAL. [di conclusione] dernier, final. | *cerimonia conclusiva*, cérémonie de clôture.
concoide [kon'kɔjde] f. MAT. conchoïde.
concomitante [konkomi'tante] agg. concomitant.
concomitanza [konkomi'tantsa] f. concomitance.
concordabile [konkor'dabile] agg. qui peut être.... || GRAMM. accordable.
concordante [konkor'dante] agg. concordant, correspondant, conforme. || [unanime], unanime.
concordanza [konkor'dantsa] f. [conformità] concordance, conformité, correspondance. | *concordanza di due testimonianze*, concordance de deux témoignages. || GRAMM., MUS., PITT. accord m. | *errore di concordanza*, faute d'accord. | *concordanza dei tempi*, concordance des temps.
concordare [konkor'dare] v. tr. [accordare] accorder, concilier, mettre d'accord. | *concordare due avversari*, mettre d'accord deux adversaires. || [convenire su] convenir (de), tomber, se mettre d'accord (sur). | *concordare un piano di lavoro*, convenir d'un plan de travail. | *concordare una tregua*, conclure une trêve. | *concordare un prezzo*, fixer un prix. || GRAMM. accorder. ◆ v. intr. [essere d'accordo] [persone] tomber, être d'accord. | *concordiamo su molti punti*, nous sommes d'accord sur bien des points. | *si sono concordati*, ils sont tombés d'accord. | *hanno concordato di non partire*, ils ont convenu de ne pas partir. || [cose] s'accorder, concorder. | *le testimonianze non concordano*, les témoignages ne concordent pas. || COMM. [pattuire un concordato] *il debitore ha concordato con i suoi creditori*, le débiteur en est venu à un arrangement avec ses créanciers. || GRAMM. *l'aggettivo concorda con il sostantivo*, l'adjectif s'accorde avec le substantif.
concordatario [konkorda'tarjo] (**-ri** pl.) agg. RELIG. concordataire.
concordato [konkor'dato] part. pass. e agg. V. CONCORDARE. ◆ m. COMM., GIUR., RELIG. concordat.
concorde [kon'kɔrde] agg. [in cui regna accordo] *famiglia concorde*, famille unie. || [unanime] unanime. | *la decisione fu concorde*, la décision fut unanime. | *sono stati tutti concordi nel lodarlo*, ils ont été unanimes à le louer. || [di persona, consenziente] d'accord. | *essere concordi con qlcu.*, être d'accord avec qn. || [di cosa, conforme] concordant. | *le testimonianze erano concordi*, les témoignages étaient concordants.
concordia [kon'kɔrdja] f. concorde, entente.
concorrente [konkor'rɛnte] agg. concurrent. || GEOM. concourant. ◆ n. concurrent.
concorrenza [konkor'rɛntsa] f. [competizione] concurrence. | *non temere la concorrenza*, défier toute concurrence. | *far concorrenza*, concurrencer (v. tr.). | *gli fa una pericolosa concorrenza*, il le concurrence dangereusement. | *prezzi da concorrenza*, prix concurrentiels. | *in concorrenza*, concurrentiel (agg.). || [ditte concorrenziali] maisons concurrentes. || [affluenza] affluence, concours m. | *una grande concorrenza di pubblico*, un grand concours de public. || LOC. *fino alla concorrenza di*, jusqu'à concurrence de.
concorrenziale [konkorren'tsjale] agg. concurrentiel.
concorrere [kon'korrere] v. intr. [cooperare] concourir, collaborer, coopérer. | *concorrere ad un'impresa, al successo di qlco.*, concourir à une entreprise, au succès de qch. || FIG. concourir, conspirer. | *tutto concorre alla tua infelicità*, tout conspire à ton malheur. || GEOM., SPORT concourir. || UNIV. concourir. | *concorrere ad una cattedra*, concourir pour une chaire.
concorso [kon'korso] m. concours. | *un concorso di circostanze*, un concours de circonstances. || [affluenza] affluence f., concours. | *con grande concorso di popolo*, avec une grande affluence de monde. || AMM. *bandire, vincere un concorso*, ouvrir, être reçu à un concours. | *fuori concorso*, hors concours. || UNIV. *primo in un concorso*, major (gerg.). || [in Francia, concorso per il reclutamento di professori per i licei e certe facoltà] agrégation f. | *professore che ha vinto il concorso dell'« agrégation »*, (professeur) agrégé. | *vincere il concorso d'ammissione*, intégrer v. intr. (fam.).
concretare [konkre'tare] v. tr. [rendere reale] concrétiser, réaliser, matérialiser. || [concludere] conclure. ◆ v. rifl. se concrétiser, se matérialiser, se réaliser. || [concludersi] aboutir (à). | *l'impresa si è concretata in un successo*, l'entreprise a abouti à un succès.
concretezza [konkre'tettsa] f. concret m.
concretizzare [konkretid'dzare] v. tr. V. CONCRETARE.
concreto [kon'krɛto] agg. concret. ◆ m. concret. || LOC. *venire al concreto*, en venir aux faits. | *in concreto*, en pratique, en réalité, en substance.
concrezione [konkret'tsjone] f. GEOL., MED. concrétion.
concubina [konku'bina] f. concubine.
concubinaggio [konkubi'naddʒo] (**-gi** pl.) m. concubinage, collage (fam.).
concubinato [konkubi'nato] m. concubinage, union libre, collage (fam.). | *vivere in concubinato*, vivre en concubinage.
concubino [konku'bino] m. concubin.
conculcare [konkul'kare] v. tr. (lett.) fouler (L.C.), mépriser (L.C.), piétiner (L.C.).
concupire [konku'pire] v. tr. (lett.) convoiter (L.C.).
concupiscente [konkupiʃ'ʃɛnte] agg. concupiscent.
concupiscenza [konkupiʃ'ʃɛntsa] f. concupiscence.
concussionario [konkussjo'narjo] (**-ri** pl.) m. GIUR. concussionnaire.
concussione [konkus'sjone] f. GIUR. concussion.

condanna [kon'danna] f. PR. e FIG. condamnation. ‖ FIG. désaveu m., blâme m., animadversion (lett.). | *incorrere nella pubblica condanna,* encourir la réprobation publique. ‖ GIUR. *registro delle condanne penali,* casier (m.) judiciaire, relevé des condamnations.
condannabile [kondan'nabile] agg. PR. e FIG. condamnable.
condannare [kondan'nare] v. tr. PR. e FIG. condamner. | *condannare al silenzio,* condamner au silence. | *condannare l'ingiustizia,* flétrir l'injustice. | *condannare un'opera,* fronder un ouvrage. ‖ ARCHIT. *condannare una porta, una finestra,* condamner une porte, une fenêtre. ‖ GIUR. *condannare al confino,* reléguer. ‖ MED. [dichiarare incurabile] *condannare un ammalato,* condamner un malade. ◆ v. rifl. se condamner.
condannato [kondan'nato] part. pass., agg. e n. condamné.
condebitore [kondebi'tore] m. GIUR. codébiteur.
condensa [kon'densa] f. vapeur.
condensabile [konden'sabile] agg. condensable.
condensamento [kondensa'mento] m. FIS. e FIG. condensation f.
condensare [konden'sare] v. tr. condenser. ‖ FIG. condenser, concentrer, ramasser. | *condensare il proprio stile,* ramasser son style. ◆ v. rifl. se condenser.
condensato [konden'sato] m. condensé, précis.
condensatore [kondensa'tore] m. FIS., TECN. condenseur.
condensazione [kondensat'tsjone] f. FIS., TECN. e FIG. condensation.
condilo ['kɔndilo] m. ANAT. condyle.
condimento [kondi'mento] m. assaisonnement.
condire [kon'dire] v. tr. assaisonner. | *condire con spezie,* épicer. ‖ FIG. assaisonner, relever, agrémenter. | *condisce sempre le sue storie con qualche dettaglio piccante,* il agrémente toujours ses récits de quelque détail piquant.
condirettore [kondiret'tore] (**-trice** f.) m. codirecteur, trice.
condirezione [kondiret'tsjone] f. codirection.
condiscendente [kondiʃʃen'dɛnte] agg. complaisant, condescendant, accommodant, conciliant. | *marito condiscendente,* mari conciliant.
condiscendenza [kondiʃʃen'dɛntsa] f. condescendance, indulgence, complaisance.
condiscendere [kondiʃ'ʃendere] v. intr. condescendre. | *condiscendere a una richiesta, a fare qlco.,* condescendre à une demande, à faire qch.
condiscepolo [kondiʃ'ʃepolo] m. condisciple.
condividente [kondivi'dente] m. GIUR. copartageant.
condividere [kondi'videre] v. tr. partager. | *condividere a pieno il parere di qlcu.,* abonder dans le sens de qn. ‖ GIUR. copartager.
condivisione [kondivi'zjone] f. GIUR. copartage m.
condizionale [kondittsjo'nale] agg. conditionnel. ‖ GIUR. *condanna condizionale,* condamnation avec sursis. ◆ m. GRAMM. conditionnel. ◆ f. GIUR. sursis m. | *condannare con il beneficio della condizionale,* condamner avec sursis.
condizionamento [kondittsjona'mento] m. conditionnement.
condizionare [kondittsjo'nare] v. tr. PR. e FIG. conditionner. | *condizionare l'aria (di una stanza, ecc.),* climatiser ‖ FIG. *condizionare (con la propaganda),* mettre en condition.
condizionato [kondittsjo'nato] part. pass. e agg. PR. e FIG. conditionné. | *con aria condizionata,* climatisé. ‖ GIUR. *assenso condizionato,* consentement sous condition.
condizionatore [kondittsjona'tore] m. [apparecchio] conditionneur.
condizionatura [kondittsjona'tura] f. COMM. [imballaggio, presentazione] conditionnement m.
condizione [kondit'tsjone] f. [rango, posizione sociale] condition, rang m., état m. | *gente di umile condizione,* gens de modeste condition. | *frequentare gente di ogni condizione (sociale),* fréquenter des gens de tout rang. ‖ [stato] [di persona] condition, état m. | *non sono nelle migliori condizioni di spirito per...,* je ne suis pas dans le meilleur état d'esprit pour... | *la sua condizione fisica non è eccellente,* sa condition physique n'est pas excellente. ‖ PER EST. [aspetto esteriore] état m., équipage m. (antiq.). | *non ti vergogni di ritornare in condizioni simili?,* n'as-tu pas honte de revenir en un tel état? | *si è presentato in condizioni pietose,* il s'est présenté en piteux équipage. ‖ [di cose] état m. | *macchina in buone condizioni,* voiture en bon état. | *mettere un motore in condizione di funzionare,* mettre un moteur en état de marcher. ‖ [requisito richiesto] condition. | *porre delle condizioni,* poser des conditions. | *a qualsiasi condizione,* à n'importe quelle condition. | *ad una condizione,* à une condition. | *senza condizioni,* sans conditions. | *sotto condizione,* sous condition. ‖ LOC. *essere in condizioni di,* être en état de. | *non è in condizioni di viaggiare,* il n'est pas en état de voyager. ◆ LOC. PREP. ***a condizione di,*** à condition de. ◆ LOC. CONG. ***a condizione che,*** à condition que.
condoglianze [kondoʎ'ʎantse] f. pl. condoléances.
condominiale [kondomi'njale] agg. de propriété. | *spese condominiali,* frais de propriété.
condominio [kondo'minjo] (**-ni** pl.) m. copropriété f. | *(immobile in) condominio,* immeuble en copropriété. | *abitare in un condominio,* habiter une maison en copropriété. ‖ GIUR. [sovranità] condominium.
condomino [kon'dɔmino] m. GIUR. copropriétaire.
condonare [kondo'nare] v. tr. remettre.
condono [kon'dono] m. GIUR. remise f., rémission f. | *condono di una pena, di un debito,* remise d'une peine, d'une dette. | *richiesta di condono,* demande de remise.
condor ['kɔndor] m. invar. ZOOL. condor.
condotta [kon'dotta] f. [comportamento] conduite, comportement m. | *cattiva condotta,* inconduite. | *la sua condotta è sospetta,* son comportement est suspect. ‖ [direzione] conduite, direction. ‖ GIUR. *certificato di buona condotta,* certificat de bonne vie et mœurs. ‖ MED. [ufficio medico o veterinario a carico dei comuni] poste (m.) de médecin dans le service de santé. ‖ PER EST. [circoscrizione] circonscription du service de santé. ‖ TECN. [per acque] conduite.
condottiere [kondot'tjɛre] m. STOR. condottiere (ital.).
condottiero [kondot'tjɛro] m. condottiere (ital.). ‖ PER EST. [capo militare] capitaine. | *gran condottiero,* foudre de guerre.
condotto [kon'dotto] part. pass. (V. CONDURRE.) e agg. MED. *medico condotto,* médecin du service de santé. ◆ m. TECN. conduit. | *trasportare per condotto,* canaliser (v. tr.). ‖ [per cavi elettrici, ecc.] caniveau. ‖ PER ANAL., ANAT. canal, conduit. | *condotti cistifellici,* canalicules biliaires. | *condotto lacrimale,* conduit lacrymal.
conducente [kondu'tʃɛnte] m. [chi conduce] conducteur. ‖ PER EST. [di auto] chauffeur.
conducibile [kondu'tʃibile] agg. conductible.
conducibilità [kondutʃibili'ta] f. invar. conductibilité.
condurre [kon'durre] v. tr. [guidare, accompagnare] conduire, mener. | *condurre un cieco,* conduire, guider un aveugle. | *condurre l'auto,* conduire l'auto. | *condurre con sé,* amener. | *condurre via con sé qlcu.,* emmener qn. ‖ [dirigere] conduire, mener, diriger. | *condurre un affare,* mener une affaire. | *condurre indagini, investigazioni,* enquêter (v. intr.). ‖ PER EST. *questa strada conduce lontano,* cette route mène, conduit loin. ‖ FIG. mener. | *condurre una vita dissoluta,* se dévergonder. | *condurre una vita scapigliata, da scapestrati,* faire les quatre cents coups. ‖ PER EST. [indurre] conduire, amener, entraîner, porter. | *ciò mi conduce a pensare che...,* cela m'amène à penser que... ‖ PER ANAL. [vero come conseguenza] conduire (à), mener (à), aboutir (à). | *politica che conduce all'inflazione,* politique qui mène à l'inflation. ‖ LOC. *condurre il gioco,* mener le jeu. | *condurre felicemente a termine qlco.,* mener qch. à bonne fin. ‖ FIS. conduire. ‖ GEOM. mener. | *condurre la parallela ad una retta,* mener la parallèle à une droite. ‖ ASSOL., SPORT mener. | *condurre per due a zero,* mener deux à zéro.
conduttanza [kondut'tantsa] f. ELETTR. conductance.
conduttività [konduttivi'ta] f. ELETTR. conductivité. ‖ FIS., FISIOL. conductibilité.

conduttivo [kondut'tivo] agg. FIS., ELETTR. conductible.
conduttore [kondut'tore] (**-trice** f.) agg. FIS., ELETTR. conducteur. ◆ m. conducteur. || [di una terra] locataire, fermier, exploitant agricole. || [di caffè, ristorante] tenancier. || FIS., ELETTR. conducteur.
conduttura [kondut'tura] f. TECN. [per acqua, gas, ecc.] conduite. || PER EST. [insieme di condotti] canalisation. | *conduttura di gas, di acqua, di petrolio*, canalisation de gaz, d'eau, de pétrole. | *conduttura di elettricità*, canalisation d'électricité.
conduzione [kondut'tsjone] f. FIS., ELETTR. conduction.
conestabile [kones'tabile] m. STOR. connétable.
confabulare [konfabu'lare] v. intr. comploter.
confabulazione [konfabulat'tsjone] f. parlote, parlotte.
confacente [konfa'tʃente] agg. convenable.
confarsi [kon'farsi] v. medio intr. [adattarsi] s'adapter, convenir, cadrer, aller. | *il tuo abbigliamento non si confà alla serata*, ta mise ne convient pas à la soirée. | *i risultati non si confanno ai nostri desideri*, les résultats ne cadrent pas avec nos désirs. | *pettinatura che non si confà ad un abito*, coiffure qui ne s'adapte pas à, qui ne va pas avec un vêtement. || PER EST. [giovare] convenir. | *questo clima mi confà*, ce climat me fait du bien. | *l'aria di mare si confà alla tua salute*, l'air marin convient à ta santé.
confederale [konfede'rale] agg. confédéral.
confederare [konfede'rare] v. tr. confédérer. ◆ v. rifl. se confédérer.
confederato [konfede'rato] part. pass. e agg. confédéré. ◆ m. pl. STOR. *i Confederati*, les Confédérés.
confederazione [konfederat'tsjone] f. confédération.
conferenza [konfe'rɛntsa] f. conférence. | *tenere una conferenza*, tenir une conférence. | *conferenza estemporanea, senza pretese, alla buona*, causerie. | *conferenza stampa*, conférence de presse. || RELIG. conférence.
conferenziere [konferen'tsjɛre] m. conférencier.
conferimento [konferi'mento] m. [attribuzione] attribution f. || UNIV. [di grado] collation f. || COMM. apport.
conferire [konfe'rire] v. tr. [dare] conférer, décerner, accorder, remettre, donner. | *conferire un premio, una ricompensa*, décerner un prix, une récompense. | *conferire il grado di generale*, conférer le grade de général. || FIG. *la vecchiaia gli conferisce un aspetto venerando*, la vieillesse lui confère un aspect vénérable. ◆ v. intr. [intrattenersi con] conférer, entretenir (v. tr.), s'entretenir. | *conferire con qlcu. su qlco.*, conférer avec qn sur qch., entretenir qn de qch., s'entretenir avec qn de qch. || [giovare] convenir. | *il clima montano non gli conferisce*, le climat de montagne ne lui convient pas.
conferma [kon'ferma] f. confirmation. || LOC. *dar conferma di qlco.*, donner confirmation de qch. | *a conferma di*, en confirmation de.
confermare [konfer'mare] v. tr. [convalidare] confirmer. | *confermare una notizia, una nomina*, confirmer une nouvelle, une nomination. | *i risultati confermano che...*, les résultats confirment que... || FIG. [rafforzare] confirmer, affermir, fortifier. | *confermare la risoluzione di qlcu.*, confirmer qn dans sa résolution. | *questa argomentazione mi conferma nelle mie decisioni*, cette argumentation me confirme dans mes décisions. ◆ v. rifl. [convincersi] se confirmer, s'affermir, se renforcer.
confermativo [konferma'tivo] agg. GIUR. confirmatif.
confessare [konfes'sare] v. tr. [ammettere] avouer | *confessare un delitto*, avouer un crime. | *confessare la propria ignoranza*, confesser son ignorance. | *confesso di aver avuto torto*, j'avoue que j'avais tort. || RELIG. confesser. || ASSOL. avouer. | *l'accusato ha confessato*, l'accusé a avoué. ◆ v. rifl. [riconoscersi] s'avouer, se reconnaître. | *confessarsi colpevole*, s'avouer, se reconnaître coupable. || RELIG. se confesser. | *andare a confessarsi*, aller à confesse. | *si è appena confessata*, elle vient de confesse. || FIG., FAM. se confesser.
confessionale [konfessjo'nale] agg. confessionnel. ◆ m. confessionnal.
confessione [konfes'sjone] f. [ammissione] aveu m. || RELIG. confession, confesse.
confesso [kon'fɛsso] agg. GIUR. *è un reo confesso*, il s'est avoué, il s'est reconnu coupable.
confessore [konfes'sore] m. confesseur.
confettare [konfet'tare] v. tr. CULIN. [coprire con uno strato di zucchero] lisser, dragéifier.
confetteria [konfette'ria] f. [negozio] confiserie.
confettiera [konfet'tjɛra] f. drageoir m., bonbonnière.
confettiere [konfet'tjɛre] m. confiseur.
confetto [kon'fɛtto] m. dragée f. || FARM. dragée f. || LOC. *a quando i confetti ?*, à quand le mariage ? || FIG. SCHERZ. [proiettile] pruneau (pop.).
confettura [konfet'tura] f. confiture.
confezionare [konfettsjo'nare] v. tr. confectionner. ◆ v. rifl. se confectionner.
confezionato [konfettsjo'nato] part. pass. e agg. *abito confezionato*, habit de confection.
confezione [konfet'tsjone] f. confection. | *confezione di un pacco, di un vestito*, confection d'un paquet, d'un vêtement. | *negozio di confezioni*, magasin de confection. | *confezioni per uomo*, confection pour hommes. | *lavora nelle confezioni*, il travaille dans la confection.
confezionista [konfettsjo'nista] (**-i** pl. m.) m. e f. confectionneur, euse.
conficcare [konfik'kare] v. tr. [far penetrare] enfoncer, ficher, planter. | *conficcare col martello*, enfoncer au marteau. || FIG. [ribadire] fourrer. | *ti ha conficcato in testa idee sbagliate*, il t'a fourré dans la tête des idées fausses. ◆ v. rifl. s'enfoncer. || FIG. se fourrer. | *conficcare in testa idee sbagliate*, se monter le coup (fam.).
confidare [konfi'dare] v. tr. [dire, comunicare] confier. || PER ANAL. [affidare, consegnare] confier. ◆ v. medio intr. se confier (à), se livrer. | *confidarsi con qlcu.*, se confier à qn. | *è un uomo che non si confida*, c'est un homme qui ne se livre pas. ◆ v. intr. [aver fiducia] s'en remettre (à), s'en rapporter (à), avoir confiance (en), se fier (à), reposer (sur). | *confidare solo nelle proprie forze*, ne compter que sur ses forces. | *confido in voi per la soluzione del mio problema*, je me fie à vous pour la solution de mon problème. | *confidare in qlcu. perché faccia qlco.*, s'en remettre à qn pour qch. || PER EST. [sperare] espérer. | *confido di arrivare in tempo*, j'espère arriver à temps. ◆ v. recipr. se confier.
confidente [konfi'dɛnte] agg. (antiq.) confiant (L.C.). ◆ m. confident. || PEGGIOR. [che informa la polizia] informateur, indicateur, mouchard (fam.), donneur (pop.).
confidenza [konfi'dentsa] f. [familiarità] familiarité. | *avere, essere in confidenza con qlcu.*, être intime avec qn. | *trattare con confidenza*, traiter avec familiarité. | *dare confidenza a qlcu.*, permettre à qn des familiarités. | *prendere confidenza con un'arma, un animale*, se familiariser avec une arme, un animal. || [rivelazione] confidence. | *fare una confidenza, delle confidenze*, faire une confidence, des confidences. ◆ LOC. AVV. ***in confidenza***, en confidence, en secret.
confidenziale [konfiden'tsjale] agg. confidentiel. ◆ LOC. AVV. ***in via confidenziale***, confidentiellement.
configgere [kon'fiddʒere] v. tr. [affondare] enfoncer, ficher. || RELIG. (antiq.) crucifier.
configurare [konfigu'rare] v. tr. configurer.
configurazione [konfigurat'tsjone] f. configuration.
confinante [konfi'nante] agg. avoisinant, limitrophe. ◆ n. voisin. || GIUR. *i confinanti* [di terra], les tenants et les aboutissants.
confinare [konfi'nare] v. intr. confiner (à, avec), avoisiner v. tr. | *paesi che confinano*, pays limitrophes. | *il mio giardino confina con il fiume*, mon jardin avoisine la rivière. || FIG. confiner (à), friser v. tr., toucher (à). | *disinvoltura che confina con l'insolenza*, désinvolture qui frise, qui confine à l'insolence. ◆ v. tr. [relegare] confiner, reléguer. | *confinare un quadro in soffitta*, reléguer un tableau au grenier. || GIUR. confiner, reléguer. ◆ v. rifl. se confiner, s'isoler, se retirer, s'enfermer, se cantonner,

se cloîtrer. | *si è confinato in campagna,* il s'est retiré à la campagne.
confinario [konfi'narjo] (**-ri** pl.) agg. frontalier. | *abitante di una regione confinaria,* frontalier m., frontalière f. | *città, stazione confinaria,* ville, gare frontalière ; ville, gare frontière.
confinato [konfi'nato] m. relégué.
confinazione [konfinat'tsjone] f. abornement m.
confine [kon'fine] m. [frontiera] frontière f., limite f. | *città, stazione di confine,* ville, gare frontière. | *linea di confine,* ligne de démarcation (f.). ‖ PER EST. [limite] limite f. | *confine di una proprietà,* limite d'une propriété. | *al confine del bosco,* à la lisière, à l'orée du bois. ◆ pl. PR. e FIG. [parte estrema] confins, limites f., bornes f. | *i confini naturali di un paese,* les limites naturelles d'un pays. | *ai confini del mondo,* aux confins du monde. | *tristezza senza confini,* tristesse sans bornes. ‖ LOC. FIG. *passare i confini,* dépasser les bornes. | *entro i confini della discrezione,* dans les limites de la discrétion.
confino [kon'fino] m. GIUR. relégation. | *condannare al confino,* reléguer (v. tr.).
confisca [kon'fiska] (**-che** pl.) f. confiscation.
confiscare [konfis'kare] v. tr. confisquer, mettre l'embargo (sur).
conflagrazione [konflagrat'tsjone] f. conflagration.
conflitto [kon'flitto] m. conflit.
conflittuale [konflittu'ale] agg. de conflit, conflictuel.
confluente [konflu'ɛnte] agg. confluent, convergent. ‖ ◆ m. GEOGR. [affluente] confluent, affluent.
confluenza [konflu'ɛntsa] f. GEOGR. confluence, confluent m. ‖ PER EST. [di strade] rencontre. ‖ FIG. confluence, convergence.
confluire [konflu'ire] v. intr. PR. e FIG. confluer.
confondere [kon'fondere] v. tr. [mescolare] confondre, mêler, mélanger. | *confondere le carte,* mélanger les papiers. ‖ [scambiare] confondre, prendre (pour). | *confondere una persona con un'altra,* confondre une personne avec une autre ; prendre une personne pour une autre. ‖ FIG. [umiliare] confondre, humilier, mortifier. | *confondere i propri calunniatori,* confondre ses calomniateurs. ‖ [sconcertare, stupire] confondre, déconcerter, étonner, stupéfier. | *la tua generosità mi confonde,* ta générosité me confond. ‖ PER EST. [ridurre al silenzio] confondre. | *confondere un accusato,* confondre un accusé. ‖ ASSOL. confondre, se tromper. | *forse confondo,* je confonds peut-être. ◆ v. intr. [mescolarsi] se confondre, se mêler, se mélanger. | *si è confuso tra la folla,* il s'est mêlé à la foule ; il s'est perdu dans la foule. ‖ PER EST. [di cose, diventare confuso] se brouiller, s'embrouiller. ‖ [di persone, perdere il filo] se brouiller, s'embrouiller, s'embarrasser, s'empêtrer. | *si è confuso e non è più stato capace di continuare,* il s'est embrouillé et il a été incapable de continuer.
conformare [konfor'mare] v. tr. PR. e FIG. conformer, accorder. ◆ v. rifl. se conformer, s'accorder, s'aligner (sur). | *conformarsi alle posizioni ufficiali di un partito,* s'aligner sur les positions officielles d'un parti.
conformazione [konformat'tsjone] f. conformation.
conforme [kon'forme] agg. conforme. ‖ AMM., GIUR. *copia conforme,* expédition f. ‖ GIUR. *copia conforme alla minuta,* grosse f. | *copia conforme (autenticata),* copie certifiée conforme. ◆ avv. selon, d'après. | *conforme alla legge,* conformément à la loi.
conformemente [konforme'mente] avv. [a] conformément (à), en conformité (avec), selon, d'après.
conformista [konfor'mista] (**-i** pl.) agg. e n. conformiste.
conformistico [konfor'mistiko] (**-ci** pl.) agg. [idee] conformiste.
conformità [konformi'ta] f. PR. e FIG. conformité. | *conformità alla legge,* bien-jugé m. ◆ LOC. PREP. ***in conformità a,*** en conformité avec, conformément à, selon.
confortare [konfor'tare] v. tr. **1.** [ispirare coraggio] encourager, réconforter, animer. ‖ PER EST. [consolare] consoler. ‖ FIG. [avvalorare] confirmer, appuyer. | *la tua opinione conforta la mia tesi,* ton opinion appuie ma thèse. ‖ **2.** [ristorare] réconforter, remonter, revigorer. ◆ v. rifl. se réconforter, se réjouir.
confortevole [konfor'tevole] agg. [comodo] confortable. ‖ [che conforta] réconfortable.
confortevolmente [konfortevol'mente] avv. confortablement.
conforto [kon'fɔrto] m. [consolazione] consolation f., réconfort, soulagement, apaisement. | *dire parole di conforto a qlcu.,* dire des paroles de consolation à qn. | *recar conforto a qlcu.,* réconforter qn. | *quel figlio è il suo conforto,* cet enfant est sa consolation. ‖ RELIG. *i conforti della religione,* les derniers sacrements. ‖ MIL. *generi di conforto,* ration intermédiaire. ‖ [comodità] confort. ◆ LOC. PREP. ***a conforto di,*** à l'appui de.
confratello [konfra'tɛllo] m. RELIG. confrère. ‖ PER EST. [collega] (raro) confrère (L.C.).
confraternita [konfra'tɛrnita] f. confrérie.
confrontabile [konfron'tabile] agg. comparable.
confrontare [konfron'tare] v. tr. comparer, confronter, conférer. | *confrontare due risultati, due testi, due manoscritti,* comparer deux résultats, confronter deux textes, conférer deux manuscrits. ‖ [confronta] cfr. ; [confer] cf. ‖ PER EST. [consultare] consulter. ‖ TECN. [con il campione tipo] échantillonner.
confronto [kon'fronto] m. comparaison f., confrontation f. | *reggere il, al confronto,* soutenir la comparaison. | *mettere a confronto,* comparer, confronter, conférer. ‖ GIUR. confrontation f. ‖ SPORT compétition f. ◆ LOC. PREP. ***a confronto di,*** en comparaison de. | ***in confronto a,*** par comparaison avec. | ***nei confronti di,*** à l'égard de. ◆ LOC. AVV. ***in confronto,*** par comparaison. | ***senza confronti,*** sans comparaison.
confusionario [konfuzjo'narjo] (**-ri** pl.) agg. e m. brouillon. | *essere un confusionario,* être un esprit brouillon.
confusione [konfu'zjone] f. [stato di ciò che è confuso] confusion, fouillis m., pagaille, pagaïe, fatras m., pêle-mêle m. invar., salade (fam.). | *sul suo tavolo c'è una confusione indescrivibile,* sur son bureau il y a un fouillis incroyable. ‖ [luogo di confusione e confusione di oggetti] *che confusione !,* quel capharnaüm ! ‖ PER ANAL. [chiasso, tumulto] confusion, tumulte m., remue-ménage m., cohue, vacarme m., tapage m., boucan m. (fam.). | *ha perso i genitori nella confusione della fiera,* il a perdu ses parents dans la cohue de la foire. | *quell'episodio ha provocato una grande confusione nella sala,* cet épisode a provoqué une pagaille dans la salle. | *che confusione fate !,* quel boucan vous faites ! | *che confusione !,* quelle foire ! (fam.), quel cirque (fam.) ! ‖ PER EST. [mancanza di chiarezza] confusion, embrouillement m., cafouillage m. (fam.). | *credo che abbia fatto confusione nei calcoli,* il a dû cafouiller dans ses calculs. ‖ FIG. [turbamento, imbarazzo] confusion, trouble m., gêne, embarras m., malaise m. | *gettare la confusione nello spirito di qlcu.,* jeter la confusion dans l'esprit de qn. ‖ PER EST. [umiliazione] confusion, humiliation. ‖ PSICANAL. *confusione mentale,* confusion mentale. ‖ [azione di confondere] confusion, méprise, erreur. | *ho fatto confusione,* je me suis mépris. | *far confusione tra due date, tra due persone,* confondre deux dates, deux personnes.
confusionismo [konfuzjo'nizmo] m. confusionnisme.
confuso [kon'fuzo] part. pass. di CONFONDERE e agg. [indistinto] confus, indistinct, désordonné. | *una massa confusa di libri,* un amas confus de livres. ‖ PER EST. [incerto, imbrogliato] confus, vague, embrouillé, indistinct, imprécis, nébuleux. | *progetti confusi,* projets nébuleux. | *situazione confusa,* situation embrouillée. | *percepire un confuso rumore,* percevoir un bruit confus. ‖ PER ANAL. [mescolato] confondu, mêlé, mélangé. | *confuso tra la folla,* mêlé à la foule, perdu dans la foule. ‖ FIG. [imbarazzato] confus, embarrassé, troublé. | *con un'aria confusa,* d'un air embarrassé.
confutabile [konfu'tabile] agg. réfutable.
confutare [konfu'tare] v. tr. réfuter.
confutazione [konfutat'tsjone] f. réfutation.
congedare [kondʒe'dare] v. tr. [accomiatare] congédier. ‖ PER EST. [mandare via] éconduire, expédier (fam.). | *congedare un visitatore importuno,* éconduire un visiteur importun. ‖ PER ANAL. [licenziare] licencier, remercier, renvoyer. | *congedare qlcu.,* donner son

congé, son exeat, son compte à qn. ‖ Mil. libérer, renvoyer. ◆ v. rifl. prendre congé.
congedo [kon'dʒɛdo] m. [autorizzazione a partire] congé. | *prendere congedo da qlcu.*, prendre congé de qn. ‖ [autorizzazione ad assentarsi] congé. | *congedo per malattia, per motivi di salute*, congé de maladie, pour raison de santé. ‖ Mil. libération f. (du contingent). | *foglio di congedo*, feuille (f.) de libération. | *andare (presto) in congedo*, faire ses classes, être de la classe (fam.). ‖ Poes. envoi.
congegnare [kondʒeɲ'ɲare] v. tr. agencer, arranger, monter. | *congegnare una nuova trasmissione*, monter une nouvelle émission. ‖ Fig. machiner, monter, nouer. | *congegnare uno scherzo*, monter un tour.
congegno [kon'dʒeɲɲo] m. [meccanismo] engin, mécanisme, machine f. ‖ Per anal. [dispositivo] dispositif. ‖ Per est. [modo di congegnare] agencement, arrangement.
congelabile [kondʒe'labile] agg. congelable.
congelamento [kondʒela'mento] m. congélation f. ‖ Med. [degli arti] gelure f. ‖ Comm., Econ. *congelamento di un credito*, suspension (f.) temporaire d'une créance.
congelare [kondʒe'lare] v. tr. congeler; [carne anche] frigorifier. ‖ Fig. [irrigidire] frigorifier (fam.). | *le sue parole ci congelarono*, ses paroles nous frigorifièrent. ‖ Med. geler. ‖ Comm., Econ. geler. | *congelare i beni di qlcu.*, geler les biens de qn. ◆ v. intr. se congeler, prendre, geler. | *l'acqua (si) congela*, l'eau gèle. ‖ Med. geler. | *gli si sono congelate le dita durante l'ultima guerra*, il a eu les doigts gelés pendant la dernière guerre. ‖ Fig. se glacer, se refroidir.
congelatore [kondʒela'tore] m. freezer (ingl.), congélateur. | *vano congelatore*, freezer.
congelazione [kondʒelat'tsjone] f. (raro) congélation (l.c.).
congenere [kon'dʒɛnere] agg. e n. congénère.
congeniale [kondʒe'njale] agg. approprié, fait pour. | *argomento che mi è congeniale*, sujet fait pour moi. | *fa un lavoro che non gli è congeniale*, il fait un travail qui n'est pas pour lui. | *il riposo non ti è congeniale*, le repos n'est pas fait pour toi.
congenito [kon'dʒɛnito] agg. [in tutti i sensi] congénital.
congerie [kon'dʒɛrje] f. amas m., tas m., quantité.
congestionare [kondʒestjo'nare] v. tr. congestionner. ‖ Fig. congestionner, encombrer. ‖ [circolazione] embouteiller.
congestione [kondʒes'tjone] f. Med. congestion. ‖ Fig. [intralcio] encombrement m., embouteillage m., embarras m.
congestizio [kondʒes'tittsjo] agg. Med. congestif.
congettura [kondʒet'tura] f. conjecture.
congetturale [kondʒettu'rale] agg. conjectural.
congetturare [kondʒettu'rare] v. tr. conjecturer.
congiungere [kon'dʒundʒere] v. tr. [porre in contatto] joindre. | *congiungere le mani*, joindre les mains. | *congiungere (testa a testa)*, abouter. | *congiungere un binario secondario al principale*, embrancher une voie ferrée secondaire à la principale. ‖ Amm. *congiungere in matrimonio*, conjoindre (antiq.). ‖ Mat. unir. ‖ Tecn. [ferrovia] *congiungere con piastrine di stringimento*; [delle rotaie] éclisser. ‖ Per est. [collegare] relier. ◆ v. rifl. [unirsi] se rejoindre, s'embrancher (sur), se rejoindre. | *sentiero che si congiunge ad una strada*, sentier qui rejoint une route, qui s'embranche sur une route. | *archi che si congiungono*, arceaux qui se rejoignent. ‖ Amm. *congiungersi in matrimonio*, se marier.
congiungimento [kondʒundʒi'mento] m. jonction f. | *linea di congiungimento*, ligne de jonction. | *congiungimento (testa a testa)*, aboutement. ‖ Elettr. raccord.
congiuntamente [kondʒunta'mente] avv. conjointement, concurremment.
congiuntiva [kondʒun'tiva] f. Anat. conjonctive.
congiuntivite [kondʒunti'vite] f. Med. conjonctivite.
congiuntivo [kondʒun'tivo] agg. Gramm. conjonctif. ◆ m. Gramm. subjonctif.
congiunto [kon'dʒunto] m. [parente] parent par alliance. ‖ Giur. *i congiunti*, les alliés. ‖ pl. proches parents.
congiuntore [kondʒun'tore] m. Elettr. conjoncteur. | *congiuntore-disgiuntore*, conjoncteur-disjoncteur.
congiuntura [kondʒun'tura] f. conjoncture. ‖ Anat., Tecn. jointure. ‖ Econ. conjoncture.
congiunturale [kondʒuntu'rale] agg. conjoncturel.
congiunzione [kondʒunt'tsjone] f. jonction. | *punto di congiunzione*, point de jonction. ‖ Per est. *congiunzione carnale*, conjonction charnelle. ‖ Astron., Gramm. conjonction.
congiura [kon'dʒura] f. conjuration, conspiration, complot m. ‖ Scherz. complot m.
congiurare [kondʒu'rare] v. intr. conspirer, comploter, conjurer. ‖ Fig. se conjurer, conspirer. | *tutto congiura contro di noi*, tout se conjure contre nous.
congiurato [kondʒu'rato] m. conjuré, conspirateur, comploteur, conjurateur.
congiurazione [kondʒurat'tsjone] f. (raro) conjuration (l.c.), conspiration (l.c.), complot m. (l.c.).
conglobamento [kongloba'mento] m. conglobation f.
conglobare [konglo'bare] v. tr. englober.
conglomerante [konglome'rante] agg. e m. Chim. liant.
conglomerare [konglome'rare] v. tr. conglomérer. ‖ Costr. agglomérer. ◆ v. rifl. s'agglomérer.
conglomerato [konglome'rato] m. Costr. aggloméré. ‖ Geol., Tecn. conglomérat. ‖ Fig. agglomération f. | *conglomerato etnico*, groupement ethnique.
conglutinare [kongluti'nare] v. tr. conglutiner, agglutiner. ◆ v. rifl. s'agglutiner.
congolese [kongo'lese] agg. e n. Geogr. congolais, e.
congratularsi [kongratu'larsi] v. medio intr. [con] féliciter v. tr., complimenter v. tr., louer v. tr., congratuler v. tr. | *congratularsi con qlcu. per qlco.*, féliciter qn de qch., pour qch. | *il professore si è congratulato con i suoi allievi per il loro lavoro*, le professeur a loué ses élèves de, pour leur travail. | *congratularsi a vicenda*, se congratuler.
congratulazione [kongratulat'tsjone] f. félicitation, compliment m., congratulation. | *congratulazioni!*, félicitations!; [iron.] mes compliments! | *fare le congratulazioni a qlcu. per qlco.*, féliciter, complimenter qn de, pour qch.
congrega [kon'grega] (**-ghe** pl.) f. clan m., clique, coterie, bande. ‖ Relig. congrégation.
congregarsi [kongre'garsi] v. rifl. se réunir, se rassembler.
congregazionalismo [kongregattsjona'lizmo] m. Relig. congrégationalisme.
congregazione [kongregat'tsjone] f. Relig. congrégation. | *scuola diretta da una congregazione religiosa*, école congréganiste.
congregazionista [kongregattsjo'nista] (**-ti** pl.) agg. e m. Relig. congréganiste.
congressista [kongres'sista] (**-ti** pl. m.) m. e f. congressiste.
congresso [kon'grɛsso] m. [in tutti i sensi] congrès.
congressuale [kongressu'ale] agg. du congrès. | *atti congressuali*, actes du congrès.
congrua ['kɔngrua] f. Relig. portion congrue.
congruente [kongru'ɛnte] agg. conforme (à), proportionné (à).
congruenza [kongru'ɛntsa] f. congruence.
congruo ['kɔngruo] agg. congru (antiq.), convenable.
conguagliare [kongwaʎ'ʎare] v. tr. Comm. balancer, équilibrer.
conguaglio [kon'gwaʎʎo] (**-gli** pl.) m. Amm. égalisation f. | *riscuotere il conguaglio dello stipendio*, toucher son rappel de traitement. ‖ Comm. balance f. | *fare il conguaglio*, balancer v. tr. ‖ Loc. *a conguaglio*, pour solde. ‖ Fin. *conguaglio tributario*, charge (f.) fiscale complémentaire.
coniare [ko'njare] v. tr. frapper. | *coniare una moneta*, frapper une monnaie. | *coniare moneta*, battre monnaie. ‖ Fig. [creare] forger, inventer, créer.
coniatore [konja'tore] m. monnayeur. ‖ Fig. [inventore] inventeur, forgeur, créateur.
coniatura [konja'tura] o **coniazione** [konjat'tsjone] f. frappe.
conica ['kɔnika] (**-che** pl.) f. Geom. conique.
conico ['kɔniko] (**-ci** pl.) agg. conique.
conifera [ko'nifera] f. Bot. conifère.

conifero [ko'nifero] agg. Bot. conifère.
coniglia [ko'niλλa] f. Zool. lapine. ‖ Loc. fam., Peggior. *quella donna è proprio una coniglia,* cette femme est une vraie lapine.
conigliera [koniλ'λεra] f. clapier m., cabane à lapins, cage à lapins.
coniglietto [koniλ'λetto] m. Zool. (dimin.) lapereau.
coniglio [ko'niλλo] (**-gli** pl.) m. Zool. lapin. | *coniglio maschio,* lapin mâle, bouquet. ‖ Loc. *pauroso come un coniglio,* peureux comme un lièvre. | *Ser Coniglio,* Jeannot lapin.
conio ['kɔnjo] (**-ni** pl.) m. [moneta] frappe f. | *moneta di nuovo conio,* monnaie nouvellement frappée. ‖ Per est. *vocabolo di nuovo conio,* mot de formation récente. ‖ Fig. espèce f., engeance f., catégorie f., acabit. | *è gente dello stesso conio,* ce sont des gens du même acabit. ‖ Tecn. [per battere moneta] coin. ‖ [strumento per spaccare] coin.
coniugabile [konju'gabile] agg. Gramm. conjugable.
coniugale [konju'gale] agg. conjugal.
coniugare [konju'gare] v. tr. [unire in matrimonio] marier. ‖ Gramm. conjuguer. ◆ v. rifl. [unirsi in matrimonio] se marier. ‖ Gramm. se conjuguer.
coniugate [konju'gate] f. pl. Bot. conjuguées.
coniugato [konju'gato] part. pass. e agg. [sposato] marié. ‖ Gramm. conjugué. ◆ m. marié.
coniugazione [konjugat'tsjone] f. Biol., Gramm. conjugaison.
coniuge ['kɔnjudʒe] m. époux. | *i coniugi,* les époux. | *i coniugi Dupont,* monsieur et madame Dupont. ‖ Giur. conjoint.
connaturale [konnatu'rale] agg. naturel.
connaturarsi [konnatu'rarsi] v. intr. devenir comme une seconde nature.
connaturato [konnatu'rato] agg. invétéré, devenu comme une seconde nature.
connazionale [konnat'tsjonale] agg. e n. concitoyen m., concitoyenne f. ; compatriote.
connessione [konnes'sjone] f. [giuntura] (raro) connexion (l.c.), connexité. ‖ Fig. connexion, liaison, relation. | *tra i due fatti non c'è alcuna connessione,* il n'y a aucune liaison entre les deux faits. | *connessione delle idee,* enchaînement des idées. ‖ Elettr. connexion.
connesso [kon'nεsso] part. pass. V. connettere. ‖ agg. connexe. ‖ Fig. lié, associé, relié. ◆ m. *gli annessi e i connessi,* les tenants et les aboutissants.
connestabile [konnes'tabile] m. Stor. connétable.
connettere [kon'nεttere] v. tr. joindre, unir. ‖ Fig. associer, relier, enchaîner, lier, coordonner. | *connettere delle idee, delle frasi,* enchaîner des idées, des phrases. ‖ Elettr. connecter. ◆ v. intr. [essere in rapporto] se rapporter (à), se rattacher (à). ‖ Assol. [sragionare : usato negativamente] *quando è arrabbiato non connette più,* quand il est en colère il déraisonne.
connettivo [konnet'tivo] agg. Anat., Bot. connectif.
connivente [konni'vεnte] agg. complice agg. e n. | *sono conniventi nell' ingannarla,* ils sont d'intelligence pour vous tromper. | *essere connivente con qlcu.,* être de connivence, de mèche (fam.) avec qn.
connivenza [konni'vεntsa] f. connivence, intelligence, entente, compérage m. (antiq. o fam.). | *connivenza di uno spettatore con un ciarlatano,* compérage d'un spectateur avec un charlatan. | *essere di connivenza,* être complice, être de mèche (fam.).
connotativo [konnota'tivo] agg. connotatif.
connotato [konno'tato] part. pass. e agg. connoté. ◆ m. pl. signalement m. s. | *dare i connotati di qlcu.,* donner le signalement de qn. ‖ Scherz. *cambiare i connotati a qlcu.,* démolir le portrait à qn, démolir qn.
connotazione [konnotat'tsjone] f. connotation.
connubio [kon'nubjo] (**-bi** pl.) m. [unione matrimoniale] Lett. mariage. ‖ [mescolanza] mariage, mélange. ‖ Fig. mariage, union f., association f.
cono ['kɔno] m. Geom. cône. | *cono di rotazione,* cône de révolution. | *tronco di cono,* tronc de cône, cône tronqué. ‖ Per anal. *cone (di) gelato,* cornet de glace. ‖ Per est., Anat. *coni retinici,* cônes de la rétine. ‖ Astron., Bot., Geol., Tecn., Zool. cône.
conocchia [ko'nɔkkja] f. quenouille. ‖ Per est. [pennecchio] quenouillée.
conoide [ko'nɔide] f. conoïde.
conoscente [konoʃ'ʃεnte] m. e f. [persona] connaissance f., relation f., accointance f.
conoscenza [konoʃ'ʃεntsa] f. [azione di conoscere] connaissance. | *far conoscenza,* faire connaissance. | *lieto di fare la sua conoscenza,* enchanté de faire votre connaissance. ‖ Loc. *essere a conoscenza di...,* avoir connaissance de, connaître (v. tr.). | *venire, giungere a conoscenza di,* venir à la connaissance de. ‖ [burocrazia] *per conoscenza,* pour information. ‖ [persona conosciuta] connaissance, relation, accointance. | *avere delle conoscenze influenti,* avoir des relations. ‖ Fig. [coscienza] connaissance. | *perdere conoscenza,* perdre connaissance, s'évanouir. | *serbare la conoscenza,* garder sa connaissance. ◆ pl. connaissances, savoir (m. s.).
conoscere [ko'noʃʃere] v. tr. [in tutti i sensi] connaître. | *fa finta di non conoscerti,* il t'ignore. | *ora conosco le sue intenzioni,* me voilà édifié sur ses intentions. ‖ [rapporti sessuali] connaître. ‖ Loc. *conoscere il mondo,* connaître le monde. | *non conosce ragioni,* il n'entend pas raison. | *farsi conoscere per quello che si è,* se montrer sous son vrai jour. | *conoscere i propri polli,* connaître son monde. | *non lo conosco né punto né poco,* je ne le connais ni d'Ève ni d'Adam. | *lo conosco fin troppo,* je ne le connais que trop. ◆ v. rifl. se connaître. | *conosci te stesso,* connais-toi toi-même. ‖ v. recipr. se connaître.
conoscibile [konoʃ'ʃibile] agg. connaissable.
conoscitivo [konoʃʃi'tivo] agg. cognitif.
conoscitore [konoʃʃi'tore] (**-trice** f.) agg. e m. connaisseur, euse.
conosciuto [konoʃ'ʃuto] part. pass. V. conoscere. ‖ agg. connu, fameux, renommé, réputé, célèbre. ‖ Loc. fam. *essere conosciuto come la, più della betonica,* être connu comme le loup blanc.
conquibus [kon'kwibus] m. [lat.] Fam., Scherz. quibus (antiq.).
conquista [kon'kwista] f. [in tutti i sensi] conquête.
conquistare [konkwis'tare] v. tr. Pr. e fig. conquérir. | *conquistare un obiettivo,* coiffer un objectif. | *si è conquistato la simpatia di tutti,* il a gagné la sympathie de tout le monde.
conquistatore [konkwista'tore] (**-trice** f.) agg. conquérant. ‖ Fig. [presuntuoso] conquérant, présomptueux. ◆ m. conquérant. ‖ Fig. don Juan, tombeur de femmes. | *ha un'aria da conquistatore, ha l'aria del conquistatore,* il a un air conquérant (agg.).
consacrare [konsa'krare] v. tr. Relig. consacrer. | *consacrare una chiesa,* bénir une église. | *consacrare vescovo,* sacrer évêque. | *consacrare sacerdote,* ordonner prêtre. ‖ Per anal. *è stato consacrato il più grande pittore vivente,* il a été sacré le plus grand peintre vivant. ‖ Per est. [dedicare] consacrer, dédier, employer. | *consacrare il proprio tempo a,* consacrer son temps à. ‖ Fig. [sanzionare] consacrer, introniser. | *consacrare una moda,* introniser une mode. ◆ v. rifl. se consacrer, se dévouer, s'adonner.
consacrato [konsa'krato] part. pass. V. consacrare. ‖ agg. [convalidato da] *espressione consacrata dall'uso,* expression consacrée par l'usage.
consacrazione [konsakrat'tsjone] f. Relig. e fig. consécration. | *consacrazione di un imperatore,* sacre (m.) d'un empereur.
consanguineità [konsangwinei'ta] f. consanguinité.
consanguineo [konsan'gwineo] agg. consanguin. ◆ m. Giur. cognat.
consapevole [konsa'pevole] agg. conscient. | *essere consapevole di,* avoir conscience de.
consapevolezza [konsapevo'lettsa] f. conscience.
conscio ['kɔnʃo] (**-sci** pl.) agg. conscient. | *essere conscio di qlco.,* avoir conscience de qch.
consecutio temporum [konse'kuttsjo'tεmporum] f. [lat.] Gramm. concordance des temps.
consecutivo [konseku'tivo] agg. [che segue] consécutif. ‖ Gramm. consécutif.
consegna [kon'seɲɲa] f. [azione di consegnare] remise. | *consegna di una lettera, di un pacco,* remise d'une lettre, d'un paquet. ‖ Per est. [custodia] garde. | *lasciare un bambino in consegna a qlcu.,* confier un enfant à la garde de qn. | *lasciare qlco. in consegna a*

qlcu., laisser qch. en garde à qn. | *prendere qlco. in consegna*, se charger de qch. | *prendere qlcu. in consegna*, prendre qn sous sa garde. || COMM. [azione] livraison. | *mancata consegna*, non-livraison. | *spese di spedizione e consegna*, factage m. | *trasporto in consegna*, factage. || [stato] consignation. | *merci in consegna*, marchandises en consignation. || MIL. [istruzione] consigne. | *dimenticarsi della consegna*, manger la consigne (fam.). | *violare la consegna*, forcer la consigne. || MIL., UNIV. [punizione] consigne. || AMM. *dare le consegne*, transmettre (fam.), passer les consignes.

consegnare [konseɲ'ɲare] v. tr. [rimettere] remettre. | *consegnare una lettera, un pacco*, remettre une lettre, un paquet. || PER EST. [affidare] confier, remettre. || PER ANAL. [tradire, denunciare] livrer, dénoncer. || COMM. [azione] livrer. | *consegnare a domicilio*, livrer à domicile. || [depositare] consigner. || MIL. [privare di libera uscita] consigner. ◆ v. rifl. se constituer.

consegnatario [konseɲɲa'tarjo] (**-ri** pl.) m. COMM. consignataire. || MAR. consignataire de la cargaison.

conseguente [konse'gwɛnte] agg. [che risulta da] consécutif (de), résultant (de). || [logico] conséquent. ◆ m. LOG., MAT. conséquent.

conseguenza [konse'gwɛntsa] f. [conclusione, seguito] conséquence, conclusion, suite. | *le conseguenze*, les lendemains (d'une affaire). || FIG. [importanza] conséquence. ◆ LOC. PREP. ***in conseguenza di***, en conséquence de, conséquemment à, par suite de. ◆ LOC. AVV. ***per conseguenza***, par conséquent, en conséquence.

conseguimento [konsegwi'mento] m. obtention f. | *conseguimento di un diploma*, obtention d'un diplôme. | *fare qlco. per il conseguimento di un fine*, faire qch. pour atteindre un but.

conseguire [konse'gwire] v. tr. obtenir, atteindre, remporter. | *conseguire uno scopo*, atteindre un but. | *conseguire una vittoria*, remporter une victoire. || PER EST. [realizzare] (raro) réaliser. ◆ v. intr. [derivare] découler, résulter, s'ensuivre. | *ne consegue che...*, il s'ensuit que...

consensivo [konsen'sivo] agg. [nei semafori] *freccia consensiva*, flèche de direction.

consenso [kon'sɛnso] m. [permesso, approvazione] consentement, approbation f., acquiescement, agrément. | *non fa nulla senza il consenso del direttore*, il ne fait rien sans l'acquiescement, sans l'agrément du directeur. || PER EST. [giudizio favorevole] adhésion f., approbation f. || GIUR. consensus. || LOC. *agire di consenso con qlcu.*, agir d'accord avec qn.

consensuale [konsensu'ale] agg. GIUR. consensuel.

consentimento [konsenti'mento] m. consentement.

consentire [konsen'tire] v. intr. consentir (à), acquiescer (à). | *consento che partiate*, je consens à votre départ, je consens à ce que vous partiez, que vous partiez. || [ammettere] reconnaître, admettre. | *consento di essermi comportato male*, j'admets que je me suis mal conduit. ◆ v. tr. [autorizzare, concedere] consentir, admettre, tolérer, souffrir. | *il regolamento non consente eccezioni*, le règlement n'admet aucune exception. || [dare la possibilità] permettre. || PROV. *chi tace consente*, qui ne dit mot consent.

consenziente [konsen'tsjɛnte] agg. consentant.

consequente [konse'kwɛnte] agg. V. CONSEGUENTE.

consequenziale [konsekwent'tsjale] agg. conséquentiel.

conserto [kon'sɛrto] agg. croisé. | *a braccia conserte*, bras croisés.

conserva [kon'sɛrva] f. CULIN. conserve. || MAR. conserve. || LOC. MAR. e FIG. *di conserva*, de conserve.

conservare [konser'vare] v. tr. [mantenere in buono stato, far durare] conserver, entretenir, garder. || PER EST. *conservare la calma, conservare l'anonimato, un segreto*, garder son calme, l'anonymat, un secret. || PER ANAL. *conservare la propria salute, la propria bellezza*, conserver sa santé, sa beauté. | *conservare un ricordo*, entretenir un souvenir. || [alimenti] conserver. ◆ v. medio intr. *donna che si conserva molto bene*, femme qui se conserve très bien. || [alimenti] se conserver.

conservativo [konserva'tivo] agg. GIUR. conservatoire. | *sequestro conservativo*, saisie conservatoire.

conservatore [konserva'tore] (**-trice** f.) agg. e m. [in tutti i sensi] conservateur, trice.

conservatoria [konservato'ria] f. [funzione di conservatore e ufficio] conservation.

conservatorio [konserva'tɔrjo] (**-ri** pl.) m. MUS. conservatoire. || [educandato] pensionnat pour jeunes filles.

conservatorismo [konservato'rizmo] m. POLIT. conservatisme.

conservazione [konservat'tsjone] f. [azione, stato] conservation.

conserviero [konser'vjɛro] agg. *industria conserviera*, industrie des conserves, conserverie f.

conservificio [konservi'fitʃo] (**-ci** pl.) m. conserverie f.

conservo [kon'sɛrvo] m. RELIG. confrère.

consesso [kon'sɛsso] m. assemblée f.

considerando [konside'rando] m. invar. AMM., GIUR. [motivo] considérant.

considerare [konside'rare] v. tr. [esaminare, vagliare] considérer, examiner, tenir compte (de), envisager, peser. | *considerare il pro e il contro*, considérer, peser le pour et le contre. || PER ANAL. [squadrare] dévisager, toiser (fam.). | *lo considerò in silenzio per qualche minuto*, il le dévisagea en silence pendant quelques minutes. || FIG. [stimare] considérer, estimer. || PER EST. [reputare, ritenere] considérer (comme), compter (pour), tenir (pour), estimer, réputer. | *considerare qlcu. un poeta*, tenir qn pour un poète. | *mi considera un fannullone*, il me considère comme un fainéant. | *considerare colpevole*, considérer coupable. || GIUR. [contemplare] prévoir. ◆ v. rifl. [esaminarsi] s'examiner. || FIG. [stimarsi] se considérer, s'estimer. || LOC. *puoi considerarti fortunato*, tu peux t'estimer heureux.

considerato [konside'rato] part. pass. e agg. considéré. || LOC. *considerato che*, vu que. | *tutto considerato*, tout bien considéré, tout bien pesé.

considerazione [konsiderat'tsjone] f. [esame] considération. | *prendere in considerazione*, faire entrer en ligne de compte. || [stima] considération, estime, crédit m. | *è tenuto in grande considerazione*, on le tient en haute considération. || [circospezione] considération. | *agire con, senza considerazione*, agir avec, sans considération. ◆ LOC. PREP. ***in considerazione di***, en considération de, en faveur de, eu égard à, en raison de.

considerevole [konside'revole] agg. considérable, remarquable, important, imposant, coquet (fam.).

consigliabile [konsiʎ'ʎabile] agg. conseillable.

consigliare [konsiʎ'ʎare] v. tr. conseiller. ◆ v. medio intr. demander conseil (à). ◆ v. rifl. se consulter (avec).

consigliatore [konsiʎʎa'tore] (**-trice** f.) m. (raro) conseilleur, euse (L.C.); donneur, donneuse de conseils.

consigliere [konsiʎ'ʎere] m. PR. e FIG. conseiller. | *l'ira è una cattiva consigliera*, la colère est mauvaise conseillère. || PER EST. *consigliere commerciale*, édile.

consiglio [kon'siʎʎo] (**-gli** pl.) m. [opinione] conseil. | *è un consiglio da amico*, c'est un conseil d'ami. | *dare buoni consigli*, être de bon conseil. | *dietro consiglio di*, sur le conseil de. || LOC. *mutar consiglio*, changer d'avis. | *ridurre a miglior consiglio*, ramener à la raison. | *venire a più miti consigli*, modérer ses prétentions. | *prender consiglio da*, se consulter avec, demander conseil à. || GIUR. *deliberazione in camera di consiglio*, délibéré. || PER EST. [assemblea] conseil. | *Consiglio dei ministri, di Stato, d'Europa*, conseil des ministres, d'État, de l'Europe. | *consiglio di famiglia*, conseil de famille. | *consiglio municipale*, conseil municipal. | *consiglio di guerra*, conseil de guerre, falot (gerg.).

consiliare [konsi'ljare] agg. du conseil.

consimile [kon'simile] agg. similaire.

consistente [konsis'tɛnte] agg. consistant.

consistenza [konsis'tɛntsa] f. consistance. | *dar consistenza a*, étoffer.

consistere [kon'sistere] v. intr. [in] consister (en, dans), résider (en, dans). | *la sua ricchezza consiste in azioni*, sa richesse consiste en actions. | *la difficoltà consiste in ciò*, la difficulté réside en cela. || [seguito

da infinito] consister (à). | *la generosità consiste nel dare*, la générosité consiste à donner.
consociare [konso'tʃare] v. tr. associer. ◆ v. recipr. s'associer.
consociato [konso'tʃato] part. pass. e agg. AGR. *culture consociate*, cultures associées. ◆ n. associé.
consociazione [konsotʃat'tsjone] f. association. | *consociazione professionale*, groupement professionnel. || AGR. association.
consocio [kon'sɔtʃo] (**-ci** pl.) m. coassocié.
consolabile [konso'labile] agg. consolable.
consolante [konso'lante] agg. consolant, réconfortant.
1. consolare [konso'lare] v. tr. consoler, réconforter. || IRON. *ha una faccia da cretino che consola*, il a un air bête qui fait plaisir à voir. ◆ v. rifl. se consoler. || PER EST. [rallegrarsi] se réjouir.
2. consolare [konso'lare] agg. consulaire.
consolato [konso'lato] m. consulat.
consolatore [konsola'tore] (**-trice** f.) agg. e m. consolateur, trice.
consolazione [konsolat'tsjone] f. consolation, réconfort m.
console ['kɔnsole] m. consul.
consolidamento [konsolida'mento] m. PR., FIG. e ECON. consolidation f. || FIG. e ECON. [anche] affermissement. | *consolidamento di una moneta*, affermissement d'une monnaie.
consolidare [konsoli'dare] v. tr. PR., FIG. e ECON. consolider. | *consolidare con graticci (il terreno sull'argine di un fiume, la scarpata di una strada)*, clayonner. || FIG. [anche] affermir, renforcer, fortifier. ◆ v. rifl. se solidifier. || FIG. se consolider, s'affermir.
consol(l)e [kɔ̃'sɔl] f. (fr.) [tavolo] console. || MUS., INF. console.
consommé [kɔ̃so'me] m. [fr.] CULIN. consommé.
consonante [konso'nante] f. FON. consonne.
consonantismo [konsonan'tizmo] m. FON. consonantisme.
consonanza [konso'nantsa] f. consonance. || FIG. correspondance.
consono ['kɔnsono] agg. conforme, en accord (avec).
consorella [konso'rɛlla] f. RELIG. consœur. || agg. COMM. *ditta consorella*, société sœur.
consorte [kon'sɔrte] m. e f. LETT. o SCHERZ. époux m., mari m., épouse f., femme f. || PARTICOL. [appos.] *principe consorte*, prince consort.
consorteria [konsorte'ria] f. PEGGIOR. coterie, clique (fam.), clan m., camarilla. || STOR. [Medio Evo] faction.
consorziato [konsor'tsjato] agg. réuni en consortium. ◆ m. membre d'un consortium.
consorzio [kon'sɔrtsjo] (**-zi** pl.) m. [società] société f. || ECON. consortium (lat.). | *consorzio di produzione*, cartel de production. | *consorzio agrario*, coopérative (f.) agricole.
constare [kons'tare] v. intr. se composer (de), comporter v. tr., comprendre. ◆ v. impers. *non mi consta che lo abbia fatto*, il ne l'a pas fait, à ma connaissance. | *a quanto mi consta*, d'après ce que j'en sais. | *non consta che*..., il ne résulte pas que...
constatare [konsta'tare] v. tr. constater.
constatazione [konstatat'tsjone] f. constatation. || GIUR. constat m.
constrictor [kons'triktor] agg. ZOOL. *boa constrictor*, boa constrictor.
consueto [konsu'ɛto] agg. coutumier, habituel, accoutumé. || [persona] *essere consueto a*, avoir l'habitude de. ◆ m. habitude f. | *più del consueto*, plus que d'habitude. | *come di consueto*, comme d'habitude.
consuetudinario [konsuetudi'narjo] (**-ri** pl.) agg. coutumier, habituel. || GIUR. *diritto consuetudinario*, droit coutumier.
consuetudine [konsue'tudine] f. [costume, usanza] coutume, usage m., tradition. | *è la consuetudine*, c'est l'usage. | *la vita e le consuetudini di un popolo*, la vie et les usages d'un peuple. || [abitudine] habitude.
consulente [konsu'lɛnte] agg. consultant. | *medico consulente*, médecin consultant. ◆ m. consultant, conseil. | *consulente (legale)*, avocat consultant (agg.), avocat-conseil. || ECON., GIUR., TECN. conseiller. | *i consulenti di una ditta*, les experts d'une maison.
consulenza [konsu'lɛntsa] f. consultation, avis m. | *consulenza legale*, consultation, avis d'un avocat-conseil.
consulta [kon'sulta] f. [organo collegiale] assemblée. || STOR. consulte.
consultare [konsul'tare] v. tr. consulter. ◆ v. medio intr. *si è consultato con il suo avvocato*, il a consulté son avocat. ◆ v. recipr. se consulter.
consultazione [konsultat'tsjone] f. consultation. | *sala di consultazioni*, salle de consultation.
consultivo [konsul'tivo] agg. consultatif.
consulto [kon'sulto] m. consultation f. | *chiamare a consulto*, appeler en consultation.
consultorio [konsul'tɔrjo] (**-ri** pl.) m. centre de consultation.
consumabile [konsu'mabile] agg. consommable.
consumare [konsu'mare] v. tr. **1.** [essere alimentato] consommer. || PERT EST. [al caffè] consommer. || PER ANAL. *consuma due litri di vino al giorno*, il absorbe deux litres de vin par jour. || FIG. [compiere] *consumare un delitto*, consommer un délit. || GIUR. *consumare il matrimonio*, consommer le mariage. || **2.** [distruggere] consumer, dévorer. | *il fuoco ha consumato tutto il bosco*, le feu a dévoré tout le bois. || PER EST. [logorare] abîmer, user. | *ha consumato i gomiti del maglione*, il a usé son tricot aux coudes. | *corrente che consuma la roccia*, courant qui use la roche. || PER ANAL. [dissipare] consommer, engloutir, absorber, consumer (antiq.).| *consumare il proprio tempo in futilità*, gaspiller son temps en futilités. | *consumare poco a poco*, grignoter. | *un po' alla volta consuma il suo capitale*, il grignote son capital. || FIG. [stremare] consumer, user, épuiser. | *il dispiacere lo consuma*, le chagrin le consume. || CULIN. *far consumare una salsa*, réduire une sauce. ◆ v. medio intr. s'abîmer, s'user. | *ti consumi gli occhi !*, tu t'abîmes les yeux ! || PER EST. *si è consumato la salute a forza di lavorare*, il a usé, abîmé sa santé à travailler. || FIG. [tormentarsi] se consumer. | *si consuma di nostalgia*, il se consume de nostalgie.
consumato [konsu'mato] part. pass. V. CONSUMARE. || agg. FIG. [esperto] consommé, expérimenté, accompli, chevronné. | *è un diplomatico consumato*, c'est un diplomate accompli.
consumatore [konsuma'tore] (**-trice** f.) m. consommateur, trice.
consumazione [konsumat'tsjone] f. [in un caffè] consommation. || FIG. [compimento] consommation. || GIUR. *consumazione del matrimonio*, consommation du mariage.
consumistico [konsu'mistiko] (**-ci** pl.) agg. de consommation.
consumo [kon'sumo] m. consommation f. | *società dei consumi*, société de consommation. || FIS. consommation, dépense. | *consumo di energia*, consommation d'énergie. | *consumo di calore*, dépense (f.) de chaleur. || LOC. *per proprio uso e consumo*, pour son usage personnel.
consuntivo [konsun'tivo] agg. **1.** ECON. *bilancio consuntivo*, compte rendu, bilan. || **2.** [di consumo] pour la consommation. ◆ m. PR. e FIG. bilan.
consunto [kon'sunto] agg. usé, consumé ; émacié, épuisé.
consunzione [konsun'tsjone] f. MED. consomption.
consustanziale [konsustan'tsjale] agg. RELIG. consubstantiel.
consustanzialità [konsustantsjali'ta] f. RELIG. consubstantialité.
consustanziazione [konsustantsjat'tsjone] f. RELIG. consubstantiation.
conta ['konta] f. LOC. *fare la conta*, réciter une comptine.
contaballe [konta'balle] m. conteur de sornettes.
contabile [kon'tabile] agg. comptable. ◆ m. comptable. || app. *capo contabile*, chef de comptabilité.
contabilità [kontabili'ta] f. [scienza dei conti] comptabilité. || [insieme dei conti ; servizio] comptabilité.
contabilizzare [kontabilid'dzare] v. tr. comptabiliser.
contachilometri [kontaki'lɔmetri] m. inv. compteur kilométrique.
contadiname [kontadi'name] m. PEGGIOR. paysannerie f. (L.C.), culs-terreux pl.

contadino [konta'dino] (**-a** f.) m. [campagnolo] paysan, anne; campagnard, e. ‖ PER EST. [mezzadro] colon. ‖ PEGGIOR. rustre, péquenot, pécore. ‖ POET. laboureur (antiq.). ◆ agg. paysan, rustique, rural.
contadinotto [kontadi'nɔtto] (**-a** f.) m. paysan, anne.
contado [kon'tado] m. campagne f.
contafili [konta'fili] m. invar. IND. compte-fils.
contagiare [konta'dʒare] v. tr. PR. e FIG. contagionner, contaminer.
contagio [kon'tadʒo] (**-gi** pl.) m. PR. e FIG. contagion f.
contagiosità [kontadʒosi'ta] f. contagiosité.
contagioso [konta'dʒoso] agg. MED. e FIG. contagieux.
contagiri [konta'dʒiri] m. invar. TECN. compte-tours.
contagocce [konta'gottʃe] m. invar. compte-gouttes. ‖ LOC. *col contagocce*, au compte-gouttes.
container [kən'teinə] m. [ingl.] container.
contaminare [kontami'nare] v. tr. contaminer, infecter, empester. ‖ FIG. contaminer, corrompre, polluer.
contaminazione [kontaminat'tsjone] f. contamination.
contante [kon'tante] agg. e m. comptant. | *acquistare, vendere, pagare in contanti*, acheter, vendre, payer (au) comptant. | *pagare in contanti*, payer cash (ingl.) (fam.). ‖ FIN. *in contanti*, en espèces, en numéraire.
contare [kon'tare] v. tr. [enunciare la serie dei numeri, calcolare, aver raggiunto] compter, nombrer, dénombrer. | *contare vent'anni di servizio*, compter vingt ans de service. | *non si possono contare gli spettatori*, on ne peut pas compter les spectateurs. ‖ FAM. *bisogna contare un giorno per i bagagli*, il faut compter un jour pour préparer les bagages. ‖ FIG. [valutare] *non mi contano un fico secco*, ils ne font aucun cas de moi. ‖ LOC. *spende senza contare* (fam.), il dépense sans compter (L.C.). | *a contare da oggi*, à compter d'aujourd'hui. | *senza contare che*, sans compter que. ◆ v. intr. **1.** [effettuare un calcolo] compter. ‖ **2.** PR. e FIG. [avere importanza] compter. | *sillaba che non conta*, syllabe qui ne compte pas. | *ciò non conta*, cela ne compte pas. | *per me tu non conti*, tu n'existes pas pour moi. ‖ **3.** [proporsi di] compter, espérer. | *conto di partire domani*, je compte partir demain. ‖ **4.** [far assegnamento su] compter (sur), faire fond (sur). | *contare sulla fortuna*, compter sur la chance. | *verrai? — non contarci!*, est-ce que tu viendras? — n'y compte pas! ‖ **5.** [raccontare] conter, raconter. | *contarne delle belle*, en conter de belles. ‖ LOC. *contarla chiara a qlcu.*, dire son fait à qn. | *per lui conta poco*, il n'en est pas à cela près. ‖ **6.** [limitare] compter, pleurer (fam.).
contasecondi [kontase'kondi] m. invar. compte-secondes.
contata [kon'tata] f. LOC. *dare una contata a*, compter v. tr.
contato [kon'tato] part. pass. V. CONTARE. ‖ agg. LOC. *avere i minuti contati*, n'avoir pas une minute à perdre. | *a passi contati*, à pas comptés. | *avere i soldi contati*, n'avoir pas beaucoup de possibilités.
contatore [konta'tore] m. compteur. | *contatore dell'acqua, del gas, della luce*, compteur à eau, à gaz, électrique.
contattare [kontat'tare] v. tr. NEOL. contacter.
contatto [kon'tatto] m. PR. e FIG. contact. | *essere in contatto con*, être en contact avec. | *prendere contatto con*, prendre contact avec. | *a contatto di*, au contact de. ‖ AUTOM. *stabilire, staccare il contatto*, mettre, couper le contact. ‖ ELETTR. contact. | *contatto difettoso*, mauvais contact. | *braccio di contatto*, frotteur. | *linea di contatto*, caténaire f. | *linea di contatto sghemba*, caténaire gauche, inclinée; polygonale (f.) ‖ OTT. *lenti a contatto*, verres de contact.
conte ['konte] m. comte.
contea [kon'tɛa] f. comté m., comtat m.
conteggiare [konted'dʒare] v. tr. [calcolare] calculer, chiffrer, compter. ‖ [mettere in conto] compter, comptabiliser. ◆ v. intr. compter.
conteggio [kon'teddʒo] (**-gi** pl.) m. [calcolo] chiffrage, chiffrement, comptage. ‖ LOC. *conteggio alla rovescia*, compte à rebours.
contegno [kon'teɲɲo] m. [comportamento] tenue f., comportement. | *tenere un contegno corretto*, avoir une bonne tenue. ‖ [atteggiamento] contenance f., maintien, allure f. | *darsi un contegno*, se donner du maintien, se donner une contenance.
contegnoso [konteɲ'ɲoso] agg. [riservato] digne, honnête, réservé. ‖ [sussiegoso] guindé, ampoulé, affecté.
contemperamento [kontempera'mento] m. mélange harmonieux.
contemperare [kontempe'rare] v. tr. [commisurare] adapter, accorder, conformer, proportionner. ‖ PER EST. [moderare] modérer, corriger. ‖ FIG. [mescolare] (lett.) mélanger harmonieusement.
contemplare [kontem'plare] v. tr. contempler. ‖ GIUR. envisager, prévoir.
contemplativo [kontempla'tivo] agg. e m. contemplatif.
contemplatore [kontempla'tore] (**-trice** f.) agg. e m. contemplateur, trice.
contemplazione [kontemplat'tsjone] f. contemplation.
contempo [kon'tɛmpo] LOC. AVV. ***nel, al contempo***, en même temps.
contemporaneamente [kontemporanea'mente] avv. en même temps. ‖ [insieme, anche] de front.
contemporaneità [kontemporanei'ta] f. invar. contemporanéité.
contemporaneo [kontempo'raneo] agg. [dello stesso tempo] contemporain (de). ‖ [simultaneo] simultané. ◆ n. contemporain.
contendente [konten'dɛnte] agg. adverse. ◆ n. adversaire.
contendere [kon'tɛndere] v. tr. e intr. [disputare, lottare per ottenere] disputer. | *contendere un'arma all'avversario*, disputer une arme à son adversaire. | *contendere un posto a qlcu.*, disputer un poste à qn. ‖ FIG. [rivalizzare] *contendere per*, le disputer en (lett.), rivaliser de. | *non c'è spettacolo che possa contendere con questo per grandiosità*, il n'y a pas de spectacle qui puisse le disputer en grandeur à celui-ci. ◆ v. recipr. [lottare per] se disputer. | *si contendono il successo*, ils se disputent le succès. ‖ FIG. *tutti se lo contendono, perché è simpatico*, on se le dispute parce qu'il est sympathique.
contenente [konte'nɛnte] m. contenant.
contenere [konte'nere] v. tr. [comprendere, racchiudere] contenir, comprendre, cuber, loger, enfermer, renfermer, comporter. | *terra che contiene ferro*, terre qui contient du fer. | *sala che può contenere mille persone*, salle qui peut recevoir mille personnes. | *quella cisterna contiene mille litri*, cette citerne cube mille litres. | *la nuova scuola può contenere cinquecento alunni*, la nouvelle école peut recevoir cinq cents élèves. | *cassetto che contiene importanti documenti*, tiroir qui renferme des papiers importants. | *alimento che contiene molta fecola*, (aliment) féculent (agg.). | *che contiene grisou*, grisouteux (agg.). ‖ PER ANAL. [avere] contenir, compter, renfermer, embrasser, inclure, comporter, receler. | *libro che contiene molti errori*, livre qui recèle bien des erreurs. | *quel dizionario contiene più di trentamila vocaboli*, ce dictionnaire compte plus de trente mille mots. | *in questa formula è contenuto il futuro dell'umanità*, le futur de l'humanité est renfermé dans cette formule. ‖ PER EST. [trattenere, impedire di avanzare] contenir, endiguer, enrayer, emprisonner, retenir. | *contener la folla*, contenir la foule. | *contenere il rialzo dei prezzi*, enrayer la hausse des prix. ‖ FIG. [reprimere, trattenere] contenir, réprimer, étouffer, dominer, refréner. | *contenere le lacrime*, étouffer ses larmes. ‖ MIL., SPORT *contenere un attacco*, enrayer une attaque. ◆ v. rifl. [comportarsi] ANTIQ. se tenir, se conduire. ‖ FIG. [controllarsi] se contenir, se contrôler, se dominer, se maîtriser.
contenimento [konteni'mento] m. ECON. POLIT. blocage. | *contenimento dei prezzi*, blocage des prix.
contenitore [konteni'tore] m. récipient. | *contenitore di cartone per il latte*, berlingot.
contentare [konten'tare] v. tr. [rendere contento] contenter. ‖ PER EST. [appagare] satisfaire, contenter. | *contentare in sommo grado*, enchanter, combler, satisfaire au plus haut point. ◆ v. medio intr. [appa-

garsi] se contenter, se satisfaire, s'accommoder. || PER EST. [limitarsi] se contenter, se borner (à).
contentezza [konten'tettsa] f. contentement m., joie, plaisir m. ; [molto viva] allégresse, liesse (lett.). | *non stare più nella pelle dalla contentezza,* ne plus se sentir de joie. | *morire dalla contentezza,* se pâmer d'aise. | *arrossire dalla contentezza,* rougir de plaisir.
contentino [konten'tino] m. petit supplément. | *per contentino,* par surcroît.
contento [kon'tɛnto] agg. [soddisfatto] content, satisfait, aise, enchanté, ravi. | *essere contentissimo di qlco.,* se faire une fête de qch. | *contentissimo di vederla, di conoscerla,* enchanté de vous voir, de vous connaître. | *far contento qlcu.,* contenter qn. | *puoi dirti contento,* tu peux t'estimer heureux. || [allegro] content, gai, heureux. | *contento come una pasqua,* heureux comme un poisson dans l'eau. | *essere un cuor contento,* être un sans-souci.
1. contenuto [konte'nuto] part. pass. e agg. contenu, compris. || FIG. sobre.
2. contenuto [konte'nuto] m. contenu.
contenzione [konten'tsjone] f. MED. contention.
contenzioso [konten'tsjoso] agg. e m. GIUR. contentieux.
conterie [konte'rie] f. pl. verroterie f. s.
conterraneo [konter'raneo] agg. du même pays. ◆ m. compatriote, pays (fam.).
contesa [kon'tesa] f. [disputa] contention (antiq.), dispute, différend m., querelle. | *hanno avuto una contesa,* ils se sont disputés. | *contesa di poco conto,* brouille (fam.), brouillerie. || [gara] concours m. || GIUR. démêlé m. | *venire ad una contesa giudiziaria,* avoir des démêlés avec la justice.
contessa [kon'tessa] f. comtesse.
contessina [kontes'sina] f. fille du comte.
1. contestabile [kontes'tabile] agg. contestable, discutable.
2. contestabile [kontes'tabile] m. STOR. connétable.
contestare [kontes'tare] v. tr. GIUR. e PER EST. contester. | *contestare un addebito,* contester une imputation. | *contestare la competenza di un tribunale,* récuser la compétence d'un tribunal. | *contestare qlco.,* s'inscrire en faux contre qch., démentir qch. || [notificare] notifier. | *contestare una contravvenzione,* notifier une contravention. || ASSOL. contester.
contestatario [kontesta'tarjo] (**-ri** pl.) agg. e m. contestataire.
contestatore [kontesta'tore] (**-trice** f.) m. contestataire m. e f.
contestazione [kontestat'tsjone] f. GIUR. e PER EST. contestation. || [notifica] notification.
contesto [kon'tɛsto] m. contexte.
contestuale [kontestu'ale] agg. du contexte, contextuel. || GIUR. simultané.
contestualità [kontestuali'ta] f. GIUR. relation de simultanéité.
contestura [kontes'tura] f. contexture, texture.
contiguità [kontigwi'ta] f. invar. contiguïté.
contiguo [kon'tigwo] agg. contigu, adjacent, attenant, limitrophe. | *stanze contigue,* pièces contiguës. | *terreni contigui,* terrains adjacents.
continentale [kontinen'tale] agg. e m. continental.
1. continente [konti'nɛnte] agg. [frugale] continent (antiq.), sobre, frugal. || RELIG. continent.
2. continente [konti'nɛnte] m. GEOGR. continent.
continenza [konti'nɛntsa] f. [frugalità] sobriété, frugalité. || RELIG. continence.
contingentamento [kontindʒenta'mento] m. ECON. contingentement.
contingentare [kontindʒen'tare] v. tr. ECON. contingenter.
contingente [kontin'dʒɛnte] agg. FILOS. contingent. ◆ m. contingent. || AMM. contingent, quota. || MIL. FILOS. contingent.
contingenza [kontin'dʒɛntsa] f. contingence. || FIG. [occasione] occasion, circonstance. || ECON. conjoncture. || GIUR. *indennità di contingenza,* indemnité de vie chère.
contino [kon'tino] m. fils du comte.
continuamente [kontinua'mente] avv. continuellement, incessamment, sans cesse. | *ripetersi continuamente,* radoter (v. intr.).
continuare [kontinu'are] v. tr. [proseguire] continuer, poursuivre. | *continuare gli studi,* poursuivre ses études. || [+ a seguito da infin.] continuer (à, de). | *continuare a leggere,* continuer à lire. || [editoria] *continua,* à suivre. || [segnaletica] *continua,* rappel m. || ASSOL. continuer. ◆ v. intr. [durare] continuer, durer. || PER EST. [continuare nello spazio] continuer, se continuer, se poursuivre, se prolonger. | *la proprietà continua al di là del bosco,* la propriété se continue au-delà du bois. || [riprendere a parlare dopo un'interruzione] enchaîner. || LOC. *continuare per la propria strada,* passer son chemin.
continuativo [kontinua'tivo] agg. continu. || [fisso] fixe. | *avere un lavoro continuativo,* avoir un travail fixe.
continuato [kontinu'ato] agg. continu. | *spettacolo continuato,* spectacle permanent. | *orario continuato (di lavoro),* journée continue. | *è piovuto per tre giorni continuati* (fam.), il a plu trois jours de suite, d'affilée.
continuatore (**-trice** f.) [kontinua'tore] m. continuateur, trice.
continuazione [kontinuat'tsjone] f. continuation, poursuite, suite. | *buona continuazione!,* bonne continuation ! || LOC. *in continuazione,* sans arrêt, sans interruption. || [editoria] suite.
continuità [kontinui'ta] f. continuité. | *soluzione di continuità,* solution de continuité.
continuo [kon'tinuo] agg. [senza interruzione nel tempo e nello spazio] continu, continuel, incessant, persistant, ininterrompu, suivi. || [che si ripete] continuel, fréquent. | *fa continue assenze,* il s'absente continuellement. || ELETTR. *corrente continua,* courant continu. ◆ LOC. AVV. ***di continuo,*** sans arrêt, sans interruption, à la file (fam.). | *è piovuto di continuo per tre giorni,* il a plu trois jours sans discontinuer. | LOC. *a getto continuo,* à jet continu. ◆ m. FIS. continuum.
conto ['konto] m. **1.** [calcolo] FAM. calcul (L.C.). | *saper far di conto,* savoir faire les quatre opérations. | *fare il conto delle spese sostenute,* calculer les frais, faire le calcul des frais auxquels on a dû faire face. || FIG. *a conti fatti,* tout calcul fait, tout compte fait. | *in fin dei conti,* en fin de compte, au bout du compte, tout compte fait, au fond ; [interiez.] ma foi ! | *uno che sa il conto suo,* qn qui connaît son compte. | *fare i conti con qlcu.,* régler (ses comptes) avec qn. | *fare i conti col tempo,* tenir compte du temps. | *chiedere conto di qlco. a qlcu.,* demander compte de qch. à qn. | *fare i conti senza l'oste,* ne pas tenir compte de l'intéressé. || COMM., ECON., FIN. compte. | *conto corrente postale,* compte courant postal. | *Corte dei conti,* Cour des comptes. | *Conto profitti e perdite,* compte (des) profits et pertes. | *fare i conti (di cassa),* faire sa caisse. | *aprire un conto,* ouvrir un compte courant. | *mettere in conto spese generali,* compter aux frais généraux. || [contabilità] *i conti,* les écritures f. | *tenere i conti,* tenir les écritures. || [somma da pagare ; fattura e conto d'albergo] note f. | *conto spese,* note de frais. || [in ristorante] addition f., douloureuse f. (fam.). || *il conto, per favore!,* l'addition, s'il vous plaît ! || [opportunità] compte. | *trovarci il proprio conto,* y trouver son compte. | *non mette conto di,* il ne vaut pas la peine de. || [stima, considerazione] compte. | *far gran conto di qlcu., di qlco.,* faire (grand) cas de, faire état de qn, de qch. | *tener qlcu. in poco conto,* faire peu de cas de qn. | *di poco conto,* de peu d'importance, peu important (agg.). | *di nessun conto,* d'aucune importance, sans importance. || [assegnamento] compter (v. intr.). | *faccio conto di partire domani,* je compte partir demain. || LOC. PR. e FIG. *tener conto di,* compter v. tr., tenir compte de, faire état de, faire cas de. | *bisogna tener conto di quel documento,* il faut faire état de ce papier. | *in conto di,* à titre de. | *per conto di,* pour le compte de ; au nom de. | *per conto mio,* quant à moi, à mon avis. | *mettersi per conto proprio,* se mettre à son compte. | *per un conto o per l'altro,* d'une façon ou d'une autre. | *è un altro conto,* c'est une autre affaire. | *a ogni buon conto,* à toutes fins utiles.
contorcere [kon'tɔrtʃere] v. tr. tordre. ◆ v. rifl. [fare delle contorsioni] se contorsionner. || FIG. se tordre. |

contorcersi dalle risa, se tordre (de rire). ◆ v. intr. gauchir.
contorcimento [kontortʃi'mento] m. contorsion f.
contornare [kontor'nare] v. tr. [fare il giro di] contourner. | *contornare un bosco*, contourner un bois. ‖ [circondare] Pr. e fig. entourer, environner, border. ‖ Arti [fare il contorno] cerner.
contorno [kon'torno] m. [limite] contours. ‖ Arti cerne | *delineare i contorni di una figura*, cerner une silhouette. ‖ [monete] listel, listeau, liston. ‖ [raggruppamento di persone] entourage. ‖ Culin. garniture f. | *che cosa c'è di contorno?*, qu'est-ce que vous avez comme garniture ? ‖ [verdure] légumes pl. | *con contorno di*, garni de. | *bistecca con, senza contorno*, bifteck garni, nature.
contorsione [kontor'sjone] f. contorsion.
contorsionista [kontorsjo'nista] (**-ti** pl. m.) m. e f. contorsionniste.
contorto [kon'tɔrto] part. pass. V. contorcere. ‖ agg. Fig. contourné, compliqué, biscornu. | *mente contorta*, esprit compliqué, biscornu.
contrabbandare [kontrabban'dare] v. tr. introduire en contrebande (f.), faire la contrebande (de).
contrabbandiere [kontrabban'djɛre] agg. e m. contrebandier.
contrabbando [kontrab'bando] m. contrebande f. | *di contrabbando*, en contrebande. | *merce di contrabbando*, contrebande f. ‖ Giur. fraude f.
contrabbassista [kontrabbas'sista] (**-i** pl. m.) m. e f. Mus. contrebassiste, bassiste, contrebasse f.
contrabbasso [kontrab'basso] m. Mus. contrebasse f.
contraccambiare [kontrakkam'bjare] v. tr. rendre (en retour), retourner. | *contraccambiare una visita, un saluto*, rendre à qn sa visite, son salut. ‖ Fig. [corrispondere] partager. | *è innamorato ma non è contraccambiato*, il est amoureux, mais son amour n'est pas partagé.
contraccambio [kontrak'kambio] (**-bi** pl.) m. échange. | *rendere il contraccambio*, payer de retour, rendre la pareille. ‖ Loc. *in contraccambio*, en retour, en échange, en contrepartie.
contraccettivo [kontrattʃet'tivo] m. Med. contraceptif, anticonceptionnel.
contraccolpo [kontrak'kolpo] m. contrecoup.
contraddanza [kontrad'dantsa] f. Mus. contredanse.
contraddire [kontrad'dire] v. tr. e intr. Lett. contredire v. tr. | *contraddire (a) una aspettativa*, contredire une attente. ◆ v. rifl. e recipr. se contredire.
contraddistinguere [kontraddis'tingwere] v. tr. marquer (de). ‖ Fig. [distinguere] distinguer, caractériser (par rapport à), différencier.
contraddittore [kontraddi'tore] (**-trice** f.) agg. e m. contradicteur, trice.
contraddittoriamente [kontradditorja'mente] avv. contradictoirement.
contraddittorio [kontraddit'tɔrjo] (**-ri** pl.) agg. Giur. e fig. contradictoire. ◆ m. débat. ‖ Giur. discussion f., réplique f. | *riunione in contraddittorio*, réunion contradictoire. ‖ Loc. *in contraddittorio*, contradictoirement.
contraddizione [kontraddit'tsjone] f. contradiction. | *spirito di contraddizione*, esprit contrariant (agg.), esprit de contradiction.
contraerea [kontra'ɛrea] f. Mil. défense antiaérienne.
contraereo [kontra'ɛreo] agg. Mil. antiaérien.
contraffare [kontraf'fare] v. tr. [imitare] contrefaire, imiter. ‖ [per mettere in ridicolo] contrefaire, singer. ‖ [per ingannare] simuler. ‖ Per est. [imitare fraudolentemente] contrefaire, falsifier, imiter. ‖ Fig. [dissimulare] contrefaire, déguiser. | *contraffaceva la voce*, il déguisait sa voix. ‖ Lett. pasticher. ◆ v. rifl. se déguiser (en).
contraffatto [kontraf'fatto] part. pass. V. contraffare. ‖ agg. contrefait. | *lineamenti contraffatti*, traits altérés. | *vino contraffatto*, vin frelaté. | *moneta contraffatta*, monnaie fausse. ‖ Lett. pastiché.
contraffattore [kontraffat'tore] (**-trice** f.) m. contrefacteur. ‖ [falsificatore] faussaire.
contraffazione [kontraffat'tsjone] f. contrefaçon, contrefaction (giur.), imitation, falsification, altération. ‖ Lett. pastiche.
contrafforte [kontraf'forte] m. Archit., Geogr. contrefort.
contraltare [kontral'tare] m. Relig. autel secondaire. ‖ Fig. contrepoids. | *far da contraltare*, contrebalancer (v. tr.).
contralto [kon'tralto] agg. Mus. [voce] alto, contralto. ‖ Per est. [cantante] contralto m. o f. (raro).
contrammiraglio [kontrammi'raʎʎo] (**-gli** pl.) m. Mar. mil. contre-amiral.
contrappasso [kontrap'passo] m. peine (f.) du talion. ‖ Arti [danza] contre-pas (invar.).
contrappello [kontrap'pɛllo] m. Mil. contre-appel.
contrappesare [kontrappe'sare] v. tr. contrebalancer, équilibrer. ‖ Fig. compenser, neutraliser. ‖ [pesare] peser. ◆ v. recipr. se contrebalancer, se neutraliser.
contrappeso [kontrap'peso] m. contrepoids invar. | *far (da) contrappeso*, faire contrepoids, faire le contrepoids. ‖ Fig. contrepoids, compensation f., contrepartie f.
contrapponibile [kontrappo'nibile] agg. opposable.
contrapporre [kontrap'porre] v. tr. opposer. ◆ v. rifl. e recipr. s'opposer.
contrapposizione [kontrappozit'tsjone] f. opposition.
contrapposto [kontrap'posto] part. pass. V. contrapporre. ‖ agg. e m. opposé, contraire. ‖ Loc. *per contrapposto*, au contraire, par opposition.
contrappunto [kontrap'punto] m. Mus. e fig. contrepoint.
contrare [kon'trare] v. tr. e intr. Giochi [bridge]; Sport [pugilato] contrer.
contrariamente [kontrarja'mente] Loc. prep. ***contrariamente a***, contrairement à, à l'encontre de (raro).
contrariante [kontra'rjante] agg. contrariant.
contrariare [kontra'rjare] v. tr. [contrastare, ostacolare] contrarier, contrecarrer. ‖ [irritare] désobliger, fâcher, chiffonner (fam.), défriser (fam.), contrarier. | *un vostro rifiuto lo contrarierebbe molto*, un refus de votre part le désobligerait beaucoup.
contrariato [kontra'rjato] part. pass. V. contrariare. ‖ agg. contrarié, fâché, ennuyé, défrisé (fam.).
contrarietà [kontrarje'ta] f. invar. [delusione, amarezza] contrariété, irritation, déception, désillusion, désagrément m. | *avere delle contrarietà*, avoir des désagréments. ‖ [avversione, opposizione] aversion, opposition.
contrario [kon'trarjo] (**-ri** pl.) agg. [opposto] contraire, opposé, antithétique. | *essere contrario alla morale corrente*, aller à l'encontre de la morale courante. | *fino a prova contraria*, jusqu'à preuve du contraire. ‖ Per est. [inverso] inverse, opposé. | *prendere la direzione contraria*, prendre la direction opposée. | *in senso contrario*, en sens inverse, à contresens, à contre-fil. ‖ Fig. [ostile, sfavorevole] contraire, adverse, défavorable. ‖ Per est. *cibo contrario a*, nourriture nuisible à. ‖ Giur. *annullare una sentenza contraria*, déjuger (v. tr.). ‖ Loc. *fare il Bastian contrario*, fronder (v. intr.). | *essere un Bastian contrario*, avoir l'esprit de contradiction. ◆ m. [opposto] contraire, inverse, contre-pied, contrepartie f. | *se non ha nulla in contrario*, si vous n'y voyez pas d'inconvénient. ◆ Loc. prep. ***al contrario di***, au contraire de, contrairement à. ◆ Loc. avv. ***al contrario***, au contraire.
contrarre [kon'trarre] v. tr. [ridurre il volume] contracter. | *contrarre i muscoli*, contracter les muscles. ‖ [prendere un impegno per contratto e fig.] contracter. | *contrarre un debito*, contracter une dette. | *contrarre un'amicizia con qlcu.*, se lier d'amitié avec qn. | *contrarre matrimonio*, contracter mariage. ‖ Med. crisper. ◆ v. intr. se contracter, se crisper. ‖ Econ. se réduire.
contrassalto [kontras'salto] m. contre-attaque f.
contrassegnare [kontrasseɲ'ɲare] v. tr. [mettere un contrassegno] contremarquer, marquer. ‖ Fig. marquer.
1. contrassegno [kontras'seɲɲo] m. contremarque f., marque f. ‖ Fig. [prova, testimonianza] marque f.,

preuve f., témoignage. | *come contrassegno di*, en témoignage de.
2. contrassegno [kontras'seɲɲo] AVV. FIN. contre remboursement.
contrastante [kontras'tante] agg. discordant, opposé. | *colori contrastanti*, couleurs heurtées, contrastées. | *procedono in modo contrastante*, l'un tire à hue et l'autre à dia.
contrastare [kontras'tare] v. tr. [ostacolare] disputer, contrecarrer, contrarier, entraver. | *contrastare il passo a qlcu.*, disputer le passage à qn. ◆ v. intr. [discordare] contraster. || FIG. [lottare] lutter, batailler. ◆ v. recipr. [contendersi] se disputer. | *contrastarsi un'eredità*, se disputer un héritage.
contrasto [kon'trasto] m. [ostacolo] obstacle, opposition f. || [disaccordo] désaccord, divergence f., divorce, opposition f. | *trovarsi in contrasto con qlcu. su qlco.*, se trouver en désaccord avec qn sur qch. || [conflitto] querelle f., dispute f., dissension f. || [contrapposizione di due cose] contraste. | *far contrasto*, contraster, faire contraste. | *effetti di contrasto*, effets de contraste. || FOT., T.V. contraste. || MED. contraste. ◆ LOC. PREP. FIG. ***in contrasto con***, par opposition à.
contrattabile [kontrat'tabile] agg. négociable.
contrattaccare [kontrattak'kare] v. tr. PR. e FIG. contre-attaquer.
contrattacco [kontrat'takko] (**-chi** pl.) m. PR. e FIG. contre-attaque f.
contrattare [kontrat'tare] v. tr. e intr. traiter, négocier, marchander. | *contrattare (su) un prezzo*, débattre un prix.
contrattazione [kontrattat'tsjone] f. marchandage m., négociation.
contrattempo [kontrat'tɛmpo] m. contretemps. || MUS. contretemps. ◆ LOC. AVV. MUS. ***a contrattempo***, à contretemps.
contrattile [kon'trattile] agg. contractile.
contrattista [kontrat'tista] (**-i** pl. m.) m. e f. [impiegato] contractuel, elle.
1. contratto [kon'tratto] part. pass. V. CONTRARRE. || agg. contracté, altéré. || GRAMM. contracté, contracte.
2. contratto [kon'tratto] m. contrat, marché. | *annullare, rescindere, firmare, stipulare un contratto*, annuler, résilier, signer, passer un contrat. | *contratto d'affitto*, bail. || FIN. [operazioni di Borsa] marché. | *contratto contanti*, marché comptant. | *contratto a termine*, marché à terme. || GIUR. *contratto cauzionale*, cautionnement. || GIOCHI [bridge] contrat. || MAR. *contratto di noleggio*, charte-partie f.
contrattuale [kontrattu'ale] agg. contractuel.
contrattura [kontrat'tura] f. MED. contracture.
contravveleno [kontravve'leno] m. contrepoison, antidote.
contravvenire [kontravve'nire] v. intr. contrevenir.
contravventore [kontravven'tore] (**-trice** f.) m. contrevenant, e.
contravvenzione [kontravven'tsjone] f. [infrazione] contravention. || [sanzione] contravention, contredanse (pop.). | *contestare una contravvenzione*, notifier une contravention. | *fare una contravvenzione*, dresser une contravention.
contravviso [kontrav'vizo] m. contravis.
contrazione [kontrat'tsjone] f. contraction. || ECON. réduction. || MED. contraction, crispation.
contribuente [kontribu'ɛnte] m. e f. contribuable.
contribuire [kontribu'ire] v. intr. contribuer.
contributivo [kontribu'tivo] agg. contributif.
contributo [kontri'buto] m. PR. e FIG. contribution f. || FIN. [imposta] contribution. | *contributi diretti, indiretti*, contributions directes, indirectes. || ECON. [versamento] cotisation. | *contributi previdenziali*, cotisations à la sécurité sociale.
contribuzione [kontribut'tsjone] f. contribution.
contristare [kontris'tare] v. tr. attrister, chagriner, affliger; contrister. (lett.) ◆ v. medio intr. s'attrister, s'affliger; se contrister (lett.).
contrito [kon'trito] agg. contrit.
contrizione [kontrit'tsjone] f. contrition. || RELIG. contrition.
contro ['kontro] prep. [opposizione] contre. | *contro voglia*, contre son gré, de mauvais gré, à contrecœur, à son corps défendant. || FIG. *uno contro l'altro*, l'un contre l'autre. | *scommettere cento contro uno*, parier à cent contre un. || [contatto] contre. | *rannicchiarsi contro il muro*, se blottir contre le mur. || COMM. *contro assegno*, contre remboursement. | *contro pagamento*, contre paiement. ◆ avv. contre. | *votare contro*, voter contre. | *essere contro*, être contraire, être contre. | *dar contro a qlcu.*, être contre qn. | *non ho nulla da dire contro*, je n'ai rien à dire là contre. ◆ m. contre. | *il pro e il contro*, le pour et le contre. || GIOCHI [bridge] contre.
controaccusa [kontroak'kuza] f. contre-accusation.
controaliseo [kontroali'zɛo] agg. e m. GEOGR. contre-alizé.
controassicurazione [kontroassikurat'tsjone] f. contre-assurance.
controazione [kontroat'tsjone] f. MIL. contre-attaque f.
controbattere [kontro'battere] v. tr. [confutare] réfuter. || [ribattere] riposter. || MIL. contrebattre.
controbatteria [kontrobatte'ria] f. MIL. contrebatterie.
controbelvedere [kontrobelve'dere] m. MAR. cacatois de perruche.
controbilanciare [kontrobilan'tʃare] v. tr. contrebalancer, équilibrer, compenser. || FIG. neutraliser, compenser, contrebalancer, équilibrer. ◆ v. recipr. se contrebalancer, se compenser. || FIG. se neutraliser, se compenser.
controbollo [kontro'bollo] m. GIUR. contre-timbre.
controcampo [kontro'kampo] m. CIN. contrechamp.
controcanto [kontro'kanto] m. MUS. contre-chant.
controcassa [kontro'kassa] f. double caisse.
controcatena [kontroka'tena] f. ARCHIT. sous-faîte m.
controchiave [kontro'kjave] f. [chiave falsa] fausse clef.
controcorrente [kontrokor'rɛnte] f. contre-courant m., remous m. | *la controcorrente dell'acqua*, le contre-courant de l'eau. ◆ avv. à contre-courant.
controcultura [kontrokul'tura] f. contre-culture.
controcurva [kontro'kurva] f. [segnaletica] *curva e controcurva*, double tournant (m.).
controcurvatura [kontrokurva'tura] f. METALL. cambrage m., cambrement m.
controdado [kontro'dado] m. TECN. contre-écrou.
controdecreto [kontrode'kreto] m. GIUR. décret contraire.
controdichiarazione [kontrodikjarat'tsjone] f. GIUR. contre-lettre.
controdimostrante [kontrodimos'trante] m. e f. contre-manifestant, e.
controdimostrare [kontrodimos'trare] v. intr. contre-manifester.
controdimostrazione [kontrodimostrat'tsjone] f. contre-manifestation.
controelettromotore [kontroelettromo'tore] m. (**-trice** f.). ELETTR. contre-électromoteur, trice.
controfagotto [kontrofa'gɔtto] m. MUS. contre-basson.
controffensiva [kontroffen'siva] f. contre-offensive.
controffensivo [kontroffen'sivo] agg. de contre-offensive.
controfferta [kontrof'fɛrta] f. COMM. suroffre.
controfigura [kontrofi'gura] f. CIN. doublure.
controfiletto [kontrofi'letto] m. CULIN. contre-filet, faux-filet.
controfilo [kontro'filo] m. [legno] contre-fil.
controfinestra [kontrofi'nɛstra] f. contre-fenêtre.
controfiocco [kontro'fjɔkko] (**-chi** pl.) m. MAR. clinfoc.
controfirma [kontro'firma] f. contreseing m.
controfirmare [kontrofir'mare] v. tr. contresigner.
controfirmatario [kontrofirma'tarjo] (**-ri** pl.) m. COMM. contresignataire.
controfondo [kontro'fondo] m. double fond.
controfuoco [kontro'fwɔko] (**-chi** pl.) m. contre-feu.
controgirello [kontrodʒi'rɛllo] m. CULIN. gîte à la noix.
controinchiesta [kontroin'kjɛsta] f. contre-enquête.
controindicare [kontroindi'kare] v. tr. MED. contre-indiquer.

controindicazione [kontroindikat'tsjone] f. Med. contre-indication.
controinformazione [kontroinformat'tsjone] f. contre-information.
controllabile [kontrol'labile] agg. contrôlable.
controllare [kontrol'lare] v. tr. [esaminare attentamente] contrôler, vérifier. ‖ [tenere sotto il proprio controllo] contrôler, maîtriser. | *controllare i mari,* contrôler les mers. ‖ Fig. contrôler, maîtriser, commander (à). | *controllare i nervi,* maîtriser ses nerfs. | *controllare le proprie passioni,* commander à ses passions. ‖ Sport contrôler. ◆ v. rifl. se contrôler, se maîtriser, être maître (de).
controllo [kon'trɔllo] m. [verifica] contrôle, vérification f. ‖ Fig. [sorveglianza] contrôle, surveillance f. | *ha in mani il controllo di tutta l'azienda,* il contrôle toute l'entreprise. ‖ contrôle, maîtrise f. | *avere il controllo dei propri nervi,* avoir le contrôle de ses nerfs. ‖ Med. contrôle. | *controllo delle nascite,* contrôle des naissances. ‖ Tecn. contrôle, réglage. | *apparecchio di controllo,* mouchard.
controllore [kontrol'lore] m. contrôleur, vérificateur.
controluce [kontro'lutʃe] f. invar. contre-jour m. ◆ avv. à contre-jour. ‖ Fot. *fotografia in controluce,* photographie à contre-jour.
contromano [kontro'mano] avv. en sens contraire.
contromarca [kontro'marka] (**-che** pl.) f. contremarque.
contromarcia [kontro'martʃa] (**-ce** pl.) f. Mil. contre-marche. ‖ Autom. [retromarcia] marche arrière.
contromina [kontro'mina] f. Mil. contre-mine, camouflet m.
contromisura [kontromi'zura] f. contre-mesure.
contromossa [kontro'mɔssa] f. contre-manœuvre.
contromuro [kontro'muro] m. contre-mur.
controparte [kontro'parte] f. Giur. partie adverse.
contropartita [kontropar'tita] f. contrepartie. ‖ Fig. [compensazione] contrepartie, compensation. ◆ Loc. avv. ***in contropartita,*** en contrepartie, en compensation.
contropelo [kontro'pelo] avv. e m. contre-poil. ‖ Loc. fam. *prendere qlcu. di contropelo,* prendre qn à rebrousse-poil.
contropendenza [kontropen'dɛntsa] f. contre-pente.
controperizia [kontrope'rittsja] f. contre-expertise.
contropiede [kontro'pjɛde] m. Sport contre-pied. ‖ Loc., pr. e fig. *prendere qlcu. in contropiede,* prendre qn à contre-pied (pr.), prendre qn au dépourvu (fig.).
controplancia [kontro'plantʃa] (**-ce** pl.) f. Mar. passerelle supérieure.
controporta [kontro'pɔrta] f. contre-porte.
controproducente [kontroprodu'tʃɛnte] agg. = à effet contraire, qui peut produire l'effet contraire.
controprogetto [kontropro'dʒɛtto] m. contre-projet.
controproposta [kontropro'posta] f. contre-proposition.
controprova [kontro'prɔva] f. contre-épreuve. ‖ Chim. contre-essai. ‖ Mecc., Tip. contre-épreuve.
contrordine [kon'trordine] m. contrordre. | *salvo contrordine,* sauf contrordre.
controricevuta [kontroritʃe'vuta] f. second reçu m.
Controriforma [kontrori'forma] f. Relig. Contre-Réforme.
controriformista [kontrorifor'mista] (**-ti** pl.) agg. invar. e m. contre-réformiste.
controrivoluzione [kontrorivolut'tsjone] f. contre-révolution.
controrotaia [kontroro'taja] f. Ferr. contre-rail m.
controscarpa [kontros'karpa] f. contrescarpe.
controsenso [kontro'sɛnso] m. [atto assurdo] contresens, non-sens, absurdité f., aberration f. ‖ [interpretazione erronea] contresens. | *fare dei controsensi in una traduzione,* faire des contresens dans une traduction. ‖ Fig. *la sua vita è un controsenso,* sa vie est un contresens.
controspionaggio [kontrospjo'naddʒo] (**-gi** pl.) m. contre-espionnage.
controstallia [kontrostal'lia] f. Giur. Mar. surestarie.
controstampa [kontros'tampa] f. Tip. contre-épreuve.
controtaglio [kontro'taʎʎo] (**-gli** pl.) m. [sciabola] dos.
controtempo [kontro'tɛmpo] m. Mus. contretemps.
controvalore [kontrova'lore] m. Fin. contre-valeur f.
controvelaccino [kontrovelat'tʃino] m. Mar. petit cacatois.
controvelaccio [kontrove'lattʃo] (**-ci** pl.) m. Mar. grand cacatois.
controvento [kontro'vɛnto] m. [struttura] contrevent. ◆ Avv. pr. e fig. contre le vent (pr.), à contre-courant (fig.).
controversia [kontro'vɛrsja] f. controverse, polémique, discussion. ‖ Giur. différend m. | *dirimere una controversia,* régler un différend.
controverso [kontro'vɛrso] agg. controversé.
controvertere [kontro'vɛrtere] v. tr. (raro) controverser (l.c.). ◆ v. intr. Giur. contester en justice.
controvetrata [kontrove'trata] f. contre-fenêtre.
controviale [kontrovi'ale] m. contre-allée f.
controvoglia [kontro'vɔʎʎa] avv. contre son gré, de mauvais gré, à contrecœur, à son corps défendant.
contumace [kontu'matʃe] agg. Giur. défaillant, contumace, contumax.
contumacia [kontu'matʃa] f. Giur. défaut m., contumace. | *in contumacia,* par contumace, par défaut. | *sentenza in contumacia,* jugement par défaut. ‖ [quarantena] quarantaine.
contumelia [kontu'mɛlja] f. (lett.) injure (l.c.), insulte (l.c.).
contundente [kontun'dɛnte] agg. contondant.
contundere [kon'tundere] v. tr. Med. contusionner, froisser. | *mi sono contuso il naso,* j'ai eu le nez contusionné.
conturbamento [konturba'mento] m. trouble.
conturbante [kontur'bante] agg. troublant.
conturbare [kontur'bare] v. tr. Pr. e fig. troubler. ◆ v. medio intr. Pr. e fig. se troubler.
contusione [kontu'zjone] f. Med. contusion, froissement m., ecchymose.
contuso [kon'tuzo] part. pass. e agg. contus, contusionné. ◆ m. blessé léger.
contutore [kontu'tore] m. Giur. cotuteur.
contuttoché [kontutto'ke] cong. bien que, quoique.
contuttociò [kontutto'tʃɔ] cong. cependant, toutefois, pourtant, malgré cela.
convalescente [konvaleʃ'ʃɛnte] agg. e n. convalescent.
convalescenza [konvaleʃ'ʃɛntsa] f. convalescence.
convalida [kon'valida] f. confirmation. ‖ Giur. confirmation, validation.
convalidare [konvali'dare] v. tr. confirmer, appuyer. | *convalidare un sospetto,* confirmer un soupçon. ‖ Giur. confirmer, valider.
convegnista [konveɲ'ɲista] (**-i** pl. m.) m. e f. congressiste.
convegno [kon'veɲɲo] m. [conferenza] congrès, colloque, conférence f. ‖ [raduno] réunion f. | *convegno internazionale di boy-scouts,* jamboree m. ‖ [appuntamento amoroso] rendez-vous. ‖ [luogo di incontro] carrefour.
convenevole [konve'nevole] agg. [opportuno] (lett.) convenable (l.c.). ◆ m. *oltre al convenevole,* outre mesure. | *più del convenevole,* plus que de raison. ◆ m. pl. civilités f. ‖ Per est. [complimenti] (fam.) *è un uomo che non fa tanti convenevoli,* c'est un homme qui ne fait pas tant de chichis, de simagrées (f.).
convenevolmente [konvenevol'mente] avv. convenablement.
conveniente [konve'njɛnte] agg. [vantaggioso] avantageux, abordable (fam.); [prezzo] accessible, intéressant. | *il prezzo è conveniente,* le prix est intéressant. ‖ Per est. [appropriato] convenable, adéquat, idoine. | *scegliere il momento conveniente,* choisir le bon moment. ‖ Fig. [decente] convenable, bienséant. | *non fissare la gente, non è conveniente!,* ne regarde pas fixement les gens, ce n'est pas convenable!
convenientemente [konvenjente'mente] avv. [vantaggiosamente] avantageusement. ‖ Per est. [appropriatamente] convenablement. ‖ Fig. convenablement, décemment, correctement.
convenienza [konve'njɛntsa] f. [opportunità] opportunité. ‖ [rapporto, conformità] convenance, adéqua-

tion, conformité, rapport m. ‖ [utilità, comodità] convenance. | *matrimonio di convenienza,* mariage de convenance, de raison. ◆ pl. [decoro] convenances, bienséance (s.), décorum (m. s.). ‖ Loc. *dare un calcio alla convenienze,* jeter son bonnet par-dessus les moulins.

convenire [konve'nire] v. intr. [radunarsi] affluer, arriver. | *molte personalità politiche sono convenute a Ginevra,* beaucoup de personnalités politiques se sont donné rendez-vous à Genève. ‖ [accordarsi su] convenir, décider, arrêter. | *abbiamo convenuto di convocare il consiglio di amministrazione,* nous avons convenu, nous sommes convenus (lett.) de convoquer le conseil d'administration. ‖ [ammettere] convenir, avouer, concéder, reconnaître. | *convengo di aver avuto torto,* je conviens avoir eu tort. | *ne convengo,* j'en conviens. ‖ [adattarsi] convenir, aller, s'adapter. ‖ Loc. FIG. *trovare ciò che conviene,* trouver chaussure à son pied. ◆ v. impers. [tornare utile] convenir. | *non ci conviene accettare,* il ne nous convient pas d'accepter. | *conviene andarci subito,* il convient d'y aller tout de suite. ◆ v. medio intr. [a] convenir (à), accommoder. | *tale parte mi sarebbe convenuta,* ce rôle m'aurait convenu. | *questo mobile ci conviene,* ce meuble nous convient. ‖ FIG., LETT. être digne (de) [L.C.]. | *una simile azione non mi si conviene,* une action pareille n'est pas digne de moi. ◆ v. tr. [fissare] établir, fixer. | *prezzo da convenire,* prix à débattre. ‖ GIUR. intimer.

convento [kon'vεnto] m. RELIG. couvent. | *entrare in convento,* entrer au couvent. | *rinchiudere in un convento,* cloîtrer (v. tr.). | *rinchiuso in un convento,* cloîtré.

conventuale [konventu'ale] agg. conventuel.

convenuto [konve'nuto] part. pass. V. CONVENIRE. ‖ agg. [fissato] fixé, convenu, décidé, dit. | *all'ora convenuta,* à l'heure fixée. | *è convenuto,* c'est dit. | *come convenuto,* comme convenu. ‖ GIUR. intimé, cité en justice. ◆ m. GIUR. intimé. ‖ pl. [partecipanti] assistance f. s.

convenzionale [konventsjo'nale] agg. PR. e STOR. conventionnel. | *una lingua è un sistema convenzionale,* une langue est un système de convention. ‖ FIG. conventionnel, convenu. ◆ m. STOR. conventionnel.

convenzionare [konventsjo'nare] v. tr. COMM. fixer, établir par convention.

convenzionato [konventsjo'nato] agg. conventionné. | *medico convenzionato,* medecin conventionné.

convenzione [konven'tsjone] f. [accordo] convention. | *di convenzione,* de convention. ‖ STOR. *Convenzione (nazionale),* Convention (nationale). ‖ pl. convenances, conventions, bienséance (s.). | *rispettare le convenzioni,* respecter la bienséance. | *schiavo delle convenzioni,* esclave des convenances.

convergente [konver'dʒεnte] agg. convergent, confluent. ‖ GEOM. concourant.

convergenza [konver'dʒεntsa] f. convergence, confluent m. ‖ GEOM. concours m.

convergere [kon'vεrdʒere] v. intr. PR. e FIG. converger. ‖ GEOM. concourir.

1. conversa [kon'vεrsa] f. ARCHIT. noue.

2. conversa [kon'vεrsa] f. RELIG. sœur converse.

conversare [konver'sare] v. intr. converser, causer, s'entretenir (de). | *conversare familiarmente,* deviser, bavarder | *conversare di politica, di letteratura,* causer (de) politique, (de) littérature. ◆ SOSTANT. m. s. e pl. conversation f., bavardage m. s., bavardages m. pl.

conversatore [konversa'tore] (**-trice** f.) m. causeur, euse; parleur, euse. | *essere un brillante conversatore,* avoir de la conversation.

conversazione [konversat'tsjone] f. conversation, entretien m., causerie. | *fare un po' di conversazione,* faire un brin, un bout de causette (fam.), faire une petite causette (fam.), faire la causette (fam.), tailler une bavette (fam.). | *conversazione a pezzi e bocconi,* causerie à bâtons rompus.

conversione [konver'sjone] f. [in tutti i sensi] conversion. ‖ METALL. convertissage m.

converso [kon'vεrso] m. RELIG. frère convers.

convertibile [konver'tibile] agg. ECON., GIUR. convertible. ‖ AUTOM. décapotable. ‖ TECN. transformable.

convertibilità [konvertibili'ta] f. ECON., GIUR. convertibilité.

convertiplano [konverti'plano] m. AER. convertible.

convertire [konver'tire] v. tr. [cambiare] changer, transformer, transmuer (antiq.), convertir (antiq.). | *convertire il piombo in oro,* transformer le plomb en or. ‖ AGR., ECON. *convertire in,* convertir en. ‖ RELIG. e FIG. [indurre a mutare] [a], convertir (à). | *convertire qlcu. a qlco.,* convertir qn à qch. ◆ v. rifl. [mutarsi] se changer, se transformer. ‖ RELIG. se convertir. ‖ FIG. se convertir.

convertito [konver'tito] agg. e m. converti.

convertitore [konverti'tore] m. ELETTR., METALL., RELIG. convertisseur. ‖ IND. METALL. cornue f.

convessità [konves'sita] f. invar. convexité, bombement m.

convesso [kon'vεsso] agg. convexe, bombé. | *rendere convesso,* bomber (v. tr.) | *curva convessa,* courbe convexe.

convettivo [konvet'tivo] agg. FIS. de convection, de convexion.

convezione [konvet'tsjone] f. FIS. convection, convexion.

convincente [konvin'tʃεnte] agg. convaincant.

convincere [kon'vintʃere] v. tr. convaincre, persuader. | *convincere qlcu. con la ragione,* raisonner qn. | *cercare di convincere qlcu.,* entreprendre qn. ‖ GIUR. convaincre. ◆ v. rifl. se convaincre, se persuader.

convincimento [konvintʃi'mento] m. [persuasione] conviction f., persuasion f. | *far opera di convincimento presso qlcu.,* essayer de convaincre, de persuader qn. ‖ [certezza] conviction f., certitude f.

convinzione [konvin'tsjone] f. [in tutti in sensi] conviction.

convitare [konvi'tare] v. tr. (lett.) convier.

convitato [konvi'tato] m. (**-a** f.) [lett.] convive m. e f., convié (lett.).

convito [kon'vito] m. (lett.) festin, banquet. | *convito fra amici,* agape f.

convitto [kon'vitto] m. UNIV. collège, pensionnat. | *istituto senza convitto,* externat.

convittore [konvit'tore] (**-trice** f.) m. collégien, enne; interne; pensionnaire. | *i convittori,* le pensionnat, l'internat.

convivente [konvi'vεnte] agg. vivant sous le même toit, cohabitant.

convivenza [konvi'ventsa] f. cohabitation, vie en commun.

convivere [kon'vivere] v. intr. cohabiter, vivre (avec).

conviviale [konvi'vjale] agg. de la table, convivial (raro). | *canti conviviali,* chansons de table.

convivio [kon'vivjo] (**-vi** pl.) m. (lett.) festin, banquet.

convocare [konvo'kare] v. tr. convoquer. | *convocare vassalli e valvassori,* convoquer le ban et l'arrière-ban.

convocazione [konvokat'tsjone] f. convocation.

convogliare [konvoʎ'ʎare] **1.** v. tr. [di acque] canaliser. ‖ PER EST. [dirigere verso un punto, soprattutto truppe] acheminer. ‖ FIG. diriger. ‖ **2.** [trascinare con sé, di corsi d'acqua] charrier. ‖ **3.** [scortare] (raro) convoyer (L.C.). | *il convogliare,* le convoiement.

convogliatore [konvoʎʎa'tore] m. TECN. transporteur, convoyeur.

convogliatrice [konvoʎʎa'tritʃe] f. MECC. chaîne transporteuse.

convoglio [kon'vɔʎʎo] (**-gli** pl.) m. convoi.

convolare [konvo'lare] v. intr. LOC. SCHERZ. *convolare a giuste nozze,* convoler (en justes noces).

convulsionario [konvulsjo'narjo] (**-ri** pl.) agg. e m. convulsionnaire. ◆ m. pl. STOR. convulsionnaires.

convulsione [konvul'sjone] f. convulsion. | *far venire le convulsioni s. qlcu.,* convulsionner qn. | *chi soffre di convulsioni,* convulsionnaire agg. e n. ‖ PER EST. *una convulsione di riso,* un rire convulsif.

convulsivo [konvul'sivo] agg. convulsif.

convulso [kon'vulso] agg. convulsif. ‖ FIG. *traffico convulso,* trafic chaotique. | *frasi convulse,* phrases saccadées. ◆ m. convulsions f. pl. | *avere il convulso,* avoir des convulsions. ‖ PER EST. *un convulso di riso,* un rire convulsif.

cooperare [koope'rare] v. intr. coopérer.

cooperativa [koopera'tiva] f. coopérative. | *cooperativa di consumo,* coopérative de consommation. || COMM. [cartello di vendita] comptoir m.
cooperativismo [kooperati'vizmo] m. coopératisme.
cooperativo [koopera'tivo] agg. coopératif.
cooperatore [koopera'tore] (**-trice** f.) agg. e m. coopérateur, trice. || RELIG. *sacerdote cooperatore,* prêtre auxiliaire.
cooperazione [kooperat'tsjone] f. coopération.
cooptare [koop'tare] v. tr. coopter.
cooptazione [kooptat'tsjone] f. cooptation.
coordinamento [koordina'mento] m. coordination f.
coordinare [koordi'nare] v. tr. coordonner. || GRAMM. coordonner.
coordinata [koordi'nata] f. GEOGR., MAT. coordonnée. || GRAMM. proposition coordonnée.
coordinativo [koordina'tivo] agg. de coordination. | *congiunzione coordinativa,* conjonction de coordination.
coordinato [koordi'nato] agg. coordonné. || GRAMM. coordonné.
coordinatore [koordina'tore] (**-trice** f.) agg. e m. coordonnateur, trice ; coordinateur, trice.
coordinazione [koordinat'tsjone] f. coordination. || FISIOL., GRAMM. coordination.
coorte [ko'ɔrte] f. STOR. cohorte. || PER EST. [schiera] cohorte.
copale [ko'pale] m. e f. [resina] copal m.
copeco [ko'pɛko] (**-chi** pl.) m. [moneta] kopeck.
coperchio [ko'pɛrkjo] (**-chi** pl.) m. couvercle. || TECN. chape f., chapeau.
coperta [ko'pɛrta] f. [tessuto] couverture. || LOC. *ficcarsi sotto le coperte,* se mettre, se fourrer sous les couvertures. || MAR. pont (m.) supérieur.
copertina [koper'tina] f. DIMIN. petite couverture, couverture légère. || PER EST. [di libro] couverture. | *prezzo di copertina,* prix de catalogue (m.). || ARCHIT. chaperon m.
coperto [ko'pɛrto] part. pass. e agg. couvert. || COMM. *mercato coperto,* halle f. ◆ m. [riparo] abri, couvert. | *mettersi al coperto,* se mettre à l'abri, s'abriter. || [di tavola] couvert. | *aggiungere un coperto,* ajouter un couvert.
copertone [koper'tone] m. [telone] bâche f., banne f., prélart. | *coprire con un copertone,* bâcher (v. tr.). || TECN. bandage de roue. || AUTOM. [auto, bicicletta] pneu, enveloppe f.
copertura [koper'tura] f. [di protezione] PR. e FIG. couverture. | *telo di copertura,* bâche f. || ARCHIT. couverture. || COMM., FIN. couverture. | *copertura bancaria,* couverture bancaire.
copia ['kɔpja] f. **1.** [abbondanza] (lett.) abondance (L.C.), foison (L.C.). | *in grande copia,* à foison, à profusion, en abondance. || **2.** [riproduzione] copie. | *brutta copia,* brouillon m. | *bella copia,* net m. || PER EST. [plagio] copie. || FIG. copie, double m., réplique. | *questo bambino è la copia esatta di suo padre,* cet enfant est tout le portrait de son père. || AMM., GIUR. copie, expédition, ampliation. | *copia di un contratto,* expédition d'un contrat. | *fare la copia originale di qlco.,* grossoyer, copier, expédier qch. | *copia conforme,* copie conforme, ampliation. | *per copia conforme,* pour ampliation. || CIN., TIP. copie, double m., exemplaire m. | *in triplice copia,* en triple exemplaire. | *in duplice copia,* en duplicata. | *copia di un registro,* double d'un registre.
copiare [ko'pjare] v. tr. [trascrivere] copier, recopier, transcrire. | *copiare in bella,* copier au net, au propre. | *il copiare,* le copiage. || [con frode] *copiare (da),* copier (sur). | *copiare da qlco.,* copier sur qch. | *copiare (alterando) un'opera letteraria,* démarquer. || FIG. [imitare] copier, imiter, calquer, singer.
copiativo [kopja'tivo] agg. *matita copiativa,* crayon (m.) à encre, à copier. | *inchiostro copiativo,* encre communicative. | *carta copiativa,* papier (m.) carbone.
copiatura [kopja'tura] f. [azione] copie, transcription. || UNIV. copiage m. || [risultato] copie.
copiglia [ko'piʎʎa] f. TECN. goupille.
copione [ko'pjone] m. TEATRO manuscrit. || CIN. scénario.
copioso [ko'pjoso] agg. copieux.
copista [ko'pista] (**-i** pl. m.) m. e f. copiste ; employé aux écritures. || AMM., GIUR. expéditionnaire.
copisteria [kopiste'ria] f. bureau (m.) de copie.
coppa ['kɔppa] f. [recipiente] coupe. | *bere una coppa di champagne,* boire une coupe de champagne. || AUTOM. [di ruota] flasque. | *coppa copri-mozzo,* couvre-moyeu (m.). || GIOCHI [carte] coupe. || SPORT coupe. || TECN. [auto] *coppa dell'olio,* carter du moteur, carter d'huile.
coppella [kop'pɛlla] f. METALL. coupelle.
coppellazione [kopellat'tsjone] f. METALL. coupellation.
coppetta [kop'petta] f. MED. ventouse.
coppia ['kɔppja] f. [due persone, maschio e femmina] couple m. | *formare una bella coppia,* former un beau couple. || [di sposi] ménage m. | *giovane coppia di sposi,* jeune ménage. | *coppia illegittima,* faux ménage. || PER EST. [che vanno a due a due] couple m., paire. | *coppia di amici ; coppia di buoi (attaccatti allo stesso carro),* couple d'amis ; couple de bœufs (attelés au même char). || [due cose riunite accidentalmente] couple. || ELETTR., MECC., FIS. couple m., paire. | *coppia di ruote,* paire de roues. || GIOCHI [poker] paire. | *coppia doppia,* deux paires. || LOC. *giocare in coppia (con),* faire équipe (avec). || SPORT [ciclismo] *gara a coppie,* course à l'américaine.
coppiere [kop'pjɛre] m. STOR. échanson.
coppietta [kop'pjetta] f. DIMIN. couple (m.) d'amoureux.
copra ['kɔpra] f. BOT. coprah m.
copribusto [kopri'busto] m. cache-corset.
copricanna [kopri'kanna] m. [del fucile] garde-main.
copricapo [kopri'kapo] m. chapeau m., coiffure f., couvre-chef m. (fam.).
copricatena [koprika'tena] m. invar. TECN. carter (m.) de bicyclette.
copricostume [koprikos'tume] m. invar. robe (f.) de plage.
coprifasce [kopri'faʃʃe] m. invar. brassière f.
coprifiamma [kopri'fjamma] m. invar. cache-flamme.
copriformaggio [koprifor'maddʒo] m. invar. cloche (f.) à fromage.
coprifuoco [kopri'fwɔko] m. couvre-feu.
coprigiunto [kopri'dʒunto] m. invar. couvre-joint m.
copriletto [kopri'lɛtto] m. couvre-lit, dessus-de-lit invar.
coprimento [kopri'mento] m. (raro) recouvrement, couverture f.
coprimozzo [kopri'mɔddzo] m. invar. AUTOM. enjoliveur m. | *disco di coprimozzo,* flasque f.
coprino [ko'prino] m. BOT. coprin.
copripiatti [kopri'pjatti] m. invar. couvre-plat m.
copripiedi [kopri'pjɛdi] m. invar. couvre-pieds.
coprire [ko'prire] v. tr. couvrir. | *coprire un piatto, una pentola,* couvrir un plat, une marmite. | *coprire un bambino,* couvrir un enfant. | *coprire di neve,* enneiger. | *coprire il capo,* coiffer. | *questo cappello copre bene la testa,* ce chapeau coiffe bien. | *coprire una distanza,* couvrir une distance. | *coprire di ingiurie,* accabler d'injures, incendier v. tr. (pop.). | *coprire di onta,* honnir v. tr. | *coprire di macchie,* cribler de taches. | *coprire di regali,* combler de cadeaux. | *coprire con un copertone,* bâcher v. tr. | *coprire una nave con fasciame,* border un navire. || COMM., FIN., GIOCHI, MIL. couvrir. || UNIV. [scuola secondaria] *coprire una cattedra,* occuper un poste. || ZOOL. côcher, couvrir. | *coprire (una cagna d'altra razza),* mâtiner v. tr. ◆ v. rifl. [mettersi addosso] se couvrir. || PER EST. [riempirsi] se couvrir. | *coprirsi di gloria,* se couvrir de gloire. | *coprirsi di debiti,* s'endetter. || ASSOLUT. [di nubi] *il cielo si copre,* le ciel se couvre, se charge de nuages. || FIG. [garantirsi] se couvrir. | *coprirsi contro un rischio,* se couvrir d'un risque. || MED. *coprirsi di bitorzoli,* boutonner (fam.). || SPORT [scherma, pugilato] se couvrir.
copritermosifone [kopritermosi'fone] m. invar. cache-radiateur.
copritetto [kopri'tetto] o **copritetti** [kopri'tetti] m. invar. couvreur m.
coprivivande [koprivi'vande] m. invar. couvre-plat m.

coproduzione [koprodut'tsjone] f. CIN. coproduction.
coprofago [ko'prɔfago] (**-gi** pl.) agg. e m. MED. coprophage.
copto ['kɔpto] agg. e m. copte.
copula ['kɔpula] f. [accoppiamento] copulation. ‖ GRAMM. copule.
copulativo [kopula'tivo] agg. GRAMM. copulatif.
copulazione [kopulat'tsjone] f. copulation.
copyright ['kɔpirait] m. [ingl.] copyright.
coque [kɔk] f. [fr.] CULIN. *uovo alla coque*, œuf à la coque.
coraggio [ko'raddʒo] m. [fermezza d'animo] courage, bravoure f. | *che coraggio !*, quel cran ! (fam.) | *battersi con coraggio*, se battre avec bravoure. | *infondere coraggio a*, encourager v. tr. ; donner, mettre du cœur au ventre à (fam.). ‖ PER ANAL. [cuore] cœur, courage. | *non ho avuto il coraggio di svegliarlo*, je n'ai pas eu le cœur de le réveiller. ‖ PEGGIOR. [sfacciataggine] effronterie f., impudence f., front, toupet, culot (fam.). | *che coraggio !*, quel culot ! ‖ LOC., FAM. *prendere il coraggio a due mani*, prendre son courage à deux mains.
coraggiosamente [koraddʒosa'mente] avv. courageusement, bravement.
coraggioso [korad'dʒoso] agg. courageux, brave, crâne (fam.).
corale [ko'rale] agg. choral. ◆ f. MUS. chorale. ◆ m. pl. MUS. chorals.
corallaio [koral'lajo] (**-ai** pl.) m. corailleur.
corallina [koral'lina] f. BOT. coralline.
corallino [koral'lino] agg. [colore] corail. | *labbra coralline*, lèvres (de) corail. ‖ [formato di coralli] corallien, corallin.
corallo [ko'rallo] m. ZOOL. corail. | *serpente corallo*, serpent corail. | *chi pesca o lavora i coralli*, corailleur m.
coramella [kora'mɛlla] f. TECN. cuir (m.) à rasoir.
coramina [kora'mina] f. FARM. coramine.
coranico [ko'raniko] (**-ci** pl.) agg. coranique.
corata [ko'rata] f. fressure.
coratella [kora'tɛlla] f. fressure.
corazza [ko'rattsa] f. PR. e FIG. cuirasse. ‖ ZOOL. cuirasse, carapace.
corazzare [korat'tsare] v. tr. PR. e FIG. cuirasser. ◆ v. rifl. PR. e FIG. se cuirasser.
corazzata [korat'tsata] f. MAR. cuirassé m.
corazzato [korat'tsato] part. pass. e agg. PR. e FIG. cuirassé. ‖ MIL. *truppe corazzate*, troupes blindées.
corazzatura [korattsa'tura] f. cuirassement m. ‖ MAR., MIL. blindage m.
corazziere [korat'tsjɛre] m. MIL. cuirassier.
corbeille [kɔr'bɛ:j] f. [fr.] corbeille.
corbelleria [korbelle'ria] f. bêtise, sottise.
corbezzoli ! [kor'bettsoli] interiez. bigre !, fichtre !, bougre !
corbezzolo [kor'bettsolo] m. BOT. arbousier.
corda ['kɔrda] f. corde. | *legare con una corda*, corder v. tr. | *misurare legna con una corda*, corder du bois. ‖ ANAT., GIOCHI, MAT., MUS., SPORT, TESS. corde. | *corde vocali*, cordes vocales. | *salte con la corda*, saut à la corde. | *strumento a corde*, instrument à cordes. | [alpinismo] *discesa a corda doppia*, descente en rappel. | [pugilato] e FIG. *mettere alle corde*, acculer v. tr. | [ciclismo] *correre alla corda*, courir à la corde. ‖ STOR. [supplizio] estrapade. ‖ LOC. FIG. *toccare una corda delicata*, toucher, faire vibrer une corde sensible. | *tirare troppo la corda*, trop tirer sur la corde. | *tagliare la corda*, prendre la clef des champs, ficher le camp (fam.), foutre (pop.) le camp, mettre les bouts (pop.), se barrer (pop.), se caleter (gerg.). | *essere giù di corda*, avoir le cafard. | *stare sulla corda*, être sur la corde raide. | *dar corda a qlcu.*, laisser dire, laisser faire qn.
cordaio [kor'dajo] (**-ai** pl.) m. cordier, câblier. | *commercio, arte del cordaio*, corderie f.
cordame [kor'dame] m. MAR. cordages (pl.) d'un navire.
cordata [kor'data] f. SPORT [alpinismo] cordée. | *capo cordata*, premier de cordée.
cordellina [kordel'lina] f. MIL. fourragère.
corderia [korde'ria] f. corderie, câblerie.
cordiale [kor'djale] agg. cordial, e. | *cordiali saluti*, cordialement avv. ◆ m. [bibita] cordial.
cordicella [kordi'tʃɛlla] f. ficelle, cordelette, cordeau m.
cordiera [kor'djɛra] f. MUS. cordier m.
cordigliera [kordiʎ'ʎɛra] f. GEOGR. cordillère.
cordigliere [kordiʎ'ʎɛre] o **cordigliero** [kordiʎ'ʎɛro] m. RELIG. (antiq.) cordelier.
cordiglio [kor'diʎʎo] (**-gli** pl.) m. RELIG. cordelière f.
cordoglio [kor'dɔʎʎo] m. chagrin, peine f., douleur f. ‖ [condoglianze] condoléances f. pl.
cordonata [kordo'nata] f. [di aiuola] bordure.
cordoncino [kordon'tʃino] m. DIMIN. cordonnet. ‖ [ricamo] *punto a cordoncino*, point de cordonnet. ‖ [passamaneria] lézarde f. ‖ [di cappello] laisse f. ‖ [filetto] passepoil, liséré, liseré.
cordone [kor'done] m. cordon. | *cordone di tenda*, cordon de rideau. ‖ ARCHIT. cordon, câble. ‖ ANAT., BOT., ELETTR., GEOGR., MAR., MIL. cordon. ‖ RELIG. [cintura] cordelière f. ‖ [moneta] cordon. ‖ [decorazione] cordon. ‖ [di marciapiede] bordure f. ‖ LOC. FIG. *tenere i cordoni della borsa*, tenir les cordons de la bourse.
cordonetto [kordo'netto] m. cordonnet.
corea [ko'rɛa] f. MED. chorée.
coreano [kore'ano] agg. e m. GEOGR. coréen.
coreografia [koreogra'fia] f. chorégraphie.
coreografico [koreo'grafiko] (**-ci** pl.) agg. chorégraphique.
coreografo [kore'ɔgrafo] m. chorégraphe.
coretto [ko'retto] m. DIMIN. petit chœur.
coriaceo [ko'rjatʃeo] agg. coriace. ‖ FIG. coriace, dur.
coriandolo [ko'rjandolo] m. [dischetto di carta] confetti (ital.) m. invar. ‖ BOT. coriandre.
coricare [kori'kare] v. tr. [mettere a letto] coucher, mettre au lit. | *coricare i bambini*, coucher les enfants. ‖ PER EST. [adagiare] courber, coucher. ◆ v. intr. [andare a letto] se coucher. ‖ PER ANAL. [sole] se coucher.
corifeo [kori'fɛo] m. TEATRO e FIG. coryphée.
corimbo [ko'rimbo] m. BOT. corymbe.
corindone [korin'done] m. MINER. corindon.
corinzio [ko'rintsjo] (**-zi** pl.) agg. ARCHIT., GEOGR. corinthien. ◆ m. ARCHIT. corinthien.
corista [ko'rista] (**-i** pl. m.) m. e f. choriste.
coriz(z)a ['kɔriddza] f. MED. coryza m.
cormorano [kormo'rano] m. ZOOL. cormoran.
cornac ['kɔrnak] m. cornac.
cornacchia [kor'nakkja] f. corneille. ‖ FIG. [donna linguacciuta] pie.
cornalina [korna'lina] f. MINER. cornaline.
cornamusa [korna'muza] f. MUS. cornemuse. | *suonatore di cornamusa*, cornemuseur.
cornata ['kor'nata] f. coup (m.) de corne.
cornea ['kɔrnea] f. MED. cornée.
corned beef [kɔ:ndbi:f] m. [ingl.] corned-beef.
corneliano [korne'ljano] agg. LETT. cornélien.
corneo ['kɔrneo] agg. corné.
corner ['kɔ:nə] m. [ingl.] SPORT [calcio] corner.
cornetta [kor'netta] f. **1.** MUS. cornet (m.) à piston. ‖ PER EST. [suonatore di cornetta] cornettiste m. e f. ‖ STOR. [del postiglione] cor m. ‖ **2.** RELIG. [copricapo] cornette. ‖ **3.** [stendardo] (arc.) cornette. ‖ **4.** TELECOMM., FAM. combiné m. (L.C.).
cornettista [kornet'tista] (**-i** pl. m.) m. e f. MUS. cornettiste, cornet m.
cornetto [kor'netto] m. MUS. cornet. ‖ PER EST. [oggetto a forma di cornetto] cornet. | *cornetto acustico*, cornet acoustique. | *cornetto gelato*, cornet de glace. ‖ ANAT. [naso] cornet. ‖ [dolce] croissant.
cornice [kor'nitʃe] f. [di quadro, specchio, ecc.] cadre m., encadrement m. ‖ PER EST. [ciò che circoscrive un paesaggio, una scena, ecc.] cadre m., décor m. ‖ FIG. cadre, décor m., encadrement m. ‖ ARCHIT. corniche. ‖ GEOL. [di roccia] corniche.
corniciaio [korni'tʃajo] (**-ai** pl.) m. encadreur.
cornicione [korni'tʃone] m. ARCHIT. corniche f.
cornificare [kornifi'kare] v. tr. cocufier (pop.), coiffer (volg.).
1. corniola ['kɔrnjola] f. BOT. cornouille.
2. corniola [kor'njɔla] f. MINER. cornaline.
corniolo [kor'njɔlo] m. BOT. cornouiller.

cornista [kor'nista] (**-i** pl.) m. Mus. corniste, cor.
corno ['kɔrno] (**-a** f. pl. con valore collettivo; **-i** m. pl. negli altri casi) m. [degli animali o oggetto a forma di corno] corne f. | *le corna del cervo*, les bois (m.) | *ferire con le corna*, encorner (v. tr.). || PER EST., FAM. *si è fatto un corno in fronte*, il s'est fait une bosse au front. || [materia] corne. | *di corno*, de corne. || [utensile fatto con un corno] corne f. | *corno da scarpe*, chausse-pied. | *corno dell'abbondanza*, corne d'abondance. || FIG. POP. *portare le corna*, porter les cornes, être cocu. | *fare le corna a qlcu.*, faire porter des cornes à qn, cocufier qn, coiffer qn (volg.). | *fare le corna* (scongiuro), faire les cornes. | *facciamo le corna !*, touchons du bois ! (fam.). || Mus. cor. | *corno da bassetto*, clarinette alto. | *corno inglese*, cor anglais. | *corno da caccia*, huchet. | *suonare il corno*, corner v. intr. || RELIG. *Corno del Vangelo, dell' Epistola*, côté Évangile, côté Épître. || STOR. corno dogale, bonnet du doge. || LOC. FIG. FAM. *non valere un corno*, ne pas être bon à jeter aux chiens. | *non capisce un corno*, il ne comprend que dalle (pop.). | *dire peste e corna di qlcu.*, dire pis que pendre de qn. | *rompersi le corna contro un ostacolo*, se casser les dents. | *prendere il toro per le corna*, prendre le taureau par les cornes. | *quando il diavolo ci mette le corna*, quand le diable s'en mêle.
cornucopia [kornu'kɔpja] f. corne d'abondance.
cornuto [kor'nuto] agg. [fornito di corna] à cornes. || FIG. POP. *l'essere cornuto*, le cocuage. ◆ m. cocu.
coro ['kɔro] m. ARCHIT., MUS., FIG. chœur. | *in coro*, en chœur. | *far coro a*, faire chorus avec.
corografia [korogra'fia] f. chorographie.
coroide [ko'rɔide] f. ANAT. choroïde.
corolla [ko'rɔlla] f. BOT. corolle. | *gonna a corolla*, jupe cloche.
corollario [korol'larjo] (**-ri** pl.) m. FILOS., MAT. corollaire.
corona [ko'rona] f. couronne. | *corona (funebre)*, couronne mortuaire. || STOR. POLIT. couronne. | *cingere la corona*, prendre la couronne. | *togliere la corona*, découronner (v. tr.). | *il discorso della Corona*, le discours de la Couronne. || PER ANAL. [cornice] couronne, cadre m. | *far corona attorno a qlcu.*, faire cercle autour de qn. || ANAT., ASTRON., BOT., GEOM. couronne. || LETT. [raccolta] recueil m. | *corona di sonetti*, recueil de sonnets. || MIL. *corona di forzamento di un proiettile*, ceinture d'un obus. || RELIG. chapelet m. | *sfilare la corona (del rosario)*, dévider son chapelet. || TECN. couronne, chaperon m. || [di orologio] remontoir m. || [moneta] couronne. || [protesi dentaria] couronne. | *mettere una corona ad un dente*, couronner une dent.
coronale [koro'nale] agg. ANAT. coronaire.
coronamento [korona'mento] m. ARCHIT. e FIG. couronnement.
coronare [koro'nare] v. tr. [cingere di corona] couronner. || [ricompensare] couronner. | *il successo ha coronato l'impresa*, le succès a couronné l'entreprise. || PER ANAL. [circondare] couronner, entourer, ceindre, encadrer. || ARCHIT. [circondare in cima] couronner. | *castello coronato di merli*, château couronné de créneaux. || FIG. [realizzare] couronner. | *hanno coronato il loro sogno d'amore*, ils ont couronné leur rêve d'amour.
coronarie [koro'narje] f. pl. ANAT. artères coronaires.
coronario [koro'narjo] (**-ri** pl.) agg. ANAT. coronaire.
coronaropatia [koronaropa'tia] f. MED. coronarite.
coronazione [koronat'tsjone] f. couronnement m.
coronella [koro'nella] f. ZOOL. coronelle.
corozo [ko'rɔddzo] m. BOT. corozo.
corpacciuto [korpat'tʃuto] agg. corpulent.
corpetto [kor'petto] m. [abiti femminili] corsage.
corpo ['kɔrpo] m. **1.** [parte materiale di un essere animato] corps. | *guardia del corpo*, garde du corps. | *quella donna ha un bel corpo*, cette femme a une belle académie (fam.). || **2.** [parte principale] corps. | *corpo di un edificio*, corps d'un bâtiment. | *corpo di un articolo*, corps d'un article. || GIUR. *corpo del reato*, corps du délit. || MAR. *perdersi corpo e beni*, sombrer corps et biens. || **3.** [oggetto materiale] ASTRON., FIS. corps. | *corpo celeste*, corps céleste. | *caduta dei corpi*, chute des corps. || ANAT. *corpo luteo, striato*, corps jaune, strié. || AUTOM. *corpo della candela*, culot de la bougie. || MED., VETER. *corpo estraneo*, corps étranger. || TIP. *(forza di) corpo*, corps. || **4.** [insieme organizzato] corps. | *corpo politico, elettorale, diplomatico, insegnante, di ballo*, corps politique, électoral, diplomatique, enseignant, de ballet. | *avere spirito di corpo*, avoir l'esprit de corps. || AMM. *corpo forestale dello Stato*, administration (f.) des eaux et forêts. || GIUR. [raccolta] *corpo delle leggi*, corps des lois. || MIL. *corpo di guardia*, corps de garde. | *corpo d'armata*, corps d'armée. | *rientrare al corpo*, rejoindre son corps. || RELIG. corps. | *corpo mistico*, corps mystique. || **5.** [consistenza] corps. | *è un vino che ha corpo*, c'est un vin qui a du corps ; c'est un vin corsé. | *dar corpo a qlco.*, donner corps à qch. | *prender corpo*, prendre corps. || **6.** LOC. FAM. *non aver nulla in corpo*, n'avoir rien dans le corps. | *che cos'ha in corpo ?*, qu'est-ce qu'il a dans le corps ? | *avere il diavolo in corpo*, avoir le diable au corps. | *andare di corpo*, aller à la selle. || PR. e FIG. *passare sul corpo di qlcu.*, passer sur le corps de qn. | *darsi, gettarsi anima e corpo (in un'impresa)*, se donner corps et âme (à une entreprise). ◆ LOC. AVV. ***a corpo morto***, à corps perdu. | ***a corpo a corpo***, corps à corps. ◆ esclam. *corpo di Bacco !*, parbleu !, pardi !, sapristi ! ◆ m. *un corpo a corpo*, un corps à corps.
corporale [korpo'rale] agg. corporel. ◆ m. RELIG. corporal.
corporativismo [korporati'vizmo] m. corporatisme.
corporativo [korpora'tivo] agg. corporatif.
corporatura [korpora'tura] f. taille, corps m. | *di grossa corporatura*, corpulent (agg.).
corporazione [korporat'tsjone] f. corporation. || STOR. *operaio affiliato a una corporazione*, compagnon m.
corporeità [korporei'ta] f. corporéité.
corporeo [kor'pɔreo] agg. corporel.
corposo [kor'poso] agg. [pesante] empâté. || [di colore] épais.
corpulento [korpu'lɛnto] agg. corpulent.
corpulenza [korpu'lɛntsa] f. corpulence.
corpus ['kɔrpus] m. [lat.] corpus, recueil.
corpuscolare [korpusko'lare] agg. FILOS., FIS. corpusculaire.
corpuscolo [kor'puskolo]m. corpuscule.
corpus domini ['kɔrpus'domini] m. [lat.] RELIG. Fête-Dieu (f.).
corrasione [korra'zjone] f. GEOGR. corrasion.
corredare [korre'dare] v. tr. [fornire] fournir, équiper. || FIG. *corredare una domanda dei documenti richiesti*, accompagner une demande des pièces requises.
corredino [korre'dino] m. layette f.
corredo [kor'rɛdo] m. [di sposa, suora, collegiale] trousseau. | *corredo di neonato*, layette f. || PER ANAL. [attrezzatura] équipement, outillage. || MIL. équipement. || FIG. [conoscenze] bagage.
correggere [kor'rɛddʒere] v. tr. [eliminare un errore] corriger. | *correggere un testo*, réviser un texte. || AGR. *correggere un terreno*, amender un terrain. || MIL. *correggere il tiro*, rectifier le tir. || TIP. *correggere bozze di stampa*, corriger des épreuves d'imprimerie. || [di caffè] [con] arroser (de). || FIG. corriger. ◆ v. rifl. se corriger, s'amender.
cor(r)eggia [kor'rɛddʒa] (**-ge** pl.) f. lanière, courroie.
cor(r)eggiato [korred'dʒato] m. AGR. fléau.
correità [korrei'ta] f. GIUR. complicité.
correlare [korre'lare] v. tr. mettre en relation.
correlativo [korrela'tivo] agg. corrélatif.
correlazione [korrelat'tsjone] f. corrélation.
correligionario [korrelidʒo'narjo] (**-ri** pl.) agg. e m. coreligionnaire.
1. corrente [kor'rɛnte] agg. PR. e FIG. courant. | *di uso corrente*, d'un usage courant. | *nella lingua corrente*, dans le langage courant. | *corrente mese*, mois courant. | *il 18 corrente mese*, le 18 courant. | *affari correnti*, affaires courantes. || COMM. *conto corrente*, compte courant. ◆ m. **1.** courant. || LOC. *essere al corrente*, être dans la course, à la coule (pop.), au fait. | *essere sempre al corrente di ciò che va di moda*, être dans le vent (fam.). | *mettere qlcu. al corrente di un segreto*,

mettre qn dans la confidence. | *mettersi al corrente*, se mettre au courant. || **2.** MAR. lisse f.

2. corrente [kor'rɛnte] f. [di fluido] PR. e FIG. courant m. | *risalire la corrente*, remonter le courant. || FIG. [movimento] courant m. | *corrente di opinione*, courant d'opinion. || [flusso] courant m. | *correnti migratorie*, courants migratoires. || LOC. PR. e FIG. *andare con la corrente*, aller au gré des flots, au fil de l'eau. | *lasciarsi portare dalla corrente*, se laisser porter par le courant. | *andare contro corrente*, aller à contre-courant. || ELETTR. courant m., jus m. (pop.). | *corrente alternata*, courant alternatif. | *togliere la corrente*, couper le courant. | *non c'è più corrente*, il n'y a plus de courant.

correntemente [korrente'mente] avv. [in tutti i sensi] couramment. | *si dice correntemente*, on dit familièrement.

correntino [korren'tino] m. COSTR. chevron.

correntista [korren'tista] (**-i** pl. m.) m. e f. COMM. titulaire d'un compte courant.

correo [kor'rɛo] m. GIUR. complice (agg. e n.), coauteur.

correre ['korrere] v. intr. **1.** courir. | *correre incontro a qlcu.*, courir au-devant de qn. | *mettersi a correre*, se mettre à courir, à galoper, à cavaler (pop.). | *correre via*, se sauver. | *sono corsi a vederci*, ils ont couru nous voir. | *corro a prendere il treno*, je cours prendre mon train. | *correre a gambe levate*, courir à toutes jambes, à fond de train, à perdre haleine. | *correre a spron battuto*, faire feu des quatre fers, des quatre pieds (pop.). | *corro!*, j'y cours! | *correre su e giù per le scale*, monter et descendre les escaliers en courant. | *ci fu un corri corri generale*, il y eut un sauve-qui-peut général. || **2.** FIG. *correre ai ripari*, remédier (à qch.). | *sono corse parole grosse tra di loro*, ils se sont injuriés. || **3.** ASSOL. courir. | *correre di qua e di là*, courir de-ci, de-là. || [di veicoli] rouler, marcher. | *correre a duecento kilometri all'ora*, rouler à deux cents kilomètres à l'heure. | *la macchina è vecchia, ma corre ancora*, la voiture est vieille, mais elle marche encore. || PER ANAL., SPORT courir. || FIG. [scorrere] courir. | *corre l'anno 1979*, c'est l'année 1979 (L.C.). || LOC. *con i tempi che corrono*, par les temps qui courent. || [snodarsi] courir. | *la strada corre lungo il lago*, la route court le long du lac, longe, côtoie le lac. || [diffondersi] courir, circuler. | *corre voce che...*, le bruit court, circule que... || COMM. [decorrere] courir. | *gli interessi corrono dal primo gennaio*, les intérêts courent (à partir) du premier janvier. || LOC. *correre dietro a qlcu.*, courir après qn. | *correre dietro alle donne*, courir le jupon, les femmes, les filles. | *correre dietro agli onori*, courir après les honneurs. | *correre (incontro) alla propria rovina*, courir à sa perte. || FAM. *lasciar correre*, laisser courir, laisser tomber. | *correrci*, y avoir. | *ci corre molto*, il y a loin. | *ci corre molto, poco*, il s'en faut de beaucoup, de peu. ◆ v. tr. **1.** [percorrere] courir. | *correre il mondo*, courir le monde. || **2.** FAM. [inseguire] *correre la cavallina*, courir le jupon, les femmes, les filles. || PER ANAL. *lasciar correre il pensiero, la penna*, laisser errer sa pensée, sa plume. || **3.** FIG. [essere esposto a] *correre un pericolo*, courir un danger. | *correre il rischio di...*, courir le risque de... || **4.** SPORT [disputare] courir. | *correre i duecento metri*, courir le deux cents mètres.

— N. B. L'ausiliare è ESSERE quando l'azione è considerata in rapporto ad una meta espressa; AVERE quando è considerata in se stessa o nel senso di partecipazione ad una gara.

corresponsabile [korrespon'sabile] agg. GIUR. coresponsable, solidairement responsable.

corresponsabilità [korresponsabili'ta] f. invar. GIUR. coresponsabilité, responsabilité solidaire.

corresponsione [korrespon'sjone] f. paiement m., acquittement m.

correttezza [korret'tettsa] f. PR. e FIG. correction. | *agire con correttezza*, agir avec correction. | *persona di grande correttezza*, personne très correcte. | *correttezza in affari*, correction en affaires.

correttivo [korret'tivo] agg. e m. correctif.

corretto [kor'rɛtto] agg. PR. e FIG. correct. || [caffè] (con) arrosé (de).

correttore [korret'tore] (**-trice** f.) m. AER., TECN., TIP. correcteur, trice.

correzionale [korrettsjo'nale] agg. GIUR. correctionnel. ◆ m. maison (f.) de correction.

correzione [korret'tsjone] f. [rettifica] correction, amendement m. || [punizione] correction, punition. | *casa di correzione*, maison de correction. || [modifica] correction, modification. | *apportare delle correzioni ad un progetto*, apporter des modifications à un projet.

corrida [kor'rida] f. corrida, course de taureaux.

corridoio [korri'dojo] (**-oi** pl.) m. couloir. | *voci di corridoio*, bruits de couloir. || AER. *corridoio aereo*, couloir aérien. || FERR. couloir. || GEOGR. POLIT. [tra due territori] corridor. || MAR. coursive f. || SPORT [alpinismo, tennis] couloir.

corridore [korri'dore] agg. e m. coureur. | *corridore automobilista*, coureur automobile.

corriera [kor'rjɛra] f. TRASP. car m.

corriere [kor'rjɛre] m. courrier. || [insieme di lettere] courrier. || GIORN. [titolo di quotidiano] Courrier. || LOC. *rispondere a volta di corriere*, répondre par retour du courrier.

corrimano [korri'mano] m. ARCHIT. main courante f., rampe f.

corrispettivo [korrispet'tivo] agg. e m. équivalent.

corrispondente [korrispon'dɛnte] part. pres. e agg. correspondant. | *compensi corrispondenti alle ore di lavoro*, rétributions proportionnées aux heures de travail. | *comportarsi in modo corrispondente alle norme della buona educazione*, se conduire conformément aux règles de la bienséance. | *il pulsante corrispondente alla porta di sinistra*, le bouton qui correspond à la porte de gauche. || COMM. *socio corrispondente*, correspondant m. || GEOM. correspondant. ◆ m. correspondant. | *corrispondente di guerra*, correspondant de guerre. || [chi tiene la corrispondenza] correspondancier.

corrispondenza [korrispon'dɛntsa] f. [conformità, concordanza] correspondance, conformité, concordance. || [scambio di lettere] correspondance. | *corso, vendita per corrispondenza*, cours, vente par correspondance. || [insieme delle lettere] correspondance, courrier m. | *c'è corrispondenza per me?*, y a-t-il du courrier pour moi? || ARTI [simmetria] balancement m., symétrie.

corrispondere [korris'pondere] v. tr. ind. [con] [essere in relazione] correspondre (avec). | *corrisponde con molte persone*, il correspond avec bien des gens. || [a] [avere un rapporto di conformità] correspondre (à), cadrer (avec), concorder (avec). | *quell'impiego corrisponde alle sue capacità*, cet emploi correspond à ses capacités. | *la tua interpretazione non corrispondeva al testo*, ton interprétation ne cadrait pas avec le texte. || PER ANAL. *il pedale che corrisponde al freno*, la pédale qui commande le frein. || FIG. répondre (à), remplir v. tr. | *l'esito non corrisponde alle sue speranze*, le résultat ne remplit pas ses espérances. | *articolo che corrisponde ai desideri dei lettori*, article qui répond aux désirs des lecteurs. ◆ v. intr. [comunicare] correspondre, communiquer. | *sono stanze che corrispondono*, ce sont des pièces qui correspondent, communiquent. ◆ v. tr. [pagare] verser, payer, servir. | *quella banca gli corrisponde un interesse molto elevato*, cette banque lui sert un intérêt très élevé. || FIG. [ricambiare, quasi esclusivamente al passivo] partager, répondre (à). | *il suo amore non era corrisposto*, son amour n'était pas partagé.

corroborante [korrobo'rante] agg. e m. fortifiant, remontant (fam.). | *bibita corroborante*, boisson remontante.

corroborare [korrobo'rare] v. tr. [rendere forte] fortifier, corroborer. || FIG. corroborer, confirmer, appuyer.

corrodere [kor'rodere] v. tr. corroder, ronger, caver. || FIG. miner, ronger. ◆ v. rifl. se corroder.

corrompere [kor'rompere] v. tr. [alterare] (lett.) corrompre (L.C.), empoisonner (L.C.), décomposer (L.C.). | *esalazioni che corrompono l'aria*, exhalaisons qui empoisonnent l'air. || FIG. [persone] corrompre, détourner, débaucher. | *corrompere la gioventù*, débaucher la jeunesse. | *chi corrompe*, dissolvant agg. || PER

ANAL. *corrompere i giudici, un testimone, un funzionario*, corrompre, acheter les juges, un témoin, un fonctionnaire. ‖ GIUR. *corrompere un minore*, détourner un mineur. ‖ [cose] corrompre. | *costumi che corrompono il gusto*, mœurs qui corrompent le goût. | *che corrompe*, dissolvant agg. e m. ◆ v. medio intr. [putrefarsi] (lett.) se décomposer (L.C.), pourrir v. intr. (L.C.).

corrosione [korro'zjone] f. corrosion.

corrosivo [korro'zivo] agg. e m. corrosif, corrodant.

corroso [kor'rozo] part. pass. V. CORRODERE. ◆ agg. rongé, corrodé, cavé.

corrucciare [korrut'tʃare] v. tr. [far adirare] (lett.) irriter (L.C.), courroucer. ◆ v. intr. *corrucciarsi (con)*, se fâcher (contre), se courroucer (contre) (lett.).

corruccio [kor'ruttʃo] m. (lett.) courroux.

corrugamento [korruga'mento] m. froncement, plissement. ‖ GEOL. plissement.

corrugare [korru'gare] v. tr. plisser, froncer. | *corrugare le sopracciglia*, froncer les sourcils. ◆ v. medio intr. se froncer. ‖ [accigliarsi] froncer les sourcils.

corruscante [korrus'kante] agg. (antiq.) coruscant, brillant (L.C.), éclatant (L.C.).

corrusco [kor'rusko] (**-chi** pl.) agg. (antiq.) coruscant, brillant (L.C.), éclatant (L.C.).

corruttela [korru'tela] f. corruption (des mœurs).

corruttibile [korrut'tibile] agg. corruptible.

corruttibilità [korruttibili'ta] f. corruptibilité.

corruttore [korrut'tore] (**-trice** f.) agg. e m. corrupteur, trice ; débaucheur, euse ; démoralisant, e.

corruzione [korrut'tsjone] f. PR. e FIG. corruption. ‖ GIUR. *corruzione di minore*, détournement (m.) de mineur.

corsa ['korsa] f. **1.** [azione] course. | *a passo di corsa*, au pas de course. | *passo di corsa cadenzato*, pas (de) gymnastique. | *ha fatto una corsa per...*, il a couru pour... ‖ FIG. *la corsa delle nuvole, del sole*, la course des nuages, du soleil. ‖ SPORT course. | *corsa piana, ad ostacoli*, course de plat, d'obstacles, jumping (m.). | *corsa ciclistica*, course cycliste. | *cavallo da corsa*, cheval de course. | *andare alle corse*, aller aux courses. ‖ TRASP. course. | *prezzo della corsa*, prix de la course. | *la prima corsa è alle sei*, le premier autobus, tram est à six heures. | *treno in corsa*, train en marche. ‖ FIG. FAM. *aver perduto la corsa*, être dans les choux. ‖ **2.** [capatina] saut m. | *fare una corsa a casa*, faire un saut chez soi. ‖ **3.** FIG. *corsa al riarmo*, course aux armements. ‖ **4.** MAR., STOR. [pirateria] course. ‖ **5.** TECN. course, chemin m., parcours m. | *corsa di un pistone*, chemin (m.) d'un piston. ‖ **6.** LOC. *di corsa*, en courant. | *salire, scendere di corsa le scale*, monter, descendre les escaliers en courant. | *fuggire in corsa*, s'enfuir en courant. | *ha fatto tutto di corsa*, il a tout fait à la hâte.

corsaletto [korsa'letto] m. [corazza] corselet. ‖ [costume regionale] corselet. ‖ ZOOL. corselet.

corsaro [kor'saro] m. [capitano marittimo] corsaire. ‖ PER EST. [pirata] corsaire, pirate. ◆ agg. *nave corsara*, bateau (m.) de course, corsaire m.

corsetto [kor'setto] m. corset, guêpière f. (antiq.). | *corsetto ortopedico*, corset orthopédique.

corsia [kor'sia] f. [passaggio] passage m. ‖ [camerata di ospedale] salle m. ‖ [sezione di strada] voie. ‖ [guida di panno] tapis (m.) d'escalier. ‖ MAR. [tavolato di nave] coursive. ‖ SPORT couloir m.

corsiere [kor'sjɛre] o **corsiero** [kor'sjɛro] m. (lett.) coursier.

corsivo [kor'sivo] agg. cursif. | *scrittura corsiva*, écriture courante. ◆ m. cursive f. ‖ TIP. italique. ‖ GIORN. billet.

1. corso ['kɔrso] agg. e n. GEOGR. corse.

2. corso ['korso] part. pass. V. CORRERE.

3. corso ['korso] m. **1.** PR. [movimento] cours. | *il corso della Senna, del sole*, le cours de la Seine, du soleil. ‖ PER ANAL. *il corso della vita*, le cours de la vie. | *corso della guerra*, déroulement de la guerre. | *determinare un corso storico*, déterminer un courant historique. | *seguire il corso di un affare*, suivre la marche d'une affaire. ‖ LOC. *dare libero corso a*, donner libre cours à, libre champ à, donner carrière à. | *dar corso ai lavori*, commencer les travaux. | *lavori in corso*, travaux. ‖ **2.** [strada cittadina] boulevard, cours, avenue f. ‖ **3.** [sfilata] corso (ital.). | *corso dei fiori*, corso fleuri. ‖ **4.** FILOS. *corsi e ricorsi storici*, cycles historiques. ‖ **5.** FIN. [circolazione, valore] cours. | *moneta fuori corso*, pièce qui n'a plus cours. ‖ **6.** GEOGR. *corso d'acqua*, cours d'eau. ‖ **7.** GIUR. *affare in corso*, affaire en instance, en cours. ‖ **8.** MAR. *capitano di lungo corso*, capitaine au long cours. ‖ **9.** UNIV. *corsi serali*, cours du soir. ‖ PER ANAL. [anno] année f. | *studente di terzo corso*, étudiant de troisième année. ‖ PER EST. *pubblicare un corso di fonetica*, publier un cours de phonétique. ‖ **10.** LOC. AVV. ***in corso***, en cours. | *affari in corso*, affaires courantes. | *anno in corso*, année qui court, en cours. | ***fuori corso***, hors cours. ‖ **11.** LOC. PREP. ***nel corso di***, au cours de, dans le cours de, dans le courant de. | ***in corso di***, au cours de. | *in corso di stampa*, sous presse.

corsoio [kor'sojo] (**-oi** pl.) m. MECC. coulisse f.

corte ['korte] f. **1.** [di un fabbricato] cour. | *corte d'onore* [edificio ufficiale], cour d'honneur. ‖ **2.** [di un sovrano] cour. | *andare a corte*, aller à la cour. | *poeta di corte*, poète de cour. | *gentiluomo, dama di corte*, gentilhomme, dame de la cour. ‖ FIG. *corte di ammiratori*, cour d'admirateurs. | *fare la corte ad una ragazza*, faire la cour, conter fleurette (lett.) à une jeune fille. | *far la corte a qlcu. (per ingraziarselo)*, faire du charme à qn. ‖ **3.** GIUR. cour. | *entra la corte !*, messieurs, la cour ! | *corte d'assise, dei conti*, cour d'assises, Cour des comptes. ‖ STOR. *corte dei Miracoli*, cour des Miracles.

corteccia [kor'tettʃa] (**-ce** pl.) f. BOT. écorce, enveloppe. ‖ [che rimane su un tronco d'albero abbattuto] grume (antiq.). | *tronco con la corteccia*, bois en grume. ‖ FIG. [apparenza] écorce, apparence. ‖ ANAT. *corteccia cerebrale*, écorce cérébrale, cortex m.

corteggiare [korted'dʒare] v. tr. courtiser, faire la cour (à), conter fleurette (à) (lett.).

corteggiatore [korteddʒa'tore] (**-trice** f.) m. amoureux, euse. ‖ FIG. [adulatore] adulateur, trice ; flatteur, euse.

corteo [kor'tɛo] m. cortège. | *corteo funebre*, cortège funèbre. | *guidare il corteo funebre*, mener le deuil. | *corteo di manifestanti*, défilé de manifestants. | *corteo di visitatori*, succession (f.) de visiteurs. ‖ [seguito] suite f.

cortese [kor'teze] agg. aimable, poli, gentil, obligeant, affable, civil, courtois. | *gli oppose un cortese rifiuto*, il lui opposa un refus courtois. | *è molto cortese da parte sua avermi avvertito*, c'est bien aimable à vous de m'avoir prévenu. | *sii cortese, aiutami !*, sois gentil, aide-moi ! | *vuol essere così cortese da passarmi il portacenere ?*, soyez assez aimable pour me passer le cendrier. ‖ POES. courtois. | *poesia cortese*, poésie courtoise.

cortesia [korte'zia] f. [gentilezza] courtoisie, affabilité, gentillesse, complaisance, civilité. | *fare qlco. per cortesia*, faire qch. par complaisance. | *mi faccia la cortesia di...*, soyez assez aimable pour... | *visita di cortesia*, visite de courtoisie. ‖ [favore] faveur, plaisir m. | *ho una cortesia da chiederti*, j'ai une faveur à te demander. | *per cortesia*, s'il te plaît. ‖ pl. [attenzioni] attentions. ‖ ARC. o LETT. courtoisie.

corticale [korti'kale] agg. ANAT., BOT. cortical.

cortigiana [korti'dʒana] f. courtisane. ‖ ARC. [dama di corte] dame de la cour.

cortigianeria [kortidʒane'ria] f. courtisanerie.

cortigiano [korti'dʒano] agg. e m. PR. e FIG. courtisan.

cortile [kor'tile] m. [di edificio] cour f. | *cortile interno, di dietro*, arrière-cour. | *gran cortile (di palazzo)*, cour d'honneur. ‖ [aia] basse-cour. | *animali da cortile*, basse-cour (f. sing.).

cortiletto [korti'letto] m. DIMIN. courette f.

cortina [kor'tina] f. [tendaggio] rideau m. ‖ PER EST. *cortina di nebbia*, nappe de brouillard. | *cortina di fumo*, écran (m.) de fumée. ‖ PER ANAL., POLIT. *cortina di ferro*, rideau de fer. ‖ ARALD., MIL. courtine.

cortisone [korti'zone] m. MED. cortisone f.

corto ['korto] agg. [spazio e tempo] court. | *camicia a maniche corte*, chemise à manches courtes. | *portare le gonne corte*, porter les jupes courtes. | *donna con abito corto*, femme court-vêtue. | *persona grossa e* *dalle gambe corte*, courtaud m. | *essere di memoria, di vista corta*, avoir la mémoire, la vue courte. | *avere vita corta*, ne pas avoir beaucoup de temps à vivre. | *avere il fiato corto*, avoir l'haleine courte, le souffle court. | *prendere la via più corta*, prendre au plus court. || Loc. *andare per le corte*, aller au plus court. | *essere a corto di denaro*, être à court d'argent, gêné. | *essere a corto d'argomenti*, être à court d'arguments. | *sono a corto di quattrini*, les fonds sont en baisse. | *essere corto di mente*, être borné. | *essere ai ferri corti con qlcu.*, être à couteaux tirés avec qn. | *per farla corta*, bref. | *tagliar corto*, couper court.

cortocircuito [kortotʃir'kuito] m. Elettr. court-circuit. | *mettere in cortocircuito*, court-circuiter v. tr.

cortometraggio [kortome'traddʒo] (**-gi** pl.) m. Cin. (film à) court métrage. | *cortometraggio pubblicitario*, bande (f.) publicitaire.

corvè [cor've] f. Pr. e fig. corvée. | *essere di corvè per i viveri*, être de corvée de vivres. | *soggetto a corvè*, corvéable (agg.).

corvetta [kor'vetta] f. Mar., Stor. corvette.

corvidi ['kɔrvidi] m. pl. Zool. corvidés.

corvino [kor'vino] agg. (couleur) aile de corbeau. | *capelli corvini*, cheveux de jais.

corvo ['kɔrvo] m. Zool. corbeau.

cosa ['kɔsa] f. **1.** [oggetto] chose. | *offrire cose di poco conto*, offrir quelques petites choses. | *è una cosa da niente*, c'est un petit machin de rien. | *la cosa che hai trovato è un bottone*, le truc que tu as trouvé est un bouton. || Fig. [oggetto personale] chose. | *essere la cosa di qlcu.*, être la chose de qn. || **2.** [ciò che è, realtà, avvenimento] chose. | *vedere le cose como stanno*, voir les choses telles qu'elles sont. | *andare in fondo alle cose*, aller au fond des choses. | *le cose si mettono male*, les choses se gâtent, tournent mal. | *stando così le cose*, dans cet état de choses. | *chiamare le cose con il loro nome*, appeler les choses par leur nom. | *non so come prenderà la cosa*, je ne sais comment il prendra la chose. | *è una cosa straordinaria*, c'est une chose extraordinaire. | *è una cosa seria*, c'est sérieux. | *non sono cose da farsi*, ce n'est pas une chose à faire. | *ecco come stanno le cose*, voilà où en sont les choses. | *è cosa fatta*, c'est chose faite. | *a cose fatte*, après coup. | *tante cose ai tuoi*, bien des choses aux tiens. || **3.** pl. [affari] affaires. | *ordinare le proprie cose*, ranger ses affaires. || **4.** *la cosa pubblica*, la chose publique. || **5.** Giur. *la cosa giudicata*, la chose jugée. || **6.** *qualche cosa, qualunque cosa, che cosa*. V. qualche, qualunque, che. || **7.** Loc. *è un'altra cosa*, c'est (une) autre chose. | *è tutt'altra cosa*, c'est (une) tout autre chose. | *è cosa da poco, da nulla*, ce n'est rien. | *è poca cosa*, c'est peu de chose. | *per prima cosa*, avant tout, avant toute chose. || Prov. *da cosa nasce cosa*, une chose en entraîne une autre. | *cosa fatta capo ha*, à chose faite pas de remède.

cosà [ko'sa] avv. *o così o cosà*, comme ci ou comme ça.

cosacco [ko'zakko] (**-chi** pl.) m. cosaque.

coscia ['kɔʃʃa] f. Anat. cuisse. || [di selvaggina grossa] cuissot m. || Culin., fam. [di agnello] gigot m. (l.c.).

cosciale [koʃ'ʃale] m. [parte di armatura] cuissard.

cosciente [koʃ'ʃɛnte] agg. conscient.

coscientemente [koʃʃente'mente] avv. consciemment.

coscienza [koʃ'ʃɛntsa] f. conscience. | *mettersi in pace con la (propria) coscienza*, décharger sa conscience. | *avere un peso sulla coscienza, avere la coscienza sporca*, avoir un poids, une faute sur la conscience. | *non aver coscienza di qlco.*, ne pas avoir conscience de qch. || Mil. *obiettore di coscienza*, objecteur de conscience. || Per est. *perdere coscienza*, perdre conscience. || Loc. *per sgravio di coscienza*, par acquit de conscience. | *in coscienza*, en conscience. | *secondo la mia, la tua coscienza*, en mon, en ton âme et conscience.

coscienzioso [koʃʃen'tsjoso] agg. consciencieux.

coscio ['kɔʃʃo] (**-sci** pl.) m. [di selvaggina grossa] cuissot. || [di vitello] cuisseau.

cosciotto [koʃ'ʃɔtto] m. cuisseau.

coscritto [kos'kritto] part. pass. V. coscrivere. ◆ m. Mil. conscrit. ◆ agg. Stor. *padri coscritti*, p conscrits.

coscrizione [koskrit'tsjone] f. Mil. conscription.

cosecante [kose'kante] f. Mat. cosécante.

cosèno [ko'seno] m. Mat. cosinus.

così [ko'si].

I. avv. **1.** in questo modo. **2.** comparativo. **3.** conse tivo. **4.** desiderativo. **5.** *così così*.
II. cong. **1.** [sia sia]. **2.** similitudine. **3.** conseguenz
III. agg. invar.
IV. Loc.

I. avv. **1.** [in questo modo] ainsi, de cette façon comme cela, comme ça. | *così parlò Zaratustra*, ains parla Zarathoustra. | *così va il mondo*, ainsi va le monde. | *se è così*, s'il en est ainsi. | *per così dire*, pour ainsi dire. | *e così di seguito*, et ainsi de suite. | *era grande così*, c'était grand comme ça. | *va bene così*, ça va. | *basta così*, ça suffit, assez causé. | *e così ?*, et alors ? | *non è così ?*, n'est-ce pas ? | *per così dire*, comme qui dirait. | *e così pure*, et aussi, de même que. | *non fare così !*, ne fais pas comme ça ! || **2.** [comparativo] aussi (in frasi affermative), si (in frasi negative). | *non è così difficile come credevo*, ce n'est pas si difficile que je le croyais. || **3.** [consecutivo] si, tellement (in relazione ad agg. e avv. in frasi affermative), assez (in relazione ad agg. e avv. in frasi negative). | *erano così stanchi che ritornarono subito a casa*, ils étaient si fatigués qu'ils rentrèrent tout de suite. | *non è così stupido da crederci*, il n'est pas assez sot pour y croire. | *è così buono, questo bambino !*, il est si sage, cet enfant ! || **4.** [desiderativo] *così sia*, ainsi soit-il. || **5.** *così così*, comme ci comme ça, couci-couça (fam.). | *né bene né male, così così*, ni bien ni mal, entre les deux. | *come va ? — così così*, (comment) ça va ? — comme ci comme ça. | *la sua salute va così così*, sa santé va cahin-caha.

II. cong. **1.** [sia sia] ainsi. | *come Atene fu simbolo d'arte, così Sparta fu simbolo di guerra*, comme Athènes fut le symbole de l'art, de même, ainsi Sparte fut le symbole de la guerre. || **2.** [similitudine] comme, autant que. | *in prosa così come in poesia*, en prose comme en poésie. | *così in Francia come in Italia*, en France autant qu'en Italie. || **3.** [conseguenza] aussi, partant, par conséquent, comme ça (fam.). | *non lavorava più e così l'ho licenziato*, il ne travaillait plus, par conséquent je l'ai renvoyé.

III. agg. invar. [simile] pareil, comme ça. | *è gente così*, ce sont des gens comme ça. | *una risposta così non me l'aspettavo*, je ne m'attendais pas à une réponse pareille.

IV. Loc. *così lei va via ?*, comme ça, vous partez ? | *gli dicevo, così per ridere, che...*, je lui disais, façon de rire, que... | *(così) dunque*, ainsi donc. | *mi ha detto così e così*, il m'a dit ça et ça.

cosicché [kosik'ke] loc. cong. [in modo che] de sorte que, si bien que. || [perciò] aussi, par conséquent, comme ça (fam.).

cosiddetto [kosid'detto] agg. [designato così] *la cosiddetta valvola a farfalla*, celle qu'on appelle la soupape. || [che pretende essere] soi-disant (agg. invar.). | *i cosiddetti amici del popolo*, les soi-disant amis du peuple.

cosiffatto [kosif'fatto] agg. pareil, semblable, tel. | *non mi piace aver a che fare con gente cosiffatta*, je n'aime pas avoir affaire à des gens pareils.

cosina [ko'sina] f. Dimin. [oggetto indeterminato] petite chose (fam.), petit machin m. (fam.), truc m. (fam.), bidule m. (fam.). | *una cosina da niente*, un petit machin de rien.

cosino [ko'sino] m. Dimin. [oggetto indeterminato o persona] petite chose (fam.), petit machin (fam.), truc (fam.), bidule (fam.). || [bambino] petit bonhomme.

cosmesi [koz'mɛzi] f. cosmétologie.

cosmetica [koz'mɛtika] (**-che** pl.) f. cosmétologie.

cosmetico [koz'mɛtiko] (**-ci** pl.) agg. e m. cosmétique.

cosmico ['kɔzmiko] (**-ci** pl.) agg. cosmique.

cosmo ['kɔzmo] m. cosmos.

cosmogonia [kozmogo'nia] f. cosmogonie.

cosmografia [kozmogra'fia] f. cosmographie.

cosmografo [koz'mɔgrafo] m. cosmographe.

cosmologia [kozmolo'dʒia] f. cosmologie.
cosmonauta [kozmo'nauta] (**-i** pl.) m. e f. cosmonaute.
cosmopolita [kozmopo'lita] (**-i** pl.) agg. e n. cosmopolite.
cosmopolitico [kozmopo'litiko] (**-ci** pl.) agg. cosmopolite.
cosmopolitismo [kozmopoli'tizmo] m. cosmopolitisme.
coso [ko'so] m. machin (fam.), truc (fam.).
cospargere [kos'pardʒere] v. tr. parsemer, joncher, étoiler, émailler. | *il prato era cosparso di fiori*, le pré était émaillé de fleurs. | *il tappeto è tutto cosparso di carte*, des papiers jonchent le tapis. | *la strada era cosparsa di carogne*, des charognes jalonnaient la route. || [di zucchero e sale] saupoudrer.
cospetto [kos'pɛtto] m. présence f. || LOC. *al cospetto di*, devant, en présence de, à la face de. | *comparire al cospetto di Dio*, paraître devant Dieu. ◆ esclam. (scherz. o antiq.) sapristi !
cospicuo [kos'pikuo] agg. considérable, imposant. | *ereditare una cospicua fortuna*, hériter d'une grosse fortune.
cospirare [kospi'rare] v. intr. [contro] conspirer (contre), comploter (contre). | *cospirare contro lo Stato*, conspirer contre l'État. ◆ v. tr. indir. [a] conspirer (à), concourir (à). | *tutto cospira alla riuscita del progetto*, tout conspire (lett.) à la réussite du projet.
cospiratore [kospira'tore] (**-trice** f.) m. conspirateur, trice ; comploteur, euse ; cabaleur, euse.
cospirazione [kospirat'tsjone] f. conspiration, cabale, complot m., coup monté.
costa ['kɔsta] f. ANAT. côte. || FIG. *gli si vedono le coste*, on lui voit les côtes. || PER ANAL. [di cosa] nervure, côte. | *costa di una volta, di una foglia*, nervure d'une voûte, d'une feuille. | *costa di una foglia di cavolo*, côte d'une feuille de chou. | *costa di un libro*, dos m. | *velluto a coste*, velours côtelé, à côtes. || [pendio] côte, pente. || SPORT [sci] *discesa a mezza costa*, descente de biais. || [riva] côte, rivage m. | *la Costa azzurra, di Smeraldo*, la Côte d'Azur, d'Émeraude. | *lungo la costa*, le long de la côte. | *correre lungo la costa*, longer la côte. | *nave sbattuta contro la costa*, navire jeté à la côte.
costà [kos'ta] avv. (lett.) là (L.C.), là-bas (L.C.).
costale [kos'tale] agg. costal, e.
costantana [kostan'tana] f. METALL. constantan m.
costante [kos'tante] agg. [continuo, perseverante] constant, persévérant, persistant. | *essere costante nel perseguire uno scopo*, être constant dans la poursuite d'un but. || ◆ f. MAT., FIS. constante.
costantemente [kostante'mente] avv. constamment.
costanza [kos'tantsa] f. [perseveranza] constance, persévérance.
costare [kos'tare] v. intr. coûter. | *costare caro, salato, un occhio della testa*, coûter cher, chaud (pop.), les yeux de la tête. | *costare molto, parecchio*, chiffrer. | *costa parecchio*, ça va chercher gros (pop.). | *non costa molto*, cela ne coûte pas cher. | *quanto gli costa, gli è costato ?*, pour combien en a-t-il ? | *quanto costa ?*, c'est combien ? || FIG. *ti costerà caro*, cela te coûtera cher. || [pesare] coûter. | *questa confessione gli è costata molto*, cette confession lui a beaucoup coûté. || ◆ v. impers. *mi costa dirvi che*, il m'en coûte de vous dire que. || ◆ v. tr. [richiedere] coûter, causer. | *costare rinunce, lacrime a qlcu.*, coûter des renoncements (m.), des larmes à qn. | *costare la vita*, coûter la vie. || LOC. *costi quel che costi*, coûte que coûte.
costata [kos'tata] f. entrecôte.
costatare [kosta'tare] e deriv. V. CONSTATARE e deriv.
costato [kos'tato] m. côté.
costeggiare [kosted'dʒare] v. tr. [con movimento] côtoyer, longer. | *costeggiare un muro*, longer un mur. || [senza movimento] côtoyer, longer, border. | *la strada costeggia il fiume*, la route borde le fleuve. || MAR. caboter.
costei [kos'tɛi] pron. dimostr. f. s. celle-ci, celle-là, [senza precedente] cette femme-ci, cette femme-là. || PEGGIOR. *e costei pretende...*, et ça ose...
costellare [kostel'lare] v. tr. consteller, étoiler.
costellazione [kostellat'tsjone] f. constellation.
costernare [koster'nare] v. tr. consterner, catastropher (fam.).
costernato [koster'nato] part. pass. e agg. consterné, catastrophé (fam.). | *ne sono costernato*, j'en suis catastrophé.
costernazione [kosternat'tsjone] f. consternation.
costì [kos'ti] avv. (lett.) là (L.C.), là-bas (L.C.).
costiera [kos'tjɛra] f. littoral m.
costiero [kos'tjɛro] agg. côtier.
costipamento [kostipa'mento] m. [mucchio] entassement. || MED. [costipazione] constipation f. || TECN. [costruzioni] pilonnage.
costipare [kosti'pare] v. tr. [ammassare] tasser. || MED. constiper. || TECN. [costruzioni] rouler. ◆ v. medio intr. *costiparsi* [prendere un raffreddore di testa] s'enrhumer.
costipatore [kostipa'tore] m. TECN. machine (f.) à damer.
costipazione [kostipat'tsjone] f. MED. constipation. || PER EST. [raffreddore] rhume m. || TECN. damage m.
costituente [kostitu'ɛnte] agg. constituant. || POLIT. *Assemblea costituente*, Assemblée constituante. ◆ m. CHIM. constituant. ◆ f. POLIT. *la Costituente*, la Constituante.
costituire [kostitu'ire] v. tr. constituer. | *costituire un governo, una società*, constituer un gouvernement, une société. | *questa famiglia è costituita da tre persone*, cette famille se compose de trois personnes. || GIUR. *fatto che costituisce reato*, fait qui constitue un délit. | *costituire qlcu. erede*, constituer qn son héritier. ◆ v. rifl. se constituer. | *costituirsi alla polizia*, se constituer prisonnier. || GIUR. *costituirsi parte civile*, se constituer partie civile.
costituito [kostitu'ito] part. pass. e agg. constitué. | *l'autorità costituita*, les autorités constituées.
costitutivo [kostitu'tivo] agg. constitutif.
costitutore [kostitu'tore] (**-trice** f.) agg. e m. fondateur, trice.
costituzionale [kostituttsjona'le] agg. constitutionnel, elle.
costituzionalità [kostituttsjonali'ta] f. invar. constitutionnalité.
costituzionalizzare [kostituttsjonalid'dzare] v. tr. constitutionnaliser.
costituzione [kostitut'tsjone] f. [in tutti i sensi] constitution. | *costituzione di una società, di un governo*, constitution d'une société, d'un gouvernement. | *non è sopravvissuto a quella malattia che grazie alla sua robusta costituzione*, il n'est réchappé de cette maladie que grâce à sa solide complexion. | *essere di sana e robusta costituzione*, être bâti à chaux et à sable (fam.). | *persona di sana costituzione*, personne bien, normalement constituée. | *certificato di sana e robusta costituzione*, certificat de santé. || COMM. *costituzione in pegno*, nantissement m. || GIUR. *costituzione in giudizio*, constitution devant le juge. || POLIT. *la costituzione*, la Constitution.
costo ['kɔsto] m. coût, prix. | *costo della vita*, coût de la vie. | *vendere a prezzo di costo*, revendre à prix coûtant. | *vendere sotto costo*, vendre à perte. || FIG. prix, coût. || LOC. *a nessun costo*, à aucun prix, pas pour un empire. | *ad ogni costo*, à tout prix, à toute force, coûte que coûte. | *a costo di*, quitte à.
costola ['kɔstola] f. ANAT. côte. || FIG. *gli si vedono, contano le costole*, on lui voit, on lui compte les côtes. || [carne] côte. || PER ANAL. [di cosa] côte. | *costola di una volta*, côte, nervure d'une voûte. | *costola di una foglia*, nervure d'une feuille. | *costola di un libro*, dos (m.) d'un livre. | *costola commestibile della foglia di cardo*, carde. || LOC. *spianare, rompere le costole a qlcu.*, rosser qn, rouer qn de coups. | *discendere dalla costola di Adamo*, être sorti de la cuisse de Jupiter. | *aver sempre qlcu. alle costole*, avoir toujours qn à ses trousses.
costolatura [kostola'tura] f. ARCHIT. nervures pl.
costoletta [kosto'letta] f. CULIN. côtelette.
costolone [kosto'lone] m. nervure f. || ARCHIT. [di ogiva] branche f. || GEOL. côte f.
costoro [kos'toro] pron. dimostr. m. pl. ceux-ci, ceux-là, [senza antecedente] ces gens-ci, ces gens-là. ◆ f. celles-ci, celles-là, [senza antecedente] ces femmes-ci,

ces femmes-là. || PEGGIOR. *e costoro osano dire che*, et ça ose dire que.
costoso [kos'toso] agg. coûteux, cher, de prix. | *prodotto costosissimo*, produit très cher, hors de prix.
costringere [kos'trindʒere] v. tr. obliger, forcer, contraindre. | *lo hanno costretto a fare una corsa*, on l'a forcé à, de faire une course. | *sarò costretto a farlo*, je serai obligé de le faire. | *è stato costretto dai genitori a fare quel viaggio*, il a été contraint par ses parents à faire ce voyage. | *una lunga malattia lo ha costretto a letto*, une longue maladie l'a obligé à garder le lit. | *costringere al combattimento*, forcer au combat. || [stringere] (lett.) serrer. ◆ v. rifl. s'obliger (à), se forcer (à), s'imposer (de). | *si costrinse a tacere*, il s'imposa de se taire.
costrittivo [kostrit'tivo] agg. contraignant, coercitif. | *leggi costrittive*, lois coercitives. || FON. *consonanti costrittive*, consonnes constrictives.
costrittore [kostrit'tore] agg. ANAT. constricteur agg. e m.
costrizione [kostrit'tsjone] f. contrainte, entrave, gêne.
costruire [kostru'ire] v. tr. [innalzare] construire, bâtir, élever, édifier, établir. | *costruire una casa*, bâtir une maison. | *gli hanno costruito una statua*, on lui a élevé une statue. | *costruire una fortificazione*, élever une fortification. | *costruire in calcestruzzo*, bétonner. | *costruire in muratura*, maçonner. | *costruiranno una terza carreggiata sull'autostrada del Sole*, on établira une troisième voie sur l'autoroute du Soleil. || [macchine] construire. || FIG. [fondare] bâtir, édifier. | *costruire una fortuna*, bâtir une fortune. | *costruire una nuova società*, édifier une société nouvelle. || ARCHIT. *costruire in aggetto*, forjeter. || GRAMM. *costruire bene una frase*, bien construire une phrase. || LOC. *costruire sulla sabbia*, bâtir sur le sable.
costruttivo [kostrut'tivo] agg. constructif.
costrutto [kos'trutto] m. GRAMM. tournure f., tour, locution f. || PER EST. [senso] sens. | *parole senza costrutto*, mots vides, dénués de sens. || FIG. [utilità] avantage, profit, résultat. | *adoperarsi senza costrutto*, se prodiguer sans résultat.
costruttore [kostrut'tore] (**-trice** f.) m. [di edifici, ecc.] constructeur, trice ; bâtisseur, euse ; édificateur, trice. | *costruttore edile*, entrepreneur de construction. | *costruttore navale*, constructeur de navires. || [di macchine] constructeur. || FIG. bâtisseur, édificateur. ◆ agg. PR. e FIG. constructeur. | *società, immaginazione costruttrice*, société, imagination constructrice.
costruzione [kostrut'tsjone] f. **1.** [azione] [di edifici, ecc.] construction, édification. | *materiale da costruzione*, matériaux de construction. | *costruzione di un'impalcatura*, échafaudage m. | *costruzione di una cattedrale*, édification d'une cathédrale. || [di macchine] construction, production. || PER ANAL. [industria] *le costruzioni navali*, les constructions navales. || **2.** [stato] construction, bâtiment m., édifice m., immeuble m. || FIG. [azione e stato] construction. || GRAMM. construction. || pl. GIOCHI jeu de construction.
costui [kos'tui] pron. dimostr. m. s. celui-ci, celui-là, [senza antecedente] cet homme-ci, cet homme-là. || PEGGIOR. *e costui osa dire che...*, et ça ose dire que...
costumare [kostu'mare] v. intr. [solere] avoir coutume (de), avoir l'habitude (de), être accoutumé (à). ◆ v. impers. être dans l'usage (de).
costumato [kostu'mato] agg. [ben educato] (antiq.) bien élevé (L.C.), poli (L.C.). | *essere costumato*, avoir de l'éducation. || [a] [abituato] accoutumé (à). | *essere costumato a*, avoir coutume de.
costume [kos'tume] m. **1.** [abitudine] (antiq.) coutume f. (antiq. o lett.), usage (L.C.), habitude f. (L.C.). | *ha costume di coricarsi presto*, il est accoutumé à se coucher tôt. || **2.** [condotta] mœurs f. pl., morale f. | *è una donna di facili costumi*, c'est une cocotte. | *il mal costume governativo*, la corruption gouvernementale. | *austerità di costumi*, mœurs austères. | *certificato di buoni costumi*, certificat de bonne vie et mœurs. || GIUR. *il buon costume*, les bonnes mœurs. | *opera contraria al buon costume*, ouvrage qui outrage la morale. | *squadra del buon costume*, police des mœurs. || **3.** [usanza] mœurs f., tradition f., coutume f. | *conoscere usi e costumi di un popolo*, connaître les us et coutumes d'un peuple. || **4.** [di un'epoca, di un popolo] costume. | *indossare il costume olandese, giapponese*, porter le costume hollandais, japonais. || **5.** *costume (da bagno)*, maillot (de bain), caleçon de bain (antiq.). | *costume a due pezzi*, maillot deux pièces. || **6.** TEATRO costume. | *in costume da Pulcinella*, costumé en Polichinelle. || PER ANAL. [maschera] *ballo in costume*, bal costumé, en costume. || LOC. *essere in costume adamitico*, être en costume d'Adam, d'Ève.
costumista [kostu'mista] (**-i** pl. m.) m. e f. CIN., TEATRO costumier, costumière.
cotangente [kotan'dʒɛnte] f. MAT. cotangente.
cote ['kɔte] f. [pietra da affilare] affiloir m., pierre à aiguiser.
cotechino [kote'kino] m. CULIN. andouille f.
cotenna [ko'tenna] f. couenne.
cotennoso [koten'noso] agg. couenneux.
cotesto [ko'testo] agg. e pron. dimostr. m. s. V. CODESTO.
cotica ['kotika] (**-che** pl.) f. [region.] couenne.
cotiledone [koti'lɛdone] m. BOT. cotylédon.
cotillon [kɔti'jɔ̃] m. (fr.) [danza e oggetto] cotillon.
cotogna [ko'toɲɲa] agg. e f. BOT. *(mela) cotogna*, coing m.
cotognata [kotoɲ'ɲata] f. confiture de coings.
cotogno [ko'toɲɲo] m. BOT. cognassier.
cotoletta [koto'letta] f. CULIN. côtelette.
cotonare [koto'nare] v. tr. [di capelli] crêper.
cotonato [koto'nato] m. cotonnade f.
cotonatura [kotona'tura] f. [di capelli] crêpage m.
cotone [ko'tone] m. BOT. [pianta] coton. | *coltura del cotone, piantagione di cotone*, cotonnerie f. || PER EST. [filato] coton. | *coperta di cotone*, couverture de coton. | *cotone da rammendo, da ricamo*, fil à repriser, à broder. || PER ANAL. *cotone idrofilo*, coton hydrophile. | *cotone fulminante*, coton-poudre, fulmicoton. || LOC. FIG. *avere il cotone negli orecchi*, avoir du coton dans les oreilles. | *allevare i figli nel cotone*, élever ses enfants dans du coton.
cotoniere [koto'njɛre] m. [industriale e operaio] cotonnier m. e agg.
cotoniero [koto'njɛro] agg. cotonnier agg. e m.
cotonificio [kotoni'fitʃo] (**-ci** pl.) m. cotonnerie f.
cotonina [koto'nina] f. cotonnade, cotonnette.
cotonoso [koto'noso] agg. cotonneux. || PER EST. [simile al cotone] cotonné. | *tessuto cotonoso*, tissu cotonné.
1. cotta ['kɔtta] f. [cottura] cuisson. || LOC. FIG. *bugiardo di tre cotte*, fieffé menteur. || FIG. [ubriacatura] cuite. | *prendere una cotta*, prendre une cuite, se cuiter. | *ha preso la solita cotta*, il a sa cuite. || PER ANAL. [passione] béguin m. | *prendersi una cotta per qlcu.*, avoir le béguin pour qn. || TECN. cuite.
2. cotta ['kɔtta] f. [tunica] cotte.
cottage ['kɔtidʒ] m. [ingl.] cottage.
cottimista [kotti'mista] (**-i** pl. m.) m. e f. ouvrier, ouvrière qui travaille à la pièce, aux pièces.
cottimo ['kɔttimo] m. travail à la pièce, aux pièces.
cotto ['kɔtto] part. pass. di CUOCERE e agg. cuit. | *cotto ai ferri, alla griglia*, grillé. | *cotto al punto giusto*, cuit à point. || PER ANAL. *terra cotta*, terre cuite. | *muro cotto dal sole*, mur calciné par le soleil. || FIG. FAM. [ubriaco] cuit. | *è cotto*, il a sa cuite. || PER ANAL. [innamorato] amoureux fou. || LOC. FIG. *ne ha viste di cotte e di crude*, il en a vu de vertes et de pas mûres. | *cascare come una pera cotta* (pr. e fig.), s'écrouler comme une masse (pr.), tomber dans le panneau (fig.). || MECC., ELETTR., FAM. *motore cotto*, moteur grillé. ◆ m. brique f.
cottura [kot'tura] f. CULIN. cuisson. | *tempi di cottura*, temps de cuisson. | *cottura in stufato*, cuisson à l'étouffée. | *cassa di cottura*, marmite norvégienne. || METALL. étuvage m. || TECN. cuite.
coturnice [kotur'nitʃe] f. ZOOL. bartavelle.
coturno [ko'turno] m. cothurne.
cotutela [kotu'tɛla] f. GIUR. cotutelle.
cotutore [kotu'tore] m. GIUR. cotuteur.
coulisse [ku'lis] f. [fr.] TEATRO e FIG. coulisse.
coulomb [ku'lɔ̃] m. [fr.] FIS. coulomb.
coupé [ku'pe] m. (fr.) [vettura a cavalli e automobile] coupé. || SPORT [scherma] coupé.

coupon [ku'pɔ̃] m. [fr.] coupon.
coutente [kou'tɛnte] m. e f. usager d'un service commun avec d'autres personnes.
coutenza [kou'tɛntsa] f. usage (m.) d'un service commun avec d'autres personnes.
cova ['kova] f. couvaison (antiq.), incubation. | *durata della cova,* durée d'incubation.
covalenza [kova'lɛntsa] f. MAT. covalence.
covare [ko'vare] v. tr. e intr. PR. e FIG. couver. | *covare una malattia, un progetto,* couver une maladie, un projet. | *covare le lenzuola,* faire la grasse matinée. | *covare con gli occhi,* couver des yeux. || LOC. *gatta ci cova !,* il y a quelque chose là-dessous !
covata [ko'vata] f. [uova] couvée. || PER EST. [piccoli] couvée, nichée. || FIG. FAM. [famiglia] couvée.
covatura [kova'tura] f. couvaison.
covenditore [kovendi'tore] m. GIUR. colicitant.
cover girl ['kʌvəgə:l] f. [ingl.] cover-girl.
covile [ko'vile] m. tanière f. || FIG. tanière f. || ARCHIT. boulin.
covo ['kovo] m. tanière f., gîte. | *covo del cinghiale,* bauge f. || FIG. repaire, caverne f., nid. | *covo di briganti,* repaire de brigands. | *covo di vipere,* nid de vipères.
covone [ko'vone] m. gerbe f.
cow-boy [kau'bɔi] m. [ingl.] cow-boy.
coxalgia [koksal'dʒia] f. MED. coxalgie.
coyote [ko'jote] m. ZOOL. coyote.
cozza ['kɔttsa] f. ZOOL. [merid.] moule.
cozzare [kot'tsare] v. intr. [di animali con le corna] encorner, cosser (raro). || PER EST. [con, contro] heurter v. tr. (contre) v. intr. (antiq.), se heurter (à, contre) v. rifl. | *è andato a cozzare con la testa contro il tavolo,* il a heurté de la tête, contre la table. | *cozzare contro una macchina,* heurter une voiture. || FIG. *cozzare contro un rifiuto,* se heurter à un refus. | *tonalità di colore che cozzano tra loro,* tons qui jurent, qui se heurtent. ◆ v. tr. se cogner v. rifl. | *cozzare la testa contro un muro,* se cogner la tête contre un mur. ◆ v. recipr. s'entrechoquer, se heurter.
cozzo ['kɔttso] m. [di corna] coup de corne. || PER EST. [colpo violento] heurt, choc. || LOC. PR. e FIG. *dar di cozzo (contro),* heurter v. tr. (contre) v. intr. (antiq.), se heurter (à, contre) v. rifl.
1. crac [krak] m. [fr.] FIN. krach.
2. crac ! [krak] interiez. crac !
cracking ['krækiɲ] m. [ingl.] IND. cracking.
crafen ['krafen] m. CULIN. krapfen [ted.].
crambe ['krambe] f. BOT. crambe, crambé m.
crampo ['krampo] m. MED. crampe f. | *avere dei crampi allo stomaco,* avoir des crampes d'estomac.
cranico ['kraniko] (**-ci** pl.) agg. ANAT. crânien.
cranio ['kranjo] m. ANAT. crâne. || FIG. FAM. *avere il cranio duro,* avoir le crâne étroit, dur, avoir la tête dure.
crapula ['krapula] m. (lett.) crapule (antiq.), bombance (antiq.), ripaille (fam.).
crapulone [krapu'lone] m. (lett.) crapule (antiq.), ripailleur (fam.).
crasi ['krazi] f. GRAMM., MED. crase.
crasso ['krasso] agg. ANAT. *intestino crasso,* gros intestin. || FIG. crasse. | *ignoranza crassa,* ignorance crasse.
cratere [kra'tɛre] m. [vaso] cratère. || GEOL. cratère. || MED. *cratere del foruncolo,* bourbillon.
craterico [kra'tɛriko] (**-ci** pl.) agg. de cratère.
crauti ['krauti] m. pl. CULIN. choucroute f. sing. *crauti con salsicce, prosciutto e carne di maiale,* choucroute garnie.
cravatta [kra'vatta] f. cravate. | *mettere la cravatta a qlcu.,* cravater qn. | *mettersi la cravatta,* se cravater, mettre sa cravate. || MAR. [nastro di bandiera] cravate. || SPORT cravate.
cravattaio [kravat'tajo] (**-ai** pl.) m. fabricant, marchand de cravates.
cravattino [kravat'tino] m. nœud papillon.
crawl ['krɔ:l] m. [ingl.] SPORT crawl.
creanza [kre'antsa] f. civilité, éducation, bonnes manières. | *le regole della buona creanza,* les règles de la civilité. | *senza creanza,* mal élevé.
creare [kre'are] v. tr. RELIG. créer. || PER ANAL. [immaginare, inventare] créer, inventer, élaborer. || [fondare, costituire] créer, établir, constituer, fonder. | *creare un impero,* fonder un empire. | *creare un governo di destra,* établir un gouvernement de droite. | *si è creato molti amici,* il s'est fait beaucoup d'amis. || FIG. *creare delle difficoltà,* créer des difficultés. | *crearsi delle illusioni,* se créer des illusions. || COMM. *creare un nuovo prodotto,* créer un nouveau produit. | *si è creato una buona clientela,* il s'est créé une bonne clientèle. || TEATRO *creare una parte,* créer un rôle. ◆ v. rifl. se créer.
creatina [krea'tina] f. CHIM. créatine.
creatività [kreativi'ta] f. créativité.
creativo [krea'tivo] agg. créateur.
creato [kre'ato] part. pass. e agg. créé. ◆ m. **1.** RELIG. [universo] création f. || [insieme degli esseri naturali] nature f. || **2.** [protetto] protégé, créature f.
creatore [krea'tore] (**-trice** f.) agg. e m. créateur, trice. || PER EST. [autore, inventore] créateur, trice ; inventeur, trice. || TEOL. *il Creatore,* le Créateur. || FIG. FAM. *andare al Creatore,* rendre son âme à Dieu (L.C.), casser sa pipe (pop.). | *mandare qlcu. al Creatore,* envoyer qn dans l'autre monde.
creatura [krea'tura] f. créature, être m. || PER ANAL. [bimbo] enfant m. || FIG. [protetto] créature, protégé m.
creazione [kreat'tsjone] f. RELIG. création. || PER ANAL. [azione di inventare, immaginare] création, réalisation, invention. || [azione di fondare, costituire] création, constitution, établissement m., fondation. | *creazione di una banca,* constitution d'une banque. | *creazione di un governo monocolore,* établissement d'un gouvernement d'un seul parti. || PER EST. [cosa creata] création. | *le ultime creazioni dell'alta moda italiana,* les dernières créations de la haute couture italienne.
credente [kre'dɛnte] agg. e n. croyant.
1. credenza [kre'dɛntsa] f. [mobile] buffet m., desserte, bahut m. (abus.).
2. credenza [kre'dɛntsa] f. [fede, fiducia] crédit m., créance. | *dare credenza a qlcu.,* donner créance à qn. | *trovar credenza presso qlcu.,* trouver crédit auprès de qn. || [opinione] croyance, opinion, conviction. | *è credenza diffusa che,* c'est une conviction répandue que. || COMM. *lettere di credenza,* lettres de créance.
credenziale [kreden'tsjale] agg. e f. GIUR. *(lettere) credenziali,* lettres de créance.
credenzina [kreden'tsina] f. DIMIN. desserte.
credere ['kredere] v. intr. **1.** RELIG. [aver fede] croire. || [in] [all'esistenza, aver fiducia] croire (en, à). | *credere in Dio, nel Cristo, nel Messia, nella scienza,* croire en Dieu, au Christ, au Messie, en la science. | *non credeva nei fantasmi,* il ne croyait pas aux revenants. || **2.** [a] [prestar fede] croire v. tr. | *credere a qlcu. sulla parola,* croire qn sur parole. | *credo a quella storia,* je crois cette histoire. || LOC. *non credere ai propri occhi, alle proprie orecchie,* ne pas en croire ses yeux, ses oreilles. || **3.** [che] [pensare, supporre] croire, penser, supposer, imaginer ; [a torto] s'imaginer [seguito dall'indic. se il verbo è affermativo o il fatto è sentito come reale o possibile ; seguito dal congiuntivo se il verbo è negativo o interrogativo e il fatto è sentito come dubbio o impossibile]. | *credo che non abbia torto,* je crois qu'il n'a pas tort. | *credi che abbia ragione ?,* crois-tu qu'il ait raison ?, est-ce que tu crois qu'il a raison ? | *non crede che possano venire,* il ne croit pas qu'ils puissent venir, qu'ils pourraient venir. | *credevate che sarebbe partito ?,* est-ce que vous croyiez qu'il partirait ? | *credi che venga ?,* crois-tu qu'il viendra ? | *i tiranni credono che tutto sia concesso loro,* les tyrans se croient tout permis. | *credo che sia un uomo di parola,* je le crois homme de parole. | *si credeva che facesse una vita felice,* on la supposait mener une vie heureuse. | *voi credete che abbia delle virtù, ma non è vero,* vous lui supposez des vertus, mais il n'en a pas. || **4.** [di] croire, [a torto] s'imaginer. | *credo di sapere di chi è la colpa,* je crois savoir à qui est la faute. | *pensa ! crede di sapere la verità !,* dis donc, il s'imagine savoir la vérité ! | *crede di avere una grande mente,* il se croit du génie. | *credo di sì, di no,* je crois que oui, que non. || LOC. *non posso crederci !,* je ne peux pas le croire ! | *mi creda chi vuole, ma,* me croira qui voudra, mais. | *ti credo !,* je te crois ! (fam.).

◆ v. tr. croire. | *non credo una parola,* je ne crois pas un mot. || [con apposizione] croire, supposer. | *lo hanno creduto pazzo per molto tempo,* on l'a supposé fou pendant longtemps. || Loc. *lo credo !, lo credo bene !,* je crois bien ! ◆ v. rifl. [ritenersi] se croire. | *si crede perduto,* il se croit perdu. | *credersi un gran ché, chissà chi,* se croire beaucoup, se croire qn, s'en croire. | *credersi un padreterno,* ne pas se moucher du coude (pop.), se croire le premier moutardier du pape (fam.). || ◆ m. [immaginazione] imagination f. | *oltre ogni credere,* au-delà de toute imagination. || COMM. *del credere,* ducroire.

credibile [kre'dibile] agg. croyable.

credibilità [kredibili'ta] f. crédibilité.

creditizio [kredi'tittsjo] (**-zi** pl.) agg. FIN. de crédit. | *stretta creditizia,* restriction des crédits.

credito ['kredito] m. [fede] crédit. | *non dar credito a una notizia,* n'accorder aucun crédit à une nouvelle. | *trovar credito presso qlcu.,* trouver créance auprès de qn. || [considerazione] crédit (antiq.), ascendant, considération f., estime f., influence f. | *godere di molto credito,* jouir d'une grande considération. || COMM., FIN. [prestito di denaro] crédit. | *apertura di credito,* ouverture de crédit. | *lettera di credito,* accréditif. | *nota di credito,* bon de crédit. | *far credito a qlcu.,* faire crédit à qn. || [somma da recuperare] créance f. | *riscuotere un credito,* recouvrer une créance. | *titolo di credito,* créance. || Loc. PR. e FIG. *essere in credito con qlcu. di qlco.,* devoir qch. à qn. || [contabilità] *ascrivere una somma a credito di qlcu.,* créditer qn d'une somme ; porter une somme au crédit de qn. | *debito e credito,* débit et crédit. | *credito agrario, fondiario,* crédit agricole, foncier. | *consorzio di credito agrario,* crédit mutuel agricole. || GIUR. *millantato credito,* trafic d'influence.

creditore [kredi'tore] (**-trice** f.) agg. créditeur, trice. ◆ m. COMM., FIN. [chi ha una somma a suo attivo] créditeur. || [chi deve riscuotere una somma] créancier. || FIG. *mi sei in creditore di un favore,* tu me dois une faveur. || GIUR. *creditore pignoratizio,* gagiste.

credo ['krɛdo] m. TEOL. e FIG. credo.

credulità [kredulíta] f. crédulité.

credulo ['krɛdulo] agg. crédule.

credulone [kredu'lone] (**-a** f.) agg. crédule. ◆ m. jobard, e (fam.) ; gobeur, euse (fam.) ; boniface (pop.).

crema ['krɛma] f. [del latte] crème. || FIG. [ciò che c'è di meglio] crème (fam.), dessus du panier (fam.). || CULIN. [dolce] crème. | *crema alla mandorla,* frangipane. || PER ANAL. [di alimenti] crème. | *crema di pollo,* crème de poulet. || [liquore] *crema cacao,* crème de cacao. || [cosmetica] crème. | *crema di bellezza,* crème de beauté. | *crema da barba,* crème à raser. || [lucido da scarpe] cirage m., crème pour chaussures. ◆ agg. invar. crème.

cremagliera [kremaʎ'ʎɛra] f. TECN. crémaillère.

cremare [kre'mare] v. tr. incinérer.

crematorio [krema'tɔrjo] (**-ri** pl.) agg. e m. crématoire.

cremazione [kremat'tsjone] f. crémation, incinération.

cremeria [kreme'ria] f. [region.] crémerie.

cremino [kre'mino] m. CULIN. petit bonbon au chocolat ; chocolat fourré.

cremisi ['krɛmizi] agg. invar. e m. cramoisi. | *vestito cremisi,* robe cramoisie.

cremonese [kremo'nese] f. TECN. [serratura] crémone.

cremore [kre'more] m. CHIM. crème. | *cremortartaro, cremore di tartaro,* crème de tartre.

cremoso [kre'moso] agg. crémeux.

crenato [kre'nato] agg. BOT. crénelé.

crenatura [krena'tura] f. BOT. crénelure.

crenoterapia [krenotera'pia] f. crénothérapie.

creolo ['krɛolo] agg. e m. créole.

creosoto [kreo'zɔto] m. FARM. créosote f.

crepa ['krɛpa] f. [di muro] lézarde, fissure, crevasse. | *un muro pieno di crepe,* un mur tout lézardé. || [di terreno] fente, fissure, gerçure, crevasse. || [di vaso] fêlure, fissure. || FIG. *c'è una crepa nella loro amicizia,* il y a une fissure dans leur amitié. || TECN. [fessura attraverso cui filtra l'acqua] renard m.

crepaccio [kre'pattʃo] (**-ci** pl.) m. GEOL. [di ghiacciaio] crevasse f.

crepacuore [krepa'kwɔre] m. crève-cœur. || LOC. *morire di crepacuore,* mourir de chagrin.

crepapancia [krepa'pantʃa] LOC. V. CREPAPELLE.

crepapelle [krepa'pɛlle] LOC. *ridere a crepapelle,* rire aux éclats, comme un bossu, à gorge déployée. | *mangiare a crepapelle,* manger à crever.

crepare [kre'pare] v. intr. [fendersi] [di muro] se lézarder, se fissurer, se crevasser. || [di terreno] se crevasser. || [di vaso] se fêler, se fissurer. || FIG. FAM. *crepare di salute,* suer la santé. | *crepare dal ridere, dalle risate,* rire aux éclats, comme un bossu, à gorge déployée. | *crepare dalla sete, dal freddo,* crever de soif, de froid. | *crepare di rabbia, d'invidia,* étouffer, crever de rage, d'envie. | *crepare di fame,* crever de faim ; la crever (pop.) ; claquer du bec (pop.). || LOC. *crepi l'avarizia !,* au diable l'avarice !

crêpe [krɛ:p] m. [fr.] TESS. crêpe. ◆ f. CULIN. crêpe.

crepitacolo [krepi'takolo] m. RELIG. crécelle f.

crepitare [krepi'tare] v. intr. crépiter, grésiller. || [foglia secca] craquer. || MIL. [arma da fuoco] crépiter. || TECN. [radio, telefono, ecc.] grésiller.

crepitio [krepi'tio] m. crépitement, crépitation f., grésillement. || [foglia secca] craquement. || MIL. [arma da fuoco] crépitement, crépitation f. || TECN. [radio, telefono, ecc.] grésillement. || [altoparlante] crachement.

crepuscolare [krepusko'lare] agg. crépusculaire.

crepuscolo [kre'puskolo] m. crépuscule.

crescendo [kreʃ'ʃɛndo] m. MUS. crescendo.

crescente [kreʃ'ʃɛnte] part. pres. e agg. croissant. | *luna crescente,* croissant m. ◆ m. [falce di luna] croissant. || ARALD. croissant.

crescenza [kreʃ'ʃɛntsa] f. (raro) croissance. || MED. *febbri di crescenza,* fièvres de croissance.

crescere ['kreʃʃere] v. intr. [svilupparsi] [persona] grandir. | *come è cresciuto questo bambino !,* que cet enfant a grandi ! || [pianta, pelo] pousser. | *l'erba cresce lungo i fossi,* l'herbe pousse le long des fossés. | *gli cresce la barba,* sa barbe pousse. || PER EST. [aumentare di peso, volume, intensità, ecc.] croître, s'accroître, s'agrandir, augmenter, monter, grossir. | *la popolazione cresce ogni anno,* la population augmente chaque année. | *il prezzo delle carne è cresciuto molto in questi ultimi mesi,* la viande a beaucoup augmenté ces derniers mois. | *i prezzi crescono,* les prix montent, s'élèvent, sont en hausse, à la hausse. | *sono cresciuta di tre chili in un mese,* j'ai grossi de trois kilos en un mois. | *la città è cresciuta molto verso il fiume,* la ville s'est beaucoup agrandie vers le fleuve. | *la marea cresce,* la marée marne (region.). | *le piogge hanno fatto crescere il livello delle acque,* les pluies ont fait croître, monter le niveau des eaux. | *la febbre è cresciuta durante la notte,* la fièvre a monté, s'est élevée pendant la nuit. | *gli hanno cresciuto il salario,* il a été augmenté. || PER ANAL. *crescere in bellezza,* croître en beauté. || FIG. croître, s'accroître, monter, grandir, s'agrandir, augmenter. | *la sua ambizione cresce di giorno in giorno,* son ambition va chaque jour croissant. || CHIM. *crescere di volume,* foisonner. || COMM. *crescere il volume delle vendite,* accroître le volume des ventes. ◆ v. tr. [allevare] élever. || [aumentare le quantità] augmenter. | *crescere tre maglie,* augmenter de trois mailles.

crescione [kreʃ'ʃone] m. BOT. cresson. | *bacino adibito alla coltura del crescione,* cressonnière f.

crescita ['kreʃʃita] f. [di persona, animale] croissance. || [di pianta, pelo] croissance, pousse. || [di acque] crue. || [aumento di volume, peso, intensità] augmentation. || [dei prezzi] hausse.

cresima ['krɛzima] f. RELIG. confirmation.

cresimando [krezi'mando] (**-a** f.) m. RELIG. confirmand.

cresimare [krezi'mare] v. tr. RELIG. confirmer. ◆ v. intr. *cresimarsi,* recevoir la confirmation.

creso ['krɛzo] m. FIG. [uomo molto ricco] crésus. || LOC. *essere un creso,* être riche comme Crésus, être un crésus.

crespa ['krespa] f. [ruga] ride. || [piega] pli m. || [arricciatura di tessuto] fronce.

crespare [kres'pare] v. tr. [corrugare] (lett.) froncer (L.C.). || [di stoffa] froncer. || TESS. crêper.
crespato [kres'pato] part. pass. e agg. crêpé. | *carta crespata*, papier (m.) crépon.
crespatura [krespa'tura] f. [di stoffa] fronce.
crespo ['krespo] agg. [di capelli] [naturale] crépu; [artificiale] crêpelé, crêpelu. || [rugoso] plissé. ◆ m. TESS. crêpe. | *crespo di Cina*, crêpe de Chine.
crespone [kres'pone] m. TESS. crépon.
cresta ['kresta] f. [di uccello] crête. || PER ANAL. [ciuffo di piume] huppe. || [di elmo] cimier m. || [cuffia] coiffe. || [di montagna, di onda] crêpe. || FIG. *essere sulla cresta dell'onda*, tenir la vedette. | *far abbassare la cresta a qlcu.* (fam.), rabattre le caquet à qn. | *abbassare la cresta* (fam.), déchanter. | *far la cresta alla spesa*, faire danser l'anse du panier. || GEOL. *cresta anticrinale*, charnière anticrinale. || BOT. *cresta di gallo*, crête-de-coq.
crestaia [kres'taja] f. [tosc.] modiste.
crestato [kres'tato] agg. [fornito di cresta] crêté. || [di uccello] huppé.
creta ['kreta] f. argile, glaise. | *bozzetto in creta di una statua*, ébauche (f.) en glaise d'une statue. || CULIN. *pollo alla creta*, poulet cuit dans l'argile.
cretaceo [kre'tatʃeo] agg. argileux, glaiseux. || GEOL. crétacé. ◆ m. GEOL. crétacé.
cretese [kre'tese] agg. e n. crétois.
cretineria [kretine'ria] f. (fam.) [stupidità] imbécillité, bêtise. || [stupidata] crétinerie, sottise, bêtise.
cretinismo [kreti'nizmo] m. MED., FAM. crétinisme.
cretino [kre'tino] agg. e m. crétin, idiot, demeuré, cloche (pop.), corniaud (fam.). | *ragazzo cretino*, enfant encroûté. | *che cretino!*, quelle croûte! (pop.). | *quanto è cretino!*, ce qu'il est cul! (pop.). | *far diventare cretino*, crétiniser v. tr.
cretonne [krə'tɔn] f. [fr.] TESS. cretonne.
cretoso [kre'toso] agg. glaiseux.
cribbio! ['kribbjo] esclam. sapristi!
1. cric! [krik] interiez. cric!
2. cric [krik] m. TECN. cric, vérin.
cricca ['krikka] (**-che** pl.) f. chapelle, coterie, camarilla, clique, clan m.
cricchiare [krik'kjare] v. intr. crisser.
cricchiolio [krikkjo'lio] m. craquement.
cricco ['krikko] m. TECN. cric, vérin.
criceto [kri'tʃɛto] m. ZOOL. hamster.
criminale [krimi'nale] agg. [persona e azione] criminel. | *manicomio criminale*, asile d'aliénés criminels. ◆ m. e f. criminel, elle.
criminalista [krimina'lista] (**-i** pl.) m. GIUR. criminaliste.
criminalità [kriminali'ta] f. GIUR. criminalité.
crimine ['krimine] m. GIUR. e FIG. crime.
criminologia [kriminolo'dʒia] f. criminologie.
criminologo [krimi'nɔlogo] (**-gi** pl.) m. criminologiste.
criminosità [kriminosi'ta] f. criminalité.
criminoso [krimi'noso] agg. criminel.
crinale [kri'nale] m. [spillone] épingle (f.) à cheveux. || GEOL. ligne (f.) de faîte.
crine ['krine] m. crin. || PER EST. *crine vegetale*, crin végétal. || POET. [capigliatura] chevelure f.
criniera [kri'njɛra] f. crinière. || FAM. [capigliatura] crinière.
crinoid(e)i [krinoi'd(ɛ)i] m. pl. ZOOL. crinoïdes.
crinolina [krino'lina] f. crinoline.
criocera [kri'ɔtʃera] f. ZOOL. criocère m.
criolite [krio'lite] f. MINER. cryolithe.
criometria [kriome'tria] f. FIS. cryométrie.
crioscopia [kriosko'pia] f. FIS. cryoscopie.
crioterapia [kriotera'pia] f. MED. cryothérapie.
cripta ['kripta] f. crypte.
cripto ['kripto] m. CHIM. krypton.
crisalide [kri'zalide] f. ZOOL. chrysalide.
crisantemo [krizan'temo] m. BOT. chrysanthème.
crisi ['krizi] f. invar. MED. crise. || PER EST. *crisi di nervi, di pianto*, crise de nerfs, de larmes. || FIG. *crisi di locali, di insegnanti*, crise de locaux, de professeurs. || PER ANAL. *crisi economica*, crise économique.
crisma ['krizma] (**-i** pl.) m. RELIG. chrême. || FIG. approbation f. || SCHERZ. *con tutti i crismi*, en bonne et due forme.
crispino [kris'pino] m. TEATRO [valletto] crispin.
crista ['krista] f. LOC. *una povera crista*, une pauvre femme. | *povera crista!*, pauvre femme!, la pauvre!
cristalleria [kristalle'ria] f. [in tutti i sensi] cristallerie.
cristalliera [kristal'ljɛra] f. cristallier m.
cristallino [kristal'lino] agg. cristallin. || FIG. *acqua, voce cristallina*, eau, voix cristalline. ◆ m. ANAT. cristallin, lentille cristalline.
cristallizzare [kristallid'dzare] v. tr. CHIM., FIG. cristalliser. ◆ v. intr. o rifl. CHIM. (se) cristalliser. | *che non cristallizza*, incristallisable (agg.). || FIG. se fossiliser.
cristallizzazione [kristalliddzat'tsjone] f. CHIM. cristallisation. || FIG. figement m. || MINER. *cristallizzazione in croce*, macle.
cristallo [kris'tallo] m. MINER. cristal. | *cristallo di roccia, di monte*, cristal de roche. || PER EST. [vetro] cristal. | *cristallo di Boemia*, cristal de Bohême. | *cristallo di Baccarat*, baccarat. || AUTOM. [di faro] glace f. ◆ pl. [oggetti] cristaux.
cristallografia [kristallogra'fia] f. cristallographie.
cristalloide [kristal'lɔide] agg. e m. ANAT., CHIM. cristalloïde.
cristianesimo [kristja'nezimo] m. RELIG. christianisme.
cristiania [kris'tjania] m. SPORT [sci] christiania.
cristianissimo [kristja'nissimo] agg. STOR. *il Re cristianissimo*, le Roi Très Chrétien.
cristianità [kristjani'ta] f. chrétienté.
cristianizzare [kristjanid'dzare] v. tr. christianiser.
cristiano [kris'tjano] agg. e m. chrétien. || LOC. FIG. *da cristiano*, comme il faut, convenablement (avv.), convenable. | *comportarsi da cristiano*, se conduire comme il faut, convenablement. | *mangiare da cristiano*, manger comme il faut. || POLIT. *democratico-cristiano*, démocrate-chrétien.
cristo ['kristo] m. ARTI [statua, pittura] christ. || LOC. *un povero cristo*, un pauvre hère, diable. | *povero cristo!*, pauvre homme!, le pauvre!
cristocentrismo [kristotʃen'trizmo] m. TEOL. christocentrisme.
cristologia [kristolo'dʒia] f. christologie.
criterio [kri'tɛrjo] (**-ri** pl.) m. FILOS. critère, critérium. || PER EST. [prova] critère, critérium. || FIG. FAM. [assennatezza] bon sens, jugement, jugeote f. | *è un uomo di criterio*, c'est un homme de jugement. | *non ha neanche un po' di criterio*, il n'a pas pour deux sous de jugeote.
criterium [kri'tɛrjum] m. invar. SPORT critérium.
critica ['kritika] (**-che** pl.) f. [in tutti i sensi] critique. | *critica minuziosa di un libro*, épluchage (m.) d'un livre.
criticabile [kriti'kabile] agg. critiquable.
criticare [kriti'kare] v. tr. [in tutti i sensi] critiquer. | *criticare minuziosamente (un libro)*, éplucher (un livre). | *criticare aspramente*, bêcher (fam.).
criticismo [kriti'tʃizmo] m. FILOS. criticisme.
critico ['kritiko] agg. critique. ◆ m. critique. | *critico letterario*, critique littéraire.
criticone [kriti'kone] (**-a** f.) m. critiqueur, euse.
crittogama [krit'tɔgama] agg. e f. BOT. cryptogame m. | *crittogama della vite*, oïdium m.
crittogamia [krittoga'mia] f. BOT. cryptogamie.
crittografia [krittogra'fia] f. cryptographie.
crittogramma [kritto'gramma] (**-i** pl.) m. cryptogramme.
crivellare [krivel'lare] v. tr. [vagliare] cribler, passer au crible. || PER ANAL. [trapassare] cribler. | *crivellare di pallottole*, cribler de balles. || FIG. cribler.
crivellatore [krivella'tore] (**-trice** f.) m. cribleur, euse.
crivellatura [krivella'tura] f. [azione] criblage m. || [materiale] criblure.
crivello [kri'vɛllo] m. PR. e FIG. crible. || [in legno o ferro] claie f.
croccante [krok'kante] agg. croustillant, croquant. | *essere croccante*, croustiller v. intr. || CULIN. *pasticcino croccante*, croquignole f. ◆ m. CULIN. nougat.
crocchetta [krok'ketta] f. CULIN. croquette.
crocchia ['krɔkkja] f. chignon m.
crocchio ['krɔkkjo] (**-chi** pl.) m. groupe, cercle.

croce ['krotʃe] f. croix. | *croce uncinata*, croix gammée. | *firmare con una croce*, signer d'une croix. | *Croce Rossa*, Croix-Rouge. || [decorazione] *croce di guerra*, croix de guerre. | *croce al merito*, croix du mérite. || [ricamo] *punto in croce*, point de croix. || RELIG. croix. | *farsi il segno della croce*, faire le signe de la croix. || FIG. [pena] croix. | *ciascuno ha la sua croce*, chacun a sa croix. || MINER. *cristallizzazione in croce*, macle. || TECN. *testa a croce dello stantuffo*, crosse du piston. || LOC. *far una croce su qlco.*, faire son deuil (fam.) de qch. | *puoi farci una croce sopra*, tu peux faire une croix dessus, tu peux en faire ton deuil (fam.), tu peux te brosser (fam.), te fouiller (pop.). | *a occhio e croce*, au jugé. | *valutare a occhio e croce*, évaluer en gros. | *gridare la croce addosso a qlcu.*, crier haro sur qn. | *giocare, fare a testa o croce*, jouer à pile ou face. ◆ LOC. AVV. ***in croce,*** en croix. | *restare con le braccia in croce*, rester les bras en croix. | *mettere in croce qlcu.*, martyriser qn.

crocefiggere [krotʃe'fiddʒere] v. tr. e deriv. V. CROCIFIGGERE e deriv.

crocerossina [krotʃeros'sina] f. infirmière de la Croix-Rouge.

crocetta [kro'tʃetta] f. DIMIN. petite croix, croisette. || [gioiello a forma di croce] jeannette. || TIP. blanc transversal.

crocevia [krotʃe'via] m. invar. carrefour, croisement.

crochet [krɔ'ʃɛ] m. (fr.) [uncinetto] crochet. || SPORT [pugilato] crochet.

crociare [kro'tʃare] v. intr. MAR. croiser. ◆ v. rifl. ARC., STOR. [participare ad una crociata] se croiser.

crociata [kro'tʃata] f. PR. e FIG. croisade.

crociato [kro'tʃato] agg. [contrassegnato con una croce] croisé. | *scudo crociato*, écusson croisé. | *moneta crociata*, monnaie frappée d'une croix. ◆ m. STOR. croisé. | *farsi crociato*, se croiser. || ZOOL. bec-croisé.

crocicchio [kro'tʃikkjo] **(-chi** pl.) m. carrefour, croisement, embranchement, croisée (f.) des chemins.

crociera [kro'tʃɛra] f. MAR., AER. croisière. | *velocità di crociera*, vitesse de croisière. || ARCHIT. croisée. | *volta a crociera*, voûte d'arête. || TECN. [elementi in diagonale] croisillon m. || TIP. blanc (m.) de barre.

crociere [kro'tʃɛre] m. ZOOL. bec-croisé.

crocifero [kro'tʃifero] agg. ARCHIT. crucifère. ◆ m. RELIG. [suddiacono che porta la croce] porte-croix m. invar.

crocifiggere [krotʃi'fiddʒere] v. tr. PR. e FIG. crucifier.

crocifissione [krotʃifis'sjone] f. crucifixion, crucifiement m.

crocifisso [krotʃi'fisso] part. pass. di CROCIFIGGERE e agg. crucifié. ◆ m. [persona] *il Crocifisso*, le Crucifié. || [oggetto] crucifix.

crociforme [krotʃi'forme] agg. cruciforme, crucial.

crocione [kro'tʃone] m. **1.** ACCR. grande croix. || FIG. croix f. | *fare un crocione su, sopra qlco.*, faire son deuil (fam.) de qch. | *puoi farci un crocione sopra*, tu peux faire une croix dessus, tu peux en faire ton deuil (fam.), tu peux te brosser (fam.), te fouiller (pop.). || **2.** ZOOL. bec-croisé.

croco ['krɔko] **(-chi** pl.) m. BOT. crocus.

croda ['krɔda] f. GEOL. [conglomerato di roccia sedimentaria tipica del Veneto] poudingue m.

crogiolare [krodʒo'lare] v. tr. CULIN. faire mijoter. ◆ v. rifl. FIG. se complaire, se dorloter. | *crogiolarsi nel vizio*, se complaire dans le vice. | *crogiolarsi al sole*, faire le lézard.

crogiolo [kro'dʒɔlo] m. [in tutti i sensi] creuset.

croissant [krwa'sɑ̃] m. [fr.] CULIN. croissant.

crollare [krol'lare] v. tr. [scuotere] branler. | *crollare la testa*, hocher la tête. | *crollare le spalle*, hausser les épaules. ◆ v. intr. crouler, craquer, s'ébouler, s'effondrer, s'abattre, s'affaisser. | *quel muro sta per crollare*, ce mur va crouler. | *far crollare qlco.*, ébouler (raro) qch. | *l'edificio crollò sotto le bombe*, l'édifice s'abattit sous les bombes. | *è crollato al suolo senza dire una parola*, il s'est affaissé sans mot dire. || FIG. s'effondrer, s'écrouler. | *ogni nostra speranza è crollata*, toutes nos espérances se sont écroulées. | *crollare dal sonno*, tomber de sommeil. || COMM., FIN. s'effondrer. | *crollerà la Borsa*, la Bourse s'effondrera. || POLIT. *il secondo Impero è crollato a Sedan*, le second Empire s'est effondré à Sedan. || SPORT *l'atleta è crollato proprio sulla dirittura d'arrivo*, l'athlète s'est écroulé tout juste dans la ligne d'arrivée.

crollo ['krɔllo] m. [scossa] secousse f. || [caduta] écroulement, effondrement. || FIG. écroulement, effondrement. | *il crollo di tutti i valori*, l'effondrement de toutes les valeurs. || COMM. *crollo dei prezzi*, effondrement des prix. || FIN. *crollo di una moneta*, chute (f.) d'une devise. | *crollo della Borsa*, krach de la Bourse. | *crollo dei titoli in Borsa*, dégringolade (f.) des cours en Bourse. || MED. *crollo nervoso*, effondrement nerveux. || POLIT. *crollo di un regime*, chute (f.) d'un régime.

croma ['krɔma] f. MUS. croche. | *pausa di una croma*, demi-soupir m.

cromare [kro'mare] v. tr. TECN. chromer.

cromatico [kro'matiko] **(-ci** pl.) agg. [colori e mus.] chromatique.

cromato [kro'mato] m. CHIM. chromate.

cromatura [kroma'tura] f. TECN. chromage m.

cromo ['krɔmo] m. CHIM. chrome. | *pelle di vitello al cromo*, box-calf (ingl.).

cromolitografia [kromolitogra'fia] f. chromolithographie. | *cromolitografia di scarso valore*, chromo m. (peggior.).

cromorno [kro'mɔrno] m. MUS. cromorne.

cromosfera [kromos'fɛra] f. ASTRON. chromosphère.

cromosoma [kromo'sɔma] **(-i** pl.) m. BIOL. chromosome.

cromosomico [kromo'sɔmiko] **(-ci** pl.) agg. BIOL. chromosomique.

cronaca [krɔnaka] **(-che** pl.) f. GIORN. e PER EST. chronique, courrier m. | *fatti, notizie di cronaca*, faits divers. | *cronaca nera*, faits divers. | *la cronaca del giorno*, les échos du jour. | *la cronaca degli spettacoli*, le courrier des spectacles. | *cronaca letteraria*, courrier littéraire. || [fatti storici] chronique. || LOC. *per la cronaca*, pour la petite histoire.

cronicità [kronitʃi'ta] f. MED. chronicité.

cronico ['krɔniko] **(-ci** pl.) agg. MED. e FIG. chronique. ◆ m. malade atteint d'une maladie chronique.

cronista [kro'nista] **(-i** pl.) m. e f. GIORN. chroniqueur, courriériste. | *cronista teatrale*, courriériste théâtral. || [di fatti storici] chroniqueur.

cronistoria [kronis'tɔrja] f. historique m.

cronografo [kro'nɔgrafo] m. TECN. [cronometro] chronographe.

cronologia [kronolo'dʒia] f. chronologie.

cronologico [krono'lɔdʒiko] **(-ci** pl.) agg. chronologique.

cronometraggio [kronome'traddʒo] **(-gi** pl.) m. chronométrage.

cronometrare [kronome'trare] v. tr. chronométrer.

cronometrista [kronome'trista] **(-i** pl.) m. chronométreur.

cronometro [kro'nɔmetro] m. chronomètre. || SPORT [ciclismo] *corsa a cronometro*, course contre la montre.

croquet ['kroukei] m. [ingl.] GIOCHI croquet.

cross-country [krɔs'kʌntri] m. [ingl.] SPORT cross-country.

crosta ['krɔsta] f. [di pane] croûte. || PER EST. [parte superficiale, indurita] croûte. | *crosta calcarea*, croûte calcaire. || FIG. écorce, enveloppe. || GEOL. *crosta terrestre*, croûte, écorce terrestre. || MED. croûte, dartre. | *crosta di una piaga*, croûte d'une plaie. | *bambino coperto di croste*, enfant dartreux. | *crosta lattea*, croûte de lait. || ARTI, FAM. [brutto quadro] croûte. || TECN. [di pietre da taglio] bousin m.

crostaceo [kros'tatʃeo] m. ZOOL. crustacé.

crostata [kros'tata] f. CULIN. croustade. || [dolce] tarte. | *crostata di mele*, tarte aux pommes.

crostino [kros'tino] m. CULIN. croûton, canapé.

crostone [kros'tone] m. CULIN. canapé, croûton. | *beccacce con crostoni*, bécasses sur canapé. | *crostone ai funghi*, croûte (f.) aux champignons.

crostoso [kros'toso] agg. croûteux, dartreux.

crotalo ['krɔtalo] m. MUS., ZOOL. crotale.

croupier [kru'pje] m. [fr.] GIOCHI croupier.

crucciare [krut'tʃare] v. tr. irriter, agacer. ◆ v. medio intr. [adirarsi] s'irriter, se fâcher. || [affliggersi]

s'inquiéter, se faire des soucis, du souci. | *non ti crucciare !*, ne te fais pas de soucis !, ne t'en fais pas ! (fam.).
cruccio ['kruttʃo] (**-ci** pl.) m. [collera] (antiq.) colère f. (L.C.). || [afflizione] souci, inquiétude f. | *farsi un cruccio, dei crucci*, se faire du souci, des soucis.
crucco ['krukko] (**-chi** pl.) m. [tedesco] PEGGIOR. boche.
cruciale [kru'tʃale] agg. crucial.
crucifige [krutʃi'fidʒe] m. LOC. *gridare il crucifige a qlcu.*, crier haro sur qn.
cruciforme [krutʃi'forme] agg. cruciforme, crucial.
cruciverba [krutʃi'vɛrba] m. invar. mots croisés.
cruciverbista [krutʃiver'bista] (**-i** pl. m.) m. e f. cruciverbiste.
crudamente [kruda'mente] avv. crûment. | *esprimersi crudamente*, s'exprimer crûment.
crudele [kru'dɛle] agg. cruel. | *crudele con qlcu.*, cruel envers qn.
crudeltà [krudel'ta] f. invar. cruauté.
crudezza [kru'dettsa] f. [stato di cibo non cotto] (lett.) crudité (L.C.). || PER ANAL. *crudezza di una tinta*, dureté d'une teinte. | *crudezza della luce, del linguaggio, di una descrizione*, crudité de la lumière, du langage, d'une description. | *crudezza del clima*, rigueur du climat. || FIG. dureté. | *crudezza di cuore, d'animo*, dureté de cœur, d'âme (f.). | *con crudezza*, crûment, durement.
crudità [krudi'ta] f. invar. ANTIQ., LETT. [stato di ciò che è crudo] crudité (L.C.). || FIG. dureté (L.C.).
crudo ['krudo] agg. [non cotto] cru. | *carne cruda*, viande crue. || PER ANAL. *acqua cruda*, eau crue. | *frutta cruda*, fruits (m. pl.) verts. | *inverno crudo*, hiver rigoureux. | *luce cruda*, lumière crue. | *linguaggio crudo*, langage dru. | *colore crudo*, couleur dure. || PER EST. [non lavorato] cru, écru. | *seta cruda*, soie crue, écrue. | *metallo crudo*, métal cru. || FIG. *dire la verità nuda e cruda*, dire la vérité toute crue. || LOC. *ne ha viste di cotte e di crude*, il en a vu de dures. || POET. [crudele] cruel. ◆ m. cru. | *il crudo e il cotto*, le cru et le cuit.
cruento [kru'ɛnto] agg. (lett.) sanglant (L.C.).
crumiro [kru'miro] m. briseur de grève, jaune (fam.).
cruna ['kruna] f. chas m.
crup ['krup] m. MED. croup.
crurale [kru'rale] agg. ANAT. crural.
crusca ['kruska] (**-che** pl.) f. son m. || PROV. *la farina del diavolo va tutta in crusca*, ce qui vient du diable retourne au diable. || LETT. *Accademia della Crusca*, Académie de la « Crusca ».
cruschello [krus'kɛllo] m. AGR. issues f. pl.
cruscone [krus'kone] m. bran.
cruscotto [krus'kɔtto] m. AUTOM. tableau de bord.
cubare [ku'bare] v. tr. [misurare] cuber. || MAT. cuber.
cubatura [kuba'tura] f. cubage m.
cubetto [ku'betto] m. cube. | *cubetto di ghiaccio*, cube de glace (f.).
cubia [ku'bia] f. MAR. écubier m.
cubico ['kubiko] (**-ci** pl.) agg. cubique.
cubilotto [kubi'lɔtto] m. METALL. cubilot.
cubismo [ku'bizmo] m. ARTI cubisme.
cubista [ku'bista] (**-i** pl. m.) agg. e n. ARTI cubiste.
cubitale [kubi'tale] agg. ANAT. cubital. || TIP. *a caratteri cubitali*, en gros caractères.
cubito ['kubito] m. ANAT. cubitus (lat.). || [unità di misura] coudée f.
cubo ['kubo] m. GEOM., MAT. cube. ◆ agg. *metro cubo*, mètre cube.
cuccagna [kuk'kaɲɲa] f. cocagne. | *paese di cuccagna*, pays de cocagne. | *albero della cuccagna*, mât de cocagne.
cuccare [kuk'kare] v. tr. (fam.) [imgrogliare] rouler, posséder. || [rubare] chiper, barboter. || [tenersi, sopportare] supporter.
cuccetta [kut'tʃetta] f. couchette.
cucchiaia [kuk'kjaja] f. TECN. [cazzuola] truelle. || [di draga] godet m.
cucchiaiata [kukkja'jata] f. cuillerée.
cucchiaino [kukkja'ino] m. cuiller (f.), cuillère (f.) à café, à thé. || SPORT [pesca] cuillère. || LOC. *da raccattar(si) con il cucchiaino*, à ramasser à la petite cuillère.
cucchiaio [kuk'kjajo] (**-ai** pl.) m. cuiller f., cuillère f. | *cucchiaio da tavola*, cuiller à soupe. || PER EST. [contenuto] cuillerée f. | *prendere un cucchiaio di sciroppo*, prendre une cuillerée de sirop. || LOC. *da raccattar(si) con il cucchiaio*, à ramasser à la petite cuiller.
cucchiaione [kukkja'jone] m. TECN., METALL. cuillère (f.) de coulée.
cuccia ['kuttʃa] (**-ce** pl.) f. [di cane] niche. | *a cuccia !*, coucher !, à la niche ! || SCHERZ. [letto] lit m. (L.C.).
cucciolo ['kuttʃolo] m. [piccolo di animale] jeune. || [piccolo di cane] chiot, petit chien.
cucco ['kukko] (**-chi** pl.) m. [prediletto] enfant chéri, chouchou, (fam.) ; coqueluche f. (fam.). || ZOOL. coucou. || LOC. *vecchio come il cucco*, [di cosa] vieux comme Hérode, [di persona] vieux comme Mathusalem.
cuccuma ['kukkuma] f. cafetière, bouillotte, bouilloire.
cucina [ku'tʃina] f. [luogo, arte, cibo] cuisine. | *mangiare in cucina*, manger dans la cuisine. | *fare la cucina*, faire la cuisine. | *libro di cucina*, livre de cuisine. | *cucina casalinga*, cuisine bourgeoise. || MIL. *cucina da campo*, cuisine roulante. || [apparecchio] cuisinière. | *cucina economica*, fourneau (m.) de cuisine.
cucinare [kutʃi'nare] v. tr. cuisiner, fricoter (fam.). || FIG. arranger, accommoder. | v. intr. cuisiner, faire la cuisine.
cuciniere [kutʃi'njɛre] (**-a** f.) m. cuisinier, ère ; cuistot (pop.).
cucire [ku'tʃire] v. tr. coudre. | *macchina da cucire*, machine à coudre. || FIG. *cucire la bocca a qlcu.*, fermer la bouche à qn. | *cucirsi le labbra*, avoir un cachet sur la bouche. | *star cucito alla cintola, alle gonne di qlcu.*, être toujours pendu aux basques de qn.
cucirino [kutʃi'rino] m. TESS. fil mercerisé, fil à coudre.
cucito [ku'tʃito] m. [azione, arte] couture f. | *imparare il cucito*, apprendre la couture.
cucitrice [kutʃi'tritʃe] f. [macchina e operaia] couseuse. || [per punti metallici] agrafeuse.
cucitura [kutʃi'tura] f. couture. | *cucitura fatta a mano*, couture faite à la main. || [rilegatura] brochage m. || TIP. [margine] couture.
1. cucù [ku'ku] m. ZOOL. coucou.
2. cucù ! [ku'ku] interiez. coucou ! ◆ m. PER EST. [pendolo] coucou.
cuculo ['kukulo] m. ZOOL. coucou.
cucurbita [ku'kurbita] f. **1.** LETT. o SCHERZ. [zucca] courge. || **2.** CHIM. cucurbite.
cucurbitacee [kukurbi'tatʃee] f. pl. BOT. cucurbitacées.
cucuzza [ku'kuttsa] f. V. COCUZZA.
cuffia ['kuf'fja] f. [copricapo] coiffe. || [di contadina] bavolet m. ; [di bambino] bonnet m., béguin m. | *cuffia da bagno*, bonnet de bain. || ANAT. [bambino] coiffe. || BOT., MIL. coiffe. || MAR. *far cuffia*, chavirer v. intr. || TEATRO [del suggeritore] capot m. || TELECOM. casque (m.) d'écoute. || LOC. *uscirne per il rotto della cuffia*, s'en tirer de justesse.
cuginanza [kudʒi'nantsa] f. (fam.) cousinage m.
cugino [ku'dʒino] (**-a** f.) m. cousin, e. | *primo cugino*, cousin germain. || ZOOL. cousin.
cui ['kui] pron., agg., prep. articolata.

I. pron. **1.** senza prep. **2.** preceduto dalla prep. semplice « di ». **3.** preceduto dalla prep. semplice « da ». **4.** preceduto dalla prep. semplice « in ». **5.** preceduto da altre prep. semplici.
II. agg. **1.** preceduto da art. **2.** preceduto da prep. articolata.
III. prep. articolata.

I. pron. **1.** (senza prep.) [persona] à qui (*o* auquel, à laquelle, auxquels, auxquelles). | *il passante cui ho chiesto l'ora*, le passant à qui j'ai demandé l'heure. ||

[cosa] auquel, à laquelle, auxquels, auxquelles. | *i quadri cui mi riferisco,* les tableaux auxquels je me réfère. || [neutro] à quoi. | *ciò cui penso,* ce à quoi je pense. || PARTICOL. *al prezzo cui è la carne,* au prix où est la viande. || **2.** (preceduto dalla prep. semplice «di») [persona e cosa] dont. | *l'uomo di cui vedo l'abito blu,* l'homme dont je vois le costume bleu. | *questa ragazza di cui la madre vanta le virtù,* cette jeune fille dont la mère vante les vertus. || [neutro] dont, de quoi. | *ciò di cui si tratta,* ce dont il s'agit, ce dont il est question. | *non c'è nulla di cui tu possa stupirti,* il n'y a rien dont tu puisses t'étonner. | *chiedigli tutto ciò di cui hai bisogno,* demande-lui tout ce qu'il te faut, tout ce qui te faut (fam.). || **3.** (preceduto dalla prep. semplice «da») [separazione, provenienza, estrazione, allontanamento] dont. | *la camera da cui è uscito,* la chambre dont, d'où il est sorti. | *la famiglia da cui discende è nobile,* la famille dont il descend est noble. | *è rientrato nel mistero da cui era stato tirato,* il est rentré dans le mystère dont il avait été tiré. | *la persona da cui lo ho saputo,* la personne dont je l'ai su. || [moto da luogo] d'où. | *la città da cui vengo,* la ville d'où je viens. || [presso] chez qui, chez lequel, laquelle, lesquels, lesquelles. | *il macellaio da cui mi servo,* le boucher chez qui je me sers. || [agente] (con verbi di sentimento) dont; (con altri verbi) [riferito a persona] par qui, par lequel, laquelle, lesquels, lesquelles, [riferito a cosa] par lequel, laquelle, lesquels, lesquelles. | *si voltò verso quello da cui si sentiva disprezzato,* il se retourna vers celui dont il se sentait méprisé. | *ha una moglie da cui è adorato,* il a une femme dont il est adoré. | *il teste da cui sono stato accusato,* le témoin par qui j'ai été accusé. || **4.** (preceduto dalla prep. semplice «in») [persona] en qui, en lequel, laquelle, lesquels, lesquelles. | *il Dio in cui credo,* le Dieu en qui je crois. | *è una persona in cui ho fiducia,* c'est une personne en qui j'ai confiance, à qui je me fie. || [senzo locativo] où, dans lequel, laquelle, lesquels, lesquelles. | *il libro in cui ho letto ciò,* le livre où, dans lequel j'ai lu ça. | *la sala in cui ci siamo riuniti,* la salle dans laquelle, où nous nous sommes réunis. | *nello stato in cui è non può parlare,* il ne peut pas parler dans l'état où il est. | *il modo in cui si esprime è volgare,* la façon dont il s'exprime est vulgaire. | *nella città in cui abito non ci sono teatri,* dans la ville que j'habite il n'y a pas de théâtres. || [senso temporale] où, que (fam.). | *negli anni in cui pensava solo alla casa,* pendant les années où (qu')elle ne vaquait qu'aux soins du ménage. | *nel momento in cui arrivò,* au moment où il arriva. || [conseguenza] *da cui si deduce che,* d'où l'on déduit que. || **5.** (preceduto da altre prep.) [persona] prep. + qui (*o* lequel, laquelle, lesquels, lesquelles). | *la ragazza con cui è uscito è mia sorella,* la jeune fille avec qui il est sorti est ma sœur. | *è il bambino a cui ho regalato un libro,* c'est l'enfant auquel j'ai donné un livre. | *c'erano parecchi invitati, tra cui un famoso scrittore,* il y avait plusieurs invités parmi lesquels (*o* dont) un écrivain connu. || [cosa] prep. + lequel, laquelle, lesquels, lesquelles. | *il mezzo con cui speravi di vincere,* le moyen par lequel tu espérais gagner. | *il fine per cui abbiamo lottato,* le but pour lequel nous avons lutté. | *prese un sasso con cui lo colpì,* il prit une pierre avec laquelle il le frappa. || [neutro] prep. + quoi. | *ciò a cui penso,* ce à quoi je pense. | *non è cosa su cui possiate trovare da ridire,* ce n'est pas une chose à quoi vous pouvez trouver à redire. | *ciò su cui fondo le mie accuse,* ce sur quoi je fonde mes accusations.
II. agg. **1.** (preceduto da art.) [complemento del sostantivo] dont + art. + sostant. | *questa ragazza la cui madre è morta,* cette jeune fille dont la mère est morte. | *parliamo dello scrittore il cui ultimo romanzo è stato presentato ieri,* nous parlons de l'écrivain dont le dernier roman a été présenté hier. || [complemento del verbo] dont + verbo + art. + sostant. | *l'attrice la cui sensibilità abbiamo tanto ammirato,* l'actrice dont nous avons tant admiré la sensibilité. || **2.** (preceduto da prep. articolata) [persona] prep. + art. + sostant. + de qui (*o* duquel, de laquelle, desquels, desquelles). | *il medico grazie alle cui cure sono guarito,* le médecin grâce aux soins de qui j'ai guéri. | *la donna alla cui bontà mi sono appellato,* la femme à la bonté de qui j'ai fait appel. | *il ragazzo con la cui bicicletta sono venuto,* le garçon avec la bicyclette duquel je suis venu. | *l'uomo sul cui aiuto contavo,* l'homme sur l'aide de qui je comptais. || [cosa] prep. + art. + sostant. + duquel, de laquelle, desquels, desquelles. | *ho perso il quaderno sui cui fogli avevo scritto quelle note,* j'ai perdu le cahier sur les feuilles duquel j'avais pris ces notes.
III. prep. articolata [perciò] c'est pourquoi, ce pour quoi, pour cela, par conséquent. | *era tardi, per cui abbandonammo il progetto,* il était tard, ce pour quoi nous renonçâmes à notre projet. | *era ammalato, per cui non poteva uscire,* il était malade, c'est pourquoi il ne pouvait pas sortir.

culaccio [ku'lattʃo] (**-ci** pl.) m. CULIN. [di bestia macellata] culotte f. || [pezzo di carne] cimier.

culatta [ku'latta] f. [di pantalone] fond m. (de pantalon). || CULIN. [di bestia macellata] culotte. || [pezzo di carne] cimier m. || MIL. [arma] culasse.

culbianco [kul'bjanko] (**-chi** pl.) m. ZOOL. cul-blanc, traquet motteux.

cul-de-lampe [kydlã:p] m. [fr.] ARCHIT. cul-de-lampe.

culetto [ku'letto] m. DIMIN. FAM. joli derrière. || PER ANAL. [estremità di pane] quignon.

culinario [kuli'narjo] (**-ri** pl.) agg. culinaire.

culla ['kulla] f. [letto] berceau m. | *culla a dondolo,* bercelonnette. || FIG. berceau m. | *fin dalla culla,* dès le berceau. | *Firenze è la culla delle belle arti,* Florence est le berceau des arts. || MIL. berceau m.

cullare [kul'lare] v. tr. bercer. | *che culla,* berceur agg. ◆ m. *il cullare,* le bercement. || FIG. *cullare con vane promesse,* bercer de vaines promesses. ◆ v. rifl. se bercer. || FIG. se bercer, se complaire. | *cullarsi nelle illusioni,* se complaire dans ses illusions, se bercer d'illusions.

culminante [kulmi'nante] agg. culminant. | *punto culminante* (pr. e fig.), point culminant; clou (fig.).

culminare [kulmi'nare] v. intr. culminer.

culmine ['kulmine] m. sommet. || FIG. sommet, comble, faîte. | *essere al culmine degli onori,* être au faîte des honneurs. | *la festa era al suo culmine,* la fête battait son plein. | *il suo furore raggiunse il culmine quando scoprì il disastro,* sa fureur fut à son comble quand il découvrit le désastre.

culmo ['kulmo] m. BOT. chaume.

culo ['kulo] m. POP. cul. || PER EST. *culo di una bottiglia,* cul d'une bouteille. || LOC. FIG., GERG., POP. *leccare il culo a qlcu.,* lécher le cul à qn.

culotte [ky'lɔt] f. pl. [fr.] culotte(s).

culteranesimo [kultera'nezimo] m. LETT. cultisme.

cultismo [kul'tizmo] m. LETT. cultisme.

culto ['kulto] m. PR. e FIG. culte.

cultore [kul'tore] (**-trice** f.) m. amateur (invar.). | *cultore di estetica,* esthéticien.

cultuale [kultu'ale] agg. cultuel.

cultura [kul'tura] f. **1.** [istruzione, formazione, complesso delle tradizioni] culture. | *mancanza di cultura,* inculture. | *avere una buona cultura letteraria,* avoir un bon bagage littéraire. || SPORT *cultura fisica,* culture physique. || **2.** [coltivazione] culture.

culturale [kultu'rale] agg. culturel.

cumino [ku'mino] m. BOT. cumin.

cumolo ['kumolo] m. V. CUMULO.

cumulare [kumu'lare] v. tr. cumuler.

cumulativo [kumula'tivo] agg. cumulatif. | *prezzo cumulativo,* prix d'ensemble.

cumulatore [kumula'tore] (**-trice** f.) m. cumulard, (fam. e peggior.).

cumulazione [kumulat'tsjone] f. cumul m.

cumulo ['kumulo] m. [mucchio] PR. e FIG. tas, amas, échafaudage. | *dopo la guerra la città era ridotta a un cumulo di macerie fumanti,* après la guerre la ville n'était plus qu'un amas de décombres fumants. | *il vento ha formato dei cumuli di neve,* le vent a formé des congères (f.). | *ha detto un cumulo di stupidaggini,* il a dit un tas de sottises. || AMM., GIUR. cumul. | *cumulo di cariche,* cumul de charges. | *cumulo di pene,* cumul de peines. || FIN. cumul. | *cumulo dei redditi,* cumul des revenus. || METEOR. cumulus.

cumulonembo [kumulo'nembo] m. METEOR. cumulonimbus.

cuna ['kuna] f. (antiq. o region.) berceau m. (L.C.).
cuneiforme [kunei'forme] agg. cunéiforme. ‖ ANAT. *(osso) cuneiforme*, cunéiforme m.
cuneo ['kuneo] m. TECN. coin. | *cuneo per spaccare legna*, coin à fendre le bois. | *togliere i cunei*, décoincer v. tr. ‖ ARCHIT. voussoir, vousseau. ‖ EDIL. claveau. ‖ FERR. *cuneo di serraggio*, cale (f.) à griffes.
cunetta [ku'netta] f. [canale di scolo] caniveau m., [che attraversa una strada] cassis m. ‖ [avvallamento di carreggiata] *strada con cunette*, route défoncée.
cunicolo [ku'nikolo] m. galerie f. ‖ MIL. boyau.
cunicoltura [kunikol'tura] f. cuniculiculture.
cuoca ['kwɔka] (**-che** pl.) f. cuisinière. | *ottima cuoca, cuoca consumata*, cordon-bleu m.
cuocere ['kwɔtʃere] v. tr. e intr. CULIN. cuire. | *cuocere ai, sui ferri; alla, sulla griglia*, griller v. tr.; faire rôtir sur le gril. | *abbiamo cotto la carne alla griglia*, nous avons grillé la viande. | *cuocere in fricassea*, fricasser v. tr. | *questo piatto deve cuocere a fuoco lento*, ce mets doit mijoter, mitonner. | *cuocere a lesso, in stufato*, cuire à l'eau, à l'étuvée, à l'étouffée. ‖ FIG. *lasciar cuocere qlcu. nel suo brodo*, laisser cuire qn dans son jus. ‖ TECN. cuire.
cuoco ['kwɔko] (**-chi** pl.) m. cuisinier, cuistot (pop.). | *ottimo cuoco, cuoco consumato*, cordon-bleu. ‖ MAR. coq.
cuoio ['kwɔjo] (**cuoi** pl. PR.; **cuoia** pl. FIG.) m. cuir. | *cuoio greggio*, cuir vert. | *munire di palle di cuoio le corna di un toro*, bouler les cornes d'un taureau. ‖ ANAT. *cuoio capelluto*, cuir chevelu. ◆ pl. FIG., LOC. SCHERZ. *tirar le cuoia*, claquer v. intr. (fam.), casser sa pipe (fam.), faire couic (pop.), caner v. intr. (pop.), claboter v. intr. (pop.).
cuore ['kwɔre] m. **1.** ANAT. [organo] cœur. | *è ammalato di cuore*, il a une maladie de cœur. | *operazione a cuore aperto, esangue*, opération à cœur ouvert. ‖ PER EST. [petto] cœur. | *portarsi la mano al cuore*, mettre la main sur son cœur. | *stringer(si) qlcu. al cuore*, presser qn sur son cœur. | *con la morte nel cuore*, la mort dans l'âme. ‖ **2.** [sentimenti] [affetto] cœur. | *amare con tutto il cuore*, aimer de tout son cœur. | *affari di cuore*, affaires (f.) de cœur. | *posta del cuore*, courrier (m.) du cœur. | *l'amico del cuore*, l'ami de cœur. ‖ [termine affettuoso] *cuore mio!*, mon cœur! ‖ [bontà] *aver cuore*, avoir bon cœur, avoir du cœur. | *avere il cuore in mano*, avoir le cœur sur la main. | *un uomo senza cuore*, un homme sans entrailles. ‖ [ardore] *prendere qlco. a cuore*, prendre qch. à cœur. | *questo mi sta a cuore*, cela me tient à cœur. | *di (tutto) cuore*, de bon cœur, de tout mon cœur. ‖ [coraggio] cœur. | *avere un cuore da leone*, avoir un cœur de lion. | *non ho cuore di fare, di dire*, je n'ai pas le cœur de faire, de dire. | *non mi regge, non mi basta il cuore*, le cœur me manque. | *in alto i cuori!*, haut les cœurs! ‖ **3.** [cose] *a cuore, a cuori*, en forme de cœur. ‖ [centro] cœur. | *cuore di carciofo, di palma*, cœur d'artichaut, de palmier. ‖ FIG. cœur, milieu, fort. | *nel cuore della foresta*, au cœur de la forêt. | *nel cuore della notte*, au cœur de la nuit. ‖ FERR. [scambio] cœur. ‖ GIOCHI [carte] cœur. | *asso di cuori*, as de cœur. | *avere le carte più alte a cuori*, être maître à cœur. ‖ **4.** LOC. *ridere di cuore, di tutto cuore*, rire de bon cœur, de très bon cœur. | *col cuore in gola*, le cœur battant. | *l'ama con tutto il cuore*, il l'aime de toutes ses forces. | *in cuore suo*, dans son for intérieur. ‖ PROV. *lontano dagli occhi, lontano dal cuore*, loin des yeux, loin du cœur.
cupidigia [kupi'didʒa] f. cupidité, convoitise.
cupidità [kupidi'ta] f. cupidité, convoitise.
cupido ['kupido] agg. cupide. | *essere cupido*, être avide.
cupo ['kupo] agg. [oscuro] sombre, noir, obscur, épais. | *una notte cupa*, une nuit épaisse. | *tessuto cupo*, tissu sombre. | *rosso cupo*, rouge foncé. ‖ PER EST. *con uno sguardo cupo*, d'un regard sombre. | *mi guardò, cupo in volto*, il me regarda d'un air sombre. | *farsi cupa in volto*, s'assombrir. ‖ [di suono] sourd. | *con voce cupa*, d'une voix sourde. ‖ FIG. [inquietante] sombre. | *le cupe ore del dolore*, les heures sombres de la douleur.
cupola ['kupola] f. ARCHIT. [all'esterno] dôme m.; [all'interno] coupole. ‖ PER ANAL. *cupola di un osservatorio*, coupole d'un observatoire. ‖ PER EST. *cupola di fogliame*, dôme de verdure (f.). | *cupola (di cappello)* carre. ‖ BOT. cupule. ‖ MIL. [torretta] coupole.
cupoletta [kupo'letta] f. DIMIN. ARCHIT. [all'esterno] petit dôme; [all'interno] petite coupole.
cupolino [kupo'lino] m. TEATRO [cuffia del suggeritore] capot.
cupreo ['kupreo] agg. (lett.) [colore] cuivreux, cuivré. ‖ [di rame] de cuivre.
cuprico ['kupriko] (**-ci** pl.) agg. CHIM. cuprique.
cuprifero [ku'prifero] agg. cuprifère.
cuprite [ku'prite] f. MINER. cuprite.
cupula ['kupula] f. BOT. cupule.
cura ['kura] f. [applicazione, attenzione] soin m., attention. | *mettere ogni cura nel fare qlco.*, mettre tous ses soins à qch. | *eseguire un lavoro con ogni cura, con la massima cura*, exécuter un travail avec le plus grand soin, aux petits oignons (iron.). | *aver cura di qlco.*, avoir soin de qch. | *abbiti cura*, ménage-toi, aie soin de ta santé. | *abbi cura di chiudere sempre la porta*, prends soin de toujours fermer la porte. | *non si dà cura di capirci*, il n'a cure de nous comprendre. ‖ [preoccupazione] souci m. | *non ha altra cura che lo studio*, il n'a d'autre souci que l'étude. | *ti dai troppa cura per lui*, tu te donnes trop de peine pour lui. | *non ti dare cura!*, ne te fais pas de souci! ‖ [responsabilità] soin m., charge. | *lasciare ad altri la cura di*, se décharger sur d'autres du soin de. | *pubblicato a cura di*, publié par. ‖ MED. [trattamento] traitement m. | *essere in cura*, être en traitement. ‖ PER EST. [terapia particolare] cure. | *cura termale, dimagrante*, cure thermale, amaigrissante. | *fare una cura termale*, aller aux eaux. | *cura dell'uva, del sonno*, cure de raisin (m.), de sommeil. | *casa di cura*, maison de santé. ‖ RELIG. [parrocchia] cure. ‖ FIG. charge. | *aver cura d'anime*, avoir charge d'âmes. ◆ pl. [attenzioni] soins m., attentions. | *circondare qlcu. di cure*, entourer qn d'attentions, être aux petits soins pour qn. ‖ MED. soins m. | *praticare le prime cure a un ferito*, donner les premiers soins à un blessé.
curabile [ku'rabile] agg. curable, guérissable.
curaçao [kyra'so] m. (fr.) [liquore] curaçao.
curante [ku'rante] agg. *medico curante*, médecin traitant.
curapipe [kura'pipe] m. invar. cure-pipe.
curare [ku'rare] v. tr. [attendere a] soigner; prendre, avoir soin (de). | *curare la famiglia, la propria cultura*, prendre soin de sa famille, de sa culture. ‖ [procurare] veiller (à), prendre soin (que). | *curerò ch'egli non ne sappia nulla*, je veillerai à ce qu'il n'en sache rien; je prendrai soin qu'il n'en sache rien. ‖ [tenere in buono stato] soigner, entretenir. | *curare un campo da tennis*, entretenir un court de tennis. | *curare la propria bellezza, la propria salute*, entretenir sa beauté, sa santé. | *curare una edizione*, établir une édition. ‖ COMM. s'occuper (de). ‖ MED. soigner, traiter. ‖ ◆ v. rifl. se soigner. ‖ ◆ v. medio intr. [preoccuparsi] se soucier; se faire du souci, des soucis; s'inquiéter; se préoccuper. | *non se ne cura affatto*, il ne s'en soucie guère, il s'en soucie comme de l'an quarante (fam.), comme de sa première chemise (fam.). ‖ [darsi la pena] se donner, prendre la peine. | *non si è curato neppure di rispondermi*, il ne s'est même pas donné, il n'a même pas pris la peine de me répondre.
curaro [ku'raro] m. curare.
curasnetta [kuraz'netta] f. TECN. cure-pied m.
curatela [kura'tɛla] f. GIUR. curatelle.
curativo [kurativo] agg. curatif.
curato [ku'rato] m. RELIG. curé.
curatore [kura'tore] (**-trice** f.) m. GIUR. curateur, curatrice f. | *curatore di fallimento*, syndic.
curdo ['kurdo] agg. e m. kurde.
curia ['kurja] f. STOR., RELIG. curie. ‖ GIUR. [complesso degli avvocati] barreau m.
curiale [ku'rjale] agg. [di una cura] (raro) curial. ‖ [aulico] (lett.) de la cour. ‖ [stile] du barreau. ‖ STOR. curial. ◆ m. (lett. o antiq.) avoué (L.C.).
curiato [ku'rjato] agg. STOR. curiate.
curie [ky'ri] m. (fr.) FIS. curie.
curio ['kurjo] m. FIS. curium.
curione [ku'rjone] m. STOR. curion.
curiosare [kurjo'sare] v. intr. [comportarsi da

curioso] fourrer son nez. | *vengono a casa nostra solo per curiosare,* ils ne viennent chez nous que pour fourrer leur nez dans nos affaires. || [frugare] fureter, trifouiller (pop.) | *curiosare in tutti gli angoli,* fureter dans tous les coins.

curiosità [kurjosi'ta] f. invar. curiosité. | *mi hai messo in curiosità,* tu as éveillé ma curiosité. | *togliersi, cavarsi la curiosità,* satisfaire sa curiosité. | *suscitare curiosità,* intéresser v. tr. | *per pura curiosità,* uniquement par curiosité. ◆ pl. [cose] curiosités.

curioso [ku'rjoso] agg. [che vuole sapere] curieux. | *curioso di tutto,* curieux de tout. || [che fruga dappertutto] fureteur, fouinard (fam.), fouineur (fam.). || [strano] curieux, bizarre, drôle (de). | *trovo il suo comportamento molto curioso,* sa conduite m'intrigue. | *è un tipo curioso,* c'est un drôle de type. ◆ m. **1.** [persona] curieux. || [ficcanaso] fouinard (fam.), fouineur (fam.), écouteur (raro). || **2.** [lato strano] curieux, bizarre, drôle.

curriculum [kur'rikulum] m. (lat.) *curriculum vitae,* curriculum vitae.

curry ['kʌri] m. [ingl.] CULIN. curry, cari, cary (antiq.).

cursore [kur'zore] m. ASTRON., TECN. coulisseau, curseur.

cursorio [kur'sɔrjo] agg. [lettura] cursif.

curtense [kur'tɛnse] agg. STOR., GIUR. *economia curtense,* économie féodale close.

curva ['kurva] f. GEOGR., GEOM. courbe. || PER EST. [sinuosità] détour m. | *le curve di un fiume,* les détours d'un fleuve. || PER ANAL. [tratto di strada ad arco] tournant m., virage m. | *curva pericolosa,* virage dangereux. | *curve per tre chilometri,* virages sur trois kilomètres. | *curva a U,* tournant en épingle à cheveux. || FIG. POP. [forme piene della donna] rondeur.

curvare [kur'vare] v. tr. [piegare] courber. | *curvare a gomito una sbarra di ferro,* couder une barre de fer. | *curvare ad arco,* arquer, cambrer. | *curvare delle piastre di metallo,* cintrer des plaques de métal. || PER ANAL. [abbassare] courber, incliner, baisser. | *curvare la testa,* baisser la tête. ◆ v. rifl. [diventare curvo] se courber, se voûter. || [chinarsi] se baisser, se courber. | *dovette curvarsi in due per entrare,* il dut se courber en deux pour entrer. || TECN. [di legname, metallo] s'infléchir, se voiler, fléchir v. intr., gauchir v. intr. ◆ v. intr. [fare una curva] tourner. | *la strada curva a destra,* la route tourne à droite. || AUTOM. virer, prendre le virage.

curvatore [kurva'tore] m. [operaio] cintreur.

curvatrice [kurva'tritʃe] f. [macchina] cintreuse, machine à cintrer.

curvatura [kurva'tura] f. courbure. || AER. *curvatura dell'ala,* cambrure de l'aile. || ANAT. *curvatura del piede,* cambrure du pied. || ARCHIT. cintre m., voussure. || GEOGR., GEOM. courbure. | *raggio di curvatura,* rayon de courbure. || METALL. cintrage m., courbure. || TECN. *curvatura di una scarpa,* cambrure, cintrage (m.) d'une chaussure. || [di una trave, ecc.] faussage m., gauchissement m., voilement m.

curvilineo [kurvi'lineo] agg. MAT. curviligne.

curvimetro [kur'vimetro] m. MECC. curvimètre.

curvo ['kurvo] agg. GEOM. courbe. || [vecchio] courbé, voûté. | *un vecchio curvo,* un vieillard voûté. || [curvato] courbé, penché. | *curvo sui libri,* penché sur ses livres.

cuscinetto [kuʃʃi'netto] m. DIMIN. coussinet. | *cuscinetto puntaspilli,* pelote f. || ANAT. *cuscinetto di grasso,* bourrelet de graisse. || POLIT. *Stato cuscinetto,* État tampon. || MECC. palier, roulement, coussinet. | *cuscinetto a sfere,* palier, roulement, coussinet à billes.

cuscino [kuʃ'ʃino] m. coussin. || [guanciale] oreiller, coussin. || TECNOL. [di merlettaia] carreau.

cuscus(so) [kus'kus(so)] m. CULIN. couscous.

cuspidale [kuspi'dale] agg. ARCHIT. en flèche.

cuspide ['kuspide] f. [estremità appuntita] pointe. || ANAT. [cuore] valve. || [dente] cuspide. || ARCHIT. *cuspide del campanile,* flèche de clocher. | *a cuspide,* en flèche. || BOT. cuspide. || TECN. *ingranaggi con dentatura a cuspide* engrenages à chevrons.

custode [kus'tɔde] m. PR. e FIG. gardien. | *angelo custode,* ange gardien, bon ange (fam.). || [portinaio] concierge.

custodia [kus'tɔdja] f. **1.** [sorveglianza] garde. | *lasciare, mettere in custodia,* laisser, mettre en garde. | *prendere, tenere in custodia un bambino,* prendre, tenir un enfant sous sa garde. | *avere in custodia dei documenti,* avoir la garde de quelques documents. || FIN. *titoli in custodia,* titres en garde. || GIUR. *agente di custodia,* gardien de prison. || **2.** [astuccio] étui m. | *custodia del violino,* caisse (f.) à violon.

custodire [kusto'dire] v. tr. PR. e FIG. garder.

cutaneo [ku'taneo] agg. cutané.

cute ['kute] f. MED. peau.

cuticola [ku'tikola] f. ANAT., BOT. cuticule.

cutireazione [kutireat'tsjone] f. MED. cuti-réaction.

cutrettola [ku'trɛttola] f. ZOOL. lavandière, bergeronnette, hochequeue.

cutter ['kʌtə] m. [ingl.] MAR. cotre.

czar [tsar] m. e deriv. V. ZAR e deriv.

czarda ['tsarda] f. MUS. csardas, czardas.

D

da [da] prep.

I. origine, provenienza, separazione, allontanamento, con verbi di sentimento in forma passiva, causa, limitazione, valore, passaggio da una condizione ad un'altra : de.
II. a casa di, presso : chez.
III. moto per luogo, complemento d'agente e di causa efficiente : par.
IV. a partire da [con idea continuativa] : depuis, il y a... que.
V. da... in poi : depuis.
VI. fin da [con idea puntuativa] : dès.
VII. in qualità di, come : en.
VIII. qualità, in base a, fine o scopo, prezzo, davanti a un infinito presente : à.
IX. secondo, a imitazione di, tratto da : d'après.
X. in relazione a *a :* de... (à), depuis... (jusqu'à).
XI. davanti a un infinito con valore di *di che :* de quoi.
XII. destinato a : pour.
XIII. per indicare una condizione : lorsque, quand.
XIV. consecutivo : que.
XV. LOC.

I. de. **1.** *nato da povera famiglia,* issu d'une famille pauvre. **2.** *vengo dall'Italia,* je viens d'Italie. **3.** *separare la testa dal corpo,* séparer la tête du corps.

4. *abitare a due kilometri dalla città*, habiter à deux kilomètres de la ville. **5.** *essere apprezzato, disprezzato da tutti*, être apprécié, méprisé de tout le monde. **6.** *piangere dalla rabbia*, pleurer de rage, de colère. **7.** *sordo da un orecchio*, sourd d'une oreille. **8.** *diamante da un milione*, diamant d'un million. **9.** *da servo a padrone*, de serviteur à maître.
II. chez. **1.** *verrò da te domani*, je viendrai chez toi demain. **2.** *andare dal macellaio, dal droghiere*, aller chez le boucher, chez l'épicier.
III. par. **1.** *passare dal giardino*, passer par le jardin. **2.** *l'assegno è stato inventato dai banchieri greci*, le chèque a été inventé par les banquiers grecs. **3.** *campagna inondata dalle acque di un fiume*, campagne inondée par les eaux d'un fleuve.
IV. depuis, il y a... que. | *vivo in questa città da molto tempo*, je vis dans cette ville depuis longtemps, il y a longtemps que je vis dans cette ville. | *la conosco da tre anni*, il y a trois ans que je la connais. | *aspettare da tre ore*, attendre depuis trois heures. | *da quando siete qui?*, depuis quand êtes-vous là?
V. depuis. | *da Aristotele in poi tutti i filosofi ne hanno parlato*, depuis Aristote tous les philosophes en ont parlé. | *da allora in poi*, depuis lors.
VI. dès. | *dalla prossima settimana andrò a nuotare in piscina*, dès la semaine prochaine j'irai nager à la piscine. | *ha perduto i genitori fin dall'infanzia*, il a perdu ses parents dès l'enfance. | *fin da domani*, dès demain. | *fin da allora*, dès lors.
VII. en. | *parlare da amico, non da padrone*, parler en ami, non en maître. | *si comporta da uomo di mondo*, il se conduit en homme du monde.
VIII. à. **1.** *donna dagli occhi azzurri*, femme aux yeux bleus. | *l'uomo dal braccio d'oro*, l'homme au bras d'or. **2.** *vedo dai tuoi occhi che hai pianto*, je vois à tes yeux que tu as pleuré. **3.** *carte da gioco*, cartes à jouer. **4.** *ha una barca da affittare*, il a une barque à louer. **5.** *pesche da 600 lire al kilo*, pêches à 600 lires le kilo. **6.** *non c'è niente da dire, da fare*, il n'y a rien à dire, à faire.
IX. d'après. **1.** *dipingere dal vero*, peindre d'après nature. **2.** *da quello che mi hai detto*, d'après ce que tu m'as dit. **3.** *(tratto) da Camus*, d'après Camus.
X. de... (à), depuis... (jusqu'à). | *dalle quattro alle cinque*, de (depuis) quatre heures à (jusqu'à) cinq heures. | *dal 1970 al 1980*, de (depuis) 1970 à (jusqu'à) 1980. | *uomo dai trenta ai quarant'anni*, homme de trente à quarante ans.
XI. de quoi. | *non c'è da essere contenti*, il n'y a pas de quoi être satisfait(s). | *non c'è da stupirsi*, il n'y a pas de quoi s'étonner.
XII. pour. | *sarto da donna*, tailleur pour dame. | *scarpe da uomo*, chaussures pour hommes.
XIII. lorsque, quand. | *quanto guadagnavi da operaio?*, combien gagnais-tu quand tu étais ouvrier? | *come vivevi da studente?*, comment vivais-tu quand tu étais étudiant?
XIV. que. | *è così stanco da non riuscire a dormire*, il est si fatigué qu'il ne réussit pas à dormir.
XV. Loc. *festa da ballo*, bal. || *fare da padre*, tenir lieu de père. || *lasciarsi da buoni amici*, se quitter bons amis. || *trattare qlcu. da stupido*, traiter qn d'imbécile. || *molti metri da terra*, plusieurs mètres au-dessus du sol. || *da questa torre si domina la città*, du haut de cette tour on domine la ville. || *non è da te agire così*, il n'est pas digne de toi d'agir ainsi. || *su, da bravo, coraggio; sii gentile; sta buono*, allons, courage; allons, sois gentil; allons, tiens-toi tranquille. || *da solo*, V. SOLO.

dabbasso [dab'basso] avv. en bas. | *dov'è la mamma?, dabbasso*, où est maman?, en bas. || Loc. *vieni dabbasso!*, descends!

dabbenaggine [dabbe'naddʒine] f. [bonarietà] (raro) bonhomie. | *la sua dabbenaggine è commovente*, sa bonhomie est touchante. || [ingenuità eccessiva] naïveté, candeur, crédulité.

dabbene [dab'bɛne] agg. invar. [onesto, probo] honnête, probe, vertueux. | *la gente dabbene*, les honnêtes gens. || [ammodo] poli, comme il faut. | *era una persona dabbene*, c'était un homme comme il faut.

daccapo [dak'kapo] avv. V. CAPO.

dacché [dak'ke] cong. [da quando] depuis que. | *dacché sono qui non ha mai piovuto*, depuis que je suis là il n'a jamais plu.

dada [da'da] agg. invar. ARTI, LETT. dada. | *scuola dada*, école dada.

dadaismo [dada'izmo] m. ARTI dadaïsme, dada.

dado ['dado] m. GIOCHI dé. | *gettare i dadi*, jeter les dés. | *truccare i dadi*, piper les dés. || LOC. FIG. *il dado è tratto*, le sort en est jeté. | *i dadi sono tratti*, les dés sont jetés. || MECC. [vite] écrou. | *dado circolare*, écrou rond. || ARCHIT. [di piedistallo] dé. || CULIN. cube. | *dado di brodo*, cube de bouillon.

daffare [daf'fare] m. besogne f. | *il daffare quotidiano*, la besogne quotidienne. | *avere molto daffare*, être débordé de besogne. || LOC. *non posso, ho daffare*, je ne peux pas, je suis pris. || *hai ancora molto daffare?*, est-ce que cela te demande encore beaucoup de temps? || *darsi daffare*, V. DARE.

dafne ['dafne] f. BOT. daphné.

dafnia ['dafnja] f. ZOOL. daphnie.

daga ['daga] (**-ghe** pl.) f. dague.

dagherrotipia [dagerroti'pia] f. FOT. daguerréotypie.

dagherrotipo [dager'rɔtipo] m. FOT. daguerréotype.

dagli ['daʎʎi] **1.** prep. art. m. pl. V. DA. || **2.** interiez. V. DALLI.

dai ['dai] **1.** prep. art. m. pl. V. DA. || **2.** interiez. V. DALLI.

daina ['daina] f. ZOOL. daine.

daino ['daino] m. ZOOL. daim. | *piccolo daino*, faon. || MODA *guanti di daino*, gants en daim.

dal [dal] prep. art. m. s. V. DA.

dalia ['dalja] f. BOT. dahlia m.

dalla ['dalla] prep. art. f. s. V. DA.

dalle ['dalle] prep. art. f. pl. V. DA.

dalli ['dalli] interiez. [non ha versione corrispondente; composta dell'imperativo del verbo *dare* e dell'enclitica *gli*; si alterna regionalmente con le forme *dai* e *dagli*] *e dalli che piange!*, il pleure encore! | *e dalli con questi scherzi!*, encore avec ces plaisanteries! | *e dalli! non sei ancora stanco?*, de nouveau! tu n'es pas encore fatigué? | *dalli che vinci!*, vas-y, tu vas gagner! || *dall'oggi, dalli domani, ce l'ha fatta!*, à force d'insister il a réussi. | *dalli al ladro!*, au voleur!

dallo ['dallo] prep. art. m. s. V. DA.

dalmata ['dalmata] m. e agg. GEOGR. dalmate.

dalmatica [dal'matika] f. RELIG. dalmatique.

dalmatico [dal'matiko] agg. GEOGR. dalmate.

daltonico [dal'tɔniko] agg. MED. daltonien. ◆ m. daltonien.

daltonismo [dalto'nizmo] m. MED. daltonisme.

dama ['dama] f. STOR. [nobildonna] dame. | *servire la propria dama*, servir sa dame. || PER ANAL. *dama di carità*, dame de charité. | *dama di compagnia*, dame de compagnie. || PER EST. *fare la gran dama*, faire la grande dame. || [partner del ballerino] cavalière. || RELIG. *Nostra Dama* (arc.), Notre-Dame. || GIOCHI [carte] dame. | *dama di cuori*, dame de cœur. || [gioco] dame. | *giocare a dama*, jouer aux dames. | *andare a dama*, aller à dame. | *fare dama*, damer v. tr.

damare [da'mare] v. tr. GIOCHI damer.

damascare [damas'kare] v. tr. TESS. damasser.

damascato [damas'kato] agg. e m. TESS. damassé.

damascatura [damaska'tura] f. TESS. damassure.

damaschina [damas'kina] f. BOT. damas m.

damaschinare [damaski'nare] v. tr. METALL. damasquiner.

damaschinatore [damaskina'tore] (**-trice** f.) m. damasquineur.

damaschinatura [damaskina'tura] f. damasquinage m.

damasco [da'masko] m. TESS. damas.

damerino [dame'rino] m. dameret, blondin (L.C.); godelureau (fam.), galantin (fam.), coquet (fam.), damoiseau (peggior.). || LOC. *fare il damerino*, faire le joli cœur.

damiera [da'mjɛra] f. GIOCHI damier m.

damigella [dami'dʒɛlla] f. STOR. damoiselle. || PER ANAL. *damigella d'onore*, demoiselle d'honneur. | *damigella di compagnia*, demoiselle de compagnie. || ZOOL. demoiselle (pop.).

damigello [dami'dʒɛllo] m. STOR. damoiseau.

damigiana [dami'dʒana] f. bonbonne. || [ricoperta interamente di vimini intrecciato] dame-jeanne.

dammeno [dam'meno] avv. [usato come agg. invar.] inférieur agg. | *non essere dammeno degli altri,* ne pas être inférieur aux autres.
danaro [da'naro] m. GIUR. *il pubblico danaro,* les deniers publics. || STOR. denier. || [senso corrente] V. DENARO.
danaroso [dana'roso] agg. riche, cossu. | *uomo danaroso,* homme cossu, fortuné. || LOC. *essere danaroso,* avoir du foin dans ses bottes.
dancing ['daensiŋ] m. [ingl.] dancing.
dandismo [dan'dizmo] m. dandysme.
dandy [dændi] m. [ingl.] dandy.
danese [da'nese] n. e agg. danois.
dannabile [dan'nabile] agg. damnable.
dannare [dan'nare] v. tr. damner. ◆ v. rifl. se damner. || FIG. FAM. se faire du mauvais sang, de la bile (fam.).
dannatamente [dannata'mente] avv. (pop.) bigrement (fam.), bougrement (fam.). | *questo caffè è dannatamente cattivo,* ce café est bougrement mauvais.
dannato [dan'nato] agg. damné. | *le anime dannate,* les âmes damnées. || FIG. FAM. damné, sacré. | *dannate scarpe!,* sacrées chaussures! | *è una vita dannata, la mia!,* c'est une sacrée vie que la mienne! ◆ m. damné. | *i dannati dell'inferno,* les damnés de l'enfer. || FIG. FAM. fou. | *corre come un dannato,* il roule comme un fou.
dannazione [dannat'tsjone] f. e interiez. damnation.
danneggiamento [danneddʒa'mento] m. endommagement.
danneggiare [danned'dʒare] v. tr. endommager, détériorer, dégrader. | *l'urto ha danneggiato seriamente la macchina,* la collision a sérieusement endommagé la voiture. | *la grandine danneggia le messi,* la grêle hache les blés. || FIG. léser, nuire (à) v. intr. || COMM. [merci] avarier. ◆ v. rifl. s'endommager.
danneggiato [danned'dʒato] m. GIUR. *il danneggiato,* la partie plaignante.
danno ['danno] m. dégât, dommage. | *riparare i danni,* réparer les dégâts. | *arrecare danno alla salute,* nuire à la santé. || PER EST. [pregiudizio] préjudice. | *recar danno al buon nome di qlcu.,* porter préjudice à la réputation de qn. || FIG. [sfavore] désavantage. || COMM., GIUR. dommage. | *risarcimento dei danni,* dommages et intérêts. | *risarcire i danni,* dédommager. | *subire un danno,* essuyer des pertes (f.). || MIL. *il bombardamento di ieri ha causato gravi danni,* le bombardement d'hier a fait beaucoup de casse f. (pop.). || LOC. *a tutto danno di,* au (grand) détriment de. || *non è poi un gran danno* (fam.), ce n'est pas si grave (L.C.). || *tuo danno* (fam.), tant pis pour toi (fam.). || *pagare i danni* (fig.), payer la casse (pop.), payer les pots cassés (fam.).
dannoso [dan'noso] agg. nuisible, nocif.
dantesco [dan'tesko] agg. dantesque.
dantologo [dan'tɔlogo] m. LETT. spécialiste de Dante.
danubiano [danu'bjano] agg. GEOGR. danubien.
danza ['dantsa] f. danse. | *aprire le danze,* ouvrir le bal. | *tè con danze,* thé dansant (agg.). || MUS. danse.
danzante [dan'tsante] agg. dansant. | *serata danzante,* soirée dansante (L.C.), boom m. (gerg. univ.), surprise-partie.
danzare [dan'tsare] v. intr. danser. | *danzare con grazia,* danser avec grâce. | *far danzare qlcu.,* faire danser qn. || PER EST. *le fiamme danzavano nel camino,* les flammes dansaient dans la cheminée. ◆ v. tr. danser. | *danzare un tango,* danser un tango.
danzatore [dantsa'tore] (**-trice** f.) m. danseur, danseuse.
dappertutto [dapper'tutto] avv. partout, de toutes parts, de tous côtés, en tout lieu. | *dappertutto altrove,* partout ailleurs. | *vengono da dappertutto,* on vient de toutes parts.
dappocaggine [dappo'kaddʒine] f. [mancanza di ingegno] incapacité, inaptitude. || PER EST. [pochezza d'animo] sottise, ineptie.
dappoco [dap'pɔko] avv. [usato come agg. invar.] sans valeur, insuffisant, de rien. | *è una scusa dappoco la tua,* c'est une mauvaise excuse que la tienne. | *sono cose dappoco,* ce sont des choses de rien. || PER EST. [persone] incapable m., inepte, bon à rien. | *è un uomo dappoco,* c'est un incapable, c'est un bon à rien.
dappresso [dap'prɛsso] avv. (raro) V. VICINO.
dapprima [dap'prima] avv. (tout) d'abord loc. avv., premièrement avv., en premier lieu, avant tout loc. avv.
dapprincipio [dapprin'tʃipjo] avv. au début, au commencement.
dardeggiare [darded'dʒare] v. tr. darder. || FIG. *il sole dardeggia i suoi raggi,* le soleil darde ses rayons.
dardo ['dardo] m. dard, trait. || FIG. trait. | *i dardi dell'amore,* les traits de Cupidon, de l'amour. | *i dardi del sole,* les rayons du soleil. || LOC. FIG. *lanciare dardi contro qlcu.,* lancer des pointes (f.) contre qn. || MECC. dard.
dare ['dare] v. tr. **1.** senso generale. **2.** offrire. **3.** accordare. **4.** conferire. **5.** attribuire. **6.** assegnare. **7.** proporre. **8.** esporre. **9.** ordinare. **10.** fissare. **11.** impegnare. **12.** produrre. **13.** consegnare. **14.** somministrare. **15.** applicare. **16.** aiutare. **17.** procurare. **18.** sacrificare. **19.** causare. **20.** esercitare una azione. **21.** emettere. **22.** creare. **23.** comunicare. **24.** cedere. **25.** far passare (per). **26.** augurare. **27.** pagare. **28.** LOC.
1. [senso generale] donner. | *dare qlco. a qlcu.,* donner qch. à qn. | *dammelo!* (L.C.), donne-moi ça (fam.). || PER ANAL. [di denaro] *dare una caparra,* donner des arrhes. || LOC. *ha fatto uno sforzo per dare cento lire ai poveri* (fam.), il s'est fendu (pop.) de cent lires pour les pauvres. || PER EST. [far dono] *dare il proprio cuore,* donner son cœur. || LOC. FIG. *dare anche la camicia,* donner jusqu'à sa chemise (fam.).
2. [offrire] donner. | *mi ha dato il suo posto,* il m'a donné sa place. | *mi dai una sigaretta?,* tu me donnes une cigarette? || PER ANAL. *dare il braccio, la mano,* donner le bras, la main. || PER EST. *dare una festa, una cena,* donner une fête, un dîner. || LOC. *dare un abbraccio a qlcu.,* donner l'accolade à qn.
3. [accordare] donner. | *dare una proroga,* donner un délai. || COMM. *dare il proprio avvallo a una cambiale,* donner son aval à une lettre de change. || GIUR. *dare in matrimonio,* donner en mariage. || TECN. *dare la linea,* donner la communication. || PER ANAL. [accordare, permettere] *dare il permesso di uscire,* donner la permission de sortir. | *dare libero corso al proprio dolore,* donner libre cours à sa douleur. | *dammi tempo!,* donne-moi le temps! || PER EST. [accordare, affidare] donner. | *dare la custodia di,* donner la garde de. | *gli hanno dato la direzione dell'azienda,* on lui a confié la direction de l'entreprise. || LOC. *dare il proprio affetto,* donner son affection. || *dare la propria fiducia,* donner sa confiance. || *dare torto, ragione,* donner tort, raison. || *non dare ragione a nessuno* (L.C.), renvoyer dos à dos (fam.). || *dare carta bianca,* donner carte blanche.
4. [conferire] donner. | *dare un incarico importante,* donner une charge importante. || GIUR. *dare pieni poteri,* donner les pleins pouvoirs. | *dare un titolo nobiliare,* donner un titre nobiliaire. || PER EST. *quel vestito le dà un aspetto giovanile,* cette robe lui donne un air jeune.
5. [attribuire] donner. | *dà più importanza al denaro che al resto,* il donne plus d'importance à l'argent qu'au reste. || FIG. [attribuire, previo giudizio] donner. | *quanti anni gli dai?,* quel âge lui donnes-tu? | *gli davo sui vent'anni,* je lui donnais une vingtaine d'années. || LOC. *glielo dò a mille!,* je vous le donne en mille!
6. [assegnare] donner. | *gli sono stati dati dieci anni di carcere,* on lui a donné dix ans de prison.
7. [proporre da fare] donner. | *gli ho dato un quadro da incorniciare,* je lui ai donné un tableau à encadrer. || PER EST. [proporre da imitare] *quella donna dà un esempio di virtù cristiana,* cette femme donne un exemple de vertu chrétienne.
8. [esporre] donner. | *dare il proprio parere su qlco.,* dire son avis sur qch. | *mi ha dato delle precisazioni,* il m'a donné des explications.
9. [ordinare] donner. | *dare una dieta,* donner un régime. || PER EST. [ordinare, licenziare] *gli ho dato gli otto giorni,* je lui ai donné ses huit jours. || GIUR. *dare la disdetta a un locatario,* donner congé à un locataire. || SPORT *dare il via,* donner le départ.
10. [fissare] donner. | *dare un appuntamento a qlcu.,* donner rendez-vous à qn. || PER ANAL. *dare un succes-*

sore a qlcu., donner un successeur à qn. ‖ PER EST. *dare un nome a un bambino*, donner un nom à un enfant.

11. [impegnare] donner. | *dare la propria parola d'onore*, donner sa parole d'honneur.

12. [produrre] donner. | *questo scrittore dà un romanzo all'anno*, cet écrivain donne un roman par an. ‖ PER ANAL. *ciò non darà nulla di buono*, cela ne donnera rien de bon. ‖ PER EST. [produrre, diventare] *ogni seme dà una pianta*, toute graine donne une plante. ‖ AGR. *questa vigna dà un vino eccellente*, ce vignoble donne un vin exquis. ‖ COMM. *il negozio gli dava di che vivere*, le magasin lui procurait de quoi vivre.

13. [consegnare, distribuire] *dare una lettera al destinatario*, donner une lettre à son destinataire. ‖ PER ANAL. *dare la posta*, donner le courrier. ‖ GIOCHI *dare le carte*, donner, distribuer les cartes.

14. [somministrare] donner. | *dare una medicina a un malato*, donner un médicament à un malade. | *dare l'estrema unzione*, donner l'extrême-onction. ‖ PER EST. *dare un sacco di botte* (pop.), donner une raclée. | *gli ho dato un ceffone* (L.C.), je lui ai administré une gifle, je lui ai flanqué (pop.) une gifle.

15. [applicare] donner. ‖ TECN. *dare una mano di vernice*, donner une couche de vernis.

16. [aiutare] donner. | *dare una mano a qlcu.*, donner un coup de main à qn. | *dare soccorso*, porter secours.

17. [procurare] donner. | *dar un brivido*, donner un frisson. | *dare le vertigini*, donner le vertige. | *ci hanno dato delle prove*, on nous a donné des preuves.

18. [sacrificare] donner. | *dare la propria vita per la patria*, donner sa vie pour la patrie.

19. [causare] donner. | *quel veleno dà la morte*, ce poison donne la mort. | *un profumo troppo forte dà l'emicrania*, un parfum trop fort donne la migraine. ‖ PER EST. [causare, ispirare] *dare delle preoccupazioni*, donner des soucis. | *ciò mi dà un' idea*, cela me donne une idée. ‖ LOC. *dare da riflettere*, donner à réfléchir.

20. [esercitare una azione] donner. | *dar ordini*, donner des ordres. | *dar il segnale della partenza*, donner le signal du départ. | *dar un colpo di spazzola, di pettine*, donner un coup de brosse, de peigne. | *dar un'occhiata*, donner un coup d'œil. ‖ FIG. *dar una punizione*, donner une punition. ‖ MIL. *dar l'assalto*, donner l'assaut. | *dare battaglia*, livrer bataille. ‖ PER EST. *non dà segno di vita*, il ne donne aucun signe de vie.

21. [emettere] donner. | *questo strumento dà note molto acute*, cet instrument donne des notes très aiguës. | *stufa che dà molto calore*, poêle qui donne une grande chaleur. ‖ PER ANAL. *dare la propria opinione*, donner, dire son avis. ‖ PER EST. *dar un esempio*, donner un exemple. ‖ LOC. *dar una sentenza*, rendre un arrêt.

22. [creare, mettere al mondo] donner. | *gli ha dato due maschietti*, elle lui a donné deux petits garçons. ‖ TEATRO [rappresentare] *questa sera danno un lavoro di Vildrac*, ce soir on donne une pièce de Vildrac.

23. [comunicare, indicare] donner. | *dar una notizia*, donner une nouvelle. ‖ PER EST. [comunicare, propagare] donner. | *dare comunicazione di qlco.*, donner communication de qch. | *dare lettura di qlco.*, donner lecture de qch.

24. [cedere] donner. | *dar il proprio posto a qlcu.*, donner sa place à qn. | *te lo dò per mille lire*, je te le donne pour mille lires.

25. [far passare (per)] donner (pour). | *dare per morto*, donner pour mort. | *dare (per) malato*, donner pour malade.

26. [augurare] donner. | *dar il buongiorno*, donner le bonjour.

27. [pagare] donner. | *dare tremila lire all'ora*, donner trois mille lires de l'heure.

28. LOC. *dar alle stampe*, imprimer (v. tr.). | *dare le proprie dimissioni*, démissionner (v. intr.). | *darsi arie da gran signore*, jouer au grand seigneur. | *darsi arie da eroe*, jouer le héros. | *darsi arie*, prendre un air entendu. | *darsi delle arie* (fam.), la ramener (v. tr.) [pop.]. | *dare le proprie generalità*, décliner son identité. | *dare bacini a qlcu.*, bécoter qn. | *darsi bel tempo*, se donner du bon temps, faire la fête (fam.). | *dare per buono*, donner pour bon. | *dar un calcio alle convenienze*, jeter son bonnet par-dessus les moulins (fam.). | *dare per certo*, donner comme certain. | *darsi un colpo in un occhio*, s'éborgner (v. rifl.) | *dare dispiacere (a)*, chagriner (v. tr.). | *dare da fare a qlcu.*, donner du mal à qn. | *dare fastidio a qlcu.*, fatiguer qn, importuner qn. | *dar la febbre*, enfiévrer (v. tr.). | *dar fondo (a)*, épuiser (v. tr.). | *dar fuoco (a)*, incendier (v. tr.). | *dare da mangiare, da bere*, donner à manger, à boire. | *dar iettatura (a)*, jeter un sort (à). | *darsi la morte*, se donner la mort. | *dar informazioni*, fournir des renseignements. | *dar il «la»*, donner le «la». | *dar una lavata di capo (a)* [fam.], passer un savon (à). | *mi ha dato una bella lavata di capo !, che lavata di capo mi ha dato !* (fam.), il m'a cassé qch. !, qu'est-ce qu'il m'a cassé (pop.). | *dare lustro (a)*, illustrer (v. tr.). | *dare noia (a)*, ennuyer (v. tr.), incommoder (v. tr.). | *dar i numeri* (fam.), travailler du chapeau. | *non darsi pace*, se tourmenter (v. rifl.). | *dar la pappa fatta a qlcu.* (fam.), mâcher la besogne à qn. | *darsi la pena (di)*, prendre la peine (de). | *dar un'occhiata*, jeter un coup d'œil. | *dar in pegno*, engager (v. tr.), mettre en gage. | *dare retta*, écouter (v. tr.). | *non dà retta a nessuno*, il n'écoute personne. | *darsi una rinfrescata*, se rafraîchir (v. rifl.) | *si è dato una rinfrescata al viso*, il s'est rafraîchi le visage. | *dare una risposta*, donner (une) réponse. | *è come dare un pugno al cielo*, c'est un cautère sur une jambe de bois. | *dare la scalata (a)*, escalader (v. tr.). | *dar uno scappellotto, uno scapaccione* (fam.), calotter (v. tr.). | *dare le spalle (a)*, tourner le dos (à). | *dar una strigliata (a)*, réprimander. | *mi ha dato una bella strigliata !, che bella strigliata mi ha dato* (fam.) !, il m'a cassé qch. !, qu'est-ce qu'il m'a cassé ! | *dar una tirata d'orecchi (a)*, frotter les oreilles (à) [fam.]. | *dar via a qlco.*, se défaire de qch. | *darla vinta (a)*, céder (à). | *dar voce (a)*, héler (v. tr.). | *darsi la zappa sui piedi*, s'enferrer (v. rifl.). ‖ *date a Cesare quel che è di Cesare e a Dio quel che è di Dio*, rendez à César ce qui est à César et à Dieu ce qui est à Dieu.

◆ V. intr. **1.** [essere esposto, di casa, finestra, ecc.] donner (sur), ouvrir (sur). | *quella finestra dà sulla strada*, cette fenêtre donne sur la rue. | *villa che dà sul mare*, villa qui ouvre, donne sur la mer. ‖ **2.** [tendere, di colori] tirer (sur). | *giallo che dà sul verde*, jaune qui tire sur le vert. ‖ **3.** [colpire] cogner (v. tr.). ‖ FIG. *dar nel segno*, frapper juste. ‖ **4.** [prorompere (in)] *dar in lacrime*, fondre en larmes. | *dar in escandescenze* (L.C.), s'emporter (v. rifl.), sortir de ses gonds (fam.). ‖ **5.** [dare l'appellativo di] donner, traiter (de). | *dare del monsignore a qlcu.*, donner du monseigneur à qn. | *dare del cretino a qlcu.*, traiter qn d'imbécile. | *dare del bugiardo a qlcu.*, qualifier qn de menteur. ‖ **6.** [affaccendarsi] *darsi da fare*, se remuer (v. rifl.), s'employer (v. rifl.), s'ingénier (v. rifl.), s'escrimer (v. rifl.), se dépenser (v. rifl.), (se) bagarrer (v. intr.) [fam.], besogner (v. intr.). | *si è dato da fare per farti piacere*, il s'est ingénié à te faire plaisir. | *si dà da fare per comporre quei versi*, il s'escrime à composer ces vers. | *darsi da fare per la propria famiglia*, se dépenser pour sa famille. ‖ FIG. *si dà molto da fare per te*, elle se donne beaucoup de peine pour toi, elle se donne du mal pour toi. | *devi darti da fare se vuoi quel posto* (fam.), il faut que tu (te) bagarres (fam.), que tu besognes (iron.), que tu te décarcasses (pop.) si tu veux ce poste. ‖ *darsi un gran da fare*, remuer ciel et terre. ‖ LOC. *darla a bere a qlcu.*, emmener qn à la campagne. | *dare di cozzo*, encorner (v. tr.). | *darci dentro* (pop.), en mettre un coup. | *dacci dentro !* (fam.), fonce ! | *dare dietro a qlcu.*, courir après qn. | *dare nel pedante*, tourner au pédant. | *dare nel ridicolo*, tomber dans le ridicule. | *dare ai nervi* (fam.), horripiler v. tr., irriter v. tr. (L.C.), importuner v. tr. (L.C.). | *le sue maniere mi danno ai nervi*, ses manières m'irritent, m'horripilent. | *dare nell'occhio* (fam.), taper dans l'œil. ‖ *dar alla testa* (fam.), entêter (L.C.), étourdir (L.C.). | *è un vino che dà alla testa*, c'est un vin capiteux. | *dare in sospiri*, pousser des soupirs. | *dar a intendere, a bere* (fam.), faire croire (L.C.), la bailler belle (L.C.), monter un bateau à qn (fig. fam.), mener qn en bateau (fig. fam.). | *dar di volta il cervello* (fam.), déranger l'esprit. | *gli ha dato di volta il cervello*, il a l'esprit dérangé. | *darle di santa ragione a qlcu.* (fam.), rosser qn comme il faut. | *darsela a gambe* (fam.), prendre ses jambes à son cou, détaler, jouer des jambes, prendre la poudre d'escampette, foutre le camp (pop.), se cavaler v. rifl. (pop.), se carapater v. rifl. (pop.), se barrer v. rifl. (pop.), (se) calter, caleter (pop.). ◆ v. rifl. **1.** [dedicarsi] se donner, s'adonner. | *darsi alla lettura*, s'adonner à la lecture. | *darsi al commercio*, s'adonner au commerce. ‖ **2.** [consacrarsi] se livrer, se consacrer. | *darsi a Dio*, se consacrer à Dieu. ‖ **3.** [farsi passare (per)] se faire passer (pour). | *si diede (per) malato*, il se fit passer pour malade. ‖ **4.** [confessarsi] s'avouer. | *darsi per vinto*, s'avouer vaincu, se tenir pour battu. ‖ LOC. *non si dà per vinto* (fig.), il n'en démord pas. | *darsi prigioniero*, se constituer prisonnier. | *darsi alla macchia*, prendre le maquis. | *darsi alla pazza gioia*, s'en donner à cœur joie. ◆ v. recipr. se donner. | *darsi la mano*, se donner la main. | *darsi un appuntamento*, se donner rendez-vous. | *darsi del «Lei», del «tu»*, se dire «vous», «tu». ‖ LOC. *darsi un sacco di botte* (fam.), se flanquer une tripotée (pop.). | *darsele di santa ragione* (fam.), se rosser, se bigorner (pop.). ◆ v. impers. *può darsi che tu abbia ragione*, il se peut que tu aies raison. | *si dà il caso che*, il arrive que. | *potrebbe darsi che*, il se pourrait que.

dare ['dare] m. COMM. [opposto a AVERE] droit. | *dar e avere*, droit et avoir. ‖ [opposto a CREDITO] débit. | *portato al dare*, porté au débit.

darsena ['darsena] f. MAR. darse.

darviniano [darvi'njano] agg. darwinien.

darvinismo [darvi'nizmo] m. darwinisme.

data ['data] f. date. | *in data odierna*, en date d'aujourd'hui. | *fissare la data*, prendre date. ‖ LOC. *di lunga, di fresca data*, de longue, de fraîche date. ‖ COMM., GIUR., date. ‖ GIOCHI [il dare le carte ai giocatori] donne.

datare [da'tare] v. tr. dater. | *datare una lettera*, dater une lettre. | *datare un documento*, dater un document. ◆ v. intr. dater. | *la sua attività commerciale data dal 1978*, son activité commerciale date de 1978. ‖ LOC. *a datare da*, à compter de.

dataria [da'tarja] f. RELIG. daterie.

datario [da'tarjo] agg. RELIG. dataire. ◆ m. [timbro] dateur.

datazione [datat'tsjone] f. datation.

dativo [da'tivo] agg. GIUR. datif. | *tutore dativo*, tuteur datif. ◆ m. GRAMM. datif.

dato ['dato] agg. **1.** [permesso] donné, permis. | *non ci è dato uscire*, il ne nous est pas permis de sortir. | *a nessuno è dato decidere della vita altrui*, il n'est permis à personne de décider de la vie d'autrui. ‖ **2.** [certo, determinato] donné, certain. | *a un dato momento*, à un certain moment, à un moment donné. | *una data quantità*, une quantité donnée. ‖ **3.** ASSOL. [posto, conosciuto] étant donné. | *dati i risultati*, étant donné les résultats. | *data la situazione, non si può più far nulla*, dans l'état où sont les choses, on ne peut plus rien faire. | *date le circostanze*, en raison des circonstances. ◆ m. donnée f. ‖ LOC. *sono dati di fatto*, ce sont des faits établis. ◆ loc. cong. ***dato che*** [poiché, siccome] puisque, comme. | *dato che ero solo sono andato a letto presto*, puisque j'étais seul je me suis couché de bonne heure. ‖ [poiché, fatto reale] du fait que. | *dato che accettavo le sue opinioni ero dalla sua parte*, du fait que j'acceptais ses opinions je me rangeais de son côté. ‖ [supposto che] *dato e non concesso che tu abbia torto*, tout en admettant, ce qui n'est pas prouvé, que tu aies tort. | *anche dato che tu non parli*, même à supposer que tu ne parles pas.

datore [da'tore] (**-trice** f.) m. donneur. | *datore di sangue*, donneur de sang. | *datore di lavoro*, employeur, patron.

dattero ['dattero] m. BOT. [frutto] datte f. | *palma da dattero*, dattier m. ‖ ZOOL. *dattero di mare*, datte de mer, moule f.

dattilità [dattili'ta] f. MUS. doigté m.

dattilo ['dattilo] m. POES. dactyle.

dattilografa [datti'lɔgrafa] f. dactylographe (L.C.), dactylo (fam.).

dattilografare [dattilogra'fare] v. tr. dactylographier.

dattilografia [dattilogra'fia] f. dactylographie.

dattilografico [dattilo'grafiko] agg. dactylographique.

dattilografo [datti'lɔgrafo] m. dactylographe.

dattiloscopia [dattilosko'pia] f. dactyloscopie.

dattiloscritto [dattilos'kritto] agg. dactylographié. ◆ m. feuille dactylographiée, texte dactylographié.

davanti [da'vanti] avv. [di fronte] devant, en face. | *abito proprio davanti*, j'habite juste en face. | *cosa c'è davanti?*, qu'est-ce qu'il y a devant? ‖ PER EST. [in testa, in avanti] devant, en tête, en avant. | *fatela passare davanti!*, faites-la passer en tête! ‖ [opposto a DI DIETRO] par-devant. | *ho macchiato i pantaloni davanti*, j'ai taché mon pantalon par-devant. ‖ LOC. *levati da davanti*, ôte-toi de là. ◆ agg. invar. de devant loc. avv. | *le finestre davanti*, les fenêtres de devant. | *ruota davanti*, roue avant. ◆ m. [di cose] devant. | *davanti di camicia*, devant de chemise. ◆ loc. prep., ***davanti (a)***, devant. | *davanti a lui*, devant lui. | *davanti a tutti*, devant tout le monde. | *davanti alla chiesa*, devant l'église. ‖ GIUR. *davanti a notaio*, par-devant notaire. ‖ LOC. *comparire davanti a Dio*, paraître devant Dieu. | *davanti al giudice*, par-devers le juge.

davantino [davan'tino] m. [di camicia] plastron. ‖ RELIG. guimpe f.

davanzale [davan'tsale] m. appui (de fenêtre), banquette f.

davidico [da'vidiko] agg. davidique.

davvero [dav'vero] avv. [veramente] vraiment, réellement. | *quel vino era davvero buono*, ce vin était vraiment bon. | *sono davvero stupito*, je suis réellement étonné. | *no, davvero!*, non, franchement! ‖ [sul serio] certainement, sérieusement, sans blague. | *ci andrò! — davvero?*, j'irai! — sans blague? | *è finita davvero*, c'est fini pour de bon. | *si davvero*, mais certainement, certes oui. | *dici davvero?*, c'est sérieux?

daziare [dat'tsjare] v. tr. taxer, imposer.

daziario [dat'tsjarjo] (**-ri** pl.) agg. de l'octroi. | *uffici daziari*, bureaux de l'octroi. | *tariffa daziaria*, tarif des droits.

daziere [dat'tsjɛre] m. STOR. AMM. employé de l'octroi (L.C.), gabelou (peggior.).

dazio ['dattsjo] (**-zi** pl.) m. [tassa] droit. | *dazio di importazione, di esportazione*, droit d'importation, d'exportation. | *dazio doganale*, droit de douane. | *esente da dazio*, exempt de droits. ‖ PER EST. [imposte di consumo] octroi. ‖ PER ANAL. [sede] octroi.

dazione [dat'tsjone] f. GIUR. dation.

de [de] prep. V. DI.

dea ['dɛa] f. déesse.

deambulare [deambu'lare] v. intr. MED., LETT., IRON. déambuler.

deambulatorio [deambula'tɔrjo] m. ARCHIT. déambulatoire.

debbiare [deb'bjare] v. tr. AGR. écobuer.

debbio ['debbjo] m. AGR. écobuage.

debellare [debel'lare] v. tr. vaincre, battre. ‖ FIG. vaincre. | *debellare una epidemia*, vaincre une épidémie.

debile ['debile] agg. MED. débile.

debilità [debili'ta] f. MED. débilité.

debilitante [debili'tante] agg. débilitant.

debilitare [debili'tare] v. tr. MED. débiliter, affaiblir. ◆ v. rifl. se débiliter.

debitamente [debita'mente] avv. dûment. | *scheda debitamente compilata*, formulaire dûment rempli. ‖ PER EST. [nel modo dovuto] comme il se doit. | *ha fatto tutto debitamente*, elle a tout fait comme il se doit.

debito ['debito] agg. [prescritto] dû. | *il presidente fu ricevuto con i debiti onori*, le président fut reçu avec les honneurs dus à son rang. ‖ [opportuno] voulu, convenable. | *con le debite formalità*, avec les formalités voulues. | *con la debita precauzione*, avec la précaution nécessaire. | *a tempo debito*, en temps dû, en temps voulu. | *fatte le debite riserve*, toutes réserves faites. | *in debita forma*, en bonne et due forme. | *nel debito modo*, comme il faut. ◆ m. dette f. | *contrarre, estinguere un debito*, contracter, éteindre une dette. | *pagare un debito*, payer une dette. | *debito di gioco, debito d'onore*, dette de jeu, dette d'honneur. | *essere in debito con qlcu.*, devoir qch. à qn. ‖ PER EST.

[risultato] endettement. | *il suo debito è enorme*, son endettement est énorme. || Loc. FIG. *essere sommerso dai debiti*, être accablé de dettes. | *essere nei debiti fino ai capelli*, être endetté jusqu'aux yeux. | *affogare nei debiti*, être perdu de dettes. || COMM. [partita del dare] débit. | *iscrivere qlco. a debito di qlcu.*, débiter qn de qch. || [denaro che uno deve dare] dette. || Loc. *essere liberato da un debito verso qlcu.*, être quitte avec qn. || FIG. [obbligo morale] dette, devoir. | *essere in debito con qlcu.*, avoir une dette envers qn. || PROV. *ogni promessa è debito*, chose promise, chose due.

debitore [debi'tore] (**-trice** f.) m. COMM. [opposto a CREDITORE] débiteur, trice. ◆ agg. débiteur, redevable. | *gli sono debitore di mille lire*, je lui suis redevable de mille lires. || COMM. *conto debitore*, compte débiteur. || FIG. redevable.

debitorio [debi'tɔrjo] agg. GIUR. du débiteur.

debole ['debole] agg. [senza forza] faible, fragile, frêle. | *sentirsi debole*, se sentir faible. | *cuore debole*, cœur faible. | *capelli deboli*, cheveux fragiles. | *occhi deboli*, yeux faibles. | *essere debole di stomaco*, être fragile de l'estomac. | *essere debole di costituzione*, être faible de constitution. | *governo debole*, gouvernement faible. || MED. *salute debole*, santé fragile. | *polso debole*, pouls faible. || PER EST. [poco importante] faible. | *luce debole*, jour faible. | *debole rumore*, faible bruit. | *venti deboli e moderati*, vents faibles et modérés. | *debole differenza*, faible différence. || AGR. *raccolto debole*, mauvaise récolte. || COMM. *domanda debole*, demande faible. || FIN. *mercato debole*, marché faible. | *moneta debole*, devise faible. || Loc. *(punto) debole*, point faible. | *prendere qlcu. per il suo (punto) debole*, prendre qn par son côté faible. || *sesso debole*, sexe faible. || *essere debole in italiano*, être faible en italien. || FIG. [moralmente] faible, mou. | *carattere debole e incostante*, caractère faible et inconstant. | *essere troppo deboli con i figli*, être trop faible avec ses enfants. | *opporre una debole resistenza*, opposer une molle résistance. | *fare deboli proteste*, faire de molles protestations. | *diventare debole*, faiblir v. intr. ◆ m. [persone] faible. | *difendere i deboli*, défendre les faibles. || PER EST. [cose] faible. | *il debole di una persona*, le faible d'une personne. | *ha un debole per le belle donne*, il a un faible pour les jolies femmes. | *avere un debole per qlcu.*, avoir un faible pour qn.

debolezza [debo'lettsa] f. [mancanza di forza] faiblesse. | *mostrare le proprie debolezze*, montrer ses faiblesses. || PER ANAL. [cedimento] faiblesse. | *le debolezze umane*, les faiblesses humaines. | *un momento di debolezza*, un moment de faiblesse. | *politica senza debolezza*, politique sans défaillance. || FIN. *debolezza delle risorse di un paese*, faiblesse des ressources d'un pays. || MED. débilité, faiblesse. | *debolezza mentale*, faiblesse d'esprit. || MIL. *debolezza di un esercito*, faiblesse d'une armée. || PER EST. *debolezza di un argomento*, faiblesse d'un argument.

deboluccio [debo'luttʃo] (**-ci** pl.) agg. chétif (L.C.), faiblard (fam.).

debordare [debor'dare] v. intr. déborder. ◆ v. tr. MAR. *debordare una nave*, déborder un navire.

debosciato [deboʃ'ʃato] agg. e m. débauché.

debuttante [debut'tante] agg. débutant, commençant. | *attore debuttante*, acteur commençant, débutant. ◆ m. débutant, commençant. | *il ballo delle debuttanti*, le bal des débutantes (L.C.), le bal des debs (fam.).

debuttare [debut'tare] v. intr. TEATRO débuter. | *debuttare in uno spettacolo teatrale*, débuter dans un spectacle théâtral. || PER EST. [carriera] faire ses débuts. | *debuttare in società*, faire ses débuts dans le monde.

debutto [de'butto] m. TEATRO début. | *il suo debutto fu un fiasco*, son début fut un échec. || PER EST. [carriera] début, exorde.

deca ['dɛka] (**-che** pl.) f. [parte di un'opera] (lett.) décade. | *le «Deche» di Tito Livio*, les «Décades» de Tite-Live. ◆ m. NEOL. (gergo) billet de dix mille lires (L.C.).

decade ['dɛkade] f. **1.** [serie di dieci elementi] (lett.) décade. || **2.** [spazio di dieci giorni] décade. || PER ANAL., MIL. [paga dei soldati ogni dieci giorni] prêt m. || PER EST. [spazio di dieci anni] (raro) décade.

decadente [deka'dɛnte] agg. [in declino] décadent, en décadence. || FIG. [corrotto] décadent (L.C.), déliquescent (fam.). || LETT. décadent. | *poeti decadenti*, poètes décadents. ◆ m. LETT. décadent. | *poetica dei decadenti*, poétique des décadents.

decadentismo [dekaden'tizmo] m. LETT. décadentisme.

decadenza [deka'dɛntsa] f. [declino] décadence (L.C.), déliquescence (fam.). || FIG. [corruzione] décadence, déliquescence. || GIUR. [di diritto] déchéance, forclusion. | *decadenza di un diritto*, forclusion d'un droit. || PER EST. [di autorità] déchéance. | *decadenza della patria potestà*, déchéance de la puissance paternelle. || LETT. décadence. | *poeti latini della decadenza*, poètes latins de la décadence.

decadere [deka'dere] v. intr. [andare in declino] tomber en décadence. || PER ANAL. [andare in disuso] tomber en désuétude. || GIUR. [essere privato di] déchoir. | *decadere da una carica*, déchoir d'une charge. | *decadere da un diritto*, être déchu d'un droit. || FIG. [perdere prestigio] déchoir. || MAR. [andare alla deriva] (raro) dériver.

decadimento [dekadi'mento] m. déchéance f. || FIS. désintégration f.

decaduto [deka'duto] part. pass. e agg. déchu. | *famiglia di nobili decaduti*, famille de nobles déchus. || GIUR. *decaduto dai suoi diritti*, déchu de ses droits.

decaedrico [deka'ɛdriko] agg. GEOM. décaèdre.

decaedro [deka'ɛdro] m. GEOM. décaèdre.

decaffeinare [dekaffei'nare], **decaffeinizzare** [dekaffeinid'dzare] v. tr. décaféiner.

decagonale [dekago'nale] agg. décagonal, décagone.

decagono [de'kagono] m. GEOM. décagone.

decagrammo [deka'grammo] m. décagramme.

decalcare [dekal'kare] v. tr. décalquer.

decalcificare [dekaltʃifi'kare] v. tr. MED. décalcifier. ◆ v. rifl. se décalcifier.

decalcificazione [dekaltʃifikat'tsjone] f. MED. décalcification.

decalcomania [dekalkoma'nia] f. [disegno] décalque m., image à décalquer. || PER EST. [operazione] décalquage m.

decalitro [de'kalitro] m. décalitre.

decalogo [de'kalogo] (**-ghi** pl.) m. RELIG. décalogue. || PER ANAL. *il decalogo dell'automobilista*, le guide pratique de l'automobiliste.

decametro [de'kametro] m. décamètre, chaîne (f.) d'arpenteur.

decampare [dekam'pare] v. intr. [levare il campo] décamper.

decana [de'kana] f. BOT. [varietà di pera] doyenné. || L.C. [la più vecchia] doyenne.

decanato [deka'nato] m. RELIG. [dignità di decano] doyenné, décanat. || PER ANAL. [locale dei decani] doyenné. || PER EST. [durata] décanat.

decano [de'kano] m. PR. e RELIG. doyen. || UNIV. [preside di facoltà straniera] doyen.

decantare [dekan'tare] v. tr. exalter, célébrer, vanter. || CHIM. décanter. || FIG. [chiarire] décanter. ◆ v. intr. CHIM. décanter.

decantazione [dekantat'tsjone] f. CHIM. décantation, décantage m. | *bacino di decantazione*, bassin de décantation, de décantage.

decapaggio [deka'paddʒo] m. [metallo] décapage, décapement. || [metalli preziosi] dérochage. || *liquido di decapaggio*, décapant.

decapare [deka'pare] v. tr. [metallo] décaper. || [metalli preziosi] dérocher.

decapitare [dekapi'tare] v. tr. décapiter. || PER EST. [privare della sommità] décapiter. | *decapitare una statua*, décapiter une statue. | *decapitare un albero*, décapiter un arbre. || FIG. décapiter.

decapitazione [dekapitat'tsjone] f. décapitation, décollation. | *decapitazione di un criminale*, décapitation d'un criminel. | *decapitazione di San Dionigi*, décollation de saint Denis.

decapodi [de'kapodi] m. pl. ZOOL. décapodes.

decappottabile [dekapot'tabile] agg. décapotable.

decappottare [dekapot'tare] v. tr. décapoter.

decarburare [dekarbu'rare] v. tr. METALL. décarburer.

decarburazione [dekarburat'tsjone] f. METALL. décarburation.
decartellizzazione [dekartelliddzat'tsjone] f. ECON. décartellisation.
decasillabo [deka'sillabo] agg. POES. décasyllabique, décasyllabe. ◆ m. décasyllabe.
decathlon, decatlon [dɛkatlon] m. SPORT décathlon.
decatissaggio [dekatis'saddʒo] m. TESS. décatissage, délustrage.
decatizzare [dekatid'dzare] v. tr. TESS. décatir, délustrer.
decedere [detʃe'dɛre] v. intr. décéder.
deceduto [detʃe'duto] part. pass. e agg. décédé. ◆ m. mort.
decelerare [detʃele'rare] v. tr. e intr. ralentir.
decelerazione [detʃelerat'tsjone] f. décélération.
decemviro [de'tʃɛnviro] m. V. DECENVIRO.
decennale [detʃen'nale] agg. décennal. ◆ m. dixième anniversaire.
decenne [de'tʃɛnne] agg. âgé de dix ans. ‖ PER EST. [che dura da dieci anni] qui dure depuis dix ans. ‖ PER ANAL. [che dura dieci anni] décennal. ◆ n. enfant (âgé[e]) de dix ans.
decennio [de'tʃɛnnjo] (**-i** pl.) m. décennie f., décade f., période (f.) de dix ans.
decente [de'tʃɛnte] agg. [decoroso] décent, convenable. ‖ PER EST. [accettabile, passabile] (fam.) passable, acceptable. | *il cibo è decente,* la nourriture est passable.
decentralizzare [detʃentralid'dzare] v. tr. décentraliser.
decentralizzazione [detʃentraliddzat'tsjone] f., **decentramento** [detʃentra'mento] m. AMM. [distribuzione di poteri a organi periferici] déconcentration f. ‖ [passaggio di poteri a organismi periferici] décentralisation f. | *decentramento amministrativo,* décentralisation administrative. ‖ FOT. décentrement.
decentrare [detʃen'trare] v. tr. AMM. décentraliser. ‖ MECC. désaxer. ‖ OTT. décentrer.
decenviro [de'tʃɛnviro] m. STOR. décemvir.
decenza [de'tʃɛntsa] f. décence. ‖ PER EST. [pudore] pudeur. ‖ LOC. *gabinetti di decenza* (raro), lieux, cabinets d'aisance.
decesso [de'tʃɛsso] m. décès. | *redigere l'atto di decesso di qlcu.,* rédiger l'acte de décès de qn.
decibel [detʃi'bɛl] m. FIS. décibel.
decidere [de'tʃidere] v. tr. GIUR. [risolvere] décider. | *decidere una controversia,* décider un différend. ‖ PER EST. [indurre, determinare] déterminer, décider. | *decidere qlcu. a fare qlco.,* déterminer qn à faire qch. ‖ [fissare, stabilire] décider. ‖ AMM. [deliberare] décréter. ‖ [scegliere] choisir. | *hai deciso il colore?,* est-ce que tu as choisi la couleur? ◆ v. rifl [prendere una risoluzione] se décider. | *non è capace di decidersi,* il n'arrive pas à se décider. ‖ [a agire] se déterminer, s'exécuter. | *si è deciso a finire il romanzo,* il s'est déterminé à achever son roman. ‖ ASSOL. *decidersi (per),* se décider (pour). | *si è deciso per il mare,* il s'est décidé pour la mer. ◆ v. intr. LOC. FAM. *decidere sui due piedi,* ne faire ni une ni deux.
deciduo [de'tʃiduo] agg. caduc. | *foglie decidue,* feuilles caduques. | *denti decidui,* dents de lait.
decifrabile [detʃi'frabile] agg. déchiffrable.
decifrамento [detʃifra'mento] m. PR. e MIL. déchiffrement. ‖ MUS. déchiffrage.
decifrare [detʃi'frare] v. tr. PR. e FIG. déchiffrer.
decifratore [detʃifra'tore] (**-trice** f.) m. déchiffreur.
decifrazione [detʃifrat'tsjone] f. déchiffrement m.
decigrammo [detʃi'grammo] m. décigramme.
decilitro [de'tʃilitro] m. décilitre.
decima ['dɛtʃima] f. STOR. [tributo] dîme. ‖ PER EST. [maggiorazione sulle imposte] décime m. ‖ MUS. dixième.
decimale [detʃi'male] agg. décimal. | *sistema decimale,* système décimal. ◆ m. [numero] décimale f.
decimare [detʃi'mare] v. tr. STOR. e FIG. décimer.
decimazione [detʃimat'tsjone] f. décimation.
decimetro [de'tʃimetro] m. décimètre. | *doppio decimetro,* double décimètre.
decimo ['dɛtʃimo] agg. num. ord. dixième. ‖ [dopo nomi di sovrani o di papi, e dopo le parole « lezione », « capitolo », « atto », « libro », « tomo », ecc.] dix. | *Carlo decimo,* Charles X. | *lezione decima,* leçon dix, dixième leçon. ‖ LOC. *in decimo luogo,* dixièmement. ‖ SOSTANT. [serie] *il nono e il decimo,* le neuvième et le dixième. ◆ m. [frazione] dixième. | *i nove decimi della popolazione,* les neuf dixièmes de la population.
decimoprimo [detʃimo'primo] agg. num. ord. [discendenze dinastiche] onze. | *Luigi decimoprimo,* Louis XI. ‖ [secolo] onzième. | *secolo decimoprimo,* XIe siècle.
decimosecondo, -terzo, -quarto, -quinto, -sesto, -settimo, -ottavo, -nono [come ordinali dinastici] douze, treize, quatorze, quinze, seize, dix-sept, dix-huit, dix-neuf; [come ordinali di secolo] douzième, treizième, quatorzième, quinzième, seizième, dix-septième, dix-huitième, dix-neuvième.
decina [de'tʃina] f. V. DIECINA.
decisamente [detʃiza'mente] avv. [risolutamente] décidément, résolument, carrément. ‖ FIG. [indiscutibilmente] décidément, franchement. | *tuo fratello è decisamente pazzo,* décidément, ton frère est fou. | *questo cibo è decisamente cattivo,* cette nourriture est franchement mauvaise.
decisione [detʃi'zjone] f. **1.** [risolutezza] décision, détermination. | *mostrare decisione,* montrer de la détermination. | *dare prova di decizione,* faire preuve de décision. ‖ **2.** [risoluzione] décision, résolution. ‖ GIUR. arrêt m. | *le decisioni della Corte,* les arrêts de la Cour.
decisivo [detʃi'zivo] agg. décisif. | *esperienza decisiva,* expérience décisive.
deciso [de'tʃizo] part. pass. e agg. **1.** [determinato] décidé, déterminé. | *è un affare deciso,* c'est une affaire décidée. | *essere deciso a parlare,* être déterminé à parler. ‖ **2.** [risoluto] carré, crâne, courageux. | *rifiuto deciso,* refus catégorique. | *era un uomo deciso,* c'était un homme courageux. | *aria decisa,* air crâne. ‖ PER EST. [vigoroso] ferme. | *stile deciso,* style ferme. ‖ FIG. [sicuro] ferme. | *giudizio deciso,* jugement ferme.
decisorio [detʃi'zɔrjo] agg. GIUR. décisoire.
declamare [dekla'mare] v. tr. déclamer. ◆ v. intr. [recitare con enfasi] déclamer. ‖ IRON. [blaterare] déblatérer (fam.).
declamatore [deklama'tore] (**-trice** f.) m. déclamateur.
declamatorio [deklama'tɔrjo] agg. déclamatoire, déclamateur. | *stile declamatorio,* style déclamatoire. | *tono declamatorio,* ton déclamateur.
declamazione [deklamat'tsjone] f. déclamation. ‖ PEGGIOR. déclamation.
declassamento [deklassa'mento] m. FERR. déclassement. | *declassamento di una vettura ferroviaria,* déclassement d'une voiture de chemin de fer. ‖ FIG. [perdita di prestigio] déclassement. | *declassamento sociale,* déclassement social.
declassare [deklas'sare] v. tr. FERR. déclasser. | *declassare una vettura,* déclasser une voiture. ‖ FIG. [far perdere prestigio] déclasser. | *le sue amicizie lo declassano,* ses fréquentations le déclassent.
declinabile [dekli'nabile] agg. GRAMM. déclinable.
declinare [dekli'nare] v. intr. ASTRON. décliner. ‖ SOSTANT. *il declinare del sole,* le déclin du soleil. ‖ PER ANAL. décliner. | *le montagne declinavano dolcemente verso il mare,* les montagnes déclinaient doucement vers la mer. ‖ FIG. [diminuire] décliner. ‖ SOSTANT. *il declinare del giorno,* la chute du jour. ‖ FIS. décliner. ‖ MED. décliner, baisser. ◆ v. tr. GRAMM. décliner. | *declinare « rosa »,* décliner « rosa ». ‖ PER EST. *declinare le proprie generalità,* décliner son identité. ‖ GIUR. décliner. ‖ FIG. [rifiutare] décliner. | *declinare ogni responsabilità,* décliner toute responsabilité; [in caso di danni, d'insuccesso] (L.C.), ne répondre de rien, ne pas répondre de la casse (pop.). ◆ v. rifl. GRAMM. se décliner.
declinatoria [deklina'tɔrja] f. GIUR. déclinatoire m.
declinatorio [deklina'tɔrjo] agg. GIUR. déclinatoire. | *eccezioni declinatorie,* exceptions déclinatoires. ‖ FIS. *bussola declinatoria,* déclinatoire m.
declinazione [deklinat'tsjone] f. ASTRON. déclinaison. ‖ FIS. *declinazione magnetica,* déclinaison magnétique. ‖ GRAMM. déclinaison.
declino [de'klino] m. ASTRON. e FIG. déclin. | *rapido declino di una civiltà,* déclin rapide d'une civilisation.

declive [de'klive] agg. (lett.) déclive. | *terreni declivi*, terrains déclives. ◆ m. (arc.) déclive f. (lett.).
declivio [de'klivjo] m. déclive f., pente f. | *strada in declivio*, route en déclive, en pente.
decodificare [dekodifi'kare] v. tr. décoder.
decodificatore [dekodifika'tore] m. décodeur.
decodificazione [dekodifikat'tsjone] f. décodage m.
decollare [dekol'lare] v. intr. AER. [aereo] décoller ; [idrovolante] déjauger. ◆ v. tr. [decapitare] (arc.) décoller, décapiter (L.C.).
decollazione [dekollat'tsjone] f. (arc.) décollation, décapitation (L.C.).
décolleté [dekol'te] m. [fr.] MODA décolleté. ◆ agg. invar. MODA décolleté. | *scarpe décolleté*, chaussures décolletées.
decollo [de'kɔllo] m. AER. [aerei] décollage ; [idrovolanti] déjaugeage. | *distanza di decollo*, longueur de décollage.
decolonizzare [dekolonid'dzare] v. tr. décoloniser.
decolonizzazione [dekoloniddzat'tsjone] f. décolonisation.
decolorante [dekolo'rante] agg. e m. CHIM. décolorant.
decolorare [dekolo'rare] v. tr. décolorer.
decolorato [dekolo'rato] part. pass. e agg. décoloré. | *ha i capelli decolorati*, elle est décolorée.
decolorazione [dekolorat'tsjone] f. décoloration.
decomponibile [dekompo'nibile] agg. décomposable.
decomporre [dekom'porre] v. tr. CHIM., GEOL., MAT. décomposer. | *decomporre una frazione*, décomposer une fraction. ◆ v. intr. pourrir, se décomposer.
decomposizione [dekompozit'tsjone] f. décomposition. || CHIM., FIS. *decomposizione della luce*, décomposition de la lumière. || GEOL. [di un insieme] désagrégation. || PER EST. [putrefazione] décomposition. | *cadavere in decomposizione*, cadavre en décomposition. || FIG. [disgregazione morale] décomposition, désagrégation.
decompressione [dekompres'sjone] f. FIS. décompression.
decongelare [dekondʒe'lare] v. tr. décongeler.
decongestionare [dekondʒestjo'nare] v. tr. MED., FIG. décongestionner.
decontaminare [dekontami'nare] v. tr. FIS. décontaminer.
decontaminazione [dekontaminat'tsjone] f. FIS. décontamination.
decorare [deko'rare] v. tr. décorer. || TECN. [cuoio, stoffe] *decorare a rilievo*, gaufrer. || PER ANAL. [conferire una decorazione] décorer, médailler.
decorativismo [dekorati'vizmo] m. surabondance (f.) de motifs ornementaux.
decorativo [dekora'tivo] agg. décoratif. | *arti decorative*, arts décoratifs.
decorato [deko'rato] part. pass. e agg. MIL. décoré, médaillé. ◆ m. MIL. décoré. | *i decorati*, les décorés.
decoratore [dekora'tore] (**-trice** f.) m. ARTI décorateur, trice.
decorazione [dekorat'tsjone] f. ARTI décoration. | *decorazione di una facciata*, décoration d'une façade. | *decorazione scenica*, décor (m.) de théâtre. || TECN. [cuoio, stoffe] *decorazione a rilievo*, gaufrage m. || PER ANAL. [insegna, onorificenza] décoration.
decoro [de'kɔro] m. [solo singolare] [proprietà] décence f. || PER EST. [dignità] décorum, dignité f. | *salvaguardare il decoro della famiglia*, sauvegarder le décorum de la famille. | *per decoro*, par dignité. || PER ANAL. [vanto, orgoglio] honneur, orgueil.
decoroso [deko'roso] agg. [decente] décent, convenable. || PER EST. [degno] digne.
decorrente [dekor'rente] agg. BOT. décurrent.
decorrenza [dekor'rɛntsa] f. date. | *decorrenza dello stipendio*, date à partir de laquelle on a droit aux appointements. || COMM. *decorrenza degli interessi*, jouissance des intérêts. || LOC. *con decorrenza da*, à partir de, à compter de.
decorrere [de'korrere] v. intr. AMM. [di stipendio, interessi, ecc.] courir (depuis), avoir effet (depuis). || LOC. *a decorrere da*, à partir de, à compter de. ◆ v. tr. [trascorrere, scadere] s'écouler v. rifl., passer.
decorso [de'korso] part. pass. e agg. passé, écoulé. | *nel decorso mese di ottobre*, au mois d'octobre écoulé. || COMM. échu. | *interessi decorsi*, intérêts échus. ◆ m. [tempo] cours. | *nel decorso di un mese*, dans le cours d'un mois. || MED. cours, marche f. | *decorso di una malattia*, marche d'une maladie.
decorticare [dekorti'kare] v. tr. AGR. décortiquer. || PER EST. [scuoiare] écorcher, dépouiller.
decorticazione [dekortikat'tsjone] f. décortication, décorticage m. || CHIR. *decorticazione del cuore*, décortication du cœur.
decotto [de'kɔtto] m. FARM. décoction f. ◆ agg. FIN. en déconfiture (f.).
decremento [dekre'mento] m. décroissement, diminution f. || MAT. *decremento logaritmico*, décrément logarithmique.
decrepitezza [dekrepi'tettsa] f. décrépitude.
decrepito [de'krɛpito] agg. [persone] décrépit, cassé, caduc, cacochyme (iron.). | *vecchio decrepito*, vieillard cassé.
decrescendo [dekreʃ'ʃɛndo] m. MUS. decrescendo, diminuendo (ital.). || PER EST. [diminuzione di intensità] | *un decrescendo di voci*, un decrescendo de voix.
decrescente [dekreʃ'ʃɛnte] agg. décroissant. || ASTRON. *fase decrescente (della luna)*, décroît m. | *la luna è in fase decrescente*, la lune est dans, sur son décroît. || MAR. descendant. || MAT. décroissant.
decrescenza [dekreʃ'ʃɛntsa] f. décroissance, diminution, décroissement m. | *natalità in decrescenza*, natalité en diminution. || MAR. décrue. || MED. décroissance, diminution.
decrescere [de'kreʃʃere] v. intr. décroître, diminuer. || MAR. baisser. | *certi fiumi decrescono d'estate*, certaines rivières baissent en été. || MED. décroître, diminuer. || FIG. [morale] décroître, diminuer.
decrescimento [dekreʃʃi'mento] m. V. DECRESCENZA.
decretale [dekre'tale] agg. e f. GIUR., RELIG. décrétale. | *(lettera) decretale*, décrétale.
decretare [dekre'tare] v. tr. GIUR. [stabilire con decreto] décréter, édicter. || PER EST. [decidere con autorità] décréter. || PER ANAL. [tributare] accorder. | *gli furono decretati grandi onori*, on lui accorda les grands honneurs.
decreto [de'kreto] m. AMM. [provvedimento di autorità amministrative o giudiziarie e ordinanza del potere esecutivo] décret, arrêté. | *decreto ministeriale*, arrêté ministériel. | *decreto legge*, décret-loi. || GIUR. [di organismi giudiziari elevati] arrêt. | *decreto della corte di Cassazione*, arrêt de la cour de Cassation. | *decreto definitivo*, arrêt définitif. || FIG. décret, arrêt. | *sottomettersi ai decreti della Provvidenza*, se soumettre aux arrêts de la Providence.
decriptare [dekrip'tare] o **decrittare** [dekrit'tare] v. tr. décrypter.
decubito [de'kubito] m. MED. décubitus. || *piaga da decubito*, escarre.
de cuius [de'kujus] n. [lat.] GIUR. de cujus.
decuplicare [dekupli'kare] v. tr. PR. e FIG. décupler. ◆ v. rifl. se décupler.
decuplo ['dɛkuplo] agg. e m. décuple.
decurione [deku'rjone] m. STOR. décurion.
decurtare [dekur'tare] v. tr. diminuer, réduire.
decurtazione [dekurtat'tsjone] f. diminution, réduction.
decuscutazione [dekuskutat'tsjone] f. AGR. décuscutation, décuscutage m.
decussato [dekus'sato] agg. BOT. décussé. | *foglie decussate*, feuilles décussées.
decusse [de'kusse] f. ARALD. sautoir m.
dedalo ['dɛdalo] m. dédale, labyrinthe.
dedica ['dɛdika] f. dédicace. | *mi ha scritto una dedica strana*, il m'a écrit une drôle de dédicace. | *fotografia con dedica*, photographie dédicacée. | *apporre una dedica a qlco.*, dédicacer qch.
dedicare [dedi'kare] v. tr. [offrire libri, ecc.] dédier. || RELIG. [consacrare al culto] dédier, consacrer. || FIG. [consacrare] consacrer, dévouer, vouer. ◆ v. rifl. [consacrarsi] s'adonner, se livrer, se consacrer. | *dedicarsi alla pittura*, s'adonner à la peinture. || PER ANAL. [abbracciare] embrasser v. tr. | *dedicarsi a una dottrina*, embrasser une doctrine. || PER EST. [sacrificarsi] se dévouer. | *dedicarsi alla patria*, *a una*

missione umanitaria, se dévouer à sa patrie, à une mission humanitaire.
dedicatario [dedika'tarjo] (**-ri** pl.) m. dédicataire.
dedicatoria [dedika'tɔrja] f. (lett.) dédicatoire agg. | *dedicatoria*, épître dédicatoire.
dedito ['dɛdito] agg. adonné. | *dedito al bere*, adonné à la boisson. ‖ *essere dedito (a)*, se consacrer (à), se livrer (à). | *è dedita al vizio*, elle se livre au vice.
dedizione [dedit'tsjone] f. dévouement m. ‖ MIL. (arc.) reddition.
dedotto [de'dotto] part. pass. e agg. déduit. ‖ COMM. *dedotte le spese*, tous frais déduits.
dedurre [de'durre] v. tr. FILOS. déduire. ‖ PER EST. [arguire, desumere] déduire, inférer, arguer. | *da ciò deduco che*, je déduis de là que. | *sono stato portato a dedurre che*, j'ai été conduit à inférer que. ‖ PER ANAL. [trarre, derivare] tirer. ‖ COMM. déduire, défalquer, décompter, rabattre. | *dedurremo le spese*, nous déduirons nos frais. | *dedurre il 5 p. cento*, décompter 5 p. cent. ‖ MAT. déduire, soustraire.
deduzione [dedut'tsjone] f. FILOS. déduction. ‖ PER EST. [conclusione] déduction. ‖ COMM. déduction, soustraction, décompte m. | *dopo deduzione degli acconti versati*, décompte fait, déduction faite des avances fournies. ‖ FIN. diminution, abattement m. | *deduzioni fiscali*, abattements fiscaux. ‖ MAT. déduction.
de facto [de'fakto] loc. avv. [lat.] de facto.
defalcamento [defalka'mento] m. V. DEFALCO.
defalcare [defal'kare] v. tr. COMM. défalquer, décompter, déduire, soustraire.
defalco [de'falko] m. COMM. défalcation f., décompte, déduction f., soustraction f., abattement. | *dopo defalco di*, défalcation faite, déduction faite de.
defecare [defe'kare] v. tr. CHIM. déféquer, clarifier. ◆ v. intr. FISIOL. déféquer.
defecazione [defekat'tsjone] f. CHIM., FISIOL. défécation.
defenestrare [defenes'trare] v. tr. [senso proprio] défenestrer (raro), jeter par la fenêtre (L.C.). ‖ FIG. [licenziare] (L.C.) limoger, dégommer (fam.), déboulonner (fam.).
defenestrazione [defenestrat'tsjone] f. STOR. défenestration. | *defenestrazione di Praga*, défenestration de Prague. ‖ FIG. [licenziamento] (L.C.) limogeage m., dégommage m. (fam.), déboulonnage m. (fam.).
defensionale [defensjo'nale] agg. GIUR. de la défense.
deferente [defe'rɛnte] agg. [rispettoso] déférent, respectueux. ‖ ANAT., BOT. déférent. ‖ ASTRON. déférent. ◆ m. pl. ANAT. déférents.
deferenza [defe'rɛntsa] f. déférence, respect m. | *con deferenza*, avec déférence.
deferire [defe'rire] v. tr. GIUR. déférer. | *deferire una vertenza in tribunale*, saisir un tribunal d'un différend. ◆ v. intr. [condiscendere] déférer.
defervescenza [defervеʃ'ʃɛntsa] f. CHIM., MED. défervescence.
defezionare [defettsjo'nare] v. intr. faire défection, déserter (v. tr.). | *defezionare da una riunione*, déserter une réunion.
deficiente [defi'tʃɛnte] agg. [scarso, di disponibilità] déficient, insuffisant. ‖ PER EST. [scarso, di rendimento] insuffisant. | *è deficiente in italiano*, il est insuffisant en italien. ◆ n. MED. déficient, déficiente. ‖ FAM. idiot, idiote. | *è una povera deficiente*, c'est une pauvre idiote.
deficienza [defi'tʃɛntsa] f. [scarsità] manque m., insuffisance, défaut m. | *deficienza di mezzi*, défaut de moyens. ‖ PER EST. [lacuna] lacune. | *ha una deficienza in francese*, il a une lacune en français. ‖ MED. déficience.
deficit ['dɛfitʃit] m. COMM. déficit, découvert.
deficitario [defitʃi'tarjo] agg. [insufficiente] insuffisant. ‖ COMM. déficitaire. ‖ MED. déficitaire.
defilamento [defila'mento] m. MIL. défilement.
defilare [defi'lare] v. tr. MIL. défiler. ◆ v. intr. MAR., MIL. défiler.
defilato [defi'lato] part. pass. e agg. MIL. défilé. | *zona defilata*, zone défilée.
defilé [defi'le] m. [fr.] MODA défilé.
definibile [defi'nibile] agg. définissable.
definire [defi'nire] v. tr. définir. ‖ PER ANAL. [determinare] définir, fixer. ‖ COMM., GIUR. [risolvere] régler, trancher. | *definire una lite*, trancher un différend. | *definire un affare*, régler une affaire.
definitiva (in) [in defini'tiva] loc. avv. en définitive.
definitivo [defini'tivo] agg. définitif, décisif. ‖ COMM. ferme. | *acquisto definitivo*, achat ferme. ‖ GIUR. définitif. | *decreto definitivo*, arrêt définitif.
definizione [definit'tsjone] f. définition. ‖ GIUR. règlement m. | *definizione di una vertenza*, règlement d'un différend. ‖ OTT. netteté. | *definizione di un'immagine*, netteté d'une image. ‖ RELIG. *definizione dogmatica*, définition dogmatique. ‖ T.V. définition.
deflagrante [defla'grante] agg. déflagrant. | *materia deflagrante*, matière déflagrante.
deflagrare [defla'grare] v. intr. TECN. déflagrer. ‖ FIG. [passioni] se déchaîner (v. rifl.).
deflagrazione [deflagrat'tsjone] f. déflagration.
deflazionare [deflattsjo'nare] v. tr. ECON. appliquer des mesures déflationnistes. | *deflazionare il mercato*, appliquer au marché des mesures déflationnistes.
deflazione [deflat'tsjone] f. ECON., GEOL. déflation.
deflazionista [deflattsjo'nista] agg. invar. ECON. déflationniste.
deflettere [de'flɛttere] v. intr. FIS. [gas, liquidi] défléchir. ‖ [ago magnetico] dévier. ‖ FIG. [rinunciare] renoncer (à); [in frasi negative] démordre. | *non defletterà*, il n'en démordra pas.
deflettore [deflet'tore] m. TECN. déflecteur.
deflorare [deflo'rare] v. tr. déflorer.
deflorazione [deflorat'tsjone] f. MED. défloration.
defluire [deflu'ire] v. intr. s'écouler v. rifl. ‖ SOSTANT. *il defluire*, l'écoulement.
deflusso [de'flusso] m. [di maree] reflux, jusant. ‖ IDROGR. [portata] débit; [scorrimento] écoulement. | *deflusso di un corso d'acqua*, débit d'un cours d'eau. ‖ FIG. sortie f., écoulement.
deformare [defor'mare] v. tr. déformer. ‖ FIG. [alterare] déformer. ‖ MECC. voiler. | *cadendo ho deformato la ruota davanti*, j'ai voilé ma roue avant en tombant. ◆ v. rifl. se déformer. ‖ TECN. [di un piano, una superficie] gauchir (v. intr.), se voiler (v. rifl.).
deformazione [deformat'tsjone] f. déformation. | *deformazione professionale*, déformation professionnelle. ‖ TECN. [di legno, metalli] gauchissement m., voilure.
deforme [de'forme] agg. déformé, difforme. | *il suo volto è deforme per il gonfiore*, son visage est déformé par l'enflure. | *aspetto deforme*, aspect difforme. ‖ SOSTANT. ce qui est difforme.
deformità [deformi'ta] f. difformité.
defosforazione [defosforat'tsjone] f. METALL. déphosphoration.
defraudare [defrau'dare] v. tr. [privare di quanto dovuto] frustrer, déposséder. | *defraudare un erede della sua parte*, frustrer, déposséder un héritier de sa part. ‖ [derubare] frauder.
defraudatore [defrauda'tore] (**-trice** f.) m. frustrateur, fraudeur.
defraudazione [defraudat'tsjone] f. frustration, fraude.
defunto [de'funto] agg. [da molto tempo] défunt. | *la mia defunta zia mi ha lasciato la sua fortuna*, ma défunte tante m'a laissé sa fortune. ‖ [morto da poco] feu. | *la tua defunta madre*, feu ta mère, ta feue mère. ◆ m. mort, défunt. | *officio dei defunti*, office des morts. | *preghiere per i defunti*, prières pour les défunts.
— N. B. Quando si dice « le feu pape », « le feu roi », ecc., si intende l'ultimo deceduto. « Feu la reine » si usa quando non c'è regina viva e « la feue reine » (notare l'accordo) se un'altra l'ha sostituita. « Feu » si usa per persone conosciute, ma sta cadendo in disuso. È sostituito da « décédé » o « défunt ».
degenerare [dedʒene'rare] v. intr. dégénérer, s'abâtardir (v. rifl.). ‖ FIG. dégénérer. ‖ [eccedere] dépasser toute limite; exagérer. | *stavolta ha proprio degenerato*, cette fois il a vraiment dépassé toute limite.
degenerato [dedʒene'rato] part. pass. e agg. dégénéré. ◆ m. dégénéré. | *è un degenerato*, c'est un dégénéré.
degenerazione [dedʒenerat'tsjone] f. dégénéres-

cence, dégénération. ‖ FIG. dégénérescence, dépérissement m. ‖ MED. dégénérescence.
degenere [de'dʒɛnere] agg. dégénéré.
degente [de'dʒɛnte] agg. (non c'è traduzione letterale) *è degente in quella clinica da un mese*, il est dans cette clinique depuis un mois. ◆ m. malade. | *i degenti sono visitati due volte al giorno*, les malades sont visités deux fois par jour.
degenza [de'dʒɛntsa] f. période d'hospitalisation. | *una degenza di un mese*, un mois d'hospitalisation. | *è morto dopo tre mesi di degenza*, il est mort après trois mois de séjour à l'hôpital.
degli ['deʎʎi] prep. art. m. pl. V. DI.
deglutire [deglu'tire] v. tr. déglutir.
deglutizione [deglutit'tsjone] f. FISIOL. déglutition.
degnamente [deɲɲa'mente] avv. dignement.
degnare [deɲ'ɲare] v. tr. daigner. | *non mi ha degnato di uno sguardo*, il n'a pas daigné me regarder. | *non lo degna di un sorriso*, il ne lui fait pas l'honneur d'un sourire. ◆ v. daigner v. tr. | *non si è neppure degnato di prendere in considerazione la mia offerta*, il n'a même pas daigné prendre en considération mon offre.
degnazione [deɲɲat'tsjone] f. bienveillance, bonté, condescendance. | *abbia la degnazione di ricevermi*, ayez la bonté de me recevoir. | *ascoltare con degnazione*, écouter avec condescendance. | *che degnazione!* (iron.), quelle bonté de votre part!
degno ['deɲɲo] agg. [meritevole] digne. | *romanzi degni di nota*, romans qui méritent d'être remarqués. | *è una degna persona*, c'est un bien digne homme. ‖ [dignitoso, adeguato] digne. | *è degno figlio di suo padre* (iron.), il est le digne fils de son père. | *è un figlio degno di suo padre*, c'est un fils digne de son père. ‖ LOC. *non essere degno di legare le scarpe a qlcu.*, ne pas arriver à la cheville de qn.
degradamento [degrada'mento] m. [il degradare] V. DIGRADAZIONE. ‖ FIG. abâtardissement, avilissement.
degradante [degra'dante] agg. dégradant. ‖ FIG. abaissant, avilissant.
degradare [degra'dare] v. tr. AMM., MIL. dégrader, casser. ‖ FIG. dégrader, abâtardir, avilir. ‖ GEOGR. dégrader. ◆ v. rifl. se dégrader, se déclasser. | *quando parla così si degrada*, lorsqu'il parle de la sorte il se déclasse.
degradazione [degradat'tsjone] f. AMM., MIL. dégradation, cassation. ‖ FIG. dégradation, avilissement m., déchéance. ‖ GEOGR., FIS. dégradation.
degustare [degus'tare] v. tr. déguster, goûter.
degustatore [degusta'tore] (**-trice** f.) m. dégustateur.
degustazione [degustat'tsjone] f. [azione] gustation. ‖ [assaporamento] dégustation.
deh! [dɛ] interiez. (lett.) [preghiera] de grâce! ‖ [rimpianto] hélas!
dei ['dei] prep. art. m. pl. V. DI.
deicida [dei'tʃida] m. e f. déicide.
deicidio [dei'tʃidjo] (**-di** pl.) m. déicide.
deidrogenare [deidrodʒe'nare] v. tr. CHIM. déshydrogéner.
deidrogenazione [deidrodʒenat'tsjone] f. CHIM. déshydrogénation.
deiezione [dejet'tsjone] f. FISIOL. [evacuazione, azione e risultato] éjection. ‖ [escrezione, azione e risultato] déjection. ‖ GEOL. déjection. | *cono di deiezione*, cône de déjection(s). ‖ MED. [per lo più al plurale] déjections.
deificare [deifi'kare] v. tr. PR. e FIG. déifier.
deificazione [deifikat'tsjone] f. déification.
deipara [de'ipara] agg. e f. déipare.
deismo [de'izmo] m. FILOS. déisme.
deista [de'ista] (**-i** pl.) m. e f. déiste.
deità [dei'ta] f. déité (lett.), divinité. | *le deità pagane*, les déités païennes.
de jure [de'jure] loc. avv. [lat.] DIR. de jure.
del [del] prep. art. m. s. V. DI.
delatore [dela'tore] (**-trice** f.) m. délateur.
delazione [delat'tsjone] f. délation (L.C.); cafardage m. (fam.), mouchardage m. (pop.).
del credere [del'kredere] m. COMM. ducroire.
delebile [de'lɛbile] agg. délébile.
delega ['dɛlega] f. délégation.
delegare [dele'gare] v. tr. [dare in potere, incaricare] déléguer, mandater, députer, commissionner. ‖ [trasmettere] déléguer.
delegato [dele'gato] m. e agg. délégué. ‖ LOC. *delegato di pubblica sicurezza*, commissaire de police.
delegazione [delegat'tsjone] f. délégation. ‖ PER EST. [gruppo di persone] délégation.
deleterio [dele'tɛrjo] (**-ri** pl.) agg. PR. e FIG. délétère.
delfina [del'fina] f. [stor. fr.] dauphine.
delfinatese [delfina'tese] agg. GEOGR. dauphinois.
delfino [del'fino] STOR. dauphin. ‖ ZOOL. dauphin. | *nuotare a delfino*, nager la brasse papillon. ‖ FIG. dauphin.
delibare [deli'bare] v. tr. DIR. *delibare una sentenza*, donner l'exequatur à un jugement étranger.
delibazione [delibat'tsjone] f. DIR. *firmare un giudizio di delibazione*, signer un exequatur.
delibera [de'libera] f. AMM. délibération, arrêté m. | *per delibera del consiglio*, par délibération du conseil. | *previa delibera*, après délibération.
deliberante [delibe'rante] agg. délibérant.
deliberare [delibe'rare] v. tr. [decidere con altri] délibérer (sur), décider (de). | *deliberare insieme una questione*, délibérer ensemble sur une question. | *deliberare un affare con qlcu.*, décider d'une affaire avec qn. ‖ PER EST. [decidere, risolvere] décider, délibérer. ‖ AMM. [aggiudicare] adjuger. | *deliberare un premio*, adjuger un prix. ‖ ASSOL. délibérer, décider. | *la Corte si ritira per deliberare*, la Cour se retire pour délibérer. ◆ v. intr. [risolversi] (arc.) se décider, se résoudre.
deliberato [delibe'rato] part. pass. e agg. [frutto di una decisione] délibéré, décidé. ‖ PER EST. [risoluto] délibéré.
deliberazione [deliberat'tsjone] f. [discussione] délibération. ‖ PER EST. [risoluzione] délibération. ‖ GIUR. *deliberazione in camera di consiglio*, délibéré m.
delicatezza [delika'tettsa] f. délicatesse, finesse. | *delicatezza di lineamenti*, finesse de traits. | *delicatezza di tinte*, délicatesse de coloris. | *delicatezza di un cibo*, délicatesse d'un mets. | *delicatezza di stomaco*, délicatesse d'estomac. | *delicatezza di un meccanismo*, délicatesse d'un mécanisme. ‖ [sensibilità, gentilezza] délicatesse. | *trattare qlcu. con delicatezza*, traiter qn avec délicatesse. | *mancanza di delicatezza*, manque de délicatesse. ‖ [prudenza] délicatesse. ‖ LOC. *è cosa di estrema delicatezza*, c'est une chose extrêmement délicate.
delicato [deli'kato] agg. [gradito per finezza, morbidezza, leggerezza] délicat. | *cibo delicato*, mets délicat. | *boccone delicato*, morceau délicat. ‖ [fragile] délicat, fragile. ‖ FIG. [imbarazzante, scabroso] délicat. | *è un affare delicato*, c'est une affaire délicate. | *sono in una situazione delicata*, je suis dans une situation délicate. ‖ [fragile] délicat, frêle. | *è un bambino delicato*, c'est un enfant délicat. ‖ PER ANAL. [cagionevole] frêle, débile, fragile. | *delicato di salute*, de santé délicate, fragile. ‖ PER EST. [fine] délicat. | *ha un orecchio delicato*, il a une oreille délicate. ‖ FIG. [sensibile] délicat, douillet. | *persona troppo delicata*, douillet m. ‖ PEGGIOR. [esigente] délicat. | *è delicata sul cibo*, elle est délicate sur la nourriture. ◆ m. délicat, douillet. | *non fare il delicato*, ne fais pas le délicat.
delimitare [delimi'tare] v. tr. délimiter, cerner, borner. | *bosco che delimita la proprietà*, bois qui borne la propriété. | *l'orizzonte delimita la piana*, l'horizon ferme la plaine. ‖ TOP. aborner. ‖ FIG. délimiter, borner, cerner. | *delimitare un problema*, cerner un problème.
delimitato [delimi'tato] part. pass. e agg. délimité, cerné, borné. ‖ GIUR. *terreno delimitato*, cantonnement. ‖ FIG. esquissé, campé. | *personaggio ben delimitato*, personnage bien campé.
delimitazione [delimitat'tsjone] f. délimitation. ‖ GIUR. bornage m., cantonnement m. | *delimitazione di un terreno*, cantonnement.
delineamento [delinea'mento] m. délinéament, contour.
delineare [deline'are] v. tr. [tracciare un contorno] contourner, tracer le contour (de), cerner. ‖ ARTI esquisser, ébaucher. ‖ FIG. décrire, tracer. | *delineare un piano di lavoro*, tracer un plan de travail. ◆ v. rifl.

se dessiner, se découper. || FIG. s'annoncer. | *si delinea un pericolo,* un danger s'annonce.
delineazione [delineat'tsjone] f. ébauche.
delinquente [delin'kwɛnte] m. GIUR. délinquant. | *delinquente senza precedenti penali,* délinquant primaire. || *quel bambino è un delinquente* (fam.), cet enfant est un chenapan. ◆ f. délinquante.
delinquenza [delin'kwɛntsa] délinquance. | *delinquenza minorile,* délinquance juvénile.
delinquere [de'linkwere] v. intr. commettre un crime. | *associazione a delinquere,* association de malfaiteurs. | *istigazione a delinquere,* instigation au crime.
deliquescente [delikweʃ'ʃɛnte] agg. CHIM. déliquescent.
deliquescenza [delikweʃ'ʃɛntsa] f. CHIM. déliquescence.
deliquio [de'likwio] (**-qui** pl.) m. [svenimento] évanouissement, défaillance f., pâmoison f. || [perdita di coscienza] évanouissement. || MED. *cadere in deliquio,* tomber en faiblesse, en pâmoison.
delirante [deli'rante] agg. MED. délirant. || FIG. délirant, frénétique.
delirare [deli'rare] v. intr. PR. e FIG. délirer. || [farneticare] radoter, déraisonner. | *stai delirando!,* tu radotes!
delirio [de'lirjo] (**-ri** pl.) m. PR. e FIG. délire. | *in delirio,* en délire. || MED. délire, fièvre chaude. | *ammalato in delirio,* malade délirant.
delirium tremens [de'lirjum'trɛmens] m. [lat.] MED. delirium tremens.
delitto [de'litto] m. [grave reato contro la morale o la legge] crime. | *delitto perfetto,* crime parfait. | *arma del delitto,* arme du crime. | *movente del delitto,* mobile du crime. || GIUR. [reato punito con pene infamanti] crime. | *delitto di lesa maestà,* crime de lèse-majesté. | *delitto contro la pubblica morale,* crime contre les mœurs. || [reato punito con pene correzionali] délit. | *delitto flagrante,* flagrant délit. || FIG. crime. || LETT. «*Delitto e Castigo*», «Crime et Châtiment».
delittuoso [delittu'oso] agg. délictueux, criminel. | *progetti delittuosi,* desseins criminels. | *fatto delittuoso,* fait délictueux.
delizia [de'littsja] f. [piacere delicato e vivo] délice m., plaisir m., nanan m. (fam.). || LOC. *piove che è una delizia,* il pleut à torrents. | *è una delizia ascoltarlo,* c'est un plaisir de l'écouter. | *ho comperato un cappello che è una delizia,* j'ai acheté un chapeau délicieux. | *è una delizia per gli occhi,* c'est un régal pour les yeux (fam.). | *canta che è una delizia,* il chante à ravir. || [piacere intenso] délices f. pl. | *le delizie della tavola,* les plaisirs de la table. | *è un luogo di delizia,* c'est un lieu de délices. | *con delizia,* avec délices. | *è la mia delizia,* cela fait mes délices.
deliziare [delit'tsjare] v. tr. (lett.) charmer (L.C.), délecter. ◆ v. rifl. se délecter, se complaire, se régaler. | *si delizia a narrare la sua vita a tutti,* il se complaît à raconter sa vie à tout le monde.
delizioso [delit'tsjoso] agg. délicieux, charmant, exquis. | *è un bambino delizioso,* c'est un enfant charmant.
della ['della] prep. art. f. s. V. DI.
delle ['delle] prep. art. f. pl. V. DI.
dello ['dello] prep. art. m. s. V. DI.
delta ['dɛlta] m. invar. FIS., GEOGR., GRAMM. delta. || AER. *ala a delta,* aile en delta.
deltizio [del'tittsjo] agg. GEOGR. deltaïque.
deltoide [del'tɔide] m. e agg. ANAT. deltoïde.
deltoideo [deltoi'dɛo] agg. ANAT. deltoïde.
delucidare [delutʃi'dare] v. tr. élucider. || TESS. décatir, délustrer.
delucidazione [delutʃidat'tsjone] f. élucidation, éclaircissement m., explication. || TESS. délustrage m., décatissage m.
deludente [delu'dente] agg. décevant.
deludere [de'ludere] v. tr. décevoir, désappointer, désillusionner, défriser (fam.). | *ha deluso le mie aspettative,* il a déçu, il a trompé mon attente. | *c'è qlco. che mi delude in lui,* il y a qch. qui me défrise en lui (fam.).
delusione [delu'zjone] f. déception, désappointement m., désillusion, déboire m., désenchantement m., mécompte m. | *mi aspetto delle delusioni,* je m'attends à des mécomptes. | *ha nascosto bene la sua delusione,* il a bien caché son désappointement.
deluso [de'luzo] part. pass. e agg. déçu. | *restare deluso,* déchanter v. intr. (L.C.), être gros-jean comme devant (pop.). | *è rimasto profondamente deluso,* il a bien déchanté.
demagnetizzare [demaɲɲetid'dzare] v. tr. FIS. désaimanter, démagnétiser. ◆ v. rifl. se désaimanter, se démagnétiser.
demagnetizzazione [demaɲɲetiddzat'tsjone] f. FIS. désaimantation, démagnétisation.
demagogia [demago'dʒia] f. démagogue.
demagogico [dema'gɔdʒiko] agg. démagogique.
demagogo [dema'gɔgo] (**-ghi** pl.) m. démagogue.
demandare [deman'dare] v. tr. GIUR. déférer.
demaniale [dema'njale] agg. domanial.
demanio [de'manjo] (**-ni** pl.) m. AMM. domaine de l'État, Domaine. | *pubblico demanio,* domaine public.
demarcare [demar'kare] v. tr. (raro) délimiter (L.C.).
demarcazione [demarkat'tsjone] f. démarcation.
demente [de'mɛnte] agg. e n. dément, démente.
demenza [de'mɛntsa] f. démence.
demenziale [demen'tsjale] agg. MED. démentiel.
demeritare [demeri'tare] v. tr. se rendre indigne (de). ◆ v. intr. démériter. | *abbiamo demeritato dei compagni,* nous avons démérité auprès de nos camarades.
demerito [de'mɛrito] m. démérite. | *abbiamo ricevuto una nota di demerito,* nous avons reçu un blâme.
demilitarizzare [demilitarid'dzare] v. tr. e deriv. V. SMILITARIZZARE.
demineralizzare [demineralid'dzare] v. tr. déminéraliser.
demineralizzazione [demineraliddzat'tsjone] f. déminéralisation.
demistificante [demistifi'kante] agg. démystifiant.
demistificare [demistifi'kare] v. tr. démystifier.
demistificazione [demistifikat'tsjone] f. démystification.
demitizzare [demitid'dzare] v. tr. démythifier.
demitizzazione [demitiddzat'tsjone] f. démythification.
demiurgo [de'mjurgo] (**-ghi** pl.) m. démiurge.
demo ['dɛmo] m. STOR. dème.
democraticità [demokratitʃi'ta] f. caractère (m.) démocratique. || PER EST. [affabilità] affabilité.
democratico [demo'kratiko] agg. e m. POLIT. [di partiti] démocrate. | *democratico cristiano,* démocrate-chrétien. || [che appartiene alla democrazia in senso lato] démocratique. || PER EST. [affabile] affable. | *persona democratica,* personne affable.
democratizzare [demokratid'dzare] v. tr. POLIT. démocratiser.
democrazia [demokrat'tsia] f. POLIT. démocratie.
democristiano [demokris'tjano] agg. e m. POLIT. démocrate-chrétien.
demografia [demogra'fia] f. démographie.
demografico [demo'grafiko] agg. démographique.
demolire [demo'lire] v. tr. TECN. [abbattere sistematicamente] démolir, démanteler, raser, abattre. || PER EST. démolir, démanteler. | *demolire un sistema,* démolir un système. | *demolire qlcu. :* [mettere fuori combattimento] (fam.) démolir qn ; [togliere la reputazione] (fam.) déboulonner qn. | *demolire un libro, un film* (fam.), démolir un livre, un film.
demolitore [demoli'tore] (**-trice** f.) m. démolisseur, euse. || PER EST. m. e agg. démolisseur, destructeur, trice.
demolizione [demolit'tsjone] f. démolition. | *materiali di demolizione,* démolitions f. pl. || TECN. [macchine] démantèlement. | *demolizione di macchine,* démantèlement de machines. || PER EST. démolition, destruction.
demoltiplicare [demoltipli'kare] v. tr. TECN. démultiplier.
demoltiplicatore [demoltiplika'tore] (**-trice** f.) m. e agg. TECN. démultiplicateur.
demone ['dɛmone] m. ANTIQ. démon. || PER EST. [passione] démon (lett.). | *il demone della solitudine,* le démon de la solitude.
demonetizzare [demonetid'dzare] v. tr. démonétiser.
demoniaco [demo'niako] (**-ci** pl.) agg. démoniaque.

demonietto [demo'njetto] m. dimin. diablotin. || PER EST. FAM. [persone] petit diable.
demonio [de'mɔnjo] (**-ni** pl.) m. RELIG. démon, diable. || PER EST. [persone] démon. || FIG. *è preso dal demonio del gioco*, il est pris par le démon du jeu. || LOC. *è brutto, è brutta come il demonio*, il est laid, elle est laide comme un pou, à faire peur. | *avere il demonio addosso*, avoir le diable au corps. | *fare il demonio* (fam.), faire le diable à quatre. | *fa un freddo del demonio* (pop.), il fait un froid du diable. | *è furbo come il demonio*, il est malin comme un singe.
demonismo [demo'nizmo] m. FILOS. démonisme.
demonologia [demonolo'dʒia] f. démonologie.
demoralizzante [demoralid'dzante] agg. démoralisant, décourageant.
demoralizzare [demoralid'dzare] v. tr. démoraliser, décourager. ◆ v. intr. se démoraliser, se décourager.
demoralizzazione [demoraliddzat'tsjone] f. démoralisation, découragement m.
demordere [de'mɔrdere] v. intr. [fr.] démordre.
demotico [de'mɔtiko] agg. ANTIQ. démotique.
denaro [de'naro] m. [quattrini] argent. | *denaro liquido, contante*, argent liquide, comptant. | *rimanere senza denaro*, rester sans argent. | *denaro per le piccole spese*, argent de poche. | *riscuotere denaro*, toucher de l'argent. | *mancanza di denaro*, manque d'argent ; impécuniosité f. | *accumulare denaro*, capitaliser. || COMM. espèces f. pl. | *denaro sonante*, espèces sonnantes. || FIN. *mercato del denaro*, marché des changes. || STOR. denier. || LOC. *essere a corto di denari*, être (à) court d'argent. || *avere denaro* : [essere ricco] être en fonds (fam.) ; [avere di che vivere] avoir de quoi vivre. || *rimetterci denaro*, en être de sa poche. | *estorcere, carpire denaro a qlcu.*, tirer une carotte à qn (fam.). | *guadagnare un sacco di denaro* (fam.), gagner des mille et des cents. | *avere denaro a palate*, remuer l'argent à la pelle (fam.). | *far denaro a palate* (fam.), ramasser de l'argent à la pelle. | *mangiarsi il denaro dell'associazione, della comunità*, manger, bouffer (pop.) la grenouille (fam.). | *gettare il denaro dalla finestra*, jeter l'argent par les fenêtres. | PROV. *il denaro non fa la felicità*, l'argent ne fait pas le bonheur. | *il tempo è denaro*, le temps c'est de l'argent. | *il denaro non puzza*, l'argent n'a pas d'odeur. | *il denaro è l'anima del commercio*, l'argent est le nerf du commerce. ◆ pl. GIOCHI [seme delle carte da gioco] carreau (sing.). | *asso di denari*, as de carreau. || TESS. [unità di misura di finezza delle fibre tessili] denier. | *calze a quindici denari*, bas de quinze deniers.
denasalizzare [denasalid'dzare] v. tr. FON. dénasaliser.
denasalizzazione [denasaliddzat'tsjone] f. FON. dénasalisation.
denatalità [denatali'ta] f. dénatalité.
denaturare [denatu'rare] v. tr. CHIM. dénaturer.
denaturazione [denaturat'tsjone] f. CHIM. dénaturation.
denazificare [denattsifi'kare] v. tr. POLIT. dénazifier.
denazificazione [denattsifikat'tsjone] f. dénazification.
denazionalizzare [denattsjonalid'dzare] v. tr. dénationaliser.
denazionalizzazione [denattsjonaliddzat'tsjone] f. dénationalisation.
dendrite [den'drite] f. MINER. dendrite.
denegazione [denegat'tsjone] f. dénégation (L.C.), déni m. (lett.).
denicotinizzare [denikotinid'dzare] v. tr. dénicotiniser.
denigrare [deni'grare] v. tr. dénigrer, décrier.
denigratore [denigra'tore] (**-trice** f.) m. dénigreur, détracteur, trice ; bêcheur, euse (fam.).
denigrazione [denigrat'tsjone] f. dénigrement m.
denitrificare [denitrifi'kare] v. tr. CHIM. dénitrifier.
denitrificazione [denitrifikat'tsjone] f. CHIM. dénitrification.
denominale [denomi'nale] agg. LING. dénominatif.
denominare [denomi'nare] v. tr. dénommer, nommer, appeler. ◆ v. rifl. se dénommer, se nommer, s'appeler.
denominativo [denomina'tivo] agg. e m. GRAMM. dénominatif.
denominatore [denomina'tore] m. MAT. dénominateur. | *minimo comune denominatore*, le plus petit dénominateur. | *ridurre delle frazioni allo stesso denominatore*, réduire des fractions au même dénominateur. || FIG. dénominateur. | *i due programmi hanno un denominatore comune*, les deux programmes ont un dénominateur commun.
denominazione [denominat'tsjone] f. dénomination. || AGR. appellation. | *denominazione di origine controllata*, appellation d'origine contrôlée.
denotare [deno'tare] v. tr. dénoter, indiquer, révéler.
denotazione [denotat'tsjone] f. LING. dénotation.
densamente [densa'mente] avv. [equivalente di « molto »] très, fort. | *città densamente popolata*, ville très peuplée.
densità [densi'ta] f. densité. | *densità di popolazione*, densité de la population. | *densità del traffico*, densité du trafic.
denso ['dɛnso] agg. dense. | *la vernice non è abbastanza densa*, le vernis n'est pas assez épais. || PER ANAL. [spesso] dense, épais, chargé. | *nebbia densa*, brouillard épais, dense. | *stanza densa di vapori*, pièce chargée de vapeurs. || FIG. dense, riche, hérissé. | *compito denso di difficoltà*, devoir hérissé de difficultés.
dentale [den'tale] agg. ANAT. dental (arc.), dentaire (L.C.). || FON. dental. ◆ f. FON. dentale. ◆ m. AGR. [supporto dell' aratro] sep.
dentalio [den'taljo] m. ZOOL. dentale.
dentaria [den'tarja] f. BOT. dentaire.
dentario [den'tarjo] (**-ri** pl.) agg. dentaire.
dentaruolo [denta'rwɔlo] m. hochet.
dentata [den'tata] f. coup (m.) de dent, morsure. || [di cane e cinghiale] dentée.
dentato [den'tato] part. pass. e agg. denté. || TECN. denté, barbelé. | *ruota dentata*, roue dentée. | *freccia dentata*, flèche barbelée. || BOT. denté, dentelé. || ANAT. *muscolo dentato*, muscle dentelé. | *i muscoli grandi dentati*, les grands dentelés. || ARALD. denché.
dentatura [denta'tura] f. ANAT. [insieme dei denti] dentition, denture. | *una bella dentatura*, une belle dentition. || MECC. denture, endenture.
dente ['dɛnte] m. ANAT. dent f. | *denti di latte*, dents de lait. | *denti del giudizio*, dents de sagesse. | *dente guasto, cariato*, dent gâtée, cariée. | *denti finti*, fausses dents, dents artificielles. | *(dente) canino, incisivo, molare, premolare*, (dent) canine, incisive, molaire, prémolaire. | *fare i denti*, faire, percer ses dents. | *dente tentennante*, dent qui branle. | *mal di denti*, mal, rage de dents. | *avere mal di denti*, avoir mal aux dents. | *(resto di) dente rotto*, chicot m. (fam.). | *battere i denti*, claquer des dents ; grelotter. | *digrignare, arrotare i denti*, grincer des dents. || PER ANAL. [animale] dent. | *mostrare i denti*, montrer les dents. || LOC. *non ho niente da mettere sotto i denti*, je n'ai rien à (me) mettre sous la dent. || LOC. FIG. *avere il dente avvelenato contro qlcu.*, avoir une dent contre qn. | *armato fino ai denti*, armé jusqu'aux dents. | *non è pane per i suoi denti*, cela n'est pas pour lui. | *trovare pane per i propri denti*, trouver chaussure à son pied. | *parlare fuori dei denti*, parler carrément. | *mostrare i denti*, montrer les dents. | *sapere quale dente duole*, savoir où le bât blesse. | *stringere i denti*, serrer les dents. | *mormorare qlco. fra i denti*, grommeler, murmurer entre ses dents. | *ridere a denti stretti*, rire du bout des dents. | *conclusione tirata coi denti*, conclusion tirée par les cheveux. || PROV. *occhio per occhio, dente per dente*, œil pour œil, dent pour dent. | *la lingua batte dove il dente duole*, on revient toujours au point sensible. | *chi ha il pane, chi i denti*, si jeunesse savait, si vieillesse pouvait. | *fuori il dente, fuori il dolore*, plus vite fait, plus vite fini. || BOT. *dente di cane*, dent-de-chien. | *dente di leone*, dent-de-lion. || CULIN. *pasta, riso al dente*, riz, pâtes pas trop cuit(es). || GEOGR. dent. || MECC. dent. | *dente di sega, di forchetta, di ruota*, dent de scie, de fourchette, de roue. | *dente di ruota dentata*, cran m. | *dente di arresto*, griffe. | *innesto a denti*, clabot m., crabot m. | *(accoppiamento per mezzo di un) innesto a denti*, clabotage. | *accoppiare per mezzo di un innesto a*

denti, claboter. ‖ ZOOL. [serpente] *dente velenoso*, crochet.
dentellare [dentel'lare] v. tr. denteler. ‖ TECN. endenter.
dentellatura [dentella'tura] f. dentelure. | *dentellatura dei francobolli*, dentelure des timbres. ‖ ARCHIT. crénelure, dentelure. ‖ BOT. dentelure. ‖ MECC. endenture.
dentello [den'tɛllo] m. ARCHIT. denticule. ‖ MECC. dent f.
dentice ['dɛntitʃe] m. ZOOL. denté.
dentiera [den'tjɛra] f. MED. dentier m. ‖ MECC. crémaillère.
dentifricio [denti'fritʃo] (**-ci** pl.) m. dentifrice. ◆ agg. TECN. dentifrice.
dentina [den'tina] f. ANAT. dentine.
dentino [den'tino] m. DIMIN. (L.C.) quenotte f. (fam.).
dentista [den'tista] (**-i** pl.) m. dentiste. | *medico dentista*, chirurgien dentiste.
dentistico [den'tistiko] (**-ci** pl.) agg. dentaire. | *gabinetto dentistico*, cabinet dentaire.
dentizione [dentit'tsjone] f. ANAT. dentition. | *prima, seconda dentizione*, première, seconde dentition.
dentro ['dentro] avv. dedans, à l'intérieur loc. avv. | *cosa c'è dentro ?*, qu'est-ce qu'il y a dedans ? | *si sta bene dentro*, on est bien à l'intérieur. ‖ LOC. FAM. *mettere, schiaffare dentro qlcu.*, mettre qn dedans, boucler qn, mettre qn au bloc, coffrer qn. | *dacci dentro !*, fonce ! | *esserci dentro*, être dans le bain. | *non è né dentro né fuori*, il n'est ni dedans ni dehors. ‖ FIG. *era tranquillo dentro*, il était tranquille intérieurement. | *non si sfoga mai, tiene tutto dentro*, il ne se confie jamais, il garde tout pour lui. ‖ LOC. AVV. ***là, lì, qui dentro,*** là-dedans. | *non c'è più nessuno là dentro*, il n'y a plus personne là-dedans. | *uscite da lì dentro !*, sortez de là-dedans ! ‖ ***in dentro,*** en dedans. | *avere i piedi in dentro*, avoir les pieds en dedans. | *pancia in dentro !*, rentrez vos ventres ! ‖ ***al di dentro,*** au-dedans, à l'intérieur. | *la chiave è al di dentro*, la clé est au-dedans, est à l'intérieur. ‖ ***dal di dentro,*** du dedans, de l'intérieur. | *dal di dentro al di fuori*, du dedans au dehors, de l'intérieur à l'extérieur. | *la porta si apre dal di dentro*, la porte s'ouvre du dedans. ◆ prep. [spesso usata con *di* o *a*] dans, à l'intérieur de, au-dedans de. | *dentro la città*, dans la ville. | *guarda dentro il cassetto*, regarde dans le tiroir. | *dentro di sé*, au-dedans de lui, en lui-même. ‖ [spazio di tempo] dans. | *dentro dieci giorni*, dans dix jours. | *dentro il mese*, avant la fin du mois. | *dentro domani*, dans la journée de demain. ◆ m. le dedans, l'intérieur. | *il dentro di qlco.*, le dedans de qch.
denudare [denu'dare] v. tr. [spogliare dalle vesti] dénuder, déshabiller. ‖ FIG. dénuder, dépouiller. ◆ v. rifl. se dénuder.
denuncia [de'nuntʃa] (**-cie** pl.) f. [alla giustizia, alla competente autorità] dénonciation. ‖ AMM., FIN. déclaration. | *compilare la propria denuncia dei redditi*, faire, rédiger sa déclaration, remplir sa feuille d'impôts. ‖ GIUR., POLIT. dénonciation.
denunciare [denun'tʃare] v. tr. [alla giustizia, alla competente autorità] dénoncer, livrer. ‖ PER EST. [tradire] dénoncer, trahir, livrer. | *lo ha denunciato per vigliaccheria*, il l'a trahi par couardise. | *si è rifiutato di denunciare il suo compagno* (L.C.), il a refusé de dénoncer, de moucharder (fam.) son camarade. | *denunciare qlcu.*, cafarder qn (gerg.). ‖ FIG. dénoncer, révéler, trahir. | *quel discorso denuncia chiaramente le sue intenzioni*, ce discours trahit clairement ses intentions. ◆ v. rifl. se dénoncer.
denunciatore [denuntʃa'tore] (**-trice** f.) m. dénonciateur.
denunzia [de'nuntsja] f. V. DENUNCIA.
denunziare [denun'tsjare] v. tr. V. DENUNCIARE.
denunziatore [denuntsja'tore] m. V. DENUNCIATORE.
denutrito [denu'trito] agg. mal nourri, sous-alimenté.
denutrizione [denutrit'tsjone] f. dénutrition.
deodorante [deodo'rante] m. e agg. désodorisant, déodorant.
deodorare [deodo'rare] o **deodorizzare** [deodorid'dzare] v. tr. désodoriser.
deontologia [dentolo'dʒia] f. FILOS. déontologie.
deontologico [dento'lɔdʒiko] agg. déontologique.
deostruire [deostru'ire] v. tr. MED. désobstruer. ‖ TECN. désobstruer, désengorger. | *deostruire un condotto*, désengorger un tuyau.
deparaffinazione [deparaffinat'tsjone] f. IND. déparaffinage m.
depauperamento [depaupera'mento] m. [di terreni] appauvrissement. ‖ PER EST. [del popolo] paupérisation f.
depauperare [depaupe'rare] v. tr. appauvrir.
depauperazione [depauperat'tsjone] f. [di terreni] appauvrissement m. ‖ [del popolo] paupérisation.
depennare [depen'nare] v. tr. [cancellare] biffer, rayer. | *depennare una somma*, biffer une somme. | *depennare alcune parole*, rayer quelques mots. ‖ LOC. FIG. *depennare (un passo di uno scritto)*, caviarder, passer au caviar.
deperibile [depe'ribile] agg. périssable. | *derrate deperibili*, denrées périssables.
deperibilità [deperibili'ta] f. nature périssable.
deperimento [deperi'mento] m. [persone] dépérissement, étiolement. ‖ [cose] dépérissement, délabrement. ‖ FIG. délabrement, étiolement. ‖ BOT. étiolement. ‖ COMM. [merci] détérioration f. ‖ FIN. [capitali] dépérissement.
deperire [depe'rire] v. intr. PR., BOT. dépérir, s'étioler v. rifl. | *far deperire*, étioler v. tr. | *la mancanza d'aria fa deperire questo fiore*, le manque d'air étiole cette fleur. ‖ COMM. se détériorer.
depersonalizzare [depersonalid'dzare] v. tr. dépersonnaliser.
depersonalizzazione [depersonaliddzat'tsjone] f. PSICANAL. dépersonnalisation.
depilare [depi'lare] v. tr. MED. dépiler. ‖ [parti del corpo] épiler. ‖ TECN. dépiler, débourrer. ◆ v. rifl. épiler v. tr. | *si è depilato le sopracciglia*, il a épilé ses sourcils.
depilatore [depila'tore] m. TECN. épilatoire.
depilatorio [depila'tɔrjo] agg. dépilatoire, épilatoire. | *ceretta depilatoria*, crème dépilatoire.
depilazione [depilat'tsjone] f. [di parti del corpo] épilation. | *depilazione elettrica*, épilation électrique. ‖ TECN. dépilation, débourrage m.
depliant [depli'ã] m. [fr.] dépliant.
deplorabile [deplo'rabile] agg. V. DEPLOREVOLE.
deplorare [deplo'rare] v. tr. [lamentare] déplorer. ‖ [biasimare] déplorer, blâmer.
deplorazione [deplorat'tsjone] f. [biasimo] blâme m. | *manifestare la propria deplorazione*, manifester son blâme. ‖ [sanzione] blâme.
deplorevole [deplo'revole] agg. [miserevole] déplorable, lamentable, pitoyable. | *era uno spettacolo deplorevole*, c'était un spectacle lamentable. | *quella famiglia vive in uno stato deplorevole*, cette famille vit dans un état pitoyable. ‖ [biasimevole] déplorable, blâmable. | *si è comportato in un modo deplorevole*, il s'est conduit d'une façon blâmable.
depolarizzante [depolarid'dzante] m. ELETTR. dépolarisant.
depolarizzare [depolarid'dzare] v. tr. ELETTR. dépolariser.
depolarizzazione [depolariddzat'tsjone] f. ELETTR. dépolarisation.
depolimerizzazione [depolimeriddzat'tsjone] f. CHIM. dépolymérisation.
deponente [depo'nɛnte] agg. e n. GRAMM. déponent. ‖ m. TIP. inférieur.
deporre [de'porre] v. tr. ◆ [porre] déposer. | *deporre un mazzo di fiori su una tomba*, déposer une gerbe de fleurs sur une tombe. ‖ FIG. [abbandonare, rinunciare (a)] déposer. | *deporre la corona*, déposer la couronne. | *deporre l'odio*, oublier la haine. | *deporre un'idea*, renoncer à une idée. | *deponi la maschera !*, dépose ton masque ! | *deporre l'abito talare*, se défroquer v. rifl. ‖ [destituire, privare del grado] destituer. | *deporre un funzionario*, destituer, révoquer un fonctionnaire. | *deporre un re*, détrôner un roi. ‖ GIOCHI *deporre le carte*, étaler les cartes. ‖ GIUR. [testimoniare] *deporre il falso*, faire un faux témoignage. ‖ MIL. *deporre le armi*, déposer les armes. ‖ [le uova] pondre. ◆ v. intr. GIUR. déposer, faire sa déposition. | *deporre in favore di qlcu.*, déposer en faveur de qn. | *ho deposto ieri*, j'ai fait ma déposition hier.
deportare [depor'tare] v. tr. GIUR., POLIT. déporter.

deportato [depor'tato] part. pass., agg. e n. POLIT. déporté.
deportazione [deportat'tsjone] f. GIUR., POLIT. déportation.
deporto [de'porto] m. FIN. déport. | *titoli a deporto*, titres à déport.
depositante [depozi'tante] m. e f. COMM., GIUR. déposant, ante. | *firma della depositante*, signature de la déposante. || [di merci] entrepositaire.
depositare [depozi'tare] v. tr. AMM., FIN. déposer. | *depositare una somma in banca*, déposer une somme à la banque. || COMM. déposer, entreposer. | *depositare la propria firma*, déposer sa signature. | *depositare un brevetto*, déposer un brevet. || PER EST. [dare in custodia] déposer. | *depositare le valigie al deposito bagagli*, déposer ses valises à la consigne ; consigner ses valises. || LOC. *depositare una richiesta*, déposer une demande. | *depositare un disegno, un progetto di legge*, déposer un projet de loi. | *vietato depositare immondizie*, défense de déposer des ordures. || CHIM., GEOL. déposer. || ASSOL. CHIM., GEOL. (se) déposer. | *la feccia deposita*, la lie se dépose (v. rifl.). ◆ v. intr. se déposer.
depositario [depozi'tarjo] (**-ri** pl.) m. PR. e FIG. dépositaire. | *depositario di un segreto*, dépositaire d'un secret.
deposito [de'pɔzito] m. **1.** [consegna in deposito] dépôt. | *dare, ricevere in deposito*, donner, recevoir en dépôt. | *deposito della firma*, dépôt de signature. | *deposito di un testamento*, dépôt d'un testament. | *deposito legale*, dépôt légal. || **2.** [cauzione, versamento] dépôt, caution f. | *esigere un deposito*, exiger une caution. || **3.** [oggetto messo in deposito] dépôt. | *depositi bancari*, dépôts bancaires, dépôts en banque. | *affidare un deposito a qlcu.*, confier un dépôt à qn. || COMM. consignation f. | *merci in deposito*, marchandises en consignation. | *deposito di somma in guisa di pagamento*, consignation en guise de paiement. | *deposito cauzionale*, cautionnement. | *deposito con preavviso*, dépôt à délai de préavis. | *banca di deposito*, banque de dépôt. | *Cassa di depositi e prestiti*, Caisse des dépôts et consignations. | *polizza di deposito*, warrant. || **4.** [locale] dépôt. | *deposito pubblico*, dépôt public. || PER ANAL. *deposito immondizie*, dépôt d'ordures. || PER EST. *deposito di un progetto di legge*, dépôt d'un projet de loi. || **5.** FERR. *deposito bagagli*, consigne f. || COMM. entrepôt. | *merci in deposito*, marchandises en entrepôt. | *magazzino di deposito doganale*, entrepôt. | *mettere in deposito*, entreposer. | *avere in deposito*, avoir en magasin. || [di legname o carbone] chantier, dépôt. | *deposito di carbone*, dépôt de charbon. || TRASP. [rimessa per vetture] fourrière f. || [di negozi] manutention f. | *depositi dei negozi*, manutentions des magasins. || MIN. carreau. | *deposito di minerale di una miniera*, carreau d'une mine. || MIL. dépôt (d'armes). || [di minerali] parc. | *deposito rottami*, parc à ferrailles. | *deposito ghisa*, parc à fonte. || **6.** CHIM., FIS. [sedimento] dépôt. || MECC. [di motori] calamine f. || GEOL. dépôt.
deposizione [depozit'tsjone] f. GIUR., POLIT. déposition. || RELIG. *la deposizione di Cristo*, la déposition de croix.
depravare [depra'vare] v. tr. [corrompere moralmente] dépraver, corrompre, démoraliser (lett.), empoisonner (arc.). || FIG. (alterare) dépraver, avilir, gâter. ◆ v. rifl. se dépraver.
depravato [depra'vato] part. pass. e agg. dépravé, débauché, empoisonné (arc.). ◆ m. dépravé, débauché. | *è un depravato*, c'est un débauché.
depravazione [depravat'tsjone] f. PR. e FIG. dépravation.
deprecabile [depre'kabile] agg. [biasimevole] blâmable. || [malaugurato] fâcheux. | *che deprecabile incidente !*, quel fâcheux accident ! || [che si vorrebbe scongiurare] peu souhaitable.
deprecare [depre'kare] v. tr. [biasimare] blâmer, désapprouver. | *tutti deprecano il suo comportamento*, tous blâment sa conduite. || [scongiurare] conjurer.
deprecazione [deprekat'tsjone] f. RELIG. déprécation.
depredare [depre'dare] v. tr. [saccheggiare] saccager, piller. || PER ANAL. [derubare] spolier, dépouiller ; détrousser (iron.).
depredatore [depreda'tore] (**-trice** f.) m. e agg. déprédateur (lett.), pilleur, pillard.
depredazione [depredat'tsjone] f. déprédation, pillage m.
depressione [depres'sjone] f. dépression, abaissement m. || FIG. [diminuzione di forza] dépression. || ECON., GEOGR., MED., METEOR. dépression.
depressivo [depres'sivo] agg. dépressif. || ECON. *tendenza depressiva*, tendance à la baisse.
depresso [de'prɛsso] part. pass. e agg. [situato in basso] déprimé. | *terreno depresso*, sol déprimé. | *terreni depressi*, basses-terres. || FIG. [abbattuto] déprimé, cafardeux (fam.). | *oggi è depresso*, aujourd'hui il est déprimé ; aujourd'hui il a le cafard, il est cafardeux. || ECON. [sottosviluppato] sous-développé. | *paesi depressi*, pays sous-développés.
deprezzamento [deprettsa'mento] m. dépréciation f., dévalorisation f. | *deprezzamento della moneta*, dépréciation de la monnaie. | *deprezzamento di una macchina d'occasione*, dévalorisation d'une voiture d'occasion. || FIG. dépréciation.
deprezzare [depret'tsare] v. tr. COMM. déprécier, dévaloriser. || FIG. dévaloriser, discréditer, démonétiser. | *deprezzare un'opera*, dévaloriser un ouvrage. ◆ v. rifl. se déprécier.
deprimente [depri'mente] agg. déprimant. || FIG. démoralisant, décourageant, désespérant ; cafardeux (fam.). | *atmosfera deprimente*, atmosphère cafardeuse.
deprimere [de'primere] v. tr. [prostrare] déprimer. || [rintuzzare] (raro) déprimer (L.C.), abaisser (L.C.). | *deprimere l'orgoglio di qlcu.*, abaisser l'orgueil de qn. ◆ v. rifl. se déprimer.
depuramento [depura'mento] m. V. DEPURAZIONE.
depurante [depu'rante] m. CHIM. épurant.
depurare [depu'rare] v. tr. dépurer, épurer. | *depurare un metallo*, dépurer un métal. | *depurare l'acqua (con ipoclorito di sodio)*, javelliser l'eau. || FIG. épurer. ◆ v. rifl. se dépurer, s'épurer.
depurativo [depura'tivo] agg. e m. MED. dépuratif. ◆ agg. TECN. épuratif, épuratoire.
depuratore [depura'tore] m. TECN. épurateur, purgeur.
depuratorio [depura'tɔrjo] agg. TECN. épurateur, épuratif.
depurazione [depurat'tsjone] f. dépuration, épuration.
deputare [depu'tare] v. tr. députer.
deputato [depu'tato] m. mandataire. || POLIT. député. | *Camera dei deputati*, Chambre des députés.
deputazione [deputat'tsjone] f. députation.
deraciné [derasi'ne] agg. [fr.] déraciné.
deragliamento [deraʎʎa'mento] m. TRASP. déraillement.
derapaggio [dera'paddʒo] m. dérapage.
derapare [dera'pare] v. intr. AER., AUTOM., SPORT déraper.
derapata [dera'pata] f. dérapage m.
derattizzare [derattid'dzare] v. tr. dératiser.
derattizzazione [derattiddzat'tsjone] f. dératisation.
derby ['dɛrbi] m. [ingl.] derby.
derelitto [dere'litto] agg. délaissé, abandonné. || SOSTANT. *i derelitti*, les abandonnés.
derelizione [derelit'tsjone] f. GIUR. délaissement m.
deretano [dere'tano] m. fessier (fam.), derrière (fam.).
deridere [de'ridere] v. tr. railler, berner, se moquer (de) v. rifl., dauber (sur) v. intr. (arc.).
derisione [deri'zjone] f. dérision. | *divenire oggetto di derisione*, devenir un objet de dérision.
derisorio [deri'zɔrjo] (**-ri** pl.) agg. dérisoire.
deriva [de'riva] f. AER., MAR. [spostamento] dérivation, dérive. | *correzione di deriva*, correction de dérivation. || AER., MAR. [piano, chiglia] dérive. || LOC. PR. e FIG. *andare alla deriva*, aller en dérive, à la dérive. || GEOL. *la deriva dei continenti*, la dérive des continents.
derivare [deri'vare] v. tr. indir. [provenire (da)] dériver (de). || GRAMM. dériver. || FIG. dériver, découler, émaner, résulter (de). | *ciò deriva dal fatto che*, cela

vient du fait que. | *ne deriva que*, il s'ensuit que. ◆ v. tr. ELETTR., MAT., TECN. dériver. ‖ FIG. tirer. | *non so da dove derivi una tale grandezza d'animo*, je ne sais pas d'où il tire une telle grandeur d'âme. ◆ v. intr. AER., MAR. [andare alla deriva] dériver.
derivata [deri'vata] f. MAT. dérivée.
derivativo [deriva'tivo] agg. (arc.) dérivatif. | *rimedio derivativo*, remède dérivatif.
derivato [deri'vato] agg. dérivé. ‖ ELETTR. *corrente derivata*, courant dérivé. ◆ m. CHIM., FIS., GRAMM. dérivé.
derivatore [deriva'tore] (**-trice** f.) agg. de dérivation. | *canale derivatore*, canal de dérivation. ◆ m. ELETTR. dérivateur.
derivazione [derivat'tsjone] f. [azione e risultato] dérivation. | *derivazione di un corso d'acqua*, dérivation d'un cours d'eau. ‖ ELETTR., GRAMM., MAT. dérivation.
derma ['dɛrma] m. ANAT. derme.
dermatite [derma'tite] f. MED. dermatite, dermite.
dermatologia [dermatolo'dʒia] f. MED. dermatologie.
dermatologo [derma'tɔlogo] m. MED. dermatologiste, dermatologue.
dermatosi [derma'tɔzi] f. MED. dermatose.
derno (in) [in'dɛrno] loc. avv. *bandiera in derno*, drapeau en berne.
deroga ['dɛroga] (**-ghe** pl.) f. GIUR. dérogation. | *in deroga a*, par dérogation à.
derogare [dero'gare] v. intr. GIUR. déroger. ‖ PER EST. [contravvenire] déroger.
derogazione [derogat'tsjone] f. GIUR. dérogation.
derrata [der'rata] f. denrée. | *derrate deperibili*, denrées périssables.
derrick ['derik] m. [ingl.] IND. derrick.
derubare [deru'bare] v. tr. voler, dérober. | *è stato derubato dell'orologio*, on lui a volé, dérobé sa montre.
derubato [deru'bato] m. volé. | *il ladro e il derubato*, le voleur et le volé.
deruralizzazione [deruraliddzat'tsjone] f. dépeuplement (m.) des campagnes.
dervis [der'vis] o **derviscio** [der'viʃʃo] (**-sci** pl.) m. STOR. RELIG. derviche.
deschetto [des'ketto] m. (raro) petite table. ‖ TECN. établi. | *deschetto da falegname*, établi de menuisier.
desco ['dɛsko] m. (lett.) table f. (L.C.). | *riunirsi attorno al desco*, se réunir autour de la table. | *il desco familiare*, la table de famille.
descrittivo agg. descriptif.
descrivere [des'krivere] v. tr. décrire. | *descrivere un paesaggio*, décrire un paysage. | *descrivere minutamente*, dépeindre. | *quell'uomo è proprio come me lo hanno descritto*, cet homme est bien tel qu'on me l'a dépeint. ‖ TECN. décrire.
descrivibile [deskri'vibile] agg. descriptible.
descrizione [deskrit'tsjone] f. description.
desensibilizzare [desensibilid'dzare] v. tr. FOT., MED. désensibiliser.
desensibilizzatore [desensibiliddza'tore] agg. e m. FOT. désensibilisateur.
desensibilizzazione [desensibiliddzat'tsjone] f. désensibilisation.
desertico [de'zɛrtiko] agg. désertique.
deserto [de'zɛrto] agg. désert. | *campagna deserta*, campagne déserte. ‖ PER EST. [disertato] *l'asta andò deserta*, la vente aux enchères n'eut pas lieu, faute de public. ◆ m. désert. | *deserto di pietre*, désert de pierres. ‖ LOC. FIG. *predicare al deserto*, prêcher dans le désert.
deshabillé [dezabi'je] m. [fr.] déshabillé.
desiderabile [deside'rabile] agg. désirable.
desiderare [deside'rare] v. tr. [agognare] désirer. ‖ RELIG. «*non desiderare la donna d'altri*», «l'œuvre de chair ne désireras qu'en mariage seulement». | «*non desiderare la roba d'altri*», «biens d'autrui ne convoiteras pour les avoir injustement». ‖ LOC. *il signore desidera ?*, Monsieur désire ? | *farsi desiderare*, se faire désirer. | *lasciare a desiderare*, laisser à désirer. | *la signora è desiderata al telefono*, Madame, on vous demande au téléphone.
desiderata [deside'rata] m. pl. (lat.) AMM. desiderata.
desiderativo [desidera'tivo] agg. GRAMM. optatif.
desiderio [desi'dɛrjo] (**-ri** pl.) m. désir. | *esprimere un desiderio*, exprimer un désir. | *soddisfare i propri desideri*, satisfaire ses désirs. | *a seconda dei propri desideri*, selon ses désirs, à souhait. ‖ PER ANAL. [desiderio di ottenere] désir, vœu. ‖ PER EST. [bisogno] désir, envie f. | *desiderio di riposo*, envie de repos. | *avere un gran desiderio di parlare*, avoir une grande envie de parler. | *ardere di desiderio*, brûler d'envie.
desideroso [deside'roso] agg. désireux.
designare [deziɲ'ɲare] v. tr. [indicare] désigner, indiquer. ‖ PER EST. [scegliere, incaricare] désigner, nommer. | *sono stato designato a rappresentarvi*, j'ai été désigné pour vous représenter. | *designare qlcu. a qlco.*, désigner qn pour qch. ‖ PER ANAL. [fissare] désigner, fixer. | *designare il giorno della partenza*, fixer le jour du départ. ‖ GIUR. commettre. | *il tribunale ha designato due esperti*, le tribunal a commis deux experts.
designato [deziɲ'ɲato] part. pass. e agg. nommé, désigné. | *presidente designato a essere investito*, président désigné à être investi. ‖ STOR. *console designato*, consul désigné.
designazione [deziɲɲat'tsjone] f. désignation.
desinare [dezi'nare] v. intr. déjeuner. ◆ m. déjeuner. | *l'ora del desinare*, l'heure du déjeuner. | *invitare a desinare*, inviter à déjeuner.
desinenza [dezi'nɛntsa] f. GRAMM. désinence, terminaison.
desinenziale [desinen'tsjale] agg. GRAMM. désinentiel.
desio [de'zio] m. POES. désir.
desioso [dezi'oso] agg. POES. désireux.
desirare [dezi'rare] v. tr. POES. désirer.
desire [de'zire] m. POES. (arc.) désir.
desistenza [desis'tɛntsa] f. GIUR. désistement m.
desistere [de'sistere] v. intr. [da] abandonner v. tr., renoncer (à) v. intr., se départir (de) v. rifl., se détourner (de) v. rifl. ; flancher v. intr. (fam.). | *desistere da un progetto*, se détourner, se départir d'un projet. | *desistere da un'impresa*, renoncer à une entreprise. ‖ FIG. [in forma negativa] démordre. ‖ GIUR. se désister v. rifl. | *desistere da una azione*, se désister d'une action.
desolante [dezo'lante] agg. désolant.
desolare [dezo'lare] v. tr. [devastare] désoler, dévaster, ravager. ‖ FIG. [affliggere] désoler, affliger, navrer. | *era desolato per la morte del nonno*, il était affligé par la mort de son grand-père. ◆ v. rifl. se désoler.
desolato [dezo'lato] part. pass. e agg. désolé. | *terra desolata*, terre désolée. ‖ FIG. [afflitto] désolé, affligé, navré. | *sono desolato di contraddirvi*, je suis désolé de vous contredire. | *desolato, non lo so*, désolé, je ne le sais pas. | *silenzio desolato*, morne silence.
desolazione [dezolat'tsjone] f. désolation. ‖ FIG. désolation, affliction.
desonorizzare [desonorid'dzare] v. tr. TECN. insonoriser.
despota ['dɛspota] (**-ti** pl.) m. despote.
desquamazione [deskwamat'tsjone] f. MED. desquamation.
dessert [de'sɛr] m. [fr.] CULIN. dessert.
destare [des'tare] v. tr. éveiller, réveiller. ‖ PER EST. [sentimento] éveiller. | *destare sospetti*, éveiller des soupçons. | *destare un desiderio*, éveiller un désir. ‖ FIG. [suscitare] éveiller, exciter. | *destare invidia*, faire des jaloux. ◆ v. rifl. s'éveiller, se réveiller. ‖ FIG. s'éveiller.
destinare [desti'nare] v. tr. **1.** [a un posto] destiner, affecter, nommer. | *destinare qlcu. a qlco.*, destiner qn à qch. | *lo destinarono giudice a*, on le nomma juge à. | *sono stato destinato ad un altro ufficio*, j'ai été affecté à un autre bureau. ‖ MIL. *destinare un ufficiale a un reggimento*, affecter un officier à un régiment. ‖ PER EST. [uso] affecter, destiner. ‖ **2.** [riservare, assegnare] destiner, affecter, réserver. | *destinare una somma all'acquisto di qlco.*, destiner une somme à l'achat de qch. ‖ PER EST. [concernere] *questa osservazione era destinata a te*, cette remarque t'était destinée. ‖ **3.** [predestinare] décider. | *il cielo ha destinato così*, le ciel en a décidé ainsi. ◆ v. rifl. se destiner.
destinatario [destina'tarjo] (**-ri** pl.) m. destinataire. | COMM. [assegni, vaglia] bénéficiaire.

destinazione [destinat'tsjone] f. **1.** [uso] affectation. | *destinazione di una somma*, affectation d'une somme. | *destinazione di capitali*, destination de fonds. | *destinazione ad altro uso*, désaffectation. | *destinazione ad altro uso di un locale*, désaffectation d'un local. || **2.** [posto, funzione] affectation. || MIL. *raggiungere la propria destinazione*, rejoindre son affectation. || **3.** [fine, scopo, luogo] destination.
destino [des'tino] m. **1.** [fato] destin, destinée f. || PER ANAL. [insieme delle cause che determinano gli avvenimenti umani] destin, destinée f., sort. | *il destino dei grandi uomini*, le destin, la destinée des grands hommes. | *imprecare contro il destino*, pester contre sa destinée. | *credere nel proprio destino*, croire en son destin. | *cambiare il proprio destino*, changer sa destinée. | *rassegnarsi al proprio destino*, se résigner à son sort. | *non si sfugge al proprio destino*, on n'échappe pas à son destin. | *era destino*, c'était écrit, c'était fatal. || PER EST. [ciò che avverrà] sort, destin, fortune f. (lett.), avenir. | *il destino del mondo*, le destin du monde. | *avere fiducia nel proprio destino*, avoir confiance en son sort. | *una zingara gli ha predetto il destino*, une bohémienne lui a prédit son avenir. || FIG. [prerogativa] lot, destin, apanage. | *il tuo destino è quello di soffrire in silenzio*, ton lot est de souffrir en silence. || **2.** [destinazione] destination f.
destituire [destitu'ire] v. tr. AMM. destituer, démettre, casser. | *destituire un funzionario (da un incarico)*, casser un fonctionnaire. || MIL. *destituire un ufficiale*, casser un officier. || PER ANAL. [spodestare] détrôner, destituer. || FIG. [privare] (lett.) démettre.
destituzione [destitut'tsjone] f. destitution.
desto ['desto] agg. éveillé. | *sogno o son desto ?*, est-ce que je rêve ? || FIG. [vivace] éveillé.
destra ['dɛstra] f. **1.** [mano] droite, main droite. || PER EST. [lato destro] droite. | *prendere a destra*, prendre sur la droite. | *sedersi alla destra di qlcu.*, s'asseoir à la droite de qn. || TEATRO *destra (dell'attore)*, côté jardin. || TRASP. *tenere la destra*, tenir, garder sa droite. || PER. EST., POLIT. droite. | *la destra reazionaria*, la droite réactionnaire. | *idee di destra*, idées de droite. | *il centro destra*, le centre droit. | *è un uomo di destra*, c'est un homme de droite (fam.). || **2.** ARALD. dextre. || **3.** interiez. [grido dei carrettieri] hue ! ◆ LOC. AVV. *a destra*, à droite. | *a destra e a sinistra*, à droite et à gauche, de droite et de gauche.
destreggiarsi [destred'dʒarsi] v. intr. [agire con destrezza] jongler, manœuvrer. || PER EST. [barcamenarsi] louvoyer, se débrouiller v. rifl., se tirer (v. rifl.) d'affaire. ◆ SOSTANT. louvoiement m.
destrezza [des'trettsa] f. [senso proprio] dextérité, adresse, habileté, agilité. | *gioco di destrezza*, jeu d'adresse. | *fare giochi di destrezza*, jongler, bateler. || FIG. [finezza dello spirito] dextérité, adresse, doigté m., habileté.
destriere [des'trjɛre] o **destriero** [des'trjɛro] m. POET. coursier. || STOR. destrier.
destrina [des'trina] f. CHIM. dextrine.
destrismo [des'trizmo] m. PR. dextralité f. || POLIT. tendances (f. pl.) politiques de droite.
destro ['dɛstro] agg. [opposto di « sinistro »] droit. || MIL. *fianco destr' !*, à droite droite ! | *ala destra*, aile droite. || FIG. *essere il braccio destro di qlcu.*, être le bras droit de qn. || [opposto di « maldestro »] PR. e FIG. adroit, habile. ◆ m. [opportunità, occasione] opportunité f., occasion f. | *quando si presenta il destro*, quand l'occasion se présente. || SPORT [pugno] droit. | *diretto destro*, crochet du droit.
destrogiro [destro'dʒiro] agg. CHIM., FIS. dextrogyre.
destroide [des'trɔide] agg. e m. POLIT. (scherz.) droitier.
destrorso [des'trɔrso] agg. **1.** [opposto di « mancino »] droitier agg. e m. || **2.** [che gira a destra] dextrorsum agg. invar. e avv. | *movimento destrorso*, mouvement dextrorsum. || TECN. à droite loc. avv. | *passo della vite destrorso*, pas de la vis à droite. || ZOOL. dextre. || FIG. POLIT., (scherz.) [ideologicamente tendente a destra] droitier agg. e m.
destrosio [des'trɔzjo] m. CHIM. dextrose.
desueto [desu'ɛto] agg. (lett.) désuet.
desuetudine [desue'tudine] f. (lett.) désuétude. || GIUR. *legge caduta in desuetudine*, loi tombée en désuétude.
desumere [de'zumere] v. tr. [dedurre] déduire, arguer, inférer. | *da ciò desumo che*, j'en déduis que. || PER EST. [ricavare] tirer. | *desumere una notizia da*, tirer une nouvelle de.
detective [di'tektiv] m. [ingl.] détective.
detector [di'tektə] m. [ingl.] TECN. détecteur.
detenere [dete'nere] v. tr. détenir. || GIUR. détenir.
detentivo [deten'tivo] agg. de détention. || GIUR. *pene detentive*, peines de détention.
detentore [deten'tore] (**-trice** f.) m. détenteur, trice.
detenuto [dete'nuto] part. pass. e agg. détenu. || GIUR. *essere detenuto*, être détenu. ◆ m. GIUR. détenu.
detenzione [deten'tsjone] f. [possesso] détention. | *detenzione di titoli*, détention de titres. || PER EST., GIUR. [carcerazione] détention, emprisonnement m.
detergente [deter'dʒɛnte] agg. e m. détergent, détersif. || [cosmesi] démaquillant.
detergere [de'tɛrdʒere] v. tr. [pulire] nettoyer. || MED. déterger (antiq.). ◆ v. rifl. s'éponger, s'essuyer. | *detergiti il sudore dal volto !*, éponge-toi le visage !
deteriorabile [deterjo'rabile] agg. COMM. périssable.
deterioramento [deterjora'mento] m. délabrement, dégradation f., détérioration f.
deteriorare [deterjo'rare] v. tr. détériorer, dégrader, endommager, délabrer, abîmer, esquinter (fam.). || FIG. détériorer, délabrer. ◆ v. intr. se détériorer v. rifl., se dégrader v. rifl., s'esquinter v. rifl. (fam.). || FIG. se détériorer, se délabrer, se dégrader.
deteriorazione [deterjorat'tsjone] f. détérioration, dégradation.
deteriore [dete'riore] agg. inférieur.
determinabile [determi'nabile] agg. déterminable.
determinante [determi'nante] agg. déterminant. ◆ m. GRAMM, MAT. déterminant.
determinare [determi'nare] v. tr. **1.** [fissare, precisare] déterminer. || PER ANAL. *determinare i poteri di qlcu.*, déterminer les pouvoirs de qn. || **2.** [causare] déterminer, causer. || PER EST. [avere come conseguenza] entraîner. || **3.** [decidere] déterminer, décider. | *determinare qlcu. a fare qlco.*, décider qn à faire qch. || PER EST., POLIT. *determinare la maggioranza dei voti*, départager les suffrages. || **4.** [deliberare] délibérer. ◆ v. rifl. se déterminer, se décider.
determinatezza [determina'tettsa] f. détermination.
determinativo [determina'tivo] agg. e m. GRAMM. déterminatif.
determinato [determi'nato] part. pass. e agg. **1.** [fissato, stabilito] déterminé, précis, fixé. | *ci riuniremo nel posto determinato*, nous nous rencontrerons au lieu fixé. || PER EST. [certo, particolare] déterminé, donné, certain. | *una determinata quantità*, une certaine quantité, une quantité donnée. || **2.** [risoluto] déterminé, décidé.
determinazione [determinat'tsjone] f. [in tutti i sensi] détermination.
determinismo [determi'nizmo] m. FILOS. déterminisme.
determinista [determi'nista] m. e f. FILOS. déterministe.
deterministico [determi'nistiko] agg. déterministe.
deterrente [deter'rɛnte] agg. de dissuasion. | *arma deterrente*, arme de dissuasion. ◆ m. force (f.) de dissuasion. | *deterrente atomico*, force de dissuasion atomique.
detersione [deter'sjone] f. MED., TECN. détersion.
detersivo [deter'sivo] agg. détergent, détersif. | *prodotto detersivo*, produit détergent, détersif. ◆ m. détersif.
detestabile [detes'tabile] agg. haïssable, détestable, exécrable.
detestare [detes'tare] v. tr. détester, exécrer ; abominer (lett.). | *detestare di fare qlco.*, avoir horreur de faire, détester faire qch. ◆ v. recipr. se détester.
detonante [deto'nante] agg. CHIM. détonant, fulminant. | *miscela detonante*, mélange détonant. | *capsula detonante*, capsule fulminante. ◆ m. détonant.
detonare [deto'nare] v. intr. CHIM. détoner.
detonatore [detona'tore] m. TECN. détonateur.
detonazione [detonat'tsjone] f. détonation.
detrarre [de'trarre] v. tr. **1.** COMM. (da) déduire,

défalquer, décompter, soustraire (de). ‖ FIG. [sottrarre] ôter. ‖ **2.** [denigrare] (raro) calomnier, médire (de) v. intr. | *detrarre qlcu.*, médire de qn.
detrattore [detrat'tore] (**-trice** f.) m. détracteur, trice.
detrattorio [detrat'tɔrjo] (**-ri** pl.) agg. (raro) détracteur.
detrazione [detrat'tsjone] f. **1.** COMM. déduction, décompte m., défalcation, soustraction. | *fatta detrazione delle spese*, déduction faite des frais. ‖ FIN. abattement m. ‖ **2.** [denigrazione] détraction, dénigrement m.
detrimento [detri'mento] m. détriment. ‖ LOC. PREP. *a detrimento di*, au détriment de, au préjudice de.
detritico [de'tritiko] (**-ci** pl.) agg. GEOL. détritique.
detrito [de'trito] m. [frammento di materiale inutilizzabile] détritus, déchet. | *detriti di metallo*, déchets de métal. ‖ PER EST. [scoria, rifiuto] déchet, ordures (f. pl.). ‖ PER ANAL. [macerie] décombres (pl.), débris (pl.). ‖ FIG. déchet, rebut. ‖ GEOL. détritus.
detronizzare [detronid'dzare] v. tr. PR. e FIG. détrôner.
detronizzazione [detroniddzat'tsjone] f. découronnement m., détrônement m.
detta ['detta] loc. prep. ***a detta di***, au dire de, selon le dire de, d'après. | *a detta degli esperti*, au dire des experts. | *a detta di qlcu.*, d'après qn.
dettagliante [dettaʎ'ʎante] m. e f. COMM. détaillant, débitant, marchand au détail.
dettagliare [dettaʎ'ʎare] v. tr. [descrivere in modo dettagliato] détailler. ‖ COMM. [vendere al minuto] détailler.
dettagliato [dettaʎ'ʎato] part. pass. e agg. détaillé, circonstancié. | *racconto dettagliato*, récit détaillé. | *rapporto dettagliato*, rapport circonstancié.
dettaglio [det'taʎʎo] (**-gli** pl.) m. [parte di un tutto] détail. | *in dettaglio*, en détail. | *entrare, perdersi nei dettagli*, entrer, se perdre dans les détails. ‖ PER EST. [elemento secondario] détail. ‖ FIG. [in un racconto, ragguaglio minuzioso] détail. | *raccontare il fatto in dettaglio*, raconter le fait en détail. | *fornire tutti i dettagli*, fournir tous les détails. | *non entrare nei dettagli*, ne pas entrer dans les détails. ‖ COMM. détail. | *commercio al dettaglio*, commerce de détail. | *vendita al dettaglio*, vente au détail. | *prezzi al dettaglio*, prix de détail. ‖ MAR., MIL. détail.
dettame [det'tame] m. [norma] précepte, loi f., règle f. ‖ PER EST. [suggerimento] impératif, conseil; dictamen (antiq., raro). | *i dettami della moda*, les impératifs de la mode. | *ascoltare i dettami della coscienza*, écouter la voix de la conscience.
dettare [det'tare] v. tr. [dire ad alta voce per far trascrivere] dicter. ‖ PER EST. [imporre] dicter. ‖ FIG. [suggerire] dicter. ‖ LOC. FIG. *dettare legge*, faire la loi.
dettato [det'tato] m. [azione] (raro) dictée f. | *scrivere sotto dettato*, écrire sous la dictée. ‖ PER ANAL. [cosa] dictée. | *fare un dettato*, faire une dictée.
dettatura [detta'tura] f. dictée. | *scrivere sotto dettatura*, écrire sous la dictée.
detto [detto] part. pass. e agg. dit. | *detto fatto*, sitôt dit, sitôt fait. | *ciò detto*, cela dit. | *detto fra noi*, soit dit entre nous. | *detto di sfuggita*, soit dit en passant. ‖ PER ANAL. [deciso] dit. | *se lo tenga per detto*, tenez-vous-le pour dit. | *ho detto*, j'ai dit. ‖ PER EST. [soprannominato] dit, nommé, surnommé. | *il fiore detto garofano*, la fleur dite œillet. | *Ludovico detto il Pio*, Louis, dit le Pieux. | *Guglielmo detto il Conquistatore*, Guillaume, surnommé le Conquérant. ‖ GIUR. ledit. | *i detti querelanti*, lesdits plaignants. | *la detta signora*, ladite dame. ‖ TEATRO *Arlecchino, Rosaura e detti*, les mêmes, Arlequin et Rosaura. ◆ m. [parola] mot, parole f. ‖ PER EST. [espressione] tournure f. | *è un detto dialettale*, c'est une tournure dialectale. ‖ PER ANAL. [sentenza, massima] dicton, dit. | *un detto popolare*, un dicton populaire. ‖ LETT. [breve poemetto del Medioevo] dit. ‖ PROV. *dal detto al fatto v'è un gran tratto*, dire et faire sont deux.
deturpamento [deturpa'mento] m. défiguration f., défigurement. ‖ FIG. défigurement.
deturpare [detur'pare] v. tr. [persone] défigurer. ‖ PER ANAL. [cose] dégrader, endommager, abîmer. ‖ PER EST. [imbruttire] enlaidir. ‖ FIG. souiller.
deturpatore [deturpa'tore] (**-trice** f.) agg. qui défigure, qui enlaidit. ◆ m. profanateur, vandale.
deturpazione [deturpat'tsjone] f. défiguration, défigurement m., enlaidissement m. ‖ FIG. souillure.
deuterio [deu'tɛrjo] m. CHIM. deutérium.
deuterocanonico [deuteroka'nɔniko] agg. RELIG. deutérocanonique.
devastare [devas'tare] v. tr. dévaster, désoler, ravager. ‖ FIG. [deturpare fisicamente e moralmente] ravager.
devastatore [devasta'tore] (**-trice** f.) agg. dévastateur, destructeur, trice. ◆ m. destructeur, vandale.
devastazione [devastat'tsjone] f. dévastation, désolation, destruction, ravage m.
deverbale [dever'bale] agg. LING. déverbal.
devetrificazione [devetrifikat'tsjone] f. TECN. dévitrification.
deviamento [devia'mento] m. [azione] détournement. ‖ PER ANAL. [risultato] déviation f. ‖ FERR. déraillement.
deviare [devi'are] v. intr. [cambiare direzione] dévier. | *deviare sulla destra*, tourner à droite. ‖ PER EST. [allontanarsi] dévier, s'écarter v. rifl. ‖ FIG. dévier, s'écarter v. rifl. | *deviare dalla retta via*, dévier de son chemin. ‖ FERR. dérailler. ◆ v. tr. **1.** [cose] dévier, détourner, dériver. ‖ FIG. dévier, détourner, écarter. | *deviare i sospetti*, détourner, écarter les soupçons. ‖ ELETTR. détourner. ‖ FERR. aiguiller, garer. | *deviare un vagone su un binario morto*, garer un wagon. ‖ MAR. dévoyer, drosser. | *deviare la rotta*, dévoyer. ‖ MED. dévier. ‖ SPORT *deviare in calcio d'angolo*, dévier en corner. ‖ **2.** [persone] détourner, écarter. ‖ FIG. *deviare l'attenzione*, détourner l'attention. ‖ PER EST. [moralmente] détourner, fourvoyer. | *lo hanno deviato le cattive compagnie*, les mauvaises fréquentations l'ont fourvoyé.
deviatoio [devja'tojo] m. FERR. aiguillage.
deviatore [devja'tore] m. FERR. aiguilleur, gareur. ‖ ELETTR. commutateur.
deviazione [devjat'tsjone] f. déviation, détournement m. | *deviazione del traffico*, déviation du trafic. ‖ [strada] déviation. ‖ PER EST. [percorso allungato] détour m. ‖ FIG. déviation. ‖ GEOGR., MED. déviation. ‖ MIL. *deviazione di un proiettile*, dérivation d'un projectile. | *deviazione di direzione*, écart (m.) de direction. ‖ FIS., TECN. déviation.
deviazionismo [devjattsjo'nizmo] m. POLIT. déviationnisme.
deviazionista [devjattsjo'nista] m. e f. POLIT. déviationniste.
deviazionistico [devjattsjo'nistiko] agg. POLIT. déviationniste.
devitalizzare [devitalid'dzare] v. tr. MED. dévitaliser.
devitalizzazione [devitaliddzat'tsjone] f. MED. dévitalisation.
devoluzione [devolut'tsjone] f. GIUR. dévolution.
devolvere [de'vɔlvere] v. tr. GIUR. [trasmettere in proprietà o in godimento] transmettre, léguer. ‖ PER EST. [destinare ad uso diverso] transférer, affecter, destiner.
devoto [de'vɔto] agg. RELIG. [pio] dévot, pieux, religieux. | *è una donna molto devota*, c'est une femme très pieuse. | *essere devoto alla Vergine*, avoir une dévotion pour la Vierge. ‖ FIG. [affezionato] dévoué, acquis. | *amico e servitore devoto*, ami et serviteur dévoué. | *essere devotissimo a qlcu.*, être à la dévotion de qn, être tout acquis à qn. ‖ PER ANAL. [formula di cortesia] *suo devotissimo*, votre dévoué serviteur. ◆ m. dévot. ‖ PEGGIOR. *falso devoto*, faux dévot.
devozione [devot'tsjone] f. RELIG. dévotion. | *oggetto di devozione*, objet de dévotion. ‖ PEGGIOR. *falsa devozione*, fausse dévotion. ‖ LOC. *fare le proprie devozioni*, faire ses dévotions. ‖ FIG. [dedizione] dévouement m.
di [di] prep.

I. de. **1.** appartenenza. **2.** conformità. **3.** dipendenza. **4.** complemento di tempo. **5.** complemento di luogo. **6.** origine. **7.** complemento di un verbo. **8.** provenienza. **9.** differenza. **10.** causa. **11.** autore. **12.** destinazione. **13.** oggetto. **14.** maniera [corrispondente di un avverbio]. **15.** qualità. **16.** deno-

minazione. **17.** valore. **18.** numero e quantità. **19.** materia. **20.** partitivo. **21.** colpa e pena. **22.** determinazione. **23.** espletivo. **24.** mezzo. **25.** superlativo. **26.** Loc.
II. en. **1.** senso temporale. **2.** stato delle cose : materia. **3.** stato delle persone : modo di essere. **4.** limitazione. **5.** con gli aggettivi *riche, abondant, fécond, fertile* e i verbi *abonder, foisonner*. **6.** Loc.
III. à. **1.** rapporto di attribuzione : appartenenza. **2.** relazione di determinazione tra sostantivi. **3.** fine o scopo. **4.** con i verbi *aimer, chercher, s'attendre se plaire, se fier, se refuser, s'étudier, demander*. **5.** tempo.
IV. **1.** alcune espressioni di tempo. **2.** in locuzioni prepositive. **3.** con verbi di opinione, percezione, sentimento, volontà. **4.** Loc.
V. que. **1.** espressioni comparative. **2.** Loc.
VI. de : nelle espressioni enfatiche.

I. de. **1.** *il libro del professore*, le livre du professeur. | *lo stile di Flaubert*, le style de Flaubert. || **2.** *essere dell'opinione di qlcu.*, être de l'avis de qn. || **3.** *padre di famiglia*, père de famille. | *libri di scuola*, livres de classe. || **4.** *vacanze di Natale*, vacances de Noël. | *un giorno d'inverno*, un jour d'hiver. || Per est. [lasso di tempo] *di tanto in tanto*, de temps en temps, de temps à autre. | *di giorno in giorno*, de jour en jour. || **5.** *la fiera di Bari*, la foire de Bari. | *la battaglia di Lissa*, la bataille de Lissa. || Per est. [indicazione di intervallo] *di città in città*, de ville en ville. | *di luogo in luogo*, de place en place. || **6.** *di nobile famiglia*, de noble famille. || **7.** *servirsi del coltello*, se servir du couteau. | *parlare di qlcu.*, parler de qn. | *mancare di tatto*, manquer de savoir-faire. || **8.** *venire di lontano*, venir de loin. | *uscire di casa, di scuola, di prigione*, sortir de la maison, de l'école, de prison. || Fig. *trarsi d'impaccio*, se tirer d'embarras. | *notizia di fonte sicura*, nouvelle de source sûre. || **9.** *il contrario di buono*, le contraire de bon. || **10.** *morire di sete*, mourir de soif. | *bianco di paura*, blanc de peur. || **11.** *poesia di Montale*, poésie de Montale. || **12.** *la strada delle Indie*, la route des Indes. | *il treno di Parigi*, le train de Paris. || **13.** *conferenza di linguistica*, conférence de linguistique. | *parlare di*, parler de. | *lamentarsi di*, se plaindre de. | *discutere di politica, di letteratura*, discuter (de) politique, (de) littérature. || **14.** *vestita di bianco*, vêtue de blanc. | *andare di corsa*, aller au pas de course. | *mangiare di buon appetito*, manger de bon appétit. | *accettare di buon animo*, accepter de bon cœur. || **15.** *persona di grande onestà*, personne d'une grande honnêteté. | *amico di casa*, ami de la maison. | *in qualità di*, en qualité de. | *di prima mano*, de première main. || **16.** *mese di giugno*, mois de juin. | *il nome di Luigi*, le nom de Louis. || **17.** *mobile di gran prezzo*, meuble de grand prix. || **18.** *interesse del 4 %*, intérêt de 4 %. | *più di cento*, plus de cent. | *avanzare di un passo*, avancer d'un pas. || [con un pronome] *ciascuno di noi*, chacun de, d'entre nous. | *nessuno di noi*, aucun de nous, personne parmi nous. || **19.** *bottiglia di vetro*, bouteille en verre. | *tavolo di legno*, table de bois. || Fig. *cuore di pietra*, cœur de pierre. | *testa di legno*, tête de bois. || **20.** *mangerò della carne*, je mangerai de la viande. || **21.** *accusare di omicidio, di furto, di alto tradimento*, accuser de meurtre, de vol, de haute trahison. | *multa di 3 000 lire*, amende de 3 000 lires. || **22.** *mercante di quadri*, marchand de tableaux. | *soffrire di stomaco, di fegato*, souffrir de l'estomac, du foie. | *largo di spalle*, large d'épaules. || **23.** [apposizione] *la città di Venezia*, la ville de Venise. | *quel maldestro di un tale*, ce maladroit d'un tel. || [attributo] *qualificare un giornale di tendenzioso*, qualifier un journal de tendencieux. | *il cielo è di un blu !*, le ciel est d'un bleu ! || [con proposizioni infinitive] *era tempo di dirglielo*, il était temps de le lui dire. || [indefinito] *qlco. di buono*, qch. de bon. || **24.** *vivere di espedienti*, vivre d'expédients. || **25.** *il più buono di tutti*, le meilleur de tous. || **26.** Loc. *uomo di mezza età*, homme entre deux âges. | *parlare del più e del meno*, parler de la pluie et du beau temps. | *di primo acchito*, de prime abord. | *di bene in meglio*, de mieux en mieux. | *di male in peggio*, de mal en pis. | *agire di concerto*, agir en concert.
II. en. **1.** *d'estate, d'autunno, d'inverno*, en été, en automne, en hiver. || **2.** *anello d'oro*, bague en or. | *dipingere di nero*, peindre en noir. || **3.** *essere vestito di stracci*, être en haillons. || **4.** *studente di diritto*, étudiant en droit. | *dottore di medicina*, docteur en médecine. || **5.** *ricco di virtù*, riche en vertus. | *dieta abbondante di proteine*, régime abondant en protéines. || **6.** Loc. *di nascosto*, en cachette. | *di fretta*, en hâte. | *di traverso*, en travers. | *di modo che*, en sorte que. | *di sfuggita*, en passant. | *fare di testa propria*, n'en faire qu'à sa tête. | *di sotto* (fam.), en bas.
III. à. **1.** *questo disco è di Paolo*, ce disque est à Paul. | *di chi è questo fazzoletto ?*, à qui est ce mouchoir ? | *la macchina è di mio padre*, la voiture est à mon père. | *figlio di papà*, fils à papa. || **2.** *mercato delle pulci*, marché aux puces. | *mercato dei fiori*, marché aux fleurs. | *zuppa di cavoli*, potage aux choux. | *minestra di riso*, soupe au riz. || **3.** *bottiglia dell'acqua*, bouteille d'eau. | *buca delle lettere*, boîte aux lettres. || **4.** *mi piace di fare così*, j'aime faire comme ça. | *cerco di capire*, je cherche à comprendre. || **5.** *in primavera*, au printemps.
IV. non si traduce. **1.** *di giorno, di notte*, le jour, la nuit. | *di mattina, di sera*, le matin, le soir. | *di domenica*, le dimanche. | *il venti di novembre*, le vingt novembre. | *nell'ottobre del 1936*, au mois d'octobre 1936. || **2.** *prima, dopo di te*, avant, après toi. | *tra di noi*, entre nous, à part nous. | *senza di lui*, sans lui. | *sotto di noi*, sous nous. || **3.** *credo di avere torto*, je crois avoir tort. | *pensa di poter fare quello che vuole*, il pense pouvoir faire ce qu'il veut. | *spero di vederti*, j'espère te voir. | *conto di andarci*, je compte y aller. || **4.** Loc. *di proposito*, exprès.
V. que. **1.** *sei migliore degli altri*, tu es meilleur que les autres. | *è più ricco di quanto tu non pensi*, il est plus riche que tu ne le penses. || **2.** Loc. *dire di sì, di no*, dire que oui, que non.
VI. de. | *è un amore di bambino*, c'est un amour d'enfant. | *un amore di vestito*, un amour de robe.

dì [di] m. (lett.) jour. | *a dì 20 novembre 1874*, ce 20 novembre 1874.
diabete [dja'bɛte] m. Med. diabète.
diabetico [dja'bɛtico] (**-ci** pl.) agg. e m. diabétique.
diabolico [dja'bɔliko] agg. diabolique.
diabolo ['djabolo] m. Giochi diabolo.
diaclasi [dja'klazi] f. Geol. diaclase.
diaconato [djako'nato] m. Relig. diaconat.
diaconessa [djako'nessa] f. Relig. diaconesse.
diacono ['djakono] m. Relig. diacre.
diacritico [dja'kritiko] agg. diacritique.
diacronia [djakro'nia] f. Ling. diachronie.
diacronico [dja'krɔniko] agg. Ling. diachronique.
diade ['diade] f. dyade.
diadema [dja'dɛma] (**-i** pl.) m. Pr. e fig. diadème.
diafanità [djafani'ta] f. diaphanéité.
diafano ['djafano] agg. diaphane.
diafisi ['djafizi] f. Anat. diaphyse.
diaforesi [djafo'rɛzi] f. Med. diaphorèse.
diaframma [dja'framma] (**-i** pl.) m. [barriera] cloison f. || Fis., Fot., Med., Tecn. diaphragme.
diaframmare [djafram'mare] v. intr. Fot. diaphragmer.
diagnosi ['djaɲɲozi] f. Med. diagnostic m. || Biol. diagnose f.
diagnostica [djaɲ'ɲɔstika] f. diagnose.
diagnosticare [djaɲɲosti'kare] v. tr. Med. diagnostiquer.
diagonale [djago'nale] agg. Geom. diagonal. ◆ f. Geom. diagonale. || Per est. [linea obliqua] *attraversare una strada in diagonale*, traverser une rue en diagonale. | *lungo la diagonale*, en diagonale. ◆ m. Tess. croisé. || Sport tir en diagonale. || Tecn. croisillon.
diagramma [dja'gramma] (**-i** pl.) m. diagramme, courbe f., schéma.
diagrammare [djagram'mare] v. tr. tracer le diagramme (de).
dialefe [dja'lɛfe] f. Ling. hiatus m.
dialettale [djalet'tale] agg. [proprio di un dialetto] dialectal, patois. | *accento dialettale*, accent dialectal.

| *variante dialettale*, variante dialectale, patoise. | *parola dialettale*, mot patois. || PER EST. [in dialetto] en dialecte. | *poesia dialettale*, poésie en dialecte.
dialettica [dja'lɛttika] (**-che** pl.) f. dialectique.
dialettico [dja'lɛttiko] (**-ci** pl.) agg. dialectique. ◆ m. FILOS. dialecticien.
dialetto [dja'lɛtto] m. [se possiede anche un'espressione grafica] dialecte. | *il provenzale e il veneziano sono dialetti*, le provençal et le vénitien sont des dialectes. || [se non ha espressione grafica] patois. | *parlare solo dialetto*, parler seulement patois. || LING. parler. | *i dialetti regionali*, les parlers régionaux.
dialettologia [djalettolo'dʒia] f. dialectologie.
dialisi ['djalizi] f. CHIM. dialyse.
dializzare [djalid'dzare] v. tr. CHIM. dialyser.
dializzatore [djaliddza'tore] (**-trice** f.) m. CHIM. dialyseur.
dialogare [djalo'gare] v. intr. e tr. dialoguer.
dialogato [djalo'gato] part. pass. e agg. dialogué. | *racconto dialogato*, conte dialogué. | *in forma dialogata*, sous forme de dialogue. ◆ m. partie dialoguée.
dialoghista [djalo'gista] o **dialogista** [djalo'dʒista] m. e f. CIN. dialoguiste.
dialogo ['djalogo] (**-ghi** pl.) m. dialogue. | *cercare di riaprire un dialogo*, chercher à reprendre un dialogue.
diamagnetico [djamaɲ'ɲɛtiko] agg. FIS. diamagnétique.
diamagnetismo [djamaɲɲe'tizmo] m. FIS. diamagnétisme.
diamante [dja'mante] m. diamant, caillou (fam.). | *tagliatore di diamanti*, diamantaire m. | *diamante artificiale*, carbonado. | *ornato, tempestato di diamanti*, diamanté agg. | *far brillare come il diamante*, diamanter v. tr. || FIG. *avere un cuore duro come il diamante*, avoir un cœur dur comme le diamant, avoir un cœur de pierre. | *nozze di diamante*, noces de diamant. || ARCHIT. *a punta di diamante*, en pointes de diamant. || MAR. [di ancora] diamant. || SPORT [baseball] petit champ. || TECN. *diamante per vetrai*, diamant de vitrier. || TIP. *edizione diamante*, édition diamant.
diamantifero [djaman'tifero] agg. diamantifère.
diamantino [djaman'tino] agg. (raro) diamantin.
diametrale [djame'trale] agg. diamétral.
diametralmente [djametral'mente] avv. diamétralement. || LOC. PR. e FIG. *diametralmente opposto*, diamétralement opposé.
diametro ['djametro] m. diamètre.
diamine! ['djamine] interiez. diable !, diantre ! (L.C.), dame !, bigre !, fichtre ! (fam.), bougre ! (pop.). | *dove diamine si è cacciato ?*, où diable s'est-il fourré ? | *sei riuscito ?, sì diamine !*, as-tu réussi ?, dame oui !
diana ['djana] f. ASTRON. étoile du berger. || MAR., MIL. [segnale] diane. | *suonare la diana*, sonner la diane.
dianzi ['djantsi] avv. tout à l'heure, tantôt (antiq.).
diapason ['djapazon] m. MUS. diapason.
diapositiva [djapozi'tiva] f. FOT. diapositive, diapo (fam.).
diarchia [diar'kia] f. dyarchie.
diaria ['djarja] f. indemnité journalière.
diario ['diarjo] (**-ri** pl.) m. **1.** [cronaca quotidiana] journal. | *diario intimo*, journal intime. || **2.** [registro] cahier. | *diario scolastico*, cahier de textes. || **3.** [calendario] calendrier. | *diario degli esami*, calendrier des examens. || LETT. cahier, journal. || MAR. *diario di bordo*, journal de bord.
diarrea [djar'rɛa] f. MED. diarrhée.
diarroico [djar'rɔiko] agg. MED. diarrhéique.
diartrosi [djar'trɔzi] f. MED. diarthrose.
diaspora ['djaspora] f. diaspora.
diaspro ['djaspro] m. GEOL. jaspe.
diastasi ['djastazi] f. CHIM., BIOL. diastase.
diastole ['djastole] f. MED. diastole.
diatermia [djater'mia] f. MED. diathermie.
diatonico [dja'tɔniko] agg. MUS. diatonique. || *seguendo la scala diatonica*, diatoniquement avv.
diatriba ['djatriba] f. diatribe.
diavola (alla) [alla'djavola] loc. avv. [alla peggio] (fam.) à la diable, à la flan (pop.). || CULIN. *pollo alla diavola*, poulet à la diable.
diavolaccio [djavo'lattʃo] (**-ci** pl.) m. **1.** [peggiorativo] (raro) mauvais diable. || FIG. FAM. bougre. || **2.** [dispositivo da caccia] dispositif pour la chasse nocturne aux oiseaux.
diavoleria [djavole'ria] f. [intrigo] manigance, machination. || SCHERZ. [invenzione bizzarra] diablerie.
diavolesco [djavo'lesko] (**-chi** pl.) agg. diabolique.
diavolessa [djavo'lessa] f. diablesse.
diavoleto [djavo'leto] m. vacarme, chahut, brouhaha.
diavoletto [djavo'letto] m. diablotin. || [capelli] bigoudi.
diavolino [djavo'lino] m. bigoudi.
diavolio [djavo'lio] m. vacarme, chahut, brouhaha.
diavolo ['djavolo] m. RELIG. diable, démon. || *un povero diavolo*, un pauvre hère, un pauvre diable. || PER EST. [cose] *un tempo del diavolo*, un temps du diable. || LOC. *avere il diavolo in corpo, addosso*, avoir le diable au corps. | *non crede né a Dio né al diavolo*, il ne croit ni à Dieu ni à diable. | *brutto come il diavolo*, laid comme les sept péchés capitaux. | *che il diavolo se lo porti !*, que le diable l'emporte ! | *quando il diavolo ci mette la coda, lo zampino*, quand le diable s'en mêle. | *quand'anche ci fosse di mezzo il diavolo*, quand le diable y serait. | *fare l'avvocato del diavolo*, se faire l'avocat du diable. | *avere un diavolo per capello*, être hors de soi. | *saperne una più del diavolo, essere più furbo del diavolo*, connaître toutes les combines. | *abitare a casa del diavolo*, habiter au diable (vauvert). | *mandare al diavolo*, envoyer au diable, rembarrer (v. tr.) fam. | *fame del diavolo*, fringale f. | *un baccano del diavolo* (fam.), un bruit d'enfer (L.C.), un vacarme de tous les diables. | *chiasso, vento del diavolo*, bruit, vent du diable. || PROV. *la farina del diavolo va in crusca*, ce qui vient du diable retourne au diable. || *quando il diavolo diventò vecchio si fece eremita*, quand le diable devient vieux il se fait ermite. || *il diavolo non è così brutto come lo si dipinge*, le diable n'est pas si noir qu'on le peint. || GIOCHI [tarocchi] diable. || TECN. diable. || ZOOL. *diavolo di mare*, diable de mer. | *diavolo orsino*, diable de Tasmanie. ◆ interiez. diable ! | *al diavolo i pensieri !*, au diable les soucis ! | *per tutti i diavoli !*, par tous les diables !
diavolotto [djavo'lɔtto] m. TESS. diable.
dibattere [di'battere] v. tr. **1.** [battere] (raro) battre. || **2.** [discutere] débattre, discuter, agiter. | *dibattere un problema*, débattre, agiter un problème. ◆ v. intr. se débattre, se démener. || FIG. *debattersi nella miseria*, se débattre dans la misère.
dibattimento [dibatti'mento] m. GIUR. débats (pl.). | *dibattimento a porte chiuse*, débats à huis clos.
dibattito [di'battito] m. débat, discussion f. | *porre termine a un dibattito*, vider un débat.
dibattuto [dibat'tuto] part. pass. e agg. [discusso, controverso] discuté, controversé. | *è una questione assai dibattuta*, c'est une question très controversée. || FIG. [tormentato] tourmenté, angoissé. | *spirito dibattuto*, esprit tourmenté.
diboscamento [diboska'mento] m. [taglio di un bosco] dépeuplement. || PER EST. [taglio progressivo dei boschi] déboisement.
diboscare [dibos'kare] v. tr. déboiser.
dicastero [dikas'tɛro] m. AMM. [ministero] département. || RELIG. dicastère.
dicembre [di'tʃɛmbre] m. décembre. | *nel mese di dicembre*, au mois de décembre, en décembre. | *il primo (di) dicembre*, le premier décembre.
dicembrino [ditʃem'brino] agg. de décembre.
diceria [ditʃe'ria] f. (L.C.) cancan m. (fam.), racontar m. (fam.), ragot m. (fam.), qu'en dira-t-on (m. invar., fam.). | *sono solo dicerie*, ce ne sont que des ragots.
dichiarante [dikja'rante] m. e f. déclarant, ante.
dichiarare [dikja'rare] v. tr. [proclamare] déclarer, proclamer. | *dichiarare colpevole*, déclarer coupable. | *dichiarare innocente*, déclarer innocent, innocenter v. tr. | *dichiarò di non aver mai visto quell' uomo*, il déclara qu'il n'avait jamais vu cet homme. | *dichiaro di aver ricevuto la somma di*, je déclare avoir reçu la somme de. || PER ANAL. [sentimenti] *dichiarare il proprio amore a qlcu.*, déclarer son amour à qn. || PER EST. [alle autorità] déclarer. || COMM., FIN. déclarer. || GIUR. *dichiarare in arresto qlcu.*, arrêter qn au nom de la loi. ◆ v. rifl. se déclarer, se proclamer.

dichiararsi contro, a favore di, se déclarer contre, pour. ‖ PER ANAL. [sentimento] *era troppo timido per dichiararsi,* il était trop timide pour se déclarer.
dichiarativo [dikjara'tivo] agg. GIUR., GRAMM. déclaratif.
dichiaratorio [dikjara'tɔrjo] (**-i** pl.) agg. GIUR. déclaratoire.
dichiarazione [dikjarat'tsjone] f. [proclamazione] déclaration. | *dichiarazione di guerra,* déclaration de guerre. | *dichiarazione d'amore,* déclaration d'amour. ‖ COMM. *dichiarazione di scarico,* quitus m. ‖ FIN. *dichiarazione dei redditi,* déclaration de revenus. ‖ GIOCHI [bridge] annonce.
diciannove [ditʃan'nɔve] agg. num. card. e m. dix-neuf.
diciannovenne [ditʃanno'vɛnne] agg. âgé de dix-neuf ans. ◆ SOSTANT. *una diciannovenne alta e bionda,* une jeune fille de 19 ans grande et blonde.
diciannovesimo [ditʃanno'vɛzimo] agg. num. ord. dix-neuvième. | *il secolo diciannovesimo,* le XIXe (siècle). ‖ [come ordinale dinastico o per suddivisione di libri] dix-neuf. ◆ m. [frazione] dix-neuvième.
diciassette [disʃas'sɛtte] agg. num. card. e m. dix-sept.
diciassettenne [ditʃasset'tɛnne] agg. âgé de dix-sept ans. ◆ SOSTANT. *una diciassettenne,* une jeune fille de dix-sept ans.
diciassettesimo [ditʃasset'tɛzimo] agg. num. ord. dix-septième. | *il secolo diciassettesimo,* le XVIIe (siècle). ‖ [come ordinale dinastico o per suddivisione di libri] dix-sept. ◆ m. [frazione] dix-septième.
diciottenne [ditʃot'tɛnne] agg. âgé de dix-huit ans. ◆ SOSTANT. *una diciottenne,* une jeune fille de dix-huit ans.
diciottesimo [ditʃot'tɛzimo] agg. num. ord. dix-huitième. | *il secolo diciottesimo,* le XVIIIe (siècle). ‖ [come ordinale dinastico o per suddivisione di libri] dix-huit. | *Luigi diciottesimo,* Louis XVIII. ◆ m. [frazione] dix-huitième. ‖ TIP. *in diciottesimo,* in-dix-huit.
diciotto [di'tʃɔtto] agg. num. card. e m. dix-huit.
dicitore [ditʃi'tore] (**-trice** f.) m. TEATRO diseur. | *fine dicitore,* fin diseur.
dicitura [ditʃi'tura] f. [didascalia] légende. ‖ TEATRO diction.
dicotiledone [dikoti'lɛdone] agg. BOT. dicotylédone, dicotylédoné. ◆ f. BOT. dicotylédone.
dicotomia [dikoto'mia] f. ASTRON., BOT. dichotomie.
dicotomo [di'kɔtomo] agg. ASTRON., BOT. dichotome.
didascalia [didaska'lia] f. légende. ‖ CIN. sous-titre m. ‖ TEATRO avertissement m.
didascalico [didas'kaliko] agg. didactique.
didattica [di'dattika] (**-che** pl.) f. didactique.
didattico [di'dattiko] agg. didactique. | *film didattico,* film d'enseignement. | *direttore didattico,* directeur d'école primaire.
didentro [di'dentro] avv. (raro) V. DENTRO. ◆ m. (fam.) intérieur (L.C.), dedans. | *dal didentro,* de l'intérieur.
didietro [di'djɛtro] avv. (raro) V. DIETRO. ◆ m. [parte posteriore] derrière, arrière. | *il davanti e il didietro di qlco.,* le devant et le derrière de qch. ‖ PER EST. [parte del corpo] derrière, arrière-train. | *dare una pedata sul didietro,* donner un coup de pied au derrière. ‖ [con valore di agg. invar.] derrière, arrière. | *ruota didietro,* roue de derrière, roue arrière (agg. invar.). | *posti didietro,* places arrière. | *zampe didietro,* pattes de derrière.
dieci ['djɛtʃi] agg. num. card. e m. dix. | *erano (in) dieci,* ils étaient dix. | *ogni dieci anni,* tous les dix ans. | *sono le dieci,* il est dix heures. ‖ PER EST. [circa dieci] *un dieci giorni,* une dizaine de jours. ‖ POES. [metrica] *strofa di dieci versi,* dizain m.
diecina [dje'tʃina] f. dizaine. ‖ PER ANAL. [successione di dieci unità] *recitare una diecina del rosario,* dire une dizaine de chapelet. ‖ LOC. *a diecine,* par dizaines.
diedro ['djɛdro] agg. e m. dièdre.
dielettrico [dje'lɛttriko] (**-ci** pl.) agg. e m. FIS. diélectrique.
diencefalo [djen'tʃɛfalo] m. ANAT. diencéphale.
dieresi [di'ɛrezi] f. GRAMM. tréma m. ‖ GRAMM., MED. diérèse.
diesare [die'zare] v. tr. MUS. diéser.
diesel ['di:zəl] agg. e m. TECN. diesel.
diesis ['djɛzis] agg. e m. MUS. dièse.
dieta ['djɛta] f. STOR. POLIT. [assemblea] diète. ‖ MED. diète f., régime m. | *stare a dieta,* faire la diète. | *mettersi a dieta,* se mettre au régime.
dietetica [dje'tɛtika] f. diététique.
dietetico [dje'tɛtiko] agg. diététique.
dietetista [djete'tista] (**-i** pl.) o **dietista** [dje'tista] (**-i** pl.) m. e f. diététicien, enne.
dietologo [dje'tɔlogo] (**-gi** pl.) m. diététicien.
dietro ['djɛtro] avv. derrière. | *uno davanti, l'altro dietro,* un devant, l'autre derrière. ‖ MODA [abiti] *questa camicetta si abbottona dietro,* cette blouse se boutonne derrière. ◆ prep. [opposto a *davanti*] derrière. | *dietro il tavolo,* derrière la table. ‖ *dietro a,* derrière. | *dietro a me, a lui,* derrière moi, derrière lui. ‖ PER EST. [valore spaziotemporale] après. | *giorno dietro giorno,* jour après jour. ‖ LOC. *andare dietro a qlcu.,* suivre qn. | *correre dietro a qlcu.,* courir après qn. | *portarsi dietro qlcu.,* emmener qn. | *tirarsi dietro qlcu.* (fam.), trimbaler qn. | *lasciarsi dietro qlcu., qlco.,* dépasser qn, qch. | *sta dietro agli amici per farsi invitare,* il relance ses amis pour se faire inviter. | *andare dietro alle donne,* courir le guilledou. ‖ FIG. *rimanere dietro le quinte,* rester en cachette. | *essere dietro a fare qlco.* (fam.), être en train de faire qch. (L.C.). ‖ COMM. *dietro accettazione,* après acceptation. | *dietro invito,* sur invitation. | *dietro domanda,* sur demande. | *dietro rimborso,* contre remboursement. | *dietro compenso,* moyennant paiement. ◆ m. derrière. ‖ MODA. [abiti] dos. ‖ [pagine] verso. ◆ loc. avv. ***di dietro,*** derrière avv. | *cosa c'è di dietro?,* qu'est-ce qu'il y a derrière?
dietrofront [djetro'front] esclam. MIL. demi-tour, droite! ◆ m. demi-tour. ‖ FIG. demi-tour. ‖ [preda] hourvari.
difatti [di'fatti] cong. V. INFATTI.
difendere [di'fɛndere] v. tr. défendre, protéger. ‖ GIUR. plaider. ◆ v. rifl. [contro un attacco] se défendre, se protéger. | *per difendersi,* à son corps défendant. ‖ PER EST. [proteggersi] se défendre, se protéger. | *difendersi da un freddo pungente,* se protéger contre un froid piquant. ‖ FIG. [cavarsela] (fam.) se défendre, s'en tirer. | *non è un'aquila ma si difende,* ce n'est pas un aigle mais il se défend, il s'en tire. ‖ GIUR. plaider sa propre cause.
difendibile [difen'dibile] agg. MIL. défendable. ‖ GIUR. plaidable. ‖ FIG. défendable, soutenable.
difensiva [difen'siva] f. PR. e FIG. défensive. | *essere, stare, tenersi sulle difensive,* être, se tenir sur la défensive.
difensivo [difen'sivo] agg. défensif.
difensore [difen'sore] (**difenditrice** f.) m. défenseur, protecteur, trice. ‖ GIUR. défenseur. | *dare un difensore a un accusato,* donner un défenseur à un accusé. ◆ agg. GIUR. *avvocato difensore,* avocat de la défense. ‖ SPORT défenseur.
difesa [di'fesa] f. **1.** [contro un attacco] défense, protection. | FIG. *prendere le difese di qlcu.,* prendre la défense de qn. ‖ GIUR. défense. | *per legittima difesa,* par légitime défense. | *avvocato della difesa,* avocat de la défense. | *la parola alla difesa,* la parole à la défense. ‖ PER EST. [giustificazione] *a mia, tua difesa,* pour ma, ta défense. ‖ MIL. *difesa passiva,* défense passive, protection civile. ‖ PSICANAL. *istinto di difesa,* instinct de défense. ‖ **2.** [oggetto] défense. ‖ FIG. *essere senza difese contro la cattiveria,* être sans défense contre la méchanceté. ‖ GIUR. [arringa] plaidoyer m. ‖ FISIOL. *le difese dell'organismo,* la défense de l'organisme. ‖ MIL. *difesa contraerea,* défense antiaérienne. | *ministero della Difesa,* ministère de la Défense nationale. ‖ SPORT défense. ‖ ZOOL. [zanne] *le difese,* les défenses.
difeso [di'feso] part. pass. e agg. défendu. ‖ [fortificato] fortifié. | *città ben difesa,* ville bien fortifiée. ‖ FIG. [custodito] défendu, protégé, sauvegardé. ◆ m. GIUR. *il difeso,* le client.
difettare [difet'tare] v. intr. manquer (de), faire défaut. ‖ [essere difettoso] être défectueux.
difettivo [difet'tivo] agg. GRAMM. défectif.
difettato [difet'tato] agg. défectueux.

difetto [di'fɛtto] m. **1.** [mancanza, assenza, scarsità] défaut, manque, faute f. | *far difetto*, faire défaut; manquer (v. intr.). | *ti fa difetto la memoria*, la mémoire te fait défaut. || **2.** [imperfezione fisica e materiale] défaut, vice, défectuosité f., malfaçon f. | *difetto di fabbricazione*, défaut de fabrication; malfaçon. | *senza difetto*, sans défaut. | *ha un leggero difetto di pronuncia*, il a un léger défaut de prononciation. || PER EST. [imperfezione morale] défaut, imperfection f., travers. | *ha il difetto di contraddire*, il donne dans le travers de contredire. || PROV. *chi è in sospetto è in difetto*, qui craint d'être jugé est en faute. || PER ANAL. [errore] faille f., défaut. | *essere in difetto*, être en défaut. || FIS., MAT. défaut. || TECN. *difetto del vetro* (soffiatura) bosse f. ◆ LOC. PREP. ***in difetto di***, à défaut de.

difettoso [difet'toso] agg. [che presenta difetti] défectueux, imparfait. || FIG. déficient, insuffisant. || TECN. *acciaio difettoso*, acier paillé.

diffalcare [diffal'kare] v. tr. V. DEFALCARE.

diffamante [diffa'mante] agg. diffamant.

diffamare [diffa'mare] v. tr. diffamer, dénigrer.

diffamatore [diffama'tore] (**-trice** f.) m. e agg. diffamateur.

diffamatorio [diffama'tɔrjo] (**-ri** pl.) agg. diffamatoire, calomnieux.

diffamazione [diffamat'tsjone] f. diffamation, dénigrement m.

differente [diffe'rɛnte] agg. [da] différent, dissemblable [de].

differentemente [differente'mente] avv. différemment.

differenza [diffe'rɛntsa] f. [rapporto di diversità] différence. | *con la differenza che*, à la différence que. | *a differenza di*, à la différence de. | *con questa differenza*, à cette différence près. || PER ANAL. [scarto] écart m., distance, écartement m. | *differenza di velocità*, écart de vitesse. | *differenza di un paio di kilometri*, distance d'environ deux kilomètres. || COMM., ELETTR., MAT. différence. || ECON. écart m.

differenziale [differen'tsjale] agg. différentiel. || FIN. *tariffa differenziale*, tarif différentiel. || MAT. *calcolo differenziale*, calcul différentiel. || PSICOL. *psicologia differenziale*, psychologie différentielle. || LOC. *scuola differenziale*, école pour inadaptés. ◆ m. AUTOM. différentiel. ◆ f. MAT. différentielle.

differenziamento [differentsja'mento] m. différenciation f. || BIOL. différentiation f.

differenziare [differen'tsjare] v. tr. [distinguere] différencier, distinguer. || MAT. différentier, différencier. ◆ v. intr. [distinguersi] se différencier v. rifl., se distinguer v. rifl., différer.

differenziato [differen'tsjato] part. pass. e agg. différencié. || LOC. *classe differenziata*, cours de rattrapage. | *insegnamento differenziato*, enseignement pour retardés.

differenziazione [differentsjat'tsjone] f. différenciation. || MAT. différentiation.

differibile [diffe'ribile] agg. qu'on peut différer, ajourner, renvoyer, remettre. | *impegno non differibile*, engagement qui ne peut pas être ajourné, remis.

differimento [differi'mento] m. GIUR. ajournement, renvoi, délai, remise f.

differire [diffe'rire] v. tr. [ritardare] différer, ajourner, renvoyer, remettre. | *differire un impegno all'indomani*, remettre un engagement au lendemain. ◆ v. intr. [essere differente] différer. | *differire su un problema*, différer sur une question.

differito [diffe'rito] part. pass. e agg. différé, ajourné. || FIN. *assicurazione a capitale differito*, assurance à capital différé. | *credito differito*, crédit différé. || TELECOM. *trasmissione differita*, émission différée, en différé (m).

difficile [dif'fitʃile] agg. **1.** [che costa fatica] difficile, dur (fam.). | *compito difficile*, devoir difficile. | *compiti difficilissimi*, devoirs écrasants. || PER EST. [penoso] difficile, pénible, rude, dur (fam.). | *ha avuto degli inizi difficili*, il a eu des débuts difficiles. || PER ANAL. difficile. | *testo di difficile comprensione*, texte difficile à comprendre. | *è quanto di più difficile ci sia*, c'est tout ce qu'il y a de plus calé. || LOC. *difficile a farsi, a dirsi*, difficile à faire, à dire. | *non è poi così difficile*, ce n'est pas la mer à boire! || FIG. [da trattare, da accontentare] difficile, pas commode. | *avere un carattere difficile*, avoir un caractère difficile. | *è un carattere difficile*, il n'est pas commode. || **2.** [poco probabile] peu probable. || PER EST. [raro] rare. | *è difficile che egli legga libri gialli*, il est rare qu'il lise des romans noirs. ◆ SOSTANT. [persona, cosa] difficile. | *fare il, la difficile*, faire le, la difficile. | *il difficile è di*, le difficile est de. || LOC. *questo è il difficile*, voilà le hic!, voilà la difficulté!

difficilmente [diffitʃil'mente] avv. **1.** [con difficoltà] difficilement. || **2.** [improbabilmente] probablement pas. | *difficilmente potrò venire da voi domani*, je ne pourrai probablement pas venir chez vous demain. || PER EST. [raramente] rarement. | *difficilmente leggo romanzi gialli*, je ne lis que rarement des romans noirs.

difficoltà [diffikol'ta] f. **1.** [fatica] difficulté, gêne, peine. | *legge con difficoltà*, il lit avec peine. || PER ANAL. [di comprensione] difficulté. || FIG. [ostacolo] difficulté, empêchement m., gêne, embarras m., cahot m. | *superare, eludere tutte le difficoltà*, surmonter, éluder toutes les difficultés. | *non ci sono difficoltà*, il n'y a pas d'empêchements. || LOC. *essere in difficoltà*, être gêné (aux entournures). | *mettere qlcu. in difficoltà*, mettre qn en difficulté. || PER EST. [mancanza di denaro] gêne, embarras m. | *avere difficoltà finanziarie*, avoir des embarras d'argent. || PER ANAL. [obiezione] difficulté. | *far difficoltà a qlcu.*, faire des difficultés à qn. | *non ha fatto difficoltà a venire*, il n'a pas fait de difficultés pour venir. | *fa sempre delle difficoltà*, il soulève toujours des difficultés. || **2.** [contrasto] (lett.) difficultés (L.C.), impedimenta m. pl. (lat.).

difficoltoso [diffikol'toso] agg. difficile, pénible, malaisé. || FIG. [carattere] difficile, pénible. | *ha un carattere difficoltoso*, il a un caractère pénible.

diffida [dif'fida] f. GIUR. sommation, interdiction, mise en demeure. | *colpito da diffida di permanenza*, interdit de séjour. | *è una vera e propria diffida*, c'est une véritable mise en demeure. || [locazione] congé m. | *dare la diffida a un inquilino*, donner congé à un locataire.

diffidare [diffi'dare] v. intr. [essere diffidente] se défier v. rifl., se méfier v. rifl., se garder v. rifl. | *diffidare di tutto e di tutti*, se défier de tout et de tout le monde. ◆ v. tr. GIUR. sommer [de], mettre en demeure [de]. | *diffidare qlcu. a*, mettre qn en demeure de.

diffidente [diffi'dɛnte] agg. défiant, méfiant.

diffidenza [diffi'dɛntsa] f. méfiance, défiance.

diffluente [difflu'ɛnte] agg. diffluent.

diffondere [dif'fondere] v. tr. diffuser, exhaler, répandre. || PER EST. [notizie] diffuser, répandre, faire circuler. || TELECOM. diffuser. || FIG. [introdurre] *diffondere una moda, un'abitudine*, implanter une mode, un usage. | *diffondere la noia*, distiller l'ennui. ◆ v. intr. se répandre, s'étendre, s'épandre (v. rifl.). || PER EST. [notizie] circuler v. intr. | *le notizie si erano diffuse con rapidità*, les nouvelles avaient circulé avec rapidité. || FIG. [dilungarsi] s'étendre, se répandre. | *diffondere in chiacchiere*, se perdre en bavardages. ◆ SOSTANT. ébruitement. | *il diffondere di una notizia*, l'ébruitement d'une nouvelle.

difforme [dif'forme] agg. différent, non conforme. | *copia difforme dall'originale*, copie non conforme à l'original.

difformità [difformi'ta] f. différence.

diffrangere [dif'frandʒere] v. tr. FIS. diffracter.

diffrazione [diffrat'tsjone] f. FIS. diffraction.

diffusibile [diffu'zibile] agg. FIS. diffusible.

diffusione [diffu'zjone] f. FIS. diffusion. || PER EST. [notizia, scienza] diffusion. || TELECOM. diffusion.

diffuso [dif'fuzo] part. pass. e agg. [sparso ovunque] diffus. | *dolore diffuso*, douleur diffuse. || PER EST. [notizia, scienza] répandu. || OTT. diffus. || FIG. [prolisso] diffus. | *stile diffuso*, style diffus.

diffusore [diffu'zore] m. diffuseur. || TECN. diffuseur.

difilato [difi'lato] avv. (fam.) tout droit (L.C.), tout de suite (L.C.), sans dételer. | *ho lavorato otto giorni difilato*, j'ai travaillé huit jours sans dételer.

difterico [dif'tɛriko] agg. MED. diphtérique.

difterite [difte'rite] f. MED. diphtérie.
diga ['diga] (**-ghe** pl.) f. [argine] digue. | *diga in pietra, in terra,* digue de pierre, en terre. || PER EST., TECN. [sbarramento] barrage m. | *diga a gravità,* barrage-poids. | *(diga a) gettata,* jetée f. | *chiudere con diga,* diguer v. tr. || FIG. digue.
digerente [didʒe'rɛnte] agg. ANAT. digestif. | *apparato, tubo digerente,* appareil, tube digestif.
digeribile [didʒe'ribile] agg. digestible. | *cibo molto digeribile,* aliment très digestible. | *facilmente digeribile,* digeste (fam.).
digeribilità [didʒeribili'ta] f. digestibilité.
digerire [didʒe'rire] v. tr. FISIOL. digérer. | *digerisce con difficoltà,* il digère péniblement. || LOC. *digerirebbe anche i sassi,* il digérerait des pierres. || PER EST. [assimilare] digérer, comprendre. || FIG. FAM. [accettare, credere] digérer, supporter (L.C.). | *non digerire una persona,* ne pas supporter une personne. || LOC. *è dura da digerire!,* c'est dur à digérer. ◆ v. intr. MED. digérer. | *digerire bene, male,* digérer bien, mal.
digestione [didʒes'tjone] f. FISIOL. digestion. || MED. *avere delle difficoltà di digestione,* avoir des troubles digestifs.
digestivo [didʒes'tivo] agg. FISIOL. digestif. | *funzione digestiva,* fonction digestive. || PER EST. [che aiuta la digestione] digestif. | *questo liquore è digestivo,* cette liqueur est digestive. ◆ m. digestif.
digesto [di'dʒɛsto] m. GIUR. digeste.
digitale [didʒi'tale] agg. ANAT. digital. | *impronte digitali,* empreintes digitales. ◆ f. BOT. digitale.
digitalina [didʒita'lina] f. FARM. digitaline.
digitato [didʒi'tato] agg. BOT., ZOOL. digité.
digitazione [didʒitat'tsjone] f. MUS. doigté m.
digitigrado [didʒi'tigrado] agg. e m. ZOOL. digitigrade.
digiunare [didʒu'nare] v. intr. PR. e FIG. jeûner.
digiunatore [didʒuna'tore] (**-trice** f.) m. jeûneur, euse.
digiuno [di'dʒuno] agg. à jeun loc. avv. | *essere (a) digiuno* (L.C.), être à jeun, ne rien avoir dans le coco (pop.). || PER EST. [organi] vide. | *stomaco digiuno,* estomac vide. || FIG. [privo] *essere digiuno di storia dell'arte,* ne pas connaître l'histoire de l'art. | *sono digiuni di esperienza,* ils sont sans expérience. | *essere digiuno di notizie,* ne pas avoir de nouvelles. | *è digiuno delle più elementari cognizioni,* il manque des connaissances les plus élémentaires. || PROV. *ventre digiuno non ode nessuno,* ventre affamé n'a pas d'oreilles. ◆ m. PR. e FIG. jeûne. | *digiuno quaresimale,* jeûne du carême. | *fare digiuno,* jeûner v. intr. || MED. diète f. | *digiuno stretto,* diète absolue. || ANAT. jéjunum.
dignità [diɲɲi'ta] f. **1.** [rispetto] dignité. | *mancare di dignità,* manquer de dignité. || PER ANAL. [rispettabilità] dignité. | *perdere la dignità,* perdre sa dignité. || **2.** [carica] dignité, caractère m. | *alzare qlcu. alle più alte dignità,* élever qn aux plus hautes dignités. | *dignità vescovile, senatoria,* dignité épiscopale, sénatoriale. | *rivestire la dignità d'ambasciatore,* revêtir le caractère d'ambassadeur. | *dignità di socio (presidente) onorario,* honorariat m. | *dignità di mazziere,* bâtonnat m.
dignitario [diɲɲi'tarjo] (**-ri** pl.) m. dignitaire.
dignitosamente [diɲɲitosa'mente] avv. dignement.
dignitoso [diɲɲi'toso] agg. [pieno di dignità] digne, grave. | *comportamento dignitoso,* conduite digne. || PER EST. [onesto, decoroso] convenable, décent. | *abbigliamento dignitoso,* mise convenable. || PER ANAL. [fiero] fier. | *persona molto dignitosa,* personne très fière.
digradare [digra'dare] v. intr. descendre en pente douce, descendre en étages ; s'étager v. rifl. | *colle che digrada verso il mare,* colline qui descend en pente douce vers la mer. | *vedi quei vigneti che digradano verso la pianura?,* vois-tu ces vignes qui descendent en étages vers la plaine? | *le case digradano lungo il pendio del colle,* les maisons s'étagent sur la colline. || SOSTANT. *il digradare,* l'étagement. || PER EST. [colore] se dégrader v. rifl. ◆ v. tr. [colore] dégrader.
digradazione [digradat'tsjone] f. [colore] dégradation.
digressione [digres'sjone] f. digression, divagation. || ASTRON. digression.
digrignamento [digriɲɲa'mento] m. grincement (des dents).
digrignare [digriɲ'ɲare] v. tr. ANAT. e FIG. grincer v. intr.
digrossamento [digrossa'mento] m. dégrossissage.
digrossare [digros'sare] v. tr. TECN. dégrossir, dégraisser, charpenter. | *digrossare con la pialla,* dégrossir au rabot. | *digrossare un pezzo di legno,* dégraisser une pièce de bois. | *digrossare una trave,* charpenter une poutre. || FIG. (raro) dégrossir. | *digrossare un lavoro, un'opera,* dégrossir un travail, un ouvrage.
digrossatura [digrossa'tura] f. TECN. dégrossissage m., dégrossissement m.
diguazzamento [digwattsa'mento] m. barbotage.
diguazzare [digwat'tsare] v. intr. barboter, patauger.
diktat ['diktat] m. [ted.] diktat.
dilacerare [dilatʃe'rare] v. tr. dilacérer.
dilacerazione [dilatʃerat'tsjone] f. V. LACERAZIONE.
dilagare [dila'gare] v. intr. IDROGR. déborder, déferler, s'épandre v. rifl. | *l'acqua è dilagata ovunque,* l'eau s'est répandue partout. || PER EST. [spandersi in, su] envahir v. tr., se répandre v. rifl. | *i soldati dilagarono nella regione,* les soldats envahirent la région. || FIG. [diffondersi] envahir, déferler, se répandre.
dilaniante [dila'njante] agg. déchirant.
dilaniare [dila'njare] v. tr. [ridurre in brandelli] déchirer, déchiqueter, écharper. || FIG. déchirer. | *il rimorso la dilaniava,* le remords la déchirait. ◆ v. rifl. e recipr. se déchirer, s'entre-déchirer.
dilapidare [dilapi'dare] v. tr. dilapider, dissiper, engloutir.
dilapidatore [dilapida'tore] (**-trice** f.) e agg. dilapidateur, dissipateur, trice.
dilapidazione [dilapidat'tsjone] f. dilapidation.
dilatabile [dila'tabile] agg. dilatable.
dilatabilità [dilatabili'ta] f. dilatabilité.
dilatante [dila'tante] agg. dilatant.
dilatare [dila'tare] v. tr. PR. e FIG. dilater. ◆ v. intr. PR. e FIG. se dilater. || TECN. [gas] se détendre.
dilatatore [dilata'tore] m. CHIR. dilatateur, dilatant.
dilatatorio [dilata'tɔrjo] (**-ri** pl.) agg. ANAT. dilatateur. | *muscolo dilatatorio,* muscle dilatateur.
dilatazione [dilatat'tsjone] f. MED., FIS. dilatation.
dilatorio [dila'tɔrjo] (**-ri** pl.) agg. GIUR. dilatoire. | *tattica dilatoria,* tactique dilatoire.
dilavamento [dilava'mento] m. GEOL. ravinement. || PER EST. [colori] délavage.
dilavare [dila'vare] v. tr. GEOL. raviner. || PER EST. [colori] délaver.
dilazionare [dilattsjo'nare] v. tr. COMM., FIN. différer, renvoyer, atermoyer. | *dilazionare un pagamento,* différer un paiement. | *dilazionare un pagamento in tre rate mensili,* échelonner un paiement sur trois mensualités. || PER EST. *dilazionare la partenza,* renvoyer le départ.
dilazione [dilat'tsjone] f. COMM., FIN. délai m., renvoi m. | *dilazione di pagamento,* délai de paiement. || PER EST. *accordare una dilazione di poche ore,* accorder un délai de quelques heures. | *senza dilazione,* sans délai.
dileggiare [diled'dʒare] v. tr. (lett.) bafouer, berner, railler, tourner en dérision.
dileggiatore [dileddʒa'tore] (**-trice** f.) m. (lett.) railleur (L.C.), moqueur (L.C.), euse.
dileggio [di'leddʒo] (**-i** pl.) m. (lett.) dérision f. (L.C.). | *per dileggio,* par dérision.
dileguare [dile'gware] v. tr. dissiper, chasser. | *il sole aveva dileguato la nebbia,* le soleil avait dissipé le brouillard. || FIG. dissiper, chasser, effacer. | *le sue parole dileguarono i dubbi,* ses paroles effacèrent les doutes. ◆ v. intr. o rifl. se dissiper, s'évanouir, s'effacer, s'envoler, s'évaporer (v. rifl). || FIG. se dissiper, s'estomper, s'éclipser, s'effacer, s'évaporer (v. rifl.). | *gli odi, i rancori si dileguarono,* les haines, les rancœurs s'estompèrent. | *il suo ricordo si è dileguato,* son souvenir s'est évanoui. | *dileguare in fumo,* se dissiper en fumée. | *si è dileguata ogni fiducia,* toute confiance s'est évanouie.
dilemma [di'lɛmma] m. dilemme.

dilettante [dilet'tante] m. e f. [che pratica una attività non professionalmente] amateur, dilettante. | *mi interesso alla pittura da dilettante,* je m'intéresse à la peinture en amateur. || PEGGIOR. *lavora da dilettante,* il travaille en dilettante. || SPORT amateur. || MUS. dilettante. ◆ agg. dilettante, amateur. | *non sono più dilettante,* je ne suis plus dilettante. | *musicista dilettante,* musicien amateur. | *pittore dilettante,* peintre du dimanche.

dilettantesco [dilettan'tesko] (**-schi** pl.) agg. PEGGIOR. de dilettante.

dilettantismo [dilettan'tizmo] m. dilettantisme. || PEGGIOR. amateurisme. || SPORT amateurisme.

dilettantistico [dilettan'tistiko] (**-ci** pl.) agg. de dilettante. | *lavorare a un livello dilettantistico,* travailler à un niveau de dilettante. || SPORT *sport dilettantistico,* sport pratiqué par les amateurs.

dilettare [dilet'tare] v. tr. (lett.) délecter, flatter (L.C.), charmer (L.C.), réjouir (L.C.). ◆ v. rifl. [fare qlco. da dilettante] *si diletta di musica,* c'est un musicien amateur. || PER ANAL. [divertirsi] se délecter v. rifl., affectionner v. tr., aimer [à]. | *dilettarsi di romanzi polizieschi,* affectionner les romans policiers.

dilettazione [dilettat'tsjone] f. (lett.) délectation.

dilettevole [dilet'tevole] agg. (lett.) délectable, agréable, amusant, réjouissant. || SOSTANT. *unire l'utile al dilettevole,* joindre l'utile à l'agréable.

diletto [di'letto] agg. cher, chéri, bien-aimé. | *padre mio diletto,* mon cher père. | *la sua diletta sposa,* son épouse bien-aimée. || SOSTANT. *mio diletto,* mon bien-aimé. ◆ m. délectation f., agrément, plaisir. | *fare qlco. per diletto,* faire qch. par plaisir, pour son plaisir.

dilezione [dilet'tsjone] f. (lett.) dilection.

diligente [dili'dʒɛnte] agg. [scrupoloso] diligent, zélé. | *segretario diligente,* secrétaire zélé. || PER EST. [accurato] soigneux. | *ha fatto un lavoro diligente,* il a fait un travail soigneux.

diligenza [dili'dʒɛntsa] f. [scrupolo] diligence, zèle m. || PER EST. [accuratezza] soin m. || STOR. [carrozza] diligence. || PER EST. [trasporti] (arc.) coche m., chaise de poste. || [postale] malle-poste.

diligere [di'lidʒere] v. tr. (lett.) chérir, affectionner.

diliscare [dilis'kare] v. tr. (raro) désosser un poisson (raro).

dilucidare [dilutʃi'dare] v. tr. V. DELUCIDARE.

diluente [dilu'ɛnte] m. CHIM. solvant. || FARM. délayant.

diluire [dilu'ire] v. tr. [liquefare] diluer, délayer. || PER ANAL. [rendere meno denso] éclaircir, étendre, délayer, allonger. | *diluire con acqua,* délayer avec de l'eau. || PER EST. [rendere meno concentrato] délayer, éclaircir, étendre, allonger. || CHIM. *diluire un liquido,* étendre un liquide. || CULIN. mouiller, éclaircir, allonger. | *diluire una salsa con vino bianco,* mouiller une sauce avec du vin blanc. | *diluire una zuppa,* allonger, éclaircir une soupe. || FIG. diluer, délayer, allonger (fam.).

diluizione [diluit'tsjone] f. dilution, délayage m., délayement m. | *diluizione della vernice,* délayage de la peinture. || FIG. délayage, délavage. || *diluizione di uno stile, di un discorso,* délayage d'un style, d'un discours.

dilungare [dilun'gare] v. tr. [prolungare] prolonger. | *dilungare le vacanze,* prolonger ses vacances. || PER ANAL. [differire] différer. | *dilungare la partenza,* différer le départ. ◆ v. intr. [allontanarsi] s'éloigner v. rifl. || SPORT [ippica] distancer v. tr. || FIG. s'étendre. | *dilungarsi esageratamente,* s'éterniser v. rifl. | *dilungarsi in chiacchiere,* se perdre en bavardages.

diluviale [dilu'vjale] agg. GEOL. diluvial. || PER EST. [torrenziale] diluvien. | *scroscio diluviale,* averse diluvienne.

diluviare [dilu'vjare] v. intr. impers. pleuvoir à verse, à torrents, à seaux ; pleuvoir comme vache qui pisse (triv.). || FIG. *gli ordini diluviano,* les ordres pleuvent.

diluvio [di'luvjo] (**-i** pl.) m. TEOL. Déluge. || LOC. FIG. *risalire al diluvio,* remonter au déluge. || PER EST. [inondazione] déluge, pluie diluvienne. || FIG. déluge.

dimagramento [dimagra'mento] m. amaigrissement. || AGR. appauvrissement, épuisement.

dimagrante [dima'grante] agg. amaigrissant. | *dieta dimagrante,* régime amaigrissant. | *cura dimagrante,* cure d'amaigrissement, traitement pour maigrir.

dimagrare [dima'grare] v. intr. V. DIMAGRIRE. || AGR. appauvrir, épuiser.

dimagrimento [dimagri'mento] m. V. DIMAGRAMENTO.

dimagrire [dima'grire] v. intr. maigrir, fondre, décoller (fam.). | *quanto sei dimagrito !,* ce que tu as décollé ! | *quel povero bambino è dimagrito molto durante la malattia,* ce pauvre enfant a fondu pendant sa maladie. ◆ v. tr. [far dimagrire] décharner, amaigrir.

dimenamento [dimena'mento] m. remuement (lett.), agitation f.

dimenare [dime'nare] v. tr. remuer, agiter. | *dimenare le orecchie, la coda,* remuer les oreilles, la queue. | *dimenare il capo,* hocher la tête. | *dimenare i fianchi,* se déhancher v. rifl. || FIG. *dimenare le mascelle,* jouer (v. intr.) des mâchoires. ◆ v. rifl. se démener, se débattre, s'agiter, se trémousser. | *dimenarsi come un pazzo, un forsennato,* se démener comme un beau diable, comme un forcené. | *bambino che si dimena sulla sedia,* enfant qui se trémousse sur sa chaise. || FIG. *dimenarsi per niente,* se battre les flancs.

dimensione [dimen'sjone] f. [misura] dimension. | *prendere le dimensioni di un oggetto,* prendre les dimensions d'un objet. || PER EST. [ingombro] encombrement m. | *determinare le dimensioni di un veicolo,* déterminer l'encombrement d'un véhicule. || FIG. dimension. | *un errore di queste dimensioni è pericoloso,* une erreur de cette dimension est dangereuse. | *la dimensione umana,* la dimension humaine. || FILOS. étendue. | *tutte le sensazioni affondano nella dimensione radici più o meno profonde,* toutes les sensations poussent dans l'étendue des racines plus ou moins profondes. || FIS. dimension, grosseur. | *dimensione delle particelle,* grosseur des particules. | *dimensione minima,* dimension minimale. || MAT. dimension. || TIP. *dimensione quotata,* cote d'un dessin.

dimenticabile [dimenti'kabile] agg. oubliable.

dimenticanza [dimenti'kantsa] f. oubli m. | *è una dimenticanza,* c'est un oubli. | *andare, cadere in dimenticanza,* tomber dans l'oubli.

dimenticare [dimenti'kare] v. tr. oublier. | *dimenticare le offese,* oublier les offenses. ◆ v. intr. oublier v. tr. | *dimenticare di qlco., di qlcu.,* oublier qch., qn. | *non dimenticarti degli amici !,* n'oublie pas les amis !

dimenticato [dimenti'kato] part. pass. e agg. oublié, enterré, classé. | *è una storia dimenticata,* c'est une histoire enterrée. | *è un affare dimenticato,* c'est une affaire classée.

dimenticatoio [dimentika'tɔjo] m. *mettere nel dimenticatoio,* mettre aux oubliettes, oublier v. tr. | *andare nel dimenticatoio,* tomber dans l'oubli.

dimentico [di'mentiko] agg. (lett.) oublieux.

dimenticone [dimenti'kone] (**-a** f.) m. étourdi.

dimessamente [dimessa'mente] avv. humblement, modestement.

dimesso [di'messo] part. pass. e agg. humble, modeste. | *abbigliamento dimesso,* mise modeste. | *parlare con tono dimesso,* parler d'un ton humble. | *vivere in modo dimesso,* vivre modestement. | *con voce dimessa,* à voix basse. || PER EST. [in disparte] effacé. || PER ANAL. *stile dimesso,* style dépouillé.

dimestichezza [dimesti'kettsa] f. [persone] familiarité. | *avere dimestichezza con qlcu.,* avoir des rapports familiers avec qn. || PER EST. [cose] familiarité. | *avere una certa dimestichezza con una lingua,* avoir une certaine familiarité avec une langue.

dimettere [di'mettere] v. tr. [lasciar andare da ospedali, case di cura] laisser sortir, sortir v. intr. | [dal carcere] relâcher. | *dimettere un detenuto,* relâcher un détenu. || FIG. [licenziare] démettre, congédier. ◆ v. rifl. se démettre, donner sa démission, démissionner v. intr. | *dimettere da un impiego,* se démettre d'un emploi, donner sa démission d'un emploi.

dimezzare [dimed'dzare] v. tr. [dividere in due] partager en deux, diviser en deux, couper en deux. | FIG. [ridurre di metà] réduire de moitié. | *abbiamo dimezzato la spesa,* nous avons réduit les frais de moitié. || PER EST. [ridurre notevolmente] réduire, limiter.

diminuire [diminu'ire] v. tr. [ridurre] diminuer, baisser. ‖ TECN. [lavori a maglia uncinetto] diminuer, rabattre. | *diminuire le maglie*, faire des diminutions. ‖ FIG. diminuer, rabattre (de), émousser, relâcher (de). | *diminuire le pretese*, rabattre les prétentions. | *non ha diminuito la stima che ha per me*, il a gardé l'estime qu'il a pour moi. | *l'abitudine diminuisce l'entusiasmo*, l'habitude émousse l'enthousiasme. ◆ v. intr. [ridursi] diminuer, baisser, décroître. | *la temperatura è diminuita molto*, la température a beaucoup baissé. | *diminuire di volume, di prezzo, di velocità*, diminuer de volume, de prix, de vitesse. | *diminuire di peso*, perdre du poids. ‖ PER ANAL. [dimagrire] maigrir. | *sono diminuito di due chili*, j'ai maigri de deux kilos. ‖ PER EST. [affievolirsi] s'affaiblir v. rifl., se relâcher v. rifl., baisser, diminuer.

diminutivo [diminu'tivo] agg. e m. GRAMM. diminutif.

diminuzione [diminut'tsjone] f. [azione, risultato] diminution, baisse, décroissance, décroissement m., déperdition. | *diminuzione della natalità*, décroissance de la natalité. | *diminuzione dei prezzi al dettaglio*, baisse des prix au détail. ‖ TECN. [lavori a maglia] diminution. ‖ COMM., ECON. [calo] déperdition, déchet m. | *diminuzione di valore*, moins-value f.

dimissionario [dimissjo'narjo] (**-ri** pl.) agg. démissionnaire.

dimissione [dimis'sjone] f. [per lo più pl.] démission. | *dare, rassegnare le dimissioni*, démissionner. | *dare le dimissioni da un impiego*, donner sa démission d'un emploi. ‖ FIG. FAM. [rinunciare] démissionner.

dimissorio [dimis'sɔrjo] (**-ri** pl.) agg. RELIG. *lettera dimissoria*, dimissoire m.

dimora [di'mɔra] f. **1.** [domicilio] domicile m., demeure (antiq.). | *essere senza fissa dimora*, être sans domicile fixe. | *stare a dimora presso* (lett.), habiter, demeurer chez (L.C.). ‖ PER EST. [permanenza] (lett.) séjour m. (L.C.). | *una dimora di due mesi in un luogo*, un séjour de deux mois dans un lieu. ‖ PER ANAL. *mettere a dimora una pianta*, planter un arbre. ‖ **2.** [indugio] (lett.) retard m. (L.C.).

dimorare [dimo'rare] v. intr. demeurer. | *dimorare a Parigi (per) parecchi anni*, demeurer à Paris (pendant) plusieurs années. | *dimorare in un palazzo antico*, demeurer dans un palais ancien.

dimorfismo [dimor'fizmo] m. BIOL. dimorphisme.

dimorfo [di'mɔrfo] agg. BIOL. dimorphe.

dimostrante [dimos'trante] m. e f. manifestant.

dimostrare [dimos'trare] v. tr. [provare irrefutabilmente] démontrer, prouver. | *dimostrare la colpevolezza di qlcu.*, démontrer la culpabilité de qn. | *gli ho dimostrato che aveva torto*, je lui ai prouvé qu'il avait tort. ‖ LOC. *il che dimostra che*, comme quoi (fam.). ‖ MAT. démontrer. | *dimostrare un teorema*, démontrer un théorème. ‖ LOC. *come volevasi dimostrare (c.v.d.)*, ce qu'il fallait démontrer (c.q.f.d.). ‖ PER EST. [manifestare] montrer, témoigner, prouver. | *dimostrare il proprio affetto a qlcu.*, montrer son affection à qn. | *dimostrare affetto a qlcu.*, témoigner de l'affection à qn. | *dimostrare quello che si è veramente*, montrer ce qu'on est vraiment. | *dimostrare premura per qlcu.*, s'empresser auprès de qn. | *dimostrare premura nel fare qlco.*, faire preuve d'empressement à faire qch. | *non dimostra l'età che ha*, il ne paraît pas son âge. ◆ v. intr. manifester. | *gli scioperanti dimostrarono per le vie cittadine*, les grévistes manifestèrent dans les rues de la ville. ◆ v. rifl. se montrer, se révéler. | *quel ragazzo si è dimostrato molto abile*, ce garçon s'est montré, s'est révélé très habile. | *ogni tentativo si è dimostrato inutile*, toute tentative s'est révélée inutile.

dimostrativo [dimostra'tivo] agg. démonstratif. ◆ agg. e m. GRAMM. démonstratif.

dimostratore [dimostra'tore] (**-trice** f.) m. COMM. démonstrateur, trice.

dimostrazione [dimostrat'tsjone] f. [ragionamento, prova] démonstration, preuve. ‖ PER EST. [manifestazione] démonstration, témoignage m. | *dimostrazione di simpatia, di amicizia*, démonstration, témoignage de sympathie, d'amitié. ‖ COMM., MAT., MIL. démonstration. ‖ POLIT. manifestation.

dina ['dina] f. FIS. dyne.

dinamica [di'namika] (**-che** pl.) f. FIS. dynamique. ‖ FIG. *ricostruire la dinamica di un incidente*, reconstituer la trame d'un accident. | *la dinamica delle idee*, l'enchaînement (m.) des idées. | *dinamica di un quadro*, mouvement (m.) d'un tableau. ‖ ECON. mouvement. ‖ MUS. dynamique.

dinamico [di'namiko] (**-ci** pl.) agg. PR. e FIG. dynamique.

dinamismo [dina'mizmo] m. dynamisme.

dinamitardo [dinami'tardo] agg. à la dynamite. | *attentato dinamitardo*, attentat à la dynamite. ◆ m. dynamiteur.

dinamite [dina'mite] f. dynamite.

dinamo ['dinamo] f. FIS. dynamo.

dinamometro [dina'mɔmetro] m. FIS. dynamomètre.

dinanzi [di'nantsi] avv. V. DAVANTI. ◆ agg. V. DAVANTI, PRECEDENTE.

dinar ['dinar] o **dinaro** ['dinaro] m. dinar.

dinasta [di'nasta] (**-i** pl.) m. (antiq.) dynaste.

dinastia [dinas'tia] f. STOR. dynastie.

dinastico [di'nastiko] (**-ci** pl.) agg. dynastique.

dindi ['dindi] o **dindo** ['dindo] m. [dial.] V. TACCHINO.

dingo [dingo] m. ZOOL. dingo.

diniego [di'njɛgo] (**-ghi** pl.) m. dénégation f., refus. | *fece un cenno di diniego*, il fit un signe de dénégation. | *opporre un diniego*, opposer un refus. ‖ GIUR. déni. | *diniego di giustizia*, déni de justice ; non-recevoir.

dinnanzi [din'nantsi] avv. V. DAVANTI. ◆ agg. V. DAVANTI, PRECEDENTE.

dinoccolato [dinokko'lato] agg. dégingandé.

dinosauro [dino'zauro] m. dinosaure, dinosaurien.

dintorni [din'torni] m. pl. abords, alentours, environs, entours (antiq.). | *visitare i dintorni*, visiter les alentours.

dintorno o **d'intorno** [din'torno] avv. (tout) autour, alentour. | *avere molta gente dintorno*, avoir beaucoup de monde autour de soi. | *i rottami sono sparsi per cento metri dintorno*, les débris sont dispersés sur cent mètres alentour. | *non riesci a toglierlelo dintorno ?* (fam.), tu ne réussis pas à te débarrasser de lui ? (L.C.). ◆ prep. (antiq.) autour de (L.C.). | *guardati dintorno !*, regarde autour de toi !

dio ['dio] m. **1.** (con maiuscola) RELIG. [monoteismo] Dieu. | *Dio uno e trino*, Dieu en trois personnes. | *Dio padre*, Dieu le père. | *l'Uomo Dio*, l'Homme-Dieu. | *a immagine e somiglianza di Dio*, à l'image de Dieu. | *senza Dio*, sans Dieu. | *un uomo di Dio*, un homme de Dieu. | *« Io sono il Signore Dio tuo, non avrai altro Dio all'infuori di me »*, « un seul Dieu adoreras et aimeras parfaitement ». | *« non nominare il nome di Dio invano »*, « le nom de Dieu ne jureras ni sans raison ni faussement ». | *non temere né Dio né il diavolo*, ne craindre ni Dieu ni diable. ‖ LOC. FAM. *dire l'ira di Dio di qlcu.*, dire pis que pendre de qn. | *avere ogni ben di Dio*, avoir tout ce qu'on peut désirer (L.C.). | *Dio mi è testimone che* (L.C.), Dieu m'est témoin que. | *piove che Dio la manda*, il pleut des hallebardes. ‖ PROV. *l'uomo propone e Dio dispone*, l'homme propose et Dieu dispose. ‖ *chi s'aiuta Dio l'aiuta*, aide-toi, le ciel t'aidera. ‖ **2.** (senza maiuscola) [politeismo] dieu. | *simile agli dei*, semblable aux dieux. ‖ FIG. [persona divinizzata] dieu. | *fare di qlcu. il proprio dio*, faire de qn son dieu. ◆ INTERIEZ. Dieu ! | *mio Dio !*, mon Dieu ! | *Dio santo !*, *Dio buono !*, grand Dieu !, bonté divine ! | *Dio sia lodato !*, Dieu soit loué ! | *grazie a Dio*, Dieu merci ! | *Dio lo sa*, Dieu seul (le) sait. | *come se la caverà, Dio lo sa !*, Dieu sait comment il s'en sortira ! | *volesse Dio, piacesse a Dio*, plût à Dieu ! | *che Dio ce la mandi buona !*, Dieu nous aide ! | *va come Dio vuole*, cela va comme il plaît à Dieu. | *come è vero Dio*, aussi vrai que Dieu existe. | *in nome di Dio !*, au nom de Dieu ! | *come Dio volle riuscimmo a parlargli*, finalement nous réussîmes à lui parler. | *va con Dio !*, que Dieu t'accompagne !

diocesano [djotʃe'zano] agg. RELIG. diocésain.

diocesi ['djɔtʃezi] f. RELIG. diocèse m.

diodo ['diodo] m. TECN. diode f.

diomedea [diome'dɛa] f. ZOOL. albatros m.

dionea [djo'nɛa] f. BOT. dionée.

dionisiaco [djoni'ziako] agg. dionysiaque.

diorama [dio'rama] (**-i** pl.) m. diorama.

diorite [dio'rite] f. GEOL. diorite.

diossido [di'ɔssido] m. CHIM. bioxyde.

diottra ['djɔttra] f. TOP. alidade à lunette.

diottria [diot'tria] f. OTT. dioptrie.
diottrica [di'ɔttrika] f. FIS. dioptrique.
diottro [di'ɔttro] m. OTT. dioptre.
dipanamento [dipana'mento] m. (raro) TECN. dévidage.
dipanare [dipa'nare] v. tr. dévider, démêler. ‖ FIG. [chiarire] dévider, débrouiller, démêler.
dipanatoio [dipana'tɔjo] **(-i** pl.) m. (raro) TESS. dévidoir.
dipanatura [dipana'tura] f. TECN. dévidage m.
dipartimentale [dipartimen'tale] agg. départemental.
dipartimento [diparti'mento] m. AMM. [ministero, in Francia e negli USA] département. | *dipartimento degli Affari Esteri,* département des Affaires étrangères. | *dipartimento di Stato* [USA], département d'État. ‖ PER ANAL. [amministrazione] département. | *dipartimento del Passo di Calais,* département du Pas-de-Calais. | *comuni e dipartimenti,* collectivités locales. ‖ GEOGR. [divisione della Francia] département. ‖ MAR., MIL. préfecture f. | *dipartimento marittimo, militare,* préfecture maritime, militaire. ‖ UNIV. département.
dipartirsi [dipar'tirsi] v. medio intr. (lett. o poet.) **1.** [allontanarsi] s'éloigner (L.C.), s'en aller (L.C.), partir (L.C.). ‖ PER EST. [morire] passer (lett.), trépasser (lett.). ‖ FIG. [divergere] se départir (lett.). ‖ **2.** [spartire] partager (L.C.).
dipartita [dipar'tita] f. (poet.) départ m. (L.C.). ‖ PER EST. [morte] trépas m. (lett.).
dipendente [dipen'dɛnte] agg. dépendant, subordonné. ‖ GRAMM. subordonné. ◆ m. [scala gerarchica] subordonné, [impiegato] personnel (solo s.) employé, [operaio] compagnon, [personale di servizio] personnel. | *trattare bene, male i propri dipendenti,* traiter bien, mal ses subordonnés. | *i dipendenti di un ministero,* les employés d'un ministère. | *questa ditta ha molti dipendenti,* cette entreprise a beaucoup d'employés, a un personnel nombreux. | *(lavoratore) dipendente,* compagnon. | *dipendente statale,* fonctionnaire. ◆ f. GRAMM. subordonnée.
dipendenza [dipen'dɛntsa] f. dépendance, ordres m. pl., service m. | *rapporto di dipendenza,* rapport de dépendance. | *lavorare alle dipendenze di qlcu.,* travailler sous la dépendance de qn. | *lavoro alle dipendenze di una compagnia d'assicurazioni,* je travaille pour une compagnie d'assurances. | *avere molti operai alle proprie dipendenze,* avoir beaucoup d'ouvriers sous ses ordres. ◆ pl. [di un edificio] dépendances. | *le dipendenze della villa,* les dépendances de la villa. ‖ PER EST. [alloggio] communs m. pl.
dipendere [di'pɛndere] v. intr. [essere subordinato (a)] dépendre (de), être dans, sous la dépendance (de). | *dipendere da qlcu.,* être sous la dépendance de qn. | *non dipende da nessuno,* il ne dépend de personne, il est son (propre) maître. ‖ PER EST. [far parte] dépendre, relever. | *territorio che dipende amministrativamente dalla Francia,* territoire qui relève administrativement de la France. ‖ FIG. [essere condizionato] dépendre (de), tenir (à). | *dipende da me, da te, da noi,* cela dépend de moi, de toi, de nous. | *dipende (solo) da lui l'andarci,* il ne tient qu'à lui d'y aller. | *dipende dal fatto che,* cela tient à ce que. ‖ FAM. *verrai ? — dipende,* est-ce que tu viendras ? — ça dépend. ‖ GRAMM. dépendre.
dipingere [di'pindʒere] v. tr. peindre. | *dipingere a olio,* peindre à l'huile. | *dipingere a chiaroscuro,* grisailler. ‖ ASSOLUT. [esercitare un'attività] faire de la peinture. ‖ LOC. *volto bello da dipingere,* visage beau comme tout. ‖ FIG. [descrivere] peindre, dépeindre, dessiner, décrire. | *mi ha dipinto la scena con gran dovizia di particolari,* il m'a dépeint la scène avec une grande abondance de détails. | *dipingere un carattere,* dessiner un caractère. ◆ v. rifl. [truccarsi] *si sono dipinte le labbra,* elles ont mis du rouge à lèvres. | *dipingersi gli occhi,* se maquiller les yeux. ‖ PEGGIOR. se barbouiller, se peinturlurer. | *guarda come si è dipinta !,* regarde comment elle s'est peinturlurée ! ‖ FIG. [trasparire] se peindre. | *la paura si dipingeva sul suo volto,* la peur se peignait sur son visage.
dipinto [di'pinto] part. pass. e agg. peint. | *vaso dipinto,* vase peint. | *tele dipinte a olio,* toiles peintes à l'huile. | *parete dipinta di fresco,* paroi fraîchement peinte. ‖ LOC. *ha due occhi che paiono dipinti,* elle a deux yeux qui semblent peints. | *non posso sopportarlo neanche dipinto,* je ne peux pas le voir en peinture. ‖ FIG. [impresso] peint, empreint. | *aveva il terrore dipinto in volto,* la terreur était peinte sur son visage. ‖ [truccato] maquillé, fardé, peint. ‖ PEGGIOR. barbouillé, peinturluré. | *come è dipinta !,* comme elle est barbouillée ! ◆ m. peinture f., tableau. | *i dipinti di Picasso,* la peinture de Picasso. | *è un dipinto interessante,* c'est un tableau intéressant.
diplodoco [di'plɔdoko] **(-chi** pl.) m. ZOOL. diplodocus.
diploma [di'plɔma] **(-i** pl.) m. diplôme, brevet. ‖ PER EST. [titolo scolastico] certificat, diplôme, brevet, peau (f.) d'âne (fam.). | *diploma di licenza elementare,* certificat d'études primaires, certificat. | *diploma di maestro, di ragioniere,* brevet d'instituteur, d'expert-comptable. | *diploma di maturità, di laurea* = diplôme de bachelier, de licencié. | *diploma di abilitazione all' insegnamento medio* = certificat d'aptitude pédagogique à l'enseignement secondaire (C. A. P. E. S.). ‖ STOR. brevet.
diplomare [diplo'mare] v. tr. diplômer. ◆ v. rifl. obtenir son diplôme.
diplomatica [diplo'matika] f. diplomatique.
diplomatico [diplo'matiko] **(-ci** pl.) agg. PR. e FIG. diplomate, diplomatique. | *corpo diplomatico,* corps diplomatique. | *si è mostrato molto diplomatico in quella circostanza,* il s'est montré très diplomate dans cette circonstance. ◆ m. PR. e FIG. diplomate.
diplomato [diplo'mato] agg. e n. diplômé. | *infermiera diplomata,* infirmière diplômée.
diplomazia [diplomat'tsia] f. diplomatie. | *entrare in diplomazia,* entrer dans la diplomatie, dans la Carrière. ‖ FIG. *ci vuole diplomazia,* il faut de la diplomatie. | *avere diplomazia,* avoir du doigté.
dipolo [di'pɔlo] m. FIS. dipôle. ‖ TELECOM. [antenna] doublet.
diporto [di'pɔrto] m. agrément, amusement, plaisir. | *per diporto,* par amusement, par plaisir. | *viaggio di diporto,* voyage d'agrément. | *nave da diporto,* bateau de plaisance (f.).
dipresso (a un) [aundi'prɛsso] loc. avv. à peu près (L.C.), grosso modo (fam.).
diradamento [dirada'mento] m. [diminuzione di frequenza] espacement. | *diradamento delle visite, delle lettere,* espacement des visites, des lettres.
diradare [dira'dare] v. tr. [rendere meno spesso] éclaircir, dissiper. ‖ PER EST. [durata] espacer. | *diradare le visite,* espacer ses visites. ◆ v. rifl. [diventare meno fitto] s'éclaircir, se dissiper. ‖ PER EST. [durata] s'espacer.
diramare [dira'mare] v. tr. [diffondere] diffuser, envoyer. | *diramare una notizia,* diffuser une nouvelle. | *diramare una circolare,* envoyer une circulaire. | *diramare un ordine,* transmettre un ordre. | *diramare degli inviti,* envoyer des invitations. ‖ AGR. ébrancher, élaguer. ◆ v. rifl. [diffondersi] se répandre. ‖ FIG. se ramifier. ‖ AGR. se ramifier.
diramazione [diramat'tsjone] f. **1.** TECN. [tronco secondario] branchement m., embranchement m., branche, ramification. ‖ AGR. ébranchage m., ébranchement m. ‖ **2.** [diffusione] diffusion, distribution, transmission. | *diramazione di notizie,* diffusion de nouvelles. | *diramazione di un ordine,* transmission d'un ordre. | *diramazione di una circolare,* envoi (m.) d'une circulaire.
diraspare [diras'pare] v. tr. AGR. égrapper.
diraspatrice [diraspa'tritʃe] f. TECN. égrappoir m.
diraspatura [diraspa'tura] f. AGR. égrappage m.
dire ['dire] v. tr. dire.

I. Enunciare ; esprimere.
II. Raccontare.
III. Annunciare ; predire.
IV. Pensare.
V. Pretendere ; obiettare.
VI. Ordinare.
VII. Piacere ; ricordare.
VIII. Voler dire.
IX. LOC.
◆ v. rifl.

I. 1. [enunciare] dire. | *dire qlco. a qlcu.*, dire qch à qn. | *disse a suo padre*, il dit à son père. | *dire il fatto suo a qlcu.* (L.C.), dire ses quatre vérités, dire son fait à qn, moucher qn (fam.). | *non sa quel che dice*, il ne sait pas ce qu'il dit. | *lasciar dire qlcu.*, laisser dire qn. || Loc. *dire di sì*, dire (que) oui. | *non dico di no*, je ne dis pas non, je n'en disconviens pas. | *dire una parola*, dire un mot. | *non dir parola*, ne dire mot. | *senza dir verbo*, sans mot dire. | *dire bene, male di qlcu.*, dire du bien, du mal de qn. | *ha da dire la sua*, il a son mot à dire. | *lasciami dire!*, laisse-moi dire ! | *è tanto per dire qlco.*, c'est histoire de parler (fam.). | *si fa presto a dirlo*, c'est vite dit. | *dica pure!*, dites toujours ! | *dica un po'!*, dites donc ! | *dico a voi!*, c'est à vous que je parle ! | *di', me lo dai?*, tu me le donnes, dis ? | *cosa dice?*, vous dites ? | *a chi lo dici!*, à qui le dis-tu ! | *volevo ben dire*, je l'avais bien dit. | *l'hai detto!*, tu as dit le mot !, tu l'as dit ! | *tanto disse e tanto fece*, il fit tant et si bien. | *dire fanfaronate* (fam.), fanfaronner v. intr. | *dire stravaganze*, extravaguer v. intr. || **2.** [esprimere] dire. | *dire la propria opinione su qlco.*, dire son avis sur qch. | *dire chiaro e tondo* (fam.), dire carrément, ne pas mâcher ses mots. | *a dirla schietta* (fam.), pour parler carrément. | *dire peste e corna di qlcu.* (fam.), dire pis que pendre de qn., déchirer qn. (L.C.). | *da non dirsi*, qu'on ne saurait dire. | *secondo quel che dicono gli esperti*, au dire des experts. || Fig. *il suo viso non dice nulla*, son visage ne dit rien. || Per est. [recitare] *dire il rosario*, dire son chapelet. | *dire messa*, dire la messe.

II. [raccontare] dire. | *è detto che*, il y est dit que. | *si dice che*, on dit que. | *si dice che sia povero, ricco*, on le dit pauvre, riche. | *si dice che sia morto*, on dit qu'il est mort. | *a quanto dice*, à l'entendre dire. | *a quanto si dice*, à ce qu'on dit, d'après ce qu'on raconte. | *non sia detto che*, il ne sera pas dit que. | *dirne delle belle, delle buone*, en conter de bonnes (fam.).

III. 1. [annunciare] dire. | *dire in confidenza, confidenzialmente*, dire confidentiellement. || Loc. *per dirla in confidenza*, soit dit entre nous. | *digli tante belle cose da parte mia*, dis-lui bien des choses de ma part. || **2.** [predire] dire. | *qualcosa mi dice che*, quelque chose me dit que. | *il cuore mi dice che*, mon cœur me dit que.

IV. [pensare] dire. | *e dire che*, et dire que. | *chi l'avrebbe detto?*, qui l'eût dit ? | *che vuoi dire con ciò?*, que veux-tu dire par là ? || Per est. [sembrare] *lo si direbbe un re*, on dirait un roi. | *non lo si direbbe ubriaco*, on ne dirait pas qu'il est ivre.

V. 1. [pretendere] dire. | *a quanto dice*, d'après ce qu'il dit. | *si dice che sia intelligente*, on le dit intelligent. | *arriva a dire che menti*, il va jusqu'à dire que tu mens. || **2.** [obiettare] dire. | *non mi venga a dire che*, n'allez pas me dire que.

VI. [ordinare] dire. | *fa' quello che ti dico!*, fais ce que je te dis ! | *digli di venire*, dis-lui de venir. | *non farselo dire due volte*, ne pas se le faire dire deux fois.

VII. 1. Fig. [piacere] dire. | *la pittura contemporanea non gli dice niente*, la peinture contemporaine ne lui dit rien. || **2.** [ricordare] dire. | *non ti dice niente questa viola?*, cette violette ne te dit rien ?

VIII. [voler dire] vouloir dire. | *non vuol dire gran che*, cela ne veut pas dire grand-chose.

IX. Loc. *a dire il vero*, à vrai dire. | *a dire poco*, au bas mot. | *a dire molto*, tout au plus. | *tanto vale dire*, autant dire. | *vale a dire*, c'est-à-dire, c.-à-d. | *(come) sarebbe a dire?*, qu'est-ce à dire ? | *per così dire*, pour ainsi dire. | *per meglio dire*, pour mieux dire. | *non faccio per dire*, ce n'est pas pour dire. | *non occorre dir che*, il va sans dire que. | *è dire troppo*, c'est beaucoup dire. | *è tutto dire*, c'est tout dire. | *come si dice*, comme on dit, comme dit l'autre (pop.). | *e dire che*, et dire que. | *cosa intendi dire?*, où veux-tu en venir ? | *aver a che dire con qlcu.*, avoir des démêlés avec qn. | *in men che non si dica*, en moins de rien. | *così dicendo, se ne andò*, là-dessus, ce disant, il s'en alla. | *è un modo di dire*, c'est une façon de parler. | *era questo dunque!, dimmene tante!* (fam.), c'était donc ça !, tu m'en diras tant ! | *dir addio a qlco.* (L.C.), faire une croix sur qch (fam.). | *per dirla con*, pour parler comme. | *non preoccuparsi di quel che dice la gente*, ne pas se soucier du qu'en-dira-t-on (fam.). | *modo di dire*, locution f., dicton. || Prov. *dimmi con chi vai e ti dirò chi sei*, dis-moi qui tu hantes, je te dirai qui tu es.

◆ v. rifl. [dirsi] se dire. | *si diceva che*, il se disait que. || Per est. [pretendersi] se dire. | *si dice ingegnere*, il se dit ingénieur. || **1.** senso recipr. [l'uno all' altro] se dire. | *si dicevano solo buongiorno*, ils ne se disaient que bonjour. | *dirsene di tutti i colori* (fam.), se déchirer à belles dents. || **2.** senso pass. *questo non si dice*, cela ne se dit pas. | *come si dice questa parola in francese?*, comment se dit ce mot en français ? | Loc. *lo stesso dicasi di*, il en est de même de.

dire ['dire] m. [dicerie] dire, dires pl. | *il dire della gente*, les dires des gens. || Per est. [affermazione] *secondo il dire degli altri*, au dire des autres. | *a suo dire*, selon ses dires. || Loc. *hai un bel dire!*, tu as beau dire ! || Prov. *tra il dire e il fare c'è di mezzo il mare*, il y a loin du dire au faire.

direttissima [diret'tissima] f. Ferr. ligne directe. || Sport [alpinismo] voie directe, direttissima (ital.). || Loc. giur. *ricorso, giudizio per direttissima*, référé.

direttissimo [diret'tissimo] agg. [superl.] très direct. || Trasp. [treno] express.

direttiva [diret'tiva] f. (usato general. al pl.) directive, instruction.

direttivo [diret'tivo] agg. Pr. e fig. directeur. | *comitato direttivo*, comité directeur. | *consiglio direttivo*, conseil directeur, de direction (f.). ◆ m. *il direttivo di un partito*, la direction d'un parti.

diretto [di'rɛtto] part. pass. e agg. **1.** [dritto, senza deviazioni] direct. || Per est. [immediato, senza intermediari] direct. | *essere in contatto diretto*, être en contact direct. || Trasp. direct. || Fin. *imposta diretta*, impôt direct. || Fis. *raggio diretto*, rayon direct. | *luce diretta*, lumière directe. || Giur. *discendere in linea diretta da*, descendre en ligne directe de. || Gramm. *complemento, discorso diretto*, complément, discours direct. || Mil. *tiro diretto*, tir de plein fouet. || Telecom. [radio, televisione] *trasmissione in collegamento diretto*, émission en direct. | *emissione in ripresa diretta*, émission en direct. || **2.** [indirizzato] adressé. | *sono diretto a scuola*, je suis en train d'aller à l'école. | *siamo diretti in Francia*, nous allons en France. | *questa nave è diretta in Africa*, ce navire fait route vers l'Afrique. || Per anal. [condotto] *spettacolo ben diretto*, spectacle bien mené. | *questo concerto è stato diretto molto bene*, ce concert a été très bien dirigé. || Fig. [destinato] destiné. | *provvedimenti diretti a tutelare l'ordine*, mesures destinées à sauvegarder l'ordre. ◆ avv. droit, directement. | *vado diretto a letto*, je vais directement me coucher. | *andare diretto allo scopo*, aller droit au but. ◆ m. Ferr. direct. | *ho preso il diretto per Roma*, j'ai pris le direct pour Rome. || Sport [pugilato] *un diretto sinistro, destro*, un direct du gauche, du droit.

direttorato [diretto'rato] m. directorat.

direttore [diret'tore] m. directeur. | *il signor direttore*, monsieur le directeur. || Cin. *direttore di produzione*, directeur de production. || Comm. *direttore delle vendite*, chef des ventes. || Mar. *direttore di macchina*, chef mécanicien. || Mil. *direttore di tiro*, directeur de tir. | *direttore di lancio*, chef de lancement. || Min. *direttore di miniera*, chef d'exploitation. || Relig. *direttore spirituale*, directeur spirituel. || [scuole] *direttore didattico*, directeur d'école. || Sport *direttore sportivo*, directeur sportif. || Stor. [membro del Direttorio] directeur.

direttoriale [diretto'rjale] agg. directorial. || Stor. [del Direttorio] directorial.

direttorio [diret'tɔrjo] m. (raro) directoire. | *direttorio di un partito*, directoire d'un parti. || Arti *stile Direttorio*, style Directoire. || Stor. Directoire.

direttrice [diret'tritʃe] f. directrice. | *direttrice di un convitto*, directrice d'un pensionnat. || Mat. directrice. ◆ agg. directrice.

direzionale [direttsjo'nale] agg. de direction. || Tecn. directionnel. || Urb. *centro direzionale*, centre des affaires.

direzione [diret'tsjone] f. **1.** [parte, senso] direction. | *in direzione di*, dans la direction de. | *direzione sbagliata*, fausse direction. || Aer., Elettr., Fis.

direction. ‖ MAR. *direzione del vento*, direction, aire du vent. ‖ **2.** [azione di dirigere] direction. | *essere alla direzione di qlco.*, être à la tête de qch. ‖ LOC. *conservare l'alta direzione*, garder la haute main. ‖ PER EST. [organismo] direction. | *rivolgersi alla direzione*, s'adresser à la direction. ‖ PER ANAL. [sede] direction. ‖ FIG. conduite, direction. | *lasciagli la direzione dell' affare*, laisse-lui la conduite de l'affaire. | *la direzione dei lavori*, la conduite des travaux. ‖ MUS. direction.

dirigente [diri'dʒɛnte] agg. dirigeant. | *le classi dirigenti*, les classes dirigeantes.

dirigenza [diri'dʒɛntsa] f. [azione di dirigere] direction.

dirigere [di'ridʒere] v. tr. **1.** [volgere verso] diriger [vers]. | *dirigere i propri passi verso*, diriger ses pas vers. | *dirigere lo sguardo, l'attenzione su qlco.*, diriger ses regards, son regard, son attention sur qch. ‖ FIG. *dirigere i propri sforzi alla riuscita di un' impresa*, concentrer ses efforts sur la réussite d'une entreprise. ‖ FERR. aiguiller. ‖ **2.** [indirizzare] adresser. | *questa lettera è stata diretta a me*, cette lettre m'a été adressée. ‖ FIG. *le sue parole erano dirette a noi*, ces paroles nous étaient adressées. ‖ **3.** [avere la direzione] diriger. | *dirigere un'azienda, un giornale*, diriger une entreprise, un journal. ‖ MIL. diriger. ‖ MUS. *dirigere un'orchestra*, diriger un orchestre. ‖ TEATRO *dirigere uno spettacolo*, mettre en scène un spectacle. ‖ *dirigere un ballo*, mener un bal. ◆ v. rifl. **1.** [verso] se diriger vers. ‖ **2.** [indirizzarsi] s'adresser. | *si era diretto a suo padre*, il s'était adressé à son père.

dirigibile [diri'dʒibile] agg. e m. dirigeable.

dirigismo [diri'dʒizmo] m. ECON. dirigisme.

dirigista [diri'dʒista] (**-i** pl.) m. ECON. dirigiste.

dirimente [diri'mɛnte] agg. GIUR. dirimant.

dirimpettaio [dirimpet'tajo] (**-ai** pl.) m. (fam.) voisin d'en face (L.C.).

dirimpetto [dirim'pɛtto] avv. en face, vis-à-vis. | *abito proprio dirimpetto*, j'habite juste en face. | *i due bambini si sono seduti dirimpetto*, les deux enfants se sont assis l'un en face de l'autre. ◆ LOC. PREP. ***dirimpetto a***, en face de, vis-à-vis de. | *abita dirimpetto a me*, il habite en face de chez moi. ◆ agg. invar. d'en face (loc. avv.). | *il palazzo dirimpetto è vuoto*, l'immeuble d'en face est vide.

diritta [di'ritta] f. V. DRITTA.

dirittezza [dirit'tettsa] f. (raro) droiture.

1. diritto [di'ritto] agg. **1.** [non curvo] droit. | *linea diritta*, ligne droite. | *strada diritta*, route droite. ‖ PER EST. [verticale] droit. | *sta' su diritto !*, tiens-toi droit ! | *diritto come un fuso*, droit comme un I, comme un piquet. | *mettiti diritto !*, mets-toi debout ! | *capelli diritti*, cheveux raides. ‖ FIG. [giusto] droit. ‖ **2.** [opposto a sinistro] droit. ◆ avv. (tout) droit. | *vada diritto davanti a lei !*, allez droit devant vous ! | *questa strada conduce diritto a casa*, cette route mène tout droit à la maison. ‖ FIG. droit. | *va diritto allo scopo*, il va droit au but. | *camminare diritto davanti a sé*, marcher droit devant soi. | *rigare diritto*, filer doux, marcher droit. | *far filare diritto qlcu.*, remettre qn au pas. | *tirar diritto*, passer, poursuivre son chemin. | *tirar diritto per la propria strada*, faire son petit bonhomme de chemin (fam.). | *finirai diritto in galera* (fam.), tu finiras tout droit en taule (pop.). ◆ m. [opposto a rovescio] [tessuto, maglia] endroit m. ; [moneta] face f. | *il diritto e il rovescio*, l'endroit et l'envers. | *stoffa a due diritti*, étoffe double-face. ‖ FIG. FAM. *prendere qlcu. per il suo diritto*, prendre qn du bon côté. ‖ SPORT [tennis] coup droit, drive m. (angl.). ‖ PROV. *ogni diritto ha il suo rovescio*, toute médaille a son revers. ◆ loc. avv. ***per diritto, a diritto***, à l'endroit. | *questa calza è per diritto*, ce bas est à l'endroit.

2. diritto [di'ritto] m. **1.** GIUR. [insieme delle leggi] droit. | *diritto civile, penale*, droit civil, pénal. ‖ PER EST. [scienza] droit. | *studiare diritto*, faire son droit. ‖ LOC. *di diritto*, de droit, ès qualités. | *affare di diritto comune*, affaire de droit commun. | *contro il diritto*, contre le droit. ‖ **2.** [facoltà di fare, esigere di fare] droit. | *diritto di proprietà, di voto*, droit de propriété, de vote. | *diritto di sosta :* [merci] droit de magasinage ; [vetture] droit de stationnement. | *con quale diritto ?*, de quel droit ? | *è nel suo diritto*, cela est dans votre droit. | *essere in diritto di fare qlco.*, avoir le droit de faire qch. ‖ PER ANAL. [facoltà di disporre] droit. | *avere diritto di vita e di morte su qlcu.*, avoir droit de vie et de mort sur qn. ‖ PER EST. [esigenza] droit. | *avere diritto a qlco.*, avoir droit à qch. ‖ LOC. *a buon diritto*, à juste titre, à bon droit. | *con pieno diritto*, de plein droit. | *questo ti spetta di diritto*, cela te revient de droit. | *un avente diritto*, un ayant-droit. | *tutti i diritti riservati*, tous droits réservés. | *rinunciare ai propri diritti*, passer la main. | *a maggior diritto*, à plus forte raison. | *ne ho il diritto*, c'est mon droit. | *sono nel mio diritto*, je suis dans mon (bon) droit. | *a chi di diritto*, à qui de droit. ‖ FIN. [Borsa] [per opzione] droit de souscription, [per assegnazione gratuita] droit d'attribution. ‖ PROV. *ognuno ha il diritto di guardare chi vuole*, un chien regarde bien un évêque ! ‖ **3.** pl. [tassa] droits. | *diritti d'autore*, droits d'auteur. | *diritti doganali*, droits de douane. | *diritti di cancelleria*, droits de greffe.

dirittura [dirit'tura] f. [direzione] (raro) direction (L.C.). ‖ SPORT *dirittura d'arrivo*, ligne d'arrivée. ‖ FIG. [rettitudine] droiture. | *uomo di grande dirittura morale*, homme d'une grande droiture.

dirizzare [dirit'tsare] v. tr. V. DRIZZARE.

diroccamento [dirokkaṃento] m. démolition f.

diroccare [dirok'kare] v. tr. démolir. ◆ v. rifl. se détruire.

diroccato [dirok'kato] agg. délabré. | *vecchio castello diroccato*, vieux château délabré.

dirompente [dirom'pɛnte] agg. brisant. ‖ MIL. *bomba dirompente*, bombe à fragmentation. | *effetto dirompente*, brisance f. ‖ BOT. *frutti dirompenti*, fruits déhiscents.

dirottamente [dirotta'ṃente] avv. *piangere dirottamente*, fondre en larmes. | *piovere dirottamente*, pleuvoir à verse.

dirottamento [dirotta'mento] m. TRASP. déroutement.

dirottare [dirot'tare] v. tr. TRASP. dérouter. | *dirottare un aereo, una nave*, dérouter un avion, un navire. ◆ v. intr. TRASP. changer de route. | *l'aereo ha dirottato*, l'avion a changé de route. | *la nave dirottò verso porti neutrali*, le navire mit le cap sur des ports neutres.

dirotto [di'rotto] agg. *dare in un pianto dirotto*, fondre en larmes. | *che pioggia dirotta !*, quelle pluie battante, diluvienne ! ◆ loc. avv. ***a dirotto***, *piangere a dirotto*, fondre en larmes. | *piovere a dirotto*, pleuvoir à verse.

dirozzamento [diroddza'mento] m. TECN. dégrossissage, dégrossissement. ‖ FIG. dégauchissage, dégauchissement.

dirozzare [dirod'dzare] v. tr. TECN. dégrossir. ‖ FIG. dégauchir, décrasser (fam.), décrotter (fam.), civiliser (fam.). ◆ v. rifl. se dégauchir, se décrasser (fam.), se décrotter (fam.), se civiliser (fam.).

dirupo [di'rupo] m. escarpement, abrupt.

disabbellire [dizabbel'lire] v. tr. déparer, enlaidir. ◆ v. rifl. s'enlaidir.

disabbigliare [dizabbiʎ'ʎare] v. tr. déshabiller, dépa-rer, dépouiller. ◆ v. rifl. (lett.) se déshabiller (L.C.).

disabitato [dizabi'tato] agg. [terre] inhabité ; [edifici] inoccupé. | *terre disabitate*, terres inhabitées. | *casa disabitata da anni*, maison inoccupée depuis des années.

disabituare [dizabitu'are] v. tr. [a] déshabituer (de), désaccoutumer (de). | *disabituare qlcu. a qlco.*, déshabituer qn de qch. ◆ v. rifl. [a] se déshabituer (de), se désaccoutumer (de). | *mi sono disabituato a fumare, all'alcool*, je me suis déshabitué de fumer, de l'alcool.

disaccentare [dizattʃen'tare] v. tr. ôter l'accent (à).

disaccentato [dizattʃen'tato] agg. inaccentué.

disaccoppiare [dizakkop'pjare] v. tr. désaccoupler. ‖ TECN. découpler.

disaccordare [dizak'kordare] v. tr. MUS. désaccorder. ◆ v. rifl. MUS. se désaccorder.

disaccordo [dizak'kɔrdo] m. désaccord, désunion f., brouille f., fâcherie f. | *essere in disaccordo con qlcu.*, être brouillé avec qn, être en brouille avec qn. | *mettere il disaccordo (tra)*, brouiller v. tr. | *questioni finanziarie hanno messo il disaccordo tra i soci*, des questions financières ont brouillé les associés. ‖ MUS. désaccord.

disadattato [dizadat'tato] agg. e n. Psicol., Sociol. inadapté.
disadatto [diza'datto] agg. [cose] inadapté ; [persone] inapte. | *essere inadatti per un incarico*, être inapte(s) à occuper un poste.
disadescare [dizades'kare] v. tr. Tecn. *disadescare una pompa*, désamorcer une pompe.
disadorno [diza'dorno] agg. déparé, nu. | *locale disadorno*, pièce nue. || Fig. nu, dépouillé. | *stile disadorno*, style dépouillé.
disaerare [dizae'rare] v. tr. Tecn. désaérer.
disaffezionare [dizaffettsjo'nare] v. tr. [a] détourner (de), détacher (de). ◆ v. rifl. se désaffectionner (de), se détacher (de).
disaffezione [dizaffet'tsjone] f. désaffection.
disagevole [diza'dʒevole] agg. [difficoltoso] pénible, malaisé (lett.). || Per est. [senza comodità] inconfortable, pénible.
disaggio [di'zaddʒo] (**-gi** pl.) m. Comm. moins-value f.
disaggregare [dizaggre'gare] v. tr. désagréger.
disaggregazione [dizaggregat'tsjone] f. désagrégation.
disagiato [diza'dʒato] agg. [scomodo] incommode, pénible, inconfortable. | *postura disagiata*, posture inconfortable. || Per est. [povero] pénible. | *vivere in condizioni disagiate*, vivre dans la gêne.
disagio [di'zadʒo] (**-gi** pl.) m. [mancanza di agio] gêne f., privation f., incommodité f., inconfort, embarras. | *vivere nei disagi*, être dans la gêne, vivre dans les privations. | *causare un disagio a qlcu.*, causer de la gêne à qn. | *i disagi di un viaggio*, les incommodités d'un voyage. | *sono a disagio in questa poltrona*, je suis mal à l'aise dans ce fauteuil. || Fig. [imbarazzo] gêne f., embarras, malaise. | *mettere a disagio qlcu.*, gêner qn, mettre qn dans l'embarras. | *sentirsi, essere a disagio*, être gêné, ne pas en mener large (fam.), être gêné aux entournures (fam.).
disalberare [dizalbe'rare] v. tr. Mar. démâter.
disamina [di'zamina] f. examen attentif.
disamorarsi [dizamo'rarsi] v. rifl. [da] se désaffectionner (de), se détacher (de).
disamore [diza'more] m. désaffection f., indifférence f.
disancorare [dizanko'rare] v. intr. Mar. lever l'ancre. ◆ v. rifl. lever l'ancre. || Fig. s'affranchir. | *disancorarsi dalle tradizioni*, s'affranchir des traditions.
disanimare [dizani'mare] v. tr. décourager. ◆ v. rifl. se décourager.
disappaiare [dizappa'jare] v. tr. désaccoupler.
disappetente [dizappe'tɛnte] agg. sans appétit.
disappetenza [dizappe'tɛntsa] f. inappétence.
disapprendere [dizap'prɛndere] v. tr. désapprendre.
disapprovare [dizappro'vare] v. tr. désapprouver, désavouer.
disapprovazione [dizapprovat'tsjone] f. désapprobation. | *fare un cenno di disapprovazione*, faire un signe désapprobateur. | *mi guardò con aria di disapprovazione*, il me regarda d'un air désapprobateur.
disappunto [dizap'punto] m. désappointement, déconvenue f. || Loc. *con mio grande disappunto*, à mon grand regret.
disarcionare [dizartʃo'nare] v. tr. Sport [cavallo] désarçonner. || Per anal. [cavaliere] démonter. || Fig. désarçonner, démonter.
disargentare [dizardʒen'tare] v. tr. désargenter.
disarmante [dizar'mante] agg. désarmant.
disarmare [dizar'mare] v. tr. Mar., Mil. désarmer. | *disarmare un fucile*, désarmer un fusil. || Tecn. [cemento] décoffrer ; [ponti, volte] décintrer. || Fig. [placare] désarmer. | *disarmare la collera di qlcu.*, désarmer la colère de qn. ◆ v. intr. Pr. e fig. désarmer. | *il suo odio non disarma*, sa haine ne désarme pas. | *non disarma !*, il n'en démord pas !
disarmo [di'zarmo] m. Mar., Mil. désarmement. || Tecn. [cemento] décoffrage ; [volte, ponti] décintrage, décintrement.
disarmonia [dizarmo'nia] f. discordance, dissonance. || Mus. dissonance. || Fig. désaccord m., discordance. | *disarmonia di caratteri, di opinioni*, discordance de caractères, d'opinions. | *essere in disarmonia con qlcu., con qlco.*, être en désaccord avec qn, avec qch.
disarmonico [dizar'mɔniko] (**-ci** pl.) agg. inharmonieux, discordant. | *voci disarmoniche*, voix discordantes. | *stile disarmonico*, style inharmonieux. || Mus. *suoni disarmonici*, sons dissonants. | *insieme disarmonico*, ensemble inharmonieux.
disarticolare [dizartiko'lare] v. tr. désarticuler. || Chir. *disarticolare una coscia*, désarticuler une cuisse. ◆ v. rifl. se désarticuler, se disloquer.
disarticolato [dizartiko'lato] part. pass. e agg. désarticulé. || Fig. décousu, incohérent.
disarticolazione [dizartikolat'tsjone] f. Chir. désarticulation.
disartria [dizar'tria] f. Med. dysarthrie.
disasprire [dizas'prire] v. tr. Tecn. [vini] adoucir.
disassociare [dizasso'tʃare] v. tr. désassocier.
disassuefare [dizassue'fare] v. tr. [a] désaccoutumer (de), déshabituer (de). | *disassuefare qlcu. all'alcool*, désaccoutumer qn de l'alcool. ◆ v. rifl. se désaccoutumer (de), se déshabituer (de).
disassuefazione [dizassuefat'tsjone] f. désaccoutumance.
disastrato [dizas'trato] agg. e m. sinistré.
disastro [di'zastro] m. Pr. e fig. fam. désastre, catastrophe f. | *il suo ultimo film è stato un disastro*, son dernier film a été un désastre. || Comm. *disastro finanziario*, désastre financier.
disastroso [dizas'troso] agg. désastreux.
disattendere [dizat'tendere] v. tr. (lett.) ne pas observer (l.c.). | *disattendere una norma*, ne pas observer une norme. || Fig. (lett.) décevoir (l.c.). | *ha disatteso le nostre speranze*, il a déçu nos espoirs.
disattento [dizat'tɛnto] agg. [che manca di applicazione] inappliqué. || Per est. [che manca di attenzione] inattentif, distrait.
disattenzione [dizatten'tsjone] f. inattention, inadvertance. | *commettere un errore per disattenzione*, commettre une faute d'inattention. | *errore di disattenzione*, faute d'étourderie.
disattivare [dizatti'vare] v. tr. Mil. désamorcer.
disattrezzare [dizattret'tsare] v. tr. Mar. désarmer, déséquiper.
disautorare [dizauto'rare] v. tr. priver de son autorité.
disavanzo [diza'vantso] m. Comm. déficit.
disavvedutezza [dizavvedu'tettsa] f. irréflection, étourderie. | *per disavvedutezza*, par étourderie.
disavveduto [dizavve'duto] agg. inconsidéré, irréfléchi, étourdi.
disavventura [dizavven'tura] f. [disgrazia] mésaventure, malchance. || Fig. [sfortuna] malchance. | *abbiamo avuto la disavventura di incontrarla*, nous avons eu la malchance de la rencontrer.
disavvertenza [dizavver'tɛntsa] f. inadvertance. | *per disavvertenza*, par inadvertance.
disavvezzare [dizavvet'tsare] v. tr. [da] (lett.) déshabituer (de) [l.c.], désaccoutumer (de) [l.c.]. | *disavvezzare qlcu. dal fumare*, déshabituer qn de fumer. ◆ v. rifl. (lett.) se déshabituer (de) [l.c.], se désaccoutumer (de) [l.c.].
disavvezzo [dizav'vettso] agg. (lett.) déshabitué (l.c.), désaccoutumé (l.c.). | *sono oramai disavvezzo alle fatiche fisiche*, je suis désormais déshabitué des fatigues physiques.
disbrigo [diz'brigo] (**-ghi** pl.) m. expédition f. | *disbrigo delle pratiche correnti*, expédition des affaires courantes. | *procedere al disbrigo della corrispondenza*, expédier son courrier.
disbrogliare [dizbroʎ'ʎare] v. tr. V. sbrogliare.
discapitare [diskapi'tare] v. intr. V. scapitare.
discapito [dis'kapito] m. V. scapito.
discarica [dis'karika] f. Mar. déchargement m.
discarico [dis'kariko] (**-chi** pl.) m. décharge f. | *sono prove a loro discarico*, ce sont des preuves à leur décharge. || Comm. *dichiarazione di discarico*, quitus m. | *dare discarico a qlcu.*, donner quitus à qn. || Giur. *testimone a discarico*, témoin à décharge.
discendente [diʃʃen'dɛnte] part. pres. e agg. descendant. || Elettr. *colonna discendente*, colonne descendante. || Fon. *dittongo discendente*, diphtongue descendante, décroissante. || Mus. *gamma discendente*, gamme descendante. || Tip. *lettera discendente*, lettre

à queue. || TRASP. [servizi pubblici] *linea discendente*, retour m. ◆ m. descendant. | *i discendenti*, les enfants, les descendants, la descendance.

discendenza [diʃʃen'dɛntsa] f. [origine] descendance. | *essere di discendenza nobile*, être de descendance noble. | *la sua famiglia è di discendenza danese*, sa famille est de descendance danoise. || PER ANAL. [persone] descendance, lignée. | *la discendenza di Adamo*, la descendance d'Adam.

discendere [diʃ'ʃendere] v. intr. descendre. | *discendere dalla macchina, dal treno, da cavallo*, descendre de voiture, du train, de cheval. | *discendere a picco*, descendre à pic. | *discendere a terra*, descendre à terre. || [provenire da] descendre (de), être issu (de). | *discendono da un'antica famiglia*, ils sont issus d'une ancienne famille. | *discende da genitori poveri*, il descend de parents pauvres. ◆ v. tr. descendre. | *discende la china*, descendre la pente. | *la barca sta discendendo il fiume*, la barque est en train de descendre le fleuve. || PER EST. [persone] *far discendere*, descendre. | *mi faccia discendere qui per favore*, descendez-moi ici, s'il vous plaît.

discente [diʃ'ʃɛnte] m. e f. (lett.) disciple.

discepolo [diʃ'ʃepolo] m. disciple, élève. | *Aristotele ha avuto molti discepoli*, Aristote a eu beaucoup de disciples. | *molti di questi quadri sono dovuti ai discepoli di Raffaello*, beaucoup de ces tableaux sont dus aux élèves de Raphaël.

discernere [diʃ'ʃɛrnere] v. tr. (lett.) [distinguere] discerner, distinguer (L.C.), percevoir (L.C.). || FIG. [separare] distinguer, discerner. | *discernere il vero dal falso*, discerner le vrai du faux.

discernibile [diʃʃer'nibile] agg. discernable, percevable, perceptible.

discernimento [diʃʃerni'mento] m. [azione di separare] discernement. | *discernimento del bene dal male*, discernement du bien et du mal. || PER EST. [facoltà] discernement. | *agire senza discernimento*, agir sans discernement. | *mancare di discernimento*, manquer de discernement.

discesa [diʃ'ʃesa] f. **1.** [azione di andare dall'alto al basso] descente. | *la discesa dei Barbari*, la descente, l'invasion des Barbares. | *discesa da cavallo*, descente de cheval. | *discesa negli inferi*, descente aux enfers. || FIG. *discesa di tono*, baisse de ton. || **2.** [pendio] pente. | *strada in discesa*, chemin en pente, qui descend. | *essere in discesa*, descendre v. intr. | *salite e discese*, montées et descentes. || TECN. [strada] *discesa pericolosa*, descente dangereuse. || **3.** AER. *discesa in picchiata*, descente en piqué. || SPORT [alpinismo] *discesa a corda doppia*, descente en rappel. || [ciclismo] *arrivo in discesa*, arrivée en descente. | *quel ciclista è il migliore in discesa*, ce cycliste est le meilleur en descente, le meilleur descendeur. || [calcio] *discesa nel campo avversario*, descente dans le camp adverse. || [sci] *fare discesa libera*, faire du ski de descente. | *discesa obbligata*, slalom m.

discesismo [diʃʃe'sizmo] m. SPORT ski de descente.

discesista [diʃʃe'sista] m. e f. SPORT descendeur, euse.

dischiodare [diskjo'dare] v. tr. déclouer, dériveter, dériver.

dischiudere [dis'kjudere] v. tr. entrouvrir (L.C.), entr'ouvrir (antiq.). | *dischiudere una porta, una finestra*, entrouvrir, entrebâiller une porte, une fenêtre. | *dischiudere gli occhi*, entrouvrir les yeux. | *dischiudere la bocca a un sorriso*, esquisser un sourire. || FIG. [manifestare] (lett.) dévoiler (L.C.), révéler (L.C.). ◆ v. rifl. s'entrouvrir. || BOT. s'épanouir, éclore v. intr.

dischiuso [dis'kjuso] part. pass. e agg. entrouvert. || BOT. éclos. | *fiore appena dischiuso*, fleur à peine fraîche, à peine éclose.

discinto [diʃ'ʃinto] agg. (lett.) [con vesti scomposte e aperte] débraillé (L.C.). | *essere discinto*, être débraillé.

disciogliere [diʃ'ʃɔʎʎere] v. tr. faire fondre. || PER EST., FIG. [slegare] délier. | *disciogliere qlcu. da una promessa*, délier qn d'une promesse. || CHIM. dissoudre. | *l'acqua discioglie il calcare*, l'eau dissout le calcaire. || GIUR. *disciogliere la Camera dei deputati*, dissoudre la Chambre des députés. ◆ v. rifl. fondre v. intr. | *la cera si discioglie al fuoco*, la cire fond dans le feu. || CHIM. se dissoudre.

disciplina [diʃʃi'plina] f. [materia di studi] discipline. || [leggi di una collettività] discipline. | *consiglio di disciplina*, conseil de discipline. || MIL. *compagnia di disciplina*, compagnie de discipline. | *soldato di una compagnia di disciplina*, disciplinaire m. || RELIG. [flagello] discipline.

1. disciplinare [diʃʃipli'nare] agg. disciplinaire. | *sanzione disciplinare*, sanction disciplinaire. ◆ m. cahier des charges.

2. disciplinare [diʃʃipli'nare] v. tr. PR. e FIG. discipliner. | *disciplinare i propri sentimenti*, contrôler ses sentiments. ◆ v. rifl. [imporsi una disciplina] s'imposer une discipline, une règle. || RELIG. se donner la discipline.

disco ['disko] (**-chi** pl.) m. disque. | *disco solare*, disque solaire. | *disco volante*, soucoupe volante. || ANAT. *ernia del disco*, hernie discale. || AUTOM. *freni a disco*, freins à disques. | *zona disco*, zone bleue. || FERR. *disco verde*, disque vert. || MUS. *disco microsolco*, disque microsillon. | *venditore di dischi*, disquaire m. || FIG. FAM. *cambia disco!*, change de disque! || SPORT disque. || TECN. [telefono] *disco combinatore*, cadran d'appel. | *disco dentato*, disque denté.

discobolo [dis'kɔbolo] m. SPORT discobole.

discofilo [dis'kɔfilo] m. NEOL. discophile.

discografico [disko'grafiko] agg. du disque. | *casa discografica*, maison de disques. | *industria discografica*, industrie du disque.

discoide [dis'kɔjde] agg. discoïde.

discolo ['diskolo] agg. polisson; [bambino] polisson, espiègle, lutin. ◆ m. espiègle.

discolpa [dis'kolpa] f. disculpation (raro). | *dire qlco. a propria discolpa*, dire qch. à sa décharge.

discolpare [diskol'pare] v. tr. disculper, excuser, innocenter. | *questa testimonianza lo discolpa*, ce témoignage le disculpe. ◆ v. rifl. se disculper (de), se défendre (de), se laver (de). | *si sono discolpati da ogni imputazione*, ils se sont disculpés, lavés de toute imputation. | *discolpare da un'accusa*, se défendre d'une accusation.

disconoscenza [diskonoʃ'ʃɛntsa] f. (raro) méconnaissance (lett.), ingratitude (L.C.).

disconoscere [disko'noʃʃere] v. tr. méconnaître. | *disconoscere i meriti di qlcu.*, méconnaître les mérites de qn. || GIUR. désavouer.

disconoscimento [diskonoʃʃi'mento] m. méconnaissance f. || GIUR. désaveu. | *disconoscimento di paternità*, désaveu de paternité.

discontinuità [diskontinui'ta] f. discontinuité. | *lavorare con discontinuità*, travailler avec discontinuité.

discontinuo [diskon'tinuo] agg. discontinu, inconstant, irrégulier.

disconvenire [diskonve'nire] v. intr. (lett.) [essere disadatto] ne pas convenir (L.C.), être malséant. || FIG. [dissentire] ne pas partager (v. tr.). | *disconvenire nelle opinioni, nelle idee*, ne pas partager les opinions, les idées.

discordante [diskor'dante] agg. discordant, dissonant.

discordanza [diskor'dantsa] f. discordance, dissonance. || FIG. dissonance, désaccord m. | *c'è discordanza tra i tuoi principi e le tue azioni*, il y a dissonance entre tes principes et tes actions. || GEOL. *discordanza di stratificazioni*, discordance de stratifications. || GIUR. *discordanza di testimonianze*, témoignages discordants. || GRAMM. défaut (m.) de concordance.

discordare [diskor'dare] v. intr. [di persone, essere in disaccordo] ne pas être d'accord, ne pas partager le même avis. || PER ANAL. [di cose, essere in contrasto] être discordant, être dissonant. | *queste due tonalità (di colore) discordano*, ces deux tons (de couleur) sont dissonants, jurent (fam.). || FIG. [persone e cose, dissentire] différer, diverger. || GIUR. *le testimonianze discordavano*, les témoignages différaient, étaient discordants. || MUS. *suoni che discordano*, sons en dissonance.

discorde [dis'kɔrde] agg. [persone] en désaccord. |

PER ANAL. [cose] discordant. ‖ FIG. différent, divergent.
discordia [dis'kɔrdja] f. discorde. | *seminare, fomentare la discordia,* semer, fomenter la discorde. | *pomo della discordia,* pomme de discorde. | *essere in discordia con qlcu.,* être en brouille, être brouillé avec qn. ‖ FIG. [divergenza] dissentiment m., désaccord m.
discorrere [dis'korrere] v. intr. **1.** [conversare] s'entretenir (avec) v. rifl., bavarder (avec), causer (avec). | *discorrere con gli amici a lungo,* s'entretenir longuement avec ses amis. | *discorriamo insieme un po',* nous causons un peu ensemble. | *mi piace discorrere con te,* j'aime causer avec toi. ‖ LOC. *discorrere del più e del meno,* parler, causer de la pluie et du beau temps. | *discorrere a vanvera,* parler à tort et à travers. | *così discorrendo, arrivammo a casa,* tout en causant, nous arrivâmes à la maison. | *non se ne discorre neppure,* on n'en parle même pas. | *abbiamo discorso abbastanza,* assez causé. | *e via discorrendo,* et ainsi de suite. ‖ PER EST. [discutere] discourir, causer. | *discorsero di politica e di letteratura,* ils causèrent (de) politique et (de) littérature. ‖ **2.** (arc.) se déplacer rapidement, courir çà et là. ‖ SOSTANT. *hai un bel discorrere,* tu as beau discuter (v. intr.). | *se ne fa un gran discorrere,* on en parle beaucoup.
discorritore [diskorri'tore] (**-trice** f.) m. discoureur, euse (peggior.).
discorsivo [diskor'sivo] agg. familier. | *stile discorsivo,* style familier. ‖ PER ANAL. [parlatore] (raro) causeur (L.C.).
discorso [dis'korso] m. [conversazione] discours, conversation f. | *discorsi frivoli, difficili,* discours frivoles, difficiles. | *attaccare discorso con qlcu.,* entamer, engager une conversation avec qn. | *sviare il discorso,* détourner la conversation, rompre les chiens (fam.). | *fare un discorso senza capo né coda,* passer du coq à l'âne. ‖ PER EST. [di oratore] discours. | *pronunciare un discorso,* prononcer un discours. | *fare un discorso alla fine di un banchetto* (L.C.), faire un laïus à la fin d'un banquet (fam.). | *discorsetto d'occasione,* compliment. | *discorso funebre,* oraison (f.) funèbre. ‖ PER ANAL. [parole] propos, discours. | *sono discorsi fatti a vanvera,* ce sont des propos en l'air. | *pochi discorsi!,* pas tant de discours! | *discorsi infamanti,* infamies f. pl. | *ecco un bel discorso!,* voilà une bonne parole! | *quanti discorsi inutili!,* que de propos inutiles! | *senza tanti discorsi,* sans faire trop d'histoires. | *che discorsi!,* quelles bêtises! ‖ LOC. *è sempre lo stesso discorso,* c'est toujours la même chanson! | *non cambiare discorso!,* ne change pas de sujet! | *torniamo in discorso,* revenons à nos moutons. ‖ GRAMM. *discorso diretto, indiretto,* discours direct, indirect. | *parti del discorso,* parties du discours.
discosto [dis'kɔsto] agg. (antiq.) PR. e FIG. éloigné (L.C.). | *cose discoste dal vero,* choses éloignées du vrai. ◆ avv. (antiq.) loin (de) [L.C.]. | *tenetelo discosto dal fuoco,* gardez-le loin du feu.
discoteca [disko'tɛka] f. discothèque.
discrasia [diskra'zia] f. MED. dyscrasie.
discreditare [diskredi'tare] v. tr. discréditer. ◆ v. rifl. se discréditer, tomber en discrédit.
discredito [dis'kredito] m. discrédit, défaveur f., déconsidération f. | *essere in discredito presso qlcu.,* être en discrédit, en défaveur auprès de qn. | *cadere in discredito,* tomber en déconsidération. ‖ LOC. *a mio, tuo discredito,* à mon, ton désavantage.
discrepante [diskre'pante] agg. discordant.
discrepanza [diskre'pantsa] f. discordance, désaccord m.
discrepare [diskre'pare] v. intr. (lett.) différer (L.C.), diverger (L.C.), discorder (L.C.).
discretamente [diskreta'mente] avv. **1.** [con discretezza] discrètement. | *fare qlco. discretamente,* faire qch. discrètement. ‖ **2.** [passabilmente] assez bien, honorablement. | *guadagnano discretamente,* ils gagnent assez bien. | *le cose sono andate discretamente* (L.C.), ça n'a pas trop mal marché (fam.). ‖ IRON. *è discretamente brutto,* il est passablement laid.
discretezza [diskre'tettsa] f. V. DISCREZIONE.
discreto [dis'kreto] agg. **1.** [di persona, che ha discrezione] discret. | *è una persona discreta,* c'est une personne discrète. ‖ PER ANAL. [che conserva un segreto] discret. ‖ PER EST. [di cosa, tranquillo] discret. ‖ FIG. [moderato] discret, raisonnable, modéré. ‖ **2.** [soddisfacente] satisfaisant, honnête, acceptable, passable. | *un pasto discreto,* un repas honnête. | *era un'offerta discreta,* c'était une offre satisfaisante. | *ha ottenuto risultati più che discreti,* il a obtenu des résultats plus qu'honnêtes. | *l'ultimo film che ho visto era discreto,* le dernier film que j'ai vu était passable. | *una somma discreta,* une jolie somme. | *un prezzo discreto,* un prix raisonnable. | *mi ha lasciato una discreta fortuna,* elle m'a légué une fortune honorable. ‖ MAT., FIS. *quantità discreta,* quantité discrète.
discrezionale [diskrettsjo'nale] agg. GIUR. discrétionnaire.
discrezione [diskret'tsjone] f. [tatto] discrétion. | *agire con discrezione,* agir avec discrétion. ‖ PER ANAL. [nel conservare un segreto] discrétion. ‖ PER EST. [arbitrio] discrétion. | *essere alla discrezione di qlcu.,* être à la discrétion de qn. ‖ LOC. FIG. [volontà] *mangiare, bere a discrezione,* manger, boire à discrétion. ‖ MIL. *arrendersi a discrezione,* se rendre à discrétion.
discriminante [diskrimi'nante] agg. e f. GIUR. *la legittima difesa è una (circostanza) discriminante,* la légitime défense est une circonstance atténuante. ◆ m. MAT. discriminant.
discriminare [diskrimi'nare] v. tr. discriminer. ‖ GIUR. atténuer.
discriminazione [diskriminat'tsjone] f. discrimination. | *discriminazione razziale,* discrimination raciale.
discromia [diskro'mia] f. MED. dyschromie.
discussione [diskus'sjone] f. [esame] discussion, examen m., débat m. | *aprire, intavolare, rinviare una discussione su qlco.,* ouvrir, entamer, engager, remettre une discussion sur qch. ‖ PER EST. [disputa] discussion, dispute. | *niente discussioni!,* pas de discussions! | *basta con le discussioni!,* pas tant de raisonnements! | *fare discussioni inutili* (L.C.), discutailler v. intr. (fam.).
discutere [dis'kutere] v. tr. [esaminare] débattre, discuter, examiner, contredire. | *hanno discusso la cosa tra loro,* ils ont débattu la chose entre eux. | *discutere qlco. con qlcu.,* discuter qch. avec qn. ‖ PER EST. *discutere un prezzo,* discuter, débattre un prix. ‖ GIUR. *discutere una causa,* plaider une cause. ‖ UNIV. *discutere una tesi,* soutenir une thèse. ◆ v. intr. [esaminare] disputer (lett.), discuter (L.C.), examiner v. tr. (L.C.). | *discutere di una questione,* disputer d'une question. | *discuteremo del problema con calma,* nous examinerons le problème avec calme. ‖ PER ANAL. [per contraddizione] discuter, raisonner. | *non discutete!,* ne discutez pas!, pas de discussion! | *non si può discutere con i fanatici,* on ne peut pas raisonner avec les fanatiques. | *se non sa nemmeno questo, è inutile discutere* (L.C.), si vous ne savez même pas cela, il n'y a plus qu'à tirer l'échelle (fam.). | *non discutiamo se è vero o falso,* nous ne voulons pas savoir si c'est vrai ou faux. | *che, chi discute di tutto* (peggior.), raisonneur, euse (agg. e n.). ‖ PER EST. [litigare] se disputer v. rifl. | *discute con tutti,* il se dispute avec tout le monde.
discutibile [disku'tibile] agg. discutable. | *è discutibile,* c'est discutable, cela peut se discuter.
disdegnare [dizdeɲ'ɲare] v. tr. dédaigner (L.C.), cracher (sur) [fam.]. | *disdegnare gli onori, le ricchezze,* dédaigner les honneurs, les richesses. | *non disdegna la buona tavola* (iron., L.C.), il ne crache pas sur la bonne table (iron., fam.). | *disdegna di rispondere,* il dédaigne de répondre. | *disdegnare qlco.,* faire fi de qch. ◆ v. rifl. (antiq.) s'indigner (L.C.).
disdegno [diz'deɲɲo] m. dédain, mépris. | *rifiutare con disdegno qlco.,* refuser qch. avec dédain. | *avere a, in disdegno qlco.,* dédaigner qch. ‖ FIG. dédain. | *guardare qlcu. con disdegno,* considérer qn avec dédain.
disdegnosamente [dizdeɲɲosa'mente] avv. dédaigneusement.
disdegnoso [dizdeɲ'ɲoso] agg. dédaigneux. | *prendere un atteggiamento disdegnoso, altero, a volte minaccioso,* se dresser sur ses ergots. ◆ m. *fare il disdegnoso,* faire le dédaigneux.
disdetta [diz'detta] f. GIUR. [risoluzione di un contratto] congé m., dénonciation, dédit m. | *dare la*

disdetta a un inquilino, donner son congé à un locataire. | *disdetta di un contratto*, dénonciation d'un contrat, dédit. | *perdere la caparra versata in caso di disdetta*, abandonner les arrhes versées en cas de dédit. | *dare disdetta di un contratto d'affitto*, résilier un bail. | *dare la disdetta di un abbonamento*, se désabonner (de) v. rifl. || FIG. [sfortuna] malchance (L.C.), déveine (fam.), guigne (fam.). | *essere perseguitato dalla disdetta*, être poursuivi par la malchance. | *avere disdetta al gioco*, ne pas avoir de chance au jeu. | *che disdetta!*, quelle déveine!

disdettare [dizdet'tare] v. tr. GIUR. résilier. | *disdettare un contratto*, résilier un contrat. | *disdettare una casa*, donner congé d'une maison.

disdicevole [dizdi'tʃevole] agg. (lett.) malséant.

disdire [diz'dire] v. tr. [annullare, sciogliere] annuler, révoquer, décommander. | *si è dovuto disdire la conferenza*, la conférence a dû être décommandée. | *disdire un invito, una festa*, annuler, décommander une invitation, une fête. | *disdire una prenotazione*, annuler une réservation. | *disdire un ordine*, révoquer un ordre. | *disdire un appuntamento*, annuler un rendez-vous. | *disdire l'abbonamento a una rivista*, se désabonner d'une revue. || GIUR. *disdire un contratto*, résilier un contrat. | *disdire un appartamento*, donner congé d'un appartement. || FIG. [ritrattare quanto detto] se dédire (de) v. rifl., rétracter, retirer. | *disdire un impegno*, se dédire d'un engagement. | *disdice sempre quanto promette*, il se dédit toujours de ce qu'il promet. | *dice e disdice in continuazione*, il ne fait que dire et se dédire. || PER EST. [smentire qlcu. o qlco.] dédire, démentir, désavouer. ◆ v. rifl. se dédire, se déjuger. ◆ v. intr. (lett.) [usato solo alla 3ª pers. sing. e pl.] être malséant (lett.), ne pas convenir (L.C.). | *quei modi disdicono ad una donna!*, ces façons ne conviennent pas à une dame!

diseducare [dizedu'kare] v. tr. *la vita di collegio lo ha completamente diseducato*, la vie de collège lui a fait perdre toute éducation. | *è una lettura che diseduca*, c'est une lecture dangereuse pour la bonne éducation. | *lo hanno diseducato a leggere*, on lui a fait perdre l'habitude de lire.

diseducativo [dizeduka'tivo] agg. peu éducatif.

diseducazione [dizedukat'tsjone] f. mauvaise éducation.

disegnare [diseɲ'ɲare] v. tr. **1.** PR. dessiner. | *disegnare un fiore, un paesaggio*, dessiner une fleur, un paysage. || PER ANAL. [far risaltare] *abito che disegna le forme del corpo*, vêtement qui dessine les formes du corps. || ARTI *disegnare dal vero*, dessiner d'après nature. | *disegnare a penna, a matita, a china*, dessiner à la plume, au crayon, à l'encre de Chine. | *disegnare a carboncino*, charbonner v. tr. | *disegnare bene, male*, bien, mal dessiner. | *l'arte di disegnare*, l'art du dessin. || TECN. *disegnare la pianta di un edificio*, dessiner le plan d'un édifice. || **2.** FIG. [schizzare] dessiner, esquisser. | *disegnare qlco. a grandi linee*, dessiner les grandes lignes de qch. | *disegnare un programma*, esquisser un programme. || [progettare] projeter (L.C.). ◆ v. rifl. se dessiner, s'esquisser.

disegnatore [diseɲɲa'tore] (**-trice** f.) m. dessinateur, trice. | *disegnatrice di moda*, dessinatrice de mode. | *disegnatore umoristico*, dessinateur humoristique. | *disegnatore pubblicitario*, dessinateur de publicité.

disegno [di'seɲɲo] m. **1.** [azione, arte] dessin. | *disegno geometrico*, dessin géométrique. | *disegno a carboncino*, dessin au fusain, charbonnée f. | *disegno a tratteggio*, hachure f. | *fare un disegno*, faire un dessin. | *carta da disegno*, papier à dessin. | *tavola da disegno*, planche à, table de dessin. || PER EST. [risultato] dessin. | *disegno a grandezza naturale*, dessin grandeur nature. | *disegno di particolari*, dessin en détails. | *disegni animati*, dessins animés. || PER ANAL. [piano, progetto] dessin, plan, projet. | *disegno di una città*, plan d'une ville. || ARCHIT. épure f. | *disegno di una volta*, épure d'une voûte. || MAT. *disegno quotato*, dessin coté. || TECN. dessin. || **2.** FIG. [progetto, risoluzione] dessein, projet, plan. | *avere dei disegni segreti*, avoir des desseins secrets. | *non ha potuto realizzare il suo criminale disegno*, il n'a pas pu réaliser son projet criminel. | *sono sicuro che ha il suo disegno*, je suis sûr qu'il a son plan. | *concepire il disegno di*, former le dessein de. || **3.** PER EST. [concezione, piano] plan, cadre. | *disegno di un romanzo, di un'opera*, plan d'un roman, d'une œuvre. || PER ANAL. [intenzione] dessein, intention f. | *tutto si è svolto secondo i suoi disegni*, tout s'est déroulé selon ses intentions. || GIUR. *disegno di legge*, projet de loi. ◆ loc. avv. ***a disegno***, à dessein, exprès.

diseguale [dize'gwale] agg. e deriv. V. DISUGUALE e deriv.

disequazione [dizekwat'tsjone] f. MAT. inéquation.

disequilibrare [dizekwili'brare] v. tr. déséquilibrer.

disequilibrio [dizekwi'librjo] (**-ri** pl.) m. déséquilibre.

diserbante [dizer'bante] m. AGR. désherbant, herbicide.

diserbare [dizer'bare] v. tr. AGR. désherber.

diserbatura [dizerba'tura] f. AGR. désherbage m.

diseredamento [dizereda'mento] m. déshéritement. | *minacciare qlcu. di diseredamento*, menacer qn de le déshériter.

diseredare [dizere'dare] v. tr. déshériter.

diseredato [dizere'dato] agg. e n. PR. e FIG. déshérité.

diseredazione [dizeredat'tsjone] f. V. DISEREDAMENTO.

disertamento [dizerta'mento] m. V. DISERZIONE.

disertare [dizer'tare] v. tr. [abbandonare] déserter. | *disertare le lezioni*, déserter les cours. || POLIT. *disertare un partito*, déserter un parti. || FIG. *disertare la buona causa*, déserter la bonne cause. || [devastare] (lett.) dévaster (L.C.), ravager (L.C.). ◆ v. intr. MIL. déserter. | *buona parte dell'esercito ha disertato*, une bonne partie de l'armée a déserté.

disertore [dizer'tore] m. déserteur.

diserzione [dizer'tsjone] f. MIL. e FIG. désertion.

disfacimento [disfatʃi'mento] m. [putrefazione] (lett.) décomposition f. (L.C.), putréfaction f. (L.C.). | *cadavere in disfacimento*, cadavre en décomposition. | *andare in disfacimento*, se décomposer v. rifl. || PER EST. [separazione] dissolution, désagrégation. | *disfacimento di un impero*, dissolution d'un empire. || PER ANAL. [rovina] ruine. | *andare in disfacimento*, tomber en ruine. || FIG. [morale] décomposition, dissolution, désagrégation, débâcle. | *società in disfacimento*, société en décadence. | *disfacimento di una fortuna*, débâcle d'une fortune. || MIL. *esercito in disfacimento*, armée en déroute.

disfare [dis'fare] v. tr. [distruggere ciò che è fatto] défaire. | *disfare un nodo, una treccia*, défaire un nœud, une natte. | *disfare i riccioli*, déboucler. | *disfare i riccioli (a)*, défriser. || PER ANAL. [sciogliere] faire fondre. | *il sole ha disfatto la neve*, le soleil a fait fondre la neige. || FIG. [salute] épuiser, défaire. | *quel lavoro lo ha disfatto*, ce travail l'a épuisé. || MIL. *disfare un esercito*, défaire une armée, mettre en déroute une armée. ◆ v. rifl. [slegarsi] se défaire. || PER ANAL. [sciogliersi, liquefarsi] se fondre, fondre v. intr. | *questi biscotti si disfanno in bocca*, ces biscuits fondent dans la bouche. || PER EST. [separarsi] se dissoudre, se désagréger, se décomposer. | *famiglia che si disfà*, famille qui se désagrège. || LOC. *disfarsi in lacrime*, fondre en larmes. | *disfarsi dalle risa*, crever (fam.) de rire. | *disfarsi dal caldo*, mourir de chaleur. || [dicose] se défaire (de), se dessaisir (de), se débarrasser (de). | *non voglio disfarmi della mia casa*, je ne veux pas me défaire de ma maison. | *disfarsi delle cose inutili*, se débarrasser des choses inutiles. | *disfarsi di un titolo*, se dessaisir d'un titre. | *disfarsi di un gioiello*, se dessaisir d'un bijou. || PER EST. [persone] se défaire (de), se débarrasser (de). | *disfarsi di un impiegato, di un importuno*, se défaire d'un employé, d'un importun.

disfasia [disfa'zia] f. MED. dysphasie.

disfatta [dis'fatta] f. défaite, débâcle. | *subire una disfatta*, subir une défaite.

disfatticcio [disfat'tittʃo] m. AGR. jachère f.

disfattismo [disfat'tizmo] m. défaitisme.

disfattista [disfat'tista] (**-i** m. pl.) m., f. e agg. défaitiste.

disfatto [dis'fatto] part. pass. e agg. [contrario di «fatto»] défait. | *letto disfatto*, lit défait. || PER ANAL. [sciolto, liquefatto] à moitié fondu. | *gelato disfatto*,

glace à moitié fondue. ‖ Mil. *esercito disfatto*, armée défaite, en déroute. ‖ [guasto] décomposé. | *carne disfatta*, viande décomposée. ‖ Fig. [scomposto] décomposé. | *volto disfatto*, visage décomposé.
disfavore [disfa'vore] m. (lett.) défaveur f., disgrâce f. ‖ Loc. *a disfavore*, à la défaveur.
disfida [dis'fida] f. (lett.) défi m. ‖ Stor. *la disfida di Barletta*, le combat de Barletta.
disfonia [disfo'nia] f. Med. dysphonie.
disfunzione [disfun'tsjone] f. Med. trouble m. (sing., pl.). | *disfunzione ghiandolare*, troubles glandulaires. | *disfunzione epatica*, trouble hépatique.
disgelare [dizdʒe'lare] v. tr. e intr. [fenomeni atmosferici] dégeler. ‖ Per est. [cibi] dégeler, décongeler. ‖ Fig. dégeler.
disgelo [diz'dʒɛlo] m. Pr. e fig. dégel.
disgiungere [diz'dʒundʒere] v. tr. désunir, disjoindre. ‖ Tecn. disjoindre, désassembler, disloquer. | *disgiungere delle assi*, disjoindre des ais. ‖ Fig. disjoindre, séparer. ◆ v. rifl. se disjoindre.
disgiuntivo [dizdʒun'tivo] agg. Gramm., Filos. disjonctif. ‖ Sostant. *una disgiuntiva*, une disjonctive.
disgiunzione [dizdʒun'tsjone] f. disjonction, désunion. ‖ Tecn. désassemblage m., dislocation, disjonction. ‖ Fig. disjonction, séparation. ‖ Filos. disjonction.
disgravio [diz'gravjo] m. dégrèvement. | *disgravio fiscale*, dégrèvement d'impôt.
disgrazia [diz'grattsja] f. **1.** [stato] malheur m., adversité, malchance, infortune. | *ha la disgrazia di essere brutta*, elle a le malheur d'être laide. | *non si lascia abbattere dalle disgrazie*, il résiste à, contre l'adversité. | *ha sopportato con coraggio tutte le disgrazie*, il a supporté avec courage toutes les infortunes. | *una serie di disgrazie*, une série de malchances. | *una disgrazia tira l'altra*, un malheur ne vient jamais seul. ‖ Loc. *portar disgrazia*, porter malheur. | *disgrazia volle che*, le malheur a voulu que. | *per disgrazia*, par malchance. | *per mia, tua disgrazia*, pour mon, ton malheur; malheureusement pour moi, pour toi. | *per colmo di disgrazia*, pour comble de malheur. ‖ **2.** Per est. [avvenimento] accident m., malheur m. | *gli è successa una disgrazia*, il lui est arrivé un malheur. | *una disgrazia fa così presto a capitare!*, un malheur est si vite arrivé! | *è stata una disgrazia, non un delitto*, ç'a été un accident, non un meurtre. ‖ Loc. *che disgrazia!* quel malheur! ‖ **3.** Fig. [sfavore] disgrâce, défaveur. | *cadere in disgrazia presso qlcu.*, tomber en disgrâce auprès de qn. | *caduto in disgrazia*, disgracié agg. | *essere in disgrazia di Dio*, être en état de péché.
disgraziatamente [dizgrattsjata'mente] avv. malheureusement, par malheur.
disgraziato [dizgrat'tsjato] agg. [senza fortuna, funesto] malheureux, malchanceux. | *condurre una vita disgraziata*, mener une vie malheureuse. | *oggi è un giorno disgraziato*, aujourd'hui, c'est un jour de malchance. | *è nato disgraziato*, il n'a jamais eu de chance. | *che mestiere disgraziato il mio!*, quel malheureux métier que le mien! | *ha fatto una scelta disgraziata*, il a fait un choix malheureux. | *avere un fisico disgraziato*, avoir un physique ingrat. ◆ m. [sventurato] malheureux. | *vorrei sapere dove quel disgraziato ha passato la notte*, j'aimerais savoir où ce malheureux a passé la nuit. | *è un disgraziato*, c'est un pauvre hère. ‖ Per est. [sciagurato] malheureux, vaurien. | *metti giù quel coltello, disgraziato!*, veux-tu laisser ce couteau, malheureux! | *non voglio avere a che fare con quel disgraziato*, je ne veux pas avoir affaire à ce vaurien.
disgregamento [dizgrega'mento] m. désagrégation f.
disgregare [dizgre'gare] v. tr. Fis. désagréger. ◆ v. rifl. Fis. se désagréger. ‖ [per l'umidità, calce, ecc.] se déliter.
disgregazione [dizgregat'tsjone] f. Fis. désagrégation. | *disgregazione di una pietra friabile*, désagrégation, effritement (m.) d'une pierre friable. | *disgregazione delle rocce*, décomposition des roches. ‖ Fig. désagrégation, dissolution. | *disgregazione di un impero*, désagrégation d'un empire.
disguido [diz'gwido] m. erreur f.
disgustare [dizgus'tare] v. tr. [togliere il gusto, provocare ripugnanza] dégoûter, écœurer, blaser. ‖ Per anal. [far nascere un sentimento di disgusto] dégoûter, inspirer du dégoût à, écœurer. | *è di una grettezza che disgusta*, sa mesquinerie est écœurante. ◆ v. rifl. se dégoûter (de). | *disgustarsi della carne, dei liquori*, se dégoûter de la viande, des spiritueux. ‖ Fig. *disgustarsi (con)*, se fâcher (avec), se brouiller (avec).
disgusto [diz'gusto] m. [ripugnanza, avversione] dégoût, écœurement, blasement. ‖ Fig. écœurement, dégoût. | *provare disgusto per qlco.*, avoir du dégoût pour qch.
disgustoso [dizgus'toso] agg. dégoûtant, écœurant, peu ragoûtant (fam.), dégueulasse (pop.). ‖ Fig. écœurant, dégoûtant.
disidratante [dizidra'tante] agg. e m. déshydratant.
disidratare [dizidra'tare] v. tr. déshydrater. ‖ Ind. *disidratare delle arance*, déshydrater des oranges.
disidratato [dizidra'tato] part. pass. e agg. déshydraté.
disidratazione [dizidratat'tsjone] f. Chim. déshydratation.
disidratatore [dizidrata'tore] m. Ind. déshydratateur.
disillabico [disil'labiko] (**-ci** pl.) agg. Ling. disyllabique, disyllabe.
disillabo [di'sillabo] agg. e m. Ling. disyllabe.
disilludere [dizil'ludere] v. tr. désillusionner, désenchanter, décevoir. ◆ v. rifl. se détromper, se désabuser. | *disilluditi!*, détrompe-toi!
disillusione [dizillu'zjone] f. désillusion, désenchantement m., déception.
disilluso [dizil'luzo] part. pass. e agg. désillusionné, désenchanté, déçu. | *è tanto disilluso che non si stupisce più di nulla*, il est tellement blasé qu'il ne s'étonne plus de rien.
disimballaggio [dizimbal'laddʒo] m. déballage.
disimballare [dizimbal'lare] v. tr. déballer.
disimpacciare [dizimpat'tʃare] v. tr. (raro) tirer d'embarras, débarrasser.
disimpacciato [dizimpat'tʃato] part. pass. e agg. dégagé, débarrassé.
disimparare [dizimpa'rare] v. tr. désapprendre.
disimpegnare [dizimpeɲ'ɲare] v. tr. [riscattare] dégager. | *disimpegnare un orologio, dei gioielli*, dégager une montre, des bijoux. ‖ Per anal. [sottrarre a un obbligo] dégager. | *disimpegnare qlcu. da una promessa*, dégager qn d'une promesse. ‖ Per est. [liberare] dégager. ‖ Archit. *disimpegnare le stanze con un corridoio*, desservir les pièces par un couloir. ‖ Mil. *disimpegnare un battaglione da un accerchiamento*, dégager un bataillon d'un encerclement. ‖ Sport *disimpegnare la palla*, dégager la balle. ‖ Fig. [assolvere] s'acquitter (de). | *disimpegnare un mandato*, s'acquitter d'un mandat. ◆ v. rifl. [morale] (da) se dégager (de). ‖ Per est. [sociale] se rendre libre (de). ‖ Per anal. [rinunciare a un impegno] se désengager. | *devi disimpegnarti da quel partito se vuoi riuscire*, tu dois te désengager de ce parti si tu veux réussir. ‖ [sbrogliarsela] se tirer d'affaire.
disimpegnato [dizimpeɲ'ɲato] part. pass. e agg. dégagé, désengagé. | *ha sempre un'aria disimpegnata*, il a toujours un air dégagé.
disimpegno [dizim'peɲɲo] m. [pegno, obbligo] dégagement. | *disimpegno culturale, politico*, désengagement culturel, politique. ‖ Archit. *locale di disimpegno*, dégagement. ‖ Mil. dégagement. ‖ Sport dégagement. ‖ Loc. *per disimpegno*, par manière d'acquit.
disimpiego [dizim'pjego] m. Neol. sous-emploi.
disincagliare [dizinkaʎ'ʎare] v. tr. Mar. déséchouer, renflouer, désensabler. ‖ Fig. renflouer.
disincaglio [dizin'kaʎʎo] (**-gli** pl.) m. Mar. déséchouage, renflouage.
disincantamento [dizinkanta'mento] m. désenchantement.
disincantare [dizinkan'tare] v. tr. [togliere l'incantesimo] (antiq.) désenchanter. ‖ Per est. [disilludere] désenchanter. ◆ v. rifl. se désabuser, se détromper, se dégriser.
disincanto [dizin'kanto] m. (raro) désenchantement (l.c.).
disincarnato [dizinkar'nato] agg. désincarné.

disincrostante [dizinkros'tante] agg. e m. TECN. détartreur m., détartrant m., désincrustant.
disincrostare [dizinkros'tare] v. tr. TECN. désincruster, détartrer, piquer.
disincrostatore [dizinkrosta'tore] m. TECN. détartreur.
disincrostazione [dizinkrostat'tsjone] f. désincrustation, piquage m.
disinfestare [dizinfes'tare] v. tr. désinsectiser ; [topi] dératiser.
disinfestazione [dizinfestat'tsjone] f. désinsectisation ; [topi] dératisation.
disinfettante [dizinfet'tante] agg. e m. MED. désinfectant.
disinfettare [dizinfet'tare] v. tr. désinfecter.
disinfezione [dizinfet'tsjone] f. désinfection.
disingannare [dizingan'nare] v. tr. désillusionner, désabuser, détromper, dégriser. ◆ v. rifl. se désabuser, se détromper, se dégriser.
disinganno [dizin'ganno] m. désenchantement, désillusion f., déception f., dégrisement, déboires (pl.).
disinnamoramento [dizinnamora'mento] m. désaffection f., détachement.
disinnamorare [dizinnamo'rare] v. tr. (raro) détacher (de) [L.C.]. ◆ v. rifl. se détacher (de), se désaffectionner (de).
disinnescare [dizinnes'kare] v. tr. MIL. désamorcer, éventer. | *disinnescare una miccia*, éventer une mèche.
disinnesco [dizin'nesko] (**-chi** pl.) m. MIL. désamorçage.
disinnestare [dizinnes'tare] v. tr. AUTOM. débrayer. | *disinnestare la marcia*, mettre au point mort. ‖ ELETTR. débrancher, déconnecter. ‖ MECC. découpler, désaccoupler, dégager. ◆ v. rifl. se dégager.
disinnesto [dizin'nɛsto] m. AUTOM. débrayage. ‖ ELETTR. débranchement. ‖ MECC. désaccouplement, dégagement, déclenchement.
disinserire [dizinse'rire] v. tr. ELETTR. débrancher.
disintasare [dizinta'zare] v. tr. désengorger.
disintegrare [dizinte'grare] v. tr. PR. e FIG. désintégrer. ◆ v. rifl. se désintégrer. ‖ GEOL. s'effriter, se désintégrer.
disintegrazione [dizintegrat'tsjone] f. FIS. désintégration, désagrégation. ‖ GEOL. effritement m., désintégration.
disinteressamento [dizinteressa'mento] m. désintéressement.
disinteressare [dizinteres'sare] v. tr. faire perdre tout intérêt. | *gli svaghi lo hanno disinteressato allo studio*, les distractions lui ont fait perdre tout intérêt pour l'étude. ‖ GIUR. désintéresser. ◆ v. rifl. se désintéresser. | *disinteressarsi del proprio lavoro*, se désintéresser de son travail.
disinteresse [dizinte'rɛsse] m. [generosità] désintéressement. ‖ PER EST. [indifferenza] désintéressement.
disintossicare [dizintossi'kare] v. tr. désintoxiquer. ◆ v. rifl. se désintoxiquer.
disintossicazione [dizintossikat'tsjone] f. MED. désintoxication.
disinvolto [dizin'vɔlto] agg. [persona] désinvolte, sans-gêne, décontracté. | *è un ragazzo molto disinvolto*, c'est un garçon très désinvolte. ‖ PER ANAL. [modi] désinvolte, aisé, dégagé. | *avere maniere disinvolte*, avoir des manières aisées. ‖ PER EST., PEGGIOR. [impertinente] désinvolte, cavalier, impertinent. | *ragazza un po' troppo disinvolta*, jeune fille un peu trop désinvolte. | *la sua risposta mi sembra troppo disinvolta*, sa réponse me paraît cavalière.
disinvoltura [dizinvol'tura] f. [spigliatezza] désinvolture, aisance. | *parla con disinvoltura*, il parle avec aisance. ‖ PER EST., PEGGIOR. [impertinenza] désinvolture, impertinence, sans-gêne m. | *parla e risponde con troppa disinvoltura*, il parle et il répond trop cavalièrement. | *comportarsi con troppa disinvoltura con qlcu.*, agir cavalièrement envers qn. | *che disinvoltura !*, quel sans-gêne !
disistima [dizis'tima] f. mésestime, déconsidération. | *nutrire disistima verso qlcu.*, tenir qn en mésestime. | *cadere in disistima presso qlcu.*, tomber en déconsidération auprès de qn.
disistimare [dizisti'mare] v. tr. mésestimer.
disistivare [dizisti'vare] v. tr. MAR. désarrimer.
dislivello [dizli'vɛllo] m. [differenza di quota] différence (f.) de niveau. ‖ PER ANAL. [differenza di livello] dénivellation f., dénivellement. | *dislivello stradale*, dénivellation d'une route. ‖ FIG. [differenza] disparité f., décalage. | *dislivello sociale, culturale, economico*, disparité sociale, culturelle, économique.
dislocamento [dizloka'mento] m. MAR. déplacement. | *dislocamento di una nave*, déplacement d'un navire. ‖ MIL. *dislocamento di truppe*, dislocation (f.) de troupes.
dislocare [dizlo'kare] v. tr. MAR. déplacer. ‖ MIL. déplacer, détacher, disloquer. ‖ IND. déplacer.
dislocazione [dizlokat'tsjone] f. MIL. [di una truppa] dislocation. ‖ PER. ANAL. [trasferimento] déplacement m. ‖ PER EST. [luogo del trasferimento] emplacement m. | *fissare la dislocazione di una fabbrica*, fixer l'emplacement d'une usine. ‖ GEOL. [del terreno] dislocation. ‖ PSICOL., PSICANAL. transfert m.
dismisura [dizmi'zura] f. démesure. ◆ loc. avv. ***a dismisura,*** démesurément.
disobbedire [dizobbe'dire] v. intr. e deriv. V. DISUBBIDIRE e deriv.
disobbligare [dizobbli'gare] v. tr. désengager. ◆ v. rifl. s'acquitter.
disobbligato [dizobbli'gato] agg. (antiq.) indépendant (L.C.). | *locali disobbligati*, locaux indépendants.
disoccupato [dizokku'pato] agg. sans emploi. | *rimanere disoccupato*, chômer v. intr. | *ha il padre disoccupato*, son père est sans emploi. ‖ [ozioso] désœuvré. | *non posso rimanere disoccupato*, je ne sais pas rester désœuvré. ◆ n. chômeur, sans-emploi.
disoccupazione [dizokkupat'tsjone] f. chômage m. | *sussidio di disoccupazione*, allocation de chômage.
disoliare [dizo'ljare] v. tr. TESS. [lana] déshuiler.
disonestà [dizones'ta] f. malhonnêteté, improbité. | *agire con disonestà*, agir malhonnêtement.
disonesto [dizo'nɛsto] agg. malhonnête. | *amministratore, commerciante disonesto*, administrateur, commerçant malhonnête.
disonorante [dizono'rante] part. pres. e agg. déshonorant.
disonorare [dizono'rare] v. tr. déshonorer. | *disonorare la propria famiglia*, déshonorer sa famille. | *azione che disonora*, action qui déshonore. | *ti disonora*, il te couvre de honte. ◆ v. rifl. se déshonorer.
disonore [dizo'nore] m. déshonneur. | *non c'è disonore in ciò*, il n'y a pas de déshonneur à cela. | *far disonore a qlcu., a qlco.*, déshonorer qn, qch. ‖ PER EST. [vergogna] honte f. | *è il disonore della sua famiglia*, c'est la honte de sa famille. | *sarebbe un disonore accettare simili proposte*, ce serait une honte que d'accepter de telles propositions.
disonorevole [dizono'revole] agg. déshonorant, honteux.
disopra [di'sopra] avv. V. (DI) SOPRA. ◆ m. [parte superiore] dessus. | *disopra della mano*, dessus de la main. | *disopra di un mobile*, dessus d'un meuble. ◆ agg. invar. supérieur, du dessus. | *l'appartamento disopra*, l'appartement du dessus. | *la parte disopra*, la partie supérieure. | *piano disopra*, étage supérieur. ◆ loc. prep. ***al disopra di,*** au-dessus de. | *al disopra delle nuvole*, au-dessus des nuages. | *il campanile spunta al disopra dei tetti*, le clocher pointe au-dessus des toits. ‖ FIG. au-dessus de, supérieur à. | *essere al disopra della mischia*, être au-dessus de la mêlée. | *al disopra di ogni sospetto*, au-dessus de tout soupçon. | *al disopra della media*, au-dessus de la moyenne. | *i bambini al disopra dei sei anni non sono ammessi*, les enfants au-dessus de six ans ne sont pas admis. | *sai bene che tu sei al disopra degli altri*, tu sais bien que tu es supérieur aux autres.
disordinare [dizordi'nare] v. tr. (raro) déranger (L.C.), brouiller (L.C.). | *disordinare delle carte, dei libri*, déranger des papiers, des livres. ‖ FIG. (raro) brouiller (L.C.). | *disordinare le idee a qlcu.*, brouiller les idées de qn. ‖ MIL. *disordinare il nemico*, débander l'ennemi.
disordinato [dizordi'nato] agg. PR. e FIG. désordonné, pagailleux (fam.). | *fuga disordinata*, fuite désordonnée. | *fare una vita disordinata*, mener une vie de bâton de chaise, cascader v. intr. (pop.). | *procedere in modo disordinato*, tirer à hue et à dia.

disordine [di'zordine] m. PR. e FIG. désordre, fouillis, dérangement, cafouillage, cafouillis (fam.), pagaïe, pagaille f. (fam.). | *mettere in disordine qlco.*, mettre qch. en désordre. | *mettere in disordine le carte di qlcu.*, déranger les papiers de qn. | *capelli in disordine*, cheveux en désordre. ◆ pl. [tumulto popolare] désordres, troubles. | *sono scoppiati gravi disordini*, de graves désordres ont éclaté. || FIG. [condotta sregolata] excès. | *i disordini accorciano la vita*, les excès raccourcissent la vie.
disorganicità [dizorganitʃi'ta] f. manque (m.) d'organisation, manque d'ordre, manque de cohérence.
disorganico [dizor'ganiko] (**-ci** pl.) agg. mal organisé, sans ordre, incohérent.
disorganizzare [dizorganid'dzare] v. tr. désorganiser. ◆ v. rifl. se désorganiser.
disorganizzazione [dizorganiddzat'tsjone] f. désorganisation.
disorientamento [dizorjenta'mento] m. désorientation f. || FIG. affolement, dépaysement.
disorientare [dizorjen'tare] v. tr. désorienter. || FIG. désorienter, dépayser, dérouter, déconcerter, affoler. | *quella domanda lo ha disorientato*, cette question l'a dérouté. ◆ v. rifl. se désorienter, s'affoler.
disormeggiare [dizormed'dʒare] v. tr. MAR. démarrer.
disormeggio [dizor'meddʒo] m. MAR. démarrage.
disossamento [dizossa'mento] m. désossement.
disossare [dizos'sare] v. tr. désosser.
disossidante [dizossi'dante] agg. e m. désoxydant.
disossidare [dizossi'dare] v. tr. désoxyder.
disossidazione [dizossidat'tsjone] f. désoxydation.
disotto [di'sotto] avv. V. (DI) SOTTO. ◆ loc. avv. ***al disotto,*** au-dessous. | *essere, rimanere al disotto*, être, rester au-dessous. ◆ m. [parte inferiore] dessous. | *disotto del piede, della mano*, dessous du pied, de la main. | *verniciare anche il disotto*, vernisser même le dessous. ◆ agg. invar. du dessous, inférieur. | *l'appartamento disotto*, l'appartement du dessous. | *piano disotto*, étage inférieur. | *le persone disotto sono silenziose*, les gens du dessous sont silencieux. ◆ loc. prep. ***al disotto di,*** au-dessous de. | *al disotto di vent' anni*, au-dessous de vingt ans. | *andare al disotto di una certa somma*, aller au-dessous d'une certaine somme.
dispaccio [dis'pattʃo] (**-ci** pl.) m. dépêche f.
disparato [dispa'rato] agg. disparate.
dispari ['dispari] agg. invar. MAT. impair. | *numero dispari*, numéro impair. || LOC. *pari o dispari ?*, pair ou impair ? || FIG. différent, inégal, divers.
disparire [dispa'rire] v. intr. V. SPARIRE.
disparità [dispari'ta] f. disparité, disparate, inégalité. || GIUR. [diritto canonico] *disparità di culto*, différence de confessions. || MAT. imparité.
disparizione [disparit'tsjone] f. (raro) disparition (L.C.).
disparte (in) [indis'parte] loc. avv. à l'écart. | *essere, mettere in disparte*, être, mettre à l'écart. | *vivere in disparte*, vivre dans l'effacement. | *starsene in disparte*, se tenir à l'écart. | *parlare con qlcu. in disparte*, parler avec qn en aparté. | *prendere qlcu. in disparte*, prendre qn à part. || PER ANAL. [risparmiare] *mettere qlco. in disparte*, mettre qch. de côté, épargner qch.
dispendio [dis'pɛndjo] (**-di** pl.) m. dépense f. || PER EST. [spreco] gaspillage.
dispendioso [dispen'djoso] agg. dispendieux.
dispensa [dis'pensa] f. **1.** [atto del dispensare] distribution. || FIG. [esonero] exonération, dispense, exemption. | *dispensa dalle tasse*, exonération des impôts. | *dispensa dal servizio militare*, dispense du service militaire. | *ottenere la dispensa da qlco.*, être dispensé de qch. || GIUR. [diritto canonico] *dispensa papale*, dispense du pape. | *dispensa matrimoniale*, dispense de mariage. || **2.** [mobile] buffet m., garde-manger m. || PER EST. [luogo] dépense. || MAR. cambuse. || **3.** [fascicolo] livraison, fascicule m. || UNIV. dispense universitaire, cours polycopiés.
dispensare [dispen'sare] v. tr. [distribuire] dispenser, distribuer. | *dispensare elemosine*, dispenser des aumônes. || PER ANAL. *dispensare strette di mano, sorrisi*, distribuer des poignées de main, des sourires. || FIG. [esonerare da] dispenser (de), exonérer (de), exempter (de), décharger (de). | *dispensare dal servizio militare*, exempter du service militaire. | *dispensare qlcu. dal fare qlco.*, tenir qn quitte de qch. ◆ v. rifl. se dispenser.
dispensario [dispen'sarjo] (**-ri** pl.) m. MED. dispensaire.
dispensatore [dispensa'tore] (**-trice** f.) m. dispensateur, trice.
dispensiere [dispen'sjɛre] (**-a** f.) m. **1.** [colui che dispensa] (raro) dispensateur, trice (L.C.). || **2.** [addetto alla dispensa] dépensier, ière. | *dispensiera di un convento*, dépensière d'un couvent.
dispepsia [dispep'sia] f. MED. dyspepsie.
disperare [dispe'rare] v. intr. désespérer. | *disperare di fare qlco.*, désespérer de faire qch. || ASSOL. *non disperi !*, ne désespérez pas ! ◆ v. tr. *disperare la vittoria*, ne plus espérer la victoire. || *far disperare*, désespérer. | *fa disperare tutti*, elle désespère tout le monde. | *questo figlio mi fa disperare*, cet enfant me fait damner (fam.). ◆ v. rifl. se désespérer. | *si dispera per un nonnulla*, il se désespère pour un rien.
disperata (alla) ['alladispe'rata] loc. avv. *lavorare alla disperata*, travailler comme un nègre. | *correre alla disperata :* [macchina] rouler à tombeau ouvert ; [a piedi] courir comme un dératé.
disperato [dispe'rato] part. pass. e agg. [cose] désespéré, sans espoir. | *appello disperato*, appel désespéré. | *tentativo disperato*, tentative sans espoir. | *il suo caso è disperato*, son cas est sans espoir. || PER EST. [persone] désespéré, aux abois. | *essere disperato*, être au désespoir. ◆ m. désespéré. || LOC. *lavorare come un disperato*, travailler comme un nègre. | *urlare come un disperato*, hurler comme un possédé. | *correre come un disperato :* [macchina] rouler à tombeau ouvert ; [a piedi] courir comme un dératé. || PER EST. [spiantato] (fam.) sans-le-sou (invar.), pauvre diable. | *è un disperato*, c'est un pauvre diable.
disperazione [disperat'tsjone] f. désespoir m., détresse, désespérance (lett.). | *la forza della disperazione*, la force du désespoir. | *piombare nella disperazione*, sombrer dans le désespoir. | *essere in preda alla disperazione*, être en proie au désespoir. || PER EST. (fam.) désespoir, cauchemar m. | *essere causa di disperazione a qlcu.*, faire le désespoir de qn. | *che disperazione tutti questi calcoli da fare !*, quel cauchemar tous ces calculs à faire !
disperdere [dis'pɛrdere] v. tr. [sparpagliare] éparpiller, disperser, répandre. | *disperdere un gruppo di manifestanti*, disperser un groupe de manifestants. | *la collezione è andata dispersa*, la collection a été dispersée. | *disperdere petali di rosa*, éparpiller des pétales de rose. || PER EST., MIL., OTT. disperser. || FIG. [dissipare] disperser, éparpiller. | *disperdere i propri sforzi, le proprie energie, il proprio talento*, disperser, éparpiller ses efforts, ses énergies, son talent. | *disperdere le proprie sostanze*, dissiper son bien. ◆ v. rifl. [sparpagliarsi] se dissiper, s'éparpiller. | *la folla si disperse rapidamente*, la foule s'éparpilla, se dispersa rapidement. || PER EST., MIL. *le truppe si dispersero*, les troupes se dispersèrent. || FIG. [sprecarsi] se disperser, s'éparpiller, papillonner v. intr. (fam.). || OTT. se disperser.
dispersione [disper'sjone] f. dispersion, éparpillement m., dissémination, dissipation, dispersement m. | *bisogna evitare la dispersione dei voti*, il faut éviter l'éparpillement des voix. || PER EST., MIL. *dispersione delle forze nemiche*, dispersion des forces ennemies. || CHIM., ELETTR. dispersion. || FIS. *dispersione del calore*, déperdition de la chaleur. || OTT. *dispersione della luce*, dispersion de la lumière. || FIG. dispersion, éparpillement m.
dispersività [dispersivi'ta] f. tendance à se disperser. | *studia con dispersività*, il a tendance à se disperser quand il étudie.
dispersivo [disper'sivo] agg. *non essere troppo dispersivo !*, ne te disperse pas trop ! | *è un lavoro dispersivo*, c'est un travail qui disperse les forces. | *ha una mente dispersiva*, c'est un esprit qui se disperse. || FIS. dispersif. | *ambiente dispersivo*, milieu dispersif. ◆ m. *è un dispersivo*, il se disperse facilement.
disperso [dis'pɛrso] part. pass. e agg. disparu, manquant. | *documenti dispersi*, documents disparus. |

andare dispersi, disparaître. | *marinaio disperso in mare*, marin disparu en mer. || MIL. disparu, manquant. | *dichiarare, dare per disperso*, porter disparu. | *essere dichiarato disperso*, être porté disparu. || FIG. dispersé, éparpillé, épars. ◆ m. MIL. disparu. | *tre morti e due dispersi*, trois morts et deux disparus.

dispetto [dis'petto] m. [cattiveria] méchanceté f., taquinerie f. | *fare un dispetto a qlcu.*, faire une méchanceté à qn. | *basta con i dispetti!*, cesse tes taquineries! | *dire qlco. per fare dispetto a qlcu.*, dire qch. pour faire bisquer qn. || FIG. [contrarietà] dépit. ◆ loc. avv. ***per dispetto***, par dépit. | *ma allora lo fai per dispetto!*, mais alors, tu le fais exprès! | *non mangiare per dispetto*, bouder contre son ventre. ◆ loc. prep. ***a dispetto di***, en dépit de. | *a dispetto dei miei consigli*, en dépit de mes conseils. | *a dispetto del buon senso*, en dépit du bon sens.

dispettoso [dispet'toso] agg. e n. taquin. | *bambino, carattere dispettoso*, enfant, caractère taquin. || PER EST. [sgradevole] agaçant. | *che tempo dispettoso!* (fam.), quel temps agaçant!, quel chien de temps! (pop.).

dispiacente [dispja'tʃɛnte] agg. [spiacente] (raro) désagréable (L.C.). | *non è una donna dispiacente*, ce n'est pas une femme désagréable. || FIG. [desolato] désolé. | *sono dispiacente ma non posso far nulla per Lei*, je suis désolé mais je ne peux rien faire pour vous. | *siamo dispiacenti di dovervi comunicare che*, nous sommes au regret de devoir vous communiquer que.

1. dispiacere [dispja'tʃere] v. intr. [opposto a piacere] déplaire. | *ha un modo di comportarsi che mi dispiace*, il a une façon de se conduire qui me déplaît. | *mi dispiace che ci si occupi dei miei affari*, il me déplaît que l'on s'occupe de mes affaires. | *non mi dispiacerebbe avere anche una casa in campagna*, il ne me déplairait pas d'avoir aussi une maison à la campagne. || PER ANAL. [contrariare] *le sue parole mi sono dispiaciute molto*, ses paroles m'ont fait beaucoup de peine. || PER EST. [essere spiacente] regretter v. tr., être désolé, être navré. | *mi dispiace di averla fatta attendere*, je suis désolé de vous avoir fait attendre. | *ci dispiace di doverle comunicare che*, nous regrettons de devoir vous communiquer que. | *mi dispiacerebbe arrivare in ritardo*, cela m'ennuierait d'arriver en retard. | *ci dispiace davvero che sia accaduto ciò*, nous sommes vraiment désolés que cela soit arrivé. | *me ne dispiace*, j'en suis fâché. || [formule di cortesia] être désolé, regretter v. tr. | *ti dispiace prestarmi l'accendino?*, est-ce que ça t'ennuie de me prêter ton briquet? | *ti dispiacerebbe dirmi di che cosa parlate?*, voulez-vous bien me dire de quoi vous parlez? | *vi dispiace se apro la finestra?*, ça ne vous dérange pas si j'ouvre la fenêtre? || IRON. *vi dispiaccia o no!*, ne vous en déplaise!

2. dispiacere [dispja'tʃere] m. déplaisir, désagrément, chagrin, déboire. | *dispiaceri amorosi*, chagrins d'amour. | *ha avuto molti dispiaceri negli affari*, il a eu de nombreux déboires dans les affaires. | *prevedo grossi dispiaceri per voi*, je prévois de gros désagréments pour vous. | *dare un dispiacere a qlcu.*, chagriner qn. | *fare dispiacere a qlcu.*, désobliger qn. | *ho evitato qualsiasi allusione che potesse fargli dispiacere*, j'ai évité toute allusion qui pût le désobliger. || LOC. *con mio grande dispiacere*, à mon grand regret.

dispiacimento [dispjatʃi'mento] m. (antiq.) regret (L.C.). || LOC. *con mio grande dispiacimento*, à mon grand regret.

dispiaciuto [dispja'tʃuto] agg. désolé, navré. | *sono dispiaciutissimo*, j'en suis tout à fait navré.

dispiegamento [dispjega'mento] m. déploiement.

displuvio [dis'pluvjo] (**-vi** pl.) m. GEOGR. *linea di displuvio*, ligne de partage des eaux. || ARCHIT. faîte.

dispnea [disp'nɛa] f. MED. dyspnée.

disponente [dispo'nente] m. GIUR. disposant.

disponibile [dispo'nibile] agg. disponible. || COMM. *avere del denaro disponibile*, avoir des disponibilités. || SOSTANT., GIUR. *quota disponibile*, quotité disponible.

disponibilità [disponibili'ta] f. disponibilité. || COMM. *avere disponibilità*, avoir des disponibilités. || AMM., MIL. *essere in disponibilità*, être en disponibilité, être en non-activité. || MAR. disponibilité.

disporre [dis'porre] v. tr. **1.** [collocare] disposer, ranger, arranger. | *disporre in piani sovrapposti*, étager. | *disporre a scala*, étager, échelonner. | *disporre in ordine alfabetico*, ranger par ordre alphabétique, mettre en ordre alphabétique. | *disporre come embrici*, imbriquer. | *disporre i posti a tavola*, placer les invités à table. || MIL. *disporre le truppe*, disposer, ranger ses troupes. || **2.** PER EST. [preparare] disposer, préparer, ranger, arranger. | *disporre la tavola per la cena*, dresser la table pour le dîner. | *disporre ogni cosa per la partenza*, préparer tout pour le départ. || FIG. *disporre il proprio animo alla preghiera, alla gioia*, disposer son âme à la prière, à la joie. | *qlco. che dispone alla malinconia*, qch. qui incline à la mélancolie. | *disporre qlcu. a fare qlco.*, disposer qn à faire qch. | *disporre qlcu. a qlco.*, disposer qn à qch. || **3.** AMM. *disporre il trasferimento di un funzionario*, décider la mutation d'un fonctionnaire. || GIUR. *la legge dispone la pena di morte*, la loi prévoit la peine de mort. ◆ v. intr. **1.** AMM. [prescrivere] disposer, prescrire. || **2.** PER EST. [avere a disposizione] disposer (de). | *disporre di una forte somma di denaro*, disposer d'une grosse somme d'argent. | *disporre di qlcu.*, disposer de qn. | *non dispongo di nulla*, je ne dispose de rien. || PER ANAL. *l'albergo dispone di trecento camere*, l'hôtel a trois cents chambres. || GIUR. *disporre dei propri beni*, disposer de ses biens. || PROV. *l'uomo propone e Dio dispone*, l'homme propose et Dieu dispose. ◆ v. rifl. [senso pass.] se disposer, se ranger. | *si dispose dalla nostra parte*, il se rangea de notre côté. || FIG. [prepararsi a] se disposer (à), s'apprêter (à).

dispositivo [dispozi'tivo] agg. GIUR. dispositif. ◆ m. GIUR., MIL., TECN. dispositif. | *dispositivo di allarme*, dispositif d'alarme. | *dispositivo di sicurezza*, dispositif de sécurité, de sûreté. | *dispositivo d'arresto*, dispositif d'arrêt. | *dispositivo di capovolgimento*, basculeur. | *dispositivo di puntamento*, viseur de lancement. | *dispositivo di scatto*, déclic.

disposizione [dispozit'tsjone] f. **1.** [collocazione] disposition, rangement m. | *disposizione in piani sovrapposti*, étagement m., disposition en étages. | *disposizione a scalinata, a terrazze*, étagement (m.), disposition en gradins. || PER ANAL. *disposizione dei capitoli di un libro*, distribution des chapitres d'un livre. || **2.** [potere di disporre] *mettere qlco. a disposizione di qlcu.*, mettre qch. à la disposition de qn. | *avere qlco., qlcu. a propria disposizione*, avoir qch., qn à sa disposition. | *essere a disposizione di qlcu.*, être à la disposition de qn. | *sono a tua completa disposizione*, je suis à ton entière disposition. || GIUR. *per disposizione di legge*, aux termes (m. pl.) de la loi. || MIL. *mettere a disposizione*, mettre en disponibilité. || **3.** [umore, inclinazione, attitudine] dispositions pl., penchant m., inclination. | *essere in una disposizione di spirito sfavorevole*, être dans une fâcheuse disposition d'esprit. | *ha una disposizione per la matematica*, il a des dispositions pour les mathématiques. ◆ pl. [misure] dispositions, mesures. | *prendere le proprie disposizioni*, prendre ses dispositions, ses mesures. | *dare disposizioni a qlcu.*, donner des instructions à qn. || GIUR. *disposizioni di una legge*, dispositions d'une loi.

disposto [dis'posto] part. pass. di DISPORRE. ◆ agg. disposé, rangé, arrangé. || FIG. [umore] *essere ben, mal disposto verso qlcu.*, être bien, mal disposé pour, envers qn. | *è mal disposto nei confronti di tutti*, il est mal intentionné à l'égard de tout le monde. | *essere disposto a fare qlco.*, être disposé à faire qch., être d'humeur à faire qch. | *sono del tutto disposto a seguirla*, je suis tout disposé à vous suivre. ◆ m. GIUR. disposition f.

dispotico [dis'pɔtiko] agg. despotique.

dispotismo [dispo'tizmo] m. PR. e FIG. despotisme.

dispregiativo [dispredʒa'tivo] agg. (lett.) méprisant (L.C.). || GRAMM. péjoratif.

dispregio [dis'prɛdʒo] m. mépris. | *avere, tenere qlcu., qlco. in dispregio*, mépriser qn, qch. ◆ loc. prep. ***in dispregio a***, au mépris de.

disprezzabile [dispret'tsabile] agg. méprisable.

disprezzare [dispret'tsare] v. tr. mépriser, dédaigner.
disprezzo [dis'prɛttso] m. mépris, dédain. | *guardare qlcu., qlco. con disprezzo*, regarder qn, qch. avec mépris. | *fece una smorfia di disprezzo*, il fit une moue de dédain. | *tenere qlco. in disprezzo*, mépriser qch.
disproporzione [dispropor'tsjone] f. (lett.) disproportion (L.C.).
disputa ['disputa] f. dispute. | *disputa filosofica*, dispute philosophique. || PER EST. [discussione] dispute, discussion, explication. || PER ANAL. [alterco] discussion, querelle. || LETT. querelle, dispute.
disputare [dispu'tare] v. intr. [discutere] (di) disputer (de), discuter (de). | *disputare di filosofia, di letteratura*, disputer de philosophie, de littérature. ◆ v. tr. [contendere] disputer. | *disputare qlco. a qlcu.*, disputer qch. à qn. || FIG. *disputare il terreno*, disputer le terrain. || GIUR. *disputare una causa*, plaider une cause. || SPORT disputer. | *la partita sarà disputata a Wembley*, le match se disputera à Wembley. ◆ v. rifl. [contendersi] se disputer, lutter (pour) v. intr. || SPORT *disputarsi un titolo*, se disputer un titre.
disquisizione [diskwizit'tsjone] f. dissertation. || PER EST. [ricerca] recherche.
dissabbiare [dissab'bjare] v. tr. désensabler.
dissacratore [dissakra'tore] (**-trice** f.) m. profanateur, trice, iconoclaste.
dissalare [dissa'lare] v. tr. dessaler.
dissaldare [dissal'dare] v. tr. TECN. dessouder. ◆ v. rifl. TECN. se dessouder.
dissaldatura [dissalda'tura] f. TECN. dessoudure.
dissanguamento [dissangwa'mento] m. grave perte (f.) de sang, hémorragie f. || FIG. épuisement.
dissanguare [dissan'gware] v. tr. saigner à blanc. || FIG. épuiser, saigner à blanc, saigner aux quatre veines.
dissanguatore [dissangwa'tore] m. affameur.
dissapore [dissa'pore] m. (usato quasi sempre al plur.) mésintelligence f., dissension f., désaccord, mésentente f. | *dissapori coniugali*, dissensions conjugales. | *avere dei dissapori con qlcu.*, avoir des difficultés avec qn. | *ci sono dei dissapori tra loro*, il y a une certaine mésentente entre eux.
dissecare [disse'kare] v. tr. disséquer.
dissecazione [dissekat'tsjone] f. MED. dissection.
disseccamento [dissekka'mento] m. dessèchement. || CHIM. dessiccation f.
disseccare [dissek'kare] v. tr. dessécher, assécher. | *disseccare un terreno paludoso*, assécher un terrain marécageux. ◆ v. rifl. se dessécher. || FIG. se tarir. | *la sua vena satirica si è disseccata*, sa veine satirique s'est tarie.
disseccazione [dissekat'tsjone] f. V. DISSECCAMENTO.
disselciare [dissel'tʃare] v. tr. dépaver.
dissellare [dissel'lare] v. tr. desseller.
disseminare [dissemi'nare] v. tr. BOT. disséminer. || FIG. semer.
disseminazione [disseminat'tsjone] f. BOT. dissémination. || FIG. (raro) *disseminazione delle idee*, diffusion, dissémination des idées. || MIL. *disseminazione delle truppe*, dissémination des troupes.
dissennatezza [dissenna'tettsa] f. (lett.) étourderie (L.C.), folie (L.C.).
dissennato [dissen'nato] agg. (lett.) étourdi (L.C.), fou (L.C.).
dissensione [dissen'sjone] f. (antiq.) dissension (L.C.).
dissenso [dis'sɛnso] m. [divergenza di opinioni] dissentiment, dissension f., désaccord. | *superare i dissensi*, surmonter les dissentiments. || PER EST. [disapprovazione] désapprobation f.
dissenteria [dissente'ria] f. MED. dysenterie.
dissenterico [dissen'tɛriko] agg. MED. dysentérique.
dissentimento [dissenti'mento] m. (lett.) dissension f. (L.C.), dissentiment (L.C.).
dissentire [dissen'tire] v. intr. ne pas être d'accord (avec), être en désaccord (avec), désapprouver v. tr.
dissenziente [dissen'tsjente] agg. qui n'est pas d'accord (avec), qui est en désaccord (avec). | *è dissenziente*, il n'est pas d'accord. ◆ n. celui (celle) qui n'est pas d'accord.
disseppellire [disseppel'lire] v. tr. PR. e FIG. déterrer, exhumer.
dissepolto [disse'polto] part. pass. e agg. déterré.
disserrare [disser'rare] v. tr. desserrer. | *non disserrare i denti*, ne pas desserrer les dents. ◆ v. rifl. (lett.) se desserrer (L.C.).
dissertare [disser'tare] v. intr. disserter.
dissertazione [dissertat'tsjone] f. dissertation.
disservizio [disser'vittsjo] m. mauvais fonctionnement (d'un service). | *disservizio postale*, mauvais fonctionnement des services postaux.
dissestamento [dissesta'mento] m. PR. e FIG. ébranlement.
dissestare [disses'tare] v. tr. déranger, bouleverser. || FIG. déranger, détraquer. | *quel fatto gli ha dissestato il cervello*, cet événement lui a détraqué le cerveau. || TECN. détraquer. ◆ v. rifl. se déranger. || FIG. se détraquer. || TECN. se détraquer.
dissestato [disses'tato] part. pass. e agg. | *azienda dissestata*, entreprise en difficultés. | *finanze dissestate*, finances en mauvais état. | *strada dissestata*, chaussée déformée. || FIG. dérangé, détraqué. | *cervello dissestato*, cerveau détraqué. || TECN. détraqué.
dissesto [dis'sesto] m. FIN. débâcle f., krach. | *azienda in dissesto*, entreprise en difficulté.
dissetante [disse'tante] agg. désaltérant.
dissetare [disse'tare] v. tr. PR. e FIG. désaltérer. ◆ v. rifl. se désaltérer (L.C.), s'abreuver (fam.).
dissezione [disset'tsjone] f. MED. dissection.
dissidente [dissi'dɛnte] agg. e n. dissident.
dissidenza [dissi'dɛntsa] f. POLIT., RELIG. dissidence.
dissidio [dis'sidjo] (**-di** pl.) m. déchirement, dissension f., discorde f., désaccord. | *essere in dissidio con qlcu.*, être en désaccord avec qn.
dissigillare [dissidʒil'lare] v. tr. décacheter. || GIUR. [atti] desceller.
dissimilazione [dissimilat'tsjone] f. FON. dissimilation.
dissimile [dis'simile] agg. dissemblable, différent, divers.
dissimmetria [dissimme'tria] f. dissymétrie.
dissimmetrico [dissim'mɛtriko] agg. dissymétrique.
dissimulare [dissimu'lare] v. tr. [nascondere] déguiser, cacher, camoufler. || PER EST. [fingere] dissimuler, feindre. || FIG. déguiser, dissimuler, camoufler, farder. ◆ v. rifl. se dissimuler, se cacher.
dissimulatore [dissimula'tore] (**-trice** f.) m. dissimulateur, trice.
dissimulazione [dissimulat'tsjone] f. dissimulation. | *parlare senza dissimulazione*, parler sans fard. || FIN. *dissimulazione di attivo*, dissimulation d'actif.
dissipare [dissi'pare] v. tr. dissiper. | *il sole dissipa la nebbia*, le soleil dissipe le brouillard. || PER EST. [i propri beni] dissiper. || FIG. *dissipare le proprie energie*, dissiper ses énergies. | *dissipa la sua gioventù*, il dissipe sa jeunesse. || FIG. *dissipare un malinteso*, dissiper un malentendu. | *dissipare i sospetti, i dubbi*, dissiper les soupçons, les doutes. || ELETTR. dissiper. ◆ v. rifl. se dissiper. | *le nubi si dissipano*, les nuages se dissipent. || FIG. se dissiper, s'estomper. | *i suoi sospetti si dissiperanno*, ses soupçons s'estomperont.
dissipato [dissi'pato] part. pass. e agg. dissipé. || PER ANAL. [spirito] dissipé, dissolu. | *condurre una vita dissipata*, mener une vie dissipée, dissolue, mener une vie de débauche, courir la gueuse (pop.). ◆ m. dissolu, débauché, dévergondé.
dissipatore [dissipa'tore] (**-trice** f.) m. dissipateur.
dissipazione [dissipat'tsjone] f. dissipation. || PER EST. [di beni] dissipation. || FIG. [morale] dissipation, dissolution. || ELETTR. dissipation. || FIS. dégradation.
dissociabile [disso'tʃabile] agg. dissociable.
dissociare [disso'tʃare] v. tr. dissocier. || CHIM. dissocier.
dissociativo [dissotʃa'tivo] agg. [di dissociazione] *processo dissociativo*, processus de dissociation. || PER EST. [che dissocia] dissociant. | *elemento dissociativo*, élément dissociant.
dissociazione [dissotʃat'tsjone] f. dissociation. || CHIM., MED., PSICOL. dissociation.
dissodamento [dissoda'mento] m. AGR. défrichage, défrichement.
dissodare [disso'dare] v. tr. AGR. défricher. | *terreno*

da dissodare, terrain en friche. | *terreno impossibile da dissodare*, terrain indéfrichable.
dissolubile [disso'lubile] agg. dissoluble.
dissolubilità [dissolubili'ta] f. dissolubilité.
dissolutezza [dissolu'tettsa] f. dissipation, dissolution, débauche, dévergondage m., déportements m. pl. | *luogo di dissolutezza*, lieu de débauche. | *vivere nella dissolutezza*, vivre dans le dévergondage. | *darsi alla dissolutezza*, se débaucher v. rifl.
dissolutivo [dissolu'tivo] agg. dissolutif.
dissoluto [disso'luto] agg. dissolu, dévergondé, débauché, crapuleux.
dissoluzione [dissolut'tsjone] f. CHIM. dissolution. | *la dissoluzione della materia*, la dissolution de la matière. || PER EST. [separazione] dissolution, désagrégation. || POLIT. *dissoluzione del Parlamento*, dissolution du Parlement.
dissolvente [dissol'vɛnte] agg. e m. CHIM. dissolvant.
dissolvenza [dissol'vɛntsa] f. CIN. fondu m. | *dissolvenza in apertura*, ouverture en fondu. | *dissolvenza in chiusura*, fermeture en fondu. | *dissolvenza incrociata*, fondu enchaîné.
dissolvere [dis'sɔlvere] v. tr. [dissipare] dissoudre. | *il sole dissolve la nebbia*, le soleil dissout le brouillard. || PER EST. [disgregare] désagréger. || FIG. dissiper. ◆ v. rifl. se dissoudre. | *la nebbia si è dissolta*, le brouillard s'est dissous. || FIG. se dissiper.
dissolvimento [dissolvi'mento] m. dissolution f.
dissomigliante [dissomiʎ'ʎante] agg. dissemblable.
dissomiglianza [dissomiʎ'ʎantsa] f. dissemblance.
dissonante [disso'nante] agg. dissonant. | *voci dissonanti*, voix dissonantes. || MUS. *accordo dissonante*, accord dissonant. || FIG. *opinioni dissonanti*, opinions discordantes.
dissonanza [disso'nantsa] f. MUS. dissonance. || FIG. dissonance, discordance.
dissonare [disso'nare] v. intr. MUS. être dissonant. || PER EST. [colori] jurer. | *colori che dissonano*, couleurs qui jurent.
dissono ['dissono] agg. (raro). MUS. dissonant (L.C.).
dissotterramento [dissotterra'mento] m. déterrement, exhumation.
dissotterrare [dissotter'rare] v. tr. PR. e FIG. déterrer, exhumer.
dissuadere [dissua'dere] v. tr. dissuader, déconseiller, détourner. | *dissuadere qlcu. da qlco.*, dissuader qn de qch. | *lo ho dissuaso dal suo progetto*, je l'ai détourné de son projet. | *dissuadere qlcu. dal fare qlco.*, déconseiller à qn de faire qch. | *lo abbiamo dissuaso dal partire*, nous lui avons déconseillé de partir.
dissuasione [dissua'zjone] f. dissuasion. || MIL. *forza di dissuasione*, force de dissuasion.
dissuasivo [dissua'zivo] agg. dissuasif.
dissuefare [dissue'fare] v. tr. (lett.) désaccoutumer (de) [L.C.].
dissueto [dissu'ɛto] agg. (lett.) désaccoutumé (L.C.), désuet.
dissuetudine [dissue'tudine] f. (lett.) désuétude. | *cadere in dissuetudine*, tomber en désuétude.
dissuggellare [dissuddʒel'lare] v. tr. décacheter. || PER EST. *non ha dissuggellato le labbra per tutta la serata*, il n'a pas desserré les dents de toute la soirée. || FIG. dévoiler.
distaccamento [distakka'mento] m. MIL. détachement. | *distaccamento d'artiglieria*, détachement d'artillerie.
distaccare [distak'kare] v. tr. [staccare] détacher. | *distaccare un manifesto*, détacher, décoller une affiche. || PER EST. [separare] *distaccare le sillabe scrivendo*, détacher les syllabes en écrivant. || FIG. *non distaccare lo sguardo da qlcu.*, ne pas détacher son regard de qn. || AMM. *distaccare un funzionario presso un organismo*, détacher un fonctionnaire auprès d'un organisme. || MIL., MUS. détacher. || SPORT [ciclismo] distancer, se détacher v. rifl. | *corridore che distacca il gruppo*, coureur qui distance le peloton, qui se détache du peloton. || TECN. *distaccare un vagone dal treno*, détacher un wagon du train. | *distaccare un carretto*, dételer une charrette. | *distaccare i buoi dall'aratro*, dételer les bœufs de la charrue. ◆ v. rifl. se détacher. || PER EST. [risaltare] se détacher. || FIG. *distaccarsi da qlcu., da qlco.*, se détacher de qn, de qch. || AER. décoller.
distaccato [distak'kato] part. pass. e agg. détaché. || PER EST. [distinto] détaché. || FIG. détaché, distant. | *parlare con un'aria distaccata*, parler d'un air détaché, distant. || AMM. *funzionario distaccato all'estero*, fonctionnaire détaché à l'étranger. | *sezione distaccata*, section détachée. || SPORT [ciclismo] distancé, détaché.
distacco [dis'takko] (**-chi** pl.) m. [azione di distaccare] décollement. | *distacco di un manifesto*, décollement d'une affiche. || PER EST. [separazione] séparation f. | *il momento del distacco è spesso crudele*, le moment de la séparation est souvent cruel. || FIG. [rinuncia] détachement (de), renoncement (à). | *predicava il distacco dai piaceri del mondo*, il prêchait le renoncement aux plaisirs du monde. | *distacco dai beni materiali*, détachement des biens matériels. || PER EST. [aria d'indifferenza] détachement. | *parlare con distacco di qlcu., di qlco.*, parler avec détachement de qn, de qch. | *trattare qlcu. con tono di distacco*, traiter qn d'un ton détaché. || AER. décollage. || AMM. détachement. || MED. *distacco della retina*, décollement de la rétine. || SPORT écart, distance f. ; [vantaggio] avance f. | *il concorrente ha aumentato il distacco*, le concurrent a creusé l'écart, le concurrent a pris du champ (neol.). | *ha vinto con dieci punti di distacco*, il a gagné avec une avance de dix points. | *non riesce a mantenere il distacco*, il ne réussit pas à tenir la distance. | *vincere con distacco*, gagner nettement détaché. | *arrivare ultimo con forte distacco*, arriver dernier largement distancé. | *gli ho dato un distacco di tre ore*, je l'ai devancé de trois heures. || TECN. détachement.
distante [dis'tante] agg. [spazio] éloigné, distant (de), loin avv. | *abito in un luogo molto distante dal mare*, j'habite un endroit fort éloigné de la mer. | *tieniti distante dal fuoco!*, tiens-toi éloigné du feu ! | *il campanile non è mai distante dalla chiesa*, le clocher n'est jamais distant de l'église. | *è molto distante la macchina?*, est-ce que la voiture est encore loin ? | *siamo ancora distanti dal paese*, nous sommes encore loin du village. | *quanto è distante il lago dalla città?*, quelle distance y a-t-il du lac à la ville ? | *quanto è distante la scuola?*, à quelle distance est l'école ? | PER EST. [tempo] distant, éloigné, reculé, loin. | *sono ricordi molto distanti*, ce sont des souvenirs très reculés. | *il giorno del mio compleanno è ancora distante*, le jour de mon anniversaire est encore loin. | *due date molto distanti*, deux dates fort éloignées. || FIG. [lontano] éloigné. | *sono ben distante dalla tua concezione della vita*, je suis fort éloigné de ta conception de la vie. || PER EST. [riservato] distant, réservé. | *è una persona molto distante*, c'est une personne très réservée. | *con aria distante*, d'un air distant. ◆ avv. loin. | *abitare distante*, habiter loin.
distanza [dis'tantsa] f. [lontananza] distance. | *a molta distanza*, à une grande distance. | *a poca distanza*, à peu de distance. | *non si vede a un metro di distanza*, on ne voit pas à un mètre de distance. | *alberi a una certa distanza gli uni dagli altri*, arbres espacés, plantés de loin en loin. || FIG. distance. | *tenere qlcu. a distanza, a rispettosa distanza*, tenir qn à distance, à distance respectueuse. | *mantenere le distanze*, garder ses distances. || PER EST. [differenza] distance. || FIS. *distanza focale*, distance focale. || MIL., SPORT *prendere le distanze*, prendre ses distances. || TECN. *distanza degli assali*, écartement (m.) des essieux.
distanziale [distan'tsjale] m. MECC. entretoise f.
distanziamento [distantsja'mento] m. espacement.
distanziare [distan'tsjare] v. tr. [spaziare] distancer, espacer, éloigner. | *distanziare degli oggetti*, espacer des objets. || SPORT distancer, dépasser, devancer, lâcher. | *ha distanziato il gruppo molto prima del traguardo*, il a distancé, lâché le peloton bien avant l'arrivée. || FIG. distancer, surpasser.
distare [dis'tare] v. intr. [non esiste versione diretta] *quanto dista il fiume?*, à quelle distance est le fleuve ? | *quanto dista la scuola da casa tua?*, quelle distance y a-t-il de ta maison à l'école ? | *non dista molto*, elle

n'est pas très loin. | *dista tre chilometri*, elle est à trois kilomètres.

distasare [dista'zare] v. tr. TECN. désobstruer, déboucher, désengorger.

distendere [dis'tɛndere] v. tr. **1.** [allentare] détendre, relâcher. ‖ **2.** [spiegare] étendre. | *distendere la biancheria al sole*, étendre le linge au soleil. | *distendere le braccia*, étendre les bras. | *distendere le ali*, étendre, déployer les ailes. ‖ PER EST. [posare, allungare] étendre. | *lo distesi a terra con un pugno*, je le terrassai d'un coup de poing. ‖ PER ANAL. [spalmare] étendre. ‖ **3.** FIG. détendre, délasser, relâcher, décontracter. | *musica che distende lo spirito*, musique qui délasse l'esprit. | *ho bisogno di distendermi un po'*, j'ai besoin de me détendre un peu. ‖ FISIOL. *distendere i muscoli*, relâcher les muscles. ‖ MAR. *distendere l'ancora*, jeter l'ancre. ‖ MIL. *distendere le truppe*, déployer ses troupes. ‖ **4.** [stilare] (raro) *distendere un articolo*, rédiger un article (L.C.). | *distendere un verbale*, dresser un procès-verbal (L.C.). ◆ v. rifl. **1.** [sdraiarsi] s'étendre, s'allonger. ‖ PER EST. [sedersi comodamente] s'installer. ‖ FIG. [rilassarsi] se détendre, se relaxer, se décontracter, se délasser. ‖ **2.** [diffondersi] s'étendre.

distensione [disten'sjone] f. [azione di distendere] détente, relâchement m. | *distensione di un cavo*, relâchement d'un câble. ‖ FIG. détente, relâche (m. e f.), relaxation, délassement m. | *distensione fisica e intellettuale*, détente physique et intellectuelle. | *ho bisogno di un minuto di distensione*, j'ai besoin d'un moment de relaxation. ‖ FISIOL. détente, relaxation, relâchement m., décontraction. | *distensione muscolare*, décontraction musculaire. ‖ POLIT. détente. | *politica di distensione*, politique de détente. ‖ SPORT [sollevamento pesi] développé m.

distensivo [disten'sivo] agg. délassant. | *lettura distensiva*, lecture délassante. ‖ POLIT. *politica distensiva*, politique de détente.

distesa [dis'tesa] f. [superficie] étendue. | *distesa d'acqua*, nappe d'eau. ◆ LOC. AVV. ***a distesa :*** [campane] *suonare a distesa*, sonner à toute volée. | *cantare a distesa*, chanter à pleine voix.

distesamente [distesa'mente] avv. [in dettaglio] en détail, par le menu. | *mi ha raccontato il fatto distesamente*, il m'a raconté le fait par le menu. ‖ PER EST. [per intero] en entier. | *scrivere il proprio nome distesamente*, écrire son nom en entier.

disteso [dis'teso] part. pass. e agg. [allungato] étendu. | *rimanere con le braccia distese lungo il corpo*, rester les bras le long du corps. ‖ PER EST. [sdraiato] étendu, allongé, couché. | *lungo disteso*, étalé de tout son long. | *cadere lungo disteso* (fam.), s'étaler v. rifl. ‖ FIG. [rilassato] détendu. | *parlare con tono disteso*, parler d'un ton détendu. ◆ LOC. AVV. ***per disteso :*** V. DISTESAMENTE.

distico ['distiko] (**-ci** pl.) m. POES. [metrica] distique. ‖ GIORN. chapeau.

distillare [distil'lare] v. tr. CHIM. e FIG. distiller. | *distillare acquavite*, brûler de l'eau-de-vie. | *distillare all'alambicco*, alambiquer. ◆ v. intr. distiller.

distillato [distil'lato] part. pass. e agg. CHIM. distillé. ◆ m. distillat, produit de distillation.

distillatore [distilla'tore] m. [persona] distillateur. | *distillatore d'acquavite*, bouilleur. | *distillatore proprietario in proprio*, bouilleur de cru. ‖ TECN. [apparecchio] distillateur.

distillazione [distillat'tsjone] f. CHIM. distillation. | *prodotto di distillazione*, produit de distillation. | *distillazione continua, frazionata, a secco*, distillation ininterrompue, fractionnée, sèche. | *distillazione dell'acquavite*, fabrication de l'eau-de-vie.

distilleria [distille'ria] f. distillerie. ‖ [acquavite] brûlerie.

distinguere [dis'tingwere] v. tr. **1.** [differenziare, separare] distinguer, discerner. | *distinguere il vero dal falso*, distinguer le vrai du faux, d'avec le faux. ‖ PER ANAL. [riuscire a vedere] percevoir, distinguer, discerner. | *si distinguono i contorni*, on perçoit les contours. ‖ PER EST. [individuare] distinguer, discerner, reconnaître. | *distinguere qlcu. nella folla*, distinguer qn dans la foule. | *distinguere male i colori*, mal discerner les couleurs. ‖ FIG. [caratterizzare] distinguer, caractériser, mettre au-dessus. | *la ragione distingue l'uomo dall'animale*, la raison met l'homme au-dessus de l'animal. ‖ LOC. *bisogna distinguere*, il faut distinguer. ‖ **2.** [contrassegnare] marquer. ◆ v. rifl. [persone] se distinguer. | *si distinse durante la guerra*, il se distingua pendant la guerre. ‖ PER EST. [cose] se distinguer, différer v. intr.

distinguibile [distin'gwibile] agg. apercevable, visible, qu'on peut distinguer. | *una luce appena distinguibile*, une lueur qu'on distingue à peine. | *è facilmente distinguibile per la sua statura*, on peut le distinguer facilement par sa taille. ‖ FIG. *concetti non distinguibili*, concepts qu'on ne peut pas dissocier.

distinguo [dis'tingwo] m. [lat.] distinguo.

distinta [dis'tinta] f. COMM. liste. | *distinta dei prezzi*, liste des prix. | *distinta delle spese*, note de frais. ‖ FIN. bordereau m. | *distinta di versamento*, bordereau de caisse, feuillet (m.) de versement.

distintamente [distinta'mente] avv. distinctement, clairement, nettement. | *vedere distintamente qlco.*, voir qch. distinctement. ‖ FIG. [con distinzione] avec distinction. | *vestirsi distintamente*, s'habiller avec distinction. ‖ [corrispondenza] *(vi salutiamo) distintamente*, veuillez agréer nos sentiments distingués.

distintivo [distin'tivo] agg. distinctif. | *segno distintivo*, signe distinctif. ◆ m. insigne. | *portare un distintivo all'occhiello*, porter un insigne à la boutonnière. | *distintivo d'onore*, insigne honorifique. ‖ FIG. *saper perdonare le offese è il distintivo di un animo nobile*, savoir pardonner les offenses est le propre d'une âme noble.

distinto [dis'tinto] part. pass. e agg. [separato] distinct, différent. | *la politica non è sempre distinta dalla morale*, la politique n'est pas toujours distincte de la morale. ‖ PER ANAL. [visibile] distinct, perceptible, visible. | *forme distinte*, formes distinctes. ‖ PER EST. [chiaro] net, clair, distinct. | *parlare con voce distinta*, parler d'une voix claire. ‖ FIG. [cortese] distingué, racé. | *maniere distinte*, manières distinguées. | *una signora molto distinta*, une dame d'une grande distinction. | *uomo distinto*, homme racé. ‖ [corrispondenza] *distinto Signore*, Monsieur. | *distinti saluti*, salutations distinguées. ‖ TEATRO *i posti distinti*, les premières.

distinzione [distin'tsjone] f. **1.** [azione di non confondere] distinction. ‖ [differenza] distinction. | *non fare distinzioni*, mettre sur le même rang, plan. ‖ FIG. distinction. | *trattare qlcu., qlco. con distinzione*, traiter qn, qch. avec distinction. ‖ **2.** [onore accordato] distinction. | *conferire una distinzione onorifica*, conférer une distinction honorifique.

distogliere [dis'tɔʎʎere] v. tr. [cose] détourner. | *non distogliere gli occhi da qlcu., da qlco.*, ne pas détourner les yeux de qn, de qch. ‖ [persone] détourner. | *distogliere dal lavoro*, débaucher ; détourner du travail. ‖ FIG. *distogliere l'attenzione*, détourner l'attention. | *distogliere dalla retta via*, détourner du droit chemin.

distorcere [dis'tɔrtʃere] v. tr. [torcere] (raro) distordre (raro). | *distorcere la bocca*, tordre la bouche. ‖ FIG. déformer, altérer. | *distorcere il senso di una frase*, déformer le sens d'une phrase. ◆ v. rifl. se tordre, se fouler. | *si è distorto un piede*, il s'est foulé le pied. ‖ TECN. gauchir v. intr., se voiler, se déformer. ‖ TELECOM. se déformer.

distorsione [distor'sjone] f. MED. entorse, distorsion. ‖ TECN. gauche m., gauchissement m., voile m. ‖ TELECOM. distorsion.

distorto [dis'tɔrto] part. pass. di DISTORCERE. ◆ agg. MED. foulé. | *polso distorto*, poignet foulé. ‖ FIG. déformé. ‖ TECN. gauchi, voilé. ‖ TELECOM. déformé.

distrarre [dis'trarre] v. tr. [sviare lo spirito] distraire, détourner, dissuader. | *distrarre qlcu. dal suo lavoro*, distraire qn de son travail. | *distrarre qlcu. da un progetto*, dissuader qn d'un projet. | *distrarre un alunno*, dissiper un élève. ‖ FIG. [persone] distraire, divertir, désennuyer. | *distrarre gli ospiti*, désennuyer ses hôtes. ‖ [cose] détourner. | *distrarre lo sguardo da qlcu., da qlco.*, détourner son regard de qn, de qch. ‖ COMM. [denaro] distraire, détourner. ◆ v. rifl. [sviarsi] se distraire, se dissiper. | *continui a distrarti mentre parlo*, tu continues de te distraire pendant que je parle. | *è un alunno che si distrae facilmente*, c'est un

élève qui se dissipe facilement. ‖ PER EST. [divertirsi] se distraire, se divertir, se délasser. | *esci!, distraiti!,* sors!, délasse-toi!
distratto [dis'tratto] part. pass. e agg. distrait, dissipé, inattentif. | *alunno distratto,* élève dissipé. | *sembra distratto,* il paraît distrait. | *lo guardò con aria distratta,* il le regarda d'un air absent. | *è distratto,* il est ailleurs. ‖ PER EST. [svagato] étourdi. ‖ SOSTANT. distrait, étourdi. ‖ COMM. détourné.
distrazione [distrat'tsjone] f. [disattenzione] distraction, inattention, inadvertance, dissipation. | *un momento di distrazione,* un moment d'inattention. | *per distrazione,* par distraction. | *errore di distrazione,* faute d'étourderie. ‖ FIG. [divertimento] distraction, divertissement m. | *avere delle distrazioni,* avoir des distractions. ‖ COMM. détournement m., distraction.
distretto [dis'tretto] m. AMM. district; circonscription, subdivision administrative. ‖ FERR. district. ‖ GIUR. ressort. ‖ IND. *distretto petrolifero,* district, région (f.) pétrolifère. ‖ MIL. *distretto militare,* circonscription, région militaire. ‖ PER EST. [ufficio del comando distrettuale] bureau de la place. ‖ STOR. district.
distrettuale [distrettu'ale] agg. FERR. du district. ‖ GIUR. cantonal. ‖ MIL. de la région militaire.
distribuire [distribu'ire] v. tr. [dispensare] distribuer, dispenser, donner. | *distribuire titoli, premi,* dispenser des titres, des prix. ‖ LOC. *distribuire la posta,* distribuer le courrier. | *distribuire le parti,* distribuer les rôles. | *distribuire i posti,* assigner les places. | *distribuire sorrisi,* distribuer des sourires. ‖ PER ANAL. *distribuire le stanze di un appartamento,* distribuer, agencer les pièces d'un appartement. ‖ PER EST. [ordinare, disporre] distribuer, ordonner. ‖ FIG. *distribuire il lavoro durante una giornata,* distribuer le travail pendant une journée. ‖ COMM. *distribuire i dividendi,* répartir, distribuer les dividendes. ‖ MIL. *distribuire i soldati al fronte,* distribuer les soldats au front. ‖ TECN. [erogare] distribuer, débiter. ◆ v. rifl. se disposer.
distributivo [distribu'tivo] agg. GIUR., GRAMM., MAT. distributif.
distributore [distribu'tore] (**-trice** f.) n. [persona] distributeur, trice. ◆ m. TECN. distributeur. | *distributore di benzina,* pompe (f.) à essence. | *distributore automatico,* distributeur automatique.
distribuzione [distribut'tsjone] f. [azione di distribuire] distribution. | *distribuzione di regali,* distribution de cadeaux. ‖ PER ANAL. [disposizione] distribution, agencement m. | *distribuzione dei capitoli di un libro,* distribution des chapitres d'un livre. | *buona distribuzione di un appartamento,* bon agencement d'un appartement. ‖ PER EST. [consegna] distribution. | *distribuzione dei biglietti,* distribution des billets. | *distribuzione della posta,* distribution du courrier. ‖ CIN., TEATRO *distribuzione delle parti agli attori,* distribution des rôles aux acteurs. ‖ FIN. distribution. ‖ GIOCHI [carte] distribution des cartes; donne. | *la distribuzione delle carte tocca a te,* c'est à toi de donner. ‖ TECN. distribution. | *distribuzione di acqua, di gas,* distribution d'eau, de gaz. | *distribuzione dell'energia elettrica,* distribution de l'électricité. | *distribuzione a stantuffo,* distribution à piston.
districare [distri'kare] v. tr. dévider, démêler, débrouiller. | *districare una matassa,* dévider un écheveau. | *districare un filo,* débrouiller un fil. ‖ FIG. [chiarire] débrouiller, dévider, démêler. ◆ v. rifl. se libérer, se dégager. ‖ FIG. (L.C.) se débrouiller (fam.), se tirer d'affaire (fam.). | *sapersi districare nella vita,* savoir se débrouiller dans la vie.
distruggere [distruddʒere] v. tr. **1.** [mandare in rovina] détruire. ‖ LOC. *nulla si crea e nulla si distrugge,* rien ne se perd, rien ne se crée. ‖ FIG. [annientare] détruire. | *distruggere la fede, la speranza,* détruire la foi, l'espoir. ‖ **2.** [liquefare] (raro) fondre (L.C.). ◆ v. rifl. se détruire.
distruggibile [distrud'dʒibile] agg. destructible.
distruggitore [distruddʒi'tore] (**-trice** f.) m. e agg. (lett.) destructeur, trice (L.C.).
distruttibile [distrud'dʒibile] agg. destructible.
distruttivo [distrut'tivo] agg. destructif.
distruttore [distrut'tore] (**-trice** f.) m. e agg. destructeur, trice.
distruzione [distrut'tsjone] f. destruction.
disturbare [distur'bare] v. tr. [persona] déranger, gêner, incommoder. | *non bisogna disturbare la gente inutilmente,* il ne faut pas incommoder inutilement les gens. | *non voglio essere disturbato,* je ne veux pas être dérangé. | *ha sempre paura di disturbarci,* il a toujours peur de nous gêner. | *disturbo?,* est-ce que je vous dérange? | *la polizia non lo ha più disturbato dopo il suo rilascio,* après son relâchement la police ne l'a plus inquiété. ‖ PER ANAL. [cose : ostacolare] gêner, déranger, troubler. ‖ PER EST. [turbare] troubler. | *disturbare la quiete pubblica,* troubler l'ordre public. | *disturbare la lezione,* troubler, déranger la classe. ‖ MIL. *disturbare il nemico con continue scaramucce,* harceler l'ennemi par d'incessantes escarmouches. ‖ TELECOM. brouiller. ◆ v. rifl. se déranger, se gêner. | *non si disturbi per me!,* ne vous dérangez pas pour moi!
disturbatore [disturba'tore] (**-trice** f.) m. [turbatore] perturbateur, trice. | *espellere un disturbatore,* expulser un perturbateur. ‖ [importuno] gêneur, importun, trouble-fête (invar.), perturbateur.
disturbo [dis'turbo] m. [persona] dérangement. | *causare disturbo a qlcu.,* causer du dérangement à qn. | *darsi disturbo,* se déranger. | *recar disturbo,* gêner v. tr., déranger v. tr., incommoder v. tr. | *non vorrei recarle disturbo,* je ne voudrais pas vous déranger. | *perdoni il disturbo :* [idea di presente] excusez-moi si je vous dérange, de vous déranger; [idea di passato] excusez-moi de vous avoir dérangé, si je vous ai dérangé. | *tolgo il disturbo,* je ne veux pas vous déranger davantage. | *non si dà neppure il disturbo di salutare,* il ne prend même pas la peine de dire bonjour. ‖ IRON. *grazie per il disturbo!,* merci pour la peine que vous vous êtes donnée! ‖ MED. *disturbi nervosi,* désordres nerveux. | *disturbi intestinali,* troubles intestinaux. ‖ MIL. *tiro di disturbo,* tir de harcèlement. | *guerra di disturbo,* guerre de harcèlement. ‖ TELECOM. perturbation f., brouillage, parasites pl.
disubbidiente [dizubbi'djente] agg. désobéissant.
disubbidienza [dizubbi'djentsa] f. désobéissance.
disubbidire [dizubbi'dire] v. intr. [a] désobéir (à). ‖ PER EST. *disubbidire alla legge,* désobéir à la loi.
disuguaglianza [dizugwaʎ'ʎantsa] f. [disparità] inégalité. ‖ [suolo] inégalité, irrégularité. ‖ PER EST. [differenza] différence. | *disuguaglianza di opinioni,* divergence d'opinions. ‖ FIG. *disuguaglianze sociali,* inégalités sociales. ‖ MAT. inégalité.
disuguale [dizu'gwale] agg. [dispari] inégal. ‖ [suolo] inégal. ‖ PER EST. [diverso] différent. ‖ FIG. inégal, inconstant, changeant. | *umore disuguale,* humeur inconstante.
disumano [dizu'mano] agg. inhumain.
disunione [dizu'njone] f. désunion, désaccord m.
disunire [dizu'nire] v. tr. désunir, désassembler, désaccoupler. ‖ FIG. *disunire una famiglia,* désunir une famille. ◆ v. rifl. SPORT se désunir.
disuso [di'zuzo] m. désuétude f. | *cadere in disuso,* tomber en désuétude. | *sono metodi in disuso,* ce sont des méthodes tombées en désuétude. ‖ GRAMM. *costrutti in disuso,* constructions inusitées.
disvalore [dizva'lore] m. valeur négative.
ditale [di'tale] m. dé à coudre. ‖ [protezione per dito malato] doigtier.
ditata [di'tata] f. [colpo] coup (m.) de doigt. ‖ PER ANAL. [impronta] marque de doigt. | *libro pieno di ditate,* livre plein de marques de doigts. ‖ PER EST. [piccola quantità] pincée, un peu (de).
diteggiatura [diteddʒa'tura] f. MUS. doigté m.
ditirambico [diti'rambiko] agg. POES. [metrica] dithyrambique.
ditirambo [diti'rambo] m. POES. [metrica] dithyrambe. ‖ PER EST. [lode] dithyrambe.
ditisco [di'tisko] m. ZOOL. dytique.
dito ['dito] (**-i** pl. m., **-a** pl. f.) m. doigt. | *dita della mano,* doigts de la main. | *dita del piede,* orteils. | *dito mignolo,* petit doigt. | *alzare un dito,* lever le doigt. | *contare qlco. sulle dita di una mano,* compter qch. sur les doigts de la main. | *far scivolare tra le dita,* faire glisser entre les doigts. | *mangiare con le dita,* manger

avec ses doigts, manger avec la fourchette du père Adam (fam.). ‖ PER EST. *dito di guanto,* doigt de gant. ‖ LOC. FIG. FAM. *mostrare, segnare qlcu. a dito,* montrer qn du doigt. | *mettere il dito sulla piaga,* mettre le doigt sur la plaie. | *sapere, conoscere qlco. sulla punta delle dita, a menadito,* savoir, connaître qch. sur le bout du doigt. | *non ha mosso un dito per aiutarmi,* il n'a pas remué le petit doigt pour m'aider. | *mordersi le dita,* se mordre les doigts. | *toccare il cielo con un dito,* être au septième ciel. | *legarsela al dito,* garder à qn un chien de sa chienne. ‖ FIG. [piccola quantità] doigt. | *due diti di vino,* deux doigts de vin. | *essere a un dito da,* être à deux doigts de. | *c'era un dito di polvere,* il y avait deux doigts de poussière. ‖ [animale] doigt. ‖ PROV. *tra moglie e marito non metterci dito,* entre l'arbre et l'écorce il ne faut pas mettre le doigt.

ditola ['ditola] f. BOT. clavaire.

ditrocheo [ditro'kɛo] m. POES. [metrica] ditrochée.

ditta ['ditta] f. maison (de commerce), firme, établissements (m. pl.). | *le migliori ditte inglesi,* les meilleures firmes anglaises. | *ditta Rossi e C.,* établissements Rossi et Cie. | *rappresentante della nostra ditta in Italia,* représentant de notre maison en Italie. | *prodotti della ditta,* produits maison. ‖ [corrispondenza] *spettabile ditta,* Messieurs. ‖ PER ANAL. [edificio] *andare in ditta,* aller au bureau. ‖ TEATRO compagnie.

dittafono [dit'tafono] m. TECN. dictaphone.

dittamo ['dittamo] m. BOT. dictame, fraxinelle f.

dittatore [ditta'tore] (**-trice** f.) m. STOR. POLIT. dictateur, trice. ‖ PER EST. [despota] dictateur, despote.

dittatoriale [dittato'rjale] agg. POLIT. dictatorial. | *poteri dittatoriali,* pouvoirs dictatoriaux.

dittatorio [ditta'tɔrjo] agg. dictatorial.

dittatura [ditta'tura] f. STOR. POLIT. dictature.

dittero ['dittero] m. e agg. ZOOL. diptère. ‖ ARCHIT. diptère.

dittico ['dittiko] (**-ci** pl.) m. ARTI diptyque.

dittongare [ditton'gare] v. tr. e intr. FON. diphtonguer.

dittongazione [dittongat'tsjone] f. FON. diphtongaison.

dittongo [dit'tɔngo] m. FON. diphtongue f.

diuresi [dju'rɛzi] f. MED. diurèse.

diuretico [dju'rɛtiko] agg. MED. diurétique.

diurno [di'urno] agg. de jour, diurne. | *servizio diurno,* service de jour. | *lavori diurni,* travaux diurnes. | *corsi diurni e serali,* cours du jour et du soir. | *ore diurne,* heures du jour. | *(albergo) diurno,* établissement avec toilettes et services. ‖ ASTRON. *moto diurno,* mouvement diurne. ‖ BOT. *pianta diurna, fiore diurno,* plante, fleur diurne. ‖ TEATRO *spettacolo diurno,* matinée f. ‖ ZOOL. *uccello diurno,* oiseau diurne. ◆ m. RELIG. diurnal.

diuturno [diu'turno] agg. (lett.) de longue durée (L.C.), long (L.C.), continuel (L.C.), incessant (L.C.). | *le diuturne fatiche,* les fatigues incessantes.

diva ['diva] f. [dea] PR. e FIG. déesse. ‖ CIN., TEATRO star (ingl.), vedette, étoile.

divagare [diva'gare] v. intr. s'écarter (de) v. rifl., battre la campagne (fam.). | *divagare dal tema,* s'écarter du sujet. | *non divagare!,* reste dans le sujet! ◆ v. tr. distraire, dissiper. ◆ v. rifl. se distraire, se délasser.

divagazione [divagat'tsjone] f. divagation, digression. ‖ FIG. [svago] (raro) distraction (L.C.), délassement m. (L.C.).

divampare [divam'pare] v. intr. [ardere] flamber. ‖ PER ANAL. [produrre molta luce] flamboyer. ‖ [incendio che scoppia] éclater. ‖ PER EST. [diffondersi] faire rage. ‖ PER ANAL. *la rivolta divampò in tutto il paese,* la révolte éclata dans tout le pays. ‖ FIG. flamber, brûler, s'embraser v. rifl., s'enflammer v. rifl. | *divampare d'amore per qlcu.,* brûler d'amour pour qn. | *far divampare,* enflammer v. tr.

divano [di'vano] m. [senza schienale] divan; [con schienale] canapé. | *divano letto,* divan-lit, canapé-lit. | *divano a due posti,* canapé à deux places, causeuse f. ‖ STOR., POES. divan.

divaricamento [divarika'mento] m. écartement.

divaricare [divari'kare] v. tr. [allontanare] écarter, éloigner. | *divaricare le gambe, le dita,* écarter les jambes, les doigts. | *divaricare i labbri di una ferita,* écarter les lèvres d'une plaie. ◆ v. rifl. s'écarter.

divaricata [divari'kata] f. SPORT [ginnastica] grand écart m.

divaricazione [divarikat'tsjone] f. écart m., écartement m., éloignement m.

divario [di'varjo] (**-ri** pl.) m. écart, écartement, éloignement, différence f. | *divario di opinioni,* divergence d'opinions. | *divario tra i ceti sociali,* clivage des couches sociales. ‖ COMM. décalage.

divedere [dive'dere] v. tr. *dare a divedere,* faire comprendre, montrer; [far credere] faire accroire, croire. | *vuole darci a divedere che è il più onesto,* il veut nous faire croire qu'il est le plus honnête.

divellere [di'vɛllere] v. tr. [strappare] arracher, déraciner. ‖ FIG. arracher.

divenire [dive'nire] v. intr. V. DIVENTARE. ◆ m. FILOS. devenir.

diventare [diven'tare] v. intr. [cambiare stato] devenir. | *diventare ricco, grande, vecchio,* devenir riche, grand, vieux. | *diventare acido,* tourner à l'aigre. | *diventare caldo,* chauffer. | *diventare debole,* faiblir. | *diventare grigiastro,* grisailler. | *diventare pelato* (fam.), se déplumer v. rifl. | *diventare radioso, ilare,* s'épanouir v. rifl., devenir gai. | *diventare rosso,* rougir. | *diventare di tutti i colori,* passer par toutes les couleurs. | *diventare tanto ardito da,* s'enhardir (v. rifl.) jusqu'à. | *far diventare triste, allegro,* rendre triste, gai. ‖ PER ANAL. *diventare professore,* devenir professeur. | *diventare capitano,* passer capitaine. | *diventare protestante,* se faire protestant. ‖ FIG. *diventare qlcu.,* devenir qn.

diverbio [di'vɛrbjo] (**-bi** pl.) m. démêlé (verbal), altercation f., querelle f., discussion f., empoignade f. (fam.). | *avere un diverbio con qlcu.,* avoir un démêlé avec qn. | *venire a diverbio con qlcu.,* se quereller avec qn.

divergente [diver'dʒɛnte] agg. PR. e FIG. divergent. ◆ m. MAR. flotteur divergent.

divergenza [diver'dʒɛntsa] f. PR. e FIG. divergence.

divergere [di'vɛrdʒere] v. intr. PR. e FIG. diverger.

diversamente [diversa'mente] avv. [in modo diverso] différemment, autrement, diversement. | *trattare qlcu. diversamente dagli altri,* traiter qn différemment des autres. | *bisognava agire diversamente,* il fallait agir autrement. | *agisce diversamente da come parla,* il agit autrement qu'il (ne) parle. | *non ho potuto fare diversamente,* je n'ai pas pu faire autrement. | *diversamente dal solito,* autrement que d'habitude. ‖ [in caso contrario] autrement, dans le cas contraire, sinon. | *obbedisci, diversamente sarai punito,* obéis, autrement tu seras puni.

diversificare [diversifi'kare] v. tr. diversifier. ◆ v. rifl. se diversifier.

diversione [diver'sjone] f. dérivation. ‖ MIL. diversion.

diversità [diversi'ta] f. [varietà] variété, diversité. ‖ PER ANAL. [differenza] différence, diversité.

diversivo [diver'sivo] agg. *canale diversivo,* canal de dérivation. | *a scopo diversivo,* pour faire diversion. ‖ MIL. *attacco diversivo,* attaque de diversion. ◆ m. dérivatif, exutoire. | *aver bisogno di un diversivo,* avoir besoin d'un dérivatif. | *bisogna trovare un diversivo per non annoiarsi,* il faut trouver un exutoire pour ne pas s'ennuyer.

diverso [di'vɛrso] agg. [differente] différent. | *diventare diverso,* devenir différent. | *apparire diverso da quello che si è,* apparaître différent de ce qu'on est. | *tuo fratello è completamente diverso da come lo credevo,* ton frère est tout autre que je ne le croyais. ‖ LOC. *è diverso!,* c'est (une) autre chose! ◆ pl. [parecchi] divers, plusieurs, maints. | *diverse persone me lo hanno detto, me lo hanno detto in diverso,* bien des gens me l'ont dit. | *diverse specie di,* diverses sortes de. | *diverse volte,* maintes fois. | *per diversi rispetti,* à bien des égards, à divers égards. ◆ pron. *siamo in diversi,* nous sommes plusieurs.

divertente [diver'tɛnte] agg. amusant, divertissant, drôle, folichon (fam.), marrant (pop.), crevant (pop.). | *è stato uno spettacolo divertente,* ç'a été un spectacle amusant. | *un tipo divertente,* un drôle de type. | *aveva un'espressione divertente da vedere,* il avait une mine réjouissante à voir. | *non è divertente il tuo amico*, il n'est pas marrant, ton ami. | *che divertente, quel tipo*, il est marrant, ce gars-là. | *è una storia divertentissima*, c'est une histoire désopilante. | *sei divertentissima con quella cravatta*, tu es crevante avec cette cravate-là.

diverticolo [diver'tikolo] m. [sotterfugio] (raro) subterfuge. || ANAT. diverticule.

divertimento [diverti'mento] m. [azione di divertirsi] amusement, divertissement, délassement, distraction f. | *che divertimento!*, que c'est amusant! | *buon divertimento!*, amusez-vous bien! | *per divertimento*, pour s'amuser. || IRON. *che divertimento!*, drôle d'amusement! || PER EST. [mezzo per divertirsi] divertissement, passe-temps, loisirs pl., distraction f. | *in città ci sono molti divertimenti*, il y a de nombreuses distractions à la ville. | *quel ragazzo è il divertimento di tutta la famiglia*, ce garçon amuse toute sa famille. | *parco divertimenti*, fête foraine, parc d'attractions. || PER ANAL. [godimento] plaisir. | *è un divertimento starlo ad ascoltare*, c'est un plaisir que de l'écouter. || MUS. divertissement.

divertire [diver'tire] v. tr. [allietare] divertir, amuser, distraire. | *i suoi discorsi ci divertono*, ses discours nous divertissent. ◆ v. rifl. se divertir, s'ébattre, prendre ses ébats; se marrer (pop.). | *il suo imbarrazzo mi diverte*, votre embarras m'amuse. | *divertirsi un mondo* (fam.), s'en donner à cœur joie (L.C.), se désopiler. | *divertirsi a più posso* (fam.), se marrer (pop.). | *divertiti!*, amuse-toi bien! | *divertirsi alle spalle di qlcu.*, se divertir aux dépens de qn.

divetta [di'vetta] f. divette. || CIN. starlette.

divezzamento [divettsa'mento] m. sevrage.

divezzare [divet'tsare] v. tr. [slattare] sevrer. || PER EST. [disabituare] (lett.) désaccoutumer (de) [L.C.], déshabituer (de) [L.C.]. | *divezzare qlcu. a qlco.*, désaccoutumer qn de qch. ◆ v. rifl. (lett.) se désaccoutumer (de) [L.C.], se déshabituer (de) [L.C.].

dividere [di'videre] v. tr. [in parti] diviser, partager, répartir. | *dividere in due*, diviser en deux. | *dividere un terreno in lotti*, lotir un terrain. | *dividere in pezzi*, morceler. | *dividere in sezioni*, sectionner. | *dividere in rami*, ramifier. | *dividere in classi*, répartir en classes. | *dividere una classe*, dédoubler une classe. || PER ANAL. [spartire] partager, répartir. | *dividere il proprio pane con qlcu.*, partager son pain avec qn. | *dividere gli utili con un socio*, répartir les bénéfices avec un associé. || LOC. *non aver nulla da dividere con qlcu.*, ne vouloir avoir rien à faire avec qn. || PER EST. [separare] séparer, diviser. | *muro che divide due giardini*, mur qui sépare deux jardins. || FIG. [rendere discorde] diviser, brouiller, partager. || GIUR. *dividere una controversia*, mettre fin à un différend. || MAT. *dividere un numero per un altro*, diviser un nombre par un autre. || MUS. *dividere il tempo*, battre la mesure. ◆ v. rifl. [in parti] se diviser, se partager. || PER EST. [separarsi] se séparer. | *si divisero da buoni amici*, ils se séparèrent bons amis. || FIG. [essere discorde] se diviser, se partager. || MAT. *la circonferenza si divide in 360 gradi*, la circonférence se divise en 360 degrés.

divieto [di'vjɛto] m. défense f., interdiction f. | *divieto di affissione*, défense d'afficher. | *divieto di pesca, di caccia*, défense de pêcher, de chasser. | *divieto assoluto di*, interdiction, défense absolue de. | *divieto di transito*, passage interdit. | *divieto di sosta*, stationnement interdit. | *gli ho fatto divieto di fumare*, je lui ai fait défense de fumer, je lui ai défendu de fumer. | *è fatto divieto di*, il est interdit de.

divinatore [divina'tore] (**-trice** f.) m. e agg. divinateur, trice.

divinatorio [divina'tɔrjo] agg. PR. e FIG. divinatoire.

divinazione [divinat'tsjone] f. PR. e FIG. divination.

divincolamento [divinkola'mento] m. remuement, contorsion f., tortillement.

divinità [divini'ta] f. MIT., RELIG. [essere divino] divinité. || PER EST. [natura divina] divinité.

divinizzare [divinid'dzare] v. tr. PR. e FIG. diviniser.

divinizzazione [diviniddzat'tsjone] f. PR. e FIG. divinisation.

divino [di'vino] agg. PR. e FIG. divin. | *natura divina*, nature divine. | *divina Provvidenza*, divine Providence. | *officio divino*, office divin. || STOR. *per diritto divino*, de droit divin. ◆ m. divin. | *il senso del divino*, le sens du divin.

divisa [di'viza] f. **1.** MIL. uniforme, tenue. | *divisa da ufficiale*, uniforme d'officier. | *vestire la divisa*, endosser l'uniforme. | *militare in divisa*, militaire en tenue. | *divisa da combattimento*, tenue de combat. || PER EST. [domestici] livrée. || **2.** [scriminatura] raie. || **3.** [motto] devise. || **4.** COMM. devise.

divisibile [divi'zibile] agg. divisible.

divisibilità [divizibili'ta] f. divisibilité.

divisionale [divizjo'nale] agg. MIL. divisionnaire.

divisionario [divizjo'narjo] agg. FIN. divisionnaire. || MIL. *generale divisionario*, divisionnaire.

divisione [divi'zjone] f. [separazione in parti] division, partage m., répartition. | *divisione di un libro in capitoli*, division d'un livre en chapitres. | *divisione di un terreno in lotti*, lotissement (m.) d'un terrain. | *divisione di una parola in sillabe*, division d'un mot en syllabes. | *divisione degli utili*, répartition des bénéfices. | *divisione del lavoro*, division du travail. | *divisione di un'eredità*, partage d'un héritage. || PER. EST. [separazione] séparation, clivage m. || FIG. [contrasto] division. || AMM., BIOL., MAT., MIL. division. || SPORT *divisione nazionale*, première division. || POLIT. *divisione dei poteri*, division des pouvoirs. || TIP. division.

divisionismo [divizjo'nizmo] m. ARTI [pittura] divisionnisme.

divismo [di'vizmo] m. CIN. culte des vedettes. || PER EST. [atteggiamento divistico] air de vedette.

diviso [di'vizo] part. pass. e agg. [separato] séparé. | *vivere diviso dalla moglie*, vivre séparé de sa femme. || FIG. [disunito] divisé, partagé. | *popolo diviso*, peuple divisé. | *famiglia divisa da interessi contrastanti*, famille divisée par des intérêts opposés. | *era diviso tra il timore e la speranza*, il était partagé entre la crainte et l'espoir. | *essere divisi su un punto*, être partagés sur un point. | *i vari servizi segreti del paese sono troppo divisi per conoscersi*, les divers services secrets du pays sont trop cloisonnés pour se connaître. || MAT. *25 diviso 5 fa 5*, 25 divisé par 5 font 5.

divisore [divi'zore] m. MAT. diviseur. | *il massimo comun divisore*, le plus grand commun diviseur. || TECN. *divisore universale*, poupée (f.) à diviser. | *divisore di frequenza*, diviseur de fréquence.

divisorio [divi'zɔrjo] agg. mitoyen. | *muro divisorio*, mur mitoyen. ◆ m. cloison f.

divistico [di'vistiko] agg. PR. e FIG. de vedette.

divo ['divo] agg. [divino] (lett.) divin (L.C.). || PER EST. [eccelso] (lett.) divin (L.C.). ◆ m. CIN. vedette f.

divorare [divo'rare] v. tr. [persone, animali] dévorer, croquer (fam.). | *divorare un pasto*, dévorer un repas. || PER EST. *la febbre, la passione lo divora*, la fièvre, la passion le dévore. || LOC. *divorare un libro*, dévorer un livre. | *divorare i chilometri*, abattre des kilomètres. | *divorare la strada*, brûler le pavé. | *divorare lo spazio*, dévorer l'espace. | *ha divorato un patrimonio in pochi anni*, il a croqué une fortune en quelques années. | *è stato divorato da una voragine*, un gouffre l'a englouti. || FIG. *divorare con gli occhi*, dévorer des yeux. ◆ v. rifl. se dévorer. | *divorarsi l'un l'altro*, s'entre-dévorer.

divoratore [divora'tore] (**-trice** f.) agg. dévorant; dévorateur, trice. | *fuoco divoratore*, feu dévorant. | *passione divoratrice*, passion dévoratrice. ◆ m. gros, grand mangeur. || FIG. (L.C.) dévorateur (raro). | *divoratore di libri*, dévorateur de livres, lecteur acharné (L.C.).

divorziare [divor'tsjare] v. intr. GIUR. e FIG. divorcer. | *divorziare da qlcu.*, divorcer d'avec, avec qn.

divorziato [divor'tsjato] part. pass. e agg. divorcé. ◆ n. divorcé. | *ha sposato una divorziata*, il a épousé une divorcée.

divorzio [di'vɔrtsjo] (**-zi** pl.) m. GIUR e FIG. divorce.

divorzista [divor'tsista] (**-i** pl. m.) m. e f. partisan du divorce. | *è un acceso divorzista*, c'est un partisan acharné du divorce. ◆ agg. favorable au divorce. || GIUR. *avvocato divorzista*, avocat spécialisé dans les actions en divorce.

divulgamento [divulga'mento] m. divulgation f., colportage, ébruitement. || FIG. [volgarizzazione] vulgarisation f.

divulgare [divul'gare] v. tr. divulguer, colporter, ébruiter. | *la radio ha divulgato la notizia del disastro,* la radio a divulgué la nouvelle du désastre. | *divulgare una storia scandalosa,* colporter une histoire scandaleuse. | *divulgare un segreto,* ébruiter un secret. || PER EST. [volgarizzare] vulgariser. | *Fontenelle divulgò i segreti dell'astronomia,* Fontenelle vulgarisa les secrets de l'astronomie. ◆ v. rifl. se propager, se répandre, s'ébruiter.
divulgativo [divulga'tivo] agg. de vulgarisation. | *opera divulgativa,* ouvrage (m.) de vulgarisation.
divulgatore [divulga'tore] (**-trice** f.) m. propagateur, trice, colporteur, euse. | *divulgatore di notizie false,* colporteur de fausses nouvelles. || PER EST. [volgarizzatore] vulgarisateur.
divulgazione [divulgat'tsjone] f. divulgation, colportage m., ébruitement m. || FIG. [volgarizzazione] vulgarisation.
divulsione [divul'sjone] f. CHIR. divulsion.
dizionario [dittsjo'narjo] (**-ri** pl.) m. dictionnaire. | *consultare un dizionario,* consulter un dictionnaire. | *dizionario monolingue, bilingue, enciclopedico,* dictionnaire monolingue, bilingue, encyclopédique.
dizione [dit'tsjone] f. diction.
do [dɔ] m. invar. MUS. do, ut. | *do di petto,* do, ut de poitrine.
dobermann ['dɔberman] m. invar. [ted.] doberman.
dobla ['dobla] f. [moneta] pistole.
doblone [do'blone] m. [moneta] doublon.
doccia ['dottʃa] (**-ce** pl.) f. **1.** douche. | *fare la doccia,* se doucher v. rifl. | *fare la doccia a,* doucher v. tr. || FIG. *aver bisogno di una doccia fredda,* avoir besoin d'une douche froide. || **2.** [grondaia] (raro) gouttière. || **3.** [di mulino] buse.
docciare [dot'tʃare] v. tr. [fare una doccia] (raro) doucher (L.C.). ◆ v. intr. [colare] (raro) couler (L.C.). ◆ v. rifl. (raro) se doucher (L.C.).
docciatura [dottʃa'tura] f. douche.
doccione [dot'tʃone] m. ARCHIT. gargouille f. || SPORT [alpinismo] couloir.
docente [do'tʃɛnte] agg. enseignant. | *corpo docente,* corps enseignant. | *Chiesa docente,* Église enseignante. ◆ m. professeur. | *docente universitario,* professeur d'université.
docenza [do'tʃɛntsa] f. enseignement m.
docile ['dɔtʃile] agg. [da istruire] docile, discipliné, obéissant. || PER EST. [che si lascia guidare] docile, disciplinable, maniable, facile. || PER ANAL. [malleabile] docile, malléable. || FIG. *carattere docile,* caractère facile. | *tono docile,* ton docile.
docilità [dotʃili'ta] f. docilité, malléabilité, soumission.
docimasia [dotʃima'zia] f. CHIM., MED., STOR. docimasie.
dock [dɔk] m. [ingl.] MAR. dock. | *operaio dei docks,* docker.
documentabilità [dokumentabili'ta] f. possibilité de documenter.
documentale [dokumen'tale] agg. documentaire.
documentare [dokumen'tare] v. tr. documenter. | *documentare qlcu. su una città,* documenter qn sur une ville. ◆ v. rifl. se documenter (sur).
documentario [dokumen'tarjo] (**-ri** pl.) agg. documentaire. | *film documentario,* film documentaire. | *testo documentario,* texte documentaire. || PER EST. *servizio documentario,* service de documentation. || COMM. *credito documentario,* crédit documentaire. ◆ m. CIN. documentaire.
documentarista [dokumenta'rista] (**-i** pl. m.) m. e f. CIN. documentariste. || PER EST. [classificatore] (raro) documentaliste (L.C.).
documentaristico [dokumenta'ristiko] agg. documentaire, de documentation.
documentativo [dokumenta'tivo] agg. documentaire. | *a titolo documentativo,* à titre documentaire.
documentato [dokumen'tato] part. pass. e agg. GIUR. [corredato di documenti] documenté. | *domanda documentata,* demande accompagnée de pièces à l'appui. || PER ANAL. *opera documentata,* ouvrage documenté. | *persona documentata,* personne documentée. || FIG. [attestato] mentionné. | *il fatto non è documentato,* le fait n'est pas mentionné.
documentazione [dokumentat'tsjone] f. documentation. | *documentazione voluminosa,* documentation volumineuse. || GIUR. *la documentazione deve essere in duplice copia,* les pièces à l'appui doivent être établies en double.
documento [doku'mento] m. [scritto comprovante] document. | *documento originale,* document original. | *documento storico,* document historique. | *documento in carta da bollo,* document sur papier timbré. || PER EST. [illustrazione] document. | *questo film è un documento degli orrori della guerra,* ce film est un document des horreurs de la guerre. || COMM. document, pièce f. | *documenti probatori,* pièces justificatives. | *documenti di bordo,* documents de bord. || GIUR. [certificato] pièce f., papier. | *documenti d'identità,* pièces d'identité, papiers d'identité. | *perdere i documenti,* perdre ses papiers. | *avere documenti falsi,* avoir de faux papiers. | *documenti, per favore!,* vos papiers, s'il vous plaît!
dodecaedro [dodeka'ɛdro] m. MAT. dodécaèdre.
dodecafonia [dodekafo'nia] f. MUS. dodécaphonisme m.
dodecafonico [dodeka'fɔniko] agg. MUS. dodécaphonique.
dodecagono [dode'kagono] m. MAT. dodécagone.
dodecasillabo [dodeka'sillabo] agg. e m. POES. [metrica] dodécasyllabe m.
dodicenne [dodi'tʃɛnne] agg. âgé de douze ans. ◆ n. garçon (âgé), fillette (âgée) de douze ans.
dodicennio [dodi'tʃɛnnjo] (**-i** pl.) m. période (f.) de douze ans.
dodicesimo [dodi'tʃɛzimo] agg. num. ord. douzième. | *è la dodicesima pesca che mangia,* c'est la douzième pêche qu'il mange. || LOC. *in dodicesimo luogo,* douzièmement. || [come ordinale dinastico ecc.] douze. | *Luigi dodicesimo,* Louis douze. | *lezione dodicesima,* leçon douze, douzième leçon. ◆ m. [serie] *l'undicesimo e il dodicesimo,* le onzième et le douzième. || MAT. [frazione] douzième. | *un dodicesimo,* un douzième.
dodici ['doditʃi] agg. num. card. e m. invar. douze. | *i dodici Apostoli,* les douze Apôtres. | *siamo (in) dodici,* nous sommes douze. | *ogni dodici anni,* tous les douze ans. | *sono le dodici,* il est midi, il est douze heures. | *il dodici agosto,* le douze août. | *ne abbiamo dodici (di ottobre),* nous sommes le douze (octobre).
doga ['dɔga] (**-ghe** pl.) f. [botte] douve.
dogale [do'gale] agg. STOR. [Venezia] du doge.
dogana [do'gana] f. [amministrazione] douane. | *in dogana,* à la douane. | *passare la dogana,* passer la douane. | *merci ferme in dogana,* marchandises bloquées à la douane. || PER EST. [tassa] douane. | *merce esente da dogana,* marchandises exemptées de douane. | *pagare la dogana,* payer la douane. | *articolo sottoposto a dogana,* article soumis à la douane.
doganale [doga'nale] agg. douanier, de douane. | *tariffa doganale,* tarif douanier. | *dazi doganali,* droits de douane. | *servizi doganali,* services de douane. | *uffici doganali,* bureaux de la douane. | *formalità doganali,* formalités de douane. | *dichiarazione doganale,* déclaration en douane. | *guardia doganale,* employé des douanes. | *magazzini doganali,* entrepôts de douane. | *bolletta doganale,* acquit de douane.
doganiere [doga'njɛre] m. douanier. || [spagnolo] carabinier.
dogare [do'gare] v. tr. TECN. [botte] mettre les douves.
dogaressa [doga'ressa] f. STOR. [Venezia] dogaresse.
dogato [do'gato] m. STOR. [Venezia] dogat.
doge ['dɔdʒe] m. STOR. [Venezia] doge.
doglia ['dɔʎʎa] f. (lett.) douleur (L.C.). || MED. [parto] *le doglie del parto,* les douleurs de l'accouchement. | *avere le doglie,* avoir les douleurs.
dogma ['dɔgma] (**-mi** pl.) m. FILOS., RELIG. dogme.
dogmatica [dog'matika] f. RELIG. dogmatique.
dogmatico [dog'matiko] agg. PR. e FIG. dogmatique.
dogmatismo [dogma'tizmo] m. PR. e FIG. dogmatisme.
dogmatizzare [dogmatid'dzare] v. intr. PR. e FIG. dogmatiser.
dolce ['doltʃe] agg. [al gusto] doux, sucré. | *vino dolce,* vin doux. | *caffè troppo dolce,* café trop sucré. | *essere*

dolce come il miele, être doux comme le miel. ‖ PER EST. [agli altri sensi] doux. ‖ PER ANAL. *dolce far niente*, farniente. | *un dolce risveglio*, un réveil en douceur. | *clima dolce*, climat doux. | *dolce brezza*, douce brise. | *dolce emozione*, douce émotion. ‖ LOC. *acqua dolce*, eau douce. | *dolce pendio*, pente douce. | *marinaio d'acqua dolce*, marin d'eau douce. ‖ FIG. [morale] doux, conciliant, tendre, paisible, obéissant. | *carattere dolce*, caractère doux. | *è una donna dolce*, c'est une femme douce. ‖ PER EST. *fare gli occhi dolci* (fam.), faire les yeux doux. ‖ LOC. *sussurrare paroline dolci a qlcu.*, conter fleurette à qn. | *dire parole dolci*, dire des douceurs. ‖ BOT. *ciliegia dolce*, guigne. ‖ FON. *vocali dolci*, voyelles douces. ‖ TECN. *ferro dolce*, fer doux. | *legno dolce*, bois blanc. ◆ m. [pasticceria] gâteau. | *dolce alla crema*, gâteau à la crème. | *dolci secchi*, gâteaux secs. ‖ [a tavola] entremets, dessert. | *siamo arrivati al dolce*, nous en sommes à l'entremets. ‖ [sapore] douceur f. | *il dolce del miele*, la douceur du miel. ◆ pl. sucreries f., confiseries f., douceurs f. | *offrire dei dolci*, offrir des sucreries. ◆ avv. MUS. dolce.

dolceamaro [doltʃea'maro] agg. doux et amer.

dolcemente [doltʃe'mente] avv. PR. e FIG. doucement. | *accarezzare dolcemente qlcu.*, caresser qn doucement. | *la collina discende dolcemente al piano*, la colline descend doucement vers la plaine. | *l'aereo atterrò dolcemente*, l'avion atterrit doucement.

dolcetta [dol'tʃetta] f. BOT. doucette, mâche.

dolcezza [dol'tʃettsa] f. [gusto] douceur. | *dolcezza di un frutto*, douceur d'un fruit. ‖ PER EST. [altri sensi] douceur. | *dolcezza del clima*, douceur du climat. | *dolcezza della voce*, douceur de la voix. ‖ FIG. [morale] douceur. | *dolcezza di carattere*, douceur de caractère. | *quella donna è la dolcezza personificata*, cette dame est la douceur même. | *guardare qlcu. con dolcezza*, regarder qn avec douceur.

dolciario [dol'tʃarjo] agg. de la confiserie.

dolciastro [dol'tʃastro] agg. PEGGIOR. [sapore] douceâtre, doucereux. | *vino dolciastro*, vin douceâtre. | *sapore dolciastro*, saveur doucereuse. ‖ FIG. doucereux, douceâtre. | *sorriso dolciastro*, sourire doucereux.

dolciere [dol'tʃɛre] m. confiseur.

dolcificante [doltʃifi'kante] agg. e m. FARM. édulcorant. ‖ FIG. adoucissant.

dolcificare [doltʃifi'kare] v. tr. FARM. édulcorer. ‖ CHIM. [acqua] adoucir.

dolcificazione [doltʃifikat'tsjone] f. FARM. édulcoration. ‖ CHIM. [acqua] adoucissement m.

dolciume [dol'tʃume] m. [sapore] saveur (f.) douceâtre. ◆ pl. friandises f., sucreries f., douceurs f., confiserie(s) f. | *rimpinzarsi di dolciumi*, se gaver de sucreries. | *offrire dei dolciumi a qlcu.*, offrir des douceurs à qn. | *negozio di dolciumi*, confiserie f.

dolente [do'lɛnte] agg. [che duole] douloureux (L.C.), endolori (L.C.), dolent (lett.). | *piedi dolenti*, pieds douloureux. | *era tutto dolente per la caduta*, il était tout endolori par la chute. ‖ LOC. FIG. *cominciano le dolenti note*, c'est le moment crucial. ‖ PER ANAL. [che esprime sofferenza] dolent, plaintif. | *parlare con tono dolente*, parler d'un ton dolent. ‖ PER EST. [afflitto] affligé, désolé. ‖ FIG. [contrariato] fâché, désolé. | *sono dolente di*, je suis fâché de, désolé de, je regrette que. | *siamo dolenti per quanto ti ha detto*, nous sommes désolés de ce qu'il t'a dit.

dolere [do'lere] v. intr. [di parte del corpo che dà dolore] avoir mal à. | *mi duole la testa*, j'ai mal à la tête. | *la ferita mi duole*, ma blessure m'élance. ‖ FIG. [dispiacere] regretter v. tr., être au regret, être désolé, être fâché. | *mi duole di non poterla aiutare*, je suis désolé de ne pouvoir vous aider. | *mi duole, ma non posso*, je regrette, mais je ne peux pas. | *mi duole che*, je suis fâché que. ◆ v. rifl. [rammaricarsi] regretter v. tr., être désolé, être fâché. | *si doleva di non essere arrivato in tempo*, il regrettait de ne pas être arrivé à temps. | *mi dolgo di quanto è accaduto*, je suis désolé de ce qui est arrivé. ‖ PER EST. [esprimere il proprio malcontento] se plaindre (à). | *mi dorrò con il direttore della vostra condotta*, je me plaindrai au directeur de votre conduite. | *non ha di che dolersi*, il n'a pas de quoi se plaindre. ‖ PER ANAL. [pentirsi] (lett.) se repentir (L.C.).

dolicocefalo [doliko'tʃɛfalo] agg. e m. dolichocéphale.

dolina [do'lina] f. GEOL. doline.

dollaro ['dɔllaro] m. dollar.

dolmen ['dɔlmen] m. invar. dolmen.

dolo ['dɔlo] m. GIUR. dol.

dolomia [do'lɔmja] f. MINER. dolomie.

dolomite [dolo'mite] f. MINER. dolomite.

dolomitico [dolo'mitiko] agg. MINER. dolomitique. ‖ GEOGR. des Dolomites (f. pl.).

dolorante [dolo'rante] agg. endolori.

dolore [do'lore] m. [fisico] douleur f. | *urlare di dolore*, hurler de douleur. | *senza dolore*, sans douleur. | *violento dolore di denti*, violent mal de dents, rage (f.) de dents. | *dolori di testa*, maux de tête. | *essere tutto un dolore* (fam.), avoir mal partout. ‖ FIG. [morale] douleur f., peine f., souffrance f., chagrin. | *arrecare dolore a qlcu.*, causer de la douleur à qn. | *provare un grande dolore*, éprouver un gros chagrin. | *partecipare al dolore di qlcu.*, partager la peine de qn. | *la vita ha le sue gioie e i suoi dolori*, la vie a ses joies et ses souffrances. | *morire di dolore*, mourir de chagrin. ‖ RELIG. *atto di dolore*, acte de contrition. ◆ pl. (fam.) [reumatismi] rhumatisme m. sing. (L.C.). ‖ [doglie] douleurs (L.C.).

dolorismo [dolo'rizmo] m. dolorisme.

doloroso [dolo'roso] agg. [fisicamente] douloureux. ‖ PER ANAL. [di dolore] de douleur. | *sguardo doloroso*, regard de douleur. ‖ FIG. [moralmente] douloureux, pénible. ‖ RELIG. *i sette misteri dolorosi*, les sept mystères douloureux.

doloso [do'loso] agg. GIUR. dolosif, intentionnel, dû à la malveillance. | *omicidio doloso*, homicide intentionnel. | *incendio doloso*, incendie dû à la malveillance.

domanda [do'manda] f. [richiesta] demande. | *dietro domanda di*, sur la demande de. | *domanda in carta bollata*, demande sur papier timbré. | *far domanda di un impiego*, demander un emploi. | *domanda di brevetto*, demande de brevet. | *presentare una domanda*, présenter une requête. ‖ FIG. [richiesta di informazioni] question (L.C.), demande (antiq.). | *fare una domanda a qlcu.*, poser une question à qn, questionner qn. | *è una domanda assurda*, c'est une question absurde. | *rispose a tutte le domande*, il répondit à toutes mes questions. ‖ COMM. *la domanda e l'offerta*, l'offre et la demande. ‖ GRAMM. *punto di domanda*, point d'interrogation. ‖ GIUR. *domanda di matrimonio*, demande en mariage. | *domanda di grazia*, recours (m.) en grâce. ‖ UNIV. *lezione a domande e risposte*, leçon par questions et réponses. | *rivolgere una domanda imbarazzante, difficile*, poser une question difficile, poser une colle (gerg.).

domandare [doman'dare] v. tr. **1.** [per avere] demander. | *domandare la carità, il permesso, udienza, un appuntamento*, demander l'aumône, la permission, audience, un rendez-vous. | *domandare la parola*, demander la parole. | *domandare aiuto*, demander de l'aide. | *domandare qlco. a qlcu.*, demander qch. à qn. | *domandare scusa*, demander pardon. | *ti domando di rispondermi*, je te demande de me répondre. | *domanda di uscire*, il demande à sortir. ‖ LOC. *non domando di meglio*, je ne demande pas mieux. | *non bisogna domandargli troppo*, il ne faut pas lui en demander trop. ‖ PER EST. [esigere] demander. | *domandare 100 000 lire al mese*, demander 100 000 lires par mois. ‖ **2.** PER ANAL. [per sapere] demander, questionner (sur). | *domandare l'ora*, demander l'heure. | *domandare qlco. a qlcu.*, questionner qn sur qch. | *gli hanno domandato la storia di Parigi*, on l'a questionné sur l'histoire de Paris. ‖ LOC. *domando e dico*, je vous demande un peu. ◆ v. intr. *domandare di qlcu.*, demander qn, demander après qn (fam.). | *c'è una ragazza che domanda di te*, il y a une jeune fille qui demande après toi. | *domandano di te al telefono*, on te demande au téléphone. | *quando gli scrivi, domandagli di mio padre*, quand tu lui écriras, demande-lui des nouvelles de mon père. ◆ v. rifl. se demander. | *mi domando che cosa farà*, je me demande ce qu'il va faire.

domani [do'mani] avv. [opposto a OGGI] demain. |

domani mattina, sera, demain matin, demain soir. | *a domani,* à demain. | *fin da domani,* dès demain. | *domani a otto,* demain en huit. | *domani l'altro, dopo domani,* après-demain. | *prima di domani il tempo può cambiare,* d'ici demain le temps peut changer. | *martedì è domani!,* c'est demain mardi! || FIG. [ulteriormente] demain, lendemain. | *rimandare a domani,* remettre à demain, remettre au lendemain. | *oggi o domani,* aujourd'hui ou demain. | *dall' oggi al domani,* d'un jour à l'autre, du jour au lendemain. | *dagli oggi, dagli domani* (fam.), à la longue, avec le temps (L.C.). | *non rimandare a domani quello che puoi fare oggi,* il ne faut jamais remettre à demain, au lendemain ce que l'on peut faire le jour même. || IRON. *sì, domani!,* tu peux toujours attendre! || PROV. *meglio un uovo oggi che una gallina domani,* il vaut mieux tenir que courir. ◆ m. [futuro] avenir, lendemain. | *pensare al domani,* songer à l'avenir. | *senza domani,* sans lendemain. | *preparare il proprio domani,* préparer son avenir.

domare [do'mare] v. tr. [animale] dompter, dresser, maîtriser. || PER ANAL. [persona] dompter, soumettre, maîtriser, mater. | *domare un popolo,* maîtriser un peuple. | *domare un ribelle,* mater un rebelle. || PER EST. [cosa] maîtriser, dompter, mater, se rendre maître (de). | *domare una rivolta,* mater une révolte. | *hanno domato l'incendio,* ils ont maîtrisé l'incendie. || FIG. [controllare] dompter, maîtriser, dominer.

domatore [doma'tore] (**-trice** f.) m. dompteur, euse (L.C.), belluaire (raro).

domattina [domat'tina] avv. demain matin.

domatura [doma'tura] f. domptage m.

domenica [do'menika] (**-che** pl.) f. dimanche m. | *alla, di domenica,* le dimanche. | *domenica delle Palme,* dimanche des Rameaux. | *domenica in Albis,* Quasimodo f. | *mettere il vestito della domenica,* s'endimancher v. rifl.

domenicale [domeni'kale] agg. dominical. | *abito domenicale,* habit du dimanche. || RELIG. *orazione domenicale,* oraison dominicale.

domenicano [domeni'kano] agg. RELIG. dominicain. | *abito domenicano,* costume dominicain. ◆ m. RELIG. dominicain, jacobin (antiq.).

domestica [do'mɛstika] (**-che** pl.) f. bonne. | *domestica tutto fare,* bonne à tout faire. | *domestica a ore,* femme de ménage. | *licenziare la domestica,* licencier sa bonne. | *fa la domestica a ore presso alcune famiglie,* elle fait des ménages dans quelques familles.

domestichezza [domesti'kettsa] f. [condizione degli animali] (raro) domesticité (raro). || FIG. [familiarità] V. DIMESTICHEZZA.

domesticità [domestitʃi'ta] f. [condizione degli animali] (L.C.) domesticité (raro). || FIG. [familiarità] (raro) V. DIMESTICHEZZA.

domestico [do'mɛstiko] (**-ci** pl.) agg. [della casa] *fare le faccende domestiche,* faire le ménage. | *accudire alle faccende domestiche,* vaquer aux soins du ménage. | *vita domestica,* vie de famille. | *tornare al focolare domestico,* revenir au foyer paternel. | *quiete domestica,* tranquillité du foyer. || PER ANAL. [animale] domestique. || FIG. [in familiarità] (raro) *quell'impiegato è molto domestico con il direttore generale,* cet employé est familier avec le directeur général (L.C.). ◆ m. serviteur, domestique, employé de maison, larbin (pop.). | *i domestici di una casa,* la domesticité, le personnel d'une maison. | *avere molti domestici,* avoir beaucoup de gens (de maison), avoir beaucoup de serviteurs.

1. domiciliare [domitʃi'ljare] agg. GIUR. domiciliaire. | *perquisizione domiciliare,* perquisition domiciliaire.

2. domiciliare [domitʃi'ljare] v. tr. COMM. domicilier. | *domiciliare una tratta,* domicilier une traite. ◆ v. rifl. se domicilier (à).

domiciliatario [domitʃilja'tarjo] (**-ri** pl.) m. COMM., GIUR. domiciliataire.

domiciliazione [domitʃiljat'tsjone] f. GIUR. domiciliation.

domicilio [domi'tʃiljo] (**-li** pl.) m. [luogo di residenza] domicile. | *cambiare domicilio,* changer de domicile. | *fissare il proprio domicilio in una città,* établir son domicile dans une ville. | *prendere domicilio (a),* se domicilier (à). || PER ANAL. [dimora] domicile. || GIUR. domicile. | *violazione di domicilio,* violation de domicile. | *domicilio coatto,* résidence forcée. | *domicilio legale,* domicile légal. || LOC. *a domicilio,* à domicile. || COMM. *consegna a domicilio,* livraison à domicile. | *trasporto a domicilio,* factage. | *franco a domicilio,* franco à domicile.

dominante [domi'nante] part. pres. e agg. PR. e FIG. dominant. ◆ agg. e f. MUS. *(nota) dominante,* dominante f. || FIG. *la nota dominante di un'opera,* la dominante d'un ouvrage.

dominare [domi'nare] v. intr. [padroneggiare] dominer. || PER EST. *a casa mia domina il disordine,* le désordre règne en maître chez moi. || FIG. [predominare] dominer, prévaloir, triompher, primer, (l')emporter. | *dominerà l'opinione della maggioranza,* l'opinion de la majorité l'emportera. | *nella sua opera domina l'ironia,* l'ironie prime dans son œuvre. || SPORT dominer. ◆ v. tr. [essere padrone] dominer. | *dominare un avversario,* dominer un adversaire. | *è dominato dalla moglie,* sa femme le gouverne. | *quel bambino vuole dominare gli altri,* cet enfant veut mener les autres. || PER EST. *dominare un argomento,* dominer un sujet. || PER ANAL. [in altezza] dominer. || MIL. *postazione che domina il fiume,* emplacement qui commande le fleuve. || FIG. [padroneggiare] dominer, maîtriser, contenir. | *dominare le proprie passioni,* maîtriser ses passions. | *dominare la paura,* dominer sa peur. | *dominare le forze della natura,* maîtriser les forces de la nature. ◆ v. rifl. se dominer, se maîtriser.

dominatore [domina'tore] (**-trice** f.) agg. e m. dominateur, trice.

dominazione [dominat'tsjone] f. PR. e FIG. domination. ◆ pl. TEOL. dominations.

domineddio [domined'dio] m. (fam.) bon Dieu.

dominicano [domini'kano] agg. e m. [di S. Domingo] GEOGR. dominicain.

dominio [do'minjo] (**-i** pl.) m. **1.** [dominazione] domination f. | *essere sotto il dominio di una nazione straniera,* être sous la domination d'une nation étrangère. | *cadere sotto il dominio di qlcu.,* tomber sous la coupe de qn. || PER ANAL. [territorio] domaine, possession f. | *i domini inglesi,* les dominions (ingl.). || PER EST. [proprietà] domaine, propriété f. | *essere di pubblico dominio* (pr. e fig.), faire partie du domaine public (pr.), être de notoriété publique (fig.). || [opera] *divenire di pubblico dominio,* tomber dans le domaine public. || FIG. [controllo] maîtrise f. | *dominio di sé,* maîtrise de soi-même. || MIL. *dominio aereo, marittimo,* maîtrise aérienne, maritime. || **2.** [competenza] domaine. | *argomenti di dominio scientifico,* sujets du domaine scientifique. | *non è di mio dominio,* ce n'est pas de mon domaine.

dominion [də'minjən] m. [ingl.] dominion.

domino ['dɔmino] m. invar. GIOCHI dominos pl. | *giocare a domino,* jouer aux dominos. | *gioco del domino,* jeu de dominos. || [di carnevale] domino.

don ['dɔn] m. [titolo onorifico degli ecclesiastici] *don Giuseppe,* l'abbé Joseph. | *buongiorno, don Giuseppe!,* bonjour, Monsieur l'abbé! || [dei benedettini, certosini e trappisti] Dom. || [titolo onorifico di nobili] Don [sp.], Dom [port.]. | *don Giovanni,* don Juan. || [nell'Italia merid., titolo di rispetto] *don Gesualdo* : senza trad.

donare [do'nare] v. tr. [far dono] donner, faire don (de), faire cadeau (de). | *donare qlco. a qlcu.,* donner qch. à qn. | *donare il sangue* (pr. e fig.), donner son sang. || FIG. *donare tutto se stesso a una causa,* se donner, se dévouer tout entier à une cause. || GIUR. faire une donation. ◆ v. rifl. se donner, se dévouer, se consacrer. | *donarsi a Dio,* se consacrer à Dieu. ◆ v. intr. aller bien. | *la barba gli dona molto,* la barbe lui va très bien.

donatario [dona'tarjo] (**-ri** pl.) agg. e m. GIUR. donataire.

donatismo [dona'tizmo] m. RELIG. donatisme.

donatista [dona'tista] (**-i** pl.) m. donatiste.

donatore [dona'tore] (**-trice** f.) m. [chi regala] (raro) donneur, euse. || GIUR. donateur, trice. || MED. *donatore di sangue,* donneur de sang.

donazione [donat'tsjone] f. GIUR. donation. | *fare una donazione,* faire une donation.

donchisciottesco [donkiʃʃot'tesko] agg. donquichottesque.

donchisciottismo [donkiʃʃot'tizmo] m. don-quichottisme.
donde ['donde] avv. interr. e relat. [da dove] d'où. | *donde vieni?*, d'où viens-tu? | *donde si deduce che*, d'où l'on déduit que. ‖ FIG. *donde deriva la sua forza?*, d'où tire-t-il sa force? ◆ pron. relat. [di cui, di che, da cui] (antiq.) *la città donde vengo*, la ville d'où je viens (L.C.). ‖ LOC. *si è arrabbiato e ne ha ben donde*, il s'est fâché et pour cause.
dondolamento [dondola'mento] m. balancement, dandinement.
dondolare [dondo'lare] v. tr. balancer, brandiller, dodeliner v. intr., brimbaler, bringuebaler, brinquebaler v. tr. (fam.). | *dondolare le braccia*, balancer les bras. | *dondolare la testa*, dodeliner de la tête. ◆ v. rifl. se balancer, se dandiner, chalouper v. intr. (fam.). | *dondolarsi su una sedia*, se balancer sur une chaise. | *dondolarsi sulle gambe*, se dandiner sur ses jambes. ‖ FIG. FAM. [trastullarsi] perdre son temps (L.C.), musarder v. intr. ◆ v. intr. se balancer v. rifl. ‖ FIG. hésiter, balancer. ‖ SOSTANT. dandinement.
dondolio [dondo'lio] m. balancement, bercement, dodelinement. | *dondolio del corpo*, balancement du corps. | *dondolio della testa*, dodelinement de la tête. | *dondolio di una nave*, balancement d'un navire.
dondolo ['dondolo] m. balançoire f. | *sedia a dondolo*, berceuse f., rocking-chair [ingl.] m. | *culla a dondolo*, bercelonnette f. | *cavallino a dondolo*, cheval à bascule. ‖ LOC. *andare a dondolo*, flâner v. intr., traîner v. intr.
dondolone [dondo'lone] m. fainéant. ◆ avv. V. DONDOLONI.
dondoloni [dondo'loni] avv. *seduto con le gambe dondoloni*, assis les jambes pendantes. | *con le braccia dondoloni*, les bras ballants. | *camminare dondoloni*, marcher en se dandinant. | *andare dondoloni*, flâner v. intr., traîner v. intr.
dongiovanni [dondʒo'vanni] m. don Juan.
dongiovannesco [dondʒovan'nesko] adj. donjuanesque.
dongiovannismo [dondʒovan'nizmo] m. donjuanisme.
donna ['dɔnna] f. **1.** femme. | *buona donna*, brave femme. | *donna di mondo*, femme du monde. | *donna di classe*, femme distinguée. | *donna d'affari*, femme d'affaires. | *donna con la testa sulle spalle*, femme de tête. | *donna di polso*, maîtresse femme. | *donna di casa*, ménagère. | *donna barbuta*, femme à barbe. | *donna di facili costumi*, femme légère, cocotte (peggior.). | *donna di strada*, fille publique, fille de joie. | *indumento da donna*, vêtement pour femme. | *essere già una donna*, être déjà une femme. | *diventare donna*, devenir femme. | *essere molto donna*, être très femme. | *correre dietro alle donne*, courir les femmes, courir le jupon, courir le guilledou (fam.). | *andare a donne* (pop.), aller avec les filles (fam.). ‖ LOC. [di corona] *passare in eredità alle donne*, tomber en quenouille. ‖ *non è il tipo di donna che si accontenti*, elle n'est pas femme à se contenter. ‖ SCHERZ. *c'è di mezzo una donna*, cherchez la femme! ‖ **2.** [domestica] bonne. | *donna tuttofare*, bonne à tout faire. | *donna a ore*, femme de ménage. | *licenziare la donna*, renvoyer sa bonne. ‖ **3.** STOR. [donna nobile] dame. ‖ PER EST. [in Italia] «*donna*», madame. | *donna Maria*, Mme Marie. ‖ GIOCHI [carte] dame. | *donna di quadri*, dame de carreau. ‖ [scacchi] dame, reine. ‖ RELIG. *le pie donne*, les saintes femmes. ‖ TEATRO *prima donna*, prima donna. ‖ **4.** PROV. *ciò che donna vuole ottiene*, ce que femme veut Dieu le veut. | *chi dice donna dice danno*, qui femme a guerre a. | *la donna è mobile*, souvent femme varie. | *donne e buoi dei paesi tuoi*, il faut prendre femme dans son pays.
donnaiolo [donna'jɔlo] m. homme à femmes, coureur de jupons, de filles. | *essere donnaiolo*, courir les femmes, le jupon, courir la gueuse, être porté sur la bagatelle (fam.).
donnesco [don'nesko] agg. féminin, pour femme. | *lavori donneschi*, travaux, ouvrages de dames. ‖ FIG. [effeminato] efféminé.
donnola ['dɔnnola] f. ZOOL. belette.
dono ['dono] m. [regalo] cadeau, présent (lett.). | *ricevere un dono*, recevoir un cadeau. | *far dono di qlco. a qlcu.*, faire cadeau de qch. à qn. | *me lo ha offerto in dono*, il m'en a fait cadeau. | *fare dono della propria vita*, donner sa vie. | *far dono di sé*, faire don de soi. ‖ PER ANAL. (poet.) *i doni della terra*, les dons de la terre. ‖ FIG. don (de), chic (pour). | *ha il dono della musica*, il a le don de la musique. | *avere il dono di dire sempre la parola giusta*, avoir le chic pour dire toujours le mot juste. ‖ IRON. *ha il dono di infastidirmi*, il a le don de m'agacer. ‖ GIUR. don. ‖ TEOL. *i sette doni dello Spirito Santo*, les sept dons du Saint-Esprit.
donzella [don'dzɛlla] f. STOR. damoiselle. ‖ SCHERZ. demoiselle. ‖ [cameriera] servante. ‖ ZOOL. [libellula] demoiselle.
donzello [don'dzɛllo] m. STOR. damoiseau. ‖ [paggio] page.
doping ['doupiŋ] m. [ingl.] doping, dopage.
dopo ['dopo] avv. [tempo] après, ensuite, plus tard, puis. | *dieci anni dopo*, dix ans après. | *poco dopo*, peu après. | *e dopo?*, et puis? | *me ne sono accorto solo dopo*, je ne m'en suis aperçu qu'après coup. | *a dopo*, à plus tard. | *prima o dopo*, tôt ou tard. ‖ PER ANAL. [spazio] après, ensuite. | *il ponte è poco dopo*, le pont est un peu après. ◆ prep. après. | *abito dopo il fiume*, j'habite après le fleuve. | *dopo di Lei*, après vous. | *dopo di noi*, après nous. | *dopo di che*, après quoi, ensuite de quoi. | *dopo le cinque*, après cinq heures. | *dopo pranzo*, l'après-midi. | *dopo quello che ho fatto*, après ce que j'ai fait. | *dopo un'ora*, au bout d'une heure. | *dopo un po'*, au bout de quelque temps. ‖ LOC. *dopo tutto*, après tout, au fond. ‖ COMM. *dopo defalco di*, déduction faite de. ◆ cong. après. | *dopo aver mangiato, bevuto*, après manger, après avoir bu. | *dopo che lo ebbe saputo*, après qu'il l'eut su. ‖ [dacché] depuis. | *non ho mai scritto dopo che sono partito*, je n'ai jamais écrit depuis que je suis parti. ◆ agg. invar. d'après, suivant. | *il minuto dopo*, la minute d'après. | *la mattina dopo*, le matin suivant. | *la casa dopo*, la maison d'après. ◆ m. avenir. | *pensare al dopo*, songer à l'avenir.
dopobarba [dopo'barba] m. invar. après-rasage.
dopoborsa [dopo'borsa] agg. e m. invar. après-bourse.
dopocena [dopo'tʃena] m. invar. après-dîner.
dopodomani [dopodo'mani] avv. après-demain.
dopoguerra [dopo'gwɛrra] m. invar. après-guerre.
dopopranzo [dopo'prantso] m. après-midi m. o f. invar. ◆ avv. dans l'après-midi.
doposci [dopoʃ'ʃi] m. invar. [scarpe] après-ski.
dopotutto [dopo'tutto] avv. après tout, au fond, somme toute.
doppia ['doppja] f. [moneta] doublon m.
doppiaggio [dop'pjaddʒo] (**-gi** pl.) m. CIN. doublage. | *fare il doppiaggio di un film*, doubler un film, faire le doublage d'un film.
doppiare [dop'pjare] v. tr. [mettere doppio] doubler. | *doppiare un tessuto*, doubler un tissu. ‖ CIN. doubler. | *doppiare un film*, doubler un film. ‖ MAR. *doppiare il capo*, franchir le cap. ‖ SPORT [gare su circuito] doubler.
doppiato [dop'pjato] part. pass. e agg. [messo doppio] doublé. ‖ CIN., SPORT doublé. ‖ TECN. doublé, plaqué. | *doppiato oro*, plaqué or. ◆ m. CIN. doublage. | *eccellente doppiato*, doublage excellent.
doppiatore [doppja'tore] (**-trice** f.) m. CIN. acteur, actrice qui fait le doublage.
doppiatura [doppja'tura] f. CIN., MAR., TESS. doublage m.
doppietta [dop'pjetta] f. [fucile] fusil (m.) à deux coups, fusil à deux canons. ‖ PER EST. [doppio colpo di fucile] doublé m. ‖ SPORT *fare la doppietta*, gagner deux fois de suite. ‖ [calcio] *fare una doppietta*, marquer deux bouts. ‖ TECN. [auto] double débrayage.
doppiezza [dop'pjettsa] f. duplicité, fausseté, hypocrisie.
doppino [dop'pino] m. MAR. double. ‖ TELECOM. boucle f.
doppio ['doppjo] agg. [due volte] double. | *chiudere a doppia mandata*, fermer à double tour. | *scatola a doppio fondo*, boîte à double fond. | *arma a doppio taglio* (pr. e fig.), arme à double tranchant. | *giacca (a) doppio petto*, veste croisée. | *whisky doppio*, double whisky. | *doppio salto mortale*, double saut

périlleux. || FIG. [pieno di doppiezza] double. | *fare il doppio gioco*, jouer un double jeu. | *spia che fa il doppio gioco*, agent double. | *persona doppia*, personne hypocrite. | *condurre una doppia vita*, mener une double vie. || BOT. *fiori doppi*, fleurs doubles. || COMM. *contabilità in partita doppia*, comptabilité en partie double. || FON. *consonanti doppie*, consonnes géminées. || GIOCHI [poker] *doppia coppia*, deux paires. || MAR. *doppio scafo*, double coque. || MECC. *doppio comando*, double commande. || SPORT [alpinismo] *discesa a corda doppia*, descente en rappel. || TECN. [asse da stiro] *asse doppia*, jeannette f. || TESS. *tessuto doppio diritto*, tissu réversible. ◆ m. [due volte di più] double. || GIOCHI [bridge] doubleton. || SPORT [tennis] *doppio maschile, femminile, misto*, double messieurs, dames, mixte. || TEATRO [attore] doublure f. ◆ avv. double. | *vedere doppio*, voir double. | *pagare doppio*, payer double. | *piegare doppio*, plier en double.

doppiofondo [doppjo'fondo] m. MAR. double-fond.

doppione [dop'pjone] m. [esemplare identico] double. | *tienilo, se vuoi, è un doppione*, garde-le, si tu veux, je l'ai en double. || PER ANAL. [copia] copie f. || PER EST. [parola] *essere un doppione (di)*, faire double emploi (avec). || [numismatica] doublon. || LING. [allotropo] doublet. || TEATRO double rôle. || TESS. doupion. || TIP. doublon. || ZOOL. [bozzolo doppio] cocon double.

doppiopetto [doppjo'pɛtto] agg. e m. invar. croisé agg. | *giacca a doppiopetto*, veste croisée.

dorare [do'rare] v. tr. [rivestire d'oro] dorer. | *far dorare una cornice*, faire dorer un cadre. || PER ANAL. [fregiare in oro] dorer. | *dorare il taglio di un libro*, dorer la tranche d'un livre. || PER EST. [rendere color oro] dorer. | *il sole dora la pelle*, le soleil dore la peau. || CULIN. *dorare un pollo al forno*, dorer un poulet au four. | *dorare la pasta*, dorer la pâte. || FIG. *dorare la pillola a qlcu.*, dorer la pilule à qn.

doratore [dora'tore] (**-trice** f.) m. TECN. doreur, euse.

doratura [dora'tura] f. [azione e risultato] dorure. | *doratura di una cornice*, dorure d'un cadre. || PER EST. [ornamento dorato] dorure, doré m. | *dorature di un mobile*, dorures d'un meuble. | *perdere la doratura*, perdre son doré. || TECN. dorure, dorage m.

dorico ['dɔriko] agg. [dei Dori] GEOGR. dorien. || LING. *(dialetto) dorico*, (dialecte) dorien. || MUS. *modo dorico*, mode dorien. || ARCHIT. dorique.

dorifora [do'rifora] f. ZOOL. doryphore m.

dormicchiare [dormik'kjare] v. intr. sommeiller, somnoler.

dormiente [dor'mjɛnte] agg. dormant. || MAR. *manovre dormienti*, manœuvres dormantes. ◆ n. dormeur, euse. || MAR. bauquière f. || TECN. [trave] dormant.

dormiglione [dormiʎ'ʎone] m. (**-a** f.) dormeur, euse.

dormire [dor'mire] v. intr. **1.** [riposare] dormir, être couché. | *dormire profondamente*, dormir d'un profond sommeil. | *dormire come un angelo*, dormir comme un ange. | *dormir fino a tardi*, faire la grasse matinée. | *dormir vestito*, coucher tout habillé. | *dormir per terra*, dormir sur la dure. | *dormire all'aperto*, dormir à la belle étoile. | *dormire in piedi*, dormir debout. | *dormire su un fianco, supino, bocconi*, coucher sur le côté, sur le dos, à plat ventre. | *dormire come un ghiro, come una marmotta*, dormir comme un loir, comme une marmotte. | *dormire della grossa, come un sasso*, dormir à poings fermés. | *dormire a sazietà*, dormir son content. | *dormire ad occhi aperti*, dormir les yeux ouverts. | *dormire con un occhio solo*, dormir en gendarme, ne dormir que d'un œil. | *dormire dodici ore di filato, dormire tutta la notte di filato* (fam.), faire le tour du cadran. || **2.** [passare la notte] coucher. | *cercare un posto dove dormire*, chercher un endroit où coucher. | *non trovare da dormire*, ne pas trouver à coucher. | *dormire all'albergo*, coucher à l'hôtel. | *dormire fuori casa*, coucher dehors, découcher. | *dare da dormire a qlcu.*, coucher qn. | *mettere a dormire*, coucher. | *metti a dormire i bambini!*, couche les enfants! || **3.** LOC. FIG. *mettere a dormire qlco.*, laisser dormir qch. | *andare a dormire*, se coucher v. rifl. || LOC. FIG. FAM. *ma vada a dormire!*, allez vous coucher! (pop.) || PER EST. [cose] dormir. | *il villaggio dorme sotto la neve*, le village dort sous la neige. || FIG. *dormire tra due guanciali*, dormir sur ses deux oreilles. | *dormire sul lavoro*, dormir sur son travail. | *non è il momento di dormire*, ce n'est pas le moment de dormir. | *dormire sugli allori*, s'endormir sur ses lauriers. | *pratica che dorme in un ufficio*, dossier qui dort dans un bureau. | *dormirci sopra*, y réfléchir, prendre conseil de son bonnet de nuit. || PROV. *chi dorme non piglia pesci*, qui dort grasse matinée trotte toute la journée. ◆ v. tr. dormir v. tr. e intr. | *dormi sonni tranquilli*, dors tranquillement. | *dormite il vostro sonno*, dormez votre content (fam.). || FIG. *dormire il sonno del giusto*, dormir du sommeil du juste. | *dormire l'ultimo sonno*, dormir son dernier sommeil. || SOSTANT. sommeil.

dormita [dor'mita] f. somme m. | *una bella dormita*, un bon somme. || [bachi da seta] mue.

dormitina [dormi'tina] f. [dimin.] petit somme, roupillon m. (pop.).

dormitorio [dormi'tɔrjo] (**-ri** pl.) m. dortoir.

dormiveglia [dormi'veʎʎa] m. invar. demi-sommeil. | *nel dormiveglia*, entre la veille et le sommeil.

dorsale [dor'sale] agg. ANAT. dorsal. ◆ f. GEOGR. dorsale.

dorso ['dɔrso] m. ANAT. dos. || FIG. *piegare il dorso*, courber le dos. | *spianare il dorso a qlcu.*, caresser le dos à qn. || [animale] râble, dos. | *animale che ha il dorso robusto*, animal râblé. | *trasporto a dorso d'asino*, transport à dos de mulet. | *ponte, strada a dorso d'asino*, pont, route en dos d'âne. || PER EST. [cose] dos. | *dorso di un libro*, dos d'un livre. || SPORT [nuoto] nage sur le dos.

dosaggio [do'zaddʒo] m. dosage.

dosare [do'zare] v. tr. PR. e FIG. doser. || TECN. *dosare l'aria*, brider l'air.

dosatore [doza'tore] m. AUTOM. gicleur. || TECN. doseur.

dosatura [doza'tura] f. CHIM. dosage m.

dose ['dɔze] (**-i** pl.) f. dose. | *a piccole dosi*, par petites doses. | *rincarare la dose*, doubler la dose.

dossale [dos'sale] m. [copertura di panno] couverture f. || PER EST. [paliotto] devant d'autel. || TECN. madrier.

dossier [do'sje] m. [fr.] dossier.

dossiere [dos'sjɛre] m. [bardatura] dossière f.

1. dosso (in, di) ['indɔsso, 'didɔsso] LOC. *mettersi qlco. in dosso*, se couvrir. | *fa freddo, mettiti un maglione in dosso!*, il fait froid, mets un tricot! | *togliti di dosso il cappotto*, ôte ton manteau! | *scuotersi di dosso la neve*, secouer la neige de ses habits. || FIG. *togliersi un peso di dosso*, se libérer d'un poids. | *togliersi di dosso qlcu.*, se débarrasser de qn.

2. dosso ['dɔsso] m. [strada] dos-d'âne. || GEOGR. [terreno] mamelon.

dossologia [dossolo'dʒia] f. RELIG. doxologie.

dotale [do'tale] agg. dotal.

dotare [do'tare] v. tr. PR. e FIG. doter.

dotato [do'tato] part. pass. e agg. [fornito] doté. | *sala dotata di riscaldamento*, salle chauffée. || FIG. doté, doué. | *essere dotato per qlco.*, être doué pour qch.

dotazione [dotat'tsjone] f. dotation. | *assegnare qlco. in dotazione a qlcu.*, doter qn de qch. || MIL. équipement m.

dote ['dɔte] f. dot. | *quell'uomo va a caccia di una dote*, cet homme est un coureur de dot. | *si sposa per la dote*, il épouse une dot. || PER EST. [dotazione] dotation. || FIG. [qualità] qualité. | *avere molte doti*, avoir beaucoup de qualités. || PER EST. [attitudine] don m., facilité, aptitude. | *ha una grande dote per la musica*, il a beaucoup de facilité pour la musique.

dotto ['dɔtto] agg. savant, docte (lett.). | *dotto filologo*, savant philologue. || IRON. *è dottissimo*, il est doctissime. || PER ANAL. [denso di dottrina] savant. ◆ m. érudit, humaniste, docte.

dotto ['dotto] m. ANAT. canal.

dottorale [dotto'rale] agg. doctoral. || PEGGIOR. *parlare in tono dottorale*, parler d'un ton doctoral.

dottorato [dotto'rato] m. [Francia : primo ciclo di specializzazione universitaria] licence f.; [secondo ciclo] maîtrise f. | *dottorato in lettere*, licence ès lettres. | *dottorato in legge*, licence en droit. || [terzo ciclo] doctorat (de troisième cycle). | *conseguire il dottorato*, passer son doctorat. | *dottorato in lettere*, doctorat ès lettres. || [libera docenza] doctorat d'État.

dottore [dot'tore] m. **1.** [di tutte le facoltà] docteur, licencié. | *dottore in lettere*, licencié, docteur ès lettres. | *titolo di dottore*, titre de licencié, de docteur. | *dottore agronomo*, ingénieur agronome. || **2.** [in medicina] docteur, médecin, toubib (fam.). | *c'è il dottore ?*, est-ce que le docteur est là ? | *il signor dottore*, monsieur le docteur. | *buongiorno, signor dottore*, bonjour, monsieur le docteur. | *dottore tal dei tali*, docteur un tel. || RELIG., TEOL. docteur. || LOC. SCHERZ. *parlare come un dottore*, parler comme un livre. || PROV. *meglio un asino vivo che un dottore morto*, mieux vaut un chien vivant qu'un lion mort.

dottoresco [dotto'resko] agg. PEGGIOR. doctoral.

dottoressa [dotto'ressa] f. [di tutte le facoltà] licenciée, (femme) docteur. | *è già dottoressa*, elle est déjà docteur. || PER EST. [in medicina] doctoresse, (femme) médecin, (femme) docteur.

dottorucolo [dotto'rukolo] m. PEGGIOR. médicastre.

dottrina [dot'trina] f. [conoscenza] savoir m., culture. | *essere di profonda dottrina*, avoir une vaste culture. || FILOS., GIUR., RELIG., POLIT. doctrine.

dottrinale [dottri'nale] agg. doctrinal.

dottrinario [dottri'narjo] agg. e m. doctrinaire.

do ut des [dɔutdɛs] LOC. (lat.) donnant donnant.

dovario [do'varjo] m. GIUR. douaire. | *titolare di un dovario*, douairière.

dove ['dove] avv. [in proposizioni interrogative] où ? | *dove abiti ?*, où est-ce que tu habites ? | *dove vai ?*, où vas-tu ? | *da dove, per dove passi ?*, par où passes-tu ? | *da dove vieni ?*, d'où viens-tu ? || FIG. *dove sono rimasto ?*, où en suis-je resté ? | *dove è il male ?*, où est le mal ? || [in proposizioni relative] où. | *resta dove sei*, reste où tu es. | *va dove ti pare*, va où tu veux. | *ecco dove abita*, voilà où il habite. || FIG. *non sa dove sbattere la testa*, il ne sait pas où donner de la tête. ◆ cong. [avversativa] tandis que, alors que. | *lo hanno condannato a morte dove avrebbero dovuto assolverlo*, on l'a condamné à mort alors qu'on aurait dû l'acquitter. || [condizionale] au cas où, si. ◆ m. endroit, lieu. | *diteci il dove e il quando*, dites-nous le lieu et la date. | *per, in ogni dove*, partout. | *da ogni dove*, de partout.

1. dovere [do'vere] v. tr. **1.** [con costruzione diretta : avere da pagare, da dare] devoir. | *dovere qlco. a qlcu.*, devoir qch. à qn. | *quanto le devo ?*, combien vous dois-je ? | *deve denaro a tutti*, il doit de l'argent à tout le monde. || FIG. [essere tenuto a qlco.] devoir. | *gli devo rispetto*, je lui dois le respect. || [essere debitore a qlcu.] devoir (à), tenir (de). | *deve la sua fortuna ai genitori*, il doit sa fortune à ses parents, il tient sa fortune de ses parents. | *le devo la vita*, je vous dois la vie. | *devo a te se sono diventato ricco*, je te dois d'être devenu riche. | *a chi devi questa informazione ?*, de qui tiens-tu ce renseignement ? | *a che cosa devo il piacere della tua visita ?*, qu'est-ce qui me vaut le plaisir de ta visite ? || **2.** [con infinito : obbligo assoluto] devoir, falloir v. impers. | *tutti devono morire*, tout le monde doit mourir. | *doveva accadere prima o poi*, cela devait arriver tôt ou tard. | *ho dovuto resistere due ore*, il m'a fallu tenir deux heures. | *ci si deve togliere il cappello quando si entra*, il faut enlever son chapeau quand on entre. | *devo smettere di fumare*, il faut que je ne fume plus. | *come dovevasi dimostrare*, comme il fallait démontrer. || [obbligo morale] devoir. | *lo avrei dovuto ascoltare*, j'aurais dû l'écouter. | *fa quello che devi*, fais ce que tu dois. | *deve pensarci lui*, c'est à lui d'y penser. | *che cosa si dovrebbe fare per aiutarlo ?*, que faudrait-il faire pour l'aider ? || **3.** [probabilità, presunzione] devoir, falloir (v. impers.). | *deve essere vero*, cela doit être vrai. | *ci si deve aspettare una morte improvvisa*, on doit s'attendre à une mort subite. | *devono essere le nove*, il doit être neuf heures. | *è in ritardo, deve aver avuto un guasto*, il est en retard, il a dû avoir une panne. | *ti devi essere sbagliato*, tu as dû te tromper. | *che cosa si dovrebbe fare ?*, que faudrait-il faire ? | *dovessi morire, non parlerò*, dussé-je mourir, je ne parlerai pas. | *devi sapere che*, il faut te dire que. | *dovevi aspettartela*, il fallait t'y attendre. | *vuol dire che doveva andare così*, évidemment, c'était écrit. || LOC. *come si deve*, comme il faut. | *è una persona come si deve*, c'est une personne comme il faut.

2. dovere [do'vere] m. **1.** [obbligo] devoir. | *avere il senso del dovere*, avoir le sens du devoir. | *fare il propio dovere*, faire son devoir. | *avere dei doveri verso qlcu.*, se devoir à qn. | *essere in dovere di*, se devoir (de). || [pl. : omaggi] (raro) devoirs (L.C.). || **2.** [compito] (raro) devoir (L.C.). | *non ha ancora finito il dovere*, il n'a pas encore achevé son devoir. || LOC. *a dovere*, comme il se doit, comme il faut. | *far stare a dovere qlcu.*, remettre qn au pas. | *come di dovere*, comme il se doit. | *rivolgersi a chi di dovere*, s'adresser à qui de droit. | *più del dovere*, plus que de raison. | *sistemare a dovere qlcu.*, régler son compte à qn.

doveroso [dove'roso] agg. juste, convenable. | *credo doveroso dirgli che*, je crois de mon devoir de lui dire que. | *è doveroso ringraziarlo*, c'est un devoir de le remercier.

dovizia [do'vittsja] f. (lett.) abondance (L.C.), richesse (L.C.). ◆ LOC. AVV. ***a dovizia***, à foison.

dovizioso [dovit'tsjoso] agg. (lett.) abondant (L.C.), riche (L.C.).

dovunque [do'vunkwe] cong. où que, partout où. | *dovunque io guardi*, où que je regarde. | *dovunque tu vada*, où que tu ailles. ◆ avv. partout, n'importe où. | *sempre e dovunque*, toujours et partout.

dovuto [do'vuto] part. pass. e agg. dû. | *pagare la somma dovuta*, payer la somme due. || PER EST. [necessario] *procedere con le dovute cautele*, procéder avec les précautions nécessaires. | *salutare qlcu. con il dovuto rispetto*, saluer qn avec les égards voulus. ◆ m. dû. | *pagare il dovuto*, payer son dû. || PER EST. [necessario] *ha parlato più del dovuto*, il a parlé plus que de raison.

dozzina [dod'dzina] f. douzaine. | *vendere a 300 lire la dozzina*, vendre à 300 lires la douzaine. | *vendita solo alla dozzina*, vente à la douzaine seulement. || PER EST. [circa dodici] douzaine. || FIG. *ce ne sono a dozzine*, il y en a à la douzaine. || LOC. *roba da dozzina*, camelote (fam.). | *scrittore di dozzina*, écrivain médiocre, écrivaillon (fam.). | *tessuto da dozzina*, tissu ordinaire.

dozzinale [doddzi'nale] agg. ordinaire, grossier, médiocre. | *è roba dozzinale*, c'est de la camelote (fam.). | *vino dozzinale*, vin grossier. | *scarpe dozzinali*, chaussures de pacotille. | *versi dozzinali*, vers médiocres. | *persona dozzinale*, personne vulgaire.

dozzinante [doddzi'nante] m. e f. pensionnaire.

dracena [dra'tʃɛna] f. BOT. dragonnier m., dracena m.

draconiano [drako'njano] agg. draconien.

draga ['draga] (**-ghe** pl.) f. TECHN. drague. | *draga a catena di tazze*, drague à godets. | *draga fluviale* : [macchina] drague fluviale ; [battello] bateau dragueur.

dragaggio [dra'gaddʒo] (**-gi** pl.) m. dragage. | *dragaggio di mine*, dragage de mines.

dragamine [draga'mine] m. invar. dragueur (de mines).

dragante [dra'gante] m. MAR. lisse (f.) d'hourdi.

dragare [dra'gare] v. tr. TECN. draguer, désensabler.

draghista [dra'gista] (**-ti** pl.) m. dragueur.

draglia [draʎ'ʎa] f. MAR. draille.

drago ['drago] (**-ghi** pl.) m. **1.** ARALD., MIT., RELIG. dragon. || **2.** [aquilone] *drago volante*, cerf-volant. || PARTICOL. *sangue di drago*, sang-dragon. || AER. *pallone drago*, ballon captif. || ZOOL. dragon.

dragona [dra'gona] f. MIL. dragonne.

dragone [dra'gone] m. dragon. || MIL. dragon.

dragontea [dragon'tea] f. BOT. estragon m.

draisina [drai'zina] f. draisienne.

1. dramma ['dramma] (**-i** pl.) m. TEATRO drame. | *dramma popolare, borghese, realista*, drame populaire, bourgeois, réaliste. || PER EST. *dramma della gelosia*, drame de la jalousie. || FIG. drame. || SCHERZ. *non bisogna farne un dramma !*, il ne faut pas en faire (tout) un drame !

2. dramma ['dramma] f. [moneta] drachme.

drammaticità [drammatitʃi'ta] f. tragique m. | *drammaticità della situazione*, tragique de la situation. | *drammaticità di una scena*, intensité dramatique d'une scène.

drammatizzare [drammatid'dzare] v. tr. PR. e FIG. dramatiser.

drammaturgia [drammatur'dʒia] f. dramaturgie.

drammaturgo [dramma'turgo] m. dramaturge.

drappeggiare [drapped'dʒare] v. tr. [coprire] draper.

| *drappeggiare un abito su un manichino*, draper un mannequin. ‖ PER EST. [raccogliere in pieghe] draper. ◆ v. rifl. se draper.
drappeggio [drap'peddʒo] (**-gi** pl.) m. [vestito] drapé. | *avvolgere in drappeggi*, draper v. tr. | *avvolgersi in drappeggi*, se draper. ‖ PER EST. [pieghe] pli. ‖ PER ANAL. [tendaggio] draperie f.
drappella [drap'pɛlla] f. MIL. [insegna] flamme de clairon.
drappello [drap'pɛllo] m. MIL. détachement. ‖ PER EST. [persone] troupe f., bande f., groupe.
drapperia [drappe'ria] f. [cose] draperie. ‖ PER EST. [negoʒio] draperie.
drappiere [drap'pjɛre] m. (antiq.) drapier (L.C.).
drappo ['drappo] m. [qualità di tessuto] drap. | *drappo d'oro*, drap, tissu d'or. ‖ PER EST. *drappo funebre*, drap funèbre. ‖ GIOCHI [biliardo] drap vert.
drastico ['drastiko] (**-ci** pl.) agg. PR. e FIG. drastique.
dravidico [dra'vidiko] (**-ci** pl.) agg. GEOGR., LING. dravidien. | *lingue dravidiche*, langues dravidiennes.
drenaggio [dre'naddʒo] (**-gi** pl.) m. drainage.
drenare [dre'nare] v. tr. AGR., MED. drainer.
dressaggio [dres'saddʒo] m. dressage.
driade ['driade] f. MIT. dryade.
dribblare [drib'blare] v. tr. e intr. SPORT [calcio] dribbler.
dribblatore [dribbla'tore] m. dribbleur.
dribbling ['dribliŋ] m. [ingl.] SPORT [calcio] dribble.
dritta ['dritta] f. [destra] droite. | *tenere la dritta*, tenir sa droite. ‖ LOC. *a dritta e a manca*, à droite et à gauche. ‖ MAR. tribord m.
dritto ['dritto] agg. avv. e m. V. DIRITTO. ◆ m. FIG. FAM. malin (L.C.), lascar, finaud ; mariol, mariole (pop.). ‖ MAR. *dritto del timone*, étambot arrière. | *dritto dell'elica*, étambot avant. | *dritto di prua*, étrave f.
drittofilo [dritto'filo] m. invar. TESS. droit fil. | *tagliare (in) drittofilo*, couper droit fil.
drittone [drit'tone] m. (fam.) malin, mariol(e) [pop.].
drive ['draiv] m. [ingl.] SPORT [tennis] drive.
drizza ['drittsa] f. MAR. drisse.
drizzare [drit'tsare] v. tr. [erigere] dresser, ériger, élever. | *drizzare un muro di cinta*, dresser un mur d'enceinte. ‖ PER ANAL. [mettere dritto] dresser. | *drizzare una scala contro un muro*, dresser une échelle contre un mur. ‖ LOC. *drizzare un chiodo*, redresser un clou. | *drizzare una vela*, hisser une voile. | *drizzare il tiro*, rectifier le tir. | *drizzare le orecchie* (pr. e fig.), dresser les oreilles (pr.), chauvir des oreilles (pr. e raro), dresser l'oreille (fig.). | *da far drizzare i capelli in testa*, à faire dresser les cheveux sur la tête. ‖ FIG. [rivolgere] diriger. | *drizzare lo sguardo verso qlcu.*, diriger son regard vers qn. ◆ v. rifl. [mettersi in piedi] se dresser. | *si drizza a sedere*, il se dresse sur son séant. ‖ PER ANAL. [essere ritto] se dresser, se hérisser. ‖ FIG. *gli si drizzano i capelli in testa*, ses cheveux se dressent sur sa tête.
droga ['drɔga] (**-ghe** pl.) f. [sostanza aromatica] épice. ‖ FARM. drogue. | *traffico della droga*, trafic de la drogue. ‖ FIG. drogue.
drogaggio [dro'gaddʒo] (**-gi** pl.) m. SPORT doping (ingl.), dopage.
drogare [dro'gare] v. tr. [aromatizzare] épicer. ‖ FARM. droguer. ‖ FIG. droguer. ‖ SPORT doper. ◆ v. rifl. [stupefacenti] se droguer. ‖ SPORT se doper.
drogato [dro'gato] part. pass. e agg. épicé. ‖ [con eccitante] dopé. ‖ [con stupefacenti] drogué.
drogheria [droge'ria] f. épicerie.
droghiere [dro'gjɛre] m. épicier.
droghista [dro'gista] (**-i** pl.) m. (raro) épicier en gros.
droma ['drɔma] f. MAR. drome.
dromedario [drome'darjo] (**-ri** pl.) m. ZOOL. dromadaire.
dromo ['drɔmo] m. MAR. amer, reconnaissance f.
drop ['drɔp] m. [ingl.] SPORT [rugby] drop, drop-goal.
drosera ['drɔzera] f. BOT. drosera m.
drosofila [dro'zɔfila] f. ZOOL. drosophile, mouche du vinaigre.
druida ['druida] o **druido** ['druido] (**-i** pl.) m. STOR. RELIG. druide.
druidico [dru'idiko] (**-ci** pl.) agg. druidique.
druidismo [drui'dizmo] m. STOR. RELIG. druidisme.
drupa ['drupa] f. BOT. drupe.
drusa ['druza] f. MINER. géode.
dry ['drai] agg. [ingl.] dry.
duale [du'ale] agg. GRAMM. duel.
dualismo [dua'lizmo] m. PR. e FIG. dualisme.
dualista [dua'lista] (**-i** pl.) m. dualiste.
dualistico [dua'listiko] (**-ci** pl.) agg. dualiste.
dualità [duali'ta] f. dualité.
dubbio ['dubbjo] (**-i** pl.) agg. [incerto] douteux, incertain, indécis. | *esito dubbio*, issue douteuse. | *risultato, successo dubbio*, résultat, succès incertain. | *la questione è dubbia*, la question est indécise. | *senso dubbio*, sens douteux. ‖ PER EST. [poco chiaro] *tempo dubbio*, temps incertain. ‖ FIG. [equivoco] douteux, suspect, équivoque, louche. | *di dubbio gusto*, d'un goût douteux. | *essere di dubbia onestà*, être d'une honnêteté équivoque. | *individuo dubbio*, individu suspect, louche. ◆ m. [incertezza] doute, incertitude f., indécision f. | *mettere in dubbio qlco.*, mettre qch. en doute, en question. | *non metto in dubbio che egli accetti*, je ne mets pas en doute qu'il accepte, je ne doute pas qu'il accepte. | *essere in dubbio su qlco.*, douter au sujet de qch. | *essere in dubbio se*, se demander si (L.C.), douter si (lett.). | *lasciare qlcu. nel dubbio*, laisser qn dans le doute. | *stare nel dubbio*, demeurer dans l'incertitude. | *non c'è dubbio che quanto dici sia esatto*, nul doute, (il n'y a) point de doute que ce que tu dis ne soit exact. | *hai ragione tu, è fuor di dubbio*, c'est toi qui as raison, cela est hors de doute, cela ne fait pas question. | *senza possibilità di dubbio*, à n'en pas douter. | *è partito, non ci sono dubbi*, il est parti, cela ne fait aucun doute. | *non c'è ombra di dubbio*, il n'y a pas l'ombre d'un doute. | *toglietemi questo dubbio*, enlevez-moi ce doute. | *ho i miei dubbi*, j'ai mes doutes là-dessus, j'en doute fort. ‖ PER EST. [sospetto] soupçon, doute. | *avere dei dubbi su qlcu.*, avoir des soupçons sur qn. | *mi è venuto un dubbio*, j'ai un doute. ‖ PROV. *nel dubbio astienti*, dans le doute, abstiens-toi. ◆ LOC. AVV. ***senza dubbio,*** sans aucun doute, décidément, sans conteste, sans contredit.
dubbiosità [dubbjosi'ta] f. (raro) incertitude (L.C.).
dubbioso [dub'bjoso] agg. [esitante] hésitant, incertain, indécis, irrésolu. | *restare dubbioso*, demeurer hésitant, indécis. | *essere dubbioso sul da farsi*, se demander (v. rifl.) ce qu'il faut faire. ‖ PER EST. [che esprime dubbio] *voce dubbiosa*, voix hésitante. ‖ PER ANAL. *sorte dubbiosa*, sort incertain.
dubitare [dubi'tare] v. intr. **1.** [esitare] hésiter (L.C.), douter (antiq.). | *non bisogna dubitare dinanzi a una simile proposta*, il ne faut pas hésiter devant une proposition pareille. | *dubitare se*, se demander si, douter si (lett.). | *dubitava se accettare o no*, il se demandait s'il devait accepter ou non. ‖ **2.** PER ANAL. [mettere in dubbio] douter. | *dubitare di qlco.*, douter de qch. | *dubito molto che egli ci vada*, je doute fort qu'il y aille. | *dubita di poter finire per domani*, il doute de pouvoir finir pour demain. | *non dubito, non ne dubito*, je n'en doute pas. ‖ **3.** [diffidare] douter (de), se défier (de), se méfier (de). | *dubitare di tutto e di tutti*, se méfier de tout et de tout le monde.
dubitativo [dubita'tivo] agg. dubitatif.
duca ['duka] (**-chi** pl.) m. [titolo nobiliare] duc.
ducale [du'kale] agg. [del duca] ducal. ‖ [dei dogi] *Palazzo Ducale*, Palais des Doges.
ducato [du'kato] m. **1.** [titolo nobiliare] titre de duc. ‖ PER EST. [giurisdizione] duché. | *ducato di Borgogna*, duché de Bourgogne. ‖ **2.** [antica moneta] ducat.
duce ['dutʃe] m. chef, guide m. ‖ STOR. *il Duce*, le Duce.
duchessa [du'kessa] f. duchesse. | *la signora duchessa*, Madame la duchesse.
due ['due] agg. num. card. **1.** deux. | *tutti (e) due*, tous (les) deux. | *nessuno dei due*, aucun des deux. | *essere in due*, être deux. | *fosso profondo due metri*, fossé profond de deux mètres. | *divano a due posti*, causeuse f. ‖ [data] deux. | *ne abbiamo due (di maggio)*, nous sommes le deux (mai). ‖ [due insieme] deux. | *di due ore in due ore*, toutes les deux heures. | *a due a due*, deux à deux. | *vita a due*, vie à deux. | *fare qlco. in due*, faire qch. à deux. ‖ [che ne ha due] *casa a due piani*, maison à deux étages. | *fucile a due canne*, fusil à deux canons. | *aquila a due teste*, aigle à deux têtes,

aigle bicéphale. ‖ [in due] *tagliare in due*, couper en deux. | *lo ha fatto in due* (pop.), il l'a cassé en deux (L.C.). ‖ [moltiplicazione] *due volte*, deux fois. | *due volte due uguale a quattro*, deux fois deux font quatre. ‖ [doppio] *due volte tanto*, deux fois autant. | *lavora due volte me* (fam.), il travaille deux fois comme moi. | *fare per due*, en valoir deux. | *mangiare per due*, manger comme quatre. | *per due*, par deux. | *due per volta*, par deux. ‖ **2.** PER EST. [qualche] deux. | *a due passi da qui*, à deux pas d'ici. | *devo dirti due parole*, j'ai un mot, deux mots à te dire. | *scrivere due righe a qlcu.*, écrire un (petit) mot à qn. | *spiegarsi in due parole*, s'expliquer en un mot. ‖ **3.** FIG. *su due piedi*, sur-le-champ. | *decidersi su due piedi, non pensarci su due volte*, ne faire ni un ni deux. | *gliene ho dette due* (fam.), je lui ai dit ses quatre vérités. ‖ **4.** LOC. *delle due l'una ; una delle due*, de deux choses l'une. | *ogni due mesi*, tous les deux mois. | *camminare a due a due*, marcher deux par deux. | *un giorno su due*, un jour sur deux. | *in due e due quattro ; come due e due fa quattro*, en un clin d'œil. | *attore da due soldi*, acteur de quatre sous. ‖ TECHN. *motore a due tempi*, (moteur) deux-temps. ‖ PROV. *non c'è due senza tre*, jamais deux sans trois. | *fare un viaggio e due servizi, prendere due piccioni con una fava*, faire coup double. ◆ m. [cifra] deux. | *scrivere un due*, écrire un deux. ‖ pl. [ore] deux (agg. num. card.). | *sono le due*, il est deux heures. | *alle due in punto*, à deux heures pile. ‖ GIOCHI [carte] deux. | *giocare il due di cuori*, jouer le deux de cœur. ‖ MODA *due pezzi*, deux-pièces. ‖ AER. *due ponti*, deux-ponts. ‖ [appartamento] *alloggio di due vani con cucina*, deux-pièces cuisine. ‖ GRAMM. *due punti*, deux-points. ‖ MAR. *due alberi*, deux-mâts. ‖ MAT. *due terzi*, deux tiers. ‖ SPORT [vela] *due con*, deux barré. | *due senza*, deux sans barreur.

duecentesco [duetʃen'tesko] (**-chi** pl.) agg. du XIIIe siècle. | *lirica duecentesca*, lyrique du XIIIe siècle.

duecentesimo [duetʃen'tɛzimo] agg. num. ord. e m. deux centième.

duecentista [duetʃen'tista] (**-i** pl.) m. [scrittore] écrivain du XIIIe siècle. ‖ [artista] artiste du XIIIe siècle. ‖ PER EST. [studioso del Duecento] spécialiste du XIIIe siècle. ‖ SPORT [atletica] coureur de deux cents mètres.

duecento [due'tʃɛnto] agg. num. card. deux cents. | *duecento indirizzi da scrivere*, deux cents adresses à écrire. | *duecento cinquanta soldati*, deux cent cinquante soldats. | *a pagina duecento*, à la page deux cent. ◆ m. *il Duecento*, le XIIIe siècle. | *nel Duecento*, au XIIIe siècle.

duellante [duel'lante] m. [combattente] duelliste. ‖ PER EST. [avversario] (raro) adversaire (L.C.).

duellare [duel'lare] v. intr. se battre en duel.

duellista [duel'lista] (**-i** pl.) m. e f. duelliste.

duello [du'ɛllo] m. STOR. combat singulier. ‖ PER EST. duel, rencontre f., affaire (f.) d'honneur. | *duello con la pistola*, rencontre au pistolet. | *sfidare in duello*, provoquer en duel. | *battersi in duello*, se battre en duel. | *duello all'ultimo sangue*, duel à mort.

duemila [due'mila] agg. num. card. deux mille. ◆ m. *il Duemila*, l'an deux mille. | *nel Duemila*, au XXIe siècle.

duetto [du'etto] m. MUS. duo, duetto. | *chi canta o suona in duetto*, duettiste m.

dugongo [du'gɔngo] (**-ghi** pl.) m. ZOOL. dugong, dugon.

dulcamara [dulka'mara] f. BOT. douce-amère.

dulcinea [dultʃi'nɛa] f. IRON. dulcinée.

dulia [du'lia] f. TEOL. dulie. | *culto di dulia*, culte de dulie.

dum-dum [dum'dum] loc. agg. MIL. dum-dum.

dumping ['dʌmpiŋ] m. [ingl.] COMM. dumping.

duna ['duna] f. dune.

dunoso [du'noso] agg. dunaire, de dunes.

dunque ['dunkwe] cong. [conclusione] donc, partant, par conséquent. | *penso, dunque sono*, je pense, donc je suis. ‖ [concatenamento] donc. | *dunque dicevo che*, je disais donc que. ◆ avv. [finalmente] donc. | *confessi, dunque !*, tu avoues, donc ! ‖ [nelle interrogazioni] donc, alors, eh bien. | *cosa succede dunque ?*, alors, qu'est-ce qui se passe ? ◆ m. *venire al dunque*, venir au fait. | *trovarsi al dunque*, arriver au moment décisif.

duo ['duo] m. MUS. duo, duetto.

duodecimale [duodetʃi'male] agg. duodécimal.

duodecimo [duo'dɛtʃimo] agg. num. ord. V. DODICESIMO.

duodenale [duode'nale] agg. ANAT. duodénal.

duodenite [duode'nite] (**-i** pl.) f. MED. duodénite.

duodeno [duo'dɛno] m. ANAT. duodénum.

duomo ['dwɔmo] m. [cattedrale] cathédrale. ‖ [in Italia e in Germania] dôme. | *il duomo di Milano*, le dôme de Milan. ‖ MECC. dôme. ‖ TECN. [di alambicco] chapiteau.

duplex ['dupleks] m. TELECOM. duplex, duplication f.

duplicare [dupli'kare] v. tr. [raddoppiare] doubler, redoubler. ‖ AMM. *duplicare una ricevuta*, faire le duplicata d'un reçu.

duplicato [dupli'kato] part. pass. e agg. doublé, redoublé. ◆ m. duplicata, double. | *duplicato di un diploma*, duplicata d'un diplôme. | *in duplicato*, en double, en duplicata. ‖ TIP. doublon.

duplicatore [duplika'tore] m. TECN. duplicateur.

duplicatura [duplika'tura] f. duplication. ‖ TIP. doublon m.

duplicazione [duplikat'tsjone] f. duplication. ‖ PER EST. [raddoppiamento] redoublement m., réduplication.

duplice ['duplitʃe] agg. [che si compone di due parti] double. ‖ COMM. *in duplice copia*, en double exemplaire. | *fare in duplice copia*, faire en double, en duplicata. ‖ STOR. *la duplice alleanza*, la Duplice. ◆ f. SPORT [ippica] pari doublé. ◆ m. TELECOM. duplex.

duplicità [duplitʃi'ta] f. FIG. [raro] duplicité (L.C.).

1. dura ['dura] f. BOT. sorgho m.

2. dura ['dura] f. ANAT. dure-mère.

durabile [du'rabile] agg. invar. (raro) durable (L.C.).

durabilità [durabili'ta] f. (raro) durabilité (L.C.).

duracino [du'ratʃino] agg. BOT. *ciliegia duracina*, bigarreau m. | *pesca duracina*, pavie.

duramadre [dura'madre] f. ANAT. dure-mère.

durame [du'rame] m. BOT. duramen.

durante [du'rante] prep. pendant, durant. | *durante la notte*, pendant la nuit. | *vita natural durante*, sa vie durant. | *durante lunghe ore*, des heures durant, durant longtemps.

durare [du'rare] v. intr. [continuare a sussistere] durer. | *la festa è durata fin troppo*, la fête n'a que trop duré. | *il ministro è durato in carica solo un anno*, le ministre n'est resté en fonctions qu'un an. ‖ PER EST. [continuare, protrarsi] durer. | *la sua collera non durò a lungo*, sa colère ne fit pas long feu. | *non può durare*, ça ne peut durer. | *non può durare così*, cela ne peut pas continuer de la sorte ! | *speriamo che duri !*, pourvu que ça dure ! | *duri quel che duri*, ça durera ce que ça durera. | *finché dura*, tant que ça dure. ‖ PER ANAL. [resistere, conservarsi] durer, tenir, résister. | *fiore che non dura*, fleur qui ne dure pas. | *la loro unione dura ancora*, leur union tient encore. | *questa moda non durerà*, cette mode ne tiendra pas. | *quanto pensi che durerà nel nuovo lavoro ?*, combien de temps penses-tu qu'il durera dans son nouveau travail ? | *duro poco al sole*, je résiste peu au soleil. | *durare due volte di più*, faire deux fois plus d'usage. ‖ LOC. *durare da Natale a Santo Stefano*, ne durer qu'un jour. | *un bel gioco dura poco*, les plaisanteries les plus courtes sont les meilleures (L.C.). ◆ v. tr. *durare uno sforzo* (raro), endurer un effort (L.C.). | *durare fatica a*, avoir du mal, de la peine à. ‖ PROV. *chi la dura la vince*, la persévérance vient à bout de tout.

durata [du'rata] f. [sussistenza nel tempo] durée. | *senza durata*, sans durée. ‖ PER EST. [continuità] durée. | *essere di corta, di lunga durata*, être de courte durée, de longue durée. ‖ PER ANAL. [resistenza] durée. | *durata di un oggetto*, durée d'un objet. ‖ FON., TECN. durée. | *durata di una macchina*, vie utile d'une machine.

durativo [dura'tivo] agg. LING. duratif.

duraturo [dura'turo] agg. durable.

durevole [du'revole] agg. durable.

durezza [du'rettsa] f. [solidità, resistenza] dureté, fermeté. | *durezza del diamante*, dureté du diamant. ‖ FIG. [morale] dureté, raideur. | *durezza di modi*, rudesse de manières. | *durezza di cuore*, dureté de

cœur. | *trattare qlcu. con durezza*, traiter qn avec dureté. || CHIM. *durezza dell'acqua*, dureté, crudité de l'eau. | *scala di durezza*, échelle de dureté.
durlindana [durlin'dana] f. SCHERZ. épée (L.C.).
duro ['duro] agg. **1.** [resistente] dur, ferme. | *metallo duro*, métal dur. | *duro come il sasso*, dur comme pierre. | *duro come il ferro*, dur comme le fer. || LOC. *carne dura*, viande dure. | *acciaio duro*, acier dur. | *pietre dure*, pierres dures. | *lineamenti duri*, traits (du visage) durs. | *cappello duro*, (chapeau) melon. | *uovo duro*, œuf dur. | *acqua dura*, eau dure, crue. || FIG. *sonno duro*, sommeil dur. | *avere la pelle dura*, avoir la peau dure. | *trovare un osso duro* (fam.), tomber sur un bec (pop.). | *quel tipo è un osso duro* (fam.), ce type est un dur à cuire. || **2.** [difficile da sopportare] dur, rude, difficile. | *lavoro duro*, travail dur. | *rendere la vita dura a qlcu.*, faire la vie dure à qn. || **3.** [moralmente] dur, rude. | *essere duro con qlcu.*, être dur pour, envers qn. | *sguardo duro*, regard dur. | *parlare con voce dura*, parler d'une voix dure. | *dire parole dure a qlcu.*, dire des duretés à qn. | *carattere duro*, caractère rude. | *è stato un duro colpo*, ç'a été un dur coup. || LOC. *essere duro di cuore*, avoir le cœur dur. | *essere duro di testa, di mente, di comprendonio*, avoir la tête dure. | *essere duro d'orecchi*, être dur d'oreille, avoir l'oreille dure. | *pregiudizio duro a morire*, préjugé qui a la vie dure. | *a muso duro* (pop.), les dents serrées (L.C.). | *è un tipo duro* (fam.), c'est une forte tête. | *cercavo di convincerlo, e lui, duro!* (fam.), je cherchais à le convaincre, et lui, rien! || **4.** FON. *consonante dura*, consonne dure. ◆ m. [cose] dur. | *il duro e il molle*, le dur et le mou. | *dormire sul duro*, coucher sur la dure. || FAM. [persone] *essere un duro*, être un dur. | *fare il duro*, jouer les durs. ◆ avv. dur, ferme. | *lavorare duro*, travailler dur. | *tener duro*, tenir bon, tenir fermement. | *tener duro nella propria opinione*, tenir ferme à son opinion.
durone [du'rone] m. MED. durillon. || BOT. [ciliegia] bigarreau.
duttile ['duttile] agg. ductile. || FIG. malléable, souple, docile.
duttilità [duttili'ta] f. ductilité. || FIG. malléabilité, souplesse, docilité.
duumvirato [duunvi'rato] m. STOR. [Roma] duumvirat.
duumviro [du'unviro] m. STOR. [Roma] duumvir.

E

1. e [e] f. o m. e m.
2. e [e] cong. **1.** et. | *io e Lei*, vous et moi, vous comme moi. || LOC. *tutti e due*, tous les deux. | *bell'e fatto*, entièrement fait. | *bell'e finito*, tout à fait fini. | *alla bell'e meglio*, tant bien que mal. || **2.** [senso avversativo] et, mais. | *aveva promesso di venire, e non si è visto*, il avait promis de venir, mais il ne s'est pas montré. || **3.** [enfatico] *e muoviti!*, remue-toi, dépêche-toi donc (un peu); allons, remue-toi! | *e vieni!*, viens donc!; mais enfin, viens! | *vuoi andare?, e vacci!*, tu veux y aller?, vas-y, alors; eh bien, vas-y!
ebanista [eba'nista] (**-i** pl.) m. ébéniste.
ebanisteria [ebaniste'ria] f. ébénisterie.
ebanite [eba'nite] f. ébonite.
ebano ['ɛbano] m. BOT. [albero] ébénier. || [legno] ébène f. || FIG. *chioma d'ebano*, chevelure (d'un noir) d'ébène.
ebbene [eb'bɛne] avv. eh bien. | *ebbene, verrò*, eh bien, je viendrai; bon, je viendrai. | *ebbene, che te ne pare?*, eh bien, alors, qu'en penses-tu? | *ebbene?*, eh bien?, alors?
ebbrezza [eb'brettsa] f. ivresse, ébriété (stile ammin.). || PER EST. ivresse, griserie, enivrement m.
ebbrietà [ebbrje'ta] f. V. EBRIETÀ.
ebbro ['ɛbbro] agg. (lett.) PR. e FIG. ivre (L.C.). | *ebbro di piacere*, ivre, éperdu de plaisir.
ebdomadario [ebdoma'darjo] agg. e m. (lett.) hebdomadaire (L.C.).
ebetaggine [ebe'taddʒine] f. stupidité, imbécillité, idiotie.
ebete ['ɛbete] agg. e n. abruti, ahuri; crétin, crétine; imbécile, idiot, idiote. | *razza di ebete!*, espèce d'idiot!, espèce de crétin! | *sguardo da ebete*, regard hébété, stupide. ◆ agg. stupide, hébété. | *sembra davvero ebete*, il a l'air vraiment stupide.
ebetismo [ebe'tizmo] m. stupidité, bêtise. || MED. hébétude.
ebetudine [ebe'tudine] f. V. EBETISMO.
ebollizione [ebollit'tsjone] f. ébullition.
ebraico [e'braiko] (**-ci** pl.) agg. hébraïque, hébreu (m.); juif (juive f.). | *popolo ebraico*, peuple hébreu, juif. | *testo ebraico*, texte hébreu. | *tradizione ebraica*, tradition hébraïque. ◆ m. [lingua] hébreu.
ebraismo [ebra'izmo] m. [religione] judaïsme. || [tradizione] tradition juive, hébraïque. || LING. hébraïsme.
ebreo [e'brɛo] agg. e m. juif (juive f.), hébreu (m.). | *cattività degli Ebrei a Babilonia*, captivité des Hébreux à Babylone. || [oggi] juif, israélite. | *quartiere ebreo*, quartier juif. | *ebreo tedesco*, juif allemand.
ebrietà [ebrje'ta] f. (lett.) ivresse (L.C.), ébriété (stile ammin.). || PER EST. ivresse, griserie.
eburneo [e'burneo] agg. (lett.) en ivoire, d'ivoire (L.C.), éburnéen. || FIG. d'ivoire (poet.), éburnéen.
ecatombe [eka'tombe] f. PR. e FIG. hécatombe.
eccedente [ettʃe'dɛnte] agg. excédentaire. | *produzione eccedente*, production excédentaire. | *quantità eccedente*, excédent m. ◆ m. excédent. | *togliere l'eccedente*, enlever l'excédent.
eccedenza [ettʃe'dɛntsa] f. excédent m., excès m., surplus m. | *eccedenza di peso*, excédent, excès de poids; surcharge. | *eccedenza delle importazioni sulle esportazioni*, excédent des importations sur les exportations. | *l'eccedenza del raccolto*, le surplus de la récolte. | *eccedenza di mano d'opera*, surabondance de la main-d'œuvre. || LOC. *in eccedenza*, en excédent; excédentaire adj. || COMM. *eccedenza netta*, valeur nette.
eccedere [et'tʃɛdere] v. tr. excéder, dépasser. | *questa spesa eccede le mie possibilità*, cette dépense excède, dépasse mes possibilités. | *produzione che eccede di molto i bisogni*, production largement excédentaire. | *il successo eccede le previsioni*, le succès dépasse les prévisions. || ASSOL. exagérer, abuser. | *eccedere nel bere*, abuser de l'alcool, boire avec excès, trop boire. | *eccedere nel mangiare*, faire des excès de table, manger avec excès.
ecce homo [ɛttʃe'ɔmo] m. invar. [lat.] ecce homo.
ecceità [ettʃei'ta] f. FILOS. eccéité.
eccellente [ettʃel'lɛnte] agg. excellent. || [di cibi, bevande] excellent, délicieux, fameux (fam.).
eccellentemente [ettʃellente'mente] avv. excellemment.
eccellenza [ettʃel'lɛntsa] f. excellence (lett.), supé-

riorité, perfection. ‖ Loc. *per eccellenza,* par excellence. ‖ [titolo] Excellence. | *Sua, Vostra Eccellenza,* Son, Votre Excellence.
eccellere [et'tʃɛllere] v. intr. exceller, être supérieur. | *eccellere nella propria professione,* exceller dans sa profession. | *eccellere su, tra gli altri,* être supérieur aux autres.
eccelsamente [ettʃelsa'mɛnte] avv. supérieurement.
eccelso [et'tʃɛlso] agg. lett. très élevé (l.c.). ‖ Per est. supérieur, insigne, sublime, éminent. ◆ m. *l'Eccelso,* le Très-Haut. ◆ pl. Relig. *gli eccelsi,* les cieux.
eccentricamente [ettʃentrika'mente] avv. de manière excentrique, excentriquement, bizarrement. ‖ Geom. excentriquement.
eccentricità [ettʃentritʃi'ta] f. excentricité. ‖ Fig. excentricité, extravagance, bizarrerie.
eccentrico [et'tʃɛntriko] (**-ci** pl.) agg. Geom. excentrique. ‖ Per est. excentrique. | *quartieri eccentrici,* quartiers excentriques. ‖ Fig. excentrique, extravagant, bizarre. | *è un uomo eccentrico,* c'est un excentrique. ◆ m. Tecn. excentrique.
eccepibile [ettʃe'pibile] agg. discutable, contestable, critiquable.
eccepire [ettʃe'pire] v. tr. objecter. | *non ho niente da eccepire,* je n'ai rien à objecter, je n'y vois pas d'objection, je ne vois rien à redire (à cela). ‖ Giur. exciper (v. intr.) ; soulever une objection.
eccessivamente [ettʃessiva'mente] avv. excessivement, exagérément ; [con verbo] avec excès.
eccessività [ettʃessivi'ta] f. (raro) énormité, démesure.
eccessivo [ettʃes'sivo] agg. excessif. | *prezzo eccessivo,* prix excessif, exagéré, exorbitant. | *caldo eccessivo,* chaleur excessive, extrême (lett.). | *parola eccessiva,* mot trop fort.
eccesso [et'tʃɛsso] m. **1.** [quantità in troppo] excès. | *eccesso di peso,* excès de poids. ‖ **2.** [abuso] excès, abus. | *eccesso di velocità,* excès de vitesse. | *eccesso nel bere,* abus de la boisson. ‖ **3.** Fig. (per lo più pl.) excès, débordements (pl.). | *evitare gli eccessi,* éviter les excès. ‖ **4.** Loc. *andare agli eccessi,* exagérer. | *all'eccesso,* (jusqu') à l'excès. | *per eccesso,* par excès.
eccetera [et'tʃɛtera] m. et cætera, et cetera.
eccetto [et'tʃɛtto] prep. (o ***eccetto che,*** loc. prep.) excepté, sauf, hormis (lett.), hors (lett. o antiq.), à part, à l'exception de ; excepté (agg.). | *eccetto mia sorella,* sauf, excepté ma sœur ; ma sœur exceptée. | *ha tutto eccetto la felicità,* il a tout sauf, à part, excepté, hormis le bonheur. | *tutti fanno sciopero eccetto (che) i dirigenti,* tout le monde fait grève, à l'exception des cadres. ◆ Loc. conj. ***eccetto che, eccettoché,*** excepté que, sauf que, si ce n'est que, à part que (fam.). | *non è cambiato, eccetto che i suoi capelli sono diventati bianchi,* il n'a pas changé, sauf que ses cheveux sont devenus blancs. ‖ [a meno che] à moins que (+ cong.), sauf si (+ indic.).
eccettuabile [ettʃettu'abile] agg. qu'on peut excepter.
eccettuare [ettʃettu'are] v. tr. excepter. | *se si eccettua un particolare,* si l'on excepte un détail, à l'exception d'un détail. | *tutti i paesi senza eccettuare il nostro,* tous les pays sans excepter le nôtre. | *senza eccettuare nessuno,* sans (aucune) exception.
eccettuato [ettʃettu'ato] agg. excepté (agg. o prep.), sauf (prep.), à l'exception de (loc. prep.). | *eccettuate le donne,* les femmes exceptées ; excepté les femmes. | *eccettuato il giovedì,* sauf, excepté le jeudi. | *nessuno eccettuato,* sans (aucune) exception.
eccezionale [ettʃettsjo'nale] agg. exceptionnel. | *eccezionale talento,* talent exceptionnel, hors ligne. | *tribunale, legge eccezionale,* tribunal, loi d'exception. | *in via eccezionale,* par exception, exceptionnellement.
eccezionalità [ettʃettsjonali'ta] f. caractère (m.) exceptionnel.
eccezionalmente [ettʃettsjonal'mente] avv. exceptionnellement, par exception.
eccezione [ettʃet'tsjone] f. **1.** exception. | *fare eccezione alla regola,* faire exception à la règle. | *senza eccezione,* sans exception. | *salvo poche eccezioni,* à quelques exceptions près. | *d'eccezione,* d'exception, exceptionnel (adj.). ◆ Loc. prep. ***ad eccezione di,*** à l'exception de, à part, sauf. ‖ **2.** [obiezione] objection, critique. | *furono avanzate molte eccezioni,* des nombreuses objections furent formulées. ‖ **3.** Giur. exception. | *sollevare un' eccezione,* opposer une exception.
ecchimosi [ek'kimozi] f. Med. ecchymose.
ecci! [et'tʃi] onomat. atchoum !
eccidio [et'tʃidjo] m. massacre, tuerie f., carnage.
eccipiente [ettʃi'pjɛnte] m. Farm. excipient. ◆ agg. qui sert d'excipient.
eccitabile [ettʃi'tabile] agg. excitable.
eccitabilità [ettʃitabili'ta] f. excitabilité.
eccitamento [ettʃita'mento] m. excitation f. ‖ [incitamento] incitation f., excitation. | *eccitamento al vizio,* incitation à la débauche.
eccitante [ettʃi'tante] agg. e m. excitant.
eccitare [ettʃi'tare] v. tr. **1.** exciter. | *eccitare i nervi,* exciter les nerfs. | *eccitare la fantasia,* exciter, échauffer l'imagination. ‖ **2.** [aizzare] exciter, inciter, provoquer. | *eccitare qlcu. alla violenza,* provoquer, inciter qn à la violence. | *eccitare le masse,* exciter, agiter les masses. ‖ **3.** [suscitare] exciter, provoquer. | *eccitare il riso,* exciter, provoquer le rire. | *eccitare la collera,* exciter, déchaîner la colère. | *eccitare l'interesse,* exciter, éveiller l'intérêt. | *eccitare l'ammirazione,* exciter, susciter l'admiration. ‖ **4.** Elettr. exciter. ◆ v. rifl. s'exciter, s'agiter. | *eccitarsi parlando,* s'exciter, s'échauffer en parlant. | *non eccitarti così,* ne t'énerve pas, ne t'excite pas comme ça.
eccitato [ettʃi'tato] agg. excité, agité.
eccitatore [ettʃita'tore] (**-trice** f.) n. e agg. excitateur, trice. ◆ m. Elettr. excitateur. ◆ f. Elettr. excitatrice.
eccitazione [ettʃitat'tsjone] f. excitation. ‖ Elettr. excitation.
ecclesiale [ekkle'zjale] agg. Neol. ecclésial.
ecclesiastico [ekkle'zjastiko] (**-ci** pl.) agg. e m. ecclésiastique.
ecclettico [ek'klɛttiko] agg. e deriv. V. eclettico.
ecclissi [ek'klissi]. f. V. eclissi.
ecclittica [ekklit'tika] f. V. eclittica.
ecco ['ɛkko] avv. **1.** voilà, voici. | *ecco (qua) mio figlio,* voici, voilà mon fils. | *ecco la pioggia, il sole,* voilà, voici la pluie, le soleil. | *eccomi,* me voilà, me voici. | *eccolo qui,* le voici, le voilà. | *eccoli laggiù,* les voilà là-bas. | *eccoti la tua parte,* tiens, voilà ta part. | *eccovi l'elenco dei partecipanti,* voici la liste des participants. ‖ [senso indebolito] *eccoci, abbiamo preparato tutto,* voilà, ça y est, nous avons tout préparé. ‖ [seguito dal part. passato] voilà, voici. | *eccoci arrivati,* nous voilà, nous voici arrivés. | *eccoci pronti,* nous voilà prêts. | *ecco fatto,* voilà (qui est fait) ; c'est fait ; ça y est. ‖ [per introdurre una narrazione] voici, voilà. | *non ne ho parlato prima, ecco perché,* je n'en ai pas parlé avant, et voici pourquoi. | *ecco quello che faremo,* voici, voilà ce que nous allons faire. ‖ **2.** [circostanza improvvisa] voilà. | *ed ecco che egli scoppia in lacrime,* et voilà qu'il fond en larmes, et le voilà qui fond en larmes. | *quand'ecco,* quand soudain. ‖ [riferendosi a quello che è stato detto] *non ero sicuro di aver ragione, ecco perché ho taciuto,* je n'étais pas sûr d'avoir raison, voilà pourquoi je me suis tu. | *ecco il vostro errore,* voilà, c'est là votre erreur. | *ecco tutto,* voilà tout. ‖ [nelle risposte] *«Maria!», «ecco!»,* «Marie!», «voilà!». | *«vorrei un chilo di zucchero», «ecco (a Lei Signora)»,* «je voudrais un kilo de sucre», «voilà (Madame)». ‖ **3.** [valore di interiez.] enfin, tout de même, quand même, voilà. | *eccoche ti comporti da sciocco,* (mais) enfin, tu te conduis bêtement. | *ecco che avevo ragione io,* tu vois (vous voyez) bien que j'avais raison.
— N. B. L'opposizione classica tra «voici» (che si riferisce a cosa o persona piuttosto vicina) e «voilà» (che si riferisce a cosa o persona piuttosto lontana) non è più rispettata nella lingua comune, che preferisce «voilà.» È invece relativamente viva l'opposizione tra «voilà» (riferito a cosa già detta) e «voici» (riferito a cosa che si sta per dire).
eccome! [ek'kome] avv. e interiez. et comment ! (fam.) ; je te, vous crois ! (fam.) ; mais comment donc !
echeggiamento [ekeddʒa'mento] m. retentissement (lett.), résonance f., résonnement.
echeggiare [eked'dʒare] v. intr. résonner, retentir. | *una fucilata echeggiò nella valle,* un coup de fusil

résonna, retentit dans la vallée. | *la sala echeggiava di applausi*, la salle résonnait d'applaudissements.

echidna [e'kidna] f. ZOOL. échidné.

echino [e'kino] m. ZOOL. oursin. || ARCHIT. échine f.

echinodermi [ekino'dɛrmi] m. pl. ZOOL. échinodermes.

eclampsia [eklam'psia] f. MED. éclampsie.

eclettico [ek'lɛttiko] (**-ci** pl.) agg. e m. éclectique.

eclettismo [eklet'tizmo] m. éclectisme.

eclissare [eklis'sare] v. tr. ASTRON. éclipser. || FIG. éclipser, effacer, surpasser. | *il suo fascino eclissava quello delle altre donne*, son charme effaçait, éclipsait celui des autres femmes. ◆ v. rifl. s'éclipser. || FIG. s'éclipser (fam.), s'esquiver.

eclissi [e'klissi] o **eclisse** f. ASTRON. éclipse. | *eclissi solare*, éclipse de soleil.

eclittica [e'klittika] f. ASTRON. écliptique m.

eco ['ɛko] (**echi** pl.) m. [spesso f. al sing.] écho. || FIG. écho. | *fare eco*, faire écho, répéter. | *fai eco a tutto quello che dice*, tu approuves tout ce qu'il dit. || [ripercussione] retentissement, bruit. | *il suo matrimonio ha suscitato una grande eco*, son mariage a fait beaucoup de bruit. || MUS., POES. écho.

ecogoniometro [ekogo'njɔmetro] m. MAR. sondeur à ultrasons, échosondeur.

ecolalia [ekola'lia] f. MED. écholalie.

ecologia [ekolo'dʒia] f. écologie.

ecologico [eko'lɔdʒiko] (**-ci** pl.) agg. écologique.

ecologo [e'kɔlogo] (**-gi** pl.) m. écologiste.

economato [ekono'mato] m. économat.

econometria [ekonome'tria] f. économétrie.

economia [ekono'mia] f. **1.** économie. | *economia politica*, économie politique. || **2.** [gestione] administration, gestion, économie (antiq.). | *saggia economia*, sage administration, bonne gestion. | *economia domestica*, économie domestique. || [amministrazione diretta] régie simple, directe. | *lavori in economia*, travaux en régie. || FIG. économie (lett.), organisation, structure. | *economia di un'opera letteraria*, structure, économie d'une œuvre littéraire. || **3.** [risparmio] économie, parcimonie, épargne. | *vivere con economia*, vivre économiquement. | *fare qlco. in economia*, faire qch. en regardant à la dépense. | *fare economia*, faire des économies, économiser. || FIG. économie. | *fare economia delle proprie forze*, économiser ses forces. || specie pl. [denaro risparmiato] économies. | *investire le proprie economie*, investir ses économies.

economicamente [ekonomika'mente] avv. économiquement.

economicità [ekonomitʃi'ta] f. (raro) prix (m.) avantageux (L.C.); bon marché m. (L.C.).

economico [eko'nɔmiko] (**-ci** pl.) agg. économique. | *dottrine economiche*, doctrines économiques. || LOC. *annuncio economico*, petite annonce. || PER EST. matériel, financier. | *le mie condizioni economiche non me lo permettono*, mes moyens ne me le permettent pas. || [che fa risparmiare] économique, bon marché. | *sistema di riscaldamento economico*, système de chauffage économique. | *edizione economica*, édition (à) bon marché. | *è più economico*, c'est plus économique, c'est meilleur marché (fam.). | *cucina economica*, cuisinière à charbon, fourneau de cuisine. ◆ f. économie politique.

economista [ekono'mista] m. économiste.

economizzare [ekonomid'dzare] v. tr. PR. e FIG. économiser.

economo [e'kɔnomo] (**-a** f.) agg. e m. économe.

ectoplasma [ekto'plazma] (**-i** pl.) m. ectoplasme. || BIOL. ectoplasme.

ecumenico [eku'mɛniko] (**-ci** pl.) agg. œcuménique.

ecumenismo [ekume'nizmo] m. œcuménisme.

eczema [ek'dzɛma] (**-i** pl.) m. MED. eczéma.

eczematoso [ekdzema'toso] agg. MED. eczémateux.

ed ['ed] cong. (usata davanti a vocale, specie « e »). V. E.

edelweiss ['e:dəlvais] m. [ted.] BOT. edelweiss.

edema [e'dɛma] (**-i** pl.) m. MED. œdème.

edematoso [edema'toso] agg. e n. MED. œdémateux.

eden ['ɛden] m. éden.

edera ['edera] f. BOT. lierre m.

edicola [e'dikola] f. kiosque (m.) à journaux. || [nicchia, tempietto] édicule m.

edicolante [ediko'lante] o **edicolista** [ediko'lista] m. e. f. marchand de journaux.

edificante [edifi'kante] agg. édifiant.

edificare [edifi'kare] v. tr. édifier, bâtir, construire. | *edificare un tempio*, bâtir, élever, ériger un temple. || FIG. édifier, bâtir, construire, établir, fonder, créer. | *edificare un impero*, édifier, fonder un empire. | *edificare una teoria*, édifier, bâtir une théorie. || [educare] édifier. || ASSOL. bâtir, construire. || LOC. FIG. *edificare sulla sabbia*, bâtir sur le sable. || [morale, religione] édifier.

edificatore [edifika'tore] (**-trice** f.) m. bâtisseur, euse.

edificazione [edifikat'tsjone] f. édification, construction. || FIG. édification.

edificio [edi'fitʃo] m. édifice, bâtiment, immeuble, construction f. || FIG. édifice. || [teoria] thèse f., théorie f., argumentation f. | *l'edificio della difesa*, l'argumentation de la défense. | *edificio di cartapesta*, échafaudage.

edile [e'dile] agg. de, du bâtiment. | *industria edile*, industrie du bâtiment. | *impresa edile*, entreprise de bâtiment. | *forniture edili*, matériaux de construction. ◆ m. STOR. édile. || LOC. *gli edili*, les ouvriers du bâtiment.

edilità [edili'ta] f. STOR. édilité.

edilizia [edi'littsja] f. [insieme di industrie e di mestieri] bâtiment m. | *l'edilizia è un settore in pieno sviluppo*, le bâtiment est un secteur en plein essor. || [insieme di tecniche] construction. | *progressi nell'edilizia*, progrès dans la construction. || [arte della costruzione] architectonique, architecture. | *edilizia moderna*, architecture moderne.

edilizio [edi'littsjo] agg. du bâtiment, de la construction. | *crisi edilizia*, crise du bâtiment. | *regolamento edilizio*, réglementation de la construction. | *piano edilizio*, plan d'urbanisme. | *speculazione edilizia*, spéculation immobilière. || STOR. édilitaire (raro), de l'édile.

edipico [e'dipiko] (**-ci** pl.) agg. PSICANAL. d'Œdipe, œdipien, enne. | *rapporto edipico*, relation œdipienne.

edito ['ɛdito] agg. édité, publié.

editore [edi'tore] (**-trice** f.) agg. e m. éditeur, trice. | *casa, società editrice*, éditeur; maison d'édition, société éditrice. | *Rossi editore*, éditions Rossi.

editoria [edito'ria] f. édition.

editoriale [edito'rjale] agg. de l'édition, de l'éditeur. ◆ m. e agg. GIORN. éditorial.

editorialista [editorja'lista] (**-i** pl.) m. e f. éditorialiste.

editto [e'ditto] m. édit.

edizione [edit'tsjone] f. **1.** édition. | *edizione riveduta e corretta*, édition revue et corrigée. || [concreto] édition. || PER EST. [di giornale] édition. | *edizione straordinaria*, édition spéciale. || **2.** FIG. *la decima edizione della fiera di Milano*, la dixième foire de Milan. || [di spettacolo] interprétation.

edonismo [edo'nizmo] m. FILOS. hédonisme.

edonista [edo'nista] (**-i** pl.) m. FILOS. hédoniste.

edonistico [edo'nistiko] (**-ci** pl.) agg. FILOS. hédoniste, hédonistique.

edotto [e'dɔtto] agg. (lett.) informé (L.C.). | *rendere edotto qlcu. di qlco.*, informer, instruire qn de qch., mettre qn au courant de qch.

edredone [edre'done] m. ZOOL. eider.

educabile [edu'kabile] agg. éducable.

educanda [edu'kanda] f. pensionnaire (d'un établissement religieux), couventine. || LOC. FIG. *arrossire come un'educanda*, rougir comme une pensionnaire.

educandato [edukan'dato] m. institution f., pensionnat, pension (f.) de jeunes filles; couvent.

educare [edu'kare] v. tr. **1.** [bambini] élever, éduquer. | *educare bene, male*, bien, mal élever. || **2.** [altre persone] éduquer. | *educare le masse*, éduquer les masses. || **3.** [qlco.] éduquer, former. | *educare la volontà, i sensi*, éduquer la volonté, les sens. | *educare il gusto*, former le goût. || **4.** *educare qlcu. a qlco.*, former habituer qn à qch. | *educare alla virtù*, former à la vertu. | *educare al bene*, accoutumer au bien.

educatamente [edukata'mente] avv. poliment.

educativo [eduka'tivo] agg. éducatif.

educato [edu'kato] agg. poli, bien élevé. | *comportarsi da persona educata*, faire preuve d'éducation.
educatore [eduka'tore] (**-trice** f.) agg. e m. éducateur, trice.
educazione [edukat'tsjone] f. éducation. | *educazione dei bambini*, éducation des enfants. | *educazione religiosa*, éducation, formation religieuse. | *educazione fisica*, éducation physique, gymnastique. || [creanza] éducation, politesse, savoir-vivre m. | *è senza educazione*, il manque d'éducation, de politesse. | *bella educazione!*, quelle éducation! | *andate ad imparare l'educazione!*, apprenez la politesse!
edulcorare [edulko'rare] v. tr. PR. (raro) e FIG. édulcorer.
edule [e'dule] agg. (raro) comestible.
efebico [e'fɛbiko] (**-ci** pl.) agg. (lett.) d'éphèbe. | *corpo efebico*, corps d'éphèbe.
efebo [e'fɛbo] m. STOR., IRON. éphèbe.
efelide [e'fɛlide] f. tache de rousseur, tache de son.
efemera [e'fɛmera] f. ZOOL. éphémère.
effemeride [effe'mɛride] o **efemeride** f. éphéméride. || ASTRON. éphémérides f. pl.
effeminare [effemi'nare] v. tr. (lett.) efféminer, féminiser.
effeminatezza [effemina'tettsa] f. mollesse, manque (m.) de virilité.
effeminato [effemi'nato] agg. e m. efféminé.
efferatamente [efferata'mente] avv. atrocement.
efferatezza [effera'tettsa] f. atrocité, horreur, cruauté.
efferato [effe'rato] agg. atroce, horrible.
efferente [effe'rɛnte] agg. ANAT. efférent.
effervescente [efferveʃ'ʃɛnte] agg. PR. e FIG. effervescent.
effervescenza [efferveʃ'ʃɛntsa] f. [di liquido] effervescence. || FIG. effervescence, fermentation, émoi m. | *effervescenza degli spiriti*, effervescence, bouillonnement m., échauffement (m.) des esprits. | *erano tutti in effervescenza*, ils étaient tous en effervescence, en ébullition.
effettivamente [effettiva'mente] avv. effectivement.
effettivo [effet'tivo] agg. effectif, réel. | *aiuto effettivo*, aide effective. | *causa effettiva*, cause réelle. || PARTICOL. *socio effettivo*, membre actif. | *ufficiale effettivo*, officier d'active, de carrière. || TECN. *potenza effettiva*, puissance effective. ◆ m. [insieme, numero] effectif. | *l'effettivo del patrimonio*, l'ensemble du patrimoine. | *l'effettivo del reggimento*, l'effectif du régiment.
effetto [ef'fɛtto] m. **1.** effet. | *aver effetto, produrre un effetto, fare effetto*, avoir de l'effet, faire effet, agir. | *mandare ad effetto, porre in effetto*, mettre à effet, à exécution, réaliser, exécuter. || PER EST. [risultato] effet, conséquence f., suite f. | *questo è l'effetto della tua negligenza!*, voilà la conséquence de ta négligence! | *per effetto di*, par suite de, à cause de. || [scopo] effet, but, fin f. | *raggiungere l'effetto voluto*, atteindre le but recherché. | *a questo effetto, a tale effetto*, à cet effet, à cette fin, dans ce but. || **2.** [impressione] effet, impression f., sensation f. | *racconto che ha fatto molto effetto*, récit qui a fait beaucoup d'effet, qui a fait grande impression. | *scena d'effetto*, scène à effet. | *fare l'effetto di*, faire l'effet de, avoir l'air de. || **3.** COMM., FIN. effet. || FIS. effet. | *effetto fotoelettrico*, effet photoélectrique. || GIOCHI, SPORT effet. || GIUR. effet. | *legge con effetto retroattivo*, loi à effet rétroactif. || TECN. effet. | *effetto ritardato*, effet à retardement. ◆ LOC. AVV. ***in effetto, in effetti***, en fait, de fait, en réalité. ◆ pl. effets. | *effetti di vestiario*, effets personnels.
effettuabile [effettu'abile] agg. réalisable.
effettuabilità [effettuabili'ta] f. possibilité d'effectuer, de réaliser. | *dubito dell'effettuabilità di queste riforme*, je doute qu'il soit possible d'effectuer ces réformes.
effettuare [effettu'are] v. tr. effectuer, exécuter, réaliser. | *effettuare un piano*, exécuter un plan. | *effettuare una riforma*, effectuer, réaliser une réforme.
effettuazione [effettuat'tsjone] f. exécution, réalisation.
efficace [effi'katʃe] agg. efficace, actif, agissant. || RELIG. *grazia efficace*, grâce efficace.
efficacemente [effikatʃe'mente] avv. efficacement.
efficacia [effi'katʃa] f. efficacité. || [espressività] énergie, vigueur.
efficiente [effi'tʃɛnte] agg. qui a un bon rendement, qui fonctionne bien, efficace, efficient (neol.). | *macchina efficiente*, machine qui fonctionne bien. | *strumento efficiente*, instrument efficace. || [persone] efficace, dynamique, capable, bon, efficient (neol.). || FILOS. *causa efficiente*, cause efficiente. || GRAMM. *complemento di causa efficiente*, complément de cause (d'un verbe passif).
efficienza [effi'tʃɛntsa] f. capacité de rendement, rendement m., efficacité, efficience (neol. econ. o abusivo). | *efficienza di un motore*, rendement d'un moteur. | *efficienza di un'organizzazione*, efficacité d'une organisation. | *mettere in efficienza*, mettre en état de marche. | *essere in piena efficienza*: [di persona] être en pleine forme; [di macchina] être en parfait état; [di attività] être en pleine activité.
effigiare [effi'dʒare] v. tr. (lett.) [qlcu.] représenter en effigie. || [qlco.] orner d'effigies.
effigie o **effige** [ef'fidʒe] f. (**-gi** pl.) effigie. | *moneta con l'effigie di*, pièce de monnaie à l'effigie de. | *bruciare, impiccare in effigie*, brûler, pendre en effigie. || LOC. FIG. *il volto è l'effigie dell'anima*, les yeux sont le miroir de l'âme. || FIG. (spesso scherz.) aspect, air.
effimera [ef'fimera] f. ZOOL. éphémère.
effimero [ef'fimero] agg. éphémère. || PER EST. éphémère, passager, fugitif, sans lendemain.
efflorescente [effloreʃ'ʃente] agg. efflorescent.
efflorescenza [effloreʃ'ʃɛntsa] f. BOT., CHIM., MED. efflorescence.
effluente [efflu'ɛnte] agg. e m. (raro) effluent.
effluire [efflu'ire] v. intr. (raro) s'écouler (L.C.).
efflusso [ef'flusso] m. écoulement. || [di gas] émanation f., dégagement.
effluvio [ef'fluvjo] m. effluve, exhalaison f., émanation f. || PER ANAL. flot. | *effluvio di luce*, flot de lumière. || ELETTR. effluve.
effondere [ef'fondere] v. tr. répandre, verser. || FIG. répandre, épancher. | *effondere l'animo*, épancher son cœur. ◆ v. rifl. se répandre. ◆ v. intr. se répandre, sortir.
effrazione [effrat'tsjone] f. GIUR. effraction.
effusione [effu'zjone] f. [liquido] écoulement m., effusion (antiq.). || [gas] émanation, dégagement m. || *effusione di sangue*, effusion de sang. || FIG. effusion, expansion, épanchement m.
effuso [ef'fuzo] agg. (lett.) PR. e FIG. répandu (L.C.).
egalitario [egali'tarjo] agg. V. EGUALITARIO.
egemone [e'dʒɛmone] agg. V. EGEMONICO. ◆ m. maître, chef.
egemonia [edʒemo'nia] f. hégémonie.
egemonico [edʒe'mɔniko] (**-ci** pl.) agg. de l'hégémonie, hégémonique. | *ruolo egemonico*, rôle hégémonique. | *guerra egemonica*, guerre d'hégémonie.
egeo [e'dʒɛo] agg. égéen.
egida ['ɛdʒida] f. MIT. égide. || FIG. égide (lett.), sauvegarde, protection. | *sotto l'egida di*, sous l'égide de.
egira [e'dʒira] f. hégire.
egittologia [edʒittolo'dʒia] f. égyptologie.
egittologo [edʒit'tɔlogo] m. égyptologue.
egiziaco [edʒit'tsiako] (**-ci** pl.) agg. (lett.) égyptien (L.C.).
egiziano [edʒit'tsjano] agg. e m. égyptien.
egizio [e'dʒittsjo] agg. e m. STOR. égyptien (antique).
eglefino [egle'fino] m. ZOOL. églefin, aiglefin.
egli ['eʎʎi] pr. pers. 3ª pers. sing. m., sogg. [forma atona] il; [forma tonica] lui. | *egli non rispose*, il ne répondit pas. | *tu non lo vedi, ma egli vede te*, tu ne le vois pas, mais lui te voit, mais il te voit, lui. | *io rimango qui ed egli viene con te*, (moi) je reste ici, et lui vient avec toi. | *ed egli, senza esitare, sparò*, et lui, sans hésiter, tira. | *cosa poteva fare egli, uno straniero?*, que pouvait-il faire, lui, un étranger? | *egli, fuggire?*, lui, fuir? | *anch' egli*, lui aussi. | *egli stesso*, lui-même.
eglino ['eʎʎino] pr. pers. 3ᵉ pers. pl. sogg. (arc.) V. ESSI.
egloga ['ɛgloga] f. églogue.

egocentrico [ego'tʃɛntriko] (**-ci** pl.) agg. égocentrique.
egocentrismo [egotʃen'trizmo] m. égocentrisme.
egoismo [ego'izmo] m. égoïsme.
egoista [ego'ista] (**-i** pl.) m. e agg. égoïste.
egoisticamente [egoistika'mente] avv. égoïstement.
egotismo [ego'tizmo] m. égotisme.
egregiamente [egredʒa'mente] avv. remarquablement.
egregio [e'grɛdʒo] agg. (lett.) éminent, remarquable, excellent. ‖ [nelle intestazioni di lettere, negli indirizzi] *egregio signore*, Monsieur. | *egregio signor Rossi*, Monsieur Rossi.
egresso [e'grɛsso] m. (lett.) sortie f. (L.C.).
egro ['egro] agg. POET. malade (L.C.). ‖ PER EST. faible (L.C.), affligé (L.C.).
eguale [e'gwale] agg. e deriv. V. UGUALE e deriv.
egualitario [egwali'tarjo] agg. POLIT. égalitaire.
egualitarismo [egwalita'rizmo] m. POLIT. égalitarisme.
eh! [ɛ] interiez. [rimprovero, richiamo] hé!, hé là! ‖ [perplessità, rincrescimento] ah! ‖ [rassegnazione, compatimento sdegno] oh! ‖ [meraviglia] ah!, oh! ‖ [risposta] hein!, oui!, quoi?
ehi! [ɛi] interiez. hé!, ohé!, hep!, holà!
ehm! [m] interiez. hum!, hem!
eiaculare [ejaku'lare] v. intr. e tr. éjaculer.
eiaculazione [ejakulat'tsjone] f. éjaculation.
eidetico [ei'dɛtiko] (**-ci** pl.) agg. FILOS., PSICOL. eidétique.
eiettabile [ejet'tabile] agg. AER. *sedile eiettabile*, siège éjectable.
eiettore [ejet'tore] m. éjecteur.
eiezione [ejet'tsjone] f. éjection.
eira ['ɛira] m. invar. ZOOL. eyra.
elaborare [elabo'rare] v. tr. élaborer. ◆ v. rifl. s'élaborer.
elaboratezza [elabora'tettsa] f. caractère (m.) élaboré.
elaborato [elabo'rato] agg. élaboré. ◆ m. UNIV. copie f. ‖ [burocrazia] texte.
elaborazione [elaborat'tsjone] f. élaboration.
elargire [elar'dʒire] v. tr. prodiguer.
elargizione [elardʒit'tsjone] f. largesse, libéralité (lett.).
elasticamente [elastika'mente] avv. souplement, avec souplesse.
elasticità [elastitʃi'ta] f. élasticité. ‖ PER EST. e FIG. élasticité, souplesse. ‖ ECON. élasticité.
elasticizzato [elastitʃid'dzato] agg. élastique.
elastico [e'lastiko] (**-ci** pl.) agg. élastique. ‖ PER EST e FIG. élastique, souple. | *mente elastica*, esprit souple. | *coscienza elastica*, conscience élastique, large. ◆ m. élastique. ‖ [rete del letto] sommier.
eldorado [eldo'rado] m. eldorado.
elefante [ele'fante] m. ZOOL. éléphant. | *elefante marino*, éléphant de mer.
elefantesco [elefan'tesko] (**-chi** pl.) agg. éléphantesque.
elefantiaco [elefan'tiako] (**-ci** pl.) agg. éléphantesque, monstrueux. ‖ MED. éléphantiasique.
elefantiasi [elefan'tiazi] f. MED. éléphantiasis m. ‖ FIG. hypertrophie, développement (m.) excessif, monstrueux.
elefantino [elefan'tino] m. éléphanteau. ◆ agg. (raro) d'éléphant. ‖ LETT. d'ivoire.
elegante [ele'gante] agg. élégant. ‖ [nel vestire] élégant, chic. | *il suo vestito è molto elegante*, sa robe est très élégante, est très chic, a beaucoup de chic. | *saremo fra amici, non è necessario mettere un vestito elegante*, nous serons entre amis, ce n'est pas la peine de s'habiller.
elegantemente [elegante'mente] élégamment.
elegantone [elegan'tone] m. élégant, dandy (ingl.).
eleganza [ele'gantsa] f. élégance.
eleggere [e'lɛddʒere] v. tr. élire. | *lo hanno eletto deputato*, il a été élu député. ‖ [lett.] choisir (L.C.), élire (antiq.). ‖ GIUR. *eleggere domicilio*, élire domicile.
eleggibile [eled'dʒibile] agg. éligible.
eleggibilità [eleddʒibili'ta] f. éligibilité.
elegia [ele'dʒia] f. POES. élégie.
elegiaco [ele'dʒiako] (**-ci** pl.) agg. élégiaque.
elementare [elemen'tare] agg. élémentaire. | *particella elementare*, particule élémentaire. | *corpo elementare*, corps simple, élémentaire. ‖ [relativo ai primi elementi] élémentaire. | *nozioni elementari*, notions élémentaires. ‖ PER EST. [semplice] élémentaire. ‖ UNIV. primaire, élémentaire. | *scuola elementare*, école primaire. ◆ f. pl. *le elementari*, le primaire, l'enseignement primaire, l'école primaire.
elementarità [elementari'ta] f. simplicité.
elementarizzare [elementarid'dzare] v. tr. (neol.) rendre élémentaire, simplifier.
elementarmente [elementar'mente] avv. d'une manière élémentaire, simplement.
elemento [ele'mento] m. **1.** [parte costitutiva] élément, composante f. | *bisogna conoscere tutti gli elementi del problema*, il faut connaître tous les éléments, toutes les données du problème. ‖ **2.** [persona] élément. | *è un buon elemento*, c'est un bon élément. ‖ FAM. *che elemento!*, quel numéro!, quel phénomène! ‖ **3.** FIG. [fattore] élément, facteur, condition f. | *la fortuna è uno degli elementi del successo*, la chance est une des conditions du succès. ‖ pl. [principi fondamentali] éléments, notions f. ‖ **4.** CHIM., FIS., TECN. élément. ‖ PER EST. *la furia degli elementi*, les éléments déchaînés. ‖ FIG. élément. | *trovarsi nel proprio elemento*, être dans son élément, être comme un poisson dans l'eau.
elemosina [ele'mɔzina] f. PR e FIG. aumône. | *dare, cercare l'elemosina*, faire, demander l'aumône. | *dare qlc. in elemosina*, donner qch. en aumône. ‖ [offerta fatta in chiesa] offrande. | *cassetta delle elemosine*, tronc (m.) des pauvres.
elemosinare [elemozi'nare] v. intr. mendier. ◆ tr. PR. e FIG. mendier, quémander.
elemosiniere [elemozi'njere] m. STOR. aumônier.
elencare [elen'kare] v. tr. [fare un elenco] faire, dresser la, une liste (de). | *elencare gli iscritti al partito*, faire la liste des inscrits au parti. ‖ PER EST. [enumerare] énumérer. | *elencare i difetti di qlcu.*, énumérer les défauts de qn.
elencazione [elenkat'tsjone] f. rédaction d'une liste. ‖ PER EST. énumération.
elenco [e'lɛnko] (**-chi** pl.) m. **1.** liste f. | *elenco in ordine alfabetico*, liste alphabétique. | *elenco delle spese*, liste de courses. | *elenco telefonico*, annuaire du téléphone. ‖ AMM., COMM. état. ‖ **2.** [l'enumerare] énumération f. | *fare l'elenco delle soluzioni possibili*, énumérer les solutions possibles.
eletta [e'lɛtta] f. (lett.) choix m. (L.C.). ‖ [persone scelte] élite (L.C.).
elettivo [elet'tivo] agg. électif. | *domicilio elettivo*, domicile élu.
eletto [e'lɛtto] agg. élu. ‖ [scelto] choisi. | *assistenza eletta*, assistance choisie. ‖ [pregevole] élevé, noble. | *sentimento eletto*, sentiment élevé. ◆ n. élu.
elettorale [eletto'rale] agg. électoral. | *cabina elettorale*, isoloir. | *seggio, urna elettorale*, bureau, urne de vote. | *scheda elettorale*, bulletin de vote. | *certificato elettorale*, carte d'électeur. | *broglio elettorale*, fraude électorale, truquage électoral.
elettorato [eletto'rato] m. STOR. POLIT. électorat.
elettore [elet'tore] (**-trice** f.) m. électeur, trice. ‖ STOR. Électeur.
elettrauto [elet'trauto] m. invar. (neol.) électricien d'autos, électricien auto (fam.). ‖ [officina] atelier d'électricité (automobile).
elettricista [elettri'tʃista] (**-i** pl.) m. électricien, enne. | *montatore elettricista*, monteur électricien.
elettricità [elettritʃi'ta] f. électricité. ‖ FIG. FAM. nervosité, tension, électricité.
elettrico [e'lɛttriko] (**-ci** pl.) agg. électrique. | *centrale elettrica*, centrale électrique. | *treno elettrico*, train électrique. ‖ FIG. électrique, chargé d'électricité. ◆ m. électricien. | *sindacato degli elettrici*, syndicat des électriciens.
elettrificare [elettrifi'kare] v. tr. électrifier.
elettrificazione [elettrifikat'tsjone] f. électrification.
elettrizzante [elettrid'dzante] agg. électrisant.
elettrizzare [elettrid'dzare] v. tr. PR. e FIG. électriser, galvaniser. ◆ v. rifl. PR. s'électriser. ‖ FIG. s'enflammer.
elettro [e'lɛttro] m. ambre jaune. ‖ [lega] électrum.

elettrobisturi [elettro'bisturi] m. bistouri électrique, à haute fréquence.
elettrocalamita [elettrokala'mita] f. électro-aimant m.
elettrocardiogramma [elettrokardjo'gramma] (**-i** pl.) m. électrocardiogramme.
elettrocardiografo [elettrokar'djografo] m. électrocardiographe.
elettrochimica [elettro'kimika] f. électrochimie.
elettrodo [e'lɛttrodo] m. électrode (f.).
elettrodomestico [elettrodo'mɛstiko] (**-ci** pl.) agg. électroménager. ◆ m. appareil électroménager, appareil électrique.
elettrodotto [elettro'dotto] m. ligne (f.) électrique.
elettroencefalogramma [elettroentʃefalo'gramma] (**-i** pl.) m. électroencéphalogramme.
elettrogeno [elet'trɔdʒeno] agg. électrogène.
elettrogrammofono [elettrogram'mɔfono] m. électrophone.
elettrolisi [elet'trɔlizi] f. électrolyse.
elettrolito [elet'trɔlito] m. électrolyte.
elettromagnete [elettromaɲ'ɲɛte] m. électro-aimant.
elettromagnetico [elettromaɲ'ɲɛtiko] (**-ci** pl.) agg. électromagnétique.
elettromeccanico [elettromek'kaniko] (**-ci** pl.) agg. électromécanique. ◆ f. électromécanique.
elettromotore [elettromo'tore] (**-trice** f.) agg. électromoteur, trice. ◆ m. électromoteur, moteur électrique. ◆ f. motrice (électrique).
elettrone [elet'trone] m. électron. | *elettrone volt, volt elettrone,* électron-volt.
elettronico [elet'trɔniko] (**-ci** pl.) agg. électronique. ◆ f. électronique.
elettroscopio [elettros'kɔpjo] m. électroscope.
elettroshock [elettroʃ'ʃɔk] m. (ingl.) électrochoc.
elettrosiderurgia [elettrosiderur'dʒia] f. électrométallurgie.
elettrostatico [elettro'statiko] (**-ci** pl.) agg. électrostatique. ◆ f. électrostatique.
elettrotecnico [elettro'tɛkniko] (**-ci** pl.) agg. électrotechnique. ◆ m. technicien en électricité ; électricien. | *ingegnere elettrotecnico,* ingénieur électricien. ◆ f. électrotechnique.
elettroterapia [elettrotera'pia] f. électrothérapie.
elettrotreno [elettro'trɛno] m. train (électrique) rapide.
elettuario [elet'tuarjo] m. MED. électuaire.
elevamento [eleva'mento] m. élévation f.
elevare [ele'vare] v. tr. **1.** PR. élever, hausser, lever. | *elevare le mani,* élever, lever les mains. || [sopraelevare] élever, surélever, hausser, exhausser. || [innalzare] élever, dresser. | *elevare una barricata,* dresser une barricade. || MAT. *elevare al quadrato, al cubo,* élever au carré, au cube. || **2.** FIG. élever. | *elevare ad una dignità,* élever à une dignité. || [migliorare] améliorer, élever. | *elevare il proprio livello di vita,* améliorer son niveau de vie. || **3.** [linguaggio burocratico] *elevare una contravvenzione,* dresser (une) contravention. | *elevare un dubbio,* émettre un doute. ◆ v. rifl. PR. e FIG. s'élever, se hausser.
elevatezza [eleva'tettsa] f. élévation, noblesse, grandeur.
elevato [ele'vato] agg. PR e FIG. élevé, haut. | *monte elevato,* montagne élevée, haute montagne. | *prezzo elevato,* prix élevé. || FIG. [nobile] élevé, noble, grand.
elevatore [eleva'tore] (**-trice** f.) agg. e m. ANAT., TECN. élévateur, trice ; releveur, euse.
elevazione [elevat'tsjone] f. PR. e FIG. élévation. | *elevazione della temperatura,* élévation, augmentation de la température. | *elevazione della voce,* élévation de la voix. || FIG. *elevazione ad una dignità,* élévation à une dignité. || ASTRON., MAT. élévation. || SPORT appel m. || RELIG. Élévation.
elezione [elet'tsjone] f. élection. || LETT. choix m. (L.C.), élection. | *patria d'elezione,* patrie d'élection.
elfo ['ɛlfo] m. MIT. elfe.
eliaco [e'liako] (**-ci** pl.) agg. ASTRON. héliaque.
eliantina [eljan'tina] f. CHIM. héliantine.
elianto [e'ljanto] m. hélianthe.
elica ['ɛlika] f. hélice. || GEOM. hélice.
elice ['ɛlitʃe] f. ARCHIT. hélice. || ANAT., ZOOL. hélix.
elicoidale [elikoi'dale] agg. hélicoïdal.
elicoide [eli'kɔide] agg. e m. hélicoïde.
elicottero [eli'kɔttero] m. hélicoptère.
elidere [e'lidere] v. tr. annuler. || GRAMM. élider.
eliminare [elimi'nare] v. tr. [escludere, scartare] éliminer, exclure (de). || [far scomparire] éliminer, supprimer. | *farmaco che elimina l'acidità di stomaco,* médicament qui supprime les aigreurs d'estomac. || FAM. [uccidere] supprimer, éliminer, liquider (pop.). || FISIOL. éliminer, excréter. || MAT. *eliminare un'incognita,* éliminer une inconnue. ◆ v. rifl. s'éliminer.
eliminatoria [elimina'tɔrja] f. SPORT éliminatoire.
eliminatorio [elimina'tɔrjo] agg. éliminatoire.
eliminazione [eliminat'tsjone] f. élimination. | *procedere per eliminazione,* procéder par élimination. || LOC. *campi di eliminazione,* camps d'extermination. || FISIOL. élimination, excrétion.
elio ['ɛlio] m. CHIM. hélium.
eliocentrico [eljo'tʃɛntriko] (**-ci** pl.) agg. héliocentrique.
eliografia [eljogra'fia] f. héliographie.
eliografo [e'ljɔgrafo] m. héliographe.
eliometro [e'ljɔmetro] m. ASTRON. héliomètre.
elione [e'ljone] m. FIS. hélion.
eliostato [e'ljɔstato] m. ASTRON. héliostat.
elioterapia [eljotera'pia] f. MED. héliothérapie.
eliotropio [eljo'trɔpjo] m. BOT., MINER. héliotrope.
eliotropismo [eljotro'pizmo] m. héliotropisme.
eliportato [elipor'tato] agg. NEOL. héliporté.
eliporto [eli'pɔrto] m. héliport.
elisio [e'lizjo] agg. MIT. (lett.) élyséen.
elisione [eli'zjone] f. GRAMM. élision.
elisir [eli'zir] m. élixir.
elite [e'lit] [fr.] f. élite.
elitra ['ɛlitra] f. élytre m.
elitrasportato [elitraspor'tato] agg. NEOL. héliporté.
ella ['ella] pron. pers. f. 3ª pers. sing., sogg., (lett.) elle (L.C.). | *ella stessa,* elle-même. || [forma di cortesia] vous (L.C.). | *accetterebbe Ella di unirsi a noi ?,* accepteriez-vous de vous joindre à nous ? | *Ella stessa,* vous-même.
elleboro [el'lɛboro] m. BOT. ellébore.
ellenico [el'lɛniko] (**-ci** pl.) agg. lett. hellénique.
ellenismo [elle'nizmo] m. STOR., LING. hellénisme.
ellenista [elle'nista] (**-i** pl.) m. e f. helléniste.
ellenistico [elle'nistiko] (**-ci** pl.) agg. hellénistique.
ellenizzante [ellenid'dzante] agg. hellénisant.
ellenizzare [ellenid'dzare] v. intr. helléniser.
ellenizzazione [elleniddzat'tsjone] f. hellénisation.
ellera ['ellera] f. (antiq. o poet.) V. EDERA.
ellisse [el'lisse] f. GEOM. ellipse.
ellissi [el'lissi] f. GRAMM. ellipse.
ellissoidale [ellissoi'dale] agg. GEOM. ellipsoïdal.
ellissoide [ellis'sɔide] m. GEOM. ellipsoïde.
ellitticamente [ellittika'mente] avv. elliptiquement.
ellittico [el'littiko] (**-ci** pl.) agg. GEOM., GRAMM. elliptique.
elmetto [el'metto] m. casque. | *militari con l'elmetto in testa,* militaires casqués.
elminti [el'minti] m. pl. ZOOL. e MED. helminthes.
elmo ['elmo] m. casque. | *elmo del palombaro,* casque du scaphandrier. | *elmo a chiodo,* casque à pointe. || ARALD., STOR. [medievale] heaume. | *visiera di un elmo,* visière d'un heaume. || TECN. [dell'alambicco] chapiteau.
elocutorio [eloku'tɔrjo] agg. (lett.) d'élocution.
elocuzione [elokut'tsjone] f. élocution.
elogiare [elo'dʒare] v. tr. faire des éloges (à), féliciter. | *mi ha elogiato per il buon esito dell'esame,* il m'a félicité d'avoir réussi mon examen. || [celebrare] louer, faire des éloges (à), faire l'éloge (de), louanger (lett.). | *fu pubblicamente elogiato per la sua condotta,* on le loua publiquement de sa conduite, on fit publiquement l'éloge de sa conduite.
elogiativo [elodʒa'tivo] agg. élogieux.
elogiatore [elodʒa'tore] (**-trice** f.) m. (raro) laudateur, trice (lett.), louangeur, euse (antiq.).
elogio [e'lɔdʒo] m. [discorso, scritto] éloge. || PER EST. éloge, louange f. | *meritare un elogio,* mériter des éloges.
elongazione [elongat'tsjone] f. ASTRON., FIS. élongation.

eloquente [elo'kwεnte] agg. éloquent. ‖ FIG. éloquent, expressif, parlant.
eloquentemente [elokwente'mente] avv. éloquemment.
eloquenza [elo'kwεntsa] f. PR. e FIG. éloquence. | *eloquenza di un gesto*, éloquence d'un geste.
eloquio [e'lɔkwjo] m. élocution f., parole f. | *facilità di eloquio*, facilité d'élocution.
elsa ['elsa] f. garde (d'une épée, d'un sabre).
elucubrare [eluku'brare] v. tr. [spesso iron.] méditer, élucubrer (raro e peggior.).
elucubrazione [elukubrat'tsjone] f. [spesso iron.] élucubration (peggior.).
eludere [e'ludere] v. tr. [schivare] éluder, esquiver, escamoter, tourner ; se dérober (à). | *eludere una difficoltà*, éluder, esquiver, tourner, escamoter une difficulté. | *eludere il dovere*, esquiver, se dérober à son devoir. ‖ [sfuggire a] tromper, se dérober (à), échapper (à). | *eludere la sorveglianza delle guardie*, tromper la surveillance des gardiens.
elusione [elu'zjone] f. (raro) escamotage m. ‖ [lo sfuggire a] fait (m.) de se dérober (à).
elusivamente [eluziva'mente] avv. évasivement.
elusivo [elu'zivo] agg. évasif.
elvetico [el'vεtiko] (**-ci** pl.) agg. helvétique.
elzeviro [eldze'viro] m. TIP. elzévir.
emaciare [ema'tʃare] v. tr. émacier. ◆ v. rifl. s'émacier.
emaciato [ema'tʃato] agg. émacié, décharné.
emanare [ema'nare] v. intr. émaner, se dégager, s'exhaler. ‖ FIG. émaner, provenir, dériver. ◆ v. tr. exhaler. ‖ CHIM. dégager. ‖ FIG. publier, promulguer, prendre. | *emanare una legge*, promulguer, publier une loi. | *emanare un decreto*, publier un décret. | *emanare una circolare*, envoyer une circulaire.
emanatista [emana'tista] (**-i** pl.) m. e f. FILOS. émaniste, émanatiste.
emanatistico [emana'tistiko] (**-ci** pl.) agg. FILOS. émanatiste.
emanazione [emanat'tsjone] f. émanation. ‖ CHIM. émanation, dégagement m. ‖ FILOS., FIS., TEOL. émanation. ‖ FIG. publication, promulgation. | *emanazione di una legge, di un decreto*, publication d'une loi, d'un décret.
emancipare [emantʃi'pare] v. tr. GIUR., POLIT. émanciper. ‖ PER EST. émanciper, libérer. ◆ v. rifl. s'émanciper.
emancipato [emantʃi'pato] agg. GIUR. émancipé. ‖ PER EST. émancipé, affranchi.
emancipatore [emantʃipa'tore] (**-trice** f.) m. e agg. émancipateur, trice.
emancipazione [emantʃipat'tsjone] f. GIUR., POLIT. émancipation. ‖ PER EST. émancipation, libération.
emarginare [emardʒi'nare] v. tr. NEOL. noter en marge, émarger. ‖ FIG. mettre en marge, refuser.
emarginato [emardʒi'nato] agg. NEOL., FIG. mis en marge, marginal. ◆ m. NEOL., FIG. marginal. | *questi ragazzi sono degli emarginati*, ces jeunes gens sont des marginaux, vivent en marge.
emarginazione [emardʒinat'tsjone] f. NEOL., FIG. mise en marge, refus m. | *condannato all'emarginazione*, condamné à vivre en marge, refusé par la société.
ematico [e'matiko] (**-ci** pl.) agg. MED. hématique.
ematina [ema'tina] f. BIOL., CHIM. hématine.
ematite [ema'tite] f. MINER. hématite.
ematologia [ematolo'dʒia] f. hématologie.
ematoma [ema'tɔma] (**-i** pl.) m. MED. hématome.
ematosi [ema'tɔzi] f. FISIOL. hématose.
ematozoo [ematod'zɔo] m. BIOL. hématozoaire.
emazia [e'mattsja] f. BIOL. hématie.
embargo [em'bargo] (**-ghi** pl.) m. embargo.
emblema [em'blεma] (**-i** pl.) m. emblème.
emblematico [emble'matiko] (**-ci** pl.) agg. emblématique.
embolia [embo'lia] f. MED. embolie.
embricare [embri'kare] v. tr. (re)couvrir de tuiles (plates). ◆ v. rifl. PER ANAL. e FIG. s'imbriquer.
embricato [embri'kato] agg. couvert de tuiles (plates). ‖ PER ANAL. e FIG. imbriqué.
embrice ['embritʃe] m. tuile (f.) plate ; nouette f.
embriologia [embrjolo'dʒia] f. MED. embryologie.
embrionale [embrjo'nale] agg. BIOL. e FIG. embryonnaire.
embrione [embri'one] m. BIOL. e FIG. embryon.
embrocazione [embrokat'tsjone] f. FARM. embrocation.
emendabile [emen'dabile] agg. réparable. ‖ AGR., POLIT. amendable.
emendamento [emenda'mento] m. amélioration f., correction f. ‖ AGR. POLIT. amendement.
emendare [emen'dare] v. tr. corriger, améliorer, amender. | *emendare il carattere*, corriger, améliorer le caractère. | *emendare lo stile*, corriger, châtier le style. ‖ AGR., POLIT. amender. ◆ v. rifl. s'amender.
emendativo [emenda'tivo] agg. qui amende, qui corrige, correctif, correcteur.
emendazione [emendat'tsjone] f. amélioration, correction.
emergente [emer'dʒεnte] agg. émergent.
emergenza [emer'dʒεntsa] f. urgence. | *caso, stato di emergenza*, cas, état d'urgence, d'alerte. ‖ FIS. émergence.
emergere [e'mεrdʒere] v. intr. émerger, affleurer. | *sottomarino, scoglio che emerge*, sous-marin, rocher qui émerge. ‖ PER EST. s'élever, se dresser, émerger. ‖ FIG. émerger, apparaître. | *la verità cominciava ad emergere*, la vérité commençait à émerger, à se faire jour. ‖ [sovrastare] dominer (v. tr.), émerger (de).
emerito [e'mεrito] agg. honoraire, émérite (antiq.). | *professore emerito*, professeur honoraire. ‖ PER EST. [esperto] émérite, éminent. ‖ SCHERZ. *emerito furfante*, fameux coquin.
emersione [emer'sjone] f. émersion. ‖ ASTRON. émersion.
emerso [e'mεrso] agg. émergé. | *terre emerse*, terres émergées.
emetico [e'mεtiko] (**-ci** pl.) agg. e m. émétique.
emettere [e'mettere] v. tr. **1.** [produrre] émettre, produire. | *emettere calore*, produire, émettre de la chaleur. | *emettere un suono*, émettre un son. | *emettere un grido*, pousser un cri. ‖ **2.** FIG. [esprimere] émettre, exprimer. | *emettere un'opinione, un giudizio, un ordine*, émettre une opinion, un jugement, un ordre. ‖ [emanare] publier. | *emettere un decreto*, publier un décret. ‖ **3.** COMM., ECON., FIN. émettre. | *emettere una tratta, un prestito, moneta*, émettre une traite, un emprunt, de la monnaie. | *emettere un assegno*, émettre, tirer un chèque. ‖ **4.** GIUR. *emettere un giudizio*, rendre un jugement.
emettitore [emetti'tore] m. V. TRASMETTITORE.
emiciclo [emi'tʃiklo] m. hémicycle.
emicrania [emi'kranja] f. migraine.
emigrante [emi'grante] n. émigrant.
emigrare [emi'grare] v. intr. émigrer, s'expatrier (v. rifl.).
emigrato [emi'grato] agg. e n. émigré.
emigrazione [emigrat'tsjone] f. émigration. ‖ ZOOL. migration, émigration (raro).
emiliano [emi'ljano] agg. e n. émilien, enne.
eminente [emi'nεnte] agg. éminent, insigne. ‖ PR. (raro) élevé, éminent (antiq.).
eminentemente [eminente'mente] avv. éminemment.
eminentissimo [eminen'tissimo] agg. [titolo] éminentissime (seigneur).
eminenza [emi'nεntsa] f. **1.** excellence (lett.), supériorité, élévation, éminence (antiq.). ‖ **2.** PR. [lett.] éminence (L.C.), hauteur (L.C.). ‖ **3.** ANAT. éminence, protubérance, saillie. ‖ **4.** RELIG. [titolo] Éminence. ‖ FIG. *eminenza grigia*, éminence grise.
emiplegia [emiple'dʒia] f. MED. hémiplégie.
emirato [emi'rato] m. émirat.
emiro [e'miro] m. émir.
emisferico [emis'fεriko] (**-ci** pl.) agg. hémisphérique.
emisfero [emis'fero] m. hémisphère.
emissario [emis'sarjo] m. émissaire. ‖ ANAT., GEOGR., TECN. émissaire.
emissione [emis'sjone] f. émission. ‖ COMM., ECON., FIN. émission. | *istituto di emissione*, institut d'émission. | *emissione di francobolli*, émission de timbres-poste. ‖ FIS., RADIO, T. V. émission. ‖ FISIOL. émission.
emistichio [emis'tikjo] m. POES. hémistiche.
emittente [emit'tente] agg. émetteur. | *banca emit-*

tente, banque émettrice, d'émission. | *stazione radio emittente*, émetteur m. ◆ f. RADIO, T. V. émetteur m.
emitteri [e'mitteri] m. pl. ZOOL. hémiptères.
emofilia [emofi'lia] f. MED. hémophilie.
emofiliaco [emofi'liako] o **emofilico** [emo'filiko] (**-ci** pl.) agg. e n. hémophile.
emoglobina [emoglo'bina] f. hémoglobine.
emolisi [e'mɔlizi] f. BIOL. hémolyse.
emolliente [emol'ljɛnte] agg. e m. FARM. émollient.
emolumento [emolu'mento] m. [specie pl.] émoluments pl., traitement.
emopatia [emopa'tia] f. hémopathie.
emorragia [emorra'dʒia] f. MED. hémorragie. | *emorragia nasale*, saignement (m.) de nez.
emorroidi [emor'rɔidi] f. pl. MED. hémorroïdes.
emoscopia [emosko'pia] f. MED. examen (m.) du sang.
emostasi [e'mɔstazi] f. MED. hémostase.
emostatico [emos'tatiko] (**-ci** pl.) agg. e m. hémostatique.
emoteca [emo'tɛka] f. banque du sang.
emotività [emotivi'ta] f. émotivité.
emotivo [emo'tivo] agg. émotif. ‖ [impressionabile] émotif, impressionnable, sensible, émotionnable (fam.). ‖ [effetto] *linguaggio emotivo*, langage émouvant.
emottisi [emot'tizi] f. MED. hémoptysie.
emozionale [emottsjo'nale] agg. PSICOL. émotionnel.
emozionante [emottsjo'nante] agg. émotionnant.
emozionare [emottsjo'nare] v. tr. émotionner, émouvoir, impressionner.
emozionato [emottsjo'nato] agg. ému, troublé, émotionné (fam.).
emozione [emot'tsjone] f. émotion, émoi m. (lett.).
empiastro [em'pjastro] m. V. IMPIASTRO.
empietà [empje'ta] f. impiété. ‖ PER EST. cruauté.
empiamente [empja'mente] avv. d'une manière impie, avec impiété.
1. empio ['empjo] agg. impie. ‖ PER EST. [crudele] impitoyable, cruel. ‖ POET. [infausto] néfaste, funeste.
2. empio ['empjo] agg. (raro) repu.
empire [em'pire] v. tr. **1.** PR. e FIG. emplir (lett.), remplir. | *empire una cassa di libri*, remplir une caisse de livres, | *empire qlcu. di gioia*, remplir qn de joie. | *paroloni che empiono la bocca*, grands mots dont on se gargarise. ‖ **2.** ARC. satisfaire. ‖ [lett.] accomplir. ◆ v. rifl. s'emplir, se remplir. V. anche RIEMPIRE.
empireo [em'pireo] agg. e m. MIT. empyrée.
empiricamente [empirika'mente] avv. empiriquement.
empirico [em'piriko] (**-ci** pl.) agg. empirique. ◆ m. guérisseur, charlatan (peggior.), empirique (antiq.).
empirismo [empi'rizmo] m. empirisme.
empirista [empi'rista] (**-i** pl.) m. e f. empiriste.
emporio [em'pɔrjo] m. grand magasin, bazar. ‖ [deposito] entrepôt. ‖ [centro commerciale] centre commercial, centre.
emulare [emu'lare] v. tr. chercher à égaler, à surpasser ; rivaliser (avec). | *emulare il coraggio di un amico*, rivaliser de courage avec un ami. | *emulare un maestro*, chercher à égaler un maître, être l'émule (lett.) d'un maître.
emulativo [emula'tivo] agg. d'émulation.
emulazione [emulat'tsjone] f. émulation.
emulo ['ɛmulo] (**-a** f.) m. émule m. e f. (lett.), concurrent, rival. ◆ agg. (lett.) d'émulation (L.C.).
emulsionare [emulsjo'nare] v. tr. émulsionner.
emulsionatrice [emulsjona'tritʃe] f. émulseur m.
emulsione [emul'sjone] f. émulsion.
emulsivo [emul'sivo] agg. émulsif.
enarmonia [enarmo'nia] f. MUS. enharmonie.
enarmonico [enar'mɔniko] (**-ci** pl.) agg. MUS. enharmonique.
encausto [en'kausto] m. ARTI [pittura] encaustique.
encefalico [entʃe'faliko] (**-ci** pl.) agg. ANAT. encéphalique.
encefalite [entʃefa'lite] f. MED. encéphalite.
encefalo [en'tʃɛfalo] m. ANAT. encéphale.
enciclica [en'tʃiklika] f. RELIG. encyclique.
enciclopedia [entʃiklope'dia] f. encyclopédie. ‖ FIG. *un'enciclopedia ambulante*, une encyclopédie vivante.
enciclopedicamente [entʃiklopedika'mente] avv. de façon encyclopédique.
enciclopedico [entʃiklo'pɛdiko] (**-ci** pl.) agg. encyclopédique.
enciclopedista [entʃiklope'dista] (**-i** pl.) n. encyclopédiste.
enclave [ɑ̃'klav] f. [fr.] enclave.
enclisi ['ɛnklizi] f. LING. enclise.
enclitica [en'klitika] f. LING. enclitique.
enclitico [en'klitiko] (**-ci** pl.) agg. LING. enclitique.
encomiabile [enko'mjabile] agg. digne d'éloges, louable.
encomiare [enko'mjare] v. tr. louer, faire l'éloge (de), exalter, louanger (lett.).
encomiasticamente [enkomjastika'mente] avv. élogieusement.
encomiastico [enko'mjastiko] (**-ci** pl.) agg. élogieux, laudatif, louangeur (lett.).
encomio [en'kɔmjo] m. éloge. | *rivolgere un encomio*, adresser des éloges. ‖ MIL. citation f.
endecasillabo [endeka'sillabo] agg. e m. POES. [verso con accento sulla 10ª sillaba, in italiano per lo più di 11 sillabe, con l'ultima atona] hendécasyllabe ; [in francese ant. dove non si computano le atone finali] décasyllabe, décasyllabique.
endemico [en'dɛmiko] (**-ci** pl.) agg. MED. e FIG. endémique.
endiadi [en'diadi] f. RET. hendiadys, hendiadyn m.
endivia [en'divja] f. V. INDIVIA.
endocardio [endo'kardjo] m. ANAT. endocarde.
endocardite [endokar'dite] f. MED. endocardite.
endocarpo [endo'karpo] m. BOT. endocarpe.
endocrino [en'dɔkrino] agg. ANAT. endocrine.
endoreattore [endoreat'tore] m. AER. fusée f.
endoscopia [endosko'pia] f. MED. endoscopie.
endoscopio [endos'kɔpjo] m. MED. endoscope.
endosmosi [endoz'mɔzi] f. FIS. endosmose.
endovenoso [endove'noso] agg. MED. intraveineux. | *(iniezione) endovenosa*, (piqûre) intraveineuse.
energetico [ener'dʒɛtiko] (**-ci** pl.) agg. énergétique. ◆ m. remontant, stimulant.
energia [ener'dʒia] f. PR. e FIG. énergie, vigueur, force. ‖ FIG. énergie, courage m., ardeur. ‖ [efficacia] efficacité. ‖ FIS., FISIOL. énergie.
energicamente [enerdʒika'mente] avv. énergiquement.
energico [e'nɛrdʒiko] (**-ci** pl.) agg. énergique. ‖ [efficace] énergique, efficace.
energumeno [ener'gumeno] (**-a** f.) m. énergumène.
enervare [ener'vare] v. tr. CHIR. énerver.
enervazione [enervat'tsjone] f. CHIR. énervation.
enfasi ['ɛnfazi] f. emphase, enflure.
enfaticamente [enfatika'mente] avv. emphatiquement, avec emphase.
enfatico [en'fatiko] (**-ci** pl.) agg. emphatique.
enfiagione [enfja'dʒone] f. (antiq.) MED. enflure, boursouflure, bouffissure.
enfiare [en'fjare] v. tr. (lett.) enfler (L.C.). ◆ v. rifl. s'enfler, enfler (v. intr.).
enfio ['enfjo] agg. lett. enflé.
enfisema [enfi'zema] (**-i** pl.) m. MED. emphysème.
enfiteusi [enfi'tɛuzi] f. GIUR. emphythéose.
enigma [e'nigma] (**-i** pl.) m. PR. e FIG. énigme f. | *trovare la soluzione dell'enigma*, trouver le mot de l'énigme.
enigmaticamente [enigmatika'mente] avv. énigmatiquement, d'une manière énigmatique.
enigmatico [enig'matiko] (**-ci** pl.) agg. énigmatique. ‖ [oscuro] énigmatique, obscur, indéchiffrable, sibyllin, mystérieux. | *risposta enigmatica*, réponse énigmatique, sibylline.
enigmista [enig'mista] (**-i** pl.) n. [chi compone enigmi] inventeur d'énigmes. ‖ [chi risolve enigmi] amateur d'énigmes.
enigmistica [enig'mistika] f. art. (m.) de composer ou de résoudre des énigmes. | *settimanale di enigmistica*, hebdomadaire d'énigmes.
enigmistico [enig'mistiko] (**-ci** pl.) agg. d'énigmes, des énigmes. | *gioco enigmistico*, énigme f.
enimma [e'nimma] m. e deriv. V. ENIGMA e deriv.
ennagono [en'nagono] m. GEOM. ennéagone.
enneasillabo [ennea'sillabo] agg. e m. [verso con

accento sulla 9ª sillaba in fr., sulla 8ª in ital.] ennéasyllabe.
ennesimo [en'nɛzimo] agg. énième, nième. | *l'ennesima potenza*, la nième puissance. || FAM. *te lo ripeto per l'ennesima volta*, je te le repète pour la nième (l'énième) fois.
enofilo [e'nɔfilo] agg. vinicole, viticole.
enologia [enolo'dʒia] f. œnologie.
enologico [eno'lɔdʒiko] (**-ci** pl.) agg. œnologique.
enologo [e'nɔlogo] (**-ghi** pl.) m. œnologue.
enopolio [eno'pɔljo] m. coopérative (f.) viticole.
enorme [e'norme] agg. énorme, immense. | *edificio enorme*, énorme bâtiment, bâtiment immense. | *sbaglio enorme*, faute énorme.
enormemente [enorme'mente] avv. énormément.
enormità [enormi'ta] f. PR. e FIG. énormité. || FIG. immensité. | *dire enormità*, dire des énormités.
enoteca [eno'tɛka] f. cave, oenothèque.
entasi ['ɛntazi] f. ARCHIT. renflement m. (d'une colonne); entasis (raro).
ente ['ɛnte] m. organisme, organisation f., office. | *ente parastatale*, organisme semi-public. | *ente assistenziale*, organisme, établissement d'assistance. | *ente previdenziale* : [privato] société (f.), caisse (f.) de prévoyance; [pubblico] caisse d'assurances sociales, (caisse de) Sécurité sociale. | *ente per il turismo*, office du tourisme. || FILOS. être. | *Ente supremo*, Être suprême. | *ente di ragione*, être de raison. || GIUR. *ente morale*, personne morale.
entelechia [entele'kia] f. FILOS. entéléchie.
enterite [ente'rite] f. MED. entérite.
enterocolite [enteroko'lite] f. MED. entérocolite.
entità [enti'ta] f. importance, étendue. | *perdita di poca entità*, perte peu importante. || FILOS. entité.
entomologia [entomolo'dʒia] f. entomologie.
entomologo [ento'mɔlogo] (**-gi** pl.) m. entomologiste.
entrambi [en'trambi] (**-e** f.) agg. num. pl. les deux. | *da entrambi i lati*, des deux côtés. | *entrambe le pagine*, les deux pages. ◆ pron. num. pl. tous les deux. | *le ho viste entrambe*, je les ai vues toutes les deux. | *ho chiesto ad entrambi*, j'ai demandé aux deux, je leur ai demandé à tous les deux.
entrante [en'trante] agg. prochain. | *la settimana entrante*, la semaine prochaine, la semaine qui vient.
entrare [en'trare] v. intr. **1.** PR. entrer, pénétrer. | *entrare in casa, in scena*, entrer dans la maison, en scène. | *nessuno può entrare qui senza permesso*, personne ne peut entrer, pénétrer, s'introduire ici sans permission. | *far entrare*, faire entrer; introduire. || [essere contenuto] entrer, tenir. | *non entreremo tutti in macchina*, nous ne tiendrons pas tous, nous ne pourrons pas tous entrer dans la voiture. | *non entra più niente nella valigia*, on ne peut plus rien mettre dans la valise. | *il 4 nel 20 entra 5 volte*, 4 est contenu 5 fois dans 20. || **2.** FIG. entrer. | *entrare nelle idee di qlcu.*, entrer dans les idées de qn. | *entrare in una famiglia, nel complotto, all'università*, entrer dans une famille, dans le complot, à l'université. | *entrare in guerra*, entrer en guerre. | *entrare in possesso (di qlco.), in carica, al servizio di qlcu., in argomento*, entrer en possession (de qch.), en fonctions, au service de qn, en matière. | *entrare in gioco, in ballo, in vigore, in azione*, entrer en jeu, entrer en vigueur, en action. | *entrare in campo*, intervenir. | *entrare a far parte di un'associazione*, entrer dans une association. || MUS. entrer. || **3.** LOC. *far entrare qlco. in testa a qlcu.*, mettre, enfoncer, faire entrer, fourrer (fam.) qch. dans la tête de qn. | *questa idea non mi entra in testa*, je n'arrive pas à m'enfoncer cette idée dans la tête. | *entrarci*, avoir un rapport avec qch., avoir qch. à voir (avec autre chose), être, entrer pour qch. (dans qch.). | *(questo) non c'entra*, cela n'a aucun rapport, cela n'a rien à voir, cela n'entre pas en ligne de compte, c'est en dehors, à côté de la question. | *c'entra anche la fortuna*, la chance aussi a son importance, la chance y est pour quelque chose, la chance aussi joue. | *lui non c'entra* : [non è colpa sua] il n'y est pour rien, il n'a rien à y voir; [non è affar suo] ce n'est pas son affaire, il n'a pas à s'en mêler, il n'a rien à y voir. | *tu che c'entri ?*, de quoi te mêles-tu ?, qu'est-ce que cela peut te faire ? | *anche tu c'entri*, tu y es pour quelque chose, toi aussi. ◆ m. PR. (raro) entrée f. || FIG. début, commencement.
entrata [en'trata] f. **1.** [azione] entrée. | *la sua entrata fece tacere tutti*, à son entrée, tout le monde se tut. | *diritto di entrata*, droit d'entrée. | *entrata libera*, entrée libre. || **2.** [luogo che dà accesso] entrée. | *entrata di servizio* : [di casa] entrée de service; [di teatro, ecc.] entrée des artistes. | *entrata del porto*, entrée du port. || **3.** FIG. entrée. | *entrata in guerra*, entrée en guerre. | *entrata in vigore, in funzione, in possesso*, entrée en vigueur, en service, en possession. || **4.** COMM. (gener. pl.) entrée, rentrée, recette. | *entrate e uscite*, recettes et dépenses. || LOC. FAM. *arrotondare le entrate*, mettre du beurre dans les épinards. || MAT. *tabella a doppia entrata*, table, tableau à deux entrées. || MUS. entrée. || [introduzione] ouverture. || SPORT [calcio] intervention. || TEATRO *entrata (in scena)*, entrée (en scène). || TECN. entrée.
entro ['entro] prep. [tempo] d'ici, dans un délai de. | *entro domani*, d'ici (à) demain. | *lo sapremo entro un mese*, nous le saurons d'ici (à) un mois. | *le risposte dovranno pervenirci entro una settimana*, les réponses devront nous parvenir dans un délai d'une semaine. | *entro i termini prescritti*, dans les délais prescrits. || [entro l'unità del tempo in corso] dans; d'ici à, avant la fin de. | *entro oggi*, dans la journée. | *entro la settimana, il mese*, dans la semaine, le mois; d'ici à, avant la fin de la semaine, la fin du mois. | *entro l'estate*, avant, d'ici à la fin de l'été, au cours de l'été. || **2.** lett. [luogo] dans, à l'intérieur de | *entro le mura*, dans la ville, à l'intérieur des remparts.
entrobordo [entro'bordo] m. invar. canot à moteur (interne), canot automobile.
entropia [entro'pia] f. FIS. entropie.
entroterra [entro'tɛrra] m. invar. arrière-pays.
entusiasmare [entuzjaz'mare] v. tr. enthousiasmer, transporter, enflammer, exalter, emballer (fam.). ◆ v. rifl. s'enthousiasmer, s'enflammer, s'exalter, s'emballer (fam.).
entusiasmo [entu'zjazmo] m. enthousiasme. | *suscitare l'entusiasmo degli spettatori*, déchaîner l'enthousiasme des spectateurs.
entusiasta [entu'zjasta] (**-i** pl.) agg. e n. enthousiaste. || [appassionato] (amateur) enthousiaste; fervent, fanatique. || [soddisfatto] ravi. | *era entusiasta dei risultati ottenuti*, il était ravi des résultats obtenus.
entusiasticamente [entuzjastika'mente] avv. avec enthousiasme.
entusiastico [entu'zjastiko] (**-ci** pl.) agg. enthousiaste.
enucleare [enukle'are] v. tr. clarifier; dégager les éléments essentiels (de). || CHIR. énucléer.
enucleazione [enukleat'tsjone] f. clarification; dégagement (m.) de l'essentiel. || CHIR. énucléation.
enumerare [enume'rare] v. tr. énumérer, dénombrer.
enumerativo [enumera'tivo] agg. énumératif.
enumerazione [enumerat'tsjone] f. énumération, dénombrement m.
enunciare [enun'tʃare] v. tr. énoncer, exposer, formuler.
enunciativo [enuntʃa'tivo] agg. GRAMM. énonciatif.
enunciato [enun'tʃato] m. énoncé.
enunciazione [enuntʃat'tsjone] f. énonciation.
enuresi [enu'rɛzi] f. MED. énurésie.
enzima [en'dzima] (**-i** pl.) m. BIOL., CHIM. enzyme.
enzoozia [endzood'dzia] f. VETER. enzootie.
eocene [eo'tʃɛne] m. éocène.
eocenico [eo'tʃeniko] (**-ci** pl.) agg. éocène.
eolico [e'ɔliko] (**-ci** pl.) éolien. | *depositi eolici*, dépôts éoliens.
eolio [e'ɔljo] agg. éolien. | *arpa eolia*, harpe éolienne.
eone [e'one] m. FILOS. éon.
eparina [epa'rina] f. BIOL. héparine.
epatica [e'patika] f. BOT. hépatique.
epatico [e'patiko] (**-ci** pl.) agg. hépatique.
epatite [epa'tite] f. MED. hépatite.
epatta [e'patta] f. ASTRON. épacte.
epeira [e'pɛira] f. ZOOL. épeire.
epentesi [e'pɛntezi] f. LING. épenthèse.
eperlano [eper'lano] m. ZOOL. éperlan.
epica ['ɛpika] f. LETT. genre (m.), épique.

epicamente [epika'mente] avv. de façon épique, sur le ton épique.
epiceno [epi'tʃɛno] agg. e m. GRAMM. épicène.
epicentro [epi'tʃɛntro] m. GEOL. épicentre. ‖ FIG. foyer.
epiciclo [epi'tʃiklo] m. ASTRON. épicycle.
epico ['ɛpiko] (**-ci** pl.) agg. LETT. épique. ◆ m. poète épique.
epicureismo [epikure'izmo] m. FILOS. épicurisme.
epicureo [epiku'rɛo] agg. e m. FILOS. épicurien.
epidemia [epide'mia] f. MED. e FIG. épidémie.
epidemicamente [epidemika'mente] avv. de façon épidémique, avec un caractère épidémique. ‖ FIG. comme une épidémie, à la façon d'une épidémie.
epidemico [epi'dɛmiko] (**-ci** pl.) agg. épidémique.
epidermico [epi'dɛrmiko] (**-ci** pl.) agg. épidermique. ‖ FIG. épidermique, superficiel.
epidermide [epi'dɛrmide] f. ANAT., BOT. épiderme m. ‖ FIG. surface. | *non andare oltre l'epidermide*, rester en surface, ne pas aller au fond des choses.
epifenomeno [epife'nɔmeno] m. FILOS., MED. épiphénomène.
epifisi [e'pifizi] f. ANAT. épiphyse.
epifita [e'pifita] f. BOT. plante épiphyte, épiphyte m.
epifonema [epifo'nɛma] (**-i** pl.) m. RET. épiphonème.
epigastrio [epi'gastrjo] m. ANAT. épigastre.
epiglottide [epi'glɔttide] f. ANAT. épiglotte.
epigono [e'pigono] m. épigone.
epigrafe [e'pigrafe] f. épigraphe.
epigrafico [epi'grafiko] (**-ci** pl.) agg. épigraphique.
epigrafia [epigra'fia] f. épigraphie.
epigrafista [epigra'fista] (**-i** pl.) n. épigraphiste.
epigramma [epi'gramma] (**-i** pl.) m. LETT. épigramme f.
epigrammatico [epigram'matiko] (**-ci** pl.) agg. épigrammatique, satirique.
epilazione [epilat'tsjone] f. (raro) épilation.
epilessia [epiles'sia] f. MED. épilepsie.
epilettico [epi'lɛttiko] (**-ci** pl.) agg. e n. épileptique.
epilogare [epilo'gare] v. tr. (raro) récapituler (L.C.), résumer (L.C.).
epilogo [e'pilogo] m. épilogue. ‖ PER EST. épilogue, conclusion f., dénouement, fin f.
episcopale [episko'pale] agg. épiscopal. | *conferenza episcopale*, conférence épiscopale. | *chiesa episcopale*, Église épiscopale, anglicane.
episcopato [episko'pato] m. épiscopat. | *durante il suo episcopato*, pendant son épiscopat.
1. episcopio [epis'kɔpjo] m. palais épiscopal; évêché.
2. episcopio [epis'kɔpjo] m. OTT. épiscope.
episodicamente [epizodika'mente] avv. épisodiquement.
episodico [epi'zɔdiko] (**-ci** pl.) agg. épisodique. ‖ LETT. [ricco di episodi] riche en épisodes.
episodio [epi'zɔdjo] m. épisode.
epistassi [epis'tassi] f. MED. épistaxis.
epistemologia [epistemolo'dʒia] f. FILOS. épistémologie.
epistemologico [epistemo'lɔdʒiko] (**-ci** pl.) agg. épistémologique.
epistola [e'pistola] f. (lett.) lettre (L.C.). ‖ LETT. [presso gli antichi] épître, lettre; [in prosa] lettre; [in versi] épître. | *epistola di San Paolo*, épître de saint Paul. | *epistola di Cicerone*, lettre de Cicéron. | *le epistole di Orazio, del Marot*, les épîtres d'Horace, de Marot. ‖ RELIG. épître. ‖ IRON. épître, roman m.
epistolare [episto'lare] agg. épistolaire.
epistolario [episto'larjo] m. (lett.) correspondance f. | *pubblicare l'epistolario di qlcu.*, publier la correspondance de qn. ‖ RELIG. épistolier.
epistolografia [epistologra'fia] f. épistolographie.
epistolografo [episto'lɔgrafo] m. épistolier.
epistrofeo [epistro'fɛo] m. ANAT. axis.
epitaffio [epi'taffjo] o **epitafio** [epi'tafjo] m. épitaphe f. ‖ LOC. SCHERZ. *bugiardo come un epitaffio*, menteur comme un arracheur de dents.
epitalamio [epita'lamjo] m. LETT. épithalame.
epitelio [epi'tɛljo] m. ANAT. épithélium.
epitesi [e'pitezi] f. LING. épithèse.
epitetico [epi'tɛtiko] (**-ci** pl.) agg. LING. épithétique.
epiteto [e'piteto] m. épithète f., qualificatif. ‖ PER EST. épithète, injure f.
epitomare [epito'mare] v. tr. (raro) résumer, faire un abrégé (de).
epitome [e'pitome] m. épitomé, abrégé, résumé.
epizootico [epiddzo'ɔtiko] (**-ci** pl.) agg. VETER. épizootique.
epizoozia [epiddzood'dzia] f. VETER. épizootie.
epoca ['ɛpoka] f. GEOL. époque. ‖ STOR. époque, ère, période. | *l'epoca della Rivoluzione francese*, l'époque de la Révolution française. | *l'epoca elisabettiana*, l'âge élisabéthain. ‖ PER EST. époque. ‖ FIG. *fare epoca*, faire époque, faire date.
epodo [e'pɔdo] m. POES. épode f.
eponimo [e'pɔnimo] (**-a** f.) agg. e m. MIT., STOR. éponyme.
epopea [epo'pɛa] f. épopée.
epos ['ɛpos] m. poème épique, épopée f.
eppure [ep'pure] cong. pourtant, cependant, toutefois. | *eppure aveva ragione*, il avait pourtant raison. ‖ [unendo due parole o due proposizioni] et pourtant. | *non l'abbiamo creduto, eppure aveva ragione*, nous ne l'avons pas cru, et pourtant il avait raison.
eptacordo [epta'kɔrdo] m. MUS. heptacorde.
eptaedro [epta'ɛdro] m. V. ETTAEDRO.
eptagonale [eptago'nale] agg., **eptagono** [epta'gono] m. V. ETTAGONALE, ETTAGONO.
eptano [ep'tano] m. CHIM. heptane.
eptasillabo [epta'sillabo] agg. e m. [verso accentuato sulla 6ª sillaba in ital., sulla 7ª in fr.] heptasyllabe.
epulone [epu'lone] m. gourmand, bon vivant.
epurare [epu'rare] v. tr. POLIT., AMM. épurer.
epurazione [epurat'tsjone] f. POLIT., AMM. épuration.
equabile [e'kwabile] agg. (raro) uniforme.
equamente [ekwa'mente] avv. équitablement, avec équité.
equanime [e'kwanime] agg. impartial, équitable.
equanimemente [ekwanime'mente] avv. équitablement.
equanimità [ekwanimi'ta] f. impartialité, équité. ‖ [serenità] équanimité (lett.).
equatore [ekwa'tore] m. ASTRON., FIS., GEOGR. équateur.
equatoriale [ekwato'rjale] agg. e m. ASTRON., GEOGR. équatorial.
equazione [ekwat'tsjone] f. MAT. équation.
equestre [e'kwestre] agg. équestre.
equiangolo [ekwi'angolo] agg. GEOM. équiangle.
equidi ['ɛkwidi] m. pl. ZOOL. équidés.
equidistante [ekwidis'tante] agg. équidistant.
equidistare [ekwidis'tare] v. intr. (raro) être équidistant.
equilatero [ekwi'latero] agg. GEOM. équilatéral.
equilibramento [ekwilibra'mento] m. équilibrage.
equilibrare [ekwili'brare] v. tr. PR. e FIG. équilibrer. | *equilibrare una spinta, le entrate e le uscite*, équilibrer une poussée, les recettes et les dépenses. ‖ [bilanciare] équilibrer, contrebalancer, compenser. ◆ v. rifl. PR. e FIG. s'équilibrer.
equilibrato [ekwili'brato] agg. PR. e FIG. équilibré.
equilibratore [ekwilibra'tore] (**-trice** f.) AER., MILIT., TECN. équilibreur.
equilibratura [ekwilibra'tura] f. NEOL. TECN. équilibrage m.
equilibrio [ekwi'librjo] m. équilibre. | *tenersi in equilibrio, perdere l'equilibrio*, se tenir en équilibre, perdre l'équilibre. ‖ FIG. équilibre. | *è un uomo di raro equilibrio*, c'est un homme extrêmement équilibré.
equilibrismo [ekwili'brizmo] m. exercice(s) d'équilibre, acrobatie f. ‖ FIG., POL. opportunisme.
equilibrista [ekwili'brista] (**-i** pl.) m. e f. équilibriste.
equino [e'kwino] agg. chevalin, de cheval. | *macelleria equina*, boucherie chevaline. | *carne equina*, viande de cheval. | *razza equina*, race chevaline. ‖ ANAT., ZOOL. équin. | *piede equino*, pied équin. ◆ m. équidé.
equinoziale [ekwinot'tsjale] agg. équinoxial.
equinozio [ekwi'nɔttsjo] m. ASTRON. équinoxe.
equipaggiamento [ekwipaddʒa'mento] m. [azione] équipement. ‖ [materiale] équipement, attirail (iron.). | *equipaggiamento del pescatore, dello alpinista, del fotografo*, équipement, attirail du pêcheur, de l'alpiniste, du photographe. ‖ MIL. *equipaggiamento di un*

soldato, équipement, fourniment, fourbi (fam.), barda (gerg.) d'un soldat.
equipaggiare [ekwipad'dʒare] v. tr. équiper. | *equipaggiare una nave, delle truppe*, équiper un navire, des troupes. ◆ v. rifl. s'équiper.
equipaggiato [ekwipad'dʒato] agg. équipé.
equipaggio [ekwi'paddʒo] m. **1.** AER., MAR. équipage. ‖ PER EST. SPORT équipage. | *equipaggio di una macchina da corsa*, équipage d'une voiture de course. ‖ [caccia] équipage (de chasse). ‖ **2.** [bagagli e corredo] bagage, équipage (antiq.), attirail (iron.).
equiparabile [ekwipa'rabile] agg. assimilable, comparable.
equiparare [ekwipa'rare] v. tr. assimiler, considérer comme égal. | *equiparare le casalinghe ai lavoratori*, assimiler les ménagères aux travailleurs. ‖ [rendere di pari valore] égaliser. | *equiparare gli stipendi*, égaliser les salaires.
equiparato [ekwipa'rato] agg. assimilé, égalisé.
equiparazione [ekwiparat'tsjone] f. assimilation, égalisation.
equipollente [ekwipol'lɛnte] agg. équivalent. ‖ MAT. équipollent.
equipollenza [ekwipol'lɛntsa] f. équivalence. ‖ MAT. équipollence.
equipotenziale [ekwipotent'tsjale] agg. ELETTR. équipotentiel.
equità [ekwi'ta] f. équité.
equitazione [ekwitat'tsjone] f. équitation.
equivalente [ekwiva'lɛnte] agg. e m. équivalent. ◆ m. CHIM. valence-gramme f., équivalent.
equivalenza [ekwiva'lɛntsa] f. équivalence.
equivalere [ekwiva'lere] v. intr. équivaloir. | *quello che dici equivale ad una confessione*, ce que tu dis équivaut à un aveu. ◆ v. recipr. se valoir, être équivalent. | *tutti i mestieri si equivalgono*, tous les métiers se valent. | *queste espressioni si equivalgono*, ces expressions sont équivalentes, ont le même sens.
equivocamente [ekwivoka'mente] avv. ambigument.
equivocare [ekwivo'kare] v. intr. (raro) se méprendre (v. rifl., lett.).
equivocità [ekwivotʃi'ta] f. (raro) ambiguïté.
equivoco [e'kwivoko] agg. équivoque, ambigu. ‖ [sospetto] équivoque, suspect. | *ambiente equivoco*, milieu louche, interlope. ◆ m. équivoque f., malentendu. | *senza equivoco*, sans équivoque. | *c'è stato un equivoco*, il y a eu un malentendu, un quiproquo, maldonne (f., fam.). | *a scanso di equivoci*, pour éviter toute équivoque.
equo ['ɛkwo] agg. équitable, impartial, juste. | *giudice equo*, juge équitable, impartial. | *equo compenso*, juste rétribution.
equoreo [e'kwɔreo] agg. POET. marin (L.C.).
era ['ɛra] f. ère. ‖ PER EST. ère, époque, âge m.
eradicare [eradi'kare] v. tr. (arc.). V. SRADICARE.
erariale [era'rjale] agg. du trésor, du Trésor public. | *deficit erariale*, déficit du Trésor. | *imposte erariali*, impôts de l'État.
erario [e'rarjo] m. trésor, Trésor public.
erba ['ɛrba] f. **1.** herbe. | *raccogliere delle erbe*, cueillir des herbes. | *filo d'erba*, brin d'herbe. | *mal'erba, malerba*, mauvaise herbe. ‖ **2.** [con valore collettivo] herbe. | *sdraiarsi sull' erba*, se coucher dans l'herbe. | *far erba*, faucher de l'herbe. ‖ [ornamentale] gazon m. ‖ **3.** pl. légumes. | *piazza delle erbe*, place du marché aux légumes. | *erbe aromatiche*, fines herbes, herbes aromatiques. ‖ **4.** LOC. (pr. e fig.) *in erba*, en herbe. ‖ FIG. *(non) è erba del tuo orto*, c'est, ce n'est pas une idée de ton cru. | *far d'ogni erba un fascio*, tout mettre dans le même sac. ‖ **5.** AGR. *mettere, tenere a erba*, herbager. ‖ **6.** BOT. (pop.) *erba asinina*, herbe aux ânes ; onagre f. | *erba dei cantori*, herbe aux chantres. | *erba medica*, luzerne. | *erba zolfina*, caille-lait m. ‖ **7.** [cucito] *punto erba*, point de tige.
erbaccia [er'battʃa] f. mauvaise herbe, herbe folle.
erbaceo [er'batʃeo] agg. herbacé.
erbaggio [er'baddʒo] m. herbe, plante potagère ; légume.
erbaio [er'bajo] m. herbage. ‖ [coltivazione foraggera] fourragère f.
erbaiolo [erba'jɔlo] (**-a** f.) m. marchand, marchande de légumes. ‖ [ambulante] marchand des quatre-saisons. ‖ ARC. [erborista] herboriste.
erbario [er'barjo] m. herbier.
erbatico [er'batiko] m. STOR. FEUD. droit de fauche.
erbetta [er'betta] f. [dimin.] herbette (antiq.) ; gazon m. ; herbe tendre. ‖ (dial.) *le erbette*, les fines herbes.
erbicida [erbi'tʃida] (**-i** pl.) m. herbicide, désherbant.
erbivendolo [erbi'vendolo] (**-a** f.) m. V. ERBAIOLO.
erbivoro [er'bivoro] agg. e m. herbivore.
erborare [erbo'rare] v. intr. (raro) herboriser.
erborazione [erborat'tsjone] f. (raro) herborisation.
erborista [erbo'rista] (**-i** pl.) m. e f. herboriste.
erboristeria [erboriste'ria] f. herboristerie.
erborizzare [erborid'dzare] v. intr. herboriser.
erborizzatore [erboriddza'tore] (**-trice** f.) m. (raro) herborisateur.
erborizzazione [erboriddzat'tsjone] f. herborisation.
erboso [er'boso] agg. herbeux ; [con molta erba] herbu. | *tappeto erboso*, pelouse f., gazon m. | *non calpestate il tappeto erboso*, ne marchez pas sur le gazon.
ercinico [er'tʃiniko] (**-ci** pl.) agg. GEOL. hercynien.
ercole ['ɛrkole] m. hercule.
erculeo [er'kuleo] agg. herculéen.
erede [e'rɛde] m. e f. PR. e FIG. héritier, ère. | *lasciare qlcu. erede di qlco.*, faire de qn l'héritier de qch.
eredità [eredi'ta] f. PR. e FIG. héritage m. | *lasciare in eredità*, laisser en héritage. | *entrare in possesso di un' eredità*, faire un héritage. ‖ [trasmissione del patrimonio] hérédité. ‖ BIOL. hérédité.
ereditare [eredi'tare] v. tr. PR. e FIG. hériter (de) ; hériter (tr. lett.). | *ereditare una casa*, hériter d'une maison, une maison. ‖ ASSOL. hériter, faire un héritage.
ereditariamente [ereditarja'mente] avv. héréditairement.
ereditarietà [ereditarje'ta] f. hérédité, caractère (m.) héréditaire. ‖ BIOL. hérédité.
ereditario [eredi'tarjo] agg. héréditaire. | *titolo ereditario*, titre héréditaire. | *principe ereditario*, prince héritier [designato], héréditaire [per diritto]. ‖ BIOL. héréditaire.
ereditiera [eredi'tjɛra] f. héritière.
eremita [ere'mita] (**-i** pl.) m. PR. e FIG. ermite.
eremitaggio [eremi'taddʒo] m. PR. e FIG. ermitage.
eremitico [ere'mitiko] (**-ci** pl.) agg. érémitique.
eremo ['ɛremo] m. PR. e FIG. ermitage.
eresia [ere'zia] f. PR. e FIG. hérésie. ‖ LOC. FIG. *puzzare di eresia*, sentir le fagot.
eresiarca [ere'sjarka] (**-chi** pl.) m. hérésiarque.
ereticale [ereti'kale] agg. hérétique.
ereticamente [eretika'mente] avv. comme un hérétique.
eretico [e'rɛtiko] (**-ci** pl.) agg. e m. hérétique.
eretismo [ere'tizmo] m. MED. éréthisme.
erettile [e'rɛttile] agg. ANAT. érectile.
eretto [e'rɛtto] agg. droit. | *tenere il busto eretto*, se tenir (bien) droit.
erezione [eret'tsjone] f. [costruzione] érection (lett.), élévation, construction. ‖ FIG. [fondazione] érection (antiq.), fondation, établissement m. ‖ ANAT. érection.
1. erg [ɛrg] m. invar. FIS. erg.
2. erg [ɛrg] m. invar. GEOGR. erg.
ergastolano [ergasto'lano] m. forçat, bagnard.
ergastolo [er'gastolo] m. travaux forcés (pl.) à perpétuité, prison (f.) à vie. ‖ [stabilimento] pénitencier, bagne. ‖ STOR. ergastule.
ergere ['ɛrdʒere] v. tr. lett. élever. ◆ v. rifl. se dresser, s'élever.
ergo ['ɛrgo] cong. (spesso scherz.) donc, par conséquent. ◆ m. inv. *venire all'ergo*, en venir à la conclusion.
ergoterapia [ergotera'pia] f. PSICH. ergothérapie.
ergotina [ergo'tina] f. BOT. ergot (m.) du seigle. ‖ FARM. ergotine.
erica ['ɛrika] f. BOT. bruyère.
erigendo [eri'dʒɛndo] agg. qui va être, doit être érigé, élevé, construit.
erigere [e'ridʒere] v. tr. ériger, élever, dresser, édifier, bâtir, construire. ‖ FIG. [fondare] ériger, instituer, fonder, établir, créer. ‖ [assumere] ériger. | *eri-*

gere un criminale ad eroe, ériger un criminel en héros. ◆ v. rifl. s'ériger (en), se poser (en).
erisipela [eri'zipela] f. MED. érysipèle, érésipèle.
eritema [eri'tɛma] (**-i** pl.) m. MED. érythème.
eritreo [eri'trɛo] agg. e m. érythréen.
erma ['ɛrma] f. ARCHIT. hermès m.
ermafroditismo [ermafrodi'tizmo] m. BIOL. hermaphrodisme.
ermafrodito [ermafro'dito] agg. e m. hermaphrodite.
ermellino [ermel'lino] m. hermine f.
ermeneutica [erme'nɛutika] f. herméneutique.
ermeneutico [ermé'nɛutiko] agg. herméneutique.
ermeticamente [ermɛtika'mente] avv. hermétiquement. ‖ FIG. de façon hermétique.
ermetico [er'mɛtiko] (**-ci** pl.) agg. PR. e FIG. hermétique. | *contenitore ermetico,* récipient hermétique. | *scrittore ermetico,* écrivain hermétique, hermétiste.
ermetismo [erme'tizmo] m. hermétisme.
ermo ['ɛrmo] agg. POET. solitaire. ◆ m. V. EREMO.
ernia ['ɛrnia] f. MED. hernie.
erniario [er'njarjo] agg. herniaire. | *cinto erniario,* bandage herniaire.
ernioso [er'njoso] agg. hernieux.
erodere [e'rodere] v. tr. éroder.
eroe [e'rɔe] m. PR. e FIG. héros. | *comportarsi, morire da eroe,* mourir en héros.
erogabile [ero'gabile] agg. qu'on peut affecter, distribuer ; distribuable. | *somma erogabile in beneficenza,* somme qu'on peut affecter à des œuvres de bienfaisance.
erogabilità [erogabili'ta] f. possibilité de distribuer.
erogare [ero'gare] v. tr. affecter, distribuer, destiner, attribuer. | *erogare fondi per la costruzione di un asilo infantile,* affecter des fonds à la construction d'un jardin d'enfants. ‖ [acqua, gas, elettricità] distribuer.
erogatore [eroga'tore] (**-trice** f.) agg. qui distribue ; de distribution. ◆ n. distributeur, trice.
eroicamente [eroika'mente] avv. héroïquement.
eroicità [eroitʃi'ta] f. héroïcité (raro) ; héroïsme m.
eroicizzare [eroitʃid'dzare] v. tr. (re)présenter (qn) comme un héros ; représenter (qch.) comme héroïque.
eroico [e'rɔiko] (**-ci** pl.) agg. héroïque. | *decisione, resistenza eroica,* décision, résistance héroïque. ‖ LETT. *poema eroico,* poème héroïque.
eroicomico [eroi'kɔmiko] (**-ci** pl.) agg. héroïcomique.
1. eroina [ero'ina] f. PR. e FIG. héroïne.
2. eroina [ero'ina] f. CHIM. héroïne.
eroinomane [eroi'nɔmane] agg. e n. héroïnomane.
eroismo [ero'izmo] m. héroïsme.
erompere [e'rompere] v. intr. se précipiter, s'élancer, se ruer dehors ; jaillir. | *la folla eruppe dai cancelli aperti,* la foule se précipita dehors par les grilles ouvertes. ‖ FIG. éclater.
eros ['ɛros] m. PSICANAL. eros.
erosione [ero'zjone] f. érosion. ‖ PARTICOL. [acqua corrente] *erosione laterale,* affouillement m.
erosivo [ero'zivo] agg. érosif.
eroticamente [erotika'mente] avv. érotiquement.
erotico [e'rɔtiko] (**-ci** pl.) agg. érotique.
erotismo [ero'tizmo] m. érotisme.
erotomane [ero'tɔmane] agg. e m. érotomane.
erotomania [erotoma'nia] f. érotomanie.
erpete ['ɛrpete] m. MED. herpès.
erpetico [er'pɛtiko] (**-ci** pl.) agg. herpétique.
erpetologia [erpetolo'dʒia] f. ZOOL. herpétologie, erpétologie.
erpicare [erpi'kare] v. tr. AGR. herser.
erpicatore [erpika'tore] m. herseur.
erpicatura [erpika'tura] f. hersage m.
erpice ['erpitʃe] m. AGR. herse f.
errabondo [erra'bondo] agg. (lett.) errant (L.C.).
errante [er'rante] agg. errant. | *popoli erranti,* peuples errants, nomades. ‖ LOC. *l'Ebreo errante,* le Juif errant. | *cavaliere errante,* chevalier errant. | *stella errante,* étoile errante.
errare [er'rare] v. intr. **1.** [andare di qua e di là] errer, flâner, vagabonder. ‖ **2.** [sbagliare] se tromper, s'abuser, se méprendre (lett.), faire erreur, errer (antiq. o lett.). | *se non erro,* si je ne me trompe (pas), si je ne m'abuse. | *Lei erra,* vous faites erreur. ‖ [cadere in colpa] faillir (lett.), errer (antiq. o lett.), commettre une faute, être dans l'erreur. ‖ SOSTANT. errance f.
errata corrige [er'rata'kɔrridʒe] m. invar. TIP. [per più errori] errata ; [per un errore] erratum (lat.).
erratico [er'ratiko] (**-ci** pl.) agg. erratique, errant, vagabond. ‖ GEOL., MED. erratique.
errato [er'rato] agg. inexact, erroné, faux, fautif. | *informazioni errate,* informations inexactes. | *forma, pronuncia errata,* forme, prononciation fautive. ‖ LOC. *andare errato,* se tromper, s'abuser.
erroneamente [erronea'mente] avv. par erreur ; erronément (rare), à tort.
erroneità [erronei'ta] f. fausseté, inexactitude.
erroneo [er'rɔneo] agg. erroné, inexact, incorrect.
errore [er'rore] m. **1.** erreur f., faute f. | *errore di giudizio,* erreur de jugement. | *errore giudiziario,* erreur judiciaire. | *errore di grammatica, di stampa,* faute de grammaire, d'impression. | *indurre in errore,* induire en erreur. | *essere in errore,* être dans l'erreur, faire erreur, se tromper. | *salvo errore,* sauf erreur. ‖ **2.** [in senso morale] faute, erreur, écart ; errements pl. (raro). | *errori di gioventù,* erreurs, écarts de jeunesse.
erta ['erta] f. montée abrupte, côte raide, rapide ; [cammino ripido] raidillon m., grimpette (fam.). ‖ LOC. *all'erta !,* alerte ! | *stare all'erta,* être, se tenir sur le qui-vive, sur ses gardes, en éveil.
erto ['erto] agg. raide, abrupt, escarpé, rapide.
erubescente [erubeʃ'ʃɛnte] agg. lett. érubescent. ‖ [di pudore, vergogna] rougissant.
erubescenza [erubeʃ'ʃɛntsa] f. lett. érubescence. ‖ [di pudore, vergogna] rougeur.
erudire [eru'dire] v. tr. instruire.
eruditamente [erudita'mente] avv. avec érudition.
erudito [eru'dito] agg. e m. érudit.
erudizione [erudit'tsjone] f. érudition. | *far sfoggio di erudizione,* faire étalage de son érudition.
eruttare [erut'tare] v. intr. éructer (lett.), faire un renvoi (L.C.). ◆ v. tr. FIG. *eruttare ingiurie,* éructer, vomir des injures. ‖ [vulcano] vomir, projeter ; ASSOL. entrer en éruption.
eruttazione [erutta'tsjone] f. éructation (lett.), renvoi m.
eruttivo [erut'tivo] agg. GEOL., MED. éruptif.
eruzione [erut'tsjone] f. GEOL., MED. éruption.
ervo ['ɛrvo] m. BOT. ers.
erziano [er'tsjano] agg. hertzien.
esacerbamento [ezatʃerba'mento] m. exacerbation f. (lett.), exaspération f.
esacerbare [ezatʃer'bare] v. tr. exacerber, exaspérer, aviver, irriter, aggraver. ◆ v. rifl. s'exacerber, s'exaspérer.
esacerbazione [ezatʃerbat'tsjone] f. exacerbation, exaspération.
esacordo [eza'kɔrdo] m. MUS. hexacorde.
esaedro [eza'ɛdro] m. GEOM. hexaèdre.
esagerare [ezadʒe'rare] v. tr. **1.** exagérer. | *esagerare una notizia,* exagérer, enfler une nouvelle. | *esagerare la dose,* forcer la dose. ‖ [caricare] charger, exagérer. ‖ **2.** ASSOL. exagérer, en rajouter (fam.). ‖ [andare troppo oltre] exagérer, charrier (pop.). | *non esageriamo,* n'exagérons rien ; c'est beaucoup dire. ◆ v. intr. exagérer, forcer (sur) [fam.]. | *esagerare nel bere,* boire exagérément, avec excès ; forcer sur la boisson. | *esagerare nel punire,* punir trop sévèrement. | *esagerare nella gentilezza,* être trop aimable.
esageratamente [ezadʒerata'mente] avv. exagérément.
esagerato [ezadʒe'rato] agg. exagéré, excessif. ‖ [di persona] qui exagère. ◆ m. [di persona] exagérateur (raro). | *esagerato !,* tu exagères ! | *è un esagerato,* il exagère toujours.
esagerazione [ezadʒerat'tsjone] f. exagération. | *costa un'esagerazione,* ça coûte une somme folle.
esagerone [ezadʒe'rone] m. FAM. (raro) exagérateur (L.C. raro). | *sei un esagerone !,* tu exagères tout !
esagitare [ezadʒi'tare] v. tr. (lett.) agiter, troubler (L.C.).
esagonale [ezago'nale] agg. hexagonal.
esagono [e'zagono] m. hexagone.
esalamento [ezala'mento] m. exhalaison, émanation.
esalare [eza'lare] v. tr. exhaler. | *esalare un odore,* exhaler une odeur. | *esalare l'anima, lo spirito,* exha-

ler, rendre le dernier soupir. || FIG. [sfogare] (raro) exhaler (lett.), manifester. | *esalare la rabbia,* exhaler sa colère. ◆ v. intr. s'exhaler. || SOSTANT. exhalaison f.
esalazione [ezalat'tsjone] f. exhalaison, émanation. || FISIOL. exhalation.
esaltamento [ezalta'mento] m. V. ESALTAZIONE.
esaltante [ezal'tante] agg. exaltant, enthousiasmant.
esaltare [ezal'tare] v. tr. **1.** exalter (lett.), glorifier, célébrer. || **2.** [eccitare, entusiasmare] exalter, surexciter, échauffer, enfiévrer, enivrer, enthousiasmer. || **3.** [elevare] élever. || **4.** MED., CHIM. [attivare] exalter. ◆ v. rifl. s'exalter, s'exciter, s'enthousiasmer; s'emballer (fam.).
esaltato [ezal'tato] agg. exalté, surexcité, échauffé. ◆ m. exalté.
esaltazione [ezaltat'tsjone] f. exaltation (lett.), glorification. || [eccitazione] exaltation, surexcitation. || [elevazione] élévation. || RELIG. *esaltazione della Santa Croce,* exaltation de la sainte Croix.
esame [e'zame] m. [disamina] examen, étude f. | *esame di un problema,* examen, étude, exploration (f.) d'un problème. | *esame di un testo,* examen, analyse (f.) d'un texte. | *prendere in esame un progetto,* mettre un projet à l'étude, examiner un projet. | *esame di coscienza,* examen de conscience. | *esame libero,* libre examen. || MED. examen. || [prova] examen. | *dare, sostenere, passare un esame,* passer un examen. | *passare un esame,* réussir un examen. | *essere promosso ad un esame; essere bocciato ad un esame,* être reçu à un examen; échouer, être collé (fam.), être recalé (fam.) à un examen. | *esame di maturità,* baccalauréat. | *esame di ammissione, di riparazione, attitudinale,* examen d'admission, de rattrapage, d'aptitude. || GIUR. examen, audition (des témoins).
esametro [e'zametro] m. POES. hexamètre.
esaminando [ezami'nando] (**-a** f.) agg. e m. candidat (à un examen).
esaminare [ezami'nare] v. tr. examiner, étudier. | *esaminare il posto,* examiner, inspecter les lieux; faire l'examen, l'inspection des lieux. | *esaminare una questione,* examiner, explorer une question. | *esaminare il problema,* examiner, étudier le problème. | *esaminare dettagliatamente un libro,* examiner minutieusement, éplucher un livre. || UNIV. interroger, examiner.
esaminatore [ezamina'tore] (**-trice** f.) m. examinateur, trice. ◆ agg. d'examen, qui examine. | *commissione esaminatrice,* jury m. (d'examen).
esangue [e'zangwe] agg. exsangue. || PER EST. exsangue, blafard, blême, livide. || FIG. (lett.) exsangue, sans vigueur.
esanimare [ezani'mare] v. tr. (lett.) abattre (L.C.), décourager (L.C.). ◆ v. rifl. se laisser abattre, se décourager.
esanime [e'zanime] agg. inanimé, inerte.
esantema [ezan'tɛma] (**-i** pl.) m. MED. exanthème.
esapodi [e'zapodi] m. pl. ZOOL. hexapodes, insectes.
esarca [e'zarka] (**-chi** pl.) m. STOR. RELIG. exarque.
esarcato [ezar'kato] m. STOR. exarchat.
esasperante [ezaspe'rante] agg. exaspérant, crispant, horripilant, très agaçant; rageant (fam.).
esasperare [ezaspe'rare] v. tr. [irritare] exaspérer, horripiler, excéder, crisper, irriter. || [inasprire] exaspérer, exacerber, aviver. ◆ v. rifl. s'exaspérer, s'irriter.
esasperazione [ezasperat'tsjone] f. [irritazione] exaspération, horripilation (fam.). || [aggravamento] exaspération (antiq.), exacerbation, aggravation. || [eccitazione] exaspération (lett.), excitation, exaltation. | *esasperazione di un desiderio,* exaspération d'un désir.
esastico [e'zastiko] (**-ci** pl.) agg. POES. de six vers.
esattamente [ezatta'mente] avv. exactement.
esattezza [ezat'tettsa] f. exactitude. | *esattezza di un'osservazione,* exactitude, justesse d'une observation. | *esattezza di un calcolo,* exactitude, précision d'un calcul. | *ditemi con esattezza ciò che devo fare,* dites-moi avec précision, dites-moi exactement ce que je dois faire. | *per l'esattezza,* pour être exact.
1. esatto [e'zatto] agg. exact. | *informazione esatta,* information exacte, juste. | *scienze esatte,* sciences exactes. || [preciso] précis. | *alle due esatte,* à deux heures précises, exactement à deux heures. | *strumento esatto,* instrument précis.
2. esatto [e'zatto] part. pass. [ESIGERE] e agg. [riscosso] perçu.
esattore [ezat'tore] m. [dell'erario] receveur, percepteur. || [della luce, del gas, di compagnie private] encaisseur; [di una banca] garçon de recette.
esattoria [ezatto'ria] f. recette, perception.
esattoriale [ezatto'rjale] agg. de la recette, de la perception, des impôts. || SOSTANT. *gli esattoriali,* le personnel des impôts.
esaudibile [ezau'dibile] agg. qui peut être exaucé.
esaudimento [ezaudi'mento] m. exaucement, satisfaction f.
esaudire [ezau'dire] v. tr. exaucer. | *esaudire una preghiera,* exaucer, écouter une prière.
esauribile [ezau'ribile] agg. épuisable (raro).
esauriente [ezau'rjɛnte] agg. exhaustif, complet. || [convincente] convaincant, concluant, probant.
esaurientemente [ezaurjente'mente] avv. exhaustivement.
esaurimento [ezauri'mento] m. épuisement. || FIG. épuisement, abattement. || MED. dépression f. | *esaurimento nervoso,* dépression nerveuse.
esaurire [ezau'rire] v. tr. **1.** épuiser. | *esaurire un pozzo,* épuiser, tarir un puits. | *esaurire una miniera, le munizioni, le scorte di cibo,* épuiser une mine, les munitions, les réserves de vivres. | *esaurire la pazienza di qlcu.,* épuiser, user la patience de qn. || [fiaccare] épuiser, accabler, abattre, exténuer, harasser, vider (fam.), crever (pop.). || **2.** [trattare compiutamente] épuiser, traiter à fond. | *esaurire l'argomento,* épuiser le sujet. || [portare a termine] conclure, mener à bonne fin, à bon terme. | *esaurire l'inchiesta,* conclure l'enquête. ◆ v. rifl. s'épuiser. | *le sue forze si sono esaurite,* il a épuisé ses forces. | *la sua ispirazione si è esaurita,* son inspiration s'est tarie. | *scrittore che si è esaurito,* écrivain qui n'a plus rien à dire.
esaurito [ezau'rito] agg. épuisé. | *edizione esaurita,* édition épuisée. | *teatro esaurito,* théâtre complet. | *i biglietti sono esauriti,* tous les billets sont pris, sont vendus. || [di persona] déprimé; qui souffre d'une dépression (nerveuse); en dépression.
esaustivo [ezaus'tivo] agg. (lett.) exhaustif.
esausto [e'zausto] agg. épuisé, harassé, exténué, éreinté, à bout de forces, vidé (fam.), sur les genoux (pop.), crevé (pop.). || LETT. [consumato] épuisé. || PR. (raro) vide (L.C.).
esautorare [ezauto'rare] v. tr. destituer, révoquer, casser. | *esautorare un funzionario,* révoquer un fonctionnaire. || PER EST. discréditer, jeter le discrédit (sur), déconsidérer. | *esautorare il governo,* jeter le discrédit sur le gouvernement. ◆ v. rifl. se discréditer, se déconsidérer.
esautorato [ezauto'rato] agg. discrédité, déconsidéré. || PR. destitué, révoqué.
esautorazione [ezautorat'tsjone] f. discrédit m., déconsidération. || [rimozione da una funzione] destitution, révocation, limogeage m.
esazione [ezat'tsjone] f. recouvrement m., perception, recette. | *esazione abusiva, indebita,* exaction.
esborso [ez'borso] m. AMM., COMM. débours, déboursement. || [di cassa] décaissement.
esca ['eska] f. **1.** appât m., amorce. | *esca artificiale,* leurre m., devon m. || FIG. appât. || **2.** [per accendere il fuoco o la polvere] amadou m. | *pigliar fuoco come l'esca,* brûler comme de l'amadou. || FIG. *dare esca,* attiser, susciter. || LOC. *dare esca al fuoco,* jeter de l'huile sur le feu.
escandescenza [eskandeʃ'ʃɛntsa] f. [usato specie al pl.] crise de colère, de rage; emportement m. | *dare in escandescenze,* sortir de ses gonds, se mettre en rage, piquer (fam.) une crise (de colère, de rage).
escara ['ɛskara] f. MED. escarre.
escatologia [eskatolo'dʒia] f. TEOL. eschatologie.
escatologico [eskato'lɔdʒiko] (**-ci** pl.) agg. eschatologique.
escavare [eska'vare] v. tr. V. SCAVARE.
escavatore [eskava'tore] m. TECN. excavateur, excavatrice f., pelle f., pelleteur, pelleteuse f.
escavatrice [eskava'tritʃe] f. V. ESCAVATORE.

escavazione [eskavat'tsjone] f. excavation.
eschileo [eski'lɛo] agg. d'Eschyle.
eschimese [eski'mese] agg. e n. esquimau, aude.
esclamare [eskla'mare] v. intr. s'exclamer (rifl.), s'écrier (rifl.).
esclamativo [esklama'tivo] agg. exclamatif. ‖ GRAMM. *punto esclamativo,* point d'exclamation.
esclamazione [esklamat'tsjone] f. exclamation.
escludere [es'kludere] v. tr. exclure. | *escludere qlcu. da un partito,* exclure, expulser qn d'un parti. | *escludere qlcu. dal voto,* exclure qn du vote. | *escludo questa ipotesi,* j'exclus cette hypothèse. | *non è da escludere che riusciamo a metterci d'accordo,* il n'est pas exclu, impossible que nous arrivions à nous entendre. ◆ v. rifl. recipr. s'exclure.
esclusione [esklu'zjone] f. exclusion. | *decidere l'esclusione di qlcu.,* prononcer l'exclusion, l'expulsion de qn. | *procedere per esclusione,* procéder par élimination. | *senza alcuna esclusione,* sans aucune exception. ◆ LOC. PREP. ***ad esclusione di,*** à l'exclusion de, sauf.
esclusiva [esklu'ziva] f. exclusivité. | *avere l'esclusiva di un prodotto,* avoir l'exclusivité d'un produit. | *notizia, film in esclusiva,* nouvelle, film en exclusivité. ‖ GIUR., RELIG. exclusive.
esclusivamente [eskluziva'mente] avv. exclusivement.
esclusivismo [eskluzi'vizmo] m. exclusivisme.
esclusivista [eskluzi'vista] (**-i** pl.) agg. exclusif. ◆ n. exclusif, ive. ‖ COMM. agent (m.) exclusif.
esclusività [eskluzivi'ta] f. exclusivité.
esclusivo [esklu'zivo] agg. exclusif, ive.
escluso [es'kluzo] part. pass e agg. exclu, impossible. | *non posso prestarteli, è escluso,* je ne peux pas te les prêter, il n'en est pas question, c'est exclu. | *non è escluso che,* il n'est pas impossible, il n'est pas exclu que. ‖ [non compreso] non compris. | *escluso il servizio,* service non compris. ‖ [eccettuato] sauf, à part, à l'exception de, excepté. | *tutti, lui escluso,* tous sauf, excepté lui. | *tutti, nessuno escluso,* tous sans exception.
escogitare [eskodʒi'tare] v. tr. imaginer, inventer.
escoriare [esko'rjare] v. tr. écorcher. ‖ MED. excorier. ◆ v. rifl. s'écorcher, s'excorier.
escoriazione [eskorjat'tsjone] f. éraflure, écorchure, excoriation.
escremento [eskre'mento] m. excrément.
escrescenza [eskreʃ'ʃɛntsa] f. excroissance.
escretivo [eskre'tivo] agg. V. ESCRETORE.
escreto [es'krɛto] m. excrément, excrétion f.
escretore [eskre'tore] agg. ANAT. excréteur.
escrezione [eskret'tsjone] f. FISIOL. excrétion, élimination. ‖ [concreto] excréments pl.
escursione [eskur'sjone] f. excursion. | *fare un' escursione,* faire une excursion, excursionner (v. intr.). ‖ METEOR. *escursione termica,* amplitude thermique. ‖ MIL. (arc.) sortie, incursion. ‖ TECN. amplitude.
escursionista [eskursjo'nista] (**-i** pl.) m. e f. excursionniste.
escussione [eskus'sjone] f. GIUR. audition. | *escussione dei testi,* audition des témoins. ‖ [citazione] citation, assignation.
escutere [es'kutere] v. tr. GIUR. entendre, interroger. ‖ [citare] citer, assigner.
esecrabile [eze'krabile] agg. exécrable, odieux.
esecrando [eze'krando] agg. lett. exécrable, odieux, abominable.
esecrare [eze'krare] v. tr. exécrer, abhorrer, abominer ; avoir en exécration (lett.).
esecrazione [ezekrat'tsjone] f. exécration (lett.).
esecutivo [ezeku'tivo] agg. exécutif. ‖ GIUR. exécutoire. | *mandato esecutivo,* exécutoire m. ◆ m. POLIT. exécutif.
esecutore [ezeku'tore] (**-trice** f.) m. exécutant, exécuteur (raro). ‖ GIUR. *esecutore testamentario,* exécuteur testamentaire. ‖ MUS. exécutant.
esecutorietà [ezekutorje'ta] f. caractère (m.) exécutoire.
esecutorio [ezeku'tɔrjo] agg. GIUR. exécutoire.
esecuzione [ezekut'tsjone] f. exécution, accomplissement m., réalisation. | *esecuzione di un progetto,* (mise à) exécution, réalisation d'un projet. | *esecuzione di un ordine,* exécution d'un ordre. | *lavoro di facile, difficile esecuzione,* travail facile, difficile à exécuter. | *dare esecuzione a qlco.,* exécuter qch. | *mettere in esecuzione,* mettre à exécution. ‖ GIUR. exécution. | *esecuzione (capitale),* exécution (capitale). ‖ MIL. *plotone di esecuzione,* peloton d'exécution. ‖ MUS. exécution, interprétation.
esedra [e'zɛdra] f. ARCHIT. exèdre.
esegesi [eze'dʒɛzi] f. exégèse.
esegeta [eze'dʒɛta] (**-i** pl.) m. exégète.
eseguibile [eze'gwibile] agg. réalisable, exécutable.
eseguire [eze'gwire] v. tr. exécuter, réaliser, accomplir, faire. | *eseguire un piano,* exécuter un plan. | *eseguire una riparazione,* faire, effectuer une réparation. ‖ [adempiere] exécuter, obéir (à). | *eseguire un ordine,* exécuter un ordre. ‖ GIUR. exécuter, mettre à effet. | *eseguire una sentenza,* exécuter une sentence. ‖ MUS. exécuter, jouer, interpréter.
esempio [e'zempjo] m. exemple. | *fare, portare un esempio,* donner un exemple. ‖ [modello] exemple, modèle. | *esempio di fedeltà,* modèle de fidélité. | *dare buono, cattivo esempio,* donner le bon, le mauvais exemple. | *seguire l'esempio di qlcu.,* suivre l'exemple de qn. | *prendere esempio da,* prendre exemple sur. | *questo ti valga di esempio,* que cela te serve d'exemple, de leçon (f.). ‖ [esemplare] exemplaire, specimen. ‖ [punizione esemplare] exemple. | *dare un esempio,* faire un exemple. | *ci vorrebbe un esempio,* il faudrait faire un exemple. ‖ LOC. *senza esempio,* sans exemple. ◆ LOC. AVV. ***per esempio, ad esempio,*** par exemple. ◆ LOC. PREP. ***sull'esempio di,*** à l'exemple, à l'instar de.
1. esemplare [ezem'plare] agg. exemplaire.
2. esemplare [ezem'plare] m. [copia] exemplaire. | *esemplare d'omaggio,* spécimen. ‖ [animale o cosa tipica] exemplaire, spécimen. ‖ [modello] modèle.
3. esemplare [ezem'plare] v. tr. (lett.) copier (L.C.).
esemplarità [ezemplari'ta] f. (lett.) caractère (m.) exemplaire, exemplarité (raro). | *esemplarità di una condanna,* caractère exemplaire d'une condamnation.
esemplarmente [ezemplar'mente] avv. exemplairement.
esemplificare [ezemplifi'kare] v. tr. illustrer (par des exemples). ◆ v. intr. donner des exemples.
esemplificazione [ezemplifikat'tsjone] f. illustration (par des exemples). ‖ [concreto] exemples (m. pl.), série d'exemples. | *fornire una vasta esemplificazione,* fournir de nombreux exemples.
esentare [ezen'tare] v. tr. exempter, dispenser. | *esentare qlcu. dagli esami,* dispenser qn des examens. | *esentare dal servizio di leva,* exempter du service militaire. ‖ [da un obbligo finanziario] exempter, exonérer, dispenser. ◆ v. rifl. s'affranchir (de), se soustraire (à), se dérober (à), se dispenser (de).
esente [e'zɛnte] agg. exempt (de), dispensé (de). ‖ [immune] exempt (de), privé (de), préservé (de). | *esente dal contagio,* à l'abri de la contagion. | *esente da difetti,* sans défaut, exempt de défauts.
esenzione [ezen'tsjone] f. exemption. | *esenzione dal servizio militare,* exemption du service militaire. ‖ [di tasse] exemption, exonération.
esequie [e'zɛkwje] f. pl. funérailles, obsèques.
esercente [ezer'tʃɛnte] agg. exerçant. ◆ m. exploitant (d'un magasin), (petit) commerçant. ‖ [bevande, tabacchi] débitant.
esercire [ezer'tʃire] v. tr. (raro) exercer. ‖ [gestire] gérer.
esercitabile [ezertʃi'tabile] agg. qui peut être amélioré par des exercices. | *la memoria è esercitabile,* on peut améliorer la mémoire par des exercices.
esercitare [ezertʃi'tare] v. tr. **1.** exercer. | *esercitare le forze, i sensi,* exercer ses forces, ses sens. | *esercitare la mente, la memoria,* exercer, cultiver son esprit, sa mémoire. | *esercitare i soldati alla marcia,* entraîner, exercer les soldats à marcher au pas. ‖ FIG. *esercitare la pazienza di qlcu.,* mettre la patience de qn à l'épreuve, à rude épreuve, exercer la patience de qn (lett.). ‖ SCHERZ. *esercitare la lingua,* avoir la langue bien pendue. ‖ **2.** [praticare] exercer, pratiquer. | *esercitare la medicina,* exercer la médecine. ‖ [sul piano morale] pratiquer. | *esercitare la virtù,* pratiquer la vertu. ‖ **3.** [fare uso di] exercer. | *esercitare un*

potere, exercer un pouvoir. | *esercitare un diritto,* exercer un droit, user d'un droit. | *esercitare influenza su qlcu.,* exercer, avoir de l'influence sur qn. | *esercitare pressioni,* exercer des pressions. ◆ v. rifl. s'exercer, s'entraîner, faire de l'exercice.

esercitato [ezertʃi'tato] agg. exercé. | *essere ben esercitato,* être exercé, entraîné.

esercitazione [ezertʃitat'tsjone] f. exercice m. | *esercitazioni ginniche,* exercices de gymnastique. | *esercitazioni scolastiche,* exercices scolaires. || Mil. *esercitazione d'allarme,* exercice d'alerte. | *esercitazioni di tiro,* exercices de tir. || Univ. *(corso di) esercitazioni,* (cours de) travaux (m. pl.) pratiques.

esercito [e'zɛrtʃito] m. **1.** armée f. | *esercito nazionale,* armée nationale. || Particol. [forze militari terrestri] armée de terre. | *esercito e marina,* armée de terre et armée de mer. || [truppe] armée, troupes (f. pl.). | *esercito di occupazione, di liberazione,* armée d'occupation, de libération. || **2.** Fig. armée, foule (f.). || **3.** Relig. *dio degli eserciti,* dieu des armées. || *Esercito della Salvezza,* Armée du Salut.

esercizio [ezer'tʃittsjo] m. **1.** exercice. | *esercizio del potere,* exercice du pouvoir. | *esercizio di una professione,* exercice d'une profession. | *nell'esercizio delle proprie funzioni,* dans l'exercice de ses fonctions. || **2.** [il praticare] pratique f., exercice. | *esercizio della virtù, della carità,* pratique de la vertu, de la charité. || **3.** [l'allenare] entraînement, exercice. | *esercizio della memoria,* entraînement de la mémoire. | *fare esercizio,* s'entraîner, s'exercer; [fare del moto] faire de l'exercice. | *tenere in esercizio la memoria,* exercer sa mémoire. | *essere in esercizio,* avoir de l'exercice, de l'entraînement; être bien entraîné. | *essere fuori esercizio,* manquer d'entraînement, d'exercice. || **4.** [prova] exercice. | *esercizio ginnico, di traduzione,* exercice de gymnastique, de traduction. | *libro, quaderno di esercizi,* livre, cahier d'exercices. || **5.** Comm. [gestione] gestion f., exploitation f. | *spese di esercizio,* frais de gestion. || [periodo di gestione] exercice. | *chiusura di un esercizio,* clôture d'un exercice. | *esercizio finanziario,* exercice budgétaire. || [negozio, bottega] magasin. | *esercizio di generi alimentari,* magasin d'alimentation. | *esercizio pubblico,* établissement public. | *esercizio di vini,* débit de boissons. | *esercizio di tabacchi,* débit de tabac. || **6.** Giur. *libero esercizio di un diritto,* libre exercice d'un droit. || **7.** Relig. *esercizi spirituali,* exercices spirituels.

esergo [e'zɛrgo] (**-ghi** pl.) m. [numismatica] exergue.

esibire [ezi'bire] v. tr. présenter, produire; exhiber (giur.). || Per est. exhiber, étaler. | *esibire la propria scienza, i propri vizi,* étaler, exhiber sa science, ses vices. || [offrire] (raro) offrir. || ◆ v. rifl. se produire; [spettacolo] s'exhiber. || [mettersi in mostra] s'exhiber, s'afficher. || [offrirsi] s'offrir.

esibizione [ezibit'tsjone] f. présentation, exhibition (giur.). || [spettacolo] numéro m.; [presentazione] exhibition. || [ostentazione] exhibition, étalage m. | *fare esibizione della propria cultura,* faire étalage de sa culture. || [offerta] (raro) offre.

esibizionismo [ezibittsjo'nizmo] m. exhibitionnisme.

esibizionista [ezibittsjo'nista] (**-i** pl.) m. e f. exhibitionniste.

esigente [ezi'dʒɛnte] agg. exigeant.

esigenza [ezi'dʒɛntsa] f. [pretesa] exigence, prétention. | *manifestare delle esigenze,* émettre des exigences. | *moderare le proprie esigenze,* modérer ses exigences, ses prétentions; mettre de l'eau dans son vin (loc. fig. fam.). | *avere troppe esigenze,* avoir trop d'exigences, de prétentions. || [desiderio ardente] exigence. || [bisogno] nécessité, exigence. | *esigenze di servizio,* nécessités, raisons de service.

esigere [e'zidʒere] v. tr. exiger. | *esigere qlco. da qlcu.,* exiger qch. de qn. | *esigo che mi ascoltiate quando parlo,* j'exige, j'entends que vous m'écoutiez quand je parle. || [imporre] exiger, réclamer, nécessiter, imposer. | *le circonstanze lo esigono,* les circonstances l'exigent. | *questo lavoro esige molta attenzione,* ce travail exige, réclame beaucoup d'attention. || Comm., Fin. percevoir, encaisser, recouvrer.

esigibile [ezi'dʒibile] agg. exigible.

esigibilità [ezidʒibili'ta] f. exigibilité.

esiguità [ezigwi'ta] f. [scarsità] insuffisance, faiblesse, exiguïté (raro). | *l'esiguità delle forze nemiche,* la faiblesse des forces ennemies, le nombre réduit des ennemis. || [ammontare ridotto] modicité, petitesse. || [nelle dimensioni] exiguïté. | *esiguità di una stanza,* exiguïté d'une pièce.

esiguo [e'zigwo] agg. [scarso] minime, faible, modique, modeste, petit, exigu. | *prezzo esiguo,* prix minime, modique. | *stipendio esiguo,* salaire modeste, minime. | *numero esiguo,* petit nombre. || [di piccole dimensioni] exigu, petit.

esilarante [ezila'rante] agg. hilarant (neol.), drôle, comique, irrésistible, tordant (fam.). | *spettacolo esilarante,* spectacle comique, irrésistible. || Chim. *gas esilarante,* gaz hilarant.

esilarare [ezila'rare] v. tr. égayer; faire rire (aux larmes [l.c.], à gorge déployée [l.c.]). ◆ v. rifl. rire aux larmes, à gorge déployée.

esile ['ɛzile] agg. frêle, mince; [solo del corpo] fluet, grêle. | *esile stelo,* tige frêle. | *braccia esili,* bras frêles, grêles. || [voce] grêle, fluet.

esiliare [ezi'ljare] v. tr. exiler, envoyer en exil, bannir. ◆ v. rifl. s'exiler; partir en exil.

esiliato [ezi'ljato] m. exilé.

esilio [e'ziljo] m. Pr. e fig. exil. | *condannare all' esilio,* condamner à l'exil, au bannissement.

esilità [ezili'ta] f. gracilité, minceur. || [debolezza] faiblesse, fragilité. | *esilità di una teoria,* fragilité, faiblesse d'une théorie.

esimere [e'zimere] v. tr. dispenser, exempter. | *esimere qlcu. da un obbligo,* dispenser, libérer qn d'une obligation. ◆ v. rifl. se dispenser (de), s'affranchir (de), se soustraire (à), se dérober (à).

esimio [e'zimjo] agg. éminent, insigne. || [nelle lettere, negli indirizzi, negli appellativi] *Esimio Signore,* Monsieur. | *Esimio Professore,* Monsieur le professeur. | *esimio collega,* mon cher collègue. || Iron. *sei un esimio imbroglione,* tu es une vraie, une sacrée canaille.

esistente [ezis'tɛnte] agg. existant. ◆ m. Filos., Giur. existant.

esistenza [ezis'tɛntsa] f. **1.** existence. | *provare l'esistenza di un documento,* prouver l'existence d'un document. || [vita] existence, vie. | *esistenza difficile,* existence difficile. | *amareggiare l'esistenza di qlcu.,* gâcher, empoisonner l'existence, la vie de qn. || **2.** Comm. [di cassa] existant m. (en caisse); fonds m.; argent m. (de caisse). || [merci] existant m. (en magasin), provision, stock m.

esistenziale [ezisten'tsjale] agg. Filos. existentiel.

esistenzialismo [ezistentsja'lizmo] m. Filos. existentialisme.

esistenzialista [ezistentsja'lista] (**-i** pl.) n. e agg. Filos. existentialiste.

esistenzialistico [ezistentsja'listiko] (**-ci** pl.) agg. Filos. existentialiste.

esistere [e'zistere] v. intr. exister. | *i fantasmi non esistono,* les fantômes n'existent pas. || [esserci] exister [v. impers.]; y avoir [v. impers.] | *esistono delle prove di quel che ti dico,* il existe des preuves de ce que je te dis. | *esiste un altro sistema,* il existe un autre système. | *non esistono più dubbi,* il n'y a plus de doutes. || [vivere] exister, vivre. | *il piacere di esistere,* le plaisir d'exister. | *ha cessato di esistere,* il a cessé de vivre.

esitante [ezi'tante] agg. hésitant.

esitanza [ezi'tantsa] f. (raro) hésitation (l.c.).

esitare [ezi'tare] v. intr. hésiter, balancer (lett.). | *esitare nella scelta della macchina,* ne pas savoir quelle voiture choisir. | *esitare tra due soluzioni,* hésiter, balancer (lett.) entre deux solutions. | *esitare a fare qlco.,* hésiter à faire qch.

esitare [ezi'tare] v. tr. Comm. débiter, écouler.

esitazione [ezitat'tsjone] f. hésitation. | *ubbidire senza esitazioni,* obéir sans hésitations, sans hésiter.

esito ['ɛzito] m. issue f., résultat, fin f., aboutissement (lett.). | *quale ne sarà l'esito ?,* quelle en sera l'issue ?, comment cela se terminera-t-il ? | *esito di una battaglia,* issue d'une bataille. | *esito degli esami,* résultat des examens. | *buon esito,* succès, heureuse issue. | *cattivo esito,* insuccès, échec, issue défavorable. *avere un buon, un cattivo esito,* réussir, échouer. | *l'esito è incerto,* l'issue est incertaine, le succès est incertain. || [buona riuscita] aboutissement, succès,

réussite f., issue f. | *avere esito*, aboutir. | *non vedo alcun esito possibile*, je ne vois aucun aboutissement possible, je ne vois aucune issue. || [sbocco] (raro) issue. || AMM., COMM. réponse f. | *dare esito a una lettera*, donner réponse à une lettre. || COMM. [vendita] vente f., débit. | *prodotti che non hanno esito*, produits qui se vendent mal. || LING. résultat. || MED. issue, résultat, conclusion f. | *esito fatale*, issue fatale. | *esito dell'operazione*, issue, résultat de l'opération.
esiziale [ezit'tsjale] agg. fatal, funeste. | *errore esiziale*, erreur fatale, funeste. | *ferita esiziale*, blessure fatale, mortelle.
eslege [ez'lɛdʒe] agg. (raro) hors-la-loi ; exceptionnel.
esoceto [ezo'tʃɛto] m. ZOOL. exocet.
esodo ['ɛzodo] m. exode. | *esodo dei contadini dalle campagne*, exode rural. | *esodo dei capitali*, fuite (f.), exode des capitaux. || RELIG. Exode.
esofago [e'zɔfago] m. ANAT. œsophage.
esoftalmo [ezof'talmo] m. MED. exophtalmie.
esogamia [ezoga'mia] f. exogamie.
esogeno [e'zɔdʒeno] agg. exogène.
esonerare [ezone'rare] v. tr. dispenser, exempter. || [da un obbligo finanziario] exonérer. || [da un incarico] relever.
esonero [e'zɔnero] m. dispense f., exemption f. || [di tasse, ecc.] exonération f.
esopico [ezo'piko] (**-ci** pl.) agg. ésopique.
esorbitante [ezorbi'tante] agg. exorbitant, démesuré.
esorbitare [ezorbi'tare] v. intr. sortir. | *questo esorbita dalle mie attribuzioni*, cela sort de mes attributions, cela n'entre pas, n'est pas dans mes attributions. | *esorbitare dai propri diritti*, outrepasser ses droits.
esorcismo [ezor'tʃizmo] m. exorcisme.
esorcista [ezor'tʃista] (**-i** pl.) m. exorciste, exorciseur. || RELIG. exorciste.
esorcistico [ezor'tʃistiko] (**-ci** pl.) agg. d'exorcisme.
esorcizzare [ezortʃid'dzare] v. tr. exorciser.
esorcizzatore [ezortʃiddza'tore] m. exorciseur, exorciste.
esordiente [ezor'djɛnte] agg. débutant, commençant. ◆ m. e f. débutant, ante.
esordio [e'zɔrdjo] m. exorde, entrée (f.) en matière ; préambule. || PER EST. exorde, début, commencement. || [debutto] débuts (m. pl.).
esordire [ezor'dire] v. intr. commencer, entrer en matière. || [debuttare] débuter, faire ses débuts.
esornativo [ezorna'tivo] agg. ornemental.
esortare [ezor'tare] v. tr. exhorter, inciter, engager.
esortativo [ezorta'tivo] agg. d'exhortation.
esortatore [ezorta'tore] (**-trice** f.) n. incitateur, trice.
esortazione [ezortat'tsjone] f. exhortation.
esosità [ezozi'ta] f. [odiosità] caractère (m.) détestable, odieux. || [avarizia] avarice, cupidité, avidité. || [eccessività] énormité, exagération.
esosmosi [ezoz'mɔzi] f. FIS. exosmose.
1. esoso [e'zɔzo] agg. [odioso] odieux, détestable, haïssable. || [avaro] avare, cupide, avide. || [di prezzi] exagéré, exorbitant.
2. esoso [e'zɔzo] m. CHIM. hexose.
esotericamente [ezoterika'mente] avv. d'une manière ésotérique.
esoterico [ezo'tɛriko] (**-ci** pl.) agg. FILOS. ésotérique.
esoterismo [ezote'rizmo] m. FILOS. ésotérisme.
esoticità [ezotitʃi'ta] f. exotisme m.
esotico [e'zɔtiko] (**-ci** pl.) agg. exotique.
esotismo [ezo'tizmo] m. exotisme.
esotizzante [ezotid'dzante] agg. qui recherche l'exotisme. ◆ m. e f. amateur (m.) d'objets exotiques.
espandere [es'pandere] v. tr. étendre, développer, élargir. | *espandere la propria sfera d'influenza*, étendre la sphère de son influence. | *espandere i propri confini*, élargir ses frontières. || [diffondere] répandre. ◆ v. rifl. s'étendre, se répandre. | *espandersi come una macchia d'olio*, faire tache d'huile. || [confidarsi] (raro) s'épancher, se confier.
espansibile [espan'sibile] agg. FIS. expansible.
espansibilità [espansibili'ta] f. FIS. expansibilité.
espansione [espan'sjone] f. PR. e FIG. expansion, extension. | *espanzione coloniale*, expansion coloniale. || FIG. [effusione] expansion, épanchement (m.), effusion. || ASTRON., FIS. expansion.
espansionista [espansjo'nista] (**-i** pl.) agg. e n. expansionniste.
espansionistico [espansjo'nistiko] (**-ci** pl.) agg. expansionniste.
expansività [espansivi'ta] f. expansivité.
espansivo [espan'sivo] agg. PR. e FIG. expansif.
espanso [es'panso] agg. évasé. || FIG. dilaté. || CHIM., FIS. expansé (neol.).
espatriare [espa'trjare] v. intr. s'expatrier (v. rifl.), émigrer. || SOSTANT. expatriation f.
espatriato [espa'trjato] agg. e n. expatrié, émigré.
espatrio [es'patrjo] m. expatriation f., émigration f.
espediente [espe'djɛnte] m. expédient. ◆ agg. (antiq.) expédient, utile, opportun.
espellere [es'pɛllere] v. tr. expulser. | *espellere dall'Italia*, expulser, chasser de l'Italie. | *espellere da un partito*, expulser, exclure d'un parti. | *lo hanno espulso*, il s'est fait expulser, éjecter (fam.), vider (fam.). || FISIOL. expulser, éliminer. || TECN. [gas] expulser.
esperantista [esperan'tista] (**-i** pl.) m. e f. espérantiste.
esperanto [espe'ranto] m. esperanto.
esperienza [espe'rjɛntsa] f. [conoscenza] expérience. | *aver esperienza, aver molta esperienza*, avoir de l'expérience, beaucoup d'expérience. | *persona senza esperienza*, personne sans expérience, inexpérimentée. | *per esperienza*, par expérience. || [atto, avvenimento] expérience. | *che cosa hai ricavato da quest' esperienza ?*, qu'as-tu retiré de cette expérience ? || [esperimento] expérience. | *esperienza di fisica*, expérience de physique.
esperimentale [esperimen'tale] agg. V. SPERIMENTALE.
esperimentare [esperimen'tare] v. tr. e deriv. V. SPERIMENTARE e deriv.
esperimento [esperi'mento] m. expérience f. | *esperimento di fisica, di chimica*, expérience de chimie, de physique. || [prova] expérience, épreuve f., essai.
esperio [es'pɛrjo] agg. (lett.) occidental, du couchant.
esperire [espe'rire] v. tr. essayer, expérimenter. || [svolgere] mener, faire.
espero ['ɛspero] m. (lett.) couchant, occident. || [vento] vent d'ouest. || [Venere] Hesperos, Vesper.
espertamente [esperta'mente] avv. expertement (raro), adroitement.
esperto [es'pɛrto] agg. expert, éprouvé, exercé, expérimenté, chevronné. | *esperto chirurgo*, chirurgien expert. | *esperto guidatore*, conducteur éprouvé, expérimenté, chevronné. | *essere esperto in questioni economiche*, être expert, compétent, versé dans les questions économiques ; s'y connaître en questions économiques. || [che ha esperienza] qui a beaucoup d'expérience ; expérimenté ; qui connaît la vie. ◆ m. expert.
espettorante [espetto'rante] agg. e m. FARM. expectorant.
espettorare [espetto'rare] v. tr. MED. expectorer.
espettorato [espetto'rato] m. o **espettorazione** [espettorat'tsjone] f. MED. expectoration f.
espiabile [espi'abile] agg. expiable.
espiamento [espia'mento] m. (raro) V. ESPIAZIONE.
espiare [espi'are] v. tr. expier. || [subire] *espiare una pena*, subir, purger une peine. | *espiare un torto*, réparer un tort.
espiatorio [espia'tɔrjo] agg. expiatoire. | *capro espiatorio*, bouc émissaire.
espiazione [espiat'tsjone] f. expiation.
espirare [espi'rare] v. tr. e intr. FISIOL. expirer.
espiratorio [espira'tɔrjo] agg. MED. d'expiration. || LING. *accento espiratorio*, accent d'intensité.
espirazione [espirat'tsjone] f. FISIOL. expiration.
espletamento [espleta'mento] m. AMM. accomplissement, exécution f., expédition f., achèvement.
espletare [esple'tare] v. tr. AMM. exécuter, achever. || [sbrigare] expédier. || [compiere] remplir, accomplir.
espletazione [espletat'tsjone] f. V. ESPLETAMENTO.
espletivo [esple'tivo] agg. GRAMM. explétif.
esplicare [espli'kare] v. tr. exercer. | *esplicare un'attività*, exercer une activité. || [lett.] expliquer.

esplicativo [esplika'tivo] agg. explicatif.
esplicazione [esplikat'tsjone] f. exercice m. ‖ [spiegazione] explication (de texte), commentaire m.
esplicitamente [esplitʃita'mente] avv. explicitement.
esplicitare [esplitʃi'tare] v. tr. expliciter.
esplicito [es'plitʃito] agg. explicite, formel ; exprès (giur.). | *divieto esplicito*, défense expresse. | *promessa esplicita*, promesse formelle.
esplodente [esplo'dɛnte] agg. e m. V. ESPLOSIVO.
esplodere [es'plɔdere] v. intr. exploser, sauter, éclater, faire explosion. ‖ FIG. exploser, éclater. ◆ v. tr. tirer, décharger. | *esplodere un colpo di fucile addosso a, contro qlcu.*, tirer un coup de fusil sur qn.
esploditore [esplodi'tore] m. [di mine] exploseur.
esplorabile [esplo'rabile] agg. explorable.
esplorare [esplo'rare] v. tr. **1.** [una regione] explorer. ‖ [perlustrare] explorer, inspecter, fouiller. ‖ [scrutare] scruter. ‖ [saggiare] sonder. ‖ **2.** FIG. explorer, approfondir, sonder. | *esplorare un problema*, explorer un problème. | *esplorare l'opinione pubblica*, sonder l'opinion publique. ‖ **3.** MED. explorer, sonder. ‖ **4.** T. V. balayer.
esplorativo [esplora'tivo] agg. d'exploration.
esploratore [esplora'tore] (**-trice** f.) m. explorateur, trice. ‖ MIL., MAR. éclaireur. ‖ [scoutismo] *giovane esploratore*, éclaireur, scout, boy-scout (antiq.). | *giovane esploratrice*, éclaireuse, guide. ◆ agg. explorateur.
esplorazione [esplorat'tsjone] f. exploration. | *andare in esplorazione*, partir en exploration. ‖ [perlustrazione] exploration, inspection. ‖ MED. exploration. ‖ MIL. reconnaissance. | *pattuglia di esplorazione*, patrouille de reconnaissance. ‖ T. V. balayage m.
esplosione [esplo'zjone] f. explosion, éclatement m. ‖ FIG. explosion, débordement m.
esplosivo [esplo'zivo] agg. [capace di esplodere] explosif, explosible. ‖ [relativo ad un'esplosione] explosif. ‖ FIG. *discorso esplosivo*, discours explosif. ‖ LING. explosif. | *consonante esplosiva*, explosive f. ◆ m. explosif.
esponente [espo'nente] m. représentant. | *un noto esponente dei gruppi di estrema sinistra*, un représentant bien connu des groupes d'extrême gauche. ‖ [lemma] article. ‖ MAR. *esponente di carico*, exposant de charge. ‖ MAT. exposant.
esporre [es'porre] v. tr. **1.** exposer. | *esporre delle merci, un quadro*, exposer des marchandises, un tableau. | *esporre qlco. all'aria, alla luce*, exposer qch. à l'air, à la lumière. ‖ PARTICOL. *esporre un neonato*, exposer, abandonner un nouveau-né. ‖ ASSOL. *il pittore che espone nella galleria*, le peintre qui expose à la galerie. ‖ [affiggere] afficher. ‖ **2.** [arrischiare] exposer, risquer, compromettre. | *esporre la propria fama*, exposer, jouer sa réputation. ‖ **3.** [riferire] exposer, énoncer, expliquer. | *esporre i fatti, la propria opinione*, exposer les faits, son opinion. | *esporre un desiderio*, formuler un désir. | *esporre il contenuto di un romanzo*, expliquer, exposer le contenu d'un roman. ‖ **4.** FOT., RELIG. exposer. ◆ v. rifl. s'exposer. | *esporsi alle correnti, alle critiche*, s'exposer aux courants d'air, aux critiques. | *esporsi troppo*, trop s'exposer, trop se compromettre.
esportabile [espor'tabile] agg. exportable.
esportare [espor'tare] v. tr. exporter.
esportatore [esporta'tore] (**-trice** f.) agg. e n. exportateur, trice.
esportazione [esportat'tsjone] f. exportation.
esposimetro [espo'zimetro] m. FOT. (ex)posemètre.
espositivo [espozi'tivo] agg. d'exposition.
espositore [espozi'tore] (**-trice** f.) m. exposant, ante.
esposizione [espozit'tsjone] f. **1.** exposition. | *esposizione di un corpo alla luce*, exposition d'un corps à la lumière. ‖ PARTICOL. [abbandono] *esposizione di un bambino*, abandon (m.), exposition d'un enfant. ‖ [mostra] exposition. ‖ posizione] exposition, orientation. ‖ **2.** [presentazione] exposition, explication, exposé. | *fare un'esposizione sommaria della situazione*, faire un exposé sommaire de la situation. ‖ **3.** FOT., MUS., RELIG. exposition. ‖ **4.** POLIT. *esposizione dei motivi*, exposé des motifs.
esposto [es'posto] agg. exposé. | *esposto al vento, al pericolo*, exposé au vent, au danger. | *merce esposta*, marchandise exposée, étalée. | *avvisi esposti*, avis affichés. | *per i motivi sopra esposti*, pour les raisons exposées ci-dessus. ‖ MED. *frattura esposta*, fracture ouverte. ◆ m. exposé, rapport. ‖ [trovatello] enfant trouvé.
espressione [espres'sjone] f. expression. | *libertà d'espressione*, liberté d'expression. | *senza espressione, privo di espressione*, sans expression, inexpressif. | *espressione letteraria*, expression, tour (m.) littéraire. | *tipica espressione dialettale*, expression typiquement dialectale. ‖ MAT. expression.
espressionismo [espressjo'nizmo] m. ARTI, LETT. expressionnisme.
espressionista [espressjo'nista] (**-i** pl.) m. e f. expressionniste.
espressionistico [espressjo'nistiko] (**-ci** pl.) agg. expressionniste.
espressivamente [espressiva'mente] avv. expressivement, d'une manière expressive.
espressività [espressivi'ta] f. capacité expressive ; expressivité (raro).
espressivo [espres'sivo] agg. expressif. | *sguardo espressivo*, regard expressif, éloquent.
espresso [es'presso] agg. exprès, explicite, formel. | *ordine espresso*, ordre exprès, formel. | *desiderio espresso*, désir exprès, explicite. | *condizione espressa*, condition expresse. ◆ agg. invar. e m. **1.** [lettera, plico] exprès (invar.). | *mandare un pacco per espresso*, envoyer un paquet par, en exprès. | *lettera espresso*, lettre exprès. | *ricevere un espresso*, recevoir un exprès. ‖ ARC. [messo] messager (L.C.), exprès. ‖ **2.** [treno, caffè] express.
esprimere [es'primere] v. tr. exprimer. | *esprimere un'opinione*, exprimer, émettre, manifester, formuler une opinion. | *artista che esprime la sua epoca*, artiste qui exprime son époque. ‖ (lett.) [spremere] exprimer. ◆ v. rifl. s'exprimer.
esprimibile [espri'mibile] agg. exprimable.
espropriare [espro'prjare] v. tr. exproprier. ‖ PER EST. priver. ◆ v. rifl. se priver (de), renoncer (à).
espropriazione [espropriat'tsjone] f. o **esproprio** [es'prɔprjo] m. expropriation f.
espugnabile [espuɲ'ɲabile] agg. prenable.
espugnare [espuɲ'ɲare] v. tr. s'emparer (de), enlever, emporter, prendre (d'assaut), forcer. ‖ FIG. triompher (de), vaincre.
espugnazione [espuɲɲat'tsjone] f. enlèvement m., prise d'assaut.
espulsione [espul'sjone] f. expulsion. ‖ MED. expulsion, émission. ‖ MIL. éjection. | *espulsione del bossolo*, éjection de la douille. ‖ TECN. expulsion, éjection.
espulsivo [espul'sivo] agg. expulsif.
espulso [es'pulso] agg. expulsé.
espulsore [espul'sore] m. TECN., MIL. éjecteur.
espungere [es'pundʒere] v. tr. supprimer, barrer.
espunzione [espun'tsjone] f. suppression.
espurgare [espur'gare] v. tr. expurger.
esquimese [eskwi'mese] agg. e n. V. ESCHIMESE.
essa ['essa] pron. pers. f. 3ª pers. sing. elle. | *essa lo sapeva*, elle le savait. | *essa stessa me l'ha detto*, elle me l'a dit elle-même ; elle-même me l'a dit. ◆ pl. *esse sono venute*, elles sont venues. | *di esse non so niente*, je ne sais rien d'elles.
esse ['ɛsse] f. S. | *curva a esse*, tournant en S.
essendoché [essendo'ke] loc. cong. (arc.) puisque, étant donné que.
essenza [es'sɛntsa] f. **1.** FILOS. essence. | *per essenza*, par essence (lett.), essentiellement. ‖ PER EST. essence, substance. | *comprendere le cose nella loro essenza*, comprendre les choses dans leur essence. ‖ **2.** [sostanza odorosa] essence, extrait m. | *essenza di rose*, essence de rose. | *essenza di viole*, extrait de violettes. | *essenza di lavanda*, eau de lavande.
essenziale [essen'tsjale] agg. essentiel. ‖ [indispensabile] essentiel, indispensable, nécessaire. ‖ [principale] essentiel, capital, fondamental. ‖ CHIM. *olio essenziale*, essence, extrait. | *olio essenziale di limone*, essence de citron. ◆ m. essentiel.
essenzialità [essentsjali'ta] f. nécessité ; caractère essentiel. | *essenzialità di una condizione*, caractère essentiel d'une condition.

1. essere ['ɛssere] v. intr.

I. ESISTERE : être, exister.
II. USI IMPERSONALI. **1.** [indica la data] être. **2.** [indica le condizioni climatiche] faire. **3.** [succedere] arriver, être, se passer. **4.** [introducendo prop. soggettive] être. **5.** [pleonastico] se faire.
III. COPULA : être. **1.** predicato = agg. **2.** predicato = n. **3.** predicato = infin. **4.** predicato = pron.
IV. CON AVV. O PREP. : valore locativo. **1.** trovarsi : être. **2.** FIG. : être. **3.** consistere : être, se trouver, consister. **4.** [al passato = andare] être, aller.
V. CON AVV. O PREP., in senso non locale. **1.** [in]. **2.** [di]. **3.** [da]. **4.** [per, con]. **5.** [a]. **6.** [quanto].
VI. LOC.
VII. ESSERCI, ESSERVI. **1.** [seguito dal sogg. ; preceduto dal sogg. se è pron. interr. o rel.] y avoir (v. impers.) ; y être (v. impers. lett.). **2.** [preceduto dal sogg.] y être, être là. **3.** [quando ci, vi, hanno un evidente valore locativo] être là, y être. **4.** [essere quasi arrivato, terminare ; capire] y être.
VIII. AUSILIARE. **1.** être. **2.** [in certi casi] avoir.

I. ESISTERE : être, exister. | *meglio essere che parere*, mieux vaut être que paraître. | *Dio è*, Dieu existe, Dieu est.
II. IMPIEGHI IMPERSONALI. **1.** [indica la data] être. | *è lunedì*, c'est lundi. | *è sera, è notte*, c'est le soir, c'est la nuit. | *è tardi*, il est tard. | *che ora è ?, che ore sono ?*, quelle heure est-il ? || **2.** [indica le condizioni climatiche] faire. | *è buio, è notte, è giorno, è brutto tempo, è caldo*, il fait sombre, il fait nuit, il fait jour, il fait mauvais (temps), il fait chaud. || **3.** [succedere] arriver, être, se passer. | *sarà quel che sarà*, il arrivera ce qui arrivera. | *che ne sarà di lui ?*, que va-t-il lui arriver ?, que va-t-il devenir ? | *non può essere*, cela ne se peut pas, ce n'est pas possible, cela ne peut (pas) être (vrai). || **4.** [introducendo prop. soggettive] être. | *è a te che parlo*, c'est à toi que je parle. | *è un peccato che non ti abbia trovato*, il est dommage que je ne t'aie pas trouvé. | *sono stato io a farlo*, c'est moi qui l'ai fait. || **5.** [pleonastico] être, se faire. | *com'è che non ti si vede più ?*, comment se fait-il qu'on ne te voie plus ? | *quand'è che ci vediamo ?*, quand est-ce qu'on se voit (fam.) ?, quand nous voyons-nous ?
III. COPULA : être. || **1.** [predicato = agg.] *è interessante*, c'est intéressant. | *ho comprato un libro ; è interessante*, j'ai acheté un livre ; il est intéressant. | *è interessante saperlo*, il est intéressant de le savoir. | *è mio, è tuo*, c'est à moi, c'est à toi. || FIG. *sono tutto tuo*, je suis (tout) à toi, je suis à ta disposition. || **2.** [predicato = n.] *è un bambino*, c'est un enfant. | *sono bambini*, ce sont des enfants. | *era ancora bambino*, il était encore enfant. | *è professore*, il est professeur. | *è il professore, il mio professore, un professore*, c'est le professeur, mon professeur, un professeur. | *sono amici :* [tra loro] ils sont amis ; [miei] ce sont des amis. || **3.** [predicato = infin.] *volere è potere*, vouloir, c'est pouvoir. | *il problema è capire*, le problème est de comprendre. | *quello è lavorare !*, c'est ce qui s'appelle travailler ! || **4.** [predicato = pron.] *chi è ?*, qui est-ce ? | *sono io, siete voi*, c'est moi, c'est vous. | *(che) cos'è ?*, qu'est-ce (que c'est) ?
IV. CON AVV. O PREP. : valore locativo. **1.** [trovarsi] être, se trouver. | *è a Roma, in casa, da Gianni, dietro di te, giù*, il est, il se trouve à Rome, chez lui, il est à la maison, chez Gianni, derrière toi, en bas. || **2.** FIG. être. | *essere all'oscuro di qlco.*, être dans l'ignorance de qch., ignorer qch. || FAM. *essere al verde*, être sans le sou (L.C.), être sans un (pop.). | *essere nelle grazie di qlcu.*, être dans les bonnes grâces de qn. | *essere dalla parte di qlcu.*, être du même côté que qn, du parti de qn. | *essere in qlcu., nei panni di qlcu.*, être à la place de qn. | *se fossi in te direi la verità*, si j'étais à ta place, si j'étais toi, je dirais la vérité. | *essere in sé*, être conscient. | *non essere in sé*, ne pas se connaître. || **3.** [consistere] être, se trouver, consister. | *in questo è la difficoltà*, voilà, c'est là la difficulté. || **4.** être, aller. | *sono stato a Parigi, in Danimarca*, j'ai été, je suis allé à Paris, au Danemark.
V. CON AVV. O PREP., in senso non locale. **1.** [con in] être. | *essere in maniche di camicia*, être en manches de chemise. | *essere in guerra*, être en guerre. | *essere in errore*, être dans l'erreur ; se tromper. | *essere in dovere di*, avoir le devoir de. || **2.** [con di] (appartenenza) être (à), appartenir (à). | *questo vestito è di mia sorella*, cette robe est à ma sœur. || [provenienza] être (de). | *è di Milano*, il est de Milan. | *questo film è di Fellini*, c'est un film de Fellini. || [partecipazione] être (de), appartenir (à). | *è della famiglia, è dei nostri*, il est de, il appartient à la famille, il est des nôtres. || [servire di] servir (de), être. | *essere di aiuto a qlcu.*, être une aide pour qn, aider qn. | *essere di guida a qlcu.*, servir de guide à qn. | *mi è di conforto*, c'est pour moi un réconfort, cela me réconforte. || [avere come] être (de). | *essere di opinione, d'avviso*, être d'opinion, d'avis ; penser. || [stare] être. | *essere di pessimo umore*, être de très mauvaise humeur. || [materia] être (en). | *essere di oro*, être en or. || **3.** [con da] être (à). | *questa casa è da vendere*, cette maison est à vendre. | *questo vestito è da accorciare*, cette robe doit être raccourcie, il faut raccourcir cette robe. | *non sono cose da dire*, ce ne sont pas des choses à dire. || [essere degno] être digne (de). | *non è da te*, cela n'est pas digne de toi, cela ne te va pas. | *non è da lui*, ce n'est pas une chose qu'on attendrait de sa part. || **4.** [con per, con] être. | *questo libro è per te*, ce livre est pour toi. | *sono per il « no »*, je suis pour le « non ». | *è sempre per il più debole*, il est toujours pour le plus faible, du côté du plus faible. | *Dio sia con te*, que Dieu soit avec toi. || **5.** [con a] être. | *essere a cavallo*, être à cheval. || **6.** [con quanto] (costare) coûter, faire, être. | *quant' è questo libro ?*, combien coûte ce livre ?, c'est combien ce livre (fam.) ? | *quant'è ?*, c'est combien ?, combien ça fait ? || [pesare] peser. | *quant'è questo formaggio ?*, combien pèse ce fromage ?
VI. LOC. *sarà !*, je veux bien te, vous croire ! | *può essere*, cela, ça se peut ; peut-être ; c'est possible. | *e sia (pure) !*, soit ! | *così sia :* [relig.] ainsi soit-il, qu'il en soit ainsi. | *non fosse*, n'était. | *fosse pure*, ne serait-ce que. | *non è che*, ce n'est pas que. | *che è che non è*, soudain, tout à coup. | *sia chi si sia*, qui que ce soit. | *come sarebbe a dire ?*, que veux-tu, que voulez-vous dire ? | *come se nulla fosse*, comme si de rien n'était. | *quando che sia*, n'importe quand. | *se ve ne fu uno*, s'il en fut. | *essere in due, in tre*, être (à) deux, (à) trois. | *quanti sono ?*, combien sont-ils ? | *sono mesi che aspetto*, il y a des mois que j'attends. | *esserci dentro*, être dans le bain (fam.).
VII. ESSERCI, ESSERVI. **1.** [seguito dal sogg. ; preceduto dal sogg. se è pron. interr. o rel.] y avoir (v. impers.) ; y être (v. impers. lett.). || [esistere] *c'era una volta*, il était une fois. | *ci sono varie possibilità*, il y a plusieurs possibilités. | *c'è un solo mezzo*, il n'y a qu'un moyen. | *c'è chi, ce ne sono che*, il y en a qui (fam.), il est des gens qui. | *non c'è nessuno qui*, il n'y a personne ici. | *ce n'è, ce ne sono*, il y en a. | *che c'è ?*, qu'est-ce qu'il y a ? | *da qui a Firenze ci sono 200 km.*, d'ici à Florence il y a 200 km. || [per mettere in rilievo il soggetto] *c'è un sentiero che porta alla casa*, il y a un chemin qui mène à la maison. || [unito a da] *c'è da spedire un pacco*, il y a un paquet à envoyer. | *non ci sono camere da affittare*, il n'y a pas de chambres à louer. | *c'è da preoccuparsi*, il y a de quoi s'inquiéter. | *c'è da temere che*, il est à craindre que. || **2.** [preceduto dal soggetto, che non sia pron. interr. o rel.] y être, être là. | *il mio orologio non c'è più*, ma montre n'est plus là. | *le idee ci sono ; quello che manca è l'organizzazione*, les idées y sont ; ce qui manque, c'est l'organisation. || **3.** [quando « ci », « vi » hanno un evidente valore locativo] être là, y être. | *chi c'è ?*, qui est là ? | *ci sei ?*, tu es là ?, tu y es ? | *c'è Mario ?*, Mario est là ?, Mario y est-il (là) ? | *non c'è*, il n'est pas là, il n'y est pas. || **4.** [essere quasi arrivato, terminare] y être. | *coraggio che ci siamo !*, courage, nous y sommes ! | *finalmente ci sono*, enfin j'y suis ; enfin ça y est ; enfin j'en suis venu à bout. || [capire] y être. | *questa volta ci sono*, cette fois-ci j'y suis, je comprends.
VIII. AUSILIARE. **1.** [forma il pass. dei v. tr., i tempi composti dei v. rifl. e pron., i tempi composti della

maggior parte dei v. intr., i tempi composti dei v. impers.] être. | *la casa è stata venduta,* la maison a été vendue. | *si è pentita,* elle s'est repentie. | *sono andato, sono venuto,* je suis allé, je suis venu. | *è accaduto che,* il est arrivé que. || **2.** [si usa *avoir* e non *être* per formare i tempi composti di essere] *sono stato,* j'ai été. || [per formare i tempi composti dei verbi servili quando reggono un infinito che prende «essere» come ausiliare] *non sono potuto venire,* je n'ai pas pu venir. || [per formare i tempi composti di certi v. intr.] *sono invecchiato,* j'ai vieilli. | *è cambiato,* il a changé. | *la situazione è peggiorata,* la situation a empiré. | *lo spettacolo mi è piaciuto,* le spectacle m'a plu. | *sono corso a casa,* j'ai couru à la maison. || [per formare i tempi composti di certi v. impers.] *è piovuto, è nevicato,* il a plu, il a neigé. | *mi è sembrato,* il m'a semblé.

2. essere ['ɛssere] m. **1.** [esistenza] être, existence f. | *il non essere,* le non-être. || **2.** [essenza] être, essence f. | *l'essere dell'uomo,* l'être, l'essence de l'homme. || **3.** [condizione] état, condition f. | *essere contento del proprio essere,* être content de son état. || **4.** [ente] être, créature f. | *essere vivente,* être vivant. | *Essere supremo,* Être suprême. | *essere spregievole,* être, créature méprisable. || DIMIN. *povero esserino,* pauvre petit être.

essi ['essi] pron. pers. V. ESSO.

essiccamento [essikka'mento] m. (raro) [di vegetali] séchage, dessèchement; [artificiale] dessiccation f. || [di suoli] assèchement. || CHIM. [di gas o solidi] dessiccation. || TECN. séchage. | *essiccamento in stufa, in forno,* étuvage.

essiccare [essi'kkare] v. tr. dessécher, sécher. | *essiccare carne,* sécher de la viande. || AGR. assécher. | *essiccare una palude,* assécher un marais. || TECN. sécher. || [in forno, stufa] étuver. ◆ v. rifl. se dessécher. || FIG. s'épuiser, se tarir.

essiccativo [essika'tivo] agg. (raro) dessiccatif.

essiccatoio [essika'tojo] m. séchoir. || TECN. sécheur; [forno] étuve f.

essiccazione [essikat'tsjone] f. CHIM. dessiccation. || TECN. séchage m. | *essiccazione in forno, in stufa,* étuvage m. | *forno di essiccazione,* étuve.

esso ['esso] pron. pers. m. 3ª pers. sing. **1.** [sogg.] [atono] il; [tonico] lui. | *esso stesso,* lui-même. || **2.** [compl.] lui. | *con esso,* avec lui. | *chi per esso,* la personne qui en tient lieu. ◆ pl. **1.** [sogg.] (atono) ils; [tonico] eux. | *essi rifiutarono,* ils refusèrent. | *essi sono venuti, io no,* eux sont venus, moi pas. | *sono essi che l'hanno voluto,* ce sont eux qui l'ont voulu. | *essi stessi l'hanno detto,* ils l'ont dit eux-mêmes. | *nemmeno essi,* pas même eux. || **2.** [compl.] eux. | *qualcuno di essi,* quelques-uns d'entre eux. | *con essi,* avec eux. || V. anche EGLI, LUI, LORO.

essoterico [esso'tɛriko] (**-ci** pl.) agg. exotérique.

essudare [essu'dare] v. intr. MED. exsuder.

essudato [essu'dato] m. MED. exsudat.

essudazione [essudat'tsjone] f. MED. exsudation.

est ['ɛst] m. e agg. est. | *a est, verso est,* à l'est, vers l'est.

estasi ['ɛstazi] f. extase. | *cadere, essere rapito in estasi,* tomber en extase. || FIG. extase, émerveillement m., enchantement m. | *andare in estasi,* tomber en extase, s'extasier. | *mandare in estasi,* enthousiasmer, faire tomber en extase.

estasiare [esta'zjare] v. tr. (raro) enthousiasmer, ravir. ◆ v. rifl. (L.C.) s'extasier.

estate [es'tate] f. été m. | *d'estate, in estate,* en été. | *in piena estate,* en plein été. || PR. e FIG. *estate di San Martino,* été de la Saint-Martin.

estaticamente [estatika'mente] avv. extatiquement.

estatico [es'tatiko] (**-ci** pl.) extatique. || FIG. extasié.

estemporaneamente [estemporanea'mente] avv. impromptu, à l'improviste, au pied levé.

estemporaneità [estemporanei'ta] f. improvisation.

estemporaneo [estempo'raneo] agg. improvisé, impromptu. | *discorso estemporaneo,* discours improvisé. | *traduzione estemporanea,* traduction improvisée, à livre ouvert. || LETT., MUS. *opera estemporanea,* impromptu m. || [di persona] qui improvise, improvisateur. | *poeta estemporaneo,* poète improvisateur.

estendere [es'tɛndere] v. tr. étendre, agrandir, accroître; donner de l'extension (à). | *estendere una proprietà,* étendre une propriété. || FIG. étendre, élargir, développer. | *estendere un diritto a tutti i cittadini,* étendre un droit à tous les citoyens. | *estendere le proprie conoscenze,* développer ses connaissances. || (lett.) [compilare] rédiger (L.C.). ◆ v. rifl. s'étendre, s'agrandir, s'accroître, prendre de l'extension. || [diffondersi] s'étendre, se propager. || [occupare un dato spazio] s'étendre.

estendibile [esten'dibile] agg. étirable, extensible.

estense [es'tɛnse] agg. de la maison d'Este.

estensibile [esten'sibile] agg. extensible. || FIG. extensible; qu'on peut étendre. | *le invio i miei saluti estensibili a tutta la famiglia,* je vous envoie mes meilleures salutations en vous priant de les transmettre à toute la famille.

estensibilità [estensibili'ta] f. extensibilité.

estensione [esten'sjone] f. **1.** extension. | *estensione di un elastico, di un arto,* extension d'un élastique, d'un membre. || **2.** PER EST. [dimensione] étendue, extension. | *estensione della foresta, dell'impero,* étendue de la forêt, de l'empire. | *estensione di una voce, di uno strumento,* étendue d'une voix, d'un instrument. | *in tutta l'estensione del termine,* dans toute l'extension du terme. | *estensione di un concetto,* extension d'un concept. || **3.** FIG. [sviluppo] extension, expansion, développement m. | *estensione di un'industria,* extension, expansion d'une industrie. || LOC. *per estensione,* par extension.

estensivamente [estensiva'mente] avv. de façon extensive.

estensivo [esten'sivo] agg. extensif. | *fare un uso estensivo del vocabolo,* prendre le mot dans un sens extensif. || AGR. *coltivazione estensiva,* culture extensive.

estenso [es'tɛnso] agg. (raro) V. ESTESO.

estensore [esten'sore] agg. extenseur. ◆ m. [compilatore] rédacteur. || ANAT. (muscle) extenseur. || SPORT extenseur.

estenuante [estenu'ante] agg. exténuant, épuisant, crevant (pop.), claquant (pop.).

estenuare [estenu'are] v. tr. exténuer, épuiser, éreinter, anéantir, crever (pop.), claquer (pop.). || FIG. (raro) appauvrir. ◆ v. rifl. s'exténuer, s'épuiser, s'éreinter.

estenuato [estenu'ato] agg. exténué, épuisé, éreinté, crevé (pop.), claqué (pop.).

estenuazione [estenuat'tsjone] f. épuisement m., exténuation.

estere ['ɛstere] m. CHIM. ester.

esteriore [este'ajore] agg. extérieur. | *qualità esteriore,* qualité extérieure. | *mondo esteriore,* monde extérieur. ◆ m. extérieur, apparence f.

esteriorità [esterjori'ta] f. extériorité, extérieur m., apparence.

esteriorizzare [esterjorid'dzare] v. tr. (raro) extérioriser, manifester. ◆ v. rifl. s'extérioriser.

esteriorizzazione [esterjoriddzat'tsjone] f. extériorisation.

esteriormente [esterjor'mente] avv. extérieurement, à l'extérieur.

esterminare [estermi'nare] e deriv. V. STERMINARE e deriv.

esternamente [esterna'mente] avv. extérieurement, à l'extérieur.

esternare [ester'nare] v. tr. extérioriser, manifester, exprimer. ◆ v. rifl. s'extérioriser.

esternato [ester'nato] m. externat.

esterno [es'tɛrno] agg. extérieur, externe. | *quartieri esterni,* quartiers extérieurs. | *parti esterne dell'edificio,* parties extérieures de l'édifice. | *bordo esterno,* bord extérieur, externe. | *allievi esterni,* (élèves) externes. | *medicinale di uso esterno,* médicament à usage externe. || GEOM. *retta esterna ad una circonferenza,* droite extérieure à une circonférence. | *angolo esterno,* angle externe. ◆ m. extérieur. | *l'esterno della casa,* l'extérieur de la maison. | *all'esterno,* à l'extérieur, dehors. | *dall'esterno,* de l'extérieur, du dehors. || [alunno] externe. ◆ m. pl. CIN. extérieurs.

estero ['ɛstero] agg. [di altro stato] étranger. | *territorio estero,* territoire étranger. | *prodotti esteri,* produits étrangers. | *valute estere,* devises étrangères. || [rela-

tivo ad altro Stato] extérieur, étranger. | *commercio estero*, commerce extérieur. | *politica estera*, politique extérieure, étrangère. | *ministero degli (Affari) Esteri*, ministère des Affaires étrangères. ◆ m. étranger, extérieur. | *vivere, andare all'estero*, vivre, aller à l'étranger. | *relazioni con l'estero*, relations avec l'étranger, avec l'extérieur. | *notizie dall'estero*, nouvelles de l'extérieur, de l'étranger.
esterofilia [esterofi'lia] f. xénophilie.
esterofilo [este'rɔfilo] agg. e n. xénophile.
esterrefatto [esterref'fatto] agg. stupéfait, interdit, ébahi, abasourdi. || [atterrito] terrifié.
estesamente [estesa'mente] avv. amplement.
esteso [es'teso] agg. PR. e FIG. étendu, vaste. | *pianura molto estesa*, plaine très étendue, très vaste. | *voce estesa*, voix étendue. | *conoscenze estese*, vastes connaissances, connaissances étendues. ◆ LOC. AVV. ***per esteso***, in extenso (lat.), en entier, intégralement. | *vi leggerò questa relazione per esteso*, je vais vous lire cette relation in extenso. | *firmare per esteso*, écrire son nom en entier. || [in modo particolareggiato] en détail, de façon complète.
esteta [es'tɛta] (**-i** pl.) m. e f. esthète.
estetica [es'tɛtika] f. FILOS. e PER EST. esthétique.
esteticamente [estetika'mente] avv. esthétiquement.
estetico [es'tɛtiko] (**-ci** pl.) agg. esthétique.
estetismo [este'tizmo] m. esthétisme.
estetista [este'tista] f. NEOL. esthéticienne.
estetistico [este'tistiko] (**-ci** pl.) agg. de l'esthétisme ; d'esthète.
estetizzante [estetid'dzante] agg. d'esthète ; qui se pose en esthète.
estetizzare [estetid'dzare] v. intr. faire de l'esthétisme ; se poser en esthète.
estimare [esti'mare] v. tr. (arc. o lett.) estimer (L.C.).
estimativa [estima'tiva] f. (lett.) jugement m. (L.C.). || ECON. V. ESTIMAZIONE.
estimativo [estima'tivo] agg. estimatif.
estimatore [estima'tore] (**-trice** f.) m. estimateur. || [amatore] amateur.
estimazione [estimat'tsjone] f. estimation, évaluation.
estimo ['ɛstimo] m. estimation f., évaluation. f. | *estimo catastale*, détermination (f.) de la valeur des propriétés foncières et de leur rapport.
estinguere [es'tinguere] v. tr. éteindre. || FIG. éteindre, apaiser, calmer. | *estinguere la sete*, éteindre la soif. || [annullare] éteindre, annuler. | *estinguere un debito*, éteindre, se libérer d'une dette. | *estinguere un'azione penale, un reato*, annuler une action pénale, un délit. ◆ v. rifl. PR. e FIG. s'éteindre.
estinguibile [estin'gwibile] agg. extinguible (raro).
estinto [es'tinto] agg. éteint. | *debito estinto*, dette éteinte. || [scomparso] éteint, disparu. | *specie estinta*, espèce éteinte. || [morto] mort, défunt, disparu, qui s'est éteint. ◆ n. défunt. | *il caro estinto*, le cher disparu.
estintore [estin'tore] m. extincteur.
estinzione [estin'tsjone] f. PR. e FIG. extinction. | *estinzione di un incendio, di un debito, di una razza*, extinction d'un incendie, d'une dette, d'une race.
estirpamento [estirpa'mento] m. PR. e FIG. extirpation f. | *estirpamento delle erbacce*, extirpation, arrachage des mauvaises herbes.
estirpare [estir'pare] v. tr. PR. e FIG. extirper, arracher, déraciner. || MED. extirper.
estirpatore [estirpa'tore] m. AGR. extirpateur.
estirpatura [estirpa'tura] f. AGR. extirpation.
estirpazione [estirpat'tsjone] f. extirpation. | *estirpazione di un'eresia*, extirpation d'une hérésie. || AGR. extirpation, arrachage m., arrachement m. (raro).
estivare [esti'vare] v. tr. AGR. estiver. ◆ v. intr. passer l'été ; estiver (raro).
estivazione [estivat'tsjone] f. AGR. estivage m. || BOT., ZOOL. estivation.
estivo [es'tivo] agg. estival, d'été. | *vestito estivo*, robe d'été. | *mesi estivi*, mois d'été. | *vacanze estive*, vacances d'été. | *caldo estivo*, chaleur estivale.
estollere [es'tɔllere] v. tr. (lett.) lever (L.C.). || FIG. exalter (L.C.). ◆ v. rifl. se lever (L.C.).
estone ['estone] agg. e n. estonien, enne.
estorcere [es'tɔrtʃere] v. tr. [con la violenza o l'inganno] extorquer, arracher. || [con l'inganno] escroquer, soutirer, carotter (fam.).
estorsione [estor'sjone] f. extorsion.
estra- ['ɛstra] pref. V. anche EXTRA-.
estradare [estra'dare] v. tr. GIUR. extrader.
estradizione [estradit'tsjone] f. GIUR. extradition.
estradosso [estra'dɔsso] m. ARCHIT. extrados.
estragone [estra'gone] m. V. DRAGONCELLO.
estraibile [estra'ibile] agg. extractible.
estraneo [es'traneo] agg. étranger, extérieur. | *estraneo alla famiglia, alla discussione*, étranger à la famille, à la discussion. | *quello che dici è estraneo all'argomento*, ce que tu dis n'a rien à voir avec le sujet, est en dehors du sujet. | *essere estraneo a qlco.*, être étranger à qch. ; [non essere responsabile] n'être pour rien dans qch. || MED. *corpo estraneo*, corps étranger. || ARC. [straniero] étranger. ◆ n. étranger. | *per me è un estraneo*, c'est un étranger pour moi.
estraniare [estra'njare] v. tr. lett. V. STRANIARE.
estrapolare [estrapo'lare] v. tr. MAT. e FIG. extrapoler.
estrapolazione [estrapolat'tsjone] f. MAT. e FIG. extrapolation.
estrarre [es'trarre] v. tr. extraire. | *estrarre un passo da un libro*, extraire une citation d'un livre. || [lotteria] tirer. | *estrarre a sorte*, tirer au sort. | *estrarre i numeri del lotto*, procéder au tirage des numéros de la loterie. | *numeri estratti*, numéros gagnants. || CHIM., MAT., MIN. extraire.
estrattivo [estrat'tivo] agg. extractif.
estratto [es'tratto] m. **1.** CHIM. extrait. || [profumo] extrait, essence f. || CULIN. extrait, concentré. | *estratto di carne*, extrait de viande. | *estratto di pomodoro*, concentré de tomates. || **2.** [compendio] extrait. || COMM., FIN. *estratto conto*, extrait, relevé de compte. || GIUR. *estratto dell'atto di nascita, di matrimonio*, extrait de (l'acte de) naissance, de mariage. || **3.** [opuscolo estratto da un periodico] tiré à part.
estrattore [estrat'tore] m. CHIM., CHIR., MECC., MIN. extracteur.
estrazione [estrat'tsjone] f. PR. e FIG. extraction. || [lotteria] tirage m.
estremamente [estrema'mente] avv. extrêmement, fort, fameusement (fam.).
estremismo [estre'mizmo] m. extrémisme.
estremista [estre'mista] (**-i** pl.) m. e f. extrémiste.
estremistico [estre'mistiko] (**-ci** pl.) agg. extrémiste.
estremità [estremi'ta] f. [parte terminale] extrémité, bout m. | *le due estremità di un segmento*, les deux extrémités d'un segment. | *estremità di un bastone*, bout d'un bâton. | *all'estremità del sentiero*, au bout, à l'extrémité du chemin. | *da un'estremità all'altra*, de bout en bout. || [termine, fine] bout, fin, terme m. || [estremo, eccesso] (raro) extrémité, excès m. ◆ pl. ANAT. extrémités.
estremo [es'trɛmo] agg. **1.** [nello spazio] extrême. | *parte estrema*, partie extrême. | *Estremo Oriente*, Extrême-Orient. || **2.** [nel tempo] extrême, ultime, dernier, suprême. | *il momento estremo*, l'instant suprême. | *estremi onori*, derniers honneurs, honneurs suprêmes. | *estremo supplizio*, dernier supplice. | *estremo respiro*, dernier soupir. | *estrema unzione*, extrême-onction. || **3.** FIG. [massimo] extrême (lett.), énorme, immense, grand. | *estrema urgenza*, extrême urgence. | *estrema indigenza*, extrême misère, dénuement extrême. | *estremo pericolo*, grand danger. | *ingiustizia estrema*, énorme injustice. || PROV. *a mali estremi estremi rimedi*, aux grands maux les grands remèdes. || **4.** POLIT. extrême. | *estrema sinistra, estrema destra*, extrême gauche, extrême droite. ◆ m. **1.** extrémité f., extrême. | *estremi di un segmento*, extrémités d'un segment. || **2.** [fine] extrémité, bout. | *resistere fino all'estremo*, résister jusqu'au bout. | *essere agli estremi :* [in punto di morte] être à toute extrémité, à la dernière extrémité, au plus mal ; [sul punto di cedere] être aux abois, être à bout. || LOC. *all'estremo, in estremo*, à la fin, au bout. || **3.** PER ANAL. [opposto] extrême, contraire. | *gli estremi si toccano*, les extrêmes se touchent. || **4.** FIG. [eccesso] extrême, excès, comble. | *passare da un estremo all'altro*, passer d'un extrême à l'autre, tomber d'une

extrémité dans l'autre. | *l'estremo della gioia*, l'excès de la joie. || **5.** Loc. *all'estremo*, à l'extrême, à l'excès. ◆ m. pl. éléments essentiels, données essentielles. || **6.** Amm. *estremi di un documento*, éléments essentiels d'un document. | *estremi di una pratica*, référence (f. sing.) d'un dossier. || Giur. *estremi di un reato*, éléments (constitutifs) d'un délit. || Log., Mat. extrêmes.

estrinsecamento [estrinseka'mento] m. V. ESTRINSECAZIONE.

estrinsecare [estrinse'kare] v. tr. extérioriser, manifester, exprimer. ◆ v. rifl. s'extérioriser, s'exprimer, se manifester.

estrinsecazione [estrinsekat'tsjone] f. extériorisation, manifestation, expression.

estrinseco [es'trinseko] (**-ci** pl.) agg. extrinsèque, extérieur, étranger. | *motivi estrinseci*, raisons extérieures. | *valore estrinseco*, valeur extrinsèque, nominale.

estro ['ɛstro] m. **1.** inspiration f. | *estro profetico*, inspiration, fureur, délire prophétique. | *scrivere secondo l'estro*, écrire d'inspiration. || [ghiribizzo] fantaisie f., caprice, lubie f. || **2.** Per est., Arti *estro musicale, poetico*, inspiration, veine musicale, poétique. | *abbandonarsi all'estro*, suivre l'inspiration. | *dipingere con estro*, peindre de façon inspirée, de façon géniale. | *estro creatore dell'artista*, génie créateur de l'artiste. || **3.** Fisiol. [epoca dei calori] œstrus, moment du rut, des chaleurs. || **4.** Zool. [insetto] œstre.

estrogeno [es'trɔdʒeno] agg. e m. Biol. œstrogène.

estromettere [estro'mettere] v. tr. expulser, exclure, éliminer, évincer.

estromissione [estromis'sjone] f. expulsion, exclusion, élimination, éviction.

estrosamente [estrosa'mente] avv. capricieusement. || [in modo originale] avec originalité.

estroso [es'troso] agg. bizarre, capricieux, fantasque. || [originale] original, plein de fantaisie, plein de personnalité.

estroversione [estrover'sjone] f. Psicol. extraversion.

estroverso [estro'vɛrzo] agg. Psicol. extraverti, extroverti. || Per est. (l.c.) ouvert, extraverti.

estrovertire [estrover'tire] v. tr. (raro) tourner vers le monde extérieur. ◆ v. rifl. s'ouvrir au monde extérieur, se tourner vers le monde extérieur.

estrovertito [estrover'tito] agg. extraverti.

estrudere [es'trudere] v. tr. Metall. extruder.

estrusione [estru'zjone] f. Metall. extrusion.

estuario [estu'arjo] m. estuaire.

esuberante [ezube'rante] agg. exubérant, luxuriant, surabondant. || Fig. exubérant. | *uomo, carattere esuberante*, homme, caractère exubérant.

esuberanza [ezube'rantsa] f. exubérance, luxuriance, surabondance, profusion. | *esuberanza della vegetazione*, exubérance, luxuriance de la végétation. || Loc. *in esuberanza*, en abondance, à profusion, à foison. || Fig. exubérance.

esulare [ezu'lare] v. intr. Pr. [raro] s'exiler (l.c.), s'expatrier (l.c.). || Fig. sortir (de), dépasser (v. tr.), ne pas entrer (dans). | *questo esula dalle mie attribuzioni*, ceci sort du cadre, dépasse le cadre, n'entre pas dans le cadre de mes attributions ; ceci n'est pas de mon ressort ; ceci ne fait pas partie de mes attributions.

esulcerare [esultʃe'rare] v. tr. Pr. (raro) e Fig. ulcérer.

esule ['ɛzule] agg. e m. exilé. | *andar esule*, aller en exil.

esultante [ezul'tante] agg. débordant de joie, jubilant.

esultanza [ezul'tantsa] f. allégresse, jubilation, exultation.

esultare [ezul'tare] v. intr. exulter, jubiler (fam.).

esultazione [ezultat'tsjone] f. Lett. V. ESULTANZA.

esumare [ezu'mare] v. tr. Pr. e fig. exhumer.

esumazione [ezumat'tsjone] f. Pr. e fig. exhumation.

esutorio [ezu'tɔrjo] m. Med. exutoire.

età [e'ta] f. **1.** âge m. | *prima, tenera età*, premier âge, âge tendre. | *in tenera età*, en bas âge. | *verde età, età fiorita*, jeune, bel âge. | *età della ragione*, âge de raison. | *nel fiore dell'età*, dans la fleur de l'âge. | *di mezza età*, d'âge moyen, entre deux âges. | *età matura*, âge mûr. | *avere una certa età, la sua età*, avoir un certain âge, son âge. | *età critica*, âge critique, retour d'âge. | *uomo d'età (avanzata)*, homme d'(un) âge avancé, d'un certain âge. | *è l'età !*, c'est l'âge ! | *in età da marito*, en âge de se marier. || [anni] âge. | *hanno la stessa età*, ils ont le même âge. | *alla bella età di 97 anni*, à l'âge respectable de 97 ans. | *non dimostri la tua età*, tu ne parais pas ton âge. | *limiti di età*, limite d'âge. || Giur. *età minore, maggiore*, minorité, majorité. || Psicol. *età mentale*, âge mental. || **2.** [epoca] âge, époque, ère. | *età di Carlo Magno*, époque de Charlemagne. | *età di Augusto*, âge d'Auguste. | *la nostra età*, notre époque. | *età delle crociate*, ère des croisades. || Geol., Stor. [preistoria] âge. | *età del bronzo, del ferro*, âge du bronze, âge du fer.

etera [e'tɛra] f. Stor. hétaïre. || Per est. hétaïre (lett.), courtisane.

etere ['ɛtere] m. Poet. éther. || Chim. éther.

etereo [e'tɛreo] agg. (lett.) éthéré. || Chim. éthéré.

eteria [e'tɛrja] f. Stor. hétairie, hétérie.

eterizzare [eterid'dzare] v. tr. Med. éthériser.

eterizzazione [eteriddzat'tsjone] f. Med. éthérisation.

eternamente [eterna'mente] avv. éternellement.

eternare [eter'nare] v. tr. immortaliser, perpétuer, éterniser (lett.). ◆ v. rifl. s'immortaliser, s'éterniser (lett.).

eternità [eterni'ta] f. Pr. e fig. éternité. | *per l'eternità*, pour l'éternité, pour toujours, à jamais. | *è un'eternità che aspetto*, il y a une éternité, un temps fou que j'attends. || Per est. [immortalità] immortalité.

eterno [e'tɛrno] agg. **1.** éternel, | *eterno riposo*, repos éternel. | *il Padre Eterno*, l'Éternel. || **2.** Per est. *eterna primavera, amore eterno*, printemps éternel, amour éternel. || [immortale] immortel, impérissable, éternel. | *pagine eterne*, pages immortelles. || **3.** Iperb. [che non si consuma] inusable. | *questo vestito è eterno*, ce costume est inusable. || [continuo] éternel, continuel, perpétuel, sempiternel, incessant. ◆ m. éternel, éternité f. | *in eterno*, pour l'éternité, à jamais, pour toujours, éternellement. || Relig. *l'Eterno*, l'Éternel.

eteroclito [ete'rɔklito] agg. Pr. e fig. hétéroclite.

eterodina [etero'dina] f. Radio hétérodyne.

eterodossia [eterodos'sia] f. hétérodoxie.

eterodosso [etero'dɔsso] agg. hétérodoxe.

eterogamia [eteroga'mia] f. Biol. hétérogamie.

eterogeneità [eterodʒenei'ta] f. hétérogénéité.

eterogeneo [etero'dʒɛneo] agg. hétérogène.

eteromorfo [etero'mɔrfo] agg. Bot., Chim., Zool. hétéromorphe.

eterotrofo [ete'rɔtrofo] agg. Biol. hétérotrophe.

eterozigote [eteroddzi'gɔte] agg. e m. Biol. hétérozygote.

etesi [e'tɛzi] m. pl. vents étésiens (lett.).

etica ['ɛtika] f. [morale] éthique.

eticamente [etika'mente] avv. moralement.

etichetta [eti'ketta] f. Pr. e fig. étiquette. || [regole] étiquette, protocole m., cérémonial m.

etichettare [etiket'tare] v. tr. Pr. e fig. étiqueter.

etichettatura [etiketta'tura] f. étiquetage m.

eticità [etitʃi'ta] f. moralité.

1. etico ['ɛtiko] (**-ci** pl.) agg. éthique.

2. etico ['ɛtiko] (**-ci** pl.) agg. Med. hectique, étique. | *febbre etica*, fièvre hectique, étique. ◆ agg. e m. [tisico] phtisique (antiq.), poitrinaire (arc.), tuberculeux.

etile [e'tile] m. Chim. éthyle.

etilene [eti'lɛne] m. Chim. éthylène.

etilico [e'tiliko] (**-ci** pl.) agg. Chim. éthylique.

etilismo [eti'lizmo] m. Med. éthylisme.

etimo ['ɛtimo] m. étymon, étymologie f., origine f.

etimologia [etimolo'dʒia] f. étymologie.

etimologicamente [etimolodʒika'mente] avv. étymologiquement.

etimologico [etimo'lɔdʒiko] (**-ci** pl.) agg. étymologique.

etimologista [etimolo'dʒista] (**-i** pl.) m. e f. étymologiste.

etimologizzare [etimolodʒid'dzare] v. intr. faire, chercher des étymologies.

etimologo [eti'mɔlogo] (**-a** f. ; **-gi** pl.) m. étymologiste.
etiologia [etjolo'dʒia] f. V. EZIOLOGIA.
etiope [e'tiope] agg. e m. éthiopien.
etiopico [e'tjɔpiko] (**-ci** pl.) agg. éthiopien.
etisia [eti'zia] f. MED. phtisie (antiq.), tuberculose pulmonaire.
etneo [et'nεo] agg. de l'Etna.
etnia [et'nia] f. ethnie.
etnico ['εtniko] (**-ci** pl.) agg. ethnique.
etnografia [etnogra'fia] f. etnographie.
etnografico [etno'grafiko] (**-ci** pl.) agg. ethnographique.
etnografo [et'nɔgrafo] m. ethnographe.
etnologia [etnolo'dʒia] f. ethnologie.
etnologico [etno'lɔdʒiko] (**-ci** pl.) agg. ethnologique.
etnologo [et'nɔlogo] (**-gi** pl.) m. ethnologue.
etrusco [e'trusko] (**-a** f. ; **-chi** pl.) agg. e m. étrusque.
etruscologia [etruskolo'dʒia] f. étruscologie.
etruscologo [etrus'kɔlogo] m. étruscologue.
ettaedro [etta'εdro] m. GEOM. heptaèdre.
ettagono [et'tagono] m. GEOM. heptagone.
ettaro ['εttaro] m. hectare.
ette ['εtte] m. FAM. rien (L.C.). | *non ci capisco un ette*, je n'y comprends rien, goutte (litt.), que dalle (gerg.). | *c'è mancato un ette*, il s'en est fallu d'un poil, d'un cheveu (L.C.), d'un rien (L.C.). | *non m'importa un ette*, je m'en fiche, je m'en moque (L.C.), je m'en balance (pop.).
etto ['εtto] m. cent grammes. | *due etti di formaggio*, deux cents grammes de fromage. | *tre etti e mezzo*, trois cent cinquante grammes. | *due etti e mezzo*, une demi-livre.
ettogrammo [etto'grammo] m. hectogramme.
ettolitro [et'tɔlitro] m. hectolitre.
ettometro [et'tɔmetro] m. hectomètre.
ettowatt ['εttovatt] m. ELETTR. hectowatt.
eucalipto [euka'lipto] o **eucalitto** [euka'lito] m. BOT. eucalyptus.
eucaristia [eukaris'tia] f. RELIG. eucharistie.
eucaristico [euka'ristiko] (**-ci** pl.) agg. RELIG. eucharistique.
euclideo [eukli'dεo] agg. euclidien.
eudemonismo [eudemo'nizmo] m. FILOS. eudémonisme.
eudiometro [eu'djometro] m. FIS. eudiomètre.
eufemismo [eufe'mizmo] m. LING. euphémisme.
eufemistico [eufe'mistiko] (**-ci** pl.) agg. euphémique.
eufonia [eufo'nia] f. euphonie.
eufonico [eu'fɔniko] (**-ci** pl.) agg. euphonique.
euforbia [eu'fɔrbja] f. BOT. euphorbe.
euforia [eufo'ria] f. euphorie.
euforicamente [euforika'mente] avv. euphoriquement.
euforico [eu'fɔriko] (**-ci** pl.) agg. euphorique.
euganeo [eu'ganeo] agg. GEOG., STOR. euganéen.
eugenetica [eudʒe'nεtika] f. eugénisme m., eugénique.
eugenetico [eudʒe'nεtiko] (**-ci** pl.) agg. eugénique.
eugenica [eu'dʒεnika] f. eugénisme m., eugénique.
eugenista [eudʒe'nista] (**-i** pl.) m. e f. eugéniste.
eunuco [eu'nuko] (**-chi** pl.) m. PR. e FIG. eunuque.
eurasiano [eura'zjano] agg. e n. eurasien, enne.
eurasiatico [eura'zjatiko] (**-ci** pl.) agg. eurasien, enne, eurasiatique.
euristica [eu'ristika] f. heuristique.
euritmia [eurit'mia] f. eurythmie.
euromoneta [euromo'neta] f. NEOL. eurodevise.
europeismo [europe'izmo] m. européanisme.
europeizzare [europeid'dzare] v. tr. européiser, européaniser.
europeizzazione [europeiddzat'tsjone] f. européisation, européanisation.
europeo [euro'pεo] agg. e m. européen.
eurovisione [eurovi'zjone] f. eurovision.
eutanasia [eutana'zia] f. euthanasie.
evacuamento [evakua'mento] m. V. EVACUAZIONE.
evacuare [evaku'are] v. tr. évacuer. || MED., TECN. évacuer.
evacuazione [evakuat'tsjone] f. évacuation. || MED., TECN. évacuation.
evadere [e'vadere] v. intr. s'évader, s'échapper, s'enfuir. | *è evaso dal carcere, dalla finestra*, il s'est évadé, il s'est échappé, il s'est enfui de la prison, par la fenêtre. | *far evadere qlcu.*, faire évader qn. || FIG. s'évader, échapper (à), fuir (v. tr.). || [al fisco, ecc.] échapper (à), se soustraire (à), frauder (v. tr.). ◆ v. tr. **1.** AMM. expédier, régler. || [posta] répondre (à). || [ordini] exécuter. || **2.** [il fisco, le imposte] frauder, échapper (à), se soustraire (à).
evanescente [evaneʃ'ʃεnte] agg. évanescent (lett.), fugitif.
evanescenza [evaneʃ'ʃεntsa] f. évanescence. || RADIO fading (ingl.).
evangelicamente [evandʒelika'mente] avv. évangéliquement.
evangelico [evan'dʒεliko] (**-ci** pl.) agg. évangélique.
evangelista [evandʒe'lista] (**-i** pl.) m. évangéliste.
evangelizzare [evandʒelid'dʒare] v. tr. évangéliser.
evangelizzazione [evandʒeliddzat'tsjone] f. évangélisation.
evangelo [evan'dʒεlo] m. V. VANGELO.
evaporamento [evapora'mento] m. évaporation f.
evaporare [evapo'rare] v. intr. s'évaporer. ◆ v. tr. évaporer.
evaporazione [evaporat'tsjone] f. évaporation. || PER EST. exhalation.
evaporizzare [evaporid'dzare] e deriv. V. VAPORIZZARE e deriv.
evasione [eva'zjone] f. PR. e FIG. évasion. || PER EST. *evasione fiscale*, fraude fiscale, évasion fiscale. || AMM. expédition, exécution, accomplissement m. | *dare evasione a una pratica*, expédier une affaire. | *dare evasione a una lettera*, donner réponse à une lettre. | *dare evasione a un ordine*, exécuter une commande.
evasivamente [evaziva'mente] avv. évasivement.
evasivo [eva'zivo] agg. évasif.
evaso [e'vazo] agg. e m. évadé, fugitif.
evasore [eva'zore] m. fraudeur (du fisc).
evellere [e'vεllere] v. tr. (arc.) extirper (L.C.).
evenienza [eve'njεntsa] f. éventualité, cas m. | *far fronte ad ogni evenienza*, parer à toute éventualité. | *per ogni evenienza*, à tout hasard, pour être prêt à toute éventualité. | *nell'evenienza di*, en cas, dans l'éventualité de. | *nell'evenienza che*, au cas où. | *all'evenienza*, au besoin.
evento [e'vεnto] m. événement. | *lieto evento*, heureux événement. | *ad ogni evento, in ogni evento*, en tout cas.
eventuale [eventu'ale] agg. éventuel.
eventualità [eventuali'ta] f. éventualité. | *pronto per ogni eventualità*, prêt à toute éventualité.
eventualmente [eventual'mente] avv. éventuellement, le cas échéant.
eversione [ever'sjone] f. (lett.) subversion (L.C.), sédition (L.C.). || GIUR. abolition.
eversivo [ever'sivo] agg. subversif, séditieux, destructeur.
eversore [ever'sore] m. (lett.) destructeur (L.C.). || ASSOL. séditieux.
evidente [evi'dεnte] agg. évident, manifeste. || [chiaro] clair. | *stile evidente*, style clair.
evidentemente [evidente'mente] avv. évidemment.
evidenza [evi'dεntsa] f. évidence. | *mettere in evidenza*, mettre en évidence, mettre en relief, mettre en lumière. | *mettersi in evidenza*, se mettre en évidence, se mettre en avant, se faire remarquer. || [chiarezza] clarté. || AMM. memento m., note, rappel m. | *tenere una pratica in evidenza*, garder un dossier (bien) en évidence, bien en vue.
evidenziare [eviden'tsjare] v. tr. mettre en évidence.
evincere [e'vintʃere] v. tr. déduire. || GIUR. (raro) évincer.
evirare [evi'rare] v. tr. PR. e FIG. émasculer, châtrer, castrer.
evirato [evi'rato] agg. e m. PR. e FIG. émasculé (solo agg.), châtré. ◆ m. [cantore] castrat.
evirazione [evirat'tsjone] f. PR. e FIG. émasculation (lett. nel senso fig.), castration.
evitabile [evi'tabile] agg. évitable.
evitare [evi'tare] v. tr. éviter. ◆ v. recipr. s'éviter.
evizione [evit'tsjone] f. GIUR. éviction.
evo ['εvo] m. âge. | *medio evo, medioevo*, Moyen Âge.

| *evo antico*, Antiquité f. | *evo moderno*, époque (f.) moderne.
evocare [evo'kare] v. tr. évoquer. | *evocare i demoni, il passato*, évoquer les démons, le passé.
evocativo [evoka'tivo] agg. évocateur.
evocatore [evoka'tore] (**-trice** f.) m. évocateur, trice.
evocazione [evokat'tsjone] f. évocation.
evolutivo [evolu'tivo] agg. évolutif.
evoluto [evo'luto] agg. évolué.
evoluzione [evolut'tsjone] f. évolution. ‖ BIOL., MIL., SPORT évolution.
evoluzionismo [evoluttsjo'nizmo] m. FILOS. évolutionnisme.
evoluzionista [evoluttsjo'nista] (**-i** pl.) m. e f. évolutionniste.
evoluzionistico [evoluttsjo'nistiko] (**-ci** pl.) agg. évolutionniste.
evolvere [e'vɔlvere] v. tr. (raro) développer (L.C.). ◆ v. intr. (raro) MIL. évoluer. ◆ v. rifl. évoluer (v. intr.). | *il suo pensiero si è evoluto*, sa pensée a évolué.
evviva! [ev'viva] interiez. hourra! ‖ [con un n.] vive; [con n. al pl.] vive, vivent. | *evviva la libertà*, vive la liberté. | *evviva i lavoratori!*, vive(nt) les travailleurs! ◆ m. invar. hourra, vivat.
ex [ɛks] pref. ex, ancien (agg.) | *ex ministro, ex prefetto, ex direttore, ex moglie*, ex-ministre, ancien ministre; ex-préfet, ancien préfet; ex-directeur, ancien directeur; ex-femme, ancienne femme. | *ex combattente, ex professore, ex alunno*, ancien combattant, ancien professeur, ancien élève. ‖ ASSOL. *ho visto il tuo ex*, j'ai vu ton ex-fiancé, ton ancienne flamme (iron.).
ex abrupto [ɛksab'rupto] loc. avv. (lat.) ex abrupto, abruptement.
ex aequo [ɛks'ɛkwo] loc. avv. (lat.) ex aequo.
ex cathedra [ɛks'katedra] loc. avv. (lat.) ex cathedra.
exeat ['ɛgzeat] m. invar. (lat.) exeat.
exequatur [egze'kwatur] m. invar. (lat.) GIUR. exequatur.
exeresi [ekse'rɛzi] f. CHIR. exérèse.
exinscritto [eksins'kritto] agg. GEOM. exinscrit.
ex libris [ɛks'libris] m. invar. (lat.) ex-libris.
ex novo [ɛks'nɔvo] loc. avv. (lat.) depuis le début, d'un bout à l'autre, entièrement. | *ricominciare ex novo*, tout recommencer; repartir à zéro. | *bisogna rifarlo ex novo*, il faut le refaire entièrement.
ex professo [ɛkspro'fɛsso] loc. avv. (lat.) [con autorità] ex professo. ‖ [di proposito] intentionnellement.
extra ['ɛkstra] agg. invar. [di qualità] extra (fam.), supérieur. ‖ [straordinario] supplémentaire, extraordinaire. | *ore extra*, heures supplémentaires. | *spese extra*, dépenses extra(ordinaires). | *cameriere extra*, extra (m.). ◆ m. invar. extra, supplément.
extra- ['ɛkstra] pref. V. anche ESTRA-, STRA-.
extraconiugale [ekstrakonju'gale] agg. extraconjugal.
extracontrattuale [ekstrakontrat'twale] agg. non compris dans le contrat.
extracorrente [ekstrakor'rɛnte] f. ELETTR. extracourant m.
extradotale [ekstrado'tale] agg. GIUR. paraphernal.
extrafino [ekstra'fino] agg. extrafin.
extragalattico [ekstraga'lattiko] (**-ci** pl.) agg. ASTRON. extragalactique.
extragiudiziale [ekstradʒudit'tsjale] agg. GIUR. extrajudiciaire.
extralegale [ekstrale'gale] agg. extralégal.
extraparlamentare [ekstraparlamen'tare] agg. extraparlementaire.
extrasensibile [ekstrasen'sibile] agg. FILOS. extrasensible.
extrasensoriale [ekstrasenso'rjale] agg. extrasensoriel.
extrasistole [ekstra'sistole] f. FISIOL. extrasystole.
extrastallie [ekstrastal'lie] f. pl. DIR. MAR. surestarie (sing.).
extraterritorialità [ekstraterritorjali'ta] f. extraterritorialité.
extraurbano [ekstraur'bano] agg. extérieur à la ville, hors de la ville, extra-muros (lat.).
extrauterino [ekstraute'rino] agg. MED. extra-utérin.
extremis (in) [ineks'trɛmis] loc. avv. (lat.) in extremis.
ex voto [ɛks'vɔto] m. invar. (lat.) ex-voto.
eziandio [ettsjan'dio] cong. (arc.) V. ANCHE.
eziologia [ettsjolo'dʒia] f. MED., FILOS., étiologie.

F

f ['effe] f. o m. f m.
1. fa [fa] m. invar. MUS. fa.
2. fa [fa] 3ª pers. sing. pres. ind. del v. FARE: il y a. | *molto tempo fa*, il y a longtemps. | *pochi giorni fa*, il y a quelques jours. | *poco fa*, il y a un moment, tout à l'heure.
fabbisogno [fabbi'zɔɲɲo] m. besoins pl.
fabbrica ['fabbrika] f. **1.** [della grande industria] usine. | *lavorare in fabbrica*, travailler en usine, dans une usine. | *andare in fabbrica*, aller à l'usine. | *consiglio di fabbrica*, conseil d'entreprise. ‖ [di media importanza, poco meccanizzata] fabrique. | *fabbrica di bottoni*, fabrique de boutons. | *marchio, prezzo di fabbrica*, marque, prix de fabrique. ‖ [in cui la qualità della manodopera è determinante] manufacture. | *fabbrica di arazzi*, manufacture de tapisseries. ‖ **2.** LOC. FIG. *essere una fabbrica di menzogne*, mentir comme un arracheur de dents. ‖ LOC. SCHERZ. *la fabbrica dell'appetito*, le besoin de manger. ‖ **3.** ANTIQ. [costruzione] fabrique (arc.); construction, édification. ‖ LOC. FIG. *essere (come) la fabbrica di San Pietro*, ne pas avoir de fin.
fabbricabile [fabbri'kabile] agg. où l'on peut construire; à bâtir. | *area fabbricabile*, terrain à bâtir.
fabbricante [fabbri'kante] m. e f. fabricant, ante.
fabbricare [fabbri'kare] v. tr. fabriquer. | *fabbricare carta*, fabriquer du papier. ‖ [costruire] bâtir, édifier, construire. ‖ PER EST. [fare] fabriquer, faire. ‖ PEGGIOR. *fabbricare romanzi*, fabriquer des romans. ‖ FIG. [architettare] fabriquer, forger, inventer. | *questa storia l'hai fabbricata di sana pianta*, cette histoire, tu l'as fabriquée de toutes pièces.
fabbricativo [fabbrika'tivo] agg. V. FABBRICABILE.
fabbricato [fabbri'kato] m. bâtiment, édifice, immeuble, bâtisse f.
fabbricatore [fabbrika'tore] (**-trice** f.) m. **1.** (raro) [chi fabbrica] fabricant, e. ‖ [chi costruisce] bâtisseur, euse. | [muratore] maçon. ‖ **2.** PEGGIOR. fabricateur, trice. ‖ FIG. fabricateur, trice, forgeur, euse; inventeur, trice.
fabbricazione [fabbrikat'tsjone] f. fabrication. ‖ [costruzione] construction, édification.
fabbriciere [fabbri'tʃɛre] m. RELIG. fabricien, marguillier (antiq.).

fabbricone [fabbri'kone] m. bâtisse f., grand immeuble, caserne f. (scherz.).
fabbrile [fab'brile] agg. (lett.) de forgeron. ‖ PER EST. manuel. | *arti fabbrili*, arts manuels.
fabbro ['fabbro] m. forgeron, serrurier. | *fabbro ferraio*, forgeron. ‖ FIG. (lett.) artisan, auteur, inventeur.
faccenda [fat'tʃɛnda] f. affaire, besogne, travail m. | *fare, sbrigare le faccende domestiche*, faire le ménage. | *essere in faccende*, être occupé, être affairé. | *avere una faccenda da sbrigare*, avoir une affaire à régler. ‖ [caso, circostanza] affaire, histoire. | *è una brutta faccenda*, c'est une sale histoire, une fâcheuse histoire. | *non so come prenderà la faccenda*, je ne sais (pas) comment il prendra la chose.
faccendone [fattʃen'done] (**-a** f.) m. intrigant.
faccetta [fat'tʃetta] f. [dim. di faccia] minois m.; frimousse (fam.). ‖ [di poliedro o pietra] facette.
facchinaggio [fakki'naddʒo] m. portage, transport, factage. ‖ [prezzo] frais (m. pl.) de portage, factage. ‖ FIG. travail de forçat, de Romain; corvée épuisante.
facchinata [fakki'nata] f. V. SFACCHINATA. ‖ PEGGIOR. [atto o parola triviale] grossièreté, muflerie, goujaterie.
facchinesco [fakki'nesko] (**-chi** pl.) agg. [duro] pénible. | *lavoro facchinesco*, travail de forçat. ‖ PEGGIOR. [triviale] grossier, trivial.
facchino [fak'kino] m. **1.** porteur, portefaix (antiq.), crocheteur (arc.). ‖ PARTICOL. [nelle stazioni] porteur. ‖ [nei porti] débardeur. ‖ [nelle imprese di traslochi] déménageur. ‖ **2.** FIG. forçat, esclave. | *lavorare come un facchino*, travailler comme un forçat, trimer comme un forçat, comme une brute, un nègre; se décarcasser. ‖ PEGGIOR. mufle, grossier personnage, faquin.
faccia ['fattʃa] (**facce** pl.) f. **1.** [volto] figure, visage m., face (raro). | *hai la faccia sporca*, tu as la figure sale. | *te lo leggo in faccia*, je le lis sur ton visage, sur ta figure. | *l'ha fatto per la tua bella faccia ?*, il l'a fait pour tes beaux yeux? | *rompere la faccia a qlcu.*, casser la figure, la gueule (volg.) à qn. ‖ [espressione del volto] tête, figure, visage m., face, air m., mine, gueule (volg.). | *faccia strana*, drôle de tête. | *ha la faccia buona*, il a une bonne tête, une bonne bouille (fam.). | *faccia antipatica*, sale tête, sale gueule (volg.), sale bobine (pop.). | *faccia da schiaffi*, tête à claques. | *faccia da funerale*, tête, gueule (volg.), figure d'enterrement. | *che faccia (che hai) !*, tu en fais une tête! | *faccia stanca*, mine fatiguée, air fatigué. | *ha una brutta faccia oggi*, il a mauvaise mine aujourd'hui. | *fare la faccia feroce*, prendre un air féroce. | *cambiare faccia*, changer de visage. ‖ **2.** LOC. PR. e FIG. *in faccia, di faccia*, en face. | *dire qlco. in faccia (a qlcu.)*, dire (à qn) qch. en face; jeter qch. à la figure (de qn). | *mi ha riso in faccia*, il m'a ri au nez. | *mi ha chiuso la porta in faccia*, il m'a fermé la porte au nez. | *non guardare in faccia nessuno*, n'avoir d'égards pour personne. | *abita in, di faccia*, il habite en face. | *in, di faccia alla chiesa*, en face de l'église. | *la casa di faccia*, la maison d'en face. | *a faccia aperta*, à visage découvert. | *(a) faccia a faccia (con qlcu.)*, face à face (avec qn). ‖ MAR. *vento in faccia*, vent debout. ‖ VOLG. *alla faccia !*, merde!, nom d'un chien (fam.)! | *alla faccia tua !*, ça te fera les pieds! ‖ LOC. FIG. *salvare, perdere la faccia*, sauver, perdre la face. | *voltar faccia*, faire volte-face. | *aver la faccia di fare qlco.*, avoir le front, le toupet (fam.) de faire qch. | *avere, essere una faccia tosta, una faccia di bronzo*, avoir du culot (fam.), du toupet (fam.), de l'aplomb, de l'audace; être culotté (fam.). ‖ **3.** FIG. [apparenza] aspect m., face. | *le cose cambiano faccia*, les choses changent de face, d'aspect. ‖ **4.** PER EST. face. | *faccia della luna*, face de la lune. | *sulla faccia della terra*, sur (la face de la) terre. | *facce di una moneta, di un dado*, faces, côtés (m.) d'une pièce de monnaie, d'un dé. ‖ GEOM. face. ‖ MED. V. FACIE.
facciale [fat'tʃale] agg. facial. ‖ FIN. *valore facciale*, valeur nominale, extrinsèque.
facciata [fat'tʃata] f. façade. ‖ [di foglio] page, côté m. | *facciata anteriore*, recto. | *facciata posteriore*, verso. ‖ FIG. façade, extérieur m., apparences pl.
faccino [fat'tʃino] m. (dimin.). V. FACCETTA.
facciola [fat'tʃola] f. rabat m.
facciona [fat'tʃona] f., **faccione** [fat'tʃone] m. [accr. di faccia] visage épais, empâté; figure pleine, ronde. | *ha una buona facciona*, il a une bonne bouille (fam.), une bonne bille (pop.), une bonne tête.
face ['fatʃe] f. (lett.) flambeau m. (L.C.).
faceto [fa'tʃɛto] agg. facétieux, plaisant, spirituel, amusant, drôle, badin. ‖ SOSTANT. *tra il serio e il faceto*, mi-figue mi-raisin (loc. agg.).
facezia [fa'tʃɛttsja] f. plaisanterie, mot (m.) d'esprit, facétie, badinage (m.).
fachiro [fa'kiro] m. RELIG. e PER EST. fakir.
facie ['fatʃe] o **facies** ['fatʃes] f. BIOL., FISIOL., MED., ZOOL., faciès m., facies m.
facile ['fatʃile] agg. **1.** facile, aisé (lett.), simple. | *di facile accesso*, d'accès facile. | *è facile come bere un uovo*, c'est facile comme tout, comme bonjour; c'est un jeu d'enfant. | *è facile da dirsi*, c'est facile à dire. | *fare una vita facile*, mener une vie facile; se la couler douce (fam.). ‖ **2.** [che si può facilmente ottenere o dominare] facile, aisé. | *vittoria facile*, victoire facile, aisée. | *facili guadagni*, argent facile à gagner, facilement gagné. ‖ **3.** [che si può facilmente capire] facile (à comprendre), simple, accessible. | *scrittore facile*, écrivain accessible. | *stile facile*, style simple, clair. ‖ **4.** [agile, sciolto] aisé, agile, facile. | *stile facile*, style aisé. ‖ **5.** [mite, trattabile] facile (antiq.), facile à vivre, accommodant, arrangeant, tolérant. | *uomo facile*, homme facile à vivre. | *ha un carattere facile*, il a un caractère accommodant, arrangeant. ‖ PARTICOL. *donna facile*, femme facile, légère. | *donna di facili costumi*, femme de petite vertu. ‖ **6.** [incline] porté, enclin. ‖ [che viene con naturalezza] facile. | *avere la parola facile*, avoir la parole facile. | *avere lo schiaffo facile*, avoir la main leste. ‖ FAM. *avere il bicchiere facile*, être porté sur la boisson. ‖ **7.** [probabile] probable, vraisemblable. | *è facile che...*, il est probable que... | *è facile che si sia dimenticato*, il est vraisemblable qu'il a oublié; cela ne m'étonnerait pas qu'il ait oublié; il a sûrement oublié. | *non è facile che venga*, il est peu probable que je vienne. ◆ avv. (pop.) facilement (L.C.), sans peine (L.C.), sans difficulté (L.C.).
facilità [fatʃili'ta] f. facilité, simplicité. | *facilità di un problema*, facilité d'un problème. | *con facilità*, facilement, avec facilité, sans peine, sans difficulté. | *scrivere, dipingere con facilità*, écrire, peindre avec facilité, avec aisance. | *avere una grande facilità a dipingere*, avoir beaucoup de facilité pour la peinture; peindre avec une grande facilité, une grande aisance.
facilitare [fatʃili'tare] v. tr. faciliter.
facilitazione [fatʃilitat'tsjone] f. facilités pl.
facilmente [fatʃil'mente] avv. facilement, aisément, sans peine, sans difficulté. | *facilmente attuabile*, facile à réaliser. ‖ [probabilmente] probablement, vraisemblablement.
facilone [fatʃi'lone] (**-a** f.) m. personne (f.) trop optimiste; esprit superficiel. | *sei un facilone !*, tu ne te rends pas compte des difficultés!, tu trouves tout facile, toi!
faciloneria [fatʃilone'ria] f. légèreté; optimisme excessif.
facinoroso [fatʃino'roso] agg. malfaisant, violent, criminel. ◆ m. malfaiteur, criminel.
facitore [fatʃi'tore] (**-trice** f.) m. faiseur, euse.
facocero [fako'tʃɛro] m. ZOOL. phacochère.
facola ['fakola] f. ASTRON. facule.
facoltà [fakol'ta] f. **1.** faculté. | *facoltà mentali*, facultés mentales. ‖ **2.** [potere, autorità] faculté (lett.), droit m., pouvoir m., possibilité. | *esorbita dalle mie facoltà*, ce n'est pas en mon pouvoir. | *avere la facoltà di scegliere*, avoir la faculté de choisir. ‖ [di cosa] propriété, pouvoir, faculté (arc.). ‖ **3.** UNIV. faculté, fac (gerg.). | *facoltà di medicina*, faculté de médecine. ◆ pl. moyens m., ressources, facultés (arc.).
facoltativamente [fakoltativa'mente] avv. facultativement.
facoltativo [fakolta'tivo] agg. facultatif.
facoltoso [fakol'toso] agg. fortuné, riche, cossu. | *essere facoltoso*, être fortuné, avoir du bien.
facondia [fa'kondja] f. (lett.) abondance de parole (L.C.), facilité de parole (L.C.), verve (L.C.), volubilité

(L.C.), loquacité (spesso peggior.), faconde (spesso peggior.), éloquence (L.C.).
facondo [fa'kondo] agg. disert (lett.), éloquent, volubile ; qui a la parole facile ; loquace, bavard (peggior.).
facsimile [fak'simile] m. fac-similé. ‖ FIG. réplique f., copie f. | *è il facsimile di suo fratello,* c'est une vivante réplique de son frère.
factotum [fak'tɔtum] m. invar. (anche iron.) factotum.
fading ['feidiŋ] m. [ingl.] RADIO fading.
faentino [faen'tino] agg. de Faenza. ◆ n. habitant de Faenza.
faenza [fa'ɛntsa] f. faïence.
faesite [fae'zite] f. Isorel m.
faggeta [fad'dʒeta] f. o **faggeto** m. BOT. hêtraie.
faggina [fad'dʒina] f. BOT. faine.
faggio ['faddʒo] m. BOT. hêtre, fayard (region.).
faggiola [fad'dʒɔla] f. BOT. faine.
fagianaia [fa'dʒa'naia] f. faisanderie.
fagiano [fa'dʒano] (**-a** f.) m. ZOOL. faisan, (poule) faisane.
fagianotto [fadʒa'nɔtto] m. faisandeau.
fagiolini [fadʒo'lini] m. pl. haricots verts.
fagiolo [fa'dʒɔlo] m. haricot. | *fagioli freschi (sgranati),* flageolets verts. | *fagioli secchi,* haricots secs, fayots (pop.). ‖ LOC. FAM. *andare a fagiolo,* convenir (L.C.), plaire (L.C.), aller (L.C.), botter (pop.). | *capitare, venire a fagiolo,* tomber, arriver à pic, pile, à point (L.C.), à point nommé (L.C.) ; bien tomber (L.C.). ‖ GERG. UNIV. = étudiant de deuxième année (L.C.).
1. faglia ['faʎʎa] f. GEOL. faille.
2. faglia ['faʎʎa] f. TESS. faille.
fagocitare [fagotʃi'tare] v. tr. BIOL. phagocyter. ‖ FIG. absorber, phagocyter (raro).
fagocitario [fagotʃi'tarjo] agg. BIOL. phagocytaire.
fagocito [fago'tʃito] m. BIOL. phagocyte.
fagocitosi [fagotʃi'tɔzi] f. BIOL. phagocytose.
fagopiro [fago'piro] m. BOT. sarrasin, blé noir.
fagottista [fagot'tista] (**-i** pl.) m. MUS. basson, bassonniste.
1. fagotto [fa'gɔtto] m. MUS. basson.
2. fagotto [fa'gɔtto] m. paquet, ballot. | *fagotto di biancheria,* paquet de linge. ‖ [piccolo] bal(l)uchon, (petit) paquet. ‖ LOC. FIG. FAM. *far fagotto :* [partire] prendre ses cliques et ses claques, plier bagage (L.C.), faire son baluchon (L.C.), faire sa malle (L.C.) ; [morire] passer l'arme à gauche, casser sa pipe, s'en aller (L.C.), partir (L.C.). ‖ FIG. PEGGIOR. [di persona] personne mal fagotée.
faida ['faida] f. vendetta (ital.), vengeance.
faina [fa'ina] f. ZOOL. fouine.
falange [fa'landʒe] f. ANAT. phalange. ‖ POLIT., STOR. phalange.
falangetta [falan'dʒetta] f. ANAT. phalangette.
falangina [falan'dʒina] f. ANAT. phalangine.
falangismo [falan'dʒizmo] m. POLIT. mouvement phalangiste.
1. falangista [falan'dʒista] (**-i** pl.) agg. e m. POLIT. phalangiste.
2. falangista [falan'dʒista] (**-i** pl.) m. ZOOL. phalanger.
falanstero [falans'tɛro] o **falansterio** m. phalanstère. ‖ PER EST. grand immeuble.
falasco [fa'lasko] m. BOT. jonc (des marais).
falcata [fal'kata] f. [di cavallo] courbette. ‖ SPORT foulée.
falcato [fal'kato] agg. en (forme de) croissant. ‖ [munito di falce] muni de faux. | *carro felcato,* char à faux.
falce ['faltʃe] f. faux. | *falce messoria,* faucille. | *falce fienaia,* faux. | *la falce e il martello,* la faucille et le marteau. ‖ [oggetto a forma di falce] croissant m. | *falce di luna,* croissant de lune. ‖ ANAT. faux.
falcetto [fal'tʃetto] m. faucille f., fauchette f., serpette f.
falchetta [fal'ketta] f. MAR. plat-bord m.
falchetto [fal'ketto] m. ZOOL. hobereau, émouchet.
falciamento [faltʃa'mento] m. (raro) AGR. fauchage. ‖ MIL. *tiro di falciamento,* fauchage.
falciare [fal'tʃare] v. tr. AGR. e FIG. faucher.
falciata [fal'tʃata] f. AGR. coup (m.) de faux.
falciatore [faltʃa'tore] (**-trice** f.) m. AGR. faucheur, euse.
falciatrice [faltʃa'tritʃe] f. AGR. faucheuse.
falciatura [faltʃa'tura] f. AGR. fauchage m.
falcidia [fal'tʃidja] f. forte diminution, réduction. ‖ PER. EST. [strage] massacre m., tuerie.
falcidiare [faltʃi'djare] v. tr. diminuer, réduire considérablement. ‖ [uccidere molta gente] décimer, faire un massacre, une hécatombe.
falciforme [faltʃi'forme] agg. en forme de faux.
falciola [fal'tʃɔla] f. faucille.
falcione [fal'tʃone] m. AGR. hache-paille.
falco ['falko] m. ZOOL. faucon. | *occhi di falco,* yeux de lynx, d'aigle. ‖ FIG. [persona avida e rapace] vautour.
falconara [falko'nara] f. [luogo] fauconnerie.
falcone [fal'kone] m. ZOOL. faucon. | *caccia col falcone,* chasse au faucon, fauconnerie, volerie. | *falcone pellegrino,* faucon pèlerin. ‖ STOR. MIL. faucon.
falconeria [falkone'ria] f. fauconnerie.
falconetto [falko'netto] m. MIL. fauconneau.
falconidi [fal'kɔnidi] m. pl. ZOOL. falconidés.
falconiere [falko'njɛre] m. fauconnier.
falda ['falda] f. **1.** bande, feuille ; [di materia dura] lame, plaque. | *falda di pasta,* bande de pâte. | *falda di metallo,* feuille, lame de métal. | *nevica a larghe falde,* il neige à gros flocons. ‖ **2.** [di vestito] pan m., basque ; [di abito elegante] basque. | *abito a falde,* habit ; queue-de-morue (fam.), queue-de-pie (fam.). ‖ LOC. *stare attaccato alle falde di qlcu.,* être pendu aux basques de qn. ‖ **3.** [tesa del cappello] bord m. ‖ **4.** [di montagna] bas m., base, pied m. | *alle falde del monte,* au pied du mont. ‖ **5.** CULIN. bavette. ‖ **6.** GEOL. nappe, couche. | *falda freatica,* nappe phréatique. ‖ **7.** TECN. [parte del tetto] pan (de comble).
faldella [fal'dɛlla] f. charpie.
falegname [faleɲ'ɲame] m. menuisier.
falegnameria [faleɲɲame'ria] f. [lavoro] menuiserie. ‖ [laboratorio] atelier (m.) de menuiserie.
1. falena [fa'lɛna] f. ZOOL. phalène. ‖ FIG. papillon m.
2. falena [fa'lɛna] f. [residuo volatile di combustione] poussière de cendre.
falesia [fa'lɛzja] f. falaise.
falla ['falla] f. MAR. voie d'eau. ‖ [in un argine] brèche, fissure. ‖ [in un serbatoio, in un tubo] fissure, fuite. ‖ MIL. brèche, trouée. ‖ FIG. trou m.
fallace [fal'latʃe] agg. fallacieux (lett.), trompeur, mensonger. ‖ [di colore] fragile.
fallacemente [fallatʃe'mente] avv. (lett.) fallacieusement (raro).
fallacia [fal'latʃa] (**-cie** pl.) f. caractère (m.) trompeur.
fallare [fal'lare] v. intr. (lett.) se tromper, faire (une) erreur.
fallibile [fal'libile] agg. (raro) faillible (L.C.).
fallibilità [fallibili'ta] f. (raro) faillibilité.
fallico ['falliko] (**-ci** pl.) agg. phallique.
fallimentare [fallimen'tare] agg. GIUR. de faillite. | *azienda in stato fallimentare,* entreprise en faillite. ‖ PER EST. (qui est) près de la faillite, au bord de la faillite. | *la nostra azienda è in una situazione fallimentare,* notre entreprise est près de faire faillite, est au bord de la faillite. ‖ FIG. désastreux, ruineux, catastrophique. | *concorrenza fallimentare,* concurrence ruineuse.
fallimento [falli'mento] m. GIUR. faillite f. | *fare fallimento,* faire faillite. | *dichiarare fallimento,* se mettre en faillite. | *fallimento colposo,* faillite frauduleuse, banqueroute f. ‖ FIG. échec, faillite ; insuccès. | *la mia vita è un fallimento,* ma vie est un échec.
fallire [fal'lire] v. intr. **1.** [con sogg. di persona] échouer ; rater [tr.], manquer [tr.], louper [tr.] (fam.) ; [con sogg. di cosa] échouer, rater, craquer, s'écrouler. | *fallire in un' impresa,* échouer dans une entreprise. | *ho fallito in tutto,* j'ai tout raté, manqué, loupé ; j'ai échoué en tout. | *il progetto è fallito,* le projet a échoué, a raté. | *far fallire una impresa,* faire échouer, faire rater une entreprise. ‖ **2.** [di speranza, di attesa] être déçu, ne pas avoir de suites. ‖ **3.** [venir meno] manquer, faillir (lett.). ‖ **4.** GIUR. faire faillite. ‖ ◆ v. tr. manquer, rater, louper (fam.). ‖ SPORT *fallire la palla,* manquer la balle.

fallito [fal'lito] agg. manqué, raté, loupé (fam.). ‖ GIUR. failli. ◆ m. raté. ‖ GIUR. failli.
1. fallo ['fallo] m. faute f., erreur f. | *cadere in fallo*, faire, commettre une faute, une erreur. | *cogliere qlcu. in fallo*, prendre qn en faute. ‖ [imperfezione] défaut. ‖ SPORT faute. ‖ LOC. *mettere un piede in fallo*, faire un faux pas, mettre le pied à faux. | *fare fallo*, faire défaut. | *senza fallo*, sans faute.
2. fallo ['fallo] m. phallus. ‖ PER ANAL. BIOL. phallus.
falloso [fal'loso] agg. défectueux. ‖ SPORT irrégulier. ‖ [di giocatore] incorrect.
fall-out [fɔ:l'aut] m. [ingl.] retombées (f. pl.) radioactives. ‖ FIG. *fall-out tecnologico*, retombée technologique.
falò [fa'lɔ] m. feu. ‖ [acceso in segno di allegria] feu de joie. ‖ [attorno al quale si canta, ecc.] feu de camp.
falpalà [falpa'la] m. volant, falbala (antiq.).
falsamente [falsa'mente] avv. faussement.
falsare [fal'sare] v. tr. fausser, déformer, altérer, dénaturer. | *falsare il pensiero di qlcu., il senso di una frase*, fausser, déformer la pensée de qn, le sens d'une phrase. | *specchio che falsa le immagini*, miroir qui déforme les images. ‖ (lett.) [falsificare] falsifier. | *falsare un documento*, falsifier un document.
falsariga [falsa'riga] f. transparent m. ‖ FIG. modèle m., exemple m.
falsario [fal'sarjo] m. faussaire, contrefacteur, falsificateur; [di monete] faux-monnayeur.
falsatura [falsa'tura] f. entre-deux m.
falsetto [fal'setto] m. fausset.
falsificare [falsifi'kare] v. tr. [alterare] falsifier, altérer. | *falsificare un documento*, falsifier un document. ‖ [imitare] contrefaire, imiter. | *falsificare una moneta, una firma*, contrefaire une monnaie, une signature. ‖ [cibi, bevande] frelater, sophistiquer.
falsificatore [falsifika'tore] (**-trice** f.) m. falsificateur, trice; faussaire, contrefacteur.
falsificazione [falsifikat'tsjone] f. [alterazione] falsification, altération. ‖ [imitazione] contrefaçon, imitation (frauduleuse).
falsità [falsi'ta] f. fausseté. ‖ [insincerità] fausseté, duplicité, fourberie. ‖ [cosa falsa] mensonge m., contrevérité. ‖ [alimentazione] frelatage m.
falso ['falso] agg. **1.** [non vero] faux, inexact. | *falso concetto*, idée fausse. | *false supposizioni*, suppositions inexactes. | *falso nome*, faux nom. | *falso allarme*, fausse alerte. | *è falso!*, c'est faux! ‖ [non corretto] faux, inexact, mauvais. | *falsa interpretazione*, mauvaise interprétation, interprétation inexacte. ‖ [non normale] faux. | *falsa piega*, faux, mauvais pli. | *nota falsa*, fausse note. ‖ SPORT *falsa partenza*, faux départ. ‖ LOC. PR. e FIG. *posizione falsa* : PR. mauvaise position; FIG. situation fausse. | *passo falso* : PR. et FIG. faux pas; FIG. pas de clerc. | *luce falsa* : PR. faux jour. ‖ LOC. FIG. *mettere qlcu. in falsa luce*, présenter qn sous un mauvais jour. | *mettersi per una strada falsa*, faire fausse route. | *toccare un tasto falso*, gaffer, faire une gaffe (fam.). ‖ **2.** [finto, menzognero] faux, hypocrite, simulé, feint. | *falsa modestia*, fausse modestie. | *false lacrime*, larmes hypocrites, larmes de crocodile. | *falso dolore*, feinte douleur, douleur simulée. ‖ [di persona] faux. | *falso amico*, faux frère. | *carattere falso*, caractère dissimulé. | *è falso come Giuda*, il est faux comme un jeton; c'est un faux jeton (fam.). ‖ **3.** [finto, imitato] faux. | *diamante falso*, diamant faux. ‖ **4.** [falsificato] faux. | *moneta falsa*, fausse monnaie. | *carte (da gioco) false*, fausses cartes, cartes truquées. ◆ avv. faux. | *cantar, suonar falso*, chanter, jouer faux. | *parole che suonano falso*, paroles qui sonnent faux. ◆ m. faux. | *giurare il falso*, jurer faussement. | *sei nel falso*, tu es dans l'erreur. ‖ GIUR. faux. | *commettere un falso*, faire, commettre un faux (en écriture).
falsobordone [falsobor'done] m. MUS. faux-bourdon.
falsopiano [falso'pjano] m. = terrain apparemment plat.
fama ['fama] f. réputation. | *avere fama di dongiovanni*, avoir la réputation d'être un don Juan; avoir une réputation de don Juan. ‖ ASSOL. réputation, renommée. | *conquistare fama*, acquérir de la réputation. | *prodotto di fama mondiale*, produit de réputation mondiale. ‖ [celebrità] célébrité, notoriété. ‖ [voce] bruit. | *corre fama che*, le bruit court que.
fame ['fame] f. **1.** faim. | *aver molta fame*, avoir très (fam.) faim, grand (lett.) faim. | *avere una fame da lupo, da non vederci più*, avoir une faim canine, une faim de loup, une faim dévorante; avoir l'estomac dans les talons; avoir la dent (pop.). | *soffrire, fare, patire la fame*, souffrir de la faim. | *sciopero della fame*, grève de la faim. | *salario di fame*, salaire de famine. ‖ LOC. FIG. *un morto di fame*, un meurt-de-faim, un crève-la-faim. | *brutto come la fame*, laid à faire peur, laid comme un pou, laid comme un singe. | *lungo come la fame*, long comme un jour sans pain. ‖ **2.** PER EST. faim, famine. | *li prenderemo per fame*, nous les aurons par la faim. ‖ **3.** FIG. faim, soif. | *fame di giustizia*, soif de justice.
famelico [fa'mɛliko] (**-ci** pl.) agg. famélique, affamé. ‖ FIG. POET. avide.
famigerato [famidʒe'rato] agg. tristement célèbre.
famiglia [fa'miʎʎa] f. **1.** famille. | *famiglia numerosa*, famille nombreuse. | *metter su famiglia*, fonder une famille, un foyer. | *essere di famiglia*, faire partie de la famille. | *capofamiglia*, chef de famille. | *avere la famiglia a carico*, être soutien de famille. | *stato di famiglia*, fiche familiale d'état civil. ‖ **2.** [senso lato] famille, lignée, maison. | *antica famiglia*, vieille famille. | *vizi di famiglia*, tares de famille. ‖ **3.** PER EST. famille. | *famiglia letteraria*, famille littéraire. ‖ **4.** ANTIQ. [servitù] gens m. pl., suite. ‖ **5.** BOT., ZOOL., LING. famille.
famigliare [famiʎ'ʎare] agg. e deriv. V. FAMILIARE e deriv.
famiglio [fa'miʎʎo] m. ANTIQ. serviteur. ‖ [usciere] huissier, appariteur.
familiare [fami'ljare] agg. **1.** [della famiglia] familial, de famille. | *vita familiare*, vie de famille. | *assegni familiari*, allocations familiales. ‖ [che ricorda la famiglia] de famille. | *pensione familiare*, pension de famille. ‖ **2.** [semplice, alla buona] familier. | *conversazione familiare*, conversation familière. ‖ LING. *lingua, locuzione familiare*, langue, locution familière. ‖ **3.** [ben conosciuto, consueto] familier. | *oggetti, visi familiari*, objets, visages familiers. | *rendere qlco. familiare a qlcu.*, familiariser qn avec qch. ◆ m. membre de la famille, parent. | *i familiari*, la famille, les proches.
familiarità [familjari'ta] f. familiarité. | *trattare qlcu. con troppa familiarità*, traiter qn avec une familiarité excessive. | *aver familiarità con qlcu.*, être intime avec qn. ‖ [pratica] expérience, pratique, habitude. | *aver familiarità con i motori*, s'y connaître en moteurs. | *aver familiarità con una lingua straniera*, être familiarisé avec une langue étrangère.
familiarizzarsi [familjarid'dzarsi] v. rifl. o **familiarizzare** [familjarid'dzare] v. intr. (raro) se familiariser.
familiarmente [familjar'mente] avv. familièrement.
famosamente [famosa'mente] avv. fameusement.
famoso [fa'moso] agg. fameux (lett.), célèbre, illustre. ‖ IRON., SCHERZ. fameux.
famulo ['famulo] m. lett. serviteur (L.C.).
fanale [fa'nale] m. **1.** fanal. ‖ [autoveicoli] feu. | *fanali anteriori*, phares. | *fanali di posizione*, feux de position. | *fanali posteriori*, feux rouges, feux arrière. ‖ [treni; navi] feu, fanal. ‖ [aerei] feu. ‖ **2.** LOC. *navigare, correre a fanali spenti*, naviguer, rouler tous feux éteints. ‖ PR. e FIG. *fanale, fanalino, di coda* : PR. feu arrière, feu rouge; FIG. lanterne (f.) rouge (pop.). ‖ **3.** ANTIQ. [faro] phare. ‖ [lampione] réverbère, lampe f. | *fanale a gas*, bec de gaz.
fanaleria [fanale'ria] f. dispositifs (m. pl.) d'éclairage.
fanalino [fana'lino] m. V. FANALE.
fanaticamente [fanatika'mente] avv. fanatiquement.
fanatico [fa'natiko] (**-ci** pl.; **-a** f.) agg. e m. fanatique.
fanatismo [fana'tizmo] m. fanatisme.
fanatizzare [fanatid'dzare] v. tr. fanatiser.
fanciulla [fan'tʃulla] f. petite fille, fillette, enfant. | [giovinetta] jeune fille. V. anche FANCIULLO.
fanciullaggine [fantʃul'laddʒine] f. enfantillage m., gaminerie.

fanciullescamente [fantʃulleska'mente] avv. d'une manière enfantine, comme un enfant.
fanciullesco [fantʃul'lesko] (**-chi** pl.) agg. enfantin.
fanciullezza [fantʃul'lettsa] f. PR. e FIG. enfance.
fanciullo [fan'tʃullo] m. [senso generale] enfant. | *comportarsi da fanciullo,* se conduire comme un enfant. | *da fanciullo,* dans mon (ton, son) enfance. || [di sesso maschile] petit garçon, enfant. V. anche FANCIULLA. ◆ agg. (lett.) enfantin (L.C.). || FIG. jeune.
fanciullone [fantʃul'lone] m. [accr.] grand enfant.
fandango [fan'dango] (**-ghi** pl.) m. fandango.
fandonia [fan'dɔnja] f. histoire, blague (fam.), craque (pop.), baliverne. | *raccontare fandonie,* raconter des histoires (à dormir debout).
fanello [fa'nɛllo] m. ZOOL. linotte f., linot.
fanerogama [fane'rɔgama] agg. e f. BOT. phanérogame.
fanfaluca [fanfa'luka] f. [antiq.] baliverne, (L.C.), faribole (fam.), bêtise (L.C.), billevesée (lett.), sornette (L.C.). || [oggettino] bagatelle (L.C.), babiole (fam.), bricole (fam.), fanfreluche (L.C.).
fanfara [fan'fara] f. MIL., MUS. [banda] fanfare, clique. || [aria] fanfare.
fanfaronata [fanfaro'nata] f. fanfaronnade, hâblerie.
fanfarone [fanfa'rone] m. fanfaron, hâbleur, matamore, fier-à-bras.
fangaia [fan'gaja] f. bourbier m.
fangatura [fanga'tura] f. bain (m.) de boue.
fanghiglia [fan'giʎʎa] f. boue, gadoue, vase. || GEOL. boue.
fango ['fango] m. boue f., gadoue f., fange f. (lett., raro). | *imbrattarsi di fango,* se crotter. || [nel fondo dell'acqua] vase f., bourbe f., boue f. || FIG. boue f., fange f. (lett.), abjection f. | *coprire qlcu. di fango, buttare il fango addosso a qlcu.,* traîner qn dans la fange, dans la boue, couvrir qn de fange, de boue. | *togliere qlcu dal fango,* tirer qn de la boue. ◆ pl. GEOL. boues. | *fanghi termali,* boues thermales. | *fare i fanghi,* prendre des bains de boue.
fangosità [fangosi'ta] f. état boueux.
fangoso [fan'goso] agg. boueux, fangeux, bourbeux. || [sporco di fango] crotté. || FIG. (lett.) fangeux, abject (L.C.), ignoble (L.C.).
fannullaggine [fannul'laddʒine] f. (raro) fainéantise.
fannullone [fannul'lone] (**-a** f.) m. fainéant, flemmard (fam.), feignant (pop.). || STOR. *re fannulloni,* rois fainéants.
fanone [fa'none] m. ZOOL. fanon.
fantaccino [fantat'tʃino] m. FAM. fantassin (L.C.), biffin (pop.).
fantascientifico [fantaʃʃen'tifiko] (**-ci** pl.) agg. NEOL. de science-fiction, d'anticipation.
fantascienza [fantaʃ'ʃɛntsa] f. science-fiction, anticipation (scientifique). | *romanzo di fantascienza,* roman d'anticipation.
fantasia [fanta'zia] f. **1.** imagination, fantaisie (antiq.). | *rivivere con la fantasia,* revivre en imagination. | *fantasia fervida,* imagination fertile. | *lavorare di fantasia,* s'abandonner à, donner libre cours à son imagination. || [capacità creatrice] fantaisie, imagination. || **2.** [fantasticheria] rêverie, imagination. | *essere assorto nelle proprie fantasie,* être absorbé dans sa rêverie. || **3.** [invenzione] imagination. || **4.** [capriccio] fantaisie. | *gli è venuta la fantasia di cucinare,* il lui a pris la fantaisie de faire la cuisine. || **5.** [nella moda] fantaisie. | *stoffa (di) fantasia,* tissu (de) fantaisie. || **6.** MUS. fantaisie. || [seguito di brani d'opera] potpourri m.
fantasiosamente [fantazjosa'mente] avv. avec fantaisie ; de façon fantaisiste ; fantasquement.
fantasioso [fanta'zjoso] agg. **1.** [di persona] imaginatif, plein d'imagination, plein de fantaisie. || [bizzarro] fantaisiste, fantasque. || **2.** [di cose] plein de fantaisie, original. || [senza fondamenta] fantaisiste.
fantasista [fanta'zista] (**-i** pl.) m. e f. NEOL., TEATRO fantaisiste.
fantasma [fan'tazma] (**-i** pl.) m. **1.** fantôme, revenant, esprit. || [agg.] fantôme. | *nave fantasma,* vaisseau fantôme. | FIG. *governo fantasma,* gouvernement fantôme. || LOC. FIG. *ormai è il fantasma di se stesso,* il n'est plus que l'ombre de lui-même. || **2.** PSIC. fantasme, phantasme. || PER EST. *fantasma poetico,* intuition (f.) poétique.
fantasmagoria [fantazmago'ria] f. fantasmagorie.
fantasmagorico [fantazma'gɔriko] (**-ci** pl.) agg. fantasmagorique.
fantasticamente [fantastika'mente] avv. fantastiquement.
fantasticare [fantasti'kare] v. tr. rêver (à). ◆ v. intr. rêvasser, rêver.
fantasticheria [fantastike'ria] f. rêverie.
fantastico [fan'tastiko] (**-ci** pl.) agg. **1.** [pertinente alla fantasia] d'imagination. | *potenza fantastica,* puissance d'imagination. || **2.** [frutto di fantasia] fantastique, fabuleux. | *animale fantastico,* animal fantastique, fabuleux. || PER EST. [strano] fantastique, irréel. | *paesaggio fantastico,* paysage fantastique, irréel. || **3.** [iperb.] fantastique, formidable, sensationnel. | *velocità fantastica,* vitesse fantastique. || **4.** ANTIQ. [di persona ; bizzarro] fantasque.
fante ['fante] m. MIL. fantassin. || [carte] valet. || ARC. valet. ◆ f. ARC. servante (antiq.).
fanteria [fante'ria] f. MIL. infanterie.
fantesca [fan'teska] f. (lett. o scherz.) servante (antiq.).
fantino [fan'tino] m. jockey (ingl.). || [berretto] casquette (f.) de jockey.
fantocciata [fantot'tʃata] f. clownerie, pitrerie.
fantoccio [fan'tɔttʃo] m. mannequin, bonhomme. | *fantoccio di neve,* bonhomme de neige. || [giocattolo] poupée (f.) de chiffons. || [bersaglio] poupée. | *tiro al fantoccio,* jeu de massacre. || FIG., PEGGIOR. fantoche, pantin, mannequin. | *governo fantoccio,* gouvernement fantoche.
fantolino [fanto'lino] m. POET. petit enfant (L.C.), bambin (raro).
fantomatico [fanto'matiko] (**-ci** pl.) agg. fantomatique.
farabutto [fara'butto] m. crapule f., canaille f., fripouille (fam.) f., salaud (pop.).
farad ['farad] m. FIS. farad.
faraglione [faraʎ'ʎone] m. îlot rocheux ; récif.
farandola [fa'randola] f. farandole.
faraona [fara'ona] f. ZOOL. pintade.
faraone [fara'one] m. pharaon. || [gioco] pharaon.
faraonico [fara'ɔniko] (**-ci** pl.) agg. pharaonien, enne ; pharaonique.
farcire [far'tʃire] v. tr. CULIN. farcir.
farcito [far'tʃito] agg. e m. CULIN. farci.
fardello [far'dɛllo] m. PR. e FIG. fardeau. || FIG. fardeau, faix, bagage. | *il fardello degli anni,* le fardeau des ans.
1. fare ['fare]

◆ v. tr.
I. ESEGUIRE, COMPIERE : faire.
II. PRODURRE : faire, donner ; EMETTERE : pousser, lancer, jeter ; DIRE : faire, dire ; PROVOCARE : faire ; DARE COME RISULTATO : faire ; DETERMINARE : faire, fixer ; IMMAGINARE : supposer, imaginer.
III. RIFORNIRSI DI : prendre, faire provision de, s'approvisionner en ; OTTENERE : gagner, faire.
IV. RENDERE : rendre, faire ; NOMINARE : nommer, élire, faire ; CREDERE : croire, imaginer, voir.
V. ESERCITARE UNA PROFESSIONE : être.
VI. COMPORTARSI COME : faire, jouer (à).
VII. CON INFIN. : faire.
VIII. USI IMPERSONALI.
IX. CON PARTICELLA PRON., INDICANDO PARTECIPAZIONE : faire ; COMPERARSI : s'acheter.
X. LOC.
◆ v. intr.
I. AZIONE GENERICA : faire, agir.
II. FARE DA : servir de, tenir lieu de, remplacer.
III. FARE PER : convenir, aller.
IV. UNITO A CONG.
V. LOC.
◆ v. rifl.
I. DIVENIRE : se faire.
II. SPOSTARSI : aller, se mettre.
III. USI IMPERSONALI.

◆ v. tr.

I. Eseguire, compiere : faire. | *fare il proprio dovere,* faire son devoir. | *fare (del) tennis,* faire du tennis. | *fare un lavoro bene, male,* bien, mal faire un travail. | *ho molto da fare,* j'ai beaucoup (de choses) à faire. | *sa fare di tutto,* il sait tout faire. | *farò il possibile, quanto sta in me,* je ferai l'impossible ; je ferai ce que je pourrai ; je ferai tout ce qui est en mon pouvoir. ‖ Fam. *è uno che ci sa fare,* il sait y faire. ‖ Pop. *non fa un accidente,* il ne fiche rien (fam.), il ne fout rien (volg.). ‖ Loc. *fare la doccia, il bagno,* prendre une douche, un bain. ‖ [mettere a posto] faire. | *fare il letto,* faire le lit. | *fare i capelli :* [tagliarli] couper les cheveux ; [pettinarli] faire les cheveux. | *fare la barba,* faire la barbe. ‖ [percorrere] faire.
II. Produrre : faire, donner. | *fare figli,* faire des enfants. | *fare frutti,* donner des fruits. | *fare sangue,* saigner. ‖ Fam. *fare (la) pipì, (la) cacca,* faire pipi, caca. ‖ Euf. *l'ha fatta a letto,* il a fait au lit. ‖ [emettere] pousser, lancer, jeter. | *fare una risata,* éclater de rire. | *fare un sospiro,* émettre un soupir. ‖ [dire] faire, dire. ‖ [provocare] faire. | *mi fa male, bene,* cela, ça me fait mal, me fait du bien. | *mi fa male la testa,* j'ai mal à la tête. | *fare colpo, paura,* faire sensation, peur. | *fare senso, schifo,* dégoûter, répugner. ‖ [dare come risultato] faire. | *due più due fa quattro,* deux plus deux font quatre. ‖ [determinare] faire, fixer, déterminer. | *fare il prezzo,* fixer le prix. ‖ [immaginare] supposer, imaginer. | *facciamo che muoia,* imaginons qu'il meure.
III. Rifornirsi di : prendre, faire provision de, s'approvisionner en. | *fare benzina,* prendre de l'essence. | *fare carbone,* s'approvisionner en charbon ; faire du charbon. | *fare il pieno,* faire le plein. ‖ [ottenere] gagner, faire. | *fare soldi,* gagner gros, faire beaucoup d'argent. | *fare benefici,* faire des bénéfices.
IV. Rendere : rendre, faire. | *fare ricco qlcu.,* rendre qn riche. | *fare contento qlcu.,* faire plaisir à qn, rendre qn content. | *fare noto qlco. a qlcu.,* mettre qn au courant de qch. | *fare presente qlco. a qlcu.,* faire remarquer qch. à qn. | *fare propria un'idea,* reprendre une idée (à son compte). ‖ [nominare] nommer, élire, faire. | *fare qlcu. generale,* nommer qn général. ‖ [credere] croire, imaginer, voir. | *la facevo morta,* je la croyais morte.
V. Esercitare una professione, un'arte : être. | *fare il muratore, il medico,* être maçon, médecin.
VI. Comportarsi come : faire, jouer (à). | *fare lo stupido,* faire l'imbécile. | *fare il superuomo,* jouer au surhomme, les surhommes. | *fare la vittima,* jouer les victimes. | *fare la spia,* cafarder (fam.), rapporter.
VII. Con infin., valore causativo : faire. | *fare ridere tutti,* faire rire tout le monde. | *fare riflettere,* faire réfléchir, donner à réfléchir. | *fare diventare,* faire devenir, rendre.
VIII. Usi impersonali : *fa caldo, fa notte,* il fait chaud, il fait nuit. | *tanto fa che resti o vada,* que tu restes ou que tu partes, c'est pareil. | *fa lo stesso,* c'est la même chose. | *non fa nulla,* cela, ça ne fait rien.
IX. Con particella pronominale, indicando partecipazione intensa : faire. | *farsi una bella passeggiata,* faire une belle promenade. | *farsi due risate,* rire un bon coup. ‖ [nel senso di bere o mangiare] prendre, s'envoyer (fam.), se taper (pop.), s'enfiler (pop.). ‖ [una cosa spiacevole] faire, s'envoyer (fam.), se taper (pop.). ‖ Fam. [comperarsi] s'acheter. | *farsi la macchina,* s'acheter une voiture.
X. Loc. : *farcela,* réussir, y arriver. | *non ce la farò mai,* je n'y arriverai jamais. | *non ce la faccio più,* je n'en peux plus, j'y renonce. ‖ *farla a qlcu.,* attraper, avoir (pop.) qn. | *non credere di fargliela,* ne t'imagine pas qu'il va se laisser avoir, attraper (fam.) ; ne crois pas qu'il soit dupe. ‖ *una ne fa e cento ne pensa,* il en fait de belles ; il ne fait que des sottises. ‖ *non farne nulla,* renoncer. ‖ Fam. *fa ricco,* ça fait riche. ‖ [farla + agg.]. V. l'agg. ‖ [fare + sostant.]. V. il sostant. ‖ *far fuori.* V. fuori. ‖ *non so cosa farmene,* que veux-tu, que voulez-vous que j'en fasse ? ‖ Volg. *farsela addosso, sotto,* serrer les fesses ; avoir chaud aux fesses ; avoir la trouille, les jetons, la colique. ‖ [al part. passato] *ecco fatto,* ça y est, voilà qui est fait. | *fatto a Roma il..* , fait à Rome le... ‖ [al gerundio] *facendo ciò,* ce faisant. | *cammin facendo,* chemin faisant.
◆ v. intr.
I. Azione generica : faire, agir. | *desidero fare, non parlare,* je désire agir, et non parler. | *lasciami fare,* laisse-moi faire. | *faccia lei,* faites-le vous-même ; [decida] choisissez, décidez vous-même. | *fa sempre di testa sua,* il n'en fait qu'à sa tête.
II. Fare da : tenir lieu de, servir de, remplacer (v. tr.). | *fare da sindaco,* tenir lieu de maire. | *fare da infermiere, da padre,* servir d'infirmier, de père.
III. Fare per [convenire] : convenir, aller, être fait. | *questo cibo non fa per me,* cette nourriture ne me convient pas.
IV. Unito a cong. [introduce prop. consecutive] : *fare sì che, tanto che,* faire si bien que, tant que. | *fare in modo che,* faire en sorte que.
V. Loc. : *darsi da fare per,* se donner de la peine pour, se démener pour, s'escrimer à, se bagarrer pour (fam.), se décarcasser pour (pop.), se mettre en frais pour. | *avere a che fare :* [con qlco.] avoir qch. à voir (dans qch.), être pour qch. (dans qch.) ; [con qlcu.] avoir affaire (à qn). | *non ho niente a che fare con questa storia,* je n'ai rien à voir dans cette histoire ; je ne suis pour rien dans cette histoire. | *faccio per dire,* c'est une façon de parler. | *non faccio per dire,* ce n'est pas pour dire. | *ha un bel fare,* il a beau faire. | *fai fai è riuscito,* à force de se démener il a réussi. | *fare a botte,* échanger des coups, se bagarrer (fam.). | *fare a pugni, a coltellate,* se battre à coups de poing, à coups de couteau. ‖ Fig. *fare a pugni (con),* jurer (avec), détonner (dans), hurler (assol.). | *questi colori fanno a pugni,* ces couleurs crient, jurent (entre elles). ‖ Pr. e fig. *fare a pezzi :* pr. casser (en mille morceaux) ; pr. e fig. mettre en pièces. ‖ [cortesia] *faccia !, faccia pure !,* faites, je vous en prie !
◆ v. rifl.
I. Divenire : se faire. | *farsi monaco,* se faire moine. | *ti sei fatto alto,* tu as grandi.
II. Spostarsi [con avv.] : aller, se mettre. | *farsi avanti, indietro,* s'avancer, reculer. | *fatti in là,* pousse-toi.
III. Usi impersonali : *si fa tardi,* il se fait tard ; il commence à être tard. | *si fa l'ora,* il va bientôt être l'heure. | *si fa sera,* le soir tombe. | *si fa fresco, buio,* il commence à faire frais, sombre.

2. fare ['fare] m. [modo di comportarsi] manières f. pl., façons f. pl., façon d'agir. | *avere un fare seducente,* avoir des manières séduisantes. ‖ [modo di fare un' opera artistica] faire (lett.), façon f., style. ‖ [inizio] début, commencement. | *sul fare della primavera,* au début du printemps. ‖ *decidere sul da farsi,* décider de la conduite à tenir. | Prov. *tra il dire ed il fare c'è di mezzo il mare,* il y a loin du dire au faire.

faretra [fa'rɛtra] f. carquois m.

farfalla [far'falla] f. **1.** Pr. e fig. papillon m. ‖ Loc. fig. *andare a caccia di farfalle,* perdre son temps. ‖ **2.** Per anal. *(cravatta a) farfalla,* nœud papillon. ‖ Sport *nuoto a farfalla,* brasse papillon. ‖ Tecn. *valvola a farfalla,* papillon.

farfallone [farfal'lone] m. coureur. ‖ [errore] ânerie f., gaffe f. (fam.), bévue f. (V. anche sfarfallone.)

farfugliare [farfuʎ'ʎare] v. intr. bredouiller, bafouiller.

farina [fa'rina] f. farine. ‖ Loc. fig. *non è farina del suo sacco,* ce n'est pas de son cru ; il n'a pas trouvé ça tout seul. | *vendere, spacciare semola per farina,* faire prendre des vessies pour des lanternes. ‖ Per anal. *farina di legno,* farine, poudre de bois. | *farina di ossa,* farine, poudre d'os.

farinaccio [fari'nattʃo] m. Bot. oronge f. ; amanite (f.) des césars. ◆ pl. résidus de farine (l.c.).

farinaceo [fari'natʃeo] agg. farineux, farinacé (raro). ◆ m. pl. farineux.

farinata [fari'nata] f. bouillie.

faringale [farin'gale] agg. Anat. pharyngien. ‖ Fisiol. pharyngé.

faringe [fa'rindʒe] f. o m. Anat. pharynx m.

faringeo [farin'dʒɛo] agg. V. Faringale.

faringite [farin'dʒite] f. Med. pharyngite.

farinoso [fari'noso] agg. farineux. ‖ [che ha la consistenza della farina] poudreux.

farisaicamente [farizaika'mente] avv. hypocritement.
farisaico [fari'zaiko] (**-ci** pl.) agg. pharisaïque. ‖ FIG. pharisaïque (lett.), hypocrite, faux.
fariseismo [farize'izmo] m. PR. e FIG pharisaïsme.
fariseo [fari'zɛo] m. PR. e FIG. pharisien.
farmaceutica [farma'tʃɛutika] f. (arc.) pharmaceutique.
farmaceutico [farma'tʃɛutiko] (**-ci** pl.) agg. pharmaceutique.
farmacia [farma'tʃia] f. pharmacie. | *studente di farmacia*, étudiant en pharmacie. | *farmacia di turno*, pharmacie de garde.
farmacista [farma'tʃista] (**-i** pl.) m. pharmacien.
farmaco ['farmako] (**-ci** o **-chi** pl.) m. médicament, remède. ‖ FIG. remède.
farmacologia [farmakolo'dʒia] f. pharmacologie.
farmacopea [farmako'pɛa] f. [elenco] codex m., pharmacopée, formulaire (m.) des pharmaciens. ‖ [arte di preparare i farmaci] (raro) pharmacopée.
farmacoterapia [farmakotera'pia] f. pharmacothérapie.
farneticamento [farnetika'mento] m. (raro) délire, divagation f. ‖ PER EST. divagation, radotage.
farneticare [farneti'kare] v. intr. délirer, divaguer. ‖ PER EST. délirer, divaguer, déraisonner, battre la campagne, dérailler (fam.), déménager (fam.), débloquer (pop.); [per senilità] radoter. ‖ SOSTANT. V. FARNETICAMENTO.
farnetico [far'nɛtiko] (**-chi** pl.) m. (raro) **1.** V. FARNETICAMENTO. ‖ **2.** [smania] frénésie f., rage f. ◆ agg. délirant. ‖ PER EST. délirant, qui déraille (fam.), radoteur.
farnia ['farnja] f. chêne pédonculé.
faro ['faro] m. phare. | *battello faro*, bateau-phare, bateau-feu. ‖ PER EST. phare, feu. ‖ [auto] *faro antinebbia*, (phare) antibrouillard. | *fari anabbaglianti*, feux de croisement. | *procedere in fari abbaglianti*, rouler pleins phares. | *in fari spenti*, tous feux éteints. ‖ FIG. (lett.) phare (L.C.), flambeau.
farragine [far'radʒine] f. PR. e FIG. fouillis m., fatras m., méli-mélo m. (fam.).
farraginoso [farradʒi'noso] agg. confus, embrouillé, nébuleux.
farro ['farro] m. BOT. épeautre.
farsa ['farsa] f. TEATRO e FIG. farce, bouffonnerie.
farsesco [far'sesko] (**-schi** pl.) agg. bouffon, burlesque.
farsetto [far'setto] m. ANTIQ. pourpoint.
fascetta [faʃ'ʃetta] f. [dimin. di fascia] bande. | *fascetta editoriale*, bande de lancement (d'un livre). ‖ PARTICOL. [di giornale] bande (postale). ‖ [busto leggero] gaine.
fascia ['faʃʃa] f. **1.** [carta o stoffa] bande. ‖ [per cingere la fronte, la testa] bandeau m. ‖ [di cappello] ruban. ‖ [simbolo di autorità] écharpe. | *fascia tricolore del sindaco*, écharpe tricolore du maire. ‖ [ventriera] *fascia elastica*, ceinture élastique. ‖ **2.** [di terreno] bande. ‖ **3.** ANAT. *fascia muscolare*, aponévrose, fascia m. ‖ **4.** ARALD. fasce. ‖ **5.** MEC. *fascia elastica* : [pistone] segment m.; [pneumatico] flanc m. ◆ pl. langes m., maillot m. sing.; couches. | *bambino in fasce*, enfant au maillot. ‖ LOC. FIG. *in fasce*, dans les langes, dans l'enfance. ‖ MIL. (bandes) molletières.
fasciame [faʃ'ʃame] m. MAR. bordé, bordages pl.
fasciare [faʃ'ʃare] v. tr. **1.** [ferite] bander. *avere gli occhi fasciati*, avoir les yeux bandés. ‖ **2.** [neonato] langer, emmailloter. ‖ **3.** PER EST. entourer. ‖ **4.** MAR. [nave] border; [cavo] fourrer.
fasciato [faʃ'ʃato] m. ARALD. écu fascé.
fasciatoio [faʃʃa'tɔjo] m. table (f.) à langer.
fasciatura [faʃʃa'tura] f. **1.** [il fasciare una ferita; l'insieme delle bende o fasce] bandage m. ‖ **2.** [di neonato] [fasce] langes m. pl. ‖ [azione] emmaillotement (raro). ‖ **3.** [di un cavo] fourrage m.
fascicolato [faʃʃiko'lato] agg. BOT. fasciculé.
fascicolo [faʃ'ʃikolo] m. [di pubblicazione a puntate] fascicule, livraison f. | *enciclopedia pubblicata a fascicoli*, encyclopédie publiée par fascicules. ‖ [quaderno, segnatura] cahier. ‖ [libretto] plaquette f. ‖ [insieme di carte] dossier. ‖ ANAT. faisceau.
fascina [faʃ'ʃina] f. fagot m. ‖ [fortificazione] fascine.
fasciname [faʃʃi'name] m. petit bois.
fascinare [faʃʃi'nare] v. tr. (arc.) V. AFFASCINARE.
fascino ['faʃʃino] m. charme, agrément, séduction f. | *la cosa ha un certo fascino*, cela a son charme. ‖ (lett.) [malia] charme (antiq.), enchantement, envoûtement, ensorcellement.
fascinoso [faʃʃi'noso] agg. fascinant, attachant, séduisant.
fascio ['faʃʃo] m. **1.** [di cose qualsiasi] faisceau. | *legare in un fascio*, lier en faisceau. ‖ [di vegetali in genere] botte f. | *fascio di paglia*, botte de paille. ‖ [di cereali] gerbe f. | *fascio di grano*, gerbe de blé. ‖ [di fiori] bouquet, gerbe. ‖ PER EST. [di carte] liasse f. | *fascio di lettere*, liasse de lettres. ‖ LOC. FIG. *far d'ogni erba un fascio*, tout mettre dans le même sac. ‖ **2.** ANAT., BOT. faisceau. ‖ FIS. *fascio luminoso, di elettroni*, faisceau lumineux, d'électrons. ‖ GEOM. *fascio armonico*, faisceau harmonique. ‖ **3.** STOR. faisceaux pl. | *fasci di combattimento*, faisceaux du combattant. ‖ [simbolo del partito fascista] faisceaux. ‖ [partito] parti fasciste. | *essere iscritto al fascio*, être inscrit au parti fasciste.
fasciola [faʃ'ʃiola] f. ZOOL. douve. | *fasciola epatica*, douve du foie.
fascismo [faʃ'ʃizmo] m. fascisme.
fascista [faʃ'ʃista] (**-i** pl.) n. e agg. fasciste.
fascistico [faʃ'ʃistiko] (**-ci** pl.) agg. fasciste.
fasciume [faʃ'ʃume] m. (arc.) débris pl.
fase ['faze] f. **1.** phase. ‖ LOC. FIG. FAM. *essere fuori fase*, être déphasé. ‖ **2.** ASTRON. phase. | *fasi lunari*, phases de la Lune. ‖ **3.** CHIM. phase. ‖ **4.** ELETTR., FIS. phase.
fastello [fas'tɛllo] m. [di legna] fagot. ‖ [di erba, paglia] botte f.
fasti ['fasti] m. pl. STOR. fastes. ‖ FIG. annales, fastes.
fastidio [fas'tidjo] m. **1.** gêne f. | *provare un senso di fastidio*, éprouver une sensation de gêne. | *non vorrei essere una causa di fastidio per voi*, je ne voudrais vous causer aucune gêne, aucun dérangement. ‖ **2.** [avversione, noia] aversion f., haine f., ennui, dégoût, lassitude f. | *ha preso la vita a fastidio*, il a pris la vie en aversion, en haine. ‖ **3.** [motivo di dispiacere o di disturbo] ennui, désagrément, inconvénient, incommodité f. (lett.), embêtement (fam.). | *i fastidi della vecchiaia*, les désagréments de la vieillesse. | *ho avuto tanti fastidi*, j'ai eu beaucoup d'ennuis, d'embêtements. ‖ **4.** LOC. *dar, recar fastidio*, déranger, ennuyer, gêner. | *avere in fastidio qlco.*, être dégoûté de qch. | *darsi fastidio (per qlcu., ecc.)*, se déranger, se donner de la peine (pour qn, etc.). | *prendersi il fastidio di*, se donner la peine de.
fastidiosamente [fastidjosa'mente] avv. fastidieusement, de façon lassante, de façon ennuyeuse.
fastidioso [fasti'djoso] agg. ennuyeux, embêtant (fam.), assommant (fam.). ‖ (raro) [irritabile] irritable.
fastigiato [fastid'ʒato] agg. BOT. fastigié.
fastigio [fas'tidʒo] m. ARCHIT. faîte. ‖ PER EST. faîte, sommet, cime f. | *linea di fastigio*, ligne de faîte, ligne des crêtes. ‖ FIG. faîte.
1. fasto ['fasto] agg. STOR. e FIG. faste.
2. fasto ['fasto] m. faste.
fastosità [fastosi'ta] f. faste m.
fastoso [fas'toso] agg. fastueux.
fasullo [fa'zullo] agg. FAM. faux (L.C.), simulé (L.C.). | *firma fasulla*, fausse signature. | *attentato fasullo*, attentat simulé, attentat bidon (pop.). | *situazione fasulla*, situation fausse. ‖ PER EST. [scadente] qui ne vaut rien, mal fait, raté. | *lavoro fasullo*, travail mal fait, travail bâclé. | *rimedio fasullo*, remède inefficace.
fata ['fata] f. PR. e FIG. fée. ‖ LOC. FIG. *mani di fata*, doigts de fée. | *fata morgana*, mirage m.
fatale [fa'tale] agg. fatal. ‖ [disastroso] fatal, funeste, néfaste. ‖ IRON. [irresistibile] fatal.
fatalismo [fata'lizmo] m. fatalisme.
fatalista [fata'lista] (**-i** pl.) m. e f. fataliste.
fatalistico [fata'listiko] (**-ci** pl.) agg. fataliste.
fatalità [fatali'ta] f. fatalité.
fatalmente [fatal'mente] avv. fatalement.
fatalone [fata'lone] (**-a** f.) m. SCHERZ. séducteur, trice.
fatato [fa'tato] agg. enchanté.
fatica [fa'tika] f. **1.** effort m., fatigue, peine, travail

m. | *fatica fisica*, effort physique. | *risparmiarsi la fatica del viaggio*, éviter les fatigues du voyage. | *sopportare la fatica*, supporter l'effort, la fatigue. | *resistere alla fatica*, résister, être dur à la peine, à la fatigue. | *ammazzarsi di fatica*, se tuer de travail, se tuer au travail, à la tâche. || **2.** [stanchezza] fatigue. | *cadere dalla fatica*, tomber de fatigue. || **3.** [lavoro] travail, labeur. | *l'ultima fatica di uno scrittore*, la dernière œuvre d'un écrivain. | *le fatiche di Ercole*, les travaux d'Hercule. || **4.** TECN. fatigue. || **5.** LOC. *far fatica (a)*, avoir du mal (à), avoir de la peine (à). | *ha fatto fatica a capire*, il a eu du mal à comprendre. | *fa fatica a muoversi*, il a de la peine à bouger. | *a fatica*, avec peine, avec effort, avec difficulté. | *parlava a fatica*, il parlait avec effort, avec peine ; il avait de la peine, du mal à parler. | *senza fatica*, sans peine, sans effort, sans difficulté. | *uomo, donna di fatica*, homme de peine, femme de charge. | *essere una fatica*, être difficile, être du travail, du boulot (fam.). | *è stata una bella fatica spostarlo !*, ça a été du travail de le déplacer ! | *è tutta fatica sprecata*, c'est peine perdue.

faticaccia [fati'kattʃa] f. gros effort. | *è stata una faticaccia (per me)*, j'ai eu un mal fou.

faticare [fati'kare] v. intr. [stentare] avoir du mal, avoir de la peine. | *fatica a camminare*, il a du mal, il a de la peine à marcher. || [sottoporsi ad uno sforzo] peiner. | *fatica tutto il giorno*, il peine toute la journée. ◆ v. tr. o rifl. (arc.) V. AFFATICARE.

faticata [fati'kata] f. gros effort, travail m., corvée. | *è stata una bella faticata*, ça a été dur.

faticatore [fatika'tore] (**-trice** f.) m. gros travailleur.

faticosamente [fatikosa'mente] avv. péniblement.

faticoso [fati'koso] agg. fatigant, pénible.

fatidicamente [fatidika'mente] avv. fatidiquement.

fatidico [fa'tidiko] (**-ci** pl.) agg. fatidique. || PR. prophétique.

fatiscente [fatiʃ'ʃɛnte] agg. (lett.) croulant (L.C.).

fato ['fato] m. destin, fatalité f., fatum (lett.).

fatta ['fatta] f. espèce, sorte, genre m., acabit m. | *di quella fatta*, de cet acabit, de cette espèce. || LOC. *male fatte*, méfaits (m. pl.).

fattaccio [fat'tattʃo] m. FAM. crime, vilaine affaire.

fatterello [fatte'rɛllo] m. anecdote f., petit fait.

fattezze [fat'tettse] f. pl. traits m., linéaments m. (lett.).

fattibile [fat'tibile] agg. faisable.

fattispecie [fattis'pɛtʃe] f. cas particulier. | *nella fattispecie*, en l'espèce, en la circonstance.

fattitivo [fatti'tivo] agg. GRAMM. factitif.

fattivo [fat'tivo] agg. (raro) actif (L.C.).

fattizio [fat'tittsjo] agg. factice, artificiel.

1. fatto ['fatto] part. pass. e agg. **1.** fait. | *ben fatto, presto fatto*, bien fait, vite fait. | *fatto di legno*, en bois. | *ecco fatto, è fatta*, c'est fait, ça y est. || LOC. *a conti fatti*, tout compte fait. | *frase fatta*, expression toute faite. | *ormai è fatta*, c'est fait, c'est fait. | *detto (e) fatto*, aussitôt dit, aussitôt fait. | *mi vien fatto di :* [mi viene da] j'ai envie de, je ne peux m'empêcher de ; [mi capita] il m'arrive de. || **2.** [che ha raggiunto il pieno sviluppo] fait, mûr. | *uomo fatto*, homme fait. | *frutta fatta*, fruits mûrs. | *giorno fatto*, plein jour.

2. fatto ['fatto] m. **1.** fait, chose f. | *fatto unico*, fait unique. | *succedono fatti strani*, il se passe des choses étranges. | *fatti di cronaca*, faits divers. | *fatto di sangue*, crime. | *fatto compiuto*, fait accompli. | *cogliere qlcu. sul fatto*, prendre qn sur le fait. || **2.** [ciò che è concreto] fait. | *veniamo al fatto*, venons au fait. | *è un dato di fatto*, c'est un fait. || **3.** [intreccio] action f. | *il fatto si svolge nel' 500*, l'action est au XVIe siècle. || **4.** [caso] affaire f. | *bada ai fatti tuoi*, occupe-toi, mêle-toi (fam.) de tes affaires, de ce qui te regarde. | *sono fatti miei*, ce sont mes affaires. | *sapere il fatto proprio*, connaître son affaire. | *dire il fatto suo a qlcu.*, dire son fait à qn, dire à qn ce qu'il mérite. | *non ne sa gran fatto*, il n'en sait pas grand-chose. || **5.** LOC. *fatto sta, il fatto è che*, le fait est que. | *è un fatto di volontà*, c'est une question de volonté. | *di fatto*, de fait. | *governo di fatto*, gouvernement de fait. | *vie di fatto*, voies de fait. ◆ LOC. PREP. ***in fatto di***, en fait de.

fattore [fat'tore] m. **1.** [elemento, causa] facteur. || FIS., MAT. facteur. || **2.** (**-essa** o **-a** f.) [direttore di azienda agricola] fermier, ère ; régisseur. || (antiq.) intendant, ante. || **3.** [creatore] créateur, auteur.

fattoria [fatto'ria] f. ferme.

fattoriale [fatto'rjale] agg. factoriel.

fattorino [fatto'rino] m. garçon de courses, coursier, commissionnaire, livreur. | *fattorino del telegrafo*, télégraphiste. || [alberghi] chasseur, groom. || [legale] saute-ruisseau.

fattrice [fat'tritʃe] f. (raro) productrice. || [giumenta] poulinière. || [mucca] vache de reproduction.

fattuale [fattu'ale] agg. effectif.

fattucchiere [fattuk'kjɛre] (**-a** f.) m. sorcier, ère.

fattucchieria [fattukkje'ria] f. sorcellerie.

fattura [fat'tura] f. **1.** [azione del fare] façon, exécution. | *pagare la fattura di un vestito*, payer la façon d'un habit. || **2.** [maniera in cui una cosa è fatta] façon. | *vestito di buona fattura*, vêtement bien fait, du bon faiseur. | *la fattura è ammirabile*, la façon est admirable. || [di opera d'arte] facture. || **3.** ARC. œuvre. || **4.** POP. [stregoneria] envoûtement (L.C.), sortilège (L.C.), maléfice (L.C.). || **5.** COMM. facture.

fatturare [fattu'rare] v. tr. falsifier, frelater. || COMM. facturer.

fatturato [fattu'rato] agg. falsifié, frelaté. ◆ m. COMM. chiffre d'affaires.

fatturazione [fatturat'tsjone] f. facturation.

fatturista [fattu'rista] (**-i** pl.) m. facturier, comptable.

fatuità [fatui'ta] f. fatuité, inflation (lett.), prétention.

fatuo ['fatuo] agg. (lett.) fat, vaniteux (L.C.), prétentieux (L.C.), faraud (fam.). || PER EST. vain. | *discorsi fatui*, paroles vaines. || LOC. *avena fatua*, folle avoine. | *fuoco fatuo*, feu follet.

fauci ['fautʃi] f. pl. gueule (sing.). || FIG. ouverture (sing.), bouche (sing.). || LOC. FIG. *cadere nelle fauci di qlcu.*, tomber dans les griffes de qn. || ANAT. *istmo delle fauci*, isthme du gosier.

fauna ['fauna] f. faune.

faunesco [fau'nesko] (**-schi** pl.) agg. (raro) faunesque.

faunistico [fau'nistiko] (**-ci** pl.) agg. faunique.

fauno ['fauno] m. MIT. faune.

fausto ['fausto] agg. faste, heureux, favorable.

fautore [fau'tore] (**-trice** f.) m. e agg. partisan, ane ; adepte (m. e f.).

fauvismo [fo'vizmo] m. ARTI fauvisme.

fava ['fava] f. BOT. fève. || LOC. FIG. *prendere due piccioni con una fava*, faire d'une pierre deux coups, faire coup double.

favagello [fava'dʒɛllo] m. BOT. fausse renoncule, éclairette.

favella [fa'vɛlla] f. **1.** parole. | *perdere la favella*, perdre la parole. || **2.** (raro) [voce] voix. || [parole] paroles pl. || **3.** lett. [lingua] langue, langage m.

favellare [favel'lare] v. intr. (lett.) parler (L.C.).

favetta [fa'vetta] f. féverole, faverole, faséole.

favilla [fa'villa] f. **1.** PR. e FIG. étincelle. | *occhi che mandano faville*, yeux qui jettent des étincelles. || LOC. FIG. FAM. *far faville*, faire des étincelles. || **2.** PER EST. petite flamme. || [frammento di brace] escarbille.

favo ['favo] m. rayon (de miel), gaufre f. || MED. favus.

favola ['favola] f. **1.** fable, apologue m. | *favole di Esopo*, fables d'Esope. | *le favole di Grimm*, les contes de Grimm. | *raccolta di favole*, fablier m. || **2.** [fiaba] conte m., histoire. | *la nonna ci racconterà una favola*, grand-mère nous racontera une histoire. || **3.** [bugia] histoire, fable (lett.), conte (lett.), blague (fam.). || **4.** [diceria] commérage m., racontar m. || [oggetto di dicerie] fable, risée. | *essere la favola del paese*, être la fable, la risée du pays. || **5.** [invenzione] fable (lett.), fiction.

favoleggiare [favoled'dʒare] v. intr. raconter des histoires, des fables ; raconter l'histoire (de).

favoleggiatore [favoleddʒa'tore] (**-trice** f.) n. conteur, euse.

favolello [favo'lɛllo] m. LETT. fabliau.

favolista [favo'lista] (**-i** pl.) m. (lett.) fabuliste (L.C.).

favolistica [favo'listika] f. fables pl. || [insieme di fiabe] contes m. pl.

favolosamente [favolosa'mente] avv. fabuleusement.

favolosità [favolosi'ta] f. caractère fabuleux.

favoloso [favo'loso] agg. fabuleux. ‖ [inverosimile ma reale] fabuleux, prodigieux, fantastique. | *avventura favolosa,* aventure fantastique. ‖ IPERB. [enorme] fabuleux, fantastique. ‖ [meraviglioso] merveilleux, formidable, fantastique.
favonio [fa'vɔnjo] m. zéphyr.
favore [fa'vore] m. **1.** [buona disposizione] faveur f. | *guadagnarsi il favore di qlcu.,* gagner la faveur de qn. | *essere in favore (presso qlcu.),* être en faveur, être bien en cour (auprès de qn). | *trovare, incontrare favore,* avoir du succès. ‖ **2.** [atto] service ; [grazia] faveur. | *chiedere, fare un favore,* demander, rendre un service ; [una grazia] demander, faire une faveur. | *mi faccia il favore di,* rendez-moi le service de, soyez assez aimable pour. | *mi ha fatto un favore,* il m'a rendu service. ‖ IRON. *fammi il favore di tacere,* fais-moi le plaisir de te taire. ‖ [per antifrasi] *mi faccia il favore !,* je vous en prie ! ‖ [specie pl. ; di donne] faveurs. | *concedere i propri favori,* accorder ses faveurs. ‖ **3.** LOC. *per favore,* s'il vous plaît, s'il te plaît. ‖ *di favore,* de faveur. | *biglietto di favore,* billet de faveur. | *firma di favore,* signature de complaisance. ‖ *in favore di, a favore di,* en faveur de, au profit de, au bénéfice de, à l'intention de. | *giudicare a favore di qlcu.,* donner gain de cause à qn. ‖ *col favore di,* à la faveur de. | *col favore della notte,* à la faveur de la nuit.
favoreggiamento [favoreddʒa'mento] m. complicité f., connivence f. | *favoreggiamento del nemico,* connivence avec l'ennemi.
favoreggiare [favored'dʒare] v. tr. favoriser, aider. ‖ GIUR. se rendre complice (de), être de connivence (avec).
favoreggiatore [favoreddʒa'tore] (**-trice** f.) m. complice (m. e f.).
favorevole [favo'revole] agg. favorable.
favorevolmente [favorevol'mente] avv. favorablement.
favorire [favo'rire] v. tr. **1.** favoriser. | *favorire un principiante,* favoriser un débutant. ‖ **2.** (lett.) *favorire qlcu. di qlco.,* favoriser, gratifier qn de qch. | *la natura lo ha favorito di grande intelligenza,* la nature l'a favorisé, lui a fait don d'une grande intelligence. | *vorreste favorirci di una vostra visita ?,* nous feriez-vous l'honneur de nous rendre visite ? ‖ **3.** *favorire qlco., a qlcu.,* donner, offrir, passer qch. à qn (avec gentillesse). | *potrebbe favorirmi uno di questi disegni ?,* auriez-vous la gentillesse de me donner un de ces dessins ? | *mi favorisci il pepe ?,* peux-tu me passer le poivre, s'il te plaît ? ◆ v. intr. [formule di cortesia] *favorisca seguirmi in salotto,* veuillez, voulez-vous me suivre, passer au salon. ‖ [per offrire cibo o bevande] *vuol favorire ?,* servez-vous donc, je vous en prie. ‖ [per accettare] *tanto per favorire,* pour vous faire plaisir. ‖ [per esprimere un ordine] *favorisca uscire !,* veuillez sortir !, je vous prie de sortir !
favorita [favo'rita] f. favorite.
favoritismo [favori'tizmo] m. favoritisme.
favorito [favo'rito] agg. favori, préféré. ◆ m. favori. ‖ SPORT favori. ◆ pl. favoris.
fazione [fat'tsjone] f. faction.
faziosamente [fattsjosa'mente] avv. séditieusement.
faziosità [fattsjosi'ta] f. attitude factieuse ; sectarisme m.
fazioso [fat'tsjoso] agg. e m. factieux.
fazzoletto [fattso'letto] m. [da naso] mouchoir. ‖ [che si mette nel taschino] pochette f. ‖ [da testa, da collo] foulard. ‖ LOC. *farsi un nodo al fazzoletto,* faire un nœud à son mouchoir.
febbraio [feb'brajo] m. février.
febbre ['fɛbbre] f. **1.** fièvre. ‖ **2.** [malattia febbrile] fièvre. | *febbre gialla,* fièvre jaune. | *febbre da fieno,* rhume (m.) des foins. ‖ pl. fièvres, malaria sing. ‖ **3.** POP. bouton (m.) de fièvre. ‖ **4.** FIG. fièvre. | *avere la febbre addosso,* être sur des charbons ardents, brûler d'impatience.
febbricitante [febbritʃi'tante] agg. fiévreux.
febbricola [feb'brikola] f. fièvre légère et persistante.
febbrifugo [feb'brifugo] agg. e m. fébrifuge, antipyrétique.
febbrile [feb'brile] agg. fébrile. | *polso febbrile,* pouls fébrile, fiévreux. | *accesso febbrile,* accès de fièvre. ‖ FIG. fébrile, fiévreux.
febbrilmente [febbril'mente] avv. fébrilement.
febbrone [feb'brone] m. [accr.] forte fièvre, fièvre de cheval (fam.).
febbroso [feb'broso] agg. (lett.) fiévreux (L.C.).
fecale [fe'kale] agg. fécal.
feccia ['fɛttʃa] f. **1.** lie. ‖ LOC. FIG. *bere il calice fino alla feccia,* boire le calice, la coupe jusqu'à la lie. ‖ **2.** FIG. lie, écume.
feccioso [fet'tʃoso] agg. plein de lie. ‖ FIG. (lett.) méprisable (L.C.).
feci ['fɛtʃi] f. pl. selles, matières fécales, fèces (raro).
feciale [fe'tʃale] V. FEZIALE.
fecola ['fɛkola] f. fécule. | *(alimento) ricco in fecola,* féculent (agg. e m.).
fecondabile [fekon'dabile] agg. fécondable.
fecondare [fekon'dare] v. tr. PR. e FIG. féconder. ‖ PER EST. [di terra] féconder, fertiliser.
fecondatore [fekonda'tore] (**-trice** f.) m. e agg. fécondateur, trice. ◆ agg. fécondant, ante.
fecondazione [fekondat'tsjone] f. fécondation.
fecondità [fekondi'ta] f. fécondité.
fecondo [fe'kondo] agg. PR. e FIG. fécond. | *fecondo di,* fertile en.
fede ['fede] f. **1.** foi, confiance. | *aver fede in se stesso, nella democrazia,* avoir foi en soi-même, avoir foi dans la démocratie. | *aver fede nella natura umana,* faire confiance à, avoir foi en la nature humaine. | *essere in mala, buona fede,* être de bonne, mauvaise foi. ‖ **2.** [cosa in cui si crede] foi, croyance. | *fede politica,* foi politique. ‖ RELIG. foi. ‖ **3.** [fedeltà] fidélité. | *fede coniugale,* fidélité conjugale. | *tener fede a una promessa,* être fidèle à une promesse. ‖ **4.** [anello nuziale] alliance. ‖ **5.** [attestato] certificat m., attestation. ‖ **6.** LOC. *far fede,* faire foi. | *in fede di che,* en foi de quoi. | *in fede mia,* par, sur ma foi (antiq.) ; je vous, je t'assure ; vraiment. | *in fede,* sincèrement.
fedecommesso [fedekom'messo] m. GIUR. fidéicommis.
fedecommissario [fedekommis'sarjo] (**-a** f.) m. fidéicommissaire. ◆ agg. de fidéicommis.
fededegno [fede'deɲɲo] agg. (lett.) digne de foi (L.C.).
fedele [fe'dele] agg. fidèle. ‖ PER EST. fidèle, exact. ◆ m. e f. fidèle.
fedelmente [fedel'mente] avv. fidèlement.
fedeltà [fedel'ta] f. fidélité. ‖ PER EST. fidélité, exactitude. ‖ FIS. *alta fedeltà,* haute fidélité. ‖ STOR. allégeance.
federa ['fɛdera] f. taie d'oreiller.
federale [fede'rale] agg. fédéral.
federalismo [federa'lizmo] m. fédéralisme.
federalista [federa'lista] (**-i** pl.) agg. e n. fédéraliste.
federalistico [federa'listiko] (**-ci** pl.) agg. fédéraliste.
federare [fede'rare] v. tr. fédérer. ◆ v. rifl. se fédérer.
federativo [federa'tivo] agg. fédératif.
federato [fede'rato] agg. e m. fédéré.
federazione [federat'tsjone] f. fédération.
fedifrago [fe'difrago] (**-ghi** pl.) agg. parjure, traître.
fedina [fe'dina] f. GIUR. casier (m.) judiciaire. | *bisogna presentare una fedina penale,* il faut présenter un extrait du casier judiciaire. | *aver la fedina (penale) pulita, sporca,* avoir un casier judiciaire vierge, chargé.
fedine [fe'dine] f. pl. favoris m. ; pattes de lapin, côtelettes.
fegatello [fega'tɛllo] m. CULIN. = morceau de foie de porc (rôti à la broche avec du laurier).
fegatino [fega'tino] m. CULIN. foie de volaille.
fegato ['fegato] m. **1.** foie. | *soffrire di fegato,* être malade, souffrir du foie. ‖ LOC. FIG. *farsi venir il mal di fegato, mangiarsi, rodersi il fegato :* [preoccupazione] se faire du mauvais sang ; se manger, se ronger les foies (fam.) ; se faire de la bile ; [rabbia] enrager, rager (fam.), râler (fam.) ; crever de dépit. ‖ **2.** FIG. cran (fam.), courage (L.C.), estomac (pop.). | *ci vuole fegato,* il faut du cran, de l'estomac ; il ne faut pas avoir froid aux yeux.
fegatoso [fega'toso] agg. e m. malade du foie, hépatique. ‖ FIG. bilieux (lett.), irascible, coléreux.
felce ['feltʃe] f. BOT. fougère.
felceta [fel'tʃeta] f. fougeraie.

feldmaresciallo [feldmareʃ'ʃallo] m. feld-maréchal.
feldspatico [felds'patiko] (**-ci** pl.) feldspathique.
feldspato [felds'pato] m. GEOL. feldspath.
felibrismo [feli'brizmo] m. LETT. félibrige.
felibro [fe'libro] m. LETT. félibre.
felice [fe'litʃe] agg. **1.** [persone] heureux. ‖ [senso indebolito] *far felice qlcu.*, faire plaisir à qn, faire un heureux. ‖ [formule di cortesia] (très) heureux, enchanté. | *felice di conoscerla*, enchanté de faire votre connaissance. ‖ [ironico] *felice te !*, tu (en) as de la chance ! ‖ **2.** [cose] heureux, bon. | *felice esito*, heureuse issue, heureux résultat. | *ricordarsi il tempo felice*, se rappeler le bon temps. | *scelta felice*, choix heureux. | *idea felice*, bonne idée. | *aver la mano felice*, avoir la main heureuse.
felicemente [felitʃe'mente] avv. heureusement. ‖ [senza intoppi] sans encombre, sans incidents.
felicità [felitʃi'ta] f. bonheur m.
felicitare [felitʃi'tare] v. tr. (raro) féliciter. ◆ v. rifl. [congratularsi] féliciter (v. tr.). | *felicitarsi per qlco. con qlcu.*, féliciter qn de qch. ‖ [rallegrarsi] se féliciter.
felicitazione [felitʃitat'tsjone] f. félicitation.
felidi ['fɛlidi] m. pl. félidés.
felino [fe'lino] agg. e m. félin.
fellaga [fel'laga] m. fellagha, fellaga.
fellà(h) [fel'la] m. fellah.
fellone [fel'lone] m. (lett.) félon.
fellonesco [fello'nesko] (**-schi** pl.) agg. (raro) félon.
fellonia [fello'nia] f. (stor. o lett.) félonie.
felpa ['felpa] f. peluche.
felpato [fel'pato] agg. pelucheux. ‖ FIG. feutré. | *passi felpati*, pas feutrés.
felsineo [fel'sineo] agg. (poet.) V. BOLOGNESE.
feltrare [fel'trare] v. tr. feutrer.
feltratura [feltra'tura] f. feutrage m.
feltro ['feltro] m. feutre.
feluca [fe'luka] f. [veliero] felouque. ‖ [cappello] bicorne m.
femmina ['femmina] f. e agg. **1.** ZOOL. femelle. | *scimmia femmina*, guenon, singe (m.) femelle. ‖ **2.** [riferito alla specie umana : figlia] fille. | *due maschi ed una femmina*, deux garçons et une fille. ‖ [donna, con riferimento all'aspetto fisico] femme. ‖ PEGGIOR. femelle. ‖ **3.** TECN. femelle. | *vite femmina*, vis femelle.
femmineo [fem'mineo] agg. (lett.) féminin (L.C.).
femminesco [femmi'nesko] (**-schi** pl.) agg. (peggior.) féminin, de femme.
femminile [femmi'nile] agg. féminin. | *liceo femminile*, lycée de jeunes filles. ‖ GRAMM. *genere femminile*, genre féminin.
femminilità [femminili'ta] f. féminité.
femminilmente [femminil'mente] avv. en femme, de façon féminine ; fémininement (raro).
femminino [femmi'nino] agg. (lett.) féminin (L.C.). ‖ SOSTANT. *l'eterno femminino*, l'éternel féminin.
femminismo [femmi'nizmo] m. féminisme.
femminista [femmi'nista] (**-i** pl.) agg. e n. féministe.
femministico [femmi'nistiko] (**-ci** pl.) agg. (raro) féministe.
femminuccia [femmi'nuttʃa] f. petite fille ; pauvre petite femme. ‖ PEGGIOR. femmelette.
femorale [femo'rale] agg. ANAT. fémoral.
femore ['fɛmore] m. ANAT. fémur.
fendente [fen'dɛnte] m. [scherma] fendant.
fendere ['fɛndere] v. tr. fendre, fissurer. ‖ PER EST. e FIG. fendre. | *fendere le onde, la folla*, fendre les flots, la foule. ◆ v. rifl. se fendre, se fissurer.
fendinebbia [fendi'nebbja] agg. invar. antibrouillard. | *proiettori fendinebbia*, phares antibrouillard.
fenditura [fendi'tura] f. fente ; [piccola] fissure ; [profonda] crevasse ; [in una costruzione] lézarde.
fenicato [feni'kato] agg. CHIM. phéniqué.
fenice [fe'nitʃe] f. phénix m. ‖ LOC. FIG. *è una (araba) fenice*, c'est un phénix (lett.), c'est un merle blanc, c'est un oiseau rare (fam.).
fenicio [fe'nitʃo] agg. e m. phénicien.
fenico ['fɛniko] agg. CHIM. phénique.
fenicottero [feni'kɔttero] m. ZOOL. flamant (rose), phénicoptère (raro).
fenile [fe'nile] m. CHIM. phényl.
fennec [fen'nɛk] m. ZOOL. fennec.
fenolo [fe'nɔlo] m. CHIM. phénol.
fenomenale [fenome'nale] agg. phénoménal.
fenomenico [feno'mɛniko] (**-ci** pl.) agg. FILOS. phénoménique.
fenomenismo [fenome'nizmo] m. FILOS. phénoménisme.
fenomeno [fe'nɔmeno] m. phénomène. ‖ FIG. FAM. phénomène.
fenomenologia [fenomenolo'dʒia] f. FILOS. phénoménologie.
fenomenologico [fenomeno'lɔdʒiko] (**-ci** pl.) agg. phénoménologique.
fenotipo [feno'tipo] m. BIOL. phénotype.
ferace [fe'ratʃe] agg. (lett.) fécond, fertile (L.C.).
feracità [feratʃi'ta] f. (lett.) fécondité, fertilité (L.C.).
ferale [fe'rale] agg. (lett.) funeste, tragique (L.C.).
feretro ['fɛretro] m. cercueil, bière f.
feria ['fɛrja] f. STOR. ROM., RELIG. férie. ◆ pl. congé (m. sing.), vacances. | *fare otto giorni di ferie*, prendre huit jours de congé. | *ferie natalizie*, vacances de Noël.
feriale [fe'rjale] agg. [di giorno] ouvrable. ‖ [che si riferisce a giorno feriale] de semaine, des jours ouvrables. | *tariffa feriale*, tarif des jours ouvrables. ‖ RELIG. férial.
ferimento [feri'mento] m. blessure f. | *l'esplosione ha provocato il ferimento di numerosi passanti*, l'explosion a fait de nombreux blessés parmi les passants. | *essere condannato per ferimento seguito da morte*, être condamné pour blessures ayant entraîné la mort.
ferinità [ferini'ta] f. (lett.) férocité (L.C.), sauvagerie.
ferino [fe'rino] agg. bestial. ‖ PER EST. féroce.
ferire [fe'rire] v. tr. PR. e FIG. blesser. | *ferire qlcu. con una coltellata*, blesser qn d'un coup de couteau. ‖ LOC. FIG. *senza colpo ferire*, sans coup férir. ◆ v. rifl. se blesser.
ferita [fe'rita] f. PR. e FIG. blessure. | *riportare una ferita*, être blessé, recevoir une blessure. | *ferita all'amor proprio*, blessure d'amour-propre.
ferito [fe'rito] agg. e m. blessé.
feritoia [feri'tɔja] f. STOR. meurtrière, barbacane, archère. ‖ MIL. [nelle trincee] meurtrière, créneau m. ‖ PER ANAL. fente (d'aération).
feritore [feri'tore] (**-trice** f.) m. responsable d'une blessure.
ferma ['ferma] f. service m. (militaire). | *si spera che la ferma sia abbreviata*, on espère que la durée du service militaire sera réduite. | *rinnovare la ferma*, (se) rengager (intr. o raro rifl.), rempiler (gerg.). ‖ [caccia] arrêt m. | *cane da ferma*, chien d'arrêt.
fermacarte [ferma'karte] m. invar. presse-papiers.
fermacravatta [fermakra'vatta] m. invar. épingle (f.) de cravate.
fermaglio [fer'maʎʎo] m. **1.** [spilla] broche f., clip, barrette f., agrafe f. ‖ **2.** [per fermare i capelli] barrette f. ‖ **3.** [per chiudere una cintura] boucle f., agrafe f. ‖ **4.** [per tenere chiuso un braccialetto, una collana, ecc.] fermoir.
fermamente [ferma'mente] avv. fermement.
fermapiedi [ferma'pjɛdi] m. invar. [di bicicletta] cale-pied (pl. : cale-pieds).
fermare [fer'mare] v. tr. **1.** PR. e FIG. arrêter. | *fermare un veicolo*, arrêter un véhicule. | *fermare lo sguardo, l'attenzione su qlco.*, arrêter le regard, son attention sur qch. ‖ **2.** [tenere saldo] fixer, arrêter, bloquer, caler, assujettir. | *fermare un bottone*, fixer un bouton. | *fermare il punto*, faire un point d'arrêt. | *fermare una porta*, bloquer, caler une porte. | *fermare una data nella memoria*, fixer une date dans sa mémoire. ‖ **3.** [operare un fermo di polizia] arrêter (pour vérification d'identité). ◆ v. intr. arrêter, s'arrêter (v. rifl.). | *ferma !*, arrête ! | *il treno ferma a tutte le stazioni*, le train s'arrête à toutes les gares. ◆ v. rifl. s'arrêter. ‖ [trattenersi] rester. | *mi fermerò qui una settimana*, je resterai ici une semaine. | *ti fermi a mangiare con me ?*, tu restes manger avec moi ?
fermata [fer'mata] f. arrêt m., halte. | *ripartirono dopo una fermata di pochi minuti*, ils repartirent après une halte de quelques minutes. | *aspettare alla fermata dell'autobus*, attendre à l'arrêt d'autobus.
fermentabile [fermen'tabile] agg. fermentable (raro), fermentescible.

fermentare [fermen'tare] v. intr. Pr. e fig. fermenter.
fermentativo [fermenta'tivo] agg. qui provoque la fermentation.
fermentato [fermen'tato] agg. fermenté.
fermentazione [fermentat'tsjone] f. fermentation.
fermento [fer'mento] m. [sostanza] ferment, enzyme. ‖ [fermentazione] fermentation f. ‖ Fig. [stato di agitazione] fermentation f., bouillonnement, ébullition f., émoi, agitation f. ‖ [motivo di agitazione] ferment, levain, germe.
fermezza [fer'mettsa] f. Pr. solidité, stabilité. ‖ Fig. fermeté, constance.
fermio ['fermjo] m. Chim. fermium.
fermo ['fermo] agg. **1.** [che non va più avanti] arrêté. | *l'autobus era fermo,* l'autobus était arrêté. | *il treno è fermo in stazione,* le train est en gare. | *il mio orologio è fermo,* ma montre est arrêtée. | *fermo!,* stop!, arrête! ‖ [che non si muove] immobile. | *stava fermo,* il était, il restait immobile; il ne bougeait pas. | *(sta') fermo!,* ne bouge pas!, reste tranquille! | *fermi tutti!,* que personne ne bouge! | *sta' fermo con le mani!,* ne bouge pas tes mains!, laisse tes mains où elles sont! | *aria ferma,* air lourd. | *acqua ferma,* eau stagnante. ‖ [immobilizzato] immobilisé, bloqué, paralysé. | *siamo fermi qui per chissà quanto tempo,* nous sommes bloqués ici pour Dieu sait combien de temps. | *la fabbrica è ferma da una settimana per lo sciopero,* l'usine est paralysée par la grève depuis une semaine. | *tenere fermo qlcu.,* bien tenir qn. ‖ **2.** Fig. ferme, sûr. | *mano ferma,* main ferme, sûre. | *con voce ferma,* d'une voix ferme. | *è fermo nel suo rifiuto,* il est inébranlable dans son refus. ‖ **3.** Econ. ferme. ‖ Mus. *canto fermo,* plain-chant. ‖ Sport *salto da fermo,* saut sans élan. ‖ **4.** Loc. *restare fermo :* [stabilito] être convenu, être (bien) entendu; [valido] rester valable. | *resta fermo che la riunione avrà luogo a casa mia,* il est convenu, il est bien entendu que la réunion aura lieu chez moi. | *resta fermo quanto è stato detto l'altra volta,* ce qui a été dit l'autre fois reste valable. | *fermo restando che,* étant (bien) entendu que. | *tenere per fermo qlco.,* tenir qch. pour certain, considérer qch. comme acquis. | *per fermo,* certainement, sans aucun doute. ◆ m. **1.** arrestation f. | *fermo di polizia,* garde (f.) à vue. ‖ **2.** Comm. *mettere il fermo su un assegno,* bloquer un chèque. ‖ **3.** Tecn. arrêt. | *fermo automatico di un giradischi,* arrêt automatique d'un tourne-disques. ‖ [chiusura] fermeture f. | *fermo di una porta,* fermeture d'une porte.
fermo posta [fermo'posta] loc. avv. e m. poste restante loc. avv. o f.
fero ['fɛro] agg. (poet.) V. fiero.
feroce [fe'rotʃe] agg. féroce. ‖ [insopportabile] atroce, affreux. | *dolore feroce,* douleur atroce. ‖ [per esagerazione] *fame feroce,* faim terrible, féroce. ‖ [duro] féroce, impitoyable. | *critica feroce,* critique féroce.
ferocemente [ferotʃe'mente] avv. férocement.
ferocia [fe'rɔtʃa] f. o **ferocità** [ferotʃi'ta] f. (lett.) férocité.
ferodo [fe'rɔdo] m. Tecn. garniture (f.) de frein.
ferraccio [fe'rattʃo] m. ferraille f. ‖ [ghisa] fonte f.
ferraglia [fer'raʎʎa] f. ferraille.
ferragosto [ferra'gosto] m. 15 août; (fête f., jour férié de l') Assomption f.
ferraio [fer'rajo] m. forgeron. ◆ agg. *fabbro ferraio,* forgeron, serrurier.
1. ferraiolo [ferra'jɔlo] m. [edilizia] ferrailleur.
2. ferraiolo [ferra'jɔlo] m. [mantello] cape f.
ferrame [fer'rame] m. ferraille f.
ferramenta [ferra'menta] f. pl. quincaillerie (sing.). | *negozio di ferramenta,* quincaillerie. | *negoziante di ferramenta,* quincaillier.
ferramento [ferra'mento] m. ferrure f., ferrement (raro), ferronnerie f.
ferrare [fer'rare] v. tr. ferrer.
ferrareccia [ferra'rettʃa] f. quincaillerie; ferraille.
ferrarese [ferra'rese] agg. e n. ferrarais, e.
ferrato [fer'rato] agg. ferré. | *strada ferrata,* voie ferrée, rails (m. pl.). ‖ Fig. fam. ferré, fort (l.c.), calé.
ferratura [ferra'tura] f. ferrage m., ferrement m. (raro), ferrure. ‖ [ferri di cavallo] fers m. pl.
ferravecchio [ferra'vɛkkjo] m. ferrailleur.
ferreo ['fɛrreo] agg. Pr. e fig. de fer.
ferrico ['fɛrriko] (**-ci** pl.) agg. Chim. ferrique.
ferriera [fer'rjɛra] f. usine sidérurgique; forge.
ferrigno [fer'riɲɲo] agg. semblable au fer, couleur de fer. ‖ [resistente come il ferro] de fer.
ferrite [fer'rite] f. Chim. ferrite.
ferro ['fɛrro] m. **1.** [materia] fer. | *sbarra di ferro,* barre de fer. | *recipiente di ferro,* récipient en fer. ‖ Fig. fer. | *salute di ferro,* santé de fer. ‖ Loc. *battere il ferro finché è caldo,* battre le fer quand il est chaud. | *essere in una botte di ferro,* être en sûreté. ‖ **2.** [oggetto di ferro o metallico] objet en fer, objet métallique, instrument (métallique). | *colpire qlcu. in testa con un ferro,* frapper qn sur la tête avec un objet en fer. ‖ [utensile] outil. | *aprire la serratura con un ferro,* ouvrir la serrure avec un outil. | *la scatola dei ferri,* la boîte à outils. ‖ Particol. *ferro da stiro,* fer à repasser. ‖ *ferro da calza,* aiguille (f.) à tricoter. | *lavorare due ferri a rovescio,* tricoter deux rangs à l'envers. ‖ *ferro da cavallo,* fer à cheval. | *a ferro di cavallo,* en fer à cheval. ‖ *ferro vecchio,* ferraille (f.), débris. | *questa bicicletta è un ferro vecchio,* cette bicyclette est un vieux clou (fam.). ‖ **3.** (lett.) [spada] fer, acier (poet.), épée f. (l.c.). | *incrociare i ferri,* croiser le fer. ‖ (lett., antiq.) armure (l.c.). ‖ Loc. fig. *mettere a ferro ed a fuoco,* mettre à feu et à sang. | *essere ai ferri corti con qlcu.,* être à couteaux tirés avec qn. ‖ **4.** pl. [anche di oggetti non metallici] *ferri del mestiere,* instruments du métier. | *ferri del fabbro, del falegname,* outils du forgeron, du menuisier. | *ferri del chirurgo,* instruments, fers du chirurgien. ‖ [catena] fers, chaînes (f.). | *mettere, essere ai ferri,* mettre, être aux fers. ‖ Culin. *cuocere ai ferri,* griller. | *carne ai ferri,* grillade. | *maiale ai ferri,* grillade de porc. | *bistecca ai ferri,* bifteck grillé. ‖ Particol. *ferri vecchi,* ferraille (f. sing.). ‖ **5.** Stor. *età del ferro,* âge du fer. ‖ **6.** Zool. *ferro di cavallo,* rhinolophe, fer-à-cheval.
ferrolega [ferro'lega] f. alliage (m.) de fer, ferro-alliage.
ferromagnetismo [ferromaɲɲe'tizmo] m. ferromagnétisme.
ferromodellismo [ferromodel'lizmo] m. collection (f.), construction (f.) de trains miniatures.
ferroso [fer'roso] agg. Chim. ferreux.
ferrotipia [ferroti'pia] f. Fot. ferrotypie.
ferrotranviario [ferrotran'vjarjo] agg. des chemins de fer et des tramways; des transports en commun. ◆ m. pl. employés des chemins de fer et des tramways; cheminots et traminots.
ferrovia [ferro'via] f. chemin de fer m. | *dipendenti delle ferrovie,* employés des chemins de fer. | *ferrovia sotterranea,* métropolitain m., métro m. ‖ [trasporto per mezzo della ferrovia] chemin de fer, rail m. ‖ [Italia] *Ferrovie dello Stato (FF. SS.)* = [Francia] Société Nationale des Chemins de Fer (S. N. C. F.).
ferroviario [ferro'vjarjo] agg. ferroviaire, du chemin de fer. | *materiale ferroviario,* matériel ferroviaire. | *rete ferroviaria,* réseau ferré, ferroviaire. | *stazione ferroviaria,* gare du chemin de fer. | *linea ferroviaria,* ligne de chemin de fer. | *trasporto ferroviario,* transport par chemin de fer, par rail.
ferroviere [ferro'vjɛre] m. employé du chemin de fer, cheminot.
ferruginoso [ferrudʒi'noso] agg. ferrugineux.
ferry-boat ['fɛri'bout] m. [ingl.] ferry-boat.
fertile ['fɛrtile] agg. fertile. ‖ Fig. inventif, fécond, fertile.
fertilità [fertili'ta] f. fertilité. ‖ Fig. fertilité, fécondité, richesse. ‖ [in demografia] fécondité.
fertilizzante [fertilid'dzante] agg. fertilisant. ◆ m. engrais.
fertilizzare [fertilid'dzare] v. tr. fertiliser.
fertilizzazione [fertiliddzat'tsjone] f. fertilisation.
ferula ['fɛrula] f. Pr. e fig. férule. ‖ Fig. (lett.) blâme m., critique. ‖ Bot. férule.
fervente [fer'vɛnte] agg. Pr. (lett.) brûlant (l.c.). ‖ Fig. fervent, ardent.
ferventemente [fervente'mente] avv. avec ferveur.
fervere ['fɛrvere] v. intr. (lett.) **1.** Pr. (raro) brûler (l.c.). ‖ [di liquido] bouillonner (l.c.). ‖ **2.** Fig. être à son point culminant. | *fervono i preparativi,* on s'occupe activement des préparatifs, on est en pleins

préparatifs. || battre son plein. | *ferve la battaglia*, la bataille fait rage. | *ferve il lavoro*, le travail donne à plein.
fervidamente [fervida'mente] avv. ardemment.
fervido ['fɛrvido] agg. fervent, ardent, chaleureux. | *fervida fantasia*, imagination ardente. | [sincero] chaleureux, sincère. || PR. (lett.) bouillant (L.C.), brûlant (L.C.).
fervore [fer'vore] m. ferveur f. || [eccitazione] feu, ardeur f., échauffement. || (lett.) [calore] (raro) chaleur f. (L.C.).
fervorino [fervo'rino] m. (spesso scherz.) sermon.
fervoroso [fervo'roso] agg. fervent.
fesa ['feza] f. noix.
fessacchiotto [fessak'kjɔtto] m. [dimin. fam.] grosse bête f ; imbécile.
fesseria [fesse'ria] f. VOLG. connerie, idiotie (L.C.), bêtise (L.C.). | *dire fesserie*, dire des conneries, déconner, débloquer (pop.). || [inezia] bêtise (L.C.).
1. fesso ['fesso] agg. e n. VOLG. con, crétin (fam.), idiot (fam.). | *far fesso qlcu.*, posséder qn (fam.), rouler qn (fam.), avoir qn (fam.). | *lo hai fatto fesso*, tu l'as (bien) eu. | *vuoi farmi fesso?*, tu me prends pour un imbécile ?
2. fesso ['fesso] part. pass. e agg. (lett.) [spaccato] fendu (L.C.), fêlé (L.C.). | *campana fessa*, cloche fêlée. ◆ m. (lett.) fente f. (L.C.).
3. fesso ['fesso] agg. POET. fatigué (L.C.), épuisé (L.C.).
fessura [fes'sura] f. fissure, fente. || [di porta, finestra] interstice m. | *aria di fessura*, vent coulis. || [screpolatura] (raro) fissure, gerçure.
fessurarsi [fessu'rarsi] v. rifl. se fissurer.
fessurazione [fessurat'tsjone] f. fissuration.
festa ['fɛsta] f. **1.** [solennità] fête. | *festa dei lavoratori*, fête du travail. | *festa della mamma*, fête des mères. || ASSOL. *le feste*, les fêtes (de fin d'année). | *siamo sotto le feste*, nous approchons de la période des fêtes. || **2.** FAM. [onomastico] fête (L.C.). || [compleanno] anniversaire m. (L.C.). || **3.** FAM. [vacanza] congé m. (L.C.), vacances pl. (L.C.). | *far festa*, ne pas travailler, avoir congé. || **4.** [divertimento] fête. | *festa da ballo, festa danzante*, bal (m.). | *guastare la festa*, gâcher, troubler la fête. || **5.** LOC. *a festa*, pour la fête, comme pour une fête. | *casa parata a festa*, maison décorée pour une fête. | *vestito a festa*, endimanché. | *le campane suonano a festa*, les cloches sonnent gaiement. || *da festa*, de fête, des grands jours. | *abiti da festa*, habits du dimanche. || *far festa*, s'amuser. | *far festa a qlcu.*, faire fête à qn. || [di animali] *far le feste*, manifester sa joie. || IRON. *fare la festa a qlcu.*, faire sa fête à qn (pop.), faire la peau à qn (pop.), faire son affaire à qn (fam.). || *conciare qlcu. per le feste*, faire passer un mauvais quart d'heure à qn. || PROV. *passata la festa, gabbato il santo*, passée la fête, adieu le saint. | *non è festa tutti i giorni*, ce n'est pas fête tous les jours.
festaiolo [festa'jɔlo] agg. qui aime les fêtes. ◆ m. organisateur d'une fête. || PEGGIOR. fêtard, noceur.
festante [fes'tante] agg. joyeux. || [solo di folla] en liesse (lett.). || (lett.) [di cose] en fête (L.C.).
festeggiamento [festeddʒa'mento] m. célébration f. || pl. o sing. [manifestazioni] réjouissances (f. pl.), fête (f. sing.), festivités (f. pl.).
festeggiare [fested'dʒare] v. tr. fêter, célébrer. ◆ v. intr. festoyer.
festeggiato [fested'dʒato] m. héros de la fête.
festino [fes'tino] m. soirée f. || [banchetto] festin.
festival ['fɛstival] m. festival. || [festa] fête f. (populaire).
festività [festivi'ta] f. fête.
festivo [fes'tivo] agg. [di giorno] férié. || [dei giorni festivi] des jours fériés. | *orario festivo*, horaire des (dimanches et des) jours fériés. | *riposo festivo*, repos hebdomadaire. || (lett.) [giocondo] de fête, joyeux.
festonato [festo'nato] agg. festonné.
festone [fes'tone] m. feston, guirlande f. || [cucito] feston. || ARCHIT. feston.
festosamente [festosa'mente] avv. joyeusement.
festosità [festosi'ta] f. joie, cordialité, entrain m.
festoso [fes'toso] agg. joyeux. || [cordiale] chaleureux.
festuca [fes'tuka] f. fétu m., brin m. || BOT. fétuque.
fetale [fe'tale] agg. fœtal.
fetente [fe'tɛnte] agg. puant, nauséabond, infect. || FIG. (volg.) dégueulasse, dégoûtant (L.C.), infect (L.C.), ignoble (L.C.) ◆ m. (volg.) salaud, fumier, ordure (f.).
feticcio [fe'tittʃo] m. PR. e FIG. fétiche.
feticismo [feti'tʃizmo] m. PR. e FIG. fétichisme.
feticista [feti'tʃista] (**-i** pl. m.) m. e f. fétichiste.
fetido ['fɛtido] agg. fétide, infect.
fetidume [feti'dume] m. ordures f. pl., saletés f. pl. || [fetore] puanteur f.
feto ['fɛto] m. fœtus.
fetonte [fe'tonte] m. ZOOL. phaéton, paille-en-queue.
fetore [fe'tore] m. puanteur f., infection f., pestilence f.
fetta ['fetta] f. **1.** tranche ; [rotonda] rondelle. | *fetta di prosciutto, di pane*, tranche de jambon, de pain. | *fetta di pane con burro, con marmellata*, tartine de beurre, de confiture. | *fetta di pomodoro*, rondelle, tranche de tomate. | *fetta biscottata*, biscotte. || LOC. PR. e FIG. *tagliare a fette*, (PR.) couper en tranches, émincer ; (FIG.) réduire en bouillie. || **2.** PER ANAL. bande. | *fetta di terra*, bande de terrain. | *fetta di luna*, croissant de lune. ◆ pl. (scherz. fam.) pieds (L.C.), panards (pop.).
fettina [fet'tina] f. (dimin.) petite tranche. | *fettina di vitello, di maiale*, escalope de veau, de porc. | *fettina di manzo*, bifteck m.
fettone [fet'tone] m. VETER. fourchette f.
fettuccia [fet'tuttʃa] f. extra-fort m.
fettuccine [fettut'tʃine] f. pl. nouilles.
feudale [feu'dale] agg. féodal.
feudalesimo [feuda'lezimo] o **feudalismo** [feuda'lismo] m. féodalité f.
feudalità [feudali'ta] f. [carattere feudale] féodalisme m. || [sistema feudale] féodalité. || [classe feudale] feudataires m. pl.
feudatario [feuda'tarjo] m. feudataire. || FIG. gros propriétaire terrien.
feudo ['fɛudo] m. fief.
fez ['fɛts] m. fez.
feziale [fet'tsjale] m. STOR. fécial, fétial.
fiaba ['fjaba] f. conte m. ; [con fate] conte de fées. || FIG. histoire, blague. | *son fiabe!*, ce sont des histoires !
fiabesco [fja'besko] (**-schi** pl.) agg. féerique. || [immaginario] fabuleux.
fiacca ['fjakka] f. lassitude, fatigue. || [svogliatezza] flemme (fam.), cosse (pop.). | *battere la fiacca*, avoir la flemme, tirer sa flemme.
fiaccamente [fjakka'mente] avv. sans entrain, mollement.
fiaccare [fjak'kare] v. tr. **1.** épuiser, éreinter, briser, fatiguer, claquer (fam.), vanner (fam.), crever (pop.). | *lo sforzo lo ha fiaccato*, l'effort l'a épuisé. || FIG. abattre, briser, émousser. | *fiaccare la resistenza di qlcu.*, briser la résistance de qn. || **2.** [spezzare] briser, casser, rompre. || FIG. *questa lunga camminata mi ha fiaccato le gambe*, cette longue marche m'a coupé les jambes. || LOC. *fiaccare le costole à qlcu.*, rosser qn. ◆ v. rifl. **1.** s'épuiser, s'éreinter, se fatiguer, se claquer (fam.), se crever (pop.). || FIG. s'abattre, se briser, s'émousser. | *la sua volontà si fiacca*, sa volonté s'émousse. || **2.** [spezzarsi] se briser, se casser, se rompre.
fiaccatura [fjakka'tura] f. affaiblissement m., épuisement m.
fiaccheraio [fjakke'rajo] m. [tosc.] cocher de fiacre.
fiacchere ['fjakkere] m. [tosc.] fiacre.
fiacchezza [fjak'kettsa] f. [fisica] lassitude, fatigue, faiblesse, épuisement m. || [morale] lassitude, abattement m., faiblesse, langueur. || FIG. *fiacchezza di stile*, langueur, mollesse du style.
fiacco ['fjakko] (**-chi** pl.) agg. [stanco] fatigué, las. || [privo di vigore] mou, faible, endormi, abattu, faiblard (fam.). | *uomo fiacco*, homme mou. | *fiacca resistenza*, molle, faible résistance. || FIG. *stile fiacco*, style plat, mou.
fiaccola ['fjakkola] f. PR. e FIG. flambeau m.
fiaccolata [fjakko'lata] f. retraite aux flambeaux.
fiala ['fjala] f. FARM. ampoule. || (arc.) [ampolla] fiole.
fiamma ['fjamma] f. **1.** flamme. | *in fiamme*, en flammes. | *andare in fiamme*, prendre feu (m.), brûler.

| *dare alle fiamme qlco.*, mettre le feu à qch., livrer qch. aux flammes, brûler qch. ‖ Culin. *alla fiamma*, flambé. ‖ Tecn. *ritorno di fiamma*, retour de flamme. ‖ **2.** Fig. [colore] rouge feu. | *orizzonte di fiamme*, horizon embrasé. | *sentì salire le fiamme al viso*, il sentit le feu lui monter au visage. | *diventare di fiamma*, rougir jusqu'au blanc des yeux. ‖ [passione] feu m., flamme, ardeur, passion. | *fiamma della passione*, feu de la passion. | *fiamma della libertà*, passion de la liberté. ‖ Scherz. [persona amata] amoureux m., béguin m. (fam.). ‖ Loc. fig. *occhi che mandano fiamme*, yeux qui lancent des éclairs. | *far fuoco e fiamme*, [scaldarsi] être tout feu tout flammes ; [ricorrere a tutti gli espedienti] faire des pieds et des mains, remuer ciel et terre. ‖ **3.** Mil. [bandiera] flamme. ‖ pl. [mostrine] écussons m.

fiammante [fjam'mante] agg. flamboyant, éclatant. ‖ [rosso] rouge vif. ‖ Fig. flambant. | *casa (nuova) fiammante*, maison flambant neuve, flambant neuf.

fiammata [fjam'mata] f. flambée. ‖ [motori] jet (m.) de flammes, gerbe de flammes. ‖ Fig. feu (m.) de paille.

fiammeggiante [fjammed'dʒante] agg. flamboyant. ‖ (lett.) [rosso] rouge vif, rouge feu. ‖ Archit. *gotico fiammeggiante*, gothique flamboyant.

fiammeggiare [fjammed'dʒare] v. intr. flamboyer. ‖ [rosseggiare] être embrasé, s'embraser. ◆ v. tr. Culin. flamber.

fiammella [fjam'mɛlla] f. petite flamme.

fiammiferaio [fjammife'rajo] m. allumettier ; [venditore] marchand d'allumettes.

fiammifero [fjam'mifero] m. allumette f. ‖ Loc. fig. *accendersi, pigliar fuoco come un fiammifero*, avoir la tête près du bonnet.

1. fiammingo [fjam'mingo] (**-ghi** pl.) agg. e n. flamand.

2. fiammingo [fjam'mingo] (**-ghi** pl.) m. Zool. flamant.

fiancale [fjan'kale] m. braconnière f.

fiancare [fjan'kare] v. tr. Archit. flanquer, étayer.

fiancata [fjan'kata] f. côté m. ; [di nave] flanc. ‖ Pr. coup (m.) de flanc. ‖ Fig. pointe, raillerie. ‖ Mar. bordée.

fiancheggiamento [fjankeddʒa'mento] m. Mil. protection (f.) sur les flancs (d'une colonne). ‖ Fig. appui, soutien.

fiancheggiare [fjanked'dʒare] v. tr. border. | *alberi che fiancheggiano la strada*, arbres qui bordent la route. ‖ [passare vicino] longer, côtoyer. | *strada che fiancheggia il bosco*, route qui longe le bois. ‖ Mil. flanquer. ‖ Fig. appuyer, épauler.

fiancheggiatore [fjankeddʒa'tore] (**-trice** f.) m. Mil. flanqueur. ‖ Fig. tenant, partisan.

fianco ['fjanko] (**-chi** pl.) m. **1.** [dell'uomo : parte laterale del corpo] côté. | *coricarsi sul fianco*, se coucher sur le côté. | *al mio fianco*, à côté de moi, à mes côtés. ‖ [anca] hanche f. | *fianchi larghi*, hanches larges. | *dimenare i fianchi*, rouler, balancer les hanches, se déhancher. ‖ Anat. flanc. ‖ **2.** [di animali] flanc. ‖ **3.** [parte laterale] côté, partie (f.) latérale. | *il fianco destro della casa*, le côté droit de la maison. ‖ [di nave, di montagna] flanc. ‖ [di esercito, ecc.] flanc, aile f. ‖ **4.** Mil. *fianco destr'!*, demi-tour à droite ! ‖ **5.** Loc. *fianco a fianco*, l'un à côté de l'autre. | *di fianco*, de côté, latéralement. | *a fianco di*, à côté de. ‖ **6.** Fig. *stare al fianco di qlcu. in un momento difficile*, soutenir qn, être près de qn dans un moment difficile. | *essere ai fianchi di qlcu.*, être aux trousses de qn. | *tenersi i fianchi (dal ridere)*, se tenir les côtes (de rire). | *offrire, prestare il fianco alle critiche*, prêter le flanc aux critiques. | *prendere di fianco un argomento*, aborder un sujet de biais.

fiandra ['fjandra] f. lin (m.) des Flandres.

fiasca ['fjaska] f. gourde. ‖ [tosc. : piccola damigiana] bonbonne, dame-jeanne. ‖ Mil. bidon m.

fiaschetta [fjas'ketta] f. [dimin.] (petite) gourde. ‖ [per la polvere] poire à poudre.

fiaschetteria [fjaskette'ria] f. débit (m.) de vin.

fiasco ['fjasko] (**-chi** pl.) m. fiasque f. ‖ Fig. scherz. fiasco, échec. | *far fiasco*, faire fiasco, faire long feu, échouer, faire chou blanc (fam.), foirer (pop.). ‖ Teatro four (fam.), fiasco, insuccès. | *far fiasco*, échouer ; faire un four, faire fiasco ; être un désastre.

fiatare [fja'tare] v. intr. Pr. (raro) respirer. ‖ Fig. ouvrir la bouche, dire un mot. | *senza fiatare*, sans souffler mot. | *su questo, non fiatare*, n'en dis rien, n'en dis mot à personne ; sur ceci, bouche cousue (fam.).

fiatata [fja'tata] f. bouffée de mauvaise haleine.

fiato ['fjato] m. haleine f., souffle. | *gli puzza il fiato*, il a mauvaise haleine. | *aver fiato*, avoir du souffle. | *aver poco fiato*, manquer de souffle. | *avere il fiato grosso*, avoir le souffle court. | *mozzare il fiato*, couper le souffle. | *avere il fiato mozzo*, être hors d'haleine. | *riprendere fiato*, reprendre haleine. | *trattenere il fiato*, retenir son souffle. ‖ Loc. fig. *restare senza fiato*, en avoir le souffle coupé. | *roba da restare senza fiato*, c'est à vous couper le souffle ; ça vous coupe le sifflet (pop.). | *perdere il fiato*, perdre sa salive. | *dar fiato alle trombe*, claironner partout (qch.). ‖ *in un fiato, (tutto) d'un fiato*, d'une haleine, d'un (seul) coup. | *bere d'un fiato*, boire d'un coup, d'un trait. | *dire una frase in un fiato*, dire une phrase tout d'une haleine. ‖ Mus. *strumenti a fiato*, instruments à vent. ‖ (lett.) [vento] souffle, haleine, souffle de vent (l.c.). ◆ pl. Mus. instruments à vent.

fibbia ['fibbja] f. boucle.

fibra ['fibra] f. Pr. e fig. fibre. | *le più riposte fibre dell'animo*, les fibres les plus sensibles de l'âme. ‖ [costituzione] constitution. | *fibra robusta*, constitution robuste.

fibrilla [fi'brilla] f. fibrille.

fibrocemento [fibrotʃe'mento] m. Fibrociment.

fibroma [fi'brɔma] (**-i** pl.) m. Med. fibrome.

fibroso [fi'broso] agg. fibreux.

fibula ['fibula] f. Anat. péroné m. ‖ Archeol. fibule.

fica ['fika] f. (volg.) con m.

ficcanaso [fikka'naso] m. (fam.) fouineur, fouinard, mêle-tout (pop.), touche-à-tout. | *è un ficcanaso*, il fourre son nez partout.

ficcare [fik'kare] v. tr. enfoncer, planter, ficher (raro). | *ficcare un palo in terra*, enfoncer, planter un pieu dans la terre. ‖ Per est., fam. fourrer, mettre (l.c.), enfoncer (l.c.). | *ficcare le mani in tasca, le dita nel naso*, fourrer ses mains dans ses poches, ses doigts dans son nez. ‖ Loc. fig. *ficcare gli occhi addosso a qlcu.*, fixer qn (avec insistance), dévisager qn. | *ficcare il naso negli affari di qlcu.*, fourrer son nez dans les affaires de qn. | *ficcare qlco. in testa a qlcu.*, fourrer, enfoncer qch. dans la tête, dans le crâne de qn. ◆ v. rifl. se fourrer, se mettre. | *dove si sarà ficcato ?*, où a-t-il bien pu se fourrer ?

ficheto [fi'keto] m. figuerie f.

fico ['fiko] (**-chi** pl.) m. Bot. [albero] figuier. ‖ [frutto] figue f. | *fico secco*, figue sèche ; Fig., v. ficosecco. ‖ *fico d'India*, v. ficodindia.

ficodindia [fiko'dindja] (**fichidindia** pl.) m. [albero] figuier de Barbarie, oponce, opuntia. ‖ [frutto] figue (f.) de Barbarie.

ficosecco [fiko'sekko] m. figue (f.) sèche. ‖ Fig. rien (du tout), absolument rien. | *non m'importa un ficosecco*, cela m'est complètement égal, je m'en fiche éperdument (fam.). | *non vale un ficosecco*, cela ne vaut pas un clou (fam.), cela ne vaut rien du tout.

fidanza [fi'dantsa] f. (antiq., lett.) confiance (l.c.).

fidanzamento [fidantsa'mento] m. fiançailles f. pl.

fidanzare [fidan'tsare] v. tr. fiancer. ◆ v. rifl. se fiancer.

fidanzato [fidan'tsato] (**-a** f.) m. fiancé, e.

fidare [fi'dare] v. tr. confier. ◆ v. intr. [in] (raro) o rifl. [di] se fier (à), avoir confiance (en), faire confiance (à). | *fidati di me*, aie confiance en moi, fie-toi à moi, fais-moi confiance. | *non fidarti !*, ne t'y fie pas ! ‖ [fare assegnamento su] compter (sur). | *sorveglia bene il bambino, mi fido di te*, surveille bien le petit, je compte sur toi. | *fidarsi di fare, a fare ; fidarsi di dire, a dire*, oser faire ; oser dire. | *non si fida a guidare di notte*, il ne se risque pas à conduire la nuit. | *non mi fido dei miei occhi*, je n'en crois pas mes yeux.

fidato [fi'dato] agg. fidèle, sûr. | *amico fidato*, ami sûr.

fidecommessario [fidekommes'sarjo], **fidecom-**

messo [fidekom'messo] m. V. FEDECOMMISSARIO, FEDECOMMESSO.
fideismo [fide'izmo] m. FILOS., RELIG. fidéisme.
fideiussione [fidejus'sjone] f. GIUR. fidéjussion.
fideiussore [fidejus'sore] m. GIUR. fidéjusseur.
fideiussorio [fidejus'sɔrjo] agg. GIUR. fidéjussoire.
fidente [fi'dɛnte] agg. (lett.) confiant (L.C.), sûr (L.C.).
1. fido ['fido] agg. (lett.) fidèle (L.C.), sûr (L.C.). ◆ m. fidèle.
2. fido ['fido] m. FIN. crédit. | *concedere un fido*, consentir un crédit.
fiducia [fi'dutʃa] f. **1.** confiance. | *aver fiducia nel progresso, nella scienza*, avoir confiance dans le progrès, en la science. | *nutrir fiducia*, garder confiance. | *nella fiducia che*, dans l'espoir que. || POLIT. *questione, voto di fiducia*, question, vote de confiance. || **2.** [credito] crédit m.
fiduciario [fidu'tʃarjo] agg. AMM., FIN., GIUR. fiduciaire. ◆ m. délégué.
fiduciosamente [fidutʃosa'mente] avv. avec confiance, confidemment (antiq.).
fiducioso [fidu'tʃoso] agg. confiant. | *è fiducioso nelle sue capacità*, il a confiance en ses capacités.
fiele ['fjɛle] m. PR. e FIG. fiel. | *parole piene di fiele*, paroles pleines de fiel, paroles fielleuses. || POET. [amarezza] amertume (f.).
fienagione [fjena'dʒone] f. fenaison.
fienaio [fje'najo] agg. à foin. | *falce fienaia*, faux à foin. | *forca fienaia*, fourche à foin.
fienile [fje'nile] m. fenil, grenier à foin, grange f.
fieno ['fjɛno] m. foin. | *fare il fieno*, faire les foins. | *febbre da fieno*, rhume des foins.
1. fiera ['fjɛra] f. foire. | *fiera del bestiame*, foire aux bestiaux. | *fiera (campionaria)*, foire(-exposition). | *fiera di beneficenza*, vente de charité. || [festa popolare] foire, kermesse.
2. fiera ['fjɛra] f. bête sauvage, bête féroce, bête fauve, fauve m.
fierezza [fje'rettsa] f. fierté, dignité.
fiero ['fjɛro] agg. **1.** (lett.) cruel (L.C.), féroce (L.C.), farouche. | *il fiero destino*, le cruel destin. | *fiero nemico*, ennemi farouche. || [violento] violent (L.C.), dur (L.C.), rude (L.C.). | *fiera battaglia*, rude bataille. || [spaventoso] horrible (L.C.), affreux (L.C.). | *fiero spettacolo*, horrible spectacle. || **2.** [altero] hautain, fier (lett.), altier (raro). || **3.** [orgoglioso] fier.
fievole ['fjɛvole] agg. faible.
fievolezza [fjevo'lettsa] f. (raro) faiblesse (L.C.).
fifa ['fifa] f. (fam.) frousse, trouille (pop.). | *una fifa nera*, une peur bleue. | *aver fifa*, avoir la frousse, la trouille, les jetons.
fifone [fi'fone] (**-a** f.) m. (fam.) froussard, e; trouillard, e (pop.).
figaro ['figaro] m. (scherz.) [barbiere] figaro (fam.). || [giacchettino] boléro.
figgere ['fiddʒere] v. tr. (lett.) [attaccare] fixer (L.C.). || [conficcare] enfoncer (L.C.), fourrer (L.C.). ◆ v. rifl. FIG. *figgersi in testa strane idee*, se fourrer, se mettre dans la tête des idées bizarres.
figlia ['fiʎʎa] f. **1.** fille. | *figlia unica*, fille unique. || **2.** [appellativo affettuoso] fille, enfant, petite, petit m. | *fatti coraggio, figlia mia*, courage, mon enfant; courage, ma fille. || **3.** FIG. fille (lett.), conséquence. || **4.** COMM. [cedola] volant m. || **5.** RELIG. fille. | *figlie di Maria*, enfants de Marie. — V. anche FIGLIO.
figliale [fiʎ'ʎale] agg. V. FILIALE.
figliare [fiʎ'ʎare] v. tr. mettre bas, faire [solo con compl.]; [di mucca] vêler (v. intr.); [di cavalla] pouliner (v. intr.).
figliastra [fiʎ'ʎastra] f. belle-fille.
figliastro [fiʎ'ʎastro] m. beau-fils.
figliata [fiʎ'ʎata] f. portée.
figliatura [fiʎʎa'tura] f. mise bas, parturition.
figliazione [fiʎʎat'tsjone] f. V. FILIAZIONE.
figlio ['fiʎʎo] (**-a** f. V. anche FIGLIA) m. **1.** [di sesso maschile o femminile] enfant. | *aspettare un figlio*, attendre un enfant, un bébé. | *avere due figli, un maschio e una femmina*, avoir deux enfants, un garçon et une fille. || [di sesso maschile] fils. | *è mio figlio*, c'est mon fils. | *ha un figlio e una figlia*, il a un fils (un garçon) et une fille. || LOC. *figlio di famiglia*, fils de famille. | *figlio di nessuno*, enfant trouvé. || PEGGIOR. *figlio di papà*, fils à papa. || VOLG. [offesa] *figlio di un cane*, salaud, salopard. || **2.** PER EST. [discendente in senso materiale o metaforico] fils, enfant. | *figlio d'arte*, enfant de la balle. | *figlio del suo tempo*, fils de son temps. | *figlio della fortuna, delle Muse*, enfant chéri de la fortune, des Muses. || **3.** [epiteto affettuoso] enfant, garçon, petit; fils (raro). | *fa'quello che ti dico figlio mio*, fais ce que je te dis, mon enfant. || [senza riferimento al sesso] enfant. | *miei dilettissimi figli*, (mes) bien chers enfants. || **4.** FIG. [conseguenza] conséquence f., résultat, suite f. || **5.** RELIG. *Figlio dell'uomo*, Fils de l'homme.
figlioccio [fiʎ'ʎɔttʃo] (**-a** f.; **-ci** pl. m.; **-ce** pl. f.) m. filleul.
figliola [fiʎ'ʎɔla] f. [figlia] fille. || [ragazza] fille, jeune fille. | *una brava figliola*, une brave fille. | *pensaci, figliola!*, penses-y, ma fille! — V. anche FIGLIA, FIGLIOLO.
figliolanza [fiʎʎo'lantsa] f. progéniture (lett.), enfants m. pl.
figliolo [fiʎ'ʎɔlo] (**-a** f. V. FIGLIOLA) m. **1.** [figlio, di sesso maschile o femminile] enfant. || [di sesso maschile] fils. || [termine affettuoso] fiston (fam.); mon garçon. || **2.** [ragazzo] garçon, enfant. | *povero figliolo!*, pauvre garçon! | *ascolta, figliolo*, écoute, mon garçon. — V. anche FIGLIO.
figliuolo [fiʎ'ʎwɔlo] (**-a** f.) m. V. FIGLIOLO.
figulina [figu'lina] f. (lett.) poterie (L.C.). || [vaso] figuline (raro).
figulinaio [figuli'najo] m. potier.
figura [fi'gura] f. **1.** [aspetto esterno] silhouette. | *figura slanciata*, silhouette élancée. || **2.** [illustrazione] illustration, image, figure. || **3.** FIG. [personaggio importante] figure. | *una grande figura del nostro tempo*, une grande figure de notre temps. || **4.** [immagine allegorica] figure. || **5.** [apparenza] apparence, effet m. | *questa poltrona è lì solo per figura*, ce fauteuil a une fonction purement décorative. | *far figura*, faire de l'effet, son effet; produire son effet. | *far bella, brutta figura*, faire bonne, mauvaise impression; avoir belle, mauvaise apparence. | *ha fatto brutta, cattiva figura*, il a fait triste, piètre figure. | *far fare brutta figura a qlcu.*, faire, ne pas faire honneur à qn. | *hai fatto la figura dello stupido*, tu as eu l'air d'un imbécile, tu as passé pour un imbécile. | *fa la figura dell'eroe*, il fait figure de héros, il passe pour un héros. | *gli piace far la figura dell'artista*, il aime se donner des airs d'artiste. | *che figura, che figuraccia, che ho fatto!*, quelle piètre figure! || **6.** ARTI figure. || **7.** GEOM. figure. || **8.** GIOCHI [scacchi] pièce. || [carte] figure. || **9.** RET. figure. | *figura di parole, di stile*, figure de mots, de style. || **10.** SPORT figure.
figuraccia [figu'rattʃa] f. piètre, triste figure.
figurante [figu'rante] m. e f. PR. e FIG. figurant.
figurare [figu'rare] v. tr. figurer, représenter. || [simboleggiare] figurer, représenter, symboliser. ◆ v. intr. figurer. || [comparire] paraître. | *quello che gli interessa è figurare*, ce qui lui importe, c'est de paraître. || [far figura] faire de l'effet. | *figurare bene, male*, faire bonne, mauvaise impression. ◆ v. rifl. se figurer, s'imaginer. | *me lo figuravo tutto diverso*, je me l'imaginais tout différent. | *non puoi figurarti quanto ho sofferto*, tu ne peux pas te figurer ce que j'ai souffert. | *si figuri!*, [negazione] pensez-vous!, pensez donc!, pas du tout!, au contraire!; [per rispondere a ringraziamenti] (mais) de rien!, je vous en prie!; [per approvare, anche iron.] vous pensez!; vous parlez! (fam.).
figuratamente [figurata'mente] avv. au (sens) figuré, figurément.
figurativamente [figurativa'mente] avv. [in senso simbolico, allegorico] figurativement.
figurativismo [figurati'vizmo] m. art figuratif.
figurativo [figura'tivo] agg. figuratif. | *scrittura figurativa*, écriture figurative. || ARTI *arti figurative*, arts du dessin.
figurato [figu'rato] agg. figuré. || [che ha figure] illustré. | *libro figurato*, livre illustré. || [dipinto] peint. | *vaso figurato*, vase peint. || [di linguaggio] figuré. ◆ SOSTANT. *al figurato*, au figuré.
figurazione [figurat'tsjone] f. figuration, représentation. || [danza] ensemble (m.) de figures.

figurina [figu'rina] f. figurine, statuette. ‖ [cartoncino con figura] image. ‖ Pr. [dimin. di figura] (jolie) silhouette. | *figurina aggraziata*, silhouette gracieuse.
figurinista [figuri'nista] (**-i** pl. m.) m. e f. dessinateur, trice de mode.
figurino [figu'rino] m. gravure (f.) de mode. ‖ Loc. *sembrare un figurino*, avoir l'air d'une gravure de mode. ‖ [giornale] journal de mode.
figuro [fi'guro] m. (louche) individu, type suspect, zèbre (fam.), drôle de zèbre.
figurone [figu'rone] m. très bel effet ; très bonne impression f. | *fa un figurone*, cela fait un très bel effet, un effet bœuf (fam.).
fila ['fila] f. **1.** [persone o cose allineate l'una dietro l'altra] file. | *fila di persone, di automobili*, file de personnes, de voitures. | *disporsi su due file*, se mettre en rangs par deux. | *mettersi in fila*, se mettre en file. | *far la fila*, faire la queue. | *in fila*, en file ; à la queue leu leu. | *in fila indiana*, en file indienne. ‖ **2.** [persone o cose disposte l'una a fianco all'altra] rang m., rangée. | *fila di poltrone*, rang, rangée de fauteuils. | *sedersi in prima fila*, s'asseoir au premier rang. | *fila di alberi, di case*, rangée d'arbres, de maisons. ‖ **3.** Fig. série. ‖ Loc. *di fila*, de suite. | *cinque giorni di fila*, cinq jours de suite. ‖ **4.** Mil. file. | *rompete le file!*, rompez ! | *per fila destra!, destr'!*, à droite, droite ! | *fila di carri armati*, colonne de chars. ‖ Loc. pr. e fig. *disertare le file*, pr. déserter ; fig. déserter, trahir une cause. | *serrare, stringere le file*, serrer les rangs. | *fuoco di fila*, feu roulant.
filabile [fi'labile] agg. filable.
filaccia [fi'lattʃa] f. effilochure. | *filaccia di lino*, charpie.
filaccicoso [filattʃi'koso] o **filaccioso** [filat'tʃoso] agg. effiloché. ‖ [filamentoso] filandreux.
filamento [fila'mento] m. filament.
filamentoso [filamen'toso] agg. filandreux.
filanda [fi'landa] f. filature.
filandaia [filan'daja] (o **-ina**) f. fileuse.
filandiere [filan'djɛre] m. filateur.
filandra [fi'landra] f. déchets m. pl. (du filage).
filante [fi'lante] agg. filant. | *liquido filante*, liquide filant. | *formaggio filante*, fromage qui fait des fils, qui file. ◆ m. [carta] étoile filante ; serpentin.
filantropia [filantro'pia] f. philanthropie.
filantropico [filan'trɔpiko] (**-ci** pl.) agg. philanthropique.
filantropismo [filantro'pizmo] m. philanthropie f.
filantropo [fi'lantropo] m. philanthrope.
filarco [fi'larko] m. Stor. antiq. phylarque.
1. filare [fi'lare] m. rangée f., rideau, espalier.
2. filare [fi'lare] v. tr. **1.** filer. | *filare a mano*, filer à la main. ‖ **2.** [ridurre in fili] filer. ‖ Culin. *filare lo zucchero*, faire de la barbe à papa. ‖ Metall. *filare oro*, filer de l'or. ‖ **3.** [versare lentamente] verser, faire couler. ‖ Mar. *filare i remi*, laisser courir les rames. | *filare un cavo*, filer un câble. ‖ Mus. *filare un suono*, filer un son. ‖ **4.** Loc. fig. *filare il perfetto amore*, filer le parfait amour. ‖ **5.** Assol. fam. *filare*, flirter. ◆ v. intr. **1.** filer. | *formaggio che fila*, fromage qui file. ‖ **2.** [correre] filer. ‖ Fam. [andarsene] filer, déguerpir. | *fila (via)!*, file ! ‖ Loc. *filare, filarsene all'inglese*, filer à l'anglaise. | *filare diritto*, filer doux, marcher droit. | *far filare diritto*, mettre au pas. | *saprò farvi filare diritto!*, je saurai vous mettre au pas ! ; je saurai vous faire filer doux ! ‖ **3.** [essere coerente] se tenir, tenir debout. | *il tuo ragionamento fila*, ton raisonnement se tient.
filarino [fila'rino] m. (fam.) (petit) flirt.
filarmonica [filar'mɔnika] f. Mus. société philharmonique ; philharmonie.
filarmonico [filar'mɔniko] (**-ci** pl.) agg. philharmonique. ◆ m. musicien ; amateur de musique.
filastrocca [filas'trɔkka] f. comptine. ‖ [successione di parole] kyrielle, litanie.
filatelia [filate'lia] f. philatélie.
filatelico [fila'tɛliko] (**-ci** pl.) agg. philatélique. ◆ m. e f. philatéliste.
filatelista [filate'lista] (**-i** pl. m.) m. e f. philatéliste.
filato [fi'lato] agg. filé. | *zucchero filato*, barbe (f.) à papa. ‖ [di discorso, di ragionamento] cohérent, qui se tient. ‖ (fam.) [di seguito] de suite (l.c.). | *tre giorni filati*, trois jours de suite. ◆ m. Tess. filé, fil.
filatoio [fila'tojo] m. métier, filoir, machine (f.) à filer. ‖ [filanda] filature f.
filatore [fila'tore] (**-trice** f., **-tora** f. pop.) m. fileur, euse.
filatrice [fila'tritʃe] f. machine à filer.
filatura [fila'tura] f. filature. ‖ [fabbrica] filature.
filellenico [filel'lɛniko] (**-ci** pl.) agg. (lett.) philhellène (l.c.), philhellénique (l.c.).
filellenismo [filelle'nizmo] m. philhellénisme.
filelleno [filel'lɛno] agg. e m. philhellène.
filettare [filet'tare] v. tr. [viti] fileter. ‖ [fori] tarauder. ‖ [ornare con filetti] liserer, lisérer, border (d'un liseré).
filettatore [filetta'tore] m. taraudeur.
filettatrice [filetta'tritʃe] f. Tecn. taraudeuse.
filettatura [filetta'tura] f. filetage m. ‖ [dei fori] taraudage m. ‖ [ornamento] bordure.
filetto [fi'letto] m. [ornamento] bordure f., liseré (ou liséré), galon. ‖ [nella scrittura] délié. ‖ Anat. filet, frein. ‖ Culin. filet. ‖ Tecn. filet. ‖ Tip. filet.
filiale [fi'ljale] agg. filial. ◆ f. Comm. filiale.
filiazione [filjat'tsjone] f. Pr. e fig. filiation.
filibustiere [filibus'tjɛre] m. flibustier. ‖ Fig. flibustier, bandit, pirate, forban.
filiera [fi'ljɛra] f. **1.** Tess. métier (m.) à filer. ‖ Tecn. filière. ‖ Zool. filière. ‖ **2.** (raro) [fila] file. ‖ Fig. [trafila] filière.
filiforme [fili'forme] agg. filiforme.
filigrana [fili'grana] f. filigrane m. ‖ Fig. ouvrage délicat.
filigranato [filigra'nato] agg. filigrané.
filippica [fi'lippika] f. philippique.
filisteismo [filiste'izmo] m. philistinisme (lett.).
filisteo [filis'tɛo] agg. e m. Pr. philistin. ‖ Fig. philistin, béotien, épicier (peggior., antiq.).
fillossera [fil'lɔssera] f. Zool. phylloxéra m.
film ['film] m. invar. film m. | *storia del film muto*, histoire du film, du cinéma muet. ‖ Tecn. film, pellicule.
filmare [fil'mare] v. tr. filmer.
filmistico [fil'mistiko] (**-ci** pl.) agg. filmique (raro), cinématographique.
filmografia [filmogra'fia] f. filmographie.
filmologia [filmolo'dʒia] f. filmologie.
filmoteca [filmo'tɛka] f. filmothèque, cinémathèque.
filo ['filo] (**-i** pl. ; con valore collettivo e in certe loc. : *le fila* f. pl.) m. **1.** fil. | *filo ritorto*, fil retors. ‖ Particol. *filo (cucirino)*, fil (à coudre). | *filo da ricamo, da imbastire*, fil à broder, à bâtir. ‖ Per anal. fil. | *filo di ferro*, fil de fer. | *filo spinato*, (fil de fer) barbelé. | *i fili dei burattini*, les fils, les ficelles (f.) des marionnettes. ‖ Per est. *filo di perle*, rang de perles. | *filo d'acqua*, filet d'eau. | *filo d'erba*, brin d'herbe. | *questi fagiolini hanno fili*, ces haricots verts ont des fils. | *formaggio che fa le fila*, fromage qui file. | *filo delle reni, della schiena*, colonne vertébrale. ‖ **2.** Fig. [lato tagliente d'una lama] fil. | *filo del rasoio*, fil du rasoir. | *passare a filo di spada*, passer au fil de l'épée. ‖ [minima quantità] (un) petit peu (de), filet, brin, miette f. (fam.). | *filo di fumo, di aria*, filet de fumée, d'air. | *filo di voce*, filet de voix. | *un filo d'ombra*, un brin d'ombre. | *filo di vento*, souffle de vent. | *filo di vita*, souffle de vie. | *un filo di speranza*, un petit peu d'espoir, une miette d'espoir. ‖ [direzione] fil. | *filo dell'acqua*, fil de l'eau, courant. | *filo della conversazione*, fil de la conversation. | *perdere il filo del discorso*, perdre le fil. ‖ Loc. fig. *essere cuciti a doppio filo*, être très liés. | *dare del filo da torcere a qlcu.*, donner du fil à retordre à qn. | *essere attaccato ad un filo*, ne tenir qu'à un fil. | *tenere le fila di un affare*, tenir dans sa main les fils d'une affaire ; tirer les ficelles. | *spiegare qlco. per filo e per segno*, expliquer qch. par le menu, tout au long, avec un grand luxe de détails. | *procedere sul filo del rasoio*, marcher sur la corde raide. | *c'è mancato un filo*, il était moins cinq (fam.). | *si è ridotto ad un filo*, il est devenu maigre comme un clou. ‖ Fam. *fare il filo ad una ragazza*, faire la cour à une jeune fille (l.c.).
filobus ['filobus] m. trolleybus, trolley (fam.).
filodendro [filo'dɛndro] m. Bot. philodendron.

filodiffusione [filodiffu'zjone] f. NEOL. diffusion par câble ; télévision par câble ; télédistribution (néol.).
filodiffusore [filodiffu'zore] m. NEOL. poste récepteur (des émissions diffusées par câble).
filodrammatica f. compagnie (théâtrale) d'amateurs.
filodrammatico [filodram'matiko] (**-ci** pl.) agg. d'acteurs amateurs. ◆ m. acteur amateur.
filogenesi [filo'dʒɛnezi] f. phylogenèse, phylogénie.
filologia [filolo'dʒia] f. philologie.
filologicamente [filolodʒika'mente] avv. philologiquement.
filologico [filo'lɔdʒiko] (**-ci** pl.) agg. philologique.
filologo [fi'lɔlogo] (**-gi** pl.) m. philologue.
filoncino [filon'tʃino] m. [pane] baguette f., ficelle f., flûte f.
filondente [filon'dɛnte] m. canevas.
1. filone [fi'lone] m. **1.** filon. ‖ FIG. tradition f., mouvement, filon. | *opera che appartiene al filone neorealista*, œuvre qui appartient à la tradition néoréaliste, qui exploite le filon néoréaliste. ‖ **2.** [pane] baguette.
2. filone [fi'lone] agg. POP. malin.
filoso [fi'loso] agg. filamenteux. ‖ [di carne] filandreux. ‖ [di fagiolini] plein de fils.
filosofale [filozo'fale] agg. philosophale.
filosofare [filozo'fare] v. intr. philosopher.
filosofastro [filozo'fastro] m. (peggior.) prétendu philosophe.
filosofeggiare [filozofed'dʒare] v. intr. (peggior.) jouer au philosophe, faire son petit philosophe.
filosofema [filozo'fɛma] (**-i** pl.) m. FILOS. syllogisme. ‖ (peggior.) sophisme.
filosofesco [filozo'fesko] (**-schi** pl.) agg. (peggior.) (soi-disant) philosophique.
filosofessa [filozo'fessa] f. (peggior.) bas-bleu.
filosofia [filozo'fia] f. philosophie.
filosoficamente [filozofika'mente] avv. philosophiquement. ‖ FIG. avec philosophie, philosophiquement.
filosofico [filo'zɔfiko] (**-ci** pl.) agg. philosophique.
filosofo [fi'lɔzofo] (**-a** f.) m. philosophe.
filossera [fi'lɔssera] f. V. FILLOSSERA.
filovia [filo'via] f. ligne, service (m.) de trolleybus. ‖ (pop.) [filobus] trolleybus.
filoviario [filo'vjarjo] agg. de, des trolleybus. | *vettura filoviaria*, trolleybus.
filtrabile [fil'trabile] agg. filtrable. | *virus filtrabile*, virus filtrable, filtrant, infravirus, ultravirus.
filtrante [fil'trante] agg. filtrant.
filtrare [fil'trare] v. tr. PR. e FIG. filtrer. ◆ v. intr. PR. e FIG. filtrer. | *l'umidità filtra dai muri*, l'humidité filtre à travers les murs. | *la notizia è filtrata attraverso alcune indiscrezioni*, la nouvelle a filtré grâce à quelques indiscrétions. | *il caffè sta filtrando*, le café est en train de passer.
filtrazione [filtrat'tsjone] f. filtrage m., filtration. | *filtrazione a vuoto*, filtration sous vide.
1. filtro ['filtro] m. filtre. ‖ TECN. *filtro dell'aria, dell'olio*, filtre à air, à huile.
2. filtro ['filtro] m. [bevanda magica] philtre.
filtropressa [filtro'prɛssa] (**-e** pl.) m. TECN. filtre-presse.
filugello [filu'dʒɛllo] m. ZOOL. ver à soie.
filza ['filtsa] f. enfilade, rangée, chapelet m. | *filza di perle*, rang, rangée de perles. | *filza di salsicce, di cipolle*, chapelet de saucisses, d'oignons. | *filza di uccelli allo spiedo*, brochette d'oiseaux. ‖ FIG. chapelet m. (fam.), kyrielle. | *filza di rimproveri*, kyrielle de reproches. | *filza di improperi*, chapelet d'injures. ‖ [documenti] liasse. ‖ [cucito] faufil m.
fimo ['fimo] m. (lett.) fumier (L.C.).
fimosi [fi'mozi] f. MED. phimosis.
fin ['fin] prep. V. FINO.
finale [fi'nale] agg. final. ‖ GRAMM. final, de but. ◆ m. fin f. | *il finale del film*, la fin du film. ‖ MUS. finale. ‖ TIP. cul-de-lampe. ◆ f. finale. ‖ SPORT finale.
finalismo [fina'lizmo] m. FILOS. finalisme.
finalista [fina'lista] (**-i** pl. m.) m. e f. finaliste.
finalistico [fina'listiko] (**-ci** pl.) agg. FILOS. finaliste.
finalità [finali'ta] f. finalité. ‖ [fine] but m., fin.
finallora [final'lora] avv. [fino a quell'epoca] jusqu'alors, jusque-là ; [fino a quel momento] jusqu'à ce moment(-là).
finalmente [final'mente] avv. à la fin, finalement. ‖ [infine] enfin, finalement.
finanche [fi'nanke] o **financo** [fi'nanko] avv. (lett.) même ; jusqu'à.
finanza [fi'nantsa] f. finances pl. | *finanza di un comune*, finances d'une commune. ‖ [gestione] politique financière. | *finanza allegra*, politique financière pleine de légèreté. ‖ [attività economica ; persone che vi si dedicano] finance. | *l'alta finanza*, la haute finance. ‖ pl. finances. | *ministero delle Finanze*, ministère des Finances. ‖ FAM. *le mie finanze vanno male*, mes finances, mes fonds sont en baisse. ‖ MIL. *guardia di finanza* = service (m.), brigade des douanes ; [persona] douanier.
finanziamento [finantsja'mento] m. financement.
finanziare [finan'tsjare] v. tr. financer.
finanziariamente [finantsjarja'mente] avv. financièrement.
finanziario [finan'tsjarjo] agg. financier.
finanziatore [finantsja'tore] (**-trice** f.) m. personne (f.) qui finance. | *i finanziatori di questa impresa*, ceux qui financent cette entreprise. ‖ FIN. commanditaire, bailleur de fonds.
finanziera [finan'tsjɛra] f. redingote. ‖ CULIN. (sauce) financière.
finanziere [finan'tsjɛre] m. financier. ‖ MIL. soldat de la « guardia di finanza » ; douanier.
finché [fin'ke] cong. [fino al momento in cui] jusqu'à ce que [+ cong.], jusqu'au moment où [+ indic.]. | *ti sarò riconoscente finché morirò*, je te serai reconnaissant jusqu'à ma mort. | *aspettami qui finché (non) arrivo*, attends-moi ici jusqu'à ce que j'arrive. | *la guardò finché scomparve*, il la regarda jusqu'au moment où elle disparut. ‖ [per tutto il tempo che] tant que. | *ti sarò riconoscente finché vivrò*, je te serai reconnaissant tant que je vivrai. | *puoi restare qua finché vuoi*, tu peux rester ici tant que tu veux. | *aspettami finché telefono*, attends-moi pendant que je téléphone.
1. fine ['fine] f. **1.** fin. | *dal principio alla fine*, du début à la fin. | *senza fine*, sans fin. | *a fine anno*, à la fin de l'année. | *il fine settimana*, le week-end (m.). ‖ **2.** [estremità] bout m. | *la fine della strada*, le bout de la rue. ‖ **3.** [morte] fin, mort. | *tragica fine*, fin tragique. ‖ **4.** TECN. *vite senza fine*, vis sans fin. ‖ **5.** LOC. *dare, mettere, porre fine a qlco.*, mettre fin, un terme à qch. | *condurre a fine qlco.*, mener qch. à terme, mener à bien qch. | *essere in fin di vita*, être à la dernière extrémité, approcher de la fin. | *è la fine del mondo !*, c'est la fin de tout ! ◆ LOC. AVV. ***alla fine***, à la fin. | *alla fin fine, in fin dei conti*, en fin de compte, au bout du compte, tout compte fait, au fond, à la fin des fins (fam.). ◆ f. o m. fin f., issue f., résultat m., terme m. | *condurre a buon fine*, mener à bien. | *un'avventura a lieto fine*, une aventure qui finit bien. | *che fine ha fatto tuo fratello ?*, qu'est devenu ton frère ? | *che fine ha fatto la mia penna ?*, où est passée ma plume ? | *fare una brutta fine*, mal finir. | *far la fine di qlcu.*, finir comme qn ; avoir, subir le même sort que qn. ◆ m. [scopo] fin, but m. | *fini reconditi*, fins cachées. | *secondo fine*, but secret. | *proporsi un fine*, se proposer un but. | *raggiungere il fine*, atteindre le but, en venir à ses fins. | *l'uomo è fine a se stesso*, l'homme est sa propre fin. | *a fin di bene*, dans une bonne intention. | *a tal fine*, à cette fin, dans ce but. | *a che fine ?*, pourquoi ? | *a fine di*, afin de. ‖ PROV. *il fine giustifica i mezzi*, la fin justifie les moyens.
2. fine ['fine] agg. **1.** fin, mince. | *sabbia fine*, sable fin. | *lama finissima*, lame très mince. ‖ **2.** [di buon gusto] fin. | *ricamo molto fine*, broderie très fine. ‖ [di buona qualità] fin. | *seta fine*, soie fine. ‖ **3.** [acuto] fin. | *avere l'udito fine*, avoir l'oreille, l'ouïe fine. ‖ [raffinato] raffiné, distingué.
finemente [fine'mente] avv. finement.
finestra [fi'nɛstra] f. fenêtre. | *finestra panoramica*, baie. | *affacciarsi alla finestra*, se mettre à la fenêtre. ‖ LOC. FIG. *uscito dalla porta, rientra dalla finestra*, chassez-le par la porte, il rentre par la fenêtre. | *buttare i soldi dalla finestra*, jeter l'argent par les fenêtres. ‖ PER ANAL. [in una busta] fenêtre. ‖ GIORN. entrefilet m.

finestrino [fines'trino] m. lucarne f. ‖ [di cantina] soupirail. ‖ [di automobile] vitre f., glace f. ‖ [di treno] vitre f. ‖ [di nave] hublot.
finezza [fi'nettsa] f. PR. e FIG. finesse. | *finezza d'ingegno,* finesse. ‖ [raffinatezza] finesse, distinction. ‖ [azione cortese] gentillesse.
fingere ['findʒere] v. tr. **1.** faire semblant de [+ infin.], feindre, simuler [+ nome]. | *fingeva di ascoltare,* il faisait semblant d'écouter, il feignait d'écouter. | *fingere la follia,* simuler, feindre, jouer la folie ; faire semblant d'être fou. ‖ ASSOL. feindre (lett.), dissimuler, mentir. | *è inutile fingere,* il est inutile de feindre. ‖ **2.** [immaginare] imaginer. | *fingiamo di essere al mare,* imaginons que nous sommes à la mer. ◆ v. rifl. faire semblant, feindre d'être.
fingitore [findʒi'tore] (**-trice** f.) m. simulateur, trice.
finimento [fini'mento] m. [rifinitura] finition f. ‖ [ornamento] ornement. ◆ pl. harnachement (sing.), harnais (sing.).
finimondo [fini'mondo] m. FIG. [rumore] vacarme. ‖ [scandalo] histoire f., drame. ‖ [caos] fouillis (fam.), pagaïe f. (fam.), pagaille f. (fam.).
finire [fi'nire] **I.** v. tr. **1.** [portare a termine] finir, terminer, achever. | *finire un lavoro, gli studi,* finir, terminer, achever un travail, ses études. ‖ [arrivare alla fine] *finire di,* finir de. | *finire di mangiare, di leggere,* finir de manger, de lire. ‖ [smettere] *finire di, finirla di,* en finir, arrêter, cesser. | *non (la) finisce di lamentarsi,* il n'arrête pas, il n'en finit pas de se plaindre. | *quando la finirete di occuparvi degli affari miei?,* quand cesserez-vous, quand arrêterez-vous de vous occuper de mes affaires ? ‖ ASSOL. finir, terminer. | *ho quasi finito,* j'ai presque fini, terminé. ‖ *finirla,* en finir ; [smettere] arrêter, cesser. | *finiamola con questa storia!,* finissons-en avec cette histoire ! | *è ora di finirla!,* il est temps d'en finir ! | *finiscila!,* arrête ! ; veux-tu cesser ? ‖ **2.** [consumare interamente] épuiser, finir. | *abbiamo finito le provviste d'acqua,* nous avons épuisé la provision d'eau. | *abbiamo finito la benzina,* nous n'avons plus d'essence. | *non finisci il tuo latte?,* tu ne finis pas ton lait ? ‖ [di denaro] (tout) dépenser. | *ha finito l'eredità di suo zio in un mese,* en un mois il a dépensé tout l'héritage de son oncle. | *ho finito i soldi,* je n'ai plus d'argent. ‖ LOC. *finire i propri giorni,* [morire] mourir (v. intr.), expirer (v. intr.), s'éteindre (v. rifl.) ; [vivere la fine della vita] finir ses jours. | *voglio finire i miei giorni alla campagna,* je veux finir mes jours, ma vie à la campagne. ‖ **3.** [far cessare] finir, faire cesser, mettre fin (à), arrêter. | *finiamo questa discussione,* finissons, arrêtons cette discussion. | *bisogna (far) finire questo scandalo,* il faut faire cesser, il faut mettre fin à, il faut en finir avec ce scandale. ‖ **4.** [uccidere] *finire qlcu.,* achever qn. | **II.** v. intr. **1.** [avere una fine nel tempo] finir, se terminer. | *lo spettacolo finisce verso mezzanotte,* le spectacle se termine, finit vers minuit. ‖ [aver finalmente termine] en finir. | *un discorso che non finiva più,* un discours qui n'en finissait plus. ‖ PARTICOL. [morire] mourir, périr, finir (raro). ‖ **2.** [nello spazio] s'arrêter, finir, se terminer. | *il sentiero finisce qui,* le sentier s'arrête, finit ici. | *la nostra proprietà finisce dove è quella fila di alberi,* notre propriété s'arrête à, notre propriété va jusqu'à cette rangée d'arbres. | *parola che finisce in vocale,* mot qui se termine par une voyelle. ‖ [sboccare, di strada] aboutir (à), déboucher (sur). ‖ [di fiume] se jeter (dans). ‖ **3.** [esaurirsi] terminer, finir. | *lo zucchero è finito,* il n'y a plus de sucre. | *la bottiglia di olio sta per finire,* la bouteille d'huile est presque vide, presque terminée. | *tutto è finito tra noi,* tout est fini entre nous. | *la cosa non finisce qui!,* les choses n'en resteront pas là ! ; cela, ça (fam.) ne se passera pas ainsi, comme ça ! (fam.). ‖ **4.** [avere un certo esito] *(andare a) finire,* finir, se terminer. | *finire in una bolla di sapone,* finir en queue de poisson. | *tutto questo finirà male, andrà a finire male,* tout cela, tout ça (fam.) finira mal, va mal se terminer. | *questo ragazzo finirà male,* ce garçon finira, tournera mal. | *come finirà questo poveretto?,* que va devenir ce malheureux ? | *finirai abbandonato da tutti,* tu finiras par être abandonné par tout le monde. ‖ **5.** [capitare] *(andare a) finire,* échouer, finir par arriver. | *siamo finiti, andati a finire in un posto losco,* nous avons échoué dans un endroit louche. | *la macchina è finita nel fiume,* la voiture est tombée dans la rivière. | *finirai in gattabuia,* tu finiras en prison. | *dove è finito tuo fratello?,* où est passé ton frère ? | *la pratica sarà finita in qualche cassetto,* le dossier a sans doute été oublié dans un tiroir. ‖ [essere relegato] être relégué. | *è finito, è andato a finire in una scuola di paese,* on l'a relégué dans une école de village. | *i documenti sono finiti, sono andati a finire in un canto,* les documents ont été abandonnés dans un coin. ‖ **6.** *andare a finire* [mirare] en venir. | *dove vogliono andare a finire queste tue insinuazioni?,* où veux-tu en venir avec ces insinuations ? ‖ **7.** *finire con, per,* finir par. | *finirò col, per dirgli tutto,* je finirai par tout lui dire. ‖ **III.** v. impers. *va a finire che mi arrabbio,* je vais finir par me mettre en colère. ◆ SOSTANT. *sul finire della primavera,* vers la fin du printemps.
finis ['finis] m. [lat.] fin f. ; (signal de la) fin (du cours).
finissaggio [finis'saddʒo] m. TECN. finissage.
finitezza [fini'tettsa] f. [compiutezza] fini m., perfection. ‖ [incompiutezza] limites pl.
finitimo [fi'nitimo] agg. (raro) limitrophe.
finito [fi'nito] agg. fini. | *arrivare a spettacolo finito,* arriver à la fin du spectacle. | *ha dieci anni finiti,* il a dix ans révolus. | *epoca finita,* époque révolue. ‖ [rifinito] fini. | *vestito ben finito,* vêtement bien fini. ‖ [di persone] accompli, achevé (lett.). | *meccanico finito,* mécanicien accompli. ‖ [non più valido] fini. | *un uomo finito,* un homme fini. ‖ PEGGIOR. fini, fieffé. | *è un bugiardo finito,* c'est un menteur fini, c'est un fieffé menteur. ‖ FILOS., MAT. [limitato] fini. ‖ GRAMM. *modo finito del verbo,* mode personnel du verbe. ‖ TECN. *prodotti finiti,* produits finis. ‖ LOC. *farla finita,* en finir. | *è finita,* tout est fini, c'est la fin (de tout), il n'y a plus rien à faire.
finitura [fini'tura] f. [azione] finition, finissage m. ‖ [risultato] finition. | *opere di finitura,* finitions pl.
finlandese [finlan'dese] agg. e n. finlandais, e.
finnico ['finniko] (**-ci** pl.) agg. finnois.
1. fino ['fino] prep. **1.** [spazio] jusque. | *fin qui,* jusqu'ici. | *fin là,* jusque-là. | *fin dove?,* jusqu'où ? | *siamo andati fin dove le nostre forze ce lo hanno permesso,* nous sommes allés aussi loin que nos forces nous l'ont permis. | *fino nelle sue tasche,* jusque dans ses poches. | *fino in fondo,* jusqu'au fond, jusqu'au bout. ‖ FIG. *fino a un certo punto,* jusqu'à un certain point. ‖ FAM. *fin sopra i capelli,* (jusque) par-dessus la tête. ‖ **2.** [tempo] jusque. | *fin qui,* jusqu'ici, jusqu'à maintenant, jusqu'à présent. | *fino ad allora,* [fino a quell'epoca] jusqu'alors, jusqu'à cette époque ; [fino a quel punto] jusqu'à ce moment(-là). | *fino a quando?,* jusqu'à quand ? ‖ **3.** [eccesso] jusque. | *fino a morirne,* jusqu'à en mourir. | *fino all'ultimo centesimo,* jusqu'au dernier sou. ‖ **4.** LOC. *fin da* [spazio] depuis. | *fin dall'America,* depuis l'Amérique. ‖ [tempo] dès, depuis. | *fin d'ora,* dès maintenant, dès à présent. | *fin da allora,* dès lors, d'ores et déjà. | *fin dalla nascita,* depuis, dès la naissance. | *fin da quando lo conosco,* depuis que je le connais. | *fin da quando l'ho conosciuto,* dès que je l'ai connu. ‖ *fin che, fino a che, fino a tanto che.* V. FINCHÉ.

— N. B. : « jusque » si usa soltanto davanti ad à, od altra prep. o avv.

2. fino ['fino] avv. [perfino] même. | *mi disturba fino in casa mia,* il me dérange même chez moi.
3. fino ['fino] agg. PR. e FIG. fin. ‖ FAM. *fa fino,* ça fait bien.
finocchio [fi'nɔkkjo] m. BOT. fenouil. ‖ VOLG. pédé (pop.), pédéraste (L.C.) ; de la pédale (pop.).
finora [fi'nora] avv. jusqu'à présent, jusqu'à maintenant, jusqu'ici. | *finora non ho risposto,* je n'ai pas encore répondu.
finta ['finta] f. **1.** feinte (antiq.), simulation, comédie, frime (fam.). | *il suo dolore non è che una finta,* sa douleur n'est que pure comédie. | *è tutta una finta,* c'est de la comédie, de la frime. ‖ LOC. *far finta,* faire semblant. ‖ SPORT e FIG. feinte. ‖ **2.** [cucito] patte.
fintaggine [fin'taddʒine] f. hypocrisie, fausseté.

fintamente [finta'mente] avv. faussement, hypocritement.
fintantoché [fintanto'ke] cong. V. FINCHÉ.
fintare [fin'tare] v. intr. SPORT feinter.
finto ['finto] agg. [simulato] feint, simulé, faux, d'emprunt. | *dolore finto*, douleur feinte. || [di oggetti] faux, factice, feint (raro). | *denti finti*, fausses dents. | *finto cuoio*, similicuir, imitation cuir. | *pelliccia finta*, imitation de fourrure. | *fiori finti*, fleurs artificielles. || [di persone] faux, hypocrite. | *è finto*, il est faux. || LOC. *fare il finto tonto*, faire l'innocent, prendre un air innocent, faire la bête, faire le niais. ◆ n. hypocrite m. e f.
finzione [fin'tsjone] f. feinte (antiq.), comédie, simulation, faux-semblant m. (lett.). | *la sua buona volontà è una finzione*, sa bonne volonté est une comédie. || [frutto della fantasia] fiction.
fio ['fio] m. (arc.) peine f. || FIG. *pagare il fio*, porter la peine (L.C.), supporter les conséquences (L.C.).
fiocamente [fjoka'mente] avv. faiblement.
fioccare [fjok'kare] v. intr. tomber en flocons. || ASSOL. neiger. || FIG. pleuvoir.
1. fiocco ['fjɔkko] m. **1.** flocon. | *fiocco di neve, di lana*, flocon de neige, de laine. | *fiocco di polvere*, mouton (fam.), chaton. || ZOOL. fouet. || **2.** [di nastro] nœud ; chou (raro), bouffette f. || LOC. *con i fiocchi*, magnifique, sensationnel, formidable ; [in male] épouvantable. | *pranzo coi fiocchi*, festin.
2. fiocco ['fjɔkko] m. MAR. foc.
fioccoso [fjok'koso] agg. floconneux.
fiochezza [fjo'kettsa] f. faiblesse. || enrouement m.
fiocina ['fjɔtʃina] f. MAR. harpon m., foëne (tecn.).
fiocinare [fjotʃi'nare] v. tr. harponner.
fiocinatore [fjotʃina'tore] m. harponneur.
fioco ['fjɔko] agg. faible. | *voce fioca*, voix faible, éteinte, cassée, mourante. | *luce fioca*, faible lueur.
fionda ['fjonda] f. fronde, lance-pierres m. invar.
fioraio [fjo'rajo] (**-a** f.) m. fleuriste m. e f. ◆ f. *fioraia ambulante*, bouquetière, marchande de fleurs.
fiorami [fjo'rami] m. pl. fleurs f., fleurage sing.
fiorato [fjo'rato] agg. fleuri, à fleurs.
fiordaliso [fjorda'lizo] m. bleuet, bluet. || (lett.) [giglio] lis, lys (antiq.). || ARALD. fleur de lys, de lis.
fiordo ['fjɔrdo] m. fjord.
fiore ['fjore] m. **1.** [pianta] fleur f. | *albero in fiore*, arbre en fleur(s). || PER ANAL. *fiore del vino, dell'aceto*, fleurs (pl.) de vin, de vinaigre. || **2.** FIG. fleur, élite, crème (fam.). | *fiore della civiltà cinquecentesca*, fleur de la civilisation du seizième siècle. | *fiore della società*, élite, crème de la société. | *il fior fiore*, la fine fleur, l'élite, la crème. | *fior di farina*, fleur de farine. || [di persona] *un fior di galantuomo*, un parfait honnête homme. | *un fior di ragazza*, un beau brin de fille. || [peggior.] *un fior di mascalzone*, une parfaite canaille. || **3.** CHIM. (antiq.) fleur. | *fiore di zolfo*, fleur de soufre. || **4.** LETT. anthologie f. || **5.** LOC. *nel fiore degli anni*, dans la fleur de l'âge. || *in fiore*, en fleur(s), florissant. | *l'arte era in fiore*, l'art était florissant, l'art fleurissait, florissait (lett.). || *a fior di*, à fleur de. | *a fior d'acqua*, à fleur d'eau, au ras de l'eau. | *avere i nervi a fior di pelle*, avoir les nerfs à fleur de peau. | *parlare, sorridere a fior di labbra*, parler, sourire du bout des lèvres. || *fior di*, une énorme quantité de. *costa fior di quattrini*, cela coûte un argent fou, un tas d'argent. || *la vita non è tutta rose e fiori*, la vie n'est pas toujours rose. ◆ pl. GIOCHI [carte] trèfle. | *regina di fiori*, dame de trèfle.
fiorellino [fjorel'lino] m. petite fleur, (lett.) fleurette f.
fiorente [fjo'rɛnte] agg. florissant. || [di persona] épanoui.
fiorentinismo [fjorenti'nizmo] m. LING. idiotisme florentin.
fiorentino [fjoren'tino] agg. e n. florentin. || CULIN. *bistecca alla fiorentina*, côte de bœuf grillée.
fioretta [fjo'retta] f. fleurs (pl.) de vin.
fiorettare [fjoret'tare] v. tr. orner, agrémenter, enjoliver.
fiorettatura [fjoretta'tura] f. fioritures pl.
1. fioretto [fjo'retto] m. **1.** LETT. fleurette f. || **2.** ARC. [il meglio] fleur f. || **3.** [ornamento] fioritures. || **4.** RELIG. petit sacrifice. ◆ pl. florilège sing. | *I Fioretti*, les Petites Fleurs, les Fioretti.
2. fioretto [fjo'retto] m. PR. [bottone] (raro) mouche f., bouton. || PER EST. [scherma] fleuret. || ELETTR., TECN. fleuret.
fiorile [fjo'rile] m. STOR. floréal.
fiorino [fjo'rino] m. florin.
fiorire [fjo'rire] v. intr. **1.** fleurir. || **2.** FIG. fleurir, prospérer. | *il commercio fiorisce in tempo di pace*, le commerce fleurit, prospère en temps de paix. || [nascere] fleurir, s'épanouir, s'éveiller, naître. | *la speranza fiorì nel nostro animo*, l'espoir s'éveilla dans nos cœurs. || **3.** [di persona, essere fiorente] s'épanouir, prospérer. || [vivere] fleurir (raro), vivre. || **4.** [coprirsi di muffa] moisir. || [coprirsi di foruncoli, ecc.] fleurir (scherz.), bourgeonner. ◆ v. tr. (raro) [portare a fioritura] faire fleurir. || [ornare di fiori] fleurir. || FIG. [abbellire] orner, enjoliver, agrémenter.
fiorista [fjo'rista] (**-i** pl. m.) m. e f. fleuriste.
fiorita [fjo'rita] f. jonchée de fleurs. || FIG. florilège m.
fiorito [fjo'rito] agg. **1.** PR. e FIG. fleuri. | *stile fiorito*, style fleuri. | *gotico fiorito*, gothique flamboyant. || **2.** [ammuffito] moisi. || [coperto di eruzioni cutanee] bourgeonneux (fam.), boutonneux.
fioritura [fjori'tura] f. **1.** PR. e FIG. floraison. || **2.** [ornamento] ornement m. || **3.** [eruzione della pelle] efflorescence. || **4.** [muffa] moisissure. || **5.** MUS., RETOR. fioritures pl.
fiorone [fjo'rone] m. figue-fleur f. || ARCHIT. fleuron. | *ornato di fioroni*, fleuronné.
fiorrancino [fjorran'tʃino] m. ZOOL. roitelet.
fiorrancio [fjor'rantʃo] m. BOT. souci.
fiottare [fjot'tare] v. intr. ondoyer.
fiotto ['fjɔtto] m. PR. (arc.) houle f. || PER EST. flot. | *fiotto di sangue*, flot de sang.
firma ['firma] f. **1.** signature. | *apporre la propria firma*, apposer sa signature. || LOC. FIG. *ci farei la firma*, je ne demanderais pas mieux. || **2.** [nome] nom m. | *è una grande firma*, c'est un grand nom. || **3.** GIUR. signature (sociale). || **4.** GERG. MIL. *far la firma*, rempiler, rengager (L.C.). | *una firma, un firma*, V. FIRMAIOLO.
firmaiolo [firma'jɔlo] m. GERG. MIL. rempilé, rengagé (L.C.).
firmamento [firma'mento] m. firmament (lett.). || FIG. monde.
firmare [fir'mare] v. tr. signer. ◆ v. rifl. (fam.) signer (L.C.).
firmatario [firma'tarjo] (**-a** f.) m. e agg. signataire.
fisarmonica [fizar'mɔnika] f. accordéon m.
fisarmonicista [fizarmoni'tʃista] (**-i** pl.) m. e f. accordéoniste.
fiscale [fis'kale] agg. fiscal. || FIG. rigoureux, rigide, intransigeant, inquisitorial (lett.).
fiscalismo [fiska'lizmo] m. fiscalité (f.) oppressive. || FIG. rigueur f., intransigeance f.
fiscalità [fiskali'ta] f. fiscalité. || FIG. intransigeance, rigueur.
fiscalmente [fiskal'mente] avv. fiscalement. || FIG. rigidement, avec intransigeance.
fischiare [fis'kjare] v. intr. siffler. | *fischiare ad un cane*, siffler (v. tr.) un chien. | *mi fischiano gli orecchi*, mes oreilles sifflent, les oreilles me cornent (fam.). ◆ v. tr. siffler. || [manifestare disapprovazione] siffler, huer, conspuer. || SPORT *fischiare una punizione*, siffler une faute.
fischiata [fis'kjata] f. sifflet m. (specie pl.). | *fare una fischiata*, siffloter (v. intr.). | *fu accolto da una fischiata*, il fut accueilli par des sifflets.
fischiatore [fiskja'tore] (**-trice** f.) agg. e m. siffleur.
fischierellare [fiskjerel'lare] o **fischiettare** [fiskjet'tare] v. intr. e tr. siffloter.
fischiettio [fiskjet'tio] m. sifflotement.
fischietto [fis'kjetto] m. sifflet. || SPORT arbitre.
fischio ['fiskjo] m. sifflement. | *dare, fare un fischio*, siffler. || [segno di disapprovazione] sifflet. || [strumento] sifflet. || LOC. FIG. *non valere un fischio*, ne pas valoir un clou (fam.). | *prendere fischi per fiaschi*, prendre des vessies pour des lanternes.
fischione [fis'kjone] m. ZOOL. canard siffleur.
fisciù [fiʃ'ʃu] m. fichu.
fisco [fis'ko] m. fisc.
fisica ['fizika] f. physique.
fisicamente [fizika'mente] avv. physiquement.

fisico ['fiziko] (**-ci** pl.) agg. physique. ◆ m. [corpo] physique. | *fisico robusto*, physique robuste. || [studioso di fisica] physicien.
fisima ['fizima] f. caprice m., lubie.
fisiocrate [fi'zjɔkrate] m. STOR. ECON. physiocrate.
fisiocratico [fizjo'kratiko] (**-ci** pl.) agg. physiocratique. ◆ m. physiocrate.
fisiocrazia [fizjokrat'tsia] f. STOR. ECON. physiocratie.
fisiognomia [fizjoɲɲo'mia] o **fisiognomonia** [fizjoɲɲomo'nia] f. physiognomonie.
fisiognomonico [fizjoɲɲo'mɔniko] (**-ci** pl.) agg. physiognomonique.
fisiologia [fizjolo'dʒia] f. physiologie.
fisiologicamente [fizjolodʒika'mente] avv. physiologiquement.
fisiologico [fizjo'lɔdʒiko] (**-ci** pl.) agg. physiologique.
fisiologo [fi'zjɔlogo] (**-gi** pl. ; pop. **-ghi** pl.) m. physiologiste.
fisionomia [fizjono'mia] f. physionomie.
fisionomico [fizjo'nɔmiko] (**-ci** pl.) agg. physionomique, de la physionomie.
fisionomista [fizjono'mista] (**-i** pl. m.) m. e f. physionomiste.
fisioterapia [fizjotera'pia] f. physiothérapie.
fiso ['fizo] agg. (poet.) fixe (L.C.).
fissaggio [fis'saddʒo] m. **1.** fixation f. || **2.** [colori ecc.] fixage. || **3.** FOT. fixage. || [soluzione] fixateur.
fissamente [fissa'mente] avv. fixement.
fissare [fis'sare] v. tr. **1.** fixer. || PER EST. fixer, attacher. | *fissare lo sguardo su qlcu.*, fixer les yeux, attacher son regard sur qn. | *fissare l'attenzione su qlco.*, fixer son attention sur qch. || [guardare] fixer. || **2.** [stabilire] fixer, arrêter, déterminer. | *fissare la data di una cerimonia*, fixer la date d'une cérémonie. | *fissare di, che*, décider de, que ; convenir de, que. | *abbiamo fissato di trovarci la settimana ventura*, nous avons décidé, nous avons convenu, nous sommes convenus (lett.) de nous rencontrer la semaine prochaine. | *cosa avete fissato ?*, qu'avez-vous décidé ? || [part. pass.] *all'ora fissata*, à l'heure dite, à l'heure convenue. | *a un'ora fissata*, à une heure donnée. || [prenotare] retenir, réserver, louer. || **3.** BOT., CHIM., FOT. fixer. ◆ v. rifl. se fixer. || [fissare il vuoto] regarder dans le vide. || [fare una fissazione] se mettre dans la tête. | *si è fissato di essere perseguitato*, il s'est mis dans la tête qu'il est persécuté. || [ostinarsi] s'obstiner.
fissativo [fissa'tivo] agg. fixateur (raro), fixatif (raro). ◆ m. fixatif.
fissato [fis'sato] agg. e m. (spesso scherz.) maniaque.
fissatore [fissa'tore] m. BOT., FOT. fixateur. || [per capelli] laque f.
fissazione [fissat'tsjone] f. fixation. || [mania] idée fixe, obsession, manie. || BOT., CHIM., PSICANAL. fixation.
fissile ['fissile] agg. GEOL., FIS. fissile. || FIS. fissible.
fissionabile [fissjo'nabile] agg. FIS. fissile, fissible.
fissionare [fissjo'nare] v. tr. FIS. fissionner.
fissione [fis'sjone] f. FIS. fission.
fissismo [fis'sizmo] m. BIOL. fixisme.
fissistico [fis'sistiko] (**-ci** pl.) agg. fixiste.
fissità [fissi'ta] f. fixité.
fisso ['fisso] agg. **1.** [fermo] fixe. | *guardare con occhio fisso*, regarder d'un œil fixe, regarder fixement. | *idea fissa, chiodo fisso*, idée fixe. || [con compl.] fixé. | *star fisso in un luogo*, être fixé quelque part. | *sono fisso a Milano*, je me suis fixé à Milan. | *teneva lo sguardo fisso su di me*, son regard était fixé sur moi ; il me regardait fixement. | *sguardo fisso nel vuoto*, regard qui fixe le vide. | *ho fisso nella mente questo ricordo*, ce souvenir est resté gravé dans mon esprit. || [persona] ferme, (bien) décidé. | *è fisso nel suo proposito (di)*, il est bien bien décidé (à). || **2.** [che non varia] fixe. | *stipendio, impiego fisso*, salaire, emploi fixe. | *ricevere in giorni fissi*, recevoir à jour fixe. || [permanente] permanent. | *manodopera fissa*, main-d'œuvre permanente. | *domestico fisso*, domestique à temps plein. || **3.** MIL. *fissi !*, fixe ! ◆ m. fixe. ◆ avv. fixement. | *guardare fisso*, regarder fixement.
fistola ['fistola] f. MED. fistule. || (lett.) [siringa] flûte de Pan.
fistoloso [fisto'loso] agg. MED. fistuleux.
fistulina [fistu'lina] f. BOT. fistuline, langue-de-bœuf.
fito- ['fito] pref. in composti scientif. [pianta] phyto-.
fitta ['fitta] f. élancement m. | *sento delle fitte*, j'ai des élancements. || FIG. coup m. | *una fitta al cuore*, un coup au cœur.
fittabile [fit'tabile] m. o **fittavolo** [fit'tavolo] m. [sett.] fermier.
fittezza [fit'tettsa] f. épaisseur, densité.
fittile ['fittile] agg. de terre cuite, d'argile.
fittizio [fit'tittsjo] agg. fictif.
1. fitto ['fitto] part. pass. di FIGGERE e agg. **1.** enfoncé. | *palo fitto in terra*, pieu enfoncé dans la terre. || LOC. PR. e FIG. *cadere, buttarsi a capo fitto*, PR. tomber, se jeter la tête la première ; FIG. se jeter à corps perdu. || **2.** [denso] épais, dense. | *nebbia fitta*, brouillard épais, dense. | *buio fitto*, nuit épaisse, dense obscurité. | *rete fitta*, filet à mailles serrées. || [di pioggia, neve...] dru, serré. || FIG. profond, épais. | *fitto mistero*, profond mystère. ◆ m. épaisseur f., profondeurs f. pl. | *nel fitto delle tenebre*, dans l'épaisseur des ténèbres. | *avventurarsi nel fitto del bosco*, s'aventurer dans les profondeurs du bois. ◆ [come avv.] *piove fitto*, la pluie tombe dru.
2. fitto ['fitto] m. loyer. || [di fattoria] fermage.
fiumana [fju'mana] f. courant m. || FIG. torrent, fleuve, flot. || [di persone] foule, masse, flot m.
fiume ['fjume] m. [grande] fleuve. || [piccolo] rivière f. || FIG. fleuve (lett.), flot. | *fiume di sangue, di lacrime*, fleuve de sang, fleuve de larmes. | *un fiume d'inchiostro*, des flots d'encre. | *romanzo fiume*, roman-fleuve. || LOC. *a fiumi*, à flots. || GEOGR. [se sbocca nel mare] fleuve ; [in un fiume o in un lago] rivière.
fiutare [fju'tare] v. tr. **1.** [animali] flairer. || **2.** [persone] flairer, humer, renifler. || FIG. flairer. | *fiutare il pericolo*, flairer le danger. || LOC. *fiutare tabacco*, priser (du tabac).
fiutata [fju'tata] f. aspiration. | *dare una fiutata*, flairer.
fiuto ['fjuto] m. PR. e FIG. flair. | *avere buon fiuto*, avoir du flair. | *tabacco da fiuto*, tabac à priser.
flaccidamente [flattʃida'mente] avv. mollement.
flaccidezza [flattʃi'dettsa] f. flaccidité.
flaccido ['flattʃido] agg. flasque.
flacone [fla'kone] m. flacon.
flagellamento [fladʒella'mento] m. flagellation f.
flagellante [fladʒel'lante] m. STOR. RELIG. flagellant.
flagellare [fladʒel'lare] v. tr. PR. e FIG. flageller, fouetter. ◆ v. rifl. se flageller.
flagellati [fladʒel'lati] m. pl. ZOOL. flagellés.
flagellazione [fladʒellat'tsjone] f. flagellation.
flagello [fla'dʒello] m. fouet. || FIG. fléau. || FIG. FAM. [gran quantità] tas, masse f. || ZOOL. flagelle.
flagrante [fla'grante] agg. flagrant. | *cogliere qlcu. in flagrante*, prendre qn en flagrant délit.
flagranza [fla'grantsa] f. flagrance (raro), évidence.
flamberga [flam'bɛrga] f. [spada] flamberge.
flamenco [fla'menko] m. [spagn.] flamenco.
flamine ['flamine] m. STOR. flamine.
flammeo ['flammeo] agg. (lett.) flamboyant (L.C.).
flanella [fla'nɛlla] f. flanelle.
flangia ['flandʒa] (**-ge** pl.) f. MECC., TECN. bride, collier m., collet m., collerette, flasque (f. e m.).
flano ['flano] m. TIP. flan.
flash [flæʃ] m. [ingl.] FOT., GIORN. flash.
flato ['flato] m. flatuosité f.
flatulente [flatu'lɛnte] agg. flatulent.
flatulenza [flatu'lɛntsa] f. flatulence, vent m.
flautato [flau'tato] agg. flûté.
flautino [flau'tino] m. flageolet.
flautista [flau'tista] (**-i** pl. m.) m. e f. flûtiste.
flauto ['flauto] m. flûte f. | *flauto traverso*, flûte traversière. | *flauto diritto, dolce*, flûte à bec, douce.
flavo ['flavo] agg. (lett.) flavescent.
flebile ['flɛbile] agg. plaintif, dolent (lett.). || [debole] faible.
flebite [fle'bite] f. MED. phlébite.
fleboclisi [flebo'klizi] f. MED. perfusion.
flebotomia [fleboto'mia] f. CHIR. phlébotomie.
flemma ['flɛmma] f. flegme m. || (antiq.) CHIM., MED. flegme.

flemmaticamente [flemmatika'mente] avv. avec flegme, flegmatiquement.
flemmatico [flem'matiko] (**-ci** pl.) agg. flegmatique.
fleo ['fleo] m. BOT. fléole f., phléole f.
flessibile [fles'sibile] agg. PR. e FIG. flexible.
flessibilità [flessibili'ta] f. PR. e FIG. flexibilité. | *flessibilità dei prezzi*, élasticité des prix.
flessione [fles'sjone] f. flexion, fléchissement m. ‖ FIG. fléchissement, diminution. | *flessione delle vendite*, diminution des ventes. ‖ LING. flexion.
flessivo [fles'sivo] agg. LING. flexionnel.
flessore [fles'sore] agg. e m. ANAT. fléchisseur.
flessuosamente [flessuosa'mente] avv. souplement.
flessuosità [flessuosi'ta] f. souplesse, flexibilité, flexuosité (lett., raro).
flessuoso [flessu'oso] agg. [sinuoso] onduleux, sinueux, flexueux (lett., raro). ‖ [flessibile] souple, flexible.
flettere ['flɛttere] v. tr. fléchir, plier. ‖ GRAMM. [di verbo] conjuguer. ‖ [di nome, agg., pron.] décliner. ◆ v. rifl. fléchir (intr.).
flicorno [fli'kɔrno] m. MUS. bugle.
flint [flint] m. [ingl.] TECN. flint(-glass).
flirt [flə:t] m. [ingl.] flirt.
flirtare [flir'tare] v. intr. flirter.
flocculazione [flokkulat'tsjone] f. CHIM. floculation.
flogistico [flo'dʒistiko] (**-ci** pl.) agg. MED. inflammatoire. ‖ (lett.) [combustibile] inflammable.
flogisto [flo'dʒisto] m. phlogistique.
flora ['flɔra] f. flore.
florale [flo'rale] agg. floral.
floreale [flore'ale] agg. floral. ‖ ARTI *stile floreale*, modern style. ◆ m. STOR. floréal.
floricolo [flo'rikolo] agg. de la floriculture. ‖ ZOOL. floricole.
floricoltura [florikol'tura] o **floricultura** [florikul'tura] f. floriculture.
floridezza [flori'dettsa] f. o **floridità** [floridi'ta] f. prospérité, santé, épanouissement m.
florido ['flɔrido] agg. florissant, prospère, épanoui. | *salute florida*, santé florissante. | *commercio florido*, commerce florissant, prospère. | *donna florida*, femme plantureuse. | *fantasia florida*, imagination exubérante.
florilegio [flori'lɛdʒo] m. florilège.
floscezza [floʃ'ʃettsa] f. PR. e FIG. mollesse.
flosciamente [floʃʃa'mente] avv. mollement, de façon flasque.
floscio ['flɔʃʃo] agg. PR. e FIG. mou, flasque. | *cappello floscio*, chapeau mou. | *pelle floscia*, peau flasque. | *carattere floscio*, caractère mou.
flotta ['flɔtta] f. flotte.
flottante [flot'tante] agg. flottant. ◆ m. FIN. flottant.
flottare [flot'tare] v. intr. flotter. ◆ v. tr. [legname] flotter.
flottazione [flottat'tsjone] f. flottation. ‖ [del legno] flottage m.
flottiglia [flot'tiʎʎa] f. flottille.
fluente [flu'ɛnte] agg. [di acqua] courant. ‖ [di stile] fluide, coulant, aisé. ‖ [di vestiti, capelli] flottant.
fluidezza [flui'dettsa] f. (raro) PR. e FIG. fluidité (L.C.).
fluidificare [fluidifi'kare] v. tr. fluidifier.
fluidificazione [fluidifikat'tsjone] f. fluidification (raro).
fluidità [fluidi'ta] f. PR. e FIG. fluidité.
fluido ['fluido] agg. PR. e FIG. fluide. | *stile fluido*, style fluide, coulant. | *situazione fluida*, situation fluide, indécise. ◆ m. PR. e FIG. fluide.
fluire [flu'ire] v. intr. PR. e FIG. couler, fluer (lett.).
fluitare [flui'tare] v. intr. flotter.
fluitazione [fluitat'tsjone] f. flottage m.
fluorescente [fluoreʃ'ʃɛnte] agg. fluorescent.
fluorescenza [fluoreʃ'ʃɛntsa] f. fluorescence.
fluoridrico [fluo'ridriko] (**-ci** pl.) agg. CHIM. fluorhydrique.
fluorite [fluo'rite] f. CHIM. fluorine.
fluoro [flu'ɔro] m. CHIM. fluor.
fluoruro [fluo'ruro] m. CHIM. fluorure.
flussione [flus'sjone] f. MED. fluxion.
flusso ['flusso] m. **1.** flux (antiq.), circulation f. | *flusso del sangue nelle vene, dell'acqua in un canale*, circulation du sang dans les veines, de l'eau dans un canal. ‖ FIG. flux, flot. | *flusso di parole*, flux, flot de paroles. | *flusso di gente*, flot de personnes. ‖ [del tempo] écoulement. ‖ **2.** [marea] flux. ‖ FIG. fluctuation f., flux. ‖ **3.** FIS. flux. ‖ **4.** MED. flux.
flutto ['flutto] m. flot.
fluttuante [flut'tuante] agg. ondoyant. ‖ FIG. fluctuant, flottant. | *opinioni fluttuanti*, opinions fluctuantes. | *debito fluttuante*, dette flottante. ‖ ANAT. *costola fluttuante*, côte flottante.
fluttuare [flut'tuare] v. intr. flotter. ‖ FIG. fluctuer, être fluctuant. ‖ [esitare] flotter.
fluttuazione [fluttuat'tsjone] f. PR. e FIG. fluctuation.
fluviale [flu'vjale] agg. fluvial.
fluviometro [flu'vjɔmetro] m. fluviomètre.
fobia [fo'bia] f. PR. e FIG. phobie.
fobico ['fɔbiko] (**-ci** pl.) agg. e m. phobique.
foca ['fɔka] f. ZOOL. phoque m. ‖ FIG. lourdaud.
focaccia [fo'kattʃa] f. galette, fouace (region.); gâteau m. ‖ LOC. FIG. *render pan per focaccia (a qlcu.)*, rendre (à qn) la monnaie de sa pièce, la pareille.
focaia [fo'kaja] agg. f. à feu. | *pietra focaia*, pierre à feu, à fusil.
focale [fo'kale] agg. focal. | *distanza focale, (o focale)*, (distance) focale.
focalizzare [fokalid'dzare] v. tr. FOT. mettre au point.
foce ['fotʃe] f. embouchure. | *foce a delta*, delta m. | *foce a estuario*, estuaire m. | *far, mettere foce*, se jeter. ‖ pl. embouchure sing., bouches.
focena [fo'tʃɛna] f. ZOOL. marsouin m., cochon (m.) de mer.
fochista [fo'kista] (**-i** pl.) m. chauffeur. ‖ [di fuochi artificiali] artificier.
foco ['fɔko] m. V. FUOCO.
focolaio [foko'lajo] m. MED. e FIG. foyer.
focolare [foko'lare] m. foyer, âtre. ‖ FIG. foyer. ‖ TECN. foyer.
focomelia [fokome'lia] f. MED. focomélie.
focomelico [foko'mɛliko] (**-ci** pl.) agg. e m. MED. phocomèle.
focosamente [fokosa'mente] avv. fougueusement.
focoso [fo'koso] agg. fougueux, plein de feu, ardent. | *cavallo focoso*, cheval fougueux, fringant.
fodera ['fɔdera] f. **1.** [di vestito] doublure. ‖ [di cappello] coiffe. ‖ **2.** [di mobile] housse. ‖ **3.** [di libro] couverture, liseuse, couvre-livre m. ‖ [pubblicitaria] jaquette.
foderare [fode'rare] v. tr. [vestiti] doubler; [di pelliccia] fourrer. ‖ [mobili] couvrir d'une housse. ‖ [libri] couvrir. ‖ CULIN. chemiser, foncer.
foderato [fode'rato] agg. [vestiti] doublé. | *guanti foderati di pelliccia*, gants fourrés. ‖ [mobili] recouvert. ‖ [libri] couvert. ‖ LOC. FIG. FAM. *aver gli orecchi foderati di prosciutto*, avoir les oreilles bouchées (L.C.). | *aver gli occhi foderati*, ne rien y voir.
foderatura [fodera'tura] f. [di vestiti] doublage m. ‖ [di mobili] pose d'une housse. ‖ [di dipinti] doublage.
fodero ['fɔdero] m. [di spada] fourreau. ‖ [di pugnale] gaine f.
foga ['foga] f. fougue. | *con foga*, avec fougue. | *nella foga dell'azione*, dans le feu de l'action.
foggia ['fɔddʒa] f. forme. | *bicchiere a foggia di calice*, verre en forme de calice. ‖ [maniera] façon. | *veste in fogge strane*, il s'habille de façon bizarre. | *vestito di foggia moderna, antiquata*, vêtement de coupe moderne, démodée.
foggiare [fod'dʒare] v. tr. PR. e FIG. façonner, former, modeler. | *foggiare un vaso*, modeler un vase. | *foggiare il carattere*, former le caractère. | *foggiare il proprio stile su quello dei classici*, modeler son style sur celui des classiques.
foggiatura [foddʒa'tura] f. façonnement m., façonnage m. ‖ [ceramica] modelage m.
foglia ['fɔʎʎa] f. feuille. ‖ PER EST. feuille. | *oro in foglie*, or en feuilles. ‖ LOC. *tremare come una foglia*, trembler comme une feuille. | *mangiare la foglia*, y voir clair (dans le jeu de qn). ‖ ARTI *foglie d'acanto*, feuilles d'acanthe.
fogliaccio [foʎ'ʎattʃo] m. [giornale] feuille (f.) de chou (fam.).
fogliaceo [foʎ'ʎatʃeo] agg. foliacé.
fogliame [foʎ'ʎame] m. feuillage, frondaison f.

foglianti [foʎ'ʎanti] m. pl. RELIG., STOR. feuillants.
fogliare [foʎ'ʎare] agg. BOT. foliaire.
fogliato [foʎ'ʎato] agg. (raro) feuillu, folié (bot.). ‖ TECN. en feuilles.
fogliazione [foʎʎat'tsjone] f. feuillaison, foliation (bot.), frondaison (bot.).
foglietto [foʎ'ʎetto] m. [dimin. di FOGLIO] petite feuille f., feuillet. ‖ BIOL. feuillet.
foglifero [foʎ'ʎifero] agg. BOT. folié.
foglio ['fɔʎʎo] m. **1.** feuille f. | *foglio da disegno, a righe*, feuille de papier à dessin, de papier rayé. | *foglio protocollo*, feuille de papier ministre. | *foglio volante*, feuille volante. ‖ [documento, modulo] feuille, papier. | *foglio di via*, feuille de route. | *leggere, compilare un foglio*, lire, remplir un papier. | *foglio rosa*, permis de conduire provisoire. ‖ MIL. *foglio matricolare*, livret matricule. ‖ [giornale] feuille, journal. ‖ POP. [biglietto di banca] billet (L.C.), biffeton (gerg.). ‖ **2.** PER EST. feuille. | *foglio di compensato*, feuille de contreplaqué. ‖ **3.** TIP. folio. | *in foglio*, in-folio.
fogliolina [foʎʎo'lina] f. petite feuille. ‖ BOT. foliole.
foglioso [foʎ'ʎoso] agg. feuillu.
fogna ['foɲɲa] f. égout m. ‖ PER EST. e FIG. cloaque m., égout.
fognaiolo [foɲɲa'jɔlo] m. égoutier.
fognatura [foɲɲa'tura] f. égouts m. pl.
föhn [føːn] m. (ted.) [vento] fœhn. ‖ [apparecchio] V. FON 2.
foia ['fɔja] f. rut m. ‖ PER EST. frénésie.
fola ['fɔla] f. conte m., fable. ‖ PER EST. histoire, faribole (fam.), blague (fam.), fable (lett.).
folaga ['fɔlaga] f. ZOOL. foulque.
folata [fo'lata] f. rafale (de vent), bouffée de vent.
folclore [fol'klore] m. folklore.
folclorista [folklo'rista] (**-i** pl. m.) m. e f. folkloriste.
folcloristico [folklo'ristiko] (**-ci** pl.) agg. folklorique.
folgorante [folgo'rante] agg. foudroyant.
folgorare [folgo'rare] v. intr. faire des éclairs. ‖ FIG. fulgurer. ‖ [inveire] fulminer. ◆ v. tr. PR. e FIG. foudroyer. | *folgorare con un'occhiata*, foudroyer du regard.
folgorazione [folgorat'tsjone] f. foudroiement m.
folgore ['folgore] f. (lett.) foudre (L.C.).
folklore [fol'klore] m. e deriv. V. FOLCLORE e deriv.
folla ['folla] f. foule. | *c'è molta folla*, il y a foule, il y a beaucoup de monde. ‖ FIG. foule. | *folla di ricordi*, une foule de souvenirs.
follare [fol'lare] v. tr. TECN. fouler.
follatoio [folla'tojo] m. TECN. fouloir.
follatore [folla'tore] m. TECN. [persona] fouleur. ‖ [arnese] fouloir.
follatrice [folla'tritʃe] f. TESS. foulon m., moulin (m.) à foulon.
follatura [folla'tura] f. TECN., TESS. foulage m.
folle ['fɔlle] agg. e n. fou, fol [davanti a nome iniziante per vocale], folle (f.). | *sei un folle ad agire così*, tu es fou d'agir ainsi. | *è da folle agire così*, il faut être fou pour agir ainsi. | *sguardo folle*, regard fou. | *folle speranza*, fol espoir. ‖ PER ANAL. fou. | *bussola, puleggia folle*, boussole, poulie folle. ‖ MECC. essere, mettere in folle, être, mettre au point mort.
folleggiamento [folleddʒa'mento] m. folâtrerie f. (lett.), ébats m. pl.
folleggiare [folled'dʒare] v. intr. faire des folies. ‖ PER EST. folâtrer, s'ébattre.
follemente [folle'mente] avv. follement.
folletto [fol'letto] m. lutin, follet, farfadet. ‖ FIG. feu follet. ◆ agg. *spirito folletto*, (esprit) follet.
follia [fol'lia] f. folie. | *è una follia*, c'est de la folie (pure), c'est une folie.
follicolare [folliko'lare] agg. ANAT., BOT. des follicules, folliculaire.
follicolina [folliko'lina] f. MED. folliculine.
follicolo [fol'likolo] m. ANAT., BOT. follicule.
follone [fol'lone] m. TESS. (moulin à) foulon.
foltezza [fol'tettsa] f. épaisseur.
folto ['folto] agg. épais, touffu, dense. | *folto bosco*, bois touffu. | *pelame folto*, pelage touffu, fourni. ‖ [riferito a singoli elementi] épais, serré. | *capelli folti*, cheveux épais. | *alberi folti*, arbres serrés. ‖ [spesso] dense, épais. | *nebbia folta*, brouillard épais, dense. ‖ [numeroso] nombreux. ◆ m. profondeur f., cœur. | *nel folto del bosco*, dans les profondeurs, dans l'épaisseur, au cœur du bois.
fomentare [fomen'tare] v. tr. fomenter.
fomentatore [fomenta'tore] (**-trice** f.) m. fomentateur, trice; fauteur, trice.
fomentazione [fomentat'tsjone] f. MED. fomentation (antiq.). ‖ FIG. fomentation (lett.), excitation.
fomento [fo'mento] m. MED. fomentation f. (antiq.). ‖ FIG. LETT. incitation, excitation.
1. fon [fɔn] m. FIS. phone.
2. fon [fɔn] m. sèche-cheveux, séchoir à cheveux.
fonatorio [fona'tɔrjo] agg. phonateur, trice; phonatoire.
fonazione [fonat'tsjone] f. phonation.
fonda ['fonda] f. MAR. mouillage m. ‖ [fodero fissato alla sella] (raro) fonte.
fondaccio [fon'dattʃo] m. (pop.) lie f. (L.C.). ‖ [merce invenduta] fonds (pl.) de boutique, invendus pl.
fondaco ['fondako] (**-chi** pl.) m. entrepôt. ‖ [bottega] magasin, boutique f.
fondale [fon'dale] m. fond, profondeur f. | *basso fondale*, bas-fond. | *alto fondale*, grande profondeur. ‖ TEATRO fond de la scène; toile (f.) de fond.
fondamentale [fondamen'tale] agg. fondamental.
fondamentalmente [fondamental'mente] avv. fondamentalement.
fondamento [fonda'mento] (PR. **-a** f. pl.; FIG. **-i** pl.) m. **1.** PR. fondations f. pl., fondation f. (raro). | *gettare le fondamenta di un edificio*, jeter les fondations d'un édifice. ‖ **2.** FIG. fondement. | *i fondamenti di una civiltà*, les fondements d'une civilisation. ‖ LOC. *parlare con fondamento*, parler en connaissance de cause. | *fare fondamento su*, compter sur.
fondare [fon'dare] v. tr. PR. (raro) fonder. ‖ PER EST. fonder, créer, établir, ériger (lett.). | *fondare una città*, fonder une ville. | *fondare un ordine religioso*, fonder, créer un ordre religieux. ‖ FIG. fonder, baser, appuyer. | *fondare una opinione sui fatti*, fonder, baser une opinion sur des faits. ◆ v. rifl. se fonder, se baser, s'appuyer. | *su cosa ti fondi?*, sur quoi te bases-tu, sur quoi te fondes-tu? ‖ [fare assegnamento] faire fond, compter, s'appuyer.
fondatamente [fondata'mente] avv. avec raison.
fondatezza [fonda'tettsa] f. bien-fondé m., fondement m. | *senza fondatezza*, sans fondement.
fondato [fon'dato] agg. fondé. | *opinione fondata*, opinion (bien) fondée. | *sospetti poco fondati*, soupçons mal fondés. | *timore fondato*, juste crainte. | *fondate ragioni*, bonnes raisons.
fondatore [fonda'tore] (**-trice** f.) m. fondateur, trice.
fondazione [fondat'tsjone] f. PR. e FIG. fondation, création, établissement m. ◆ pl. fondations. | *le fondazioni della casa*, les fondations de la maison. ‖ GIUR. fondation.
fondello [fon'dɛllo] m. fond, bout. | *fondello dei calzoni*, fond de pantalon. ‖ [di proiettile] culot. ‖ [di bottone] moule.
fondente [fon'dɛnte] agg. e m. fondant.
fondere ['fondere] v. tr. **1.** fondre. | *fondere un metallo*, fondre un métal. ‖ [far colare (metalli) in una forma] fondre, couler. ‖ [gesso, cera] fondre, mouler. ‖ **2.** FIG. fondre, amalgamer. ‖ [collettività] fusionner. ‖ **3.** PITT. [colori] fondre, mêler. ‖ **4.** TECN. *fondere le bronzine*, couler les bielles. ◆ v. intr. fondre. ◆ v. rifl. PR. fondre (v. intr.), se fondre (raro). ‖ FIG. se fondre, s'amalgamer. ‖ [di collettività] fusionner (v. intr.). ‖ ELETTR. *i fusibili si sono fusi*, les plombs ont sauté. ◆ v. recipr. se fondre. ‖ [di collettività] fusionner. | *i due partiti si sono fusi*, les deux partis ont fusionné.
fonderia [fonde'ria] f. TECN. fonderie.
fondiario [fon'djarjo] agg. foncier.
fondibile [fon'dibile] agg. fusible.
fondiglio [fon'diʎʎo] m. fond, dépôt.
1. fondina [fon'dina] f. étui, gaine. ‖ [fissata alla sella del cavallo] fonte.
2. fondina [fon'dina] f. [dial.] assiette creuse.
fondista [fon'dista] (**-i** pl. m.) m. e f. coureur, coureuse de fond.
fonditore [fondi'tore] m. fondeur.
fonditrice [fondi'tritʃe] f. TECN. fondeuse.
fonditura [fondi'tura] f. V. FUSIONE.

1. fondo ['fondo] m. **1.** [parte inferiore di recipiente o cavità] fond. | *fondo di una bottiglia, del mare,* fond d'une bouteille, de la mer. | *doppio fondo,* double fond. | *in fondo al bicchiere,* au fond du verre. || MAR. *andare a fondo,* couler. | *dar fondo,* jeter l'ancre. || LOC. FIG. *dar fondo,* épuiser. | *dar fondo alle proprie riserve,* épuiser ses réserves. | *dar fondo al patrimonio,* gaspiller son patrimoine. | *dar fondo a un argomento,* épuiser un sujet, traiter un sujet à fond. || **2.** PER EST. [piccola quantità] fond. | *un fondo di cognac,* un fond de cognac. || [residui] dépôt, fond; [di caffè] marc. || *fondi di magazzino,* marchandises (f. pl.) invendues, invendus pl. || **3.** [linea o superficie inferiore] bas. | *fondo di una gonna,* bas d'une jupe. | *il fondo della pagina,* le bas de la page. | *fondo della schiena,* bas du dos, chute (f.) des reins. | *fondo stradale,* chaussée f. || LOC. PR. e FIG. *da cima a fondo,* de fond en comble, complètement. || **4.** [parte più interna; parte più distante dall'entrata] fond. | *fondo della sala,* fond de la salle. | *nel fondo di una prigione,* au fond, dans le fond d'une prison. | *gettare in fondo alla stiva,* jeter à fond de cale. | *in fondo al corridoio,* au fond, au bout du couloir. || FIG. *nel fondo del cuore,* au fond du cœur. | *andare al fondo della, in fondo alla questione,* aller au fond de la question. | *andremo fino in fondo alla faccenda,* nous irons au fond des choses. | *ha un fondo di bontà,* il a un fond de bonté. || **5.** [parte estrema; fine] bout. | *il fondo della via,* le bout de la rue. || **6.** [sfondo] fond. | *fondo di un quadro,* fond d'un tableau. | *tela di fondo,* toile de fond. | *fondo tinta,* fond de teint. | *musica di fondo,* musique de fond. || **7.** [bene immobile] fonds pl. || **8.** specialmente pl. [capitale] fonds. | *ricevere i fondi necessari a un'impresa,* recevoir les fonds nécessaires à une entreprise. || **9.** GIORN. fond. || **10.** SPORT fond. | *gara di fondo,* course de fond. || [calcio] *linea di fondo,* ligne d'arrières. || [scherma] *andare a fondo,* se fendre. ◆ LOC. AVV. ***in fondo (in fondo),*** au fond; dans le fond (fam.). || ***a fondo,*** à fond. | *conoscere a fondo,* connaître à fond. ◆ LOC. PREP. ***in fondo a,*** au bout de. | *leggere un testo fino in fondo,* lire un texte jusqu'au bout. || FIG. *andrò, ti seguirò fino in fondo,* j'irai, je te suivrai jusqu'au bout.

2. fondo ['fondo] agg. profond. | *notte fonda,* nuit profonde. | *a notte fonda,* à la nuit close, en pleine nuit. | *è notte fonda,* il fait nuit noire. || *piatto fondo,* assiette creuse.

fondovalle [fondo'valle] m. fond de la vallée.

fonduta [fon'duta] f. CULIN. fondue.

fonema [fo'nεma] (**-i** pl.) m. LING. phonème.

fonematica [fone'matika] f. LING. phonématique.

fonematico [fone'matiko] (**-ci** pl.) agg. LING. phonémique, phonématique (raro).

fonetica [fo'nεtika] f. LING. phonétique.

foneticamente [fonetika'mente] avv. LING. phonétiquement.

fonetico [fo'nεtiko] (**-ci** pl.) agg. LING. phonétique.

fonetista [fone'tista] (**-i** pl. m.) m. e f. phonéticien, enne.

foniatria [fonja'tria] f. MED. phoniatrie.

fonico ['fɔniko] agg. phonique. ◆ m. CIN. ingénieur du son.

fonografico [fono'grafiko] (**-ci** pl.) agg. phonographique.

fonografo [fo'nɔgrafo] m. phonographe, phono (fam.).

fonogramma [fono'gramma] (**-i** pl.) m. télégramme téléphoné.

fonologia [fonolo'dʒia] f. LING. phonologie.

fonologico [fono'lɔdʒiko] (**-ci** pl.) agg. phonologique.

fonometria [fonome'tria] f. FIS. phonométrie.

fonomontaggio [fonomon'taddʒo] m. montage sonore.

fonoregistratore [fonoredʒistra'tore] m. appareil d'enregistrement (des sons).

fonoregistrazione [fonoredʒistrat'tsjone] f. enregistrement (m.) des sons.

fonoriproduttore [fonoriprodut'tore] m. appareil de reproduction des sons.

fonorivelatore [fonorivela'tore] m. TECN. lecteur phonographique.

fonovaligia [fonova'lidʒa] f. phonographe portatif.

fontana [fon'tana] f. fontaine. || ARC. source.

fontanella [fonta'nεlla] f. ANAT. fontanelle.

fontaniere [fonta'njεre] m. fontainier, plombier.

fontanile [fonta'nile] m. source f. || [dial. : abbeveratoio] abreuvoir.

fonte ['fonte] f. source, fontaine. || FIG. source. | *fonte di disagi,* source de désagréments. | *da fonte sicura,* de bonne source, de source sûre. ◆ m. RELIG. *fonte battesimale,* fonts baptismaux pl.

football ['futbɔ:l] m. [ingl.] football.

footing ['futiŋ] m. [ingl.] footing.

foraggero [forad'dʒεro] agg. fourrager.

foraggiamento [foraddʒa'mento] m. affouragement.

foraggiare [forad'dʒare] v. tr. affourager. || FIG. (peggior.) financer, subventionner. ◆ v. intr. fourrager (antiq.), faire du fourrage.

foraggiere [forad'dʒεre] m. MIL. fourrageur.

foraggio [fo'raddʒo] m. fourrage.

foraneo [fo'raneo] agg. rural; de (la) campagne. || MAR. forain. | *molo foraneo,* môle forain.

forare [fo'rare] v. tr. percer, trouer, perforer. | *forare una tavola, un muro,* percer une planche, un mur. | *forare un biglietto,* perforer, poinçonner un billet. | *la pallottola gli ha forato il polmone,* la balle lui a perforé le poumon. || [pneumatico] crever. || TECN. [con meccanismo] forer. | *forare una roccia,* forer une roche. ◆ v. intr. [pneumatico] crever. ◆ v. rifl. crever (v. intr.).

forato [fo'rato] agg. creux. ◆ m. brique (f.) creuse.

foratura [fora'tura] f. perçage m. || [di pneumatico] crevaison. || [di biglietto] poinçonnage m., poinçonnement m.

forbice ['fɔrbitʃe] f. (solitamente pl.) ciseaux m. pl. | *forbici da sarto,* ciseaux de tailleur. | *forbici da toletta,* ciseaux à ongles. | *forbici da giardiniere,* sécateur m. sing. || FIG. *le forbici della censura,* les ciseaux de la censure. | *dare un colpo di forbici,* couper. | *lavorare di forbici,* censurer. || SPORT ciseaux. || pl. (pop.) ZOOL. pinces f. (L.C.).

forbiciaio [forbi'tʃajo] m. marchand de ciseaux.

forbiciata [forbi'tʃata] f. coup (m.) de ciseaux.

forbicina [forbi'tʃina] f. dimin. di FORBICE. || ZOOL. perce-oreille m., forficule.

forbire [for'bire] v. tr. [pulire] nettoyer, essuyer. || [lucidare] fourbir, astiquer. || FIG. (poet). polir (L.C.).

forbitamente [forbita'mente] avv. avec élégance, élégamment.

forbitezza [forbi'tettsa] f. PR. (raro) propreté. || FIG. perfection.

forbito [for'bito] agg. propre, nettoyé. || [lucido] fourbi, astiqué. || FIG. soigné, élégant.

forbitura [forbi'tura] f. [pulitura] nettoyage m. || [lucidatura] astiquage m., fourbissage m.

forca ['forka] f. **1.** fourche. | *(fatto) a forca,* fourchu. || **2.** [patibolo] gibet m., potence. || **3.** LOC. *arnese da forca,* gibier de potence. || **4.** LOC. FAM. *va' sulla forca!,* va te faire pendre!, va te faire voir! || *far la forca a qlcu.,* jouer un sale tour à qn. || STOR. *forche Caudine,* fourches Caudines.

forcaiolo [forka'jɔlo] m. (peggior.) réactionnaire, réac (pop.).

forcata [for'kata] f. fourchée. || [colpo] coup (m.) de fourche.

forcella [for'tʃεlla] f. fourche. | *forcella di bicicletta,* fourche de bicyclette. || [per capelli] épingle (à cheveux). || [valico] col. || ANAT. (pop.) [osso di pollo] fourchette (L.C.). || MAR. fourche. || MIL. fourchette.

forchetta [for'ketta] f. fourchette. || [di orologio] fourchette. || ANAT. (pop.) [osso di pollo] fourchette (L.C.). || LOC. FIG. *essere una buona forchetta,* avoir un joli, un bon coup de fourchette.

forchettata [forket'tata] f. [quantità] fourchetée (raro). || [colpo] coup (m.) de fourchette.

forcina [for'tʃina] f. épingle à cheveux.

forcipe ['fɔrtʃipe] m. forceps.

forcone [for'kone] m. fourche f.

forcuto [for'kuto] agg. fourchu.

forense [fo'rεnse] agg. judiciaire, du barreau, du Palais. | *ordine forense,* barreau m. | *eloquenza forense,* éloquence judiciaire, du barreau. | *stile forense,* style du Palais.

forese [fo'rese] agg. de banlieue, périphérique. ◆ m. e f. (antiq.) paysan, anne.
foresta [fo'rɛsta] f. Pr. e fig. forêt. | *foresta vergine*, forêt vierge. | *foresta domaniale*, forêt domaniale.
forestale [fores'tale] agg. forestier.
foresteria [foreste'ria] f. [di convento] hôtellerie. || [in una casa privata] chambres (f. pl.) d'amis.
forestierismo [forestje'rizmo] m. coutume (f.) d'origine étrangère. || Ling. mot étranger.
forestiero [fores'tjɛro] m. e agg. étranger.
forfait [for'fɛ] m. [fr.] o **forfè** [for'fɛ] m. Comm. forfait.
forfeit ['foofit] m. [ingl.] Sport forfait. || Loc. pr. e fig. *dichiarare forfeit*, déclarer forfait.
forfettario [forfet'tarjo] agg. forfaitaire.
forfora ['forfora] f. pellicules pl.
forforoso [forfo'roso] agg. pelliculeux.
forgia ['fɔrdʒa] f. forge.
forgiabile [for'dʒabile] agg. Tecn. forgeable.
forgiabilità [fordʒabili'ta] f. malléabilité.
forgiare [for'dʒare] v. tr. Pr. e fig. forger. || Fig. [plasmare] former. | *forgiare il carattere*, former le caractère.
forgiatore [fordʒa'tore] m. forgeron, forgeur. || Fig. forgeur.
forgiatura [fordʒa'tura] f. forgeage m.
foriero [fo'rjɛro] agg. (lett.) avant-coureur. ◆ m. (lett.) signe avant-coureur, fourrier (arc.).
forma ['forma] f. **1.** forme. | *oggetto a forma di cilindro*, objet en forme de cylindre. | *Giove apparve a Leda in forma di cigno*, Jupiter apparut à Léda sous la forme d'un cygne. | *prender forma*, prendre forme. | *dare forma a una scultura*, donner sa forme à une sculpture. || (lett.) [aspetto umano] forme (raro). || pl. formes. | *donna dalle forme eleganti*, femme aux formes élégantes. || **2.** [modo di essere di qlco.] forme. | *forme di vita*, formes de vie. | *forma mentis*, tournure d'esprit. || **3.** [nell'ambito del linguaggio] forme. | *forma e contenuto*, fond et forme. || **4.** [modo prescritto] forme. | *osservare la forma*, respecter la forme. | *nella debita forma*, en bonne (et due) forme, dans les formes. | *in forma privata*, non officiellement. | *in forma ufficiale*, officiellement. || [rispetto delle convenzioni] forme. | *è solo una questione di forma*, ce n'est qu'une question de forme. | *pro forma*, de pure forme, pour la forme. || pl. [convenienze sociali] convenances, apparences. | *salvare le forme*, sauver les apparences. || **5.** [comportamento educato] formes. | *persona priva di forma*, personne qui manque de formes. | *rivolgersi a qlcu. in forma educata*, s'adresser à qn en y mettant les formes. || **6.** [condizione fisica] forme. | *essere giù di forma*, ne pas être en forme. || **7.** [arnese] forme. | *forma da scarpe*, forme à chaussures ; embauchoir (m.). | *forma da cappelli*, forme de modiste. || [stampo] moule m., forme. | *forma per dolci*, moule à gâteau. | *forma per la fusione*, moule de fonderie. | *forma da formaggio*, forme à fromage. || **8.** Arti, Filos., Giur., Gramm. forme. | *forma chiusa, libera*, forme fixe, libre. || **9.** Tip. forme, planche.
formaggera [formad'dʒɛra] f. V. formaggiera.
formaggiaio [formad'dʒajo] m. fromager.
formaggiera [formad'dʒɛra] f. récipient (m.) pour le fromage râpé.
formaggino [formad'dʒino] m. portion (f.) de fromage fondu, portion de crème de gruyère.
formaggio [for'maddʒo] m. fromage. | *formaggio caprino*, fromage de chèvre. | *formaggio molle*, fromage à pâte molle. | *formaggio duro*, fromage à pâte dure. | *fabbrica di formaggio*, fromagerie. | *negozio di formaggi*, crémerie. | *formaggio grattugiato*, fromage râpé ; râpé (fam.).
formale [for'male] agg. [che riguarda la forma] formel. | *analisi formale*, analyse formelle. || [esplicito] formel. | *dichiarazione, promessa formale*, déclaration, promesse formelle. || [puramente esteriore] formel, protocolaire. | *gentilezza formale*, politesse formelle. | *atteggiamento formale*, attitude protocolaire. | *mi ha scritto una lettera molto formale*, il m'a écrit une lettre au ton très officiel. || Filos., Giur., Mat. formel.
formalina [forma'lina] f. Chim. formol m.
formalismo [forma'lizmo] m. formalisme.
formalista [forma'lista] (**-i** pl. m.) m. e f. formaliste.
formalistico [forma'listiko] (**-ci** pl.) agg. formaliste.
formalità [formali'ta] f. formalité. | *si fa per pura formalità*, c'est une simple formalité.
formalizzarsi [formalid'dzarsi] v. rifl. se formaliser.
formalmente [formal'mente] avv. formellement.
forma mentis ['fɔrma'mɛntis] f. [lat.] tournure d'esprit.
formare [for'mare] v. tr. **1.** [creare] former. || Per est. [foggiare] façonner, faire, modeler. | *formare lo scafo di una nave*, façonner la coque d'un navire. | *formare una statua*, faire, modeler une statue. || Fig. [educare] former, façonner. | *formare un attore*, former un acteur. || [con particella pronominale : concepire] se faire. | *formare un'idea, un'opinione*, se faire une idée, une opinion. || **2.** [costituire mediante una raccolta di elementi] former, constituer. | *formare un treno*, former un train. | *formare un governo*, former, constituer un gouvernement. || **3.** [diventare o essere elemento di un insieme] former, constituer, composer. | *i presenti formarono un cerchio attorno a lui*, les assistants formèrent un cercle autour de lui. | *le persone che formano l'assemblea*, les personnes qui forment, qui constituent l'assemblée. | *i deputati che formano la commissione*, les députés qui composent la commission. || **4.** [essere] constituer, être. | *il suo fisico forma la sua unica attrattiva*, son physique constitue, est son seul attrait. ◆ v. rifl. se former.
formativo [forma'tivo] agg. formatif, formateur.
1. formato [for'mato] agg. formé.
2. formato [for'mato] m. format. | *formato ridotto, tascabile*, petit format, format de poche. | *formato tessera*, format passeport.
formatura [forma'tura] f. Tecn. moulage m.
formazione [format'tsjone] f. formation.
formella [for'mɛlla] f. **1.** [mattonella] carreau m. || **2.** [riquadro decorato] panneau m. || [di soffitto] caisson m. || **3.** [combustibile] briquette.
1. formica [for'mika] f. Zool. fourmi. || Loc. fig. *ha cervello d'una formica*, il a une cervelle d'oiseau.
2. formica ['fɔrmika] f. Formica m.
formicaio [formi'kajo] m. Pr. e fig. fourmilière f.
formicaleone [formikale'one] m. Zool. fourmi-lion, fourmilion.
formichiere [formi'kjɛre] m. Zool. fourmilier.
formico ['fɔrmiko] (**-ci** pl.) agg. Chim. formique.
formicolare [formiko'lare] v. intr. fourmiller, grouiller, pulluler. | *il paese formicolava di turisti*, le village fourmillait, grouillait de touristes. || [dare una sensazione di formicolio] fourmiller (raro). | *mi formicolano le gambe*, j'ai des fourmis dans les jambes ; les jambes me fourmillent.
formicolio [formiko'lio] m. fourmillement, grouillement, pullulement. || [sensazione] fourmillement, formication f. (med.). | *ha il formicolio nelle gambe*, il a des fourmis, des fourmillements dans les jambes.
formidabile [formi'dabile] agg. Pr. e fig. formidable.
formidabilmente [formidabil'mente] avv. formidablement.
formolo [for'mɔlo] m. Chim. formol.
formosità [formosi'ta] f. opulence des formes, rondeur. || Scherz. [parte tondeggiante del corpo] rotondité, rondeur.
formoso [for'moso] agg. bien en chair, plantureux, opulent. | *petto formoso*, poitrine opulente.
formula ['formula] f. **1.** formule. | *formula liturgica*, formule liturgique. | *formula di saluto*, formule de politesse. || [massima] formule. || [motto] devise. || **2.** Fig. formule. | *uno spettacolo concepito secondo una nuova formula*, un spectacle conçu suivant une nouvelle formule. || **3.** Arti, Chim., Farm., Fis., Mat., Sport formule. || **4.** Giur. *assolvere un imputato con formula piena*, acquitter un accusé.
formulare [formu'lare] v. tr. formuler.
formulario [formu'larjo] m. formulaire.
formulazione [formulat'tsjone] f. formulation.
fornace [for'natʃe] f. four m. || Fig. fournaise.
fornaio [for'najo] (**-a** f.) m. boulanger, ère. || Zool. fournier.
fornata [for'nata] f. fournée.

fornello [for'nɛllo] m. réchaud, fourneau. ‖ [di pipa] fourneau. ‖ MIN. cheminée f.
fornicare [forni'kare] v. intr. forniquer.
fornicatore [fornika'tore] (**-trice** f.) m. fornicateur, trice.
fornicazione [fornikat'tsjone] f. fornication.
fornimento [forni'mento] m. équipement, fournitures f. pl.
fornire [for'nire] v. tr. fournir. | *fornire armi ad una nazione*, fournir des armes à un pays. ‖ [dotare] munir. | *fornire qlcu. del denaro necessario*, munir qn de l'argent nécessaire. | *fornire la casa di una doccia*, équiper la maison d'une douche. | *fornire di mobili*, meubler. ◆ v. rifl. se pourvoir, se munir, se fournir (raro). | *fornirsi di viveri*, se munir de provisions. ‖ ASSOL. se fournir, se servir. | *mi fornisco sempre in questo negozio*, je me fournis toujours dans ce magasin. ‖ FIG. se munir, s'armer.
fornito [for'nito] agg. fourni.
fornitore [forni'tore] (**-trice** f.) m. fournisseur, euse.
fornitura [forni'tura] f. fourniture. ‖ pl. fournitures.
forno ['forno] m. **1.** four. | *forno da pane*, four de boulanger. | *mettere l'arrosto nel forno*, mettre le rôti au four. ‖ **2.** PER EST. [bottega del fornaio] boulangerie f. ‖ [infornata] fournée f. ‖ **3.** FIG. fournaise f., étuve f. | *d'estate questa stanza diventa un forno*, en été cette pièce est une véritable étuve. ‖ FIG. SCHERZ. [bocca] four (fam.). | *spalancare il forno*, ouvrir un grand four. ‖ **4.** MED. étuve f. ‖ **5.** TECN. four. | *alto forno*, haut fourneau. | *forno crematorio*, four crématoire. ‖ **6.** TEATRO four. | *far forno*, faire un four.
1. foro ['foro] m. trou. ‖ [galleria] tunnel.
2. foro ['fɔro] m. **1.** GIUR. [tribunale]. ‖ [professione d'avvocato, insieme degli avvocati] barreau. ‖ **2.** RELIG. *foro interno*, for intérieur. ‖ **3.** STOR. forum. ‖ PER EST. *foro boario*, marché aux bestiaux.
forra ['forra] f. GEOL. gorge.
forse ['forse] avv. **1.** [dubbio] peut-être. | *forse ha ragione*, il a peut-être raison, peut-être qu'il a raison, peut-être a-t-il raison. ‖ **2.** [probabilità] peut-être (bien). | *forse è del tutto normale*, peut-être (bien) que c'est tout à fait normal. ‖ **3.** [approssimazione] environ, plus ou moins, peut-être. | *costerà forse diecimila lire*, cela doit coûter environ dix mille lires. | *eravamo forse una ventina*, nous pouvions être une vingtaine, nous étions peut-être une vingtaine. ‖ **4.** [nelle interrogazioni retoriche] *è forse il modo di rispondere?*, est-ce que c'est une façon de répondre ? | *non è forse colpa tua?*, ce n'est pas de ta faute, peut-être ? | *forse che non sono stanco io?*, et moi, je ne suis pas fatigué, peut-être ? ; et moi, est-ce que je ne suis pas fatigué ? ◆ m. *essere, rimanere in forse*, être dans le doute, dans l'incertitude. | *mettere in forse qlco.*, mettre qch. en danger. | *senza forse*, sans aucun doute, assurément, à coup sûr.
forsennatamente [forsennata'mente] avv. comme un forcené, furieusement, frénétiquement.
forsennato [forsen'nato] agg. e m. forcené.
forte ['fɔrte] agg. **1.** [dotato di forza fisica] fort, robuste, costaud (fam.). ‖ EUF. [grasso] fort. | *aver i fianchi forti*, être fort des hanches. ‖ [resistente] bon, grand, gros. | *forte camminatore*, bon marcheur. | *forte bevitore*, grand buveur. | *forte mangiatore*, gros mangeur. ‖ LOC. *dar man forte*, prêter main-forte. ‖ **2.** [bravo] fort, bon, calé (fam.). | *forte in matematica*, fort en mathématiques. ‖ **3.** [dal punto di vista morale] fort, ferme, courageux. | *anima forte*, âme forte, courageuse. | *farsi forte*, prendre courage. | *si fa forte del suo buon diritto*, il est fort de son bon droit. ‖ **4.** [autoritario] fort, ferme. | *maniera forte*, manière forte. ‖ **5.** [potente] fort, puissant, important. | *partito forte*, parti fort, puissant. ‖ **6.** [di sentimenti o sensazioni] fort, grand. | *il dolore era troppo forte*, la douleur était trop forte. ‖ LOC. *è più forte di me*, c'est plus fort que moi. ‖ **7.** [resistente, solido] fort, solide, résistant. | *colla forte*, colle forte. | *stoffa forte*, étoffe solide. | *colore forte*, couleur solide. ‖ **8.** [poderoso, violento] fort, violent, grand. | *forte spinta*, forte poussée. | *colpi fortissimi*, coups très violents, très forts. | *forte vento*, grand vent, vent fort. | *forte schiaffo*, bonne claque. ‖ **9.** [intenso] fort. | *voce forte*, voix forte. | *formaggio forte*, fromage fort. | *luce forte*, lumière forte. | *tinta forte*, couleur vive. | *a forti tinte*, haut en couleur. ‖ **10.** [importante] important, grand, fort. | *forti perdite*, pertes importantes, fortes pertes. | *piatto forte*, plat de résistance. | *pezzo forte di un artista*, cheval de bataille d'un artiste. ‖ **11.** [grave] sérieux, grave, fort. | *forti sospetti*, sérieux soupçons ; forts, graves soupçons. ‖ **12.** FON. fort. ◆ m. [persona] fort. | *i deboli e i forti*, les faibles et les forts. ‖ [punto forte] fort. | *non è il mio forte*, ce n'est pas mon fort. ‖ MIL. fort. ‖ MUS. forte. ◆ avv. fort. | *tossire forte*, tousser fort. ‖ [ad alta voce] haut, à haute voix. | *e lo dirò forte!*, et je le dirai bien haut ! ‖ [molto] fort (lett.) ; [con verbo] beaucoup ; [con agg. o avv.] très, bien. | *ne dubito forte*, j'en doute fort. | *mangiar forte*, manger beaucoup. | *è stupido forte*, il est très sot, il est fort sot. | *giocar forte*, jouer gros. ‖ [veloce] vite. | *correr forte*, courir vite. ‖ MUS. forte.
fortemente [forte'mente] avv. fortement.
fortezza [for'tettsa] f. force (morale), constance (antiq.), fermeté. ‖ MIL. forteresse. ‖ AER. *fortezza volante*, forteresse volante.
fortificante [fortifi'kante] agg. fortifiant.
fortificare [fortifi'kare] v. tr. fortifier. ‖ MIL. fortifier. ◆ v. rifl. se fortifier, se retrancher.
fortificativo [fortifika'tivo] agg. (raro) fortifiant.
fortificazione [fortifikat'tsjone] f. fortification.
fortilizio [forti'littsjo] m. fortin, redoute f.
fortino [for'tino] m. fortin, blockhaus.
fortissimo [for'tissimo] avv. e m. MUS. fortissimo.
fortore [for'tore] m. aigreur f., goût fort ; odeur forte.
fortuitamente [fortuita'mente] avv. par hasard, fortuitement.
fortuito [for'tuito] agg. fortuit, accidentel.
fortuna [for'tuna] f. **1.** [sorte buona o cattiva] sort m., fortune (raro), chance (raro). | *i capricci della fortuna*, les caprices du sort. | *buona e cattiva fortuna*, bon et mauvais sort ; bonheur et malheur. | *tentare la fortuna*, tenter sa chance. | *la fortuna ci arrise*, la chance nous a souri. ‖ LOC. *afferrare la fortuna per i capelli*, saisir la balle au bond. | *buona fortuna!*, bonne chance ! ‖ **2.** [caso favorevole] chance, bonheur m., fortune (arc. o lett.), veine (fam.), pot m. (pop.), bol m. (pop.). | *aver fortuna*, avoir de la chance, avoir de la veine, avoir du pot. | *portar fortuna*, porter bonheur, porter chance. | *cercar fortuna*, chercher fortune. | *colpo di fortuna*, coup de chance, coup de pot. | *per fortuna*, heureusement, par bonheur, par chance. | *fortuna volle che*, heureusement que. | *che fortuna!*, quelle chance ! ‖ **3.** [successo] succès m. | *l'iniziativa ebbe molta fortuna*, l'initiative eut beaucoup de succès. ‖ [accoglienza fatta ad opera d'arte] fortune, destin m. | *fortuna di un libro*, fortune d'un livre. ‖ **4.** [sostanza] fortune. | *ha ereditato una fortuna*, il a hérité une fortune. ‖ **5.** LOC. *di fortuna*, de fortune. | *mezzi di fortuna*, moyens de fortune. | *atterraggio di fortuna*, atterrissage forcé.
fortunale [fortu'nale] m. tempête f.
fortunatamente [fortunata'mente] avv. heureusement, par bonheur.
fortunato [fortu'nato] agg. [di persona] qui a de la chance, chanceux, veinard (fam.), verni (fam.), chançard (pop.), heureux (raro). | *che fortunato che sei!*, tu en as de la chance ! ; quel veinard ! | *è sempre stato fortunato*, il a toujours eu de la chance. | *Lei è una persona fortunata*, vous êtes un heureux mortel. ‖ [di cosa] heureux, bon. | *incontro fortunato*, heureuse rencontre. | *caso fortunato*, heureux hasard. | *scelta fortunata*, choix heureux. | *impresa fortunata*, entreprise couronnée de succès. ‖ [nelle presentazioni] *fortunatissimo!*, enchanté ! ; très heureux !
fortunosamente [fortunosa'mente] avv. d'une manière mouvementée, aventureusement.
fortunoso [fortu'noso] agg. mouvementé, aventureux.
foruncolo [fo'runkolo] m. furoncle, bouton, clou (pop.).
foruncolosi [forunko'lɔzi] f. MED. furonculose.
forviare [forvi'are] v. intr. PR. (raro) se fourvoyer, se perdre, se tromper de chemin. ‖ FIG. se fourvoyer, s'écarter du droit chemin. ◆ v. rifl. (raro) se fourvoyer. ◆ v. tr. (lett.) FIG. fourvoyer.
forza ['fɔrtsa] f. **1.** [vigore fisico] force. | *cibo che dà forza*, nourriture qui donne des forces. | *rimettersi in*

forze, in forza, reprendre des forces. ‖ **2.** [energia spirituale] force. | *forza d'ingegno,* force de l'esprit. | *forza morale,* force morale. ‖ Loc. *far, dare forza a qlcu.,* encourager qn, donner courage à qn, remonter le moral de qn (fam.). | *farsi forza,* reprendre courage. | *fatti forza!,* un peu de courage! | *di prima forza,* de première force. ‖ **3.** [intensità] force, intensité, violence. | *forza del vento,* force du vent. ‖ [gradazione alcoolica] force. ‖ **4.** [violenza] force, violence, contrainte. | *camicia di forza,* camisole de force. ‖ Loc. *far forza a qlcu.,* faire violence à qn. | *farsi forza,* se faire violence, se forcer. ‖ **5.** [carattere irresistibile] force. | *forza del destino,* force du destin. | *caso di forza maggiore,* cas de force majeure. ‖ **6.** [efficacia] force. | *forza di un rimedio,* force, efficacité d'un médicament. | *decreto che ha forza di legge,* décret qui a force de loi. ‖ **7.** [potenza] force. | *l'unione fa la forza,* l'union fait la force. ‖ **8.** [insieme di uomini] force. | *forza pubblica,* force publique. | *forze armate,* forces armées. ‖ **9.** Fis. force. | *forza di gravità,* force de gravité. ‖ **10.** Mar. *far forza di remi,* faire force de rames. ◆ Loc. avv. ***a forza, a viva forza, di forza, con la forza,*** de force. ‖ ***a tutta forza,*** de toutes mes (tes, ses...) forces. ‖ ***per forza,*** [necessariamente] forcément, nécessairement; [per obbligo] par force (raro), par obligation; [controvoglia] à contrecœur; [a tutti i costi] à toute force, à tout prix. | *doveva finire così per forza,* cela devait forcément se terminer ainsi. | *ho accettato per forza,* j'ai été obligé, j'ai été forcé d'accepter. | *«Andrai alla riunione?», «Per forza»,* «Tu iras à la réunion?», «Il le faut bien», «Je suis bien obligé». | *mangiare per forza,* manger à contrecœur. | *voleva per forza andare al mare,* il voulait à toute force, à tout prix, absolument aller à la mer. | *per amore o per forza,* de gré ou de force, bon gré mal gré. | *per forza di cose,* par la force des choses. ◆ Loc. prep. ***a forza di,*** à force de. | *a forza di rileggere questo libro, lo so a memoria,* à force de relire ce livre, je le sais par cœur. | *a forza di pazienza, di botte,* à force de patience, de coups. | *a forza di bastonate,* à coups de bâton. | *siamo riusciti a far tenere i suoi capelli a forza di forcine,* nous avons réussi à faire tenir ses cheveux à grand renfort d'épingles. ‖ ***in forza di,*** en vertu de. | *in forza del contratto,* en vertu du contrat. ◆ interiez. *forza!,* allons!, allez!, vas-y!, du nerf (fam.)!, courage!, hardi! | *forza ragazzi!,* hardi, les gars!

forzare [for'tsare] v. tr. **1.** [far cedere con la forza] forcer. | *forzare una serratura, la porta,* forcer une serrure, la porte. ‖ [far entrare con la forza] enfoncer, introduire de force. | *forzare un tappo,* enfoncer un couvercle. ‖ Fig. *forzare il senso di una parola,* forcer le sens d'un mot. ‖ **2.** [imporre uno sforzo] forcer. | *forzare la voce,* forcer sa voix. ‖ **3.** [costringere] forcer, obliger. | *lo forzarono a firmare,* ils le forcèrent à signer. ‖ **4.** Agr. forcer. ◆ v. intr. Mar. forcer, faire force. ◆ v. rifl. se forcer.

forzatamente [fortsata'mente] avv. [con sforzo] d'un air contraint. ‖ [per forza] par force (raro). | *dovetti andarci forzatamente,* je fus obligé d'y aller.

forzato [for'tsato] agg. forcé. ◆ m. forçat, bagnard.

forzatura [fortsa'tura] f. déformation, altération. | *forzatura delle parole di qlcu.,* déformation des paroles de qn. ‖ Agr. forçage m.

forziere [for'tsjere] m. coffre(-fort).

forzoso [for'tsoso] agg. forcé.

forzuto [for'tsuto] agg. robuste, costaud (fam.).

foschia ['fos'kia] f. brume.

fosco ['fosko] agg. [scuro] sombre, gris. | *cielo fosco,* ciel sombre, gris. | *tempo fosco,* temps gris. | *colore fosco,* couleur sombre. ‖ [che offre scarsa visibilità] brumeux. ‖ Fig. sombre, noir. | *viso fosco,* visage sombre. | *fosco avvenire,* avenir sombre. | *presenta la situazione a tinte piuttosto fosche,* il fait un tableau bien noir de la situation.

fosfato [fos'fato] m. Chim. phosphate.

fosfene [fos'fɛne] m. Med. phosphène.

fosforato [fosfo'rato] agg. Chim. phosphoré.

fosforeo [fos'fɔreo] agg. phosphorescent.

fosforescente [fosforeʃ'ʃɛnte] agg. phosphorescent.

fosforescenza [fosforeʃ'ʃɛntsa] f. phosphorescence.

fosforico [fos'fɔriko] (**-ci** pl.) agg. Chim. phosphorique.

fosforo ['fɔsforo] m. Chim. phosphore.

fosforoso [fosfo'roso] agg. Chim. phosphoreux.

fosgene [foz'dʒɛne] m. Chim. phosgène.

fossa ['fɔssa] f. **1.** fosse. | *fossa biologica,* fosse septique. ‖ Mecc. *fossa di riparazione,* fosse. ‖ **2.** [tomba] fosse, tombe. | *fossa comune,* fosse commune. ‖ Fig. [morte] mort, tombe, fosse. ‖ Loc. fig. *avere un piede nella fossa,* avoir un pied dans la tombe. | *scavarsi la fossa da sé,* creuser sa (propre) tombe; [rovinarsi] être l'artisan de son malheur. ‖ **3.** Anat. fosse. | *fossa iliaca,* fosse iliaque. ‖ **4.** Geog. *fossa tettonica,* fossé m. | *fosse oceaniche,* fosses océaniques.

fossato [fos'sato] m. fossé. ‖ [attorno alle fortificazioni] fossé, douve f.

fossetta [fos'setta] f. petite fosse. ‖ Anat. fossette.

fossile ['fɔssile] agg. e m. Pr. e fig. fossile. | *vegetali fossili,* végétaux fossiles. | *carbon fossile,* houille.

fossilifero [fossi'lifero] agg. fossilifère.

fossilizzare [fossilid'dzare] v. tr. Pr. e fig. fossiliser. ◆ v. rifl. Pr. e fig. se fossiliser.

fossilizzazione [fossiliddzat'tsjone] f. Pr. e fig. fossilisation.

fosso ['fɔsso] m. fossé. | *fosso di cinta,* saut-de-loup. ‖ Fig. *saltare il fosso,* sauter le fossé, franchir le pas.

foto ['fɔto] f. invar. photo.

fotocellula [foto'tʃɛllula] f. cellule photoélectrique.

fotochimica [foto'kimika] f. photochimie.

fotocolore [fotoko'lore] m. photographie (f.) en couleurs.

fotocopia [foto'kɔpja] f. photocopie.

fotocronaca [foto'krɔnaka] f. reportage (m.) photographique.

fotocronista [fotokro'nista] (**-i** pl.) m. reporter photographe.

fotoelettricità [fotoelettritʃi'ta] f. photoélectricité.

fotoelettrico [fotoe'lɛttriko] (**-ci** pl.) agg. photoélectrique.

fotogenia [fotodʒe'nia] f. photogénie.

fotogenico [foto'dʒɛniko] (**-ci** pl.) agg. photogénique.

fotografare [fotogra'fare] v. tr. Pr. e fig. photographier.

fotografia [fotogra'fia] f. [processo] photographie. ‖ [arte, tecnica] photo, photographie. | *è un dilettante di fotografia,* il fait de la photo en amateur. ‖ [immagine] photo, photographie. | *scattare una fotografia,* prendre une photo. | *fotografia in formato tessera,* photo d'identité.

fotograficamente [fotografika'mente] avv. photographiquement.

fotografico [foto'grafiko] (**-ci** pl.) agg. photographique. | *macchina fotografica,* appareil photographique, appareil photo.

fotografo [fo'tɔgrafo] m. photographe.

fotogramma [foto'gramma] (**-i** pl.) m. photogramme.

fotogrammetria [fotogramme'tria] f. photogrammétrie.

fotoincisione [fotointʃi'zjone] f. photogravure.

fotoincisore [fotointʃi'zore] m. photograveur.

fotolitografia [fotolitogra'fia] f. photolithographie.

fotomeccanica [fotomek'kanika] f. photomécanique.

fotometria [fotome'tria] f. photométrie.

fotomontaggio [fotomon'taddʒo] m. photomontage.

fotone [fo'tone] m. Fis. photon.

fotoreporter [fotore'pɔrter] m. reporter photographe.

fotoromanzo [fotoro'mandzo] m. photoroman, roman-photo, ciné-roman.

fotosensibile [fotosen'sibile] agg. photosensible.

fotosfera [fotos'fɛra] f. Astron. photosphère.

fotosintesi [foto'sintezi] f. photosynthèse.

fotostatico [fotos'tatiko] (**-ci** pl.) agg. photocopié. | *copia fotostatica,* photocopie.

fototeca [foto'tɛka] f. photothèque.

fototipia [fototi'pia] f. phototypie.

fottere ['fottere] v. tr. (volg.) foutre. ‖ Fig. rouler (fam.), avoir (fam.). ◆ v. rifl. (volg.) se foutre. | *chi se ne fotte?,* qu'est-ce que ça peut foutre?

fottio [fot'tio] m. (volg.) tas (l.c.), masse f. (l.c.). ‖ [chiasso] boucan (fam.), potin (fam.).

fottuto [fot'tuto] agg. (volg.) foutu.

foulard [fu'lar] m. [fr.] foulard.
fox-terrier [fɔks'terjə] m. [ingl.] fox-terrier.
fox-trot [fɔks'trɔt] m. [ingl.] fox-trot.
1. fra [fra] prep. V. TRA.
2. fra [fra] m. RELIG. frère. V. anche FRATE.
frac [frak] m. habit, frac, queue-de-pie f. (fam.), queue-de-morue f. (fam.).
fracassamento [frakassa'mento] m. rupture f.
fracassare [frakas'sare] v. tr. fracasser. ◆ v. rifl. se fracasser.
fracasso [fra'kasso] m. **1.** PR. [strepito] fracas. ‖ [chiasso] fracas, vacarme, tapage, boucan (fam.). ‖ **2.** FIG. bruit, éclat. ‖ FAM. [gran quantità] tas (L.C.), masse f. (L.C.).
fracassone [frakas'sone] m. (fam.) brise-tout (n. invar.).
fracco ['frakko] m. [sett.] tas, masse f. ‖ [di botte] volée f.
fradicio ['fraditʃo] (**-ce** f. pl.) agg. **1.** [guasto] pourri, gâté. ‖ FIG. pourri. ‖ **2.** [bagnato] trempé. | *vestito fradicio*, vêtement trempé. ‖ **3.** [per sottolineare un eccesso] complètement avv. | *sono bagnato fradicio*, je suis complètement trempé, je suis trempé jusqu'aux os. | *era ubriaco fradicio*, il était ivre mort, complètement bourré (pop.), il était fin soûl (fam.). ◆ m. **1.** [parte marcia] pourri, pourriture f. ‖ FIG. pourriture. ‖ **2.** [umidità] humidité f., mouillé. ‖ [fango] boue f.
fradiciume [fradi'tʃume] m. PR. e FIG. pourriture f. ‖ [umidità] humidité (f.).
fragile ['fradʒile] agg. PR. e FIG. fragile. | *fragile come il vetro*, fragile comme du verre. | *salute fragile*, santé fragile. | *fragile fanciulla*, frêle jeune fille. | *argomenti fragili*, arguments fragiles.
fragilità [fradʒili'ta] f. PR. e FIG. fragilité.
fragilmente [fradʒil'mente] avv. fragilement.
fragola ['fragola] f. [pianta] fraisier m. ‖ [frutto] fraise. | *fragola selvatica*, fraise des bois.
fragolone [frago'lone] m. fraise (f.) de culture; capron.
fragore [fra'gore] m. fracas, vacarme.
fragorosamente [fragorosa'mente] avv. bruyamment; de façon assourdissante.
fragoroso [frago'roso] agg. fracassant, assourdissant, bruyant, retentissant (anche fig.).
fragrante [fra'grante] agg. odorant, parfumé. | *fragrante profumo*, délicieux parfum.
fragranza [fra'grantsa] f. parfum m., fragrance (lett.). ‖ [di caffè] arôme m. ‖ [di vino, liquore] bouquet m.
fraintendere [frain'tɛndere] v. tr. mal comprendre, se méprendre [sur] (lett.). | *fraintendere le parole di qlcu.*, mal comprendre les paroles de qn, se méprendre sur le sens des paroles de qn. | *hai frainteso le mie intenzioni*, tu n'as pas bien compris, tu t'es mépris sur mes intentions. | *non fraintendetemi*, comprenez-moi bien.
fraintendimento [fraintendi'mento] m. (raro) erreur f., méprise f.
framezzo [fra'mɛddzo] prep. V. FRAMMEZZO.
framassone [framas'sone] m. V. MASSONE.
framassoneria [framassone'ria] f. V. MASSONERIA.
frammentare [frammen'tare] v. tr. fragmenter.
frammentarietà [frammentarje'ta] f. caractère (m.) fragmentaire.
frammentario [frammen'tarjo] agg. fragmentaire. ‖ [privo di organicità] décousu.
frammentazione [frammentat'tsjone] f. (raro) fragmentation.
frammento [fram'mento] m. fragment.
frammettere [fram'mettere] v. tr. (raro) interposer. ◆ v. rifl. s'interposer (entre). ‖ [immischiarsi] se mêler (de).
frammezzare [frammed'dzare] v. tr. (raro) entremêler. | *frammezzare un discorso con citazioni*, entremêler, farcir un discours de citations. ‖ [alternare] faire alterner. | *frammezzare il lavoro al piacere*, faire alterner le travail et le plaisir.
frammezzo [fram'mɛddzo] avv. (raro) au milieu. ‖ LOC. FIG. *porsi, mettersi frammezzo*, s'interposer. ◆ prep. au milieu de, parmi.
frammischiare [frammis'kjare] v. tr. mélanger, entremêler. | *frammischiare una cosa con un'altra*, mélanger une chose à, et, avec une autre.
frammisto [fram'misto] agg. mélangé, mêlé.
frana ['frana] f. éboulement m. ‖ [materiale caduto] éboulement, éboulis m. ‖ PER EST. [crollo] affaissement m., écroulement m., effondrement m., chute, dégringolade (fam.). ‖ FIG. FAM. nullité (L.C.), nullard m.
franabile [fra'nabile] agg. fragile, qui menace de s'ébouler, ébouleux (raro).
franamento [frana'mento] m. éboulement. ‖ PER EST. [crollo] écroulement, effondrement, affaissement, chute f.
franare [fra'nare] v. intr. ébouler; s'ébouler (v. rifl.). ‖ PER EST. [crollare] s'effondrer (v. rifl.), s'écrouler (v. rifl.), s'affaisser (v. rifl.). ‖ FIG. s'effondrer, s'écrouler.
francamente [franka'mente] avv. franchement.
francesca [fran'tʃeska] f. STOR. francisque.
francescanesimo [frantʃeska'nezimo] m. mouvement franciscain.
francescano [frantʃes'kano] agg. e m. franciscain.
francese [fran'tʃeze] agg. e n. français, e.
francesina [frantʃe'zina] f. petit pain (m.) français.
francesismo [frantʃe'zizmo] m. gallicisme.
francesizzare [frantʃezid'dzare] v. tr. franciser. ‖ SOSTANT. m. francisation f.
franchezza [fran'kettsa] f. franchise. ‖ [disinvoltura] aisance, sûreté.
franchigia [fran'kidʒa] f. franchise. ‖ MAR. quartier (m.) libre. ‖ STOR. *franchigie comunali*, chartes de franchise.
franchista [fran'kista] (**-i** pl. m.) agg. e n. franquiste.
franciano [fran'tʃano] m. LING. francien.
1. franco ['franko] (**-chi** pl.) agg. e m. franc. | *tribù franche*, tribus franques.
2. franco ['franko] (**-chi** pl.) agg. **1.** [esente da spese, tributi, dazi] franc. | *zona franca*, zone franche. | *porto franco*, port franc. | *franco di dogana*, en franchise de douane. | *franco di porto*, franc de port, franco (de port). ‖ PR. e FIG. *franco tiratore*, franc-tireur. ‖ LOC. FIG. *farla franca*, se tirer d'affaire, s'en tirer. ‖ **2.** ANTIQ. [libero] franc, libre. ‖ **3.** [schietto] franc. | *ad esser franco*, pour être franc. | *carattere franco*, caractère franc, direct. ‖ [disinvolto] sûr de soi, assuré, dégagé. ◆ avv. franc, franchement. | *parlar franco*, parler franc.
3. franco ['franko] (**-chi** pl.) m. franc. ‖ FAM. [lira] balle f. (pop.).
francobollare [frankobol'lare] v. tr. SPORT marquer rigoureusement.
francobollo [franko'bollo] m. timbre, timbre-poste (pl.: timbres-poste).
francofilo [fran'kɔfilo] agg. e m. francophile (m. e f.).
francofobo [fran'kɔfobo] agg. e m. francophobe (m. e f.).
francone ['frankone] agg. e m. francique. ‖ [neerlandese] néerlandais.
franco-provenzale ['frankoproven'tsale] agg. franco-provençal.
frangente [fran'dʒɛnte] m. [onda] lame f. ‖ [punto dove l'onda si frange] écueil, brisant, récif. ‖ FIG. épreuve f., difficulté f., situation (f.) difficile, cas, circonstance f., occurrence f. (lett.). | *in simili frangenti*, dans ce genre de situation, dans ces cas-là. | *in questo frangente*, dans ce cas-là, en l'occurrence. | *trovarsi in un brutto frangente*, être dans une situation difficile, être dans une mauvaise passe.
frangere ['frandʒere] v. tr. (lett.) PR. e FIG. briser (L.C.). ‖ [macinare] presser, pressurer. ◆ v. rifl. se briser, déferler (v. intr.). | *le onde si frangevano sulla spiaggia*, les vagues déferlaient sur la plage. ‖ FIG. (raro) se briser.
frangetta [fran'dʒetta] f. petite frange (de cheveux).
frangia ['frandʒa] (**-ge** pl.) f. [guarnizione] frange. ‖ [di capelli] frange. ‖ [fascia costiera] littoral m. | *frangia di coralli*, récif (m.) corallien. ‖ FIG. enjolivement m., enjolivure, fioriture. | *far frange*, broder. | *raccontami la cosa senza frange*, raconte-moi la chose sans broder.
frangiare [fran'dʒare] v. tr. (raro) franger.
frangiatura [frandʒa'tura] f. [frange] franges pl.
frangibile [fran'dʒibile] agg. cassable, fragile.
frangiflutti [frandʒi'flutti] m. invar. brise-lames.

frangitura [frandʒi'tura] f. pressurage m.
frangivento [frandʒi'vɛnto] m. invar. brise-vent. || [artificiale] abrivent.
frangizolle [frandʒid'dzɔlle] m. invar. TECN. brise-mottes, émotteuse f., hérisson m.
frankfurter ['frankfurtər] m. invar. [ted.] CULIN. saucisse (f.) de Francfort.
franklin ['fræŋklin] m. FIS. franklin.
franoso [fra'noso] agg. qui a tendance à s'ébouler; ébouleux.
franto ['franto] part. pass. di FRANGERE e agg.
frantoio [fran'tojo] m. [per olive, ecc.] pressoir. || [per olive, semi] moulin à huile. || [per pietrame, ecc.] broyeur, bocard, concasseur.
frantumare [frantu'mare] v. tr. broyer, concasser. || PER EST. [fare a pezzi con violenza] faire voler en éclats, casser, briser (lett.) en mille morceaux. || FIG. briser. ◆ v. rifl. voler en éclats, casser (v. intr.), se briser en mille morceaux. || FIG. se briser.
frantumatore [frantuma'tore] m. broyeur.
frantumazione [frantumat'tsjone] f. broyage m., concassage m.
frantume [fran'tume] m. fragment, débris. || LOC. *ridurre, mandare in frantumi*, réduire en miettes, faire voler en éclats, casser (en mille morceaux). | *andare in frantumi*, voler en éclats, se casser en mille morceaux.
frappa ['frappa] f. ARCHIT. feuillage m.
frapporre [frap'porre] v.tr. interposer, placer. || FIG. interposer, opposer. | *frapporre indugi alla partenza*, tarder à partir. | *senza frapporre indugi*, sans perdre de temps. | *frapporre ostacoli alla realizzazione di un progetto*, faire obstacle à la réalisation d'un projet. ◆ v. rifl. s'interposer. | *frapporsi tra i contendenti*, s'interposer dans la dispute. || [rendere difficile] s'opposer. | *diversi ostacoli si frappongono alla mia partenza*, plusieurs obstacles s'opposent à mon départ.
frapposizione [frapposit'tsjone] f. interposition.
frasario [fra'zarjo] m. [di una persona] langage, langue f. | *frasario ricercato*, langage recherché. || [di un gruppo] jargon (peggior.), langue, langage, phraséologie f. | *frasario dello sport*, jargon du sport. | *frasario degli avvocati*, phraséologie judiciaire.
frasca ['fraska] f. **1.** branche. || pl. [fogliame] feuillage (m. sing.), ramée (sing.) [lett.]. || LOC. FIG. *saltare di palo in frasca*, passer du coq à l'âne, faire un coq-à-l'âne (m.); [ripetutamente] faire des coq-à-l'âne, parler à bâtons rompus. || **2.** [come simbolo di leggerezza] frivolité, futilité, bagatelle. | *quella donna è una frasca*, cette femme est coquette. ◆ pl. [fronzoli] fanfreluches.
frascame [fras'kame] m. ramée f. (lett.), ramure f., feuillage, feuillée f. (lett.). || [frasche recise] ramée f., branchages pl.
frascati [fras'kati] m. [vino bianco] frascati.
frascheggiare [frasked'dʒare] v. intr. bruire. || FIG. [di donna] faire la coquette.
frascheria [fraske'ria] f. broutille, bagatelle; lubie, fantaisie; blague, sornette. ◆ pl. fanfreluches.
frase ['fraze] f. phrase. | *ha detto solo una frase*, il n'a dit qu'une phrase. | *mi ha detto frasi offensive*, il m'a dit des paroles, des choses blessantes. | *sono le tue frasi*, ce sont tes (propres) paroles. || [parola o locuzione] expression. | *è proprio la frase giusta*, c'est exactement l'expression qui convient. | *frase fatta*, expression toute faite; cliché m. || MUS. phrase.
fraseggiare [frazed'dʒare] v. intr. tourner ses phrases. || ASSOL. (peggior.) faire des phrases, phraser. || MUS. phraser. ◆ SOSTANT. m. phrasé.
fraseggiatore [frazeddʒa'tore] (**-trice** f.) m. (raro) phraseur, euse.
fraseggio [fra'zeddʒo] m. manière (f.) de tourner les phrases; tournure (f.) d'une phrase. || MUS. phrasé.
fraseologia [frazeolo'dʒia] f. phraséologie.
fraseologico [frazeo'lɔdʒiko] (**-ci** pl.) agg. phraséologique.
frassineto [frassi'neto] m. frênaie f.
frassino ['frassino] m. BOT. frêne.
frastagliamento [frastaʎʎa'mento] m. [il frastagliare] découpage. || [l'essere frastagliato]. V. FRASTAGLIATURA.
frastagliare [frastaʎ'ʎare] v. tr. découper, denteler.
frastagliato [frastaʎ'ʎato] agg. découpé, dentelé, déchiqueté. | *costa frastagliata*, côte découpée. | *foglia frastagliata*, feuille dentelée. || [di terreno] accidenté. || FIG. orné, chargé (peggior.).
frastagliatura [frastaʎʎa'tura] f. découpure, dentelure, indentation (geogr.).
frastornamento [frastorna'mento] m. [distrazione] distraction f. || [intontimento] ahurissement.
frastornare [frastor'nare] v. tr. [distrarre] distraire. || [disorientare] désorienter, déconcerter. || [intontire] ahurir, étourdir.
frastornato [frastor'nato] agg. ahuri, étourdi.
frastuono [fras'twɔno] m. vacarme, tapage, fracas, boucan (fam.).
frate ['frate] m. frère, moine. | *frate laico, converso*, frère lai, convers. | *si è fatto frate*, il s'est fait moine; il a pris le froc. || LOC. FIG. FAM. *va' a farti frate*, va te faire fiche, va au diable.
fratellanza [fratel'lantsa] f. PR. e FIG. fraternité. || [società] confrérie.
fratellastro [fratel'lastro] m. demi-frère.
fratellino [fratel'lino] m. [dimin.] petit frère, frérot (fam., raro).
fratello [fra'tɛllo] m. frère, frangin (pop.). | *fratello maggiore*, frère aîné, grand frère. | *fratello minore*, frère cadet, petit frère. | *Enrico e Roberta sono fratelli*, Henri et Roberte sont frère et sœur. || FIG. frère. | *fratelli d'armi*, frères d'armes. | *fratelli di sventura*, compagnons d'infortune. || RELIG. frère.
frateria [frate'ria] f. communauté, congrégation.
fraternamente [fraterna'mente] avv. fraternellement.
fraternità [fraterni'ta] f. fraternité. || [confraternita] confrérie.
fraternizzare [fraternid'dzare] v. intr. fraterniser.
fraternizzazione [fraterniddzat'tsjone] f. fraternisation.
fraterno [fra'tɛrno] agg. PR. e FIG. fraternel.
fratesco [fra'tesko] (**-chi** pl.) agg. monacal. || (peggior.) de moin(e)s; de frocard (peggior.).
fraticello [frati'tʃɛllo] o **fratino** [fra'tino] m. [dimin.] moinillon (scherz.), jeune moine.
fratricida [fratri'tʃida] (**-i** pl. m.) agg. e n. fratricide.
fratricidio [fratri'tʃidjo] (**-di** pl.) m. fratricide.
fratta ['fratta] f. fourré m., broussailles pl.
frattazzo [frat'tattso] m. V. FRETTAZZO.
frattaglie [frat'taʎʎe] f. pl. abats m. pl.
frattanto [frat'tanto] avv. V. FRATTEMPO (NEL).
frattempo [frat'tɛmpo] m. LOC. *nel frattempo, in questo, in quel frattempo*, [nell'attesa] en attendant, pendant ce temps. | *e che farò io nel frattempo?*, et moi, qu'est-ce que je vais faire en attendant? pendant ce temps-là? || [nel medesimo tempo] entre-temps, dans l'intervalle, pendant ce temps. | *nel frattempo è successa una cosa*, entre-temps il s'est passé quelque chose. | *loro si divertivano; nel frattempo io lavoravo*, ils s'amusaient, eux; pendant ce temps, moi, je travaillais.
fratto ['fratto] agg. (lett.) brisé. || MAT. *numero fratto*, nombre fractionnaire. || MUS. *canto fratto*, plain-chant.
frattura [frat'tura] f. cassure, rupture. || FIG. cassure, rupture, fêlure, coupure. || GEOL. fracture, coupure. || MED. fracture. | *frattura esposta*, fracture ouverte.
fratturare [frattu'rare] v. tr. fracturer. | *fratturarsi la gamba*, se fracturer la jambe.
fraudolentemente [fraudolente'mente] avv. frauduleusement.
fraudolento [fraudo'lɛnto] agg. (lett.) frauduleux. | *bancarotta fraudolenta*, banqueroute frauduleuse.
fraudolenza [fraudo'lɛntsa] f. (lett.) fraude (L.C.).
frazionabile [frattsjo'nabile] agg. divisible.
frazionamento [frattsjona'mento] m. fractionnement. || AMM., FIN. répartition f., partage. | *frazionamento dei rischi*, répartition des risques.
frazionare [frattsjo'nare] v. tr. fractionner. || [dividere] répartir, partager.
frazionario [frattsjo'narjo] agg. fractionnaire.
frazione [frat'tsjone] f. [parte] fraction. || [gruppo di case] hameau m., écart m. | *frazione di Firenze*, hameau dépendant de la mairie de Florence. || MAT. fraction. || RELIG. fraction. || SPORT relais.

frazionismo [frattsjo'nizmo] m. POLIT. fractionnisme.
frazionista [frattsjo'nista] (**-i** pl. m.) m. e f. POLIT. fractionniste.
freatico [fre'atiko] (**-ci** pl.) agg. phréatique.
freccia ['frettʃa] f. flèche. ‖ LOC. FIG. *correre come una freccia*, filer comme une flèche. ‖ PER ANAL. [segno o oggetto a forma di freccia] flèche. | *freccia di un carro*, flèche d'une charrette. ‖ ARCHIT. *freccia di volta*, flèche de voûte. ‖ MAR. flèche. ‖ FIG. flèche. ‖ FER. flèche.
frecciare [fret'tʃare] v. tr. e intr. lancer des flèches (contre).
frecciata [fret'tʃata] f. coup (m.) de flèche. ‖ FIG. pointe, flèche, coup de bec, raillerie. | *lanciare frecciate*, lancer des pointes.
freddamente [fredda'mente] avv. froidement.
freddare [fred'dare] v. tr. PR. (raro) e FIG. refroidir. | *freddare l'entusiasmo*, refroidir l'enthousiasme. ‖ [uccidere] tuer sur le coup, refroidir (pop.), descendre (pop.), abattre. ◆ v. rifl. PR. refroidir (v. intr.) ; FIG. se refroidir.
freddezza [fred'dettsa] f. PR. e FIG. froideur. | *trattare qlcu. con freddezza*, traiter qn avec froideur, battre froid à qn. ‖ [autocontrollo] sang-froid m.
freddo ['freddo] agg. PR. e FIG. froid. | *animali a sangue freddo*, animaux à sang froid. | *si è mostrato molto freddo*, il s'est montré très froid. ‖ LOC. *sangue freddo*, sang-froid. ◆ m. PR. e FIG. froid. | *fa un freddo cane*, il fait un froid de canard (fam.). | *soffrire il freddo*, [essere freddoloso] craindre le froid. | *soffrire (per) il freddo*, souffrir du froid. | *far venire freddo, mettere il freddo addosso*, faire, donner froid dans le dos. ◆ LOC. AVV. PR. e FIG. ***a freddo***, à froid.
freddolosamente [freddolosa'mente] avv. frileusement.
freddoloso [freddo'loso] agg. frileux.
freddura [fred'dura] f. [gioco di parole] calembour m. ‖ [battuta spiritosa] boutade, bon mot.
freezer ['fri:zə] m. [ingl.] freezer ; congélateur.
fregagione [frega'dʒone] f. friction, massage m.
fregamento [frega'mento] m. frottement.
fregare [fre'gare] v. tr. PR. frotter. | *fregarsi le mani*, se frotter les mains. ‖ POP. [ingannare] tromper (L.C.), posséder (fam.), avoir (fam.), rouler (fam.), feinter (fam.), baiser (volg.). | *rimanere, restare fregato*, se faire avoir, se faire rouler. ‖ [rubare] voler (L.C.), piquer, barboter, faucher, chiper (fam.), faire (fam.). ‖ LOC. (volg.) *fregarsene*, s'en foutre, s'en balancer (fam.), s'en fiche(r) (fam.), s'en moquer (L.C.). | *me ne frego di quello che pensi di me*, je me fous, je me fiche de ce que tu penses de moi. | *se ne frega altamente*, il s'en fout complètement. | *chi se ne frega ?*, qu'est-ce que ça peut foutre ?, qu'est-ce que ça fiche ? ◆ v. rifl. se frotter [contre].
1. fregata [fre'gata] f. **1.** PR. (raro) frottement m. ‖ **2.** FIG. (pop.). V. FREGATURA.
2. fregata [fre'gata] f. MAR. frégate.
3. fregata [fre'gata] f. ZOOL. frégate.
fregatura [frega'tura] f. (pop.) tromperie (L.C.), duperie (lett.). | *prendere una fregatura*, se faire avoir (fam.), se faire rouler (fam.), baiser (volg.). | *dare una fregatura a qlcu.*, rouler qn, faire marcher (fam.) qn, posséder (fam.) qn. | *mille lire per un caffè, che fregatura !*, mille lires pour un café, c'est du vol ! ‖ [contrattempo] ennui (L.C.), embêtement (fam.).
fregiare [fre'dʒare] v. tr. décorer, orner. ‖ FIG. décorer. ◆ v. rifl. se parer.
fregio ['fredʒo] m. ARCHIT. frise f. ‖ PER EST. e FIG. ornement, décoration f.
fregnaccia [freɲ'ɲattʃa] (**-ce** pl.) f. [dial., volg.] connerie, imbécillité (L.C.), idiotie (L.C.). | *dire fregnacce*, déconner.
fregnone [freɲ'ɲone] (**-a** f.) m. [dial., volg.] con, conne f., imbécile m. e f. (L.C.)., idiot, e (L.C.).
frego ['frego] (**-ghi** pl.) m. trait, raie f. | *tirare un frego su qlco.*, tirer un trait sur qch., raturer qch., biffer qch. ‖ LOC. FIG. (volg.) *un frego*, tout plein (fam.), énormément (L.C.). | *mi piace un frego*, cela me plaît énormément.
fregola ['fregola] f. **1.** ZOOL. [dei mammiferi] rut m. ‖ [delle sole femmine] chaleur. ‖ [dei pesci] frai m. ‖ **2.** FIG. (volg.) manie (L.C.), frénésie (L.C.).
fremebondo [freme'bondo] agg. (lett.) frémissant (L.C.).
fremente [fre'mɛnte] agg. frémissant.
fremere ['frɛmere] v. intr. frémir, frissonner. ‖ [rumoreggiare] (lett.) bruire.
fremito ['frɛmito] m. frémissement, frisson. ‖ [rumore] frémissement, bruissement.
frenaggio [fre'naddʒo] m. freinage.
frenare [fre'nare] v. tr. freiner. ‖ FIG. [rallentare] freiner. | *frenare il progresso*, freiner le progrès. ‖ [moderare] freiner, retenir, modérer. | *frenare le lacrime*, retenir ses larmes. | *frenare le passioni*, modérer ses passions. ◆ v. intr. freiner. ◆ v. rifl. ralentir [v. intr.]. ‖ FIG. se retenir, s'empêcher, se contrôler, se maîtriser. | *non può più frenarsi*, il ne se contrôle plus, il ne se domine plus.
frenastenia [frenaste'nia] f. PSIC. oligophrénie.
frenastenico [frenas'tɛniko] agg. oligophrénique.
frenata [fre'nata] f. coup (m.) de frein.
frenatore [frena'tore] m. FERR. serre-frein, garde-frein.
frenatura [frena'tura] f. freinage m.
frenesia [frene'zia] f. PR. e FIG. frénésie.
freneticamente [frenetika'mente] avv. frénétiquement.
frenetico [fre'nɛtiko] (**-ci** pl.) agg. frénétique. | *pazzo frenetico*, fou furieux.
frenico ['frɛniko] (**-ci** pl.) agg. ANAT. phrénique.
freno ['frɛno] m. **1.** frein. ‖ **2.** (lett.) [morso dei cavalli] mors, frein (arc.). ‖ **3.** FIG. frein (lett.), contrainte f. | *freno morale*, contrainte morale. | *il freno della legge*, le frein que constitue la loi. ‖ [ritegno] contrainte, limite f., bornes f. pl. | *non c'è più freno !*, il n'y a plus de limite ! ‖ LOC. FIG. *mordere, rodere il freno*, ronger son frein. | *scuotere il freno*, secouer le joug. | *mettere, porre un freno a qlco.*, mettre un frein à qch. | *stringere i freni a qlcu.*, serrer la vis à qn, visser qn (fam.). | *allentare i freni*, lâcher la bride. | *tenere a freno qlcu.*, [far rigar dritto] serrer la vis à qn, visser qn (fam.), faire marcher droit qn, mettre qn au pas. | *tenere a freno*, [moderare] retenir, refréner, modérer. | *senza freno*, sans frein, effréné, sans limite, sans bornes.
frenologia [frenolo'dʒia] f. phrénologie.
frenulo ['frɛnulo] m. ANAT. filet, frein.
frequentabile [frekwen'tabile] agg. fréquentable.
frequentare [frekwen'tare] v. tr. fréquenter. | *frequentare cattive compagnie*, avoir des mauvaises fréquentations. | *frequenta poco i suoi colleghi*, il ne fréquente pas beaucoup ses collègues, il fraye peu avec ses collègues. ‖ [leggere con assiduità] pratiquer. ‖ [assistere regolarmente] suivre. | *frequentare un corso di inglese*, suivre un cours d'anglais. | *frequentare (le lezioni)*, suivre les cours. | *frequentare la prima media*, être en sixième. ◆ v. intr. (raro) fréquenter (intr. o tr.).
frequentativo [frekwenta'tivo] agg. GRAMM. fréquentatif.
frequentato [frekwen'tato] agg. fréquenté.
frequentatore [frekwenta'tore] (**-trice** f.) m. habitué, e ; familier, ère. | *frequentatore di un caffè*, habitué d'un café. | *frequentatore di una casa*, familier d'une maison. | *è un assiduo frequentatore della biblioteca*, il fréquente régulièrement la bibliothèque. | *è un assiduo frequentatore dei balli*, il court les bals.
frequentazione [frekwentat'tsjone] f. (raro) fréquentation (L.C.).
frequente [fre'kwɛnte] agg. fréquent. ‖ [numeroso] nombreux. ‖ LOC. *di frequente*, fréquemment.
frequentemente [frekwente'mente] avv. fréquemment.
frequenza [fre'kwɛntsa] f. **1.** [l'essere frequente] fréquence. | *con frequenza*, fréquemment. ‖ **2.** [il frequentare] assistance. | *la frequenza alle lezioni è obbligatoria*, l'assistance aux cours est obligatoire. ‖ [lettura assidua] pratique, fréquentation (antiq.). ‖ **3.** [concorso di persone] affluence, foule. ‖ **4.** [in statistica] fréquence. ‖ **5.** ELETTR., FIS. fréquence.
fresa ['frɛza] f. TECN. fraise.
fresare [fre'zare] v. tr. TECN. fraiser.
fresatrice [freza'tritʃe] f. TECN. fraiseuse.
fresatura [freza'tura] f. TECN. fraisage m.

freschezza [fres'kettsa] f. PR. e FIG. fraîcheur.
fresco ['fresko] (**-chi** pl.) agg. PR. e FIG. frais. | *acqua fresca*, eau fraîche. || [di linguaggio, stile, ecc.] plein de fraîcheur, frais. || LOC. *libro fresco di stampa*, livre fraîchement imprimé. | *giovane fresco di studi*, jeune homme qui vient de terminer ses études, frais émoulu de l'école, du lycée, de l'université. || FAM. *star fresco*, être frais, être joli, être dans de beaux draps. | *stiamo freschi!*, nous voilà frais!, nous sommes frais! || [alla seconda persona, per esprimere un netto rifiuto] *stai fresco!*, tu peux toujours courir!, bernique! || LOC. *di fresco*, fraîchement. | *verniciato di fresco*, fraîchement peint. ◆ m. frais, fraîcheur f. | *godersi il fresco sul terrazzo*, prendre le frais sur la terrasse. | *mettere il vino in fresco*, mettre le vin au frais. | *fa del bene questo fresco*, cette fraîcheur fait du bien. || FIG. [in prigione] *stare al fresco*, être à l'ombre (pop.), en tôle (gerg.). || ARTI *dipingere a fresco*, peindre à fresque.
frescura [fres'kura] f. fraîcheur.
fretta ['fretta] f. hâte. | *aver fretta*, être pressé. | *ho fretta di arrivare*, je suis pressé, j'ai hâte d'arriver. | *non c'è fretta*, rien ne presse. | *nella fretta di uscire ho dimenticato gli occhiali*, dans ma hâte de sortir j'ai oublié mes lunettes, j'étais si pressé de sortir que j'ai oublié mes lunettes. | *lavoro fatto con troppa fretta*, travail fait trop hâtivement. | *far fretta a qlcu.*, presser qn, bousculer qn. ◆ LOC. AVV. ***in fretta*** [con rapidità] vite, rapidement. | *scrive in fretta*, il écrit vite. | *terminare un lavoro in fretta*, finir rapidement un travail. | *fare in fretta*, se presser, se dépêcher. || [troppo affrettatamente] hâtivement, à la hâte. | *in tutta fretta, in fretta e furia*, en (toute) hâte, à toute vitesse, dare-dare (fam.).
frettazzo [fret'tattso] m. taloche f. || MAR. goret, balai métallique.
frettolosamente [frettolosa'mente] agg. hâtivement, à la hâte.
frettoloso [fretto'loso] agg. pressé. || [fatto in fretta] hâtif.
freudiano [froi'djano] agg. PSICANAL. freudien.
freudismo [froi'dizmo] m. freudisme.
friabile [fri'abile] agg. friable.
friabilità [friabili'ta] f. friabilité.
fricandò [frikan'dɔ] m. CULIN. fricandeau.
fricassea [frikas'sɛa] f. CULIN. fricassée; [di coniglio] gibelotte. | *cucinare in fricassea*, fricasser.
fricativa [frika'tiva] f. e agg. f. FON. fricative.
friggere ['friddʒere] v. tr. frire. || LOC. FIG. *mandare qlcu., andare a farsi friggere*, envoyer qn au diable, à tous les diables, aller se faire cuire un œuf (pop.), se faire voir (pop.). ◆ v. intr. [di olio o grasso] grésiller. || [di cibo] frire. || FIG. bouillir, enrager.
friggio [frid'dʒio] m. grésillement.
friggitore [friddʒi'tore] m. friturier.
friggitoria [friddʒito'ria] f. friterie.
frigidario [fridʒi'darjo] m. ARCHEOL. frigidarium.
frigidezza [fridʒi'dettsa] f. (lett.). V. FRIGIDITÀ.
frigidità [fridʒidi'ta] f. **1.** (lett.) PR. (raro) froideur, froid m. || FIG. froideur (L.C.). || **2.** MED. frigidité.
frigido ['fridʒido] agg. **1.** (lett.) PR. froid (L.C.); frigide (poet.). || FIG. frigide, froid (L.C.), glacé (L.C.). || **2.** MED. frigide.
frigio ['fridʒo] (**-gie** pl. f.) agg. phrygien.
frignare [friɲ'ɲare] v. intr. pleurnicher (fam.), larmoyer, geindre (fam.).
frignone [friɲ'ɲone] (**-a** f.) m. pleurnicheur, euse (fam.); pleurnichard, e (fam.); geignard, e (fam.).
frigo ['frigo] m. invar. frigo m. (fam.). | *mettere in frigo*, mettre au frigo. ◆ agg. frigorifique. V. anche FRIGORIFERO.
frigorifero [frigo'rifero] agg. frigorifique, réfrigérant. | *miscela frigorifera*, mélange frigorifique, réfrigérant. | *armadio, vagone frigorifero*, armoire, wagon frigorifique. | *cella frigorifera del macellaio*, chambre froide du boucher. ◆ m. réfrigérateur, Frigidaire, frigo (fam.).
frigorista [frigo'rista] (**-i** pl.) m. [operaio] frigoriste.
frimaio [fri'majo] m. STOR. frimaire.
fringuello [frin'gwɛllo] m. ZOOL. pinson.
frinire [fri'nire] v. intr. striduler.
frisone [fri'zone] agg. e m. frison.
fritta ['fritta] f. TECN. fritte.
frittata [frit'tata] f. omelette. | *frittata con prosciutto*, omelette au jambon. || LOC. FIG. SCHERZ. *fare una frittata*, [rompere un oggetto] faire de la casse (fam.); [combinare un guaio] faire une bêtise, une gaffe (fam.). || LOC. FIG. *rivoltare la frittata*, retourner la situation.
frittella [frit'tɛlla] f. beignet m. || FAM. tache de graisse (L.C.).
fritto ['fritto] agg. frit. | *patatine fritte*, (pommes de terre) frites. || LOC. FIG. *fritto e rifritto*, dit et répété; ressassé; rabâché. | *scherzo fritto e rifritto*, plaisanterie ressassée. || FAM. *essere (bell'e) fritto*, être frit, cuit, fait, fichu, flambé. ◆ m. friture f. | *fritto di pesce*, friture. | *fritto misto*, friture variée.
frittura [frit'tura] f. friture.
friulano [friu'lano] agg. e m. frioulien. ◆ m. [dialetto] frioulan.
frivolamente [frivola'mente] avv. frivolement.
frivoleggiare [frivoled'dʒare] v. intr. se conduire de façon frivole; faire, dire des futilités.
frivolezza [frivo'lettsa] f. frivolité.
frivolo ['frivolo] agg. frivole.
frizionare [frittsjo'nare] v. tr. frictionner.
frizione [frit'tsjone] f. PR. friction. || FIG. friction, heurt m. || MECC. friction. || AUTOM. débrayage m., embrayage m. | *pedale della frizione*, pédale de l'embrayage. | *innestare la frizione*, embrayer. | *disinnestare la frizione*, débrayer.
frizzante [frid'dzante] agg. [dell'aria] piquant, vif. || [di bevanda] pétillant, gazeux. || [di vino] mousseux, pétillant. || FIG. piquant, mordant.
frizzare [frid'dzare] v. intr. piquer. || [di bevanda] pétiller, mousser. || [stridere] grésiller.
frizzo ['friddzo] m. [battuta] boutade f., saillie f., mot d'esprit, trait d'esprit, bon mot. || [motto pungente] flèche f., pointe f., raillerie f., trait.
frodare [fro'dare] v. tr. frauder. | *frodare una grossa somma allo Stato*, frauder l'État d'une grosse somme.
frodatore [froda'tore] (**-trice** f.) m. fraudeur, euse.
frode ['frɔde] f. fraude. || GIUR. fraude, escroquerie.
frodo ['frɔdo] m. fraude f. | *di frodo*, en fraude. | *caccia, pesca di frodo*, braconnage. | *cacciatore, pescatore di frodo*, braconnier. || [contrabbando] contrebande f. | *merce di frodo*, marchandise de contrebande.
frogia ['frɔdʒa] (**-gie** o **-ge** pl.) f. naseau m.
frollare [frol'lare] v. tr. [selvaggina] faisander. || [altra carne] mortifier. ◆ v. intr. o rifl. [selvaggina] se faisander (rifl.). || [altra carne] s'attendrir (rifl.).
frollatura [frolla'tura] f. faisandage m.
frollo ['frɔllo] agg. **1.** [selvaggina] faisandé. || [altra carne] tendre. || **2.** *pasta frolla*, pâte brisée. || FIG. *di pasta frolla*, ramolli (fam.), mou, avachi, veule. | *è di pasta frolla*, c'est une chiffe molle, il est mou comme une chiffe. | *aver le gambe di pasta frolla*, avoir les jambes en coton.
frombola ['frombola] f. (lett.) fronde (L.C.), lance-pierres (m. inv.) [L.C.].
fromboliere [frombo'ljɛre] m. frondeur.
1. fronda ['fronda] f. **1.** branche. || [foglia] feuille. | *pianta da fronda*, plante verte. || **2.** [con valore collettivo : fogliame] feuillage m., frondaison. || **3.** pl. ramure sing. || **4.** FIG. pl. ornements m. || **5.** BOT. fronde.
2. fronda ['fronda] f. STOR. Fronde. || FIG. fronde. | *aria, vento di fronda*, vent, esprit de fronde.
frondeggiante [fronded'dʒante] agg. verdoyant, luxuriant.
frondeggiare [fronded'dʒare] v. intr. se garnir, se couvrir de feuilles.
frondista [fron'dista] agg. e n. frondeur, euse.
frondosità [frondosi'ta] f. (lett.) luxuriance (L.C.).
frondoso [fron'doso] agg. feuillu, touffu. || FIG. trop orné, chargé.
frontale [fron'tale] agg. **1.** ANAT., GEOM. frontal. | *osso frontale*, os frontal. | *piano frontale*, plan frontal, de front. || **2.** [che avviene di fronte] de front (loc. avv.), de face (loc. avv.). | *ritratto frontale*, portrait de face. | *fare un attacco frontale*, attaquer de front. ◆ m. bandeau, frontal (raro). || [di religiose] fronteau.
frontalino [fronta'lino] m. contremarche f.
frontalità [frontali'ta] f. ARTI frontalité.

frontalmente [frontal'mente] avv. de front.
fronte ['fronte] f. **1.** front m. ‖ PER EST. figure, visage m., front (lett.). | *gli si legge la gioia in fronte,* sa joie se lit sur sa figure, sur son visage. ‖ LOC. FIG. *andare a fronte bassa,* marcher la tête basse ; baisser, courber le front. ‖ **2.** [parte anteriore] front m. | *fronte di un ghiacciaio,* front d'un glacier. ‖ [di edificio] front (raro), façade. ‖ **3.** MIL. *posizione di fronte,* position alignée. | *dietro front!,* demi-tour, gauche ! | *far dietro front,* faire demi-tour ; [fig. fam.] faire machine, faire marche arrière (L.C.). ‖ LOC. PR. e FIG. *far fronte,* faire face, faire front. | *far fronte al nemico,* faire face à l'ennemi. | *tenere fronte,* tenir tête. ◆ LOC. AVV. ***a fronte,*** en regard. | *testo latino con traduzione a fronte,* texte latin avec la traduction en regard. ‖ ***a fronte a fronte,*** face à face. ‖ ***di fronte :*** [di faccia] de face ; [dirimpetto] d'en face. | *ritrarre di fronte,* faire un portrait de face. | *la casa di fronte,* la maison d'en face. ‖ ***in fronte,*** en tête, au début. ◆ LOC. PREP. ***in fronte a,*** en tête de, au début de. ‖ ***di fronte a,*** en face de ; FIG. devant. | *di fronte alla chiesa,* en face de l'église. | *di fronte ad una scelta difficile,* devant un choix difficile. ◆ m. o f. METEOR. front m. ◆ m. MIL. front. ‖ FIG., POLIT. front. | *Fronte popolare,* Front populaire.
fronteggiare [fronted'dʒare] v. tr. [far fronte] PR. e FIG. faire face (à), faire front (à), tenir tête (à), affronter. ‖ [trovarsi di fronte] être, se trouver en face (de). ◆ v. recipr. se faire face.
frontespizio [frontes'pittsjo] m. frontispice.
frontiera [fron'tjɛra] f. PR. e FIG. frontière.
frontone [fron'tone] m. ARCHIT. fronton. | *frontone triangolare,* fronton triangulaire ; gable.
fronzolo ['frondzolo] m. (spec. pl.) fanfreluche f., chamarrure f. ‖ FIG. ornement, fioriture f.
fronzuto [fron'dzuto] agg. (lett.) feuillu (L.C.).
frotta ['frɔtta] f. bande. | *a frotte, in frotte,* [in gruppo] en bande ; [a gruppi] par groupes.
frottola ['frɔttola] f. histoire, baliverne, blague (fam.), bobard m. (fam.), bourde (fam.). | *non raccontarmi frottole,* ne me raconte pas d'histoires, de blagues. ‖ MUS. frottola (it.).
fru fru [fru'fru] onomat. o m. frou-frou, froufrou.
frugacchiare [frugak'kjare] v. intr. fourrager, fourgonner, farfouiller (fam.).
frugale [fru'gale] agg. frugal.
frugalità [frugali'ta] f. frugalité.
frugalmente [frugal'mente] avv. frugalement, avec frugalité.
frugare [fru'gare] v. intr. PR. e FIG. fouiller. ◆ v. tr. fouiller. ◆ v. rifl. se fouiller, fouiller dans ses poches.
frugata [fru'gata] f. fouille rapide. | *abbiamo dato una frugata alla casa,* nous avons rapidement fouillé la maison.
frugivoro [fru'dʒivoro] agg. ZOOL. frugivore.
frugolo ['frugolo] (**-a** f.) o **frugoletto** [frugo'letto] m. diablotin, petit démon, petit diable.
fruibile [fru'ibile] agg. dont on peut jouir ; utilisable.
fruire [fru'ire] v. intr. jouir (de), bénéficier (de). | *fruire di un diritto,* jouir d'un droit. | *fruire di un vantaggio,* bénéficier d'un avantage.
fruizione [fruit'tsjone] f. jouissance.
frullare [frul'lare] v. tr. CULIN. fouetter, battre. | *frullare le uova,* fouetter, battre les œufs. ◆ v. intr. [di uccelli] = s'envoler avec un battement d'ailes. ‖ PER EST. [girare] tournoyer. ‖ [rumoreggiare] ronfler. ‖ LOC. FIG. *ma cosa gli frulla per il capo?,* mais qu'est-ce qu'il a en tête, dans la tête ? | *un'idea che mi frulla per il capo,* une idée qui me trotte par la tête, la cervelle (fam.).
frullato [frul'lato] agg. CULIN. fouetté, battu. ◆ m. CULIN. lait battu aromatisé ; milk-shake (ingl.).
frullatore [frulla'tore] m. CULIN. mixeur, mixer (ingl.), batteur (électrique).
frullino [frul'lino] m. CULIN. fouet, batteur.
frullio [frul'lio] m. battement (d'ailes), bruit (d'ailes), frémissement (d'ailes).
frullo ['frullo] m. V. FRULLIO. ‖ LOC. FIG. *cogliere a frullo,* saisir au vol.
frumentaceo [frumen'tatʃeo] agg. BOT. frumentacé.
frumentario [frumen'tarjo] agg. (raro) du blé, du froment. | *commercio frumentario,* commerce du blé. ‖ STOR. *legge frumentaria,* loi frumentaire.
frumento [fru'mento] m. blé, froment.
frumentone [frumen'tone] m. maïs.
frusciare [fruʃ'ʃare] v. intr. bruire. ‖ [seta, piume, ecc.] froufrouter.
fruscio [fruʃ'ʃio] m. bruissement. ‖ [di carta, stoffa, ecc.] froissement, frôlement. ‖ [di seta, piume, ecc.] frou-frou, froufrou.
frusta ['frusta] f. fouet m. ‖ [tipo di pane] ficelle. ‖ CULIN. fouet.
frustare [frus'tare] v. tr. fouetter. ‖ FIG. fustiger (lett.), stigmatiser, flétrir.
frustata [frus'tata] f. coup (m.) de fouet. ‖ FIG. stigmatisation.
frustatura [frusta'tura] f. [azione] fouettement m. ‖ [colpi di frusta] fouet m.
frustino [frus'tino] m. cravache f.
frusto ['frusto] agg. usé, élimé, râpé. ‖ FIG. usé, rebattu.
frustrare [frus'trare] v. tr. frustrer. ‖ [deludere] décevoir, tromper. | *ha frustrato le mie speranze,* il a déçu mes espérances.
frustrazione [frustrat'tsjone] f. frustration.
frutice ['frutitʃe] m. BOT. arbrisseau, arbuste.
fruticoso [fruti'koso] agg. BOT. frutescent.
frutta ['frutta] (**-a** o **-e** pl.) f. fruits m. pl. | *frutta sciroppata,* fruits au sirop. ‖ *essere alla frutta,* (en) être au dessert.
fruttaio [frut'tajo] m. (raro) fruitier, fruiterie f.
fruttaiolo [frutta'jɔlo] m. V. FRUTTIVENDOLO.
fruttare [frut'tare] v. intr. PR. fructifier, donner (des fruits). ‖ FIG. porter ses fruits, être fructueux, fructifier. ‖ ECON. [dare un reddito] rapporter, rendre. | *affare che frutta bene,* affaire qui rapporte bien. ‖ [dare dei benefici] fructifier, rapporter. | *far fruttare il proprio denaro,* faire fructifier son argent. ◆ v. tr. rapporter. | *fruttare molto denaro,* rapporter beaucoup d'argent. ‖ FIG. valoir, procurer.
fruttato [frut'tato] m. [rendita] rente f. ‖ [reddito] revenus pl.
frutteto [frut'teto] m. verger.
frutticolo [frut'tikolo] agg. des fruits. | *mercato frutticolo,* marché aux fruits.
frutticoltore [fruttikol'tore] m. arboriculteur.
frutticoltura [fruttikol'tura] f. arboriculture.
fruttidoro [frutti'dɔro] m. STOR. fructidor.
fruttiera [frut'tjɛra] f. coupe à fruits ; compotier m.
fruttifero [frut'tifero] agg. fruitier. ‖ PER EST. fertile, fécond. ‖ FIG. fructueux, avantageux, profitable. ‖ BOT. fructifère. ‖ ECON. productif. | *buoni fruttiferi,* titres de rente.
fruttificare [fruttifi'kare] v. intr. PR. e FIG. fructifier, donner des fruits.
fruttificazione [fruttifikat'tsjone] f. fructification.
fruttivendolo [frutti'vendolo] (**-a** f.) m. marchand, e de fruits (et légumes), de primeurs ; fruitier ; [ambulante] marchand, e des quatre-saisons.
fruttivoro [frut'tivoro] agg. frugivore.
frutto ['frutto] m. **1.** [prodotto della terra] fruit (lett.), produit. | *frutti della terra,* produits, fruits de la terre. ‖ [organo delle piante] fruit. | *alberi da frutto,* arbres fruitiers. ‖ LOC. FIG. *frutto proibito,* fruit défendu. ‖ PER EST. *frutti di mare,* fruits de mer. ‖ [figlio] fruit (lett.). ‖ **2.** FIG. [risultato vantaggioso] fruit. | *questo libro è il frutto di dieci anni di lavoro,* ce livre est le fruit de dix ans de travail. ‖ [risultato] fruit, effet, résultat, conséquence. | *dare buoni frutti,* donner de bons résultats. | *senza frutto,* sans résultat. ‖ **3.** ECON. fruits pl., rapport. | *investimento che dà buoni frutti,* investissement qui rapporte. | *mettere a frutto una somma,* placer une somme à intérêt.
fruttosio [frut'tɔzjo] m. fructose.
fruttuosamente [fruttuosa'mente] avv. fructueusement.
fruttuoso [frut'tuoso] agg. fructueux. ‖ [redditizio] fructueux, rentable.
ftaleina [ftale'ina] f. CHIM. phtaléine.
ftalico ['ftaliko] (**-ci** pl.) agg. CHIM. phtalique.
ftiriasi [fti'riazi] f. MED. phtiriasis, phtiriase.
fu ['fu] 3ª pers. sing. pass. remoto di ESSERE [usata come agg.] feu. | *il fu Pietro Bianchi,* feu Pierre

Bianchi. ‖ [nei documenti] *Matteo (figlio del) fu Giuseppe*, Mathieu, fils de feu Joseph.
fucilare [futʃi'lare] v. tr. fusiller.
fucilata [futʃi'lata] f. coup (m.) de fusil.
fucilazione [futʃilat'tsjone] f. exécution (par les armes); fusillade. | *fucilazione del condannato*, exécution du condamné. | *condannato alla fucilazione*, condamné à être fusillé, à être passé par les armes.
fucile [fu'tʃile] m. fusil. | *fucile mitragliatore*, fusil mitrailleur. | *fucile subacqueo*, fusil sous-marin, à harpon. ‖ FIG. *è un buon fucile*, c'est un bon fusil.
fucileria [futʃile'ria] f. [insieme di fucili] fusils m. pl. ‖ [insieme di fucilieri] fusiliers m. pl. ‖ *(scarica di) fucileria*, fusillade.
fuciliere [futʃi'ljɛre] m. fusilier.
fucina [fu'tʃina] f. forge. ‖ FIG. pépinière, nid m. ‖ [di intrighi] foyer ‖ [di idee] creuset m.
fucinare [futʃi'nare] v. tr. forger. ‖ FIG. machiner.
fucinatore [futʃina'tore] m. (raro) forgeur.
fucinatura [futʃina'tura] f. forgeage m.
1. fuco ['fuko] (**-chi** pl.) m. BOT. fucus.
2. fuco ['fuko] (**-chi** pl.) m. ZOOL. faux bourdon.
fucsia ['fuksja] f. BOT. fuchsia m.
fucsina [fuk'sina] f. CHIM. fuchsine.
fuga ['fuga] f. **1.** PR. e FIG. fuite. | *darsi alla fuga*, prendre la fuite. | *fuga di gas*, fuite de gaz. | *fuga dei capitali*, fuite des capitaux. | *fuga di notizie*, fuite. ‖ LOC. *di fuga*, à la hâte. ‖ **2.** [serie] enfilade, rangée, file, suite. | *fuga di stanze*, enfilade de pièces. | *fuga di portici*, rangée d'arcades. ‖ **3.** MUS. fugue. ‖ **4.** SPORT [ciclismo] échappée.
fugace [fu'gatʃe] agg. fugace, fugitif.
fugacemente [fugatʃe'mente] avv. à la hâte; fugitivement.
fugacità [fugatʃi'ta] f. fugacité (lett.).
fugare [fu'gare] v. tr. (lett.) mettre en fuite, chasser (L.C.).
fugato [fu'gato] agg. MUS. fugué.
fuggente [fud'dʒɛnte] agg. PR. fuyant. ‖ FIG. fugitif, fugace.
fuggevole [fud'dʒevole] agg. fugitif, fugace, éphémère.
fuggevolezza [fuddʒevo'lettsa] f. fugacité.
fuggevolmente [fuddʒevol'mente] avv. fugitivement, en passant.
fuggiasco [fud'dʒasko] (**-schi** pl.) agg. fugitif. ◆ m. fugitif, fuyard.
fuggi fuggi ['fuddʒi'fuddʒi] m. sauve-qui-peut, débandade f.
fuggire [fud'dʒire] v. intr. **1.** s'enfuir, fuir, se sauver. | *il nemico è fuggito*, l'ennemi s'est enfui, a fui. | *fuggire dal proprio paese*, s'enfuir de son pays. | *fuggire da un pericolo*, fuir, s'enfuir, se sauver devant un danger. ‖ **2.** [scappare da un luogo chiuso] s'enfuir, se sauver, s'échapper. | *fuggire dal carcere*, s'enfuir, s'échapper de prison. | *il canarino è fuggito dalla gabbia*, le canari s'est sauvé de la cage. ‖ LOC. *fuggir via*, se sauver, s'enfuir. ‖ **3.** [sfuggire] échapper. | *fuggire all'arresto*, échapper à l'arrestation. ‖ **4.** FIG. fuir. | *la nave fugge verso il largo*, le bateau fuit vers le large. ‖ [del tempo] fuir (poet.), s'envoler, couler, passer. ‖ **5.** SPORT [ciclismo] s'échapper. ◆ v. tr. fuir. | *fuggire la tentazione*, fuir la tentation.
fuggitivo [fuddʒi'tivo] agg. fugitif. ◆ n. fugitif, fuyard.
fulcro ['fulkro] m. **1.** PR. point d'appui. ‖ [perno] pivot. ‖ [di bilancia] couteau. ‖ **2.** FIG. nœud.
fulgente [ful'dʒɛnte] agg. étincelant, éclatant, resplendissant.
fulgere ['fuldʒere] v. intr. (poet.) resplendir (L.C.), étinceler (L.C.).
fulgidamente [fuldʒida'mente] avv. avec éclat.
fulgidezza [fuldʒi'dettsa] f. splendeur (lett.), éclat m.
fulgido ['fuldʒido] agg. étincelant, éclatant, resplendissant.
fulgore [ful'gore] m. éclat, splendeur f. (lett.).
fuliggine [fu'liddʒine] f. suie.
fuligginoso [fuliddʒi'noso] agg. fuligineux.
fulmicotone [fulmiko'tone] m. fulmicoton, coton-poudre.
fulminante [fulmi'nante] agg. [di malattia] foudroyant. ‖ [che esplode] fulminant. ‖ (lett.) [che scaglia fulmini] fulminant (arc.). ◆ m. [fiammifero] allumette f. ‖ [capsula fulminante] capsule (f.) fulminante, amorce f.
fulminare [fulmi'nare] v. tr. PR. e FIG. foudroyer. | *fulminare qlcu. con una occhiata*, foudroyer, fusiller qn du regard. ‖ RELIG. fulminer. ◆ v. intr. impers. *fulmina*, il y a des éclairs. ◆ v. rifl. sauter (intr.), brûler (intr.). | *la lampadina si è fulminata*, l'ampoule est grillée.
fulminato [fulmi'nato] agg. PR. e FIG. foudroyé. ‖ ELETTR. grillé. ◆ m. CHIM. fulminate.
fulminatore [fulmina'tore] (**-trice** f.) agg. foudroyant, e.
fulminazione [fulminat'tsjone] f. foudroiement m. (raro). ‖ MED. fulguration. ‖ RELIG. fulmination.
fulmine ['fulmine] m. PR. foudre f. ‖ FIG. éclair, foudre (raro). | *i suoi occhi mandano fulmini*, ses yeux lancent des éclairs. ‖ LOC. FIG. *colpo di fulmine*, coup de foudre. | *fulmine a ciel sereno*, coup de tonnerre dans un ciel serein. | *tirarsi addosso i fulmini di qlcu.*, s'attirer les foudres de qn. | *fulmine di guerra*, foudre (m.) de guerre.
fulmineità [fulminei'ta] f. (raro) rapidité fulgurante.
fulmineo [ful'mineo] agg. foudroyant, fulgurant.
fulminio [fulmi'nio] m. succession (f.) d'éclairs.
fulvo ['fulvo] agg. fauve. ‖ [di capelli] roux.
fumacchio [fu'makkjo] m. filet de fumée. ‖ [legno parzialmente carbonizzato] fumeron. ‖ GEOL. fumerolle f.
fumaiolo [fuma'jɔlo] m. cheminée f.
fumante [fu'mante] agg. fumant.
fumare [fu'mare] v. intr. fumer. ‖ ASSOL. *vietato fumare*, défense de fumer. ‖ *fuma come un Turco*, il fume comme un sapeur. ‖ FIG. *fumare di rabbia*, écumer (de rage), bouillir (de colère). ◆ v. tr. fumer. | *fumare la pipa, l'oppio*, fumer la pipe, fumer de l'opium. | *fumarsi una sigaretta*, fumer, griller (fam.) une (bonne) cigarette.
fumaria [fu'marja] f. BOT. fumeterre.
fumario [fu'marjo] agg. de fumée.
fumarola [fuma'rɔla] f. GEOL. fumerolle.
fumata [fu'mata] f. (colonne de) fumée. | *fumata bianca*, fumée blanche. ‖ LOC. *farsi una fumata, una fumatina*, fumer une bonne cigarette, une bonne pipe, un bon cigare.
fumatore [fuma'tore] (**-trice** f.) m. fumeur, euse. | *scompartimento per fumatori*, compartiment fumeurs. | *sala, salotto per fumatori*, fumoir. | *fumatore accanito*, grand fumeur.
fumé [fy'me] agg. [fr.] (gris) anthracite.
fumeggiare [fumed'dʒare] v. intr. fumer. ◆ v. tr. ARTI estomper.
fumeria [fume'ria] f. fumerie.
fumettista [fumet'tista] (**-i** m. pl.) m. e f. auteur de bandes dessinées. ‖ PEGGIOR. écrivaillon.
fumettistico [fumet'tistiko] (**-ci** pl.) agg. de(s) bandes dessinées. ‖ PEGGIOR. digne d'une bande dessinée; à l'eau de rose.
fumetto [fu'metto] m. bande (f.) dessinée. | *giornale a fumetti*, journal de bandes dessinées. ‖ PEGGIOR. ciné-roman.
fumigare [fumi'gare] v. intr. fumer. ◆ v. tr. (raro) fumiger.
fumigazione [fumigat'tsjone] f. fumigation.
fumista [fu'mista] (**-i** pl.) m. fumiste. ‖ FIG. fumiste.
fumisteria [fumiste'ria] f. fumisterie.
fumivoro [fu'mivoro] agg. TECN. fumivore.
fumo ['fumo] m. **1.** fumée f. ‖ **2.** [il fumare] habitude (f.) de fumer; tabac. | *ha il vizio del fumo*, il a la mauvaise habitude de fumer. | *tabacco da fumo*, tabac à fumer. | *il fumo fa male*, le tabac est mauvais pour la santé. | *rinunciare al fumo*, renoncer au tabac, à fumer. ‖ **3.** *color fumo (di Londra), grigio fumo*, (gris) anthracite (agg. invar.). ‖ **4.** PER EST. [vapore] fumée, vapeur f. ‖ [pl.] [eccitazione] fumées, vapeurs. | *fumi del vino, dell'orgoglio*, vapeurs du vin, bouffées d'orgueil. ‖ **5.** LOC. FIG. *andare in fumo*, s'en aller, s'évanouir en fumée; s'en aller en eau de boudin (fam.); tomber à l'eau. | *mandare in fumo*, [rovinare] faire échouer, faire rater, flanquer par terre (fam.); [dilapidare] dilapider, gaspiller. | *vendere fumo*, jeter de la poudre aux yeux, bluffer. | *è pieno di fumo*, c'est

un bluffeur, un vantard, un hâbleur. | *è tutto fumo!*, [cose] ce n'est que du vent! | *vedere qlcu. come il fumo negli occhi*, ne pas pouvoir supporter, voir qn.
fumogeno [fu'mɔdʒeno] agg. fumigène.
fumosità [fumosi'ta] f. nébulosité.
fumoso [fu'moso] agg. fumeux. ‖ FIG. fumeux, brumeux, nébuleux.
funaio [fu'najo] o **funaiolo** [funa'jɔlo] m. cordier.
funambolesco [funambo'lesko] (**-schi** pl.) agg. PR. e FIG. funambulesque.
funambolismo [funambo'lizmo] m. PR. e FIG. acrobatie f.
funambolo [fu'nambolo] m. funambule, équilibriste, danseur de corde, acrobate. ‖ FIG. acrobate.
funame [fu'name] m. cordages pl.
fune ['fune] f. corde; [molto grossa e resistente] câble m. | *fune metallica*, câble métallique. ‖ MAR., TECN. câble m., cordage m.
funebre ['funebre] agg. funèbre; [di oggetti] funéraire, mortuaire. | *servizio, corteo funebre*, service, cortège funèbre. | *monumento funebre*, monument funéraire. | *pompe funebri*, pompes funèbres. | *carro funebre*, corbillard. ‖ FIG. funèbre, lugubre.
funerale [fune'rale] m. enterrement. ‖ specie pl. [solenne] funérailles f. pl., obsèques f. pl. ‖ LOC. FIG. *faccia da funerale*, figure, tête, mine, air d'enterrement. | *essere (triste come) un funerale*, [persone] être triste comme un bonnet de nuit; [cose] avoir l'air d'un enterrement. ◆ agg. (lett.) funèbre (L.C.).
funerario [fune'rarjo] (**-i** pl.) agg. funéraire.
funereo [fu'nɛreo] agg. PR. (lett.) funéraire (L.C.), funèbre (L.C.). ‖ FIG. funèbre, lugubre.
funestare [funes'tare] v. tr. endeuiller.
funesto [fu'nɛsto] agg. funeste.
fungaia [fun'gaja] f. champignonnière. ‖ FIG. foule, masse.
fungere ['fundʒere] v. intr. [persone] faire fonction (de), tenir lieu (de), servir (de). | *fungere da sindaco*, faire fonction de maire. ‖ [cose] servir (de), tenir lieu (de).
fungheto [fun'geto] m. V. FUNGAIA.
funghicolo [fun'gikolo] agg. fongique.
funghicoltore [fungikol'tore] m. champignonniste.
funghicoltura [fungikol'tura] f. culture des champignons.
fungibile [fun'dʒibile] agg. GIUR. fongible.
fungicida [fundʒi'tʃida] (**-i** pl.) agg. e m. fongicide.
fungiforme [fundʒi'forme] agg. fongiforme.
fungo ['fungo] m BOT. champignon. | *andare per funghi*, aller aux champignons. ‖ PER EST. [oggetti a forma di fungo] champignon. | *fungo atomico*, champignon atomique. ‖ FIG. *crescere, spuntare come un fungo*, pousser comme un champignon. ‖ FARM. fungus.
fungosità [fungosi'ta] f. fongosité.
fungoso [fun'goso] agg. fongueux.
funicella [funi'tʃɛlla] f. ficelle, cordelette.
funicolare [funiko'lare] agg. funiculaire. ‖ ANAT. funiculaire. ◆ f. funiculaire m.
funicolo [fu'nikolo] m. ANAT., BOT. funicule.
funivia [funi'via] f. téléphérique m.
funzionale [funtsjo'nale] agg. fonctionnel.
funzionalismo [funtsjona'lizmo] m. fonctionnalisme.
funzionalista [funtsiona'lista] agg. (anche **-istico**) e n. fonctionnaliste.
funzionalità [funtsjonali'ta] f. fonctionnalité.
funzionalmente [funtsjonal'mente] avv. fonctionnellement.
funzionamento [funtsjona'mento] m. fonctionnement.
funzionante [funtsjo'nante] agg. qui fonctionne, qui marche. | *questa macchina è vecchia ma è funzionante*, cette voiture est vieille mais elle marche.
funzionare [funtsjo'nare] v. intr. fonctionner, marcher, jouer. | *questo metodo non può funzionare*, cette méthode ne peut pas fonctionner, marcher. | *il nostro piano ha funzionato*, notre plan a réussi, a marché. | *c'è qlco. che non funziona*, il y a qch. qui ne va pas, il y a qch. qui cloche (fam.). | *funzionare bene, male*, bien, mal marcher. ‖ [fungere] faire fonction de.
funzionario [funtsjo'narjo] (**-a** f.; **-i** m. pl.) m. [in enti pubblici] fonctionnaire m. e f. ‖ [in enti privati] employé, agent.
funzione [fun'tsjone] f. **1.** fonction. | *entrare in funzione*, entrer en fonctions, en exercice. | *far le funzioni di sindaco*, faire fonction de maire. | *il facente funzione (di direttore)*, le remplaçant (du directeur). | *cercare di definire la funzione dell'insegnante nella società*, essayer de définir le rôle de l'enseignant dans la société. | *mettere in funzione un meccanismo*, faire fonctionner un mécanisme. | *mettere in funzione una macchina*, mettre une machine en marche. | *essere in funzione*, [persona] être en fonctions; [cose] fonctionner, marcher. ‖ LOC. *in funzione di*, en fonction de. | *essere in funzione di*, être fonction de. | *il guadagno è in funzione delle vendite*, le gain est fonction des ventes. ‖ **2.** BIOL., BOT., CHIM., GRAMM., MAT. fonction. ‖ **3.** RELIG. fonction, office m.
fuochista [fwo'kista] m. V. FOCHISTA.
fuoco ['fwɔko] m. **1.** feu. | *dar fuoco a qlco.*, mettre le feu à qch. | *prendere, pigliare fuoco*, prendre feu (pr. e fig.). | *al fuoco!*, au feu! | *vigili del fuoco*, pompiers. | *mettere la pentola al fuoco*, mettre la casserole sur le feu. ‖ *fuoco d'inferno*, feu d'enfer. ‖ PER ANAL. *fuoco di un diamante*, feux d'un diamant. ‖ PARTICOL. *fuoco fatuo*, feu follet. | *fuochi di Sant'Elmo*, feux Saint-Elme. ‖ LOC. *a fuoco*, à chaud. | *lavorare a fuoco*, travailler à chaud. ‖ LOC. PR. e FIG. *bollare a fuoco*, (pr.) [animali] marquer au fer rouge; [persone] flétrir; (fig.) flétrir. ‖ FIG. *prendere fuoco come un fiammifero*, avoir la tête près du bonnet. | *ci metterei la mano sul fuoco*, j'en mettrais ma main au feu. | *buttarsi nel fuoco per qlcu.*, se jeter au feu pour qn. | *soffiare sul fuoco*, jeter de l'huile, souffler sur le feu. | *scherzare col fuoco*, jouer avec le feu. | *far fuoco e fiamme*, [essere entusiasti] être tout feu tout flamme; [accanirsi] faire des pieds et des mains. | *mettere troppa carne al fuoco*, faire trop de choses à la fois, courir plusieurs lièvres à la fois. | (lett.) *mettere a ferro e a fuoco*, mettre à feu et à sang (L.C.). ‖ **2.** [esplosione di una carica] feu. | *armi da fuoco*, armes à feu. | *fare fuoco*, faire feu. | *fuochi artificiali*, feu d'artifice. | *fuoco greco*, feu grégeois. ‖ LOC. PR. e FIG. *fuoco di fila*, feu roulant. | *prova del fuoco*, épreuve du feu. ‖ FIG. *dar fuoco alle polveri*, mettre le feu aux poudres. | *fuoco di paglia*, feu de paille. | *essere, trovarsi tra due fuochi*, être entre deux feux. ‖ **3.** FIG. feu, fougue, ardeur. | *parlare con fuoco*, parler avec feu. | *sacro fuoco*, feu sacré. ‖ LOC. *di fuoco*, [rosso] en feu; [appassionato] de feu, passionné, enflammé. | *ha le guancie di fuoco*, ses joues sont en feu. | *diventare di fuoco*, devenir cramoisi. | *temperamento di fuoco*, tempérament de feu, passionné. | *sguardo di fuoco*, regard enflammé. | *discorso di fuoco*, discours plein de flamme. ‖ **4.** MAR. *fuochi di segnalazione*, fusées de signalisation. ‖ [caldaia] feu. ‖ **5.** MAT., OTT. foyer. | *messa a fuoco*, mise au point, réglage. ‖ LOC. PR. e FIG. *mettere a fuoco*, (pr.) mettre au point, régler; (fig.) faire le point. | *mettere a fuoco una questione*, faire le point sur une question.
fuorché [fwor'ke] cong. sauf [prep.], excepté [prep.], hormis (lett.) [prep.]. | *accetto tutto fuorché lavorare a quest'ora*, j'accepte tout, sauf de travailler à cette heure-ci. ‖ [con valore di prep.] sauf, à part, excepté, hors (lett.), hormis (lett.). | *tutti fuorché tuo fratello*, tout le monde sauf, excepté, à part ton frère. | *fuorché le tue sorelle*, tes sœurs exceptées; excepté tes sœurs.
fuori [fwɔri] avv. **1.** dehors. | *andate a giocare fuori*, allez jouer dehors. | *andare, uscire fuori*, sortir. | *il latte è andato di fuori*, le lait a débordé. | *sporgersi in fuori*, se pencher au-dehors, vers l'extérieur. | *sporgere in fuori*, former saillie. | *cammina col petto in fuori*, il marche en bombant le torse. | *vi aspetto (di) fuori*, je vous attends dehors. | *(di) fuori è come nuovo*, à l'extérieur il est comme neuf. | *vengono da, di fuori*, ils viennent de l'extérieur. | *aver fuori del denaro*, avoir de l'argent dehors. | *lasciar fuori*, laisser de côté. | *tagliar fuori*, couper. | *eravamo tagliati fuori dal mondo*, nous étions coupés du monde. | *buttar, gettar fuori*, jeter, ficher (fam.), flanquer (fam.), foutre (pop.) dehors; mettre à la porte; sortir (fam.); chasser. ‖ **2.** [prop. imperative] *fuori!*, dehors!; sors!, sortez! | *fuori i soldi!*, l'argent! | *fuori l'autore!*, l'auteur! | *braccia in fuori!*, étendez les bras!

|| **3.** Loc. pr. e fig. *mandar fuori*, pr. faire sortir ; fig. [pubblicare] sortir, publier. || *mettere fuori*, pr. mettre dehors, mettre à la porte, chasser, sortir (fam.) ; [mettere in mostra] exposer ; fig. [spendere] débourser, dépenser ; [diffondere] répandre. | *i grandi magazzini cominciano a mettere fuori vestiti estivi*, les grands magasins commencent à exposer, à mettre en vitrine les robes d'été. | *hanno messo fuori questa notizia per confondere le idee*, cette nouvelle a été répandue pour troubler les idées. | *tirar fuori*, pr. sortir, tirer ; fig. trouver. || Loc. fig. *far fuori*, [uccidere] descendre (pop.), abattre (pop.), tuer ; [denaro] gaspiller ; [cibo] dévorer, engloutir, engouffrer. | *saltar, venir fuori*, [venirsi a sapere] se savoir, être su, être découvert ; [intervenire in una conversazione] intervenir, prendre la parole. | *è venuto fuori che era già sposato*, on a su qu'il était déjà marié. | *la verità è saltata fuori per caso*, la vérité a été découverte par hasard. | *allora è saltato fuori lui dicendo...*, alors il est intervenu en disant... | *saltare fuori con una battuta*, sortir, lâcher un mot d'esprit. ◆ Sostant. *il di fuori*, l'extérieur, le dehors. ◆ prep. *fuori città*, en dehors, hors de la ville. || Loc. pr. e fig. *andare fuori strada*, pr. [veicolo] quitter la route ; fig. faire fausse route, se fourvoyer. | *essere fuori posto*, ne pas être à sa place. || Loc. *essere fuori pericolo*, être hors de danger. | *fuori uso*, hors d'usage. | *fuori commercio*, hors commerce. | *fuori concorso*, hors-concours. | *fuori luogo*, hors de propos, déplacé. | *fuori mano*, loin (avv.) ; éloigné (agg.). | *fuori testo*, hors-texte. | *fuori moda*, démodé. | *fuori corso* [di moneta] qui n'a plus cours ; [di studente] redoublant. || Mus. *suonare fuori tempo*, ne pas jouer en mesure. ◆ Loc. prep. ***fuori di***, hors de, en dehors de, à l'extérieur de. | *è fuori d'Italia*, il est hors d'Italie, il n'est pas en Italie. | *fuori di qui !*, hors d'ici ! | *essere fuori di casa*, ne pas être chez soi, être sorti. | *studente che vive fuori di casa*, étudiant qui n'habite pas chez ses parents. | *cacciare qlcu. fuori di casa*, chasser qn de la maison. || Loc. fig. *essere fuori di sé*, être hors de soi. | *mettersi fuori della legge*, se mettre hors la loi. | *vive fuori del tempo*, il vit en dehors, hors du temps. | *fuori (di) mano*, loin ; [come agg.] éloigné. | *essere fuori* [di qlco.], [non entrarci] ne pas être mêlé (à qch.), ne rien avoir à voir (avec qch.). | *esserne, venirne fuori*, [liberarsi] en venir à bout, s'en sortir. || ***fuori da***, de, en dehors de. | *corse fuori dalla stanza*, il sortit de la pièce en courant. | *una mela è caduta fuori dalla cesta*, une pomme est tombée du panier. | *guardar fuori dalla finestra*, regarder par la fenêtre. || Fig. *siamo fuori dall'argomento*, nous sommes sortis du sujet, nous sommes en dehors du sujet. | *cosa ne verrà fuori ?*, qu'est-ce que ça va donner ?, qu'est-ce qui en sortira ?

fuoribordo [fwori'bordo] m. hors-bord m. inv.

fuoriclasse [fwori'klasse] agg. e f. invar. hors ligne, hors pair, hors classe. ◆ m. invar. champion, onne ; as.

fuoricombattimento [fworikombatti'mento] loc. avv. o agg. Pr. e fig. hors de combat. || Sport knock-out. ◆ m. Sport knock-out.

fuorigioco [fwori'dʒɔko] m. invar. Sport hors-jeu.

fuorilegge [fwori'leddʒe] m. e f. invar. hors-la-loi (m. inv.).

fuoriserie [fwori'sɛrje] agg. hors série. ◆ f. Autom. voiture hors série.

fuoriuscire [fworiuʃ'ʃire] v. intr. sortir. || [sporgere] dépasser.

fuoriuscita [fworiuʃ'ʃita] f. sortie. || [di liquido] écoulement m., épanchement m.

fuoruscito [fworuʃ'ʃito] m. réfugié politique.

fuorviare [fworvi'are] v. tr. V. forviare.

furbacchione [furbak'kjone] (**-a** f.) m. fine mouche f., gros malin, débrouillard (fam.), roublard (fam.).

furbacchiotto [furbak'kjotto] m. (petit) malin, (petit) futé.

furbamente [furba'mente] avv. astucieusement.

furbastro [fur'bastro] m. débrouillard (fam.).

furberia [furbe'ria] f. ruse, rouerie, roublardise (fam.), débrouillardise (fam.).

furbescamente [furbeska'mente] avv. [in modo furbo] d'une manière rusée, avec ruse. || [con aria furba] d'un air rusé.

furbesco [fur'besko] (**-schi** pl.) agg. malin, astucieux. | *lingua furbesca*, argot du milieu.

furbizia [fur'bittsja] f. V. furberia.

furbo ['furbo] agg. malin, futé, rusé, madré (raro), matois (lett.). | *aria furba*, air futé. | *sorriso furbo*, sourire rusé. | *occhi furbi*, yeux malicieux. ◆ m. malin, (petit) futé, dégourdi, débrouillard (fam.). || Iron. gros malin, dégourdi. | *furbo matricolato, di tre cotte*, dégourdi comme il n'y en a pas deux. || Loc. *fare il furbo*, jouer au plus fin, faire le malin.

furente [fu'rɛnte] agg. furieux, hors de soi.

fureria [fure'ria] f. Mil. bureau (m.) de compagnie.

furetto [fu'retto] m. Zool. furet.

furfantaggine [furfan'taddʒine] f. malhonnêteté, friponnerie (arc.).

furfante [fur'fante] m. canaille f., bandit, gredin, filou, crapule f., fripouille f. (fam.). || [senso indebolito, detto a bambini] vaurien, chenapan, coquin.

furfantello [furfan'tɛllo] m. petit coquin, petit voyou.

furfanteria [furfante'ria] f. V. furfantaggine.

furfantesco [furfan'tesko] (**-schi** pl.) agg. de canaille, de gredin.

furgoncino [furgon'tʃino] m. fourgonnette f. || [senza motore] triporteur.

furgone [fur'gone] m. fourgon. | *furgone mortuario*, fourgon mortuaire ; corbillard. | *furgone cellulare*, voiture (f.), fourgon cellulaire ; panier à salade (fam.).

furia ['furja] f. **1.** [collera] fureur, furie, colère, rage. | *andare, montare in furia*, entrer en fureur, se mettre en rage, s'emporter. | *far andare in furia*, mettre en fureur, en furie, dans une colère folle. | *andare su tutte le furie*, se fâcher tout rouge, monter sur ses grands chevaux (fam.). || **2.** [passione] fureur, furie, ardeur. || Loc. *a furia di*, à force de. | *a furia di botte*, à force de coups. | *a furia di calci*, à coups de pied. || **3.** [violenza] fureur, furie (lett.). | *furia degli elementi*, fureur des éléments. || **4.** [fretta] hâte. | *in fretta e furia*, en toute hâte, à toute vitesse. || **5.** Mil. furie.

furibondo [furi'bondo] agg. furibond, furibard (fam.).

furiere [fu'rjɛre] m. Mil. fourrier.

furiosamente [furjosa'mente] avv. furieusement.

furioso [fu'rjoso] agg. [adirato] furieux, hors de soi, fou de rage. | *sono furioso*, je suis furieux, je suis hors de moi. | *diventare furioso*, s'emporter violemment, devenir fou de rage. | *pazzo furioso*, fou furieux. || [precipitoso] impétueux, emporté. || [violento] furieux, déchaîné.

furlana [fur'lana] f. [danza] forlane.

furore [fu'rore] m. **1.** [collera] fureur f., rage f., colère (f.) folle. | *essere in preda al furore*, être en fureur. | *furore cieco*, rage aveugle, colère noire. || **2.** [passione, esaltazione] fureur. || **3.** [violenza] fureur. || **4.** Loc. *a furore di popolo*, [col consenso del popolo] par la voix du peuple ; [dal popolo adirato] par la colère populaire. | *far furore*, faire fureur.

furoreggiare [furored'dʒare] v. intr. faire fureur.

furterello [furte'rɛllo] m. petit vol ; larcin.

furtivamente [furtiva'mente] avv. furtivement.

furtivo [fur'tivo] agg. furtif.

furto ['furto] m. vol. | *furto aggravato, con scasso*, vol qualifié, avec effraction. | *furto letterario*, plagiat, emprunt.

fusa ['fusa] f. pl. Loc. *far le fusa*, ronronner, faire ronron.

fusaggine [fu'saddʒine] f. Bot. fusain m.

fusata [fu'sata] f. Tess. fusée (arc.).

fuscello [fuʃ'ʃɛllo] m. brindille f. || Loc. *far d'un fuscello una trave*, faire d'une souris un éléphant. || Fig. *è un fuscello*, il est mince comme un fil.

fusciacca [fuʃ'ʃakka] f. écharpe.

fusellato [fusel'lato] agg. fuselé.

fusello [fu'sɛllo] m. fuseau. || [di carro, carrozza] fusée f.

fusibile [fu'zibile] agg. fusible. ◆ m. Elettr. fusible, plomb.

fusibilità [fuzibili'ta] f. fusibilité.

fusiforme [fuzi'forme] agg. fusiforme.

fusilli [fu'zilli] m. pl. Culin. = pâtes tortillées.

fusione [fu'zjone] f. **1.** fusion. | *punto di fusione*, point de fusion. || [l'operazione del gettare in forma il metallo fuso] fonte. | *fusione di una campana*, fonte

d'une cloche. || [il disciogliersi della neve, del ghiaccio] fonte. || **2.** FIG. fusion.
1. fuso ['fuzo] part. pass. e agg. fondu.
2. fuso ['fuzo] m. fuseau. || LOC. *essere diritto come un fuso*, être droit, être raide comme un piquet, comme un pieu, comme un I. || *andarsene in un posto diritto come un fuso*, aller tout droit quelque part. || GEOGR. *fuso orario*, fuseau horaire. || MAT. *fuso sferico*, fuseau sphérique. || TESS. fuseau, broche f.
fusoliera [fuzo'ljεra] f. AER. fuselage m.
fustagno [fus'taɲɲo] m. TESS. futaine f.
fustaia [fus'taja] f. futaie.
fustella [fus'tεlla] f. FARM. vignette.
fustigare [fusti'gare] v. tr. PR. fouetter, fustiger (antiq.). || FIG. fustiger, stigmatiser.
fustigatore [fustiga'tore] (**-trice** f.) m. FIG. censeur.
fustigazione [fustigat'tsjone] f. fustigation.
1. fusto ['fusto] m. **1.** PR. fût, tronc. | *pianta d'alto fusto*, arbre de haut fût, de haute futaie. || FIG. [tronco] (raro) tronc. || [bell'uomo] beau gars, solide gaillard. || PER ANAL. [di colonna] fût. || [di fucile] fût. || [di chiave] canon. || **2.** [intelaiatura] armature f., ossature f., charpente f. | *fusto di letto*, bois de lit, châlit.
2. fusto ['fusto] m. fût, tonneau.
futile ['futile] agg. futile.
futilità [futili'ta] f. futilité, frivolité.
futurismo [futu'rizmo] m. futurisme.
futurista [futu'rista] (**-i** m. pl.) agg. e n. futuriste.
futuristico [futu'ristiko] (**-ci** pl.) agg. futuriste.
futuro [fu'turo] agg. futur ; à venir. ◆ m. avenir, futur. | *sperare nel futuro*, espérer en l'avenir. || LOC. *in futuro*, à l'avenir. || GRAMM. futur.

G

g [dʒi] f. o m. g m. TELECOM. *g come Genova*, g comme Gaston.
gabardina [gabar'dina] f. TESS. gabardine.
gabarra [ga'barra] f. MAR. gabare, gabarre.
gabbamondo [gabba'mondo] m. invar. aigrefin.
gabbana [gab'bana] f. caban m., casaque. || LOC. FIG. *voltare, mutare gabbana*, tourner casaque ; retourner sa veste.
gabbano [gab'bano] m. caban.
gabbare [gab'bare] v. tr. tromper, duper, abuser (lett.), emberlificoter (fam.). | *rimanere gabbato*, être trompé, berné. || PROV. *passata la festa, gabbato il santo*, le fleuve passé, le saint oublié (antiq.). ◆ v. rifl. se moquer (de), berner v. tr. | *gabbarsi dell'ingenuità di qlcu.*, abuser de la naïveté de qn.
gabbatore [gabba'tore] m. V. GABBAMONDO.
gabbia ['gabbja] f. **1.** cage. | *un uccello in gabbia*, un oiseau en cage. | *la gabbia dei leoni*, la cage aux lions. | *gabbia degli imputati*, box (m.) des accusés. || FIG. *un leone in gabbia*, un ours en cage. || FIG. SCHERZ. *è una gabbia di matti*, c'est une maison de fous. || **2.** FIG. [prigione] cage, cabane (pop.). | *mettere un ladro in gabbia*, mettre un voleur en cage, en cabane (pop.). || **3.** PER EST. [involucro a forma di gabbia] cage. | *gabbia dell'ascensore*, cage de l'ascenseur. || ANAT. *gabbia toracica*, cage thoracique. || ELETTR. *gabbia di Faraday*, cage de Faraday. || **4.** MAR. [coffa] hune. || [vela quadra] hunier m. | *doppia, bassa gabbia*, double, grand hunier.
gabbiano [gab'bjano] m. ZOOL. mouette f.
gabbiere [gab'bjεre] m. MAR. gabier.
gabbione [gab'bjone] m. MIL. gabion.
gabbo ['gabbo] m. LETT. gab (fr. ant.). | *prendere a gabbo*, prendre à la légère. | *farsi gabbo*, V. GABBARSI.
gabella [ga'bεlla] f. STOR. gabelle. || [ufficio del dazio] octroi m. || LOC. FIG. *fare il tonto per non pagar gabella*, faire l'âne pour avoir du son.
gabellare [gabel'lare] v. tr. PR., ANTIQ. taxer. || FIG. faire croire. | *gabellare qlco. per vero*, faire croire, faire avaler qch. | *farsi gabellare*, gober le morceau, se laisser prendre, être dupe.
gabelliere [gabel'ljεre] m. o **gabellotto** [gabel'lɔtto] m. PEGGIOR. gabelou.
gabinetto [gabi'netto] m. [stanza di uso privato] cabinet. | *fu condotta nel gabinetto della principessa*, elle fut conduite dans le cabinet de la princesse. | *gabinetto del ministro*, cabinet du ministre. || POLIT. *crisi di gabinetto*, crise ministérielle. || PER EST. [studio] *gabinetto di fisica*, laboratoire de physique. | *gabinetto medico*, cabinet de consultation. || [luogo di decenza] cabinet, cabinets pl. | *andare al gabinetto*, aller aux cabinets, au petit coin (euf.), aux toilettes, au lavabo.
gaelico [ga'εliko] agg. e m. gaélique.
gaffa ['gaffa] f. MAR. gaffe.
gaffe ['gaf] f. [fr.] gaffe (fam.), impair m. (fam.). | *fare una gaffe*, faire une gaffe, un impair ; gaffer v. intr. (fam.).
gag [gæg] f. [ingl.] CIN. gag m.
gagà [ga'ga] m. dandy, gommeux (fam.).
gaggia ['gaddʒa] f. BOT. cassie.
gagliarda [gaʎ'ʎarda] f. MUS. gaillarde.
gagliardamente [gaʎʎarda'mente] avv. vigoureusement, hardiment.
gagliardetto [gaʎʎar'detto] m. MAR. flamme f. || [insegna di partiti o di associazioni sportive] fanion.
gagliardezza [gaʎʎar'dettsa] f. V. GAGLIARDIA.
gagliardia [gaʎʎar'dia] f. **1.** [forza] vigueur. || **2.** [arditezza] bravoure, vaillance, hardiesse. | *la gagliardia dei guerrieri*, la vaillance des guerriers. || **3.** [prova di coraggio] prouesse.
gagliardo [gaʎ'ʎardo] agg. vigoureux, alerte, robuste. | *un giovane gagliardo*, un jeune homme vigoureux. || [forte] fort, puissant. | *una voce gagliarda*, une voix forte, étoffée. | *pianta gagliarda*, plante vigoureuse. | *vento gagliardo*, vent violent. | *pioggia gagliarda e fitta*, pluie drue et serrée. | *ingegno gagliardo*, esprit puissant. || [ardito] vaillant, courageux. ◆ LOC. AVV. (lett.) ***alla gagliarda***, vigoureusement.
gaglioffagine [gaʎʎof'faddʒine] f. balourdise ; friponnerie.
gaglioffo [gaʎ'ʎɔffo] agg. e m. [persona goffa e buona a nulla] balourd. || [furfante o ribaldo] bélître (antiq.), coquin (L.C.), pendard (antiq.), canaille f. (L.C.).
gagnolare [gaɲɲo'lare] v. intr. glapir, japper.
gagnolio [gaɲɲo'lio] m. glapissement, jappement.
gaiamente [gaja'mente] avv. gaiement.
gaiezza [ga'jettsa] f. gaieté, allégresse, enjouement m.
gaio ['gajo] agg. gai, joyeux, enjoué, folâtre. | *ambiente gaio*, ambiance (f.) joyeuse. | *carattere gaio*, caractère gai, enjoué. | *umore gaio*, humeur (f.) folâtre.
1. gala ['gala] f. gala m. | *pranzo di gala*, dîner de gala. | *abito di gala*, habit de gala. | *essere in gran gala*, être en grande toilette. || MAR. pavois m.
2. gala ['gala] f. [striscia increspata di stoffa]

volant m., falbala m. | *gala di trina*, ruche. || [nastro o fiocco] nœud m., bavolet m.
galalite [gala'lite] f. CHIM. galalithe.
galano [ga'lano] m. bouffette f., coque f., nœud de rubans.
galante [ga'lante] agg. galant. || FIG. *avventura galante*, aventure galante, bonne fortune. || FAM. *un bigliettino galante*, un billet doux. || LOC. *andare in cerca di avventure galanti*, courir le guilledou (fam.). || [elegante] coquet. | *un abitino galante*, une jolie petite robe.
galanteria [galante'ria] f. galanterie. || [complimento] compliment m. | *dire delle galanterie*, marivauder, débiter des fadeurs.
galantina [galan'tina] f. CULIN. galantine, ballottine.
galantomismo [galanto'mizmo] m. FAM. honnêteté f.
galantuomo [galan'twɔmo] m. honnête homme, homme de bien. | *parola di galantuomo*, parole d'honneur. || PROV. *il tempo è galantuomo*, le temps rend justice (L.C.).
galassia [ga'lassja] f. ASTRON. galaxie.
galateo [gala'tɛo] m. savoir-vivre, bienséance f., civilité f. (antiq.). | *lezioni di galateo*, leçons de maintien, de savoir-vivre.
galattico [ga'lattiko] agg. ASTRON. galactique.
galattoforo [galat'tɔforo] agg. FISIOL. galactophore.
galattosio [galat'tɔzjo] m. CHIM. galactose.
1. galea [ga'lɛa] f. STOR. MAR. galère.
2. galea ['galea] f. [elmo di cuoio] casque (m.) romain.
galeato [gale'ato] agg. (lett.) casqué (L.C.).
galeazza [gale'attsa] f. STOR. MAR. galéasse, grosse galère.
galena [ga'lɛna] f. MINER. galène. | *radio a galena*, poste (m.) à galène.
galeone [gale'one] m. STOR. MAR. galion.
galeotta [gale'ɔtta] f. STOR. MAR. galiote.
1. galeotto [gale'ɔtto] m. galérien. || [ergastolano] forçat, bagnard. || [furfante] coquin, fripon.
2. galeotto [gale'ɔtto] m. (lett.) entremetteur.
galera [ga'lɛra] f. MAR. galère. || PER EST. [pena dell'ergastolo] bagne m., galères (pl.). | *condannare alla galera*, condamner aux galères. || FAM. [carcere] prison, tôle (pop.). | *avanzo di galera*, gibier de potence. || FIG. [luogo o situazione insopportabile] bagne m. | *fare una vita da galera*, être comme dans un bagne ; mener une vie de chien.
galero [ga'lɛro] m. RELIG. chapeau de cardinal.
galestro [ga'lɛstro] m. GEOL. glaise (f.) cohérente.
galileiano [galile'jano] agg. galiléen. || MAT. *sistema galileiano*, système galiléen.
galileo [gali'lɛo] agg. e m. galiléen.
galla ['galla] f. BOT. galle. || [vescica] ampoule, boursouflure. ◆ LOC. AVV. ***a galla***, à la surface, sur l'eau. | *stare a galla*, nager, flotter. | *restare a galla*, surnager, se maintenir à la surface. || MAR. *stare a galla*, être à flot. | *riportare a galla*, renflouer, remettre à flot. | *rimettere a galla una nave*, relever un navire. || FIG. [scoprirsi] *venire a galla*, remonter à la surface. | *la verità viene a galla*, la vérité se fait jour. || [cavarsela] *tenersi a galla*, être à flot.
gallare [gal'lare] v. tr. [parlando del gallo] féconder.
gallato [gal'lato] agg. [di uovo] fécondé.
gallatura [galla'tura] f. (raro) fécondation.
galleggiabilità [galleddʒabili'ta] f. MAR. flottabilité.
galleggiamento [galleddʒa'mento] m. flottement. || MAR. *linea di galleggiamento*, ligne de flottaison f.
galleggiante [galled'dʒante] agg. flottant. | *corpi galleggianti*, corps flottants. || MAR. *bacino galleggiante*, dock flottant. ◆ m. **1.** [termine generico per natanti, pontoni, zattere] chaland, ponton, flotteur. || **2.** [sughero che si attacca alla lenza] bouchon. || **3.** AER. [parte di idrovolante] flotteur, nageoire f.
galleggiare [galled'dʒare] v. intr. flotter, rester à la surface, surnager, nager. | *il legno galleggia*, le bois flotte. | *versato nell'acqua, l'olio galleggia*, versée dans l'eau, l'huile surnage. | *si vedeva galleggiare sull'acqua una cassa vuota*, on voyait nager sur l'eau une caisse vide. || PER EST. [stare sospeso in aria] planer.
galleria [galle'ria] f. **1.** tunnel m. || [via coperta] galerie. || **2.** ARCHIT. galerie. || **3.** [dove si espongono opere d'arte] galerie. | *galleria di pittura*, galerie de peinture. || **4.** TEATRO galerie. || **5.** [in aerodinamica] tunnel m., soufflerie. | *galleria del vento*, tunnel, soufflerie aérodynamique. || **6.** TECN. MIN. galerie.
gallerista [galle'rista] m. e f. directeur, directrice d'une galerie d'art.
gallese [gal'lese] agg. e n. gallois, e. ◆ m. [lingua] gallois.
galletta [gal'letta] f. [pane senza lievito usato come alimento di riserva] galette, biscuit m. || MAR. [pomo di legno] pomme.
galletto [gal'letto] m. ZOOL. jeune coq, coquelet, cochet [poco com.]. || FIG. *fare il galletto*, faire le coq. || MECC. écrou à oreilles.
gallicanesimo [gallika'nɛzimo] m. RELIG. gallicanisme.
gallicano [galli'kano] agg. e m. RELIG. gallican.
gallicinio [galli'tʃinjo] m. (lett.) chant du coq (L.C.).
gallicismo [galli'tʃizmo] m. gallicisme.
gallicizzare [gallitʃid'dzare] v. tr. franciser. ◆ v. intr. employer des gallicismes ; imiter les Français.
1. gallico ['galliko] agg. gaulois, gallique. | *la guerra gallica di Cesare*, la guerre des Gaules de César. | *idiomi gallici*, idiomes galliques. || PER EST. français. | *morbo gallico*, mal français, napolitain, espagnol. ◆ m. Gaulois.
2. gallico ['galliko] agg. CHIM. gallique. | *acido gallico*, acide gallique.
gallina [gal'lina] f. poule, cocotte (inf.). | *gallina faraona*, pintade. | *gallina lessa*, poule au pot. || FIG. [rughe], *zampe di gallina*, pattes d'oie. || [scrittura] pattes de mouche. || LOC. *andare a letto con le galline*, se coucher comme les poules. | *alzarsi con le galline*, se lever avec les poules. || LOC. FAM. *avere un cervello di gallina*, avoir une cervelle de moineau, d'oiseau. || PROV. *chi di gallina nasce conviene che razzoli*, la caque sent toujours le hareng. | *meglio un uovo oggi che una gallina domani*, un tiens vaut mieux que deux tu l'auras. | *gallina vecchia fa buon brodo*, c'est dans les vieux pots qu'on fait la meilleure soupe.
gallinaccio [galli'nattʃo] m. (dial.). V. TACCHINO. || BOT. girolle f., chanterelle f.
gallinaceo [galli'natʃeo] agg. gallinacé. ◆ m. pl. ZOOL. gallinacés.
gallinella [galli'nɛlla] f. poulette. | *gallinella d'acqua*, poule d'eau. || ZOOL. (pop.) [coccinella] *gallinella del Signore*, bête à bon Dieu.
1. gallo ['gallo] m. coq. | *gallo cedrone*, coq de bruyère. || FIG. *fare il gallo*, faire le coq. || LOC. FIG. *essere il gallo della checca*, être le coq du village. || SPORT *peso gallo*, poids coq.
2. gallo ['gallo] agg. e n. gaulois.
galloccia [gal'lɔttʃa] f. MAR. taquet m. | *galloccia di dritta*, taquet tribord.
gallonare [gallo'nare] v. tr. galonner, chamarrer.
gallonato [gallo'nato] agg. galonné, chamarré.
1. gallone [gal'lone] m. galon. || MIL. galon. || [in forma di V] chevron. | *guadagnarsi i galloni*, gagner ses galons. || FIG. *bagnare i galloni*, arroser ses galons.
2. gallone [gal'lone] m. (ingl.) [misura di capacità] gallon.
gallo-romano ['galloro'mano] agg. gallo-romain.
gallozzola [gal'lɔttsola] f. [piccola galla] petite galle. || [vescichetta in conseguenza a scottature] cloque. || [bolla alla superficie di un liquido] bulle.
galoppante [galop'pante] agg. galopant. || MED. *tisi galoppante*, phtisie galopante.
galoppare [galop'pare] v. intr. galoper. || PER EST. [darsi da fare affannosamente] galoper, cavaler (pop.). || FIG. *la sua fantasia galoppa*, son imagination galope.
galoppata [galop'pata] f. galopade.
galoppatoio [galoppa'tojo] m. piste (f.) d'entraînement (des chevaux), piste cavalière.
galoppatore [galoppa'tore] m. galopeur.
galoppino [galop'pino] m. (peggior.) galopin (fam.), garçon de courses (L.C.), coursier (L.C.). | *galoppino elettorale*, agent électoral.
galoppo [ga'lɔppo] m. galop. | *corse al galoppo*, courses au galop. | *mettere un cavallo al galoppo*, mettre, lancer un cheval au galop. || FIG. *di galoppo*,

au grand galop. | *vattene e di galoppo*, va-t'en et au galop. || [danza] galop.
galoscia [ga'lɔʃʃa] f. V. CALOSCIA.
galvanico [gal'vaniko] agg. galvanique. | *bagno galvanico*, bain galvanique.
galvanismo [galva'nizmo] m. galvanisme.
galvanizzare [galvanid'dzare] v. tr. PR. e FIG. galvaniser.
galvanizzazione [galvaniddzat'tsjone] f. galvanisation.
galvanocauterio [galvanokau'tɛrjo] m. CHIR. galvanocautère.
galvanometro [galva'nɔmetro] m. ELETTR. galvanomètre.
galvanoplastica [galvano'plastika] f. METALL. galvanoplastie.
galvanotipia [galvanoti'pia] f. TIP. galvanotypie.
gamba ['gamba] f. **1.** ANAT. jambe. | *gambe dritte*, jambes droites. | *gambe da fantino*, jambes arquées. | *le gambe*, les jambes, les pattes (fam.), les flûtes (fam.), les guibolles (pop.). | *avere gambe corte*, être bas sur pattes (fam.). | *mostrare le gambe*, montrer ses jambes. | *essere privo di una gamba*, être unijambiste; n'avoir qu'une jambe. || LOC. *non reggersi sulle gambe*, ne plus pouvoir se tenir sur ses jambes; n'avoir plus de jambes. | *sgranchirsi le gambe*, se dégourdir, se dérouiller les jambes. | *sentirsi le gambe molli, di pasta frolla*, avoir les jambes comme du coton, en flanelle. | *mi tremano le gambe, ho le gambe che fanno giacomo giacomo* (fam.), j'ai les jambes qui flageolent. | *essere di gamba lesta*, avoir le pied léger. | *a mezza gamba*, à mi-jambe. | *darsela a gambe, fuggire a gambe levate*, s'enfuir, se sauver, filer à toutes jambes; prendre la poudre d'escampette, décamper, jouer des flûtes (fam.), détaler (fam.), se cavaler (pop.), se carapater (pop.). | *mettersi le gambe in spalla*, prendre ses jambes à son cou. | *andare a gambe all'aria*, [cadere all'indietro] tomber les quatre fers en l'air; [andare in rovina] faire faillite. | *fare il passo più lungo della gamba*, aller au-delà de ses moyens (l.c.). | *prendere qlco. sotto gamba*, prendre qch. par-dessus, par-dessous la jambe. | *dolersi di gamba sana*, se plaindre que la mariée soit trop belle. || **2.** PER EST. [di tavolo, sedia, ecc.] pied m. | *le gambe del tavolo*, les pieds de la table. || [di compasso] branche, jambe. || [di lettere] [sopra il rigo] jambage m. | *la m ha tre gambe*, le m a trois jambages. || [sotto il rigo] queue, hampe. | *la gamba della p*, la queue, la hampe du p. ◆ LOC. AGG. ***in gamba,*** [in buona salute] alerte, ingambe, en train, en pleine forme. | *è ancora molto in gamba per la sua età*, il est encore très alerte, en forme pour son âge. || [fisicamente] *stare in gamba*, avoir bon pied bon œil. || [essere valente] bon, bien, dégourdi, débrouillard. | *un avvocato in gamba*, un bon avocat. | *un tipo in gamba*, un type bien, dégourdi, comme ça! (fam.). | *essere in gamba*, être dégourdi, à la coule (pop.).
gambacorta [gamba'korta] m. FAM., SCHERZ. [zoppo] boiteux. || [dalle gambe corte] court sur pattes, bas (agg.).
gambale [gam'bale] m. [parte dello stivale] jambière f., houseaux pl., leggings (ingl.) pl. || [forma in legno per stivali] embauchoir. || [parte dell'armatura] jambière f.
gambalunga [gamba'lunga] m. e f. FAM. grand diable, grand échalas, grande perche.
gambata [gam'bata] f. [passo lungo] grande, longue enjambée. || DIAL. [sgambetto] croc-en-jambe (m.).
gamberana [gambe'rana] f. [piccola rete] balance, pêchette (dial.).
gamberetto [gambe'retto] m. ZOOL. crevette f.
gambero ['gambero] m. ZOOL. [di fiume] écrevisse f. || [di mare] homard. || LOC. *diventò rosso come un gambero*, il est devenu rouge comme une écrevisse, un homard. || FIG. *camminare come un gambero*, marcher comme une écrevisse.
gambetta [gam'betta] f. [dimin.] petite jambe. || ZOOL. chevalier m.
gambetto [gam'betto] m. [sgambetto] croc-en-jambe. || GIOCHI [scacchi] gambit.
gambiera [gam'bjɛra] f. STOR. [parte dell'armatura] jambière, jambart m. (antiq.).
gambo ['gambo] m. **1.** BOT. [peduncolo di fiore] tige f. || [picciolo di frutto o foglia] queue f. || [di fungo] pied, tige f. || [di sedano] branche f. | *foglie e gambi di carote*, fanes (f.) de carottes. || **2.** [elemento di sostegno] pied. | *il gambo del candeliere*, le pied du chandelier. || **3.** MECC. tige f. || FERR. *gambo della rotaia*, âme (f.) du rail.
gambuto [gam'buto] agg. à longues jambes.
game [geim] m. (ingl.) [a tennis] jeu.
gamella [ga'mɛlla] f. [gavetta] gamelle.
gamete [ga'mɛte] m. BIOL. gamète.
gamia [ga'mia] f. BIOL. union des gamètes.
1. gamma ['gamma] m. invar. gamma. || FIS. *raggi gamma*, rayons gamma.
2. gamma ['gamma] f. MUS. gamme. || PER ANAL. [serie di varie gradazioni di colore] gamme. || [radio] *gamma di frequenza*, bande de fréquence. || FIG. gamme, clavier m. | *la gamma dei sentimenti*, la gamme, le clavier des sentiments.
gammato [gam'mato] agg. gammé. | *croce gammata*, croix gammée.
gamurra [ga'murra] f. [veste del Medioevo] simarre.
ganascia [ga'naʃʃa] f. (**-sce** pl.) mâchoire. || [negli animali] ganache. || LOC. *mangiare a quattro ganasce*, dévorer à belles dents. || TECN. mâchoire, griffe. | *ganascia di morsa*, mâchoire d'étau. | *ganasce delle tenaglie*, mâchoires d'une paire de tenailles. || FERR. *ganascia delle rotaie*, éclisse.
ganascino [ganaʃ'ʃino] m. FAM. *prendere qlcu. per il ganascino*, pincer la joue à qn.
gancio ['gantʃo] m. crochet. | *appendere un quadro al muro con un gancio*, pendre un tableau au mur avec un crochet. | *i ganci dell'attaccapanni*, les crochets, les patères (f.) du porte-manteau. | *i ganci di una gonna*, les crochets, les agrafes (f.) d'une jupe. || MAR. *gancio d'accosto*, gaffe f. || SPORT [pugilato] crochet. || FIG. [cavillo] raisonnement captieux. || [pretesto] prétexte. || POP. [ladro] individu malhonnête, sans scrupule (L.C.).
1. ganga ['ganga] f. o **gang** [gæŋ] m. [ingl.] [banda di malviventi] gang m. || PER EST. SCHERZ. [combriccola] bande.
2. ganga ['ganga] f. MINER. gangue.
ganghero ['gangero] m. gond. || FIG. *far uscire dai gangheri*, pousser à bout, faire sortir de ses gonds. | *sono fuori dai gangheri*, je suis hors de moi. || [gancetto per vestiti] crochet, agrafe f.
gangliare [gan'gljare] agg. ANAT. ganglionnaire.
ganglio ['gangljo] m. ANAT. ganglion. || FIG. [centro di grande attività] centre (vital).
gangrena [gan'grɛna] f. V. CANCRENA.
gangster ['gæŋstə] m. [ingl.] gangster.
gangsterismo [gangste'rizmo] m. gangstérisme.
ganimede [gani'mɛde] m. (peggior.) gandin (L.C.), freluquet (fam.). | *vecchio ganimede*, vieux beau, vieux galantin (antiq.).
ganzo ['gandzo] m. PEGGIOR. jules (pop.), amant (L.C.). || POP. [persona furba e scaltra] malin (L.C.), roublard (fam.). | *che ganzo!*, quel malin!, quel roublard!
gara ['gara] f. compétition, épreuve, course. | *gara sportiva*, compétition sportive. | *gara natatoria, sciistica*, compétition de natation, de ski. | *gara podistica*, course à pied. | *gara ciclistica*, épreuve cycliste. | *numero di gara*, dossard. | *vincere una gara*, gagner une épreuve. | *fuori gara*, hors concours. | *entrare in gara*, entrer en compétition. | *partecipare a una gara d'appalto*, participer à un concours d'adjudication. ◆ LOC. AVV. ***a gara,*** à qui mieux mieux, à l'envi (lett.). | *fare a gara*, rivaliser d'efforts, lutter. | *tutti fanno a gara per aiutarlo*, tout le monde rivalise d'efforts pour l'aider, c'est à qui l'aidera le plus.
garage [ga'raʒ] m. [fr.] AUTOM. garage.
garagista [gara'dʒista] m. AUTOM. [chi lavora in un'autorimessa] mécanicien. || [chi gestisce un'autorimessa] garagiste.
garante [ga'rante] agg. e m. garant. | *farsi garante*, se porter garant. || GIUR. garant, caution f., certificateur, accréditeur. | *rendersi garante di*, se porter caution pour, cautionner qn.
garantire [garan'tire] v. tr. garantir. | *garantire (per) un debito*, garantir une dette. | *garantire un prestito*, gager un emprunt. | *garantire un'automobile*, garantir une automobile. | *questo tessuto è garantito di pura*

lana, ce tissu est garanti pure laine. || PER EST. [assicurare] garantir. | *vi garantisco che è vero,* je vous garantis, affirme, assure que c'est vrai. | *te lo garantisco io,* c'est moi qui te le dis.
garantito [garan'tito] agg. garanti. | *vista (panoramica) garantita,* vue imprenable. | *garantito, me la pagherà,* il n'y a pas de doute, c'est sûr, il me le paiera.
garanzia [garan'tsia] f. garantie. | *esigere delle garanzie,* exiger des garanties. || GIUR. garantie, nantissement m. | *dare una garanzia a un creditore,* nantir un créancier. || POLIT. *garanzie costituzionali,* garanties constitutionnelles. || ECON. *contratto di garanzia,* contrat de garantie. || FIG. [assicurazione] garantie, gage m. | *dà ottime garanzie di rendimento,* il donne d'excellentes garanties de rendement. | *è garanzia di pace,* c'est un gage de paix.
garbare [gar'bare] v. intr. plaire, aller. | *il suo modo di fare non mi garba troppo,* sa façon de faire ne me plaît guère.
garbatamente [garbata'mente] avv. poliment, civilement.
garbatezza [garba'tettsa] f. amabilité, politesse, civilité (antiq.).
garbato [gar'bato] agg. poli, aimable, courtois. | *essere garbato,* avoir de l'éducation. | *è sempre garbato con i colleghi,* il est toujours très aimable avec ses collègues.
garbino [gar'bino] m. vent du sud-ouest.
garbo ['garbo] m. politesse f., grâce f. | *esprimersi con garbo,* s'exprimer avec grâce, civilement. | *è bella ma senza garbo,* elle est belle mais sans grâce. | *un uomo di garbo,* un homme aimable et poli, très bien. | *mi chiese con garbo di aiutarlo,* il me demanda avec politesse de l'aider. | *non ha garbo,* il n'a pas de tact. || [gesto, azione] *un mal garbo,* une impolitesse, une grossièreté. || [finezza di forme] *dipinge con molto garbo,* il peint avec beaucoup de délicatesse f. || LOC. *dare il garbo a un vestito,* donner du chic à, faire bien tomber un vêtement. || MAR. gabarit.
garbuglio [gar'buʎʎo] m. enchevêtrement, embrouillamini (fam.), fouillis (fam.). | *un garbuglio di nastri,* un enchevêtrement de rubans. || FIG. [faccenda intricata] pagaille f., désordre. | *creare garbugli,* semer la pagaille.
garçonne [gar'sɔn] f. [fr.] garçonne. | *capelli alla garçonne,* cheveux coupés à la garçonne.
gardenia [gar'dɛnja] f. BOT. gardénia m.
gareggiamento [gareddʒa'mento] m. compétition f., rivalité f.
gareggiare [gared'dʒare] v. intr. faire assaut (de), rivaliser, jouter (lett.). | *gareggiare nello studio,* rivaliser dans les études. | *gareggiare d'ingegno,* faire assaut d'esprit. | *gareggiare in generosità,* rivaliser, faire assaut de générosité. || SPORT s'affronter.
gareggiatore [gareddʒa'tore] m. (non com.) concurrent (L.C.).
garenna [ga'rɛnna] f. garenne.
garganella [garga'nɛlla] f. [LOC.] *bere a garganella,* boire à la régalade.
gargantuesco [gargantu'esko] agg. gargantuesque.
gargarismo [garga'rizmo] m. gargarisme.
gargarizzare [gargarid'dzare] v. intr. faire des gargarismes. ◆ v. rifl. se gargariser.
gargarozzo [garga'rɔttso] m. (pop.) gosier (fam.). | *bagnarsi il gargarozzo,* se rincer la dalle (pop.).
gargotta [gar'gɔtta] f. PEGGIOR. gargote.
garibaldino [garibal'dino] agg. STOR. garibaldien. || LOC. FIG. [audace, impetuoso] *alla garibaldino,* cavalièrement, lestement. | *fare qlco. alla garibaldina,* faire qch. par-dessus l'épaule (fam.). ◆ m. garibaldien.
garitta [ga'ritta] f. guérite.
garofanato [garofa'nato] agg. qui sent l'œillet ; à odeur de girofle.
garofano [ga'rɔfano] m. BOT. œillet. | *avere un garofano all'occhiello,* avoir un œillet à la boutonnière. || [spezia] giroflier ; [fiore essicato] girofle. | *chiodi di garofano,* clous de girofle. | *un pasticcio aromatizzato con chiodi di garofano e noce moscate,* un pâté épicé au girofle et à la muscade. || ZOOL. *garofano di mare,* anémone (f.) de mer.
garrese [gar'rese] m. [nei quadrupedi domestici] garrot.
garretto [gar'retto] m. jarret.
garrire [gar'rire] v. intr. gazouiller. || [di rondine] trisser. || FIG. (lett.) [litigare] se disputer. || (lett.) [di bandiere e vele] claquer (au vent).
garrito [gar'rito] m. gazouillis. || (lett.) réprimande f.
garrotta [gar'rɔtta] f. garrotte.
garrottare [garrot'tare] v. tr. STOR. garrotter.
garrulità [garruli'ta] f. (lett.) loquacité, garrulité, verbiage m., caquet m., babil m. || [maldicenza] médisance.
garrulo ['garrulo] agg. (lett.) gazouillant, babillard. || [ciarliero, pettegolo] médisant, bavard. || PER EST. [chiassoso] bruyant. || [di vele] claquant au vent. | *i garruli stendardi,* les drapeaux claquant au vent.
garza ['gardza] f. gaze. || ZOOL. aigrette.
garzare [gar'dzare] v. tr. TESS. lainer, échardonner.
garzatore [gardza'tore] (**-trice** f.) m. TESS. laineur, euse.
garzatrice [gardza'tritʃe] f. TESS. [macchina] laineuse.
garzatura [gardza'tura] f. TESS. échardonnage m., lainage m.
garzo ['gardzo] m. BOT. carde f. || TESS. échardonnage. | *dare il garzo alla lana,* carder la laine.
garzone [gar'dzone] m. garçon, valet. | *garzone di fornaio,* garçon boulanger, mitron. | *garzone di bottega,* commis. | *garzone di parrucchiere,* garçon coiffeur. | *garzone di fattoria,* valet, garçon de ferme. | *garzone di stalla,* garçon d'écurie. || ANTIQ. LETT. [giovinetto] garçon.
1. garzuolo [gar'dzwɔlo] m. chanvre cardé.
2. garzuolo [gar'dzwɔlo] m. [grumolo] cœur. | *garzuolo di cavolo,* pomme (f.) de chou.
gas [gas] m. gaz. | *gas illuminante,* gaz d'éclairage. | *illuminazione a gas,* éclairage au gaz. | *contatore del gas,* compteur à gaz. || FAM. *l'uomo del gas,* l'employé du gaz. || *una fuga di gas,* une fuite de gaz. | *camera a gas,* chambre à gaz. | *gas asfissiante,* gaz asphyxiant. | *gas esilarante,* gaz hilarant. | *gas delle miniere,* grisou. || AUTOM. *dare, togliere il gas,* mettre, couper les gaz. ◆ LOC. AVV. ***a tutto gas,*** à pleins gaz (anche FIG.). | *andare a tutto gas,* aller pleins gaz ; gazer v. intr. (fam.).
gasdotto [gaz'dotto] m. gazoduc, pipe-line (ingl.), canalisation (f.) de gaz.
gasogeno [ga'zɔdʒeno] o **gassogeno** [gas'sɔdʒeno] m. TECN. gazogène.
gasolina [gazo'lina] f. CHIM. gazoline.
gasolio [ga'zɔljo] m. gas-oil, gasoil, gazole.
gassa ['gassa] f. MAR. nœud m.
gassare [gas'sare] v. tr. [rendere gassoso] gazéifier. || [uccidere col gas] gazer. || TESS. gazer.
gassato [gas'sato] agg. gazéifié. | *acqua gassata,* eau gazéifiée, eau gazeuse. || [colpito da gas venefici] gazé.
gassificabile [gassifi'kabile] agg. gazéifiable.
gassificare [gassifi'kare] v. tr. gazéifier.
gassificazione [gassifikat'tsjone] f. gazéification.
gassista [gas'sista] m. gazier, employé du gaz.
gassogeno [gas'sɔdʒeno] m. V. GASOGENO.
gassometro [gas'sɔmetro] m. gazomètre.
gassosa [gas'sosa] f. limonade.
gassoso [gas'soso] agg. [che è allo stato aeriforme] gazéiforme. || [che contiene gas] gazeux.
gasteropodi [gaste'rɔpodi] m. pl. ZOOL. gastéropodes.
gastralgia [gastral'dʒia] f. MED. gastralgie.
gastrectomia [gastrekto'mia] f. CHIR. gastrectomie.
gastrico ['gastriko] agg. gastrique.
gastrite [gas'trite] f. MED. gastrite.
gastroenterite [gastroente'rite] f. MED. gastro-entérite.
gastroepatico [gastroe'patiko] agg. MED. gastro-hépatique.
gastrointestinale [gastrointesti'nale] agg. gastro-intestinal.
gastronomia [gastrono'mia] f. gastronomie.
gastronomico [gastro'nɔmiko] agg. gastronomique.
gastronomo [gas'trɔnomo] m. gastronome.
gastroscopia [gastrosko'pia] f. MED. gastroscopie.
1. gatta ['gatta] f. chatte. || LOC. FIG. *pigliarsi una*

gatta da pelare, se fourrer dans un guêpier. | *avere altre gatte da pelare*, avoir d'autres chats à fouetter. | *gatta ci cova*, il y a anguille sous roche. | *fare la gatta morta*, faire la chattemite, la sainte nitouche. || PROV. *quando la gatta manca, i topi ballano*, quand le chat n'est pas là, les souris dansent. | *tanto va la gatta al lardo che ci lascia lo zampino*, tant va la cruche à l'eau qu'à la fin elle se casse. | *la gatta frettolosa fece i gattini ciechi*, qui fait vite fait souvent mal (L.C.). || GIOCHI [mosca cieca] *gatta cieca*, colin-maillard m.
2. gatta ['gatta] f. MAR. gatte.
gattabuia [gatta'buja] f. POP. SCHERZ. [prigione] violon m. (fam.), cachot m. (L.C.). | *passare la notte in gattabuia*, passer la nuit à l'ombre, en cabane (fam.).
gattaiola [gatta'jɔla] f. chatière.
gattamorta [gatta'mɔrta] f. V. GATTA.
gattaria [gat'tarja] f. BOT. cataire, herbe aux chats.
gatteggiamento [gatteddʒa'mento] m. chatoiement.
gatteggiante [gatted'dʒante] agg. chatoyant.
gatteggiare [gatted'dʒare] v. intr. chatoyer.
gattesco [gat'tesko] agg. de chat.
gattice ['gattitʃe] m. BOT. ypréau, peuplier blanc.
gattino [gat'tino] (**-a** f.) m. chaton ; minet, minette (fam.). | *la gatta ha fatto i gattini*, la chatte a fait ses petits. || BOT. [amento] chaton.
gatto ['gatto] m. chat, matou (fam.). | *gatto soriano*, chat tigré. | *gatto selvatico*, chat sauvage. || LOC. *vederci al buio come i gatti*, voir la nuit comme un chat ; avoir des yeux de chat. | *lavarsi come un gatto*, faire une toilette de chat. | *di notte tutti i gatti son bigi*, la nuit, tous les chats sont gris. | *essere come cane e gatto*, être comme chien et chat. || LOC. FIG. *erano (in) quattro gatti*, ils étaient quatre pelés et un tondu (fam.). || LETT. *Il Gatto con gli stivali*, le Chat botté. || ZOOL. *pesce gatto*, poisson-chat. || MINER. *occhio di gatta*, œil-de-chat. || FIG. [sferza] *gatto a nove code*, chat à neuf queues.
gattomammone [gattomam'mone] m. loup-garou.
gattonare [gatto'nare] v. intr. marcher en tapinois. ◆ v. tr. suivre furtivement.
gattone [gat'tone] m. [accr.] gros chat, gros matou.
gattoni [gat'toni] avv. à quatre pattes. || FIG. *gatton gattoni*, en tapinois. | *andare gatton gattoni*, se glisser à pas de loup.
gattopardo [gatto'pardo] m. ZOOL. serval. | *gattopardo americano*, ocelot. || *gattopardo marino*, roussette f.
gattuccio [gat'tuttʃo] m. ZOOL. roussette f. ; chien, chat de mer. || TECN. [sega a mano] scie (f.) à main, à chantourner.
gaucho ['gautʃo] m. (**-os** pl.) [sp.] gaucho.
gaudente [gau'dɛnte] agg. joyeux. | *far vita gaudente*, mener joyeuse vie. ◆ m. jouisseur, fêtard (fam.).
gaudio ['gaudjo] m. (lett.) joie f. (L.C.), allégresse f. (L.C). || PROV. *mal comune mezzo gaudio*, c'est une consolation que de partager avec autrui ses souffrances (L.C.).
gaudioso [gau'djoso] agg. (lett.) joyeux (L.C.).
gavazzamento [gavattsa'mento] m. (lett.) débauche f. (L.C.).
gavazzare [gavat'tsare] v. intr. (lett.) ripailler (fam.), bambocher (fam.), faire la noce (fam.).
gavazzatore [gavattsa'tore] agg. e m. (lett.) noceur (fam.), débauché.
gavetta [ga'vetta] f. MIL. gamelle. || FIG. *venire dalla gavetta*, sortir du rang. || PER EST. venir de rien.
gaviale [ga'vjale] m. ZOOL. gavial.
gavina [ga'vina] f. ZOOL. goéland m.
gavitello [gavi'tɛllo] m. MAR. bouée f., balise (f.) flottante, flotte f.
gavotta [ga'vɔtta] f. MUS. gavotte.
gazare [gad'dzare] v. tr. TESS. gazer.
gazatura [gaddza'tura] f. TESS. flambage m.
gazza ['gaddza] f. ZOOL. pie. | *gazza ladra*, pie voleuse. || FIG. [pettegola] pie. | *chiacchierare come una gazza*, jaser, bavarder comme une pie, une pie borgne.
gazzarra [gad'dzarra] f. chahut m., tapage m. | *far gazzarra*, chahuter, faire du foin (pop.).
gazzella [gad'dzɛlla] f. ZOOL. gazelle.
gazzetta [gad'dzetta] f. gazette. | *Gazzetta ufficiale*, Journal (m.) officiel. || FIG. [persona pettegola] colporteur (m.) de commérages, gazette.
gazzettiere [gaddzet'tjɛre] m. PEGGIOR. folliculaire, gazetier (antiq.).
gazzettino [gaddzet'tino] m. PR. e FIG ; PEGGIOR. gazette f.
gazzettistico [gaddzet'tistiko] agg. PEGGIOR. d'un niveau journalistique peu élevé.
gazzosa [gad'dzosa] f. V. GASSOSA.
geenna [dʒe'ɛnna] f. RELIG. géhenne.
geisha ['geiʃa] f. geisha. | *maniche alla geisha*, manches kimono.
gel [dʒɛl] m. CHIM. gel.
gelare [dʒe'lare] v. tr. [rendere gelido, ghiacciato] geler, glacer. | *il vento gela la faccia*, le vent glace le visage. | *il contatto con la pietra gli gela la schiena*, le contact avec la pierre lui gèle, lui glace le dos. | *il freddo ha gelato le piante*, le froid a gelé les plantes. || FIG. glacer. | *la notizia ci ha gelato (il sangue)*, la nouvelle nous a glacé le sang. ◆ v. intr. [diventare ghiaccio] geler. | *il lago è gelato*, le lac a gelé. ◆ v. rifl. (se) geler. | *qui ci si gela*, on (se) gèle, on caille [pop.] ici. | *gli si gelavano le mani*, il avait les mains gelées. ◆ v. impers. geler. | *questa notte è gelato*, il a gelé cette nuit.
gelata [dʒe'lata] f. gelée, gel m.
gelataio [dʒela'tajo] m. glacier, marchand de glaces.
gelateria [dʒelate'ria] f. [bottega] glacier m., pâtissier-glacier m.
gelatiera [dʒela'tjɛra] f. machine à faire les glaces, sorbetière.
gelatiere [dʒela'tjɛre] m. glacier.
gelatina [dʒela'tina] f. CULIN. gelée. | *pollo in gelatina*, poulet en gelée. | *gelatina di frutta*, gelée, pâte de fruits. || CHIM. gélatine. | *gelatina esplosiva*, gélatine explosive.
gelatinizzare [dʒelatinid'dzare] v. tr. gélatiniser. ◆ v. rifl. se gélatiniser.
gelatinoso [dʒelati'noso] agg. gélatineux. | *massa gelatinosa*, masse gélatineuse.
gelato [dʒe'lato] agg. [ghiacciato] gelé. | *un fiume gelato*, une rivière gelée. || [gelido] gelé, glacé. | *mani gelate*, des mains glacées, gelées. | *acqua gelata*, eau glacée. || FIG. *gelato dalla paura*, glacé, transi de peur. || CULIN. glacé. | *cono gelato*, cornet de glace, glace en cornet. ◆ m. CULIN. glace f. | *gelato di cioccolato*, glace au chocolat. | *gelato misto*, glace panachée. | *gelato da passeggio (ricoperto di cioccolata)*, esquimau.
gelidamente [dʒelida'mente] avv. de façon glaciale, glacialement.
gelidezza [dʒeli'dettsa] f. froid (m.) glacial, froideur (antiq.), froidure (antiq.). | *la gelidezza del fiume*, le froid glacial de la rivière. || FIG. froideur. | *la gelidezza delle sue parole*, la froideur de ses paroles.
gelido ['dʒɛlido] agg. glacial, glacé. | *vento gelido*, vent glacial, glacé. | *che gelida manina !*, quelle petite main glacée ! || FIG. glacial. | *un'accoglienza gelida*, un accueil glacial.
gelificare [dʒelifi'kare] v. tr. CHIM. gélifier. ◆ v. rifl. se gélifier.
gelo ['dʒɛlo] m. gel, gelée f. | *il gelo ha rovinato il raccolto*, le gel a abîmé la récolte. | *i primi geli*, les premières gelées, les premiers froids. | *le lunghe giornate di gelo*, les longues journées de gel. || [patina di ghiaccio] glace f., verglas. | *strada coperta di gelo*, route couverte de verglas. | *campi coperti di gelo*, champs couverts de gelée. || LOC. FIG. *diventare di gelo*, être glacé de peur. | *la notizia diffuse un senso di gelo fra gli astanti*, la nouvelle jeta un froid parmi l'assistance. || CHIM. V. GEL.
gelone [dʒe'lone] m. MED. engelure f.
gelosia [dʒelo'sia] f. jalousie. | *roso dalla gelosia*, rongé par la jalousie, de jalousie. | *una scena di gelosia*, une scène de jalousie. | *gelosia di mestiere*, jalousie professionnelle. | *destare la gelosia*, exciter la jalousie. | *provare gelosia per qlcu.*, jalouser qn, être jaloux de qn. || [cura attenta e scrupolosa] soin (m.) jaloux. | *custodire con gelosia un ricordo*, garder un souvenir avec un soin jaloux. || [serramento di finestra] jalousie.
geloso [dʒe'loso] agg. jaloux. | *un marito geloso*, un

mari jaloux. | *essere geloso di qlcu., di qlco.*, être jaloux de qn ; jalouser qn, qch. | *è geloso della sua vita privata*, il est jaloux de sa vie privée.
gelsa ['dʒɛlsa] f. ARC. POET., BOT. mûre. V. MORA.
gelseto [dʒel'seto] m. mûreraie f., mûraie f., plantation (f.) de mûriers.
gelsicoltura [dʒelsikol'tura] f. AGR. culture de mûriers.
gelso ['dʒɛlso] m. BOT. mûrier. | *gelso bianco, nero*, mûrier blanc, noir.
gelsomino [dʒelso'mino] m. BOT. jasmin.
gemebondo [dʒeme'bondo] agg. (lett.) gémissant (L.C.), plaintif (L.C.).
gemellaggio [dʒemel'laddʒo] m. NEOL. jumelage. | *proclamare il gemellaggio di due città*, jumeler deux villes.
1. gemellare [dʒemel'lare] agg. gémellaire. | *gravidanza gemellare*, grossesse gémellaire. | *parto gemellare*, accouchement de jumeaux ; naissance double.
2. gemellare [dzemel'lare] v. tr. jumeler.
gemello [dʒe'mɛllo] agg. jumeau, jumelle. | *sorelle gemelle*, sœurs jumelles. || FIG. *anima gemella*, âme sœur. || PER EST. *letti gemelli*, lits jumeaux. | *colonne gemelle*, colonnes géminées. ◆ n. jumeau. | *dare alla luce due gemelli*, mettre au monde des jumeaux. | *tre, quattro, cinque gemelli, gemelle*, triplé(e)s, quadruplé(e)s, quintuplé(e)s. | *gemelli siamesi*, frères siamois. | *si somigliano come due gemelli*, ils se ressemblent comme des jumeaux. ◆ m. pl. boutons de manchette. || ASTRON. *i Gemelli*, les Gémeaux. || ANAT. muscles jumeaux.
gemere ['dʒɛmere] v. intr. **1.** gémir, geindre. | *il ferito gemeva nella barella*, le blessé gémissait sur la civière. || FIG. *gemere sotto la tirannia*, gémir sous la tyrannie. || **2.** [di cose] gémir. | *il vento geme tra gli alberi*, le vent gémit dans les arbres. | *l'armatura gemeva per lo sforzo*, l'armure gémissait sous l'effort. || **3.** [gocciare] goutter, dégoutter. || **4.** [trasudare] suinter. | *la botte geme*, le tonneau suinte. || **5.** [della colomba e della tortora] gémir, roucouler. ◆ v. tr. POET. gémir. | *gemere un lamento*, gémir une plainte.
geminare [dʒemi'nare] v. tr. (lett.) doubler (L.C.), redoubler (L.C.), géminer (antiq.). | *geminare le consonanti*, doubler, redoubler les consonnes.
geminato [dʒemi'nato] agg. géminé. | *consonanti geminate*, consonnes géminées. ◆ m. MINER. macle f., cristal maclé.
geminazione [dʒeminat'tsjone] f. gémination, redoublement m. || MINER. macle, hémitropie.
gemino [dʒɛmino] agg. (lett.) [duplice] géminé (L.C.).
gemitio [dʒemi'tio] m. (lett.) suintement (L.C.).
gemito ['dʒɛmito] m. gémissement. | *i gemiti dei feriti*, les gémissements des blessés. | *il gemito del vento*, le gémissement, la plainte du vent.
gemma ['dʒɛmma] f. **1.** BOT. bourgeon m., bouton m. | *mettere le gemme*, bourgeonner (v. intr.), pousser des bourgeons. || **2.** MINER. pierre précieuse, gemme. || PER EST. joyau m. | *le gemme della Corona*, les joyaux de la Couronne. || FIG. bijou m., perle, fleuron m. | *Venezia è la gemma dell' Adriatico*, Venise est la perle de l'Adriatique. | *Notre-Dame è la più bella gemma dell'arte gotica francese*, Notre-Dame est le plus beau fleuron de l'art gothique français. | *le gemme della letteratura*, les chefs-d'œuvre de la littérature. || **3.** ANAT. *gemme gustative*, bourgeons gustatifs.
gemmare [dʒem'mare] v. intr. BOT. bourgeonner, pousser des bourgeons, gemmer. ◆ v. tr. (lett.) parer (L.C.), orner (L.C.) de pierres précieuses.
gemmario [dʒem'marjo] agg. BOT. relatif aux bourgeons. || [gioielleria] relatif aux pierres précieuses. | *arte gemmaria*, joaillerie.
gemmato [dʒem'mato] agg. BOT. couvert de bourgeons, bourgeonné. || [gioielleria] orné, semé de pierres précieuses ; gemmé (lett.).
gemmazione [dʒemmat'tsjone] f. gemmation, bourgeonnement m.
gemmeo ['dʒɛmmeo] agg. (lett.) brillant (L.C.), étincelant (L.C.) comme une pierre précieuse.
gemmula ['dʒɛmmula] f. BOT. gemmule.
gendarme [dʒen'darme] m. gendarme. || FIG. FAM. gendarme.
gendarmeria [dʒendarme'ria] f. gendarmerie ; maréchaussée (scherz.).
gene ['dʒɛne] m. BIOL. gène.
genealogia [dʒenealo'dʒia] f. généalogie.
genealogico [dʒenea'lɔdʒiko] agg. généalogique.
genealogista [dʒenealo'dʒista] m. e f. généalogiste.
genepi [dʒene'pi] m. BOT. génépi.
generabile [dʒene'rabile] agg. qui peut être engendré.
generalato [dʒenera'lato] m. RELIG. généralat.
1. generale [dʒene'rale] agg. général. | *considerazioni d'ordine generale*, considérations d'ordre général. | *è regola generale che...*, la règle générale est que... || LOC. DIV. *la prova generale*, la (répétition) générale. | *idee generali*, généralités f. pl. | *stare, mantenersi sulle generali*, s'en tenir aux généralités. | *i mercati generali*, les Halles. | *quartiere generale*, quartier général. | *gli Stati generali*, les États généraux. | *la direzione generale*, la direction générale. ◆ m. [non com. : la totalità di un insieme] général. | *distinguere il generale dal particolare*, distinguer le général du particulier. | *il generale dei presenti*, la plupart des présents. ◆ LOC. AVV. ***in generale***, en général. ◆ f. MIL. [antico segnale di adunata] générale. | *suonare la generale*, sonner la générale.
2. generale [dʒene'rale] m. MIL. général. | *generale di divisione*, général de division, divisionnaire. | *generale medico*, médecin général. || RELIG. général. | *generale dei Francescani*, général des Franciscains.
generalessa [dʒenera'lessa] f. [moglie di un generale] générale. || RELIG. générale. || FIG. SCHERZ. [donna con carattere imperioso] gendarme m.
generalissimo [dʒenera'lissimo] m. MIL. généralissime, général en chef.
generalità [dʒenerali'ta] f. généralité. | *un libro pieno di generalità*, un livre plein de généralités. || [maggior parte] la majorité, la plupart. | *nella generalità dei casi*, dans la majorité, dans la plupart des cas. || LOC. *nella generalità*, en général. ◆ pl. identité (sing.). | *declinare le proprie generalità*, décliner son identité. | *dare false generalità*, donner une fausse identité.
generalizzare [dʒeneralid'dzare] v. tr. généraliser.
generalizzazione [dʒeneraliddzat'tsjone] f. généralisation.
generalmente [dʒeneral'mente] avv. généralement, en général, d'une manière générale. | *generalmente parlando*, généralement parlant ; pour parler d'une manière générale.
generare [dʒene'rare] v. tr. engendrer. | *Abramo generò Isacco*, Abraham engendra Isaac. | *il male genera il male*, le mal engendre le mal. | *Roma generò molti eroi*, Rome donna naissance à de nombreux héros. || SOSTANT. *il generare*, l'engendrement. || FIG. [dare origine, cagionare] causer, entraîner, susciter. | *generare un sospetto*, faire naître, éveiller un soupçon.
generativismo [dʒenerati'vizmo] m. LING. générativisme, génératisme.
generativista [dʒenerati'vista] agg. e. n. LING. générativiste, génératiste.
generativo [dʒenera'tivo] agg. génératif, générateur. | *forza generativa*, force générative, génératrice. | *grammatica generativa*, grammaire générative.
generato [dʒene'rato] agg. issu.
generatore [dʒenera'tore] agg. générateur. | *principio generatore*, principe générateur. ◆ m. TECN. générateur. | *generatore di suoni*, générateur de sons.
generatrice [dʒenera'tritʃe] f. GEOM. génératrice. || ELETTR. génératrice.
generazione [dʒenerat'tsjone] f. génération. | *generazione spontanea*, génération spontanée. | *tramandare di generazione in generazione*, transmettre de génération en génération, de père en fils. | *le nuove generazioni*, les jeunes, les nouvelles générations. | *l'ultima generazione*, la nouvelle vague. || FIG. [produzione] production. | *generazione di elettricità*, production d'électricité. | *generazione di una superficie*, formation d'une surface. || LING. génération.
genere ['dʒɛnere] m. **1.** BOT., FIL., GRAMM., LETT., ZOOL. genre. | *genere umano*, genre humain. | *genere letterario*, genre littéraire. | *genere maschile*, genre masculin. || ARTI *pittura, quadro di genere*, peinture, tableau de genre. || **2.** [cose o persone aventi caratteri comuni] genre, sorte f., espèce f. | *questo genere di*

vita non mi piace, je n'aime pas ce genre de vie. | *persone di ogni genere,* des gens de toute sorte, de toute espèce ; toute(s) sorte(s) de gens. | *ogni genere di,* toute(s) sorte(s) de. | *una cosa del genere,* une chose pareille, de ce genre. | *nel suo genere,* dans son genre. || LOC. *combinarne di ogni genere,* en faire de toutes les couleurs. | *è di cattivo genere,* c'est de mauvais goût. || **3.** spec. pl. [merce] denrée f., produit, article. | *generi alimentari,* denrées alimentaires. | *generi di prima necessità,* produits de première nécessité. | *generi di lusso,* articles de luxe. ◆ LOC. AVV. ***in genere,*** en général.

genericamente [dʒenerika'mente] avv. d'une manière générale, en termes très généraux, vagues.

genericità [dʒeneritʃi'ta] f. vague m., indétermination, caractère (m.) générique. | *odio la genericità,* j'ai horreur du vague.

generico [dʒe'nɛriko] agg. **1.** [non preciso] général, vague. | *un discorso generico,* un discours très général, vague. | *rispondere in termini generici,* répondre en termes généraux. | *imbarcazione è un termine molto generico,* embarcation est un terme très général, vague. || **2.** [non specifico] générique. | *«felis» è il termine generico del leone, della tigre, del gatto, ecc.,* «felis» est le terme générique du lion, du tigre, du chat, etc. | *quest'uccello possiede dei caratteri generici che lo accomunano ai colombi,* cet oiseau a des caractères génériques qui le rapprochent des pigeons. || **3.** [persona non specializzata] *medico generico,* médecin de médecine générale, généraliste. | *(attore) generico,* acteur qui joue les utilités. ◆ m. vague. | *restare nel generico,* rester dans le vague.

genero ['dʒɛnero] m. gendre, beau-fils (meno com.).

generosità [dʒenerosi'ta] f. générosité.

generoso [dʒene'roso] agg. généreux, donneur, donnant (antiq.), chic (fam.). | *essere generoso coi poveri,* être généreux envers les pauvres.

genesi ['dʒɛnezi] f. genèse (anche FIG.).

genetica [dʒe'nɛtika] f. génétique.

genetico [dʒe'nɛtiko] agg. génétique.

genetista [dʒene'tista] m. e f. généticien, enne.

genetliaco [dʒene'tliako] agg. anniversaire. | *giorno genetliaco,* jour anniversaire. ◆ m. anniversaire, généthliaque (raro). | *il genetliaco della regina,* l'anniversaire de la reine.

genetta [dʒe'netta] f. ZOOL. genette.

gengiva [dʒen'dʒiva] f. ANAT. gencive.

gengivale [dʒendʒi'vale] agg. gingival.

gengivario [dʒendʒi'varjo] m. FARM. collutoire.

gengivite [dʒendʒi'vite] f. MED. gingivite.

genia [dʒe'nia] f. (peggior.) engeance, race. | *è meglio non avere rapporti con simile genia,* il vaut mieux ne pas avoir affaire à cette engeance-là. | *è una brutta genia,* c'est une sale race.

geniale [dʒe'njale] agg. génial. | *uno scrittore geniale,* un écrivain de génie. | *un'idea geniale,* une idée géniale, un trait de génie. || LOC. *non ha niente di geniale,* ça ne casse rien (fam.).

genialità [dʒenjali'ta] f. génialité, talent m., originalité. | *la genialità di un ritrovato,* ce qu'il y a de génial dans une découverte. | *un pizzico di genialità non gli starebbe male,* un peu, un grain de talent ne serait pas pour lui nuire.

genialoide [dʒenja'lɔide] m. = esprit génial mais extravagant, bizarre.

geniere [dʒe'njɛre] m. MIL. sapeur, soldat du génie.

1. genio ['dʒɛnjo] m. génie. | *genio malefico,* mauvais génie, génie du mal. | *Il Genio del cristianesimo,* le Génie du christianisme. | *il genio di un popolo,* le génie d'un peuple. | *uomo di genio,* homme de génie. || [attitudine, talento] génie. | *essere dotato di genio,* avoir du génie. | *avere genio per la musica,* avoir du goût, être doué pour la musique. | *avere il genio degli affari,* avoir le génie, la bosse des affaires. || [indole, gusto] penchant, goût. | *secondare il proprio genio,* suivre ses goûts, ses inclinations. | *andare a genio,* plaire. | *non mi va a genio,* cela ne me plaît pas ; ce n'est guère à mon gré ; ce n'est pas de mon goût ; cela ne me chante guère (fam.).

2. genio ['dʒɛnio] m. MIL. génie. | *genio civile,* génie civil ; Ponts et Chaussées. | *genio militare,* génie militaire.

genitale [dʒeni'tale] agg. e m. ANAT. génital. | *(organi) genitali,* organes génitaux, parties génitales.

genitivo [dʒeni'tivo] agg. e m. GRAMM. génitif.

genitore [dʒeni'tore] m. SCHERZ. géniteur, père (L.C.). ◆ pl. *i genitori,* les parents, le père et la mère.

genitrice [dʒeni'tritʃe] f. SCHERZ. génitrice, mère (L.C.).

gennaio [dʒen'najo] m. janvier. | *nel mese di gennaio,* au mois de janvier. | *il primo (di) gennaio,* le premier janvier.

genocidio [dʒeno'tʃidjo] m. GIUR. génocide.

genovese [dʒeno'vese] agg. e n. génois, e.

gentaccia [dʒen'tattʃa] o **gentaglia** [dʒen'taʎʎa] f. PEGGIOR. racaille, canaille, crapule (antiq.).

gente ['dʒɛnte] f. **1.** [persone in genere] gens m. pl. | *è gente povera ma onesta,* ce sont des gens pauvres mais honnêtes. | *è gente per bene,* ce sont des gens comme il faut, des gens de bien. | *quella gente,* ces gens-là. | *la gente di campagna,* les gens de la campagne. | *che razza di gente !,* quels drôles de gens ! | *c'è gente nuova a scuola,* il y a des nouveaux (venus) à l'école. | *la gente mi dà noia,* les gens m'ennuient. | *non m'importa di ciò che dice la gente,* je me moque du, des qu'en-dira-t-on ; peu m'importe ce que disent les gens. | *c'è gente che...,* il y a des gens qui... || **2.** [collettivo] monde m., | *tutta la gente,* tout le monde. | *c'era molta gente,* il y avait beaucoup de monde ; il y avait foule. | *arriva gente,* il vient du monde. | *vivere lontano dalla gente,* vivre loin du monde. | *abbiamo gente a cena,* nous avons du monde à dîner. || **3.** [con certi aggettivi] gens f. pl. | *è buona gente, brava gente,* ce sont de bonnes gens. | *è gente cattiva,* ce sont de méchantes gens. | *certa gente,* certaines gens. | *la gente modesta,* les petites gens. || **4.** [componenti di una stessa famiglia] *è nato da povera gente,* il est fils de pauvres gens. | *la mia gente, la tua gente,* les miens, les tiens. || **5.** [stirpe] race, peuple m. | *l'itala gente* (lett.), le peuple italien. | *gente di colore,* gens de couleur. | *le genti d'Europa,* les peuples d'Europe. || **6.** [presso i Romani] gens. | *la gente Giulia,* la gens Julia. || **7.** ANTICH. *le genti,* les gentils m. | *l'Apostolo delle genti,* l'Apôtre des gentils.

gentildonna [dʒentil'dɔnna] f. dame, grande dame, noble dame.

gentile [dʒen'tile] agg. **1.** gentil, aimable, complaisant, obligeant. | *è stato molto gentile con loro,* il a été très gentil avec eux, complaisant envers eux. | *è molto gentile da parte tua,* c'est très gentil, très aimable, très chic (fam.) de ta part. | *sei stato gentile a venire,* tu as été très aimable, très gentil de venir. | *un gentile rifiuto,* un aimable refus. || LOC. *Gentile Signore* [nelle lettere], Cher Monsieur ; [negli indirizzi] Monsieur. || **2.** [aggraziato] gracieux. | *una figura gentile,* une silhouette gracieuse. | *il gentil sesso,* le sexe faible, le beau sexe. || **3.** [nobile, delicato] délicat, généreux, noble. | *animo gentile,* âme délicate, généreuse. ◆ pl. RELIG. *i gentili,* les gentils.

gentilezza [dʒenti'lettsa] f. [l'essere gentile] gentillesse, délicatesse. | *è di una gentilezza estrema,* il est d'une extrême gentillesse. || [atto gentile] obligeance, complaisance, plaisir m. | *abbia la gentilezza di ascoltarmi,* ayez la bonté, la complaisance de m'écouter. | *fammi una gentilezza,* rends-moi un service m. ; fais-moi le plaisir. | *fammi la gentilezza di,* fais-moi le plaisir, aie la gentillesse de. ◆ pl. attentions. | *la colmarono di gentilezze,* ils la comblèrent d'attentions.

gentilità [dʒentili'ta] f. (lett.) gentilité.

gentilizio [dʒenti'littsjo] agg. nobiliaire. | *stemma gentilizio,* armes f. pl., armoiries f. pl.

gentilmente [dʒentil'mente] avv. aimablement, gentiment, obligeamment.

gentiluomo [dʒenti'lwɔmo] m. gentilhomme, gentleman. | *si è comportato da gentiluomo,* il s'est conduit en gentleman. || LOC. *parola di gentiluomo,* parole d'honneur ; foi de gentilhomme.

gentleman ['dʒentlmən] (**-men** pl.) m. [ingl.] gentleman.

gentucola [dʒen'tukola] f. PEGGIOR. menu fretin m. ; gens (m. pl.) de peu, de rien.

genuflessione [dʒenufles'sjone] f. génuflexion.

genuflettersi [dʒenu'flɛttersi] v. intr. pron. s'agenouiller ; faire une génuflexion.

genuinità [dʒenuini'ta] f. [di un prodotto] pureté. ‖ [di un documento] authenticité. ‖ FIG. sincérité, spontanéité.
genuino [dʒenu'ino] agg. [naturale] naturel. | *un prodotto genuino*, un produit naturel. ‖ [vero] vrai, authentique. | *è una notizia genuina*, c'est une nouvelle authentique. ‖ [spontaneo] sincère, spontané. | *un riso genuino*, un rire spontané.
genziana [dʒen'tsjana] f. BOT. gentiane.
geocentrico [dʒeo'tʃɛntriko] agg. ASTRON. géocentrique.
geocentrismo [dʒeotʃen'trizmo] m. ASTRON. géocentrisme.
geode [dʒe'ɔde] m. MINER. géode f.
geodesia [dʒeode'zia] f. GEOGR. géodésie.
geodeta [dʒeo'dɛta] m. géodésien.
geodetica [dʒeo'dɛtika] f. GEOM. géodésique.
geodetico [dʒeo'dɛtiko] agg. géodésique.
geofisica [dʒeo'fizika] f. géophysique.
geofisico [dʒeo'fiziko] agg. géophysique. ◆ m. géophysicien.
geografia [dʒeogra'fia] f. GEOGR. géographie. | *un manuale nuovo di geografia*, une géographie toute neuve. ‖ LING. *geografia linguistica*, géographie linguistique.
geografico [dʒeo'grafiko] agg. GEOGR. géographique. | *atlante geografico*, atlas m.
geografo [dʒe'ɔgrafo] (**-a** f.) n. GEOGR. géographe.
geologia [dʒeolo'dʒia] f. géologie.
geologico [dʒeo'lɔdʒiko] agg. géologique.
geologo [dʒe'ɔlogo] m. géologue.
geomagnetismo [dʒeomaɲɲe'tizmo] m. géomagnétisme, magnétisme terrestre.
geomanzia [dʒeoman'tsia] f. géomancie.
geometra [dʒe'ɔmetra] m. e f. géomètre.
geometria [dʒeome'tria] f. géométrie. | *geometria piana*, géométrie plane, à deux dimensions.
geometrico [dʒeo'mɛtriko] agg. géométrique. | *figura geometrica*, figure géométrique. | *rigore geometrico*, esprit de géométrie.
geomorfologia [dʒeomorfolo'dʒia] f. géomorphologie.
geopolitica [dʒeopo'litika] f. géopolitique.
geopolitico [dʒeopo'litiko] agg. géopolitique.
georgiano [dʒeor'dʒano] agg. e n. géorgien.
georgico [dʒe'ɔrdʒiko] agg. (lett.) géorgique.
geosinclinale [dʒeosinkli'nale] f. GEOL. géosynclinal m.
geotermica [dʒeo'tɛrmika] f. FIS. géothermie.
geotermico [dʒeo'tɛrmiko] agg. géothermique.
geotropico [dʒeo'trɔpiko] agg. géotropique.
geotropismo [dʒeotro'pizmo] m. BOT. géotropisme.
geranio [dʒe'ranjo] m. BOT. géranium.
gerarca [dʒe'rarka] m. (lett.) dignitaire (L.C.), hiérarque (fam.). ‖ STOR. chef, haut dignitaire fasciste. ‖ RELIG. hiérarque.
gerarchia [dʒerar'kia] f. hiérarchie. | *le gerarchie angeliche*, les hiérarchies angéliques.
gerarchico [dʒe'rarkiko] agg. hiérarchique. | *per via gerarchica*, par la voie hiérarchique.
gerarchizzare [dʒerarkid'dzare] v. tr. hiérarchiser.
geremiade [dʒere'miade] f. jérémiade.
gerente [dʒe'rɛnte] m. e f. gérant, e.
gerenza [dʒe'rɛntsa] f. [non com.] gérance, gestion.
gergale [dʒer'gale] agg. argotique. | *espressione gergale*, expression argotique.
gergo ['dʒɛrgo] m. argot ; langue verte. | *espressione del gergo*, expression d'argot, expression argotique. | *gergo della malavita*, argot du milieu. | *gergo sportivo*, argot sportif. ‖ PER EST. [parlare allusivo, enigmatico] jargon. | *gergo teatrale*, jargon théâtral. | *gergo medico*, jargon médical. ‖ LOC. *parlare in gergo*, parler argot, jargonner.
geriatra [dʒe'rjatra] m. MED. gériatre.
geriatria [dʒerja'tria] f. MED. gériatrie.
geriatrico [dʒe'rjatriko] agg. MED. gériatrique.
gerla ['dʒɛrla] f. hotte.
gerlo ['dʒɛrlo] m. MAR. garcette f., raban.
germanico [dʒer'maniko] agg. germanique. | *diritto germanico*, droit germanique. ‖ [tedesco] allemand. | *l'esercito germanico*, l'armée allemande. ◆ m. LING. germanique.
germanio [dʒer'manjo] m. CHIM. germanium.
germanismo [dʒerma'nizmo] m. LING. germanisme.
germanista [dʒerma'nista] m. e f. germaniste ; germanisant, e.
germanistica [dʒerma'nistika] f. études (f. pl.) germaniques.
germanizzare [dʒermanid'dzare] v. tr. e intr. germaniser.
germanizzazione [dʒermaniddzat'tsjone] f. germanisation.
1. germano [dʒɛr'mano] agg. germain. | *sorella germana*, sœur germaine. | *cugini germani*, cousins germains. ◆ m. (lett.) [fratello] frère (L.C.) ; germain (antiq.).
2. germano [dʒer'mano] agg. STOR. [della Germania antica] germain.
3. germano [dʒer'mano] m. ZOOL. canard sauvage. | *germano marino*, canard à queue longue. | *germano nero*, V. FOLAGA. | *germano reale*, canard souchet.
germanofilo [dʒerma'nɔfilo] agg. e m. germanophile.
germanofobo [dʒerma'nɔfobo] agg. e m. germanophobe.
germe ['dʒɛrme] m. PR. germe. ‖ FIG. germe, origine f.
germicida [dʒermi'tʃida] agg. e m. germicide.
germinale [dʒermi'nale] agg. BIOL. germinal. ◆ m. STOR. germinal.
germinare [dʒermi'nare] v. intr. germer.
germinativo [dʒermina'tivo] agg. germinatif.
germinazione [dʒerminat'tsjone] f. germination.
germogliamento [dʒermoʎʎa'mento] m. bourgeonnement.
germogliare [dʒermoʎ'ʎare] v. intr. bourgeonner, pousser des bourgeons. ‖ FIG. [crescere] germer.
germoglio [dʒer'moʎʎo] m. pousse f., rejeton, bourgeon. | *i nuovi germogli*, les nouvelles pousses. ‖ FIG. (lett.) germe.
geroglifico [dʒero'glifiko] agg. hiéroglyphique. ◆ m. hiéroglyphe (anche FIG.).
gerontocrazia [dʒerontokrat'tsia] f. gérontocratie.
gerontoiatria [dʒerontoja'tria] f. V. GERIATRIA.
gerontologia [dʒerontolo'dʒia] f. MED. gérontologie.
gerosolimitano [dʒerosolimi'tano] agg. de Jérusalem.
gerundio [dʒe'rundjo] m. GRAMM. gérondif.
gerundivo [dʒerun'divo] agg. GRAMM. au gérondif. | *forma gerundiva*, forme au gérondif. ◆ m. [forma nominale del verbo latino] adjectif verbal.
gessaia [dʒes'saja] f. [cava di gesso] plâtrière.
gessaio [dʒes'sajo] o **gessaiolo** [dʒessa'jɔlo] m. [chi vende o fabbrica gesso] plâtrier.
gessare [dʒes'sare] v. tr. [ingessare] plâtrer. ‖ AGR. [mescolare gesso al terreno] plâtrer. ‖ [trattare il vino con gesso] plâtrer.
gessatura [dʒessa'tura] f. plâtrage m.
gessetto [dʒes'setto] m. craie f., (bâton de) craie. | *gessetti colorati*, craies de couleur. | *gessetto per sarti*, craie de tailleur.
gessificare [dʒessifi'kare] v. tr. transformer en plâtre. ◆ v. intr. e rifl. se transformer en plâtre.
gesso ['dʒɛsso] m. MINER. gypse. | *pietra da gesso*, pierre à plâtre, gypse. ‖ [polvere] plâtre. | *statua di gesso*, statue en plâtre. ‖ ARTI plâtre. ‖ [per scrivere] craie f. | *scrivere con il gesso*, écrire à la craie. ‖ MED. plâtre. | *togliere il gesso*, déplâtrer.
gessoso [dʒes'soso] agg. MINER. gypseux. ‖ [contenente gesso] crayeux, plâtreux. ‖ FIG. plâtreux.
gesta ['dʒɛsta] f. pl. hauts faits m. ‖ [lett. sing.] geste. | *le gesta di Orlando*, la geste de Roland. | *canzoni di gesta*, chansons de geste.
gestante [dʒes'tante] f. femme enceinte.
gestatorio [dʒesta'tɔrjo] agg. RELIG. gestatoire. | *sedia gestatoria*, chaise gestatoire.
gestazione [dʒestat'tsjone] f. MED. gestation (anche FIG.). | *opera in gestazione*, œuvre en gestation.
gesticolamento [dʒestikola'mento] m. gesticulation f.
gesticolare [dʒestiko'lare] v. intr. gesticuler.
gesticolazione [dʒestikolat'tsjone] f. gesticulation.
gesticolio [dʒestiko'lio] m. gesticulations f. pl.
gestione [dʒes'tjone] f. [attività del gestire] gestion. | *gestione di un patrimonio*, gestion d'un patrimoine. | *assumere la gestione di un'azienda*, prendre la gestion

d'une entreprise. ‖ [funzione del gestore] gérance. | *gestione di un bar*, gérance, exploitation d'un bar. ‖ GIUR. gestion. | *gestione d'affari*, gestion d'affaires. | *gestione di fondi pubblici*, gestion, administration de fonds publics.

1. gestire [dʒes'tire] v. intr. gesticuler.

2. gestire [dʒes'tire] v. tr. gérer, exploiter, tenir. | *gestire un'azienda*, gérer, exploiter une entreprise.

gesto ['dʒɛsto] m. geste. | *esprimersi a gesti*, s'exprimer par gestes. | *me lo indicò con un gesto della mano*, il me le montra d'un geste de la main. ‖ PER EST. [azione] geste. | *un bel gesto*, un beau geste.

gestore [dʒes'tore] m. gérant, exploitant. ‖ MIL. gestionnaire. ‖ [di casa da gioco] tenancier.

gestuale [dʒestu'ale] agg. gestuel.

gesuita [dʒezu'ita] m. (**-i** pl.) jésuite.

gesuitico [dʒezu'itiko] agg. jésuitique.

gesuitismo [dʒezui'tizmo] m. jésuitisme.

getico ['dʒɛtiko] agg. des Gètes.

gettare [dʒet'tare] v. tr. **1.** jeter, lancer. | *gettare in acqua*, jeter à l'eau. | *gettare (fuori) dalla finestra*, jeter par la fenêtre. | *gettare l'ancora*, jeter l'ancre. ‖ **2.** [scartare] jeter. | *gettare via*, jeter. ‖ FIG. *gettare via tempo e denaro*, gaspiller son temps et son argent. ‖ **3.** [spingere in una direzione] jeter. | *gli gettò le braccia al collo*, elle lui jeta ses bras autour du cou. | *gettare la testa indietro*, rejeter la tête en arrière. ‖ FIG. *gettare uno sguardo*, jeter un regard, un coup d'œil, un œil. ‖ LOC. FIG. *gettare qlcu. in mezzo a una strada*, jeter qn à la rue. | *gettare qlcu. sul lastrico*, mettre qn sur le pavé. | *gettare qlcu. nella disperazione*, jeter, plonger qn dans le désespoir. | *gettare all'aria un piano*, bouleverser un plan. | *gettare a mare un progetto*, abandonner, laisser tomber un projet. | *gettare in faccia*, jeter à la figure, à la face. | *gettare lo scompiglio*, jeter le trouble, la pagaille. | *gettare polvere negli occhi*, jeter de la poudre aux yeux. ‖ **4.** *gettare giù*, abattre. | *gettare giù un muro*, abattre un mur. ‖ **5.** TECN. [fare una gettata] jeter, couler. | *gettare le fondamenta*, jeter les fondations. | *gettare un ponte*, jeter un pont. | *gettare una statua*, jeter, couler une statue. ‖ FIG. *gettare le basi*, jeter les bases. ◆ v. intr. [germogliare] jeter. | *la vigna comincia a gettare*, la vigne commence à jeter. ‖ [lasciar uscire liquidi] couler. | *la fontana non getta più*, la fontaine ne coule plus, est tarie. ‖ FIN. [fruttare] rapporter. ◆ v. rifl. se jeter. | *gettarsi in acqua*, se jeter à l'eau. | *gettarsi dalla finestra*, se jeter par la fenêtre. | *gettarsi tra le braccia di qlcu.*, se jeter dans les bras de qn. | *gettarsi in ginocchio*, se laisser tomber à genoux. | *gettarsi nella mischia*, se jeter dans la mêlée. ‖ [sboccare, confluire] se jeter.

gettata [dʒet'tata] f. **1.** TECN. coulage m., coulée. | *una gettata di cemento*, une coulée de ciment. ‖ **2.** BOT. jet m. ‖ **3.** MAR. [diga] jetée. ‖ **4.** MED. débit m. | *gettata cardiaca*, débit cardiaque.

gettato [dʒet'tato] agg. [nel lavoro a maglia] jeté. | *maglia gettata*, maille jetée. ◆ m. jeté.

gettatore [dʒetta'tore] m. TECN. fondeur.

gettito ['dʒettito] m. [rendimento, provento] rendement, produit.

getto ['dʒɛtto] m. **1.** jet. | *il getto del peso*, le lancement du poids. | *armi da getto*, armes de jet. ‖ **2.** [lo sgorgare] jet. | *getto d'acqua*, jet d'eau. | *a getto continuo*, à jet continu, sans interruption. ‖ FIG. *di getto*, d'un (seul) jet, du premier jet. ‖ **3.** AER. [corrente dei gas] jet. | *aereo a getto*, avion à réaction. ‖ **4.** BOT. [pollone] jet, pousse f. ‖ **5.** MAR. *getto in mare*, jet à la mer. ‖ **6.** SPORT *getto della spugna*, jet de l'éponge. ‖ **7.** TECN. [gettata] coulée f., jet. | *fondere una statua con un solo getto*, fondre une statue d'un seul jet.

gettonare [dʒetto'nare] v. intr. e tr. (neol. gerg.) donner un coup de fil (fam.). ‖ [scegliere un disco nel juke-box] mettre un disque. | *la canzone più gettonata del mese*, la chanson la plus demandée du mois.

gettone [dʒet'tone] m. jeton. | *distributore a gettone*, distributeur automatique. ‖ GIOCHI jeton, fiche f., marque f. ‖ [compenso] *gettone di presenza*, jeton de présence.

gettoniera [dʒetto'njɛra] f. distributeur (m.) de jetons.

gettopropulsione [dʒettopropul'sjone] f. AER. propulsion par réaction.

geyser ['gaizə] m. [ingl.] geyser.

ghepardo [ge'pardo] m. ZOOL. guépard.

gheppio ['geppjo] m. ZOOL. crécerelle f., émouchet.

gheriglio [ge'riʎʎo] m. cerneau.

gherlino [ger'lino] m. MAR. grelin.

gherminella [germi'nɛlla] f. tour (m.) de passe-passe. ‖ FIG. [inganno compiuto con scaltrezza] tour (m.) habile. ‖ [in senso attenuato, marachella] niche, polissonnerie.

ghermire [ger'mire] v. tr. saisir, agripper, happer, empoigner. | *l'aquila ghermì la sua preda*, l'aigle saisit, agrippa sa proie. ‖ PER EST. [carpire] s'emparer de, arracher.

gherone [ge'rone] m. ARALD. gousset. ‖ [abbigliamento] soufflet.

ghetta ['getta] f. guêtre. | *con le ghette*, guêtré (agg.).

ghetto ['getto] m. PR. e FIG. ghetto.

ghiacciaia [gjat'tʃaja] f. PR. e FIG. glacière.

ghiacciaio [gjat'tʃajo] m. GEOL. glacier.

ghiacciare [gjat'tʃare] v. tr. geler. ‖ FIG. glacer. ◆ v. intr. et rifl. geler (v. intr.), se congeler. | *il fiume si è ghiacciato*, la rivière a gelé. ‖ PER EST. [raffreddare] devenir froid. | *la minestra si è ghiacciata*, la soupe a refroidi.

ghiacciato [gjat'tʃato] agg. gelé. ‖ [freddo come il ghiaccio] glacé. | *mani ghiacciate*, mains glacées.

ghiaccio ['gjattʃo] m. glace f. | *cubetti di ghiaccio*, cubes de glace ; glaçons. | *mettere, tenere in ghiaccio*, mettre, conserver dans la glace. ‖ [sulle strade] *strato di ghiaccio*, verglas. ‖ FIG. *cuore di ghiaccio*, cœur de glace. | *quella ragazza è un vero pezzo di ghiaccio*, cette fille est un vrai glaçon. | *rimanere di ghiaccio*, rester de glace. | *rompere il ghiaccio*, rompre, briser la glace. ◆ agg. glacé. | *mani ghiacce*, mains glacées. | *bianco ghiaccio*, blanc bleuté.

1. ghiacciolo [gjat'tʃɔlo] m. glaçon. ‖ CULIN. glaçon. ‖ [impurità nelle pietre preziose] glace f.

2. ghiacciolo [gjat'tʃɔlo] agg. (raro) [fragile] cassant, fragile. | *pera ghiacciola*, poire friable.

ghiaia ['gjaja] f. gravier m.

ghiaieto [gja'jeto] m. gravière f.

ghiaietto [gja'jetto] m. gravillon.

ghiaione [gja'jone] m. gravière f.

ghiaioso [gja'joso] agg. graveleux. | *viali ghiaiosi*, allées de gravier.

ghianda ['gjanda] f. BOT. gland m. ‖ PER EST. [oggetto a forma di ghianda] gland m.

ghiandaia [gjan'daja] f. ZOOL. geai m.

ghiandola ['gjandola] f. ANAT. glande.

ghiandolare [gjando'lare] agg. glandulaire.

ghiareto [gja'reto] m. [greto] grève f.

ghibellinismo [gibelli'nizmo] m. STOR. gibelinisme.

ghibellino [gibel'lino] agg. e m. STOR. gibelin.

ghibli ['gibli] m. vent du sud (en Afrique du Nord).

ghiera ['gjɛra] f. [puntale metallico di rinforzo] embout m., bout (m.) ferré. ‖ TECN. *ghiera di serraggio*, collier de serrage. | [anello metallico filettato] frette. | *munire di ghiera*, fretter.

ghierato [gje'rato] agg. garni d'un embout.

ghigliottina [giʎʎot'tina] f. guillotine. | *finestra a ghigliottina*, fenêtre à guillotine.

ghigliottinare [giʎʎotti'nare] v. tr. guillotiner.

ghigna ['giɲɲa] f. (fam. peggior.) [faccia arcigna, sinistra], mine renfrognée (L.C.), figure sinistre (L.C.).

ghignare [giɲ'ɲare] v. intr. ricaner.

ghignata [giɲ'ɲata] f. (fam.) ricanement m. (L.C.).

ghigno ['giɲɲo] m. rictus. ‖ [sorriso malizioso] sourire malin, moqueur.

ghindaggio [gin'daddʒo] m. MAR. guindage.

ghindare [gin'dare] v. tr. MAR. guinder.

ghinea [gi'nɛa] f. [moneta] guinée. ‖ TESS. guinée.

ghingheri ['gingeri] m. pl. LOC. FAM. *mettersi in ghingheri*, se mettre sur son trente-et-un, s'habiller en grand tralala, en grande toilette. | *essere in ghingheri*, être tiré à quatre épingles.

ghiotta ['gjɔtta] f. CULIN. lèchefrite.

ghiottamente [gjotta'mente] avv. avec gourmandise. ‖ [con avidità] avidement.

ghiotto ['gjotto] agg. **1.** [di persona] gourmand, friand. | *essere ghiotto di*, être friand de. ‖ FIG. [bramoso]

avide, friand. | *ghiotto di novità*, friand de nouveautés. || **2.** [di cosa] appétissant. | *un boccone ghiotto*, un morceau appétissant. || FIG. savoureux. | *una notizia ghiotta*, une nouvelle savoureuse, piquante.
ghiottone [gjot'tone] m. glouton, goulu, gueulard (pop.), lécheur (antiq.). || ZOOL. glouton.
ghiottoneria [gjottone'ria] f. gourmandise, gloutonnerie. || [cibo ghiotto] gourmandise, chatterie, friandise.
ghiozzo ['gjɔddzo] m. ZOOL. [di acqua dolce] goujon. || [di mare] gobie. || FIG. [zoticone] niais.
ghirba ['girba] f. outre. || GERG. MIL. [la vita] *lasciarci la ghirba*, casser sa pipe, y laisser sa peau. | *portare a casa la ghirba*, sauver sa peau.
ghiribizzare [giribid'dzare] v. tr. e intr. rêvasser (intr.).
ghiribizzo [giri'bittso] m. (fam.) lubie f., fantaisie f., caprice, quinte f. (antiq.). | *gli è saltato il ghiribizzo (di)*, il lui est venu la fantaisie, la lubie (de).
ghiribizzoso [giribit'tsoso] agg. fantasque.
ghirigoro [giri'gɔro] m. griffonnage, gribouillage, gribouillis. | *fare ghirigori*, griffonner, faire des gribouillis.
ghirlanda [gir'landa] f. guirlande. || FIG. (lett.) *far ghirlanda intorno a qlcu.*, faire cercle autour de qn. | *le colline fanno ghirlanda alla città*, les collines entourent la ville.
ghiro ['giro] m. ZOOL. loir. | *dormire come un ghiro*, dormir comme un loir.
ghironda [gi'ronda] f. MUS. vielle.
ghisa ['giza] f. fonte. | *pane di ghisa*, gueuse f.
già [dʒa] avv. **1.** déjà. | *le vacanze sono già finite*, les vacances sont déjà finies. | *è già partito*, il est déjà parti. | *è già un'ora che aspetto*, il y a, ça fait (fam.) déjà une heure que j'attends. | *vuoi già andartene?*, tu veux déjà t'en aller? || *di già*, déjà. || **2.** [prima d'ora] déjà. | *già prima*, dès avant. | *l'ho già incontrato*, je l'ai déjà rencontré. | *già citato*, (qui a été) cité plus haut. || LOC. *un piatto già pronto*, un plat tout prêt, tout préparé. | *un abito già confezionato*, un costume de confection, en prêt-à-porter. || **3.** [tempo fa] autrefois, ancien, ex-. | *già mio amico*, autrefois de mes amis. | *piazza X, già piazza Y*, place X, anciennement, autrefois place Y. | *il ministro delle Finanze, già ministro dell'Agricoltura*, le ministre des Finances, ancien ministre, ex-ministre de l'Agriculture. || LOC. *già visse un re*, il était une fois un roi. || **4.** [fin da ora] (d'ores et) déjà. | *si sa già come andrà a finire*, on sait (d'ores et) déjà comment ça va se terminer. | *prevedo già che*, je prévois bien que. || LOC. FAM. *già che ci siamo*, pendant qu'on y est, puisque nous y sommes. || **5.** FAM. [valore di affermazione] oui, en effet; oui, c'est ça. | *ah già, l'avevo dimenticato!*, c'est vrai, je l'avais oublié! | *già già!*, oui, oui! || IRON. *eh già! dovevo immaginarmelo*, bien sûr, naturellement, j'aurais dû l'imaginer! || **6.** [rafforzativo] *non già... ma*, non pas... mais. | *non già che...*, ce n'est pas que...
giacca ['dʒakka] f. veste. | *giacca di daino*, veste en daim. | *giacca a vento*, anorak m. || [di completo da uomo] veston m. | *giacca a doppio petto*, veston croisé. || [da cerimonia, a coda] jaquette. || [lunga, foderata d'agnello] canadienne.
giacché [dʒak'ke] cong. puisque, du moment que, comme, car.
giacchetta [dʒak'ketta] f. [dimin.] V. GIACCA.
giacchettino [dʒakket'tino] m. [dimin.] petite veste f., jaquette f. | *giacchettino di lana*, gilet de laine.
giacchio ['dʒakkjo] m. [rete da pesca] épervier.
giaccone [dʒak'kone] m. (manteau) trois-quarts.
giacente [dʒa'tʃɛnte] agg. **1.** gisant, étendu. | *statua giacente*, gisant m. || situé, placé. || **2.** FIG. [che non viene ritirato] en souffrance. | *lettera giacente*, lettre non réclamée. || [in sospeso] en suspens. | *affare giacente*, affaire en suspens. | *pratica giacente in un ufficio*, dossier en suspens, en souffrance dans un bureau. || [inattivo] improductif. | *capitale giacente*, capital improductif. || **3.** COMM. invendu, en stock. | *merce giacente*, marchandise invendue. || **4.** GIUR. jacent. | *eredità giacente*, succession jacente.
giacenza [dʒa'tʃɛntsa] f. [l'essere giacente] inutilisation, improductivité. | *giacenza di capitali*, inutilisation de capitaux. | *pacco in giacenza*, paquet en souffrance. | *diritti di giacenza*, droits de magasinage. || [avanzo, cosa giacente] stock m., disponibilité. | *giacenza di magazzino*, stock de magasin. | *le giacenze di tessuti*, les disponibilités en tissus. | *merce in giacenza*, marchandises en stock; invendus. || DIR. MAR. [periodo di giacenza] *giorni di giacenza*, surestarie f.
giacere [dʒa'tʃere] v. intr. **1.** [essere steso] être couché. | *giacere supino, bocconi*, être couché, être étendu sur le dos, à plat ventre. || **2.** [senza movimento] gésir (lett.) [v. difett.]. | *malato che giace sul letto*, malade qui gît sur son lit. | *giaceva immobile*, il gisait immobile. || LOC. *qui giace*, ci-gît, ici repose. || **3.** [di cose] gésir, se trouver, joncher (v. tr.). | *i suoi vestiti giacevano sul pavimento*, ses vêtements gisaient sur le plancher. || **4.** [essere situato] être situé, se trouver. | *la città giace in un'ampia vallata*, la ville est située dans une large vallée. || **5.** [ristagnare, parlando soprattutto di pratiche burocratiche] rester en souffrance. || **6.** [di persona, in una situazione ostile] *giacere nella miseria, nel più completo abbandono*, être plongé, vivre dans la misère, vivre dans un état d'abandon total.
giaciglio [dʒa'tʃiʎʎo] m. grabat.
giacimento [dʒatʃi'mento] m. GEOL. gisement.
giacintino [dʒatʃin'tino] agg. [colore] (lett.) hyacinthe.
giacinto [dʒa'tʃinto] m. BOT. jacinthe f. || MINER. hyacinthe f.
giacitura [dʒatʃi'tura] f. position, posture. || GEOL. disposition.
giaco ['dʒako] m. MIL. cotte f., jaque (f.) de mailles.
giacobinismo [dʒakobi'nizmo] m. STOR. e PER EST. jacobinisme.
giacobino [dʒako'bino] m. STOR. e PER EST. jacobin.
giacomo ['dʒakomo] m. loc. pop. *far giacomo giacomo*. | *avere le gambe che fanno giacomo giacomo*, avoir les jambes molles, les jambes en coton, qui flageolent.
giaculatoria [dʒakula'tɔrja] f. RELIG. oraison jaculatoire, prière fervente. || FIG. (scherz.) [discorsetto noioso] litanie. || FAM. [imprecazione, bestemmia] juron m. (L.C.), blasphème m. (L.C.).
giada ['dʒada] f. MINER. jade m.
giaggiolo [dʒad'dʒɔlo] m. BOT. iris.
giaguaro [dʒa'gwaro] m. ZOOL. jaguar.
giaietto [dʒa'jetto] m. MINER. jais.
gialappa [dʒa'lappa] f. FARM. jalap m.
giallastro [dʒal'lastro] agg. jaunâtre.
gialleggiare [dʒalled'dʒare] v. intr. jaunir, tirer sur le jaune.
gialliccio [dʒal'littʃo] agg. [giallo pallido] jaunet, jaunâtre.
giallo ['dʒallo] agg. **1.** jaune. | *razza gialla*, race jaune. | *farina gialla*, farine de maïs. || MAR. *bandiera gialla*, pavillon jaune, pavillon de quarantaine. || MED. *febbre gialla*, fièvre jaune. || LOC. *essere giallo come un limone*, être jaune comme un citron, comme un coing. | *diventar giallo dalla bile, dalla rabbia*, verdir de rage; en faire une jaunisse (fam.). | *essere giallo per l'invidia*, être blême d'envie. || **2.** [poliziesco] policier. | *libro, film giallo*, roman, film policier. ◆ m. jaune. | *giallo limone, oro*, jaune citron, jaune d'or. | *giallo paglierino*, jaune paille. | *giallo cromo*, jaune de chrome. | *giallo d'uovo*, jaune d'œuf. || LOC. [autom.] *passare col giallo*, passer à l'orange. || [libro, film] roman policier, film policier.
giallognolo [dʒal'lɔɲɲolo] agg. jaunâtre.
giallore [dʒal'lore] m. (peggior.) teint jaune (L.C.).
giallume [dʒal'lume] m. (peggior.) couleur (f.) jaune (L.C.). || AGR. jaunisse f. | *il giallume della vigna*, la jaunisse de la vigne.
giamaicano [dʒamai'kano] agg. jamaïquain.
giambico ['dʒambiko] agg. POES. ïambique.
giambo ['dʒambo] m. POES. ïambe.
giammai [dʒam'mai] avv. jamais. || LETT. SCHERZ. *non fia giammai!*, jamais de la vie!
gianduiotto [dʒandu'jɔtto] m. [cioccolatino, specialità torinese] «gianduiotto».

giannetta [dʒan'netta] f. (antiq.) [bastone da passeggio] badine, canne. ‖ [sorta di arma in asta] pique.
giannizzero [dʒan'nittsero] m. STOR. janissaire. ‖ FIG. (scherz.) [sostenitore fanatico] homme de main.
giansenismo [dʒanse'nizmo] m. STOR. RELIG. jansénisme.
giansenista [dʒanse'nista] m. e f. RELIG. janséniste.
giansenistico [dʒanse'nistiko] agg. RELIG. janséniste. | *dottrine giansenistiche*, doctrines jansénistes.
giapponese [dʒappo'nese] agg. e n. japonais, e; nippon, e.
giapponeseria [dʒapponese'ria] f. japonaiserie, japonerie.
giara ['dʒara] f. jarre.
giardinaggio [dʒardi'naddʒo] m. jardinage.
giardinetta [dʒardi'netta] f. AUTOM. break m.; commerciale.
giardinetto [dʒardi'netto] m. [dimin.] jardinet. ‖ MAR. hanche f.
giardiniera [dʒardi'njɛra] f. [coltivatrice, mobile, antipasto] jardinière. | *maestra giardiniera*, jardinière d'enfants. ‖ TRASP. [vettura] char (m.) à bancs, jardinière (antiq.).
giardiniere [dʒardi'njɛre] m. jardinier.
giardino [dʒar'dino] m. jardin. | *è andato in giardino*, il est allé au jardin. | *mobili da giardino*, meubles de jardin. | *giardino ornamentale*, jardin d'agrément. | *giardino pubblico*, jardin public. | *giardino all'inglese*, jardin anglais. | *città giardino*, cité-jardin. ‖ PER EST. *giardino d'infanzia*, jardin d'enfants. | *giardino botanico*, jardin botanique, des plantes.
giarra ['dʒarra] f. V. GIARA.
giarrettiera [dʒarret'tjɛra] f. [elastico a cui si fissano le calze] jarretelle. ‖ [banda circolare elastica che cinge la gamba] jarretière. ‖ STOR. *ordine della giarrettiera*, ordre de la Jarretière.
giava ['dʒava] f. [danza] java.
giavanese [dʒava'nese] agg. e n. javanais, e.
giavazzo [dʒa'vattso] m. V. GIAIETTO.
giavellottista [dʒavellot'tista] m. e f. SPORT lanceur, lanceuse de javelot.
giavellotto [dʒavel'lɔtto] m. [arma, sport] javelot.
giazzista [dʒat'tsista] m. V. JAZZISTA.
gibbone [dʒib'bone] m. ZOOL. gibbon.
gibbosità [dʒibbosi'ta] f. gibbosité.
gibboso [dʒib'boso] agg. gibbeux.
gibbuto [dʒib'buto] agg. (lett.) gibbeux.
giberna [dʒi'bɛrna] f. MIL. giberne.
gibus ['dʒibus] m. gibus (fr.), chapeau claque.
giga ['dʒiga] f. MUS. gigue.
gigante [dʒi'gante] m. géant. | *far passi da gigante*, faire des pas de géant. ◆ agg. géant, gigantesque.
giganteggiare [dʒiganted'dʒare] v. intr. dominer, se dresser, s'élever au-dessus de.
gigantesco [dʒigan'tesko] agg. PR. e FIG. gigantesque.
gigantismo [dʒigan'tizmo] m. MED. gigantisme.
gigaro ['dʒigaro] m. BOT. arum.
gigione [dʒi'dʒone] m. histrion, cabotin, m'as-tu-vu (invar.).
gigioneggiare [dʒidʒoned'dʒare] v. intr. faire l'histrion, cabotiner.
gigionesco [dʒidʒo'nesko] agg. d'histrion.
gigionismo [dʒidʒo'nizmo] m. cabotinage, attitude (f.) d'histrion.
gigliacee [dʒiʎ'ʎatʃee] f. pl. BOT. liliacées.
gigliato [dʒiʎ'ʎato] agg. fleurdelisé. ‖ STOR. *zecchino gigliato*, sequin de Florence, florin.
giglio ['dʒiʎʎo] m. BOT. lis, lys (antiq.). | *bianco, candido come un giglio*, blanc comme un lis. ‖ ARALD. *il rosso giglio di Firenze*, le lis rouge de Florence. | *giglio di Francia*, fleur (f.) de lis.
gigolo [ʒigo'lo] m. invar. [fr.] gigolo (fam.).
gilda ['dʒilda] f. STOR. gilde, guilde, ghilde.
gilè [dʒi'lɛ] m. gilet.
gimcana [dʒim'kana] f. V. GINCANA.
gimnosperme [dʒimnos'pɛrme] f. pl. BOT. gymnospermes.
gimnoto [dʒim'nɔto] m. ZOOL. gymnote.
gin [dʒin] m. [ingl.] gin.
gincana [dʒin'kana] f. gymkhana m.
gineceo [dʒine'tʃɛo] m. BOT., STOR. e SCHERZ. gynécée.
ginecologia [dʒinekolo'dʒia] f. MED. gynécologie.
ginecologico [dʒineko'lɔdʒiko] agg. gynécologique.
ginecologo [dʒine'kɔlogo] (**-a** f.) m. gynécologue, gynécologiste.
ginepraio [dʒine'prajo] m. genévrière f. ‖ FIG. [situazione intricata] guêpier, bourbier. | *cacciarsi, ficcarsi in un ginepraio*, se fourrer, tomber dans un guêpier.
ginepreto [dʒine'preto] m. V. GINEPRAIO.
ginepro [dʒi'nepro] m. BOT. [arbusto] genévrier. ‖ [frutto] genièvre. | *coccola di ginepro*, (baie de) genièvre. ‖ [acquavite] genièvre. ‖ *ginepro rosso*, cade.
ginestra [dʒi'nɛstra] f. BOT. genêt m. | *ginestra spinosa*, ajonc m.
ginestreto [dʒines'treto] m. genêtière f.
ginestrone [dʒines'trone] m. BOT. ajonc.
ginevrino [dʒine'vrino] agg. e n. genevois.
gingillarsi [dʒindʒil'larsi] v. rifl. [trastullarsi, giocherellare] s'amuser, faire joujou (fam.). ‖ PER EST. [perdere il tempo] s'amuser à des balivernes, à des riens; lambiner, lanterner, musarder (fam.), baguenauder (antiq.).
gingillo [dʒin'dʒillo] m. joujou, bibelot, colifichet, babiole f.
gingillone [dʒindʒil'lone] m. [perditempo] lambin (fam.), musard (fam.).
ginnasiale [dʒinna'zjale] agg. [del ginnasio, cioè classi corrispondenti alla terza e seconda di un liceo francese] du «ginnasio». ◆ m. e f. élève du «ginnasio».
ginnasio [dʒin'nazjo] m. STOR. gymnase. ‖ [corrispondente pressappoco alle classi terza e seconda di un liceo in Francia] «ginnasio».
ginnasta [dʒin'nasta] m. e f. gymnaste.
ginnastica [dʒin'nastika] f. gymnastique. | *fare ginnastica*, faire de la gymnastique. ‖ FIG. *ginnastica mentale*, gymnastique de l'esprit.
ginnastico [dʒin'nastiko] agg. gymnastique. | *società ginnastica*, société de gymnastique.
ginnetto [dʒin'netto] m. ZOOL. [cavallo] genet.
ginnico ['dʒinniko] agg. gymnique, gymnastique; de gymnastique. | *esercizi ginnici*, exercices de gymnastique.
ginocchiata [dʒinok'kjata] f. [colpo dato con il ginocchio] coup (m.) de genou. ‖ [colpo preso battendo con il ginocchio] coup (m.) au genou.
ginocchiello [dʒinok'kjɛllo] m. (antiq.) [parte delle armature] genouillère f. ‖ [cuscinetto per cavalli] genouillère. ‖ [in macelleria] jambonneau.
ginocchiera [dʒinok'kjɛra] f. genouillère. ‖ [rinforzo applicato ai calzoni in corrispondenza del ginocchio] renfort m., pièce.
ginocchio [dʒi'nɔkkjo] (**ginocchia** f. pl. [con valore collettivo e duale]; **ginocchi** m. pl.) m. genou. | *affondare sino al ginocchio*, s'enfoncer jusqu'aux genoux. | *in ginocchio*, à genoux. ‖ PR. e FIG. *gettarsi alle ginocchia di qlcu.*, se jeter aux pieds de qn. | *si senti piegar le ginocchia*, il sentit ses genoux se dérober sous lui, ses genoux fléchir. ‖ FIG. *piegar le ginocchia*, plier le(s) genou(x). ‖ LOC. FIG. *far venire il latte alle ginocchia*, faire suer (fam.). ‖ MAR. genou.
ginocchioni [dʒinok'kjoni] avv. à genoux. | *stare ginocchioni*, être à genoux.
giocare [dʒo'kare] v. intr. **1.** jouer; faire joujou (fam.). | *giocare a guardie e ladri*, jouer aux gendarmes et aux voleurs. | *giocare a carte, a dama*, jouer aux cartes, aux dames. | *giocare d'azzardo*, jouer aux jeux de hasard. | *giocare in Borsa*, jouer à la Bourse. | *giocare a carte scoperte*, PR. jouer cartes sur table; FIG. jouer franc jeu. | *giocare a un gioco pericoloso*, jouer un jeu dangereux. | *giocare con le parole*, jouer sur les mots. ‖ **2.** [servirsi di] jouer. | *giocare di gomiti, di mano*, jouer des coudes, jouer des mains. ‖ FIG. *giocare d'astuzia con qlcu.*, jouer d'astuce, jouer au plus fin avec qn. ‖ **3.** [essere in gioco] jouer. | *qui gioca la fortuna*, ici, c'est la chance qui joue, qui entre en jeu. ‖ **4.** TECN. jouer. ◆ v. tr. jouer. | *giocare una carta*, jouer une carte. | *giocare grosse somme*, jouer gros (jeu). ‖ PR. e FIG. *giocare l'ultima carta*, jouer sa dernière carte. ‖ PER EST. [scommettere] jouer, risquer. | *giocare mille lire su un*

cavallo, jouer mille lires sur un cheval. || FIG. *ci giocherei la testa*, je donnerais ma tête à couper. | *giocarsi il posto*, risquer sa place. | *si sta giocando la carriera*, il est en train de compromettre sa carrière. || [ingannare, burlare] jouer. | *giocare uno*, jouer qn, se jouer de qn. | *sei stato giocato*, on t'a roulé (fam.). | *giocare un tiro a qlcu.*, jouer un tour à qn. | *mi ha giocato un tiro mancino*, il m'a joué un tour pendable, un vilain tour; il m'a tiré dans le dos.

giocata [dʒo'kata] f. [il giocare] partie, coup m. || [posta] mise, enjeu m. || [nel lotto] mise.

giocatore [dʒoka'tore] (**-trice** f.) m. joueur, euse. | *è un giocatore accanito*, c'est un joueur acharné, enragé; il est très joueur. || SPORT joueur, euse. || [componente di una squadra] équipier, ère.

giocattolaio [dʒokatto'lajo] m. fabricant de jouets.

giocattolo [dʒo'kattolo] m. jouet, joujou (fam.).

giocherellare [dʒokerel'lare] v. intr. [trastullarsi] jouer, s'amuser, faire joujou (fam.).

giochetto [dʒo'ketto] m. [dimin.] petit jeu, jeu d'enfant. || FIG. [inganno] truc, tour. | *non mi aspettavo questo giochetto da te*, je ne m'attendais pas à ce tour-là de ta part. | *conosco il giochetto*, je connais le truc.

gioco ['dʒɔko] m. **1.** jeu. | *giochi all'aperto*, jeux en plein air. | *giochi infantili*, jeux d'enfants, jeux enfantins. | *giochi*, ébats. | *gioco di prestigio*, tour de prestidigitation, de passe-passe. | *gioco di destrezza*, jonglerie f. | *gioco di parole*, jeu de mots; calembour. | *casa da gioco*, maison de jeu. | *carte da gioco*, cartes à jouer. | *campo di gioco*, terrain de jeu. | *compagni di gioco*, partenaires. | *gioco delle bocce*, jeu de boules; boulisme. | *gioco della dama*, jeu de dames. || PER ANAL. [serie] *un gioco di carte*, un jeu de cartes. | *un gioco di ferri da calza*, un jeu d'aiguilles à tricoter. || **2.** [partita] partie f., jeu. | *fuori gioco*, hors jeu. | *piccolo gioco in Borsa*, boursicotage. || **3.** [combinazione delle carte] jeu. | *aver un buon gioco*, avoir un beau jeu, du jeu. || FIG. *aver buon gioco di*, avoir beau jeu de. || LOC. FIG. *mettere in gioco*, mettre en jeu. | *essere in gioco*, être en jeu. | *entrare in gioco*, entrer dans le jeu, en jeu. | *stare al gioco*, jouer le jeu. | *fare il gioco di qlcu.*, faire le jeu de qn. | *fare il doppio gioco*, jouer double jeu. | *scoprire il proprio gioco*, étaler son jeu. | *far buon viso a cattivo gioco*, faire contre mauvaise fortune bon cœur. || **4.** [scherzo] jeu. | *l'ho fatto per gioco*, je l'ai fait par jeu. | *prendersi gioco di qlcu.*, se jouer de qn. | *farsi gioco delle leggi*, se jouer des lois. || PROV. *ogni bel gioco dura poco*, les plaisanteries les plus courtes sont les meilleures. || **5.** [finzione] jeu. | *è stato tutto un gioco*, cela n'a été qu'un jeu. || **6.** TEATRO *gioco scenico*, jeu de scène. || **7.** TECN. jeu. || PER EST. e FIG. jeu. | *gioco dei muscoli*, jeu des muscles. | *gioco delle forze politiche*, jeu des forces politiques.

giocoforza [dʒoko'fɔrtsa] m. [solo nella loc. *essere giocoforza*] *è giocoforza*, il faut absolument. | *ci è giocoforza partire*, il nous faut absolument partir, force nous est de partir.

giocoliere [dʒoko'ljɛre] m. jongleur, bateleur, faiseur de tours. || PER EST. SPORT virtuose.

giocondità [dʒokondi'ta] f. enjouement m., gaieté, bonne humeur.

giocondo [dʒo'kondo] agg. joyeux, gai, enjoué. | *viso giocondo*, visage réjoui.

giocosità [dʒokosi'ta] f. gaieté.

giocoso [dʒo'koso] agg. plaisant, drolatique, badin. | *poesia giocosa*, poésie badine, burlesque.

1. giogaia [dʒo'gaja] f. fanon m.

2. giogaia [dʒo'gaja] f. GEOGR. chaîne (de montagnes), massif m., barre; ligne de faîte.

giogo ['dʒogo] m. PR. e FIG. joug. | *togliere il giogo ai buoi*, dételer les bœufs. || [leva della bilancia] fléau. || GEOGR. faîte, massif, dôme.

1. gioia ['dʒɔja] f. joie, allégresse. | *saltare dalla gioia*, sauter de joie. | *non stare in sé dalla gioia*, ne plus se sentir de joie. | *con mia grande gioia*, à ma grande joie. | *che infonde gioia*, entraînant (agg.). | *darsi alla gioia*, se livrer à la réjouissance. | *darsi alla pazza gioia*, faire la fête, faire les quatre cents coups.

2. gioia ['dʒɔja] f. bijou m. || FIG. [persona prediletta] bijou. | *gioia mia*, mon petit, mon trésor.

gioielleria [dʒojelle'ria] f. [negozio] bijouterie, joaillerie. || [arte] joaillerie.

gioielliere [dʒojel'ljɛre] m. bijoutier, joaillier.

gioiello [dʒo'jɛllo] m. PR. e FIG. bijou, joyau. | *i gioielli della Corona*, les joyaux de la Couronne. | *questo monumento è il gioiello dell'arte*, ce monument est le fleuron de l'art. ◆ pl. bijouterie f. sing.

gioiosamente [dʒojosa'mente] avv. joyeusement.

gioioso [dʒo'joso] agg. joyeux, gai, enjoué.

gioire [dʒo'ire] v. intr. jouir.

giordano [dʒor'dano] agg. e n. jordanien.

giorgina [dʒor'dʒina] f. BOT. dahlia m.

giornalaccio [dʒorna'lattʃo] m. PEGGIOR. mauvais journal (L.C.), feuille (f.) de chou, canard (fam.).

giornalaio [dʒorna'lajo] m. (**-a** f.) vendeur, euse, marchand, e de journaux.

giornale [dʒor'nale] m. journal, canard (fam.). | *giornale settimanale*, (journal) hebdomadaire. | *giornale scandalistico*, journal à scandales. | *leggere sul giornale*, lire dans le journal. || [sede] journal. ◆ pl. [stampa] presse f. sing., journaux. || COMM. (livre) journal. || MAR. *giornale di bordo*, journal de bord. || TELECOM. [notiziario] journal. | *giornale radio*, journal parlé. | *giornale televisivo*, journal télévisé.

giornaletto [dʒorna'letto] m. journal pour enfants.

giornaliero [dʒorna'ljɛro] agg. PR. e FIG. journalier, quotidien. | *di umore giornaliero*, d'humeur variable; lunatique. ◆ m. (**-a** f.) journalier, ère; ouvrier, ère à la journée.

giornalino [dʒorna'lino] m. journal pour enfants.

giornalismo [dʒorna'lizmo] m. journalisme.

giornalista [dʒorna'lista] m. e f. journaliste. || PEGGIOR. *giornalista da strapazzo*, folliculaire.

giornalistico [dʒorna'listiko] agg. journalistique. | *servizio giornalistico*, reportage.

giornalmente [dʒornal'mente] avv. tous les jours, journellement.

giornaluccio [dʒorna'luttʃo] m. canard (fam.).

giornante [dʒor'nante] f. femme de journée, femme de ménage.

giornata [dʒor'nata] f. journée. | *una giornata nera*, une mauvaise journée. | *entro la giornata*, dans la journée. | *giornata lavorativa*, journée de travail. | *lavorare a giornata*, travailler à la journée. | *lavorare a mezza giornata*, travailler à mi-temps. || LOC. *uova di giornata*, œufs du jour (m.). | *vivere alla giornata*, vivre au jour le jour. || MIL. *essere di giornata*, être de jour (m.), être de service (m.). || [salario giornaliero] journée. | *guadagnarsi la giornata*, gagner sa journée, sa matérielle (pop., antiq.).

giornataccia [dʒorna'tattʃa] f. (peggior.) mauvaise journée (L.C.).

giornello [dʒor'nɛllo] m. [attrezzo per la calce] oiseau.

giorno ['dʒorno] m. **1.** [opposto a notte] jour. | *spunta il giorno*, le jour point; il commence à faire jour. | *lo spuntar del giorno*, le point du jour, le jour naissant. | *sul far del giorno*, au petit jour, à la pointe (lett.) du jour. | *in pieno giorno*, en plein jour. | *è giorno fatto*, il fait complètement jour, il fait grand jour. | *sembra giorno*, on se croirait en plein jour. | *di giorno*, de jour, pendant le jour, pendant la journée. | *lavorare di giorno*, travailler de jour. | *illuminazione a giorno*, éclairage a giorno (loc. avv., it.), comme en plein jour. || FIG. *sono come la notte e il giorno*, c'est le jour et la nuit. || **2.** [giorno del calendario] jour. | *giorno feriale*, jour ouvrable. | *giorno festivo*, jour férié. | *giorno di magro*, jour maigre. | *che giorno è oggi?*, quel jour est-ce, quel jour sommes-nous aujourd'hui? | *un bel giorno*, un beau jour. | *tutto il (santo) giorno*, toute la (sainte) journée. | *in quindici giorni*, en quinze jours. | *fra quindici giorni*, dans quinze jours. | *entro quindici giorni*, dans les quinze jours. | *è affare di giorni*, c'est l'affaire de quelques jours. | *verrà a giorni*, il viendra d'ici (à) quelques jours, dans quelques jours; il viendra bientôt. | *lo conosco da tre giorni*, je le connais depuis trois jours. | *tre giorni fa*, il y a trois jours. | *quel giorno*, ce jour-là. | *da quel giorno*, depuis ce jour-là, depuis lors. | *in questi giorni*, ces jours-ci. | *che giorno riceve?*, quel est son jour (de réception)? | *da un giorno all'altro*, du jour au lendemain. | *dal giorno in cui*, du jour où. | *il giorno prima*, la veille.

| *il giorno dopo*, le lendemain. | *due giorni dopo*, deux jours après, le surlendemain. | *due volte al giorno*, deux fois par jour. | *ogni due giorni ; un giorno sì e uno no*, un jour sur deux ; tous les deux jours. | *giorno per giorno*, jour après jour. | *vivere giorno per giorno*, vivre au jour le jour. | *di giorno in giorno*, de jour en jour. | *lo aspetto di giorno in giorno*, je l'attends d'un jour à l'autre. | *verrà un giorno o l'altro*, il viendra bien quelque jour. | *dare gli otto giorni*, donner ses huit jours. | *sarà una cosa di giorni*, c'est une question de jours. || **3.** PER EST. [epoca, momento] jour. | *ai giorni nostri*, de nos jours, de notre temps. | *al giorno d'oggi*, au jour d'aujourd'hui, de nos jours, à notre époque. | *verrà il giorno in cui*, le jour viendra où. | *andare a giorni*, avoir ses bons et ses mauvais jours. | *ha i giorni contati*, ses jours sont comptés. || COMM. *mettere a giorno*, mettre à jour. || CUCIT. *orlo a giorno*, ourlet à jours, ourlet ajouré. || TECN. *chiusura a giorno*, fermeture à claire-voie. | *montare a giorno*, monter à jour.

giostra ['dʒɔstra] f. STOR. joute. | *correre la giostra dell'anello*, courir la bague. || FIG. *far la giostra*, tourner, rôder autour d'un lieu. || [giochi] manège m. | *andare sulla giostra*, aller sur les chevaux de bois, sur les manèges.

giostrare [dʒos'trare] v. intr. STOR. jouter. || FIG. *giostrare tra le difficoltà*, jongler avec les difficultés. | *giostrare con le parole*, jouer, jongler avec les mots. || [andare in giro] se balader (fam.), rôder.

giostratore [dʒostra'tore] m. jouteur.

giottesco [dʒot'tesko] agg. ARTI de Giotto, de l'école de Giotto.

giovamento [dʒova'mento] m. avantage, utilité f. | *trarre giovamento da qlco.*, tirer avantage de qch.

giovane ['dʒovane] agg. jeune. | *è più giovane di me di un anno*, il est plus jeune que moi d'un an, il est d'un an mon cadet. | *da giovane era un bell'uomo*, dans sa jeunesse, quand il était jeune, c'était un bel homme. | *giovane esploratore*, boy-scout. | *giovane allievo di scuola militare*, enfant de troupe. | *giovani sposi*, jeunes mariés. || [giovanile] jeune, juvénile. | *giovane di carattere*, jeune de caractère. | *l'aspetto giovane*, l'air jeune. | *lo fai più giovane di quello che è*, tu le rajeunis. | *questa acconciatura ti fa giovane*, cette coiffure te rajeunit, te fait paraître plus jeune. || [di animali, piante] jeune. | *una pianta giovane*, une jeune plante. | *carpa giovane*, carpillon m. ◆ m. jeune homme. | *i giovani*, les jeunes (gens). | *i giovani delinquenti*, la jeunesse délinquante. || [aiutante] commis, garçon. || [di avvocato o notaio] clerc. ◆ f. jeune fille.

giovanile [dʒova'nile] agg. juvénile, jeune. | *carattere giovanile*, caractère jeune, juvénile. | *quest'uomo ha un aspetto giovanile*, cet homme fait jeune, a l'air jeune. | *opere giovanili*, œuvres de jeunesse. | *errori giovanili*, erreurs de jeunesse.

giovanissimo [dʒova'nissimo] agg. très jeune, tout jeune.

giovanotta [dʒova'nɔtta] f. (scherz.) jeune fille robuste (L.C.).

giovanotto [dʒova'nɔtto] m. jeune homme, garçon. | *i giovanotti*, les jeunes gens. || FAM. [scapolo] célibataire, garçon.

giovare [dʒo'vare] v. intr. être utile, servir, contribuer, aider. | *giovare alla propria causa*, servir sa propre cause. | *non mi è giovato molto il suo aiuto*, son aide ne m'a guère servi, ne m'a pas été d'une grande utilité. | *giova alla salute*, cela fait du bien à la santé. ◆ v. intr. impers. être bon, être utile. | *giova notare che*, il est bon, il est utile de remarquer que. | *non giova a nulla piangere*, cela ne sert à rien de pleurer. ◆ v. rifl. se servir, s'aider, profiter (de).

giovedì [dʒove'di] m. jeudi. | *giovedì santo*, jeudi saint. || FIG. *gli manca qualche giovedì*, il est un peu dérangé, il a un petit grain, il travaille un peu du chapeau (fam.), il ne tourne pas rond.

giovenca [dʒo'vɛnka] f. ZOOL. génisse, taure.

giovenco [dʒo'vɛnko] m. ZOOL. bouvillon.

gioventù [dʒoven'tu] f. jeunesse. | *in gioventù*, dans ma (ta, sa) jeunesse. | *peccato di gioventù*, péché de jeunesse. || [i giovani] jeunesse. | *spettacoli per la gioventù*, spectacles pour la jeunesse. | *ostello della gioventù*, auberge de jeunesse. | *la gioventù dorata*, la jeunesse dorée. | *bisogna lasciar un po' di sfogo alla gioventù*, il faut que jeunesse se passe.

giovevole [dʒo'vevole] agg. utile, profitable.

gioviale [dʒo'vjale] agg. jovial.

giovialità [dʒovjali'ta] f. jovialité.

giovialone [dʒovja'lone] m. (fam.) luron, bon vivant.

giovinastro [dʒovi'nastro] m. voyou.

giovincello [dʒovin'tʃɛllo] m. jouvenceau.

giovinetta [dʒovi'netta] f. jeune fille.

giovinezza [dʒovi'nettsa] f. PR. e FIG. jeunesse. | *è nel fiore della giovinezza*, il est dans la fleur de la jeunesse. | *nella prima giovinezza*, dans sa prime, dans sa première jeunesse. | *fontana dell'eterna giovinezza*, fontaine de jouvence.

gip [dʒip] f. V. JEEP.

gipeto [dʒi'pɛto] m. ZOOL. gypaète.

gippone [dʒip'pone] m. MIL. (fam.) grosse Jeep (L.C.).

girabile [dʒi'rabile] agg. COMM. endossable, qui peut être endossé.

giradischi [dʒira'diski] m. tourne-disque, électrophone, pick-up.

giradito [dʒira'dito] m. MED. panaris, mal blanc.

giraffa [dʒi'raffa] f. ZOOL. girafe. || CIN. girafe.

giramento [dʒira'mento] m. tour, révolution f. || [vertigine] vertige.

giramondo [dʒira'mondo] m. inv. globe-trotter (pl. globe-trotters).

girandola [dʒi'randola] f. girandole. | *girandola finale*, le bouquet (du feu d'artifice). || [giocattolo] moulin (m.) à vent. || FIG. [che muta opinione] girouette.

girandolare [dʒirando'lare] v. intr. flâner, se balader (fam.), errer, aller sans but.

girandolone [dʒirando'lone] m. (fam.) flâneur (L.C.).

girandoloni [dʒirando'loni] avv. LOC. *andare (a) girandoloni*, flâner.

girante [dʒi'rante] m. COMM. endosseur. ◆ f. MECC. partie mobile.

girare [dʒi'rare] v. tr. **1.** tourner. | *girare una manovella*, tourner une manivelle. | *girare la chiave nella toppa*, tourner la clef dans la serrure. | *girare l'insalata*, tourner, remuer la salade. | *girare la testa*, tourner la tête. | *girare le spalle*, tourner le dos. | *non appena giro le spalle*, dès que j'ai le dos tourné. | *girare una frase*, tourner une phrase. | *girare il discorso*, changer les données du problème. || FAM. *girala come vuoi, il risultato è che*, quoi que tu dises, quoi que tu fasses, tu auras beau dire, beau faire, le résultat est que. || **2.** [percorrere] courir, parcourir. | *girare il mondo*, courir le monde. | *ho l'intenzione di girare l'Europa*, j'ai l'intention de voyager à travers l'Europe. | *girare mezzo mondo*, rouler sa bosse (un peu) partout, bourlinguer (fam.) un peu partout. | *ho girato tutta la città in cerca di*, j'ai couru toute la ville pour trouver. | *ho girato tutta la casa in cerca di*, je l'ai cherché dans toute la maison. | *girare i negozi*, courir, faire les magasins. || **3.** CIN. tourner. | *girare un film*, tourner un film. || **4.** COMM. [trasferire] endosser. | *girare un assegno*, endosser un chèque. | *girare una telefonata*, passer une communication. | *giro la domanda a te*, je te pose la même question. ◆ v. intr. **1.** tourner. | *la Terra gira su se stessa*, la Terre tourne sur elle-même. | *girare su un perno*, tourner sur un pivot, pivoter. | *ha girato sui tacchi e se n'è andato*, il a tourné les talons et s'en est allé. | *il motore gira a vuoto*, le moteur tourne à vide. | *girare a destra*, tourner à droite. | *la strada gira intorno al lago*, la route fait le tour du lac. | *il fiume gira intorno alla città*, la rivière contourne la ville. | *girare intorno a un argomento*, tourner autour du pot (loc. fam.). | *girare al largo*, s'éloigner, décamper (fam.). | *gira e rigira, il risultato è sempre lo stesso*, on a beau faire, qu'on tourne les choses d'un côté ou de l'autre, le résultat est toujours le même. || FAM. *se mi gira*, si ça me chante, si ça me dit, s'il me prend la fantaisie. | *dipende da come mi gira*, ça dépend de l'humeur, de l'inspiration du moment. || VOLG. *far girare le scatole a qlcu.*, faire sortir qn de ses gonds (L.C.). | *mi girano le scatole*, j'en ai marre (pop.), j'en ai plein le dos. || **2.** [passeggiare] se promener, courir. | *girare per il mondo*, courir le monde. | *girare per le strade*, se promener dans les rues. | *girare per i campi*, se promener dans les champs. | *girare per i negozi*, courir, faire les magasins. | *girare da una stanza all'altra senza far nulla*, aller d'une pièce à l'autre sans rien faire. ‖ **3.** [diffondersi] circuler. | *il denaro gira*, l'argent circule. | *girano biglietti falsi*, il y a des faux billets en circulation. ‖ **4.** [l'alterarsi del vino] tourner. ◆ v. rifl. se tourner.

girarrosto [dʒirar'rɔsto] m. tournebroche.

girasole [dʒira'sole] m. BOT. tournesol. ‖ MINER. girasol.

girata [dʒi'rata] f. **1.** tour m. | *dare una girata alla chiave*, donner un tour de clef. ‖ **2.** [passeggiata] tour m. ‖ **3.** GIOCHI [a carte] donne. ‖ **4.** COMM. endossement m., endos m. ‖ **5.** FIG. (volg.) [sgridata] savon m. (fam.).

giratario [dʒira'tarjo] m. COMM. endossataire, bénéficiaire d'un endos.

giravolta [dʒira'vɔlta] f. pirouette. ‖ [meandro] détour m. ‖ FIG. pirouette, volte-face (invar.), virevolte.

girazione [dʒirat'tsjone] f. giration.

gire ['dʒire] v. intr. ARC., POET. V. ANDARE.

girella [dʒi'rɛlla] f. poulie. ‖ [rotella] roulette. ‖ [dello sperone] molette. ◆ m. [persona volubile] girouette f.

girellare [dʒirel'lare] v. intr. flâner, se balader (fam.), aller sans but, au hasard ; traîner ses guêtres (fam.).

girello [dʒi'rɛllo] m. rondelle f. ‖ [per bambini] chariot, trotteur. ‖ [parte terminale della stecca da biliardo] procédé. ‖ [in macelleria] gîte à la noix.

girellone [dʒirel'lone] m. flâneur.

giretto [dʒi'retto] m. petit tour.

girevole [dʃi'revole] agg. tournant. | *ponte girevole*, pont tournant. | *piattaforma girevole*, plaque tournante.

girifalco [dʒiri'falko] m. ZOOL. gerfaut.

girinide [dʒi'rinide] m. ZOOL. gyrin, tourniquet.

1. girino [dʒi'rino] m. ZOOL. têtard.

2. girino [dʒi'rino] m. SPORT coureur du tour d'Italie.

giro ['dʒiro] m. **1.** [perimetro] tour. | *il giro delle mura*, le tour des remparts, l'enceinte f. | *giro di pista*, tour de piste. | *giro (della) manica*, emmanchure f., entournure f. | *giro (del) collo*, encolure f. | *maglia a giro collo*, pull (m.) ras du cou. ‖ FIG. *giro di parole*, périphrase f. | *usare giri di parole*, prendre des détours, employer des circonlocutions. | *giro del periodo*, tournure de la phrase, de la période. ‖ **2.** [movimento circolare] tour. | *il giro della Terra intorno al Sole*, le mouvement de la Terre autour du Soleil. | *giro di manovella*, tour de manivelle. | *disco 33 giri*, disque 33 tours. | *i giri di un motore*, les tours d'un moteur. | *il motore è, va su di giri*, le moteur s'emballe. ‖ FIG. *andare, essere su di giri*, être euphorique (L.C.). ‖ **3.** PER EST. [itinerario] tour. | *fare il giro dei musei*, faire le tour des musées. | *il giro del mondo*, le tour du monde. | *fare un giro in centro*, faire un tour en ville. | *lungo giro*, randonnée f. | *fare un lungo giro per raggiungere un luogo*, faire un crochet, un détour pour atteindre un lieu. | *giro d'ispezione*, tournée (f.) d'inspection. | *giro di conferenze*, tournée (f.) de conférences. ‖ FIG. *giro d'orizzonte*, tour d'horizon. ‖ SPORT *il giro di Francia*, le tour de France, la grande boucle. ‖ **4.** FIG. [trafila, iter] cours. ‖ COMM. *giro d'affari*, chiffre d'affaires. ‖ [trasferimento di denaro] virement. ‖ **5.** [periodo di tempo] cours. | *nel giro di due ore*, dans l'intervalle de deux heures, en deux heures. | *rispondere a giro di posta*, répondre par retour du courrier. ‖ **6.** [traffico] milieu. | *è un giro che non mi piace*, c'est un milieu qui ne me plaît pas. ‖ FAM. *è fuori dal giro*, il n'est pas dans le coup. ‖ **7.** LOC. *in giro*, en balade. | *andare in giro*, se balader (fam.), se promener. | *andare in giro per i negozi*, faire le tour des magasins. | *guardarsi in giro*, regarder autour de soi. | *disporsi in giro*, se mettre en rond. | *in giro d'affari*, en voyage d'affaires. | *è sempre in giro*, il est toujours dehors, il est toujours par monts et par vaux. | *portare in giro*, promener, balader (fam.) qn. | *se l'è portato in giro*, il l'a emmené avec lui. ‖ [a scopo di vendita] *portare in giro*, colporter. | *c'è in giro la voce che*, le bruit court que. | *mettere in giro*, mettre en circulation. | *gridare in giro*, crier à la cantonade, à la ronde. ‖ **8.** FIG. *prendere in giro*, se moquer (de), charrier (pop.), blaguer (fam.), mettre en boîte (fam.), railler. | *presa in giro*, mise en boîte.

girobussola [dʒiro'bussola] f. gyrocompas m.

giroconto [dʒiro'konto] m. COMM. virement.

girone [dʒi'rone] m. (antiq.) [giro di mura] enceinte f. (L.C.). ‖ LETT. [nell'Inferno di Dante] cercle. ‖ SPORT [calcio] tour. | *girone di andata*, premier tour. ‖ ARALD. giron.

gironzolare [dʒirondzo'lare] v. intr. flâner, se balader, traîner ses guêtres (fam.). ◆ SOSTANT. *il gironzolare*, flânerie f.

giropilota [dʒiropi'lɔta] m. AER. gyropilote.

giroscopico [dʒiros'kɔpiko] agg. gyroscopique. | *bussola giroscopica*, gyrocompas m.

giroscopio [dʒiros'kɔpjo] m. FIS. gyroscope.

girostato [dʒi'rɔstato] m. gyrostat.

girotondo [dʒiro'tondo] m. [giochi] ronde f.

girotta [dʒi'rɔtta] f. girouette.

girovagare [dʒirova'gare] v. intr. vagabonder, flâner, errer. ‖ MAR. bourlinguer.

girovago [dʒi'rɔvago] agg. ambulant. | *attori girovaghi*, comédiens ambulants. ◆ m. vagabond, chemineau.

gissofila [dʒis'sɔfila] f. BOT. gypsophile.

gita ['dʒita] f. [lunga] excursion. | *una gita in montagna*, une excursion, une course en montagne. | *gita turistica*, excursion touristique. | *fare una gita*, excursionner. ‖ [breve] promenade. | *fare una gita in bicicletta*, faire une promenade à bicyclette. | *fanno una gita ogni fine settimana*, ils font une sortie tous les week-ends.

gitana [dʒi'tana] f. gitane.

gitano [dʒi'tano] m. e agg. gitan.

gitante [dʒi'tante] m. e f. excursionniste. ‖ [turista] touriste.

giterella [dʒite'rɛlla] f. petite excursion.

gittaione [dʒitta'jone] m. BOT. gerzeau, nielle (f.) des blés.

gittata [dʒit'tata] f. MIL. portée.

giù ['dʒu] avv. **1.** bas, en bas. | *lì giù*, là-bas. | *da giù*, par en bas. | *più giù*, plus bas. | *ti aspetto giù*, je t'attends en bas. | *guardare giù*, regarder en bas. | *guardare in giù*, regarder vers le bas. | *il malato è molto giù*, le malade est bien bas. | *giù le mani !*, bas les pattes ! | *giù il cappello !*, chapeau bas ! | *giù per la strada*, le long de la route. | *abito un po' più (in) giù*, j'habite un peu plus loin. | *con il capo in giù*, la tête en bas. | *a capo in giù*, la tête la première. | *dalla vita in giù*, jusqu'à la taille, à partir de la taille. ‖ **2.** LOC. AVV. *su per giù*, à peu près, environ, à peu de chose près, en gros, grosso modo. | *abita in via X o giù di lì*, il habite rue X ou dans ces parages. | *un anno o giù di lì*, quelque chose comme une année. | *mille franchi o giù di lì*, quelque chose comme mille francs. | *andare su e giù*, monter et descendre. | *camminare su e giù*, faire les cent pas. | *correre in su e in giù*, courir çà et là. ‖ **3.** LOC. VERB. *mettere giù*, poser. | *gettar giù*, renverser, jeter bas. | *saltar giù*, sauter. | *cader giù*, tomber ; pleuvoir. | *portare giù*, descendre (v. tr.). ‖ *andar giù*, descendre (v. intr.). | *è andato giù*, il est descendu ; [deperito] il a décliné, il a baissé. | *non mi va giù*, je ne puis digérer cela. ‖ *venir giù*, descendre. | *è venuto giù un bell'acquazzone*, il est tombé une belle averse. | *è venuto giù il muro*, le mur s'est écroulé. ‖ *calarsi giù*, descendre tout au fond. ‖ *buttar giù*, [demolire] jeter bas, abattre, démolir ; [deprimere] abattre, déprimer ; [inghiottire] avaler ; [scrivere] griffonner. | *buttar giù un articolo*, bâcler (fam.), torcher (pop.) un article. ‖ *buttarsi giù*, se jeter ; [stendersi] s'étendre ; FAM. [scoraggiarsi] s'avilir, se décourager, se laisser abattre. ‖ *mandare giù*, avaler, engloutir. | *mandar giù un pranzo*, expédier un repas. ‖ FIG. avaler, digérer. | *mandar giù un rospo, bocconi amari*, avaler des couleuvres. ‖ *essere giù*, être abattu, affaibli, à plat. | *essere giù di nervi*, être déprimé. | *essere giù di morale*, avoir le cafard, avoir le moral bas. | *essere giù di moda*, ne plus être à la mode. ‖ *tirar giù un lavoro*, bâcler un travail. | *tirar giù parolacce*, proférer des grossièretés.

giubba ['dʒubba] f. veste, veston m. ‖ MIL. tunique. ‖ ANTIQ. pourpoint m.

giubbetto [dʒub'betto] m. [da donna] casaque f., casaquin, petit blouson. ‖ [da uomo] vareuse f.

giubbone [dʒub'bone] m. blouson, vareuse f. ‖ STOR. pourpoint.
giubbotto [dʒub'bɔtto] m. blouson. | *giubbotto di pelle*, blouson de cuir.
giubilante [dʒubi'lante] agg. jubilant, exultant.
1. giubilare [dʒubi'lare] v. intr. jubiler (fam.). ◆ v. intr. [mettere a riposo] mettre à la retraite. ‖ [destituire] destituer.
2. giubilare [dʒubi'lare] agg. jubilaire.
giubilazione [dʒubilat'tsjone] f. (antiq.) jubilation. ‖ [mettere a riposo] mise à la retraite. ‖ [destituire] destitution.
giubileo [dʒubi'lɛo] m. RELIG. jubilé.
giubilo ['dʒubilo] m. jubilation f. (fam.), réjouissance f.
giudaico [dʒu'daiko] agg. judaïque.
giudaismo [dʒuda'izmo] m. judaïsme.
giudeo [dʒu'dɛo] agg. e m. juif.
giudicabile [dʒudi'kabile] agg. jugeable, justiciable.
giudicante [dʒudi'kante] agg. chargé de juger.
giudicare [dʒudi'kare] v. tr. GIUR. juger. | *giudicare una causa*, juger une affaire. ‖ [stimare, ritenere] juger, estimer. | *giudicare opportuno*, juger bon, à propos. | *giudicare dalle apparenze*, juger sur les apparences. | *si fa presto a giudicare*, il est facile de juger, on a tôt fait de juger. | *giudicare qlco. a occhio e croce*, estimer qch. au juger, au jugé. ◆ v. intr. juger. | *giudicare di qlco.*, juger de qch. | *per quanto io ne possa giudicare*, autant que je puisse en juger. ◆ v. rifl. se juger. | *giudicarsi capace di*, se juger capable de.
1. giudicato [dʒudi'kato] agg. jugé. ◆ m. GIUR. [giudizio] jugement. ‖ [sentenza] sentence f.
2. giudicato [dʒudi'kato] m. STOR. [in Sardegna] seigneurie f.
giudicatore [dʒudika'tore] (**-trice** f.) agg. chargé de juger. | *commissione giudicatrice*, commission chargée de juger.
giudicatorio [dʒudika'tɔrjo] agg. (lett.) de jugement (L.C.). | *facoltà giudicatoria*, faculté de jugement.
giudicatura [dʒudika'tura] f. magistrature. ‖ STOR. [in Sardegna] seigneurie. ‖ RELIG. judicature.
giudice ['dʒuditʃe] m. GIUR. juge. | *giudice istruttore*, juge d'instruction. | *giudice conciliatore*, juge de paix. | *giudice popolare*, juré. ‖ FIG. [arbitro] juge. | *atteggiarsi, erigersi a giudice*, s'ériger en juge. ‖ PER EST. [conoscitore] juge. | *essere buon giudice in materia*, être bon juge en la matière. ‖ SPORT juge.
giudiziale [dʒudit'tsjale] agg. GIUR. judiciaire. | *casellario giudiziale*, casier judiciaire.
giudizialmente [dʒudittsjal'mente] avv. GIUR. judiciairement.
giudiziario [dʒudit'tsjarjo] agg. GIUR. judiciaire. | *atto giudiziario*, acte judiciaire, exploit. | *carcere giudiziario*, maison d'arrêt. | *ufficiale giudiziario*, huissier.
giudizio [dʒu'dittsjo] m. **1.** jugement. | *emettere un giudizio su*, porter, prononcer un jugement sur. | *rimettersi al giudizio di qlcu.*, s'en remettre au jugement de qn. ‖ **2.** avis, opinion f. | *dare il proprio giudizio*, donner son avis. | *a mio giudizio*, à mon avis. | *è difficile esprimere un giudizio*, il est difficile d'exprimer une opinion, un avis. | *dare giudizio su qlco., su qlcu.*, juger de qch., de qn. ‖ **3.** [riflessione, senno] jugement, bon sens, jugeote f. (fam.), cervelle f. | *uomo di giudizio*, homme de bon sens, homme sensé. | *mettere giudizio*, devenir raisonnable, se ranger (fam.). | *l'età del giudizio*, l'âge de raison. | *denti del giudizio*, dents de sagesse. ‖ **4.** GIUR. sentence f. | *citare in giudizio*, citer, appeler en jugement, en justice f. | *comparire in giudizio*, comparaître en justice. | *giudizio per direttissima*, jugement en référé. | *le spese di giudizio*, les frais de justice. | *giudizio civile*, procès civil. | *rinviare a giudizio*, poursuivre en justice. ‖ **5.** RELIG. *il Giudizio universale, finale*, le Jugement dernier. ‖ STOR. FEUD. *il giudizio di Dio*, le jugement de Dieu.
giudiziosamente [dʒudittsjosa'mente] avv. judicieusement, sagement, sensément (antiq.).
giudizioso [dʒudit'tsjoso] agg. judicieux. | *persona giudiziosa*, personne de jugement.
giudo [dʒu'do] m. V. JUDO.
giudoista [dʒudo'ista] m. e f. SPORT judoka.
giuggiola ['dʒuddʒola] f. BOT. jujube m. ‖ SCHERZ. *andare, sciogliersi in brodo di giuggiole*, boire du petit lait. ‖ FIG. [inezia] bagatelle. | *sono venti milioni, altro che giuggiole !*, cela fait vingt millions, c'est loin d'être une bagatelle !
giuggiolo ['dʒuddʒolo] m. BOT. jujubier.
giuggiolone [dʒuddʒo'lone] m. nigaud, dadais, bêta (fam.).
giugitsu [dʒu'dʒitsu] m. SPORT jiu-jitsu.
giugno ['dʒuɲɲo] m. juin.
giugulare [dʒugu'lare] agg. e f. MED. jugulaire.
giugurtino [dʒugur'tino] agg. STOR. de Jugurtha.
giulebbare [dʒuleb'bare] v. intr. CULIN. cuire dans du sirop, confire. ‖ FIG. FAM. *giulebbarsi qlcu.*, supporter qn (L.C.), se farcir qn (pop.), avoir qn sur le dos.
giulebbe [dʒu'lɛbbe] m. FARM. julep, sirop.
1. giuliano [dʒu'ljano] agg. e n. GEOGR. [di Venezia Giulia] julien.
2. giuliano [dʒu'ljano] agg. julien. | *calendario giuliano*, calendrier julien.
giulivamente [dʒuliva'mente] avv. joyeusement.
giulivo [dʒu'livo] agg. joyeux, gai, hilare. | *un viso giulivo*, un visage épanoui. ‖ FAM. *un'oca giuliva*, une bécasse.
giullare [dʒul'lare] (**-essa** f.) m. STOR. jongleur, euse. ‖ [buffone] bouffon, onne.
giullaresco [dʒulla'resko] agg. de jongleur.
giullaria [dʒulla'ria] f. [arte] jonglerie. ‖ [tecnica giullaresca] jonglage m.
giumella [dʒu'mɛlla] f. [quanto entra nel cavo delle mani accostate] jointée (antiq.). | *bere a giumella*, boire dans le creux de ses mains.
giumento [dʒu'mento] m. bête (f.) de somme.
giunca ['dʒunka] f. MAR. jonque.
giuncaia [dʒun'kaja] f. jonchaie, jonchère, joncheraie.
giuncata [dʒun'kata] f. [formaggio] jonchée.
giuncheto [dʒun'keto] m. jonchaie f.
giunchiglia [dʒun'kiʎʎa] f. BOT. jonquille.
giunco ['dʒunko] m. BOT. jonc. | *mazza di giunco*, (canne de) jonc.
giungere ['dʒundʒere] v. intr. arriver, parvenir, s'amener (pop.). | *è giunto il momento*, le moment est arrivé, voilà le moment. | *ecco dove siamo giunti*, voilà où nous en sommes. | *è giunto a dire che*, il est même arrivé à dire que, il a eu le toupet (fam.) de dire que. | *giungere nuovo*, surprendre, étonner. ‖ FIG. *giungere in porto*, toucher au but. ◆ v. tr. [congiungere] joindre. | *giungere le mani*, joindre les mains. | *a mani giunte*, les mains jointes.
giungla ['dʒungla] f. PR. e FIG. jungle. ‖ FIG. *praticare la legge della giungla*, pratiquer la loi de la jungle, hurler avec les loups. | *la giungla degli affari*, la jungle des affaires.
giunonico [dʒu'nɔniko] agg. junonien.
1. giunta ['dʒunta] f. addition, supplément m., surplus m. | *per giunta*, par-dessus le marché, par surcroît, en outre, qui plus est. ‖ [in macelleria] réjouissance (antiq.). ‖ [cucitura] allonge, rallonge, couture. ‖ LOC. *a prima, di prima giunta*, au premier coup, du premier coup, au premier abord.
2. giunta ['dʒunta] f. commission, comité m. | *giunta comunale*, les membres du conseil municipal, les adjoints du maire.
giuntare [dʒun'tare] v. tr. joindre. ‖ [unire testa a testa] rabouter, abouter. ‖ [di fili elettrici] épisser. ‖ (antiq.) [ingannare] tromper, escroquer (L.C.).
giuntatore [dʒunta'tore] (**-trice** f.) m. assembleur, euse.
giuntatrice [dʒunta'tritʃe] f. CIN. [macchina] colleuse.
giunteria [dʒunte'ria] f. (lett.) tromperie (L.C.).
1. giunto ['dʒunto] part. pass. e agg. arrivé, rendu, joint. | *a mani giunte*, les mains jointes.
2. giunto ['dʒunto] m. TECN. joint. | *giunto cardanico*, joint à cardan. | *giunto di testa*, joint d'about.
giuntura [dʒun'tura] f. ANAT. jointure, joint m. ‖ TECN. jointure, brisure, liaison. | *questi pezzi sono così bene uniti che non si vede la giuntura*, ces pièces sont si bien assemblées qu'on ne voit pas la jointure.
giunzione [dʒun'tsjone] f. jonction.
giuoco ['dʒwɔko] m. V. GIOCO.

giurabbacco! [dʒurab'bakko] e **giuraddio!** [dʒurad'dio] interiez. LETT. morbleu!
giuramento [dʒura'mento] m. serment. | *prestare giuramento*, prêter serment. | *far giuramento di*, jurer de, faire serment de. | *sotto giuramento*, sous serment.
giurare [dʒu'rare] v. tr. jurer. | *giurare obbedienza*, jurer obéissance. | *giurare morte a qlcu.*, jurer la mort de qn. | *giurare di dire la verità*, jurer de dire la vérité. | *ha giurato che sarebbe venuto*, il a juré qu'il viendrait. | *ti giuro di no*, je te jure que non. | *giurare e spergiurare*, jurer ses grands dieux. | *giurare su tutti gli dei, sul cielo*, jurer ses grands dieux. | *giurare sull'onore*, jurer sur l'honneur. | *non ci giurerei*, je n'en jurerais pas. || FAM. *giurarla a qlcu.*, jurer la perte de qn (L.C.), garder un chien de sa chienne à qn.
giurassico [dʒu'rassiko] agg. e m. GEOL. jurassique.
giurato [dʒu'rato] agg. juré, assermenté. | *perito giurato*, expert juré. | *guardia giurata*, garde assermenté. || PER EST. *nemico giurato*, ennemi juré. || [di corte d'assise] *collegio dei giurati*, jury. ◆ m. [giudice popolare] juré.
giure ['dʒure] m. [lat.] (lett.) jurisprudence f. (L.C.).
giureconsulto [dʒurekon'sulto] m. jurisconsulte.
giurese [dʒu'rese] agg. e m. V. GIURASSICO.
giurì [dʒu'ri] m. jury. | *giurì d'onore*, jury d'honneur.
giuria [dʒu'ria] f. jury m.
giuridicità [dʒuriditʃi'ta] f. légalité, caractère (m.) juridique.
giuridico [dʒu'ridiko] agg. juridique.
giurisdizionale [dʒurizdittsjo'nale] agg. juridictionnel.
giurisdizione [dʒurizdit'tsjone] f. juridiction. | *essere soggetto alla giurisdizione di*, être justiciable de.
giurisperito [dʒurispe'rito] m. jurisconsulte.
giurisprudenza [dʒurispru'dɛntsa] f. GIUR. jurisprudence. || [scienza del diritto] droit m. | *facoltà di giurisprudenza*, faculté de droit.
giurista [dʒu'rista] m. e f. juriste.
giuro ['dʒuro] m. POET. V. GIURAMENTO.
giusnaturalismo [dʒuznatura'lizmo] m. FIL. doctrine (f.) fondée sur le droit naturel.
giuspatronato [dʒuspatro'nato] m. droit sur les bénéfices ecclésiastiques.
giusquiamo [dʒus'kwiamo] m. BOT. jusquiame f.
giusta ['dʒusta] prep. AMM., LETT. selon, conformément à.
giustacuore [dʒusta'kwɔre] m. justaucorps.
giustamente [dʒusta'mente] avv. justement, comme il se doit, selon la justice. | *è soddisfatto, e giustamente*, il est satisfait, et pour cause.
giustapporre [dʒustap'porre] v. tr. juxtaposer.
giustapposizione [dʒustappozit'tsjone] f. juxtaposition.
giustezza [dʒus'tettsa] f. justesse. | *giustezza di un'osservazione*, justesse, exactitude d'une observation. || TIP. justification.
giustificabile [dʒustifi'kabile] agg. justifiable.
giustificare [dʒustifi'kare] v. tr. justifier, légitimer. || [discolpare] disculper, justifier. || TIP. justifier. ◆ v. rifl. se justifier. || [per un'assenza] s'excuser.
giustificativo [dʒustifika'tivo] agg. e m. justificatif.
giustificato [dʒustifi'kato] agg. justifié.
giustificazione [dʒustifikat'tsjone] f. justification. | *adduce la malattia a propria giustificazione*, il prétexte la maladie pour se justifier. || TIP. justification.
giustinianeo [dʒustinja'nɛo] agg. STOR. de Justinien.
giustizia [dʒus'tittsja] f. GIUR. justice. | *amministrare la giustizia*, rendre la justice. | *tradurre davanti alla giustizia*, traduire en justice. | *rendere giustizia a qlcu.*, rendre justice à qn. | *farsi giustizia da sè*, se faire justice. | *fare giustizia di qlcu.*, traiter qn comme il le mérite. | *far giustizia sommaria*, exécuter sommairement. | *l'esecutore della giustizia*, le bourreau, l'exécuteur des hautes œuvres. || LOC. *per debito di giustizia*, pour être juste.
giustiziare [dʒustit'tsjare] v. tr. exécuter.
giustiziato [dʒustit'tsjato] m. supplicié.
giustiziere [dʒustit'tsjɛre] m. juge. || [carnefice] bourreau. || [vendicatore] justicier.
giusto ['dʒusto] agg. **1.** juste. | *una giusta causa*, une juste cause. | *è più che giusto*, c'est tout à fait légitime, ce n'est que justice. | *è giustissimo*, c'est fort juste. | *com'è giusto*, comme de juste (fam.). | *fare le cose giuste*, faire les choses avec justice. | *fare le parti giuste*, faire des parts équitables. | *per dirla giusta*, à vrai dire. || **2.** [esatto, preciso] juste, exact. | *trovare la parola giusta*, trouver le mot juste, le mot approprié. | *arrivi al momento giusto*, tu arrives au bon moment. | *al punto giusto*, au bon endroit. | *l'ora giusta*, l'heure exacte, l'heure juste. | *peso giusto*, poids exact. | *pagare qlco. il prezzo giusto*, payer qch. son prix. | *statura giusta*, taille moyenne. | *giusto di sale*, salé à point. | *portare a giusta cottura*, porter au juste degré de cuisson. ◆ m. juste. | *dormire il sonno dei giusti*, dormir du sommeil du juste. | *non chiedo che il giusto*, je ne demande que ce qui est juste. | *più del giusto*, plus que de juste. ◆ avv. [esattamente] juste. | *mirare giusto*, viser juste, bien viser. || [appena] juste. | *ho giusto finito*, je viens juste de finir. | *arrivare giusto in tempo*, arriver juste à temps. | *avere giusto di che vivere*, avoir juste de quoi vivre. || [per l'appunto] justement. | *cercavo giusto te*, c'est justement toi que je cherchais. || [interiez.] *giusto!*, justement!
glabro ['glabro] agg. (lett.) glabre (L.C.), lisse (L.C.).
glacé [gla'se] agg. [fr.] glacé. | *marron glacé*, marron glacé.
glaciale [gla'tʃale] agg. PR. e FIG. glacial. || GEOL. glaciaire.
glaciazione [glatʃat'tsjone] f. GEOL. glaciation.
glaciologia [glatʃolo'dʒia] f. glaciologie.
gladiatore [gladja'tore] m. gladiateur.
gladiatorio [gladja'tɔrjo] agg. de gladiateur.
gladio ['gladjo] m. glaive.
gladiolo [gla'diolo] m. BOT. glaïeul.
glanduloso [glandu'loso] agg. glanduleux.
glassa ['glassa] f. CULIN. glace.
glassare [glas'sare] v. tr. CULIN. glacer.
glassatura [glassa'tura] f. glaçage m.
glauco ['glauko] agg. (lett.) glauque (L.C.).
glaucoma [glau'kɔma] m. MED. glaucome.
glaucopide [glau'kɔpide] agg. (lett.) aux yeux pers.
gleba ['glɛba] f. (lett.) STOR. glèbe. | *i servi della gleba*, les serfs de la glèbe. || [zolla di terra] motte de terre.
glene ['glɛne] f. ANAT. glène.
1. gli [ʎi] art. det. (m. pl.) les. | *gli studenti*, les étudiants. | *gli Stati Uniti*, les États-Unis. || [con idea di possesso] mes, tes, ses. | *mettiti gli occhiali*, mets tes lunettes. | *è uscito con gli amici*, il est sorti avec ses amis.
2. gli [ʎi] pron. pers. (3ª pers. m. sing. compl. ind.) lui. | *gli ho parlato*, je lui ai parlé. | *digli*, dis-lui. | *diciamogli la verità*, disons-lui la vérité. | *glielo dirò*, je le lui dirai.
3. gli [ʎi] pron. pers. (3ª pers. sogg. atono) [tosc.]. | *gli è un bravo ragazzo*, c'est un brave garçon. | *gli è vero*, c'est vrai. | *gli è che*, c'est que.
glicemia [glitʃe'mia] f. MED. glycémie.
glicerina [glitʃe'rina] f. CHIM. glycérine, glycérol m.
glicide [gli'tʃide] m. V. GLUCIDE.
glicina [gli'tʃina] f. CHIM. glycine.
glicine ['glitʃine] m. BOT. glycine f.
glicocolla [gliko'kɔlla] f. CHIM. glycocolle m.
glicol ['glikol] o **glicole** ['glikole] m. CHIM. glycol.
gliconeo [gliko'nɛo] o **gliconio** [gli'kɔnjo] agg. POET. glyconien, glyconique.
glicosio [gli'kɔzjo] m. V. GLUCOSIO.
glicosuria [gliko'zurja] f. MED. glycosurie.
gliela ['ʎela], **gliele** ['ʎele], **glieli** ['ʎeli], **glielo** ['ʎelo], **gliene** ['ʎene] pron. pers. (3ª pers.) la lui, les lui, le lui, lui en. | *gliela porterò, portargliela*, je la lui porterai, la lui porter. | *gliele, glieli mostrerò*, je les lui montrerai. | *glielo dirò, dirglielo*, je le lui dirai, le lui dire. | *gliene darò, dargliene, dagliene*, je lui en donnerai, lui en donner, donne-lui-en.
glifo ['glifo] m. coulisse f.
glittica ['glittika] f. glyptique.
glittografia [glittogra'fia] f. glyptographie.
glittoteca [glitto'tɛka] f. glyptothèque.
globale [glo'bale] agg. global. | *importo globale*, montant global. || [pedagogia] global. | *metodo globale*, méthode globale.
globina [glo'bina] f. BIOL. globine.
globo ['glɔbo] m. globe.

globulare [globu'lare] agg. [che ha forma di globo] globulaire. ‖ MED. [dei globuli] globulaire. | *conteggio globulare*, numération globulaire.
globularia [globu'larja] f. BOT. globulaire.
globulina [globu'lina] f. BIOL. globuline.
globulo ['glɔbulo] m. globule.
globuloso [globu'loso] agg. globuleux.
glo glo [glo'glo] m. onomat. V. GLU GLU.
gloglottare [gloglot'tare] v. intr. faire glouglou, glouglouter. ‖ [del tacchino] glouglouter.
gloria ['glɔrja] f. gloire. | *coprirsi di gloria*, se couvrir de gloire. | *farsi gloria di*, se faire gloire de. ‖ FIG. FAM. *lavorare per la gloria*, travailler pour la gloire, pour le roi de Prusse. ‖ ARTI gloire. ◆ m. RELIG. gloria.
gloriarsi [glo'rjarsi] v. rifl. se glorifier, se faire gloire (de).
glorificare [glorifi'kare] v. tr. glorifier, exalter.
glorificazione [glorifikat'tsjone] f. glorification, exaltation.
glorioso [glo'rjoso] agg. glorieux. | *glorioso e trionfante*, d'un air triomphant.
glossa ['glɔssa] f. glose.
glossare [glos'sare] v. tr. gloser.
glossario [glos'sarjo] m. glossaire.
glossatore [glossa'tore] m. glossateur.
glossema [glos'sɛma] m. glose f. ‖ LING. glossème.
glossematica [glosse'matika] f. LING. glossématique.
glottide ['glɔttide] f. ANAT. glotte.
glottologia [glottolo'dʒia] f. linguistique.
glottologico [glotto'lɔdʒiko] agg. linguistique.
glottologo [glot'tɔlogo] m. linguiste.
glucide ['glutʃide] m. CHIM. glucide.
glucometro [glu'kɔmetro] m. glucomètre.
glucosio [glu'kɔzjo] m. CHIM. glucose.
gluglu [glu'glu] m. glouglou. | *far gluglu*, gouglouter.
gluma ['gluma] f. BOT. glume.
gluteo ['gluteo] m. ANAT. fesse f., muscle fessier.
glutinato [gluti'nato] agg. au gluten.
glutine ['glutine] m. CHIM. gluten.
glutinoso [gluti'noso] agg. glutineux.
gnaffe ['ɲaffe] interiez. ANTIQ. ma foi ! (L.C.).
gnao ['ɲao] o **gnau** ['ɲau] m. miaou.
gnaulare [ɲau'lare] v. intr. miauler.
gnaulio [ɲau'lio] m. miaulement.
gneiss ['gnɛis] m. GEOL. gneiss.
gnocco ['ɲɔkko] m. DIAL. [bernoccolo] bosse f. ‖ FIG. [sempliciotto] benêt, sot. ◆ pl. CULIN. gnocchi.
gnomico ['ɲɔmiko] agg. e m. (lett.) gnomique.
gnomo ['ɲɔmo] m. gnome.
gnomone [ɲo'mone] m. gnomon.
gnorri ['ɲɔrri] m. invar. LOC. *fare lo gnorri*, faire le niais, l'innocent, l'idiot, l'ignorant, la bête f. ; prendre un air innocent.
gnoseologia [ɲozeolo'dʒia] f. FIL. gnoséologie.
gnosi ['ɲɔzi] f. FIL. gnose.
gnosticismo [ɲosti'tʃizmo] m. FIL. gnosticisme.
gnostico ['ɲɔstiko] agg. e m. FIL. gnostique.
gnu [ɲu] m. ZOOL. gnou.
goal ['gol] m. invar. [ingl.] SPORT but ; goal (antiq.). | *segnare un goal*, marquer un but. | *il goal della bandiera*, le but de l'honneur.
gobba ['gɔbba] f. bosse. | *spianare la gobba a qlcu.*, frotter l'échine à qn. | *il gatto fa la gobba*, le chat fait le gros dos. ‖ [nella carta] boursouflure. ‖ [nella stoffa] poche.
gobbo ['gɔbbo] agg. bossu. ‖ [curvo] courbé, voûté. ‖ [di naso] busqué. ◆ m. bossu. ‖ LOC. *sul gobbo*, sur les bras.
gobboni [gob'boni] avv. *andare gobboni*, marcher, se tenir courbé.
goccia ['gottʃa] f. goutte. ‖ LOC. *è una goccia nel mare*, c'est une goutte d'eau dans l'océan. | *è la goccia che fa traboccare il vaso*, c'est la goutte qui fait déborder le vase. ‖ FAM. *avere la goccia al naso*, avoir la goutte au nez. ‖ FIG. *somigliarsi come due gocce d'acqua*, se ressembler comme deux gouttes d'eau. ‖ *fichi con la goccia*, figues très mûres. | *formaggio con la goccia*, fromage très fait. ‖ *a goccia a goccia*, goutte à goutte. | *fino all'ultima goccia*, jusqu'à la lie. ◆ pl. FARM. gouttes. ‖ [ornamento a forma di goccia] goutte, pendeloque. ‖ [di orecchini] pendant (m.) d'oreille.
gocciare [got'tʃare] v. intr. e tr. V. GOCCIOLARE.
goccio ['gottʃo] m. goutte f., larme f. | *lasciamene un goccio*, laisse-m'en une goutte. | *ne voglio solo un goccio*, je n'en veux qu'une larme.
gocciola ['gottʃola] f. [tosc.] goutte. (V. GOCCIA.)
gocciolamento [gottʃola'mento] m. dégouttement.
gocciolare [gottʃo'lare] v. intr. dégoutter, couler, tomber goutte à goutte. | *gocciolante di sudore*, ruisselant de sueur. ‖ goutter, s'égoutter, suinter. | *il rubinetto gocciola*, le robinet goutte. | *i muri gocciolano*, les murs suintent. ◆ v. tr. laisser couler.
gocciolatoio [gottʃola'tojo] m. ARCHIT. larmier, mouchette f. ‖ [sgocciolatoio] égouttoir.
gocciolina [gottʃo'lina] f. (**-o** m.) gouttelette.
gocciolio [gottʃo'lio] m. égouttement continu.
gocciolo ['gottʃolo] m. [tosc.] larme f., goutte f. (V. GOCCIO.)
gocciolone [gottʃo'lone] m. grosse goutte f. ; grosse larme f.
godè [go'dɛ] m. V. GODET.
godere [go'dere] v. intr. [rallegrarsi] se réjouir, être heureux. | *godo di vederti guarito*, je me réjouis, je suis heureux de te voir guéri. ‖ [fruire] jouir (de). | *godere di certi privilegi*, jouir de certains privilèges. | *godere di una riduzione*, bénéficier d'une réduction. ◆ v. tr. jouir (de), goûter. | *godere un libro*, goûter un livre. | *goder(si) la libertà*, goûter, jouir de la liberté. ‖ [fruire] jouir (de). | *godere la stima di qlcu.*, jouir de l'estime de qn. | *godere la fiducia di qlcu.*, avoir la confiance de qn. | *godere ottima salute*, jouir d'une excellente santé. | *da qui si gode una vista stupenda*, d'ici on jouit d'une vue, d'un point de vue superbe. ‖ [approfittare] profiter. | *godere la compagnia di qlcu.*, profiter de la compagnie de qn. | *godersi le vacanze*, profiter de ses vacances. | *ha molti soldi ma non se li gode*, il a beaucoup d'argent mais il n'en profite pas. ‖ [il sole, il fresco, ecc.] prendre. | *godere il fresco*, prendre le frais. | *godere la vita*, prendre du bon temps ; jouir de la vie. ‖ LOC. *godersela*, s'amuser, prendre plaisir, s'en donner, filer des jours heureux. ‖ FAM. *se la gode*, il se la coule douce ; il s'en donne à cœur joie.
godereccio [gode'rettʃo] agg. de plaisir. | *una vita godereccia*, une vie de plaisir. | *gente godereccia*, des noceurs, des fêtards.
godet [gɔ'dɛ] m. [fr.] godet.
godibile [go'dibile] agg. dont on peut jouir.
godimento [godi'mento] m. plaisir. | *provar godimento*, éprouver du plaisir. | *trarre godimento da qlco.*, prendre plaisir à qch. ‖ GIUR. [usufrutto] jouissance f. | *il godimento dei diritti civili*, la jouissance des droits civils. ‖ FIN. *azione di godimento*, action de jouissance.
goduria [go'durja] f. IRON. plaisir m., jouissance (L.C.).
goemone [goe'mone] m. BOT. goémon.
goffaggine [gof'faddʒine] f. gaucherie, maladresse, lourdeur.
goffo ['gɔffo] agg. [di persona] gauche, maladroit, empêtré, gêné, emprunté, empoté (fam.), lourdaud, engoncé. | *persona goffa*, maladroit n. ‖ [di gesti] gauche, maladroit. | *movimenti goffi*, mouvements maladroits.
goffraggio [gof'fraddʒo] m. TECN. gaufrage.
goffrare [gof'frare] v. tr. TECN. gaufrer, cloquer. | *velluto goffrato*, velours frappé.
goffratura [goffra'tura] f. gaufrure.
goffrè [gof'frɛ] agg. gaufré.
gogna ['goɲɲa] f. pilori m., carcan m. | *condannare alla gogna*, condamner au carcan. ‖ FIG. *mettere alla gogna*, mettre, clouer au pilori.
gogo (a) [ago'go] loc. avv. à gogo.
go-kart ['gouka:t] m. [ingl.]. V. KART.
gol ['gɔl] m. V. GOAL.
gola ['gola] f. gorge. | *avere mal di gola*, avoir mal à la gorge. | *voce di gola*, voix de gorge. | *parlare in gola*, parler avec une voix de gorge. | *bagnarsi la gola*, se mouiller le gosier. ‖ PR. e FIG. *restare a gola asciutta*, rester la gorge sèche, le gosier sec. | *prendere qlcu. per la gola*, saisir qn à la gorge. ‖ FIG. *cantare*

a gola spiegata, chanter à gorge déployée, à plein gosier. | *gridare con quanto fiato si ha in gola*, crier de toutes ses forces. | *avere un groppo alla gola*, avoir la gorge nouée ; se sentir la gorge serrée. | *ricacciare le parole in gola a qlcu.*, faire rentrer à qn ses mots dans la gorge. | *ricacciarsi il pianto in gola*, ravaler ses larmes. | *col boccone in gola*, la bouche encore pleine ; le dernier morceau à la bouche. | *col cuore in gola*, le cœur battant. | *avere il cuore in gola*, battre la chamade. | *trovarsi con l'acqua alla gola*, être aux abois, au pied du mur. | *mi sono trovato con l'acqua alla gola*, je me suis trouvé coincé. || [golosità] gourmandise. | *peccato di gola*, péché de gourmandise. | *prendere qlcu. per la gola*, prendre qn par la gourmandise. | *fare gola*, faire envie. || GEOGR. gorge, défilé m., goulet m. || ARCHIT. doucine. || MAR. mâchoire. || MIL. gueule. || [fortificazioni] gorge. || TECN. gorge. || [condotto] tuyau m.

goldoniano [goldo'njano] agg. LETT. goldonien.

golena [go'lɛna] f. franc-bord m.

1. goletta [go'letta] f. MAR. goélette.

2. goletta [go'letta] f. (raro) col m. (L.C.). || [di armatura] gorgerin m.

1. golf [gɔlf] m. [ingl.] (accollato) chandail ; [scollato] pull-over ; [abbottonato] cardigan.

2. golf [gɔlf] m. [ingl.] SPORT golf.

golfare [gol'fare] m. MAR. œillet.

golfetto [gol'fetto], **golfino** [gol'fino] m. petit chandail, pull léger.

golfo ['golfo] m. golfe. || TEATRO *golfo mistico*, fosse (f.) d'orchestre.

goliardia [goljar'dia] f. esprit (m.) estudiantin. || [insieme dei goliardi] étudiants (m. pl.) [de l'Université].

goliardico [go'ljardiko] agg. estudiantin. | *canti goliardici*, chansons estudiantines. | *cappello goliardico*, béret d'étudiant, faluche f. || LETT. *poesia goliardica*, poésie des goliards.

goliardo [go'ljardo] m. étudiant (de l'Université). || [berretto] faluche f. || STOR., LETT. goliard.

gollismo [gol'lizmo] m. POLIT. gaullisme.

gollista [gol'lista] agg. e m. POLIT. gaulliste.

golosamente [golosa'mente] avv. goulûment.

goloseria [golose'ria] o **golosità** [golosi'ta] f. gourmandise. || [leccornia] gourmandise, chatterie.

goloso [go'loso] agg. gourmand. || FIG. avide. || [appetitoso] friand (antiq.). ◆ m. gourmand.

golosone [golo'sone] m. goinfre, glouton, goulu.

1. golpe ['golpe] f. AGR. nielle.

2. golpe ['golpe] m. POLIT. [sp.] pronunciamento.

gomena ['gomena] f. MAR. amarre, câble m.

gomitata [gomi'tata] f. coup (m.) de coude. | *farsi largo a furia di gomitate*, se frayer un chemin à coups de coude, en jouant des coudes.

gomitiera [gomi'tjɛra] f. [di armatura] cubitière. || SPORT protège-coude m.

gomito ['gomito] m. ANAT. coude. | *dar di gomito a qlcu.*, pousser qn du coude. | *appoggiarsi coi gomiti*, s'accouder, s'appuyer sur les coudes. || FIG. *farsi largo a forza di gomiti*, jouer des coudes. | *alzare il gomito*, lever le coude (fam.). | *olio di gomito*, huile de coude (fam.). || PER EST. [curva brusca] coude. || TECN. coude. | *piegare a gomito*, couder. | *leva a gomito*, cigogne f. | *articolazione a gomito*, genouillère f.

gomitolo [go'mitolo] m. pelote f. | *avvolgere a gomitolo*, peloter, pelotonner.

gomma ['gomma] f. caoutchouc m. | *articoli di gomma*, articles en caoutchouc. | *suole di gomma*, semelles de caoutchouc. | *dito di gomma*, doigtier. || BOT. *albero della gomma*, arbre à caoutchouc. || [per cancellare] gomme f. | *cancellare con la gomma*, gommer. || [pneumatico] pneu m. | *forare una gomma*, crever (un pneu). | *avere una gomma a terra*, avoir un pneu à plat. | *gomma piena*, bandage plein. || MED. gomme. | *gomma da masticare*, chewing-gum m.

gommagutta [gomma'gutta] f. BOT., FARM. gommegutte.

gommapiuma [gomma'pjuma] f. caoutchouc (m.) mousse.

gommare [gom'mare] v. tr. [spalmare di gomma] gommer. || [impermeabilizzare] caoutchouter.

gommato [gom'mato] agg. gommé. | *carta gommata*, papier gommé, collant. || [impermeabilizzato] caoutchouté.

gommatura [gomma'tura] f. gommage m., caoutchoutage m. || [treno di pneumatici] pneus m. pl.

gommifero [gom'mifero] agg. BOT. *albero gommifero*, gommier m.

gommino [gom'mino] m. petit bouchon, rondelle (f.) en caoutchouc. || [per le gomme delle biciclette] rustine f.

gommista [gom'mista] m. vendeur et réparateur de pneus.

gommoresina [gommo'rɛzina] f. FARM. gommerésine.

gommosità [gommosi'ta] f. consistance gommeuse.

gommoso [gom'moso] agg. caoutchouteux, gommeux. | *caramelle gommose*, boules de gomme.

gonade ['gɔnade] f. BIOL. gonade.

gondola ['gondola] f. MAR. gondole.

gondoliere [gondo'ljɛre] m. gondolier.

gonfalone [gonfa'lone] m. STOR. gonfalon, gonfanon. || [di corporazioni] bannière f.

gonfaloniere [gonfalo'njɛre] m. STOR. gonfalonier, gonfanonier.

gonfiamento [gonfja'mento] m. gonflement, boursouflement. || MED. ballonnement. || FIG. adulation f.

gonfiare [gon'fjare] v. tr. **1.** gonfler. | *gonfiare un pallone*, gonfler un ballon. || PER EST. [dilatare] gonfler, enfler. | *la birra gonfia lo stomaco*, la bière gonfle l'estomac. | *gonfiare il petto*, bomber la poitrine. | *gonfiare di botte*, rosser, passer une raclée, frapper à tour de bras. || **2.** FIG. [esagerare] grossir, enfler. | *gonfiare un avvenimento*, grossir un événement. || [adulare] aduler, flatter. || **3.** MED. ballonner. ◆ v. rifl. e intr. **1.** gonfler, se gonfler. || **2.** [tumefarsi] enfler, s'enfler. || **3.** [di capelli, gonne, ecc.] bouffer. || **4.** MED. bouffir. || **5.** CHIM. foisonner. || **6.** FIG. [insuperbirsi] se gonfler (d'orgueil).

gonfiato [gon'fjato] agg. gonflé ; enflé (fig.). || FIG. *è un pallone gonfiato*, c'est une baudruche.

gonfiatura [gonfja'tura] f. [atto] gonflage m. || [effetto] gonflement m. || FIG. [montatura] exagération, bluff m. ; [adulazione] adulation.

gonfiezza [gon'fjettsa] f. gonflement m., boursouflement m. || FIG. [ampollosità] enflure, boursouflure ; [boria] morgue.

gonfio ['gonfjo] agg. **1.** gonflé. || **2.** [tumefatto] enflé, boursouflé. | *avere i piedi gonfi*, avoir les pieds enflés. || **3.** [di viso, occhi, ecc.] bouffi. | *occhi gonfi di lacrime*, des yeux gros, gonflés de larmes. || **4.** [di capelli] bouffant. || **5.** [di boria] enflé, bouffi. || **6.** [di stile] enflé, boursouflé. || **7.** MED. ballonné. || **8.** LOC. FIG. *avere il cuore gonfio*, avoir le cœur gros, gonflé de chagrin ; en avoir gros sur le cœur, sur la patate (pop.). | *tutto procede a gonfie vele*, tout marche comme sur des roulettes (fam.).

gonfiore [gon'fjore] m. MED. enflure f., boursouflure f. || [del ventre] ballonnement. || [grossore] grosseur f.

gong [gɔng] m. gong.

gongolamento [gongola'mento] m. tressaillement de joie.

gongolante [gongo'lante] agg. jubilant.

gongolare [gongo'lare] v. intr. jubiler, être transporté d'aise.

gongorismo [gongo'rizmo] m. LETT. gongorisme.

goniometria [gonjome'tria] f. goniométrie.

goniometro [go'njɔmetro] m. goniomètre.

gonna ['gɔnna] f. jupe. | *gonna a pieghe*, jupe plissée. | *gonna scampanata*, jupe cloche. | *gonna pantaloni*, jupe-culotte.

gonnella [gon'nɛlla] f. jupe, cotillon m. || LOC. FIG. *è sempre attaccato alla gonnella della mamma*, il est toujours pendu, accroché à la jupe, aux jupes de sa mère. | *correre dietro alle gonnelle*, courir le jupon, le cotillon ; courir après les femmes.

gonnellino [gonnel'lino] m. petite jupe f., jupette f. | *gonnellino scozzese*, kilt.

gonococco [gono'kɔkko] m. MED. gonocoque.

gonorrea [gonor'rɛa] f. MED. gonorrhée.

gonzo ['gondzo] m. niais, nigaud, jobard, ballot (fam.), dupe f.

gora ['gɔra] f. [di mulino] bief m., chenal m. ‖ [riserva d'acqua] bief m. ‖ [stagno] étang m.
gorbia ['gorbja] f. pointe en fer. ‖ [scalpello] gouge.
gordiano [gor'djano] agg. MIT. gordien. | *nodo gordiano*, nœud gordien.
gorgerino [gordʒe'rino] m. gorgerin.
gorgheggiamento [gorgeddʒa'mento] m. rossignolade f.
gorgheggiare [gorged'dʒare] v. intr. ramager, chanter, faire des roulades, rossignoler (fam.). ◆ v. tr. triller.
1. gorgheggio [gor'geddʒo] m. ramage, roulade f., gazouillis.
2. gorgheggio [gorged'dʒio] m. gazouillement continuel.
gorgia ['gɔrdʒa] f. [pronuncia uvulare della *r*] grasseyement m. ‖ [in tosc. spirantizzazione di *c* velare e delle altre occlusive intervocaliche] spirantisation. ‖ (lett., antiq.) [gola] gorge (L.C.).
gorgiera [gor'dʒɛra] f. [di armature] gorgerin m. ‖ [colletto di pizzo] collerette, gorgerette. ‖ [colletto increspato del seicento] fraise. ‖ ANTIQ. [gola] gorge.
gorgo ['gorgo] m. [mulinello] tourbillon, remous, gouffre. ‖ FIG. tourbillon. | *il gorgo delle passioni*, le tourbillon des passions.
gorgogliamento [gorgoʎʎa'mento] m. bouillonnement. ‖ [di intestini] gargouillement.
gorgogliare [gorgoʎ'ʎare] v. intr. bouillonner. ‖ [di ruscello] murmurer, gargouiller. ‖ [di intestini] gargouiller. ‖ CHIM. [di gas] barboter.
gorgogliatore [gorgoʎʎa'tore] m. CHIM., TECN. barboteur.
gorgoglio [gorgoʎ'ʎio] m. gargouillis. ‖ CHIM., TECN. barbotage.
gorgoglione [gorgoʎ'ʎone] m. ZOOL. puceron.
gorgonia [gor'gɔnja] f. ZOOL. gorgone, gorgonie.
gorgozzule [gorgot'tsule] m. FAM. avaloir, avaloire f. | *bagnarsi, rinfrescarsi il gorgozzule*, se rincer la dalle (pop.), se rafraîchir le gosier.
gorilla [go'rilla] m. ZOOL. gorille. ‖ FIG. gorille.
gota ['gɔta] f. (lett.) [guancia] joue (L.C.). ‖ [di animale] bajoue.
gotico ['gɔtiko] agg. gothique. ◆ m. ARTI gothique.
gotta ['gɔtta] f. MED. goutte.
gottazza [got'tattsa] f. MAR. écope.
gotto ['gɔtto] m. (dial.) verre (L.C.). ‖ [da birra] chope f., bock. | *bere un gotto*, boire un coup, un pot (fam.).
gottoso [got'toso] agg. e m. MED. goutteux.
governabile [gover'nabile] agg. gouvernable.
governale [gover'nale] m. AER. [timone] gouvernail.
governante [gover'nante] adj. gouvernant. ◆ m. pl. gouvernants. ◆ f. gouvernante, duègne (antiq.). ‖ [di bambini] gouvernante, bonne d'enfants, nurse (ingl.).
governare [gover'nare] v. tr. **1.** MAR., POLIT. gouverner, diriger. | *impossibile da governare*, ingouvernable. ‖ PER EST. gouverner. | *governare la casa*, gouverner, diriger la maison. ‖ **2.** [avere cura di] soigner. | *governare il bestiame*, soigner le bétail. ‖ **3.** [concimare] engraisser, fumer. ‖ **4.** [il vino] traiter. ◆ v. intr. MAR. gouverner. ◆ v. rifl. se gouverner. ‖ lett. [comportarsi] se conduire.
governativo [governa'tivo] agg. gouvernemental. | *ambienti governativi*, milieux officiels.
governatorato [governato'rato] m. gouvernement, durée (f.) du gouvernement.
governatore [governa'tore] m. POLIT. gouverneur. ‖ PER EST. AMM. [di banca] gouverneur.
governatoriale [governato'rjale] agg. du gouverneur.
governatura [governa'tura] f. [di terreno] fumage m. ‖ [di bestiame] pansage m.
governo [go'vɛrno] m. **1.** POLIT. gouvernement. | *crisi di governo*, crise gouvernementale. ‖ PER EST. [il governare] gouvernement. | *il governo della casa*, la direction de la maison. ‖ **2.** [del vino] traitement. ‖ **3.** [del terreno] fumage. ‖ **4.** ANTIQ. [timone] gouvernail.
gozzo ['gottso] m. [di uccello] jabot. ‖ MED. goitre. ‖ POP. [stomaco] estomac (L.C.), panse f. (fam.). | *riempirsi il gozzo*, s'empiffrer (fam.), se remplir la panse (fam.). | *mi è rimasto nel gozzo*, je l'ai gardé sur l'estomac.
gozzoviglia [gottso'viʎʎa] f. bombe, noce, débauche, bombance (fam.), bamboche (fam.), bringue (pop.). | *far gozzoviglia*, faire la noce, la bringue ; faire bombance.
gozzovigliare [gottsoviʎ'ʎare] v. intr. faire la bombe (fam.), faire la noce, faire la bringue (pop.), bambocher (fam.).
gozzuto [got'tsuto] agg. goitreux.
gracchiamento [grakkja'mento] m. croassement. ‖ [di altoparlante] grésillement. ‖ FIG. jacassement.
gracchiare [grak'kjare] v. intr. croasser, crailler. ‖ [della gazza, ghiandaia, ecc.] jacasser, jaser. ‖ FIG. jacasser. ‖ [di altoparlante] grésiller.
1. gracchio ['grakkjo] m. ZOOL. crave, chocard.
2. gracchio ['grakkjo] m. croassement.
gracidamento [gratʃida'mento] m. coassement.
gracidare [gratʃi'dare] v. intr. coasser. | *il gracidare*, coassement m. ‖ [di oca] cacarder. ‖ FIG. criailler.
gracidio [gratʃi'dio] m. coassements pl.
gracile ['gratʃile] agg. [con costituzione fisica minuta] frêle, malingre, chétif, gracile. | *bambino gracile*, enfant frêle, malingre, chétif. ‖ [cosa sottile e fragile] grêle, délicat, fragile, frêle. | *un gracile stelo*, une tige frêle, grêle. | *braccia gracili*, des bras grêles.
gracilità [gratʃili'ta] f. gracilité.
gradare [gra'dare] v. tr. graduer.
gradassata [gradas'sata] f. fanfaronnade, vantardise.
gradasso [gra'dasso] m. fanfaron, vantard, fier-à-bras, capitan (antiq.). | *fare il gradasso*, faire le fanfaron, le flambard, le flambart (fam.).
gradatamente [gradata'mente] avv. graduellement.
gradazione [gradat'tsjone] f. gradation. ‖ [di colori] nuance. ‖ [quantità di alcole] degré (m.) d'alcool, force. ‖ RET. gradation.
gradevole [gra'devole] agg. agréable.
gradevolezza [gradevo'lettsa] f. agrément m. | *la gradevolezza di una pietanza*, le bon goût, l'agréable saveur d'un mets.
gradevolmente [gradevol'mente] avv. agréablement.
gradiente [gra'djɛnte] m. FIS. gradient.
gradimento [gradi'mento] m. goût, agrément, approbation f. | *non è di suo gradimento*, ce n'est pas à son goût. | *indice di gradimento*, cote (f.) de popularité.
gradinare [gradi'nare] v. intr. [in alpinismo] tailler des marches.
gradinata [gradi'nata] f. escalier m. ‖ [all'esterno] perron m. ‖ [allo stadio o a teatro] gradins m. pl.
gradino [gra'dino] m. marche f., degré. ‖ [di anfiteatro, stadio, ecc.] gradin. | *i gradini di una scala*, les marches d'un escalier. | *attenzione al gradino*, attention à la marche. | *disporre a gradini*, étager. ‖ FIG. degré, cran. | *i gradini della scala sociale*, les degrés, les échelons de l'échelle sociale. ‖ GEOGR., MINER. gradin.
gradire [gra'dire] v. tr. [accettare, accogliere] agréer, accepter, apprécier. | *gradire un regalo*, apprécier, accepter un cadeau. | *ho gradito molto la sua visita*, sa visite m'a fait grand plaisir. | *voglia gradire i miei distinti saluti*, veuillez agréer mes salutations distinguées. | *gradisca, la prego, un bicchiere di...*, acceptez, je vous en prie, un verre de... | *se lo gradisce*, si cela vous agrée. ‖ PER EST. [desiderare] aimer, vouloir. | *gradirei (di) sapere*, j'aimerais, je voudrais bien savoir. | *gradirei una tazza di caffè*, je prendrais volontiers une tasse de café. | *non gradisco la sua presenza qui*, sa présence ici ne me plaît pas.
gradito [gra'dito] agg. agréable. | *una gradita sorpresa*, une agréable surprise. | *un regalo gradito*, un cadeau apprécié. | *è sempre gradito in casa*, il est toujours le bienvenu chez moi. | *spero di fargli cosa gradita*, j'espère lui faire plaisir. | *in attesa di vostri graditi ordini*, dans l'attente de (recevoir) vos ordres.
1. grado ['grado] m. **1.** degré. | *grado di istruzione*, degré d'instruction. | *grado di parentela*, degré de parenté. | *cugini di secondo grado*, cousins au second degré, issus de germains. | *raggiungere un elevato grado di civiltà*, atteindre un haut degré de civilisation. | *scuola di primo grado*, école primaire. | *equazione di secondo grado*, équation du second degré. ‖ FIG. *salire di un grado*, monter d'un cran. | *interrogatorio di terzo grado*, passage à tabac (fam.). ‖ LOC. *a grado a grado*, par degrés, graduellement.

per gradi, par étapes f. | *al massimo grado*, au plus haut, au dernier degré ; extrêmement. || **2.** [di temperatura] degré. | *grado di calore*, degré de chaleur. | *ci sono cinque gradi sotto zero*, il fait cinq degrés au-dessous de zéro ; il fait moins cinq. || **3.** GEOGR. *grado di longitudine, di latitudine*, degré de longitude, de latitude. || **4.** GEOM. *angolo di 45 gradi*, angle de 45 degrés. || **5.** [di alcole] degré. || **6.** MIL. grade. | *avanzare di grado*, monter en grade. | *perdere i gradi*, perdre ses galons. | *rimuovere qlcu. dal grado*, casser qn. || **7.** [rango] rang, classe f. | *gente di ogni grado*, des gens de toutes les catégories. || **8.** [condizione] état. | *non essere in grado di*, ne pas être en état de, à même de, en mesure de, de force à, en demeure de. | *motore in grado di funzionare*, moteur en état de marche, en état de fonctionner.

2. grado ['grado] m. loc. avv. *di buon grado*, de bon gré. | *a mio, a tuo, a suo grado*, à mon, à ton, à son gré. | *mio mal grado*, contre mon gré. ◆ loc. verb. *saper grado a qlcu. di qlco.*, être reconnaissant, obligé à qn de qch., savoir gré à qn de qch.

graduabile [gradu'abile] agg. qu'on peut graduer.

graduale [gradu'ale] agg. graduel. ◆ m. RELIG. graduel.

gradualità [graduali'ta] f. gradation.

graduare [gradu'are] v. tr. PR. e FIG. graduer. || MIL. conférer un grade (supérieur) [à].

graduato [gradu'ato] agg. gradué. ◆ m. MIL. gradé.

graduatoria [gradua'tɔrja] f. classement m., liste. | *la graduatoria dei vincitori*, le classement, la liste des vainqueurs ; le palmarès. | *essere il primo in graduatoria*, être le premier au classement général, sur la liste ; être en tête de liste.

graduazione [graduat'tsjone] f. graduation. || GIUR. collocation.

graffa ['graffa] f. [segno grafico] accolade. | *riunire con una graffa*, accoler. || [graffetta] agrafe. || V. GRAPPA 2.

graffiamento [graffja'mento] m. V. GRAFFIATA.

graffiare [graf'fjare] v. tr. griffer. || [scalfire] égratigner, érafler. | *graffiare la vernice di un mobile*, érafler le vernis d'un meuble. || [lacerare] labourer. || FAM. [sgraffignare] chiper. || ◆ v. rifl. s'égratigner.

graffiata [graf'fjata] f. coup (m.) de griffe, griffure, griffade. || [graffio] éraflure, égratignure.

graffiatura [graffja'tura] f. égratignure.

graffignare [graffiɲ'ɲare] v. tr. V. SGRAFFIGNARE.

graffio ['graffjo] m. égratignure f. | *non si è fatto neanche un graffio*, il s'en est tiré sans une égratignure. || [il graffiare] coup de griffe, griffure f., griffade f.

graffire [graf'fire] v. tr. graver.

graffito [graf'fito] m. graffiti pl. ◆ agg. gravé.

grafia [gra'fia] f. graphie.

grafica ['grafika] f. art (m.) du livre.

grafico ['grafiko] agg. graphique. ◆ m. [diagramma] graphique. ◆ n. (**-a** f.) [operaio] imprimeur, euse.

grafite [gra'fite] f. MINER. graphite m.

grafologia [grafolo'dʒia] f. graphologie.

grafologico [grafo'lɔdʒiko] agg. graphologique.

grafologo [gra'fɔlogo] m. graphologue.

grafomania [grafoma'nia] f. MED. graphomanie.

grafometro [gra'fɔmetro] m. graphomètre.

gragnola [graɲ'ɲɔla] o **gragnuola** [graɲ'ɲwɔla] f. PR. e FIG. grêle. | *una gragnola di colpi*, une grêle, une volée de coups.

gramaglia [gra'maʎʎa] f. vêtements (m. pl.) de deuil. | *in gramaglie*, en deuil. || [drappi funebri] draps funéraires.

gramigna [gra'miɲɲa] f. BOT. chiendent m. | *moltiplicarsi, crescere come la gramigna*, pousser comme le chiendent, comme la mauvaise herbe.

graminacee [grami'natʃee] f. pl. BOT. graminacées, graminées.

grammatica [gram'matika] f. grammaire.

grammaticale [grammati'kale] agg. grammatical. | *errore grammaticale*, faute de grammaire.

grammatico [gram'matiko] agg. grammatical. ◆ n. grammairien, enne.

grammo ['grammo] m. gramme.

grammofono [gram'mɔfono] m. phonographe, gramophone (antiq.).

grammomolecola [grammomo'lɛkola] f. FIS. molécule-gramme.

gramo ['gramo] agg. (lett.) misérable (L.C.), malheureux (L.C.). || [scarso] maigre. || [triste] triste. | *una vita grama*, une triste vie. || PER EST. [gracile] malingre, chétif.

gramola ['gramola] f. [per fibre tessili] écang m., broie.

gramolare [gramo'lare] v. tr. écanguer.

gramolata [gramo'lata] f. V. GRANITA.

gramolatura [gramola'tura] f. écangage m.

gran [gran] agg. V. GRANDE.

1. grana ['grana] f. graine d'écarlate. || [colore] écarlate.

2. grana ['grana] f. grain m. | *pelle a grana fine*, peau à grain fin. | *formaggio (di) grana*, parmesan m. ◆ m. [formaggio] parmesan.

3. grana ['grana] f. FAM. ennui m., embêtement m., tracas m. || [questione cavillosa] histoire. | *non voglio grane*, je ne veux pas d'histoires, d'ennuis. | *piantare una grana*, causer des ennuis, un emmerdement (volg.).

4. grana ['grana] f. GERG. [denaro] fric m., blé m., pèze m., grisbi m. | *fuori la grana !*, aboule ton fric, ton pèze ! (gerg.).

granaglie [gra'naʎʎe] f. pl. AGR. grains m. | *il commercio delle granaglie*, le commerce des céréales. || TECN. grenaille sing.

granaio [gra'najo] m. PR. e FIG. grenier.

granario [gra'narjo] agg. du blé, des grains.

1. granata [gra'nata] f. [scopa] balai m.

2. granata [gra'nata] agg. invar. [colore] grenat.

3. granata [gra'nata] f. MIL. obus m. || [a mano, antiq.] grenade.

granatiere [grana'tjɛre] m. MIL. grenadier.

granatina [grana'tina] f. grenadine. || [sciroppo con ghiaccio tritato]. V. GRANITA.

1. granato [gra'nato] agg. grenu. || [colore] grenat.

2. granato [gra'nato] m. MINER. grenat.

grancassa [gran'kassa] f. MUS. grosse caisse. || FIG. *battere la grancassa*, battre la grosse caisse, claironner.

granceola [gran'tʃɛola] o **grancevola** [gran'tʃɛvola] f. ZOOL. araignée de mer.

granchiesco [gran'kjesko] agg. de crabe.

granchio ['grankjo] m. ZOOL. crabe. || FIG. [errore grossolano] bévue f., bourde f. (fam.), blague f. | *pigliare, prendere un granchio*, commettre une bévue, faire une bourde. | *ho preso un granchio*, je me suis mis le doigt dans l'œil (fam.). || (pop.) [crampo] crampe f. (L.C.). | *avere il granchio alla scarsella*, être dur à la détente (fam.), à la desserre (fam.). || ASTRON. (antiq.) *il Granchio*, le Cancer.

granciporro [grantʃi'pɔrro] m. ZOOL. tourteau.

grandangolare [grandango'lare] agg. e m. FOT. grand-angulaire.

grande ['grande] agg. **1.** [di grandi dimensioni] grand. | *una grande città*, une grande ville. | *una bottiglia grande*, une grande bouteille. | *un uomo grande e grosso*, un homme grand et gros. | *scrivere a grandi lettere*, écrire en lettres majuscules. || **2.** [adulto] grand. | *sei abbastanza grande per capire*, tu es assez grand pour comprendre. | *farsi grande*, grandir. | *da grande farò il medico*, quand je serai grand, je serai médecin. || **3.** [superiore, importante, nobile, alto locato] grand. | *un grand'uomo*, un grand homme. | *grande ingegno*, grand esprit, esprit supérieur. | *le grandi scoperte*, les grandes découvertes. | *una grande differenza*, une grande, une forte différence. | *un grande spettacolo*, un grand spectacle. | *una gran folla*, une grande foule. | *in grande quantità*, en quantité industrielle (fam.). | *un gran bevitore*, un grand buveur. | *tenere qlcu. in grande considerazione*, tenir qn en haute estime. | *i grandi sentimenti*, les grands sentiments. || FAM. *sei stato grande*, tu as été formidable. | *gran signore*, grand seigneur. | *vivere da gran signore*, vivre en grand seigneur ; mener la vie de château ; rouler carrosse. || **4.** [principale] grand. | *le grandi linee*, les grandes lignes. | *in gran parte*, en grande partie. | *gran parte della gente*, une grande partie des gens. | *la grande attrazione*, le clou (fam.). || **5.** FIG. [intenso, profondo] grand. | *gran freddo*, grand froid. | *gran bisogno*, grand besoin. | *avrei gran desiderio*, j'aimerais bien. | *gran piacere*, grand plaisir. | *ho avuto il grandissimo piacere di*, j'ai eu l'extrême plaisir de. | *correre grandi rischi*, courir de gros risques, risquer gros. | *in gran segreto*, en grand secret. | *avere una gran fame*, avoir grand-faim, très faim. || IRON. *reclamare a gran voce*, réclamer à cor et à cri. || **6.** [valore intensivo] *una gran bella donna*, une fort belle femme, une jolie femme. | *un gran brav'uomo*, un fort brave homme, un très brave homme. | *un grand'imbroglione*, un fieffé coquin. | *se ne dice un gran bene*, on en dit grand bien, beaucoup de bien. | *gli vuole un gran bene*, il l'aime beaucoup. | *è un gran peccato*, c'est bien dommage ; c'est grand dommage. | *s'è fatto un gran parlare di questo*, on en a beaucoup parlé. | *sarebbe una gran bella cosa*, cela serait une belle chose ; ce serait bien (beau). | *non so gran che*, je ne sais pas grand-chose. | *non vale, non è un gran che*, ce n'est pas fameux ; ce n'est pas fort ; cela ne vaut pas grand-chose. | *non me ne intendo un gran che*, je ne m'y entends pas beaucoup. | *di gran lunga*, de loin, de beaucoup. || **7.** [sensi particolari] *la Grande Guerra*, la Grande Guerre. | *la Grande Armata*, la Grande Armée. | *Pietro il Grande*, Pierre le Grand. | *il gran sacerdote*, le grand prêtre. || COMM. *i grandi magazzini*, les grands magasins. ◆ m. [adulto] grande personne ; adulte. | *grandi e piccini*, grands et petits. || [personaggio illustre] grand. || [grandezza] grandeur f. | *vi è del grande nel suo atteggiamento*, il y a de la grandeur dans son attitude. ◆ LOC. AVV. **in grande**, en grand. | *fare le cose in grande*, faire les choses en grand, voir grand.

grandeggiare [granded'dʒare] v. intr. PR. e FIG. dominer, s'élever (au-dessus de). || [darsi arie] faire le grand seigneur ; poser en grand seigneur.

grandezza [gran'dettsa] f. PR. e FIG. grandeur. | *in grandezza naturale*, grandeur nature. | *in ordine di grandezza*, par ordre de grandeur. | *di ogni grandezza*, de toutes dimensions. | *grandezza d'animo*, grandeur d'âme. | *mania di grandezza*, folie des grandeurs. | *unità di grandezza*, unité de grandeur. || [dignità] grandesse.

grandicello [grandi'tʃɛllo] agg. grandelet.

grandiloquente [grandilo'kwɛnte] agg. grandiloquent.

grandiloquenza [grandilo'kwɛntsa] f. grandiloquence.

grandinare [grandi'nare] v. impers. grêler. | *è grandinato*, il a grêlé ; il est tombé de la grêle. ◆ v. intr. FIG. tomber comme (de) la grêle. | *grandinavano i sassi*, les pierres tombaient comme de la grêle.

grandinata [grandi'nata] f. chute, averse de grêle. || FIG. grêle. | *una grandinata di botte*, une grêle de coups.

grandine ['grandine] f. grêle. | *un chicco di grandine*, un grêlon m. | *le viti sono state devastate, colpite dalla grandine*, les vignes ont été grêlées.

grandinifugo [grandi'nifugo] agg. paragrêle.

grandinio [grandi'nio] m. forte grêle f., grêle drue.

grandiosità [grandjosi'ta] f. grandiose m., grandeur. | *la grandiosità di un'opera*, la grandeur, le caractère grandiose d'un ouvrage.

grandioso [gran'djoso] agg. grandiose. || [che ostenta ricchezza] *fare il grandioso*, jouer au grand seigneur.

granduca [gran'duka] m. grand-duc.

granducale [grandu'kale] agg. grand-ducal.

granducato [grandu'kato] m. STOR. grand-duché.

granduchessa [grandu'kessa] f. grande-duchesse.

granello [gra'nɛllo] m. grain. | *granello di riso*, grain de riz. || [seme di mele, pere, ecc.] pépin. || PER EST. [cosa piccolissima] grain. | *granello di sabbia*, grain de sable. || FIG. [briciolo, pizzico] grain, brin. | *un granello di follia*, un grain de folie. | *non ha un granello di buon senso*, il n'a pas un grain, un brin, un sou de bon sens.

granelloso [granel'loso] agg. [pieno di granelli] grenu. || [granuloso] granuleux.

granfia ['granfja] f. griffe. | *munito di granfie*, griffu (agg.). || PR. e FIG. *strappare una persona dalle granfie di qlcu.*, arracher une personne des, aux griffes de qn. (V. anche GRINFIA.)

granfiare [gran'fjare] v. tr. griffer.

granfiata [gran'fjata] f. coup (m.) de griffe.

granguignolesco [grɑ̃giɲɲo'lesko] agg. grand-guignolesque.

granicolo [gra'nikolo] agg. de blé, à blé. | *terre granicole*, terres à blé.

granicoltura [granikol'tura] f. culture à blé.

granifero [gra'nifero] agg. fertile en blé.

graniglia [gra'niʎʎa] f. grès m.

1. granire [gra'nire] v. intr. BOT. grener.

2. granire [gra'nire] v. tr. grener.

granita [gra'nita] f. granité m. | *granita di caffè, di limone*, granité au café, au citron.

granitico [gra'nitiko] agg. granitique. || FIG. [incrollabile] inébranlable, inflexible.

1. granito [gra'nito] agg. grenu.

2. granito [gra'nito] m. MINER. granit, granite.

granitura [grani'tura] f. [di polvere da sparo] grenage m. || [di una superficie metallica] moletage m. || [di una moneta] crénelage m., grènetis m.

granivoro [gra'nivoro] agg. granivore.

grano ['grano] m. [frumento] blé. | *un campo di grano*, un champ de blé. | *mercato del grano*, halle (f.) au blé. | *grano saraceno*, sarrasin, blé noir. | *grano turco*, maïs. || [al plurale, cereali] grains. || [chicco] grain. || FIG. [pizzico] grain.

granone [gra'none] m. (dial.) maïs (L.C.).

granoturco [grano'turko] o **granturco** [gran'turko] m. maïs.

1. granulare [granu'lare] agg. [formato di piccoli grani] granulé, granuleux, granulaire.

2. granulare [granu'lare] v. tr. granuler.

granulato [granu'lato] agg. grené.

granulo ['granulo] m. granule, granulé.

granuloma [granu'lɔma] m. MED. granulome.

granulometria [granulome'tria] f. granulométrie.

granulosità [granulosi'ta] f. aspect (m.) granuleux, grenu m.

granuloso [granu'loso] agg. granuleux.

1. grappa ['grappa] f. eau-de-vie (de marc), marc, fine (champagne) ; gnôle, gnaule (fam.), brandevin m. (antiq.).

2. grappa ['grappa] f. TECN., EDIL. griffe, agrafe de construction, harpon m., crampon m. || TIP. V. GRAFFA.

1. grappino [grap'pino] m. FAM. goutte f. | *farsi un grappino*, boire une goutte, un petit verre.

2. grappino [grap'pino] m. MAR. grappin, hérisson.

grappolo ['grappolo] m. PR. e FIG. grappe f. | *grappolo d'uva*, grappe de raisin. | *grappolo di persone*, grappe humaine. | *a grappoli*, par grappes.

graspo ['graspo] m. [raspo] râpe f., rafle f.

grassamente [grassa'mente] avv. grassement.

grassatore [grassa'tore] m. détrousseur, bandit de grand chemin.

grassazione [grassat'tsjone] f. attaque à main armée.

1. grassello [gras'sɛllo] m. CULIN. rillons pl.

2. grassello [gras'sɛllo] m. chaux (f.) éteinte.

grassetto [gras'setto] agg. e m. TIP. *(carattere) grassetto*, (caractère) gras.

grassezza [gras'settsa] f. embonpoint m. || [di terreno] fertilité. || FIG. abondance.

grasso ['grasso] agg. **1.** CHIM. *corpi grassi*, corps gras. || **2.** CULIN. *cucina grassa*, cuisine grasse. | *brodo grasso*, bouillon gras. || PER EST. *martedì grasso*, mardi gras. || **3.** [volgare] *discorsi grassi*, propos gras, licencieux. | *una risata grassa*, un rire gras. || **4.** [di persone] gros, étoffé, dodu (fam.). | *un uomo grasso*, un gros homme. | *diventare grasso*, grossir, prendre de l'embonpoint. || LOC. *essere grasso come un tordo*, être gras comme un moine, dodu comme une caille. | *essere grasso come un maiale*, être gras comme un cochon. || **5.** [fertile] gras. | *terreno grasso*, terre grasse. || **6.** BOT. *piante grasse*, plantes grasses. || **7.** [unto] graisseux, gras, huileux. | *capelli grassi*, cheveux gras. || **8.** FIG. [abbondante] *la grassa borghesia*, la grosse bourgeoisie. | *fare grassi guadagni*, gagner gros. | *un'annata grassa*, une bonne année. ◆ avv. gras. | *parlare grasso*, parler gras. ◆ m. [materia grassa] graisse f. | *grassi animali*, graisses animales. | *i grassi*, les matières grasses. | *una macchia di grasso*, une tache de graisse, de gras. || [parte grassa di qlco.] gras. | *il grasso del prosciutto*, le gras du jambon. | *mangiare di grasso*, faire gras (avv.). | *giorni di grasso*, jours gras.

grassoccio [gras'sɔttʃo] agg. grassouillet (fam.), replet, dodu (fam.), rondouillard (fam.). | *dita grassocce*, doigts boudinés.
grassona [gras'sona] f. (grosse) dondon (fam.).
grassone [gras'sone] m. gros lard.
grassottello [grassot'tɛllo] agg. rondelet (fam.).
grassume [gras'sume] m. [adipe] graisse f. || [concime] engrais.
grata ['grata] f. grille. | *grata del confessionale*, guichet (m.) du confessionnal.
gratella [gra'tɛlla] f. grille. || [di lavandino] crépine. || V. GRATICOLA.
graticciata [gratit'tʃata] f. clayonnage m., grillage m., clôture à claire-voie.
graticciato [gratit'tʃato] m. claie f.
graticcio [gra'tittʃo] m. [stuoia] claie f. || [per formaggi] clisse f., éclisse f., clayon. || [per frutta] fruitier. || treillis, caillebotis.
graticola [gra'tikola] f. [piccola grata] petite grille. || [strumento di tortura] gril m. || CULIN. gril m. | *carne alla graticola*, viande grillée ; grillade.
graticolare [gratiko'lare] v. tr. [pittura] graticuler. || [chiudere con una grata] griller, grillager.
graticolato [gratiko'lato] agg. grillé, grillagé. ◆ m. grillage, clôture (f.) à claire-voie. | *chiudere con graticolato*, grillager. || [armatura a sostegno delle piante] treillage. || MIL. [nelle trincee] caillebotis.
gratifica [gra'tifika] f. gratification.
gratificare [gratifi'kare] v. tr. gratifier.
gratificazione [gratifikat'tsjone] f. V. GRATIFICA.
gratile [gra'tile] m. MAR. ralingue f.
gratin [gra'tɛ̃] m. [fr.] CULIN. gratin.
gratinare [grati'nare] v. tr. CULIN. gratiner.
gratis ['gratis] avv. gratuitement, gratis (fam.), à l'œil (pop.). ◆ agg. gratuit. | *ingresso gratis*, entrée gratuite.
gratitudine [grati'tudine] f. gratitude, gré m., reconnaissance.
grato ['grato] agg. reconnaissant, obligé. | *ti sono grato di quanto hai fatto per noi*, je te suis reconnaissant, je te sais gré de ce que tu as fait pour nous. | *le sarei grato se...*, je vous serais obligé si... || [piacevole] agréable. || [gradito] apprécié (de).
grattacapo [gratta'kapo] m. souci, ennui, préoccupation f.
grattacielo [gratta'tʃɛlo] m. gratte-ciel invar.
grattapugia [gratta'pudʒa] f. [oreficeria] (antiq.) boësse.
grattare [grat'tare] v. tr. **1.** gratter. || POP. *grattarsi la pancia*, rester sans rien faire (L.C.) ; ne pas en ficher une (rame). || PER EST. [raschiare] gratter. || **2.** MUS. [strimpellare] gratter. | *grattare il violino*, racler du violon. || **3.** [grattugiare] *grattare il formaggio*, râper le fromage. || **4.** GERG. [rubare] faucher (fam.), chiper (fam.), barboter (fam.), rabioter (fam.). ◆ v. intr. gratter. ◆ v. rifl. se gratter.
grattata [grat'tata] f. *darsi una grattata*, se gratter. || AUTOM., FAM. *fare una grattata*, faire grincer la boîte de vitesses.
grattino [grat'tino] m. grattoir.
grattugia [grat'tudʒa] f. râpe.
grattugiare [grattu'dʒare] v. tr. râper.
grattugiato [grattu'dʒato] agg. râpé. | *formaggio grattugiato*, (fromage) râpé. | *pane grattugiato*, chapelure f.
gratuità [gratui'ta] f. PR. e FIG. gratuité.
gratuitamente [gratuita'mente] avv. gratuitement.
gratuito [gra'tuito] agg. PR. e FIG. gratuit. | *a titolo gratuito*, à titre gratuit, gracieusement.
gravabile [gra'vabile] agg. imposable.
gravame [gra'vame] m. poids. || FIG. poids, carcan. || [imposta] charge f. | *gravami fiscali*, charges fiscales. || GIUR. grief.
gravare [gra'vare] v. tr. charger, grever. | *gravare un bilancio*, grever un budget. | *gravare d'imposte*, grever d'impôts. || FIG. surcharger. | *gravare gli alunni di compiti*, surcharger les élèves de travail. ◆ v. intr. reposer, peser (sur). | *la responsabilità dell'azienda grava su di lui*, la responsabilité de l'entreprise repose sur lui. || [essere a carico] être à la charge (de). | *tutte le spese gravano su di me*, tous les frais sont à ma charge. || [di imposte] grever. ◆ v. rifl. se charger.
grave ['grave] agg. **1.** [pesante] lourd. || FIS. *corpi gravi*, corps pesants. || PER EST. [gravato, appesantito] chargé. | *grave d'anni*, chargé d'années. | *occhi gravi di sonno*, yeux lourds de sommeil. || **2.** FIG. [serio, importante] grave, sérieux. | *una grave operazione*, une grave opération. | *una grave malattia*, une maladie grave. | *il malato è grave*, le malade est dans un état grave. | *una cosa grave*, une chose sérieuse. | *un grave errore*, une grave erreur, une faute grave. | *correre un grave pericolo*, courir un grave danger. | *affrontare gravi rischi*, jouer gros jeu. || **3.** [difficile da sopportare] grave, lourd. | *una grave responsabilità*, une lourde, une grave responsabilité. | *gravi perdite*, de lourdes pertes. | *gravi danni*, de grands dommages. || **4.** [serio, severo] grave. || **5.** GRAMM. *accento grave*, accent grave. || **6.** MUS. grave. | *nota grave*, note grave. ◆ m. FIS. *la caduta dei gravi*, la chute des corps, des graves (antiq.).
gravemente [grave'mente] avv. gravement. | *gravemente ammalato*, gravement malade. | *parlare gravemente*, parler gravement. || [di ferite] grièvement. | *ferito gravemente*, grièvement blessé.
graveolente [graveo'lɛnte] agg. (lett.) malodorant ; puant (L.C.).
gravezza [gra'vettsa] f. PR. e FIG. lourdeur.
gravidanza [gravi'dantsa] f. grossesse.
gravidico [gra'vidiko] agg. de grossesse.
gravido ['gravido] agg. [di donna] enceinte ; FAM. grosse. || [di animali] gravide, pleine. || FIG. [pieno] chargé, gros. | *parole gravide di mistero*, mots pleins de mystère. | *gravido di conseguenze*, gros de conséquences.
gravimetria [gravime'tria] f. gravimétrie.
gravimetro [gra'vimetro] m. FIS. gravimètre.
1. gravina [gra'vina] f. ravin m.
2. gravina [gra'vina] f. [zappa] pioche.
gravità [gravi'ta] f. [importanza, pericolo] gravité. || [serietà] gravité. || FIS. gravité. | *centro di gravità*, centre de gravité. | *legge di gravità*, loi de la pesanteur.
gravitare [gravi'tare] v. intr. PR. e FIG. graviter. || [gravare] peser (sur), reposer.
gravitazione [gravitat'tsjone] f. FIS. gravitation.
gravosità [gravosi'ta] f. lourdeur.
gravoso [gra'voso] agg. lourd, dur, écrasant. || [oneroso] onéreux. | *spesa gravosa*, dépense onéreuse, lourde dépense. | *imposte gravose*, des impôts onéreux. || (raro) [molesto] importun (L.C.).
grazia ['grattsja] f. **1.** [fascino] grâce, joliesse. | *con grazia*, joliment. || **2.** [benevolenza] grâce. | *essere nelle (buone) grazie di qlcu.*, être dans les bonnes grâces de qn, en grâce auprès de qn. || **3.** [favore] grâce, faveur. | *concedere una grazia*, accorder une grâce, une faveur. || **4.** [perdono, condono] grâce. | *chiedere grazia*, demander grâce. | *concedere la grazia a un condannato*, accorder sa grâce à un condamné. | *diritto di grazia*, droit de grâce. || **5.** RELIG. grâce. | *essere in grazia di Dio*, être en état de grâce. | *nell'anno di grazia*, en l'an de grâce. || FIG. *stato di grazia*, état de grâce. || **6.** LOC. *fare grazia di qlco. a qlcu.*, faire grâce de qch. à qn. | *fammi la grazia di*, fais-moi le plaisir de. | *dare il colpo di grazia*, donner, porter le coup de grâce ; donner l'estocade ; achever. | *questa notizia mi ha dato il colpo di grazia*, cette nouvelle m'a achevé. | *per grazia di Dio*, par la grâce de Dieu. | *con vostra grazia*, avec votre permission. | *quanta grazia (di Dio)!*, quelle abondance ! | *ogni grazia di Dio*, toutes sortes de bonnes choses. | *troppa grazia (Sant'Antonio)!*, trop de bonté ! ; c'est beaucoup plus qu'il n'en faut ! || LOC. *ministero di Grazia e di Giustizia*, ministère de la Justice. ◆ LOC. PREP. ***in grazia di***, grâce à. ◆ pl. charmes m.
graziare [grat'tsjare] v. tr. GIUR. gracier. || [concedere] accorder (qch. à qn). || [preghiere] exaucer.
grazie ['grattsje] interiez. merci. | *grazie tante, mille grazie*, merci beaucoup, merci bien, mille fois merci. | *grazie a Dio, al cielo*, Dieu merci. | *senza neanche un grazie*, sans même un remerciement. ◆ LOC. PREP. ***grazie a***, grâce à, à l'aide de, par l'entremise de.
graziosamente [grattsjosa'mente] avv. gracieusement, avec grâce, joliment. || (lett.) [cortesemente] aimablement (L.C.), gracieusement (L.C.) ; [gratuitamente] gracieusement (L.C.), gratuitement (L.C.).

graziosetto [grattsjo'setto] agg. joliet, ette.
graziosità [grattsjosi'ta] f. joliesse (lett.), grâce, charme m.
grazioso [grat'tsjoso] agg. [leggiadro] gracieux, joli, gentil, mignon. | *gesto grazioso*, geste gracieux. | *grazioso quadretto*, joli, gentil petit tableau. | *quant'è grazioso !*, que c'est joli, mignon ! || (lett.) [benevolo] aimable (L.C.), bienveillant (L.C.); [gratuito] gracieux (L.C.), gratuit (L.C.).
greca ['grɛka] f. ARCHIT. grecque.
grecheggiare [greked'dʒare] v. intr. imiter les Grecs.
grecismo [gre'tʃizmo] m. hellénisme.
grecista [gre'tʃista] m. e f. helléniste.
grecità [gretʃi'ta] f. grécité.
grecizzare [gretʃid'dzare] v. tr. gréciser.
greco ['grɛko] agg. grec. | *croce greca*, croix grecque. | *fuoco greco*, feu grégeois. || LOC. IRON. *rimandare alle calende greche*, renvoyer aux calendes grecques. ◆ m. Grec. || [lingua] grec. || MAR. [vento] vent grec.
greco-latino [grekola'tino] agg. gréco-latin.
greco-romano [grekoro'mano] agg. gréco-romain.
gregale [gre'gale] agg. grégaire.
gregario [gre'garjo] m. [seguace] partisan. || PEGGIOR. acolyte, subordonné (L.C.). || MIL. simple soldat, homme de troupe. || SPORT coéquipier. ◆ agg. PR. e FIG. grégaire.
gregarismo [grega'rizmo] m. grégarisme.
gregge ['greddʒe] m. troupeau. || FIG. troupeau. || [i fedeli] ouailles (f. pl.).
greggio ['greddʒo] agg. brut. | *(petrolio) greggio*, pétrole brut. || [di seta] grège, cru. || [di filo, tela, cotone] écru. | *tela greggia*, toile écrue. || FIG. grossier.
gregoriano [grego'rjano] agg. grégorien.
grembiale [grem'bjale] m. V. GREMBIULE. || RELIG. grémial.
grembiule [grem'bjule] m. tablier. || [camice, per ufficio] blouse f. || [a scuola] sarrau (antiq.), tablier (d'écolier).
grembo ['grembo] m. giron. | *prendere qlcu. in grembo*, prendre qn sur ses genoux. || [ventre materno] ventre, sein (lett.), flanc (lett.). || FIG. sein, giron (lett.). | *in grembo alla Chiesa*, dans le sein, le giron de l'Église.
gremire [gre'mire] v. tr. remplir, encombrer, envahir. ◆ v. rifl. se remplir.
gremito [gre'mito] agg. [pieno] rempli. | *albero gremito di frutti*, arbre rempli de fruits. || [affollato] bondé, comble.
greppia ['greppja] f. [rastrelliera] râtelier m. || [mangiatoia] mangeoire, crèche (lett.). || FIG. PEGGIOR. assiette au beurre.
greppo ['greppo] m. escarpement, flanc escarpé. || [sponda rialzata di un fosso] talus.
gres [grɛs] m. [fr.] grès.
greto ['greto] m. grève f.
gretola ['gretola] f. [elemento di gabbia] barreau m. || FIG. (tosc.) [sotterfugio, cavillo] chicane.
grettamente [gretta'mente] avv. avec avarice, chichement, chétivement (lett.), petitement.
grettezza [gret'tettsa] f. avarice. || [meschinità] mesquinerie, petitesse, étroitesse.
gretto ['gretto] agg. avare, pingre (fam.), chiche (antiq.). || FIG. [meschino] mesquin, étroit.
greve ['grɛve] agg. (lett.) lourd (L.C.). || FIG. [penoso, doloroso] pénible.
grezzo ['greddzo] agg. V. GREGGIO.
grida ['grida] f. STOR. ban m., édit m.
gridare [gri'dare] v. intr. **1.** crier. | *gridare contro qlcu.*, crier après qn. | *mettersi a gridare*, pousser de hauts cris. || **2.** [della civetta] chuinter. || **3.** [della cicogna, gru, ecc.] craqueter. || **4.** [del montone, ecc.] blatérer. ◆ v. tr. crier. | *gridare aiuto*, crier au secours. | *gridare allo scandalo*, crier au scandale. | *gridare vendetta*, crier vengeance. || [rendere noto] crier, clamer. | *gridare ai quattro venti*, crier sur tous les toits. | *gridare la propria indignazione*, clamer son indignation. || FAM. [sgridare] gronder (L.C.).
gridata [gri'data] f. [rimprovero] gronderie. | *fare una gridata*, pousser un coup de gueule (pop.). || ANTIQ. [grida] criaillerie.
gridio [gri'dio] m. criaillerie f., criaillement (raro). || [del grillo] grésillement.
grido ['grido] (**grida** f. pl. [con valore collett.], **gridi** m. pl.) m. cri. | *cacciare un grido*, pousser, jeter un cri; donner un coup de gueule (pop.). | *si sentivano delle grida*, on entendait des cris, des éclats de voix. | *grido di guerra*, cri de guerre. || [di animale] cri. || [Borsa] *recinto delle grida*, corbeille. | *negoziazioni alle grida*, négociations à la criée. || FIG. [moda] *l'ultimo grido*, le dernier cri. || [fama] renom. | *pittore di grido*, peintre de renom. || [invocazione] cri. | *il grido dell'anima*, le cri du cœur.
grifagno [gri'faɲɲo] agg. rapace, de proie. || FIG. farouche.
griffa ['griffa] f. [di scarpe da montagna] crampon m., clou (m.) à oreille. || MECC. crampon m., griffe. || CIN. griffe.
griffone [grif'fone] m. ZOOL. [cane] griffon.
1. grifo ['grifo] m. [grugno] groin, boutoir. || FIG. [faccia] groin (peggior.).
2. grifo ['grifo] m. V. GRIFONE.
grifone [gri'fone] m. ZOOL., MIT. griffon.
grigiastro [gri'dʒastro] agg. grisâtre. | *diventar grigiastro*, grisailler.
grigio ['gridʒo] agg. gris. | *tendere al grigio*, grisonner. | *macchiettato di grigio e di bianco*, grivelé. || FIG. [monotono] gris. | *una vita grigia*, une vie grise. || LOC. *materia grigia*, matière grise. ◆ m. gris. | *grigio perla*, gris perle. | *grigio topo*, gris souris.
grigiore [gri'dʒore] m. PR. e FIG. grisaille f. | *il grigiore di una vita senza imprevisti*, la grisaille d'une vie sans imprévus.
grigioverde [gridʒo'verde] agg. gris-vert. ◆ m. MIL. [uniforme colore grigioverde dell'esercito ital.] *vestire il grigioverde*, porter l'uniforme.
griglia ['griʎʎa] f. grille. || CULIN. [graticola] gril m. | *bistecca alla griglia*, bifteck cuit sur le gril, grillé. | *carne alla griglia*, grillade. | *alla griglia*, à la crapaudine, au gril. | *cuocere alla griglia*, faire griller. || MECC. grille. | *griglia di protezione*, grille de protection. || ELETTR. grille.
grill [gril] m. [ingl.] CULIN. gril. || [locale] grill-room.
grillaia [gril'laja] f. champ (m.) stérile.
grillare [gril'lare] v. intr. (antiq.) [del grillo] grésiller. V. GRILLETTARE. || FIG. *cosa mai gli grilla ?*, qu'est-ce qui lui prend ? (V. GRILLO, FIG.)
grillettare [grillet'tare] v. intr. [di olio] grésiller.
grilletto [gril'letto] m. détente f., gâchette f. | *premere il grilletto*, appuyer sur la détente, la gâchette.
grillo ['grillo] m. ZOOL. grillon, cri-cri (fam.). || FIG. *mangiare come un grillo*, manger comme un oiseau. || FAM. *indovinala grillo !*, va savoir !, allez savoir ! || FIG. [capriccio] fantaisie f., caprice, lubie f. | *gli è saltato il grillo di partire*, il lui a pris la fantaisie de partir. | *avere i grilli per la testa*, avoir des lubies.
grillotalpa [grillo'talpa] m. o f. ZOOL. taupe-grillon m., courtilière f.
grimaldello [grimal'dɛllo] m. crochet, rossignol, pince-monseigneur f.
grinfia ['grinfja] f. PR. e FIG. griffe. | *munito di grinfie*, griffu. | *cadere nelle grinfie di qlcu.*, tomber sous la griffe, dans les griffes de qn. (V. anche GRANFIA.)
grinta ['grinta] f. tête, faciès m., bobine (pop.), tronche (pop.). || PER EST. [aggressività] poigne, énergie, ressort m. | *avere grinta*, avoir du ressort. | *con grinta*, avec décision.
grinza ['grintsa] f. [corrugamento] ride. || [di stoffa] fronce, (faux) pli m. | *fare delle grinze*, grigner, grimacer (fam.). | *questo vestito fa delle grinze*, cette robe fait des plis, des grimaces (fam.), tombe mal. || FIG. *un ragionamento che non fa una grinza*, un raisonnement impeccable, sans fissure.
grinzoso [grin'tsoso] agg. ridé. || [di stoffa] *vestito grinzoso*, robe grimaçante (fam.).
grippaggio [grip'paddʒo] m. MECC. grippage, grippement.
grippare [grip'pare] v. intr. MECC. gripper. ◆ v. rifl. se gripper.
grisaglia [gri'zaʎʎa] f. TESS. grisaille. || PITT. grisaille.
grisella [gri'zɛlla] f. MAR. enfléchure.
grisou [gri'zu] m. [fr.] grisou. | *che contiene grisou*, grisouteux agg.
grissinificio [grissini'fitʃo] m. fabrique (f.) de gressins.

grissino [gris'sino] m. gressin.
grisù [gri'zu] m. V. GRISOU.
groggy ['grɔgi] agg. [ingl.] SPORT groggy. | *essere groggy*, être dans le cirage (fam.).
gromma ['gromma] f. tartre m. || [incrostazione nel fornello della pipa] culot m., culottage m.
gronda ['gronda] f. avant-toit m., battellement m. || PER EST. [a forma di gronda] *a gronda*, en pente, incliné.
grondaia [gron'daja] f. gouttière, chéneau m.
grondante [gron'dante] agg. ruisselant.
grondare [gron'dare] v. intr. couler, ruisseler. | *il sudore gli grondava dalla fronte*, la sueur coulait de son front. ◆ v. tr. laisser couler. | *grondare acqua*, ruisseler. | *l'ombrello gronda acqua sul pavimento*, l'eau ruisselle, coule du parapluie sur le plancher. | *grondare sangue*, saigner.
grongo ['grongo] m. ZOOL. congre.
groppa ['grɔppa] f. croupe. | *cavalcare in groppa a un cavallo*, monter un cheval. || FAM. [le spalle] dos m. | *avere molti anni sulla groppa*, n'être plus de la première jeunesse. || FIG. [di merce] *restare in, sulla groppa*, rester sur les bras. || GEOGR. croupe.
groppata [grop'pata] f. croupade.
groppiera [grop'pjɛra] f. croupière.
groppo ['grɔppo] m. nœud. || FIG. *avere un groppo alla gola*, avoir la gorge serrée, une boule dans la gorge. || [raffica di vento] grain.
groppone [grop'pone] m. FAM. SCHERZ. dos. | *accarezzare il groppone a qlcu.*, frotter l'échine à qn. || FIG. *piegare il groppone*, trimer (fam.), besogner. || [degli uccelli] croupion.
gros-grain [gro'grɛ̃] m. [fr.] gros-grain.
grossa ['grɔssa] f. COMM. [dodici dozzine] grosse. || [dei bachi da seta] troisième mue. || FIG. *dormire della grossa*, dormir à poings fermés, comme une souche.
grossezza [gros'settsa] f. grosseur. || [spessore] épaisseur. | *grossezza di una stoffa*, épaisseur d'un tissu. || [rozzezza] grossièreté.
grossista [gros'sista] m. grossiste ; commerçant, marchand en gros.
grosso ['grɔsso] agg. **1.** [di grandi dimensioni] gros. | *un grosso pacco*, un gros colis. | *delle gambe grosse*, de grosses jambes. | *un uomo grande e grosso*, un homme grand et gros. | *del filo grosso*, du gros fil. | *grossa scodella*, jatte. | *grossa botte*, foudre m. | *le bestie grosse*, le gros bétail, les bestiaux m. pl. | *caccia grossa*, chasse au gros gibier. || **2.** [gonfio] gros. | *mare grosso*, mer grosse. | *fiume grosso*, rivière gonflée, enflée. || FIG. *avere il cuore grosso*, avoir le cœur gros. | *avere il fiato grosso*, être essoufflé, avoir le souffle court. | *fare la voce grossa*, faire la grosse voix. | *avere la lingua grossa*, avoir la langue épaisse. || **3.** [materialmente importante] gros. | *grossa perdita*, grosse perte. | *grossa somma*, grosse, forte somme. | *grosso industriale*, gros industriel. | *è un pezzo grosso*, c'est un gros bonnet (fam.), une (grosse) huile (pop.), une grosse légume (pop.). | *i pezzi grossi*, les huiles (pop.). || **4.** [valente, notevole] grand, important. | *una grossa ditta*, une maison importante. | *un grosso fiume*, un fleuve important. | *un grosso scrittore*, un grand écrivain. || **5.** [grossolano] gros, grossier. | *sale grosso*, gros sel. | *essere grosso d'udito*, être dur d'oreille. || **6.** [grave] gros, grave. | *grosso errore*, grosse faute, faute grave. | *grosso guaio*, gros ennui. | *correre un grosso rischio*, courir un gros risque. | *rischiare grosso*, jouer gros jeu, risquer gros. || LOC. *dirla grossa*, dire une énormité. | *raccontarle, spararle grosse*, en dire de grosses. | *farne di grosse*, en faire de belles, de toutes les couleurs. | *l'ha fatta grossa questa volta*, il a dépassé la limite cette fois. | *questa è grossa !*, elle est forte celle-là ! ; c'est quelque chose ! ; ça alors, c'est un peu raide, un peu fort ! ◆ m. gros. | *il grosso del lavoro*, le gros du travail. | *il grosso dell'esercito*, le gros de l'armée. || COMM. gros. ◆ avv. gros. | *scrivere grosso*, écrire gros. ◆ LOC. AVV. ***in grosso*** [approssivamente] en gros, à peu près. | *fare un calcolo in grosso*, faire un calcul approximatif. || COMM. *in grosso*, en gros. | *vendita in grosso*, vente en gros, de gros. || *di grosso*, de beaucoup. | *sbaglia di grosso*, il se trompe lourdement, grossièrement.
grossolanamente [grossolana'mente] avv. grossièrement, sans finesse, sans soin. || [approssimativamente] en gros, grosso modo. | *murare grossolanamente*, hourder.
grossolanità [grossolani'ta] f. [rozzezza] grossièreté. || [ottusità] lourdeur, épaisseur. | *grossolanità d'ingegno*, lourdeur d'esprit. || [atto o parola grossolana] grossièreté.
grossolano [grosso'lano] agg. **1.** [rozzo] grossier. | *lavoro grossolano*, travail grossier, grosse cavalerie (fam.). || **2.** [volgare] grossier, commun, vulgaire. | *gusti grossolani*, des goûts vulgaires, communs. | *un individuo grossolano*, un grossier personnage, un malotru. || **3.** [approssimativo] grossier, approximatif. | *un racconto grossolano*, un récit cousu de fil blanc (fam.). || **4.** [ottuso] épais, lourd, lourdaud.
grosso modo ['grɔsso'mɔdo] loc. avv. [lat.] grosso modo.
grotta ['grɔtta] f. grotte.
grottesco [grot'tesko] agg. PR. e FIG. grotesque. ◆ m. grotesque. ◆ f. **(-a)** PITT. grotesques pl.
groviera [gro'vjɛra] f. o m. gruyère m.
groviglio [gro'viλλo] m. enchevêtrement. | *groviglio di rottami*, enchevêtrement de ferraille. | *groviglio di vicoli*, lacis de ruelles. | *groviglio di corpi*, enchevêtrement, emmêlement de corps. | *groviglio di vipere*, nœud de vipères. || PER ANAL. enchevêtrement, magma. | *groviglio d'idee*, enchevêtrement d'idées.
gru [gru] f. ZOOL. grue. || TECN. grue. | *carro gru*, grue dépanneuse. || MAR. bossoir m.
gruccia ['gruttʃa] **(-ce** pl.) f. béquille. | *camminare con le grucce*, marcher à l'aide de béquilles, avec des béquilles ; béquiller v. intr. || FIG. *argomento che si regge sulle grucce*, argument qui ne tient pas debout, faible, peu valable. || [attaccapanni] cintre m. || [per uccelli] perchoir m. || FIG. *tenere qlcu. sulla gruccia*, tenir qn en haleine.
gruccione [grut'tʃone] m. ZOOL. guêpier.
grufolare [grufo'lare] v. intr. [del maiale] fouiller (avec son groin, du groin). || [del cinghiale] fouger. || FIG. se goinfrer (fam.). | *grufolare nel piatto*, se jeter sur le plat. || [tosc.] fouiller. ◆ v. rifl. se vautrer.
grugnire [gruɲ'ɲire] v. intr. PR. e FIG. grogner. ◆ v. tr. FIG. grogner.
grugnito [gruɲ'ɲito] m. PR. e FIG. grognement.
grugno ['gruɲɲo] m. groin. || (peggior.) [faccia] gueule f. (pop.), museau (fam.), bobine f. (pop.). | *spaccare, rompere il grugno a qlcu.*, casser la gueule à qn. || [broncio] moue f., gueule f. (pop.).
gruista [gru'ista] m. grutier.
grullaggine [grul'laddʒine] f. balourdise, niaiserie.
grulleria [grulle'ria] f. balourdise, jobardise, sottise, imbécillité.
grullo ['grullo] agg. niais, benêt, balourd, jobard. | *che grullo !*, quel balourd, quel innocent, quel gribouille !
gruma ['gruma] f. tartre m. || [della pipa] culot m., culottage m.
grumo ['grumo] m. grumeau. || [di sangue] caillot.
grumolo ['grumolo] m. [parte interiore e tenera] cœur.
grumoso [gru'moso] agg. grumeleux.
gruppetto [grup'petto] m. petit groupe. | *un gruppetto di congiurati*, un quarteron de conjurés. || MUS. gruppetto.
gruppo ['gruppo] m. **1.** groupe. | *dividere in gruppi*, diviser par groupes. | *camminare in gruppo*, marcher en groupe. | *gruppo d'alberi*, bouquet d'arbres. || **2.** ECON. *gruppo industriale*, groupe industriel. | *gruppo d'aziende*, groupement d'entreprises. || **3.** ELETTR. *gruppo elettrogeno*, groupe électrogène. || **4.** MAT. *teoria dei gruppi*, théorie des groupes. || **5.** MED. *gruppo sanguigno*, groupe sanguin. || **6.** MIL. groupe, groupement. || **7.** SPORT *il gruppo di testa*, le peloton.
gruppuscolo [grup'puskolo] m. NEOL. groupuscule.
gruviera [gru'vjɛra] m. V. GROVIERA.
gruzzoletto [gruttso'letto] m. [dimin.] petit pécule, bas de laine.
gruzzolo ['gruttsolo] m. pécule, magot, cagnotte f. | *farsi un bel gruzzolo*, mettre de côté un joli petit magot.
guadabile [gwa'dabile] agg. guéable.
guadagnabile [gwadaɲ'ɲabile] agg. (raro) gagnable.
guadagnare [gwadaɲ'ɲare] v. tr. **1.** [con il proprio

lavoro] gagner. | *guadagna bene*, il gagne gros. | *guadagnarsi la vita, il pane*, gagner sa vie. | *c'è poco da guadagnare in questa faccenda*, il n'y a pas grand-chose à grignoter dans cette affaire. || PER EST. *guadagnare tempo*, gagner du temps. || PR. e FIG. *guadagnare terreno*, gagner du terrain. || **2.** FIG. [ottenere, conquistare] gagner. | *guadagnarsi la stima di qlcu.*, gagner l'estime de qn. | *guadagnare qlcu. alla propria causa*, gagner qn à sa cause. || **3.** [prendere] gagner, prendre. || [trarre beneficio] gagner. | *che ci guadagni ad agire così ?*, qu'est-ce que ça te rapporte d'agir de la sorte ? | *a star zitto ci guadagna*, il a (tout) intérêt à se taire. | *ci ho guadagnato un bel raffreddore*, j'y ai gagné un bon rhume. | *ci guadagno nel cambio*, je gagne au change. | *è tanto di guadagnato*, c'est toujours ça, c'est toujours autant de gagné. | *senza il cappello trovo che ci guadagna*, je trouve qu'elle y gagne à ne pas mettre de chapeau. || **4.** [meritare] mériter. | *si è ben guadagnato la vittoria*, il a bien mérité la victoire. || **5.** [raggiungere] gagner. | *guadagnare la riva*, gagner le rivage. || [vincere] gagner.

guadagno [gwa'daɲɲo] m. gain. | *lauti guadagni*, des gains considérables. | *avido di guadagno*, âpre au gain. || IRON. [vantaggio] *bel guadagno !*, belle affaire ! ; cela me fait une belle jambe ! || COMM. bénéfice. | *guadagno netto*, bénéfice net. | *margine di guadagno*, marge bénéficiaire.

guadare [gwa'dare] v. tr. guéer (antiq.), passer à gué.

guadino [gwa'dino] m. [rete per la pesca con l'amo] épuisette f.

guado ['gwado] m. gué. | *passare a guado*, passer à gué, guéer (antiq.).

guai ['gwai] interiez. gare ! | *guai a te !*, gare à toi ! | *guai ai vinti*, malheur aux vaincus. | *guai a parlargli di questo davanti a tutti !*, surtout ne va pas lui parler de ça devant tout le monde ! | *guai a stuzzicarlo*, il ne fait pas bon le taquiner.

guaiaco [gwa'jako] m. BOT. gaïac.

guaiacolo [gwa'jakolo] m. CHIM. gaïacol, gayacol.

guaime [gwa'ime] m. AGR. regain.

guaina [gwa'ina] f. [custodia, astuccio] gaine. | *guaina della spada*, gaine, fourreau (m.) de l'épée. || [busto] gaine. || PER EST. [vestito molto stretto] fourreau m. || BOT., MAR., TECN. gaine. || ELETTR. *guaina isolante*, guipage m.

guainante [gwai'nante] agg. BOT. engainant. | *foglie guainanti*, feuilles engainantes.

guaio ['gwajo] m. [disgrazia, situazione dolorosa] malheur, embêtement (fam.), ennui. | *mi è capitato un grosso guaio*, il m'est arrivé un sérieux ennui, un gros embêtement. | *andare in cerca di guai*, chercher des ennuis. | *combinare guai*, faire des bêtises. | *essere nei guai, in un mare di guai*, avoir beaucoup d'ennuis ; être dans le pétrin (fam.) ; être dans de beaux draps (fam.), dans les choux (fam.). || [leggero impaccio] inconvénient. | *però c'è un guaio*, toutefois il y a un inconvénient, une difficulté. | *il guaio è che...*, l'ennui c'est que... ; ce qu'il y a d'ennuyeux c'est que... ; le mal est que... || LOC. *ecco il guaio !*, voilà le hic !

guaiolare [gwajo'lare] v. intr. V. GUAIRE.

guaire [gwa'ire] v. intr. glapir, japper. || PEGGIOR. [di persone] glapir.

guaito [gwa'ito] m. glapissement, jappement, aboiement. || FIG. [voce di protesta o lamento] glapissement, aboiement.

gualcare [gwal'kare] v. tr. TESS. fouler.

gualchiera [gwal'kjεra] f. TESS. moulin (m.) à foulon, foulerie f.

gualchieraio [gwalkje'rajo] m. TECN. TESS. fouleur, foulonnier, foulon (antiq.).

gualcire [gwal'tʃire] v. tr. chiffonner.

gualdrappa [gwal'drappa] f. caparaçon m., chabraque, housse.

guanaco [gwa'nako] m. ZOOL. guanaco.

guancia ['gwantʃa] f. joue. | *guancia cascante*, bajoue (fam.). || [di animale] bajoue.

guanciale [gwan'tʃale] m. oreiller. || FIG. *dormire tra due guanciali*, dormir sur ses deux oreilles. || [rom.] CULIN. bajoue (f.) de porc.

guancialino [gwantʃa'lino] m. coussinet. | *guancialino da spilli*, pelote à épingles. || GIOCHI *giocare a guancialino d'oro*, jouer à la main chaude.

guano ['gwano] m. guano.

guantaio [gwan'tajo] m. gantier.

guanteria [gwante'ria] f. (raro) ganterie (L.C.).

guantiera [gwan'tjεra] f. [vassoio] plateau m. || (antiq.) boîte à gants (L.C.).

guanto ['gwanto] m. gant. | *guanti di lana*, gants de laine, gants tricotés. | *guanti imbottiti*, gants fourrés. | *guanti di gomma*, gants de caoutchouc. || [armatura] *guanto di ferro*, gantelet. | *infilare, mettersi i guanti*, enfiler, mettre ses gants ; se ganter. | *sfilarsi, togliersi i guanti*, ôter, enlever ses gants, se déganter. || PR. e FIG. *calzare come un guanto*, aller comme un gant. || FIG. *trattare qlcu. con i guanti*, prendre, mettre des gants avec qn, traiter qn avec beaucoup d'égards. || LOC. *mano di ferro e guanto di velluto*, une main de fer dans un gant de velours. | *ladro in guanti gialli*, gentleman cambrioleur. || [sfida] *gettare il guanto*, jeter le gant. | *raccogliere il guanto*, relever le gant.

guantone [gwan'tone] m. SPORT gant de boxe.

guappo ['gwappo] m. [napol.] brigand. || PER EST. voyou, gouape f. (pop.), frappe f. (pop.).

guardabarriere [gwardabar'rjεre] m. invar. garde-barrière (pl. : gardes-barrière[s]).

guardaboschi [gwarda'bɔski] m. invar. garde forestier (pl. : gardes forestiers).

guardabuoi [gwarda'bwɔi] m. invar. ZOOL. garde-bœuf (pl. : gardes-bœuf[s]).

guardacaccia [gwarda'kattʃa] m. invar. garde-chasse (pl. : gardes-chasse[s]).

guardacorpo [gwarda'kɔrpo] m. MAR. garde-corps m. invar.

guardacoste [gwarda'kɔste] m. invar. MAR. garde-côte (pl. : garde-côtes).

guardalinee [gwarda'linee] m. FERR. garde-voie (pl. : gardes-voie[s]). || SPORT juge de touche.

guardamano [gwarda'mano] m. invar. [di spada] garde f. || [di fucile] pontet. || [manipola protettiva] manicle f., manique f. || MAR. tire-veille.

guardapesca [gwarda'peska] m. invar. garde-pêche (pl. : gardes-pêche).

guardaportone [gwardapor'tone] m. suisse, portier.

guardare [gwar'dare] v. tr. **1.** regarder. | *guardare un paesaggio*, regarder un paysage. | *guardare una trasmissione alla televisione*, regarder une émission à la télévision. | *guardare fuori della, dalla finestra*, regarder par la fenêtre. | *guardare qlcu. negli occhi*, regarder qn dans les yeux. | *guardare di sottecchi*, regarder à la dérobée ; lorgner. | *guardare con la coda dell'occhio*, regarder du coin de l'œil. | *guardare storto, male, in cagnesco, di traverso*, regarder de travers. | *guardare dall'alto in basso*, regarder de haut ; toiser. | *guardare di buon, di mal occhio*, regarder d'un bon, d'un mauvais œil. | *guardare in faccia*, regarder en face. | *non guardare in faccia a nessuno*, ne connaître ni Dieu ni diable. | *guardarsi intorno*, regarder autour de soi. || LOC. *ognuno ha il diritto di guardare chi vuole*, un chien regarde bien un évêque. || **2.** [sottopporre ad attento esame, osservare] examiner, observer, regarder. | *guarda un po' se ho torto*, dis-moi si j'ai tort. | *guarda che modi !*, en voilà des manières ! || LOC. *guardare per il sottile*, y regarder de près, faire le difficile. | *non guardare troppo per il sottile*, ne pas avoir trop de scrupules. | *stare a guardare*, regarder. || FIG. *guardare le mosche che volano*, regarder les mouches voler, bayer aux corneilles. || FAM. *guarda un po' !*, regarde-moi ça ! | *guarda guarda !*, tiens, tiens ! | *guarda chi si vede !*, tiens, qui est-ce qui arrive !, qui est-ce que je vois là ! ; tiens, te voilà ! | *guarda caso !*, comme par hasard !, comme cela se rencontre !, par un hasard étrange ! | *ma guarda !*, bah ! || **3.** [badare, custodire, sorvegliare] garder. | *guardare a vista*, garder à vue. | *guardare le bestie*, garder le bétail. | *guardare le spalle a qlcu.*, couvrir qn. | *Dio me ne guardi !*, Dieu m'en préserve !, Dieu m'en garde ! ◆ v. intr. **1.** [considerare] regarder (à). | *guardare a qlcu. come a un amico*, regarder, considérer qn comme un ami. | *guardate ai fatti vostri*, occupez-vous de vos affaires !, occupez-vous de ce qui vous regarde ! || **2.** [dare importanza] regarder. | *guardare al centesimo*, regarder à un centime près. | *non guardare a spese*, ne pas regarder à la dépense, ne pas ménager les frais. | *guardare ai risultati*, regarder les résultats. || **3.** [badare, stare attento] prendre garde, tâcher. | *guarda di non sporcarti*, tâche de, prends garde à ne pas te salir. | *guarda di non fare sciocchezze*, prends garde, fais attention à ne pas faire de bêtises. || **4.** [essere esposto] donner (sur), avoir vue (sur). | *villa che guarda sul mare*, villa avec vue sur la mer, qui donne sur la mer. | *le finestre guardano sul giardino*, les fenêtres donnent sur le jardin. ◆ v. rifl. **1.** se regarder. | *guardarsi allo, nello specchio*, se regarder dans la glace. || **2.** [stare in guardia] prendre garde, se méfier (de). | *guardarsi alle spalle*, protéger ses arrières. | *guardatevene*, méfiez-vous-en. | *guardati dai cattivi incontri*, prends garde aux vilaines rencontres. || **3.** [astenersi] se garder. | *guardati bene dal*, garde-toi bien de. | *si è guardato bene dal dirlo*, il s'est bien gardé de le dire. ◆ v. rifl. recipr. se regarder. | *guardarsi negli occhi*, se regarder dans les yeux. | *guardarsi in cagnesco*, se regarder en chiens de faïence. | *non guardare più*, être brouillé (avec qn).

guardaroba [gwarda'rɔba] m. invar. penderie f., garde-robe f. (pl. : garde-robes). || PER EST. [stanza] lingerie f. || [insieme degli abiti] garde-robe f. || [nei locali pubblici] vestiaire.

guardarobiere [gwardaro'bjɛre] m. [di locale pubblico] préposé au vestiaire. || [di convento] frère linger. ◆ f. (**-a**) dame du vestiaire. || [di convento] robière. || [in casa privata] lingère.

guardasala [gwarda'sala] m. invar. FERR. surveillant de gare.

guardasigilli [gwardasi'dʒilli] m. garde des Sceaux.

guardata [gwar'data] f. coup (m.) d'œil. | *dare una guardata*, jeter un coup d'œil.

guardataccia [gwarda'tattʃa] f. PEGGIOR. regard (m.) de travers.

guardatina [gwarda'tina] f. [dimin.] petit coup (m.) d'œil.

guardatura [gwarda'tura] f. [modo di guardare] expression, regard m. || [sguardo] regard m.

guardavia [gwarda'via] m. invar. (neol.) [riparo stradale] barrière de sécurité, de protection ; garde-fou m.

guardavivande [gwardavi'vande] m. invar. garde-manger.

guardia ['gwardja] f. **1.** [sorveglianza, protezione] garde. | *dare in guardia*, donner en garde. | *sotto buona guardia*, sous bonne garde. | *cane da guardia*, chien de garde. | *fare la guardia a qlco.*, garder qch. || PER EST. *essere di guardia*, être de garde. | *medico di guardia*, médecin de garde. | *guardia medica*, poste de secours. || **2.** MIL. *montare la guardia*, monter la garde. | *fare la guardia*, faire le guet. | *smontare la guardia*, descendre la garde, être relevé de la garde. | *cambio della guardia*, relève de la garde. | *corpo di guardia*, corps de garde. | *soldato di guardia*, sentinelle, factionnaire m. (lett.). || **3.** MAR. *montare la guardia*, faire le quart, être de quart. || **4.** [scherma o pugilato] garde. | *essere in guardia*, être en garde. || **5.** [posizione di difesa] garde. | *mettersi in guardia*, se mettre en garde. | *stare in guardia*, se tenir sur ses gardes, à carreau (fam.). | *mettere qlcu. in guardia*, mettre qn en garde, crier casse-cou à qn. || **6.** [corpo di agenti o soldati] garde. | *guardia d'onore*, garde d'honneur. | *guardia nazionale*, garde nationale. | *corpo di guardia*, corps de garde. || MAR. bordée. | (antiq.) *guardia notturna*, guet m. || **7.** [ognuno degli appartenenti a certi corpi armati] garde m., guet m. (antiq.). | *guardia del corpo*, garde du corps. | *guardia campestre*, garde champêtre. | *guardia giurata*, garde assermenté. | *guardia di finanza*, douanier, agent des douanes. | *guardia notturna*, veilleur, gardien de nuit. | *guardia carceraria*, gardien de prison ; geôlier. || **8.** [agente di polizia] agent (m.) de police. | *guardia di città*, sergent de ville. | *guardia in borghese*, agent en civil. || LOC. FIG. *giocare a guardie e ladri*, jouer aux gendarmes et aux voleurs. || **9.** [guardamano] garde. || **10.** [di un fiume] cote d'alerte. || **11.** TIP. garde, page de garde.

guardiacaccia [gwardja'kattʃa] m. V. GUARDACACCIA.

guardiamarina [gwardjama'rina] m. MAR., MIL. enseigne de vaisseau de deuxième classe.

guardiano [gwar'djano] m. gardien. | *guardiano di una villa*, gardien d'une villa. | *guardiano di prigione*, gardien de prison. | *guardiano notturno*, gardien, veilleur de nuit. || [di animali] gardeur.

guardina [gwar'dina] f. chambre de sûreté, dépôt m., poste (m.) de police. | *passare la notte in guardina*, passer la nuit au poste (de police), passer la nuit au clou (pop.). | *mettere in guardina*, mettre au violon (fam.), au bloc (fam.).

guardingo [gwar'dingo] agg. circonspect.

guardiola [gwar'djɔla] f. [del portinaio, ecc.] loge. || STOR. MIL. poivrière, échauguette.

guardo ['gwardo] m. POET. V. SGUARDO.

guardone [gwar'done] m. (neol.) voyeur.

guardrail ['gɑ:dreil] m. [ingl.] V. GUARDAVIA.

guarentigia [gwaren'tidʒa] f. GIUR. garantie. | *legge delle guarentigie*, loi des garanties.

guari ['gwari] avv. (antiq.) [non molto] guère (L.C.). || [poco fa] *or non è guari*, il n'y a pas longtemps.

guaribile [gwa'ribile] agg. guérissable. | *è stato giudicato guaribile in dieci giorni*, le médecin a estimé qu'il guérirait en dix jours.

guarigione [gwari'dʒone] f. guérison.

guarire [gwa'rire] v. tr. PR. e FIG. guérir. | *guarire qlcu. da una malattia*, guérir qn d'une maladie. | *l'aspirina guarisce il mal di testa*, l'aspirine guérit les maux de tête. ◆ v. intr. guérir. || FIG. *guarire da una cattiva abitudine*, guérir d'une mauvaise habitude. ◆ v. rifl. se guérir.

guaritore [gwari'tore] m. guérisseur.

guarnacca [gwar'nakka] f. houppelande.

guarnigione [gwarni'dʒone] f. MIL. garnison.

guarnire [gwar'nire] v. tr. garnir, orner. | *guarnire con chiodi, con bullette*, clouter. | *guarnire di pali*, hérisser de pieux. || CULIN. garnir. ◆ v. intr. *i fiori guarniscono sempre*, les fleurs sont toujours décoratives, font toujours un beau décor.

guarnitura [gwarni'tura] f. garniture. || [il guarnire] garnissage m.

guarnizione [gwarnit'tsjone] f. garniture. | *una guarnizione di trina*, une garniture de dentelle. || CULIN. garniture. || MECC. garniture. | *guarnizione di freno*, garniture de frein. | *guarnizione di tenuta*, joint d'étanchéité. | *guarnizione di ferro*, ferrure.

guasconata [gwasko'nata] f. gasconnade.

guascone [gwas'kone] agg. e n. PR. e FIG. gascon, gasconne.

guastafeste [gwasta'fɛste] m. invar. trouble-fête, rabat-joie (fam.).

guastamestieri [gwastames'tjɛri] m. gâcheur, bousilleur (fam.), gâte-métier (antiq.).

guastare [gwas'tare] v. tr. **1.** abîmer, endommager, détériorer, gâter, bousiller (fam.), esquinter (fam.). | *il gelo ha guastato le strade*, le gel a abîmé, a endommagé les routes. | *le caramelle guastano i denti*, les bonbons abîment les dents. || FIG. gâcher. | *guastare la propria vita*, gâcher sa vie. | *guastare un'amicizia*, gâcher une amitié. | *guastarsi la reputazione*, compromettre sa réputation. | *guastarsi la salute*, délabrer sa santé. | *guastarsi il sangue*, se faire du mauvais sang, des cheveux (pop.). || **2.** TECN. dérégler, détraquer, déranger. || **3.** [di cibo] gâter. || **4.** [di lavori a maglia, per rifarli] défaire. || **5.** [usato con senso intransitivo] faire du mal. | *un pizzico di sale non guasterebbe*, une pincée de sel ne ferait pas de mal. ◆ v. rifl. se gâter, s'abîmer, s'altérer, s'endommager, s'esquinter (fam.). | *la frutta si è guastata*, les fruits se sont gâtés, se sont abîmés. | *il vino si è guastato*, le vin s'est altéré, s'est éventé. | *temo che il tempo si guasti*, je crains que le temps ne se gâte. || *guastarsi con qlcu.*, se brouiller avec qn. || TECN. se dérégler, se détraquer.

guastatore [gwasta'tore] m. MIL. sapeur.

1. guasto ['gwasto] agg. endommagé, en panne. | *l'apparecchio è guasto*, l'appareil est en panne. | *la linea telefonica è guasta*, la ligne téléphonique est en dérangement. || [di meccanismi] détraqué. || [di cibo] détérioré, avarié, pourri, éventé. | *mele guaste*, pommes pourries. || MED. *dente guasto*, dent gâtée.

2. guasto ['gwasto] m. dégât, dommage. || [ad un

meccanismo] panne f., dérangement. ‖ FIG. *c'è del guasto tra di loro*, il y a de la brouille entre eux.
guatare [gwa'tare] v. tr. LETT., ANTIQ. regarder (L.C.).
guazza ['gwattsa] f. rosée. | *molle dalla guazza*, baigné de rosée.
guazzabuglio [gwattsa'buʎʎo] m. fatras (peggior.), fouillis, gâchis, embrouillamini (fam.), méli-mélo (fam.), cafouillage (fam.), cafouillis (fam.). | *un guazzabuglio di carte*, un fatras de papiers. | *un guazzabuglio di idee*, un chaos d'idées. | *che guazzabuglio!*, quel cafouillage, quel fouillis!
guazzare [gwat'tsare] v. intr. barboter, patauger. ‖ FIG. *guazzare nella ricchezza*, nager dans l'or.
guazzo ['gwattso] m. flaque f., mare f. ‖ PITT. gouache f. | *dipingere a guazzo*, peindre à la gouache.
guelfismo [gwel'fizmo] m. STOR. guelfisme.
guelfo ['gwɛlfo] agg. e m. STOR. guelfe.
guercio ['gwertʃo] agg. qui louche, bigle, bigleux (pop.). | *essere guercio*, loucher (v. intr.), bigler (pop.). ◆ n. loucheur, euse; louchon (fam.); bigle.
guerra ['gwɛrra] f. guerre. | *dichiarare guerra a*, déclarer la guerre à. | *partire per la guerra*, aller en, à la guerre, aller au casse-gueule (pop.), au casse-pipe(s) (fam.). | *il periodo fra le due guerre*, l'entre-deux-guerres m. o f. ‖ PER EST. *guerra fredda*, guerre froide. | *guerra dei nervi*, guerre des nerfs. ‖ FIG. guerre, conflit m., querelle. | *guerra di interessi*, conflit d'intérêts. | *guerra a coltello*, guerre à outrance. | *guerra di partiti*, guerre de partis.
guerrafondaio [gwerrafon'dajo] agg. e m. belliciste, partisan de la guerre à outrance, jusqu'au-boutiste.
guerraiolo [gwerra'jɔlo] m. V. GUERRAFONDAIO.
guerreggiare [gwerred'dʒare] v. intr. guerroyer, faire la guerre (à). ◆ v. tr. combattre, guerroyer.
guerresco [gwer'resko] agg. guerrier, de guerre. | *racconto guerresco*, récit guerrier, histoire de guerre. | *imprese guerresche*, exploits guerriers. ‖ FIG. [bellicoso] belliqueux, guerrier.
guerriero [gwer'rjɛro] agg. e m. guerrier.
guerriglia [gwer'riʎʎa] f. MIL. guérilla.
guerrigliero [gwerriʎ'ʎɛro] m. guérillero.
gufare [gu'fare] v. intr. huer, ululer, boubouler. ‖ PER EST. donner des signes d'impatience.
gufo ['gufo] m. ZOOL. hibou. | *gufo reale*, grand duc. | *gufo comune*, moyen duc.
guglia ['guʎʎa] f. ARCHIT. flèche, aiguille. | *la guglia del campanile*, la flèche du clocher. ‖ GEOGR. aiguille.
gugliata [guʎ'ʎata] f. aiguillée.
guglietta [guʎ'ʎetta] f. [dimin.] ARCHIT. clocheton m.
guida ['gwida] f. **1.** [persona] guide m. | *guida (di museo)*, guide (de musée). | *guida alpina*, guide de montagne. | *guida turistica*, cicérone m. | *fare da guida*, servir de guide. ‖ **2.** [direzione] direction, conduite. | *sotto la guida di*, sous la direction, la conduite de. ‖ **3.** [libro, manualetto] guide m., indicateur m. | *guida telefonica*, annuaire (m.) du téléphone. ‖ **4.** AUTOM. conduite, direction. | *scuola guida*, auto-école. | *passare gli esami di guida*, passer le permis de conduire, l'examen de conduite. ‖ **5.** [tappeto] chemin m. ‖ **6.** TECN. glissière, guide. | *guida di scorrimento*, coulisse. ‖ [azione] guidage m.
guidare [gwi'dare] v. tr. PR. e FIG. guider. | *lasciarsi guidare in una città che si conosce poco*, se laisser guider, se laisser piloter dans une ville que l'on connaît peu. ‖ [dirigere] diriger. | *guidare un'azienda*, diriger une entreprise. ‖ [veicoli, animali] conduire. | *guidare un'automobile*, conduire une voiture.
guidatore [gwida'tore] (**-trice** f.) m. conducteur, trice.
guiderdone [gwider'done] m. (lett.) récompense f. (L.C.).
guidoncino [gwidon'tʃino] m. AUTOM. fanion.
guidone [gwi'done] m. MAR., MIL., STOR. guidon.
guidoslitta [gwidoz'litta] f. SPORT bobsleigh m. (ingl.).
guindolo ['gwindolo] m. TESS. dévidoir.
guinzaglio [gwin'tsaʎʎo] m. laisse f. | *guinzaglio per quattro o sei cani*, harde f. ‖ FIG. *tenere qlcu. al guinzaglio*, tenir qn en laisse, en lisières.
guisa ['gwiza] f. manière, façon. | *in tal guisa*, de cette manière, de cette façon. | *a guisa di*, en guise de.
guitteria [gwitte'ria] f. [miseria, sordidezza] gueuserie. ‖ [prova di meschinità o di abiezione] cabotinage m.
guitto ['gwitto] agg. [senza dignità né decoro] minable. ◆ m. PEGGIOR. cabot, cabotin (fam.).
guizzante [gwit'tsante] agg. frétillant.
guizzare [gwit'tsare] v. intr. [di pesci, muoversi a scatti] frétiller. | *guizzare come un pesce*, frétiller comme un poisson. | *un lampo guizzò nel cielo*, un éclair passa dans le ciel, sillonna, raya le ciel. ‖ [sfuggire, scivolar via] glisser. | *mi guizzò via di mano*, il m'a glissé des mains, entre les doigts.
guizzo ['gwittso] m. [l'atto del guizzare] frétillement. ‖ [movimento inatteso, rapido o scattante] soubresaut, tressaillement. | *con un guizzo si liberò e fuggì via*, il se libéra d'un bond et s'enfuit.
guscio ['guʃʃo] m. [di uovo, noce] coque f. ‖ [di uovo, lumaca, ecc.] coquille f. ‖ [di legumi] cosse f. ‖ [di tartaruga o crostacei] carapace f. ‖ FIG. *rinchiudersi nel proprio guscio*, se renfermer, rentrer dans sa coquille. ‖ PER EST. [ossatura di una costruzione] coque f. ‖ ARCHIT. cavet, congé.
gustamento [gusta'mento] m. (raro) gustation f.
gustare [gus'tare] v. tr. [assaggiare] goûter (à). ‖ [assaporare] savourer, déguster. | *gustare un cibo*, déguster un mets. ‖ FIG. [godere] goûter. | *gustare un brano musicale*, goûter un morceau de musique. ◆ v. intr. [piacere] plaire. | *ti gusterebbe uno spuntino?*, que dirais-tu, ça te dirait de manger quelque chose? ‖ FIG. [riuscire gradito] plaire. | *è un'idea che mi gusta*, c'est une idée qui me plaît, qui me botte (fam.).
gustativo [gusta'tivo] agg. gustatif.
gustatore [gusta'tore] (**-trice** f.) m. (raro) [intenditore] connaisseur, euse.
gustevole [gus'tevole] agg. (raro) agréable. ‖ FIG. [divertente] divertissant, savoureux.
gusto ['gusto] m. **1.** [senso del gusto] goût. | *piacevole al gusto*, agréable au goût. ‖ **2.** [sapore] goût. | *avere un gusto cattivo*, avoir un mauvais goût. | *questo vino ha uno strano gusto*, ce vin a un goût bizzare. ‖ **3.** [di gelato] parfum. ‖ **4.** FIG. [godimento, piacere] goût, plaisir. | *prendere gusto a qlco.*, prendre plaisir, du goût à qch. | *che gusto ci trovi a fumare?*, quel plaisir trouves-tu à fumer? | *non c'è gusto a*, ce n'est pas amusant de, il n'y a pas de charme à. | *lavorare di gusto*, avoir le cœur à l'ouvrage. | *ridere di gusto*, rire de bon cœur. | *mangiare di gusto*, manger de bon appétit. | *addentare di gusto una mela*, mordre à belles dents une pomme. ‖ **5.** [desiderio, capriccio] fantaisie f. | *levarsi il gusto di*, se passer l'envie, la fantaisie de. | *prendersi il gusto di*, se payer le luxe de. ‖ **6.** [opinione, inclinazione] *ha dei gusti strani*, il a des goûts bizarres. | *essere di gusto a qlcu.*, être du goût de qn. | *è questione di gusti*, c'est affaire, c'est une question de goût. ‖ LOC. *sui gusti non si discute*, des goûts et des couleurs il ne faut pas discuter. ‖ **7.** [senso estetico] goût. | *avere buon gusto*, avoir bon goût, du goût. | *è privo di gusto*, il n'a pas de goût. | *vestire con gusto*, s'habiller avec goût, avec coquetterie. | *uno scherzo di cattivo gusto*, une plaisanterie de mauvais goût, de mauvais aloi. ‖ **8.** [stile] goût. | *di gusto classico*, dans le goût classique.
gustosità [gustosi'ta] f. saveur. ‖ FIG. piquant m.
gustoso [gus'toso] agg. [saporito] savoureux, friand (antiq.). | *una pietanza gustosa*, un mets délicieux, savoureux. ‖ FIG. savoureux, piquant. ‖ [divertente] amusant, divertissant.
guttaperca [gutta'pɛrka] f. gutta-percha.
gutturale [guttu'rale] agg. guttural. ◆ f. GRAMM. ANTIQ. gutturale (antiq.), vélaire.
gutturalismo [guttura'lizmo] m. son guttural.
gymkhana [dʒim'kaːnə] f. V. GINCANA.

h ['akka] f. e m. h m. | *h aspirata,* h aspiré. ‖ TELECOM. *h come hôtel,* h comme Henri. ‖ FIS. *bomba H,* bombe H, à hydrogène.
habanera [aba'nera] f. [spagn.] MUS. habanera.
habitat ['abitat] m. habitat.
habitus ['abitus] m. [lat.] MED. habitus.
haitiano [ai'tjano] agg. e m. haïtien.
hall [hɔ:l] f. [ingl.] (pl. *halls*) hall m.
handicap ['hændikæp] m. [ingl.] (pl. *handicaps*) handicap.
handicappato [andikap'pato] agg. e m. handicapé.
handicapper ['hændikæpə] m. [ingl.] (pl. *handicappers*) SPORT handicapeur.
hangar [ɑ̃'ga:r] m. [fr.] AER. hangar.
happening ['hæpəniŋ) m. [ingl.] happening.
harakiri [hara'kiri] m. invar. hara-kiri (pl. : hara-kiris).
harem ['arem] m. invar. harem m.
harmonium [ar'mɔnjum] m. invar. MUS. harmonium m.
hascisc [aʃ'ʃiʃ] m. hachisch, haschisch, haschich.
hawaiano [ava'jano] agg. e m. hawaïen.
hegeliano [ege'ljano] agg. FILOS. hégélien.
hegelismo [ege'lizmo] m. FILOS. hégélianisme.
henna ['ɛnna] f. BOT. henné m.
henné [e'ne] m. [fr.] V. HENNA.
henry ['hɛnri] m. [ingl.] ELETTR. henry.
herpes ['erpes] o **erpete** ['ɛrpete] m. MED. herpès.
hertz [hɛrts] m. FIS. hertz.
hertziano [er'tsjano] agg. FIS. hertzien. | *onde hertziane,* ondes hertziennes.
hevea [e'vɛa] f. BOT. hévéa m.
hickory ['hikəri] m. [ingl.] BOT. hickory.
hindi ['indi] agg. e m. hindi.
hindustani [indus'tani] agg. hindoustani.
hinterland ['hintərlant] m. [ted.] hinterland, arrière-pays.
hitleriano [hitle'rjano] agg. e m. hitlérien.
hitlerismo [hitle'rizmo] m. hitlérisme.
hobby ['hɔbi] m. [ingl.] (pl. *hobbies*) hobby.
hockeista [okke'ista] m. SPORT hockeyeur.
hockey ['hɔki] m. [ingl.] SPORT hockey. | *hockey su prato,* hockey sur gazon.
holding ['houldiŋ] f. [ingl.] FIN. holding m.
hollywoodiano [ollivu'djano] agg. (neol.) hollywoodien.
hoplà [ɔp'la] interiez. hop!
hostess ['houstis] f. [ingl.] (pl. *hostesses*) AER. hôtesse de l'air. ‖ [accompagnatrice] hôtesse d'accueil.
hôtel [o'tɛl] m. [fr.] (pl. *hôtels*) hôtel.
humour ['hju:mə] m. [ingl.] humour.
humus ['umus] m. GEOL. humus.
hurrà [ur'ra] interiez. hourra!

I

1. i [i] m. e f. i m. ‖ TELECOM. *i come Imola,* i comme Irma. ‖ FIG. *mettere i puntini sugli i,* mettre les points sur les i.
2. i [i] art. det. m. pl. V. IL 1.
iacinteo [jatʃin'tɛo] agg. (lett.) [colore] hyacinthe.
ialino [ja'lino] agg. hyalin.
ialite [ja'lite] f. hyalite.
ialoide [ja'lɔide] agg. hyaloïde. ◆ m. ANAT. humeur (f.) hyaloïde.
iamatologia [jamatolo'dʒia] f. étude de la langue et de la culture japonaises.
iamatologo [jama'tɔlogo] n. japonisant.
iarda ['jarda] f. yard m.
iato ['jato] m. PR. e FIG. hiatus.
iattanza [jat'tantsa] f. jactance.
iattura [jat'tura] f. [poco comm.] malchance, malheur m.
iberico [i'bɛriko] agg. ibérique.
ibernamento [iberna'mento] m. V. IBERNAZIONE.
ibernante [iber'nante] agg. hibernant.
ibernare [iber'nare] v. intr. hiberner.
ibernazione [ibernat'tsjone] f. ZOOL., MED. hibernation.
ibidem [i'bidem] avv. ibidem (lat.).
ibis ['ibis] m. ZOOL. ibis.
ibisco [i'bisko] m. BOT. hibiscus, ketmie f.
ibridare [ibri'dare] v. tr. hybrider.
ibridazione [ibridat'tsjone] f. hybridation.
ibridismo [ibri'dizmo] m. hybridisme, hybridité f. (anche fig.).
ibrido ['ibrido] agg. hybride (anche fig.). ◆ m. BOT., ZOOL. hybride. ‖ FIG. mélange hybride. | *il suo stile è un ibrido,* son style est un mélange hybride.
icastica [i'kastika] f. (lett.) = art (m.) de représenter la réalité par des images.
icastico [i'kastiko] agg. = représentant la réalité par des images. ‖ [chiaro] clair, réaliste, évident. | *stile icastico,* style évident. | *arte icastica,* art réaliste.
iceberg ['aisbə:g] m. [ingl.] GEOGR. iceberg.
icneumone [ik'nɛumone] m. ZOOL. ichneumon.
icnografia [iknogra'fia] f. ARCH. ichnographie.
icona [i'kɔna] f. RELIG. icône.
iconoclasta [ikono'klasta] n. e agg. iconoclaste, briseur d'images.
iconoclastia [ikonoklas'tia] f. iconoclasme m., iconoclastie.
iconoclastico [ikono'klastiko] agg. PR. e FIG. iconoclaste.
iconografia [ikonogra'fia] f. iconographie. ‖ [insieme d'immagini di stessa ispirazione] imagerie. | *iconografia romantica,* imagerie romantique.
iconografico [ikono'grafiko] agg. iconographique.
iconografo [iko'nɔgrafo] m. iconographe.
iconolatria [ikonola'tria] f. iconolâtrie.
iconologia [ikonolo'dʒia] f. iconologie.
iconoscopio [ikonos'kɔpjo] m. T.V. iconoscope.
iconostasi [iko'nɔstazi] f. ARCHIT. iconostase.
icosaedro [ikoza'ɛdro] m. GEOM. icosaèdre.
ictus ['iktus] m. MED., POES. [metrica] ictus.
idea [i'dɛa] f. idée. | *l'idea del bene e del male,* l'idée

du bien et du mal. | *è la sua idea fissa*, c'est son idée fixe, c'est son dada (fam.). | *avere idee nere*, avoir des idées noires, de sombres pensées. | *un'idea geniale*, une idée, un trait de génie. | *destare in qlcu. l'idea di*, donner à qn l'idée de. | *ho idea di divertirmi*, j'ai (dans l')idée de m'amuser. | *ho una mezza idea di*, j'ai presque envie de. | *alla sola idea di vederlo*, à la seule idée de le voir, rien que de le voir. | *ho idea che non partiremo più*, j'ai idée, dans l'idée que nous ne partirons plus. | *hai idea di ciò che ti aspetta?*, as-tu (une) idée de ce qui t'attend? | *non ho la più pallida, la minima idea di*, je n'ai pas la moindre idée de. | *farsi un'idea di qlco.*, se faire une idée de qch. | *non avete idea di quanto sia difficile*, vous n'avez aucune idée, pas idée de la difficulté de la chose. | *che (razza di) idea!*, quelle (drôle d')idée! | *è solo una tua idea*, tu te fais des idées, ce sont des idées que tu te fais. | *cambiar idea*, changer d'idée, d'avis; changer son fusil d'épaule. || LOC. *ho la vaga idea che*, j'ai la vague impression, vaguement l'impression que. | *non dà l'idea di*, il ne donne pas l'impression de. | *essere di idee aperte*, avoir l'esprit large, être large d'idées. | *neanche per idea*, jamais de la vie, absolument pas, pas du tout. || [piccola quantità, rassomiglianza] idée, soupçon m. | *mettine appena un'idea*, mets-en juste un soupçon.

ideabile [ide'abile] agg. concevable, imaginable.

ideale [ide'ale] agg. idéal. ◆ m. idéal. | *un uomo senza ideale*, un homme sans idéal. | *l'ideale sarebbe di*, l'idéal (ce) serait de. | *quest'appartamento non è il mio ideale*, cet appartement n'est pas l'idéal, n'est pas exactement ce que je voudrais.

idealismo [idea'lizmo] m. FILOS. idéalisme.

idealista [idea'lista] m. e f. idéaliste.

idealistico [idea'listiko] agg. idéaliste.

idealità [ideali'ta] f. idéalité. || [ideale] idéal m.

idealizzare [idealid'dzare] v. tr. idéaliser.

idealizzazione [idealiddzat'tsjone] f. idéalisation.

ideare [ide'are] v. tr. concevoir, imaginer, inventer, projeter. | *ideare un piano*, concevoir, échafauder un plan. | *ideare un viaggio*, projeter un voyage. | *questo mobile è stato ideato da un famoso architetto*, ce meuble a été imaginé, conçu par un célèbre architecte. | *è stato recentemente ideato un nuovo metodo di lavoro*, on a récemment imaginé une nouvelle méthode de travail.

ideativo [idea'tivo] agg. FILOS. relatif à l'idéation.

ideatore [idea'tore] m. inventeur, créateur.

ideazione [ideat'tsjone] f. FILOS. idéation.

idem ['idem] avv. [lat.] idem, itou (fam.).

identicità [identitʃi'ta] f. V. IDENTITÀ.

identico [i'dɛntiko] agg. identique.

identificabile [identifi'kabile] agg. identifiable.

identificare [identifi'kare] v. tr. identifier. ◆ v. rifl. s'identifier à, avec.

identificazione [identifikat'tsjone] f. identification.

identi-kit [identi'kit] m. [ingl.] portrait-robot.

identità [identi'ta] f. identité. | *carta d'identità*, carte d'identité. | *accertare l'identità di una firma*, vérifier l'identité d'une signature.

ideografia [ideogra'fia] f. idéographie.

ideogramma [ideo'gramma] m. idéogramme.

ideologia [ideolo'dʒia] f. idéologie.

ideologico [ideo'lɔdʒiko] agg. idéologique.

ideologismo [ideolo'dʒizmo] m. idéologie f.

ideologista [ideolo'dʒista] o **ideologo** [ide'ɔlogo] m. idéologue.

ideomotorio [ideomo'tɔrjo] agg. PSICOL. idéo-moteur, trice.

idi ['idi] m. e f. pl. STOR. ides f. pl.

idilliaco [idil'liako] o **idillico** [i'dilliko] agg. idyllique.

idillio [i'dilljo] m. LETT. idylle f. (anche fig.).

idioma [i'djɔma] m. idiome.

idiomatico [idjo'matiko] agg. idiomatique.

idiosincrasia [idjosinkra'zia] f. MED. idiosyncrasie. || LETT. aversion, horreur. | *ha una vera idiosincrasia per lo studio*, il a horreur des, il déteste les études.

idiota [i'djɔta] agg. e n. PR. e FIG. idiot.

1. idiotismo [idjo'tizmo] m. GRAMM. idiotisme.

2. idiotismo [idjo'tizmo] m. MED. idiotie f.

idiozia [idjot'tsia] f. MED. idiotie. || FIG. idiotie, bêtise.

idolatra [ido'latra] agg. e m. PR. e FIG. idolâtre.

idolatrare [idola'trare] v. tr. idolâtrer.

idolatria [idola'tria] f. idolâtrie.

idolatrico [ido'latriko] agg. idolâtre.

idoleggiare [idoled'dʒare] v. tr. (lett.) idolâtrer, faire son idole (de).

idolo ['idolo] m. PR. e FIG. idole f.

idoneamente [idonea'mente] avv. convenablement.

idoneità [idonei'ta] f. aptitude, capacité. || GIUR. habilité (antiq.), capacité. || UNIV. admissibilité. | *esami di idoneità*, examens d'aptitude professionnelle.

idoneo [i'dɔneo] agg. apte. | *idoneo all'esercizio di una professione*, apte à l'exercice d'une profession. || [conveniente] propre (à), approprié, adéquat. | *è un posto idoneo alle sue possibilità*, c'est une place qui convient bien à ses possibilités. | *mi sembra il mezzo più idoneo*, cela me paraît le moyen le plus indiqué (pour), le meilleur. || GIUR. habile, idoine. || MIL. bon. | *essere dichiarato idoneo (al servizio militare)*, être déclaré bon pour le service (militaire). || UNIV. admissible.

idra ['idra] f. MIT., ZOOL. hydre.

idracido [i'dratʃido] agg. CHIM. hydracide.

idrante [i'drante] m. prise (f.) d'eau, bouche (f.) d'eau. || [antincendio] lance (f.) à incendie. || [autobotte] camion d'arrosage.

idratante [idra'tante] agg. CHIM. hydratant.

idratare [idra'tare] v. tr. CHIM. hydrater.

idratato [idra'tato] agg. CHIM. hydraté. ◆ m. CHIM. hydrate.

idratazione [idratat'tsjone] f. CHIM., MED. hydratation.

idrato [i'drato] agg. e m. CHIM. hydrate. | *calce idrata*, hydrate de calcium.

idraulica [i'draulika] f. hydraulique.

idraulico [i'drauliko] agg. hydraulique. | *pressa idraulica*, presse hydraulique. | *ingegnere idraulico*, ingénieur spécialisé en hydraulique; hydraulicien m. ◆ m. plombier.

idrico ['idriko] agg. hydrique.

idrocarburo [idrokar'buro] m. CHIM. hydrocarbure.

idrocefalia [idrotʃefa'lia] f. MED. hydrocéphalie.

idrocefalico [idrotʃe'faliko] agg. e m. MED. hydrocéphale.

idrocefalo [idro'tʃɛfalo] m. MED. hydrocéphale.

idrodinamica [idrodi'namika] f. FIS. hydrodynamique.

idrodinamico [idrodi'namiko] agg. hydrodynamique.

idroelettrico [idroe'lɛttriko] agg. hydro-électrique. | *impianto idroelettrico*, installation (f.) hydro-électrique.

idrofilo [i'drɔfilo] agg. hydrophile. ◆ m. ZOOL. hydrophile.

idrofobia [idrofo'bia] f. MED. hydrophobie. || PER EST. MED. rage.

idrofobo [i'drɔfobo] agg. hydrophobe. || [rabbioso] enragé. | *cane idrofobo*, chien enragé. || FIG. FAM. furieux, enragé. | *il bambino diventava idrofobo se non lo si faceva giocare*, l'enfant devenait enragé si on ne le faisait pas jouer.

idrofugo [i'drɔfugo] agg. e m. hydrofuge.

idrogenare [idrodʒe'nare] v. tr. CHIM. hydrogéner.

idrogenazione [idrodʒenat'tsjone] f. CHIM. hydrogénation.

idrogenione [idrodʒe'njone] m. CHIM. ion d'hydrogène.

idrogeno [i'drɔdʒeno] m. CHIM. hydrogène. || FIS. *bomba all'idrogeno*, bombe à hydrogène, bombe H.

idrografia [idrogra'fia] f. hydrographie.

idrografico [idro'grafiko] agg. hydrographique.

idrografo [i'drɔgrafo] m. hydrographe.

idrolisi [i'drɔlizi] f. CHIM. hydrolyse.

idrolitico [idro'litiko] agg. CHIM. relatif à l'hydrolyse.

idrolizzare [idrolid'dzare] v. tr. hydrolyser.

idrologia [idrolo'dʒia] f. hydrologie.

idrologico [idro'lɔdʒiko] agg. hydrologique.

idromele [idro'mɛle] m. hydromel.

idrometra [i'drɔmetra] m. ZOOL. hydromètre f.

idrometrico [idro'mɛtriko] agg. hydrométrique.

idrometro [i'drɔmetro] m. FIS. hydromètre.

idropico [i'drɔpiko] agg. MED. hydropique.

idropinico [idro'piniko] agg. MED. hydrothérapique.

idropinoterapia [idropinotera'pia] f. MED. hydrothérapie.
idropisia [idropi'zia] f. MED. hydropisie.
idroricognitore [idrorikoɲɲi'tore] m. AER. hydravion de reconnaissance.
idroscalo [idros'kalo] m. AER. hydrobase f. ; base (f.) pour hydravions.
idroscivolante [idroʃʃivo'lante] m. MAR. hydroglisseur.
idrosfera [idros'fɛra] f. GEOL. hydrosphère.
idrosilurante [idrosilu'rante] m. AER. MIL. hydravion torpilleur.
idrossido [i'drɔssido] m. CHIM. hydroxyde.
idrossile [idros'sile] m. V. OSSIDRILE.
idrostatica [idros'tatika] f. FIS. hydrostatique.
idrostatico [idros'tatiko] agg. FIS. hydrostatique.
idroterapeutico [idrotera'pɛutiko] agg. V. IDROTERAPICO.
idroterapia [idrotera'pia] f. MED. hydrothérapie.
idroterapico [idrote'rapiko] agg. MED. hydrothérapique.
idrotermale [idroter'male] agg. MED. hydrothermal.
idrovia [idro'via] f. voie d'eau.
idrovolante [idrovo'lante] m. AER. hydravion.
idrovora [i'drɔvora] f. MECC. pompe de drainage.
idrovoro [i'drɔvoro] agg. MECC. d'épuisement. | *pompa idrovora*, pompe de drainage, d'épuisement.
idrozoi [idrod'dzɔi] m. pl. ZOOL. hydrozoaires.
idruro [i'druro] m. CHIM. hydrure.
iella ['jɛlla] f. [dial. rom.] malchance, guigne (fam.), poisse (pop.), guignon m. (fam. antiq.). | *che iella !*, quelle guigne ! (fam.), quelle poisse (pop.) ! | *portare iella a qlcu.*, porter (la) poisse à qn. | *avere la iella*, avoir la poisse (pop.), jouer de malheur (m.).
iellato [jel'lato] agg. [dial. rom.] malchanceux. | *essere iellato*, avoir la guigne (fam.), avoir la poisse (pop.), jouer de malheur, de malchance.
iemale [ie'male] agg. (lett.) [invernale] hiémal.
iena ['jɛna] f. ZOOL. hyène.
ieraticità [jeratitʃi'ta] f. (lett.) hiératisme m.
ieratico [je'ratiko] agg. (lett.) hiératique (anche fig.).
ieri ['jɛri] avv. hier. | *ieri sera*, hier (au) soir. | *ieri notte*, hier dans la nuit. | *ieri l'altro*, *l'altro ieri*, *avant'ieri*, avant-hier. ‖ LOC. FAM. *non è nato ieri*, il n'est pas né d'hier. ◆ m. hier. | *il giornale di ieri*, le journal d'hier.
iettatore [jetta'tore] m. jeteur de sorts, portemalheur, jettatore (it.).
iettatura [jetta'tura] f. [malocchio] (mauvais) sort m., mauvais œil m., jettatura (it.). | *fare la iettatura a qlcu.*, jeter un sort sur, à qn. ‖ PER EST. [sfortuna, disdetta] malchance, mauvaise chance, guigne (fam.), poisse (pop.), guignon m. (fam. antiq.). | *avere la iettatura addosso*, être poursuivi par la malchance, jouer de malchance.
I. G. E. ['idʒe] [sigla di Imposta Generale sull'Entrata] f. impôt (m.) sur les recettes.
igiene [i'dʒɛne] f. hygiène. | *igiene della scuola*, hygiène scolaire. | *igiene della bocca e dei denti*, hygiène bucco-dentaire. ‖ FIG. *igiene mentale*, hygiène mentale.
igienico [i'dʒɛniko] agg. de l'hygiène. | *norme igieniche*, normes de l'hygiène. ‖ [conforme all'igiene] hygiénique, salubre, sain. | *cibi igienici*, nourriture saine, hygiénique. | *impianti igienici*, installations sanitaires. | *carta igienica*, papier hygiénique. | *non è igienico mettersi a studiare subito dopo mangiato*, il n'est pas sain de se mettre à étudier immédiatement après avoir mangé. ‖ FAM. [consigliabile] recommandable.
igienista [idʒe'nista] m. e f. hygiéniste.
iglò [i'glɔ], **igloo** [i'glu] o **iglù** [i'glu] m. invar. igloo, iglou.
igname [iɲ'ɲame] m. BOT. igname f.
ignaro [iɲ'ɲaro] agg. [inesperto] ignorant. | *essere ignaro di qlco.*, ignorer qch., être ignorant de qch. ‖ [senza istruzione] ignorant, ignare. | *uno scolaro ignaro*, un écolier ignorant, ignare.
ignavia [iɲ'ɲavja] f. (lett.) indolence (L.C.), nonchalance (L.C.), mollesse (L.C.), apathie (L.C.).
ignavo [iɲ'ɲavo] agg. (lett.) indolent, nonchalant, paresseux.
igneo ['iɲɲeo] agg. (lett.) igné (L.C.). ‖ GEOL. igné.
ignifugo [iɲ'ɲifugo] agg. e m. CHIM. ignifuge. | *rendere ignifugo*, ignifuger (v. tr.).
ignito [iɲ'ɲito] agg. (lett.) igné (L.C.).
ignizione [iɲɲit'tsjone] f. ignition.
ignobile [iɲ'ɲɔbile] agg. ignoble. ‖ (lett.) [di bassa condizione sociale] roturier (L.C.).
ignobiltà [iɲɲobil'ta] f. bassesse, indignité. ‖ (lett.) [bassa condizione sociale] roture (L.C.).
ignominia [iɲɲo'minja] f. ignominie. ‖ FIG. [opera concepita o eseguita senza alcun gusto] horreur.
ignominioso [iɲɲomi'njoso] agg. ignominieux (litt.). ‖ [di persone] ignoble. | *un individuo ignominioso*, un ignoble individu.
ignorabile [iɲɲo'rabile] agg. qu'on peut ignorer.
ignorantaggine [iɲɲoran'taddʒine] f. ignorance. ‖ [atto o discorso da ignorante] bêtise.
ignorante [iɲɲo'rante] m. e agg. [privo di istruzione] ignorant, ignare (solo agg.). | *uno scolaro ignorante*, un écolier ignorant, ignare. ‖ [non informato, incompetente] ignorant. | *pareva del tutto ignorante dell'accaduto*, il semblait ignorer complètement ce qui s'était passé. ‖ [scortese] mufle, rustre. | *sarebbe da ignorante non rispondere alla sua lettera*, il serait impoli de, ce serait se comporter comme un mufle que de ne pas répondre à sa lettre.
ignorantello [iɲɲoran'tɛllo] agg. [dimin.] assez ignorant, plutôt ignorant.
ignorantone [iɲɲoran'tone] m. [accr.] ignorant, ignare, bête f., âne bâté (fam.).
ignoranza [iɲɲo'rantsa] f. ignorance. | *confesso la mia ignoranza in materia*, j'avoue mon ignorance en la matière. ‖ LOC. *l'ignoranza della legge non è ammessa*, nul n'est censé ignorer la loi.
ignorare [iɲɲo'rare] v. tr. ignorer. | *ignoravo che tu fossi tornato*, j'ignorais ton retour. ‖ LOC. *lei non ignora che*, vous n'êtes pas sans savoir que. | *beata ignoranza !*, bienheureuse ignorance !
ignoto [iɲ'ɲɔto] agg. e n. inconnu. | *autore ignoto*, auteur inconnu. | *per ignota destinazione*, pour une destination inconnue. | *il Milite Ignoto*, le Soldat inconnu. | *figlio di (genitori) ignoti*, fils de parents inconnus. ◆ m. *un viaggio verso l'ignoto*, un voyage vers l'inconnu.
ignudo [iɲ'ɲudo] agg. e m. (lett.) nu. | *il ferro ignudo*, l'épée (f.) nue. ‖ LOC. *vestire gli ignudi*, vêtir ceux qui sont nus.
igrometria [igrome'tria] f. hygrométrie.
igrometrico [igro'mɛtriko] agg. hygrométrique.
igrometro [i'grɔmetro] m. FIS. hygromètre.
igroscopia [igrosko'pia] f. hygroscopie.
igroscopico [igros'kɔpiko] agg. hygroscopique.
igroscopio [igros'kɔpjo] m. FIS. hygroscope.
iguana [i'gwana] f. ZOOL. iguane m.
iguanodonte [igwano'donte] m. ZOOL. iguanodon.
ih! interiez. [di sorpresa o d'insofferenza] oh ! | *ih, quante storie !*, oh, que d'histoires ! ‖ [di ribrezzo] pouah !, fi (donc) ! (antiq.). | *ih, che schifo !*, pouah !, quelle horreur !
1. il [il] art. det. m. sing. (davanti a consonanti che non siano affiancate a « s ») le, l' [davanti a vocali e h muta]. | *il pane*, le pain. | *il denaro*, l'argent. ◆ ***i*** m. pl. les. | *i libri*, les livres. | *i lampi*, les éclairs. ‖ [con idea di possesso] mon, ton, son, ecc. | *tutti amano il proprio paese*, chacun aime son propre pays. | *è uscito con i genitori*, il est sorti avec ses parents. | *mettiti il cappotto*, mets ton manteau. ‖ [omissione dell'articolo davanti a possessivo] *il suo cane*, son chien. | *i miei gatti*, mes chats. | *amare il lieto vivere*, aimer vivre joyeusement. ‖ [davanti a cognomi] *il Leopardi e il Foscolo erano poeti dell'800*, Leopardi et Foscolo étaient des poètes du XIXe siècle.
2. il [il] pron. pers. arc. e poet. [= lo] le. | *il riguardava*, il le regardait.
1. ilare ['ilare] agg. hilare, réjoui, joyeux. | *un viso ilare*, un visage épanoui. | *essere ilare in volto*, avoir une mine réjouie, une mine hilare.
2. ilare [i'lare] agg. ANAT. hilaire.
ilarità [ilari'ta] f. hilarité. | *suscitare l'ilarità*, déclencher l'hilarité.
ileo ['ileo] m. ANAT. [parte dell'intestino] iléon. ‖

ANAT. [osso del bacino] ilion, ilium. || MED. [occlusione intestinale] iléus.
1. iliaco [i'liako] agg. ANAT. iliaque. | *osso iliaco,* os iliaque.
2. iliaco [i'liako] agg. (lett.) d'Ilion. | *le iliache mura,* les murs d'Ilion.
ilice ['ilitʃe] f. V. ELCE, LECCIO.
ilio ['iljo] m. ANAT. ilion, ilium.
illacrimabile [illakri'mabile] agg. (lett.) indigne de larmes, indigne d'être pleuré (L.C.).
illacrimato [illakri'mato] agg. (lett.) non pleuré (L.C.).
illanguidimento [illangwidi'mento] m. alanguissement, langueur f.
illanguidire [illangwi'dire] v. tr. alanguir. ◆ v. intr. languir, s'alanguir.
illanguidito [illangwi'dito] agg. alangui, affaibli.
illativo [illa'tivo] agg. FILOS. inductif. | *ragionamento illativo,* raisonnement inductif. | *proposizioni illative,* propositions admises en vertu d'une inférence. || LING. illatif.
illazione [illat'tsjone] f. inférence, déduction. | *chi ti autorizza a fare codeste illazioni?,* qui t'autorise à faire de telles déductions? | *le sue illazioni apparvero così convincenti da...,* ses argumentations se montrèrent assez convaincantes pour...
illecitamente [illetʃita'mente] avv. illicitement, de façon illicite.
illecito [il'letʃito] agg. illicite. | *amore illecito,* amour illégitime. ◆ m. *illecito civile,* délit civil.
illegale [ille'gale] agg. illégal.
illegalità [illegali'ta] f. illégalité.
illegalmente [illegal'mente] avv. illégalement.
illeggiadrire [illedʒa'drire] v. tr. (lett.) embellir, enjoliver. ◆ v. intr. embellir, devenir joli.
illeggibile [illed'dʒibile] agg. illisible. | *scritto illeggibile,* grimoire m.
illegittimità [illedʒittimi'ta] f. illégitimité.
illegittimo [ille'dʒittimo] agg. illégitime. | *governo illegittimo,* gouvernement illégal. ◆ m. enfant illégitime.
illeso [il'lezo] agg. indemne, sain et sauf. | *uscire illeso da un incidente,* sortir indemne, sain et sauf d'un accident. || [intatto] intact. | *mantenere illeso un diritto,* maintenir un droit intact. || [incontaminato] sans tache. | *onore illeso,* honneur sans tache.
illetterato [illette'rato] agg. e m. illettré.
illibatezza [illiba'tettsa] f. virginité, intégrité. || [purezza] pureté.
illibato [illi'bato] agg. vierge. || [puro] pur, sans tache, irréprochable. | *costumi illibati,* mœurs pures.
illiberale [illibe'rale] agg. illibéral (raro).
illiceità [illitʃei'ta] f. illégalité, illégitimité. | *illiceità di una clausola,* illégalité d'une clause.
illimitatamente [illimitata'mente] avv. sans limites.
illimitatezza [illimita'tettsa] f. [non com.] extension illimitée.
illimitato [illimi'tato] agg. illimité. | *congedo per un periodo illimitato,* congé d'une durée illimitée.
illirico [il'liriko] agg. illyrien.
illividimento [illividi'mento] m. blêmissement.
illividire [illivi'dire] v. intr. blêmir, devenir livide, verdir. | *illividire per la paura,* blêmir, verdir de peur. ◆ v. tr. rendre livide, bleuir.
illogicità [illodʒitʃi'ta] f. illogisme m.
illogico [il'lɔdʒiko] agg. illogique.
illudere [il'ludere] v. tr. leurrer, illusionner (raro). | *illudere qlcu. con belle promesse,* leurrer qn par de belles promesses. | *tu la illudi,* tu lui donnes des illusions. ◆ v. rifl. se faire des illusions, s'illusionner, se leurrer. | *illudersi sul conto di qlcu.,* se faire des illusions sur qn. | *se credi di riuscire, t'illudi,* tu te trompes, si tu crois réussir. | *non c'è da illudersi,* il ne faut pas se faire d'illusions. || [credere vanamente] se flatter, croire. | *mi ero illuso di riuscire,* je me flattais, j'avais l'illusion de réussir, que je réussirais. | *non illuderti di,* ne crois pas...
illuminamento [illumina'mento] m. FIS. éclairement.
illuminante [illumi'nante] agg. éclairant. | *gas illuminante,* gaz éclairant, d'éclairage. || FIG. illuminant. | *grazia illuminante,* grâce illuminante.
illuminare [illumi'nare] v. tr. éclairer. | *il sole illumina la terra,* le soleil éclaire la terre. | *una finestra illumina la stanza,* une fenêtre éclaire la pièce. || [con intensità o a festa] illuminer. | *i lampadari illuminano il salotto durante i ricevimenti,* les lustres illuminent le salon pendant les réceptions. | *il teatro era illuminato a giorno,* le théâtre était illuminé a giorno, comme en plein jour. || FIG. [rendere radioso] éclairer, illuminer, épanouir. | *un sorriso gli illuminò il volto,* un sourire éclaira, illumina son visage, s'épanouit sur son visage. | *quest'amicizia illumina la sua vita,* cette amitié illumine, ensoleille sa vie. || [informare, precisare] éclairer, renseigner. || RELIG. [mostrare la verità] illuminer. ◆ v. rifl. s'éclairer, s'illuminer. || FIG. s'éclairer, s'illuminer, s'épanouir. | *i suoi occhi s'illuminarono di gioia,* ses yeux s'illuminèrent, s'éclairèrent de joie. | *a quella notizia, il suo viso s'illuminò,* à cette nouvelle, son visage s'illumina, s'épanouit.
illuminato [illumi'nato] agg. éclairé. || [con intensità] illuminé. | *illuminato a giorno,* illuminé a giorno, éclairé comme en plein jour. || FIG. éclairé. | *l'assolutismo illuminato,* le despotisme éclairé. || [catecumeno] catéchumène. ◆ m. pl. STOR. RELIG. illuminés.
illuminazione [illuminat'tsjone] f. **1.** éclairage m. | *l'illuminazione di una stanza,* l'éclairage d'une pièce. | *illuminazione a gas,* éclairage au gaz. | *tecnico dell'illuminazione,* éclairagiste m. || **2.** [con intensità] illumination. | *illuminazione della cattedrale,* l'illumination de la cathédrale. || FIG. illumination. | *un'improvvisa illuminazione gli fece trovare la soluzione,* une illumination soudaine, subite lui fit trouver la solution. || **3.** [di una cappella] luminaire m.
illuminismo [illumi'nizmo] m. STOR [movimento filos.] philosophie (f.) des lumières. || [periodo storico] siècle des lumières. || RELIG. illuminisme.
illuminista [illumi'nista] m. philosophe des lumières. ◆ agg. de la philosophie des lumières. | *pensiero illuminista,* pensée appartenant à la philosophie des lumières.
illuministico [illumi'nistiko] agg. de la, concernant la philosophie des lumières.
illune [il'lune] agg. (lett.) sans lune (L.C.).
illusione [illu'zjone] f. illusion. | *è un'illusione ottica,* c'est une illusion d'optique. || illusion, leurre m. | *le illusioni della gioventù,* les illusions de la jeunesse. | *farsi illusioni,* s'illusionner, se faire des illusions, se nourrir d'illusions. | *si fa delle illusioni,* il se fait des idées. | *è un'illusione,* c'est une idée que vous vous faites.
illusionismo [illuzjo'nizmo] m. illusionnisme.
illusionista [illuzjo'nista] m. e f. illusionniste.
illusionistico [illuzjo'nistiko] agg. de l'illusionnisme. | *effetti illusionistici,* effets d'illusionnisme.
illuso [il'luzo] agg. e part. pass. V. ILLUDERE. ◆ m. rêveur, utopiste, visionnaire, songe-creux. | *è un povero illuso,* ce n'est qu'un rêveur, un utopiste; il court après des chimères.
illusorio [illu'zɔrjo] agg. illusoire.
illustrare [illus'trare] v. tr. illustrer. | *illustrare un disegno di legge,* illustrer un projet de loi. ◆ v. rifl. (raro) s'illustrer (L.C.), se distinguer (L.C.).
illustrativo [illustra'tivo] agg. explicatif. | *note illustrative,* notices explicatives.
illustrato [illus'trato] agg. illustré. | *cartolina illustrata,* carte postale. | *periodico illustrato,* illustré m.
illustratore [illustra'tore] m. [chi correda d'illustrazioni] illustrateur. || [chi spiega un testo] commentateur.
illustrazione [illustrat'tsjone] f. illustration. | *illustrazione a colori,* gravure, illustration en couleurs. || [spiegazione] illustration, explication. | *illustrazione di un brano,* illustration, explication d'un passage.
illustre [il'lustre] agg. illustre.
illustrissimo [illus'trissimo] agg. illustrissime (scherz.), très illustre. || [nei titoli, non va tradotto] *illustrissimo signor Rossi,* monsieur Rossi.
illuvie [il'luvje] f. (lett.) ordure (L.C.), saleté (L.C.). || [alluvione] inondation (L.C.). || FIG. afflux m. (L.C.).
illuvione [illu'vjone] f. (lett.) inondation (L.C.).
ilo ['ilo] m. ANAT., BOT. hile.
ilota [i'lɔta] m. e f. STOR. ilote (anche fig.).
imalaiano [imala'jano] agg. himalayen.
imano [i'mano] m. iman, imam.
imbacuccare [imbakuk'kare] v. tr. emmitoufler,

affubler (iron.). ◆ v. rifl. s'emmitoufler, s'affubler (iron.).
imbacuccato [imbakuk'kato] agg. emmitouflé.
imbaldanzire [imbaldan'tsire] v. tr. enhardir. ◆ v. rifl. s'enhardir.
imballaggio [imbal'laddʒo] m. emballage. | *carta da imballaggio*, papier d'emballage, papier bulle. || [spese d'imballaggio] frais d'emballage.
1. imballare [imbal'lare] v. tr. emballer. | *imballare di nuovo*, remballer.
2. imballare [imbal'lare] v. tr. AUTOM. emballer. | *imballare un motore*, emballer un moteur. ◆ v. rifl. s'emballer.
imballato [imbal'lato] agg. emballé.
imballatore [imballa'tore] m. emballeur.
imballatura [imballa'tura] f. V. IMBALLAGGIO.
imballo [im'ballo] m. emballage. || [tessuto] toile (f.) d'emballage.
imbalsamare [imbalsa'mare] v. tr. embaumer. | *imbalsamare una salma*, embaumer un cadavre. || PER EST. [animali] naturaliser, empailler. | *imbalsamare una volpe*, naturaliser, empailler un renard.
imbalsamatore [imbalsama'tore] m. embaumeur. || [di animali] empailleur, naturaliste, taxidermiste.
imbalsamazione [imbalsamat'tsjone] f. embaumement m. || [di animali] empaillage m., naturalisation, taxidermie.
imbambolato [imbambo'lato] agg. ébahi, ahuri. | *guardare con aria imbambolata*, regarder d'un air ahuri, d'un air égaré. | *non startene lì imbambolato*, ne reste pas là figé, à bayer aux corneilles, à rire aux anges.
imbandieramento [imbandjera'mento] m. pavoisement. | *predisporre l'imbandieramento per la festa*, pavoiser pour la fête.
imbandierare [imbandje'rare] v. tr. pavoiser.
imbandigione [imbandi'dʒone] f. (lett.) repas m. (L.C.), banquet m. (L.C.). || [l'imbandire] préparation des mets, apprêt m. (antiq.). || [vivande imbandite] mets apprêtés. | *una ricca imbandigione*, un banquet somptueux, une table somptueusement servie.
imbandire [imban'dire] v. tr. apprêter, préparer un repas. | *imbandire la cena*, servir le dîner. | *imbandire la tavola*, dresser, mettre le couvert. || FIG. (iron.) *imbandire un gran discorso*, entamer, tenir un grand discours.
imbandito [imban'dito] agg. préparé. | *una tavola imbandita per trenta persone*, un couvert dressé pour trente personnes ; une table de trente couverts. | *tenere tavola imbandita*, tenir table ouverte (antiq.).
imbando [im'bando] m. MAR. *dare imbando a un cavo, mollare l'imbando*, donner du mou à un cordage.
imbarazzante [imbarat'tsante] agg. gênant, embarrassant. | *trovarsi in una situazione imbarazzante*, se trouver dans une situation embarrassante.
imbarazzare [imbarat'tsare] v. tr. embarrasser, gêner, encombrer. | *imbarazzare una manovra*, gêner une manœuvre. | *imbarazzare il tavolo con dei libri*, encombrer, embarrasser la table avec des livres. || FIG. [mettere a disagio] gêner, embarrasser, mettre dans l'embarras. | *questa domanda lo imbarazza sempre*, cette question le met toujours dans l'embarras, l'embarrasse toujours. | *la sua presenza mi imbarazza*, sa présence me gêne.
imbarazzato [imbarat'tsato] agg. embarrassé, encombré. || MED. *essere imbarazzato di stomaco*, avoir l'estomac chargé, embarrassé. || FIG. gêné, embarrassé.
imbarazzo [imba'rattso] m. embarras, gêne f. | *essere d'imbarazzo*, gêner v. tr. | *mettere qlcu. in imbarazzo*, mettre qn dans l'embarras. | *la tua richiesta mi mette molto in imbarazzo*, ta demande me gêne beaucoup. | *vi fu un momento di imbarazzo e di silenzio*, il y eut un moment de gêne et de silence. | *levare qlcu. d'imbarazzo*, tirer qn d'embarras, dépanner qn (fam.). || MED. *imbarazzo di stomaco*, embarras gastrique, d'estomac.
imbarbarimento [imbarbari'mento] m. STOR. retour à la barbarie. | *l'imbarbarimento della lingua*, la corruption de la langue.
imbarbarire [imbarba'rire] v. tr. rendre barbare. | *le invasioni hanno imbarbarito il mondo latino*, les invasions ont apporté la barbarie dans le monde latin. | *i costumi si imbarbariscono*, les mœurs se corrompent, se dégradent, deviennent barbares.
imbarcadero [imbarka'dɛro] m. MAR. débarcadère, embarcadère.
imbarcare [imbar'kare] v. tr. embarquer. | *imbarcare i passeggeri*, embarquer les passagers. | *imbarcare un colpo di mare*, embarquer un paquet de mer. || FIG. embarquer, entraîner, pousser. | *è stato imbarcato in una losca faccenda*, il a été embarqué, entraîné dans une affaire louche. ◆ v. rifl. s'embarquer, embarquer. || FIG. s'embarquer, s'engager. || TECN. [di legnami o mobili che s'incurvano] se tordre, se gondoler, se déjeter, gauchir (v. intr.). | *il legno si è imbarcato*, le bois a joué, travaillé.
imbarcato [imbar'kato] agg. embarqué. || [deformato] gauche, déformé. | *una trave imbarcata*, une poutre gauche, déformée.
imbarcatoio [imbarka'tojo] m. MAR. débarcadère, embarcadère.
imbarcazione [imbarkat'tsjone] f. embarcation, bateau m. || [l'imbarcare] (raro) embarquement m.
imbarco [im'barko] m. embarquement. | *avviarsi all'imbarco*, se diriger vers le quai d'embarquement, vers l'embarcadère. | *ottenere un imbarco come nostromo a bordo di una nave*, s'embarquer comme maître d'équipage à bord d'un navire.
1. imbardare [imbar'dare] v. tr. [un cavallo] barder.
2. imbardare [imbar'dare] v. intr. e rifl. MAR. embarder.
imbardata [imbar'data] f. MAR. embardée.
imbarilare [imbari'lare] v. tr. [di pesce] encaquer, caquer, pacquer, mettre en barriques. | *imbarilare le aringhe*, encaquer les harengs.
imbasciata [imbaʃ'ʃata] f. (antiq.) [solo nel significato di comunicazione di carattere privato] ambassade.
imbastardimento [imbastardi'mento] m. abâtardissement.
imbastardire [imbastar'dire] v. tr. PR. e FIG. abâtardir. ◆ v. rifl. PR. e FIG. s'abâtardir, dégénérer.
imbastare [imbas'tare] v. tr. bâter.
imbastire [imbas'tire] v. tr. faufiler, bâtir. | *imbastire le maniche di una camicia*, faufiler, bâtir les manches d'une chemise. | *filo da imbastire*, fil à bâtir. || FIG. [abbozzare] ébaucher, charpenter, échafauder. | *imbastire un piano di lavoro*, ébaucher, charpenter un plan de travail. | *imbastire un discorso*, échafauder, ébaucher un discours. | *imbastire delle trattative*, entamer des négociations.
imbastito [imbas'tito] agg. faufilé. || SPORT (neol.) épuisé, éreinté.
imbastitura [imbasti'tura] f. [l'imbastire] faufilure, faufilage m. || [lavoro cucito provvisoriamente] bâti m., faufilure. || [filo dell'imbastitura] faufil m. | *togliere l'imbastitura*, défaufiler ; enlever le bâti. || FIG. ébauche. || SPORT (neol.) [sfinimento, spossamento] éreintement m., épuisement m.
imbattersi [im'battersi] v. rifl. tomber (sur), rencontrer. | *imbattersi in qlcu.*, tomber sur qn, rencontrer qn, se trouver face à face avec qn. || FIG. rencontrer, se heurter (à). | *imbattersi in qualche difficoltà*, rencontrer, se heurter à des difficultés. | *imbattersi in un osso duro*, tomber sur un os (fam.), se heurter à un mur. | *imbattersi bene*, bien tomber.
imbattibile [imbat'tibile] agg. imbattable.
imbattibilità [imbattibili'ta] f. invincibilité.
imbavagliare [imbavaʎ'ʎare] v. tr. bâillonner. || FIG. bâillonner, museler. | *imbavagliare la stampa*, bâillonner, museler la presse.
imbeccare [imbek'kare] v. tr. donner la becquée (à), embecquer (antiq.). || FIG. faire la leçon (à), endoctriner, seriner.
imbeccata [imbek'kata] f. becquée. || FIG. [suggerimento, istruzione] *l'alunno aspettava l'imbeccata*, l'élève attendait qu'on lui souffle la réponse. | *dare l'imbeccata a qlcu.*, faire la leçon à qn, souffler ses réponses à qn. | *bisogna sempre dargli l'imbeccata*, il faut toujours tout lui dire, lui mâcher la besogne. | *non ho bisogno dell'imbeccata*, je n'ai pas besoin qu'on me dise ce que je dois faire.
imbecillaggine [imbetʃil'laddʒine] f. imbécillité.

imbecille [imbe'tʃille] agg. imbécile. | *è un perfetto imbecille,* c'est le roi des imbéciles. | *che imbecille!,* quel imbécile!, quelle cloche! (pop.).
imbecillità [imbetʃilli'ta] f. imbécillité.
imbelle [im'bɛlle] agg. [inetto alla guerra] pacifiste, non belliqueux. ‖ PER EST. [remissivo e vile] pusillanime, timoré, veule.
imbellettamento [imbelletta'mento] m. V. IMBELLETTATURA.
imbellettare [imbellet'tare] v. tr. PR. e FIG. farder, maquiller. ◆ v. rifl. se farder, se maquiller.
imbellettatura [imbelletta'tura] f. maquillage m. ‖ FIG. (peggior.) enjolivement m., enjolivure, embellissement m.
imbellire [imbel'lire] v. tr. e intr. embellir. | *un ritratto che imbellisce,* un portrait flatteur.
imberbe [im'bɛrbe] agg. imberbe. | *viso imberbe,* visage imberbe, glabre.
imberrettare [imberret'tare] v. tr. coiffer d'un bonnet.
imbestialire [imbestja'lire] v. intr. e rifl. [abbrutirsi] (s')abêtir. ‖ [adirarsi] enrager, s'emporter, devenir fou de rage. | *far imbestialire qlcu,* faire enrager qn, pousser à bout qn.
imbevere [im'bevere] v. tr. imbiber, imprégner. ◆ v. rifl. s'imbiber, s'imprégner (anche fig.).
imbevibile [imbe'vibile] agg. imbuvable.
imbevuto [imbe'vuto] agg. imbibé, imprégné. ‖ FIG. imbu, imprégné, pénétré. | *imbevuto di pregiudizi,* imbu de préjugés.
imbiaccare [imbjak'kare] v. tr. enduire de céruse. ◆ v. rifl. (scherz.) [truccarsi male] s'enfariner, se plâtrer.
imbiancamento [imbjanka'mento] m. blanchiment.
imbiancare [imbjan'kare] v. tr. blanchir. ‖ [rivestire di bianco i muri] blanchir, peindre, repeindre, badigeonner. | *imbiancare una stanza,* repeindre une pièce. | *imbiancare una parete,* badigeonner un mur. ‖ TECN. [a calce] blanchir à la chaux, échauder (antiq.), chauler. ◆ v. intr. e rifl. blanchir. ‖ pâlir. | *il cielo (s')imbianca,* le ciel pâlit.
imbiancatore [imbjanka'tore] m. IND. TESS. buandier, blanchisseur. ‖ [di muri] V. IMBIANCHINO.
imbiancatura [imbjanka'tura] f. [tinteggiatura delle pareti] badigeonnage m., peinture. ‖ [a calce] blanchiment m., échaudage (antiq.) m. ‖ [di manufatti tessili] blanchiment m.
imbianchimento [imbjanki'mento] m. TECN. IND. CHIM. blanchiment. ‖ [dello zucchero] blanchissage.
imbianchino [imbjan'kino] m. peintre (en bâtiment), badigeonneur. ‖ PEGGIOR. [pittore incapace] barbouilleur.
imbianchire [imbjan'kire] v. tr. e intr. blanchir.
imbibizione [imbibit'tsjone] f. imbibition.
imbiettare [imbjet'tare] v. tr. TECN. coincer, caler.
imbiettatura [imbjetta'tura] f. TECN. coinçage m., calage m.
imbiondire [imbjon'dire] v. tr. rendre blond, faire blondir. ◆ v. intr. blondir, devenir blond.
imbizzarrimento [imbiddzarri'mento] m. (raro) emballement (L.C.).
imbizzarrire [imbiddzar'rire] v. tr. (raro) faire emballer. ◆ v. intr. PR. e FIG. s'emballer, s'emporter.
imbizzire [imbid'dzire] v. intr. e rifl. PR. e FIG. s'emballer.
imboccare [imbok'kare] v. tr. **1.** nourrir, donner à manger à la petite cuillère, donner la becquée (à). | *è vecchio e malato e bisogna imboccarlo,* il est vieux et malade, et il faut le nourrir à la petite cuillère, lui donner la becquée (fam.). ‖ FIG. [istruire] faire la leçon (à), seriner. ‖ **2.** MUS. emboucher. | *imboccare la tromba,* emboucher un clairon. ‖ **3.** [entrare] s'engager (dans), enfiler. | *imboccare le scale,* s'engager dans, prendre l'escalier. | *imboccare la porta,* passer par la porte. | *imboccare un sentiero,* s'engager dans, enfiler un chemin. | *imboccare un canale,* s'engager dans un canal. | *hanno imboccato la strada sbagliata,* ils ont pris la mauvaise route. ‖ FIG. *imboccare la via giusta,* s'engager dans le bon chemin. | *imboccare la via del successo,* prendre le chemin du succès. ◆ v. intr. [sboccare] (raro) déboucher (sur). | *la via imbocca in una piazza,* la rue débouche sur une place. ‖ [adattarsi, inserirsi] s'emboîter.
imboccatura [imbokka'tura] f. **1.** [spec. di fiumi] embouchure. ‖ **2.** [entrata] entrée. | *imboccatura della bottiglia,* anneau (m.) de la bouteille. ‖ **3.** MAR. embouquement m.; [stretta] goulet m. ‖ **4.** MUS. embouchure, embouchoir m., bec m. ‖ **5.** [parte del morso] embouchure.
imbocco [im'bokko] m. V. IMBOCCATURA 1 e 2. ‖ MIN. accrochage.
imbolsimento [imbolsi'mento] m. (raro) pousse f. ‖ FIG. [infiacchimento] essoufflement, épuisement.
imbolsire [imbol'sire] (raro) v. intr. devenir poussif. ‖ FIG. s'essouffler.
imbonimento [imboni'mento] m. boniment (fam.), baratin (pop.).
imbonire [imbo'nire] v. tr. raconter, débiter (peggior.) des boniments; baratiner (pop.). | *imbonire un cliente,* faire du boniment à un client.
imbonitore [imboni'tore] m. bonimenteur, baratineur (pop.), charlatan.
imborghesimento [imborgezi'mento] m. embourgeoisement.
imborghesire [imborge'zire] v. tr. embourgeoiser. ◆ v. intr. e rifl. s'embourgeoiser.
imborsare [imbor'sare] v. tr. (raro) [intascare] empocher.
imboscamento [imboska'mento] m. le fait de s'embusquer. ‖ FIG. [occultamento fraudolento] stockage illicite, recel. ‖ [dei bachi da seta] montée f. (à la ramée).
imboscare [imbos'kare] v. tr. (antiq.) cacher dans un bois. ‖ PER EST. [occultare] cacher, receler. ‖ MIL. embusquer. ◆ v. rifl. (antiq.) se cacher dans les bois. ‖ [mettersi in agguato] s'embusquer. ‖ MIL. s'embusquer (fam.), se planquer (pop.).
imboscata [imbos'kata] f. embuscade, guet-apens m. | *mise i suoi uomini in imboscata,* il embusqua ses hommes, il disposa ses hommes en embuscade.
imboscato [imbos'kato] agg. e m. MIL. embusqué (fam.), planqué (pop.).
imboschimento [imboski'mento] m. boisement.
imboschire [imbos'kire] v. tr. boiser. ◆ v. intr. et rifl. se couvrir d'arbres, se couvrir de broussailles.
imbossolare [imbosso'lare] v. tr. **1.** [polvere da sparo] mettre la poudre dans la douille. | *imbossolare le dosi di polvere,* mettre les doses de poudre dans la douille. ‖ **2.** mettre dans l'urne.
imbottare [imbot'tare] v. tr. entonner, enfutailler, enfûter, mettre en tonneaux, en fûts.
imbottavino [imbotta'vino] m. entonnoir à vin, chantepleure f.
imbotte [im'botte] f. ARCHIT. intrados m.
imbottigliamento [imbottiʎʎa'mento] m. **1.** mise (f.) en bouteilles. ‖ **2.** FIG. [ingorgo] embouteillage, embarras. | *un imbottigliamento stradale,* un embarras de voitures, un bouchon. ‖ **3.** MAR. MIL. embouteillage.
imbottigliare [imbottiʎ'ʎare] v. tr. **1.** embouteiller, mettre en bouteilles. | *imbottigliare del vino,* mettre du vin en bouteilles. ‖ **2.** FIG. embouteiller. ‖ **3.** MAR. MIL. embouteiller. | *furono imbottigliati nella valle e costretti alla resa,* ils furent bloqués dans la vallée et obligés à se rendre. ◆ v. rifl. être pris dans un embouteillage.
imbottigliato [imbottiʎ'ʎato] agg. embouteillé, mis en bouteille. | *sidro imbottigliato,* cidre bouché.
imbottigliatrice [imbottiʎʎa'tritʃe] f. machine à embouteiller.
imbottinare [imbotti'nare] v. tr. AGR. (r)épandre du purin (sur), fumer.
imbottire [imbot'tire] v. tr. rembourrer, bourrer. ‖ [trapuntando] capitonner, matelasser. | *imbottire una poltrona,* rembourrer, capitonner un fauteuil. | *imbottire una federa,* matelasser une doublure. | *imbottire un cappotto,* ouatiner un manteau. ‖ [riempire] fourrer. | *imbottire un panino,* fourrer un petit pain. | *un panino imbottito,* un sandwich. ‖ FIG. bourrer, gaver, farcir. | *imbottire la testa, il cervello,* bourrer, farcir le crâne (fam.). | *imbottire qlcu. di pugni,* bourrer qn de coups de poing. | *imbottire di piombo,* farcir de plomb. ◆ v. rifl. se bourrer, se gaver. | *imbottirsi di medicine,*

se bourrer de médicaments. ‖ [imbacuccarsi] s'emmitoufler.
imbottita [imbot'tita] f. courtepointe.
imbottitura [imbotti'tura] f. rembourrage m., capitonnage m., bourrage m.
imbozzacchire [imbottsak'kire] v. intr. se rabougrir. ‖ FIG. [di persona] se rabougrir, devenir rabougri. ‖ [intristire] s'étioler.
imbozzare [imbot'tsare] v. tr. MAR. embosser.
imbozzatura [imbottsa'tura] f. MAR. embossage m.
imbozzimare [imbottsi'mare] v. tr. IND. TESS. encoller. ‖ PER EST. [impiastrare con sostanze appiccicose] poisser, engluer. ◆ v. rifl. [imbrattarsi] se salir. ‖ SCHERZ. [imbellettarsi] se farder.
imbozzimatore [imbottsima'tore] m. IND. TESS. encolleur, colleur.
imbozzimatrice [imbottsima'tritʃe] f. IND. TESS. [macchina] encolleuse, colleuse.
imbozzimatura [imbottsima'tura] f. IND. TESS. encollage m.
imbozzolarsi [imbottso'larsi] v. rifl. faire le cocon.
imbraca [im'braka] f. [parte del finimento] avaloire. ‖ [fune, braca] élingue. ‖ [cinghia di sicurezza] chaise de mâture.
imbracare [imbra'kare] v. tr. TECN., MAR. élinguer.
imbracatura [imbraka'tura] f. TECN. élingage m.
imbracciare [imbrat'tʃare] v. tr. passer à son bras. | *imbracciare lo scudo*, passer le bouclier à son bras. | *imbracciare il fucile*, épauler son fusil.
imbracciatura [imbrattʃa'tura] f. = le fait d'épauler, la façon d'épauler. | *una buona imbracciatura è il segreto per far centro*, bien épauler son fusil, voilà le secret pour faire mouche. ‖ [congegni che servono per imbracciare] bretelle.
imbrachettare [imbraket'tare] v. tr. [in legatoria] monter sur onglet.
imbrachettatura [imbraketta'tura] f. [in legatoria] montage (m.) sur onglet.
imbranato [imbra'nato] agg. (gerg. mil.) empoté (fam.), dégourdi (iron.).
imbrancare [imbran'kare] v. tr. rassembler, regrouper. | *imbrancare le pecore*, rassembler ses moutons. ‖ PER EST. [riferito a persone] masser. ◆ v. rifl. [unirsi a una compagnia poco raccomandabile] se grouper, se rassembler, s'acoquiner (peggior.).
imbrattacarte [imbratta'karte] m. invar. PEGGIOR. écrivassier, écrivailleur, barbouilleur de papier, grimaud (antiq.).
imbrattafogli [imbratta'fɔʎʎi] m. invar. V. IMBRATTACARTE.
imbrattamento [imbratta'mento] m. V. IMBRATTATURA.
imbrattamuri [imbratta'muri] m. invar. (peggior.) barbouilleur, badigeonneur.
imbrattare [imbrat'tare] v. tr. barbouiller, salir, souiller. | *imbrattare di nero*, mâchurer; barbouiller de noir. | *imbrattare di colori*, peinturer. | *imbrattare di fango*, crotter; salir de boue. ‖ FIG. [decorare in modo abominevole] barbouiller. ◆ v. rifl. se barbouiller, se salir, se crotter (antiq.).
imbrattatele [imbratta'tele] m. invar. (peggior.) barbouilleur de toiles, badigeonneur (fam.).
imbrattatore [imbratta'tore] m. barbouilleur.
imbrattatura [imbratta'tura] f. barbouillage m.
imbratto [im'bratto] m. (peggior.) gribouillage, barbouillage. ‖ [non com., cibo dei maiali] pâtée (f.), mangeaille (f.) pour les porcs. ‖ PER EST. (peggior.) [vivanda mal cucinata] ratatouille f., ragougnasse f., tambouille f. (fam.).
imbrecciare [imbret'tʃare] v. tr. recouvrir de gravier.
imbrecciata [imbret'tʃata] f. couche de gravier, cailloutis m.
imbriacare [imbria'kare] v. tr. (pop.). V. UBRIACARE.
imbrifero [im'brifero] agg. GEOGR. des eaux de pluie. | *bacino imbrifero*, bassin où se déversent les eaux de pluie.
imbrigliamento [imbriʎʎa'mento] m. bridage. ‖ [di torrente] endiguement.
imbrigliare [imbriʎ'ʎare] v. tr. **1.** brider. | *imbrigliare un cavallo*, brider un cheval. ‖ FIG. [tenere a freno] réfréner, brider, tenir en bride. | *imbrigliare un ingegno ribelle*, brider, réfréner un esprit rebelle. ‖ **2.** [consolidare un terreno] clayonner; [consolidare un torrente] endiguer. ‖ **3.** CUC. brider. ‖ **4.** MAR. brider. ◆ v. rifl. s'empêtrer dans ses brides.
imbrigliatura [imbriʎʎa'tura] f. V. IMBRIGLIAMENTO. ‖ [redini] brides pl.
imbroccare [imbrok'kare] v. tr. atteindre, toucher. | *imbroccare il bersaglio*, toucher, atteindre le but, la cible; faire mouche. ‖ PER EST. [azzeccare, indovinare] tomber (sur), deviner (juste). | *imbroccare la risposta*, deviner la bonne réponse. | *imbroccare il numero vincente*, deviner, tomber sur le numéro gagnant. | *imbroccare un terno al lotto*, gagner le gros lot. | *l'hai imbroccata*, tu as deviné juste, tu y es. | *non ne imbrocca una*, il n'en devine pas une; [nell'agire] il rate tout, il fait tout de travers; [in assol.] il n'a pas de chance. ‖ [imbattersi] (raro) tomber (sur).
imbrodare [imbro'dare] v. tr. tacher, salir. ‖ FIG. PROV. *chi si loda, s'imbroda*, qui trop se loue se nuit.
imbrodolare [imbrodo'lare] v. tr. barbouiller.
imbrogliare [imbroʎ'ʎare] v. tr. **1.** [mettere in disordine] embrouiller, emmêler, brouiller. | *imbrogliare una matassa*, embrouiller, emmêler un écheveau. | *imbrogliare la combinazione di una cassaforte*, brouiller la combinaison d'un coffre-fort. ‖ **2.** FIG. [turbare] embrouiller, gêner. | *imbrogliare una questione*, embrouiller une question. | *imbrogliare lo svolgimento di una pratica*, gêner le déroulement d'une affaire. ‖ [far perdere il filo del ragionamento] embrouiller, embarbouiller. | *imbrogliare le idee di qn.*, embrouiller qn dans ses idées, embarbouiller qn. ‖ [ingannare] duper; entortiller (fam.); mettre, ficher dedans (fam.); empaumer (fam.); empiler (fam.); posséder (pop.); cravater (pop.). | *imbrogliare qlcu.*, duper qn; donner le change à qn; ficher, mettre qn dedans (fam.). | *farsi imbrogliare*, faire un marché de dupes, se faire posséder (pop.), se laisser empaumer (fam.). | *ci ha imbrogliati*, il nous a dupés, possédés (pop.). | *il fornaio ha il vizio di imbrogliare sul peso*, le boulanger a la mauvaise habitude de tromper sur le poids. ‖ **3.** MAR. carguer. ◆ v. rifl. s'embrouiller, s'emmêler, s'enchevêtrer. ‖ FIG. s'embrouiller, s'embarbouiller, s'empêtrer, s'embarrasser, s'enferrer, s'emberlificoter (fam.). | *si è imbrogliato nelle sue spiegazioni*, il s'est emberlificoté (fam.), embarrassé, embarbouillé dans ses explications. | *imbrogliarsi nelle date*, s'embrouiller, s'empêtrer dans les dates. | *il problema si sta imbrogliando*, le problème devient embrouillé.
imbrogliata [imbroʎ'ʎata] f. tromperie, duperie. | *ha preso una bella imbrogliata*, on l'a bien eu; on l'a bien dupé.
imbrogliato [imbroʎ'ʎato] agg. PR. e FIG. embrouillé, enchevêtré. | *una situazione imbrogliata*, une situation embrouillée. | *discorso imbrogliato*, discours embrouillé, amphigourique; galimatias m.
imbroglio [im'brɔʎʎo] m. [faccenda o situazione equivoca] imbroglio, bourbier, cabale f. | *cacciarsi in un imbroglio*, s'engager dans un bourbier; se mettre dans de beaux draps. | *spero di uscire da questo imbroglio*, j'espère me tirer de ce bourbier, de cet embrouillamini (fam.). | *è un bell'imbroglio*, c'est un bel imbroglio; c'est la bouteille à l'encre. | *che imbroglio!*, quelle histoire compliquée!; quel merdier! (volg.). | *tramar imbrogli*, cabaler v. intr. ‖ TEATRO imbroglio. ‖ [inganno] duperie f., jeu de dupes, tripotage, escroquerie f. | *sono caduto in un imbroglio*, j'ai été victime d'une escroquerie. | *questo affare nasconde un imbroglio*, quelque duperie se cache sous cette affaire. | *vivere di imbrogli*, vivre de tripotages, d'expédients. ‖ [groviglio] embrouillement, enchevêtrement, embrouillamini (fam.). | *un imbroglio di fili*, un enchevêtrement de fils. | *un imbroglio di nomi e di date*, un embrouillement de noms et de dates. ‖ MAR. cargue f.
imbroglione [imbroʎ'ʎone] m. dupeur, filou, aigrefin, faisan (gerg.), margoulin (fam.), chevalier d'industrie (fam.).
imbronciare [imbron'tʃare] v. intr. e rifl. bouder, faire la moue, se renfrogner, s'assombrir. ‖ [del cielo] se rembrunir, se couvrir de nuages.
imbronciato [imbron'tʃato] agg. boudeur, maussade, renfrogné. | *stare imbronciato in disparte*, bouder dans son coin. ‖ [nuvoloso] maussade, brouillé.

imbrunare [imbru'nare] v. intr. POET. s'obscurcir, s'assombrir.

1. imbrunire [imbru'nire] v. intr. s'obscurcir, noircir, se noircir, se rembrunir. ◆ v. impers. [farsi sera] faire nuit. | *ormai comincia a imbrunire*, il fait nuit désormais. | *d'ottobre imbrunisce presto*, en octobre, la nuit tombe vite.

2. imbrunire [imbru'nire] m. [tramonto] crépuscule ; tombée (f.) de la nuit, du jour ; brune f. (antiq.). ‖ LOC. *sull'imbrunire*, à la tombée de la nuit ; à la brune ; entre chien et loup.

imbruttimento [imbrutti'mento] m. enlaidissement.

imbruttire [imbrut'tire] v. tr. enlaidir. ◆ v. intr. e rifl. (s')enlaidir.

imbucare [imbu'kare] v. tr. mettre, jeter à la boîte aux lettres ; mettre à la poste, poster. | *imbucare una lettera*, poster une lettre ; mettre une lettre à la boîte. | *esco per imbucare*, je sors poster une lettre. ‖ [nascondere] fourrer, cacher. ◆ v. rifl. se fourrer, se nicher.

imbudellare [imbudel'lare] v. tr. mettre dans un boyau.

imbullettare [imbullet'tare] v. tr. fixer, garnir avec des broquettes, des clous ; clouter.

imburrare [imbur'rare] v. tr. beurrer. | *una fetta di pane imburrato*, une beurrée, une tartine de beurre. | *imburrare il pane*, étendre du beurre sur le pain. ‖ FAM. (tosc.) [adulare] flatter.

imbussolare [imbusso'lare] v. tr. V. IMBOSSOLARE.

imbutiforme [imbuti'forme] agg. en (forme d') entonnoir.

imbutire [imbu'tire] v. tr. METALL. emboutir.

imbutitura [imbuti'tura] f. METALL. emboutissage m.

imbuto [im'buto] m. entonnoir.

1. imene [i'mɛne] m. ANAT. hymen.

2. imene [i'mɛne] m. POET. V. IMENEO.

imeneo [ime'nɛo] m. hyménée, chant nuptial. ‖ FIG. (spec. pl.) hyménée, hymen.

imenotteri [ime'nɔtteri] m. pl. ZOOL. hyménoptères.

imitabile [imi'tabile] agg. imitable.

imitare [imi'tare] v. tr. imiter. | *imitare il verso della civetta*, imiter, contrefaire le cri de la chouette. | *imitare uno stile*, calquer un style.

imitativo [imita'tivo] agg. imitatif.

imitatore [imita'tore] (**-trice** f.) m. imitateur, trice.

imitazione [imitat'tsjone] f. imitation. | *imitazione servile*, calque m., imitation servile. | *gioielli d'imitazione*, bijoux d'imitation, en toc (fam.). ‖ LOC. PREP. *a imitazione di*, à l'imitation de, à l'instar de, à la façon de.

immacolato [immako'lato] agg. immaculé. ‖ RELIG. *l'Immacolata Concezione*, l'Immaculée Conception. ‖ FIG. sans tache, pur.

immagazzinamento [immagaddzina'mento] m. emmagasinage.

immagazzinare [immagaddzi'nare] v. tr. emmagasiner, entreposer. ‖ FIG. emmagasiner.

immaginabile [immadʒi'nabile] agg. imaginable.

immaginare [immadʒi'nare] v. tr. [figurarsi nella mente] (s')imaginer, se figurer, se représenter. | *immagina di trovarti su una isola*, imagine que tu te trouves sur une île. | *immaginatevi la mia sorpresa*, jugez de ma surprise. | *non puoi immaginare*, tu ne peux pas t'imaginer, te figurer. | *vi lascio immaginare*, je vous le laisse à deviner. | *non me lo sarei mai immaginato*, je ne m'en serais jamais douté. | *me l'ero immaginato*, je m'y attendais. | *è più intelligente di quanto immaginassi*, il est plus intelligent que je ne pensais. | *si immagina di essere a casa sua*, il s'imagine qu'il est chez lui ; il se croit chez lui ; il s'imagine être chez lui. ‖ [supporre] imaginer, penser. | *immagino che sarà qui a momenti*, je pense, j'imagine qu'il sera là d'un moment à l'autre. ‖ LOC. *s'immagini !* [non c'è di che], il n'y a pas de quoi ! ; [tutt'altro] mais pas du tout !, pensez-vous ! ; [certamente] mais bien sûr !

immaginariamente [immadʒinarja'mente] avv. en imagination, par l'imagination.

immaginario [immadʒi'narjo] agg. imaginaire. ‖ MAT. *numeri immaginari*, nombres imaginaires.

immaginativa [immadʒina'tiva] f. imagination.

immaginativo [immadʒina'tivo] agg. imaginatif. | *persona immaginativa*, imaginatif m. ‖ [facoltà] d'imagination.

immaginazione [immadʒinat'tsjone] f. imagination, fantaisie. | *dotato di grande immaginazione*, imaginatif m. | *sono cose che vanno al di là di ogni immaginazione*, ce sont des choses qui dépassent tout ce qu'on peut imaginer.

immagine [im'madʒine] f. image [in tutti i significati]. ‖ LOC. *fabbrica, commercio di immagine*, imagerie f. | *venditore di immagine*, imagier. ‖ LOC. PREP. *a immagine di*, à l'image de.

immaginifico [immadʒi'nifiko] agg. (lett.) [detto di uno scrittore] créateur d'images.

immaginosamente [immadʒinosa'mente] avv. avec imagination, d'une manière imagée.

immaginoso [immadʒi'noso] agg. [di persona] imaginatif. ‖ [di stile] imagé.

immalinconire [immalinko'nire] v. tr. attrister, rendre mélancolique. ◆ v. intr. e rifl. devenir mélancolique, s'attrister, tomber dans la mélancolie.

immancabile [imman'kabile] agg. immanquable ; inévitable. | *conseguenza immancabile*, conséquence inévitable.

immancabilmente [immankabil'mente] avv. [sicuramente] sans faute, à coup sûr. | *pagherà immancabilmente*, il paiera sans faute. ‖ [sempre] immanquablement, invariablement, inévitablement. | *prende parte immancabilmente a tutte le riunioni*, il prend part invariablement, immanquablement à toutes les réunions. | *arrivare immancabilmente*, arriver invariablement, comme mars en carême (loc.).

immane [im'mane] agg. (lett.) [enorme] énorme, monstrueux. | *un mostro immane*, un monstre énorme. ‖ [spaventoso] épouvantable. | *una immane sciagura*, une catastrophe épouvantable.

immanente [imma'nɛnte] agg. FILOS. immanent.

immanenza [imma'nɛntsa] f. FILOS. immanence.

immangiabile [imman'dʒabile] agg. immangeable.

immanità [immani'ta] f. (lett.) énormité (L.C.), monstruosité (L.C.). | *l'immanità di un misfatto*, la monstruosité d'un crime.

immantinente [immanti'nɛnte] avv. (lett.) incontinent, immédiatement (L.C.).

immarcescibile [immartʃeʃ'ʃibile] agg. (lett.) immarcescible (anche FIG.).

immateriale [immate'rjale] agg. immatériel. ‖ GIUR. *beni immateriali*, biens incorporels.

immaterialismo [immaterja'lizmo] m. FILOS. immatérialisme.

immaterialità [immaterjali'ta] f. immatérialité.

immatricolare [immatriko'lare] v. tr. immatriculer. ◆ v. rifl. se faire immatriculer, s'inscrire. | *immatricolarsi all'università*, s'inscrire à l'université.

immatricolazione [immatrikolat'tsjone] f. immatriculation. ‖ PER EST. matricule. | *ammontare della tassa d'immatricolazione*, montant des droits de matricule.

immaturamente [immatura'mente] avv. prématurément.

immaturità [immaturi'ta] f. immaturité (anche FIG.).

immaturo [imma'turo] agg. [non maturo] (qui n'est) pas mûr. ‖ [acerbo] vert. ‖ FIG. *un ragazzo immaturo per la sua età*, un enfant qui n'est pas mûr pour son âge. | *discorsi immaturi*, des propos puérils, enfantins. ‖ [prematuro] prématuré. | *in questa situazione, ogni tentativo sarebbe immaturo*, dans cette situation, toute tentative serait prématurée.

immedesimare [immedezi'mare] v. tr. identifier. ◆ v. rifl. s'identifier. | *immedesimarsi in qlcu.*, s'identifier à qn, avec qn.

immedesimazione [immedezimat'tsjone] f. identification.

immediatamente [immedjata'mente] avv. immédiatement, tout de suite, impromptu, sur-le-champ, incontinent (lett.), illico (fam.). | *partite immediatamente*, partez immédiatement, sur-le-champ. ‖ [direttamente] immédiatement. | *per questa strada, si accede immediatamente all'edificio principale*, par cette route, on accède immédiatement au bâtiment central.

immediatezza [immedja'tettsa] f. instantanéité, immédiateté (meno com.). | *l'immediatezza di una risposta*, l'instantanéité d'une réponse. | *l'immedia-*

tezza di una conseguenza, l'immédiateté d'une conséquence.
immediato [imme'djato] agg. immédiat. | *un farmaco di effetto immediato*, un remède d'effet immédiat. | *essere alle immediate dipendenze di qlcu.*, dépendre immédiatement de qn.
immedicabile [immedi'kabile] agg. (lett.) incurable (L.C.) [anche FIG.].
immeditato [immedi'tato] agg. (lett.) hasardé, irréfléchi (L.C.).
immelensire [immelen'sire] v. tr. rendre sot, bête ; abêtir.
immelmarsi [immel'marsi] v. rifl. s'embourber (anche FIG.).
immemorabile [immemo'rabile] agg. immémorial. | *da tempo immemorabile*, de temps immémorial, de tout temps, de mémoire d'homme.
immemore [im'mɛmore] agg. (lett.) oublieux (L.C.). | *essere immemore di*, oublier v. tr.
immensamente [immensa'mente] avv. immensément. ‖ [enormemente] énormément. | *mi dispiace immensamente*, je regrette énormément.
immensità [immensi'ta] f. immensité (anche FIG.). ‖ [grande quantità] infinité. | *un'immensità di preoccupazioni*, une infinité de soucis.
immenso [im'mɛnso] agg. immense.
immensurabile [immensu'rabile] agg. (raro) incommensurable.
immergere [im'mɛrdʒere] v. tr. [in un liquido] immerger, plonger. | *immergere i piedi nell'acqua*, plonger, tremper ses pieds dans l'eau. ‖ [in un corpo] enfoncer, plonger. | *immergere un pugnale*, enfoncer, plonger un poignard. ◆ v. rifl. se plonger, s'enfoncer. ‖ [di sottomarino] plonger, s'immerger. ‖ [addentrarsi] s'enfoncer. ‖ FIG. se plonger, s'absorber. | *immergersi nella lettura di un libro*, se plonger, s'absorber dans la lecture d'un livre.
immeritamente [immerita'mente] avv. [indegnamente] sans mérite. | *ricevere immeritamente un premio*, recevoir un prix sans le mériter. ‖ [ingiustamente] injustement.
immeritatamente [immeritata'mente] avv. [senza motivo] injustement.
immeritato [immeri'tato] agg. immérité.
immeritevole [immeri'tevole] agg. indigne. | *è immeritevole della nostra fiducia*, il ne mérite pas notre confiance ; il est indigne de notre confiance.
immersione [immer'sjone] f. [l'immergere] immersion. ‖ [di sottomarino] plongée. ‖ MAR. [parte di nave immersa] tirant (m.) d'eau. | *linea d'immersione*, ligne de flottaison. ‖ ASTR. immersion.
immerso [im'mɛrso] part. pass. e agg. plongé, immergé. | *i cetriolini sono immersi nell'aceto*, les cornichons baignent dans le vinaigre. ‖ FIG. *essere immerso nei debiti fino al collo*, être endetté jusqu'au cou. | *immerso nei pensieri*, plongé, absorbé dans ses pensées.
immettere [im'mettere] v. tr. introduire. | *immettere un nuovo prodotto sul mercato*, introduire, mettre un nouveau produit sur le marché. ‖ GIUR. *immettere qlcu. nel possesso di un bene*, mettre qn en possession d'un bien. ◆ v. rifl. s'introduire, s'engager.
immigrante [immi'grante] n. e agg. immigrant.
immigrare [immi'grare] v. intr. immigrer.
immigrato [immi'grato] agg. e n. immigré.
immigrazione [immigrat'tsjone] f. immigration. | *ufficio immigrazione*, bureau de l'immigration.
imminchionire [imminkjo'nire] v. intr. (volg.) devenir con (volg.).
imminente [immi'nɛnte] agg. imminent. ‖ (lett.) [sovrastante] dominant (L.C.), surplombant (L.C.).
imminenza [immi'nɛntsa] f. imminence. | *nell'imminenza del pericolo*, le danger étant imminent.
immischiare [immis'kjare] v. tr. mêler. ◆ v. rifl. se mêler (de), s'immiscer (dans), s'entremettre (dans). | *perché t'immischi nei fatti miei ?*, pourquoi te mêles-tu de mes affaires ?
immiserimento [immizeri'mento] m. appauvrissement (anche FIG.).
immiserire [immize'rire] v. tr. appauvrir (anche FIG.). ◆ v. rifl. s'appauvrir (anche FIG.).
immissario [immis'sarjo] m. GEOGR. (cours d'eau) tributaire, affluent. | *l'Oise è immissario della Senna*, l'Oise est tributaire de la Seine.
immissione [immis'sjone] f. introduction, intromission. | *immissione di nuovi prodotti sul mercato*, introduction de nouveaux produits sur le marché. ‖ GIUR. mise en possession.
immistione [immis'tjone] f. (lett.) immixtion (L.C.), ingérence (L.C.).
immite [im'mite] agg. (lett.) impitoyable (L.C.).
immobile [im'mɔbile] agg. immobile. | *stava immobile*, il restait, il se tenait immobile. | *mare immobile*, mer immobile, étale. ‖ GIUR. immeuble. | *beni immobili*, biens immeubles, immobiliers. ◆ m. ECON., GIUR. immeuble, bien-fonds.
immobiliare [immobi'ljare] agg. ECON., GIUR. immobilier.
immobilismo [immobi'lizmo] m. immobilisme.
immobilistico [immobi'listiko] agg. immobiliste.
immobilità [immobili'ta] f. immobilité.
immobilizzare [immobilid'dzare] v. tr. immobiliser (anche ECON.). ◆ v. rifl. s'immobiliser.
immobilizzazione [immobiliddzat'tsjone] f. immobilisation.
immobilizzo [immobi'liddzo] m. ECON., FIN. immobilisation f.
immoderatezza [immodera'tettsa] f. (raro) immodération, excès m. (L.C.).
immoderato [immode'rato] agg. immodéré.
immodestamente [immodesta'mente] avv. immodestement, d'une manière immodeste.
immodestia [immo'dɛstja] f. (lett.) absence de modestie. ‖ manque (m.) de pudeur f., immodestie (antiq.).
immodesto [immo'dɛsto] agg. (lett.) immodeste (antiq.). | *atteggiamento immodesto*, attitude indécente.
immolare [immo'lare] v. tr. immoler (anche FIG.). ◆ v. rifl. s'immoler (anche FIG.).
immolatore [immola'tore] m. sacrificateur, immolateur (antiq.).
immolazione [immolat'tsjone] f. immolation (lett.), sacrifice m.
immollamento [immolla'mento] m. (non com.). V. AMMOLLAMENTO.
immollare [immol'lare] v. tr. mouiller, tremper. ◆ v. rifl. se mouiller.
immondamente [immonda'mente] avv. de façon immonde.
immondezza [immon'dettsa] f. [l'essere immondo] impureté, ordure. | *l'immondezza del vizio*, la hideur du vice. ‖ [spazzatura] V. IMMONDIZIA.
immondezzaio [immondet'tsajo] m. dépotoir (anche FIG.) ; tas d'immondices, d'ordures. ‖ [pattumiera] poubelle f., boîte (f.) à ordures.
immondizia [immon'dittsja] f. [sporcizia] saleté. ‖ [spazzatura] ordures pl., immondices pl. | *buttar nell'immondizia*, jeter aux ordures. | *il bidone dell'immondizia*, la boîte aux ordures, la poubelle. | *è vietato depositare immondizie*, défense de déposer des immondices. ‖ [impurità] V. IMMONDEZZA.
immondo [im'mondo] agg. PR. e FIG. immonde.
immorale [immo'rale] agg. immoral.
immoralismo [immora'lizmo] m. FILOS. immoralisme.
immoralista [immora'lista] (**-i** pl.) m. immoraliste.
immoralità [immorali'ta] f. immoralité.
immorbidire [immorbi'dire] v. tr. V. AMMORBIDIRE.
immorsare [immor'sare] v. tr. (lett.) mettre le mors (à). | *immorsare un cavallo*, mettre le mors à un cheval.
immortalare [immorta'lare] v. tr. immortaliser. ◆ v. rifl. s'immortaliser.
immortale [immor'tale] agg. immortel.
immortalità [immortali'ta] f. PR. e FIG. immortalité.
immoto [im'mɔto] agg. immobile.
immucidire [immutʃi'dire] v. intr. moisir.
immune [im'mune] agg. PR. e FIG. exempt. | *immune da pregiudizi*, exempt de préjugés. ‖ MED. immunisé. | *essere immune dal contagio*, être immunisé contre les maladies contagieuses. | *rendere immune da*, immuni-

ser contre. ‖ FIG. *nessuno è immune da certe tentazioni,* personne n'est à l'abri de certaines tentations.
immunità [immuni'ta] f. BIOL., GIUR., MED., RELIG. immunité. ‖ [esenzione] exemption. | *immunità fiscale,* exemption fiscale.
immunitario [immuni'tarjo] agg. [fondato sull'immunità] jouissant du privilège d'immunité. ‖ [concernente la refrattarietà di un'organismo] d'immunité. | *fenomeno immunitario,* phénomène d'immunité.
immunizzante [immunid'dzante] agg. immunisant.
immunizzare [immunid'dzare] v. tr. immuniser.
immunizzazione [immuniddzat'tsjone] f. MED. immunisation.
immunologia [immunolo'dʒia] f. immunologie.
immunologico [immuno'lɔdʒiko] agg. immunologique.
immurare [immu'rare] v. tr. STOR. emmurer.
immusonirsi [immuzo'nirsi] v. rifl. (fam.) faire le nez ; se renfrogner (L.C.).
immusonito [immuzo'nito] agg. (fam.) renfrogné (L.C.).
immutabile [immu'tabile] agg. immuable, inchangeable. | *decisione immutabile,* décision immuable.
immutabilità [immutabili'ta] f. immutabilité, immuabilité (lett.).
immutabilmente [immutabil'mente] avv. immuablement, invariablement.
immutato [immu'tato] agg. inchangé, inaltéré.
imo ['imo] agg. (lett.) profond. ‖ FIG. [socialmente o moralmente degradato] infime, bas. ‖ LOC. *da sommo ad imo,* de fond en comble. ◆ m. (lett.) fond.
impaccare [impak'kare] v. tr. empaqueter.
impaccatore [impakka'tore] m. empaqueteur, préposé à l'empaquetage.
impaccatura [impakka'tura] f. empaquetage m.
impacchettare [impakket'tare] v. tr. empaqueter. | *impacchettare di nuovo,* rempaqueter. ‖ FIG. FAM. [legare, arrestare] ficeler, embarquer (fam.), emballer (pop.), coffrer (fam.).
impacciare [impat'tʃare] v. tr. [ostacolare] gêner. ‖ [arrecare noia o disturbo] gêner, embarrasser. ◆ v. rifl. [intromettersi] se mêler (de), s'embarrasser. | *non t'impacciare dei fatti miei,* ne te mêle pas de mes affaires.
impacciatamente [impattʃata'mente] avv. avec gêne, avec embarras, gauchement.
impacciato [impat'tʃato] agg. [impedito] gêné, encombré, empêtré. | *essere impacciato nei vestiti,* être engoncé dans ses vêtements. ‖ [imbarazzato, goffo] gauche, lourdaud, emprunté, empoté (fam.). | *si sente impacciato,* il se sent gêné, mal à son aise, gêné aux entournures (fam.). | *avere dei modi impacciati,* avoir des manières gauches, empruntées.
impaccio [im'pattʃo] m. **1.** [l'essere impacciato] embarras, gêne f. ‖ [oggetto ingombrante] objet encombrant. ‖ [situazione imbarazzante] *mi sei d'impaccio,* tu me gênes. | *sono d'impaccio ?,* suis-je de trop ? | *cavare qlcu. d'impaccio,* tirer qn d'affaire ; dépanner (fam.) qn. | *trarsi, togliersi, cavarsi d'impaccio,* se tirer d'affaire, d'embarras ; se tirer d'un mauvais pas ; se dépêtrer. ‖ **2.** [moda femminile dell'Ottocento] entrave f.
impacco [im'pakko] m. MED. compresse f., enveloppement.
impadronirsi [impadro'nirsi] v. rifl. s'emparer de (pr. e fig.), se saisir de. ‖ FIG. [conoscere] acquérir une maîtrise (de), se rendre maître (de), posséder (v. tr.). | *si è impadronito della lingua,* il possède une certaine maîtrise de la langue, il a acquis une bonne connaissance de la langue.
impagabile [impa'gabile] agg. [di cosa] inestimable, sans prix, inappréciable. | *un servizio impagabile,* un service inestimable, inappréciable. ‖ [di persona] irremplaçable. ‖ SCHERZ. impayable (fam.). | *un'avventura impagabile,* une aventure impayable. | *è un tipo impagabile,* il est impayable.
impaginare [impadʒi'nare] v. tr. TIP. mettre en pages.
impaginatore [impadʒina'tore] m. metteur en pages.
impaginatura [impadʒina'tura] f. V. IMPAGINAZIONE.
impaginazione [impadʒinat'tsjone] f. mise en pages.
impagliare [impaʎ'ʎare] v. tr. [in tutti i significati] empailler ; [le sedie] canner, rempailler ; [i fiaschi] clisser.
impagliatore [impaʎʎa'tore] m. empailleur. ‖ [di sedie] rempailleur, empailleur.
impagliatura [impaʎʎa'tura] f. empaillage m. ‖ [di sedie] empaillage m., rempaillage m. ‖ [di fiaschi] clisse.
impalamento [impala'mento] m. empalement.
impalare [impa'lare] v. tr. empaler. ‖ AGR. échalasser, ramer. ◆ v. rifl. se raidir, se tenir droit comme un piquet.
impalato [impa'lato] agg. raide comme un piquet, comme un bout de bois ; empoté (fam.). | *non startene lì impalato,* ne reste pas là planté comme un piquet.
impalcare [impal'kare] v. tr. [fare il palco di una stanza] planchéier.
impalcatura [impalka'tura] f. échafaudage m. | *alzare un'impalcatura,* échafauder. ‖ EDIL. voligeage m., charpente. ‖ FIG. charpente, pilier m. | *l'impalcatura di un poema,* la charpente d'un poème. | *l'impalcatura sociale di un paese,* la structure sociale d'un pays. ‖ [di albero] ramification, fourche, embranchement m. ‖ [del cervo] andouiller m., bois m. pl.
impallidire [impalli'dire] v. intr. PR. e FIG. pâlir, blêmir. | *impallidire per la paura,* blêmir de peur. ‖ FIG. *la sua fama è impallidita,* sa renommée a pâli. ‖ PER EST. [svanire] s'estomper.
impallinare [impalli'nare] v. tr. cribler de plombs, de balles.
1. impalmare [impal'mare] v. tr. (lett.) épouser (L.C.).
2. impalmare [impal'mare] v. tr. MAR. surlier.
impalmatura [impalma'tura] f. épissure.
impalpabile [impal'pabile] agg. impalpable.
impalpabilità [impalpabili'ta] f. impalpabilité.
impaludamento [impaluda'mento] m. envasement.
impaludare [impalu'dare] v. tr. transformer en marais, envaser, rendre marécageux. ◆ v. rifl. devenir marécageux.
1. impanare [impa'nare] v. tr. CULIN. paner.
2. impanare [impa'nare] v. tr. TECN. fileter.
impancarsi [impan'karsi] v. rifl. [atteggiarsi a persona superiore] se donner l'air de, se poser en, s'ériger en. | *impancarsi a giudice,* s'ériger en juge, se poser en juge.
impaniare [impa'njare] v. tr. engluer (anche FIG.). ‖ FIG. prendre au piège. ◆ v. rifl. s'engluer (anche FIG.), se laisser prendre au piège.
impannare [impan'nare] v. tr. garnir de toile le châssis d'une fenêtre.
impannata [impan'nata] f. garniture en toile ou en papier d'une fenêtre.
impantanare [impanta'nare] v. tr. rendre bourbeux, envaser. ◆ v. rifl. s'envaser, devenir bourbeux. ‖ [cacciarsi in un pantano] s'enliser, s'embourber (anche FIG.).
impaperarsi [impape'rarsi] v. rifl. s'embrouiller, s'embarrasser dans les mots. | *si è impaperato,* sa langue a fourché (fam.) ; la langue lui a fourché (fam.).
impappinarsi [impappi'narsi] v. rifl. s'embarbouiller, s'embrouiller, s'emberlificoter (fam.).
imparacchiare [imparak'kjare] v. tr. apprendre tant bien que mal.
imparagonabile [imparago'nabile] agg. incomparable.
imparare [impa'rare] v. tr. apprendre. | *imparare a leggere,* apprendre à lire. ‖ LOC. *imparare a memoria,* apprendre par cœur. ‖ FIG. *imparare a proprie spese,* apprendre à ses dépens. ‖ FAM. *così imparerai !,* ça t'apprendra ! ‖ IRON. *impara come si fa,* prends-en de la graine. ‖ PROV. *impara l'arte e mettila da parte,* apprends toujours, cela pourra te servir un jour (L.C.). | *sbagliando s'impara,* c'est en forgeant qu'on devient forgeron.
imparaticcio [impara'tittʃo] m. chose (f.) mal apprise ; travail de débutant ; à-peu-près.
impareggiabile [impared'dʒabile] agg. incomparable, inégalable, sans pareil, hors pair.
imparentare [imparen'tare] v. tr. apparenter (à). ◆ v. rifl. s'apparenter (à), s'allier (avec).
impari ['impari] agg. invar. [disuguale] inégal. | *di forze impari,* inférieur en forces. ‖ [dispari] impair.

imparisillabo [impari'sillabo] agg. e m. GRAMM. imparisyllabique.
imparruccare [imparruk'kare] v. tr. coiffer d'une perruque. ‖ FIG. *la neve imparrucca gli alberi*, la neige coiffe les arbres.
impartire [impar'tire] v. tr. donner. ‖ RELIG. administrer. ‖ ANTIQ. [distribuire] accorder.
imparziale [impar'tsjale] agg. impartial, équitable. | *critica imparziale*, critique impartiale.
imparzialità [impartsjali'ta] f. impartialité.
impasse [ɛ̃'pas] f. [fr.] PR. e FIG. impasse.
impassibile [impas'sibile] agg. impassible.
impassibilità [impassibili'ta] f. impassibilité.
impastare [impas'tare] v. tr. pétrir, malaxer, mélanger. | *impastare il pane*, pétrir, fraiser le pain. ‖ TECN. gâcher, malaxer. ‖ ARTI empâter. ‖ MED. empâter. ‖ [non com.] coller.
impastato [impas'tato] agg. PR. e FIG. pétri. ‖ FIG. *essere impastato d'orgoglio*, être pétri d'orgueil. ‖ [pastoso] pâteux, empâté. | *avere la lingua impastata*, avoir la langue pâteuse, chargée.
impastatore [impasta'tore] m. pétrisseur. ‖ TECN. [di calcina, ecc.] gâcheur.
impastatrice [impasta'tritʃe] f. [per pane] pétrisseuse, pétrin (m.) mécanique. ‖ [per cemento, ecc.] malaxeur m.
impastatura [impasta'tura] f. pétrissage m. ‖ TECN. gâchage m.
impasticciare [impastit'tʃare] v. tr. mélanger, embrouiller (anche FIG.).
impasto [im'pasto] m. mélange (anche FIG.). ‖ ARTI empâtement. ‖ (non com.) [azione] V. IMPASTATURA.
impastocchiare [impastok'kjare] v. tr. tromper, embobiner (fam.).
impastoiare [impasto'jare] v. tr. PR. e FIG. entraver.
impataccare [impatak'kare] v. tr. (fam.) salir (L.C.), barbouiller (L.C.). ◆ v. rifl. se salir (L.C.), se souiller (L.C.).
impattare [impat'tare] v. tr. GIOCHI [a scacchi] faire pat. ‖ LOC. FIG. FAM. *impattarla con qlcu.*, être de taille à se mesurer à qn.
impatto [im'patto] m. impact. | *(punto d') impatto*, point d'impact.
impaurire [impau'rire] v. tr. effrayer, épouvanter. ◆ v. rifl. s'effrayer.
impavesare [impave'zare] v. tr. MAR. pavoiser.
impavesata [impave'zata] f. MAR. bastingage m.
impavidamente [impavida'mente] avv. intrépidement.
impavido [im'pavido] agg. (lett.) impavide, intrépide (L.C.).
1. impaziente [impat'tsjɛnte] agg. impatient. | *sono impaziente di conoscerlo*, je suis impatient, inquiet de le connaître ; je brûle, il me tarde de le connaître. ‖ LOC. LETT. *impaziente del giogo*, impatient du joug.
2. impaziente [impat'tsjɛnte] f. BOT. impatiente.
impazientemente [impattsjente'mente] avv. impatiemment, avec impatience.
impazientirsi [impattsjen'tirsi] v. rifl. s'impatienter.
impazienza [impat'tsjɛntsa] f. impatience. | *mostrare segni d'impazienza*, donner des signes d'impatience. | *avere impazienza di*, être impatient de, brûler de.
impazzare [impat'tsare] v. intr. battre son plein. ‖ CULIN. tourner. ‖ [non com.] V. IMPAZZIRE.
impazzata [impat'tsata] f. [solo nella loc. avv. *all'impazzata*] *correre all'impazzata*, courir comme un fou. | *menare colpi all'impazzata*, taper comme un sourd. | *fuga all'impazzata*, fuite échevelée.
impazzimento [impattsi'mento] m. tracasserie f., tracas, ennui, casse-tête. | *è un impazzimento compilare questa scheda*, c'est un vrai casse-tête que de remplir cette fiche. ‖ MAR. [delle bussola] affolement.
impazzire [impat'tsire] v. intr. devenir fou. | *finirai per impazzire su codesto lavoro*, ce travail va finir par te rendre fou. | *far impazzire*, faire devenir fou, rendre fou, rendre malade, faire enrager, faire devenir chèvre (fam.). | *c'è da impazzire*, il y a de quoi devenir fou, de quoi perdre la tête ; c'est affolant. | *cosa fai, sei impazzito ?*, qu'est-ce que tu fais ?, es-tu (devenu) fou ?, as-tu perdu la tête ? ‖ MAR. s'affoler. | *bussola impazzita*, boussole affolée, folle. ‖ CULIN. [maionese, ecc.] tourner.

impeccabile [impek'kabile] agg. impeccable. | *un lavoro impeccabile*, un travail impeccable, sans bavure (pop.).
impeciare [impe'tʃare] v. tr. poisser, empoisser, enduire de poix.
impeciatura [impetʃa'tura] f. engluage m., engluement m.
impecorire [impeko'rire] v. intr. devenir peureux.
impedantire [impedan'tire] v. tr. rendre pédant. ◆ v. intr. devenir pédant.
impedenza [impe'dɛntsa] f. ELETTR. impédance.
impedibile [impe'dibile] agg. qu'on peut empêcher.
impedimento [impedi'mento] m. empêchement. | *non c'è impedimento*, il n'y a pas d'empêchement. ‖ obstacle, barrière f., entrave f. | *impedimento alla circolazione*, entrave, obstacle à la circulation. | *essere d'impedimento a*, être un obstacle, une entrave pour. ‖ GIUR. empêchement. | *impedimento impediente*, empêchement prohibitif. ◆ pl. PR. (MIL.) e FIG. impedimenta.
impedire [impe'dire] v. tr. empêcher. | *impedire a qlcu. di fare qlco.*, empêcher qn de faire qch. | *il rumore gli impedisce di studiare*, le bruit l'empêche d'étudier. ‖ [ingombrare, ostruire] barrer, boucher. | *impedire il passaggio*, barrer, boucher le passage. ‖ [impacciare, ingombrare] gêner, encombrer.
impedito [impe'dito] agg. empêché, encombré, embarrassé, gêné. ‖ LOC. *non avere la lingua impedita*, avoir la langue bien pendue. ‖ [impegnato] occupé. | *sono stato impedito*, j'ai eu un empêchement. ‖ [ostruito] barré, bouché. ‖ [immobilizzato] immobilisé, perclus. | *ha un braccio impedito*, il a un bras perclus ; il est perclus d'un bras.
impegnare [impeɲ'ɲare] v. tr. **1.** [dare in pegno] engager, mettre en gage. | *impegnare i gioielli*, engager ses bijoux. ‖ GIUR. *l'impegnare*, engagement m., mise (f.) en gage. ‖ **2.** [obbligare] engager, obliger. | *è una risposta che non impegna minimamente*, c'est une réponse qui n'engage en rien. | *impegnare la propria parola*, engager sa parole. ‖ SPORT *impegnare l'avversario*, obliger l'adversaire à s'engager (à fond). ‖ **3.** [prenotare] retenir. ‖ **4.** [occupare] occuper, absorber, prendre. | *è un lavoro che impegna molto*, c'est un travail qui absorbe beaucoup. | *quel lavoro mi ha impegnato tutto un pomeriggio*, ce travail m'a pris tout un après-midi. ‖ **5.** [iniziare] engager. ‖ MIL. *impegnare battaglia*, livrer bataille. | *impegnare combattimento*, engager le combat. ◆ v. rifl. **1.** s'engager. | *si è impegnato ad aiutarmi*, il s'est engagé à m'aider ; il a pris l'engagement de m'aider. | *si è impegnato a finire prima di stasera*, il se fait fort de finir avant ce soir. ‖ **2.** [essere coinvolto] s'engager. ‖ **3.** [applicarsi] s'appliquer. | *devi impegnarti di più nel lavoro*, il faut t'appliquer davantage dans ton travail. | *ora bisognerà impegnarsi a fondo*, maintenant, il va falloir cravacher (fam.). ‖ **4.** NEOL. [assumere una posizione ideologica] s'engager. | *scrittore che s'impegna*, écrivain qui s'engage.
impegnativo [impeɲɲa'tivo] agg. qui engage, important. | *ha dato una risposta molto impegnativa*, il a donné une réponse qui l'engage beaucoup. | *una risposta poco impegnativa*, une réponse peu compromettante. | *un'opera molto impegnativa*, un ouvrage très important. | *un lavoro impegnativo*, un travail absorbant.
impegnato [impeɲ'ɲato] agg. [dato in pegno] engagé. ‖. [prenotato] retenu. ‖ [occupato] pris, occupé. ‖ [vincolato] tenu, obligé. | *mi sento impegnato a farlo*, je me sens tenu à le faire. ‖ [che prende posizione] engagé. | *è uno scrittore impegnato*, c'est un écrivain engagé.
impegno [im'peɲɲo] m. **1.** engagement. | *assumere un impegno*, prendre un engagement. | *mancare a un impegno*, ne pas tenir un engagement ; faire faux bond. ‖ **2.** [compito] engagement. | *ho già un impegno*, j'ai déjà un engagement ; je suis déjà pris. | *ho molti impegni da sbrigare*, j'ai de nombreuses tâches à régler. ‖ **3.** [cura, diligenza] zèle, application f., ardeur f. | *lavorare d'impegno*, travailler avec zèle, d'arrache-pied. | *lavoro d'impegno*, travail d'importance f. | *lavorare senza impegno*, travailler sans conviction. | *mettersi con impegno a*, avoir à cœur de,

prendre à tâche (lett.). ‖ **4.** [presa di posizione] engagement.

impegolare [impego'lare] v. tr. poisser, empoisser (raro). ◆ v. rifl. FIG. [mettersi nei guai] s'enfoncer, se fourrer, s'empêtrer, s'embourber.

impelagarsi [impela'garsi] v. rifl. s'enfoncer, s'engager, s'embourber, se fourrer, s'embarquer, s'empêtrer. | *si è impelagato in un mare di guai*, il s'est fourré dans un beau pétrin (fam.).

impelare [impe'lare] v. tr. couvrir, remplir de poils. | *il gatto mi ha impelato la gonna*, le chat a laissé des poils sur ma jupe, a rempli ma jupe de poils.

impellente [impel'lɛnte] agg. impérieux, pressant. | *forza impellente*, force impérieuse. | *bisogno impellente*, besoin pressant.

impellicciarsi [impellit'tʃarsi] v. rifl. se couvrir d'une fourrure. | *una signora tutta impellicciata*, une dame enveloppée d'un manteau de fourrure.

impenetrabile [impene'trabile] agg. PR. e FIG. impénétrable. ‖ FIG. *mistero impenetrabile*, mystère impénétrable, insondable, inaccessible.

impenetrabilità [impenetrabili'ta] f. impénétrabilité.

impenetrabilmente [impenetrabil'mente] avv. d'une façon impénétrable.

impenitente [impeni'tɛnte] agg. impénitent ; endurci. | *scapolo impenitente*, célibataire endurci.

impenitenza [impeni'tɛntsa] f. impénitence.

impennacchiare [impennak'kjare] v. tr. panacher, empanacher.

impennaggio [impen'naddʒo] m. AER. empennage.

impennare [impen'nare] v. tr. garnir de plumes. ‖ PER EST. munir d'empennage. | *impennare una freccia*, empenner une flèche. ‖ POET. donner des ailes (à), donner libre essor (à). ◆ v. rifl. se garnir de plumes.

impennarsi [impen'narsi] v. rifl. [di cavalli] se cabrer. | *fare impennare un cavallo*, cabrer un cheval. ‖ FIG. [inalberarsi] s'emporter, s'emballer, prendre la mouche, se gendarmer, se cabrer. ‖ AER., MAR. se cabrer.

impennata [impen'nata] f. [di cavallo] cabrement m. ‖ FIG. emportement m. ‖ AER., MAR. cabrage m.

impennatura [impenna'tura] f. empenne.

impensabile [impen'sabile] agg. impensable, inconcevable.

impensatamente [impensata'mente] avv. [senza pensarci] sans y penser. ‖ [in modo inaspettato] inopinément. | *lo ha fatto impensatamente*, il l'a fait inopinément.

impensato [impen'sato] agg. inopiné, imprévu, inattendu. | *esito impensato*, résultat inattendu. ‖ LOC. *all'impensata*, à l'improviste, tout à coup.

impensierire [impensje'rire] v. tr. préoccuper. ◆ v. rifl. se préoccuper, se soucier, s'inquiéter.

impensierito [impensje'rito] agg. préoccupé.

impepare [impe'pare] v. tr. poivrer. ‖ FIG. [rendere arguto o mordace] épicer. | *impepare un discorso*, rendre un discours piquant.

imperante [impe'rante] agg. dominant, régnant. | *il principe imperante*, le prince régnant. | *la moda imperante*, la mode dominante.

imperare [impe'rare] v. intr. dominer, régner. | *imperare sui mari*, régner sur les mers.

imperativale [imperati'vale] agg. LING. impératif.

imperativamente [imperativa'mente] avv. impérativement.

imperativo [impera'tivo] agg. impératif. ◆ m. FILOS., GRAMM. impératif. | *imperativo categorico*, impératif catégorique.

imperatore [impera'tore] m. empereur. | *al tempo dell'Imperatore*, du temps de l'Empereur. (Con una maiuscola per gli imperatori del Sacro Romano Impero e Napoleone I et III.)

imperatorio [impera'tɔrjo] agg. impérial. ‖ FIG. impérieux, impératif. | *tono imperatorio*, ton impérieux, impératif.

imperatrice [impera'tritʃe] f. impératrice.

impercettibile [impertʃet'tibile] agg. imperceptible, insaisissable, insensible. | *rumore impercettibile*, bruit imperceptible. | *differenza impercettibile*, différence insensible, insaisissable. | *mormorio impercettibile*, murmure inaudible.

impercettibilità [impertʃettibili'ta] f. imperceptibilité (raro).

impercettibilmente [impertʃettibil'mente] avv. imperceptiblement, insensiblement.

imperdibile [imper'dibile] agg. imperdable.

imperdonabile [imperdo'nabile] agg. impardonnable, inexcusable.

imperfettibile [imperfet'tibile] agg. imperfectible.

imperfetto [imper'fɛtto] agg. imparfait (anche GRAMM.). ◆ m. GRAMM. imparfait.

imperfezione [imperfet'tsjone] f. imperfection, défectuosité. ‖ MINER. [in una pietra preziosa] gendarme m.

imperiale [impe'rjale] agg. impérial. ◆ m. pl. STOR. *gli Imperiali*, les Impériaux. ◆ m. [pizzetto] *(barba all') imperiale*, (barbe à l') impériale f. ‖ [di carrozze] impériale f.

imperialismo [imperja'lizmo] m. impérialisme.

imperialista [imperja'lista] (**-i** m. pl.) agg. e n. impérialiste.

imperialistico [imperja'listiko] agg. impérialiste.

imperio [im'pɛrjo] m. (lett.) empire (L.C.), pouvoir (L.C.).

imperiosamente [imperjosa'mente] avv. impérieusement.

imperioso [impe'rjoso] agg. impérieux. | *un tono imperioso*, un ton impérieux, absolu.

imperito [impe'rito] agg. (lett.) malhabile (L.C.), inexpérimenté (L.C.).

imperituro [imperi'turo] agg. (lett.) impérissable (L.C.), immortel (L.C.).

imperizia [impe'rittsja] f. impéritie, inhabileté. ‖ (lett.) inexpérience (L.C.).

imperlare [imper'lare] v. tr. orner de perles. ‖ FIG. perler à, sur ; emperler. | *le sue spalle erano tutte imperlate di gocce d'acqua*, ses épaules étaient tout emperlées de gouttes d'eau. | *gocce di sudore gli imperlano la fronte*, des gouttes de sueur perlent sur son front.

impermalire [imperma'lire] v. tr. fâcher, agacer, piquer (antiq.). ◆ v. rifl. se froisser, se fâcher, se piquer (lett.), prendre la mouche (fam.), se mettre en boule (pop.).

impermeabile [imperme'abile] agg. imperméable. ◆ m. imperméable, caoutchouc (antiq.).

impermeabilità [impermeabili'ta] f. imperméabilité, étanchéité.

impermeabilizzare [impermeabilid'dzare] v. tr. imperméabiliser.

impermeabilizzazione [impermeabiliddzat'tsjone] f. imperméabilisation.

impermutabile [impermu'tabile] agg. impermutable.

imperniare [imper'njare] v. tr. fixer, monter sur un pivot ; munir de pivot. ‖ FIG. [fondare] axer, centrer. | *il romanzo era imperniato sul personaggio di...*, le roman était centré sur le personnage de... ◆ v. rifl. pivoter. ‖ FIG. tourner, rouler. | *tutta una parte della discussione si imperniava su quell'argomento*, toute une partie de la discussion tournait autour de ce sujet, roulait sur ce sujet.

imperniatura [impernja'tura] f. mise, montage sur un pivot. ‖ [insieme] (ensemble de) pivots m. pl.

impero [im'pɛro] m. [potere imperiale a insieme dei territori] empire. | *il Sacro Romano Impero*, le Saint Empire romain. | *la lotta tra Chiesa e Impero*, la lutte entre l'Église et l'Empire. ‖ lett. [padronanza] empire, maîtrise f. | *il padre esercitava un impero dispotico sui figli*, le père exerçait une autorité despotique sur ses enfants. | *l'impero dei mari*, l'empire, la maîtrise des mers. ‖ ARTI Empire. | *un mobile (stile) impero*, un meuble (style) Empire.

imperocché [imperok'ke] cong. (antiq.) puisque (L.C.), car (L.C.).

imperscrutabile [imperskru'tabile] agg. impénétrable, insondable, inscrutable.

imperscrutabilità [imperskrutabili'ta] f. impénétrabilité.

impersonale [imperso'nale] agg. impersonnel.

impersonalità [impersonali'ta] f. impersonnalité.

impersonalmente [impersonal'mente] avv. impersonnellement.

impersonare [imperso'nare] v. tr. personnifier. ‖

[rappresentare concretamente] incarner. ‖ [interpretare come attore] incarner (le rôle de). ◆ v. rifl. s'incarner. ‖ [immedesimarsi] entrer, se mettre dans la peau de qn.

imperterrito [imper'tɛrrito] agg. imperturbable, impassible. | *ascoltò imperterrito le accuse,* il écouta d'un air imperturbable, impassible, les accusations.

impertinente [imperti'nɛnte] agg. impertinent.

impertinentemente [impertinente'mente] avv. impertinemment.

impertinenza [imperti'nɛntsa] f. impertinence.

imperturbabile [impertur'babile] agg. imperturbable, impassible.

imperturbabilità [imperturbabili'ta] f. imperturbabilité.

imperturbato [impertur'bato] agg. imperturbable, impassible. | *rimase imperturbato alla notizia,* il resta impassible à la nouvelle.

imperversare [imperver'sare] v. intr. [di elementi naturali] sévir, se déchaîner, faire rage. | *il freddo imperversa da parecchi giorni,* le froid sévit depuis plusieurs jours. | *la tempesta imperversa,* la tempête fait rage, se déchaîne. ‖ [di persona] sévir. ‖ SCHERZ. faire fureur.

impervio [im'pɛrvjo] agg. inaccessible, impraticable. | *un sentiero impervio,* un sentier impraticable. | *delle montagne impervie,* des montagnes inaccessibles.

impestare [impes'tare] v. tr. V. APPESTARE.

impetigine [impe'tidʒine] f. MED. impétigo m.

impeto ['impeto] m. impétuosité f., élan, violence f. | *l'impeto di un torrente,* l'impétuosité, la violence d'un torrent. | *gettarsi con impeto contro qlcu.,* se jeter contre, se ruer sur qn. | *penetrare con impeto,* s'engouffrer. ‖ FIG. élan, emportement, fougue f., accès. | *un impeto d'ira,* un accès, une bouffée (f.) de colère. | *un impeto di gioia,* un mouvement de joie. ‖ LOC. *nell'impeto del discorso,* dans le feu, la chaleur de la conversation.

impetrare [impe'trare] v. tr. (lett.) obtenir par des prières (L.C.), impétrer. ‖ [impropr.] implorer.

impettito [impet'tito] agg. rengorgé, plastronnant. | *camminava impettito nell'abito nuovo,* il se rengorgeait, il paradait, plastronnait dans son habit neuf.

impetuosità [impetuosi'ta] f. impétuosité.

impetuoso [impetu'oso] agg. impétueux, fougueux. | *un carattere impetuoso,* un caractère fougueux, emporté. | *ci sono onde impetuose,* il y a de fortes vagues.

impiagare [impja'gare] v. tr. ulcérer. ◆ v. rifl. s'envenimer, se couvrir de plaies.

impiallacciare [impjallat'tʃare] v. tr. plaquer.

impiallacciato [impjallat'tʃato] agg. plaqué.

impiallacciatore [impjallattʃa'tore] m. plaqueur.

impiallacciatura [impjallattʃa'tura] f. placage m.

impiantare [impjan'tare] v. tr. [fare un impianto] installer, établir. | *impiantare una centrale elettrica,* installer une centrale électrique. | *impiantare un bilancio,* établir un budget. ‖ COMM., IND. implanter. ‖ REGION. [fissare, introdurre] implanter. ◆ v. rifl. s'établir, s'installer, s'implanter.

impiantito [impjan'tito] m. plancher. ‖ [di legno] parquet. ‖ [di mattoni, piastrelle] carrelage. ‖ [di marmo] dallage.

impianto [im'pjanto] m. installation f. | *impianto elettrico,* installation, équipement électrique. | *impianto di riscaldamento,* installation de chauffage. ‖ SPORT *impianto di risalita,* remontée (f.) mécanique. ‖ COMM. installation, établissement, implantation f.

impiastrare [impjas'trare] v. tr. enduire (de). ‖ FIG. [lordare] barbouiller. ◆ v. rifl. se barbouiller.

impiastricciamento [impjastrittʃa'mento] m. barbouillage.

impiastricciare [impjastrit'tʃare] v. tr. barbouiller. ‖ [con materia appiccicosa] poisser. ◆ v. rifl. se barbouiller.

impiastro [im'pjastro] m. MED., PR. E FIG. emplâtre. ‖ FIG. [persona seccante] raseur (fam.), plaie f. (fam.). | *che impiastro !,* quelle plaie !, quelle colique ! (volg.).

impiccagione [impikka'dʒone] f. pendaison. | *condannare qlcu. all'impiccagione,* condamner qn à être pendu.

impiccare [impik'kare] v. tr. pendre. ‖ LOC. FAM. *neanche se mi impiccassero,* j'aimerais mieux être pendu ; on me tuerait plutôt. | *che io sia impiccato se non è vero,* je veux être pendu, le diable m'emporte si ce n'est pas vrai. | *questo colletto mi impicca,* ce faux col m'étrangle. ◆ v. rifl. se pendre. ‖ LOC. FAM. *va' a impiccarti,* va te faire pendre ailleurs.

impiccato [impik'kato] m. e agg. pendu. ‖ LOC. FIG. *parlare di corda in casa dell'impiccato,* parler de corde dans la maison d'un pendu.

impiccatore [impikka'tore] m. bourreau.

impicciare [impit'tʃare] v. tr. gêner. ◆ v. rifl. se mêler (de). | *si impiccia sempre dei fatti altrui,* il se mêle toujours des affaires d'autrui ; il fourre toujours son nez dans les affaires d'autrui.

impiccio [im'pittʃo] m. [fastidio] gêne f. | *tutta questa roba mi è d'impiccio,* toutes ces affaires me gênent. | *essere d'impiccio a qlcu.,* être une gêne pour qn. ‖ [guaio] pétrin (fam.), embarras, bourbier. | *mettere qlcu. in un impiccio,* mettre qn dans le pétrin. | *siamo in un bell'impiccio,* nous voilà dans de beaux draps (fam.). | *un sacco d'impicci,* un tas d'ennuis. | *cavarsi, levarsi d'impiccio,* se tirer d'affaire, d'embarras ; tirer son épingle du jeu.

impicciolire [impittʃo'lire] v. tr. V. IMPICCOLIRE.

impiccione [impit'tʃone] m. importun, indiscret.

impiccolire [impikko'lire] v. tr. rapetisser. ◆ v. intr. e rifl. (se) rapetisser.

impidocchiare [impidok'kjare] v. tr. remplir de poux. ◆ v. rifl. se remplir de poux. ‖ FIG. déchoir, se dégrader.

impiegabile [impje'gabile] agg. employable (raro), utilisable.

impiegare [impje'gare] v. tr. employer, utiliser. | *impiegare ogni mezzo (per),* employer tous les moyens, mettre tout en œuvre pour. ‖ LOC. FAM. *impiega il cervello !,* fais travailler ton cerveau ! ‖ [occorrere] falloir, mettre, employer. | *impiegherò due ore,* il me faudra deux heures. ‖ COMM. placer, engager, investir. ‖ [assumere] employer. | *è impiegato in una famiglia ricca,* il est placé dans une famille riche. ◆ v. rifl. trouver un emploi, une situation ; se placer. | *si è impiegato molto bene,* il a trouvé une très bonne place, une très bonne situation. ‖ [applicarsi] s'employer (à).

impiegatizio [impjega'tittsjo] agg. d'employé (de bureau).

impiegato [impje'gato] (**-a** f.) n. employé, e. | *impiegato statale,* fonctionnaire (de l'État).

impiegatuccio [impjega'tuttʃo] m. (peggior.) petit employé, rond-de-cuir (fam.).

impiegatume [impjega'tume] m. (peggior.) ronds-de-cuir pl. (fam.).

impiego [im'pjɛgo] (**-ghi** pl.) m. emploi, utilisation f. | *impiego del tempo libero,* utilisation des loisirs. ‖ [occupazione] emploi. | *ha un buon impiego,* il a une bonne situation ; il est bien casé (fam.). | *impiego a mezza giornata,* emploi à mi-temps.

impietosire [impjeto'sire] v. tr. apitoyer, fléchir. | *impietosire i propri giudici,* fléchir ses juges. ◆ v. rifl. s'apitoyer, s'attendrir. | *impietosirsi su se stesso,* s'attendrir sur son propre sort.

impietoso [impje'toso] agg. (lett.) impitoyable (L.C.).

impietrare [impje'trare], **impietrire** [impje'trire] v. tr. pétrifier. ◆ v. rifl. se pétrifier. ‖ FIG. être pétrifié.

impigliare [impiʎ'ʎare] v. tr. empêtrer, accrocher. ◆ v. rifl. s'accrocher, se prendre, rester pris. ‖ FIG. [cadere di fronte a una serie di difficoltà] s'empêtrer.

impigliato [impiʎ'ʎato] agg. accroché, pris.

impignorabile [impiɲɲo'rabile] agg. GIUR. insaisissable.

impigrire [impi'grire] v. tr. rendre paresseux. ◆ v. rifl. devenir paresseux.

impilaggio [impi'laddʒo] m. TECN., MED. empilage.

impilare [impi'lare] v. tr. empiler.

impinguamento [impingwa'mento] m. AGR. engraissement, empâtement. ‖ FIG. enrichissement.

impinguare [impin'gware] v. tr. AGR. engraisser, empâter. ‖ FIG. enrichir, remplir. | *impinguare un articolo di notizie inutili,* bourrer un article de nouvelles inutiles. ◆ v. rifl. engraisser, prendre de l'embonpoint, s'empâter. ‖ FIG. s'enrichir, s'engraisser.

impinzare [impin'tsare] v. tr. AGR. empâter, gaver. ◆ v. rifl. se gaver.
impiombare [impjom'bare] v. tr. plomber. ‖ MAR. épisser.
impiombatura [impjomba'tura] f. plombage m. ‖ (pop.) [otturazione] plombage m. ‖ MAR., TECN. épissure.
impiotare [impjo'tare] v. tr. AGR. engazonner.
impiparsi [impi'parsi] v. rifl. (fam.) se moquer (de) (L.C.), faire fi (de) (L.C.), se ficher (de), se contreficher (de) (pop.).
impiumare [impju'mare] v. tr. emplumer.
implacabile [impla'kabile] agg. implacable, inexorable, inapaisable (lett.). | *un sole implacabile*, un soleil inexorable. | *odio implacabile*, haine implacable.
implacabilità [implakabili'ta] f. implacabilité.
implacato [impla'kato] agg. (lett.) inapaisé. ‖ [implacabile] implacable.
implicare [impli'kare] v. tr. impliquer. ‖ [significare] impliquer, comporter. | *ciò non implica che abbia ragione*, cela n'implique pas, n'entraîne pas nécessairement qu'il ait raison. ‖ (lett.) [avvolgere] envelopper.
implicato [impli'kato] agg. impliqué. ‖ (lett.) [complicato, equivoco] compliqué.
implicazione [implikat'tsjone] f. FIL., GIUR., MAT. implication.
implicito [im'plitʃito] agg. implicite. | *approvazione implicita*, approbation implicite, tacite.
implorante [implo'rante] agg. implorant.
implorare [implo'rare] v. tr. implorer.
implorazione [implorat'tsjone] f. imploration (lett.), supplication.
implume [im'plume] agg. sans plumes.
impluvio [im'pluvjo] m. ARCHEOL. impluvium. ‖ GEOGR. *linea di impluvio*, talweg, thalweg.
impoetico [impo'ɛtiko] agg. sans poésie, prosaïque.
impolitico [impo'litiko] agg. impolitique.
impollinare [impolli'nare] v. tr. BOT. pratiquer la pollinisation.
impollinazione [impollinat'tsjone] f. BOT. pollinisation.
impolpare [impol'pare] v. tr. enrichir.
impoltronire [impoltro'nire] v. tr. rendre paresseux. ◆ v. rifl. e intr. devenir paresseux.
impolverare [impolve'rare] v. tr. couvrir de poussière, empoussiérer. ◆ v. rifl. se couvrir de poussière.
impolverato [impolve'rato] agg. couvert de poussière, poudreux (antiq.).
impomatare [impoma'tare] v. tr. pommader. ◆ v. rifl. se pommader.
impomatato [impoma'tato] agg. pommadé.
impomiciare [impomi'tʃare] v. tr. poncer.
imponderabile [imponde'rabile] agg. e m. impondérable.
imponderabilità [imponderabili'ta] f. impondérabilité.
imponente [impo'nɛnte] agg. imposant.
imponenza [impo'nɛntsa] f. [grandiosità] grandiose m., air (m.) de grandeur. ‖ [atteggiamento austero e grave] majesté.
imponibile [impo'nibile] agg. FIN. imposable. ◆ m. FIN. matière (f.) imposable, assiette (f.) de l'impôt.
imponibilità [imponibili'ta] f. FIN. caractère (m.), nature imposable.
impopolare [impopo'lare] agg. impopulaire.
impopolarità [impopolari'ta] f. impopularité.
imporporare [imporpo'rare] v. tr. empourprer. ◆ v. rifl. s'empourprer. ‖ FIG. *imporporarsi in viso*, rougir.
imporre [im'porre] v. tr. imposer. | *imporre un castigo*, imposer, infliger un châtiment. | *imporre la propria presenza*, imposer sa présence, s'imposer. ‖ [ingiungere] imposer, exiger, enjoindre. | *le circostanze lo impongono*, les circonstances l'exigent. ‖ FIN. imposer. | *prezzi imposti*, prix imposés. ◆ v. rifl. s'imposer. | *imporsi all'ammirazione*, forcer l'admiration. | *si sta imponendo*, il est en train de s'affirmer. ‖ LOC. *imporsi in casa di qlcu.*, forcer la porte de qn.
imporrire [impor'rire] v. intr. pourrir.
importabile [impor'tabile] agg. COMM. importable.
importante [impor'tante] agg. e m. important. | *avere una parte importante*, jouer un grand rôle. | *essere importante*, avoir de l'importance. | *poco importante*, de peu d'importance. | *diventare importante*, prendre de l'importance. | *è importante che*, il est important que ; il importe que. | *l'importante è di*, l'important est de ; ce qui importe, c'est de. ‖ LOC. *giocare somme importanti*, jouer gros jeu.
importanza [impor'tantsa] f. importance. | *è una cosa senza importanza*, c'est une chose sans importance, qui ne tire pas à conséquence. | *dare importanza a*, attacher de l'importance à. | *non ha importanza*, c'est sans importance ; n'importe ! | *che importanza ha ?*, qu'est-ce que ça peut faire ? ; la belle affaire ! (iron.). | *di una certa importanza*, d'une certaine importance, étendue. | *di somma importanza*, de la plus grande importance.
importare [impor'tare] v. tr. COMM. importer. ‖ [comportare, richiedere] comporter, impliquer. ◆ v. intr. importer. ◆ v. impers. [occorrere] être nécessaire, falloir, importer, être important. | *importa che tu studi*, il importe, il faut que tu études. | *importa sapere che...*, il importe, il est important de savoir que... | *non importa che tutti lo sappiano*, il n'est pas nécessaire que tout le monde le sache. ‖ [avere importanza, interessare] importer. | *che importa ?*, qu'importe ? | *non importa*, ça ne fait rien, ça n'a pas d'importance, ce n'est pas gênant. | *per me non importa*, cela m'est indifférent. | *mi importa poco*, peu m'importe, peu me chaut (lett.). | *mi importa assai che...*, je tiens beaucoup à ce que... | *che te ne importa ?*, qu'est-ce que ça peut (bien) te faire ?, que t'importe ? | *che vuoi che me ne importi ?*, que veux-tu que ça me fasse ? ‖ FAM. *non me ne importa un bel niente ; non m'importa un fico secco*, je m'en moque pas mal ; ça m'est tout à fait égal.
importatore [importa'tore] (**-trice** f.) agg. e n. importateur, trice. | *ditta importatrice*, maison d'importation.
importazione [importat'tsjone] f. COMM. importation. | *diritti d'importazione*, droits d'entrée. | *si occupa delle importazioni e delle esportazioni*, il s'occupe de l'import-export (m. sing.).
importo [im'pɔrto] m. montant. | *per l'importo di*, pour la somme de.
importunamente [importuna'mente] avv. importunément.
importunare [importu'nare] v. tr. importuner, déranger, inquiéter.
importunità [importuni'ta] f. importunité.
importuno [impor'tuno] agg. importun, embêtant (fam.). | *non vorrei essere importuno*, je ne voudrais pas vous déranger. ◆ m. importun, gêneur, fâcheux (antiq.).
imposizione [impozit'tsjone] f. imposition. ‖ [comando] ordre m. | *non accetto imposizione da nessuno*, je n'ai d'ordres à recevoir de personne. ‖ FIN. imposition. ‖ TIP. imposition.
impossessarsi [imposses'sarsi] v. rifl. s'emparer, se rendre maître (de). | *impossessarsi di una scienza*, devenir maître d'une science.
impossibile [impos'sibile] agg. e m. impossible. | *una persona impossibile*, une personne invivable. | *rincasa spesso a delle ore impossibili*, il rentre souvent à des heures indues. | *non è impossibile che venga*, il n'est pas impossible que je vienne. | *pare impossibile !*, c'est incroyable, invraisemblable ! ; c'est à ne pas (y) croire ! | *mi pare impossibile che*, je n'arrive pas à croire que. | *chiedere, tentare l'impossibile*, demander, tenter l'impossible. | *impossibile da provarsi*, improuvable. | *impossibile da governare*, ingouvernable. | *impossibile da rovesciare*, inversable. ‖ LOC. *fare il possibile e l'impossibile*, faire des pieds et des mains (fam.). ‖ LOC. *per impossibile ipotesi*, par impossible.
impossibilità [impossibili'ta] f. impossibilité. ‖ [mancanza di mezzi sufficienti] impuissance. | *impossibilità di far fronte a una difficoltà*, impuissance à faire face à une difficulté.
impossibilitare [impossibili'tare] v. tr. [rendere impossibile] rendre impossible. ‖ [impedire] mettre dans l'impossibilité (de).
impossibilitato [impossibili'tato] agg. dans l'impossibilité (de).
1. imposta [im'pɔsta] f. FIN. impôt m. | *imposte dirette e indirette*, impôts directs et indirects. | *imposta*

fondiaria, impôt foncier. | *imposta sui beni mobili*, cote mobilière. | *imposte erariali*, impôts (au bénéfice) de l'État. | *imposta di famiglia*, impôt local, municipal, sur le revenu global de la famille. | *la base dell'imposta*, l'assiette de l'impôt. | *soggetto all'imposta*, soumis, assujetti à l'impôt, imposable. | *colpito da imposta*, frappé d'impôt. | *modulo delle imposte*, feuille (de déclaration) d'impôts. | *esonero dalle imposte*, exonération d'impôts. | *Ufficio (delle) imposte*, Bureau des contributions (directes). || STOR. *appaltatore d'imposte*, fermier général.

2. imposta [im'pɔsta] f. volet m., contrevent m. || ARCHIT. imposte.

1. impostare [impos'tare] v. tr. poster ; mettre, jeter à la boîte ; mettre à la poste.

2. impostare [impos'tare] v. tr. **1.** [determinare i punti essenziali] établir, poser, tracer (le plan de). | *impostare un problema*, poser un problème. | *impostare un piano di lavoro*, établir, tracer un plan de travail. | *impostare un bilancio*, tracer, établir un bilan. | *non so come impostare questo lavoro*, je ne sais pas comment organiser ce travail. || **2.** [avviare, iniziare] mettre en train, mettre en route. | *un ragionamento ben impostato*, un raisonnement bien parti, bien établi. | *un racconto ben impostato*, un récit bien campé. || **3.** EDIL. poser, asseoir. || **4.** MAR. mettre en chantier. || **5.** MUS. poser. | *impostare la voce*, poser la voix ; donner le ton convenable à la voix.

impostatura [imposta'tura] f. EDIL. assise, assiette. | *impostatura di un muro*, l'assise d'un mur. || MAR. mise en chantier. || MUS. pose.

1. impostazione [impostat'tsjone] f. postage m. | *cassetta per l'impostazione*, boîte pour l'expédition du courrier.

2. impostazione [impostat'tsjone] f. [avviamento] mise en route, esquisse. || [l'atto di determinare i punti essenziali] façon d'envisager, organisation. | *l'impostazione di un problema*, la façon dont on pose un problème. | *l'impostazione di un lavoro*, l'organisation d'un travail. | *dipende dall'impostazione della questione*, cela dépend de la façon dont on envisage la question. || [di bilancio] établissement m.

imposto [im'posto] part. pass. e agg. imposé. | *prezzi imposti*, prix imposés.

impostore [impos'tore] m. imposteur.

impostura [impos'tura] f. imposture.

impotente [impo'tɛnte] agg. impuissant. | *impotente a reagire*, incapable de réagir. ◆ agg. e m. MED. impuissant.

impotenza [impo'tɛntsa] f. impuissance. || MED. impuissance.

impoverimento [impoveri'mento] m. appauvrissement. | *impoverimento della cultura*, appauvrissement, étiolement de la culture.

impoverire [impove'rire] v. tr. appauvrir. ◆ v. intr. e rifl. s'appauvrir.

impraticabile [imprati'kabile] agg. [impervio] impraticable. || [intrattabile] intraitable, impraticable (antiq.). | *persona impraticabile*, personne intraitable.

impraticabilità [impratikabili'ta] f. impraticabilité.

impratichire [imprati'kire] v. tr. exercer, former, entraîner. | *impratichire qlcu. in un mestiere*, former qn à un métier. ◆ v. rifl. s'exercer, se former (à), s'entraîner. | *impratichirsi con un lungo tirocinio*, se former à travers un long apprentissage. | *facendolo spesso, potrai impratichirti*, si tu le fais souvent, tu acquerras une bonne pratique. | *impratichirsi in una lingua*, se familiariser avec une langue.

imprecare [impre'kare] v. intr. maugréer, jurer, pester ; lancer (v. tr.) des imprécations.

imprecativo [impreka'tivo] agg. imprécatoire.

imprecatorio [impreka'tɔrjo] agg. V. IMPRECATIVO.

imprecazione [imprekat'tsjone] f. imprécation, juron m., jurement m. (antiq.).

imprecisabile [impretʃi'zabile] agg. indéterminable.

imprecisato [impretʃi'zato] agg. non spécifié, non précisé.

imprecisione [impretʃi'zjone] f. imprécision, indétermination.

impreciso [impre'tʃizo] agg. imprécis. | *essere impreciso nell'esprimersi*, s'exprimer de façon imprécise.

impregiudicato [impredʒudi'kato] agg. GIUR. non jugé. | *lasciamo l'argomento impregiudicato*, laissons l'argument en suspens.

impregnamento [impreɲɲa'mento] m. (raro). V. IMPREGNAZIONE.

impregnare [impreɲ'ɲare] v. tr. imprégner, imbiber. || PER ANAL. *il fumo impregna l'aria*, la fumée imprègne l'air. || [fecondare] féconder. ◆ v. rifl. s'imprégner, s'imbiber. || FIG. s'imprégner. | *impregnarsi di cultura*, s'imprégner de culture.

impregnazione [impreɲɲat'tsjone] f. imprégnation.

impremeditato [impremedi'tato] agg. non prémédité.

imprendere [im'prɛndere] v. tr. (raro) entreprendre (L.C.).

imprendibile [impren'dibile] agg. imprenable.

imprenditore [imprendi'tore] m. entrepreneur. | *imprenditore edile*, entrepreneur de bâtiments, de construction. | *imprenditore agricolo*, exploitant agricole. | *imprenditore di traslochi*, déménageur.

imprenditoriale [imprendito'rjale] agg. d'entrepreneur. | *il ceto imprenditoriale*, les milieux de l'entreprise.

impreparato [imprepa'rato] agg. non préparé. | *alunno impreparato*, élève mal préparé. | *è impreparato in storia*, il n'a pas appris sa leçon d'histoire. | *mi ha colto impreparato*, il m'a pris au dépourvu. | *eravamo impreparati ad affrontare quell'impresa*, nous n'étions pas prêts pour affronter cette entreprise.

impreparazione [impreparat'tsjone] f. impréparation.

impresa [im'presa] f. entreprise. | *impresa truffaldina*, escroquerie. | *è un'impresa !*, c'est une affaire sérieuse !, c'est toute une affaire ! | *è stata una bell'impresa !*, ce fut un vrai tour de force ! | *non è certo un'impresa*, ce n'est tout de même pas la mer à boire. || [prodezza] exploit m. || ECON. entreprise. | *impresa commerciale*, entreprise commerciale, établissement (m.) commercial. | *impresa edile*, entreprise de construction. | *impresa agricola*, exploitation agricole. | *lavorare alle dipendenze di un'impresa*, travailler pour une entreprise. || ARALD. devise.

impresario [impre'sarjo] m. [spettacoli] imprésario. || [imprenditore] entrepreneur. | *impresario edile*, entrepreneur de bâtiments.

imprescindibile [impreʃʃin'dibile] agg. dont il faut tenir compte, qu'on ne saurait négliger.

imprescrittibile [impreskrit'tibile] agg. GIUR. imprescriptible.

imprescrittibilità [impreskrittibili'ta] f. GIUR. imprescriptibilité.

impressionabile [impressjo'nabile] agg. impressionnable, émotionnable (fam.). || FOT. impressionnable.

impressionabilità [impressjonabili'ta] f. impressionnabilité.

impressionante [impressjo'nante] agg. impressionnant.

impressionare [impressjo'nare] v. tr. impressionner, affecter. | *rimanere bene impressionato*, être favorablement impressionné. | *sono stato gravemente impressionato*, j'ai été sérieusement affecté. || FOT. impressionner. ◆ v. rifl. s'impressionner.

impressione [impres'sjone] f. [l'imprimere, impronta] impression. | *l'impressione di un timbro*, l'impression d'un cachet. || FIG. impression. | *impressione di freddo*, impression de froid. | *mi ha fatto molta impressione*, cela m'a fait beaucoup d'impression. | *fidarsi delle prime impressioni*, se fier à ses premières impressions. | *sarà una mia impressione, ma*, c'est peut-être une impression, mais. || TIP. impression.

impressionismo [impressjo'nizmo] m. ARTI, LETT. impressionnisme.

impressionista [impressjo'nista] (**-i** m. pl.) agg. e n. ARTI, LETT. impressionniste.

impressionistico [impressjo'nistiko] agg. ARTI, LETT. impressionniste.

impresso [im'presso] part. pass. V. IMPRIMERE.

impressore [impres'sore] m. TIP. imprimeur.

imprestare [impres'tare] v. tr. (pop.). V. PRESTARE.

imprestito [im'prestito] m. LING. emprunt.

imprevedibile [impreve'dibile] agg. imprévisible. | *un risultato imprevedibile*, un résultat imprévisible, insoupçonné.

imprevedibilità [imprevedibili'ta] f. imprévisibilité.

impreveduto [impreve'duto] agg. imprévu.
imprevidente [imprevi'dɛnte] agg. imprévoyant.
imprevidenza [imprevi'dɛntsa] f. imprévoyance.
imprevisto [impre'visto] agg. imprévu. | *una visita imprevista*, une visite imprévue, inattendue. ◆ m. imprévu. | *in caso d'imprevisti*, en cas d'imprévu. | *salvo imprevisti*, sauf imprévu.
impreziosire [imprettsjo'sire] v. tr. enrichir (de). ◆ v. rifl. (scherz.) se faire désirer.
imprigionamento [impridʒona'mento] m. emprisonnement, incarcération f.
imprigionare [impridʒo'nare] v. tr. emprisonner, incarcérer, écrouer. ‖ FIG. *rimanere imprigionato dalla neve*, rester bloqué par la neige. | *rimanere imprigionato in un ingranaggio*, rester pris, coincé dans un engrenage.
imprimatur [impri'matur] m. invar. [lat.] imprimatur. | *ottenere l'imprimatur*, obtenir l'imprimatur. | *autorizzazione di imprimatur*, permis (m.) d'imprimer.
imprimé [ɛ̃pri'me] agg. e m. [fr.] (tissu) imprimé.
imprimere [im'primere] v. tr. **1.** [lasciare una impronta] imprimer. ‖ **2.** [comunicare] imprimer. ‖ **3.** FIG. [fissare in modo indelebile] graver, empreindre, imprimer (lett.). | *imprimersi qlco. nel cuore*, graver, imprimer qch. dans son cœur. | *ogni particolare mi rimaneva impresso nella mente*, chaque détail restait gravé, empreint dans ma mémoire. ‖ **4.** TIP. imprimer.
imprimitura [imprimi'tura] f. ARTI impression.
improbabile [impro'babile] agg. improbable. | *è molto improbabile*, c'est plus qu'improbable.
improbabilità [improbabili'ta] f. improbabilité.
improbità [improbi'ta] f. (lett.) improbité.
improbo ['improbo] agg. [disonesto] malhonnête, sans probité. ‖ [faticoso] rude, pénible, ingrat. | *una fatica improba*, une rude fatigue. | *lavoro improbo*, travail ingrat.
improcedibilità [improtʃedibili'ta] f. GIUR. impossibilité de procéder.
improducibile [improdu'tʃibile] agg. [che non può essere prodotto] qui ne peut être produit, improductible (raro). ‖ GIUR. qui ne peut être exhibé, qu'on ne peut exhiber.
improduttivamente [improduttiva'mente] avv. improductivement.
improduttività [improduttivi'ta] f. improductivité.
improduttivo [improdut'tivo] agg. improductif.
improfferibile [improffe'ribile] agg. (lett.) à ne pas prononcer, imprononçable (L.C.).
impronta [im'pronta] f. empreinte. | *impronta del sigillo*, empreinte, impression du cachet. | *il cane ha lasciato l'impronta delle zampe sulle mattonelle*, les pattes du chien ont laissé des marques sur le carrelage. ‖ FIG. [carattere distintivo] empreinte, marque, cachet m. | *l'impronta del genio*, la marque du génie. | *l'impronta di un'epoca*, le cachet d'une époque. | *opera che reca l'impronta delle nuove dottrine filosofiche*, œuvre marquée à, de l'empreinte des nouvelles doctrines philosophiques. ‖ TIP. caractère m., flan m. ◆ LOC. AVV. ***all'impronta,*** à l'improviste ; impromptu.
improntare [impron'tare] v. tr. caractériser, marquer, empreindre. ◆ v. rifl. s'empreindre, être empreint (de).
improntato [impron'tato] agg. plein, empreint. | *un volto improntato a pietà*, un visage plein, empreint de pitié. | *improntato a*, basé, fondé sur.
improntitudine [impronti'tudine] f. [insistenza sfacciata e importuna] importunité. ‖ [sfacciataggine] effronterie, impertinence.
impronunciabile [impronun'tʃabile] o **impronunziabile** [impronun'tsjabile] agg. imprononçable.
improperio [impro'pɛrjo] (**-ri** pl.) m. injure f., insulte f. | *un sacco d'improperi*, une bordée d'injures (fam.).
improprietà [improprje'ta] f. impropriété. | *un compito pieno di improprietà*, un devoir plein d'inexactitudes.
improprio [im'prɔprjo] agg. impropre. ‖ MAT. *frazione impropria*, nombre (m.) fractionnaire.
improrogabile [improro'gabile] agg. = qui ne peut pas être prorogé. | *termine improrogabile per la consegna*, dernier délai de livraison.
improrogabilmente [improrogabil'mente] avv. = sans aucune possibilité de prorogation. | *la riunione è fissata improrogabilmente per martedì*, la réunion aura lieu mardi, sans possibilité de renvoi.
improsciuttire [improʃʃut'tire] v. intr. [detto di persona] se dessécher (fam.).
improvvidamente [improvvida'mente] avv. (lett.) d'une manière imprévoyante (L.C.).
improvvidenza [improvvi'dɛntsa] f. (lett.) imprévoyance (L.C.).
improvvido [im'prɔvvido] agg. (lett.) imprévoyant (L.C.). | *comportamento improvvido*, comportement inconsidéré (L.C.).
improvvisamente [improvviza'mente] avv. soudainement, brusquement, tout à coup. ‖ [in modo inaspettato] à l'improviste, subitement.
improvvisare [improvvi'zare] v. tr. improviser. | *improvvisare un discorso*, improviser un discours ; parler d'abondance. ‖ PER EST. improviser. ◆ v. rifl. s'improviser. | *improvvisarsi infermiere*, s'improviser infirmier.
improvvisata [improvvi'zata] f. surprise. | *fare un'improvvisata a qlcu.*, faire une surprise à qn.
improvvisato [improvvi'zato] agg. improvisé, impromptu.
improvvisatore [improvviza'tore] (**-trice** f.) m. improvisateur, trice.
improvvisazione [improvvizat'tsjone] f. improvisation. ‖ LETT., MUS. impromptu m.
improvviso [improv'vizo] agg. soudain, subit, brusque. | *un'improvvisa folata di vento*, une brusque rafale de vent ; une rafale de vent soudaine. ‖ [inaspettato] inattendu, imprévu, inopiné. | *una fortuna improvvisa*, une fortune inattendue, imprévue. | *una morte improvvisa*, une mort soudaine, subite. ◆ LOC. AVV. ***all'improvviso, d'improvviso,*** à l'improviste, inopinément, soudainement, tout à coup. ‖ LETT., MUS. impromptu.
impruarsi [impru'arsi] v. rifl. MAR. piquer (v. intr.) du nez.
imprudente [impru'dɛnte] agg. e n. imprudent.
imprudentemente [imprudente'mente] avv. imprudemment.
imprudenza [impru'dɛntsa] f. imprudence.
impubere [im'pubere] agg. e n. (lett.) impubère (L.C.).
impudente [impu'dɛnte] agg. e n. impudent, e.
impudentemente [impudente'mente] avv. impudemment.
impudenza [impu'dɛntsa] f. impudence.
impudicizia [impudi'tʃittsja] f. impudicité, impudeur, immodestie (antiq.).
impudico [impu'diko] (**-chi** pl.) agg. impudique, immodeste (antiq.).
impugnabile [impuɲ'ɲabile] agg. contestable, réfutable. ‖ GIUR. attaquable.
impugnabilità [impuɲɲabili'ta] f. GIUR. contestabilité. | *impugnabilità di un provvedimento disciplinare*, contestabilité d'une mesure disciplinaire.
1. impugnare [impuɲ'ɲare] v. tr. empoigner. ‖ FIG. *impugnare le armi*, prendre les armes.
2. impugnare [impuɲ'ɲare] v. tr. [contrastare, combattere] contester, s'opposer (à). ‖ GIUR. attaquer. | *impugnare un testamento*, attaquer, faire opposition à un testament. | *impugnare un atto*, attaquer un acte, contester la validité d'un acte. | *impugnare qlco. di falso*, s'inscrire en faux contre qch.
impugnativa [impuɲɲa'tiva] f. GIUR. recours m.
impugnativo [impuɲɲa'tivo] agg. GIUR. de contestation.
impugnatura [impuɲɲa'tura] f. [atto, modo di impugnare] prise. | *impugnatura difficoltosa*, prise difficile. ‖ poignée. | *impugnatura di sciabola*, poignée de sabre. ‖ [di coltello] manche m.
impugnazione [impuɲɲat'tsjone] f. contestation. ‖ GIUR. [appello, ricorso] appel m., recours m., opposition. | *sentenza suscettibile di impugnazione*, jugement susceptible d'opposition. | *impugnazione di falso*, inscription en faux.
impulsione [impul'sjone] f. FIS. impulsion. ‖ FIG. (raro) impulsion.
impulsività [impulsivi'ta] f. impulsivité.
impulsivo [impul'sivo] agg. FIS. impulsif. ‖ FIG. [che

non riesce a dominarsi] impulsif, irréfléchi, irraisonné. | *gesto impulsivo*, geste irraisonné. ◆ n. impulsif.
impulso [im'pulso] m. ELETTR., FIS. impulsion f. || FIG. [stimolo] impulsion, élan. | *dare il primo impulso a qlcu.*, mettre en branle qch. || [spinta irriflessiva] impulsion f. | *secondare i propri impulsi*, céder à ses impulsions. | *agire per impulso, d'impulso*, agir sous le coup d'une impulsion, sous l'impulsion, selon l'humeur du moment. | *sotto l'impulso della collera*, sous l'inspiration de la colère. | *sotto l'impulso di qlcu.*, sous l'inspiration de qn.
impune [im'pune] agg. (lett.) impuni (L.C.).
impunemente [impune'mente] avv. impunément.
impunibile [impu'nibile] agg. GIUR. qui n'est pas punissable.
impunibilità [impunibili'ta] f. = fait (m.) d'être impunissable.
impunità [impuni'ta] f. impunité.
impunito [impu'nito] agg. impuni.
impuntare [impun'tare] v. intr. buter (contre). || FIG. bégayer. ◆ v. rifl. s'arrêter, buter. || FIG. se buter, s'entêter, s'obstiner, se braquer. | *si impunta a dire di no*, il s'obstine, il s'entête à dire que non.
impuntatura [impunta'tura] f. obstination.
impuntigliarsi [impuntiʎ'ʎarsi] v. rifl. (raro) s'entêter, s'obstiner (L.C.).
impuntire [impun'tire] v. tr. piquer.
impuntura [impun'tura] f. [cucitura] piqûre. || [punto a due diritti] point (m.) piqué.
impunturare [impuntu'rare] v. tr. [cucire] piquer. || [ornare di impunture] garnir de piqûres.
impurezza [impu'rettsa] f. CHIM. impureté.
impurità [impuri'ta] f. impureté. || MINER. gendarme m.
impuro [im'puro] agg. PR. e FIG. impur. || LING. *esse impura*, « s » devant une consonne, suivi d'une consonne.
imputabile [impu'tabile] agg. [attribuibile] imputable. || GIUR. [suscettibile di responsabilità o di imputazione] inculpable.
imputare [impu'tare] v. tr. **1.** GIUR. [attribuire] imputer. | *imputare una disgrazia al caso*, imputer un malheur au hasard. || **2.** [accusare] accuser, inculper. | *imputare qlcu. di un delitto*, accuser qn d'un crime. || **3.** COMM., ECON. imputer.
imputato [impu'tato] agg. accusé, inculpé. ◆ n. accusé, inculpé, prévenu. | *il banco degli imputati*, le banc des accusés.
imputazione [imputat'tsjone] f. imputation, inculpation, charge, accusation. | *capo d'imputazione*, chef d'accusation. || COMM., ECON. imputation.
imputrescibile [imputreʃ'ʃibile] agg. (lett.) imputrescible, immarcescible.
imputridimento [imputridi'mento] m. putréfaction f. || FIG. [vistoso decadimento] pourrissement, croupissement.
imputridire [imputri'dire] v. intr. pourrir, se putréfier. || [di acqua] croupir. || FIG. croupir, se dégrader, se pourrir. ◆ v. tr. putréfier.
impuzzire [imput'tsire] v. tr. empuantir, empester.
impuzzolentire [imputtsolen'tire] v. tr. empester.

---

in [in] **I.** en. | **1.** nomi non determinati. | **2.** nomi di paesi fem. sing. o masc. sing. comincianti con vocali. | **3.** tempo determinato. | **4.** nomi astratti determ. | **5.** con valore di gerundio. || **II.** dans. | **1.** nomi determinati. | **2.** idea di interiorità. | **3.** espressioni idiomatiche. || **III.** à. | **1.** nomi di paesi plurali o masc. sing. comincianti con consonante. | **2.** nomi di città. | **3.** espressioni di luogo senza determ. | **4.** alcune espressioni di tempo e date. | **5.** espressioni idiomatiche. || **IV.** sur. || **V.** contre. || **VI.** [non espresso] **1.** indirizzi. | **2.** tempo. | **3.** espressioni idiomatiche. || **VII.** LOC. || **VIII.** LOC. AVV. || **IX.** LOC. CONG. || **X.** LOC. PREP.

---

in [in] prep. **I.** en. **1.** *in classe*, en classe. | *in città*, en ville. | *avere fiducia in qlcu.*, avoir confiance en qn. | *cogliere in fallo*, prendre en faute. | *in estate*, en été. | *in dicembre*, en décembre. | *in pochi giorni*, en quelques jours. | *in un batter d'occhio, in men che non si dica*, en un clin d'œil, en moins de deux (fam.). | *in automobile*, en automobile. | *in poche parole*, en quelques mots. | *mandare in visione*, envoyer en lecture. | *tagliare in quattro*, couper en quatre. | *di ora in ora*, d'heure en heure. | *di bene in meglio*, de mieux en mieux. | *andare in frantumi*, voler en éclats. | *trasformarsi in topo*, se transformer en souris. || **2.** *in Francia*, en France. | *in Uruguay*, en Uruguay. || **3.** *in questo momento*, en ce moment. | *nel 1974*, en 1974. | *nello scorso autunno*, en automne dernier. || **4.** *in mia, tua, sua assenza*, en mon, ton, son absence. | *in onore di qlcu.*, en l'honneur de qn. | *in presenza di*, en la présence de. || **5.** *nel dire ciò*, en disant cela. | *nel vederlo*, en le voyant. || **II.** dans. | **1.** *in questa stanza*, dans cette pièce. | *nel mio armadio*, dans mon armoire. | *nella casa*, dans la maison. | *nel giardino*, dans le jardin. | *nella mattinata*, dans la matinée. || **2.** *il nemico penetrò in Parigi*, l'ennemi pénétra dans Paris. || **3.** *in camera*, dans la chambre. | *in cucina*, dans la cuisine. | *in giornata, in serata*, dans la journée, dans la soirée. | *salire in treno*, monter dans le train. | *in strada*, dans la rue. | *avere qlco. in mano, in tasca, in braccio*, avoir qch. dans la main, dans la poche, dans les bras. | *serbare in cuore*, garder dans son cœur. | *stare in ansia*, être dans l'anxiété. | *in gioventù, in vecchiaia*, dans ma, ta, sa jeunesse ; dans ma, ta, sa vieillesse. | *in Shakespeare*, dans Shakespeare. | *in Manzoni*, dans, chez Manzoni. || **III.** à. **1.** *in Giappone, in Canada*, au Japon, au Canada. | *negli Stati Uniti*, aux États-Unis. || **2.** *in Firenze, in Parigi*, à Florence, à Paris. || **3.** *andare in ufficio, in banca, in montagna, in campagna*, aller au bureau, à la banque, à la montagne, à la campagne. | *entrare in porto*, entrer au port. | *gettare in mare*, jeter à la mer. | *in giardino, in chiesa, in casa, in cantina, in soffitta*, au jardin, à l'église, à la maison, à la cave, au grenier. || **4.** *in primavera*, au printemps. | *nel mese di*, au mois de. | *nelle ore di ozio*, aux heures de loisir. | *nel Cinquecento, nel sedicesimo secolo*, au seizième siècle. | *nel secolo scorso*, au siècle dernier. || **5.** *andare in bicicletta*, aller à bicyclette. | *tenere in mano*, tenir à la main. | *stare in ginocchio*, être à genoux. | *accorrere in aiuto di*, courir au secours de. | *lasciare in abbandono*, laisser à l'abandon. | *in nome di*, au nom de. | *in lode di*, à la louange de. || **IV.** sur. | *con il cappello in testa*, le chapeau sur la tête. | *entrare in punta di piedi*, entrer sur la pointe des pieds. | *in tavola*, sur la table. | *in piazza*, sur la place. | *tempesta in mare*, tempête sur la mer. | *in carta bollata*, sur papier timbré. | *la casa in collina*, la maison sur la colline. || **V.** [ostacolo] contre. | *inciampare in un gradino*, buter contre une marche. | *urtare in un ostacolo*, heurter contre un obstacle. || **VI.** [non espresso] **1.** *abito in questa città*, j'habite cette ville. | *in via Roma*, rue de Rome. | *in piazza della Repubblica*, place de la République. || **2.** *in questo mese, in questa settimana*, ce mois-ci, cette semaine(-ci). | *in quel giorno*, ce jour-là. | *in questi giorni*, ces jours-ci. | *nei giorni seguenti*, les jours suivants. || **3.** *in qualche parte, in nessuna parte*, quelque part, nulle part. | *essere in dieci, in molti*, être dix, nombreux. || **VII.** LOC. *in una bella mattina, in una notte stellata*, par un beau matin, par une nuit étoilée. | *parlare in tono scherzoso*, parler d'un ton plaisant. | *in modo strano*, d'une étrange façon. | *camminare in fretta*, marcher vite. | *nella dovuta forma*, en bonne et due forme. | *mangiare in bianco*, suivre un régime. | *riso in bianco*, riz au beurre. | *pesce in bianco*, poisson bouilli. | *carne in umido*, viande en sauce. | *lepre in salmì*, civet de lièvre. | *passare una notte in bianco*, passer une nuit blanche. | *laureato in lettere, in scienze*, licencié ès lettres, ès sciences. | *era triste in volto*, il avait un visage triste. | *fare qlco. in quattro*, faire qch. à quatre. | *vivere in due*, vivre à deux. | *in (numero di) dieci*, à dix, au nombre de dix. | *prendere in moglie*, prendre pour femme. | *Maria Bianchi in Rossi*, Maria Bianchi, épouse Rossi. | *dare in prestito*, prêter. | *avere in odio qlcu.*, haïr qn, détester qn. | *essere in dubbio se*, se demander si. | *nelle prossime elezioni*, aux prochaines élections. || **VIII.** LOC. AVV. *in più, in meno*, de plus, de moins. | *in più di*, en plus de. | *in breve*, en quelques mots. | *in qua e in là*, dans toutes les directions. | *da quando in qua?*, depuis quand? | *in genere*, en général. | *in primo luogo*, en premier (lieu). | *in realtà*, en réalité. | *in particolare*, en particulier. | *nella fattispecie*, en l'espèce, en l'occurrence. || **IX.** Loc. CONG. *in quanto*, en tant que. | *in attesa che*, en attendant que. | *in modo che*, en sorte que, de façon que. || **X.** Loc. PREP. *in considerazione di*, en considération de. | *in confronto a*, par rapport à, à côté de, comparé à. | *nei confronti di*, à l'égard de. | *in seguito a*, à la suite de. | *in mezzo a*, au milieu de. | *in quanto a*, quant à. | *in cima a*, en haut de. | *in fondo a*, [verticale] au fond de; [orizzontale] au bout de.

inabbordabile [inabbor'dabile] agg. inabordable.

inabile [i'nabile] agg. **1.** inapte, incapable (de). | *essere inabile al lavoro*, être inapte au travail. || **2.** GIUR. inhabile. || **3.** MIL. inapte. | *inabile al servizio militare*, inapte au service militaire. || **4.** [maldestro] malhabile, maladroit, inhabile.

inabilità [inabili'ta] f. **1.** incapacité. | *inabilità al lavoro*, incapacité de travail. || **2.** GIUR. incapacité, inhabilité. || **3.** MIL. inaptitude (au service). || **4.** [mancanza di destrezza] inhabileté, maladresse.

inabilitare [inabili'tare] v. tr. rendre inhabile, incapable, mettre dans l'incapacité. || GIUR. déshabiliter.

inabilitazione [inabilitat'tsjone] f. GIUR. déshabilitation. || inhabileté.

inabissamento [inabissa'mento] m. engloutissement.

inabissare [inabis'sare] v. tr. précipiter dans un abîme, engloutir, engouffrer. ◆ v. rifl. s'enfoncer, couler, s'abîmer, sombrer, s'engloutir, s'engouffrer. || FIG. s'abîmer, s'enfoncer.

inabitabile [inabi'tabile] agg. inhabitable.

inabitato [inabi'tato] agg. (lett.) inhabité (L.C.).

inabrogabile [inabro'gabile] agg. GIUR. inabrogeable.

inaccessibile [inattʃes'sibile] agg. PR. e FIG. inaccessible. | *porto inaccessibile*, port inaccessible, inabordable. || COMM. *a prezzo inaccessibile*, hors de prix.

inaccessibilità [inattʃessibili'ta] f. inaccessibilité.

inaccettabile [inattʃet'tabile] agg. inacceptable.

inaccettabilità [inattʃettabili'ta] f. irrecevabilité, inadmissibilité.

inacerbire [inatʃer'bire] v. tr. aigrir. || [rendere più acerbo] exacerber, envenimer. ◆ v. rifl. s'exacerber. || [diventare più astioso] s'aigrir.

inacetire [inatʃe'tire] v. intr. tourner à l'aigre, en vinaigre, (s') aigrir. ◆ v. tr. faire aigrir, faire tourner (en vinaigre).

inacidimento [inatʃidi'mento] m. aigrissement.

inacidire [inatʃi'dire] v. tr. aigrir, rendre aigre. ◆ v. intr., v. rifl. aigrir, s'aigrir, devenir aigre, tourner à l'aigre; s'acidifier, devenir acide. || FIG. s'aigrir.

inacutire [inaku'tire] v. tr. rendre plus aigu, exacerber, attiser. | *inacutire la gelosia*, attiser la jalousie. ◆ v. rifl. devenir plus aigu, s'exacerber. | *il freddo si inacutì*, le froid s'intensifia, devint plus vif.

inadattabile [inadat'tabile] agg. qui ne peut être adapté; qui ne peut s'adapter; inadaptable.

inadattabilità [inadattabili'ta] f. inadaptation.

inadatto [ina'datto] agg. inadapté, impropre. || [incapace] inapte.

inadeguatezza [inadegwa'tettsa] f. inadéquation, insuffisance. | *inadeguatezza dei mezzi*, insuffisance des moyens.

inadeguato [inade'gwato] agg. inadéquat, insuffisant. | *ha uno stipendio inadeguato al lavoro che fa*, il a un traitement insuffisant pour le travail qu'il fait, disproportionné par rapport au, qui ne correspond pas au travail qu'il fait.

inadempibile [inadem'pibile] agg. (raro) inexécutable.

inadempiente [inadem'pjɛnte] agg. e m. GIUR. défaillant. | *inadempiente all'obbligo di leva*, qui manque à ses obligations militaires.

inadempienza [inadem'pjɛntsa] f. carence. || GIUR. inexécution, non-exécution, inaccomplissement (m.). | *inadempienza contrattuale*, non-exécution, inexécution de contrat.

inadempimento [inadempi'mento] m. inaccomplissement, non-exécution (f.). || GIUR. défaillance f.

inadempito [inadem'pito], **inadempiuto** [inadem'pjuto] agg. inaccompli.

inadoperabile [inadope'rabile], **inadoprabile** [inado'prabile] agg. inemployable, inutilisable.

inafferrabile [inaffer'rabile] agg. insaisissable.

inalare [ina'lare] v. tr. MED. inhaler.

inalatore [inala'tore] (**-trice** f.) agg. MED. inhalateur, trice. ◆ m. inhalateur.

inalatorio [inala'tɔrjo] agg. inhalateur.

inalazione [inalat'tsjone] f. MED. inhalation, fumigation.

inalberare [inalbe'rare] v. tr. FIG. arborer, hisser. || PR. (raro) planter d'arbres. ◆ v. rifl. [impennarsi] se cabrer. || FIG. [adirarsi] se cabrer, se gendarmer, se hérisser, s'emporter. || [insuperbire] s'enorgueillir, se donner des airs.

inalberata [inalbe'rata] f. V. IMPENNATA.

inalienabile [inalje'nabile] agg. inaliénable.

inalienabilità [inaljenabili'ta] f. inaliénabilité.

inalterabile [inalte'rabile] agg. PR. e FIG. inaltérable. | *amicizia inalterabile*, amitié inaltérable, immuable.

inalterabilità [inalterabili'ta] f. inaltérabilité.

inalterabilmente [inalterabil'mente] avv. immuablement, de façon inaltérable.

inalterato [inalte'rato] agg. inaltéré.

inalveare [inalve'are] v. tr. canaliser.

inamabile [ina'mabile] agg. (lett.) désagréable (L.C.).

inameno [ina'mɛno] agg. morne.

inamidare [inami'dare] v. tr. amidonner, empeser.

inamidato [inami'dato] agg. amidonné, empesé. || FIG. (scherz.) [pieno di sussiego] empesé, guindé.

inamidatura [inamida'tura] f. amidonnage m., empesage m.

inammaccabile [inammak'kabile] agg. (raro) infroissable (L.C.).

inammissibile [inammis'sibile] agg. inadmissible.

inammissibilità [inammissibili'ta] f. inadmissibilité.

inamovibile [inamo'vibile] agg. inamovible.

inamovibilità [inamovibili'ta] f. inamovibilité.

inane [i'nane] agg. (lett.) vain (L.C.), inutile (L.C.).

inanellamento [inanella'mento] m. [di uccelli] baguage.

inanellare [inanel'lare] v. tr. boucler, anneler (raro). || [con il calamistro] *inanellare i capelli*, calamistrer les cheveux (antiq.). || [dare l'anello, sposare] (antiq.) passer une bague au doigt (de).

inanimare [inani'mare] v. tr. (lett.) animer (L.C.), encourager (L.C.).

inanimato [inani'mato] agg. inanimé.

inanime [i'nanime] agg. (lett., raro) inanimé (L.C.).

inanità [inani'ta] f. (lett.) inanité, inutilité (L.C.).

inanizione [inanit'tsjone] f. inanition.

inanonimo [ina'nɔnimo] agg. non anonyme; signé.

inappagabile [inappa'gabile] agg. inassouvissable (lett.), insatiable, inapaisable (lett.). | *desiderio inappagabile*, désir inassouvissable.

inappagamento [inappaga'mento] m. inassouvissement, insatisfaction f.

inappagato [inappa'gato] agg. inassouvi, inapaisé, insatisfait.

inappannabile [inappan'nabile] agg. qui ne peut pas se ternir. || [di vetri] qui ne peut s'embuer.

inappellabile [inappel'labile] agg. GIUR. sans appel.

inappellabilità [inappellabili'ta] f. GIUR. [di una decisione, di una sentenza, ecc.] caractère (m.) sans appel.

inappellabilmente [inappellabil'mente] avv. GIUR. sans appel.

inappetenza [inappe'tɛntsa] f. inappétence.

inapplicabile [inappli'kabile] agg. inapplicable.

inapprendibile [inappren'dibile] agg. qu'on ne peut apprendre.

inapprezzabile [inappret'tsabile] agg. inappréciable, inestimable. | *distanze inapprezzabili*, distances inappréciables. | *servizio inapprezzabile*, service inappréciable, inestimable. || [trascurabile] imperceptible, insignifiant.

inappuntabile [inappun'tabile] agg. irréprochable, impeccable.

inappurabile [inappu'rabile] agg. invérifiable, impossible à vérifier.

inappurato [inappu'rato] agg. non vérifié.

inarato [ina'rato] agg. (lett.) non labouré (L.C.).

inarcamento [inarka'mento] m. [azione] cambrement, cambrage. ‖ [effetto] cambrure f. ‖ MED. *inarcamento della schiena*, voussure (f.) du dos. ‖ MAR., TECN. bouge.
inarcare [inar'kare] v. tr. arquer, cambrer. | *inarcare la schiena*, cambrer les reins, se cambrer ; [del gatto] faire le gros dos. | *inarcare le sopracciglia*, lever les sourcils. ◆ v. rifl. (s') arquer, se cambrer.
inargentare [inardʒen'tare] v. tr. argenter, étamer. | *inargentare delle posate*, argenter des couverts. | *inargentare uno specchio*, étamer, argenter une glace. ‖ FIG. argenter. | *la luna inargenta le betulle*, la lune argente les bouleaux. | *capelli inargentati*, cheveux argentés.
inaridimento [inaridi'mento] m. PR. e FIG. dessèchement. | *inaridimento del cuore*, dessèchement, flétrissure (f.) du cœur.
inaridire [inari'dire] v. tr. PR. e FIG. dessécher. ‖ [esaurire] tarir. | *inaridire un pozzo*, tarir un puits. | *la miseria ha inaridito la sua fantasia*, la misère a tari son imagination. ◆ v. intr. e rifl. PR. e FIG. se dessécher. | *gli si è inaridito il cuore*, son cœur s'est desséché. ‖ [esaurirsi] (se) tarir. | *la fonte (si) è inaridita*, la source s'est tarie, a tari. | *la sua vena poetica si è inaridita*, sa veine poétique s'est tarie.
inarmonico [inar'mɔniko] agg. (lett.) inharmonieux.
inarrendevole [inarren'devole] agg. (rare) opiniâtre (L.C.), irréductible (L.C.).
inarrendevolezza [inarrendevo'lettsa] f. opiniâtreté.
inarrestabile [inarres'tabile] agg. incessant, qu'on ne peut arrêter. | *il corso inarrestabile degli eventi*, le cours incessant des événements. | *un riso inarrestabile*, un rire irrépressible, un fou rire.
inarrivabile [inarri'vabile] agg. inaccessible. ‖ FIG. incomparable, insurpassable, inégalable, imbattable, sans pareil, sans rival.
inarticolato [inartiko'lato] agg. inarticulé.
inaspettatamente [inaspettata'mente] avv. à l'improviste, inopinément, de façon inattendue. | *arrivare inaspettatamente*, arriver inopinément, à l'improviste ; tomber du ciel.
inaspettato [inaspet'tato] agg. inattendu, inopiné. | *giungere inaspettato*, arriver à l'improviste, inopinément.
inasprimento [inaspri'mento] m. aigrissement. ‖ [di sentimento] exacerbation f. ‖ [di situazione] aggravation f., exaspération f. ‖ [di tasse] augmentation f. ‖ [di clima] refroidissement.
inasprire [inas'prire] v. tr. PR. e FIG. aigrir. ‖ [esacerbare] exacerber, exaspérer. ‖ [aggravare] aggraver, aviver, envenimer. | *inasprire un contrasto*, aggraver, accentuer un contraste. ‖ [di tasse] augmenter. ◆ v. intr. e rifl. aigrir, devenir aigre. | *un vino che (si) inasprisce facilmente*, un vin qui aigrit, qui tourne facilement. ‖ FIG. s'aigrir. | *la conversazione si sta inasprendo*, la conversation tourne à l'aigre. ‖ [di situazione] s'envenimer. | *le loro relazioni si sono inasprite*, leurs relations se sont tendues. ‖ [di guerra] devenir plus acharné. ‖ [di clima] devenir plus rude, plus vigoureux.
inassimilabile [inassimi'labile] agg. inassimilable.
inastare [inas'tare] v. tr. fixer, hisser au bout de la hampe, sur la hampe. ‖ [una baionetta] mettre, fixer au canon du fusil. | *i soldati avanzavano con la baionetta inastata*, les soldats avançaient, baïonnette au canon.
inattaccabile [inattak'kabile] agg. inattaquable. ‖ FIG. inattaquable, irréprochable.
inattendibile [inatten'dibile] agg. sans fondement, dénué de fondement ; qui n'est pas digne de foi, qui ne mérite pas créance.
inattendibilità [inattendibili'ta] f. manque (m.) de fondement, incrédibilité.
inatteso [inat'teso] agg. inattendu, imprévu, insoupçonné. | *arrivare inatteso*, arriver à l'improviste.
inattitudine [inatti'tudine] f. inaptitude.
inattività [inattivi'ta] f. inactivité. ‖ [mancanza di attività] inactivité, inertie, inaction.
inattivo [inat'tivo] agg. inactif.
inattuabile [inattu'abile] agg. inexécutable, infaisable, impraticable, irréalisable.
inattuabilità [inattuabili'ta] f. impossibilité d'exécution, de réalisation.
inattuale [inattu'ale] agg. inactuel.
inattuato [inattu'ato] agg. inappliqué.
inaudito [inau'dito] agg. inouï. | *è inaudito!*, c'est quelque chose (que cela)!, c'est inouï!, c'est invraisemblable!
inaugurale [inaugu'rale] agg. inaugural. | *discorso inaugurale*, discours inaugural, discours d'inauguration, d'ouverture.
inaugurare [inaugu'rare] v. tr. PR. e FIG. inaugurer. | *inaugurare l'anno scolastico*, inaugurer, ouvrir l'année scolaire. ‖ FIG. (scherz.) [un abito] étrenner.
inaugurazione [inaugurat'tsjone] f. inauguration.
inauspicato [inauspi'kato] agg. (lett.) non souhaité (L.C.), non désiré (L.C.), funeste.
inavvedutamente [inavveduta'mente] avv. par inadvertance, par mégarde. | *agire inavvedutamente*, agir sans discernement.
inavvedutezza [inavvedu'tettsa] f. [mancanza di avvedutezza] manque de sagacité, inadvertance.
inavveduto [inavve'duto] agg. imprudent, inconsidéré, maladroit, involontaire.
inavvertenza [inavver'tɛntsa] f. inadvertance.
inavvertibilmente [inavvertibil'mente] avv. insensiblement.
inavvertitamente [inavvertita'mente] avv. par inadvertance, par mégarde.
inavvertito [inavver'tito] agg. inaperçu.
inavvicinabile [inavvitʃi'nabile] agg. inabordable.
inazione [inat'tsjone] f. inaction.
inazzurrare [inaddzur'rare] v. tr. (lett.) azurer, bleuir (L.C.). ◆ v. rifl. (lett.) s'azurer, bleuir (L.C.).
incagliare [inkaʎ'ʎare] v. intr. e rifl. MAR. s'ensabler, s'échouer, échouer. | *incagliarsi in una secca*, s'échouer sur un bas-fond. ‖ FIG. s'arrêter, s'enliser, tourner court, échouer ; arriver à un point mort. | *le trattative si sono incagliate*, les pourparlers se sont enlisés, en sont au point mort. ‖ [nel parlare] demeurer court, s'arrêter, rester en panne, en rade (fam.). ◆ v. tr. MAR. ensabler, échouer. ‖ [ostacolare] entraver, embarrasser.
incaglio [in'kaʎʎo] m. PR. e FIG. [l'incagliarsi] arrêt, enlisement. | *incaglio delle trattative*, enlisement des négociations. | *incaglio dei lavori*, arrêt des travaux. ‖ MAR. enlisement, échouement. ‖ [intoppo materiale] obstacle, entrave f., écueil. ‖ [impedimento] empêchement.
incaico [in'kaiko] agg. ETN. inca.
incalcinare [inkaltʃi'nare] v. tr. chauler.
incalcolabile [inkalko'labile] agg. incalculable.
incallimento [inkalli'mento] m. endurcissement.
incallire [inkal'lire] v. tr. rendre calleux. ◆ v. intr. e rifl. devenir calleux. | *la vanga fa incallire le mani*, la bêche rend les mains calleuses. ‖ FIG. [contrarre un'abitudine] s'endurcir, s'encroûter. | *incallire nel vizio*, s'endurcir, croupir dans le vice.
incallito [inkal'lito] agg. calleux. ‖ FIG. endurci, encroûté, invétéré. | *bevitore incallito*, buveur invétéré.
incalorimento [inkalori'mento] m. (pop.) échauffement (L.C.).
incalorire [inkalo'rire] v. tr. échauffer. ◆ v. rifl. PR. e FIG. s'échauffer, s'enflammer.
incalzante [inkal'tsante] agg. pressant, harcelant.
incalzare [inkal'tsare] v. tr. harceler, talonner, serrer de près. | *incalzare il nemico*, talonner, harceler l'ennemi. ◆ v. intr. [urgere] presser. | *il tempo incalza*, le temps presse. | *il pericolo incalza*, le danger menace. ‖ SOST. *l'incalzare del tempo*, la fuite du temps. ◆ v. rifl. se succéder rapidement.
incameramento [inkamera'mento] m. confiscation f.
incamerare [inkame'rare] v. tr. confisquer. ‖ (antiq.) emprisonner.
incamiciare [inkami'tʃare] v. tr. [coprire con involucro] mettre une chemise (à). ‖ [coprire con uno strato di materiale] chemiser, revêtir. ‖ MAR. *incamiciare le vele*, ferler les voiles.
incamminare [inkammi'nare] v. tr. [mettere in cammino] acheminer. ‖ [avviare, indirizzare] acheminer, diriger, engrener. | *incamminare un'industria*, engrener, acheminer une industrie. ◆ v. rifl. se mettre en

route, en chemin, s'acheminer. | *è tardi, incamminiamoci,* il est tard, mettons-nous en route. || FIG. s'acheminer, se diriger.
incanagliare [inkanaʎ'ʎare] v. tr. encanailler. ◆ v. rifl. s'encanailler.
incanaglire [inkanaʎ'ʎire] v. intr. e rifl. s'encanailler.
incanalamento [inkanala'mento] m. canalisation f. || PER EST. canalisation f., acheminement.
incanalare [inkana'lare] v. tr. canaliser. || PER EST. canaliser, acheminer, aiguiller. ◆ v. rifl. se rassembler, être canalisé. || PER EST. se diriger.
incanalatura [inkanala'tura] f. canalisation. || [alveo] lit m., canal m.
incancellabile [inkantʃel'labile] agg. ineffaçable.
incancrenire [inkankre'nire] v. intr. e rifl. se gangrener. || FIG. [incallirsi nel male] se pervertir, se corrompre.
incandescente [inkandeʃ'ʃente] agg. incandescent. | *rendere incandescente,* chauffer à blanc. || [arroventato, scottante] brûlant. || [acceso, teso] tendu. | *atmosfera incandescente,* atmosphère tendue.
incandescenza [inkandeʃ'ʃɛntsa] f. incandescence.
incannaggio [inkan'naddʒo] m. IND. TESS. bobinage, renvidage.
incannare [inkan'nare] v. tr. IND. TESS. bobiner, renvider.
incannata [inkan'nata] f. IND. TESS. fusée (antiq.).
incannatoio [inkanna'tojo] m. IND. TESS. bobinoir, bobineuse f., machine (f.) à bobiner, renvideur.
incannatore [inkanna'tore] (**-trice** f.) m. IND. TESS. bobineur, euse ; renvideur, euse.
incannatrice [inkanna'tritʃe] f. V. INCANNATOIO.
incannatura [inkanna'tura] f. IND. TESS. bobinage m., renvidage m.
incannellare [inkannel'lare] v. tr. mettre, introduire dans un chalumeau, dans un tuyau.
incannucciare [inkannut'tʃare] v. tr. [chiudere, riparare mediante canne] entourer, couvrir de chaume. || [munire di un sostegno] tuteurer, ramer. | *incannucciare i piselli,* ramer les petits pois. | *incannucciare i garofani,* tuteurer les œillets.
incannucciata [inkannut'tʃata] f. abri (m.), recouvrement (m.) en chaume.
incantamento [inkanta'mento] m. (antiq., poet.). V. INCANTESIMO.
incantare [inkan'tare] v. tr. [stregare, ammaliare] ensorceler, enchanter, charmer. | *furono incantati dalla maga,* ils furent ensorcelés, charmés par la magicienne. | *incantare i serpenti,* charmer les serpents. || [affascinare] charmer, enchanter, fasciner. | *i suoi occhi mi incantano,* ses yeux me fascinent, m'enchantent. || LOC. FIG. *incantare la fame,* tromper la faim. | *non m'incanta con le sue chiacchiere,* il ne m'aura pas, il ne m'entortillera pas (fam.) avec ses belles paroles. ◆ v. rifl. tomber en extase. | *incantarsi alla vista di qlco.,* tomber en extase devant qch. | *sbrigatevi, non è il momento d'incantarsi,* dépêchez-vous, ce n'est pas le moment de rester en extase, de rester le nez en l'air, de rêvasser. || [arrestarsi] s'arrêter, s'enrayer. | *il disco si è incantato,* le disque s'est enrayé.
incantato [inkan'tato] agg. enchanté. || [affascinato] enchanté, charmé, émerveillé, fasciné. | *rimanere incantato,* rester bouche bée. || [di incantevole bellezza] enchanteur.
incantatore [inkanta'tore] (**-trice** f.) agg. enchanteur, eresse ; ensorcelant, e ; charmeur, euse. | *sguardo incantatore,* regard enchanteur, ensorceleur, ensorcelant. ◆ m. enchanteur, charmeur, ensorceleur. | *incantatore di serpenti,* charmeur de serpents.
incantesimo [inkan'tezimo] m. [atto dell'incantare] incantation f., ensorcellement, enchantement, charme (antiq.). | *fare un incantesimo,* faire une incantation. | *operare un incantesimo,* exercer un charme. || [effetto] enchantement, ensorcellement, charme (antiq.). | *rompere l'incantesimo,* rompre le charme, l'enchantement. | *sciogliere dall'incantesimo,* désensorceler.
incantevole [inkan'tevole] agg. charmant, e ; enchanteur, eresse ; ravissant, e. | *paesaggio incantevole,* paysage charmant, enchanteur. | *è una creatura incantevole,* c'est une créature ravissante.
1. incanto [in'kanto] m. [effetto dell'incantare] enchantement, ensorcellement, envoûtement, charme (antiq.). | *come per incanto,* comme par enchantement, comme par magie (f.). | *vincere l'incanto,* rompre le sortilège. || [potere di seduzione, capacità di destare stupore o ammirazione] charme, enchantement. | *l'incanto di una voce,* le charme d'une voix. | *è un vero incanto,* c'est un véritable enchantement, une véritable merveille. | *... che è un incanto,* ... à ravir, ... à merveille. || LOC. [meravigliosamente] *d'incanto,* à ravir, à merveille. || [di persona, di stato] *stare d'incanto,* se porter comme un charme, être merveilleusement bien.
2. incanto [in'kanto] m. [vendita pubblica] encan, enchère f. | *mettere all'incanto,* mettre à l'encan. | *vendita all'incanto,* vente aux enchères.
incanutire [inkanu'tire] v. intr. blanchir, grisonner. ◆ v. tr. vieillir.
incapace [inka'patʃe] agg. e n. incapable. | *essere incapace di ragionare,* être incapable de raisonner, impropre, impuissant à raisonner. | *essere incapace di far qlco.,* être hors d'état de faire qch. || GIUR. incapable, inhabile (agg.).
incapacità [inkapatʃi'ta] f. incapacité. | *ammettere la propria incapacità,* admettre son incapacité, son insuffisance. | *essere nell'incapacità di far qlco.,* être hors d'état de faire qch. || GIUR. incapacité.
incaparbire [inkapar'bire] v. intr., **incaparbirsi** [inkapar'birsi] v. rifl. s'entêter, s'obstiner.
incapestrare [inkapes'trare] v. tr. (raro) enchevêtrer (L.C.). ◆ v. rifl. (raro) s'enchevêtrer (L.C.).
incapestratura [inkapestra'tura] f. VETER. enchevêtrure.
incaponirsi [inkapo'nirsi] v. rifl. s'entêter.
incappare [inkap'pare] v. intr. FIG. tomber. | *incappare in un tranello,* tomber, donner dans un piège. | *incappare in qlcu.,* tomber sur qn. | *incappare in una difficoltà, in un osso duro,* se cogner la tête contre un mur, tomber sur un bec, sur un os (fam.).
incappellare [inkappel'lare] v. tr. MAR. capeler. || [caccia] *incappellare un falco,* chaperonner un faucon. ◆ v. rifl. (fig.) [impermalirsi] prendre la mouche, se piquer.
incappellata [inkappel'lata] f. MAR. coup (m.) de mer.
incappottare [inkappot'tare] v. tr. envelopper dans un manteau. ◆ v. rifl. s'envelopper dans un manteau.
incappucciare [inkapput'tʃare] v. tr. PR. e FIG. encapuchonner. ◆ v. rifl. PR. e FIG. s'encapuchonner.
incappucciato [inkapput'tʃato] agg. encapuchonné.
incapricciarsi [inkaprit'tʃarsi] v. rifl. s'enticher, s'engouer, se toquer, se coiffer (antiq.). | *incapricciarsi di una ragazza,* s'amouracher d'une fille.
incapsulamento [inkapsula'mento] m. capsulage. || MED. pose (f.) d'une couronne.
incapsulare [inkapsu'lare] v. tr. capsuler. || MED. mettre une couronne (à).
incarceramento [inkartʃera'mento] m. (raro) emprisonnement (L.C.), incarcération f. (L.C.).
incarcerare [inkartʃe'rare] v. tr. incarcérer, emprisonner. || [rinchiudere] enfermer.
incarcerazione [inkartʃerat'tsjone] f. V. CARCERAZIONE.
incardinare [inkardi'nare] v. tr. (raro) poser sur des gonds. || FIG. [basare sopra un principio che funga da cardine] fonder.
incaricare [inkari'kare] v. tr. charger, commissionner, commettre (litt.). | *incaricare qlcu. di qlco.,* charger qn de qch. | *è stato incaricato dal governo,* il a été chargé, commissionné par le gouvernement. || (antiq.) [caricare con un peso ; FIG. incolpare] charger (L.C.). ◆ v. rifl. se charger. | *me ne incarico io !,* c'est moi qui m'en charge ! || [region.] *non te ne incaricare,* mêle-toi de tes affaires, de ce qui te regarde (L.C.).
incaricato [inkari'kato] agg. chargé. | *è incaricato di (fare) questo lavoro,* il est chargé, il a la charge de faire ce travail. | *rivolgiti alla persona incaricata,* adresse-toi à la personne chargée de ce service. || UNIV. chargé de cours. ◆ m. personne (f.) chargée (de), préposé, envoyé, représentant. | *rivolgiti all'incaricato,* adresse-toi au préposé, à la personne chargée de ce service. | *un incaricato del comune,* un envoyé du maire. | *incaricato d'affari,* chargé d'affaires. |

incaricato culturale, attaché culturel. || COMM. *il nostro incaricato*, notre représentant. || UNIV. chargé de cours.
incarico [in'kariko] (**-chi** pl.) m. **1.** charge f. | *avere l'incarico di*, être chargé de. | *svolgere bene un incarico*, bien s'acquitter d'une charge. | *me ne prendo l'incarico*, je m'en charge. | *si è assunto un grave incarico*, il s'est chargé d'une lourde tâche. | *fare qlco. per incarico di qlcu.*, être chargé par qn, par ordre de qn de faire qch. | *vengo per incarico di*, je viens de la part de. || LOC. *con l'incarico di*, en qualité de. || **2.** [posto d'insegnamento fuori ruolo] délégation f., poste de maître(-)auxiliaire. | *ottenere un incarico presso un liceo*, obtenir une délégation, un poste (de maître-auxiliaire) dans un lycée ; être chargé de cours dans un lycée. || **3.** UNIV. *incarico universitario*, maîtrise (f.) de conférences. || **4.** ANTIQ. [peso] charge f. || [gravame fiscale] charge f.
incarnare [inkar'nare] v. tr. [rappresentare] incarner. | *incarnare un concetto*, incarner, donner corps à une idée. || TEATRO [impersonare] incarner. ◆ rifl. s'incarner. — V. anche INCARNIRE.
1. incarnato [inkar'nato] agg. PR. e FIG. incarné. || [penetrato profondamente] ancré.
2. incarnato [inkar'nato] agg. e m. incarnat.
incarnazione [inkarnat'tsjone] f. PR. e FIG. incarnation.
incarnire [inkar'nire] v. intr. e v. rifl. MED. s'incarner.
incarnito [inkar'nito] agg. MED. incarné.
incarognire [inkaroɲ'ɲire] v. intr. e rifl. [diventare carogna] devenir rosse (fam.), devenir vache (pop.). || (fam.) [impigrire] devenir paresseux (L.C.), devenir flemmard. | *incarognire nell'ozio*, croupir dans l'oisiveté.
incartamento [inkarta'mento] m. dossier.
incartapecorire [inkartapeko'rire] v. intr. e rifl. se parcheminer, se racornir.
incartapecorito [inkartapeko'rito] agg. parcheminé, racorni. || FIG. ratatiné, rabougri. || PER EST. [privato di ogni validità] *istituzioni incartapecorite*, des institutions périmées, dépassées.
incartare [inkar'tare] v. tr. envelopper (dans du papier).
incarto [in'karto] m. [materiale per involucri di carta] papier (d'emballage). || dossier.
incartocciare [inkartot'tʃare] v. tr. mettre, entortiller dans un cornet de papier. || [avvolgere a cartoccio] faire un cornet (avec). ◆ v. rifl. V. ACCARTOCCIARSI.
incartonare [inkarto'nare] v. tr. cartonner.
incasellare [inkasel'lare] v. tr. [ordinare in un casellario] ranger, classer, mettre dans des cases, dans un casier. || FIG. *incasellare nozioni*, se bourrer le crâne de notions. || [linguaggio giornalistico sportivo] marquer. | *incasellare punti, minuti di vantaggio*, marquer des points, des minutes d'avance.
incassamento [inkassa'mento] m. encaissement, mise (f.) en caisse.
incassare [inkas'sare] v. tr. **1.** [mettere in cassa] encaisser. || PER EST. [inserire in una cavità] emboîter, encastrer. | *incassare un meccanismo*, encastrer, emboîter un mécanisme. | *incassare uno specchio nel muro*, encastrer une glace dans le mur. | *incassare una gemma*, sertir, enchâsser une pierre précieuse. || [restringere, chiudere tra argini] encaisser. || **2.** [riscuotere] encaisser, toucher. || **3.** FIG., SPORT encaisser. | *un pugile che incassa bene*, un boxeur qui encaisse bien. || PER EST. [subire mantenendo il controllo di sé] encaisser (fam.). ◆ v. intr. [combaciare] s'emboîter.
incassato [inkas'sato] part. pass. e agg. [chiuso tra pareti alte e ripide] encaissé. || [infossato] enfoncé.
incassatore [inkassa'tore] (**-trice** f.) m. [chi incassa] encaisseur. || FIG. qui encaisse bien. | *quel pugile è un buon incassatore*, ce boxeur encaisse bien.
incassatura [inkassa'tura] f. **1.** [inserimento di qlco. in una cavità] emboîtement m., encastrement m. | *incassatura di una gemma*, enchâssement (m.) d'une pierre précieuse. || **2.** [incavo] cavité, encastrement m. | *fare una incassatura nel muro*, faire un encastrement dans le mur.
incasso [in'kasso] m. [l'incassare denaro] encaissement, recouvrement. || [somma incassata] recette f. | *l'incasso mensile*, la recette mensuelle.
incastellamento [inkastella'mento] m. construction (f.) d'une charpente. || FEUD. ensemble des superstructures d'une fortification. || MAR. accastillage.
incastellare [inkastel'lare] v. tr. EDIL. mettre un échafaudage (à), construire la charpente (de). || (antiq.) fortifier (avec des remparts), embastiller.
incastellato [inkastel'lato] agg. fortifié. || VETER. encastelé.
incastellatura [inkastella'tura] f. ARCHIT., EDIL. échafaudage m., carcasse, charpente. || AER., TECN. carcasse, bâti m. | *incastellatura della fusoliera*, carcasse de fuselage. || VETER. encastelure.
incastonare [inkasto'nare] v. tr. sertir, enchâsser, enchatonner, monter. || FIG. enchâsser.
incastonatore [inkastona'tore] m. sertisseur.
incastonatura [inkastona'tura] f. [atto] sertissage m., enchâssement m., enchatonnement m. || [effetto] sertissure, enchâssure.
incastramento [inkastra'mento] m. V. INCASTRATURA 1.
incastrare [inkas'trare] v. tr. [accoppiare mediante inserimento] emboîter, encastrer. | *incastrare degli anelli*, enclaver des anneaux. || TECN. EDIL. [di travi] encastrer, enchevêtrer. || FIG. FAM. [costringere qlcu.] coincer. | *si è fatto incastrare*, il s'est laissé avoir, posséder (fam.). | *rimanere incastrato*, se coincer, se faire coincer (fig.). ◆ v. rifl. s'emboîter, s'encastrer, s'engrener. || [penetrare tenacemente] s'encastrer, se coincer. | *la macchina si è incastrata sotto il camion*, la voiture s'est encastrée sous le camion. | *la chiave si è incastrata nella serratura*, la clef s'est coincée dans la serrure. ◆ v. intr. [aderire] s'emboîter.
incastratura [inkastra'tura] f. **1.** [l'incastrare] emboîtement m., encastrement m. || **2.** [cavità] emboîture, logement m., encastrement m.
incastro [in'kastro] m. [l'incastrare] emboîtement, encastrement. | *sistemare a incastro*, encastrer. || [cavità] emboîture f., logement, encastrement. || [collegamento] assemblage, adent. | *incastro a coda di rondine*, entaille (f.) à queue d'aronde. || [gioco enigmistico] logogriphe.
incatenamento [inkatena'mento] m. enchaînement.
incatenare [inkate'nare] v. tr. PR. e FIG. enchaîner. || FIG. [attrarre] captiver. || PR. [un porto, una strada] barrer (avec des chaînes). || EDIL. [un muro] chaîner. ◆ v. rifl. s'enchaîner.
incatenato [inkate'nato] agg. e part. pass. V. INCATENARE. || [metrica] enchaîné.
incatramare [inkatra'mare] v. tr. goudronner.
incattivire [inkatti'vire] v. tr. aigrir, rendre méchant. ◆ v. intr. e rifl. s'aigrir, devenir méchant, mauvais.
incautamente [inkauta'mente] avv. imprudemment.
incauto [in'kauto] agg. imprudent, malavisé. | *un comportamento incauto*, une conduite imprudente, inconsidérée.
incavallatura [inkavalla'tura] f. [capriata] ferme (de toit).
incavare [inka'vare] v. tr. creuser, caver (tr. e intr.). || [internamente] évider. ◆ v. rifl. se creuser, se caver.
incavato [inka'vato] agg. creux. || FIG. [infossato] creux, enfoncé, cave. | *occhi incavati*, yeux enfoncés, yeux creux. | *guance incavate*, joues creuses. || TECN. *smalto incavato*, émail champlevé.
incavatura [inkava'tura] f. [l'incavare] creusement m., creusage m. || [l'incavo] creux m., cavité.
incavezzare [inkavet'tsare] v. tr. enchevêtrer.
incavigliare [inkaviʎ'ʎare] v. tr. TECN. cheviller.
incavigliatura [inkaviʎʎa'tura] f. TECN. chevillage m.
incavo [in'kavo] m. [cavità] creux, cavité f. | *l'incavo dell'ascella*, le creux de l'aisselle. | *lavoro d'incavo*, travail en creux. || [l'incavare] évidage, évidement. || [scanalatura] rainure f., coulisse f.
incazzarsi [inkat'tsarsi] v. rifl. (volg.) se mettre en colère (L.C.), se fâcher (L.C.).
1. incedere [in'tʃɛdere] v. intr. (lett.) avancer d'un pas solennel (L.C.), avec une allure majestueuse (L.C.).
2. incedere [in'tʃɛdere] m. (lett.) démarche (f.) majestueuse (L.C.).
incedibile [intʃe'dibile] agg. GIUR. incessible.
incendiare [intʃen'djare] v. tr. incendier. || FIG.

enflammer, incendier, embraser. | *incendiare gli animi*, enflammer les esprits. ◆ v. rifl. prendre feu, s'enflammer, s'incendier.
incendiario [intʃen'djarjo] agg. PR. e FIG. incendiaire. ◆ m. incendiaire, pyromane.
incendio [in'tʃɛndjo] m. incendie. | *incendio doloso*, incendie volontaire. | *incendio colposo*, incendie par imprudence. | *assicurazione contro gli incendi*, assurance contre l'incendie. || FIG. feu. | *l'incendio della passione*, le feu de la passion.
incenerimento [intʃeneri'mento] m. incinération f.
incenerire [intʃene'rire] v. tr. réduire en cendres, incinérer. || FIG. foudroyer. | *lo incenerì con un'occhiata*, il le foudroya du regard. ◆ v. rifl. se réduire en cendres.
incensamento [intʃensa'mento] m. PR. e FIG. encensement.
incensare [intʃen'sare] v. tr. RELIG. encenser. || FIG. encenser, louanger. | *incensare qlcu.*, encenser qn, donner des coups d'encensoir à qn (fam.), jeter des fleurs à qn (scherz.).
incensata [intʃen'sata] f. FIG. FAM. coup (m.) d'encensoir.
incensatore [intʃensa'tore] m. encenseur. || FIG. louangeur, encenseur (antiq.), complimenteur, cajoleur, flatteur.
incensiere [intʃen'sjɛre] m. RELIG. encensoir.
incenso [in'tʃɛnso] m. encens. || PER EST. [fumo] fumée (f.) de l'encens. || [odore] parfum de l'encens. || FIG. encens.
incensurabile [intʃensu'rabile] agg. irréprochable. | *condotta incensurabile*, conduite irréprochable, irrépréhensible. || (euf.) *non è incensurabile !*, ce n'est pas un petit saint !
incensurato [intʃensu'rato] agg. GIUR. qui a un casier judiciaire vierge. | *essere incensurato*, avoir un casier judiciaire vierge. || PER EST. irréprochable.
incentivare [intʃenti'vare] v. tr. [sollecitare, promuovere] aiguillonner, encourager, faciliter, inciter.
incentivo [intʃen'tivo] m. FIG. aiguillon, encouragement. | *l'incentivo dell'ambizione*, l'aiguillon de l'ambition. | *essere d'incentivo*, servir d'encouragement || COMM. prime f., encouragement. || ECON. facilités f. pl.
incentrare [intʃen'trare] v. tr. (lett.) centrer (L.C.). || [accentrare] centraliser (L.C.). ◆ v. rifl. se centraliser.
inceppamento [intʃeppa'mento] m. obstacle, entrave f. || MECC. coincement, enrayage, enrayement, enraiement, arc-boutement, grippage, grippement. || [di armi] enrayage.
inceppare [intʃep'pare] v. tr. PR. e FIG. entraver, gêner, mettre des entraves (à). || TECN. enrayer. | *far inceppare*, gripper. || (raro) enchaîner, mettre aux fers. ◆ v. rifl. TECN. se coincer, se bloquer, se gripper. || [di armi] s'enrayer. || MAR. [dell'ancora che viene avvolta dalla catena] surjaler.
inceppato [intʃep'pato] agg. TECN. bloqué, grippé. || [di armi] enrayé. || FIG. [intralciato] gêné. || MAR. surjalé.
inceralaccare [intʃeralak'kare] v. tr. cacheter avec de la cire.
incerare [intʃe'rare] v. tr. cirer, encaustiquer.
incerata [intʃe'rata] f. [tela cerata] toile cirée. || [telone impermeabile] prélart m., bâche. || MAR. ciré m.
inceratino [intʃera'tino] m. [nei cappelli] cuir intérieur. || [pezza di tela cerata che si mette nel letto dei bambini] alaise f., alèse f.
incerato [intʃe'rato] agg. ciré. || [impermeabilizzato] *cappotto incerato*, ciré m. | *cappello incerato*, suroît m. | *tela incerata*, toile cirée.
inceratura [intʃera'tura] f. [atto, effetto dell'incerare] cirage m.
incerchiare [intʃer'kjare] v. tr. V. CERCHIARE.
incertezza [intʃer'tettsa] f. [mancanza di chiarezza o stabilità] incertitude. || [dubbio, imprecisione] incertitude, indécision, hésitation. | *ebbe un momento di incertezza*, il eut un moment d'hésitation.
incerto [in'tʃɛrto] agg. **1.** [di persona, indeciso, dubbioso, irresoluto] incertain, indécis, hésitant, flottant. | *essere incerto sul da farsi*, être incertain de, hésiter sur, ne pas savoir ce qu'il faut faire. | *è sempre incerto nei propri giudizi*, il est toujours flottant, hésitant dans ses jugements. | *essere incerto*, être incertain, ne pas être fixé. | *guardare con aria incerta*, regarder d'un air hésitant. | *sentirsi incerto*, ne pas se sentir très sûr, en sûreté || **2.** [non identificabile con sicurezza] incertain. | *vocabolo di etimo incerto*, mot d'étymologie incertaine. || **3.** [poco chiaro, variabile] incertain. | *indicazioni incerte*, indications imprécises. | *luce incerta*, lumière louche. | *è incerto se vincerà*, il n'est pas sûr qu'il gagne. ◆ m. incertain. | *lasciare il certo per l'incerto*, lâcher la proie pour l'ombre f. || FIN. incertain. ◆ pl. [rischi] *gli incerti del mestiere*, les risques du métier. || [emolumenti casuali] casuel (sing.).
incespicare [intʃespi'kare] v. intr. **1.** achopper, buter (contre), trébucher (contre, sur). || **2.** [di cavallo] broncher. || **3.** FIG. se heurter (à), (s')achopper (à, sur) [lett.]. || **4.** [nel leggere o nel parlare] buter, hésiter, bafouiller (fam.).
incessabile [intʃes'sabile] agg. (lett.) incessant (L.C.), ininterrompu (L.C.).
incessante [intʃes'sante] agg. incessant.
incessantemente [intʃessante'mente] avv. d'une manière incessante, sans cesse, incessamment (antiq.).
incesso [in'tʃɛsso] m. (lett.) allure (f.) majestueuse (L.C.), démarche (f.) solennelle (L.C.).
incesto [in'tʃɛsto] m. inceste.
incestuoso [intʃestu'oso] agg. incestueux.
incetta [in'tʃɛtta] f. accaparement m. | *fare incetta di qlco.*, accaparer qch.
incettare [intʃet'tare] v. tr. accaparer.
incettatore [intʃetta'tore] (**-trice** f.) m. accapareur, euse.
inchiavardare [inkjavar'dare] v. tr. boulonner.
inchiesta [in'kjɛsta] f. enquête. | *aprire un'inchiesta*, ouvrir une enquête, une information. | *fare un'inchiesta su qlco.*, faire une enquête, enquêter sur qch.
inchinare [inki'nare] v. tr. incliner, baisser. ◆ v. rifl. PR. e FIG. s'incliner, se courber. | *inchinarsi davanti all'evidenza*, s'incliner devant l'évidence.
inchino [in'kino] m. inclination f., révérence f., plongeon (fam.). | *fare un inchino*, faire une révérence. | *rispondere con un inchino del capo*, répondre d'une inclination de tête. || [esagerato] courbette f.
inchiodare [inkjo'dare] v. tr. **1.** PR. clouer. || [ferire, di cavallo] enclouer. || MIL. [di cannone] enclouer (antiq.). || **2.** FIG. [immobilizzare] clouer. | *il lavoro lo inchioda a tavolino*, le travail le rive à sa table. | *rimase inchiodato sulla sedia dalla sorpresa*, la surprise le cloua sur sa chaise. | *inchiodare uno alle sue responsabilità*, river qn à ses responsabilités. || **3.** [termine giornalistico] *le prove contro di lui lo inchiodano*, les preuves contre lui le confondent. || **4.** [fermare improvvisamente] bloquer. ◆ v. rifl. [fermarsi di colpo] se bloquer. || (fam.) [indebitarsi] s'endetter (L.C.).
inchiodatura [inkjoda'tura] f. clouage m.
inchiostrare [inkjos'trare] v. tr. TIP. encrer. || (fam. ; raro) salir avec de l'encre, tacher d'encre.
inchiostratore [inkjostra'tore] agg. e m. TIP. encreur.
inchiostrazione [inkjostrat'tsjone] f. TIP. encrage m.
inchiostro [in'kjostro] m. encre f. | *scrivere con l'inchiostro*, écrire à l'encre. | *inchiostro da stampa*, encre d'imprimerie. | *inchiostro copiativo*, encre communicative, à copier. || LOC. *nero come l'inchiostro*, noir comme de l'encre. | *questa faccenda ha fatto versare fiumi d inchiostro*, cette histoire a fait couler beaucoup d'encre. || ZOOL. [della seppia] encre.
inciampare [intʃam'pare] v. intr. buter (contre), trébucher (contre, sur), (s') achopper (lett.), broncher (antiq.). | *inciampare in una difficoltà*, trébucher sur, se heurter à une difficulté. || FAM. *inciampare nel codice*, violer la loi (L.C.). || FIG. [imbattersi] tomber (sur).
inciampicare [intʃampi'kare] v. intr. V. INCIAMPARE.
inciampo [in'tʃampo] m. PR. e FIG. obstacle, accroc, achoppement (lett.), pierre (f.) d'achoppement, anicroche f. | *essere d'inciampo*, faire obstacle. | *senza inciampo*, sans incident, sans encombre, sans être inquiété.
incidentale [intʃiden'tale] agg. GIUR. [occasionale, casuale] incident. || GRAMM. *proposizione incidentale*, proposition incidente.

incidentalmente [intʃidental'mente] avv. incidemment. | *sia detto incidentalmente*, soit dit en passant.
1. incidente [intʃi'dɛnte] agg. Fis., Mat. incident. || Gramm. V. incidentale.
2. incidente [intʃi'dɛnte] m. incident. || Giur., Polit. incident. || [infortunio] accident. | *incidente stradale*, accident de la route. | *incidente sul lavoro*, accident du travail.
incidenza [intʃi'dɛntsa] f. Fis., Mat. incidence. || Fig. [ripercussione] incidence. | *l'incidenza dei salari sui costi*, l'incidence des salaires sur les prix de revient. || Loc. *per incidenza*, incidemment, en passant.
1. incidere [in'tʃidere] v. tr. **1.** [tagliare] inciser. | *incidere la pelle*, inciser la peau. | *incidere un ascesso*, ouvrir un abcès. | *incidere la corteccia di un albero*, inciser, cerner l'écorce d'un arbre. || **2.** Pr. e fig. graver. | *incidere su rame, su legno*, graver sur cuivre, sur bois. | *incidere all'acquaforte*, graver à l'eau-forte. | *incidere nella mente*, graver dans son esprit. || **3.** [registrare] enregistrer. | *incidere un disco*, enregistrer, graver un disque. | *ha inciso molte canzoni*, il a enregistré de nombreuses chansons.
2. incidere [in'tʃidere] v. intr. [gravare, ricadere] peser, avoir une incidence. | *spese che incidono sul bilancio*, dépenses qui pèsent sur le budget, qui grèvent le budget. || [avere un'influenza profonda] avoir une répercussion. | *ciò incide molto sul suo carattere*, cela influe grandement sur son caractère. | *ciò non incide minimamente sulle mie convinzioni*, cela ne change absolument rien à mes convictions.
incinerare [intʃine'rare] v. tr. incinérer.
incineratore [intʃinera'tore] m. incinérateur.
incinerazione [intʃinerat'tsjone] f. incinération.
incinta [in'tʃinta] agg. f. enceinte, grosse (antiq.).
incipiente [intʃi'pjɛnte] agg. initial, qui commence, à son début. | *un raffreddore incipiente*, un commencement de rhume. | *una calvizie incipiente*, un début de calvitie, une calvitie naissante.
incipit ['intʃipit] m. invar. [lat.] incipit.
incipriare [intʃipri'are] v. tr. poudrer.
incirca [in'tʃirka] avv. environ. ◆ loc. avv. ***all'incirca***, à peu près, environ, grosso modo, en gros. | *ci sono venti chilometri all'incirca*, il y a environ, il y a à peu près, il y a quelque vingt kilomètres. | *diteci all'incirca di che cosa si tratta*, dites-nous grosso modo, en gros de quoi il s'agit.
incirconciso [intʃirkon'tʃizo] agg. incirconcis.
incisione [intʃi'zjone] f. incision. || [riproduzione su legno, metallo, ecc.] gravure. || [stampa] gravure. || [registrazione] enregistrement m.
incisività [intʃizivi'ta] f. caractère (m.) incisif. | *l'incisività di uno sguardo*, la pénétration d'un regard. || Per est. netteté.
incisivo [intʃi'zivo] agg. incisif. | *i denti incisivi*, les (dents) incisives f. || Per. est. [nitido] net, clair. || Fig. [efficace, preciso] incisif. ◆ m. [dente] incisive f.
inciso [in'tʃizo] m. Gramm., Mus. incise f. || Loc. *per inciso*, incidemment, en passant.
incisore [intʃi'zore] m. graveur.
incisoria [intʃizo'ria] f. atelier (m.) de graveur.
incisorio [intʃi'zɔrjo] agg. du graveur, de la gravure. || Med. *sala incisoria*, amphithéâtre d'anatomie.
incistamento [intʃista'mento] m. Med. enkystement.
incistarsi [intʃis'tarsi] v. rifl. Med. s'enkyster.
incitamento [intʃita'mento] m. incitation f., encouragement. | *incitamento alla violenza*, incitation, excitation (f.) à la violence. | *essere sordo ad ogni incitamento*, être sourd à toute invite (f.).
incitare [intʃi'tare] v. tr. inciter, inviter, encourager, exhorter, aiguillonner. | *incitare al delitto*, inciter, pousser au crime. || Pr. *incitare un cavallo*, aiguillonner un cheval.
incitrullire [intʃitrul'lire] v. intr. s'abêtir, devenir bête.
inciuchire [intʃu'kire] v. intr. s'abêtir.
incivile [intʃi'vile] agg. [selvaggio, indegno di una società civile] barbare. || [inurbano, maleducato] incivil, impoli, grossier. | *modi incivili*, manières impolies, grossières. | *uomo incivile*, homme incivil.
incivilimento [intʃivili'mento] m. civilisation f.
incivilire [intʃivi'lire] v. tr. civiliser, humaniser. ◆ v. rifl. se civiliser, s'humaniser.
incivilmente [intʃivil'mente] avv. impoliment, incivilement (lett.).
inciviltà [intʃivil'ta] f. barbarie. || [l'essere scortese, maleducato] incivilité, impolitesse, grossièreté.
inclassificabile [inklassifi'kabile] agg. inclassable, qui ne peut pas être classé.
inclemente [inkle'mɛnte] agg. impitoyable, inclément. || [del tempo] inclément.
inclemenza [inkle'mɛntsa] f. sévérité, inclémence. || [del tempo] inclémence.
inclinare [inkli'nare] v. tr. incliner, pencher. | *inclinare un'asse*, incliner une planche. || Fig. [disporre] incliner, disposer. ◆ v. intr. [propendere] pencher, incliner. || Fig. incliner, être enclin à, avoir une propension à, être porté à. | *inclinare al perdono*, incliner, être enclin au pardon. | *inclino a credere che*, je suis porté, je suis enclin, j'incline à croire que. ◆ v. rifl. s'incliner, se pencher.
inclinato [inkli'nato] agg. incliné, penché. | *una calligrafia inclinata*, une écriture penchée, couchée. || Fis. *piano inclinato*, plan incliné. || Fig. porté à, enclin à.
inclinazione [inklinat'tsjone] f. [pendenza] inclinaison. || Astron. inclinaison. || Fis. *inclinazione magnetica*, inclinaison magnétique. || Fig. inclination, penchant m. | *seguire la propria inclinazione*, suivre son inclination, son penchant naturel. | *avere un'inclinazione per qlcu.*, avoir de l'inclination, un penchant pour qn. | *avere una forte inclinazione per qlco.*, avoir une forte inclination, une forte disposition pour qch.
incline [in'kline] agg. (lett.) porté (l.c.), enclin (l.c.).
inclito ['inklito] agg. (lett.) célèbre (l.c), illustre (l.c), glorieux (l.c.).
includere [in'kludere] v. tr. [inserire, allegare] inclure, joindre. | *vi includiamo una fattura*, nous vous joignons une facture ; vous trouverez ci-joint une facture. || [comprendere, contenere] comprendre. | *includere qlcu. nel numero di*, mettre qn au nombre de. | *includere in un indice*, indexer (v. tr.).
inclusione [inklu'zjone] f. inclusion.
inclusivamente [inkluziva'mente] avv. inclusivement.
inclusivo [inklu'zivo] agg. inclusif. | *prezzo inclusivo della tassa di soggiorno*, prix comprenant la taxe de séjour.
incluso [in'kluzo] agg. inclus, compris. | *mancavano venti giorni, incluse le domeniche*, il manquait vingt jours, y compris les dimanches. | *fino all'anno scorso inclusivo*, jusqu'à l'an dernier inclusivement. || [allegato] ci-joint, ci-inclus.
incoagulabile [inkoagu'labile] agg. incoagulable.
incoativo [inkoa'tivo] agg. Gramm. inchoatif.
incoccare [inkok'kare] v. tr. [una freccia] encocher.
1. incocciare [inkot'tʃare] v. tr. (dial.) tomber sur (l.c.), rencontrer (l.c.). || *incocciare bene, male*, bien, mal tomber. ◆ v. rifl. (dial.) s'entêter (l.c.).
2. incocciare [inkot'tʃare] v. tr. Mar. crocher.
incodardire [inkodar'dire] v. intr. devenir lâche.
incoercibile [inkoer'tʃibile] agg. Pr. e fig., Chim., Fis. incoercible.
incoercibilità [inkoertʃibili'ta] f. incoercibilité.
incoerente [inkoe'rɛnte] agg. Pr e fig. incohérent. || [di condotta, carattere] inconséquent.
incoerentemente [inkoerente'mente] avv. d'une manière incohérente, inconséquemment.
incoerenza [inkoe'rɛntsa] f. incohérence. || [di condotta] inconséquence.
incogliere [in'kɔʎʎere] v. intr. [capitare] arriver. | *mal gliene incolse*, mal lui en prit, lui en a pris. | *te ne incoglierà male*, il t'en cuira.
incognita [in'kɔɲɲita] f. Mat. inconnue. || Per est. inconnue, énigme, mystère m. | *gli esami sono sempre un'incognita*, avec les examens, on ne peut jamais être sûr d'avance ; on ne peut jamais prévoir les résultats des examens. || [di persona] *è un'incognita*, c'est une énigme.
incognito [in'kɔɲɲito] agg. (raro) inconnu (l.c.). ◆ m. incognito. | *conservare l'incognito*, garder l'incognito, l'anonymat. || [in segreto] *in incognito*, incognito avv. | *viaggiare in incognito*, voyager incognito. || [ciò

che non si conosce] inconnu. | *avere paura dell'incognito*, avoir peur de l'inconnu.
incollaggio [inkol'laddʒo] m. TECN. collage, encollage.
incollamento [inkolla'mento] m. collage.
incollare [inkol'lare] v. tr. coller. ‖ [un quadro] maroufler. ‖ TECN. [spalmare di colla] coller, encoller. | *incollare una striscia di carta*, coller, encoller une bande de papier. ‖ FIG. coller. | *incollare l'orecchio contro una porta*, coller son oreille à une porte. | *pareva incollato alla sedia*, il semblait collé, vissé sur, à sa chaise. ◆ v. rifl. PR. e FIG. (se) coller. | *la camicia mi si incolla addosso*, ma chemise me colle au dos, à la peau. ‖ SPORT *incollarsi al centravanti*, s'accrocher, se coller à l'avant-centre.
incollatrice [inkolla'tritʃe] f. TECN. colleuse, encolleuse.
1. incollatura [inkolla'tura] f. collage m., encollage m. | *incollatura di un manifesto*, collage d'une affiche. | *un'incollatura perfetta*, un collage parfait. ‖ [superficie incollata] surface, point (m.) de collage.
2. incollatura [inkolla'tura] f. [ippica] encolure. | *vincere di una incollatura*, gagner d'une encolure.
incollerire [inkolle'rire] v. intr. e v. rifl. se mettre en colère, s'emporter.
incolmabile [inkol'mabile] agg. qui ne peut pas être comblé.
incolonnamento [inkolonna'mento] m. mise (f.), formation (f.) en colonne. ‖ [risultato] disposition (f.) en colonne.
incolonnare [inkolon'nare] v. tr. aligner, ranger, disposer en colonne. ◆ v. rifl. se ranger, se mettre en colonne.
incolonnatore [inkolonna'tore] m. tabulateur.
incolore [inko'lore] agg. PR. incolore. ‖ FIG. incolore, terne, neutre. | *una vita incolore*, une vie terne, morne. | *uno stile incolore*, un style incolore, neutre.
incolpamento [inkolpa'mento] m. (raro) GIUR. inculpation f. (L.C.).
incolpare [inkol'pare] v. tr. GIUR. inculper, accuser. | *l'incolpare*, l'inculpation f. ‖ PER EST. [una cosa] accuser, imputer (à). | *incolpare il destino*, accuser le sort. ◆ v. rifl. s'accuser.
incolpato [inkol'pato] agg. inculpé.
incolpazione [inkolpat'tsjone] f. GIUR. (raro) inculpation (L.C.).
incolpevole [inkol'pevole] agg. innocent.
incolpevolezza [inkolpevo'lettsa] f. innocence, nonculpabilité.
incoltivabile [inkolti'vabile] agg. incultivable.
incolto [in'kolto] agg. PR. e FIG. inculte, en friche. | *terreno incolto*, terrain inculte, en friche. | *lasciare incolto*, laisser en friche. | *barba incolta*, barbe inculte. | *uomo incolto*, homme sans culture, inculte.
incolume [in'kɔlume] agg. indemne.
incolumità [inkolumi'ta] f. sécurité. | *garantire l'incolumità di qlcu.*, garantir la sécurité de qn. | *delitti contro l'incolumità pubblica*, crimes contre la sécurité publique.
incombente [inkom'bɛnte] agg. pressant, menaçant, imminent. | *obblighi incombenti*, des obligations pressantes. | *un pericolo incombente*, un danger menaçant, imminent. ‖ [spettante] qui incombe.
incombenza [inkom'bɛntsa] f. tâche, charge.
incombere [in'kombere] v. intr. [sovrastare] menacer, planer (sur). | *una nera nube incombe sopra la città*, un nuage noir plane au-dessus de la ville. | *un grave pericolo incombeva su tutti noi*, un grave danger nous menaçait tous, planait sur nous tous. ‖ [spettare] incomber.
incombustibile [inkombus'tibile] agg. incombustible, imbrûlable.
incombustibilità [inkombustibili'ta] f. incombustibilité.
incombusto [inkom'busto] agg. (lett.) imbrûlé (L.C.), non brûlé (L.C.).
incominciare [inkomin'tʃare] v. tr. e intr. commencer.
incommensurabile [inkommensu'rabile] agg. incommensurable, immensurable (raro), immense.
incommensurabilità [inkommensurabili'ta] f. incommensurabilité.
incommerciabile [inkommer'tʃabile] agg. GIUR. qui ne peut pas être mis dans le commerce, commercialisé.
incommutabile [inkommu'tabile] agg. (lett.) GIUR. incommutable. ‖ [immutabile] immuable.
incomodare [inkomo'dare] v. tr. déranger, gêner, incommoder. ◆ v. rifl. se déranger, se gêner, s'incommoder. | *non dovevi incomodarti*, il ne fallait pas te déranger.
incomodato [inkomo'dato] agg. (légèrement) indisposé, incommodé (antiq.).
incomodità [inkomodi'ta] f. incommodité, inconfort m.
1. incomodo [in'kɔmodo] agg. incommode, inconfortable. ‖ [inopportuno] inopportun. ‖ FAM. *fare da terzo incomodo*, être de trop.
2. incomodo [in'kɔmodo] m. dérangement. | *essere d'incomodo a uno*, déranger qn. | *scusi l'incomodo*, excusez-moi si je vous dérange ; excusez-moi de vous déranger. | *le tolgo l'incomodo*, je m'en vais, je ne veux pas vous déranger davantage ; je vous ai déjà assez dérangé. | *s'è preso l'incomodo di*, il a pris la peine de. ‖ FAM. *quanto vi debbo per l'incomodo ?*, combien vous dois-je pour le dérangement ?
incomparabile [inkompa'rabile] agg. incomparable.
incomparabilmente [inkomparabil'mente] avv. incomparablement.
incompatibile [inkompa'tibile] agg. [che non si può conciliare] incompatible. ‖ [che non si può compatire] inexcusable.
incompatibilità [inkompatibili'ta] f. incompatibilité.
incompetente [inkompe'tɛnte] agg. GIUR. incompétent. ◆ m. e f. personne incompétente. | *è un incompetente*, il est incompétent.
incompetenza [inkompe'tɛntsa] f. GIUR. incompétence.
incompiutezza [inkompju'tettsa] f. inachèvement m., manque (m.) de fini. ‖ PSIC. *sentimento di incompiutezza*, sentiment d'incomplétude.
incompiuto [inkom'pjuto] agg. inachevé, imparfait.
incompletezza [inkomple'tettsa] f. caractère (m.) incomplet, insuffisance.
incompleto [inkom'plɛto] agg. incomplet.
incomportabile [inkompor'tabile] agg. (lett.) intolérable (L.C.), insupportable (L.C.).
incompostezza [inkompos'tettsa] f. désordre m. ‖ [di persona] manque (m.) de tenue, indécence.
incomposto [inkom'posto] agg. désordonné, en désordre. | *capelli incomposti*, cheveux en désordre. ‖ [sguaiato, scorretto] indécent, sans tenue. | *atteggiamento incomposto*, attitude indécente.
incomprensibile [inkompren'sibile] agg. incompréhensible, inintelligible. | *linguaggio incomprensibile*, charabia m. (fam.). | *scrittura incomprensibile*, écriture indéchiffrable. | *libro incomprensibile*, grimoire m. | *per me è incomprensibile*, ça me dépasse (fam.).
incomprensibilità [inkomprensibili'ta] f. incompréhensibilité.
incomprensione [inkompren'sjone] f. incompréhension.
incompreso [inkom'preso] agg. e m. incompris.
incompressibile [inkompres'sibile] agg. incompressible.
incompressibilità [inkompressibili'ta] f. incompressibilité.
incomprimibile [inkompri'mibile] agg. irréductible. ‖ V. INCOMPRESSIBILE.
incomputabile [inkompu'tabile] agg. incalculable, incommensurable.
incomunicabile [inkomuni'kabile] agg. incommunicable.
incomunicabilità [inkomunikabili'ta] f. (raro) incommunicabilité (lett.).
inconcepibile [inkontʃe'pibile] agg. inconcevable, inadmissible, inouï. | *è inconcepibile che*, il est inadmissible, inconcevable que.
inconciliabile [inkontʃi'ljabile] agg. inconciliable, inaccordable, incompatible. | *la violenza è inconciliabile con la libertà*, la violence est incompatible avec la liberté.
inconcludente [inkonklu'dɛnte] agg. qui ne conclut rien ; qui n'aboutit à rien ; sans résultat. | *un tentativo*

inconcludente, une tentative sans résultat. | *discorsi inconcludenti*, des propos qui n'aboutissent à rien, qui ne concluent rien. ◆ m. bon à rien.
inconcludenza [inkonklu'dɛntsa] f. manque (m.) de conclusion. ‖ [vanità] inanité, inutilité.
inconcusso [inkon'kusso] agg. (lett.) [fermo, irremovibile] inébranlable (L.C.), indiscutable (L.C.).
incondizionatamente [inkondittsjonata'mente] avv. inconditionnellement, sans réserve, sans condition.
incondizionato [inkondittsjo'nato] agg. inconditionnel. ‖ FILOS. inconditionné. ◆ m. FILOS. inconditionné.
inconfessabile [inkonfes'sabile] agg. inavouable.
inconfessato [inkonfes'sato] agg. inavoué.
inconfesso [inkon'fɛsso] agg. non confessé. | *morire inconfesso*, mourir sans confession.
inconfondibile [inkonfon'dibile] agg. unique, incomparable, caractéristique, particulier. | *stile inconfondibile*, style unique, incomparable. | *fisionomia inconfondibile*, physionomie bien reconnaissable.
inconfutabile [inkonfu'tabile] agg. irréfutable.
incongelabile [inkondʒe'labile] agg. incongelable.
incongruente [inkongru'ɛnte] agg. incongru, incohérent, inconséquent. | *affermazioni incongruenti*, des affirmations contradictoires.
incongruenza [inkongru'ɛntsa] f. incongruité, incohérence, inconséquence.
incongruo [in'kɔngruo] agg. [non proporzionato] incongru, inadéquat. ‖ [insufficiente] insuffisant.
inconoscibile [inkonoʃ'ʃibile] agg. inconnaissable. ◆ m. FILOS. inconnaissable.
inconsapevole [inkonsa'pevole] agg. inconscient, dans l'ignorance de. | *essere inconsapevole del proprio destino*, ignorer son propre destin. | *ero inconsapevole del pericolo*, j'étais inconscient du danger; je ne me rendais pas compte du danger; je ne soupçonnais pas le danger.
inconsapevolezza [inkonsapevo'lettsa] f. inconscience.
inconsapevolmente [inkonsapevol'mente] avv. sans s'en rendre compte, sans le faire exprès, sans le vouloir.
inconscio [in'kɔnʃo] agg. [non conscio] inconscient. ‖ [involontario] involontaire. ◆ m. FILOS., PSIC. inconscient.
inconseguente [inkonse'gwɛnte] agg. inconséquent.
inconseguenza [inkonse'gwɛntsa] f. inconséquence.
inconsiderabile [inkonside'rabile] agg. (raro) insignifiant (L.C.).
inconsiderato [inkonside'rato] agg. inconscient, inconsidéré, irréfléchi.
inconsistente [inkonsis'tɛnte] agg. PR. e FIG. inconsistant.
inconsistenza [inkonsis'tɛntsa] f. PR. e FIG. inconsistance.
inconsolabile [inkonso'labile] agg. inconsolable.
inconsueto [inkonsu'ɛto] agg. inaccoutumé, inhabituel, insolite.
inconsulto [inkon'sulto] agg. inconsidéré, irraisonné, irréfléchi. | *risposta inconsulta*, réponse inconsidérée. | *gesto inconsulto*, geste irréfléchi.
inconsumabile [inkonsu'mabile] agg. inconsommable, inusable.
inconsunto [inkon'sunto] agg. (lett.) inconsommé (L.C.).
incontaminabile [inkontami'nabile] agg. qui ne peut être contaminé.
incontaminatezza [inkontamina'tettsa] f. pureté (L.C.).
incontaminato [inkontami'nato] agg. pur, sans tache.
incontenibile [inkonte'nibile] agg. irrépressible, irrésistible, incoercible (lett.).
incontentabile [inkonten'tabile] agg. difficile à contenter, sans cesse insatisfait, jamais content, insatiable. | *sei proprio (un) incontentabile*, tu n'es jamais content.
incontentabilità [inkontentabili'ta] f. insatiabilité; impossibilité, incapacité d'être content.
incontestabile [inkontes'tabile] agg. incontestable.
incontestabilità [inkontestabili'ta] f. incontestabilité.
incontestabilmente [inkontestabil'mente] avv. incontestablement, sans conteste.
incontestato [inkontes'tato] agg. inconteste.
1. incontinente [inkonti'nɛnte] agg. e m. incontinent. ‖ MED. incontinent.
2. incontinente [inkonti'nɛnte] avv. (antiq.) incontinent, sur-le-champ (L.C.).
incontinenza [inkonti'nɛntsa] f. incontinence, intempérance. ‖ MED. incontinence.
incontrare [inkon'trare] v. tr. **1.** rencontrer. | *incontrare qlcu.*, rencontrer qn, faire la rencontre de qn. | *l'ho incontrato per le scale*, je l'ai croisé dans l'escalier. | *incontrare lo sguardo di qlcu.*, rencontrer, croiser le regard de qn. | *temo di incontrare la neve*, je crains de trouver la neige. | *incontrare la morte*, trouver la mort. ‖ **2.** [piacere] plaire. | *incontrare il favore del pubblico*, avoir la faveur du public, plaire au public. ‖ **3.** GEOM. couper. ‖ **4.** SPORT rencontrer, matcher (v. intr. raro). ◆ v. intr. [accadere] arriver. | *incontrare bene, male*, bien, mal tomber. ◆ v. rifl. rencontrer (v. tr.). | *incontrarsi con uno*, rencontrer qn. ‖ [imbattersi] tomber (sur). ◆ v. rifl. recipr. se rencontrer, se croiser, se retrouver, se joindre. | *ci siamo incontrati ieri*, nous nous sommes rencontrés hier. ‖ SPORT se rencontrer. ‖ FIG. [accordarsi] s'accorder, être d'accord. | *i nostri gusti s'incontrano spesso*, nous avons souvent les mêmes goûts. | *c'incontriamo sempre nella scelta dei colori*, nous sommes toujours d'accord pour le choix des couleurs.
incontrario [inkon'trarjo] [solo nella loc. avv. *all'incontrario*] au contraire. ‖ en sens contraire. | *girare all'incontrario*, tourner en sens contraire.
incontrastabile [inkontras'tabile] agg. incontestable, irréfutable, inattaquable.
incontrastato [inkontras'tato] agg. inconteste. ‖ [non contrariato] non contrarié. | *un amore incontrastato*, un amour non contrarié.
1. incontro [in'kontro] m. rencontre f., entrevue f. | *un brutto incontro*, une mauvaise rencontre. | *fissare un incontro*, fixer une rencontre, une entrevue. | *l'incontro dei ministri*, l'entrevue des ministres. | *al primo incontro*, au premier abord. | *punto d'incontro*, point de rencontre. | *luogo d'incontro*, lieu de rencontre, carrefour. ‖ SPORT rencontre f., combat, match. | *un incontro di pugilato*, un combat de boxe. | *un incontro di tennis*, une rencontre de tennis. | *un incontro di calcio*, un match de football. | *disputare un incontro*, disputer un combat. ‖ [successo] succès. | *avere incontro nel pubblico*, plaire au public. ‖ [occasione] occasion f. | *cavarsela in ogni incontro*, s'en tirer en toutes circonstances.
2. incontro [in'kontro] avv. [dirimpetto] en face. ◆ LOC. AVV. ***all'incontro***, au contraire. ‖ (antiq.) en revanche (L.C.). ◆ LOC. PREP. ***incontro a***, à la rencontre de. | *andare incontro a qlcu.*, aller à la rencontre de qn, au-devant de qn. ‖ FIG. *venire incontro a qlcu.*, venir en aide à qn. ‖ PER EST. *andare incontro all'inverno*, aller, s'acheminer vers l'hiver. | *andare incontro a spese*, s'exposer à des frais. | *andare incontro ai desideri di qlcu.*, devancer les désirs de qn. | *andare incontro alla morte*, aller au-devant de la mort; marcher à la mort. | *andare incontro a guai*, s'exposer à des ennuis; aller au-devant des ennuis. ‖ (antiq.) [dirimpetto] en face de (L.C.).
incontrollabile [inkontrol'labile] agg. [che non si può controllare] aveugle. ‖ [che non può essere verificato] incontrôlable, invérifiable.
incontrollato [inkontrol'lato] agg. incontrôlé.
incontrovertibile [inkontrover'tibile] agg. (raro) incontestable (L.C.), indiscutable (L.C.), certain (L.C.).
incontrovertibilità [inkontrovertibili'ta] f. (raro) incontestabilité (L.C.).
inconveniente [inkonve'njɛnte] m. inconvénient.
inconvertibile [inkonver'tibile] agg. inconvertible, inconvertissable.
incoordinazione [inkoordinat'tsjone] f. incoordination. ‖ MED. ataxie.
incoraggiamento [inkoraddʒa'mento] m. encouragement.
incoraggiante [inkorad'dʒante] agg. encourageant, engageant.

incoraggiare [inkorad'dʒare] v. tr. encourager. | *incoraggiare l'industria*, encourager, favoriser l'industrie. ◆ v. rifl. prendre courage. ‖ [recipr.] s'encourager.
incorare [inko'rare] v. tr. (lett.) encourager (L.C.).
incordare [inkor'dare] v. tr. mettre des cordes (à). ‖ [una racchetta] corder. ‖ [legare con corde] lier avec des cordes, corder. ◆ v. rifl. [di muscoli] se raidir, devenir raide.
incordatura [inkorda'tura] f. MUS. montage (m.) des cordes. ‖ [di racchetta] cordage m. ‖ ANAT. raidissement m.
incornare [inkor'nare] v. tr. (raro) encorner (L.C.).
incorniciare [inkorni'tʃare] v. tr. encadrer. | *incorniciare un quadro*, encadrer un tableau.
incorniciatura [inkornitʃa'tura] f. encadrement m.
incoronare [inkoro'nare] v. tr. PR. e FIG. couronner.
incoronazione [inkoronat'tsjone] f. couronnement m.
incorporale [inkorpo'rale] agg. GIUR. incorporel.
incorporamento [inkorpora'mento] m. incorporation f.
incorporare [inkorpo'rare] v. tr. incorporer. | *incorporare le uova con la farina, nella farina*, incorporer les œufs à la farine. | *incorporare qlcu. in un gruppo*, intégrer qn dans un groupe, à un groupe. ‖ MIL. *incorporare una recluta*, incorporer une recrue. ‖ [assorbire] absorber. ◆ v. rifl. s'incorporer (à).
incorporazione [inkorporat'tsjone] f. PR. e FIG. incorporation.
incorporeità [inkorporei'ta] f. incorporéité, incorporalité.
incorporeo [inkor'pɔreo] agg. incorporel.
incorreggibile [inkorred'dʒibile] agg. incorrigible, impénitent, invétéré, endurci. | *bevitore incorreggibile*, buveur impénitent.
incorrere [in'korrere] v. intr. encourir v. tr. (lett.), s'exposer (à). | *incorrere in una pena*, encourir une peine. | *incorrere in un pericolo*, (en)courir un danger; s'exposer à un danger. | *incorrere in un errore*, tomber dans une erreur, commettre une faute.
incorrotto [inkor'rotto] agg. intact. | *fede incorrotta*, foi intacte. ‖ FIG. pur, intègre. | *giudice incorrotto*, juge intègre.
incorruttibile [inkorrut'tibile] agg. incorruptible. ‖ FIG. incorruptible, immarcescible (lett.). | *bellezza incorruttibile*, beauté immarcescible, éternelle.
incorruttibilità [inkorruttibili'ta] f. PR. e FIG. incorruptibilité.
incorsatoio [inkorsa'tojo] m. TECN. bouvet, feuilleret.
incosciente [inkoʃ'ʃɛnte] agg. [privo di coscienza] sans connaissance. ‖ [di cui non si ha coscienza] inconscient. ‖ [che agisce senza coscienza] inconscient. ‖ LOC. [dopo uno shock, un'operazione] *essere semi-incosciente*, être dans le cirage (pop.). ◆ n. inconscient, e. ‖ [spericolato, scavezzacollo] cassecou m.
incoscienza [inkoʃ'ʃɛntsa] f. inconscience.
incostante [inkos'tante] agg. inconstant, irrégulier, inégal, volage, léger (antiq.). | *tempo incostante*, temps changeant, variable. | *alunno incostante nello studio*, élève irrégulier, inconstant dans son travail. | *temperamento incostante*, tempérament inconstant, volage, capricieux. | *carattere incostante*, caractère inégal.
incostanza [inkos'tantsa] f. inconstance, inégalité, incertitude. | *incostanza d'umore*, inégalité d'humeur. | *incostanza del tempo*, inconstance, variabilité du temps. | *incostanza della fortuna*, incertitude de la fortune.
incostituzionale [inkostituttsjo'nale] agg. GIUR. inconstitutionnel.
incostituzionalità [inkostituttsjonali'ta] f. GIUR. inconstitutionnalité.
incravattare [inkravat'tare] v. tr. (fam.) cravater (L.C.).
increanza [inkre'antsa] f. (raro) impolitesse (L.C.), manque (m.) d'éducation (L.C.).
increato [inkre'ato] agg. (lett.) FILOS., RELIG. incréé.
incredibile [inkre'dibile] agg. incroyable, inouï, fabuleux. | *successo incredibile*, succès inouï, fou. | *somme incredibili*, des sommes fabuleuses, folles. | *è incredibile!*, c'est inouï, invraisemblable! (fam.); c'est à ne pas y croire!
incredibilità [inkredibili'ta] f. incrédibilité.
incredulità [inkreduli'ta] f. incrédulité. ‖ RELIG. [miscredenza] incrédulité, incroyance.
incredulo [in'krɛdulo] agg. incrédule. | *si mostrava incredulo sull'esito degli esami*, il ne croyait guère à la bonne réussite des examens. ◆ m. RELIG. incrédule, incroyant.
incrementare [inkremen'tare] v. tr. accroître, donner un essor (à). | *incrementare il commercio*, donner un essor au commerce. ◆ v. rifl. s'accroître.
incremento [inkre'mento] m. accroissement, augmentation f., essor. | *dare incremento a*, donner (un) essor à. ‖ FIG. donner de l'extension à.
increscioso [inkreʃ'ʃoso] agg. fâcheux, déplorable, regrettable, ennuyeux. | *situazione incresciosa*, situation fâcheuse. | *errore increscioso*, erreur regrettable.
increspamento [inkrespa'mento] m. [di stoffe] froncement.
increspare [inkres'pare] v. tr. [superfici liquide] rider. ‖ TESS. froncer, crêper. | *increspare la fronte*, froncer le(s) sourcil(s). ◆ v. rifl. se rider. ‖ TESS. (se) gripper.
increspatura [inkrespa'tura] f. [di superfici liquide] ridement m. (raro), formation de rides. ‖ TESS. [atto] crêpage m. ‖ [effetto] fronce. ‖ [insieme delle crespe] froncis m.
incretinimento [inkretini'mento] m. abêtissement.
incretinire [inkreti'nire] v. tr. abêtir, crétiniser (fam.), faire tourner en bourrique (fam.). ◆ v. intr. e rifl. s'abêtir, devenir crétin (fam.).
incriminabile [inkrimi'nabile] agg. GIUR. incriminable.
incriminare [inkrimi'nare] v. tr. GIUR. incriminer. | *fu incriminato per omicidio*, il a été inculpé d'homicide.
incriminazione [inkriminat'tsjone] f. GIUR. incrimination.
incrinare [inkri'nare] v. tr. fêler. ‖ TECN. *incrinare a stella*, étoiler. ‖ FIG. [intaccare] entamer, compromettre. ◆ v. rifl. se fêler. ‖ FIG. se gâter.
incrinatura [inkrina'tura] f. fêlure, lézarde. ‖ FIG. faille, fissure. | *non c'è mai stata un'incrinatura tra noi*, il n'y a jamais eu de faille entre nous. | *incrinatura del potere*, ébranlement (m.) du pouvoir.
incrisalidarsi [inkrizali'darsi] v. rifl. ZOOL. devenir chrysalide.
incrociare [inkro'tʃare] v. tr. croiser. | *incrociare le braccia*, croiser les bras. ‖ FIG. se croiser les bras. ‖ MIL. *incrociare le spade*, croiser le fer. ‖ BIOL. croiser. ◆ v. intr. MAR. croiser. ◆ v. rifl. se croiser. | *numerose strade s'incrociano*, de nombreuses routes s'entrecroisent. ‖ BIOL. se croiser. ‖ [sostant.] *l'incrociarsi*, le croisement, l'entrecroisement. ‖ [di persone che non riescono a trovarsi] *un incrociarsi*, un chassé-croisé.
incrociato [inkro'tʃato] agg. croisé. | *parole incrociate*, mots croisés. ‖ POES. *rime incrociate*, rimes embrassées. ‖ ARCHIT. intersecté.
incrociatore [inkrotʃa'tore] m. MAR. MIL. croiseur.
incrociatura [inkrotʃa'tura] f. croisement m. ‖ [incrocio] croisée.
incrocicchiare [inkrotʃik'kjare] v. tr. croiser. | *incrocicchiare le dita*, croiser les doigts.
incrocio [in'krotʃo] m. croisement, carrefour, embranchement, croisée f. | *all'incrocio delle strade* au croisement, à l'intersection (f.), à la croisée (f.) des routes. | *un pericoloso incrocio*, un carrefour dangereux. ‖ BIOL., BOT. croisement.
incrollabile [inkrol'labile] agg. inébranlable.
incrostamento [inkrosta'mento] m. TECN. encrassement.
incrostare [inkros'tare] v. tr. TECN. incruster, encrasser, encroûter. | *incrostare di tartaro*, entartrer. ‖ [di calcare] incruster. ◆ v. rifl. s'incruster, s'encrasser s'encroûter, se charger d'un dépôt. ‖ [sostant.] *l'incrostarsi di un tubo*, l'encrassement d'un tuyau. ‖ [di motore] se calaminer.
incrostato [inkros'tato] agg. incrusté, encrassé encroûté.
incrostatura [inkrosta'tura] f. TECN. incrustation.
incrostazione [inkrostat'tsjone] f. incrustation

dépôt m., encrassement m., croûte. | *incrostazione calcarea di una caldaia*, calcin (m.) d'une chaudière. || [di motore] calamine. || [rivestimento] incrustation.
incrudelimento [inkrudeli'mento] m. (raro) recrudescence f. (L.C.).
incrudelire [inkrude'lire] v. intr. devenir cruel. || [infierire] sévir (contre), s'acharner (contre, sur). | *il destino ha incrudelito contro di loro*, le destin s'est acharné contre eux.
incrudire [inkru'dire] v. tr. rendre âpre. ◆ v. intr. [del tempo] devenir rigoureux. || [di piaghe] s'envenimer. || [di male] empirer. | *il suo male è incrudito*, son mal a empiré.
incruento [inkru'ɛnto] agg. sans effusion de sang.
incubatoio [inkuba'tojo] m. couvoir.
incubatrice [inkuba'tritʃe] f. MED. couveuse, incubateur m. || [per le uova] couveuse.
incubazione [inkubat'tsjone] f. PR. e FIG. incubation.
incubo ['inkubo] m. PR. e FIG. cauchemar. || FIG. *è il mio incubo*, c'est ma bête noire.
incudine [in'kudine] f. enclume. || ANAT. enclume.
inculcare [inkul'kare] v. tr. inculquer.
incultura [inkul'tura] f. inculture.
incunabolo [inku'nabolo] m. incunable.
incuneare [inkune'are] v. tr. enfoncer de force. || [fissare con cunei] coincer. ◆ v. rifl. s'introduire de force, s'insérer. || FIG. [insediarsi] pénétrer.
incupire [inku'pire] v. tr. obscurcir, assombrir (PR. e FIG.), rendre sombre. | *incupire delle tinte*, foncer des teintes. ◆ v. rifl. PR. e FIG. s'obscurcir, s'assombrir.
incurabile [inku'rabile] agg. e n. PR. e FIG. incurable.
incurante [inku'rante] agg. insouciant, insoucieux.
incuranza [inku'rantsa] f. (raro) insouciance (L.C.).
incuria [in'kurja] f. incurie, négligence, manque (m.) de soin, laisser-aller m.
incuriosire [inkurjo'sire] v. tr. intriguer, éveiller la curiosité (de), intéresser. | *il suo silenzio m'incuriosisce*, son silence m'intrigue. ◆ v. rifl. être intrigué (par), s'intéresser (à).
incuriosito [inkurjo'sito] agg. intrigué, intéressé.
incursione [inkur'sjone] f. MIL. incursion, raid m. | *incursione aerea*, raid aérien. || PER ANAL. incursion.
incurvabile [inkur'vabile] agg. incurvable.
incurvamento [inkurva'mento] m. (raro) incurvation f. (L.C.). || TECN., EDIL. flambage m.
incurvare [inkur'vare] v. tr. courber, incurver. | *incurvare un ramo*, courber une branche. || TECN. incurver, cintrer, gauchir. ◆ v. rifl. se courber, fléchir (v. intr.), s'infléchir, gauchir (v. intr.), gondoler (v. intr.). | *l'asse s'incurva sotto il peso*, la planche fléchit sous les poids. || [di persona] se courber, se voûter.
incurvato [inkur'vato] agg. voûté, courbé, incurvé. | *schiena incurvata*, dos voûté. || TECN. gauche, incurvé.
incurvatura [inkurva'tura] f. incurvation. | *incurvatura di una trave*, fléchissement (m.) d'une poutre. || [curva] courbure.
incurvazione [inkurvat'tsjone] f. (raro) incurvation (L.C.).
incurvire [inkur'vire] v. tr. voûter. ◆ v. intr. e rifl. se voûter. | *è incurvito con gli anni*, il s'est voûté avec l'âge.
incustodito [inkusto'dito] agg. sans surveillance, non gardé. | *passaggio a livello incustodito*, passage à niveau non gardé. | *lasciare incustodito l'appartamento*, laisser l'appartement sans surveillance.
incutere [in'kutere] v. tr. inspirer. | *incutere rispetto*, inspirer, imposer le respect ; en imposer. | *incutere soggezione*, en imposer (à), intimider. | *incutere spavento*, épouvanter, causer de l'épouvante (à).
indaco ['indako] m. indigo.
indaffarato [indaffa'rato] agg. affairé, occupé. | *essere indaffarato in preparativi*, être occupé à, s'affairer à des préparatifs.
indagare [inda'gare] v. tr. chercher à connaître, à pénétrer ; faire des recherches (sur). | *indagare le cause di un fenomeno*, chercher à connaître les causes d'un phénomène. | *indaga quel che si dice di...*, cherche à savoir ce que l'on dit de... | *indagare un mistero*, chercher à pénétrer un mystère. ◆ v. intr. enquêter (sur), faire une enquête (sur), faire des investigations (sur). | *indagare su, intorno a qlco.*, enquêter sur qch. | *la polizia indaga*, la police enquête.
indagatore [indaga'tore] agg. investigateur. | *commissione indagatrice*, commission d'enquête. ◆ m. investigateur.
indagine [in'dadʒine] f. enquête, investigation, information. | *nel corso delle indagini*, au cours de l'enquête. | *indagine ufficiale*, information officielle. | *fare delle indagini su*, faire des recherches sur, enquêter sur.
indarno [in'darno] avv. (lett.) en vain (L.C.).
indebitamente [indebita'mente] avv. indûment. | *l'hanno accusato indebitamente*, on l'a accusé injustement, à tort.
indebitamento [indebita'mento] m. (raro) endettement (L.C.).
indebitare [indebi'tare] v. tr. endetter. ◆ v. rifl. s'endetter. | *indebitarsi fino al collo*, se couvrir de dettes, s'enfoncer dans les dettes jusqu'au cou.
indebitato [indebi'tato] agg. endetté. | *essere indebitato fino al collo*, être criblé de dettes.
indebito [in'debito] agg. indu. | *presentarsi a un'ora indebita*, se présenter à une heure indue. || PER EST. [illecito, immeritato] illégitime, injuste, immérité. | *onori indebiti*, honneurs immérités. ◆ m. GIUR. indu.
indebolimento [indeboli'mento] m. affaiblissement, étiolement, amollissement. | *indebolimento fisico*, affaiblissement, étiolement physique. | *indebolimento della disciplina*, amollissement de la discipline. | *indebolimento della volontà*, défaillance (f.) de la volonté.
indebolire [indebo'lire] v. tr. affaiblir, alanguir, débiliter. ◆ v. rifl. s'affaiblir, faiblir, s'alanguir, s'étioler, s'amollir. | *il suo coraggio si è indebolito*, son courage a faibli. || [della vista] baisser. | *gli s'indebolisce la vista*, sa vue baisse.
indecente [inde'tʃɛnte] agg. indécent, déshonnête. | *un modo di vestire indecente*, une tenue indécente. | *una parola indecente*, un mot déshonnête. | *è una cosa indecente !*, c'est quelque chose d'indécent ! ; c'est une honte !
indecenza [inde'tʃɛntsa] f. indécence, inconvenance. | *indecenza di un discorso*, inconvenance d'un discours. | *è una vera indecenza !*, c'est honteux !
indecifrabile [indetʃi'frabile] agg. PR. e FIG. indéchiffrable.
indecisione [indetʃi'zjone] f. indécision, indétermination, irrésolution.
indeciso [inde'tʃizo] agg. indécis, indéterminé, irrésolu, flottant. | *sono ancora indeciso sul da farsi*, je n'ai pas encore décidé ce que je dois faire. || [di cose] incertain. || [non risolto] non résolu, à résoudre. | *il problema è rimasto indeciso*, le problème est encore à résoudre.
indeclinabile [indekli'nabile] agg. GRAMM. indéclinable. || [inevitabile] inévitable, indéclinable (antiq.). | *dovere indeclinabile*, devoir auquel on ne peut se soustraire.
indeclinabilità [indeklinabili'ta] f. caractère (m.) inévitable. || GRAMM. indéclinabilité.
indecoroso [indeko'roso] agg. inconvenant, malséant.
indefesso [inde'fesso] agg. infatigable, assidu. | *lavoratore indefesso*, travailleur infatigable, bourreau de travail (fam.).
indefettibile [indefet'tibile] agg. indéfectible.
indefinibile [indefi'nibile] agg. PR. e FIG. indéfinissable, incertain.
indefinibilità [indefinibili'ta] f. caractère (m.) indéfinissable.
indefinito [indefi'nito] agg. indéfini, indéterminé. || GRAMM. indéfini. ◆ m. GRAMM. indéfini.
indeformabile [indefor'mabile] agg. indéformable.
indeformabilità [indeformabili'ta] f. caractère (m.) indéformable.
indegnità [indeɲɲi'ta] f. indignité.
indegno [in'deɲɲo] agg. indigne.
indeiscente [indeiʃ'ʃɛnte] agg. BOT. indéhiscent.
indelebile [inde'lɛbile] agg. PR. e FIG. indélébile, ineffaçable.
indelebilità [indelebili'ta] f. indélébilité.

indeliberato [indelibe'rato] agg. indélibéré. | *atto indeliberato*, acte involontaire.
indelicatezza [indelika'tettsa] f. indélicatesse.
indelicato [indeli'kato] agg. indélicat.
indemagliabile [indemaʎ'ʎabile] agg. indémaillable.
indemoniare [indemo'njare] v. intr. PR. être possédé (du démon). || FIG. [adirarsi] rager, enrager. | *quel bambino mi fa indemoniare*, cet enfant me fait enrager. ◆ v. rifl. avoir des accès de rage, devenir fou furieux.
indemoniato [indemo'njato] agg. PR. possédé. || FIG. endiablé ; furieux. | *vento indemoniato*, vent furieux, épouvantable, enragé. ◆ n. possédé. || PER EST. enragé.
indenne [in'dɛnne] agg. indemne.
indennità [indenni'ta] f. indemnité, allocation. | *indennità giornaliera di residenza, di trasferta*, indemnité journalière de résidence, de déplacement. | *indennità di alloggio*, indemnité, allocation de logement. | *indennità di contingenza*, indemnité variable selon le coût de la vie. | *indennità parlamentare*, indemnité parlementaire. | *accordare un'indennità*, allouer une indemnité.
indennizzabile [indennid'dzabile] agg. indemnisable.
indennizzare [indennid'dzare] v. tr. indemniser, désintéresser, dédommager.
indennizzo [inden'niddzo] m. indemnisation f., indemnité f., dédommagement. | *chiedere un indennizzo*, demander des dommages et intérêts.
indentare [inden'tare] v. tr. [fornire di indentature] denteler. ◆ v. intr. [ingranare] engrener.
indentrarsi [inden'trarsi] v. rifl. [addentrarsi] pénétrer. || FIG. s'engager.
indentro [in'dentro] avv. en dedans. | *camminare con i piedi indentro*, marcher les pieds en dedans. || [indietro] en arrière. || LOC. *all'indentro*, vers l'intérieur.
indeprecabile [indepre'kabile] agg. (lett.) inévitable.
inderogabile [indero'gabile] agg. inéluctable. | *scadenza inderogabile*, échéance inéluctable, dernier délai. | *impegno inderogabile*, engagement qu'on ne peut renvoyer à plus tard, auquel on ne peut se soustraire.
inderogabilmente [inderogabil'mente] avv. inéluctablement, infailliblement, de toute nécessité.
indescrivibile [indeskri'vibile] agg. indescriptible, inénarrable. | *entusiasmo indescrivibile*, enthousiasme indescriptible. | *spettacolo indescrivibile*, spectacle inénarrable. | *in modo indescrivibile*, au-delà de toute expression.
indescrivibilmente [indeskrivibil'mente] avv. d'une manière indescriptible.
indesiderabile [indeside'rabile] agg. indésirable.
indesiderato [indeside'rato] agg. non désiré ; indésirable.
indeterminabile [indetermi'nabile] agg. indéterminable.
indeterminatezza [indetermina'tettsa] f. indétermination.
indeterminativo [indetermina'tivo] agg. GRAMM. V. INDETERMINATO.
indeterminato [indetermi'nato] agg. indéterminé, indéfini. | *a tempo indeterminato*, à une date indéterminée. || GRAMM. indéfini. | *articolo indeterminato*, article indéfini.
indeterminazione [indeterminat'tsjone] f. indétermination. | *indeterminazione di idee*, manque (m.) de clarté dans les idées.
indeterminismo [indetermi'nizmo] m. FILOS. indéterminisme.
indettare [indet'tare] v. tr. (raro) endoctriner (L.C.).
indeuropeo [indeuro'pɛo] agg. V. INDOEUROPEO.
indi ['indi] avv. (lett.) puis, ensuite. | *indi me ne andai*, puis, ensuite je m'en allai. | *indi a poco*, peu (de temps) après. || de là, de cet endroit-là. | *per indi*, par-là.
indiana [in'djana] f. TESS. indienne.
indianismo [indja'nizmo] m. indianisme.
indianista [indja'nista] m. e f. indianiste.
indianistica [indja'nistika] f. indianisme m.
indianistico [indja'nistiko] agg. qui concerne l'indianisme. | *studi indianistici*, études indiennes.
indiano [in'djano] agg. e n. indien. | *in fila indiana*, en file indienne, à la queue leu leu. | *fare l'indiano*, faire le niais, ne faire semblant de rien.
indiare [indi'are] v. tr. (lett.) déifier (L.C.).
indiavolare [indjavo'lare] v. tr. (raro) [far arrabbiare] faire enrager. ◆ v. rifl. se mettre dans tous ses états, dans une rage folle.
indiavolato [indjavo'lato] agg. démoniaque, possédé (du diable). || [sfrenato] endiablé, enragé. | *un fracasso indiavolato*, un vacarme de tous les diables. | *vento indiavolato*, vent épouvantable.
indicabile [indi'kabile] agg. opportun, à conseiller.
indicare [indi'kare] v. tr. indiquer, montrer, désigner. | *indicare una strada mediante segnali*, flécher une route. | *indicare col dito*, montrer du doigt. | *si prega di indicare con esattezza nome e cognome*, on est prié d'indiquer exactement les nom et prénom. | *indicare un rimedio*, indiquer, prescrire un remède. | *indicare un oggetto mostrandolo*, désigner un objet en le montrant. || [suggerire, denotare] indiquer, dénoter, (dé)montrer, signifier.
indicativo [indika'tivo] agg. indicatif. || GRAMM. indicatif. ◆ m. GRAMM. indicatif.
indicato [indi'kato] agg. indiqué. | *non mi sembra la persona indicata per un lavoro del genere*, je n'ai pas l'impression que ce soit la personne indiquée pour un travail de ce genre.
indicatore [indika'tore] (**-trice** f.) agg. indicateur, trice. | *asta indicatrice del livello olio*, jauge d'huile. ◆ m. AUTOM., TECN. indicateur. | *indicatore di velocità*, indicateur de vitesse. || AER. *indicatore di velocità relativa*, badin. | *indicatore stradale*, poteau indicateur. | *indicatore di livello*, indicateur de niveau. || CHIM. indicateur coloré.
indicazione [indikat'tsjone] f. indication. | *secondo le tue indicazioni*, sur tes indications. || MED. indication.
indice ['inditʃe] m. **1.** ANAT. index. || **2.** [elenco] index, table (f.) des matières. | *indice delle illustrazioni*, table des illustrations. | *introdurre, includere in un indice*, indexer. || **3.** RELIG. Index. || LOC. PR. e FIG. *mettere all'indice*, mettre à l'index. || **4.** MECC. index, aiguille f., languette f. || **5.** [statistica] index. || **6.** ECON., COMM. indice. | *indice del costo della vita*, indice du coût de la vie. | *indice della produzione*, indice de la production. || **7.** MAT., FIS., TECN. indice. || **8.** FIG. indice, signe. | *la sua risposta è indice di maleducazione*, sa réponse est un signe d'impolitesse.
indicibile [indi'tʃibile] agg. indicible, inexprimable, qu'on ne peut exprimer. | *in modo indicibile*, au-delà de toute expression.
indicibilmente [inditʃibil'mente] avv. ineffablement, indiciblement.
indico ['indiko] agg. (lett.) indien (L.C.). || BOT. *canna indica*, balisier m., canna m. ◆ m. (antiq.) V. INDACO.
indietreggiare [indjetred'dʒare] v. intr. PR. e FIG. reculer. || [per avere un certo spazio] prendre du champ. || FIG. *indietreggiare alla prima difficoltà*, reculer devant la première difficulté.
indietro [in'djɛtro] avv. en arrière. | *tornare indietro*, revenir en arrière ; PR. e FIG. *fare, tornare un passo indietro*, faire, revenir un pas en arrière. | *rimanere indietro*, rester en arrière. | *farsi indietro*, se reculer. | *quel ragazzo è un po' indietro*, ce garçon est un peu retardé. | *essere indietro con il lavoro*, être en retard dans son travail. | *essere indietro in un campo*, être en arrière, arriéré dans un domaine. || UNIV. *essere indietro con gli studi*, être en retard dans ses études. | *essere indietro in una materia*, être faible dans une matière. | *essere indietro un anno*, être en retard d'un an. || *andare indietro*, aller en arrière. | *andare avanti e indietro*, aller en avant et en arrière, faire les cent pas, faire la navette ; FIG. *non andare né avanti né indietro*, n'aller ni en avant ni en arrière. || PR. e FIG. *fare marcia, macchina indietro*, faire marche arrière. || [di orologio] *essere indietro*, retarder. | *questo orologio è cinque minuti indietro*, cette montre retarde de cinq minutes. | *mettere l'orologio indietro*, retarder sa montre. || *voltarsi indietro*, se retourner ; FIG. regarder en arrière. || *tirarsi indietro*, se dérober. | *tirarsi indietro di fronte alle difficoltà*, se dérober, reculer devant les difficultés. || *tenere indietro*, contenir, retenir. || *lasciare indietro*, laisser en arrière. | *lasciare indietro qlcu.*, laisser qn derrière soi. | *lasciare molte*

cose indietro, négliger bien des choses. ‖ *dare, rimandare indietro*, rendre, renvoyer. | *volere, domandare indietro*, vouloir récupérer. | *portare indietro qlco.*, rapporter qch. ◆ Loc. avv. ***all'indietro,*** en arrière, à reculons. | *camminare all'indietro*, marcher à reculons. | *cadere all'indietro*, tomber à la renverse.
indifendibile [indifen'dibile] agg. indéfendable.
indifeso [indi'feso] agg. sans défense, sans protection.
indifferente [indiffe'rɛnte] agg. indifférent. | *per me è indifferente*, cela m'est égal. | *essere, restare indifferente a tutto*, rester indifférent à tout. | *oggi o domani è indifferente*, aujourd'hui ou demain, c'est la même chose.
indifferentemente [indifferente'mente] avv. indifféremment.
indifferentismo [indifferen'tizmo] m. indifférentisme.
indifferenza [indiffe'rɛntsa] f. indifférence.
indifferenziato [indifferen'tsjato] agg. indifférencié.
indifferibile [indiffe'ribile] agg. qui ne peut pas être différé.
indigenato [indidʒe'nato] m. indigénat.
indigeno [in'didʒeno] agg. e n. indigène.
indigente [indi'dʒɛnte] agg. e n. indigent, e.
indigenza [indi'dʒɛntsa] f. indigence. | *essere in estrema indigenza*, être dans la détresse, le dénuement m. | *nella più nera indigenza*, dans la misère la plus noire. ‖ Lett. [penuria] pénurie (l.c.).
indigeribile [indidʒe'ribile] agg. (raro) Pr. e fig. indigeste (l.c.).
indigestione [indidʒes'tjone] f. Pr. e fig. indigestion. | *fare un'indigestione di qlco.*, avoir, se donner une indigestion de qch.
indigesto [indi'dʒɛsto] agg. Pr. e fig. indigeste. ‖ Fig. [antipatico] insupportable, imbuvable (fam.).
indignare [indiɲ'ɲare] v. tr. indigner. ◆ v. rifl. s'indigner. | *indignarsi per qlco.*, s'indigner de qch.
indignato [indiɲ'ɲato] agg. indigné, rempli, transporté d'indignation. | *essere indignato per qlco.*, être indigné de qch.
indignazione [indiɲɲat'tsjone] f. indignation.
indigofera [indi'gɔfera] f. Bot. indigotier m.
indimenticabile [indimenti'kabile] agg. inoubliable.
indimostrabile [indimos'trabile] agg. indémontrable.
indimostrabilità [indimostrabili'ta] f. impossibilité de démontrer.
indimostrato [indimos'trato] agg. non démontré.
1. indio ['indjo] agg. e n. amérindien, indien de l'Amérique du Sud.
2. indio ['indio] m. Chim. indium.
indipendente [indipen'dɛnte] agg. e m. indépendant. | *indipendente da*, indépendant de. | *la simpatia è indipendente dalla volontà*, la sympathie ne se commande pas.
indipendentemente [indipendente'mente] avv. indépendamment. | *indipendentemente da*, indépendamment de.
indipendenza [indipen'dɛntsa] f. indépendance.
indire [in'dire] v. tr. [ordinare, annunciare] annoncer, proclamer. | *indire un concorso*, ouvrir un concours. | *indire le elezioni*, fixer les élections. ‖ Fig. *indire una crociata*, lancer une campagne. ‖ [convocare] convoquer. ‖ (lett.) [dichiarare] déclarer (l.c.).
indirettamente [indiretta'mente] avv. indirectement. ‖ Fig. [per vie traverse] par la bande (fam.).
indiretto [indi'rɛtto] agg. indirect. | *sapere per vie indirette qlco.*, savoir qch. par des voies détournées. | *affrontare per via indiretta una questione*, aborder une question de biais. ‖ Gramm. *complemento indiretto*, complément indirect. ‖ Fin. *imposte indirette*, contributions indirectes.
indirizzare [indirit'tsare] v. tr. adresser, envoyer. | *indirizzare una lettera, una domanda*, adresser une lettre, une demande. | *indirizzare qlcu. da un buon medico*, adresser, envoyer qn chez un bon médecin. | *mi hanno indirizzato qui*, on m'a envoyé, adressé ici. | *indirizzare la parola a qlcu.*, adresser la parole à qn. ‖ [avviare, dirigere] diriger. | *indirizzare qlcu. a un mestiere*, diriger qn vers un métier. | *indirizzare qlcu. al male*, pousser qn au mal. ‖ *indirizzare una lettera*, écrire l'adresse sur une lettre. ◆ v. rifl. s'adresser. ‖ [dirigersi] se diriger.
indirizzario [indirit'tsarjo] m. carnet d'adresses.
indirizzo [indi'rittso] m. adresse f. | *cambiare indirizzo*, changer d'adresse. ‖ [orientamento] orientation f., voie f. | *scuola a indirizzo scientifico*, école à orientation scientifique. | *indirizzo politico*, orientation politique. ‖ Polit. [messaggio, discorso] adresse f.
indiscernibile [indiʃʃer'nibile] agg. indiscernable.
indisciplina [indiʃʃi'plina] f. indiscipline, insoumission.
indisciplinabile [indiʃʃipli'nabile] agg. indisciplinable.
indisciplinatamente [indiʃʃiplinata'mente] avv. d'une manière indisciplinée, sans discipline.
indisciplinatezza [indiʃʃiplina'tettsa] f. V. indisciplina.
indisciplinato [indiʃʃipli'nato] agg. indiscipliné, insoumis, indocile.
indiscretezza [indiskre'tettsa] f. V. indiscrezione.
indiscreto [indis'kreto] agg. indiscret.
indiscrezione [indiskret'tsjone] f. indiscrétion. | *ci sono state alcune indiscrezioni*, il y a eu des fuites. | *fare delle indiscrezioni*, commettre des indiscrétions.
indiscriminato [indiskrimi'nato] agg. sans discernement, aveugle (fig.). | *fare un uso indiscriminato della forza*, faire un usage aveugle de la force, employer la force sans discernement.
indiscusso [indis'kusso] agg. indiscuté, indiscutable. | *autorità indiscussa*, autorité indiscutée. | *superiorità indiscussa*, supériorité indiscutable.
indiscutibile [indisku'tibile] agg. indiscutable. | *è indiscutibile che*, il est indiscutable que.
indispensabile [indispen'sabile] agg. indispensable, nécessaire, essentiel. ◆ m. *mi son portato soltanto l'indispensabile*, j'ai apporté seulement le (strict) nécessaire, l'essentiel.
indispettire [indispet'tire] v. tr. agacer, irriter, dépiter, indisposer. ◆ v. rifl. se fâcher, s'irriter, se dépiter.
indispettito [indispet'tito] agg. dépité.
indisponente [indispo'nɛnte] agg. contrariant, qui indispose.
indisponibile [indispo'nibile] agg. indisponible.
indisponibilità [indisponibi'lita] f. indisponibilité.
indisporre [indis'porre] v. tr. indisposer.
indisposizione [indispozit'tsjone] f. indisposition, incommodité (antiq.). ‖ (raro) mauvaise disposition (d'esprit) [l.c.].
indisposto [indis'posto] agg. indisposé, incommodé. | *rendere indisposto*, indisposer v. tr. | *è un po' indisposto*, il est un peu fatigué. ‖ (raro) mal disposé (l.c.).
indissociabile [indisso'tʃabile] agg. indissociable.
indissolubile [indisso'lubile] agg. indissoluble.
indissolubilità [indissolubili'ta] f. indissolubilité.
indistinguibile [indistin'gwibile] agg. qu'on ne peut pas distinguer.
indistinto [indis'tinto] agg. indistinct.
indistruttibile [indistrut'tibile] agg. indestructible.
indistruttibilità [indistruttibili'ta] f. indestructibilité.
indisturbato [indistur'bato] agg. sans être dérangé, sans être inquiété. | *si allontanò indisturbato*, il s'éloigna sans être inquiété. | *non posso studiare indisturbato*, je ne peux pas étudier sans être dérangé.
indivia [in'divja] f. Bot. endive.
individuale [individu'ale] agg. individuel. | *autorimessa individuale*, box m.
individualismo [individua'lizmo] m. individualisme.
individualista [individua'lista] m. e f. individualiste.
individualistico [individua'listiko] agg. individualiste.
individualità [individuali'ta] f. individualité. ‖ [personalità] personnalité.
individualizzare [individualid'dzare] v. tr. (raro) individualiser (l.c.).
individuare [individu'are] v. tr. [caratterizzare, delineare] caractériser, individualiser. | *personaggi perfettamente individuati*, des personnages parfaitement caractérisés, bien campés. | *caratteri nettamente individuati*, caractères nettement individualisés. ‖ Mat. déterminer. ‖ Per est. localiser, repérer. | *individuare un guasto*, localiser une panne. ‖ [scoprire] découvrir, reconnaître. | *individuare il colpevole*, découvrir le

coupable. | *individuare qlcu. fra la folla*, reconnaître qn parmi la foule.
individuazione [individuat'tsjone] f. caractérisation. || MIL. repérage m., détection. | *individuazione di mine*, détection de mines. || FILOS. individuation.
individuo [indi'viduo] m. individu. || [uomo qualunque] individu, type. | *uno strano individuo*, un drôle de type, un drôle d'individu.
indivisibile [indivi'zibile] agg. indivisible. || [che non può essere separato] inséparable. | *amici indivisibili*, des amis inséparables.
indiviso [indi'vizo] agg. indivisé. || GIUR. indivis. | *proprietà indivisa*, propriété indivise ; propriété en indivis ; indivision. || LOC. *per indiviso*, par indivis, indivisément.
indiziare [indit'tsjare] v. tr. compromettre ; faire soupçonner.
indiziario [indit'tsjarjo] agg. GIUR. par présomption. || FIN. indiciaire.
indiziato [indit'tsjato] agg. e m. GIUR. suspect.
indizio [in'dittsjo] m. [segno, circostanza] signe, indice. | *le nuvole nere nel cielo sono indizio di temporale*, les nuages noirs dans le ciel sont signe d'orage. || GIUR. indice. | *indizio a carica*, charge f. || (antiq.) [delazione, imputazione] indice. || (antiq.) [indicazione] indication f.
indizione [indit'tsjone] f. STOR., RELIG. indiction.
indocile [in'dɔtʃile] agg. indocile, rebelle, indiscipliné. | *un cavallo indocile*, un cheval rétif.
indocilire [indotʃi'lire] v. tr. rendre docile. ◆ v. rifl. e intr. devenir docile.
indocilità [indotʃili'ta] f. indocilité, indiscipline.
indocinese [indotʃi'nese] agg. e n. indochinois, e.
indoeuropeista [indoeurope'ista] m. e f. linguiste qui étudie les langues indo-européennes.
indoeuropeistica [indoeurope'istika] f. partie de la linguistique relative aux langues indo-européennes.
indoeuropeo [indoeuro'pɛo] agg. e n. indo-européen, enne.
indolcire [indol'tʃire] v. tr. adoucir. ◆ v. intr. e rifl. s'adoucir.
indole ['indole] f. naturel m., nature, fond m., caractère m., tempérament m., complexion (antiq.), génie m. (antiq.). | *è d'indole generosa*, il est d'un naturel généreux, d'une nature généreuse. | *essere d'indole buona*, avoir un bon fond. | *indole pacifica*, tempérament, caractère pacifique. || PER EST. [carattere sintomatico, qualità propria di qlco.] caractère m., nature.
indolente [indo'lɛnte] agg. indolent. || MED. indolore, indolent.
indolenza [indo'lɛntsa] f. indolence. || MED. [mancanza di dolore] insensibilité, indolence.
indolenzimento [indolentsi'mento] m. courbature f., endolorissement. || [con torpore] engourdissement.
indolenzire [indolen'tsire] v. tr. endolorir, courbaturer. || [con torpore] engourdir. ◆ v. intr. e rifl. s'endolorir ; s'engourdir.
indolenzito [indolen'tsito] agg. endolori, courbaturé, courbatu (lett.). || [intorpidito] engourdi.
indolore [indo'lore] agg. indolore. || MED. *parto indolore*, accouchement sans douleur.
indomabile [indo'mabile] agg. PR. e FIG. indomptable.
indomani [indo'mani] avv. LOC. *l'indomani*, le lendemain. | *rimandare all'indomani*, remettre au lendemain. || LOC. PREP. *all'indomani di*, au lendemain de.
indomato [indo'mato] agg. (lett.) indompté (L.C.).
indomito [in'dɔmito] agg. indomptable, indompté.
indonesiano [indone'zjano] agg. e n. indonésien, enne.
indoramento [indora'mento] m. dorage.
indorare [indo'rare] v. tr. PR. e FIG. dorer. || CULIN. dorer (à l'œuf). || FIG. FAM. *indorare la pillola*, dorer la pilule. ◆ v. rifl. se dorer.
indoratore [indora'tore] m. doreur.
indoratura [indora'tura] f. dorure, dorage m.
indossare [indos'sare] v. tr. [mettersi indosso] mettre, se mettre, enfiler, passer, endosser. || [avere indosso] porter.
indossatore [indossa'tore] m. [uomo] mannequin.
indossatrice [indossa'tritʃe] f. [donna] mannequin m.
indosso [in'dɔsso] avv. sur soi, sur le dos. | *avere denaro indosso*, avoir de l'argent sur soi. | *aveva indosso un vestito rosso*, elle portait une robe rouge. | *mettiti qlco. indosso*, mets-toi qch. sur le dos.
indostano [indos'tano] agg. e m. hindoustani.
1. indotto [in'dɔtto] agg. (lett.) illettré (L.C.). || (antiq.) ignorant (L.C.).
2. indotto [in'dotto] agg. [persuaso, istigato] induit (antiq.), poussé. || ELETTR. induit. ◆ m. ELETTR. induit.
indottrinare [indottri'nare] v. tr. (raro) endoctriner (L.C.).
indovina [indo'vina] f. devineresse, diseuse de bonne aventure.
indovinabile [indovi'nabile] agg. devinable.
indovinare [indovi'nare] v. tr. deviner. | *tirare a indovinare*, répondre au petit bonheur. || LOC. *chi l'indovina è bravo ! ; indovinala grillo !*, bien malin qui trouvera !, je vous le donne en mille !, devine qui pourra ! || [azzeccare] réussir. | *indovinarla*, être bien inspiré, avoir la main heureuse. | *non ne indovina una*, rien ne lui réussit, il ne tombe jamais juste.
indovinato [indovi'nato] agg. réussi. | *una scelta indovinata*, un choix heureux, un bon choix.
indovinello [indovi'nɛllo] m. devinette f. | *proporre un indovinello*, poser une devinette. || PER EST. énigme f.
indovino [indo'vino] agg. (lett.) divinateur, trice. ◆ m. devin. | *non sono mica un indovino*, je ne suis pas devin ! | *non c'è bisogno di essere indovino per accorgersene*, ce n'est pas bien sorcier de s'en apercevoir.
indù [in'du] agg. e n. hindou, e.
indubbiamente [indubbja'mente] avv. indubitablement, sans aucun doute, certainement.
indubbio [in'dubbjo] agg. indubitable, certain, hors de doute. | *uomo di indubbio valore*, homme d'une valeur certaine.
indubitabile [indubi'tabile] agg. indubitable.
indubitabilmente [indubitabil'mente] avv. indubitablement, sans aucun doute.
indubitato [indubi'tato] agg. certain.
inducente [indu'tʃɛnte] agg. FIS. inducteur.
indugiare [indu'dʒare] v. tr. [ritardare] différer. || [evitare di iniziare] tarder, hésiter. || PROV. *chi ha fretta indugi*, hâte-toi lentement. ◆ v. rifl. s'attarder, s'éterniser. | *indugiarsi per strada*, s'attarder en cours de route.
indugio [in'dudʒo] m. délai, atermoiement. | *senza indugio*, sans délai, sans retard, sans différer ; incessamment. | *senza altri indugi*, sans plus tarder, sans plus attendre. | *rompere, troncare ogni indugio*, se décider ; passer à l'action.
induismo [indu'izmo] m. RELIG. hindouisme.
indulgente [indul'dʒɛnte] agg. indulgent. | *essere indulgente con, verso qlcu.*, être indulgent pour, envers qn, avoir de l'indulgence envers qn.
indulgentemente [induldʒente'mente] avv. avec indulgence.
indulgenza [indul'dʒɛntsa] f. indulgence. | *essere senza indulgenza verso se stesso*, être sans complaisance envers soi-même. || TEOL. indulgence.
indulgere [in'duldʒere] v. intr. [cedere] se prêter, s'abandonner, céder. | *indulgere ai capricci di un bambino*, céder aux caprices, passer tous les caprices d'un enfant.
indulto [in'dulto] m. GIUR. remise (f.) de peine. || RELIG. indult.
indumento [indu'mento] m. vêtement. | *indumento di lana*, lainage. | *indumenti personali*, effets personnels. | *indumenti intimi*, sous-vêtements.
indurare [indu'rare] v. tr. V. INDURIRE.
indurimento [induri'mento] m. durcissement, racornissement. | *indurimento della cute*, racornissement de la peau. || FIG. endurcissement. || MED. induration f.
indurire [indu'rire] v. tr. durcir, endurcir, racornir. | *la siccità ha indurito il terreno*, la sécheresse a durci le terrain. | *questo preparato indurisce le unghie*, ce produit durcit les ongles. | *il caldo indurisce il cuoio*, la chaleur racornit le cuir. || FIG. durcir, endurcir, rendre insensible. | *quest'acconciatura le indurisce il viso*, cette coiffure lui durcit le visage. | *la miseria indurisce i cuori*, la misère endurcit, durcit les cœurs. || MED. indurer. ◆ v. intr. e rifl. durcir, se racornir. ||

Pr. e fig. se durcir, s'endurcir. | *il suo cuore si è indurito*, son cœur s'est endurci.
indurito [indu'rito] agg. durci. || Fig. endurci. || Med. induré. | *parte indurita*, induration f.
indurre [in'durre] v. tr. induire. | *indurre in errore*, induire en erreur. || [spingere] induire, pousser, amener, engager, inviter. | *indurre al delitto*, pousser au crime. | *indurre qlcu. con promesse, con minacce*, amener qn (à faire qch.) par des promesses, des menaces. | *tutto m'induce a credere che*, tout me porte à croire que. || [persuadere] persuader (de). | *indurre qlcu. a fare qlco.*, déterminer qn à faire qch. || (raro) susciter. | *indurre sconforto*, décourager. || Filos. induire, inférer. || Fis. induire (raro). ◆ v. rifl. se décider, se résoudre, se déterminer.
industre [in'dustre] agg. (lett.) industrieux (l.c.).
industria [in'dustrja] f. industrie. | *industria pesante*, industrie lourde. | *industria mineraria*, industrie minière. | *industria edilizia*, industrie du bâtiment. | *industria editoriale*, industrie du livre. | *industria bellica*, industrie de guerre. | *industria alberghiera*, hôtellerie. | *industria calzaturiera*, (industrie de la) chaussure. || [fabbrica] industrie, fabrique. | *un'industria di scarpe*, une fabrique de chaussures. || [operosità] industrie. | *l'industria del castoro*, l'industrie, le génie industrieux du castor. || Peggior. *campare d'industria*, vivre d'industrie. | *cavaliere d'industria*, chevalier d'industrie.
industriale [indus'trjale] agg. e n. industriel, elle. | *complesso industriale*, combinat m. | *corrente industriale*, courant industriel; force f.
industrializzare [industrjalid'dzare] v. tr. industrialiser.
industrializzazione [industrjaliddzat'tsjone] f. industrialisation.
industriarsi [indus'trjarsi] v. rifl. s'arranger pour, s'ingénier à, s'évertuer à, s'employer à. | *industriarsi in mille modi*, faire tout son possible, faire de son mieux.
industrioso [indus'trjoso] agg. industrieux.
induttanza [indut'tantsa] f. Elettr. inductance.
induttivo [indut'tivo] agg. Elettr., Filos. inductif.
induttore [indut'tore] agg. e m. Elettr. inducteur.
induzione [indut'tsjone] f. Biol., Elettr., Filos., Fis. induction.
inebetire [inebe'tire] v. tr. hébéter, abrutir. ◆ v. rifl. devenir hébété.
inebetito [inebe'tito] agg. hébété.
inebriamento [inebrja'mento] m. enivrement.
inebriante [inebri'ante] agg. enivrant.
inebriare [inebri'are] v. tr. Pr. e fig. griser, enivrer. ◆ v. rifl. Pr. e fig. se griser, s'enivrer.
ineccepibile [inettʃe'pibile] agg. irréprochable, inattaquable.
ineccepibilità [inettʃepibili'ta] f. irréprochabilité.
inedia [i'nɛdja] f. inanition. || Fig. (fam.) ennui m.
inedificabile [inedifi'kabile] agg. inconstructible.
inedito [i'nɛdito] agg. e m. inédit.
ineducato [inedu'kato] agg. impoli, mal élevé.
ineffabile [inef'fabile] agg. ineffable, indicible.
ineffettuabile [ineffettu'abile] agg. infaisable, irréalisable, inexécutable.
inefficace [ineffi'katʃe] agg. inefficace, inopérant, impuissant. | *rimedio inefficace*, remède inopérant, impuissant.
inefficacia [ineffi'katʃa] f. inefficacité, inutilité.
inefficiente [ineffi'tʃɛnte] agg. [di persona] incapable, incompétent. | *personale inefficiente*, personnel incompétent. || [di macchina, cosa] qui ne fonctionne pas, qui fonctionne mal.
inefficienza [ineffi'tʃɛntsa] f. manque (m.) d'efficience, inefficacité, manque de rendement. || [di persona] incapacité, incompétence.
ineguagliabile [inegwaʎ'ʎabile] agg. inégalable, incomparable, non pareil.
ineguaglianza [inegwaʎ'ʎantsa] f. inégalité.
ineguale [ine'gwale] agg. inégal, capricant (lett.), saccadé. || Med. *polso ineguale*, pouls inégal, capricant.
inegualità [inegwali'ta] f. inégalité.
inelegante [inele'gante] agg. inélégant.
ineleganza [inele'gantsa] f. inélégance.
ineleggibile [ineled'dʒibile] agg. inéligible.
ineleggibilità [ineleddʒibili'ta] f. inéligibilité.
ineluttabile [inelut'tabile] agg. (lett.) inéluctable (l.c.).
ineluttabilità [ineluttabili'ta] f. (lett.) inéluctabilité (l.c.).
inemendabile [inemen'dabile] agg. incorrigible.
inenarrabile [inenar'rabile] agg. inénarrable.
inequivocabile [inekwivo'kabile] agg. non équivoque, sans équivoque, sans aucune ambiguïté.
inequivocabilmente [inekwivokabil'mente] avv. sans équivoque, sans possibilité d'erreur.
inerente [ine'rɛnte] agg. inhérent.
inerenza [ine'rɛntsa] f. inhérence.
inerme [i'nɛrme] agg. sans défense, sans protection, sans armes, désarmé. || Bot., Zool. inerme.
inerpicarsi [inerpi'karsi] v. rifl. gravir (v. tr.), escalader (v. tr.), grimper (v. intr.), se hisser. | *inerpicarsi su per la collina*, gravir la colline, grimper au sommet de la colline.
inerte [i'nɛrte] agg. inerte. || Fig. [inattivo] inerte, inactif, passif. || Chim. inerte.
inerzia [i'nɛrtsja] f. inertie. || Fis. inertie. || Fig. [mancanza d'attività] inertie. | *per forza d'inerzia*, par inertie.
inerziale [iner'tsjale] agg. Fis. d'inertie.
inesattezza [inezat'tettsa] f. inexactitude. || [errore] incorrection.
1. inesatto [ine'zatto] agg. inexact. || [scorretto] incorrect.
2. inesatto [ine'zatto] agg. Econ. [non riscosso] non perçu.
inesaudibile [inezau'dibile] agg. qui ne peut être exaucé.
inesaudito [inezau'dito] agg. inexaucé.
inesauribile [inezau'ribile] agg. Pr. e fig. inépuisable, intarissable.
inesausto [ine'zausto] agg. inépuisé.
inescusabile [inesku'zabile] agg. inexcusable, impardonnable, sans excuse.
ineseguibile [ineze'gwibile] agg. inexécutable. || Mus. injouable.
ineseguito [ineze'gwito] agg. inexécuté.
inesercitato [inezertʃi'tato] agg. (raro) inexercé.
inesigibile [inezi'dʒibile] agg. inexigible. || Comm., Fin. irrécouvrable.
inesistente [inezis'tɛnte] agg. inexistant.
inesistenza [inezis'tɛntsa] f. inexistence.
inesorabile [inezo'rabile] agg. inexorable, implacable, intraitable. | *fatalità inesorabile*, fatalité inexorable.
inesorabilità [inezorabili'ta] f. inexorabilité.
inesorato [inezo'rato] agg. (lett., raro) inexorable (l.c.).
inesperienza [inespe'rjɛntsa] f. inexpérience.
inespertamente [inesperta'mente] avv. sans expérience.
inesperto [ines'pɛrto] agg. inexpérimenté, sans expérience, novice. || [senza abilità] inexpert, maladroit, malhabile, inhabile (lett.).
inespiabile [inespi'abile] agg. inexpiable.
inesplicabile [inespli'kabile] agg. inexplicable.
inesplicabilità [inesplikabili'ta] f. impossibilité d'expliquer.
inesplicato [inespli'kato] agg. inexpliqué.
inesplorabile [inesplo'rabile] agg. inexplorable.
inesplorato [inesplo'rato] agg. inexploré.
inesploso [ines'plɔzo] agg. non explosé, non éclaté.
inespressivo [inespres'sivo] agg. inexpressif, sans expression, inanimé.
inespresso [ines'prɛsso] agg. inexprimé.
inesprimibile [inespri'mibile] agg. inexprimable, indicible, qu'on ne peut exprimer. || Loc. *in modo inesprimibile*, au-delà de toute expression.
inespugnabile [inespuɲ'ɲabile] agg. Pr. e fig. inexpugnable, imprenable, inattaquable.
inespugnato [inespuɲ'ɲato] agg. inconquis.
inestensibile [inesten'sibile] agg. inextensible.
inestimabile [inesti'mabile] agg. inestimable, inappréciable.
inestimabilmente [inestimabil'mente] avv. d'une manière inestimable.

inestinguibile [inestin'gwibile] agg. Pr. e fig. inextinguible.
inestinguibilmente [inestingwibil'mente] avv. d'une manière inextinguible.
inestinto [ines'tinto] agg. (lett.) non éteint, pas éteint (l.c.).
inestirpabile [inestir'pabile] agg. Pr. e fig. inextirpable, indéracinable.
inestricabile [inestri'kabile] agg. inextricable, indébrouillable. | *situazione inestricabile,* situation sans issue.
inettamente [inetta'mente] avv. d'une façon inepte ; lamentablement.
inettitudine [inetti'tudine] f. inaptitude, incapacité.
inetto [i'nɛtto] agg. inapte, incapable, impropre (à), nul. | *un tipo perfettamente inetto,* un type complètement nul, inexistant. || (lett.) [insulso] inepte (l.c.). ◆ n. incapable.
inevaso [ine'vazo] agg. [burocrazia] non expédié, (resté) sans réponse. | *pratiche inevase,* affaires à expédier. | *domanda inevasa,* demande restée sans réponse, sans suite.
inevitabile [inevi'tabile] agg. e m. inévitable, inéluctable (agg.). | *è inevitabile,* c'est forcé, c'est inévitable.
inevitabilità [inevitabili'ta] f. inéluctabilité.
in extremis [ineks'trɛmis] loc. avv. [lat.] in extremis.
inezia [i'nɛttsja] f. bagatelle, broutille, rien m., babiole (fam.), bricole (fam.). | *arrabbiarsi per un'inezia,* se fâcher pour un rien. | *è un'inezia,* c'est un détail. || [sciocchezza] ineptie.
infacondia [infa'kondja] f. (lett.) manque (m.) d'éloquence (l.c.).
infacondo [infa'kondo] agg. (lett.) qui manque d'éloquence, sans éloquence (l.c.).
infagottare [infagot'tare] v. tr. emmitoufler. || [vestire male] fagoter, accoutrer, affubler. || [di abiti che stanno male addosso] engoncer. ◆ v. rifl. s'emmitoufler. || Iron. [vestirsi male] se fagoter, s'affubler.
infagottato [infagot'tato] agg. engoncé, mal ficelé (fam.).
infallantemente [infallante'mente] avv. V. infallibilmente.
infallibile [infal'libile] agg. infaillible. || Loc. *avere un occhio infallibile,* avoir le compas dans l'œil.
infallibilità [infallibili'ta] f. infaillibilité.
infallibilmente [infallibil'mente] avv. infailliblement.
infalsificabile [infalsifi'kabile] agg. infalsifiable.
infamante [infa'mante] agg. infamant, ignominieux. | *dire cose infamanti di qlcu.,* dire des infamies de qn.
infamare [infa'mare] v. tr. déshonorer, flétrir ; diffamer.
infamatorio [infama'tɔrjo] agg. diffamatoire.
infame [in'fame] agg. Pr. infâme. || (scherz.) *un tempo infame,* un temps de chien. | *un lavoro infame,* un travail terrible, un sale travail. | *una fatica infame,* une fatigue énorme.
infamia [in'famja] f. [disonore] infamie, ignominie, flétrissure. | *macchiarsi d'infamia,* se couvrir d'infamie. || [scelleratezza] scélératesse (antiq. o lett.). | *commettere un'infamia,* commettre une infamie, une scélératesse. || (scherz. fam.) [cosa pessima] horreur. || Loc. *senza infamia e senza lode,* ni bien ni mal.
infamità [infami'ta] f. Pop. infamie (l.c.).
infanatichire [infanati'kire] v. intr. e rifl. devenir (un) fanatique. || [infatuarsi] s'enticher (de).
infangare [infan'gare] v. tr. crotter, éclabousser. | Fig. [avvilire o disonorare] souiller, salir, éclabousser.
infanta [in'fanta] f. Stor. infante.
infante [in'fante] n. Lett. (petit) enfant (l.c.). ◆ agg. (lett.) petit (l.c.). ◆ m. Stor. infant.
infanticida [infanti'tʃida] m. e f. infanticide.
infanticidio [infanti'tʃidjo] m. infanticide.
infantile [infan'tile] agg. enfantin. | *giochi infantili,* jeux enfantins. | *asilo infantile,* école maternelle, jardin d'enfants. || (peggior.) [puerile, immaturo] puéril, infantile. | *discorsi infantili,* propos puérils. | *comportamento infantile,* comportement infantile. || Med. infantile.
infantilismo [infanti'lizmo] m. Med. e Peggior. infantilisme.
infantilità [infantili'ta] f. (raro) enfantillage m.
infanzia [in'fantsja] f. Pr. e fig. enfance. || Loc. *sin dalla prima infanzia,* dès son, mon, ton plus jeune âge.
infarcimento [infartʃi'mento] m. bourrage, surabondance f. | *un libro con grande infarcimento di citazioni,* un livre bourré, truffé, farci de citations.
infarcire [infar'tʃire] v. tr. Culin. farcir. || Fig. farcir, bourrer, truffer, larder, entrelarder (fam.). | *infarcire la mente di nozioni inutili,* bourrer l'esprit de notions inutiles.
infarcito [infar'tʃito] agg. farci. || Fig. bourré, farci.
infarinare [infari'nare] v. tr. [di farina] fariner. || [di altre polveri] saupoudrer. ◆ v. rifl. s'enfariner.
infarinato [infari'nato] agg. enfariné.
infarinatura [infarina'tura] f. saupoudrage (m.) de farine. | *fare un'infarinatura,* saupoudrer, enfariner. || Fig. teinture, vernis m. | *avere un'infarinatura di scienze,* avoir quelques notions de sciences, un vernis de connaissances scientifiques.
infarto [in'farto] m. Med. infarctus (lat.). | *infarto miocardico,* infarctus du myocarde.
infastidire [infasti'dire] v. tr. ennuyer, incommoder, lasser, indisposer, agacer, embêter (fam.). | *questo rumore m'infastidisce,* ce bruit m'incommode, m'agace. | *infastidisce tutti con le sue chiacchiere,* il ennuie, il indispose tout le monde avec ses bavardages. ◆ v. rifl. s'ennuyer, s'embêter.
infaticabile [infati'kabile] agg. infatigable, inlassable, increvable (pop.).
infaticato [infati'kato] agg. (lett.) infatigable (l.c.).
infatti [in'fatti] cong. en effet. | *non l'ho trovato ; infatti era già uscito,* je ne l'ai pas trouvé ; en effet, (c'est qu') il était déjà sorti.
infatuare [infatu'are] v. tr. passionner, enthousiasmer, infatuer (arc.). ◆ v. rifl. se passionner, s'enticher, s'engouer. | *infatuarsi di sé,* s'infatuer de soi-même.
infatuato [infatu'ato] agg. entiché, engoué. | *essere infatuato di se stesso,* être infatué de soi-même.
infatuazione [infatuat'tsjone] f. engouement m., infatuation (lett.) | *prendersi un'infatuazione per,* s'enticher de.
infausto [in'fausto] agg. funeste, malencontreux. | *giorno infausto,* jour funeste. | *incontro infausto,* rencontre malencontreuse.
infecondità [infekondi'ta] f. Pr. e fig. infécondité, stérilité.
infecondo [infe'kondo] agg. Pr. e fig. infécond, stérile, infertile.
infedele [infe'dele] agg. infidèle. ◆ m. e f. Relig. infidèle.
infedeltà [infedel'ta] f. infidélité.
infelice [infe'litʃe] agg. Pr. e fig. malheureux. || Fig. *battuta infelice,* réflexion malheureuse, boutade maladroite. | *esito infelice,* résultat négatif, défavorable. ◆ n. malheureux, euse.
infelicemente [infelitʃe'mente] avv. malheureusement.
infelicità [infelitʃi'ta] f. [sventura] malheur m., infélicité (lett.). || [inopportunità] inopportunité.
infeltrimento [infeltri'mento] m. feutrage.
infeltrire [infel'trire] v. tr. e intr. feutrer. ◆ v. rifl. se feutrer.
infeltrito [infel'trito] agg. feutré.
inferenza [infe'rɛntsa] f. inférence.
inferi ['inferi] m. pl. divinités (f.) infernales. || [oltretombe] enfers.
inferiore [infe'rjore] agg. inférieur. | *numericamente inferiori,* inférieurs en nombre. | *non essere inferiore in nulla,* ne le céder en rien (litt.). | *la parte inferiore del viso, della pagina,* le bas du visage, de la page. | *la parte inferiore della schiena,* le bas du dos, la chute des reins. ◆ n. inférieur.
inferiorità [inferjori'ta] f. infériorité. | *sentirsi in condizione d'inferiorità,* se sentir en état d'infériorité.
inferire [infe'rire] v. tr. [cagionare, apportare] donner, infliger, causer, porter. | *la guerra ha inferto un duro colpo all'economia,* la guerre a porté un rude coup à l'économie. || [dedurre] inférer. | *da ciò inferii che,* j'en ai inféré que. || Log. induire. || Mar. enverguer.
inferitoio [inferi'tojo] m. Mar. raban.
inferitura [inferi'tura] f. Mar. envergure. | *matafioni d'inferitura,* rabans de ris.

infermare [infer'mare] v. tr. (lett., raro) rendre infirme. ‖ FIG. [indebolire] affaiblir. ◆ v. intr. e rifl. tomber malade.
infermeria [inferme'ria] f. infirmerie.
infermiccio [infer'mittʃo] agg. (raro) maladif (L.C.), souffreteux (L.C.), chétif (L.C.).
infermiere [infer'mjɛre] (**-a** f.) m. [d'ospedale] infirmier. | *capo infermiere*, infirmier en chef. | *suora infermiera*, sœur hospitalière. ‖ [di case private] garde-malade (m. e f.).
infermieristico [infermje'ristiko] (**-ci** pl.) agg. = relatif aux infirmiers.
infermità [infermi'ta] f. PR. e FIG. infirmité. | *infermità mentale*, maladie mentale.
infermo [in'fermo] agg. infirme. | *infermo alle gambe*, infirme des jambes. | *infermo di mente*, malade mental. ◆ n. malade.
infernale [infer'nale] agg. PR. e FIG. infernal. | *baccano infernale*, vacarme infernal. | *tenere un ritmo infernale*, aller un train d'enfer. | *macchina infernale*, machine infernale. ‖ CHIM. *pietra infernale*, pierre infernale.
inferno [in'fɛrno] m. PR. e FIG. enfer. | *andare all'inferno*, aller en enfer. ‖ FAM. *mandare qlcu. all'inferno*, envoyer qn au diable, à tous les diables. | *ma va' all'inferno !*, va-t'en au diable ! ‖ MIT. (raro) [oltretomba] enfers pl.
infero ['infero] agg. BOT. infère. ‖ (lett.) [infernale] infernal (L.C.). ◆ m. pl. V. INFERI.
inferocire [infero'tʃire] v. tr. rendre furieux, exaspérer. ◆ v. intr. s'acharner. ◆ v. rifl. devenir furieux, se mettre en colère.
inferocito [infero'tʃito] agg. furieux, enragé, fou de rage. | *un toro inferocito*, un taureau furieux. | *la folla inferocita*, la foule déchaînée.
inferriata [infer'rjata] f. [di finestre] grille, barreaux m. pl.
infertilire [inferti'lire] v. tr. (raro) fertiliser (L.C.).
infervoramento [infervora'mento] m. enthousiasme, emballement (fam.).
infervorare [infervo'rare] v. tr. enflammer, enthousiasmer, emballer (fam.), exciter. ◆ v. rifl. s'enflammer, s'échauffer, s'embraser, s'emballer (fam.). ‖ [entusiasmarsi] se passionner (pour).
infervorato [infervo'rato] agg. enflammé, passionné.
infestamento [infesta'mento] m. envahissement.
infestante [infes'tante] agg. [di piante] envahissant.
infestare [infes'tare] v. tr. PR. e FIG. infester. ‖ AGR. [di animali o vegetali] envahir.
infestazione [infestat'tsjone] f. infestation.
infesto [in'fɛsto] agg. (lett.) hostile, nuisible, mauvais, pernicieux. | *un clima infesto alla salute*, un climat mauvais, nuisible à la santé.
infetidire [infeti'dire] v. tr. empuantir. ◆ v. intr. s'empuantir.
infettamento [infetta'mento] m. infection f.
infettare [infet'tare] v. tr. MED. infecter, envenimer. ‖ PER EST. [inquinare] polluer, infecter. ‖ FIG. [corrompere] corrompre, infecter (lett.). ◆ v. rifl. MED. s'infecter, s'envenimer.
infettivo [infet'tivo] agg. MED. infectieux.
infetto [in'fɛtto] agg. infecté. ‖ [guasto] avarié. ‖ [inquinato] pollué. ‖ FIG. corrompu.
infeudamento [infeuda'mento] m. PR. e FIG. inféodation f.
infeudare [infeu'dare] v. tr. STOR. inféoder, donner en fief. ‖ FIG. [assoggettare] assujettir. ◆ v. rifl. PR. s'inféoder. ‖ FIG. [assoggettarsi] s'assujettir, s'asservir, s'inféoder.
infeudazione [infeudat'tsjone] f. V. INFEUDAMENTO.
infezione [infet'tsjone] f. PR. e FIG. infection.
infiacchimento [infjakki'mento] m. affaiblissement, alanguissement. ‖ FIG. aveulissement.
infiacchire [infjak'kire] v. tr. affaiblir, alanguir, affadir. ‖ FIG. aveulir. ◆ v. intr. s'affaiblir, s'alanguir. ‖ FIG. s'aveulir.
infialare [infja'lare], **infialettare** [infjalet'tare] v. tr. mettre en ampoules.
infiammabile [infjam'mabile] agg. PR. e FIG. inflammable.
infiammabilità [infjammabili'ta] f. inflammabilité.
infiammare [infjam'mare] v. tr. enflammer, embraser, allumer, incendier. ‖ FIG. [rendere di color rosso] enflammer, incendier. ‖ [accendere di un sentimento] enflammer, embraser, échauffer, incendier. ‖ CULIN. flamber. ‖ MED. enflammer. ◆ v. rifl. s'enflammer, s'embraser. ‖ FIG. [esteriormente] s'enflammer, s'incendier ; [interiormente] s'enflammer, s'embraser, s'échauffer. ‖ MED. s'enflammer.
infiammato [infjam'mato] agg. PR. e FIG. enflammé.
infiammatorio [infjamma'tɔrjo] agg. MED. inflammatoire.
infiammazione [infjammat'tsjone] f. MED. inflammation, irritation.
infiascare [infjas'kare] v. tr. mettre en fiasques.
infiascatura [infjaska'tura] f. mise en fiasques.
inficiare [infi'tʃare] v. tr. GIUR. invalider.
infido [in'fido] agg. [non fidato] faux, déloyal, sournois, traître. | *amico infido*, ami déloyal, faux ami, ami auquel on ne peut se fier. | *mare infido*, mer traîtresse. ‖ [sospetto] suspect, douteux, peu sûr. | *terreno infido*, terrain périlleux, dangereux. | *pace infida*, paix fourrée.
in fieri [in'fieri] loc. agg. [lat.] en chantier.
infierire [infje'rire] v. intr. [incrudelire] s'acharner contre, sur. ‖ [imperversare, di mali] sévir.
infievolire [infjevo'lire] v. intr. V. AFFIEVOLIRE.
infiggere [in'fiddʒere] v. tr. enfoncer, ficher. | *gli infisse la spada nel cuore*, il lui plongea l'épée dans le cœur. ◆ v. rifl. [insinuarsi, penetrare in profondità] s'enfoncer, se ficher. ‖ FIG. se graver.
infilare [infi'lare] v. tr. **1.** [passare il filo attraverso] enfiler. ‖ **2.** [trafiggere] embrocher. | *infilare uno con la spada*, passer qn au fil de l'épée. ‖ **3.** [mettere] mettre, introduire. | *infilare la chiave nella toppa*, introduire, mettre la clef dans la serrure. | *infilare le mani in tasca*, mettre les mains dans ses poches. ‖ **4.** [far passare] passer. | *infilare un anello al dito di qlcu.*, passer une bague au doigt de qn. ‖ **5.** [insinuare] glisser. | *infilare un biglietto sotto la porta*, glisser un billet sous la porte. ‖ **6.** PER EST. [un vestito] passer, enfiler (fam.). | *infilare le pantofole*, chausser ses pantoufles. | *infilar(si) le scarpe*, se chausser. ‖ **7.** [prendere, imbroccare] enfiler, prendre. | *infilare un sentiero*, enfiler, emprunter un chemin. | *infilare una strada*, s'engager dans une rue. ‖ **8.** FIG. [azzeccare giusto] trouver. | *non ne infila una !*, il n'en rate pas une ! ◆ v. rifl. PR. e FIG. se faufiler, se glisser. | *infilarsi tra la folla*, se faufiler dans la foule, se mêler à la foule. | *infilarsi sotto le coperte*, se glisser, s'enfoncer, s'enfouir, se fourrer sous les couvertures.
infilata [infi'lata] f. enfilade. ‖ LOC. *d'infilata*, en enfilade. ‖ MIL. *tiro d'infilata*, tir d'enfilade. ‖ FIG. *una infilata di ingiurie*, une bordée d'injures.
infilatura [infila'tura] f. enfilage m.
infiltramento [infiltra'mento] m. V. INFILTRAZIONE.
infiltrarsi [infil'trarsi] v. rifl. PR. e FIG. s'infiltrer.
infiltrazione [infiltrat'tsjone] f. PR. e FIG. infiltration. ‖ MED. infiltration.
infilzamento [infiltsa'mento] m. enfilage.
infilzare [infil'tsare] v. tr. [trafiggere] percer de part en part, enferrer. | *infilzare nello spiedo*, embrocher. | *lo infilzò con la spada*, il l'embrocha d'un coup d'épée. ‖ [infilare] enfiler. | *infilzare perle*, enfiler des perles. ‖ FIG. [snocciolare, dire di seguito] débiter, raconter. ◆ v. rifl. s'embrocher, s'enferrer, s'empaler.
infilzata [infil'tsata] f. série, file. | *un'infilzata di frottole*, une kyrielle de mensonges. ‖ CULIN. *un'infilzata di tordi allo spiedo*, une brochette de grives.
infimo ['infimo] agg. bas, inférieur. | *gli infimi strati della popolazione*, les couches les plus basses, les couches inférieures de la population. | *l'infima plebe*, le bas peuple. | *merce d'infima qualità*, marchandise de basse qualité, de la dernière qualité. | *albergo d'infimo ordine*, hôtel sordide.
infine [in'fine] avv. [finalmente, alla fine] enfin, finalement. ‖ [inconclusione, insomma] enfin, à la fin.
infingardaggine [infingar'daddʒine] f. fainéantise.
infingardo [infin'gardo] agg. e n. fainéant.
infingersi [in'findʒersi] v. rifl. (lett.) feindre (L.C.), faire semblant (de) (L.C.).
infingimento [infindʒi'mento] m. (lett.) feinte f. (L.C.), simulation f. (L.C.).

infinità [infini'ta] f. infinité. ‖ Fig. [grande quantità] infinité, quantité. | *un'infinità di cose*, un tas, une infinité de choses. | *un'infinità di gente*, une quantité de gens.
infinitamente [infinita'mente] avv. infiniment, à l'infini. | *le sono infinitamente grato di*, je vous sais un gré infini de.
infinitesimale [infinitezi'male] agg. infinitésimal.
infinitesimo [infini'tɛzimo] agg. infinitésimal, infime. ◆ m. Mat. partie (f.) infinitésimale.
infinitezza [infini'tettsa] f. (lett.) infinité (l.c.). ‖ Filos. infinitude.
infinitivo [infini'tivo] agg. Gramm. infinitif.
infinito [infi'nito] agg. infini. ◆ m. infini. ‖ Loc. *all'infinito*, à l'infini. ‖ Gramm. infinitif.
infino [in'fino] prep. e avv. (antiq., lett.). V. fino.
infinocchiare [infinok'kjare] v. tr. (fam.) rouler, pigeonner, mettre dedans, empiler, feinter, cravater (pop.), couillonner (pop.), duper (l.c.).
infinocchiatura [infinokkja'tura] f. tromperie.
infioccare [infjok'kare], **infiocchettare** [infjokket'tare] v. tr. enrubanner.
infiochire [infjo'kire] v. tr. V. affiochire.
infiorare [infjo'rare] v. tr. fleurir, joncher de fleurs. | *infiorare la tavola*, fleurir la table. ‖ Fig. orner, émailler, enluminer. | *infiorare un testo di citazioni*, émailler un texte de citations. | *un compito infiorato di errori*, un devoir truffé, bourré de fautes. ◆ v. rifl. (poet.) se couvrir de fleurs (l.c.), fleurir (l.c.).
infiorata [infjo'rata] f. jonchée (de fleurs), ornementation de fleurs.
infiorescenza [infjoreʃ'ʃɛntsa] f. Bot. inflorescence.
infiorettare [infjoret'tare] v. tr. fleurir. ‖ Fig. [abbellire] orner.
infirmare [infir'mare] v. tr. Giur. e Fig. infirmer.
infischiarsi [infis'kjarsi] v. rifl. (fam.) se ficher (de), se moquer (de) (l.c.). | *me ne infischio*, je m'en fiche, je m'en balance (pop.), je m'en bats l'œil (pop.), je m'en fous (pop.), je m'en moque comme de ma première chemise.
1. infisso [in'fisso] agg. enfoncé, fiché. ‖ Fig. gravé.
2. infisso [in'fisso] m. [di porta, finestra, ecc.] cadre, dormant. ‖ Gramm. infixe.
infittire [infit'tire] v. tr. épaissir. ◆ v. intr. e rifl. Pr. e fig. s'épaissir. | *il bosco si sta infittendo*, le bois s'épaissit.
inflazionare [inflattsjo'nare] v. tr. Econ. mener, porter à l'inflation.
inflazione [inflat'tsjone] f. Econ. inflation.
inflazionistico [inflattsjo'nistiko] agg. inflationniste.
inflessibile [infles'sibile] agg. inflexible. ‖ Fig. inflexible, intraitable.
inflessibilità [inflessibili'ta] f. Pr. e fig. inflexibilité.
inflessione [infles'sjone] f. (lett.) [flessione] inflexion (l.c.). ‖ [piegatura] flambage m. ‖ [modulazione della voce] inflexion. ‖ Fis. inflexion. ‖ Mat. *punto d'inflessione*, point d'inflexion.
inflettere [in'flɛttere] v. tr. moduler. | *inflettere la voce*, moduler la voix. ‖ (raro) [incurvare] courber, infléchir. ◆ v. rifl. s'infléchir.
infliggere [in'fliddʒere] v. tr. infliger.
inflizione [inflit'tsjone] f. imposition.
inflorescenza [infloreʃ'ʃɛntsa] f. V. infiorescenza.
influente [influ'ɛnte] agg. influent. | *uomo molto influente*, homme d'une grande influence. ◆ m. (antiq.). V. affluente.
influenza [influ'ɛntsa] f. influence, emprise. | *esercitare un'influenza su qlcu.*, exercer une influence sur qn. | *influenza esclusiva*, mainmise (peggior.). ‖ Med. grippe. | *mi son buscato l'influenza*, j'ai attrapé la grippe.
influenzabile [influen'tsabile] agg. influençable.
influenzale [influen'tsale] agg. Med. grippal, de grippe. | *epidemia influenzale*, épidémie de grippe.
influenzare [influen'tsare] v. tr. influencer. | *il suo carattere ha influenzato il mio*, son caractère a déteint sur le mien.
influenzato [influen'tsato] agg. Med. grippé. | *essere influenzato*, avoir la grippe.
influire [influ'ire] v. intr. influer (sur). | *non influirà sulle mie decisioni*, il n'influera pas sur mes décisions.
influsso [in'flusso] m. influx. ‖ [influenza] influence f. | *sotto l'influsso di*, sous l'empire de.
infocare [info'kare] v. tr. [arroventare] chauffer, rougir. ‖ Fig. embraser, enflammer. ◆ v. rifl. [incendiarsi] s'enflammer. ‖ Fig. [infervorarsi] s'embraser, s'échauffer.
infocato [info'kato] agg. [rovente] embrasé, rouge. | *sabbia infocata*, sable brûlant. | *cielo infocato*, ciel embrasé, ciel de feu. ‖ Fig. surchauffé, survolté. | *il clima infocato delle elezioni*, l'atmosphère surchauffée, orageuse des élections.
infognarsi [infoɲ'ɲarsi] v. rifl. (pop.) s'embourber (l.c.), se noyer (l.c.).
in-folio [in'fɔljo] m. invar. e agg. invar. [lat.] in-folio.
infoltire [infol'tire] v. intr. e rifl. devenir touffu, s'épaissir. ◆ v. tr. épaissir.
infondatamente [infondata'mente] avv. sans fondement.
infondatezza [infonda'tettsa] f. manque (m.) de fondement.
infondato [infon'dato] agg. sans fondement, immotivé, injustifié. | *una voce infondata*, un bruit sans fondement. | *è infondato*, ce n'est pas fondé.
infondere [in'fondere] v. tr. inspirer, infuser, insuffler, imprimer. | *infondere coraggio*, inspirer, infuser, insuffler, donner du courage ; encourager. ‖ (antiq.) verser.
inforcare [infor'kare] v. tr. ramasser avec une fourche, enfourcher. ‖ [mettersi a cavalcioni] enfourcher. | *inforcare una bicicletta*, enfourcher une bicyclette. ‖ Per est. *inforcare gli occhiali*, mettre, chausser (fam.) ses lunettes. ‖ Giochi [a scacchi] prendre en fourchette.
inforcata [infor'kata] f. fourchée.
inforcatura [inforka'tura] f. enfourchure.
informale [infor'male] agg. [non ufficiale] informel. ◆ agg. e m. Arti informel.
informare [infor'mare] v. tr. informer, instruire. | *ti informerò del mio arrivo*, je t'informerai de mon arrivée. ‖ [dare informazioni] renseigner. | *sono stato male informato*, on m'a mal renseigné. ‖ [conformare] conformer. ‖ [formare, modellare] former. ◆ v. rifl. s'informer, s'enquérir, s'instruire, s'inquiéter. | *informarsi sulla salute di qlcu.*, s'informer de la santé de qn. ‖ [chiedere informazioni] se renseigner, se documenter. | *informati prima di partire*, renseigne-toi avant de partir. ‖ [adeguarsi] s'adapter, se conformer. | *informarsi ai nuovi programmi*, se conformer aux nouveaux programmes.
informatica [infor'matika] f. (neol.) informatique.
informativo [informa'tivo] agg. d'information, informatif. | *a titolo informativo*, à titre de renseignement.
informato [infor'mato] agg. informé. | *è ben informato*, il est bien informé, bien documenté. | *eccovi informati*, vous voilà fixés, édifiés.
informatore [informa'tore] (**-trice** f.) agg. qui inspire, animateur, trice. ◆ m. informateur. | *informatore della stampa*, informateur de presse. | *informatore di polizia*, indicateur de police ; mouchard (fam., peggior.), indic (pop.).
informazione [informat'tsjone] f. information, renseignement m., indication. | *chiedere un' informazione* demander un renseignement. | *andare a prendere andare in cerca di informazioni*, aller aux renseignements. | *secondo le tue informazioni*, sur tes indications. | *ufficio informazioni*, bureau de renseignements. | *dare informazioni a qlcu. su una città* documenter qn sur une ville. ‖ Fin., Radio, T.V *bollettino d'informazioni*, bulletin d'informations. ‖ Giur. *in attesa di un supplemento di informazioni* jusqu'à plus ample informé.
informe [in'forme] agg. informe.
informicolirsi [informiko'lirsi] v. rifl. fourmiller. | *mi si è informicolita una mano*, j'ai des fourmis dans une main.
infornare [infor'nare] v. tr. Pr. e fig. enfourner.
infornata [infor'nata] f. Pr. e fig. fournée. ‖ (fam scherz.) *un'infornata di gente*, une fournée de gens.
infortire [infor'tire] v. intr. [di vino] tourner, s'aigrir
infortunarsi [infortu'narsi] v. rifl. avoir un accident | *infortunarsi sul lavoro*, avoir un accident du travail
infortunato [infortu'nato] agg. qui a eu un accident

accidenté. | *infortunato sul lavoro*, accidenté du travail. ◆ n. accidenté.
infortunio [infor'tunjo] m. accident. || [colpo di sfortuna] malheur, revers de fortune, infortune f. | *infortunio sul lavoro*, accident du travail.
infortunistica [infortu'nistika] f. GIUR. étude et prévention des accidents du travail.
infortunistico [infortu'nistiko] agg. qui concerne les accidents du travail. | *medicina infortunistica*, médecine du travail.
infoscare [infos'kare] v. tr. obscurcir, assombrir. ◆ v. rifl. s'obscurcir, s'assombrir. || FIG. s'assombrir.
infossamento [infossa'mento] m. enfoncement, creux, dépression f.
infossare [infos'sare] v. tr. AGR. ensiler. ◆ v. rifl. se creuser.
infossato [infos'sato] agg. enfoncé, creux, cave. | *occhi infossati*, yeux enfoncés, caves. | *guance infossate*, joues creuses.
infra ['infra] prep. (poet.). V. FRA.
infracidire [infratʃi'dire] v. tr. V. INFRADICIARE.
infradiciare [infradi'tʃare] v. tr. tremper. || FIG. corrompre. ◆ v. rifl. se tremper. || [marcire, di frutta] se pourrir, pourrir (v. intr.).
infralire [infra'lire] v. intr. (lett.) s'affaiblir (L.C.).
inframmettenza [inframmet'tentsa] f. ingérence, interférence, entremise, immixtion.
inframmettere [infram'mettere] v. tr. interposer, interférer. ◆ v. rifl. s'entremettre, s'ingérer, s'immiscer.
inframmezzare [inframmed'dzare] v. tr. V. INTRAMMEZZARE.
inframmischiare [inframmis'kjare] v. tr. V. FRAMMISCHIARE.
infrancesare [infrantʃe'zare], **infranciosare** [infrantʃo'zare] v. tr. (lett.). V. FRANCESIZZARE.
infrangere [in'frandʒere] v. tr. briser. || FIG. [trasgredire] enfreindre, violer. | *infrangere una promessa*, enfreindre une promesse. | *infrangere un segreto*, violer un secret. ◆ v. rifl. PR. e FIG. se briser.
infrangibile [infran'dʒibile] agg. incassable. || FIG. inviolable.
infrangimento [infrandʒi'mento] m. (raro) PR. e FIG. brisement.
infranto [in'franto] agg. PR. e FIG. brisé.
infrarosso [infra'rosso] agg. FIS. infrarouge.
infrascare [infras'kare] v. tr. BOT. ramer ; couvrir de feuillages. || FIG. [caricare di elementi superflui] charger d'ornements. ◆ v. rifl. [caccia] se rembucher.
infrascritto [infras'kritto] agg. ci-dessous mentionné ; nommé ci-après ; infra (lat.). | *alla presenza degli infrascritti testimoni*, à la présence des témoins suivants.
infrasettimanale [infrasettima'nale] agg. (qui tombe) pendant, au cours de la semaine. | *festa infrasettimanale*, jour férié (autre que le dimanche).
infrastruttura [infrastrut'tura] f. infrastructure.
infrasuono [infra'swɔno] m. FIS. infrason.
infrazione [infrat'tsjone] f. infraction, entorse (fam.), manquement m. | *infrazione della legge*, infraction à la loi. | *infrazione del regolamento*, entorse au règlement. || MED. [incrinatura] fêlure.
infreddare [infred'dare] v. tr. enrhumer. ◆ v. rifl. s'enrhumer, attraper un rhume.
infreddatura [infredda'tura] f. rhume m., coup (m.) de froid.
infreddolirsi [infreddo'lirsi] v. rifl. prendre froid.
infrenabile [infre'nabile] agg. irrépressible, impossible à réfréner.
infrequente [infre'kwɛnte] agg. rare.
infrequentemente [infrekwente'mente] avv. rarement.
infrollato [infrol'lato] agg. faisandé.
infrollimento [infrolli'mento] m. faisandage. || FIG. aveulissement, émoussement.
infrollire [infrol'lire] v. tr. faire faisander. ◆ v. intr. (se) faisander. || FIG. s'amollir, se ramollir.
infrondare [infron'dare] v. tr. couvrir de feuillage.
infronzolare [infrondzo'lare] v. tr. pomponner.
infruttifero [infrut'tifero] agg. infructueux. || COMM. improductif.
infruttuosità [infruttuosi'ta] f. improductivité, stérilité.
infruttuoso [infruttu'oso] agg. infructueux.
infula ['infula] f. STOR. infule. || RELIG. [abbigliamento] fanon m.
infumabile [infu'mabile] agg. infumable.
infundibolo [infun'dibolo] m. ARCHEOL. entonnoir. || ANAT. infundibulum.
infungibile [infun'dʒibile] agg. GIUR. non fongible.
infuocato [infwo'kato] agg. V. INFOCATO.
infuori (all') [allin'fwɔri] loc. avv. à l'extérieur. ◆ LOC. PREP. ***all'infuori di***, à l'exception de, sauf, excepté. | *c'erano tutti all'infuori di te*, ils y étaient tous sauf toi, toi excepté.
infuriare [infu'rjare] v. intr. faire rage, se déchaîner. | *il mare è infuriato*, la mer est démontée. || [incollerirsi] s'emporter, se mettre en colère. ◆ v. rifl. s'emporter, se mettre en colère, devenir furieux.
infuriato [infu'rjato] agg. furieux. | *mare infuriato*, mer en furie.
infusibile [infu'zibile] agg. infusible.
infusione [infu'zjone] f. infusion.
infuso [in'fuzo] agg. infus. (lett.). || LOC. SCHERZ. *ha la scienza infusa*, il a la science infuse. ◆ m. infusion f. | *fare un infuso di tè*, infuser du thé.
infusori [infu'zɔri] m. pl. ZOOL. infusoires.
infuturare [infutu'rare] v. tr. (lett.) prolonger dans l'avenir (L.C.).
ingabbiamento [ingabbja'mento] m. encagement.
ingabbiare [ingab'bjare] v. tr. encager. || (scherz.) mettre en cage. || FIG. encager, coincer, serrer. || EDIL. poser un châssis. || TECN. MIN. pousser les berlines dans la cage.
ingabbiatura [ingabbja'tura] f. EDIL. châssis m.
ingaggiare [ingad'dʒare] v. tr. engager. | *ingaggiare operai*, engager, embaucher des ouvriers. | *ingaggiare una guida*, louer un guide. || MIL. recruter, enrôler. || CIN., SPORT, TEATRO, engager. || [dare inizio a] engager, livrer. | *ingaggiare la battaglia*, engager le combat, livrer bataille. ◆ v. rifl. [di corda] s'enchevêtrer, s'embrouiller. || MIL. s'engager.
ingaggiatore [ingaddʒa'tore] m. recruteur.
ingaggio [in'gaddʒo] m. engagement, embauchage. || CIN., SPORT, TEATRO engagement. || MIL. enrôlement, recrutement.
ingagliardire [ingaʎʎar'dire] v. tr. [irrobustire] fortifier. ◆ v. intr. e rifl. se fortifier.
ingaglioffarsi [ingaʎʎof'farsi] v. rifl. s'encanailler.
ingangherare [ingange'rare] v. tr. fixer sur ses gonds.
ingannabile [ingan'nabile] agg. facile à tromper.
ingannare [ingan'nare] v. tr. tromper, leurrer, bluffer (fam.), blouser (fam.), abuser. | *ingannare qlcu.*, tromper qn, donner le change à qn. | *ingannare se stesso*, se faire illusion à soi-même. | *ingannare la fiducia*, endormir la confiance. | *è un vino che inganna*, c'est un vin traître. | *non ti lasciar ingannare*, ne te laisse pas bluffer, ne te laisse pas avoir. | *lasciarsi ingannare dalle apparenze*, se laisser éblouir par les apparences. | *l'apparenza inganna*, les apparences sont trompeuses. || [deludere] décevoir, tromper. || [rendere meno gravosa la situazione] tromper. | *ingannare la sete*, tromper la soif. | *chiacchierare per ingannare il tempo*, bavarder pour tuer le temps. ◆ v. rifl. se tromper, se leurrer, s'abuser, être dans l'erreur.
ingannatore [inganna'tore] agg. trompeur. ◆ m. trompeur, dupeur, endormeur (raro).
ingannevole [ingan'nevole] agg. trompeur.
inganno [in'ganno] m. tromperie f., duperie f. | *trarre in inganno*, induire en erreur. | *con l'inganno*, par la ruse, par fraude. | *cadere in inganno*, se tromper. | *l'inganno dei sensi*, l'illusion (f.) des sens.
ingarbugliamento [ingarbuʎʎa'mento]. m. embrouillement.
ingarbugliare [ingarbuʎ'ʎare] v. tr. embrouiller, brouiller, emberlificoter (fam.), emmêler, enchevêtrer. || FIG. embrouiller, brouiller, emberlificoter, emmêler. || [confondere] embrouiller, entortiller (fam.). ◆ v. rifl. PR. e FIG. s'embrouiller, s'enchevêtrer.
ingarbugliato [ingarbuʎ'ʎato] agg. PR. e FIG. enchevêtré, embrouillé.
ingarbuglione [ingarbuʎ'ʎone] m. brouillon.
ingegnarsi [indʒeɲ'ɲarsi] v. rifl. s'ingénier, s'évertuer, s'étudier, s'employer. | *ingegnarsi di piacere*,

s'employer à plaire. | *s'ingegna per sbarcare il lunario*, il s'ingénie, il fait ce qu'il peut pour joindre les deux bouts.

ingegnere [indʒeɲ'ɲɛre] m. ingénieur. | *ingegnere idraulico*, hydraulicien. | *ingegnere minerario*, ingénieur des mines. | *ingegnere del genio civile*, ingénieur des Ponts et Chaussées. | *ingegnere capo*, ingénieur en chef.

ingegneria [indʒeɲɲe'ria] f. ingénierie. | *l'ingegneria*, la profession d'ingénieur. | *facoltà di ingegneria*, = École polytechnique. | *studia ingegneria*, il fait des études d'ingénieur. | *laureato in ingegneria*, ingénieur diplômé.

ingegno [in'dʒeɲɲo] m. [facoltà di intuire, intelligenza] esprit, intelligence f., talent. | *ingegno acuto*, intelligence subtile. | *ingegno fecondo*, esprit fertile. | *uomo d'ingegno*, homme d'esprit. | *uomo dotato di grande ingegno*, homme doué d'une grande intelligence. | *opera d'ingegno*, œuvre de talent. | *dar prova d'ingegno*, faire preuve d'intelligence. || [disposizione naturale] talent. | *ingegno musicale*, talent musical. || [persona dotata di grande intelligenza] esprit, intelligence f. || (lett.) [espediente] artifice. | *lavorare d'ingegno*, exploiter son talent ; se tirer d'affaire, se débrouiller. || MECC. [parte della chiave] panneton.

ingegnosità [indʒeɲɲosi'ta] f. ingéniosité.

ingegnoso [indʒeɲ'ɲoso] agg. ingénieux. || [di stile artificioso] précieux.

ingelosire [indʒelo'sire] v. tr. rendre jaloux. ◆ v. intr. devenir jaloux.

ingemmare [indʒem'mare] v. tr. orner de pierres précieuses. || FIG. [adornare] émailler. ◆ v. rifl. s'émailler.

ingenerare [indʒene'rare] v. tr. engendrer. || FIG. provoquer, engendrer. ◆ v. rifl. [avere origine] se produire.

ingeneroso [indʒene'roso] agg. dépourvu de générosité, sans générosité.

ingenito [in'dʒɛnito] agg. inné.

ingente [in'dʒɛnte] agg. considérable, imposant, important, énorme.

ingentilimento [indʒentili'mento] m. affinement. || [nobilitazione] ennoblissement.

ingentilire [indʒenti'lire] v. tr. affiner, élever, civiliser. | *lettura che ingentilisce la mente*, lecture qui élève l'esprit. || [nobilitare] ennoblir. ◆ v. rifl. s'affiner.

ingenua [in'dʒɛnua] f. ingénue. || TEATRO *recitar la parte dell'ingenua*, jouer les ingénues.

ingenuamente [indʒenua'mente] avv. naïvement, ingénument, en toute innocence.

ingenuità [indʒenui'ta] f. naïveté, ingénuité, candeur, innocence. | *l'ha fatto per ingenuità*, il l'a fait par naïveté. || GIUR., STOR. [nell'antica Roma] ingénuité.

ingenuo [in'dʒɛnuo] agg. naïf, ingénu, candide. | *una domanda ingenua*, une question naïve. | *è ancora molto ingenuo*, il est encore très naïf, il est encore bien jeune. | *sorriso ingenuo*, sourire ingénu, candide. | *stile ingenuo*, style naïf. ◆ m. ingénu. | *fare l'ingenuo*, faire le naïf.

ingerenza [indʒe'rɛntsa] f. ingérence, interférence.

ingerimento [indʒeri'mento] m. ingestion f., absorption f. || [ingerenza] ingérence f.

ingerire [indʒe'rire] v. tr. ingérer, absorber. ◆ v. rifl. s'ingérer, s'immiscer, interférer.

ingessare [indʒes'sare] v. tr. plâtrer. || [murare con gesso] sceller avec du plâtre.

ingessatura [indʒessa'tura] f. MED. plâtre m. | *togliere l'ingessatura*, déplâtrer, ôter le plâtre.

ingestione [indʒes'tjone] f. ingestion, absorption.

inghiaiamento [ingjaja'mento] m. empierrement.

inghiaiare [ingja'jare] v. tr. empierrer, gravillonner, engraver.

inghiaiatura [ingjaja'tura] f. empierrement m., gravillonnage m.

inghiottimento [ingjotti'mento] m. engloutissement.

inghiottire [ingjot'tire] v. tr. avaler. | *inghiottire la saliva*, avaler sa salive. || [grossi bocconi, grosse quantità] engloutir, ingurgiter, enfourner (fam.), engouffrer (fam.). || [far sparire] engloutir. || [subire senza reagire] avaler (fam.). | *inghiottire le lacrime*, ravaler ses larmes. | *quanti bocconi amari ho dovuto inghiottire !*, que d'affronts ai-je dû supporter !

inghiottitoio [ingjotti'tojo] m. GEOL. gouffre, bétoire.

inghiottonire [ingjotto'nire] v. tr. rendre gourmand. ◆ v. intr. e rifl. devenir gourmand.

inghippo [in'gippo] m. (dial.) [imbroglio] entourloupette f. (fam.). || [intoppo] anicroche f. || FIG. [tresca amorosa] intrigue f.

inghirlandare [ingirlan'dare] v. tr. enguirlander, orner de guirlandes. ◆ v. rifl. se parer de guirlandes.

ingiallimento [indʒalli'mento] m. jaunissement.

ingiallire [indʒal'lire] v. tr. jaunir. ◆ v. intr. e rifl. jaunir, devenir jaune.

ingiallito [indʒal'lito] agg. jauni.

ingigantire [indʒigan'tire] v. tr. grandir, grossir. || [esagerare] grandir, exagérer. ◆ v. intr. e rifl. devenir gigantesque, grandir démesurément.

ingigliare [indʒiʎ'ʎare] v. tr. orner de lis.

inginocchiamento [indʒinokkja'mento] m. agenouillement, génuflexion f.

inginocchiarsi [indʒinok'kjarsi] v. rifl. s'agenouiller. || PER EST. [di animali] se mettre à genoux.

inginocchiata [indʒinok'kjata] f. fenêtre à l'italienne.

inginocchiato [indʒinok'kjato] agg. agenouillé, à genoux.

inginocchiatoio [indʒinokkja'tojo] m. agenouilloir, prie-Dieu.

ingioiellare [indʒojel'lare] v. tr. parer de bijoux. ◆ v. rifl. se couvrir de bijoux.

ingiù [in'dʒu] avv. V. GIÙ. ◆ LOC. AVV. ***all'ingiù***, vers le bas. | *con la testa all'ingiù*, la tête en bas.

ingiudicato [indʒudi'kato] agg. GIUR. non jugé.

ingiungere [in'dʒundʒere] v. tr. enjoindre, sommer, intimer, imposer. | *ingiungere a qlcu. di tacere*, imposer (le) silence à qn, sommer qn de se taire, enjoindre à qn de se taire. | *ingiungere di*, intimer (l'ordre) de.

ingiuntivo [indʒun'tivo] agg. injonctif, impératif. ◆ m. LING. injonctif.

ingiunzione [indʒun'tsjone] f. ordre m., commandement m. || GIUR. injonction, sommation, interpellation, intimation.

ingiuria [in'dʒurja] f. injure, insulte. | *coprire d'ingiurie*, couvrir, accabler d'injures. | *prorompere in ingiurie*, se répandre en injures, en invectives. || PER EST. [danno] *le ingiurie del tempo*, l'injure du temps, des ans.

ingiuriare [indʒu'rjare] v. tr. injurier, insulter. ◆ v. rifl. recipr. s'injurier, s'insulter.

ingiuriatore [indʒurja'tore] m. insulteur.

ingiurioso [indʒu'rjoso] agg. injurieux, insultant.

ingiustificabile [indʒustifi'kabile] agg. injustifiable.

ingiustificato [indʒustifi'kato] agg. injustifié, illégitime, immotivé.

ingiustizia [indʒus'tittsja] f. injustice.

ingiusto [in'dʒusto] agg. injuste, inéquitable. | *un'ingiusta spartizione*, un partage inéquitable. | *reclamo ingiusto*, réclamation indue.

inglese [in'glese] agg. anglais. | *giardino all'inglese*, jardin à l'anglaise. || LOC. *andarsene all'inglese*, filer à l'anglaise. || CULIN. *zuppa inglese*, zuppa inglese (it.). ◆ n. Anglais, aise. ◆ m. anglais.

inglesismo [ingle'sizmo] m. V. ANGLICISMO.

inglobare [inglo'bare] v. tr. (raro) englober (L.C.).

ingloriosamente [inglorjosa'mente] avv. d'une manière peu glorieuse.

inglorioso [inglo'rjoso] agg. peu glorieux, inglorieux. | *fare una fine ingloriosa*, mal finir. || SCHERZ. *chissà che fine ingloriosa ha fatto !*, savoir ce qu'il est devenu ! || [disonorevole] honteux.

ingluvie [in'gluvje] f. jabot m. || (antiq., lett.) gloutonnerie (L.C.).

ingobbio [in'gɔbbjo] m. ARTI engobe.

ingobbire [ingob'bire] v. intr. e rifl. se voûter.

ingobbito [ingob'bito] agg. voûté.

ingoiare [ingo'jare] v. tr. avaler. || [con avidità] engloutir, ingurgiter, engouffrer (fam.). || FIG. digérer. | *è dura da ingoiare !*, c'est dur à avaler, à digérer ! | *ingoiare bocconi amari*, avaler la pilule, le morceau. | *ingoiare un rospo*, avaler des couleuvres. | *ingoiare le lacrime*, ravaler ses larmes.

ingolfare [ingol'fare] v. tr. AUT. noyer (le carburateur, le moteur). ◆ v. rifl. se noyer.

ingolfarsi [ingol'farsi] v. rifl. [del mare] former un golfe. ‖ FIG. s'enfoncer, s'engouffrer, se plonger.
ingolla [in'golla] f. cueilloir m.
ingollare [ingol'lare] v. tr. engloutir. ‖ FIG. avaler, digérer.
ingolosire [ingolo'sire] v. tr. allécher, affriander (lett.), affrioler. ◆ v. rifl. devenir gourmand.
ingombramento [ingombra'mento] m. encombrement.
ingombrante [ingom'brante] agg. encombrant, embarrassant. ‖ FIG. encombrant.
ingombrare [ingom'brare] v. tr. encombrer, embarrasser, obstruer. ‖ FIG. encombrer. ◆ v. rifl. s'embarrasser.
ingombrato [ingom'brato] agg. embarrassé, encombré.
ingombro [in'gombro] agg. encombré, embarrassé. ◆ m. encombrement, embarras. | *l'ingombro delle strade*, l'encombrement des rues. | *essere d'ingombro*, être encombrant. ‖ PER EST. [dimensioni] encombrement.
ingommare [ingom'mare] v. tr. coller. ‖ TECN. [spalmare di gomma] gommer.
ingordamente [ingorda'mente] avv. goulûment.
ingordigia [ingor'didʒa] f. gloutonnerie, goinfrerie. ‖ FIG. [bramosia] avidité.
ingordo [in'gordo] agg. goulu, glouton. ‖ FIG. [bramoso] avide. ◆ m. goinfre, goulu.
ingorgamento [ingorga'mento] m. engorgement.
ingorgare [ingor'gare] v. tr. engorger. ‖ [di traffico] embouteiller. ◆ v. rifl. s'engorger, se boucher.
ingorgo [in'gorgo] m. TECN. engorgement. ‖ [stradale] embouteillage. | *ingorgo stradale*, bouchon (sur une route). ‖ MED. engorgement, engouement.
ingovernabile [ingover'nabile] agg. POLIT. ingouvernable.
ingozzamento [ingottsa'mento] m. gavage.
ingozzare [ingot'tsare] v. tr. gaver. ‖ [inghiottire] engloutir, avaler, engouffrer. ‖ FIG. [sopportare] digérer. ◆ v. rifl. se gaver, s'empiffrer (fam.).
ingracilire [ingratʃi'lire] v. tr. rendre grêle. ◆ v. intr. devenir grêle, gracile.
ingranaggio [ingra'naddʒo] m. TECN. engrenage. ‖ FIG. engrenage.
ingranamento [ingrana'mento] m. TECN. engrènement, engrenage.
ingranare [ingra'nare] v. tr. engrener, enclencher. ‖ AUTOM. *ingranare una marcia*, engager une vitesse. | *ingranare la seconda*, passer en seconde, enclencher la seconde. ◆ v. intr. s'engrener. ‖ FIG. FAM. mordre, s'accrocher. | *non riesco ad ingranare*, je n'arrive pas à démarrer, à m'y mettre. | *gli affari cominciano ad ingranare*, les affaires commencent à démarrer. ‖ AUTOM. passer. | *la seconda non ingrana*, la seconde ne passe pas.
ingrandimento [ingrandi'mento] m. agrandissement. ‖ FIS., OTT. grossissement. | *lente d'ingrandimento*, lentille grossissante, verre grossissant, loupe. ‖ FOT. agrandissement.
ingrandire [ingran'dire] v. tr. agrandir. ‖ [accrescere] accroître. ‖ FIS., OTT. grossir. ‖ FOT. agrandir. ‖ FIG. grossir, grandir. ◆ v. rifl. s'agrandir.
ingranditore [ingrandi'tore] m. FOT. agrandisseur.
ingrassaggio [ingras'saddʒo] m. AUTOM. graissage.
ingrassamento [ingrassa'mento] m. engraissement, engraissage, empâtement. | *ingrassamento del pollame*, engraissement des volailles. | *ingrassamento al pascolo*, embouche f. | *ingrassamento in stalla*, pouture f. ‖ [concimazione] fumage, fumaison f.
ingrassare [ingras'sare] v. tr. AGR. engraisser. | *ingrassare dei buoi*, mettre des bœufs à l'engrais. | *la pastasciutta ingrassa*, les pâtes font grossir. ‖ [lubrificare] graisser. ‖ [concimare] engraisser, fumer, mettre des engrais. ‖ [far sembrare più grosso] grossir. | *questo vestito t'ingrossa*, cette robe te grossit. ◆ v. intr. grossir, engraisser, s'empâter, prendre de l'embonpoint. | *sta bene, è anche ingrassato*, il va bien, il a même grossi. | *l'ingrassare*, épaississement. ◆ v. rifl. [di bestie] s'engraisser. ‖ [di persone] grossir, engraisser, s'épaissir. ‖ FIG. s'engraisser. | *ingrassarsi sulle miserie altrui*, vivre des misères d'autrui.
ingrassatore [ingrassa'tore] m. TECN. [operaio] graisseur. ‖ [apparecchio] graisseur.
ingrasso [in'grasso] m. AGR. engrais, engraissement, embouche f., empâtement. | *buoi da ingrasso*, bœufs d'engrais, à l'engrais. ‖ [concime] engrais.
ingraticciare [ingratit'tʃare] v. tr. clayonner.
ingraticciata [ingratit'tʃata] f. clayonnage m.
ingraticolare [ingratiko'lare] v. tr. [chiudere con una grata] griller.
ingratitudine [ingrati'tudine] f. ingratitude. | *ripagare qlcu. con l'ingratitudine*, payer qn d'ingratitude.
ingrato [in'grato] agg. e n. ingrat. ‖ [spiacevole] ingrat. | *lavoro ingrato*, travail ingrat. ‖ [infecondo] ingrat. | *terreno ingrato*, terrain ingrat. ‖ LOC. *età ingrata*, âge ingrat.
ingravidare [ingravi'dare] v. tr. rendre grosse, engrosser (pop.). ◆ v. intr. devenir grosse, tomber enceinte.
ingraziare [ingrat'tsjare] v. tr. gagner les bonnes grâces (de). | *ingraziarsi qlcu.*, gagner les bonnes grâces de qn.
ingrediente [ingre'djɛnte] m. ingrédient.
ingresso [in'grɛsso] m. [atto di entrare in modo solenne] entrée f. ‖ [apertura, passaggio] entrée. | *porta d'ingresso*, porte d'entrée. | *sbarrare l'ingresso*, barrer le passage. ‖ [locale d'attesa] entrée, vestibule, hall. ‖ [facoltà di entrare] entrée, accès. | *ingresso libero*, entrée libre. | *ingresso a pagamento*, entrée payante. | *biglietto d'ingresso*, billet d'entrée ; FERR. ticket de quai. | *vietato l'ingresso ai non addetti*, entrée interdite, défense d'entrer aux personnes étrangères aux travaux.
ingrommare [ingrom'mare] v. tr. entartrer. ‖ [di pipa] culotter. ◆ v. rifl. s'entartrer, s'incruster de tartre.
ingrossamento [ingrossa'mento] m. [atto] grossissement. ‖ [effetto] grossissement, renflement.
ingrossare [ingros'sare] v. tr. grossir. | *l'umidità ha ingrossato il legno*, l'humidité a fait gonfler le bois. ‖ MED. *fegato ingrossato*, congestion (f.) du foie. ◆ v. intr. grossir. | *è ingrossato molto*, il a beaucoup grossi, il s'est beaucoup épaissi. ◆ v. rifl. grossir.
ingrosso (all') [allin'grɔsso] loc. avv. en gros. | *commercio all'ingrosso*, commerce en gros, de gros. | *commerciare all'ingrosso e al minuto*, faire le gros et le détail. | *prezzi all'ingrosso*, prix de gros. ‖ [all'incirca] en gros.
ingrugnare [ingruɲ'ɲare] v. intr. (fam.) bouder.
ingrugnato [ingruɲ'ɲato] agg. (fam.) boudeur (L.C.), maussade (L.C.).
ingrullire [ingrul'lire] v. tr. abêtir. ◆ v. intr. s'abêtir.
inguadabile [ingwa'dabile] agg. non guéable.
inguaiare [ingwa'jare] v. tr. (fam.) mettre dans le pétrin, fourrer dans de vilains draps. ◆ v. rifl. (fam.) se mettre dans le pétrin, se fourrer dans de vilains, dans de jolis draps.
inguaiato [ingwa'jato] agg. REGION. [merid.] = qui a plein d'embêtements, qui est dans le pétrin.
inguainare [ingwai'nare] v. tr. engainer, gainer.
ingualcibile [ingwal'tʃibile] agg. infroissable.
ingualdrappare [ingwaldrap'pare] v. tr. caparaçonner.
inguantare [ingwan'tare] v. tr. ganter. ◆ v. rifl. se ganter.
inguaribile [ingwa'ribile] agg. inguérissable, incurable. ‖ PER EST. incorrigible.
inguinale [ingwi'nale] agg. ANAT. inguinal.
inguine ['ingwine] m. ANAT. aine f.
ingurgitare [ingurdʒi'tare] v. tr. ingurgiter.
inibire [ini'bire] v. tr. GIUR. interdire, inhiber (antiq.). ‖ FISIOL., PSICOL. inhiber.
inibito [ini'bito] agg. PSICOL. inhibé. ◆ n. PSICOL. inhibé, refoulé.
inibitorio [inibi'tɔrjo] agg. FISIOL., PSICOL. inhibitoire. ‖ [che vieta] prohibitif. ‖ [repressivo] répressif.
inibizione [inibit'tsjone] f. FISIOL., GIUR., PSICOL. inhibition. ‖ [divieto] défense, prohibition.
inidoneità [inidonei'ta] f. inaptitude.
inidoneo [ini'dɔneo] agg. inapte.
iniettare [injet'tare] v. tr. MED., TECN. injecter. ◆ v. rifl. s'injecter.
iniettato [injet'tato] agg. injecté.
iniettore [injet'tore] m. TECN. injecteur.
iniezione [injet'tsjone] f. MED., TECN. injection.

inimicare [inimi'kare] v. tr. désunir, brouiller. | *inimicarsi qlcu.*, s'aliéner qn, se mettre qn à dos. ◆ v. rifl. se brouiller.
inimicizia [inimi'tʃittsja] f. inimitié.
inimico [ini'miko] agg. (lett.) ennemi (L.C.).
inimitabile [inimi'tabile] agg. inimitable.
inimmaginabile [inimmadʒi'nabile] agg. inimaginable, impensable.
ininfiammabile [ininfjam'mabile] agg. ininflammable.
inintelligente [inintelli'dʒɛnte] agg. inintelligent.
inintelligibile [inintelli'dʒibile] agg. inintelligible.
ininteressante [ininteres'sante] agg. inintéressant.
ininterrottamente [ininterrotta'mente] avv. sans interruption, sans intervalle.
ininterrotto [ininter'rotto] agg. ininterrompu.
iniquità [inikwi'ta] f. iniquité, injustice.
iniquo [i'nikwo] agg. inique, inéquitable, injuste. | *processo iniquo*, procès inique. | *divisione iniqua*, partage inéquitable.
iniziale [init'tsjale] agg. initial. ◆ f. initiale.
inizialmente [inittsjal'mente] avv. initialement, au début.
iniziare [init'tsjare] v. tr. **1.** commencer. | *iniziare da*, commencer par. | *iniziare a fare qlco.*, commencer, se mettre à faire qch. | *iniziare una procedura*, engager, entamer une procédure. | *iniziare una nuova politica*, inaugurer une nouvelle politique. || **2.** [avviare, introdurre] initier (qn à). ◆ v. intr. e rifl. commencer, débuter.
iniziatico [init'tsjatiko] agg. initiatique. || PER EST. obscur, incompréhensible.
iniziativa [inittsja'tiva] f. initiative. | *fare qlco. di propria iniziativa*, faire qch. de sa propre initiative. | *per iniziativa di qlcu.*, sur, à l'initiative de qn. | *spirito d'iniziativa*, esprit d'initiative, d'entreprise. | *avere spirito d'iniziativa*, avoir de l'initiative.
iniziato [init'tsjato] m. initié.
iniziatore [inittsja'tore] (**-trice** f.) agg. e n. initiateur, trice, promoteur, trice ; précurseur m.
iniziazione [inittsjat'tsjone] f. initiation. | *fare la propria iniziazione*, s'initier.
inizio [i'nittsjo] m. début, commencement. | *all'inizio della via*, au début de la rue. | *prendere inizio*, commencer (v. intr.). | *avere inizio*, commencer (v. intr.). | *l'inizio dell'attacco*, le déclenchement de l'attaque. | *gli inizi sono sempre difficili*, les débuts sont toujours difficiles. | *all'inizio*, au début, tout d'abord. | *all'inizio di*, au début, au commencement, à l'entrée de. | *fin dall'inizio*, dès le début. | *proprio all'inizio*, tout au début.
in loco [in'lɔko] loc. avv. [lat.] sur place.
innaffiamento [innaffja'mento] m. arrosage.
innaffiare [innaf'fjare] v. tr. arroser.
innaffiatoio [innaffja'tojo] m. arrosoir.
innalzamento [innaltsa'mento] m. élévation f., érection f.
innalzare [innal'tsare] v. tr. PR. élever, hisser, dresser. | *innalzare una torre*, élever, dresser une tour. | *innalzare una perpendicolare*, élever une perpendiculaire. | *innalzare una bandiera*, hisser un drapeau. | *le piogge hanno innalzato il livello del fiume*, les pluies ont fait monter le niveau de la rivière. || FIG. élever, hisser. | *innalzare l'animo*, élever son esprit. | *innalzare al trono*, élever au trône. | *innalzare il proprio stile*, ennoblir son style. | *innalzare gli occhi al cielo*, lever les yeux au ciel. ◆ v. rifl. PR. e FIG. s'élever. || FIG. se dresser, se hausser.
innamoramento [innamora'mento] m. amour.
innamorare [innamo'rare] v. tr. séduire. || PER EST. [incantare] enchanter. ◆ v. rifl. s'éprendre, tomber amoureux, s'amouracher (peggior.), s'enticher, s'enflammer d'amour. || [entusiasmarsi] s'éprendre, s'enticher. ◆ v. rifl. recipr. tomber amoureux, s'éprendre l'un de l'autre.
innamorato [innamo'rato] agg. épris, amoureux. | *sguardi innamorati*, regards amoureux, pleins d'amour. || [pieno d'entusiasmo] passionné. ◆ n. amoureux, euse ; fiancé, ée ; bon, bonne ami(e) (fam.).
innanzi [in'nantsi] avv. en avant. | *farsi innanzi*, avancer, se présenter. || [prima] avant, auparavant. | *come è stato detto innanzi*, comme on l'a dit précédemment, auparavant. | *il giorno innanzi*, le jour d'avant ; la veille. || [in poi] *d'ora innanzi*, dorénavant, désormais. ◆ LOC. PREP. ***innanzi a***, devant. | *innanzi a me*, devant moi. | *mettere innanzi a qlco.*, faire état de qch. || [prima] avant. | *innanzi a tutto*, avant tout, tout d'abord. ◆ LOC. CONG. ***innanzi che***, avant que.
innario [in'narjo] m. LITURG. hymnaire.
innastare [innas'tare] v. tr. V. INASTARE.
innatismo [inna'tizmo] m. FILOS. innéisme.
innato [in'nato] agg. inné. | *una nobiltà innata*, une noblesse native.
innaturale [innatu'rale] agg. qui n'est pas naturel. | *un comportamento innaturale*, une attitude affectée.
innavigabile [innavi'gabile] agg. qui n'est pas navigable ; innavigable.
innegabile [inne'gabile] agg. indéniable, incontestable.
inneggiamento [inneddʒa'mento] m. (raro) exaltation f. (L.C.), glorification f. (L.C.).
inneggiare [inned'dʒare] v. intr. chanter des hymnes (à la louange de). || [celebrare] louer, célébrer, exalter (qch.), acclamer (qn). | *inneggiare alla pace*, célébrer la paix. | *inneggiare al vincitore*, acclamer le vainqueur, chanter les louanges du vainqueur.
innervare [inner'vare] v. tr. ANAT. innerver.
innervazione [innervat'tsjone] f. ANAT. innervation.
innervosire [innervo'sire] v. tr. énerver, rendre nerveux. ◆ v. rifl. s'énerver, devenir nerveux.
innervosito [innervo'sito] agg. énervé.
innescamento [inneska'mento] m. amorçage.
innescare [innes'kare] v. tr. amorcer.
innesco [in'nesko] m. amorce f.
innestamento [innesta'mento] m. embrayage.
innestare [innes'tare] v. tr. **1.** AGR. greffer, enter. | *innestare a scudo*, écussonner. || **2.** PER EST., CHIR. greffer. || **3.** MED. inoculer. || **4.** AUTOM. embrayer. | *innestare una marcia*, engager, passer une vitesse. || **5.** ELETTR. brancher. || **6.** MECC. claboter. ◆ v. rifl. se rattacher (à), s'embrancher, se greffer.
innestatoio [innesta'tojo] m. AGR. greffoir, entoir.
innestatura [innesta'tura] f. AGR. greffage m.
innesto [in'nɛsto] m. **1.** AGR. greffe f., ente f. | *innesto a spacco, a corona, a scudo, ad anello*, greffe en fente, en couronne, en écusson, en anneau. || **2.** CHIR. greffe f., implantation f. || **3.** MED. inoculation f. || **4.** AUTOM. embrayage. | *innesto della marcia*, introduction (f.) de la vitesse. || **5.** ELETTR. branchement. || **6.** MECC. *innesto a denti*, clabot, clabotage.
innevamento [inneva'mento] m. enneigement.
innevare [inne'vare] v. tr. enneiger. ◆ v. rifl. s'enneiger.
innevato [inne'vato] agg. enneigé.
inno ['inno] m. hymne. || RELIG. hymne f.
innocente [inno'tʃɛnte] agg. innocent. | *sorriso innocente*, sourire innocent, candide. ◆ n. innocent, e. | *la strage degli Innocenti*, le massacre des Innocents.
innocentemente [innotʃente'mente] avv. innocemment.
innocentina [innotʃen'tina] f. (iron.) sainte nitouche.
innocentista [innotʃen'tista] n. partisan de l'innocence (d'un accusé).
innocenza [inno'tʃɛntsa] f. innocence, candeur. || GIUR. innocence. | *proclamare l'innocenza di*, innocenter.
innocuità [innokwi'ta] f. innocuité, innocence (lett.).
innocuo [in'nɔkwo] agg. inoffensif. || [che non ha colpa] innocent.
innominabile [innomi'nabile] agg. innommable.
innominato [innomi'nato] agg. innominé ; innomé, innommé ; anonyme.
innovamento [innova'mento] m. innovation f.
innovare [inno'vare] v. tr. innover.
innovatore [innova'tore] agg. e n. novateur, trice ; innovateur, trice.
innovazione [innovat'tsjone] f. innovation. | *fare, introddure delle innovazioni*, innover (v. intr.).
innumerabile [innume'rabile] agg. innombrable.
innumerabilmente [innumerabil'mente] avv. sans nombre.
innumere [in'numere] agg. (lett.) innombrable (L.C.).
innumerevole [innume'revole] agg. innombrable.
inobliabile [inobli'abile] agg. (lett.) inoubliable (L.C.).

inoccupato [inokku'pato] agg. inoccupé.
inoccupazione [inokkupat'tsjone] f. inoccupation.
inoculabile [inoku'labile] agg. MED. inoculable.
inoculare [inoku'lare] v. tr. PR. e FIG. inoculer.
inoculazione [inokulat'tsjone] f. inoculation.
inodoro [ino'doro] agg. inodore.
inoffensivo [inoffen'sivo] agg. inoffensif.
inoliare [ino'ljare] v. tr. huiler.
inoltrare [inol'trare] v. tr. [burocrazia] transmettre, faire suivre. | *inoltrare una domanda*, adresser, présenter une demande. || [far pervenire a destinazione] envoyer, expédier, acheminer. ◆ v. rifl. [addentrarsi] avancer, s'avancer, progresser, s'engager, s'enfoncer. || [del tempo, farsi innanzi] avancer.
inoltrato [inol'trato] agg. avancé. || LOC. *a giorno inoltrato*, en plein jour. | *a notte inoltrata*, en pleine nuit, très avant dans la nuit, à une heure avancée de la nuit. | *fino a notte inoltrata*, jusqu'à la nuit noire.
inoltre [i'noltre] avv. en outre, en plus, de plus, qui plus est.
inoltro [i'noltro] m. [burocrazia] transmission f. || [il far pervenire a destinazione] acheminement, envoi, expédition f.
inondare [inon'dare] v. tr. PR. e FIG. inonder. || TECN. noyer.
inondato [inon'dato] agg. PR. e FIG. inondé. || TECN. noyé.
inondazione [inondat'tsjone] f. PR. e FIG. inondation.
inonesto [ino'nɛsto] agg. V. DISONESTO.
inonorato [inono'rato] agg. (lett.) sans honneur (L.C.).
inoperabile [inope'rabile] agg. CHIR. inopérable.
inoperante [inope'rante] agg. inopérant.
inoperosità [inoperosi'ta] f. inaction, inactivité, désœuvrement m., oisiveté, inertie.
inoperoso [inope'roso] agg. inactif, inoccupé, inerte, oisif. | *denaro inoperoso*, argent inemployé.
inopia [i'nɔpja] f. (lett.) indigence (L.C.), dénuement m. (L.C.).
inopinabile [inopi'nabile] agg. (lett.) impensable (L.C.), inconcevable (L.C.), inimaginable (L.C.). || [imprevedibile] imprévisible.
inopinatamente [inopinata'mente] avv. inopinément, à l'improviste.
inopinato [inopi'nato] agg. (lett.) inopiné (L.C.).
inopportunità [inopportuni'ta] f. inopportunité.
inopportuno [inoppor'tuno] agg. inopportun. || [fuori luogo] déplacé, hors de propos, maladroit, qui tombe mal. | *dire una parola inopportuna*, dire un mot maladroit, dire une maladresse. | *gesto inopportuno*, geste déplacé. | *è sempre inopportuno*, il tombe toujours mal à propos.
inoppugnabile [inoppuɲ'ɲabile] agg. inattaquable, incontestable, inopposable. | *prova inoppugnabile*, preuve inattaquable. || PR. e FIG. (antiq.) inexpugnable.
inoppugnabilità [inoppuɲɲabili'ta] f. incontestabilité, inopposabilité. || inexpugnabilité.
inorganicamente [inorganika'mente] avv. d'une manière désordonnée, sans méthode, sans organisation.
inorganicità [inorganitʃi'ta] f. PR. inorganisation. || FIG. désorganisation, désordre m.
inorganico [inor'ganiko] agg. inorganique. || désordonné. | *una mostra inorganica*, une exposition mal organisée.
inorgoglire [inorgoʎ'ʎire] v. tr. enorgueillir. ◆ v. intr. e rifl. s'enorgueillir.
inorpellare [inorpel'lare] v. tr. (antiq.) orner de clinquant. | *gioiello inorpellato*, bijou de clinquant.
inorridire [inorri'dire] v. tr. horrifier. ◆ v. intr. frémir d'horreur, être saisi d'horreur. | *far inorridire*, horrifier. | *inorridisco all'idea di...*, je frémis à l'idée de... ; l'idée de... m'épouvante.
inorridito [inorri'dito] agg. horrifié. | *essere inorridito*, être saisi d'horreur.
inosabile [ino'zabile] agg. (lett.) qu'on ne peut oser.
inospitale [inospi'tale] agg. inhospitalier.
inospite [i'nɔspite] agg. (lett.). V. INOSPITALE.
inossare [inos'sare] v. intr. (raro) s'ossifier (v. rifl.).
inosservabile [inosser'vabile] agg. inobservable.
inosservante [inosser'vante] agg. qui n'observe pas.
inosservanza [inosser'vantsa] f. inobservance, inobservation, non-observation.
inosservato [inosser'vato] agg. inaperçu. || GIUR. [non rispettato] inobservé.
inossidabile [inossi'dabile] agg. inoxydable.
inottusire [inottu'zire] v. tr. (raro) rendre obtus. ◆ v. intr. devenir obtus.
in pectore [in'pɛktore] loc. avv. [lat.] in petto.
inquadramento [inkwadra'mento] m. encadrement. || MIL. encadrement.
inquadrare [inkwa'drare] v. tr. encadrer. || FIG. situer. || MIL. encadrer. || PER EST. embrigader, enrégimenter. || FOT. cadrer.
inquadratura [inkwadra'tura] f. FOT. cadrage m. || [immagine fotografica] photo. || CIN. prise de vues, plan m.
inqualificabile [inkwalifi'kabile] agg. inqualifiable.
inquartato [inkwar'tato] agg. ARALD. écartelé.
inquartatura [inkwarta'tura] f. ARALD. écartelure.
inquietante [inkwje'tante] agg. inquiétant.
inquietare [inkwje'tare] v. tr. inquiéter. ◆ v. rifl. s'inquiéter. | *inquietarsi di qlco.*, s'émouvoir de qch. || [adirarsi] se fâcher. | *inquietarsi con qlcu.*, se fâcher contre qn.
inquietezza [inkwje'tettsa] f. (raro) inquiétude (lett.).
inquieto [in'kwjɛto] agg. [agitato, turbato] agité. | *gioventù inquieta*, jeunesse turbulente. || [tormentato] inquiet. || [preoccupato] inquiet. || [adirato] fâché.
inquietudine [inkwje'tudine] f. inquiétude. || [preoccupazione] souci m.
inquilino [inkwi'lino] (**-a** f.) m. locataire.
inquinamento [inkwina'mento] m. pollution f. | *inquinamento dell'aria*, pollution atmosphérique.
inquinare [inkwi'nare] v. tr. polluer. || FIG. [corrompere] corrompre. || [falsificare] altérer. | *inquinare delle prove*, altérer des preuves. ◆ v. rifl. se polluer. || FIG. se corrompre.
inquinato [inkwi'nato] agg. pollué. || FIG. corrompu.
inquirente [inkwi'rɛnte] agg. GIUR. enquêteur. | *giudice inquirente*, juge enquêteur. | *commissione inquirente*, commision d'enquête.
inquisire [inkwi'zire] v. tr. s'enquérir (sur), se renseigner (sur), enquêter (sur). ◆ v. intr. enquêter, se renseigner (sur).
inquisitivo [inkwizi'tivo] agg. inquisiteur, inquisitif.
inquisitore [inkwizi'tore] agg. GIUR. enquêteur. || FIG. [indagatore] inquisiteur. | *sguardo inquisitore*, regard inquisiteur. ◆ m. inquisiteur.
inquisitorio [inkwizi'tɔrjo] agg. inquisitorial. || GIUR. *procedura inquisitoria*, procédure inquisitoire.
inquisizione [inkwizit'tsjone] f. inquisition.
insabbiamento [insabbja'mento] m. ensablement. || FIG. enlisement, enterrement. | *insabbiamento di una pratica*, l'enterrement d'un dossier.
insabbiare [insab'bjare] v. tr. ensabler. || FIG. enterrer. | *insabbiare un progetto*, enterrer un projet. ◆ v. rifl. s'ensabler, s'enliser. || FIG. être enterré. | *la pratica si è insabbiata*, le dossier a été enterré. || [di persona, ritirarsi] s'enterrer.
insaccamento [insakka'mento] m. ensachage. || [di carne] mise (f.) en saucisses.
insaccare [insak'kare] v. tr. ensacher. || CULIN. transformer en saucisses. || FIG. [stipare] entasser. || [infagottare] fagoter, engoncer. || (pop.) s'envoyer. ◆ v. rifl. [ammassarsi] s'entasser. || FIG. [del sole] disparaître (derrière les nuages).
insaccato [insak'kato] agg. ensaché. | *carne insaccata*, viande en saucisses. ◆ m. pl. saucisses f.
insaccatura [insakka'tura] f. ensachage m. || CULIN. transformation en saucisses.
insacchettare [insakket'tare] v. tr. empaqueter.
insalata [insa'lata] f. CULIN. salade. | *condire l'insalata*, assaisonner la salade. | *in insalata*, en salade. || FIG. [mescolanza] salade.
insalatiera [insala'tjɛra] f. saladier m.
insalatura [insala'tura] f. V. SALATURA.
insaldare [insal'dare] v. tr. (raro) amidonner (L.C.), empeser (L.C.).
insaldatura [insalda'tura] f. empesage m., amidonnage m.
insalivare [insali'vare] v. tr. mouiller de salive.
insalivazione [insalivat'tsjone] f. insalivation.
insalubre [insa'lubre] agg. insalubre.
insalubrità [insalubri'ta] f. insalubrité.

insalutato [insalu'tato] agg. (lett.) Pr. = non salué. ‖ Loc. *andarsene insalutato ospite*, filer à l'anglaise ; partir sans tambour ni trompette.
insanabile [insa'nabile] agg. Pr. e fig. incurable, inguérissable. ‖ Fig. [implacabile] implacable. ‖ [irrimediabile] irrémédiable, irréductible.
insanabilmente [insanabil'mente] avv. irrémédiablement.
insanamente [insana'mente] avv. follement.
insanguinare [insangwi'nare] v. tr. Pr. e fig. ensanglanter.
insanguinato [insangwi'nato] agg. ensanglanté, sanglant.
insania [in'sanja] f. folie, démence, insanité. ‖ Fig. *commettere un'insania*, commettre une folie.
insanire [insa'nire] v. intr. (lett.) perdre la raison, devenir fou.
insano [in'sano] agg. (lett.) [di persona] fou (l.c.). ‖ [di azioni] insensé, fou.
insaponamento [insapona'mento] m. V. insaponata.
insaponare [insapo'nare] v. tr. savonner. ‖ (raro) flatter (l.c.), aduler (l.c.).
insaponata [insapo'nata] o **insaponatura** [insapona'tura] f. savonnage m. | *darsi un'insaponata*, se savonner.
insaporire [insapo'rire] v. tr. donner de la saveur (à), donner du goût (à). | *insaporire una salsa*, relever une sauce. ◆ v. rifl. devenir savoureux, prendre du goût.
insaporo [insa'poro] agg. sans saveur, insipide.
insaputa (all') [allinsa'puta] à l'insu de. | *a mia insaputa*, à mon insu.
insaturabile [insatu'rabile] agg. Chim. insaturable.
insaziabile [insat'tsjabile] agg. insatiable, inassouvissable, inapaisable.
insaziabilità [insattsjabili'ta] f. insatiabilité.
insaziato [insat'tsjato] agg. insatiable, inassouvi, inapaisé.
inscatolamento [inskatola'mento] m. mise (f.) en boîte.
inscatolare [inskato'lare] v. tr. mettre en boîte.
inscatolatrice [inskatola'tritʃe] f. machine à mettre en boîte.
inscenamento [inʃʃena'mento] m. mise (f.) en scène.
inscenare [inʃʃe'nare] v. tr. mettre en scène. ‖ Fig. organiser.
inscindibile [inʃʃin'dibile] agg. inséparable.
inscrittibile [inskrit'tibile] agg. Geom. inscriptible.
inscritto [ins'kritto] agg. Geom. inscrit.
inscrivere [ins'krivere] v. tr. Geom. inscrire.
inscrizione [inskrit'tsjone] f. Geom. inscription.
inscrutabilità [inskrutabili'ta] f. impénétrabilité.
inscusabile [insku'zabile] agg. impardonnable.
insecchire [insek'kire] v. tr. sécher, dessécher. ◆ v. intr. sécher, se dessécher. ‖ [dimagrire] se dessécher (fam.).
insediamento [insedja'mento] m. installation f. | *insediamento in una funzione*, installation dans une fonction. | *insediamento di un vescovo*, intronisation f., installation d'un évêque. ‖ [stanziamento] établissement, habitat, implantation f. | *l'insediamento di popolazioni celtiche in Gallia*, l'implantation de populations celtiques en Gaule. | *insediamento rurale*, habitat rural.
insediare [inse'djare] v. tr. installer. ◆ v. rifl. s'installer. ‖ [stanziarsi] s'établir.
insegare [inse'gare] v. tr. suiffer.
insegna [in'seɲɲa] f. [emblema, contrassegno] insigne m. | *le insegne reali*, les insignes de la royauté. ‖ [stemma] armoiries pl. ‖ [motto] devise. ‖ Mil. étendard m., bannière, enseigne. ‖ Fig. *schierarsi sotto le insegne di un partito*, militer dans les rangs d'un parti. ‖ Mar. marque. ‖ Comm. enseigne. ‖ Fig. *all'insegna di*, sous le signe de.
insegnamento [inseɲɲa'mento] m. enseignement, instruction f. | *insegnamento di economia domestica*, enseignement ménager. | *insegnamento religioso*, instruction religieuse. | *darsi all'insegnamento*, se consacrer à l'enseignement. ‖ [consiglio] enseignement, leçon f., conseil.
insegnante [inseɲ'ɲante] agg. e n. enseignant, e. | *essere insegnante*, être dans l'enseignement. | *insegnante elementare*, instituteur. | *insegnante di lettere*, professeur de lettres.
insegnare [inseɲ'ɲare] v. tr. enseigner, apprendre. | *me l'ha insegnato lui*, c'est lui qui me l'a appris. | *chi ti ha insegnato a?*, qui t'a appris à ? ‖ [impartire lezioni] enseigner. | *sua madre insegna*, sa mère enseigne, est dans l'enseignement, est professeur. ‖ [indicare] montrer, enseigner, indiquer.
inseguimento [insegwi'mento] m. poursuite f. ‖ Sport poursuite. | *inseguimento a squadre*, poursuite par équipes.
inseguire [inse'gwire] v. tr. Pr. e fig. poursuivre. | *inseguire qlcu.*, poursuivre qn, courir après qn. ‖ [a caccia] courir. ‖ Fig. *inseguire gli onori*, courir les honneurs.
inseguitore [insegwi'tore] m. poursuivant, poursuiveur. ‖ Sport poursuiteur.
insellare [insel'lare] v. tr. seller.
insellatura [insella'tura] f. [di cavallo] ensellure. ‖ Geol. ensellement m. ‖ Mar. tonture.
inselvarsi [insel'varsi] v. rifl. (lett.) s'enfoncer dans une forêt (l.c.). ‖ se couvrir d'arbres (l.c.).
inselvatichire [inselvati'kire] v. tr. rendre sauvage. ◆ v. rifl. devenir sauvage.
inseminare [insemi'nare] v. tr. Biol. ensemencer, inséminer.
inseminato [insemi'nato] agg. (lett.) inculte (l.c.).
inseminazione [inseminat'tsjone] f. insémination.
insenatura [insena'tura] f. crique, anse, échancrure, calanque. ‖ [grande] baie.
insensatamente [insensata'mente] avv. de façon insensée.
insensatezza [insensa'tettsa] f. manque (m.) de bon sens. ‖ [discorso insensato] insanité, sottise, bêtise, absurdité.
insensato [insen'sato] agg. insensé, inepte. | *speranza insensata*, fol espoir. | *ragazzo insensato*, enfant écervelé, étourdi. ◆ n. insensé ; fou, folle.
insensibile [insen'sibile] agg. [inavvertibile] insensible, à peine perceptible, imperceptible. ‖ [che non avverte sensazioni o sentimenti] insensible, imperméable, inaccessible, impassible, imperturbable. | *insensibile alla fatica*, insensible à la fatigue. | *insensibile alla pietà*, inaccessible à la pitié. | *lasciare insensibile*, indifférer (v. tr.) | *essere insensibile a qlco.*, être fermé, insensible à qch., rester indifférent devant qch. ‖ Fig. *insensibile ai sentimenti altrui*, insensible aux sentiments d'autrui. | *insensibile all'arte*, imperméable à l'art.
insensibilità [insensibili'ta] f. insensibilité.
inseparabile [insepa'rabile] agg. inséparable.
inseparato [insepa'rato] agg. non séparé ; ensemble | *queste sedie si vendono inseparate*, ces chaises ne peuvent être vendues séparément.
insepolto [inse'polto] agg. sans sépulture.
insequestrabile [insekwes'trabile] agg. Giur. insaisissable.
inserimento [inseri'mento] m. insertion f. ‖ [introduzione di un oggetto] insertion, introduction f. | *l'inserimento della spina nella presa di corrente*, l'insertion l'introduction de la fiche dans la prise de courant. Elettr. *inserimento della corrente*, branchement. ‖ [di persona] inclusion f., intégration f. ‖ Tip. encartage.
inserire [inse'rire] v. tr. insérer, introduire, intégrer | *è stata inserita una nota nel testo originale*, on a ajouté une note au texte original. ‖ [tra due cose] intercaler. ‖ [incastrare] enchâsser. ‖ [di persona] intégrer, inclure. ‖ Elettr. *inserire la corrente*, brancher. ‖ Tip. encarter. ◆ v. rifl. s'insérer, s'intégrer. *è riuscito a inserirsi fra i candidati*, il a réussi à se glisser parmi les candidats. | *inserirsi in una conversazione*, se mêler à une conversation. ‖ [aggiungersi] se greffer.
inseritrice [inseri'tritʃe] f. [macchina] interclasseuse.
inserto [in'sɛrto] m. [di documenti] dossier. ‖ Tip. encart, supplément.
inservibile [inser'vibile] agg. inutilisable.
inserviente [inser'vjɛnte] m. homme de peine. [d'ospedale] garçon de salle. ‖ [di messa] servant (de messe).
inserzionare [insertsjo'nare] v. intr. Comm. mettre une annonce.

inserzione [inser'tsjone] f. **1.** insertion. ANAT. *l'inserzione dei muscoli su un osso*, l'insertion des muscles sur un os. || **2.** [annuncio pubblicitario] annonce. | *pubblicare un'inserzione su un giornale*, insérer, passer une annonce dans un journal.
inserzionista [insertsjo'nista] agg. e m. annonceur.
inserzionistico [insertsjo'nistiko] agg. par annonces, des annonces.
insettario [inset'tarjo] m. insectarium.
insetticida [insetti'tʃida] agg. e m. insecticide.
insettivoro [inset'tivoro] agg. e m. insectivore.
insetto [in'sɛtto] m. insecte. ◆ pl. [parassiti] bestioles f. (fam.).
insicurezza [insiku'rettsa] f. insécurité.
insicuro [insi'kuro] agg. manquant d'assurance. | *sentirsi insicuro*, se sentir peu sûr.
insidia [in'sidja] f. embûche, piège m., guet-apens m., chausse-trappe. | *tendere un'insidia*, tendre un piège, dresser une embûche. | *cadere nell'insidia*, tomber dans le piège, donner dans le panneau. || PER EST. [pericolo nascosto] piège.
insidiare [insi'djare] v. tr. e intr. dresser des embûches (à), tendre des pièges (à). | *insidiare una donna*, poursuivre une femme de ses assiduités.
insidioso [insi'djoso] agg. insidieux.
insieme [in'sjɛme] avv. **1.** ensemble. | *questo bambino è più rumoroso di tutti gli altri messi insieme*, cet enfant est plus bruyant que tous les autres réunis, tous les autres ensemble. | *comprare tutto insieme*, acheter tout ensemble, acheter tout en une fois, tout en bloc. || LOC. *stare insieme*, aller ensemble ; [di pezzi] tenir. | *questi colori non stanno bene insieme*, ces couleurs ne vont pas bien ensemble, ne s'accordent pas. | *questo mobile non sta più insieme*, ce meuble ne tient plus debout. || *mettere insieme* : [riunire] réunir. | *mettiamo insieme i nostri sforzi*, réunissons nos efforts. | *mettere insieme le proprie idee*, rassembler ses idées. | *mettere insieme un esercito*, rassembler une armée. | *mettere insieme una fortuna*, amasser une fortune. || [i pezzi di una macchina] monter. | *mettere insieme i pezzi di un orologio*, assembler les pièces d'une montre. || [formare] former. | *mettere insieme una frase*, former une phrase. | *mettere insieme due righe*, écrire un mot. | *mettere insieme uno spettacolo*, monter un spectacle. | *mettersi insieme*, s'associer. || *tornare insieme*, se réconcilier. || **2.** [contemporaneamente] ensemble, en même temps, à la fois. | *sono partiti insieme*, ils sont partis ensemble, en même temps. | *parlare tutti insieme*, parler tous en même temps, tous à la fois. | *desiderare e temere insieme qlco.*, désirer et craindre qch. (tout) à la fois, en même temps. ◆ loc. prep. **insieme a, insieme con**, avec. | *era insieme a suo fratello*, il était avec son frère. | *sono partito insieme a lui*, je suis parti avec lui, en même temps que lui. | *mettersi insieme a, con qlcu.*, s'associer à qn ; [andare a vivere con qlcu.] se mettre (en ménage) avec qn. ◆ m. ensemble. | *un insieme di fatti*, un ensemble de faits. | *nell'insieme*, dans l'ensemble. | *dall'insieme*, de tout cela. | *a giudicare dall'insieme*, en jugeant l'ensemble. | *visione d'insieme*, vue d'ensemble. | *un insieme sportivo*, un ensemble sport. || MAT., MUS. ensemble.
insigne [in'siɲɲe] agg. éminent, illustre, célèbre. | *il mio insigne collega*, mon éminent collègue. | *ha reso insigni servigi*, il a rendu d'éminents services. || (iron.) *un insigne mascalzone*, un fieffé coquin. || [di monumenti, onori, favori] insigne.
insignificante [insiɲɲifi'kante] agg. insignifiant.
insignire [insiɲ'ɲire] v. tr. décorer.
insilamento [insila'mento] m. AGR. ensilage.
insilare [insi'lare] v. tr. AGR. ensiler.
insincerità [insintʃeri'ta] f. manque (m.) de sincérité, insincérité (lett.).
insincero [insin'tʃero] agg. insincère (lett.). | *è stato insincero con me*, il n'a pas été sincère avec moi.
insindacabile [insinda'kabile] agg. sans appel. || [incontestabile] incontestable, inattaquable.
insindacabilità [insindakabili'ta] f. incontestabilité.
insino [in'sino] avv. e prep. V. FINO.
insinuante [insinu'ante] agg. insinuant. | *maniere insinuanti*, des manières enveloppantes.
insinuare [insinu'are] v. tr. PR. e FIG. insinuer. ◆ v. rifl. s'insinuer, se couler, se glisser, s'infiltrer. | *insinuarsi tra la folla*, s'insinuer, se faufiler dans la foule. || FIG. *insinuarsi nelle grazie di qlcu.*, s'insinuer dans les bonnes grâces de qn.
insinuatore [insinua'tore] m. qui fait des insinuations.
insinuazione [insinuat'tsjone] f. insinuation.
insipidezza [insipi'dettsa] o **insipidità** [insipidi'ta] f. PR. e FIG. insipidité, fadeur.
insipido [in'sipido] agg. insipide, fade. | *libro insipido*, livre fade. | *diventare insipido*, s'affadir.
insipiente [insi'pjɛnte] agg. (lett.) ignorant (L.C.), sot (L.C.).
insistente [insis'tɛnte] agg. insistant. | *non essere insistente*, n'insiste pas.
insistentemente [insistente'mente] avv. instamment, avec insistance, d'une manière insistante. || [incessantemente] sans arrêt, sans cesse.
insistenza [insis'tɛntsa] f. insistance.
insistere [in'sistere] v. intr. insister. | *insiste che non era lui*, il insiste pour dire que ce n'était pas lui. | *insiste nel dire*, il persiste à dire. || GEOM. *insistere su un arco*, intercepter un arc.
insito ['insito] agg. inhérent (à). || [innato] inné.
insociale [inso'tʃale] agg. insociable.
insocievole [inso'tʃevole] agg. insociable.
insocievolezza [insotʃevo'lettsa] f. insociabilité.
insoddisfatto [insoddis'fatto] agg. insatisfait, inapaisé, inassouvi. | *desiderio insoddisfatto*, désir inapaisé, inassouvi.
insoddisfazione [insoddisfat'tsjone] f. insatisfaction.
insofferente [insoffe'rɛnte] agg. intolérant. | *è insofferente di costrizioni*, il ne supporte pas les contraintes. | *insofferente del giogo*, impatient du joug.
insofferenza [insoffe'rɛntsa] f. intolérance, impatience.
insoffribile [insof'fribile] agg. (raro) insupportable (L.C.), intolérable (L.C.).
insolazione [insolat'tsjone] f. EDIL., GEOL., MED. insolation. || [colpo di sole] coup (m.) de soleil, insolation.
insolente [inso'lɛnte] agg. insolent, impertinent, arrogant. | *una risposta insolente*, une réponse cavalière.
insolentemente [insolente'mente] avv. insolemment, cavalièrement.
insolentire [insolen'tire] v. tr. dire des insolences (à) ; traiter avec insolence. | *insolentire qlcu.*, incendier (fam.) qn. ◆ v. intr. devenir insolent. || [comportarsi in modo insolente] se montrer insolent.
insolenza [inso'lɛntsa] f. insolence, impertinence, impudence. | *con insolenza*, cavalièrement.
insolitamente [insolita'mente] avv. d'une façon insolite, insolitement.
insolito [in'sɔlito] agg. insolite ; inaccoutumé, inhabituel.
insolubile [inso'lubile] agg. PR. e FIG. insoluble.
insolubilità [insolubili'ta] f. insolubilité.
insoluto [inso'luto] agg. non résolu. | *parecchi problemi sono rimasti insoluti*, plusieurs problèmes sont restés sans solution, n'ont pas encore été résolus. || CHIM. non dissous. || [non pagato] impayé, non payé.
insolvente [insol'vɛnte] agg. GIUR. insolvable.
insolvenza [insol'vɛntsa] f. GIUR. insolvabilité. | *certificato d'insolvenza*, certificat de carence.
insolvibile [insol'vibile] agg. insolvable. || (raro) [di debito] impossible à payer. || (lett.) insoluble (L.C.).
insolvibilità [insolvibili'ta] f. GIUR. insolvabilité.
insomma [in'somma] avv. enfin, bref, en somme, pour tout dire. | *insomma, che cosa vuoi dire ?*, au fait, qu'est-ce que tu veux dire ? | *insomma non si capisce bene se*, bref, on ne comprend pas bien si. || [per esprimere l'impazienza] enfin, à la fin. | *insomma si può sapere che ti ha preso ?*, enfin, peut-on savoir ce qui t'a pris ? ; qu'est-ce qui t'a pris à la fin ?
insommergibile [insommer'dʒibile] agg. MAR. insubmersible.
insondabile [inson'dabile] agg. insondable.
insonne [in'sɔnne] agg. sans sommeil. | *passare una notte insonne*, passer une nuit blanche, une nuit d'insomnie. || [di persona sveglia] éveillé. || FIG. [che non si concede tregua] infatigable.
insonnia [in'sɔnnja] f. insomnie.

insonnolito [insonno'lito] agg. ensommeillé.
insonorizzare [insonorid'dzare] v. tr. (neol.) insonoriser.
insonorizzazione [insonoriddzat'tsjone] f. (neol.) insonorisation.
insonoro [inso'nɔro] agg. (neol.) insonore.
insopportabile [insoppor'tabile] agg. insupportable, insoutenable, intolérable, intenable. ‖ [di persona] insupportable, imbuvable (fam.), intenable (fam.), invivable (fam.).
insopportabilità [insopportabili'ta] f. [di persona] caractère (m.) insupportable. ‖ [di cosa] impossibilité de supporter.
insopprimibile [insoppri'mibile] agg. qu'on ne peut (pas) supprimer. | *bisogno insopprimibile*, besoin irrépressible, irrésistible.
insorgente [insor'dʒɛnte] agg. naissant. | *febbre insorgente*, début de fièvre.
insorgenza [insor'dʒɛntsa] f. Med. apparition.
insorgere [in'sɔrdʒere] v. intr. [ribellarsi] s'insurger, se soulever. ‖ [manifestarsi] se déclarer, surgir, se présenter, naître. | *sono insorte delle nuove difficoltà*, de nouvelles difficultés se sont présentées, ont surgi. | *la febbre insorse durante la notte*, la fièvre s'est déclarée pendant la nuit. ‖ [sostant.] *l'insorgere di qlco.*, l'apparition (f.) de qch.
insormontabile [insormon'tabile] agg. insurmontable, infranchissable.
insorto [in'sorto] agg. e n. insurgé.
insospettabile [insospet'tabile] agg. insoupçonnable.
insospettato [insospet'tato] agg. insoupçonné.
insospettire [insospet'tire] v. tr. donner des soupçons (à), éveiller les soupçons (de), alerter, intriguer. ◆ v. rifl. concevoir, avoir des soupçons.
insospettito [insospet'tito] agg. alerté, mis en éveil.
insostenibile [insoste'nibile] agg. insoutenable, indéfendable. ‖ Mil. irrésistible, intenable, indéfendable.
insostituibile [insostitu'ibile] agg. irremplaçable.
insozzare [insot'tsare] v. tr. Pr. e fig. salir, souiller.
insperabile [inspe'rabile] agg. inespéré.
insperatamente [insperata'mente] avv. de façon inespérée, inespérément (lett.).
insperato [inspe'rato] agg. inespéré.
inspiegabile [inspje'gabile] agg. inexplicable.
inspirare [inspi'rare] v. tr. Fisiol. inspirer; (raro) insuffler (l.c.).
inspiratore [inspira'tore] agg. e m. Anat. inspirateur.
inspiratorio [inspira'tɔrjo] agg. inspiratoire.
inspirazione [inspirat'tsjone] f. inspiration.
instabile [in'stabile] agg. instable. ‖ Per est. instable, indécis. | *tempo instabile*, temps instable, variable, changeant. | *carattere instabile*, caractère instable, indécis, inconstant, capricieux. | *persona instabile*, personne instable, agitée; instable n. | *trovarsi in una situazione instabile*, être assis entre deux chaises (loc.). ‖ Chim., Fis. instable.
instabilità [instabili'ta] f. instabilité, incertitude, inconstance. | *instabilità ministeriale*, instabilité ministérielle. | *instabilità di carattere*, instabilité d'humeur.
installare [instal'lare] v. tr. installer. ◆ v. rifl. s'installer. | *non abbiamo ancora finito di installarci*, nous n'avons pas encore fini notre installation.
installatore [installa'tore] m. installateur.
installazione [installat'tsjone] f. installation.
instancabile [instan'kabile] agg. infatigable, inlassable, increvable (pop.).
instancabilmente [instankabil'mente] avv. infatigablement, inlassablement.
instante [in'stante] agg. instant.
instantemente [instante'mente] avv. (lett.) instamment (l.c.).
instare [in'stare] v. intr. [sovrastare] menacer (v. tr.). ‖ insister.
instaurare [instau'rare] v. tr. instaurer, introniser, établir. ◆ v. rifl. être instauré, s'instituer.
instauratore [instaura'tore] (**-trice** f.) m. instaurateur, trice.
instaurazione [instaurat'tsjone] f. instauration.
instillare [instil'lare] v. tr. Pr. e fig. instiller.
instillazione [instillat'tsjone] f. instillation.
insù [in'su] avv. en haut. ‖ Loc. *all'insù*, vers le haut. | *naso all'insù*, nez retroussé, en trompette. ‖ *per insù*, par en haut.
insubordinatezza [insubordina'tettsa] f. insubordination.
insubordinato [insubordi'nato] agg. insubordonné, insoumis.
insubordinazione [insubordinat'tsjone] f. insubordination.
insuccesso [insut'tʃɛsso] m. insuccès, échec. ‖ Sport contre-performance f.
insudiciare [insudi'tʃare] v. tr. Pr. e fig. souiller. ◆ v. rifl. se salir, s'encrasser. ‖ Fig. se salir.
insueto [insu'ɛto] agg. (lett.). V. inconsueto, insolito.
insufficiente [insuffi'tʃɛnte] agg. [quantità] insuffisant. | *è un po' insufficiente*, c'est (un peu) juste. ‖ Per est. [qualità] insuffisant. | *voto insufficiente*, note audessous de la moyenne. | *sono insufficiente in latino*, je n'ai pas la moyenne en latin.
insufficienza [insuffi'tʃɛntsa] f. insuffisance. | *insufficienza di mezzi*, insuffisance de moyens. ‖ Per est. [incapacità] insuffisance. | *riconoscere la propria insufficienza*, reconnaître son insuffisance, ses limites. ‖ [a scuola] note au-dessous de la moyenne. ‖ Giur. *insufficienza di prove*, manque (m.) de preuves. ‖ Med. insuffisance. | *insufficienza mitralica*, insuffisance mitrale.
insufflare [insuf'flare] v. tr. Pr. e fig. insuffler.
insufflazione [insufflat'tsjone] f. Med. insufflation.
insulare [insu'lare] agg. insulaire.
insularità [insulari'ta] f. insularité.
insulina [insu'lina] f. Med. insuline.
insulsaggine [insul'saddʒine] f. fadeur, ineptie, niaiserie.
insulso [in'sulso] agg. fade, insignifiant, niais. | *un ragazzo insulso*, un garçon falot, terne, insignifiant. | *una conversazione insulsa*, une conversation plate, fade, insipide. | *stile insulso*, style plat, fade. | *libro insulso*, livre niais.
insultante [insul'tante] agg. insultant.
insultare [insul'tare] v. tr. insulter, injurier. ‖ [qlco.] insulter (à). ◆ v. rifl. recipr. s'insulter.
insultatore [insulta'tore] (**-trice** f.) agg. e n. insulteur, euse.
insulto [in'sulto] m. insulte f., affront. | *fare un insulto a qlcu.*, insulter qn. ‖ Med. accès. | *insulto cardiaco*, crise (f.) cardiaque. | *insulto apoplettico*, attaque d'apoplexie.
insuperabile [insupe'rabile] agg. infranchissable. ‖ Fig. [insormontabile] infranchissable, insurmontable. ‖ [imbattibile] imbattable, inégalable, insurpassable, incomparable. | *un prodotto insuperabile*, un produit imbattable, extra.
insuperabilità [insuperabili'ta] f. impossibilité de franchir. ‖ Fig. invincibilité, caractère insurmontable, impossibilité de surmonter.
insuperato [insupe'rato] agg. inégalé, sans pareil.
insuperbire [insuper'bire] v. tr. remplir d'orgueil, enorgueillir. ◆ v. intr. e rifl. s'enorgueillir.
insurrezionale [insurrettsjo'nale] agg. insurrectionnel.
insurrezione [insurret'tsjone] f. insurrection.
insussistente [insussis'tɛnte] agg. inexistant. ‖ [infondato] sans fondement. | *è insussistente*, ce n'est pas fondé.
insussistenza [insussis'tɛntsa] f. inexistence. ‖ [infondatezza] manque (m.) de fondement.
intabarrare [intabar'rare] v. tr. emmitoufler. ◆ v. rifl. s'emmitoufler, s'envelopper.
intaccabile [intak'kabile] agg. qui peut être entamé. | *fama intaccabile*, réputation fragile.
intaccare [intak'kare] v. tr. **1.** entailler. | *intaccare qlco.*, faire une entaille à qch. ‖ [far tacche] encocher. | *intaccare la lama di un coltello*, ébrécher la lame d'un couteau. ‖ **2.** [corrodere] entamer, attaquer. ‖ Fig. [ledere] entamer. | *intaccare il patrimonio*, entamer, écorner son patrimoine. | *intaccare la reputazione di qlcu.*, entamer, ébranler, porter atteinte à la réputation de qn. ◆ v. intr. [tartagliare] bégayer.
intaccato [intak'kato] agg. ébréché, ébranlé, entamé.
intaccatura [intakka'tura] f. [intaglio] entaille. |

[tacca] encoche, cran m., coche (antiq.). || [di lama] ébréchure, brèche.
intacco [in'takko] m. [incisione] entaille f. || [tacca] encoche f., cran. || [di lama] brèche f., ébréchure f. || FIG. [danno] atteinte f., brèche f. | *intacco del patrimonio,* brèche du patrimoine. | *intacco della reputazione,* atteinte à la réputation.
intagliare [intaʎ'ʎare] v. tr. [scolpire] sculpter. || [incidere] graver. || [legno] chantourner, entailler. || [con la sgorbia] champlever. || [pietre preziose] tailler, intailler.
intagliatore [intaʎʎa'tore] m. [scultore] sculpteur. || [incisore] graveur. || [su legno] chantourneur.
intagliatura [intaʎʎa'tura] f. [scultura] sculpture. || [incisione] gravure. || [legno] chantournement m.
intaglio [in'taʎʎo] m. gravure f. || PER EST. [profilo, sagoma] découpe f.
intangibile [intan'dʒibile] agg. intangible.
intangibilità [intandʒibili'ta] f. intangibilité.
intanto [in'tanto] avv. **1.** pendant ce temps, en attendant, entre-temps. | *vai a comperare il pane, intanto io preparerò la cena,* va acheter le pain, pendant ce temps, en attendant, je préparerai le dîner. | *intanto il tempo passa,* en attendant, le temps passe. || **2.** [per ora] pour le moment, pour l'instant. | *intanto scrivi, poi ti spiegherò,* pour l'instant écris, ensuite je t'expliquerai; commence toujours par écrire, ensuite je t'expliquerai. | *per intanto,* pour l'instant, pour le moment, en attendant. || **3.** [opposizione] cependant, malgré cela. | *dice sempre di sì e intanto non lo fa mai,* il dit toujours oui et malgré cela, et cependant, il ne le fait jamais. || **4.** [mentre] tandis que, en attendant. | *io sgobbo, lui intanto si diverte,* moi je bosse (pop.), tandis que lui il s'amuse. | *le sue idee sono forse giuste, intanto avrebbe fatto meglio a star zitto,* ses idées sont peut-être justes, en attendant il aurait mieux fait de se taire. || **5.** [con valore conclusivo] en attendant ; Dieu merci ! | *intanto sarò obbligato a lavorare,* en attendant je vais être obligé de travailler. | *intanto anche questa è fatta,* Dieu merci, cela aussi c'est fait ! || **6.** FAM. d'abord. | *intanto non avresti dovuto farlo per primo, comunque...,* d'abord, tu n'aurais pas dû le faire le premier, mais de toute façon... ◆ LOC. CONG. ***intanto che,*** tandis que, pendant que.
intarsiare [intar'sjare] v. tr. marqueter. || FIG. orner.
intarsiato [intar'sjato] agg. marqueté.
intarsiatore [intarsja'tore] m. marqueteur.
intarsiatura [intarsja'tura] f. o **intarsio** [in'tarsjo] m. marqueterie f.
intasamento [intaza'mento] m. engorgement, obstruction f. || [del traffico] embouteillage.
intasare [inta'zare] v. tr. engorger, obstruer, boucher. || PER EST. [il traffico] embouteiller, obstruer, boucher. ◆ v. rifl. s'engorger, être bouché.
intasatura [intaza'tura] f. V. INTASAMENTO.
intascare [intas'kare] v. tr. empocher.
intatto [in'tatto] agg. intact.
intavolare [intavo'lare] v. tr. entamer, engager. | *intavolare trattative,* entamer des négociations, des pourparlers.
integerrimo [inte'dʒɛrrimo] agg. d'une parfaite intégrité.
integrabile [inte'grabile] agg. MAT. intégrable.
integrale [inte'grale] agg. intégral, complet, total. | *rinnovamento integrale,* renouvellement total. | *pane integrale,* pain complet. | *pubblicazione integrale,* publication intégrale. || MAT. intégral. ◆ m. MAT. intégrale f.
integralismo [integra'lizmo] m. intégrisme.
integralità [integrali'ta] f. intégralité.
integrante [inte'grante] agg. intégrant. | *essere parte integrante di qlco.,* faire, être partie intégrante de qch.
integrare [inte'grare] v. tr. compléter. | *integrare la teoria con la pratica,* compléter la théorie par la pratique. || MAT. intégrer. | *integrare una funzione,* intégrer une fonction. || ECON. POLIT. intégrer. ◆ v. rifl. recipr. se compléter. | *i due elementi si integrano a vicenda,* les deux éléments se complètent réciproquement.
integrativo [integra'tivo] agg. complémentaire. | *esame integrativo,* examen complémentaire.
integratore [integra'tore] agg. e m. MAT. *(apparecchio) integratore,* intégrateur.
integrazione [integrat'tsjone] f. intégration.
integrazionismo [integrattsjo'nizmo] m. intégrationnisme.
integrazionista [integrattsjo'nista] agg. e n. intégrationniste.
integrazionistico [integrattsjo'nistiko] agg. intégrationniste.
integrità [integri'ta] f. intégrité, intégralité. || FIG. [onestà] intégrité.
integro ['integro] agg. [completo] intégral, complet, entier. || [intatto] intact. | *conservare integre le proprie forze,* garder ses forces intactes. || FIG. [onesto] intègre.
intelaiare [intela'jare] v. tr. fixer sur le châssis, monter.
intelaiatura [intelaja'tura] f. [l'intelaiare] montage m. || [telaio di finestra, quadro, macchina, ecc.] châssis m. || [di bicicletta] cadre m. || [di trasloco] cadre (m.) de déménagement. || EDIL. charpente, bâti m. | *una intelaiatura di cemento armato,* un cadre de béton. || AER. carcasse. || FIG. structure, charpente.
intelare [inte'lare] v. tr. recouvrir de toile, entoiler.
intellettivo [intellet'tivo] agg. de l'entendement.
intelletto [intel'lɛtto] m. [facoltà di conoscere] intelligence f., esprit, intellect, entendement, raison f. | *persona di grande intelletto,* personne d'une grande intelligence. | *gli animali sono privi di intelletto,* les animaux sont privés de raison. | *supera ogni intelletto umano,* cela dépasse l'entendement, tout esprit humain. | *perdere l'intelletto,* perdre la raison. || [persona di ingegno] esprit. || TEOL. intelligence f. || FILOS. entendement, intellect. | *l'intelletto umano,* l'entendement humain.
intellettuale [intellettu'ale] agg. e n. intellectuel, elle.
intellettualismo [intellettua'lizmo] m. intellectualisme.
intellettualista [intellettua'lista] n. intellectualiste.
intellettualistico [intellettua'listiko] agg. intellectualiste.
intellettualità [intellettuali'ta] f. intellectualité. || [élite degli intellettuali] intellectuels m. pl.
intellettualoide [intellettua'lɔide] agg. e n. (peggior.) pseudo-intellectuel, elle.
intellezione [intellet'tsjone] f. FILOS. intellection.
intelligente [intelli'dʒɛnte] agg. intelligent. | *persona poco intelligente,* personne de peu d'intelligence. || PER EST. [abile] intelligent.
intelligentemente [intellidʒente'mente] avv. intelligemment.
intelligenza [intelli'dʒɛntsa] f. intelligence. | *persona di scarsa intelligenza,* personne de peu d'intelligence. || [persona di grande intelligenza] esprit m. || (lett.) [comprensione] intelligence. || [competenza] connaissance (profonde). || [concordia] intelligence, entente. | *intelligenza col nemico,* intelligences (f. pl.) avec l'ennemi.
intellighenzia [intelli'gɛntsja] f. intelligentsia.
intelligibile [intelli'dʒibile] agg. intelligible.
intelligibilità [intellidʒibili'ta] f. intelligibilité.
intemerata [inteme'rata] f. [lavata di capo] réprimande, semonce, savon m. (fam.). | *fare una intemerata a qlcu.,* passer un savon à qn. || [discorso lungo e noioso] discours (m.) ennuyeux, tirade.
intemerato [inteme'rato] agg. sans tache, pur.
intemperante [intempe'rante] agg. intempérant, incontinent. | *essere intemperante nel cibo,* user de la nourriture avec intempérance. | *linguaggio intemperante,* langage cru.
intemperanza [intempe'rantsa] f. intempérance, incontinence. | *intemperanza di linguaggio,* écart (m.), intempérance de langage.
intemperie [intem'pɛrje] f. pl. intempéries.
intempestivo [intempes'tivo] agg. intempestif, inopportun.
intendente [inten'dɛnte] m. MIL. intendant.
intendentizio [intenden'tittsjo] agg. de l'intendant. || [dell'intendenza] de l'intendance.
intendenza [inten'dɛntsa] f. intendance.
intendere [in'tɛndere] v. tr. **1.** [udire] entendre. | *ho inteso dire che,* j'ai entendu dire que. || **2.** [ascoltare] écouter, entendre. | *intendetemi bene,* entendez-moi, écoutez-moi bien. | *non vuole intendere ragioni,* il ne

veut pas entendre raison. | *farsi intendere,* faire valoir ses raisons. ‖ **3.** [capire] comprendre, entendre. | *non riesce a farsi intendere,* il n'arrive pas à se faire comprendre. | *intendere una lingua,* entendre, comprendre une langue. | *dare a intendere,* donner à entendre ; faire accroire. | *s'intende !,* cela s'entend !, cela va sans dire !, bien entendu ! ‖ GIUR. *capacità di intendere e di volere,* capacité d'entendre et de vouloir. ‖ PROV. *chi ha orecchie per intendere, intenda,* qui se sent morveux (qu'il) se mouche. ‖ **4.** [interpretare] entendre, interpréter. ‖ **5.** [concepire] entendre. | *ognuno la intende a suo modo,* chacun l'entend à sa façon. | *che cosa intendi tu per... ?,* qu'est-ce que tu entends par... ? ‖ **6.** [volere] entendre, vouloir. | *cosa intendi dire ?,* qu'entends-tu par là ? ; où veux-tu en venir ? | *cosa intende fare ?,* qu'entendez-vous, que pensez-vous faire ? | *non intendo che,* je n'admets pas, je n'entends pas que. ‖ **7.** [avere intenzione] avoir l'intention (de), entendre, compter. | *intendevo tornare presto,* j'entendais, je comptais rentrer de bonne heure. | *non intendevo dire che,* je n'avais pas l'intention de dire que, je ne voulais pas dire que. ◆ v. rifl. [avere cognizione di] s'entendre à, en ; s'(y) connaître. | *non intendersene,* n'y rien entendre. | *se ne intende,* il s'y connaît, il s'y entend. | *è uno che se ne intende,* c'est un connaisseur. ‖ [mettersi d'accordo] s'entendre, se mettre d'accord. ◆ v. rifl. recipr. [capirsi] se comprendre. ‖ [andare, mettersi d'accordo] s'entendre. | *intendiamoci bene,* entendons-nous bien ; nous sommes bien d'accord ? ; c'est bien clair ? | *tanto per intenderci,* pour mettre les choses au clair. | *siamo intesi,* c'est dit, c'est d'accord, c'est entendu. | *intendersela con qlcu.,* être de connivence avec qn, être de mèche (fam.) avec qn. ‖ [amoreggiare] *se la intende con la figlia del dottore,* il fricote (pop.) avec la fille du docteur.

intendimento [intendi'mento] m. [facoltà di intendere] intelligence f., entendement. | *di scarso intendimento,* peu intelligent. ‖ [atto di intendere] compréhension f. ‖ [proposito] intention f., dessein.

intenditore [intendi'tore] m. connaisseur. | *è un buon intenditore,* c'est un fin connaisseur. | *è un intenditore di vini,* il s'y connaît en fait de vins. ‖ PROV. *a buon intenditore poche parole,* à bon entendeur, salut !

intenebrare [intene'brare] v. tr. (lett.) enténébrer, obscurcir (L.C.).

intenerimento [inteneri'mento] m. attendrissement.

intenerire [intene'rire] v. tr. attendrir. ‖ FIG. fléchir, attendrir. ‖ ◆ v. rifl. s'attendrir. ‖ FIG. s'attendrir, s'émouvoir.

intensificare [intensifi'kare] v. tr. intensifier. ◆ v. rifl. s'intensifier.

intensificazione [intensifikat'tsjone] f. intensification.

intensità [intensi'ta] f. intensité, force. | *l'intensità dei colori,* l'intensité, l'éclat (m.) des couleurs.

intensivo [inten'sivo] agg. intensif. ‖ AGR. *agricoltura intensiva,* agriculture intensive. ‖ GRAMM. intensif. ◆ m. GRAMM. intensif.

intenso [in'tɛnso] agg. intense. | *vita molto intensa,* vie très intense, bien remplie.

intentabile [inten'tabile] agg. GIUR. qu'on peut intenter.

intentare [inten'tare] v. tr. GIUR. intenter. | *intentare causa contro,* poursuivre en justice ; intenter un procès contre, un procès à.

intentato [inten'tato] agg. non tenté. | *non lasciare nulla d'intentato,* tout essayer.

1. intento [in'tɛnto] agg. occupé. | *era tutto intento alle sue occupazioni,* il était tout absorbé dans, par ses occupations. ‖ [attento] attentif. | *era intento ad ascoltare,* il écoutait attentivement.

2. intento [in'tɛnto] m. [scopo, fine] but, dessein, intention f. | *l'ho fatto con un intento ben preciso,* je l'ai fait dans un but, avec un objectif bien précis. | *non riuscire nell'intento,* manquer son but, ne pas réussir dans son entreprise. ‖ LOC. *nell'intento di,* dans l'intention de, dans le but de. | *in questo intento,* dans cet esprit.

intenzionale [intentsjo'nale] agg. intentionnel.

intenzionalità [intentsjonali'ta] f. FILOS., PSICOL. intentionnalité.

intenzionalmente [intentsjonal'mente] avv. intentionnellement, avec intention.

intenzionato [intentsjo'nato] agg. intentionné. | *bene, male intenzionato,* bien, mal intentionné. | *essere intenzionato a,* avoir l'intention de.

intenzione [inten'tsjone] f. intention. | *non ho l'intenzione, non è mia intenzione di,* je n'ai pas l'intention de ; il n'entre pas, il n'est pas dans mes intentions de. | *ho intenzione di,* j'ai dans l'idée de. | *avrei una mezza intenzione di,* j'ai presque envie de. | *con l'intenzione di,* dans l'intention de. | *con intenzione,* avec intention ; exprès. | *senza intenzione,* sans intention, involontairement, sans le vouloir. | *era senza cattiva intenzione,* c'était sans mauvaise intention. | *che intenzioni hai ?,* que penses-tu faire ? | *che intenzioni hai nei suoi riguardi ?,* quelles sont tes intentions à son égard ? | *con intenzioni serie,* pour le bon motif (fam.). | *fare il processo alle intenzioni di qlcu.,* faire un procès d'intention à qn. ‖ LOC. *l'inferno è lastricato di buone intenzioni,* l'enfer est pavé de bonnes intentions.

intepidire [intepi'dire] v. tr. V. INTIEPIDIRE.

interalleato [interalle'ato] agg. interallié.

interamente [intera'mente] avv. entièrement, tout entier. | *leggere un libro interamente,* lire un livre en entier.

interarme [inte'rarme] agg. MIL. interarmes.

interaziendale [interaddzjen'dale] agg. entre plusieurs entreprises.

interazione [interat'tsjone] f. interaction.

interbinario [interbi'narjo] m. FERR. entre-voie f.

1. intercalare [interka'lare] agg. intercalaire. | *foglio intercalare,* feuillet intercalaire. ◆ m. [ritornello] refrain. ‖ tic (de langage).

2. intercalare [interka'lare] v. tr. intercaler.

intercalazione [interkalat'tsjone] f. intercalation.

intercambiabile [interkam'bjabile] agg. interchangeable.

intercambiabilità [interkambjabili'ta] f. interchangeabilité.

intercapedine [interka'pɛdine] f. interstice m.

intercategoriale [interkatego'rjale] agg. entre plusieurs catégories.

intercedere [inter'tʃɛdere] v. intr. intercéder. ‖ [intercorrere, passare] passer, y avoir. | *tra i due episodi non intercede alcun rapporto,* il n'y a aucun rapport entre les deux épisodes.

intercellulare [intertʃellu'lare] agg. BIOL. intercellulaire.

intercessione [intertʃes'sjone] f. intercession. ‖ [mediazione] entremise. | *per l'intercessione di un amico,* par l'entremise d'un ami.

intercessore [intertʃes'sore] (**-ceditrice** f.) m. intercesseur m. ; médiateur, trice.

intercettamento [intertʃetta'mento] m. interception f.

intercettare [intertʃet'tare] v. tr. intercepter.

intercettatore [intertʃetta'tore] agg. e m. intercepteur.

intercettazione [intertʃettat'tsjone] f. interception.

intercettore [intertʃet'tore] m. AER. intercepteur, avion d'interception.

interclassismo [interklas'sizmo] m. POLIT. = attitude (f.) favorable à la collaboration entre les différentes classes sociales.

intercomunale [interkomu'nale] agg. intercommunal.

intercomunicante [interkomuni'kante] agg. communicant.

intercomunicazione [interkomunikat'tsjone] f. intercommunication.

interconfederale [interkonfede'rale] agg. entre confédérations.

interconfessionale [interkonfessjo'nale] agg. interconfessionnel.

intercontinentale [interkontinen'tale] agg. intercontinental.

intercorrere [inter'korrere] v. intr. exister, y avoir. | *fra i due cancelli intercorrono quindici metri,* il y a une distance de quinze mètres entre les deux grilles ; la distance qui sépare les deux grilles est de quinze mètres. | *tra noi due sono sempre intercorsi buoni rapporti,* il y a toujours eu de bons rapports entre nous deux. ‖ [tempo] s'écouler, passer. | *intercorsero*

dieci anni tra i due avvenimenti, dix ans se sont écoulés, passés entre les deux événements.
intercostale [interkos'tale] agg. ANAT. intercostal.
interdentale [interden'tale] agg. FON. interdental. ◆ f. interdentale.
1. interdetto [inter'detto] agg. GIUR., RELIG. interdit. ‖ [sbigottito] interdit, ahuri. | *rimanere interdetto*, rester tout interdit, rester court. ◆ m. GIUR. [persona] interdit.
2. interdetto [inter'detto] m. RELIG. interdit. | *lanciare l'interdetto*, prononcer l'interdit.
interdipendente [interdipen'dɛnte] agg. interdépendant.
interdipendenza [interdipen'dɛntsa] f. interdépendance.
interdire [inter'dire] v. tr. [proibire] interdire. ‖ GIUR., RELIG. interdire.
interdittorio [interdit'tɔrjo] agg. GIUR. d'interdiction.
interdizione [interdit'tsjone] f. [proibizione] interdiction. ‖ GIUR., MIL., RELIG. interdiction.
interessamento [interessa'mento] m. intérêt. | *mostrare interessamento per qlco.*, montrer de l'intérêt pour qch. ‖ [appoggio] appui. | *per interessamento di un amico*, par l'entremise d'un ami, grâce à un ami.
interessante [interes'sante] agg. intéressant. | *cercare di rendersi interessante*, faire l'intéressant. ‖ FAM. *donna in stato interessante*, femme dans un état intéressant ; femme enceinte (L.C.).
interessare [interes'sare] v. tr. [concernere] intéresser, concerner. ‖ [suscitare interesse] intéresser. ‖ [rendere partecipe] intéresser. | *interessare qlcu. agli utili*, intéresser qn aux bénéfices. ‖ [destare in altri interesse a favore di qlcu.] intéresser. ◆ v. intr. intéresser (v. tr.). | *questo interessa a tutti*, cela intéresse tout le monde. ◆ v. rifl. [mostrare interesse] s'intéresser. | *interessarsi a qlcu., a qlco.*, s'intéresser à qn, à qch. ‖ [occuparsi] s'occuper. | *interessarsi di politica*, s'intéresser à la politique. | *interessarsi di qlcu., di qlco.*, s'occuper de qn, de qch. | *interessati degli affari tuoi !*, mêle-toi de tes affaires !
interessatamente [interessata'mente] avv. de manière intéressée.
interessato [interes'sato] agg. intéressé. | *essere interessato*, porter de l'intérêt, être intéressé. ◆ m. intéressé. | *su richiesta dell'interessato*, à la demande de l'intéressé.
interesse [inte'rɛsse] m. **1.** [vantaggio, profitto] intérêt. | *lo fa solo per interesse*, il ne le fait que par intérêt. | *è nel tuo interesse*, il est de ton intérêt de. ‖ pl. PARTICOL. *curare gli interessi di qlcu.*, s'occuper des intérêts de qn. ‖ **2.** [convenienza] intérêt. | *non ha interesse a parlare*, il n'a pas intérêt à parler. ‖ FIG. [interessamento] intérêt. | *mostrare interesse per qlco.*, marquer, montrer de l'intérêt pour qch. | *uno spettacolo privo d'interesse*, un spectacle dénué d'intérêt. | *suscitare interesse*, intéresser. ‖ **3.** COMM. intérêt. | *tasso d'interesse*, taux d'intérêt. | *interesse del 4 %*, intérêt de 4 %. ‖ **4.** GIUR. *unire i propri interessi a quelli di qlcu.*, faire cause commune avec qn.
interessenza [interes'sɛntsa] f. [dei dipendenti in un'azienda] intéressement m. ‖ COMM. participation aux bénéfices.
interezza [inte'rettsa] f. PR. e FIG. intégrité, intégralité. | *il problema va considerato nella sua interezza*, le problème doit être considéré dans son ensemble, dans son entier.
interfacoltà [interfakol'ta] f. UNIV. ensemble (m.) des facultés. ‖ LOC. *assemblea interfacoltà*, assemblée de toutes les facultés.
interfederale [interfede'rale] agg. entre les fédérations.
interferente [interfe'rɛnte] agg. FIS. interférent.
interferenza [interfe'rɛntsa] f. FIS. interférence. ‖ FIG. interférence, entremise.
interferire [interfe'rire] v. intr. FIS. interférer. ‖ FIG. intervenir. ‖ [immischiarsi] s'entremettre, s'immiscer, interférer.
interfogliare [interfoʎ'ʎare] v. tr. interfolier.
interfoglio [inter'fɔʎʎo] m. intercalaire.
interforze [inter'fɔrtse] agg. MIL. interarmées (invar.).
interglaciale [intergla'tʃale] agg. interglaciaire.
interiettivo [interjet'tivo] agg. GRAMM. interjectif.
interiezione [interjet'tsjone] f. GRAMM. interjection.
interim ['interim] m. [lat.] intérim. | *ad interim*, par intérim.
interinale [interi'nale] agg. intérimaire.
interinalmente [interinal'mente] avv. par intérim, provisoirement.
interinare [interi'nare] v. tr. GIUR. entériner.
interinato [interi'nato] m. intérim. | *l'interinato medico solleva gravi problemi*, l'intérim des médecins pose de graves problèmes.
interinazione [interinat'tsjone] f. GIUR. entérinement m.
interino [inte'rino] agg. e m. [di persona] intérimaire.
interiora [inte'rjora] f. pl. entrailles.
interiore [inte'rjore] agg. PR. e FIG. intérieur.
interiorità [interjori'ta] f. intériorité. ‖ [vita interiore] vie intérieure.
interlinea [inter'linea] f. interligne m. | *scrivere una parola nelle interlinee*, interligner un mot. ‖ TIP. interligne.
1. interlineare [interline'are] agg. interlinéaire.
2. interlineare [interline'are] v. tr. TIP. interligner.
interlineatura [interlinea'tura] f. TIP. interlignage m.
interlinguistica [interlin'gwistika] f. interlinguistique.
interlocutore [interloku'tore] (**-trice** f.) m. interlocuteur, trice.
interlocutorio [interloku'tɔrjo] agg. préalable. ‖ GIUR. [provvisorio] interlocutoire. | *sentenza interlocutoria*, (jugement) interlocutoire.
interloquire [interlo'kwire] v. intr. [intervenire] intervenir. ‖ GIUR. interloquer, prononcer un jugement interlocutoire.
interludio [inter'ludjo] m. MUS. interlude. ‖ PER EST. [intermezzo] interlude.
intermediario [interme'djarjo] agg. e m. intermédiaire. | *fare da intermediario*, servir d'intermédiaire.
intermedio [inter'mɛdjo] agg. intermédiaire. | *termine intermedio*, terme intermédiaire. ◆ m. [intermezzo teatrale] intermède.
intermettere [inter'mettere] v. tr. (lett.) [sospendere temporaneamente] suspendre.
intermezzo [inter'mɛddzo] m. [intervallo] entracte. ‖ TEATRO intermède, divertissement. ‖ MUS. interlude, intermède, intermezzo (it.).
interminabile [intermi'nabile] agg. interminable.
interminato [intermi'nato] agg. (lett.) illimité (L.C.).
interministeriale [interministe'rjale] agg. interministériel.
intermissione [intermis'sjone] f. (lett.) interruption (L.C.), suspension (L.C.).
intermittente [intermit'tɛnte] agg. intermittent. | *luce intermittente*, lumière intermittente ; clignotant m.
intermittenza [intermit'tɛntsa] f. intermittence.
intermondi [inter'mondi] m. pl. FILOS. intermondes.
internamente [interna'mente] avv. intérieurement.
internamento [interna'mento] m. internement.
internare [inter'nare] v. tr. interner. ◆ v. rifl. s'enfoncer, s'engager, pénétrer.
1. internato [inter'nato] agg. e m. interné.
2. internato [inter'nato] m. MED. internat. ‖ [collegio] internat.
internazionale [internattsjo'nale] agg. international. ◆ f. [organizzazione operaia e inno] Internationale.
internazionalismo [internattsjona'lizmo] m. internationalisme.
internazionalista [internattsjona'lista] agg. e n. internationaliste.
internazionalistico [internattsjona'listiko] agg. internationaliste.
internazionalità [internattsjonali'ta] f. internationalité.
internazionalizzare [internattsjonalid'dzare] v. tr. internationaliser.
internazionalizzazione [internattsjonaliddzat'tsjone] f. internationalisation.
internista [inter'nista] m. e f. MED. spécialiste de médecine interne. ‖ (raro) PITT. peintre d'intérieurs (L.C.).
interno [in'tɛrno] agg. **1.** intérieur. | *gli affari interni*, les affaires intérieures. | *commissione interna*, com-

mission, comité d'entreprise. | *guerre, lotte interne*, guerres, luttes intestines. || **2.** GEOGR. *mare interno*, mer intérieure. || **3.** MAT. *angoli interni*, angles internes. || **4.** MED. interne. | *medicina interna*, médecine interne. ◆ m. **1.** intérieur. || **2.** [di casa] intérieur. | *all'interno*, à l'intérieur. | *scala B, interno 5*, escalier B, porte 5. || **3.** TELECOM. poste. | *mi può passare l'interno nº 34?*, pouvez-vous me passer le poste 34? || **4.** ARTI, FOT. *pittore, foto d'interni*, peintre, photos d'intérieurs. || **5.** CIN. *girare gli interni di un film*, tourner les intérieurs d'un film. || **6.** MED., UNIV. interne. || **7.** POLIT. *ministero degli Interni*, ministère de l'Intérieur. ◆ LOC. PREP. ***all'interno di***, à l'intérieur de.

internodio [inter'nɔdjo] m. BOT., AGR. entre-nœud.

internunzio [inter'nuntsjo] m. RELIG. internonce.

intero [in'tero] agg. **1.** entier, tout entier. | *il mondo intero*, le monde entier. | *un intero villaggio è rimasto isolato*, tout un village, un village tout entier est resté isolé. | *l'intera classe*, toute la classe. | *un anno intero*, toute une année, une année entière. || **2.** [completo] entier, complet. | *ha comperato l'intera collezione*, elle a acheté toute la collection, la collection complète. || **3.** [intatto] entier, intact. | *il manoscritto ci è pervenuto intero*, le manuscrit nous est parvenu en entier, nous est parvenu intact. || **4.** [assoluto] *avere intera fiducia in qlcu.*, avoir pleine confiance en qn. || **5.** (lett.) [integro] intègre (L.C.). ◆ m. entier. || LOC. *per intero*, en entier, entièrement. | *riportare un brano per intero*, rapporter un passage dans son entier, in extenso (lat.).

interparlamentare [interparlamen'tare] agg. interparlementaire.

interpartitico [interpar'titiko] agg. entre partis.

interpellante [interpel'lante] agg. qui interpelle. ◆ m. interpellateur.

interpellanza [interpel'lantsa] f. POLIT. interpellation.

interpellare [interpel'lare] v. tr. interpeller. || [consultare] consulter. | *interpellare uno specialista*, consulter un spécialiste.

interpellazione [interpellat'tsjone] f. GIUR. interpellation.

interplanetario [interplane'tarjo] agg. interplanétaire.

interpolare [interpo'lare] v. tr. FILOL., MAT. interpoler. || (raro) PER EST. [intercalare] intercaler.

interpolatore [interpola'tore] (**-trice** f.) m. interpolateur, trice.

interpolazione [interpolat'tsjone] f. FILOL., MAT. interpolation.

interponte [inter'ponte] m. MAR. entrepont.

interporre [inter'porre] v. tr. interposer. | *senza interporre tempo*, sans différer, sans attendre. | *per interposta persona*, par personne interposée. || GIUR. interjeter. | *interporre appello*, interjeter appel. ◆ v. rifl. s'interposer. || [mettersi tra due contendenti] s'interposer, intervenir. | *interporsi in una disputa*, intervenir dans un différend.

interposizione [interpozit'tsjone] f. interposition.

interpretabile [interpre'tabile] agg. interprétable.

interpretare [interpre'tare] v. tr. interpréter. | *interpretare un oracolo*, expliquer un oracle.

interpretariato [interpreta'rjato] m. interprétariat.

interpretativo [interpreta'tivo] agg. interprétatif.

interpretatore [interpreta'tore] (**-trice** f.) m. interprétateur, trice.

interpretazione [interpretat'tsjone] f. interprétation. || UNIV. *interpretazione di testi*, explication de textes.

interprete [in'tɛrprete] m. e f. interprète.

interprofessionale [interprofessjo'nale] agg. interprofessionnel.

interpsicologia [interpsikolo'dʒia] f. interpsychologie.

interpungere [inter'pundʒere] v. tr. PR. e FIG. ponctuer.

interpunzione [interpun'tsjone] f. ponctuation.

interramento [interra'mento] m. [di radici] enfouissement. || [colmare di terra] comblement. | *l'interramento di un'insenatura, della laguna*, l'ensablement d'une crique, de la lagune.

interrare [inter'rare] v. tr. enterrer. || [colmare di terra] combler. | *interrare un pozzo*, combler un puits. ◆ v. rifl. s'ensabler.

interrato [inter'rato] m. sous-sol.

interregno [inter'reɲɲo] m. interrègne.

interrogare [interro'gare] v. tr. interroger, questionner. | *interrogare un alunno*, interroger, questionner un élève. | *interrogare qlcu. intorno a qlco.*, interroger qn sur qch. || FIG. interroger. | *interrogare il proprio cuore*, interroger son cœur. | *interrogare la storia*, interroger l'histoire. || POLIT. *interrogare il governo*, interpeller le gouvernement. ◆ v. rifl. s'interroger.

interrogativamente [interrogativa'mente] avv. interrogativement. | *mi guardò interrogativamente*, il me regarda d'un air interrogateur (agg.).

interrogativo [interroga'tivo] agg. interrogateur, interrogatif. | *occhiata interrogativa*, regard interrogateur, interrogatif. | *tono interrogativo*, ton interrogatif. || GRAMM. interrogatif. | *punto interrogativo*, point d'interrogation. ◆ m. [dubbio, cosa incerta] problème, question f., inconnue f. | *porsi degli interrogativi*, se poser des problèmes. ◆ f. GRAMM. interrogative.

interrogatore [interroga'tore] (**-trice** f.) interrogateur, trice.

interrogatorio [interroga'tɔrjo] agg. interrogatif, interrogateur. | *sguardo interrogatorio*, regard interrogateur. ◆ m. GIUR. interrogatoire. | *subire un interrogatorio*, subir un interrogatoire. | *interrogatorio di terzo grado*, passage à tabac (fam.).

interrogazione [interrogat'tsjone] f. interrogation. | *interrogazione scritta, orale*, interrogation écrite, orale. || GRAMM. *interrogazione diretta, indiretta*, interrogation directe, indirecte. || POLIT. [parlamentare] interpellation, question.

interrompere [inter'rompere] v. tr. interrompre. | *interrompere una conversazione*, interrompre une conversation. | *interrompere una trasmissione*, interrompre une émission. | *interrompere i lavori*, cesser les travaux. | *interrompere le trattative*, interrompre, cesser les pourparlers. | *interrompere una seduta*, suspendre une séance. | *interrompeva il racconto con le sue risate*, il entrecoupait le récit de ses rires. || [una strada] couper, barrer. ◆ v. rifl. s'interrompre. | *ha parlato per due ore senza interrompersi*, il a parlé pendant deux heures sans discontinuer. || [di strada] s'arrêter.

interrotto [inter'rotto] agg. interrompu. || [di voce, silenzio, ecc.] entrecoupé. || [di strada] coupé, barré.

interruttore [interrut'tore] m. [apparecchio] interrupteur. | *interruttore a pulsante*, interrupteur à bouton-poussoir. | *interruttore automatico*, conjoncteur-disjoncteur. ◆ m. (**-trice** f.) [che interrompe] interrupteur, trice.

interruzione [interrut'tsjone] f. interruption. | *interruzione della corrente elettrica*, interruption, coupure du courant électrique. | *interruzione delle trattative*, arrêt (m.), suspension des pourparlers. | *senza interruzione*, sans interruption, sans relâche, sans intervalles, sans discontinuer.

interscambio [inter'skambjo] m. échange.

intersecamento [interseka'mento] m. (raro) GEOM. intersection f.

intersecare [interse'kare] v. tr. couper. ◆ v. rifl. recipr. se couper, s'entrecroiser.

intersecato [interse'kato] agg. GEOM. intersecté.

intersezione [interset'tsjone] f. intersection. || MAT. *punto d'intersezione*, point d'intersection, de rencontre. || ARCH. intersécance.

intersiderale [interside'rale] agg. intersidéral.

intersindacale [intersinda'kale] agg. intersyndical.

interstellare [interstel'lare] agg. interstellaire.

interstiziale [interstit'tsjale] agg. ANAT., MED. interstitiel.

interstizio [inters'tittsjo] m. interstice.

intertrigine [inter'tridʒine] f. MED. intertrigo m.

interurbano [interur'bano] agg. interurbain. | *telefono interurbano*, interurbain, inter (fam.). ◆ (**-a**) f. *fare un'interurbana*, faire une communication interurbaine.

intervallare [interval'lare] v. tr. espacer.

intervallo [inter'vallo] m. intervalle, espacement. | *si seguono a intervalli di dieci metri*, ils se suivent à dix mètres d'intervalle. | *a intervalli regolari*, à intervalles réguliers. || [tra due estremi] entre-deux. || [nel tempo] intervalle, espace. | *a intervalli*, par intervalles, par intermittence. || [pausa] intervalle, battement, intermède. ‖ UNIV. interclasse, récréation f. | *ci vedremo all'intervallo*, nous vous verrons à la pause, à l'interclasse. ‖ MUS. intervalle. ‖ TEATRO entracte. ‖ SPORT mi-temps f.

intervenire [interve'nire] v. intr. intervenir. | *la truppa è intervenuta contro la folla*, la troupe est intervenue, a donné contre la foule. | *è un gesto in cui non interviene la ragione*, c'est un geste irraisonné. ‖ [partecipare] prendre part, assister, intervenir. ‖ CHIR. intervenir. ‖ GIUR. [accadere] intervenir, arriver. | *è intervenuto un fatto nuovo*, un fait nouveau est survenu. | *è intervenuto un accordo tra la direzione e gli scioperanti*, un accord est intervenu entre la direction et les grévistes.

interventismo [interven'tizmo] m. ECON. POL. interventionnisme.

interventista [interven'tista] n. interventionniste.

interventistico [interven'tistiko] agg. interventionniste.

intervento [inter'vɛnto] m. intervention f. | *intervento armato*, intervention armée. ‖ POLIT. *principio del non intervento*, principe de non-intervention. ‖ *ottenere qlco. grazie all'intervento di qlcu.*, obtenir qch. grâce à l'intervention, par l'entremise de qn. ‖ [partecipazione] participation f., présence f. | *con l'intervento di*, en présence de. ‖ CHIR. *intervento (chirurgico)*, intervention (chirurgicale). ‖ COMM. intervention f.

intervenuto [interve'nuto] m. participant.

intervista [inter'vista] f. [colloquio che verrà pubblicato] interview. | *fare un'intervista a qlcu.*, interviewer qn. ‖ [colloquio] entrevue. | *combinare un'intervista tra due persone*, ménager une entrevue entre deux personnes.

intervistare [intervis'tare] v. tr. interviewer.

intervistato [intervis'tato] agg. interviewé. ◆ m. personne interviewée ; interviewé.

intervistatore [intervista'tore] (**-trice** f.) m. interviewer.

intervocalico [intervo'kaliko] agg. FON. intervocalique.

intesa [in'tesa] f. entente, accord m. | *terreno d'intesa*, terrain d'entente. | *agire d'intesa con qlcu.*, agir en accord, d'intelligence avec qn. | *essere d'intesa*, être d'accord. | *sguardo d'intesa*, regard d'intelligence. | *intesa commerciale*, accord commercial. ‖ POLIT. *politica d'intesa*, politique d'entente.

inteso [in'teso] agg. [volto a un fine] qui tend à, vise (à) ; tendant (à), visant (à). ‖ [interpretato] compris, interprété. | *brano inteso male*, passage mal interprété. ‖ (lett.) [intento] occupé (L.C.). ‖ [convenuto] entendu. | *rimane inteso che*, il est entendu que. | *siamo intesi !*, c'est entendu ! ; c'est une affaire entendue ! ; (nous sommes) d'accord ! | *siamo rimasti intesi di*, nous avons convenu de ; nous nous sommes mis d'accord pour. | *ben inteso*, bien entendu ; cela va sans dire. ‖ LOC. *non darsi per inteso di qlco.*, ne pas tenir compte de qch.

intessere [in'tɛssere] v. tr. tisser, tresser, natter. ‖ FIG. [elaborare artificiosamente] tisser. | *un racconto intessuto di menzogne*, un récit tissé de mensonges. ‖ [macchinare] tramer, ourdir.

intestardirsi [intestar'dirsi] v. rifl. s'entêter. | *intestardirsi nel fare qlco.*, s'entêter à faire qch.

intestare [intes'tare] v. tr. écrire l'en-tête. ‖ [di libro, capitolo, ecc.] intituler. ‖ COMM., GIUR. établir, libeller, mettre au nom de. | *intestare un conto*, ouvrir un compte. ‖ TECN. abouter. ◆ v. rifl. [ostinarsi] s'obstiner, s'entêter.

intestatario [intesta'tarjo] agg. e m. titulaire.

1. intestato [intes'tato] agg. à en-tête. | *carta intestata*, papier à en-tête. ‖ COMM., GIUR. au nom (de). | *titolo intestato*, titre nominatif. ‖ [ostinato] obstiné, entêté.

2. intestato [intes'tato] agg. GIUR. intestat. | *morire intestato*, mourir intestat.

intestatura [intesta'tura] f. TECN. aboutement m.

intestazione [intestat'tsjone] f. en-tête m. ‖ [di capitolo, ecc.] tête. ‖ COMM. [di un conto] ouverture.

intestinale [intesti'nale] agg. intestinal.

1. intestino [intes'tino] agg. intestin. | *guerre intestine*, guerres intestines.

2. intestino [intes'tino] m. ANAT. intestin. | *intestino tenue*, intestin grêle. | *intestino crasso*, gros intestin. ‖ [di animali] boyau.

intiepidire [intjepi'dire] v. tr. attiédir, tiédir. ‖ FIG. [affievolire] attiédir, refroidir. ◆ v. intr. e rifl. s'attiédir, tiédir. ‖ FIG. s'attiédir, tiédir, se refroidir.

intiero [in'tjɛro] agg. V. INTERO.

intignare [intiɲ'ɲare] v. intr. e rifl. [di pelli] se miter. ‖ [ammalarsi di tigna] prendre la teigne. ‖ (dial.) [ostinarsi] s'obstiner, s'entêter.

intimamente [intima'mente] avv. intimement. | *essere intimamente convinto che*, être intimement convaincu, avoir la conviction intime que. | *intimamente legati*, étroitement liés. ‖ [nel profondo dell'animo] profondément. | *intimamente commosso*, profondément ému.

intimare [inti'mare] v. tr. intimer (l'ordre de), enjoindre (de). | *intimare a qlcu. di*, intimer à qn l'ordre de, enjoindre à qn de. ‖ GIUR. sommer (v. tr.), mettre en demeure (de). | *intimare il pagamento a qlcu.*, sommer qn de payer ; mettre qn en demeure de payer. ‖ RELIG. notifier, intimer.

intimazione [intimat'tsjone] f. ordre m. | *resistere a un'intimazione*, refuser d'obtempérer. ‖ GIUR. intimation, sommation. ‖ RELIG. notification.

intimidare [intimi'dare] v. tr. intimider.

intimidatorio [intimida'tɔrjo] agg. intimidateur, trice. | *misure intimidatorie*, mesures d'intimidation, intimidatrices.

intimidazione [intimidat'tsjone] f. intimidation.

intimidire [intimi'dire] v. tr. intimider. | *ha un'aria che vi intimidisce*, il a un air qui vous en impose, un air intimidant. ◆ v. rifl. être intimidé.

intimismo [inti'mizmo] m. ARTI, LETT. intimisme.

intimista [inti'mista] agg. e n. ARTI, LETT. intimiste.

intimistico [inti'mistiko] agg. ARTI, LETT. intimiste.

intimità [intimi'ta] f. intimité. | *vivere in intimità con qlcu.*, vivre dans l'intimité de qn. | *essere in, avere intimità con qlcu.*, être intime avec qn. | *nella più stretta intimità*, dans la plus stricte intimité. | *nell'intimità della coscienza*, dans mon (ton, son) for intérieur.

intimo ['intimo] agg. **1.** [interno] intime, profond. | *la struttura intima delle cose*, la structure intime des choses. | *avere l'intima convinzione che*, avoir l'intime conviction que. ‖ **2.** [che unisce strettamente] intime, étroit. | *essere in intimi rapporti con qlcu.*, être intime avec qn. | *amico intimo*, ami intime. | *i suoi più intimi collaboratori*, ses plus étroits collaborateurs. ‖ **3.** [privato, segreto] intime. | *biancheria intima*, linge de corps, lingerie, sous-vêtements. ◆ m. *nell'intimo di*, au fond de, au plus profond de. | *pensava nel proprio intimo che*, il pensait intérieurement que. | *nel suo intimo*, dans, en son for intérieur, au fond de lui. ‖ [amico stretto] intime, familier.

intimorire [intimo'rire] v. tr. effrayer, intimider. ◆ v. rifl. s'effrayer.

intingere [in'tindʒere] v. tr. tremper.

intingolo [in'tingolo] m. sauce f., ragoût (antiq.).

intirizzimento [intirriddzi'mento] m. engourdissement.

intirizzire [intirid'dzire] v. tr. engourdir, transir. ◆ v. intr. e rifl. s'engourdir, être transi.

intirizzito [intirid'dzito] agg. transi, engourdi. | *avere le dita intirizzite*, avoir les doigts gourds.

intisichire [intizi'kire] v. intr. devenir phtisique. ‖ FIG. dépérir, s'étioler, se rabougrir. ◆ v. tr. rendre tuberculeux, phtisique. ‖ FIG. étioler, rabougrir.

intitolare [intito'lare] v. tr. donner un titre (à), intituler. ‖ [dedicare alla memoria di qlcu.] donner le nom de qn. | *la piazza è intitolata all'ex-presidente della Repubblica*, la place porte le nom de l'ancien président de la République. ‖ [dedicare] dédier. ‖ (raro) conférer un titre (à). ◆ v. rifl. s'intituler, se donner le titre (de). ‖ [avere come titolo] avoir pour titre. | *come s'intitola il suo ultimo romanzo ?*, quel est le titre de son dernier roman ?

intitolazione [intitolat'tsjone] f. [intestazione] titre m. ‖ [di edifici] dédicace. ‖ GIUR. intitulé m.

intoccabile [intok'kabile] agg. intouchable. ◆ m. [paria] intouchable.

intollerabile [intolle'rabile] agg. intolérable, insupportable, intenable.

intollerante [intolle'rante] agg. intolérant. | *essere*

intollerante di qlco., ne pas tolérer, ne pas supporter, ne pas endurer qch.
intolleranza [intolle'rantsa] f. intolérance.
intonacare [intona'kare] v. tr. [con malta] crépir, badigeonner; [con gesso] enduire (de plâtre), plâtrer. ‖ [ricoprire] enduire.
intonacatore [intonaka'tore] m. plâtrier.
intonacatura [intonaka'tura] f. EDIL. [di malta] crépi m., crépissage m., badigeonnage m.; [di gesso] plâtre m.; [di cemento] enduit m. (de ciment).
intonachino [intona'kino] m. EDIL. crépi.
intonaco [in'tɔnako] m. [di prima mano] crépi. ‖ [di calce] badigeon. ‖ [di cemento] enduit (de ciment). | *dare l'intonaco a un muro*, enduire un mur.
intonare [into'nare] v. tr. entonner. ‖ FIG. *intonare le lodi di qlcu.*, entonner les louanges de qn. ‖ [accordare uno strumento] accorder. ‖ FIG. [armonizzare] assortir. | *intonare una cravatta con un vestito*, assortir une cravate à un costume. ◆ v. rifl. FIG. aller (bien) ensemble, s'harmoniser.
intonato [into'nato] agg. [di voce] juste. | *cantare, essere intonato*, chanter juste. | *non essere intonato*, chanter faux. ‖ [di strumento musicale] accordé. ‖ FIG. [armonizzato] qui s'harmonise.
intonatore [intona'tore] m. accordeur.
intonazione [intonat'tsjone] f. MUS., LING. intonation. ‖ [di strumento musicale] accord m., accordage m., accordement m. ‖ [di colori] harmonie.
intonso [in'tonso] agg. [di libro] non coupé. | *libro intonso*, livre non coupé, pas encore coupé. ‖ (lett.) *capelli intonsi*, cheveux longs (L.C.). ‖ (lett.) [di animali] qui n'a jamais été tondu.
intontimento [intonti'mento] m. étourdissement.
intontire [inton'tire] v. tr. [far diventare tonto] ahurir, abrutir. ‖ [stordire, stancare molto] abrutir, abasourdir, étourdir. ◆ v. intr. s'étourdir, s'encroûter.
intontito [inton'tito] agg. abruti, étourdi. | *mi sento tutto intontito*, je me sens tout abruti, tout ahuri. | *essere intontito*, être dans le cirage (pop.), être groggy. ‖ [istupidito] hébété.
intoppare [intop'pare] v. tr. [incontrare d'improvviso] tomber (sur). ◆ v. intr. tomber (sur). ‖ FIG. se heurter (à), achopper (à).
intoppo [in'tɔppo] m. obstacle, écueil, difficulté f., anicroche f., accroc (fam.), achoppement (lett.). | *senza intoppi*, sans encombre.
intorbare [intor'bare] v. tr. V. INTORBIDARE.
intorbidamento [intorbida'mento] m. PR. action (f.), fait de devenir trouble. ‖ FIG. brouille f. (L.C.)
intorbidare [intorbi'dare] o **intorbidire** [intorbi'dire] v. tr. PR. e FIG. troubler. ◆ v. intr. FIG. se gâter, se brouiller.
intormentimento [intormenti'mento] m. engourdissement.
intormentire [intormen'tire] v. tr. engourdir. ◆ v. rifl. s'engourdir.
intorno [in'torno] avv. autour. | *tutt'intorno*, tout autour. | *d'intorno*, tout autour. | *guardarsi intorno*, regarder autour de soi. | (lett.) *d'ogni intorno*, tout alentour. | *levarsi qlcu. d'intorno*, se débarrasser de qn. | *levati d'intorno*, ôte-toi de là, débarrasse-moi le plancher (fam.), fiche(-moi) le camp (fam.). ◆ LOC. PREP. ***intorno a***, autour de. ‖ [circa] autour de, à peu près, environ. ‖ [verso] vers, autour de. | *intorno all'inizio del secolo*, vers le début du siècle. ‖ [circa, a proposito di] sur. | *studio intorno a un argomento*, étude sur un sujet. | *lavorare intorno a un progetto*, travailler à un projet.
intorpidimento [intorpidi'mento] m. engourdissement.
intorpidire [intorpi'dire] v. tr. PR. e FIG. engourdir. ◆ v. rifl. e intr. s'engourdir. ‖ FIG. croupir, s'amollir.
intossicante [intossi'kante] agg. intoxicant.
intossicare [intossi'kare] v. tr. PR. e FIG. intoxiquer.
intossicazione [intossikat'tsjone] f. MED. intoxication.
intra ['intra] prep. V. FRA.
intracellulare [intratʃellu'lare] agg. MED. intracellulaire.
intradermico [intra'dɛrmiko] agg. intradermique.
intradosso [intra'dɔsso] m. ARCHIT. intrados.
intraducibile [intradu'tʃibile] agg. intraduisible.
intraducibilità [intradutʃibili'ta] f. impossibilité de traduire.
intralciare [intral'tʃare] v. tr. [intricare] gêner, entraver. ‖ FIG. gêner, entraver, mettre des entraves (à). | *intralciare il traffico*, entraver la circulation. | *intralciare un progetto*, contrarier, entraver un projet. ‖ ◆ v. rifl. recipr. se gêner.
intralcio [in'traltʃo] m. entrave f., embarras. | *mi sei d'intralcio*, tu m'entraves, tu me gênes. | *senza intralci*, sans encombre. | *un intralcio del traffico*, un embouteillage.
intrallazzare [intrallat'tsare] v. intr. (fam.) intriguer, manigancer (fam., v. tr.), fricoter (pop.).
intrallazzatore [intrallattsa'tore] m. intrigant, fricoteur (pop.).
intrallazzo [intral'lattso] m. manigance f. (fam.), combine f. (pop.).
intramezzare [intramed'dzare] v. tr. faire alterner.
intramuscolare [intramusko'lare] agg. intramusculaire.
intransigente [intransi'dʒɛnte] agg. intransigeant.
intransigenza [intransi'dʒɛntsa] f. intransigeance.
intransitabile [intransi'tabile] agg. impraticable.
intransitivo [intransi'tivo] agg. e m. GRAMM. intransitif.
intrappolare [intrappo'lare] v. tr. prendre au piège. ‖ FIG. prendre au piège, duper.
intraprendente [intrapren'dɛnte] agg. entreprenant.
intraprendenza [intrapren'dɛntsa] f. esprit (m.) d'entreprise, initiative, caractère (m.) entreprenant.
intraprendere [intra'prɛndere] v. tr. entreprendre. | *intraprendere una carriera*, embrasser une carrière.
intrapresa [intra'presa] f. V. IMPRESA.
intrasferibile [intrasfe'ribile] agg. non transférable.
intrasportabile [intraspor'tabile] agg. intransportable.
intrasgredibile [intrazgre'dibile] agg. qu'on ne peut transgresser; inviolable.
intrattabile [intrat'tabile] agg. intraitable.
intrattabilità [intrattabili'ta] f. caractère (m.) intraitable.
intrattenere [intratte'nere] v. tr. [parlare] entretenir (de). | *cerca di intrattenerlo fino al mio ritorno*, essaie de lui tenir compagnie jusqu'à mon retour. ‖ [mantenere] entretenir. ◆ v. rifl. s'entretenir. | *intrattenersi con qlcu.*, s'entretenir, conférer avec qn. ‖ [indugiare su un argomento] s'attarder.
intrattenimento [intratteni'mento] m. soirée f.
intravedere [intrave'dere] o **intravvedere** [intravve'dere] v. tr. PR. e FIG. entrevoir.
intrecciamento [intrettʃa'mento] m. entrelacement, enlacement.
intrecciare [intret'tʃare] v. tr. entrelacer, entrecroiser. | *intrecciare i trefoli di un cavo*, entrecroiser, câbler les torons d'un câble. ‖ [di capelli, vimini, ghirlande] tresser, natter. ‖ [le dita] croiser. ‖ FIG. [collegare, intessere] nouer. | *intrecciare una relazione*, nouer une relation. ◆ v. rifl. recipr. s'entrelacer, s'entrecroiser. ‖ FIG. s'entrecroiser.
intrecciato [intret'tʃato] agg. entrelacé. ‖ [di capelli, vimini, ecc.] tressé, natté. ‖ ARCHIT. intersecté.
intrecciatura [intrettʃa'tura] f. [l'intrecciare] tressage m., nattage m. ‖ [risultato] entrelacement m.
intreccio [in'trettʃo] m. entrelacement, enlacement, entrecroisement. ‖ [l'intrecciare] tressage, nattage. ‖ FIG. intrigue f., affabulation f., trame f. | *commedia d'intreccio*, comédie d'intrigue, imbroglio m. (it.). ‖ ARCHIT. entrelacs.
intrepidezza [intrepi'dettsa] f. intrépidité.
intrepido [in'trɛpido] agg. intrépide. ‖ (fam.) [spavaldo] intrépide (L.C.), effronté (L.C.).
intricare [intri'kare] v. tr. emmêler, embrouiller, enchevêtrer, emberlificoter (fam.). ◆ v. rifl. s'emmêler, s'embrouiller, s'enchevêtrer, s'empêtrer.
intricato [intri'kato] agg. embrouillé, enchevêtré.
intrico [in'triko] m. enchevêtrement. | *un intrico di vicoli*, un enchevêtrement, un lacis de ruelles. ‖ FIG. imbroglio.
intridere [in'tridere] v. tr. imprégner (de). ‖ [bagnare] tremper.
intrigante [intri'gante] agg. intrigant. ◆ n. intrigant, faiseur. ‖ [impiccione] indiscret, fouinard (fam.).

intrigare [intri'gare] v. intr. intriguer, manigancer (fam.) [v. tr.]. ◆ v. rifl. se mêler, s'embarrasser. ◆ v. tr. (antiq.). V. INTRICARE.
intrigo [in'trigo] m. intrigue f., brigue f., manège, micmac (fam.), cuisine f. (fam.). | *intrighi di corte*, intrigues de cour. | *intrighi della procedura*, maquis de la procédure. | *gli intrighi elettorali*, la cuisine électorale. | *combinatore di intrighi*, combinard (pop.). ‖ PER EST. *intrighi amorosi*, intrigues amoureuses. ‖ [situazione intricata] intrigue f. | *cacciarsi in un bell'intrigo*, se fourrer dans un bel embarras.
intrinseco [in'trinseko] agg. intrinsèque. ‖ [intimo] intrinsèque, intime. | *la natura intrinseca di un essere*, la nature intime d'un être.
intrinsichezza [intrinsi'kettsa] f. familiarité, intimité.
intriso [in'trizo] agg. trempé. ‖ FIG. pétri, imprégné. ◆ m. [miscuglio] mélange, pâte f. ‖ [per il pollame] pâtée f. ‖ EDIL. gâchis, mortier.
intristimento [intristi'mento] m. rabougrissement, étiolement. ‖ [decadimento] dépérissement.
intristire [intris'tire] v. intr. se rabougrir, s'étioler. ‖ [deperire] dépérir.
introdotto [intro'dotto] agg. [conosciuto] connu, introduit.
introducibile [introdu'tʃibile] agg. qu'on peut introduire ; introductible.
introducimento [introdutʃi'mento] m. introduction f.
introdurre [intro'durre] v. tr. **1.** [far entrare] introduire, entrer, engager. | *introdurre la chiave nella serratura*, introduire, engager la clef dans la serrure. | *introdurre delle merci in un paese*, introduire, entrer des marchandises dans un pays. | *quel gioco consiste nell'introdurre la pallina nel buco*, ce jeu consiste à loger, à introduire la bille dans le trou. | *introdurre in un indice*, indexer (v. tr.). | *introdurre furtivamente*, glisser. ‖ **2.** [diffondere] introduire. | *introdurre una moda*, introduire, implanter une mode. | *introdurre innovazioni*, innover (v. tr. e intr.). ‖ **3.** [di persone, far entrare, presentare] introduire. | *introdurre qlcu. in una famiglia*, introduire qn dans une famille. ‖ [avviare all'apprendimento] initier. ◆ v. rifl. s'introduire. | *introdursi in una conversazione*, s'introduire, intervenir dans une conversation. ‖ [furtivamente] s'insinuer, se couler, se glisser.
introduttivo [introdut'tivo] agg. introductif.
introduttore [introdut'tore] (**-trice** f.) m. introducteur, trice.
introduzione [introdut'tsjone] f. introduction. | *l'introduzione di un prodotto in un paese*, l'introduction d'un produit dans un pays. | *lettera d'introduzione*, lettre d'introduction. ‖ TECN. *chiusura speciale per evitare ogni introduzione di aria*, fermeture spéciale pour éviter toute intromission de l'air. ‖ [in un libro] introduction, avant-propos m. ‖ [in un discorso] entrée en matière ‖ GIUR. *introduzione temporanea*, admission temporaire.
introflesso [intro'flɛsso] agg. replié en dedans.
introitare [introi'tare] v. tr. COMM., ECON. encaisser, toucher, recouvrer.
introito [in'trɔito] m. recette f. | *gli introiti di una famiglia*, les revenus, le budget d'une famille. ‖ RELIG. introït.
intromesso [intro'messo] part. pass. V. INTROMETTERSI.
intromettersi [intro'mettersi] v. rifl. s'entremettre, s'immiscer, s'ingérer, interférer (dans), intervenir (dans). | *intromettersi nelle faccende altrui*, se mêler des affaires d'autrui. ‖ [come mediatore] s'interposer.
intromissione [intromis'sjone] f. intervention, entremise. ‖ [ingerenza] ingérence, immixtion, interférence.
intronamento [introna'mento] m. assourdissement.
intronare [intro'nare] v. tr. assourdir, abasourdir, étourdir.
intronizzare [intronid'dzare] v. tr. introniser.
intronizzazione [intronid dzat'tsjone] f. intronisation.
introspettivo [introspet'tivo] agg. introspectif.
introspezione [introspet'tsjone] f. PSICOL. introspection.
introvabile [intro'vabile] agg. introuvable.
introversione [introver'sjone] f. PSICOL. introversion.
introverso [intro'vɛrso] agg. PSICOL. introverti. ◆ m. introverti, personne (f.) renfermée, caractère renfermé.
introvertito [introver'tito] agg. V. INTROVERSO.
intrudere [in'trudere] v. tr. [indebitamente, a forza] insérer, introduire (de force). ◆ v. rifl. [intrufolarsi] se glisser, se faufiler.
intrufolare [intrufo'lare] v. tr. fourrer, glisser. ◆ v. rifl. se faufiler, se glisser.
intrugliare [intruʎ'ʎare] v. tr. [manipolare] tripoter (fam.). ‖ FIG. brouiller, trafiquer (fam.). ◆ v. rifl. [imbrattarsi] se salir. ‖ [immischiarsi] se mêler, s'immiscer.
intruglio [in'truʎʎo] m. mixture f., saleté f. ‖ FIG. [faccenda poco chiara] tripotage (fam.).
intruppamento [intruppa'mento] m. attroupement.
intrupparsi [intrup'parsi] v. rifl. s'embrigader, s'enrégimenter. | *si intruppò con un gruppo di turisti*, il se mêla à un groupe de touristes.
intrusione [intru'zjone] f. intrusion.
intruso [in'truzo] m. intrus.
intuibile [intu'ibile] agg. prévisible. | *e come ben intuibile*, et comme prévu.
intuire [intu'ire] v. tr. avoir l'intuition (de), comprendre (par intuition), deviner, entrevoir. | *ho subito intuito di che si trattava*, j'ai tout de suite compris, deviné de quoi il s'agissait. | *intuire un pericolo*, avoir l'intuition d'un danger.
intuitivamente [intuitiva'mente] avv. intuitivement. | *conoscere intuitivamente*, connaître par intuition.
intuitivo [intui'tivo] agg. intuitif. | *in modo intuitivo*, intuitivement (avv.).
intuito [in'tuito] m. intuition f. | *per intuito*, intuitivement. | *conoscere qlco. per intuito*, connaître qch. par intuition. | *avere intuito*, avoir de l'intuition.
intuizione [intuit'tsjone] f. intuition.
intumescenza [intumeʃ'ʃɛntsa] f. intumescence.
inturgidimento [inturdʒidi'mento] m. turgescence f.
inturgidire [inturdʒi'dire] v. intr. e rifl. enfler, se gonfler.
inuguale [inu'gwale] agg. V. INEGUALE.
inulina [inu'lina] f. CHIM. inuline.
inulto [i'nulto] agg. (lett.) [invendicato] non vengé (L.C.). ‖ [impunito] impuni (L.C.).
inumanità [inumani'ta] f. inhumanité.
inumano [inu'mano] agg. inhumain.
inumare [inu'mare] v. tr. inhumer, ensevelir, enterrer.
inumazione [inumat'tsjone] f. inhumation, ensevelissement m., enterrement m.
inumidimento [inumidi'mento] m. humectage, mouillage, humidification f.
inumidire [inumi'dire] v. tr. humecter, humidifier, mouiller. | *inumidire la biancheria*, humecter le linge. ◆ v. rifl. s'humecter.
inumidito [inumi'dito] agg. humecté, humide, mouillé.
inurbamento [inurba'mento] m. expansion démographique dans les villes, urbanisation f.
inurbanità [inurbani'ta] f. incivilité.
inurbano [inur'bano] agg. incivil, grossier.
inurbarsi [inur'barsi] v. rifl. s'urbaniser.
inusato [inu'zato] agg. inusité.
inusitatamente [inuzitata'mente] avv. de façon inusitée.
inusitato [inuzi'tato] agg. inusité, inaccoutumé, insolite.
inutile [i'nutile] agg. inutile.
inutilità [inutili'ta] f. inutilité.
inutilizzabile [inutilid'dzabile] agg. inutilisable.
inutilizzato [inutilid'dzato] agg. inutilisé, inemployé.
invadente [inva'dɛnte] agg. envahissant.
invadenza [inva'dɛntsa] f. envahissement m., sans-gêne m.
invadere [in'vadere] v. tr. envahir. ‖ FIG. envahir, inonder. ‖ [usurpare] empiéter (sur).
invaghimento [invagi'mento] m. (raro) engouement.
invaghire [inva'gire] v. tr. charmer. ◆ v. rifl. s'engouer, s'enticher, s'éprendre.
invaghito [inva'gito] agg. amoureux, épris.
invalere [inva'lere] v. intr. s'établir.
invalicabile [invali'kabile] agg. infranchissable.
invalidamento [invalida'mento] m. GIUR., POLIT. invalidation f., infirmation f.

invalidante [invali'dante] agg. invalidant. | *lesioni invalidanti,* lésions invalidantes.
invalidare [invali'dare] v. tr. GIUR., POLIT. invalider, infirmer. | *invalidare una sentenza,* invalider, infirmer un jugement.
invalidazione [invalidat'tsjone] f. GIUR., POLIT. invalidation.
invalidità [invalidi'ta] f. MED. invalidité, impotence. || ECON. *assicurazione per l'invalidità,* assurance invalidité. || GIUR. invalidité.
invalido [in'valido] agg. invalide, impotent, infirme. || GIUR. invalide. ◆ n. invalide, infirme.
invalso [in'valso] agg. établi.
invano [in'vano] avv. en vain, vainement.
invariabile [inva'rjabile] agg. invariable, immuable. || GRAMM. invariable.
invariabilità [invarjabili'ta] f. invariabilité.
invarianza [inva'rjantsa] f. MAT. invariance.
invariato [inva'rjato] agg. inchangé.
invasamento [invaza'mento] m. engouement. | *nell'invasamento dell'ira,* sous l'effet de la colère.
1. invasare [inva'zare] v. tr. posséder. | *essere invasato dal demonio,* être possédé du démon. ◆ v. rifl. s'engouer.
2. invasare [inva'zare] v. tr. [mettere in un vaso] empoter. || MAR. munir de ber.
invasatura [invaza'tura] f. mise en pot. || MAR. ber m., berceau m.
invasione [inva'zjone] f. PR. e FIG. invasion, envahissement m.
invaso [in'vazo] agg. envahi. || FIG. inondé, envahi. | *il mercato librario è invaso dai fumetti,* le marché du livre est inondé de bandes dessinées.
invasore [inva'zore] agg. des envahisseurs. || FIG. envahisseur. ◆ m. envahisseur.
invecchiamento [invekkja'mento] m. PR. e FIG. vieillissement.
invecchiare [invek'kjare] v. intr. PR. e FIG. vieillir, prendre de la bouteille (fam.). | *sta invecchiando,* il se fait vieux. ◆ v. tr. PR. e FIG. vieillir.
invece [in'vetʃe] avv. au contraire. | *io, invece, sono rimasto a casa,* moi, au contraire, je suis resté à la maison. | *ero sicuro di trovarlo e invece...,* j'étais pourtant sûr de le trouver... || [ma] mais. | *doveva partire, invece è rimasto,* il devait partir mais il est resté. || [piuttosto] plutôt. | *smettila di giocare, vieni invece ad aiutarmi,* cesse de jouer, viens plutôt m'aider. ◆ LOC. PREP. **invece di,** au lieu de. | *si mise a ridere invece di rispondere,* il se mit à rire au lieu de répondre. || [al posto di] à la place de. | *è venuto lui invece di suo fratello,* c'est lui qui est venu à la place de son frère. | *portava un nastro invece di una cravatta,* il portait un ruban en guise de cravate.
inveire [inve'ire] v. intr. invectiver, déblatérer, aboyer (lett., antiq.), s'élever. | *inveire contro i soprusi,* s'élever contre les abus.
invelenire [invele'nire] v. tr. [di persone] aigrir. || [di liti, ecc.] envenimer. ◆ v. rifl. s'aigrir, s'irriter. || [di liti, ecc.] s'envenimer.
invendibile [inven'dibile] agg. invendable ; non vendable ; sans valeur marchande.
invendicato [invendi'kato] agg. non vengé, (resté) sans vengeance.
invenduto [inven'duto] agg. invendu. ◆ m. COMM. invendu. || TIP. bouillons pl.
inventare [inven'tare] v. tr. [ideare] inventer, innover. || [concepire con la fantasia] inventer, créer, imaginer, concevoir. || [dire cose non vere] inventer. | *inventare una cosa di sana pianta,* fabriquer qch. de toutes pièces, prendre qch. sous son bonnet. | *ne inventa una ogni giorno,* il nous réserve une surprise tous les jours.
inventariare [inventa'rjare] v. tr. inventorier.
inventario [inven'tarjo] m. inventaire. | *fare l'inventario,* faire l'inventaire, inventorier. || PR. e FIG. *con beneficio d'inventario,* sous bénéfice d'inventaire. || (iron.) énumération f. (L.C.).
inventiva [inven'tiva] f. imagination, invention.
inventivo [inven'tivo] agg. inventif. | *essere inventivo,* avoir des idées. | *capacità inventiva,* capacité d'imagination.
inventore [inven'tore] agg. créateur. ◆ m. inventeur.
invenusto [inve'nusto] agg. (lett.) sans élégance (L.C.), sans grâce (L.C.).
invenzione [inven'tsjone] f. invention. | *l'invenzione di una nuova tecnica,* l'invention, la découverte d'une nouvelle technique. | *le invenzioni della moda,* les inventions, les créations de la mode. || [fandonia] invention. || [ritrovamento] invention. | *l'Invenzione della Croce,* l'Invention de la sainte Croix. || MUS., RET. invention.
inverdire [inver'dire] v. intr. verdir, devenir vert.
inverecondamente [inverekonda'mente] avv. sans pudeur, impudiquement.
inverecondia [invere'kondja] f. impudeur.
inverecondo [invere'kondo] agg. impudique.
invernale [inver'nale] agg. d'hiver, hivernal, hibernal, hiémal (lett.). | *piogge invernali,* pluies d'hiver. | *vestiti invernali,* vêtements d'hiver. | *sport invernali,* sports d'hiver. | *sonno invernale,* sommeil hibernal. | *aratura invernale,* hivernage m.
invernata [inver'nata] f. hiver m.
inverniciare [inverni'tʃare] v. tr. V. VERNICIARE.
inverno [in'vɛrno] m. hiver, froidure (poet.) f. | *inverno rigido,* hiver rigoureux. | *d'inverno,* en hiver.
invero [in'vero] avv. (lett.) en vérité (L.C.), en fait (L.C.), vraiment (L.C.).
inverosimiglianza [inverosimiʎ'ʎantsa] f. invraisemblance.
inverosimile [invero'simile] agg. invraisemblable.
inversione [inver'sjone] f. CHIM., FOT., GRAMM., MED. inversion. || [disposizione inversa di parole o di fattori] interversion. | *l'inversione delle parole in una frase,* l'interversion des mots dans une phrase. || [direzione opposta] changement m. | *inversione di rotta,* changement de cap. | *fare inversione di marcia,* faire demi-tour (m.).
inverso [in'vɛrso] agg. inverse. | *procedere in senso inverso,* aller en sens inverse, en sens contraire. || MAT. *in ragione inversa di,* en raison inverse de. ◆ m. inverse, contraire. | *fare l'inverso,* faire l'inverse, faire le contraire. || LOC. *all'inverso di,* à l'inverse de.
inversore [inver'sore] m. ELETTR., MECC. inverseur.
invertebrato [inverte'brato] agg. e m. ZOOL. invertébré. || FIG. [di persona debole] mollasson (fam.).
invertibile [inver'tibile] agg. réversible.
invertibilità [invertibili'ta] f. réversibilité.
invertire [inver'tire] v. tr. inverser, invertir. | *invertire l'ordine delle parole in una frase,* inverser l'ordre des mots dans une phrase. || ELETTR. *invertire i poli,* inverser les pôles. || [disporre diversamente, capovolgere] intervertir. | *invertire le parti,* intervertir les rôles. || [cambiare direzione] *invertire la rotta,* changer de cap, changer la barre.
invertito [inver'tito] agg. inversé, inverti. | *corrente elettrica invertita,* courant électrique inversé. || [capovolto] interverti. || [rovesciato] renversé. | *immagini invertite,* images renversées, inverties. || CHIM., LING., POET. inverti. ◆ m. MED. inverti.
invertitore [inverti'tore] m. ELETTR., MECC. inverseur.
investigare [investi'gare] v. tr. rechercher ; examiner ; étudier. ◆ v. intr. enquêter. | *investigare su,* faire des investigations sur, enquêter sur.
investigativo [investiga'tivo] agg. investigateur. | *agente investigativo,* détective.
investigatore [investiga'tore] agg. investigateur. ◆ m. investigateur, enquêteur. | *investigatore privato,* détective privé.
investigazione [investigat'tsjone] f. investigation. | *condurre investigazioni,* enquêter ; faire des recherches (sur). | *investigazione scientifica,* recherche scientifique. || GIUR. *investigazione giudiziaria,* enquête judiciaire.
investimento [investi'mento] m. ECON. investissement, placement. | *investimento di capitali,* investissement, placement de capitaux. || [urto] collision f. || MAR. abordage. || MIL. [di una piazzaforte] investissement, enlèvement.
investire [inves'tire] v. tr. investir. | *investire un ministro di poteri straordinari,* investir un ministre de pouvoirs extraordinaires. || COMM., ECON. investir, placer. | *investire capitali in un affare,* investir, enga-

ger des capitaux dans une affaire. || [urtare violentemente] tamponner, emboutir, heurter. | *la macchina ha investito un gruppo di persone,* la voiture a renversé un groupe de personnes. | *« Come è morto ? » « È stato investito »,* « Comment est-il mort ? » « Il s'est fait écraser ». | *investito da un treno,* happé par un train. || MAR. [urtare] aborder. || MIL. investir. || FIG. [assalire] assaillir. | *investire qlcu. con una valanga di insulti,* lancer une bordée (fam.) d'injures à qn. ◆ v. rifl. se pénétrer. | *investirsi di un sentimento,* se pénétrer d'un sentiment.

investitore [investi'tore] agg. tamponneur. ◆ m. auteur de l'accident. | *l'investitore si è dato alla fuga,* le conducteur qui a causé l'accident a pris la fuite.

investitura [investi'tura] f. investiture.

inveterato [invete'rato] agg. invétéré.

invetriare [inve'trjare] v. tr. vitrer. || ARTI vernisser. || [conferire l'aspetto del vetro] vitrifier. | *il gelo ha invetriato la superficie della pozza,* le gel a verglacé la surface de la mare.

invetriata [inve'trjata] f. vitrage m.

invetriatura [invetrja'tura] f. vernissage m. || [sostanza] glaçure, vernis m.

invettiva [invet'tiva] f. invective. | *lanciare un'invettiva,* lancer une invective ; invectiver.

inviare [invi'are] v. tr. envoyer. || [spedire] envoyer, expédier.

inviato [invi'ato] m. envoyé.

invidia [in'vidja] f. envie. | *nutrire invidia per qlcu.,* porter envie à qn ; envier, jalouser qn.

invidiabile [invi'djabile] agg. enviable.

invidiare [invi'djare] v. tr. envier. || [essere invidioso di qlcu.] jalouser. | *invidia il successo altrui,* il est jaloux du succès d'autrui.

invidioso [invi'djoso] agg. e m. envieux. | *guardare qlco. con occhi invidiosi,* regarder qch. d'un œil envieux. | *è invidioso del tuo successo,* il est jaloux de ton succès, il éprouve de la jalousie pour ton succès.

invido ['invido] agg. (lett.). V. INVIDIOSO.

invigilare [invidʒi'lare] v. intr. (raro) veiller (L.C.). ◆ v. tr. surveiller.

invigliacchire [inviʎʎak'kire] v. intr. devenir lâche, se dégonfler (pop.).

invigorire [invigo'rire] v. tr. fortifier, renforcer. ◆ v. rifl. se fortifier.

invilimento [invili'mento] m. avilissement. || [perdita di valore] dépréciation f.

invilire [invi'lire] v. tr. avilir. || [indebolire] affaiblir. || [abbassare il valore] avilir, déprécier. ◆ v. rifl. [degradarsi] s'avilir. || [perdere del valore] se déprécier, s'avilir.

inviluppamento [inviluppa'mento] m. enveloppement, entrelacement.

inviluppare [invilup'pare] v. tr. envelopper. ◆ v. rifl. s'enfoncer, se fourrer. | *invilupparsi in una situazione ingarbugliata,* se fourrer dans une situation embrouillée.

inviluppo [invi'luppo] m. enveloppe f. || [intrico] enchevêtrement.

invincibile [invin'tʃibile] agg. PR. e FIG. invincible. | *un campione invincibile,* un champion invincible, imbattable. | *un'antipatia invincibile,* une antipathie insurmontable, invincible, irrépressible.

invincibilità [invintʃibili'ta] f. invincibilité.

invio [in'vio] m. envoi, expédition f.

inviolabile [invio'labile] agg. inviolable.

inviolabilità [inviolabili'ta] f. inviolabilité.

inviolato [invio'lato] agg. inviolé.

inviperire [invipe'rire] v. intr. e rifl. devenir furieux, s'irriter.

inviperito [invipe'rito] agg. furieux, exacerbé.

invischiamento [inviskja'mento] m. engluage, engluement.

invischiare [invis'kjare] v. tr. engluer. ◆ v. rifl. s'engluer. || FIG. s'engluer (fam.), s'embourber, s'empêtrer.

inviscidire [inviʃʃi'dire] v. intr. devenir gluant, visqueux.

invisibile [invi'zibile] agg. invisible.

invisibilità [invizibili'ta] f. invisibilité.

inviso [in'vizo] agg. mal vu, impopulaire, exécré. | *provvedimento inviso,* mesure impopulaire.

invitante [invi'tante] agg. engageant, invitant. | *sorriso invitante,* sourire engageant. | *proposta invitante,* proposition alléchante.

invitare [invi'tare] v. tr. PR. e FIG. inviter, convier. | *invitare qlcu. a casa,* inviter qn chez soi. | *lo invitò a intervenire,* il l'invita, l'engagea à intervenir. | *questo bel tempo invita a passeggiare,* ce beau temps invite à la promenade.

invitato [invi'tato] agg. e m. invité.

invitatura [invita'tura] f. TECN. vissage m.

invito [in'vito] m. invitation f. | *dietro invito di qlcu.,* sur l'invitation de qn. || [più o meno mascherato] invite f. || GIOCHI [carte] invite f.

invitto [in'vitto] agg. (lett.) invaincu (L.C.). || [invincibile] invincible (L.C.).

invizzire [invit'tsire] v. intr. se flétrir.

invocare [invo'kare] v. tr. invoquer. | *invocare Dio, una testimonianza,* invoquer Dieu, un témoignage. | *invocare aiuto,* appeler au secours. || GIUR. *invocare le attenuanti,* plaider les circonstances atténuantes.

invocativo [invoka'tivo] agg. invocatoire.

invocazione [invokat'tsjone] f. invocation. | *invocazione d'aiuto,* appel (m.) au secours.

invogliare [invoʎ'ʎare] v. tr. donner envie (de).

involare [invo'lare] v. tr. (lett.) voler (L.C.), dérober (L.C.).

involgarire [involga'rire] v. tr. rendre vulgaire. ◆ v. intr. e rifl. devenir vulgaire.

involgere [in'vɔldʒere] v. tr. envelopper. || FIG. mêler. | *involgere qlcu. in una brutta faccenda,* mêler qn à, entraîner qn dans une vilaine affaire. ◆ v. rifl. s'envelopper, s'enrouler. || FIG. [implicarsi] s'engager (dans), se mêler (à).

involgimento [involdʒi'mento] m. enveloppement.

involo [in'volo] m. AER. envol.

involontariamente [involontarja'mente] avv. involontairement, sans intention.

involontario [involon'tarjo] agg. involontaire.

involtare [invol'tare] v. tr. envelopper. ◆ v. rifl. s'envelopper.

involtino [invol'tino] m. CULIN. paupiette f.

involto [in'vɔlto] m. [pacco] paquet, ballot. || [involucro] enveloppe f.

involucro [in'vɔlukro] m. emballage, enveloppe f. || BOT. involucre.

involutivo [involu'tivo] agg. régressif. | *fase involutiva,* phase régressive, de régression.

involuto [invo'luto] agg. contourné, confus, filandreux, fumeux. | *ragionamento involuto,* raisonnement confus. | *discorso involuto,* discours filandreux.

involuzione [involut'tsjone] f. [l'essere involuto] confusion, enchevêtrement m., tarabiscotage m. (fam.). | *involuzione di uno stile,* tarabiscotage d'un style. || [regresso] régression, déclin m. || BIOL. involution.

involvere [in'vɔlvere] v. tr. (lett.). V. AVVOLGERE.

invulnerabile [invulne'rabile] agg. invulnérable.

invulnerabilità [invulnerabili'ta] f. invulnérabilité.

inzaccherare [intsakke'rare] v. tr. crotter, éclabousser. ◆ v. rifl. se crotter.

inzavorrare [indzavor'rare] v. tr. AER., MAR. lester.

inzeppamento [intseppa'mento] m. calage.

1. inzeppare [intsep'pare] v. tr. [fissare con zeppe] coincer, caler, cheviller.

2. inzeppare [intsep'pare] v. tr. PR. e FIG. bourrer.

inzeppatura [intseppa'tura] f. calage m.

inzolfare [intsol'fare] v. tr. [le viti] sulfater. || [botti] soufrer.

inzotichire [indzoti'kire] v. intr. e rifl. devenir grossier, rustre.

inzuccarsi [intsuk'karsi] v. rifl. s'obstiner, s'entêter.

inzuccherare [intsukke'rare] v. tr. [cospargere] saupoudrer (de sucre). || [addolcire] sucrer. || FIG. adoucir. | *inzuccherare la pillola,* dorer la pilule (fam.).

inzuppare [intsup'pare] v. tr. tremper, imbiber, imprégner. | *inzuppare un pezzo di pane,* tremper un morceau de pain. | *il suolo era inzuppato di pioggia,* le sol était détrempé par la pluie. ◆ v. rifl. se tremper.

inzuppato [intsup'pato] agg. trempé, imprégné, détrempé.

io ['io] pron. pers. m. e f. (1ª pers. sing.) je. | *avessi io la tua età !,* ah !, si j'avais ton âge ! | *io sottoscritto...,* je soussigné... || [in posizione di rilievo] moi. | *io al*

tuo posto non lo direi, moi, à ta place, je ne le dirais pas. | *fai come faccio io*, fais comme moi. | *l'ho visto io ; sono stato io a vederlo*, c'est moi qui l'ai vu. | *ve lo dico io*, c'est moi qui vous le dis. | *lo farò io*, c'est moi qui le ferai, je m'en charge. | *io, fare una cosa simile !*, moi, faire une chose pareille ! | *« Chi mi accompagna ? » « Vengo io ! »*, « Qui m'accompagne ? » « Moi ! » | *« Chi è ? » « (Sono) io ! »*, « Qui est-ce ? » « (C'est) moi ! » | *io e te*, toi et moi. | *io e lui*, lui et moi. | *anch'io*, moi aussi. | *neanch'io*, moi non plus. | *io stesso*, moi-même. || Loc. *io come io*..., si c'était moi..., quant à moi... | *io o non sono più io !*, ou je ne me reconnais plus ! ; ma parole d'honneur ! ◆ m. Filos., Psicol. moi. | *l'io*, le moi. | *il culto dell'io*, le culte du moi. | *pensare solo al proprio io*, ne penser qu'à soi. | *l'io e il non-io*, le moi et le non-moi.
iodato [jo'dato] agg. iodé. | *acqua iodata*, eau iodée. ◆ m. Chim. iodate.
iodico ['jɔdiko] agg. Chim. iodique.
iodio ['jɔdjo] m. Chim. iode. | *tintura di iodio*, teinture d'iode.
ioduro [jo'duro] m. Chim. iodure.
iogurt ['jɔgurt] m. yogourt, yaourt.
ioide ['jɔide] m. Anat. hyoïde.
ioideo [joi'dɛo] agg. Anat. hyoïdien.
iole ['jɔle] f. Mar. yole.
ione ['jone] m. Fis. ion.
1. ionico ['jɔniko] agg. ionien. | *isole Ioniche*, îles Ioniennes. || Filos. *scuola ionica*, école ionienne. || Archit. ionique. | *ordine ionico*, ordre ionique.
2. ionico ['jɔniko] agg. Fis. ionique.
ionio ['jɔnjo] agg. (lett.). V. ionico.
ionizzare [jonid'dzare] v. tr. Fis. ioniser.
ionizzazione [joniddzat'tsjone] f. Fis. ionisation.
ionosfera [jonos'fɛra] f. ionosphère.
iosa ['jɔza] loc. avv. *a iosa*, à foison ; en veux-tu, en voilà ; à gogo (fam.).
iota ['jɔta] m. e f. invar. [lettera greca] iota m. || Loc. *non vale un iota*, ça ne vaut rien du tout. | *non ci manca neppure un iota*, il n'y manque pas un iota.
iotacismo [jota'tʃizmo] m. Ling. iotacisme.
ipallage [i'palladʒe] f. Gramm. hypallage.
ipecacuana [ipekaku'ana] f. Bot. ipécacuana m., ipéca m.
iperacidità [iperatʃidi'ta] f. Med. hyperacidité.
iperacuto [ipera'kuto] agg. Med. suraigu.
iperaffaticamento [iperaffatika'mento] m. surmenage.
iperattività [iperattivi'ta] f. suractivité.
iperbato [i'pɛrbato] m. Ret. hyperbate f.
iperbole [i'pɛrbole] f. Geom., Ret. hyperbole.
iperbolico [iper'bɔliko] agg. hyperbolique.
iperboloide [iperbo'lɔide] m. Geom. hyperboloïde.
iperboreo [iper'bɔreo] agg. (lett.) hyperboréen.
ipercloridria [iperklori'dria] f. Med. hyperchlorhydrie.
ipercorrettismo [iperkorret'tizmo] m. hypercorrection f.
ipercritica [iper'kritika] f. hypercritique.
ipercriticismo [iperkriti'tʃizmo] m. hypercritique f.
ipercritico [iper'kritiko] agg. e n. hypercritique.
iperdulia [iperdu'lia] f. Relig. hyperdulie.
ipereccitabile [iperettʃi'tabile] agg. surexcitable.
iperestesia [ipereste'zia] f. Med. hyperesthésie.
iperfunzione [iperfun'tsjone] f. Med. suractivité.
iperglicemia [iperglitʃe'mia] f. Med. hyperglycémie.
ipermetrope [iper'mɛtrope] agg. e m. Med. hypermétrope.
ipermetropia [ipermetro'pia] f. Med. hypermétropie.
ipernutrizione [ipernutrit'tsjone] f. suralimentation.
ipersensibile [ipersen'sibile] agg. hypersensible.
ipersonico [iper'sɔniko] agg. hypersonique.
ipertensione [iperten'sjone] f. Med. hypertension.
ipertermia [iperter'mia] f. hyperthermie.
iperteso [iper'teso] agg. Med. hypertendu.
ipertiroidismo [ipertiroi'dizmo] m. hyperthyroïdie f.
ipertrofia [ipertro'fia] f. Med. hypertrophie.
ipertrofico [iper'trɔfiko] agg. hypertrophique.
ipnosi [ip'nɔzi] f. hypnose.
ipnotico [ip'nɔtiko] agg. hypnotique. | *stato ipnotico*, état hypnotique, état d'hypnose.
ipnotismo [ipno'tizmo] m. hypnotisme.
ipnotizzare [ipnotid'dzare] v. tr. Pr. e fig. hypnotiser.
ipnotizzatore [ipnotiddza'tore] m. hypnotiseur.
ipoalimentazione [ipoalimentat'tsjone] f. sous-alimentation.
ipocloridria [ipoklori'dria] f. hypochlorhydrie.
ipoclorito [ipoklo'rito] m. Chim. hypochlorite.
ipocondria [ipokon'dria] f. Med. hypocondrie.
ipocondriaco [ipokon'driako] agg. e n. hypocondriaque.
ipocondrio [ipo'kɔndrjo] m. Anat. hypocondre.
ipocrisia [ipokri'zia] f. hypocrisie.
ipocrita [i'pɔkrita] agg. e n. hypocrite, cafard (fam.), faux jeton (fam.), tartufe. | *aria ipocrita*, air hypocrite.
ipoderma [ipo'dɛrma] m. Anat., Bot., Zool. hypoderme.
ipodermico [ipo'dɛrmiko] agg. hypodermique. | *iniezione ipodermica*, piqûre hypodermique.
ipofisi [i'pɔfizi] f. Anat. hypophyse.
ipogastrico [ipo'gastriko] agg. hypogastrique.
ipogastrio [ipo'gastrjo] m. Anat. hypogastre.
ipogeo [ipo'dʒɛo] agg. souterrain. | *fauna ipogea*, faune souterraine. || Bot. hypogé. ◆ m. Archeol. hypogée.
ipoglicemia [ipoglitʃe'mia] f. Med. hypoglycémie.
ipoglosso [ipo'glɔsso] agg. e m. Anat. hypoglosse.
iponutrizione [iponutrit'tsjone] f. sous-alimentation.
iposolfito [iposol'fito] m. Chim. hyposulfite.
ipostasi [i'pɔstazi] f. Filos., Relig. hypostase.
ipostatico [ipos'tatiko] agg. Filos., Relig. hypostatique.
ipostilo [i'pɔstilo] agg. Archit. hypostyle.
ipotalamo [ipo'talamo] m. Anat. hypothalamus.
ipoteca [ipo'tɛka] f. Giur. hypothèque. | *mettere un'ipoteca su un palazzo*, grever un immeuble d'une hypothèque. | *mediante ipoteca*, par hypothèque, hypothécairement.
ipotecabile [ipote'kabile] agg. hypothécable.
ipotecare [ipote'kare] v. tr. Pr. e fig. hypothéquer. | *ipotecare il futuro*, hypothéquer l'avenir, prendre une hypothèque sur l'avenir.
ipotecario [ipote'karjo] agg. hypothécaire.
ipotensione [ipoten'sjone] f. Med. hypotension.
ipotenusa [ipote'nuza] f. Geom. hypoténuse.
ipotermia [ipoter'mia] f. Med. hypothermie.
ipotesi [i'pɔtezi] f. hypothèse. | *nella migliore delle ipotesi*, dans la meilleure des hypothèses ; en mettant les choses au mieux. | *nella peggiore delle ipotesi*, en mettant les choses au pire. | *nell'ipotesi che non venisse*, dans l'hypothèse où, au cas où il ne viendrait pas.
ipotetico [ipo'tɛtiko] agg. hypothétique.
ipotiroidismo [ipotiroi'dizmo] m. Med. hypothyroïdie f.
ipotizzare [ipotid'dzare] v. intr. supposer.
ipotonia [ipoto'nia] f. Med. hypotonie.
ipotonico [ipo'tɔniko] agg. Med. hypotonique.
ippica ['ippika] f. hippisme m., turf m. || Fig. *datti all'ippica !*, change de métier !
ippico ['ippiko] agg. hippique.
ippocampo [ippo'kampo] m. Zool. hippocampe.
ippocastano [ippokas'tano] m. marronnier (d'Inde).
ippodromo [ip'pɔdromo] m. hippodrome.
ippofilo [ip'pɔfilo] m. turfiste.
ippoglosso [ippo'glɔsso] m. Zool. flétan.
ippogrifo [ippo'grifo] m. Mit. hippogriffe.
ippologia [ippolo'dʒia] f. hippologie.
ippopotamo [ippo'pɔtamo] m. Zool. hippopotame.
ippotrainato [ippotrai'nato] agg. hippomobile.
iprite [i'prite] f. Chim. ypérite.
ipsilon ['ipsilon] m. e f. [lettera greca] upsilon m., i grec m.
ipsometria [ipsome'tria] f. Geogr. hypsométrie.
ipsometro [ip'sɔmetro] m. hypsomètre.
ira ['ira] f. colère. | *avere uno scatto d'ira*, avoir un mouvement de colère. | *sfogo d'ira*, emportement m. | *lasciarsi trasportare dall'ira*, se laisser emporter par la colère. | *attirarsi le ire di qlcu.*, s'attirer la colère de qn. || Per est. *l'ira di Dio*, la colère divine. | *fare un'ira di Dio*, faire un vacarme de tous les diables. | *è un'ira di Dio*, c'est une vraie peste, c'est un vrai

cyclone. ‖ FIG. [furia degli elementi] colère. | *l'ira del vento*, la colère du vent.
iracheno [ira'kɛno] agg. e n. irakien, enne ; iraqien, enne.
iracondia [ira'kondja] f. colère, irascibilité (lett.).
iracondo [ira'kondo] agg. irascible, coléreux, colérique, irritable.
iraniano [ira'njano] agg. e n. iranien, enne.
iranico [i'raniko] agg. e n. iranien, enne.
irascibile [iraʃ'ʃibile] agg. irascible, coléreux, colérique, emporté.
irascibilità [iraʃʃibili'ta] f. irascibilité (lett.), irritabilité.
irato [i'rato] agg. en colère, irrité. | *sguardo irato*, regard courroucé.
ircino [ir'tʃino] agg. (lett.) [caprino] hircin.
irco ['irko] m. (lett.) bouc (L.C.).
ire ['ire] v. intr. (lett.) V. ANDARE.
ireos ['ireos] m. BOT. iris.
iridare [iri'dare] v. tr. iriser.
iridato [iri'dato] agg. irisé, diapré. ‖ SPORT *maglia iridata*, maillot arc-en-ciel. ◆ m. SPORT champion du monde.
iride ['iride] f. ANAT., BOT. iris m. ‖ [arcobaleno] arc-en-ciel m.
iridescente [ideʃ'ʃɛnte] agg. iridescent.
iridescenza [irideʃ'ʃɛntsa] f. irisation.
iridio [i'ridjo] m. CHIM. iridium.
iris ['iris] f. BOT. iris m.
irlandese [irlan'dese] agg. e n. irlandais, e.
irochese [iro'kese] agg. e n. iroquois, e.
ironeggiare [ironed'dʒare] v. intr. ironiser.
ironia [iro'nia] f. ironie. | *fare dell'ironia su qlco.*, ironiser sur qch. | *fare dell'ironia*, faire de l'esprit. ‖ FIG. *l'ironia della sorte*, l'ironie du sort.
ironico [i'rɔniko] agg. ironique.
ironista [iro'nista] m. ironiste.
ironizzare [ironid'dzare] v. intr. ironiser. ◆ v. tr. railler.
irosamente [irosa'mente] avv. avec colère.
iroso [i'roso] agg. irascible, coléreux, colérique.
irradiamento [irradja'mento] m. rayonnement. ‖ NEOL. MED. irradiation f.
irradiare [irra'djare] v. tr. PR. e FIG. éclairer. ‖ [diffondere] diffuser. | *irradiare luce*, diffuser de la lumière. ‖ NEOL. MED. irradier. | *irradiare un tumore*, irradier une tumeur. ◆ v. intr. rayonner, émaner, irradier. ◆ v. rifl. partir (de). | *dal centro si irradiano sei strade*, six routes partent du centre. ‖ FIG. rayonner.
irradiazione [irradjat'tsjone] f. rayonnement m., irradiation. ‖ NEOL. MED. irradiation.
irraggiamento [irraddʒa'mento] m. FIS. irradiation f.
irraggiare [irrad'dʒare] v. tr. e intr. V. IRRADIARE.
irraggiungibile [irraddʒun'dʒibile] agg. impossible à atteindre, inaccessible, hors d'atteinte.
irragionevole [irradʒo'nevole] agg. déraisonnable, irraisonné. | *comportamento irragionevole*, conduite déraisonnable. | *paura irragionevole*, crainte irraisonnée. | *discorsi irragionevoli*, propos irréfléchis.
irragionevolezza [irradʒonevo'lettsa] f. manque (m.) de bon sens, de raison ; déraison (lett.). | *l'irragionevolezza di una proposta*, la folie, l'absurdité d'une proposition.
irrancidimento [irrantʃidi'mento] m. rancissement.
irrancidire [irrantʃi'dire] v. intr. PR. e FIG. rancir.
irrappresentabile [irrapprezen'tabile] agg. TEATRO injouable.
irrazionale [irrattsjo'nale] agg. irrationnel. ‖ MAT. irrationnel.
irrazionalismo [irrattsjona'lizmo] m. irrationalisme.
irrazionalità [irrattsjonali'ta] f. irrationalité.
irreale [irre'ale] agg. e m. irréel.
irrealizzabile [irrealid'dzabile] agg. irréalisable.
irrealtà [irreal'ta] f. irréalité.
irreconciliabile [irrekontʃi'ljabile] agg. irréconciliable.
irrecuperabile [irrekupe'rabile] agg. irrécupérable. ‖ [che non si può riacquistare] irrécouvrable. | *tassa irrecuperabile*, taxe irrécouvrable.
irrecusabile [irreku'zabile] agg. irrécusable.
irredentismo [irreden'tizmo] m. STOR. POLIT. irrédentisme.
irredentista [irreden'tista] agg. e m. irrédentiste.
irredentistico [irreden'tistiko] agg. irrédentiste.
irredimibile [irredi'mibile] agg. GIUR. irrachetable.
irrefragabile [irrefra'gabile] agg. (lett.) irréfragable (L.C.), irréfutable (L.C.). | *prova irrefragabile*, preuve irréfragable, incontestable.
irrefrenabile [irrefre'nabile] agg. irrésistible, irrépressible, incoercible. | *risata irrefrenabile*, fou rire, rire irrépressible, inextinguible.
irrefutabile [irrefu'tabile] agg. irréfutable.
irreggimentare [irreddʒimen'tare] v. tr. enrégimenter.
irregolare [irrego'lare] agg. irrégulier. ‖ [discontinuo] irrégulier. | *polso irregolare*, pouls irrégulier, déréglé.
irregolarità [irregolari'ta] f. irrégularité.
irreligione [irreli'dʒone] f. irréligion.
irreligiosità [irrelidʒosi'ta] f. irréligiosité.
irreligioso [irreli'dʒoso] agg. irréligieux.
irremissibile [irremis'sibile] agg. irrémissible.
irremovibile [irremo'vibile] agg. PR. e FIG. inébranlable. | *su questo punto fu irremovibile*, il a été inébranlable, intraitable sur ce point. ‖ LOC. *irremovibile nelle proprie decisioni*, ferme sur ses étriers.
irremovibilità [irremovibili'ta] f. fermeté, constance, inflexibilité, ténacité.
irreparabile [irrepa'rabile] agg. irréparable, irrémédiable.
irreparabilità [irreparabili'ta] f. caractère (m.) irréparable.
irreperibile [irrepe'ribile] agg. introuvable. | *si è reso irreperibile*, on a perdu ses traces.
irreperibilità [irreperibili'ta] f. impossibilité de trouver. | *l'irreperibilità del fuggitivo*, l'impossibilité de trouver le fugitif.
irrepetibile [irrepe'tibile] agg. GIUR. V. IRRIPETIBILE.
irreprensibile [irrepren'sibile] agg. irrépréhensible, irréprochable, exempt de tout reproche. | *funzionario irreprensibile*, fonctionnaire irréprochable. | *lavoro irreprensibile*, travail impeccable.
irreprensibilità [irreprensibili'ta] f. impeccabilité (lett.), honnêteté, correction.
irreprimibile [irrepri'mibile] agg. irrépressible, incoercible.
irrepugnabile [irrepuɲ'ɲabile] agg. (lett.) irréfutable (L.C.), incontestable (L.C.).
irrequietezza [irrekwje'tettsa] f. [per preoccupazione] agitation, inquiétude. ‖ [per vivacità eccessiva] dissipation, turbulence.
irrequieto [irre'kwjɛto] agg. agité. ‖ [per ansia] inquiet. ‖ [vivace, esuberante] turbulent, remuant, dissipé. | *scolaro irrequieto*, écolier dissipé.
irrequietudine [irrekwje'tudine] f. [in senso spirituale] inquiétude.
irresistibile [irresis'tibile] agg. irrésistible.
irresolubile [irreso'lubile] agg. (lett.) insoluble (L.C.). | *problema irresolubile*, problème insoluble. | *enigma irresolubile*, énigme impossible à résoudre. | *contratto irresolubile*, contrat indissoluble.
irresolutezza [irresolu'tettsa] f. irrésolution, indécision, indétermination, incertitude.
irresoluto [irreso'luto] agg. [incerto, esitante] incertain, irrésolu, indécis, indéterminé. ‖ (lett.) [senza soluzione] irrésolu. | *questione irresoluta*, question restée sans solution.
irresoluzione [irresolut'tsjone] f. irrésolution, indécision.
irrespirabile [irrespi'rabile] agg. PR. e FIG. irrespirable.
irresponsabile [irrespon'sabile] agg. e m. irresponsable.
irresponsabilità [irresponsabili'ta] f. irresponsabilité.
irrestringibile [irrestrin'dʒibile] agg. irrétrécissable.
irretire [irre'tire] v. tr. embobiner (fam.), entortiller (fam.), séduire. | *lasciarsi irretire da promesse false*, se laisser entortiller par de fausses promesses.
irretroattività [irretroattivi'ta] f. GIUR. non-rétroactivité.
irreversibile [irrever'sibile] agg. irréversible.
irreversibilità [irreversibili'ta] f. irréversibilité.
irrevocabile [irrevo'kabile] agg. irrévocable.
irrevocabilità [irrevokabili'ta] f. irrévocabilité.

irrevocato [irrevo'kato] agg. définitif.
irriconoscibile [irrikonoʃ'ʃibile] agg. méconnaissable.
irridere [ir'ridere] v. tr. (lett.) [deridere, schernire] railler, se moquer (de).
irriducibile [irridu'tʃibile] agg. irréductible.
irriducibilità [irridutʃibili'ta] f. irréductibilité.
irriducibilmente [irridutʃibil'mente] avv. d'une manière irréductible.
irriflessione [irrifles'sjone] f. irréflexion.
irriflessivamente [irriflessiva'mente] avv. sans réflexion, sans réfléchir; de manière inconsidérée, irréfléchie.
irriflessivo [irrifles'sivo] agg. irréfléchi, étourdi, inconsidéré, irraisonné, inconscient.
irrigabile [irri'gabile] agg. irrigable.
irrigamento [irriga'mento] m. (raro). V. IRRIGAZIONE.
irrigare [irri'gare] v. tr. AGR., MED. irriguer.
irrigatore [irriga'tore] agg. d'irrigation. | *canale irrigatore*, canal d'irrigation. ◆ m. AGR., MED. irrigateur.
irrigazione [irrigat'tsjone] f. AGR., MED. irrigation.
irrigidimento [irridʒidi'mento] m. raidissement. ‖ [intorpidimento] engourdissement. ‖ [della temperatura] refroidissement. ‖ FIG. durcissement. | *irrigidimento della disciplina*, durcissement de la discipline.
irrigidire [irridʒi'dire] v. tr. raidir. ‖ [intorpidire] engourdir. ‖ FIG. durcir. | *irrigidire una pena*, augmenter une peine. ◆ v. rifl. se raidir. ‖ [intorpidirsi] s'engourdir. ‖ [della temperatura] se refroidir, devenir plus rigoureux. | *l'aria si è irrigidita*, l'air s'est refroidi. ‖ FIG. se raidir, se figer. | *irrigidirsi in un atteggiamento*, se figer dans une attitude.
irriguardoso [irrigwar'doso] agg. irrespectueux.
irriguo [ir'riguo] agg. [fornito di irrigazione] irrigué. | *regione irrigua*, région bien irriguée. ‖ [utilizzato per la irrigazione] d'irrigation. | *canale irriguo*, canal d'irrigation.
irrilevante [irrile'vante] agg. insignifiant, peu important. | *particolare irrilevante*, détail sans importance.
irrilevanza [irrile'vantsa] f. insignifiance; importance secondaire.
irrimediabile [irrime'djabile] agg. irrémédiable.
irrimediabilità [irrimedjabili'ta] f. caractère (m.) irrémédiable; irrémédiable m.
irrimediabilmente [irrimedjabil'mente] avv. irrémédiablement.
irripetibile [irripe'tibile] agg. [che non si ripeterà più] unique. ‖ [che non si osa ripetere] qu'on ne peut pas, qu'on n'ose pas répéter.
irripetibilità [irripetibili'ta] f. unicité.
irriproducibile [irriprodu'tʃibile] agg. qu'on ne peut pas reproduire, qui ne peut pas être reproduit.
irrisarcibile [irrisar'tʃibile] agg. qui ne peut être dédommagé.
irrisione [irri'zjone] f. (lett.) dérision (L.C.).
irriso [ir'rizo] part. pass. V. IRRIDERE.
irrisoluto [irriso'luto] agg. V. IRRESOLUTO.
irrisore [irri'zore] agg. e m. (lett.) railleur (L.C.).
irrisorio [irri'zɔrjo] agg. dérisoire. ‖ [irrisore] railleur, moqueur.
irrispettoso [irrispet'toso] agg. irrespectueux.
irritabile [irri'tabile] agg. [bilioso] irritable. ‖ [che si altera facilmente] irritable.
irritabilità [irritabili'ta] f. irritabilité.
irritamento [irrita'mento] m. (raro). V. IRRITAZIONE.
irritante [irri'tante] agg. irritant, agaçant, enrageant, rageant. | *rumore irritante*, bruit agaçant.
irritare [irri'tare] v. tr. irriter, agacer, impatienter, énerver, contrarier, indisposer. | *i rumori mi irritano*, les bruits m'agacent, m'énervent. ‖ MED. irriter. ◆ v. rifl. s'irriter, se hérisser. | *irritarsi con qlcu.*, s'irriter contre qn. | *si irrita per un nonnulla*, il se hérisse pour un rien.
irritato [irri'tato] agg. irrité. | *essere irritato per qlco.*, être fâché de qch.
irritazione [irritat'tsjone] f. irritation, agacement m. ‖ MED. irritation.
irrito ['irrito] agg. GIUR. nul. ‖ (lett.) nul (L.C.), sans valeur (L.C.).
irrituale [irritu'ale] agg. GIUR. amiable.
irriverente [irrive'rɛnte] agg. irrévérencieux, irrespectueux.
irriverenza [irrive'rɛntsa] f. irrévérence, irrespect m.
irrobustire [irrobus'tire] v. tr. fortifier. ◆ v. rifl. se fortifier, devenir robuste, forcir.
irrogare [irro'gare] v. tr. GIUR. infliger.
irrompere [ir'rompere] v. intr. faire irruption (dans), s'engouffrer.
irrorare [irro'rare] v. tr. mouiller. ‖ AGR. pulvériser.
irrorato [irro'rato] agg. mouillé, inondé.
irroratrice [irrora'tritʃe] f. AGR. pulvérisateur m.
irrorazione [irrorat'tsjone] f. irroration (antiq.), pulvérisation.
irruente [irru'ɛnte] agg. impétueux. | *temperamento irruente*, tempérament impétueux, fougueux.
irruenza [irru'ɛntsa] f. impétuosité, agressivité.
irruvidire [irruvi'dire] v. tr. rendre rugueux. ◆ v. rifl. devenir rugueux.
irruzione [irrut'tsjone] f. irruption. | *la polizia ha fatto irruzione nell'albergo*, la police a fait irruption, est descendue dans l'hôtel.
irsuto [ir'suto] agg. hirsute.
irto ['irto] agg. PR. e FIG. hérissé.
isabella [iza'bɛlla] agg. isabelle (invar.). ◆ m. [cavallo] isabelle.
isba ['izba] f. isba.
iscritto [is'kritto] part. pass. e agg. inscrit. ◆ m. inscrit. ‖ LOC. *per iscritto*, par écrit.
iscrivere [is'krivere] v. tr. inscrire. ‖ GEOM. inscrire. ◆ v. rifl. s'inscrire. | *iscriversi a un partito*, s'inscrire, s'affilier à un parti.
iscrizione [iskrit'tsjone] f. inscription. ‖ COMM., ECON., GIUR., UNIV. inscription. | *tassa d'iscrizione*, droits d'inscription.
islamico [iz'lamiko] agg. islamique.
islamismo [izla'mizmo] m. islamisme, islam.
islandese [izlan'dese] agg. e n. islandais, e.
ismaelita [izmae'lita] m. ismaélite, ismaélien.
ismo ['izmo] m. V. ISTMO.
isobara [i'zɔbara] f. GEOGR., METEOR. isobare.
isocronismo [izokro'nizmo] m. FIS. isochronisme.
isocrono [i'zɔkrono] agg. FIS. isochrone.
isoipsa [izo'ipsa] f. GEOGR. courbe de niveau; isohypse.
isola ['izola] f. île. | *isola corallina*, île de corail. ‖ LETT. *L'Isola del tesoro*, l'Île au trésor. ‖ [isolato] îlot m., quartier m. ‖ [spartitraffico] refuge m. ‖ FIG. îlot. | *isola linguistica*, îlot linguistique. ‖ MAR. îlot. ◆ pl. ANAT. îlots.
isolamento [izola'mento] m. isolement. | *cella d'isolamento*, cabanon, cellule (f.) d'isolement. | *reparto di isolamento*, service des contagieux. | *vivere nell'isolamento*, vivre en vase clos, vivre cloîtré. ‖ FIS. isolation f. | *isolamento termico*, isolation thermique; calorifugeage. | *isolamento acustico*, insonorisation f.
isolano [izo'lano] agg. e n. [abitante di un'isola] insulaire.
isolante [izo'lante] agg. e m. FIS. isolant, isolateur. | *nastro isolante*, chatterton. | *parete isolante*, cloison insonore. ‖ ELETTR. *guaina isolante*, guipage m.
isolare [izo'lare] v. tr. isoler. ‖ CHIM., FIS. isoler. | *isolare acusticamente*, insonoriser. | *isolare termicamente*, calorifuger. ◆ v. rifl. s'isoler.
1. isolato [izo'lato] agg. isolé. | *luogo isolato*, endroit isolé, écarté. | *casa isolata*, maison isolée, maison à l'écart. | *vivere isolato*, vivre à l'écart; se cloîtrer. ‖ ELETTR. isolé.
2. isolato [izo'lato] m. [gruppo di edifici] îlot; pâté de maisons. ‖ SPORT indépendant.
isolatore [izola'tore] m. ELETTR., FIS. isolateur.
isolazionismo [izolattsjo'nizmo] m. POLIT. isolationnisme.
isolazionista [izolattsjo'nista] agg. e n. isolationniste.
isolazionistico [izolattsjo'nistiko] agg. isolationniste.
isoletta [izo'letta] f. o **isolotto** [izo'lɔtto] m. GEOGR. îlot m.
isomerizzazione [izomeriddzat'tsjone] f. CHIM. isomérisation.
isomero [i'zɔmero] agg. e m. CHIM. isomère.
isometria [izome'tria] f. isométrie.
isomorfismo [izomor'fizmo] m. CHIM. isomorphisme.
isomorfo [izo'mɔrfo] agg. CHIM. isomorphe.
isopo [i'zɔpo] m. V. ISSOPO.
isoprene [izo'prɛne] m. CHIM. isoprène.

isoscele [i'zɔʃʃele] agg. Geom. isocèle.
isostasia [izosta'zia] f. Geol. isostasie.
isoterma [izo'tɛrma] f. Geogr., Meteor. isotherme.
isotermico [izo'tɛrmiko] agg. Fis. isotherme.
isotermo [izo'tɛrmo] agg. Geogr., Meteor. isotherme.
isotonia [isoto'nia] f. Chim., Med. isotonie.
isotopo [i'zɔtopo] m. Chim. isotope.
isotropia [izotro'pia] f. Fis. isotropie.
isotropo [i'zɔtropo] agg. Fis. isotrope.
ispanico [is'paniko] agg. hispanique.
ispanismo [ispa'nizmo] m. hispanisme.
ispanista [ispa'nista] n. hispanisant, hispaniste.
ispano-americano [is'panoameri'kano] agg. hispano-américain.
ispessimento [ispessi'mento] m. épaississement.
ispessire [ispes'sire] v. tr. épaissir. ‖ [intensificare] intensifier, augmenter. ◆ v. rifl. épaissir (v. intr.), s'épaissir.
ispettivo [ispet'tivo] agg. d'inspection.
ispettorato [ispetto'rato] m. [carica d'ispettore] inspectorat. ‖ [organismo e funzione] inspection f. | *ispettorato alle Finanze*, inspection des Finances.
ispettore [ispet'tore] (**-trice** f.) m. inspecteur, trice. | *ispettore del lavoro, di polizia*, inspecteur du travail, de police. ‖ Univ. *ispettore scolastico*, inspecteur primaire. | *ottenere una carica d'ispettore*, obtenir un inspectorat.
ispezionare [ispettsjo'nare] v. tr. inspecter. | *ispezionare una scuola*, inspecter une école. | *ispezionare dei bagagli*, fouiller des bagages.
ispezione [ispet'tsjone] f. inspection. | *giro d'ispezione*, tournée d'inspection.
ispidezza [ispi'dettsa] f. [di barba, capelli, ecc.] aspect hirsute. ‖ Fig. caractère épineux, ardu.
ispido ['ispido] agg. Pr. hirsute, hérissé. ‖ Fig. [di persona] hérissé, revêche. ‖ [irto di difficoltà] épineux. ‖ Bot. hispide.
ispirare [ispi'rare] v. tr. [suscitare] inspirer. | *ispirare fiducia*, inspirer confiance. | *ispirare simpatia*, inspirer de la sympathie. | *ispirare tenerezza*, attendrir. ‖ [eccitare la fantasia] inspirer. ‖ [inspirare] inspirer. ◆ v. rifl. s'inspirer. | *ispirarsi a*, s'inspirer de.
ispirato [ispi'rato] agg. inspiré. | *libro, poeta, profeta ispirato*, livre, poète, prophète inspiré. | *ispirato a*, inspiré de, par.
ispiratore [ispira'tore] (**-trice** f.) agg. e m. inspirateur, trice.
ispirazione [ispirat'tsjone] f. inspiration. | *gli venne un'ispirazione*, une idée lui est venue.
israeliano [israe'ljano] agg. e m. israélien.
israelita [izrae'lita] agg. e n. israélite.
israelitico [izrae'litiko] agg. israélite.
issare [is'sare] v. tr. hisser. | *issare la bandiera*, hisser le drapeau, envoyer les couleurs. ◆ v. rifl. se hisser.
issopo [is'sɔpo] m. Bot. hysope f.
istamina [ista'mina] f. Farm. histamine.
istantanea [istan'tanea] f. Fot. instantané m. ‖ Cin. flash m.
istantaneità [istantanei'ta] f. instantanéité.
istantaneo [istan'taneo] agg. instantané, immédiat. | *morte istantanea*, mort instantanée. | *guarigione istantanea*, guérison immédiate. ‖ Fot. *fotografia istantanea*, instantané m.
1. istante [is'tante] m. instant, moment. | *dopo qualche istante*, après quelques instants. ‖ Loc. *tra un istante*, dans un instant. | *in un istante*, en un instant. | *ad ogni istante, in ogni istante*, à chaque instant. | *all'istante, sull'istante*, à l'instant. ‖ [cong.] *nell'istante in cui, in che*, à l'instant (même) où.
2. istante [is'tante] agg. e. n. Giur. requérant; demandeur, eresse.
istanza [is'tantsa] f. Giur. instance, demande. | *tribunale di prima istanza*, tribunal de première instance. | *accettare un'istanza*, faire droit à une demande. | *a istanza di qlcu.*, sur la demande, à la requête de qn. | *a mia istanza*, sur ma demande. | *in ultima istanza*, en dernière instance, en dernier ressort. ‖ [insistenza] instance. | *cedere alle istanze di qlcu.*, céder aux instances de qn. ◆ pl. (lett.) [necessità] exigences (l.c.), instances (l.c.).
isterectomia [isterekto'mia] f. Chir. hystérectomie.
isteresi [is'tɛrezi] f. Fis. hystérésis, hystérèse.
isteria [iste'ria] f. V. isterismo.
isterico [is'tɛriko] agg. hystérique. | *crisi isterica*, crise d'hystérie. ◆ n. hystérique.
isterilimento [isterili'mento] m. Pr. e fig. épuisement.
isterilire [isteri'lire] v. tr. Pr. e fig. stériliser, rendre stérile. ◆ v. intr. e rifl. Pr. e fig. devenir stérile. | *la sua vena poetica si è isterilita*, sa veine poétique s'est tarie.
isterilito [isteri'lito] agg. (devenu) stérile.
isterismo [iste'rizmo] m. Med. hystérie f.
istesso [is'tesso] agg. V. stesso.
istigamento [istiga'mento] m. V. istigazione.
istigare [isti'gare] v. tr. inciter, pousser, exciter.
istigatore [istiga'tore] (**-trice** f.) m. instigateur, trice; inspirateur, trice.
istigazione [istigat'tsjone] f. instigation, incitation. | *ad istigazione di qlcu.*, à l'instigation de qn, sous l'inspiration de qn. | *istigazione a delinquere*, incitation au crime.
istillare [istil'lare] v. tr. Pr. e fig. instiller.
istintivamente [istintiva'mente] avv. instinctivement, d'instinct, par instinct.
istintività [istintivi'ta] f. instinctivité.
istintivo [istin'tivo] agg. instinctif. | *reazione istintiva*, réaction instinctive. | *paura istintiva*, crainte irraisonnée. ◆ m. (être) instinctif.
istinto [is'tinto] m. instinct. | *d'istinto*, d'instinct. | *per istinto*, par instinct.
istituire [istitu'ire] v. tr. instituer, établir, instaurer, fonder. | *istituire una legge*, instituer, établir une loi. | *istituire una scuola*, fonder une école. | *istituire un tribunale speciale*, ériger un tribunal spécial. | *istituire un confronto*, établir une comparaison. ‖ Giur. [nominare] instituer. ‖ (lett.) décider (l.c.). ‖ (antiq.) [istruire] instruire (l.c.).
istitutivo [istitu'tivo] agg. Giur. constitutif.
istituto [isti'tuto] m. institut. | *istituto culturale*, institut culturel. ‖ [ente, stabilimento] établissement. | *istituto ospedaliero*, établissement hospitalier. | *istituto di credito*, établissement de crédit. ‖ [scuola] établissement. | *istituti superiori*, grandes écoles. | *istituto magistrale*, école normale. ‖ [di beneficenza] institution f. ‖ [istituzione] institution f. ‖ (raro) [scopo] but (l.c.).
istitutore [istitu'tore] m. précepteur, maître d'étude, répétiteur.
istitutrice [istitu'tritʃe] f. gouvernante, répétitrice.
istituzionale [istituttsjo'nale] agg. institutionnel.
istituzione [istitut'tsjone] f. institution, établissement m., fondation. | *l'istituzione di un tribunale*, l'érection d'un tribunal. ‖ *l'istituzione di un confronto*, l'établissement d'une comparaison. ‖ [cosa istituita] institution. | *le istituzioni di un paese*, les institutions d'un pays. ‖ Giur. *istituzione di erede*, institution d'héritier. ‖ (antiq.) [istruzione] institution, instruction (l.c.).
istmico ['istmiko] agg. isthmique.
istmo ['istmo] m. Geogr. isthme.
istologia [istolo'dʒia] f. Biol. histologie.
istologico [isto'lɔdʒiko] agg. histologique.
istoriare [isto'rjare] v. tr. historier.
istoriato [isto'rjato] agg. historié.
istradamento [istrada'mento] m. acheminement.
istradare [istra'dare] v. tr. acheminer, diriger. | *istradare qlcu. in una professione*, orienter qn vers une profession. ◆ v. rifl. se diriger.
istriano [is'trjano] agg. e m. istrien.
istrice ['istritʃe] m. Zool. porc-épic. ‖ Fig. [persona scontrosa] hérisson.
istrione [istri'one] m. Pr. e fig. histrion, cabotin. | *fare l'istrione*, faire le cabotin, cabotiner (fam.).
istrionico [istri'ɔniko] agg. d'histrion, cabotin.
istrionismo [istrio'nizmo] m. cabotinage.
istruire [istru'ire] v. tr. **1.** [dare un'istruzione] instruire. | *istruire qlcu.*, faire l'éducation de qn; éduquer qn. ‖ **2.** [insegnare qlco.] apprendre, enseigner. ‖ **3.** [ammaestrare] dresser, instruire. ‖ **4.** [informare] informer, éclairer; donner des instructions, des indications. ‖ Iron. *l'hanno istruita bene !*, elle a bien appris sa leçon !; on l'a bien endoctrinée ! ‖ **5.** Giur. instruire.

◆ v. rifl. s'instruire. ‖ [informarsi] s'instruire, se renseigner, s'informer.
istruito [istru'ito] agg. instruit. | *essere istruito*, avoir de l'instruction.
istrumento [istru'mento] m. (giur., antiq.). V. STRUMENTO.
istruttivo [istrut'tivo] agg. instructif.
istruttore [istrut'tore] m. instructeur. ‖ [autom.] moniteur (d'auto-école). ‖ agg. GIUR. *giudice istruttore*, juge d'instruction.
istruttoria [istrut'tɔrja] f. GIUR. instruction, information. | *aspettare fino a un supplemento d'istruttoria*, attendre jusqu'à plus ample informé.
istruttorio [istrut'tɔrjo] agg. GIUR. d'instruction.
istruzione [istrut'tsjone] f. instruction. | *istruzione obbligatoria*, instruction obligatoire. | *istruzione professionale*, formation professionnelle. | *avere una buona istruzione*, avoir une bonne formation. | *ministero della pubblica Istruzione*, ministère de l'Éducation nationale. ‖ [soprattutto al plur., direttive] instructions. | *istruzioni per l'uso*, mode (m.) d'emploi. ‖ GIUR., MIL. instruction.
istupidimento [istupidi'mento] m. abrutissement, abêtissement.
istupidire [istupi'dire] v. tr. abrutir, abêtir ◆ v. rifl. s'abrutir, s'abêtir.
istupidito [istupi'dito] agg. abruti.
itacismo [ita'tʃizmo] m. itacisme.
italianismo [italja'nizmo] m. italianisme.
italianista [italja'nista] agg. e n. italianisant, e.
italianistica [italja'nistika] f. études italiennes.
italianità [italjani'ta] f. caractère (m.) italien ; italianisme m.
italianizzare [italjanid'dzare] v. tr. italianiser.
italiano [ita'ljano] agg. italien. ◆ m. [abitante] Italien. ‖ [lingua] italien.
italico [i'taliko] agg. e m. italique. ‖ (poet.) italien (L.C.). ‖ TIP. italique.
italiota [ita'ljɔta] agg. e n. italiote.
italo ['italo] agg. (poet.) italien (L.C.).
item ['item] avv. [lat.] item.
iter ['iter] m. [trafila burocratica o parlamentare] filière f.
iterare [ite'rare] v. tr. (lett.) répéter (L.C.), réitérer (L.C.).
iterativo [itera'tivo] agg. GRAMM. itératif.
iterato [ite'rato] agg. réitéré, répété.
iterazione [iterat'tsjone] f. itération.
itifallo [iti'fallo] m. ARCHEOL. ithyphalle.
itifallico [iti'falliko] agg. ithyphallique. ◆ POES. ithyphallique.
itinerante [itine'rante] agg. itinérant.
itinerario [itine'rarjo] agg. e m. itinéraire. | *misure itinerarie*, mesures itinéraires.
itterico [it'tɛriko] agg. e m. MED. ictérique.
itterizia [itte'rittsja] f. MED. jaunisse, ictère m.
ittero ['ittero] m. MED. ictère.
ittico ['ittiko] agg. du poisson. | *mercato ittico*, marché du poisson.
ittiologia [ittjolo'dʒia] f. ichtyologie.
ittiologico [ittjo'lɔdʒiko] agg. ichtyologique.
ittiologo [it'tjɔlogo] m. ichtyologiste, ichtyologue.
ittiosauro [ittjo'sauro] m. ichtyosaure.
ittita [it'tita] agg. hittite.
iucca ['jukka] f. BOT. yucca m.
iugoslavo [jugoz'lavo] agg. e n. yougoslave.
iuta ['juta] f. jute m.
iva ['iva] f. BOT. ive, ivette.
ivi ['ivi] avv. (lett.) là. | *ivi accluso*, ci-joint, ci-inclus. | *ivi compreso*, y compris. ‖ [nel tempo] *ivi a poco*, peu (de temps) après. | *ivi a pochi giorni*, quelques jours après, après quelques jours. ‖ [rimando nelle citazioni] ibidem.

J K L

j ['jɔd] f. o m. j m.
jack [dʒæk] m. invar. [ingl.] TELECOM. jack m.
jainismo [dʒai'nizmo] m. RELIG. jaïnisme.
jazz [dʒæz] m. invar. [ingl.] jazz.
jazzista [dʒad'dzista] (**-i** pl.) m. e f. musicien, enne de jazz ; jazzman m. (ingl.).
jazzistico [dʒad'dzistiko] (**-ci** pl.) agg. de jazz.
jeep ['dʒi:p] f. invar. [ingl.] Jeep f.
jersey ['dʒə:zi] m. invar. [ingl.] jersey m.
jet [dʒet] m. invar. [ingl.] avion (m.) à réaction ; jet m.
job [dʒɔb] m. invar. [ingl.] job.
jockey ['dʒɔki] m. invar. [ingl.] jockey m.
jodel ['jo:dəl] m. invar. [ted.] tyrolienne f.
jolly ['dʒɔli] m. invar. [ingl.] GIOCHI joker.
joule ['dʒaul] m. invar. [ingl.] FIS. joule m.
judo ['ʒu:do] m. invar. judo.
judoista [dʒudo'ista] (**-i** pl.) m. e f. judoka.
jujitsu [dʒu'dʒit:su] m. invar. jiu-jitsu.
juke-box ['dʒu:kbɔks] m. [ingl.] juke-box (pl. : juke-boxes).
jumbo ['dʒœmbo] m. invar. [ingl.] jumbo-jet, gros-porteur.
jungla ['dʒungla] f. V. GIUNGLA.
junior ['junjor] agg. junior. ◆ agg. e n. (pl. : juniores) SPORT junior.
Junker ['junkər] m. invar. [ted.] Junker.
k ['kappa] f. o m. k m.
kafkiano [kaf'kjano] agg. kafkaïen.
kaki ['kaki] m. V. CACHI.
kamikaze [kami'kadze] m. invar. kamikase m.
kantiano [kan'tjano] agg. e m. kantien.
kantismo [kan'tizmo] m. FILOS. kantisme.
kapok [ka'pɔk] m. kapok.
karatè [kara'tɛ] m. SPORT karaté.
karman ['karman] m. RELIG. karman, karma.
kart [kart] m. invar. [ingl.] kart.
kayak [ka'jak] m. invar. kayak m., kayac m.
kepleriano [keple'rjano] agg. képlérien.
kermesse [ker'mes] f. kermesse.
khan [ka:n] m. invar. khan m.
kibbutz [kib'buts] m. kibboutz (pl. : kibboutzim).
killer ['killer] m. invar. [ingl.] tueur (m.) à gages.
kilo ['kilo]. V. CHILO.
kilt [kilt] m. invar. kilt m.
kimono [ki'mɔno] m. kimono.
kivi ['kivi] m. kiwi.
knock-down [nɔk'dawn] m. invar. [ingl.] knock-down.
knock-out [nɔk'aut] m. invar. e agg. invar. [ingl.] knock-out.
knut [knut] m. invar. knout.
koala [ko'ala] m. invar. koala m.
koinè [koi'nɛ] f. LING. koinê, koiné.
kolchoz [kal'xoz] m. kolkhoz(e).
korè [ko'rɛ] f. ARTI korê, corê.
krapfen ['krapfən] m. invar. [ted.] beignet m.

kris [kris] m. criss, kriss.
kuros ['kuros] m. invar. ARTI kouros, couros.
kyrie ['kirje] m. RELIG. kyrie.
l ['ɛlle] f. o m. l m. ‖ TELECOM. *l come Livorno*, l comme Louis.
1. la [la] art. det. f. la ; [davanti a vocale e h muta] l'.
2. la [la] pron. pers. (3a pers. f. sing. compl. ogg.) la ; [davanti a vocale e h muta] l'. ‖ [pronome di cortesia] vous. ‖ [valore neutro] *me la pagherai*, tu me le paieras.
3. la [la] m. MUS. la. ‖ PR. e FIG. *dare il la*, donner le la.
là [la] avv. là ; [molto lontano] là-bas. | *là dove*, là où. | *chi va là?*, qui va là ? | *là dentro*, là-dedans. ‖ [rafforzativo] *quel signore là*, ce monsieur-là. | *quelli là*, ceux-là. | *eccolo là*, le voilà. | *guarda là che sporcizia*, regarde un peu quelle saleté. ‖ LOC. *là, ci siamo*, enfin on y est ; ça y est. | *ohi là !*, eh là ! ‖ LOC. FAM. *(ma) va' là !*, allons donc !, allez !, va ! (V. anche ANDARE, LI.) ◆ LOC. AVV. ***qua e là,*** ici et là ; par-ci, par-là ; çà et là. ‖ ***in là,*** d'un autre côté, de l'autre côté. | *voltarsi in là*, se tourner d'un autre côté. ‖ PR. e FIG. *farsi, tirarsi in là* : PR. s'écarter ; FIG. s'effacer. | *andare in là*, [luogo, tempo e FIG.] avancer ; [ritardare] traîner. | *siamo in là con le ricerche*, nos recherches sont bien avancées. ‖ *più in là*, PR. e FIG. [più lontano] plus loin ; [più indietro] plus en arrière ; [più tardi] plus tard, par la suite. ‖ *da qui in là*, [luogo] à partir d'ici ; [tempo] à partir de maintenant, dorénavant. ‖ ***di là*** : *è di là*, il est à côté, dans l'autre pièce. | *è passato di là*, [moto per luogo] il est passé par là ; [moto a luogo] il est passé à côté, dans l'autre pièce. | *viene di là, da di là, da là*, il vient de là. | *l'uscita è di là*, la sortie est par là, de ce côté. ‖ LOC. FIG. *il mondo di là*, l'au-delà. | *essere più di là che di qua*, être plus mort que vif. ‖ *al di là*, au-delà. ‖ [sostant.] V. ALDILÀ. ◆ LOC. PREP. ***al di là di, di là da,*** au-delà de. ‖ FIG. *è ancora di là da venire*, ce n'est pas pour demain ; ce n'est pas demain la veille (fam.).
labbro ['labbro] (pr. **-a** pl. f. ; fig. **-i** pl. m.) m. lèvre f. | *stringere le labbra*, pincer les lèvres. ‖ LOC. FIG. *ha il cuore sulle labbra*, il est très sincère. | *pendere dalle labbra di qlcu.*, être suspendu aux lèvres de qn. | *a fior di labbra*, du bout des lèvres. ‖ [di ferita] lèvre f. ‖ [margine] bord. | *labbri di un vaso*, bords d'un vase. ‖ ANAT. lèvre f. ‖ MED. *labbro leporino*, bec-de-lièvre.
labiale [la'bjale] agg. ANAT., LING. labial. ◆ f. LING. labiale.
labializzare [labjalid'dzare] v. tr. LING. labialiser.
labializzazione [labjaliddzat'tsjone] f. LING. labialisation.
labiato [la'bjato] agg. BOT. labié.
labile ['labile] agg. [fugace] fugitif, passager, fugace, éphémère. ‖ [debole] faible, labile (raro). | *memoria labile*, mémoire faible, courte. ‖ [di carattere] instable, fragile. ‖ CHIM. instable, labile.
labilità [labili'ta] f. fragilité, instabilité.
labiodentale [labjoden'tale] agg. LING. labiodental. ◆ f. LING. labiodentale.
labiovelare [labjove'lare] agg. LING. labiovélaire. ◆ f. LING. labiovélaire.
labirinto [labi'rinto] m. PR. e FIG. labyrinthe.
laboratorio [labora'tɔrjo] m. laboratoire. ‖ [di operai, artigiani] atelier.
laboratorista [laborato'rista] (**-i** m. pl.) n. laborantin, e.
laboriosità [laborjosi'ta] f. capacité de travail, diligence. ‖ [difficoltà] difficulté.
laborioso [labo'rjoso] agg. [difficile] laborieux, difficile. ‖ [operoso, attivo] laborieux, travailleur.
labro ['labro] m. ZOOL. labre.
laburismo [labu'rizmo] m. POLIT. travaillisme.
laburista [labu'rista] agg. e n. POLIT. travailliste.
laburistico [labu'ristiko] (**-ci** pl.) agg. POLIT. travailliste.
lacca ['lakka] f. [sostanza] laque. ‖ [oggetto] laque m. ‖ [per capelli] laque. ‖ [per unghie] vernis (m.) à ongles. ‖ *gomma lacca*, gomme laque.
laccare [lak'kare] v. tr. laquer. ‖ *laccarsi le unghie*, se mettre du vernis à ongles.
laccato [lak'kato] agg. laqué. ‖ *unghie laccate*, ongles vernis.
laccatore [lakka'tore] m. laqueur.
laccatura [lakka'tura] f. laquage m.
lacchè [lak'kɛ] m. inv. PR. (arc.) laquais. ‖ FIG. laquais, larbin (fam.).
laccio ['lattʃo] m. lacet ; [per catturare cavalli, bovini] lasso. ‖ [stringa] lacet. ‖ FIG. [inganno, insidia] piège. ‖ LOC. FIG. *rimaner preso al laccio*, tomber dans un piège, dans le panneau. | *mettere il laccio al collo di qlcu.*, mettre la corde au cou de qn. ‖ MED. *laccio emostatico*, ligature hémostatique.
lacciolo [lat'tʃɔlo] m. lacet.
lacedemone [latʃe'dɛmone] agg. e n. lacédémonien.
lacerante [latʃe'rante] agg. PR. coupant. ‖ FIG. déchirant.
lacerare [latʃe'rare] v. tr. PR. déchirer, lacérer. ‖ FIG. déchirer. | *un grido lacerò l'aria*, un cri déchira l'air. | *voce che lacera le orecchie*, voix qui casse les oreilles, qui perce le tympan. ◆ v. rifl. se déchirer.
lacerazione [latʃerat'tsjone] f. [azione] déchirement m., lacération. ‖ [risultato] déchirure. ‖ FIG. déchirement m. ‖ MED. déchirure.
lacero ['latʃero] agg. déchiré, en loques, en lambeaux, loqueteux. ‖ [che porta abiti laceri] déguenillé, loqueteux, dépenaillé. ‖ MED. *ferita lacero-contusa*, plaie contuse.
laconicità [lakonitʃi'ta] f. laconisme m.
laconico [la'kɔniko] (**-ci** pl.) agg. laconique. ◆ agg. e n. STOR. laconien.
lacrima ['lakrima] f. larme, pleurs m. pl. (antiq., lett.). | *versare lacrime*, verser des larmes. | *scoppiare in lacrime*, fondre en larmes, en pleurs. | *piangere a calde lacrime*, pleurer à chaudes larmes, toutes les larmes de son corps. | *fiume di lacrime*, torrent, flot de larmes. | *ridere fino alle lacrime*, rire aux larmes. ‖ FIG. *questo lavoro mi è costato sudore e lacrime*, j'ai sué sang et eau pour faire ce travail. ‖ LOC. FIG. *avere le lacrime in tasca*, avoir toujours la larme à l'œil. ‖ BOT. [umore] larme, pleur m. ‖ FIG. [piccola quantità] larme (fam.), goutte. | *una lacrima di cognac*, une larme de cognac. ◆ m. inv. *lacrima Christi*, lacryma-christi.
lacrimale [lakri'male] agg. ANAT. lacrymal.
lacrimare [lakri'mare] v. intr. pleurer, larmoyer. ‖ (raro) [stillare] goutter, dégoutter.
lacrimazione [lakrimat'tsjone] f. larmoiement m.
lacrimevole [lakri'mevole] agg. pitoyable, lamentable.
lacrimogeno [lakri'mɔdʒeno] agg. lacrymogène. ‖ SCHERZ. *un film lacrimogeno*, un film larmoyant, pleurnichard.
lacrimoso [lakri'moso] agg. plein de larmes. | *viso lacrimoso*, visage baigné de larmes. ‖ [lacrimevole] lamentable, pitoyable. ‖ IRON. *romanzo lacrimoso*, roman larmoyant.
lacrimuccia [lakri'muttʃa] f. petite larme. | *spremere una lacrimuccia*, y aller de sa petite larme (fam.).
lacuale [laku'ale] agg. de lac, du lac. | *navigazione lacuale*, navigation sur le lac, sur les lacs.
lacuna [la'kuna] f. lacune. | *lacuna mnemonica*, lacune, trou (m.) de mémoire. ‖ BIOL. lacune.
lacunoso [laku'noso] agg. lacuneux, lacunaire, plein de lacunes.
lacustre [la'kustre] agg. lacustre.
laddove [lad'dove] avv. là où. ◆ cong. (lett., raro) alors que (L.C.), tandis que (L.C.).
ladino [la'dino] agg. e m. ladin.
ladreria [ladre'ria] f. vol m., pillage m.
ladresco [la'dresko] (**-chi** pl.) agg. de voleur.
ladro ['ladro] (**-a** f.) m. voleur. | *al ladro !*, au voleur ! | *ladro di strada*, voleur, bandit de grand chemin. | *ladro d'albergo*, rat d'hôtel. | *ladro di galline*, maraudeur, chapardeur. ‖ FIG. *ladro di cuori*, bourreau des cœurs. ‖ LOC. *vestito come un ladro*, habillé comme un clochard. | *cacciar via qlcu. come un ladro*, chasser qn comme un malpropre. | *andarsene come un ladro*, s'en aller comme un voleur. | *tempo da ladri*, temps de chien, de cochon. ‖ PROV. *l'occasione fa l'uomo ladro*, l'occasion fait le larron. ◆ agg. voleur, malhonnête. | *è un commerciante ladro*, c'est un commerçant malhonnête ; ce commerçant est voleur. ‖ FIG. *occhi ladri*, yeux fripons. ‖ [imprecazioni] *mondo ladro !, governo ladro !*, nom d'un chien !

ladrocinio [ladro'tʃinjo] m. V. LATROCINIO.
ladrone [la'drone] m. voleur. ‖ [grassatore] bandit de grand chemin. ‖ FIG. bandit, brigand. ‖ RELIG. *i due ladroni*, les deux larrons.
ladronesco [ladro'nesko] agg. de bandit, de brigand.
ladruncolo [la'drunkolo] m. chapardeur ; maraudeur.
lager ['lager] m. [ted.] camp de concentration.
laggiù [lad'dʒu] avv. là-bas.
laghetto [la'getto] m. petit lac. ‖ [di giardino] pièce (f.) d'eau.
lagna ['laɲɲa] f. FAM. jérémiade, pleurnicheries (pl.). | *piantala con questa lagna*, arrête de pleurnicher, arrête ces jérémiades. ‖ [persona noiosa] raseur m. (fam.), scie f. (fam.). | *quella donna è una lagna*, cette femme est assommante ; quelle scie, cette femme ! ‖ [cosa noiosa] barbe (fam.). | *che lagna !*, quelle barbe ! ‖ (arc.) lamentation (L.C.), plainte (L.C.).
lagnanza [laɲ'ɲantsa] f. récrimination, doléance, plainte, grief m. | *presentare le proprie lagnanze*, faire ses doléances, exposer ses griefs.
lagnarsi [laɲ'ɲarsi] v. rifl. se plaindre. ‖ ASSOL. *si lagna in continuazione*, il n'arrête pas de se plaindre, de gémir.
lagno ['laɲɲo] m. (lett.) plainte f. (L.C.).
lagnoso [laɲ'ɲoso] agg. geignard (fam.), pleurnichard (fam.), grognon (L.C.). ‖ [noioso] barbant (fam.), rasant (fam.), rasoir (fam.).
lago ['lago] (**-ghi** pl.) m. lac. ‖ FIG. [pozza] mare f., lac (lett.). | *giaceva in un lago di sangue*, il était étendu dans une mare de sang. | *essere in un lago di sudore*, être tout en nage.
lagopodo [la'gɔpodo] m. ZOOL. lagopède.
lagrima ['lagrima] e deriv. V. LACRIMA e deriv.
laguna [la'guna] f. lagune. | *laguna di atollo*, lagon.
lagunare [lagu'nare] agg. lagunaire.
1. lai ['lai] m. pl. (lett.) [lamenti] lamentations (L.C.), plaintes (L.C.). ‖ IRON. gémissements. | *levare alti lai*, se lamenter.
2. lai ['lai] m. STOR. LETT. lai.
laicale [lai'kale] agg. laïque, laïc. | *ridurre allo stato laicale*, rendre à l'état laïque.
laicato [lai'kato] m. laïcat ; laïques pl., laïcs pl.
laicismo [lai'tʃizmo] m. laïcisme.
laicista [lai'tʃista] (**-i** m. pl.) n. laïciste.
laicistico [lai'tʃistiko] (**-ci** pl.) agg. laïciste.
laicità [laitʃi'ta] f. laïcité.
laicizzare [laitʃid'dzare] v. tr. laïciser.
laicizzazione [laitʃiddzat'tsjone] f. laïcisation.
laico ['laiko] (**-ci** pl.) agg. laïque, laïc. | *scuola laica*, école laïque. ◆ m. (**-a** f.) laïque, laïc. ‖ *(frate) laico*, frère lai, convers. | *(suora) laica*, sœur laie.
laidamente [laida'mente] avv. (lett.) hideusement (L.C.) ; d'une façon obscène (L.C.).
laidezza [lai'dettsa] f. (lett.) hideur (L.C.). ‖ [sconcezza] turpitude (L.C.), obscénité (L.C.).
laido ['laido] agg. (lett.) hideux (L.C.), répugnant (L.C.), immonde (L.C.), obscène (L.C.). ‖ (raro) [brutto, deforme] hideux (L.C.), laid (L.C.).
1. lama ['lama] f. lame. ‖ PR. e FIG. *lama a doppio taglio* : PR. lame à double tranchant, à deux tranchants ; FIG. arme à double tranchant. ‖ FIG. *una delle migliori lame del regno*, une des plus fines lames du royaume.
2. lama ['lama] m. ZOOL. lama.
3. lama ['lama] m. RELIG. lama.
lamaismo [lama'izmo] m. RELIG. lamaïsme.
lamantino [laman'tino] m. ZOOL. lamantin.
lambda ['lambda] m. lambda.
lambiccamento [lambikka'mento] m. subtilité f. ‖ FIG. *perdersi in inutili lambiccamenti*, se torturer la cervelle pour rien.
lambiccare [lambik'kare] v. tr. CHIM. distiller (à l'alambic). ◆ v. rifl. FIG. *lambiccarsi il cervello*, se creuser, se torturer la cervelle.
lambiccato [lambik'kato] agg. FIG. alambiqué.
lambicco [lam'bikko] m. V. ALAMBICCO.
lambire [lam'bire] v. tr. lécher. | *l'acqua lambiva gli scogli*, l'eau effleurait les rochers.
lambrecchini [lambrek'kini] m. pl. lambrequins.
lambrì [lɑ̃'bri] m. lambris.
lambrusco [lam'brusko] m. [vino rosso] lambrusco.
lamé [la'me] agg. e m. [fr.] lamé.
lamella [la'mɛlla] f. lamelle.
lamellare [lamel'lare] agg. lamellaire.
lamellibranchi [lamelli'branki] m. pl. ZOOL. lamellibranches.
lamelliforme [lamelli'forme] agg. lamelliforme.
lamentare [lamen'tare] v. tr. déplorer, regretter. | *si lamentano tre morti*, on déplore trois victimes. ◆ v. rifl. se plaindre. | *il malato non ha fatto che lamentarsi*, le malade n'a pas cessé de se plaindre. | *lamentarsi con qlcu.*, se plaindre à qn. | *continuare a lamentarsi*, se lamenter. ‖ LOC. *non mi lamento*, je ne me plains pas.
lamentazione [lamentat'tsjone] f. lamentation. ‖ SCHERZ. pleurnicherie, jérémiade. ‖ RELIG. jérémiade.
lamentela [lamen'tɛla] f. plainte, doléance.
lamentevole [lamen'tevole] agg. (lett.) plaintif (L.C.). ‖ [degno di pietà] lamentable.
lamentevolmente [lamentevol'mente] avv. lamentablement, plaintivement.
lamentio [lamen'tio] m. (raro) plaintes f. pl.
lamento [la'mento] m. plainte f. ‖ POES. complainte f. ‖ MUS. lamento. | *il lamento d'Arianna*, le lamento d'Ariane.
lamentoso [lamen'toso] agg. plaintif ; geignard (fam.).
lametta [la'metta] f. lame (de rasoir).
lamia ['lamja] f. MIT., ZOOL. lamie. ‖ PER EST. [strega] mégère, sorcière.
lamiera [la'mjɛra] f. TECN. tôle.
lamierino [lamje'rino] m. tôle (f.) fine.
lamierista [lamje'rista] (**-i** pl.) m. tôlier.
lamina ['lamina] f. lame, feuille, plaque. ‖ ANAT. lame. ‖ BOT. limbe m.
1. laminare [lami'nare] agg. laminaire.
2. laminare [lami'nare] v. tr. TECN. [ridurre in lamine] laminer. ‖ [ricoprire di lamine] plaquer. | *laminare di Formica un tavolo*, plaquer une feuille de Formica sur une table, recouvrir une table de Formica.
1. laminato [lami'nato] agg. TECN. laminé. ‖ [ricoperto] plaqué. ◆ m. laminé.
2. laminato [lami'nato] agg. e m. V. LAMÉ.
laminatoio [lamina'tojo] m. TECN. laminoir.
laminatore [lamina'tore] m. lamineur.
laminatura [lamina'tura] f. TECN. laminage m.
laminazione [laminat'tsjone] f. TECN. laminage m.
lampada ['lampada] f. lampe. | *lampada di sicurezza*, lampe de sûreté. | *lampada a stelo*, lampadaire m. | *lampada da comodino, da notte*, lampe de chevet. | *lampada da tavolo*, lampe de bureau. | *lampada da muro*, applique. ‖ FOT. *lampada a lampo*, flash m. ‖ TECN. *lampada per saldare*, lampe à souder.
lampadario [lampa'darjo] m. lustre.
lampadina [lampa'dina] f. [globo di vetro] ampoule. ‖ [lampada] lampe. | *lampadina tascabile*, lampe de poche. | *lampadina spia*, voyant m.
lampante [lam'pante] agg. PR. (raro) lampant. ‖ [lucido] éclatant (L.C.), brillant (L.C.). ‖ FIG. (L.C.) évident, manifeste. | *verità lampante*, vérité éclatante, évidente.
lampara [lam'para] f. lamparo m.
lampeggiamento [lampeddʒa'mento] m. clignotement. ‖ [serie di lampi] éclairs pl.
lampeggiare [lamped'dʒare] v. intr. METEOR. *il cielo lampeggiava*, des éclairs sillonnaient le ciel. ‖ [impers.] *lampeggia*, il y a des éclairs. ‖ FIG. [sfolgorare] étinceler, briller. | *l'odio lampeggia nei suoi occhi*, ses yeux étincellent de haine. ‖ PER EST. clignoter. ‖ AUTOM. *far lampeggiare i fari*, faire des appels de phares. ‖ FAM. *lampeggiare prima di girare*, clignoter avant de tourner.
lampeggiatore [lampeddʒa'tore] m. AUTOM. clignotant. ‖ FOT. flash.
lampeggio [lamped'dʒio] m. [serie di lampi] suite (f.) d'éclairs, succession (f.) d'éclairs. ‖ [di luce artificiale] clignotement.
lampionaio [lampjo'najo] m. allumeur de réverbères.
lampioncino [lampjon'tʃino] m. lampion ; lanterne vénitienne f.
lampione [lam'pjone] m. [elettrico] lampadaire, réverbère. ‖ [a gas] réverbère, bec de gaz. ‖ [di carrozza] lanterne f.
lampiride [lam'piride] m. ZOOL. lampyre, ver luisant.
lampista [lam'pista] m. lampiste.

lampisteria [lampiste'ria] f. lampisterie.
lampo ['lampo] m. PR. éclair. || LOC. *correre come un lampo*, courir comme une flèche. | *veloce come il lampo*, rapide comme l'éclair. | *in un lampo*, en un clin d'œil, en un instant. || FIG. éclair. || FOT. *lampo al magnesio*, éclair de magnésium. || [con funzione aggettivale] éclair ; très rapide. | *visita lampo*, visite éclair. | *chiusura lampo*, fermeture Eclair.
lampone [lam'pone] m. BOT. [pianta] framboisier. || [frutto] framboise f.
lampreda [lam'prεda] f. ZOOL. lamproie.
lana ['lana] f. laine. | *stoffa di lana*, lainage m. | *indumento di lana*, vêtement de laine, lainage. || PER ANAL. *lana di vetro*, laine de verre. | *lana d'acciaio*, paille de fer. | *lana di legno*, laine de bois. || LOC. SCHERZ. *che lana !*, quel chenapan !, quel garnement ! | *è una buona lana*, c'est un polisson, un mauvais sujet.
lanaiolo [lana'jɔlo] n. [operaio] laineur, euse. || [chi lavora o vende] lainier.
lanceolato [lantʃeo'lato] agg. BOT. lancéolé.
lancetta [lan'tʃetta] f. aiguille. | *lancetta delle ore, dei minuti*, grande aiguille, petite aiguille. | *lancetta dei secondi*, aiguille des secondes, trotteuse. || BOT. tulipe sauvage. || CHIR. lancette.
1. lancia ['lantʃa] (**-ce** pl.) f. **1.** lance. | *impugnare una lancia*, brandir une lance. || LOC. FIG. *partire lancia in resta contro qlcu., qlco.*, partir en guerre contre qn, qch. | *spezzare una lancia in favore di qlcu.*, rompre des lances pour qn. || **2.** [tubo metallico] lance. | *lancia di idrante*, lance d'incendie. || **3.** [fiocina] harpon m.
2. lancia ['lantʃa] (**-ce** pl.) f. [a remi] chaloupe, canot m. || [a motore] vedette, canot m.
lanciabombe [lantʃa'bombe] m. invar. MIL. mortier. || AER. lance-bombes.
lanciafiamme [lantʃa'fjamme] m. invar. MIL. lance-flammes.
lanciamissili [lantʃa'missili] m. invar. MIL. lance-fusées.
lanciarazzi [lantʃa'raddzi] m. invar. MIL. lance-fusées, lance-roquettes.
lanciare [lan'tʃare] v. tr. **1.** [gettare con impeto] lancer. | *lanciare un proiettile, un razzo*, lancer un projectile, une fusée. | *lanciare delle pietre*, lancer, jeter des pierres. || FIG. lancer, jeter. | *lanciare un appello*, lancer un appel. | *lanciare un'occhiata di disprezzo*, jeter un coup d'œil méprisant. | *lanciare un'accusa contro qlcu.*, lancer une accusation contre qn, accuser qn. | *lanciare un'idea*, lancer une idée. | *lanciare una canzone*, lancer une chanson. || **2.** PER EST. [spingere in avanti con impeto] lancer. | *lanciare un cavallo al galoppo*, lancer un cheval au galop. || **3.** [spingere avanti, mettere in valore] lancer. | *voleva lanciare suo figlio nel commercio*, il voulait lancer son fils dans le commerce. ◆ v. rifl. [gettarsi con impeto] se lancer, s'élancer, se jeter. | *lanciarsi in avanti*, s'élancer en avant. | *lanciarsi da un auto in corsa*, se jeter d'une voiture en marche. | *lanciarsi da un aereo*, sauter d'un avion. || [avventarsi] se lancer, se jeter, se ruer. | *lanciarsi contro qlcu.*, se jeter, se ruer sur qn. || FIG. *lanciarsi in speculazioni*, se lancer dans des spéculations. | *lanciarsi in un'impresa ardua*, se lancer, se jeter à corps perdu dans une entreprise ardue. ◆ v. recipr. échanger, se lancer. | *lanciarsi degli epigrammi*, échanger des épigrammes. | *si sono lanciati degli insulti*, ils se sont lancé des insultes.
lanciatore [lantʃa'tore] (**-trice** f.) m. SPORT lanceur, euse.
lanciere [lan'tʃεre] m. MIL. lancier.
lancinante [lantʃi'nante] agg. lancinant.
lancio ['lantʃo] m. lancement, jet, projection f. | *lancio di sassi*, lancement, jet, projection de pierres. || SPORT lancer. | *lancio del disco*, lancer du disque. || [con un dispositivo di propulsione] lancement. | *lancio di un razzo*, lancement d'une fusée. || [su una nave] *ponte di lancio*, pont d'envol. || [dall'alto : il lanciarsi] saut. | *fare un lancio dal trampolino*, faire un saut du tremplin. || [il lanciare] largage. || PER EST. [impeto] élan, saut. || FIG. [pubblicità] lancement.
landa ['landa] f. lande.
landau [lɑ̃'do] m. [fr] o **landò** [lɑ̃'do] m. ANTIQ. [carrozza] landau. || [automobile] landaulet (arc.), coupé semi-décapotable (L.C.).
laneria [lane'ria] f. lainerie.
lanetta [la'netta] f. lainage (m.) fin.
languente [lan'gwente] agg. languissant ; faiblissant, mourant. | *fuoco languente*, feu mourant.
languidamente [langwida'mente] avv. languissamment, langoureusement.
languidezza [langwi'dettsa] f. [debolezza] faiblesse, langueur (antiq.). || [malinconia, apatia] langueur.
languido ['langwido] agg. affaibli, faible, languissant (lett.) ; [con affettazione] languissant, languide (lett.), langoureux (arc., scherz.). | *languido per la malattia*, affaibli par la maladie. | *far la voce languida*, prendre une voix languissante. | *occhio languido*, œil langoureux. || LOC. *sentirsi lo stomaco languido*, avoir un creux à l'estomac. || [genericamente] faible. | *luce languida*, lumière faible.
languire [lan'gwire] v. intr. PR. e FIG. languir. || [vegetali] s'étioler, languir (antiq.). || [di fiamma] s'affaiblir, mourir.
languore [lan'gwore] m. langueur f. || LOC. *languore allo stomaco*, creux à l'estomac.
laniccio [la'nittʃo] m. moutons pl. (fam.), poussière f.
laniere [la'njεre] m. lainier.
laniero [la'njεro] agg. lainier.
lanificio [lani'fitʃo] m. filature (f.) de laine.
lanigero [la'nidʒero] agg. (lett.) laineux (L.C.).
lanolina [lano'lina] f. lanoline.
lanoso [la'noso] agg. laineux.
lanterna [lan'tεrna] f. lanterne. | *lanterna cieca*, lanterne sourde. | *lanterna magica*, lanterne magique. || LOC. FIG. *prendere lucciole per lanterne*, prendre des vessies pour des lanternes. || [di un faro] fanal m., phare m. || ARCHIT. lanterne.
lanternino [lanter'nino] m. PR. V. LANTERNA (dimin.). || LOC. FAM. *cercare col lanternino*, chercher partout, chercher avec un soin minutieux. || FIG. *andare a cercarsele col lanternino*, chercher des complications.
lanugine [la'nudʒine] f. duvet m.
lanuginoso [lanudʒi'noso] agg. duveteux, lanugineux.
lanuto [la'nuto] agg. laineux.
lanzichenecco [lantsike'nekko] m. STOR. MIL. lansquenet.
laonde [la'onde] cong. ANTIQ. c'est pourquoi (L.C.).
laotiano [lao'tjano] agg. e m. laotien.
lapalissiano [lapalis'sjano] agg. banal, évident. | *verità lapalissiana*, lapalissade ; vérité de La Palice.
lapidare [lapi'dare] v. tr. PR. e FIG. lapider.
lapidario [lapi'darjo] (**-i** pl.) agg. PR. e FIG. lapidaire. ◆ m. [incisore di lapidi] graveur sur pierre. || [gioielliere] lapidaire. || [raccolta di epigrafi] collection (f.) d'inscriptions.
lapidazione [lapidat'tsjone] f. lapidation.
lapide ['lapide] f. [sepolcrale] pierre tombale ; [commemorativa] plaque commémorative.
lapideo [la'pideo] agg. (lett.) de pierre.
lapillo [la'pillo] m. GEOL. lapilli pl.
lapis ['lapis] m. invar. crayon.
lapislazzuli [lapiz'laddzuli] m. MIN. lapis, lapis-lazuli (inv.).
lappare [lap'pare] v. tr. e intr. laper.
lappone ['lappone] agg. e n. GEOG. lapon, e.
lapsus ['lapsus] m. invar. lapsus.
lardellare [lardel'lare] v. tr. CULIN. larder. || FIG. farcir.
lardello [lar'dεllo] m. lardon.
lardo ['lardo] m. lard (gras). || FIG. *una palla di lardo*, une masse de graisse ; [di un uomo] un gros lard (fam.).
lardoso [lar'doso] agg. gras.
largamente [larga'mente] avv. largement.
largheggiare [larged'dʒare] v. intr. être généreux. | *largheggiare nelle spese*, dépenser sans compter. | *un professore che largheggia nei voti*, un professeur qui note très généreusement. || IRON. *largheggia in promesse*, il est bien généreux en promesses, prodigue de promesses ; il ne ménage pas les promesses.
larghetto [lar'getto] avv. e m. MUS. larghetto.
larghezza [lar'gettsa] f. PR. largeur. | *la larghezza di questo tavolo è eccessiva*, cette table est trop large. | *il ponte ha una larghezza di soli cinque metri*, le pont n'a que cinq mètres de large, de largeur. || LOC.

larghezza di spalle, largeur des épaules, carrure. | *larghezza del torace*, tour (m.) de poitrine. | *larghezza di un vestito*, ampleur, largeur d'un vêtement. || FIG. [abbondanza] importance, abondance. | *una grande larghezza di mezzi*, de très gros moyens. || [ampiezza, apertura] largeur. | *larghezza di vedute*, largeur de vues. || [indulgenza, comprensione] compréhension, indulgence ; largeur d'idées. || [generosità] générosité, libéralité (lett.) ; [dono generoso] largesse, libéralité (lett.).

largizione [lardʒit'tsjone] f. (lett.). V. ELARGIZIONE.

largo ['largo] (**-ghi** pl.) agg. **1.** [opposto a lungo, alto] large. | *stanza larga quattro metri*, pièce de quatre mètres de large, large de quatre mètres. || **2.** [genericamente : ampio, vasto] grand, vaste, large. | *larga pianura*, vaste plaine. | *larga apertura*, large, grande ouverture. || [di vestito] ample, large. | *il tuo soprabito mi sta largo*, ton pardessus est trop large pour moi. || LOC. *stare a gambe larghe*, avoir les jambes écartées. || FIG. *qui si sta più larghi*, on est plus à l'aise ici. || PR. e FIG. *aver le spalle larghe* : PR. avoir de larges épaules ; FIG. avoir bon dos. || LOC. FIG. *essere di manica larga*, être coulant (fam.), indulgent. || **3.** [di cosa astratta] large. | *è meglio fare i conti larghi*, il vaut mieux calculer large. || **4.** [considerevole] large, grand, important, considérable, étendu. | *in larga misura*, dans une large mesure. | *una larga parte degli spettatori*, une grande partie des spectateurs. | *largo margine di guadagno*, importante marge bénéficiaire. | *dispone di larghi poteri*, il dispose de pouvoirs étendus, considérables. || **5.** [abbondante] abondant, gros, important. | *larghi mezzi*, gros moyens. | *larga messe di risultati*, moisson de résultats. || **6.** [generoso] généreux. | *è largo di cuore*, il a un cœur généreux. | *largo di consigli*, prodigue de conseils. || **7.** [indulgente] indulgent, compréhensif, coulant (fam.). || **8.** FON. ouvert. ◆ m. **1.** large, largeur f. | *in lungo e in largo*, en long et en large. || LOC. *fate largo !*, laissez passer, écartez-vous. || LOC. PR. e FIG. *farsi largo*, PR. se frayer un chemin ; FIG. faire son chemin. | *farsi largo a gomitate*, jouer des coudes. || **2.** [alto mare] large. || LOC PR. e FIG. *prendere il largo* : PR. gagner le large ; FIG. prendre le large (fam.), se sauver. || LOC. FIG. *tenersi al largo*, se tenir à distance. || **3.** [piazza] place f. || **4.** MUS. largo. ◆ f. LOC. *alla larga*, à distance. | *stare alla larga di qlcu.*, se tenir à distance de qn, éviter qn. || FIG. *prenderla alla larga, prenderla larga*, tourner autour du pot.

lari ['lari] m. pl. MIT. lares.

larice ['laritʃe] m. BOT. mélèze.

laringe [la'rindʒe] f. ANAT. larynx m.

laringeo [larin'dʒɛo] agg. laryngé, laryngien.

laringite [larin'dʒite] f. MED. laryngite.

laringoiatra [laringo'jatra] m. MED. laryngologiste, laryngologue.

laringoiatria [laringoja'tria] f. MED. laryngologie.

larva ['larva] f. larve. || FIG. *è una larva d'individuo*, c'est une loque.

larvale [lar'vale] agg. PR. e FIG. larvaire.

larvatamente [larvata'mente] avv. d'une façon voilée.

larvato [lar'vato] agg. FIG. voilé, déguisé. | *ha fatto delle larvate minacce*, il a fait des menaces voilées.

lasagna [la'zaɲɲa] f. CULIN. lasagne.

lasca ['laska] f. ZOOL. gardon m.

lasciapassare [laʃʃapas'sare] m. invar. laissez-passer.

lasciare [laʃ'ʃare] v. tr., rifl. e recipr.

◆ v. tr. **I.** [ABBANDONARE, SEPARARSI DA] quitter, laisser, abandonner.
II. + INFIN. [CONSENTIRE, PERMETTERE] laisser, permettre.
III. [CONCEDERE, DARE, NON TOGLIERE] laisser.
IV. [DARE, AFFIDARE] laisser.
V. + AGG. O COMPL. [FAR RESTARE] laisser.
VI. [MOLLARE] lâcher, laisser.
VII. + PARTICELLA AVV. [PERDERE] (y) laisser.
◆ v. rifl. [LASCIARSI + INFIN.] se laisser.
◆ v. recipr. [LASCIARSI] se quitter

◆ v. tr. **I.** ABBANDONARE, SEPARARSI DA. **1.** quitter, laisser, abandonner. | *ha lasciato la famiglia, il paese*, il a quitté, abandonné sa famille, le pays. | *lasciare il commercio*, se retirer des affaires. | *lasciamo questo discorso !*, laissons (là) ce discours ! | *questa preoccupazione non lo lascia mai*, ce souci ne le quitte, ne l'abandonne jamais. || LOC. *prendere o lasciare*, c'est à prendre ou à laisser. || GIOCHI *lascia o raddoppia*, quitte ou double. || LOC. FIG. *lasciare il mondo*, [farsi monaco] quitter le monde. | *lasciare questo mondo*, [morire] quitter ce monde. || **2.** [abbandonare una cosa per un'altra] *lasciare le scienze per le lettere*, délaisser les sciences pour les lettres. | *ha lasciato tutto per l'arte*, il a tout lâché pour l'art. || LOC. *lasciare il certo per l'incerto*, lâcher, laisser la proie pour l'ombre.

II. SEGUITO DA INFIN. O DA CHE + CONGIUNT. **1.** [consentire, permettere] laisser. | *lasciare fare, andare*, laisser faire, aller. | *lasciami pensare*, laisse-moi réfléchir. | *lascia che faccia quello che vuole*, laisse-le faire ce qu'il veut. | *lascia che io ti dica questo*, laisse-moi te dire ceci. | *lasciati dire che non è giusto*, permets-moi de te dire que ce n'est pas juste. || *lasciare vedere*, laisser voir, permettre de voir. | *quella siepe non lasciava vedere il giardino*, cette haie empêchait de voir, cachait le jardin. || **2.** LOC. *lasciare andare* [mollare], lâcher. | *lasciare andare la corda*, lâcher la corde. | *lasciare andare uno schiaffo a qlcu.*, flanquer (fam.) une gifle à qn. || **3.** LOC. *lasciare stare, perdere*, [non badare, non insistere] laisser tomber. | *lasciamo stare, perdere !*, laissons tomber ! ; passons ! | *lasciamo stare i particolari*, laissons de côté les détails ; passons sur les détails. || [non toccare] *lascia stare la mia roba !*, ne touche pas à mes affaires ! || [lasciare in pace] laisser tranquille, fiche(r) la paix à (fam.). || [non occuparsi] laisser. | *lascia stare, perdere il giornale, lavora !*, laisse le journal, travaille ! | *lasci stare, pago io*, laissez, je vous en prie, c'est moi qui paie. || **4.** [con particella pronominale] *lasciarsi strappare una promessa*, se laisser arracher une promesse. | *lasciarsi scappare un'occasione, delle parole imprudenti*, laisser échapper une occasion, des paroles imprudentes. | *lasciarsi scappare una parolaccia*, lâcher un gros mot.

III. CONCEDERE, DARE, NON TOGLIERE. **1.** laisser. | *lasciamogli le sue illusioni*, laissons-lui ses illusions. | *lasciagli un'altra possibilità !*, donne-lui, offre-lui encore une chance ! | *vi lascio questo tappeto per 100 000 lire*, je vous laisse ce tapis pour 100 000 lires. || **2.** LOC. *lasciare tempo al tempo*, laisser agir le temps. | *una moda che lascia il tempo che trova*, une mode passagère, destinée à ne pas durer.

IV. DARE, AFFIDARE. **1.** laisser. | *ho lasciato i bagagli al deposito*, j'ai laissé les bagages à la consigne. || LOC. *lasciare in consegna*, confier. | *lasciare in deposito*, laisser en dépôt. || *lasciare detto, lasciare scritto*, dire, faire dire ; laisser un message, écrire. | *ha lasciato detto di aspettarlo*, il a dit de l'attendre. | *ha lasciato detto nulla ?*, est-ce qu'il n'a pas laissé de message ? | *mi ha lasciato detto, scritto che tornerà domani*, il m'a fait dire, il m'a écrit qu'il reviendra demain. || **2.** [lasciare in eredità] laisser. || GIUR. léguer.

V. SEGUITO DA AGG. O COMPL. [far restare in un dato stato o situazione] laisser. | *lasciare qlcu. solo, nell'ignoranza, nel dubbio*, laisser qn seul, dans l'ignorance, dans le doute. | *il suo lavoro lascia a desiderare*, son travail laisse à désirer. | *lasciare a mezzo una frase*, s'arrêter au beau milieu d'une phrase. | *lasciare le cose a metà*, laisser les choses à moitié faites. | *lasciare fuori*, laisser dehors. | *lasciare da parte, fuori*, laisser de côté. | *lasciare indietro qlco., qlcu.*, laisser qch., qn derrière soi. | *lasciare indietro del lavoro*, se mettre en retard dans son travail.

VI. SMETTERE DI TENERE, MOLLARE, lâcher, laisser. | *lasciare la presa*, lâcher prise.

VII. CON PARTICELLA AVV. [perdere, rimetterci] (y) laisser, perdre. | *lasciarci la vita*, y laisser la vie, y laisser sa peau (fam.). | *ci ha lasciato un braccio*, il y a laissé, il a perdu un bras. || LOC. FIG. *ci ha lasciato le penne*, il y a laissé des plumes.

◆ v. rifl. [seguito da infinito] se laisser. | *lasciarsi andare*, se laisser aller. | *lasciati curare*, laisse-toi

soigner. | *lasciati consigliare,* écoute les conseils qu'on te donne. || Loc. *lasciarsi vivere,* se laisser vivre. ◆ v. recipr. se quitter.
lascito ['laʃʃito] m. Giur. legs.
lascivamente [laʃʃiva'mente] avv. lascivement.
lascivia [laʃ'ʃivja] f. lasciveté, lascivité, impudicité.
lascivo [laʃ'ʃivo] agg. lascif.
lasco ['lasko] (**-chi** pl.) agg. Mar. lâche, largue. ◆ m. jeu.
laser ['lazer] m. Fis. laser.
lassa ['lassa] f. Poes. laisse.
lassativo [lassa'tivo] agg. e m. laxatif.
lassismo [las'sizmo] m. Filos., Relig. laxisme.
lassista [las'sista] (**-i** m. pl.) agg. e n. laxiste.
1. lasso ['lasso] agg. (poet.) las, fatigué (l.c.). || Arc., Iron. *ahimè lasso!,* pauvre de moi!, hélas!
2. lasso ['lasso] agg. lâche. || Fig. souple.
3. lasso ['lasso] m. [nodo scorsoio] lasso.
4. lasso ['lasso] m. laps. | *lasso di tempo,* laps de temps.
lassù [las'su] avv. là-haut.
lastra ['lastra] f. **1.** plaque, feuille. | *lastra di metallo,* plaque, feuille de métal. || **2.** [di pietra, marmo] dalle, plaque. || **3.** [di vetro] plaque ; [vetro di finestra] vitre, carreau m. || **4.** [di ghiaccio] *sul fiume c'era una lastra di ghiaccio,* le fleuve était couvert d'une couche, d'une croûte de glace. | *oggi c'è una lastra di ghiaccio sulla strada,* aujourd'hui il y a du verglas sur la route ; la route est toute verglacée. || **5.** Med. *lastra radiografica,* radiographie, radio. || Fam. *farsi le lastre,* se faire faire des radios (l.c.). || **6.** Fot. plaque (sensible).
lastricare [lastri'kare] v. tr. paver.
lastricato [lastri'kato] agg. pavé. ◆ m. pavé, pavage, pavement.
lastricatore [lastrika'tore] m. paveur.
lastricatura [lastrika'tura] f. pavage m.
lastrico ['lastriko] m. pavé. || Loc. fig. *essere sul lastrico,* être sur la paille, sur le pavé. | *ridotto al lastrico,* réduit à l'extrême indigence.
lastrina [las'trina] f. petite plaque, plaquette. || [vetrino] lamelle.
lastrone [las'trone] m. plaque f., dalle f. || [di roccia senza appigli] paroi (f.) lisse.
latebra [la'tɛbra] f. Poet. recoin m.
latente [la'tɛnte] agg. latent.
latenza [la'tɛntsa] f. latence.
laterale [late'rale] agg. latéral. | *navate laterali della chiesa,* bas-côtés de l'église. || [in genealogia] *linea laterale,* ligne collatérale. || Ling. latéral. ◆ f. rue transversale. | *è una laterale di via Mazzini,* c'est une rue (transversale) qui croise la rue Mazzini. || Ling. latérale.
lateralmente [lateral'mente] avv. latéralement.
lateranense [latera'nɛnse] agg. du Latran. | *patti lateranensi,* traité, accords du Latran.
laterizi [late'rittsi] m. pl. matériaux (de construction), briques f. pl., tuiles f. pl.
laterizio [late'rittsjo] agg. [di terracotta] en terre cuite ; [di mattoni] en briques.
latice ['latitʃe] m. Bot. latex.
laticlavio [lati'klavjo] m. laticlave. || (lett.) *arrivare al laticlavio,* devenir sénateur.
latifoglio [lati'fɔʎʎo] agg. Bot. latifolié.
latifondista [latifon'dista] m. grand propriétaire foncier.
latifondo [lati'fondo] m. grande propriété (f.) foncière ; [termine tecnico] latifundium, latifondo. || Stor. latifundium, latifondo.
latineggiante [latined'dʒante] agg. latinisant.
latineggiare [latined'dʒare] v. intr. latiniser.
latinismo [lati'nizmo] m. latinisme.
latinista [lati'nista] m. e f. latiniste.
latinità [latini'ta] f. latinité.
latinizzare [latinid'dzare] v. tr. latiniser.
latinizzazione [latiniddzat'tsjone] f. latinisation.
latino [la'tino] agg. e m. latin.
latino-americano [la'tinoameri'kano] agg. latino-américain.
latitante [lati'tante] agg. Giur. en fuite, qui se cache. | *i criminali si sono resi latitanti,* les criminels ont pris la fuite, sont en fuite. || [che rifiuta di comparire in giudizio] contumace, contumax. ◆ n. fugitif, ive.
latitanza [lati'tantsa] f. Giur. fuite. | *la sua latitanza durava da quattro mesi,* il était en fuite depuis quatre mois ; il se tenait caché depuis quatre mois. | *ha preferito la latitanza,* il a préféré (prendre) la fuite ; il a préféré disparaître.
latitudinale [latitudi'nale] agg. Geog. de la latitude.
latitudine [lati'tudine] f. latitude.
lato ['lato] m. **1.** côté. | *è rimasto col lato destro paralizzato,* il est resté paralysé du côté droit. || Geom. *lati di un quadrato,* côtés d'un carré. || Mil. *lato destro di uno schieramento,* flanc droit d'une armée. || Loc. *a lato di,* à côté de. | *ai lati del caminetto,* des deux côtés de la cheminée. || *per ogni lato,* de tous (les) côtés. || **2.** Fig. côté, face f., aspect, point de vue. | *vedi solo un lato delle cose,* tu ne vois qu'un côté des choses. | *il lato economico, religioso,* l'aspect, le point de vue économique, religieux. | *i lati buoni di qlco.,* les bons côtés de qch. || Loc. *da un lato..., da un altro...,* d'un côté..., de l'autre... | *d'altro lato,* d'un autre côté, d'autre part.
latomie [lato'mie] f. pl. Stor. latomies.
latore [la'tore] (**-trice** f.) m. porteur, euse.
latrare [la'trare] v. intr. aboyer.
latrato [la'trato] m. aboiement.
latrina [la'trina] f. latrines pl., cabinets m. pl.
latrocinio [latro'tʃinjo] m. vol, escroquerie f.
latta ['latta] f. fer-blanc m. | *articoli di latta,* ferblanterie. || [recipiente] bidon m.
lattaio [lat'tajo] (**-a** f.) m. laitier, ère ; crémier, ère.
lattante [lat'tante] m. nourrisson, enfant à la mamelle. ◆ agg. à la mamelle, qui tète encore.
lattario [lat'tarjo] m. Bot. lactaire.
lattasi [lat'tazi] f. Chim. lactase.
lattazione [lattat'tsjone] f. lactation.
latte ['latte] m. **1.** lait. | *succhiare il latte,* téter. | *dare il latte,* allaiter. || Loc. *denti di latte,* dents de lait. | *vitello di latte,* veau de lait. || Loc. fig. *ha ancora il latte alla bocca,* si on lui pressait le nez, il en sortirait du lait (fam.). | *far venir il latte alle ginocchia,* assommer, accabler d'ennuis. | *essere tutto latte e miele,* être tout sucre et tout miel. || **2.** Per anal. [latice di certe piante] lait. || [preparazione simile al latte] lait. | *latte detergente,* lait démaquillant. | *latte di calce,* lait de chaux. || Culin. *latte di mandorle,* lait d'amandes. || **3.** Bot. *latte di gallina,* dame-d'onze-heures.
latteo ['latteo] agg. lacté. | *montata lattea,* montée du lait. | *farina lattea,* farine lactée. || Fig. laiteux, lacté (lett.). || Astron. *Via lattea,* Voie lactée.
latteria [latte'ria] f. [impianto industriale] laiterie. || [negozio] laiterie, crémerie.
lattescente [latteʃ'ʃɛnte] f. lactescent (lett.).
lattescenza [latteʃ'ʃɛntsa] f. lactescence (lett.).
lattice ['lattitʃe] m. V. latice.
latticello [latti'tʃɛllo] m. babeurre.
latticinio [latti'tʃinjo] (**-ni** pl.) m. laitage, produit laitier.
lattico ['lattiko] (**-ci** pl.) agg. Chim. lactique.
lattiera [lat'tjɛra] f. pot (m.) à lait.
lattiero [lat'tjɛro] agg. laitier.
lattifero [lat'tifero] agg. [di animali] laitier. || [di piante] lactifère. || Anat. lactifère.
lattiginoso [lattidʒi'noso] agg. laiteux, lactescent (lett.). || [di piante] lactifère, lactescent.
lattivendolo [latti'vendolo] (**-a** f.) m. laitier, ère.
lattoniere [latto'njɛre] m. ferblantier.
lattonzolo [lat'tontsolo] m. animal qui tète encore. || [maialino] cochon de lait ; [vitellino] veau de lait.
lattosio [lat'tɔzjo] m. Chim. lactose.
lattuga [lat'tuga] f. laitue.
lauda ['lauda] f. lauda. || Arc. [lode] louange.
laudano ['laudano] m. Farm. laudanum.
laudare [lau'dare] v. tr. (arc.). V. lodare.
laudario [lau'darjo] m. recueil de laudes.
laudativo [lauda'tivo] agg. (lett.) laudatif (l.c.).
laude ['laude] f. (poet.). V. lode. || (arc., lett.). V. lauda. ◆ pl. Relig. laudes.
lauracee [lau'ratʃee] f. pl. Bot. lauracées.
laurea ['laurea] f. [in Italia] laurea ; [in Francia] licence, maîtrise ; [il massimo titolo conferito dall'Università] doctorat m. ; [per medici] doctorat ; [per ingegneri] diplôme (m.) d'ingénieur. || Loc. *tesi di laurea,*

mémoire m., thèse (de 3e cycle); [di doctorat] thèse de doctorat. | *prendere la laurea*, obtenir, passer sa licence, son doctorat.

laureando [laure'ando] agg. = qui prépare une « laurea », une licence, un doctorat, un diplôme d'ingénieur. ◆ n. = étudiant inscrit en dernière année d'université.

laureare [laure'are] v. tr. [in Italia] décerner la « laurea ». ‖ [in Francia] décerner la licence, la maîtrise, le doctorat, le diplôme d'ingénieur. | *questa facoltà laurea ogni anno cento medici*, cent médecins sortent tous les ans de cette faculté. ◆ v. rifl. passer, obtenir sa « laurea », sa licence, son doctorat; obtenir le diplôme d'ingénieur.

laureato [laure'ato] (**-a** f.) agg. e m. **1.** [in Italia] docteur. ‖ [in Francia] licencié, diplômé, docteur. | *laureato in scienze*, licencié ès sciences. | *laureato in inglese*, licencié en anglais. | *è laureata in agraria*, elle est ingénieur agronome. | *laureato in ingegneria*, ingénieur diplômé. | *laureato in medicina*, docteur en médecine. ‖ **2.** [coronato d'alloro] couronné de lauriers.

laurenziano [lauren'tsjano] agg. de saint Laurent. ‖ *biblioteca Laurenziana*, bibliothèque Laurentienne. ‖ LETT. de Laurent de Médicis.

lauretano [laure'tano] agg. de Lorette.

laureto [lau'reto] m. (lett.) bois de lauriers (L.C.).

lauro ['lauro] m. (lett.) laurier (L.C.).

lauroceraso [lauro'tʃɛrazo] m. BOT. laurier-cerise.

laurotino [lauro'tino] m. BOT. laurier-tin, viorne (f.).

lautamente [lauta'mente] avv. abondamment, en abondance, largement.

lautezza [lau'tettsa] f. (raro) somptuosité, abondance.

lauto ['lauto] agg. [di cibo] somptueux, plantureux, abondant, copieux. ‖ [di compenso, ricompensa] important, considérable, gros, généreux. | *ne ha ricavato un lauto guadagno*, il en a retiré des bénéfices considérables. | *lauta ricompensa*, bonne récompense.

lava ['lava] f. lave.

lavabiancheria [lavabjanke'ria] f. invar. machine à laver.

lavabile [la'vabile] agg. lavable.

lavabo [la'vabo] m. lavabo. ‖ RELIG. lavabo.

lavacro [la'vacro] m. (lett.) [bagno] bain (L.C.); [il lavare] lavage (L.C.). ‖ FIG. purification f.

lavaggio [la'vaddʒo] m. lavage. | *lavaggio a secco*, nettoyage à sec. ‖ FIG. *lavaggio del cervello*, lavage de cerveau.

lavagna [la'vaɲɲa] f. [roccia] ardoise. ‖ [lastra per scrivere] tableau (m.) noir; [piccola e portatile] ardoise.

lavamano [lava'mano] m. lavabo.

1. lavanda [la'vanda] f. lavage m. | *lavanda gastrica*, lavage d'estomac. ‖ RELIG. *lavanda dei piedi*, lavement (m.) des pieds.

2. lavanda [la'vanda] f. BOT. lavande.

lavandaio [lavan'dajo] (**-a** f.) m. laveur, euse; blanchisseur, euse; lavandière (lett.). ‖ [donna che tiene una lavanderia] blanchisseuse. ‖ LOC. *parla come una lavandaia*, elle parle comme une harengère.

lavanderia [lavande'ria] f. blanchisserie, laverie. | *lavanderia automatica*, laverie automatique. | *lavanderia a secco*, teinturerie. ‖ [stanza in casa] buanderie.

lavandino [lavan'dino] m. [acquaio] évier. ‖ [lavabo] lavabo.

lavapiatti [lava'pjatti] m. e f. invar. plongeur, euse. ‖ f. [macchina] lave-vaisselle m.

lavare [la'vare] v. tr. **1.** laver. | *lavarsi le mani*, se laver les mains. | *lavare col sapone*, laver au savon, avec du savon. | *lavare col detersivo*, laver avec un détersif, du détersif; lessiver. | *lavare i panni*, laver le linge, faire la lessive. | *lavare i piatti*, faire, laver la vaisselle. ‖ PARTICOL. *lavare a secco*, nettoyer à sec. | *lavare una ferita*, nettoyer une blessure. ‖ ASSOL. faire la lessive, laver. ‖ **2.** FIG. laver, purifier, effacer. | *lavare un'offesa nel sangue*, laver un affront dans le sang. ‖ **3.** PITT. estomper. ‖ **4.** TECN. laver. ‖ **5.** LOC. FIG. *lavarsene le mani*, s'en laver les mains. | *lavare il capo a qlcu.*, laver la tête, passer un savon à qn. | *una mano lava l'altra*, il faut s'entraider. | *i panni sporchi si lavano in famiglia*, il faut laver son linge sale en famille. ◆ v. rifl. se laver.

lavastoviglie [lavasto'viʎʎe] m. e f. invar. plongeur, euse. ‖ f. [macchina] lave-vaisselle m.

lavata [la'vata] f. nettoyage m., lavage m. | *dare una lavata*, laver. ‖ FIG. *lavata di capo*, savon m. (fam.). | *dare una lavata di capo*, passer un savon.

lavatina [lava'tina] f. lavage m. (raro). | *dare una lavatina*, passer à l'eau. | *darsi una lavatina*, se débarbouiller, faire un brin de toilette.

lavativo [lava'tivo] m. FAM. [scansafatiche] tire-au-flanc.

lavatoio [lava'tɔjo] m. lavoir.

lavatrice [lava'tritʃe] f. machine à laver.

lavatura [lava'tura] f. **1.** lavage m. | *lavatura a secco*, nettoyage (m.) à sec. ‖ **2.** [liquido che è servito a lavare qlco.] lavure, rinçure. ‖ PR. e FIG. *lavatura di piatti*, eau de vaisselle (fam.).

lavello [la'vɛllo] m. évier.

laveria [lave'ria] f. laverie.

lavico ['laviko] (**-ci** pl.) agg. GEOL. de lave.

lavoracchiare [lavorak'kjare] v. intr. travailloter (fam.).

lavoraccio [lavo'rattʃo] m. [lavoro duro] sale boulot (fam.), corvée f. ‖ [lavoro mal fatto] travail bâclé, bousillage (fam.), sabotage.

lavorante [lavo'rante] m. e f. ouvrier, ère. | *sarto che assume un lavorante*, tailleur qui prend un ouvrier. | *lavorante a domicilio*, travailleur à domicile.

lavorare [lavo'rare] v. intr. **1.** travailler. | *lavorare da fabbro*, travailler comme forgeron. | *lavorare a cottimo*, travailler aux pièces. | *lavorare a cesello*, ciseler. | *lavorare a tempera*, peindre à la détrempe. | *lavorare ai ferri, a maglia*, tricoter. | *lavorare di cucito*, coudre. | *lavorare all'uncinetto*, faire du crochet. ‖ **2.** [servirsi di] jouer, travailler. | *lavorare di martello*, donner des coups de marteau. *lavorare di bastone*, jouer du bâton. | *lavorare di gomiti*, jouer des coudes. | *lavorare di schiena*, travailler dur. | *lavorare di cervello*, faire un travail intellectuel; [riflettere] faire travailler son cerveau (fam.). | *lavora di fantasia*, son imagination travaille; il brode (fam.). ‖ **3.** [essere attivo, agire] travailler, agir. | *il tuo cervello lavora troppo*, ton cerveau travaille trop. | *il male lavora dentro*, la maladie le minait, le rongeait. | *lavora per farmi del male*, il travaille, agit contre moi; il fait tout ce qu'il peut pour me nuire. ‖ **4.** [funzionare] fonctionner, travailler. | *stabilimento che lavora*, établissement qui fonctionne. ‖ **5.** [essere prospero] faire des affaires. | *negozio che lavora poco*, magasin qui fait peu d'affaires. ◆ v. tr. travailler. | *lavorare la terra*, travailler la terre. ‖ LOC. FAM. *lavorarsi qlcu.*, s'occuper de qn. | *lavorarsi il capufficio*, se mettre bien avec le chef de bureau, faire la cour au chef de bureau.

lavorata [lavo'rata] f. travail m. | *fare una lavorata di una giornata*, boulonner (pop.), trimer (fam.), travailler pendant une journée entière. | *fare una bella lavorata*, bien travailler, faire du bon travail.

lavorativo [lavora'tivo] agg. de travail. | *ore lavorative*, heures de travail. ‖ [di terreno] cultivable.

lavorato [lavo'rato] agg. travaillé.

lavoratore [lavora'tore] (**-trice** f.) m. **1.** travailleur, euse. | *lavoratore della mente*, travailleur intellectuel. | *festa dei lavoratori*, fête du travail. | *lavoratore dell'industria*, ouvrier, travailleur de l'industrie. | *lavoratrice domestica*, employée de maison. ‖ **2.** [chi lavora molto] grand travailleur. | *mia sorella è una (grande) lavoratrice*, ma sœur est une grande travailleuse. ‖ **3.** (arc.) paysan (L.C.). ◆ agg. travailleur, laborieux.

lavorazione [lavorat'tsjone] f. travail m. | *lavorazione a mano*, travail (fait) à la main. ‖ [di film] tournage m., réalisation. ‖ LOC. *essere in lavorazione*, être en cours d'exécution, de réalisation; être en chantier. | *ha un film in lavorazione*, il est en train de tourner un film.

lavoricchiare [lavorik'kjare] v. intr. travailloter (fam.).

lavorio [lavo'rio] m. activité (f.) intense, affairement. | *era tutto un lavorio di uomini e di macchine*, les hommes et les machines déployaient une activité intense. | *un lavorio inconcludente*, un affairement inutile. ‖ [occulto] manœuvres f. pl., intrigue f.

lavoro [la'voro] m. **1.** travail. | *il lavoro dei campi*, les travaux des champs. | *mettiamoci al lavoro*, mettons-nous au travail. || PARTICOL. *lavori pubblici*, travaux publics. | *lavori in corso !*, attention, travaux ! | *lavoro teatrale*, pièce (f.) de théâtre. || [cucito] ouvrage. | *cesto da lavoro*, panier à ouvrage. | *lavoro di cucito*, (ouvrage de) couture f. | *lavoro a maglia*, tricot. || **2.** [occupazione retribuita] travail. | *cercare lavoro*, chercher du travail. | *offerta di lavoro*, offre d'emploi. | *datore di lavoro*, employeur. | *tornare dal lavoro*, rentrer du travail. || [insieme dei lavoratori] travail. | *mondo del lavoro*, monde du travail. || **3.** [modo in cui una cosa è fatta] *lavoro finissimo*, travail très fin. || IRON. *ha fatto davvero un buon lavoro !*, vous avez fait du beau travail ! | *un'altra crisi di governo : bel lavoro !*, encore une crise ministérielle : c'est du propre, du beau, du joli ! || **4.** [azione degli agenti naturali] travail, action. | *il lavoro delle acque*, le travail des eaux. || FIS. travail.

laziale [lat'tsjale] agg. du Latium.

lazo ['laddzo] m. [sp.] lasso.

lazzaretto [laddza'retto] m. lazaret.

lazzarista [laddza'rista] (**-i** pl.) m. RELIG. lazariste.

lazzaronata [laddzaro'nata] f. canaillerie, filouterie (antiq.).

lazzarone [laddza'rone] m. FAM. **1.** filou, canaille f. || SCHERZ. canaille f., fripon, vaurien. || **2.** [fannullone] fainéant. || **3.** STOR. lazzarone.

lazzeretto [laddze'retto] m. V. LAZZARETTO.

lazzerone [laddze'rone] m. V. LAZZARONE.

lazzeruola [laddze'rwɔla] f. BOT. azerole.

lazzeruolo [laddze'rwɔlo] m. BOT. azerolier.

lazzo ['lattso] m. lazzi (invar.) ; bouffonnerie f., pitrerie f.

1. le [le] art. det. f. pl. les. || [con idea di possesso o di relazione col sogg.] mes, tes... | *non sa più niente delle sorelle*, il n'a plus de nouvelles de ses sœurs. || [non usato davanti a possess.] *le mie carte*, mes papiers. || (V. anche LA, IL.)

2. le [le] pron. pers. f. 3ª pers. sing. **1.** lui. | *non farle del male*, ne lui fais pas de mal. | *le veniva dietro*, il la suivait. | *le correva davanti*, il courait devant elle. || **2.** (anche m.) [formula di cortesia] vous. | *vorrei parlarle signore*, je voudrais vous parler, monsieur. | *le dico, signora...*, je vous dis, madame... || (V. anche GLI.)

3. le [le] pron. pers. f. 3ª pers. pl. ogg. les. | *lasciamole qui*, laissons-les ici. | *eccole*, les voilà. | *dammele*, donne-les-moi. | *vedendole*, en les voyant. || (V. anche LA, LO, LI.)

leader ['li:der] m. (pl. invar. o leaders) [ingl.] leader.

leale [le'ale] agg. loyal.

lealismo [lea'lizmo] m. loyalisme.

lealista [lea'lista] (**-i** pl.) agg. e n. loyaliste.

lealtà [leal'ta] f. loyauté.

leardo [le'ardo] agg. pommelé. ◆ m. cheval pommelé.

lebbra ['lebbra] f. PR. e FIG. lèpre.

lebbrosario [lebbro'sarjo] (**-i** pl.) m. léproserie f.

lebbroso [leb'broso] agg. e m. lépreux.

leccaculo [lekka'kulo] m. (volg.) lèche-cul, lécheur (fam.).

lecca-lecca ['lekka'lekka] m. invar. sucette f.

leccamento [lekka'mento] m. (raro) lèchement. || FIG. léchage, lèche f. (fam.).

leccapiatti [lekka'pjatti] m. e f. goinfre ; [parassita] pique-assiette (fam.).

leccapiedi [lekka'pjɛdi] m. (peggior.) lécheur (fam.), lèche-cul (volg.).

leccare [lek'kare] v. tr. lécher. || LOC. FIG. *leccarsi le dita, i baffi*, s'en lécher les doigts, les babines. || FIG. [adulare] faire de la lèche (à) [fam.]. || LOC. *leccare i piedi a qlcu.*, lécher les bottes de qn, à qn (fam.) ; faire de la lèche à qn (fam.). || [curare] fignoler (fam.), lécher. ◆ v. rifl. (fam.) se pomponner (L.C.).

leccata [lek'kata] f. coup (m.) de langue. || FIG. PEGGIOR. lèche (fam.), flagornerie.

leccato [lek'kato] agg. [curato] léché, fignolé (fam.). || [di persona] pomponné, tiré à quatre épingles.

leccatura [lekka'tura] f. lèchement m. (raro). || FIG. PEGGIOR. léchage (de bottes), lèche (fam.), flagornerie, flatterie.

lecceto [let'tʃeto] m. bois de chênes verts.

leccio ['lettʃo] m. BOT. chêne vert, yeuse f.

leccornia [lekkor'nia] f. bon morceau m., morceau (m.) de choix, bonne chose. ◆ pl. gourmandises.

lecitamente [letʃita'mente] avv. légitimement, à bon droit.

lecitina [letʃi'tina] f. BIOL. lécithine.

lecito ['letʃito] agg. **1.** permis. | *essere lecito*, être permis. | *posso chiederti, se è lecito, dove hai preso questi soldi ?*, sans vouloir être indiscret, puis-je savoir où tu as pris cet argent ? | *mi sia lecito dire*, permettez-moi de dire. | *non pensare che tutto ti sia lecito*, ne te crois pas tout permis. || **2.** [consentito dal buon senso o dalle convenienze] légitime, permis, juste. | *non è lecito difendersi ?*, n'est-il pas légitime, juste de se défendre ? | *piaceri leciti*, plaisirs légitimes. | *sono discorsi leciti*, ce sont des choses qu'on peut dire. || **3.** [consentito dalla legge] légitime, licite. ◆ m. ce qui est permis, ce qui est juste. | *chiedo solo il lecito*, je ne réclame que mon dû.

ledere ['lɛdere] v. tr. léser, porter atteinte à, nuire à. | *ledere la dignità di qlcu.*, léser la dignité de qn ; porter atteinte à la dignité de qn. | *ledere il buon nome di qlcu.*, porter atteinte, nuire à la réputation de qn. || MED. léser, blesser.

1. lega ['lega] f. **1.** ligue. | *stringersi in lega*, former une ligue, se liguer. || [di carattere economico] union. | *lega doganale, monetaria*, union douanière, monétaire. || PER EST. [accordo a danno di qlcu.] ligue, cabale, coterie. | *far lega contro qlcu.*, se liguer contre qn. || **2.** [prodotto ottenuto dalla fusione di materiali diversi] alliage m. | *metallo di buona, cattiva lega*, alliage de bonne, de mauvaise qualité. | *metalli che non fanno lega*, métaux inalliables. || LOC. FIG. *scherzo di bassa lega*, plaisanterie de mauvais goût. | *gente di bassa lega*, des gens de basse condition.

2. lega ['lega] f. [unità di misura] lieue.

legaccio [le'gattʃo] m. lien, lacet, ficelle f. || [di scarpe] lacet.

legale [le'gale] agg. légal. | *vie legali*, voies légales. | *medicina legale*, médecine légale. | *questioni legali*, questions juridiques. | *prova legale*, preuve juridique. | *tutore legale*, tuteur légal. | *consulente legale*, conseiller juridique. | *medico legale*, médecin légiste. | *studio legale*, étude d'avocat. | *ufficio legale*, [in un'azienda] bureau du contentieux. ◆ m. avocat, avocat-conseil.

legalismo [lega'lizmo] m. légalisme.

legalista [lega'lista] m. e f. légaliste.

legalistico [lega'listiko] agg. légaliste.

legalità [legali'ta] f. légalité.

legalitario [legali'tarjo] (**-i** pl.) agg. respectueux de la légalité. || POLIT. *partito legalitario*, parti de la légalité.

legalizzare [legalid'dzare] v. tr. légaliser.

legalizzazione [legaliddzat'tsjone] f. légalisation.

legalmente [legal'mente] avv. légalement.

legame [le'game] m. PR. e FIG. lien. | *legami di sangue*, liens du sang. || CHIM. [valenza] *legame chimico*, liaison (f.) chimique.

legamento [lega'mento] m. ANAT. ligament. || [legame] (raro) lien (L.C.).

legante [le'gante] m. TECN. liant.

1. legare [le'gare] v. tr. **1.** [stringere con un legame] lier ; [con uno spago] ficeler. | *legarsi le scarpe*, lier, nouer ses lacets, les lacets de ses souliers. | *legare un pacchetto*, ficeler, lier un paquet. || **2.** [fermare una cosa ad un'altra] attacher, lier. | *legare un cavallo ad un albero*, attacher un cheval à un arbre. || [detto di persona] lier, attacher ; [saldamente] ligoter. | *i ladri l'avevano legato saldamente*, les voleurs l'avaient solidement ligoté, solidement attaché. || **3.** FIG. [connettere] lier, unir. | *legare una frase all'altra*, lier deux phrases entre elles. | *legare la teoria alla pratica*, unir la théorie à la pratique. || [di legame affettivo] lier. | *legare la propria vita a quella di una donna*, lier sa vie à celle d'une femme. || **4.** LOC. *essere pazzo da legare*, être fou à lier. | *legare le mani a qlcu.*, lier les mains à qn, de qn. | *me la lego al dito*, je te (lui, vous) revaudrai ça ; je ne suis pas près de l'oublier. || **5.** [saldare, amalgamare] *(far) legare una salsa*, lier une sauce. || METALL. allier. || **6.** PARTICOL. [rilegare] relier. || [di gemma : incastonare] enchâsser, sertir. || MED. lier, ligaturer. || MUS. lier. ◆ v. intr. se lier [rifl.]. | *ha legato subito con quel ragazzo*, il s'est lié tout de suite avec ce garçon. || METALL. s'allier. ||

CULIN. *questa maionese non lega*, cette mayonnaise ne prend pas. ◆ v. rifl. se lier. | *legarsi con giuramento*, se lier par un serment. ◆ v. recipr. se lier.
2. legare [le'gare] v. tr. GIUR. léguer.
legata [le'gata] f. ficelage m. (raro). | *dare una legata*, lier tant bien que mal.
legatario [lega'tarjo] m. GIUR. légataire.
legatizio [lega'tittsjo] agg. du légat.
1. legato [le'gato] agg. PR. lié, attaché. | *tener legato il cane*, laisser le chien attaché, tenir le chien à la chaîne. | *aver un braccio legato al collo*, avoir un bras en écharpe. | *il pacchetto è legato male*, le paquet est mal ficelé. || FIG. [impacciato, rigido] embarrassé, qui manque d'aisance. | *stile legato*, style embarrassé. || [di muscolo] raide. || [di legame affettivo o vincolo] lié, attaché. | *sono molto legati*, ils sont très liés. || LOC. FIG. *aver le mani legate*, avoir les mains liées. | *essere legato mani e piedi*, être pieds et poings liés. || MUS. lié. ◆ avv. e m. MUS. legato.
2. legato [le'gato] m. légat.
3. legato [le'gato] m. GIUR. legs.
legatore [lega'tore] (**-trice** f.; **-tora** f. [pop.]) m. relieur, euse.
legatoria [legato'ria] reliure. || [laboratorio] atelier (m.) de reliure. | *portare un libro in legatoria*, porter un livre chez le relieur.
legatura [lega'tura] f. liage m. (raro). || [di libri] reliure. || MED. ligature. || MUS. liaison.
legazione [legat'tsjone] f. légation.
legge ['leddʒe] f. loi. | *legge naturale*, loi naturelle. | *dettar legge*, faire, dicter la loi. || LOC. *non conoscere, non aver legge*, être sans foi ni loi. || [regola giuridica] loi. | *legge quadro*, loi-cadre. | *a norma di legge*, suivant, selon la loi. | *essere fuori della legge*, être hors la loi. | *rimanere nella legge*, rester dans la légalité. | *far, essere legge*, avoir force de loi. || [la scienza del diritto] droit m. | *studiare legge*, étudier le droit, faire son droit. || [nelle scienze] loi. | *leggi economiche*, lois économiques. || [regola, norma] loi, règle. | *le leggi della buona educazione*, les lois de la politesse. | *leggi sintattiche*, règles de la syntaxe.
leggenda [led'dʒɛnda] f. légende.
leggendario [leddʒen'darjo] agg. légendaire. ◆ m. recueil de récits hagiographiques.
leggere ['lɛddʒere] v. tr. PR. lire. | *leggere il latino a prima vista*, lire le latin à livre ouvert. || [leggere di] *ho letto del suo ultimo film*, j'ai lu un article sur son dernier film. | *ho letto di un cane che ha salvato il padrone*, j'ai lu qu'un chien a sauvé son maître. | *non hai letto del terremoto in Sicilia?*, tu n'as rien lu sur le tremblement de terre en Sicile ? ; tu n'as pas lu qu'il y a eu un tremblement de terre en Sicile ? || PER ANAL. *leggere una piantina*, lire un plan. | *l'incaricato del gas legge il contatore*, l'employé du gaz relève le compteur. || FIG. *leggere nello sguardo*, lire dans les yeux. | *leggere la mano*, lire les lignes de la main. || MUS. *leggere una partitura*, lire une partition. | *leggere a prima vista*, déchiffrer.
leggerezza [leddʒe'rettsa] f. PR. e FIG. légèreté.
leggermente [leddʒer'mente] avv. légèrement. | *il malato è leggermente migliorato*, le malade va un peu mieux. || [avventatamente] légèrement, avec légèreté, à la légère.
leggero [led'dʒɛro] agg. **1.** [di poco peso] léger. || MIL. *artiglieria leggera*, artillerie légère. || SPORT *peso leggero*, poids léger. | *atletica leggera*, athlétisme. || LOC. FIG. *tener lo stomaco leggero*, ne pas s'alourdir l'estomac. || **2.** [agile] léger, agile, leste. | *passo leggero*, démarche légère. | *è leggero nei suoi movimenti*, ses mouvements sont agiles. || **3.** [poco importante] léger, petit, faible. | *pioggia leggera*, petite pluie. | *rumore leggero*, bruit léger, faible bruit. | *sonno leggero*, sommeil léger. | *in leggera discesa*, en pente douce. | *leggero difetto*, petit, léger défaut. || [non forte] léger. | *vino leggero*, vin léger. || [non grave] léger. | *ferita leggera*, blessure légère. || **4.** [facile] facile ; léger. | *letture leggere*, lectures faciles. || **5.** [superficiale] léger, frivole, superficiel. | *ha un carattere troppo leggero*, il est trop léger. | *ti comporti in modo assai leggero*, tu te conduis bien légèrement. | *è una testolina leggera*, c'est un écervelé ; il n'a pas de cervelle (fam.). || [incostante] léger (antiq.), changeant, capricieux. | *donna leggera*, femme légère (L.C.). || LOC. *a cuor leggero*, le cœur léger, d'un cœur léger. | *alla leggera*, à la légère. ◆ avv. légèrement. | *vestire, mangiare leggero*, s'habiller, manger légèrement.
leggiadramente [leddʒadra'mente] avv. avec grâce, d'une façon charmante.
leggiadria [leddʒa'dria] f. grâce, joliesse.
leggiadro [led'dʒadro] agg. gracieux, charmant.
leggibile [led'dʒibile] agg. lisible.
leggibilità [leddʒibili'ta] f. lisibilité.
leggicchiare [leddʒik'kjare] v. tr. [con stento] lire péniblement, mal lire. || [svogliatamente]. V. LEGGIUCCHIARE.
leggio [led'dʒio] m. pupitre ; [in chiesa] lutrin.
leggiucchiare [leddʒuk'kjare] v. tr. parcourir distraitement, lire en diagonale.
leghista [le'gista] (**-i** m. pl.) m. e f. ligueur, euse.
legiferare [ledʒife'rare] v. intr. légiférer. || FIG. SCHERZ. faire la loi.
legionario [ledʒo'narjo] m. MIL. légionnaire. ◆ agg. de la Légion.
legione [le'dʒone] f. légion. | *Legion d'onore*, Légion d'honneur. | *Legione straniera*, Légion (étrangère).
legislativo [ledʒizla'tivo] agg. législatif.
legislatore [ledʒizla'tore] (**-trice** f.) m. législateur, trice.
legislatura [ledʒizla'tura] f. législature.
legislazione [ledʒizlat'tsjone] f. législation.
legista [le'dʒista] m. GIUR. légiste.
legittima [le'dʒittima] f. GIUR. réserve, légitime.
legittimare [ledʒitti'mare] v. tr. GIUR. légitimer. || PER EST. [giustificare] légitimer, justifier, excuser.
legittimario [ledʒitti'marjo] m. GIUR. (héritier) réservataire.
legittimazione [ledʒittimat'tsjone] f. GIUR. légitimation.
legittimismo [ledʒitti'mizmo] m. STOR. légitimisme.
legittimista [ledʒitti'mista] (**-i** m. pl.) agg. e n. STOR. légitimiste.
legittimistico [ledʒitti'mistiko] (**-ci** pl.) agg. STOR. légitimiste.
legittimità [ledʒittimi'ta] f. GIUR. légitimité.
legittimo [le'dʒittimo] agg. [conforme alla legge] légitime. | *legittima difesa*, légitime défense. || [giusto] légitime, juste. | *orgoglio legittimo*, orgueil légitime, juste orgueil. || [conforme alla regola] correct. | *uso legittimo di un vocabolo*, usage correct d'un mot.
legna ['leɲɲa] (**-a** o **-e** pl.) f. bois m. | *spaccar la legna*, couper, casser du bois. || LOC. FIG. *portar legna al bosco*, porter de l'eau à la rivière. | *aggiungere legna al fuoco*, jeter de l'huile sur le feu.
legnaia [leɲ'ɲaja] f. bûcher m.
legnaiolo [leɲɲa'jɔlo] m. (antiq.) menuisier (L.C.).
legname [leɲ'ɲame] m. bois.
legnare [leɲ'ɲare] v. tr. rosser ; rouer de coups.
legnata [leɲ'ɲata] f. coup (m.) de bâton. || FAM. *prendersi un fracco di legnate*, recevoir une volée de coups de bâton, une raclée.
legnatico [leɲ'ɲatiko] m. GIUR. affouage.
legno ['leɲɲo] m. **1.** bois. | *mobile di legno di quercia*, meuble en (bois de) chêne. | *statua di legno*, statue en bois, de bois. | *gamba di legno*, jambe de bois. | *legno compensato*, contre-plaqué. || LOC. *duro come il legno*, dur comme du bois. || **2.** PARTICOL. [pezzo di legno] morceau, bout de bois, pièce (f.) de bois. || [da ardere] bûche f. || [bastone] bâton. || [nave] bateau. || POET. [albero] arbre (L.C.). || [carrozza] (tosc.) voiture. ◆ pl. MUS. bois.
legnosità [leɲɲosi'ta] f. lignosité.
legnoso [leɲ'ɲoso] agg. ligneux. || PER ANAL. filandreux. | *carne legnosa*, viande filandreuse. || FIG. raide, sans grâce. | *gesti legnosi*, gestes raides. | *stile legnoso*, style sec.
leguleio [legu'lɛjo] m. (peggior.) avocaillon (fam.).
legume [le'gume] m. légumineuse f. || PER EST. [ortaggio] légume.
legumiera [legu'mjɛra] f. légumier m.
leguminosa [legumi'nosa] agg. e f. BOT. légumineuse. | *le leguminose*, les légumineuses.
lei ['lɛi] pron. pers. 3ª pers. sing. f. **1.** [sogg. = ella] elle. | *è proprio lei*, c'est bien elle. | *vorrei partire ma lei non vuole*, je voudrais partir, mais elle ne veut pas.

| *lei stessa me l'ha detto*, elle me l'a dit elle-même. | *nemmeno lei lo sa*, elle ne le sait pas elle-même. | *lei, abbassarsi a tal punto!*, elle, s'abaisser à ce point! ‖ **2.** [compl. ogg.] elle, la. | *amo solo lei*, je n'aime qu'elle. | *vedo sempre lei*, je la vois toujours. ‖ **3.** [compl. di termine] | *ho affidato a lei mio figlio*, je lui ai confié mon fils. | *mi sono rivolto a lei*, je me suis adressé à elle. ‖ **4.** [compl. con prep.] elle. | *vado da lei*, je vais chez elle. ‖ *il di lei figlio, la di lei madre*, son fils, sa mère. ‖ **5.** [forma di cortesia : sogg. e compl.] vous. | *lei è andato a vedere quel museo?*, est-ce que vous êtes allé visiter ce musée? | *verrò da lei oggi*, je viendrai chez vous aujourd'hui. ‖ *il di lei padre*, votre père. ‖ Loc. *dare del lei a qlcu.*, vouvoyer qn, dire vous à qn.

leitmotiv ['laitmoti:f] m. [ted.] Mus. e Fig. leitmotiv.

lembo ['lɛmbo] m. **1.** pan. | *lembo di una camicia*, pan d'une chemise. ‖ Fig. *un lembo di cielo*, un pan de ciel. ‖ **2.** Per est. [pezzo, estremità] bout, morceau; extrémité f. | *lembo di stoffa*, bout, morceau d'étoffe. | *lembo di terra*, morceau de terre. | *l'estremo lembo d'Europa*, la partie la plus reculée d'Europe. ‖ **3.** [orlo] bord. ‖ **4.** Bot. limbe.

lemma ['lɛmma] m. Mat. lemme. | [di dizionario] article.

lemmario [lem'marjo] m. ensemble des articles d'un dictionnaire.

lemme lemme ['lɛmme'lɛmme] loc. avv. tout doucement, tout tranquillement.

lemure ['lɛmure] m. lémurien. ◆ pl. Mit. lémures.

lemuridi [le'muridi] m. pl. Zool. lémuridés.

lena ['lena] f. Pr. e fig. (lett.) haleine (l.c.), souffle m. (l.c.); fig. énergie, ardeur, bonne volonté. | *fuggire a tutta lena*, s'enfuir à toute allure. | *lavorare di buona lena*, travailler avec ardeur, avec entrain.

lendine ['lɛndine] m. lente f.

lene ['lɛne] agg. (lett.) doux (l.c.).

lenimento [leni'mento] m. adoucissement.

leninismo [leni'nizmo] m. Polit. léninisme.

leninista [leni'nista] (**-i** m. pl.) m. e f. Polit. léniniste.

lenire [le'nire] v. tr. adoucir, apaiser, calmer.

lenitivo [leni'tivo] agg. lénitif, lénifiant. ◆ m. lénitif.

lenocinio [leno'tʃinjo] (**-i** pl.) m. proxénétisme, maquereautage. ‖ Fig. [artificio] artifice.

lenone [le'none] (**-a** f.) m. (lett.) proxénète (l.c.), souteneur (l.c.), maquereau (pop.); ruffian (antiq.)

lentamente [lenta'mente] avv. lentement, doucement.

lente ['lɛnte] f. lentille. | *lente (d'ingrandimento)*, loupe. | *leggere con la lente*, lire à la loupe. ‖ Anat. *lente cristallina*, cristallin m. ◆ pl. [da vista] verres m. ‖ [occhiali] lunettes. ‖ *lenti a contatto, corneali*, verres de contact, lentilles cornéennes.

lentezza [len'tettsa] f. lenteur.

lenticchia [len'tikkja] f. lentille.

lenticolare [lentiko'lare] agg. lenticulaire, lenticulé.

lentiggine [len'tiddʒine] f. lentigo m., tache de rousseur, de son.

lentigginoso [lentiddʒi'noso] agg. couvert de taches de rousseur. | *viso lentigginoso*, visage taché de son.

lentisco [len'tisko] m. Bot. lentisque.

lento ['lɛnto] agg. lent | *è lento nel mangiare*, il mange lentement. | *lento a capire*, lent à comprendre. | *è lento a vestirsi*, il est long à s'habiller. | *a passi lenti*, à pas lents. | *a fuoco lento*, à feu doux, à petit feu. ‖ [allentato] lâche. ◆ m. e avv. Mus. lento.

lenza ['lɛntsa] f. [pesca] ligne. | *pescare con la lenza*, pêcher à la ligne. ‖ Fig. (rom.) *è una lenza*, c'est un malin, un futé.

lenzuolo [len'tswɔlo] (**-i** pl.; in senso collettivo **-a** f. pl.) m. drap (de lit). | *lenzuolo a due piazze, ad una piazza*, grand drap, petit drap. | *lenzuolo di sopra, di sotto*, drap de dessus, de dessous. | *rimboccare le lenzuola*, border le lit. ‖ Per est. *lenzuolo da bagno*, serviette (f.) de bain. | *lenzuolo mortuario*, linceul, suaire (lett.).

leoncino [leon'tʃino] m. lionceau.

leone [le'one] m. Pr. e fig. lion. ‖ Astron. lion. ‖ Bot. *bocca di leone*, gueule-de-loup f. | *dente di leone*, dent-de-lion f., pissenlit. ‖ Zool. *leone marino*, lion de mer.

leonesco [leo'nesko] (**-chi** pl.) agg. (raro) V. leonino.

leonessa [leo'nessa] f. Zool. lionne.

1. leonino [leo'nino] agg. de lion, léonin. | *ha un aspetto leonino*, il ressemble à un lion.

2. leonino [leo'nino] agg. Metrica. léonin.

leopardo [leo'pardo] m. léopard.

lepidezza [lepi'dettsa] f. [qualità] esprit m. ‖ [motto di spirito] trait (m.) d'esprit, facétie.

lepido ['lepido] agg. spirituel, fin, brillant, facétieux.

lepidotteri [lepi'dɔtteri] m. pl. Zool. lépidoptères.

lepore [le'pore] m. (lett.) grâce f., esprit.

leporidi [le'pɔridi] m. pl. Zool. léporides.

leporino [lepo'rino] agg. de lièvre. ‖ Loc. *labbro leporino*, bec-de-lièvre.

lepre ['lɛpre] f. lièvre m.; [femmina] hase. ‖ Loc. *correre, scappare come una lepre*, courir, détaler comme un lapin. ‖ Culin. *lepre in salmì*, civet de lièvre.

leprottino [leprot'tino] m. levreteau, lièvreteau.

leprotto [le'prɔtto] m. Zool. levraut.

lercio ['lɛrtʃo] (**-ce** f. pl.) agg. crasseux. ‖ Fig. abject, immonde, ignoble, dégoûtant.

lerciume [ler'tʃume] m. crasse f., ordure f. | *vivere nel lerciume*, vivre dans la crasse, dans l'ordure.

lesa maestà ['lezamaes'ta] loc. usata come f. lèse-majesté.

lesbico ['lɛzbiko] (**-ci** pl.) agg. lesbien, enne. ◆ f. lesbienne.

lesbismo [lez'bizmo] m. Med. lesbianisme, lesbisme; saphisme (lett.).

lesena [le'zɛna] f. Archit. pilastre m.

lesina ['lezina] f. alêne. ‖ Fig. [spilorceria] lésine.

lesinare [lezi'nare] v. tr. e intr. lésiner (sur), rogner (sur). | *lesinare il centesimo*, lésiner sur tout. ‖ Fig. marchander. | *non gli ha lesinato gli elogi*, il ne lui a pas marchandé les éloges. | *lesina anche le parole*, il est avare même de ses paroles.

lesionare [lezjo'nare] v. tr. lézarder.

lesione [le'zjone] f. **1.** atteinte, dommage m., préjudice m., lésion (solo giur.). ‖ **2.** [di case, edifici] lézarde, crevasse, fente, fissure. ‖ **3.** Med. lésion.

lesivo [le'zivo] agg. attentatoire (à), préjudiciable (à), dommageable (à); qui lèse; qui porte atteinte (à).

leso ['lezo] agg. lésé. ‖ Giur. lésé. | *la parte lesa*, la partie plaignante. ‖ Med. atteint.

lessare [les'sare] v. tr. cuire à l'eau, faire bouillir.

lessatura [lessa'tura] f. cuisson à l'eau.

lessicale [lessi'kale] agg. Ling. lexical.

lessico ['lessiko] (**-ci** pl.) m. lexique.

lessicografia [lessikogra'fia] f. Ling. lexicographie.

lessicografico [lessiko'grafiko] (**-ci** pl.) agg. Ling. lexicographique.

lessicografo [lessi'kɔgrafo] m. Ling. lexicographe.

lessicologia [lessikolo'dʒia] f. Ling. lexicologie.

lessicologico [lessiko'lɔdʒiko] (**-ci** pl.) agg. Ling. lexicologique.

lessicologo [lessi'kɔlogo] (**-gi** pl.) m. Ling. lexicologue.

lesso ['lesso] agg. bouilli, (cuit) à l'eau. | *patate lesse*, pommes de terre à l'eau, bouillies. ◆ m. bouilli. | *lesso di pollo*, poule (f.) au pot. | *lesso di manzo*, (bœuf) bouilli, pot-au-feu. | *cuocere a lesso*, cuire à l'eau.

lestamente [lesta'mente] avv. vite, rapidement, prestement, promptement; [con agilità] lestement, agilement.

lestezza [les'tettsa] f. [agilità] agilité; [prontezza] rapidité, promptitude.

lesto ['lɛsto] agg. **1.** [di persona] leste, agile, vif; [rapido] prompt, rapide, preste. ‖ [usato come avv.] *se ne andò lesto (lesto)*, il s'en alla très vite. | *la ragazza camminava lesta*, la jeune fille marchait rapidement. ‖ Loc. *essere lesto di mano*: [facile a menar botte] avoir la main leste; [ladro] être voleur. | *essere lesto di gambe*, avoir de bonnes jambes. | *essere lesto di lingua*, avoir la langue bien pendue, la repartie prompte. | *essere lesto d'ingegno*, avoir l'esprit prompt. ‖ **2.** [di cosa] vite fait; rapide, prompt. | *sarà una cosa lesta*, ce sera vite fait. | *decisione lesta*, décision vite prise, rapide. ‖ Loc. *alla lesta*, en vitesse.

lestofante [lesto'fante] m. filou, escroc.

letale [le'tale] agg. mortel. || BIOL. *fattore letale*, facteur létal.
letamaio [leta'majo] m. fosse (f.) à fumier. || FIG. porcherie f.
letame [le'tame] m. fumier.
letargia [letar'dʒia] f. MED. léthargie.
letargico [le'tardʒiko] (**-ci** pl.) agg. léthargique.
letargo [le'targo] (**-ghi** pl.) m. [animali] engourdissement, hibernation f. || MED. [dell'uomo] léthargie. || FIG. léthargie f., torpeur f., abattement. | *scuotersi dal letargo*, sortir de sa léthargie.
leteo [le'tɛo] agg. MIT. du Léthé.
letizia [le'tittsja] f. joie, allégresse, sérénité, félicité. | *in letizia*, dans l'allégresse, dans la joie.
letta ['lɛtta] f. coup (m.) d'œil, lecture rapide. | *dare una letta*, jeter un coup d'œil (sur), parcourir (v. tr.).
lettera ['lɛttera] f. **1.** [segno grafico] lettre. | *la somma va scritta in lettere*, il faut écrire la somme en toutes lettres. || [carattere di stampa] lettre, caractère m. || **2.** [senso di un testo, testo scritto] lettre. || LOC. *alla lettera*, à la lettre, au pied de la lettre, littéralement. | *riferisco le sue parole alla lettera*, je répète ses paroles mot pour mot, textuellement. | *tradurre alla lettera*, traduire littéralement, mot à mot. | *avanti lettera*, avant la lettre. || **3.** [comunicazione scritta] lettre. | *buca delle lettere*, boîte aux lettres. || PARTICOL. *lettera aperta*, lettre ouverte. | *lettere credenziali*, lettres de créance. || [Borsa] offre (L.C.). ◆ pl. [letteratura] lettres. | *facoltà di lettere*, faculté des lettres. | *uomo di lettere*, lettré m., homme de lettres. || (arc.) [cultura] lettres (antiq.). | *uomo di molte lettere*, homme qui a des lettres.
letterale [lette'rale] agg. littéral.
letteralmente [letteral'mente] avv. littéralement.
letterariamente [letterarja'mente] avv. littérairement.
letterarietà [letterarje'ta] f. littérarité.
letterario [lette'rarjo] agg. littéraire.
letterato [lette'rato] agg. lettré. ◆ m. (**-a** f.) lettré ; homme, femme de lettres. | *i letterati*, les gens de lettres. || [erudito] lettré ; érudit, ite.
letteratura [lettera'tura] f. littérature.
lettereccio [lette'rettʃo] agg. [termine burocratico] de lit. | *effetti letterecci*, literie ; linge de lit.
letterina [lette'rina] f. billet m., mot m., petite lettre.
lettiera [let'tjɛra] f. litière.
lettiga [let'tiga] f. ANTIQ. [letto portatile] litière. || [per ammalati] civière, brancard m.
lettighiere [letti'gjɛre] m. brancardier.
letto ['lɛtto] m. **1.** lit. | *letto matrimoniale*, grand lit, lit à deux places. | *letti a castello*, lits superposés. | *camera da letto*, chambre à coucher. | *a capo, ai piedi del letto*, à la tête, au pied du lit. | *sulla sponda del letto*, au bord du lit. | *andare a letto*, aller au lit, aller se coucher. | *essere a letto*, être au lit, couché. | *essere (costretto) a letto (ammalato)*, être obligé de garder le lit. | *mettersi a letto (ammalato)*, prendre le lit. | *mettere a letto i bambini*, mettre les enfants au lit ; coucher les enfants. | *alzarsi dal letto*, se lever. | *stare a letto fino a tardi*, faire la grasse matinée. || PARTICOL. *letto di degenza*, lit d'hôpital. || LOC. FIG. *letto di dolore*, lit de douleur. | *andare a letto con le galline*, se coucher comme les poules. | *essere in un letto di rose*, avoir la belle vie, vivre dans du coton. | *essere in un letto di spine*, ne pas avoir la vie facile. | *va' a letto !*, va te coucher !, va te promener ! || **2.** [riferito all'unione coniugale] lit. | *figlio di primo letto*, enfant du premier lit. | *dormire in letti separati*, faire lit à part. || LOC. *andare a letto con qlcu.*, coucher avec qn. || **3.** [di corso d'acqua] lit. || **4.** [strato, fondo] lit, couche f. | *letto di foglie*, lit de feuilles. | *letto di calcestruzzo*, couche de béton.
lettone ['lɛttone] agg. e n. letton, onne. || [lingua] lette, lettique, letton.
lettorato [letto'rato] m. lectorat, poste de lecteur.
lettore [let'tore] (**-trice** f.) m. [persona] lecteur, trice ; [che legge molto] liseur. || UNIV., RELIG. lecteur. || [strumento] lecteur.
lettuccio [let'tuttʃo] m. [di ospedale] lit à roulettes.
lettura [let'tura] f. **1.** lecture. | *libro di facile, difficile lettura*, livre facile, difficile à lire. | *esercitarsi nella lettura*, s'exercer à lire. | *dar lettura di un proclama*, donner lecture d'une proclamation. || [di misura] relevé m. | *lettura del contatore del gas, dell'acqua*, relevé du compteur à gaz, à eau. || **2.** PER EST. [libro] lecture, livre m. | *cattive letture*, mauvaises lectures. | *letture per ragazzi*, livres pour la jeunesse. || **3.** [discorso di argomento culturale] causerie ; [conferenza] conférence. || **4.** [interpretazione] interprétation. || FILOL. leçon.
letturista [lettu'rista] m. contrôleur (de compteurs).
leu ['lɛu] (**lei** pl.) m. [romeno] leu.
leucemia [leutʃe'mia] f. MED. leucémie.
leucemico [leu'tʃɛmiko] (**-ci** pl.) agg. e m. leucémique.
leucite [leu'tʃite] f. MIN. leucite.
leucocita [leuko'tʃita] (**-i** pl.) m. BIOL. leucocyte.
leucocitosi [leukotʃi'tɔzi] f. MED. leucocytose.
leucoma [leu'kɔma] m. MED. leucome.
leucorrea [leukor'rɛa] f. MED. leucorrhée.
1. leva ['lɛva] f. **1.** levier m. | *far leva sul badile*, faire levier sur la pelle. || LOC. FIG. *far leva su*, jouer sur, miser sur, exploiter (v. tr.), faire jouer (v. tr.). | *far leva sull'amor proprio di qlcu.*, faire appel à, faire jouer l'amour-propre de qn. | *far leva sul malcontento popolare*, exploiter le mécontentement populaire. || **2.** [comando di un dispositivo meccanico] levier m. | *leva a mano*, levier à main, manette (f.). | *leva a pedale*, levier à pied, pédale (f.). | *leva del cambio*, levier (de changement) de vitesse. || FIG. *avere in mano le leve del comando*, être aux leviers de commande.
2. leva ['lɛva] f. **1.** appel (m.) sous les drapeaux, conscription, recrutement m. | *essere di leva*, être appelé (sous les drapeaux). | *ufficio di leva*, bureau de recrutement. | *visita di leva*, conseil de révision. | *leva in massa*, levée en masse. || **2.** [servizio militare obbligatorio] *(servizio di) leva*, service (m.) militaire. | *obbligo di leva*, obligations militaires. | *renitente alla leva*, réfractaire m., insoumis m.. | *periodo di leva*, (temps du) service militaire. | *soldato di leva*, soldat du contingent m. || **3.** [contingente degli appartenenti ad una medesima classe] classe. | *la leva del 1950*, la classe 1950. || FIG. *le nuove leve*, la jeune génération.
levante [le'vante] m. est, levant. | *guardare a levante*, regarder vers l'est, vers le levant. || [paesi del Mediterraneo orientale] Levant, (pays de la) Méditerranée orientale. ◆ agg. solo nella loc. *sol levante*, soleil levant.
levantino [levan'tino] agg. e m. levantin.
levare [le'vare] v. tr., intr. e rifl.

◆ v. tr. **I.** [alzare] lever, soulever, élever.
II. [togliere] enlever, ôter, lever, retirer.
◆ v. intr. lever.
◆ v. rifl. **I.** [alzarsi] se lever, s'élever.
II. [togliersi] s'ôter, s'éloigner.

◆ v. tr. **I.** [alzare] **1.** soulever, lever. | *levare un peso*, soulever, lever un poids. | *levare qlcu. di peso*, soulever qn. || [parte del corpo] lever. | *levare il capo*, lever la tête. || FIG. élever. | *levare la mente a Dio*, élever son esprit vers Dieu. || LOC. FIG. *levare qlcu. al cielo*, porter qn aux nues. | *levare il dito contro qlcu.*, lancer des accusations contre qn. || FAM. *levare i tacchi*, décamper, filer. || **2.** [emettere] pousser, jeter, lancer. | *levare un grido*, pousser un cri. || **3.** [nella caccia] lever. || **4.** MAR. *levare l'ancora*, lever l'ancre. **II.** [togliere] **1.** [da un luogo] enlever, ôter. | *levategli questo coltello dalle mani*, ôtez-lui, enlevez-lui ce couteau des mains. | *leva le mani da lì !*, ne touche pas à ça ! || [vestiti] *levagli il cappotto*, enlève-lui, ôte-lui son manteau. | *levarsi le scarpe*, enlever, ôter ses chaussures. || [persone] *levare un bambino da una scuola*, retirer un enfant d'une école. | *levare qlcu. dagli studi*, faire abandonner ses études à qn. || PARTICOL. *levare la posta*, faire la levée du courrier. || GIUR. *levare i sigilli*, lever les scellés. || **2.** [far cessare] lever, supprimer. | *levare la seduta*, lever la séance. || PARTICOL. *levare la fame, la sete*, calmer la faim, la soif. | *levarsi la fame*, manger à sa faim, se rassasier. | *levarsi la sete*, boire ; étancher sa soif. || **3.** [estrarre] enlever, ôter ; [strappare] arracher, extraire. | *levare un dente*, arracher, extraire une dent. | *si è levato un* *dente*, il s'est fait arracher une dent. | *levare un granello di polvere dall'occhio*, enlever une poussière de l'œil. | *levarsi qlco. dalla tasca*, tirer, sortir qch de sa poche. || **4.** [attingere] tirer. || **5.** LOC. *levare di torno, di mezzo, via*, enlever, ôter, débarrasser. | *levare di mezzo un testimone scomodo*, faire disparaître un témoin gênant. | *levamelo di torno!*, débarrasse-moi de lui! | *levarsi di torno qlcu.*, se débarrasser de qn. || EUF. *levar qlcu. di mezzo*, supprimer qn, faire disparaître qn. | *levar la parola di bocca a qlcu.*, [impedirgli di parlare] ôter, retirer la parole à qn; fermer la bouche à qn (fam.). | *mi hai levato la parola di bocca*, [mi hai prevenuto] tu as dit juste ce que je voulais dire. | *levare d'impiccio*, tirer d'embarras. | *levami una curiosità*, est-ce que je peux te demander une chose? | *levare il fiato*, couper le souffle. | *non te lo leva nessuno*, tu n'y couperas pas. | *ti leverò la voglia!*, je te ferai passer l'envie! || **6.** LOC. [con particella pronominale] *levarsi la voglia di*, se payer le luxe de. | *levarsi un capriccio*, se passer un caprice. | *levarsi il cappello davanti a qlcu.*, tirer son chapeau à qn. | *levarsi la maschera*, lever le masque. | *levarsi di dosso un pensiero*, se libérer d'un souci. || **7.** LOC. FAM. *la leverebbe ad un santo*, il ferait perdre la patience à un saint.

◆ v. intr. [lievitare] lever.

◆ v. rifl. **I.** [alzarsi] **1.** se lever. | *levarsi in piedi*, se lever, se mettre debout; [in modo impetuoso] se dresser sur ses pieds. | *levarsi dal letto*, se lever. | *levarsi da tavola*, se lever de table, quitter la table. | *si levò una brezza leggera*, une brise légère se leva. | *il sole si leva*, le soleil se lève. || **2.** [innalzarsi] s'élever; [di edificio] s'élever, se dresser. | *un grido si levò*, un cri s'éleva. | *levarsi in volo*, [uccelli] prendre son vol; [aereo] décoller, s'élever. || **3.** FIG. s'élever. | *levarsi sopra le passioni*, s'élever au-dessus des passions. || **4.** LOC. FIG. *levarsi in armi contro qlcu.*, prendre les armes contre qn. | *levarsi in difesa di qlcu.*, prendre la défense de qn.

II. [togliersi] s'éloigner, s'écarter, s'ôter (de). | *levati di torno!*, va-t'en!, fiche le camp! (fam.). | *levatevi di mezzo!*, ôtez-vous de là!, écartez-vous!, laissez passer!

levare [le'vare] m. ASTRON. lever. || MUS. levé.

levata [le'vata] f. **1.** [il levarsi] lever m. || [in una collettività specie MIL.] réveil m., lever m. || **2.** [il togliere] levée. | *levata (delle lettere)*, levée (du courrier). || **3.** FIG. *levata di scudi*, levée de boucliers.

levataccia [leva'tattʃa] f. lever (m.) matinal, réveil (m.) pénible. | *ho dovuto fare una levataccia*, j'ai été obligé de me lever à l'aube.

levato [le'vato] agg. [che non è a letto] levé. || [sollevato] soulevé. || LOC. *scappare a gambe levate*, se sauver à toutes jambes; prendre ses jambes à son cou.

levatoio [leva'tɔjo] agg. solo nella LOC. *ponte levatoio*, pont-levis.

levatrice [leva'tritʃe] f. sage-femme.

levatura [leva'tura] f. intelligence, niveau m., envergure. | *persona di alta levatura morale*, personne de haut niveau moral.

levigare [levi'gare] v. tr. polir, lisser. || FIG. polir. | *levigare lo stile*, polir son style.

levigatezza [leviga'tettsa] f. poli m.

levigato [levi'gato] agg. poli, lisse. || FIG. poli, soigné.

levigatrice [leviga'tritʃe] f. TECN. polissoir m.; [di orefice] lapidaire m.

levigatura [leviga'tura] f. polissage m.

levigazione [levigat'tsjone] f. TECN. polissage m. || GEOGR. érosion. || CHIM. lévigation.

levita [le'vita] (**-i** pl.) m. STOR. lévite.

levità [levi'ta] f. (lett.) légèreté (L.C.), délicatesse (L.C.).

levitare [levi'tare] v. intr. léviter.

levitazione [levitat'tsjone] f. lévitation.

levitico [le'vitiko] (**-ci** pl.) agg. lévitique.

levogiro [levo'dʒiro] agg. lévogyre.

levriere [le'vrjɛre] (**-a** f.) m. ZOOL. lévrier.

lezio [lɛttsjo] (**-zi** pl.) m. [specie al pl.] mines f. pl., minauderies f. pl. | *fare lezi*, minauder.

lezione [let'tsjone] f. **1.** [insegnamento] leçon, cours m. | *lezione privata*, leçon particulière. | *lezioni serali*, cours du soir. || [nella scuola, all'università] leçon; [specie nella scuola elementare] classe; [specie al liceo e all'università] cours. | *il maestro fa lezione*, le maître fait classe. | *il professore sta facendo lezione*, le professeur est en train de faire (son) cours. | *oggi non abbiamo lezione*, aujourd'hui nous n'avons pas classe, pas cours. | *andare, essere a lezione*, aller, être en classe, au cours. | *tenere delle lezioni sul Boccaccio*, faire un cours sur Boccace. | *orario delle lezioni*, emploi du temps. | *lezione inaugurale*, leçon inaugurale. || **2.** PER EST. FIG. [punizione] leçon. | *gli darò una bella lezione!*, je vais lui donner une leçon! | *sarà una buona lezione per lui*, cela, ça lui servira de leçon; cela, ça lui fera les pieds (fam.). | *belle lezioni dai a tuo figlio!*, c'est ça que tu apprends à ton fils! || **3.** [compito] leçon; [scritto] devoir m. | *fare le lezioni*, faire ses devoirs. | *studiare le lezioni*, étudier, apprendre ses leçons. || PR. e FIG. *recitare la lezione*, réciter sa leçon. || **4.** [nella liturgia romana] leçon. || **5.** FILOL. leçon, variante. || **6.** (arc.) [lettura] lecture (L.C.).

leziosaggine [lettsjo'saddʒine] f. affectation, afféterie. || pl. [moine] manières, minauderies.

leziosamente [lettsjosa'mente] avv. d'une manière affectée.

leziosità [lettsjosi'ta] f. affectation, mièvrerie.

lezioso [let'tsjoso] agg. affecté, maniéré. | *fare la leziosa*, faire la mijaurée, minauder.

lezzo ['leddzo] m. puanteur f., infection f.

1. li [li] art. det. pl. (arc., poet. e dial.) les. || [nelle date] *Roma, li 30 novembre*, Rome, (le) 30 novembre.

2. li [li] pron. pers. m. 3ª pers. pl. ogg. les. | *vorrei ringraziarli*, je voudrais les remercier. | *guardandoli*, en les regardant. | *ignoriamoli!*, ignorons-les! | *non abbandonarli!*, ne les abandonne pas! | *eccoli*, les voilà. | *lasciameli*, laisse-les-moi.

lì [li] avv. **1.** là. | *lì sopra*, là-dessus. | *lì intorno*, alentour, aux alentours. | *lì vicino, lì accanto*, (tout) à côté, tout près. || [rafforzativo] *quel libro lì*, ce livre-là. | *fermo lì!*, stop, arrête! || **2.** FIG. *siamo sempre lì*, on en est toujours là. | *le cose finirono lì*, les choses en restèrent là, s'arrêtèrent là. | *l'ho lasciato lì*, je l'ai planté là. | *e lì a ridere*, et de rire. || **3.** LOC. *qui e lì*, ici et là; par-ci par-là; çà et là. | *da, di lì*, [moto da luogo] de là; [moto per luogo] par là. | *via di lì!*, ôte-toi, ôtez-vous de là. | *giù di lì!*, descends, descendez de là! | *ha cinquant'anni o giù di lì*, il a cinquante ans ou un peu moins. | *da qui a lì*, d'ici à là; [tempo] d'ici là. | *di lì a poco*, peu de temps après. | *di lì ad un anno*, au bout d'un an. | *fin lì*, jusque-là. || FIG. *non voglio arrivare fin lì*, je ne veux pas en arriver là. || *essere lì lì* [per + infin.], être sur le point [de + infin.]. | *è stato lì lì per perdere il treno*, il a failli manquer le train. | *non è stato licenziato, ma è stato lì lì*, il n'a pas été renvoyé, mais il s'en est fallu de peu. | *se non sono cento, siamo lì*, s'ils ne sont pas cent, il s'en faut de peu. | *tutto lì*, rien de plus; un point, c'est tout. | *lì per lì non seppe cosa fare*, sur le moment il ne sut que faire. | *ho dovuto sostituirlo lì per lì*, j'ai dû le remplacer au pied levé. | *ho dovuto ripararlo lì per lì*, j'ai dû le réparer, tant bien que mal, comme j'ai pu. (V. anche LÀ.)

liana ['ljana] f. BOT. liane.

libagione [liba'dʒone] f. PR. e FIG. libation.

libare [li'bare] v. tr. e intr. (lett.) faire une libation.

◆ v. tr. [degustare] déguster, goûter.

libazione [libat'tsjone] f. V. LIBAGIONE.

libbra ['libbra] f. livre.

libeccio [li'bettʃo] m. vent du sud-ouest, « libeccio ».

libellista [libel'lista] (**-i** m. pl.) m. e f. pamphlétaire, libelliste (lett.).

libello [li'bɛllo] m. pamphlet, libelle. || GIUR. mémoire.

libellula [li'bɛllula] f. ZOOL. libellule.

liberale [libe'rale] agg. [generoso] généreux, libéral (antiq.), large. || [favorevole alla libertà] libéral. || POLIT. libéral. || (arc.) [degno di uomo libero] libéral. | *arti liberali*, arts libéraux. || LOC. *professioni liberali*, professions libérales. ◆ n. POLIT. libéral.

liberaleggiante [liberaled'dʒante] agg. POLIT. de tendance libérale.

liberalismo [libera'lizmo] m. POLIT. libéralisme.

liberalistico [libera'listiko] (**-ci** pl.) agg. POLIT. libéral.

liberalità [liberali'ta] f. libéralité, générosité. ‖ [azione] libéralité, largesses pl.
liberalizzare [liberalid'dzare] v. tr. ECON. POLIT. libéraliser.
liberalizzazione [liberaliddzat'tsjone] f. ECON. POLIT. libéralisation.
liberalmente [liberal'mente] avv. libéralement, généreusement.
liberamente [libera'mente] avv. librement.
liberare [libe'rare] v. tr. **1.** [restituire alla libertà] libérer, délivrer. | *i soldati liberarono il loro compagno*, les soldats délivrèrent leur compagnon. ‖ **2.** [sciogliere] libérer, délivrer, dégager, débarrasser. | *lo liberarono dalle catene*, ils le délivrèrent de ses chaînes. | *liberare qlcu. da una stretta*, libérer qn, dégager qn d'une étreinte. ‖ **3.** [eliminare quanto costituisce ostacolo o ingombro] débarrasser, dégager, libérer. | *liberare il campo dalle erbacce*, débarrasser le champ des mauvaises herbes. ‖ [un meccanismo] dégager, libérer. | *liberare un cavo*, dégager un câble. ‖ **4.** FIG. [sottrarre a] délivrer, affranchir, libérer. | *liberare qlcu. da un timore*, délivrer qn d'une crainte. | *liberare l'animo dalla paura di morire*, affranchir l'esprit de la peur de mourir. | *liberare la mente dai pensieri*, chasser les soucis. ‖ [svincolare da un obbligo] libérer, dégager, délier, délivrer. | *liberare qlcu. da un impegno*, libérer qn d'un engagement. | *liberare qlcu. da un voto*, délier, dégager qn d'un vœu. ‖ [allontanando qlcu.] délivrer, débarrasser, libérer. | *liberare qlcu. da un rivale, da un seccatore*, délivrer, débarrasser qn d'un rival, d'un importun. ‖ LOC. *Dio ce ne scampi e liberi!*, Dieu nous en préserve! ‖ **5.** CHIM., FIS. libérer. | *liberare un gas, energia*, libérer un gaz, de l'énergie. ◆ v. rifl. **1.** [rendersi libero] se libérer. ‖ **2.** [sciogliersi] se libérer, se délivrer, se dégager. ‖ **3.** FIG. [sottrarsi a, diventare esente di] se délivrer, s'affranchir, se libérer. | *liberarsi dai rimorsi*, se délivrer, se libérer de ses remords. | *liberarsi dalla superstizione*, s'affranchir de la superstition. ‖ ASSOL. *lascialo piangere, si libererà*, laisse-le pleurer, cela, ça le soulagera. ‖ [disimpegnarsi] se dégager, se libérer. | *liberarsi da un impegno*, se dégager d'une obligation. ‖ ASSOL. *non ho potuto liberarmi prima*, je n'ai pas pu me libérer plus tôt. ‖ [districarsi] se débarrasser, se délivrer.
liberativo [libera'tivo] agg. qui libère (de); libérateur.
liberatore [libera'tore] (**-trice** f.) agg. e m. libérateur, trice.
liberatorio [libera'tɔrjo] agg. COMM., GIUR. libératoire.
liberazione [liberat'tsjone] f. libération, délivrance. ‖ FIG. *la morte sarà la sua liberazione*, la mort sera une délivrance pour lui. | *provare un senso di liberazione*, se sentir plus libre, se sentir soulagé. ‖ PARTICOL. [di un paese, di un popolo] libération. ‖ GIUR. *liberazione condizionale*, libération, mise en liberté conditionnelle. ‖ FIS. libération.
libercolo [li'bɛrkolo] m. (peggior.) livre insignifiant, livre très quelconque, livre sans valeur.
liberismo [libe'rizmo] m. ECON. [dottrina] libéralisme, doctrine (f.) du libre-échange. ‖ [sistema] libre-échange.
liberista [libe'rista] (**-i** m. pl.) m. e f. ECON. libre-échangiste.
libero ['libero] agg. **1.** libre. | *il prigioniero fu lasciato libero*, le prisonnier fut mis en liberté, fut libéré. | *libero come l'aria*, libre comme l'air. | *è uno spirito libero*, il a une grande liberté d'esprit; c'est un esprit indépendant. | *essere libero di sé*, disposer de soi. | *è libero di ogni pregiudizio*, il n'a aucun préjugé. | *Lei è libero di decidere*, vous êtes libre de décider. | *se vuol fare così, libero!*, si vous voulez agir ainsi, libre à vous! | *non è sposato, è libero*, il n'est pas marié, il est libre. | *certificato di stato libero*, certificat de célibat. | *libero amore*, amour libre. | *libero pensatore*, libre penseur. ‖ ECON. *libero scambio*, libre-échange. | *libero professionista*, personne qui exerce une profession libérale. | *libera professione*, profession libérale. ‖ FILOS. *libero arbitrio*, libre arbitre. ‖ FIN. *libero corso di una moneta*, cours libre d'une monnaie. ‖ POLIT. *nazione libera*, pays libre. | *libere elezioni*, élections libres. ‖ **2.** [disinvolto, indifferente alle convenienze] libre. | *di costumi liberi*, de mœurs libres. | *questa ragazza ha un comportamento troppo libero*, cette jeune fille a des façons trop libres. | *discorsi liberi*, propos libres, lestes, osés. ‖ **3.** [non impegnato] libre. | *non sono libero stasera*, je ne suis pas libre, je suis pris ce soir. | *tempo libero*, temps libre. | *due ore libere*, deux heures de liberté. | *nelle ore libere ascolto musica*, pendant mes heures de loisir, j'écoute de la musique. | *è il mio giorno libero*, c'est mon jour de congé. ‖ **4.** [non occupato, non ingombro, non impedito] libre. | *spazio libero*, espace libre. | *la via è libera*, la route est libre. | *non c'è più una stanza libera in questo albergo*, il ne reste plus une chambre de libre dans cet hôtel. | *lasciar libero il passo*, ne pas encombrer le passage. | *ho le mani, le braccia libere*, j'ai les mains, les bras libres. | *all'aria libera*, à l'air libre. | *scendere a ruota libera*, descendre en roue libre. ‖ LING. *sillaba libera*, syllabe libre, ouverte. ‖ FIG. *aver mano libera*, avoir les mains libres, les coudées franches. | *avere il campo libero*, avoir le champ libre. | *dare via libera*, donner le feu vert. | *dar libero corso alla propria immaginazione*, donner libre cours à son imagination. | *parlare a ruota libera*, parler à tort et à travers. ‖ GIUR. *imputato lasciato a piede libero*, accusé laissé en liberté (provisoire). ‖ **5.** [non legato] *lasciar libero il cane*, laisser le chien en liberté. ‖ **6.** [non costretto da schemi] libre. | *verso libero, strofa libera*, vers libre, strophe libre. ‖ SPORT *nuoto stile libero*, nage libre. ‖ **7.** [non vietato] libre. | *ingresso libero*, entrée libre. | *passaggio libero*, passage libre. ‖ MIL. *essere in libera uscita*, avoir quartier libre.
liberoscambista [liberoskam'bista] (**-i** m. pl.) agg. e n. ECON. libre-échangiste.
libertà [liber'ta] f. **1.** liberté. | *rimettere in libertà i prigionieri*, remettre les prisonniers en liberté, rendre la liberté aux prisonniers. | *gli lasciano poca libertà*, on lui laisse peu de liberté. | *libertà di spirito*, liberté d'esprit. | *ha una grande libertà d'azione*, il a une grande liberté d'action; il a les coudées franches. | *libertà di movimento*, liberté de mouvement. ‖ LOC. *mettersi in libertà*, se mettre à l'aise, à son aise. ‖ FILOS., GIUR., POLIT. liberté. | *libertà provvisoria*, liberté provisoire. | *libertà di pensiero, di parola, di stampa, di associazione*, liberté de penser, de parler, de la presse, d'association. ‖ **2.** [assenza di impegni] liberté, loisir m. | *nelle (mie) ore di libertà*, pendant mes heures de loisir, de liberté. | *non ho un minuto di libertà*, je n'ai pas un moment de loisir, je n'ai pas une minute de libre. | *è il mio giorno di libertà*, c'est mon jour de congé. ‖ **3.** [mancanza di rispetto, eccessiva confidenza] liberté; familiarité (excessive). | *prendersi delle libertà*, prendre des libertés; ne pas se gêner. ‖ [formula di cortesia] *prendersi la libertà di*, prendre la liberté de; se permettre de. ‖ **4.** [licenza di modi, di linguaggio] liberté; [particol. di linguaggio] intempérance. | *libertà di costumi*, liberté de mœurs.
libertario [liber'tarjo] (**-i** pl.) agg. e m. libertaire.
liberticida [liberti'tʃida] (**-i** m. pl.) agg. e n. liberticide.
liberticidio [liberti'tʃidjo] (**-di** pl.) m. atteinte (f.) à la liberté, aux libertés.
libertinaggio [liberti'naddʒo] m. libertinage.
libertinismo [liberti'nizmo] m. libre pensée f., libertinage (antiq.).
libertino [liber'tino] agg. [scostumato] libertin, licencieux. ‖ STOR. [libero pensatore] libertin. ‖ [a Roma] des affranchis. ◆ m. [scostumato] libertin. ‖ STOR. [libero pensatore] libertin, libre penseur, esprit fort. ‖ [a Roma] fils d'affranchi.
liberto [li'bɛrto] (**-a** f.) m. STOR. affranchi, e.
liberty ['liberti] agg. e m. [ingl.] modern style; art nouveau; style nouille (fam.).
libico ['libiko] (**-ci** pl.) agg. e m. libyen.
libidine [li'bidine] f. luxure, lubricité, lascivité. ‖ FIG. avidité, convoitise, désir (m.) immodéré, effréné.
libidinoso [libidi'noso] agg. libidineux.
libido [li'bido] f. PSICANAL. libido.
libito ['libito] m. (lett.) désir (L.C.).
libra ['libra] f. (arc., poet.) balance. ‖ ASTROL. Balance.
libraio [li'brajo] m. libraire.
librario [li'brarjo] agg. des livres, du livre. | *mercato*

librario, marché du livre. | *commercio librario*, commerce des livres ; librairie. | *successo librario*, succès de librairie.
librarsi [li'brarsi] v. rifl. [tenersi in equilibrio] être, se tenir en équilibre. || [essere sospeso in aria] planer, voler (v. intr.) ; [salire] s'élever (dans les airs).
librato [li'brato] agg. AER. *volo librato*, vol plané.
libratore [libra'tore] m. planeur.
librazione [librat'tsjone] f. ASTRON. libration.
libreria [libre'ria] f. [negozio] librairie. | *libreria cartoleria*, librairie-papeterie. || [mobile] bibliothèque. || [raccolta di libri] bibliothèque.
libresco [li'bresko] (**-chi** pl.) agg. livresque.
librettista [libret'tista] (**-i** m. pl.) m. e f. librettiste.
libretto [li'bretto] m. [taccuino] carnet. || [documento] livret, carnet. | *libretto di risparmio*, livret (de caisse) d'épargne. | *libretto di assegni*, carnet de chèques. | *libretto di lavoro*, livret de travail. | *libretto personale (di un militare)*, livret militaire (individuel). | *libretto scolastico*, carnet de notes, livret scolaire. || AUTOM. *libretto di circolazione*, carte (f.) grise. || COMM. cahier, livre. || MUS. livret, libretto (it.).
1. libro ['libro] m. livre ; bouquin (fam.). | *libro tascabile*, livre de poche. | *libro vecchio, usato*, vieux livre, livre d'occasion ; bouquin (fam.). || PARTICOL. *libro di testo*, manuel. | *libro bianco*, livre blanc. | *libro nero*, livre noir ; liste noire. | *libro d'oro*, livre d'or. || FIG. *il libro della vita, della natura*, le livre de la vie, de la nature. || LOC. *parla come un libro stampato*, il parle comme un livre. || MUS. livret. || [registro] livre, registre. | *libro contabile*, livre de comptes. || COMM. *libro di cassa*, livre de caisse. | *libro mastro*, grand livre. || MAR. *libro di bordo*, livre de bord.
2. libro ['libro] m. BOT. liber (lat.).
licantropia [likantro'pia] f. PSICANAL. lycanthropie.
licantropo [li'kantropo] m. lycanthrope.
liccio ['littʃo] m. TESS. lice f., lisse f.
liceale [litʃe'ale] agg. relatif au lycée. | *studi liceali*, études secondaires. | *licenza liceale*, baccalauréat. | *studente liceale*, lycéen. ◆ m. e f. lycéen, enne.
liceità [litʃei'ta] f. caractère (m.) licite.
licena [li'tʃɛna] f. ZOOL. lycène.
licenza [li'tʃɛntsa] f. **1.** [autorizzazione] autorisation, permission. | *chiedere, dare, ottenere licenza di fare qlco.*, demander, donner, obtenir l'autorisation de faire qch. || PARTICOL. [nelle formule di cortesia] congé m. | *chiedere, prendere licenza*, prendre congé. || (arc.) *con vostra (buona) licenza*, avec votre permission (L.C.). || **2.** [documento] permis m. ; [specie per attività commerciali] licence. | *licenza di caccia, di pesca*, permis de chasse, de pêche. | *licenza di costruzione*, permis de construire. | *licenza d'importazione*, licence d'importation. | *licenza di vendita di alcoolici*, licence de débit de boissons. || [di un brevetto] licence. || **3.** [esame, diploma] examen m., certificat m. | *licenza elementare*, certificat d'études primaires. | *licenza media*, brevet (m.) d'études du premier cycle (B.E.P.C.). | *licenza liceale*, baccalauréat. || (arc.) [nelle antiche università] licence (L.C.). || **4.** [libertà] liberté. | *prendersi la licenza di*, prendre la liberté de ; se permettre de. || (antiq. o iron.) *con licenza parlando*, sauf votre respect, votre révérence ; révérence parler (fam.), passez-moi l'expression (L.C.). || POES. *licenza poetica*, licence poétique. || **5.** [abuso] licence. | *libertà e licenza*, liberté et licence. || **6.** MIL. permission, perme (pop.), congé m.
licenziamento [litʃentsja'mento] m. licenciement ; renvoi. | *licenziamento di un impiegato negligente*, renvoi d'un employé négligent. | *licenziamento in tronco*, renvoi, licenciement sans préavis. | *indennità di licenziamento*, indemnité de licenciement.
licenziare [litʃen'tsjare] v. tr. **1.** licencier, renvoyer, mettre à la porte ; vider (pop.), virer (pop.). | *siamo stati costretti a licenziare la metà degli operai*, nous avons été obligés de licencier la moitié des ouvriers. | *è stato immediatamente licenziato*, il a été renvoyé, vidé immédiatement. | *licenziare su due piedi*, renvoyer, licencier sans préavis. || **2.** [sfrattare] expulser. || **3.** [conferire una licenza di studio] décerner un diplôme, faire passer un examen. || **4.** (lett.) [congedare] congédier (L.C.). || TIP. *licenziare alle stampe*, donner le bon à tirer. ◆ v. rifl. **1.** quitter son emploi, quitter sa place ; [dimettersi] donner sa démission ; [di domestico] donner son congé. || **2.** [prendere una licenza] passer son examen, un examen ; obtenir son certificat, un certificat. || **3.** (lett.) [accomiatarsi] prendre congé (L.C.).
licenziato [litʃen'tsjato] agg. **1.** licencié, renvoyé ; vidé (pop.), viré (pop.). || **2.** [che ha la licenza elementare] qui a son certificat. || [che ha la licenza media] qui a son B. E. P. C. || [che ha la licenza liceale] bachelier.
licenziosamente [litʃentsjosa'mente] avv. licencieusement.
licenziosità [litʃentsjosi'ta] f. libertinage m., immoralité, licence (antiq.).
licenzioso [litʃen'tsjoso] agg. licencieux (lett.), libre, leste.
liceo [li'tʃɛo] m. lycée.
lichene [li'kɛne] m. BOT. lichen.
licitare [litʃi'tare] v. intr. (raro) participer à une vente aux enchères ; participer à une licitation.
licitazione [litʃitat'tsjone] f. [offerta ad un'asta] offre, enchère. || GIUR. licitation. || GIOCHI [bridge] annonce.
licnide ['liknide] f. BOT. lychnis m.
licopodio [liko'pɔdjo] (**-i** pl.) m. BOT. lycopode.
lidio ['lidjo] (**-i** pl.) agg. e m. lydien.
lido ['lido] m. plage f., bord, rivage. || [litorale sabbioso o ghiaioso] lido [in franc. lingua di sabbia chiudente una baia o laguna]. | *il lido di Venezia*, le lido de Venise. || PER EST. POET. pays. | *prendere il volo per altri lidi*, s'envoler vers d'autres cieux.
lied [liːt] m. (pl. : lieder) [ted.] MUS. lied.
liederistico [lide'ristiko] (**-ci** pl.) agg. MUS. relatif au lied.
lietamente [ljeta'mente] avv. gaiement.
lieto ['ljɛto] agg. gai, joyeux. | *di umor lieto*, d'humeur enjouée, de bonne humeur. | *lieto convito*, joyeux festin. || [che prova gioia] heureux, content. | *sono lieto di saperlo*, je suis heureux de l'apprendre. | *mi dichiaro lieto del buon esito dell'affare*, je me félicite de l'heureuse issue de cette affaire. || [formula di cortesia] *lieto di conoscerla*, enchanté, heureux de vous connaître. || [che provoca gioia] heureux, bon. | *lieta notizia*, bonne, heureuse nouvelle. | *lieto evento*, heureux événement. | *racconto a lieto fine*, récit qui finit bien.
lieve ['ljɛve] agg. **1.** [facile da sopportare o da portare] léger. | *lieve carico*, charge légère. | *una non lieve fatica*, un gros effort, un effort considérable. | *compito non lieve*, tâche ardue. || [non ripido] *lieve salita*, côte légère. || **2.** [poco importante] léger, petit. | *lieve difetto*, léger, petit défaut. | *incontrò non lievi difficoltà*, il rencontra des difficultés non négligeables. || **3.** [delicato, tenue] léger, faible. | *lieve brezza*, brise légère. | *lieve sorriso*, léger sourire. | *lieve profumo*, parfum léger, délicat. | *lieve speranza*, faible espoir.
lievemente [ljeve'mente] avv. légèrement, avec délicatesse, doucement.
lievità [ljevi'ta] f. légèreté.
lievitare [ljevi'tare] v. intr. [della pasta] lever. || FIG. [crescere] *il malumore andava lievitando*, le mécontentement fermentait. || [di prezzi] monter.
lievitatura [ljevita'tura] f. levage m.
lievitazione [ljevitat'tsjone] f. levage m. || ECON. hausse.
lievito ['ljɛvito] m. PR. levure f. ; [naturale] levain. | *lievito di birra*, levure de bière. | *lievito minerale*, levure chimique. | *pane senza lievito*, pain sans levain. || FIG. levain.
lift [lift] m. [ingl.] liftier. || [ascensore] ascenseur.
ligio ['lidʒo] (**-gie** pl. f.) agg. fidèle, respectueux (de). | *ligio al dovere*, fidèle à son devoir. | *essere ligio alle leggi*, être respectueux des lois.
lignaggio [liɲ'ɲaddʒo] m. (lett.) lignage. | *di alto lignaggio*, de haut lignage. | *di antico lignaggio*, d'ancienne lignée.
ligneo ['liɲɲeo] agg. de bois, en bois.
lignificare [liɲɲifi'kare] v. tr. BOT. lignifier. ◆ v. rifl. se lignifier.
lignificazione [liɲɲifikat'tsjone] f. BOT. lignification.
lignina [liɲ'ɲina] f. CHIM. lignine.

lignite [liɲ'ɲite] f. MINER. lignite m.
ligula ['ligula] f. BOT. ligule.
ligure ['ligure] agg. e n. ligurien, enne. | *la costa ligure*, la côte ligure. || [popolo, lingua antica] ligure.
ligustro [li'gustro] m. BOT. troène.
liliacee [li'ljatʃee] f. pl. BOT. liliacées.
liliale [li'ljale] agg. (lett.) lilial.
lilla ['lilla] m. e agg. invar. lilas.
lillà [lil'la] m. invar. BOT. lilas.
lillipuziano [lilliput'tsjano] agg. e m. lilliputien.
lima ['lima] f. lime. | *lima per le unghie*, lime à ongles. || FIG. *lavorare di lima*, polir, parfaire, perfectionner, peaufiner (fam.). | *le sue poesie sono il frutto di un lungo lavoro di lima*, ses poèmes sont le fruit d'un long travail; il a longuement poli ses poèmes. | *sto lavorando di lima alla mia novella*, je mets la dernière main à ma nouvelle.
limaccia [li'mattʃa] f. ZOOL. limace.
limaccioso [limat'tʃoso] agg. boueux, limoneux. || FIG. *stile limaccioso*, style pâteux.
limanda [li'manda] f. ZOOL. limande.
limare [li'mare] v. tr. PR. limer. || FIG. [tormentare] ronger, tourmenter; [perfezionare un'opera letteraria] polir.
limatore [lima'tore] m. limeur.
limatrice [lima'tritʃe] f. [macchina] limeuse.
limatura [lima'tura] f. [il limare] limage m. || [polvere di limatura] limaille.
limbo ['limbo] m. PR. e FIG. limbes pl.
1. limetta [li'metta] f. lime à ongles.
2. limetta [li'metta] f. BOT. lime.
limicolo [li'mikolo] agg. e m. limicole.
limiere [li'mjɛre] m. ZOOL. limier. || FIG. limier.
liminare [limi'nare] agg. (lett.) liminaire. || FIN. *valore liminare*, seuil.
limitabile [limi'tabile] agg. limitable.
1. limitare [limi'tare] v. tr. [segnare un confine o circoscrivere] limiter. | *limitare la vista*, limiter, borner la vue. || [ridurre, contenere] limiter, réduire, restreindre. | *limitare le spese*, limiter, réduire les frais. | *limitare le proprie ambizioni*, limiter, restreindre, borner ses ambitions. ◆ v. rifl. ASSOL. se limiter. || [limitarsi a] se limiter, se borner. | *limitarsi allo stretto necessario*, se limiter, se borner au strict nécessaire. || [limitarsi in qlco.] se limiter, se restreindre, limiter (v. tr.). | *limitarsi nelle spese*, limiter ses dépenses. | *limitarsi nel mangiare*, manger avec modération; faire attention de ne pas trop manger.
2. limitare [limi'tare] m. [di porta] seuil, pas (de la porte). || [del bosco] orée f., lisière f. || FIG. seuil.
limitatamente [limitata'mente] avv. avec mesure, avec modération. || [proporzionalmente a] dans la limite, dans les limites de. || [soltanto] *il fenomeno è molto esteso, limitatamente alle grandi città*, le phénomène est très répandu, mais seulement dans les grandes villes, en ce qui concerne les grandes villes. | *una reazione che si verifica limitatamente ai casi sopraelencati*, une réaction qui ne se produit que dans les cas indiqués plus haut.
limitatezza [limita'tettsa] f. étroitesse. | *la limitatezza dei miei mezzi non me lo consente*, mes moyens (limités) ne me le permettent pas.
limitativo [limita'tivo] agg. limitatif.
limitato [limi'tato] agg. limité. || COMM. *società a responsabilità limitata*, société à responsabilité limitée. || [scarso, ristretto] limité, borné, restreint. | *dispone di mezzi limitati*, il n'a pas les moyens; il n'est pas très riche. | *intelligenza limitata*, intelligence bornée. | *è piuttosto limitato*, il a des moyens limités, il est assez limité (fam.).
limitatore [limita'tore] m. ELETTR., TECN. limiteur.
limitazione [limitat'tsjone] f. limitation. || [riserva] restriction, réserve. | *approvare con qualche limitazione*, approuver avec quelques restrictions, avec quelques réserves.
limite ['limite] m. **1.** [nello spazio] limite f. | *limite tra due territori*, limite qui sépare deux territoires. | *al limite del bosco*, à la lisière du bois. | *limite delle nevi permanenti*, limite des neiges éternelles. || **2.** [nel tempo : termine estremo, inizio o fine] limite. | *è stato collocato a riposo per raggiunti limiti d'età*, il a été mis à la retraite parce qu'il a atteint la limite d'âge. || **3.** [termine che non si può o non si deve superare] limite. | *prescrivere un limite alle spese*, imposer une limite aux dépenses, limiter les dépenses. | *porre un limite alle proprie ambizioni*, limiter, restreindre ses ambitions. | *mettere un limite agli abusi*, mettre un frein aux abus. | *ogni cosa ha un limite*, il y a une limite à tout. | *c'è un limite all'indulgenza*, l'indulgence a des limites. | *ha oltrepassato (tutti) i limiti*, il a dépassé les bornes, les limites. | *entro certi limiti*, dans une certaine mesure. | *senza limiti*, sans limites, sans borne(s). | *al limite delle sue forze*, à la limite de ses forces. || AUTOM. limitation (de vitesse). | *su questa strada c'è il limite di velocità*, sur cette route la vitesse est limitée. | *non oltrepassare il limite di velocità*, ne dépasse pas la vitesse autorisée. | *segnale di limite di velocità*, signal de limitation de vitesse, de vitesse limitée. || **4.** specie FILOS., MAT., MECC. [valore estremo che può essere raggiunto da una grandezza] *limite di velocità ; velocità limite*, vitesse limite. | *limite di carico ; carico limite*, charge limite. | *caso limite*, cas limite. || SPORT *superare un limite*, battre un record.
limitrofo [li'mitrofo] agg. limitrophe.
limo ['limo] m. vase f. || GEOL. limon.
limonaio [limo'najo] (**-a** f.) m. marchand, e de citrons.
limonare [limo'nare] v. intr. [dial.] flirter (L.C.).
limonata [limo'nata] f. citronnade. || [spremuta di limone] citron (m.) pressé.
limoncina [limon'tʃina] f. BOT. citronnelle.
limone [li'mone] m. [albero] citronnier. || [frutto] citron. | *spremuta di limone*, citron pressé. || [colore] jaune citron. || LOC. FIG. *spremere qlcu. come un limone*, presser qn comme un citron.
limoso [li'moso] agg. [contenente limo] limoneux. || [fangoso] boueux.
limpidamente [limpida'mente] avv. avec limpidité, d'une façon limpide.
limpidezza [limpi'dettsa] f. PR. e FIG. limpidité.
limpidità [limpidi'ta] f. limpidité, transparence.
limpido ['limpido] agg. PR. e FIG. limpide. | *diamante molto limpido*, diamant très pur. | *voce limpida*, voix limpide, pure. | *ragionamento limpido*, raisonnement limpide. | *il limpido suono dell'argento*, le son clair de l'argent.
linacee [li'natʃee] f. pl. BOT. linacées.
lince ['lintʃe] f. ZOOL. lynx m.
1. linceo ['lintʃeo] agg. de lynx.
2. linceo [lin'tʃɛo] m. = membre de l'Académie nationale des « Lincei ».
linciaggio [lin'tʃaddʒo] m. lynchage.
linciare [lin'tʃare] v. tr. lyncher.
lindamente [linda'mente] avv. proprement.
lindezza [lin'dettsa] f. propreté parfaite. || [di stile, ecc.] netteté, clarté.
lindo ['lindo] agg. net, propre (et soigné), propret. | *biancheria linda*, linge net. | *cameretta linda*, petite chambre propre et nette. | *camicia linda*, chemise immaculée. || FIG. [stile, ecc.] net, clair.
linea ['linea] f. **1.** L.C. e GEOM. ligne. | *linea tratteggiata*, ligne pointillée, ligne en pointillés. | *linea di confine*, frontière. | *linea di demarcazione*, ligne de démarcation. | *linea equatoriale*, ligne de l'équateur. | *linee della mano*, lignes de la main. || FIS. *linea di forza*, ligne de force. || MAR. *linea di galleggiamento*, ligne de flottaison. || SPORT *linea di partenza*, ligne de départ. | *linea laterale*, ligne de touche. | *linea di fondo*, ligne de but. || TIP. ligne (de texte). || **2.** LOC. *in linea d'aria*, à vol d'oiseau || [suddivisione di scala graduata] degré m. || MED. *aver qualche linee di febbre*, avoir un peu de fièvre. || **3.** [contorno, sagoma] ligne. | *edificio di linea severa*, édifice d'une ligne sévère. || [corpo, viso] ligne. | *linee del volto*, lignes, traits (m.) du visage. | *mantenere la linea*, garder la ligne. || [foggia] ligne, coupe, style m. | *giacca di una bellissima linea*, veste admirablement coupée, d'une très belle coupe. || FIG. [elemento] ligne. | *descrivere qlco. a grandi linee*, décrire qch. dans les grandes lignes. || MUS. *linea melodica*, ligne mélodique. || LOC. *in linea generale, in linea di massima*, en principe. || **4.** [traiettoria, direzione seguita] ligne. | *avanzare in linea retta*, avancer en ligne droite. | *linea di tiro, di mira*, ligne de tir, de mire. || FIG. *linea di condotta*, ligne de

conduite. | *essere in linea con le direttive del partito*, être dans la ligne du parti. | *mettersi in linee con le direttive di qlcu.*, se conformer aux directives de qn, suivre les directives de qn. | *mettersi in linea col progresso tecnico*, s'adapter au progrès technique. || **5.** [nelle comunicazioni] ligne. | *linea ferroviaria*, ligne de chemin de fer. | *aereo di linea*, avion de ligne. | *linea elettrica*, ligne électrique. || [telefono] *essere in linea*, être en ligne. | *Parigi in linea!*, vous avez Paris!, Paris au bout du fil! | *rimanga in linea!*, ne coupez pas! | *c'è un guasto sulla linea*, la ligne est en dérangement. || **6.** [insieme di persone o di oggetti disposti in fila] ligne. | *mettersi in linea*, se mettre en ligne. || MIL. *sfondare le linee nemiche*, enfoncer les lignes ennemies. | *fanteria di linea*, infanterie de ligne. || FIG. *passare in prima linea, in seconda linea*, passer au premier, au second plan. | *vittoria, sconfitta su tutta la linea*, victoire, défaite sur toute la ligne. || **7.** [nella parentela] ligne. | *antenato in linea materna*, ancêtre en ligne maternelle, du côté de la mère. || **8.** [antica misura di lunghezza] ligne.

lineamento [linea'mento] m. (raro) linéament (lett.). ◆ pl. traits. || FIG. [elementi fondamentali] éléments, notions f., rudiments. | *lineamenti di matematica*, éléments de mathématiques.

lineare [line'are] agg. linéaire. || FIG. cohérent. | *comportamento, ragionamento lineare*, comportement, raisonnement cohérent. || [di stile] linéaire.

linearità [lineari'ta] f. MAT. nature linéaire, caractère (m.) linéaire; linéarité. || FIG. cohérence.

lineetta [line'etta] f. TIP. tiret m.; [che unisce due parole] trait (m.) d'union.

linfa ['linfa] f. ANAT. lymphe. || BOT. sève. || FIG. sève.

linfangite [linfan'dʒite] f. MED. lymphangite.

linfatico [lin'fatiko] (**-ci** pl.) agg. lymphatique.

linfatismo [linfa'tizmo] m. MED. lymphatisme.

linfocito [linfo'tʃito] m. BIOL. lymphocite.

linfocitosi [linfotʃi'tɔzi] f. MED. lymphocytose.

linfoghiandola [linfo'gjandola] f. ANAT. ganglion (m.) lymphatique.

lingottiera [lingot'tjɛra] f. TECN. lingotière.

lingotto [lin'gɔtto] m. METALL. e TIP. lingot.

lingua ['lingwa] f. **1.** ANAT. langue. | *lingua sporca*, langue chargée, langue blanche. | *aver la lingua fuori*, avoir la langue pendante. || LOC. *mostrare la lingua*, tirer la langue à qn. || PER ANAL. *lingua di fuoco*, langue de feu. | *lingua di terra*, langue de terre. || BOT. *lingua di bue*, langue-de-bœuf. || **2.** [organo della parola] langue. || LOC. FIG. *mala lingua!*, mauvaise, méchante langue! | *è una lingua lunga*, c'est un moulin à paroles. | *ha la lingua sciolta*, il a la langue bien pendue, il n'a pas avalé sa langue (fam.). | *hai perso la lingua?*, tu as avalé, tu as perdu ta langue? | *tener a freno la lingua*, tenir sa langue. | *non aver peli sulla lingua*, ne pas mâcher ses mots. | *aver una parola sulla punta della lingua*, avoir un mot sur le bout de la langue. | *sciogliere la lingua a qlcu.*, délier la langue à qn. | *parla solo perché ha la lingua*, il parle sans réfléchir, à tort et à travers. || **3.** [sistema di espressione e comunicazione] langue. | *lingua madre*, langue mère. | *madre lingua*, langue maternelle. | *studiare lingue*, étudier les langues. || [opposto a dialetto] *scrivere, parlare in lingua*, écrire, parler en italien, en français, etc. || LOC. FIG. *parlare, non parlare la stessa lingua*, parler, ne pas parler la même langue.

linguaccia [lin'gwattʃa] f. (peggior.) mauvaise langue.

linguacciuto [lingwat'tʃuto] agg. bavard, potinier (fam.), médisant.

linguaggio [lin'gwaddʒo] m. langage. || LOC. *cambiar linguaggio*, changer de langage, de ton. | *parlare lo stesso linguaggio*, parler la même langue.

linguale [lin'gwale] agg. ANAT., FON. lingual.

linguetta [lin'gwetta] f. [dimin.] languette. || TECN. clavette.

linguista [lin'gwista] (**-i** m. pl.) m. e f. linguiste.

linguistica [lin'gwistika] f. linguistique.

linguisticamente [lingwistika'mente] avv. linguistiquement.

linguistico [lin'gwistiko] (**-ci** pl.) agg. linguistique.

liniero [li'njɛro] agg. linier.

linificio [lini'fitʃo] m. filature (f.) de lin.

linimento [lini'mento] m. MED. liniment.

linneano [linne'ano] agg. linnéen.

lino ['lino] m. lin.

linoleum [li'nɔleum] m. linoléum, lino m. (fam.).

linone [li'none] m. linon.

linotipia [linoti'pia] f. TIP. linotypie.

linotipico [lino'tipiko] (**-ci** pl.) agg. TIP. de Linotype. | *macchina linotipica*, Linotype.

linotipista [linoti'pista] n. TIP. linotypiste.

linotype ['lainotaip] f. invar. [ingl.] TIP. Linotype.

liocorno [lio'kɔrno] m. MIT. licorne f.

liofilizzare [liofilid'dzare] v. tr. lyophiliser, déshydrater, dessécher.

liofilizzato [liofilid'dzato] agg. lyophilisé, déshydraté, desséché. | *caffè liofilizzato*, café soluble.

liofilizzazione [liofiliddzat'tsjone] f. lyophilisation, déshydratation, dessiccation.

lipasi [li'pazi] f. CHIM. lipase.

lipemico [li'pɛmiko] (**-ci** pl.) agg. de(s) lipides.

lipide [li'pide] m. lipide.

lipoide [li'pɔide] m. lipoïde.

lipoideo [lipoi'dɛo] agg. lipoïdique.

lipoma [li'pɔma] (**-i** pl.) m. MED. lipome.

lipotimia [lipoti'mia] f. MED. lipothymie.

liquame [li'kwame] m. eaux (f. pl.) d'égout; eaux sales; eaux usées. || [liquido organico] sanie f., pus.

liquazione [likwat'tsjone] f. METALL. liquation.

liquefare [likwe'fare] v. tr. FIS. liquéfier. || PER EST. [fondere] liquéfier, faire fondre. | *liquefare il burro, la neve*, faire fondre le beurre, la neige. ◆ v. rifl. FIS. se liquéfier. || PER EST. [fondersi] se liquéfier, fondre (v. intr.). || IPERB. *con questo caldo mi sto liquefacendo*, avec cette chaleur je suis en nage, je fonds.

liquefattibile [likwefat'tibile] agg. liquéfiable.

liquefatto [likwe'fatto] agg. FIS. liquéfié. || PER EST. liquéfié, fondu.

liquefazione [likwefat'tsjone] f. FIS. liquéfaction. || [fusione] fusion. || [di neve, ghiaccio] fonte.

liquerizia [likwe'rittsja] f. V. LIQUIRIZIA.

liquida ['likwida] f. FON. liquide.

liquidare [likwi'dare] v. tr. ECON., GIUR. liquider. | *liquidare un'eredità, un fallimento*, liquider une succession, une faillite. | *liquidare un debito, un conto*, liquider une dette, un compte. | *liquidare un impiegato*, verser à un employé l'indemnité de départ. | *liquidare una pensione*, allouer une pension. || [sbarazzarsi di qlco., qlcu.] se débarrasser (de), en finir (avec), liquider (fam.). | *liquidare una questione*, liquider, en finir avec une question. || COMM. *liquidare delle merci*, liquider des marchandises.

liquidato [likwi'dato] agg. liquidé. || FIG. [spacciato] fini.

liquidatore [likwida'tore] (**-trice** f.) m. liquidateur, trice.

liquidazione [likwidat'tsjone] f. ECON., GIUR. liquidation. || [pagamento] versement m., paiement m., liquidation. | *liquidazione dei danni*, versement, paiement du montant des dommages. || [somma pagata] montant m., indemnité. | *ha riscosso la liquidazione (della pensione)*, il a touché son indemnité (de départ à la retraite). || COMM. liquidation, soldes m. pl.

liquidezza [likwi'dettsa] f. liquidité.

liquidità [likwidi'ta] f. PR., ECON., FIN. liquidité.

liquido ['likwido] agg. PR. liquide. || [poco denso] liquide, clair. | *questo purè è troppo liquido*, cette purée est trop claire, trop liquide. || FIG. (poet.) limpide (L.C.). || ECON., FIN. liquide. || FON. liquide. ◆ m. liquide. || [denaro liquido] argent liquide.

liquigas [likwi'gas] m. gaz liquide.

liquirizia [likwi'rittsja] f. BOT. réglisse. || [prodotto dolciario] réglisse.

liquore [li'kwɔre] m. liqueur f.

liquorista [likwo'rista] (**-i** m. pl.) m. liquoriste.

liquoroso [likwo'roso] agg. liquoreux.

1. lira ['lira] f. [in Italia, simb. LIT] lire. | *per poche lire*, pour quelques sous. | *non ha una lira*, il n'a pas un sou. || [in altri paesi] livre. | *lira sterlina*, livre sterling. | *lira egiziana*, livre égyptienne.

2. lira ['lira] f. MUS. lyre. | *suonare la lira*, jouer de la lyre. || FIG. lyre (lett.), poésie. || ASTRON. lyre. || ZOOL. *uccello lira*, oiseau-lyre m., lyre f.

lirato [li'rato] agg. en lyre, en forme de lyre.

lirica ['lirika] f. POES. poésie lyrique. | *lirica ottocen-*

tesca, poésie (lyrique) du dix-neuvième siècle. ‖ [componimento lirico] poème m. (lyrique), poésie (lyrique). | *leggere una lirica di Leopardi*, lire une poésie, un poème de Leopardi. ‖ Mus. théâtre (m.) lyrique, œuvres (pl.) lyriques, opéra m. | *la lirica di Mozart*, le théâtre lyrique, les œuvres lyriques, les opéras de Mozart. | *mi piace la lirica*, j'aime l'opéra. ‖ [breve componimento] mélodie, romance, lied m.
liricamente [lirika'mente] avv. lyriquement.
liricità [liritʃi'ta] f. lyrisme m.
liricizzare [liritʃid'dzare] v. tr. poétiser, rendre lyrique.
lirico ['liriko] (**-ci** pl.) agg. Mus., Poes. lyrique. ◆ Sostant. *un lirico*, un (poète) lyrique.
lisca ['liska] f. arête.
lisciare [liʃ'ʃare] v. tr. Pr. polir, lisser. | *lisciare il marmo, il legno*, polir le marbre, le bois. | *lisciare il cuoio*, lisser le cuir. | *lisciarsi i baffi*, lisser sa moustache. | *lisciare il pelo del cane*, caresser le chien. ‖ Loc. *lisciare il pelo a qlcu.*, caresser qn dans le sens du poil (fam.); (iron.) [per antifrasi] rosser qn. ‖ Fig. flatter. ‖ Sport manquer, louper (fam.). ◆ v. rifl. [di animale] lisser son poil. ‖ [di persona] se pomponner.
lisciata [liʃ'ʃata] f. Loc. *dare una lisciata*, lisser. | *darsi una lisciata ai capelli*, se donner un coup de peigne. ‖ Fig. [adulazione] flatterie.
lisciato [liʃ'ʃato] agg. poli, lissé. ‖ Fig. léché, fignolé; [agghindato] tiré à quatre épingles (fam.).
lisciatoio [liʃʃa'tɔjo] m. lissoir.
lisciatore [liʃʃa'tore] (**-trice** f.) m. polisseur, euse. ‖ [di carta, stoffa] lisseur, euse.
lisciatrice [liʃʃa'tritʃe] f. [macchina] lisseuse.
lisciatura [liʃʃa'tura] f. polissage m. ‖ [di carta, stoffa] lissage m. ‖ Fig. flatterie.
liscio ['liʃʃo] (**-sce** f. pl.) agg. Pr. lisse, poli. ‖ Fig. simple, facile. ‖ Particol. *messa liscia*, messe basse. ‖ [di bevanda] nature; [senza acqua] sec. | *caffè liscio*, café nature. | *whisky liscio*, whisky sec. ‖ Loc. fig. *tutto è andato liscio*, tout a bien marché, tout s'est bien passé. | *gli è andata liscia*, il s'en est bien tiré. | *passarla liscia*, (bien) s'en sortir, s'en tirer, avoir de la chance. | *l'ha passata liscia grazie a me*, c'est moi qui l'ai tiré d'affaire.
liscivia [liʃ'ʃivja] f. lessive.
lisciviare [liʃʃi'vjare] v. tr. lessiver.
lisciviatrice [liʃʃivja'tritʃe] f. lessiveuse.
lisciviatura [liʃʃivja'tura] f. lessivage m.
lisciviazione [liʃʃivjat'tsjone] f. lessivage m.
liscoso [lis'koso] agg. plein d'arêtes.
liso ['lizo] agg. élimé, râpé, usé.
lista ['lista] f. [striscia] bande. | *lista di stoffa*, bande d'étoffe. ‖ [di legno] baguette, moulure, listel m. ‖ Arald. listel m. ‖ [elenco] liste. | *lista delle spese*, liste des achats, des courses à faire. | *mettere in lista*, mettre, porter sur la liste. | *lista delle vivande*, carte; menu m. | *lista dei vini*, carte des vins. ‖ Particol. *lista elettorale*, liste électorale. ‖ Per est. *lista civile*, liste civile.
listare [lis'tare] v. tr. border. ‖ [in legatoria] renforcer.
listato [lis'tato] agg. bordé. | *busta listata a lutto*, enveloppe bordée de noir.
listatura [lista'tura] f. bordure. ‖ [in legatoria] renforcement.
listello [lis'tɛllo] m. listel, baguette f. ‖ [modanatura] moulure f.
listino [lis'tino] m. [elenco dei prezzi, catalogo] catalogue. ‖ [della Borsa] cours (des prix). | *il listino della Borsa*, les cours de la Bourse. | *listino dei cambi*, cours des changes.
litania [lita'nia] f. Relig. litanie. ‖ Fig. litanie (fam.), kyrielle, chapelet m. (fam.). | *la solita litania*, toujours la même litanie.
litantrace [litan'tratʃe] m. anthracite.
litargirio [litar'dʒirjo] m. Miner., Chim. litharge f.
lite ['lite] f. dispute, altercation, querelle. | *attaccar lite con qlcu.*, chercher dispute, chercher querelle à qn. | *venire a lite*, se disputer. | *siamo in lite*, nous sommes brouillés. ‖ Giur. litige m.; [processo] procès m.
litiasi [li'tiazi] f. Med. lithiase.
litiasico [liti'aziko] (**-ci** pl.) agg. lithiasique.
litico ['litiko] (**-ci** pl.) agg. de pierre.
litigante [liti'gante] m. e f. adversaire; querelleur, euse.
litigare [liti'gare] v. intr. se disputer. | *litigare con qlcu.*, se disputer avec qn. ◆ v. tr. (raro) disputer (l.c.). ◆ v. recipr. se disputer. | *litigarsi un posto a sedere*, se disputer une place assise.
litighino [liti'gino] m. chicaneur, querelleur.
litighio [liti'gio] m. dispute (f.) interminable.
litigio [li'tidʒo] m. dispute (f.), querelle (f.), heurt, bagarre f. (fam.), engueulade f. (pop.).
litigiosità [litidʒosi'ta] f. caractère (m.) querelleur. ‖ Giur. caractère (m.) litigieux.
litigioso [liti'dʒoso] agg. querelleur. ‖ Giur. litigieux, contesté.
litigone [liti'gone] (**-a** f.) m. querelleur, euse, chicaneur, euse.
litio ['litjo] m. Chim. lithium.
litioso [li'tjoso] agg. Chim. lithié, lithiné.
litografare [litogra'fare] v. tr. lithographier.
litografia [litogra'fia] f. lithographie.
litografico [lito'grafiko] (**-ci** pl.) agg. lithographique.
litografo [li'tɔgrafo] m. lithographe.
litorale [lito'rale] agg. littoral. | *fauna litorale*, faune littorale. | *città litorale*, ville côtière. ◆ m. littoral.
litoraneo [lito'raneo] agg. littoral, côtier. | *strada litoranea*, route littorale.
litosfera [litos'fɛra] f. Geogr. lithosphère.
litote [li'tɔte] f. Ret. litote.
litro ['litro] m. litre. | *mezzo litro*, demi-litre.
littore [lit'tore] m. Stor. licteur.
littorina [litto'rina] f. micheline.
littorio [lit'tɔrjo] (**-i** pl.) agg. Stor. du licteur. ‖ [del partito fascista] fasciste. ◆ m. [il partito fascista] fascisme.
lituano [litu'ano] agg. e m. lit(h)uanien.
liturgia [litur'dʒia] f. liturgie.
liturgico [li'turdʒiko] (**-ci** pl.) agg. liturgique.
liutaio [liu'tajo] m. luthier.
liuteria [liute'ria] f. lutherie.
liutista [liu'tista] (**-i** m. pl.) m. e f. Mus. luthiste.
liuto [li'uto] m. Mus. luth.
livella [li'vɛlla] f. niveau m. | *livella a bolla d'aria*, niveau à bulle (d'air), nivelle f. | *livella ad acqua*, niveau d'eau.
livellamento [livella'mento] m. Pr. nivellement, nivelage. ‖ Fig. nivellement.
livellare [livel'lare] v. tr. Pr., Fig. e Tecn. niveler, égaliser. | *livellare i redditi*, niveler les revenus. ◆ v. rifl. [pareggiarsi] atteindre le même niveau, se niveler.
livellatore [livella'tore] (**-trice** f.) agg. e m. niveleur, euse.
livellatrice [livella'tritʃe] f. Tecn. niveleuse.
livellazione [livellat'tsjone] f. nivellement m.
livello [li'vɛllo] m. Pr. niveau. | *il livello del fiume è salito*, le fleuve a augmenté de niveau. | *passaggio a livello*, passage à niveau. ‖ Geogr. *curva di livello*, courbe de niveau, ligne isohypse. ‖ Loc. *a livello di*, au niveau de. ‖ Fig. [grado, valore] niveau. | *livello culturale*, niveau culturel. | *livello di vita*, niveau de vie. | *conferenza al più alto livello*, conférence à l'échelon le plus élevé, au sommet. | *essere allo stesso livello di qlcu.*, être au même niveau que qn. | *mettere tutti allo stesso livello*, mettre tout le monde sur le même plan.
liviano [li'vjano] agg. de Tite-Live.
lividezza [livi'dettsa] f. lividité.
livido ['livido] agg. Pr. blême, livide, blafard. | *pelle livida per il freddo*, peau bleuie par le froid. ‖ Per est. (lett.) *cielo livido*, ciel livide. | *luce livida*, lumière blafarde. ‖ Fig. (lett.) [pieno di astio] haineux, fielleux. ◆ m. bleu.
lividore [livi'dore] m. [macchia livida] tache (f.) bleuâtre.
lividura [livi'dura] f. bleu m., lividité.
livore [li'vore] m. aigreur f., rancœur f., fiel.
livornese [livor'nese] agg. e n. livournais, e.
livrea [li'vrɛa] f. Pr., Fig. e Zool. livrée.
lizza ['littsa] f. lice. ‖ Fig. *entrare, scendere in lizza*, entrer en lice.
1. lo [lo] (**l'** davanti a voc.) art. det. m. sing. le; [davanti a vocale o h muta] l'. ‖ [reso col possessivo]

è uscito con lo zio, il est sorti avec son oncle. ‖ V. anche IL.
2. lo [lo] pron. pers. 3ª pers. sing. m. **1.** [compl. ogg.] le ; [davanti a vocale o ad h muto] l'. | *non voglio vederlo,* je ne veux pas le voir. | *ascoltiamolo,* écoutons-le. | *dammelo,* donne-le-moi. | *eccolo,* le voici. ‖ [con valore neutro] le. | *non lo puoi sapere,* tu ne peux pas le savoir. ‖ **2.** [con il verbo essere, in funzione predicativa] le. | *sembra cattivo ma non lo è,* il semble méchant mais il ne l'est pas.
lobare [lo'bare] agg. ANAT., BIOL. lobaire.
lobato [lo'bato] agg. BOT. lobé.
lobbia ['lɔbbja] f. chapeau (m.) mou.
lobo ['lɔbo] m. ANAT., ARCHIT., BOT. e ZOOL. lobe.
lobulare [lobu'lare] agg. ANAT. lobulaire.
lobulato [lobu'lato] agg. ANAT. lobuleux.
lobulo ['lɔbulo] m. ANAT. lobule.
1. locale [lo'kale] agg. **1.** local. | *prodotto locale,* produit local, du pays. | *ha imparato la lingua locale,* il a appris la langue du pays. ‖ PARTICOL. *ente locale,* organisme local. | *treno locale,* service de navette. ‖ MED. *anestesia locale,* anesthésie locale. ‖ **2.** [che si riferisce allo spazio] de lieu. | *avverbio locale,* adverbe de lieu. | *memoria locale,* mémoire des lieux.
2. locale [lo'kale] m. **1.** local ; [piuttosto vasto] salle f. ; [in un'abitazione] pièce f. | *locali ad uso commerciale, di abitazione,* locaux à usage commercial, d'habitation. | *locale scolastico,* salle de classe. | *locale da ballo,* salle de bal. | *appartamento di tre locali,* appartement de trois pièces. ‖ MAR. [ambiente della nave] salle f. | *locale macchine,* salle des machines. ‖ **2.** [esercizio pubblico] *locale pubblico,* établissement public. | *locale notturno,* boîte (f.) de nuit. | *locale di lusso,* boîte de luxe. ‖ [bar] café, bar. ‖ [ristorante] restaurant.
località [lokali'ta] f. endroit m., localité (raro). | *in molte località,* en de nombreux endroits. ‖ [luogo di villeggiatura] station. | *località marittima, montana,* station balnéaire, de sports d'hiver. ‖ [cittadina] localité.
localizzabile [lokalid'dzabile] agg. localisable.
localizzare [lokalid'dzare] v. tr. localiser. ◆ v. rifl. se localiser.
localizzato [lokalid'dzato] agg. localisé, circonscrit.
localizzatore [lokaliddza'tore] m. TECN. détecteur.
localizzazione [lokaliddzat'tsjone] f. localisation.
localmente [lokal'mente] avv. localement.
locanda [lo'kanda] f. auberge.
locandiere [lokan'djɛre] (**-a** f.) m. aubergiste n.
locandina [lokan'dina] f. affiche (théâtrale), affichette.
locare [lo'kare] v. tr. GIUR. o DIAL. louer (L.C.).
locatario [loka'tarjo] (**-a** f. ; **-i** m. pl.) m. locataire n.
1. locativo [loka'tivo] agg. e m. LING. locatif.
2. locativo [loka'tivo] agg. GIUR. locatif.
locatore [loka'tore] (**-trice** f.) m. propriétaire m. e f. ‖ GIUR. bailleur, bailleresse.
locazione [lokat'tsjone] f. **1.** [contratto] bail m., contrat (m.) de louage, de location. ‖ **2.** [affitto] location, louage m. | *canone di locazione,* loyer m.
locomotiva [lokomo'tiva] f. locomotive. ‖ SCHERZ. *sbuffare come una locomotiva,* souffler comme un phoque.
locomotore [lokomo'tore] (**-trice** f.) agg. FISIOL. locomoteur, trice. ◆ m. locomotive (f.) électrique, locomotrice (f.).
locomotorio [lokomo'tɔrjo] (**-i** pl.) agg. locomoteur.
locomotrice [lokomo'tritʃe] f. locomotrice.
locomozione [lokomot'tsjone] f. locomotion.
loculo ['lɔkulo] m. [nei cimiteri] niche (f.) funéraire. ‖ BOT. loge f.
locusta [lo'kusta] f. ZOOL. locuste.
locutore [loku'tore] (**-trice** f.) m. LING. locuteur, trice.
locuzione [lokut'tsjone] f. locution.
lodabile [lo'dabile] agg. V. LODEVOLE.
lodare [lo'dare] v. tr. louer. | *lodare qlcu. per qlco.,* louer, complimenter qn pour qch., de qch. | *lodare la diligenza di qlcu.,* louer la diligence de qn, féliciter qn de sa diligence. | *lodo la vostra scelta,* je vous félicite, je vous loue de votre choix ; j'approuve votre choix. ‖ [celebrare] exalter, célébrer, louer. ‖ (lett.) *lodare la bellezza di una donna,* célébrer, chanter les beautés d'une femme. | *lodare Dio,* louer Dieu. ‖ [in esclamazioni] *sia lodato il cielo !,* le ciel soit loué ! ◆ v. rifl. se vanter.
lodativo [loda'tivo] agg. laudatif, élogieux, flatteur, louangeur.
lodato [lo'dato] agg. loué, apprécié, estimé.
lodatore [loda'tore] (**-trice** f.) m. louangeur, euse ; encenseur, euse ; flatteur, euse.
lode ['lɔde] f. **1.** éloge m., louange. | *non ha ricevuto che lodi,* il n'a reçu que des éloges. ‖ LOC. *dare, rendere lode a qlcu.,* louer qn. | *(discorso) in lode di qlcu.,* (discours) à la louange, en l'honneur de qn. | *torna a sua lode,* c'est tout à son honneur. | *senza infamia e senza lode,* d'une façon médiocre ; ni bien ni mal. ‖ **2.** PARTICOL. (al pl.) [elogio eccessivo ; adulazione] louanges, éloges m. | *lodi sperticate,* des louanges, des flatteries outrées. ‖ LOC. *tessere le lodi di qlcu.,* chanter les louanges de qn ; couvrir qn de louanges, d'éloges. ‖ **3.** UNIV. *ha avuto 30 e lode,* il a eu 30 sur 30 avec les félicitations du jury.
loden [lo:dən] m. [ted.] loden.
lodevole [lo'devole] agg. louable.
lodola ['lɔdola] f. V. ALLODOLA.
lodolaio [lodo'lajo] m. ZOOL. hobereau.
lofio ['lɔfjo] m. ZOOL. lotte (f.) de mer, baudroie f.
logaritmico [loga'ritmiko] (**-ci** pl.) agg. MAT. logarithmique.
logaritmo [loga'ritmo] m. MAT. logarithme.
loggetta [lod'dʒetta] f. ARCHIT. petite loggia.
loggia ['lɔddʒa] f. ARCHIT. loge, loggia. ‖ (dial.) balcon m. (L.C.). ‖ [dei massoni] loge. ‖ ANAT. capsule. ‖ BOT. loge.
loggiato [lod'dʒato] m. galerie f., portique, arcades f. pl.
loggione [lod'dʒone] m. TEATRO poulailler, paradis.
logica ['lɔdʒika] f. logique. | *a rigor di logica,* logiquement.
logicamente [lodʒika'mente] avv. logiquement.
logicismo [lodʒi'tʃizmo] m. logicisme.
logicità [lodʒitʃi'ta] f. caractère (m.) logique ; logique.
logico ['lɔdʒiko] (**-ci** pl.) agg. logique. ‖ [normale, ovvio] normal, naturel, évident, logique. | *è logico che tu sia stanco,* il est bien normal, il est bien naturel que tu sois fatigué.
logistica [lo'dʒistika] f. FILOS., MAT., MIL. logistique.
logistico [lo'dʒistiko] (**-ci** pl.) agg. FILOS., MAT., MIL. logistique.
logiziale [lodʒi'tsjale] m. INF. logiciel ; software.
loglio ['lɔʎʎo] m. BOT. ivraie f.
logografo [lo'gɔgrafo] m. STOR. logographe.
logogrifo [lo'gɔgrifo] m. logogriphe.
logomachia [logoma'kia] f. logomachie (lett.).
logopedia [logope'dia] f. logopédie.
logoramento [logora'mento] m. PR. e FIG. usure.
logorante [logo'rante] agg. éreintant, usant.
logorare [logo'rare] v. tr. PR. e FIG. user. ‖ [con particella pronominale] *logorarsi i nervi, la salute,* user ses nerfs, sa santé. ◆ v. rifl. PR. e FIG. s'user ; se consumer (solo fig.), se ruiner.
logorio [logo'rio] m. PR. e FIG. usure f. | *il logorio della vita moderna,* l'épuisante vie moderne.
1. logoro ['logoro] agg. usé. ‖ FIG. usé, épuisé.
2. logoro ['logoro] m. leurre.
logorrea [logor'rɛa] f. logorrhée.
logos ['lɔgos] m. FILOS. logos.
lolla ['lɔlla] f. AGR. balle (de céréales).
lombaggine [lom'baddʒine] f. MED. lumbago m.
lombardo [lom'bardo] agg. e m. lombard. | *lombardo-veneto,* lombard-vénitien.
lombare [lom'bare] agg. ANAT. lombaire. | *puntura lombare,* ponction lombaire.
lombata [lom'bata] f. longe. | *lombata di vitello, di capriolo,* longe de veau, de chevreuil. | *lombata di bue,* aloyau m. | *lombata di coniglio, di lepre,* râble (m.) de lapin, de lièvre.
lombo ['lombo] m. **1.** ANAT. lombes f. pl. ‖ **2.** PER EST. [fianchi] flancs pl. ‖ **3.** [in macelleria]. V. LOMBATA.
lombrico [lom'briko] (**-chi** pl.) m. ZOOL. lombric.
londinese [londi'nese] agg. e n. londonien, enne.
longanime [lon'ganime] agg. indulgent, bienveillant, tolérant, compréhensif, généreux.
longanimità [longanimi'ta] f. longanimité (litt.).

longarina [longa'rina] f. [nell'edilizia] racinal m. ‖ [nelle ferrovie] longrine.
longarone [longa'rone] m. longeron.
longevità [londʒevi'ta] f. longévité.
longevo [lon'dʒɛvo] agg. qui vit très vieux ; très âgé. | *gli abitanti di quella regione son tutti longevi*, on vit très vieux dans cette région.
longherina [longe'rina] f. V. LONGARINA.
longherone [longe'rone] m. V. LONGARONE.
longilineo [londʒi'lineo] agg. longiligne.
longitudinale [londʒitudi'nale] agg. longitudinal.
longitudinalmente [londʒitudinal'mente] avv. longitudinalement.
longitudine [londʒi'tudine] f. GEOGR., ASTRON. longitude.
longobardo [longo'bardo] agg. e n. lombard.
long playing [lɔŋpleiŋ], **long play** [lɔŋplei] loc. ingl. (usata come m.) microsillon de longue durée.
lontanamente [lontana'mente] avv. de loin, vaguement, un peu. | *lo ricorda lontanamente*, il le rappelle vaguement, un peu. | *non puoi immaginarlo neppure lontanamente*, tu ne peux absolument pas l'imaginer.
lontananza [lonta'nantsa] f. [distanza] distance. | *è appena visibile per la lontananza*, il est à peine visible à cause de la distance, tellement il est loin. ‖ LOC. *in lontananza*, au loin, dans le lointain. ‖ [assenza, l'essere lontano] éloignement m., absence, séparation. | *soffrire per la lontananza da una persona*, souffrir d'être séparé, d'être loin d'une personne ; souffrir de l'absence d'une personne. | *è dura la lontananza dalla patria*, il est dur d'être loin de sa patrie.
lontano [lon'tano] agg. **1.** [nello spazio] lointain, éloigné ; [con funzione predicativa] loin (avv.). | *paesi lontani*, pays lointains, éloignés. | *ho voluto chiamarlo ma era già lontano*, j'ai voulu l'appeler mais il était déjà loin. | *penso ai miei amici lontani*, je pense aux amis qui sont loin de moi, à mes amis absents. | *tenere lontano il nemico*, ne pas laisser approcher l'ennemi, tenir l'ennemi à distance. | *tieni lontano questo individuo*, évite cet individu. ◆ LOC. PREP. ***lontano da***, loin de, éloigné de. | *siamo lontani dalla meta*, nous sommes loin du but. | *una città lontana dal mare*, une ville éloignée de la mer. | *star lontano da qlcu., da qlco.*, éviter qn, qch. ; ne pas approcher (de) qn, qch. | *tenersi lontano dal pericolo*, se tenir à l'écart du danger. ‖ **2.** [determinato] à (une distance de)... (de) ; à... de distance de ; éloigné de... de. | *siamo lontani duecento metri dalla costa*, nous sommes à deux cents mètres, à une distance de deux cents mètres de la côte. | *la città è lontana dieci chilometri*, la ville est à dix kilomètres (d'ici), à dix kilomètres de distance. ‖ **3.** [astratto] éloigné, loin (avv.). | *essere lontano dal vero*, être loin, être éloigné de la vérité. | *una cosa simile è lontana dalle mie intenzioni*, une chose pareille est bien éloignée de mes intentions. | *son ben lontano dal crederci*, je suis bien loin d'y croire. | *causa lontana*, cause lointaine. | *parenti lontani*, parents éloignés. ‖ LOC. *ero lontano mille miglia dal crederci*, j'étais à cent lieues d'y croire. ‖ [vago] lointain, vague. | *lontana somiglianza*, lointaine, vague ressemblance. | *lontano timore*, vague crainte. ‖ [diverso] différent, éloigné. | *sono lontani di gusti*, ils ont des goûts différents. | *è una religione molto lontana dal cristianesimo*, c'est une religion très éloignée, très différente du christianisme. ‖ **4.** [nel tempo] lointain, éloigné ; [riferito al passato solo] reculé. | *lontano passato*, passé lointain, reculé. | *in un futuro lontano*, dans un avenir éloigné, lointain. | *quell'epoca è molto lontana*, c'est une époque bien lointaine. | *l'inverno non è lontano*, l'hiver n'est pas loin. ‖ ◆ LOC. AVV. ***alla lontana*** : PR. à distance, de loin ; FIG. vaguement. | *lo conosco alla lontana*, je le connais vaguement. | *siamo parenti alla lontana*, nous sommes vaguement parents, nous sommes parents éloignés. ‖ LOC. *pigliarla alla lontana*, tourner autour du pot (fam.). | *stare alla lontana da qlcu.*, éviter qn, ne pas approcher de qn. ◆ m. (lett.). V. LONTANANZA. ◆ avv. PR. loin. | *lontano lontano*, très loin. | *andare lontano*, aller loin. | *vivere lontano*, vivre (au) loin. | *lontano da te*, loin de toi. | *da, di lontano*, de loin. ‖ FIG. *quel ragazzo andrà lontano*, ce garçon ira loin. | *vedere lontano*, voir loin. | *mirar lontano*, viser haut.
lontra ['lontra] f. ZOOL. loutre.
1. lonza ['lontsa] f. ZOOL. (antiq.) once.
2. lonza ['lontsa] f. [macelleria] échine.
looping ['lu:piŋ] m. [ingl.] AER. looping.
loppa ['lɔppa] f. AGR. balle. ‖ METALL. laitier m., loup m.
loquace [lo'kwatʃe] agg. loquace, bavard.
loquacità [lokwatʃi'ta] f. loquacité, verve, faconde.
loquela [lo'kwɛla] f. (lett.) langue, façon de parler, accent m.
lord ['lɔrd] m. [ingl.] lord. ‖ FIG. *vivere come un lord*, vivre comme un grand seigneur.
lordare [lor'dare] v. tr. PR. e FIG. souiller, salir.
lordo ['lordo] agg. PR. e FIG. souillé. ‖ [contrario di netto per peso, importo] brut.
lordume [lor'dume] m. tas d'ordures, ordures f. pl., saleté f. ‖ FIG. ordure f., fange f., boue f.
lordura [lor'dura] f. [l'essere lordo] saleté ; [cose lorde] ordure, saleté. ‖ FIG. ordure, fange, boue.
lorenese [lore'nese] agg. e n. lorrain, e.
lorica [lo'rika] f. cuirasse.
1. loro ['loro] pron. pers. 3ª pers. pl. m. e f. **1.** [ogg.] eux m., elles f. ; [se non gli si vuole dare particolare rilievo] les. | *ho punito loro e te*, je vous ai tous punis, eux (elles) et toi, eux (elles) aussi bien que toi. | *hanno visto loro non me*, c'est eux (elles) qu'ils ont vus (vues), pas moi. ‖ **2.** [compl. di termine] leur ; [preceduto da preposizione] eux m., elles f. | *date loro questo libro*, donnez-leur ce livre. | *ho pensato a loro*, j'ai pensé à eux, à elles. ‖ **3.** [compl. preceduto da preposizione] eux m., elles f. | *per loro*, pour eux, pour elles. | *uno di loro*, un d'entre eux. | *l'ho saputo da loro stesse*, je l'ai su d'elles-mêmes. ‖ **4.** [soggetto] eux m., elles f. ; [se non gli si vuole dare particolare rilievo] ils m., elles f. | *mi hanno telefonato loro*, ce sont eux (elles) qui m'ont téléphoné. | *se accettate, loro rifiuteranno*, si vous acceptez, eux (elles) refuseront ; ils (elles) refuseront. | *anche loro verranno*, eux (elles) aussi viendront. ‖ [predicato] *se io fossi loro*, si j'étais eux (elles), si j'étais à leur place. ‖ **5.** [forma di cortesia : sogg. e compl.] vous. | *come Loro vorranno*, comme vous voudrez. | *ho già spiegato Loro che*, je vous ai déjà expliqué que. (V. anche LUI, LEI.)
2. loro ['loro] agg. poss. di 3ª pers. pl. [invar. in genere e numero] leur m. e f. sing. ; leurs m. e f. pl. ‖ **1.** [uso normale] *la loro famiglia, il loro patrimonio*, leur famille, leur patrimoine. | *i loro pareri, le loro idee*, leurs avis, leurs idées. | *la nostra e la loro macchina*, notre voiture et la leur. | *hai ricevuto loro notizie ?*, as-tu reçu de leurs nouvelles ? ‖ **2.** [in espressioni ellittiche] *stai sempre dalla loro (parte)*, tu es toujours de leur côté. | *devono sempre dire la loro*, ils ont toujours leur mot à dire. | *spendono del loro*, ils dépensent de leur poche. | *vivono del loro*, ils vivent de leurs revenus. ‖ SOSTANT. (m. pl.) *sono dai loro (genitori)*, ils sont chez leurs parents. | *è uno dei loro*, c'est un des leurs. ‖ **3.** [loro proprio, indipendente] *i tuoi bambini hanno una stanza loro ?*, est-ce que tes enfants ont une chambre à eux ? | *essi hanno una macchina loro*, ils ont une voiture à eux, en propre. | *esse non hanno idee loro*, elles n'ont pas d'idées à elles, personnelles. ‖ **4.** [preceduto da dimostrativo] *questo loro cliente*, ce client ; leur client (que voilà). | *quel loro libro*, leur livre, ce livre ; [scritto da loro] ce livre (d'eux, d'elles). ‖ [preceduto da numerale o indefinito] *un loro amico*, un de leurs amis, un ami à eux, à elles. | *un loro amico giornalista*, un journaliste de leurs amis. | *ho visto un loro quadro*, [dipinto da loro] j'ai vu un tableau d'eux, d'elles. | *ho ricevuto una loro lettera*, j'ai reçu une lettre d'eux, d'elles. ‖ LOC. *a, in casa loro*, chez eux, chez elles. | *per causa loro*, à cause d'eux, d'elles. | *in loro memoria, in loro ricordo*, en souvenir d'eux, d'elles. | *lo faccio per amor loro*, je le fais par affection pour eux, pour elles. | *è affar loro*, c'est leur affaire. ‖ **5.** [predicato nominale : possesso] à eux, à elles ; [produzione di] d'eux, d'elles. | *questo podere è loro*, ce fonds est à eux, à elles. | *questo saggio è loro*, cet essai est d'eux, d'elles. ‖ **6.** [forma di cortesia] votre ; à vous [si comporta come leur, à eux, d'eux : V. SUPRA]. ◆ pron. poss. m. e f. di 3ª pers. pl. **1.** le leur m. sing., la leur f.

sing. ; les leurs m. e f. pl. | *la nostra macchina è più vecchia della loro,* notre voiture est plus vieille que la leur. || **2.** [formula di cortesia] le vôtre m. sing., la vôtre f. sing. ; les vôtres m. e f. pl. | *con le nostre riviste abbiamo ricevuto anche le loro,* nous avons reçu nos revues et les vôtres aussi.

losanga [lo'zanga] f. [specie geom.] losange m. | *a losanga,* en losange. || ARALD. losange.

losco ['losko] (**-schi** pl.) agg. **1.** PR. [strabico] qui louche ; louche (arc.) ; bigle (antiq.). || **2.** PER EST. [torvo] louche, oblique, torve, de travers. | *sguardo losco,* regard louche, regard oblique. || **3.** FIG. louche, suspect, interlope, trouble. | *individuo losco,* louche individu. ◆ SOSTANT. *c'è del losco,* il y a qch. de louche, il y a du louche.

1. loto ['lɔto] m. BOT. lotus.

2. loto ['loto] m. (lett.) boue f. (L.C.), fange f.

lotofago [lo'tɔfago] m. MIT. lotophage.

lotoso [lo'toso] agg. (lett.) boueux (L.C.), fangeux.

lotta ['lɔtta] f. PR. e FIG. lutte. | *lotta libera,* lutte libre. | *fare la, alla lotta,* se battre ; lutter. | *lotta armata,* lutte armée. | *lotta a coltello,* rixe, bagarre au couteau. || PARTICOL., BIOL. e FIG. *lotta per la vita,* lutte pour la vie. || POLIT. *lotta di classe,* lutte des classes. || STOR. *lotta delle Investiture,* querelle des Investitures. || [contrasto] désaccord m., conflit m. | *è in lotta col padre,* il est en désaccord avec son père. | *lotta di sentimenti,* conflit de sentiments.

lottare [lot'tare] v. intr. PR. e FIG. lutter, combattre (v. tr. e intr.), se battre (v. rifl.). | *lottare con qlcu.,* lutter contre qn, se battre avec qn. | *lottare contro il nemico,* lutter, se battre contre qn ; combattre l'ennemi. | *lottare per la libertà,* combattre, se battre, lutter pour la liberté. | *lottava contro il sonno,* il luttait contre le sommeil.

lottatore [lotta'tore] (**-trice** f.) m. PR. e FIG. lutteur, euse.

lotteria [lotte'ria] f. loterie.

lottizzare [lottid'dzare] v. tr. lotir.

lottizzato [lottid'dzato] agg. divisé en lots. | *terreno lottizzato,* lotissement.

lottizzazione [lottiddzat'tsjone] f. lotissement m.

lotto ['lɔtto] m. **1.** [parte] lot. || PARTICOL. [di terreno] lot, lotissement. || **2.** GIOCHI loterie f. | *banco, botteghino del lotto,* bureau de loterie. || PR. e FIG. *vincere un terno al lotto,* gagner le gros lot.

lozione [lot'tsjone] f. lotion.

lubricità [lubritʃi'ta] f. (lett.) lubricité (L.C.).

lubrico ['lubriko] (**-ci** pl.) agg. (lett.) lubrique (L.C.). || PR. (raro) glissant (L.C.).

lubrificante [lubrifi'kante] agg. e m. lubrifiant.

lubrificare [lubrifi'kare] v. tr. lubrifier, graisser.

lubrificatore [lubrifika'tore] m. e agg. graisseur.

lubrificazione [lubrifikat'tsjone] f. lubrification, graissage m.

lucano [lu'kano] agg. e m. lucanien.

lucchetto [luk'ketto] m. cadenas. | *chiudere la porta con il lucchetto,* fermer la porte au cadenas, cadenasser la porte.

luccicante [luttʃi'kante] agg. luisant ; [anche FIG.] brillant.

luccicare [luttʃi'kare] v. intr. luire, briller ; [con piccoli, frequenti bagliori] scintiller, étinceler ; [specie di acqua] miroiter.

luccichio [luttʃi'kio] m. scintillement, étincellement ; [specie di acqua] miroitement.

luccicone [luttʃi'kone] m. grosse larme f. | *avere i lucciconi agli occhi,* avoir les yeux pleins de larmes.

luccicore [luttʃi'kore] m. (raro) lueur f. (L.C.).

luccio ['luttʃo] m. ZOOL. brochet.

lucciola ['luttʃola] f. **1.** ZOOL. luciole. || LOC. FIG. *prendere lucciole per lanterne,* prendre des vessies pour des lanternes. || **2.** [maschera di cinema] ouvreuse.

luce ['lutʃe] f. **1.** lumière. | *luce naturale, artificiale,* lumière naturelle, artificielle. | *lasciar entrare la luce in una stanza,* laisser entrer le jour, la lumière dans une chambre. | *effetti, giochi di luce,* effets, jeux de lumière. | *il locale prende luce da questa finestra,* la pièce reçoit la lumière par cette fenêtre. | *essere contro luce,* être à contre-jour. | *è chiaro come la luce del giorno,* c'est clair comme le jour. || [chiarore] lueur. | *le prime luci del giorno,* les premières lueurs du jour. || [splendore] éclat m. | *una luce sinistra brillava nel suo sguardo,* ses yeux brillaient d'un éclat sinistre. || FIG. [ciò che illumina lo spirito] lumière. | *l'autore getta una nuova luce sulla questione,* l'auteur jette une lumière nouvelle sur la question. || **2.** LOC. *(mostrare) alla luce del sole,* (étaler) au grand jour. | *mettere in (piena) luce,* mettre en (pleine) lumière. | *mettere nella giusta luce qlco.,* présenter, montrer qch. sous son vrai jour. | *mettere in buona, cattiva luce,* montrer sous un jour favorable, défavorable. | *far luce su qlco.,* faire (toute) la lumière sur qch., tirer qch. au clair. | *dare alla luce un bambino,* donner le jour à un enfant. | *vedere la luce, venire alla luce :* [nascere] voir, recevoir le jour, venir au jour. | *un nuovo elemento è venuto alla luce,* un élément nouveau a été découvert. | *la sua grande opera potrà finalmente vedere la luce,* sa grande œuvre pourra enfin être publiée, pourra enfin paraître. | *gli scavi hanno restituito alla luce dei bellissimi affreschi,* les fouilles ont révélé des fresques très belles. | *perdere la luce degli occhi,* perdre la vue. | *lo ama come la luce dei suoi occhi,* il l'aime comme la prunelle de ses yeux. || **3.** [sistema di illuminazione artificiale] lumière ; [elettrica] lumière, électricité, courant m. | *accendere, spegnere la luce,* allumer, éteindre la lumière. | *è mancata la luce,* il y a eu une panne de courant, d'électricité. | *impianto della luce,* installation électrique. | *pagare la bolletta della luce,* payer la facture d'électricité. | *in quel villaggio non c'è ancora la luce,* dans ce village il n'y a pas encore l'électricité. || AUTOM. phare m., feu m. | *accendere le luci,* allumer les phares, les feux. | *luci di posizione,* feux de position. || **4.** PARTICOL. [nell'edilizia] ouverture, jour m. || ARCHIT. portée. || GIUR. jour m. || TECN. [orifizio di una macchina] lumière. | *luce di scarico,* lumière d'échappement. || [suddivisione di un mobile] *armadio a tre luci,* armoire à trois portes. || ◆ pl. (poet.) [occhi] yeux (L.C.).

lucente [lu'tʃɛnte] agg. brillant, luisant.

lucentezza [lutʃen'tettsa] f. éclat m., brillant m., luisance (raro), lustre m.

lucerna [lu'tʃɛrna] f. lampe (à huile, à pétrole), lanterne. || ZOOL. *pesce lucerna,* uranoscope m., rascasse blanche.

lucernario [lutʃer'narjo] m. faîtière f., lanterneau. || [di piccole dimensioni] lucarne f.

lucertola [lu'tʃɛrtola] f. lézard m.

lucherino [luke'rino] m. ZOOL. tarin ; chardonneret.

lucia [lu'tʃia] f. (pop.) ZOOL. coccinelle (L.C.), bête à bon Dieu (fam.).

lucidamente [lutʃida'mente] avv. lucidement.

lucidare [lutʃi'dare] v. tr. astiquer, faire briller. || [con la cera] cirer. || [ricalcare] calquer, décalquer.

lucidatore [lutʃida'tore] (**-trice** f.) m. cireur, euse.

lucidatrice [lutʃida'tritʃe] f. [macchina] cireuse.

lucidatura [lutʃida'tura] f. **1.** astiquage m. || [della carta] glaçage m. || **2.** [ricalco] calquage m., décalquage m.

lucidezza [lutʃi'dettsa] f. brillant m., éclat m., lustre m. ; [del marmo] poli m.

lucidità [lutʃidi'ta] f. lucidité.

lucido ['lutʃido] agg. **1.** brillant, luisant ; [levigato] poli ; [trattato con la cera] ciré. | *capelli lucidi,* cheveux brillants ; [unti] cheveux luisants. | *stoffa lucida,* étoffe luisante. || PARTICOL. *carta lucida,* papier calque. || **2.** (lett.) limpide (L.C.), lumineux (L.C.). || **3.** FIG. lucide. | *non è del tutto lucido,* il n'a pas toute sa lucidité. ◆ m. brillant, luisant, lustre. | *dar il lucido,* faire briller. || [preparato per lucidare] cire f., cirage. | *lucido per le scarpe,* cirage, cire (f.) à chaussures. || [copia ricalcata] calque.

lucignolo [lu'tʃiɲɲolo] m. mèche f ; [acceso] lumignon. || FIG. *è diventato un lucignolo,* il est maigre comme un clou.

lucilia [lu'tʃilja] f. ZOOL. lucilie.

lucioperca [lutʃo'pɛrka] m. o f. ZOOL. sandre.

lucrabile [lu'krabile] agg. gagnable (raro).

lucrare [lu'krare] v. tr. gagner.

lucrativo [lukra'tivo] agg. lucratif, avantageux.

lucro ['lukro] m. gain, lucre. | *a scopo di lucro,* dans un but lucratif. | *avido di lucro,* âpre au gain. || GIUR. *lucro cessante,* manque à gagner.

lucroso [lu'kroso] agg. lucratif.
luculliano [lukul'ljano] agg. somptueux. | *un pranzo luculliano*, un vrai festin.
ludibrio [lu'dibrjo] m. risée f. | *è il ludibrio della città*, il est la risée de la ville. || [vittima] jouet m. | *essere il ludibrio della sorte*, être le jouet du sort.
ludico ['ludiko] (**-ci** pl.) agg. (lett., psicanal.) ludique.
ludo ['ludo] m. (lett.) jeu (L.C.).
lue ['lue] f. MED. syphilis. || FIG. LETT. peste.
luetico [lu'ɛtiko] agg. e m. syphilitique.
luganega [lu'ganega] f. [sett.] saucisse (à cuire).
lugliatico [luʎ'ʎatiko] (**-ci** pl.) agg. (raro) de juillet.
luglio ['luʎʎo] m. juillet. | *nel mese di luglio*, au mois de juillet. | *il quattro (di) luglio*, le 4 juillet.
lugubre ['lugubre] agg. lugubre.
lui ['lui] pron. pers. 3ª pers. sing. m. **1.** [ogg.] lui ; [se non gli si vuol dare particolare rilievo] le. | *ho incontrato proprio lui*, c'est justement lui que j'ai rencontré. | *devi guardare lui non me*, c'est lui que tu dois regarder, pas moi. | *chiama lui*, appelle-le. || **2.** [compl. di termine, compl. preceduto da preposizione] lui. | *dallo a lui*, donne-le-lui. | *per lui, con lui*, pour lui, avec lui. || [stile burocratico] *il di lui padre, la di lui madre*, son père, sa mère. || **3.** [sogg.] lui ; [se non gli si vuole dare particolare rilievo] il. | *l'ha voluto lui*, c'est lui qui l'a voulu. | *è lui il responsabile*, c'est lui le responsable. | *lei cuciva, lui leggeva*, elle cousait, lui, il lisait. | *digli così, lui capirà*, dis-lui ceci, il comprendra. | *beato lui!*, il en a de la chance (lui) ! | *lui così giovane*, lui si jeune. | *lui stesso*, lui-même. | *anche lui*, lui aussi. | *neppure lui*, lui non plus, pas même lui. || [predicato] *se io fossi lui*, si j'étais lui, à sa place. | *non sembra più lui*, il ne se ressemble plus.
luì [lu'i] m. ZOOL. pouillot.
luigi [lu'idʒi] m. louis.
lumaca [lu'maka] f. **1.** PR. [senza conchiglia] limace. || **2.** (pop.) [chiocciola] escargot m. (L.C.), limaçon m. (L.C.), colimaçon m. (L.C.). || **3.** FIG. *andare a passo di lumaca*, marcher comme un escargot. | *sei una lumaca!*, quelle limace !, quel mollusque !
lumacone [luma'kone] m. ZOOL. limace f. || FIG. lambin, escargot, limace f., mollusque.
lumaio [lu'majo] m. [chi accende lumi] allumeur. || [chi vende lumi] lampiste (arc.), marchand de lampes. || [chi fabbrica lumi] lampiste (arc.), fabricant de lampes.
lume ['lume] m. **1.** lampe f. | *lume a petrolio*, lampe à pétrole. || LOC. FIG. *tenere, reggere il lume*, tenir la chandelle. || **2.** [chiarore, luce] clarté f., lueur f. | *a lume di candela*, à la lueur d'une bougie. | *far lume*, éclairer, faire de la lumière. | *il lume degli occhi*, la vue f. || LOC. FIG. *perdere il lume degli occhi*, voir rouge, monter sur ses grands chevaux. || **3.** FIG. lumière f., flambeau (lett.). | *il lume della ragione, della fede*, la lumière de la raison, de la foi. | *il lume del progresso*, le flambeau du progrès. | *il secolo dei lumi*, le siècle des lumières. || **4.** (lett.) [persona di grande merito] lumière f. (L.C.), phare, gloire f. (L.C.). || **5.** pl. (poet.) yeux (L.C.).
lumeggiamento [lumeddʒa'mento] m. PITT. rehaut.
lumeggiare [lumed'dʒare] v. tr. ARTI rehausser. || FIG. mettre en lumière.
lumen ['lumen] m. FIS. lumen.
lumicino [lumi'tʃino] m. filet de lumière, faible lueur f. || LOC. FIG. *cercare col lumicino*, chercher avec soin, chercher minutieusement. | *essere ridotto al lumicino*, n'avoir plus qu'un souffle de vie ; être à la dernière extrémité.
luminare [lumi'nare] m. PR. (arc.) astre (L.C.). || FIG. sommité f., lumière f. | *è un luminare della medicina*, c'est une sommité de la médecine.
luminaria [lumi'narja] f. luminaire m.
luminescente [lumineʃ'ʃɛnte] agg. FIS. luminescent.
luminescenza [lumineʃ'ʃɛntsa] f. FIS. luminescence.
luminismo [lumi'nizmo] m. ARTI luminisme.
luminista [lumi'nista] agg. e m. ARTI luministe.
lumino [lu'mino] m. veilleuse f., lumignon. | *lumino da notte*, veilleuse f.
luminosamente [luminosa'mente] avv. lumineusement.
luminosità [luminosi'ta] f. luminosité.
luminoso [lumi'noso] agg. PR. e FIG. lumineux. | *ragionamento luminoso*, raisonnement lumineux. | *esempio luminoso di amore materno*, exemple éclatant d'amour maternel.
luna ['luna] f. **1.** lune. | *falce di luna*, croissant de lune. | *mezza luna*, demi-lune ; [simbolo dell'Islam] croissant m. | *luna piena, nuova*, pleine, nouvelle lune. | *luna crescente, calante*, lune croissante, décroissante. | *che bella luna questa sera*, il y a un superbe clair de lune ce soir. || LOC. FIG. *faccia da luna piena*, visage de pleine lune ; face lunaire. | *vivere nel mondo della luna*, être dans la lune. | *viene dal mondo della luna*, il tombe de la lune. | *volere la luna*, vouloir la lune. | *far vedere la luna nel pozzo*, faire prendre des vessies pour des lanternes. | *andare a lune, secondo la luna*, être lunatique. | *aver la luna (di traverso)*, être mal luné. || PROV. *gobba a levante, luna calante ; gobba a ponente, luna crescente*, lune décroissante, bosse au levant, lune croissante, bosse au couchant. || **2.** ARC. [mese lunare] lune ; [mese] mois m. (L.C.). || LOC. *luna di miele*, lune de miel. || **3.** CULIN. *mezza luna*, hachoir m. || **4.** MIN. *pietra di luna*, pierre de lune. || **5.** ZOOL. *pesce luna*, poisson-lune m., lune de mer, môle.
lunapark [luna'park] m. [ingl.] foire f., fête (f.) foraine.
lunare [lu'nare] agg. lunaire. | *disco lunare*, disque lunaire. | *falce lunare*, croissant de lune. | *fasi lunari*, phases de la lune. | *eclisse lunare*, éclipse de lune.
lunaria [lu'narja] f. BOT. lunaire. || MIN. pierre de lune.
lunario [lu'narjo] m. almanach. || LOC. FIG. *sbarcare il lunario*, joindre les deux bouts.
lunatico [lu'natiko] (**-ci** pl.) agg. lunatique, fantasque.
lunato [lu'nato] agg. (lett.) en (forme de) croissant.
lunazione [lunat'tsjone] f. ASTRON. lunaison.
lunedì [lune'di] m. lundi. | *lunedì santo*, lundi saint. | *lunedì di Pasqua, dell'Angelo*, lundi de Pâques.
lunetta [lu'netta] f. [di orologio] lunette. || ARCHIT. lunette. || [nelle fortificazioni] demi-lune. || CULIN. hachoir m. || MECC. lunette. || RELIG. lunule.
lunga ['lunga] f. METRICA, MUS. longue.
lungaggine [lun'gaddʒine] f. lenteur. | *le lungaggini della giustizia*, les longueurs, les lenteurs de la justice. | *basta con le lungaggini*, ne perdons plus de temps. || [di un testo] longueurs pl.
lungamente [lunga'mente] avv. longuement.
lungarno [lun'garno] m. quai, bord de l'Arno.
lunghetto [lun'getto] agg. longuet, un peu long.
lunghezza [lun'gettsa] f. **1.** PR. longueur, long m. | *quel fiume ha una lunghezza di mille chilometri*, ce fleuve a une longueur de mille kilomètres, a mille kilomètres de long. | *era disteso in tutta la sua lunghezza*, il était étendu de tout son long. || FIS. *lunghezza d'onda*, longueur d'onde. || SPORT [ippica, canottaggio] *cavallo che vince per tre lunghezze*, cheval qui gagne de trois longueurs. || **2.** FIG. [estensione, durata] longueur, durée. | *lunghezza della vita, di un viaggio*, durée de la vie, d'un voyage.
lungi ['lundʒi] avv. (lett.) loin (L.C.). | *non lungi*, non loin. ◆ LOC. PREP. **lungi da**, loin de. | *essere (ben) lungi dal fare qlco.*, être (bien) loin de faire qch.
lungimirante [lundʒimi'rante] agg. clairvoyant.
lungimiranza [lundʒimi'rantsa] f. clairvoyance, prévoyance.
1. lungo ['lungo] agg. **1.** [opposto a largo, corto] long. | *vestibolo lungo cinque metri*, vestibule de cinq mètres de long, long de cinq mètres. | *capelli lunghi*, cheveux longs. | *questo cappotto mi è lungo*, ce manteau est trop long pour moi. | *cadere lungo disteso*, tomber de tout son long. || MAR. *navigazione, capitano di lungo corso*, navigation, capitaine au long cours. || MIL. *tiro lungo*, tir, coup long. || LOC. FIG. *avere la lingua lunga*, avoir la langue bien pendue. | *avere le orecchie lunghe*, ne pas perdre un mot de ce qui se dit. | *avere le mani lunghe*, [essere manesco] avoir la main leste ; [essere avido], avoir les dents longues ; [rubare] être voleur. | *aver la vista lunga*, voir loin. | *fare il muso lungo*, faire la tête. | *aver le gambe lunghe*, avoir de bonnes jambes. | *fare il passo più lungo della gamba*, faire une chose au-dessus de ses moyens, péter plus haut que son cul (volg.). || **2.** [opposto a breve, nella durata] long. | *opera di lungo respiro*, œuvre de longue haleine. | *contratto a lunga scadenza*, contrat à long terme. | *piano a lunga scadenza*, plan à longue

échéance. | *ci vorranno tempi lunghi*, il faudra du temps. | *si conoscono da lungo tempo*, ils se connaissent depuis longtemps. | *non sarà una cosa lunga*, ce ne sera pas long. || LOC. *a lungo andare*, à la longue. || [lento] lent, long. | *come sei lunga a fare la spesa!*, tu en mets un temps à faire tes courses! ; tu es bien longue à faire tes courses. || LOC. AVV. *a lungo* : [per lungo tempo] longtemps ; [diffusamente] longuement. || **3.** [eccessivamente diluito] clair, léger. | *brodo lungo*, bouillon clair. | *caffè lungo*, café léger. || **4.** FON. [anche sostant. f.] *(vocale) lunga*, (voyelle) longue. ◆ m. longueur f., long. | *per il lungo*, dans le sens de la longueur. | *salto in lungo*, saut en longueur. || LOC. FIG. *in lungo ed in largo*, en long et en large. | *ne ha parlato in lungo ed in largo*, il en a parlé d'une façon très détaillée. ◆ f. LOC. *tirare per le lunghe, in lungo*, faire traîner. | *andar per le lunghe*, traîner (en longueur). | *alla lunga*, à la longue. | *saperla lunga*, en savoir long. | *mostrare di saperla lunga*, prendre un air entendu. | *per non farla lunga*, en deux mots, bref. | *quanto la fai lunga!*, tu en fais une histoire! | *è di gran lunga il migliore*, c'est de loin le meilleur.

2. lungo ['lungo] prep. (tout) le long de, au long de. | *lungo la strada*, le long de la route. || [durante] pendant, au cours de. | *lungo il viaggio*, pendant le voyage, au cours du voyage. | *lungo la strada*, en cours de route.

lungofiume [lungo'fjume] (**-i** pl.) m. quai.

lungolago [lungo'lago] (**-ghi** pl.) m. promenade (f.) du bord du lac.

lungomare [lungo'mare] (**-i** pl.) m. front de mer ; promenade f. (du bord de la mer).

lungometraggio [lungome'traddʒo] (**-i** o **lunghimetraggi** pl.) m. CIN. long métrage.

lungosenna [lungo'sɛnna] m. quai de la Seine.

lungotevere [lungo'tevere] m. quai du Tibre.

lunotto [lu'nɔtto] m. AUTOM. lunette (f.) arrière, glace arrière.

lunula ['lunula] f. ANAT., GEOM. lunule.

luogo ['lwɔgo] (**-ghi** pl.) m. **1.** [specie in generale e in astratto] lieu ; [punto determinato] endroit. | *luogo di nascita*, lieu de naissance. | *luogo del delitto*, lieu du crime. | *luogo deserto*, endroit désert. | *la gente del luogo*, les gens, les habitants de l'endroit, du cru, du pays. | *luogo natio*, pays natal. | *le autorità, i costumi del luogo*, les autorités, les coutumes locales, du pays. | *luogo di culto*, lieu de culte. | *luogo di divertimento*, lieu de divertissement. | *luogo di decenza*, lieux (pl.) d'aisances. | *nel luogo stabilito*, à l'endroit convenu. | *nello stesso luogo*, au même endroit. | *trovarsi, recarsi sul luogo*, se trouver, se rendre sur les lieux. || **2.** [parte di un oggetto, di un corpo] endroit. | *il libro era rovinato in più luoghi*, le livre était abîmé en plusieurs endroits. || **3.** [passo di uno scritto] passage, endroit. | *i luoghi più belli del romanzo*, les plus beaux passages du roman, les plus beaux moments du roman. | *in molti luoghi*, à plusieurs endroits. || **4.** GEOM. *luogo geometrico*, lieu géométrique. || **5.** GIUR. *non luogo a procedere*, non-lieu. || **6.** GRAMM. *avverbio di luogo*, adverbe de lieu. | *stato in luogo, moto a luogo, moto da luogo, moto per luogo*, lieu où l'on est, lieu où l'on va, lieu d'où l'on vient, lieu par où l'on passe. || **7.** LOC. *luogo comune*, lieu commun ; cliché. | *in alto luogo*, en haut lieu. | *in primo, in secondo luogo*, en premier, en second lieu. | *non è il luogo adatto per questo*, ceci, ça n'a pas sa place ici. | *fuori luogo*, déplacé, hors de propos. | *a tempo e luogo*, en temps et lieu. | *disporre gli exempi nel debito luogo*, mettre les exemples à leur place (appropriée). | *aver luogo*, avoir lieu. | *tener luogo di*, tenir lieu de. | *dar luogo a*, donner lieu à. | *in ogni luogo*, partout. | *in qualunque luogo*, n'importe où. | *in luogo di* [+ sostant.] : à la place de ; [+ infin. o sostant.] au lieu de.

luogotenente [lwogote'nɛnte] m. STOR. lieutenant. | *luogotenente del re*, lieutenant général du royaume. || MIL. lieutenant.

luogotenenza [lwogote'nɛntsa] f. STOR. lieutenance.

luogotenenziale [lwogotenen'tsjale] agg. du lieutenant.

lupa ['lupa] f. ZOOL. louve. || STOR. *la lupa capitolina*, la louve du Capitole.

lupacchiotto [lupak'kjɔtto] m. louveteau.

lupanare [lupa'nare] m. (lett.) lupanar.

lupara [lu'para] f. fusil (m.) à canon court.

lupercali [luper'kali] m. pl. STOR. lupercales f.

lupesco [lu'pesko] (**-chi** pl.) agg. (lett.) de loup.

lupetto [lu'petto] m. petit loup, louveteau. || [nello scoutismo] louveteau.

lupinaio [lupi'najo] m. vendeur de lupins.

1. lupino [lu'pino] agg. de loup.

2. lupino [lu'pino] m. BOT. lupin.

lupo ['lupo] m. ZOOL. loup. | *cane lupo*, chien-loup. || LOC. *tempo da lupi*, temps de chien. | *fame da lupo*, faim de loup. | *in bocca al lupo!*, bonne chance! | *finire in bocca al lupo*, se fourrer dans la gueule du loup. || PROV. *il lupo perde il pelo ma non il vizio*, qui a bu boira. | *lupo non mangia lupo*, les loups ne se mangent pas entre eux. | *chi va col lupo impara a urlare*, on apprend à hurler avec les loups. || MIT. *lupo mannaro*, loup-garou. || ZOOL. *lupo di mare*, loup, bar. || FIG. [marinaio] loup de mer.

luppolina [luppo'lina] f. lupulin m.

luppolo ['luppolo] m. BOT. houblon.

lupus ['lupus] m. MED. lupus.

lupus in fabula ['lupusin'fabula] loc. lat. quand on parle du loup, on en voit la queue (prov.).

luridezza [luri'dettsa] f. saleté répugnante.

lurido ['lurido] agg. crasseux, sale. || FIG. sale, repoussant, abject.

luridume [luri'dume] m. PR. e FIG. saleté f., ordure f., crasse f. (solo pr.). | *vivere nel luridume*, vivre dans la crasse, dans la saleté.

lusinga [lu'zinga] f. flatterie. || [illusione] espoir (m.) trompeur, illusion, mirage m.

lusingare [luzin'gare] v. tr. flatter. || [illudere, ingannare] allécher, abuser, leurrer. | *lusingare qlcu. con false promesse*, abuser, allécher qn par des promesses trompeuses ; bercer qn de vaines promesses. ◆ v. rifl. se flatter. || ASSOL. se faire des illusions.

lusingatore [luzinga'tore] (**-trice** f.) agg. e m. flatteur, euse.

lusinghevole [luzin'gevole] o **lusinghiero** [luzin'gjɛro] agg. flatteur.

lusitano [luzi'tano] agg. e m. GEOGR. lusitanien, lusitain.

lussare [lus'sare] v. tr. MED. luxer.

lussazione [lussat'tsjone] f. MED. luxation.

lussemburghese [lussembur'gese] agg. e n. luxembourgeois, e.

lusso ['lusso] m. [fasto] luxe. | *vivere senza lussi*, vivre sans luxe. || LOC. *permettersi il lusso di dire, di fare qlco.*, se payer, se donner le luxe de dire, de faire qch. || [abbondanza superflua] luxe, surabondance, profusion. | *saggio con gran lusso di citazioni*, essai qui abonde en citations. || LOC. *di lusso*, de luxe. *albergo di lusso*, hôtel de luxe, de première catégorie, quatre étoiles.

lussuoso [lussu'oso] agg. luxueux, fastueux, somptueux.

lussureggiante [lussured'dʒante] agg. luxuriant, exubérant.

lussureggiare [lussured'dʒare] v. intr. être luxuriant.

lussuria [lus'surja] f. luxure.

lussurioso [lussu'rjoso] agg. luxurieux.

lustrale [lus'trale] agg. (lett.) lustral.

lustramento [lustra'mento] m. astiquage ; [con cera, lucido] cirage.

lustrare [lus'trare] v. tr. astiquer, faire briller ; [con cera, lucido] cirer. || LOC. FIG. *lustrare le scarpe a qlcu.*, lécher les bottes à qn. | *lustrarsi la vista*, se rincer l'œil (pop.). || TECN. lustrer. ◆ v. intr. briller.

lustrascarpe [lustras'karpe] m. invar. cireur (de chaussures).

lustrastivali [lustrasti'vali] m. cireur (de bottes). || FIG. FAM. lèche-bottes.

lustrata [lus'trata] f. coup (m.) de chiffon, coup (m.) de brosse.

lustrazione [lustrat'tsjone] f. RELIG. lustration.

lustrino [lus'trino] m. paillette f. | *con lustrini*, pailleté (agg.), à paillettes.

1. lustro ['lustro] agg. brillant, luisant, reluisant. | *capelli lustri*, cheveux brillants. | *mobili lustri*, meubles luisants. ◆ m. PR. e FIG. lustre. | *dare il lustro alle pentole*, faire briller les casseroles. | *la sua*

presenza dà lustro al nostro stabilimento, sa présence donne du lustre à, honore notre établissement. | *dà lustro al suo paese*, il fait honneur à son pays.
2. lustro ['lustro] m. (lett.) [periodo di 5 anni] lustre.
luteina [lute'ina] f. lutéine.
luteo ['luteo] agg. (lett.) jaune (L.C.). ‖ MED. *corpo luteo*, corps jaune.
luteranesimo [lutera'nezimo] o **luteranismo** [lutera'nizmo] m. RELIG. luthéranisme.
luterano [lute'rano] agg. e m. RELIG. luthérien.
luto ['luto] m. (arc.) [fango] boue f. (L.C.). ‖ TECN. lut.
lutoterapia [lutotera'pia] f. cure de bains de boue.
lutto ['lutto] m. deuil. | *lutto stretto*, grand deuil. | *mezzo lutto*, demi-deuil. | *c'è il lutto cittadino*, la ville est en deuil. | *vestito a lutto*, en deuil. | *carta listata a lutto*, papier bordé de noir. | *chiesa parata a lutto*, église tendue de décorations funèbres. | *prendere il lutto*, se mettre en deuil. | *partecipare al lutto di qlcu.*, prendre part au deuil de qn.
luttuosamente [luttuosa'mente] avv. douloureusement, tristement.
luttuoso [lut'tuoso] agg. douloureux, funeste.
lutulento [lutu'lento] agg. (lett.) bourbeux (L.C.), boueux (L.C.), fangeux (L.C.).
lux [luks] m. FIS. lux.

m ['ɛmme] m. o f. m m. ‖ TELECOM. *m come Milano*, m comme Marcel.
1. ma [ma] cong. **1.** [opposizione] mais. | *è severo, ma giusto*, il est sévère, mais juste. | *ho chiamato, ma nessuno ha risposto*, j'ai appelé, mais personne n'a répondu. | *ci restano solo alcuni esercizi, ma molto difficili*, il ne nous reste que quelques exercices, mais très difficiles. | *un caffè, ma caldissimo !*, un café, mais très chaud ! | *ho chiamato non solo tuo fratello, ma anche tua sorella*, j'ai appelé non seulement ton frère, mais aussi ta sœur. ‖ **2.** [in principio di periodo] per indicare passaggio ad altro argomento : mais. | *ma, torniamo al nostro argomento*, mais quoi, revenons à notre sujet. | *ma, a proposito, avete ricevuto la mia lettera ?*, mais, à propos, avez-vous reçu ma lettre ? ‖ [per indicare un passaggio logico] or. | *tutti gli uomini sono mortali : ma tu sei un uomo, dunque sei mortale*, tous les hommes sont mortels, or tu es un homme, donc tu es mortel. ‖ **3.** FAM. [particella rafforzativa] mais. | *ma sì*, mais oui. | *ma no*, mais non. | *ma che mi dici ?*, mais qu'est-ce que tu me dis ? | *ma infine, cosa vuoi fare ?*, mais enfin, qu'est-ce que tu veux faire ? | *ma certo*, mais bien sûr. | *ma parla dunque !*, mais parle donc ! | *« Non viene ? » « Ma sì, viene ! »*, « Il ne vient pas ? » « Mais si, il vient ! » | *ma che bella ragazza !*, quelle belle jeune fille ! | *ma bene, ma bravo !*, eh bien, bravo ! | *ma che bel regalo !*, quel beau cadeau ! | *ma come ? non ha parlato ?*, comment ? il n'a pas parlé ? ◆ m. mais. | *c'è un ma*, il y a un mais. | *non c'è ma che tenga*, il n'y a pas de mais qui tienne. | *di se e di ma son piene le fosse*, avec des mais et des si on n'arrive à rien.
2. ma(h) [ma] interiez. [dubbio, incertezza] bah ! | *« Che te ne pare ? » « Ma ! non saprei ! »*, « Qu'en penses-tu ? » « Bah ! je ne saurais que dire ! » ‖ [disapprovazione] *ha venduto la sua bella casa, ma !*, il a vendu sa belle maison, quelle idée !
macabro ['makabro] agg. macabre. | *danza macabra*, danse macabre.
macaco [ma'kako] m. ZOOL. macaque. ‖ FIG. [sciocco] bête, bêta (fam.) ; [goffo, brutto] macaque.
macadam [maka'dam] m. macadam.
macché [mak'ke] inter. mais non ! | *« L'hai fatto ? » « Macché ! »*, « Est-ce que tu l'as fait ? » « Mais non ! » | *macché denaro, macché ricchezze !*, pas d'argent, pas de richesses !
maccherone [makke'rone] m. (al pl.) CULIN. macaroni. | *maccheroni al pomodoro*, macaroni(s) à la sauce tomate. | *maccheroni alla parmigiana*, macaroni(s) au fromage. | *pasticcio di maccheroni*, macaroni(s) au gratin. ‖ FIG. [sciocco] bête, nigaud. ‖ LOC. FIG. *arrivare, cascare come il cacio sui maccheroni*, arriver comme mars en carême.
maccheronico [makke'rɔniko] (**-ci** m. pl.) agg. macaronique. | *latino maccheronico*, latin macaronique, latin de cuisine.
1. macchia ['makkja] f. **1.** PR. tache. | *macchia d'unto*, tache de graisse. | *togliere una macchia*, enlever, ôter une tache. ‖ LOC. FIG. *estendersi a macchia d'olio*, faire tache d'huile. ‖ PER ANAL. ARTI tache. ‖ ASTRON. *macchie solari, lunari*, taches solaires, lunaires. ‖ PARTICOL. *macchia del marmo*, tache du marbre. | *cavalli dal pelo bianco a macchie nere*, chevaux à robe blanche tachetée de noir. ‖ **2.** FIG. *una vita senza macchia*, une vie sans tache. | *è una macchia al suo buon nome*, c'est une tache à sa réputation. | *lavare una macchia col sangue*, laver un affront dans le sang. ‖ RELIG. *Gesù Cristo, agnello senza macchia*, Jésus-Christ, agneau sans tache. | *la macchia originale*, la tache originelle. ‖ STOR. *il Cavaliere senza macchia e senza paura*, le Chevalier sans peur et sans reproche.
2. macchia ['makkja] f. [boscaglia] maquis m. ‖ PER EST. *darsi, buttarsi alla macchia*, prendre le maquis. ‖ FIG. *fare qlco. alla macchia*, faire qch. clandestinement. | *stampare alla macchia*, imprimer clandestinement, sous le manteau.
macchiaiolo [makkja'jɔlo] m. ARTI tachiste.
macchiare [mak'kjare] v. tr. PR. tacher. | *macchiare una tovaglia di vino*, tacher une nappe de vin. | *macchiarsi le dita*, se tacher les doigts. ‖ FIG. *macchiare l'onore, il nome, la coscienza*, tacher, entacher l'honneur, le nom, la conscience. ‖ PER EST. *macchiare l'acqua (col vino)*, ajouter un peu de vin à l'eau. | *macchiare il caffè (col latte)*, ajouter un peu de lait au café. ‖ ARTI tacheter. ◆ v. rifl. PR. se tacher. | *ti sei macchiato di unto*, tu t'es taché de graisse. | *questa stoffa si macchia facilmente*, cette étoffe se tache facilement, est très tachante. ‖ FIG. *macchiarsi d'infamia*, se couvrir d'infamie.
macchiato [mak'kjato] agg. [sporco] taché. | *camicia macchiata*, chemise tachée. | *quaderno macchiato d'inchiostro*, cahier taché d'encre. ‖ [cosparso di chiazze] taché, tacheté. | *marmo macchiato di verde*, marbre taché de vert. | *cavallo dal pelo bianco macchiato di nero*, cheval à robe blanche tachetée de noir. ‖ PER EST. *caffè macchiato*, café avec un peu de lait, avec un soupçon de lait. | *maccheroni macchiati*, macaronis avec un peu de sauce.
macchietta [mak'kjetta] f. ARTI esquisse, ébauche. ‖ PER EST. caricature ; TEATRO imitation caricaturale, parodie. ‖ FIG. [tipo bizzarro] *che macchietta !*, quel drôle de type !, quel numéro !
macchiettato [makkjet'tato] agg. tacheté. | *cavallo*

macchiettato di bianco, di nero, cheval tacheté de blanc, de noir. | *uccello macchiettato di grigio e di nero,* oiseau grivelé.
macchiettista [makkjet'tista] (**-i** m. pl.) n. ARTI caricaturiste. ‖ TEATRO imitateur, trice ; mime.
macchina ['makkina] f. **1.** [congegno meccanico] machine. | *macchina elettrica, elettronica, idraulica, pneumatica, termica,* machine électrique, électronique, hydraulique, pneumatique, thermique. | *macchina agricola, escavatrice, sollevatrice,* machine agricole, excavatrice, élévatrice. | *macchina utensile,* machine-outil. | *macchina utensile a programma,* machine-transfert. | *macchina tessile,* machine à tisser. | *macchine da ufficio,* machines de bureau. | *macchina per scrivere,* machine à écrire. | *macchina per scrivere portatile,* machine à écrire portative. | *scrivere a macchina,* écrire, taper à la machine. | *macchina calcolatrice,* machine à calculer. | *macchina per fatturazione,* machine à facturer. | *macchina lavatrice,* machine à laver. | *macchina per cucire,* machine à coudre. | *macchina da caffè,* cafetière ; [nei bar] percolateur m. | *macchina fotografica,* appareil (m.) photographique. | *macchina da presa,* caméra. | *macchina da proiezione,* appareil de projection, projecteur m. | *macchina teatrale,* machine de théâtre. | *macchina stampatrice,* imprimeuse. | *andare in macchina,* aller sous presse. ‖ FIG. *la macchina umana,* la machine de l'homme. | *la macchina dello Stato,* la machine de l'État. ‖ LOC. *lavoro fatto a macchina,* travail fait à la machine. ‖ **2.** [veicolo] AER. *macchina volante,* machine volante. ‖ AUTOM. voiture, automobile, auto (fam.), bagnole (pop.). | *macchina decappottabile,* voiture décapotable. | *macchina da corsa,* voiture de course. | *macchina sportiva,* voiture de sport. | *macchina usata,* voiture d'occasion. | *guidare una macchina,* conduire une automobile. | *rodare una macchina,* roder une automobile. | *fermare una macchina,* arrêter une voiture. | *posteggiare una macchina,* garer une voiture. | *salire in macchina,* monter en voiture. ‖ PER EST., SPORT *vincere di due macchine,* vaincre de deux longueurs. ‖ FERR. machine, locomotive. | *macchina a vapore, elettrica, diesel,* machine à vapeur, électrique, diesel. | *deposito macchine,* dépôt des machines. ‖ MAR. machine. | *sala macchine,* salle, chambre des machines. | *fermare le macchine,* stopper les machines. | *fare macchina avanti,* faire machine avant. | *fare macchina indietro,* faire machine arrière (anche fig.).
macchinale [makki'nale] agg. machinal.
macchinalmente [makkinal'mente] avv. machinalement.
macchinare [makki'nare] v. tr. machiner, manigancer (fam.), comploter. | *che cosa stai macchinando ?,* qu'est-ce que tu es en train de machiner, de ruminer ? | *macchinare un intrigo,* tramer une intrigue. | *macchinare contro il governo,* comploter contre le gouvernement.
macchinario [makki'narjo] (**-ri** pl.) m. machinerie f., outillage. | *manutenzione del macchinario,* entretien de la machinerie. | *il macchinario perfezionato di una fabbrica moderna,* l'outillage perfectionné d'une usine moderne.
macchinazione [makkinat'tsjone] f. machination, cabale, intrigue, complot m. | *ordire una macchinazione,* ourdir une machination. | *partecipare a una macchinazione,* participer à un complot, marcher dans la combine (pop.).
macchinetta [makki'netta] f. *macchinetta del caffè,* cafetière. | *macchinetta accendisigari,* briquet m. ‖ [per tagliare i capelli] tondeuse. ‖ FIG. *parlare come una macchinetta,* avoir la langue bien pendue, être un vrai moulin à paroles.
macchinismo [makki'nizmo] m. machinisme.
macchinista [makki'nista] (**-i** pl.) m. FERR., MAR. mécanicien. ‖ TEATRO machiniste. ‖ TIP. conducteur.
macchinosamente [makkinosa'mente] avv. de façon compliquée.
macchinoso [makki'noso] agg. compliqué.
macedone [ma'tʃɛdone] agg. e n. macédonien, enne.
macedonia [matʃe'dɔnja] f. CULIN. macédoine ; salade de fruits. ‖ FIG. FAM. *è una macedonia di idee,* c'est un salmigondis d'idées.
macedonico [matʃe'dɔniko] (**-ci** m. pl.) agg. macédonien.
macellaio [matʃel'lajo] m. boucher. ‖ FIG. boucher. | *quel chirurgo è un vero macellaio,* ce chirurgien est un vrai boucher. | *comportarsi da macellaio,* agir comme une brute.
macellare [matʃel'lare] v. tr. abattre. | *macellare una bestia,* abattre, tuer une bête. ‖ FIG. massacrer.
macellazione [matʃellat'tsjone] f. abattage m.
macelleria [matʃelle'ria] f. boucherie. | *macelleria equina,* boucherie chevaline, hippophagique.
macello [ma'tʃɛllo] m. [mattatoio] abattoir. ‖ [macelleria] (raro) boucherie (L.C.). ‖ [macellazione] abattage. | *bestie, carne da macello,* bêtes, viande de boucherie. ‖ FIG. abattoir, boucherie, massacre. | *mandare dei soldati al macello,* envoyer des soldats à l'abattoir, à la casse (pop.). | *andare al macello,* aller à la boucherie, au casse-gueule (fam.), au casse-pipes (pop.). | *che macello !,* quel massacre !, quel désastre !
macerare [matʃe'rare] v. tr. macérer. | *fare, lasciare macerare dei fiori, della frutta,* faire, laisser macérer des fleurs, des fruits. ‖ RELIG. macérer, mortifier. | *macerare le proprie carni,* macérer sa chair. ◆ v. rifl. FIG. se consumer ; brûler ; être dévoré. | *macerarsi dal dolore,* se consumer de douleur. | *macerarsi dal desiderio di fare qlco.,* brûler du désir de faire qch. | *macerarsi di gelosia, di invidia,* être dévoré, rongé par la jalousie, par l'envie.
macerazione [matʃerat'tsjone] f. macération. ‖ RELIG. macération, mortification. ‖ IND. [cartaria] trempage m., pourrissage m. ; [conciaria] trempage m. ; [tessile] rouissage m.
maceria [ma'tʃɛrja] f. **1.** [specialmente al pl.] gravats m. pl., débris m. pl., décombres m. pl., ruines pl. | *un mucchio di macerie,* un tas de gravats. | *vittime dei bombardamenti seppellite sotto le macerie,* victimes des bombardements ensevelies sous les décombres. | *le macerie di una città,* les ruines d'une ville. ‖ FIG. débris m. pl., ruines pl. | *le macerie dello Stato,* les ruines de l'État. ‖ **2.** [muricciolo a secco] (raro) mur (m.) de pierres sèches.
1. macero ['matʃero] agg. macéré. ‖ RELIG. macéré, mortifié. ‖ LOC. FIG. *avere le ossa macere,* être plein de courbatures. | *sono tutto macero,* je suis moulu de fatigue.
2. macero ['matʃero] m. [macerazione] macération f. ‖ IND. [cartaria] trempage, pourrissage ; [conciaria] trempage ; [tessile] rouissage. ‖ [maceratoio] macérateur. ‖ IND. [cartaria] pourrissoir ; [tessile] rouissoir. ‖ LOC. *carta da macero,* vieux papiers. | *mandare un libro al macero,* mettre un livre au pilon.
machiavellesco [makkjavel'lesko] (**-chi** m. pl.) agg. machiavélien.
machiavelliano [makkjavel'ljano] agg. machiavélien, de Machiavel. | *l'opera machiavelliana,* l'œuvre de Machiavel. | *uno stile machiavelliano,* un style digne de Machiavel.
machiavellico [makkja'vɛlliko] (**-ci** m. pl.) agg. machiavélique. | *manovra machiavellica,* manœuvre machiavélique. | *aria machiavellica,* air machiavélique.
machiavellismo [makkjavel'lizmo] m. machiavélisme.
macigno [ma'tʃiɲɲo] m. roc, rocher, pierre f. | *una casa costruita sul macigno,* une maison bâtie sur le roc, sur le rocher. ‖ GEOL. (pierre) meulière f. ‖ FIG. *è duro come un macigno,* il est dur comme un roc. | *è testardo come un macigno,* il est ferme comme un roc ; il est têtu comme un mulet. | *costruire sul macigno,* bâtir sur le roc. | *ha un cuore di macigno,* il a un cœur de pierre. | *che macigno questo film !,* qu'il est assommant ce film !
macilento [matʃi'lɛnto] agg. maigre, émacié, hâve.
macilenza [matʃi'lɛntsa] f. maigreur, émaciation. ‖ ZOOL. [malattia del baco da seta] gattine.
macina ['matʃina] f. meule. | *macina da mulino,* meule de moulin. | *pietra da macina,* pierre meulière.
macinacaffè [matʃinakaf'fɛ] m. moulin à café.
macinapepe [matʃina'pepe] m. moulin à poivre.
macinare [matʃi'nare] v. tr. moudre, broyer. | *macinare pepe, caffè,* broyer du poivre, moudre du café. | *macinare zucchero, colori,* broyer du sucre, des cou-

leurs. | *macinare delle pietre*, concasser des pierres. || FIG. *macinare chilometri*, dévorer, avaler des kilomètres. || PROV. *acqua passata non macina più*, le temps passé ne revient plus.
macinato [matʃi'nato] agg. moulu. | *comperare del caffè già macinato*, acheter du café tout moulu. | *due etti di carne macinata*, deux cents grammes de hachis, de viande hachée. ◆ m. farine f. ; [carne] hachis.
macinatoio [matʃina'tojo] m. moulin ; [frantoio] pressoir.
macinatura [matʃina'tura] f. mouture, broyage m., broiement m. | *macinatura di colori*, broyage de couleurs.
macinazione [matʃinat'tsjone] f. V. MACINATURA.
macinino [matʃi'nino] m. moulin. | *macinino da caffè*, moulin à café. | *macinino da pepe, da cannella*, moulin à poivre, à cannelle. || FIG. IRON. coucou, tacot, guimbarde f.
maciulla [ma'tʃulla] f. TESS. macque, brisoir m.
maciullare [matʃul'lare] v. tr. TESS. macquer, broyer. | *maciullare la canapa, il lino*, broyer le chanvre, le lin. || PER EST. [stritolare] broyer. | *si è fatto maciullare una mano in un ingranaggio*, il a eu la main broyée dans un engrenage.
maciullatura [matʃulla'tura] f. TESS. macquage m., teillage m. || PER EST. [stritolatura] broyage m.
macrocosmico [makro'kɔzmiko] (**-ci** m. pl.) agg. FILOS. macrocosmique.
macrocosmo [makro'kɔzmo] m. FILOS. macrocosme.
macromolecola [makromo'lɛkola] f. CHIM. macromolécule.
macromolecolare [makromoleko'lare] agg. CHIM. macromoléculaire.
macroscopico [makros'kɔpiko] (**-ci** m. pl.) agg. macroscopique. | *analisi macroscopica*, analyse macroscopique. || FIG. IRON. énorme. | *è una bugia macroscopica*, c'est un mensonge énorme.
macula ['makula] f. (lett.) tache (L.C.), macule. || ANAT. *macula lutea*, macula ; tache jaune. || MED. macule.
maculare [maku'lare] v. tr. (lett.) maculer, tacher (L.C.).
maculato [maku'lato] agg. (lett.) maculé, taché (L.C.).
madama [ma'dama] f. madame. || FIG. IRON. *fare la madama*, jouer à la dame. || GERG. [furgone cellulare] panier (m.) à salade ; [polizia] la rousse.
madamigella [madami'dʒɛlla] f. IRON. mademoiselle.
madia ['madja] f. huche, maie.
madido ['madido] agg. (lett.) humide (L.C.), moite (L.C.). | *avere la fronte madida di sudore*, avoir le front moite de sueur. | *mani madide*, mains humides, moites.
madonna [ma'dɔnna] f. (arc.) madame (L.C.). || RELIG. Vierge, Notre-Dame, Madone. | *Madonna santa !*, sainte Vierge !
madonnina [madon'nina] f. petite image de la Vierge. || PER EST. *ha il viso di una madonnina*, elle a un visage de petite Madone. || FIG. IRON. *è una madonnina infilzata*, c'est une sainte nitouche.
madore [ma'dore] m. moiteur f.
madornale [mador'nale] agg. énorme. | *errore madornale*, erreur énorme. | *è uno sproposito madornale*, c'est une sottise énorme, de gros calibre (fam.).
madre ['madre] f. **1.** mère. | *mia madre, madre mia*, ma mère. | *madre tenera, affettuosa, amorosa*, mère tendre, affectueuse, pleine d'amour. | *madre di famiglia*, mère de famille. | *una giovane madre*, une jeune mère. | *madre adottiva*, mère adoptive. | *madre nubile, ragazza madre*, mère célibataire, fille mère. | *festa delle madri*, fête des mères. | *da parte di madre*, du côté maternel. | *orfano di madre*, orphelin de mère. | *amore di madre*, amour d'une mère, amour maternel. | *rendere madre*, rendre mère. | *diventare madre*, devenir mère. | *restare madre*, demeurer mère. | *regina madre*, reine mère, reine douairière. || PER EST. *i gattini giocano con la madre*, les petits chats jouent avec leur mère. || FIG. *madre natura*, notre mère nature. | *come madre natura l'ha fatto*, nu comme un ver. | *idea madre*, idée mère. | *lingua madre*, langue maternelle. || **2.** [particol.] AMM. [di un registro] souche. | *blocchetto a madre e figlia*, carnet à souche. || ANAT. *dura madre, pia madre*, dure-mère, pie-mère. || CHIM. *acqua madre*, eau mère. | *madre dell'aceto*, mère du vinaigre. || **3.** RELIG. *madre badessa*, mère abbesse. | *madre superiora, priora*, mère supérieure. | *reverenda madre*, révérende mère. | *entri, madre*, entrez, ma mère. | *casa madre*, maison mère. | *chiesa madre*, église mère. | *santa madre Chiesa*, notre sainte mère l'Église. || [interiez.] *Madre santa !*, bonne Mère !
madrelingua [madre'lingwa] f. langue maternelle. || [lingua madre] langue mère.
madrepatria [madre'patrja] f. mère patrie.
madreperla [madre'pɛrla] f. nacre.
madreperlaceo [madreper'latʃeo] agg. nacré.
madrepora [ma'drɛpora] f. ZOOL. madrépore m.
madreselva [madre'selva] f. BOT. chèvrefeuille m.
madrevite [madre'vite] f. MECC. [vite femmina] écrou m., vis femelle ; [di tornio] vis mère. || [filiera] filière.
madrigale [madri'gale] m. LETT., MUS. madrigal.
madrigaleggiare [madrigaled'dʒare] v. intr. composer des madrigaux ; chanter des madrigaux. || PER EST. IRON. tenir des propos galants, conter fleurette, flirter. | *madrigaleggia con tutte le donne*, il tient des propos galants à toutes les femmes.
madrileno [madri'lɛno] agg. e n. madrilène.
madrina [ma'drina] f. marraine.
maestà [maes'ta] f. [grandezza, imponenza] majesté. | *la maestà delle leggi*, la majesté des lois. | *la solenne maestà delle Alpi*, la majesté solennelle des Alpes. || [titolo] majesté. | *Sua Maestà il re di Svezia*, Sa Majesté le roi de Suède. | *Vostra Maestà*, Votre Majesté. | *Vostra Maestà mi ascolti*, que Votre Majesté m'écoute. || ARTI majesté. | *Cristo, Madonna in maestà*, Christ, Vierge de majesté.
maestosamente [maestosa'mente] avv. majestueusement.
maestosità [maestosi'ta] f. majesté.
maestoso [maes'toso] agg. majestueux. || MUS. maestoso.
maestra [ma'ɛstra] f. **1.** UNIV. maîtresse. | *maestra elementare*, maîtresse d'école, institutrice. | *maestra di pianoforte*, maîtresse de piano. | *maestra di musica*, maîtresse, professeur (m.) de musique. | *maestra di sci, di nuoto, di educazione fisica*, monitrice de ski, de natation, d'éducation physique. | *maestra d'asilo, maestra giardiniera*, jardinière d'enfants. || MODA *maestra di sartoria*, première d'atelier. || FIG. *è maestra nell'arte del ricamo*, elle est maîtresse dans l'art de broder. | *la storia è maestra di vita*, l'histoire apprend à vivre. || **2.** MAR. *albero di maestra*, grand mât. | *vela di maestra*, grand-voile. || **3.** TIP. maquette.
maestrale [maes'trale] m. vent du nord-ouest ; [in Provenza] mistral.
maestranza [maes'trantsa] f. [comunemente al pl.] ouvriers m. pl.
maestria [maes'tria] f. maestria, maîtrise, habileté. | *dirigere un'orchestra con maestria*, conduire un orchestre avec maestria. | *un lavoro eseguito con maestria*, un travail exécuté avec maîtrise, avec habileté. || [astuzia] finesse, ruse, astuce. | *se l'è cavata con maestria*, il s'en est tiré avec finesse.
maestro [ma'ɛstro] m. **1.** [chi può aiutare l'altrui formazione] maître. | *vero, grande maestro*, vrai, grand maître. | *trovare un maestro*, trouver son maître. || [elogiativo o ironico] *caro maestro !*, cher maître ! || FIG. *il tempo è un grande maestro*, le temps est un grand maître. | *avere buoni maestri*, être à bonne école. || ARTI, LETT. *i maestri della pittura italiana*, les maîtres de la peinture italienne. | *i maestri della letteratura latina*, les maîtres de la littérature latine. || RELIG. *il Divino Maestro*, le Divin Maître. | *Dio, l'eterno maestro*, Dieu, le maître éternel. || **2.** [chi impartisce un insegnamento] MUS. *maestro di musica, di pianoforte, di canto, di danza*, maître, professeur de musique, de piano, de chant, de danse. | *maestro di balletto*, maître de ballet. | *maestro di cappella*, maître de chapelle. | *maestro compositore*, maestro. || [direttore d'orchestra] *bravo maestro !*, bravo, maestro ! || SPORT *maestro di scherma*, maître d'escrime, d'armes. | *maestro di nuoto*, moniteur, professeur de natation ; maître nageur. | *maestro di sci*, moniteur de ski. || UNIV. *maestro elementare*, maître d'école, instituteur. || **3.** [mestieri] *maestro operaio*, maître d'usine.

| *maestro muratore*, maître maçon. | *maestro falegname*, maître menuisier. || **4.** [chi ha funzioni direttive] *maestro di casa*, maître d'hôtel. | *maestro di cerimonie*, maître de cérémonies. || STOR. *maestro di campo*, maître de camp. | *maestro di camera*, maître de chambre. | *maestro di palazzo*, maire du palais. || **5.** LOC. *essere maestro nell'arte dell'equitazione*, être maître dans l'art de l'équitation. | *avere fama di maestro*, passer maître. | *un colpo da maestro*, un coup de maître. | *con tocco da maestro*, de main de maître. | *nessuno nasce maestro*, l'art est une longue patience ; avant d'être capitaine, il faut être matelot. || IRON. *darsi arie da maestro, farla da maestro*, faire le pontife, pontifier. ◆ agg. **1.** [abile] *con mano maestra*, de main de maître. | *colpo maestro*, coup de maître. | *fare una mossa maestra*, faire une manœuvre magistrale. || **2.** [principale] *strada maestra*, grand-route. | *muro maestro*, gros mur. | *trave maestra*, poutre maîtresse. || MAR. *albero maestro*, grand mât, maître mât, arbre de mestre (arc.). | *vela maestra*, grand-voile, voile de meistre (arc.).

mafia ['mafja] f. mafia, maffia.

mafioso [ma'fjoso] agg. appartenant à la mafia ; de la mafia. ◆ m. membre de la mafia, mafioso.

maga ['maga] f. magicienne, sorcière.

magagna [ma'gaɲɲa] f. défaut m., imperfection.

magari [ma'gari] interiez. [desiderio] plût à Dieu que, plût au ciel que, Dieu veuille que, si seulement. | *magari venisse !*, plût à Dieu qu'il vînt !, je voudrais bien qu'il vienne ! | *magari fosse arrivato in tempo !*, plût à Dieu qu'il fût arrivé à temps ! | *magari potessi partire !*, si seulement je pouvais partir ! || [assenso] si tu veux, si vous voulez ; je veux bien ; très volontiers. | *« Prendi un gelato ? » « Magari ! »*, « Est-ce que tu prends une glace ? », « Si tu veux ! », « Je veux bien ! ». | *« Posso invitarla al cinema ? » « Magari ! »*, « Est-ce que je peux vous inviter au cinéma ? », « Si vous voulez ! », « Je veux bien ! », « Très volontiers ! ». ◆ cong. [con valore concessivo] même si, quand même, quand bien même. | *lo farò, magari dovessi perdere la sua amicizia*, je le ferai, même si je devais perdre son amitié, quand même je devrais perdre son amitié. ◆ avv. [forse] peut-être, peut-être bien ; [perfino] même. | *magari non ti risponderanno*, peut-être bien qu'on ne te répondra pas. | *magari non verrà*, peut-être ne viendra-t-il pas. | *è magari capace di vincere*, il est même capable de gagner.

magazzinaggio [magaddzi'naddʒo] m. COMM. [permanenza in magazzino] magasinage ; [spesa] droits (pl.), frais (pl.) de magasinage. | *abbiamo pagato diecimila lire di magazzinaggio*, nous avons payé dix mille lires de droits de magasinage.

magazziniere [magaddzi'njɛre] m. magasinier.

magazzino [magad'dzino] m. [deposito di merci] magasin, dépôt. | *magazzino di grano*, magasin à blé, à grains. | *mettere in magazzino*, mettre en magasin, emmagasiner. | *avere delle merci in magazzino*, avoir des marchandises en magasin, en stock. | *fondi di magazzino*, fonds de boutique, rossignols (fam.). || COMM. entrepôt. | *magazzini portuali*, magasins d'un port, docks. | *magazzini generali*, magasins généraux. || FOT. magasin. || MIL. *magazzino viveri*, magasin de vivres. | *magazzino esplosivi*, magasin d'explosifs, magasin à poudre. || TIP. magasin. || [punto di vendita] *i grandi magazzini*, les grands magasins. | *i magazzini Standa*, les magasins Standa.

maggese [mad'dʒese] m. AGR. jachère f., guéret. | *mettere, lasciare una terra a maggese*, mettre, laisser une terre en jachère, en guérets. | *lavorare un terreno lasciato a maggese*, lever les guérets. ◆ agg. AGR. (raro) de mai (L.C.). | *fieno maggese*, foin de première coupe.

maggio ['maddʒo] m. mai. | *nel mese di maggio, di maggio, a maggio*, au mois de mai, en mai. | *il primo di maggio, festa del Lavoro*, le premier mai, fête du Travail. || BOT. *pallone di maggio*, boule-de-neige f., obier.

maggiolino [maddʒo'lino] m. ZOOL. hanneton.

maggiorana [maddʒo'rana] f. BOT. marjolaine.

maggioranza [maddʒo'rantsa] f. majorité, la plupart, la plus grande partie, la majeure partie. | *la maggioranza delle persone non rispondeva*, la majorité des personnes ne répondait pas. | *la maggioranza dei libri era in disordine*, la plus grande partie des livres était en désordre. | *in maggioranza siamo favorevoli alla vostra proposta*, nous sommes en majorité favorables à votre proposition. | *nella maggioranza dei casi*, dans la plupart des cas. || POLIT. majorité. | *i deputati della maggioranza*, les députés de la majorité. | *essere eletto a maggioranza*, être élu à la majorité. | *maggioranza semplice, relativa, assoluta, qualificata*, majorité simple, relative, absolue, qualifiée.

maggiorare [maddʒo'rare] v. tr. majorer, augmenter, relever. | *maggiorare i prezzi*, majorer, augmenter les prix. | *maggiorare i salari del dieci per cento*, majorer, relever les salaires de dix pour cent.

maggiorazione [maddʒorat'tsjone] f. COMM. majoration, augmentation.

maggiordomo [maddʒor'dɔmo] m. majordome, maître d'hôtel. || STOR. maire du palais.

maggiore [mad'dʒore] agg. **1.** [più grande, più importante : comparativo] plus grand ; plus de, davantage (de). | *la partecipazione agli utili è stata maggiore dell'anno scorso*, la participation aux bénéfices a été plus grande que l'année dernière. | *è sceso a profondità maggiore*, il est descendu à une plus grande profondeur. | *desidero maggiore autorità e maggiore obbedienza*, je désire plus, davantage d'autorité et plus, davantage d'obéissance. | *ha mostrato di avere maggiore volontà di voi*, il a montré plus de volonté que vous. | *per maggiore sicurezza*, pour plus de sûreté. | *abbiamo maggiori possibilità di riuscita*, nous avons de plus grandes chances de réussite. | *ci hanno chiesto una somma maggiore*, on nous a demandé une plus forte somme, une somme plus importante. || **2.** [più grande : superlativo relativo] *il maggiore sforzo possibile*, le plus grand effort possible. | *l'abbiamo fatto con la maggiore cura*, nous l'avons fait avec le plus grand soin, avec le soin le plus grand. | *Milano è la maggiore città industriale d'Italia*, Milan est la plus grande ville industrielle d'Italie. | *il Massiccio centrale è il maggiore serbatoio d'acqua della Francia*, le Massif central est le plus important réservoir d'eau de France. | *la maggior parte degli alunni ha avuto buoni voti*, la plus grande partie, la majorité, la plupart des élèves ont eu de bonnes notes. | *la nostra maggiore preoccupazione è di aiutare i nostri genitori*, notre plus grande préoccupation, notre souci majeur est d'aider nos parents. | *abbiamo studiato l'Ovidio maggiore*, nous avons étudié les œuvres les plus importantes d'Ovide. | *i trecentisti maggiori*, les plus grands, les plus importants écrivains du XIVe siècle. | *la piazza maggiore*, la grande place. | *l'ospedale maggiore*, l'hôtel-Dieu. | *le arti maggiori*, les arts majeurs. || **3.** [età : comparativo] *sono maggiore di mio fratello*, je suis plus âgé que mon frère. | *mio fratello è maggiore di me di due anni*, mon frère est plus âgé que moi de deux ans, est mon aîné de deux ans. || [superlativo relativo] *ecco il mio fratello maggiore*, voilà mon frère aîné. | *ho parlato col suo figlio maggiore*, j'ai parlé avec l'aîné, le plus âgé de ses enfants. || [maggiorenne] *fra un anno sarà maggiore*, dans un an il sera majeur. | *ha raggiunto la maggiore età*, il a atteint la majorité. || **4.** [accezioni particolari] ASTRON. *Orsa maggiore*, Grande Ourse. || COMM. *vendere, aggiudicare al maggiore offerente*, vendre, adjuger au plus offrant. || FILOS. *premessa maggiore*, prémisse majeure. || GEOGR. *il lago Maggiore*, le lac Majeur. || MAR. *albero maggiore*, grand mât. | *nave maggiore*, navire hauturier. || MIL. *caporal maggiore*, caporal-chef. | *sergente maggiore*, sergent-major. | *aiutante maggiore*, adjudant-major. | *cappellano maggiore*, premier aumônier. | *stato maggiore*, état-major. || MUS. *tono maggiore*, ton majeur. | *do maggiore*, ut majeur. | *intervallo di terza maggiore*, tierce majeure. || RELIG. *Santa Maria Maggiore*, Sainte-Marie-Majeure. | *ordini maggiori*, ordres majeurs. | *scomunica maggiore*, excommunication majeure. | *altare maggiore*, maître-autel. || STOR. *Bruto Maggiore*, le premier Brutus. | *Catone Maggiore*, Caton l'Ancien. || **5.** LOC. *a maggiore ragione*, à plus forte raison. | *un caso di forza maggiore*, un cas de force majeure. | *l'opera di maggiore rilievo della mostra*, le clou (fam.), l'attraction principale de l'exposition. | *in attesa di maggiori* *chiarimenti*, jusqu'à plus ample informé. | *passare la maggior parte del tempo a divertirsi*, passer le plus clair de son temps, les trois quarts de son temps à s'amuser. | *andare per la maggiore*, être à la mode, en vogue. ◆ m. [età] : [primogenito] aîné ; [il più anziano] le plus âgé. ‖ MIL. commandant, chef. | *maggiore generale*, major général. ‖ plur. (lett.) [antenati] aïeux (L.C.), ancêtres (L.C.).

maggiorenne [maddʒo'rɛnne] agg. e n. majeur, e.

maggiorente [maddʒo'rɛnte] m. (lett.) notable (L.C.).

maggioritario [maddʒori'tarjo] (**-ri** m. pl.) agg. POLIT. majoritaire. | *sistema maggioritario*, système majoritaire.

maggiormente [maddʒor'mente] avv. **1.** [di più] davantage ; [comparativo : più] plus ; [ancor più] encore plus, à plus forte raison ; [tanto più] d'autant plus. | *bisogna studiare maggiormente*, il faut étudier davantage. | *non mi dilungherò maggiormente*, je ne m'attarderai pas davantage. | *niente è maggiormente utile*, rien n'est plus utile. | *se noi riusciamo, maggiormente dovreste riuscire voi*, si nous réussissons, vous devriez réussir à plus forte raison, encore plus. | *poiché saliamo sempre più in alto, il freddo aumenta maggiormente*, il fait d'autant plus froid que nous montons plus haut ; plus haut nous montons, plus il fait froid. ‖ **2.** [superlativo] le plus. | *è l'operaio che lavora maggiormente*, c'est l'ouvrier qui travaille le plus. | *non so chi di voi due mi irriti maggiormente*, je ne sais pas qui de vous deux m'irrite le plus.

magi ['madʒi] m. pl. mages. ‖ RELIG. *i Re magi*, les Rois mages.

magia [ma'dʒia] f. magie. | *magia nera*, magie noire. | *libro di magia*, grimoire m. ‖ PER EST. *è una vera magia*, c'est de la vraie magie. | *come per magia*, comme par magie, comme par enchantement, d'une façon inexplicable. ‖ FIG. magie, charme m. | *magia dell'arte, della musica, dello stile*, magie, charme de l'art, de la musique, du style.

magiaro [ma'dʒaro] agg. e n. magyar.

magicamente [madʒika'mente] avv. magiquement.

magico ['madʒiko] (**-ci** m. pl.) agg. magique.

magione [ma'dʒone] f. (lett. o iron.) demeure (L.C.), maison (L.C.).

magistero [madʒis'tɛro] m. enseignement, magistère. ‖ PER EST. magistère. | *il magistero dei papi, della Chiesa*, le magistère des papes, de l'Église. ‖ CHIM. (arc.) magistère, précipité (L.C.). ‖ STOR. [dignità di gran maestro di un ordine cavalleresco] magistère. ‖ UNIV. *facoltà di magistero* = école normale d'instituteurs.

magistrale [madʒis'trale] agg. [eccellente] magistral. | *opera, abilità magistrale*, œuvre, adresse magistrale. ‖ IRON. magistral, professoral, doctoral. | *prendere un tono magistrale*, prendre un ton magistral, professoral. ‖ FARM. magistral. ‖ UNIV. *scuola, istituto magistrale*, école normale d'instituteurs. | *abilitazione magistrale*, certificat d'aptitude pédagogique.

magistralmente [madʒistral'mente] avv. magistralement.

magistrato [madʒis'trato] m. magistrat. | *i magistrati*, les magistrats, les gens de robe.

magistratura [madʒistra'tura] f. magistrature. | *magistratura giudicante*, magistrature assise. | *magistratura inquirente*, magistrature debout. | *far carriera nella magistratura*, faire carrière dans la magistrature.

maglia ['maʎʎa] f. TESS. maille. | *maglia diritta, rovescia*, maille à l'endroit, à l'envers. | *maglia gettata*, maille jetée. | *maglia rasata*, maille, point (m.) de jersey. | *avviare le maglie*, monter les mailles. | *lasciare sfuggire una maglia*, laisser filer une maille. | *lavorare a maglia*, tricoter, faire du tricot (m.). | *lavoro a maglia*, tricot. | *tessuto a maglia*, jersey m. ‖ [indumento intimo] tricot de peau, maillot (m.) de corps ; [pullover] pull-over m., chandail m., tricot. ‖ *macchina per lavorare a maglia*, tricoteuse. ‖ SPORT maillot m. | *maglia rosa, gialla, iridata*, maillot rose, jaune, arc-en-ciel. ‖ [di rete] maille. | *maglia di una rete*, maille d'un filet. | *rete a maglie larghe*, filet à mailles larges. | *passare fra le maglie della rete*, passer entre les mailles, à travers les mailles du filet. ‖ FIG. *cadere nelle maglie della polizia*, tomber entre les mains de la police. | *cadere nelle maglie di una congiura*, être victime d'un complot. ‖ [di catena] maille, chaînon m., maillon m. ‖ MAR. [dell'ancora] maillon. ‖ [di armatura] *armatura, cotta di maglia*, armure, cotte de mailles.

magliaia [maʎ'ʎaja] f. tricoteuse ; [operaia di un maglificio] ouvrière de l'industrie du tricot, de l'industrie de la bonneterie. ‖ COMM. bonnetière.

maglieria [maʎʎe'ria] f. IND., COMM. bonneterie. | *articoli di maglieria*, articles de bonneterie.

maglietta [maʎ'ʎetta] f. [indumento intimo] tricot (m.) de peau, maillot (m.) de corps. | *maglietta di lana, di cotone*, maillot de laine, de coton. ‖ [camicetta aderente] chemisette, corsage m. ‖ TECN. [anello di sospensione] anneau (m.) de suspension. ‖ [asola] bride.

maglificio [maʎʎi'fitʃo] m. fabrique (f.) de tricots.

maglio ['maʎʎo] m. maillet. ‖ SPORT [croquet, polo] maillet ; [pallamaglio] mail ; [hockey] crosse f. ‖ TECN. marteau-pilon. | *maglio a vapore*, marteau-pilon à vapeur. | *maglio idraulico*, marteau hydraulique.

maglione [maʎ'ʎone] m. chandail, pull-over.

magma ['magma] (**-i** pl.) m. GEOL. magma.

magnaccia [maɲ'ɲattʃa] m. (pop.) maquereau, barbeau.

magnanimità [maɲɲanimi'ta] f. magnanimité.

magnanimo [maɲ'ɲanimo] agg. magnanime.

magnano [maɲ'ɲano] m. serrurier.

magnate [maɲ'ɲate] (**-i** pl.) m. magnat.

magnesia [maɲ'ɲɛzja] f. CHIM., FARM. magnésie.

magnesio [maɲ'ɲɛzjo] m. CHIM. magnésium. ‖ FOT. *lampo al magnesio*, éclair de magnésium.

magnete [maɲ'ɲɛte] m. FIS. aimant. ‖ MECC. magnéto f. | *magnete d'accensione*, magnéto d'allumage.

magneticamente [maɲɲetika'mente] avv. magnétiquement.

magnetico [maɲ'ɲɛtiko] (**-ci** m. pl.) agg. FIS. magnétique. | *campo magnetico*, champ magnétique. | *polo magnetico*, pôle magnétique. | *ago magnetico*, aiguille aimantée. ‖ FIG. magnétique. | *potere magnetico*, pouvoir magnétique.

magnetismo [maɲɲe'tizmo] m. PR. e FIG. magnétisme.

magnetite [maɲɲe'tite] f. MINER. magnétite.

magnetizzare [maɲɲetid'dzare] v. tr. FIS. magnétiser, aimanter. ‖ FIG. magnétiser ; hypnotiser. | *la sua presenza ci magnetizzava*, sa présence nous magnétisait. | *il suo sguardo e i suoi gesti magnetizzano l'ammalato*, son regard et ses gestes hypnotisent le malade.

magnetizzatore [maɲɲetiddza'tore] m. FIS. électro-aimant. ‖ FIG. magnétiseur ; [ipnotizzatore] hypnotiseur.

magnetizzazione [maɲɲetiddzat'tsjone] f. FIS. magnétisation, aimantation.

magnetofono [maɲɲe'tɔfono] m. magnétophone.

magnificamente [maɲɲifika'mente] avv. magnifiquement.

magnificare [maɲɲifi'kare] v. tr. magnifier, glorifier.

magnificazione [maɲɲifikat'tsjone] f. glorification, exaltation.

magnificenza [maɲɲifi'tʃɛntsa] f. magnificence, libéralité, générosité. | *la magnificenza dei principi del Rinascimento*, la magnificence des princes de la Renaissance. | *è stato trattato con magnificenza*, il a été traité avec générosité. ‖ [sfarzo] magnificence, éclat m., faste m. | *la magnificenza di una festa, di un ricevimento*, la magnificence, le faste d'une fête, d'une réception. ‖ STOR. [appellativo di principi e grandi signori] *Vostra Magnificenza*, Votre Grandeur.

magnifico [maɲ'ɲifiko] (**-ci** m. pl.) agg. magnifique, admirable, somptueux. | *un palazzo magnifico*, un palais magnifique. | *un ricevimento magnifico*, une réception magnifique, somptueuse. ‖ PER EST. [molto bello] magnifique, superbe, splendide. | *un tempo magnifico*, un temps magnifique, splendide. | *un sole magnifico*, un soleil magnifique. ‖ FIG. [rilevante] magnifique, remarquable. | *ha fatto una scoperta magnifica*, il a fait une découverte magnifique. ‖ STOR. *Lorenzo il Magnifico*, Laurent le Magnifique. | *Solimano il Magnifico*, Soliman le Magnifique. ‖ UNIV. *Il Magnifico Rettore*, Monsieur le Recteur.

magniloquente [maɲɲilo'kwɛnte] agg. grandiloquent, déclamatoire.
magniloquenza [maɲɲilo'kwɛntsa] f. grandiloquence.
magno ['maɲɲo] agg. (lett.) grand (L.C.). | *i poeti magni*, les grands poètes, les poètes illustres. || UNIV. *aula magna*, grand amphithéâtre, salle d'honneur. || STOR. *Alessandro Magno*, Alexandre le Grand. | *Carlo Magno*, Charlemagne. | *la Magna Carta*, la Grande Charte. || LOC. *in pompa magna*, en grande pompe.
magnolia [maɲ'ɲɔlja] f. BOT. [albero] magnolia m., magnolier m. ; [fiore] fleur de magnolia.
mago ['mago] (**-ghi** pl. nel sign. 1 ; **-gi** pl. nel sign. 2) m. **1.** [personaggio favoloso] magicien, enchanteur. | *gli alchimisti erano considerati dei maghi*, les alchimistes étaient considérés comme des magiciens. | *Simon Mago*, Simon le Magicien. | *il Mago Merlino*, Merlin l'Enchanteur. || FIG. magicien. | *è un vero mago della musica*, c'est un vrai magicien de la musique. || **2.** [antico sacerdote persiano] mage. || RELIG. *i Re magi*, les Rois mages, les Mages.
magra ['magra] f. GEOGR. étiage m., maigre m., basses eaux pl. | *portata di magra*, débit d'étiage. | *le piene e le magre di un fiume*, les crues et les maigres d'un fleuve. | *è un periodo di magra*, c'est une période de basses eaux. || FIG. [carestia] disette, pénurie, crise. | *è un momento di magra*, c'est un moment de crise.
magrezza [ma'grettsa] f. PR. e FIG. maigreur.
magro ['magro] agg. **1.** maigre. | *un omino magro*, un petit homme maigre. | *magro come un chiodo*, maigre comme un clou, comme un cent de clous. | *magro come un'acciuga, come uno stecco*, maigre comme un hareng saur, comme un coup de trique. || CULIN. maigre. | *carne magra*, viande maigre. | *prosciutto magro*, jambon maigre. | *formaggio magro*, fromage maigre. | *cibi magri*, aliments maigres. || PER ANAL. *calce magra*, chaux maigre. || **2.** [stentato, povero, improduttivo] maigre. | *alberello magro*, petit arbre maigre. | *pascolo magro*, maigre pâturage. | *vegetazione magra*, maigre, pauvre végétation. | *terreno magro*, sol maigre. || **3.** FIG. [insufficiente, scarso] maigre. | *ha un magro stipendio*, il touche un maigre salaire, un traitement de misère. | *facciamo un magro pasto*, nous faisons un maigre repas. | *fare una vita magra*, vivre maigrement, chichement. | *fare un magro raccolto*, faire une maigre récolte. || [misero] *magre scuse*, pauvres excuses, piètres raisons. | *fare una magra figura, fare una magra* (fam.), faire (une) piètre figure. ◆ n. [di persona] maigre. | *è una falsa magra*, c'est une fausse maigre. | *i grassi e i magri*, les gros et les maigres. ◆ m. [di carne] maigre. | *un pezzo di magro*, un morceau de maigre. | *il magro del prosciutto*, le maigre du jambon. || RELIG. *mangiare di magro*, faire maigre. | *giorni di magro*, jours maigres.
mah [ma] interiez. V. MA 2.
mai ['mai] avv. **1.** [per rafforzare la negazione] jamais. | *non parla mai*, il ne parle jamais. | *non l'ho mai fatto*, je ne l'ai jamais fait. | *mi ha detto di non rispondere mai*, il m'a dit de ne jamais répondre. | *non si sa mai*, on ne sait jamais. | *non lo aiuteremo mai più*, nous ne l'aiderons jamais plus. | *non ne abbiamo mai saputo nulla*, nous n'en avons jamais rien su. | *non le diremo mai più nulla*, nous ne lui dirons jamais plus rien. || [usato da solo] jamais. | *mai arriverà a quest'ora*, jamais il n'arrivera à cette heure. | *mai che egli dica la verità*, jamais il ne dit la vérité. | *tu gli hai già parlato, io mai*, toi, tu lui as déjà parlé, moi jamais. | *bisogna seguire la virtù, mai il vizio*, il faut suivre la vertu, jamais le vice. || LOC. *mai e poi mai potrò ascoltarlo*, au grand jamais je ne pourrai l'écouter. | *«Accetterai ?» «Mai e poi mai !»*, «Est-ce que tu accepteras ?» «Jamais de la vie !» || **2.** [in frasi interrogative o ipotetiche : qualche volta, in qualche caso] jamais. | *quando mai s'è visto una cosa più bella ?*, a-t-on jamais vu plus belle chose ? | *chi l'ha mai incontrato ?*, qui l'a jamais rencontré ? | *se mai verrà, ditegli di cercarmi*, si jamais il vient, dites-lui de me chercher. | *che c'è mai da gridare ?*, pourquoi donc ces cris ? | *come mai non è venuto ?*, comment se fait-il qu'il n'est pas venu ?, pourquoi donc n'est-il pas venu ? | *quando mai l'ha fatto ?*, quand donc l'a-t-il fait ? | *come mai ?*, comment donc ? || **3.** [in frasi comparative : in nessun altro tempo] jamais. | *è più gentile che mai*, il est plus aimable que jamais. | *ora più che mai, ora meno che mai*, maintenant plus que jamais, maintenant moins que jamais. | *è il libro più interessante che abbia mai letto*, c'est le livre le plus intéressant que j'aie jamais lu. | *un uomo felice quant'altri mai*, un homme heureux s'il en fut, un homme on ne peut plus heureux. || FAM. *avevamo una sete che mai*, nous avions très soif (L.C.). || PROV. *meglio tardi che mai*, mieux vaut tard que jamais. ◆ m. SCHERZ. *il giorno del mai, di san mai*, la semaine des quatre jeudis.
maiale [ma'jale] m. ZOOL. porc, cochon. | *tenere, ingrassare maiali*, élever, engraisser des cochons. | *maiale di latte*, cochon de lait. | *grugno del maiale*, groin du cochon. || CULIN. porc, cochon. | *mangiare maiale*, manger du porc, du cochon. | *un chilo di maiale*, un kilo de porc. | *maiale ai ferri*, grillade de porc. || FIG. cochon. | *grasso, grosso, sporco come un maiale*, gras, gros, sale comme un cochon. | *mangiare come un maiale*, manger comme un cochon. | *azione da maiale*, cochonnerie f.
maialetto [maja'letto], **maialino** [maja'lino] m. PR. e FIG. porcelet, goret, cochonnet.
maiestatico [majes'tatiko] (**-ci** m. pl.) agg. GRAMM. de majesté. | *plurale maiestatico*, pluriel de majesté.
maieutica [ma'jɛwtika] f. FILOS. maïeutique.
maiolica [ma'jɔlika] f. faïence ; [italiana, specialmente del Rinascimento] majolique, maïolique. | *fabbrica di maiolica, commercio di maiolica*, faïencerie.
maionese [majo'nese] f. CULIN. mayonnaise.
mais ['mais] m. BOT. maïs.
maiuscola [ma'juskola] f. majuscule.
maiuscoletto [majusko'letto] m. TIP. petites capitales f. pl.
maiuscolo [ma'juskolo] agg. PR. majuscule. | *lettera maiuscola*, lettre majuscule. || FIG. *parlare a lettere maiuscole*, parler sans détours, clair et net. || FIG. SCHERZ. [enorme, paradossale] énorme, inouï. | *è uno sbaglio maiuscolo*, c'est une faute énorme. ◆ m. majuscule f. | *scrivere in maiuscolo*, écrire en majuscules.
malaccortamente [malakkorta'mente] avv. maladroitement, gauchement.
malaccorto [malak'kɔrto] agg. maladroit, imprudent.
malachite [mala'kite] f. MINER. malachite.
malafede [mala'fede] f. mauvaise foi. | *essere in malafede*, être de mauvaise foi.
malaffare [malaf'fare] m. [solo in loc.] *gente di malaffare*, malfaiteurs m. pl. | *donna di malaffare*, femme de mauvaise vie. | *casa di malaffare*, bordel m. ; maison de passe.
malagevole [mala'dʒevole] agg. malaisé, difficile.
malagevolezza [maladʒevo'lettsa] f. difficulté.
malagevolmente [maladʒevol'mente] avv. malaisément, difficilement.
malagrazia [mala'grattsja] f. impolitesse, grossièreté.
malalingua [mala'lingwa] f. mauvaise langue. | *è una malalingua*, c'est une mauvaise langue, c'est un(e) médisant(e).
malamente [mala'mente] avv. mal. | *è un affare che va malamente*, c'est une affaire qui va mal. | *sono caduto malamente*, j'ai fait une mauvaise chute. | *mi hanno risposto malamente*, on m'a répondu impoliment.
malandato [malan'dato] agg. en mauvais état ; [di salute] mal en point. | *è un armadio malandato*, c'est une armoire en mauvais état. | *ti trovo un po' malandato*, je te trouve assez mal en point, je ne te trouve pas en très bonne forme.
malandrino [malan'drino] agg. SCHERZ. malicieux, espiègle. | *occhio, sguardo, sorriso malandrino*, œil, regard, sourire malicieux. ◆ m. brigand, malandrin (arc.). || SCHERZ. coquin, fripon. | *sei un piccolo malandrino*, tu es un vrai petit coquin, un petit fripon.
malanimo [ma'lanimo] m. animosité f., malveillance f. | *parlare, agire con malanimo*, parler, agir avec malveillance. | *c'è del malanimo fra quelle due famiglie*, il y a de l'animosité entre ces deux familles. || LOC. *di malanimo*, à contrecœur. | *lavorare di malanimo*, travailler à contrecœur, de mauvais gré, contre son gré.

malanno [ma'lanno] m. [sventura, disgrazia] malheur. | *gli è capitato un malanno*, il lui est arrivé un malheur. | *questa pioggia è un vero malanno*, cette pluie est un vrai malheur, une vraie malédiction. | *portare il malanno*, porter malheur. ‖ [acciacco, malattia] maladie f., infirmité f. | *i malanni della vecchiaia*, les infirmités de la vieillesse. | *con questo freddo, c'è da buscarsi un malanno*, par ce froid, on peut prendre mal. ‖ Fig., Scherz. peste f. | *quel bambino è un vero malanno*, cet enfant est une peste.

malapena (a) [amala'pena] loc. avv. à peine, à grand-peine, tout juste. | *c'era a malapena di che vivere*, il y avait à peine de quoi vivre. | *sa leggere a malapena*, il sait tout juste lire. | *è a malapena comprensibile*, c'est à peine compréhensible.

malaria [ma'larja] f. malaria, paludisme m.

malarico [ma'lariko] (**-ci** m. pl.) agg. paludéen. | *febbre malarica*, fièvre paludéenne. | *zona malarica*, zone infestée par le paludisme. ◆ n. paludéen.

malasorte [mala'sɔrte] f. malchance, adversité.

malaticcio [mala'tittʃo] agg. maladif, souffreteux, fragile.

malato [ma'lato] agg. Pr. malade. | *è malato di cuore, di fegato, di stomaco*, il est malade du cœur, du foie, de l'estomac ; il a une maladie de cœur, il souffre du cœur, du foie, de l'estomac. | *è malato d'influenza*, il a la grippe. | *è malato di polmonite*, il est atteint de pneumonie. | *essere malato nel corpo e nello spirito*, être malade de corps et d'esprit. | *essere gravemente malato, essere malato grave*, être gravement, sérieusement malade. | *cadere malato*, tomber malade. | *sentirsi malato*, se sentir malade. | *credersi malato*, se croire malade. | *darsi malato*, se faire porter malade (mil.). ‖ Fig. *essere malato di inquietudine, di gelosia, di avarizia*, être malade d'inquiétude, de jalousie, d'avarice. | *essere malato di nostalgia*, avoir le mal du pays. | *curiosità, immaginazione malata*, curiosité, imagination maladive, morbide. | *società malata*, société malade. ◆ n. malade. | *malato mentale*, malade mental. | *malato immaginario*, malade imaginaire. | *la malata deve restare a letto*, la malade doit garder le lit.

malattia f. Pr. maladie. | *malattia acuta, benigna, contagiosa, cronica, epidemica, grave, incurabile, inguaribile, maligna, mentale, mortale*, maladie aiguë, bénigne, contagieuse, chronique, épidémique, grave, incurable, inguérissable, maligne, mentale, mortelle. | *malattia del cuore, del fegato, della pelle*, maladie de cœur, de foie, de peau. | *prendersi, buscarsi una malattia*, attraper, contracter une maladie. | *curare, combattere una malattia*, soigner, combattre une maladie. | *guarire una malattia*, guérir une maladie. | *rimettersi, uscire salvo da una malattia*, se remettre, se rétablir d'une maladie. | *essere assente per malattia*, être absent pour cause de maladie. | *essere in congedo per malattia*, être en congé de maladie. | *indennità di malattia*, allocation de maladie. | *assicurazione contro le malattie*, assurance contre la maladie. | *certificato di malattia*, certificat de maladie. ‖ Fig. *le passioni sono le malattie dell'anima*, les passions sont les maladies de l'âme. | *ha la malattia della pulizia*, il a la maladie, la manie de la propreté. | *la malattia del secolo*, le mal du siècle. | *farne una malattia*, en faire une maladie, en être malade.

malauguratamente [malaugurata'mente] avv. malheureusement, par malheur.

malaugurato [malaugu'rato] agg. [infausto] malheureux ; [deprecabile] fâcheux, malencontreux. | *ci sono dei giorni, dei mesi malaugurati*, il y a des jours, des mois malheureux, néfastes. | *un ritardo malaugurato*, un retard fâcheux. | *ha avuto la malaugurata idea di partire*, il a eu la fâcheuse idée de partir. | *ha fatto un malaugurato errore*, il a fait une erreur malencontreuse.

malaugurio [malau'gurjo] m. mauvais augure. | *portare malaugurio*, porter malheur. | *dare il malaugurio a qlcu.*, jeter un sort à qn. | *uccello di, del malaugurio*, oiseau de mauvais augure, de malheur.

malaventura [malaven'tura] f. malheur m. ‖ Loc. *per malaventura*, malheureusement, par malheur.

malavita [mala'vita] f. milieu m., pègre. | *il gergo della malavita*, la langue du milieu. | *la malavita delle grandi città*, la pègre des grandes villes. | *appartenere alla malavita*, être du milieu.

malavoglia [mala'vɔʎʎa] f. mauvaise volonté. ‖ Loc. *di malavoglia*, à contrecœur, de mauvais gré ; [svogliatamente] sans entrain.

malavvedutamente [malavveduta'mente] avv. maladroitement, gauchement.

malavveduto [malavve'duto] agg. malavisé.

malavvezzo [malav'vettso] agg. mal élevé, malappris, grossier, impoli.

malcaduco [malka'duko] m. (pop.) mal caduc (antiq.), haut mal (antiq.), épilepsie f. (l.c.).

malcapitato [malkapi'tato] agg. malheureux, infortuné. | *il malcapitato passante è stato investito da una macchina*, une voiture a renversé le malheureux passant. ◆ n. malheureux, infortuné.

malcerto [mal'tʃɛrto] agg. incertain ; [insicuro] mal assuré.

malconcio [mal'kontʃo] agg. en mauvaise forme, mal en point.

malcontento [malkon'tɛnto] agg. mécontent. ◆ m. mécontentement.

malcostume [malkos'tume] m. mauvaises mœurs f. pl., corruption f., vice. | *combattere il malcostume*, combattre la corruption, le vice. | *opporsi al malcostume politico*, s'opposer à la corruption politique.

maldestro [mal'dɛstro] agg. maladroit, malhabile, gauche.

maldicente [maldi'tʃɛnte] agg. médisant. | *chiacchiere maldicenti*, bavardages médisants ; clabaudage m., ragots m. pl. ◆ n. médisant, clabaudeur, mauvaise langue f.

maldicenza [maldi'tʃɛntsa] f. médisance. | *offrire, prestare il fianco alla maldicenza, alle maldicenze*, prêter le flanc aux médisances.

maldisposto [maldis'posto] agg. mal disposé.

1. male ['male] avv. mal. | *agire, comportarsi male con qlcu.*, mal agir avec qn, à l'égard de qn. | *scrivere, esprimersi male*, écrire, s'exprimer mal. | *suonare male*, jouer mal. | *parla male l'italiano*, il parle mal l'italien. | *parla male di noi*, il dit du mal de nous, il médit de nous. | *l'abbiamo giudicato male*, nous l'avons mal jugé. | *finirà male*, il finira mal. | *quella ragazza è finita male*, cette jeune fille a mal tourné. | *va male per te*, ça va mal pour toi. | *va di male in peggio*, ça va de mal en pis. | *gli affari vanno male*, les affaires vont mal. | *l'affare è andato male*, l'affaire a mal tourné. | *male che vada, venderete queste azioni*, en désespoir de cause, au pire, vous vendrez ces actions. | *vai male a scuola*, tu ne réussis pas en classe. | *questo vestito le sta male*, cette robe lui va mal. | *queste parole stan male in bocca a un ragazzo*, ces mots sonnent mal dans la bouche d'un garçon. | *sto male a quattrini*, je suis fauché (fam.), je suis sans le sou. | *sta male in gamba*, il est très faible. | *sentirsi male*, se sentir mal, être mal. | *quella ragazza s'è sentita male*, cette jeune fille s'est trouvée mal. | *il bambino sta molto male*, l'enfant est bien mal. | *siamo conciati, ridotti male*, nous sommes mal en point. | *quella ragazza non è male*, cette jeune fille n'est pas mal. ◆ interiez. *non hai fatto i compiti, male !*, tu n'as pas fait tes devoirs, c'est très mal ! | *niente male ! ; mica male !*, pas mal ! (fam.). ‖ *meno male*, à la bonne heure, heureusement. | *meno male, il tempo si annuncia molto bello*, à la bonne heure, le temps s'annonce très beau. | *meno male che siete arrivati in tempo*, heureusement que vous êtes arrivés à temps.

2. male ['male] m. **1.** [in senso morale] mal. | *il bene e il male*, le bien et le mal. | *indurre al male*, pousser au mal. | *fare del male a qlcu.*, faire du mal à qn. | *dire male di qlcu.*, dire du mal de qn, médire de qn. | *voler male a qlcu.*, vouloir du mal à qn. | *metter male fra due fratelli*, brouiller deux frères. | *che male c'è ad aiutarlo ?*, quel mal y a-t-il à l'aider ? | *che male c'è ?*, quel mal y a-t-il à cela ? | *non c'è nulla di male*, il n'y a pas de mal à cela. | *non ci trovo nulla di male*, je n'y vois aucun mal. ‖ **2.** [sfortuna, sventura] malheur. | *i mali dell'esistenza*, les malheurs de la vie. | *il male è che non lo conosco*, le malheur, c'est que je ne le connais pas. | *bisogna sopportare il male*, il faut supporter le malheur. | *portare male a qlcu.*, porter malheur à qn. ‖ Loc. *il rimedio è peggiore del male*, le remède est pire que le mal. | *ritornare, rendere bene per male*, rendre le bien pour le mal. | *a mali estremi, estremi rimedi*, aux grands maux, les grands remèdes. | *non tutti i mali vengon per nuocere*, à quelque chose malheur est bon. | *un male tira l'altro*, un malheur n'arrive jamais seul. || **3.** [in senso fisico : sofferenza] mal. | *dove senti male ?; dove ti fa male ?*, où as-tu mal ? | *sento male a una mano*, une main me fait mal. | *mal di testa, di capo*, mal de tête. | *mal di denti*, mal de dents. | *forte mal di denti*, rage (f.) de dents. | *mal di ventre*, mal de ventre. | *mal di gola*, mal de gorge. | *mal di mare, d'aria, di montagna, d'auto*, mal de mer, de l'air, des montagnes, de la route. | *la paura è più grande del male*, il y a plus de peur que de mal. || [malattia] maladie f., mal. | *mal contagioso, epidemico, ereditario*, maladie contagieuse, épidémique, héréditaire. | *mal incurabile, mortale*, maladie incurable, mortelle. | *ha preso un male inguaribile*, il a été frappé d'un mal, d'une maladie inguérissable. | *il male è peggiorato*, le mal a empiré. | *mal caduco*, haut mal ; épilepsie. | *mal sottile*, maladie de poitrine, tuberculose. || Loc. *andare a male*, se gâter, s'abîmer. | *la frutta è andata a male*, les fruits se sont gâtés, se sont abîmés. | *il latte è andato a male*, le lait a tourné. || *mandare a male*, faire échouer. | *hanno mandato a male quell'affare*, on a fait échouer cette affaire.

maledettamente [maledetta'mente] avv. excessivement, terriblement, bigrement, diablement (fam.).

maledetto [male'detto] agg. [colpito da maledizione] maudit. | *un uomo maledetto da Dio*, un homme maudit de Dieu. || [come imprecazione] maudit. | *maledetto l'uomo che ci ha ingannato*, maudit soit l'homme qui nous a trompés. || Per est. [che provoca sciagure] *denaro maledetto*, argent maudit. | *terra maledetta*, terrain maudit. || Fam. [fastidioso, molesto] maudit (prima del nome), damné, sacré, satané. | *questo maledetto treno non arriva più*, ce maudit train n'arrive plus. | *che tempo maledetto !*, quel sacré temps ! | *che maledetto individuo !*, quel satané garnement ! | *avere una fame maledetta*, avoir une faim terrible. | *avere una paura maledetta*, avoir une peur bleue.

maledire [male'dire] v. tr. maudire.

maledizione [maledit'tsjone] f. [condanna violenta] malédiction. | *maledizione divina*, malédiction de Dieu. | *maledizione paterna*, malédiction paternelle. || Per est. [imprecazione violenta] malédiction, imprécation, injure. || [sventura, disgrazia] malheur m. ; calamité. | *la maledizione della guerra*, la malédiction de la guerre. || Fig. *quei ragazzi sono una vera maledizione*, ces garçons sont une vraie calamité. ◆ interiez. malédiction !, zut (alors) ! | *maledizione ! ho perso il treno !*, malédiction !, j'ai manqué le train !

maleducato [maledu'kato] agg. e n. mal élevé, impoli, grossier (personnage).

maleducazione [maledukat'tsjone] f. impolitesse, incivilité.

malefatta [male'fatta] f. méfait m.

maleficamente [malefika'mente] avv. méchamment ; pernicieusement.

maleficio [male'fitʃo] m. maléfice, sortilège, envoûtement.

malefico [ma'lɛfiko] (**-ci** m. pl.) agg. [nocivo] nuisible, malfaisant ; [di influsso astrologico, magico] maléfique. | *umidità malefica*, humidité nuisible, malfaisante. | *incantesimo malefico*, charme maléfique. | *stelle malefiche*, étoiles maléfiques.

maleodorante [maleodo'rante] agg. malodorant.

malerba [ma'lɛrba] f. Pr. mauvaise herbe. || Fig. *crescere come la malerba*, pousser comme une mauvaise herbe, comme du chiendent. | *la malerba non muore mai*, la mauvaise herbe pousse toujours. | *le malerbe vanno eliminate*, il faut arracher les mauvaises herbes.

malese [ma'lese] agg. e n. malais, e.

malessere [ma'lɛssere] m. malaise. | *sentire, accusare un leggero malessere*, ressentir, éprouver un léger malaise. || Per est. [apprensione, inquietudine] malaise, inquiétude f., trouble ; [ristrettezze economiche] gêne f.

malevolenza [malevo'lɛntsa] f. malveillance.

malevolo [ma'lɛvolo] agg. e m. malveillant.

malfamato [malfa'mato] agg. malfamé, mal famé.

malfatto [mal'fatto] agg. mal fait. | *una ragazza malfatta*, une jeune fille mal faite, mal bâtie. | *un lavoro malfatto*, un travail mal fait. ◆ m. méfait. | *ha rimediato al malfatto*, il a porté remède à ses méfaits.

malfattore [malfat'tore] (**-trice** f.) m. malfaiteur (solo m.).

malfermo [mal'fermo] agg. Pr. [instabile] branlant ; [insicuro] chancelant, mal assuré, peu assuré. | *una poltrona malferma*, un fauteuil branlant, bancal, boiteux. | *una salute malferma*, une santé chancelante, fragile. | *un'andatura malferma*, une démarche mal assurée, chancelante. | *parlare con voce malferma*, parler d'une voix peu assurée, hésitante. || Fig. *un governo malfermo*, un gouvernement branlant, instable. | *una volontà malferma*, une volonté chancelante, vacillante.

malfidato [malfi'dato] agg. défiant, méfiant.

malfido [mal'fido] agg. peu sûr, déloyal ; douteux, suspect ; infidèle.

malfondato [malfon'dato] agg. [non ben fondato] mal fondé ; [mal riposto] mal placé ; [senza fondamento] injustifié, immotivé, injuste. | *opinione, critica malfondata*, opinion, critique mal fondée. | *fiducia malfondata*, confiance mal placée. | *reclamo malfondato*, réclamation injustifiée, immotivée. | *sentenza malfondata*, sentence injuste, arbitraire.

malformato [malfor'mato] agg. mal fait, mal formé. || [di persona] mal fait, mal bâti ; Med. mal conformé.

malformazione [malformat'tsjone] f. malformation.

malga ['malga] (**-ghe** pl.) f. [pascolo] alpage m., pâturage m. || [casa dei mandriani] hutte de bergers.

malgarbo [mal'garbo] m. impolitesse f., grossièreté f., rudesse f. | *parlare con malgarbo*, parler avec impolitesse, parler impoliment. | *agire con malgarbo*, agir avec rudesse. || Per est. [trascuratezza] maladresse f., négligence f. | *un abito tagliato con malgarbo*, un habit mal coupé. | *disegnare con malgarbo*, dessiner gauchement.

malgascio [mal'gaʃʃo] (**-sce** f. pl.) agg. e n. malgache.

malgoverno [malgo'vɛrno] m. [cattiva amministrazione] mauvaise administration f. || [trascuratezza] négligence f., désordre, incurie f.

malgrado [mal'grado] prep. malgré. | *malgrado la pioggia, la neve, il brutto tempo*, malgré la pluie, la neige, le mauvais temps. | *mio malgrado*, malgré moi, contre mon gré, de mauvais gré, à contrecœur. | *abbiamo obbedito nostro malgrado*, nous avons obéi malgré nous, de mauvais gré. | *ho udito mio malgrado*, j'ai entendu malgré moi, involontairement. | *malgrado tutto*, malgré tout. | *malgrado tutti*, malgré tous ; envers et contre tous. ◆ cong. quoique, bien que. | *malgrado tutti avessero capito, ripeté la spiegazione*, quoique tout le monde eût compris, il répéta l'explication. | *malgrado fosse povero, tutti lo stimavano*, bien qu'il fût pauvre, tout le monde l'estimait.

malia [ma'lia] f. [incantesimo] enchantement m., charme m., ensorcellement m., maléfice m. | *è sparito come per malia*, il a disparu comme par enchantement, comme par magie. | *è vittima di una malia*, il est victime d'un envoûtement. || [fascino] charme, attrait m., enchantement.

maliardo [ma'ljardo] agg. enchanteur, fascinateur, ensorcelant (raro). | *sorriso maliardo*, sourire enchanteur. ◆ m. [mago] (raro) charmeur (L.C.), magicien (L.C.), sorcier (L.C.). ◆ f. [maga] sorcière, magicienne. || Fig. [ammaliatrice] femme fatale, ensorceleuse.

malignamente [maliɲɲa'mente] avv. malignement, méchamment.

malignare [maliɲ'ɲare] v. intr. médire, dire du mal. | *hanno malignato sul nostro conto*, on a médit de nous.

malignità [maliɲɲi'ta] f. malignité, malveillance, méchanceté. | *ha parlato senza malignità*, il a parlé sans malignité, sans malice. | *una malignità bella e buona*, une vraie, pure méchanceté. || Fig. malignité, nocivité. || Med. malignité.

maligno [ma'liɲɲo] agg. **1.** [che agisce con malignità d'animo] méchant, malveillant, malin (arc.). | *uomo maligno*, homme méchant. | *critico maligno*, critique malveillant. ‖ PER EST. [di ciò che rivela malignità] malin, malveillant, méchant. | *provare una gioia maligna*, éprouver une joie maligne. | *uno sguardo maligno*, un regard méchant. | *delle allusioni maligne*, des allusions malveillantes. ‖ **2.** [sfavorevole, dannoso, malefico] nocif, pernicieux, malfaisant, maléfique, malin (arc.). | *influenza maligna*, influence nocive, pernicieuse, malfaisante. | *potere maligno*, pouvoir malfaisant, malin. | *clima maligno*, climat malsain. ‖ MED. malin. | *tumore maligno*, tumeur maligne. | *febbre maligna*, fièvre maligne. ◆ m. méchant, malveillant, mauvaise langue f. | *difendersi dai maligni*, se défendre des méchants. | *non bisogna ascoltare le allusioni dei maligni*, il ne faut pas écouter les allusions des malveillants, des mauvaises langues. ‖ RELIG. le Malin, l'Esprit malin.

malinconia [malinko'nia] f. **1.** mélancolie, tristesse, cafard m. (fam.). | *lasciarsi prendere dalla malinconia*, tomber dans la mélancolie. | *accesso, crisi di malinconia*, accès, crise de mélancolie. | *avere la malinconia*, être mélancolique, avoir le cafard. ‖ FIG. mélancolie. | *malinconia della nebbia, della pioggia, dell'autunno*, mélancolie du brouillard, de la pluie, de l'automne. ‖ **2.** [pensiero malinconico] mélancolie, pensée mélancolique, chagrin m. | *via le malinconie!*, pas de mélancolies!, assez de pensées mélancoliques! ‖ **3.** MED. mélancolie, neurasthénie.

malinconicamente [malinkonika'mente] avv. mélancoliquement, d'une manière mélancolique.

malinconico [malin'kɔniko] (**-ci** m. pl.) agg. mélancolique, triste, morne.

malincuore (a) [amalin'kwɔre] loc. avv. à contrecœur, à regret.

malintenzionato [malintentsjo'nato] agg. e m. malintentionné.

malinteso [malin'teso] agg. mal compris. | *un malinteso senso dell'onore*, un sentiment mal compris de l'honneur. ◆ m. malentendu, équivoque f.

malissimo [ma'lissimo] avv. très mal. | *sto malissimo*, je me porte, je suis très mal. | *legge malissimo*, il lit affreusement (fam.).

malizia [ma'littsja] f. **1.** [cattiveria, malignità] malignité, méchanceté, malice. | *ha agito per malizia*, il a agi par malignité. | *ha parlato per pura malizia*, il a parlé par pure méchanceté, par pure malice. | *è senza malizia*, il est sans malice. | *non ci trovo alcuna malizia*, je n'y entends pas de malice. ‖ [furbizia] malice. | *sguardo pieno di malizia*, regard plein de malice. | *nei suoi occhi balenò un lampo di malizia*, dans ses yeux il y eut un éclair de malice. ‖ **2.** [azione astuta] astuce, ruse, stratagème m. | *le malizie del mestiere*, les astuces, les ficelles (fam.) du métier.

maliziosamente [malittsjosa'mente] avv. malicieusement.

malizioso [malit'tsjoso] agg. [che ha malizia] malicieux, malin. | *gli uomini maliziosi vedono il male ovunque*, les hommes malicieux voient le mal partout. ‖ [furbo] malicieux, rusé, espiègle. | *uno sguardo, un sorriso malizioso*, un regard, un sourire malicieux.

malleabile [malle'abile] agg. malléable, ductile. ‖ FIG. malléable, docile, souple. | *è un carattere malleabile*, c'est un caractère malléable, docile.

malleabilità [malleabili'ta] f. malléabilité, ductilité. ‖ FIG. malléabilité, docilité.

malleolo [mal'lɛolo] m. ANAT. malléole f.

mallevadore [malleva'dore] (**-drice** f.) m. GIUR. répondant, certificateur, garant. ‖ PER EST. e FIG. garant, responsable. | *mi rendo mallevadore della sua onestà*, je me porte garant de son honnêteté.

mallevadoria [mallevado'ria], **malleveria** [malleve'ria] f. garantie. ‖ GIUR. caution.

mallo ['mallo] m. brou.

malloppo [mal'lɔppo] m. FAM. [involto] balluchon. ‖ GERG. [refurtiva] butin (L.C.); [denaro] grisbi, fric. ‖ FIG. *ho un malloppo sullo stomaco*, j'ai un poids sur l'estomac.

malmaritata [malmari'tata] agg. mal mariée. ◆ f. femme mal mariée.

malmenare [malme'nare] v. tr. malmener, rudoyer, maltraiter, brutaliser, houspiller (antiq.). | *è inumano malmenare gli animali*, il est inhumain de malmener les animaux. ‖ FIG. malmener. | *si è fatto malmenare dalla critica*, il s'est fait malmener par la critique. | *malmenare una lingua*, écorcher, estropier une langue.

malmesso [mal'messo] agg. [malvestito] mal mis, mal habillé; [in disordine] mal arrangé.

malnato [mal'nato] agg. [rozzo, maleducato] grossier, mal élevé, malhonnête. ‖ FIG. [dannoso, funesto] maudit, exécrable. | *il suo egoismo malnato*, son maudit égoïsme.

malnutrito [malnu'trito] agg. mal nourri.

malnutrizione [malnutrit'tsjone] f. malnutrition, mauvaise alimentation, sous-alimentation, sous-nutrition.

malo ['malo] agg. [usato in loc.] mauvais. | *mala femmina*, femme de mauvaise vie, prostituée. | *è una malalingua*, c'est une mauvaise langue. | *mala morte*, triste mort. | *mala sorte*, malchance. | *per mala sorte*, malheureusement. | *la mala vita*, le milieu, la pègre. | *il mal costume*, le vice, la corruption. | *mal esempio*, mauvais exemple. | *rispondere in malo modo, con mala grazia*, répondre rudement, sèchement, de mauvaise grâce. | *vista la mala parata*, voyant que les choses tournaient mal. | *prendere in mala parte*, prendre en mal. | *lavorare di mala voglia*, travailler à contrecœur, contre son gré. | *ha finito a mala pena*, il a fini à grand-peine.

malocchio [ma'lɔkkjo] m. mauvais œil. ‖ LOC. *ci ha guardato di malocchio*, il nous a regardé d'un mauvais œil, de travers.

malora [ma'lora] f. PR. e FIG. ruine, perte. | *la casa va in malora*, la maison tombe en ruine. | *questa famiglia va in malora*, cette famille va à la ruine, va vers la ruine. | *questo commerciante è andato in malora*, ce commerçant a fait faillite, s'est ruiné. | *mandare qlcu. in malora*, ruiner qn, entraîner qn à la ruine. ‖ [come imprecazione] *in malora!, alla malora!*, au diable! | *andate in malora!*, allez au diable!

malore [ma'lore] m. malaise, indisposition f. | *essere colto da un leggero malore*, ressentir, éprouver un léger malaise.

malsano [mal'sano] agg. malsain, insalubre; [di salute] maladif. ‖ FIG. malsain, morbide. | *un desiderio malsano*, un désir malsain, morbide.

malsicuro [malsi'kuro] agg. **1.** peu sûr; [malfermo] chancelant, mal assuré. | *posto malsicuro*, endroit peu sûr. | *parlare con voce malsicura*, parler d'une voix mal assurée, hésitante. | *ha un'andatura malsicura*, il a une démarche chancelante, mal assurée. ‖ **2.** [incerto] incertain, douteux. | *affare malsicuro*, affaire incertaine. | *sembrava malsicuro*, il paraissait incertain, indécis. | *è una testimonianza malsicura*, c'est un témoignage incertain, douteux.

malta ['malta] f. TECN. mortier m., coulis m. | *malta di fango e stoppia*, bousillage m. | *malta magra, grassa*, mortier maigre, gras.

maltempo [mal'tɛmpo] m. mauvais temps.

maltese [mal'tese] agg. e n. maltais, e. | *febbre maltese*, fièvre de Malte, brucellose.

malto ['malto] m. malt.

maltolto [mal'tɔlto] m. bien pris injustement, mal acquis. | *restituire il maltolto*, rendre ce qu'on a mal acquis.

maltosio [mal'tɔzjo] m. CHIM. maltose.

maltrattamento [maltratta'mento] m. mauvais traitement, violence f.

maltrattare [maltrat'tare] v. tr. maltraiter, malmener, rudoyer. ‖ FIG. maltraiter, malmener. | *maltrattare il francese*, écorcher, estropier le français.

maltusianismo [maltuzja'nizmo] m. ECON. malthusianisme.

maltusiano [maltu'zjano] agg. malthusienne; malthusianiste.

maluccio [ma'luttʃo] avv. assez mal.

malumore [malu'more] m. mauvaise humeur f., humeur f. | *essere di malumore*, être de mauvaise humeur, être mal luné. | *in un momento di malumore non ci rispose*, dans un moment d'humeur, il ne nous répondit pas. | *mettere di malumore*, mettre de mauvaise humeur. | *svegliarsi di malumore*, se lever du mauvais pied. ‖ [malcontento] mécontentement. | *il malumore contro le tasse è grandissimo*, le mécontentement contre les impôts est très grand.

malva ['malva] f. BOT. mauve.

malvagiamente [malvadʒa'mente] avv. méchamment.
malvagio [mal'vadʒo] agg. méchant, mauvais, malfaisant. | *uomo malvagio*, homme méchant, méchant homme. | *è meno malvagio di quanto sembri*, il est moins mauvais qu'il ne semble. | *condotta malvagia*, mauvaise conduite. | *pensieri malvagi*, mauvaises pensées. | *azioni malvagie*, actions malfaisantes. || FIG. mauvais. | *il film non era malvagio*, le film n'était pas mauvais. ◆ m. méchant. || RELIG. *il Malvagio*, le Malin, l'Esprit malin.
malvagità [malvadʒi'ta] f. méchanceté.
malvasia [malva'zia] f. malvoisie m. o f.
malversare [malver'sare] v. tr. détourner des fonds.
malversatore [malversa'tore] (**-trice** f.) m. GIUR. prévaricateur, trice.
malversazione [malversat'tsjone] f. GIUR. malversation, prévarication.
malvestito [malves'tito] agg. mal habillé.
malvisto [mal'visto] agg. mal vu.
malvivente [malvi'vɛnte] m. malfaiteur.
malvolentieri [malvolen'tjɛri] avv. à contrecœur, à regret, de mauvais gré.
malvolere [malvo'lere] v. tr. détester. | *prendere qlcu. a malvolere*, prendre qn en grippe. ◆ m. [volontà di fare il male] malveillance ; [cattiva volontà] mauvaise volonté.
mamma ['mamma] f. **1.** maman, mère. | *la mia mamma è uscita*, maman est sortie. | *dov'è andata la tua mamma ?*, où est allée ta maman, ta mère ? | *la festa della mamma*, la fête des mères. || GIOCHI *giocare a mamme*, jouer à la maman. || [interiez.] *mamma mia !*, mon Dieu ! || **2.** *la mamma dell'aceto*, la mère du vinaigre. || **3.** (lett.) [mammella] mamelle (L.C.).
mammalucco [mamma'lukko] (**-chi** pl.) m. (pop.) mamelouk, mameluk (L.C.). || FIG. [sciocco] balourd, bêta. | *è un gran mammalucco*, c'est un gros bêta. | *che mammalucco !*, quel balourd !
mammario [mam'marjo] agg. ANAT. mammaire.
mammella [mam'mɛlla] f. ANAT. mamelle, sein m. ; [di animali] tétine, pis m.
mammellone [mammel'lone] m. GEOGR. mamelon.
mammifero [mam'mifero] agg. e m. mammifère.
mammina [mam'mina] f. [dimin.] jeune maman. | *mammina !*, petite maman !, maman chérie !
mammola ['mammola] f. BOT. violette.
mammut [mam'mut] m. ZOOL. mammouth.
manata [ma'nata] f. **1.** [manciata] poignée. | *una manata di sale, di riso*, une poignée de sel, de riz. || LOC. *a manate*, à poignées, par poignées, à pleines mains. | *gli sposi gettavano confetti a manate*, les nouveaux mariés jetaient des dragées par poignées. || **2.** [colpo dato con la mano aperta] tape.
manca ['manka] agg. e f. V. MANCO 1.
mancamento [manka'mento] m. **1.** [mancanza, penuria] manque, défaut, pénurie f. || **2.** FIG. [difetto morale, colpa] défaut, faute f., péché. || [malore] évanouissement, défaillance f. || [acciacco] infirmité f., misère f.
mancante [man'kante] agg. manquant.
mancanza [man'kantsa] f. **1.** [il mancare di qualche cosa] manque m., défaut m. | *mancanza di pane, di viveri*, manque de pain, de vivres. | *mancanza d'attenzione*, manque d'attention. | *mancanza di esercizio*, manque d'exercice. | *mancanza di abilità*, manque d'habileté, maladresse. || [assenza di persona] absence. | *soffriva per la mancanza della madre*, il souffrait de l'absence de sa mère. || **2.** [in senso morale : errore, fallo] faute, manquement m. | *mancanza leggera*, faute légère. | *commettere, fare una mancanza*, commettre, faire une faute. | *confessare una mancanza*, avouer une faute. ◆ LOC. PREP. ***in mancanza di***, à défaut de, faute de. || GIUR. *in mancanza di prove*, pour faute de preuves. || PROV. *in mancanza di cavalli trottano gli asini*, faute de grives on mange des merles.
mancare [man'kare] v. intr. **1.** [per assenza o insufficienza] manquer, faire défaut. | *il pane comincia a mancare*, le pain commence à manquer. | *mi manca il tempo per raccontarvi la cosa*, pour vous raconter la chose, le temps me fait défaut, me manque. | *non riesce perché gli manca la voglia e il coraggio*, il ne réussit pas parce qu'il manque de volonté et de courage, parce que le courage et la volonté lui manquent. | *gli manca una gamba*, il lui manque une jambe. | *mancano delle pagine a questo libro*, il manque des pages à ce livre. | *mancare di giudizio, di esperienza*, manquer de jugement, d'expérience. | *non manca di nulla*, il ne manque de rien. | *non gli manca niente per essere felice*, rien ne lui manque pour être heureux. || [in senso affettivo] manquer. | *ci mancate molto*, vous nous manquez beaucoup. || **2.** [venir meno] manquer. | *si sente mancare le forze*, le cœur lui manque. | *gli manca il terreno sotto i piedi, gli mancano le gambe di sotto*, le pied lui manque. || **3.** [essere assente] manquer. | *mancare all'appello*, manquer à l'appel. | *mancare da scuola*, manquer à l'école. || PER EST. [morire] mourir. | *è venuto a mancare*, il est mort. || **4.** [con riferimento a tempo e distanza] *mancano tre giorni al suo arrivo*, il arrive dans trois jours. | *manca un quarto alle tre*, il est trois heures moins le quart. | *mancano ancora due chilometri all'arrivo*, il y a encore deux kilomètres jusqu'à l'arrivée. || **5.** [per colpa] manquer. | *mancare alla parola data*, manquer à sa parole. | *mancare di parola*, manquer de parole. | *mancare ai propri impegni*, manquer à ses engagements. | *in che cosa abbiamo mancato ?*, en quoi avons-nous manqué ? || **6.** [tralasciare] manquer. | *non mancare di farlo*, ne manque pas de le faire. | *non mancherò*, je n'y manquerai pas. || **7.** LOC. *manca molto, poco*, il s'en faut de beaucoup, de peu. | *poco mancò che lo facesse*, il s'en est fallu de peu qu'il ne le fît. | *poco mancò ch'io cadessi*, j'ai failli tomber. | *se non è uno sciocco, poco ci manca*, s'il n'est pas un sot, peu s'en faut. | *c'è mancato un pelo*, il s'en est fallu d'un cheveu (fam.). | *non ci mancava che questa !*, c'est complet ! | *(non) ci mancherebbe altro !*, il ne manquerait plus que cela !, ce serait complet ! | *gli manca qualche venerdì*, il lui manque une case (fam.), il a une fêlure (fam.). | *gli manca qualche rotella*, il travaille du chapeau (fam.). ◆ v. tr. [fallire] manquer, rater (fam.), louper (fam.). | *mancare il colpo*, manquer, rater son coup. | *mancare una lepre*, manquer un lièvre. || PER EST. *mancare il treno*, manquer le train. || FIG. *mancare un'occasione*, manquer, rater une occasion. || SPORT *mancare la palla, il pallone*, manquer, rater la balle, le ballon.
mancato [man'kato] agg. manqué, raté. | *azione, esperienza mancata*, action, expérience manquée. | *è un attore mancato*, c'est un acteur raté. || [non avvenuto] *mancata consegna*, non-livraison. | *in caso di mancato pagamento*, en cas de non-paiement. || GIUR. *mancata esecuzione di un contratto*, non-exécution d'un contrat. | *mancata assistenza*, non-assistance, défaut d'assistance, omission de secours.
manchevole [man'kevole] agg. imparfait, insuffisant. | *testimonianza manchevole*, témoignage insuffisant, imparfait. | *memoria manchevole*, mémoire défectueuse, défaillante.
manchevolezza [mankevo'lettsa] f. défaut m., imperfection, défectuosité. | *la manchevolezza di un ragionamento*, l'imperfection d'un raisonnement. | *la manchevolezza di un impianto*, la défectuosité d'une installation. || [mancanza] faute. | *non ammettere nessuna manchevolezza*, n'admettre aucune faute.
manchevolmente [mankevol'mente] avv. défectueusement, imparfaitement.
mancia ['mantʃa] (**-ce** pl.) f. pourboire m. | *dare, fare una mancia*, donner un pourboire. | *mancia compresa*, service compris. || GIUR. *mancia competente*, récompense légale.
manciata [man'tʃata] f. poignée. | *manciata di confetti*, poignée de dragées. || FIG. *manciata di soldati*, poignée de soldats. || LOC. *a manciate*, à poignées, par poignées, à pleines mains.
mancinismo [mantʃi'nizmo] m. PSIC. gaucherie f.
mancino [man'tʃino] agg. gaucher. | *questo giocatore è mancino*, ce joueur est gaucher. || FIG. [scorretto] déloyal. | *colpo mancino*, coup bas, coup de Jarnac, coup fourré. | *m'ha giocato un tiro mancino*, il m'a joué un mauvais tour, il m'a tiré dans le dos.
1. manco ['manko] (**-chi** m. pl.) agg. (arc.) gauche (L.C.). || LOC. *a manca*, à gauche.
2. manco ['manko] avv. [meno] *far di manco*, se passer. | *manco male !*, heureusement ! | *al manco*, au

moins. | *senza manco*, sans faute, sans aucun doute. ‖ POP. [nemmeno] pas même (L.C.), même pas (L.C.). | *non aveva manco parlato*, il n'avait même pas parlé. | *manco per idea, manco per sogno*, jamais de la vie, il n'en est pas question. | *« Venite con me ? » « Manco a dirlo ! »*, « Est-ce que vous venez avec moi ? » « Certainement ! », « Bien sûr ! ».

mandamento [manda'mento] m. canton.

mandante [man'dante] m. COMM., GIUR. mandant, commettant.

mandarancio [manda'rantʃo] m. BOT. clémentine f.

mandare [man'dare] v. tr. envoyer.

I. RIFERITO A PERSONA. **1.** [compl. ogg. espresso]. **2.** [compl. ogg. sottinteso].
II. RIFERITO A COSA. **1.** [inviare]. **2.** [compl. di luogo espresso]. **3.** [emettere, emanare]. **4.** [con determinazioni avverbiali].
III. LOC.

I. RIFERITO A PERSONA. **1.** [compl. ogg. espresso] envoyer. | *mandare i propri figli a scuola, in collegio, al mare, in vacanza*, envoyer ses enfants à l'école, au collège, à la mer, en vacances. | *mandare in esilio*, exiler. | *mandare qlcu. incontro ai turisti*, envoyer qn au-devant, à la rencontre des touristes. ‖ PER EST. [spingere, gettare] envoyer, pousser, jeter. | *mandare qlcu. al tappeto*, envoyer qn au tapis. | *mandare qlcu. a terra*, pousser qn à terre, jeter qn au sol. ‖ FAM. [permettere] laisser (L.C.). | *« Mamma, mi mandi al cinema ? »*, « Maman, tu me laisses aller au cinéma ? » ‖ **2.** [compl. ogg. sottinteso] envoyer. | *mandare a chiamare un chirurgo*, faire appeler, envoyer chercher un chirurgien. | *mandare a chiamare con urgenza*, faire appeler d'urgence. | *mandare a dire a qlcu.*, envoyer dire à qn. ‖ FAM. *non glielo mandai a dire*, je ne le lui ai pas envoyé dire. ‖ **II.** RIFERITO A COSA. **1.** [inviare] envoyer. | *mandare una lettera, un biglietto d'auguri, una partecipazione, un telegramma*, envoyer une lettre, une carte de vœux, un faire-part, un télégramme. | *mandare per via aerea*, envoyer par avion. | *mandare a mezzo posta*, envoyer par courrier. ‖ **2.** [compl. di luogo espresso] envoyer, lancer, jeter. | *mandare il pallone nella rete avversaria*, envoyer, lancer le ballon dans les buts adverses. | *il vento manda le onde contro gli scogli*, le vent envoie, jette les vagues contre les récifs. ‖ **3.** [emettere, emanare] répandre, émettre, pousser. | *le rose mandano un buon odore*, les roses répandent un bon parfum, sentent bon. | *la candela mandava un tenuo barlume*, la bougie répandait, jetait une faible lueur. | *mandare dei suoni*, émettre des sons. | *mandare dei gemiti*, pousser des gémissements. | *mandare un sospiro*, pousser un soupir. ‖ **4.** [con determinazioni avverbiali] *mandare dentro*, faire entrer. | *« Mandalo dentro »*, « Fais-le entrer ». | *mandare fuori qlcu.*, mettre qn dehors, mettre qn à la porte. | *mandar fuori una legge*, promulguer une loi. | *il ciliegio manda fuori le prime foglie*, le cerisier pousse ses premières feuilles. | *mandare giù un boccone dopo l'altro*, mettre les bouchées doubles. | *non poter mandare giù un boccone*, ne pouvoir avaler, enfourner (fam.) une bouchée. | *mandare giù degli insulti, dei rimproveri*, encaisser (fam.) des injures, des reproches. | *« Mandami giù quella valigia »*, « Fais-moi descendre cette valise ». | *« Manda su quel signore »*, « Fais monter ce monsieur ». ‖ *mandare via*, mettre dehors, renvoyer, licencier. | *« Manda via quel seccatore »*, « Mets dehors ce raseur ». | *è stato mandato via perché non sa lavorare*, on l'a renvoyé, on l'a licencié car il ne sait pas travailler. ‖ *mandare in giro una notizia*, faire circuler une nouvelle. ‖ **III.** LOC. *mandare avanti la baracca*, faire bouillir la marmite (fam.). | *mandare a effetto, a esecuzione*, mettre à exécution, exécuter. | *mandare qlco. per le lunghe*, faire traîner qch. en longueur. | *mandare in malora, in rovina*, ruiner. | *mandare al diavolo, all'inferno, a quel paese, a farsi friggere, a farsi benedire*, envoyer au diable (fam.), sur les roses (fam.) ; envoyer promener (fam.), balader (fam.), paître (fam.). | *mandare a memoria, a mente*, apprendre par cœur. | *mandare a monte*, faire avorter, échouer. | *mandare a carte quarant'otto*, réduire en fumée. | *mandare a morte*, envoyer à la mort. | *mandare all'altro mondo*, envoyer dans l'autre monde. | *mandare in pezzi, in frantumi*, casser, briser en mille morceaux. | *mandare qlcu. da Erode a Pilato*, renvoyer qn de Caïphe à Pilate. | *piove che Dio la manda*, il pleut à verse. | *che Dio ce la mandi buona !*, que Dieu nous aide !

1. mandarino [manda'rino] m. [in Cina] mandarin.

2. mandarino [manda'rino] m. BOT. [albero] mandarinier. ‖ [frutto] mandarine f.

mandata [man'data] f. envoi m. | *hanno ricevuto la merce in tre mandate*, ils ont reçu les marchandises en trois envois. ‖ TECN. tour (m.) de clef. | *a doppia mandata*, à double tour. ‖ TESS. passage m.

mandatario [manda'tarjo] agg. e m. GIUR. mandataire.

mandato [man'dato] m. mandat. | *gli ho dato mandato di vendere la nostra casa*, je lui ai donné mandat de vendre notre maison. | *adempiere, svolgere, eseguire il proprio mandato*, remplir son mandat. ‖ GIUR. mandat. | *mandato di comparizione*, mandat d'amener. | *spiccare un mandato di arresto, di cattura*, délivrer, lancer un mandat d'arrêt, de dépôt. | *mandato esecutivo*, mandat exécutoire. | *territorio di mandato*, territoire sous mandat. ‖ COMM. mandat. | *mandato di pagamento*, mandat de paiement. | *riscuotere un mandato*, toucher un mandat.

mandibola [man'dibola] f. mâchoire inférieure, mandibule.

mandola [man'dɔla] f. MUS. mandole, mandore.

mandolinata [mandoli'nata] f. MUS. concert de mandolines.

mandolino [mando'lino] m. MUS. mandoline f.

mandorla ['mandorla] f. BOT. amande. ‖ CULIN. *mandorle tostate*, amandes grillées. | *olio di mandorle*, huile d'amandes. ‖ LOC. *a mandorla*, en amande. | *occhi a mandorla*, yeux en amande, yeux bridés. ‖ ARCHIT. amande.

mandorlato [mandor'lato] agg. CULIN. aux amandes. | *fichi mandorlati*, figues aux amandes. ◆ m. CULIN. gâteau aux amandes ; nougat aux amandes.

mandorleto [mandor'leto] m. amandaie f.

mandorlo ['mandorlo] m. BOT. amandier.

mandragola [man'dragola], **mandragora** [man'dragora] f. BOT. mandragore.

mandria ['mandrja] f. troupeau m.

mandriano [mandri'ano] m. gardien de troupeau, bouvier, vacher.

mandritta [man'dritta] f. main droite. ‖ LOC. *a mandritta*, à droite.

mane ['mane] f. (lett.) matin m. (L.C.). | *da mane a sera*, du matin au soir.

maneggevole [maned'dʒevole] agg. PR. e FIG. maniable.

maneggevolezza [maneddʒevo'lettsa] f. maniabilité.

maneggiabile [maned'dʒabile] agg. V. MANEGGEVOLE.

maneggiare [maned'dʒare] v. tr. manier. | *maneggiare bene la penna, il pennello*, bien manier la plume, le pinceau. ‖ FIG. manier. | *saper maneggiare gli uomini*, savoir manier les hommes.

maneggio [ma'neddʒo] m. PR. [uso] maniement. | *addestrarsi al maneggio del fucile, della spada*, s'entraîner au maniement du fusil, de l'épée. ‖ FIG. *maneggio della lingua, dello stile*, maniement de la langue, du style. | *maneggio degli affari, del denaro*, maniement des affaires, de l'argent. ‖ [manovre oscure] manège, manigance f. (fam.), intrigue f. | *hanno messo fine al suo maneggio*, on a mis fin à son manège. | *c'è sotto qualche maneggio*, il y a quelque manigance là-dessous. | *i maneggi della politica, della diplomazia*, les intrigues, les manœuvres occultes de la politique, de la diplomatie. ‖ [equitazione] manège.

maneggione [maned'dʒone] m. factotum ; [intrigante] intrigant.

manesco [ma'nesko] (**-schi** m. pl.) agg. brutal grossier. ‖ LOC. *essere manesco*, avoir la main leste.

manetta [ma'netta] f. MECC. manette, levier m. *correre a tutta manetta*, rouler pleins gaz.

manette [ma'nette] f. pl. menottes. | *mettere le manette,* mettre les menottes.
manforte [man'fɔrte] f. main-forte. | *dare manforte,* prêter main-forte.
manganellare [manganel'lare] v. tr. matraquer.
manganellata [manganel'lata] f. coup (m.) de matraque.
manganello [manga'nɛllo] m. matraque f.
manganese [manga'nese] m. CHIM. manganèse.
mangano ['mangano] m. TESS. calandre f. || STOR. MIL. mangonneau.
mangereccio [mandʒe'rettʃo] (**-ce** f. pl.) agg. comestible, bon à manger.
mangeria [mandʒe'ria] f. détournement (m.) de fonds, malversation.
mangiabile [man'dʒabile] agg. mangeable.
mangiacristiani [mandʒakris'tjani] m. inv. fier-à-bras m., matamore m.
mangiadischi [mandʒa'diski] m. inv. tourne-disque automatique, mange-disques.
mangianastri [mandʒa'nastri] m. inv. NEOL. FAM. magnétophone (m.) à cassette.
mangiapane [mandʒa'pane] m. inv. oisif m., fainéant m.
mangiapreti [mandʒa'preti] m. inv. mangeur (m.) de curés (fam.).
1. mangiare [man'dʒare] v. tr. manger. | *mangiare carne, verdura, panini,* manger de la viande, des légumes, des sandwichs. | *mangiare con appetito, di buon appetito,* manger de bon appétit. | *mangiare di malavoglia, svogliatamente,* manger sans appétit, du bout des dents. | *mangiare come un uccellino,* manger comme un oiseau, un moineau. | *mangiare ingordamente,* bâfrer (pop.). | *mangiare a sazietà,* manger à sa faim. | *mangiare a quattro palmenti,* manger comme quatre. | *mangiare a crepapelle,* manger à en crever (pop.). | *mangiare in fretta,* manger rapidement. | *mangiare in quattro e quattr'otto,* manger sur le pouce (fam.). | *mangiare di magro, di grasso,* faire maigre, faire gras. | *mangiare in bianco,* manger sans sauce, à l'anglaise. | *mangiare a casa,* manger chez soi. | *mangiare al ristorante, alla mensa aziendale,* manger au restaurant, à la cantine. | *mangiare in città,* manger en ville. | *mangiare alla carta,* manger à la carte. | *mangiare a prezzo fisso,* manger à prix fixe. | *fare da mangiare,* faire la cuisine. || PER EST. [consumare] manger. | *questo bruciatore mangia troppa nafta,* ce brûleur mange trop de mazout. || [intaccare, corrodere] manger, ronger. | *il mare mangia la costa,* la mer mange, ronge la côte. | *la ruggine mangia il ferro,* la rouille mange, ronge le fer. | *un vestito mangiato dalle tarme,* un vêtement mité, mangé aux mites. || FIG. *stia tranquillo, non La mangio,* soyez tranquille, je ne vous mange pas. | *mangiare con gli occhi,* manger des yeux. | *mangiare di baci, di carezze,* manger de baisers, de caresses. | *mangiarsi il fegato, il cuore,* se manger, se ronger les sangs. | *mangiarsi le parole,* manger ses mots, la moitié de ses mots. | *mangiare del denaro,* manger de l'argent. | *ha mangiato le proprie sostanze,* il a mangé sa fortune. | *mangiare alle spalle di qlcu.,* manger aux frais, aux dépens de qn. | *il pesce grosso mangia il piccolo,* les gros poissons mangent les petits. || GIOCHI prendre. | *mangio una pedina,* je prends un pion. || MAR. *mangiare il vento a una nave,* manger le vent à un navire.
2. mangiare [man'dʒare] m. manger. | *preparare il mangiare del bambino,* préparer le repas de l'enfant. || [cibo] nourriture f., aliment. | *un mangiare liquido, solido,* une nourriture liquide, solide. | *il mangiare degli animali,* les aliments des animaux.
mangiata [man'dʒata] f. (fam.) gueuleton m. (pop.). | *fare una mangiata,* gueuletonner (pop.). | *fare una mangiata di maccheroni,* s'empiffrer (fam.), se gaver, se gorger de macaroni.
mangiatoia [mandʒa'toja] f. mangeoire, crèche (arc.). | *mangiatoia automatica,* nourrisseur m. || FIG. FAM. [fonte di illeciti profitti] assiette au beurre (arc.), fromage m. | *ha trovato una buona mangiatoia,* il s'est trouvé un bon fromage.
mangiatore [mandʒa'tore] (**-trice** f.) m. mangeur, euse. | *è un buon mangiatore,* c'est un grand mangeur. | *è una grande mangiatrice,* c'est une grosse mangeuse. | *mangiatore di fuoco,* mangeur de feu. | *mangiatore di spade,* avaleur de sabres.
mangiatoria [mandʒa'tɔrja] f. (fam.) mangeaille, boustifaille (pop.). || FIG. assiette au beurre (arc.).
mangime [man'dʒime] m. [per uccelli e pollame] grain ; [cereali per cavalli e pollame] provende f. ; [pastone] pâté, mangeaille f.
mangione [man'dʒone] (**-a** f.) m. gros mangeur, euse, fort(e) dîneur, euse. || FIG. profiteur, euse.
mangiucchiare [mandʒuk'kjare] v. tr. mangeotter, grignoter, manger du bout des dents, des lèvres.
mango ['mango] (**-ghi** pl.) m. BOT. [pianta] manguier ; [frutto] mangue.
mangusta [man'gusta] f. ZOOL. mangouste.
mani ['mani] m. pl. RELIG. mânes.
mania [ma'nia] f. manie, marotte, passion, maladie. | *ha la mania del calcio,* il a la manie du football. | *ha la mania delle parole crociate,* il a la marotte des mots croisés. || MED. manie. | *mania di persecuzione,* manie de persécution.
maniaco [ma'niako] (**-ci** m. pl.) agg. e n. maniaque.
manica ['manika] f. **1.** [parte di un indumento] manche. | *maniche strette, larghe, lunghe, corte, aperte, chiuse,* manches étroites, larges, longues, courtes, ouvertes, fermées. | *maniche a sboffi,* manches ballons. | *vestito senza maniche,* vêtement, robe sans manches. || LOC. *mettersi, essere in maniche di camicia,* se mettre, être en manches, en bras de chemise. || FIG. *rimboccarsi, tirarsi su le maniche,* retrousser, relever ses manches. | *tirare qlcu. per la manica,* tirer qn par la manche. | *avere un asso nella manica,* avoir un atout dans son jeu. | *essere di manica stretta,* être rigoureux, sévère. | *essere di manica larga,* être coulant (fam.), indulgent. | *avere qlcu. nella manica,* avoir qn dans sa manche. | *essere nella manica di qlcu.,* être dans la manche de qn. | *è un altro paio di maniche,* c'est une autre paire de manches (fam.), c'est une autre affaire. || **2.** PER EST., AER., MAR. *manica a vento,* manche à vent ; manche à air. || METALL. fourneau. || TECN. tuyau. || **3.** SPREG. [schiera] bande. | *è una manica di fessi, di farabutti,* c'est une bande d'idiots, de voleurs.
manicaretto [manika'retto] m. bon petit plat, plat appétissant.
manicheismo [manike'izmo] m. RELIG. manichéisme.
manichino [mani'kino] m. [per sarti] mannequin. || FIG. [persona impacciata o priva di carattere] mannequin, pantin ; [persona vestita con eleganza manierata] élégant, dandy, snob.
manico ['maniko] (**-chi** o **-ci** pl.) m. **1.** manche. | *manico di martello, d'ombrello, di coltello, di cucchiaio, di forchetta,* manche de marteau, de parapluie, de couteau, de cuiller, de fourchette. | *manico di scopa,* manche de balai, à balai. || **2.** [di vaso, di tazza] anse f. | *il manico di una tazzina da caffè,* l'anse d'une tasse à café. | *il manico di un cestino,* l'anse d'un panier. || **3.** [di valigia, di borsa] poignée f. || **4.** MUS. manche.
manicomio [mani'kɔmjo] (**-mi** pl.) m. asile d'aliénés, hospice de fous, asile psychiatrique, maison (f.) de santé. | *rinchiudere in manicomio,* enfermer dans un asile d'aliénés. | *manicomio criminale,* asile de fous criminels. || FIG. *è un manicomio,* c'est une maison de fous. | *roba da manicomio,* c'est une histoire de fous.
manicotto [mani'kɔtto] m. MODA manchon. | *manicotto di pelliccia,* manchon de fourrure. || TECN. manchon. | *manicotto d'accoppiamento,* manchon d'accouplement. | *manicotto di raccordo,* manchon d'assemblage.
manicure [mani'kure] m. (raro) e f. inv. manucure m. (L.C.).
maniera [ma'njɛra] f. **1.** [modo di comportarsi, di agire] manière, façon. | *maniera di parlare, di pensare, di vivere,* manière, façon de parler, de penser, de vivre. | *agire in maniera brutale,* agir de manière brutale. | *usare la maniera forte,* employer la manière forte. | *le sue maniere mi irritano,* ses façons, ses manières m'agacent. | *imparare le buone maniere,* apprendre les belles manières. || [usanza, guisa] manière. | *ballare alla maniera dei contadini,* danser à la manière paysanne. || **2.** LOC. [avv.] *in questa*

maniera, de cette manière. | *nella seguente maniera*, de la manière suivante. | *alla stessa maniera*, de la même manière. | *in ogni maniera*, de toute manière, de toute façon. | *in ogni maniera possibile*, de toutes les manières possibles. | *in nessuna maniera*, en aucune manière. | *in qualche maniera*, en quelque manière. | *in una maniera o nell'altra*, d'une manière ou d'une autre. || [prep.] *alla maniera di*, à la manière de, à la façon de. | *in maniera da*, de manière à, de façon à. || [cong.] *in maniera tale che*, de (telle) manière que. || **3.** ARTI manière, genre m., style m. | *quadro alla maniera di Botticelli*, tableau à la manière de Botticelli. | *la maniera di Tiziano è inimitabile*, le style de Titien est inimitable. || SPREG. *pittore di maniera*, peintre maniéré. || **4.** GRAMM. manière. | *complemento, avverbio di maniera*, complément, adverbe de manière.

manierato [manje'rato] agg. maniéré, affecté.

manierismo [manje'rizmo] m. ARTI maniérisme.

maniero [ma'njɛro] m. STOR. manoir.

manifattura [manifat'tura] f. **1.** manufacture. | *manifattura della seta, dei tabacchi*, manufacture de la soie, des tabacs. || **2.** [fabbrica] fabrique, atelier m., manufacture (arc.). | *manifattura di scarpe*, fabrique de chaussures. || **3.** [fabbricazione] fabrication. | *manifattura accurata*, fabrication soignée. || **4.** [confezione] confection. | *manifattura per uomo, per donna, per bambino*, confection pour hommes, pour femmes, pour enfants. | *lavorare nella manifattura di vestiti*, travailler dans la confection.

manifatturiere [manifattu'rjɛre] m. [industriale] fabricant, industriel, manufacturier (arc.). || [operaio] ouvrier d'une manufacture.

manifatturiero [manifattu'rjɛro] agg. manufacturier.

manifestamente [manifesta'mente] avv. manifestement.

manifestante [manifes'tante] n. manifestant.

manifestare [manifes'tare] v. tr. manifester, montrer, révéler. | *manifestare i propri desideri*, manifester, montrer ses désirs. ◆ v. rifl. se manifester, se révéler, se montrer. | *la volontà divina si è manifestata*, la volonté de Dieu s'est manifestée. ◆ v. intr. POLIT. manifester. | *gli operai hanno manifestato davanti alle fabbriche*, les ouvriers ont manifesté devant les usines.

manifestazione [manifestat'tsjone] f. manifestation, démonstration. | *manifestazione di un sentimento*, manifestation d'un sentiment. || POLIT. manifestation, manif (pop.).

manifestino [manifes'tino] m. tract.

1. manifesto [mani'fɛsto] agg. manifeste, évident, certain, sûr. | *per ragioni manifeste*, pour des raisons manifestes. | *la sua innocenza è manifesta*, son innocence est manifeste, est évidente. | *è, appare manifesto che non vi è più nessun rimedio*, il est manifeste, il est évident qu'il n'y a plus aucun remède. | *ha fatto manifesto, ha reso manifesto il suo scopo*, il a manifesté, il a révélé son but.

2. manifesto [mani'fɛsto] m. affiche f. | *manifesto pubblicitario*, affiche publicitaire, affiche-réclame. | *manifesto teatrale, cinematografico*, affiche de théâtre, de cinéma. || [programma politico o culturale] manifeste. | *il manifesto del partito comunista*, le manifeste du parti communiste. | *il manifesto del Futurismo*, le manifeste du Futurisme. || COMM. manifeste.

maniglia [ma'niʎʎa] f. poignée. | *la maniglia di una valigia*, la poignée d'une valise. | *girare la maniglia di una porta*, tourner la poignée d'une porte. | *maniglia a becco d'oca*, bec-de-cane (m.). || MAR., TECN. manille. || SPORT *cavallo con maniglie*, cheval d'arçons.

manigoldo [mani'goldo] m. canaille f., coquin, fripon, gredin.

manilla [ma'nilla] f. [resina] copal (m.) de Manille. || TESS. chanvre (m.) de Manille. ◆ m. [qualità di sigari] manille.

manioca [ma'njɔka] f. BOT. manioc m.

manipolare [manipo'lare] v. tr. manipuler. | *manipolare prodotti chimici*, manipuler des produits chimiques. || [adulterare] frelater. | *hanno manipolato il vino*, on a frelaté le vin. || FIG. [alterare] manipuler, altérer. || TELECOM. manipuler.

manipolato [manipo'lato] agg. [adulterato] frelaté.

manipolazione [manipolat'tsjone] f. manipulation. || [sofisticazione] frelatage m. || FIG. [intrigo, macchinazione] manipulation, tripotage m.

manipolo [ma'nipolo] m. AGR. [mannello di spighe] javelle f. || LITURG. manipule. || STOR. manipule. || PER EST. (lett.) poignée f. (L.C.). | *un manipolo di prodi*, une poignée de héros.

maniscalco [manis'kalko] (**-chi** pl.) m. maréchal-ferrant (pl. : maréchaux-ferrants).

manna ['manna] f. manne. || FIG. manne, bénédiction. || BOT. manne.

mannaggia [man'naddʒa] interiez. pop. merid. maudit(e) soit.

mannaia [man'naja] f. [del boia] hache. | *mannaia del boia*, hache du bourreau. || [lama della ghigliottina] couperet m. || [grosso coltello da macellaio] couperet m. || FIG. *essere sotto la mannaia*, avoir le couteau sous la gorge.

mannaro [man'naro] agg. LOC. *lupo mannaro*, loup-garou.

mannella [man'nɛlla] f. o **mannello** [-'nɛllo] m. AGR. javelle f., botte f. | *una mannella di grano, di fieno*, une javelle de blé, une botte de foin.

mano ['mano] (**mani** pl.) f. main.

I. 1. [parte del corpo e organo del tatto] main. | *mano destra, sinistra*, main droite, gauche. | *avere mani piccole, mani grosse*, avoir de petites mains, de grosses mains. | *avere mani affusolate, curate, esili, fini, magre, sottili*, avoir des mains fuselées, soignées, fluettes, fines, maigres, minces. | *avere mani callose, nodose, ossute, ruvide, tozze*, avoir des mains calleuses, noueuses, osseuses, rugueuses, trapues. | *le dita, le linee, il dorso, la palma, l'incavo della mano*, les doigts, les lignes, le dos, la paume, le creux de la main. | *alzare la mano*, lever la main. | *aprire, chiudere la mano*, ouvrir, fermer la main. | *stendere la mano*, étendre la main. | *baciare la mano*, baiser la main. | *stringere la mano*, serrer la main. | *tendere, porgere la mano*, tendre la main. | *battere le mani*, battre des mains. | *imporre le mani*, imposer les mains. | *incrociare le mani*, croiser les mains. | *congiungere, unire le mani*, joindre les mains. | *curarsi le mani*, se faire les mains. | *lavarsi le mani*, se laver les mains. | *stropicciarsi le mani*, se frotter les mains. | *torcersi le mani*, se tordre les mains. | *avere una penna a portata di mano*, avoir un stylo à portée de la main. | *cadere di mano*, tomber des mains. | *prendere un libro con una mano*, prendre un livre d'une main. | *salutare con la mano*, saluer de la main. || **2.** FIG. [del destino, della fatalità, di Dio] main.

II. LOC. **1.** [con preposizioni] ***di mano*** : *di mano in mano*, de main en main. | *notizie di prima mano*, nouvelles de première main. | *è un operaio abile di mano*, c'est un ouvrier habile de ses mains, de ses doigts. | *sgusciare di mano*, glisser entre les doigts. | *portare qlcu. in palma di mano*, porter qn aux nues. | *fare un lavoro in un colpo di mano*, faire un travail en un tour de main. || ***a mano*** : *bomba a mano*, grenade. | *carretta a mano*, charrette à bras. | *freno a mano*, frein à main. | *lavoro a mano*, travail à la main. | *leva a mano*, levier à main. | *fatto a mano*, fait à la main. | *scritto a mano*, écrit à la main. | *disegno a mano libera*, dessin à main levée. | *rubare a man salva*, voler à pleines mains. | *tornare a mani vuote*, rentrer les mains vides. | *persona alla mano*, personne sans façons, simple, abordable. | *prove alla mano*, preuves en main. | *a mano a mano, man mano*, au fur et à mesure, peu à peu. || ***da*** : *da mano a mano*, de la main à la main. | *questo lavoro è passato dalle sue mani*, ce travail est passé par ses mains. | *ho ricevuto questo quadro dalle stesse mani dell'autore*, j'ai reçu ce tableau de la main même de l'auteur. || ***in*** : *far scivolare qlco. in mano a qlcu.*, faire glisser qch. dans la main de qn. | *tenere un oggetto in mano*, tenir un objet à la main. | *recapitare in mani proprie*, remettre en main propre. | *cadere nelle mani del nemico*, tomber entre les mains, aux mains de l'ennemi. | *giurare nelle mani del presidente del tribunale*, prêter serment devant le président du tribunal. || ***con*** : *toccare con mano*, toucher de la main, du doigt. | *lavorare con mano sicura*, travailler d'une main sûre. | *dipingere con mano maestra*, peindre de main de maître.

camminare con la mano nella mano, marcher main dans la main. | *scrivere con la mano sinistra,* écrire de la main gauche. | *aiutarsi con i piedi e con le mani,* s'aider des pieds et des mains. | *prender qlcu. con le mani nel sacco,* prendre qn la main dans le sac. | *starsene colle mani in mano,* demeurer les bras croisés. || **per** : *prendere per mano,* prendre par la main. | *tenersi per mano,* se tenir par la main. | *condurre una moto per mano,* pousser une moto à la main. | *è stato ferito per mano del suo avversario,* il a été blessé de la main de son ennemi. | *avere per le mani un buon affare,* être sur une bonne affaire. || **tra** : *che non mi capiti tra le mani!,* qu'il ne me tombe pas sous la main! || **sottomano** : *agire sottomano,* agir en sous-main. | *avere sottomano il denaro necessario,* avoir sous la main l'argent nécessaire. || **fuori mano** : *abitare fuori mano,* habiter au diable (fam.). | *un sentiero fuori mano,* un chemin détourné. | *una via fuori mano,* une rue écartée. | *una casina fuori mano,* une maisonnette perdue. || **2.** [con avverbi] *qua la mano,* serrons-nous la main. | *mani in alto!,* haut les mains! | *giù le mani!,* bas les pattes! (fam.). || **3.** [complemento diretto di un verbo] *avere mano libera,* avoir les mains libres. | *mettere mano al lavoro,* mettre la main à la pâte. | *mettere mano alla spada,* mettre la main à l'épée, dégainer. | *tener mano a qlcu.,* soutenir qn. | *far mano bassa,* faire main basse. | *chiedere, dare man forte,* demander, prêter main-forte. | *averci la mano,* avoir le tour de main. | *calcar la mano,* forcer la main. | *metterci la mano sul fuoco,* en mettre sa main au feu. | *dare l'ultima mano a qlco.,* mettre la dernière main à qch. | *dare una mano,* donner un coup de main (fam.). | *avere le mani in pasta,* être dans le bain (fam.). | *ha le mani bucate,* l'argent lui file entre les doigts; c'est un panier percé. | *avere le mani lunghe,* avoir les mains crochues (fam.). | *avere le mani pulite,* avoir les mains nettes. | *avere le mani di ricotta,* avoir des mains en beurre. | *alzare le mani su qlcu.,* lever la main sur qn. | *lavarsene le mani,* s'en laver les mains. | *mettere le mani avanti,* prendre ses précautions. | *menare le mani,* se bagarrer. | *mordersi le mani,* se mordre les doigts.
III. Usi particolari. [strato] couche. | *una mano di colore,* une couche de couleur. || (lett.) [manipolo] poignée (l.c.). || Autom. *tenere la mano,* tenir sa droite. | *andare contro mano,* ne pas tenir la droite. || Giochi *fare una mano,* jouer une partie. | *essere di mano,* avoir la main. | *essere ultimo di mano,* être le dernier à jouer. | *rinunciare alla mano,* passer la main. || Mus. *suonare a quattro mani,* jouer à quatre mains. | *un pezzo per quattro mani,* un morceau pour quatre mains. || Sport *(fallo di) mano,* (faute de) main. || Tip. *mano di carta,* main de papier. || Tess. *lavorazione a mano,* façon main.

manodopera [mano'dɔpera] f. main-d'œuvre. | *manodopera qualificata,* main-d'œuvre qualifiée. | *manodopera agricola,* main-d'œuvre agricole. | *manodopera stagionale,* main-d'œuvre saisonnière. || Econ. main-d'œuvre.

manomesso [mano'messo] agg. manipulé, altéré; [di lettere] ouvert (indûment); [di tomba] violé. | *un documento manomesso,* un document manipulé, altéré. | *un pacco manomesso,* un paquet ouvert (indûment). | *una tomba manomessa,* une tombe violée.

manometro [ma'nɔmetro] m. Tecn. manomètre.

manomettere [mano'mettere] v. tr. [lettere, plichi] ouvrir (indûment, illicitement); [porte, cassetti] forcer; [documenti] altérer, manipuler; [tombe] violer. || Fig. (raro) violer (l.c.). || Stor., Giur. affranchir.

manomissione [manomis'sjone] f. [di corrispondenza] violation; [di documenti] altération, falsification; [di una porta, di un cassetto] effraction. || Fig. violation. || Stor., Giur. manumission, affranchissement m.

manomorta [mano'mɔrta] f. Stor., Giur. mainmorte.

manopola [ma'nɔpola] f. **1.** [paramano] parement m. || [guanto con un solo dito indipendente] moufle. || [guanto da calzolaio] manique. || [guanto da scherma] crispin m. || [guanto per lavarsi] gant (m.) de toilette. || [parte di armatura] gantelet m. || **2.** [impugnatura] poignée. || [organo di regolazione o di comando] bouton m. | *girare le manopole della radio, del televisore,* tourner les boutons de la radio, du téléviseur.

manoscritto [manos'kritto] agg. e m. manuscrit.

manovalanza [manova'lantsa] f. [i manovali] manœuvres m. pl., main-d'œuvre. || [il lavoro manuale] main-d'œuvre.

manovale [mano'vale] m. manœuvre. | *manovale muratore,* aide-maçon. | *manovale ferroviario,* homme d'équipe, homme de manœuvre.

manovella [mano'vɛlla] f. manivelle. | *manovella di motore, d'avviamento,* manivelle de moteur, de mise en marche. || Cin. *dare il primo giro di manovella,* donner le premier tour de manivelle.

manovra [ma'nɔvra] f. Pr. e fig. manœuvre. | *manovra fraudolenta,* manœuvre frauduleuse. | *manovra elettorale,* manœuvre électorale. | *sventare le manovre degli avversari,* déjouer les manœuvres des adversaires. | *ha fatto una manovra errata,* il a fait une fausse manœuvre. || Ferr. *scalo, binario di manovra,* gare, quai de manœuvre. || Mar. manœuvre. | *sala di manovra,* chambre de manœuvre. || [cavo] *manovra corrente, dormiente,* manœuvre courante, dormante. || Mil. *campo di manovra,* champ de manœuvre. | *grandi manovre,* grandes manœuvres. | *manovre di ripiegamento,* manœuvres de repli.

manovrabile [mano'vrabile] agg. manœuvrable, maniable.

manovrabilità [manovrabili'ta] f. manœuvrabilité, maniabilité.

manovrare [mano'vrare] v. tr. Pr. e fig. manœuvrer. | *manovrare una gru, una pompa, una leva,* manœuvrer une grue, une pompe, un levier. | *manovrare i partiti politici,* manœuvrer les partis politiques. | *quella donna ti manovra come vuole,* cette femme te manœuvre, te mène (fam.) comme elle veut. || Autom. *manovrare una macchina,* manœuvrer une voiture. | *manovrare la leva del cambio,* manœuvrer le levier du changement de vitesse. || Ferr. *manovrare un treno,* manœuvrer un train. | *manovrare gli scambi,* manœuvrer les aiguillages. || Mar. *manovrare una nave,* manœuvrer un navire. | *manovrare le vele,* manœuvrer les voiles. ◆ v. intr. Pr. e fig. manœuvrer. | *ha manovrato abilmente per ottenere quel posto,* il a manœuvré habilement pour obtenir cette place. | *manovrare per parcheggiare,* manœuvrer pour garer sa voiture. || Mil. manœuvrer.

manovrato [mano'vrato] agg. Econ. *economia manovrata,* économie dirigée. || Mil. *guerra manovrata,* guerre de mouvement.

manovratore [manovra'tore] (**-trice** f.) m. [di macchine, gru, tram] conducteur, trice. || Ferr. [di scambi] aiguilleur; [addetto alle manovre dei treni] homme de manœuvre. || Mar., Mil. manœuvrier.

manrovescio [manro'vɛʃʃo] m. revers (de main).

mansalva (a) [aman'salva] loc. avv. *rubare a mansalva,* voler à pleines mains.

mansarda [man'sarda] f. mansarde. | *camera fatta a mansarda,* chambre mansardée.

mansione [man'sjone] f. [specialmente al pl.] fonction, attribution. | *svolgere mansioni direttive,* remplir les fonctions de directeur. | *questo lavoro non rientra nelle mie mansioni,* ce travail ne rentre pas dans mes attributions. | *mansioni di fiducia,* fonctions de confiance.

mansuefare [mansue'fare] v. tr. [una persona] apprivoiser, apaiser, adoucir; [domare una belva] dompter; [addomesticare un animale selvatico] apprivoiser.

mansuetamente [mansueta'mente] avv. avec douceur.

mansueto [mansu'ɛto] agg. doux, paisible, débonnaire.

mansuetudine [mansue'tudine] f. mansuétude, bonté, indulgence.

manta ['manta] f. Zool. mante.

mantecare [mante'kare] v. tr. Culin. écraser en purée; travailler.

mantecato [mante'kato] agg. Culin. *baccalà mantecato,* brandade (f.) de morue. ◆ m. [gelato] mantecato.

mantella [man'tɛlla] f. cape. || Mil. capote.

mantellina [mantel'lina] f. pèlerine, mantelet m. ‖ MIL. mantelet.
mantello [man'tɛllo] m. MODA [soprabito] manteau, paletot, pelisse f. ; [senza maniche] mante f., cape f. ‖ FIG. manteau, voile. | *un mantello di falsa cortesia*, un voile de fausse amabilité. | *un mantello di neve copriva la campagna*, un manteau de neige couvrait la campagne. ‖ TEATRO *mantello d'Arlecchino*, manteau d'Arlequin. ‖ ZOOL. pelage ; [di cavalli] robe f. ; [di cani] mantelure f. ; [di molluschi] manteau.
mantenere [mante'nere] v. tr. **1.** maintenir, garder, conserver. | *mantenere la disciplina, l'ordine, la pace*, maintenir la discipline, l'ordre, la paix. | *mantenere i prezzi stabili*, garder les prix stables. | *mantenere le distanze*, maintenir, garder les distances. ‖ **2.** [alimentare, sostenere] entretenir, nourrir. | *mantenere i propri figli*, entretenir, nourrir, élever ses enfants. | *non possiamo mantenervi senza lavorare*, nous ne pouvons pas vous entretenir à ne rien faire. ‖ **3.** [soddisfare, rispettare] tenir, remplir. | *mantenere una promessa*, tenir, remplir une promesse. ‖ **4.** [curare] entretenir. | *questa strada è mantenuta male*, cette route est mal entretenue. ◆ v. rifl. [conservarsi] se maintenir, se conserver. | *quella signora si mantiene bene*, cette dame se maintient bien. | *mantenersi sulle proprie posizioni*, se maintenir sur ses positions. | *il tempo si mantiene*, le temps se maintient. ‖ [alimentarsi] se nourrir.
mantenimento [manteni'mento] m. [conservazione] maintien, conservation f. | *il mantenimento della pace, dell'ordine*, le maintien de la paix, de l'ordre. ‖ [sostentamento] entretien, alimentation f., subsistance f. | *spese di mantenimento*, frais d'entretien. ‖ [manutenzione] entretien. | *curare il mantenimento delle strade, dei ponti*, pourvoir à l'entretien des routes, des ponts.
mantenuta [mante'nuta] f. SPREG. femme entretenue.
mantice ['mantitʃe] m. [di fucina, di organo] soufflet. ‖ [di carrozza] capote f. ‖ FERR., FOT. soufflet.
mantide ['mantide] f. ZOOL. mante. | *mantide religiosa*, mante religieuse.
mantiglia [man'tiʎʎa] f. mantille.
manto ['manto] m. PR. manteau. | *manto reale*, manteau royal. ‖ FIG. manteau, voile. | *un manto di tristezza, d'ignoranza*, un manteau de tristesse, d'ignorance. | *un manto di neve, di brina*, un manteau, une couche de neige, de givre. ‖ ZOOL. pelage ; [di cani] mantelure f. ; [di cavalli] robe f.
mantovana [manto'vana] f. [di tenda] cantonnière. ‖ ARCHIT. lambrequin m. ‖ CULIN. tarte aux amandes.
mantovano [manto'vano] agg. e n. mantouan.
1. manuale [manu'ale] agg. manuel. | *lavoro manuale*, travail manuel. ◆ m. (arc.) [manovale] manœuvre (L.C.). ‖ MUS. [tastiera dell'organo] clavier.
2. manuale [manu'ale] m. [libro] manuel.
manualistico [manua'listiko] (**-ci** m. pl.) agg. livresque.
manualità [manuali'ta] f. caractère (m.) manuel.
manualmente [manual'mente] avv. manuellement.
manubrio [ma'nubrjo] m. [di bicicletta] guidon. | *un corridore curvo sul manubrio*, un coureur penché sur son guidon. ‖ MIL. [parte del fucile] levier. ‖ SPORT haltère.
manufatto [manu'fatto] agg. manufacturé, fait à la main. | *prodotti manufatti*, produits manufacturés. ◆ m. produit manufacturé, objet fabriqué. | *manufatti tessili, meccanici*, produits textiles, mécaniques. ‖ [edilizia] œuvre f. | *questa galleria è un manufatto finanziato dalla regione*, ce tunnel est une œuvre financée par la région.
manutengolo [manu'tɛngolo] m. complice. ‖ [ricettatore] receleur. ‖ [mezzano] entremetteur.
manutenzione [manuten'tsjone] f. entretien m. | *spese di manutenzione*, frais de maintien. ‖ GIUR. maintenue.
manzo ['mandzo] m. ZOOL. [bue giovane] bouveau (antiq.), bouvillon. ‖ CULIN. [carne] bœuf. | *manzo stufato*, bœuf (à la) mode, à l'étouffée ; estouffade (f.) de bœuf. | *manzo bollito*, (bœuf) bouilli. | *filetto di manzo*, chateaubriand.
manzoniano [mandzo'njano] agg. de Manzoni. ◆ m. imitateur de Manzoni.
maomettano [maomet'tano] agg. e n. RELIG. mahométan.
maomettismo [maomet'tizmo] m. RELIG. mahométisme.
mappa ['mappa] f. carte, plan m. | *mappa stradale*, carte routière. | *mappa catastale*, plan cadastral. ‖ ASTR. carte. | *mappa lunare*, carte de la Lune.
mappamondo [mappa'mondo] m. GEOGR. [planisferio] mappemonde f. ‖ [sfera del globo terrestre] globe.
marabù [mara'bu] m. ZOOL. marabout.
marabutto [mara'butto] m. RELIG. marabout.
marachella [mara'kɛlla] f. niche, ruse, tour m. ; [di bambino] espièglerie, gaminerie, polissonnerie.
maragià [mara'dʒa] m. maharajah, maharadjah.
marameo [mara'mɛo] interiez. turlututu. ‖ LOC. *fare marameo a qlcu.*, faire un pied de nez à qn.
marasca [ma'raska] (**-sche** pl.) f. BOT. griotte, marasque.
maraschino [maras'kino] m. marasquin.
marasco [ma'rasko] (**-chi** pl.) m. BOT. merisier.
marasma [ma'razma] m. MED. e FIG. marasme.
maratona [mara'tona] f. SPORT e FIG. marathon m.
maratoneta [marato'nɛta] (**-i** pl.) m. SPORT marathonien, coureur de marathon.
maraviglia [mara'viʎʎa] f. V. MERAVIGLIA e deriv.
marc' [martʃ] interiez. MIL., SPORT marche ! | *avanti, marc'!*, en avant, marche !
1. marca ['marka] (**-che** pl.) f. **1.** [marchio] marque. | *marca di fabbrica*, marque de fabrique. | *marca commerciale*, marque de commerce. | *articoli di marca*, articles de marque. | *beviamo solo vino di marca*, nous ne buvons que du vin de marque. ‖ **2.** [industria produttrice] marque. | *le grandi marche motociclistiche*, les grandes marques de motocyclettes. ‖ SPORT *correre per una grande marca*, courir pour une grande marque. ‖ **3.** [biglietto] ticket m., marque (arc.) ; [gettone] jeton m. ; [di bagagli] bulletin m. ‖ **4.** [francobollo] timbre m. | *marca da bollo*, timbre fiscal. | *marca assicurativa*, vignette d'assurance, vignette de Sécurité sociale. ‖ **5.** MAR. marque. | *marca di bordo libero*, marque de franc-bord. ‖ **6.** TIP. marque.
2. marca ['marka] f. STOR. marche.
marcantonio [markan'tɔnjo] m. homme costaud, gaillard ; armoire (f.) à glace (fam.).
marcare [mar'kare] v. tr. marquer. | *marcare con un segno, con una crocetta*, marquer d'un trait, d'une croix. ‖ MIL. *marcare visita*, se faire porter malade. ‖ SPORT *marcare un goal, i punti*, marquer un but, les points. | *marcare un giocatore*, marquer un joueur.
marcatempo [marka'tɛmpo] m. [operaio] chronométreur. ‖ [strumento] chronomètre, chronographe.
marchesa [mar'keza] f. [nobildonna] marquise. ‖ [anello] marquise.
marchesato [marke'zato] m. marquisat.
marchese [mar'keze] m. marquis.
marchetta [mar'ketta] f. timbre (m.) d'assurance, vignette de Sécurité sociale.
marchiano [mar'kjano] agg. énorme. | *uno sbaglio marchiano*, une erreur énorme.
marchiare [mar'kjare] v. tr. marquer. | *marchiare il bestiame*, marquer le bétail. ‖ FIG. marquer. | *marchiare di infamia*, marquer d'infamie.
marchiatura [markja'tura] f. marquage m.
marchio ['markjo] (**-chi** pl.) m. marque f. | *marchio a fuoco*, marque au fer rouge. ‖ [di metalli] poinçon. | *marchio di garanzia*, poinçon de garantie. ‖ COMM. marque. | *marchio di fabbrica, di origine, di controllo*, marque de fabrique, d'origine, de contrôle. | *marchio depositato*, marque déposée. ‖ STOR. *marchio d'infamia*, marque d'infamie.
1. marcia ['martʃa] f. ANAT. pus m., sanie.
2. marcia ['martʃa] (**-ce** pl.) f. **1.** [azione e modo di camminare] marche. | *marcia lenta, veloce*, marche lente, rapide. | *mettersi in marcia*, se mettre en marche. ‖ MIL. *marcia forzata*, marche forcée. | *ordine di marcia*, ordre de marche. | *colonna di marcia*, colonne de marche. ‖ SPORT *marcia atletica*, marche athlétique. | *gara di marcia*, compétition de marche. STOR. *la marcia su Roma*, la marche sur Rome. **2.** [funzionamento, spostamento] marche. | *marcia avanti, indietro*, marche avant, arrière. | *far marcia indietro*, faire marche arrière. | *invertire la marcia*

inverser la marche, faire demi-tour. | *mettere in marcia*, mettre en marche. | *essere in marcia*, être en marche. || FIG. *la marcia del tempo*, la marche du temps. || **3.** AUTOM. vitesse. | *automobile a cinque marce*, auto à cinq vitesses. | *cambiare marcia*, changer de vitesse. | *innestare la marcia*, embrayer. | *innestare la quarta marcia*, mettre la quatrième. || **4.** MUS. *marcia funebre, nuziale, militare, trionfale*, marche funèbre, nuptiale, militaire, triomphale.

marciapiede [martʃa'pjɛde] m. trottoir. || FIG. *donna da marciapiede*, prostituée. | *battere il marciapiede*, faire le trottoir. || FERR. quai. || MAR. marchepied.

marciare [mar'tʃare] v. intr. **1.** [azione di camminare] marcher. || MIL., SPORT *marciare al passo*, marcher au pas. | *marciare contro il nemico*, marcher à l'ennemi. | *marciare in colonna*, marcher en colonne. | *marciare a plotoni affiancati*, marcher en pelotons côte à côte. || **2.** [funzionare] marcher. | *l'orologio marcia bene*, la montre marche bien. | *la lavatrice non marcia più*, la machine à laver ne marche plus. || FIG. *gli affari marciano bene*, les affaires marchent bien. | *ti farò marciare io!*, je te mettrai au pas!, je te ferai filer droit!

marciatore [martʃa'tore] (**-trice** f.) m. SPORT marcheur, euse.

marcio ['martʃo] (**-ci** m. pl.) agg. PR. pourri. | *legno marcio*, bois pourri. | *frutta marcia*, viande pourrie, avariée. || [umido] *neve marcia*, neige pourrie. | *un tempo marcio*, un temps pourri. | *un clima marcio*, un climat pourri, malsain. | *un caldo marcio*, une chaleur humide, malsaine, pourrie. || [in suppurazione] *una ferita marcia*, une blessure qui suppure. || FIG. *uomo, partito marcio*, homme, parti pourri. | *società marcia*, société pourrie, dépravée. || LOC. *ha torto marcio*, il a tout à fait tort. | *è ubriaco marcio*, il est ivre mort, il est saoul comme une bourrique. | *a tuo marcio dispetto*, à ton grand dépit. ◆ m. pourri. | *c'è odor di marcio*, ça sent le pourri, il y a une odeur de pourri. || FIG. *c'è del marcio in questa faccenda*, cette affaire sent mauvais, le pourri.

marcire [mar'tʃire] v. intr. PR. pourrir. | *l'albero marciva velocemente*, l'arbre pourrissait rapidement. | *la frutta è marcita*, les fruits ont pourri. || [di acqua] croupir, se corrompre. || [suppurare] suppurer. | *la ferita marcisce*, la blessure suppure. || FIG. pourrir, croupir. | *marcire nella miseria, nell'ignoranza*, pourrir, croupir dans la misère, dans l'ignorance. | *marcire in prigione*, pourrir en prison. ◆ v. tr. pourrir. | *l'acqua ha marcito le radici delle piante*, l'eau a pourri les racines des plantes.

marcita [mar'tʃita] f. AGR. pré (m.) à irrigation; prairie irriguée.

marciume [mar'tʃume] m. PR. e FIG. pourriture f.

marco ['marko] (**-chi** pl.) m. [moneta] mark [ted.].

marconigramma [markoni'gramma] (**-i** pl.) m. (neol.) radiotélégramme (L.C.).

marconista [marko'nista] (**-i** pl.) m. (neol.) radiotélégraphiste (L.C.), radio (L.C.). || AER., MAR. radionavigant, radio.

marconiterapia [markonitera'pia] f. MED. marconithérapie.

mare ['mare] m. **1.** mer f. | *alto mare*, haute mer. | *mare aperto*, pleine mer. | *commercio per mare*, commerce par mer. | *trasporto via mare*, transport par mer. | *viaggio per mare*, voyage par mer. | *a 500 metri sul livello del mare*, à 500 mètres au-dessus du niveau de la mer. | *il mare sale*, la mer monte. | *il mare si infrange sulla spiaggia*, la mer déferle, se brise sur la plage. | *il mare spumeggia*, la mer écume. | *il mare ribolle*, la mer bouillonne. | *andare al mare*, aller à la mer. || **2.** FIG. *un mare di soldi*, une montagne d'argent. | *un mare di parole*, une mer, un flot de mots. | *essere in un mare di guai*, être dans le pétrin (fam.). || PER EST. *un mare di fuoco, di ghiaccio, di grano, di sabbia*, une mer de feu, de glace, de blé, de sable. || **3.** GEOGR. *mare chiuso*, mer fermée. | *mare interno*, mer intérieure. || GIUR. *mare territoriale*, mer territoriale. | *mare libero*, mer libre. || MIL. *forze di mare*, forces navales. || METEOR. *mare calmo*, mer calme. | *mare stanco*, (mer) étale. | *mare agitato*, mer agitée. | *mare burrascoso*, mer grosse. | *mare in tempesta*, mer très grosse. | *mare forza 0*, mer calme, plate. | *mare forza 1*, mer ridée. | *mare forza 2*, mer belle. | *mare forza 3*, mer peu agitée. | *mare forza 4*, mer agitée. | *mare forza 5*, mer houleuse. | *mare forza 6*, mer très houleuse. | *mare forza 7*, mer grosse. | *mare forza 8*, mer très grosse. | *mare forza 9*, mer énorme. || **4.** ZOOL. *anguilla di mare*, anguille de mer. | *beccaccia di mare*, huîtrier. | *dattero di mare*, moule. | *gambero di mare*, homard. | *passera di mare*, flet, carrelet. | *serpente di mare*, serpent de mer; canard (fig. fam.). | *stella di mare*, étoile de mer. || **5.** LOC. *un uomo in mare!*, un homme à la mer! | *in riva al mare*, au bord de la mer. | *in alto mare*, en pleine mer. | *tra cielo e mare*, entre le ciel et la mer. | *mare liscio come l'olio*, mer d'huile. | *portare acqua al mare*, apporter de l'eau à la mer. | *cercare per mare e per terra*, chercher par monts et par vaux. | *promettere mari et monti*, promettre monts et merveilles. | *l'acqua va al mare*, l'eau va à la rivière. || PROV. *tra il dire e il fare c'è di mezzo il mare*, il y a loin du dire au faire.

marea [ma'rɛa] f. marée. | *alta marea*, marée haute. | *bassa marea*, marée basse. | *marea crescente, montante*, marée montante. | *marea decrescente, calante*, marée descendante. || FIG. marée, flot m.

mareggiata [mared'dʒata] f. bourrasque, tempête de mer.

mareggio [ma'reddʒo] m. houle f., tempête (f.) de mer.

maremma [ma'remma] f. maremme; terrain (m.) marécageux.

maremmano [marrem'mano] agg. maremmatique. | *febbri maremmane*, fièvres maremmatiques, paludéennes. ◆ n. habitant de la Maremme.

maremoto [mare'mɔto] m. raz de marée.

marengo [ma'rengo] (**-ghi** pl.) m. [moneta] napoléon.

maresciallo [mareʃ'ʃallo] m. MIL. [grado supremo della gerarchia militare] maréchal. | *maresciallo di Francia*, maréchal de France. | *bastone di maresciallo*, bâton de maréchal. || [sottufficiale] adjudant. | *maresciallo capo*, adjudant-chef.

marezzare [mared'dzare] v. tr. [tessuti] moirer; [carta] jasper.

marezzato [mared'dzato] agg. [di marmo, di legno] madré, veiné; [di stoffa] moiré; [di carta] jaspé.

marezzatura [mareddza'tura] f. [di stoffa] moirage m.; [di carta] jaspure.

margarina [marga'rina] f. margarine.

margherita [marge'rita] f. BOT. marguerite. || CULIN. *torta margherita*, gâteau (m.) mousseline. || MAR. [nodo] jambe de chien. || ARC. [perla] perle.

margheritina [margeri'tina] f. pâquerette.

marginale [mardʒi'nale] agg. marginal.

marginare [mardʒi'nare] v. tr. TIP. marger.

marginatura [mardʒina'tura] f. marges pl. || TIP. garniture.

margine ['mardʒine] m. marge f.; [di corso d'acqua] bord; [di bosco, di terreno] lisière f., orée f.; [di una ferita] lèvre f. || FIG. marge. | *dateci un margine di libertà*, donnez-nous une marge de liberté. || ECON. marge. | *margine di utile*, marge bénéficiaire. || TIP. garniture f. || LOC. *vivere ai margini della società*, vivre en marge de la société.

margotta [mar'gɔtta] f. AGR. [tecnica di riproduzione] marcottage m. || BOT. [ramo] marcotte. | *margotta di vite*, marcotte de vigne.

margottare [margot'tare] v. tr. AGR. marcotter.

margravio [mar'gravjo] (**-vi** pl.) m. margrave.

mariano [ma'rjano] agg. RELIG. marial. | *anno mariano*, année mariale.

marijuana [mari'xwana] f. marijuana.

marina [ma'rina] f. [tratto costiero] bord (m.) de la mer, plage; [mare] mer. || ARTI marine. | *pittore di marine*, peintre de marines. || MAR. marine. | *marina mercantile*, marine marchande. | *marina da diporto*, marine de plaisance. | *marina da pesca*, marine de pêche. | *marina da guerra*, marine de guerre. | *arruolarsi in marina*, s'engager dans la marine.

marinaio [mari'najo] m. marin; [addetto alle manovre] matelot, col-bleu (fam.). | *marinai*, gens de mer. | *marinaio d'acqua dolce*, marinier; marin d'eau douce. || LOC. *promessa da marinaio*, serment d'ivrogne.

marinare [mari'nare] v. tr. PR. mariner. || FIG. [gerg.

univ.] *marinare la scuola*, faire l'école buissonnière, sécher les cours.

marinaresco [marina'resko] (**-chi** m. pl.) agg. marin, de marin. | *gergo marinaresco*, argot de marins.

marinaro [mari'naro] agg. de marins ; maritime. | *nazione marinara*, nation, peuple de marins. | *città marinara*, ville maritime. | *repubbliche marinare*, républiques maritimes. ◆ LOC. AVV. **alla marinara** : *blusa alla marinara*, marinière. | *collo alla marinara*, col marin. | *vestito alla marinara*, costume marin. ‖ CULIN. *salsa alla marinara*, sauce matelote. | *anguille alla marinara*, matelote d'anguille. | *zuppa alla marinara*, soupe à la marinière. | *cozze alla marinara*, moules (à la) marinière. ‖ SPORT *nuotare alla marinara*, nager la marinière. ◆ m. V. MARINAIO.

marinata [mari'nata] f. marinade.

marinato [mari'nato] agg. mariné. | *tonno marinato*, thon mariné.

marineria [marine'ria] f. marine.

marino [ma'rino] agg. marin, de mer, de la mer. | *acqua marina*, eau de mer. | *brezza marina*, brise marine. | *carta marina*, carte marine. | *colonia marina*, colonie de vacances à la mer. | *profondità marina*, profondeur de la mer. | *vento marino*, vent de mer. | *blu marino*, bleu outremer, bleu marine. ‖ FIG. *avere il piede marino*, avoir le pied marin. ‖ ZOOL. *cavalluccio marino*, cheval marin. | *granchio marino*, cancre, crabe. | *orco marino*, macreuse.

marioleria [marjole'ria] f. [carattere] fourberie, canaillerie. ‖ [azione] filouterie, tromperie ; [monelleria] espièglerie, coquinerie.

mariolo [ma'rjɔlo] m. filou, canaille f., coquin. ‖ SCHERZ. [di bambino] coquin.

marionetta [marjo'netta] f. marionnette. | *teatro delle marionette*, théâtre de marionnettes ; guignol. ‖ FIG. marionnette, pantin m., fantoche m. | *è una vera marionetta*, c'est une vraie marionnette.

maritabile [mari'tabile] agg. mariable.

maritale [mari'tale] agg. [del marito] marital. | *autorità maritale*, autorité maritale. ‖ (lett.) [coniugale] conjugal (L.C.).

maritare [mari'tare] v. tr. marier. | *maritare la propria figlia*, marier sa fille. ‖ FIG. marier, unir. | *maritare la vite all'olmo*, marier la vigne à l'ormeau. ◆ v. rifl. e recipr. se marier. | *maritarsi per amore*, se marier par amour.

maritata [mari'tata] agg. e f. mariée. ‖ CULIN. *minestra maritata*, consommé (m.) julienne. | *frittata maritata*, omelette garnie.

marito [ma'rito] m. mari. | *buon marito*, bon mari. | *marito modello*, mari modèle. | *ragazza da marito*, fille à marier. | *moglie e marito*, le mari et la femme. | *cercare marito*, chercher mari. | *dare marito alla propria figlia*, donner un mari à sa fille. | *prendere marito*, se marier. ‖ PROV. *tra moglie e marito non mettere il dito*, entre l'arbre et l'écorce il ne faut pas mettre le doigt.

maritozzo [mari'tɔttso] m. CULIN. = petit pain ovale.

marittimo [ma'rittimo] agg. maritime. ‖ GEOGR. *Alpi Marittime*, Alpes-Maritimes. ‖ LOC. *per via marittima*, par mer. ◆ m. inscrit maritime. | *i marittimi*, les gens de mer.

mariuolo [mari'wɔlo] m. V. MARIOLO.

marmaglia [mar'maʎʎa] f. canaille, racaille. ‖ [di ragazzi] marmaille.

marmellata [marmel'lata] f. [di frutta a pezzi] confiture ; [di frutta in poltiglia] marmelade.

marmista [mar'mista] (**-i** pl.) m. marbrier.

marmitta [mar'mitta] f. marmite. ‖ MIL. *marmitta da campo*, marmite de campagne. ‖ AUTOM. [di scarico] pot (m.) d'échappement. ‖ GEOL. marmite.

marmittone [marmit'tone] m. MIL., SCHERZ. bleu (pop.).

marmo ['marmo] m. GEOL. marbre. | *marmo verde, rosso, bianco*, marbre vert, rouge, blanc. | *marmo grezzo, levigato, lavorato*, marbre brut, poli, façonné. | *marmo di Carrara, di Verona*, marbre de Carrare, de Vérone. ‖ FIG. *un cuore di marmo*, un cœur de marbre, de pierre. ‖ PER EST. [oggetto] marbre. | *marmi antichi, romani*, marbres antiques, romains.

marmocchio [mar'mɔkkjo] (**-chi** pl.) m. (fam.) marmot, mioche, gosse, moutard (pop.), lardon (pop.), moucheron (pop.). | *una nidiata di marmocchi*, une nichée de marmots, une marmaille.

marmorario [marmo'rarjo] (**-ri** pl.) m. marbrier. ‖ [scultore] sculpteur.

marmoreo [mar'mɔreo] agg. [di marmo] de marbre. | *statua marmorea*, statue de marbre. ‖ FIG. [come il marmo] marmoréen. | *freddezza marmorea*, froideur marmoréenne.

marmorizzare [marmorid'dzare] v. tr. marbrer.

marmorizzatura [marmoriddza'tura] f. [operazione] marbrage m. ; [risultato] marbrure.

marmorizzazione [marmoriddzat'tsjone] f. marbrure.

1. marmotta [mar'mɔtta] f. ZOOL. marmotte. ‖ FIG. FAM. [individuo lento e goffo] lourdaud m., lambin m., flemmard m. (pop.). ‖ LOC. FIG. *dormire come una marmotta*, dormir comme une marmotte. ‖ FERR. appareil (m.) de signalisation.

2. marmotta [mar'mɔtta] f. BOT. marmottier m., prunier (m.) de Besançon.

marna ['marna] f. GEOL. marne.

marniera [mar'njɛra] f. marnière.

marnoso [mar'noso] agg. GEOL. marneux.

marocchinatura [marokkina'tura] f. TECN. maroquinage m.

marocchino [marok'kino] agg. marocain. ◆ n. [abitante] marocain. ◆ m. [cuoio] maroquin.

maronita [maro'nita] (**-i** m. pl.) agg. e n. RELIG. maronite.

maroso [ma'roso] m. lame f., vague f.

marra ['marra] f. AGR. houe. ‖ MAR. [braccio dell'ancora] bec m., patte. ‖ TECN. [strumento per mescolare la calce] gâche, doloire.

marrano [mar'rano] m. (arc.) [traditore] félon. ‖ [zoticone] rustre, manant.

marrone [mar'rone] agg. marron. | *occhi marrone*, yeux marron. | *marrone chiaro, scuro*, marron clair, foncé. ◆ m. BOT. [frutto] marron ; [albero] marronnier.

marsala [mar'sala] m. vin de Marsala.

marsigliese [marsiʎ'ʎese] agg. e n. marseillais.

marsina [mar'sina] f. frac m., habit (m.) de cérémonie.

marsupiale [marsu'pjale] agg. e m. ZOOL. marsupial.

marsupio [mar'supjo] m. ZOOL. marsupium.

martedì [marte'di] m. mardi. | *martedì grasso*, mardi gras.

martellamento [martella'mento] m. martèlement. ‖ MIL. pilonnage, bombardement.

martellante [martel'lante] agg. battant, martelant. ‖ MIL. roulant. | *il fuoco martellante delle artiglierie*, le feu roulant des artilleries.

martellare [martel'lare] v. tr. marteler. | *martellare il ferro, il rame sull'incudine*, marteler le fer, le cuivre sur l'enclume. ‖ PER EST. taper, frapper. | *martellare di pugni la tavola*, taper des poings sur la table. ‖ FIG. marteler ; harceler. | *martellare qlcu. di domande*, harceler qn de questions. ‖ MIL. marteler, pilonner. | *l'artiglieria martella le postazioni nemiche*, l'artillerie pilonne, martèle les positions ennemies. ◆ v. intr. [pulsare] battre violemment. | *mi sento martellare il cuore*, je sens mon cœur qui bat violemment.

martellata [martel'lata] f. coup (m.) de marteau. ‖ FIG. coup (m.) de massue.

martellato [martel'lato] agg. TECN. martelé. | *oggetti di rame martellato*, objets de cuivre martelé.

martelletto [martel'letto] m. petit marteau. ‖ MED. *martelletto percussore*, marteau à percussion, à réflexes. ‖ MUS. [del pianoforte] marteau.

martellio [martel'lio] m. martèlement.

martello [mar'tɛllo] m. marteau. | *martello da maniscalco*, brochoir. | *martello per ribadire i chiodi*, rivoir. | *martello pneumatico*, marteau pneumatique, à air comprimé. | *martello perforatore*, marteau perforateur. | *martello picconatore*, marteau piqueur. | *martello di legno*, maillet. ‖ [della porta] marteau de porte, heurtoir. ‖ ANAT. marteau. ‖ MED. *martello percussore*, marteau à percussion, à réflexes. ‖ SPORT [da alpinista] marteau-piolet ; [da lanciare] marteau. | *lancio del martello*, lancement du marteau. ‖ ZOOL. *(pesce) martello*, (requin) marteau. ‖ LOC. *suonare le campane a martello*, sonner le tocsin. | *trovarsi fra l'incudine e il martello*, être entre l'enclume et le marteau.

martinello [marti'nɛllo] m. V. MARTINETTO.
martinetto [marti'netto] m. TECN. vérin, martinet. | *martinetto idraulico,* vérin hydraulique. || [cricco] cric.
martingala [martin'gala] f. martingale.
martin pescatore [mar'tinpeska'tore] m. ZOOL. martin-pêcheur.
martire ['martire] m. martyr. | *i martiri della fede,* les martyrs de la foi. || FIG. martyr, victime f. | *darsi arie da martire,* se donner des airs de martyr. | *quel ragazzo è il martire della classe,* ce garçon est la victime, le souffre-douleur de la classe.
martirio [mar'tirjo] m. martyre. | *il martirio di San Lorenzo,* le martyre de saint Laurent. | *andare al martirio,* marcher au martyre. | *subire il martirio,* souffrir le martyre. || FIG. martyre, torture f., supplice. | *le sue chiacchiere sono un vero martirio,* ses bavardages sont un vrai martyre.
martirizzare [martirid'dzare] v. tr. PR. livrer au martyre, martyriser (raro). || FIG. martyriser, torturer, tourmenter.
martirologio [martiro'lɔdʒo] m. martyrologe.
martora ['martora] f. ZOOL. marte, martre.
martoriare [marto'rjare] v. tr. tourmenter, torturer. ◆ v. rifl. se tourmenter, se torturer.
marxismo [mark'sizmo] m. marxisme.
marxista [mark'sista] (**-i** m. pl.) n. marxiste.
marxistico [mark'sistiko] (**-ci** m. pl.) agg. marxiste.
marzapane [martsa'pane] m. CULIN. massepain.
marziale [mar'tsjale] agg. martial. | *aria marziale,* air martial. || GIUR. *corte marziale,* cour martiale. | *legge marziale,* loi martiale. || FARM., MED. martial. | *funzione marziale,* fonction martiale.
marzialità [martsjali'ta] f. air (m.) martial.
marziano [mar'tsjano] agg. e m. martien.
marzio ['martsjo] agg. de Mars. | *campo marzio,* champ de Mars.
marzo ['martso] m. mars. | *nel mese di marzo,* au mois de mars, en mars.
marzolino [martso'lino] agg. de mars. | *piogge marzoline,* giboulées de mars.
mas [mas] m. MAR. vedette lance-torpilles.
mascalzonata [maskaltso'nata] f. friponnerie, gueuserie, gredinerie.
mascalzone [maskal'tsone] m. gredin, gueux, voyou, fripouille f. (pop.).
mascarpone [maskar'pone] m. [formaggio] mascarpone ; = fromage blanc crémeux.
mascella [maʃ'ʃɛlla] f. mâchoire. | *mascella superiore, inferiore,* mâchoire supérieure, inférieure. || LOC. FAM. *fa lavorare le mascelle,* il travaille des mâchoires.
mascellare [maʃʃel'lare] agg. ANAT. maxillaire.
maschera ['maskera] f. **1.** masque m. | *maschera di legno, di cuoio,* masque en bois, en cuir. | *maschera tragica, comica, grottesca,* masque tragique, comique, grotesque. | *maschera da carnevale,* masque de carnaval. | *maschera di velluto, mezza maschera,* masque de velours, demi-masque. || PER EST. [per travestimento] déguisement m., travesti m. | *mettersi in maschera,* se déguiser, se travestir. | *mettersi la maschera di Arlecchino,* se déguiser en Arlequin. | *ballo in maschera,* bal masqué. || [persona con la maschera] masque m., personne masquée. || FIG. masque m., apparence ; air m., expression. | *ha una maschera di falsa dolcezza,* il a un masque de fausse douceur. | *togliere, gettare la maschera,* enlever, jeter son masque. | *strappare la maschera a qlcu.,* arracher le masque à qn. | *avere una maschera impenetrabile,* avoir un masque, un air impénétrable. || **2.** [significati particolari] *maschera mortuaria,* masque mortuaire. || [inserviente di cinema, di teatro] ouvreur m., placeur m. ; ouvreuse. || ARCHIT. masque, mascaron m. || AUTOM. [di radiatore] calandre, couvre-radiateur m. || CHIR. masque. | *maschera chirurgica,* masque antiseptique, de chirurgie. | *maschera per anestesia,* masque anesthésique. || COSMESI masque. | *maschera di bellezza,* masque facial, de beauté. || FOT. cache m. || MECC. gabarit m. | *maschera per foratura,* gabarit de perçage. || MED. *maschera gravidica,* masque de grossesse. || MIL. *maschera da gas,* masque à gaz. || SPORT masque. | *maschera da scherma,* masque d'escrime. | *maschera subacquea,* masque pour la pêche sous-marine, masque sous-marin. || STOR. *la Maschera di ferro,* l'Homme au masque de fer. || TEATRO [personaggio] personnage m., masque m. (arc.). || TECN. [riparo] volet (m.) protecteur. || TIP. flan m.
mascheramento [maskera'mento] m. déguisement. || MIL. camouflage.
mascherare [maske'rare] v. tr. masquer, déguiser, travestir. | *mascherare i bambini per il carnevale,* masquer les enfants pour le carnaval. | *mascherare un uomo con vestiti da donna,* déguiser un homme en femme. | *i bambini sono mascherati da personaggi storici,* les enfants sont travestis en personnages de l'histoire. || PER EST. [schermare] masquer, cacher. | *mascherare una luce,* masquer une lumière. || FIG. masquer, déguiser, dissimuler. | *mascherare la verità,* masquer la vérité. || MIL. camoufler. ◆ v. rifl. se masquer, se déguiser. || MIL. se camoufler.
mascherata [maske'rata] f. PR. e FIG. mascarade. || MUS. mascarade.
mascherato [maske'rato] agg. masqué, déguisé, travesti. | *ballo mascherato,* bal masqué. | *bandito mascherato,* bandit masqué. || FIG. masqué, déguisé, camouflé. | *sentimenti mascherati,* sentiments masqués, déguisés. | *dittatura mascherata,* dictature camouflée. || MIL. camouflé.
mascheratura [maskera'tura] f. déguisement m. || MIL. camouflage m.
mascherina [maske'rina] f. [mezza maschera] demi-masque m., loup m. || [bambino mascherato] enfant (m.) masqué ; [ragazza] jeune fille masquée. || [parte delle scarpe] bout (m.) rapporté. || AUTOM. calandre, couvre-radiateur m. || FOT. cache m.
mascherone [maske'rone] m. ARCHIT. mascaron.
maschiaccio [mas'kjattʃo] (**-ci** pl.) m. FAM. mauvais, vilain garçon. || [ragazza] garçon manqué.
maschietta [mas'kjetta] f. garçonne. | *capelli alla maschietta,* cheveux à la garçonne.
maschiettare [maskjet'tare] v. tr. TECN. mettre des gonds.
maschietto [mas'kjetto] m. petit garçon, garçonnet. || TECN. [cardine] gond.
maschile [mas'kile] agg. masculin. | *popolazione maschile,* population masculine. | *carattere maschile,* caractère masculin. || BIOL., BOT., mâle. | *organi maschili dei fiori,* organes mâles des fleurs. | *gamete maschile,* gamète mâle. || GRAMM. masculin. | *genere maschile,* genre masculin. | *la parola «uomo» è maschile,* le mot «homme» est du masculin. || SPORT messieurs m. pl. ; masculin. | *800 metri maschili,* 800 mètres messieurs. | *gara maschile,* compétition masculine. ◆ m. GRAMM. masculin.
maschio ['maskjo] (**-chi** m. pl.) agg. mâle. | *bambino maschio,* enfant mâle. | *uccello maschio,* oiseau mâle. | *fiore maschio,* fleur mâle. | *viso maschio,* visage mâle, viril. || TECN. mâle. | *vite maschio,* vis mâle. | *chiave maschio,* clef mâle, clef bénarde. ◆ m. mâle. || [figlio maschio] garçon. | *abbiamo due femmine e due maschi,* nous avons deux filles et deux garçons. | *questa donna è un maschio,* cette femme est hommasse, trop masculine. || STOR. [torre] donjon. || TECN. [organo di accoppiamento] partie (f.) mâle ; [per filettare] taraud ; [di incastro] tenon ; [di presa elettrica] broche f. ; [della vite] vis (f.) mâle.
mascolinità [maskolini'ta] f. masculinité.
mascolinizzare [maskolinid'dzare] v. tr. masculiniser. ◆ v. rifl. se masculiniser.
mascolino [masko'lino] agg. masculin. | *questa ragazza ha dei modi mascolini,* cette jeune fille a des allures masculines.
mascotte [mas'kɔt] f. [fr.] mascotte, porte-bonheur m.
masnada [maz'nada] f. SPREG. bande, troupe, horde.
masnadiere [mazna'djɛre] o **masnadiero** [mazna'djɛro] m. brigand, bandit.
masochismo [mazo'kizmo] m. masochisme.
masochista [mazo'kista] (**-i** m. pl.) agg. e n. masochiste.
masochistico [mazo'kistiko] (**-ci** pl.) agg. masochiste.
massa ['massa] f. masse, amas m. | *massa d'acqua, di neve,* masse d'eau, de neige. | *massa di pietre, di sassi,* masse, amas de pierres, de cailloux. | *massa informe,* masse sans forme. | *massa d'aria, di luce,*

d'ombra, masse d'air, de lumière, d'ombre. ‖ [quantità] masse, quantité. | *una massa enorme di oggetti*, une masse énorme d'objets. | *ho ricevuto una massa di lettere*, j'ai reçu une quantité de lettres. | *produzione in massa*, production en masse. ‖ [moltitudine] masse. | *una massa di bambini gioca nel cortile della scuola*, une foule d'enfants joue dans la cour de l'école. | *le masse contadine, operaie*, les masses paysannes, ouvrières. | *manifestazione di massa*, manifestation de masse. ‖ ARCHIT. masse. | *la massa di un edificio*, la masse d'un bâtiment. ‖ COMM. *massa passiva, attiva*, masse passive, active. | *massa dei creditori*, masse des créanciers. | *massa fallimentare*, masse de la faillite. ‖ FIS. masse. | *mettere a massa*, mettre à la masse. | *collegamento a massa*, prise de terre. ‖ MIL. masse. | *massa di manovra*, masse de manœuvre. | *massa rancio*, masse d'ordinaire. ‖ LOC. *in massa*, en masse, en foule, en bloc. | *partenza in massa*, départ en masse. | *arrivare in massa*, arriver en foule, en masse.

massacrante [massa'krante] agg. massacrant, exténuant, harassant.

massacrare [massa'krare] v. tr. PR. massacrer, exterminer. | *massacrare una popolazione inerme*, massacrer une population sans défense. ‖ FAM. [pestare] massacrer. | *massacrare di pugni*, massacrer à coups de poing. ‖ FIG. FAM. esquinter, exténuer. | *questo viaggio mi ha massacrato*, ce voyage m'a esquinté, exténué. ‖ [danneggiare gravemente] massacrer. | *massacrare una macchina*, massacrer une voiture. | *massacrare una lingua*, massacrer une langue.

massacratore [massakra'tore] (**-trice** f.) m. PR. e FIG. massacreur, euse.

massacro [mas'sakro] m. massacre, tuerie f., carnage.

massaggiare [massad'dʒare] v. tr. masser.

massaggiatore [massaddʒa'tore] (**-trice** f.) m. masseur, euse.

massaggio [mas'saddʒo] m. massage.

massaia [mas'saja] f. ménagère.

massaio [mas'sajo] o **massaro** [mas'saro] m. fermier, métayer.

massellare [massel'lare] v. tr. METALL. réduire en blocs.

massellatura [massella'tura] f. METALL. réduction en blocs.

massello [mas'sɛllo] m. METALL., EDIL. bloc. ‖ BOT. duramen.

masseria [masse'ria] f. ferme, métairie. | *masseria modello*, ferme modèle.

masserizia [masse'rittsja] (spesso al pl.) f. mobilier m.

massicciare [massit'tʃare] v. tr. macadamiser; [con ghiaia] caillouter. ‖ FERR. mettre du ballast.

massicciata [massit'tʃata] f. macadam m.; [di ghiaia] cailloutis m. ‖ FERR. ballast m.

massiccio [mas'sittʃo] agg. massif. | *oro, argento massiccio*, or, argent massif. | *una dose massiccia di alcool*, une dose massive d'alcool. | *un viso massiccio*, un visage massif, lourd. ‖ [robusto] trapu, solide. | *un uomo massiccio*, un homme trapu, solide. ‖ FIG. [madornale] grossier, grave, énorme. | *ha preso una cantonata massiccia*, il a commis une bévue énorme. ‖ LOC. *in modo massiccio*, massivement. ◆ m. GEOGR. massif.

massima ['massima] f. [formula lapidaria] maxime, sentence, dicton m., dit m. | *massima popolare, tradizionale*, maxime, sentence populaire, traditionnelle. ‖ [regola di condotta] maxime, principe m. | *seguire, mettere in pratica una massima*, suivre, mettre en pratique un principe. ‖ PER EST. [condotta, regola] principe m., règle. | *avere come massima, per massima*, avoir pour principe, pour règle. | *accordo di massima*, accord de principe. | *progetto di massima*, projet préliminaire. | *principi di massima*, principes généraux. ‖ GIUR. *massima giuridica*, sentence juridique. ‖ LOC. *in linea di massima*, d'une façon générale, en principe.

massimale [massi'male] agg. maximal, maximum. ◆ m. maximum. ‖ GIUR., ECON. maximum, somme (f.) maximale, plein. | *pagare un massimale di dieci milioni*, payer une somme maximale, un plein de dix millions.

massimalismo [massima'lizmo] m. POLIT. maximalisme.

massimamente [massima'mente] avv. surtout, principalement.

massimo ['massimo] agg. superl. **1.** [il più grande] le plus grand; [il più alto, il più elevato] maximal, maximum. | *abbiamo fatto il massimo sforzo*, nous avons fait le plus grand effort. | *abbiamo parlato con la massima cortesia*, nous avons parlé avec la plus grande amabilité. | *con la massima cura*, avec le plus grand soin. | *la velocità massima di una macchina*, la vitesse maximale d'une voiture. | *resa massima*, rendement maximum. | *massima tensione*, tension maximale, maxima. | *prezzi massimi*, prix maximums, maxima. | *temperatura massima*, température maximale, maxima. ‖ MAT. *massimo comun denominatore*, plus grand commun dénominateur. | *cerchio massimo di una sfera*, grand cercle d'une sphère. ‖ SPORT *pesi massimi*, poids lourds. | *pesi medio-massimi*, poids mi-lourds. | *fuori tempo massimo*, hors des délais. ‖ STOR. *Pontefice Massimo*, Grand Pontife. | *Cloaca Massima*, Grand Cloaque. ‖ **2.** [grandissimo] très grand. | *abbiamo avuto una massima attenzione*, nous avons eu une très grande attention. | *una quantità massima*, une quantité très grande. ◆ m. maximum. | *condannare al massimo della pena*, condamner au maximum. | *raggiungere il massimo dello stipendio*, atteindre le maximum de son traitement. ‖ MAT. maximum. ‖ LOC. *al massimo*, au maximum, (tout) au plus. | *ti darò mille lire al massimo*, je te donnerai mille lires au maximum. | *ci sono due litri di benzina al massimo*, il y a tout au plus deux litres d'essence.

massivo [mas'sivo] agg. massif.

masso ['masso] m. roc, rocher. | *un masso enorme era caduto sulla strada*, un rocher énorme était tombé sur la route. ‖ [segnaletica stradale] *caduta massi*, chute de pierres. ‖ GEOL., COSTRUZ. bloc. | *massi erratici*, blocs erratiques. | *masso di cemento*, bloc de béton. ‖ FIG. *duro come un masso*, dur comme un roc. | *pesante come un masso*, lourd comme du plomb.

massone [mas'sone] m. franc-maçon, maçon.

massoneria [massone'ria] f. franc-maçonnerie, maçonnerie.

massonico [mas'sɔniko] (**-ci** m. pl.) agg. franc-maçonnique, maçonnique.

massoterapia [massotera'pia] f. MED. massothérapie.

mastello [mas'tɛllo] m. bac, baquet, cuve f.; [da muratore] auge f.

masticabile [masti'kabile] agg. qu'on peut mâcher.

masticamento [mastika'mento] m. mâchement.

masticare [masti'kare] v. tr. PR. mâcher, mastiquer. | *masticare pane, carne*, mâcher du pain, de la viande. | *masticare bene, male*, bien, mal mastiquer. | *gomma da masticare*, chewing-gum. ‖ FIG. mâcher, mâchonner. | *mastica le parole*, il mâche les mots. | *ha masticato qualche scusa*, il a marmonné, bredouillé quelques excuses. | *masticare un po' di greco*, baragouiner un peu de grec. | *masticare amaro*, ruminer, remâcher sa colère.

masticatorio [mastika'tɔrjo] (**-ri** pl.) agg. ANAT. masticateur. | *apparato masticatorio*, appareil masticateur. ◆ m. FARM. masticatoire.

masticazione [mastikat'tsjone] f. mastication.

mastice ['mastitʃe] m. mastic. | *mastice da vetraio*, mastic de vitrier. | *mastice da innesto*, mastic à greffer. | *mastice da pneumatici*, dissolution (f.) de caoutchouc.

mastino [mas'tino] m. ZOOL. mâtin, dogue. | *mastino inglese*, mastiff.

mastio ['mastjo] m. STOR. donjon.

mastodonte [masto'donte] m. PR. e FIG. mastodonte.

mastodontico [masto'dɔntiko] (**-ci** m. pl.) colossal, énorme, immense.

mastoide [mas'tɔide] f. ANAT. apophyse mastoïde.

mastro ['mastro] m. [artigiano] maître. | *mastro falegname, bottaio*, maître charpentier, tonnelier. | [appellativo] maître. | *mastro Giovanni*, maître Jean ‖ COMM. grand livre. ◆ agg. COMM. *libro mastro*.

grand livre. | *registrare nel libro mastro, a mastro*, porter au grand livre.
masturbarsi [mastur'barsi] v. rifl. se masturber.
masturbazione [masturbat'tsjone] f. masturbation.
matassa [ma'tassa] f. TESS. écheveau m. | *matassa di lana, di seta, di cotone*, écheveau de laine, de soie, de coton. || FIG. écheveau m., affaire embrouillée. | *dipanare, sbrogliare la matassa*, démêler, débrouiller l'écheveau. | *trovare il bandolo della matassa*, trouver le bout de l'écheveau, trouver le joint (fam.). || ELETTR. bobine.
matassina [matas'sina] f. petit écheveau m.
matematica [mate'matika] f. mathématiques pl., maths pl. (fam.). | *studiare matematica pura*, étudier les mathématiques pures. | *professore di matematica*, professeur de mathématiques, prof (fam.) de maths.
matematicamente [matematika'mente] avv. mathématiquement.
matematico [mate'matiko] (**-ci** m. pl.) agg. mathématique. | *metodo matematico*, méthode mathématique. || FIG. mathématique. | *precisione, certezza matematica*, précision, certitude mathématique. ◆ m. mathématicien.
materassaio [materas'sajo] (**-a** f.) m. matelassier, ère.
materassino [materas'sino] m. matelas de camping, matelas pneumatique.
materasso [mate'rasso] m. matelas.
materia [ma'tɛrja] f. **1.** [sostanza dei corpi] matière. | *materia vivente, inerte*, matière vivante, inerte. | *materie prime*, matières premières. | *materia isolante*, matière isolante. | *materia plastica*, matière plastique. | *materia grassa*, matière grasse. || ANAT. *materia grigia*, matière grise. || MED. pus m., matière purulente. | *materie fecali*, matières fécales. || **2.** FIG. [argomento] matière, sujet m. | *la materia di un racconto*, la matière d'un conte. | *trattare una materia difficile*, traiter une matière difficile. | *entrare in materia*, entrer en matière. | *indice delle materie*, table des matières. || [disciplina di studio] matière, discipline. | *materie d'esame*, matières d'examen. || [pretesto] matière, prétexte m. | *c'è materia per una discussione*, il y a matière à discussion. | *costituire materia di riflessione*, être matière à réflexion. || GRAMM. *complemento di materia*, complément de matière. || LOC. [prep.] *in materia di*, en matière de. | *in materia di onore*, en matière d'honneur.
materiale [mate'rjale] agg. matériel. | *la realtà materiale*, la réalité matérielle. | *bisogni materiali*, besoins matériels. | *benessere materiale*, confort matériel. | *errore materiale*, erreur matérielle. | *danni materiali*, dommages matériels. || FIG. SPREG. matériel, grossier. | *modi materiali*, façons matérielles, grossières. || MAT. FIS. matériel. | *punto materiale*, point matériel. | *tempo materiale*, temps matériel. ◆ m. matériel ; [da costruzione] matériau. | *materiale elettrico*, matériel électrique. | *materiale scolastico*, matériel scolaire. | *materiale da ufficio*, matériel de bureau. | *materiali da costruzione*, matériaux de construction. || FERR. *materiale rotabile*, matériel roulant. || MIL. *materiale bellico*, matériel de guerre. || FIG. *materiale umano*, matériel humain. || [documentazione] *mettere assieme il materiale per un libro*, réunir des matériaux pour un livre.
materialismo [materja'lizmo] m. FILOS. matérialisme. | *materialismo storico*, matérialisme historique.
materialista [materja'lista] m. e f. matérialiste.
materialistico [materja'listiko] (**-ci** m. pl.) agg. matérialiste.
materialità [materjali'ta] f. matérialité.
materializzare [materjalid'dzare] v. tr. matérialiser. ◆ v. rifl. se matérialiser.
materializzazione [materjaliddzat'tsjone] f. matérialisation.
materialmente [materjal'mente] avv. matériellement.
materialone [materja'lone] m. FAM. homme grossier ; lourdaud.
maternamente [materna'mente] avv. maternellement.
maternità [materni'ta] f. maternité.
materno [ma'tɛrno] agg. maternel. | *cure materne*, soins maternels. | *lingua materna*, langue maternelle. || (lett.) [natale] natal (L.C.). | *paese materno*, pays natal.
matita [ma'tita] f. crayon m. | *matita spuntata, appuntita*, crayon épointé, taillé. | *matita nera*, crayon noir. | *matita colorata*, crayon de couleur. | *matita metallica*, crayon en métal. || [particol.] *matita emostatica*, crayon hémostatique. | *matita per labbra*, crayon de rouge à lèvres. | *matita per gli occhi*, crayon à sourcils, pour les yeux.
matriarcale [matrjar'kale] agg. matriarcal.
matriarcato [matrjar'kato] m. matriarcat.
matrice [ma'tritʃe] f. ANAT. (raro) matrice (arc.), utérus m. (L.C.). || FIG. matrice. | *la terra, matrice universale*, la terre, matrice universelle. || COMM. souche. | *blocchetto a matrice*, carnet à souche. | *matrice di un assegno*, souche, talon (m.) d'un chèque. || MAT. matrice. | *matrici reali*, matrices réelles. || MECC. matrice, moule m. | *matrice metallica*, moule métallique. || TECN. [per duplicatore] stencil m. || TIP. matrice, cliché m.
matricida [matri'tʃida] (**-i** m. pl.) m. e f. matricide.
matricidio [matri'tʃidjo] (**-di** pl.) m. matricide.
matricola [ma'trikola] f. [registro] matricule. || [numero] matricule m. | *libretto, numero, registro di matricola*, livret, numéro, registre matricule. || GERG. UNIV. [studente universitario di primo anno] bizuth m., bizut m. | *festa delle matricole*, bizutage m.
1. matricolare [matriko'lare] agg. matriculaire.
2. matricolare [matriko'lare] v. tr. (raro). V. IMMATRICOLARE.
matricolato [matriko'lato] agg. SCHERZ. *birba matricolata*, fieffé coquin. | *ladro matricolato*, voleur fini. | *furbo matricolato*, fin merle, fine mouche.
matrigna [ma'triɲɲa] f. belle-mère ; SPREG. marâtre.
matrimoniale [matrimo'njale] agg. matrimonial. | *agenzia matrimoniale*, agence matrimoniale. | *vita matrimoniale*, vie conjugale. | *pubblicazioni matrimoniali*, bans de mariage. | *anello matrimoniale*, alliance. | *camera matrimoniale*, chambre à grand lit. | *letto matrimoniale*, grand lit, lit à deux places.
matrimonialista [matrimonja'lista] (**-i** pl.) m. avocat spécialiste en droit matrimonial.
matrimonialmente [matrimonjal'mente] avv. matrimonialement.
matrimonio [matri'mɔnjo] (**-ni** pl.) m. mariage. | *matrimonio civile, religioso*, mariage civil, religieux. | *matrimonio misto*, mariage mixte. | *matrimonio valido*, mariage valide. | *matrimonio non consumato*, mariage blanc. | *matrimonio morganatico*, mariage morganatique. | *promessa di matrimonio*, promesse de mariage. | *scioglimento di matrimonio*, dissolution de mariage. | *domandare in matrimonio*, demander en mariage. | *concludere un matrimonio*, conclure un mariage. | *fare un bel matrimonio*, faire un beau mariage. | *unire in matrimonio*, marier.
matrizzare [matrid'dzare] v. intr. tenir de sa mère.
matrona [ma'trɔna] f. PR. e FIG. matrone.
matronale [matro'nale] agg. matronal. || BOT. *viola matronale*, julienne des dames.
matroneo [matro'nɛo] m. ARCHIT. tribune f.
matta ['matta] f. folle. || GIOCHI joker m.
mattacchione [mattak'kjone] m. (fam.) loustic, farceur (L.C.).
mattana [mat'tana] f. lubie, fantaisie. | *ha la mattana*, il est pris d'une fantaisie, d'une lubie. | *gli perdoniamo le sue mattane*, nous lui passons ses fantaisies, ses caprices.
mattatoio [matta'tojo] m. abattoir.
mattatore [matta'tore] m. tueur. || TEATRO acteur remarquable, qui tient toute la scène.
matterello [matte'rɛllo] m. rouleau (à pâtisserie).
mattina [mat'tina] f. matin m. ; matinée. | *di mattina, alla mattina*, le matin. | *arrivare di mattina presto, di prima mattina*, arriver au matin, au petit matin. | *alzarsi la mattina di buon'ora*, se lever de bon matin, de grand matin, tôt le matin, le matin de bonne heure, matin. | *lavorare fin dalla prima mattina*, travailler dès le petit matin. | *alle quattro della mattina*, à quatre heures du matin. | *l'altra mattina*, l'autre matin. | *ieri mattina*, hier matin. | *questa mattina*, ce matin. | *domani mattina*, demain matin. | *la mattina prima, la*

mattina del giorno prima, la veille au matin. | *l'indomani mattina, la mattina dopo, seguente*, le lendemain matin. | *sabato mattina*, samedi matin. | *ogni mattina*, chaque matin, tous les matins. | *una bella mattina*, un beau matin. | *la mattina del 4 luglio*, le 4 juillet au matin. | *la incontro mattina e sera*, je la rencontre matin et soir. | *partimmo (in) una bella mattina d'estate*, on partit par un beau matin d'été. | *abbiamo camminato dalla mattina alla sera*, nous avons marché du matin au soir. | *abbiamo giocato tutta la mattina*, nous avons joué toute la matinée.

mattinata [matti'nata] f. matinée. | *una mattinata di lavoro*, une matinée de travail. | *passerò da lei in mattinata*, j'irai la voir dans la matinée. | *verrò in fine mattinata*, je viendrai à la fin de la matinée. || MUS. aubade. || TEATRO matinée.

mattiniero [matti'njɛro] agg. matinal, matineux (arc.).

mattino [mat'tino] m. matin. | *un bel mattino, decidemmo di partire*, un beau matin, on décida de partir. | *stella del mattino*, étoile du matin. | *preghiere del mattino*, prières du matin. | *giornali del mattino*, journaux du matin. || FIG. *il mattino della vita*, le matin de la vie. || PROV. *il buon dì si conosce dal mattino*, bon début promet bonne fin. (V. anche MATTINA.)

1. matto ['matto] agg. fou, fol (davanti a vocale), folle f. | *essere matto*, être fou. | *essere mezzo matto*, être à moitié fou, être à demi fou. | *essere del tutto matto*, être complètement fou. | *essere matto furioso*, être fou furieux. | *essere matto da legare*, être fou à lier, à enfermer. | *c'è da diventar matto*, il y a de quoi devenir fou, c'est à devenir fou. | *non sono mica matto*, je ne suis pas assez fou. | *andar matto per lo sport*, raffoler du sport. | *è una testa matta*, c'est une tête folle. || PER EST. *farsi delle matte risate*, avoir le fou rire. | *avere una paura matta*, avoir une peur bleue, folle. | *è una spesa matta*, c'est une folle dépense. | *provare un gusto matto*, prendre un plaisir fou. || FIG. *è matto di gioia, di rabbia*, il est fou de joie, de rage. || [significati particolari : opaco] mat. | *metallo matto*, métal mat. || [falso] *è uno smeraldo matto*, c'est une émeraude fausse. ◆ n. fou, folle. | *correre come un matto*, courir comme un fou. | *roba da matti*, histoire de fous. | *è una gabbia di matti*, c'est un asile de fous. | *fare il matto*, faire le pitre, le bouffon. | *non tutti i matti sono in manicomio*, tous les fous ne sont pas à l'asile. || GIOCHI [tarocchi] fou.

2. matto ['matto] m. GIOCHI [scacchi] *scacco matto*, échec et mat. | *dare scacco matto a qlcu.*, faire qn échec et mat.

mattoide [mat'tɔide] agg. e m. bizarre, désaxé, loufoque (fam.), maboul (pop.). | *è un po' mattoide*, il est un peu sonné (fam.), un peu cinglé (pop.).

mattonare [matto'nare] v. tr. carreler en briques.

mattone [mat'tone] m. brique f. | *mattone crudo, cotto*, brique crue, cuite. | *mattone pieno, forato*, brique pleine, creuse. | *mattone refrattario*, brique réfractaire. | *casa di mattoni*, maison de briques. | *costruzione di mattoni*, briquetage, maçonnerie de briques. | *color mattone*, couleur (de) brique, rougeâtre. || FIG. [noioso] fastidieux, ennuyeux, assommant. | *che mattone quella signora!*, qu'elle est ennuyeuse cette dame! | *quel film è un vero mattone*, ce film est assommant. || [peso] pierre f. | *ho un mattone sullo stomaco*, j'ai une pierre, un poids sur l'estomac.

mattonella [matto'nɛlla] f. carreau m. | *pavimento di mattonelle*, carrelage m. || [di carbone] briquette. || CULIN. [di gelato] tranche. || GIOCHI [biliardo] bande. | *giocare di mattonella*, jouer de la bande, de bricole.

mattonificio [mattoni'fitʃo] m. briqueterie f., fabrique (f.) de briques.

mattutino [mattu'tino] agg. matinal, du matin. | *brezza, rugiada mattutina*, brise, rosée matinale. | *visita mattutina*, visite matinale. ◆ m. RELIG. matines f. pl. | *cantare il mattutino*, chanter matines. || PER EST. (lett.) [inizio del giorno] matin. | *alzarsi al mattutino*, se lever au matin, se lever matin.

maturamente [matura'mente] avv. mûrement.

maturare [matu'rare] v. intr. mûrir. | *sono maturate le mele e le pere*, les pommes et les poires ont mûri. || FIG. mûrir. || MED. mûrir. | *l'ascesso matura*, l'abcès mûrit, devient mûr. || COMM. échoir. || PROV. *col tempo e con la paglia maturano le nespole*, tout vient à point à qui sait attendre. ◆ v. tr. mûrir. | *il caldo matura il grano*, la chaleur mûrit le blé. || FIG. *l'esperienza matura gli animi*, l'expérience mûrit les esprits. | *maturare un proposito*, mûrir une décision. | *maturare un progetto di riforma*, mûrir un projet de réforme. || UNIV. accepter au baccalauréat. ◆ v. rifl. se mûrir. ◆ m. COMM. *il maturare degli interessi*, l'échéance (f.) des intérêts.

maturato [matu'rato] agg. mûri. | *un progetto maturato*, un projet mûri, médité. || COMM. échu. | *interessi maturati*, intérêts échus.

maturazione [maturat'tsjone] f. PR. e FIG. maturation. || PER EST. COMM. échéance. | *maturazione degli interessi*, échéance des intérêts. || TECN. maturation. | *maturazione dei formaggi*, maturation des fromages.

maturità [maturi'ta] f. maturité. | *maturità precoce, tardiva*, maturité précoce, tardive. || FIG. maturité. | *è nella sua piena maturità*, il est en pleine maturité. | *arrivare alla maturità*, atteindre la maturité. | *maturità di giudizio*, maturité de jugement. | *maturità politica*, maturité politique. || UNIV. *esame di maturità*, baccalauréat, bachot (fam.). | *dare la maturità*, passer son baccalauréat, son bachot.

maturo [ma'turo] agg. mûr. | *uva matura*, raisin mûr. || FIG. mûr. | *i tempi sono maturi*, les temps sont mûrs. | *questo progetto è maturo*, ce projet est mûr. | *un uomo maturo*, un homme mûr. | *raggiungere l'età matura*, atteindre l'âge mûr. | *è un ragazzo molto maturo*, c'est un garçon très mûr. | *ha parlato dopo matura riflessione*, il a parlé après mûre réflexion. || COMM. échu. | *interessi maturi*, intérêts échus. || MED. mûr. | *questo foruncolo è maturo*, ce furoncle est mûr.

mauro ['mauro] agg. e m. maure, more.

mausoleo [mauzo'lɛo] m. mausolée.

mazza ['mattsa] f. [bastone da passeggio] canne, bâton m. || [strumento di offesa] gourdin m., bâton m., massue. | *mazza ferrata*, masse d'armes, casse-tête. || [insegna di grado] bâton (m.) de commandement, masse. || [da pittore] appui-main m. || BOT. *mazza d'Ercole*, massue d'Hercule. | *mazza d'oro*, percebosse. | *mazza (di) tamburo*, coulemelle. || SPORT *mazza da baseball*, batte. | *mazza da golf*, club m., canne de golf. | *mazza da hockey*, crosse.

mazzapicchiare [mattsapik'kjare] v. tr. marteler. || [battere il terreno] hier.

mazzapicchio [mattsa'pikkjo] (**-chi** pl.) m. [da bottaio] batte f., maillet (de tonnelier). || TECN. [per battere il terreno] hie f., dame f., demoiselle f.

mazzata [mat'tsata] f. coup (m.) de massue. || FIG. coup (m.) de massue, de fusil. | *è una mazzata*, c'est le coup de massue.

mazzera ['maddzera] f. [zavorra da pesca] lest m.

1. mazzetta [mat'tsetta] f. [di banconote, di fogli] liasse.

2. mazzetta [mat'tsetta] f. maillet m., massette. || [bastone da passeggio] canne.

mazzettina [mattset'tina] f. badine.

mazzetto [mat'tsetto] m. [di fiori] bouquet. | *mazzetto di odori*, bouquet garni. || [di ortaggi] botte f. | *mazzetto di asparagi*, botte d'asperges. || BOT. trochet. || GIOCHI talon.

1. mazziere [mat'tsjɛre] m. massier.

2. mazziere [mat'tsjɛre] m. GIOCHI donneur.

mazzo ['mattso] m. [di fiori] bouquet. | *mazzo di rose*, bouquet de roses. | *comporre un mazzo di fiori*, faire un bouquet. || [di ortaggi] botte f. | *mazzo di porri*, botte de poireaux. || [di fogli, di banconote] liasse f. || [di chiavi] trousseau. || FIG. *mettere nel mazzo*, mettre dans le même sac, dans le même tas. || GIOCHI jeu (m.) de cartes.

mazzuola [mat'tswɔla] f. maillet m., massette.

mazzuolo [mat'tswɔlo] m. TECN. [di legno] maillet ; [di metallo] massette f. || MUS. mailloche f.

me [me] pron. pers. di Iª pers. sing. **1.** [sogg. in frasi comparative e nelle esclamazioni] moi. | *lavora quanto me*, il travaille autant que moi. | *non parlate come me*, ne parlez pas comme moi. | *povero me!*, pauvre de moi! | *o me misero!*, que je suis malheureux! | **2.** [complemento ogg. dopo un verbo] moi. | *vogliono me*, c'est moi qu'on demande. | *ciò riguarda solo me*, cela ne regarde que moi. | *ha guardato me e te*, il nous a regardés moi et toi. ‖ **3.** [dopo prep.] moi. | *hanno parlato a me,* c'est à moi qu'on a parlé. | *parlano di me,* on parle de moi. | *vengono tutti con me,* ils viennent tous avec moi. | *verrai a cena da me,* tu viendras dîner chez moi. | *cercate di me,* c'est moi que vous cherchez. | *lavora per me,* il travaille pour moi. | *per me, voi sbagliate,* selon moi, vous vous trompez. | *l'ho costruita da me, la mia casa,* ma maison, je l'ai bâtie tout seul, je l'ai bâtie moi-même. | *parlo sempre fra me e me,* je me parle toujours à moi-même. ‖ **4.** [in unione a *lo, la, li, le, ne*] me, moi. | *me l'hanno promesso,* on me l'a promis. | *me l'hanno detto,* on me l'a dit. | *me ne hanno parlato,* on m'en a parlé. | *non darmene più,* ne m'en donne plus. | *dammene ancora,* donne-m'en encore. | *portamela,* apporte-la-moi. | *prestameli,* prête-les-moi.

mea culpa ['mea'kulpa] loc. [lat.] mea-culpa. | *recitare il mea culpa,* faire son mea-culpa.

meandro [me'andro] m. méandre. | *il fiume descrive un meandro,* le fleuve décrit un méandre. ‖ PER ANAL. *i meandri di una strada,* les méandres, les lacets d'une route. ‖ FIG. méandre, détour. | *i meandri dell'anima,* les méandres de l'âme. | *i meandri della vita politica,* les méandres de la vie politique. ‖ ARTI méandre, grecque f., frette f.

meato [me'ato] m. ANAT., BOT., GEOL. méat.

meccanica [mek'kanika] f. [scienza] mécanique. | *meccanica classica, razionale, atomica,* mécanique classique, rationnelle, atomique. | *meccanica celeste,* mécanique céleste. ‖ [meccanismo] mécanique, mécanisme m. | *la meccanica di un motore,* la mécanique, le mécanisme d'un moteur. ‖ FIG. mécanisme m. | *la meccanica di un fatto,* le mécanisme d'un événement.

meccanicamente [mekkanika'mente] avv. mécaniquement.

meccanicismo [mekkani'tʃizmo] m. FILOS. mécanisme.

meccanicità [mekkanitʃi'ta] f. automatisme m., automaticité.

meccanico [mek'kaniko] agg. mécanique. | *energia meccanica,* énergie mécanique. | *processi meccanici,* procédés mécaniques. ‖ [automatico] mécanique, automatique, machinal. | *movimenti meccanici,* mouvements automatiques, mécaniques. | *reazioni meccaniche,* réactions mécaniques, machinales. ◆ m. mécanicien, mécano (fam.). | *meccanico di precisione,* mécanicien de précision. | *dentista meccanico,* mécanicien-dentiste. ‖ AUTOM. mécanicien, dépanneur, garagiste.

meccanismo [mekka'nizmo] m. mécanisme. | *meccanismo di controllo,* mécanisme de contrôle. | *meccanismo di un orologio,* mécanisme d'une montre. ‖ FIG. mécanisme. | *meccanismo amministrativo,* mécanisme administratif. | *meccanismo della memoria,* mécanisme de la mémoire. ‖ FILOS. mécanisme.

meccanizzare [mekkanid'dzare] v. tr. mécaniser. | *meccanizzare la produzione,* mécaniser la production. ◆ v. rifl. se mécaniser.

meccanizzato [mekkanid'dzato] agg. mécanisé.

meccanizzazione [mekkaniddzat'tsjone] f. mécanisation.

meccano [mek'kano] m. [nome brev.] Meccano.

meccanografia [mekkanogra'fia] f. mécanographie.

meccanografico [mekkano'grafiko] (**-ci** m. pl.) agg. mécanographique. | *contabilità meccanografica,* comptabilité mécanographique.

mecenate [metʃe'nate] m. mécène.

mecenatismo [metʃena'tizmo] m. mécénat.

meco ['meko] pron. pers. di 1ª pers. (lett. e arc.) avec moi (L.C.). ‖ [fra me e me] en moi (L.C.), en moi-même (L.C.).

medaglia [me'daʎʎa] f. médaille. | *medaglia d'oro, d'argento, di bronzo,* médaille d'or, d'argent, de bronze. | *medaglia di guerra,* croix de guerre. | *medaglia al valor civile,* médaille d'honneur. | *medaglia al valor militare,* médaille militaire. | *medaglia benedetta,* médaille bénite. | *conferire una medaglia,* conférer, décerner une médaille. | *il diritto e il rovescio di una medaglia,* la face et le revers d'une médaille. ‖ FIG. *il rovescio della medaglia,* le revers de la médaille. | *ogni medaglia ha il suo rovescio,* toute médaille a son revers. ‖ PER EST. [persona] médaillé m. | *alla riunione c'erano le medaglie al valor militare,* à la réunion il y avait les médaillés militaires.

medagliere [medaʎ'ʎɛre] m. médaillier.

medaglietta [medaʎ'ʎetta] f. petite médaille.

medaglione [medaʎ'ʎone] m. [pendente prezioso o grossa medaglia] médaillon. ‖ ARTI médaillon. ‖ LETT. portrait, aperçu. | *un medaglione del romanticismo tedesco,* un aperçu du romantisme allemand. | *un medaglione del Petrarca,* un portrait de Pétrarque.

medaglista [medaʎ'ʎista] (**-i** pl.) m. [incisore] médailleur, médailliste. ‖ [collezionista] médailliste, numismate, collectionneur de médailles.

medesimo [me'dezimo] agg. indef. même. | *dice sempre le medesime cose,* il dit toujours les mêmes choses. | *pagare con la medesima moneta,* payer de même monnaie. | *essere del medesimo parere,* être du même avis. | *è la prudenza medesima,* c'est la prudence même, en personne. | *lo farò io medesimo,* je le ferai moi-même. ◆ pron. indef. même. | *ecco un vero amico, il medesimo di cui vi ho parlato,* voilà un vrai ami, celui-là même dont je vous ai parlé. | *sono sempre i medesimi che rispondono,* ce sont toujours les mêmes qui répondent.

media ['mɛdja] f. moyenne. | *media aritmetica, geometrica,* moyenne arithmétique, géométrique. | *media oraria,* moyenne horaire. | *fare gli 80 di media,* rouler à une moyenne de 80 km à l'heure, faire du 80 de moyenne (fam.). | *sopra, sotto la media,* au-dessus, au-dessous de la moyenne. | *questo studente ha una media bassa,* la moyenne des notes de cet élève est basse. | *fare, calcolare le medie,* faire, calculer les moyennes. ‖ UNIV. [scuola] premier cycle de l'enseignement secondaire, lycée. | *andare alle medie,* aller au lycée.

mediana [me'djana] f. GEOM., STATIST. médiane. ‖ SPORT ligne des demis.

medianico [me'djaniko] (**-ci** m. pl.) agg. médiumnique.

medianità [medjani'ta] f. médiumnité.

mediano [me'djano] agg. médian. | *parte mediana,* partie médiane. | *linea mediana,* ligne médiane. ◆ m. SPORT demi.

1. mediante [me'djante] prep. [per mezzo di] au moyen de, moyennant, par ; [con l'aiuto di] à l'aide de, grâce à ; [tramite] par l'intermédiaire de, par l'entremise de, par. | *riuscirete mediante uno sforzo continuo,* vous réussirez moyennant un effort continu. | *mediante il vostro aiuto siamo riusciti a parlargli,* grâce à vous nous avons réussi à lui parler. | *aprire una scatola mediante un cacciavite,* ouvrir une boîte à l'aide d'un tournevis. | *ci siamo conosciuti mediante un amico comune,* nous nous sommes connus par l'intermédiaire d'un ami commun.

2. mediante [me'djante] f. MUS. médiante.

mediare [me'djare] v. intr. s'interposer. ◆ v. tr. être médiateur dans, concilier, négocier.

mediato [me'djato] agg. médiat.

mediatore [medja'tore] (**-trice** f.) m. médiateur, trice ; arbitre. | *questo paese si offre come mediatore,* ce pays s'offre comme médiateur. ‖ [intermediario] intermédiaire. | *parlare senza mediatori,* parler sans intermédiaires. ‖ COMM. courtier. | *mediatore di Borsa,* courtier de Bourse. | *mediatore non autorizzato,* courtier marron. | *mediatore di bestiame,* maquignon. ◆ agg. médiateur. | *potenza mediatrice,* puissance médiatrice.

mediazione [medjat'tsjone] f. médiation, entremise. | *scegliere la mediazione di un paese neutrale,* choisir la médiation d'un pays neutre. | *la sua mediazione ci ha permesso di raggiungere un'accordo,* son entremise nous a permis de réaliser un accord. ‖ COMM. courtage m., commission. | *mediazione del 10 %,* courtage de 10 %.

medicamento [medika'mento] m. médicament.

medicamentoso [medikamen'toso] agg. médicamenteux.

medicare [medi'kare] v. tr. soigner, panser. | *medicare un malato,* soigner, traiter un malade. | *medicare una ferita,* panser, soigner une blessure. | *benda medicata,* bande antiseptique. ‖ FIG. *medicare i propri difetti,* porter remède, remédier à ses défauts. ◆ v. rifl. se soigner.

medicastro [medi'kastro] m. SPREG. médicastre, charlatan.
medicazione [medikat'tsjone] f. pansement m. | *posto di medicazione*, poste de secours.
mediceo [me'ditʃeo] agg. STOR. des Médicis.
medicina [medi'tʃina] f. [scienza] médecine. | *medicina generale, sociale, legale*, médecine générale, sociale, légale. | *facoltà di medicina*, faculté de médecine. | *studente in medicina*, étudiant en médecine. | *studiare medicina*, faire sa médecine. | *professare la medicina*, exercer la médecine. ‖ [preparato] médicament m., remède m. | *ordinare delle medicine*, ordonner des médicaments. | *prendere una medicina*, prendre un remède. ‖ FIG. remède. | *il lavoro è una buona medicina contro la noia*, le travail est un bon remède à l'ennui.
medicinale [meditʃi'nale] agg. médicinal, médical. | *sostanza medicinale*, substance médicinale. | *proprietà medicinali*, propriétés médicales. ◆ m. [medicina] médicament, remède, produit pharmaceutique.
1. medico ['mɛdiko] (**-ci** m. pl.) agg. médical. | *ricetta medica*, ordonnance médicale. | *cure mediche*, soins médicaux. | *visita medica*, visite médicale. ‖ [medicinale] médicinal. | *sostanza medica*, substance médicinale. ◆ m. médecin, docteur. | *medico curante*, médecin traitant. | *medico specialista*, médecin spécialiste. | *medico chirurgo*, chirurgien. | *medico dentista*, chirurgien-dentiste. | *medico legale*, médecin légiste. ‖ MIL. *medico militare*, médecin militaire. | *ufficiale medico*, major (antiq.). ‖ FIG. *il sacerdote è il medico dell'anima*, le prêtre est le médecin de l'âme. | *il tempo è un gran medico*, le temps est bon médecin.
2. medico ['mɛdiko] (**-ci** m. pl.) agg. [della Media] médique. ‖ BOT. *erba medica*, luzerne f.
medico-legale ['mɛdikole'gale] agg. médico-légal.
medievale [medje'vale] agg. médiéval, du Moyen Âge. | *storia, letteratura medievale*, histoire, littérature médiévale. ‖ FIG. suranné, moyenâgeux. | *modi, idee medievali*, façons, idées moyenâgeuses, surannées. ‖ TESS. [tela rustica] *tela medievale*, toile rustique.
medievalismo [medjeva'lizmo] m. médiévisme.
medievalista [medjeva'lista] (**-i** m. pl.) n. médiéviste.
medievalistica [medjeva'listika] f. médiévisme m.
medievalistico [medjeva'listiko] (**-ci** m. pl.) agg. médiéval ; du, sur le Moyen Âge.
medio ['mɛdjo] (**-di** m. pl.) agg. moyen. | *di media statura*, de taille moyenne. | *di età media*, d'un âge moyen. | *qualità media*, qualité moyenne. | *ceti medi*, classes moyennes. | *Italiano medio*, Italien moyen. ‖ ANAT. *dito medio*, médius, majeur. | *orecchio medio*, oreille moyenne. ‖ GEOGR. *Medio Oriente*, Moyen-Orient. ‖ MAT. *quantità media*, quantité moyenne. ‖ MUS. *registro medio*, médium. ‖ RADIO *onde medie*, ondes moyennes. ‖ UNIV. *istruzione media*, enseignement secondaire, du second degré. | *scuola media*, premier cycle de l'enseignement secondaire. ◆ m. ANAT. médius, majeur. ‖ MAT. moyen.
mediocentro [medjo'tʃentro] m. SPORT demi-centre.
mediocre [me'djɔkre] agg. médiocre. | *persona mediocre*, personne médiocre. | *posizione mediocre*, situation médiocre, modeste. | *è un alunno mediocre*, c'est un élève médiocre. | *ha una vita mediocre*, il mène une vie médiocre, quelconque. | *è di statura mediocre*, il est d'assez petite taille.
mediocremente [medjokre'mente] avv. médiocrement.
mediocrità [medjokri'ta] f. médiocrité. | *la mediocrità della sua posizione, della sua vita*, la médiocrité de sa situation, de sa vie. | *ci ha mostrato tutta la sua mediocrità*, il nous a montré toute sa médiocrité. | *quel pittore è una mediocrità*, ce peintre est une médiocrité.
medioevale [medjoe'vale] agg. V. MEDIEVALE e derivati.
medioevo [medjo'ɛvo] m. Moyen Âge. | *alto, basso Medioevo*, haut, bas Moyen Âge. | *nel Medioevo*, au Moyen Âge. ‖ FIG. *ha delle idee da Medioevo*, il a des idées moyenâgeuses.
medioleggero [medjoled'dʒɛro] agg. SPORT mi-moyen.
mediomassimo [medjo'massimo] agg. SPORT mi-lourd.
meditabondo [medita'bondo] agg. méditatif, pensif, rêveur.
meditare [medi'tare] v. tr. [esaminare, considerare] méditer. | *meditare una verità*, méditer une vérité. | *meditare una dottrina*, méditer une doctrine. ‖ [progettare] méditer, projeter. | *meditare un progetto*, méditer un projet. | *meditare un brutto tiro*, projeter un mauvais coup. | *meditare la propria vendetta*, méditer, projeter sa vengeance. ◆ v. intr. méditer, réfléchir. | *ho meditato profondamente ed ho deciso di venire con voi*, j'ai médité, j'ai réfléchi profondément et j'ai décidé de venir avec vous.
meditativo [medita'tivo] agg. méditatif. | *spirito meditativo*, esprit méditatif. | *vita meditativa*, vie méditative.
meditazione [meditat'tsjone] f. méditation.
mediterraneo [mediter'raneo] agg. GEOGR. méditerranéen. | *clima mediterraneo*, climat méditerranéen.
medium ['mɛdjum] m. e f. médium m.
medo ['mɛdo] agg. e n. STOR. mède.
medusa [me'duza] f. ZOOL. méduse.
meeting ['mi:tiŋ] m. [ingl.] meeting. ‖ SPORT meeting.
mefistofelicamente [mefistofelika'mente] avv. diaboliquement.
mefistofelico [mefisto'fɛliko] (**-ci** m. pl.) agg. méphistophélique.
mefitico [me'fitiko] (**-ci** m. pl.) agg. méphitique.
megafono [me'gafono] m. mégaphone. ‖ MAR. porte-voix, braillard.
megalitico [mega'litiko] (**-ci** m. pl.) agg. mégalithique.
megalomane [mega'lɔmane] agg. e n. PSIC. mégalomane.
megalomania [megaloma'nia] f. PSIC. mégalomanie.
megatone [mega'tone] m. mégatonne f.
megera [me'dʒɛra] f. mégère.
meglio ['mɛʎʎo] avv. **1.** [compar.] mieux. | *quella ragazza è meglio vestita di te*, cette jeune fille est mieux habillée que toi. | *mia madre sta meglio*, ma mère va mieux, se porte mieux, se sent mieux, est mieux. | *i miei affari cominciano ad andare meglio*, mes affaires commencent à mieux aller. | *è riuscito meglio di quanto pensassi*, il a mieux réussi que je ne pensais. | *è meglio lavorare che annoiarsi*, il vaut mieux travailler que de s'ennuyer. | *farebbe molto meglio a non partire*, il ferait bien mieux de ne pas partir. | *si sieda qui, starà meglio*, asseyez-vous là, vous serez mieux. ‖ LOC. *tanto meglio*, tant mieux. | *di meglio in meglio*, de mieux en mieux. | *come meglio vi aggrada*, comme bon vous semble. | *cambiare in meglio*, changer en mieux. ‖ **2.** [superl.] le mieux. | *ecco gli studenti meglio preparati*, voilà les élèves les mieux, le mieux préparés. | *tua sorella è la ragazza meglio vestita*, ta sœur est la jeune fille la mieux, le mieux habillée. | *la storia è la materia che conosco meglio*, l'histoire est la matière que je connais le mieux. | *abbiamo lavorato (il) meglio possibile*, nous avons travaillé le mieux possible. | *risponde meglio che può*, il répond du mieux qu'il peut, au mieux, de son mieux. ◆ agg. **1.** mieux. | *la trovo meglio di ieri*, je la trouve mieux qu'hier. | *è meglio di suo fratello*, il est mieux que son frère. | *è meglio così*, c'est bien ainsi. | *ho comperato quanto c'era di meglio*, j'ai acheté ce qu'il y avait de mieux. | *non trova niente di meglio da fare*, il ne trouve rien de mieux à faire. ‖ **2.** meilleur. | *questo vino è molto meglio*, ce vin est bien meilleur. ‖ FAM. *è il meglio falegname della città*, c'est le meilleur menuisier de la ville (L.C.). | *i meglio sono i vostri*, ce sont les vôtres les meilleurs. ◆ m. mieux ; meilleur. | *il meglio è nemico del bene*, le mieux est l'ennemi du bien. | *bisogna andare verso il meglio*, il faut aller vers le mieux. | *farò del mio meglio per aiutarti*, je t'aiderai de mon mieux. | *il meglio è restare a casa*, le mieux est de rester à la maison. | *abbiamo fatto del nostro meglio*, nous avons fait de notre mieux. | *gli abbiamo dato il meglio del nostro tempo*, nous lui avons donné le meilleur de notre temps. | *siamo uniti per il meglio e per il peggio*, nous sommes unis pour le meilleur et pour le pire. | *prendere il meglio*, prendre ce qu'il y a de meilleur. ◆ f. *avere la*

meglio su qlcu., prendre le meilleur, l'emporter sur qn. ‖ Loc. *alla meglio*, tant bien que mal. | *far qlco. alla bell'e meglio*, faire qch. par-dessus l'épaule. | *in mancanza di meglio*, faute de mieux.
mehari [me'ari] m. Zool. méhari.
meharista [mea'rista] (**-i** pl.) m. méhariste.
mela ['mela] f. Bot. pomme. | *mela renetta*, (pomme de) reinette. | *mela del Canada*, pomme (du) Canada. | *mela appiola*, pomme d'api. | *mela cotogna*, coing m. ‖ Culin. *torta di mele*, tarte aux pommes. | *mele cotte*, pommes cuites. ‖ Loc. culin. *mela di culaccio*, culotte de bœuf. ‖ Loc. *tondo come una mela*, rond comme une pomme.
melagrana [mela'grana] f. Bot. grenade.
melagrano [mela'grano] m. Bot. V. melograno.
melanconia [melanko'nia] f. V. maliconia e deriv.
melanesiano [melane'zjano] agg. e m. mélanésien.
melange [me'lɑ̃ʒ] m. [fr.] Culin. mélange.
melanina [mela'nina] f. Chim. biol. mélanine.
melanismo [mela'nizmo] m. mélanisme.
melanzana [melan'dzana] f. Bot. aubergine.
melassa [me'lassa] f. mélasse.
melata [me'lata] f. miellat m., miellée.
melato [me'lato] agg. miellé, mielleux. ‖ Fig. mielleux, doucereux. ‖ Zool. *cavallo melato*, cheval gris pommelé.
melensaggine [melen'saddʒine] f. balourdise, niaiserie, fadeur.
melenso [me'lɛnso] agg. balourd, niais. | *con aria melensa*, d'un air béat, béatement.
meleto [me'leto] m. Agr. pommeraie f.
meliga ['meliga] f. Bot. [granturco] maïs m. ; [saggina] mélique.
melinite [meli'nite] f. Chim. mélinite.
melissa [me'lissa] f. Bot. mélisse.
mellifluamente [melliflua'mente] avv. mielleusement, doucereusement.
mellifluo [mel'lifluo] agg. mielleux, doucereux ; melliflue (pr. e fig., antiq.). ‖ Fig. *voce melliflua*, voix mielleuse.
melma ['melma] f. Pr. vase, bourbe ; fange, boue. ‖ Fig. fange, bourbe.
melmoso [mel'moso] agg. bourbeux, vaseux ; [fangoso] boueux, fangeux. | *acqua melmosa*, eau bourbeuse. | *sentiero melmoso*, chemin boueux, fangeux.
melo ['melo] m. Bot. pommier. | *melo cotogno*, cognassier.
melodia [melo'dia] f. mélodie.
melodicamente [melodika'mente] avv. mélodiquement.
melodico [me'lɔdiko] (**-ci** m. pl.) agg. mélodique.
melodiosamente [melodjosa'mente] avv. mélodieusement.
melodioso [melo'djoso] agg. mélodieux, chantant.
melodista [melo'dista] (**-i** m. pl.) m. e f. Mus. mélodiste.
melodramma [melo'dramma] m. Teatro mélodrame, drame lyrique. ‖ Fig. spreg. mélodrame. | *personaggio da melodramma*, personnage de mélodrame.
melodrammaticamente [melodrammatika'mente] avv. d'une façon mélodramatique.
melodrammatico [melodram'matiko] (**-ci** m. pl.) agg. mélodramatique.
melograno [melo'grano] m. Bot. grenadier.
melomane [me'lɔmane] n. mélomane.
melomania [meloma'nia] f. mélomanie.
melone [me'lone] m. Bot. melon.
melopea [melo'pɛa] f. Lett. e Mus. mélopée.
membrana [mem'brana] f. Anat., Biol., Chim., Fis. membrane. ‖ [pergamena] parchemin m. | *membrana elastica*, baudruche. | *membrana del tamburo*, peau du tambour.
membranaceo [membra'natʃeo] agg. membraneux. ‖ [di pergamena] *codice membranaceo*, manuscrit en parchemin.
membranoso [membra'noso] agg. membraneux.
membratura [membra'tura] f. membrure.
membro ['mɛmbro] (**membri** pl. ; **membra** f. pl. per le parti del corpo) m. Anat. membre. | *membra inferiori, superiori*, membres inférieurs, supérieurs. | *avere le membra forti*, avoir les membres forts. | *membro virile*, membre viril. ‖ Fig. membre. | *membri del Parlamento*, membres du Parlement. | *membro onorario*, membre d'honneur. ‖ Gramm. membre. | *membro di una frase*, membre d'une phrase. ‖ Mat. membre. | *membro di una somma*, membre d'une somme. ◆ agg. membre. | *Stato membro*, État membre.
membruto [mem'bruto] agg. (lett.) membru.
memorabile [memo'rabile] agg. mémorable. | *avvenimento, fatto memorabile*, événement, fait mémorable.
memorabilmente [memorabil'mente] avv. mémorablement.
memorando [memo'rando] agg. (lett.) mémorable (l.c.).
memorandum [memo'randum] m. [lat.] mémorandum.
memore ['mɛmore] agg. (lett.) qui se souvient de (l.c.) ; [riconoscente] reconnaissant (l.c.). | *memore delle esperienza passate*, se souvenant de ses expériences passées. | *ai suoi figli la patria memore*, à ses enfants la patrie reconnaissante.
memoria [me'mɔrja] f. **1.** [facoltà] mémoire. | *aver memoria*, avoir de la mémoire. | *avere buona, cattiva memoria*, avoir une bonne, une mauvaise mémoire. | *avere la memoria corta*, avoir la mémoire courte. | *avere molta, poca memoria*, avoir beaucoup, peu de mémoire. | *essere senza memoria*, n'avoir pas de mémoire. | *perdere la memoria*, perdre la mémoire. | *uscir di memoria*, sortir de la mémoire. | *avere un vuoto di memoria*, avoir une défaillance de mémoire. | *scrivere, citare qlco. a memoria*, écrire, citer qch. de mémoire. | *imparare, sapere a memoria*, apprendre, savoir par cœur. ‖ **2.** [ricordo] mémoire, souvenir m. | *a memoria d'uomo non si era mai visto un simile spettacolo*, de mémoire d'homme on n'avait jamais vu un tel spectacle. | *di buona, di infausta memoria*, de bienheureuse, de sinistre mémoire. | *alla memoria di qlcu.*, à la mémoire, en la mémoire de qn. | *la memoria della fanciullezza*, les souvenirs de l'enfance. | *a memoria perpetua*, en souvenir perpétuel. ‖ **3.** [annotazione] mémoire m. | *memoria delle spese*, mémoire des frais. ‖ [monografia] mémoire m. | *memoria scientifica*, mémoire scientifique. | *pubblicare una memoria*, publier un mémoire. ‖ Tecn. mémoire. | *la memoria dei calcolatori*, la mémoire des calculateurs. ◆ pl. Mémoires m.
memoriale [memo'rjale] m. mémorial, mémoire. ‖ [petizione] pétition f.
memorialista [memorja'lista] (**-i** m. pl.) m. e f. mémorialiste.
memorizzare [memorid'dzare] v. tr. mémoriser.
memorizzazione [memoriddzat'tsjone] f. mémorisation.
mena ['mena] f. menées (pl.), intrigue. | *mene politiche*, menées politiques.
menabò [mena'bɔ] m. Tip. maquette f.
menade ['mɛnade] f. ménade, bacchante.
menadito (a) [ammena'dito] loc. avv. sur le bout du doigt, par cœur, à la perfection.
menagramo [mena'gramo] m. Fam. porte-malheur (raro) ; jeteur de sort, mauvais œil, jettatore (ital.).
menare [me'nare] v. tr. **1.** [condurre] mener, conduire. | *questo sentiero mena alla fattoria*, ce chemin mène, conduit à la ferme. | *menare i bambini per mano*, mener les enfants par la main. | *menare la danza*, mener la danse. | *menare via*, emmener. ‖ Fig. *menare a bacchetta*, mener à la baguette. | *menare qlcu. per il naso*, mener qn par le bout du nez. | *menare vita onesta*, mener une vie honnête. | *menare un affare a buon fine*, mener une affaire à bonne fin, à bien. | *menare per le lunghe*, traîner en longueur. | *menare il can per l'aia*, tourner autour du pot. | *menare vanto*, se vanter. ‖ Pop. *menare buono, gramo*, porter bonheur, malheur (l.c.). ‖ **2.** [muovere rapidamente] *menare la coda*, remuer la queue. | *menare il mestolo*, tourner la cuillère. | *menare le mani*, jouer des mains. | *menare le mani con facilità*, avoir la main leste. | *menare la lingua*, bavarder. ‖ **3.** [assestare] *menare pugni, calci, randellate*, flanquer, donner, allonger des coups de poing, des coups de pied, des coups de bâton. | *menarle di santa ragione*, frapper dur. | *menare botte da orbi*, frapper comme un sourd.

|| Pop. [picchiare] passer à tabac, flanquer une pile. ◆ v. rifl. recipr. (pop.) se battre (L.C.).
menda ['mɛnda] f. défaut m., imperfection.
mendace [men'datʃe] agg. (lett.) trompeur (L.C.), mensonger (L.C.), faux (L.C.). | *speranza mendace*, espoir trompeur. | *promesse mendaci*, promesses mensongères. | *testimonianze mendaci*, faux témoignages. ◆ m. menteur.
mendacio [men'datʃo] (**-ci** pl.) m. (lett.) Giur. mensonge (L.C.).
mendicante [mendi'kante] agg. mendiant. || Relig. *ordini mendicanti*, ordres mendiants. | *frate mendicante*, frère mendiant. ◆ m. mendiant, gueux.
mendicare [mendi'kare] v. tr. mendier. | *mendicare il pane*, mendier son pain. || Fig. mendier, solliciter. | *mendicare un lavoro*, mendier un travail. | *mendicare un po' d'affetto*, mendier, solliciter un peu d'affection. ◆ v. intr. mendier, demander l'aumône. | *mendicare di porta in porta*, mendier de porte en porte. | *mendica davanti alla porta della chiesa*, il demande l'aumône devant la porte de l'église.
mendicità [menditʃi'ta] f. mendicité.
mendico [men'diko] (**-chi** m. pl.) agg. e m. mendiant.
menefreghismo [menefre'gizmo] m. (fam.) je-m'en-fichisme ; j'm'en-foutisme (pop.).
menefreghista [menefre'gista] (**-i** m. pl.) agg. e n. (fam.) je-m'en-fichiste ; j'm'en-foutiste (pop.).
menestrello [menes'trello] m. ménestrel.
menhir [me'nir] m. Archeol. menhir.
meninge [me'nindʒe] f. Anat. méninge. || Fig. fam. *spremersi le meningi*, se fatiguer les méninges.
meningeo [menin'dʒɛo] agg. Anat. méningé.
meningite [menin'dʒite] f. Med. méningite.
menippeo [menip'pɛo] agg. Lett. ménippée. | *satira menippea*, satire ménippée.
menisco [me'nisko] (**-chi** pl.) m. Anat., Fis., Ott. ménisque.
meno ['meno].
I. agg. e avv. : **1.** [compar.] moins. || [davanti a agg. e avv.] *fa meno caldo di ieri*, il fait moins chaud qu'hier. | *non è meno ricco di noi*, il n'est pas moins riche que nous. | *è molto meno contento di quanto pensiate*, il est beaucoup moins content que vous ne pensez. | *l'ho preso un po' meno grande*, je l'ai acheté un peu moins grand. | *camminate meno velocemente !*, marchez moins vite ! | *parlate meno spesso*, parlez moins souvent. | *si è comportato non meno gentilmente di te*, il s'est conduit non moins aimablement que toi. || [davanti a nome] moins (de). | *ti aspetto da meno di un'ora*, je t'attends depuis moins d'une heure. | *non aveva meno di centomila lire*, il n'avait pas moins de cent mille lires. | *ha meno denaro di noi*, il a moins d'argent que nous. | *ci sono meno ragazzi che ragazze*, il y a moins de garçons que de filles. | *ho meno fame e meno sete*, j'ai moins faim et moins soif. || [con un verbo] *oggi tossisce meno*, aujourd'hui il tousse moins. | *lavora sempre meno*, il travaille toujours moins. | *ha nuotato molto meno di te*, il a nagé beaucoup moins que toi. | *guadagna meno di quanto si creda*, il gagne moins qu'on ne (le) croit. | *è meno di niente*, c'est moins que rien. || **2.** [superl.] le moins. | *è l'alunno meno attento della classe*, c'est l'élève le moins attentif de la classe. | *è il meno interessante dei miei libri*, c'est le moins intéressant de mes livres.
II. prep. moins. | *sedici meno quattro uguale a dodici*, seize moins quatre font douze. | *sono le quattro meno dieci*, il est quatre heures moins dix. | *la temperatura è a meno cinque*, la température est de moins cinq ; il fait moins cinq. || [all'infuori, eccetto] sauf, excepté, à l'exception de, hormis (lett.). | *ho tutte le opere di Pirandello, meno tre*, j'ai toutes les œuvres de Pirandello, sauf trois. | *ha mangiato tutto, meno questo dolce*, il a tout mangé, excepté ce gâteau. | *è sempre nevicato, meno due o tre giorni*, hormis deux ou trois jours, il a toujours neigé.
III. m. le moins. | *parlate il meno possibile*, parlez le moins possible. | *è il meno che si possa fare*, c'est le moins qu'on puisse faire. || Mat. *il meno, il segno del meno*, le signe moins. || [pl.] *i meno di trent'anni*, les moins de trente ans. || [la minoranza] *sono i meno che lavorano per il bene del paese*, c'est la minorité qui travaille pour le bien du pays.
IV. Loc. : **1.** Loc. avv. ***per meno,*** à moins. | *l'abbiamo comperato per meno*, nous l'avons acheté à moins. | *lavorerebbero per meno*, ils travailleraient à moins. || ***per lo meno,*** au moins, à tout le moins, pour le moins. | *ha bussato per lo meno tre volte*, il a frappé au moins trois fois. | *ha guadagnato per lo meno un milione*, il a gagné au moins un million. | *le sue azioni sono per lo meno sospette*, ses actions sont à tout le moins, pour le moins suspectes. || ***senza meno,*** sans faute, certainement. | *verrò senza meno*, je viendrai sans faute. || ***più o meno,*** plus ou moins, environ, à peu près. | *ne ha bevuto più o meno due litri*, il en a bu plus ou moins deux litres. | *sono più o meno attenti*, ils sont plus ou moins attentifs. | *ci sono più o meno cento persone*, il y a cent personnes environ. | *sono più o meno le sette*, il doit être sept heures. || ***di meno, in meno,*** de moins, en moins. | *ne ho tre di meno*, j'en ai trois de moins. | *ti ha dato cento lire in meno*, il t'a donné cent lires en moins. || **2.** Loc. prep. ***a meno di,*** à moins de. | *vendere a meno di mille lire*, vendre à moins de mille lires. | *verrà a meno di imprevisti*, il viendra à moins d'imprévus. || ***in meno di,*** en moins de. | *lo faremo in meno di tre ore*, nous le ferons en moins de trois heures. || ***tra meno di,*** dans moins de. | *potrà venire tra meno di una settimana*, il pourra venir dans moins d'une semaine. || **3.** Loc. cong. ***a meno che*** à moins que. | *partiremo a meno che non piova*, nous partirons à moins qu'il ne pleuve. || **4.** Loc. *(quanto) meno..., (tanto) meno*, moins..., moins. | *(quanto) più..., (tanto) meno*, plus..., moins. | *meno lavorate e meno guadagnate*, moins vous travaillez et moins vous gagnerez. | *più fa freddo, meno i turisti resteranno al mare*, plus il fait froid, moins les touristes resteront à la mer. || *meno che meno*, encore moins. | *non mi piace il vino e meno che meno la birra*, je n'aime pas le vin et la bière encore moins. || *meno che mai*, moins que jamais. || *ancor meno, anche meno*, encore moins. || *tre volte meno*, trois fois moins. || *vuol farlo quando meno lo desideri*, il veut le faire quand on le désire le moins. || *in meno che non si dica*, en un instant, en un tournemain. || *giorno più giorno meno*, à un jour près. || *non so se partirà o meno*, je ne sais pas s'il partira ou non. || *meno male*, heureusement, à la bonne heure. || *fare a meno*, [far senza] se passer de ; [astenersi da] s'empêcher de. | *possiamo fare a meno di voi e del vostro denaro*, nous pouvons nous passer de vous et de votre argent. | *non posso fare a meno di rispondergli per le rime*, je ne peux m'empêcher de lui river son clou (fam.). || *sentirsi da meno*, se sentir inférieur à. || *parlare del più e del meno*, parler de choses et d'autres, parler de la pluie et du beau temps. || *venir meno*, [svenire] s'évanouir, perdre connaissance ; [mancare] manquer, céder. | *quella ragazza venne meno*, cette jeune fille s'évanouit. | *il coraggio gli venne meno*, le cœur lui a manqué. || *venir meno a*, manquer à. | *è venuto meno alla sua dignità*, il a manqué à sa dignité.
menomamente [menoma'mente] avv. aucunement, pas du tout. | *non è menomamente responsabile*, il n'est aucunement responsable. | *questa casa non ci conviene menomamente*, cette maison ne nous convient pas du tout.
menomare [meno'mare] v. tr. diminuer.
menomato [meno'mato] agg. diminué, affaibli. | *menomato dagli anni e dalle malattie*, diminué par l'âge et les maladies. || [in seguito a mutilazione] invalide, infirme.
menomazione [menomat'tsjone] f. diminution. | *menomazione delle forze, della salute*, diminution des forces, de la santé. || [infermità] infirmité, invalidité. | *le menomazioni della vecchiaia*, les infirmités de la vieillesse. | *l'atrofia delle gambe è una menomazione*, l'atrophie des jambes est une invalidité.
menomo ['mɛnomo] agg. (lett.). V. minimo.
menopausa [meno'pauza] f. Med. ménopause.
mensa ['mensa] f. **1.** [tavola] table. | *sedersi a mensa*, se mettre à table. | *preparare la mensa*, dresser la table. | *lasciare la mensa*, quitter la table. || Per est. repas m. | *una parca mensa*, un repas frugal, un maigre repas. | *una lauta mensa*, un repas copieux, abondant. | *al levar delle mense*, à la fin du repas. || Relig. *sacra mensa*, sainte table. | *accostarsi alla*

sacra mensa, s'approcher de la sainte table. ‖ **2.** PARTICOL. [aziendale] cantine. ‖ MIL. mess m. ‖ [di convento] réfectoire m. ‖ UNIV. *mensa scolastica*, cantine. | *mensa universitaria*, restaurant (m.) universitaire. ‖ **3.** GIUR. RELIG. *mensa vescovile*, mense épiscopale.

mensile [men'sile] agg. mensuel. | *rivista mensile*, revue mensuelle. | *paga mensile*, salaire mensuel. ◆ m. [salario] mois, salaire mensuel. | *riscuotere il mensile*, toucher son mois. ‖ [pubblicazione] publication mensuelle.

mensilità [mensili'ta] f. [rata] mensualité. | *pagabile in dieci mensilità*, payable en dix mensualités. ‖ [salario mensile] mois m., mensualité, salaire mensuel.

mensilmente [mensil'mente] avv. mensuellement.

mensola ['mɛnsola] f. [ripiano] console, étagère, tablette. ‖ ARCHIT. console, corbeau m.

menta ['menta] f. BOT. menthe. | *menta selvatica*, menthe sauvage. | *menta d'acqua*, menthe aquatique. | *menta inglese, piperita*, menthe poivrée. ‖ CULIN. menthe. | *bere una menta*, boire une menthe à l'eau. | *caramelle alla menta*, bonbons à la menthe.

1. mentale [men'tale] agg. [della mente] mental. | *stato mentale*, état mental. | *malattia mentale*, maladie mentale. ‖ [eseguito con la mente] mental. | *preghiera mentale*, prière mentale. | *calcolo mentale*, calcul mental. | *riserva mentale*, restriction mentale.

2. mentale [men'tale] agg. ANAT. [del mento] mentonnier.

mentalità [mentali'ta] f. mentalité.

mentalmente [mental'mente] avv. mentalement.

mente ['mente] f. **1.** [facoltà intellettuale] esprit m., intelligence, tête. | *mente lucida, logica, profonda, sottile*, esprit lucide, logique, profond, subtil. | *mente angusta, lenta*, esprit borné, lent. | *essere sano di mente*, être sain d'esprit. | *è malato di mente*, il a perdu l'esprit, il est fou. | *non so cosa abbiano in mente*, je ne sais pas ce qu'ils ont dans l'esprit, dans la tête. | *che gli salta in mente?*, qu'est-ce qui lui prend? | *essere largo di mente, di mente larga*, être large d'esprit. ‖ **2.** PER ANAL. [memoria, attenzione] esprit m., mémoire, attention. | *gli vengono in mente molti pensieri*, bien des pensées lui viennent à l'esprit, lui passent par la tête. | *questo motivo m'è rimasto in mente*, cet air m'est resté dans l'esprit, dans la mémoire. | *mandare a mente*, apprendre par cœur. | *sapere a mente*, savoir par cœur. | *non tiene a mente niente*, il ne se rappelle rien, il ne se souvient de rien. | *avere la mente altrove*, avoir l'esprit ailleurs, être dans la lune. | *non pone mente a quello che fa*, il n'a pas l'esprit à ce qu'il fait. | *fare mente locale*, fixer son attention. ‖ **3.** PER EST. [persona] esprit m. | *è una mente avventurosa*, c'est un esprit aventurier. | *è una mente illuminata*, c'est un esprit éclairé. | *le opere delle grandi menti*, les œuvres des grands esprits.

mentecatto [mente'katto] agg. e m. fou; [idiota] idiot.

mentina [men'tina] f. pastille de menthe.

mentire [men'tire] v. intr. mentir. | *mentire sfrontatamente*, mentir effrontément, comme un arracheur de dents (fam.). ‖ FIG. *buon sangue non mente*, bon sang ne peut mentir. ◆ v. tr. (raro) altérer (L.C.), fausser (L.C.). | *mentire il vero*, altérer la vérité.

mentito [men'tito] agg. faux. | *sotto mentite spoglie*, sous de fausses apparences.

mentitore [menti'tore] (**-trice** f.) agg. e n. menteur, euse.

mento ['mento] m. ANAT. menton. | *mento tondo, aguzzo, sporgente, sfuggente*, menton rond, pointu, avancé, fuyant. | *essere senza mento*, n'avoir pas de menton. ‖ SCHERZ. *l'onor del mento*, les poils du menton, la barbe.

mentolo [men'tɔlo] m. CHIM. menthol.

mentore ['mɛntore] m. mentor.

mentre ['mentre] cong. **1.** [valore temporale] pendant que, tandis que, comme. | *mentre parlava, ci guardava*, pendant qu'il nous parlait, il nous regardait; il nous regardait en parlant. | *mentre andavamo a casa, guardavamo le montagne coperte di neve*, tandis que nous rentrions chez nous, nous regardions les montagnes couvertes de neige. | *mentre sua moglie usciva, egli rientrava*, il rentrait comme sa femme sortait. ‖ LETT. [finché] tant que. | *lavoriamo mentre ne abbiamo la forza!*, travaillons tant que nous en avons la force! ‖ **2.** [valore avversativo] tandis que, alors que. | *voi chiacchierate mentre dovreste lavorare*, vous bavardez tandis que vous devriez travailler. | *è venuta, mentre sarebbe stato meglio restare a casa*, elle est venue, alors qu'il aurait mieux valu qu'elle restât à la maison. ◆ m. *in quel mentre*, à ce moment-là, sur ces entrefaites (loc. avv.).

menù [me'nu] m. [fr.] menu, carte f.

menzionare [mentsjo'nare] v. tr. mentionner, nommer, signaler.

menzione [men'tsjone] f. mention. | *menzione onorevole*, mention honorable. | *degno di menzione*, digne d'être mentionné. | *ho fatto menzione del suo libro*, j'ai fait mention de son livre.

menzogna [men'tsoɲɲa] f. mensonge m. | *una pietosa menzogna*, un pieux mensonge.

menzognero [mentsoɲ'ɲɛro] agg. [che dice menzogne] menteur, faux. | *quell'uomo è menzognero*, cet homme est (un) menteur. | *è un testimone menzognero*, c'est un faux témoin. ‖ [che altera la verità] mensonger, menteur. | *racconto menzognero*, récit mensonger. ‖ PER. EST. [illusorio] mensonger, trompeur. | *speranza menzognera*, espoir mensonger, trompeur.

meraviglia [mera'viʎʎa] f. [stupore] étonnement m., stupeur, surprise. | *essere preso da meraviglia*, être frappé d'étonnement. | *non manifestare, non mostrare meraviglia*, ne pas manifester d'étonnement. | *allibire dalla meraviglia*, être saisi de stupeur. ‖ [fatto meraviglioso] merveille. | *nel paese delle meraviglie*, au pays des merveilles. | *le Sette Meraviglie del mondo*, les Sept Merveilles du monde. | *fare, ottenere meraviglie*, faire merveille, des merveilles. ‖ LOC. *con mia grande meraviglia*, à ma grande surprise, à mon grand étonnement. | *a meraviglia*, à merveille, à souhait. | *mi fa meraviglia che*, cela m'étonne que.

meravigliare [meraviʎ'ʎare] v. tr. étonner, surprendre, émerveiller. ◆ v. rifl. s'étonner, s'émerveiller. | *mi meraviglio a vedervi arrivare così presto*, je m'étonne de vous voir arriver si tôt. | *mi meraviglio di te*, tu m'étonnes, cela m'étonne de ta part. | *mi meraviglio della tua pigrizia*, je m'étonne de ta paresse.

meravigliato [meraviʎ'ʎato] agg. étonné, surpris, émerveillé.

meravigliosamente [meraviʎʎosa'mente] avv. merveilleusement.

meraviglioso [meraviʎ'ʎoso] agg. merveilleux, étonnant, surprenant, formidable (fam.). | *donna meravigliosa*, femme merveilleuse. | *ha una abilità meravigliosa*, il est d'une adresse merveilleuse. | *ha fatto dei progressi meravigliosi*, il a fait des progrès surprenants, étonnants. ◆ m. merveilleux.

mercante [mer'kante] m. marchand. | *mercante ambulante*, colporteur, camelot. | *mercante di cavalli*, maquignon. | *mercante di fiera*, (marchand) forain. ‖ LOC. *far orecchie da mercante*, faire la sourde oreille.

mercanteggiamento [merkanteddʒa'mento] m. marchandage.

mercanteggiare [merkanted'dʒare] v. intr. [esercitare un commercio] (raro) commercer (L.C.). ‖ [contrattare] marchander. ‖ [speculare] PR. e FIG. spéculer. ◆ v. tr. marchander, trafiquer. | *mercanteggiare dei voti, degli elogi*, marchander des voix, des éloges. | *mercanteggiare il proprio onore*, vendre son honneur.

mercantesco [merkan'tesko] (**-chi** m. pl.) agg. SPREG. de marchand, mercantile.

mercantessa [merkan'tessa] f. marchande.

mercantile [merkan'tile] agg. marchand, commercial, mercantile. | *città mercantile*, ville marchande. | *valore mercantile*, valeur marchande. | *carattere mercantile*, caractère mercantile. ‖ GIUR. *Codice mercantile*, Code de commerce. ‖ MAR. *marina mercantile*, marine marchande. ◆ m. MAR. navire marchand, bateau de commerce, cargo.

mercantilismo [merkanti'lizmo] m. STOR. ECON. mercantilisme.

mercantilista [merkanti'lista] (**-i** m. pl.) m. e f. mercantiliste.

mercantilistico [merkanti'listiko] (**-ci** m. pl.) agg. mercantiliste.

mercantilmente [merkantil'mente] avv. mercantilement.
mercanzia [merkan'tsia] f. marchandise. | *smerciare, vendere la propria mercanzia,* débiter, vendre ses marchandises. || FAM. camelote, pacotille. || FIG. marchandise. | *saper vendere la propria mercanzia,* faire valoir sa marchandise.
mercato [mer'kato] m. **1.** [luogo] marché. | *mercato coperto,* marché couvert, halle f. | *mercato del grano,* halle au blé. | *mercato del pesce,* marché aux poissons. | *mercato dei fiori,* marché aux fleurs. | *mercato del bestiame,* marché aux bestiaux. | *mercato delle pulci,* marché aux puces. | *andare al mercato,* aller au marché. | *giorni di mercato,* jours de marché. | *domani è giorno di mercato,* il y a marché demain. || **2.** [piazza di contrattazione] *il mercato di Londra, di Parigi,* le marché de Londres, de Paris. | *mercato azionario,* marché des actions. | *mercato monetario,* marché monétaire. | *mercato libero,* marché libre. | *mercato del lavoro,* marché du travail. | *Mercato comune,* Marché commun. || **3.** FIG. *che mercato!,* quelle foire f. !, quel chahut ! | *far mercato del proprio onore,* marchander son honneur. || LOC. *mercato nero,* marché noir. | *per soprammercato,* par-dessus le marché. | *a buon mercato,* à bon marché. | *cavarsela a buon mercato,* s'en tirer à bon marché, à bon compte.
mercatura [merka'tura] f. (arc.) commerce m. (L.C.).
merce ['mɛrtʃe] f. marchandise. | *merce di prima qualità, di prima scelta,* marchandise de première qualité, de premier choix. | *merce di marca,* marchandise de marque. | *merce scadente,* marchandise de pacotille, camelote (fam.). | *merce di scarto,* marchandise de rebut. | *merci all'ingrosso, al minuto,* marchandises en gros, au détail. || ECON. *merce moneta,* monnaie-marchandise. || FERR. *vagone, treno merci,* wagon, train de marchandises. | *scalo merci,* quai de chargement.
mercé [mer'tʃe] f. [aiuto, pietà] grâce, merci, pitié. | *gridare mercé,* crier merci. | *chiedere mercé,* demander grâce. | *mercé!,* grâce !, pitié ! || [balìa] merci. | *essere alla mercé di qlcu.,* être à la merci de qn. || [con valore prep.] grâce à. | *mercé il nostro aiuto,* grâce à notre aide.
mercede [mer'tʃɛde] f. récompense, prix m. || [salario] salaire m., rétribution.
mercenario [mertʃe'narjo] (**-ri** m. pl.) agg. e m. PR. e FIG. mercenaire.
merceologia [mertʃeolo'dʒia] f. technologie commerciale, science des produits commerciaux.
merceologico [mertʃeo'lɔdʒiko] (**-ci** m. pl.) agg. commercial, concernant la technologie commerciale.
merceologo [mertʃe'ɔlogo] (**-gi** pl.) m. expert en technologie commerciale.
merceria [mertʃe'ria] f. mercerie.
mercerizzare [mertʃerid'dzare] v. tr. IND. TESS. merceriser.
mercerizzato [mertʃerid'dzato] agg. IND. TESS. mercerisé.
mercerizzazione [mertʃeriddzat'tsjone] f. IND. TESS. mercerisage m.
merciaio [mer'tʃajo] (**-ai** pl.) m. mercier. | *merciaio ambulante,* colporteur, camelot.
mercimonio [mertʃi'mɔnjo] m. trafic, commerce illicite.
mercoledì [merkole'di] m. mercredi. || RELIG. *mercoledì delle ceneri,* mercredi des Cendres.
1. mercuriale [merku'rjale] agg. MED., FARM. mercurial. || ASTR. de Mercure, mercurial.
2. mercuriale [merku'rjale] f. BOT. mercuriale.
3. mercuriale [merku'rjale] f. COMM. mercuriale.
mercurio [mer'kurjo] m. CHIM. mercure.
merda ['mɛrda] f. VOLG. merde.
merenda [me'rɛnda] f. goûter m., [spuntino] casse-croûte m. | *far merenda,* goûter, casser la croûte (fam.). || LOC. FIG. *arrivare come i cavoli a merenda,* arriver comme des cheveux sur la soupe. | *c'entra come i cavoli a merenda,* ça vient comme un cheveu sur la soupe.
meretrice [mere'tritʃe] f. prostituée.
meretricio [mere'tritʃo] m. prostitution f.
meridiana [meri'djana] f. [linea] méridienne. || [orologio] cadran (m.) solaire, méridien.
meridiano [meri'djano] agg. méridien. | *sole meridiano,* soleil méridien. | *calore meridiano,* chaleur méridienne. || ASTR. *linea meridiana,* méridienne. | *piano meridiano,* plan méridien. ◆ m. ASTR. *meridiano celeste,* méridien céleste. || GEOGR. *meridiano terrestre,* méridien terrestre.
meridionale [meridjo'nale] agg. méridional. | *accento meridionale,* accent méridional, du Midi. | *clima meridionale,* climat méridional. | *America meridionale,* Amérique du Sud. ◆ n. Méridional, personne du Midi. | *i meridionali hanno fama di grande socievolezza,* les gens du Midi ont la réputation d'être très liants.
meridionalismo [meridjona'lizmo] m. construction f., expression (f.) méridionale.
meridione [meri'djone] m. Midi, Sud. | *i contadini del Meridione,* les paysans du Midi, du Sud.
meriggiare [merid'dʒare] v. intr. (lett.) faire la méridienne (fam.), faire la sieste (L.C.). ◆ v. tr. laisser au repos, faire reposer.
meriggio [me'riddʒo] (**-gi** pl.) m. (lett.) midi (L.C.). | *in pieno meriggio,* en plein midi. || [luogo ombreggiato dove si riposa] *sedere al meriggio,* être assis à l'ombre.
meringa [me'ringa] (**-ghe** pl.) f. CULIN. meringue. || PARTICOL. gâteau (m.) de meringue à la crème ; vacherin m.
merino [me'rino] m. ZOOL., TESS. mérinos.
meritare [meri'tare] v. tr. [essere degno] mériter, être digne de. | *ha meritato il primo premio,* il a mérité le premier prix. | *merita questa ricompensa,* il est digne de cette récompense. | *l'ho trattato come (si) meritava,* je l'ai traité comme il le méritait. || (lett.) [acquistar merito] mériter. | *ben meritare della patria,* bien mériter de la patrie. || LOC. *meritar conto di,* valoir la peine de. | *non merita conto di ascoltarlo,* cela ne vaut pas la peine de l'écouter. | *ha ricevuto quanto meritava,* il a reçu son compte.
meritatamente [meritata'mente] o **meritamente** [merita'mente] avv. justement, à juste titre, à bonne raison, pour cause.
meritato [meri'tato] agg. mérité.
meritevole [meri'tevole] agg. digne de ; méritant. | *meritevole di pietà, di rispetto,* digne de pitié, de respect. | *sono scolari meritevoli,* ce sont des élèves méritants.
merito ['mɛrito] m. **1.** [ciò che rende degno di stima, di lode] mérite. | *ha il merito di non parlare,* il a le mérite de ne pas parler. | *tutto il merito è suo,* tout le mérite lui en revient. | *che Dio ve ne renda merito,* que Dieu vous le rende. || RELIG. *i meriti di Cristo, della Passione,* les mérites du Christ, de la Passion. || **2.** [valore] mérite, valeur f. | *è un artista di gran merito,* c'est un artiste de grand mérite, plein de mérite. | *onore al merito,* honneur au mérite. | *medaglia al merito,* médaille du mérite. || UNIV. *primi a pari merito,* premiers ex aequo. || **3.** PER EST. [ambito] *entrare nel merito della questione, del problema,* venir au cœur de la question, aller au fond du problème. | *entrare in merito,* aborder la question. || GIUR. *questioni di merito,* questions de fond. | *giudicare nel merito,* juger au fond. ◆ LOC. AVV. e PREP. ***in merito (a),*** à ce sujet, à ce propos ; au sujet de, à propos de. | *ha parlato in merito,* il a parlé à ce sujet. | *abbiamo deciso in merito,* nous avons décidé à ce propos. | *il governo ha deciso in merito alla legge sulla stampa,* le gouvernement a décidé au sujet de la loi sur la presse.
meritoriamente [meritorja'mente] avv. méritoirement.
meritorio [meri'tɔrjo] (**-ri** m. pl.) agg. méritoire.
merlare [mer'lare] v. tr. ARCHIT. créneler.
merlato [mer'lato] agg. ARCHIT., ARALD. crénelé.
merlatura [merla'tura] f. ARCHIT. MIL. crénelure. || [di merletto] dentelure.
merlettaia [merlet'taja] f. dentellière.
merlettare [merlet'tare] v. tr. orner de dentelles.
merletto [mer'letto] m. TESS. dentelle f. | *merletto di filo,* bisette f. (arc.) | *merletto di seta,* blonde f. | *merletto a tombolo,* dentelle au coussin, aux fuseaux. | *merletto all'uncinetto,* dentelle au crochet.
1. merlo ['mɛrlo] m. ZOOL. merle. | *merlo acquaiolo,* merle d'eau. | *fischiare come un merlo,* siffler comme un merle. || FIG. [sciocco] niais, benêt.

2. merlo ['mɛrlo] m. ARCHIT. merlon.
merluzzo [mer'luttso] m. ZOOL. morue f. ; [fresco] cabillaud ; [seccato] merluche f. ; [salato e non seccato] morue verte. | *olio di fegato di merluzzo*, huile de foie de morue.
mero ['mɛro] agg. (lett.) pur (L.C.). ‖ FIG. pur, simple. | *mero caso*, pur hasard. | *è una mera formalità*, c'est une simple formalité.
merovingio [mero'vindʒo] **(-gi** m. pl.) agg. STOR. mérovingien.
mertare [mer'tare] v. tr. (lett.). V. MERITARE e deriv.
mesata [me'sata] f. (raro) [mese] mois m. (L.C.). ‖ [paga mensile] mois m., mensualité. | *doppia mesata*, double mois. | *riscuotere la mesata*, toucher son mois.
mescere ['meʃʃere] v. tr. verser. | *mescere un caffè nelle tazze*, verser du café dans les tasses. | *mescere da bere*, verser à boire. ‖ (lett.) [mescolare] mêler (L.C.).
meschinamente [meskina'mente] avv. mesquinement.
meschinello [meski'nɛllo] agg. e m. pauvret, pauvre malheureux.
meschinità [meskini'ta] f. mesquinerie.
meschino [mes'kino] agg. mesquin ; [misero] pauvre, misérable ; [debole, gracile] chétif. | *uomo, gesto meschino*, homme, geste mesquin. | *è un regalo meschino*, c'est un pauvre cadeau. | *sono scuse meschine*, ce sont de pauvres excuses. | *fa una vita meschina*, il conduit une existence misérable. | *fisico meschino*, constitution chétive. ‖ LOC. *fare una figura meschina*, faire piètre figure, faire triste figure. | *fare economie meschine*, faire des économies de bouts de chandelle. | *oh me meschino !*, pauvre de moi ! ◆ m. (lett.) pauvre hère, pauvre diable (L.C.), pauvre malheureux (L.C.).
mescita ['meʃʃita] f. [distribuzione] débit m., distribution ; [spaccio di bevande] débit (m.) de boissons, de vins, buvette. | *vino da mescita*, vin ordinaire. | *banco di mescita*, comptoir m. | *per favore, una mescita di vino nero !*, s'il vous plaît, un verre de rouge !
mescola ['meskola] f. CHIM. mélange m.
mescolabile [mesko'labile] agg. miscible.
mescolamento [meskola'mento] m. mélange (L.C.).
mescolare [mesko'lare] v. tr. **1.** mêler, mélanger. | *mescolare caffè e latte*, mêler du café et du lait. | *mescolare uova e farina*, mêler, mélanger des œufs et de la farine. ‖ FIG. *mescolare le idee*, brouiller, mêler les idées. | *mescolare gli stili*, mélanger les styles. ‖ GIOCHI *mescolare le carte*, mêler, battre les cartes. ‖ **2.** [rimestare] remuer. | *mescolare il caffè*, remuer son café. | *mescolare un sugo*, remuer une sauce. | *mescolare un'insalata*, remuer, retourner, fatiguer une salade. ◆ v. rifl. se mêler. | *il caffè si mescola con il latte*, le café se mêle au lait. ‖ PER EST. *mescolarsi tra la folla*, se mêler à la foule. | *mescolarsi alla conversazione*, se mêler à la conversation.
mescolata [mesko'lata] f. mélange m. | *dare una mescolata alla cioccolata*, remuer un peu le chocolat. ‖ GIOCHI *dare una mescolata alle carte*, mêler, battre les cartes.
mescolatore [meskola'tore] **(-trice** f.) m. CULIN. mixeur, mixer. ‖ TECN. mélangeur.
mescolatura [meskola'tura] f. mélange m., brassage m.
mese ['mese] m. mois. | *mese lunare, solare*, mois lunaire, solaire. | *mese civile, legale*, mois civil, légal. | *il corrente mese*, le mois courant, le mois en cours. | *il mese passato*, le mois dernier. | *il mese prossimo*, le mois prochain. | *l'inizio del mese*, le début du mois. | *la fine del mese*, la fin du mois. | *il corso del mese*, le courant du mois. | *nel corso del mese*, dans le courant du mois. | *nel mese di marzo*, au mois de mars. | *fra un mese*, dans un mois. | *entro il mese*, dans le mois. | *per un mese*, pendant un mois. | *da un mese*, depuis un mois. | *ogni mese*, chaque mois, tous les mois. | *ogni tre mesi, ogni sei mesi*, tous les trois, tous les six mois. | *pagare tanto al mese*, payer tant par mois. | *pagare a mese*, payer au mois. | *è il 5 del mese*, nous sommes le 5 du mois. | *è al quarto mese*, elle est enceinte de quatre mois. ‖ [mensile] mois. | *riscuotere il mese*, toucher son mois. | *riscuotere mese doppio*, toucher mois double. ‖ COMM. mois. | *deve tre mesi al suo padrone di casa*, il doit trois mois à son propriétaire. | *deve pagare due mesi al fornaio*, il doit payer deux mois au boulanger. | *a tre mesi data*, à trois mois de date.
mesentere [mezen'tɛre] m. ANAT. mésentère.
mesocarpo [mezo'karpo] m. ANAT. mésocarpe.
mesone [me'zone] m. FIS. méson.
mesozoico [mezod'dzɔiko] **(-ci** m. pl.) agg. e m. GEOL. mésozoïque.
1. messa ['messa] f. RELIG. messe. | *messa bassa, letta*, messe basse, lue. | *messa solenne*, messe solennelle, grand-messe. | *messa cantata*, messe chantée. | *messa funebre*, messe des morts. | *vino da messa*, vin de messe. | *libro da messa*, livre de messe. | *sentire (la) messa*, entendre la messe. | *dire (la) messa*, dire la messe. | *assistere alla messa*, assister à la messe. | *servir messa*, servir la messe. | *andare a(lla) messa*, aller à la messe. | *perder (la) messa*, manquer la messe. | *messa nera*, messe noire. ‖ MUS. messe. | *messa da requiem*, messe de requiem.
2. messa ['messa] f. **1.** [con prep. a, in] *messa in opera*, mise en œuvre. | *messa in piega*, mise en plis. ‖ AGR. *messa a dimora*, mise à fruit. ‖ AUTOM. *messa in marcia*, mise en marche. | *messa a punto di un motore*, mise au point d'un moteur. ‖ COMM. *messa in vendita*, mise en vente. | *messa all'asta*, mise aux enchères. ‖ ELETTR. *messa a terra, a massa*, mise à la terre, à la masse. ‖ FOT. *messa a fuoco*, mise au point. ‖ GIUR. *messa a mora*, mise en demeure. ‖ TEATRO *messa in scena*, mise en scène. ‖ TELECOM. *messa in onda*, mise en ondes. ‖ **2.** GIOCHI mise, enjeu m. ‖ **3.** BOT. (raro) [germoglio] pousse.
messaggeria [messaddʒe'ria] f. messagerie. | *messaggeria marittima*, messageries maritimes. | *messaggeria postale*, messageries postales.
messaggero [messad'dʒɛro] m. messager, envoyé, courrier. | *messaggero di sventura*, messager de malheur.
messaggio [mes'saddʒo] m. message. | *messaggio radio*, message radio. ‖ RELIG. *messaggio evangelico*, message de l'Évangile.
messe ['mɛsse] f. PR. e FIG. moisson. | *tagliare le messi*, faire la moisson. | *la messe è buona, cattiva*, la moisson est bonne, mauvaise. | *raccogliere una messe di allori, di onori, di lodi*, faire une moisson de lauriers, d'honneurs, de louanges.
messere [mes'sɛre] m. ARC. messire, maître.
messia [mes'sia] m. RELIG. messie.
messianico [mes'sjaniko] **(-ci** m. pl.) agg. RELIG. messianique.
messianismo [messja'nizmo] m. RELIG. e FIG. messianisme.
messicano [messi'kano] agg. e n. mexicain.
messidoro [messi'dɔro] m. STOR. [nel calendario rivoluzionario dal 19 giugno al 19 luglio] messidor.
messinscena [messin'ʃɛna] f. PR. e FIG. mise en scène.
1. messo ['messo] part. pass. e agg. mis. ‖ [di vestito] *è ben messo*, il est bien mis, bien habillé. ‖ [di costituzione] *è ben messo*, il est bien bâti. | *è mal messo*, il est mal en point.
2. messo ['messo] m. messager, envoyé. ‖ AMM., GIUR. huissier. ‖ RELIG. *messo pontificio*, légat du pape.
mestamente [mesta'mente] avv. tristement.
mestare [mes'tare] v. tr. remuer. ◆ v. intr. FIG. intriguer, manigancer (fam.), cabaler (antiq.).
mestatore [mesta'tore] **(-trice** f.) m. FIG. SPREG. agitateur, trice ; intrigant, e ; meneur, euse.
mestica ['mɛstika] f. ARTI mélange (m.) de couleurs.
mesticare [mesti'kare] v. tr. ARTI [mescolare i colori] mélanger les couleurs. | *mesticare la tela*, apprêter la toile, imprimer.
mesticheria [mestike'ria] f. magasin (m.) de couleurs, droguerie.
mestierante [mestje'rante] m. SPREG. bousilleur. | *quello scrittore è un mestierante*, cet écrivain est un gâte-papier.
mestiere [mes'tjɛre] m. **1.** métier, profession f. | *il mestiere di fornaio*, le métier de boulanger. | *che mestiere fa ?*, quel est votre métier ? | *è meccanico di mestiere*, il est mécanicien de son métier, de son état.

| *è gente del mestiere*, ce sont des gens du métier. | *conoscere il proprio mestiere*, connaître, savoir son métier. | *cambiar mestiere*, changer de métier. | *imparare un mestiere*, apprendre un métier. | *esercitare un mestiere*, exercer, pratiquer un métier. | *conoscere i segreti del mestiere*, connaître les secrets, les ficelles (fam.) du métier. | *a ciascuno il suo mestiere*, chacun son métier. | *il mestiere delle armi*, le métier des armes. || **2.** [abilità] métier. | *questo pittore ha mestiere*, ce peintre a du métier. | *questo lavoro richiede molto mestiere*, ce travail demande beaucoup de métier. | *gli manca il mestiere*, il manque de métier.

mestizia [mes'tittsja] f. tristesse, mélancolie.

mesto ['mɛsto] agg. triste, mélancolique, affligé. | *un mesto sorriso*, un triste sourire. | *uno sguardo mesto*, un regard triste. | *ha un'aria mesta*, il a un air triste. | *un tempo mesto*, un temps mélancolique. | *un atteggiamento mesto*, une attitude affligée.

mestola ['mestola] f. louche ; [coi buchi] écumoire. || PER EST. [cazzuola] truelle. || [arnese della lavandaia] battoir m. || BOT. plantain (m.) d'eau. ◆ pl. FIG. [mani sgraziate] battoirs m.

mestolata [mesto'lata] f. [colpo di mestolo] coup (m.) de louche. || [quantità contenuta in un mestolo] louche, pleine louche.

mestolo ['mestolo] m. louche f. ; [di legno] cuillère (f.) à pot. || FIG. *avere il mestolo in mano*, tenir la queue de la poêle.

mestruazione [mestruat'tsjone] f. menstruation. | *avere le mestruazioni*, avoir ses règles, ses menstrues.

mestruo ['mɛstruo] m. (spec. pl.) menstrues f. pl., règles f. pl., époques f. pl. (arc.).

1. meta ['mɛta] f. [punto d'arrivo] destination, but m. | *giungere, arrivare alla meta*, arriver, parvenir à destination. | *andare verso una meta sconosciuta*, aller vers une destination inconnue. | *errare senza meta*, errer sans but. | *qual'è la meta del tuo viaggio ?*, quel est le but de ton voyage ? || FIG. [scopo, fine] but m., fin, objectif m. | *andare diritti alla meta*, aller droit au but. | *essere lontani dalla meta*, être loin du but. | *raggiungere una meta*, atteindre un but, un objectif. | *essere senza meta*, n'avoir aucun but. | *arrivare alla meta*, frapper au but, parvenir à ses fins. | *è molto vicino alla meta*, il touche au but. || SPORT [rugby] essai m.

2. meta ['mɛta] f. [combustibile, nome brev.] Méta.

3. meta ['meta] f. AGR. meule.

metà [me'ta] f. [una delle due parti uguali in cui viene diviso un intero] moitié. | *cinquanta è la metà di cento*, cinquante est la moitié de cent. || [punto di divisione] milieu m. | *essere arrivati alla metà del mese*, être arrivé au milieu du mois. | *si è interrotto a metà del suo discorso*, il s'est interrompu au milieu de son discours. || PER EST. FAM. [uno dei due coniugi] moitié. | *la mia dolce metà*, ma douce moitié. || LOC. *a metà prezzo*, à moitié prix. | *a metà strada*, à moitié chemin, à mi-chemin. | *fare una cosa a metà*, faire une chose à moitié. | *dividere a metà*, faire moitié-moitié (fam.). | *riempire a metà*, remplir à moitié. | *pagare un biglietto a metà*, payer demi-place. | *tagliare a metà*, couper par moitié. | *questo vestito è metà lana, metà cotone*, cette robe est moitié laine, moitié coton, mi-laine, mi-coton. | *è più piccolo della metà*, il est plus petit de moitié, il est de moitié plus petit.

metabolismo [metabo'lizmo] m. BIOL., MED. métabolisme. | *metabolismo basale*, métabolisme basal.

metacarpo [meta'karpo] m. ANAT. métacarpe.

metafisica [meta'fizika] f. FILOS. métaphysique.

metafisicamente [metafizika'mente] avv. métaphysiquement.

metafisico [meta'fiziko] (**-ci** m. pl.) agg. FILOS. métaphysique. ◆ m. métaphysicien.

metafora [me'tafora] f. GRAMM. métaphore.

metaforicamente [metaforika'mente] avv. métaphoriquement.

metaforico [meta'fɔriko] (**-ci** m. pl.) agg. métaphorique.

metallico [me'talliko] (**-ci** m. pl.) agg. métallique. | *voce metallica*, voix métallique. | *suono, timbro metallico*, son, timbre métallique.

metallo [me'tallo] m. métal. | *metallo grezzo*, métal brut. | *metallo prezioso*, métal précieux. | *metallo placcato*, métal doublé.

metalloide [metal'lɔide] m. CHIM. métalloïde.

metallurgia [metallur'dʒia] f. métallurgie.

metallurgico [metal'lurdʒiko] (**-ci** m. pl.) agg. métallurgique. | *industria metallurgica*, industrie métallurgique. | *prodotto metallurgico*, produit métallurgique. || [riferito a persona] métallurgiste. | *operaio metallurgico*, ouvrier métallurgiste. ◆ m. métallurgiste, métallo (fam.).

metalmeccanico [metalmek'kaniko] (**-ci** m. pl.) agg. ECON. métallurgique et mécanique. ◆ m. pl. ouvriers métallurgistes et mécaniciens ; métallos et mécanos (fam.).

metamorfico [meta'mɔrfiko] (**-ci** m. pl.) agg. GEOL. métamorphique. | *rocce metamorfiche*, roches métamorphiques.

metamorfismo [metamor'fizmo] m. GEOL. métamorphisme.

metamorfosare [metamorfo'zare] v. tr. métamorphoser. || GEOL. métamorphiser.

metamorfosi [meta'mɔrfozi] f. métamorphose.

metano [me'tano] m. CHIM. méthane.

metanodotto [metano'dotto] m. méthanoduc.

metapsichica [metap'sikika] f. métapsychique.

metapsichico [metap'sikiko] (**-ci** m. pl.) agg. métapsychique.

metastasi [me'tastazi] f. MED. métastase.

metatarsico [meta'tarsiko] (**-ci** m. pl.) agg. ANAT. métatarsien.

metatarso [meta'tarso] m. ANAT. métatarse.

metazoi [metad'dzɔi] m. pl. ZOOL. métazoaires.

metempsicosi [metempsi'kɔzi] f. inv. métempsycose.

meteora [me'tɛora] f. ASTR. PR. e FIG. météore m.

meteorico [mete'ɔriko] (**-ci** m. pl.) agg. météorique.

meteorismo [meteo'rizmo] m. MED. météorisme.

meteorite [meteo'rite] m. o f. ASTR. météorite f.

meteorologia [meteorolo'dʒia] f. météorologie, météo (fam.).

meteorologico [meteoro'lɔdʒiko] (**-ci** m. pl.) agg. météorologique.

meteorologo [meteo'rɔlogo] (**-gi** pl.) m. météorologue, météorologiste.

meticcio [me'tittʃo] (**-ci** m. pl.) agg. e m. métis. || f. métisse.

meticolosamente [metikolosa'mente] avv. méticuleusement.

meticolosità [metikolosi'ta] f. méticulosité.

meticoloso [metiko'loso] agg. méticuleux.

metile [me'tile] m. CHIM. méthyle.

metilene [meti'lɛne] m. CHIM. méthylène. | *blu di metilene*, bleu de méthylène.

metilico [me'tiliko] (**-ci** m. pl.) agg. CHIM. méthylique. | *alcool metilico*, alcool méthylique.

metodicamente [metodika'mente] avv. méthodiquement.

metodicità [metoditʃi'ta] f. méthode. | *procedere con metodicità*, procéder avec méthode.

metodico [me'tɔdiko] (**-ci** m. pl.) agg. méthodique.

metodismo [meto'dizmo] m. RELIG. méthodisme.

metodista [meto'dista] (**-i** m. pl.) agg. e n. RELIG. méthodiste.

metodistico [meto'distiko] (**-ci** m. pl.) agg. RELIG. méthodiste.

metodo ['mɛtodo] m. [modo di procedere] méthode f. | *metodo analitico, sintetico*, méthode analytique, synthétique. | *metodo sperimentale*, méthode expérimentale. | *metodo di insegnamento*, méthode d'enseignement. || [manuale tecnico] méthode f. | *metodo di pianoforte, di violino, di canto*, méthode de piano, de violon, de chant. || [modo d'agire] méthode f. | *non mi piacciono i suoi metodi*, je n'aime pas ses méthodes. | *deve cambiar metodo*, il doit changer de méthode. || SPORT méthode naturelle.

metodologia [metodolo'dʒia] f. méthodologie.

metonimia [meto'nimja] f. GRAMM. métonymie.

metonimico [meto'nimiko] (**-ci** m. pl.) agg. GRAMM. métonymique.

metopa ['mɛtopa] f. ARCHIT. métope.

metraggio [me'traddʒo] m. métrage. || CIN. *corto*

metraggio, court métrage. | *lungo metraggio*, long métrage.

metratura [metra'tura] f. métrage m.

metrica ['mɛtrika] f. métrique.

metrico ['mɛtriko] (**-ci** m. pl.) agg. [versificazione] métrique. | *accento metrico*, accent métrique. || MAT. métrique. | *sistema metrico*, système métrique. | *distanza metrica*, distance métrique. | *geometria metrica*, géométrie métrique.

metro ['mɛtro] m. **1.** [unità di misura] mètre. | *metro quadrato*, mètre carré. | *metro cubo*, mètre cube. | *questa piscina è cinquanta metri per trenta*, cette piscine mesure cinquante mètres sur trente. || FIG. *giudicare col proprio metro*, juger d'après soi, à sa toise. || SPORT *correre i duecento metri*, courir un deux-cents mètres. || **2.** [strumento di misura] mètre. | *metro di legno, metallico*, mètre en bois, en métal. | *metro rigido*, mètre rigide, droit. | *metro pieghevole*, mètre pliant. | *metro a nastro*, mètre à ruban. || **3.** POES. mètre. || **4.** FIG. [tono] ton. | *non può continuare con questo metro*, il ne peut pas continuer sur ce ton.

metrologia [metrolo'dʒia] f. métrologie.

metronomo [me'trɔnomo] m. MUS. métronome.

metronotte [metro'nɔtte] m. gardien de nuit (L.C.).

metropoli [me'trɔpoli] f. métropole.

metropolita [metropo'lita] (**-i** pl.) m. RELIG. métropolite.

metropolitana [metropoli'tana] f. TRASP. métropolitain m., métro m. (fam.).

metropolitano [metropoli'tano] agg. métropolitain. | *la Francia metropolitana*, la France métropolitajne. || RELIG. métropolitain. | *chiesa metropolitana*, Église métropolitaine. ◆ m. [vigile urbano] agent de police, gardien de la paix, sergent de ville. | *i metropolitani di Roma*, les agents de police de Rome.

mettere ['mettere]

---

v. tr. mettre. **I.** [seguito da compl. oggetto solo]. **1.** [significati vari]. **2.** FAM. **3.** AUTOM. **4.** MIL. **5.** SPORT. **II.** [seguito da avv. e da compl. oggetto]. **III.** [seguito da compl. oggetto e da prep.]. **IV.** [ammettere, supporre]. **V.** *metterci*. **VI.** LOC.

◆ v. intr. se jeter, aboutir.

◆ v. rifl. **I.** [porsi]. **II.** [vestirsi]. **III.** *mettercisi*. **IV.** LOC. **1.** [con avv.]. **2.** [con prep.].

---

v. tr. mettre. **I.** [seguito da compl. oggetto solo]. **1.** [significati vari] : [apporre] mettre ; apposer. | *mettere la data*, mettre la date. | *mettere i sigilli*, mettre les scellés. | *mettere la firma*, apposer sa signature, signer. || [dare] *mettere nome*, appeler. | *gli abbiamo messo nome Giovanni*, nous l'avons appelé Jean. || [darsi] se mettre. | *mettersi il rossetto*, se mettre du rouge. | *mettersi la cipria*, se poudrer. || [emettere] pousser. | *mettere le foglie*, pousser des feuilles. | *mettere (le) radici*, pousser des racines ; FIG. prendre racine, s'enraciner. | *mettere i denti*, faire ses dents. | *mettere un grido*, pousser un cri. || [importare] *non mette conto di parlare con lui*, cela ne vaut pas la peine de parler avec lui. || [indossare] mettre. | *mettersi il cappello*, mettre son chapeau. | *mettersi le scarpe*, mettre ses souliers. | *mettersi la cravatta*, mettre sa cravate. || [infliggere] mettre, infliger. | *mettere una tassa*, mettre une taxe. | *mettere una multa*, infliger une contravention. || [preparare] mettre. | *mettere la tavola*, mettre, dresser la table. || [provocare] mettre, faire, donner. | *mettere i brividi*, donner la chair de poule ; faire frissonner. | *mettere paura*, faire peur. | *mettere sete, fame*, donner soif, faim. || [stendere] mettre. | *mettere la tovaglia*, mettre la nappe. || **2.** FAM. *mettere giudizio*, devenir raisonnable, se ranger. || [far pagare] «*Quanto mette questo vino ?*» «*Ve lo metto trecento lire*», «Ce vin, combien le vendez-vous le litre ?» «Je vous le laisse à trois cents lires.» || [installare] installer (L.C.). | *mettere il telefono*, installer le téléphone. || [paragonare] comparer. | *vuol mettere la sua casa con la mia*, il prétend comparer sa maison à la mienne. || **3.** AUTOM. mettre. | *mettere la prima*, mettre la première. || **4.** MIL. *mettere una sentinella*, poster une sentinelle. || **5.** SPORT *mettere knock-out*, mettre knock-out. || **II.** [seguito da avv. e da compl. oggetto] *mettere avanti l'orologio*, avancer sa montre. | *mettere avanti delle ragioni*, avancer des raisons. | *mettere le mani avanti*, prendre ses précautions. || *mettere il naso dappertutto*, mettre, fourrer (fam.) son nez partout. || *mettere dentro*, mettre en prison, coffrer (fam.), boucler (fam.). || *mettere fuori*, éconduire, mettre à la porte. | *mettere fuori il naso*, mettre le nez dehors. | *mettere fuori una notizia*, répandre, ébruiter une nouvelle. | *mettere fuori dei quattrini*, dépenser de l'argent. || *mettere giù la valigia*, poser la valise. | *mettere giù un articolo*, écrire un article. | *mettere giù due righe*, griffonner quelques lignes. | *mettere giù le arie*, baisser pavillon. | *mettere giù la maschera*, lever, jeter le masque ; démasquer. || *mettere insieme una frase*, former une phrase. | *mettere insieme un articolo*, ébaucher un article. | *mettere insieme i pezzi di una macchina*, assembler les pièces d'une machine, monter une machine. | *mettere insieme un gruppo d'amici*, réunir un groupe d'amis. | *mettere insieme una fortuna*, amasser, se créer une fortune. | *mettere insieme uno spettacolo*, monter un spectacle. || *mettere sossopra una casa*, bouleverser une maison, mettre une maison sens dessus dessous. || *mettere su un negozio*, monter un magasin. | *mettere su un'azienda*, fonder une entreprise. | *mettere su casa*, monter son ménage, installer sa maison. | *mettere su una festa*, organiser une fête. | *mettere su arie*, prendre des airs, se donner des airs. | *mettere su pancia*, prendre du ventre, bedonner (fam.). | *mettere su la minestra*, mettre la soupe sur le feu. | *mettere su i punti*, monter les mailles. | *mettere su un fratello contro l'altro*, monter deux frères l'un contre l'autre. || *mettere via le proprie cose*, ranger ses affaires. || **III.** [seguito da compl. oggetto e da prep.] *mettere il bastone fra le ruote*, mettre des bâtons dans les roues. | *mettere bocca in una discussione*, intervenir dans une discussion. | *mettere un campo a grano*, semer un champ en blé. | *mettere un capitale a frutto*, faire fructifier un capital. | *mettere le carte in tavola*, ne pas cacher son jeu. | *mettere un compito in bella copia*, mettre un devoir au propre. | *mettere del denaro da parte*, mettre de l'argent de côté. | *mettere del denaro in banca*, mettre de l'argent à la banque. | *mettere fine a una contesa*, trancher un différend. | *mettere legna sul fuoco, nel camino*, mettre du bois dans le feu, dans la cheminée. | *mettere la macchina in garage*, ranger sa voiture au garage. | *mettere mano alla penna*, prendre la plume. | *mettere mano alla spada*, saisir son épée, dégainer. | *mettere la mano sul fuoco*, mettre sa main au feu. | *mettere le mani in pasta*, mettre la main à la pâte. | *mettere le mani su qlcu.*, mettre la main sur qn. | *mettere una nave in cantiere*, mettre un bateau en chantier. | *mettere ordine nei propri affari*, mettre de l'ordre dans ses affaires. | *mettere i panni ad asciugare*, mettre le linge à sécher. | *mettere piede a terra*, mettre pied à terre. | *mettere un problema sul tappeto*, mettre un problème sur le tapis. | *mettere i puntini sugli i*, mettre les points sur les i. | *mettere lo spumante in ghiaccio*, frapper le champagne. | *mettere tanto a testa*, mettre tant chacun. | *mettere tempo in mezzo*, gagner du temps. | *mettere un termine a qlco.*, mettre un terme à qch. | *mettere la testa a partito, a posto, a segno*, se ranger, devenir raisonnable. | *mettere un vestito alla rovescia*, mettre un vêtement à l'envers. | *mettere del vino in bottiglia*, mettre du vin en bouteilles. || **IV.** [ammettere, supporre] admettre, supposer, mettre (fam.). | *mettendo che ciò sia vero*, en admettant que cela soit vrai. | *mettiamo che possano venire*, mettons qu'ils puissent venir. || **V.** *metterci* [impiegare] mettre, employer. | *ci ha messo due ore per venire da noi*, il a mis deux heures pour venir chez nous. | *ci hai messo tanto a finire*, tu as mis longtemps à finir. | *ci ha messo tutto il pomeriggio*, il a employé tout l'après-midi. | *attenzione, ci metto poco a chiamarlo !*, attention, j'ai vite fait de l'appeler ! || **VI.** LOC. [a] *mettere all'ancora*, mettre à l'ancre. | *mettere all'asta*, mettre aux enchères. | *mettere a balia*, mettre en nourrice. | *mettere a catasto*, cadastrer. | *mettere al corrente*, mettre au courant, au fait. | *mettere a dieta*, mettre au régime. | *mettere alla disperazione*, mettre au désespoir. | *mettere a disposizione di qlcu.*, mettre à la disposition de qn. | *mettere a esecuzione*, mettre à exécution. | *mettere ai ferri*, mettre aux fers. | *mettere a ferro e a fuoco*, mettre à feu et à sang. | *mettere all'indice*, mettre à l'index. | *mettere al monte dei pegni*, mettre au mont-de-piété. | *mettere a morte*, mettre à mort. | *mettere a nudo*, mettre à nu. | *mettere alla porta*, mettre à la porte. | *mettere a profitto*, mettre à profit. | *mettere alla prova*, mettre à l'épreuve. | *mettere a punto*, mettre au point, régler. | *mettere a rovescio*, mettre à l'envers. | *mettere a terra*, mettre à terre. | *mettere a sacco*, mettre à sac. | *mettere a servizio*, placer comme domestique. | *mettere qlco. al sicuro*, mettre qch. en sûreté. | *mettere qlcu. al sicuro*, mettre qn à l'abri, en sûreté. | *mettere a soqquadro*, mettre sens dessus dessous. | *mettere alle strette*, mettre au pied du mur. | *mettere ai voti*, mettre aux voix. || [di] *mettere di buon, di cattivo umore*, mettre de bonne, de mauvaise humeur. | *mettere di traverso*, mettre de travers. || [in] *mettere in caldo*, mettre au chaud. | *mettere in cantina*, encaver. | *mettere in catene*, enchaîner. | *mettere in causa*, mettre en cause. | *mettere in circolazione*, mettre en circulation. | *mettere in commercio*, mettre dans le commerce. | *mettere in conto a qlcu.*, mettre sur le compte de qn. | *mettere in deposito*, mettre en dépôt. | *mettere in disparte*, mettre à l'écart. | *mettere in dubbio*, mettre en doute. | *mettere in evidenza*, mettre en évidence. | *mettere in fila*, aligner. | *mettere in fresco*, mettre au frais. | *mettere in fuga*, mettre en fuite. | *mettere nei guai*, mettre dans le pétrin (fam.). | *mettere in infusione*, infuser. | *mettere in libertà*, mettre en liberté. | *mettere in macchina*, mettre sous presse (tip.). | *mettere in marcia*, mettre en marche (autom.). | *mettere in moto*, mettre en mouvement. | *mettere in mostra*, étaler. | *mettere in musica*, mettre en musique. | *mettere in onda*, mettre en ondes (telecom.). | *mettere in opera*, mettre en œuvre. | *mettere in ordine*, mettre en ordre, ranger. | *mettere in pegno*, engager. | *mettere in pratica*, mettre en pratique. | *mettere in presenza*, mettre en présence. | *mettere in prigione*, mettre en prison. | *mettere in scena*, mettre en scène. | *mettere in tasca*, mettre dans sa poche. | *mettere in testa*, mettre dans la tête. | *mettere in vendita*, mettre en vente. || [fuori] *mettere fuori combattimento*, mettre hors de combat. | *mettere fuori pericolo*, mettre hors de danger. | *mettere fuori strada*, fourvoyer. || [per] *mettere per iscritto*, mettre par écrit. || [sotto] *mettere sotto accusa*, mettre en accusation. | *mettere sotto chiave*, enfermer. | *mettere sotto gli occhi*, mettre sous les yeux. | *mettere sotto processo*, faire passer en jugement. || [su] *mettere sull'avviso*, mettre en garde. | *mettere sul lastrico*, mettre sur le pavé, sur la paille. | *mettere sulla retta via*, mettre sur le droit chemin. | *mettere sul trono*, mettre sur le trône.

◆ v. intr. [di fiume] se jeter ; [di via] aboutir ; [di porta, di finestra] donner. | *la Loira mette nell'oceano Atlantico*, la Loire se jette dans l'océan Atlantique. | *via Mazzini mette in piazza Verdi*, la rue Mazzini aboutit place Verdi. | *questa porta mette nel cortile*, cette porte donne sur la cour.

◆ v. rifl. **I.** [porsi] se mettre. | *mettiti là e non muoverti*, mets-toi là et ne bouge pas. || **II.** [vestirsi] se mettre. | *mettersi in maniche di camicia*, se mettre en bras de chemise. | *mettersi in abito da sera*, se mettre en habit. | *si è messo bene*, il s'est mis, il s'est bien habillé. | *questa gonna non si mette più*, cette jupe ne se met plus. | *non ho niente da mettermi*, je n'ai rien à me mettre. || **III.** *mettercisi*, s'y mettre. | *bisogna mettercisi d'impegno*, il faut s'y mettre de bon cœur. | *finalmente ci si è messo*, enfin il s'y est mis. || **IV.** Loc. **1.** [con avv.] *le cose si mettono bene, male*, les choses prennent une bonne, une mauvaise tournure. | *si mette brutta*, ça va chauffer (fam.). || **2.** [con prep. a] *il tempo si mette al bello*, le temps se met au beau. | *mettersi al corrente*, se mettre au courant. | *mettersi a fianco di qlcu.*, se mettre à côté de qn. | *mettersi al lavoro*, se mettre au travail. | *mettersi a letto*, se mettre au lit. | *mettersi a piangere*, se mettre à pleurer. | *mettersi al pianoforte*, se mettre au piano. | *mettersi al posto di qlcu.*, se mettre à la place de qn. | *mettersi a proprio agio*, se mettre à son aise. | *mettersi al riparo*, se mettre à l'abri. | *mettersi a sedere*, s'asseoir. | *mettersi a tavola*, se mettre à table, s'attabler. | *mettersi alla ventura*, aller, partir à l'aventure. || [con] *mettersi con qlcu.*, se mettre avec qn. || [contro] *mettersi contro qlcu.*, prendre parti contre qn. || [di] *mettersi d'accordo con qlcu.*, se mettre d'accord avec qn. | *mettersi di buona voglia*, s'y mettre de bon cœur. | *mettersi di nuovo*, se remettre. || [in] *mettersi in un angolo*, se mettre dans un coin. | *mettersi in cerca di qlco.*, se mettre en quête de qch. | *mettersi in collera*, se mettre en colère. | *mettersi in fila*, se mettre en rang. | *mettersi in ginocchio*, se mettre à genoux. | *mettersi nei guai*, se mettre dans le pétrin (fam.). | *mettersi in guardia*, se mettre en garde. | *mettersi in libertà*, se mettre à son aise. | *mettersi in marcia*, se mettre en marche. | *mettersi in mare*, prendre la mer. | *mettersi in moto*, démarrer. | *mettersi in mostra*, s'exhiber. | *mettersi nelle mani di qlcu.*, s'abandonner entre les mains de qn. | *mettersi in pari* [aggiornarsi], se mettre à jour. | *mettersi in salvo*, se mettre en sûreté. | *mettersi in testa*, se mettre dans la tête. | *mettersi in testa di*, se mettre en tête de. || [per] *mettersi per strada*, se mettre en route. || [su] *mettersi sulla retta via*, prendre le droit chemin. | *mettersi su una cattiva strada*, suivre une mauvaise pente.

mezza ['meddza] f. demie. | *questo orologio suona le mezze*, cette horloge sonne les demies. || [mezzogiorno e mezzo] midi (m.) et demi. | *pranziamo sempre alla mezza*, nous déjeunons toujours à midi et demi.

mezzadria [meddza'dria] f. métayage m. | *dare, prendere in mezzadria*, donner, prendre en métayage.

mezzadrile [meddza'drile] agg. du métayage. | *regime mezzadrile*, régime du métayage. | *contratto mezzadrile*, contrat de métayage.

mezzadro [med'dzadro] m. métayer, colon.

mezzala [med'dzala] f. Sport intérieur m., inter m.

mezzaluna [meddza'luna] (**mezzelune** pl.) f. croissant m. || [emblema dell'islamismo] croissant m. || Astr. demi-lune. || Culin. hachoir m., couperet m. || Mil. demi-lune.

mezzana [med'dzana] f. Mar. artimon m. || [ruffiana] entremetteuse.

mezzanino [meddza'nino] m. Archit. entresol, mezzanine f.

mezzano [med'dzano] agg. moyen. ◆ m. [intermediario] médiateur. || [ruffiano] entremetteur.

mezzanotte [meddza'nɔtte] (**mezzenotti** pl.) f. minuit. | *messa di mezzanotte*, messe de minuit. || [punto cardinale] nord. | *esposto a mezzanotte*, exposé au nord.

mezz'aria [med'dzarja] f. [equitazione] mésair m., mézair m. || Loc. *a mezz'aria*, en l'air.

mezzasta (a) [amed'dzasta] loc. avv. en berne. | *bandiera a mezzasta*, drapeau en berne.

mezzatinta [meddza'tinta] (**mezzetinte** pl.) f. demi-teinte. || Tip. *cliché a mezzatinta*, cliché simili, simili-gravure.

mezzeria [meddze'ria] f. ligne médiane. | *mezzeria di una strada*, ligne de dépassement, ligne de sécurité. || Archit. mi-partition.

mezzo ['mɛddzo] agg. **1.** demi- ; mi- ; moyen ; moitié f. | *ho aspettato una mezz'ora*, j'ai attendu une demi-heure. | *ho camminato due ore e mezzo*, j'ai marché deux heures et demie. | *ho passato una piacevole mezza giornata*, j'ai passé une demi-journée agréable. | *chiamalo ogni mezz'ora*, appelle-le toutes les demi-heures. | *un mezzo litro*, un demi-litre. | *un mezzo chilo*, un demi-kilo, une livre. | *ha mangiato mezza mela*, il a mangé une demi-pomme. | *mezzo biglietto*, demi-place. | *mezza dozzina*, demi-douzaine. | *mezzo giro*, demi-tour. | *mezzo lutto*, demi-deuil. | *mezza luce*, demi-jour. | *mezza pensione*, demi-pension. | *mezza porzione*, demi-portion. | *mezzo sangue* [meticcio], métis. | *mezza pelle*, mi-peau. | *mezza quaresima*, mi-carême. | *è di mezza statura*, il est de taille moyenne. | *non ci sono mezzi termini*, il n'y a pas de moyen terme. | *è mezza festa*, c'est un jour à moitié férié. | *abbiamo fatto mezza strada*, nous avons parcouru la moitié de la route. | *mezze vacanze sono già passate*, la moitié des vacances est passée. | *il mulo è mezzo asino, mezzo cavallo*, le mulet est moitié âne, moitié cheval. | *abbiamo visto mezzo film*, nous avons vu la moitié du film. | *mezzo paese li ha visti*, la moitié du village les a vus. | *mi hanno dato mezzo stipendio*, on m'a donné la moitié de mon traitement. | *è un mezzo amico*, c'est presque un ami. | *è un mezzo professore*, il est un peu professeur. | *l'ha detto a mezzo mondo*, il l'a dit presque à tout le monde. | *ho una mezza idea di andarmene*, j'ai presque envie de m'en aller. | *ha visitato mezza Europa*, il a visité presque toute l'Europe. | *non perde mezzo minuto*, il ne perd pas une seconde. | *non dice neanche mezza parola quando gli parli*, il ne dit pas un mot quand on lui parle. || MUS. *mezza misura*, demi-mesure. | *mezzo soprano*, mezzo-soprano. || SPORT *mezzo tempo*, mi-temps. || **2.** LOC. AVV. *a mezza altezza*, à mi-hauteur. | *a mezz'asta*, en berne. | *a mezza bocca*, du bout des lèvres. | *a mezza costa*, à mi-côte. | *a mezza distanza*, à mi-distance. | *a mezza giornata*, à demi-journée. | *a mezzo servizio*, à mi-temps. | *a mezza strada*, à mi-chemin. | *a mezza voce*, à mi-voix. ◆ avv. mi-, à demi, à moitié. | *fiori mezzo chiusi*, fleurs mi-closes. | *persiane mezzo chiuse*, persiennes mi-closes, à moitié fermées. | *mezzo cotto*, à demi cuit. | *è mezzo morto*, il est à demi mort. | *bottiglia mezzo vuota*, bouteille à moitié vide. | *bicchiere mezzo pieno*, verre à moitié plein. | *è mezzo pazzo*, il est un peu fou, il est toqué (fam.). ◆ m. **1.** [metà] demi, moitié f. | *un mezzo*, un demi. | *due mezzi formano una unità*, deux demis, deux moitiés font une unité. | *un mezzo di vino*, un demi de vin. | *dividere a mezzo*, partager par moitié, faire à moitié (fam.). | *lasciare tutto a mezzo*, laisser tout en plan. | *fare un lavoro a mezzo*, faire un travail à moitié. | *non far niente a mezzo*, ne rien faire à moitié. || **2.** [punto, linea, parte centrale] milieu. | *il mezzo di una strada*, le milieu d'une route, d'une rue. | *la fila di mezzo*, le rang du milieu. | *il mezzo della città*, le centre de la ville. | *il giusto mezzo*, le juste milieu. | *segare un'asse nel mezzo, per il mezzo*, scier une planche en son milieu. || STOR. *l'età di mezzo*, le Moyen Âge. || **3.** [modo, mezzo, strumento] moyen. | *mezzi di comunicazione, di trasporto*, moyens de communication, de transport. | *mezzi di produzione*, moyens de production. | *per lui tutti i mezzi sono buoni*, pour lui tous les moyens sont bons. | *non c'è mezzo di convincerlo*, il n'y a pas moyen de le convaincre. | *vive al di sopra dei propi mezzi*, il vit au-dessus de ses moyens. || GRAMM. *complemento di mezzo*, complément de moyen. || MIL. *mezzi blindati*, engins blindés. ◆ LOC. AVV. ***di mezzo :*** *abbiamo scelto una via di mezzo*, nous sommes arrivés à un compromis. | *non c'è via di mezzo*, il n'y a pas de milieu. | *né bene né male, una via di mezzo*, ni bien ni mal, entre les deux. | *non voglio andarci di mezzo*, je ne veux pas en subir les conséquences ; je ne veux pas payer les pots cassés (fam.). | *è stato il primo ad andarci di mezzo*, c'est lui qui a essuyé les plâtres (fam.). | *ne va di mezzo la mia felicità*, il y va de mon bonheur. | *si è levato di mezzo*, il s'est mis de côté, il s'est écarté. | *mettere di mezzo qlcu.*, faire intervenir qn. | *togliere di mezzo qlcu., qlco.*, se débarrasser de qn, de qch. || ***in quel mezzo,*** [frattanto] entre-temps. ◆ LOC. PREP. ***in mezzo a,*** au milieu de, entre, parmi. | *in mezzo agli amici*, au milieu de ses amis. | *in mezzo al bosco*, au milieu du bois. | *in mezzo alla folla*, au milieu de la foule. | *arrivò nel bel mezzo dello spettacolo*, il arriva au beau milieu du spectacle. | *si è messo in mezzo a noi due*, il s'est mis entre nous deux. | *in mezzo a noi ci sono dei nemici*, parmi nous il y a des ennemis. || ***a mezzo ; per mezzo :*** *a mezzo posta, a mezzo ferrovia*, par poste, par chemin de fer. | *a mezzo raccomandata*, par lettre recommandée. | *a mezzo girata*, par voie d'endossement. | *per mezzo di un amico*, par l'intermédiaire d'un ami.

mezzo ['mettso] adj. blet.

mezzobusto [meddzo'busto] (**mezzibusti** pl.) m. buste.

mezzodì [meddzo'di] m. inv. midi.

mezzofondista [meddzofon'dista] (**-i** pl.) m. SPORT coureur de demi-fond.

mezzofondo ['mɛddzo'fondo] m. SPORT demi-fond.

mezzogiorno [meddzo'dʒorno] m. midi. | *a mezzogiorno in punto*, à midi précis, à midi sonnant. || GEOGR. midi. | *il mezzogiorno della Francia*, le midi de la France. || PER EST. *esposto a mezzogiorno*, exposé au midi.

mezzoguanto [meddzo'gwanto] m. mitaine f.

mezz'ora [med'dzora] f. demi-heure.

mezzosangue [meddzo'sangwe] m. inv. [di cavalli] demi-sang. ◆ n. invar. [di persona] métis, métisse.

mezzosoprano [meddzoso'prano] (**mezzisoprani** pl.) m. MUS. mezzo-soprano.

mezzotondo [meddzo'tondo] (**mezzitondi** pl.) m. ARTI demi-ronde-bosse.

mezzuccio [med'dzuttʃo] (**-ci** pl.) m. SPREG. expédient.

1. mi [mi] m. MUS. mi.

2. mi [mi] pron. pers. compl. m. e f. sing. me ; [davanti a vocale o h muta] m' ; [con un verbo all' imper. affermativo] -moi ; [seguito da en, y] m'. | *mi guardano*, on me regarde. | *mi chiamano*, on m'appelle. | *mi parlerà domani*, il me parlera demain. | *mi ha già parlato di te*, il m'a déjà parlé de toi. | *mi può vedere subito, può vedermi subito*, il peut me voir immédiatement. | *eccomi*, me voilà. | *dammi del pane, dammene ancora*, donne-moi du pain, donne-m'en encore. | *accompagnamici*, accompagne-m'y. || [nei v. rifl. vedi i casi singoli : spesso non corrisp.] *mi son messo il tuo cappotto*, j'ai mis ton manteau. | *mi ero dimenticato di dirtelo*, j'avais oublié de te le dire. | *stammi bene !*, porte-toi bien !

miagolamento [mjagola'mento] m. miaulement.

miagolare [mjago'lare] v. intr. miauler. || FIG. [di bimbi] vagir, gémir.

miagolata [mjago'lata] f. miaulement m.

miagolio [mjago'lio] (**-ii** pl.) m. miaulement.

mialgia [mial'dʒia] f. MED. myalgie.

miao ['mjao] ONOMAT. miaou. | *fare miao*, miauler.

miasma [mi'azma] (**-i** pl.) m. miasme.

miastenia [miaste'nia] f. MED. myasthénie.

1. mica ['mika] f. MINER. mica m.

2. mica ['mika] avv. (fam.) pas (L.C.), pas du tout (L.C.), absolument pas (L.C.). | *non gliel'ho mica detto*, je ne le lui ai pas dit. | *« Hai bevuto ? » « Mica tanto »*, « Est-ce que tu as bu ? » « Pas grand-chose. » | *mica male*, pas mal, pas mal du tout.

micado [mi'kado] m. mikado.

miccia ['mittʃa] (**-ce** pl.) f. mèche. || FIG. *dar fuoco alle micce*, mettre le feu aux poudres.

micelio [mi'tʃɛljo] (**-i** pl.) m. BOT. mycélium.

miceneo [mitʃe'nɛo] agg. e m. mycénien.

michelaccio [mike'lattʃo] m. LOC. FAM. *far la vita del michelaccio*, se la couler douce.

micia ['mitʃa] f. (fam.) chatte (L.C.), minette.

micidiale [mitʃi'djale] agg. meurtrier, mortel. | *arma micidiale*, arme meurtrière. | *epidemia micidiale*, épidémie meurtrière. | *un veleno micidiale*, un poison mortel. || FIG. *un freddo micidiale*, un froid mortel. | *è uno spettacolo micidiale*, c'est un spectacle mortel, assommant.

micino [mi'tʃino] m. DIMIN. minet, chaton.

micio ['mitʃo] (**-i** pl.) m. FAM. matou, minou.

micologia [mikolo'dʒia] f. BOT. mycologie.

micosi [mi'kɔzi] f. MED. mycose.

microbico [mi'krɔbiko] (**-ci** pl.) agg. microbien.

microbio [mi'krɔbjo] (**-i** pl.) m. microbe.

microbiologia [mikrobiolo'dʒia] f. microbiologie.

microbo ['mikrobo] m. V. MICROBIO.

microcefalo [mikro'tʃɛfalo] agg. e m. microcéphale. || FIG. FAM. idiot.

microcosmo [mikro'kɔzmo] m. microcosme.

microfilm [mikro'film] m. microfilm.

microfono [mi'krɔfono] m. microphone, micro (fam.).

microfotografia [mikrofotogra'fia] f. microphotographie.

micromotore [mikromo'tore] m. micromoteur. || [mezzo di trasporto] scooter, cyclomoteur.

micron ['mikron] m. micron.

microonda [mikro'onda] f. FIS. micro-onde.

microrganismo [mikrorga'nizmo] m. BIOL. microorganisme.

microscopia [mikrosko'pia] f. microscopie.

microscopico [mikros'kɔpiko] (**-ci** m. pl.) agg. microscopique.

microscopio [mikros'kɔpjo] (**-i** pl.) m. microscope.

microsolco [mikro'solko] (**-chi** pl.) m. microsillon.

microtelefono [mikrote'lɛfono] m. TELECOM. microphone, combiné.
midollare [midol'lare] agg. MED. médullaire.
midollo [mi'dollo] (**-i** pl. ; **-a** f. pl.) m. moelle f. | *midollo osseo,* moelle des os. | *midollo spinale,* moelle épinière. ‖ FIG. *bagnato fino al midollo,* trempé jusqu'aux os. | *corrotto fino al midollo,* corrompu jusqu'à la moelle (des os). | *è senza midollo,* il est sans caractère. ‖ BOT. moelle f.
mielata [mje'lata] f. BOT. miellée.
miele ['mjɛle] m. miel. | *miele vergine,* miel vierge. | *miele selvatico,* miel sauvage. ‖ FIG. *dolce come il miele,* doux comme le miel. | *essere tutto zucchero e miele,* être tout miel. | *luna di miele,* lune de miel. ‖ FARM. *miele rosato,* miel rosat.
mielite [mie'lite] f. MED. myélite.
mieloma [mie'lɔma] m. MED. myélome.
mietere ['mjɛtere] v. tr. moissonner. | *mietere il grano, il campo,* moissonner. ‖ FIG. moissonner, récolter. | *mietere allori,* moissonner des lauriers. | *mietere onori, gloria,* récolter des honneurs, la gloire.
mietilega [mjeti'lega] f. AGR. moissonneuse-lieuse.
mietitore [mjeti'tore] (**-trice** f.) m. moissonneur, euse.
mietitrebbia [mjeti'trebbja] f. AGR. moissonneuse-batteuse.
mietitrice [mjeti'tritʃe] f. AGR. [macchina] moissonneuse.
mietitura [mjeti'tura] f. AGR. moisson.
migliaccio [miʎ'ʎattʃo] (**-ci** pl.) m. CULIN. boudin.
migliaio [miʎ'ʎajo] (**-a** f. pl.) m. millier, mille. | *un migliaio di bambini,* un millier d'enfants. | *500 lire al migliaio,* 500 lires le mille. | *a migliaia,* par milliers.
migliarola [miʎʎa'rɔla] f. [pallini da schioppo] cendrée, dragée.
1. miglio ['miʎʎo] (**-a** f. pl.) m. **1.** [misura di lunghezza] mille. | *miglio marino,* mille marin. | *miglio inglese,* mille anglais. ‖ FIG. *essere lontano mille miglia dal credere questa cosa,* être à cent lieues de croire cela. ‖ **2.** [pietra miliare] pierre (f.) milliaire.
2. miglio ['miʎʎo] m. BOT. millet, mil.
migliorabile [miʎʎo'rabile] agg. améliorable.
miglioramento [miʎʎora'mento] m. amélioration f., progrès.
migliorare [miʎʎo'rare] v. tr. améliorer. | *migliorare una terra,* améliorer une terre. | *migliorare gli affari,* améliorer ses affaires. | *migliorare il proprio stile,* améliorer son style. ◆ v. intr. s'améliorer. | *il tempo migliora,* le temps s'améliore. | *il malato migliora,* le malade va mieux. | *il vino migliora,* le vin se fait. ◆ v. rifl. s'améliorer.
migliore [miʎ'ʎore] agg. **1.** [compar.] meilleur. | *questa birra è migliore,* cette bière est meilleure. | *speriamo in una vita migliore,* nous avons l'espoir d'une vie meilleure. | *non c'è ristorante migliore,* il n'y a pas de meilleur restaurant. | *questi ragazzi sono migliori di voi,* ces garçons sont meilleurs que vous. | *sono migliori di quanto sperassi,* ils sont meilleurs que je n'espérais. ‖ **2.** [superl. rel.] le meilleur. | *è il migliore alunno,* c'est le meilleur élève, l'élève le meilleur. | *è il mio migliore amico,* c'est mon meilleur ami. | *è la cosa migliore da farsi,* c'est la meilleure chose à faire. ‖ COMM. *il migliore offerente,* le plus offrant. ‖ LOC. *nel migliore dei casi,* dans le meilleur des cas. | *nel modo migliore,* le mieux possible, au mieux, pour le mieux. ◆ m. meilleur. | *vinca il migliore!,* que le meilleur gagne!
miglioria [miʎʎo'ria] f. [edifici, strade, terreni] amélioration. | *fare, apportare delle migliorie,* faire, apporter des améliorations.
mignatta [miɲ'ɲatta] f. ZOOL. sangsue. ‖ FIG. sangsue, crampon m. (fam.).
mignolo ['miɲɲolo] m. [della mano] petit doigt, auriculaire ; [del piede] petit orteil.
migrare [mi'grare] v. intr. émigrer.
migratore [migra'tore] (**-trice** f.) agg. e m. migrateur, trice.
migratorio [migra'tɔrjo] (**-ri** m. pl.) agg. migratoire.
migrazione [migrat'tsjone] f. migration.
milanese [mila'nese] agg. e m. milanais.
miliardario [miljar'darjo] (**-ri** pl.) m. milliardaire.
miliardesimo [miljar'dɛzimo] agg. num. ord. e m. milliardième.
miliardo [mi'ljardo] m. milliard.
1. miliare [mi'ljare] agg. milliaire. | *pietra miliare,* pierre milliaire, borne kilométrique.
2. miliare [mi'ljare] agg. MED. miliaire.
milionario [miljo'narjo] agg. e m. millionnaire.
milione [mi'ljone] m. million. ‖ LOC. *te l'ho detto un milione di volte,* je te l'ai dit cent fois.
milionesimo [miljo'nɛzimo] agg. num. ord. e m. millionième.
militante [mili'tante] agg. e m. militant. | *Chiesa militante,* Église militante.
1. militare [mili'tare] agg. militaire. | *servizio militare,* service militaire. | *carriera militare,* carrière militaire. | *obblighi militari,* obligations militaires. | *circoscrizione militare,* circonscription militaire. | *medaglia al valor militare,* médaille militaire. ‖ LOC. *alla militare,* à la militaire, militairement. ◆ m. militaire. | *militare di carriera,* militaire de carrière. | *fare il militare,* faire son service militaire.
2. militare [mili'tare] v. intr. PR. faire son service militaire. | *militare nella marina,* faire son service dans la marine. ‖ [combattere] combattre. ‖ FIG. *militare in un partito,* militer dans un parti. | *mille ragioni militano in suo favore,* cent raisons militent en sa faveur.
militaresco [milita'resko] (**-chi** m. pl.) agg. soldatesque.
militarismo [milita'rizmo] m. militarisme.
militarista [milita'rista] (**-i** m. pl.) agg. e m. militariste.
militaristico [milita'ristiko] (**-ci** m. pl.) agg. e m. militariste.
militarizzare [militarid'dzare] v. tr. militariser.
militarizzazione [militariddzat'tsjone] f. militarisation.
militarmente [militar'mente] avv. militairement. | *salutare militarmente,* saluer militairement, d'une façon militaire. | *occupare militarmente una città,* occuper militairement une ville.
milite ['milite] m. soldat. | *il Milite ignoto,* le Soldat inconnu. ‖ [carabiniere] carabinier. ‖ FIG. *i militi della Croce Rossa,* le personnel de la Croix-Rouge. ‖ FIG. *i militi di Cristo,* les soldats du Christ.
militesente [milite'zɛnte] agg. e m. exempté ; libéré du service militaire.
milizia [mi'littsja] f. milice. | *la milizia popolare, operaia,* les milices populaires, ouvrières. ‖ [esercito] armée, troupe. | *milizia territoriale,* armée territoriale. | *milizie regolari, irregolari,* troupes régulières, irrégulières. ‖ [guardia pontificia] *milizie pontificie,* garde pontificale. ‖ FIG. *milizia celeste,* milice céleste. ‖ [il militare] *milizia politica,* militantisme (m.) politique. ‖ STOR. *la milizia fascista,* la milice fasciste.
miliziano [milit'tsjano] m. milicien.
millantare [millan'tare] v. tr. vanter, exalter, exagérer. | *continua a millantare la sua bellezza,* il ne fait que vanter sa beauté. ◆ v. pr. se vanter.
millantato [millan'tato] agg. vanté, prétendu. | *la sua millantata ricchezza,* sa prétendue richesse. ‖ GIUR. *millantato credito,* trafic d'influence.
millantatore [millanta'tore] (**-trice** f.) m. vantard, e ; hâbleur, euse ; fanfaron, onne ; capitan (lett.).
millanteria [millante'ria] f. vantardise, hâblerie, fanfaronnade.
mille ['mille] (**mila** pl.) agg. num. e m. mille ; [nelle date, anche] mil. | *due mila libri,* deux mille livres. | *nel millenovecentosettanta,* en mil(le) neuf cent soixante-dix. | *grazie mille,* mille remerciements, mille fois merci. | *millecinquecento,* quinze cents, mille cinq cents. | *mille volte,* mille et mille fois. | *a mille a mille,* par milliers. | *essere lontano le mille miglia dal credere,* être à cent lieues de croire que. | *diventare di mille colori,* devenir de toutes les couleurs. ‖ LETT. *Le Mille e Una Notte,* « les Mille et Une Nuits ». ‖ STOR. *i Mille,* les Mille.
millecento [mille'tʃɛnto] agg. num. e m. onze cents, [meno usato] mille cent.
millefoglie [mille'fɔʎʎe] m. BOT. mille-feuille f. ‖ CULIN. mille-feuille.
millenario [mille'narjo] (**-ri** m. pl.) agg. millénaire. |

un albero millenario, un arbre millénaire. ◆ m. millénaire.
millennio [mil'lɛnnjo] (**-ni** pl.) m. millénaire.
millepiedi [mille'pjɛdi] m. invar. ZOOL. mille-pattes, mille-pieds.
millesimo [mil'lɛzimo] agg. num. ord. millième. | *la millesima parte*, la millième partie. ◆ m. [parte] millième. ‖ [persona, animale, cosa] millième. ‖ [data] millésime.
millibar [milli'bar] m. FIS. millibar.
milligramma [milli'gramma], **milligrammo** [milli'grammo] (**-i** pl.) m. milligramme.
millimetrato [millime'trato] agg. millimétrique.
millimetro [mil'limetro] m. millimètre.
milord [mi'lɔ:] m. [ingl.] milord.
milza ['miltsa] f. ANAT. rate.
mimare [mi'mare] v. tr. mimer. | *mimare una scena*, mimer une scène.
mimetico [mi'mɛtiko] (**-ci** m. pl.) agg. mimétique. ‖ [imitativo] mimique. ‖ MIL. *tuta mimetica*, tenue de camouflage, léopard. | *camion mimetico*, camion camouflé.
mimetismo [mime'tizmo] m. mimétisme.
mimetizzare [mimetid'dzare] v. tr. MIL. camoufler. ◆ v. rifl. se camoufler.
mimetizzazione [mimetiddzat'tsjone] f. MIL. camouflage m.
mimica ['mimika] (**-che** pl.) f. mimique.
mimicamente [mimika'mente] avv. en mimant, par gestes.
mimico ['mimiko] (**-ci** m. pl.) agg. mimique. | *l'arte mimica*, l'art du mime, la mimique.
mimo ['mimo] m. mime. ‖ ZOOL. moqueur.
mimosa [mi'mosa] f. BOT. mimosa m.
1. mina ['mina] f. MIL. *mina anticarro*, mine antichar. | *mina magnetica*, mine magnétique. | *mina sottomarina*, mine sous-marine. | *mina galleggiante*, mine flottante. | *far brillare una mina*, faire sauter une mine.
2. mina ['mina] f. [di matita] mine.
minaccia [mi'nattʃa] (**-ce** pl.) f. menace. | *minaccia di morte*, menace de mort. | *scambiarsi minacce*, échanger des menaces. | *c'è minaccia di pioggia*, le temps est à la pluie.
minacciare [minat'tʃare] v. tr. menacer. | *minacciare con il coltello*, menacer de son couteau. | *il tempo minaccia pioggia*, le temps est à la pluie, est menaçant.
minacciosamente [minattʃosa'mente] avv. d'un air menaçant, d'une façon menaçante.
minaccioso [minat'tʃoso] agg. menaçant.
minare [mi'nare] v. tr. MIL. miner. ‖ FIG. miner. | *minare la salute*, miner la santé. | *minare la reputazione*, attaquer la réputation.
minareto [mina'reto] m. minaret.
minato [mi'nato] agg. miné. | *zona minata*, zone minée. ‖ PR. e FIG. *campo minato*, champ de mines.
minatore [mina'tore] m. mineur.
minatorio [mina'tɔrjo] (**-ri** m. pl.) agg. menaçant. | *lettera minatoria*, lettre de menaces.
minchione [min'kjone] m. (volg.) sot (L.C.), jobard (fam.), ballot (fam.), couillon (pop.).
minchioneria [minkjone'ria] f. sottise, jobardise (fam.), connerie (volg.).
minerale [mine'rale] agg. minéral. | *regno minerale*, règne minéral. | *acqua minerale*, eau minérale. | *olio minerale*, huile minérale. | *sali minerali*, sels minéraux. ◆ m. minéral ; [grezzo] minerai. | *minerale di ferro, di rame, d'argento*, minerai de fer, de cuivre, d'argent.
mineralizzare [mineralid'dzare] v. tr. minéraliser.
mineralizzazione [mineraliddzat'tsjone] f. CHIM. minéralisation.
mineralogia [mineralo'dʒia] f. minéralogie.
mineralogico [minera'lɔdʒiko] (**-ci** m. pl.) agg. minéralogique.
mineralogista [mineralo'dʒista] (**-i** m. pl.) m. e f. minéralogiste.
minerario [mine'rarjo] (**-ri** m. pl.) agg. minier. | *società mineraria*, société minière. | *ingegnere minerario*, ingénieur des mines.
minestra [mi'nɛstra] f. CULIN. soupe, potage m. | *minestra di cavolo*, soupe aux choux. | *minestra di verdura*, soupe aux légumes. | *minestra di riso, di semolino*, potage au riz, à la semoule. ‖ LOC. FIG. *è sempre la stessa minestra*, c'est toujours la même chanson. | *è un'altra minestra*, c'est tout autre chose. ‖ PROV. *o mangiar questa minestra o saltar questa finestra*, il faut en passer par là ; il n'y a pas le choix.
minestrone [mines'trone] m. CULIN. soupe (f.) aux légumes ; minestrone (it.).
mingere ['mindʒere] v. intr. uriner.
mingherlino [minger'lino] agg. malingre, maigrelet, chétif. ◆ m. gringalet (fam.).
miniare [mi'njare] v. tr. PR. enluminer, orner de miniatures. ‖ FIG. décrire avec minutie.
miniatura [minja'tura] f. enluminure, miniature. | *in miniatura*, en miniature.
miniaturista [minjatu'rista] (**-i** m. pl.) n. miniaturiste.
miniera [mi'njɛra] f. PR. mine ; [all'aperto] minière ; [di carbon fossile] houillère. ‖ FIG. mine.
minigolf [mini'gɔlf] m. invar. GIOCHI golf miniature.
minigonna [mini'gɔnna] f. mini-jupe.
minima ['minima] f. MUS. minime, blanche. | *pausa di minima*, demi-pause. ‖ METEOR. température minimum. | *le minime odierne*, les températures minima d'aujourd'hui.
minimamente [minima'mente] avv. nullement, aucunement, pas du tout. | *non mi piace minimamente*, je ne l'aime pas du tout.
minimizzare [minimid'dzare] v. tr. minimiser.
minimo ['minimo] agg. superl. minime, minimum, infime, très petit ; le moindre, le plus petit. | *indizi minimi*, indices minimes, insignifiants. | *salario minimo*, salaire minime. | *intensità minima*, intensité minimum. | *perdite, guadagni minimi*, pertes, gains minima. | *velocità minima*, vitesse minimum. | *non ho il minimo dubbio*, je n'ai pas le moindre doute. | *fin nei minimi particolari*, jusque dans les moindres détails. | *al minimo sospetto*, au moindre soupçon, au plus petit soupçon. | *il minimo sforzo lo affatica*, le plus petit effort le fatigue. ‖ MAT. *minimo comune multiplo*, le plus petit commun multiple. | *ridurre una frazione ai minimi termini*, réduire une fraction à sa plus simple expression. ‖ LOC. FIG. *sono ridotto ai minimi termini*, je suis presque réduit à la misère. ◆ m. minimum. | *il minimo vitale*, le minimum vital. | *il minimo della pena*, le minimum de la peine. | *ridurre al minimo*, réduire au minimum. ‖ AUTOM. ralenti. | *il motore gira al minimo*, le moteur tourne au ralenti. ‖ MAT. minimum. ‖ LOC. *al minimo*, au moins. | *dovremo camminare al minimo per un'ora*, il nous faudra marcher au moins une heure. ◆ m. pl. RELIG. minimes.
minio ['minjo] m. CHIM. minium.
ministeriale [ministe'rjale] agg. e m. ministériel.
ministero [minis'tero] m. [funzione, ufficio] ministère. | *gli obblighi del proprio ministero*, les obligations de son ministère. ‖ GIUR. ministère. | *pubblico ministero*, ministère public. ‖ POLIT. *ministero degli Interni*, ministère de l'Intérieur. | *ministero della pubblica Istruzione*, ministère de l'Éducation nationale. | *ministero degli Esteri*, ministère des Affaires étrangères. | *ministero della Difesa*, ministère de la Défense nationale. ‖ RELIG. ministère. | *il ministero sacerdotale*, le saint ministère, le ministère du prêtre, le sacerdoce.
ministro [mi'nistro] m. POLIT. ministre. | *ministro degli Interni*, ministre de l'Intérieur. | *ministro senza portafoglio*, ministre sans portefeuille. | *consiglio dei ministri*, conseil des ministres. | *Primo ministro*, Premier ministre. | *ministro plenipotenziario*, ministre plénipotentiaire. ‖ RELIG. ministre. | *ministro del culto*, ministre du culte.
minoico [mi'nɔiko] (**-ci** m. pl.) agg. STOR. minoen.
minoranza [mino'rantsa] f. minorité.
minorare [mino'rare] v. tr. diminuer.
minorato [mino'rato] agg. diminué, amoindri. ◆ n. [fisico] diminué physique, invalide ; [psichico] arriéré mental. | *minorato di guerra*, mutilé, invalide de guerre. | *minorato del lavoro*, travailleur handicapé.
minorazione [minorat'tsjone] f. diminution, amoindrissement m. ‖ [invalidità] invalidité ; [psichica] déficience, faiblesse mentale.
minore [mi'nore] agg. **1.** [compar. : più piccolo] plus

petit, moindre, moins grand ; [davanti a nome] moins de. | *una quantità minore*, une plus petite quantité, une quantité inférieure. | *il suo sforzo è stato minore del tuo*, son effort a été plus petit que le tien. | *è un lavoro di minore importanza*, c'est un travail de moindre importance. | *vendere a minore prezzo*, vendre à moindre prix, à un prix plus bas. | *hanno lavorato con minore cura, con minore interesse*, ils ont travaillé avec moins de soin, avec moins d'intérêt. || [di età] plus jeune, moins âgé. | *mio fratello è minore di me*, mon frère est plus jeune que moi. | *Pietro è minore di te di cinque anni*, Pierre est moins âgé que toi de cinq ans ; Pierre a cinq ans de moins que toi ; Pierre est ton cadet de cinq ans. || ARTI, LETT. *i poeti, gli artisti minori del Cinquecento*, les poètes, les artistes mineurs du XVIe s. | *le arti minori*, les arts mineurs. || ASTR. *l'Orsa Minore*, la Petite Ourse. || GEOGR. *Asia Minore*, Asie Mineure. || FILOS. *la premessa minore*, la mineure. || MUS. *tono minore*, ton mineur. | *«la» minore*, «la» mineur. || RELIG. *ordini minori*, ordres mineurs. | *frati minori*, frères mineurs. || **2.** [superl. rel.] le plus petit, le moindre, le moins de. | *la minore quantità*, la plus petite quantité. | *è la minore delle sue preoccupazioni*, c'est le moindre de ses soucis. | *è il suo minore difetto*, c'est son moindre défaut. | *dei due mali, bisogna scegliere il minore*, de deux maux, il faut choisir le moindre. | *ha fatto il minore sforzo possibile*, il a fait le moins d'efforts possible. || [di età] le moins âgé, le plus jeune ; [l'ultimogenito] le cadet. | *il fratello minore*, le frère cadet. | *la sorella minore*, la sœur cadette. || GIUR. *la minore età*, la minorité. | *essere minore*, être mineur. || STOR. *Bruto Minore*, Brutus le Jeune. ◆ n. le plus petit, le plus jeune ; cadet. | *vietato ai minori di diciotto anni*, interdit aux moins de dix-huit ans. || GIUR. mineur. | *circonvenzione di minori*, détournement de mineurs. | *tutela dei minori*, tutelle des mineurs.

minorenne [mino'rɛnne] agg. e m. GIUR. mineur.

minorile [mino'rile] agg. des mineurs. | *delinquenza minorile*, délinquence juvénile. | *età minorile*, minorité.

minorità [minori'ta] f. GIUR. minorité.

minoritario [minori'tarjo] (**-ri** m. pl.) agg. minoritaire.

minuendo [minu'ɛndo] m. MAT. le nombre le plus grand.

minuetto [minu'etto] m. MUS. menuet.

minugia [mi'nudʒa] (**-gie** pl.) f. boyau m.

minuscola [mi'nuskola] f. minuscule.

minuscolo [mi'nuskolo] agg. minuscule. ◆ m. caractère minuscule. | *scrivere in minuscolo*, écrire en (lettres) minuscules, en petites lettres.

minuta [mi'nuta] f. brouillon m. ; [di contratto] minute.

minutaglia [minu'taʎʎa] f. [di cose] pacotille, camelote ; [pesci piccoli] fretin m., menu fretin m.

minutamente [minuta'mente] avv. [a pezzettini] menu. | *tritare minutamente*, hacher menu. || [nei particolari] en détail. | *raccontare minutamente*, raconter en détail. | *esporre minutamente*, détailler.

1. minuto [mi'nuto] agg. petit, minuscule ; [sottile] mince, fin ; [in piccole parti] menu, fin ; [esile] mince, menu ; [particolareggiato] détaillé ; [minuzioso] minutieux. | *minute cure*, petits soins. | *la gente minuta*, les petites gens. | *carattere minuto*, petit caractère. | *bestiame minuto*, petit bétail. | *tagliare a fette minute*, couper en tranches minces, fines. | *pioggia minuta*, pluie fine. | *carbone minuto*, charbon menu. | *tagliare a pezzi minuti*, couper menu, en petits morceaux. | *avere dita minute*, avoir des doigts menus. | *avere il naso minuto*, avoir le nez mince. | *fare un racconto minuto*, faire un récit détaillé. | *una ricerca minuta*, une recherche minutieuse. ◆ m. détail. | *raccontare per il minuto*, raconter en détail. | *commercio al minuto*, commerce de détail. | *comprare, vendere al minuto*, vendre au détail. | *venditore al minuto*, détaillant.

2. minuto [mi'nuto] m. minute f. | *un minuto (primo)*, une minute. | *un (minuto) secondo*, une seconde. | *le lancette dei minuti*, les aiguilles des minutes. | *fra dieci minuti*, dans dix minutes. | *da un minuto all'altro*, d'une minute à l'autre. | *di minuto in minuto*, de minute en minute. | *ogni dieci minuti*, toutes les dix minutes. | *non avere un minuto libero*, ne pas avoir une minute de libre. | *non avere un minuto da perdere*, ne pas avoir un instant à perdre. | *ha avuto i suoi cinque minuti di celebrità*, il a eu son heure de célébrité.

minuzia [mi'nuttsja] f. [minuziosità] minutie. || [cosa di nessun conto] minutie, babiole, vétille.

minuziosamente [minuttsjosa'mente] avv. minutieusement.

minuziosità [minuttsjosi'ta] f. minutie.

minuzioso [minut'tsjoso] agg. minutieux, méticuleux ; [particolareggiato] détaillé. | *un esame minuzioso*, un examen minutieux. | *un disegno minuzioso*, un dessin détaillé.

minuzzolo [mi'nuttsolo] m. bribe f., fragment, miette f. | *fare a minuzzoli*, émietter. || FIG. *imparare a minuzzoli*, apprendre par bribes, petit à petit.

minzione [min'tsjone] f. miction.

mio ['mio] (**mia** f., **mie** f. pl., **miei** m. pl.) agg. poss. m. s. **1.** mon (f. s. ma, davanti a voc. o h muta mon ; m. e f. pl. mes). | *il mio amico, l'amico mio*, mon ami. | *la mia vita, la vita mia*, ma vie. | *la mia amica, l'amica mia*, mon amie. | *la mia ora*, mon heure. | *i miei genitori*, mes parents. | *questo mio libro*, mon livre, ce livre. | *un mio cugino*, un de mes cousins, un cousin à moi. | *un mio libro*, [possesso] un livre à moi ; [scritto da me] un livre de moi. | *un mio amico medico*, un médecin de mes amis. | *alcuni miei compagni, alcuni compagni miei*, quelques-uns de mes camarades. | *nessun mio lavoro*, aucun de mes travaux. | *andiamo a casa mia*, allons chez moi. || [riferito a più sost. e agg.] *la mia buona e cattiva fortuna*, ma bonne et ma mauvaise fortune. || [in serie omogena] *sono stato compensato per i miei buoni e leali servizi*, j'ai été payé de mes bons et loyaux services. || **2.** [indicante il possesso] à moi. | *questa casa è mia*, cette maison est à moi. | *queste sono terre mie*, ces terres sont à moi. || **3.** [in espressioni ellittiche] *facendo seguito alla mia del 15 aprile*, (faisant) suite à ma lettre du 15 avril. | *sono, stanno dalla mia*, ils sont avec moi, ils prennent parti pour moi. | *ne ho detta una delle mie*, j'ai fait une de mes gaffes (fam.). | *dico sempre la mia*, je donne toujours mon avis. | *sto sulle mie*, je me tiens sur mon quant-à-moi (fam.). || **4.** [come predicato] mien, mienne. | *questa terra è mia*, cette terre est mienne. | *questa casa la considero come mia*, cette maison, je la considère comme mienne. || **5.** [come attributo in formule fisse] *un mio amico*, un mien ami. || **6.** [pron.] mien, mienne. | *è la tua opinione, non la mia*, c'est ton opinion, ce n'est pas la mienne. ◆ m. [possesso, attività] le mien. | *lascerò tutto il mio ai miei eredi*, je laisserai tout le mien, tout mon bien à mes héritiers. | *per riuscire ci ho messo del mio*, pour réussir j'y ai mis du mien. ◆ m. pl. [famigliari, amici, fautori] les miens. | *è dei miei*, il est des miens.

miocardio [mio'kardjo] m. ANAT. myocarde.

miocene [mio'tʃɛne] m. GEOL. miocène.

miocenico [mio'tʃɛniko] (**-ci** m. pl.) agg. e m. GEOL. miocène.

miologia [miolo'dʒia] f. ANAT. myologie.

miope ['miope] agg. e n. myope.

miopia [mio'pia] f. MED. myopie.

miosotide [mio'zɔtide] f. BOT. myosotis m.

mira ['mira] f. **1.** PR. visée, mire. | *prendere di mira un uccello*, viser un oiseau. | *avere buona mira, cattiva mira*, bien viser, mal viser. || FIG. *ha grandi mire*, il a de grandes visées. | *avere delle mire su qlcu.*, avoir des visées sur qn. | *prendere qlcu. di mira*, mettre, coucher qn en joue ; prendre qn pour cible. | *tenere sotto mira*, avoir en point de mire. || **2.** [balistica] mire ; [mirino] guidon m. | *punto di mira*, point de mire. | *linea di mira*, ligne de mire. | *angolo di mira*, angle de mire. | *tacca di mira*, cran de mire. || **3.** PR. e FIG. [bersaglio] *cogliere la mira*, atteindre, toucher le but. | *sbagliare la mira*, manquer le but.

mirabile [mi'rabile] agg. admirable, merveilleux, extraordinaire.

mirabilia [mira'bilja] f. pl. [lat.] SCHERZ. merveilles. | *fare mirabilia*, faire merveille, des merveilles. | *dire mirabilia*, dire des merveilles.

mirabilmente [mirabil'mente] avv. admirablement, merveilleusement.

mirabolante [mirabo'lante] agg. mirobolant (fam.), étonnant (L.C.).
miracolato [mirako'lato] agg. e m. miraculé.
miracolo [mi'rakolo] m. miracle. | *i miracoli della Madonna*, les miracles de la Vierge. | *guarito da un miracolo*, guéri par un miracle. || Fig. miracle, merveille f., prodige. | *ha del miracolo*, cela tient du prodige. | *fa miracoli*, il fait des miracles, des merveilles. | *raccontare miracoli di qlcu.*, raconter monts et merveilles de qn. || Lett. miracle.
miracolosamente [mirakolosa'mente] avv. miraculeusement.
miracoloso [mirako'loso] agg. miraculeux, prodigieux. | *guarigione miracolosa*, guérison miraculeuse. | *è un rimedio miracoloso*, c'est un remède miraculeux, prodigieux. ◆ m. miracle, prodige. | *ha del miracoloso*, cela tient du prodige.
miraggio [mi'raddʒo] (**-gi** pl.) m. mirage.
mirare [mi'rare] v. tr. [contemplare, ammirare] contempler ; admirer. ◆ v. intr. [prendere la mira] viser. | *mirare a un uccello*, viser un oiseau. || Fig. viser, tendre. | *mirare al bene*, viser au bien. | *mirare a uno scopo*, viser à un but. | *a cosa mirano queste parole?*, à quoi tendent ces paroles ? ◆ v. rifl. se mirer, se contempler.
miriade [mi'riade] f. myriade.
miriagrammo [mirja'grammo] m. myriagramme.
miriametro [mi'rjametro] m. myriamètre.
miriapode [mi'rjapode] m. Zool. myriapode.
mirino [mi'rino] m. Mil. guidon. || Fot. viseur.
mirra ['mirra] f. Bot. myrrhe.
mirtillo [mir'tillo] m. Bot. myrtille f., airelle f.
mirto ['mirto] m. Bot. myrte.
misantropia [mizantro'pia] f. misanthropie.
misantropico [mizan'trɔpiko] (**-ci** m. pl.) agg. misanthropique.
misantropo [mi'zantropo] m. misanthrope.
miscela [miʃ'ʃɛla] f. mélange m. | *miscela esplosiva*, mélange explosif. || Autom. mélange m.
miscelare [miʃʃe'lare] v. tr. mélanger.
miscelatore [miʃʃela'tore] (**-trice** f.) m. Tecn. mélangeur, euse. || Cin. mélangeur, mixeur.
miscellanea [miʃʃel'lanea] f. Lett. miscellanées pl., mélanges m. pl., miscellanea [lat.] m. pl.
mischia ['miskja] f. mêlée.
mischiare [mis'kjare] v. tr. mélanger, mêler. | *mischiare dei colori*, mélanger des couleurs. | *mischiare le carte*, mêler les cartes. ◆ v. rifl. se mêler. | *mischiarsi alla folla*, se mêler à la foule.
mischiata [mis'kjata] f. mélange m. | *dare una mischiata alle carte*, mêler les cartes (L.C.).
misconoscente [miskonoʃ'ʃɛnte] agg. méconnaissant.
misconoscere [misko'noʃʃere] v. tr. méconnaître.
miscredente [miskre'dɛnte] agg. e n. mécréant, incroyant, incrédule.
miscredenza [miskre'dɛntsa] f. mécréance, incroyance, incrédulité.
miscuglio [mis'kuʎʎo] (**-gli** pl.) m. mélange.
miserabile [mize'rabile] agg. misérable. | *una vita miserabile*, une existence misérable. | *uno stipendio miserabile*, un salaire misérable, de misère. | *un quartiere miserabile*, un quartier misérable, miséreux. || Spreg. sale, misérable. | *miserabile assassino*, sale assassin. ◆ m. misérable. || Lett. *I Miserabili*, les Misérables.
miserabilmente [mizerabil'mente], **miseramente** [mizera'mente] avv. misérablement.
miserando [mize'rando] agg. misérable, pitoyable, lamentable.
miserello [mize'rɛllo] m. malheureux, pauvret, pauvre diable (fam.).
miserere [mize'rɛre] m. invar. Relig. miserere.
miserevole [mize'revole] agg. misérable, lamentable, déplorable.
miseria [mi'zɛrja] f. **1.** [povertà estrema] misère, gêne, indigence, dèche (pop.), mouise (pop.). | *miseria nera*, misère noire. | *essere in miseria*, être dans la misère. | *cadere in miseria*, tomber dans la misère, dans la gêne. | *piangere miseria*, pleurer misère. | *paga da miseria*, salaire de misère. || [interiez. volg.] *per la miseria!*, misère ! || **2.** [condizione infelice] misère, chagrin m., malheur m. | *le umane miserie*, les misères, les malheurs des hommes. | *alleviare le miserie altrui*, soulager les misères, les chagrins d'autrui. | *raccontare le proprie miserie*, raconter ses misères, ses malheurs. || **3.** [scarsità, penuria] manque m., pénurie. | *c'è miseria di vino*, il y a pénurie, manque de vin. || **4.** [cose da poco] misère, bagatelle. | *l'ho avuto con una miseria*, je l'ai eu pour une misère, pour une bouchée de pain. || **5.** Bot. misère.
misericordia [mizeri'kɔrdja] f. miséricorde, pitié. | *chiedere misericordia*, demander miséricorde. | *essere senza misericordia*, être sans pitié. || Relig. *la misericordia divina*, la miséricorde de Dieu. | *le suore della Misericordia*, les sœurs de la Miséricorde. ◆ interiez. *misericordia!*, miséricorde !
misericordiosamente [mizerikordjosa'mente] avv. miséricordieusement.
misericordioso [mizerikor'djoso] agg. miséricordieux.
misero ['mizero] agg. **1.** [infelice] misérable, malheureux. | *condurre una misera vita*, mener une existence misérable. || **2.** [povero] pauvre, misérable. | *una misera stanza*, une chambre misérable. || **3.** [di vestiti] pauvre, étriqué. | *una giubba misera*, une veste étriquée. || **4.** [insufficiente] misérable, maigre. | *un misero stipendio*, un misérable salaire. | *un misero raccolto*, une maigre récolte. || **5.** [meschino] misérable, honteux, mesquin, piètre. | *è un misero individuo*, c'est un misérable individu ; c'est un individu mesquin. | *è una misera scusa*, c'est une piètre excuse. | *fare una misera figura*, faire (une) piteuse, (une) piètre figure.
miserrimo [mi'zɛrrimo] agg. superl. ass. très misérable.
misfatto [mis'fatto] m. crime, forfait.
misirizzi [misi'rittsi] m. inv. Giochi poussa(n). || Fig. girouette f.
misoginia [mizodʒi'nia] f. misogynie.
misogino [mi'zɔdʒino] agg. e m. misogyne.
missaggio [mis'saddʒo] (**-gi** pl.) m. Cin. mixage.
missile ['missile] m. Mil. missile, fusée f., engin.
missilistica [missi'listika] f. fuséologie.
missione [mis'sjone] f. mission.
missiva [mis'siva] f. missive.
misteriosamente [misterjosa'mente] avv. mystérieusement.
misteriosità [misterjosi'ta] f. mystérieux m.
misterioso [miste'rjoso] agg. mystérieux. || Fam. *non fare il misterioso*, ne fais pas le cachotier.
mistero [mis'tɛro] m. mystère. | *questo ragazzo è un mistero*, ce garçon est un mystère. | *pochi misteri!*, pas tant de mystères ! || Relig. *i misteri della Fede*, les mystères de la Foi. || Stor. *i misteri eleusini*, les mystères d'Éleusis. || Lett. mystère.
mistica ['mistika] (**-che** pl.) f. mystique.
misticamente [mistika'mente] avv. mystiquement.
misticismo [misti'tʃizmo] m. mysticisme.
misticità [mistitʃi'ta] f. mysticité.
mistico ['mistiko] (**-ci** m. pl.) agg. e m. mystique.
mistificare [mistifi'kare] v. tr. mystifier, duper.
mistificatore [mistifika'tore] (**-trice** f.) m. mystificateur, trice.
mistificazione [mistifikat'tsjone] f. mystification, duperie.
misto ['misto] agg. **1.** mixte. | *matrimonio misto*, mariage mixte. | *scuola mista*, école mixte. | *classe mista*, classe mixte. || Culin. *insalata mista*, salade composée. | *gelato misto*, glace panachée. | *fritto misto* = assortiment de beignets salés. | *antipasto misto*, hors-d'œuvre variés. || Sport [tennis] *doppio misto*, double mixte. || **2.** [mescolato] mélangé, mêlé. | *vino misto ad acqua*, vin mélangé à de l'eau. | *colori misti*, couleurs mélangées. | *razza mista*, race mélangée. | *sangue misto*, sang mêlé. || Tess. *stoffa mista*, étoffe mélangée. | *misto lana*, mi-laine. | *misto lino*, métis. ◆ m. mélange.
mistrà [mis'tra] m. [liquore] anisette f.
mistura [mis'tura] f. mélange m. || Farm. mixture. || Spreg. mixture.
misura [mi'zura] f. **1.** [quantità, grandezza] mesure. | *misura metrica*, mesure métrique. | *misura di lunghezza, di superficie, di volume*, mesure de lon-

gueur, de superficie, de volume. ‖ FIG. *usare due pesi e due misure*, employer deux poids et deux mesures. | *passare la misura*, passer la mesure. | *la misura è colma*, la mesure est comble. | *mostrare la propria misura*, donner sa mesure. ‖ **2.** [di abiti] taille, mesure ; [di scarpe] pointure. | *questa gonna non è della mia misura*, cette jupe n'est pas à ma taille. | *prendere le misure*, prendre les mesures. | *fatto su misura*, fait sur mesure. | *di che misura sono le sue scarpe ?*, quelle pointure chaussez-vous ? quelle est votre pointure ? | *guanti di ogni misura*, gants de toutes les pointures. ‖ **3.** [decisione, provvedimento] mesure. | *prendere delle misure appropriate*, prendre des mesures appropriées. ‖ **4.** [moderazione] mesure, modération. | *passare la misura*, passer la mesure. | *senza misura*, sans mesure. | *non avere né modo né misura*, manquer de mesure, de modération. ‖ **5.** MUS., POES. mesure. | *battere la misura*, battre la mesure. ‖ **6.** SPORT [scherma] mesure. | *chiudere la misura*, serrer la mesure. ‖ **7.** LOC. [avv.] *oltre misura*, outre mesure. | *fuori di ogni misura*, au-delà de toute mesure. | *di stretta misura*, de justesse. ‖ [cong.] *a misura che*, à mesure que. | *nella misura in cui*, dans la mesure où.

misurabile [mizu'rabile] agg. mesurable.

misurabilità [mizurabili'ta] f. mesurabilité.

misurare [mizu'rare] v. tr. mesurer. | *misurare una distanza*, mesurer une distance. | *misurare col metro*, mesurer au mètre, métrer. | *misurare la temperatura*, prendre la température. ‖ [provare indumenti] essayer. | *misurare una gonna*, essayer une jupe. ‖ FIG. mesurer, bien peser, modérer. | *misurare le parole*, mesurer ses paroles. ‖ FAM. *misurare un ceffone*, flanquer une gifle. ‖ [giudicare] mesurer, juger. ‖ [limitare] mesurer, limiter. ◆ v. rifl. se mesurer. ‖ FIG. *misurarsi con qlcu.*, se mesurer avec qn.

misuratamente [mizurata'mente] avv. avec mesure, modérément.

misurato [mizu'rato] agg. mesuré, modéré. | *a passi misurati*, à pas mesurés. | *con un tono misurato*, d'un ton mesuré. | *essere misurato nel bere*, être modéré dans la boisson.

misuratore [mizura'tore] m. mesureur.

misurazione [mizurat'tsjone] f. mesurage m. ; [col metro] métrage m. ; [di un terreno] mesurage m., arpentage m.

misurino [mizu'rino] m. doseur, (petite) mesure f.

mite ['mite] agg. PR. e FIG. doux. | *il tempo è mite*, il fait doux. | *un carattere mite*, un caractère doux. ‖ [modico] modéré. | *prezzi miti*, prix modérés. | *affitto mite*, loyer modéré.

mitemente [mite'mente] avv. doucement.

mitezza [mi'tettsa] f. douceur ; [di prezzi] modicité.

mitico ['mitiko] (**-ci** m. pl.) agg. mythique.

mitigabile [miti'gabile] agg. adoucissable ; qu'on peut mitiger, soulager.

mitigare [miti'gare] v. tr. mitiger, adoucir, apaiser. | *mitigare una pena*, mitiger une peine. | *mitigare una critica*, adoucir une critique. | *mitigare un dolore*, apaiser une douleur. ◆ v. rifl. se mitiger, s'adoucir, s'apaiser. | *il freddo s'è mitigato*, le froid s'est adouci. | *il vento s'è mitigato*, le vent s'est apaisé, s'est calmé.

mitigazione [mitigat'tsjone] f. adoucissement m., apaisement m. ; [di pena] mitigation.

mitilo ['mitilo] m. ZOOL. mytilus, moule f. (L.C.).

mito ['mito] m. mythe.

mitologia [mitolo'dʒia] f. mythologie.

mitologico [mito'lɔdʒiko] (**-ci** m. pl.) agg. mythologique.

mitomane [mi'tɔmane] m. PSIC. mythomane.

mitomania [mitoma'nia] f. PSIC. mythomanie.

1. mitra ['mitra] f. RELIG. mitre.

2. mitra ['mitra] m. invar. MIL. mitraillette f.

mitraglia [mi'traʎʎa] f. MIL. mitraille.

mitragliamento [mitraʎʎa'mento] m. mitraillage.

mitragliare [mitraʎ'ʎare] v. tr. MIL. e FIG. mitrailler. | *mitragliare di domande*, mitrailler de questions.

mitragliata [mitraʎ'ʎata] f. MIL. mitraillade.

mitragliatore [mitraʎʎa'tore] (**-trice** f.) agg. mitrailleur. | *fucile mitragliatore*, fusil mitrailleur. ◆ m. MIL. mitrailleur.

mitragliatrice [mitraʎʎa'tritʃe] f. MIL. mitrailleuse. | *pistola mitragliatrice*, mitraillette. ‖ FIG. *parla come una mitragliatrice*, il parle comme un moulin.

mitragliera [mitraʎ'ʎɛra] f. MIL. mitrailleuse.

mitragliere [mitraʎ'ʎɛre] m. MIL. mitrailleur.

mitrale [mi'trale] agg. ANAT. mitral.

mitrato [mi'trato] agg. RELIG. mitré. | *abate mitrato*, abbé mitré. ◆ m. [raro] prélat.

mittente [mit'tɛnte] m. expéditeur, envoyeur. | *respingere al mittente*, retourner à l'expéditeur.

mnemonico [mne'mɔniko] (**-ci** m. pl.) agg. mnémonique.

1. mo' [mɔ] m. [apocope di MODO] (solo nella loc. avv.) *a mo' d'esempio*, comme exemple, en guise, à titre d'exemple.

2. mo' [mɔ, mo] avv. ANT. e RÉGION. V. ADESSO.

1. mobile ['mɔbile] agg. PR. mobile, mouvant. | *lineamenti mobili*, traits mobiles. | *sabbie mobili*, sables mouvants. | *scala mobile*, escalier roulant. ‖ FIG. instable, capricieux, changeant. ‖ ECON. *scala mobile*, échelle mobile. ‖ GIUR. *beni mobili*, biens meubles. | *ricchezza mobile*, richesse mobilière. ‖ MED. *rene mobile*, rein flottant. ‖ MIL. *guardia mobile*, garde mobile. | *truppe mobili*, troupes mobiles. ‖ RELIG. *feste mobili*, fêtes mobiles. ‖ TIP. *caratteri mobili*, caractères mobiles. ◆ m. FIS. mobile. | *movimento, massa di un mobile*, mouvement, masse d'un mobile. ‖ GIUR. *sequestro di (beni) mobili*, saisie mobilière.

2. mobile ['mɔbile] m. meuble. | *mobili antichi*, meubles anciens. | *mobili da giardino*, meubles de jardin.

mobilia [mo'bilja] f. mobilier m., meubles m. pl.

1. mobiliare [mobi'ljare] agg. ECON., GIUR. mobilier. | *proprietà mobiliare*, propriété mobilière. | *effetti mobiliari*, effets mobiliers. | *valori mobiliari*, valeurs mobilières.

2. mobiliare [mobi'ljare] v. tr. meubler.

mobiliato [mobi'ljato] agg. meublé, garni.

mobiliere [mobi'ljɛre] m. fabricant, marchand de meubles.

mobilificio [mobili'fitʃo] (**-ci** pl.) m. fabrique (f.) de meubles.

mobilio [mo'biljo] m. V. MOBILIA.

mobilità [mobili'ta] f. mobilité. | *mobilità del viso*, mobilité du visage. ‖ FIG. mobilité, inconstance, instabilité.

mobilitare [mobili'tare] v. tr. mobiliser.

mobilitazione [mobilitat'tsjone] f. mobilisation.

mobilizzare [mobilid'dzare] v. tr. CHIR. mobiliser.

mobilizzazione [mobiliddzat'tsjone] f. CHIR. mobilisation.

moca ['mɔka] m. [caffè] moka.

mocassino [mokas'sino] m. mocassin.

moccichino [mottʃi'kino] m. (fam.) [fazzoletto] mouchoir (L.C.).

moccicoso [mottʃi'koso] agg. (fam.) morveux.

moccio ['mottʃo] m. morve f.

moccione [mot'tʃone] m. morveux.

moccioso [mot'tʃoso] agg. e m. morveux.

moccolo ['mɔkkolo] m. **1.** [mozzicone di candela] bout de bougie, bout de chandelle, lumignon. ‖ FIG. *reggere, tenere il moccolo*, tenir la chandelle. ‖ **2.** POP. [bestemmia] juron (L.C.). ‖ **3.** [muco nasale] morve f.

moda f. mode. | *moda maschile, femminile*, mode masculine, féminine. | *alta moda*, haute couture. | *essere, andare di moda*, être à la mode. | *passare di moda*, passer de mode. | *colore di moda*, couleur mode. | *passato di moda, fuori moda*, démodé, passé de mode. ◆ pl. *negozio di mode*, magasin de modes, magasin de nouveautés. | *casa di mode*, maison de modes.

modale [mo'dale] agg. FILOS., LING., MUS. modal.

modalità [modali'ta] f. modalité f.

modanare [moda'nare] v. tr. ARCHIT. moulurer.

modanatura [modana'tura] f. ARCHIT. modénature, moulure, listel m.

modano ['mɔdano] m. ARCHIT. [sagoma] module. ‖ TESS. [strumento per tessere reti] navette f.

modella [mo'dɛlla] f. modèle m. ‖ [di moda] mannequin m.

modellabile [model'labile] agg. qui peut être modelé.

modellamento [modella'mento] m. modelage.

modellare [model'lare] v. tr. **1.** ARTI [conferire una forma] modeler. | *modellare un viso,* modeler un visage. | *modellare una statua,* modeler une statue. | *cera da modellare,* cire à modeler. || [in uno stampo] mouler. | *modellare una mano in gesso,* mouler une main en plâtre. || **2.** FIG. modeler, mouler. ◆ v. rifl. se modeler, se mouler.

modellato [model'lato] agg. e m. ARTI modelé.

modellatore [modella'tore] (**-trice** f.) m. modeleur, euse. || [modellista] modéliste.

modellatura [modella'tura] f. modelage m., moulage m.

modellino [model'lino] m. modèle réduit. || TECN. maquette f.

modellismo [model'lizmo] m. modélisme.

modellista [model'lista] (**-i** m. pl.) m. e f. [modellatore] modeleur. || [moda] modéliste. || TECN. maquettiste.

modellistica [model'listika] f. modélisme m.

modello [mo'dɛllo] m. **1.** [punto di riferimento] modèle. | *copiare, seguire un modello,* copier, suivre un modèle. | *dare, proporre come modello,* donner comme modèle, donner en exemple. || FIG. *è un modello di virtù, di generosità,* c'est un modèle de vertu, de générosité. || **2.** [esemplare, tipo] modèle. | *nuovo modello,* modèle nouveau. | *modello corrente,* modèle courant. | *fucile vecchio modello,* fusil d'ancien modèle. || ARTI *disegno da modello,* dessin d'après modèle. | *dipingere senza modello,* peindre de chic, d'imagination. || GIUR. *modello brevettato, depositato, registrato,* modèle breveté, déposé, enregistré. | *modello di fabbricazione,* modèle de fabrique. || **3.** [a scala ridotta] modèle ; [bozzetto, plastico] maquette f. | *modello a scala ridotta al 1/1000,* modèle réduit au 1/1000. | *modello di un edificio,* maquette d'un édifice. || **4.** [manichino] mannequin. || [di stoffa e carta] patron. ◆ agg. modèle. | *un comportamento modello,* une conduite modèle. | *campione modello,* échantillon modèle.

modenese [mode'nese] agg. e n. modénais, e.

moderabile [mode'rabile] agg. qu'on peut modérer.

moderare [mode'rare] v. tr. modérer, tempérer, adoucir, calmer. | *moderare il fuoco,* modérer le feu. | *moderare il calore,* modérer, tempérer la chaleur. | *moderare i prezzi,* modérer les prix. | *moderare la collera,* modérer, calmer sa colère. | *moderare le spese,* modérer ses dépenses. | *moderare una pena,* adoucir une peine. | *moderare il tono della voce,* baisser le ton. | *moderare le proprie esigenze,* mettre de l'eau dans son vin (fam.). ◆ v. rifl. se modérer. | *non può moderarsi,* il ne peut pas se modérer. | *il vento s'è moderato,* le vent s'est modéré, s'est calmé.

moderatamente [moderata'mente] avv. modérément.

moderatezza [modera'tettsa] f. modération.

moderato [mode'rato] agg. modéré. || POLIT. *partito moderato,* parti modéré. ◆ avv. MUS. moderato. | *moderato cantabile,* moderato cantabile. ◆ m. modéré.

moderatore [modera'tore] (**-trice** f.) m. modérateur, trice.

moderazione [moderat'tsjone] f. modération. | *dar prova di moderazione,* faire preuve de modération. | *moderazione nel mangiare e nel bere,* modération dans le boire et le manger.

modernamente [moderna'mente] avv. **1.** de façon moderne. || **2.** [attualmente] actuellement, de nos jours.

modernismo [moder'nizmo] m. RELIG. modernisme.

modernista [moder'nista] (**-i** m. pl.) agg. e n. RELIG. moderniste.

modernistico [moder'nistiko] (**-ci** m. pl.) agg. RELIG. moderniste.

modernità [moderni'ta] f. modernité.

modernizzare [modernid'dzare] v. tr. moderniser. ◆ v. rifl. se moderniser.

moderno [mo'dɛrno] agg. moderne. | *l'età moderna,* l'époque moderne. | *tempi moderni,* temps modernes. | *lingue moderne,* langues modernes. ◆ m. moderne. | *l'antico e il moderno,* l'antique et le moderne. | *i moderni,* les modernes.

modestamente [modesta'mente] avv. modestement.

modestia [mo'dɛstja] f. modestie. | *falsa modestia,* fausse modestie. || FAM. *modestia a parte, lo farei meglio di te,* sans me vanter, je le ferais mieux que toi.

modesto [mo'dɛsto] agg. modeste, effacé, humble, simple. | *un uomo modesto,* un homme modeste, effacé. | *sei troppo modesto,* tu es trop modeste, trop discret. | *è un regalo modesto,* c'est un modeste cadeau. | *prezzi modesti,* prix modérés. | *conduce una vita modesta,* il mène une vie modeste. | *secondo il mio modesto parere,* à mon humble avis.

modicità [moditʃi'ta] f. modicité.

modico ['mɔdiko] (**-ci** m. pl.) agg. modique, modéré, modeste. | *prezzi modici,* prix modiques. | *paga modica,* salaire modique, modeste.

modifica [mo'difika] f. modification.

modificabile [modifi'kabile] agg. modifiable.

modificare [modifi'kare] v. tr. modifier, changer. | *modificare una legge,* modifier une loi. | *modificare uno statuto,* modifier un statut. | *modificare il proprio itinerario,* changer d'itinéraire, modifier son itinéraire. | *modificare la rotta,* changer de route. ◆ v. rifl. se modifier, changer, varier.

modificatore [modifika'tore] (**-trice** f.) agg. e m. modificateur, trice.

modificazione [modifikat'tsjone] f. modification.

modiglione [modiʎ'ʎone] m. ARCHIT. modillon.

modista [mo'dista] f. modiste.

modisteria [modiste'ria] f. boutique de modiste, magasin (m.) de modes.

modo ['mɔdo] m. **1.** [maniera d'essere, di agire] manière f., façon f., mode. | *modo di vivere,* manière, façon de vivre ; mode de vie. | *modo di pensare,* manière de penser, mode de pensée. | *agire in modo brutale,* agir de façon brutale. | *è un modo di parlare,* c'est une façon de parler. || LOC. [avv.] *in questo modo,* de cette manière, de cette façon. | *nel modo seguente,* de la manière suivante. | *nel modo più piacevole,* de la manière la plus agréable. | *in mille modi,* de mille façons. | *in ogni modo possibile,* de toutes manières possibles. | *ad ogni modo,* de toute façon, quoi qu'il en soit, en tout état de cause. | *in un modo o nell'altro,* d'une manière ou d'une autre, n'importe comment. | *in nessun modo,* en aucune manière, en aucun cas. | *a proprio modo,* à sa manière, à sa façon, à sa fantaisie, à sa guise. | *nel migliore modo,* pour le mieux. | *in tal modo,* de telle manière, de la sorte. | *in qualunque modo,* de n'importe quelle manière. **2.** [mezzo] mode, moyen. | *modo di pagamento,* mode de paiement. | *non c'è modo di convincerlo,* il n'y a pas moyen de le convaincre. | *ho tentato ogni modo,* j'ai essayé tous les moyens. | *non trovo modo di farlo venire da noi,* je ne trouve pas moyen de le faire venir chez nous. | *non ho avuto modo di farlo,* je n'ai pas pu le faire. || **3.** [contegno] manière f., façon f. | *i suoi modi mi irritano,* ses manières, ses façons m'agacent. | *avere bei modi,* avoir bonne façon. | *imparare i bei modi,* apprendre les belles façons. | *avere dei brutti modi,* avoir de mauvaises manières. | *che modi!,* en voilà des manières ! | *mi ha accolto in malo modo,* il m'a mal reçu. | *lo hanno trattato in malo modo,* on l'a traité de façon désagréable. || **4.** [espressione] expression f., tournure f., locution f. | *modo familiare,* expression familière. | *è un modo lombardo,* c'est une expression, une locution lombarde. || **5.** GRAMM. mode. | *modo indicativo,* mode indicatif. | *avverbio di modo,* adverbe de manière. || **6.** MUS. mode. | *modo maggiore, modo minore,* mode majeur, mode mineur. ◆ loc. prep. ***al modo di,*** à la manière, à la façon de. ◆ loc. cong. ***in modo da,*** de manière, de façon à. || ***in modo tale che, di modo che,*** de (telle) manière que, de façon que, en sorte que.

1. modulare [modu'lare] v. tr. moduler.

2. modulare [modu'lare] agg. ARCHIT. modulaire.

modulato [modu'lato] agg. modulé. | *suono modulato,* son modulé.

modulatore [modula'tore] (**-trice** f.) m. TELECOM. modulateur, trice.

modulazione [modulat'tsjone] f. modulation.

modulo ['mɔdulo] m. AMM. formule f., formulaire, imprimé. | *compilare un modulo di ordinazione,* remplir un formulaire de commande. | *modulo per telegramma,* formule de télégramme. || ARCHIT. module. || [astronautica] *modulo lunare,* module lunaire. || FIN.

modulo per la dichiarazione dei redditi, feuille (f.) d'impôts. ‖ MAT. module.
moffetta [mof'fetta] f. ZOOL. mouffette.
mogano ['mɔgano] m. acajou.
moggio ['mɔddʒo] (**-gi** pl.) m. boisseau. ‖ FIG. *mettere la fiaccola sotto il moggio*, mettre la lumière sous le boisseau.
mogio ['mɔdʒo] (**-gi** m. pl.) agg. mortifié, penaud. | *essere mogio, mogio*, baisser l'oreille (fam.). | *restare tutto mogio*, rester tout penaud, rester capot (fam.).
moglie ['moʎʎe] f. femme, épouse (giur. e iron.), moitié (fam.), bourgeoise (pop.). | *ecco mia moglie*, voilà ma femme. | *è una moglie perfetta*, c'est une épouse parfaite. | *prendere moglie*, se marier, prendre femme. | *chiedere in moglie*, demander en mariage. | *aver moglie*, être marié. ‖ LOC. FIG. *trovare la moglie adatta*, trouver chaussure à son pied (fam.). ‖ PROV. *moglie e buoi dai paesi tuoi*, prends ta femme dans le village et tes bœufs dans le voisinage.
moicano [moi'kano] agg. e n. mohican.
moina [mo'ina] f. cajolerie, câlinerie. | *far moine*, faire le câlin, faire câlin, faire des mamours (fam.), minauder.
mola ['mɔla] f. meule. | *mola da mulino*, meule de moulin. ‖ [per arrotare la falce] pierre à aiguiser. | *mola a smeriglio*, meule-émeri. | *mola abrasiva*, meule abrasive.
1. molare [mo'lare] agg. [da mola] meulier. ◆ m. ANAT. molaire f.
2. molare [mo'lare] agg. CHIM., FIS. molaire. | *massa molare*, masse molaire.
3. molare [mo'lare] v. tr. [arrotare] aiguiser. ‖ [smerigliare] biseauter, polir.
molatrice [mola'tritʃe] f. TECN. machine à meuler.
molatura [mola'tura] f. TECN. meulage m. ‖ [di vetro] biseautage m.
moldavo [mol'davo] agg. e n. moldave.
1. mole ['mɔle] f. masse, quantité, volume m. | *un'enorme mole d'acqua, di terra*, une énorme masse d'eau, de terre. | *ho una grande mole di lavoro*, j'ai une grande quantité de travail. | *lavoro di gran mole*, travail de longue haleine. ‖ ARCHIT. *la mole Antonelliana*, le môle d'Antonelli.
2. mole ['mɔle] f. CHIM. mole.
molecola [mo'lɛkola] f. CHIM., FIS. molécule.
molecolare [moleko'lare] agg. FIS., CHIM. moléculaire.
molestamente [molesta'mente] avv. importunément, fâcheusement.
molestare [moles'tare] v. tr. importuner, inquiéter, ennuyer, molester (lett.). | *non molestatemi con le vostre chiacchiere*, ne m'importunez pas avec votre bavardage. | *il rumore lo molesta*, le bruit l'inquiète, le dérange. ‖ [tormentare] tourmenter, harceler. | *quei bambini molestano il tuo cane*, ces enfants tourmentent ton chien.
molestatore [molesta'tore] (**-trice** f.) m. importun, e.
molestia [mo'lɛstja] f. ennui m., désagrément m., molestation. | *le molestie della vita*, les ennuis de la vie. | *recare molestia*, agacer, importuner, ennuyer.
molesto [mo'lɛsto] agg. importun, ennuyeux, fâcheux, fastidieux. | *persona molesta*, fâcheux (antiq.), importun. | *premura molesta*, assiduité importune, importunité. | *pensieri molesti*, pensées importunes. | *ho paura di essere molesto*, je crains d'être importun.
molibdeno [molib'dɛno] m. CHIM. molybdène.
molinismo [moli'nizmo] m. STOR. RELIG. molinisme.
molinista [moli'nista] (**-i** m. pl.) m. e f. STOR. RELIG. moliniste.
molino [mo'lino] m. V. MULINO.
molitorio [moli'tɔrjo] (**-i** m. pl.) agg. meunier.
molitura [moli'tura] f. mouture.
molla ['mɔlla] f. MECC. ressort m. | *molla a spirale*, ressort à boudin. | *molla a balestra*, ressort à lame. | *molla di richiamo*, ressort de rappel. | *coltello a molla*, couteau à cran (m.) d'arrêt. | *orecchino a molla*, clip. | *tendere una molla*, tendre un ressort. | *caricare una molla*, remonter un ressort. | *far scattare una molla*, faire jouer un ressort. ‖ FIG. ressort. | *scattare come una molla*, bondir comme un ressort. ◆ pl. [per il fuoco] pincettes. ‖ FIG. *lo si deve prendere con le molle*, il faut le prendre avec des pincettes.
mollare [mol'lare] v. tr. lâcher. | *mollare la presa*, lâcher prise. ‖ FIG. *mollare un avversario*, lâcher un adversaire. | *mollare la preda*, lâcher la proie. ‖ FAM. [assestare] lâcher, flanquer. | *mollare un pugno, una pedata*, lâcher, flanquer un coup de poing, un coup de pied. ‖ MAR. larguer. | *mollare gli ormeggi*, larguer les amarres. | *mollare le vele*, larguer les voiles. | *mollare l'ancora*, mouiller l'ancre. ◆ v. intr. céder, renoncer, caner (pop.). | *è un avversario che non molla*, c'est un adversaire qui ne cède pas.
molle ['mɔlle] agg. **1.** mou ; [davanti a voc. o h muta] mol. | *formaggio molle*, fromage mou. | *neve molle*, neige molle. ‖ FIG. *tempo molle*, temps mou. | *carattere molle*, caractère mou, faible. | *è una pappa molle*, c'est une chiffe molle ; il est mou comme une chique (fam.). | *avere le gambe molli*, avoir les jambes molles. ‖ **2.** [bagnato] trempé, mouillé, baigné. | *molle di sudore*, trempé de sueur. | *mano molle di sudore*, main moite de sueur. | *prati molli di rugiada*, prés baignés de rosée. | *occhi molli di pianto*, yeux noyés de larmes. ◆ m. *mettere in molle*, faire tremper. | *camminare sul molle*, marcher sur un terrain mouillé.
molleggiamento [molleddʒa'mento] m. élasticité f. ‖ AUTOM. suspension f.
molleggiare [molled'dʒare] v. intr. être élastique, souple. | *questa poltrona molleggia bene*, ce fauteuil est très élastique, très souple. ◆ v. rifl. [muoversi con elasticità] marcher avec souplesse. ‖ *molleggiarsi sulle ginocchia*, fléchir les genoux. ‖ [di donna che cammina ancheggiando] se dandiner.
molleggiato [molled'dʒato] agg. [di divano, poltrona, ecc.] élastique, souple, confortable. ‖ [di andatura] élastique, souple.
molleggio [mol'leddʒo] (**-gi** pl.) m. [di veicolo] suspension f. ‖ [di divano, poltrona, ecc.] ressorts pl.
mollemente [molle'mente] avv. mollement. ‖ [debolmente] faiblement. ‖ [languidamente] languissamment.
molletta [mol'letta] f. **1.** [piccola molla] petit ressort m. ‖ **2.** [da bucato] épingle à linge, fichoir m. ‖ **3.** [da capelli] barrette, pince pour cheveux. ◆ pl. [per lo zucchero] pincettes, pince (sing.) à sucre ; [per il ghiaccio] pince (sing.) à glace.
mollettiera [mollet'tjɛra] f. molletière.
mollettone [mollet'tone] m. molleton.
mollezza [mol'lettsa] f. mollesse. | *la mollezza del suo viso*, la mollesse, l'atonie de son visage. ‖ FIG. mollesse, indolence, faiblesse. | *mollezza di carattere*, mollesse, faiblesse de caractère. | *vivere nelle mollezze*, vivre dans la mollesse.
mollica [mol'lika] f. mie.
molliccio [mol'littʃo] (**-ci** m. pl.) agg. **1.** mollet ; mollasse (spreg.). ‖ FIG. mollasse, veule. | *un ragazzo molliccio*, un garçon mollasse. ‖ **2.** [umidiccio] moite, détrempé. | *mani mollicce*, mains moites.
mollificare [mollifi'kare] v. tr. amollir, ramollir.
mollo ['mɔllo] agg. (pop. per molle) FIG. *è una pappa molla*, c'est une chiffe molle ; il est mou comme une chique (fam.). ◆ m. *mettere a mollo*, tremper, faire tremper.
mollusco [mol'lusko] (**-chi** pl.) m. ZOOL. mollusque.
molo ['mɔlo] m. MAR. môle ; [diga foranea] jetée f. ; [banchina] débarcadère, quai. | *molo di carico, di scarico*, quai de chargement, de déchargement.
molosso [mo'lɔsso] m. ZOOL. molosse. ‖ POES. molosse.
molteplice [mol'teplitʃe] agg. multiple ; [numeroso] nombreux ; [multiforme] multiforme. | *molteplici attività*, activités multiples. | *dopo molteplici incontri*, après de nombreuses rencontres. | *molteplice ingegno*, génie multiforme.
moltiplicare [moltipli'kare] v. tr. MAT. multiplier. | *moltiplicare un numero per se stesso*, multiplier un nombre par lui-même. | *otto moltiplicato otto*, huit multiplié par huit, huit fois huit. ‖ FIG. multiplier. | *moltiplicare gli sforzi, i tentativi*, multiplier les efforts, les tentatives. ◆ v. rifl. se multiplier, augmenter. | *gli uomini si sono moltiplicati*, les hommes se sont multipliés. | *gli incidenti si moltiplicano*, les accidents augmentent.

moltiplicatore [moltiplika'tore] (**-trice** f.) agg. e m. multiplicateur, trice.

moltiplicazione [moltiplikat'tsjone] f. MAT. multiplication. | *moltiplicazione di un numero per se stesso*, multiplication d'un nombre par lui-même. | *eseguire una moltiplicazione*, faire une multiplication. || RELIG. *moltiplicazione dei pani*, multiplication des pains. || FIG. multiplication, prolifération, augmentation. | *la moltiplicazione dei partiti politici*, la prolifération des partis politiques.

moltissimo [mol'tissimo] agg. superlat. [davanti a nome] une très grande quantité de, énormément de, infiniment de, un très grand nombre de. | *facciamo moltissimi errori*, nous faisons énormément de fautes, un très grand nombre de fautes. | *ha moltissimo coraggio*, il a un très grand courage. | *ha moltissimo successo*, il a un succès fou. | *c'era moltissima gente*, il y avait un monde fou. | *non viene più da moltissimo tempo*, il ne vient plus depuis très longtemps ; il y a très longtemps qu'il ne vient plus. | *sono (in) moltissimi*, ils sont très nombreux, en très grand nombre. ◆ pron. indef. un très grand nombre, une très grande quantité, une infinité, énormément. | *non ho più denaro perché ne ho speso moltissimo*, je n'ai plus d'argent parce que j'en ai dépensé énormément. | *moltissimi dicono che...*, un très grand nombre de personnes, de gens disent que... ; très nombreux sont ceux qui disent que... ◆ avv. énormément, infiniment. | *abbiamo riso moltissimo*, nous avons énormément ri. | *nevica moltissimo*, il neige énormément. | *ti ringrazio moltissimo*, je te remercie infiniment. ◆ m. RELIG. *l'Altissimo*, le Très-Haut.

moltitudine [molti'tudine] f. multitude, foule.

molto ['molto] agg. indef. beaucoup de ; bien du, de l', de la, des ; une grande quantité de ; un grand nombre de ; nombre de ; nombreux (pl.). | *molto denaro*, beaucoup d'argent. | *molti amici*, beaucoup d'amis. | *c'è molta neve*, il y a beaucoup de neige. | *ha molto tempo*, il dispose de beaucoup de temps. | *mi hanno fatto molto male*, on m'a fait bien du mal. | *molti altri potrebbero venire*, bien d'autres pourraient venir. | *abbiamo molte noie*, nous avons bien des ennuis. | *abbiamo letto molti libri questa estate*, cet été, nous avons lu une grande quantité de livres, un grand nombre de livres. | *molte grazie*, merci beaucoup. | *da molti anni*, depuis nombre d'années. | *da molto tempo*, depuis longtemps. | *t'ho atteso per molte ore*, je t'ai attendu pendant de longues heures. | *molto tempo prima, dopo*, longtemps avant, après. | *fra non molto tempo*, bientôt. | *la molta birra che beviamo*, la grande quantité de bière que nous buvons. | *i molti libri che leggiamo*, le grand nombre de livres que nous lisons. | *i miei molti amici*, mes nombreux amis. | *il molto lavoro che ha portato a termine*, le grand travail qu'il a accompli. | *la molta abilità che ha mostrato*, la grande habileté qu'il a montrée. | *fa molto freddo, molto caldo*, il fait très chaud, très froid. | *ha molta fame, molta sete*, il a très faim, très soif. | *ho molta voglia di farlo*, j'ai très envie, j'ai grande envie de le faire. | *ho molta fretta*, je suis très pressé. ◆ pron. indef. beaucoup. | *molti di noi*, beaucoup d'entre nous, nombre d'entre nous (lett.). | *molti dicono*, beaucoup (de personnes, de gens) disent. | *non ho amici in Francia, ma ne ho molti in Germania*, je n'ai pas d'amis en France, mais j'en ai beaucoup en Allemagne. ◆ avv. [davanti ad agg. o avv.] très, bien ; [davanti a comp. o con v.] beaucoup, bien. | *è molto attento*, il est très attentif. | *è molto donna*, elle est très femme. | *è molto lavoratore*, il est très travailleur. | *parla molto lentamente*, il parle très lentement. | *parla molto poco*, il parle très peu, bien peu. | *questo libro m'è piaciuto molto*, ce livre m'a beaucoup plu. | *leggiamo molto*, nous lisons beaucoup. | *ha studiato molto*, il a beaucoup étudié. | *non manca molto*, ce n'est pas loin. | *non ci manca molto da qui al paese*, il n'y a pas loin d'ici au village. | *gli scolari sono stati molto più attenti*, les élèves ont été beaucoup plus attentifs, bien plus attentifs. | *sta molto meglio*, il se porte bien mieux. | *ci supera di molto*, il nous dépasse de beaucoup. | *credersi da molto*, se prendre pour qch. | *è un uomo da molto*, c'est un homme de mérite. | *un po' molto*, un peu beaucoup (fam.). ◆ m. *il molto e il poco*, le peu et le beaucoup.

momentaneamente [momentanea'mente] avv. momentanément ; pour le moment.

momentaneo [momen'taneo] agg. momentané, passager.

momento [mo'mento] m. **1.** [frazione limitata di tempo] moment, instant, seconde f., minute f. | *un momento, prego !*, un moment, s'il vous plaît ! | *un momento, arrivo !*, un instant, j'arrive ! | *un momento, vengo subito !*, une minute, je viens ! | *aspettate un momento*, attendez un moment, une minute. | *è questione di un momento*, c'est l'affaire d'un instant. | *arriva fra un momento*, il va bientôt arriver ; il arrive dans un instant. | *s'è fermato per un momento*, il s'est arrêté (pendant) un instant, (pendant) une seconde. | *è arrivato un momento fa*, il est arrivé tout à l'heure. | *non perde un momento*, il ne perd pas un instant, un moment. | *non c'è un momento da perdere*, il n'y a pas un moment à perdre. | *non avere un momento per sé*, ne pas avoir un moment à soi. | *non avere un momento libero*, ne pas avoir un moment (de) libre. | *non posso trattenermi un momento di più*, je ne peux pas rester une minute de plus. | *l'abbiamo atteso fino all'ultimo momento*, nous l'avons attendu jusqu'à la dernière minute. | *abbiamo avuto un momento di distrazione*, nous avons eu une minute de distraction. || **2.** LOC. [avv.] *a momenti* : *a momenti viene*, il va bientôt arriver. | *dovrebbe partire a momenti*, il devrait partir d'un moment à l'autre. | *a momenti sembra che non ci ascolti*, parfois il semble qu'il ne nous écoute pas. | *a momenti perdevo il treno*, j'ai failli manquer le train. || *(a) ogni momento*, à chaque instant. | *al primo momento*, au début, au premier moment, tout d'abord. | *all'ultimo momento*, à la dernière minute. | *a un dato momento*, à un certain moment. | *a un momento stabilito*, à un moment donné. | *dal primo momento all'ultimo*, du début à la fin. | *di momento in momento*, d'une minute à l'autre. | *fino a quel momento*, jusque-là, jusqu'à ce moment, jusqu'alors. | *fin da questo momento*, à partir de cet instant. | *fin dal primo momento*, dès le premier instant. | *fra un momento*, dans un instant, bientôt. | *in ogni momento*, à tout instant, sans cesse. | *in questo momento*, en ce moment. | *in un momento*, en un moment, en un instant. | *nei momenti liberi*, aux moments libres, à mes (tes, ecc.) moments perdus. | *nei primi momenti*, au début. | *per il momento*, pour le moment. | *sul momento*, immédiatement, à l'instant. | *sul primo momento*, sur le moment, tout d'abord. | *tutti i momenti*, à tout moment. | *un momento fa*, à l'instant. || [prep.] *al momento di*, au moment de. || [cong.] *nello stesso momento in cui*, au moment même où, à l'instant précis où. | *nel momento in cui*, au moment où. | *dal momento che*, du moment que, dès l'instant que, puisque. || **3.** [situazione, circostanza, occasione] moment, instant, minute f., heure f. | *momenti buoni e cattivi*, bons et mauvais moments. | *è un brutto momento*, c'est un mauvais moment. | *è il momento giusto, è il momento buono*, c'est le bon moment. | *cogliere il momento giusto*, saisir le bon moment. | *è un momento decisivo*, c'est un moment décisif. | *aspettare il momento favorevole*, attendre le moment favorable. | *attraversare dei momenti critici*, traverser des heures critiques. | *i grandi momenti della vita, della storia*, les grands moments de la vie, de l'histoire. | *il gran momento è giunto*, le grand moment est arrivé. | *momento di disagio*, moment de gêne. | *è il momento di parlare*, c'est le moment de parler. | *non è il momento di ridere*, ce n'est pas le moment de rire. | *approfittare del momento*, profiter du moment. | *il momento della verità*, la minute de vérité. | *non vedo il momento di*, il me tarde de. || **4.** FIS. moment. || MUS. moment.

monaca ['mɔnaka] (**-che** pl.) f. RELIG. religieuse, sœur, nonne (fam.). | *monaca di clausura*, moniale, religieuse cloîtrée. | *farsi monaca*, se faire religieuse, prendre le voile, entrer au couvent.

monacale [mona'kale] agg. monacal.

monacare [mona'kare] v. tr. (raro) RELIG. faire entrer au couvent. ◆ v. rifl. RELIG. entrer au couvent, entrer dans les ordres.

monacato [mona'kato] m. RELIG. état monastique.
monachesimo [mona'kɛzimo] m. RELIG. monachisme.
monachina [mona'kina] f. RELIG. nonnette. ‖ ZOOL. avocette. ◆ pl. FAM. étincelles (L.C.).
monachismo [mona'kizmo] m. V. MONACHESIMO.
monaco ['mɔnako] (**-ci** pl.) m. **1.** RELIG. moine, religieux. | *monaco mendicante*, moine mendiant. | *monaco sfratato*, moine défroqué. | *farsi monaco*, se faire moine, entrer au couvent. ‖ PROV. *l'abito non fa il monaco*, l'habit ne fait pas le moine. ‖ **2.** [scaldaletto] moine, chauffe-lit. ‖ **3.** ARCHIT. poinçon. ‖ **4.** ZOOL. moine.
monade ['mɔnade] f. FILOS. monade.
monadismo [mona'dizmo] m. FILOS. monadisme.
monadologia [monadolo'dʒia] f. FILOS. monadologie.
monarca [mo'narka] (**-chi** pl.) m. monarque.
monarchia [monar'kia] f. monarchie.
monarchico [mo'narkiko] (**-ci** m. pl.) agg. monarchique ; [fautore della monarchia] monarchiste, royaliste. | *potere monarchico*, pouvoir monarchique. | *movimento monarchico*, mouvement monarchiste, royaliste. ◆ m. monarchiste, royaliste.
monarchismo [monar'kizmo] m. monarchisme.
monastero [monas'tɛro] m. RELIG. monastère.
monasticamente [monastika'mente] avv. monastiquement.
monastico [mo'nastiko] (**-ci** m. pl.) agg. monastique.
monatto [mo'natto] m. STOR. « monatto », croque-mort (fam.).
moncherino [monke'rino] m. moignon.
monco ['monko] (**-chi** m. pl.) agg. manchot. ‖ FIG. imparfait, incomplet. ◆ m. manchot.
moncone [mon'kone] m. moignon. ‖ [di oggetto] tronçon. | *moncone di una colonna*, tronçon d'une colonne.
monda ['monda] f. AGR. nettoyage m.
mondana [mon'dana] f. prostituée.
mondanità [mondani'ta] f. mondanité.
mondano [mon'dano] agg. [terreno] terrestre, de ce monde. ‖ [di società] mondain. | *riunioni mondane*, réunions mondaines.
mondare [mon'dare] v. tr. monder. | *mondare l'orzo*, monder de l'orge. ‖ [estirpare le cattive erbe] nettoyer. ‖ [tagliare i polloni inutili di una pianta] émonder. ‖ [sbucciare] éplucher, peler. ‖ FIG. purifier. ◆ v. rifl. se purifier.
mondariso [monda'riso] m. inv. repiqueur. ‖ f. invar. repiqueuse.
mondatore [monda'tore] (**-trice** f.) m. éplucheur, euse ; sarcleur, euse.
mondatura [monda'tura] f. [azione del ripulire] nettoyage m. ‖ [asportazione dei polloni inutili] émondage m., émondement m. ‖ [azione di sbucciare] épluchage m. ‖ [bucce] épluchures pl., pelures pl.
mondezzaio [mondet'tsajo] m. fosse (f.) à ordures. ‖ [letamaio] fumier. ‖ FIG. fumier, écurie f., porcherie f.
mondiale [mon'djale] agg. mondial. | *politica mondiale*, politique mondiale. ‖ SPORT *campionati mondiali*, championnats du monde.
mondina [mon'dina] f. AGR. repiqueuse, éplucheuse de riz.
1. mondo ['mondo] agg. [liberato dalla buccia] épluché, pelé. ‖ (lett.) propre (L.C.). ‖ FIG. pur. ‖ RELIG. *animali mondi e immondi*, animaux mondes et immondes.
2. mondo ['mondo] m. **1.** [Terra, universo] monde, Terre f., univers. | *il mondo sensibile*, le monde sensible. | *le origini del mondo*, les origines du monde, de l'univers. | *la fine del mondo*, la fin du monde. | *vecchio come il mondo*, vieux comme le monde. | *il mondo è tondo*, la Terre est ronde. | *fare il giro del mondo*, faire le tour du monde. | *non è in capo al mondo*, ce n'est pas au bout du monde. | *cittadino del mondo*, citoyen du monde, de l'univers. | *a questo mondo*, sur cette terre, en ce monde. | *in tutto il mondo*, dans le monde entier. ‖ [vita] *venire al mondo*, venir au monde, naître. | *mettere al mondo*, mettre au monde. ‖ PER EST. *il mondo antico*, l'ancien monde. | *il Vecchio, il Nuovo Mondo*, le Vieux, le Nouveau Monde. | *l'altro mondo, il mondo dei più*, l'autre monde. | *il mondo dell'arte*, le monde de l'art. | *il mondo animale*, le monde animal. | *il mondo degli affari*, le monde des affaires. ‖ FIG. *un mondo da esplorare*, un monde à explorer. | *avere delle idee dell'altro mondo*, avoir des idées de l'autre monde. ‖ [esclam.] POP. *porco mondo !*, *mondo cane !*, *mondo boia !*, chienne de vie ! ‖ LOC. *divertirsi un mondo*, s'en donner à cœur joie. | *non è poi la fine del mondo*, ce n'est pas la mer à boire. | *da che mondo è mondo*, de toute éternité. | *girare mezzo mondo*, rouler sa bosse partout (fam.). | *essere fuori dal mondo*, ne pas avoir les pieds sur terre. | *vivere nel mondo della luna*, vivre dans les nuages. | *per niente al mondo*, pour rien au monde. | *per tutto l'oro del mondo*, pour tout l'or du monde. | *è il mondo alla rovescia*, c'est le monde à l'envers. | *così va il mondo*, ainsi va le monde. | *è la persona più buona del mondo*, c'est le meilleur homme du monde. | *tutto il mondo è paese*, c'est la même chose partout. ‖ **2.** [uomini, società, ambiente] monde. | *vivere nel mondo*, vivre dans le monde. | *ritirarsi dal mondo*, se retirer du monde, quitter le monde. | *il cristianesimo ha rivoluzionato il mondo*, le christianisme a révolutionné le monde, l'humanité. | *appartengono allo stesso mondo*, ils sont du même monde, du même milieu. | *gli uomini aspettano sempre un mondo migliore*, les hommes s'attendent toujours à un monde meilleur, à une société meilleure. | *entrare nel mondo*, entrer dans le monde. | *il gran mondo, il bel mondo*, le grand monde, le beau monde. | *uomo, donna di mondo*, homme, femme du monde. | *il gran mondo parigino*, le Tout-Paris. | *agli occhi del mondo*, aux yeux du monde. ‖ **3.** FAM. [gran quantità] monde, foule f., tas. | *un mondo di gente*, un monde fou, une foule énorme. | *un mondo di stupidaggini*, un tas de sottises. | *ci siamo divertiti un mondo*, on s'est follement amusé. ‖ **4.** GIOCHI marelle f.
monegasco [mone'gasko] (**-chi** m. pl.) agg. e m. monégasque m. e f.
monella [mo'nɛlla] f. gamine.
monelleria [monelle'ria] f. gaminerie, polissonnerie, espièglerie, enfantillage m.
monellesco [monel'lesko] (**-chi** m. pl.) agg. gamin, de gamin.
monello [mo'nɛllo] m. gamin, polisson, loupiot (pop.), voyou (peggior.).
moneta [mo'neta] f. [valuta] monnaie. | *moneta metallica*, monnaie métallique. | *moneta fiduciaria*, monnaie fiduciaire. | *moneta forte, pregiata*, monnaie forte. | *moneta svalutata*, monnaie dépréciée. | *moneta falsa*, fausse monnaie. | *battere moneta*, battre monnaie. | *falsificare una moneta*, contrefaire une monnaie. | *pagare in moneta contante*, payer comptant. ‖ [spiccioli] petite monnaie, menue monnaie, monnaie. | *mi dia mille lire di moneta*, donnez-moi la monnaie de mille lire. | *non ho moneta spicciola*, je n'ai pas de monnaie. ‖ LOC. FIG. *pagare con la stessa moneta*, rendre la monnaie de la pièce. | *prendere per moneta sonante*, prendre pour argent comptant.
monetare [mone'tare] v. tr. monnayer, monétiser.
monetario [mone'tarjo] (**-ri** m. pl.) agg. monétaire.
monetazione [monetat'tsjone] f. monnayage m., monétisation.
mongolfiera [mongol'fjɛra] f. montgolfière.
mongolico [mon'gɔliko] (**-ci** m. pl.) agg. mongol, mongolien, mongolique.
mongolo ['mongolo] agg. e m. mongol, e.
mongoloide [mongo'lɔide] agg. MED. mongoloïde. ◆ m. MED. mongolien.
monile [mo'nile] m. [gioiello] bijou. ‖ [collana] collier.
monismo [mo'nizmo] m. FILOS. monisme.
monito ['mɔnito] m. avertissement, admonestation f.
monitore [moni'tore] (**-trice** f.) m. moniteur, trice. ◆ m. MAR. monitor. ‖ TELECOM. moniteur.
monoblocco [mono'blɔkko] (**-chi** m. pl.) agg. e m. monobloc.
monocilindrico [monotʃi'lindriko] (**-ci** m. pl.) agg. monocylindrique.
monocolo [mo'nɔkolo] agg. [con un solo occhio] borgne. ◆ m. [con un solo occhio] borgne. ‖ [lente] monocle.
monocolore [monoko'lore] agg. d'une seule couleur. ‖ FIG., POLIT. *governo monocolore*, gouvernement d'un seul parti.

monocorde [mono'kɔrde] agg. (lett.) monocorde.
monocotiledone [monokoti'lɛdone] agg. e f. BOT. monocotylédone.
monocromatico [monokro'matiko] (**-ci** m. pl.) agg. monochromatique.
monocromia [monokro'mia] f. ARTI monochromie.
monocromo [mo'nokromo] agg. monochrome.
monoculare [monoku'lare] agg. monoculaire.
monodia [mono'dia] f. MUS. monodie.
monofase [mono'faze] agg. ELETTR. monophasé.
monogamia [monoga'mia] f. monogamie.
monogamo [mo'nɔgamo] agg. e m. monogame.
monografia [monogra'fia] f. monographie.
monografico [mono'grafiko] (**-ci** m. pl.) agg. monographique.
monogramma [mono'gramma] (**-i** pl.) m. monogramme.
monolitico [mono'litiko] (**-ci** m. pl.) agg. monolithe, monolithique.
monolito [mo'nɔlito] m. monolithe.
monologare [monolo'gare] v. intr. monologuer.
monologo [mo'nɔlogo] (**-ghi** pl.) m. monologue.
monomane [mo'nɔmane] agg. e m. MED. monomane, monomaniaque.
monomania [monoma'nia] f. MED. monomanie.
monomaniaco [monoma'niako] (**-ci** m. pl.) agg. MED. monomane, monomaniaque.
monomio [mo'nɔmjo] (**-mi** pl.) m. MAT. monôme.
monopattino [mono'pattino] m. GIOCHI trottinette f., patinette f.
monopetto [mono'pɛtto] m. complet droit.
monoplano [mono'plano] m. AER. monoplan.
monopolio [mono'pɔljo] (**-li** pl.) m. monopole.
monopolista [monopo'lista] (**-i** pl.) n. monopolisateur, trice ; monopoleur, euse.
monopolistico [monopo'listiko] (**-ci** m. pl.) agg. monopoliste.
monopolizzare [monopolid'dzare] v. tr. monopoliser.
monopolizzazione [monopoliddzat'tsjone] f. monopolisation.
monoposto [mono'posto] agg. AER., AUT. monoplace.
monorotaia [monoro'taja] f. FERR. monorail m.
monosillabico [monosil'labiko] (**-ci** m. pl.) agg. GRAMM. monosyllabique.
monosillabo [mono'sillabo] m. GRAMM. monosyllabe.
monoteismo [monote'izmo] m. RELIG. monothéisme.
monoteista [monote'ista] (**-i** pl.) n. RELIG. monothéiste.
monoteistico [monote'istiko] (**-ci** m. pl.) agg. RELIG. monothéiste.
monotonia [monoto'nia] f. monotonie.
monotono [mo'nɔtono] agg. monotone.
monovalente [monova'lɛnte] agg. CHIM. univalent, monovalent.
monovalenza [monova'lɛntsa] f. CHIM. univalence.
monsignore [monsiɲ'ɲore] m. monseigneur.
monsone [mon'sone] m. mousson f.
monta ['monta] f. monte, saillie. | *stazione di monta,* [per cavalli] haras m. ; [per bovini] station de monte. || SPORT monte.
montacarichi [monta'kariki] m. inv. monte-charge.
montaggio [mon'taddʒo] (**-gi** pl.) m. CIN., FOT., TECN. montage.
montagna [mon'taɲɲa] f. montagne. | *alta, media montagna,* haute, moyenne montagne. | *catena, massiccio di montagne,* chaîne, massif de montagnes. | *ai piedi della montagna,* au pied de la montagne. | *fare una gita in montagna,* faire une excursion en montagne. | *abitare in montagna,* habiter (à) la montagne. | *salire su una montagna,* gravir une montagne. || FIG. *una montagna di biancheria da lavare,* une montagne de linge à laver. | *la montagna partorisce un topolino,* la montagne accouche d'une souris. || GIOCHI *montagne russe,* montagnes russes. || MED. *mal di montagna,* mal des montagnes. || RELIG. *Discorso della montagna,* Sermon sur la montagne. || STOR. *la Montagna,* la Montagne. || PROV. *le montagne stanno ferme e gli uomini si muovono,* il n'y a que les montagnes qui ne se rencontrent pas.
montagnardo [montaɲ'ɲardo] m. STOR. montagnard.
montagnola [montaɲ'ɲɔla] f. butte, colline.
montagnoso [montaɲ'ɲoso] agg. montagneux.
montanaro [monta'naro] agg. e m. montagnard.
montano [mon'tano] agg. de (la) montagne, des montagnes, montagnard. | *paesi montani,* pays de montagne. | *località montana,* station de montagne. | *flora montana,* flore des montagnes.
montante [mon'tante] m. [sostegno] montant. || SPORT [pugilato] uppercut.
montare [mon'tare] v. intr. monter. | *montare su una sedia,* monter sur une chaise. | *montare in cima a una montagna,* monter au sommet d'une montagne. | *montare in macchina,* monter en voiture. | *montare in bicicletta,* monter à bicyclette. | *montare a cavallo,* monter (à cheval). | *montare in groppa,* monter en croupe. | *montare a bordo di una nave,* monter à bord d'un navire. | *l'oratore monta sul palco,* l'orateur monte à la tribune. | *il professore monta in cattedra,* le professeur monte en chaire. | *la marea monta,* la marée monte. || [ammontare] (raro) *le spese montano a mille lire,* les frais montent, se montent, s'élèvent à mille lires. || FIG. *il vino gli è montato alla testa,* le vin lui a monté à la tête. | *montare in collera,* se fâcher, se mettre en colère. | *il sangue gli è montato alla testa,* le sang lui a monté à la tête. | *è montato in bestia, su tutte le furie,* il s'est fâché tout rouge. ◆ v. tr. [accoppiamento di animali] monter, couvrir, saillir. || [mettere assieme] monter. | *montare una macchina,* monter une machine. | *montare una tenda,* monter une tente. || [incastonare] *montare un diamante,* monter un diamant. || CIN. *montare un film,* monter un film. || CULIN. *montare il bianco d'uova,* battre des blancs d'œufs en neige. | *montare la panna,* fouetter la crème. || MIL. *montare la guardia,* monter la garde. || MOD. monter. || SPORT *montare un cavallo,* monter un cheval. || FIG. *montare la testa a qlcu.,* monter la tête à qn. | *ti hanno montato contro di noi,* on t'a monté contre nous. ◆ v. rifl. se monter. | *montarsi la testa,* se monter la tête.
montata [mon'tata] f. [spostamento verso l'alto] montée. || FISIOL. *montata lattea,* montée du lait.
montato [mon'tato] agg. CULIN. *uova montate,* œufs battus en neige. | *panna montata,* crème fouettée. || FIG. *è un uomo montato,* c'est un homme plein de suffisance ; c'est un homme qui se donne des airs.
montatoio [monta'tojo] m. marchepied.
montatore [monta'tore] (**-trice** f.) m. monteur, euse.
montatura [monta'tura] f. PR. [montaggio] montage m. || [di gioiello, di occhiali] monture. || FIG. *è tutta una montatura,* c'est un coup monté, c'est du bluff. | *è una montatura pubblicitaria,* c'est du battage (fam.).
montavivande [montavi'vande] m. invar. monte-plats.
monte ['monte] m. montagne f. ; [accompagnato da n. pr. o lett.] mont. | *ai piedi, sul fianco di un monte,* au pied, au flanc d'une montagne. | *in cima a un monte,* au sommet d'une montagne. | *il monte Bianco,* le mont Blanc. | *per monti e per valli,* par monts et par vaux (lett.). || FIG. *un monte di riviste,* une montagne, un tas de revues. | *c'è un monte di gente,* il y a foule, il y a un monde fou. | *promettere monti e mari,* promettre monts et merveilles. | *mandare a monte,* faire échouer, faire avorter. | *andare a monte,* s'écrouler, échouer. || FIN. *monte di pietà, monte dei pegni, monte di credito su pegno,* mont-de-piété. || GIOCHI [mazzo di carte] talon. | *monte premi,* montant total.
montessoriano [montesso'rjano] agg. UNIV. montessorien.
monticello [monti'tʃɛllo] m. monticule, monceau.
montone [mon'tone] m. bélier, mouton mâle. || CULIN. *cosciotto di montone,* gigot de mouton. || SPORT *salto del montone,* saut de mouton. || STOR. MIL. bélier. || LOC. FIG. *cercare cinque piedi a un montone,* chercher midi à quatorze heures.
montuosità [montuosi'ta] f. relief m.
montuoso [montu'oso] agg. montueux.
montura [mon'tura] f. MIL. uniforme.
monumentale [monumen'tale] agg. monumental.
monumentalità [monumentali'ta] f. monumentalité.
monumento [monu'mento] m. monument. | *monumento nazionale,* monument historique.

1. mora ['mɔra] f. BOT. [del gelso] mûre ; [del rovo] mûron m., mûre sauvage.
2. mora ['mɔra] f. GIUR. demeure, retard m. | *in mora*, en demeure, en retard. | *interessi di mora*, intérêts moratoires, de retard. || [dilazione] délai m., sursis m. || [ammenda] amende.
morale [mo'rale] agg. moral. | *essere privo di senso morale*, ne pas avoir le sens moral. | *scienze morali*, sciences morales. || GIUR. *personalità morale*, personne morale. ◆ m. moral. | *avere alto il morale*, avoir bon moral. | *avere il morale basso, essere giù di morale*, avoir mauvais moral, avoir le cafard (fam.). | *sollevare il morale di qlcu.*, relever, remonter le moral de qn. ◆ f. morale. || FILOS. morale. | *la morale di Platone*, la morale de Platon.
moraleggiare [moraled'dʒare] v. intr. moraliser.
moralismo [mora'lizmo] m. moralisme.
moralista [mora'lista] (**-i** pl.) m. moraliste.
moralistico [mora'listiko] (**-ci** m. pl.) agg. moraliste, moralisant.
moralità [morali'ta] f. moralité.
moralizzare [moralid'dzare] v. tr. moraliser.
moralizzatore [moraliddza'tore] (**-trice** f.) agg. e m. moralisateur, trice.
moralizzazione [moraliddzat'tsjone] f. moralisation.
moralmente [moral'mente] avv. moralement.
moratoria [mora'tɔrja] f. GIUR. moratoire m.
moravo ['mɔravo] agg. e n. morave.
morbidamente [morbida'mente] avv. doucement, mollement.
morbidezza [morbi'dettsa] f. douceur ; [cedevolezza] souplesse ; [l'essere soffice] mollesse. || ARTI flou m.
morbido ['mɔrbido] agg. doux, moelleux, délicat, tendre, souple. | *letto morbido*, lit moelleux. | *stoffa morbida*, étoffe moelleuse. | *luce morbida*, lumière douce, tendre. | *pelle morbida*, peau douce, soyeuse. | *guanti morbidi*, gants souples. || ARTI flou. | *contorni morbidi*, contours flous.
morbillo [mor'billo] m. MED. rougeole f.
morbo ['mɔrbo] m. mal, maladie f.
morbosamente [morbosa'mente] avv. morbidement.
morboso [mor'boso] agg. morbide.
morchia ['mɔrkja] f. [residuo dell'olio] dépôt (m.) de l'huile || [residuo di lubrificanti] cambouis m.
mordacchia [mor'dakkja] f. [per cavalli] morailles f. pl.
mordace [mor'datʃe] agg. mordant. || FIG. mordant, caustique, incisif. | *spirito mordace*, esprit mordant. | *è mordace*, il a la dent dure (fam.). | *stile mordace*, style à l'emporte-pièce.
mordacità [mordatʃi'ta] f. mordacité, causticité.
mordente [mor'dɛnte] agg. mordant, caustique. | *stile mordente*, style mordant, à l'emporte-pièce. ◆ m. PR. e FIG. mordant.
mordere ['mɔrdere] v. tr. PR. mordre. | *mordere una mela*, mordre à une pomme, dans une pomme. | *il mio cane l'ha morso*, mon chien l'a mordu. | *mi ha morso una mano*, il m'a mordu une main, à une main. | *mordere rabbiosamente, avidamente*, mordre à belles dents. | *mordere a sangue*, mordre jusqu'au sang. || FIG. *mordere il freno*, ronger son frein, être impatient. | *mordere la polvere*, mordre la poussière. | *mordersi le dita per aver parlato troppo*, se mordre les doigts d'avoir trop parlé. || PER EST. [di insetto, di rettile] mordre, piquer. | *le zanzare mi hanno morso tutta la notte*, les moustiques m'ont piqué toute la nuit. | *una vipera mi ha morso il braccio*, une vipère m'a mordu au bras. || [far presa] mordre. | *la lima morde il ferro*, la lime mord le fer. | *la vite morde il legno*, la vis mord dans le bois. | *le gomme mordono la strada*, les pneus mordent la route. || [intaccare] *gli acidi mordono il rame*, les acides mordent le cuivre, sur le cuivre.
mordicchiare [mordik'kjare] v. tr. mordiller, grignoter.
morello [mo'rɛllo] agg. e m. ZOOL. [cavallo dal manto scuro] moreau.
morena [mo'rɛna] f. GEOL. moraine.
morenico [mo'rɛniko] (**-ci** m. pl.) agg. GEOL. morainique.
morente [mo'rɛnte] agg. e n. mourant.
moresco [mo'resko] (**-chi** m. pl.) agg. mauresque, moresque.
more uxorio ['mɔreuk'sɔrjo] loc. avv. lat. maritalement. | *vivere more uxorio*, vivre maritalement.
morfema [mor'fɛma] m. GRAMM. morphème.
morfina [mor'fina] f. morphine.
morfinomane [morfi'nɔmane] agg. e n. MED. morphinomane.
morfinomania [morfinoma'nia] f. MED. morphinomanie.
morfologia [morfolo'dʒia] f. morphologie.
morfologico [morfo'lɔdʒiko] (**-ci** m. pl.) agg. morphologique.
morganatico [morga'natiko] (**-ci** m. pl.) agg. morganatique. | *matrimonio morganatico*, mariage morganatique, de la main gauche.
moria [mo'ria] f. grande mortalité.
moribondo [mori'bondo] agg. e n. moribond, mourant.
morigerare [moridʒe'rare] v. tr. morigéner.
morigeratezza [moridʒera'tettsa] f. sobriété, modération. || [costumatezza] honnêteté.
morigerato [moridʒe'rato] agg. modéré, sage. || [costumato] honnête.
morire [mo'rire] v. intr. **1.** [cessare di esistere] mourir. | *gli uomini, gli animali, le piante muoiono*, les hommes, les animaux, les plantes meurent. | *morire cristianamente*, mourir en chrétien. | *morire di morte naturale*, mourir de mort naturelle, de sa belle mort. | *morire di malattia*, mourir d'une maladie. | *morire di cancro*, mourir d'un cancer. | *morire per mano di qlcu.*, mourir de la main de qn. | *morire da eroe*, mourir en héros. | *è malato da morire*, il est malade à en mourir. | *sta morendo di crepacuore*, il se meurt de chagrin. || PR. e FIG. [sostant.] *il morire*, la mort. || **2.** FIG. [iperb.] mourir. | *morire di freddo*, mourir de froid. | *morire di caldo*, mourir de chaleur, griller (fam.). | *morire dal ridere*, mourir de rire. | *essere triste da morire*, être triste à en mourir. | *annoiarsi da morire*, s'ennuyer à mourir. | *muoio dalla voglia di vederlo*, je meurs d'envie de le voir. | *possa morire se non è vero !*, que je meure si ce n'est pas vrai ! | *mi fai morire !*, tu me tues ! | *partire è un po' morire*, partir c'est mourir un peu. | *peggio di così si muore*, on ne pourrait pas trouver pire. || RELIG. *morire per il mondo*, mourir pour le monde, renoncer au monde. || **3.** PER EST. mourir. | *la candela muore*, la chandelle meurt. | *il giorno muore*, le jour meurt. | *lasciar morire la conversazione*, laisser tomber la conversation. | *le civiltà e le lingue muoiono*, les civilisations et les langues meurent, disparaissent. | *le parole muoiono sulle sue labbra*, les mots meurent, se figent sur ses lèvres.
morituro [mori'turo] agg. (lett.) qui va mourir (L.C.).
mormone [mor'mone] m. RELIG. mormon.
mormonico [mor'mɔniko] (**-ci** m. pl.) agg. RELIG. mormon.
mormorare [mormo'rare] v. intr. [produrre un rumore attenuato] murmurer. | *l'acqua del ruscello mormora*, l'eau du ruisseau murmure, gazouille. || [protestare] murmurer. | *il pubblico comincia a mormorare*, le public commence à murmurer, à protester. | *mormorare tra i denti*, murmurer, grommeler, bougonner entre ses dents. || [dir male di qlcu.] médire. ◆ v. tr. murmurer, chuchoter. | *mormorare delle parole all'orecchio*, murmurer des mots à l'oreille.
mormoratore [mormora'tore] (**-trice** f.) agg. e m. murmurateur, trice (antiq.) ; [maldicente] médisant, e.
mormorazione [mormorat'tsjone] f. médisance.
mormoreggiare [mormored'dʒare] v. intr. murmurer.
mormorio [mormo'rio] m. murmure.
1. moro ['mɔro] agg. maure, more ; mauresque, moresque. | *donna mora*, femme mauresque. || [bruno] brun. ◆ m. STOR. Maure, More. | *le invasioni dei Mori*, les invasions maures. || [negro] Noir, nègre. || FIG. *color testa di moro*, couleur tête-de-nègre.
2. moro ['mɔro] m. BOT. mûrier.
morosa [mo'rosa] f. (pop.) fiancée (L.C.).
morosità [morosi'ta] f. retard (m.) de paiement.
1. moroso [mo'roso] agg. GIUR. retardataire, en retard.
2. moroso [mo'roso] m. (pop.) fiancé (L.C.).
morra ['mɔrra] f. GIOCHI mourre.

morsa ['mɔrsa] f. TECN. étau m. | *stringere un oggetto in una morsa*, serrer un objet dans un étau. || FIG. *essere chiusi in una morsa*, être enserré dans un étau.
morsetto [mor'setto] m. [piccola morsa] étau (à main). || ELETTR. borne f.
morsicare [morsi'kare] v. tr. mordre. || [di insetti] mordre, piquer.
morsicatura [morsika'tura] f. morsure. || [di insetti] piqûre.
morso ['mɔrso] m. **1.** [morsicatura] morsure f. ; [di insetti] morsure f., piqûre f. | *il morso di un cane*, la morsure d'un chien. || FIG. morsure f. || **2.** [boccone] morceau, bout. | *morso di pane*, morceau, bout de pain. || **3.** [per i cavalli] mors. || FIG. frein. | *mordere il morso*, ronger son frein, bouillir d'impatience.
mortadella [morta'dɛlla] f. CULIN. mortadelle.
mortaio [mor'tajo] m. mortier. || FIG. *pestar l'acqua nel mortaio*, battre l'eau. || MIL. mortier.
mortale [mor'tale] agg. e m. mortel.
mortalità [mortali'ta] f. mortalité.
mortalmente [mortal'mente] avv. mortellement. || FIG. mortellement, à mourir. | *è mortalmente lungo*, il est mortellement long. | *annoiarsi mortalmente*, s'ennuyer à mourir.
mortaretto [morta'retto] m. pétard.
morte ['mɔrte] f. mort. | *morte lenta*, mort lente. | *morte improvvisa*, mort subite. | *morte violenta*, mort violente. | *morte clinica*, mort clinique. | *morte apparente*, mort apparente. | *ferito a morte*, blessé à mort. | *colpito a morte*, frappé à mort. | *pericolo di morte*, danger de mort. | *disprezzo della morte*, mépris de la mort. | *minacce di morte*, menaces de mort. | *silenzio di morte*, silence de mort. | *letto di morte*, lit de mort. | *nell'ora della morte*, à l'heure de la mort. | *morire di morte naturale*, mourir de mort naturelle, de sa belle mort. | *essere tra la vita e la morte*, être entre la vie et la mort. | *fare una brutta morte*, faire une malemort (antiq.). | *strappare alla morte*, arracher à la mort. | *salvare dalla morte*, sauver de la mort. | *vedere la morte da vicino*, voir la mort de près. | *sfuggire alla morte*, échapper à la mort. || FIG. *avere la morte nel cuore*, avoir la mort dans l'âme. | *soffrire mille morti*, souffrir mille morts. | *prendersela a morte con qlcu.*, en vouloir à mort à qn. | *odiare a morte*, haïr à mort. | *non è la morte di nessuno*, ce n'est pas la mort d'un homme. || GIUR. *sentenza di morte*, décret, arrêt de mort. | *condanna a morte*, condamnation à mort. | *pena di morte*, peine de mort. | *atto di morte*, acte de décès m. || RELIG. *morte eterna*, mort éternelle. || [interiez.] *a morte !*, à mort !
mortella [mor'tɛlla] f. myrte m.
mortificante [mortifi'kante] agg. mortifiant.
mortificare [mortifi'kare] v. tr. mortifier, blesser, humilier. | *questa risposta mi mortifica*, cette réponse me mortifie, me blesse. || RELIG. mortifier. | *mortificare la carne*, mortifier sa chair. ◆ v. rifl. se mortifier.
mortificato [mortifi'kato] agg. mortifié, blessé, humilié.
mortificazione [mortifikat'tsjone] f. mortification, humiliation. || RELIG. mortification. | *mortificazione della carne*, mortification de la chair.
morto ['mɔrto] agg. **1.** [senza vita] mort. | *morto alla nascita*, mort à la naissance, mort-né. | *cadere morto stecchito*, tomber raide mort. | *essere mezzo morto*, être comme mort, à moitié mort. | *prendetelo vivo o morto*, attrapez-le mort ou vif. | *quest'albero è morto*, cet arbre est mort. || [che sembra senza vita] mort. | *ubriaco morto*, ivre mort. | *morto di stanchezza*, mort de fatigue. || **2.** PER EST. FIG. *è un uomo morto*, c'est un homme fini. | *ho le gambe morte*, j'ai les jambes mortes. | *acqua morta*, eau morte. | *è la stagione morta*, c'est la morte-saison. | *siamo giunti a un punto morto*, nous sommes arrivés au point mort. | *è un peso morto*, c'est un poids mort. | *le mie raccomandazioni sono restate lettera morta*, mes conseils sont restés lettre morte. || **3.** PARTICOL., ARTI *natura morta*, nature morte. || ECON. *capitale morto*, capital mort. || FERR. *binario morto*, voie de garage. || GIUR. *mano morta*, main-morte. || MAR. *opere morte*, œuvres mortes. || MIL. *angolo morto*, angle mort. || PROV. *meglio un asino vivo che un dottore morto*, un chien vivant vaut mieux qu'un lion mort. ◆ n. mort. | *vegliare un morto*, veiller un mort. | *seppellire i morti*, ensevelir les morts. | *i morti di guerra*, les morts de la guerre. || FIG. FAM. *è un morto di fame*, c'est un crève-la-faim. || GIOCHI *giocare con il morto*, jouer avec le mort. || RELIG. *il culto dei morti*, le culte des morts. | *il giorno dei Morti*, le jour des Morts. | *messa da morto*, messe des morts, de requiem. || SPORT *fare il morto*, faire la planche.
mortorio [mor'tɔrjo] (**-ri** pl.) m. [funerali] (raro) enterrement (L.C.), funérailles f. pl. (L.C.). || FIG. enterrement, désolation f.
mortuario [mortu'arjo] (**-ri** m. pl.) agg. mortuaire.
mosaicista [mozai'tʃista] (**-i** m. pl.) n. mosaïste.
1. mosaico [mo'zaiko] (**-ci** m. pl.) agg. RELIG. mosaïque.
2. mosaico [mo'zaiko] (**-ci** pl.) m. mosaïque f. | *pavimento a mosaico*, parquet en mosaïque.
mosca ['moska] (**-che** pl.) f. mouche. | *mosca dell'aceto*, mouche du vinaigre. | *mosca cavallina*, mouche des chevaux. | *mosca tse tse*, mouche tsé-tsé. || LOC. FIG. *è una mosca bianca*, c'est un merle blanc. | *guardare le mosche che volano*, bayer aux corneilles. | *è una mosca cocchiera*, c'est la mouche du coche. | *farsi venire la mosca al naso*, prendre la mouche, s'emporter. | *restare con un pugno di mosche*, rester les mains vides. || GIOCHI *giocare a mosca cieca*, jouer à colin-maillard. || MED. *mosche volanti*, mouches volantes. || PARTICOL. [cucito] *punto mosca*, point de chausson. || SPORT *peso mosca*, poids mouche.
moscardino [moskar'dino] m. ZOOL. muscardin. || FIG. muscadin (antiq.), dandy.
moscatello [moska'tɛllo] agg. *pera moscatella*, poire muscadelle. ◆ m. [vino] muscat.
1. moscato [mos'kato] agg. ZOOL. moucheté.
2. moscato [mos'kato] agg. BOT. *uva moscata*, raisin muscat. | *noce moscata*, noix muscade. ◆ m. [vino] muscat.
moscerino [moʃʃe'rino] m. ZOOL. moucheron.
moschea [mos'kɛa] f. mosquée.
moschettiere [mosket'tjɛre] m. STOR. MIL. mousquetaire.
moschetto [mos'ketto] m. [fucile corto] mousqueton. || STOR. MIL. mousquet.
moschicida [moski'tʃida] agg. tue-mouches. ◆ m. insecticide.
moschino [mos'kino] m. ZOOL. [insetto] moucheron; [cane] chien moucheté.
moscio ['moʃʃo] agg. mou. | *ha un'aria moscia*, il a un air mou, abattu. | *erre moscia*, « r » grasseyé.
moscone [mos'kone] m. ZOOL. grosse mouche f. || FIG. soupirant, galant. || MAR. = pédalo.
moscovita [mosko'vita] (**-i** m. pl.) agg. e n. moscovite.
mossa ['mɔssa] f. mouvement m., geste m. | *una mossa brusca*, un mouvement brusque. | *una mossa maldestra*, un mouvement maladroit. | *fare una mossa con la testa, con la mano*, faire un geste de la tête, de la main. || FIG. *dare la mossa*, donner le signal du départ. | *prendere la mossa*, prendre l'initiative. | *prendere le mosse da*, partir de, commencer par. | *mossa sbagliata*, fausse manœuvre. | *mossa finta*, feinte. || FISIOL. (pop.) *avere una mossa di corpo*, aller à la selle. || GIOCHI [scacchi, dama] coup m. | *scacco matto in tre mosse*, échec et mat en trois coups. || MIL. mouvement m.
mossiere [mos'sjɛre] m. SPORT starter (ingl.).
mosso ['mɔsso] agg. [agitato] agité. | *mare mosso*, mer agitée, houleuse. || [ondulato] *capelli mossi*, cheveux onduleux. || FOT. [sfuocato] flou. || MUS. mosso (it.).
mostarda [mos'tarda] f. CULIN. [di senape] moutarde. | *mostarda di frutta*, fruits (m. pl.) confits au vinaigre aromatisé.
mostardiera [mostar'djɛra] f. moutardier m.
mosto ['mosto] m. moût.
mostra ['mostra] f. [in un negozio] étalage m., montre, devanture, vitrine. | *il droghiere rifà la sua mostra*, l'épicier refait son étalage. | *quella gonna non è più in mostra*, cette jupe n'est plus à l'étalage, en vitrine. || [esposizione] exposition. | *mostra d'arte*, exposition d'art. || FIG. *mettere in mostra*, étaler, exhiber. | *mettersi in mostra*, s'afficher, se mettre en

évidence. | *far bella mostra di sé*, se pavaner, s'exhiber. ‖ ARCHIT. cimaise. ‖ COMM. *campione di mostra*, échantillon m. ‖ MOD. [risvolto] revers m. ‖ MUS. *mostra d'organo*, montre d'orgue.

mostrare [mos'trare] v. tr. **1.** [presentare alla vista, all'attenzione] montrer. | *mostrare il passaporto*, montrer, exhiber son passeport. | *mostrare una giacca a un cliente*, montrer, faire voir une veste à un client. | *mostrare le mani*, montrer ses mains. | *mostrare la lingua*, montrer la langue. | *mostrare la strada*, montrer, indiquer le chemin. | *mi mostrò la statua con un gesto della mano*, il me montra la statue d'un geste de la main. ‖ FIG. *mostrare coraggio, paura, sorpresa*, montrer, manifester du courage, de la peur, de la surprise. ‖ **2.** [dimostrare] montrer, témoigner ; [di età] paraître. | *mostrare affetto, simpatia a qlcu.*, montrer de l'affection, de la sympathie à qn. | *mostra gli anni che ha*, il paraît, il fait son âge. ‖ **3.** [far sfoggio] étaler, exhiber. | *parla per mostrare la propria erudizione*, il parle pour étaler, pour exhiber son érudition. ‖ **4.** [fingere] feindre, faire semblant. | *mostra di non capire*, il fait semblant de ne pas comprendre. ◆ v. rifl. se montrer. | *si sono mostrati in mia compagnia*, ils se sont montrés en ma compagnie.

mostrina [mos'trina] f. MIL. écusson m.

mostro ['mostro] m. monstre. ‖ FIG. *un mostro d'intelligenza*, un miracle d'intelligence.

mostruosamente [mostruosa'mente] avv. monstrueusement.

mostruosità [mostruosi'ta] f. monstruosité.

mostruoso [mostru'oso] agg. monstrueux. ‖ [straordinario] singulier, extraordinaire.

mota ['mɔta] f. boue, crotte (lett.), argile.

motilità [motili'ta] f. FISIOL. motilité.

motivare [moti'vare] v. tr. motiver.

motivazione [motivat'tsjone] f. GIUR. exposé (m.) des motifs ; motifs m. pl. ‖ FILOS., PSICOL. motivation.

motivo [mo'tivo] m. motif, raison f., cause f. | *arrabbiarsi senza motivo*, se fâcher sans motif, sans raison. | *chiuso per motivi di salute*, fermé pour cause de maladie. | *non è venuto per motivi di famiglia, di salute*, il n'est pas venu pour raisons de famille, de santé. | *non c'è motivo di chiamarlo*, il n'y a pas de raison pour l'appeler. | *motivo di più per non riceverlo*, (c'est une) raison de plus pour ne pas le recevoir. ‖ ARTI motif. | *gli artisti trattano spesso lo stesso motivo*, les artistes traitent souvent le même motif. ‖ MUS. motif. ‖ TESS. *motivo di ricamo*, motif de broderie.

1. moto ['mɔto] m. mouvement. | *è sempre in moto*, il est sans cesse en mouvement. | *moto perpetuo*, mouvement perpétuel. ‖ PER EST. FIG. mouvement. | *un moto di collera*, un mouvement de colère. ‖ GEOGR. *moto sismico*, mouvement sismique, séisme. ‖ GRAMM. *verbi di moto*, verbes de mouvement. ‖ FIS. *moto uniforme, accelerato, uniformemente accelerato, ascendente*, mouvement uniforme, accéléré, uniformément accéléré, montant. ‖ MECC. *mettere in moto*, mettre en mouvement ; [di motore] mettre en marche ; [di veicoli] faire démarrer. | *mettersi in moto*, [di meccanismi] se mettre en mouvement, en marche ; [di veicoli] démarrer ; [di treni] s'ébranler. | *messa in moto*, mise en marche. ‖ MUS. moto. | *andante con moto*, andante con moto. ‖ SPORT exercice. | *fare del moto*, faire de l'exercice, se donner de l'exercice. ‖ STOR. insurrection f., mouvement insurrectionnel. | *i moti del 1848*, les mouvements insurrectionnels, la révolution de 1848.

2. moto ['mɔto] f. (fam.) [motocicletta] moto.

motoaratura [motoara'tura] f. AGR. labourage (m.) mécanique.

motobarca [moto'barka] f. bateau (m.) à moteur.

motocarro [moto'karro] m. triporteur à moteur.

motocarrozzetta [motokarrot'tsetta] f. side-car m.

motocicletta [mototʃi'kletta] f. motocyclette, moto (fam.). | *andare in moto*, aller à motocyclette.

motociclismo [mototʃi'klizmo] m. motocyclisme.

motociclista [mototʃi'klista] (**-i** pl.) n. motocycliste. | *poliziotto motociclista*, motard.

motociclistico [mototʃi'klistiko] (**-ci** m. pl.) agg. de motocyclette(s). | *gara motociclistica*, course de motocyclettes.

motociclo [moto'tʃiklo] m. motocycle.

motofurgoncino [motofurgon'tʃino] m. triporteur à moteur.

motofurgone [motofur'gone] m. fourgon à moteur.

motoleggera [motoled'dʒɛra] f. vélomoteur m.

motonauta [moto'nauta] (**-i** pl.) m. SPORT coureur en canot automobile.

motonautica [moto'nautika] f. SPORT motonautisme m.

motonave [moto'nave] f. paquebot m., cargo m.

motopeschereccio [motopeske'rettʃo] (**-ci** pl.) m. MAR. chalutier à moteur.

motopompa [moto'pompa] f. MECC. motopompe.

1. motore [mo'tore] (**-trice** f.) agg. moteur, trice. | *albero motore*, arbre moteur. | *forza motrice*, force motrice.

2. motore [mo'tore] m. TECN. moteur. | *motore a benzina*, moteur à essence. | *motore a gas*, moteur à gaz. | *motore a vapore*, moteur à vapeur. | *motore elettrico*, moteur électrique. | *motore a scoppio*, moteur à explosion. | *motore a reazione*, moteur à réaction. | *motore a due tempi, a quattro tempi*, moteur à deux temps, à quatre temps. | *motore spinto*, moteur poussé. | *freno motore*, frein moteur. | *un guasto al motore*, une panne de moteur. | *il motore scalda*, le moteur chauffe. | *accendere, spegnere il motore*, allumer, arrêter le moteur. ‖ FIG. moteur. | *è il vero motore dell' azienda*, c'est le vrai moteur de l'entreprise. ‖ FILOS. *il Primo Motore*, le Premier Moteur.

motoretta [moto'retta] f. scooter m. (ingl.).

motorino [moto'rino] m. cyclomoteur. ‖ MECC. [d'avviamento] démarreur.

motorio [mo'tɔrjo] (**-ri** m. pl.) agg. moteur.

motorista [moto'rista] (**-i** pl.) m. mécanicien.

motoristico [moto'ristiko] (**-ci** m. pl.) agg. SPORT des sports motorisés.

motorizzare [motorid'dzare] v. tr. motoriser. ◆ v. rifl. (fam.) se motoriser.

motorizzato [motorid'dzato] agg. motorisé. | *fanteria motorizzata*, infanterie motorisée.

motorizzazione [motoriddzat'tsjone] f. motorisation.

motoscafo [motos'kafo] m. canot automobile, canot à moteur.

motoscooter [motos'kuter] m. scooter.

motosilurante [motosilu'rante] f. MAR. MIL. vedette lance-torpilles.

motoveicolo [motove'ikolo] m. véhicule à moteur.

motrice [mo'tritʃe] f. FERR. motrice.

motteggiare [motted'dʒare] v. tr. railler, persifler, brocarder (fam.). ◆ v. intr. plaisanter.

motteggiatore [mottedʤa'tore] (**-trice** f.) agg. railleur, persifleur. ◆ m. plaisantin, diseur de bons mots.

motteggio [mot'teddʒo] m. raillerie f., moquerie f., persiflage. ‖ [battuta scherzosa] plaisanterie f., badinage.

mottetto [mot'tetto] m. LETT., MUS. motet.

motto ['mɔtto] m. [battuta scherzosa] bon mot, plaisanterie f. | *motto di spirito*, mot d'esprit. ‖ [frase emblematica] devise f. ‖ PER EST. (lett.) [parola] mot. | *senza far motto*, sans mot dire.

movente [mo'vɛnte] m. GIUR. mobile.

movenza [mo'vɛntsa] f. attitude, geste m.

movibile [mo'vibile] agg. (raro) mobile (L.C.), amovible (L.C.).

movimentare [movimen'tare] v. tr. animer, mouvementer (lett.).

movimentato [movimen'tato] agg. mouvementé, animé. | *una seduta movimentata*, une séance mouvementée. | *una via movimentata*, une rue animée.

movimento [movi'mento] m. **1.** PR. mouvement. | *i movimenti di un pendolo*, les mouvements d'une pendule. | *i movimenti delle mani*, les mouvements, les gestes des mains. | *far movimento*, se donner du mouvement, prendre de l'exercice. ‖ SPORT *movimenti ginnici*, mouvements, exercices de gymnastique. ‖ [animazione] mouvement, animation f. | *c'è molto movimento in questa piazza*, il y a beaucoup de mouvement, d'animation sur cette place. ‖ **2.** PARTICOL., ECON. mouvement. | *movimento dei capitali, dei prezzi*, mouvement des capitaux, des prix. ‖ LETT. mouvement, courant. | *il movimento romantico*, le mouvement romantique. ‖ MIL. *movimento di truppe*,

mouvement de troupes. | *guerra di movimento*, guerre de mouvement. ‖ Mus. *i movimenti di una sinfonia*, les mouvements d'une symphonie. ‖ Polit. *movimento repubblicano*, mouvement républicain. | *movimento operaio, sindacale*, mouvement ouvrier, syndical. ‖ Tecn. *movimento d'orologeria*, mouvement d'horlogerie. | *movimento di treni*, mouvement des trains. | *movimento di un porto*, mouvement d'un port.
moviola [mo'vjɔla] f. Cin. moviola.
mozarabico [moddza'rabiko] (**-ci** m. pl.) agg. mozarabe.
mozarabo [mod'dzarabo] m. mozarabe.
mozione [mot'tsjone] f. motion. | *mozione di sfiducia*, motion de défiance.
mozzare [mot'tsare] v. tr. couper, trancher. | *mozzare la testa a qlcu.*, couper la tête à qn. ‖ Fig. *mozzare il fiato*, couper la respiration.
mozzarella [mottsa'rɛlla] f. Culin. [formaggio] « mozzarella ».
mozzatura [mottsa'tura] f. [azione] coupure, mutilation, sectionnement m. ‖ [parte mozzata] bout m. | *mozzatura di sigaro*, bout de cigare.
1. mozzo ['mottso] agg. [tagliato] coupé, tronqué, tranché. | *coda mozza*, queue tronquée. ‖ Loc. *col fiato mozzo*, hors d'haleine.
2. mozzo ['mottso] m. Mar. mousse. | *mozzo di stalla*, garçon, valet d'écurie.
3. mozzo ['mɔddzo] m. [di ruota] moyeu. ‖ [di campana] mouton.
mucca ['mukka] (**-che** pl.) f. Zool. vache.
mucchio ['mukkjo] (**-chi** pl.) m. tas, amas, monceau. | *mucchio di legna, di carbone*, tas de bois, de charbon. | *a mucchi*, par tas. ‖ Fig. tas. | *è un mucchio di bugie*, c'est un tas de mensonges. | *fa un mucchio di domande*, il pose un tas de questions.
mucido ['mutʃido] agg. e m. moisi. | *saper di mucido*, sentir le moisi.
mucillagine [mutʃil'ladʒine] f. Bot. mucilage m.
mucillaginoso [mutʃilladʒi'noso] agg. Bot. mucilagineux.
muco ['muko] (**-chi** pl.) m. mucus, glaire f.
mucosa [mu'kosa] f. Anat. muqueuse.
mucosità [mukosi'ta] f. Anat. mucosité.
mucoso [mu'koso] agg. muqueux.
muda ['muda] f. mue.
mudare [mu'dare] v. intr. muer.
muezzin [mued'dzin] m. muezzin.
muffa ['muffa] f. moisissure, moisi m. | *sa di muffa*, ça sent le moisi. | *questo formaggio prende la muffa*, ce fromage moisit. ‖ Fig. *gli viene la muffa al naso*, il se fâche.
muffire [muf'fire] v. intr. moisir, chancir.
muffito [muf'fito] agg. moisi, chanci.
muffola ['muffola] f. [guanto] moufle. ‖ Chim. [recipiente] moufle m.
muffosità [muffosi'ta] f. moisissure.
muffoso [muf'foso] agg. moisi.
muflone [mu'flone] m. Zool. mouflon.
muggente [mud'dʒɛnte] agg. mugissant.
mugghiante [mug'gjante] agg. mugissant.
mugghiare [mug'gjare] v. intr. mugir, beugler, meugler.
mugghio ['muggjo] (**-ghi** pl.) m. mugissement, beuglement.
muggine ['muddʒine] m. Zool. muge, mulet.
muggire [mud'dʒire] v. intr. mugir, beugler, meugler.
muggito [mud'dʒito] m. mugissement, beuglement, meuglement.
mughetto [mu'getto] m. Bot. muguet.
mugico [mu'dʒiko] (**-chi** pl.) m. moujik.
mugnaia [muɲ'ɲaja] f. meunière. ‖ Culin. *sogliola alla mugnaia*, sole (à la) meunière.
mugnaio [muɲ'ɲajo] m. meunier.
mugo ['mugo] m. Bot. mugho.
mugolare [mugo'lare] v. intr. [del cane] glapir, gémir ; aboyer plaintivement. ‖ [di persona] geindre, gémir.
mugolio [mugo'lio] m. [di cane] glapissement. ‖ [di persona] gémissement, geignement.
mugugnare [muguɲ'ɲare] v. intr. grommeler, bougonner, rouspéter.
mula ['mula] f. Zool. mule.
mulattiera [mulat'tjɛra] f. chemin (m.) muletier.
mulattiere [mulat'tjɛre] m. muletier.
mulatto [mu'latto] m. mulâtre. ◆ f. mulâtresse.
muliebre [mu'liebre] agg. féminin, de femme.
mulinare [muli'nare] v. tr. [far girare vorticosamente] faire tournoyer, faire des moulinets avec. | *il vento mulinava le foglie*, le vent faisait tournoyer les feuilles. ‖ Fig. [fantasticare] rêver, rêvasser, ruminer. ◆ v. intr. tourbillonner, tournoyer.
mulinello [muli'nɛllo] m. **1.** [moto vorticoso del vento] tourbillon. ‖ [dell'acqua] tourbillon, remous. ‖ [di un bastone, di una spada] moulinet. | *fare il mulinello*, faire le moulinet. ‖ Aer. [acrobazia] tonneau. ‖ **2.** [argano] moulinet, treuil. ‖ [della canna da pesca] moulinet. ‖ [ventilatore] ventilateur. ‖ Mar. guindeau.
mulino [mu'lino] m. moulin. ‖ Fig. *è un mulino a vento*, c'est une girouette. | *combattere contro i mulini a vento*, se battre contre des moulins à vent. | *tirare l'acqua al proprio mulino*, faire venir de l'eau à son moulin. ‖ Geol. moulin. | *mulino glaciale*, moulin des glaciers.
mulo ['mulo] m. Zool. mulet. ‖ Loc. *a dorso di mulo*, à dos de mulet. | *lavorare come un mulo*, travailler comme un mulet, comme un cheval. | *carico come un mulo*, chargé comme un mulet (fam.). | *testardo come un mulo*, têtu comme une mule (fam.).
multa ['multa] f. amende ; [contravvenzione] contravention. | *incorrere in una multa*, encourir une amende. | *dare una multa*, infliger une amende.
multare [mul'tare] v. tr. frapper d'amende, infliger une amende.
multicolore [multiko'lore] agg. multicolore.
multiforme [multi'forme] agg. multiforme.
multilaterale [multilate'rale] agg. e m. multilatéral.
multimilionario [multimiljo'narjo] agg. e m. multimillionnaire.
multiplo ['multiplo] agg. multiple. ◆ m. Mat. multiple.
mummia ['mummja] f. momie. ‖ Loc. fig. fam. *è una mummia*, c'est un fossile, c'est un vieux débris.
mummificare [mummifi'kare] v. tr. momifier. ◆ v. rifl. se momifier.
mummificazione [mummifikat'tsjone] f. momification.
mungere ['mundʒere] v. tr. traire ; tirer le lait. ‖ Fig. pressurer, soutirer de l'argent.
mungitore [mundʒi'tore] m. trayeur. ◆ f. (**-trice**) trayeuse. | *mungitrice elettrica*, trayeuse électrique.
mungitura [mundʒi'tura] f. traite.
municipale [munitʃi'pale] agg. municipal. | *consiglio municipale*, conseil municipal. | *palazzo municipale*, mairie ; [nelle grandi città] hôtel de ville. | *guardia municipale*, garde (m.) municipal, sergent de ville. ‖ [campanilistico] *gelosie municipali*, jalousies de clocher.
municipalismo [munitʃipa'lizmo] m. municipalisme.
municipalità [munitʃipali'ta] f. municipalité.
municipalizzare [munitʃipalid'dzare] v. tr. municipaliser.
municipalizzazione [munitʃipaliddzat'tsjone] f. municipalisation.
municipio [muni'tʃipjo] (**-pi** pl.) m. mairie f. ; [nelle grandi città] hôtel de ville. ‖ [territorio comunale] commune f. ‖ Stor. municipe.
munificamente [munifika'mente] avv. avec munificence.
munificenza [munifi'tʃɛntsa] f. munificence.
munifico [mu'nifiko] (**-ci** m. pl.) agg. munificent, généreux. ‖ [di cosa] splendide.
munire [mu'nire] v. tr. **1.** [corredare, dotare] munir, pourvoir. | *munire un'automobile di accessori*, munir une voiture d'accessoires. | *la natura l'ha munito di una grande intelligenza*, la nature l'a pourvu d'une grande intelligence. | *munire qlcu. di denaro*, munir qn d'argent. ‖ **2.** [fortificare] fortifier, garnir. | *munire le mura di una città*, fortifier, garnir les remparts d'une ville. ◆ v. rifl. se munir, se pourvoir. | *munirsi di un cappotto*, se munir d'un manteau. | *munirsi di denaro*, se pourvoir d'argent. ‖ Fig. *munirsi di pazienza*, se munir de patience.
munito [mu'nito] agg. [provvisto] muni. ‖ [fortificato] fortifié, garni.
munizione [munit'tsjone] f. Mil. munition.

munizioniere [munittsjo'njɛre] m. STOR. MIL. munitionnaire.

muovere ['mwɔvere] v. tr. **1.** mouvoir, remuer; [spostare] déplacer. | *muovere le membra*, mouvoir ses membres. | *mosso elettricamente*, mû par l'électricité. | *muovere le spalle, la testa*, remuer les épaules, la tête. | *muovere una sedia*, déplacer une chaise. | *non movete nulla!*, ne touchez à rien! ‖ FIG. *sono mossi dall'odio*, ils sont mus par la haine. | *muovere cielo e terra*, remuer ciel et terre. | *non ha mosso un dito per me*, il n'a pas remué le petit doigt pour moi. | *muovere i primi passi nella vita*, faire ses premiers pas dans la vie. ‖ GIOCHI *muovere una pedina*, pousser un pion. ‖ **2.** [agitare] agiter. | *il vento muove le foglie degli alberi*, le vent agite les feuilles des arbres. ‖ **3.** [indurre, provocare] exciter, provoquer, susciter. | *muovere l'invidia dei vicini*, exciter l'envie de ses voisins. | *muovere il riso, al riso*, exciter, provoquer le rire. | *muovere qlcu. a pietà*, exciter la pitié de qn, toucher qn de pitié. ‖ **4.** [spingere] pousser. | *lo mosse la paura*, c'est la peur qui l'a poussé. ‖ **5.** [intentare, fare] intenter; faire. | *muovere causa*, intenter un procès. | *muovere guerra*, faire, déclarer la guerre. ‖ **6.** [rivolgere, formulare] adresser, faire, exprimer. | *muovere una domanda*, adresser une question. | *muovere dei rimproveri*, adresser, faire des reproches. | *muovere delle accuse*, porter des accusations. | *muovere dei dubbi*, exprimer des doutes. ◆ v. intr. partir. | *muoveremo da piazza Roma*, nous partirons de la place de Rome. | *moviamo da idee opposte*, nous partons d'idées opposées. | *muovere incontro a qlcu.*, aller au-devant, à la rencontre de qn. | *muovere alla volta di una città*, se diriger vers une ville. | *muovere contro il nemico*, marcher sur l'ennemi. ‖ GIOCHI jouer. | *tocca a me muovere*, c'est à moi de jouer. ◆ v. rifl. **1.** se mouvoir, bouger, (se) remuer. | *si muove con molta difficoltà*, il se meut avec une grande difficulté; il a beaucoup de peine à se remuer. | *si muove in continuazione*, il remue sans cesse. | *ha un dente che si muove*, il a une dent qui remue, qui branle. | *(che) nessuno si muova!*, que personne ne bouge! | *non mi sono mosso*, je n'ai pas bougé. | *muoviti!*, dépêche-toi! ‖ **2.** [lasciare] quitter. | *non si muove più dal letto*, il ne quitte plus son lit. | *non si muovono più dalla loro casa*, ils ne quittent plus leur maison. ‖ **3.** [mettersi in movimento] se mettre en mouvement, en marche; [di veicoli] démarrer; [di treni] s'ébranler. | *il motore si muove*, le moteur se met en marche. | *il camion si è mosso*, le camion a démarré. | *la locomotiva si sta muovendo*, la locomotive est en train de s'ébranler. | *si è mosso verso l'uscita*, il s'est dirigé vers la sortie. ‖ **4.** [di sentimenti] *si è mosso a pietà*, il s'est attendri. | *si è mosso a sdegno*, il s'est indigné.

mura ['mura] f. MAR. amure.

muraglia [mu'raʎʎa] f. muraille. ‖ FIG. barrière, mur m. | *una muraglia contro il delitto*, une barrière contre le crime.

muraglione [muraʎ'ʎone] m. haute muraille f., gros mur. ◆ m. ARTI peinture murale.

murale [mu'rale] agg. mural. | *giornale murale*, journal mural.

murare [mu'rare] v. tr. murer. | *murare una porta*, murer, condamner une porte. ‖ [costruire in muratura] maçonner. | *murare a secco*, maçonner à sec. ◆ v. rifl. FIG. s'enfermer, se cloîtrer.

murario [mu'rarjo] (**-ri** m. pl.) agg. de maçonnerie.

murata [mu'rata] f. MAR. muraille.

murato [mu'rato] agg. muré.

muratore [mura'tore] m. maçon. ‖ STOR. *libero muratore*, franc-maçon.

muratura [mura'tura] f. [operazione del murare] maçonnage m., murage m. ‖ [manufatto] maçonnerie. | *lavori di muratura*, travaux de maçonnerie.

murena [mu'rɛna] f. ZOOL. murène.

muriatico [mu'rjatiko] (**-ci** m. pl.) agg. CHIM. muriatique, chlorhydrique.

murice ['muritʃe] m. ZOOL. murex.

muro ['muro] (**muri** pl.; **mura** f. pl.) m. mur. | *muro comune*, mur mitoyen. | *muro divisorio*, mur de séparation. | *muro di sostegno*, mur de soutènement. | *muro maestro*, gros mur. | *muro di cinta*, mur de clôture. ‖ AER. *muro del suono*, mur du son. ‖ GIOCHI *muro di battuta*, fronton. ‖ STOR. *Muro del pianto*, Mur des lamentations. ‖ LOC. FIG. *è come parlare a un muro*, c'est comme si on chantait. | *mettere, essere con le spalle al muro*, mettre, être au pied du mur. | *urtare contro un muro*, se heurter à un mur. | *battere la testa contro il muro*, se cogner la tête contre les murs. ‖ SPORT. *fare il muro*, faire le mur. ◆ f. pl. murs m. pl., remparts m. pl. | *le mura di una città*, les murs, les remparts, l'enceinte d'une ville. | *cingere di mura*, entourer de murs. | *fra quattro mura*, entre quatre murs. | *fuori mura*, extra-muros, hors les murs.

1. musa ['muza] f. MIT. muse.

2. musa ['muza] f. BOT. musa.

musagete [muza'dʒɛte] agg. MIT. musagète.

muschiato [mus'kjato] agg. musqué.

1. muschio ['muskjo] (**-chi** pl.) m. BIOL., ZOOL. musc. | *muschio vegetale*, musc végétal.

2. muschio ['muskjo] (**-chi** pl.) m. o **musco** ['musko] m. BOT. mousse f.

muscolare [musko'lare] agg. ANAT. musculaire.

muscolatura [muskola'tura] f. musculature.

muscolo ['muskolo] m. ANAT. muscle. | *muscoli d'acciaio*, muscles d'acier. | *essere tutto muscoli*, être tout en muscles, être très musclé. | *tendere i muscoli*, bander les muscles. ‖ CULIN. gîte. ‖ STOR. MIL. muscule. ‖ ZOOL. moule f.

muscoloso [musko'loso] agg. musculeux, musclé, robuste.

muscoso [mus'koso] agg. moussu.

museo [mu'zɛo] m. musée. | *museo di pittura*, musée de peinture. | *museo di storia naturale*, muséum (d'histoire naturelle). ‖ FIG. (scherz.) *è un pezzo da museo*, c'est une vieille momie; c'est une pièce de musée (peggior.).

museruola [muze'rwɔla] f. muselière. ‖ FIG. *mettere la museruola*, réduire au silence.

musetta [mu'zetta] f. MUS. musette.

musetto [mu'zetto] m. frimousse f., minois.

musica ['muzika] (**-che** pl.) f. musique. | *musica atonale*, musique atonale. | *musica cameristica*, musique de chambre. | *musica classica*, musique classique. | *musica concreta*, musique concrète. | *musica jazz*, musique de jazz. | *musica operistica*, musique d'opéra. | *musica sacra*, musique sacrée. | *musica sinfonica*, musique symphonique. | *musica strumentale*, musique instrumentale. | *musica vocale*, musique vocale. | *comporre musica*, composer de la musique. | *fare (della) musica*, faire de la musique. | *eseguire una musica*, exécuter, jouer un morceau de musique. | *mettere in musica*, mettre en musique. ‖ LOC. FIG. *è sempre la stessa musica*, c'est toujours la même chanson. | *cambia musica!* change de musique, de disque!

musicale [muzi'kale] agg. musical. | *orecchio musicale*, oreille musicale.

musicalità [muzikali'ta] f. musicalité.

musicalmente [muzikal'mente] avv. musicalement.

musicante [muzi'kante] agg. e n. musicien, enne; [di banda] fanfariste. ‖ PEGGIOR. musicien médiocre.

musicare [muzi'kare] v. tr. mettre en musique.

musicassetta [muzikas'setta] f. musicassette.

musichetta [muzi'ketta] f. musiquette, flonflon m.

musicista [muzi'tʃista] (**-i** m. pl.) n. musicien, enne; [orchestrale] musicien, exécutant.

musico ['muziko] (**-ci** pl.) m. (antiq.) musicien (L.C.).

musicologo [muzi'kɔlogo] (**-gi** pl.) m. musicologue.

musicomane [muzi'kɔmane] n. mélomane.

musino [mu'zino] m. minois, frimousse f.

musivo [mu'zivo] agg. [di mosaico] de la mosaïque. ‖ CHIM. mussif. | *oro musivo*, or mussif.

muso ['muzo] m. **1.** [di animale] museau, mufle; [di maiale] groin. ‖ **2.** [di persona] FIG. (scherz. o spreg.) figure f. (L.C.), gueule f. (pop., volg.); nez. | *rompere il muso a qlcu.*, casser la gueule à qn. | *rompersi il muso*, se casser la figure. | *dire chiaramente sul muso*, jeter à la figure. | *chiudere la porta sul muso a qlcu.*, fermer la porte au nez de qn. ‖ [broncio] *tenere il muso*, bouder. | *mettere il muso*, faire la lippe, faire la tête. ‖ **3.** [di oggetto] nez.

musone [mu'zone] m. boudeur.

musoneria [muzone'ria] f. bouderie.

mussare [mus'sare] v. intr. mousser.

mussola ['mussola] f. mousseline.
mussulmano [mussul'mano] agg. e n. V. MUSULMANO.
mustacchi [mus'takki] m. pl. moustache f. ‖ MAR. hauban.
musulmano [musul'mano] agg. e n. musulman.
muta ['muta] f. **1.** [cambio] changement m., remplacement m., relève. | *dare la muta*, prendre la relève. ‖ [di cavalli] relais m. ‖ **2.** [cambiamento di pelle, di penne, di voce] mue. ‖ **3.** [aggiogamento, gruppo] *muta di cavalli*, attelage m. | *muta di cani*, meute. ‖ **4.** [corredo] parure.
mutabile [mu'tabile] agg. variable, changeant.
mutabilità [mutabili'ta] f. mutabilité, instabilité.
mutamento [muta'mento] m. changement, transformation f. | *mutamento di programma*, changement de programme.
mutande [mu'tande] f. pl. [da uomo] caleçon m. sing., slip m. sing. ; [da donna] culotte sing., slip m. sing.
mutandine [mutan'dine] f. pl. culotte sing., slip m. sing. | *mutandine da bagno*, caleçon (m. sing.) de bain.
mutare [mu'tare] v. tr. [cambiare] changer. | *mutare macchina*, changer de voiture. | *mutare indirizzo*, changer d'adresse. ‖ FIG. *mutare parere*, changer d'avis. | *mutare vita*, changer de vie. | *mutare bandiera*, tourner casaque. ‖ [trasformare] changer, transformer. | *la morte di suo padre l'ha mutato*, la mort de son père l'a changé. ‖ [di animali] muer. ◆ v. intr. changer. | *il tempo sta mutando*, le temps est en train de changer. | *i tempi sono cambiati*, les temps ont changé. | *mutarsi d'abito*, changer de vêtement.
mutazione [mutat'tsjone] f. changement m. ‖ [della voce] mue. ‖ BIOL. mutation.
mutevole [mu'tevole] agg. changeant, instable.
mutevolezza [mutevo'lettsa] f. instabilité, variabilité ; [di opinioni] versatilité.
mutilare [muti'lare] v. tr. mutiler.
mutilato [muti'lato] agg. e m. mutilé. | *mutilato di guerra*, mutilé de guerre.
mutilazione [mutilat'tsjone] f. mutilation.
mutilo ['mutilo] agg. (lett.) mutilé (L.C.).
mutismo [mu'tizmo] m. mutisme. | *chiudersi in un mutismo ostinato*, se renfermer dans un mutisme obstiné.
muto ['muto] (**-a** f.) agg. muet, muette. | *muto dalla nascita*, muet de naissance. | *muto dal terrore*, muet de terreur. | *muto come un pesce*, muet comme une carpe. ‖ CIN. *film muto*, film muet. ‖ GRAMM. *« e » muta*, « e » muet. ‖ LOC. *far scena muta*, ne pouvoir dire un mot. ◆ n. muet, muette.
mutria ['mutrja] f. hargne, morgue, orgueil m., hauteur.
mutua ['mutua] f. mutuelle ; assurance mutuelle.
mutualistico [mutua'listiko] (**-ci** m. pl.) agg. mutualiste.
mutualità [mutuali'ta] f. mutualité.
mutuamente [mutua'mente] avv. mutuellement.
mutuare [mutu'are] v. tr. [prendere a prestito] emprunter. ‖ [dare in prestito] prêter.
mutuatario [mutua'tarjo] m. ECON. emprunteur.
mutuato [mutu'ato] m. mutualiste.
mutuo ['mutuo] agg. mutuel, réciproque. | *mutua assicurazione*, assurance mutuelle. | *società di mutuo soccorso*, société de secours mutuel. ◆ m. [somma presa a prestito] emprunt ; [somma data a prestito] prêt. | *accordare, concedere un mutuo*, accorder, consentir un prêt. | *contrarre un mutuo*, contracter un emprunt.

N

n ['ɛnne] f. o m. n m. ‖ TELECOM. *N come Napoli*, N comme Nicolas.
nababbo [na'babbo] m. nabab. ‖ LOC. FIG. *fare una vita da nababbo*, mener une vie de nabab.
nacchere ['nakkere] f. pl. MUS. castagnettes, cliquette sing.
nadir [na'dir] m. ASTRON. nadir.
nafta ['nafta] m. (arc.) naphte. ‖ AUTOM. gas-oil. ‖ [olio combustibile] mazout, fuel-oil. | *riscaldamento a nafta*, chauffage au mazout.
naftalina [nafta'lina] f. naphtaline. ‖ FIG. FAM. *mettere in naftalina*, garder jalousement (L.C.) ; oublier (L.C.).
1. naia ['naja] f. ZOOL. naja m., cobra m., serpent (m.) à lunettes.
2. naia ['naja] f. LOC. MIL. [gerg.] *essere sotto la naia*, être sous les drapeaux, faire son service (L.C.)
naiade ['najade] f. naïade.
nailon ['nailon] m. Nylon. | *calze di nailon*, bas de Nylon, bas Nylon.
nanerottolo [nane'rɔttolo] (**-a** f.) m. PEGGIOR. nabot, ote ; gnome m.
nanismo [na'nizmo] m. nanisme.
nanna ['nanna] f. INFANT. dodo m. | *andare a nanna*, aller au dodo. | *fare la nanna*, faire dodo. | *mettere a nanna*, mettre au lit (L.C.).
nano ['nano] agg. nain, naine. ◆ n. nain. ‖ PEGGIOR. nabot, ote ; gnome m.
napalm ['napalm] m. CHIM. napalm.
napoleone [napole'one] m. [moneta] napoléon.
napoleonico [napole'ɔniko] (**-ci** m. pl.) agg. napoléonien.
napoletano [napole'tano] agg. napolitain. ‖ CULIN. *alla napoletana*, à la napolitaine. | *pizza alla napoletana*, pizza napolitaine. ◆ f. [caffettiera] napolitaine. ‖ GIOCHI napolitaine. ◆ n. [abitante] Napolitain, aine. ◆ m. [ling.] napolitain.
nappa ['nappa] f. [fiocco di un berretto] bouffette, pompon m. ; [di cordoni, di tende] gland m. ‖ [parte crinita della coda dei grandi mammiferi] fouet m. | *guanti di nappa*, gants de peau fine. ‖ BOT. *nappa di cardinale*, crête-de-coq. ‖ GEOL. nappe. | *nappa acquifera*, nappe d'eau. ‖ FIG. e POP. [nasone] tarin m.
narcisismo [nartʃi'zizmo] m. PSICOL. narcissisme.
narcisista [nartʃi'zista] (**-i** m. pl.) agg. atteint de narcissisme.
narcisistico [nartʃi'zistiko] (**-ci** m. pl.) agg. PSICOL. narcissique.
narciso [nar'tʃizo] m. BOT. narcisse. ‖ FIG. [vanesio] narcisse.
narcosi [nar'kɔzi] f. MED. narcose.
narcotico [nar'kɔtiko] (**-ci** m. pl.) agg. e m. MED. narcotique.
narcotizzare [narkotid'dzare] v. tr. MED. endormir, narcotiser.
narcotizzazione [narkotiddzat'tsjone] f. narcotisation.
nardo ['nardo] m. BOT. nard.
narghilè [nargi'lɛ] m. narghileh, narguilé.

narice [na'ritʃe] f. narine. ‖ [di alcuni grandi mammiferi] naseau m.
narrare [nar'rare] v. tr. raconter, conter (lett.), narrer (lett.); exposer, relater, rapporter. | *ci ha narrato le sue disavventure*, il nous a raconté ses mésaventures. | *narrare una favola, una storia*, conter, narrer une fable, une histoire. | *ha narrato le circostanze dell'incidente*, il a exposé les circonstances de l'accident. | *questo fatto è narrato da parecchi storici*, cet événement est relaté par plusieurs historiens. | *ha narrato il fatto come è veramente accaduto*, il a rapporté le fait tel qu'il s'est vraiment passé. ◆ v. intr. parler. | *ci ha narrato della sua vita*, il nous a parlé de sa vie.
narrativa [narra'tiva] f. Lett. genre (m.) narratif, roman m. | *le tendenze della narrativa contemporanea*, les tendances du roman contemporain. ‖ Giur. exposé m. ‖ (arc.) narration (l.c.), récit (l.c.).
narrativo [narra'tivo] agg. narratif. | *stile narrativo*, style narratif. | *storia narrativa*, histoire événementielle.
narratore [narra'tore] m. narrateur, conteur. ‖ [scrittore] romancier. ‖ Cin., T.V. [voce fuori campo] récitant; voix (f.) off.
narrazione [narrat'tsjone] f. [il narrare] narration. ‖ [racconto] récit m., exposé m. | *una narrazione dettagliata dei fatti*, un récit détaillé des faits. ‖ Ret. narration.
nartece [nar'tɛtʃe] m. Archit. narthex.
narvalo [nar'valo] m. Zool. narval, licorne (f.) de mer.
nasale [na'sale] agg. nasal. | *cavità, fosse nasali*, fosses nasales. | *avere una emoraggia nasale*, saigner du nez. ‖ [di voce] nasillard. | *avere una voce nasale*, avoir une voix nasillarde. | *parlare con voce nasale*, parler du nez, nasiller. ‖ Gramm. nasal. | *pronunciare una sillaba con suono nasale*, nasaliser une syllabe. ◆ f. Gramm. nasale.
nasalizzare [nasalid'dzare] v. tr. Gramm. nasaliser.
nasalizzazione [nasaliddzat'tsjone] f. Gramm. nasalisation.
nascente [naʃ'ʃɛnte] agg. Pr. e fig. naissant. | *il sole nascente*, le soleil levant. | *pinguedine nascente*, empâtement m. ‖ Arald. issant. | *lupo nascente*, loup issant. ‖ Chim. *allo stato nascente*, à l'état naissant.
nascere ['naʃʃere] v. intr. **1.** [senso generale] naître. | *Victor Hugo è nato a Besançon nel 1802*, Victor Hugo est né à Besançon en 1802. | *è nato da padre veneziano*, il est né d'un père vénitien. | *mi è nata una figlia*, il m'est né une fille. | *nascere prematuri*, naître avant terme. ‖ Fig. *è nato da famiglia operaia*, il sort d'une famille d'ouvriers. | *è nato per fare il medico*, il est fait pour être médecin. | *un sorriso nasce sulle sue labbra*, un sourire apparaît sur ses lèvres. | *nascere all'amore, all'arte*, naître (lett.), s'éveiller à l'amour, à l'art. ‖ **2.** [di volatili] éclore. | *i pulcini nascono*, les poussins éclosent. ‖ **3.** [di vegetali] naître, pousser, éclore. | *i fiori nascono in primavera*, les fleurs naissent au printemps. | *il frumento sta nascendo*, le blé commence à pousser. | *le rose sono appena nate*, les roses viennent d'éclore. ‖ Fig. *nascere come i funghi*, pousser comme des champignons. ‖ **4.** [di denti, di capelli, di barba, ecc.] pousser. | *sono nati i denti del bambino*, les dents de l'enfant ont poussé. | *gli sta nascendo la barba*, sa barbe commence à pousser. ‖ **5.** [di un fiume] naître, prendre sa source. ‖ **6.** [del sole, del giorno] se lever, naître, éclore, poindre (lett.). | *il sole nasce all'orizzonte*, le soleil se lève à l'horizon. | *il giorno è appena nato*, le jour vient d'éclore, de poindre. ‖ **7.** Sostant. *si alza al nascere del giorno*, il se lève à la pointe du jour, à l'aube. | *il nascere del sole*, le lever du soleil. | *un programma morto sul nascere*, un programme mort-né. ‖ **8.** Loc. *nascere sotto una buona stella*, naître sous une bonne étoile. ‖ Fam. *nascere con la camicia*, naître coiffé. | *non son nato ieri*, je ne suis pas né d'hier, de la dernière pluie. | *poeti si nasce*, on naît poète. | *nessuno nasce maestro*, personne n'a la science infuse. | *non è ancora nato, deve ancora nascere chi mi obbligherà a fare questa cosa*, j'attends encore celui qui m'obligera à faire cela. ‖ **9.** Prov. *da cosa nasce cosa*, une chose en entraîne une autre. | *chi di gallina nasce, convien che razzoli*, la caque sent toujours le hareng.
nascimento [naʃʃi'mento] m. (arc. o lett.) naissance f. (l.c.).
nascita ['naʃʃita] f. naissance. | *nascita prematura*, naissance avant terme. | *atto, certificato, fede di nascita*, extrait de naissance. | *partecipazione di nascita*, faire-part (m.) de naissance. | *cieco di, dalla nascita*, aveugle de naissance, aveugle-né. ‖ [origine] naissance. | *francese di nascita*, français de naissance. | *nobile di nascita*, de bonne, de haute naissance. | *di nascita oscura*, de basse naissance. ‖ Per est. naissance. | *la nascita delle foglie*, la naissance des feuilles. ‖ [di volatili, di insetti] éclosion. | *i pulcini si mettono a correre fin dalla nascita*, les poussins se mettent à courir dès leur éclosion. ‖ Fig. naissance, éclosion. | *la nascita del mondo*, la naissance du monde. | *la nascita di un'idea, d'un progetto*, l'éclosion d'une idée, d'un projet.
nascituro [naʃʃi'turo] agg. à naître, qui va naître. ◆ n. enfant à naître.
nascondere [nas'kondere] v. tr. **1.** [sottrarre alla vista] cacher, dissimuler, masquer, dérober. | *nascondere un evaso*, cacher un prisonnier évadé. | *nascondere una porta con una tenda*, dissimuler une porte avec une tenture. | *nascondere il viso con le mani*, masquer le visage avec les mains, se cacher le visage dans les mains. | *nascondere lo sguardo*, dérober le regard. ‖ **2.** [impedire la vista] cacher, boucher, dérober. | *gli alberi nascondono la spiaggia*, les arbres cachent la plage. | *una curva nasconde la visuale*, une courbe bouche la vue. | *una tenda nasconde agli sguardi il ripostiglio*, un rideau dérobe aux regards le débarras. ‖ **3.** Fig. [tacere] cacher, taire. | *nascondere l'età*, cacher son âge. | *nascondere una notizia, la verità*, taire une nouvelle, la vérité. ‖ [non manifestare] cacher, dissimuler, déguiser (lett.). | *nascondere il proprio pensiero, le proprie inquietudini, i propri sentimenti*, cacher, dissimuler sa pensée, ses inquiétudes, ses sentiments. | *nascondere la propria ambizione*, déguiser son ambition. | *il suo sguardo nasconde un'insidia*, son regard dissimule un piège. ‖ Loc. fig. *nascondere il proprio gioco*, cacher son jeu, ses cartes. ◆ v. rifl. [sottrarsi alla vista] se cacher, se dissimuler. | *nascondersi dietro un cespuglio*, se cacher, se dissimuler derrière un buisson. ‖ Per est. [cacciarsi] s'enfouir, se fourrer (fam.). | *dove è andato a nascondersi il mio gatto?*, où mon chat est-il allé se fourrer? | *giocare a nascondersi*, jouer à cache-cache. ‖ Fig. se cacher, se dissimuler. | *va a nasconderti!*, va te cacher! | *una grande bontà si nasconde dietro le sue affermazioni*, une grande bonté se dissimule derrière ses affirmations.
nascondiglio [naskon'diʎʎo] m. cachette f., cache f. (region.), planque f. (pop.). ‖ [recesso] repaire. | *un nascondiglio di briganti*, un repaire de brigands.
nascondino [naskon'dino] m. Giochi cache-cache invar. | *giocare a nascondino*, jouer à cache-cache.
nascosto [nas'kosto] part. passato e agg. [celato] caché. | *un tesoro nascosto*, un trésor caché. ‖ [appartato, remoto] écarté. | *un paesino nascosto*, un petit village écarté. ‖ [segreto] dérobé, secret. | *una scala nascosta*, un escalier dérobé. | *un cassetto nascosto*, un tiroir secret. ‖ Fig. (iron.) caché. | *tutti conoscono le virtù nascoste di quella ragazza*, tout le monde connaît les vertus cachées de cette jeune fille. ‖ Loc. *agire di nascosto a qlcu.*, se cacher de qn. | *tenere, serbare nascosto qlco.*, cacher qch. ‖ [avv.] *di nascosto*, en cachette, à la dérobée, en tapinois (lett.), en catimini (fam.), en douce (pop.). ‖ [prep.] *di nascosto a*, en cachette de, en se cachant de, à l'insu de.
nasello [na'sɛllo] m. Zool. merlu, merlan; [a Parigi] colin. ‖ Mecc. mentonnet. ‖ Mil. tenon.
naso ['naso] m. **1.** [organo dell'olfatto] nez. | *naso adunco*, nez crochu. | *naso affilato*, nez effilé. | *naso all'insù*, nez retroussé. | *naso appuntito*, nez pointu. | *naso aquilino*, nez aquilin, en bec d'aigle. | *naso arcuato*, nez busqué. | *naso camuso*, nez camus. | *naso diritto*, nez droit. | *naso finto*, faux nez. | *naso piatto, schiacciato*, nez épaté. | *naso rincagnato*, nez camard. | *naso rubizzo*, nez enluminé. | *avere il naso chiuso*, avoir le nez bouché. | *aver la goccia al naso*, avoir le nez qui coule. | *avere il naso sporco*, avoir la

morve (pop.) au nez. | *soffiarsi il naso*, se moucher (le nez). | *parlare col naso*, parler du nez, nasiller. | *perdere sangue dal naso*, saigner du nez, moucher du sang. || FAM. *ficcarsi le dita nel naso*, se fourrer les doigts dans le nez. | *turarsi, tapparsi il naso*, se boucher le nez. || LOC. FIG. *a lume di naso*, à vue de nez. | *menare per il naso*, mener par le bout du nez. | *lasciarsi menare per il naso*, se laisser mener par le bout du nez. | *mi monta la mosca al naso*, la moutarde me monte au nez. | *non vedere più in là del proprio naso*, ne pas voir plus loin que le bout de son nez. | *restare con un palmo di naso*, rester tout penaud, rester capot (fam.). | *torcere, arricciare il naso*, faire la grimace, faire des chichis (fam.). || **2.** PER EST. [l'intera faccia] *guardare con il naso in su, star col naso per aria*, regarder le nez en l'air, bayer aux corneilles. | *fare una cosa sotto il naso di qlcu.*, faire une chose au nez (et à la barbe) de qn. || FAM. *sbattere l'uscio sul naso di qlcu.*, fermer la porte au nez de qn (L.C.). | *cacciare, ficcare il naso dappertutto*, mettre, fourrer son nez partout. | *mettere fuori la punta del naso*, mettre le nez dehors. | *passare sotto il naso*, passer sous le nez. | *rompersi il naso in un affare*, échouer dans une affaire (L.C.). || **3.** [del cane] truffe f. || [fiuto] *questo cane ha buon naso*, ce chien a du nez, du flair. || FIG. *aver buon naso*, avoir bon nez, le nez creux, du flair.

nassa ['nassa] f. [pesca] nasse, casier m.

nastrino [nas'trino] m. petit ruban. || [per pacchetti] faveur f. || [decorazione] ruban. || [segnalibro] signet. || MOD. liséré. ◆ pl. CULIN. nouilles f.

nastro ['nastro] m. **1.** [striscia di tessuto] ruban. | *nastro elastico*, ruban élastique. | *il nastro di un cappello*, le ruban d'un chapeau, le bourdalou. | *nastro di bandiera*, cravate (f.) de drapeau. | *legare i capelli con un nastro*, retenir ses cheveux avec un ruban. | *ornare con nastri*, enrubanner. | *venditore di nastri*, rubanier. | *industria dei nastri*, rubanerie. || [onorificenze] *il nastro della croce di guerra*, le ruban de la croix de guerre. | *il nastro della Legion d'onore*, le ruban rouge. || MAR. (fig.) *il Nastro azzurro*, le Ruban bleu. || **2.** SPORT corde f., ligne f. | *i cavalli sono ai nastri di partenza*, les chevaux sont à la corde de départ. | *il nastro di partenza, di arrivo*, la ligne de départ, d'arrivée. || **3.** PER EST. *nastro adesivo*, ruban adhésif, papier collant. | *nastro dattilografico*, ruban encreur. | *nastro metrico, metro a nastro*, ruban métrique, mètre à ruban. || [di montaggio] *nastro trasportatore*, chaîne f.; [per persone e merci] tapis roulant. || ELETT. *nastro isolante*, ruban isolant; chatterton. || ELETTRON. *nastro magnetico*, ruban, bande (f.) magnétique. || METALL. *nastro metallico*, feuillard. || MIL. *nastro di mitragliatrice*, bande f.

nasturzio [nas'turtsjo] m. BOT. capucine f.; cresson.

nasuto [na'suto] agg. au grand nez, au gros nez.

1. natale [na'tale] agg. natal. | *paese natale*, pays natal. | *lingua natale*, langue maternelle. ◆ m. (lett.) [il giorno della nascita o la sua ricorrenza] jour de la naissance (L.C.); anniversaire [de la naissance] (L.C.). | *festeggia il suo natale*, il fête son anniversaire. || PER EST. *il natale di Roma*, la fondation de Rome; l'anniversaire de la fondation de Rome. ◆ m. pl. (lett.) [nascita] *dare i natali*, donner naissance (L.C.). || (lett.) [origine] *di oscuri natali*, de basse naissance, extraction. | *di nobili natali*, de haute naissance, de noble origine. || [nascere] *avere i natali*, naître (L.C.). | *Virgilio ebbe i natali a Mantova*, Virgile naquit à Mantoue.

2. natale [na'tale] m. Noël. | *albero di Natale*, arbre de Noël. | *vigilia di Natale*, veille de Noël. | *ceppo di Natale*, bûche de Noël. | *cena di Natale*, réveillon de Noël. | *messa di Natale*, messe de Noël. | *Babbo Natale*, le Père Noël, le Bonhomme Noël. | *auguri di Natale*, vœux, souhaits de Noël. | *buon Natale!*, joyeux Noël! | *il Natale*, la (fête de) Noël. | *fare Natale*, fêter la Noël. | *a Natale*, à (la) Noël. || FIG. FAM. *credere ancora a Babbo Natale*, croire au Père Noël, être très naïf. || MUS. *cantare una canzone di Natale*, chanter un noël. || PROV. *Natale asciutto e Pasqua bagnata*, Noël au balcon et Pâques au tison.

natalità [natali'ta] f. natalité. | *paese ad alta, bassa natalità*, pays à forte, à faible natalité.

natalizio [natalit'tsjo] agg. [di Natale] de Noël. || MUS. *canti natalizi, nenie natalizie*, noëls. || [della nascita] de la naissance, natal. | *festeggiare il giorno natalizio di qlcu.*, fêter l'anniversaire de qn. ◆ m. [compleanno] anniversaire.

natante [na'tante] agg. flottant. || MAR. *mina natante*, mine flottante. || BOT. nageant. | *fiori natanti*, fleurs nageantes. || ARALD. nageant. ◆ m. embarcation f.

natatorio [nata'tɔrjo] agg. natatoire. || SPORT *gare natatorie*, compétitions de natation. || ZOOL. *vescica natatoria*, vessie natatoire.

natica ['natika] f. fesse. || ZOOL. natice.

natio [na'tio] agg. (lett.) natal (L.C.). | *il paese natio*, le pays natal.

natività [nativi'ta] f. RELIG. Nativité. | *la Natività della Madonna*, la Nativité de la Vierge. || ARTI Nativité.

nativo [na'tivo] agg. natal. | *paese nativo*, pays natal. | *lingua nativa*, langue maternelle. || [oriundo] originaire, natif. | *è nativo di Marsiglia*, il est natif de Marseille. || [innato] inné, naturel, natif (lett.). | *schiettezza nativa*, franchise innée. || MINER. *oro nativo*, or natif. ◆ n. natif, ive; indigène, autochtone.

nato ['nato] agg. **1.** né. | *nato anzitempo, nato prematuro*, né avant terme. | *nato a tempo*, né à terme. | *un bambino appena nato*, un nouveau-né. | *morto nato, nato morto*, mort-né. | *nato cieco*, aveugle-né. | *ultimo nato*, dernier-né; culot (fam.). | *Luisa Bianchi, nata Rossi*, Louise Bianchi, née Rossi. || **2.** [che ha delle attitudini individuali spiccate] *nato apposta per le armi*, né pour les armes. | *musicista, poeta nato*, musicien-né, poète-né. | *essere un giocatore nato*, être un joueur dans l'âme. || LOC. FIG. *nato con la camicia, nato calzato e vestito*, né coiffé. || FAM. *è lui nato e sputato*, c'est lui tout craché, c'est son portrait tout craché. || ARC. *non c'era anima nata*, il n'y avait pas âme qui vive; il n'y avait personne (L.C.). ◆ n. né. | *la leva dei nati nel 1950*, le recrutement des jeunes gens nés en 1950.

natta ['natta] f. MED. loupe.

natura [na'tura] f. **1.** [principio vitale e realtà fisica] nature. | *i tre regni della natura*, les trois règnes de la nature. | *la voce della natura*, la voix de la nature, du sang. | *contro natura*, contre nature. | *vivere secondo natura*, suivre la nature. || LOC. *pagare in natura*, payer en nature. | *scambio in natura*, troc m. || **2.** [caratteristiche umane] nature, caractère m., tempérament m., naturel m. | *allegro di natura*, gai de nature, par nature. | *è una natura gioiosa*, il a un caractère enjoué. | *è ottimista per natura*, c'est une heureuse nature. | *è nella sua natura agire così*, il est dans sa nature, dans son caractère d'agir ainsi. | *seguire, vincere la propria natura*, suivre, vaincre sa nature. | *è un uomo debole di natura*, c'est un homme d'un naturel fragile. | *è una natura focosa*, c'est une nature très vive, c'est un tempérament très vif. || FIG. *è una forza della natura*, c'est une nature, c'est une force de la nature. || **3.** [caratteristiche degli esseri e delle cose] nature, essence, caractère m., sorte, genre m. | *la natura divina*, la nature, l'essence de Dieu. | *la natura del terreno*, la nature du terrain. | *la natura delle riforme*, la nature, le caractère des réformes. | *di diversa natura*, de nature différente. | *difficoltà di ogni natura*, des difficultés de toute nature, de toute sorte, de tout genre. || LOC. *di natura tale da*, de nature à. || **4.** ARTI *natura morta*, nature morte.

naturale [natu'rale] agg. naturel. | *legge naturale*, loi naturelle. | *storia naturale*, histoire naturelle. | *figlio naturale*, enfant naturel. || [genuino] naturel, spontané, aisé. | *colore naturale*, couleur naturelle. | *vino naturale*, vin naturel. | *uno stile naturale*, un style naturel, aisé. | *un ragazzo naturale*, un garçon naturel, sans détours. | *egli è molto naturale*, il est très nature (fam.). | *un gesto naturale*, un geste franc, sincère. || [innato] naturel, inné. | *una bontà naturale*, une bonté naturelle, innée. | *avere delle disposizioni naturali per la pittura*, avoir des dispositions naturelles, être doué naturellement pour, avoir une inclination pour la peinture. || [ovvio] naturel, normal. | *è naturale*, c'est tout naturel, c'est normal, cela va sans dire. || ARTI *un ritratto al naturale*, un portrait grandeur nature. | *una statua più grande del naturale*, une statue plus grande que nature. ‖ MAT. naturel. | *i numeri naturali*, les nombres naturels. ‖ MUS. naturel. | *le note naturali*, les notes naturelles. ‖ LOC. *morire di morte naturale*, mourir de sa belle mort. | *vita natural durante*, sa vie durant. | *com'è naturale*, comme de raison, comme de juste. ◆ m. ARC. [indole] naturel (L.C.), caractère (L.C.), tempérament (L.C.). | *ha un naturale giudizioso*, c'est un caractère réfléchi ; il est d'un caractère réfléchi. ‖ CULIN. nature, au naturel. | *tonno al naturale*, thon au naturel.

naturalezza [natura'lettsa] f. naturel m., aisance, spontanéité, facilité. | *parla con naturalezza*, il parle avec naturel, avec aisance.

naturalismo [natura'lizmo] m. FILOS. naturalisme. ‖ LETT., ARTI naturalisme.

naturalista [natura'lista] (**-i** m. pl.) m. e f. FILOS. naturaliste. ‖ [scienze] naturaliste. ‖ LETT., ARTI naturaliste.

naturalistico [natura'listiko] (**-ci** m. pl.) agg. naturaliste.

naturalizzare [naturalid'dzare] v. tr. GIUR. naturaliser. ◆ v. rifl. GIUR. se faire naturaliser. ‖ PER EST. ZOOL., BOT. acclimater (v. tr.), s'acclimater (v. rifl.).

naturalizzato [naturalid'dzato] agg. GIUR. naturalisé. ‖ BOT., ZOOL. acclimaté.

naturalizzazione [naturaliddzat'tsjone] f. GIUR. naturalisation. ‖ ZOOL., BOT. acclimatation.

naturalmente [natural'mente] avv. [per natura, spontaneamente] naturellement. | *è un ragazzo naturalmente allegro*, c'est un garçon naturellement gai. ‖ [ovviamente] naturellement, évidemment. | *naturalmente, non è ancora giunto !*, naturellement, il n'est pas encore arrivé ! ‖ [certamente] naturellement, bien entendu, bien sûr, cela va sans dire. | *« Verrai ? » « Naturalmente ! »*. « Tu viendras ? » « Bien sûr ! ».

naturismo [natu'rizmo] m. FILOS., MED. naturisme.

naturista [natu'rista] (**-i** m. pl.) m. e f. naturiste.

naturistico [natu'ristiko] (**-ci** m. pl.) agg. naturiste. | *concezioni naturistiche*, conceptions naturistes.

naufragare [naufra'gare] v. intr. faire naufrage, échouer, sombrer, naufrager (raro). | *la nave è naufragata, ha naufragato*, le navire a fait naufrage. ‖ FIG. échouer, sombrer. | *l'azienda è naufragata*, l'entreprise a échoué. | *è naufragato nella miseria e nella disperazione*, il a sombré dans la misère et le désespoir. ‖ LOC. FIG. *naufragare in porto*, échouer au port.

naufragio [nau'fradʒo] m. naufrage. | *subire un naufragio, fare naufragio*, faire naufrage, échouer. ‖ FIG. naufrage, ruine f. | *il naufragio di una società, di una nazione*, le naufrage d'une société, d'un pays. ‖ LOC. FIG. *far naufragio in porto*, faire naufrage au port.

naufrago ['naufrago] (**-ghi** m. pl.) n. naufragé.

nausea ['nauzea] f. nausée, mal (m.) au cœur, haut-le-cœur (m. invar.), soulèvement (m.) de cœur, dégoût m., écœurement m. | *avere la nausea*, avoir la nausée, des nausées, mal au cœur. | *provocare la nausea, far nausea*, donner la nausée, des haut-le-cœur, inspirer du dégoût, écœurer. ‖ FIG. nausée, dégoût m. | *un atteggiamento da far nausea*, une attitude qui donne la nausée, qui inspire le dégoût.

nauseabondo [nauzea'bondo], **nauseante** [nauze'ante] agg. nauséabond, nauséeux, dégoûtant, écœurant. | *un odore nauseabondo*, une odeur nauséabonde, écœurante. ‖ FIG. nauséabond, dégoûtant, répugnant.

nauseare [nauze'are] v. tr. PR. e FIG. donner la nausée, écœurer, dégoûter, inspirer du dégoût, soulever le cœur.

nauseato [nauze'ato] agg. dégoûté, écœuré.

nautica ['nautika] f. MAR. art (m.) nautique, science nautique.

nautico ['nautiko] (**-ci** m. pl.) agg. nautique. ‖ MAR. *carte nautiche*, cartes nautiques. | *sala nautica*, chambre de veille, des cartes, de navigation. ‖ SPORT *praticare lo sci nautico*, faire du ski nautique.

navale [na'vale] agg. naval. | *Accademia navale*, École navale. | *è un cadetto dell'Accademia navale*, c'est un élève de Navale.

navata [na'vata] f. ARCHIT. nef. | *navata maggiore*, nef principale, centrale. | *navata minore, laterale*, bas-côté m., collatéral m., nef latérale, collatérale.

nave ['nave] f. navire m., bateau m., bâtiment m. (arc.), nef (arc. e poes.). | *nave a tre alberi*, trois-mâts m. inv. | *nave a remi*, navire à rames. | *nave a vela*, navire à voiles ; voilier m. | *nave a vapore*, navire à vapeur ; vapeur m. | *nave a propulsione atomica*, navire à propulsion atomique. | *nave da carico*, cargo m., navire de charge, de transport. | *nave da diporto*, bateau de plaisance. | *nave da guerra*, navire de guerre. | *nave da pesca*, navire de pêche. | *nave ammiraglia*, navire amiral. | *nave appoggio, nave attrezzi*, navire-atelier. | *nave cisterna*, navire-citerne ; pétrolier m. | *nave civetta*, bateau piège. | *nave corsara*, corsaire m. | *nave faro*, bateau-feu. | *nave guardacoste*, bateau garde-côtes. | *nave mercantile*, navire de commerce, navire marchand. | *nave ospedale*, navire-hôpital. | *nave passeggeri*, paquebot m. | *nave petroliera*, pétrolier m. | *nave pilota*, bateau-pilote m. | *nave posacavi*, câblier m. | *nave posamine*, mouilleur (m.) de mines. | *nave rifornimento*, ravitailleur m. | *nave rompighiaccio*, brise-glace, brise-glaces m. inv. | *nave scorta*, escorteur m. | *nave scuola*, navire-école m. | *nave traghetto*, ferry-boat m. ‖ PER EST. FIG. *la nave del deserto*, le vaisseau du désert. ‖ ARCHIT. nef, vaisseau m. (raro).

navetta [na'vetta] f. TECN. navette. ‖ FIG. *fare la navetta*, faire la navette.

navicella [navi'tʃɛlla] f. POES. nacelle. ‖ FIG. nacelle. | *la navicella di San Pietro*, la barque de saint Pierre. ‖ AER. nacelle. ‖ CHIM. nacelle. ‖ LITURG. navette. ‖ TRASP. navette.

navigabile [navi'gabile] agg. navigable.

navigabilità [navigabili'ta] f. navigabilité. | *certificato di navigabilità*, certificat de navigabilité.

navigante [navi'gante] agg. MAR., AER. navigant. | *personale navigante*, personnel navigant. ◆ m. (lett.) navigant, navigateur.

navigare [navi'gare] v. intr. MAR. naviguer. | *navigare a vela*, naviguer à la voile. | *navigare a tutto vapore*, naviguer à toute vapeur. | *navigare controcorrente*, naviguer à contre-courant. | *navigare a controvento*, remonter contre le vent. | *navigare di conserva*, naviguer de conserve. | *navigare di rilascio*, relâcher. ‖ LOC. FIG. *navigare a gonfie vele, col vento in poppa*, naviguer vent debout ; avoir le vent en poupe. | *sa navigare*, il sait bien naviguer. | *navigare in brutte acque*, être dans une mauvaise passe. ‖ AER. naviguer. | *navigare a quota 2000*, naviguer à 2000 mètres d'altitude. ◆ v. tr. parcourir, traverser. | *navigare gli oceani*, parcourir les océans.

navigato [navi'gato] agg. [percorso da navi] traversé, parcouru par des navires. ‖ FIG. [esperto] expérimenté, chevronné. | *è un uomo navigato*, il n'est pas né d'hier ; il a bourlingué (fam.).

navigatore [naviga'tore] (**-trice** f.) m. MAR., AER. navigateur.

navigazione [navigat'tsjone] f. navigation. | *navigazione marittima*, navigation maritime. | *navigazione costiera*, navigation côtière. | *navigazione d'altura*, navigation hauturière. | *navigazione da diporto*, navigation de plaisance. | *navigazione fluviale*, navigation fluviale ; [l'insieme dei natanti] batellerie. ‖ AER. *navigazione aerea*, navigation aérienne. | *navigazione spaziale*, navigation spatiale.

naviglio [na'viλλo] m. MAR. [flotta] flotte f. | *naviglio mercantile*, flotte marchande. | *naviglio peschereccio*, flotte de pêche. | *naviglio da guerra*, flotte de guerre. ‖ [nave] (rare) navire, bateau (L.C.). ‖ [canale] canal navigable.

navone [na'vone] m. BOT. navet, chou-navet.

nazareno [naddza'rɛno] agg. e m. nazaréen.

nazifascismo [nattsifaʃ'ʃizmo] m. STOR. nazi-fascisme.

nazifascista [nattsifaʃ'ʃista] (**-i** m. pl.) agg. e n. STOR. nazi-fascite.

nazionale [nattsjo'nale] agg. national. | *festa nazionale*, fête nationale. | *biblioteca nazionale*, bibliothèque nationale. ◆ f. SPORT *la nazionale di calcio*, l'équipe nationale de football.

nazionalismo [nattsjona'lizmo] m. nationalisme.

nazionalista [nattsjona'lista] (**-i** m. pl.) agg. e n. nationaliste.

nazionalistico [nattsjona'listiko] (**-ci** m. pl.) agg. nationaliste.

nazionalità [nattsjonali'ta] f. nationalité. | *ha preso la nazionalità francese*, il a adopté la nationalité française. | *il principio di nazionalità*, le principe des nationalités.
nazionalizzare [nattsjonalid'dzare] v. tr. nationaliser.
nazionalizzazione [nattsjonaliddzat'tsjone] f. nationalisation.
nazionalsocialismo [nattsjonalsotʃa'lizmo] m. STOR. national-socialisme.
nazionalsocialista [nattsjonalsotʃa'lista] agg. e n. national-socialiste.
nazione [nat'tsjone] f. nation.
nazismo [nat'tsizmo] m. STOR. nazisme.
nazista [nat'tsista] (**-i** m. pl.) agg. e n. nazi, e.
nazistico [nat'tsistiko] (**-ci** m. pl.) agg. nazi.
nazzareno [naddza'rɛno] agg. e m. V. NAZARENO.
1. ne [ne] avv. [di moto da luogo] en. | *«È andato al cinema?» «Sì, ne torna ora»*, «Est-il allé au cinéma?» «Oui, il en revient.» ◆ pron. pers. **1.** [con rapporto di modo, di causa, di argomento, di conseguenza] en. | *riuscirà, ne sono convinto*, il réussira, j'en suis convaincu. | *non farò questo lavoro, non ne ho la forza*, je ne ferai pas ce travail, je n'en ai pas la force. | *sono partiti ed io ne sono contento*, ils sont partis et j'en suis content. | *la ferita è grave, rischia di morirne*, la blessure est grave, il risque d'en mourir. | *non me ne ricordo molto bene*, je ne m'en souviens pas très bien. | *non parlarne a tutti, parlane a tuo padre*, n'en parle pas à tout le monde, parles-en à ton père. | *ne consegue che*, il s'ensuit que. || [riferito a persona] de lui, d'elle, d'eux, d'elles; [più raramente] en. | *è un buon operaio, ne siamo contenti*, c'est un bon ouvrier, nous sommes contents de lui, nous en sommes contents. | *non li conosco, non ne ho mai udito parlare*, je ne les connais pas, je n'ai jamais entendu parler d'eux. || **2.** [con valore di poss. riferito a cosa] en. | *questo quadro mi piace, ne apprezzo la straordinaria luminosità*, j'aime ce tableau, j'en apprécie l'extraordinaire luminosité. || [riferito a persona] son, sa, ses, leur, leurs. | *è un ragazzo onesto, ne dovete seguire l'esempio*, c'est un garçon honnête, vous devez suivre son exemple. | *i ladri sono fuggiti e la polizia ne ha perso le tracce*, les voleurs se sont échappés et la police a perdu leur trace. || **3.** [partitivo riferito a persone e a cose] en. | *«Hai figli?» «No, non ne ho»*, «As-tu des enfants?» «Non, je n'en ai pas.» | *quanti soldati!, ce n'è una folla*, que de soldats!, il y en a une foule. | *«Hai dei libri di storia?» «Sì, ne ho qualcuno»*, «As-tu des livres d'histoire?» «Oui, j'en ai quelques-uns.» | *«Che belle fragole! me ne dia mezzo chilo»*, «Oh! les belles fraises! donnez-m'en une livre.» | *«Se chiedono denaro, non dargliene»*, «S'ils demandent de l'argent, ne leur en donne pas.» || **4.** [con valore pleonastico] en. | *andarsene*, s'en aller. | *starsene in ozio*, rester oisif. | *starsene in un angolo*, rester dans son coin. | *tornarsene*, s'en retourner. | *venirsene*, s'en venir (fam.). || **5.** LOC. *averne abbastanza*, en avoir assez. | *averne fin sopra i capelli*, en avoir par-dessus la tête. | *aversene a male*, se fâcher. | *volerne a qlcu.*, en vouloir à qn. | *me ne ha fatto di tutti i colori*, il m'en a fait voir de toutes les couleurs. | *ne ha preso un sacco e una sporta!*, on lui a flanqué une de ces raclées!
2. ne [ne] prep. [apocope della prep. art. nei, negli]. V. IN.
né [ne] cong. [e neppure, e neanche] ni. | *non voglio né posso obbedire*, je ne veux ni ne puis obéir. || [ripetuto] ni... ni... | *«Quando verrete?» «Né oggi né domani»*, «Quand viendrez-vous?» «Ni aujourd'hui ni demain.» | *né tuo fratello né tu lo conoscete*, ni ton frère ni toi ne le connaissez. || LOC. *non avere né arte né parte*, n'avoir ni feu ni lieu. | *non avere né capo né coda*, n'avoir ni queue ni tête. | *né più né meno*, ni plus ni moins.
neanche [ne'anke] cong. ni; ni même; non plus. | *non possiamo ammettere che tu menta e neanche che tu sparli di noi*, nous ne pouvons pas admettre que tu mentes ni que tu médises de nous. | *non parlo per te e neanche per me*, je ne parle pas pour toi et ni même pour moi. | *voi non desiderate partire e neanche io*, vous ne désirez pas partir et moi non plus. ◆ avv. même. | *non mi ha neanche visto*, il ne m'a même pas vu. | *non ci ha dato neanche la mano*, il ne nous a même pas donné la main. | *mi guardò senza neanche parlare*, il me regarda sans même parler. | *neanche se tu lo volessi, neanche volendolo, potresti farlo*, même si tu le voulais tu ne pourrais le faire. || LOC. *neanche per idea, neanche per sogno*, jamais de la vie, pas le moins du monde. | *neanche a parlarne*, pas question (fam.). | *neanche uno*, pas un, pas un seul.
nebbia ['nebbja] f. brouillard m.; [leggera] brume. | *c'è nebbia*, il y a du brouillard. | *una fitta nebbia*, un brouillard épais, une purée de pois (fam.). | *banco, cortina di nebbia*, banc, rideau de brouillard. | *nebbia artificiale*, brouillard artificiel, nuage fumigène. || LOC. *nebbia da tagliare col coltello*, brouillard à couper au couteau; purée de pois (fam.). || MAR. brume. | *segnale di nebbia*, signal de brume. | *banchi di nebbia*, barres de brume. || FIG. brume, brouillard. || LOC. FIG. *insaccare nebbia*, perdre son temps. || BOT. rouille.
nebbiosità [nebbjosi'ta] f. temps (m.) brumeux. || FIG. nébulosité.
nebbioso [neb'bjoso] agg. brumeux, embrumé. | *cielo nebbioso*, ciel brumeux. || FIG. brumeux. | *ingegno nebbioso*, esprit brumeux.
nebulizzare [nebulid'dzare] v. tr. atomiser, pulvériser, vaporiser.
nebulizzatore [nebuliddza'tore] m. atomiseur, pulvérisateur, vaporisateur. | *nebulizzatore di lacca, di profumo*, atomiseur à laque, à parfum.
nebulizzazione [nebuliddzat'tsjone] f. pulvérisation, vaporisation.
nebulosa [nebu'losa] f. ASTRON. nébuleuse.
nebulosità [nebulosi'ta] f. PR. e FIG. nébulosité.
nebuloso [nebu'loso] agg. nébuleux, brumeux, nuageux. | *cielo nebuloso*, ciel nébuleux. || FIG. nébuleux, brumeux, fumeux.
necessariamente [netʃessarja'mente] avv. absolument, forcément, nécessairement.
necessario [netʃes'sarjo] agg. nécessaire, indispensable, inévitable. | *condizione necessaria e sufficiente*, condition nécessaire et suffisante. | *ha le qualità necessarie per questo lavoro*, il a les qualités nécessaires pour ce travail. | *è necessario parlarne*, il est nécessaire d'en parler, qu'on en parle. | *mi è necessario saperlo*, il me faut le savoir, il faut que je le sache. | *lavora più del necessario*, il travaille plus qu'il ne le faut. | *sa rendersi necessario*, il sait se rendre indispensable. | *è un male necessario*, c'est un mal inévitable. || FILOS. nécessaire. | *l'essere necessario*, l'être nécessaire. ◆ m. nécessaire. | *guadagnare lo stretto necessario*, gagner le strict nécessaire. | *fare il necessario*, faire le nécessaire.
necessità [netʃessi'ta] f. nécessité. | *per necessità di servizio*, par nécessité de service. | *è di estrema necessità*, c'est une nécessité absolue. || [bisogno] besoin m., nécessité. | *necessità di cibo, di denaro, d'affetto*, besoin de nourriture, d'argent, d'affection. | *sentire la necessità di piangere*, éprouver le besoin de pleurer. | *ha necessità di essere consigliato*, il a besoin qu'on le conseille. | *in caso di necessità*, en cas de nécessité, de besoin. | *severo senza necessità*, sévère sans nécessité, sans besoin. || [povertà] *vivere nella necessità*, vivre dans la nécessité, dans l'indigence. || PROV. *far di necessità virtù*, faire de nécessité vertu. | *necessità non ha legge*, nécessité fait loi.
necessitare [netʃessi'tare] v. tr. [richiedere] nécessiter, rendre nécessaire, exiger. | *la coltivazione delle rose necessita molte cure*, la culture des roses nécessite beaucoup de soins. | *la situazione necessita l'intervento della polizia*, la situation rend nécessaire l'intervention de la police. | *questa casa necessita costose riparazioni*, cette maison exige des réparations coûteuses. ◆ v. intr. [abbisognare] avoir besoin. | *necessitare di denaro, di riposo, di affetto*, avoir besoin d'argent, de repos, d'affection. || [essere necessario] être nécessaire, falloir. | *necessita arrivare per tempo*, il est nécessaire d'arriver à temps. | *necessita che io lo faccia*, il me faut le faire, il faut que je le fasse.
necroforo [ne'krɔforo] m. [becchino] fossoyeur, croque-mort (fam.). || ZOOL. nécrophore.

necrologia [nekrolo'dʒia] f. nécrologie.
necrologico [nekro'lɔdʒiko] (**-ci** m. pl.) agg. nécrologique.
necrologio [nekro'lɔdʒo] m. nécrologe. ‖ [elogio funebre] éloge funèbre.
necropoli [ne'krɔpoli] f. nécropole.
necroscopia [nekrosko'pia] f. MED. autopsie, nécropsie (arc.).
necroscopico [nekros'kɔpiko] (**-ci** m. pl.) agg. MED. nécropsique. | *esame necroscopico,* autopsie f., nécropsie (arc.) f.
necrosi [ne'krɔzi] f. MED. nécrose.
necrotico [ne'krɔtiko] (**-ci** m. pl.) agg. MED. nécrotique.
necrotizzare [nekrotid'dzare] v. tr. MED. nécroser. ◆ v. rifl. se nécroser.
neerlandese [neerlan'dese] agg. e n. néerlandais, e. ◆ m. LING. néerlandais.
nefandezza [nefan'dettsa] f. infamie, noirceur, scélératesse.
nefando [ne'fando] agg. abominable, exécrable, infâme.
nefasto [ne'fasto] agg. néfaste, fatal, funeste. | *una influenza nefasta,* une influence néfaste. ‖ RELIG. néfaste. | *giorni nefasti,* jours néfastes.
nefrite [ne'frite] f. MED. néphrite. ‖ MINER. néphrite.
nefritico [ne'fritiko] (**-ci** m. pl.) agg. e n. MED. néphrétique.
negabile [ne'gabile] agg. (arc.) niable.
negare [ne'gare] v. tr. nier. | *negare l'evidenza,* nier l'évidence. | *negare l'esistenza di Dio,* nier Dieu. | *insiste nel negare,* il persiste à nier. | *nega di essere venuto,* il nie être venu. | *nego che abbia ragione,* je nie qu'il ait raison. | *non nego che la cosa sia possibile,* je ne nie pas que la chose (ne) soit possible. | *non nego di averlo fatto,* je ne nie pas que je l'ai fait, l'avoir fait. ‖ [rifiutare] refuser, dénier. | *negare il proprio consenso,* refuser son consentement. | *la natura gli ha negato il dono della parola,* la nature lui a refusé le don de la parole. | *negare un debito,* dénier une dette. | *negare il diritto di parola,* dénier le droit de parler. ‖ [impedire] *negare l'accesso,* défendre l'entrée. ‖ GIUR. *negare la competenza a un tribunale,* dessaisir un tribunal. ◆ v. rifl. se défendre, s'interdire, se refuser. | *si nega ogni piacere,* il se défend tout plaisir. | *non si nega niente,* il ne se refuse rien.
negativa [nega'tiva] f. [risposta negativa] négative. | *stare, mantenersi sulla negativa,* se tenir sur la négative. ‖ FOT. négatif m., cliché m.
negativamente [negativa'mente] avv. négativement.
negativo [nega'tivo] agg. négatif. | *risposta negativa,* réponse négative. | *dare una risposta negativa,* répondre par la négative. | *in caso di risposta negativa,* dans la négative. | *risultato negativo,* résultat négatif. | *critica negativa,* critique défavorable. | FIS. *elettricità negativa,* électricité négative. ‖ FOT. *immagine negativa,* négatif m. ‖ MAT. *numero negativo,* nombre négatif. ‖ MED. *reazione negativa,* réaction négative.
negato [ne'gato] agg. nul, fermé. | *sono negato per il disegno,* je suis nul en dessin, je n'ai aucun don pour le dessin.
negatone [nega'tone] m. V. NEGATRONE.
negatore [nega'tore] (**-trice** f.) agg. e n. négateur, trice.
negatrone [nega'trone] m. FIS. négaton.
negazione [negat'tsjone] f. négation. ‖ PSIC. dénégation.
neghittosamente [negittosa'mente] avv. paresseusement, oisivement.
neghittosità [negittosi'ta] f. paresse, indolence, oisiveté.
neghittoso [negit'toso] agg. [pigro] paresseux, indolent. ‖ PER EST. [ozioso] oisif, fainéant.
negletto [ne'glɛtto] agg. (lett.) [sciatto] négligé (L.C.). | *negletto nella persona,* négligé de sa personne. | *stile negletto,* style négligé. ‖ [disprezzato] méprisé (L.C.), dédaigné (L.C.), négligé (L.C.). | *una povertà negletta,* une indigence méprisée.
negli ['neʎʎi] prep. articolata m. pl. V. IN.
negligente [negli'dʒente] agg. négligent. | *uno scolaro negligente,* un élève négligent. ‖ PER. EST. [trascurato] négligé. | *negligente nel vestire,* négligé dans sa mise.
negligentemente [neglidʒente'mente] avv. négligemment.
negligenza [negli'dʒɛntsa] f. [trascuratezza] négligence. | *mostrare negligenza nel lavoro,* montrer de la, faire preuve de négligence, être négligent dans son travail ; faire son travail avec négligence. ‖ [distrazione] négligence, inattention, omission. | *questa negligenza ti costerà cara,* cette inattention va te coûter cher. ‖ [sciatteria] *negligenza nel vestire,* négligence dans la tenue ; laisser-aller (m. inv.).
negligere [ne'glidʒere] v. tr. (arc. e lett.) négliger (L.C.).
negoziabile [negot'tsjabile] agg. COMM., FIN. négociable.
negoziante [negot'tsjante] m. commerçant, marchand ; négociant. | *negoziante all'ingrosso,* grossiste, marchand en gros, négociant. | *negoziante al minuto, al dettaglio,* détaillant, marchand au détail. | *negoziante di vini,* marchand de vins, négociant en vins. | *fare il negoziante,* être dans le commerce, faire du commerce.
negoziare [negot'tsjare] v. tr. COMM. [contrattare] négocier, traiter. | *negoziare un affare,* négocier, traiter une affaire. | *negoziare l'acquisto di una casa,* négocier l'acquisition d'une maison. | *negoziare il prezzo di qlco.,* débattre le prix de qch., marchander. ‖ PER EST. [condurre trattative] négocier, traiter, discuter. | *negoziare la pace,* négocier la paix. | *negoziare una resa,* traiter, discuter une capitulation. ◆ v. intr. (arc.) [esercitare un commercio] négocier, commercer (L.C.), faire du commerce (L.C.).
negoziato [negot'tsjato] m. négociation f. | *avviare negoziati,* entamer, engager des négociations, des tractations ; entrer en pourparlers (m.). | *apertura, progresso, successo, insuccesso dei negoziati,* ouverture, progrès, succès, échec des négociations.
negoziatore [negottsja'tore] m. négociateur.
negoziazione [negottsjat'tsjone] f. négociation (L.C.).
negozio [ne'gɔttsjo] m. magasin, boutique f., commerce. | *negozio di generi alimentari,* magasin d'alimentation. | *negozio di salumi,* boutique de charcuterie. | *aprire un negozio,* ouvrir un commerce. | *gestire un negozio,* tenir un commerce. | *chiudere un negozio,* fermer boutique. | *negozio da vendere,* commerce à céder. | *negozi a catena,* magasins à succursales. | *fare il giro dei negozi,* courir les magasins. | *un negozio ben avviato,* un magasin bien achalandé. ‖ [affare] affaire f. | *proporre un buon negozio,* proposer une bonne affaire. ‖ GIUR. acte juridique. ‖ (lett.) [attività] activité f. (L.C.). | *i negozi degli uomini,* les activités des hommes.
negra ['negra] f. Noire ; négresse (peggior.).
negretto [ne'gretto] m. négrillon.
negriere [ne'grjɛre] m. négrier, marchand d'esclaves. ‖ PER ANAL. FIG. [sfruttatore] négrier.
negriero [ne'grjɛro] agg. e m. négrier. | *nave negriera,* négrier m.
negritudine [negri'tudine] f. négritude.
negro ['negro] agg. noir, nègre (arc. o peggior.). | *i popoli negri,* les peuples noirs. ‖ ARTI *arte negra,* art nègre. | *musica negra,* musique nègre. ◆ n. Noir, nègre (arc. o peggior.). | *i negri,* les Noirs. | *la tratta dei negri,* la traite des Noirs. ‖ LOC. FIG. *lavorare come un negro,* travailler comme un nègre (fam.).
negroide [ne'grɔide] agg. e n. négroïde.
negromante [negro'mante] m. nécromancien, magicien, nécromant (arc.). ‖ f. nécromancienne, magicienne.
negromanzia [negroman'tsia] f. nécromancie.
neh [nɛ] interiez. (fam.) hein ?, n'est-ce pas ?
nei ['nei] prep. art. m. pl. V. IN.
nel ['nel] prep. art. m. s. V. IN.
nella ['nella] prep. art. f. s. V. IN.
nelle ['nelle] prep. art. f. pl. V. IN.
nello ['nello] prep. art. m. s. V. IN.
nembo ['nembo] m. nuage, nuée f. (lett.). ‖ PER ANAL. *un nembo di fumo, di polvere,* un nuage de fumée, de poussière. ‖ PER EST. *un nembo di frecce, di uccelli,* une nuée de flèches, d'oiseaux. ‖ METEOR. nimbus.
nemico [ne'miko] (**-ci** m. pl.) agg. [ostile, contrario] ennemi, hostile, contraire. | *è nemico della pittura moderna,* il est ennemi de la peinture moderne. |

fratelli nemici, frères ennemis. | *natura nemica*, nature hostile. | *è nemico di questa idea*, il est hostile à cette idée. | *un destino nemico*, un destin contraire. || [relativo a belligeranti] ennemi. | *esercito nemico*, armée ennemie. || [nocivo] nuisible. | *clima nemico della salute*, climat nuisible à la santé. ◆ n. [avversario] ennemi, adversaire. | *nemica mortale*, ennemie mortelle. | *è il suo peggior nemico*, c'est son pire ennemi. | *il nemico pubblico numero uno*, l'ennemi public numéro un. | *i nemici del materialismo*, les adversaires du matérialisme. ◆ m. [belligeranti] ennemi. | *il nemico ha sferrato una offensiva*, l'ennemi a déclenché une offensive. | *cadere nelle mani del nemico*, tomber entre les mains de l'ennemi. | *passare al nemico*, passer à l'ennemi, déserter. || RELIG. *il Nemico*, le Diable, le Malin. || LOC. PROV. *il meglio è nemico del bene*, le mieux est l'ennemi du bien. | *a nemico che fugge ponti d'oro*, il faut faire un pont d'or à l'ennemi qui fuit.

nemmeno [nem'meno] avv. e cong. V. NEANCHE.

nenia ['nɛnja] f. [canto funebre] nénie, nénies pl. || [canto lento] cantilène, complainte. || *nenie natalizie*, noëls m. || FIG. FAM. barbe, scie. | *che nenia questo Beethoven!* ah! Beethoven, quelle barbe!

neo ['nɛo] m. grain de beauté. || [applicato o disegnato] mouche f. || MED. nævus. || FIG. petite imperfection f., petit défaut.

neoclassicismo [neoklassi'tʃizmo] m. néoclassicisme.

neoclassico [neo'klassiko] (**-ci** m. pl.) agg. e m. néoclassique.

neofita [ne'ɔfita] o **neofito** [ne'ɔfito] (**-i** m. pl.) n. néophyte. | *comportarsi come un neofita*, se conduire comme un néophyte, comme un bleu (fam.).

neolatino [neola'tino] agg. néolatin.

neolitico [neo'litiko] (**-ci** m. pl.) agg. e m. GEOL. néolithique.

neologico [neo'lɔdʒiko] (**-ci** m. pl.) agg. LING. néologique.

neologismo [neolo'dʒizmo] m. LING. néologisme.

neon ['nɛon] m. CHIM. néon. | *lampade, insegne al neon*, lampes, enseignes au néon.

neonato [neo'nato] (**-a** f.) agg. e n. nouveau-né, nouveau-née f. (pl. nouveau-né[e]s).

neoplasma [neo'plazma] m. MED. néoplasme.

neorealismo [neorea'lizmo] m. néoréalisme.

neorealista [neorea'lista] (**-i** m. pl.) agg. e n. néoréaliste.

neorealistico [neorea'listiko] (**-ci** m. pl.) agg. néoréaliste.

neozelandese [neoddzelan'dese] agg. e n. néozélandais, e.

nepote [ne'pote] m. (lett. o pop.). V. NIPOTE.

nepotismo [nepo'tizmo] m. népotisme.

nepotistico [nepo'tistiko] (**-ci** m. pl.) agg. de népotisme, de favoritisme. | *politica nepotistica*, politique de favoritisme.

neppure [nep'pure] avv. e cong. V. NEANCHE.

nequizia [ne'kwittsja] f. (lett.) infamie (L.C.), iniquité. || (arc.) colère (L.C.), rage (L.C.).

nerastro [ne'rastro] agg. noirâtre.

nerbare [ner'bare] v. tr. (raro) donner des coups de nerf de bœuf (L.C.), fouetter (L.C.), cravacher (L.C.).

nerbata [ner'bata] f. coup (m.) de nerf de bœuf. || PER EST. coup de bâton, de fouet.

nerbatura [nerba'tura] f. volée de coups de nerf de bœuf.

nerbo ['nɛrbo] m. [scudiscio] nerf de bœuf. || FIG. nerf, vigueur f. | *un uomo senza nerbo*, un homme sans nerf, sans vigueur. || PER ANAL. *stile senza nerbo*, style qui manque de nerf. || LOC. *il nerbo della guerra è il denaro*, l'argent est le nerf de la guerre.

nerboruto [nerbo'ruto] agg. musclé, vigoureux, costaud (pop.).

nereggiare [nered'dʒare] v. intr. noircir; s'assombrir. | *le more nereggiano*, les mûres noircissent. | *il cielo nereggia*, le ciel s'assombrit. ◆ v. tr. (raro) noircir (L.C.). | *il fumo ha nereggiato i muri*, la fumée a noirci les murs.

nereide [ne'rɛide] f. MIT., ZOOL. néréide.

neretto [ne'retto] m. TIP. caractère gras, gras. | *scrivere in neretto*, écrire en gras, en caractère gras.

nerezza [ne'rettsa] f. (arc.) noirceur (L.C.).

nero ['nero] agg. **1.** [di colore scuro] noir. | *cavallo, gatto nero*, cheval, chat noir. | *occhi neri*, yeux noirs. | *perle nere*, perles noires. | *nero come l'ebano, come l'inchiostro, come il carbone*, noir comme de l'ébène, comme de l'encre, comme du charbon. || PER EST. *il Principe Nero, il Corsaro Nero*, le Prince Noir, le Corsaire Noir. | *un caffè nero*, un café noir. | *capelli neri*, cheveux noirs. | *una carnagione nera*, un teint noir. | *essere nero dopo le vacanze al mare*, être noir, hâlé, bronzé après les vacances à la mer. || [di razza] noir. | *i popoli neri*, les peuples noirs. | *un bambino nero*, un enfant noir. | *il continente nero*, le continent noir. || [di qualità] *uva nera*, raisin noir. | *pane nero*, pain noir. || [sporco] noir, sale. | *unghie nere*, ongles noirs, sales. | *muro nero di fuliggine*, mur noir de suie. || [buio] *una notte nera*, une nuit noire. | *un cielo nero*, un ciel noir, couvert. || **2.** FIG. *è la sua bestia nera*, c'est la bête noire. | *è la pecora nera della famiglia*, c'est la brebis galeuse de la famille. || [triste] *essere d'umore nero, essere nero*, être d'une humeur noire, d'une humeur de dogue. | *avere dei pensieri neri*, avoir, se faire des idées noires. || [colpevole] *ingratitudine nera*, noire ingratitude. | *anima nera*, âme noire. || **3.** LOC. *borsa nera, mercato nero*, bourse noire, marché noir. | *film, romanzo nero*, film, roman noir. | *libro nero*, liste noire. | *magia nera*, magie noire. | *messa nera*, messe noire. | *occhio nero*, œil au beurre noir. | *oro nero*, or noir. | *pozzo nero*, fosse d'aisance. | *vino nero*, vin rouge. ◆ m. [colore] noir. | *vestire di nero*, porter du noir. | *carta listata di nero*, enveloppe bordée de noir. | *mettere, scrivere nero su bianco*, mettre, écrire noir sur blanc. | *fotografia in bianco e nero*, photographie en noir et blanc. || GIOCHI noir. | *è uscito il nero*, le noir est sorti. || CHIM. *nero animale*, noir animal. | *nero di anilina*, noir d'aniline. | *nero avorio*, noir d'ivoire. || BOT. [malattia] noir, fumagine f. || ZOOL. *nero di seppia*, sépia f. || LOC. FIG. *vedere tutto nero*, voir tout en noir, tout noir; broyer du noir. ◆ n. V. NEGRO, NEGRA.

nerofumo [nero'fumo] m. noir de fumée.

neroli ['nɛroli] m. néroli.

neroniano [nero'njano] agg. néronien.

nervatura [nerva'tura] f. [insieme di nervi] nerfs m. pl. || [di un libro] nervure. || ARCHIT. nervure. | *nervatura a croce*, nervure en croix. || BOT., ZOOL. nervure. || MOD. nervure.

nervino [ner'vino] agg. MED. nervin.

nervo ['nɛrvo] m. ANAT., MED. nerf. | *nervo ottico*, nerf optique. | *crisi di nervi*, crise de nerfs. | *attacco di nervi*, attaque de nerfs. || LOC. FIG. *avere i nervi*, avoir ses nerfs, être à cran (fam.). | *avere i nervi fragili*, avoir les nerfs fragiles, tendus. | *avere i nervi saldi, a posto*, avoir les nerfs solides, avoir le cœur bien accroché (fam.). | *avere i nervi a fior di pelle*, avoir les nerfs en boule, en pelote, à fleur de peau. | *avere i nervi a prova di bomba*, avoir les nerfs à toute épreuve. | *è un fascio di nervi*, c'est un paquet de nerfs. | *dare ai nervi*, porter, taper sur les nerfs (fam.). | *reggere a forza di nervi*, être, vivre sur les nerfs. | *la guerra dei nervi*, la guerre des nerfs. || FAM. [muscolo, tendine] nerf. | *stirarsi un nervo*, se fouler, se froisser un nerf. | *è un ragazzo magro, tutto nervi*, c'est un garçon sec, tout en nerfs. | *una bistecca piena di nervi*, un bifteck nerveux, filandreux. || FIG. [vigore] *è un uomo senza nervi*, c'est un homme sans nerf, sans vigueur. || PER EST. BOT. nervure f. || (lett.) [corda dell'arco o di strumento musicale] corde f. (L.C.).

nervosamente [nervosa'mente] avv. nerveusement.

nervosismo [nervo'sizmo] m. nervosisme.

nervosità [nervosi'ta] f. nervosité, excitation.

nervoso [ner'voso] agg. nerveux. | *fibra nervosa*, fibre nerveuse. | *sistema nervoso*, système nerveux. | *esaurimento nervoso*, dépression nerveuse. || [emotivo] nerveux. | *un temperamento nervoso*, un tempérament nerveux. || FIG. [conciso, rapido] nerveux. | *uno stile nervoso*, un style nerveux. || BOT. nervuré. | *una foglia nervosa*, une feuille nervurée. ◆ m. (fam.) nerfs pl. | *avere il nervoso*, avoir ses nerfs. | *mi fa venire il nervoso*, il me tape sur les nerfs.

nespola ['nɛspola] f. BOT. nèfle. || FIG. (fam.) [busse, botte] coup m. | *gli ha dato certe nespole*, il l'a frappé à coups redoublés ; il l'a roué de coups. ‖ PROV. *col tempo e la paglia maturano le nespole*, tout vient à point à qui sait attendre ; petit à petit, l'oiseau fait son nid.

nespole! ['nɛspole] interiez. (fam.) diantre !, pardi !

nespolo ['nɛspolo] m. BOT. néflier.

nesso ['nɛsso] m. cohérence f., rapport, suite f. | *discorsi senza nesso*, propos sans cohérence. | *parole senza nesso*, mots sans suite, incohérents. | *nesso logico*, lien logique. | *nesso sintattico*, nœud syntaxique. | *non c'è nesso logico*, il n'y a aucun rapport logique.

nessuno [nes'suno] agg. indef. [con valore negativo] aucun, nul, nulle (lett.) ; pas un, une. | *non ho nessuna informazione a questo proposito*, je n'ai aucune information à ce sujet. | *non c'è più nessun interesse*, il n'y a plus aucun intérêt. | *nessun nostro professore ne ha parlato*, aucun de nos professeurs n'en a parlé. | *nessun dubbio che*, nul doute que. | *nessun altro ne è capace*, nul autre n'en est capable. | *non ne ho nessun bisogno*, je n'en ai nul besoin. | *cose di nessuna importanza, di nessun valore*, des choses de nulle importance, de nulle valeur. | *nessun tassì davanti alla stazione*, pas un taxi devant la gare. | *non c'è nessun alunno capace di rispondere*, il n'y a pas un élève qui sache répondre. ‖ [con valore positivo in frasi dubitative o interrogative] quelque, aucun (lett.). | *« Hai ricevuto nessuna notizia ? »*, « As-tu reçu quelque nouvelle ? » ‖ LOC. *in nessuna maniera, in nessun modo*, en aucune manière. | *da nessuna parte, in nessun luogo*, nulle part. ◆ pron. indef. [con valore negativo assoluto riferito a persona] personne ; [lett. solo soggetto] nul ; [riferito a compl. partitivo] aucun ; [con valore negativo rafforzato] pas un. | *non lo sa nessuno, nessuno lo sa*, personne ne le sait. | *non c'è più nessuno*, il n'y a plus personne. | *« Chi viene ? » « Nessuno »*, « Qui vient ? » « Personne. » | *all'infuori di Giovanni nessuno aveva risposto*, personne d'autre que Jean n'avait répondu. | *non ci sono per nessuno*, je n'y suis pour personne. | *non c'è nessuno più infelice di lei*, il n'y a personne de plus malheureux qu'elle. | *nessuno è tanto stupido da crederlo*, personne n'est assez sot pour le croire. | *nessuno è autorizzato a farlo*, nul n'est censé le faire. | *nessuno meglio di lui è capace di parlare*, nul mieux que lui n'est capable de parler. | *nessuno di voi potrà permetterlo*, aucun d'entre vous ne pourra le permettre. | *non conosco nessuno dei vostri amici*, je ne connais aucun de vos amis. | *nessuno di questi libri è interessante*, aucun de ces livres n'est intéressant. | *« Avete trovato dei mobili per la vostra casa ? » « No, nessuno ! »*, « Avez-vous trouvé des meubles pour votre maison ? » « Non, aucun ! » | *« Quale desidera ? » « Nessuno »*, « Lequel désirez-vous ? » « Aucun. » | *non c'è nessuno che sappia rispondere*, il n'en est pas un qui sache répondre. | *« Quanti ne prendi ? » « Nessuno »*, « Combien en prends-tu ? » « Pas un. » | *segni particolari : nessuno*, signes particuliers : néant. ‖ [con valore positivo in frasi interrogative o dubitative] quelqu'un ; personne ; aucun. | *« Hai visto nessuno ? »*, « As-tu vu quelqu'un ? » | *non so se nessuno di loro vorrà venire*, je ne sais pas si quelqu'un d'entre eux voudra venir. | *dubito che nessuno voglia farlo*, je doute que personne veuille le faire. | *« Credi che nessuno dei tuoi amici ci riuscirà ? »*, « Crois-tu qu'aucun de tes amis n'y réussira ? » ‖ [con valore di sostant.] *non è nessuno*, c'est un zéro, c'est un homme de néant.

nettamente [netta'mente] avv. [con precisione] nettement. | *si spiega nettamente*, il s'explique nettement. ‖ [decisamente] décidément, carrément, nettement. | *una risposta nettamente contraria*, une réponse carrément contraire.

nettapenne [netta'penne] m. essuie-plume (pl. essuie-plumes).

1. nettare ['nettare] m. BOT. nectar. ‖ FIG. nectar.

2. nettare [net'tare] v. tr. nettoyer. | *nettare la casa, i mobili*, nettoyer la maison, les meubles. ‖ [tegami, lavelli] récurer, frotter, curer. ‖ [verdura] éplucher. | *nettare l'insalata*, éplucher de la salade. ‖ [piselli, fagioli] écosser. ‖ TIP. nettoyer. ◆ v. rifl. (arc.) se laver (L.C.), se nettoyer (L.C.). | *nettarsi le mani*, se laver, se nettoyer les mains. | *nettarsi le orecchie, le unghie*, se curer, se nettoyer les oreilles, les ongles.

nettezza [net'tettsa] f. [pulizia] propreté. | *nettezza della biancheria*, propreté du linge. ‖ [nitidezza] netteté. | *nettezza dei vetri, degli specchi*, netteté des vitres, des glaces. ‖ [servizio publico] *nettezza urbana*, service de la voirie, service du nettoiement des rues. ‖ FIG. netteté. | *nettezza di idee, di stile*, netteté d'idées, de style.

netto ['netto] agg. [pulito] PR. e FIG. net, propre. | *uno specchio netto*, une glace nette. | *avere la coscienza netta, le mani nette*, avoir la conscience nette, les mains nettes. ‖ PER EST. [preciso, distinto] *un taglio netto*, une coupure nette. | *una differenza netta*, une différence nette. | *un miglioramento netto*, une nette amélioration. ‖ ARTI net. | *un disegno netto*, un dessin net. | *dei colori netti*, des couleurs nettes. ‖ COMM., FIN. net. | *peso netto*, poids net. | *utile netto*, bénéfice net. | *(al) netto di imposte*, net d'impôt. | *un milione netto*, un million net. ◆ avv. net. | *fermarsi di netto, tagliare di netto*, s'arrêter net, couper net. | *gli ho detto chiaro e netto ciò che pensavo*, je lui ai dit tout net ce que je pensais.

netturbino [nettur'bino] m. (neol.) boueur, éboueur, balayeur.

neuma ['nɛuma] (-i pl.) m. MUS. neume.

neurastenia [neuraste'nia] f. MED. neurasthénie.

neurite [neu'rite] f. MED. névrite.

neurolettico [neuro'lɛttiko] agg. et m. neuroleptique.

neurologia [neurolo'dʒia] f. MED. neurologie.

neurologico [neuro'lɔdʒiko] (-ci m. pl.) agg. MED. neurologique.

neurologo [neu'rɔlogo] m. MED. neurologue, neurologiste.

neurone [neu'rone] m. BIOL. neurone.

neuropatia [neuropa'tia] f. MED. neuropathie.

neuropatico [neuro'patiko] (-ci m. pl.) agg. MED. névropathique, névropathe. ◆ n. MED. névropathe.

neurosi [neu'rɔzi] f. V. NEVROSI.

neurovegetativo [neurovedʒeta'tivo] agg. BIOL. neurovégétatif.

neutrale [neu'trale] agg. POLIT. neutre. | *Stato neutrale*, État neutre. | *zona neutrale*, zone neutre. | *acque neutrali*, eaux neutres. | *essere neutrale ; mantenersi, restare neutrale*, être neutre ; rester neutre. ‖ PER EST. [imparziale] neutre, impartial, objectif. ‖ FIS. neutre. | *particelle neutrali*, particules neutres. ◆ m. POLIT. neutre. | *il diritto dei neutrali*, le droit des neutres.

neutralismo [neutra'lizmo] m. POLIT. neutralisme.

neutralista [neutra'lista] (-i m. pl.) agg. e n. POLIT. neutraliste.

neutralità [neutrali'ta] f. neutralité. | *mantenere, osservare la più rigorosa neutralità*, garder, observer la plus stricte neutralité.

neutralizzare [neutralid'dzare] v. tr. CHIM., FIS., POLIT., SPORT neutraliser. ‖ FIG. *neutralizzare l'influenza di qlcu.*, neutraliser l'influence de qn.

neutralizzazione [neutraliddzat'tsjone] f. neutralisation.

neutro ['nɛutro] agg. CHIM., FIS., GRAMM., ZOOL. neutre. ‖ FIG. [incolore] neutre, inexpressif. | *stile neutro*, style neutre. ‖ [indefinito] *tinta neutra*, teinte neutre. ‖ LOC. PR. e FIG. *incontrarsi in campo neutro*, se rencontrer en terrain neutre. ◆ m. GRAMM. neutre.

neutrone [neu'trone] m. FIS. neutron.

nevaio [ne'vajo] m. GEOGR. névé.

nevato [ne'vato] agg. neigeux, enneigé. | *cime nevate*, cimes neigeuses. ‖ FIG. neigeux. ◆ m. GEOGR. névé.

neve ['neve] f. neige. | *la neve fiocca, cade a larghe falde*, la neige tombe à gros flocons. | *tormenta di neve*, tempête de neige. | *bollettino della neve*, bulletin d'enneigement. | *sport della neve*, sports d'hiver, de neige. | *neve pesante, farinosa, marcia, gelata*, neige lourde, poudreuse, pourrie, tôlée. | *palla di neve*, boule de neige. | *pupazzo di neve*, bonhomme de neige. | *bianco come la neve*, blanc comme neige. ‖ PER EST. *mani di neve*, mains de neige. ‖ LOC. FIG. *sciogliersi come neve al sole*, fondre comme neige au soleil. ‖ CULIN. *uova montate a neve*, œufs montés,

battus en neige. ‖ CHIM. *neve carbonica*, neige carbonique. ‖ GERG. [cocaina] neige.
nevicare [nevi'kare] v. intr. impers. neiger. | *nevica a grosse falde*, il neige à gros flocons. | *stamattina è nevicato*, ce matin il a neigé. | *non nevica più*, il a cessé de neiger.
nevicata [nevi'kata] f. chute de neige.
nevischio [ne'viskjo] m. neige (f.) fondue, grésil. | *cade del nevischio*, il grésille.
nevosità [nevosi'ta] f. enneigement m.
nevoso [ne'voso] agg. neigeux ; enneigé. | *tempo nevoso*, temps neigeux. | *cime nevose*, cimes neigeuses, enneigées. ◆ m. STOR. [quarto mese del calendario rivoluzionario francese] nivôse.
nevralgia [nevral'dʒia] f. MED. névralgie.
nevralgico [ne'vraldʒiko] (**-ci** m. pl.) agg. névralgique. ‖ FIG. *il punto nevralgico di una situazione*, le point névralgique d'une situation.
nevrastenia [nevraste'nia] f. MED. neurasthénie.
nevrastenico [nevras'tɛniko] (**-ci** m. pl.) agg. e n. neurasthénique.
nevrite [ne'vrite] f. V. NEURITE.
nevropatia [nevropa'tia] f. V. NEUROPATIA.
nevropatico [nevro'patiko] agg. e m. V. NEUROPATICO.
nevrosi [ne'vrɔzi] f. névrose.
nevrotico [ne'vrɔtiko] (**-ci** m. pl.) agg. MED. [relativo a nevrosi] névrotique, névrosique (arc.). | *sintomo nevrotico*, symptôme névrotique. ‖ [affetto da nevrosi] névrosé. | *soggetto nevrotico*, sujet névrosé. ◆ n. névrosé.
nevvero? [nev'vero] interiez. n'est-ce pas?
nibbio ['nibbjo] m. ZOOL. milan.
nicchia ['nikkja] f. niche.
nicchiare [nik'kjare] v. intr. hésiter, être indécis.
nichel ['nikel] m. MINER. nickel.
nichelare [nike'lare] v. tr. TECN. nickeler.
nichelato [nike'lato] agg. nickelé.
nichelatore [nikela'tore] m. nickeleur.
nichelatura [nikela'tura] f. TECN. nickelage m.
nichelino [nike'lino] m. sou. ‖ [il «ventino» del Regno d'Italia] pièce (f.) de 20 centimes.
nichelio [ni'kɛljo] m. V. NICHEL.
nichilismo [niki'lizmo] m. FILOS., POLIT. nihilisme.
nichilista [niki'lista] (**-i** m. pl.) agg. e n. FILOS., POLIT. nihiliste.
nicotina [niko'tina] f. CHIM. nicotine.
nidiata [ni'djata] f. [di uccelli] nichée, couvée. ‖ PER ANAL. [di altri animali] nichée. | *una nidiata di cani*, une nichée de chiens. ‖ FIG. *una nidiata di bambini*, une nichée d'enfants.
nidificare [nidifi'kare] v. intr. nicher, nidifier, faire son nid ; [di rapaci] airer.
nidificazione [nidifikat'tsjone] f. nidification.
nido ['nido] m. [di uccelli] nid ; [di rapaci] aire f. | *nido di rondine, di allodola*, nid d'hirondelle, d'alouette. ‖ [di altri animali] nid. | *nido di vespe, di formiche, di topi*, nid de guêpes, de fourmis, de souris. ‖ PER EST. [nidiata] nichée. ‖ FIG. nid. | *nido d'innamorati*, nid d'amoureux. ‖ [covo] nid, repaire, tanière f. | *nido di briganti, di vipere*, nid de brigands, de vipères. ‖ MIL. *nido di mitragliatrici, di resistenza*, nid de mitrailleuses, de résistance. ‖ TECN. *radiatore a nido d'ape*, radiateur à nid(s) d'abeilles. ‖ TESS. *tessuto a nido d'ape*, tissu en nid(s) d'abeilles.
niello [ni'ɛllo] m. TECN. nielle.
niente ['njɛnte] pron. ind. **1.** [con valore negativo] rien. | *non mi interessa niente ; niente mi interessa*, rien ne m'intéresse. | *non ho capito niente*, je n'ai rien compris. | *preferisco non veder niente*, j'aime mieux ne rien voir. | *meno di niente*, moins que rien. | *non ho niente da aggiungere*, je n'ai rien à ajouter. | *niente di nuovo*, rien de nouveau. | *non ho nient'altro da dirvi*, je n'ai rien d'autre, pas autre chose à vous dire. | *per niente al mondo*, pour rien au monde. | *nient'altro che dolori*, rien que des douleurs. | *«Grazie!» «Di niente»*, «Merci!» «De rien.» | *non capisco niente di niente*, je ne comprends absolument rien, rien de rien (fam.). ‖ LOC. *il dolce far niente*, le doux farniente, la douce oisiveté. ‖ **2.** [con valore positivo] rien. | *c'è niente di più facile?*, y a-t-il rien de plus facile? ‖ **3.** [poca cosa] rien ; peu de chose. | *uomo da niente*, homme de rien. | *buono da niente*, propre-à-rien. | *comperare per niente*, acheter pour rien. | *il mio dolore è niente in confronto al suo*, ma douleur est peu de chose par rapport à la sienne. | *è una cosa da niente*, ce n'est rien, c'est bien peu de chose. ‖ **4.** LOC. *non è niente per me*, il ne m'est rien. | *come se niente fosse*, comme si de rien n'était. | *far finta di niente*, faire semblant de rien. | *non aver niente contro qlcu.*, n'avoir rien contre qn. | *gridare non serve a niente*, ça ne sert à rien de crier. | *andare al cinema non mi dice niente*, ça ne me dit rien d'aller au cinéma. ◆ agg. inv. *niente vino ai bambini*, pas de vin aux enfants. | *oggi, niente giornali*, aujourd'hui, pas de journaux. | *niente paura*, n'aie pas peur, n'ayez pas peur. ◆ m. **1.** rien. | *basta un niente per divertirli*, il suffit d'un rien pour les amuser. | *per un niente, fa delle storie*, il fait des histoires pour des riens. | *un uomo venuto su dal niente*, un homme sorti de rien. | *non capisce un bel niente*, il ne comprend rien du tout. | *mi occorre un niente per finire*, j'aurai fini en un rien de temps. ‖ **2.** néant. | *l'uomo deve costatare il suo niente*, l'homme doit constater son néant. | *l'uomo esce dal niente e ritorna nel niente*, l'homme sort du néant et rentre dans le néant. ‖ FILOS. néant. ◆ avv. rien, rien du tout ; pas du tout. | *non vale niente*, cela ne vaut rien, rien du tout. | *non c'entro per niente*, je n'y suis pour rien. | *non è per niente vero*, ce n'est pas vrai du tout, ce n'est absolument pas vrai. ◆ LOC. AVV. ***nient'affatto***, pas du tout, nullement, aucunement, absolument pas. | *non ho nient'affatto voglia di vederlo*, je n'ai pas du tout envie de le voir. | *non ha nient'affatto mangiato*, il n'a pas mangé du tout. | *non è nient'affatto responsabile*, il n'est nullement responsable. | *è intelligente, ma nient'affatto studioso*, il est intelligent, mais aucunement studieux. | *«Hai chiamato?» «Nient'affatto»*, «As-tu appelé?» «Pas du tout.»
nientedimeno [njentedi'meno], **nientemeno** [njente'meno] avv. **1.** rien moins que. | *«Chi parla così» «È nientedimeno che il direttore!»*, «Qui parle ainsi?» «Ce n'est rien moins que le directeur!» | *mi chiese nientedimeno che 10000 lire*, il ne me demanda rien moins que 10000 lires. ‖ **2.** [con valore ironico] rien que ça! | *«Ho lavorato tutta la notte per te!» «Nientemeno!»*, «J'ai travaillé pour toi toute la nuit!» «Rien que ça!».
nimbo ['nimbo] m. nimbe.
ninfa ['ninfa] f. MIT., ZOOL. nymphe. ‖ FIG. nymphe.
ninfea [nin'fɛa] f. BOT. nymphéa m., nénuphar m.
ninfomania [ninfoma'nia] f. MED. nymphomanie.
ninnananna [ninna'nanna] f. berceuse.
ninnare [nin'nare] v. tr. bercer.
ninnolo ['ninnolo] m. [oggettino senza valore] bibelot, brimborion (antiq.), colifichet. ‖ [giocattolo] jouet, joujou (fam.).
nipote [ni'pote] m. [di nonni] petit-fils ; pl. [maschi e femmine] petits-enfants. ‖ [di zii] neveu ; pl. [maschi e femmine] neveux et nièces. ◆ m. pl. FIG. [posteri] fils, descendants. | *i nipoti di S. Luigi*, les fils de Saint Louis. ◆ f. [di nonni] petite-fille. ‖ [di zii] nièce.
nipponico [nip'pɔniko] (**-ci** m. pl.) agg. nippon.
nirvana [nir'vana] m. nirvâna.
nitidamente [nitida'mente] avv. nettement.
nitidezza [niti'dettsa] f. [pulizia] netteté, propreté. | *nitidezza dei vetri*, netteté des vitres. ‖ FIG. netteté, clarté, lucidité. | *nitidezza di stile, di espressione*, netteté de style, d'expression. ‖ T.V. *nitidezza dell'immagine*, netteté de l'image.
nitido ['nitido] agg. [pulito] net, propre ; limpide. | *specchio nitido*, glace nette. | *acqua nitida*, eau limpide. ‖ PER EST. [preciso, chiaro, distinto] net, clair, distinct. | *grafia nitida*, écriture nette. | *dizione nitida*, diction claire. ‖ FIG. net, pur. | *avere la coscienza nitida*, avoir la conscience nette, pure. | *uno stile nitido*, un style pur.
nitore [ni'tore] m. (lett.) clarté f. (L.C.), pureté f. (L.C.).
nitrato [ni'trato] m. CHIM. nitrate.
nitrico ['nitriko] (**-ci** m. pl.) agg. CHIM. nitrique.
nitrificazione [nitrifikat'tsjone] f. CHIM. nitrification.
nitrire [ni'trire] v. intr. hennir.
1. nitrito [ni'trito] m. hennissement.
2. nitrito [ni'trito] m. CHIM. nitrite.

nitroglicerina [nitroglitʃe'rina] f. CHIM. nitroglycérine.
nitroso [ni'troso] agg. CHIM. nitreux.
niuno ['njuno] agg. (lett. o arc.). V. NESSUNO.
niveo ['niveo] agg. blanc comme neige.
nizzardo [nit'tsardo] agg. e n. niçois.
no [nɔ] avv. **1.** [risposta negativa] non ; pas ; non pas. | *« Hai finito ? » « No »*, « As-tu fini ? » « Non. » | *no davvero*, non alors. | *no di certo*, certes non. | *no e poi no*, non, non et non ; mille fois non. | *ma no*, mais non. | *questo poi no !*, ah çà ! non ! | *assolutamente no*, absolument pas. | *sicuramente no*, sûrement pas. | *perché no ?*, pourquoi pas ?, pourquoi non ? (lett.). | *« L'avete lodato ? » « No, al contrario »*, « L'avez-vous loué ? » « Non pas. » | *« È freddo il caffè ? » « Freddo, no, ma neppure molto caldo »*, « Ton café est-il froid ? », « Non, mais pas très chaud. » | *« Vai spesso in piscina ? » « Spesso, no, ma qualche volta »*, « Est-ce que tu vas souvent à la piscine ? » « Souvent non, mais quelquefois. » || **2.** [come rafforzativo] non, pas. | *tutti si sono alzati, lui no*, tout le monde s'est levé, lui non, lui pas, pas lui. | *papà va a teatro, noialtri no*, papa va au théâtre, nous autres pas, nous autres non. || **3.** [con significato di « nevvero »] n'est-ce pas ; non (fam.). | *è meraviglioso, no ?*, c'est merveilleux, n'est-ce pas ? | *hai finito di chiacchierare, no ?*, tu n'as pas fini de bavarder, non ? ; tu as fini de bavarder, oui ? || **4.** [complemento di verbo] non. | *rispondere sì o no*, répondre par oui ou par non. | *dire no a tutto*, dire non à tout. | *non dice né sì né no*, il ne dit ni oui ni non. | *sembra di no*, il semble que non. || **5.** LOC. *piccolo anzi che no*, plutôt petit. | *un giorno sì e un giorno no*, tous les deux jours, un jour sur deux. | *presto, presto, se no non arriveremo mai*, vite, vite, autrement, sinon, nous n'arriverons jamais. | *abbiamo aspettato sì e no dieci minuti*, nous avons attendu dix minutes environ. ◆ m. non. | *è incerto tra il sì e il no*, il hésite entre le oui et le non. | *rispondere con un no deciso, con un bel no*, répondre par un non très sec. | *un no chiaro e tondo*, un non catégorique. || [voto] non. | *abbiamo contato dieci no*, nous avons compté dix non, dix voix défavorables, dix voix contre.
nobildonna [nobil'dɔnna] f. dame noble.
nobile ['nɔbile] agg. [di nascita] noble. | *famiglia nobile*, famille noble. | *essere nobile di nascita*, être de naissance noble, de haute naissance. || [elevato] noble, élevé, généreux. | *azioni nobili*, actions nobles. | *sentimenti nobili*, nobles sentiments. | *animo nobili*, cœur noble. || CHIM. noble. | *metalli nobili*, métaux nobles. || TEATRO *padre nobile*, père noble. ◆ m. noble. | *nobili spagnoli*, nobles d'Espagne.
nobilesco [nobi'lesko] **(-schi** m. pl.) agg. (peggior.) nobiliaire (L.C.).
nobiliare [nobi'ljare] agg. nobiliaire. | *titolo nobiliare*, titre nobiliaire.
nobiliario [nobi'ljarjo] **(-ri** pl.) m. nobiliaire.
nobilitare [nobili'tare] v. tr. PR. anoblir. || FIG. ennoblir, élever. | *il lavoro nobilita l'uomo*, le travail ennoblit l'homme. ◆ v. rifl. s'ennoblir, s'élever.
nobilitazione [nobilitat'tsjone] f. anoblissement m. || FIG. ennoblissement m. (arc.).
nobilmente [nobil'mente] avv. noblement.
nobilotto [nobi'lɔtto] m. (iron., peggior.) nobliau. | *nobilotto di campagna*, hobereau.
nobiltà [nobil'ta] f. noblesse. | *antica, recente nobiltà*, ancienne, nouvelle noblesse. | *grande, piccola nobiltà*, haute, petite noblesse. | *nobiltà napoleonica*, noblesse d'Empire. | *nobiltà militare, di toga*, noblesse d'épée, de robe. || FIG. noblesse, grandeur. | *nobiltà d'animo, di carattere, di spirito*, noblesse d'âme, de caractère, d'esprit.
nobiluccio [nobi'luttʃo] m. (peggior.) nobliau, noblaillon.
nobilume [nobi'lume] m. (peggior.) petite noblesse f. (L.C.), nobliaux pl.
nobiluomo [nobi'lwɔmo] m. noble, gentilhomme.
nocca ['nɔkka] **(-che** pl.) f. ANAT. jointure, articulation, nœud m. || ZOOL. [di cavallo] boulet m.
nocchiere [nok'kjɛre] o **nocchiero** [nok'kjɛro] m. (lett.) nocher, nautonier. || MAR. maître d'équipage. || FIG. chef, guide.
nocchio ['nɔkkjo] m. [di alberi] broussin, nœud, nodosité f. ; [di frutti] pierre f. || PER EST. ANAT. *nocchio della schiena*, vertèbre f. || BOT. [nocciolo] noisetier, coudrier.
nocciola [not'tʃɔla] f. BOT. noisette. ◆ agg. invar. [colore] noisette.
nocciolato [nottʃo'lato] m. chocolat aux noisettes.
noccioleto [nottʃo'leto] m. noiseraie f., coudraie f.
nocciolina (americana) [nottʃo'lina ameri'kana] f. BOT. cacahuète, cacahouète.
1. nocciolo ['nɔttʃolo] m. BOT. noyau. | *frutti col nocciolo*, fruits à noyau. || FIG. FAM. *essere come due anime in un nocciolo*, être deux têtes sous un même bonnet. | *non vale un nocciolo*, c'est un zéro, c'est une nullité. || ARCHIT., FIS. [nucleo centrale] noyau. || FIG. [punto principale] nœud, cœur. | *essere al nocciolo del problema*, être au cœur du problème. | *il nocciolo della questione*, le cœur de la question.
2. nocciolo [not'tʃɔlo] m. BOT. noisetier, coudrier.
1. noce ['notʃe] m. BOT. [albero e legno] noyer. | *mobili di noce*, meubles de noyer.
2. noce ['notʃe] f. BOT. [frutto] noix. | *noce acerba, noce secca*, noix verte, noix sèche. | *mallo di noce*, brou de noix. | *guscio di noce*, coque de noix. | *gheriglio di noce*, amande de noix. | *olio di noce*, huile de noix. | *bacchiare le noci*, gauler les noix. || PER ANAL. *noce di cocco*, noix de coco. | *noce moscata*, noix muscade. | *noce di galla*, noix de galle. || ANAT. *noce del piede*, malléole. || CULIN. *noce di burro*, noix de beurre. | *noce di vitello*, noix de veau.
nocella [no'tʃɛlla] f. ANAT. os (m.) du poignet. || TECN. [del compasso] charnière. || BOT. nucelle.
noceto [no'tʃeto] m. noiseraie f.
nocivamente [notʃiva'mente] avv. nuisiblement.
nocività [notʃivi'ta] f. nocivité.
nocivo [no'tʃivo] agg. nuisible, malfaisant, nocif. | *bevande nocive alla salute*, boissons nuisibles à la santé. | *idee nocive*, idées malfaisantes. | *gas nocivi*, gaz nocifs.
nodale [no'dale] agg. nodal.
nodo ['nɔdo] m. **1.** PR. nœud. | *nodo di cravatta*, nœud de cravate. | *nodo a farfalla*, nœud papillon. | *nodo alla marinara*, nœud (de) marin. | *nodo gordiano*, nœud gordien. | *nodo a otto di Savoia*, huit. | *nodo semplice, doppio, scorsoio*, nœud simple, double, coulant. | *nodo stretto, allentato*, nœud serré, lâche. | *fare, disfare, sciogliere, stringere un nodo*, faire, défaire, dénouer, serrer un nœud. | *farsi un nodo al fazzoletto*, faire un nœud à son mouchoir. || **2.** FIG. [vincolo] nœud, lien. | *il sacro nodo del matrimonio*, le lien sacré du mariage. | *i nodi dell'amicizia*, les liens de l'amitié. || [punto cruciale] nœud. | *ecco il nodo dell'affare, della questione*, voilà le nœud de l'affaire, de la question. || [groppo] *avere un nodo in gola*, avoir un nœud dans la gorge, avoir la gorge serrée. | *avere un nodo di tosse*, avoir un accès de toux. || LETT. nœud, intrigue f., péripétie f. | *l'ultima scena è il nodo dell'azione*, la dernière scène est le nœud de l'action. | *il nodo del racconto*, le nœud du récit. || **3.** SENSI TECN. : ANAT. nœud, articulation f. | *i nodi delle dita*, les nœuds des doigts. || ASTRON. nœud. | *nodo ascendente*, nœud ascendant. || BOT. nœud. | *legno pieno di nodi*, bois plein de nœuds. || MAR. [unità di misura] nœud. | *la nave fila a diciotto nodi*, le bateau file dix-huit nœuds. || TRASP. nœud. | *nodo ferroviario, stradale*, nœud ferroviaire, routier. || ZOOL. [spira] nœud. | *i nodi di un rettile*, les nœuds d'un reptile. || **4.** PROV. *tutti i nodi vengono al pettine*, tout se paie ; au bout du fossé la culbute.
nodosità [nodosi'ta] f. nodosité. || BOT. nœud. m.
nodoso [no'doso] agg. noueux. | *dita nodose*, doigts noueux.
nodulo ['nɔdulo] m. ANAT., GEOL., MED. nodule.
noi ['noi] pron. pers. m. e f. 1ª pers. pl. **1.** [sogg.] nous. | *(noi) siamo arrivati ieri*, nous sommes arrivés hier. | *noi ammalati e tristi, eravamo senza amici*, nous, malades et tristes, nous étions sans amis. | *lo sappiamo bene, noi !*, nous le savons bien, nous ! | *« Chi è ? » « Siamo noi »*, « Qui est-ce ? » « C'est nous. » | *« Chi viene ? » « Noi »*, « Qui vient ? » « Nous. » | *(in quanto a) noi, partiremo domani*, quant à nous, pour notre part, pour ce qui est de nous, nous partirons demain. | *partiti noi, il vento è cessato*, quand nous

fûmes partis, le vent a cessé. | *siamo noi a parlare*, c'est nous qui parlons. | *l'abbiamo fatto noi*, c'est nous qui l'avons fait. | *verremo anche noi*, nous aussi nous viendrons. | *riusciremo a pagare, noi tre*, à nous trois, nous réussirons à payer. | *noi (altri) Italiani*, nous autres Italiens. | *noi altri quattro*, nous quatre. || **2.** [compl. ogg.] nous. | *guardano noi*, on nous regarde. | *guardate noi!*, regardez-nous! | *hanno fermato proprio noi*, c'est nous qui avons été arrêtés. || **3.** [preceduto da prep.] nous. | *credi a noi*, crois-nous. | *non credere a noi*, ne nous crois pas. | *in una lettera indirizzata a noi*, dans une lettre adressée à nous. | *i beni appartenenti a noi*, les biens nous appartenant. | *vuole parlare a noi*, il veut nous parler. | *dalla a noi!*, donne-la-nous! || *da noi* [nella nostra famiglia, a casa nostra, nel nostro paese], chez nous. | *da noi fa freddo*, chez nous, il fait froid. || *tra noi*, entre nous. | *tra noi dobbiamo essere sinceri*, entre nous, nous devons être sincères. || *lungi da noi*, loin de nous. || **4.** [con valore impers.] nous, on. | *quando noi vediamo che*, quand nous voyons, quand on voit que. || **5.** [plur. di modestia e di maestà] nous. | *noi abbiamo scritto quest'opera*, nous avons écrit cet ouvrage. || **6.** LOC. *tocca a noi*, c'est à nous. | *poveri noi!*, pauvres de nous!

noia ['nɔja] f. [senso di stanchezza e di vuoto] ennui m., dégoût m., lassitude. | *la noia dell'attesa*, l'ennui de l'attente. | *ripetere fino alla noia*, répéter jusqu'au dégoût. | *sospirare di noia*, pousser des soupirs de lassitude. | *morire di noia*, mourir d'ennui. | *ingannare la noia*, tromper l'ennui. | *che noia!*, quel ennui!, quelle barbe! (fam.). | *tutto m'è venuto a noia*, je n'ai plus goût à rien. | *quel libro m'è venuto a noia*, j'en ai assez de ce livre. | *provare noia*, s'ennuyer. || PER EST. [molestia, disturbo, difficoltà] ennui m., souci m., contrariété, difficulté. | *aver molte noie*, avoir beaucoup d'ennuis. | *dimenticare le proprie noie*, oublier ses soucis. | *reprimere un gesto di noia*, réprimer un geste de contrariété. | *noie finanziarie*, difficultés financières, ennuis d'argent. | *aver noie al motore*, avoir des ennuis avec son moteur (fam.). | *dar noia*, incommoder, déranger, gêner. | *avere delle noie con qlcu.*, être en désaccord avec qn.

noialtri [no'jaltri], **noialtre** [no'jaltre] pron. pers. m. e f. 1ª pers. pl. nous autres.

noioso [no'joso] agg. ennuyeux, énervant, fatigant, assommant (fam.). | *noioso da morire*, ennuyeux à mourir. | *spettacolo noioso*, spectacle assommant. || PER EST. [fastidioso, importuno] fastidieux, importun, fâcheux. | *un vicino noioso*, un voisin fastidieux, importun.

noleggiare [noled'dʒare] v. tr. **1.** [dare a nolo] louer. | *noleggiare una barca a motore*, louer un canot à moteur. || COMM., TRASP. fréter. | *noleggiare un veicolo, una nave*, fréter un véhicule, un navire. || **2.** [prendere a nolo] louer. || COMM., TRASP. affréter, noliser.

noleggiatore [noleddʒa'tore] (**-trice** f.) m. loueur, euse. | *noleggiatore di macchine*, loueur de voitures. || COMM., TRASP. [chi dà a nolo] fréteur; [chi prende a nolo] affréteur.

noleggio [no'leddʒo] m. **1.** location f. | *dare, prendere a noleggio*, donner, prendre en location. | *pagare il noleggio*, payer le prix de la location. | *macchina da noleggio*, voiture de louage. || COMM., TRASP. affrètement. || MAR. [documento attestante il contratto di noleggio] charte-partie f. | *prezzo del noleggio*, fret. | *prendere a noleggio*, prendre à fret, affréter. | *dare a noleggio*, fréter. || **2.** [negozio di noleggio] magasin de loueur.

nolente [no'lɛnte] agg. (lett.) qui ne veut pas (L.C.). || LOC. *volente o nolente*, bon gré mal gré; de gré ou de force.

nolo ['nɔlo] m. location f. | *dare, prendere a nolo*, donner, prendre en location. | *pagare il nolo*, payer le prix de la location. || COMM., TRASP. affrètement; [prezzo del trasporto] fret. | *prendere a nolo*, prendre à fret, affréter. | *dare a nolo*, fréter. | *costo, assicurazione, nolo*, coût, assurance, fret (abbr. C. A. F.).

nomade ['nɔmade] agg. e n. nomade.

nomadismo [noma'dizmo] m. nomadisme.

nome ['nome] m. **1.** nom; [cognome] nom; [prenome] prénom. | *nome di famiglia*, nom de famille. | *nome di battesimo*, prénom. | *ha nome Pietro*, il s'appelle Pierre; son prénom, son nom est Pierre. | *dare nome e cognome*, décliner ses nom et prénom. | *chiamare qlcu. per nome*, appeler qn par son nom. | *nascondersi sotto un nome falso*, se cacher sous un faux nom, sous un nom d'emprunt. | *nome di ragazza*, nom de jeune fille. | *nome di battaglia*, nom de guerre. | *rispondere al nome di*, répondre au nom de. | *bisogna chiamare le cose con il loro nome*, il faut appeler les choses par leur nom. | *dare il nome dei propri complici*, nommer ses complices. | *dare un nome a un nuovo prodotto*, nommer un nouveau produit. | *un delitto senza nome*, un crime sans nom. | *la libertà è solo un nome*, la liberté n'est qu'un mot. || **2.** [fama, reputazione] nom, renom, renommée f., réputation f. | *farsi un nome*, se faire un nom. | *avere buon nome, cattivo nome*, jouir d'une bonne renommée, d'une mauvaise renommée. | *gettare il discredito sul buon nome di una ditta*, discréditer le bon nom d'une maison. | *i bordeaux sono vini dal nome illustre*, les bordeaux sont des vins de grand renom. || COMM. nom. | *nome commerciale*, nom commercial. | *nome depositato*, nom déposé. | *dare il proprio nome a una società*, prêter son nom à une société. | *una società in nome collettivo*, une société en nom collectif. || GRAMM. nom. | *nome comune, proprio, astratto, concreto*, nom commun, propre, abstrait, concret. || LOC. *in nome della legge*, au nom de la loi. | *agire in nome di qlcu.*, agir au nom de qn. | *agire in proprio nome*, agir en son nom.

nomea [no'mɛa] f. réputation. | *avere una cattiva nomea*, avoir une mauvaise réputation.

nomenclatore [nomenkla'tore] agg. e m. nomenclateur.

nomenclatura [nomenkla'tura] f. nomenclature.

nomignolo [no'miɲɲolo] m. sobriquet, surnom.

nomina ['nɔmina] f. nomination. | *ha ricevuto il decreto di nomina*, il a reçu sa nomination. | *nomina a un grado, a un posto superiore*, nomination à un grade, à un poste supérieur.

nominale [nomi'nale] agg. nominal. | *appello nominale*, appel nominal. | *governo nominale*, gouvernement nominal. || GRAMM. *predicato nominale*, prédicat nominal. || ECON. *capitale nominale*, capital nominal.

nominalismo [nomina'lizmo] m. FILOS. nominalisme.

nominalista [nomina'lista] (**-i** pl.) m. FILOS. nominaliste.

nominalistico [nomina'listiko] (**-ci** m. pl.) agg. FILOS. nominaliste.

nominalmente [nominal'mente] avv. nominalement.

nominare [nomi'nare] v. tr. [conferire un ufficio, un grado; eleggere] nommer. | *è stato nominato direttore, presidente*, il a été nommé directeur, président. | *nominare qlcu. erede*, nommer qn héritier. || [fare il nome, ricordare] *ti nominiamo spesso*, on te nomme souvent. | *non nominare il nome di Dio invano*, Dieu en vain tu ne jureras. ◆ v. rifl. (arc.) déclarer son nom (L.C.).

nominativo [nomina'tivo] agg. nominatif. | *elenco nominativo*, liste nominative. || GRAMM. *caso nominativo*, cas nominatif. || COMM. *titolo nominativo*, titre nominatif. ◆ m. [nome] nom. | *elenco dei nominativi*, liste des noms. || GRAMM. nominatif. || MAR., TELECOM. indicatif.

non [non] avv. di negazione. **1.** [con un verbo] ne... pas; ne pas. || [tempo semplice] *non ho tempo*, je n'ai pas le temps. | *non verrete?*, ne viendrez-vous pas? | *non parlare!*, ne parle pas! | *non dirmelo!*, ne me le dis pas. || [tempo composto] *non ha risposto*, il n'a pas répondu. | *non me l'avevi chiesto?*, ne me l'avais-tu pas demandé? || [infinito semplice] *preferisco non dirtelo*, je préfère ne pas te le dire. || [infinito composto] *temo di non aver capito*, je crains de ne pas avoir compris, je crains de n'avoir pas compris. | *avrebbe voluto non essere entrato*, il aurait voulu ne pas être entré. || **2.** [con i verbi «cesser», «oser», «pouvoir» seguiti da infinito] ne... (pas). | *non smette di parlare*, il ne cesse (pas) de parler. || **3.** [rafforzato con: «affatto», «mica», «punto»] ne... point. | *non mangia affatto*, il ne mange point. | *non lo conosco mica*, je ne le connais point. | *non è mica là?*, n'est-il point là? || **4.** [con altra negazione; in frasi interrogative; in espressioni particolari] ne. | *non ne* *voglio più*, je n'en veux plus. | *non si sa mai*, on ne sait jamais. | *per non dire nulla*, pour ne rien dire. | *non l'ha capito proprio nessuno*, nul ne l'a compris. | *non c'è nessun dubbio*, il n'y a aucun doute. | *non dice né sì né no*, il ne dit ni oui ni non. | *non è per niente soddisfatto del suo mestiere*, il n'est nullement satisfait de son métier. | *chi non lo vorrebbe ?*, qui ne le voudrait ? | *perché non lo fate ?*, que ne le faites-vous ? (lett.). | *non avete che da dirlo*, vous n'avez qu'à le dire. | *non passa giorno che non si lamenti*, il n'est pas de jour qu'il ne se lamente. | *non è che non sia necessario lavorare*, ce n'est pas qu'il ne faille travailler. | *non c'è uomo che non desideri la felicità*, il n'est pas un seul, pas d'homme qui ne désire le bonheur. | *non sa cosa vuole*, il ne sait ce qu'il veut. | *se non sbaglio*, si je ne me trompe. | *non c'era un'anima*, il n'y avait âme qui vive. | *non importa*, n'importe. | *non era venuto da cinque giorni*, voilà cinq jours qu'il n'était venu. | *non abbiate timore*, n'ayez crainte. | *Dio non voglia !*, à Dieu ne plaise ! ‖ **5.** [in costrutti comparativi] ne. | *il tempo è migliore di quanto non fosse ieri*, le temps est meilleur qu'il ne l'était hier. **6.** [con valore pleonastico] ne ; (ne). | *non verrà, a meno che non glielo chiediate*, il ne viendra pas, à moins que vous ne le lui demandiez. | *per poco non è scivolato*, peu s'en est fallu qu'il (ne) glisse. | *non andatevene fino a (tanto) che non sia tornato*, ne vous en allez pas avant qu'il ne soit rentré, ne partez pas tant qu'il n'est pas revenu. | *non appena mi vede, mi saluta*, dès qu'il me voit, il me salue. | *lo faremo in men che non si dica*, nous le ferons en un instant. | *le storie che non mi ha raccontato !*, il m'en a raconté des histoires ! ‖ **7.** [con idea di opposizione] non ; pas ; non pas. | *è un consiglio, non un ordine*, c'est un conseil, non un ordre. | *desideriamo che tu ci accompagni, ma non lui*, nous désirons que tu nous accompagnes, mais pas lui. | *l'ho preso per lei e non per te*, je l'ai pris pour elle et pas pour toi. | *abbiamo bisogno di uno specialista e non di un profano*, il nous faut un spécialiste et non pas un profane. | *non oggi, ma domani*, non pas aujourd'hui, mais demain. ‖ **8.** [davanti a n., agg., part., avv.] pas ; non. | *non un rumore*, pas un bruit. | *delle pesche non mature*, des pêches pas mûres. | *un esercizio non difficile*, un exercice pas difficile. | *non ancora*, pas encore. | *non sempre*, pas toujours. | *non molto*, pas beaucoup. | *non troppo*, pas trop. | *non abbastanza*, pas assez. | *non oggi*, pas aujourd'hui. | *delle regole non capite*, des règles non comprises. | *i paesi non impegnati*, les pays non engagés. | *non senza fatica*, non sans fatigue. | *non senza aver studiato*, non sans avoir étudié. | *non più di dieci, non meno di tre*, pas plus de dix, pas moins de trois. | *lavoro non meno di mio fratello*, je ne travaille pas moins que mon frère. | *non lontano da Roma*, non loin de Rome. ‖ **9.** [prefisso] non, non-. | *il non conformismo*, le non-conformisme. | *il non intervento*, la non-intervention. ◆ loc. cong. ***non che***, non pas que. | *non che venga spesso*, non pas qu'il vienne souvent. ‖ ***non solo..., ma anche...***, non seulement..., mais aussi...

nona ['nɔna] f. Relig. none. ‖ Mus. neuvième.

nonagenario [nonadʒe'narjo] (**-ri** pl.) agg. e n. nonagénaire.

nonagesimo [nona'dʒɛzimo] agg. num. ord. e n. (lett.) quatre-vingt-dixième (l.c.).

non aggressione [nonaggres'sjone] f. non-agression.

non belligeranza [nonbellidʒe'rantsa] f. Giur. non-belligérance.

nonché [non'ke], **non che** [nonke] cong. [inoltre, per di più, anche] et même ; ainsi que ; non seulement..., mais aussi, mais encore. | *ho parlato al sindaco, al senatore, nonché al prefetto*, j'ai parlé au maire, au sénateur et même au préfet. | *sono arrivati i miei genitori nonché i miei fratelli*, mes parents ainsi que mes frères sont arrivés. | *ha lavorato il giorno nonché la notte*, il a travaillé non seulement le jour, mais aussi la nuit. ‖ [e neppure] ni (même). | *non desidero che tu menta nonché tu sparli di noi*, je ne désire pas que tu mentes ni (même) que tu médises de nous.

non conformismo [nonkonfor'mizmo] m. non-conformisme.

non conformista [nonkonfor'mista] n. non-conformiste.

noncurante [nonku'rante] agg. [indifferente, trascurato] insouciant, indifférent, négligent ; [sprezzante] dédaigneux. | *noncurante del pericolo*, dédaigneux du danger.

noncuranza [nonku'rantsa] f. insouciance, indifférence, nonchalance ; négligence.

nondimeno [nondi'meno] cong. néanmoins, toutefois, cependant. | *ha cominciato a piovere, nondimeno ti accompagneremo*, il a commencé de pleuvoir, néanmoins nous t'accompagnerons.

none ['nɔne] f. pl. [calendario romano] nones.

non essere [non'ɛssere] m. Filos. non-être.

non intervento [noninter'vɛnto] m. Polit. non-intervention f.

nonna ['nɔnna] f. grand-mère ; grand-maman (fam.), mémé (fam.). | *nonna materna, paterna*, grand-mère maternelle, paternelle. ‖ Fam. [vecchietta] grand-mère.

nonnino [non'nino] m., **nonnina** [non'nina] f. (fam.) bon-papa m., bonne-maman f.

nonno ['nɔnno] m. grand-père ; grand-papa (fam.), pépé (fam.), pépère (fam.). | *nonno paterno, materno*, grand-père paternel, maternel. ‖ *i nonni*, les grands-parents ; [avi] les aïeux. ‖ Fam. [vecchietto] grand-père.

nonnulla [non'nulla] m. rien. | *litigare per un nonnulla*, se quereller pour un rien.

nono ['nɔno] agg. num. ord. neuvième. | *la nona sinfonia*, la neuvième symphonie. | *la nona parte di un volume*, la neuvième partie d'un volume. ‖ [dopo il nome di un sovrano, di un papa e dopo parole come « libro », « capitolo », « lezione », ecc.] neuf. | *Carlo IX*, Charles IX. | *Pio IX*, Pie IX. | *lezione nona*, leçon neuf, neuvième leçon. ◆ n. neuvième. | *è arrivato nono*, il est arrivé le neuvième. ◆ m. Mat. neuvième. | *quattro noni*, quatre neuvièmes.

nonostante [nonos'tante] prep. malgré, en dépit de. | *siamo partiti nonostante la nebbia*, nous sommes partis malgré le brouillard, en dépit du brouillard. | *nonostante tutto*, malgré tout. ◆ cong. [sebbene] bien que, quoique. | *vuole entrare nonostante (che) sia tardi*, il veut entrer bien qu'il soit tard. ‖ Loc. *ciò nonostante* : [tuttavia] néanmoins, cependant ; malgré tout. | *sono contrario, ciò nonostante non rifiuto*, je suis contre, néanmoins je ne refuse pas. | *è molto intelligente e ciò nonostante ingenuo*, il est très intelligent et malgré tout ingénu.

nonpertanto [nonper'tanto] cong. (lett.). V. nondimeno.

nonsenso [non'sɛnso] m. invar. non-sens.

non so che [nonsɔk'ke] m. invar. je-ne-sais-quoi, je ne sais quoi (lett.).

non ti scordar di me o **nontiscordardimé** [nontiskordardi'me] m. invar. Bot. myosotis m., ne-m'oubliez-pas.

non violenza [nonvjo'lɛntsa] f. Polit. non-violence.

nord [nɔrd] m. Geogr. nord, septentrion (lett.). | *nord est, nord ovest*, nord-est, nord-ouest. | *la finestra guarda a nord*, la fenêtre regarde, est orientée au nord. | *la Francia del Nord*, la France du Nord. | *andare a nord*, aller au nord, vers le nord. | *a nord di Firenze*, au nord de Florence. | *paesi del Nord*, pays nordiques. ◆ agg. invar. nord. | *latitudine nord*, latitude nord. | *polo Nord*, pôle Nord. | *coste nord dell'Africa*, côtes nord de l'Afrique.

nordafricano [nordafri'kano] agg. e n. nord-africain, aine.

nordeuropeo [nordeuro'pɛo] agg. de l'Europe du Nord. ◆ m. Européen du Nord.

nordico ['nɔrdiko] (**-ci** m. pl.) agg. nordique, du Nord. | *i paesi nordici*, les pays nordiques. ◆ n. Nordique.

nordista [nor'dista] (**-i** m. pl.) agg. e n. Stor. nordiste.

noria ['nɔrja] f. Tecn. noria, chapelet (m.) hydraulique.

norma ['nɔrma] f. norme, règle ; normale. | *norma grammaticale*, norme grammaticale. | *norma sociale*, norme sociale. | *applicare una norma*, appliquer une norme. | *conforme alle norme di fabbricazione*, conforme aux normes de fabrication. | *stabilire, fissare*

imporre una norma, établir, fixer, imposer une règle. | *le norme del vivere civile*, les règles de la politesse. | *fenomeno che sfugge alla norma*, phénomène qui échappe à la règle. | *ho come norma di non arrabbiarmi*, j'ai pour règle de ne pas me fâcher. | *è buona norma...*, il est bon de... | *intelligenza sopra, sotto la norma*, intelligence au-dessus, au-dessous de la normale. | *allontanarsi dalla norma*, s'écarter de la normale. || [istruzione] *norme per l'uso*, mode (m.) d'emploi. || LOC. *di norma*, en principe. || GIUR. *norma giuridica*, norme juridique. | *le norme vigenti*, les lois en vigueur. | *a norma di legge*, aux termes de la loi. | *a norma dell'articolo 15*, aux termes de l'article 15. | *applicare le norme di un contratto*, appliquer les dispositions d'un contrat.
normale [nor'male] agg. normal. | *temperatura, pressione normale*, température, tension normale. | *ritornare alle condizioni normali*, revenir aux conditions normales. || CHIM. *soluzione normale*, solution normale. || GEOM. *linea normale*, ligne normale. || UNIV. *scuola normale*, école normale. ◆ m. normale f. | *inferiore, superiore al normale*, au-dessus, au-dessous de la normale. ◆ f. normale.
normalista [norma'lista] n. UNIV. normalien, enne.
normalità [normali'ta] f. normalité.
normalizzare [normalid'dzare] v. tr. normaliser. || ECON. normaliser, standardiser.
normalmente [normal'mente] avv. normalement.
normanno [nor'manno] agg. e n. normand, ande.
normativo [norma'tivo] agg. normatif.
norvegese [norve'dʒese] agg. e n. norvégien, enne.
nosocomio [noso'kɔmjo] m. (**-i** pl.) [raro] hôpital (L.C.).
nossignore [nossiɲ'ɲore] loc. avv. non, monsieur.
nostalgia [nostal'dʒia] f. nostalgie. | *avere nostalgia della patria, del proprio paese*, avoir le mal du pays.
nostalgico [nos'taldʒiko] (**-ci** m. pl.) agg. e n. nostalgique.
nostrano [nos'trano] agg. du pays. | *vino nostrano*, vin du pays.
nostro ['nɔstro] agg. poss. m. sing. **1.** notre (f. sing. notre ; m. e f. pl. nos). | *il nostro amico, l'amico nostro*, notre ami. | *il nostro ultimo lavoro, l'ultimo nostro lavoro*, notre dernier travail. | *quei nostri compagni*, nos camarades, ces camarades. | *un nostro cugino*, un de nos cousins, un cousin à nous. | *un nostro libro*, un de nos livres, un livre à nous (possesso) ; un livre de nous (scritto da noi). | *un nostro amico medico*, un médecin de nos amis, un ami médecin. | *due nostri alunni*, deux de nos élèves. | *alcuni nostri amici, alcuni amici nostri*, quelques-uns de nos amis. | *nessun nostro progetto*, aucun de nos projets. | *andiamo a casa nostra*, allons à la maison, allons chez nous. || *Padre Nostro*, Notre Père. | *Nostra Signora*, Notre-Dame. || **2.** [indicante il possesso] à nous. | *questo giardino è nostro*, ce jardin est à nous, c'est notre jardin, ce jardin est nôtre. || **3.** [in espressioni ellittiche] *facendo seguito alla nostra del 19 marzo*, (faisant) suite à notre lettre du 19 mars. | *sono, stanno dalla nostra*, ils sont avec nous, ils prennent parti pour nous. ◆ pron. poss. m. sing. le nôtre (f. sing. la nôtre ; m. e f. pl. les nôtres). | *il vostro e il nostro libro*, votre livre et le nôtre. | *i vostri principi non sono sempre i nostri*, vos principes ne sont pas toujours les nôtres. ◆ m. [denaro ; sforzo, impegno] le nôtre. | *lascieremo il nostro ai nostri eredi*, nous laisserons le nôtre, notre bien à nos héritiers. | *per riuscire ci abbiamo messo del nostro*, pour réussir nous y avons mis du nôtre. || *il Nostro* [l'autore di cui si parla], notre auteur. || pl. [familiari, parenti, amici, fautori] les nôtres. | *è dei nostri*, il est des nôtres. | *arrivano i nostri*, voilà les nôtres.
nostromo [nos'trɔmo] m. MAR. quartier-maître. | *primo nostromo*, premier maître, maître d'équipage.
nota ['nɔta] f. **1.** [annotazione, appunto] note, annotation, notation. | *note critiche*, notes critiques. | *note marginali*, notes marginales, annotations portées en marge. | *prendere nota di un numero telefonico, di un indirizzo*, prendre en note un numéro de téléphone, une adresse. | *gettare sulla carta qualche rapida nota*, jeter sur le papier quelques notations rapides. | *blocco per note*, cahier, carnet de notes ; bloc-notes m. || **2.** [giudizio] note. | *nota di condotta*, note de conduite. | *nota di biasimo*, note de blâme ; blâme m. | *mettere una nota sul registro*, mettre une note sur le registre, faire une observation écrite. || **3.** [conto] note. | *la nota dell'avvocato, del medico*, la note de l'avocat, du médecin. | *nota spese*, note de frais. | *nota mensile*, relevé (m.) mensuel. || [elenco] *la nota dei libri*, la liste des livres. || **4.** [nota diplomatica] note. | *nota di protesta*, note de protestation. | *nota verbale*, note verbale. | *scambio di note*, échange de notes. || **5.** MUS. note. | *la scala delle note*, l'échelle des notes. | *nota bassa, alta*, note basse, haute. | *saltare una nota*, sauter une note. | *nota stonata, sbagliata, falsa*, fausse note. || FIG. *trovare la nota giusta*, trouver la note juste. | *nota allegra*, note gaie. | *dire, cantare a chiare note*, parler clair et net. | *c'è una nota di rancore nella tua voce*, il y a un ton. de rancune dans ta voix. || **6.** COMM. *nota di pegno*, warrant m.
notabene [nota'bɛne] o **nota bene** ['nota'bɛne] (abbr. N. B.) m. invar. nota, nota bene (abbr. N. B.).
notabile [no'tabile] agg. notable, remarquable, considérable. ◆ m. notable, notabilité f.
notabilità [notabili'ta] f. importance, notabilité (raro). || [persona importante] notabilité, personnalité.
notaio [no'tajo] m. notaire.
notare [no'tare] v. tr. **1.** [costatare] remarquer, noter. | *abbiamo notato la sua diligenza*, nous avons remarqué sa diligence. | *questa azione merita di essere notata*, cette action mérite d'être notée. | *bisogna notare, è da notare, giova notare che*, il faut noter, il est à noter que. | *gli abbiamo fatto notare i suoi torti*, nous lui avons remontré (antiq.) ses torts. | *farsi notare*, se faire remarquer. || [come inciso] *noti, noti bene*, notez. | *non gli ho parlato, noti bene, ma egli ha capito tutto*, je ne lui ai pas parlé, notez (bien), mais il a tout compris. || **2.** [prendere nota] noter. | *notare un indirizzo, un numero telefonico*, noter une adresse, un numéro de téléphone. | *notare i propri ricordi*, noter ses souvenirs.
notariato [nota'rjato] m. notariat.
notarile [nota'rile] agg. [relativo alla carica di notaio] notarial, de notaire. | *funzioni notarili*, fonctions notariales. | *studio notarile*, étude de notaire. || [fatto da un notaio] notarié. | *atto notarile*, acte notarié. | *collegio notarile*, chambre des notaires.
notazione [notat'tsjone] f. CHIM., MAT., MUS. notation. || [di un libro] pagination. || [osservazione] observation. | *notazioni estetiche, psicologiche*, observations esthétiques, psychologiques.
noterella [note'rɛlla] f. [dimin.] notule.
notes ['nɔtes] m. [fr.] bloc-notes, carnet de notes, calepin.
notevole [no'tevole] agg. considérable, remarquable, notable. | *questo film ha avuto un successo notevole*, ce film a eu un succès considérable. | *è un oratore notevole*, c'est un orateur remarquable. | *un notevole miglioramento*, une amélioration notable, très sensible.
notevolmente [notevol'mente] avv. considérablement, remarquablement, notablement.
notifica [no'tifika] f. [avviso] avis m. || GIUR. notification, exploit m. | *ricevere notifica di*, recevoir notification de. | *notifica di ufficiale giudiziario*, exploit d'huissier.
notificare [notifi'kare] v. tr. GIUR. notifier. | *notificare una sentenza, un atto*, notifier un arrêt, un acte. || PER EST. [dichiarare] déclarer. | *notificare delle merci alla dogana*, déclarer des marchandises à la douane.
notificazione [notifikat'tsjone] f. notification.
notizia [no'tittsja] f. [annuncio, informazione] nouvelle. | *buona, cattiva notizia*, bonne, mauvaise nouvelle. | *notizia di prima mano*, nouvelle de première main. | *notizia da buona fonte*, nouvelle de bonne source. | *chiedere notizie di un malato*, prendre des nouvelles d'un malade. | *dare, inviare proprie notizie*, donner, envoyer de ses nouvelles. | *non abbiamo sue notizie*, nous sommes sans nouvelles de lui. | *secondo le ultime notizie, il treno arriverà in ritardo*, aux dernières nouvelles, le train arrivera en retard. || GIORN. *notizie del giorno*, nouvelles, échos (m.) du jour. | *notizie dell'ultima ora*, flash (m.) d'information. | *ultime notizie*, dernières nouvelles. || [nota] notice. |

notizia biografica, bibliografica, notice biographique, bibliographique.
notiziario [notit'tsjarjo] m. GIORN. [rubrica] faits (pl.) divers, nouvelles (f. pl.) du jour. ‖ [parte di un giornale consacrata a un dato argomento] bulletin, chronique f. | *notiziario politico, finanziario, letterario,* chronique politique, financière, littéraire. | *notiziario dall'estero,* bulletin de l'étranger. ‖ TELECOM., T.V. *notiziario radiofonico, televisivo,* journal parlé, télévisé.
noto ['nɔto] agg. [conosciuto] connu ; [notorio] notoire. | *è un autore noto,* c'est un auteur connu. | *il suo nome mi è noto,* son nom m'est connu. | *è noto come pittore,* il est connu comme peintre. | *è noto che...,* il est bien connu que... | *il fatto è noto,* le fait est notoire. | *rendere, far noto,* communiquer, apprendre. ◆ m. connu. | *il noto e l'ignoto,* le connu et l'inconnu.
notoriamente [notorja'mente] avv. notoirement, manifestement.
notorietà [notorje'ta] f. notoriété. | *di pubblica notorietà,* de notoriété publique. ‖ GIUR. *atto di notorietà,* acte de notoriété.
notorio [no'tɔrjo] agg. notoire. | *è cosa notoria,* c'est un fait notoire. ‖ GIUR. *atto notorio,* acte de notoriété.
nottambulismo [nottambu'lizmo] m. noctambulisme.
nottambulo [not'tambulo] agg. e n. noctambule.
nottata [not'tata] f. nuit. | *far nottata bianca,* passer une nuit blanche. | *il malato ha passato una brutta nottata,* le malade a passé une mauvaise nuit. | *passare la nottata al capezzale di un malato,* veiller un malade. ‖ [permanenza di una notte in un albergo] nuitée.
notte ['nɔtte] f. **1.** PR. nuit. | *notte buia, fonda,* nuit noire, profonde. | *notte stellata,* nuit étoilée. | *notte senza luna,* nuit sans lune. | *buona notte !,* bonne nuit ! | *brutta notte,* mauvaise nuit. | *notte insonne, bianca,* nuit blanche. | *berretto da notte,* bonnet de nuit. | *camicia da notte,* chemise de nuit. | *lampada da notte,* lampe de nuit. | *lunedì notte,* nuit de lundi. | *notte sul lunedì,* nuit du dimanche au lundi. | *alle tre di notte,* à trois heures du matin. | *scende la notte,* la nuit tombe, la nuit vient. | *si fa notte,* il se fait nuit. | *comincia a farsi notte,* il commence à faire nuit. | *passare la notte al lavoro,* passer la nuit à travailler. | *fare il turno di notte,* assurer le service de nuit. | *augurare la buona notte,* souhaiter une bonne nuit. | *dormire tutta la notte difilato,* faire le tour du cadran (fam.). | *il malato non passerà la notte,* le malade ne passera pas la nuit. ‖ **2.** FIG. (lett.) *la notte del Medio Evo,* la nuit du Moyen Âge. | *la notte dei tempi,* la nuit des temps. | *la notte eterna,* la nuit éternelle. ‖ LOC. *ci corre quanto dal giorno alla notte,* c'est le jour et la nuit. | *è peggio che andar di notte,* c'est pire que jamais. | *far di notte giorno,* prendre le jour pour la nuit. | *comperiamolo e buona notte ai suonatori !,* achetons-le et n'en parlons plus ! ‖ **3.** LOC. [avv.] *notte e dì ; giorno e notte,* nuit et jour. | *di notte,* (pendant) la nuit, de nuit. | *tutta la notte,* toute la nuit. | *sul far della notte,* au commencement de la nuit, à la tombée de la nuit, à la nuit tombante. | *a notte inoltrata, a tarda notte,* très avant dans la nuit, très tard dans la nuit. | *nel cuor della notte,* en pleine nuit, au cœur de la nuit. | *per notti e notti,* durant des nuits entières. ‖ PROV. *la notte porta consiglio,* la nuit porte conseil. | *di notte tutti i gatti sono grigi,* la nuit tous les chats sont gris.
nottetempo [notte'tɛmpo] avv. [di notte] nuitamment, pendant la nuit. ‖ [col favore delle tenebre] à la faveur de la nuit.
1. nottola ['nɔttola] f. ZOOL. [pipistrello] noctule ; (arc.) [civetta] chouette (L.C.) ; [razza] raie.
2. nottola ['nɔttola] f. loquet m.
nottolino [notto'lino] m. loqueteau.
notturno [not'turno] agg. nocturne, de nuit. | *schiamazzo notturno,* tapage nocturne. | *uccello notturno,* oiseau nocturne. | *guardiano notturno,* gardien de nuit. | *locale notturno,* boîte de nuit. | *ore notturne,* heures de la nuit. ◆ m. MUS. nocturne. ‖ RELIG. nocturne.
notula ['notula] f. note.
noumeno [no'umeno] m. FILOS. noumène.
novanta [no'vanta] agg. num. card. e m. quatre-vingt-dix. ‖ LOC. *la paura fa novanta,* la peur donne des ailes.
novantenne [novan'tɛnne] agg. (âgé) de quatre-vingt-dix ans, nonagénaire. ◆ m. e f. nonagénaire.
novantennio [novan'tɛnnjo] m. période (f.) de quatre-vingt-dix ans.
novantesimo [novan'tɛzimo] agg. num. ord. e n. quatre-vingt-dixième.
novantina [novan'tina] f. quatre-vingt-dix environ. | *una novantina di rose,* quatre-vingt-dix roses environ. ‖ [età] *ha oltrepassato la novantina,* il a plus de quatre-vingt-dix ans.
novarese [nova'rese] agg. e n. novarois.
novatore [nova'tore] (**-trice** f.) agg. e m. (lett.) novateur, trice.
nove ['nɔve] agg. num. card. neuf. | *nove libri,* neuf livres. | *nove mesi,* neuf mois. | *ventinove,* vingt-neuf. ◆ m. MAT. *prova del nove,* preuve par 9. ‖ MUS. *nove ottavi,* neuf-huit. ‖ GIOCHI *il nove di fiori,* le neuf de trèfle.
novecentesco [novetʃen'tesko] (**-chi** m. pl.) agg. du XXe siècle.
novecentesimo [novetʃen'tɛzimo] agg. num. ord. e n. neuf-centième.
novecentista [novetʃen'tista] (**-i** m. pl.) m. e f. écrivain, artiste du XXe siècle.
novecento [nove'tʃɛnto] agg. num. card. neuf cents. ◆ m. *il Novecento,* le XXe siècle. | *nel Novecento,* au XXe siècle.
novella [no'vɛlla] f. [notizia] nouvelle. ‖ RELIG. *la Buona Novella,* la Bonne Nouvelle. ‖ LETT. conte m., nouvelle.
novellare [novel'lare] v. intr. (lett.) conter des nouvelles (L.C.). ‖ PER EST. narrer, conter.
novellatore [novella'tore] (**-trice** f.) m. nouvelliste m. e f.
novelliere [novel'ljɛre] m. nouvelliste, conteur. ‖ LETT. (raro) recueil de contes.
novellino [novel'lino] agg. e m. [persona senza esperienza] novice. | *lasciarsi ingannare come un novellino,* se laisser prendre comme un novice. | *non è un novellino,* il n'en est pas à son coup d'essai.
novellista [novel'lista] (**-i** m. pl.) m. e f. LETT. nouvelliste ; conteur, euse.
novellistica [novel'listika] f. LETT. littérature narrative, genre (m.) narratif ; contes m. pl. ; nouvelles pl.
novello [no'vɛllo] agg. [recente] nouveau. | *patate novelle,* pommes de terre nouvelles. | *vino novello,* vin nouveau. | *sposi novelli,* jeunes mariés. ‖ (lett.) nouveau (L.C.). | *la novella stagione,* la saison nouvelle. ◆ m. BOT. [pollone] bourgeon.
novembre [no'vɛmbre] m. novembre. | *(nel mese) di novembre, a novembre,* au mois de novembre, en novembre. | *il cinque (di) novembre,* le cinq novembre.
novena [no'vɛna] f. RELIG. neuvaine.
novenario [nove'narjo] agg. LETT. de neuf syllabes. ◆ m. LETT. vers de neuf syllabes.
novennale [noven'nale] agg. [di nove anni] de neuf ans. ‖ [ricorrente ogni nove anni] qui a lieu tous les neuf ans.
noverare [nove'rare] v. tr. énumérer ; mettre au nombre de, au rang de. ‖ (lett.) [ricordare] rappeler (L.C.), évoquer (L.C.), remémorer (L.C.).
novero ['nɔvero] m. (lett.) nombre (L.C.). | *accettare nel novero dei propri amici,* accepter au nombre de ses amis.
novilunio [novi'lunjo] m. nouvelle lune f.
novissimo [no'vissimo] agg. (lett.) dernier (L.C.). ◆ m. RELIG. *i novissimi,* les quatre fins de l'homme.
novità [novi'ta] f. nouveauté. ‖ LOC. *novità libraria,* nouveauté ; livre qui vient de sortir. ‖ [notizia] nouvelle, nouveau m. | *notizie tristi, liete,* nouvelles tristes, heureuses. | *« Ci sono notizie ? » « Nessuna novità »,* « Quoi de nouveau ? » « Rien de nouveau. »
novizia [no'vittsja] f. novice.
noviziato [novit'tsjato] m. RELIG. noviciat. ‖ PER EST. [tirocinio] apprentissage.
novizio [no'vittsjo] m. RELIG. novice. ‖ PER EST. [principiante] novice, apprenti, débutant.
nozionale [notsjo'nale] agg. LING. notionnel.
nozione [not'tsjone] f. notion. | *nozione del tempo*

della realtà, notion du temps, de la réalité. | *nozioni d'algebra*, notions d'algèbre.
nozionismo [nottsjo'nizmo] m. = culture (f.) fondée sur une accumulation de notions ; érudition f.
nozionistico [nottsjo'nistiko] (**-ci** m. pl.) agg. = fondé sur une accumulation de notions.
nozze ['nɔttse] f. pl. noces, mariage m. sing. | *nozze d'oro, d'argento*, noces d'or, d'argent. | *viaggio di nozze*, voyage de noces. | *pranzo di nozze*, repas de noces. | *passare a seconde nozze*, épouser en secondes noces. | *andare a nozze*, allez à un mariage. | *messa di nozze*, messe de mariage. | *partecipazione di nozze*, faire-part (m.) de mariage.
nube ['nube] f. METEOR. nuage m., nue (arc.), nuée (lett.). | *nubi alte, basse*, nuages hauts, bas. | *cielo carico di nubi*, ciel chargé de nuages, lourd. | *cielo senza nubi*, ciel sans nuages, dégagé. || PER ANAL. *nube di fumo, di polvere*, nuage de fumée, de poussière. | *nube artificiale*, nuage artificiel. || PER EST. *nube di frecce, di insetti, di uccelli*, nuée de flèches, d'insectes, d'oiseaux. || FIG. *felicità senza nubi*, bonheur sans nuages. | *nube di tristezza*, nuage de tristesse. | *nubi nere si addensano all'orrizzonte*, des nuages noirs s'amoncellent à l'horizon.
nubifragio [nubi'fradʒo] m. METEOR. ouragan.
nubile ['nubile] agg. e f. célibataire ; fille à marier (fam.).
nuca ['nuka] f. ANAT. nuque.
nucleare [nukle'are] agg. BIOL., FIS. nucléaire.
nucleo ['nukleo] m. [gruppo] groupe, noyau. | *nucleo etnico, sociale*, groupe ethnique, social. | *nucleo di oppositori*, noyau, groupuscule d'opposants. || MIL. *nucleo di resistenza*, noyau, îlot de résistance. || BIOL. nucléus, nucleus invar. || FIS. *nucleo atomico*, noyau atomique.
nudismo [nu'dizmo] m. nudisme.
nudista [nu'dista] (**-i** m. pl.) agg. e n. nudiste. | *colonia nudista*, camp de nudistes.
nudità [nudi'ta] f. nudité.
nudo ['nudo] agg. nu. | *tutto nudo*, tout nu, complètement nu, nu comme la main. | *a piedi nudi*, nu-pieds ; les pieds nus. | *a testa nuda*, nu-tête ; la tête nue. || PER EST. *pianura nuda di vegetazione*, plaine nue. | *albero nudo*, arbre nu. | *parete nuda*, mur nu. | *a occhio nudo*, à l'œil nu. || FIG. *verità nuda e cruda*, vérité toute nue. | *mettere a nudo*, mettre à nu. || GIUR. *nuda proprietà*, nue-propriété. ◆ m. ARTI nu, nudité f.
nugolo ['nugolo] m. [nube] (lett.) nuage (L.C.). || FIG. nuée f. | *nugolo di frecce*, nuée de flèches. | *nugolo di uccelli*, nuée d'oiseaux.
nulla ['nulla] pr. indef. m. e avv. V. NIENTE.
nullaosta ['nulla'ɔsta] o **nulla osta** [nulla'ɔsta] m. invar. permis, autorisation f.
nullatenente [nullate'nɛnte] agg. e n. qui ne possède rien, pauvre ; dépourvu, e ; non nanti, e ; économiquement faible.
nullatenenza [nullate'nɛntsa] f. indigence, pauvreté.
nullità [nulli'ta] f. nullité. | *la nullità di un argomento, di un ragionamento*, la nullité, la futilité d'un argument, d'un raisonnement. | *è una nullità*, c'est une nullité, une non-valeur, un zéro. || GIUR. nullité, inefficacité juridique. | *azione di nullità*, action de nullité. | *viziato di nullità*, entaché de nullité. | *nullità di un atto, di un testamento, di un lascito*, nullité d'un acte, d'un testament, d'un legs.
nullo ['nullo] agg. nul. | *risultati nulli*, résultats nuls. | *esami nulli*, examens nuls. || SPORT *incontro nullo, partita nulla*, match nul. || GIUR. *testamento nullo*, testament nul. | *rendere nullo*, rendre nul.
nume ['nume] m. dieu, divinité f.
numerabile [nume'rabile] agg. nombrable.
numerale [nume'rale] agg. e m. numéral.
numerare [nume'rare] v. tr. [contrassegnare] numéroter ; [le pagine] folioter, paginer. || [annoverare] (raro) mettre au nombre de (L.C.).
numerario [nume'rarjo] (**-ri** pl.) agg. COMM. numéraire. | *valore numerario*, valeur numéraire. ◆ m. COMM. numéraire. | *mancanza di numerario*, manque de numéraire. | *pagamento in numerario*, paiement en numéraire, en espèces.
numeratore [numera'tore] m. MAT. numérateur.
numerazione [numerat'tsjone] f. [il contrassegnare] numérotage m., numérotation. || MAT. numération.
numericamente [numerika'mente] avv. numériquement.
numerico [nu'mɛriko] (**-ci** m. pl.) agg. numérique.
numero ['numero] m. **1.** MAT. [simbolo di una unità, di un insieme di unità o di frazioni di unità] nombre. | *il numero zero*, le nombre zéro. | *numero intero*, nombre entier. | *numero frazionario*, nombre fractionnaire. | *numero cardinale, ordinale*, nombre cardinal, ordinal. | *numero con due cifre*, nombre à, de deux chiffres. || **2.** [insieme di persone, di animali, di cose] nombre. | *numero di alunni di una scuola*, nombre d'élèves d'une école. | *senza numero*, sans nombre, innombrable. || **3.** [massa, quantità] nombre. | *la qualità è più importante del numero*, la qualité vaut plus que le nombre. | *soccombere al numero*, succomber au nombre, sous le nombre. | *sei venuto per far numero*, tu es venu pour faire nombre. | *subire la legge, il diritto del numero*, subir la loi, le droit du nombre. || LOC. [prep.] *in numero di*, au nombre de. || **4.** [contrassegno] numéro. | *numero civico*, numéro d'une maison. | *abita al numero 8*, il habite au numéro 8. | *numero di riferimento*, numéro de référence. | *numero di telefono*, numéro de téléphone. | *numero di registrazione*, numéro d'enregistrement. | *numero d'immatricolazione*, numéro d'immatriculation, de matricule. | *il nemico pubblico numero uno*, l'ennemi public numéro un. || [di grandezza, di taglia] pointure f. ; taille f. | *« Che numero di scarpe porta ? » « Il numero 42 »*, « Quelle pointure chaussez-vous ? » « Du 42. » | *« Che numero di guanti porta ? »*, « Quelle est votre pointure de gants ? » | *voglio un cappello numero 50*, je désire un chapeau pointure 50. | *ho comperato una giacca numero 44*, j'ai acheté une veste taille 44. || **5.** [lotteria] numéro. | *estrarre, levare i numeri*, tirer les numéros. | *estrarre il numero vincente, perdente*, tirer le bon, le mauvais numéro. || FIG. FAM. *dare i numeri*, travailler du chapeau ; divaguer (L.C.), déraisonner (L.C.). || **6.** [di spettacolo] numéro. | *un numero di danza*, un numéro de danse. | *presentare un numero*, présenter un numéro. || FIG. POP. *che numero quel ragazzo !*, quel (drôle de) numéro, ce garçon ! || **7.** [di giornale] numéro. | *questo numero è esaurito*, ce numéro est épuisé. | *numero arretrato*, ancien numéro. | *numero speciale*, numéro spécial. || **8.** pl. [qualità] talent sing., qualités f. | *quel ragazzo ha dei buoni numeri*, ce garçon a de bonnes qualités, du talent. || **9.** GIUR. *numero legale*, quorum. | *numero chiuso*, numerus clausus (lat.). || **10.** GRAMM. nombre. || **11.** CHIM. *numero chimico, atomico*, numéro chimique, atomique. || **12.** LETT. [ritmo] nombre. || **13.** TEOL. *il libro dei Numeri*, le livre des Nombres.
numeroso [nume'roso] agg. nombreux.
numismatica [numiz'matika] f. numismatique.
numismatico [numiz'matiko] (**-ci** m. pl.) agg. numismatique. ◆ m. numismate.
nunziatura [nuntsja'tura] f. RELIG. nonciature.
nunzio ['nuntsjo] m. RELIG. nonce. | *nunzio apostolico*, nonce apostolique. || (lett.) [messaggero] messager (L.C.). || [notizia] nouvelle f. (L.C.).
nuocere ['nwɔtʃere] v. intr. nuire. | *nuocere a qlcu.*, nuire à qn, desservir qn. | *nuocere alla salute*, nuire à la santé. | *nuocere al buon nome*, nuire, porter préjudice à la réputation. | *volontà, intenzione di nuocere*, volonté, intention de nuire. || PROV. *non tutto il male vien per nuocere*, à quelque chose malheur est bon. | *tentar non nuoce*, qui ne risque rien n'a rien.
nuora ['nwɔra] f. belle-fille, bru.
nuotare [nwo'tare] v. intr. [spostarsi nell'acqua] nager. | *nuotare a rana, nuotare alla marinara, nuotare sul dorso, a farfalla*, nager la brasse, nager à la marinière, sur le dos, nager la brasse papillon. | *nuotare sott'acqua*, nager sous l'eau, entre deux eaux. | *nuotare come un pesce*, nager comme un poisson. | *nuotare contro corrente*, nager à contre-courant. || PER EST. [galleggiare] nager, flotter, baigner. | *questa carne nuota nel grasso*, cette viande nage dans la graisse. | *due cetrioli nuotano nell'aceto*, deux cornichons baignent dans le vinaigre. | *nuotare nel sangue*, nager, baigner dans son sang. || FIG. *una nebbiolina nuota nell'aria*, une brume légère flotte dans l'air. | *nuotare*

nell'abbondanza, nella ricchezza, nager dans l'abondance, dans la richesse. ◆ v. tr. nager. | *nuotare il crawl*, nager le crawl. | *nuotare i cento metri*, nager le cent mètres.
nuotatore [nwota'tore] (**-trice** f.) nageur, euse.
nuoto ['nwɔto] m. nage f. | *nuoto in immersione*, nage sous l'eau. | *nuoto stile libero*, nage libre. | *gettarsi a nuoto, attraversare a nuoto*, se jeter à l'eau, traverser à la nage. ‖ SPORT natation f. | *praticare il nuoto*, pratiquer la natation. | *maestro di nuoto*, maître nageur. | *gare di nuoto*, compétitions de natation.
nuova ['nwɔva] f. nouvelle. ‖ PROV. *niente nuova, buona nuova*, pas de nouvelles, bonnes nouvelles.
nuovamente [nwova'mente] avv. de nouveau, derechef (arc.).
nuovo ['nwɔvo] agg. **1.** [contrapposto a « vecchio »] nouveau ; [davanti a vocale o h muta] nouvel. ‖ [recente o prossimo] *vino nuovo*, vin nouveau. | *nuovi ricchi*, nouveaux riches. | *anno nuovo*, nouvel an, nouvelle année. | *uomo nuovo*, homme nouveau. ‖ [che appare dopo un altro] *una nuova stagione*, une nouvelle saison. | *luna nuova*, nouvelle lune. | *nuovo governo*, nouveau gouvernement. | *nuovo regime*, nouveau régime. | *nuova Italia*, nouvelle Italie. | *Nuovo Mondo*, Nouveau Monde. | *nuovo continente*, nouveau continent. | *Nuova Caledonia*, Nouvelle-Calédonie. | *Nuovo Testamento*, Nouveau Testament. ‖ [originale, insolito] *arte nuova*, art nouveau. | *nuova moda*, mode nouvelle. | *nei suoi libri vi è uno spirito nuovo*, ses livres témoignent d'un esprit nouveau, neuf. | *per me è una cosa nuova*, c'est pour moi une chose nouvelle, inhabituelle. ‖ [altro, ancora uno] *ho comperato un nuovo cappello*, j'ai acheté un nouveau chapeau. | *fare un nuovo tentativo*, faire une nouvelle tentative, une autre tentative. | *il malato ha avuto una nuova crisi*, le malade a eu une nouvelle crise, a encore eu une crise. | *un nuovo Nerone, un nuovo Alessandro*, un nouveau Néron, un nouvel Alexandre. | *fino a nuovo ordine*, jusqu'à nouvel ordre. ‖ **2.** [contrapposto a « usato »] neuf. | *cappello ancora nuovo*, chapeau encore neuf. | *libri nuovi*, livres neufs. ‖ FAM. *nuovo di zecca*, battant neuf. | *nuovo fiammante*, flambant neuf. ‖ **3.** [contrapposto a « antico »] neuf. | *la città vecchia e la città nuova*, la vieille ville et la ville neuve. ‖ **4.** FIG. [inesperto] neuf, nouveau. | *nuovo del mestiere*, neuf dans le métier. | *è nuovo degli affari*, il est neuf en affaire ; il est nouveau dans les affaires. | *è nuovo del quartiere*, il est nouveau dans le quartier ; il ne connaît pas encore le quartier. ◆ m. neuf, nouveau. | *tutti cercano il nuovo*, tout le monde cherche le nouveau, la nouveauté. | *ecco qualche cosa di nuovo*, voilà du nouveau. | *c'è qualche cosa di nuovo*, il y a du neuf. | *che c'è di nuovo ?*, quoi de neuf ? | *niente di nuovo*, rien de nouveau, de neuf. ◆ LOC. AVV. ***di nuovo***, de nouveau, à nouveau. | *ha fatto di nuovo lo stesso gesto*, il a fait de nouveau le même geste. | *ha ascoltato di nuovo la tua canzone*, il a écouté à nouveau, il a écouté une seconde fois ta chanson. | *allora, di nuovo !*, alors, au revoir !
nuraghe [nu'rage] m. ARCHEOL. nuraghe (pl. nuraghi).
nutrice [nu'tritʃe] f. nourrice.
nutriente [nutri'ɛnte] agg. nourrissant. | *cibo molto nutriente*, aliment très nourrissant.
nutrimento [nutri'mento] m. PR. e FIG. nourriture f.
nutrire [nu'trire] v. tr. nourrir, alimenter. | *nutrire di carne, di pesce*, nourrir de viande, de poisson. | *nutrire un bambino*, nourrir un enfant. ‖ FIG. *la lettura nutre la mente*, la lecture nourrit l'esprit. | *nutrire un odio profondo*, nourrir une haine profonde. ‖ LOC. *nutrire una serpe in seno*, nourrir un serpent dans son sein. ◆ v. intr. nourrir. | *il pane nutre*, le pain nourrit. ◆ v. rifl. PR. e FIG. se nourrir.
nutritivo [nutri'tivo] agg. nutritif.
nutrito [nu'trito] agg. nourri, alimenté. | *ben nutrito, mal nutrito*, bien nourri, mal nourri. ‖ PER EST. [intenso] *discorso nutrito*, discours nourri, étoffé. | *fuoco nutrito*, feu nourri. | *applausi nutriti*, applaudissements nourris.
nutritore [nutri'tore] m. AGR. [recipiente per il cibo del bestiame] nourrisseur.
nutrizione [nutrit'tsjone] f. BIOL. nutrition.
nuvola ['nuvola] f. METEOR. nuage m., nue (arc.), nuée (lett.). | *cielo carico di nuvole*, ciel chargé de nuages. | *cielo senza nuvole*, ciel sans nuages. ‖ PER ANAL. *nuvola di fumo, di polvere*, nuage de fumée, de poussière. | *nuvola artificiale*, nuage artificiel. ‖ LOC. FIG. *cadere dalle nuvole*, tomber des nues, de (son) haut. | *avere la testa fra le nuvole*, être, se perdre dans les nuages.
nuvolaglia [nuvo'laʎʎa] f. amas (m.) de nuages.
nuvolo ['nuvolo] agg. nuageux. ◆ m. temps nuageux. | *oggi è nuvolo*, aujourd'hui le temps est nuageux. | *s'è fatto nuvolo*, le temps s'est brouillé.
nuvolosità [nuvolosi'ta] f. état (m.) nuageux. ‖ METEOR. nébulosité.
nuvoloso [nuvo'loso] agg. nuageux, couvert de nuages, brouillé.
nuziale [nut'tsjale] agg. nuptial. | *marcia nuziale*, marche nuptiale. | *messa nuziale*, messe nuptiale. | *anello nuziale*, anneau de mariage, alliance f.
nuzialità [nuttsjali'ta] f. STAT. nuptialité.
nylon ['nailən] m. [ingl.] V. NAILON.

O

1. o [o] m. o f. o m. ‖ GEOGR. [abbr. di ovest] O. ‖ TELECOM. *O come Otranto*, O comme Oscar.
2. o [o] cong. **1.** ou. | *presto o tardi, arriveranno*, tôt ou tard, ils arriveront. | *prendere o lasciare*, c'est tout ou rien. | *alla conferenza, c'erano venti o trenta persone*, à la conférence, il y avait vingt ou trente personnes, de vingt à trente personnes. | *l'antropologia, o scienza dell'uomo*, l'anthropologie, ou science de l'homme. | *lo facciate o no, non mi importa*, que vous le fassiez ou non, ça m'est égal. | *(o) andiamo a casa o restiamo, ma decidetevi !*, ou allons à la maison ou restons, mais décidez-vous ! | *o lui o me, dovete scegliere !*, ou bien c'est lui ou bien c'est moi, vous devez choisir ! ‖ **2.** [altrimenti, sennò] ou (bien), autrement, sans quoi, sinon. | *accettate subito, o me ne vado*, acceptez immédiatement, ou bien je m'en vais. ‖ **3.** [quando unisce due prop. negat. o due prop. dipendenti da una prop. negat.] ni. | *non vuole o non può rifiutare*, il ne veut ni ne peut refuser. | *non sperate che vi aiuti o che vi presenti ai miei amici*, n'espérez pas que je vous aide ni même que je vous présente à mes amis.
3. o [o] interiez. ô. | *o Signore, abbiate pietà di noi*, ô Seigneur, ayez pitié de nous. | *o sì !, o certo !*, mais oui !, bien sûr !
oasi ['ɔazi] f. PR. e FIG. oasis.
obbediente [obbe'djɛnte] agg. V. UBBIDIENTE.
obbedienza [obbe'djɛntsa] f. V. UBBIDIENZA. ‖ RELIG

obédience. || GIUR. obéissance. | *rifiuto d'obbedienza*, refus d'obéissance.
obbedire [obbe'dire] v. intr. V. UBBIDIRE.
obbiettare [obbjet'tare] v. tr. V. OBIETTARE e deriv.
obbiettivo [obbjet'tivo] agg. e deriv. V. OBIETTIVO e deriv.
obbligante [obbli'gante] agg. obligeant.
obbligare [obbli'gare] v. tr. [vincolare moralmente o giuridicamente, impegnare] obliger, engager. | *la legge obbliga i testimoni a dire la verità*, la loi oblige les témoins à dire la vérité. || PER EST. [costringere] obliger, contraindre, forcer. | *lo hanno obbligato a dimettersi*, on l'a obligé à démissionner. || COMM. [rendere grato] obliger. | *mi obbligherà moltissimo scrivendomi una lettera di conferma*, vous m'obligeriez infiniment en m'écrivant une lettre de confirmation. || GIUR. [vincolare con ipoteca] affecter à une hypothèque, grever d'une hypothèque. | *ha obbligato i suoi beni con ipoteca*, il a affecté ses biens à une hypothèque. ◆ v. rifl. s'engager.
obbligato [obbli'gato] agg. **1.** [vincolato da una costrizione] obligé. | *persone obbligate al silenzio*, des personnes obligées au silence. || GIUR. obligé. | *sono obbligato nei riguardi dei miei creditori*, je suis obligé envers mes créanciers. || **2.** [grato] obligé, reconnaissant. | *vi sono obbligato per il vostro aiuto*, je vous suis obligé de votre aide. | *suo obbligatissimo...*, je suis votre très obligé... || **3.** obligé. | *percorso obbligato*, parcours obligé. || POES. *rime obbligate*, bouts-rimés. || MUS. *recitativo obbligato*, récitatif obligé.
obbligatoriamente [obbligatorja'mente] avv. obligatoirement.
obbligatorietà [obbligatorje'ta] f. caractère (m.) obligatoire.
obbligatorio [obbliga'tɔrjo] (**-ri** m. pl.) agg. obligatoire.
obbligazionario [obbligattsjo'narjo] (**-ri** m. pl.) agg. FIN. | *emissione obbligazionaria*, émission d'obligations. | *titolo obbligazionario*, obligation f.
obbligazione [obbligat'tsjone] f. [impegno] engagement m. || GIUR. obligation. | *liberarsi da una obbligazione*, s'acquitter d'une obligation. | *cancellazione di una obbligazione*, extinction d'une obligation. || FIN. obligation. | *obbligazioni a sorteggio*, obligations à lot.
obbligazionista [obbligattsjo'nista] (**-i** m. pl.) m. o f. FIN. obligataire.
obbligo ['ɔbbligo] (**-ghi** pl.) m. [vincolo morale] obligation f. | *gli obblighi del cittadino*, les obligations du citoyen. | *ho l'obbligo di rispondere*, je suis dans l'obligation, j'ai le devoir de répondre. | *non mi sento in obbligo verso nessuno*, je ne me sens obligé envers personne. | *questo non comporta nessun obbligo*, cela n'engage à rien. | *la scuola dell'obbligo*, l'instruction obligatoire. || LOC. *è d'obbligo l'abito da sera*, (la) tenue de soirée (est) de rigueur. | *sorriso, complimento d'obbligo*, sourire, compliment de commande. | *come è d'obbligo*, comme il se doit.
obblio [ob'blio] m. e deriv. V. OBLIO e deriv.
obbrobrio [ob'brɔbrjo] (**-ri** m. pl.) m. opprobre (lett.), honte f., ignominie f. || PER EST. [bruttura] horreur f. | *questo quadro è un obbrobrio*, ce tableau est une horreur.
obbrobriosamente [obbrobrjosa'mente] avv. ignominieusement, honteusement.
obbrobrioso [obbro'brjoso] agg. [vergognoso] ignominieux, honteux. || PER EST. [brutto] horrible, affreux.
obelisco [obe'lisko] (**-chi** pl.) m. obélisque. || PALEOGR. obel, obèle.
oberato [obe'rato] agg. [sovraccarico] accablé, écrasé. | *oberato di lavoro*, accablé de travail. | *oberato di tasse*, écrasé d'impôts. || [indebitato] obéré, chargé de dettes.
obesità [obezi'ta] f. obésité.
obeso [o'bɛzo] agg. e m. obèse.
obice ['ɔbitʃe] m. MIL. [cannone] obusier. || PER EST. [proiettile] obus.
obiettare [objet'tare] v. tr. [manifestare una obiezione] objecter. | *nulla da obiettare*, rien à objecter. || [rispondere] objecter, rétorquer, répliquer.
obiettivamente [objettiva'mente] avv. objectivement.
obiettivare [objetti'vare] v. tr. objectiver.
obiettività [objettivi'ta] f. objectivité, impartialité.
obiettivo [objet'tivo] agg. objectif. | *giudizio, esame obiettivo*, jugement, examen objectif. ◆ m. MIL. e FIG. objectif. | *raggiungere l'obiettivo*, atteindre l'objectif. || OTT., FOT. objectif. | *puntare l'obiettivo*, braquer son objectif.
obiettore [objet'tore] (**-trice** f.) m. contradicteur, trice ; objecteur (arc.). | *obiettore di coscienza*, objecteur de conscience.
obiezione [objet'tsjone] f. objection. | *fare, muovere una obiezione*, faire, formuler une objection. | *sollevare, prevenire, ribattere una obiezione*, soulever, prévenir, réfuter une objection. | *obiezione di coscienza*, objection de conscience.
obito ['ɔbito] m. RELIG. obit. || (lett.) mort f. (L.C.).
obitorio [obi'tɔrjo] (**-ri** pl.) m. morgue f.
oblato [o'blato] m. RELIG. oblat.
oblatore [obla'tore] (**-trice** f.) m. donateur, trice ; bienfaiteur, trice. || GIUR. celui, celle qui paie une amende.
oblazione [oblat'tsjone] f. RELIG. oblation. || GIUR. paiement (m.) d'une amende.
obliare [obli'are] v. tr. (lett.) oublier (L.C.).
oblio [o'blio] m. (lett.) oubli (L.C.).
obliquamente [oblikwa'mente] avv. obliquement, en oblique. || [di traverso] de biais. | *guardare obliquamente*, regarder de biais. || FIG. de façon ambiguë, équivoque, tortueuse.
obliquare [obli'kware] v. intr. obliquer.
obliquità [oblikwi'ta] f. PR. e FIG. obliquité.
obliquo [o'blikwo] agg. **1.** oblique. | *tracciare una linea obliqua*, tracer une ligne oblique. | *uno sguardo obliquo*, un regard oblique. || ANAT. *muscolo obliquo*, muscle oblique. || ASTR. oblique. || GRAMM. *casi obliqui*, cas obliques. || MIL. *tiro obliquo*, tir oblique. || **2.** FIG. [indiretto] indirect, détourné. | *vie oblique*, voies détournées. || [ambiguo] ambigu, tortueux, oblique (arc.).
obliterare [oblite'rare] v. tr. (lett.) oblitérer ; effacer (L.C.).
obliterazione [obliterat'tsjone] f. PR. e FIG. oblitération.
oblò [o'blɔ] m. MAR. hublot.
oblungo [ob'lungo] (**-ghi** m. pl.) agg. oblong. | *un viso oblungo*, un visage oblong, allongé. | *un libro oblungo*, un livre de format oblong.
obnubilamento [obnubila'mento] m. (lett.) obnubilation f.
obnubilare [obnubi'lare] v. tr. (lett.) obnubiler ; obscurcir (L.C.).
obnubilazione [obnubilat'tsjone] f. V. OBNUBILAMENTO.
oboe ['ɔboe] m. MUS. [strumento] hautbois. || PER EST. [suonatore] hautbois, hautboïste.
oboista [obo'ista] (**-i** pl.) m. MUS. hautboïste, hautbois.
obolo ['ɔbolo] m. [moneta greca] obole f. || PER EST. [piccola offerta] obole f. | *dare il proprio obolo*, apporter son obole. || LOC. *l'obolo di san Pietro*, le denier de saint Pierre.
obsolescenza [obsoleʃ'ʃɛntsa] f. (lett. e econ.) obsolescence.
obsoleto [obso'lɛto] agg. obsolète, désuet, périmé.
oc [ɔk] avv. [antico provenzale] oc. | *lingua d'oc*, langue d'oc.
oca ['ɔka] f. ZOOL. oie. | *oca maschio*, jars m. | *piccolo dell'oca*, oison m. | *piumino d'oca*, duvet d'oie. | *gioco dell'oca*, jeu de l'oie. || FIG. [persona sciocca] oie. | *è una vera oca*, c'est une oie. | *quella ragazza è un'ochetta*, cette jeune fille est une oie blanche. | *è un'oca patentata*, c'est une cruche, une dinde. || CULIN. *oca arrosto*, rôti d'oie. | *pasticcio di fegato d'oca*, pâté de foie d'oie, de foie gras. || MECC. *collo d'oca*, col-de-cygne. || LOC. *avere la pelle d'oca*, avoir la chair de poule. | *camminare come le oche*, chalouper (fam.). | *passo dell'oca*, pas de l'oie. | *camminare in fila come le oche*, marcher en file indienne.
ocaggine [o'kaddʒine] f. bêtise, niaiserie, sottise.
ocarina [oka'rina] f. MUS. ocarina m.
occasionale [okkazjo'nale] agg. occasionnel, fortuit.

occasionalismo [okkazjona'lizmo] m. FILOS. occasionalisme.
occasionalmente [okkazjonal'mente] avv. [raramente] occasionnellement, rarement, de temps en temps. ‖ [per caso] fortuitement, par hasard.
occasionare [okkazjo'nare] v. tr. occasionner, causer, provoquer.
occasione [okka'zjone] f. [momento favorevole] occasion. | *approfittare di una occasione*, profiter d'une occasion, sauter sur l'occasion (fam.). | *perdere una occasione*, perdre, manquer, rater (fam.) une occasion. | *lasciarsi sfuggire una occasione*, manquer le coche (fam.). | *se si presenta l'occasione*, le cas échéant, à l'occasion. ‖ [circostanza] occasion, circonstance. | *ho comperato un cappello nuovo per l'occasione*, pour l'occasion, la circonstance, j'ai acheté un chapeau neuf. | *alla prima occasione*, à la première occasion. | *in ogni occasione*, en toute occasion. | *opera, versi d'occasione*, œuvre, vers de circonstance. ‖ LOC. [prep.] *in occasione di*, à l'occasion de. ‖ [motivo, causa] occasion. | *il suo atteggiamento è occasione di osservazioni amare*, son attitude est l'occasion de, provoque, suscite des remarques amères. ‖ COMM. occasion. | *comperare una macchina d'occasione*, acheter une voiture d'occasion, de seconde main. ‖ PROV. *l'occasione fa l'uomo ladro*, l'occasion fait le larron.
occaso [ok'kazo] m. (lett.) couchant (L.C.). ‖ PER EST. (lett.) occident (L.C.). ‖ FIG. (lett.) déclin (L.C.), mort f. (L.C.).
occhiacci [ok'kjattʃi] m. pl. LOC. *fare gli occhiacci*, faire les gros yeux.
occhiaia [ok'kjaja] f. cerne m. | *avere le occhiaie*, avoir les yeux cernés, battus. ‖ ANAT. orbite.
occhialetto [okkja'letto] m. face-à-main, lorgnon ; [da teatro] lorgnette f.
occhiali [ok'kjali] m. pl. OTT. [da vista] lunettes f. | *occhiali a molle*, binocle sing. | *occhiali a stringinaso*, pince-nez m. invar. | *occhiali protettivi*, lunettes de protection. | *occhiali da sole*, lunettes de soleil. | *occhiali da neve*, lunettes de skieur. | *occhiali subacquei*, lunettes de plongée. | *occhiali da saldatori*, lunettes pour soudeurs. | *occhiali d'oro, di tartaruga*, lunettes (à monture) d'or, d'écaille. | *mettersi, togliersi gli occhiali*, mettre ; ôter, enlever ses lunettes. | *lenti da occhiali*, verres de lunettes, verres lenticulaires. | *pulisci-occhiali*, essuie-verres. | *astuccio da occhiali*, étui à lunettes. ‖ ZOOL. *serpente dagli occhiali*, serpent à lunettes.
occhialino [okkja'lino] m. V. OCCHIALETTO.
occhialuto [okkja'luto] agg. à lunettes.
occhiata [ok'kjata] f. coup (m.) d'œil, œillade, regard m. | *dare un'occhiata*, jeter un coup d'œil, un regard. | *lanciare un'occhiata*, lancer, décocher une œillade. | *scambiarsi un'occhiata d'intesa*, échanger un clin d'œil, un regard de connivence. ‖ ZOOL. oblade.
occhiataccia [okkja'tattʃa] f. regard (m.) furieux, de travers.
occhiatina [okkja'tina] f. clin (m.) d'œil, œillade.
occhiato [ok'kjato] agg. ocellé.
occhieggiare [okkjed'dʒare] v. tr. lorgner, jeter des œillades, jouer de la prunelle (fam.). ◆ v. intr. [mostrarsi qua e là] pointer.
occhiellaia [okkjel'laja] f. MODA. ouvrière qui fait des boutonnières.
occhiellatura [okkjella'tura] f. boutonnières pl.
occhiello [ok'kjɛllo] m. MODA. boutonnière f. | *avere un fiore, una decorazione all'occhiello*, avoir une fleur, une décoration à la boutonnière. ‖ [per stringhe] œillet. | *occhielli delle scarpe*, œillets des chaussures. ‖ TIP. faux-titre. ‖ [in calligrafia] boucle f.
occhiera [ok'kjɛra] f. MED. œillère.
occhio ['ɔkkjo] m. œil (pl. yeux).
I. 1. ANAT. *occhi neri, azzurri, grigi, verdi, glauchi*, yeux noirs, bleus, gris, verts, pers. | *occhi rotondi, sporgenti, infossati*, yeux ronds, saillants, enfoncés. | *occhi a mandorla*, yeux en amande, fendus, bridés. | *occhi strabici*, yeux qui louchent, qui se croisent les bras (pop.). | *avere buoni occhi*, avoir de bons yeux. | *avere occhi in cattivo stato*, avoir de mauvais yeux. | *occhi scintillanti, brillanti, penetranti, vivaci, addormentati*, yeux étincelants, luisants, perçants, vifs, endormis. | *occhi buoni, cattivi, ingenui, duri, freddi*, yeux bons, méchants, ingénus, durs, froids. | *occhi cerchiati, pesti*, yeux cernés, battus. | *occhi gonfi di sonno*, yeux gonflés de sommeil. | *avere l'occhio spento, fisso, rosso*, avoir l'œil terne, fixe, rouge. | *avere un occhio nero, blu*, avoir un œil poché, au beurre noir (fam.). ‖ **2.** LOC. *aprire, chiudere gli occhi*, ouvrir, fermer les yeux. | *alzare, abbassare gli occhi*, lever, baisser les yeux. | *socchiudere gli occhi*, entrouvrir les yeux. | *distogliere gli occhi*, détourner les yeux. | *sgranare gli occhi*, écarquiller les yeux. | *avere, tenere gli occhi spalancati*, avoir les yeux grands ouverts. | *spalancare gli occhi*, ouvrir des yeux ronds, de grands yeux. | *chiudere gli occhi di qlcu.*, fermer les yeux de qn. | *strizzare gli occhi*, cligner les yeux, des yeux. | *vedere una cosa con i propri occhi*, voir une chose de ses yeux, de ses propres yeux. | *guardare qlcu. negli occhi, nel bianco degli occhi*, regarder qn dans les yeux, dans le blanc des yeux. | *non credere ai propri occhi*, ne pas en croire ses yeux. | *cercare con gli occhi*, chercher des yeux. | *non staccare gli occhi*, ne pas détacher les yeux. | *i suoi occhi cadono su una pagina del libro*, ses yeux tombent sur une page du livre. | *stropicciarsi gli occhi*, se frotter les yeux. | *misurare con gli occhi*, mesurer des yeux. | *consumarsi gli occhi a forza di leggere*, s'user les yeux à lire. | *perdere un occhio*, perdre un œil, devenir borgne. | *chiudere un occhio per prendere la mira*, fermer un œil pour viser. | *non chiudere occhio per tutta la notte*, ne pas fermer l'œil de la nuit. | *seguire con gli occhi*, suivre de l'œil, des yeux. | *gettare un colpo d'occhio*, jeter un coup d'œil.
II. FIG. *l'occhio della coscienza*, l'œil de la conscience. | *aprire gli occhi*, naître ; voir la lumière. | *mi ha aperto gli occhi*, il m'a ouvert, dessillé les yeux. | *aprire gli occhi, l'occhio*, ouvrir l'œil, être très attentif. | *chiudere gli occhi per sempre*, fermer les yeux pour toujours ; mourir. | *chiudere un occhio*, fermer les yeux. | *aver la benda agli occhi*, avoir un bandeau sur les yeux, un voile sur les yeux. | *avere un occhio infallibile*, avoir le compas dans l'œil. | *gli son cadute le bende dagli occhi*, les écailles lui sont tombées des yeux ; ses yeux se sont dessillés. | *ciò salta agli occhi*, cela saute aux yeux, crève les yeux. | *gettare la polvere negli occhi*, jeter de la poudre aux yeux. | *aver occhi solo per qlcu.*, n'avoir d'yeux que pour qn. | *aver colpo d'occhio*, avoir du coup d'œil. | *dare un occhio a...*, avoir l'œil sur... | *tenere gli occhi addosso a qlcu.*, tenir qn à l'œil. | *tener d'occhio ogni cosa*, avoir l'œil à tout. | *vedere di buon occhio*, voir d'un bon œil. | *vedere con altri occhi*, voir d'un autre œil. | *dar nell'occhio*, donner, taper dans l'œil (fam.). | *strizzare l'occhio*, faire de l'œil. | *dormire con un occhio solo*, ne dormir que d'un œil. | *essere tutto occhi*, être tout yeux.
III. LOC. *con gli occhi chiusi, aperti, fissi*, les yeux fermés, ouverts, fixes. | *a occhio nudo*, à l'œil nu. | *al primo colpo d'occhio*, au premier coup d'œil. | *a occhio e croce*, à vue d'œil, au jugé, en gros. | *agli occhi di*, aux yeux de. | *ai miei occhi*, à mes yeux. | *con la coda dell'occhio*, du coin de l'œil. | *con le lacrime agli occhi*, les larmes aux yeux. | *in un batter d'occhio*, en un clin d'œil. | *a quattr'occhi*, entre quatre yeux, entre quatre-z-yeux (fam.). | *per i suoi begli occhi*, pour ses beaux yeux. | *sotto i suoi occhi* sous ses yeux. | *tenere a una cosa come alla luce de' propri occhi*, tenir à une chose comme à la prunelle de ses yeux. | *costare un occhio del capo, della testa* coûter les yeux de la tête. | *perdere il lume degli occhi* être aveuglé de colère. | *comperare a occhi chiusi* acheter les yeux fermés, en toute confiance, chat en poche (fam.). | *far l'occhio di triglia*, faire les yeux doux.
IV. PROV. *occhio per occhio, dente per dente*, œil pour œil, dent pour dent. | *lontan dagli occhi, lontan dal cuore*, loin des yeux, loin du cœur. | *l'occhio del padrone ingrassa il cavallo*, l'œil du fermier vaut fumier.
V. USI ANAL. *occhio del martello, della zappa*, œil du marteau, de la pioche. ‖ [callo] *occhio di pernice*, œil-de-perdrix, durillon. ‖ AGR. *innestare a occhio*, enter en écusson, en œillet. ‖ ARCHIT. *occhio di bue*, œil-de-

bœuf. || BOT. [germoglio] œil, œilleton, bourgeon. | *occhi della patata*, yeux de la pomme de terre. | *occhio di civetta*, primevère f. || CULIN. *occhi del formaggio, della minestra*, yeux du fromage, de la soupe. | *uova all'occhio di bue*, œufs au plat. || MAR. [oblò] hublot. | *occhio di prora*, écubier. | *occhio della gomena*, nœud d'étalingure. || METEOR. *occhio del tifone*, œil du typhon. || MINER. *occhio di tigre*, œil-de-tigre. | *occhio di gatto*, œil-de-chat. || TELECOM., T.V. *occhio magico*, œil magique, œil cathodique. || TIP. *occhio del carattere*, œil de la lettre. | *occhio chiaro, nero*, petit œil, gros œil. || ZOOL. [di penne di pavone] ocelle. || [farfalla] *occhio di pavone*, paon-de-jour.

occhiolino [okkjo'lino] m. [dimin.] petit œil. | *far l'occhiolino*, cligner de l'œil.

occhione [ok'kjone] m. PR. grand œil. || ZOOL. œdicnème, courlis de terre.

occidentale [ottʃiden'tale] agg. occidental.

occidentalizzare [ottʃidentalid'dzare] v. tr. occidentaliser. ◆ v. rifl. s'occidentaliser.

occidente [ottʃi'dɛnte] m. [punto cardinale] occident (lett.), couchant, ouest. | *la Francia è a occidente della Germania*, la France se trouve à l'ouest de l'Allemagne. || STOR. Occident. | *impero romano d'Occidente*, empire romain d'Occident. || POLIT. Occident.

occipitale [ottʃipi'tale] agg. ANAT. occipital.

occipite [ot'tʃipite] m. ANAT. [osso] occipital. || PER EST. [parte posteriore del capo] occiput.

occitanico [ottʃi'taniko] (**-ci** m. pl.) agg. LING. occitan.

occludere [ok'kludere] v. tr. (lett.) obstruer (L.C.), boucher (L.C.). || MED. occlure.

occlusione [okklu'zjone] f. MED., LING., CHIM. occlusion.

occlusivo [okklu'zivo] agg. LING. occlusif. ◆ f. LING. occlusive.

occorrente [okkor'rɛnte] agg. nécessaire. ◆ m. nécessaire, ce qu'il faut. | *ho con me tutto l'occorrente*, j'ai apporté tout ce qu'il faut. | *l'occorrente per scrivere*, ce qu'il faut pour écrire.

occorrenza [okkor'rɛntsa] f. cas m., circonstance, éventualité, occurrence (lett.). | *all'occorrenza*, le cas échéant, au besoin, en cas de besoin. | *a seconda dell'occorrenza, cambia d'atteggiamento*, il change d'attitude suivant l'occurrence. | *essere pronto ad ogni occorrenza*, être prêt à toute éventualité. || LING. occurrence.

occorrere [ok'korrere] v. intr. [essere necessario] falloir, être nécessaire, avoir besoin. | *occorrono molti ospedali*, il faut beaucoup d'hôpitaux. | *ho quanto mi occorre*, j'ai tout ce qu'il me faut. | *quanto ti occorre?*, combien te faut-il? | *se occorre, lo farò*, s'il le faut, je le ferai. | *non occorre partire*, il n'est pas besoin, ce n'est pas la peine de partir. | *era la risposta che occorreva*, c'était la réponse qu'il fallait. || (lett.) [capitare] arriver (L.C.). | *temo che gli occorra qualche disgrazia*, je crains qu'il ne lui arrive quelque malheur.

occultamento [okkulta'mento] m. action (f.) de cacher. || MIL. camouflage. || GIUR. dissimulation f.; recel. | *occultamento di attività, di passività, di entrate*, dissimulation d'actif, de passif, de revenus. | *occultamento di refurtiva*, recel (d'objets volés).

occultare [okkul'tare] v. tr. cacher, dissimuler. || ASTR. occulter. || GIUR. [la refurtiva] receler. || MIL. camoufler. ◆ v. rifl. se cacher. || ASTR. s'occulter.

occultatore [okkulta'tore] m. receleur.

occultazione [okkultat'tsjone] f. ASTR. occultation. || [azione di nascondere] (raro). V. OCCULTAMENTO.

occultismo [okkul'tizmo] m. occultisme.

occultista [okkul'tista] m. e f. occultiste.

occultistico [okkul'tistiko] (**-ci** m. pl.) agg. occulte.

occulto [ok'kulto] agg. caché, secret, occulte. | *contabilità occulta*, comptabilité secrète, occulte. | *scienze occulte*, sciences occultes. | *le forze occulte della natura*, les puissances occultes de la nature. || GIUR. *difetti, vizi occulti*, vices cachés.

occupabile [okku'pabile] agg. qui peut être occupé.

occupante [okku'pante] agg. e m. occupant.

occupare [okku'pare] v. tr. [spazio] occuper, remplir, prendre. | *il circo occupava tutta la piazza*, le cirque occupait toute la place. | *occupare un appartamento*, occuper, habiter un appartement. | *questa tavola occupa troppo spazio*, cette table occupe, prend trop de place. | *abbiamo occupato tre posti in uno scompartimento di prima classe*, nous avons occupé, nous avons pris trois places dans un compartiment de première classe. || [tempo] occuper, remplir, passer, employer. | *occupare il proprio tempo*, occuper son temps. | *abbiamo ancora un'ora da occupare*, nous avons encore une heure à passer, à remplir. | *lo studio lo occupa molto*, l'étude l'occupe beaucoup, lui prend beaucoup de temps. || [posto, impiego] occuper. | *occupare il posto di direttore*, occuper la place de directeur. || [distrarre, interessare] occuper, distraire, amuser. | *non sappiamo come occupare i bambini*, nous ne savons pas comment occuper les enfants. || [dar lavoro] occuper, employer. | *questa fabbrica può occupare due mila operai*, cette usine peut occuper deux mille ouvriers. || MIL. occuper, envahir. | *occupare una nazione, una città*, occuper un pays, une ville. ◆ v. rifl. s'occuper, s'intéresser (à). | *occuparsi di un problema, di un affare*, s'occuper d'un problème, d'une affaire. | *ancora un istante e mi occupo di te*, encore un instant et je m'occupe de toi, et je suis à toi. | *non occuparti dei fatti miei!*, ne t'occupe pas, ne te mêle pas de mes affaires! || [impiegarsi] trouver un emploi, un poste, un travail.

occupato [okku'pato] agg. occupé, pris. | *quel posto è occupato?*, cette place est-elle occupée? | *ho le mani occupate*, j'ai les mains prises. | *il preside è molto occupato*, le proviseur est très occupé. | *non posso venire, sono occupata*, je ne peux pas venir, je suis prise. || [con un lavoro] *è occupato in banca, in fabbrica*, il est employé, il travaille à la banque, à l'usine.

occupazione [okkupat'tsjone] f. [attività, lavoro] occupation, activité, travail m., emploi m. | *avere troppe occupazioni*, être surchargé d'occupations. | *non so nulla delle sue occupazioni*, je ne sais rien de ses activités. | *trovare un'occupazione*, trouver une occupation, un travail. | *occupazione stagionale*, occupation saisonnière. | *cerco una buona occupazione*, je cherche un bon emploi. || GIUR. [presa di possesso] occupation. || MIL. occupation. | *esercito, zona d'occupazione*, armée, zone d'occupation.

oceanico [otʃe'aniko] (**-ci** m. pl.) agg. PR. océanique. | *clima oceanico*, climat océanique. || FIG. immense. | *una folla oceanica*, une foule immense.

oceano [o'tʃɛano] m. océan.

oceanografia [otʃeanogra'fia] f. océanographie.

oceanografico [otʃeano'grafiko] (**-ci** m. pl.) agg. océanographique.

oceanografo [otʃea'nɔgrafo] m. océanographe.

ochetta [o'ketta] f. V. OCA, FIG.

ocra ['ɔkra] f. ocre.

oculare [oku'lare] agg. e m. oculaire.

oculatamente [okulata'mente] avv. avec prudence, avec circonspection.

oculatezza [okula'tettsa] f. prudence, circonspection.

oculato [oku'lato] agg. prudent, circonspect, réfléchi, avisé.

oculista [oku'lista] (**-i** m. pl.) m. e f. oculiste.

oculistica [oku'listika] f. oculistique, ophtalmologie.

oculistico [oku'listiko] (**-ci** m. pl.) agg. oculistique, ophtalmologique.

od [od] cong. V. O.

odalisca [oda'liska] f. odalisque.

ode ['ɔde] f. POES. ode.

odeon ['ɔdeon] m. ANTICH. odéon.

odiare [o'djare] v. tr. haïr, détester; [con forza] exécrer, abhorrer (lett.). | *odiare qlcu. a morte*, haïr qn à mort. | *farsi odiare dai propri colleghi*, se faire détester par ses collègues. | *odiare la vita*, haïr, détester la vie. ◆ v. rifl. recipr. se haïr, se détester.

odicina [odi'tʃina] f. POES. odelette.

odiernamente [odjerna'mente] avv. aujourd'hui, actuellement, de nos jours.

odierno [o'djɛrno] agg. d'aujourd'hui, actuel, présent.

odio ['ɔdjo] m. haine f. | *odio implacabile, dichiarato, ereditario, cordiale*, haine implacable, déclarée, héréditaire, cordiale (fam.). | *seminare, risvegliare, eccitare, scatenare gli odi*, semer, éveiller, exciter les haines. | *avere, prendere qlcu. in odio*, avoir, prendre qn en haine. | *uno sguardo pieno di odio*, un regard haineux, rempli de haine. | *nutrire un odio sordo per qlcu.*, nourrir une haine sourde contre qn. ◆ loc. prep. ***in odio a...***, en haine de..., par haine de... | *in odio al nemico*, en haine de l'ennemi. | *in odio alla guerra*, par haine de la guerre. | *essere in odio a qlcu.*, être haï, détesté de qn.

odiosamente [odjosa'mente] avv. odieusement, haineusement.

odiosità [odjosi'ta] f. odieux m.

odioso [o'djoso] agg. odieux, haïssable, détestable.

odissea [odis'sɛa] f. odyssée.

odontalgia [odontal'dʒia] f. MED. odontalgie; mal (m.) de dents (L.C.), rage de dents (L.C.).

odontalgico [odon'taldʒiko] agg. e m. MED. odontalgique.

odontoiatra [odonto'jatra] (**-i** m. pl.) m. e f. MED. odontologiste, dentiste.

odontoiatria [odontoja'tria] f. MED. odontologie.

odontoiatrico [odonto'jatriko] (**-ci** m. pl.) agg. MED. odontologique.

odontologia [odontolo'dʒia] f. MED. odontologie.

odontologico [odonto'lɔdʒiko] (**-ci** m. pl.) agg. MED. odontologique.

odontotecnica [odonto'tɛknika] f. MED. odontotechnie.

odontotecnico [odonto'tɛkniko] m. mécanicien-dentiste.

odorante [odo'rante] agg. [che emana un odore] odorant. | *del pepe molto odorante*, du poivre très odorant, qui sent très fort. || [che emana un odore gradevole] odoriférant. | *piante odoranti*, plantes odoriférantes.

odorare [odo'rare] v. tr. sentir, humer; [specialmente per gli animali] flairer. | *odorare il profumo dei fiori*, sentir le parfum des fleurs. | *odorare un arrosto*, humer un rôti. | *il cane odora la selvaggina*, le chien flaire le gibier. ◆ v. intr. sentir. | *odorare di buono*, sentir bon, embaumer. | *odorare di chiuso, di muffa*, sentir le renfermé, le moisi. || FIG. *odorare di bruciato*, sentir le fagot, le roussi.

odorato [odo'rato] agg. (lett.) odorant (L.C.), odoriférant (L.C.). ◆ m. odorat. || FIG. *avere un buon odorato*, avoir du flair.

odore [o'dore] m. odeur f. | *buon odore*, bonne odeur. | *il fresco odore delle rose*, la fraîche senteur des roses. | *cattivo odore*, mauvaise odeur. | *odore gradevole, sgradevole*, odeur agréable, désagréable. | *avere un buon odore, un cattivo odore*, sentir bon, mauvais. | *odore di bruciato, di chiuso, di muffa*, odeur de brûlé, de renfermé, de moisi. | *prendere odore*, prendre une odeur. | *c'è odore di gas*, ça sent le gaz. || LOC. FIG. *questa faccenda ha odore di bruciato*, cette affaire sent le roussi. ◆ pl. CULIN. fines herbes f., herbes (f.) aromatiques, aromates m. pl.

odorifero [odo'rifero] agg. (lett.) odorant (L.C.).

odoroso [odo'roso] agg. odoriférant, parfumé. || BOT. *piselli odorosi*, pois de senteur.

offendere [of'fɛndere] v. tr. [ledere la dignità, l'onore di qlcu. con atti o parole] offenser, insulter, injurier, outrager. | *l'hanno offeso villanamente*, on l'a grossièrement offensé, injurié. | *offendere la memoria dei defunti*, offenser, insulter la mémoire des morts. | *offendere una donna nel suo onore*, outrager une femme dans son honneur. || [contravvenire a una regola] offenser, outrager, braver, mépriser. | *offendere il buon senso, il buon gusto*, offenser, outrager le bon sens, le bon goût. | *offendere le regole, le leggi*, braver, mépriser les règles, les lois. || [colpire la suscettibilità] froisser, blesser, vexer, humilier. || [provocare una lesione fisica] blesser, meurtrir, offenser (arc.). | *un pezzo di vetro gli ha offeso gli occhi*, un tesson l'a blessé aux yeux. || [disturbare l'udito, la vista] blesser. ◆ v. rifl. s'offenser, se froisser, se vexer. | *offendersi per una burla innocente*, s'offenser d'une, mal prendre une plaisanterie innocente.

offensiva [offen'siva] f. offensive.

offensivamente [offensiva'mente] avv. offensivement.

offensivo [offen'sivo] agg. [ingiurioso] offensant, blessant, injurieux. | *far discorsi offensivi*, tenir des propos offensants. | *atteggiamenti offensivi*, attitudes blessantes. || MIL. offensif. | *guerra offensiva*, guerre offensive. | *azione offensiva*, action offensive. || FIG. *il ritorno offensivo del freddo*, le retour offensif, la nouvelle offensive du froid.

offensore [offen'sore] m. offenseur. || MIL. agresseur.

offerente [offe'rɛnte] m. e f. COMM. offrant; [a un'asta] enchérisseur. | *vendere al migliore offerente*, vendre au plus offrant. | *aggiudicare al maggior offerente*, adjuger au dernier enchérisseur. || [a un appalto] soumissionnaire.

offerta [of'fɛrta] f. [ciò che si dona] offrande. | *offerta votiva, espiatoria*, offrande votive, expiatoire. || [proposta] offre. | *offerta di lavoro, di matrimonio*, offre d'emploi, de mariage. | *ricevere, accettare, declinare un'offerta*, recevoir, accepter, décliner une offre. || ECON. offre. || COMM. offre; [per un appalto] soumission; [in un'asta] enchère. | *offerta condizionata, verbale, simulata, reale*, offre conditionnelle, verbale, simulée, réelle. | *presentare la propria offerta a un appalto*, présenter sa soumission à un appel d'offres. | *fare un'offerta all'asta*, faire, porter une enchère. | *fare un'offerta superiore, innalzare l'offerta*, enchérir.

offertorio [offer'tɔrjo] m. RELIG. offertoire.

offesa [of'fesa] f. offense, affront m., injure, insulte, outrage m. | *offesa imperdonabile*, offense impardonnable. | *recare offesa*, faire un affront. | *subire un'offesa*, subir un affront. | *passare alle offese*, en venir aux injures. | *prendere qlco. come un'offesa*, ressentir qch. comme une insulte. | *offesa alla legge, alla libertà*, offense à la loi, à la liberté. || FIG. offense, outrage m. | *questo film è un'offesa al buon gusto*, ce film est une offense au bon goût. | *le offese del tempo*, les outrages du temps. || MIL. *armi da offesa*, armes offensives.

offeso [of'feso] agg. offensé, outragé, humilié. || [ferito] PR. e FIG. blessé.

officiale [offi'tʃale] agg. e m. V. UFFICIALE.

officiante [offi'tʃante] agg. e m. RELIG. officiant.

officiare [offi'tʃare] v. intr. RELIG. officier. ◆ v. tr. *officiare una chiesa*, officier dans une église.

officina [offi'tʃina] f. [fabbrica] usine; [bottega artigianale o reparto di una fabbrica] atelier m. | *officina meccanica*, atelier de réparation, garage m. | *officina di montaggio*, atelier de montage. | *capo officina*, chef d'atelier. || [nella Massoneria] atelier m., loge.

officinale [offitʃi'nale] agg. FARM. officinal.

officio [of'fitʃo] m. V. UFFICIO.

officiosamente [offitʃosa'mente] avv. (raro) courtoisement (L.C.), aimablement (L.C.).

officiosità [offitʃosi'ta] f. (raro) courtoisie (L.C.), obligeance (L.C.), amabilité (L.C.).

officioso [offi'tʃoso] agg. (arc.) obligeant (L.C.), serviable (L.C.), officieux.

offrire [of'frire] v. tr. [dare, dare in regalo] offrir, donner. | *offrire da bere*, offrir à boire. | *offrire un aiuto*, offrir son aide. | *cosa mi offrite per questa macchina?*, que m'offrez-vous pour cette voiture? || [proporre] offrir, proposer. | *mi hanno offerto di andare in Canadà*, on m'a offert, proposé d'aller au Canada. || [presentare] offrir, présenter, comporter. | *un viaggio in aereo offre parecchi vantaggi*, un voyage en avion offre de nombreux avantages. | *il problema offre due possibilità di soluzione*, le problème présente deux possibilités de solution. | *ogni regola offre almeno una eccezione*, toute règle comporte au moins une exception. ◆ v. rifl. s'offrir; se montrer, se présenter | *offrirsi di fare qlco.*, s'offrir à faire qch. | *si è offerto ai colpi del nemico*, il s'est offert aux coups de l'ennemi. | *un bel panorama s'offerse ai nostri occhi* un beau panorama se montra à nos yeux. | *offrirs[i] come accompagnatore, come guida*, s'offrir, se propo[-] ser comme accompagnateur, comme guide.

offset ['ɔ:fset] m. [ingl.] TIP. offset.

offuscamento [offuska'mento] m. PR. e FIG. obscur[-] cissement.

offuscare [offus'kare] v. tr. [rendere oscuro] obscur[-] cir, assombrir, voiler, masquer. | *il fumo delle fab[-] briche offusca il cielo*, la fumée des usines obscurci[t] le ciel. | *la nebbia offusca la vista della città*, l[e] brouillard assombrit la vue de, empêche de bien voi[r] la ville. | *una nuvola di polvere offusca il sole*, u[n] nuage de poussière voile, masque le soleil. || [la vista] brouiller. | *la polvere e il fumo mi offuscano la vist[a]* la poussière et la fumée me brouillent la vue. ‖ FIG. [attenuare] estomper; [cancellare] effacer, éclipser; [confondere] brouiller, troubler. | *il tempo offusca i ricordi della fanciullezza*, le temps estompe les souvenirs de l'enfance. | *gli anni non offuscheranno la sua gloria*, les années n'effaceront pas sa gloire. | *la fatica gli offusca le idee*, la fatigue lui brouille les idées. | *il dolore gli offusca la mente*, la douleur lui trouble l'esprit. ◆ v. rifl. [diventare oscuro] s'obscurcir, s'assombrir. | *il sole si offusca*, le soleil s'obscurcit. | *il tempo si offusca*, le temps s'assombrit, se couvre. ‖ FIG. [diventare confuso] s'obscurcir, se brouiller, se troubler. | *la sua mente si offusca*, son esprit s'obscurcit, se trouble. | *i ricordi mi si offuscano nella mente*, les souvenirs se brouillent dans ma tête. ‖ [risentirsi] s'offusquer, se fâcher.

ofidi [o'fidi] m. pl. ZOOL. ophidiens.

oftalmia [oftal'mia] f. MED. ophtalmie.

oftalmico [of'talmiko] (**-ci** m. pl.) agg. ANAT., MED. ophtalmique. | *arteria oftalmica*, artère ophtalmique. ‖ [relativo all'oftalmologia] ophtalmologique.

oftalmologia [oftalmolo'dʒia] f. MED. ophtalmologie.

oftalmologo [oftal'mɔlogo] (**-gi** pl.) m. MED. ophtalmologiste, ophtalmologue.

oggettivamente [oddʒettiva'mente] avv. objectivement.

oggettivare [oddʒetti'vare] v. tr. objectiver, extérioriser, manifester. ◆ v. rifl. s'objectiver.

oggettivazione [oddʒettivat'tsjone] f. objectivation.

oggettivismo [oddʒetti'vizmo] m. FILOS. objectivisme.

oggettivistico [oddʒetti'vistiko] agg. FILOS. objectiviste.

oggettività [oddʒettivi'ta] f. objectivité, impartialité. | *oggettività della scienza*, objectivité de la science. | *oggettività di un giudice*, impartialité d'un juge. ‖ FILOS. objectivité.

oggettivo [oddʒet'tivo] agg. objectif. ‖ GRAMM. objectif. | *genitivo oggettivo*, génitif objectif. | *proposizione oggettiva*, proposition complément d'objet, proposition complétive.

oggetto [od'dʒɛtto] m. [concreto] objet. | *oggetti utili*, objets utiles. | *oggetti artistici*, objets d'art. | *ufficio degli oggetti smarriti*, bureau des objets trouvés. ‖ [motivo, fine] objet, but; [argomento] objet, matière f. | *l'oggetto di una ricerca*, l'objet d'une recherche. | *avere come oggetto*, avoir comme but, comme objet. | *l'oggetto di un discorso*, l'objet d'un discours. | *un fatto reale è l'oggetto del libro*, un fait réel est la matière du livre. ‖ GRAMM. objet. | *complemento oggetto*, complément d'objet. ‖ FILOS. objet. ‖ GIUR. objet.

oggettuale [oddʒettu'ale] agg. PSIC. objectal.

oggettualità [oddʒettuali'ta] f. PSIC. objectalité.

oggi ['ɔddʒi] avv. aujourd'hui. | *non sto bene oggi*, aujourd'hui je ne me porte pas bien. | *che giorno è oggi?*, quel jour est-ce aujourd'hui? | *oggi è lunedì*, aujourd'hui c'est lundi. | *«Che giorno è oggi? Quanti ne abbiamo oggi?» «Oggi ne abbiamo 7; oggi è il 7»*, «Quel jour sommes-nous aujourd'hui?» «Aujourd'hui nous sommes le 7.» | *oggi stesso*, aujourd'hui même. | *oggi son tre giorni che è arrivato*, il y a aujourd'hui trois jours qu'il est arrivé. | *oggi a otto, a quindici*, d'aujourd'hui en huit, en quinze. | *da oggi, a partire da oggi*, à partir, à dater d'aujourd'hui. | *da oggi in poi*, dorénavant, à l'avenir. | *per oggi*, pour aujourd'hui. | *fino ad oggi*, jusqu'aujourd'hui. ‖ PER EST. [il tempo presente] aujourd'hui, actuellement, de nos jours, à présent. | *oggi come oggi*, actuellement, de nos jours, à présent. | *oggi i giovani sono più maturi*, de nos jours les jeunes sont plus mûrs. ◆ m. aujourd'hui. | *l'educazione d'oggi*, l'éducation d'aujourd'hui. | *i giovani d'oggi*, les jeunes d'aujourd'hui. | *al giorno d'oggi*, de nos jours, au jour d'aujourd'hui (fam.). | *dall'oggi all'indomani*, du jour au lendemain. ‖ PROV. *oggi a me, domani a te*, à chacun son tour. | *oggi ci siamo, domani non ci siamo*, aujourd'hui en chair, demain en bière.

oggidì [oddʒi'di], **oggigiorno** [oddʒi'dʒorno] avv. aujourd'hui, à présent, de nos jours, au jour d'aujourd'hui (fam.). ◆ m. aujourd'hui.

oggimai [oddʒi'mai] avv. (lett.). V. ORAMAI.

ogiva [o'dʒiva] f. ogive.

ogivale [odʒi'vale] agg. ARCHIT. ogival, en ogive. | *architettura ogivale*, architecture ogivale. | *arco ogivale*, arc en ogive.

ogni ['oɲɲi] agg. indef. invar. **1.** [ciascun elemento di un tutto] chaque. | *ogni alunno ha dato una risposta diversa*, chaque élève a donné une réponse différente. ‖ **2.** [con significato distributivo, iterativo o generale] chaque; tout, toute, tous, toutes. | *il bambino piange ad ogni istante*, l'enfant pleure à chaque instant, à tout instant. | *visita i suoi clienti ogni mese*, il visite ses clients chaque mois, tous les mois. | *ogni uomo ha i suoi affanni*, tout homme a ses peines. | *ad ogni ora*, à chaque heure, à toute heure. | *in ogni caso*, en tout cas, en tous cas, dans tous les cas. | *da ogni parte*, de tout côté, de tous côtés, de tous les côtés. | *ad ogni buon conto*, tout compte fait. | *ad ogni modo*, de toute façon. | *ad ogni prezzo*, à tout prix. | *contro ogni attesa*, contre toute attente. | *al primo gennaio di ogni anno*, chaque année, au premier janvier. | *si poteva cogliere ogni rumore*, on pouvait saisir le moindre bruit. ‖ *ogni cosa*, chaque chose, tout. | *ogni cosa a ciascuno*, chaque chose à chacun. | *hanno preso ogni cosa*, ils ont tout pris. ‖ **3.** [seguito da numerali con indicazione di periodicità o di intervallo] tous les, toutes les. | *ad ogni primo del mese*, tous les premiers du mois. | *ogni due giorni*, tous les deux jours, de deux en deux jours, un jour sur deux. | *ogni quarto d'ora*, tous les quarts d'heure. ‖ **4.** LOC. *ogni tanto*, par instants, de temps en temps. | *in ogni dove*, partout. | *ad ogni costo*, coûte que coûte. | *fuor d'ogni dubbio*, sans aucun doute. | *ogni rosa ha le sue spine*, toute rose a ses épines.

ogniqualvolta [oɲɲikwal'vɔlta] loc. cong. (lett.) chaque fois que (L.C.), toutes les fois que (L.C.).

Ognissanti [oɲɲis'santi] m. la Toussaint.

ognora [oɲ'ɲora] loc. avv. (lett.) toujours (L.C.).

ognuno [oɲ'ɲuno] pron. indef. [con valore distributivo] chacun. | *ognuno, grande o piccolo, accorse subito*, chacun, grand ou petit, accourut immédiatement. | *ognuno di loro ha dato una risposta diversa*, chacun d'eux, chacun d'entre eux a donné une réponse différente. | *ho accompagnato gli ospiti ognuno nella propria stanza*, j'ai accompagné les hôtes chacun dans sa chambre, dans leur chambre. | *abbiamo ricevuto una lettera (per) ognuno*, nous avons reçu une lettre chacun. ‖ [con valore di «tutti»] chacun, tout le monde; tous. | *ognuno può sbagliare*, chacun peut se tromper. | *ognuno approvò*, tout le monde approuva. | *ognuno dei presenti è d'accordo con te*, tous les présents sont d'accord avec toi. ‖ PROV. *ognuno per sè e Dio per tutti*, chacun pour soi et Dieu pour tous. | *ognuno è padrone in casa propria*, charbonnier est maître chez soi, dans sa maison.

oh [ɔ] interiez. [sorpresa, ammirazione] oh!, ho!, eh! ‖ [ammirazione] eh bien!

ohe [o'e] interiez. [richiamo o ammonimento] ohé!

ohi ['ɔi] interiez. ah!, aïe!

ohibò [oi'bɔ] interiez. V. OIBÒ.

ohimè [oi'mɛ] interiez. hélas!

oi ['ɔi] interiez. V. OHI.

oibò [oi'bɔ] interiez. fi!, fi donc!

oidio [o'idjo] (**-di** pl.) m. BOT. oïdium.

oil [o'il] avv. [affermazione dell'antico francese] oïl. | *lingua d'oil*, langue d'oïl.

olà [o'la] interiez. holà!

olanda [o'landa] f. TESS. hollande.

olandese [olan'dese] agg. e n. hollandais, e.

olé [o'le] interiez. [spagn.] olé!, ollé!

oleaginoso [oleadʒi'noso] agg. oléagineux.

oleandro [ole'andro] m. BOT. laurier-rose, oléandre.

oleario [ole'arjo] (**-ri** m. pl.) agg. huilier. ‖ ZOOL. *mosca olearia*, taragon m.

oleato [ole'ato] agg. huilé. | *carta oleata*, papier huilé. ◆ m. CHIM. oléate.

oleificio [olei'fitʃo] m. huilerie f.

oleodotto [oleo'dotto] m. oléoduc, pipe-line.

oleografia [oleogra'fia] f. TIP. chromolithographie, chromo (fam.) m. ‖ FIG. e PEGGIOR. chromo.

oleografico [oleo'grafiko] (**-ci** m. pl.) agg. TIP. chromolithographique. ‖ FIG. e PEGGIOR. de manière. | *è una*

pittura oleografica, c'est une peinture de manière, c'est un (vrai) chromo.
oleosità [oleosi'ta] f. consistance huileuse.
oleoso [ole'oso] agg. [della natura dell'olio] oléagineux, huileux (arc.). | *liquido oleoso,* liquide oléagineux. ‖ FARM. huileux.
olezzante [oled'dzante] agg. (lett.) odoriférant (L.C.), odorant (L.C.), parfumé (L.C.).
olezzare [oled'dzare] v. intr. (lett.) embaumer (L.C.), fleurer, sentir bon (L.C.). | *questa biancheria olezza di lavanda,* ce linge fleure la lavande.
olezzo [o'leddzo] m. (lett.) parfum (L.C.), senteur f. (L.C.), fragrance f. ‖ IRON. [cattivo odore] parfum.
olfattivo [olfat'tivo] agg. olfactif.
olfatto [ol'fatto] m. olfaction f., odorat.
oliare [o'ljare] v. tr. huiler, lubrifier. ‖ FIG. *oliare qlcu.,* graisser la patte à qn (fam.).
oliato [o'ljato] agg. lubrifié. ‖ [condito con olio] huilé.
oliatore [olja'tore] m. burette (f.) à huile.
oliatura [olja'tura] f. huilage m.
oliera [o'ljɛra] f. huilier m.
oligarca [oli'garka] (**-chi** pl.) m. oligarque.
oligarchia [oligar'kia] f. POLIT. oligarchie.
oligarchicamente [oligarkika'mente] avv. oligarchiquement.
oligarchico [oli'garkiko] (**-ci** m. pl.) agg. oligarchique. ◆ m. oligarque.
olimpiaco [olim'piako] agg. (**-ci** m. pl.) olympique.
olimpiade [olim'piade] f. STOR. olympiade. ◆ pl. SPORT jeux (m.) Olympiques.
olimpicamente [olimpika'mente] avv. avec un calme olympien.
olimpicità [olimpitʃi'ta] f. air (m.) olympien.
olimpico [o'limpiko] (**-ci** m. pl.) agg. **1.** MIT. olympien. | *Giove Olimpico,* Jupiter Olympien. ‖ FIG. olympien. | *aria, calma olimpica,* air, calme olympien. ‖ **2.** STOR., SPORT olympique. | *giochi olimpici invernali,* jeux Olympiques d'hiver. ‖ PER EST. *stadio, campione, record olimpico,* stade, champion, record olympique.
olimpio [o'limpjo] agg. MIT. olympien. | *Giove Olimpio,* Jupiter Olympien.
olimpionico [olim'pjɔniko] agg. SPORT olympique. | *piscina olimpionica,* piscine olympique. ◆ m. champion olympique.
olio ['ɔljo] (**oli** pl.) m. huile f. | *oli vegetali, animali, minerali, alimentari,* huiles végétales, animales, minérales, alimentaires. | *olio d'oliva, di arachide, di lino, di colza, di rosa,* huile d'olive, d'arachide, de lin, de colza, de rose. | *olio di balena, di foca,* huile de baleine, de phoque. | *olio di paraffina, di vaselina,* huile de paraffine, de vaseline. | *olio combustibile,* fuel-oil, mazout. | *olio vergine, raffinato,* huile vierge, raffinée. | *olio solare,* huile solaire. | *lumino a olio,* lampe à huile. ‖ FIG. *buttare, gettare olio sul fuoco,* jeter, verser de l'huile sur le feu. | *propagarsi a macchia d'olio,* faire tache d'huile. | *andare liscio come l'olio,* aller comme sur des roulettes (fam.). ‖ FIG., FAM. *olio di gomito,* huile de coude, de bras, de poignet. ‖ ARTI *colori a olio,* couleurs à l'huile. | *un quadro a olio,* une huile. ‖ CULIN. *olio da tavola,* huile de table. | *cucina all'olio,* cuisine à l'huile. | *condire con olio,* assaisonner avec de l'huile. | *sardine, tonno, funghi sott'olio,* sardines, thon, champignons à l'huile. ‖ FARM. *olio canforato,* huile camphrée. | *olio di ricino,* huile de ricin. | *olio di fegato di merluzzo,* huile de foie de morue. ‖ MAR. *un mare liscio come l'olio,* une mer d'huile. ‖ RELIG. *olio sacro,* huile sainte, d'onction. | *olio santo,* les saintes huiles. | *ricevere l'olio santo,* recevoir l'extrême-onction. ‖ TECN., AUT. *olio lubrificante,* huile de graissage. | *coppa dell'olio,* carter inférieur. | *filtro dell'olio,* filtre épurateur de l'huile. | *pressione, livello dell'olio,* pression, niveau d'huile. | *cambio dell'olio,* vidange f. | *fare il cambio dell'olio,* vidanger l'huile, faire la vidange. | *asta indicatrice del livello dell'olio,* jauge d'huile.
oliva [o'liva] f. BOT. olive. | *abbacchiare, raccogliere le olive,* faire la cueillette des olives. ‖ ARCHIT. olive. ‖ LOC. *a (forma di) oliva,* en olive. ◆ agg. invar. olive. | *delle stoffe color verde oliva,* des étoffes (vert) olive.
olivastro [oli'vastro] agg. olivâtre. ◆ m. BOT. olivier sauvage.
olivetano [olive'tano] m. RELIG. olivétain.
oliveto [oli'veto] m. AGR. olivaie f., oliveraie f., olivette f.
olivetta [oli'vetta] f. (dimin.) petite olive. ‖ PER ANAL. [oggetto a forma di oliva] olive. ‖ BOT. [uva] olivette.
olivo [o'livo] m. BOT. olivier. | *ramo d'olivo,* rameau, branche d'olivier. ‖ RELIG. *monte degli Olivi,* mont des Oliviers, jardin des Oliviers. | *la domenica dell'Olivo, degli Olivi,* le dimanche des Rameaux.
olla ['ɔlla] f. (lett.) pot m. (L.C.), marmite (L.C.). ‖ ARCHEOL. *olla cineraria,* urne cinéraire.
olmaia [ol'maja] f. V. OLMETO.
olmeto [ol'meto] m. ormaie f., ormoie f.
olmo ['olmo] m. BOT. orme.
olocausto [olo'kausto] m. PR. e FIG. holocauste.
olografo [o'lɔgrafo] agg. GIUR. olographe. | *testamento olografo,* testament olographe.
oltracciò [oltrat'tʃo] loc. avv. outre cela, de plus, en outre.
oltraggiante [oltrad'dʒante] agg. outrageant, injurieux, insultant.
oltraggiare [oltrad'dʒare] v. tr. outrager, injurier, insulter, offenser.
oltraggiatore [oltraddʒa'tore] (**-trice** f.) m. offenseur, insulteur (solo m.).
oltraggio [ol'traddʒo] m. outrage, affront, insulte f., offense f. | *subire, vendicare un oltraggio,* subir, venger un outrage. | *recare oltraggio,* faire outrage, outrager. ‖ FIG. *oltraggio alla ragione, al buon gusto, al buon senso,* outrage à la raison, au bon goût, au bon sens. ‖ FIG., LETT. *l'oltraggio degli anni, del tempo,* l'injure des ans, du temps. ‖ GIUR. *oltraggio al magistrato,* outrage à magistrat. | *oltraggio al pudore,* outrage à la pudeur.
oltraggiosamente [oltraddʒosa'mente] avv. d'une manière outrageuse, outrageusement (arc.).
oltraggioso [oltrad'dʒoso] agg. outrageant, injurieux, insultant, outrageux (arc.).
oltralpe [ol'tralpe] loc. avv. e m. invar. au-delà des Alpes.
oltramontano [oltramon'tano] agg. d'outre-monts.
oltranza [ol'trantsa] f. outrance. | *a oltranza,* à outrance.
oltranzismo [oltran'tsizmo] m. extrémisme, jusqu'au-boutisme (fam.).
oltranzista [oltran'tsista] (**-i** m. pl.) m. e f. extrémiste, jusqu'au-boutiste (fam.).
oltranzistico [oltran'tsistiko] (**-ci** m. pl.) agg. extrémiste.
oltre ['oltre] avv. **1.** [in senso spaziale] loin, plus loin, avant, plus avant, au-delà. | *è andato troppo oltre,* il est allé trop loin. | *mi sono spinto troppo oltre,* je me suis engagé trop avant, trop loin. | *andate un poco oltre,* allez un peu plus loin. | *non posso vedere oltre,* je ne peux pas voir plus loin. | *vede la chiesa, il municipio è un po' oltre,* vous voyez l'église, la mairie est un peu au-delà, un peu plus loin. ‖ **2.** [in senso temporale] plus longtemps, davantage. | *non parleremo oltre di questo problema,* nous ne parlerons pas davantage, pas plus longtemps de ce problème. | *partite senza indugiare oltre,* partez sans tarder davantage, sans plus tarder. ‖ **3.** FIG. loin, outre. | *è andato troppo oltre,* il est allé trop loin, il a exagéré, il a passé la mesure. | *abbiamo passato oltre ai suoi sbagli,* nous avons passé outre à ses fautes. ◆ prep. **1.** [di là da] au-delà de. | *oltre il ponte,* au-delà du pont. | *oltre la frontiera,* au-delà de la frontière, de l'autre côté de la frontière. | *oltre i monti,* au-delà des monts. | *oltre mare,* au-delà des mers, outre-mer. | *è tornato d'oltre mare,* il est revenu d'outre-mer. ‖ FIG. *il successo è stato oltre l'immaginabile,* le succès a été au-delà de, a dépassé tout ce qu'on peut imaginer. | *oltre misura,* outre mesure. ‖ **2.** [dopo] après. | *oltre le otto lo sportello è chiuso,* après 8 heures le guichet est fermé. | *abita proprio oltre la chiesa,* il habite juste après l'église. ‖ **3.** [più di] plus de. | *un uomo di oltre trent'anni,* un homme de plus de trente ans. | *oltre la metà,* plus de la moitié. | *non lo incontro da oltre un mese,* il y a plus d'un mois que je ne le rencontre pas. | *la casa dista più di tre chilometri dal centro del paese,* la maison est à plus de trois kilomètres du centre du village. ‖ **4.** [in più] en plus de, outre ; en plus, de plus, en outre. | *oltre ai suoi cugini, ha invitato tutti i suoi*

amici, en plus de ses cousins, il a invité tous ses amis. | *oltre ai fiori, ci sono molti alberi nel suo giardino*, outre les fleurs, il y a beaucoup d'arbres dans son jardin. | *oltre a ciò*, outre cela, en plus de cela. | *oltre a essere simpatico, è intelligente*, il est sympathique et, en outre, intelligent. | *oltre ad essere stanco, sono anche affamato*, je suis fatigué et, en plus, j'ai très faim. || **5.** [all'infuori] *oltre a voi, non è venuto nessuno*, en dehors de vous, vous mis à part, personne n'est venu.

oltreché [oltre'kɛ] cong. en plus, de plus, en outre.

oltrecortina [oltrekor'tina] m. invar. = pays (m. pl.) situés au-delà du rideau de fer.

oltremanica [oltre'manika] loc. avv. outre-Manche. ◆ agg. d'outre-Manche.

oltremare [oltre'mare] loc. avv. outre-mer. | *i territori d'oltremare*, les territoires d'outre-mer. ◆ m. [colore] outremer. || MINER. outremer.

oltremarino [oltrema'rino] agg. d'outre-mer. || [colore] d'outremer, outremer (lett.). | *un cielo oltremarino*, un ciel d'outremer, outremer. | *azzurro oltremarino*, bleu outremer.

oltremisura [oltremi'zura], o **oltremodo** [oltre'modo] loc. avv. outre mesure, excessivement, extrêmement.

oltremontano [oltremon'tano] agg. V. OLTRAMONTANO.

oltremonte [oltre'monte] o **oltremonti** [oltre'monti] loc. avv. outre-monts.

oltrepassare [oltrepas'sare] v. tr. [varcare] franchir, aller de l'autre côté de. | *oltrepassare la frontiera*, franchir la frontière. | *Cesare oltrepassò il Rubicone*, César franchit le Rubicon. || [superare] dépasser, doubler. | *oltrepassare una macchina*, dépasser, doubler une voiture. | *oltrepassare un capo*, dépasser, doubler un cap. || FIG. [eccedere] outrepasser, excéder, dépasser, aller au-delà de.

oltretomba [oltre'tomba] m. invar. outre-tombe.

omaccione [omat'tʃone] m. PEGGIOR. costaud (fam.), gaillard.

omaggio [o'maddʒo] m. [atto di rispetto, di stima] hommage. | *l'attore ha ricevuto l'omaggio dei suoi ammiratori*, l'acteur a reçu l'hommage de ses admirateurs. || [dono, presente] hommage, présent. | *fare omaggio di qlco.*, faire hommage, présent de qch. || STOR. [atto di vassallagio] hommage. ◆ pl. hommages, compliments.

ombelicale [ombeli'kale] agg. ombilical.

ombelico [ombe'liko] m. ANAT. nombril, ombilic. || FIG. nombril (fam.), ombilic (lett.). | *considerarsi l'ombelico del mondo*, se prendre pour le nombril du monde. || BOT. *ombelico di Venere*, nombril de Vénus.

ombra ['ombra] f. **1.** [zona di oscurità relativa] ombre. | *fare ombra*, faire de l'ombre. | *ci sono 30 gradi all'ombra*, il fait 30 degrés à l'ombre. || [ombra degli alberi] ombre, ombrage m. | *all'ombra degli alberi*, à l'ombre, sous l'ombrage des arbres ; sous les ombrages. || FIG. *far ombra*, porter ombrage. | *crescere all'ombra dei propri genitori*, grandir à l'ombre de ses parents. || ARTI ombre. || ASTRON. ombre. | *cono d'ombra della luna*, cône d'ombre de la lune. || [figura proiettata] ombre. || **2.** FIG. *aver paura della propria ombra*, avoir peur de son ombre. | *non c'è ombra di dubbio*, il n'y a pas l'ombre d'un doute. | *è l'ombra di se stesso*, c'est l'ombre de lui-même. | *governo ombra*, gouvernement fantôme. | *non ha l'ombra di un quattrino*, il est sans le sou. || PER EST. [gli spiriti dei trapassati] ombre, fantôme m. | *il regno delle ombre*, le royaume des ombres. | *l'ombra di Achille*, le fantôme, l'ombre d'Achille. || GIOCHI *ombre cinesi*, ombres chinoises. || TEATRO *teatro delle ombre*, théâtre d'ombres.

ombrare [om'brare] v. tr. (lett.) ombrager (L.C.). || ARTI ombrer. ◆ v. rifl. s'obscurcir. || FIG. [adombrarsi] (lett.) prendre ombrage (L.C.), se vexer (L.C.).

ombreggiare [ombred'dʒare] v. tr. [far ombra] ombrager, donner de l'ombre sur. || ARTI ombrer. || PER EST. *ombreggiare le palpebre*, ombrer les paupières.

ombreggiatura [ombreddʒa'tura] f. ARTI ombres pl.

ombrella [om'brɛlla] f. (region.) [ombrello] parapluie m. ; [da sole] parasol m., ombrelle. || BOT., ZOOL. ombrelle.

ombrellaio [ombrel'lajo] m. marchand de parapluies ; raccommodeur de parapluies.

ombrellata [ombrel'lata] f. coup (m.) de parapluie.

ombrellifere [ombrel'lifere] f. pl. BOT. ombellifères, ombelliféracées.

ombrellificio [ombrelli'fitʃo] m. fabrique (f.) de parapluies.

ombrellino [ombrel'lino] m. parasol, ombrelle f. || RELIG. [per coprire il SS. Sacramento] dais.

ombrello [om'brɛllo] m. [da pioggia] parapluie ; [da sole] ombrelle f., parasol. || MIL. couverture aérienne.

ombrellone [ombrel'lone] m. parasol. | *ombrellone da spiaggia*, parasol de plage.

ombretto [om'bretto] m. fard à paupières.

ombrina [om'brina] f. ZOOL. ombrine, bar m., loup m.

ombrosità [ombrosi'ta] f. caractère ombrageux. || (raro) [ombra] ombre (L.C.).

ombroso [om'broso] agg. ombragé, ombreux (lett.). || [suscettibile] ombrageux, méfiant.

omega [o'mɛga] m. oméga.

omelia [ome'lia] f. RELIG. homélie. || FIG. PEGGIOR. homélie, sermon m.

omeopatia [omeopa'tia] f. MED. homéopathie.

omeopatico [omeo'patiko] agg. MED. homéopathique ; homéopathe. | *rimedio omeopatico*, remède homéopathique. | *medico omeopatico*, médecin homéopathe. ◆ m. homéopathe.

omerale [ome'rale] agg. ANAT. huméral.

omerico [o'mɛriko] (**-ci** m. pl.) agg. homérique.

omero ['ɔmero] m. ANAT. humérus. || (lett.) épaule f. (L.C.).

omertà [omer'ta] f. loi du silence.

omettere [o'mettere] v. tr. omettre.

ometto [o'metto] m. PR. petit homme, petit bonhomme. || FIG. [gruccia per abiti] cintre. || ARCHIT. poinçon.

omicida [omi'tʃida] agg. e n. meurtrier, ère ; homicide (lett.).

omicidio [omi'tʃidjo] m. homicide ; [volontario] meurtre ; [premeditato] assassinat. | *omicidio colposo*, homicide par imprudence.

omissibile [omis'sibile] agg. négligeable.

omissione [omis'sjone] f. omission. || GIUR. *omissione di soccorso*, délit (m.) de fuite.

omnibus ['ɔmnibus] m. [carrozza] omnibus. || FERR. (train) omnibus.

omofonia [omofo'nia] f. MUS., GRAMM. homophonie.

omofono [o'mɔfono] agg. e m. MUS., GRAMM. homophone.

omogeneità [omodʒenei'ta] f. homogénéité.

omogeneizzare [omodʒeneid'dzare] v. tr. homogénéiser.

omogeneo [omo'dʒɛneo] agg. PR. e FIG. homogène.

omologabile [omolo'gabile] agg. homologable.

omologare [omolo'gare] v. tr. homologuer.

omologazione [omologat'tsjone] f. homologation.

omologico [omo'lɔdʒiko] (**-ci** m. pl.) agg. GEOM. homologique.

omologo [o'mɔlogo] (**-ghi** m. pl.) agg. homologue.

omone [o'mone] m. [accr.] gros homme.

omonimia [omoni'mia] f. homonymie.

omonimo [o'mɔnimo] agg. du même nom. || LING. homonyme. ◆ m. homonyme.

omosessuale [omosessu'ale] agg. e n. homosexuel.

omosessualità [omosessuali'ta] f. homosexualité.

omuncolo [[o'munkolo] m. petit homme, nain, nabot. || [degli alchimisti] homoncule, homuncule.

onagro [o'nagro] m. ZOOL. onagre. || STOR. MILIT. onagre.

oncia ['ontʃa] f. [misura di peso] once.

onda ['onda] f. **1.** vague, lame, houle, flot m. | *onde di fondo*, lames de fond. | *onda lunga, corta*, lame longue, courte. | *le onde si infrangono*, les lames déferlent. | *farsi cullare dalle onde*, se laisser bercer au gré des flots. | *essere in balia delle onde*, être le jouet, à la merci des flots. || LETT. [acqua, mare] onde, flots m. pl., mer (L.C.). | *un'onda limpida*, une onde limpide. | *il veliero solcava l'onda*, le voilier fendait l'onde, les flots. | *l'onda Egea*, la mer Égée. || **2.** FIG. *capelli a onda*, cheveux ondulés, ondés (lett.). | *tessuto a onde*, tissu ondé, moiré. || [foga, impeto] vague, élan m. | *un'onda di collera*, une vague de colère. | *un'onda di entusiasmo*, un élan d'enthousiasme. | *l'onda dei ricordi*, le flot des souvenirs. | *essere sulla cresta dell'onda*, avoir du succès, avoir le vent en poupe. || **3.** Fis. onde. | *onde elettromagnetiche*, ondes électromagnétiques. || Telecom. *onde lunghe*, grandes ondes. | *onde corte*, ondes courtes, petites ondes. | *una trasmissione a onde corte*, une émission sur ondes courtes. | *mettere in onda*, mettre en ondes. | *andare in onda*, être diffusé, passer sur les ondes, passer à la radio (fam.).

ondata [on'data] f. Pr. vague, lame ; [colpo di mare] paquet (m.) de mer. | *la barca fu capovolta da un'ondata*, le bateau fut retourné par une vague. | *grosse ondate si abbattono sul ponte della nave*, des paquets de mer s'abattent sur le pont du navire. || Fig. vague, flot m. | *ondata di freddo, di caldo*, vague de froid, de chaleur. || Mil. vague. | *ondate d'assalto*, vagues d'assaut.

onde ['onde] avv. [valore spaziale] d'où. | *nessuno sapeva onde venisse*, personne ne savait d'où il venait. || [valore relativo] *la città onde veniva*, la ville d'où il venait. || [valore modale] *il dolore onde siamo afflitti*, la douleur dont nous sommes affligés, qui nous afflige. ◆ cong. [valore conclusivo] d'où, de là, c'est pourquoi. | *onde arguisco*, d'où je déduis. || [valore finale] afin que, pour que ; afin de, pour. | *abbiamo pregato onde Dio ci aiuti*, nous avons prié pour que Dieu nous aide. | *onde riuscire, abbiamo fatto l'impossibile*, afin de réussir, nous avons fait l'impossible.

ondeggiamento [ondeddʒa'mento] m. [di una imbarcazione] balancement. || Per est. [ritmico] ondoiement, ondulation f. ; [brusco] remous. | *ondeggiamento delle messi*, ondoiement, ondulation des blés. | *essere trascinati dagli ondeggiamenti della folla*, être entraîné par les remous de la foule. || Fig. flottement, fluctuation f. | *si osservano degli ondeggiamenti nel suo comportamento*, on observe du flottement, des hésitations dans sa conduite. | *gli ondeggiamenti dell'opinione pubblica*, les fluctuations, les variations de l'opinion publique.

ondeggiante [onded'dʒante] agg. ondoyant, ondulant ; [sinuoso] onduleux. | *le messi ondeggianti*, les blés ondoyants. | *andatura ondeggiante*, démarche ondulante. | *linea, forma ondeggiante*, ligne, forme onduleuse. || Fig. flottant, hésitant, ondoyant (lett.). | *carattere ondeggiante*, caractère flottant.

ondeggiare [onded'dʒare] v. intr. [oscillare a causa delle onde] se balancer, flotter. | *la nave ondeggia agli ormeggi*, le navire se balance sur ses ancres. || Per est. [di messi, di erba] ondoyer ; [di bandiere, di veli, di capelli] ondoyer, flotter ; [movimento a ritmo alterno] balancer, se balancer ; [di andatura] se balancer, se dandiner (fam.). || Fig. balancer, flotter, hésiter.

ondina [on'dina] f. Mit. ondine.

ondosità [ondosi'ta] f. [del mare] houle, roulis m. || Per est. [rilievo con profilo ondulato] ondulation.

ondoso [on'doso] agg. [attinente alle onde] ondulatoire. | *moto, carattere ondoso*, mouvement, caractère ondulatoire. || [agitato dalle onde] houleux. | *mare ondoso*, mer houleuse. || Per est. (lett.) [ondulato] ondulé (l.c.).

ondulamento [ondula'mento] m. (raro). V. ondeggiamento.

ondulante [ondu'lante] agg. ondulant.

ondulare [ondu'lare] v. intr. onduler, ondoyer. | *gli alberi ondulavano al vento*, les arbres ondulaient dans le vent. ◆ v. tr. [piegare a onde] onduler. | *ondulare i capelli*, onduler les, faire des boucles aux cheveux.

ondulato [ondu'lato] agg. ondulé, onduleux. | *capelli ondulati*, cheveux ondulés. | *lamiera ondulata*, tôle ondulée. | *cartone ondulato*, carton ondulé. | *linea ondulata*, ligne onduleuse. | *pianura ondulata*, plaine onduleuse.

ondulatorio [ondula'tɔrjo] agg. ondulatoire.

ondulazione [ondulat'tsjone] f. ondulation.

onerare [one'rare] v. tr. [gravare di un onere] accabler, écraser. | *essere onerato di tasse eccessive*, être accablé d'impôts excessifs. || Lett. charger (l.c.).

onerario [one'rarjo] (**-ri** m. pl.) agg. de charge, de transport. | *nave oneraria*, navire de transport ; Mil. navire auxiliaire.

onere ['ɔnere] m. [impegno gravoso] charge f., poids. | *addossarsi un onere pesante*, assumer une lourde charge. | *assumo io l'onere di ogni spesa*, je prends à ma charge tous les frais, tous les frais sont à ma charge. | *avere l'onere e non l'onore*, avoir les charges et non les honneurs. | *l'onere delle tasse*, le poids des impôts. || Fin. *oneri fiscali*, charges fiscales. | *oneri sociali*, charges sociales. | *capitolato d'oneri*, cahier des charges.

oneroso [one'roso] agg. [gravoso] onéreux, coûteux, lourd. || Giur. onéreux.

onestà [ones'ta] f. honnêteté, probité.

onestamente [onesta'mente] avv. honnêtement.

onesto [o'nɛsto] agg. [probo, leale] honnête, probe, loyal. || Per est. [virtuoso] honnête, vertueux, moral. | *è sempre stata una ragazza onesta*, elle a toujours été une jeune fille honnête, vertueuse. || [accettabile] honnête, raisonnable, satisfaisant, acceptable. | *un prezzo onesto*, un prix honnête, raisonnable. | *un pasto onesto*, un repas satisfaisant. | *una ricompensa onesta*, une récompense acceptable. ◆ n. honnête homme. ◆ pl. les honnêtes gens (f. pl.).

onice ['ɔnitʃe] f. Min. onyx m.

onirico [o'niriko] agg. onirique.

onirismo [oni'rizmo] m. Psic. onirisme.

onisco [o'nisko] m. Zool. cloporte.

onnipossente [onnipos'sɛnte] o **onnipotente** [onnipo'tɛnte] agg. tout-puissant, omnipotent. | *Dio onnipossente*, Dieu tout-puissant, le Tout-Puissant.

onnipotenza [onnipo'tɛntsa] f. omnipotence, toute-puissance, puissance absolue.

onnipresente [onnipre'zɛnte] agg. omniprésent.

onnipresenza [onnipre'zɛntsa] f. omniprésence.

onnisciente [onniʃ'ʃente] agg. omniscient.

onniscienza [onniʃ'ʃentsa] f. omniscience.

onniveggente [onnived'dʒɛnte] agg. qui voit tout.

onniveggenza [onnived'dʒɛntsa] f. faculté de tout voir.

onnivoro [on'nivoro] agg. omnivore.

onomasiologia [onomazjolo'dʒia] f. Ling. onomasiologie.

onomastica [ono'mastika] f. Ling. onomastique.

onomastico [ono'mastiko] (**-ci** m. pl.) agg. onomastique. | *indice onomastico*, index onomastique. | *è il suo giorno onomastico*, c'est le jour de sa fête. ◆ m. fête f. | *oggi è il mio onomastico*, aujourd'hui, c'est ma fête. | *buon onomastico !*, bonne fête ! | *augurare buon onomastico a qlcu.*, souhaiter sa fête à qn.

onomatopea [onomato'pɛa] f. Ling. onomatopée.

onorabile [ono'rabile] agg. honorable.

onorabilità [onorabili'ta] f. honorabilité.

onorabilmente [onorabil'mente] avv. honorablement.

onoranza [ono'rantsa] f. honneur m. | *onoranze funebri*, honneurs funèbres. | *le ultime onoranze*, les derniers devoirs.

onorare [ono'rare] v. tr. honorer ; rendre, faire honneur (à) ; célébrer. | *onorare il padre e la madre*, honorer son père et sa mère. | *il vostro aiuto mi onora*, votre aide me fait honneur. | *queste parole vi onorano*, ces mots vous font, sont à votre honneur. | *onorare la memoria di un poeta*, célébrer, honorer la mémoire d'un poète. || [con valore enfatico] honorer, gratifier. | *ha voluto onorarmi della sua stima, della sua amicizia, di una visita*, il a bien voulu m'honorer de son estime, de son amitié, d'une visite. || [procurare prestigio] procurer de l'honneur, mettre en honneur, honorer (arc.). | *le opere di questo poeta onorano la sua patria*, les œuvres de ce poète honorent sa patrie. || Comm. honorer, faire honneur (à). | *onorare una cambiale, un assegno*, honorer une lettre de change, un chèque. || Per est. *onorare la propria firma, i propri impegni*, honorer sa, ses, faire honneur à sa signature, à ses engagements. | *onorare un debito*, honorer une dette, s'acquitter d'une dette. ◆ v. rifl. [essere fiero] s'honorer ; avoir l'honneur. | *mi onoro della sua stima*, je m'honore de son estime. | *mi onoro comunicarvi questa notizia*, j'ai l'honneur de vous annoncer cette nouvelle.

onorario [ono'rarjo] (**-ri** m. pl.) agg. honoraire, d'honneur. | *professore onorario*, professeur honoraire. | *presidente, membro onorario*, président, membre d'honneur. ◆ m. [retribuzione] honoraires pl.

onoratamente [onorata'mente] avv. honorablement, avec honneur.
onorato [ono'rato] agg. [compiaciuto] honoré. | *sono molto onorato della stima del mio cliente,* je suis très honoré de l'estime de mon client. || [rispettabile] honorable, estimable, digne. | *condotta, vita onorata,* conduite, vie honorable. | *dare onorata sepoltura,* donner une digne sépulture. || IRON. *l'onorata società,* la mafia, maffia.
onore [o'nore] m. **1.** [dignità morale] honneur, dignité f. | *senso dell'onore,* sens de l'honneur. | *è in gioco il mio onore,* mon honneur est en jeu, il y va de mon honneur. | *ve lo dichiaro sul mio onore,* je vous l'atteste, je vous en réponds sur l'honneur. | *lo giuro sul mio onore,* je le jure sur l'honneur. | *sul mio onore!,* sur l'honneur! | *do la mia parola d'onore,* je donne ma parole d'honneur. | *parola d'onore!,* (ma) parole d'honneur! | *farsi un punto d'onore,* mettre son point d'honneur (à), se faire un point d'honneur (de). || LOC. *tutto è perduto fuorché l'onore,* tout est perdu fors l'honneur. || **2.** [stima, considerazione] honneur, estime f., considération f. | *cavarsela con onore,* s'en tirer avec honneur. | *va tutto a tuo onore,* c'est tout à ton honneur. || PER EST. *è l'onore della famiglia, della patria,* il est l'honneur de sa famille, de sa patrie. || LOC. *posto d'onore,* place d'honneur. | *dama, damigella d'onore,* dame, demoiselle d'honneur. | *croce, Legion d'onore,* croix, Légion d'honneur. | *morire sul campo dell'onore,* mourir au champ d'honneur. || SPORT *piazzamento d'onore,* place d'honneur. | *giro d'onore,* tour d'honneur. || GIOCHI [al bridge] honneur. || **3.** [atto di omaggio, di considerazione] honneur. | *ottenere l'onore delle armi,* obtenir les honneurs de la guerre. || FIG. *fare gli onori di casa,* faire les honneurs de la maison. || **4.** LOC. PARTIC. *avere l'onore (di),* avoir l'honneur (de). | *fare onore (a),* faire honneur (à). | *questa azione vi fa onore,* cette action vous fait honneur. || PER ANAL. *fare onore a un piatto,* faire honneur à un plat. || PER EST. *far onore ai propri impegni, alla propria firma, ai propri debiti,* faire honneur à ses engagements, à sa signature, à ses dettes. || **5.** LOC. [prep. e avv.] *in onore (di),* en l'honneur (de). || *in onore,* à l'honneur. || *a onore : a onor del vero,* à l'honneur de la vérité. || *con onore,* avec honneur.
onorevole [ono'revole] agg. **1.** [degno di onore] honorable. | *il mio onorevole collega,* mon honorable confrère. | *onorevoli senatori,* messieurs les sénateurs. || **2.** [degno di stima, onesto] honorable, estimable, honnête. || **3.** [conveniente] honorable. | *fare onorevole ammenda,* faire amende honorable. ◆ n. député; sénateur.
onorevolmente [onorevol'mente] avv. honorablement, avec honneur.
onorificenza [onorifi'tʃɛntsa] f. distinction honorifique; décoration.
onorifico [ono'rifiko] (**-ci** m. pl.) agg. honorifique.
onta ['onta] f. [vergogna] honte, humiliation. | *è un'onta,* c'est une honte. | *coprire d'onta,* couvrir de honte, honnir. | *essere l'onta della famiglia,* être la honte de la famille. || [ingiuria, affronto] injure, affront m., outrage m. | *recare un'onta a qlcu.,* offenser, outrager qn. || LOC. *a onta del buon senso,* en dépit du bon sens.
ontano [on'tano] m. BOT. aulne, aune.
ontologia [ontolo'dʒia] f. FILOS. ontologie.
ontologicamente [ontolodʒika'mente] avv. FILOS. ontologiquement.
ontologico [onto'lɔdʒiko] (**-ci** m. pl.) agg. FILOS. ontologique.
onusto [o'nusto] agg. (arc.) chargé (L.C.).
opacità [opatʃi'ta] f. opacité, matité. | *opacità di un metallo,* matité d'un métal. || PER EST. [di un suono] matité. || MED. *opacità della cornea,* opacité de la cornée.
opaco [o'pako] (**-chi** m. pl.) agg. [non trasparente] opaque. | *vetro opaco,* verre opaque. || PER EST. [non lucente] opaque, mat, terne. | *metallo opaco,* métal opaque, terne. || FIG. mat, terne. | *un suono opaco,* un son mat. | *uno stile opaco,* un style terne.
opale [o'pale] m. o f. MINER. opale f.
opalescente [opaleʃ'ʃɛnte] agg. opalescent.
opalescenza [opaleʃ'ʃɛntsa] f. opalescence.
opalina [opa'lina] f. opaline.
opalino [opa'lino] agg. opalin.
opera ['ɔpera] f. **1.** [svolgimento o risultato di un'attività] œuvre, ouvrage m., travail m. | *l'opera della natura,* l'œuvre de la nature. | *l'opera dell'Uomo,* l'œuvre de l'Homme. | *l'opera divina,* l'œuvre de Dieu. | *l'opera di Manzoni,* l'œuvre de Manzoni. | *opera postuma,* œuvre posthume. | *opere complete, scelte,* œuvres complètes, choisies. | *l'argomento di un'opera,* le sujet d'un ouvrage. | *opera storica,* travail historique. | *opere scientifiche,* travaux scientifiques. | *l'opera erosiva del mare, dei venti,* le travail érosif, l'action érosive de la mer, des vents. | *opere pubbliche,* travaux publics. | *opere in muratura,* ouvrages en maçonnerie. || LOC. *mano d'opera,* main-d'œuvre. | *legname d'opera,* bois d'œuvre. | *capo d'opera,* chef-d'œuvre. | *mastro d'opera,* maître d'œuvre. | *mettersi all'opera,* se mettre au travail, à l'œuvre, à l'ouvrage. | *mettere, porre in opera,* mettre en œuvre, en chantier. | *all'opera,* au travail!, allons, du courage! | *essere all'opera,* être à l'œuvre. || **2.** [assistenza, aiuto] aide. | *hanno bisogno della nostra opera,* ils ont besoin de notre aide. || PROV. *chi ben comincia è a metà dell'opera,* a moitié fait qui bien commence. || **3.** [lavoro a giornata] journée. | *lavorare a opera,* travailler à la journée. | *andare a lavorare a opera,* aller en journée. || PER EST. [bracciante agricolo] journalier m. || **4.** AMM. œuvre. | *opera nazionale dei mutilati e invalidi,* œuvre nationale des mutilés et des invalides. || MAR. œuvres. | *opere vive, morte,* œuvres vives, mortes. || MIL. *opere di fortificazione,* ouvrages de fortification. | *opera avanzata,* bonnette. || MUS. opéra m. || [teatro] opéra m. | *andare all'opera,* aller à l'opéra. || LOC. *rinunciare a Satana, alle sue opere e alle sue pompe,* renoncer à Satan, à ses œuvres et à ses pompes. || [fabbriceria] *l'opera del duomo,* l'œuvre de la cathédrale. || TESS. *tessuto a opera,* tissu ouvré. ◆ loc. prep. ***per opera di, a opera di,*** par, grâce à. | *la casa fu demolita ad opera dei muratori,* la maison a été démolie par les maçons. | *per opera sua abbiamo ricevuto tue notizie,* grâce à lui nous avons reçu de tes nouvelles.
operabile [ope'rabile] agg. CHIR. opérable.
operaio [ope'rajo] agg. ouvrier. ◆ n. ouvrier, ouvrière. | *operaio giornaliero,* ouvrier à la journée; journalier. | *operaio a cottimo,* ouvrier aux pièces. | *operaio disoccupato,* chômeur (f. chômeuse). | *operaio in sciopero,* gréviste.
operante [ope'rante] agg. [attivo e efficiente] agissant, efficace. | *un rimedio operante,* un remède agissant. | *le nostre raccomandazioni son state operanti,* nos exhortations ont été efficaces. || GIUR. [in fase esecutiva] en vigueur. || MIL. [in azione] en action. | *truppe operanti,* troupes en action. || TEOL. opérant. | *grazia operante,* grâce opérante.
operare [ope'rare] v. intr. [svolgere un' azione o una attività] opérer, agir, procéder; travailler. | *per correggerlo, bisogna operare con pazienza,* pour le corriger, il faut procéder avec patience. | *operare bene, male,* bien agir, mal agir. | *operare con leggerezza,* agir à la légère. | *hanno operato in buona fede,* ils ont procédé de bonne foi. | *è un pittore che operava nel Seicento,* c'est un peintre qui travaillait au XVIIᵉ siècle. || [essere efficace] opérer, agir. | *la medicina non ha operato,* le médicament n'a pas opéré, agi. || CHIR. opérer, intervenir. || MAT. opérer. | *operare con numeri decimali,* opérer avec des nombres décimaux. || MIL. opérer, être en action. ◆ v. tr. [compiere, effettuare] opérer, faire, accomplir, effectuer. | *operare una scelta,* opérer, faire un choix. | *operare un'azione lodevole,* accomplir une action louable. | *abbiamo operato una trasformazione radicale,* nous avons effectué une transformation radicale. || CHIR., COMM., MIL. opérer. ◆ v. rifl. s'opérer, avoir lieu, se produire.
operativo [opera'tivo] agg. [efficace] opérant, agissant, efficace. | *virtù operativa,* vertu agissante. || [in fase esecutiva] en vigueur. || MAT. opérationnel. || MIL. opérationnel, d'opération. | *base operativa,* base opérationnelle, d'opération. ◆ m. groupe de recherche, groupe de chercheurs.
operato [ope'rato] agg. CHIR. opéré. || TESS. façonné,

ouvré. | *stoffa operata,* étoffe façonnée. | *biancheria operata,* linge ouvré. ◆ m. conduite f., actes pl., actions f. pl. | *il presidente della società dovrà rispondere del suo operato,* le président de la société devra répondre de ses actes. ‖ CHIR. opéré.

operatore [opera'tore] m. AER., MAR. *operatore radiofonico,* opérateur. ‖ CHIR. chirurgien, opérateur (arc.). ‖ CIN., T.V. opérateur (de prise de vues), cameraman. ‖ ECON. opérateur. ‖ FIN. *operatore economico,* entrepreneur, homme d'affaires. ‖ MAT. opérateur.

operatorio [opera'tɔrjo] (**-ri** m. pl.) agg. CHIR. opératoire. | *commozione operatoria,* choc opératoire. | *atto operatorio,* opération f. | *sala operatoria,* salle d'opérations. | *tavolo operatorio,* table d'opérations. ‖ MAT. opératoire.

operazione [operat'tsjone] f. opération.

opercolo [o'pɛrkolo] m. BOT., ZOOL. opercule.

operetta [ope'retta] f. petit ouvrage. ‖ MUS. opérette.

operettistico [operet'tistiko] (**-ci** m. pl.) agg. de l'opérette ; d'opérette.

operistico [ope'ristiko] (**-ci** m. pl.) agg. d'opéra.

operosità [operosi'ta] f. activité, dynamisme m., énergie. | *dà prova di una grande operosità,* il fait preuve d'une grande activité. | *la sua operosità ha trionfato su ogni ostacolo,* son dynamisme, son énergie a triomphé de tous les obstacles. | *premio d'operosità,* prime de rendement.

operoso [ope'roso] agg. actif, laborieux, industrieux. | *un segretario operoso,* un secrétaire actif. | *una vita operosa,* une vie laborieuse. | *pietà, fede operosa,* piété, foi agissante.

opificio [opi'fitʃo] (**-ci** pl.) m. usine f., établissement industriel.

opimo [o'pimo] agg. (lett.) [grasso] gras (L.C.). ‖ PER EST. [fertile] fertile (L.C.) ; [copioso] abondant (L.C.), copieux (L.C.), riche (L.C.). ‖ STOR. *spoglie opime,* dépouilles opimes.

opinabile [opi'nabile] agg. discutable, contestable, controversable.

opinare [opi'nare] v. intr. estimer, penser ; opiner (arc.).

opinione [opi'njone] f. **1.** [modo di pensare, idea, punto di vista] opinion, avis m., idée. | *opinione personale, soggettiva,* opinion personnelle, subjective. | *opinioni stereotipe,* opinions toutes faites. | *dare, emettere un'opinione,* avancer, émettre une opinion. | *cambiare opinione,* changer d'opinion. | *condivido la tua opinione,* je suis de ton avis. | *condividono la stessa opinione,* ils sont du même avis. | *sono d'opinione che,* je suis d'avis que. | *sono di diversa opinione,* je suis d'un autre avis. | *mi son fatto la mia opinione sulla questione,* j'ai mon opinion sur la question. ‖ LOC. *secondo la mia modesta opinione,* à mon humble avis. | *la matematica non è un'opinione,* les chiffres sont les chiffres. ‖ **2.** [posizione intellettuale] opinion, idée. ‖ LOC. *cambiar d'opinione ad ogni mutar di vento,* changer d'opinion comme une girouette, comme de chemise (fam.). ‖ **3.** [giudizio di merito] opinion. | *buona, cattiva opinione,* bonne, mauvaise opinion. | *avere una buona opinione di sè,* avoir bonne opinion de soi. ‖ **4.** [atteggiamento collettivo] opinion. | *opinione pubblica, popolare,* opinion publique, populaire.

op là [opp'la] interiez. hop !

opossum [o'pɔssum] m. ZOOL. opossum.

oppiaceo [op'pjatʃeo] agg. opiacé.

oppiare [op'pjare] v. tr. opiacer.

oppiato [op'pjato] agg. opiacé. ◆ m. FARM. opiat.

oppio ['ɔppjo] m. PR. e FIG. opium.

oppiomane [op'pjomane] m. e f. opiomane.

oppiomania [oppjoma'nia] f. opiomanie.

opponente [oppo'nɛnte] agg. e m. opposant.

opporre [op'porre] v. tr. opposer. | *opporre due colori, due suoni,* opposer deux couleurs, deux sons. | *opporre la materia allo spirito,* opposer la matière à l'esprit. ‖ [obiettare] opposer, objecter, rétorquer. | *ha sempre qlco. da opporre,* il a toujours qch. à opposer, à objecter. | *alle mie insistenze, oppose che non voleva assolutamente farlo,* à mes sollicitations, il objecta, il rétorqua qu'il ne voulait absolument pas le faire. ◆ v. rifl. s'opposer. | *opporsi a un progetto, a un matrimonio, a una idea,* s'opposer à un projet, à un mariage, à une idée. | *mi oppongo alla sua venuta,* je m'oppose à ce qu'il vienne. ‖ GIUR. *mi oppongo !,* objection ! | *opporsi a una sentenza,* en appeler d'un jugement.

opportunamente [opportuna'mente] avv. opportunément, à propos.

opportunismo [opportu'nizmo] m. opportunisme.

opportunista [opportu'nista] (**-i** m. pl.) agg. e n. opportuniste.

opportunistico [opportu'nistiko] (**-ci** m. pl.) agg. opportuniste.

opportunità [opportuni'ta] f. opportunité, pertinence, à-propos m. | *l'opportunità di una risposta, di una decisione,* l'opportunité, l'à-propos d'une réponse, d'une décision. | *avere il senso dell'opportunità,* avoir l'esprit d'à-propos, de la présence d'esprit. ‖ [circostanza favorevole] occasion, possibilité, chance. | *cogliere l'opportunità,* profiter de l'occasion. | *sfruttare l'opportunità,* sauter sur l'occasion. | *venite, se ne avete l'opportunità,* venez, si vous en avez la possibilité. | *è una opportunità inattesa,* c'est une chance inespérée.

opportuno [oppor'tuno] agg. opportun, convenable, favorable, propice. | *sarebbe opportuno invitarlo,* il serait opportun de l'inviter. | *un comportamento opportuno,* un comportement opportun, convenable. | *è un'occasione opportuna,* c'est une occasion propice, une bonne occasion, un bon moment. | *a tempo opportuno,* en temps opportun.

oppositore [oppozi'tore] (**-trice** f.) n. opposant, adversaire.

opposizione [oppozit'tsjone] f. opposition, contraste m. ‖ GIUR. *opposizione accolta, respinta,* opposition valable, non valable. | *opposizione di terzo,* tiers opposant. | *opposizione al pagamento,* opposition à paiement. | *fare opposizione a un assegno smarrito,* faire opposition à un chèque perdu. ‖ LOC. [prep.] *in opposizione a,* par opposition à, par contraste avec.

oppostamente [opposta'mente] avv. du côté opposé, en face.

opposto [op'posto] part. pass. e agg. opposé. | *abitare in parti opposte della città,* habiter à deux points opposés de la ville, aux deux bouts de la ville. | *punti diametralmente opposti,* points diamétralement opposés. | *siamo partiti in direzioni opposte,* nous sommes partis dans des directions opposées, contraires. ‖ FIG. opposé. | *gusti opposti,* goûts opposés. | *siamo di opposto parere,* nous sommes d'un avis opposé. ‖ BOT. *foglie opposte,* feuilles opposées. ‖ MAT., GEOM. *numeri opposti,* nombres opposés. | *angoli opposti al vertice,* angles opposés par le sommet. ◆ m. opposé, contraire. | *questo ragazzo è completamente l'opposto di suo padre,* ce garçon est tout l'opposé de son père (fam.). | *ha detto esattamente l'opposto,* il a dit exactement le contraire. ◆ loc. avv. e prep. ***all'opposto (di),*** à l'opposé (de).

oppressione [oppres'sjone] f. oppression, contrainte.

oppressivamente [oppressiva'mente] avv. de manière oppressive.

oppressivo [oppres'sivo] agg. oppressif. | *governo, regime oppressivo,* gouvernement, régime oppressif. ‖ [opprimente, soffocante] oppressant, accablant, étouffant. | *angoscia oppressiva,* angoisse oppressante. | *calore oppressivo,* chaleur accablante, étouffante.

oppresso [op'prɛsso] agg. PR. e FIG. oppressé, accablé. | *sentirsi oppresso,* se sentir oppressé. | *respiro oppresso,* respiration oppressée. | *un uomo oppresso di debiti,* un homme accablé de dettes. ‖ [angariato] opprimé. | *popoli oppressi,* populations opprimées. ◆ m. opprimé. | *proteggere gli oppressi,* protéger les opprimés.

oppressore [oppres'sore] m. oppresseur.

opprimente [oppri'mɛnte] agg. PR. [soffocante] étouffant, accablant, oppressant. | *un caldo opprimente,* une chaleur étouffante. ‖ FIG. [angoscioso] oppressant, accablant ; [noioso] ennuyeux, assommant (fam.). | *sogni, ricordi opprimenti,* rêves, souvenirs oppressants. | *una conferenza opprimente,* une conférence assommante.

opprimere [op'primere] v. tr. [soffocare] oppresser,

accabler, étouffer. || [tiranneggiare] opprimer. | *opprimere un popolo,* opprimer un peuple.

oppugnabile [oppuɲ'ɲabile] agg. attaquable, critiquable, réfutable.

oppugnare [oppuɲ'ɲare] v. tr. (lett.) [controbattere, confutare] réfuter (L.C.), repousser (L.C.). || (arc.) [attaccare] attaquer (L.C.); donner, livrer assaut (à) [L.C.].

oppugnatore [oppuɲɲa'tore] m. (lett.) attaquant (L.C.), adversaire (L.C.).

oppugnazione [oppuɲɲat'tsjone] f. (lett.) [assalto] assaut (L.C.) m., attaque (L.C.). || FIG. [confutazione] réfutation, démenti m. (L.C.).

oppure [op'pure] cong. ou, ou bien. | *vieni a teatro oppure vai al cinema?,* viens-tu au théâtre ou bien vas-tu au cinéma? | *parti ora oppure più tardi?,* est-ce que tu pars maintenant ou plus tard? || [altrimenti] autrement, sinon.

optare [op'tare] v. intr. opter, choisir v. tr. | *opto per la nazionalità italiana,* j'opte pour la nationalité italienne. | *optare per la facoltà di medicina,* choisir la faculté de médecine. || FIN. [in borsa] opter.

optimum ['ɔptimum] m. [lat.] optimum.

opulento [opu'lɛnto] agg. (lett.) opulent, riche (L.C.), aisé (L.C.). | *una famiglia opulenta,* une famille opulente, riche. || FIG. [florido, formoso] généreux. | *ha un seno opulento,* elle a une poitrine généreuse.

opulenza [opu'lɛntsa] f. (lett.) opulence, richesse (L.C.). || FIG. *l'opulenza delle forme,* l'opulence, la générosité des formes.

opuscolo [o'puskolo] m. brochure f., opuscule.

opzionale [optsjo'nale] agg. (raro) facultatif, à option.

opzione [op'tsjone] f. [facoltà di scelta] option, choix m. | *libertà di opzione,* liberté d'option, de choix. || COMM., GIUR. option. | *diritto di opzione,* droit d'option.

1. ora ['ora] f. **1.** [unità di misura degli intervalli di tempo] heure. | *ora solare vera,* heure solaire vraie. | *ora siderea,* heure sidérale. | *un'ora è divisa in sessanta minuti,* une heure est divisée en soixante minutes. | *mezz'ora,* demi-heure. | *quarto d'ora,* quart d'heure. | *un'ora e mezza,* une heure et demie. | *ci hanno dato una proroga di ventiquattro ore,* on nous a donné un délai de vingt-quatre heures. | *sono in ritardo di due ore,* je suis en retard de deux heures. | *l'aereo viaggia con tre ore di ritardo,* l'avion a trois heures de retard. | *due ore di fila, di seguito,* deux heures de suite. | *abbiamo impiegato due ore a fare questo lavoro,* nous avons mis deux heures à faire ce travail. | *due lunghe ore,* deux bonnes, deux grandes heures. | *molte ore,* de longues heures. || AUTOM. *fare i cento all'ora,* faire cent kilomètres à l'heure, rouler à cent à l'heure. || UNIV. *quarto d'ora accademico,* quart d'heure de grâce. || LOC. *fra due ore,* dans deux heures. | *entro due ore,* dans les deux heures. | *in due ore,* en deux heures. | *l'ho atteso (per) due ore,* je l'ai attendu (pendant) deux heures. | *me ne vado (per) due ore,* je m'en vais (pour) deux heures. | *siamo arrivati da un'ora,* nous sommes arrivés depuis une heure, il y a une heure que nous sommes arrivés. | *abbiamo aspettato ore e ore,* nous avons attendu des heures entières, pendant des heures. | *tre ore prima,* trois heures avant, plus tôt. | *tre ore dopo,* trois heures plus tard, après. | *è questione di un'ora,* c'est l'affaire d'une heure. | *ogni tre ore,* toutes les trois heures. || **2.** [indicazione dell'ora] heure. | *che ora è?, che ore sono?,* quelle heure est-il? | *ti chiedo che ora è, che ore sono,* je te demande quelle heure il est. | *sai l'ora?,* est-ce que tu as l'heure? | *che ora fai?,* quelle heure as-tu? | *il pendolo suona le ore, la mezza e i quarti,* la pendule sonne les heures, la demie et les quarts. | *la corriera parte alle (ore) otto,* le car est à huit heures. | *la corriera arriva alle (ore) venti,* le car arrive à vingt heures, à huit heures du soir. | *alle (ore) otto e cinque,* à huit heures cinq. | *alla (ore) tre e un quarto,* à trois heures et quart, à trois heures un quart. | *alle (ore) quattro e mezza,* à quatre heures et demie. | *alle (ore) quattro e tre quarti,* à quatre heures trois quarts, à cinq heures moins le quart, moins un quart. | *alle (ore) quattro e cinquanta,* à cinq heures moins dix. | *alle (ore) quattro precise,* à quatre heures précises. | *sono suonate le (ore) due,* deux heures ont sonné. | *sono le (ore) quattro passate,* il est quatre heures passées. | *ora legale, estiva,* heure légale, d'été. | *lancetta delle ore,* aiguille des heures. || **3.** [momento, periodo della giornata] heure, moment m., temps m. | *un'ora di riposo, di libertà,* une heure de repos, de libre. | *non ho un'ora libera,* je n'ai pas une heure à moi. | *ore di affluenza, di apertura, di chiusura,* heures d'affluence, d'ouverture, de fermeture. | *ore di punta,* heures de pointe. | *ore morte,* heures creuses. | *è l'ora di pranzo,* c'est l'heure du déjeuner. | *è un'ora favorevole, propizia,* c'est la bonne heure. | *è un'ora poco propizia,* c'est la mauvaise heure. | *arrivare all'ora indicata, giusta, fissata,* arriver à l'heure, juste à l'heure, à l'heure indiquée, juste, fixée. | *alla stessa ora,* à la même heure. | *alla solita ora,* à l'heure habituelle. | *fissiamo l'ora dell'appuntamento per domani,* prenons heure pour demain. | *conoscere ore disperate,* connaître des heures de désespoir. | *il governo ha passato ore critiche,* le gouvernement a passé des heures critiques. | *è l'ora del pericolo,* c'est l'heure du danger. | *le notizie dell'ultima ora,* les nouvelles de la dernière heure. | *è arrivata la sua ora,* son heure est arrivée. | *è morto prima della sua ora,* il est mort avant l'heure. | *i combattenti della prima ora,* les combattants de la première heure. | *gli operai dell'ultima ora,* les ouvriers de la dernière heure. | *le grandi ore della storia,* les grands moments de l'histoire. | *nell'ora attuale,* dans le moment présent. | *passa le sue ore a giocare,* il passe son temps à jouer. | *è ora di partire,* il est temps de partir. | *era ora!,* il était temps! || LOC. *l'ultima ora,* la dernière heure, la mort. | *l'ora propizia per gli innamorati,* l'heure du berger. || **4.** [misura di distanza] heure. | *un'ora di strada, di ferrovia,* une heure de route, de chemin de fer. | *Milano è a quattro ore di treno da Venezia,* Milan est à quatre heures de Venise par le train. | *il chilometro ora,* le kilomètre-heure. || **5.** [unità di lavoro, di salario] heure. | *un'ora di lavoro, di scuola, di ufficio,* une heure de travail, de classe, de bureau. | *giornata di otto ore,* journée de huit heures. | *settimana di quaranta ore,* semaine de quarante heures. | *ore straordinarie,* heures supplémentaires. | *operaio pagato all'ora,* ouvrier payé à l'heure. | *domestica a ore,* femme de ménage à l'heure. | *prendere mille lire all'ora,* toucher mille lires l'heure, de l'heure. || **6.** RELIG. heure. | *ore canoniche,* heures canoniales. | *ore maggiori, minori,* grandes heures, petites heures. | *le preghiere delle quaranta ore,* les prières des quarante heures. | *libri d'ore,* livres d'heures. ◆ LOC. AVV. ***di buon'ora,*** de bonne heure. || ***alla buon'ora,*** à la bonne heure. || ***a qualsiasi ora,*** à toute heure. || ***di ora in ora,*** d'heure en heure.

2. ora ['ora] avv. **1.** [adesso, in questo momento] maintenant, à présent. | *ora sappiamo quando arriva,* maintenant nous savons quand il arrive. | *ora è troppo presto,* c'est trop tôt maintenant. | *ora parliamo un po' di te,* à présent, parlons un peu de toi. | *e ora, cosa diremo?,* et maintenant, que dirons-nous? | *ora è gia arrivato a Parigi,* il est maintenant arrivé à Paris. || **2.** [da questo momento in poi (verbo al fut.)] maintenant, désormais. | *ora starà più attento,* maintenant, il sera plus attentif. | *non lo ascolteremo più ora,* désormais, nous ne l'écouterons plus. || **3.** [per il momento] maintenant, pour le moment, pour l'instant. | *ora non abbiamo questo libro, arriverà domani,* pour le moment, nous n'avons pas ce livre, il arrivera demain. | *ora non posso uscire,* pour l'instant, je ne peux pas sortir. || **4.** [poco fa, un momento fa] tout à l'heure, il y a un instant; venir de (verbo all'inf.). | *è uscito ora,* il est sorti tout à l'heure. | *ho telefonato ora,* je viens de téléphoner. | *gli ho parlato (or) ora,* je lui ai parlé il y a un instant. | *lo ricordo come se fosse partito ora,* je me souviens de lui comme s'il était parti hier. || **5.** [in questo momento : azione continuata] en ce moment; être en train de (verbo all'inf.). | *ora parla con il direttore,* en ce moment, elle parle avec le directeur. | *dov' è Elisa? — ora mangia con i suoi,* où est Élise? — elle est en train de déjeuner avec ses parents. || **6.** [fra poco] aller (verbo all'inf.). | *papà arriverà ora,* papa va arriver. | *ora cominceranno a parlarci ancora di questa storia,* ils vont recommencer à nous parler de cette histoire.

|| **7.** [immediatamente] tout de suite, immédiatement. | *aspetta, ora vengo,* attends, j'arrive tout de suite. | *non arrabbiarti, ora lo faccio,* ne te fâche pas, je le fais immédiatement. ◆ loc. avv. ***per ora,*** pour le moment, pour l'instant, pour l'immédiat. || ***fin d'ora, sin d'ora,*** dès maintenant, dès à présent, d'ores et déjà. || ***d'ora in poi, d'ora innanzi, d'ora in avanti,*** dorénavant, désormais, à partir de maintenant. || ***fin d'ora, fino ad ora,*** jusqu'à présent, jusqu'ici. || ***ora come ora,*** en ce moment, pour l'instant. | *ora come ora, non posso farlo,* pour l'instant, je ne peux pas le faire. || ***or è, or sono,*** il y a. | *or è un mese, venne a trovarmi,* il y a un mois, il est venu me voir. | *due anni or sono, è partito per la Francia,* il y a deux ans, il est parti pour la France. ◆ cong. **1.** or. | *ora un giorno, scorse un bambino,* or, un jour, elle aperçut un enfant. | *ora si deve dire che,* or il faut dire que. || **2.** *ora, or bene, or dunque,* eh bien !, donc ! | *ora chi l'avrebbe mai detto !,* eh bien, qui l'aurait dit ! | *or bene, che delusione !,* eh bien, quelle déception ! | *or dunque chiediglielo !,* demande-le-lui donc ! || **3.** [correlativa] *ora..., ora...,* tantôt..., tantôt... | *ora è allegro, ora è triste,* tantôt il est gai, tantôt il est triste. || **4.** [avversativa] mais. | *tu affermi di averlo visto, ora io sono sicuro che ti sei sbagliato,* tu prétends que tu l'as vu, mais moi je suis sûr que tu t'es trompé. ◆ loc. cong. ***ora che,*** maintenant que. | *ora che sei qui, aiutami,* maintenant que tu es là, aide-moi.

oracolo [o'rakolo] m. oracle.

orafo ['ɔrafo] m. orfèvre.

orale [o'rale] agg. e m. oral.

oralmente [oral'mente] avv. oralement.

oramai [ora'mai] avv. **1.** [adesso, in questo momento] maintenant, à présent. | *oramai è già arrivato,* maintenant, à présent il est déjà arrivé. | *oramai è troppo tardi,* c'est maintenant trop tard. || **2.** [da questo momento in poi (verbo al fut.)] maintenant, désormais. | *oramai saprà trovare la strada da solo,* maintenant, désormais il saura trouver le chemin tout seul. || **3.** [riferito al passato] à ce moment-là.

orango [o'rango] **(-ghi** pl.), **orang-utan** ['ɔran'utan] o **orangutano** [orangu'tano] m. Zool. orang-outan, orang-outang.

orario [o'rarjo] **(-ri** m. pl.) agg. horaire. | *segnale orario,* signal horaire. | *disco orario,* disque de stationnement, disque bleu. ◆ m. horaire. | *orario ferroviario,* horaire des chemins de fer. | *orario scolastico,* horaire des cours. | *ho un orario molto pesante,* j'ai un horaire très chargé. || [libretto] indicateur. | *orario ferroviario,* indicateur des chemins de fer. || Loc. *arrivare in orario,* arriver à l'heure.

orata [o'rata] f. Zool. daurade, dorade.

oratore [ora'tore] m. orateur. | *oratore sacro,* orateur sacré.

oratoria [ora'tɔrja] f. art (m.) oratoire, éloquence.

oratoriano [orato'rjano] m. Relig. oratorien.

1. oratorio [ora'tɔrjo] **(-ri** m. pl.) agg. oratoire.

2. oratorio [ora'tɔrjo] **(-ri** pl.) m. [per bambini] patronage. || Mus. oratorio. || Relig. [piccola cappella] oratoire, petite chapelle f.

orazione [orat'tsjone] f. Relig. [preghiera] oraison, prière. || [discorso] discours m., oraison (arc.). || [omelia] oraison.

orbare [or'bare] v. tr. (lett.) priver (l.c.).

orbe ['ɔrbe] m. (lett.) orbe, globe (l.c.), monde (l.c.).

orbene [or'bɛne] cong. [dunque] donc, eh bien ; [allora] alors, eh bien ; [suvvia] allons, allons donc.

orbita ['ɔrbita] f. Pr. e fig. orbite.

orbitale [orbi'tale] agg. Anat. orbitaire. || Astr. orbital.

orbitare [orbi'tare] v. intr. graviter (autour de).

orbo ['ɔrbo] agg. [cieco] aveugle. | *orbo da un occhio,* borgne. || (lett.) privé (l.c.). ◆ m. aveugle. || Loc. *menar botte da orbi,* frapper comme un sourd.

orca ['ɔrka] f. Zool. épaulard m., orque m. || Mit. monstre marin.

orchessa [or'kessa] f. ogresse.

orchestra [or'kɛstra] f. Mus., Teatro orchestre m.

orchestrale [orkes'trale] agg. Mus. orchestral. | *musica orchestrale,* musique orchestrale. ◆ n. musicien d'orchestre, membre d'un orchestre, instrumentiste.

orchestrare [orkes'trare] v. tr. Mus. orchestrer, instrumenter. || Fig. orchestrer.

orchestrazione [orkestrat'tsjone] f. Mus. orchestration, instrumentation.

orchidea [orki'dɛa] f. Bot. orchidée.

orcio ['ortʃo] m. jarre f.

orciolo [or'tʃolo] m. cruche f.

orco ['ɔrko] **(-chi** pl.) m. ogre. || Zool. *orco marino,* macreuse f.

orda ['ɔrda] f. Pr. e fig. horde.

ordalia [orda'lia] f. Stor. ordalie.

ordigno [or'diɲɲo] m. engin. | *ordigno esplosivo,* engin explosif.

ordinabile [ordi'nabile] agg. ordonnable.

ordinale [ordi'nale] agg. e m. Gramm., Mat. ordinal.

ordinamento [ordina'mento] m. **1.** [assetto] ordre. | *ordinamento alfabetico,* ordre alphabétique. || **2.** [complesso di norme] organisation f., système, règlement. | *ordinamento scolastico,* organisation scolaire. | *ordinamento amministrativo,* règlement d'administration. | *ordinamento politico,* système politique.

ordinanza [ordi'nantsa] f. Giur. ordonnance, décret m., arrêté m. | *ordinanza penale,* ordonnance pénale, décret pénal. | *ordinanza di non luogo a procedere,* ordonnance de non-lieu. | *il sindaco ha pubblicato una nuova ordinanza,* le maire a publié un nouvel arrêt. || Mil. ordre m. | *disporsi in ordinanza,* se disposer en ordre. | *ordinanza dei battaglioni,* ordre, formation des bataillons. || [conformità al regolamento] *divisa d'ordinanza di un soldato,* tenue réglementaire d'un soldat. | *pistola d'ordinanza,* pistolet d'ordonnance. | *ufficiale d'ordinanza,* officier d'ordonnance.

ordinare [ordi'nare] v. tr. **1.** [disporre con ordine] ordonner, arranger, ranger ; [in un ordine preciso] classer. | *ordinare degli oggetti,* ordonner des objets. | *ordinare delle carte, dei libri,* mettre en ordre des papiers, des livres. | *ordinare una camera,* ranger une chambre. | *ordinare un incartamento, uno schedario,* classer un dossier, un fichier. || Mat. *ordinare una serie di numeri,* ordonner une série de nombres. || [organizzare] organiser. || **2.** [comandare] ordonner, commander. || [prescrivere] ordonner, prescrire. || [al ristorante] commander ; désirer. | *ordinare un pasto,* commander un repas. | *i signori hanno già ordinato ?,* ces messieurs ont déjà commandé ? | *che cosa ordina, signora ?,* qu'est-ce que vous désirez, madame ? || Comm. commander. || Mil. commander. || [nominare] nommer. | *fu ordinato prefetto,* on l'a nommé préfet. || Relig. ordonner. ◆ v. rifl. [disporsi] se préparer. | *ordinarsi alla partenza,* se préparer au départ. || Mil. [mettersi in ordine] se ranger. | *ordinarsi per tre, per quattro,* se ranger par trois, par quatre. || Relig. recevoir les ordres.

ordinariamente [ordinarja'mente] avv. ordinairement.

ordinariato [ordina'rjato] m. Univ. grade de professeur titulaire. || Relig. ordinariat.

ordinario [ordi'narjo] **(-ri** m. pl.) agg. [comune, abituale] ordinaire, habituel, courant, normal. | *seduta ordinaria,* séance ordinaire. | *tribunale ordinario,* tribunal ordinaire. | *un giorno ordinario,* un jour ordinaire. | *è il suo comportamento ordinario,* c'est son comportement habituel. | *è un linguaggio ordinario,* c'est un langage courant. | *è molto ordinario desiderare la felicità,* il est très normal de désirer le bonheur. || Trasp. *biglietto ordinario,* billet à tarif normal. || [dozzinale] ordinaire, commun ; [volgare] vulgaire, grossier. || Univ. titulaire. ◆ m. ordinaire. | *viene sempre alle quattro, secondo l'ordinario,* il vient toujours à 4 heures, comme à l'ordinaire, comme à l'accoutumée. | *d'ordinario, per l'ordinario, è sempre puntuale,* d'ordinaire, d'habitude, il est toujours à l'heure. | *spendere più dell'ordinario,* dépenser plus qu'à l'ordinaire. | *fuori dell'ordinario,* hors du commun, de l'ordinaire. || Relig. ordinaire. | *ordinario della messa,* ordinaire de la messe. || *ordinario militare,* aumônier d'un régiment. || Univ. professeur titulaire.

ordinatamente [ordinata'mente] avv. avec ordre, en ordre.

ordinativo [ordina'tivo] m. Comm., Fin. commande f.

|| TRASP. MAR. *ordinativo d'imbarco*, bon d'embarquement.
ordinato [ordi'nato] agg. [amante dell'ordine] ordonné, soigneux. || [in ordine] ordonné, rangé. | *un ufficio ordinato*, un bureau ordonné. | *una casa molto ordinata*, une maison bien rangée. || PER EST. *una vita ordinata*, une vie rangée. || ARALD. ordonné.
ordinatore [ordina'tore] (**-trice** f.) agg. e m. ordonnateur, trice.
ordinazione [ordinat'tsjone] f. COMM. commande. | *fare un'ordinazione*, faire, passer une commande. | *ricevere un'ordinazione*, recevoir une commande. | *lavoro eseguito dietro, su ordinazione*, ouvrage de commande. | *fatto su ordinazione*, exécuté sur commande. || MED. [ricetta] prescription, ordonnance. || RELIG. ordination.
ordine ['ordine] m.
I. DISPOSIZIONE FUNZIONALE : ordre. **1.** [distribuzione, successione, sistemazione] *ordine alfabetico, cronologico, gerarchico, logico, numerico*, ordre alphabétique, chronologique, hiérarchique, logique, numérique. | *in bell'ordine*, en bon ordre. | *numero d'ordine*, numéro d'ordre. | *richiamo all'ordine*, rappel à l'ordre. | *assenza d'ordine*, manque d'ordre. | *procedere con ordine*, procéder par ordre. | *parlare con ordine*, parler avec ordre. | *richiamare qlcu. all'ordine*, rappeler qn à l'ordre. | *votare l'ordine del giorno*, voter l'ordre du jour. || AGR. *cambiare l'ordine (delle colture)*, dessoler. || MIL. *in ordine di marcia*, en ordre, en formation (f.) de marche. | *ordine chiuso*, ordre serré. | *caricare in ordine sparso*, charger en ordre dispersé, en fourrageurs. | *ordine di battaglia*, ordre de bataille. || SPORT *ordine di partenza, di arrivo*, ordre de départ, d'arrivée. || **2.** [qualità personale] *aver ordine*, avoir de l'ordre. | *questa donna non ha ordine*, cette femme n'a aucun ordre, manque d'ordre. || **3.** [organizzazione sociale] *ordine sociale, economico, politico*, ordre social, économique, politique.
II. CATEGORIA ; GRUPPO ; ASSOCIAZIONE : ordre. **1.** [natura, carattere] *affermazioni di ordine generale*, affirmations d'ordre général. | *considerazioni dello stesso ordine, di ordine diverso*, considérations de même ordre, d'ordre différent. | *problema d'ordine pratico*, problème d'ordre pratique. || **2.** [categoria] *un professore di primo ordine*, un professeur de premier ordre. | *un debito dell'ordine di tre milioni*, une dette de l'ordre de trois millions. || **3.** [associazione] *i tre ordini della società francese*, les trois ordres de la société française. | *ordini cavallereschi*, ordres de chevalerie. | *ordine di Malta*, ordre de Malte. || **4.** ARCHIT. *ordine ionico, dorico, corinzio*, ordre ionique, dorique, corinthien. | *un doppio ordine di colonne*, une double rangée, une double file de colonnes. || **5.** RELIG. *ordini minori, maggiori*, ordres mineurs, majeurs. || **6.** ZOOL. ordre.
III. COMANDO. **1.** [senso generale] ordre. | *ordine verbale, scritto*, ordre verbal, écrit. | *per ordine di un superiore*, sur l'ordre d'un supérieur. | *per ordine ministeriale, prefettizio*, par ordre du ministère, du préfet. | *per ordine superiore*, par ordre supérieur. || **2.** COMM. ordre, commande f. | *ordine di acquisto, di Borsa, di consegna, di pagamento, di vendita*, ordre d'achat, de Bourse, de livraison, de paiement, de vente. | *ordine di prova*, commande d'essai. | *libro d'ordini*, livre de commandes. | *cambiale all'ordine*, billet à ordre. | *passare un ordine*, passer une commande. | *annullare un ordine*, annuler une commande, un ordre. | *in attesa di vostri ordini*, dans l'attente de vos ordres. | *pagate a nostro ordine*, payez à l'ordre de nous-mêmes. | *all'ordine di*, à l'ordre de. | *in ordine alla vostra richiesta*, nous référant à votre demande. || **3.** MIL. ordre. | *ordine di attacco*, ordre d'attaque. | *parola d'ordine*, mot de passe f., mot d'ordre (arc.). | *citare all'ordine del giorno*, citer à l'ordre du jour. | *essere agli ordini di*, être sous les ordres de. | *ai vostri ordini, signor capitano*, à vos ordres, mon capitaine.
ordire [or'dire] v. tr. ourdir.
ordito [or'dito] m. TESS. chaîne f. || FIG. [trama] plan, trame f. | *l'ordito di un racconto*, le plan d'un conte.
orditore [ordi'tore] (**-trice** f.) m. TESS. e FIG. ourdisseur, euse.
orditura [ordi'tura] f. TESS. ourdissage m. || FIG. machination. || FIG., LETT. plan. || PER EST. ARCHIT. comble m.
orecchia [o'rekkja] f. FAM. O REGION. oreille. (V. ORECCHIO m.) || FIG. [piegatura dell'angolo di una pagina] corne. | *fare le orecchie alle pagine di un libro*, corner les pages d'un livre. || MAR. [dell'ancora] oreille. || ZOOL. *orecchia di mare*, oreille-de-mer. ◆ pl. [prevale sul maschile in alcune loc.] *orecchie a sventola*, oreilles en feuilles de chou. | *avere le orecchie d'asino, le orecchie lunghe*, avoir les oreilles d'âne, de longues oreilles. | *avere le orecchie tese*, être tout oreilles.
orecchiabile [orek'kjabile] agg. facile à retenir. || *musica orecchiabile*, musique chantante. | *musichetta orecchiabile*, flonflons m. pl. (fam.).
orecchiante [orek'kjante] n. qui joue, qui chante de mémoire. || PER EST. dilettante m., perroquet m. (fam.).
orecchietta [orek'kjetta] f. ANAT. oreillette.
orecchino [orek'kino] m. boucle (f.) d'oreille, pendant d'oreille.
orecchio [o'rekkjo] m. **1.** [organo dell'udito] oreille f. | *orecchio destro, sinistro*, oreille droite, gauche. | *orecchio esterno, medio, interno*, oreille externe, moyenne, interne. || LOC. *gli orecchi mi fischiano*, les oreilles me sifflent, me tintent, me cornent. | *sento un ronzio negli orecchi*, mes oreilles bourdonnent, j'ai un bourdonnement d'oreilles. | *avere gli orecchi, le orecchie a punta*, avoir les oreilles pointues. | *essere incappucciato fino agli orecchi*, être emmitouflé jusqu'aux oreilles. | *arrossire fino agli orecchi*, rougir jusqu'aux oreilles, comme une pivoine. | *tirare gli orecchi a un bambino*, tirer les oreilles à un enfant. || PER EST. [udito] *essere duro d'orecchio*, être dur d'oreille, avoir l'oreille dure. | *avere orecchio fine*, avoir l'oreille fine, juste. | *avere orecchio*, avoir de l'oreille. | *non avere orecchio*, n'avoir pas d'oreille, n'avoir aucune oreille, manquer d'oreille. | *cantare a orecchio*, chanter de mémoire. | *apri bene gli orecchi*, ouvre grand les oreilles. || **2.** [usi fig.] *arrivare agli orecchi di qlcu.*, arriver à l'oreille de qn. | *avere, mettere una pulce nell'orecchio*, avoir, mettre la puce à l'oreille (fam.). | *attenzione, i muri hanno gli orecchi, le orecchie*, attention, les murs ont des oreilles. | *avere gli orecchi foderati di prosciutto*, avoir du coton dans les oreilles. | *camminare, partire con gli orecchi bassi*, marcher, partir l'oreille basse. | *fare orecchi da mercante*, faire la sourde oreille. | *dare una tirata d'orecchi a qlcu.*, frotter les oreilles à qn. | *farsi tirare gli orecchi*, se faire tirer l'oreille. | *non credere ai propri orecchi*, n'en pas croire ses oreilles. | *rizzare gli orecchi*, dresser l'oreille. || **3.** LOC. *essere tutt'orecchi*, écouter de toutes ses oreilles, être tout ouïe (fam.), tout oreilles (fam.). | *ascoltare con un orecchio solo*, n'écouter que d'une oreille. | *ascoltare con orecchi distratti, attenti*, écouter d'une oreille distraite, attentive. | *chiudersi, tapparsi, turarsi gli orecchi*, se boucher les oreilles. | *dire, sussurare qlco. all'orecchio*, dire, chuchoter qch. à l'oreille. | *entrare da un orecchio e uscire dall'altro*, entrer par une oreille et sortir par l'autre. | *porgere, prestare orecchio*, prêter l'oreille. || **4.** AGR. [di aratro] versoir, oreille f. ; [di vanga] hausse-pied. || BOT. *orecchio d'asino*, oreille-d'âne. | *orecchio di lepre*, oreille-de-lièvre. | *orecchio d'orso*, oreille-d'ours.
orecchione [orek'kjone] m. MIL. [sporgenza di un bastione] tourillon. || ZOOL. oreillard. ◆ pl. MED. oreillons. || MIL. orillons.
orefice [o'refitʃe] m. orfèvre.
oreficeria [orefitʃe'ria] f. orfèvrerie.
orfana ['ɔrfana], **orfanella** [orfa'nɛlla] f. orpheline.
orfano ['ɔrfano], **orfanello** [orfa'nɛllo] agg. e n. orphelin, ine.
orfanotrofio [orfano'trɔfjo] m. orphelinat.
orfico ['ɔrfiko] (**-ci** m. pl.) agg. e m. orphique.
orfismo [or'fizmo] m. STOR. RELIG. orphisme.
organare [orga'nare] v. tr. PR. (arc.) organiser (L.C.). || FIG. agencer, coordonner.
organetto [orga'netto] m. MUS. [a manovella] orgue de Barbarie ; [fisarmonica] accordéon ; [armonica] harmonica. || ZOOL. sizerin, linotte f.
organicamente [organika'mente] avv. organiquement.

organicità [organitʃi'ta] f. coordination, organisation, structuration.
organico [or'ganiko] (**-ci** m. pl.) agg. PR. organique. | *malattia organica,* maladie organique. || FIG. organique, organisé. | *una legge organica,* une loi organique. | *un tutto organico,* un ensemble organisé. || MIL. réglementaire. | *la forza organica,* l'effectif réglementaire. ◆ m. AMM. personnel permanent. || MIL. effectif.
organino [orga'nino] m. MUS. V. ORGANETTO.
organismo [orga'nizmo] m. PR. e FIG. organisme.
organista [orga'nista] (**-i** m. pl.) n. organiste.
organistico [orga'nistiko] (**-ci** m. pl.) agg. MUS. [per organo] d'orgue ; [per organisti] pour organistes.
organizzabile [organid'dzabile] agg. organisable.
organizzare [organid'dzare] v. tr. organiser, ordonner, disposer. ◆ v. rifl. s'organiser.
organizzativo [organiddza'tivo] agg. d'organisation.
organizzato [organid'dzato] agg. organisé.
organizzatore [organiddza'tore] (**-trice** f.) agg. e m. organisateur, trice.
organizzazione [organiddzat'tsjone] f. PR. e FIG. organisation.
organo ['ɔrgano] m. **1.** ANAT. organe. | *organi genitali,* organes génitaux. | *organo della digestione,* organe de la digestion. || **2.** MECC. organe. | *organo di controllo,* organe de contrôle. | *organo di accoppiamento,* organe d'embrayage. || **3.** MUS. orgue [al pl. spesso f.]. | *registri d'organo,* jeux d'orgue. | *organo elettrico,* orgue électrique. | *suonare l'organo,* jouer de l'orgue. || MIL. *organo di Stalin,* orgues (pl.) de Staline. || **4.** FIG. organe. | *organi giudiziari,* organes judiciaires. || [giornale] *organo dell'opposizione,* organe de l'opposition.
organza [or'gandza] f. TESS. organdi m.
organzino [organ'dzino] m. TESS. organsin.
orgasmo [or'gazmo] m. agitation f., exaltation f., surexcitation f. || [eccitamento sessuale] orgasme.
orgia ['ɔrdʒa] f. orgie, débauche.
orgiasta [or'dʒasta] (**-i** pl.) m. (lett.) orgiaste.
orgiastico [or'dʒastiko] (**-ci** m. pl.) agg. orgiaque.
orgoglio [or'goʎʎo] m. orgueil, fierté f., amour-propre.
orgogliosamente [orgoʎʎosa'mente] avv. orgueilleusement, fièrement.
orgoglioso [orgoʎ'ʎoso] agg. orgueilleux, fier.
orientale [orjen'tale] agg. oriental, de l'Est. | *musica orientale,* musique orientale. | *lingue orientali,* langues orientales. | *costa orientale,* côte orientale. | *paesi orientali,* pays de l'Est. | *Germania orientale,* Allemagne de l'Est. ◆ n. Oriental.
orientaleggiante [orjentaled'dʒante] agg. orientalisant.
orientalismo [orjenta'lizmo] m. orientalisme.
orientalista [orjenta'lista] (**-i** m. pl.) m. e f. orientaliste.
orientalistica [orjenta'listika] f. orientalisme m.
orientalistico [orjenta'listiko] (**-ci** m. pl.) agg. orientaliste.
orientamento [orjenta'mento] m. orientation f. | *avere il senso dell'orientamento,* avoir le sens de l'orientation. || FIG. orientation ; aiguillage. | *l'orientamento delle ricerche,* l'orientation des recherches. | *l'orientamento professionale,* l'orientation professionnelle. | *ha un cattivo orientamento,* il est mal aiguillé. || MAR. orientation f., orientement (raro).
orientare [orjen'tare] v. tr. orienter. ◆ v. rifl. s'orienter.
orientativo [orjenta'tivo] agg. d'orientation. | *a titolo orientativo,* aux fins d'une orientation, à titre indicatif.
orientazione [orjentat'tsjone] f. orientation.
oriente [o'rjɛnte] m. GEOGR. orient, levant, est. | *a oriente,* à l'orient. | *a oriente delle Alpi,* à l'est des Alpes. | *i venti d'oriente,* les vents d'est. || [delle perle] orient.
orifiamma [ori'fjamma] f. STOR. oriflamme.
orificio [ori'fitʃo] o **orifizio** [ori'fittsjo] m. orifice.
origano [o'rigano] m. BOT. origan.
originale [oridʒi'nale] agg. [primo] original. | *testo originale,* texte original. || FIG. original, inédit, neuf, personnel. | *avere delle idee originali,* avoir des idées originales, personnelles. | *è un'interpretazione originale,* c'est une interprétation originale, inédite. || PER EST. original, singulier, bizarre. | *è uno spirito originale,* c'est un esprit original, bizarre. | *che tipo originale!,* quel type singulier, bizarre ! || GIUR. authentique, conforme à l'original. || RELIG. originel. | *peccato originale,* péché originel. ◆ m. ARTI, LETT. original. || [persona stravagante] original. || GIUR. original.
originalità [oridʒinali'ta] f. originalité. || [bizzarria] originalité, excentricité.
originalmente [oridʒinal'mente] avv. [all'origine] originellement, primitivement. || [in modo originale] originalement, d'une manière originale.
originare [oridʒi'nare] v. tr. faire naître, engendrer, susciter. ◆ v. intr. être la conséquence. || GEOGR. prendre sa source, naître.
originariamente [oridʒinarja'mente] avv. originairement, à l'origine.
originario [oridʒi'narjo] agg. [proveniente, nativo] originaire. | *la mia famiglia è originaria della Germania,* ma famille est originaire d'Allemagne. || [primo, primitivo] originaire, originel, primitif. | *il proprietario originario di queste terre,* le propriétaire originaire de ces terres. | *il significato originario di un termine,* le sens originel d'un terme.
origine [o'ridʒine] f. **1.** [inizio, primo apparire] origine, naissance, genèse. | *origine della vita, dell'universo, dell'uomo,* origine de la vie, de l'univers, de l'homme. | *l'origine del linguaggio,* la naissance du langage. | *le origini del cristianesimo,* les origines du christianisme. || LOC. *all'origine,* à l'origine. | *fin dall'origine,* dès l'origine. || **2.** [estrazione, ascendenza] origine, extraction, naissance. | *essere di origine francese, inglese,* être d'origine française, anglaise. || **3.** [provenienza, derivazione] origine, provenance, dérivation. | *arte di origine romana,* art d'origine romaine. || **4.** COMM. origine. | *origine di una merce,* origine d'une marchandise. || **5.** GEOGR. source. | *il Rodano ha origine nel massiccio del San Gottardo,* le Rhône a sa source, prend sa source dans le massif du Saint-Gothard. || **6.** MAT. origine.
origliare [oriʎ'ʎare] v. intr. écouter. | *origliare dietro le porte,* écouter aux portes.
orina [o'rina] f. urine.
orinale [ori'nale] m. vase de nuit, pot de chambre (fam.) ; [per gli ammalati] urinal.
orinare [ori'nare] v. intr. uriner.
orinatoio [orina'tojo] m. urinoir, pissoir (pop.), vespasienne f.
orinazione [orinat'tsjone] f. miction.
oriundo [o'rjundo] agg. originaire. ◆ m. originaire. | *oriundo tedesco,* originaire d'Allemagne, Allemand d'origine, d'origine allemande. || SPORT [soprattutto nelle squadre di calcio italiane] = athlète, joueur étranger d'origine italienne.
orizzontale [oriddzon'tale] agg. horizontal.
orizzontalità [oriddzontali'ta] f. horizontalité.
orizzontalmente [oriddzontal'mente] avv. horizontalement.
orizzontare [oriddzon'tare] v. tr. orienter. ◆ v. rifl. PR. e FIG. s'orienter.
orizzonte [orid'dzonte] m. PR. e FIG. horizon.
orlare [or'lare] v. tr. ourler, border, lisérer. | *orlare un fazzoletto, un tovagliolo,* ourler un mouchoir, une serviette. | *orlare una camicetta di verde,* border un chemisier de vert. | *orlare a giorno una tovaglia,* faire des jours à une nappe. | *orlare una cartuccia,* sertir une cartouche. | *orlare una gonna con una spighetta,* lisérer une jupe.
orlato [or'lato] agg. ourlé, bordé. | *fazzoletti orlati,* mouchoirs ourlés. | *fazzoletti orlati di pizzo,* mouchoirs bordés de dentelle. || FIG. *nuvole orlate di rosso,* nuages bordés de rouge. || FAM. (iron.) *avere le unghie orlate di nero,* avoir les ongles en deuil.
orlatore [orla'tore] (**-trice** f.) m. [operaio] ourleur, euse.
orlatura [orla'tura] f. [azione di orlare] bordage m. || [orlo] ourlet m. || [bordo] bord m., bordure.
orlo ['orlo] m. ourlet. | *orlo rimesso, finto,* faux ourlet. | *orlo a giorno,* ourlet à jour. || [bordo, limite, contorno] bord. | *orlo di una manica,* bord d'une manche. || FIG. *essere sull'orlo del fallimento, della*

fossa, del precipizio, della pazzia, être au bord de la faillite, du tombeau, du précipice, de la folie. ‖ ARCHIT. orle ; [arrotondato] arête creuse. ‖ MAR. *orlo di murata,* lisse f. | *orlo di vela,* gaine f.

orma ['orma] f. marque, trace, empreinte. | *orme di passi,* marques, traces de pas. | *seguire le orme di una lepre,* suivre un lièvre à la trace, être dans la foulée d'un lièvre. ‖ FIG. *ricalcare le orme di qlcu.,* suivre les traces de qn. | *lasciare un'orma imperitura,* laisser une empreinte, un souvenir impérissable.

ormai [or'mai] avv. V. ORAMAI.

ormeggiare [ormed'dʒare] v. tr. MAR. [alla banchina] amarrer ; mouiller. ◆ v. rifl. MAR. s'amarrer ; mouiller intr. | *ormeggiarsi al largo,* mouiller au large.

ormeggio [or'meddʒo] m. MAR. [banchina] amarrage ; [al largo] mouillage. | *essere all'ormeggio,* être au mouillage. | *cercare un ormeggio,* chercher un mouillage. | *bitta d'ormeggio,* bollard. | *cavo d'ormeggio,* câble d'amarrage. | *posto d'ormeggio,* poste d'amarrage. | *ormeggio a zampa d'oca,* mouillage en patte d'oie. ◆ pl. [cavi, catene, ancora] amarres f. | *gettare gli ormeggi,* jeter les amarres. | *rompere gli ormeggi,* rompre les amarres. | *mollare gli ormeggi,* larguer les amarres.

ormonale [ormo'nale] agg. hormonal.

ormone [or'mone] m. BIOL., CHIM. hormone f.

ormonico [or'moniko] (**-ci** m. pl.) agg. hormonal.

ornamentale [ornamen'tale] agg. ornemental.

ornamentazione [ornamentat'tsjone] f. ornementation, décoration.

ornamento [orna'mento] m. **1.** [azione di ornare] ornementation f., décoration f. ‖ **2.** [mezzo di abbellimento] ornement.

ornare [or'nare] v. tr. orner, décorer, agrémenter. | *ornare di fiori,* orner, décorer de fleurs. | *ornare di ricami,* agrémenter de broderies. ◆ v. rifl. s'orner, se parer.

ornatamente [ornata'mente] avv. LETT. *parlare ornatamente,* parler avec élégance, en termes choisis (L.C.). | *scrivere ornatamente,* écrire dans un style orné, fleuri (L.C.).

ornato [or'nato] agg. orné, paré, ornementé, décoré. | *casa ornata con bandiere,* maison ornée de drapeaux. | *tavola ornata di fiori,* table parée de fleurs. | *discorso ornato,* discours fleuri, orné. | *vestito ornato di ricami,* robe ornée, agrémentée de broderies. ◆ m. ornementation f., ornement. ‖ UNIV. [disegno] dessin ornemental, d'ornement.

ornatura [orna'tura] f. (raro) [azione di ornare] ornementation. ‖ [ornamento] ornement m.

ornitologia [ornitolo'dʒia] f. ornithologie.

ornitologico [ornito'lodʒiko] (**-ci** m. pl.) agg. ornithologique.

ornitologo [orni'tologo] (**-gi** pl., **-ga** f.) n. ornithologue, ornithologiste.

ornitorinco [ornito'rinko] (**-chi** pl.) m. ZOOL. ornithorynque.

orno ['orno] m. BOT. orne.

oro ['ɔro] m. **1.** [metallo] or. | *oro basso, di bassa lega,* or bas. | *oro grezzo,* or vierge. | *oro lavorato,* or ouvragé. | *oro titolato,* or au titre. | *oro vecchio,* vieil or. | *oro zecchino,* or pur. | *oro a ventiquattro carati,* or à vingt-quatre carats. | *oro placcato,* plaqué or. | *cercatore d'oro,* chercheur d'or. | *dente d'oro,* dent en or. | *filigrana d'oro,* filigrane d'or. | *lingotto d'oro,* lingot d'or. | *moneta d'oro,* pièce d'or. | *medaglia d'oro,* médaille d'or. | *miniera d'oro,* mine d'or ; placer m. (ingl.). | *pagliuzza d'oro,* paillette d'or. | *pepita d'oro,* pépite d'or. | *polvere d'oro,* poudre d'or. | *verga d'oro,* barre en or. ‖ LOC. *la febbre dell'oro,* la ruée vers l'or. ‖ ECON., FIN. *aggio sull'oro,* agio sur l'or. | *clausola d'oro,* clause or. | *franco oro,* franc-or. | *mercato dell'oro,* marché de l'or. | *parità oro,* parité-or. | *punto dell'oro,* point de l'or. | *tallone d'oro,* étalon-or. | *titolo dell'oro,* titre de l'or. ‖ **2.** [simbolo della ricchezza] or. | *nuotare nell'oro,* rouler sur l'or ; remuer l'argent à la pelle (fam.). | *per tutto l'oro del mondo,* pour tout l'or du monde. | *potenza dell'oro,* pouvoir, puissance de l'or. | *vale tanto oro quanto pesa,* il vaut son pesant d'or. ‖ **3.** FIG. *nozze d'oro,* noces d'or. | *sogni d'oro !,* fais de beaux rêves ! | *è un affare d'oro,* c'est une affaire en or. | *è un cuore d'oro,* c'est un cœur d'or. | *è un marito d'oro,* c'est un mari en or. | *avere capelli d'oro,* avoir des cheveux d'or. | *avere delle dita d'oro,* avoir des doigts de fée. | *avere una voce d'oro,* avoir une voix d'or. | *far ponti d'oro,* faire un pont d'or. | *prendere per oro colato,* prendre pour argent comptant. ‖ BOT. *botton d'oro,* bouton d'or, renoncule f. ‖ MIN. *oro nero,* or noir, pétrole. ‖ MIT. *età dell'oro,* âge d'or. | *vello d'oro,* toison d'or. ‖ STOR. *secolo d'oro,* siècle d'or. ‖ **4.** PROV. *non è tutt'oro quello che riluce,* tout ce qui brille n'est pas or. ◆ pl. [oggetti preziosi] objets en or. ‖ GIOCHI deniers.

orogenesi [oro'dʒɛnezi] f. GEOL. orogenèse, orogénie.

orogenetico [orodʒe'nɛtiko] (**-ci** m. pl.) agg. GEOL. orogénique.

orografia [orogra'fia] f. GEOGR. orographie.

orografico [oro'grafiko] (**-ci** m. pl.) agg. GEOGR. orographique.

orologeria [orolodʒe'ria] f. [arte, fabbrica, negozio] horlogerie. ‖ [meccanismo] mouvement (m.) d'horlogerie. | *bomba a orologeria,* bombe à mouvement d'horlogerie, à retardement. ‖ PER EST. [prodotti] *orologeria svizzera di precisione,* horlogerie suisse de précision.

orologiaio [orolo'dʒajo] m. horloger.

orologio [oro'lodʒo] m. horloge f. ; [da polso, da tasca] montre f. | *orologio a acqua,* horloge à eau. | *orologio a carica automatica,* horloge à remontage automatique. | *orologio a carillon,* horloge à carillon ; carillon. | *orologio a cucù,* coucou. | *orologio a muro,* horloge murale ; cartel. | *orologio a pendolo,* pendule f. | *orologio a pesi,* horloge à poids. | *orologio a sabbia,* sablier. | *orologio a sole,* cadran solaire. | *orologio atomico,* horloge atomique. | *orologio da polso,* montre-bracelet f. | *orologio da taschino,* montre de poche. | *orologio da tavolo,* pendulette f. | *orologio da uomo, da donna,* montre d'homme, de femme. | *orologio di controllo,* horodateur. | *orologio di precisione,* horloge de précision. | *orologio elettrico,* horloge électrique. ‖ LOC. *caricare l'orologio,* remonter l'horloge, sa montre. | *mettere indietro l'orologio,* retarder l'horloge, sa montre. | *regolare l'orologio,* régler l'horloge, sa montre ; mettre l'horloge, sa montre à l'heure. | *il mio orologio va avanti, va indietro di tre minuti,* ma montre avance, retarde de trois minutes. | *il mio orologio non va più,* ma montre ne marche plus. | *il mio orologio fa le sette,* il est sept heures à ma montre. | *l'ho aspettato due ore di orologio,* je l'ai attendu deux heures d'horloge. | *orologio alla mano,* montre en main. ‖ FIG. *è preciso come un orologio,* il est réglé comme une pendule. | *vivere come un orologio,* avoir une précision d'horloge.

oroscopia [orosko'pia] f. horoscopie.

oroscopo [o'rɔskopo] m. horoscope. | *fare l'oroscopo a qlcu.,* faire, dresser, établir, tirer l'horoscope de qn. | *consultare il proprio oroscopo,* consulter son horoscope.

orpello [or'pɛllo] m. oripeau, clinquant.

orrendamente [orrenda'mente] avv. horriblement, affreusement.

orrendo [or'rɛndo] agg. horrible, effroyable, affreux. | *dire cose orrende,* dire des horreurs.

orribile [or'ribile] agg. horrible, effroyable, hideux.

orribilmente [orribil'mente] avv. horriblement.

orridezza [orri'dettsa] o **orridità** [orridi'ta] f. horreur, hideur.

orrido ['ɔrrido] agg. effroyable, hideux, horrifique (lett.). ◆ m. abîme, gouffre, gorges f. (spesso pl.).

orripilante [orripi'lante] agg. horripilant.

orripilazione [orripilat'tsjone] f. MED. horripilation.

orrore [or'rore] m. horreur f., effroi, répulsion f. | *grido d'orrore,* cri d'horreur. | *notte d'orrore,* nuit d'horreur. | *fremere d'orrore,* frémir d'horreur. | *impallidire d'orrore,* pâlir d'horreur. | *essere preso da orrore,* être saisi d'horreur. ‖ PER ANAL. [avversione, odio] horreur, aversion f., haine f. | *fare orrore,* faire horreur. | *avere orrore,* avoir horreur. | *avere l'umanità in orrore,* avoir l'humanité en horreur. ‖ PER EST. [cosa orribile] horreur. | *questa musica è un orrore,* cette musique est une horreur. | *che orrore !,* quelle horreur ! ◆ pl. horreurs. | *gli orrori della guerra, della fame,* les horreurs de la guerre, de la faim. ‖ FIG. *dire degli orrori*, dire des horreurs.

orsa ['orsa] f. ZOOL. ourse. ‖ ASTRON. *orsa maggiore, minore*, grande, petite ourse ; grand, petit chariot.

orsacchiotto [orsak'kjɔtto] m. ZOOL. ourson. ‖ GIOCHI ours en peluche ; nounours (infant.).

orsaggine [or'saddʒine] f. (fam.) brusquerie (L.C.), ourserie.

orsetto [or'setto] m. ZOOL. [piccolo orso] ourson. ‖ [roditore] raton laveur.

orsino [or'sino] agg. d'ours.

orso ['orso] m. ZOOL. ours. | *orso bianco, polare*, ours blanc. | *orso bruno*, ours brun. | *orso ammaestrato*, ours dressé, savant. | *pelle d'orso*, peau d'ours. ‖ FIG. *camminare come un orso*, marcher comme un ours. ‖ PROV. *non bisogna vendere la pelle dell'orso prima di averlo ucciso*, il ne faut pas vendre la peau de l'ours avant de l'avoir tué.

orsolina [orso'lina] f. RELIG. ursuline.

orsù [or'su] interiez. allons !, allons donc !, courage !

ortaggio [or'taddʒo] m. légume. | *ortaggi freschi*, légumes verts. | *coltura di ortaggi*, culture maraîchère. | *venditore di ortaggi*, marchand de légumes.

ortensia [or'tɛnsja] f. BOT. hortensia m.

ortica [or'tika] f. BOT. ortie. ‖ FIG. *gettare la tonaca alle ortiche*, jeter le froc aux orties. ‖ ZOOL. *ortica di mare*, ortie de mer.

orticacee [orti'katʃee] f. pl. BOT. urticacées.

orticaio [orti'kajo] m. lieu plein d'orties.

orticante [orti'kante] agg. urticant.

orticaria [orti'karja] f. MED. urticaire.

orticolo [or'tikolo] agg. horticole, maraîcher.

orticoltore [ortikol'tore] m. horticulteur, maraîcher.

orticoltura [ortikol'tura] f. horticulture, culture maraîchère, maraîchage m.

1. ortivo [or'tivo] agg. AGR. potager, maraîcher.

2. ortivo [or'tivo] agg. ASTRON. ortif. | *punto ortivo*, point ortif. | *arco ortivo*, amplitude ortive.

orto ['ɔrto] m. (jardin) potager, jardin maraîcher. | *coltivare l'orto*, jardiner. | *orto botanico*, jardin des plantes, jardin botanique. ‖ FIG. *coltivare il proprio orto*, cultiver son jardin. | *non è la via dell'orto*, ce n'est pas une entreprise facile.

ortocentro [orto'tʃɛntro] m. GEOM. orthocentre.

ortoclasio [orto'klazjo] m. MINER. orthoclase f., orthose f.

ortocromatico [ortokro'matiko] (**-ci** m. pl.) agg. orthochromatique.

ortodossamente [ortodossa'mente] avv. d'une façon orthodoxe.

ortodossia [ortodos'sia] f. orthodoxie.

ortodosso [orto'dɔsso] agg. PR. e FIG. orthodoxe. ◆ n. RELIG. orthodoxe.

ortoepia [ortoe'pia] f. LING. orthoépie.

ortofonia [ortofo'nia] f. LING. orthophonie.

ortofonico [orto'fɔniko] (**-ci** m. pl.) agg. orthophonique.

ortofrenia [ortofre'nia] f. MED. orthophrénie.

ortofrenico [orto'frɛniko] (**-ci** m. pl.) agg. MED. orthophrénique.

ortofrutticolo [ortofrut'tikolo] agg. *mercato ortofrutticolo*, marché des fruits et des légumes. | *mercato centrale ortofrutticolo* = carreau des halles.

ortofrutticoltura [ortofruttikol'tura] f. culture des fruits et légumes.

ortogonale [ortogo'nale] agg. GEOM. orthogonal.

ortogonalmente [ortogonal'mente] avv. orthogonalement.

ortografia [ortogra'fia] f. orthographe. ‖ ARCHIT. orthographie.

ortograficamente [ortografika'mente] avv. orthographiquement.

ortografico [orto'grafiko] (**-ci** m. pl.) agg. orthographique.

ortolano [orto'lano] m. [coltivatore] maraîcher. ‖ [rivenditore] marchand de légumes, des quatre-saisons. ‖ ZOOL. ortolan.

ortopedia [ortope'dia] f. MED. orthopédie.

ortopedico [orto'pɛdiko] agg. MED. orthopédique. | *suole ortopediche*, semelles orthopédiques. ◆ m. orthopédiste.

orza ['ɔrtsa] f. MAR. [cavo] bouline. ‖ [lato sopravvento di una imbarcazione] lof m. | *andare, venire all'orza*, aller, venir au lof.

orzaiolo [ordza'jɔlo] m. MED. orgelet.

orzare [or'tsare] v. intr. MAR. lofer, aller au lof.

1. orzata [or'dzata] f. [sciroppo d'orzo] orgeat m. ‖ [sciroppo di mandorle] lait (m.) d'amandes.

2. orzata [or'dzata] f. MAR. auloffée.

orzo ['ɔrdzo] m. BOT. orge f. | *farina, pane d'orzo*, farine, pain d'orge. | *zucchero d'orzo*, sucre d'orge. ‖ [genere] *orzo mondato, perlato*, orge mondé, perlé.

osanna [o'zanna] m. RELIG. hosanna.

osannare [ozan'nare] v. intr. [acclamare] ovationner (v. tr.), acclamer (v. tr.). | *la folla osannava al dittatore*, la foule ovationnait, acclamait le dictateur. ‖ [far pubbliche lodi] vanter (v. tr.), exalter (v. tr.).

osare [o'zare] v. tr. oser. | *non oso parlargli*, je n'ose pas lui parler. | *ha osato ribellarsi*, il a eu l'audace de, il a osé se révolter. | *cosa osate dire ?*, qu'osez-vous dire ? | *oserei affermare, dire*, si j'ose affirmer, dire. | *come osate ?*, comment osez-vous, vous permettez-vous ? ‖ [tentare] tenter. | *ha osato il tutto per tutto*, il a tout tenté, il a risqué le tout pour le tout. | *ha osato l'impossibile*, il a tenté l'impossible.

oscenamente [oʃʃena'mente] avv. d'une façon obscène. ‖ FAM. d'une façon affreuse.

oscenità [oʃʃeni'ta] f. obscénité, grossièreté, inconvenance.

osceno [oʃ'ʃɛno] agg. obscène, dégoûtant, grossier, inconvenant. | *fare dei discorsi osceni*, tenir des propos obscènes. ‖ FAM. [molto brutto] affreux. | *quel suo cappellino è veramente osceno*, son chapeau est vraiment affreux.

oscillante [oʃʃil'lante] agg. oscillant.

oscillare [oʃʃil'lare] v. tr. osciller, basculer. | *il pendolo oscilla*, le pendule oscille. | *la temperatura ha oscillato tra i cinque e i dieci gradi*, la température a oscillé entre cinq et dix degrés. | *attenzione, quella statua oscilla pericolosamente*, attention, cette statue bascule, vacille dangereusement. | *il prezzo dell'oro oscilla sempre*, le prix de l'or est toujours instable. ‖ [esitare] osciller, hésiter, flotter. | *oscillare tra due posizioni opposte*, osciller entre deux positions opposées. ‖ [di imbarcazione] rouler.

oscillatorio [oʃʃilla'tɔrjo] agg. FIS. oscillatoire.

oscillazione [oʃʃillat'tsjone] f. PR. e FIG. oscillation, variation. | *le oscillazioni di una nave*, les oscillations d'un navire. | *le oscillazioni della pubblica opinione*, les oscillations de l'opinion publique. ‖ FIN. *oscillazioni dei prezzi in borsa*, variations des cours. ‖ FIS. oscillation. | *ampiezza di una oscillazione*, amplitude d'oscillation.

oscillografo [oʃʃil'lɔgrafo] m. FIS. oscillographe.

osco ['ɔsko] (**osci** o **oschi** m. pl.) agg. e m. STOR. osque.

oscuramente [oskura'mente] avv. obscurément.

oscuramento [oskura'mento] m. PR. e FIG. obscurcissement. ‖ [in tempo di guerra] black-out m. inv. (ingl.).

oscurantismo [oskuran'tizmo] m. obscurantisme.

oscurantista [oskuran'tista] (**-i** m. pl.) m. e f. obscurantiste.

oscurantistico [oskuran'tistiko] (**-ci** m. pl.) agg. obscurantiste.

oscurare [osku'rare] v. tr. obscurcir, masquer, cacher. | *una nube oscurava il cielo*, un nuage obscurcissait le ciel. | *la nebbia oscura il sole*, le brouillard obscurcit, cache le soleil. | *le lacrime le oscurano la vista*, les larmes lui brouillent la vue. ‖ [in tempo di guerra] *oscurare le luci*, camoufler les lumières. ‖ FIG. obscurcir, éclipser. | *oscurare la verità*, obscurcir la vérité. | *oscurare la gloria di qlcu.*, éclipser la gloire de qn. ◆ v. rifl. s'obscurcir, s'assombrir. | *il cielo si oscura*, le ciel s'assombrit, s'obscurcit. | *il tempo si oscura*, le temps s'obscurcit, se couvre. ‖ FIG. s'obscurcir, s'assombrir, se troubler. | *si oscura in viso*, son visage s'obscurcit, s'assombrit. | *la sua gloria si oscura*, sa gloire s'obscurcit, s'estompe. | *la sua mente si oscura*, son esprit s'assombrit, se trouble, devient confus.

oscurità [oskuri'ta] f. obscurité. | *l'oscurità della notte*, l'obscurité, les ténèbres de la nuit. ‖ FIG. [di difficile intelligibilità] obscurité. | *oscurità di linguaggio*, obscurité de langage. | *oscurità di un testo*, obscurité d'un texte. ‖ [anonimato] obscurité, anonymat m. | *vivere nell'oscurità*, vivre dans l'obscurité. | *vuole uscire dall'oscurità*, il veut échapper à l'anonymat, à la médiocrité. ‖ [di natali] naissance, origine obscure.

oscuro [os'kuro] agg. PR. obscur, sombre, noir. (V. SCURO.) ‖ FIG. obscur, sombre, noir. | *condurre una esistenza oscura*, mener une vie obscure. | *è uno scrittore oscuro*, c'est un écrivain obscur, incompréhensible. | *i secoli oscuri*, les siècles obscurs. | *è di oscuri natali*, il est d'une naissance obscure. | *ha un'aria oscura*, il a un air sombre. | *prevedo un avvenire oscuro*, je prévois un avenir sombre. | *vedo tutto oscuro*, je vois tout en noir. ‖ FOT. *camera oscura*, chambre obscure, noire. ◆ m. obscurité f. | *essere all'oscuro*, être dans l'obscurité. ‖ FIG. ignorance f. | *tenere all'oscuro degli avvenimenti*, tenir dans l'ignorance des événements. | *lasciare qlcu. all'oscuro di un affare*, laisser qn à l'écart d'une affaire. | *sono all'oscuro di tutto*, j'ignore tout, je suis dans l'ignorance absolue.

osmio ['ɔzmjo] m. CHIM. osmium.

osmosi [oz'mɔzi] f. CHIM., FIS. osmose.

osmotico [oz'mɔtiko] agg. CHIM., FIS. osmotique.

ospedale [ospe'dale] m. hôpital. | *ospedale civile, militare*, hôpital civil, militaire. | *ospedale pediatrico*, hôpital pour enfants. | *ospedale psichiatrico*, hôpital psychiatrique. | *ospedale maggiore*, hôtel-Dieu. | *nave ospedale*, navire-hôpital. | *letto d'ospedale*, lit d'hôpital. | *ammettere un malato in ospedale*, admettre un malade dans un hôpital, à l'hôpital. | *ricoverare in ospedale*, hospitaliser. | *far due mesi d'ospedale*, faire deux mois d'hôpital. ‖ LOC. FIG. *mandare qlcu. allo ospedale*, mettre qn en piteux état. | *è un ospedale ambulante*, c'est un éternel malade, il est toujours malade.

ospedaletto [ospeda'letto] m. [dimin.] petit hôpital. ‖ MIL. hôpital de campagne.

ospedaliero [ospeda'ljɛro] agg. hospitalier. | *istituto ospedaliero*, établissement hospitalier. | *suora ospedaliera*, sœur hospitalière. ◆ m. hospitalier. ‖ STOR. *gli ospedalieri di San Giovanni di Dio*, les hospitaliers de Saint-Jean de Dieu.

ospedalizzare [ospedalid'dzare] v. tr. (raro) hospitaliser (L.C.).

ospedalizzazione [ospedaliddzat'tsjone] f. hospitalisation.

ospitale [ospi'tale] agg. hospitalier, accueillant. | *accoglienza ospitale*, accueil hospitalier. | *è una casa ospitale*, c'est une maison accueillante.

ospitalità [ospitali'ta] f. hospitalité. | *il diritto di ospitalità*, le droit d'hospitalité. | *chieder ospitalità*, demander l'hospitalité. | *dare, offrire, trovare ospitalità*, donner, offrir, trouver l'hospitalité.

ospitalmente [ospital'mente] avv. hospitalièrement.

ospitante [ospi'tante] agg. SPORT *squadra ospitante*, équipe qui reçoit.

ospitare [ospi'tare] v. tr. [dare alloggio] loger, héberger. | *ospitare dei viaggiatori*, loger, héberger des voyageurs. | *l'albergo può ospitare un centinaio di persone*, l'hôtel peut loger une centaine de personnes. ‖ [accogliere] accueillir, recevoir. | *i visitatori sono stati ospitati con calore*, les visiteurs ont été accueillis, reçus avec chaleur. | *questo istituto ospita i poveri*, cette institution accueille les indigents. ‖ FIG. *il museo di Brera ospita quadri di famosi pittori*, le musée de Brera possède, présente des tableaux de peintres célèbres. | *il direttore ha ospitato il mio articolo sul suo giornale*, le directeur a accepté mon article dans son journal. ‖ SPORT *ospitare una squadra di calcio*, recevoir une équipe de football.

ospite ['ɔspite] n. [che ospita] hôte, hôtesse; [che è ospitato] hôte n.; invité n. | *sei mio ospite*, tu es mon invité. | *camera degli ospiti*, chambre d'ami, chambre à donner. ◆ agg. SPORT *la squadra ospite*, l'équipe visiteuse.

ospizio [os'pittsjo] m. hospice, asile. | *ospizio per vecchi*, hospice, asile de vieillards, maison (f.) de retraite. | *ospizio per trovatelli*, hospice des enfants trouvés. ‖ FIG. *finire all'ospizio*, finir à l'hospice, dans la misère.

ossalico [os'saliko] agg. CHIM. oxalique.

ossame [os'same] m. ossements pl.

ossario [os'sarjo] m. ossuaire, charnier (arc.).

ossatura [ossa'tura] f. ANAT. ossature, squelette m., charpente. | *un'ossatura robusta*, une forte ossature. | *ossatura di un animale*, squelette d'un animal. ‖ PER EST., FIG. ossature, membrure, charpente. | *ossatura di una nave*, ossature, membrure d'un bateau. | *ossatura di una casa*, charpente d'une maison. | *ossatura di un romanzo, di una commedia*, ossature, structure d'un roman, d'une comédie.

ossequente [osse'kwɛnte] agg. respectueux. | *essere ossequente agli ordini, all'autorità*, être respectueux des ordres, de l'autorité.

ossequiare [osse'kwjare] v. tr. rendre hommage (à), présenter ses hommages (à), complimenter.

ossequio [os'sɛkwjo] m. respect, hommage, compliment, civilité f. | *porgere, presentare i propri ossequi*, présenter ses respects, ses compliments, ses hommages. | *trattare qlcu. con ossequio*, traiter qn avec respect, avec déférence. | *ossequi al direttore*, mes respects à monsieur le Directeur. | *ossequi alla padrona di casa*, mes hommages à la maîtresse de maison. | *faccia i miei ossequi a sua madre*, vous ferez mes compliments, faites bien mes compliments à Madame votre mère. | *fuggire gli ossequi*, fuir les hommages. ‖ [in chiusura di lettera] *voglia gradire, accogliere i miei più distinti ossequi*, veuillez agréer mes sentiments les plus respectueux. ‖ LOC. *in ossequio alla verità*, par respect, par souci de la vérité. | *in ossequio alle vigenti leggi*, aux termes des lois en vigueur, conformément aux lois en vigueur.

ossequiosamente [ossekwjosa'mente] avv. [rispettosamente] respectueusement, avec déférence. ‖ [servilmente] obséquieusement.

ossequioso [osse'kwjoso] agg. [rispettoso] respectueux, déférent, poli. ‖ [servile] obséquieux.

osservabile [osser'vabile] agg. observable.

osservante [osser'vante] agg. [rispettoso] respectueux. | *persona osservante delle regole, delle leggi, degli ordini*, personne respectueuse des règles, des lois, des ordres. ‖ [praticante] pratiquant. | *cattolico osservante*, catholique pratiquant. ‖ RELIG. *Frati (Minori) Osservanti*, observantins m. pl.

osservanza [osser'vantsa] f. [rispetto] observation. | *osservanza delle leggi, dei trattati*, observation des lois, des traités. ‖ RELIG. observance. | *osservanza monacale*, observance monacale. | *cattolico di stretta osservanza*, catholique de stricte observance. ‖ LOC. *in osservanza alle leggi*, aux termes des lois, conformément aux lois. ‖ [in chiusura di lettera] *con osservanza, con perfetta osservanza*, avec mon plus profond respect, avec ma plus profonde considération.

osservare [osser'vare] v. tr. [esaminare con attenzione] observer, examiner. | *osservare il cielo, la natura*, observer le ciel, la nature. | *osservare i movimenti di un insetto*, observer les mouvements d'un insecte. | *osservare con metodo dei documenti*, observer des documents méthodiquement. ‖ [notare] observer, remarquer, noter. | *niente da osservare*, rien à observer, à signaler. | *la sua assenza è stata osservata*, on a remarqué son absence. | *ci hanno fatto osservare i nostri errori*, on nous a fait remarquer nos fautes. | *non ho osservato nessun cambiamento nelle sue abitudini*, je n'ai noté aucun changement dans ses habitudes. ‖ [rispettare] observer, respecter. | *osservare le leggi*, observer, respecter les lois. | *osservare una scadenza*, observer un délai. | *osservare il digiuno*, observer le jeûne. | *osservare le distanze*, observer, garder les distances. | *osservare l'orario*, respecter l'horaire. ‖ RELIG. *osservare i comandamenti*, observer les commandements. | *osservare la regola monastica*, observer la règle monastique.

osservatore [osserva'tore] (**-trice** f.) agg. e n. observateur, trice.

osservatorio [osserva'tɔrjo] m. observatoire.

osservazione [osservat'tsjone] f. **1.** [attenzione, studio, ricerca] observation, attention, étude. | *osservazione degli astri*, observation astronomique. | *spirito d'osservazione*, esprit d'observation. | *strumenti di osservazione*, moyens d'observation. ‖ MED. *essere in osservazione*, être en observation. ‖ MIL. *osservazione aerea, terrestre*, observation aérienne, terrestre. |

punto, posto d'osservazione, point, poste d'observation. | *tenersi in osservazione,* se tenir en observation. || **2.** [considerazione] observation, remarque. | *fare delle osservazioni scritte,* faire des observations par écrit. | *una osservazione utile, inutile, importante, sensata,* une remarque utile, inutile, importante, judicieuse. | *non ho osservazioni da fare a questo proposito,* je n'ai pas d'observations à faire là-dessus. || **3.** [rilievo, rimprovero] observation, remarque, reproche m. | *fare delle osservazioni,* faire des observations, des reproches. | *non tollera osservazioni,* il ne supporte aucune observation, aucun reproche. | *niente osservazioni!,* pas d'observations !

ossessionante [ossessjo'nante] agg. obsédant.

ossessionare [ossessjo'nare] v. tr. obséder, hanter. | *ossessionare qlcu. con le proprie disgrazie,* obséder qn de ses malheurs. | *sono ossessionato da questa idea,* cette idée m'obsède, me hante.

ossessione [osses'sjone] f. obsession, hantise, idée fixe. || PSICANAL. psychose. || LOC. *ha l'ossessione di dimagrire,* il a l'idée fixe de, il est obsédé par l'idée de maigrir. | *ha l'ossessione del denaro,* il a l'obsession de l'argent. | *questa musica è una vera ossessione,* cette musique est une véritable obsession. || FIG. *sei una vera ossessione,* tu es vraiment obsédant, pénible.

ossessivo [osses'sivo] agg. PSICANAL. obsessionnel. | *idea, nevrosi ossessiva,* idée, névrose obsessionnelle. || PER EST. [ossessionante] obsédant. | *è una musica ossessiva,* c'est une musique obsédante, qui vous hante.

ossesso [os'sesso] agg. e n. obsédé, possédé. | *gridare come un ossesso,* crier comme un possédé. || LOC. *agitarsi come un ossesso,* se démener comme un beau diable.

ossia [os'sia] cong. [cioè] ou, à savoir, c'est-à-dire. | *un pediatra, ossia uno specialista delle malattie infantili,* un pédiatre, c'est-à-dire un spécialiste des maladies de l'enfant. | *l'ornitologia, ossia la scienza degli uccelli,* l'ornithologie, ou science des oiseaux, à savoir la science des oiseaux. || [o meglio] ou plutôt. | *parte stasera, ossia fra un'ora,* il part ce soir, ou plutôt dans une heure.

ossiacetilene [ossiatʃeti'lɛne] m. CHIM. oxyacétylène.

ossiacetilenico [ossiatʃeti'lɛniko] (**-ci** m. pl.) agg. CHIM. oxyacétylénique.

ossidabile [ossi'dabile] agg. CHIM. oxydable.

ossidabilità [ossidabili'ta] f. CHIM. oxydabilité.

ossidante [ossi'dante] agg. e m. CHIM. oxydant.

ossidare [ossi'dare] v. tr. CHIM. oxyder. ◆ v. rifl. s'oxyder.

ossidazione [ossidat'tsjone] f. CHIM. oxydation.

ossido ['ɔssido] m. CHIM. oxyde.

ossidoriduzione [ossidoridut'tsjone] f. CHIM. oxydoréduction.

ossidrico [os'sidriko] agg. oxhydrique. | *cannello alla fiamma ossidrica,* chalumeau oxhydrique.

ossidabile [ossi'dabile] agg. CHIM. oxydable.

ossificare [ossifi'kare] v. tr. ossifier. ◆ v. rifl. s'ossifier.

ossificazione [ossifikat'tsjone] f. ossification.

ossifraga [os'sifraga] f. ZOOL. ossifrage.

ossigenare [ossidʒe'nare] v. tr. oxygéner. | *ossigenare i capelli,* oxygéner, décolorer les cheveux. ◆ v. rifl. s'oxygéner.

ossigenato [ossidʒe'nato] agg. CHIM. oxygéné. | *acqua ossigenata,* eau oxygénée. || [decolorato] *bionda ossigenata,* blonde oxygénée, décolorée.

ossigenazione [ossidʒenat'tsjone] f. CHIM. oxygénation.

ossigeno [os'sidʒeno] m. CHIM. oxygène. | *bombola di ossigeno,* ballon, bouteille d'oxygène. | *tenda a ossigeno,* tente à oxygène.

ossigenoterapia [ossidʒenotera'pia] f. MED. oxygénothérapie.

ossitono [os'sitono] agg. e m. LING. oxyton.

ossiuriasi [ossiu'riazi] f. MED. oxyurose.

ossiuro [ossi'uro] m. ZOOL. oxyure.

osso ['ɔsso] (**-i** pl.; in senso proprio e con valore collettivo **ossa** f. pl.) m. os. | *osso frontale, nasale, iliaco,* os frontal, nasal, iliaque. | *avere ossa minute,* avoir de petits os. | *rompersi, fratturarsi un osso,* se briser, se fracturer un os. || [resti mortali] *le ossa,* les os, les ossements. || PER ANAL. *osso di seppia,* os de seiche. | *osso di balena,* fanon. || PER EST. *statuine d'osso,* figurines en os. | *manico d'osso,* manche en os. | *bottoni d'osso,* boutons en os. || [nocciolo] *osso di ciliegia, di pesca,* noyau de cerise, de pêche. || LOC. FIG. *essere pelle e ossa,* n'avoir que la peau sur les os. | *essere bagnato fino all'osso, fino alle ossa,* être trempé jusqu'aux os, être trempé comme une soupe (fam.). | *è lui in carne e ossa,* c'est lui-même, en chair et en os. | *gli si vedono le ossa,* on lui voit les os. | *è un mucchietto d'ossi,* c'est un paquet d'os. | *avere le ossa rotte per la fatica,* être brisé de fatigue. | *lasciarsi le ossa,* y laisser ses os. | *imbattersi in un osso duro,* tomber sur un os. | *è un osso duro,* c'est un dur à cuire (fam.). | *ha il vizio nelle ossa,* il a le vice dans la peau (fam.). | *farsi le ossa,* faire ses premières armes. | *risparmiare fino all'osso,* économiser jusqu'au moindre centime.

ossobuco [osso'buko] (**-chi** pl.) m. CULIN. jarret de veau, rouelle (f.) de veau, osso-buco (invar.).

ossuto [os'suto] agg. osseux.

ostacolare [ostako'lare] v. tr. [intralciare, impacciare] entraver, contrarier; gêner (dans). | *ostacolare il traffico,* gêner, entraver la circulation. | *ostacolare i movimenti di qlcu.,* gêner qn dans ses mouvements. || PER EST. *ostacolare i movimenti delle truppe,* entraver les mouvements des troupes. || FIG. contrarier, entraver, s'opposer (à), gêner (dans). | *ostacolare i progetti di qlcu.,* gêner qn dans ses projets.

ostacolista [ostako'lista] (**-i** pl.) n. SPORT [atletica] coureur, euse de haies, hurdler (ingl.); [ippica] jockey de courses d'obstacles, cavalier qui monte en steeplechase.

ostacolo [os'takolo] m. obstacle. | *imbattersi in ostacoli,* se heurter à des obstacles. | *frapporre ostacoli a qlcu., essere d'ostacolo a qlcu.,* faire obstacle à qn. || MIL. *ostacoli anticarro,* obstacles antichars. || SPORT obstacle, haie f. | *corsa a ostacoli,* course de haies, jumping (ingl.) m. | *110 metri ostacoli,* 110 mètres haies.

ostaggio [os'taddʒo] m. otage.

ostare [os'tare] v. intr. s'opposer. | *nulla osta,* rien ne s'y oppose.

oste ['ɔste] m. patron de bistrot, cabaretier (arc.), mastroquet (pop.); [gestore di trattoria] aubergiste, hôtelier. || FIG. *fare i conti senza l'oste,* compter sans son hôte. | *chiedere all'oste se ha buon vino,* poser des questions inutiles, oiseuses.

osteggiare [osted'dʒare] v. tr. contrarier, s'opposer (à).

osteite [oste'ite] f. MED. ostéite.

ostello [os'tɛllo] m. (lett.) logis (L.C.), refuge (L.C.). || *ostello della gioventù,* auberge (f.) de la jeunesse.

ostensibile [osten'sibile] agg. ostensible.

ostensibilmente [ostensibil'mente] avv. ostensiblement.

ostensivo [osten'sivo] agg. (lett.) ostensif.

ostensorio [osten'sɔrjo] m. RELIG. ostensoir.

ostentare [osten'tare] v. tr. afficher, affecter, étaler, exhiber. | *ostentare dolore, gioia,* afficher sa douleur, sa joie. | *ostentare austerità,* affecter l'austérité. | *ostentare le proprie ricchezze,* exhiber ses richesses.

ostentatamente [ostentata'mente] avv. avec ostentation.

ostentato [osten'tato] agg. affecté, peu naturel, ostentatoire (lett.). | *parla con una gentilezza ostentata,* il parle avec une amabilité affectée.

ostentazione [ostentat'tsjone] f. ostentation, étalage m., exhibition, affectation.

osteologia [osteolo'dʒia] f. ANAT. ostéologie.

osteria [oste'ria] f. cabaret m., buvette, bistrot m. (fam.). || LOC. *passa la vita all'osteria,* c'est un pilier de cabaret (peggior.). ◆ interiez. (pop.) *osteria!,* parbleu! (L.C.), pardi! (fam.).

ostessa [os'tessa] f. aubergiste, patronne (de bistrot) [fam.].

ostetrica [os'tɛtrika] f. sage-femme, accoucheuse.

ostetricia [oste'tritʃa] f. MED. obstétrique.

ostetrico [os'tɛtriko] (**-ci** m. pl.) agg. MED. obstétrical, obstétrique. | *clinica ostetrica,* clinique obsté-

trique. | *studi ostetrici*, études obstétricales. ◆ m. MED. médecin accoucheur, obstétricien.
ostià ['ɔstja] f. [vittima] (lett.) hostie (antiq.), victime (L.C.). || RELIG. hostie. || CULIN. pain (m.) azyme. || FARM. cachet m.
ostico ['ɔstiko] (**-ci** m. pl.) agg. [sgradevole] (lett.) désagréable (L.C.), dégoûtant (L.C.). | *una bevanda ostica*, une boisson désagréable, dégoûtante. || FIG. [difficile, faticoso] dur, difficile, fatigant. | *una salita molto ostica*, une montée très dure, très rude. | *un lavoro ostico*, un dur travail. | *un libro ostico*, un livre difficile, obscur.
ostile [os'tile] agg. hostile.
ostilità [ostili'ta] f. hostilité. ◆ pl. MIL. hostilités. | *riprendere, cessare le ostilità*, reprendre, cesser les hostilités.
ostilmente [ostil'mente] avv. avec hostilité, d'une manière hostile.
ostinarsi [osti'narsi] v. rifl. s'obstiner, s'entêter.
ostinatamente [ostinata'mente] avv. obstinément, opiniâtrement.
ostinatezza [ostina'tettsa] f. obstination, entêtement m.
ostinato [osti'nato] agg. [che persiste in modo irragionevole] obstiné, entêté, opiniâtre. | *un silenzio ostinato*, un silence obstiné. || PER EST. [che persiste al limite delle possibilità] obstiné, tenace, intrépide. | *una difesa, una resistenza ostinata*, une défense, une résistance obstinée, intrépide. || PER ANAL. [incallito, impenitente] endurci, invétéré. | *uno scapolo ostinato*, un célibataire endurci. || FIG. [persistente] persistant, opiniâtre. | *pioggia ostinata*, pluie persistante. | *febbre ostinata*, fièvre persistante, opiniâtre.
ostinazione [ostinat'tsjone] f. [tenacità] obstination, ténacité ; [testardaggine] entêtement m., opiniâtreté. | *ostinazione nel lavoro, nello studio*, obstination, ténacité dans le travail, dans l'étude. | *la sua ostinazione l'ha rovinato*, son entêtement l'a ruiné. || FIG. persistance. | *l'ostinazione del vento, della pioggia*, la persistance du vent, de la pluie.
ostracismo [ostra'tʃizmo] m. STOR. ostracisme, proscription f. || FIG. ostracisme, exclusion f. | *dare l'ostracismo*, frapper d'ostracisme, proscrire.
ostracizzare [ostratʃid'dzare] v. tr. (lett.) ostraciser, exclure (L.C.).
ostrica ['ɔstrika] f. ZOOL. huître. | *ostrica perlifera*, huître perlière. | *banco di ostriche*, banc (m.) d'huîtres ; huîtrière.
ostricaio [ostri'kajo] m. écailler, marchand d'huîtres.
ostricoltore [ostrikol'tore] m. ostréiculteur.
ostricoltura [ostrikol'tura] f. ostréiculture.
1. ostro ['ɔstro] m. (lett.) [porpora] pourpre (L.C.).
2. ostro ['ɔstro] m. [vento] vent du midi, auster, autan.
ostrogoto [ostro'gɔto] agg. e m. STOR. e FIG. ostrogoth, ostrogot. || LOC. *che ostrogoto !*, quel ostrogoth ! | *per me questo è ostrogoto*, pour moi c'est de l'hébreu.
ostruente [ostru'ɛnte] agg. obstruant.
ostruire [ostru'ire] v. tr. obstruer ; [un tubo] engorger, boucher. | *ostruire un canale, un passaggio*, obstruer un canal, un passage. | *ostruire la circolazione*, obstruer, entraver la circulation. | *ostruire una conduttura*, boucher, engorger un conduit. || MED. obstruer, engorger. | *ostruire una arteria*, obstruer une artère. ◆ v. rifl. s'obstruer, s'engorger.
ostruzione [ostrut'tsjone] f. obstruction, engorgement m. || POLIT. V. OSTRUZIONISMO. || MAR. barrage m. || MED. obstruction, oblitération, engouement m. | *ostruzione intestinale*, obstruction, engouement de l'intestin. || MIL. barrage m. || SPORT obstruction. | *azione di ostruzione*, action d'obstruction.
ostruzionismo [ostruttsjo'nizmo] m. POLIT. obstructionnisme. | *fare dell'ostruzionismo*, faire de l'obstruction. || SPORT obstruction f.
ostruzionista [ostruttsjo'nista] (**-i** m. pl.) m. e f. POLIT. obstructionniste.
ostruzionistico [ostruttsjo'nistiko] (**-ci** m. pl.) agg. POLIT. obstructionniste.
otarda [o'tarda] f. ZOOL. outarde. | *otarda minore*, canepetière.
otaria [o'tarja] f. ZOOL. otarie.
otite [o'tite] f. MED. otite.
otoiatra [oto'jatra] (**-i** m. pl.) m. e f. otologiste.
otoiatria [otoja'tria] f. MED. otologie.
otorino [oto'rino] m. (fam.) oto-rhino.
otorinolaringoiatra [otorinolaringo'jatra] (**-i** m. pl.) m. e f. oto-rhino-laryngologiste.
otorinolaringoiatria [otorinolaringoja'tria] f. MED. oto-rhino-laryngologie.
otre ['otre] m. outre f. || LOC. *pieno come un otre*, gonflé comme une outre.
ottaedro [otta'ɛdro] m. GEOM. octaèdre.
ottagonale [ottago'nale] agg. GEOM. octogonal.
ottagono [ot'tagono] m. GEOM. octogone.
ottano [ot'tano] m. CHIM. octane. | *numero di ottano*, indice d'octane.
ottanta [ot'tanta] agg. num. card. e m. quatre-vingts. || REGION. octante, huitante.
ottantenne [ottan'tɛnne] agg. (âgé) de quatre-vingts ans, octogénaire. ◆ m. e f. octogénaire.
ottantesimo [ottan'tɛzimo] agg. num. ord. e m. quatre-vingtième. | *lezione ottantesima*, quatre-vingtième leçon, leçon quatre-vingts.
ottantina [ottan'tina] f. quatre-vingts environ, à peu près. | *un'ottantina di rose*, quatre-vingts roses environ. || [età] *ha oltrepassato l'ottantina*, il a plus de quatre-vingts ans. | *è sull'ottantina*, il a quatre-vingts ans environ.
ottantuno [ottan'tuno] agg. num. card. e m. quatre-vingt-un.
ottarda [ot'tarda] f. V. OTARDA.
ottativo [otta'tivo] agg. e m. GRAMM. optatif.
ottava [ot'tava] f. MUS. octave. | *ottava superiore, inferiore*, octave au-dessus, au-dessous. || POES. huitain m. || RELIG. octave.
ottavario [otta'varjo] m. RELIG. [celebrazioni] octave f. | *ottavario di Pasqua*, octave de Pâques. || [libro] octavaire.
ottavino [otta'vino] m. MUS. octavin.
ottavo [ot'tavo] agg. num. ord. huitième. | *in ottavo luogo*, huitièmement. | *arrivare ottavo in una gara*, arriver le huitième dans une compétition. || SCHERZ. *l'ottava meraviglia*, la huitième merveille. || [con nomi di papi, re, principi e dopo parole come : capitolo, libro, paragrafo, tomo, scena, ecc.] huit. | *Carlo ottavo*, Charles VIII. | *ottavo capitolo*, chapitre huit. ◆ m. huitième. || MAT. *tre ottavi*, trois huitièmes. | *all'ottava*, à la huitième puissance. || SPORT *ottavi di finale*, huitièmes de finale. || TIP. *in ottavo*, in-octavo.
ottemperanza [ottempe'rantsa] f. obéissance, soumission. || LOC. *in ottemperanza alla legge*, conformément à la loi, aux termes de la loi.
ottemperare [ottempe'rare] v. intr. AMM. obtempérer, obéir (L.C.). | *ottemperare a un ordine*, obtempérer à un ordre.
ottenebramento [ottenebra'mento] m. PR. e FIG. obscurcissement.
ottenebrare [ottene'brare] v. tr. obscurcir, assombrir, embrumer. | *la nebbia ottenebra il sole*, le brouillard obscurcit, cache le soleil. || FIG. obscurcir, éclipser. | *ottenebrare la verità*, obscurcir la vérité. | *ottenebrare la gloria di qlcu.*, éclipser la gloire de qn. ◆ v. rifl. s'obscurcir, s'assombrir. | *il cielo s'ottenebra*, le ciel s'obscurcit, s'assombrit. || FIG. s'obscurcir, s'assombrir. | *si ottenebra in viso*, son visage s'obscurcit, devient soucieux, se rembrunit. | *la sua mente si ottenebra*, son esprit s'assombrit.
ottenebrato [ottene'brato] agg. obscurci, assombri. || [mente] obnubilé.
ottenebrazione [ottenebrat'tsjone] f. (raro) obscurcissement m. (L.C.).
ottenere [otte'nere] v. tr. obtenir, acquérir. | *ottenere l'approvazione generale*, obtenir l'approbation générale. | *ottenere un favore*, obtenir une faveur. | *ottenere in eredità*, acquérir par voie d'héritage. | *ottenere la prova della sua innocenza*, acquérir la preuve de son innocence. || [conseguire] remporter, recueillir. | *ottenere una vittoria*, remporter une victoire. | *ottenere dei voti, dei suffragi*, recueillir des voix, des suffrages. || [ricavare] obtenir, retirer, tirer. | *ottenere una nuova fibra tessile dal petrolio*, obtenir, tirer une nouvelle fibre textile du pétrole. | *ottenere grandi vantaggi da un affare*, retirer de grands avantages d'une affaire. |

ottenere delle note basse da una chitarra, tirer des notes basses d'une guitare.
ottenibile [otte'nibile] agg. qu'on peut obtenir, réalisable.
ottenimento [otteni'mento] m. obtention f.
ottentotto [otten'tɔtto] agg. e m. hottentot.
otteto [ot'tetto] m. MUS. octuor.
ottica ['ɔttika] f. FIS. optique. | *ottica elettronica,* optique électronique. | *leggi dell'ottica,* lois de l'optique. ‖ FIG. optique, manière de voir.
ottico ['ɔttiko] agg. optique. | *nervo ottico,* nerf optique. | *angolo ottico,* angle optique. | *illusione ottica,* illusion d'optique. | *strumenti ottici,* instruments d'optique. ◆ m. opticien.
ottimale [otti'male] agg. optimal, optimum (invar.). | *raggiungere una temperatura ottimale,* atteindre une température optimale, optimum. | *condizioni ottimali,* conditions optimales.
ottimamente [ottima'mente] avv. très bien, à merveille.
ottimate [otti'mate] m. STOR. optimate.
ottimismo [otti'mizmo] m. optimisme.
ottimista [otti'mista] (**-i** m. pl.) agg. e n. optimiste.
ottimisticamente [ottimistika'mente] avv. avec optimisme.
ottimistico [otti'mistiko] (**-ci** m. pl.) agg. optimiste.
ottimo ['ɔttimo] agg. [superl. di BUONO] excellent, très bon. ◆ m. optimum.
otto ['ɔtto] agg. num. card. huit. | *otto metri di seta,* huit mètres de soie. | *ogni otto giorni,* tous les huit jours. | *fra otto giorni,* dans huit jours. | *entro otto giorni,* dans les huit jours. | *rimandare di otto giorni,* remettre à huitaine. | *sono le otto,* il est huit heures. ‖ LOC. FIG. FAM. *in quattro e quattr'otto,* en moins de deux, en un tournemain. | *dare gli otto giorni,* licencier, renvoyer, donner ses huit jours à qn. ◆ m. huit. | *scrivere un otto,* écrire un 8. | *l'otto del mese,* le huit du mois. | *oggi a otto,* d'aujourd'hui en huit. | *quattro più quattro otto,* quatre et quatre font huit. ‖ GIOCHI *otto volante,* grand huit, montagnes (f. pl.) russes. | *otto di fiori,* huit de trèfle. ‖ SPORT *otto con,* huit barré.
ottobre [ot'tobre] m. octobre. | *nel mese di ottobre; in, di ottobre,* au mois d'octobre, en octobre. | *l'otto (di) ottobre,* le huit octobre.
ottobrino [otto'brino] agg. d'octobre. | *vento ottobrino,* vent d'octobre. ‖ AGR. [che matura in ottobre] *frutti ottobrini,* fruits qui mûrissent en octobre.
ottocentesco [ottotʃen'tesko] (**-chi** m. pl.) agg. du dix-neuvième siècle.
ottocentesimo [ottotʃen'tɛzimo] agg. num. ord. e m. huit centième.
ottocentista [ottotʃen'tista] (**-i** m. pl.) n. [scrittore, artista] écrivain, artiste du dix-neuvième siècle. ‖ [studioso] spécialiste du dix-neuvième siècle. ‖ SPORT coureur, euse de huit cents mètres.
ottocento [otto'tʃɛnto] agg. num. card. huit cents. ◆ m. ARTI, LETT., STOR., dix-neuvième (siècle). | *nello ottocento,* au dix-neuvième siècle. ‖ IRON. *è un uomo dell'ottocento,* c'est un homme d'une autre époque. ◆ m. pl. SPORT *correre gli ottocento,* courir un huit cents mètres.
ottomana [otto'mana] f. ottomane.
ottomano [otto'mano] agg. ottoman. ◆ m. TESS. ottoman.
ottomila [otto'mila] agg. num. card. e m. huit mille.
ottonaio [otto'najo] m. dinandier (arc.), chaudronnier.
ottoname [otto'name] m. dinanderie f., chaudronnerie f.
ottonare [otto'nare] v. tr. laitonner.
ottonario [otto'narjo] agg. e m. POES. octosyllabe.
ottonato [otto'nato] agg. laitonné.
ottonatura [ottona'tura] f. action de laitonner. ‖ [rivestimento] couche de laiton.
ottone [ot'tone] m. METALL. laiton, cuivre jaune, archal (antiq.). | *filo di ottone,* fil de laiton, d'archal. ◆ pl. MUS. cuivres. | *orchestra di ottoni,* orchestre de cuivres.
ottosillabo [otto'sillabo] agg. e m. POES. octosyllabe.
ottuagenario [ottuadʒe'narjo] agg. e n. octogénaire.
ottundere [ot'tundere] v. tr. (lett.) émousser (L.C.). ‖ FIG. émousser, affaiblir. | *il tempo ottunde il ricordo,* le temps émousse le souvenir. | *l'alcool ottunde l'intelletto,* l'alcool affaiblit l'esprit.
ottundimento [ottundi'mento] m. émoussement, affaiblissement.
ottuplo ['ɔttuplo] agg. octuple. ◆ m. quantité (f.) huit fois plus grande.
otturamento [ottura'mento] m. (raro) V. OTTURAZIONE.
otturare [ottu'rare] v. tr. obturer, boucher, fermer. | *otturare un buco,* obturer, boucher un trou. | *otturare una falla,* aveugler, fermer une voie d'eau. ‖ MED. *otturare un dente,* obturer, plomber une dent. ◆ v. rifl. se boucher.
otturatore [ottura'tore] m. MIL. verrou. | *aprire l'otturatore,* déverrouiller. ‖ FOT. obturateur.
otturazione [otturat'tsjone] f. obturation. ‖ MED. *otturazione dentaria,* obturation dentaire.
ottusamente [ottuza'mente] avv. d'une manière obtuse. ‖ FIG. d'une manière obtuse, bêtement.
ottusangolo [ottu'zangolo] agg. GEOM. obtusangle.
ottusità [ottuzi'ta] f. stupidité. ‖ [di suono] matité.
ottuso [ot'tuzo] agg. obtus. | *mente ottusa,* esprit obtus, bouché, borné. | *vista ottusa,* vue obtuse. | *udito ottuso,* ouïe obtuse. ‖ [di suono] mat. ‖ (lett.) [smussato] émoussé (L.C.). ‖ GEOM. obtus. | *angolo ottuso,* angle obtus.
outsider [aut'saidər] m. [ingl.] outsider.
ouverture [uver'ty:r] f. [fr.] MUS. ouverture.
ovaia [o'vaja] (**ovaia** e **ovaie** pl.) f. ANAT. ovaire m.
ovaio [o'vajo] m. [venditore di uova] coquetier, marchand d'œufs. ‖ ANAT. V. OVAIA.
ovaiolo [ova'jɔlo] agg. pondeur. | *gallina ovaiola,* poule pondeuse. ◆ m. (raro) [porta-uovo] coquetier.
ovale [o'vale] agg. ovale. | *una tavola ovale,* une table ovale. ‖ SPORT *palla ovale,* ballon ovale, ballon de rugby. ◆ m. ovale. | *ovale del viso,* ovale du visage.
ovalizzare [ovalid'dzare] v. tr. ovaliser.
ovalizzazione [ovaliddzat'tsjone] f. TECN. ovalisation.
ovarico [o'variko] (**-ci** m. pl.) agg. ovarien.
ovario [o'varjo] m. BOT. ovaire.
ovato [o'vato] agg. ové.
ovatta [o'vatta] f. ouate; [cotone idrofilo] coton hydrophile. ‖ FIG. *crescere nell'ovatta,* être élevé dans l'ouate.
ovattare [ovat'tare] v. tr. [foderare] ouater. ‖ FIG. (lett.) adoucir, alléger. | *ovattare una critica,* adoucir une critique.
ovattato [ovat'tato] agg. [rivestito di ovatta] ouatiné. ‖ FIG. feutré, étouffé. | *passi ovattati,* pas étouffés.
ovazione [ovat'tsjone] f. ovation. | *essere accolto con un'ovazione,* être accueilli, salué par une ovation.
ove ['ove] avv. V. DOVE. ◆ cong. si; au cas où. | *ove lo facesse,* s'il le faisait; au cas où il le ferait.
ovest ['ɔvest] m. GEOGR. ouest, occident (lett.), couchant. | *nord ovest,* nord-ouest. | *sud ovest,* sud-ouest. | *Torino è a ovest di Milano,* Turin est à l'ouest de Milan. | *camminare verso ovest,* marcher vers l'ouest. | *il vento dell'ovest,* le vent d'ouest. ◆ agg. ouest (invar.), occidental. | *longitudine ovest,* longitude ouest. | *il versante ovest,* le versant ouest, occidental.
ovile [o'vile] m. bergerie f. ‖ FIG. *tornare all'ovile,* revenir au bercail.
ovini [o'vini] m. pl. ovinés.
ovino [o'vino] agg. ovin. | *razza ovina,* race ovine.
oviparo [o'viparo] agg. ovipare.
ovo ['ɔvo] m. V. UOVO.
ovoidale [ovoi'dale] agg. ovoïdal.
ovoide [o'vɔide] agg. ovoïde. ◆ m. corps ovoïde.
ovolaccio [ovo'lattʃo] m. BOT. [fungo velenoso] fausse oronge f., amanite (f.) tue-mouches.
ovolo ['ɔvolo] m. ARCHIT. ove, quart-de-rond. ‖ BOT. [fungo] oronge f. | *ovolo malefico,* fausse oronge f., amanite (f.) tue-mouches. ‖ [gemma] bourgeon d'olivier.
ovulazione [ovulat'tsjone] f. BIOL. ovulation.
ovulo ['ɔvulo] m. ANAT., BOT. ovule.
ovunque [o'vunkwe] avv. V. DOVUNQUE.
ovvero [ov'vero] cong. V. OPPURE.
ovverosia [ovvero'sia] cong. V. OSSIA.
ovviamente [ovvja'mente] avv. évidemment.

ovviare [ovvi'are] v. intr. obvier, remédier (à).
ovvietà [ovvje'ta] f. évidence.
ovvio ['ɔvvjo] agg. évident. | *è una cosa ovvia, è ovvio,* cela va sans dire. | *è ovvio che devi andarci,* il est évident, il est clair que tu dois y aller.
oziare [ot'tsjare] v. intr. paresser, lézarder (fam.). ‖ [bighellonare] flâner.
ozio ['ɔttsjo] m. oisiveté f., désœuvrement, inaction f. | *vivere nell'ozio,* vivre dans l'oisiveté. ‖ PER. EST. [riposo] loisir. | *momenti d'ozio,* moments de loisir. ‖ LOC. *gli ozi di Capua,* les délices (f.) de Capoue. ‖ PROV. *l'ozio è il padre dei vizi,* l'oisiveté est mère de tous les vices.
oziosaggine [ottsjo'saddʒine] f. paresse, fainéantise.
oziosamente [ottsjosa'mente] avv. [pigramente] oisivement, paresseusement. ‖ [inutilmente] oiseusement, inutilement.
oziosità [ottsjosi'ta] f. [pigrizia] paresse, oisiveté. ‖ [inutilità] vanité, vacuité.
ozioso [ot'tsjoso] agg. oisif, paresseux. ‖ [inutile] oiseux, inutile, vain.
ozonizzare [oddzonid'dzare] v. tr. CHIM. ozoniser.
ozonizzato [oddzonid'dzato] agg. [che contiene ozono] ozoné. ‖ [purificato con ozono] ozonisé. | *aria ozonizzata,* air ozonisé.
ozonizzatore [oddzoniddza'tore] m. ozoniseur, ozonateur.
ozonizzazione [oddzoniddzat'tsjone] f. CHIM. ozonisation.
ozono [od'dzɔno] m. CHIM. ozone.

P

p [pi] f. o m. p m.
pacare [pa'kare] v. tr. (raro) apaiser (L.C.).
pacatezza [paka'tettsa] f. calme m., tranquillité, sérénité.
pacato [pa'kato] agg. calme, serein, tranquille.
pacca ['pakka] f. tape.
pacchetto [pak'ketto] m. paquet. | *pacchetto azionario,* paquet d'actions. | *il pacchetto delle proposte presentato dal governo,* les propositions du gouvernement. ‖ SPORT [rugby] paquet, pack (ingl.). ‖ TIP. paquet.
pacchia ['pakkja] f. FAM. aubaine (L.C.). | *è una pacchia!, che pacchia!,* c'est épatant!, c'est chouette! (pop.), c'est bath! (pop.), c'est formidable! (L.C.).
pacchianata [pakkja'nata] f. faute de goût.
pacchianeria [pakkjane'ria] f. absence de goût, mauvais goût, vulgarité.
pacchiano [pak'kjano] agg. de mauvais goût; [vistoso] voyant, tapageur, tape-à-l'œil (fam.); [rozzo, grossolano] fruste, grossier, vulgaire.
pacchiare [pak'kjare] v. intr. FAM. bâfrer (pop.), bouffer (pop.).
pacco ['pakko] (-**chi** pl.) m. paquet. | *pacco postale,* colis postal. ‖ MED. *pacco di medicazione,* trousse (f.) de secours.
paccottiglia [pakkot'tiʎʎa] f. pacotille, camelote (fam.). ‖ ARC. pacotille.
pace ['patʃe] f. **1.** [tra nazioni] paix. ‖ **2.** [tra persone] paix, concorde, harmonie, (bonne) entente. | *far la pace con qlcu.,* faire la paix, se réconcilier avec qn. | *mettere pace tra due persone,* (re)mettre deux personnes d'accord, réconcilier deux personnes. ‖ **3.** [quiete, agio] paix, tranquillité. | *lasciatemi in pace,* fichez-moi (fam.) la paix. | *non ho un momento di pace,* je n'ai pas la paix un moment, pas un moment de tranquillité. | *questa sera me ne starò a casa in (santa) pace,* ce soir je resterai tranquillement à la maison. ‖ **4.** [tregua] répit m. | *la malattia non gli dà pace,* la maladie ne lui laisse pas un instant de répit. | *i rimorsi non gli danno pace,* les remords le persécutent, le poursuivent. ‖ **5.** [serenità, tranquillità interiore] paix, tranquillité, calme m. | *trovar pace,* trouver la paix. ‖ LOC. *mettere il cuore, l'anima in pace, darsi pace, trovar pace,* se résigner, se consoler. | *non sa darsi pace per la perdita di quella collana,* elle ne peut se consoler de la perte de ce collier. | *è meglio che ti metta l'animo in pace,* tu ferais mieux de te résigner. ‖ **6.** RELIG. *la pace eterna,* le repos éternel. | *riposare in pace,* reposer en paix. ‖ **7.** ANTIQ. o IRON. [in formule di cortesia] *pace e bene,* la paix soit avec vous. | *con vostra (buona) pace,* avec votre permission, ne vous en déplaise.
pachiderma [paki'dɛrma] (-**i** pl.) m. ZOOL. pachyderme. ‖ FIG. éléphant, pachyderme.
pachistano [pakis'tano] agg. e n. pakistanais.
paciere [pa'tʃɛre] (-**a** f.) m. médiateur, trice.
pacificamente [patʃifika'mente] avv. pacifiquement.
pacificamento [patʃifika'mento] m. (raro). V. PACIFICAZIONE.
pacificare [patʃifi'kare] v. tr. pacifier. ‖ [riconciliare] réconcilier. ◆ v. rifl. se réconcilier (avec). ◆ v. recipr. se réconcilier.
pacificatore [patʃifika'tore] (-**trice** f.) agg. e m. pacificateur, trice.
pacificazione [patʃifikat'tsjone] f. pacification. ‖ [riconciliazione] réconciliation.
pacifico [pa'tʃifiko] (-**ci** pl.) agg. **1.** [alieno dalla violenza; che mira alla pace] pacifique. ‖ PER. EST. [privo di turbamenti, placido] paisible, tranquille. | *vita pacifica,* vie paisible. | *vive pacifico,* il vit paisiblement, tranquillement. ‖ **2.** [fuori discussione] incontestable, évident.
pacifismo [patʃi'fizmo] m. pacifisme.
pacifista [patʃi'fista] (-**i** pl.) agg. e n. pacifiste.
pacioccone [patʃok'kone] (-**a** f.) m. (fam.) bon gros, bonne grosse; [di bambino] enfant joufflu.
paciuli [patʃu'li] m. patchouli.
pack [pæk] m. [ingl.] pack.
padano [pa'dano] agg. padan, (de la vallée) du Pô.
padella [pa'dɛlla] f. CULIN. poêle (à frire). | *friggere in padella,* frire à la poêle. | *uova in padella,* œufs poêlés, sur le plat. ‖ LOC. FIG. *cadere dalla padella nella brace,* tomber de Charybde en Scylla, aller de mal en pis. | *avere un occhio alla gatta ed uno alla padella,* faire deux choses à la fois. ‖ PER EST. [per infermi] bassin m. (de lit). ‖ REGION. [macchia] tache (de graisse). ‖ SPORT *far padella,* manquer son coup.
padellata [padel'lata] f. [contenuto] poêlée.
padiglione [padiʎ'ʎone] m. pavillon. ‖ ARC. [tenda] pavillon. ‖ ANAT., MUS. pavillon. ‖ MAR. gréement.
padovano [pado'vano] agg. e n. padouan.
padre ['padre] m. père. | *far da padre,* tenir lieu de père. | *di padre in figlio,* de père en fils. ‖ PER EST. *i nostri padri,* nos pères. ‖ GIUR. *buon padre di famiglia,* bon père de famille. ‖ RELIG. *Dio padre,* Dieu le Père. ‖ [religioso] père. | *ho parlato con padre X,* j'ai parlé avec le père X. | *il Santo Padre,* le Saint-Père. ‖ [appellativo] mon père.
padreterno [padre'tɛrno] m. PR. RELIG. Père éternel. ‖ FIG. personnage important, ponte (fam.), pontife

(fam.), grand manitou (fam.), gros bonnet (fam.), huile f. (pop.). | *credersi un padreterno,* se prendre pour qn ; ne pas se moucher du coude, du pied (pop.) ; se croire sorti de la cuisse de Jupiter (fam.). | *arie da padreterno,* airs de pontife. | *nella chimica, è un vero padreterno,* c'est un chimiste éminent (L.C.), un grand ponte de la chimie.

padrino [pa'drino] m. parrain. || PER. EST. [testimone] témoin.

padrona [pa'drona] f. V. PADRONE.

padronale [padro'nale] agg. [che appartiene ad un privato] de maître. | *casa, vettura padronale,* maison, voiture de maître.|| PER EST. [imprenditoriale] patronal. | *associazione padronale,* association patronale.

padronanza [padro'nantsa] f. [autorità] autorité. | *esercitare la padronanza dei beni,* exercer son droit de propriété. | *aria di padronanza,* air d'autorité. || PER EST. [controllo] contrôle m., empire m. | *perdere la padronanza dei propri nervi,* perdre le contrôle de ses nerfs, ne plus maîtriser ses nerfs. || PARTICOL. *padronanza di sè,* maîtrise de soi. || FIG. [conoscenza] maîtrise, habileté, connaissance. | *con grande padronanza,* avec une grande maîtrise. | *ha una perfetta padronanza dell' inglese,* il maîtrise parfaitement l'anglais, il connaît l'anglais à fond.

padronato [padro'nato] m. patronat.

padroncino [padron'tʃino] (**-a** f.) m. DIMIN. jeune maître. || GERG. chauffeur de taxi.

padrone [pa'drone] (**-a** f.) m. **1.** [persona che possiede l'autorità, che dirige] maître, maîtresse f. | *un'ottima padrona di casa,* une excellente maîtresse de maison. | *vuol farla da padrone,* il veut tout commander, tout régenter, il veut faire la loi. || [proprietario] propriétaire. | *il mio padrone di casa,* mon propriétaire. | *il padrone dell'albergo,* le propriétaire de l'hôtel. || [proprietario di un animale domestico] maître. || MAR. [comandante] patron. || **2.** [datore di lavoro] patron ; [di lavoro domestico] patron, maître (antiq.). | *cercar padrone,* chercher du travail, chercher une place. | *essere a padrone,* être au service de qn. | *è apprezzata dai padroni,* elle est appréciée de ses patrons. | *la serva padrona,* la servante maîtresse. || **3.** FIG. [chi ha dominio assoluto su qlcu. o qlco.] maître. | *padrone della situazione,* maître de la situation. | *essere padrone di sé,* être maître de soi. | *essere padrone dei propri nervi,* dominer ses nerfs. || PER EST. [libero] *sei padrone di andartene,* tu es libre de t'en aller. | *se vuole rovinarsi, padronissimo !,* si vous voulez vous ruiner, libre à vous ! || PER ANAL. [idea di conoscenza perfetta] *è padrona di questa materia,* elle connaît parfaitement cette matière, elle possède cette matière à fond, elle est experte en cette matière. || **4.** ARC. [patrono] patron.

padroneggiare [padroned'dʒare] v. tr. PR. dominer, maîtriser. || FIG. [conoscere] posséder.

padronesco [padro'nesko] (**-chi** pl.) agg. de maître.

padule [pa'dule] m. [tosc.] V. PALUDE.

paesaggio [pae'zaddʒo] m. paysage.

paesaggista [paezad'dʒista] (**-i** pl.) m. e f. paysagiste.

paesano [pae'zano] agg. [di paese] campagnard, rustique, villageois. | *aria paesana,* air campagnard. || [di un certo paese] local, du pays, du cru. | *rispettare le tradizioni paesane,* respecter les traditions locales, les traditions du pays. ◆ m. (**-a** f.) villageois, e.

paese [pa'eze] m. [grande estensione di territorio] pays, région f. || [nazione] pays, nation f. | *per il bene del paese,* pour le bien du pays. || [villaggio, borgo] village, pays. | *il sindaco del paese,* le maire du village. | *tornare al paese,* revenir au pays. | *non è del paese,* il n'est pas du pays, pas d'ici. || LOC. FIG. *mandare a quel paese qlcu.,* envoyer promener, paître qn, envoyer qn au diable. || PROV. *tutto il mondo è paese,* les hommes sont partout les mêmes. | *paese che vai, usanza che trovi,* chaque pays a ses coutumes.

paesista [pae'zista] (**-i** pl.) m. e f. paysagiste.

paesistico [pae'zistiko] (**-ci** pl.) agg. du paysage.

paffuto [paf'futo] agg. potelé, dodu. | *bambino dalle guance paffute,* bébé joufflu.

paga ['paga] f. salaire m., paie, paye. | *paga magra,* maigre salaire. | *paga alta,* haut salaire. | *libro paga,* registre des salaires. | *riscuotere la paga,* toucher sa paie, son salaire. | *giorno di paga,* jour de paie. || FIG. salaire m., récompense. || LOC. *è una mala paga,* c'est un mauvais payeur.

pagabile [pa'gabile] agg. payable.

pagaia [pa'gaja] f. pagaie.

pagamento [paga'mento] m. **1.** PR. paiement, payement. | *pagamento in contanti, dilazionato,* paiement (au) comptant, à crédit. | *dietro, contro pagamento,* contre paiement, moyennant finance. || LOC. *a pagamento,* payant (agg.); [di via di comunicazione] à péage. | *ingresso a pagamento,* entrée payante. | *ponte a pagamento,* pont à péage. || **2.** FIG. (raro) paiement, récompense f. (L.C.).

paganamente [pagana'mente] avv. d'une façon païenne.

paganeggiare [paganed'dʒare] v. intr. (lett.) paganiser (arc.).

paganesimo [paga'nezimo] m. paganisme.

paganizzare [paganid'dzare] v. tr. paganiser.

pagano [pa'gano] (**-a** f.) agg. e m. païen, enne.

pagante [pa'gante] agg. payant.

pagare [pa'gare] v. tr. **1.** payer. | *pagare gli operai a ore, a mese,* payer les ouvriers à l'heure, au mois. | *è pagato per questo,* il est payé pour ça. | *pagare molto, un occhio,* payer cher, payer les yeux de la tête. | *pagare poco,* ne pas payer cher. || LOC. FIG. *(quanto) pagherei per,* je donnerais cher, je donnerais n'importe quoi pour. || PROV. *chi rompe paga ed i cocci sono suoi,* qui casse les verres les paie. || **2.** POP. [offrire] payer (fam.). || **3.** FIG. payer. | *ha pagato caro questa vittoria,* il a payé cher cette victoire. | *gliela farò pagare,* il me le paiera. | *me la pagherai cara !,* tu me le paieras cher ! | *pagare il fio di una colpa,* expier une faute. | *pagare di persona,* payer de sa personne. || **4.** FIG. [avvantaggiare] payer. | *il delitto non paga,* le crime ne paie pas.

pagatore [paga'tore] (**-trice** f.) agg. e m. payeur, euse.

pagella [pa'dʒɛlla] f. bulletin m.

pagello [pa'dʒɛllo] m. ZOOL. daurade f., dorade f., pagelle f., pagel.

paggio ['paddʒo] m. page.

pagherò [page'rɔ] m. invar. billet à ordre.

pagina ['padʒina] f. page. | *a pagina 15,* à la page 15. | *continua a pagina 3,* suite page 3. || GIORN. *terza pagina,* page culturelle, page littéraire. || FIG. *una triste pagina della nostra storia,* une triste page de notre histoire. | *voltar pagina,* tourner la page.

paginatura [padʒina'tura] f. pagination.

paginazione [padʒinat'tsjone] f. pagination. || [impaginazione] mise en pages.

paglia ['paʎʎa] f. paille. | *sedie di paglia,* chaises de paille. || [oggetto di paglia] objet (m.) de vannerie. | *le paglie di Firenze,* la vannerie de Florence. | *una gonna color paglia,* une jupe paille. || PER ANAL. *paglia metallica, di ferro,* paille de fer. || LOC. FIG. *pesare come un filo di paglia,* être léger comme une plume. | *uomo di paglia,* homme de paille. | *fuoco di paglia,* feu de paille. | *aver la coda di paglia,* être chatouilleux, être susceptible. | *mettere la paglia vicino al fuoco,* tenter le diable.

pagliaccesco [paʎʎat'tʃesko] agg. clownesque, bouffon.

pagliaccetto [paʎʎat'tʃetto] m. barboteuse f.

pagliacciata [paʎʎat'tʃata] f. clownerie, bouffonnerie, pitrerie, farce.

pagliaccio [paʎ'ʎattʃo] m. [di circo] clown. || [nell'antico teatro italiano] paillasse. || FIG. clown, pitre, guignol.

pagliaio [paʎ'ʎajo] m. meule (f.) de paille.

paglericcio [paʎʎe'rittʃo] m. paillasse f.

paglierino [paʎʎe'rino] agg. [color] paille (invar.).

paglietta [paʎ'ʎetta] f. **1.** [cappello] canotier m. || **2.** [lana d'acciaio] paille de fer. || **3.** DIAL. [avvocatuccio] avocaillon (fam.). ◆ pl. [lustrini] paillettes.

pagliolo [paʎ'ʎɔlo] m. MAR. caillebotis.

pagliuzza [paʎ'ʎuttsa] f. **1.** fétu m. (de paille), brin (m.) de paille. || **2.** [di oro] paillette. ◆ pl. [lustrini] paillettes.

pagnotta [paɲ'ɲɔtta] f. miche. || LOC. *lavorare per la pagnotta,* travailler pour gagner sa croûte (pop.), son bifteck (pop.).

pagnottella [paɲɲot'tɛlla] f. DIAL. petit pain. | *pagnottella imbottita*, sandwich m.
pago ['pago] agg. (lett.) satisfait (L.C.), content (L.C.).
pagoda [pa'gɔda] f. pagode.
paguro [pa'guro] m. ZOOL. pagure, bernard-l'ermite.
paillard [pa'ja:r] f. [fr.] tranche de veau grillée.
paio ['pajo] (**paia** f. pl.) m. paire f. | *paio di guanti*, paire de gants. | *paio di forbici, di occhiali*, paire de ciseaux, de lunettes. | *bel paio di gambe*, belle paire de jambes. | *un paio di schiaffi*, une paire de gifles. || LOC. FAM. *è un altro paio di maniche*, c'est une autre paire de manches. | *fanno il paio*, les deux font la paire. || [elementi non necessariamente associati] deux ; [con imprecisione] deux ou trois, un ou deux, quelques. | *un paio di uova al tegame*, deux œufs sur le plat. | *tra un paio di giorni*, dans deux ou trois jours, dans quelques jours. | *ne ho visto un paio*, j'en ai vu un ou deux, quelques-uns.
paiolata [pajo'lata] f. chaudron m. ; chaudronnée.
paiolo [pa'jɔlo] m. chaudron, marmite f.
pakistano [pakis'tano] agg. e n. pakistanais.
pala ['pala] f. PR. pelle. || PER EST. pale. | *pala del remo, dell'elica*, pale de la rame, de l'hélice. | *pale di un mulino a vento*, ailes d'un moulin à vent. | *pale d'un mulino ad acqua*, aubes d'un moulin à eau. | *pala del timone*, safran (m.) du gouvernail. || ARTI *pala d'altare*, retable m.
paladino [pala'dino] m. STOR. paladin. || FIG. champion, défenseur.
palafitta [pala'fitta] f. ARCHEOL. palafitte m. ; cité lacustre, construction sur pilotis. || [nelle costruzioni] pilotis m.
palafitticolo [palafit'tikolo] agg. ARCHEOL. lacustre. | *stazione palafitticola*, cité lacustre, cité sur pilotis. || [di persone] qui habite, habitait les palafittes. ◆ n. habitant d'un palafitte.
palafreniere [palafre'njɛre] m. palefrenier.
palafreno [pala'frɛno] m. (lett.) palefroi.
palamidone [palami'done] m. V. PALANDRANA.
palamita [pala'mita] f. ZOOL. bonite, pélamide, pélamyde.
palamite [pa'lamite] o **palamito** [pa'lamito] m. palangre f., palancre f.
1. palanca [pa'lanka] f. poutre. || [ponticello] passerelle.
2. palanca [pa'lanka] f. POP. rond m., sou m. (L.C.).
palanchino [palan'kino] m. [portantina] palanquin.
palandrana [palan'drana] f. houppelande.
palata [pa'lata] f. PR. pelletée. || LOC. FIG. *a palate*, à la pelle, en quantité, en abondance. | *aver soldi a palate*, remuer l'argent à la pelle. || [colpo] coup (m.) de pelle. || [di remo] coup de rame, coup d'aviron. || [bracciata del nuotatore] brasse.
palatale [pala'tale] agg. FON. palatal. ◆ f. FON. palatale.
palatalizzare [palatalid'dzare] v. tr. FON. palataliser. ◆ v. rifl. se palataliser.
palatalizzato [palatalid'dzato] agg. FON. palatalisé.
palatalizzazione [palataliddzat'tsjone] f. FON. palatalisation.
palatinato [palati'nato] m. STOR. palatinat.
1. palatino [pala'tino] agg. STOR. palatin. | *cappella palatina*, chapelle palatine. | *guardia palatina*, garde pontificale.
2. palatino [pala'tino] agg. ANAT. palatin, palatal. | *velo palatino*, voile du palais. | *volta palatina*, voûte palatale, palatine.
1. palato [pa'lato] m. ANAT. palais. | *stuzzicare il palato*, flatter le palais.
2. palato [pa'lato] agg. ARALD. palé.
palazzetto [palat'tsetto] m. DIMIN. palais. | *palazzetto dello Sport*, palais des Sports.
palazzina [palat'tsina] f. (petit) hôtel (particulier) ; petit palais m.
palazzo [pa'lattso] m. palais. | *palazzo ducale, vescovile, reale*, palais ducal, épiscopal, royal. || PER ANAL. [sede di amministrazione] *palazzo di Giustizia*, palais de Justice. | *palazzo delle poste*, hôtel des Postes. | *palazzo comunale*, hôtel de ville. || PER EST. [casa di abitazione civile] immeuble.
palazzotto [palat'tsɔtto] m. manoir, petit château.
palchetto [pal'ketto] m. [ripiano] rayon, étagère f. || GIORN. entrefilet. || TEATRO loge f.
palco ['palko] m. **1.** [tavolato] plancher ; [soffitto] plafond. || **2.** [impalcatura] échafaudage. || **3.** [piano rialzato] estrade f. ; [patibolo] échafaud. || **4.** TEATRO [palcoscenico] scène f. ; [scomparto per spettatori] loge f. || **5.** ZOOL. andouiller.
palcoscenico [palkoʃ'ʃɛniko] (**-ci** pl.) m. scène f. || LOC. *calcare il palcoscenico*, monter sur les planches, paraître sur la scène.
paleantropo [pale'antropo] m. paléanthrope.
palemone [pa'lɛmone] m. ZOOL. palémon.
paleoclima [paleo'klima] m. paléoclimat.
paleocristiano [paleokris'tjano] agg. paléochrétien.
paleogeografia [paleodʒeogra'fia] f. paléogéographie.
paleografia [paleogra'fia] f. paléographie.
paleografico [paleo'grafiko] (**-ci** pl.) agg. paléographique.
paleografo [pale'ɔgrafo] m. paléographe.
paleolitico [paleo'litiko] (**-ci** pl.) agg. e m. paléolithique.
paleontologia [paleontolo'dʒia] f. paléontologie.
paleontologico [paleonto'lɔdʒiko] (**-ci** pl.) agg. paléontologique.
paleontologo [paleon'tɔlogo] (**-a** f. ; **-gi** pl.) m. paléontologue, paléontologiste.
paleozoico [paleod'dzɔjko] (**-ci** pl.) agg. e m. paléozoïque.
palermitano [palermi'tano] agg. e n. palermitain.
palesare [pale'zare] v. tr. révéler, manifester. | *palesare un segreto*, révéler un secret. | *palesare la propria volontà*, manifester sa volonté. ◆ v. rifl. se révéler, se manifester.
palese [pa'leze] agg. évident, manifeste, flagrant, patent. | *è palese che*, il est évident, il est manifeste que. | *far palese*, révéler, faire connaître.
palesemente [paleze'mente] avv. évidemment, manifestement.
palestinese [palesti'nese] agg. e n. palestinien, enne.
palestra [pa'lɛstra] f. gymnase m. ; [in una scuola] salle de gymnastique. || PER EST. [esercizi ginnici] gymnastique. || FIG. école, leçon. || STOR. gymnase m., palestre.
paletnologia [paletnolo'dʒia] f. étude de la préhistoire.
paletnologo [palet'nɔlogo] (**-ga** f. ; **-gi** pl.) m. préhistorien.
paletot [pal'tɔ] m. [fr.] V. PALTÒ.
paletta [pa'letta] f. pelle. | *paletta per il carbone*, pelle à charbon. || [segnale] disque m. || TECN. ailette.
palettata [palet'tata] f. pelletée.
paletto [pa'letto] m. piquet, pieu. || [sistema di chiusura] verrou.
pali ['pali] m. e agg. [lingua] pali.
palina [pa'lina] f. jalon m.
palindromo [pa'lindromo] m. palindrome.
palingenesi [palin'dʒɛnezi] f. FILOS. palingénésie.
palingenetico [palindʒe'nɛtiko] (**-ci** pl.) agg. palingénésique.
palinodia [palino'dia] f. palinodie.
palinsesto [palin'sɛsto] m. palimpseste.
palio ['paljo] m. [drappo prezioso] « palio », fanion. || [competizione] = jeu. | *il palio di Siena*, le palio de Sienne. || LOC. *mettere, essere in palio*, mettre, être en jeu.
palissandro [palis'sandro] m. palissandre.
palissone [palis'sone] m. palisson.
palizzata [palit'tsata] f. palissade.
1. palla ['palla] f. **1.** [sfera elastica] balle ; [pallone] ballon m. | *giocare a palla*, jouer à la balle. | *palla da tennis, da Ping-Pong*, balle de tennis, de Ping-Pong. | *palla basca*, pelote basque. | *palla rotonda, ovale*, ballon rond, ovale. || LOC. FIG. *prendere la palla al balzo*, saisir la balle au bond. || **2.** [di legno, avorio, metallo] bille, boule. | *palla da biliardo*, boule, bille de billard. | *palla da croquet*, boule de croquet. || [per votazioni] boule. || **3.** [peso dei prigionieri] boulet m. || LOC. FIG. *essere una palla al piede (di qlcu.)*, être un boulet à traîner (pour qn). | *mettere la palla al piede*, mettre la corde au cou. || **4.** [proiettile di canone] boulet m. ; [proiettile di fucile, pistola, ecc.] balle. ||

5. [qualsiasi oggetto sferico] boule. | *palla di neve*, boule de neige. | *palla per rammendare*, œuf (m.) à repriser. | *tondo come una palla*, rond comme une boule. || FAM. *palla di lardo* : [uomo] gros patapouf m., gros plein de soupe (pop.); [donna] grosse dondon. || ANAT. *palla dell'occhio*, globe (m.) oculaire (L.C.).
2. palla ['palla] f. RELIG. pale, palle.
pallabase [palla'baze] f. base-ball m. (ingl.).
pallacanestro [pallaka'nɛstro] f. basket-ball m. (ingl.), basket m.
pallacorda [palla'kɔrda] f. paume, jeu (m.) de paume. || [luogo dove si giocava] jeu de paume.
palladiano [palla'djano] agg. de Palladio.
1. palladio [pal'ladjo] m. STOR. palladium. || FIG. (lett.) garantie f. (L.C.), sauvegarde f. (L.C.), bouclier (L.C.), palladium (raro).
2. palladio [pal'ladjo] m. CHIM. palladium.
3. palladio [pal'ladjo] agg. (lett.) de Pallas.
pallamaglio [palla'maʎʎo] m. o f. mail m., jeu (m.) de mail.
pallamano [palla'mano] f. handball m. (ted.).
pallanuoto [palla'nwɔto] f. water-polo m. (ingl.).
pallata [pal'lata] f. balle, boule. | *prendersi una pallata in faccia*, recevoir une balle dans la figure.
pallavolo [palla'volo] f. volley-ball m. (ingl.).
palleggiamento [palleddʒa'mento] m. V. PALLEGGIO.
palleggiare [palled'dʒare] v. intr. [di due o più giocatori] se renvoyer la balle, une balle ; (se) faire des passes ; [al tennis] faire des balles. || [di un giocatore] faire rebondir la balle ; [nel calcio] dribbler. ◆ v. tr. balancer. | *palleggiare l'asta*, balancer sa lance. ◆ v. recipr. FIG. *palleggiarsi le responsabilità*, se renvoyer la balle.
palleggio [pal'leddʒo] m. [tra due o più giocatori] série (f.) de passes, échange de balles. || [compiuto da un solo giocatore] dribble (ingl.).
palliativo [pallja'tivo] m. e agg. palliatif.
pallidetto [palli'detto] agg. [dimin.] pâlot, pâlichon.
pallidezza [palli'dettsa] f. pâleur.
pallido ['pallido] agg. pâle. | *diventar pallido*, pâlir, devenir pâle, blême. | *luce pallida*, lumière pâle. | *Visi pallidi*, Visages pâles. || FIG. [scialbo] pâle. | *pallida imitazione*, pâle imitation. || PER. EST. [debole] vague. | *pallido ricordo*, vague souvenir. | *non ne ho la più pallida idea*, je n'en ai pas la moindre idée.
pallina [pal'lina] f. [di vetro, di terracotta] bille. || [da Ping-Pong] balle. || [di mollica di pane, ecc.] boulette.
pallino [pal'lino] m. [boccino] cochonnet. || FIG. manie f., marotte f., idée (f.) fixe, dada (fam.). | *ha il pallino dei cruciverba*, il a la manie, la marotte des mots croisés. | *è il suo pallino*, c'est son dada. ◆ pl. [munizioni da caccia] plombs. || [stampati su stoffa] pois. | *cravatta a pallini*, cravate à pois.
pallio ['palljo] m. STOR. RELIG. pallium.
pallonaio [pallo'najo] o **pallonaro** [pallo'naro] m. fabricant de ballons, marchand de ballons. || FIG. fanfaron, vantard, hâbleur, blagueur.
pallonata [pallo'nata] f. ballon m. || FIG. blague, hâblerie, vantardise.
palloncino [pallon'tʃino] m. ballon. || [lampioncino] lampion.
pallone [pal'lone] m. [palla] ballon. | *il gioco del pallone*, le football (ingl.). || FIG. FAM. *è un pallone gonfiato*, il se prend pour quelqu'un, il est bouffi de vanité. || [aerostato] ballon. | *pallone sonda*, ballon-sonde. | *pallone frenato, di sbarramento*, ballon captif, de barrage. || CHIM. [recipiente] ballon. || BOT. *pallone di maggio, pallone di neve*, boule-de-neige f., obier.
pallonetto [pallo'netto] m. SPORT [tennis] lob (ingl.).
pallore [pal'lore] m. pâleur f.
pallottola [pal'lɔttola] f. [sferetta] boule, bille. || [proiettile] balle.
pallottoliere [pallotto'ljɛre] m. boulier.
pallovale [pallo'vale] f. (raro) rugby m. (L.C.).
1. palma ['palma] f. ANAT. paume. || PER EST. *giungere le palme*, joindre les mains. || LOC. FIG. *tenere qlcu. in palma di mano*, porter qn aux nues. || ZOOL. palmure.
2. palma ['palma] f. BOT. [pianta] palmier m. | *palma da datteri*, (palmier) dattier m. | *palma da cocco*, cocotier m. | *vino, olio di palma*, vin, huile de palme. || [ramo di palma] palme. || FIG. *ottenere la palma*, remporter la palme. || RELIG. *domenica delle Palme*, dimanche des Rameaux (m. pl.).
palmare [pal'mare] agg. ANAT. palmaire. || FIG. évident, manifeste.
palmato [pal'mato] agg. palmé.
palmento [pal'mento] m. **1.** [macina] meule f. || LOC. FIG. *mangiare a due, a quattro palmenti*, manger comme quatre. || **2.** [per la pigiatura del vino] pressoir.
palmer ['palmer] m. palmer (ingl.).
palmeto [pal'meto] m. palmeraie f.
palmetta [pal'metta] f. AGR. palmette. || ARCHIT. palmette.
palmipede [pal'mipede] agg. e m. palmipède.
palmizio [pal'mittsjo] m. (raro) BOT. palmier (L.C.).
palmo ['palmo] m. **1.** [spanna] empan, palme. || FIG. [misura grande o piccola] *aver la barba lunga un palmo*, avoir une longue barbe. | *un palmo d'acqua*, quelques centimètres d'eau. | *alto un palmo*, haut comme trois pommes. | *palmo di terra*, lopin de terre. | *senza cedere un palmo di terreno*, sans céder un pouce de terrain. | *terreno conquistato palmo a palmo*, terrain conquis pied à pied. | *perlustrare la città a palmo a palmo*, fouiller la ville centimètre par centimètre. | *giungere con un palmo di lingua fuori*, arriver la langue pendante, en tirant une langue d'une aune. | *restare con un palmo di naso*, être bien attrapé, rester penaud. || **2.** [palma della mano] paume f.
palo ['palo] m. **1.** poteau ; [di legno, corto] pieu ; [di sostegno per piante] échalas. | *palo telegrafico*, poteau télégraphique. || [supplizio] pal. || **2.** ARALD. pal. || **3.** MAR. mât. || **4.** LOC. FIG. *star piantato come un palo*, rester planté comme un piquet. | *sembra che abbia un palo in corpo*, on dirait qu'il a avalé son parapluie. | *sembra un palo*, il est maigre comme un clou. | *fare il palo*, faire le guet. | *saltare di palo in frasca*, passer du coq à l'âne.
palomba [pa'lomba] f. ZOOL. colombe.
palombaccio [palom'battʃo] m. V. COLOMBACCIO.
palombaro [palom'baro] m. scaphandrier.
palombo [pa'lombo] m. ZOOL. [squalo] émissole f., chien de mer. || [colombo] pigeon, ramier, palombe f.
palpabile [pal'pabile] agg. PR. e FIG. palpable, tangible.
palpare [pal'pare] v. tr. palper, tâter. || PER. EST., FAM. [accarezzare] peloter. || FIG. toucher du doigt.
palpata [pal'pata] f. o **palpazione** [palpat'tsjone] f. MED. palpation.
palpebra ['palpebra] f. paupière.
palpebrale [palpe'brale] agg. ANAT. palpébral.
palpeggiare [palped'dʒare] v. tr. tâter, palper.
palpitante [palpi'tante] agg. qui palpite. || PER EST. frémissant, tremblant. | *palpitante di indignazione*, frémissant, tremblant d'indignation. || LOC. FIG. *notizia ancora palpitante di attualità*, nouvelle d'une actualité brûlante.
palpitare [palpi'tare] v. intr. palpiter. || PER EST. palpiter, frémir.
palpitazione [palpitat'tsjone] f. palpitation, battement (m.) de cœur. || FIG. appréhension, anxiété.
palpito ['palpito] m. battement (de cœur), pulsation f. || FIG. frémissement.
palpo ['palpo] m. ZOOL. palpe.
paltò [pal'tɔ] m. manteau, paletot ; [solo da uomo] pardessus.
paltoncino [palton'tʃino] m. DIMIN. petit manteau. || [ovattato] douillette f.
paludamento [paluda'mento] m. vêtements (pl.) somptueux. || SCHERZ. accoutrement. || FIG. style ampoulé, expression ampoulée.
paludare [palu'dare] v. tr. habiller richement, parer.
paludato [palu'dato] agg. PR. (raro) somptueusement vêtu. || SCHERZ. accoutré. || FIG. ampoulé.
palude [pa'lude] f. marais m., marécage m. | *prosciugare una palude*, assécher un marais. | *gas delle paludi*, gaz des marais.
paludismo [palu'dizmo] m. MED. paludisme.
paludoso [palu'doso] agg. marécageux, paludéen (antiq., raro).
palustre [pa'lustre] agg. palustre, paludéen.
pamela [pa'mɛla] f. capeline.
pampa ['pampa] f. pampa.

pampano ['pampano] o **pampino** ['pampino] m. pampre.
panacea [pana'tʃɛa] f. panacée.
panafricanismo [panafrika'nizmo] m. POLIT. panafricanisme.
panama ['panama] m. invar. panama m.
panamericanismo [panamerika'nizmo] m. POLIT. panaméricanisme.
panarabismo [panara'bizmo] m. POLIT. panarabisme.
panare [pa'nare] v. tr. CULIN. paner.
panario [pa'narjo] (**-i** pl.) agg. TECN. du pain.
panata [pa'nata] f. panade.
panatica [pa'natika] f. MAR. [vitto] nourriture. ‖ [denaro] solde.
panato [pa'nato] agg. pané.
panca ['panka] f. banc m. ‖ LOC. FIG. *far ridere le panche,* se croire spirituel. | *scaldare la panca,* se tourner les pouces.
pancaccio [pan'kattʃo] m. planche f.
pancetta [pan'tʃetta] f. lard m. (maigre). | *pancetta affumicata,* lard fumé, bacon (ingl.). ‖ SCHERZ. ventre m. | *mettere su un pò di pancetta,* prendre un peu de ventre, prendre de la brioche (fam.).
panchetto [pan'ketto] m. tabouret.
panchina [pan'kina] f. banc m., banquette.
pancia ['pantʃa] (**-ce** pl.) f. **1.** ventre m. | *mal di pancia,* mal au ventre. | *metter su pancia,* prendre du ventre, bedonner. | *essere a pancia vuota,* avoir le ventre vide. | *stare a pancia in su, a pancia all'aria,* être couché, étendu sur le dos. ‖ LOC. FIG. *starsene a pancia all'aria; grattarsi la pancia* (volg.), ne pas en fiche une rame (fam.), se tourner les pouces (L.C.). ‖ **2.** PER ANAL. ventre m., panse. | *pancia di un vaso,* ventre d'un vase. | *far pancia,* bomber.
panciata [pan'tʃata] f. **1.** POP. [mangiata] bombance (L.C.). ‖ **2.** [colpo] chute sur le ventre; plat m. (fam.).
panciera [pan'tʃɛra] f. ceinture.
pancione [pan'tʃone] m. FAM. bedaine f., bedon, bide. ‖ [persona] gros lard, gros patapouf. ◆ f. (**-a**) FAM. grosse dondon.
panciotto [pan'tʃɔtto] m. gilet.
panciuto [pan'tʃuto] agg. bedonnant, ventru, ventripotent. ‖ [cose] ventru, renflé, bombé.
pancone [pan'kone] m. madrier, grosse planche. ‖ [banco di lavoro] établi. ‖ [banco di vendita] comptoir.
pancotto [pan'kɔtto] m. panade f.
pancrazio [pan'krattsjo] m. STOR. pancrace.
pancreas ['pankreas] m. ANAT. pancréas.
pancreatico [pankre'atiko] (**-ci** pl.) agg. ANAT. pancréatique.
pancromatico [pankro'matiko] (**-ci** pl.) agg. FOT. panchromatique.
panda ['panda] m. invar. ZOOL. panda m.
pandemonio [pande'mɔnjo] m. [grande confusione] pagaille f., pagaïe f., foire f. (fam.); [rumore] charivari, vacarme, chahut (fam.); [protesta] tollé. | *a quel congresso è successo il pandemonio,* ce congrès a été une vraie pagaïe. | *la sua dichiarazione ha provocato un pandemonio,* sa déclaration a soulevé un tollé (général).
pandoro [pan'dɔro] m. [dolce] = gâteau de Vérone.
1. pane ['pane] m. PR. pain. | *pane integrale,* pain complet. ‖ CULIN. *pane pepato,* pain d'épices. | *pane di Spagna,* pain de Gênes, génoise f. ‖ LOC. FIG. *a pane ed acqua,* au pain sec et à l'eau. | *dir pane al pane,* appeler un chat un chat. | *per un pezzo di pane,* pour une bouchée de pain. | *non è pane per i miei denti,* ce n'est pas fait pour moi. | *rendere a qlcu. pane per focaccia,* rendre à qn la monnaie de sa pièce. | *sono come pane e cacio,* ils sont comme les deux doigts de la main, ils sont toujours fourrés ensemble (fam.), ils sont comme cul et chemise (pop.). | *se non è zuppa è pan bagnato,* c'est bonnet blanc et blanc bonnet. ‖ PROV. *chi ha il pane, chi ha i denti,* si jeunesse savait, si vieillesse pouvait. ‖ PER EST. [vitto] pain. | *guadagnarsi il pane,* gagner son pain. ‖ FIG. nourriture f. (spirituelle). ‖ PER ANAL. pain. | *pane di zucchero,* pain de sucre. | *pane di sapone,* pain de savon. | *pane di burro,* motte (f.) de beurre. ‖ [di metallo] saumon, lingot. ‖ BOT. *albero del pane,* arbre à pain.
2. pane ['pane] m. [di vite] filetage, pas de vis.
panegirico [pane'dʒiriko] (**-ci** pl.) m. panégyrique.
panegirista [panedʒi'rista] (**-i** pl.) m. e f. panégyriste.
panegiristico [panedʒi'ristiko] (**-ci** pl.) agg. dithyrambique, panégyrique (lett.).
panellenico [panel'lɛniko] (**-ci** pl.) agg. panhellénique.
panellenismo [panelle'nizmo] m. panhellénisme.
panello [pa'nɛllo] m. tourteau.
panetteria [panette'ria] f. boulangerie.
panettiere [panet'tjɛre] m. boulanger.
panetto [pa'netto] m. petit pain.
panettone [panet'tone] m. [dolce] = gâteau de Milan.
panfilo ['panfilo] m. yacht.
panforte [pan'fɔrte] m. [dolce] = gâteau de Sienne.
pangermanismo [pandʒerma'nizmo] m. pangermanisme.
pangermanista [pandʒerma'nista] (**-i** pl.) m. e f. pangermaniste.
pangermanistico [pandʒerma'nistiko] (**-ci** pl.) agg. pangermaniste.
pangolino [pango'lino] m. ZOOL. pangolin.
pangrattato [pangrat'tato] m. chapelure f., panure f.
pania ['panja] f. glu. ‖ FIG. piège m.
panicato [pani'kato] agg. ladre.
panicatura [panika'tura] f. ladrerie.
1. panico ['paniko] m. panique f. | *si fece prendere dal panico,* il fut pris de panique. | *gettare il panico,* semer la panique. ◆ agg. panique.
2. panico [pa'niko] m. BOT. panicum.
paniera [pa'njɛra] f. panier m.
panieraio [panje'rajo] m. vannier.
paniere [pa'njɛre] m. panier, corbeille f. ‖ LOC. FIG. *rompere le uova nel paniere,* tout gâcher, tout gâter, tout faire rater.
panierino [panje'rino] m. corbeille f.
panificare [panifi'kare] v. intr. faire du pain, le pain. ◆ v. tr. panifier.
panificazione [panifikat'tsjone] f. panification.
panificio [pani'fitʃo] m. boulangerie f.
panino [pa'nino] m. petit pain. ‖ PARTICOL. *panino (imbottito),* sandwich (ingl.). | *panino col prosciutto,* sandwich au jambon.
panislamismo [panizla'mizmo] m. panislamisme.
1. panna ['panna] f. crème. | *panna montata,* crème fouettée.
2. panna ['panna] f. MAR., MECC. panne. | *mettere, essere in panna,* mettre, être en panne.
panneggiamento [panneddʒa'mento] m. [azione] drapement. ‖ [le pieghe] drapé. ‖ [la stoffa panneggiata] draperie f.
panneggiare [panned'dʒare] v. tr. draper.
panneggio [pan'neddʒo] m. drapé.
pannello [pan'nɛllo] m. **1.** panneau. | *pannello di comando,* tableau de contrôle. ‖ **2.** [pezzo di tessuto, partic. per coprire] linge. ‖ [elemento di un vestito] panneau.
pannicello [panni'tʃɛllo] m. linge, morceau de tissu. ◆ pl. LOC. *pannicelli caldi* : PR. compresses (f.) chaudes; FIG. remèdes de bonne femme.
panno ['panno] m. [qualsiasi tipo di stoffa] tissu, étoffe f. ‖ [tessuto di lana] drap. | *panno fine, grosso,* drap fin, gros drap. ‖ [pezzo di stoffa] linge. | *pulire con un panno umido,* nettoyer avec un linge humide. ‖ PARTIC. *panni caldi,* compresses f. (chaudes). | *panno mortuario,* linceul. ‖ ◆ pl. [biancheria domestica o intima] linge. | *lavare i panni,* laver le linge, faire la lessive. ‖ [vestiti] vêtements, habits. | *panni da inverno,* vêtements d'hiver. ‖ LOC. FIG. *non stare più nei propri panni,* ne plus tenir en place. | *essere, mettersi nei panni di qlcu.,* être, se mettre à la place de qn. | *tagliare i panni addosso a qlcu.,* casser du sucre sur le dos de qn (fam.). | *lavare i panni sporchi in famiglia,* laver son linge sale en famille (fam.). | *far vedere di che panni ci si vesta,* montrer de quel bois on se chauffe.
pannocchia [pan'nɔkkja] f. épi m. ‖ BOT. panicule.
1. pannolino [panno'lino] m. [per i neonati] lange, couche f. ‖ [per l'igiene femminile] serviette (f.) hygiénique.
2. pannolino [panno'lino] m. (arc.) toile (f.) de lin (L.C.). ◆ pl. caleçon (sing.).

panoplia [pa'noplja] f. panoplie.
panorama [pano'rama] (**-i** pl.) m. PR. e FIG. panorama.
panoramica [pano'ramika] f. FOT. vue panoramique. ‖ CIN. panoramique m. ‖ *(strada) panoramica,* route panoramique.
panoramico [pano'ramiko] (**-ci** pl.) agg. panoramique. ‖ FOT. objectif grand angulaire.
panpepato [panpe'pato] m. pain d'épices.
pansè [pan'sɛ] f. BOT. pensée.
panslavismo [pansla'vizmo] m. panslavisme.
pantagruelico [pantagru'ɛliko] (**-ci** pl.) agg. pantagruélique.
pantalonata [pantalo'nata] f. pantalonnade.
pantaloncini [pantalon'tʃini] m. pl. short (ingl., sing.).
pantaloni [panta'loni] m. pl. pantalon (sing.).
pantano [pan'tano] m. [terreno fangoso] bourbier, fondrière f., boue f. ‖ [palude] marécage. ‖ FIG. bourbier, mélasse f., guêpier, merdier (volg.), merde f. (volg.).
pantanoso [panta'noso] agg. bourbeux, boueux, fangeux.
panteismo [pante'izmo] m. panthéisme.
panteista [pante'ista] (**-i** pl.) m. e f. panthéiste.
panteistico [pante'istiko] (**-ci** pl.) agg. panthéiste.
panteon ['panteon] m. panthéon.
pantera [pan'tɛra] f. panthère. ‖ GERG., GIORN. voiture de police (L.C.).
pantheon ['panteon] m. panthéon.
pantofola [pan'tɔfola] f. pantoufle ; [aperta dietro] mule.
pantofolaio [pantofo'lajo] (**-a** f.) m. pantouflier, ère (raro). ‖ FIG. pantouflard (fam.). ◆ agg. pantouflard (fam.).
pantofoleria [pantofole'ria] f. fabrique de pantoufles. ‖ [negozio] magasin (m.) de pantoufles.
pantografo [pan'tɔgrafo] m. pantographe.
pantomima [panto'mima] f. pantomime. ‖ PER EST. pantomime, mimique.
pantomimico [panto'mimiko] (**-ci** pl.) agg. mimé.
pantomimo [panto'mimo] m. [attore] mime, pantomime f. (raro). ‖ [rappresentazione] pantomime.
panzana [pan'tsana] f. blague (fam.), bobard m. (fam.), baliverne, faribole, sornette ; histoires pl.
panzer ['pantsər] m. panzer (ted.).
paonazzo [pao'nattso] agg. e m. violet, lie-de-vin (invar.). | *viso paonazzo,* visage violet, écarlate, cramoisi.
papa ['papa] (**-i** pl.) m. RELIG. pape. ‖ LOC. FIG. *vivere da papa,* vivre comme un coq en pâte, comme un chanoine. | *a ogni morte di papa,* tous les trente-six du mois.
papà [pa'pa] m. papa. | *figlio di papà,* fils à papa.
papaia [pa'paja] f. [albero] papayer m. ‖ [frutto] papaye.
papale [pa'pale] agg. papal.
papalina [papa'lina] f. calotte.
papalino [papa'lino] agg. du pape. ◆ m. PEGGIOR. papalin (arc.), papiste.
paparazzo [papa'rattso] m. NEOL. photographe, reporter à sensation.
papato [pa'pato] m. papauté f.
papaveracee [papave'ratʃee] f. pl. BOT. papavéracées.
papaverina [papave'rina] f. CHIM. papavérine.
papavero [pa'pavero] m. BOT. *papavero (bianco, indiano),* pavot. | *papavero (rosso),* coquelicot. ‖ FIG. [cosa o persona noiosa] soporifique. ‖ SCHERZ. *alto papavero,* huile f. (pop.), (grosse) légume f. (pop.), gros bonnet.
papera ['papera] f. ZOOL. petite oie, oison m. ‖ LOC. *camminare come una papera,* marcher, se dandiner comme un canard. ‖ FIG. [errore] lapsus m.
paperino [pape'rino] m. oison.
papero ['papero] m. [oca] oie f. ; [oca giovane] oison ; [oca maschio] jars. | *cammina a papero,* il marche comme un canard.
papessa [pa'pessa] f. papesse. ‖ LOC. FIG. *come una papessa,* comme un coq en pâte.
papi(g)lionacee [papiljo'natʃee] f. pl. BOT. papilionacées.
papilla [pa'pilla] f. papille.
papillare [papil'lare] agg. papillaire.
papiraceo [papi'ratʃeo] agg. de papyrus.
papiro [pa'piro] m. BOT. papyrus. ‖ PER EST. [documento] papier, papelard (fam.).
papirologia [papirolo'dʒia] f. papyrologie.
papismo [pa'pizmo] m. papisme.
papista [pa'pista] (**-i** pl.) m. e f. papiste.
pappa ['pappa] f. [cibo per bambini] bouillie ; [minestra] soupe ; [minestra a base di pane] panade. | *mangia la pappa !,* mange ! ‖ PER EST. [materia inconsistente] bouillie. ‖ FIG. *pappa molle,* chiffe molle, mollusque m. | *scodellare la pappa a qlcu.,* mâcher le travail, mâcher la besogne à qn. | *trovare la pappa scodellata,* trouver le travail tout fait. | *vuole la pappa scodellata,* il faut tout lui mâcher. ‖ LOC. *pappa reale,* gelée royale.
pappafico [pappa'fiko] m. REGION. V. BECCAFICO. ‖ ARC. capuchon. ‖ MAR. perroquet.
pappagallescamente [pappagalleska'mente] avv. comme un perroquet.
pappagallesco [pappagal'lesko] (**-chi** pl.) agg. de perroquet.
pappagallo [pappa'gallo] m. **1.** PR. e FIG. perroquet. ‖ **2.** [giovinastro] dragueur. ‖ **3.** [recipiente] urinal.
pappagorgia [pappa'gɔrdʒa] f. double menton.
pappalardo [pappa'lardo] m. goinfre, glouton. ‖ [sciocco] balourd, lourdaud. ‖ ARC. bigot (L.C.).
pappardella [pappar'dɛlla] f. SCHERZ. tartine, tirade. ◆ pl. CULIN. lasagne.
pappare [pap'pare] v. tr. ed intr. bouffer (pop.), bâfrer (pop.), s'empiffrer (de). ‖ FIG. rafler (fam.), s'engraisser.
pappata [pap'pata] f. ripaille (fam.), gueuleton m. (fam.). ‖ FIG. gain (m.) illicite.
pappataci [pappa'tatʃi] m. invar. ZOOL. phlébotome.
pappatoria [pappa'tɔrja] f. ripaille, bombance ; bouffe (pop.), boustifaille (pop.). ‖ FIG. tripotage m., fricotage m.
pappina [pap'pina] f. bouillie. ‖ [impiastro] cataplasme m.
pappo ['pappo] m. BOT. aigrette f.
pappone [pap'pone] m. goinfre, glouton.
paprica ['paprika] f. paprika m.
papuano [papu'ano] agg. papou.
papula ['papula] f. papule.
para ['para] f. caoutchouc m. ; [in fogli] crêpe m.
parà [pa'ra] m. invar. NEOL. [fr., parachutiste] para.
parabellum [para'bɛllum] m. invar. parabellum.
parabola [pa'rabola] f. **1.** GEOM. parabole. ‖ FIG. courbe. | *al vertice della sua parabola,* au sommet de sa carrière, à son sommet. | *sta raggiungendo il termine della sua parabola,* il est sur son déclin, il décline, il approche de la fin. ‖ **2.** RELIG. e FIG. parabole.
parabolico [para'bɔliko] (**-ci** pl.) agg. parabolique.
paraboloide [parabo'lɔide] m. GEOM. paraboloïde.
parabordo [para'bordo] m. bourrelet, pare-chocs.
parabrezza [para'breddza] m. invar. pare-brise.
paracadutare [parakadu'tare] v. tr. parachuter.
paracadute [paraka'dute] m. parachute.
paracadutismo [parakadu'tizmo] m. parachutisme.
paracadutista [parakadu'tista] (**-i** pl.) m. e f. parachutiste.
paracalli [para'kalli] m. invar. pansement pour les cors.
paracarro [para'karro] m. borne f. ; [messo a protezione di un muro] chasse-roue.
paracenere [para'tʃenere] m. invar. garde-feu.
paracielo [para'tʃɛlo] m. dais ; [del pulpito] abat-voix.
paracleto [para'klɛto] m. RELIG. paraclet.
paracqua [pa'rakkwa] m. invar. (raro) parapluie (L.C.).
paradigma [para'digma] (**-i** pl.) m. GRAM., LING. paradigme. ‖ FIG. exemple, modèle.
paradigmatico [paradig'matiko] (**-ci** pl.) agg. LING. paradigmatique. ‖ FIG. (lett.) exemplaire (L.C.).
paradisea [para'dizea] f. ZOOL. paradisien m., oiseau (m.) de paradis.
paradisiaco [paradi'ziako] (**-ci** pl.) agg. paradisiaque.
paradiso [para'dizo] m. RELIG. e FIG. paradis, ciel. | *andare in paradiso,* aller au, en paradis. | *volto di paradiso,* visage angélique, céleste. | *paradiso terrestre,* paradis terrestre. ‖ ZOOL. *uccello del paradiso,* oiseau de paradis.

paradossale [parados'sale] agg. paradoxal.
paradossalità [paradossali'ta] f. caractère (m.) paradoxal.
paradossalmente [paradossal'mente] avv. paradoxalement.
paradosso [para'dɔsso] m. paradoxe.
parafa [pa'rafa] f. paraphe m., parafe m.
parafango [para'fango] (**-ghi** pl.) m. garde-boue (invar.) ; [carrozzeria dell'automobile] aile f.
parafare [para'fare] v. tr. parafer, parapher.
parafernale [parafer'nale] agg. GIUR. paraphernal.
paraffa [pa'raffa] e deriv. V. PARAFA e deriv.
paraffina [paraf'fina] f. CHIM. paraffine.
paraffinare [paraffi'nare] v. tr. paraffiner.
parafiamma [para'fjamma] m. invar. pare-feu.
parafrasare [parafra'zare] v. tr. paraphraser.
parafrasi [pa'rafrazi] f. paraphrase.
parafrasticamente [parafrastika'mente] avv. par une paraphrase, en paraphrasant.
parafrastico [para'frastiko] (**-ci** pl.) agg. paraphrastique.
parafulmine [para'fulmine] m. paratonnerre, parafoudre.
parafuoco [para'fwɔko] m. garde-feu invar.
1. paraggio [pa'raddʒo] m. MAR. parage. ◆ pl. parages, environs, voisinage sing.
2. paraggio [pa'raddʒo] m. ARC. naissance f. (L.C.). | *di alto paraggio*, de haut parage.
paragocce [para'gottʃe] m. e agg. invar. *(tappo) paragocce*, bouchon verseur.
paragonabile [parago'nabile] agg. comparable.
paragonare [parago'nare] v. tr. comparer. | *paragonare un pittore con un altro*, comparer un peintre à, avec un autre. | *paragonato a*, en comparaison de, comparé à. ‖ [considerare simile] *paragonare la scuola ad una prigione*, comparer l'école avec, à une prison. ◆ v. rifl. se comparer.
paragone [para'gone] m. comparaison f. | *mettere a paragone due cose*, comparer deux choses, établir une comparaison entre deux choses, mettre deux choses en comparaison. | *non c'è paragone*, il n'y a pas de comparaison. | *bellezza che non ha paragone*, beauté incomparable. ‖ GRAMM. *complemento di paragone*, complément de comparaison. ‖ LOC. *a paragone di, in paragone di, a*, en comparaison de. ‖ PR. e FIG. *(pietra di) paragone*, pierre (f.) de touche.
paragrafare [paragra'fare] v. tr. diviser en paragraphes.
paragrafo [pa'ragrafo] m. paragraphe.
paralisi [pa'ralizi] f. PR. e FIG. paralysie.
paralitico [para'litiko] (**-ci** pl.) agg. e n. paralytique, paralysé.
paralizzare [paralid'dzare] v. tr. PR. e FIG. paralyser.
paralizzato [paralid'dzato] agg. PR. et FIG. paralysé.
parallasse [paral'lasse] f. parallaxe.
parallattico [paral'lattiko] (**-ci** pl.) agg. parallactique.
parallela [paral'lɛla] f. GEOM. parallèle. ◆ pl. SPORT barres parallèles.
parallelamente [parallela'mente] avv. parallèlement.
parallelepipedo [parallele'pipedo] m. GEOM. parallélépipède.
parallelismo [paralle'lizmo] m. PR. e FIG. parallélisme.
parallelo [paral'lɛlo] agg. PR. et FIG. parallèle. | *la strada corre parallela alla costa*, la route est parallèle à la côte, suit la côte. ‖ GEOM. parallèle. ◆ m. [paragone] parallèle. ‖ ELETTR. parallèle f. | *collegamento in parallelo*, montage en parallèle. ‖ GEOGR., GEOM. parallèle.
parallelogrammo [parallelo'grammo] m. GEOM. parallélogramme.
paralogismo [paralo'dʒizmo] m. paralogisme.
paralogistico [paralo'dʒistiko] (**-ci** pl.) agg. erroné, inexact.
paraluce [para'lutʃe] m. invar. abat-jour.
paramano [para'mano] m. revers, parement ; [mattoni] parement.
paramecio [para'mɛtʃo] m. ZOOL. paramécie f.
paramento [para'mento] m. [addobbo] ornement ; [di altare] parement ; [del prete] ornement. ‖ [nelle costruzioni] parement.
parametrico [para'mɛtriko] (**-ci** pl.) agg. paramétrique.
parametro [pa'rametro] m. MAT. paramètre.
paramezzale [paramed'dzale] m. MAR. carlingue f.
paramilitare [paramili'tare] agg. paramilitaire.
paramine [para'mine] m. invar. drague f. (pour mines sous-marines), paravane.
paramnesia [paramne'zia] f. MED. paramnésie.
parancare [paran'kare] v. intr. MAR. palanquer.
paranchino [paran'kino] m. MAR. drisse f., poulie f.
paranco [pa'ranko] (**-chi** pl.) m. MAR. palan.
paraninfo [para'ninfo] (**-a** f.) m. faiseur, euse de mariages, marieur, euse (fam.).
paranoia [para'nɔja] f. MED. paranoïa.
paranoico [para'nɔiko] (**-ci** pl.) agg. e n. paranoïaque.
paranormale [paranor'male] agg. e m. paranormal.
paranza [pa'rantsa] f. barque de pêche.
paraocchi [para'ɔkki] m. invar. PR. e FIG. œillère f.
paraonde [para'onde] m. invar. brise-lames.
parapetto [para'pɛtto] m. parapet, garde-fou ; [nelle fortificazioni] parapet. ‖ MAR. bastingage, lisse f., garde-corps.
parapiglia [para'piʎʎa] m. invar. mêlée f., cohue f., bousculade f.
parapioggia [para'pjɔddʒa] m. invar. parapluie.
paraplegia [paraple'dʒia] f. MED. paraplégie.
paraplegico [para'plɛdʒiko] (**-ci** pl.) agg. MED. paraplégique.
parapsichico [para'psikiko] (**-ci** pl.) agg. métapsychique.
parapsicologia [parapsikolo'dʒia] f. parapsychologie.
parare [pa'rare] v. tr. **1.** [sventare] parer. | *parare un colpo*, parer un coup. ‖ **2.** [riparare] abriter, protéger. ‖ **3.** [porgere] tendre, présenter. ‖ **4.** [impedire] empêcher. ‖ PER EST. [trattenere] retenir ; [un cavallo] parer. ‖ **5.** [guidare] conduire, mener. ‖ **6.** [ornare] parer, orner. | *parare la chiesa a lutto*, disposer dans l'église les ornements funèbres, funéraires. ◆ v. intr. *andare a parare*, en venir, arriver, tendre. | *dove vuoi andare a parare?*, où veux-tu en venir? ◆ v. rifl. **1.** [ripararsi] s'abriter, se protéger. ‖ **2.** [presentarsi] surgir, apparaître, se montrer. | *la sentinella gli si parò davanti*, la sentinelle surgit, se dressa devant lui. ‖ **3.** [detto di prete] revêtir les ornements sacerdotaux. ‖ **4.** (raro) [vestirsi a festa] se parer.
paraschegge [paras'keddʒe] m. invar. MIL. pare-éclats.
parascintille [paraʃʃin'tille] m. invar. pare-étincelles.
parasimpatico [parasim'patiko] (**-ci** pl.) agg. e m. ANAT. parasympathique.
parasole [para'sole] m. invar. ombrelle f. ‖ FOT. parasoleil.
parassita [paras'sita] (**-i** pl.) agg. e n. PR. e FIG. parasite. ‖ RADIO *rumori parassiti*, (bruits) parasites.
parassitare [parassi'tare] v. tr. parasiter.
parassitario [parassi'tarjo] (**-i** pl.) agg. parasitaire.
parassiticida [parassiti'tʃida] (**-i** pl.) agg. e m. parasiticide.
parassitico [paras'sitiko] (**-ci** pl.) agg. parasitique.
parassitismo [parassi'tizmo] m. PR. e FIG. parasitisme.
parastatale [parasta'tale] agg. semi-public. | *enti parastatali*, organismes semi-publics. ◆ n. employé d'un service semi-public.
parastinchi [paras'tinki] m. invar. jambière f.
1. parata [pa'rata] f. [l'evitare un colpo] parade. ‖ [arresto del cavallo] parade. ‖ [sbarramento] barrage m.
2. parata [pa'rata] f. **1.** [sfoggio] parade. | *abito di parata*, habit de parade, de gala. ‖ **2.** MIL. parade. ‖ **3.** LOC. FIG. *veder la mala parata*, voir que les choses tournent mal.
paratassi [para'tassi] f. GRAMM. parataxe.
paratattico [para'tattiko] (**-ci** pl.) agg. GRAMM. paratactique.
paratia [para'tia] f. MAR. cloison. | *paratia stagna*, cloison étanche.
paratifo [para'tifo] m. MED. paratyphoïde f.
parato [pa'rato] m. tenture f., tapisserie f. | *carta da*

parati, papier peint, papier à tapisser. | *stoffa da parati*, tapisserie. ‖ MAR. traverse f.
paraurti [para'urti] m. invar. pare-chocs.
paravento [para'vɛnto] m. PR. e FIG. paravent.
parcamente [parka'mente] avv. frugalement. ‖ [grettamente] parcimonieusement.
parcella [par'tʃɛlla] f. **1.** [nota delle competenze] note d'honoraires ; honoraires m. pl. | *pagare la parcella*, payer les honoraires. ‖ **2.** [appezzamento di terra] parcelle.
parcellare [partʃel'lare] agg. parcellaire.
parcheggiare [parked'dʒare] v. tr. garer, parquer. ◆ v. intr. se garer, se parquer.
parcheggio [par'keddʒo] m. parc de stationnement, parking (ingl.). ‖ PER EST. [sosta] stationnement, parking.
parchettatura [parketta'tura] f. TECN. parquetage m.
parchettista [parket'tista] (**-i** pl.) m. parqueteur.
parchezza [par'kettsa] f. sobriété, frugalité, modération.
parchimetro [par'kimetro] m. parcmètre (neol.).
1. parco ['parko] (**-chi** pl.) agg. [moderato] frugal, sobre, modéré, mesuré ; [gretto] parcimonieux, chiche.
2. parco ['parko] (**-chi** pl.) m. **1.** parc. | *parco nazionale*, parc national. ‖ **2.** [per il bestiame] parc. ‖ **3.** [per gli autoveicoli] parc, parking. ‖ **4.** FERR., MIL., TECN. parc. | *il parco automobilistico italiano*, le parc automobile italien.
parcometro [par'kɔmetro] m. parcmètre (neol.).
pardo ['pardo] m. (arc.) V. LEOPARDO.
parecchio [pa'rekkjo] agg. indef. **1.** (con un nome al pl.) [diversi, più d'uno] plusieurs, différents, divers ; [molti] nombreux, beaucoup (de), bien (des). | *parecchie volte*, plusieurs fois, bien des fois. | *parecchie persone*, plusieurs personnes, beaucoup de gens. | *in parecchi casi*, dans bien des cas, dans de nombreux cas. ‖ **2.** [con nome al sing.] beaucoup (de), bien (du), pas mal (de). | *parecchio denaro*, beaucoup, pas mal d'argent. | *avete parecchia fortuna*, vous avez beaucoup de chance, bien de la chance. ◆ pron. indef. **1.** [diversi] plusieurs ; [molti] beaucoup. | *parecchi la pensano come me*, plusieurs, beaucoup sont de mon avis. ‖ **2.** beaucoup, pas mal. | *ha ancora parecchio da imparare*, il a encore beaucoup, pas mal de choses à apprendre. | *hai già fatto parecchio*, tu as déjà fait beaucoup. ◆ avv. *è parecchio che ti aspetto*, il y a un bon moment que je t'attends. | *ho speso parecchio*, j'ai dépensé pas mal, beaucoup (d'argent). | *c'è parecchio da casa tua a scuola*, il y a loin, il y a un bon bout de chemin de chez toi à l'école. ‖ [con verbi o comparativi] beaucoup, bien. | *ha sofferto parecchio*, il a beaucoup, il a bien souffert. | *sono stato parecchio deluso*, j'ai été bien déçu. | *è parecchio più grande*, il est beaucoup, bien plus grand. ‖ [raro ; con agg.] très (L.C.). | *è parecchio grande*, il est très grand.
pareggiabile [pared'dʒabile] agg. qui peut être égalisé, aplani. ‖ FIN. qui peut être équilibré.
pareggiamento [pareddʒa'mento] m. égalisation f., aplanissement. ‖ FIN. équilibre.
pareggiare [pared'dʒare] v. tr. égaliser, aplanir. ‖ [equilibrare] équilibrer. | *pareggiare il bilancio*, équilibrer le budget. | *pareggiare un conto*, balancer un compte. ‖ [uguagliare] égaler. | *nessuno lo pareggia*, personne ne l'égale. ‖ ASSOL., SPORT égaliser ; [come risultato finale] faire match nul. ◆ v. rifl. être égal.
pareggiato [pared'dʒato] agg. égalisé. ‖ FIN. en équilibre. ‖ UNIV. reconnu par l'État.
pareggio [pa'reddʒo] m. Fin. équilibre, balance f. | *pareggio di bilancio*, équilibre budgétaire. | *pareggio dei conti*, balance des comptes. | *chiudere il bilancio in pareggio*, équilibrer le budget. ‖ SPORT égalisation f. ; [risultato finale] match nul.
parelio [pa'rɛljo] m. ASTRON. par(h)élie.
parenchima [pa'rɛnkima] m. ANAT., BOT. parenchyme.
parentado [paren'tado] m. [legame tra parenti] parenté f. ‖ [insieme dei parenti] famille f., parenté.
parentale [paren'tale] agg. des parents, parental.
parente [pa'rɛnte] m. e f. parent. | *è un mio parente*, c'est un parent (à moi) ; c'est un de mes parents. | *Giorgio mi è parente*, Georges et moi, nous sommes parents. | *parente stretto, lontano*, parent proche, éloigné. ‖ FIG. *parente povero*, parent pauvre. ◆ pl. (lett.) [genitori] parents. ‖ PER EST. *i primi parenti*, nos premiers parents.
parentela [paren'tɛla] f. PR. e FIG. parenté. ‖ [i parenti] parenté, famille.
parentesi [pa'rɛntezi] f. PR. e FIG. parenthèse. | *(sia detto) tra parentesi*, entre parenthèses, par parenthèse. | *parentesi quadra*, crochet m.
parentetico [paren'tetiko] (**-ci** pl.) agg. qui forme une parenthèse ; qui est entre parenthèses. ‖ GRAMM. *proposizione parentetica*, proposition incidente, incise.
pareo [pa'rɛo] m. pareo.
1. parere [pa'rere] v. intr. **1.** avoir l'air (de), paraître, sembler. | *mi pare una brava persona*, il m'a l'air d'un brave homme. | *mi pareva stanco*, il m'avait l'air fatigué, il me paraissait, il me semblait fatigué. ‖ [falsamente] *pareva un santo*, on aurait dit un saint, il avait l'air d'un saint. | *parevi un ladro*, tu avais l'air d'un voleur. | *pare un diamante*, on dirait un diamant. ‖ [con infinito] *paiono dormire*, on dirait qu'ils dorment, ils semblent dormir, ils ont l'air de dormir. | *improvvisamente parve accorgersi di qlco.*, brusquement il parut s'apercevoir de qch. ‖ LOC. *non mi par vero*, je n'en crois pas mes yeux, mes oreilles. | *pare impossibile*, c'est incroyable. | *pare ieri*, on croirait que c'était hier. ‖ **2.** [assomigliare] ressembler (à). | *pare tutto suo padre*, c'est tout le portrait de son père. ‖ **3.** ARC. [apparire] apparaître (L.C.), se montrer (L.C.). ◆ v. intr. impers. **1.** [con pron. compl. di termine] *mi pare*, j'ai l'impression, je crois, il me semble. | *mi è parso di sentire un rumore*, j'ai cru entendre, j'ai eu l'impression d'entendre un bruit. | *è venuto ieri, mi pare*, il est venu hier, il me semble, je crois, je pense. | *mi pare che fossimo in cinque*, je crois, il me semble que nous étions cinq. | *mi pare di sì*, je crois que oui. | *mi parve che la cosa lo lasciasse indifferente*, j'eus l'impression que la chose le laissait indifférent. ‖ [giudizio] *mi pare che sia troppo scuro*, je trouve qu'il est trop foncé. | *non mi pare il momento*, je trouve que ce n'est pas le moment. | *ho ragione io, non ti pare ?*, c'est moi qui ai raison, tu ne trouves pas ? | *che te ne pare ?*, qu'en penses-tu ? ‖ [affermazione del libero arbitrio di qlcu.] je veux, il me plaît. | *esco con chi mi pare*, je sors avec qui je veux, avec qui bon me semble. | *fa quel che gli pare (e piace)*, il fait ce qu'il veut, ce qui lui plaît, ce que bon lui semble. | *come le pare*, comme vous voulez. ‖ [in formule di cortesia] *« disturbo ? »*, *« ma le pare ! »*, « je vous dérange ? », « mais jamais de la vie », « mais pas du tout ! » | *« grazie ! »*, *« ti pare ! »*, « merci ! », « je t'en prie », « de rien ! » | *« posso entrare ? »*, *« ma le pare ! »*, « je peux entrer ? », « mais bien sûr ! », « je vous en prie ! » ‖ **2.** [senza compl. di termine] *pare*, il paraît. | *pare che le tasse aumenteranno*, il paraît que les impôts vont augmenter. ‖ [sembra] on dirait, on a l'impression. | *pare che voglia piovere*, on dirait qu'il va pleuvoir. | *pare di essere in una chiesa*, on a l'impression d'être dans une église.
2. parere [pa'rere] m. avis. | *mutar parere*, changer d'avis. | *vorrei sentire il Suo parere*, je voudrais votre avis. | *secondo il mio modesto parere*, à mon humble avis.
paresi [pa'rɛzi] f. MED. parésie.
parestesia [pareste'zia] f. MED. paresthésie.
parete [pa'rete] f. **1.** mur m. ; [di piccolo spessore] paroi, cloison. | *parete di mattoni*, mur de briques. | *pareti di una cabina*, parois d'une cabine. | *tra i due appartementi c'è solo una parete molto sottile*, entre les deux appartements il n'y a qu'une cloison très mince. ‖ LOC. FIG. *tra le pareti domestiche*, dans l'intimité. ‖ **2.** [di grotta, trincea ; di recipiente] paroi. ‖ **3.** [fianco di una montagna] paroi. ‖ **4.** ANAT. paroi.
pargolo ['pargolo] m. (lett.) enfant (L.C.). ◆ agg. (lett.) petit (L.C.).
1. pari ['pari] agg. **1.** [uguale] égal, même. ‖ [col v. « essere »] *siamo pari di età, di pari età*, nous avons le même âge, nous sommes du même âge. | *sono di pari forza*, ils sont de force égale. | *io sono pari a te d'ingegno*, je suis aussi intelligent que toi. | *nessuno ti è pari per negligenza*, personne n'est aussi négligent que toi, personne ne t'égale en négligence. | *essere pari*

al proprio compito, être à la hauteur de sa tâche. | *il loro peso è pari,* ils ont le même poids, ils pèsent autant l'un que l'autre. | *un metro è pari a cento centimetri,* un mètre est égal à, vaut cent centimètres. | *la tua cattiveria è pari alla tua stupidità,* ta méchanceté égale ta bêtise. | *la sua forza è pari solo alla sua gentilezza,* sa force n'a d'égale que sa gentillesse. || **2.** [con altri verbi, altre costruzioni] *avere pari diritti,* avoir les mêmes droits. | *ad armi pari,* à armes égales. | *a pari condizioni,* aux mêmes conditions. | *a pari merito,* à égalité de mérite. | *primi a pari merito,* premiers *ex aequo.* || Loc. *saltare a piè pari :* PR. sauter à pieds joints ; FIG. *saltare a piè pari una frase,* sauter une phrase ; *saltare a piè pari una difficoltà,* esquiver une difficulté. | *andare di pari passo con,* aller de pair avec. || **3.** Pr. e FIG. [nel gioco, negli sport] à égalité. | *le due squadre sono pari,* les deux équipes sont à égalité. | *abbiamo fatto pari (punti),* nous avons fait match nul. || [in un rapporto di dare ed avere] quitte. | *gli ho restituito i suoi soldi ed ora siamo pari,* je lui ai rendu son argent et maintenant nous sommes quittes. || **4.** Mat. [divisibile per due] pair. | *i numeri pari,* les nombres pairs. ◆ sostant. égal, pair (arc. o lett.). | *deve essere giudicato dai suoi pari,* il doit être jugé par ses pairs. | *non è mio pari,* il n'est pas mon égal. | *non accetto le critiche dai tuoi pari,* je n'accepte pas les critiques des gens comme toi. | *un mio pari non teme il pericolo,* je ne suis pas de ceux qui craignent le danger, un homme comme moi ne craint pas le danger. | *un brigante da par suo,* un brigand comme lui. | *si è comportato da par suo,* il a fait exactement ce qu'on pouvait attendre de (quelqu'un comme) lui. | *essere senza pari,* être sans égal, être hors (de) pair. | *da pari a pari,* d'égal à égal. | *stare a pari con qlcu.* être l'égal de qn, valoir qn. ◆ loc. *in pari :* [in equilibrio] en équilibre ; [stesso livello] au même niveau, de niveau ; [aggiornato] à jour, en règle. | *mettere in pari un registro,* mettre un registre à jour. | *non sono in pari col lavoro,* j'ai du travail en retard. || *alla pari,* d'égal à égal ; [di prestazione di servizio] au pair ; COMM. au pair. | *trattare qlcu. alla pari,* traiter qn d'égal à égal, sur un pied d'égalité. | *stare alla pari con qlcu., qlco.,* valoir qn, qch. | *ragazza alla pari,* jeune fille au pair. || *pari pari,* textuellement, mot à mot. || *del pari,* (tout) aussi bien ; aussi. | *potrebbe del pari aver sbagliato,* il pourrait aussi bien s'être trompé. || *al pari di,* comme, aussi bien que. | *al pari del padre,* comme son père.

2. pari ['pari] m. [nobile] pair. | *camera dei pari,* Chambre des pairs ; [Inghilterra] Chambre des lords.

paria ['parja] m. invar. paria.

parìa [pa'ria] f. (raro) pairie (L.C.).

parietale [parje'tale] agg. e m. pariétal.

parifica [pa'rifika] f. V. PARIFICAZIONE.

parificare [parifi'kare] v. tr. égaliser. || [riconoscere legalmente] reconnaître. | *parificare una scuola,* reconnaître une école.

parificato [parifi'kato] agg. reconnu (par l'État).

parificazione [parifikat'tsjone] f. égalisation. || [riconoscimento legale] reconnaissance.

parigina [pari'dʒina] f. poêle m.

parigino [pari'dʒino] **(-a** f.) agg. e n. parisien, enne.

pariglia [pa'riʎʎa] f. **1.** [coppia] paire. || **2.** [contraccambio] pareille. | *rendere la pariglia,* rendre la pareille.

parigrado [pari'grado] agg. du même grade. ◆ m. personne du même grade. | *è un mio parigrado,* il est du même grade que moi.

parimenti [pari'menti] avv. pareillement, également, de même.

pario ['parjo] agg. de Paros.

parisillabo [pari'sillabo] agg. Gramm. parisyllabique, parisyllabe. || Metr. pair.

parità [pari'ta] f. égalité, parité (lett.). | *parità di diritti,* égalité des droits. | *parità salariale,* parité, égalité des salaires. || Econ. parité. || Giochi, Sport égalité.

paritario [pari'tarjo] agg. égalitaire. | *trattamento paritario,* traitement égalitaire.

paritetico [pari'tɛtiko] **(-ci** pl.) agg. paritaire. | *commissione paritetica,* commission paritaire.

1. parlamentare [parlamen'tare] agg. e n. parlementaire.

2. parlamentare [parlamen'tare] v. intr. parlementer.

parlamentario [parlamen'tarjo] agg. parlementaire.

parlamentarismo [parlamenta'rizmo] m. parlementarisme.

parlamentarista [parlamenta'rista] m. e f. partisan (m.) du système parlementaire.

parlamento [parla'mento] m. parlement. | *sedere al parlamento,* siéger au parlement. || Arc. [convegno] assemblée f. (L.C.) ; [colloquio] entretien (L.C.).

parlante [par'lante] agg. parlant. ◆ m. Ling. sujet parlant, locuteur.

parlantina [parlan'tina] f. loquacité (lett.), bagou(t) m. (fam.), volubilité.

1. parlare [par'lare] v. intr. parler. **1.** [usato senza compl.] *è andato via senza parlare,* il est parti sans rien dire, sans mot dire. | *io non ho parlato, non ho osato parlare,* je n'ai rien dit, je n'ai rien osé dire. | *questo sì che si chiama parlare !,* voilà qui est parler !, ça c'est parler ! (fam.). || [al telefono] *chi parla ?,* qui est à l'appareil ?, qui est au bout du fil ? | *parla X,* ici X. || [in pubblico] *parlare alla radio,* parler à la radio. | *aver facoltà di parlare,* avoir la parole. || **2.** [usato con compl. di modo, causa, ecc.] *parlare con voce chiara, sottovoce,* parler d'une voix claire, à voix basse. | *parlare col naso, nel naso,* parler du nez. | *parlare stentatamente,* avoir de la peine à parler, parler avec difficulté. | *parlare forbito,* parler un langage choisi. | *parlare difficile,* parler de façon compliquée. | *parla tanto per parlare,* il parle pour ne rien dire. | *parla come mangi !,* dis les choses comme elles te viennent ! | *bada a come parli !,* fais attention à ce que tu dis ! || [gerundio] *con rispetto parlando,* sauf votre respect (arc.). | *parlando in generale,* généralement parlant. || **3.** *parlare a, con qlcu.,* parler à, avec qn. | *parlare con qlcu. :* [intrattenersi familiarmente] causer avec qn. | *con chi crede di parlare ?,* avec qui, à qui croyez-vous parler ?, pour qui me prenez-vous ? | *parlare con un amico,* parler, causer avec un ami. | *gli ho parlato per telefono,* je lui ai parlé au téléphone. | *parlare tra sé e sé,* se parler à soi-même. || Loc. FIG. *parlare al muro, al vento,* parler à un mur. || **4.** *parlare di qlcu., di qlco.,* parler de qn, de qch. | *parlare di qlco. :* [intrattenersi familiarmente] parler de qch., causer de qch. | *parlare del più e del meno,* parler, causer de choses et d'autres. | *non parliamone più,* n'en parlons plus. | *non se ne parla neanche,* il n'en est pas question. | *per non parlare degli altri tre,* sans parler des trois autres. | *parlare bene, male di qlcu.,* dire du bien, du mal de qn. | *far parlare di sé,* faire parler de soi. || Particol. [avere una conversazione su un tema] parler (de) ; parler (tr.). | *parlare di politica, di affari,* parler, causer (fam.) politique, affaires. | *parlano sempre di vestiti,* elles ne font que parler chiffons. || **5.** [manifestare un intenzione ; far correre la voce] *si parla di un milione di danni,* on parle d'un million de dégâts. | *delle riforme promesse non si parla più,* on n'entend plus parler des réformes promises. || **6.** Per est. [esprimersi] *Le scrivo per parlarle di questo problema,* je vous écris pour vous parler de ce problème. | *parlare a gesti,* parler par gestes. || **7.** [sogg. = cosa] parler. | *tutti i giornali ne parlano,* tous les journaux en parlent. | *musica che parla al cuore,* musique qui parle au cœur, qui touche le cœur. | *i fatti parlano chiaro,* les faits parlent d'eux-mêmes. ◆ v. tr. parler. | *parlare tre lingue,* parler trois langues. | *parlare (il) russo,* parler (le) russe. || Loc. FIG. *parli arabo, turco,* ce que tu dis est de l'hébreu, du chinois pour moi. ◆ v. recipr. se parler. || Pop. [amoreggiare] se fréquenter.

2. parlare [par'lare] m. [modo di parlare] parler, manière (f.), façon (f.) de parler. | *ha un parlare lento,* il parle lentement. || [riguardo all'impronta stilistica] langage, parler. | *parlare volgare,* langage vulgaire. || [regionale] parler.

parlata [par'lata] f. [regionale] parler m. ; [individuale] façon de parler, langage m.

parlato [par'lato] agg. parlé. || Cin. *film parlato,* film parlant.

parlatore [parla'tore] (**-trice** f.) m. causeur, euse; parleur (solo m.).
parlatorio [parla'tɔrjo] m. parloir.
parlottare [parlot'tare] v. intr. parler à voix basse; [bisbigliare] chuchoter; [borbottare] marmotter, murmurer. ‖ Fig. [sogg. = vento, acqua, ecc.] murmurer.
parlottio [parlot'tio] m. chuchotement.
parmense [par'mɛnse] agg. (lett.) V. PARMIGIANO.
parmigiano [parmi'dʒano] agg. de Parme, parmesan. ◆ n. habitant de Parme, Parmesan (raro). ◆ m. [formaggio] parmesan.
parnassianismo [parnassja'nizmo] m. Lett. Parnasse.
parnassiano [parnas'sjano] agg. e m. Lett. parnassien.
parodia [paro'dia] f. Pr. e fig. parodie.
parodiare [paro'djare] v. tr. parodier.
parodico [pa'rɔdiko] (**-ci** pl.) agg. (raro) parodique (l.c.).
parodista [paro'dista] (**-i** pl.) m. e f. parodiste.
parola [pa'rɔla] f. **1.** [elemento del linguaggio articolato] mot m.; [espressione del pensiero] mot, parole. | *parola dotta*, mot savant. | *ve lo spiegherò in poche parole*, je vais vous l'expliquer en deux mots, en quelques mots. | *in parole povere*, en un mot. | *in altre parole*, en d'autres termes, autrement dit. | *nel vero senso della parola*, au sens propre du terme, du mot. | *ha buttato lì mezza parola*, il en a dit un mot en passant. | *non ne so una parola*, je n'en sais pas le premier mot. | *dire una buona parola per qlcu.*, dire un mot en faveur de qn. | *mi ha detto una buona parola*, il m'a dit un mot aimable. | *misurare, pesare le parole*, peser ses mots. ‖ Particol. *parole d'ordine*, mot d'ordre. | *parole incrociate*, mots croisés. | *gioco di parole*, jeu de mots. ‖ Loc. *parola per parola*, mot à mot. | *è un uomo di poche parole*, il n'est pas bavard. | *non ne ha fatto parola con nessuno*, il n'en a parlé à personne. | *passarsi la parola*, se passer le mot. | *passar parola*, avertir. | *mi ha levato la parola di bocca*, c'est justement ce que je voulais dire. | *prendere in parola*, prendre au mot; [fidarsi] croire sur parole. | *venire a parole*, avoir des mots. | *è una parola!*, c'est facile à dire! | *la persona in parola*, la personne en question. | *essere in parola*, être en pourparlers. | *non ho detto l'ultima parola*, je n'ai pas dit mon dernier mot. ‖ **2.** [impegno] parole, promesse. | *ha dato la sua parola (d'onore)*, il a donné sa parole (d'honneur). | *mantenere la parola (data)*, tenir (sa) parole. | *venir meno alla parola*, manquer à sa parole. | *sono un uomo di parola*, je n'ai qu'une parole. | *è stato di parola*, il a tenu parole. | *sulla parola*, sur parole. ‖ **3.** [facoltà di parlare] parole. | *la parola al segretario generale*, la parole est au secrétaire général. | *libertà di parola*, liberté d'expression. | *aver la parola facile*, avoir la parole facile. ‖ Relig. *la parola di Dio*, la parole de Dieu. ‖ Ling. parole. ◆ pl. [discorso] paroles, mots, propos m. | *sono le sue parole*, ce sont ses propres paroles. | *parole sconnesse*, propos décousus. | *debbo dirti due parole*, il faut que je te dise un mot, deux mots, quelques mots. | *non trovo parole per ringraziarvi*, je ne trouve pas de mots pour vous remercier. | *le sue ultime parole*, ses dernières paroles. | *le prime parole di un bambino*, les premiers mots d'un enfant. ‖ [simbolo di inconsistenza] discours m., mots, paroles. | *basta con le parole, vogliamo fatti*, assez de discours, de paroles, nous voulons des faits. | *sono solo parole*, ce ne sont que des mots. | *a parole sa fare tutto*, en paroles, il sait tout faire.
parolaccia [paro'lattʃa] f. Peggior. gros mot, grossièreté.
parolaio [paro'lajo] agg. verbeux. ◆ n. bavard, arde.
paroliere [paro'ljɛre] m. parolier.
parolone [paro'lone] (**-a** f.) m. grand mot.
paronichia [paroni'kia] f. Med. panaris m.
paronimia [paroni'mia] f. Gramm. paronymie.
paronimo [pa'rɔnimo] m. Gramm. paronyme.
paronomasia [parono'mazja] f. Ret. paronomase.
parossismo [paros'sizmo] m. paroxysme.
parossistico [paros'sistiko] (**-ci** pl.) agg. paroxystique.
parossitono [paros'sitono] agg. Ling. paroxyton agg. e m.
parotide [pa'rɔtide] agg. e f. Anat. parotide.
parotite [paro'tite] f. Med. parotidite.
parricida [parri'tʃida] (**-i** pl.) agg. e n. parricide.
parricidio [parri'tʃidjo] m. parricide.
parrocchetto [parrok'ketto] m. Mar., Zool. perroquet.
parrocchia [par'rɔkkja] f. paroisse.
parrocchiale [parrok'kjale] agg. paroissial.
parrocchiano [parrok'kjano] (**-a** f.) m. paroissien.
parroco ['parroko] (**-ci** pl.) m. curé.
parrucca [par'rukka] f. perruque.
parrucchiere [parruk'kjɛre] (**-a** f.) m. coiffeur, euse. ‖ Antiq. [chi fa parrucche] perruquier.
parruccone [parruk'kone] m. perruque (antiq.).
parsec ['parsek] m. Astron. parsec.
parsi ['parsi] agg. e m. parsi.
parsimonia [parsi'mɔnja] f. parcimonie, économie.
parsimonioso [parsimo'njoso] agg. parcimonieux.
parso ['parso] part. pass. di PARERE.
partaccia [par'tattʃa] f. Fam., Loc. *fare una partaccia a qlcu.*: [giocare un brutto tiro] jouer un sale tour à qn; [sgridare] passer un savon, savonner la tête à qn.
parte ['parte] f.
I. Elemento di un insieme: partie. | *parti del corpo*, parties du corps. | *la seconda parte del concerto*, la seconde partie du concert. ‖ Mecc. *parti di una macchina*, parties, pièces d'une machine. | *parti di ricambio*, pièces de rechange.
II. Quantità o numero: partie. | *una parte delle carrozze sarà staccata*, une partie des wagons sera détachée. | *gran parte degli studenti*, une grande partie des étudiants. | *la maggior parte degli spettatori applaudì*, la plupart des spectateurs applaudirent. ‖ [di tempo] *gran parte dell'anno*, une grande partie de l'année. | *la maggior parte del tempo*, la plupart du temps. | *da un anno a questa parte*, depuis un an. ‖ [correlativo] *parte dei presenti era favorevole, parte no*, une partie des présents était favorable, l'autre non.
III. Nello spazio. **1.** [zona, regione] partie. | *le parti basse della città*, la ville basse. | *la parte montuosa del paese*, la partie, la région, la zone montagneuse du pays. ‖ [senza compl. di specificazione] *che fai da queste parti?*, que fais-tu par ici? | *dalle nostre parti fa più caldo*, il fait plus chaud chez nous. ‖ **2.** [lato] côté m. | *dall'altra parte della strada*, de l'autre côté de la rue. ‖ **3.** [senso, direzione] côté. | *da che parte vai?*, de quel côté vas-tu? | *il vento tira da questa parte*, le vent souffle de ce côté-ci. | *da ogni parte*, de tous côtés, de toutes parts. ‖ **4.** Fig. [lato] côté. | *parenti da parte di madre*, parents du côté de la mère. | *si è messo dalla parte del torto*, il s'est mis en tort. | *si è messo dalla parte del più forte*, il s'est mis du côté du plus fort. ‖ [provenienza, agente] part, côté. | *diglielo da parte mia*, dis-le-lui de ma part. | *da parte mia non vedo obiezioni*, pour ma part je ne vois pas d'objections. | *da parte mia non ci sono difficoltà*, en ce qui me concerne, il n'y a pas de problème. | *da parte mia farò il possibile*, de mon côté, je ferai ce que je pourrai.
IV. Ciò che spetta a qlcu.: part. | *ognuno ebbe la sua parte*, chacun eut sa part. | *sei parti di torta*, six parts de gâteau. | *parte di eredità*, part d'héritage. | *fare le parti*, faire le partage.
V. Fazione, partito: parti m., faction, camp m. | *la parte ghibellina*, le parti des gibelins. | *uomo di parte*, homme partial, esprit partisan. | *spirito di parte*, esprit partisan, esprit de parti; partialité. ‖ Loc. *far parte per se stesso*, faire bande à part. | *prendere le parti di qlcu., tenere dalla parte di qlcu.*, prendre le parti de qn; prendre fait et cause pour qn.
VI. Giur. [ogni contendente] partie. | *accordo tra le parti*, accord entre les parties. ‖ Per est. [avversario] partie, adversaire m.
VII. Mus. partie. | *ogni membro del coro studia la sua parte*, chaque membre du chœur étudie sa partie. ‖ [in un'opera lirica] rôle m. | *la parte di Figaro*, le rôle de Figaro.
VIII. Teatro rôle m. | *recitare la parte di Nerone*, jouer le rôle de Néron. | *una piccola parte*, un petit rôle, un rôle secondaire. ‖ Fig. *ha avuto una parte*

importante in questa storia, il a eu un rôle important dans cette histoire. | *far la parte della vittima,* jouer les victimes. | *mi fanno sempre far la parte più ingrata,* on me fait toujours jouer le rôle le plus ingrat. | *mi avete fatto far la parte dello stupido,* vous m'avez fait passer pour un imbécile. | *mi hai fatto una parte che non mi aspettavo,* je ne m'attendais pas à ce que tu me traites de cette façon, à ce que tu te conduises ainsi envers moi. | *questa parte non la meritavo,* je ne méritais pas d'être traité ainsi.
IX. Loc. FIG. *essere a parte di,* être au courant de. | *mi misero a parte della faccenda,* ils me mirent au courant de la chose. | *prendere parte a qlco.,* prendre part à qch. | *far parte qlcu. di qlco.,* faire part à qn de qch. | *far parte di un gruppo,* faire partie d'un groupe. ◆ avv. [correlativo] *parte..., parte...,* en partie..., en partie... ; partie..., partie... (arc.). | *pagherò parte subito, parte a rate,* je payerai une partie tout de suite et le reste à crédit. | *i nemici parte furono uccisi, parte fatti prigionieri,* une partie des ennemis furent tués, les autres furent faits prisonniers. | *hanno fatto la strada parte in bicicletta e parte a piedi,* ils ont fait le trajet en partie à bicyclette, en partie à pied. || Loc. AVV. *in parte,* en partie. || *a parte,* à part. || *da parte,* de côté. || *d'altra parte,* d'autre part. || *da una parte..., dall'altra,* d'une part..., d'autre part. || *prendere qlco. in buona, in mala parte,* prendre qch. en bonne, en mauvaise part.

partecipante [partetʃi'pante] agg. e n. participant.

partecipare [partetʃi'pare] v. intr. [prendere parte a] participer (à), prendre part (à). | *partecipare ad un gioco,* participer, prendre part à un jeu. | *partecipare agli utili,* participer aux bénéfices. | *partecipare alla gioia di qlcu.,* participer à, partager la joie de qn. || [essere partecipe di] participer (lett.), tenir de. ◆ v. tr. faire part (de), annoncer. | *partecipare il proprio matrimonio a qlcu.,* faire part de son mariage à qn. || (arc. o lett.) [dividere] partager (L.C.).

partecipazione [partetʃipat'tsjone] f. **1.** participation. || **2.** [comunicazione] annonce, communication. || [biglietto] faire-part m. invar.

partecipe [par'tɛtʃipe] agg. qui participe (à), qui prend part (à). | *essere partecipe del dolore di un amico,* participer à, partager la douleur d'un ami. | *lo fecero partecipe della notizia,* ils lui firent part de la nouvelle. | *lo fecero partecipe degli utili,* ils le firent participer aux bénéfices.

parteggiare [parted'dʒare] v. intr. être pour, être avec, soutenir (v. tr.), tenir pour, être du côté de, être du parti de, prendre parti pour. | *parteggia per i socialisti,* il est pour, il est avec les socialistes. | *parteggiare per i più deboli,* prendre parti pour les plus faibles.

partenogenesi [parteno'dʒɛnezi] f. BIOL. parthénogenèse.

partenopeo [parteno'pɛo] agg. e n. (lett.) parthénopéen, napolitain (L.C.).

partente [par'tɛnte] agg. e n. partant.

partenza [par'tɛntsa] f. départ m. | *il giorno della partenza,* le jour du départ. | *essere di partenza,* être prêt à, sur le point de partir. | *il treno è in partenza,* le train va partir. | *è in partenza al secondo binario il direttissimo per Firenze,* l'express pour Florence part du quai numéro deux. | *il prossimo treno in partenza per Roma,* le prochain train pour Rome. | *treni in partenza,* départs. || PR. e FIG. *punto di partenza,* point de départ.

particella [parti'tʃɛlla] f. L.C. e FIS. particule. || GIUR. [di terra] parcelle. || GRAMM. particule.

particina [parti'tʃina] f. CIN., TEATRO petit rôle.

participiale [partitʃi'pjale] agg. GRAMM., LING. participial.

participio [parti'tʃipjo] m. GRAMM. participe.

particola [par'tikola] f. (arc.) parcelle (L.C.). || RELIG. hostie.

particolare [partiko'lare] agg. particulier. | *nulla di particolare,* rien de spécial, rien de particulier. || Loc. *in particolare,* en particulier. ◆ m. détail. | *un particolare del quadro,* un détail du tableau. | *esaminare nei particolari,* examiner en détail, dans les détails.

particolareggiare [partikolared'dʒare] v. tr. raconter en détail ; décrire en détail, par le menu.

particolareggiato [partikolared'dʒato] agg. détaillé.

particolarismo [partikola'rizmo] m. [di regione, comunità] particularisme. || [di una sola persona] individualisme. || [favoritismo] favoritisme.

particolaristico [partikola'ristiko] (**-ci** pl.) agg. [di gruppo] particulariste. || [di una persona] individualiste.

particolarità [partikolari'ta] f. [l'essere particolare] particularité (lett.). || [elemento particolare, caratteristico] particularité, caractéristique. || [particolare] détail m.

particolarmente [partikolar'mente] avv. particulièrement. || [in particolare] particulièrement, en particulier, spécialement.

partigiana [parti'dʒana] f. [arma] pertuisane.

partigianeria [partidʒane'ria] f. partialité, esprit partisan.

partigianesco [partidʒa'nesko] agg. partisan.

partigiano [parti'dʒano] n. **1.** [guerrigliero] partisan ; [nella Resistenza] maquisard, partisan. || **2.** (lett.) [fautore] partisan (L.C.). ◆ agg. [dei, di partigiani] de(s) partisans, partisan, ane. | *guerra partigiana,* guerre de partisans. || [fazioso] partisan.

partire [par'tire] v. intr. **1.** [lasciare un posto] partir, s'en aller. | *partire da Roma, partire per Firenze,* partir de Rome, partir pour Florence. || **2.** [iniziare un movimento] partir. | *partire di corsa,* partir en courant. || [di veicoli] démarrer, partir. | *far partire un'automobile,* faire démarrer une voiture. || Loc. *partire in quarta :* PR. partir en quatrième vitesse (fam.), en trombe (fam.), à fond de train (fam.) ; FIG. s'emballer. || **3.** [di proiettili] *far partire un colpo di fucile,* faire partir un coup de fusil. || **4.** FIG. [iniziare, prendere le mosse] partir. | *partire da una certa idea,* partir d'une certaine idée. | *partire dal niente,* partir de rien. || [provenire] partir, venir. | *un urlo partì dalla folla,* un cri partit de la foule. | *parole che partono dal cuore,* mots qui viennent du cœur. || **5.** FAM. SCHERZ. [guastarsi] *il carburatore è partito,* le carburateur est fichu. || [essere ebbro] *era proprio partito,* il était complètement parti. ◆ v. tr. (arc.) diviser (L.C.), partager (L.C.). ◆ v. rifl. (lett.) partir (L.C.), s'éloigner (L.C.), se séparer (L.C.). | *partirsi dalla vita,* partir pour l'autre monde, passer de vie à trépas. ◆ loc. prep. ***a partire da,*** à partir, à commencer de.

partita [par'tita] f. **1.** COMM. [di merce] (certaine) quantité ; stock m. | *la partita di carbone da voi ordinata non è ancora stata spedita,* le charbon que vous avez commandé n'a pas encore été expédié. || **2.** [contabilità] partie. | *partita doppia,* partie double. || FIG. *considero chiusa la partita,* je considère la question comme réglée. | *saldare una partita,* régler ses comptes. || **3.** GIOCHI partie. | *fare una partita a carte, a scacchi,* faire une partie de cartes, une partie d'échecs. || SPORT partie, match m. || ASSOL. *andare alla partita,* aller voir le match. || [divertimento] *partita di piacere, di caccia,* partie de plaisir, de chasse. || Loc. FIG. *aver partita vinta,* gagner la partie. | *abbandonare la partita,* abandonner la partie. || **4.** MUS. partita [it.] (pl. *partite* o *partitas*), suite.

partitamente [partita'mente] avv. (lett.) séparément (L.C.).

partitivo [parti'tivo] agg. partitif.

1. partito [par'tito] agg. (arc., lett.) divisé (L.C.). || ARALD. parti. ◆ m. ARALD. écu parti.

2. partito [par'tito] m. **1.** POLIT. parti. | *partito di maggioranza,* parti majoritaire. || **2.** [soluzione che si può adottare] solution f., parti, décision f. | *pesare i vari partiti,* peser les différentes solutions. | *scegliere il partito migliore,* choisir la meilleure solution. | *non saper quale partito prendere,* ne pas savoir quel parti prendre. || Loc. *per partito preso,* de parti pris. | *mettere la testa a partito,* se ranger. || **3.** [occasione di matrimonio] parti. | *un ottimo partito,* un excellent parti. || **4.** [condizione, situazione] *a mal partito,* en fâcheuse posture ; [riferito alla salute] mal en point, en mauvais état. || **5.** [profitto] *trarre partito da qlco.,* tirer parti de qch.

partitocrazia [partitokrat'tsja] f. domination, hégémonie des partis.

partitore [parti'tore] m. (lett.) [persona] répartiteur. ‖ TECN. partiteur.
partitura [parti'tura] f. MUS. partition.
partizione [partit'tsjone] f. répartition, division. ‖ [scomparto] compartiment m. ‖ ARALD. partition.
partner ['pɑ:tnə] m. e f. invar. [ingl.] partenaire n.
parto ['parto] m. PR. accouchement. | *parto cesareo*, césarienne f. | *parto indolore*, accouchement sans douleur. | *ha avuto un parto gemellare*, elle a accouché de deux jumeaux. | *morire di parto*, mourir en couches (f. pl.). ‖ [di animale] mise (f.) bas; [di mucca] vêlement, vêlage; [di cavalla] poulinage. ‖ LOC. FIG. *è il parto della montagna*, la montagne a accouché d'une souris. ‖ FIG. création f., accouchement; [risultato] fruit, produit. | *parto letterario*, création littéraire. | *un parto della sua mente malata*, une invention de son esprit malade.
partoriente [parto'rjɛnte] agg. e f. parturiente.
partorire [parto'rire] v. tr. PR. accoucher (de). | *partorire un maschio*, accoucher d'un garçon. ‖ [di animali] mettre bas; [di mucca] vêler; [di cavalla] pouliner. ‖ FIG. SCHERZ. accoucher (de). ‖ FIG. [produrre, causare] engendrer. | *l'odio partorisce odio*, la haine engendre la haine.
parvenza [par'vɛntsa] f. apparence, semblant m. | *una parvenza di libertà*, une apparence de liberté. | *una parvenza di felicità*, un semblant de bonheur. ‖ [indizio] signe m. ‖ (lett.) [aspetto visibile] aspect m. (L.C.).
parziale [par'tsjale] agg. [che riguarda una parte] partiel. ‖ [non equo] partial.
parzialità [partsjali'ta] f. partialité. | *fare parzialità per qlcu., contro qlcu.*, se montrer partial en faveur de qn, contre qn.
parzialmente [partsjal'mente] avv. [in parte] partiellement. ‖ [con scarsa oggettività] partialement.
parziario [par'tsjarjo] agg. GIUR. partiaire.
pascere ['paʃʃere] v. tr. PR. paître. | *pascere l'erba*, paître l'herbe. ‖ ASSOL. paître, pâturer. ‖ [portare al pascolo] faire paître; paître (arc. o lett.). ‖ FIG. nourrir. | *pascere la mente*, nourrir son esprit. ◆ v. rifl. PR. e FIG. se nourrir, se repaître.
pascià [paʃ'ʃa] m. invar. pacha m. ‖ FIG. *vive come un pascià*, il mène une vie de pacha.
pasciulì [paʃʃu'li] m. patchouli.
pasciuto [paʃ'ʃuto] agg. bien nourri, florissant.
pascolare [pasko'lare] v. tr. faire paître. ◆ v. intr. paître, pâturer.
pascolativo [paskola'tivo] agg. pâturable.
pascolo ['paskolo] m. pâturage, pâture f. ‖ FIG. nourriture, pâture.
pasqua ['paskwa] f. RELIG. [presso gli Ebrei] Pâque. ‖ [presso i Cristiani] Pâques f. pl.; [il giorno di Pasqua] Pâques m. sing. | *Pasqua è celebrata tra il 22 marzo e il 25 aprile*, Pâques est célébré entre le 22 mars et le 25 avril. | *la Pasqua è alta, bassa*, Pâques tombe tard, tôt. | *lunedì di Pasqua*, lundi de Pâques. | *buona Pasqua!*, joyeuses Pâques! | *far pasqua, prendere la pasqua*, faire ses pâques. ‖ LOC. *contento come una pasqua*, heureux comme un roi. ‖ ANTIQ. O POP. [altre festività] *Pasqua fiorita*, Pâques fleuries, dimanche (m.) des Rameaux. | *Pasqua piccola*, lundi (m.) de Pâques. | *Pasqua di rose*, Pentecôte.
pasquale [pas'kwale] agg. pascal. | *agnello pasquale*, agneau pascal. | *uova pasquali*, œufs de Pâques. | *precetto pasquale*, communion pascale.
pasquetta [pas'kwetta] f. DIAL. lundi (m.) de Pâques.
pasquinata [paskwi'nata] f. pasquinade (lett., antiq.).
passa ['passa] avv. *e passa*, et des poussières, et plus.
passabile [pas'sabile] agg. passable.
passabilmente [passabil'mente] avv. passablement.
passacaglia [passa'kaʎʎa] f. MUS. passacaille.
passacavo [passa'kavo] m. MAR. chaumard.
passaggio [pas'saddʒo] m. **1.** [il passare] passage. | *luogo di passaggio*, lieu de passage. ‖ PER ANAL. [successione, mutamento] passage. | *passaggio dallo stato liquido allo stato gassoso*, passage de l'état liquide à l'état gazeux. ‖ PER EST. [trasferimento] transfert, changement. | *passaggio di proprietà*, transfert de propriété. ‖ LOC. *di passaggio*: PR. de passage; FIG. en passant. | *essere di passaggio a Parigi*, être de passage à Paris. | *far notare di passaggio che*, faire remarquer en passant que. ‖ **2.** PARTICOL. [tragitto in nave] passage. ‖ [in automobile] *ti dò un passaggio fino a casa*, je te reconduis, je te ramène à la maison. | *mi dai un passaggio?*, tu m'emmènes? | *mi ha chiesto un passaggio fino a scuola*, il m'a demandé de le conduire à l'école. ‖ **3.** [luogo dove si passa] passage. | *aprirsi un passaggio*, se frayer un passage. | *passaggio pedonale*, passage pour piétons. | *passaggio a livello*, passage à niveau. ‖ **4.** LETT., MUS. [brano, passo] passage. ‖ **5.** SPORT passe f.
passamaneria [passamane'ria] f. passementerie.
1. passamano [passa'mano] m. MODA passement.
2. passamano [passa'mano] m. **1.** [ringhiera] rampe f., main courante. ‖ **2.** [passaggio di oggetti] chaîne f. | *far passamano con secchi d'acqua*, faire la chaîne avec des seaux d'eau.
passamontagna [passamon'taɲɲa] m. invar. passe-montagne.
passanastro [passa'nastro] m. trou-trou.
passante [pas'sante] agg. ARALD. passant. ◆ n. passant. ◆ m. [anello] passant.
passaporto [passa'pɔrto] m. passeport. | *passaporto diplomatico*, passeport diplomatique.
passare [pas'sare] v. intr. e tr.

◆ v. intr.
I. MUOVERSI ATTRAVERSANDO. **II.** TRASFERIRSI DA UN LUOGO AD UN ALTRO. **III.** ENTRARE. **IV.** RECARSI E TRATTENERSI BREVEMENTE. **V.** TRASCORRERE. **VI.** ALLONTANARSI, CESSARE. **VII.** OTTENERE APPROVAZIONE. **VIII.** PASSARE PER, ESSERE CONSIDERATO. **IX.** MORIRE.
◆ v. tr.
I. ATTRAVERSARE, ANDARE OLTRE. **II.** SPOSTARE. **III.** DARE, CEDERE. **IV.** TRASCORRERE.

◆ v. intr.
I. MUOVERSI ATTRAVERSANDO. **1.** PR. passer. | *è passato di qui*, il est passé par ici. | *di qui non si passa!*, on ne passe pas! | *il sentiero passa per il bosco*, le sentier passe par le bois, traverse le bois. ‖ LOC. *passare oltre, avanti*, continuer son chemin, passer son chemin. | *passare avanti a qlcu.*, passer devant qn. | *dovranno passare sul mio corpo*, ils devront me passer sur le corps. ‖ AUTOM. *passare col rosso*, brûler un feu rouge. ‖ **2.** FIG. *passare attraverso molte difficoltà*, passer, traverser bien des difficultés. | *idea che passa per la mente*, idée qui passe par la tête. | *non gli passa neanche per l'anticamera del cervello*, cela ne l'effleure même pas. ‖ [esistenza o entità di un rapporto] y avoir. | *i buoni rapporti che passano tra loro*, les bons rapports qu'il y a, qui existent entre eux. | *tra i due fatti passa una grande differenza*, entre les deux faits il y a une grande différence. | *ci passa!*, il y a une différence! ‖ [incuranza, indulgenza] passer. | *passare sopra a qlco.*, passer sur qch. | *passiamoci sopra!*, passons!, n'y pensons plus! ‖ CULIN. *passare di cottura*, être trop cuit.
II. TRASFERIRSI DA UN LUOGO AD UN ALTRO. **1.** PR. passer, aller. | *passiamo in salotto*, passons au salon. | *la notizia passò di bocca in bocca*, la nouvelle passa de bouche en bouche. ‖ **2.** FIG. [cambiar stato, attività, occupazione] passer. | *passare alla azione*, passer à l'action. | *passare all'opposizione, al nemico*, passer à l'opposition, à l'ennemi. ‖ [avanzamento] *passare di grado*, monter en grade. | *passare capitano*, passer capitaine. ‖ [inserimento] *passare alla storia*, entrer dans l'histoire. | *passare un documento agli atti*, joindre un document aux actes. ‖ LOC. *passare a seconde nozze*, se remarier. | *passare di moda*, se démoder. | *passare a migliore vita*, partir pour un monde meilleur. | *mi è passato di mente*, cela m'est sorti de la tête, cela m'a échappé.
III. ENTRARE: entrer, passer. | *lo faccia passare*, faites-le entrer. | *prego, passi*, entrez, je vous en prie.
IV. RECARSI E TRATTENERSI BREVEMENTE: passer. *passa dal supermercato*, passe, arrête-toi au supermarché. | *passerò a prenderti*, je viendrai, je passerai te chercher.

V. TRASCORRERE [detto del tempo] : passer, s'écouler. | *sono passati due anni,* deux années ont passé, se sont écoulées. | *l'inverno è passato,* l'hiver est passé. || SOSTANT. *col passare del tempo,* avec le temps.
VI. FIG. ALLONTANARSI, CESSARE : passer. | *il temporale è passato,* l'orage est passé. | *non mi passa più questo raffreddore,* ce rhume ne veut pas passer. | *ti è passata la paura ?,* tu n'as plus peur ? | *mi è passata la voglia,* je n'en ai plus envie. | *non gli è ancora passata (la rabbia),* il ne s'est pas encore calmé. | *ti passerà ! :* [il male] ça va passer ; [l'entusiasmo, ecc.] ça te passera !
VII. OTTENERE APPROVAZIONE : [venire accettato] passer. | *la legge è passata,* la loi a passé. || [venire promosso] être reçu ; [da una classe ad un'altra] passer, être admis. || [ottenere un giudizio appena positivo] passer. | *può passare,* cela peut passer. || [indulgenza] *passi per questa volta,* c'est bon pour une fois.
VIII. PASSARE PER, ESSERE CONSIDERATO : passer pour, être regardé comme, être considéré comme. | *non vorrei passare per ignorante,* je ne voudrais pas passer pour un ignorant.
IX. ARC. MORIRE : passer (fam.), mourir (L.C.).
◆ v. tr.
I. ATTRAVERSARE, ANDARE OLTRE. **1.** passer, traverser, franchir. | *passare un fiume,* passer, traverser un fleuve. | *passare il traguardo,* franchir, passer la ligne d'arrivée. || [trafiggere] traverser, transpercer. | *la pallottola gli passò il polmone,* la balle lui traversa le poumon. || **2.** [oltrepassare, superare] dépasser, passer. | *lo raggiunse e lo passò,* il le rejoignit et le dépassa. | *passare i due metri,* dépasser deux mètres. || [nel tempo] dépasser, passer. | *ha già passato la sessantina,* il a déjà dépassé, passé soixante ans. || FIG. *passare il segno, passare tutti i limiti,* dépasser, passer les bornes, les limites. || **3.** FIG. [subire] passer. | *passare la visita medica,* passer la visite médicale. | *passare un esame :* [farlo] passer un examen ; [essere promosso] être reçu à un examen. || **4.** LOC. *passare un guaio, (dei) guai,* avoir des ennuis. | *ne ha passate tante !,* il a eu bien des malheurs !, il en a vu dans sa vie ! | *quante me ne ha fatte passare !,* il m'en a fait voir ! | *passarla liscia,* s'en tirer à bon compte. || MIL. e FIG. *passare in rassegna,* passer en revue.
II. SPOSTARE. **1.** transporter, faire passer. | *bisogna passare il divano da questa stanza a quella,* il faut transporter le divan de cette pièce-ci dans celle-là. || [trasferire] *lo hanno passato in un altro servizio,* il a été muté dans un autre service. || **2.** [far entrare o uscire da un'apertura ; far traversare un filtro] passer. | *passare la verdura,* passer les légumes au moulin. || **3.** [far scorrere] passer. | *passare una spugna sul tavolo,* passer une éponge sur la table. || **4.** [ammettere] admettre, recevoir. | *lo hanno passato all'esame,* il a été reçu à son examen. || **5.** [permettere, perdonare] passer, pardonner. | *sua madre gli passa tutto,* sa mère lui passe tout. || **6.** LOC. *passare qlco. sotto silenzio,* passer qch. sous silence. | *passare per le armi,* passer par les armes. || ASSOL., GIOCHI *passo,* je passe.
III. DARE, CEDERE. **1.** passer. | *passami il sale, una sigaretta,* passe-moi le sel, une cigarette. || **2.** [di denaro] payer, verser, donner. | *gli passa un lauto stipendio,* il lui paie un bon salaire. | *deve passare gli alimenti alla ex-moglie,* il doit payer, verser une pension alimentaire à son ex-femme. || **3.** [provvedere a] fournir. | *ci passa perfino le sigarette,* il nous fournit même les cigarettes. || **4.** [al telefono] *le passo mio marito,* je vous passe mon mari. || LOC. *passo !,* à vous ! || **5.** FIG. *passare una parola d'ordine,* transmettre un mot d'ordre. | *passare parola a qlcu.,* prévenir qn.
IV. TRASCORRERE : passer. | *passare l'estate al mare,* passer l'été à la mer. | *passa le giornate a mangiare,* il passe son temps à manger. || LOC. FAM. *passarsela bene,* se la couler douce, avoir la belle vie. | *passarsela male,* être dans de sales draps, dans une situation difficile.

passata [pas'sata] f. **1.** [passaggio] passage m. || PARTICOL. *passata di uccelli migratori,* vol (m.) d'oiseaux migrateurs. | *passata di pioggia,* chute de pluie, averse. || **2.** [breve applicazione o trattamento] *passata di straccio,* coup (m.) de chiffon. | *passata col ferro da stiro,* coup de fer. | *passata di spazzola, con la spazzola,* coup de brosse. | *dare una passata di colore,* passer une couche de peinture.

passatempo [passa'tɛmpo] m. passe-temps.

passatista [passa'tista] (**-i** pl.) m. e f. passéiste.

passato [pas'sato] part. pass. e agg. **1.** passé. | *sono le due passate,* il est deux heures passées. | *l'anno passato,* l'année passée, l'année dernière. || PARTICOL. *frutto passato,* fruit trop mûr. | *carne passata,* viande avancée. | *è passato di cottura,* c'est trop cuit. | *abito passato di moda,* vêtement démodé. || FAM. [di persona] *è un pò passata,* elle n'est plus toute jeune. || **2.** [al setaccio] passé. || **3.** GRAMM. *participio passato,* participe passé. ◆ m. **1.** passé. || LOC. *in passato,* par le passé, autrefois, dans le temps. || **2.** CULIN. purée. | *passato di patate, di piselli,* purée de pommes de terre, de pois. || **3.** GRAMM. passé. | *passato remoto, passato prossimo,* passé simple, passé composé.

passatoia [passa'toja] f. passage m.

passatoio [passa'tojo] m. passage, gué.

passatore [passa'tore] m. (raro) passeur (L.C.).

passatutto [passa'tutto] m. invar. CUC. moulinette f.

passaverdura [passaver'dura] m. invar. CUC. presse-purée.

passeggero [passed'dʒero] agg. e n. passager, passagère.

passeggiare [passed'dʒare] v. intr. se promener (rifl.), se balader (rifl.) [fam.]. || [camminare avanti ed indietro] faire les cent pas, marcher de long en large.

passeggiata [passed'dʒata] f. promenade, balade (fam.). || [strada] promenade.

passeggiatrice [passeddʒa'tritʃe] f. EUF. péripatéticienne (scherz.).

passeggino [passed'dʒino] m. poussette f.

passeggio [pas'seddʒo] m. promenade f. | *scarpe da passeggio,* chaussures de marche. || LOC. *andare a passeggio,* aller se promener. | *condurre a passeggio,* promener. || [luogo] promenade f.

passera ['passera] f. ZOOL. [uccello] *passera d'Italia,* moineau m. | *passera mattugia,* friquet m. | *passera scopaiola,* fauvette. || [pesce] carrelet m.

passeraio [passe'rajo] m. gazouillement. || FIG. babil.

passerella [passe'rɛlla] f. passerelle.

passeriformi [passeri'formi] m. pl. ZOOL. passereaux, passériformes.

passero ['passero] m. moineau.

passerotto [passe'rɔtto] m. PR. (petit) moineau. || FIG. [vezzeggiativo] *passerotto mio,* mon poussin. || TIP. [errore di stampa] coquille f. || SCHERZ. [indovinello] devinette f.

passibile [pas'sibile] agg. passible. | *passibile di prigione,* passible de prison. || [che può] qui peut, susceptible de.

passiflora [passi'flɔra] f. BOT. passiflore.

passim ['passim] avv. [lat.] passim.

passino [pas'sino] m. passoire f.

passionale [passjo'nale] agg. [pieno di passione] passionné, passionnel. | *amore passionale,* amour passionné. | *temperamento passionale,* tempérament passionné. || PER EST. [causato dalla passione] passionnel. | *dramma, delitto passionale,* drame, crime passionnel.

passionalità [passjonali'ta] f. caractère passionnel, ardeur, violence. | *la passionalità del suo temperamento,* son tempérament passionné.

passionato [passjo'nato] agg. (raro) passionné.

passioncella [passjon'tʃɛlla] f. flirt m. (ingl.).

passione [pas'sjone] f. passion || PER EST. *ha una passione per la musica,* il a la passion de la musique. | *con passione,* avec passion. || RELIG. Passion.

passivamente [passiva'mente] avv. passivement.

passivante [passi'vante] agg. GRAMM. qui donne un sens passif.

passivazione [passivat'tsjone] f. CHIM., TECN. passivation (neol.).

passività [passivi'ta] f. passivité.

passivo [pas'sivo] agg. passif. || GRAMM. passif. ◆ m. ECON., GRAMM. passif.

1. passo ['passo] agg. sec, fané. | *uva passa,* raisin sec.

2. passo ['passo] m. **1.** PR. [movimento, andatura]

pas. | *procedere di buon passo,* marcher d'un bon pas. | *ad ogni passo,* à chaque pas, à tous les pas. | *volgere il passo,* se diriger vers, tourner ses pas vers (lett.). || [orma] pas, trace (f.) de pas. || [nel ballo] *un passo di valzer,* un pas de valse. || MIL. *passo cadenzato, di parata, della oca,* pas cadencé, de parade, de l'oie. | *passo di carica,* pas de charge. | *andare di passo,* marcher au pas. || [andatura lenta di veicolo o animale] pas. | *a passo d'uomo,* au pas. || FIG. [azione] démarche. | *ho fatto tutti i passi necessari,* j'ai fait toutes les démarches nécessaires. | *pensaci bene prima di compiere questo passo,* réfléchis bien avant de prendre cette décision. | *risolversi al grande passo,* faire le saut, prendre une grande décision. || **2.** [brano] passage. | *tradurre un passo di Virgilio,* traduire un passage de Virgile. || **3.** CIN. format. | *passo normale, ridotto,* format professionnel, réduit. || **4.** TECN. pas. | *passo di una vite,* pas d'une vis. | *passo variabile,* pas variable. || [di veicolo] empattement, écartement. || **5.** LOC. *far due, far quattro passi,* faire un tour. | *è a due passi,* c'est à deux pas. || PR. e FIG. *passo passo,* pas à pas. | *passo falso,* faux pas. | *tornare sui propri passi,* revenir sur ses pas. | *procedere di pari passo :* PR. marcher d'un même pas ; FIG. aller de pair. | *segnare il passo :* PR. e FIG. marquer le pas ; FIG. piétiner. | *far i primi passi :* PR. faire ses premiers pas ; FIG. faire ses débuts, faire ses premiers pas. | *il primo passo verso qlco.,* le premier pas vers qch. | *è solo il primo passo quello che costa,* il n'y a que le premier pas qui coûte. | *andando avanti di questo passo,* à ce train-là. | *e via di questo passo,* et ainsi de suite. | *fare un passo avanti ed uno indietro,* piétiner. | *fare il passo più lungo della gamba,* présumer de ses forces. | *far passi da gigante,* faire d'énormes progrès. | *seguire i passi di qlcu.,* suivre l'exemple de qn.

3. passo ['passo] m. **1.** [il passare] passage. | *diritto di passo,* droit de passage. | *cedere il passo,* céder le passage, le pas. | *uccelli di passo,* oiseaux migrateurs ; oiseaux passagers, de passage. || **2.** [luogo] passage. | *si prega di lasciar libero il passo,* prière de ne pas encombrer le passage. | *passo carrabile,* porte cochère. || **3.** GEOGR. [valico montano] col. | *il passo del San Gottardo,* le col du Saint-Gothard. || [braccio di mare] pas, détroit. | *passo di Calais,* pas de Calais.

pasta ['pasta] f. **1.** CULIN. [impasto] pâte. | *pasta frolla, sfoglia,* pâte brisée, feuilletée. || LOC. FIG. *aver le mani in pasta,* être dans le bain. | *essere una pasta d'uomo,* être une bonne pâte, être du bois dont on fait les flûtes. | *essere di pasta frolla,* être une pâte molle, une chiffe molle. | *aver le gambe di pasta frolla,* avoir les jambes en coton. || [alimentare] pâtes pl. (alimentaires). | *pasta all'uovo,* pâtes aux œufs. | *pasta in brodo,* soupe, potage aux pâtes. | *pasta asciutta,* V. PASTASCIUTTA. || [dolce] gâteau m. || **2.** [materia molle] pâte. | *pasta dentifricia,* pâte dentifrice. | *pasta adesiva,* colle de pâte. | *pasta di carta,* pâte à papier. | *pasta d'acciughe,* beurre (m.) d'anchois. || [polpa dei frutti] pulpe, chair.

pastaio [pas'tajo] m. fabricant de pâtes.

pastasciutta [pastaʃ'ʃutta] f. pâtes pl.

pasteggiabile [pasted'dʒabile] agg. de table.

pasteggiare [pasted'dʒare] v. intr. manger. | *pasteggiare a carne,* manger de la viande.

pastella [pas'tɛlla] f. pâte à frire, pâte à beignets.

pastellista [pastel'lista] (**-i** pl.) m. e f. pastelliste.

pastello [pas'tɛllo] m. pastel. | *ritratto a pastello,* portrait au pastel. | *dipinto a pastello,* pastel. | *rosa pastello,* rose pastel.

pastetta [pas'tetta] f. pâte à frire. || FIG. FAM. mic-mac m., manigance (L.C.).

pasticca [pas'tikka] f. pastille.

pasticcere [pastit'tʃɛre] (**-a** f.) m. pâtissier, ère.

pasticceria [pastittʃe'ria] f. pâtisserie. || [dolci] pâtisserie, pâtisseries pl., gâteaux m. pl. | *pasticceria da tè,* petits fours m. pl.

pasticciare [pastit'tʃare] v. tr. [eseguire male un lavoro] gâcher, saboter, bâcler. | *pasticciare un compito,* bâcler un devoir. || PER EST. [sporcare] salir, tacher. | *pasticciare un quaderno,* salir un cahier. || FIG. [fare, combinare] fabriquer. | *che stai pasticciando ?,* qu'est-ce que tu fabriques ? || ASSOL. *sta' attento a quello che fai, non pasticciare !,* fais attention à ce que tu fais, ne gâche pas tout ! | *continua a pasticciare senza concludere niente,* il se démène inutilement.

pasticciere [pastit'tʃɛre] (**-a** f.) m. pâtissier, ère.

pasticcino [pastit'tʃino] m. petit gâteau, petit four.

pasticcio [pas'tittʃo] m. CULIN. [a base di carne] pâté ; [a base di altri ingredienti] gratin ; [rivestito di una crosta di pasta] timbale f. | *pasticcio di fegato,* pâté de foie. | *pasticcio di lasagne,* gratin de lasagne. || FIG. [cosa mal fatta] gâchis, horreur f., malheur, désastre. | *che pasticcio il tuo quaderno !,* quel gâchis, quelle horreur ton cahier ! | *ma che pasticcio hai fatto ?,* mais qu'est-ce que tu as donc fabriqué ? || PER EST. [situazione intricata] gâchis, embrouillamini (fam.); imbroglio (it.) ; [guaio] pétrin (fam.), pastis (pop.), mélasse f. (fam.), merdier (volg.). | *combinar un pasticcio, combinar pasticci,* faire du gâchis. | *è un pasticcio,* c'est un embrouillamini inextricable. | *cacciarsi nei pasticci,* se fourrer dans le pétrin. | *siamo nei pasticci, siamo in un bel pasticcio,* nous sommes dans le pétrin, dans de beaux draps, dans la mélasse. || MUS. pastiche.

pasticcione [pastit'tʃone] (**-a** f.) m. brouillon.

pastificare [pastifi'kare] v. tr. faire, produire des pâtes (alimentaires).

pastificatore [pastifika'tore] m. producteur, fabricant de pâtes (alimentaires).

pastificio [pasti'fitʃo] m. usine (f.) de pâtes (alimentaires).

pastiglia [pas'tiʎʎa] f. pastille. || AUTOM. plaquette de frein.

pastina [pas'tina] f. pâtes pl. (à potage).

pastinaca [pasti'naka] f. BOT. chervis m. || ZOOL. pastenague, raie.

pasto ['pasto] m. repas. | *saltare il pasto,* sauter un repas, ne pas manger. | *non mangiare fuori pasto,* ne pas manger entre les repas. | *vino da pasto,* vin de table. || LOC. FIG. *dare in pasto,* donner en pâture.

pastocchia [pas'tɔkkja] f. blague (fam.), histoire.

pastoia [pas'tɔja] f. PR. e FIG. entrave. | *mettere le pastoie all'iniziativa privata,* entraver l'initiative privée.

pastone [pas'tone] m. [per animali] pâtée f. || PER ANAL. [minestra troppo cotta] bouillie f. || PER EST. [ammasso incongruo] bric-à-brac. || GERG. GIORN. revue (f.) de presse (L.C.).

pastora [pas'tora] f. POP. bergère (L.C.).

1. pastorale [pasto'rale] agg. PR., LETT. e RELIG. pastoral. ◆ f. MUS. pastorale. || RELIG. lettre pastorale, pastorale.

2. pastorale [pasto'rale] m. [del vescovo] crosse f.

3. pastorale [pasto'rale] m. VETER. paturon, pâturon.

pastore [pas'tore] m. **1.** berger, pâtre (lett.), pasteur (arc. o poet.). | *cane da pastore,* chien de berger. || FIG. pasteur, berger. | *buon pastore,* bon pasteur. | *pastore dei popoli,* pasteur des peuples. || RELIG. pasteur. || **2.** [cane] berger. | *pastore tedesco,* berger allemand.

1. pastorella [pasto'rɛlla] f. (jeune) bergère.

2. pastorella [pasto'rɛlla] f. LETT., MUS. pastourelle.

pastorello [pasto'rɛllo] m. jeune berger, petit pâtre (lett.), pastoureau (arc. e lett.).

pastorizia [pasto'rittsja] f. élevage m. | *popolo dedito alla pastorizia,* peuple de pasteurs, peuple pasteur.

pastorizio [pasto'rittsjo] agg. (raro) pastoral.

pastorizzare [pastorid'dzare] v. tr. pasteuriser.

pastorizzazione [pastoriddzat'tsjone] f. pasteurisation.

pastosità [pastosi'ta] f. consistance pâteuse. || FIG. moelleux m.

pastoso [pas'toso] agg. pâteux. || FIG. moelleux. | *linee pastose,* lignes moelleuses. | *suono pastoso,* son moelleux. | *vino pastoso,* vin moelleux. | *voce pastosa,* voix chaude.

pastranella [pastra'nɛlla] f. (antiq.) carrick m. (ingl.).

pastrano [pas'trano] m. pardessus, capote f. || [dei militari] capote f.

pastrocchio [pas'trɔkkjo] m. DIAL. (pop.) pastis, gâchis (L.C.).

pastura [pas'tura] f. pâture, pâturage m. || [cibo degli animali] pâture. || [esche per i pesci] amorce. || FIG. pâture, nourriture.

pasturare [pastu'rare] v. tr. conduire au pâturage ; faire paître. ‖ [i pesci] amorcer.
patacca [pa'takka] f. ARC. pièce de monnaie. ‖ PER EST. sou m., pièce de peu de valeur. ‖ PER ANAL. [oggetto falso] faux m., contrefaçon ; [oggetto senza valore] bricole (fam.), brimborion m. (antiq.), babiole (fam.). ‖ SCHERZ. [medaglia] crachat m. (fam.), macaron m. (fam.), médaille (L.C.). ‖ FAM. [macchia] tache (L.C.).
pataccone [patak'kone] m. ARC. pièce (f.) de monnaie. ‖ PER EST. sou. ‖ PARTICOL. [orologio] oignon. ‖ FIG. [persona] personne sale.
patagio [pa'tadʒo] m. ZOOL. membrane (f.) alaire.
patagone [pata'gone] agg. e m. patagon.
patapum [pata'pum] o **patapunfete** [pata'punfete] onomat. patapouf, patatras, badaboum.
patata [pa'tata] f. BOT., CULIN. pomme de terre, patate (fam.). | *patate lesse*, pommes de terre à l'eau, bouillies. | *patate fritte*, (pommes de terre) frites. ‖ PARTICOL. *patata americana*, patate (douce). ‖ FIG. *sacco di patate*, lourdaud, balourd. | *ha uno spirito di patata !*, il se croit drôle !
patatina [pata'tina] f. pomme de terre. | *patatina fritta*, frite.
patatrac [pata'trak] onomat. patatras. ◆ m. [dissesto economico] krach.
patavino [pata'vino] agg. e n. (lett.) padouan (L.C.).
patchouli [patʃu'li] m. [fr.] patchouli.
patella [pa'tɛlla] f. ZOOL. patelle, bernicle. ‖ ANAT. rotule.
patema [pa'tɛma] (**-i** pl.) m. tourment, angoisse f., affres f. pl. | *aver patemi d'animo*, se tourmenter.
patena [pa'tɛna] f. RELIG. patène.
patentato [paten'tato] agg. diplômé. ‖ FIG. patenté, diplômé, fieffé (peggior.). | *ladro patentato*, voleur patenté. | *bugiardo patentato*, fieffé menteur.
1. patente [pa'tɛnte] agg. patent, évident. ‖ STOR. *lettera patente*, lettre patente.
2. patente [pa'tɛnte] f. permis m. | *fare, prendere la patente (di guida)*, faire, passer son permis (de conduire). ‖ MAR. *patente sanitaria*, patente (de santé). ‖ FIG. SCHERZ. *dare a qlcu. la patente di bugiardo*, traiter qn de, faire passer qn pour un menteur.
patentino [paten'tino] m. permis.
patereccio [pate'rettʃo] m. panaris.
paternale [pater'nale] f. sermon m., semonce.
paternalismo [paterna'lizmo] m. paternalisme.
paternalista [paterna'lista] (**-i** pl.) m. paternaliste.
paternalistico [paterna'listiko] (**-ci** pl.) agg. paternaliste.
paternamente [paterna'mente] avv. paternellement.
paternità [paterni'ta] f. PR. e FIG. paternité. ‖ AMM. [nome del padre] prénom (m.) du père.
paterno [pa'terno] agg. paternel.
paternoster [pater'nɔster] o **paternostro** [pater'nɔstro] m. RELIG. pater ; notre-père. ‖ LOC. FIG. *saper qlco. come il paternoster*, savoir qch. sur le bout des doigts. | *è vero come il paternoster*, c'est la pure vérité.
pateticamente [patetika'mente] avv. pathétiquement.
pateticità [patetitʃi'ta] f. (raro) pathétisme m. (lett.).
patetico [pa'tɛtiko] (**-ci** pl.) agg. pathétique. ‖ PEGGIOR. pathétique, mélodramatique. ◆ m. [pathos] pathétique. ‖ [persona] personne pathétique, émouvante. ‖ SCHERZ. *fa il patetico*, il veut nous (vous, me) faire pleurer.
pathos ['patos] m. pathétique, pathos. ‖ RET. pathos.
patibile [pa'tibile] agg. supportable. ‖ SOSTANT. *ha patito tutto il patibile*, il a supporté tout ce qu'il est possible de supporter.
patibolare [patibo'lare] agg. patibulaire.
patibolo [pa'tibolo] m. échafaud.
patimento [pati'mento] m. souffrance f.
patina ['patina] f. PR. e FIG. [del tempo] patine. ‖ [di protezione] enduit m., patine. ‖ [per la carta] glaçure. ‖ [sett.] *patina per le scarpe*, cirage m. ‖ ANAT. *patina linguale*, enduit de la langue.
patinare [pati'nare] v. tr. patiner. ‖ [la carta] glacer.
patinato [pati'nato] agg. glacé.
patinatura [patina'tura] f. patinage m. ‖ [della carta] glaçage.
patio ['patjo] m. [sp.] patio.
patire [pa'tire] v. tr. [sentire] souffrir (de). | *patire il freddo, la fame*, souffrir du froid, de la faim. ‖ [subire] subir, souffrir, supporter. | *patire il martirio*, souffrir le martyre. ‖ (lett.) [in senso grammaticale] *patire l'azione*, subir l'action. ‖ (lett.) [acconsentire] souffrir, supporter (L.C.). ◆ v. intr. souffrir. | *ha patito molto*, il a beaucoup souffert. | *patire di stomaco*, souffrir de l'estomac. ‖ [subire un danno] souffrir.
patito [pa'tito] agg. qui a mauvaise mine ; [malato] souffrant ; [di costituzione debole] malingre, souffreteux. | *ti trovo patito*, tu n'as pas bonne mine. | *ha l'aria patita*, il a l'air souffrant, il a mauvaise mine. ◆ n. mordu (fam.), fervent, fan (angl.), fana (fam.). | *un patito del calcio*, un mordu du football.
patogenesi [pato'dʒɛnezi] f. MED. pathogénie.
patogenetico [patodʒe'nɛtiko] agg. (**-ci** pl.) pathogénique.
patogeno [pa'tɔdʒeno] agg. pathogène.
patologia [patolo'dʒia] f. pathologie.
patologicamente [patolodʒika'mente] avv. pathologiquement.
patologico [pato'lɔdʒiko] (**-ci** pl.) agg. pathologique.
patologo [pa'tɔlogo] (**-a** f. ; **-gi** pl.) m. pathologiste.
patos ['patos] m. V. PATHOS.
patria ['patrja] f. PR. e FIG. patrie, pays m. | *amor di patria*, amour de la patrie. | *morire per la patria*, mourir pour son pays, pour la patrie. | *aver nostalgia della patria*, avoir le mal du pays. | *la patria del buon vino*, le pays du bon vin.
patriarca [patri'arka] (**-chi** pl.) m. patriarche.
patriarcale [patrjar'kale] agg. patriarcal.
patriarcato [patrjar'kato] m. patriarcat.
patricida [patri'tʃida] (**-i** pl.) m. e f. V. PARRICIDA.
patrigno [pa'triɲɲo] m. beau-père.
patrimoniale [patrimo'njale] agg. patrimonial.
patrimonio [patri'mɔnjo] m. GIUR. e FIG. patrimoine. ‖ [iperb.] *costa un patrimonio !*, ça coûte une fortune ! ‖ BIOL. *patrimonio ereditario*, patrimoine héréditaire.
patrio ['patrjo] agg. [della patria] de la patrie, du pays, national. | *amor patrio*, amour de la patrie. ‖ [del padre] *patria potestà*, autorité paternelle. ‖ [degli antenati] des ancêtres.
patriot(t)a [patri'ɔtta] (**-i** pl.) m. e f. patriote. ‖ [durante la Seconda Guerra mondiale] résistant, patriote. ‖ POP. [compatriota] compatriote (L.C.), patriote (arc.).
patriottardo [patrjot'tardo] agg. e n. (peggior.) patriotard, chauvin.
patriotticamente [patrjottika'mente] avv. patriotiquement.
patriottico [patri'ɔttiko] (**-ci** pl.) agg. patriotique.
patriottismo [patrjot'tizmo] m. patriotisme.
patristica [pa'tristika] f. RELIG. patristique, patrologie.
patristico [pa'tristiko] (**-ci** pl.) agg. RELIG. patristique.
patriziato [patrit'tsjato] m. STOR. patriciat. ‖ FIG. patriciat (lett.), aristocratie f.
patrizio [pa'trittsjo] (**-a** f.) m. STOR. patricien. ‖ FIG. aristocrate n., patricien, enne (lett.). ◆ agg. patricien, aristocratique.
patrocinante [patrotʃi'nante] agg. défenseur. ◆ n. (avocat) défenseur.
patrocinare [patrotʃi'nare] v. tr. GIUR. [una persona] plaider (pour, en faveur de), défendre. | *patrocinare una causa*, plaider, défendre une cause. ‖ ASSOL. plaider. ‖ FIG. [sostenere] plaider (pour, en faveur de), plaider la cause (de), défendre, soutenir.
patrocinatore [patrotʃina'tore] (**-trice** f.) m. défenseur (solo m.).
patrocinio [patro'tʃinjo] m. L.C. protection, patronage. ‖ GIUR. défense f. | *patrocinio gratuito*, assistance (f.) judiciaire. ‖ RELIG. patronage.
patrologia [patrolo'dʒia] f. patrologie.
patronale [patro'nale] agg. RELIG. patronal.
patronato [patro'nato] m. [protezione] patronage. ‖ [istituzione benefica] patronage. ‖ [storia rom.] patronat.
patronessa [patro'nessa] f. dame patronnesse.
patronimico [patro'nimiko] (**-ci** pl.) agg. patronymique.

patrono [pa'trɔno] (**-a** f.) m. GIUR. (avocat) défenseur. ‖ RELIG. patron, patronne. ‖ STOR. patron.
1. patta ['patta] f. [nell' abbigliamento] patte. ‖ [sett. : presa] poignée.
2. patta ['patta] f. MAR. patte.
3. patta ['patta] f. LOC. *essere, fare pari e patta,* être à égalité. | *siamo pari e patta,* nous sommes quittes (pr. e fig.).
patteggiabile [patted'dʒabile] agg. (raro) discutable (L.C.).
patteggiamento [patteddʒa'mento] m. négociation f.
patteggiare [patted'dʒare] v. tr. négocier. | *patteggiare la resa,* négocier la capitulation. ◆ v. intr. négocier, traiter. | *patteggiare col nemico,* négocier, traiter avec l'ennemi.
patteggiatore [patteddʒa'tore] (**-trice** f.) m. négociateur, trice.
pattinaggio [patti'naddʒo] m. patinage.
pattinare [patti'nare] v. intr. patiner.
pattinatore [pattina'tore] (**-trice** f.) m. patineur, euse.
pattino ['pattino] m. patin. | *pattini a rotelle,* patins à roulettes. ‖ MECC. patin.
patto ['patto] m. **1.** pacte. | *stringere un patto,* conclure un pacte. ‖ LOC. *stare ai patti,* respecter ses engagements. | *venir meno ai patti,* manquer à ses engagements. | *venire, scendere ai patti,* transiger, pactiser, composer. ‖ PROV. *patti chiari, amicizia lunga,* les bons comptes font les bons amis. ‖ **2.** [condizione] condition f. | *a patto che,* à condition que. | *a qualsiasi patto,* à tout prix, à n'importe quel prix. | *a nessun patto,* à aucun prix.
pattuglia [pat'tuʎʎa] f. MIL. patrouille. | *bastimento da pattuglia,* patrouilleur m. ‖ AER. patrouille.
pattugliamento [pattuʎʎa'mento] m. surveillance (f.) par des patrouilles.
pattugliare [pattuʎ'ʎare] v. intr. patrouiller. ◆ v. tr. surveiller.
pattugliatore [pattuʎʎa'tore] m. patrouilleur.
pattuire [pattu'ire] v. tr. se mettre d'accord (sur), s'accorder (sur) ; stipuler ; convenir (de).
pattuito [pattu'ito] agg. convenu, stipulé. | *il prezzo pattuito,* le prix convenu. ◆ m. ce qui a été convenu ; accord.
pattuizione [pattuit'tsjone] f. stipulation, accord m.
pattume [pat'tume] m. ordures f. pl., ordure f. ‖ [fango] boue f.
pattumiera [pattu'mjɛra] f. poubelle.
paturne [pa'turne] o **paturnie** [pa'turnje] f. pl. (pop.) LOC. *avere le paturne,* être à cran, avoir les nerfs en pelote, broyer du noir.
pauperismo [paupe'rizmo] m. paupérisme.
pauperistico [paupe'ristiko] (**-ci** pl.) agg. de paupérisme.
paura [pa'ura] f. peur, frousse (fam.), trouille (pop.). | *aver paura,* avoir peur. | *ho avuto una gran paura,* j'ai eu très peur, grand-peur. | *aver una paura del diavolo,* avoir une peur bleue. | *quando la luce si è spenta, abbiamo preso paura,* quand la lumière s'est éteinte nous avons eu peur. | *sentendo il rumore, prese paura e fuggì,* en entendant le bruit, il prit peur et s'enfuit. | *mi mette paura, mi fa paura,* il me fait peur. | *niente paura !,* n'aie, n'ayez pas peur ! ; ne t'en fais pas !, ne vous en faites pas ! ‖ LOC. *per paura di,* de, par peur de. ‖ [iperb.] *è brutto da far paura,* il est laid à faire peur. | *ha una faccia che fa paura,* il a une tête à faire peur ; il est laid à faire peur.
paurosamente [paurosa'mente] avv. [con paura] peureusement. ‖ [spaventosamente] terriblement, affreusement, effroyablement.
pauroso [pau'roso] agg. **1.** [incline alla paura] peureux, craintif ; poltron ; froussard (fam.), trouillard (pop.). ‖ [che prova paura] peureux, effrayé. ‖ **2.** [spaventoso] effrayant, terrible, affreux, épouvantable, effroyable.
pausa ['pauza] f. pause. | *facciamo un momento di pausa,* faisons une petite pause, arrêtons-nous un moment. ‖ [nel parlare] pause, silence m. | *parlare con molte pause,* parler en faisant des pauses, en s'arrêtant souvent. ‖ MUS. silence.
pausare [pau'zare] v. intr. (lett.) faire une pause, s'arrêter. ◆ v. tr. interrompre.
pavana [pa'vana] f. pavane.
pavano [pa'vano] agg. e n. V. PADOVANO.
paventare [paven'tare] v. tr. craindre. ◆ v. intr. avoir peur.
pavesare [pave'zare] v. tr. pavoiser.
pavese [pa'vese] agg. e n. pavois.
paviano [pa'vjano] m. ZOOL. papion.
pavidità [pavidi'ta] f. poltronnerie, pusillanimité.
pavido ['pavido] agg. e n. (lett.) peureux, euse (L.C.), craintif [agg.] (L.C.), poltron, onne (L.C.).
pavimentale [pavimen'tale] agg. de pavement. | *mosaico pavimentale,* pavement en mosaïque.
pavimentare [pavimen'tare] v. tr. **1.** [una stanza con un tavolato di legno] planchéier ; [a parquet] parqueter ; [con mattonelle] carreler, paver ; [con marmo, pietra] daller, paver. ‖ **2.** [una strada con selci] paver ; [con catrame e simili] goudronner.
pavimentazione [pavimentat'tsjone] f. **1.** [di una stanza con un tavolato di legno] planchéiage m. ; [a parquet] parquetage m. ; [con mattonelle] carrelage m., pavage m. ; [con marmo, pietra, ecc.] dallage m., pavage m. ‖ **2.** [di una strada con selci] pavage m. ; [con catrame e simili] goudronnage m. ‖ **3.** [la sovrastruttura stessa] pavé m. ; [di catrame] macadam m.
pavimento [pavi'mento] m. **1.** sol. ‖ [di legno] plancher ; [a parquet] parquet ; [di mattonelle] carrelage ; [di marmo, pietra] dallage, pavage, pavement. ‖ **2.** [stradale] pavé ; [catrame] macadam.
pavoncella [pavon'tʃɛlla] f. ZOOL. vanneau m.
pavone [pa'vone] m. PR. e FIG. paon. ‖ LOC. FIG. *coprirsi con le penne del pavone,* se parer des plumes du paon. ‖ [farfalla] *pavone di giorno,* paon-de-jour, vanesse f. | *pavone di notte,* paon-de-nuit, saturnie f.
pavoneggiarsi [pavoned'dʒarsi] v. rifl. se pavaner.
pavonia [pa'vɔnja] f. ZOOL. saturnie, paon-de-nuit m.
pazientare [pattsjen'tare] v. intr. patienter.
paziente [pat'tsjɛnte] agg. patient. ◆ n. patient, malade.
pazientemente [pattsjente'mente] avv. patiemment.
pazienza [pat'tsjentsa] f. **1.** patience. | *ha pazienza, molta pazienza,* il a de la patience, beaucoup de patience ; il est (très) patient. | *dovrete portar, aver pazienza ancora per qualche ora,* vous devrez patienter encore pendant quelques heures. | *porta pazienza, abbi pazienza, ho quasi finito,* sois patient, j'ai presque fini ; un peu de patience, j'ai presque fini. | *mi è scappata, ho perso la pazienza,* j'ai perdu patience. | *farebbe perdere la pazienza ad un santo,* il ferait damner un saint. | *un lavoro che richiede pazienza,* un travail de patience, un travail qui demande de la patience. | *con la pazienza si può fare,* avec de la patience on peut le faire. | *con una pazienza da santo, da certosino,* avec une patience d'ange. ‖ **2.** [in formule di cortesia] *vuole avere la pazienza di ripetercelo ?,* voulez-vous avoir la gentillesse, la complaisance de nous le répéter ? ‖ [in formule di scusa] *abbia pazienza, ma è impossibile,* je suis désolé(e), mais c'est impossible. | *abbi pazienza, ma ti sbagli,* excuse-moi, mais tu te trompes. | *abbi pazienza* [ascolta] : écoute(-moi). ‖ [per esprimere rassegnazione] *se non puoi, pazienza !,* si tu ne peux pas, tant pis ! ‖ [con valore concessivo] *se almeno facesse caldo, pazienza !,* s'il faisait chaud, si encore il faisait chaud, admettons !, si au moins il faisait chaud ! ‖ [per esprimere impazienza] *santa pazienza !,* Seigneur (Dieu) !, Bon Dieu ! ‖ **3.** BOT. patience, parelle, oseille, épinard m. ‖ **4.** RELIG. [tunica] scapulaire m.
pazzamente [pattsa'mente] avv. follement.
pazzeggiare [pattsed'dʒare] v. intr. (raro) faire le fou, la folle, folichonner (fam. e antiq.), folâtrer.
pazzerello [pattse'rɛllo] agg. un peu fou. | *è un po' pazzerella,* elle est un peu fofolle. ◆ n. petit fou, petite folle.
pazzerellone [pattserel'lone] agg. écervelé, un peu fou. ◆ m. (**-a** f.) grand fou, grande folle.
pazzescamente [pattseska'mente] avv. follement.
pazzesco [pat'tsesko] agg. fou, insensé, démentiel. | *prezzo pazzesco,* prix insensé. | *impresa pazzesca,* folle entreprise. | *idea pazzesca,* idée insensée, folle.
pazzia [pat'tsia] f. folie. | *colto da pazzia,* pris, frappé de folie. ‖ LOC. *aver un ramo di pazzia,* en avoir un grain. ‖ PER ANAL. [azione da pazzo] folie. | *è una*

pazzia, c'est de la folie. | *fare una pazzia,* faire une folie.

pazzo ['pattso] agg. **1.** fou ; [davanti a vocale o h muta] fol ; folle f. | *diventare pazzo,* devenir fou. | *far diventar pazzo,* rendre fou. ‖ **2.** [strano, bizzarro] fou, cinglé (pop.), piqué (fam.). ‖ [fuori di sé] fou. | *pazzo di dolore, di gioia,* fou de douleur, de joie. | *innamorato pazzo,* amoureux fou. ‖ Loc. *andar pazzo per qlco.*, être fou de qch., raffoler de qch. ‖ **3.** [di cose] fou, insensé, démentiel. | *pazza speranza,* fol espoir. | *velocità pazza,* vitesse folle. ‖ Loc. *darsi alla pazza gioia,* mener joyeuse vie. ◆ n. fou, folle f., aliéné. | *gridava come una pazza,* elle criait comme une folle. ‖ [iperb.] fou, cinglé (pop.). ‖ Loc. *robe da pazzi,* c'est de la folie (pure) !, c'est de la folie furieuse !

pazzoide [pat'tsɔjde] agg. e n. cinglé (pop.), marteau (pop.), maboul (pop.), piqué (pop.).

peana [pe'ana] (**-i** o **-a** pl.) m. Stor. péan.

pecari ['pɛkari] m. Zool. pécari.

pecca ['pɛkka] f. défaut m., imperfection. ‖ [di persona] défaut m., faiblesse.

peccaminoso [pekkami'noso] agg. coupable. | *fare una vita peccaminosa,* vivre dans le péché.

peccare [pek'kare] v. intr. pécher. | *peccare di superbia,* pécher par orgueil. | *peccare in pensieri, in parole, in azioni,* pécher par pensées, par paroles, par actions. ‖ [sbagliare] *peccare di disattenzione,* pécher par inattention.

peccato [pek'kato] m. péché. | *fare, commettere un peccato,* faire, commettre un péché. | *essere in peccato,* être en état de péché. | *peccato originale,* péché originel. ‖ Loc. *è più brutto del peccato,* il est laid comme les sept péchés capitaux, laid à faire peur. ‖ Per est. [errore] péché, erreur f. | *peccati di gioventù,* erreurs, péchés de jeunesse. ‖ Loc. *sarebbe un peccato che, se si dimenticasse,* il serait dommage qu'il oublie. | *è un peccato svegliarlo,* c'est dommage de le réveiller. | *(che) peccato !,* (quel) dommage ! | *è un vero peccato,* c'est vraiment dommage, c'est bien dommage.

peccatore [pekka'tore] (**-trice** f.) m. pécheur, pécheresse f.

pecchia ['pekkja] f. (raro) abeille (l.c.).

pece ['petʃe] f. poix. | *pece greca,* colophane. ‖ Loc. *nero come la pece,* noir comme du charbon, du cirage, de l'encre. ‖ Fig. *anima nera come la pece,* âme noire. | *era nero come la pece,* il était d'humeur noire. | *essere macchiati della stessa pece,* être du même acabit.

pechblenda [pek'blɛnda] f. pechblende.

pechinese [peki'nese] agg. e n. pékinois. ◆ m. [cane] pékinois.

pecora ['pɛkora] f. Pr. mouton m. ; [femmina] brebis. | *tosare le pecore,* tondre les moutons. | *latte di pecora,* lait de brebis. ‖ Fig. [simbolo di passività] mouton m. ; [di mitezza] agneau m. | *è una pecora,* il est doux comme un agneau. ‖ Loc. fig. *pecora nera,* brebis galeuse. | *pecora smarrita,* brebis égarée. | *essere una pecora segnata,* être sur la liste noire.

pecoraggine [peko'raddʒine] f. moutonnerie.

pecoraio [peko'rajo] (**-a** f.) m. berger, ère.

pecorella [peko'rɛlla] f. Pr. e fig. [nel linguaggio devoto] brebis. | *pecorella smarrita,* brebis égarée. ‖ Relig. ouaille. ‖ Fig. [onda, nuvola] mouton m. | *cielo a pecorelle,* ciel moutonné, pommelé.

pecoresco [peko'resko] agg. de mouton, moutonnier.

pecorino [peko'rino] agg. de mouton ; [della femmina] de brebis. | *formaggio pecorino,* fromage de brebis. ◆ m. fromage de brebis.

pecorone [peko'rone] m. bélier. ‖ Fig. mouton.

pecorume [peko'rume] m. troupeau. ‖ [servilismo] servilité f.

pectina [pek'tina] f. pectine.

peculato [peku'lato] m. détournement de deniers publics, péculat, concussion f.

peculiare [peku'ljare] agg. particulier (à), caractéristique (de), propre (à).

peculiarità [pekuljari'ta] f. particularité, caractéristique.

peculiarmente [pekuljar'mente] avv. particulièrement, proprement.

peculio [pe'kuljo] m. pécule.

pecunia [pe'kunja] f. (lett., raro o scherz.) argent m. (l.c.).

pecuniariamente [pekunjarja'mente] avv. pécuniairement.

pecuniario [peku'njarjo] agg. pécuniaire.

pedaggio [pe'daddʒo] m. péage.

pedagogia [pedago'dʒia] f. pédagogie.

pedagogicamente [pedagodʒika'mente] avv. pédagogiquement.

pedagogico [peda'gɔdʒiko] (**-ci** pl.) agg. pédagogique.

pedagogista [pedago'dʒista] (**-i** pl.) m. e f. pédagogue.

pedagogo [peda'gɔgo] (**-a** f. ; **-ghi** pl.) m. pédagogue.

pedalare [peda'lare] v. intr. pédaler.

pedalata [peda'lata] f. coup (m.) de pédale.

pedale [pe'dale] m. pédale f. ‖ [attrezzo dei calzolai] tire-pied. ‖ [dell'albero] pied. ‖ Dial. [calzino] chaussette f. ‖ Mus. note (f.) de pédale, pédale.

pedaleggiare [pedaled'dʒare] v. intr. Mus. se servir des pédales, de la pédale.

pedaliera [peda'ljɛra] f. pédalier m. ‖ Aer. palonnier m.

pedalina [peda'lina] f. presse à platine.

pedalino [peda'lino] m. Dial. chaussette f.

pedana [pe'dana] f. **1.** [piano di legno] estrade. ‖ Sport [tavola elastica] tremplin m. ‖ **2.** [striscia di panno] bordure ; [di pantaloni] talonnette.

pedantaggine [pedan'taddʒine] f. (raro) V. pedanteria.

pedante [pe'dante] agg. e n. pédant.

pedanteggiare [pedanted'dʒare] v. intr. faire le pédant, se montrer pédant.

pedanteria [pedante'ria] f. pédantisme m., pédanterie.

pedantesco [pedan'tesko] agg. pédantesque (lett.).

pedantismo [pedan'tizmo] m. pédantisme, pédanterie f.

pedata [pe'data] f. **1.** coup (m.) de pied. | *lo ha preso a pedate,* il lui a donné des coups de pied. ‖ Loc. fig. *dare una pedata a qlcu.*, envoyer qn promener, balader (fam.). ‖ **2.** [orma] trace de pied, empreinte de pied. ‖ **3.** Tecn. [di scalino] giron m.

pedemontano [pedemon'tano] agg. (qui est situé) au pied d'une montagne, de la montagne, des montagnes. | *si tratta di un paese pedemontano,* c'est un pays situé au pied de la montagne. ‖ (lett.) piémontais (l.c.).

pederasta [pede'rasta] (**-i** pl.) m. pédéraste.

pederastia [pederas'tia] f. pédérastie.

pedestre [pe'dɛstre] agg. terre à terre, médiocre. ‖ (raro) pédestre.

pediatra [pedja'tra] (**-i** pl.) m. e f. pédiatre.

pediatria [pedja'tria] f. pédiatrie.

pediculosi [pediku'lɔzi] f. maladie pédiculaire, phtiriase.

pedicure [pedi'kure] m. e f. pédicure.

pedigree ['pedigri:] m. [ingl.] pedigree.

pediluvio [pedi'luvjo] m. bain de pieds.

pedina [pe'dina] f. pion m. | *muovere una pedina,* bouger un pion. ‖ Fig. *è solo una pedina in questo gioco,* il n'est qu'un pion sur l'échiquier. | *essere una pedina nelle mani di qlcu.*, être l'instrument de qn. | *muovere una pedina,* manœuvrer.

pedinamento [pedina'mento] m. filature f.

pedinare [pedi'nare] v. tr. filer, prendre en filature.

pedissequamente [pedissekwa'mente] avv. servilement, sans originalité ; [ciecamente] aveuglément.

pedissequo [pe'dissekwo] agg. servile.

pedologia [pedolo'dʒia] f. Geol., Psicol. pédologie.

pedonale [pedo'nale] agg. piéton (lett.), pour piétons. | *zona pedonale,* zone piétonne, zone réservée aux piétons. | *strisce pedonali, passaggio pedonale,* passage pour piétons, passage clouté. | *il traffico pedonale,* la circulation des piétons.

pedone [pe'done] m. piéton. ‖ Giochi [scacchi] pion. ‖ Mil. (arc.) fantassin.

peduncolare [pedunko'lare] agg. pédonculaire.

peduncolato [pedunko'lato] agg. pédonculé.

peduncolo [pe'dunkolo] m. Anat., Bot., Zool. pédoncule.

pegaseo [pega'zɛo] agg. de Pégase.

peggio ['pɛddʒo] **1.** [compar. di male] plus mal, moins bien, pis (arc., salvo in qualche loc.). | *la cosa è finita peggio del previsto,* la chose s'est terminée moins bien que prévu, plus mal que prévu. | *gli è andata peggio questa volta,* cette fois-ci, ça lui a plus mal réussi. | *tratta la moglie peggio di una serva,* il traite sa femme plus mal, pis qu'une servante. | *se lo sgridi fa peggio ancora,* si tu le grondes c'est encore pire. ‖ **2.** Loc. [con stare] *sta peggio di ieri,* il va moins bien qu'hier. | *lui sta, è messo peggio di noi,* il est dans une situation plus mauvaise, pire que la nôtre. | *la statuina sta peggio sul tavolino,* la statuette fait moins bien sur la petite table. ‖ [con andare] *gli affari vanno di male in peggio, sempre peggio,* les affaires vont de pis en pis, de mal en pis. | *con la macchina grande vado peggio,* avec la grosse voiture je suis moins à mon aise. | *questo alunno va peggio dell'anno scorso,* cet élève a de moins bons résultats, est moins bon que l'an dernier. | *non poteva andare peggio,* ça (fam.), cela ne pouvait pas aller plus mal, ne pouvait pas être pire. | *cambiare in peggio,* changer en mal, empirer. ‖ **3.** [superlativo] *la società peggio organizzata che si possa immaginare,* la société la moins bien, la plus mal organisée qu'on puisse imaginer. ◆ agg. invar. **1.** pire. | *ho ridipinto la mia bicicletta, ma è peggio di prima,* j'ai repeint ma bicyclette mais elle est pire, moins bien qu'avant. | *il rimedio è peggio del male,* le remède est pire que le mal. | *il tempo è peggio,* le temps est plus mauvais, il fait plus mauvais. ‖ Loc. *peggio, quel che è peggio,* qui pis est. ‖ [in costruzioni partitive] pire, pis. | *non c'è niente di peggio,* il n'y a rien de pire. | *c'è di peggio,* il y a pire. | *qlco. di peggio,* qch. de pis, de pire. ‖ Pop. [come attributo] pire (L.C.), plus mauvais (L.C.). ‖ **2.** [con valore neutro] pire, pis. | *sarebbe peggio tacere,* se taire serait pire. ‖ Loc. *(tanto) peggio per lui,* tant pis pour lui. | *peggio che peggio,* c'est encore pis, encore pire. | *peggio che andar di notte,* c'est pis, c'est pire que tout. ‖ **3.** Pop. [con valore di superlativo] pire (L.C.), plus mauvais (L.C.). | *la peggio idea,* l'idée la plus mauvaise. ‖ Fam. [con valore di pron.] pire (L.C.). | *è il peggio dei due,* c'est le pire des deux. ‖ Loc. *averla peggio,* avoir le dessous. | *alla peggio, al peggio,* au pis aller, au pire, dans le pire des cas. | *alla (meno) peggio,* tant bien que mal, à la diable. ◆ m. pire, pis (lett.). | *il peggio che possa succedere,* le pire qui puisse arriver. | *il peggio è che,* le pire, c'est que. | *gli è toccato il peggio,* c'est lui qui a eu la plus mauvaise part. | *non pensi al peggio,* ne pensez pas au pire. (V. anche PEGGIORE.)

peggioramento [peddʒora'mento] m. aggravation f., fait d'empirer.

peggiorare [peddʒo'rare] v. tr. aggraver, empirer. ◆ v. intr. empirer, s'aggraver (v. rifl.). | *la situazione peggiora,* la situation s'aggrave. | *le cose vanno peggiorando,* les choses vont de mal en pis.

peggiorativo [peddʒora'tivo] agg. péjoratif.

peggiore [ped'dʒore] agg. [compar. di CATTIVO] plus mauvais, moins bon, pire. ‖ [attributo] *non conosco un autista peggiore,* je ne connais pas de plus mauvais conducteur. | *ha un aspetto peggiore oggi,* il a moins bonne mine, moins bon aspect, plus mauvaise mine aujourd'hui. | *non poteva succedere in un momento peggiore,* ça (fam.), cela ne pouvait pas tomber plus mal. | *ho visto cose peggiori,* j'ai vu pire. | *non c'è male peggiore dell'attesa,* l'attente est le pire des maux, il n'y a rien de pire que d'attendre. | *non c'è cosa peggiore di,* il n'y a rien de pire que. ‖ [predicato] *questi prodotti sono assai peggiori,* ces produits sont beaucoup moins bons. | *la situazione è assai peggiore di quanto pensassimo,* la situation est bien plus mauvaise, bien pire que nous ne le pensions. | *rendere peggiore,* aggraver, empirer. | *diventare peggiore,* empirer, s'aggraver. ‖ [superl.] *è il peggior impiegato che abbia mai avuto,* c'est le plus mauvais employé que j'aie jamais eu. | *il mio peggiore nemico,* mon pire ennemi. | *il suo peggior difetto,* son pire, son plus grave défaut. | *il suo peggior vestito,* son plus mauvais, son plus vilain costume. | *il male peggiore, il peggiore dei mali,* le pire des maux. | *nella peggiore delle ipotesi, nel peggiore dei casi,* dans le pire des cas. | *nel peggior modo possibile,* aussi mal que possible. | *della peggior specie,* de la pire espèce. ‖ Per est. [più malvagio] plus mauvais, plus méchant, pire. | *non ho conosciuto nessuno peggiore,* je n'ai connu personne de plus méchant. | *non è peggiore di te,* il n'est pas plus mauvais, pas plus méchant que toi. ‖ [superl.] *è il peggior individuo che conoscano,* c'est le pire individu qu'ils connaissent. | *non è il peggior tra noi,* il n'est pas le plus mauvais d'entre nous. ◆ m. *i peggiori,* les plus mauvais, les pires individus. ‖ [con valore neutro] *il peggiore,* le pire ; ce qu'il y a de plus mauvais. (V. anche PEGGIO.)

pegli ['peʎʎi] prep. articolata V. PER.

pegmatite [pegma'tite] f. Miner. pegmatite.

pegno ['peɲɲo] m. Pr. e fig. gage. | *prestito su pegno,* prêt sur gages. | *agente di pegni,* prêteur sur gages. | *pegno di amore,* gage d'amour. ‖ Giochi gage.

pegola ['pegola] f. (raro) poix.

pei ['pei] prep. articolata V. PER.

pel ['pel] prep. articolata V. PER.

pelagianismo [peladʒa'nizmo] m. Relig. pélagianisme.

pelagiano [pela'dʒano] agg. e m. Relig. pélagien.

pelagico [pe'ladʒiko] **(-ci** pl.) agg. Geol. pélagique.

pelago ['pɛlago] m. Pr. (lett.) haute mer, pleine mer (L.C.) ; océan (L.C.). ‖ Fig. [grande quantità] masse f., foule f. ; [situazione difficile] guêpier (fam.), pétrin (fam.), situation (f.) impossible, critique.

pelame [pe'lame] m. pelage.

pelandrone [pelan'drone] **(-a** f.) m. Region. fainéant, faignant (fam.), feignant (fam.), paresseux, euse (L.C.).

pelapatate [pelapa'tate] m. invar. [coltello] couteau à éplucher, épluche-légumes ; [macchina] éplucheur, éplucheuse f.

pelare [pe'lare] v. tr. **1.** [asportare il pelo] peler (arc. o tecn.) ; [tosare] tondre. ‖ [asportare le penne] plumer. ‖ [sbucciare] peler, éplucher. ‖ Scherz. [radere i capelli] tondre. ‖ **2.** Fig. [essere troppo caldo] brûler ; [essere troppo freddo] glacer. ‖ **3.** Fig. [spillare denaro] plumer, écorcher. | *farsi pelare al gioco,* se faire plumer au jeu. | *ci hanno pelato,* nous nous sommes fait ratiboiser. ‖ **4.** Loc. fig. *avere una bella gatta da pelare,* être dans un beau pétrin, être dans un sacré guêpier, être dans de sales draps, être dans de beaux draps. | *ho altre gatte da pelare,* j'ai d'autres chats à fouetter. ◆ v. rifl. (fam.) se déplumer, perdre ses cheveux (L.C.).

1. pelata [pe'lata] f. Loc. Pr. *dare una pelata al pollo,* plumer un peu le poulet. | *bisognerebbe dare una pelata a quella zazzera,* il faudrait tondre un peu cette tignasse. ‖ Fig. *ho avuto una pelata al poker,* je me suis fait plumer au poker.

2. pelata [pe'lata] f. crâne pelé, tondu, chauve. ‖ calvitie.

pelato [pe'lato] agg. pelé. | *cane pelato,* chien pelé. ‖ [sbucciato] pelé, épluché. ◆ m. pl. tomates (f.) pelées (en conserve).

pelatura [pela'tura] f. pelage m.

pellaccia [pel'lattʃa] f. Pr. [peggior. di PELLE] *salvare la pellaccia,* sauver sa peau. ‖ Fig. dur, dure (à cuire). ‖ [scavezzacollo] voyou m., mauvais sujet m.

pellagra [pel'lagra] f. Med. pellagre.

pellaio [pel'lajo] m. (raro) peaussier.

pellame [pel'lame] m. peaux f. pl. | *commercio di pellame,* peausserie f.

pelle ['pɛlle] f. **1.** [dell'uomo] peau. ‖ Loc. *essere pelle ed ossa,* n'avoir que la peau et les os, n'avoir que la peau sur les os. | *aver la pelle d'oca,* avoir la chair de poule. | *a fior di pelle,* à fleur de peau. | *aver la pelle dura,* avoir la peau dure (pr. e fig.). | *non stare più nella pelle,* ne plus tenir en place (fig.). ‖ **2.** Fig. fam. [vita] peau. | *salvare la pelle,* sauver sa peau. | *non voglio rimetterci la pelle,* je ne veux pas y laisser ma peau. | *vendere cara la pelle,* vendre chèrement sa peau. | *fare la pelle a qlcu.,* faire la peau à qn (pop.). ‖ [per esprimere instensità] *sono amici per la pelle,* ils sont amis à la vie à la mort. | *repubblicano per la pelle,* républicain à tout crin. ‖ **3.** [degli animali] peau ; [particolarmente dura] cuir m. ‖ Per est. [conciata] peau, cuir m. | *guanti di pelle,* gants de peau. | *scarpe di pelle,* chaussures en cuir. | *pelle di serpente,* peau de serpent. ‖ **4.** [buccia] peau.

pellegrina [pelle'grina] f. pèlerine.

pellegrinaggio [pellegri'naddʒo] m. pèlerinage.

pellegrinare [pellegri'nare] v. intr. (raro) aller en pèlerinage. ‖ (lett.) V. PEREGRINARE.

pellegrino [pelle'grino] (**-a** f.) m. pèlerin. ‖ ZOOL. pèlerin. ◆ agg. (raro) errant (L.C.), vagabond (L.C.). ‖ FIG. saugrenu.
pellerossa [pelle'rossa] n. invar. Peau-Rouge (pl. Peaux-Rouges), Indien.
pelletteria [pellette'ria] f. maroquinerie.
pellettiere [pellet'tjɛre] m. maroquinier.
pellicano [pelli'kano] m. ZOOL. pélican.
pellicceria [pellittʃe'ria] f. **1.** [lavorazione delle pelli] pelleterie. ‖ **2.** [assortimento di pelli o pellicce] pelleteries pl., fourrures pl. ‖ **3.** [negozio] magasin (m.) de fourrures. | *in pellicceria,* chez le fourreur.
pelliccia [pel'littʃa] f. fourrure. ‖ [cappotto, mantello] manteau (m.) de fourrure.
pellicciaio [pellit'tʃajo] (**-a** f.) m. fourreur, pelletier, ère.
pellicciame [pellit'tʃame] m. assortiment de fourrures.
pellicina [pelli'tʃina] f. pellicule.
pellicola [pel'likola] f. pellicule. ‖ CIN., FOT. pellicule. ‖ [opera cinematografica] film m.
pellirossa [pelli'rossa] (**-e** pl. o invar.) m. e f. Peau-Rouge, Indien. | *i Pellirosse,* les Peaux-Rouges.
pellucido [pel'lutʃido] agg. pellucide.
pelo ['pelo] m. **1.** poil. ‖ FIG. [simbolo di piccolissima quantità] *è un pelo troppo grande,* il est un brin, un poil (fam.) trop grand. | *è mancato un pelo,* ça n'a tenu qu'à un cheveu, il s'en est fallu d'un poil. | *ha vinto per un pelo,* il a gagné de justesse. | *a un pelo da,* à deux doigts, à un doigt de. ‖ LOC. *non torcere un pelo,* ne pas toucher à un cheveu. | *non aver peli sulla lingua,* ne pas mâcher ses mots. | *cercare il pelo nell'uovo,* chercher la petite bête. ‖ **2.** [collettivo] poil. | *cane dal pelo lungo, corto,* chien à poil long, court. | *questo gatto perde il pelo,* ce chat perd ses poils. ‖ LOC. FIG. *giovane di primo pelo,* (petit) jeunot (fam.). | *prendere qlcu. per il verso del pelo,* prendre qn dans le sens du poil. | *fare il pelo e il contropelo a qlcu.,* éreinter qn (fam.), taper sur qn (fam.). | *avere il pelo sul cuore, il cuore col pelo,* n'avoir pas de cœur. ‖ **3.** [pelliccia o fibra tessile] poil. | *pelo di cammello,* poil de chameau. ‖ **4.** BOT. poil. ‖ **5.** FIG. *il pelo dell'acqua,* la surface de l'eau. | *a pelo dell'acqua,* à fleur d'eau.
peloponnesiaco [peloponne'ziako] (**-ci** pl.) agg. péloponnésien.
pelosità [pelosi'ta] f. pilosité.
peloso [pe'loso] agg. poilu ; [stoffa] peluché, pelucheux. ‖ BOT. velu, villeux.
pelota [pe'lɔta] f. pelote (basque).
pelta ['pɛlta] f. STOR. pelte, pelta m. o f.
peltasta [pel'tasta] (**-i** pl.) m. STOR. peltaste.
peltato [pel'tato] agg. BOT. pelté.
peltro ['peltro] m. étain.
peluria [pe'lurja] f. duvet m.
pelvi ['pɛlvi] f. ANAT. pelvis m.
pelvico ['pɛlviko] (**-ci** pl.) agg. ANAT. pelvien.
pena ['pena] f. **1.** [castigo, punizione] peine. | *casa di pena,* prison. ‖ RELIG. *la pena eterna,* les peines éternelles. ‖ LOC. FIG. *patire le pene dell'inferno,* souffrir comme un damné. | *essere un'anima in pena,* être comme une âme en peine. ‖ LOC. *(sotto) pena (di),* sous peine de. | *sotto pena della vita, pena la vita,* sous peine de mort. ‖ **2.** [sofferenza spirituale] peine, chagrin m., souffrance. | *pene d'amore,* peines de cœur, chagrins d'amour. | *dar pena,* faire de la peine, peiner. | *mi ha raccontato le sue pene,* il m'a raconté ses malheurs. ‖ PER EST. [compassione] pitié, peine. | *faceva pena a vederlo,* il faisait peine à voir. | *non ti fa pena vederlo così triste ?,* cela ne te fait pas pitié, pas de peine de le voir si triste ? | *provar pena per qlcu.,* avoir pitié de qn, avoir de la peine pour qn. ‖ PEGGIOR. pitié. | *ha scritto un articolo che fa pena,* il a écrit un article qui fait pitié, un article lamentable. | *che pena !,* quelle pitié ! | *fa pena, che pena sentirlo parlare,* c'est une souffrance de l'entendre parler. ‖ PER ANAL. [preoccupazione] inquiétude. | *stare, essere in pena per qlcu.,* être inquiet pour qn. ‖ **3.** [fatica] peine. | *darsi pena,* se donner du mal, de la peine. | *darsi la pena di,* prendre, se donner la peine de. | *non ne vale la pena,* ça (fam.), cela n'en vaut pas la peine. | *non vale la pena (di) insistere,* ce n'est pas la peine d'insister. | *a mala pena :* [con difficoltà] péniblement ; [appena] à peine.
penale [pe'nale] agg. pénal. | *azione penale,* procès m. ‖ *certificato penale, fedina penale,* extrait (m.) de casier judiciaire. ◆ f. pénalité.
penalista [pena'lista] (**-i** pl.) n. criminaliste.
penalità [penali'ta] f. pénalité.
penalizzare [penalid'dzare] v. tr. SPORT pénaliser.
penalizzazione [penaliddzat'tsjone] f. SPORT pénalisation.
penalty ['penalti] f. [ingl.] SPORT penalty m.
penare [pe'nare] v. intr. [patire] souffrir. ‖ PER EST. [faticare] peiner, avoir du mal, se donner de la peine. | *ha penato molto per raggiungere questa posizione,* il s'est donné beaucoup de mal pour arriver à cette situation.
penati [pe'nati] m. pl. STOR. e FIG. pénates.
pencolare [penko'lare] v. intr. chanceler, vaciller ; [pendere da una parte] pencher. ‖ FIG. chanceler, hésiter.
pendaglio [pen'daʎʎo] m. pendant ; [ciondolo] breloque f. ‖ FIG. *pendaglio da forca,* gibier de potence.
pendente [pen'dɛnte] agg. [appeso, sospeso] pendant, qui pend ; [inclinato] penché. | *lingua pendente,* langue pendante. | *torre pendente,* tour penchée. ‖ FIG. pendant, en souffrance, en suspens. | *questione pendente,* question pendante, en souffrance. ◆ m. pendentif. ‖ [orecchino] pendant d'oreille, pendeloque f.
pendenza [pen'dɛntsa] f. inclinaison ; [di terreno, di superficie] pente. | *la pendenza di un muro,* l'inclinaison d'un mur. | *pendenza di un tetto, di una strada,* inclinaison, pente d'un toit, d'une route. | *la strada ha una forte pendenza,* la route est très en pente. | *il terreno scende fino al mare con una lieve pendenza,* le terrain descend en pente douce jusqu'à la mer. ‖ FIG. [vertenza] différend m., désaccord m. ; [conto non liquidato] compte (m.) en suspens.
pendere ['pɛndere] v. intr. **1.** [essere sospeso] pendre, être suspendu, être accroché. | *un prosciutto pendeva da un gancio,* un jambon pendait à un crochet. | *la lampada pende dal soffitto,* la lampe est suspendue au plafond. | *un quadro pende alla parete,* un tableau est accroché au mur. | *questa gonna pende davanti,* cette jupe pend par-devant. ‖ FIG. peser (sur), menacer (v. tr.). | *una minaccia pende loro sul capo,* une menace pèse sur eux. | *una disgrazia pende sul tuo capo,* un malheur te menace, est suspendu au-dessus de toi. ‖ LOC. FIG. *pendere dalle labbra di qlcu.,* être suspendu aux lèvres de qn. ‖ **2.** [essere inclinato] PR. e FIG. pencher. | *questo muro pende,* ce mur penche. | *pendere per la prima soluzione,* pencher pour la première solution. ‖ LOC. FIG. *la bilancia pende dalla sua parte,* la balance penche en sa faveur. ‖ **3.** FIG. [non essere risolto] être pendant, être en suspens.
pendice [pen'ditʃe] f. flanc m., pente, côte. | *sulle pendici della collina,* sur le flanc de la colline.
pendio [pen'dio] m. pente f., déclivité f., côte f. | *strada in pendio,* route en pente.
pendola ['pɛndola] f. pendule.
1. pendolare [pendo'lare] v. intr. osciller. ‖ MAR., MIL. patrouiller.
2. pendolare [pendo'lare] agg. PR. pendulaire. ‖ FIG. = qui habite loin de son lieu de travail, d'études. ‖ SOSTANT. *questo treno è usato quasi esclusivamente dai pendolari,* ce train est utilisé presque exclusivement par des gens qui le prennent à l'aller comme au retour par obligation professionnelle.
pendolino [pendo'lino] m. pendule.
pendolo ['pɛndolo] m. [solido oscillante] pendule. | *orologio a pendolo,* pendule f. ‖ [orologio] pendule f.
pendulo ['pɛndulo] agg. pendant, qui pend. ‖ ANAT. *velo pendulo,* voile du palais.
pene ['pɛne] m. ANAT. pénis.
penetrabile [pene'trabile] agg. pénétrable.
penetrale [pene'trale] m. STOR. penetralia pl. ‖ FIG. tréfonds.
penetramento [penetra'mento] m. V. PENETRAZIONE.
penetrante [pene'trante] agg. PR. e FIG. pénétrant.
penetrare [pene'trare] v. intr. PR. e FIG. pénétrer. | *penetrare in una stanza,* pénétrer dans une pièce. | *penetrare nell'anima,* pénétrer (dans) l'âme. ◆ v. tr.

PR. e FIG. pénétrer. | *penetrare un segreto*, pénétrer un secret.
penetrativo [penetra'tivo] agg. (lett.) pénétrant (L.C.).
penetrazione [penetrat'tsjone] f. PR. e FIG. pénétration.
penicillina [penitʃil'lina] f. FARM. pénicilline.
peninsulare [peninsu'lare] agg. péninsulaire.
penisola [pe'nizola] f. péninsule.
penitente [peni'tente] agg. e n. RELIG. pénitent.
penitenza [peni'tɛntsa] f. RELIG. pénitence. || PER EST. pénitence, punition.
penitenziale [peniten'tsjale] agg. RELIG. pénitentiel.
penitenziario [peniten'tsjarjo] agg. pénitentiaire. ◆ m. pénitencier.
penitenziere [peniten'tsjɛre] m. RELIG. pénitencier.
penitenzieria [penitentsje'ria] f. RELIG. pénitencerie.
penna ['penna] f. **1.** plume. || [delle ali e della coda] penne. || [ornamento] plume. || LOC. FIG. *rimetterci le penne* : [subire un danno] y laisser des plumes; [morire] y laisser sa peau. || *le penne nere*, les chasseurs alpins. || PER ANAL. [per scrivere] plume. | *disegno a penna*, dessin à la plume. | *penna stilografica*, stylo m. (à encre), stylographe m. (antiq.). | *penna a sfera*, stylo, crayon (m.) à bille. || FIG. *è una buona penna*, il écrit bien, c'est un bon écrivain. | *non sa tenere la penna in mano*, il ne sait pas écrire. | *mi è rimasto nella penna*, j'ai oublié de l'écrire. | *lasciar nella penna*, omettre. || **2.** PARTIC., MAR. penne. || MUS. plectre m. || TECN. [di martello] panne.
pennacchio [pen'nakkjo] m. panache. || PER ANAL. *pennacchio di fumo*, panache de fumée. || ARCHIT. panache.
pennacchiuto [pennak'kjuto] agg. empanaché.
pennaiolo [penna'jɔlo] m. PEGGIOR. plumitif. || ARC. [portapenne] plumier.
pennarello [penna'rello] m. feutre.
pennato [pen'nato] agg. pourvu de plumes, qui a des plumes, emplumé. || SOSTANT. *i pennati*, les animaux ailés. || BOT. penné, penniforme.
pennellare [pennel'lare] v. intr. passer le pinceau.
pennellata [pennel'lata] f. coup (m.) de pinceau. || PER EST. [tecnica pittorica] pinceau m., coup (m.) de pinceau. || FIG. *descrivere la situazione in poche pennellate*, décrire la situation en quelques traits rapides.
pennellatura [pennella'tura] f. badigeonnage m.
pennellessa [pennel'lessa] f. pinceau (m.) plat, queue(-de-morue).
pennellificio [pennelli'fitʃo] m. fabrique (f.) de pinceaux.
1. pennello [pen'nɛllo] m. pinceau. | *pennello da pittore*, pinceau de peintre, brosse f. | *pennello per la barba*, blaireau. | *l'arte del pennello*, la peinture. || LOC. FIG. *a pennello*, parfaitement. | *la gonna le sta a pennello*, la jupe lui va comme un gant.
2. pennello [pen'nɛllo] m. MAR. [bandiera] pavillon.
pennino [pen'nino] m. plume f.
pennivendolo [penni'vendolo] m. PEGGIOR. [giornalista] folliculaire (lett.); [scrittore] écrivain vendu.
pennoncello [pennon'tʃello] m. STOR. pennon.
pennone [pen'none] m. [asta per bandiera] hampe f., mât. || MAR. vergue f., antenne f. || STOR. [stendardo] pennon.
pennuto [pen'nuto] agg. qui a des plumes, ailé.
penny ['peni] m. [ingl.] penny.
penombra [pe'nombra] f. PR. e FIG. pénombre. | *in penombra*, dans la pénombre. || FIS. pénombre.
penosamente [penosa'mente] avv. péniblement; [in modo da ispirare pietà] pitoyablement.
penoso [pe'noso] agg. pénible. | *attesa penosa*, attente pénible. || [che ispira pietà] pitoyable, lamentable, navrant. || [imbarazzato] gêné, embarrassé, pénible.
pensabile [pen'sabile] agg. pensable (raro), imaginable. | *non è neppure pensabile*, c'est parfaitement impensable. | *ti pare pensabile che si possa agire così?*, est-ce qu'il te paraît concevable qu'on puisse agir ainsi?
pensante [pen'sante] agg. pensant.
pensare [pen'sare] v. intr. **1.** [avere un'attività mentale] penser. || **2.** [meditare riflettere] réfléchir, penser, songer. | *lasciatemi pensare*, laissez-moi réfléchir. | *un libro che fa pensare*, un livre qui fait réfléchir. | *una cosa che dà da pensare*, une chose qui donne à penser, qui donne à réfléchir. | *ci pensi bene!*, pensez-y bien!, songez-y bien! || LOC. *pensarci su*, réfléchir à la question. | *non ci pensò su due volte*, il ne fit ni une ni deux. | *pensa e ripensa*, après mûre réflexion. || **3.** [avere in mente, preoccuparsi di, ricordare o prevedere] penser, songer. | *pensa solo al denaro*, il ne pense qu'à l'argent. | *bisognava pensarci prima*, il fallait y penser avant. | *ma a cosa pensava?*, à quoi pensiez-vous?, où aviez-vous la tête?, où aviez-vous l'esprit? | *non pensarci più*, n'y pense plus. || **4.** [far piani, progetti] songer, penser. | *pensa di ritirarsi dagli affari*, il songe à se retirer des affaires. | *pensa al tuo futuro!*, pense, songe à ton avenir. || LOC. *non ci penso nemmeno*, il n'en est pas question. || **5.** [provvedere] s'occuper (de), se charger (de), penser. | *ci penso io!*, je m'en occupe! || LOC. *pensa ai fatti tuoi*, occupe-toi de tes affaires. | *pensa alla salute!*, ne t'en fais pas. | *ho ben altro da pensare*, j'ai d'autres chats à fouetter, j'ai autre chose à penser. || **6.** [avere un'opinione, giudicare] penser [anche tr.]. | *pensare bene, male di qlcu.*, penser du bien, du mal de qn. | *come penserai*, comme tu dois (bien) penser.
◆ v. tr. **1.** [applicare a qlco. la riflessione o l'attenzione; interessarsi di] penser (à), réfléchir (à), songer (à). | *non pensa che cosa sta facendo*, il ne pense pas, il ne songe pas, il ne réfléchit pas à ce qu'il fait. | *cosa stai pensando?*, à quoi penses-tu?, où as-tu la tête? || [ricordarsi o evocare con la fantasia] penser (à). | *lo penso giorno e notte*, je pense à lui jour et nuit. | *se penso quanto ho sopportato per lui!*, quand je pense à tout ce que j'ai supporté pour lui! || [architettare, macchinare] inventer, trouver. || LOC. *una ne fa, cento ne pensa*, il fait une sottise après l'autre. || **2.** [aver l'idea di, immaginare] penser, croire, imaginer. | *chi l'avrebbe pensato?*, qui l'aurait cru? | *ti lascio pensare il mio stupore*, je te laisse à penser, à imaginer quelle a été ma stupeur. | *pensa che contenti che sono i bambini!*, tu penses si les enfants sont contents! || LOC. *e pensare che...*, et dire que... || [ritenere, credere, giudicare] penser, croire, trouver. | *penso che faresti meglio a tacere*, je pense, je trouve, je crois que tu ferais mieux de te taire. | *penso di sì*, je crois, je pense que oui. | *non so cosa pensare*, je ne sais que penser. || LOC. *pensarla*. | *non la penso in questo modo*, ce n'est pas mon avis. | *sapete come la penso*, vous connaissez ma façon de penser, vous savez ce que je pense. | *tu come la pensi a questo proposito?*, et toi, qu'est-ce que tu en penses? || FAM. [con particella pronominale] *chi si pensa di essere?*, pour qui se prend-il? || **3.** [progettare, decidere] penser (à), songer (à). | *avevo pensato (di) partire*, j'avais pensé, j'avais songé à partir. | *penso di portarglielo io stesso*, je pense que je vais le lui apporter moi-même.
pensata [pen'sata] f. idée. | *bella pensata!*, bonne idée.
pensatore [pensa'tore] (**-trice** f.) m. penseur (solo m.). | *libero pensatore*, libre penseur.
pensierino [pensje'rino] m. [nella scuola elementare] petite rédaction f. || LOC. FIG. *farci un pensierino*, y penser. || [attenzione] attention f. || [regalo] cadeau.
pensiero [pen'sjɛro] m. **1.** [attività intellettuale, facoltà di pensare] pensée f. || LOC. *rivivere col pensiero un avvenimento*, revivre un événement par la pensée. | *volare sulle ali del pensiero (in un posto)*, se transporter par la pensée (quelque part). | *riandare col pensiero al passato*, repenser au passé, évoquer le passé. | *mi torna al pensiero*, cela me revient à l'esprit. | *fermare il pensiero su qlco.*, fixer son attention (f.) sur qch. | *uomo di pensiero*, penseur. || **2.** [modo di pensare; insieme di idee] pensée. | *travisare il pensiero di qlcu.*, déformer la pensée de qn. || **3.** [contenuto mentale] pensée; [idea] idée f. | *assorto nei propri pensieri*, perdu dans ses pensées. | *rivolgere un pensiero commosso a qlcu.*, avoir une pensée émue pour qn. | *i miei pensieri corrono a lei*, je ne pense qu'à elle. | *il pensiero della morte*, l'idée de la mort. | *mutar pensiero*, changer d'idée. | *al pensiero di*, à l'idée de, à la pensée de. | *cattivi pensieri*, mauvaises pensées. | *pensieri neri*, idées noires. || LOC. *essere sopra pensiero*, être distrait, être pensif. || **4.** [riflessione, massima] pensée. || **5.** [ansia, preoccupazione] souci. | *m*

dà molti pensieri, il me donne bien du souci. | *ho altri pensieri*, j'ai d'autres soucis. | *stare in pensiero*, être inquiet, se faire du souci. | *darsi pensiero per qlcu.*, s'inquiéter, se faire du souci, se tracasser pour qn. | *tenere qlcu. in pensiero*, laisser qn dans l'inquiétude. || **6.** [cura, attenzione] attention f., gentillesse f. | *grazie del pensiero*, merci de votre, de ta gentillesse. | *che pensiero gentile!*, que c'est gentil! | *ha dei pensieri squisiti*, il a de charmantes attentions. || [nell'offrire un dono] *gradisca questo pensiero*, acceptez ce témoignage d'affection. || **7.** [intenzione] intention f. | *è il pensiero che conta*, c'est l'intention qui compte.

pensieroso [pensje'roso] agg. préoccupé, soucieux, pensif.

pensile ['pɛnsile] agg. suspendu.

pensilina [pensi'lina] f. auvent m.; [a vetri] marquise.

pensionabile [pensjo'nabile] agg. qui a droit à la retraite. || [di periodo di tempo] qui compte pour la retraite. | *età pensionabile*, âge de la retraite.

pensionamento [pensjona'mento] m. mise (f.) à la retraite.

pensionante [pensjo'nante] m. e f. pensionnaire.

pensionare [pensjo'nare] v. tr. mettre à la retraite; pensionner.

pensionato [pensjo'nato] agg. e n. [che, chi vive di una pensione] pensionné; [per anzianità] retraité. ◆ m. [istituto per studenti] pensionnat, pension f. || [per altre persone] pension f.

pensione [pen'sjone] f. **1.** [importo versato periodicamente] pension; [corrisposta ai lavoratori che abbiano raggiunto una data età, o durata di attività lavorativa] retraite, pension. | *pensione di guerra, d'invalidità*, pension de guerre, d'invalidité. | *a sessant'anni si ha diritto alla pensione*, à soixante ans on a droit à la retraite. || [stato di chi non lavora più] retraite. | *andare in pensione*, prendre sa retraite. | *essere in pensione*, être en retraite, à la retraite. | *mettere in pensione*, mettre à la retraite. || **2.** [prestazione di vitto ed alloggio] pension. | *vivere, stare, essere a pensione*, être en pension. | *andare a pensione presso qlcu.*, prendre pension chez qn. | *fare pensione*, prendre des pensionnaires. | *mezza pensione, pensione completa*, demi-pension, pension complète. || [somma pagata] *pagare la pensione*, payer sa pension. || **3.** [esercizio alberghiero] pension (de famille).

penso ['pɛnso] m. pensum.

pensosità [pensosi'ta] f. fait (m.) d'être pensif.

pensoso [pen'soso] agg. pensif, songeur. || (lett.) [premuroso di] soucieux (de).

pentacordo [penta'kɔrdo] m. Mus. pentacorde.

pentaedro [penta'ɛdro] m. Geom. pentaèdre.

pentagonale [pentago'nale] agg. pentagonal.

pentagono [pen'tagono] m. Geom. pentagone.

pentagramma [penta'gramma] (**-i** pl.) m. Mus. portée f.

pentametro [pen'tametro] m. Metr. pentamètre.

pentateuco [penta'tɛuko] m. Relig. pentateuque.

pentathlon ['pɛntatlon] m. Sport pentathlon.

pentatleta [penta'tlɛta] (**-i** pl.) m. e f. Sport spécialiste du pentathlon.

pentatonico [penta'tɔniko] (**-ci** pl.) agg. Mus. pentatonique.

pentecoste [pente'kɔste] f. Relig. Pentecôte.

pentemimera [pente'mimera] agg. e f. penthémimère.

pentimento [penti'mento] m. repentir. || Per est. [cambiamento di opinione] changement d'opinion. || [correzione] repentir, correction f.

pentirsi [pen'tirsi] v. rifl. se repentir. || [rimpiangere] regretter (tr.), se repentir. | *se ne pentirà!*, il le regrettera!, il s'en repentira! || [cambiare opinione] changer d'avis, changer d'idée.

pentola ['pentola] f. marmite; [di dimensioni più piccole] faitout m., fait-tout (invar.), cocotte; [con un manico lungo] casserole. | *pentola a pressione*, cocotte Minute, autocuiseur m. | *una pentola di fagiuoli*, une marmite de haricots. || Loc. *essere sempre tra le pentole*, être toujours au milieu de ses casseroles. || Fig. *qlco. bolle in pentola*, il y a anguille sous roche. | *ciò che bolle in pentola*, ce qui se mijote.

pentolaio [pento'lajo] (**-a** f.) m. chaudronnier, ère.

pentolata [pento'lata] f. marmite, marmitée (arc. o scherz.).

pentotal [pento'tal] m. penthotal.

penultimo [pe'nultimo] agg. avant-dernier; pénultième (lett. raro). || Gramm. *penultima sillaba*, avant-dernière syllabe, pénultième f. ◆ n. avant-dernier, avant-dernière.

penuria [pe'nurja] f. pénurie.

penzolare [pendzo'lare] v. intr. pendre; [con forte dondolamento] pendiller, pendouiller (fam.).

penzoloni [pendzo'loni] o **penzolone** [pendzo'lone] avv. pendant (agg.), ballant (agg.). | *con le gambe penzoloni*, les jambes pendantes. | *con le braccia penzoloni*, les bras ballants.

peone [pe'one] m. péon.

peonia [pe'ɔnja] f. Bot. pivoine.

pepaiola [pepa'jɔla] f. poivrière. || [macinino] moulin (m.) à poivre.

pepare [pe'pare] v. tr. poivrer.

pepato [pe'pato] agg. poivré || *pan pepato*, pain d'épices. || Fig. mordant, piquant. || [di prezzo] salé.

pepe ['pepe] m. [pianta] poivrier. || [spezie] poivre. || Per est. *capelli color sale e pepe*, cheveux poivre et sel. || Fig. *è tutto pepe*, il est pétillant d'esprit. | *risposta tutta pepe, tutta sale e pepe*, réponse pleine de sel, piquante.

peperino [pepe'rino] m. Miner. péperin, peperino (it.).

peperita [pepe'rita] agg. f. Loc. *menta peperita*, menthe poivrée.

peperonata [pepero'nata] f. Culin. piperade; poivrons (m. pl.) aux tomates.

peperoncino [peperon'tʃino] m. piment.

peperone [pepe'rone] m. [frutto] poivron, piment doux. || Loc. *rosso come un peperone*, rouge comme une tomate. || [pianta] piment, poivron.

pepita [pe'pita] f. pépite.

peplo ['pɛplo] m. Stor. péplum.

pepolino [pepo'lino] m. Bot. serpolet.

peppola ['pɛppola] f. Zool. pinson m.

pepsina [pep'sina] f. Biol. pepsine.

peptico ['pɛptiko] (**-ci** pl.) agg. peptique.

peptone [pep'tone] m. Chim. peptone f.

per [peɪ] prep.

I. Valore spaziale. **1.** moto per luogo. **2.** moto a luogo. **3.** stato in luogo.
II. Valore temporale. **1.** durata continuata. **2.** tempo determinato. **3.** per un certo tempo.
III. Valori modali. **1.** causa. **2.** mezzo, modo. **3.** prezzo. **4.** misura, estensione. **5.** destinazione, vantaggio, convenienza, inclinazione, fine o scopo. **6.** nei compl. predicativi. **7.** con valore sostitutivo. **8.** con valore limitativo. **9.** con valore distributivo o iterativo. **10.** in giuramenti, interiezioni.
IV. Seguito da infinito.
V. In prop. concessive.
VI. In formazioni verbali : stare per, essere per.
VII. In numerose loc.

I. Valore spaziale. **1.** [moto per luogo] par. | *passare per la Svizzera*, passer par la Suisse. | *entrare per la porta*, entrer par la porte. || [in un luogo circoscritto] dans, par, à travers. | *passeggiare per il bosco*, se promener dans le bois. | *per le vie*, dans, par, à travers les rues. | *per il mondo*, (de) par le monde, à travers le monde. | *per il mare*, sur la mer. | *per mare e per terra* : pr. sur terre et sur mer; fig. [dappertutto] par monts et par vaux. | *viaggiare per mare, per aria, per terra*, voyager par mer, par air, par terre. || [direzione del movimento] *scendere per il pendio*, descendre la côte. | *andare su per le scale*, monter l'escalier. | *correre giù per le scale*, descendre l'escalier en courant. || Fig. *passare per la mente*, passer par la tête. || **2.** [moto a luogo] pour. | *ha preso il treno per Parigi*, il a pris le train pour Paris. | *il treno per Napoli*, le train de, qui va à Naples. || **3.** [stato in luogo] dans, par, sur. | *per tutta la terra*, sur, par toute la terre. |

dolori per tutto il corpo, des douleurs dans tout le corps. | *l'ho visto per la strada*, je l'ai vu dans la rue. | *per terra*, par terre, à terre. ‖ FIG. *ha la testa per aria*, il est dans les nuages, il est dans la lune.
II. VALORE TEMPORALE. **1.** [durata continuata] pendant. | *ci ho lavorato per anni*, j'y ai travaillé (pendant) des années. | *ho atteso questo momento per tutta la vita*, j'ai attendu ce moment toute ma vie. ‖ **2.** [tempo determinato] pour. | *sarà pronto per mercoledì*, il sera prêt pour mercredi. ‖ **3.** [per un certo tempo] pour. | *sono libero per un mese*, je suis libre pour un mois. | *per ora*, pour le moment.
III. VALORI MODALI. **1.** [causa] à cause de, en raison de, pour; par [per lo più seguito da sost. senza articolo]; de [seguito da sost. senza articolo]. | *non lo si riconosceva per la lontananza*, on ne le reconnaissait pas à cause de la distance. | *non potemmo proseguire per la pioggia*, nous n'avons pas pu continuer à cause de, en raison de la pluie. | *grazie per il tuo regalo*, merci pour ton cadeau. | *condannare per furto*, condamner pour vol. | *punire un alunno per la sua pigrizia*, punir un élève pour, de sa paresse. | *tralasciare qlco. per pigrizia*, négliger qch. par paresse. | *l'ho sposato per il suo denaro, per interesse*, je l'ai épousé pour son argent, par intérêt. | *lo ha fatto per rabbia*, il l'a fait par colère. | *era rosso per la rabbia*, il était rouge de colère. | *gridare per il dolore*, crier de douleur. | *è caduto per la fretta*, il est tombé parce qu'il allait trop vite. | *per quale motivo?*, pour quelle raison? | *per un nonnulla*, pour un oui, pour un non; pour un rien. | *chiuso per malattia, per lutto*, fermé pour cause de maladie, de décès. ‖ LOC. *per colpa di*, par la faute de. | *per via di*, en raison de. | *per via che*, pour la raison que. ‖ **2.** [mezzo, modo] par. | *per posta, per via aerea*, par la poste, par avion. | *comunicare per telefono*, communiquer par téléphone. | *gli ho parlato per telefono*, je lui ai parlé au téléphone. | *per intuizione*, par intuition. | *per scherzo*, par plaisanterie, pour rire. | *per ordine alfabetico*, par ordre alphabétique. | *per sommi capi*, en gros. ‖ **3.** [prezzo] pour. | *vendere, comperare per pochi soldi*, vendre, acheter pour quelques sous. ‖ **4.** [misura ed estensione] sur, pendant. | *per lungo tratto*, sur une longue distance. | *corse per diversi chilometri*, il courut pendant des kilomètres. | *avanzò per molti metri*, il avança de plusieurs mètres. ‖ **5.** [destinazione, vantaggio o svantaggio, convenienza o inclinazione, fine, scopo] pour. | *film per adulti*, film pour adultes. | *tanto peggio per lui*, tant pis pour lui. | *è quello che ci vuole per lui*, c'est ce qu'il lui faut, ce qu'il faut pour lui. | *odio, amore per qlcu.*, haine, amour pour qn. | *combattere per la libertà*, combattre pour la liberté. | *lotta per la vita*, lutte pour la vie. ‖ LOC. *non fa per me*, cela ne me convient pas. | *la donna che fa per lui*, la femme qu'il lui faut, qui lui convient. ‖ *andare per funghi*, aller aux champignons. | *andare per legna*, aller ramasser du bois. | *macchina per cucire, per scrivere*, machine à coudre, à écrire. ‖ **6.** [nei compl. predicativi] pour. | *avere per amico*, avoir pour ami. | *tenere per certo qlco.*, être sûr de qch.; tenir qch. pour certain, pour sûr. | *prendere qlcu. per un ladro*, prendre qn pour un voleur. ‖ **7.** [valore sostitutivo] pour, à la place de. | *vengo per lui*, je viens à sa place. | *ha detto una parola per l'altra*, il a dit un mot pour un autre. | *ho capito una cosa per un'altra*, j'ai compris tout de travers. ‖ **8.** [valore limitativo] par; en. | *per parte mia*, pour ma part. | *per quanto mi riguarda*, en ce qui me concerne. | *per quanto mi risulta*, autant que je sache. | *superare qlcu. per bellezza*, dépasser qn en beauté. | *è intelligente per la sua età*, il est intelligent pour son âge. | *per questa volta*, pour cette fois. | *tenere per (la) mano*, tenir par la main. ‖ **9.** [valore distributivo o iterativo] par. | *uno per ciascuno*, un par personne. | *uno, dieci per volta*, un, dix à la fois. | *uno per parte*, un de chaque côté. | *disporsi per file*, se disposer en files. | *allineati per tre*, en rangs par trois. | *dividere per categorie*, diviser en, par catégories. | *giorno per giorno, mese per mese*, jour après jour, mois après mois. ‖ [percentuale] pour. | *dieci per cento*, dix pour cent. | MAT. par. | *moltiplicare, dividere per due*, multiplier, diviser par deux. ‖ **10.** [in giuramenti] par, sur. ‖ [in esclamazioni] *per amor di Dio!*, pour l'amour de Dieu! | *per Giove!, per la miseria!*, nom d'un chien!
IV. SEGUITO DA INFINITO [con valore consecutivo, finale, causale, concessivo] pour. | *troppo piccolo per capire*, trop petit pour comprendre. | *fu ucciso per aver rubato un cavallo*, il fut tué pour avoir volé un cheval. | *è in buona salute per essere così vecchio*, il est en bonne santé pour un homme de son âge.
V. IN PROPOSIZIONI CONCESSIVE : *per... che* (+ cong.), si... que (+ cong.), quelque... que (+ cong.). | *per grande che sia non basta*, il a beau être grand, si grand qu'il soit, quelque grand qu'il soit, ça ne suffit pas. | *per poco che sia, è meglio di niente*, si peu que ce soit, c'est mieux que rien; c'est peu sans doute, mais c'est mieux que rien.
VI. IN FORMAZIONI PERIFRASTICHE VERBALI : *stare, essere per* (+ inf.), aller (+ inf.). | *sta per arrivare*, il va arriver. | *stavo per partire*, j'allais partir. | *sta per piovere*, il va pleuvoir.
VII. IN NUMEROSE LOC. *per l'appunto*, justement. | *per caso*, par hasard. | *per esempio*, par exemple. | *su per giù*, en gros. | *per nulla*, pas du tout. | *per lungo*, en long. | *sono qua per poco*, je suis ici pour peu de temps. | *per poco non è caduto*, il a failli tomber. | *per il futuro*, pour l'avenir. | *per tempo*, à temps.

pera f. BOT. poire. ‖ PER EST. *pera della luce*, poire électrique. | *testa a pera*, tête en forme de poire. ‖ FAM. [testa] tête (L.C.), citron m. (pop.), caboche (pop.). ‖ LOC. *cascare come una pera cotta*, tomber comme une masse; [addormentarsi] sombrer dans un sommeil de plomb; FIG. [lasciarsi ingannare] tomber dans le panneau; [innamorarsi] tomber amoureux. ‖ FIG. *non vale una pera cotta*, ça ne vaut pas un clou. | *ragionamento a pera*, raisonnement qui ne tient pas debout.

peraltro [pe'raltro] avv. du reste, d'ailleurs. ‖ [con valore avversativo] cependant.

perbacco [per'bakko] interiez. [disappunto] bon sang!, bon sang de bonsoir!, nom d'une pipe!; [stupore, meraviglia] mince (alors)!

perbene [per'bɛne] agg. invar. o avv. comme il faut; bien. | *un giovane perbene*, un jeune homme comme il faut, très convenable. | *far le cose perbene*, faire les choses comme il faut, faire bien les choses.

perbenismo [perbe'nizmo] m. respectabilité f.

perborato [perbo'rato] m. CHIM. perborate.

perca ['pɛrka] f. ZOOL. perche.

percalle [per'kalle] m. percale f.

percallina [perkal'lina] f. percaline.

percento [per'tʃɛnto] m. invar. pour-cent.

percentuale [pertʃentu'ale] f. pourcentage m. ◆ agg. en pour-cent; pour cent, sur cent.

percepibile [pertʃe'pibile] agg. percevable.

percepire [pertʃe'pire] v. tr. [sentire] percevoir. ‖ [riscuotere] percevoir, toucher.

percettibile [pertɛte'tibile] agg. perceptible.

percettibilità [pertʃettibili'ta] f. perceptibilité.

percettività [pertʃettivi'ta] f. capacité perceptive.

percettivo [pertʃet'tivo] agg. perceptif.

percettore [pertʃet'tore] m. percepteur.

percezionalismo [pertʃettsjona'lizmo] m. FILOS. perceptionnisme.

percezione [pertʃet'tsjone] f. perception.

percezionismo [pertʃettsjo'nizmo] m. FILOS. perceptionnisme.

perché [per'ke] avv. [nelle prop. interrogative dirette ed indirette] pourquoi(?). | *perché piangi?*, pourquoi pleures-tu?, pourquoi est-ce que tu pleures? | *perché mai?*, pourquoi donc? | *e perché no?*, et pourquoi pas?, et pourquoi non? | *gli domandò perché lo avesse fatto*, il lui demanda pourquoi il l'avait fait. | *non so perché*, je ne sais pas pourquoi. | *ecco perché*, voici pourquoi. ◆ cong. **1.** [nelle prop. causali] parce que. | *hai sbagliato perché non hai fatto attenzione*, tu t'es trompé parce que tu n'as pas fait attention. | *leggo questo libro non perché sia bello, ma perché non ho altro da leggere*, je ne lis pas ce livre parce qu'il est beau, mais parce que je n'ai rien d'autre à lire. | *«perché?», «perché sì»*, «pourquoi?», «parce que». | *«perché non lo aiuti?», «perché no»*, «pourquoi ne l'aides-tu pas?», «parce que». | *parla più forte perché non ti sento*, parle plus fort, je ne t'entends pas. ‖

2. [nelle prop. finali] pour que, afin que. | *devo riassumerti la prima parte perché tu capisca la seconda,* je dois te résumer la première partie pour que tu comprennes la seconde. | *l'avevo nascosto perché egli non lo vedesse,* je l'avais caché pour qu'il ne le voie pas. || **3.** [nelle prop. consecutive] pour que. | *basta poco perché si arrabbi,* il suffit de peu pour qu'il se mette en colère. ◆ m. invar. pourquoi, raison f. | *senza un perché,* sans raison. | *non so il perché,* je ne sais pas pourquoi. | *senza domandare il perché,* sans demander pourquoi. | *chiede il perché di tutto,* il demande la raison, le pourquoi de tout. | *il perché ed il percome,* le pourquoi et le comment. || [domanda] *i perché dei bambini,* les pourquois des enfants.

perciò [per'tʃɔ] cong. donc ; et ; par conséquent ; c'est pourquoi ; c'est pour cela, c'est pour ça (fam.) que. | *finisco il lavoro alle sei, perciò dovrò prendere il treno successivo,* je sors du travail à six heures, donc je devrai prendre le train suivant. | *non sapeva come si fa, perciò ha sbagliato,* il ne savait pas comment on fait, et il s'est trompé, c'est pour cela qu'il s'est trompé. | *il raccolto è stato scarso, perciò i prezzi sono alti,* la récolte a été mauvaise, c'est pourquoi les prix sont élevés, et par conséquent les prix sont élevés.

perciocché [pertʃok'ke] cong. (arc.) V. PERCHÉ.

perclorato [perklo'rato] m. CHIM. perchlorate.

perclorico [per'klɔriko] (**-ci** pl.) agg. CHIM. perchlorique.

percolatore [perkola'tore] m. percolateur.

percome [per'kome] m. invar. *i perché ed i percome,* les pourquois et les comment.

percorrenza [perkor'rɛntsa] f. parcours m.

percorrere [per'korrere] v. tr. parcourir. || [attraversare] traverser. | *il fiume percorre tutta la pianura,* le fleuve traverse toute la plaine. || FIG. *percorrere i gradi di una carriera,* gravir les échelons (d'une carrière).

percorso [per'korso] part. pass. di PERCORRERE e agg. parcouru. ◆ m. parcours, trajet, chemin. | *percorso lungo,* long parcours, long trajet. | *a metà percorso,* à mi-chemin. | *durante il percorso,* pendant le trajet. || SPORT parcours.

percossa [per'kɔssa] f. coup m.

percuotere [per'kwɔtere] v. tr. PR. frapper, battre. || *percuotersi il petto,* se frapper la poitrine. || [andare a colpire] frapper, toucher. | *questa casa è stata percossa dal fulmine,* la foudre est tombée sur cette maison, cette maison a été frappée par la foudre. || FIG. [affliggere] frapper.

percussione [perkus'sjone] f. percussion. | *arma a percussione,* arme à percussion. || MED. percussion. || MUS. *strumenti a percussione,* instruments à percussion.

percussore [perkus'sore] m. percuteur.

perdente [per'dɛnte] agg. et n. perdant.

perdere ['pɛrdere] v. tr. **1.** [rimanere privo di] perdre. | *perdere il portafoglio,* perdre son portefeuille. | *perdere il posto,* perdre sa place. | *perdere la stima di qlcu.,* perdre l'estime de qn. | *perdere una gamba, i capelli,* perdre une jambe, ses cheveux. | *perdere la voce,* perdre sa voix. | *perdere l'appetito,* perdre l'appétit. | *perdere la pazienza,* perdre patience. | *perdere la fede,* perdre la foi. | *perdere i sensi, la conoscenza,* perdre connaissance. | *perdere di vista,* perdre de vue. | *perdere la via, la strada,* perdre son chemin, sa route. | *perdere i genitori, un figlio in guerra,* perdre ses parents, un fils à la guerre. || PR. e FIG. *perdere terreno,* perdre du terrain. || FIG. *perdere il filo,* perdre le fil. | *perdere la testa,* perdre la tête. | *non hai perso nulla,* tu n'as rien perdu. || **2.** anche ASSOL. [lasciar uscire] perdre ; fuir (v. intr.). | *perdere molto sangue,* perdre beaucoup de sang. | *il serbatoio perde (acqua),* le réservoir fuit, le réservoir perd. || **3.** [sciupare] perdre. | *perdere tempo,* perdre du temps. || **4.** [non riuscire a prendere, ad assistere] manquer, rater (fam.), louper (fam.). | *perdere l'autobus,* rater, manquer, louper son autobus. | *perdere una lezione,* manquer un cours. | *perdere un'occasione,* manquer, perdre une occasion. | *perdere il turno,* manquer, perdre son tour. || **5.** [essere inferiore] perdre. | *perdere la guerra, una scommessa,* perdre la guerre, un pari. || ASSOL. *abbiamo perso,* nous avons perdu. || **6.** (lett.) [rovinare] perdre. | *perdere l'anima,* perdre son âme. | *il suo orgoglio lo perderà,* son orgueil le perdra ; l'orgueil sera sa perte. || **7.** LOC. FAM. *lasciar perdere,* laisser tomber. || **8.** LOC. *bottiglia a perdere,* bouteille non consignée ; verre perdu. ◆ v. intr. perdre (v. tr.). | *perdere di autorità,* perdre de l'autorité. ◆ v. rifl. **1.** [smarrirsi] PR. e FIG. se perdre. | *perdersi in chiacchiere,* se perdre en bavardages. || LOC. *mi perdo in questa storia,* je m'y perds, je ne m'y reconnais plus dans cette histoire. | *perdersi d'animo,* perdre courage, se décourager. | *perdersi in un bicchiere d'acqua,* se noyer dans un verre d'eau. | *perdersi dietro a qlcu.,* perdre son temps avec qn. || **2.** [rovinarsi] se perdre. || **3.** [cose] se perdre. | *è una tradizione che si perde,* c'est une tradition qui se perd.

perdiana [per'djana] interiez. sapristi !

perdifiato [perdi'fjato] loc. avv. *a perdifiato,* à perdre haleine.

perdigiorno [perdi'dʒorno] n. invar. fainéant, e.

perdinci [per'dintʃi] interiez. V. PERDIANA.

perdio [per'dio] interiez. VOLG. Bon Dieu !, nom de Dieu ! ; bon sang !

perdita ['pɛrdita] f. **1.** perte. | *perdita di tempo,* perte de temps. || LOC. *a perdita d'occhio,* à perte de vue. || ECON. *in perdita,* à perte. || **2.** [fuoriuscita] fuite, perte. | *il radiatore ha una perdita,* le radiateur a une fuite.

perditempo [perdi'tɛmpo] m. [cosa che fa perdere tempo] perte (f.) de temps. ◆ n. invar. [perdigiorno] fainéant, e.

perdizione [perdit'tsjone] f. perdition.

perdonabile [perdo'nabile] agg. pardonnable.

perdonare [perdo'nare] v. tr. **1.** pardonner. | *perdonare qlco. a qlcu., perdonare qlcu. di qlco.,* pardonner qch. à qn. || **2.** [risparmiare] épargner (tr.). | *senza perdonare né a donne né a bambini,* sans épargner les femmes ni les enfants. | *una malattia che non perdona,* une maladie qui ne pardonne pas. || [condonare] remettre.

perdono [per'dono] m. pardon. | *chiedere perdono,* demander pardon. || [condono] remise f. (de peine).

perdurare [perdu'rare] v. intr. persister. | *il maltempo perdura,* le mauvais temps persiste, continue.

perdutamente [perduta'mente] avv. éperdument.

perduto [per'duto] agg. perdu. | *a fondo perduto,* à fonds perdu.

peregrinare [peregri'nare] v. intr. errer.

peregrinazione [peregrinat'tsjone] f. pérégrination.

peregrinità [peregrini'ta] f. (lett.) raffinement m. (L.C.), préciosité (L.C.).

peregrino [pere'grino] agg. recherché, raffiné, précieux. || [strambo] bizarre, singulier, extravagant. || (lett.) errant.

perenne [pe'rɛnne] agg. éternel, pérenne (antiq.). | *ricordo perenne,* souvenir éternel. | *nevi perenni,* neiges éternelles. || BOT. *pianta perenne,* plante vivace. || GEOGR. *acqua perenne,* source pérenne.

perennemente [perenne'mente] avv. éternellement.

perennità [perenni'ta] f. (raro) perennité.

perento [pe'rɛnto] agg. GIUR. périmé.

perentoriamente [perentorja'mente] avv. de façon péremptoire, péremptoirement (lett.).

perentorietà [perentorje'ta] f. caractère (m.) péremptoire.

perentorio [peren'tɔrjo] agg. péremptoire. | *tono perentorio,* ton péremptoire, catégorique. | *argomento perentorio,* argument péremptoire, décisif. || GIUR. péremptoire.

perenzione [peren'tsjone] f. GIUR. péremption.

perequare [pere'kware] v. tr. (raro) répartir équitablement.

perequativo [perekwa'tivo] agg. AMM. de répartition, égalisateur.

perequazione [perekwat'tsjone] f. péréquation.

peretta [pe'retta] f. poire.

perfettamente [perfetta'mente] avv. parfaitement.

perfettibile [perfet'tibile] agg. perfectible.

perfettibilità [perfettibili'ta] f. (lett.) perfectibilité.

perfettivo [perfet'tivo] agg. LING. perfectif.

perfetto [per'fɛtto] agg. parfait. | *in perfetto accordo,* en parfait accord. || FIG. *un perfetto mascalzone,* une parfaite, une fieffée canaille. || CHIM., FIS. *gas per-*

fetto, gaz parfait. ‖ MAT. *numero perfetto*, nombre parfait. ‖ MUS. *accordo perfetto*, accord parfait. ◆ m. GRAMM. parfait.

perfezionabile [perfettsjo'nabile] agg. améliorable, perfectible, qu'on peut perfectionner.

perfezionamento [perfettsjona'mento] m. perfectionnement.

perfezionare [perfettsjo'nare] v. tr. perfectionner. ◆ v. rifl. se perfectionner. ‖ [negli studi] se spécialiser.

perfezione [perfet'tsjone] f. perfection. | *a perfezione*, à la perfection.

perfezionismo [perfettsjo'nizmo] m. perfectionnisme.

perfezionista [perfettsjo'nista] (**-i** pl.) m. e f. perfectionniste.

perfidamente [perfida'mente] avv. perfidement.

perfidia [per'fidja] f. perfidie.

perfido ['perfido] agg. perfide. ‖ FAM. [pessimo] infect.

perfino [per'fino] avv. même, jusqu'à ; [con agg.] même ; [con comparativo] encore. | *perfino sua madre dice che ha torto*, même sa mère dit qu'il a tort. | *hanno interrogato perfino i bambini*, ils ont interrogé même les enfants, jusqu'aux enfants. | *me lo ha perfino rimproverato*, il me l'a même reproché, il a été jusqu'à me le reprocher. | *è perfino più bello*, il est encore plus beau.

perforabile [perfo'rabile] agg. qu'on peut perforer.

perforamento [perfora'mento] m. V. PERFORAZIONE.

perforante [perfo'rante] agg. perforant.

perforare [perfo'rare] v. tr. perforer. ‖ [il terreno] forer. ‖ [fare un tunnel o simili] percer.

perforato [perfo'rato] agg. perforé.

perforatore [perfora'tore] m. [persona e dispositivo] perforateur.

perforatrice [perfora'tritʃe] f. perforatrice. ‖ [in meccanografia] perforeuse.

perforazione [perforat'tsjone] f. [nel terreno] forage m., perforage m. ‖ CIN. perforation. ‖ MED. perforation.

perfosfato [perfos'fato] m. superphosphate.

perfusione [perfu'zjone] f. perfusion.

pergamena [perga'mɛna] f. parchemin m. | *carta pergamena*, papier-parchemin.

pergamenaceo [pergame'natʃeo] agg. de parchemin, sur parchemin.

pergamenato [pergame'nato] agg. parcheminé. | *carta pergamenata*, papier parcheminé, papier-parchemin.

pergamo ['pɛrgamo] m. chaire f.

pergola ['pɛrgola] f. pergola.

pergolato [pergo'lato] m. berceau, pergola f., tonnelle f.

periartrite [periar'trite] f. MED. périarthrite.

pericardio [peri'kardjo] m. ANAT. péricarde.

pericardite [perikar'dite] f. MED. péricardite.

pericarpio [peri'karpjo] m. BOT. péricarpe.

pericolante [periko'lante] agg. PR. qui menace ruine ; qui menace de s'écrouler ; branlant. | *la casa ha dovuto essere evacuata perché pericolante*, la maison a dû être évacuée parce qu'elle menace de s'écrouler. | *muro pericolante*, mur branlant. ‖ FIG. chancelant, qui menace ruine, en danger.

pericolare [periko'lare] v. intr. (raro) menacer ruine (L.C.), menacer de s'écrouler (L.C.).

pericolo [pe'rikolo] m. danger ; péril (lett., raro). | *in pericolo*, en danger. | *fuori pericolo*, hors de danger. | *pericolo di morte*, danger de mort. | *mettere in pericolo*, mettre en danger, mettre en péril. | *a mio rischio e pericolo*, à mes risques et périls. | *è un pericolo pubblico !*, c'est un danger public ! ‖ FAM. *non c'è pericolo che pensi agli altri !*, il n'y a pas de danger qu'il pense aux autres !

pericolosamente [perikolosa'mente] avv. dangereusement.

pericolosità [perikolosi'ta] f. caractère (m.) dangereux, périlleux.

pericoloso [periko'loso] agg. dangereux ; périlleux (lett.).

perielio [peri'ɛljo] m. ASTRON. périhélie.

periferia [perife'ria] f. périphérie. ‖ [quartieri esterni] périphérie, banlieue ; faubourgs m. pl.

periferico [peri'fɛriko] (**-ci** pl.) agg. périphérique.

perifrasare [perifra'zare] v. intr. périphraser (arc.) ; s'exprimer par périphrases.

perifrasi [pe'rifrazi] f. périphrase.

perifrastico [peri'frastiko] (**-ci** pl.) agg. périphrastique.

perigeo [peri'dʒɛo] m. ASTRON. périgée.

periglio [pe'riʎʎo] e deriv. (arc., poet.) V. PERICOLO e deriv.

perimetro [pe'rimetro] m. périmètre.

perineo [peri'nɛo] m. ANAT. périnée.

periodare [perio'dare] v. intr. faire des phrases. ‖ SOSTANT. *il periodare di Manzoni*, les phrases (f. pl.) de Manzoni. | *ha un periodare elegante*, il s'exprime avec élégance.

periodicità [perioditʃi'ta] f. périodicité.

periodico [pe'rjɔdiko] (**-ci** pl.) agg. périodique. | *funzione periodica*, fonction périodique. ◆ m. périodique.

periodo [pe'riodo] m. **1.** [durata] période f. ; [momento] époque f. | *durante il periodo delle vacanze*, pendant la période des vacances. | *per un certo periodo*, pour, pendant un certain temps. | *il periodo delle crociate*, l'époque, la période des croisades. | *in quel periodo ero a Roma*, à cette époque-là j'étais à Rome. | *in questo periodo dell'anno*, à cette époque-ci de l'année. ‖ LOC. *andare a periodi*, avoir des hauts et des bas. ‖ **2.** [nel linguaggio scientifico] période. | *periodo di un'onda*, période d'une onde. ‖ GEOL. période. ‖ **3.** [insieme di proposizioni] phrase f. ‖ [frase armoniosa] période. | *periodo oratorio*, période oratoire. ‖ PER ANAL., MUS. période.

periostio [peri'ɔstjo] m. ANAT. périoste.

periostite [perjos'tite] f. MED. périostite.

peripatetica [peripa'tɛtika] f. péripatéticienne.

peripatetico [peripa'tɛtiko] (**-ci** pl.) m. e agg. FILOS. péripatéticien.

peripezia [peripet'tsia] f. péripétie.

periplo ['pɛriplo] m. périple ; tour. | *il periplo della Sicilia*, le tour de la Sicile. | *fare il periplo dell'Africa*, faire un périple autour de l'Afrique.

perire [pe'rire] v. intr. périr (lett.), mourir ; [andare distrutto] être détruit, disparaître. | *molti libri preziosi perirono nell'incendio*, de nombreux livres précieux furent détruits dans l'incendie. ‖ FIG. *la sua gloria non perirà*, sa gloire ne périra pas.

periscopico [peris'kɔpiko] (**-ci** pl.) agg. périscopique.

periscopio [peris'kɔpjo] m. périscope.

peristilio [peris'tiljo] m. ARCHIT. péristyle.

peritarsi [peri'tarsi] v. rifl. (lett.) [in gener. neg.] hésiter (à) [L.C.]. | *non mi perito a, non mi perito di dirglielo*, je n'hésite pas à le lui dire.

perito [pe'rito] m. [persona competente incaricata di un'indagine tecnica] expert. | *perito giurato*, expert assermenté. ‖ [titolo professionale] titulaire d'un diplôme, diplômé. | *perito tecnico*, technicien ; titulaire d'un diplôme technique ; diplômé d'une école technique. | *perito industriale*, diplômé d'une école industrielle ; technicien de l'industrie. | *perito agrario*, agronome. | *perito ragioniere*, expert-comptable. ◆ agg. expert.

peritoneo [perito'nɛo] m. ANAT. péritoine.

peritonite [perito'nite] f. MED. péritonite.

perituro [peri'turo] agg. (lett.) périssable.

perizia [pe'rittsja] f. [bravura] habileté, adresse. ‖ [esame] expertise. | *chiedere una perizia calligrafica*, demander l'expertise d'une écriture.

periziare [perit'tsjare] v. tr. (raro) expertiser (L.C.).

perizoma [perid'dzɔma] (**-i** pl.) m. pagne.

perla ['pɛrla] f. PR. *perla coltivata*, perle de culture. | *un filo di perle*, un rang de perles. | *color perla, grigio perla*, couleur perle, gris perle. ‖ LOC. *gettar le perle ai porci*, jeter des perles aux pourceaux, aux cochons. ‖ PER ANAL. [oggetto a forma di perla] perle. ‖ FARM. [pillola] grain m. ‖ FIG. *la perla dei mariti*, la perle des maris. ‖ IRON. [errore] perle.

perlaceo [per'latʃeo] agg. (lett.) couleur perle (L.C.), gris perle (L.C.).

perlato [per'lato] agg. [a forma di perla] perlé. | *riso,*

orzo perlato, riz, orge perlé. | *cotone perlato,* coton perlé. || [del colore della perla] couleur perle, perle. | *grigio perlato,* gris perle. || [ornato di perle] perlé. || ARALD. perlé.
perlifero [per'lifero] agg. perlier.
perlina [per'lina] f. perle. | *perline di vetro,* perles de verre.
perlomeno [perlo'meno] avv. au moins, du moins. | *perlomeno trecento,* au moins trois cents. | *è guarito, o perlomeno sta molto meglio,* il est guéri, ou, du moins, il va beaucoup mieux.
perlopiù [perlo'pju] avv. en général, le plus souvent.
perlustrare [perlus'trare] v. tr. explorer, battre, fouiller. | *perlustrare tutta la regione, la campagna,* battre toute la région, la campagne. | *perlustrare la città,* fouiller la ville. || PER EST., FAM. fouiller (L.C.).
perlustrazione [perlustrat'tsjone] f. exploration, reconnaissance.
permalosità [permalosi'ta] f. susceptibilité.
permaloso [perma'loso] agg. susceptible, ombrageux, chatouilleux.
permanente [perma'nεnte] agg. permanent. | *nevi permanenti,* neiges éternelles. ◆ f. [capelli] permanente.
permanenza [perma'nεntsa] f. **1.** [continuità] permanence; persistance. | *permanenza della febbre,* persistance de la fièvre. || LOC. *in permanenza,* en permanence. || **2.** [il trattenersi in un luogo] séjour m.
permanere [perma'nere] v. intr. [rimanere] demeurer, rester. | *la situazione permane critica,* la situation demeure, reste critique. || FIG. [insistere] persister. | *permanere in un'opinione,* persister dans une opinion. | *permanere nell'opinione che,* persister à croire que.
permanganato [permanga'nato] m. permanganate.
permeabile [perme'abile] agg. perméable.
permeabilità [permeabili'ta] f. perméabilité.
permeare [perme'are] v. tr. PR. e FIG. imprégner. | *l'acqua ha permeato il legno,* le bois s'est imprégné d'eau. | *il suo poema è permeato di idee rivoluzionarie,* son poème est imprégné d'idées révolutionnaires.
permesso [per'messo] part. pass. di PERMETTERE e agg. permis. || [in formule di cortesia] *(è) permesso ?,* peut-on entrer ?, on peut entrer ? (fam.). | *permesso, devo passare,* pardon, je dois passer.
permesso [per'messo] m. **1.** permission f., autorisation f. || [in formule di cortesia] permission. | *con permesso, (chiedo) permesso,* vous permettez ? ; [per passare davanti a qlcu.] pardon ; [per prendere congedo] veuillez m'excuser. | *col suo permesso vorrei presentarle mia moglie,* si vous le permettez, je voudrais vous présenter ma femme, permettez-moi de vous présenter ma femme. | *col vostro permesso, vi mostrerò il giardino,* si vous voulez bien, je vais vous montrer le jardin. || **2.** [autorizzazione di assentarsi] congé. || MIL. permission f. ; perme f. (pop.). || **3.** [documento che autorizza a qlco.] permis.
permettere [per'mettere] v. tr. **1.** permettre. | *il tempo permettendo,* si le temps le permet. || **2.** [formule di cortesia] *permetta una parola,* permettez-moi de dire un mot. | *se (mi) permette,* si vous permettez. ◆ v. rifl. se permettre. | *non posso permettermi di prendere l'aereo,* je ne peux pas me permettre de prendre l'avion. || [prendersi la libertà di] se permettre, oser, prendre la liberté (de). | *si permette di criticarmi,* il se permet de me critiquer. | *come si permette di entrare qua ?,* comment osez-vous entrer ici ? | *non si permetta più di,* qu'il ne vous arrive plus de. || [formule di cortesia] *mi permetto di insistere,* je me permets d'insister.
permiano [per'mjano] agg. e m. GEOL. permien.
permuta ['pεrmuta] f. GIUR. contrat (m.) d'échange ; échange m. || ARC. [scambio] échange (L.C.).
permutabile [permu'tabile] agg. permutable. || GIUR. échangeable.
permutante [permu'tante] m. GIUR. échangiste.
permutare [permu'tare] v. tr. échanger. || [invertire] permuter, intervenir. || MAT. permuter. ◆ v. rifl. (raro) se transformer (L.C.).
permutazione [permutat'tsjone] f. échange m. || MAT. permutation.
pernacchia [per'nakkja] f. VOLG. pet m. ; = bruit obscène fait avec la bouche dans un but de dérision.
pernice [per'nitʃe] f. ZOOL. perdrix.
pernicioso [perni'tʃoso] agg. lett. o MED. pernicieux. | *(malaria) perniciosa,* fièvre pernicieuse.
perno ['pεrno] m. pivot ; [asticciola che tiene unite due parti fisse] cheville f. | *ruotare su un perno,* tourner sur un pivot ; pivoter. || [supporto di un dente finto] pivot. || FIG. pivot, base f., centre. | *far perno su,* se baser sur, se fonder sur.
pernottamento [pernotta'mento] m. = fait de passer la nuit (quelque part). | *non avevamo previsto il pernottamento in albergo,* nous n'avions pas prévu de passer la nuit, de coucher à l'hôtel. | *spendere diecimila lire per il pernottamento,* dépenser dix mille lires pour la chambre.
pernottare [pernot'tare] v. intr. passer la nuit ; coucher, dormir.
però [pe'rɔ] cong. **1.** mais, cependant, toutefois, pourtant, néanmoins. | *queste pesche sono brutte, però sono ottime,* ces pêches ne sont pas belles, mais elles sont excellentes. | *è fortissimo, non tanto però da portare da solo questo mobile,* il est très fort, mais pas assez, cependant pour porter ce meuble tout seul. | *a patto però che,* mais à condition que, à condition toutefois que. | *se anche ha sbagliato, devi però perdonargli,* même s'il s'est trompé, tu dois pourtant lui pardonner. | *però mi piacerebbe andare in Inghilterra,* j'aimerais pourtant bien aller en Angleterre. | *ma però,* mais (pourtant). || **2.** (lett.) [perciò] c'est pourquoi.
pero ['pero] m. poirier.
perocché [perok'ke] cong. (arc.) V. PERCHÉ.
perone [pe'rone] m. ANAT. péroné.
peroneo [pero'nεo] agg. e m. ANAT. péronier.
perorare [pero'rare] v. tr. e intr. plaider. | *perorare in difesa di qlcu.,* plaider en faveur de qn.
perorazione [perorat'tsjone] f. [il perorare] plaidoirie. || RET. [parte di un'orazione] péroraison.
perossido [pe'rɔssido] m. CHIM. peroxyde.
perpendicolare [perpendiko'lare] agg. e f. perpendiculaire.
perpendicolarmente [perpendikolar'mente] avv. perpendiculairement.
perpendicolo [perpen'dikolo] m. ARC. (raro) fil à plomb. || LOC. *a perpendicolo,* perpendiculairement.
perpetrare [perpe'trare] v. tr. perpétrer.
perpetrazione [perpetrat'tsjone] f. (raro) perpétration.
perpetua [per'pεtua] f. servante de curé.
perpetuare [perpetu'are] v. tr. perpétuer. ◆ v. rifl. se perpétuer. || SOSTANT. *il perpetuarsi della specie,* la perpétuation de l'espèce.
perpetuazione [perpetuat'tsjone] f. (lett.) perpétuation.
perpetuità [perpetui'ta] f. perpétuité.
perpetuo [per'pεtuo] agg. perpétuel. | *moto perpetuo,* mouvement perpétuel. | *un perpetuo viaggiare,* des voyages continuels, perpétuels. | *ricordo perpetuo,* souvenir éternel.
perplessità [perplessi'ta] f. perplexité.
perplesso [per'plεsso] agg. perplexe. || (lett.) [ambiguo] ambigu, incertain, équivoque.
perquisire [perkwi'zire] v. tr. fouiller ; [una casa] perquisitionner (intr.). | *perquisire una persona, i bagagli, un veicolo,* fouiller une personne, les bagages, un véhicule. | *perquisire la casa di qlcu.,* fouiller la maison de qn, perquisitionner chez qn.
perquisizione [perkwizit'tsjone] f. fouille ; [domiciliare] perquisition. | *mandato di perquisizione,* mandat de perquisition.
perscrutare [perskru'tare] v. tr. (lett., raro) scruter, pénétrer.
persecutore [perseku'tore] (**-trice** f.) m. e agg. persécuteur, trice.
persecutorio [perseku'tɔrjo] agg. de persécution.
persecuzione [persekut'tsjone] f. persécution. | *mania di persecuzione,* manie de la persécution.
perseguibile [perse'gwibile] agg. qui peut entraîner des poursuites (légales).
perseguimento [persegwi'mento] m. poursuite f., recherche f.
perseguire [perse'gwire] v. tr. poursuivre. || LETT. (raro) [perseguitare] persécuter (L.C.).

perseguitare [persegwi'tare] v. tr. persécuter. ‖ [non dare pace] persécuter, harceler, poursuivre. | *i creditori lo perseguitano,* ses créditeurs le persécutent, le harcèlent. | *essere perseguitato dai rimorsi,* être harcelé, être hanté par les remords. | *sono perseguitato dalla sorte,* la malchance me poursuit.
perseguitato [persegwi'tato] agg. e n. persécuté.
perseidi [per'sɛidi] f. pl. ASTRON. perséides.
perseverante [perseve'rante] agg. persévérant.
perseveranza [perseve'rantsa] f. persévérance.
perseverare [perseve'rare] v. intr. persévérer.
persiana [per'sjana] f. persienne.
persiano [per'sjano] (**-a** f.) agg. e m. **1.** [dell'antica Persia] perse ; [della Persia dopo il VII secolo] persan ; [del moderno Iran] iranien. ‖ [lingua] *studiare il persiano,* étudier le persan, l'iranien. ‖ **2.** ZOOL. *(gatto) persiano,* chat persan. ‖ **3.** [pelliccia] astrakan.
1. persico ['pɛrsiko] (**-ci** pl.) agg. (raro) persique (L.C.).
2. persico ['pɛrsiko] (**-ci** pl.) m. ZOOL. perche f. ‖ [come attributivo] *pesce persico,* perche f.
persino [per'sino] avv. V. PERFINO.
persistente [persis'tɛnte] agg. persistant.
persistenza [persis'tɛntsa] f. persistance.
persistere [per'sistere] v. intr. persister. | *persistere nell'errore,* persister dans son erreur.
perso ['pɛrso] part. pass. di PERDERE e agg. perdu. | *è tempo perso !,* c'est du temps perdu ! | *a tempo perso,* à temps perdu. | *darsi per perso,* se sentir perdu, se croire perdu. (V. anche PERDUTO.)
persona [per'sona] f. personne ; [al pl. con valore generale] gens. | *c'erano tre persone prima di me,* il y avait trois personnes avant moi. | *molte persone ci credono,* beaucoup de gens y croient. | *alcune persone,* quelques personnes. | *certe persone,* certaines gens, certaines personnes. | *le persone che lo hanno visto,* les gens qui l'ont vu. | *le persone di servizio,* les domestiques. ‖ [con attributo] *una persona importante,* quelqu'un d'important, une personne importante. | *una brava persona,* une brave personne. | *una persona per bene,* quelqu'un de bien. ‖ LOC. *in persona,* en personne. | *l'ambasciatore in persona,* l'ambassadeur en personne. | *tua sorella è la bontà in persona,* ta sœur est la bonté personnifiée, est la bonté même. ‖ *di persona,* moi-même, toi-même, ecc. | *devi vedere di persona,* tu dois voir toi-même. | *conoscere di persona,* connaître personnellement. | *pagare di persona,* payer de sa personne. ‖ **2.** [il corpo] personne, corps m. | *aver cura della propria persona,* avoir soin de sa personne, de son corps. | *bello della persona,* bien (fait) de sa personne. | *piccolo di persona,* de petite taille. | *tutta la persona,* tout le corps. ‖ [vita] vie. | *pericolo per la persona,* danger de mort. ‖ **3.** [la personalità] personne. | *la persona del ministro,* la personne du ministre. ‖ **4.** GIUR. *persona giuridica,* personne juridique. ‖ **5.** GRAMM. personne. | *nomi di persona,* noms propres, de personnes. | *prima persona singolare,* première personne du singulier. | *in prima, in seconda persona,* à la première, à la deuxième personne. ‖ LOC. FIG. *sperimentare qlco. in prima persona,* faire personnellement l'expérience de qch.
personaggio [perso'naddʒo] m. personnage, personnalité f. | *un personaggio della storia,* un personnage historique. | *personaggio politico,* personnalité politique. ‖ [di opera teatrale o narrativa] personnage.
1. personale [perso'nale] agg. personnel. | *carte personali,* papiers personnels. | *è stata una sua personale iniziativa,* l'initiative est venue personnellement de lui. | *libertà personali,* libertés individuelles, personnelles. ‖ [della persona, del corpo] du corps, corporel. | *pulizia personale,* hygiène corporelle. | *biancheria personale,* linge de corps. ‖ GRAMM. *pronomi personali,* pronoms personnels.
2. personale [perso'nale] m. **1.** [corpo] physique, corps ; [figura] silhouette f. | *avere un bel personale,* être bien fait de sa personne, avoir un beau physique. | *un personale elegante,* une silhouette élégante. ‖ **2.** [complesso di dipendenti] personnel. ◆ f. exposition (personnelle).
personalismo [persona'lizmo] m. personnalisme.
personalistico [persona'listiko] (**-ci** pl.) agg. personnaliste.
personalità [personali'ta] f. personnalité.
personalizzare [personalid'dzare] v. tr. personnaliser.
personalmente [personal'mente] avv. personnellement.
personificare [personifi'kare] v. tr. personnifier.
personificato [personifi'kato] agg. personnifié.
personificazione [personifikat'tsjone] f. personnification.
perspicace [perspi'katʃe] agg. perspicace.
perspicacia [perspi'katʃa] f. perspicacité.
perspicuità [perspikui'ta] f. (lett.) clarté (L.C.).
perspicuo [pers'pikuo] agg. clair.
persuadere [persua'dere] v. tr. persuader, convaincre. | *persuadere qlcu. di qlco.,* persuader qn de qch. | *persuadere qlcu. a fare qlco.,* persuader qn de faire qch. | *non mi ha persuaso,* il ne m'a pas convaincu. ‖ [suscitare consenso] satisfaire, plaire (à). | *un'interpretazione che persuade tutti i critici,* une interprétation qui satisfait, qui fait l'unanimité de tous les critiques. | *questo tipo mi persuade poco,* ce type ne me plaît guère, ne m'inspire pas confiance. ◆ v. rifl. se persuader.
persuasibile [persua'zibile] agg. (raro) qu'on peut persuader.
persuasione [persua'zjone] f. persuasion. | *procedere con la persuasione,* agir par la persuasion. ‖ [convinzione] persuasion, conviction.
persuasivo [persua'zivo] agg. persuasif, convaincant. ‖ [soddisfacente] satisfaisant, bon.
persuaso [persu'azo] agg. persuadé, convaincu.
persuasore [persua'zore] m. personne persuasive.
pertanto [per'tanto] cong. donc, par conséquent, c'est pourquoi. ‖ (raro) [con valore concessivo] *non pertanto,* toutefois.
pertica ['pɛrtika] f. **1.** perche ; [per bacchiare] gaule. ‖ SPORT mât m., perche. ‖ FIG., FAM. [persona] perche, échalas m. ‖ **2.** [antica misura] perche.
perticone [perti'kone] m. FAM. grande perche f., échalas.
pertinace [perti'natʃe] agg. tenace, obstiné, entêté.
pertinacia [perti'natʃa] f. ténacité, obstination, entêtement m.
pertinente [perti'nɛnte] agg. [appropriato] pertinent. | *domanda pertinente,* question pertinente. ‖ [che riguarda] qui concerne, concernant, qui appartient à. | *funzioni pertinenti a questo servizio,* fonctions qui concernent ce service, relèvent de ce service. | *doveri pertinenti ad una carica,* devoirs attachés à une charge.
pertinenza [perti'nɛntsa] f. [proprietà] pertinence. ‖ [competenza] compétence. | *la questione non è di nostra pertinenza,* la question n'est pas de notre compétence, de notre ressort (m.).
pertosse [per'tosse] f. MED. coqueluche.
pertugio [per'tudʒo] m. trou, fente f., ouverture f.
perturbare [pertur'bare] v. tr. [turbare] troubler ; [impedire il funzionamento] perturber. ‖ ASTRON. perturber. ◆ v. rifl. se troubler.
perturbatore [perturba'tore] (**-trice** f.) m. perturbateur, trice.
perturbazione [perturbat'tsjone] f. perturbation.
peruviano [peru'vjano] agg. e n. péruvien.
pervadere [per'vadere] v. tr. se répandre (v. rifl.) (dans), envahir, remplir. | *un odore acre pervase la stanza,* une odeur âcre envahit la pièce, se répandit dans la pièce. | *fu pervaso da una dolce malinconia,* il fut envahi par une douce mélancolie. | *la gioia lo pervase,* il fut rempli de joie.
pervenire [perve'nire] v. intr. parvenir, arriver.
perversione [perver'sjone] f. perversion.
perversità [perversi'ta] f. perversité.
perverso [per'vɛrso] agg. pervers.
pervertimento [perverti'mento] m. perversion f., pervertissement (lett.).
pervertire [perver'tire] v. tr. pervertir. ◆ v. rifl. se pervertir.
pervertito [perver'tito] agg. e n. perverti.
pervertitore [perverti'tore] (**-trice** f.) agg. e m. pervertisseur, euse (raro).
pervicace [pervi'katʃe] agg. (lett.) opiniâtre, obstiné (L.C.).

pervicacia [pervi'katʃa] f. (lett.) obstination (L.C.), opiniâtreté.
pervinca [per'vinka] f. BOT. pervenche. ‖ [colore] *occhi di pervinca*, yeux pervenche agg. invar. | *stoffa color pervinca*, étoffe pervenche.
pervio ['pɛrvjo] (**-vi** pl.) agg. (lett.) praticable (L.C.).
pesa ['pesa] f. pesée, pesage m. ‖ [impianto per pesare] bascule.
pesabambini [pesabam'bini] m. invar. pèse-bébé (pl. : pèse-bébés o invar.). ‖ [con valore attributivo] *bilancia pesabambini*, pèse-bébé m.
pesalatte [pesa'latte] m. invar. pèse-lait.
pesalettere [pesa'lɛttere] m. invar. pèse-lettre (pl. : pèse-lettres o invar.).
pesante [pe'sante] agg. **1.** [che ha un peso notevole] lourd, pesant. | *pesante fardello*, lourd fardeau, pesant fardeau, fardeau pesant. | *più pesante dell'aria*, plus lourd que l'air. ‖ [di sensazioni fisiche] lourd. | *aver la testa pesante*, avoir la tête lourde. | *stomaco pesante*, estomac lourd. | *sonno pesante*, sommeil lourd, pesant sommeil. ‖ LOC. FIG. *aver la mano pesante*, avoir la main lourde. ‖ **2.** [opprimente] lourd. | *aria pesante*, air lourd. | *cibi pesanti*, aliments indigestes, lourds. ‖ **3.** [che dà un'impressione di pesantezza, massiccio] lourd, pesant. | *monumento pesante*, monument lourd, pesant, mastoc (peggior.). | *passo pesante*, pas pesant, lourd. ‖ FIN. *mercato pesante*, marché lourd. ‖ **4.** [di indumenti, coperte] gros, chaud. | *maglia pesante*, gros pull-over. ‖ **5.** [di mezzi o attività] lourd. | *industria pesante*, industrie lourde. | *atletica pesante*, lutte et poids et haltères. ‖ **6.** FIG. [che si sopporta difficilmente] lourd, pesant. | *pesante responsabilità*, lourde responsabilité. | *pesanti tasse*, lourds impôts. ‖ [che domanda uno sforzo] pénible, difficile. | *lavoro pesante*, travail pénible, dur. | *libro pesante*, livre difficile à lire. | *persona pesante*, personne difficile à supporter, personne pénible (fam.). ‖ [maldestro] lourd, pesant. | *stile pesante*, style lourd. | *complimenti pesanti*, lourds compliments.
pesantemente [pesante'mente] avv. lourdement, pesamment.
pesantezza [pesan'tettsa] f. PR. e FIG. pesanteur, lourdeur. | *pesantezza dei movimenti*, lourdeur, pesanteur des mouvements. | *pesantezza di stile*, lourdeur de style. | *lavoro di una grande pesantezza*, travail extrêmement pénible. | *pesantezza di stomaco*, pesanteur d'estomac.
pesare [pe'sare] v. tr. PR. e FIG. peser. | *pesare le parole*, peser ses mots. | *pesare una persona*, jauger, juger une personne. ◆ v. intr. **1.** peser. | *pesare molto*, peser, être lourd, peser beaucoup. | *pesare poco*, être léger, peser peu. | *quanto pesa!*, quel poids (lourd)! ‖ **2.** FIG. [idea di importanza] être d'un grand poids, peser. | *il suo è un parere che pesa*, son opinion est d'un grand poids. ‖ [idea di molestia] peser, être pénible. | *quanto mi pesa questa vita!*, que cette vie me pèse!, comme cette vie m'est pénible! ‖ [idea di incombenza] peser (sur). | *una minaccia pesa su di lui*, une menace pèse sur lui.
pesata [pe'sata] f. pesée.
pesatore [pesa'tore] (**-trice** f.) m. peseur, euse (raro).
pesatura [pesa'tura] f. pesée, pesage m.
1. pesca ['peska] f. pêche. | *pesca con la lenza*, pêche à la ligne. | *pesca d'altomare*, grande pêche, pêche au large, hauturière. | *pesca costiera*, petite pêche, pêche littorale, côtière. ‖ PER EST. [lotteria] loterie.
2. pesca ['pɛska] f. BOT. pêche.
pescaggio [pes'kaddʒo] m. MAR. tirant d'eau, calaison f.
pescare [pes'kare] v. tr. **1.** pêcher. | *pescare con la rete, con l'amo*, pêcher au filet, à l'hameçon. ‖ LOC. FIG. *pescare nel torbido*, pêcher en eau trouble. ‖ **2.** FIG. [estrarre a caso] tirer. | *pescare una carta*, tirer une carte. ‖ [trovare] trouver, dégot(t)er (pop.). ‖ [sorprendere] trouver, prendre, pincer (fam.). ‖ **3.** MAR. caler.
pescatore [peska'tore] (**-trice** f.) m. pêcheur, euse. ‖ TECN. [gancio] harpon. ‖ ZOOL. *martin pescatore*, martin-pêcheur. | *rana pescatrice*, baudroie f.
pesce ['peʃʃe] m. **1.** poisson. ‖ PARTICOL. *pesce ago*, aiguille (f.) de mer, serpent de mer. | *pesce gatto*, poisson-chat. | *pesce rondine*, hirondelle (f.) de mer. | *pesce volante*, poisson volant ; exocet. | *pesce rosso*, poisson rouge. | *pesce spada*, espadon. ‖ LOC. FIG. *pesce d'aprile*, poisson d'avril. | *è sano come un pesce*, il se porte comme un charme. | *muto come un pesce*, muet comme une carpe. | *sentirsi un pesce fuor d'acqua*, être mal à son aise, mal à l'aise. | *né carne né pesce*, ni chair ni poisson. | *non sapere che pesci pigliare*, ne pas savoir quoi faire, ne pas savoir sur quel pied danser. ‖ **2.** TIP. bourdon. ◆ pl. ASTRON. e ASTROL. *i Pesci*, les Poissons.
pescecane [peʃʃe'kane] m. ZOOL. e FIG. requin.
peschereccio [peske'rettʃo] agg. pêcheur, de pêche. ◆ m. bateau de pêche.
pescheria [peske'ria] f. poissonnerie.
peschiera [pes'kjɛra] f. vivier m.
pesciaiola [peʃʃa'jɔla] f. poissonnière. ‖ [recipiente di cucina] poissonnière. ‖ ZOOL. harle m.
pesciaiolo [peʃʃa'jɔlo] (**-a** f.) m. poissonnier, ère.
pescicoltura [peʃʃikol'tura] f. V. PISCICOLTURA.
pesciolino [peʃʃo'lino] m. [dimin.] (petit) poisson.
pescivendolo [peʃʃi'vendolo] (**-a** f.) m. poissonnier, ère.
pesco ['pɛsko] (**-chi** pl.) m. BOT. pêcher.
pescoso [pes'koso] agg. poissonneux.
pesista [pe'sista] (**-i** pl.) m. haltérophile.
pesistica [pe'sistika] f. haltérophilie.
pesistico [pe'sistiko] (**-ci** pl.) agg. de l'haltérophilie.
peso ['peso] m. **1.** poids. | *peso specifico*, poids spécifique. | *vendere a peso*, vendre au poids. | *peso lordo*, poids brut. ‖ [persona] *crescere, diminuire di peso*, prendre, perdre du poids. ‖ LOC. *a peso d'oro*, à prix d'or, au poids de l'or (lett.). | *sollevare di peso*, soulever à bout de bras. | *cadere di peso*, tomber de tout son poids. ‖ FIG. *togliere di peso un brano da un libro*, prendre tel quel un passage d'un livre. ‖ SPORT *peso massimo*, poids lourd. ‖ [ippica] *recinto del peso*, pesage. ‖ **2.** [ciò che pesa] poids, charge f. | *portare un grosso peso*, porter une lourde charge, un lourd fardeau, un grand poids. ‖ [campione ponderato] poids. ‖ LOC. FIG. *togliersi un peso dallo stomaco*, se libérer d'un grand poids. | *un peso morto*, un poids mort. ‖ SPORT *lancio del peso*, lancer du poids. | *sollevamento pesi*, poids et haltères. ‖ **3.** FIG. [motivo di disagio] poids, charge. | *il peso degli anni*, le poids des années. | *il peso della famiglia*, la charge, le poids de la famille. ‖ LOC. *essere di peso*, peser, ennuyer, gêner, être un poids. | *questa situazione mi è di peso*, cette situation me pèse. | *non vorrei esservi di peso*, je ne voudrais pas vous ennuyer, vous gêner, être un poids pour vous. ‖ [importanza] importance f., poids. | *cose di poco peso*, choses sans importance. | *dare peso a qlco.*, attacher de l'importance à qch.
pessimamente [pessima'mente] avv. très mal.
pessimismo [pessi'mizmo] m. pessimisme.
pessimista [pessi'mista] (**-i** pl.) n. e agg. pessimiste.
pessimistico [pessi'mistiko] (**-ci** pl.) agg. pessimiste.
pessimo ['pɛssimo] agg. très mauvais, exécrable. | *pessima abitudine*, très mauvaise habitude. | *pessimo gusto*, goût exécrable. | *di pessimo umore*, d'humeur exécrable.
pesta ['pesta] f. trace, empreinte. | *seguire le peste di un animale*, suivre les traces, la trace d'un animal. ‖ LOC. *essere nelle peste*, être dans le pétrin (fam.), être dans l'embarras.
pestaggio [pes'taddʒo] m. raclée f. (fam.), rossée f. (fam.), passage à tabac (fam.).
pestare [pes'tare] v. tr. PR. [frantumare] écraser, broyer, piler. | *pestare il pepe*, écraser, broyer le poivre. | *pestare la carne*, battre la viande. ‖ LOC. *pestare l'acqua nel mortaio*, donner des coups d'épée dans l'eau. ‖ PER EST. [schiacciare] écraser. | *pestarsi un dito col martello*, s'écraser un doigt avec le marteau. ‖ [calpestare] marcher (sur), écraser. | *pestare la coda del gatto*, marcher sur la queue du chat. ‖ LOC. *pestare i piedi*, taper des pieds. ‖ PR. e FIG. *pestare i piedi a qlcu.*, marcher sur les pieds de qn. ‖ FIG. *pestare le orme di qlcu.*, marcher sur les traces de qn. ‖ [picchiare] frapper, rosser (fam.), tabasser (pop.), passer à tabac (fam.).
pestata [pes'tata] f. LOC. *dare una pestata al pepe*,

broyer, piler le poivre. | *dare una pestata alla carne*, battre la viande. || PR. e FIG. *dare una pestata a qlcu.* : PR. écraser le pied, marcher sur le pied de qn ; FIG. rosser qn. | *ricevere una pestata ad un callo*, se faire marcher sur un cor.

pestatura [pesta'tura] f. pilage m., broyage m. || FIG. [percosse] rossée (fam.), raclée (fam.).

peste ['pɛste] f. MED. peste. || FIG. peste, poison m. || [odore sgradevole] pestilence, puanteur. || LOC. *fuggire qlcu. come se avesse la peste*, fuir qn comme la peste. | *dir peste (e corna) di qlcu.*, dire pis que pendre de qn, casser du sucre sur le dos de qn (fam.).

pestello [pes'tɛllo] m. pilon.

pestifero [pes'tifero] agg. PR. (raro) pestilentiel. || FIG. [di odore] pestilentiel. || (lett.) [nocivo] empoisonné, venimeux, vénéneux. || [iperb.] insupportable, méchant. | *questa bambina è pestifera*, cette enfant est une vraie peste.

pestilenza [pesti'lɛntsa] f. épidémie de peste, pestilence (arc.). || FIG. [fetore] pestilence. || [cosa dannosa] peste, poison m.

pestilenziale [pestilen'tsjale] agg. PR. (raro) pestilentiel. || FIG. [di odore] pestilentiel. || [dannoso] empoisonné, vénéneux.

pesto ['pesto] agg. PR. broyé, pilé, écrasé. || LOC. *era buio pesto*, il faisait noir comme dans un four. | *occhi pesti*, yeux cernés. | *avere un occhio pesto*, avoir un œil au beurre noir. | *sentirsi le ossa peste*, être courbaturé, être courbatu, avoir mal partout. ◆ m. CULIN. hachis. | *pesto di aglio e prezzemolo*, hachis d'ail et de persil. | *pesto per ripieno*, farce f.

pestone [pes'tone] m. pilon.

petalo ['pɛtalo] m. BOT. pétale.

petardo [pe'tardo] m. pétard.

petauro [pe'tauro] m. ZOOL. pétauriste.

petecchia [pe'tekkja] f. MED. pétéchie.

petitorio [peti'tɔrjo] agg. GIUR. pétitoire.

petizione [petit'tsjone] f. pétition.

peto ['peto] m. vent, pet (volg.).

petraia [pe'traja] f. V. PIETRAIA.

petrarcheggiante [petrarked'dʒante] agg. LETT. pétrarquisant.

petrarcheggiare [petrarked'dʒare] v. intr. LETT. pétrarquiser.

petrarchesco [petrar'kesko] agg. LETT. de Pétrarque. || [conforme allo stile del Petrarca] pétrarquiste.

petrarchismo [petrar'kizmo] m. LETT. pétrarquisme.

petrarchista [petrar'kista] (**-i** pl.) agg. e n. pétrarquiste.

petriera [pe'trjɛra] f. pierrier m.

petrochimica [petro'kimika] o **petrolchimica** [petrol'kimika] f. pétrochimie, pétrolochimie.

petrografia [petrogra'fia] f. pétrographie.

petroliera [petro'ljɛra] f. pétrolier m.

petroliere [petro'ljɛre] m. [industriale] pétrolier. || [operaio] ouvrier de l'industrie pétrolière. ◆ f. STOR. pétroleuse.

petroliero [petro'ljɛro] agg. pétrolier.

petrolifero [petro'lifero] agg. [che fornisce petrolio] pétrolifère. || [del, di petrolio] pétrolier. | *industria petrolifera*, industrie pétrolière.

petrolio [pe'trɔljo] (**-i** pl.) m. pétrole.

petrologia [petrolo'dʒia] f. (raro). V. PETROGRAFIA.

petroso [pe'troso] agg. V. PIETROSO.

pettegolare [pettego'lare] v. intr. cancaner, potiner (fam.), jaser.

pettegolezzo [pettego'leddzo] m. cancan, commérage, bavardage, potin (fam.), ragot (fam.). | *provocare pettegolezzi*, faire jaser.

pettegolio [pettego'lio] m. cancans pl., commérages pl.

pettegolo [pet'tegolo] agg. e n. **1.** cancanier, ère, bavard. || SOSTANT. *è un pettegolo !*, c'est une vraie concierge !, il est cancanier !, c'est une mauvaise langue ! | *odio questa pettegola !*, je déteste cette colporteuse de ragots ! | *queste pettegole non tacciono mai*, ces commères ne se taisent jamais. || **2.** [loquace] bavard. | *questa bambina è (una) pettegola*, cette petite fille a la langue bien pendue.

pettinare [petti'nare] v. tr. PR. peigner ; [acconciare i capelli] coiffer. || TESS. peigner. || FIG. SCHERZ. [rimproverare] laver la tête, passer un savon. || [ridurre a mal partito] donner une raclée (fam.), une peignée (fam.).

pettinata [petti'nata] f. coup (m.) de peigne. || FIG. SCHERZ. [rimproveri] savon m.

pettinato [petti'nato] agg. e m. TESS. peigné.

pettinatore [pettina'tore] m. TESS. peigneur.

pettinatrice [pettina'tritʃe] f. coiffeuse. || TESS. peigneuse.

pettinatura [pettina'tura] f. coiffure. || TESS. peignage m.

pettine ['pettine] m. peigne. | *pettine rado*, gros peigne, démêloir. | *pettine fitto*, peigne fin. || TESS. peigne. || ZOOL. peigne. || BOT. *pettine di Venere*, peigne de Vénus.

pettino [pet'tino] m. bavette f. || [parte di camicia] jabot.

pettirosso [petti'rosso] m. ZOOL. rouge-gorge.

petto ['pɛtto] m. **1.** poitrine f. | *stringersi al petto qlcu.*, serrer qn sur sa poitrine, contre son cœur. | *giro (di) petto*, tour de poitrine. | *petto robusto*, large poitrine. || MED. *malattie di petto*, maladies de poitrine. | *malato di petto*, poitrinaire (antiq.), tuberculeux. || LOC. *battersi il petto*, se frapper la poitrine, battre sa coulpe. | *mettersi una mano sul petto*, se mettre la main sur le cœur. | *prendere qlco. di petto*, prendre qch. de front. | *petto a petto*, face à face. | *a petto di*, en comparaison de. | *stare a petto*, soutenir la comparaison. || **2.** PARTICOL. [delle donne] poitrine f., seins pl., gorge f. (lett.) ; [riferito all'allattamento] sein. | *non ha petto*, elle n'a pas de poitrine. || **3.** [di animali] poitrine f. ; [del cavallo e simili] poitrail. || CULIN. [taglio di carne] poitrine f. ; [di pollo o altro uccello] blanc. || **4.** [parte di vestito] devant. | *giacca ad un petto*, veste droite. | *giacca a doppio petto*, veste croisée. || **5.** FIG. cœur. | *avere in petto qlco.*, avoir qch. sur le cœur. | *prender(si) a petto qlco.*, prendre qch. à cœur.

pettorale [petto'rale] agg. pectoral. | *muscoli pettorali*, (muscles) pectoraux. ◆ m. [parte dei finimenti] poitrail, bricole f.

pettoruto [petto'ruto] agg. qui a une forte poitrine ; [col petto eretto] qui bombe le torse. | *camminare pettoruto*, marcher en bombant le torse.

petulante [petu'lante] agg. impertinent, indiscret.

petulanza [petu'lantsa] f. impertinence, indiscrétion.

petunia [pe'tunja] f. BOT. pétunia m.

pevera ['pevera] f. chantepleure.

pezza ['pɛttsa] f. **1.** [panno] linge m. ; [straccio] chiffon m. | *pulire una ferita con una pezza umida*, nettoyer une blessure avec un linge humide. | *pulire una macchia con una pezza*, nettoyer une tache avec un chiffon. | *bambola di pezza*, poupée de chiffon. || MIL. *pezze da piedi*, chaussettes russes. || LOC. FIG. *trattare qlcu. come una pezza da piedi*, traiter qn comme quantité négligeable. || **2.** [toppa] pièce. | *mettere una pezza ad un vestito*, mettre une pièce à un vêtement. | *vestiti tutti pezze*, vêtements tout rapiécés. || LOC. FIG. *metterci una pezza*, arranger les choses. || **3.** [pannolino] lange m. || **4.** [tessuto intero] pièce (de tissu). || **5.** [macchia sul mantello di animali] tache. || **6.** [documento] pièce. | *pezze d'appoggio*, pièces justificatives. || **7.** NUMISM. pièce. || **8.** ARC. [pezzo] morceau m. (L.C.). || LOC. *da lunga pezza*, depuis longtemps. || **9.** ARALD. pièce. || **10.** CULIN. culotte.

pezzato [pet'tsato] agg. [di cavallo] pie. || [di altra superficie] tacheté. ◆ m. pie f. (raro, lett.).

pezzatura [pettsa'tura] f. taches pl.

pezzente [pet'tsɛnte] n. miséreux, euse, misérable.

pezzetto [pet'tsetto] m. petit morceau, (petit) bout.

pezzo ['pɛttso] m. **1.** morceau, bout. | *pezzo di legno*, bout, morceau de bois. | *pezzo di cielo*, coin de ciel. | *pezzo di terra*, bout de terrain, lopin de terre. | *tagliare a pezzi*, couper en morceaux. | *fare a pezzi*, mettre en pièces f. pl. ; casser. | *il vaso si è fatto in mille pezzi*, le vase s'est cassé en mille morceaux. | *i suoi vestiti cadono a pezzi*, ses vêtements tombent en lambeaux. | *questa casa cade a pezzi*, cette maison croule, est croulante, tombe en ruine. || LOC. FIG. *è un pezzo di legno, di ghiaccio*, il est de marbre. | *essere tutto d'un pezzo*, être tout d'une pièce. || **2.** PER EST. [porzione di spazio o periodo di tempo] *un bel pezzo di strada*, un bon bout de chemin. | *abbiamo camminato un pezzo*, nous avons fait un bon bout de chemin. | *da un pezzo*, depuis un (bon) bout de temps, depuis un bon moment. | *da un pezzo a questa parte*, depuis un certain temps. || **3.** [elemento di una serie; parte di un insieme] pièce f. | *i pezzi del gioco di scacchi*, les pièces du jeu d'échec. | *cento lire il pezzo*, cent lires pièce. | *pezzi di ricambio*, pièces de rechange. | *pezzo per pezzo*, pièce par pièce. | *pezzo raro*, pièce rare. || [nell'abbigliamento] *un abito a due pezzi*, un deux-pièces. | *(costume da bagno a) due pezzi*, deux-pièces, bikini. || [moneta] pièce. || MIL. *pezzo d'artiglieria*, pièce d'artillerie. || FIG. *pezzo grosso*, grosse légume (pop.), huile f. (pop.), gros bonnet (fam.). | *un pezzo di giovanotto*, un beau gaillard. | *un pezzo di figliola*, un beau brin de fille, un beau morceau de femme (fam.). || PEGGIOR. *pezzo d'asino!*, *pezzo di deficiente!*, espèce d'âne!, espèce d'imbécile!, bougre d'imbécile! || **4.** [passo di un'opera musicale o letteraria] passage, morceau, extrait; [opera intera] morceau. | *suonare un pezzo di una sonata*, jouer un passage, un extrait d'une sonate. | *studiare un pezzo di pianoforte*, étudier un morceau de piano. | *pezzo di bravura*, morceau de bravoure. || GIORN. article.

pezzuola [pet'tswɔla] f. linge m. || [fazzoletto] mouchoir m.

pfennig ['pfɛniç] m. [ted.] pfennig.

phon [fɔn] m. V. FON.

piacente [pja'tʃɛnte] agg. avenant, agréable, plaisant.

1. piacere [pja'tʃere] v. intr. [senza compl. di termine] plaire. | *una persona che piace*, une personne qui plaît. || [con compl. di termine] plaire. | *mi piace...*, j'aime... | *ci piacciono molto i gelati*, nous aimons beaucoup les glaces. | *gli piace lo sport*, il aime le sport. | *questo film non mi è piaciuto per niente*, ce film ne m'a pas plu du tout. | *questo ragazzo mi piace*, ce garçon me plaît. | *mi piaci di più con i capelli lunghi*, je t'aime mieux, je te préfère avec les cheveux longs. | *fai come più ti piace*, fais comme tu préfères. | *così mi piace*, voilà qui est bien, qui est mieux. | *come mi pare e piace*, comme il me plaît. | *ricevo chi mi piace*, je reçois qui je veux. | *che ti piaccia o no*, que cela te plaise ou non. || [con inf. o che + cong.] *mi piace...*, j'aime... | *non le piace alzarsi tardi*, elle n'aime pas se lever tard. || [essere conforme al desiderio di qlcu.] *piaccia a Dio que...*, *piacesse a Dio che...*, plaise, plût à Dieu que...

2. piacere [pja'tʃere] m. **1.** [sensazione, stato] plaisir. | *mi fa piacere*, *molto piacere*, cela me fait plaisir, grand plaisir. | *avrei piacere che tu venissi*, je serais content que tu viennes; cela me ferait plaisir que tu viennes. | *ho il piacere di annunciarle*, j'ai le plaisir de vous annoncer. || [nelle presentazioni] *piacere!*, enchanté! || **2.** [cosa che dà piacere] plaisir. | *piaceri dell'intelletto*, plaisirs de l'esprit. | *i piaceri della mensa*, les plaisirs de la table. | *viaggio di piacere*, voyage d'agrément. | *mangiava che era un piacere*, il mangeait si bien que ça faisait plaisir à voir. | *cresce che è un piacere*, il grandit à toute vitesse. | *questo vino va giù che è un piacere*, ce vin se boit comme du petit lait. || **3.** [servizio] service; [cortesia] plaisir. | *chiedere, fare un piacere*, demander, rendre un service. | *sono contento di poterti fare un piacere*, je suis content de pouvoir te rendre service. | *mi faresti un grosso piacere se ci andassi*, tu me ferais vraiment plaisir si tu y allais. | *ci faccia il piacere di restare a cena con noi*, faites-nous le plaisir de rester dîner avec nous. | *per piacere*, s'il vous plaît. || [in tono risentito] *fammi il piacere di tacere!*, fais-moi le plaisir de te taire! | *ma mi faccia il (santo) piacere!*, allons donc! || **4.** [volontà] *a mio piacere*, à mon gré. | *a piacere*, à volonté.

piacevole [pja'tʃevole] agg. agréable.

piacevolezza [pjatʃevo'lettsa] f. agrément m. | *piacevolezza di modi*, manières agréables. || [scherzo] plaisanterie.

piacevolmente [pjatʃevol'mente] avv. agréablement.

piacimento [pjatʃi'mento] m. goût. | *non è di suo piacimento*, ce n'est pas à son goût. | *posso agire a mio piacimento*, je peux agir à mon gré. | *vino a piacimento*, vin à volonté.

piaga ['pjaga] f. **1.** plaie. | *essere tutto una piaga*, être couvert de plaies. || **2.** FIG. [dolore] plaie, blessure. | *riaprire una vecchia piaga*, rouvrir, raviver une vieille blessure. | *rigirare il ferro nella piaga*, remuer le fer, le couteau dans la plaie. | *mettere il dito sulla piaga*, toucher un point délicat. || **3.** FIG. [grave male, flagello] fléau m., plaie. | *la piaga della guerra*, le fléau de la guerre. || SCHERZ. [persona noiosa] *che piaga!*, quelle plaie!

piagare [pja'gare] v. tr. PR. e FIG. blesser.

piagnisteo [pjaɲɲis'tɛo] m. pleurnicherie f. (fam.), pleurnichement (fam.).

piagnone [pjaɲ'ɲone] (**-a** f.) m. FAM. pleurnicheur, euse, geignard.

piagnucolamento [pjaɲɲukola'mento] m. pleurnicherie f. (fam.), pleurnichement (fam.).

piagnucolare [pjaɲɲuko'lare] v. intr. pleurnicher (fam.), geindre (fam.), larmoyer.

piagnucolio [pjaɲɲuko'lio] m. pleurnicherie f. (fam.), pleurnichement (fam.).

piagnucolone [pjaɲɲuko'lone] (**-a** f.) m. pleurnicheur (fam.), pleurard (fam.).

piagnucoloso [pjaɲɲuko'loso] agg. pleurnicheur (fam.), pleurnichard (fam.), pleurard (fam.), geignard (fam.).

piagoso [pja'goso] agg. (raro) couvert de plaies.

pialla ['pjalla] f. rabot m.

piallare [pjal'lare] v. tr. raboter.

piallata [pjal'lata] f. coup (m.) de rabot.

piallatore [pjalla'tore] m. raboteur.

piallatrice [pjalla'tritʃe] f. TECN. raboteuse.

piallatura [pjalla'tura] f. rabotage m.

pialletto [pjal'letto] m. petit rabot, guimbarde f.

piamente [pia'mente] avv. pieusement.

piana ['pjana] f. plaine.

pianale [pja'nale] m. terrain plat, surface (f.) plane, plan. || [piano di veicolo; vagone senza sponde] plate-forme f., plateau.

pianatoio [pjana'tɔjo] m. TECN. planoir.

pianeggiante [pjaned'dʒante] agg. plat.

pianeggiare [pjaned'dʒare] v. intr. être, devenir plat. ◆ v. tr. aplanir.

pianella [pja'nɛlla] f. pantoufle, mule, babouche.

pianerottolo [pjane'rɔttolo] m. palier. || [in una parete rocciosa] plate-forme.

1. pianeta [pja'neta] (**-i** pl.) m. planète f. || FIG. destin. | *pianeta della fortuna*, horoscope.

2. pianeta [pja'neta] f. RELIG. chasuble.

pianetino [pjane'tino] m. ASTRON. astéroïde.

piangente [pjan'dʒɛnte] agg. qui pleure, en pleurs, en larmes. || [di albero] pleureur. | *salice piangente*, saule pleureur.

piangere ['pjandʒere] v. intr. **1.** pleurer, chialer (volg.). | *piangere a calde lacrime, a dirotto*, pleurer à chaudes larmes, comme une Madeleine (fam.). | *mi viene da piangere*, j'ai envie de pleurer. | *scoppiare a piangere*, fondre en larmes. || LOC. *farebbe piangere i sassi*, c'est à fendre le cœur. | *non gli sono rimasti che gli occhi per piangere*, il n'a plus que les yeux pour pleurer. || IRON. *parla un inglese che fa piangere*, il parle un anglais abominable. || **2.** PER EST. [affliggersi] pleurer, s'affliger. | *piangere sulla propria sorte*, pleurer sur son sort. || LOC. *mi piange il cuore*, ça (fam.), cela me fait mal au cœur, cela me fend le cœur. || **3.** [gocciolare] goutter. || [di albero] pleurer. | *la vite piange*, la vigne pleure. || **4.** [di suoni] pleurer. ◆ v. tr. pleurer. | *piangere la morte di qlcu.*, pleurer la mort de qn. | *piangere la propria giovinezza*, pleurer sa jeunesse enfuie. || LOC. *piangere miseria*, pleurer misère. || [versare lacrime] *piangere lacrime di sangue*, pleurer des larmes de sang.

piangiucchiare [pjandʒuk'kjare] v. intr. pleurnicher.

pianificare [pjanifi'kare] v. tr. planifier.

pianificato [pjanifi'kato] agg. planifié.

pianificatore [pjanifika'tore] (**-trice** f.) agg. e m. planificateur, trice.

pianificazione [pjanifikat'tsjone] f. planification.

1. pianino [pja'nino] avv. (tout) doucement. V. anche PIANO (avv.).

2. pianino [pja'nino] m. petit piano. || REGION. [pianola] piano mécanique.

pianissimo [pja'nissimo] avv. e m. MUS. pianissimo invar.

pianista [pja'nista] (**-i** pl.) m. e f. pianiste.
pianistico [pja'nistiko] (**-ci** pl.) agg. MUS. pianistique, de piano, pour le piano.
1. piano ['pjano] agg. PR. plat, plan, uni. | *terreno piano*, terrain plat. | *superficie piana*, surface plane. || GEOM. plan. | *figura piana*, figure plane. || MUS. RELIG. *canto piano*, plain-chant m. || SPORT *corsa piana*, course de plat. || LOC. *mettere in piano*, mettre à plat. || FIG. [semplice] simple, clair ; [agevole] facile. | *usare parole piane*, se servir de mots simples. | *percorso piano*, parcours facile. || RELIG. *messa piana*, messe basse. || GRAMM. *parola piana*, (mot) paroxyton, mot accentué sur l'avant-dernière syllabe. ◆ avv. [lentamente] doucement, lentement ; [con cautela, senza rumore] doucement. | *la macchina andava piano*, la voiture roulait doucement, lentement. | *massaggiare piano*, masser doucement. | *vacci piano !*, (vas-y) doucement ! | *parlare piano*, parler doucement, bas, à voix basse. | *il bambino dorme, fate piano*, l'enfant dort, ne faites pas de bruit. | *pian piano, pian pianino*, tout doucement. ◆ avv. e m. MUS. [didascalia] piano.
2. piano ['pjano] m. FIS. [superficie piana] plan (raro), surface (f.) plane. | *piano inclinato*, plan incliné. || PARTIC. *piano stradale*, chaussée f. | *il piano del tavolo*, le dessus, le plateau de la table. || [terreno pianeggiante] plaine f. || AER. *piani di coda*, plans de sustentation. || GEOM. plan. || EDIL. étage. | *primo, secondo piano*, premier, deuxième étage. | *piano terra*, rez-de-chaussée. | *piano rialzato*, entresol. || ARTI plan. | *in primo piano*, au premier plan. || FIG. *di primo, secondo piano*, de premier, de second plan. | *mettere sullo stesso piano*, mettre sur le même plan. | *sul piano di*, sur le plan de.
3. piano ['pjano] m. [progetto] plan. | *i piani di una macchina*, les plans d'une machine. | *ho i miei piani*, j'ai mon plan. | *avere dei piani su qlcu.*, avoir des projets au sujet de qn. | *quali sono i tuoi piani per il futuro ?*, quels sont tes projets pour l'avenir ? || PARTICOL. *piano regolatore*, plan d'urbanisme. | *piano quinquennale*, plan quinquennal.
4. piano ['pjano] m. V. PIANOFORTE.
piano-concavo [pjano'konkavo] agg. plan-concave.
piano-convesso [pjanokon'vɛsso] agg. plan-convexe.
pianoforte [pjano'fɔrte] m. piano. | *pianoforte a coda, verticale*, piano à queue, droit.
pianola [pja'nɔla] f. piano (m.) mécanique, pianola m.
pianoro [pja'nɔro] m. plateau.
pianoterra [pjano'tɛrra] m. invar. rez-de-chaussée.
pianta ['pjanta] f. BOT. plante ; [albero] arbre m. || ANAT. [del piede] plante. || [grafica] plan m. | *pianta di Roma*, plan de Rome. || LOC. AMM. *impiegato in pianta stabile*, employé titulaire. || FIG. *è qui in pianta stabile*, il est ici en permanence, il ne bouge pas d'ici. || LOC. AVV. *di sana pianta*, entièrement, complètement. | *rifare di sana pianta*, refaire entièrement. | *inventato di sana pianta*, inventé de toutes pièces.
piantaggine [pjan'taddʒine] f. BOT. plantain m.
piantagione [pjanta'dʒone] f. plantation.
piantagrane [pjanta'grane] m. e f. invar. mauvais coucheur (solo m.), casse-pieds (fam.), emmerdeur, euse (pop.).
piantana [pjan'tana] f. montant m.
piantare [pjan'tare] v. tr. PR. planter. | *piantare un albero*, planter un arbre. | *piantare un terreno a peschi*, planter un terrain en, de pêchers. || LOC. FIG. *piantare carote*, raconter des histoires. | *andare a piantare cavoli*, aller planter ses choux. | *piantare chiodi*, faire des dettes. | *piantare gli occhi addosso a qlcu.*, fixer qn du regard. || POP. *piantare grane*, faire des histoires (L.C.), embêter le monde. || FIG. [lasciare] plaquer (pop.), laisser tomber (fam.). | *piantare il marito*, plaquer son mari. | *ha piantato tutto per quella donna*, il a tout plaqué, tout lâché pour cette femme. | *piantare lì, piantare in asso*, planter là, laisser en plan. | *piantare baracca e burattini*, tout plaquer, tout laisser tomber. | *piantarla*, cesser, arrêter, finir. ◆ v. rifl. se planter.
piantata [pjan'tata] f. plantation.
piantato [pjan'tato] agg. planté. || FIG. *ben piantato*, bien planté.
piantatoio [pjanta'tojo] m. plantoir.
piantatore [pjanta'tore] (**-trice** f.) m. planteur, euse.
pianterreno [pjanter'reno] m. rez-de-chaussée.
pianto ['pjanto] m. **1.** larmes f. pl., pleurs pl. (antiq. o lett.). | *il suo pianto lo commosse*, ses larmes l'émurent. | *prorompere in pianto*, fondre en larmes. | *avere il pianto facile*, avoir la larme facile. || **2.** [dolore] douleur f., deuil. || LOC. FIG. *è un pianto*, c'est à pleurer. || **3.** [di vegetali] larmes f. pl.
piantonamento [pjantona'mento] m. surveillance f.
piantonare [pjanto'nare] v. tr. surveiller.
piantone [pjan'tone] m. **1.** AGR. plançon, plantard. || **2.** MIL. planton.
pianura [pja'nura] f. plaine.
1. piastra ['pjastra] f. plaque. || PARTICOL. [di armatura] plate. || [di serratura] palâtre m., palastre m. || [elettrodo] électrode. || *piastra di terra*, prise de terre. || [di giradischi, registratore] platine.
2. piastra ['pjastra] f. [moneta] piastre.
piastrella [pjas'trɛlla] f. [dimin. di PIASTRA] plaquette, petite plaque. || [mattonella] carreau m. || GIOCHI palet m.
piastrellaio [pjastrel'lajo] m. carreleur.
piastrellare [pjastrel'lare] v. tr. carreler. ◆ v. intr. (neol.) [di idrovolante, motoscafo, ecc.] rebondir.
piastrellato [pjastrel'lato] agg. carrelé.
piastrellista [pjastrel'lista] (**-i** pl.) m. carreleur.
piastriccio [pjas'trittʃo] m. (fam.) gâchis.
piastrina [pjas'trina] f. o **piastrino** [pjas'trino] m. plaque f., plaquette f. | *piastrina di riconoscimento*, plaque d'identité. || BIOL. plaquette.
piastrone [pjas'trone] m. plastron.
piatta ['pjatta] f. [chiatta] plate.
piattabanda [pjatta'banda] f. ARCHIT. plate-bande.
piattaforma [pjatta'forma] f. PR. e FIG. plate-forme.
piattello [pjat'tɛllo] m. disque. || PARTICOL. *piattello di un candeliere*, bobèche (f.) d'un chandelier. | *tiro al piattello*, tir au pigeon d'argile. || ETNOL. *piattello labiale*, plateau.
piattezza [pjat'tettsa] f. platitude. || PR. (raro) platitude.
piattina [pjat'tina] f. fil (m.) électrique plat. || [nastro metallico] ruban (m.) métallique. || [carrello] chariot m.
piattino [pjat'tino] m. petite assiette f. ; [da caffè] soucoupe f.
piattitudine [pjatti'tudine] f. platitude.
piatto ['pjatto] agg. PR. e FIG. plat. | *stile piatto*, style plat. || GEOM. *angolo piatto*, angle plat. ◆ m. **1.** assiette f. ; [di portata] plat. | *piatto liscio, fondo*, assiette plate, creuse. | *mangiare un piatto di riso*, manger une assiette, une assiettée de riz. || **2.** [portata ; prep. culin.] plat. | *piatto del giorno*, plat du jour. | *primo piatto ; secondo piatto*, premier plat ; deuxième plat, plat de résistance. || PR. e FIG. *piatto forte* : PR. plat de résistance ; FIG. clou. || **3.** PER EST. [oggetto a forma di piatto] plat, plateau. | *i piatti della bilancia*, les plateaux de la balance. | *il piatto del giradischi*, le plateau du tourne-disque. || MUS. *i piatti*, les cymbales f. || **4.** [parte piatta] plat. | *il piatto di una lama*, le plat d'une lame. | *colpire di piatto*, frapper du plat de la lame. || **5.** GIOCHI poule f.
piattola ['pjattola] f. [pidocchio] pou m., morpion m. (pop.). || [scarafaggio] cafard m., blatte. || FIG., FAM. casse-pieds n. invar.
piattonare [pjatto'nare] v. tr. frapper du plat de l'épée.
piattonata [pjatto'nata] f. coup (m.) donné du plat de l'épée.
piattone [pjat'tone] m. **1.** grande assiette, plat. || **2.** [pidocchio] pou, morpion (pop.).
piazza ['pjattsa] f. **1.** place ; [mercato] (pop.) marché m. (L.C.). | *piazza del duomo, del mercato*, place de la cathédrale, du marché. | *fare la spesa in piazza*, faire les courses au marché. || LOC. *piazza d'armi*, place d'armes. | *vettura di piazza*, voiture de place. | *autista di piazza*, chauffeur de taxi. || FIG. *mettere in piazza i propri affari*, raconter ses affaires à tout le monde. | *credi di essere in piazza ?*, où te crois-tu ? || **2.** [la gente] peuple m., place publique ; [in quanto suscettibile di sollevarsi] rue. | *adulare la piazza*, flatter le peuple. | *sollevare la piazza*, soulever le peuple, la rue. | *modi da piazza*, façons grossières, manières triviales. || **3.** [spazio libero, posto, luogo]

place. | *far piazza pulita di*, éliminer (v. tr.), faire place nette (de); donner un coup de balai; [mangiare tutto] liquider v. tr. (fam.). | *letto ad una piazza, a due piazze*, lit à une place, à deux places. || SCHERZ. [spazio privo di capelli] tonsure, calvitie. | *andare in piazza*, se déplumer (fam.). || **4.** COMM. place. | *conosciuto nella piazza*, connu sur la place. | *fare la piazza*, faire la place. || LOC. FIG. *rovinare la piazza*, gâcher le métier. || **5.** MIL. [piazzaforte] place forte.

piazzaforte [pjattsa'forte] f. place forte.

piazzaiolo [pjattsa'jɔlo] agg. vulgaire, grossier. || SOSTANT. personne vulgaire, grossier personnage.

piazzale [pjat'tsale] m. place f., esplanade f.

piazzamento [pjattsa'mento] m. (raro) placement. || SPORT classement.

piazzare [pjat'tsare] v. tr. placer. || COMM. placer. ◆ v. rifl. se placer. || SPORT se classer.

piazzata [pjat'tsata] f. esclandre m., scène. || [radura] clairière.

piazzato [pjat'tsato] agg. SPORT placé. || FIG. bien placé.

piazzista [pjat'tsista] (**-i** pl.) m. COMM. placier.

piazzola [pjat'tsɔla] f. petite place, placette. | *piazzola (di sosta)*, emplacement réservé au stationnement. || MIL. *piazzola (di tiro)*, plate-forme, banquette de tir. || SPORT [golf] point (m.) de départ.

pica ['pika] f. ZOOL. (arc. o region.) pie. || MED. pica m.

picaresco [pika'resko] agg. LETT. picaresque.

1. picca ['pikka] f. **1.** [arma] pique. || [soldato] piquier m. || **2.** GIOCHI [carte] pique m. || LOC. FIG. *contare come il fante di picche*, compter pour du beurre. | *rispondere picche (a)*, envoyer promener (v. tr.).

2. picca ['pikka] f. dépit m., pique (antiq.).

piccante [pik'kante] agg. piquant. | *salsa piccante*, sauce piquante. || FIG. [arguto, mordace] piquant, mordant. || [licenzioso] grivois, leste.

piccardo [pik'kardo] agg. e n. picard.

piccarsi [pik'karsi] v. rifl. se piquer. | *si picca di conoscere i vini*, il se pique de connaître les vins. || [offendersi] se piquer, se vexer. || [ostinarsi] s'obstiner.

piccata [pik'kata] f. CULIN. *piccata di vitello* = petites escalopes sautées et citronnées.

piccato [pik'kato] agg. piqué.

picchettaggio [pikket'taddʒo] m. o **picchettamento** [pikketta'mento] m. NEOL. formation (f.) de piquets de grève, surveillance (f.) par des piquets de grève.

picchettare [pikket'tare] v. tr. piqueter. || NEOL. [durante uno sciopero] former des piquets de grève; placer des piquets de grève.

picchetto [pik'ketto] m. piquet. || NEOL. [di scioperanti] piquet de grève. || MIL. piquet. | *ufficiale di picchetto*, officier de service. || GIOCHI piquet.

picchiapetto [pikkja'pɛtto] m. invar. (raro) bigot m. (L.C.), calotin m. (fam.). ◆ f. (raro) bigote (L.C.), grenouille de bénitier (fam.).

picchiare [pik'kjare] v. tr. battre, frapper; cogner (fam.). | *picchiare di santa ragione*, battre comme plâtre. | *picchiare sodo*, cogner dur. | *picchiarsi il petto*, se frapper la poitrine. || [bussare] frapper. | *picchiare tre colpi alla porta*, frapper trois coups à la porte. || LOC. POP. *batti e picchia; picchia e mena*, à force d'insister (L.C.). ◆ v. intr. frapper. | *hanno picchiato*, on a frappé. || LOC. FIG. *picchiare a tutti gli usci*, frapper à toutes les portes. || MECC. [di motore] cogner. || AER. piquer. ◆ v. recipr. se battre, se taper dessus (fam.).

picchiata [pik'kjata] f. [colpo o percossa] coup m.; [serie di percosse] raclée (fam.), volée de coups. || AER. piqué m.

picchiatello [pikkja'tɛllo] agg. e n. piqué (fam.), toqué (fam.), timbré (fam.).

picchierellare [pikkjerel'lare] v. tr. tambouriner.

picchiettare [pikkjet'tare] v. tr. e intr. tapoter, tambouriner. | *picchiettare (con) le dita sul tavolo*, tambouriner contre la table, tapoter sur la table avec ses doigts. || [tingere a macchioline] piqueter, moucheter, tacheter, piquer. || MUS. piquer.

picchiettatura [pikkjetta'tura] f. tapotement m. || [macchioline] moucheture, tiqueture.

picchiettio [pikkjet'tio] m. tapotement, tambourinement.

1. picchio ['pikkjo] m. coup. || LOC. *di picchio*, tout à coup.

2. picchio ['pikkjo] m. ZOOL. pic. | *picchio verde*, pivert, picvert.

picchiotto [pik'kjɔtto] m. marteau, heurtoir.

piccineria [pittʃine'ria] f. petitesse.

piccinina [pittʃi'nina] f. REGION. cousette (fam.), petite main.

piccino [pit'tʃino] agg. PR. petit. || LOC. *farsi piccino piccino*, se faire tout petit. || FIG. petit, mesquin. | *mente piccina*, petit esprit. || SOSTANT. [bambino] *per grandi e piccini*, pour les petits et les grands. || [espressioni d'affetto] *piccino mio, piccina mia*, mon petit, ma petite. || [piccolo di animale] petit.

picciolo [pit'tʃɔlo] m. BOT. pétiole.

piccionaia [pittʃo'naja] f. pigeonnier m., colombier m. || FIG. [appartamento in alto] pigeonnier. || [loggione] poulailler m.

piccione [pit'tʃone] (**-a** f.) m. **1.** ZOOL. pigeon, pigeonne f. || LOC. *prendere due piccioni con una fava*, faire d'une pierre deux coups. || **2.** [taglio di manzo] tranche grasse.

picciotto [pit'tʃɔtto] m. REGION. gars (fam.), garçon (L.C.), jeune homme (L.C.).

picco ['pikko] m. **1.** pic. || LOC. *a picco*, à pic. | *andare, colare a picco*: PR. couler à pic; FIG. échouer, s'écrouler. || **2.** MAR. corne f. | *picco di carico*, mât de charge.

piccolezza [pikko'lettsa] f. petitesse. || FIG. [meschinità] petitesse, mesquinerie. || [inezia] bagatelle, babiole.

piccolo ['pikkolo] agg. **1.** petit. | *è piccolo per la sua età*, il est petit pour son âge. | *un uomo piccolo*, un homme petit, un homme de petite taille. | *piccolissimo*, tout petit, très petit. | *fare le ore piccole*, rester debout jusqu'au petit matin. || **2.** [giovane] petit, jeune. | *da piccolo*, quand j'étais petit. | *fin da piccolo*, dès l'enfance. || **3.** [di poca entità] petit, léger. || **4.** [modesto] petit. | *la piccola borghesia*, la petite bourgeoisie. || **5.** [meschino] petit, bas, étroit, mesquin. | *è piccolo di mente*, il a un petit esprit, un esprit mesquin, un esprit étroit. | *di idee piccole*, d'idées étroites. || **6.** LOC. *in piccolo*, en petit, en miniature. | *commerciare in piccolo*, faire du petit commerce. | *nel mio, nel tuo, nel suo piccolo*, toutes proportions gardées. ◆ n. [bambino] petit, petite, enfant. || [di animale] petit, jeune.

picconare [pikko'nare] v. tr. e intr. piocher.

picconata [pikko'nata] f. coup (m.) de pioche.

piccone [pik'kone] m. pioche f.

picconiere [pikko'njɛre] m. piocheur.

piccozza [pik'kɔttsa] f. pioche, pic m. || [da alpinista] piolet m.

pick-up ['pikʌp] m. invar. [ingl.] pick-up, électrophone m.

picnic [pik'nik] m. invar. pique-nique (pl. pique-niques).

picozzo [pi'kɔttso] m. pince f.

pidocchieria [pidokkje'ria] f. pingrerie, mesquinerie.

pidocchio [pi'dɔkkjo] m. **1.** pou. || **2.** *pidocchio di mare*, moule f. || **3.** FIG. pingre, avare. | *pidocchio rifatto, rivestito*, parvenu.

pidocchioso [pidok'kjoso] agg. pouilleux. || FIG. pingre, grippe-sou (fam.).

piè ['pje] m. V. PIEDE. || LOC. *il piè veloce Achille*, Achille au pied léger. | *a piè fermo*, de pied ferme. | *a piè pari*, à pieds joints. || FIG. *saltare a piè pari qlco.*, sauter qch. | *a piè del monte*, au pied de la montagne. | *a piè (di) pagina*, au bas de la page. | *ad ogni piè sospinto*, à tout moment, à chaque instant.

piede ['pjɛde] m. **1.** pied. || **2.** PER ANAL. [parte bassa, di sostegno] pied. | *piedi di un armadio*, pieds d'une armoire. | *ai piedi del monte*, au pied du mont. | *un piede di insalata*, un pied de salade. || LOC. *prendere piede*: PR. prendre pied; prendre racine; FIG. prendre (pied), avoir du succès. || [oggetto simile ad un piede] *piede di porco*, pied-de-biche. || **3.** [unità di misura] pied. || **4.** LOC. *a piedi*, à pied. | *restare a piedi*: PR.

être obligé de s'en aller à pied ; FIG. être déçu. | *essere a piedi scalzi, a piedi nudi,* être pieds nus, être nu-pieds. | *a piede libero,* en liberté (provisoire). | *da capo a piedi,* de la tête aux pieds, de pied en cap. ‖ *in piedi,* debout. | *alzarsi in piedi,* se lever, se mettre debout. | *saltò in piedi,* il sauta sur ses pieds. ‖ FIG. *questo ragionamento non sta in piedi,* ce raisonnement ne tient pas debout. ‖ PR. e FIG. *cadere in piedi :* PR. [di persona] tomber sur ses pieds ; [di cosa] tomber droit ; FIG. [di persona] retomber sur ses pieds. | *mettere in piedi un affare,* mettre une affaire sur pied. | *rimettere in piedi :* [persona] remettre debout, remettre sur ses pieds ; [cosa] remettre debout ; [affare, impresa] remettre sur pied. ‖ **5.** [con altre prep.] *non muovere piede da un luogo,* ne pas bouger d'un lieu. ‖ *metter piede in un luogo,* aller quelque part. | *non ci metterò più piede,* je n'y remettrai plus les pieds. ‖ PR. e FIG. *mettere un piede in fallo,* faire un faux pas. ‖ *pestare i piedi,* taper du pied, trépigner. ‖ PR. e FIG. *pestare i piedi a qlcu.,* marcher sur les pieds de qn. ‖ PR. e FIG. *puntare i piedi :* PR. s'immobiliser ; FIG. s'obstiner. ‖ FIG. *su due piedi :* [senza preparazione] au pied levé ; [improvvisamente] à l'improviste, séance tenante. | *avere le ali ai piedi,* avoir des ailes. | *andare coi piedi di piombo,* être très prudent, user de circonspection. | *darsi la zappa sui piedi,* se nuire à soi-même ; donner des verges pour se faire fouetter. | *mettere qlcu. sotto i piedi, mettere i piedi sul collo a qlcu.,* tenir qn sous sa coupe. | *non lasciarsi mettere sotto i piedi,* ne pas se laisser marcher sur les pieds. | *tenere il piede in due staffe, in due scarpe,* être assis entre deux chaises. ‖ VOLG. *stare tra i piedi a qlcu.,* être dans les jambes de qn. | *togliti dai piedi !,* fiche le camp ! | *lavorare coi piedi,* travailler comme un pied. | *fatto con i piedi,* mal fait. ‖ FIG. *sul piede di guerra,* sur le pied de guerre. ‖ MIL. *pied'arm !,* reposez arme !

piedino [pje'dino] m. petit pied, peton (fam., infant.). ‖ [di macchina per cucire] pied-de-biche. ‖ GIORN. entrefilet en bas de page.

piedipiatti [pjedi'pjatti] m. GERG. flic (pop.), cogne (pop.), poulet (fam.).

piedistallo [pjedis'tallo] m. PR. e FIG. piédestal.

piedritto [pje'dritto] m. ARCHIT. piédroit, pied-droit.

piega ['pjɛga] f. **1.** pli m. | *la piega dei calzoni,* le pli des pantalons. | *gonna a pieghe,* jupe à plis, jupe plissée. | *gonna piena di pieghe,* jupe pleine de faux plis. | *questo abito fa una (brutta) piega sul fianco,* cette robe fait un (faux) pli sur le côté. ‖ LOC. *messa in piega,* mise en plis. ‖ FIG. *le pieghe dell'anima,* les replis (m.) de l'âme. ‖ **2.** FIG. tournure, tendance. | *prendere una cattiva piega :* [di avvenimenti] prendre une mauvaise tournure, mal tourner ; [di persona] prendre un mauvais pli, de mauvaises habitudes, mal tourner. | *prendere una buona piega :* [di avvenimenti] prendre une bonne tournure ; [di persona] prendre de bonnes habitudes.

piegabile [pje'gabile] agg. pliable.

piegamento [pjega'mento] m. pliage, pliement (raro). ‖ SPORT flexion f.

piegare [pje'gare] v. tr. plier. | *piegare le lenzuola,* plier les draps. ‖ [curvare] plier, courber. | *piegare una sbarra di ferro,* plier, courber une barre de fer. ‖ [inclinare] incliner, courber. | *il vento piega le spighe di grano,* le vent incline, courbe les épis de blé. | *piegare la testa,* baisser, courber, incliner la tête. ‖ FIG. soumettre. | *piegare un avversario,* faire céder un adversaire. ◆ v. intr. tourner. | *piegare a destra,* tourner à droite. ◆ v. rifl. plier (v. intr.). | *l'albero si piegava sotto il peso dei frutti,* l'arbre pliait, ployait sous le poids des fruits. ‖ FIG. [cadere] plier (v. intr.), céder (v. intr.) ; [sottomettersi a] se plier (à), céder (à). | *non si piegò,* il ne plia pas.

piegata [pje'gata] f. LOC. *dare una piegata,* plier.

piegatore [pjega'tore] (**-trice** f.) m. plieur, euse.

piegatrice [pjega'tritʃe] f. TECN. [macchina] plieuse.

piegatura [pjega'tura] f. pliage m., pliement m. (raro). ‖ [segno] pliure.

pieghettare [pjeget'tare] v. tr. plisser.

pieghettato [pjeget'tato] agg. e m. plissé.

pieghettatore [pjegetta'tore] (**-trice** f.) m. plisseur, euse.

pieghettatura [pjegetta'tura] f. [azione] plissage m. ‖ [risultato] plissé m., plissure (raro).

pieghevole [pje'gevole] agg. [flessibile] pliable. ‖ [articolato, che si può ripiegare] pliant. | *tavolo pieghevole,* table pliante. ‖ FIG. souple. ◆ m. dépliant.

pieghevolezza [pjegevo'lettsa] f. flexibilité, souplesse. ‖ FIG. souplesse.

piego ['pjɛgo] m. pli.

piemontese [pjemon'tese] agg. e n. piémontais.

piena ['pjɛna] f. crue. ‖ FIG. [folla] foule. ‖ [impeto] impétuosité.

pienamente [pjena'mente] avv. pleinement.

pienezza [pje'nettsa] f. PR. e FIG. plénitude.

pieno ['pjɛno] agg. **1.** [colmo] plein. | *bicchiere pieno fino all'orlo,* verre plein jusqu'au bord, à ras bord. | *l'autobus è pieno (zeppo),* l'autobus est plein (à craquer), archiplein. | *parlare a bocca piena,* parler la bouche pleine. | *gridare a pieni polmoni,* crier à pleins poumons. | *a stomaco pieno,* l'estomac plein. ‖ FAM. [sazio] repu (L.C.), rassasié (L.C.), plein (raro). ‖ FIG. *giornata, vita piena,* journée, vie pleine, bien remplie. | *essere pieno di qlco.,* être plein de qch. ; [stufo] en avoir soupé (fam.) de qch. | *essere pieno di sè,* être plein de soi(-même). ‖ **2.** [che contiene gran numero o quantità di qlco.] plein, rempli. | *pieno di fiori,* plein de fleurs. | *pieno di debiti,* couvert de dettes. | *pieno di errori,* plein, rempli d'erreurs. ‖ FIG. *pieno di ammirazione, di riconoscenza,* plein, pénétré d'admiration, de reconnaissance. | *pieno di vita,* plein, débordant de vie. | *ero pieno di sonno,* je tombais de sommeil. | *occhi pieni di sonno,* yeux lourds de sommeil. ‖ **3.** [compatto] plein. | *ruote piene,* roues pleines. ‖ [forma del corpo] plein, rebondi. | *fianchi pieni,* hanches pleines. ‖ **4.** [completo, intero] plein. | *luna piena,* pleine lune. | *lavorare ad orario pieno,* travailler à plein temps. | *pieni poteri,* pleins pouvoirs. | *a pieni voti,* avec le maximum des voix. ‖ [totale] plein, tout. | *dare piena soddisfazione,* donner pleine, entière satisfaction. | *in piena sincerità,* en toute sincérité. | *in piena buona fede,* en toute bonne foi. ‖ [che è nel momento o nel punto centrale] plein. | *in piena notte, a notte piena,* en pleine nuit. | *in piena estate,* en plein été. | *era giorno pieno,* il faisait grand jour. ‖ LOC. *a pieno, in pieno :* [pienamente] à plein, en plein, pleinement, complètement ; [benissimo] parfaitement. | *utilizzare a pieno qlco.,* utiliser qch. à plein. | *colpire in pieno il bersaglio,* frapper en plein dans le mille. | *colpire il pallone in pieno,* frapper la balle de plein fouet. | *centrare in pieno la questione,* mettre le doigt sur la question. ◆ m. **1.** [parte piena] plein. ‖ [colmo] plénitude f. ; [momento culminante] cœur. | *il pieno delle forze,* la plénitude des forces. | *il pieno dell'inverno,* le cœur de l'hiver. ‖ **2.** [il carico completo] plein. | *fare il pieno di benzina,* faire le plein d'essence.

pienone [pje'none] m. POP. foule f. (L.C.), monde fou (L.C.).

pienotto [pje'nɔtto] agg. rond, rebondi, dodu, potelé.

pieride ['pjɛride] f. piéride.

pierrot [pje'ro] m. [fr.] pierrot.

pietà [pje'ta] f. **1.** [compassione] pitié. | *avere pietà di qlcu.,* avoir pitié de qn. | *far pietà,* faire pitié. | *da far pietà, che fa pietà,* qui fait pitié ; pitoyable. ‖ [iperb.] *un compito che fa pietà,* un devoir lamentable. ‖ **2.** [devozione] piété. ‖ (lett.) [amore, affetto] piété. | *pietà filiale,* piété filiale. ‖ **3.** ARTI pietà (it.). ‖ **4.** FIN. *monte di pietà,* mont-de-piété m.

pietanza [pje'tantsa] f. plat m., mets m. ‖ PARTICOL. [seconda portata] plat de résistance, plat principal.

pietismo [pje'tizmo] m. RELIG. piétisme.

pietista [pje'tista] (**-i** m. pl.) m. e f. RELIG. piétiste.

pietistico [pje'tistiko] (**-ci** pl.) agg. RELIG. piétiste.

pietosamente [pjetosa'mente] avv. [con pietà] avec pitié. ‖ [PER EST. che fa pietà] pitoyablement, misérablement.

pietoso [pje'toso] agg. [che sente pietà] compatissant, qui a pitié. | *anima pietosa,* âme compatissante. ‖ PER EST. [che suscita pietà] pitoyable, navrant. | *è ridotto in condizioni pietose,* il est dans un état pitoyable. | *spettacolo pietoso,* spectacle navrant. ‖ [iperb.] [deludente, brutto] piteux, lamentable, minable, pitoyable. | *risultato pietoso,* piteux résultat, résultat lamentable.

| *ha fatto una figura pietosa*, il a été minable, il a fait piètre figure. ‖ PER ANAL. [fatto per pietà] pieux. | *bugia pietosa*, pieux mensonge. ‖ LETT. [devoto] pieux (L.C.).
pietra ['pjɛtra] f. **1.** [roccia o frammento di roccia] pierre. | *duro come la pietra*, dur comme de la pierre. | *pietra calcare, molare*, pierre calcaire, meulière. | *pietra pomice*, pierre ponce. | *pietra scheggiata, levigata*, pierre taillée, polie. ‖ STOR. *età della pietra*, âge de la pierre. ‖ **2.** [in relazione a dimensione e pesantezza] pierre. | *pietra da taglio*, pierre de taille. | *pietra angolare*, pierre angulaire. | *pietra focaia*, pierre à feu, pierre à fusil. | *pietra miliare*, pierre, borne milliaire ; FIG. étape fondamentale. | *pietra sepolcrale*, pierre tombale. | *pietra sacra*, pierre d'autel. ‖ PARTICOL. *pietra (preziosa)*, pierre (précieuse). | *pietra filosofale*, pierre philosophale. ‖ **3.** FIG. *pietra di paragone*, pierre de touche. | *cuore di pietra*, cœur de pierre. | *rimanere di pietra*, rester de glace. | *farsi di pietra*, se pétrifier, se figer, se faire de pierre. ‖ LOC. FIG. *sentirsi una pietra sullo stomaco*, avoir un poids sur l'estomac. | *mettiamoci una pietra sopra*, n'en parlons plus, n'y pensons plus. | *scagliare la prima pietra*, jeter la pierre. ‖ **4.** MED. (pop.) *mal della pietra*, maladie de la pierre (antiq.), gravelle (antiq.), lithiase (L.C.).
pietraia [pje'traja] f. [cumulo di pietre] tas (m.) de pierres, amas (m.) de pierres. ‖ [terreno pietroso] pierraille, terrain pierreux.
pietrame [pje'trame] m. tas de pierres.
pietrificare [pjetrifi'kare] v. tr. PR. e FIG. pétrifier. ◆ v. rifl. se pétrifier. ‖ FIG. se pétrifier, se figer.
pietrificato [pjetrifi'kato] agg. PR. e FIG. pétrifié.
pietrificazione [pjetrifikat'tsjone] f. pétrification.
pietrina [pje'trina] f. [dell'accendino] pierre à briquet.
pietrisco [pje'trisko] m. pierraille f.
pietroso [pje'troso] agg. pierreux.
pievano [pje'vano] m. curé.
pieve ['pjɛve] f. [chiesa] église paroissiale. ‖ PER. EST. [territorio] paroisse, cure.
piezoelettricità [pjeddzoelettritʃi'ta] f. FIS. piézoélectricité.
piezoelettrico [pieddzoe'lɛttriko] (**-ci** pl.) agg. piézoélectrique.
piezometro [pied'dzɔmetro] m. piézomètre.
pifferaio [piffe'rajo] m. joueur de fifre.
piffero ['piffero] m. fifre, pipeau.
pigiama [pi'dʒama] (**-i** o **-a** pl.) m. pyjama.
pigia pigia ['pidʒa'pidʒa] m. invar. bousculade f.
pigiare [pi'dʒare] v. tr. presser, fouler. | *pigiare l'uva*, presser, fouler le raisin. ‖ [comprimere] tasser. ‖ [persone] serrer, pousser. ‖ [ammucchiare] entasser.
pigiata [pi'dʒata] f. LOC. *dare una pigiata a*, comprimer, tasser.
pigiato [pi'dʒato] agg. pressé. ‖ [persone] serré. ‖ [ammucchiato] entassé.
pigiatore [pidʒa'tore] (**-trice** f.) agg. e m. fouleur, euse.
pigiatrice [pidʒa'tritʃe] f. TECN. fouloir m.
pigiatura [pidʒa'tura] f. foulage m.
pigionale [pidʒo'nale] o **pigionante** [pidʒo'nante] m. e f. locataire.
pigione [pi'dʒone] f. **1.** location. | *dare, prendere a pigione*, donner, prendre en location. | *stare a pigione in una casa*, être locataire d'une maison. ‖ **2.** [canone] loyer m.
pigliamosche [piʎʎa'moske] m. invar. BOT. attrape-mouches. ‖ ZOOL. gobe-mouches.
pigliare [piʎ'ʎare] v. tr. prendre.
1. piglio ['piʎʎo] m. prise f. ‖ LOC. *dare di piglio (a)*, saisir, se saisir de.
2. piglio ['piʎʎo] m. air, aspect. | *con piglio minaccioso*, d'un air menaçant.
pigmentare [pigmen'tare] v. tr. pigmenter.
pigmentazione [pigmentat'tsjone] f. pigmentation.
pigmento [pig'mento] m. pigment.
pigmeo [pig'mɛo] agg. e n. Pygmée. ‖ FIG. *sentirsi un pigmeo*, se sentir tout petit.
pigna ['piɲɲa] f. BOT. pomme de pin, pigne. ‖ ARCHIT. pignon m. ‖ TECN. crépine.
pignatta [piɲ'ɲatta] f. marmite, casserole. ‖ [mattone] brique creuse.
pignolaggine [piɲɲo'laddʒine] f. V. PIGNOLERIA.
pignoleggiare [piɲɲoled'dʒare] v. intr. tatillonner (raro), chicaner, ergoter.
pignoleria [piɲɲole'ria] f. méticulosité (lett.).
pignolesco [piɲɲo'lesko] (**-chi** pl.) agg. maniaque, tatillon.
pignolo [piɲ'ɲɔlo] agg. tatillon, maniaque, vétilleux, pointilleux, méticuleux. ◆ n. maniaque, tatillon, onne. ‖ BOT. V. PINOLO.
pignone [piɲ'ɲone] m. [costruzione idraulica] épi. ‖ MECC. [ruota dentata] pignon.
pignorabile [piɲɲo'rabile] agg. GIUR. saisissable.
pignoramento [piɲɲora'mento] m. GIUR. saisie f.
pignorante [piɲɲo'rante] m. GIUR. saisissant.
pignorare [piɲɲo'rare] v. tr. GIUR. saisir. ‖ [dare in pegno in cambio di un prestito] engager.
pigolamento [pigola'mento] m. pépiement, piaulement, piaillerie f., piaillement.
pigolare [pigo'lare] v. intr. pépier, piauler, piailler. ‖ FIG. piailler, criailler.
pigolio [pigo'lio] m. V. PIGOLAMENTO.
pigramente [pigra'mente] avv. paresseusement.
pigrizia [pi'grittsja] f. paresse, fainéantise, flemme.
pigro ['pigro] agg. paresseux, fainéant, flemmard (fam.). | *è pigro ad alzarsi*, il est paresseux pour se lever, il est paresseux à se lever (antiq.) ; il a la flemme de se lever (fam.). ‖ [molto lento] lent, paresseux. ‖ [ottuso] engourdi, inerte. ◆ n. paresseux, euse ; fainéant, flemmard (pop.).
1. pila ['pila] f. [di ponte] pile. ‖ [mucchio] pile. ‖ ELETTR. pile. ‖ *pila atomica*, pile atomique.
2. pila ['pila] f. bassin m., cuve, bac m. | *pila del lavandino*, bac de l'évier. | *pila dell'acqua santa*, bénitier m. ‖ [abbeveratoio] auge. ‖ TECN. [industria della carta] pile.
pilaf [pi'laf] m. CULIN. pilaf.
pilastro [pi'lastro] m. pilier ; [incastrato nel muro] pilastre. ‖ [di roccia] pilier. ‖ FIG. pilier.
pilatura [pila'tura] f. décorticage m.
pilifero [pi'lifero] agg. pileux. ‖ BOT. pilifère.
pillola ['pillola] f. **1.** pilule. ‖ **2.** LOC. FIG. *ingoiare la pillola, una pillola amara*, avaler la pilule. | *indorare la pillola*, dorer la pilule.
pillotto [pil'lɔtto] m. louche (f.) à rôti.
pilo ['pilo] m. STOR. [giavellotto] pilum (lat.).
pilone [pi'lone] m. [di un ponte] pile f., pilier. ‖ [sostegno di fili elettrici, antenne, ecc.] pylône. ‖ [di roccia] pilier. ‖ SPORT [rugby] pilier.
piloro [pi'lɔro] m. ANAT. pylore.
pilota [pi'lɔta] (**-i** pl.) m. pilote. ‖ [usato come attributo] *nave pilota*, bateau-pilote. ‖ FIG. *classe pilota*, classe-pilote. ‖ ZOOL. *pesce pilota*, pilote.
pilotaggio [pilo'taddʒo] m. pilotage.
pilotare [pilo'tare] v. tr. piloter.
pilotina [pilo'tina] f. bateau-pilote m.
piluccare [pilu'kare] v. tr. picorer, grappiller. ‖ PER EST. [mangiucchiare] grignoter. ‖ FIG. grappiller, grignoter.
pimentare [pimen'tare] v. tr. PR. e FIG. pimenter.
pimento [pi'mento] m. PR. e FIG. piment.
pimpante [pim'pante] agg. (fam.) pimpant (L.C.).
pimpinella [pimpi'nɛlla] f. BOT. pimprenelle.
pinacoteca [pinako'tɛka] f. pinacothèque, musée m.
pinastro [pi'nastro] m. BOT. pin maritime.
pinco ['pinko] m. (fam.) idiot, nigaud. ‖ LOC. *il signor Pinco Pallino*, Monsieur Machin(-Chouette), Monsieur Chose, Monsieur Truc. | *un Pinco Pallino qualsiasi*, le premier venu, n'importe qui, je ne sais pas (trop) qui.
pindarico [pin'dariko] (**-ci** pl.) agg. LETT. pindarique.
pineale [pine'ale] agg. ANAT. pinéal.
pineta [pi'neta] f. pinède, pineraie (raro).
ping pong [piŋ'pɔŋ] m. Ping-Pong.
pingue ['pingwe] agg. gras, dodu, corpulent, gros. ‖ PER EST. [fertile] fertile, gras. ‖ [ricco] gros, riche.
pinguedine [pin'gwɛdine] f. embonpoint m.
pinguino [pin'gwino] m. ZOOL. pingouin. ‖ FIG. [gelato] esquimau.
1. pinna ['pinna] f. [di pesce] nageoire. ‖ PER ANAL. [per i nuotatori] palme. ‖ ANAT. [del naso] aile.
2. pinna ['pinna] f. ZOOL. pinne.
pinnacolo [pin'nakolo] m. pinacle.
pino ['pino] m. pin. | *tavolo di pino*, table en (bois de) pin.

pinolo [pi'nɔlo] m. pignon ; graine (f.) de la pomme de pin.
pinta ['pinta] f. pinte.
pin-up(-girl) [pinʌp'gɔːl] f. invar. [ingl.] pin-up.
pinza ['pintsa] f. pince.
pinzare [pin'tsare] v. tr. [pungere] piquer. ‖ [stringere con una pinza] pincer.
pinzata [pin'tsata] f. piqûre.
pinzetta [pin'tsetta] f. pince, pincette. | *pinzetta (per le sopracciglia),* pince à épiler. | *pinzette per lo zucchero,* pince à sucre.
pinzimonio [pintsi'mɔnjo] m. poivrade f.
pinzochero [pin'tsɔkero] (**-a** f.) m. bigot, ote ; calotin, ine.
pio ['pio] agg. **1.** pieux. ‖ [volto a fini di religione] saint, religieux. | *luoghi pii,* saints lieux. ‖ [di beneficenza, di carità] charitable, de charité, de bienfaisance. | *opere pie,* œuvres charitables. ‖ **2.** [pietoso, caritatevole] charitable, compatissant, pieux. | *anima pia,* âme charitable. | *pia menzogna,* pieux mensonge. ‖ **3.** Relig. *le pie donne,* les saintes femmes. ‖ **4.** (lett.) [pieno di affetto e riverenza] pieux.
pioggia ['pjɔddʒa] f. Pr. e fig. pluie. | *rovescio di pioggia,* averse. | *è tempo da pioggia,* le temps est à la pluie. ‖ Loc. *a pioggia,* en pluie.
piolo ['pjɔlo] m. pieu, piquet ; [dell'attaccapanni] patère f. ; [di scala] barreau, échelon. | *scala a pioli,* échelle. ‖ Loc. *dritto come un piolo,* raide comme un piquet. ‖ [colonnino di pietra] borne f.
piombaggine [pjom'baddʒine] f. plombagine, graphite. ‖ Bot. plombago m.
piombare [pjom'bare] v. intr. **1.** tomber (sur). | *una tegola gli è piombata in testa,* il a reçu une tuile sur la tête. ‖ **2.** [avventarsi] tomber (sur), fondre (sur), foncer (sur). | *piombare sul nemico,* tomber, fondre, foncer sur l'ennemi. ‖ [giungere all'improvviso] tomber ; arriver à l'improviste. | *mi è piombato in casa in un momento inopportuno,* il est arrivé chez moi au mauvais moment. | *la sciagura che ci è piombata sopra,* le malheur qui nous est tombé dessus, qui est tombé sur nous. ‖ **3.** Fig. [cedere a] sombrer (dans). | *piombare nel sonno,* sombrer dans le sommeil. ◆ v. tr. [far cadere] faire tomber. ‖ [rivestire o riempire di piombo] plomber. | *piombare un dente,* plomber, obturer une dent. | *piombare un pacco,* plomber un colis.
piombatura [pjomba'tura] f. plombage m. ; [dente] obturation.
piombifero [pjom'bifero] agg. plombifère.
piombino [pjom'bino] m. plomb.
piombo ['pjombo] m. **1.** plomb. | *schermo di piombo,* écran de, en plomb. | *pesante come il piombo,* lourd comme du plomb. ‖ Loc. fig. *una cappa di piombo,* un poids accablant. | *cielo di piombo,* ciel de plomb. | *andare coi piedi di piombo,* agir avec la plus grande prudence ; se montrer circonspect ; y aller (fam.) prudemment. ‖ **2.** [oggetto di piombo] plomb. | *filo a piombo,* fil à plomb. ‖ Loc. *a piombo,* à plomb, d'aplomb. | *il muro è a piombo,* le mur est à plomb, est d'aplomb. | *cadere di, a piombo,* tomber brutalement. ‖ **3.** Particol. [proiettile] balle f., [proiettili] balles f. pl. ‖ **4.** Tip. plomb.
piomboso [pjom'boso] agg. [peso] lourd comme du plomb. ‖ [colore] plombé.
pioniere [pjo'njɛre] m. Pr. e fig. pionnier.
pionierismo [pjonje'rizmo] m. esprit aventureux.
pionieristico [pjonje'ristiko] (**-ci** pl.) agg. de pionnier ; aventureux.
pio pio ['pio'pio] onomat. piou piou.
pioppeto [pjop'peto] m. peupleraie f.
pioppo ['pjɔppo] m. Bot. peuplier. | *pioppo nero,* peuplier noir. | *pioppo tremolo,* (peuplier) tremble.
piorrea [pjor'rɛa] f. Med. pyorrhée.
piota ['pjɔta] f. motte de gazon. ‖ [zolla di terra] motte (de terre).
piova ['pjɔva] f. (dial. o poet.) V. pioggia.
1. piovano [pjo'vano] m. V. pievano.
2. piovano [pjo'vano] agg. de pluie, pluvial.
piovasco [pjo'vasko] (**-chi** pl.) m. averse f., ondée f.
piovere ['pjɔvere] v. intr. impers. pleuvoir. | *piove a catinelle,* il pleut à seaux, à flots. | *è piovuto molto,* il a beaucoup plu. ◆ v. intr. [cadere] pleuvoir (impers. o anche pers.). | *piovono pallottole, botte,* il pleut des balles, des coups. | *piovevano i sassi,* les pierres pleuvaient. ‖ Fig. *piovono le proteste,* les protestations pleuvent. | *le piovono in casa fiori e doni,* elle est submergée de fleurs et de cadeaux. | *mi sono piovuti addosso tutti i guai possibili,* tous les ennuis possibles me sont tombés dessus. | *mi sono piovuti addosso i suoceri stamattina,* mes beaux-parents ont débarqué (fam.) chez moi ce matin. | *piovono i turisti,* les touristes affluent. ‖ Loc. fig. *piovere dal cielo,* tomber du ciel. ◆ v. tr. (lett.) faire pleuvoir (l.c.).
piovigginare [pjoviddʒi'nare] v. intr. pleuvoter (fam.), pleuvasser (fam.), bruiner.
piovigginoso [pjoviddʒi'noso] agg. pluvieux.
piovosità [pjovosi'ta] f. pluviosité.
piovoso [pjo'voso] agg. pluvieux. ◆ m. Stor. [mese] pluviôse.
piovra ['pjɔvra] f. Zool. e fig. pieuvre.
1. pipa ['pipa] f. pipe. ‖ Gerg. mil. galon (m.) en V, chevron m.
2. pipa ['pipa] f. Zool. pipa m.
pipare [pi'pare] v. intr. fumer la pipe.
pipata [pi'pata] f. [boccata di fumo] bouffée. ‖ [tabacco contenuto nella pipa] pipée, pipe.
piperita [pipe'rita] agg. V. peperita.
pipetta [pi'petta] f. pipette.
pipì [pi'pi] f. Infant. pipi m. | *fare la pipì,* faire pipi.
pipistrello [pipis'trɛllo] m. Zool. chauve-souris f. ‖ [pastrano] macfarlane.
pipita [pi'pita] f. [malattia dei polli] pépie. ‖ [pellicole attorno alle unghie] envie.
pira ['pira] f. (lett.) bûcher m. (l.c.).
piramidale [pirami'dale] agg. pyramidal. ‖ Fig. [grandissimo] monumental, colossal.
piramide [pi'ramide] f. pyramide. | *piramide tronca,* tronc (m.) de pyramide. | *a piramide,* en pyramide.
pirandelliano [pirandel'ljano] agg. Lett. pirandellien.
piranha [pi'rʌɲʌ] m. Zool. piranha, piraya.
pirata [pi'rata] (**-i** pl.) m. pirate. ‖ Per est. *pirata dell'aria,* pirate de l'air. | *pirata della strada,* chauffard, écraseur. ‖ Fig. pirate, requin, bandit. ◆ agg. Pr. e fig. pirate. | *nave pirata,* (bateau) pirate. | *radio pirata,* radio pirate.
pirateggiare [pirated'dʒare] v. intr. pirater. ‖ Fig. être un pirate.
pirateria [pirate'ria] f. Pr. e fig. piraterie.
piratesco [pira'tesko] agg. de pirate.
pirenaico [pire'naiko] (**-ci** pl.) agg. pyrénéen.
piressia [pires'sia] f. Med. pyrexie.
pirite [pi'rite] f. Min. pyrite.
piroetta [piro'etta] f. pirouette.
piroettare [piroet'tare] v. intr. pirouetter.
pirofila [pi'rɔfila] f. verre (m.) Pyrex ; Pyrex m. ‖ [tegame] plat (m.) en Pyrex.
pirofilo [pi'rɔfilo] agg. qui résiste au feu.
piroga [pi'rɔga] f. pirogue.
pirografia [pirogra'fia] f. pyrogravure.
pirolo [pi'rɔlo] m. Mus. (region.) cheville f. (l.c.).
piromane [pi'rɔmane] m. e f. pyromane.
piromania [piroma'nia] f. pyromanie.
pirometria [pirome'tria] f. Fis. pyrométrie.
pirometro [pi'rɔmetro] m. pyromètre.
pirone [pi'rone] m. Mus. cheville f.
piroscafo [piros'kafo] m. bateau à vapeur. | *piroscafo passeggeri,* paquebot. | *piroscafo da carico,* cargo.
pirotecnia [pirotɛk'nia] o **pirotecnica** [piro'tɛknika] f. pyrotechnie.
pirotecnico [piro'tɛkniko] (**-ci** pl.) agg. pyrotechnique. | *spettacolo pirotecnico,* feux (m. pl.) d'artifice. ◆ m. pyrotechnicien.
pirronismo [pirro'nizmo] m. Filos. pyrrhonisme.
pirronista [pirro'nista] (**-i** pl.) n. pyrrhonien.
pisano [pi'sano] agg. e n. pisan.
piscatorio [piska'tɔrjo] agg. (lett.) de pêcheur.
piscia ['piʃʃa] f. Pop. pisse.
pisciacane [piʃʃa'kane] m. Bot. pissenlit.
pisciare [piʃ'ʃare] v. intr. Pop. pisser.
pisciata [piʃ'ʃata] f. Pop. pissement m. (raro). ‖ [orina] pisse ; [di animali] pissat m.
pisciatoio [piʃʃa'tojo] m. Pop. pissotière f. (fam.), pissoir (pop.), urinoir (l.c.).
piscicoltore [piʃʃikol'tore] m. pisciculteur.

piscicoltura [piʃʃitkol'tura] f. pisciculture.
piscina [piʃ'ʃina] f. piscine. | *piscina scoperta*, piscine en plein air. | *andare in piscina*, aller à la piscine. || PER EST. [peschiera] vivier m.
piscio ['piʃʃo] m. POP. pisse f. ; pissat.
piscione [piʃ'ʃone] (**-a** f.) m. POP. pisseur, euse.
pisello [pi'sɛllo] m. [pianta] pois. || [frutto] petit pois, pois. | *piselli secchi, spezzati*, pois secs, cassés. || PER EST. *pisello odoroso*, pois de senteur.
pisellone [pisel'lone] m. FIG. nigaud, dadais.
pisolare [pizo'lare] v. intr. (fam.) sommeiller (L.C.).
pisolo ['pizolo] e **pisolino** [pizo'lino] m. (petit) somme. | *schiacciare un pisolino*, faire un petit somme.
pispola ['pispola] f. ZOOL. pipit (m.) des prés. || PER EST. [fischio] pipeau m.
pisside ['pisside] f. ciboire m., pyxide (antiq.). || BOT. pyxide.
pista ['pista] f. piste. | *seguire le piste di qlcu.*, suivre la piste de qn. | *pista di atterraggio, ciclabile*, piste d'atterrissage, cyclable.
pistacchio [pis'takkjo] m. BOT. [albero] pistachier. || [seme] pistache f. | *color pistacchio*, (couleur) pistache (agg. invar.).
pistagna [pis'taɲɲa] f. PR. e MIL. passepoil m.
pistillifero [pistil'lifero] agg. BOT. pistillaire.
pistillo [pis'tillo] m. BOT. pistil.
pistola [pis'tɔla] f. pistolet m. | *tiro con la pistola*, tir au pistolet. | *pistola mitragliatrice*, pistolet-mitrailleur. || TECN. *pistola a spruzzo*, pistolet (à peinture).
pistolettata [pistolet'tata] f. coup (m.) de pistolet.
pistolotto [pisto'lɔtto] m. SCHERZ. sermon. | *pistolotto finale*, péroraison f. || TEATRO tirade (f.) à effet.
pistone [pis'tone] m. MECC. piston. || MUS. piston. || [antica arma] tromblon.
pitagoreo [pitago'rɛo] o **pitagorico** [pita'gɔriko] (**-ci** pl.) agg. pythagoricien, pythagorique. || MAT. *tavola pitagorica*, table de multiplication. ◆ m. pythagoricien.
pitagorismo [pitago'rizmo] m. FILOS. pythagorisme.
pitale [pi'tale] m. POP. jules, pot de chambre (L.C.).
pitecantropo [pite'kantropo] m. ANTROP. pithécanthrope.
pitico ['pitiko] (**-ci** pl.) agg. (lett.) pythien, pythique.
pitiriasi [piti'riazi] f. MED. pityriasis m.
pitoccare [pitok'kare] v. intr. SPREG. mendier (L.C.), mendigoter (pop.).
pitoccheria [pitokke'ria] f. PEGGIOR. [avarizia] pingrerie, avarice.
pitocco [pi'tɔkko] (**-a** f.) m. PEGGIOR. [avaro] pingre, grippe-sou, avare. || [povero] misérable, va-nu-pieds.
pitone [pi'tone] m. ZOOL. python.
pitonessa [pito'nessa] f. specie SCHERZ. pythonisse.
pittima ['pittima] f. ARC., PR. cataplasme m. (L.C.) || FIG. [noioso] raseur m. ; [persona che si lamenta sempre] pleurnicheur m.
pittografico [pitto'grafiko] (**-ci** pl.) agg. pictographique.
pittore [pit'tore] (**-trice** f.) m. PR. e FIG. peintre. || [imbianchino] peintre (en bâtiment).
pittorescamente [pittoreska'mente] avv. d'une manière pittoresque, pittoresquement (lett.).
pittoresco [pitto'resko] agg. pittoresque.
pittorico [pit'tɔriko] (**-ci** pl.) agg. pictural.
pittura [pit'tura] f. PR. e FIG. peinture. | *pittura a olio*, peinture à l'huile. || PER EST. [opera pittorica] peinture ; [quadro] tableau. | *pittura rupestre*, peinture rupestre. || REGION. [vernice] peinture.
pitturare [pittu'rare] v. tr. peindre. || SCHERZ. farder, peindre (peggior.). ◆ v. rifl. SCHERZ. se farder.
pituita [pi'tuita] f. MED. pituite.
pituitario [pitui'tarjo] agg. ANAT. pituitaire.
più ['pju]

◆ avv. **I.** COMPARATIVO E SUPERLATIVO DI AGG. E AVV.
II. CON VERBI [più, di più].
III. EQUIVALE A PIUTTOSTO.
IV. IN CORRELAZIONE CON PIÙ, MENO, COMPARATIVI.
V. MAT.
VI. IN FRASI NEGATIVE.
VII. LOC.
◆ agg. invar.
◆ sostant.

◆ avv. **I.** COMPARAT. E SUPERLAT. DI AGG. E AVV. **1.** [comparat.] plus. | *più tardi*, plus tard. | *più caro di quanto pensassi*, plus cher que je ne (le) pensais. | *viene assai più spesso dell'anno scorso*, il vient bien plus souvent que l'année dernière. | *ha due anni più di me*, il a deux ans de plus que moi. | *più bella che mai*, plus belle que jamais. || **2.** [superlat. relat.] *è il più bello (dei tre, di tutti)*, c'est le plus beau (des trois, de tous). | *la statua più grande del mondo*, la statue la plus grande du monde. | *tornerò il più presto possibile*, je reviendrai le plus vite possible. | *quello che lavora più in fretta*, celui qui travaille le plus rapidement. || **3.** *più che* + agg. o avv. [valore di superlat. assol.] : plus que, parfaitement, extrêmement, au plus haut point. | *è più che comprensibile*, c'est plus que compréhensible. | *la tua paura è più che assurda*, ta peur est parfaitement absurde. | *sono più che commosso*, je suis ému au plus haut point.
II. CON VERBI. **1.** [comparat. senza compl.] *più, di più*, davantage, plus. | *cerca di dormire di più*, essaie de dormir davantage, plus. | *mi piaci di più con i capelli lunghi*, tu me plais davantage, je t'aime mieux avec les cheveux longs. || **2.** [comparat. con compl.] plus. | *dorme molto più di me*, il dort bien plus, beaucoup plus que moi. | *lo amo più di ogni altra cosa, più di tutto (al mondo)*, je l'aime plus que tout (au monde). | *più di tutto mi dispiace averlo dimenticato*, ce qui m'ennuie le plus, c'est de l'avoir oublié. | *lavora più dell'anno scorso, più del necessario*, il travaille plus que l'année dernière, plus qu'il ne faut. | *non posso correre più di così*, je ne peux pas courir plus vite. | *più di così è impossibile*, on ne peut pas faire plus. || **3.** [superlat.] le plus. | *la forza è ciò che conta di più*, la force est ce qui compte le plus. | *ciò che più importa*, ce qui importe le plus.
III. PIUTTOSTO : plus, plutôt. | *più che cattivo è stupido*, il est plus bête que méchant. | *più che elegante è pretenziosa*, elle est plutôt prétentieuse qu'élégante. | *più che parlare gridava*, il criait plus qu'il ne parlait.
IV. IN CORRELAZIONE CON PIÙ, MENO O UN COMPARATIVO : plus. | *più ci penso e meno capisco ; quanto più ci penso, tanto meno capisco*, plus j'y pense, moins je comprends. | *più lo studio e meglio lo capisco*, plus je l'étudie, mieux je le comprends.
V. MAT. : plus. | *due più due*, deux plus deux, deux et deux. || PER EST. *tutta la famiglia più i vicini*, toute la famille plus les voisins. | *multa di centomila lire più le spese*, amende de cent mille lires plus les frais.
VI. IN FRASI NEGATIVE : plus. | *non lo farò mai più*, je ne le ferai jamais plus. | *non ne posso più*, je n'en peux plus.
VII. LOC. [con altri avv.] *molto più, un po' più*, beaucoup plus, un peu plus. | *sempre più difficile*, de plus en plus difficile. | *ancor più*, encore plus. || [con tanto] *ne ha dato a tutti, tanto più a suo fratello*, il en a donné à tout le monde, à plus forte raison à son frère. | *non posso descriverlo, tanto più che l'ho appena intravisto*, je ne peux pas le décrire, d'autant plus que je ne l'ai qu'entrevu. || [opposto a meno] *più o meno*, plus ou moins. | *sono le cinque, poco più poco meno*, il est environ, il est à peu près, il est plus ou moins cinq heures. | *né più né meno*, ni plus ni moins ; exactement. || [con agg. numerale] *due volte di più*, deux fois plus.
◆ agg. invar. **1.** [in numero o quantità maggiore] plus de, davantage de. | *ho più preoccupazioni di te, di quand'ero giovane*, j'ai plus de soucis que toi, que lorsque j'étais jeune. | *oggi c'è più gente ancora*, aujourd'hui il y a encore plus de monde. || [con nome senza articolo] plus. | *ho più fame, più caldo di prima*, j'ai plus faim, plus chaud qu'avant. || **2.** [predicativo] *di più, più*, plus ; [con sogg. al pl. : più numerosi] plus nombreux. | *è poco più di un bambino*, il est à peine plus qu'un enfant. | *l'anno scorso i clienti erano di più*, l'an dernier il y avait plus, davantage de clients, l'an dernier les clients étaient plus nombreux. || **3.** [parecchi] plusieurs. | *da più giorni*, depuis plusieurs jours.

| *l'ho detto più e più volte,* je l'ai dit et répété, je l'ai dit maintes et maintes fois.
◆ sostant. **1.** *di più, più :* [assol.] plus, davantage ; [con compl.] plus. | *chiedere, fare di più,* demander, faire plus, davantage. | *erano cento e più,* ils étaient cent et plus, cent et davantage. | *ne ho più del necessario,* j'en ai plus qu'il n'en faut. | *poco più di una settimana,* un peu plus d'une semaine. | *tra non più di una settimana,* dans une semaine, pas plus. | *più di una volta,* plus d'une fois. || **2.** *il più è fatto,* le plus gros est fait. | *il più è incominciare,* le plus difficile, le plus important est de commencer. || **3.** *i più,* la majorité, la plupart (des gens), le plus grand nombre. | *i più mi hanno approvato,* la majorité m'a approuvé. | *l'opinione dei più,* l'opinion du plus grand nombre. || LOC. FIG. *è passato nel numero dei più,* il est mort. || **4.** MAT. *il segno del più,* le signe plus. || **5.** LOC. *a più non posso,* de toutes mes (tes, ses) forces. | *per di più,* de plus, en plus, en outre. | *per lo più,* généralement, en général, dans la plupart des cas. | *tutt'al più, al più,* tout au plus, au plus. | *niente più,* rien de plus, rien d'autre. | *essere da più,* être supérieur. | *in più, di più,* en plus, de plus. | *fare lavoro in più,* faire du travail en plus. | *ne ho fatto uno in più,* j'en ai fait un de plus. | *se avesse un anno in più,* s'il avait un an de plus. | *mi ha dato mille lire in più,* vous m'avez donné mille lires de trop. | *una volta in più,* une fois de plus. | *niente di più,* rien de plus. | (lett.) *che più ?,* que dire de plus ? | *parlare del più e del meno,* parler de choses et d'autres, de la pluie et du beau temps. | *il di più,* le surcroît, ce qui est en plus, le reste.

piuccheperfetto [pjukkeper'fɛtto] m. GRAMM. plus-que-parfait.

piuma ['pjuma] f. PR. plume. || PER EST. [insieme delle piume] plumage m. ; [imbottitura] plume, plumes pl. | *cappello con la piuma,* chapeau à plume. | *uccello di splendida piuma,* oiseau au plumage splendide. | *cuscino di piuma,* coussin de plume(s). || SPORT *peso piuma,* poids plume.

piumaggio [pju'maddʒo] m. plumage.

piumato [pju'mato] agg. à plume(s).

piumetta [pju'metta] f. BOT. plumule.

piumino [pju'mino] m. ZOOL. duvet. || [ampio cuscino, coperta imbottita] édredon. || [per la cipria] houpette f., houppe f. (à poudre). || [per la pulizia dei mobili] plumeau.

piumoso [pju'moso] agg. plumeux.

piuttosto [pjut'tɔsto] avv. plutôt. | *non glielo voglio dare, piuttosto lo butto via,* je ne veux pas le lui donner, je préfère le jeter, je le jetterais plutôt. | *piuttosto prima che dopo,* plutôt avant qu'après. | *piuttosto che arrendersi morirono,* ils moururent plutôt que de se rendre. || [alquanto] plutôt, assez. | *è piuttosto bellina,* elle est plutôt jolie. | *piuttosto spesso,* assez souvent.

piva ['piva] f. cornemuse, musette. || LOC. FIG. *tornare con le pive nel sacco,* rester Gros-Jean comme devant, revenir bredouille, en être pour ses frais.

pivello [pi'vɛllo] m. blanc-bec (fam.).

piviale [pi'vjale] m. chape f.

piviere [pi'vjɛre] m. ZOOL. pluvier.

pizza ['pittsa] f. CULIN. pizza (it.). || GERG. CIN. = (boîte contenant une) bobine de film. || FIG. FAM. barbe.

pizzaiolo [pittsa'jɔlo] m. cuisinier d'une pizzeria. ◆ f. CULIN. *alla pizzaiola,* avec des tomates et de l'ail.

pizzardone [pittsar'done] m. REGION. (scherz.) poulet (fam.), flic (pop.).

pizzeria [pittse'ria] f. pizzeria (it.).

pizzicagnolo [pittsi'kaɲɲolo] m. épicier, ère. || [che vende solo salumi] charcutier, ère.

pizzicare [pittsi'kare] v. tr. PR. pincer. || PER EST. [pungere] piquer. | *una zanzara mi ha pizzicato,* j'ai été piqué par un moustique. || [del freddo] pincer, piquer. || FIG., FAM. [prendere] pincer, cueillir. | *si è fatto pizzicare,* il s'est fait pincer. ◆ v. intr. démanger, piquer, gratter (fam.). | *mi pizzica la gamba,* la jambe me démange. | *mi sento pizzicare la mano,* la main me démange. || ASSOL. piquer. | *barba che pizzica,* barbe qui pique.

pizzicato [pittsi'kato] agg. pincé. ◆ m. MUS. pizzicato (it.).

pizzicheria [pittsike'ria] f. épicerie ; [dove si vendono solo salumi] charcuterie.

pizzico ['pittsiko] m. PR. [pizzicotto] pinçon. | *dare un pizzico a qlcu.,* pincer qn. || PER EST. [quanto si prende tra due dita] pincée f. || FIG. grain, brin, atome. | *non ha un pizzico di sale in testa,* il n'a pas un grain de bon sens.

pizzicore [pittsi'kore] m. démangeaison f.

pizzicottare [pittsikot'tare] v. tr. (fam.) pincer (L.C.).

pizzicotto [pittsi'kɔtto] m. pinçon. | *dar pizzicotti a qlcu.,* pincer qn.

pizzo ['pittso] m. dentelle f. || [barba] bouc. || [cima aguzza] pic.

placabile [pla'kabile] agg. qu'on peut apaiser.

placare [pla'kare] v. tr. apaiser, calmer. ◆ v. rifl. s'apaiser, se calmer.

placca ['plakka] f. plaque. || MED. plaque.

placcaggio [plak'kaddʒo] m. SPORT [rugby] plaquage, placage.

placcare [plak'kare] v. tr. [rivestire] plaquer. || SPORT plaquer.

placcato [plak'kato] agg. plaqué.

placcatura [plakka'tura] f. placage m.

placenta [pla'tʃɛnta] f. ANAT., BOT. placenta m.

placidamente [platʃida'mente] avv. placidement, paisiblement.

placidezza [platʃi'dettsa] f. o **placidità** [platʃidi'ta] f. placidité.

placido ['platʃido] agg. placide, paisible.

placito ['platʃito] m. STOR. [sentenza] sentence f. || [assemblea] plaid.

plafoniera [plafo'njɛra] f. plafonnier m.

plaga ['plaga] f. (lett.) contrée (antiq.), région (L.C.).

plagale [pla'gale] agg. MUS. plagal.

plagiare [pla'dʒare] v. tr. [copiare] plagier. || [assoggettare] faire de qn sa chose, son jouet, un pantin, son esclave ; mettre, tenir qn dans la dépendance ; avoir qn sous sa coupe. | *ha plagiato quel ragazzo,* il a fait sa chose de ce garçon.

plagiario [pla'dʒarjo] m. plagiaire.

plagio ['pladʒo] m. [imitazione] plagiat. || GIUR. = fait de tenir (qn) dans sa dépendance, sous sa coupe.

plaid ['plaed] m. [ingl.] plaid.

planamento [plana'mento] m. vol plané.

planare [pla'nare] v. intr. planer.

planata [pla'nata] f. vol plané.

plancia ['plantʃa] f. MAR. passerelle. | *in plancia,* sur la passerelle.

plancton ['plankton] m. plancton.

planetario [plane'tarjo] agg. planétaire. ◆ m. [rappresentazione della volta celeste] planétarium. || MECC. planétaire.

planimetria [planime'tria] f. planimétrie.

planimetro [pla'nimetro] m. planimètre.

planisfero [planis'fɛro] m. planisphère.

plantare [plan'tare] agg. plantaire.

plantigrado [plan'tigrado] agg. e m. ZOOL. plantigrade.

plasma ['plazma] (**-i** pl.) m. ANAT. plasma. || FIS. plasma.

plasmabile [plaz'mabile] agg. malléable, plastique, qu'on peut modeler. || FIG. malléable.

plasmare [plaz'mare] v. tr. modeler. || FIG. modeler, façonner.

plasmatore [plazma'tore] (**-trice** f.) m. modeleur, euse.

plastica ['plastika] f. [arte] plastique. || [materiale] matière plastique, plastique m. || MED. [operazione chirurgica] opération plastique. | *farsi fare la plastica al naso,* se faire refaire le nez.

plasticamente [plastika'mente] avv. plastiquement.

plasticare [plasti'kare] v. tr. [plasmare] (raro) modeler (L.C.). || [ricoprire di plastica] recouvrir de plastique, plastifier.

plasticatore [plastika'tore] (**-trice** f.) m. modeleur, euse.

plasticismo [plasti'tʃizmo] m. recherche (f.) de qualités plastiques.

plasticità [plastitʃi'ta] f. PR. e FIG. [l'essere modellabile] plasticité. || [nelle arti figurative] beauté plastique.

plastico ['plastiko] (**-ci** pl.) agg. plastique. | *materia plastica,* matière plastique. | *chirurgia plastica,* chi-

rurgie plastique, esthétique. ‖ ARTI *rappresentazione plastica*, maquette, représentation en relief. ‖ TECN. *esplosivo plastico*, plastic m. ◆ m. [rappresentazione] maquette f. ‖ [esplosivo] plastic, plastique.
plastificante [plastifi'kante] agg. e m. CHIM., TECN. plastifiant.
plastificare [plastifi'kare] v. tr. plastifier.
plastilina [plasti'lina] f. pâte à modeler.
platano ['platano] m. BOT. platane.
platea [pla'tɛa] f. TEATRO parterre m. | *i primi posti di platea*, les fauteuils d'orchestre. ‖ [pubblico della platea] parterre. ‖ [pubblico in generale] public m. ‖ TECN. platée. ‖ GEOL. plateau m.
plateale [plate'ale] agg. grossier, vulgaire.
platealmente [plateal'mente] avv. grossièrement.
platina ['platina] f. platine.
platinare [plati'nare] v. tr. platiner.
platinato [plati'nato] agg. platiné.
platinatura [platina'tura] f. TECN. platinage m.
platino ['platino] m. platine.
platonicamente [platonika'mente] avv. platoniquement.
platonico [pla'tɔniko] (**-ci** pl.) agg. FILOS. platonicien. ‖ FIG. platonique. | *amore platonico*, amour platonique. ◆ m. platonicien.
platonismo [plato'nizmo] m. FILOS. platonisme.
plaudente [plau'dɛnte] agg. (lett.) PR. e FIG. qui applaudit (L.C.).
plaudire [plau'dire] v. intr. (lett.) PR. e FIG. applaudir (L.C.).
plausibile [plau'zibile] agg. plausible.
plauso ['plauzo] m. (lett.) PR. e FIG. applaudissement (L.C.).
plebaglia [ple'baʎʎa] f. PEGGIOR. populace, racaille, canaille (antiq.).
plebe ['plɛbe] f. STOR. plèbe. ‖ [oggi] PEGGIOR. plèbe (antiq.), populace. ‖ FIG., POET. multitude.
plebeismo [plebe'izmo] m. expression (f.) populaire.
plebeo [ple'bɛo] agg. STOR. plébéien. ‖ [oggi] (spec. peggior.] plébéien, populaire. ◆ n. STOR. plébéien. ‖ [oggi] plébéien (lett.), homme, femme du peuple.
plebiscitario [plebiʃʃi'tarjo] agg. plébiscitaire.
plebiscito [plebiʃ'ʃito] m. plébiscite. ‖ FIG. (raro) unanimité f.
pleiade ['plɛjade] f. pléiade. ‖ ASTRON. *le Pleiadi*, les Pléiades.
pleistocene [pleisto'tʃɛne] m. GEOL. pléistocène.
pleistocenico [pleisto'tʃɛniko] (**-ci** pl.) agg. GEOL. pléistocène.
plenario [ple'narjo] agg. plénier.
plenilunare [plenilu'nare] agg. de pleine lune.
plenilunio [pleni'lunjo] m. pleine lune.
plenipotenziario [plenipoten'tsjarjo] (**-i** pl.) agg. e m. plénipotentiaire.
plenitudine [pleni'tudine] f. (lett.) plénitude.
pleonasmo [pleo'nazmo] m. pléonasme.
pleonastico [pleo'nastiko] (**-ci** pl.) agg. pléonastique.
plessimetro [ples'simetro] m. métronome.
plesso ['plɛsso] m. ANAT. plexus. ‖ NEOL. [insieme] complexe.
pletora ['plɛtora] f. MED. e FIG. pléthore.
pletorico [ple'tɔriko] (**-ci** pl.) agg. pléthorique.
plettro ['plɛttro] m. MUS. [strumento antico] plectre ; [moderno] médiator, plectre.
pleura ['plɛura] f. ANAT. plèvre.
pleurico ['plɛuriko] (**-ci** pl.) agg. pleural.
pleurite [pleu'rite] f. MED. pleurésie.
pleuritico [pleu'ritiko] (**-ci** pl.) agg. e n. MED. pleurétique.
pleuropolmonite [pleuropolmo'nite] f. MED. pleuropneumonie.
plexiglas [pleksi'glas] m. Plexiglas.
plica ['plika] f. ANAT. pli m., repli m.
plico ['pliko] m. pli.
plinto ['plinto] m. ARCHIT. plinthe f. ‖ ARALD. billette f.
pliocene [plio'tʃɛne] m. GEOL. pliocène.
pliocenico [plio'tʃɛniko] (**-ci** pl.) agg. GEOL. pliocène.
plotone [plo'tone] m. MIL. section f. ‖ [di carabinieri, cavalieri] peloton. | *plotone d'esecuzione*, peloton d'exécution. ‖ SPORT peloton.
plumbeo ['plumbeo] agg. (couleur) de plomb ; plombé. | *cielo plumbeo*, ciel de plomb, ciel livide. | *colorito plumbeo*, teint plombé. ‖ FIG. pesant, lourd.
plurale [plu'rale] m. GRAMM. pluriel. ◆ agg. pluriel (raro) ; au pluriel, du pluriel. | *sostantivi plurali*, substantifs pluriels, au pluriel. | *prima persona plurale*, première personne du pluriel.
pluralismo [plura'lizmo] m. FILOS., POLIT. pluralisme.
pluralistico [plura'listiko] (**-ci** pl.) agg. pluraliste.
pluralità [plurali'ta] f. pluralité. ‖ [maggioranza] majorité, pluralité (arc.).
pluralizzare [pluralid'dzare] v. tr. (lett.) mettre au pluriel (L.C.).
pluriaggravato [pluriaggra'vato] agg. GIUR. = qui comporte plusieurs circonstances aggravantes.
pluricellulare [pluritʃellu'lare] agg. pluricellulaire.
pluriclasse [pluri'klasse] f. classe unique.
pluricoltura [plurikol'tura] f. polyculture.
pluridecorato [plurideko'rato] agg. plusieurs fois décoré.
pluriennale [plurien'nale] agg. qui dure plusieurs années.
plurigemellare [pluridʒemel'lare] o **plurigemino** [pluri'dʒɛmino] agg. gémellaire, de plusieurs jumeaux.
plurilaterale [plurilate'rale] agg. multilatéral.
plurilingue [pluri'lingwe] agg. [persona] (raro) polyglotte. ‖ [zona] où l'on parle plusieurs langues.
plurimilionario [plurimiljo'narjo] agg. e n. multimillionnaire.
plurimo ['plurimo] agg. multiple. ‖ [di voto] plural.
plurimotore [plurimo'tore] agg. à plusieurs moteurs.
plurinazionale [plurinattsjo'nale] agg. multinational.
plurinominale [plurinomi'nale] agg. plurinominal.
pluripartitico [pluripar'titiko] (**-ci** pl.) agg. de plusieurs partis, relatif au pluripartisme.
plurisecolare [pluriseko'lare] agg. vieux de plusieurs siècles.
plurisillabo [pluri'sillabo] agg. polysyllabe, polysyllabique.
plurivalente [pluriva'lɛnte] agg. plurivalent, polyvalent.
plusvalenza [plusva'lɛntsa] f. FIN. plus-value.
plusvalore [plusva'lore] m. ECON. plus-value f.
plutocrate [plu'tɔkrate] m. POLIT. ploutocrate.
plutocratico [pluto'kratiko] (**-ci** pl.) agg. ploutocratique.
plutocrazia [plutokrat'tsja] f. ploutocratie.
plutone [plu'tone] m. GEOL. pluton.
plutoniano [pluto'njano] o **plutonico** [plu'tɔniko] (**-ci** pl.) agg. GEOL. plutonien (arc.), plutonique.
plutoniano [pluto'njano] agg. GEOL. plutonique, plutonien (arc.).
plutonio [plu'tɔnjo] m. CHIM. plutonium.
plutonismo [pluto'nizmo] m. GEOL. plutonisme.
pluviale [plu'vjale] agg. pluvial.
pluvio ['pluvjo] agg. (lett.) pluvieux (L.C.).
pluviometria [pluvjome'tria] f. pluviométrie.
pluviometrico [pluvjo'mɛtriko] (**-ci** pl.) agg. pluviométrique.
pluviometro [plu'vjɔmetro] m. pluviomètre.
pneumatico [pneu'matiko] (**-ci** pl.) agg. pneumatique. ◆ m. pneu.
pneumococco [pneumo'kɔkko] m. BIOL. pneumocoque.
pneumologia [pneumolo'dʒia] f. MED. pneumologie.
pneumotorace [pneumoto'ratʃe] m. MED. pneumothorax.
po' [pɔ] troncamento di POCO. V. POCO.
poa ['pɔa] f. BOT. poa m., pâturin m.
pocanzi [po'kantsi] avv. (lett.) naguère, tout à l'heure (L.C.), depuis peu.
pochade [pɔ'ʃad] f. [fr.] TEATRO vaudeville m.
pochezza [po'kettsa] f. peu m., manque m., insuffisance, étroitesse. | *malgrado la pochezza dei suoi beni, ci ha aiutato*, malgré le peu de biens qu'il a, il nous a aidés. | *la pochezza delle cure ha ritardato la sua guarigione*, le manque de soins a retardé sa guérison. | *la pochezza del raccolto*, l'insuffisance, la pénurie de la récolte. | *ha dato prova di pochezza d'animo*, il a fait preuve d'étroitesse d'esprit.
pochino [po'kino] agg. indef. DIMIN. DI POCO [non vi è esatto corrispondente in francese] *i suoi titoli sono veramente pochini*, ses titres sont tout à fait insuffi-

sants. | *mille lire sono veramente pochine per questo libro*, mille lires, c'est vraiment très peu pour ce livre. ◆ pron. indef. **1.** très peu, assez peu. | *di soldi, ne ho pochini*, j'ai très peu d'argent. | *sono venuti in pochini*, il n'est venu que très peu de personnes. || **2.** [seguito da sostantivo] un petit peu de. | *dammi un pochino di pane*, donne-moi un petit peu de pain. | *ancora un pochino di zucchero*, encore un petit peu de sucre. | *un pochino di pazienza e lo vedrete*, un petit peu de patience et vous le verrez. || [in forme ellittiche] un petit peu. | *aspetta un pochino*, attends un petit peu. | *avanza un pochino*, avance un petit peu. ◆ avv. **1.** un petit peu. | *è un pochino distratto*, il est un petit peu distrait, un tantinet (fam.) distrait. | *sta un pochino meglio*, il se porte un petit peu mieux. | *va un pochino più in fretta!*, va un petit peu plus vite! || **2.** très peu, trop peu. | *mangia veramente pochino*, il mange vraiment trop peu. | *lavora pochino*, il travaille très peu.

poco ['pɔko], **po'** [pɔ] (**-chi** m. pl.) agg. indef. **1.** peu de ; [con il sost. al pl.] peu de, quelques. | *in montagna c'è poca neve*, à la montagne il y a peu de neige. | *ha poca esperienza*, il a peu d'expérience. | *è poca cosa*, c'est peu de chose. | *c'è poca speranza*, il y a peu d'espoir. | *aver poca fame*, ne pas avoir très faim. | *in poche parole*, en quelques mots. | *fra pochi minuti*, dans quelques minutes. | *i pochi consigli che mi hai dato bastano*, les quelques conseils que tu m'as donnés suffisent. | *i pochi libri che ho non bastano*, les rares livres que je possède ne suffisent pas. | *la poca cortesia che avete mostrato ha nuociuto alla vostra reputazione*, le peu de politesse que vous avez montré a nui à votre réputation. | *ha avuto non poca pazienza*, il a eu beaucoup de patience. | *poche chiacchiere!*, pas de bavardages! || **2.** [come predicato] peu de chose ; insuffisant, peu nombreux. | *quello che m'offrite è poco*, ce que vous m'offrez, c'est peu de chose, c'est insuffisant. | *gli spettatori sono pochi*, les spectateurs sont peu nombreux. | *gli invitati non sono pochi*, les invités sont nombreux. | *i veri amici sono pochi*, les vrais amis sont rares. ◆ pron. indef. **1.** peu. | *di soldi, ne ho pochi*, j'ai peu d'argent, je n'ai que peu d'argent. | *«avete ancora dei biglietti?», «pochi, molto pochi»*, «avez-vous encore des billets?», «peu, très peu.» || [riferito a persone] peu, peu de gens. | *pochi agiscono liberamente*, peu de gens, peu agissent librement. | *pochi di loro desiderano venire con voi*, peu d'entre eux désirent venir avec vous. | *voi e pochi altri*, vous et quelques autres. | *è uno dei pochi che*, c'est un des rares qui. || **2.** [con significato di : poca cosa, poche cose] peu, peu de chose. | *mangia veramente poco*, il mange vraiment peu. | *ci ha detto poco*, il nous a dit peu de chose. | *«quanto costa?», «poco»*, «c'est combien?», «pas grand-chose». | *ho ancora poco da studiare*, j'ai encore peu de chose à apprendre. | *dici poco!*, et tu trouves que c'est peu! | *a dir poco*, au bas mot. | *c'è poco da protestare*, il n'y a pas à protester. || Loc. *vivere con poco*, vivre de peu. | *per poco non ha avuto un incidente*, peu s'en faut qu'il n'ait eu un accident, il a failli avoir un accident. | *è troppo poco aver denaro, bisogna anche sapersene servire!*, c'est peu d'avoir de l'argent, encore faut-il savoir s'en servir! | *è troppo poco dire : abbiamo fame!*, c'est trop peu de dire que nous avons faim! | *è un uomo da poco*, c'est un homme de peu. | *un affare da poco*, une affaire sans importance. || **3.** [in espressioni di tempo] *a tra poco*, à bientôt. | *arriveranno tra poco*, ils vont arriver, ils arriveront bientôt, dans peu de temps, tout à l'heure. | *manca poco alla sua partenza*, il va bientôt partir. | *siamo arrivati da poco, poco fa*, nous venons d'arriver ; nous sommes arrivés tout à l'heure, il y a quelques minutes, depuis peu. || **4.** *un poco di, un po' di*, un peu de ; [seguito da n. pl.] quelques. | *un poco di latte, di caffè*, un peu de lait, de café. | *«ne vuoi ancora un po'?»*, «est-ce que tu en veux encore un peu?» | *un po' di silenzio*, un peu de silence. | *un po' di sigarette*, quelques cigarettes. | *un po' di giornali*, quelques journaux. | *tra un po' di giorni*, dans quelques jours. ◆ avv. **1.** peu. | *è uno scolaro poco attento*, c'est un élève peu attentif. | *siamo poco contenti di te*, nous sommes peu satisfaits de toi. | *sono poco numerosi*, ils sont peu nombreux. | *è poco forte*, il n'est pas très fort. | *studi molto poco*, tu travailles très peu. | *è di poco maggiore di me*, il est mon aîné de peu. | *fra noi due, Maria è di poco la più giovane*, Marie est de peu la plus jeune de nous deux. | *a poco a poco*, peu à peu. | *non poco*, beaucoup. | *ha parlato non poco*, il a beaucoup parlé. || **2.** *un poco, un po'*, un peu. | *un poco meglio*, un peu mieux. | *un poco peggio*, un peu moins bien. | *è un poco ciarliero*, il est un peu bavard. | *chiacchiera un po' troppo*, il bavarde un peu trop. | *«ascolta un po'»*, «écoute un peu». | *«guarda un po'»*, «regarde un peu». ◆ m. peu. | *il poco che ho*, le peu que je possède. | *dobbiamo accontentarci del poco che ci danno*, nous devons nous contenter du peu qu'on nous donne. | *un poco di buono*, un pas-grand-chose (invar.), un mauvais sujet.

podagra [po'dagra] f. Med. podagre (arc.), goutte aux pieds.

podagroso [poda'groso] agg. e n. Med. podagre.

podere [po'dere] m. ferme f., propriété f., fonds, terre f.

poderoso [pode'roso] agg. puissant, vigoureux.

podestà [podes'ta] m. Stor. **1.** [nel Medioevo] podestat. || **2.** [nell'epoca fascista] maire.

podio ['pɔdjo] (**-di** pl.) m. estrade f., tribune f. || Stor. podium.

podismo [po'dizmo] m. Sport marche f., course (f.) à pied.

podista [po'dista] (**-i** pl.) n. Sport [marciatore] marcheur, euse ; [specialista della corsa a piedi] coureur, euse (à pied).

podistico [po'distiko] (**-ci** m. pl.) agg. Sport de marche, de course à pied. | *gara podistica*, épreuve de marche, épreuve de course à pied.

poema [po'ɛma] (**-i** pl.) m. poème.

poesia [poe'zia] f. **1.** [contrapposta a prosa] poésie. | *poesia epica, drammatica, giocosa*, poésie épique, dramatique, burlesque. || Fig. poésie. || **2.** Lett. [componimento poetico] poème m. | *le poesie di Leopardi*, les poèmes de Leopardi. | *scrivere, fare poesie*, faire des vers.

poeta [po'ɛta] (**-i** pl.) m. poète.

poetare [poe'tare] v. tr. e intr. faire des vers, versifier.

poetastro [poe'tastro] m. Peggior. poétereau, rimailleur.

poetessa [poe'tessa] f. femme poète, poétesse.

poetica [po'ɛtika] f. poétique.

poetico [po'ɛtiko] (**-ci** m. pl.) agg. poétique.

poggia ['pɔddʒa] f. Mar. côté (m.) sous le vent. | *andare alla poggia*, abattre, aller au lof m. || [paranco] palan m.

poggiapiedi [poddʒa'pjɛdi] m. invar. tabouret m.

1. poggiare [pod'dʒare] v. tr. [appoggiare] appuyer. | *poggiare la testa sul cuscino*, appuyer sa tête sur l'oreiller. || [deporre] déposer. | *poggia là le valigie*, dépose là tes valises. (V. appoggiare.) ◆ v. intr. **1.** [basarsi] reposer. | *la casa poggia su solide fondamenta*, la maison repose sur de solides fondations. || Fig. reposer, être basé, être fondé. | *questa affermazione poggia su argomenti seri*, cette affirmation repose sur des arguments sérieux. || **2.** Mil. appuyer. | *poggiare a sinistra*, appuyer à gauche, sur la gauche.

2. poggiare [pod'dʒare] v. intr. Mar. [venire alla poggia] abattre, arriver, laisser arriver.

poggio ['pɔddʒo] m. coteau, colline f.

poggiolo [pod'dʒɔlo] m. [terrazzino] petite terrasse f., balcon.

pogrom [pa'grɔm] m. [russo] pogrom, pogrome.

poh! [phɔ] interiez. bah!, peuh!

poi ['pɔi] avv. **1.** [dopo, in seguito] après, ensuite, puis, plus tard. | *non parlate troppo, poi sarà troppo tardi per dispiacersene*, ne parlez pas trop, après il sera trop tard pour regretter. | *vada fino alla piazzetta, poi vedrà un giardino davanti a una chiesa*, allez jusqu'à la petite place, après vous verrez un petit jardin devant une église. | *mangiamo un panino, poi riprendiamo a lavorare*, mangeons un sandwich, ensuite reprenons le travail. | *studiate la lezione, poi andrete a giocare con gli amici*, étudiez votre leçon, ensuite vous irez jouer avec vos amis. | *cosa faranno poi?*, et ensuite, que vont-ils faire? | *uno spettatore fischiò, poi un altro* *applaudì*, un spectateur siffla, puis un autre applaudit. | *un cane abbaiò, poi due, poi tre*, un chien aboya, puis deux, puis trois. | *e poi ?*, et puis ? | *e poi dopo ?*, et puis après ? | *lo vedrò poi*, je le verrai plus tard. | *d'ora in poi*, dorénavant. | *prima o poi, lo vedremo*, tôt ou tard, nous le verrons. | *da allora in poi*, depuis lors. | *da oggi in poi*, à partir d'aujourd'hui. | *da domani in poi*, à partir de demain. | *da quel giorno in poi*, depuis ce jour. | *da Aristotile in poi, tutti i filosofi ne hanno parlato*, depuis Aristote, tous les philosophes en ont parlé. ‖ **2.** [inoltre, d'altronde] et puis, d'ailleurs, au reste, du reste. | *non ho voglia di accompagnarlo a teatro, e poi non mi sento bene*, je n'ai pas envie de l'accompagner au théâtre, et puis je ne me porte pas bien. | *non piove, e poi, se ci sarà brutto tempo, resteremo in albergo*, il ne pleut pas, et d'ailleurs, s'il fait mauvais, nous resterons à l'hôtel. | *non posso andarci, e poi non devo giustificarmi con nessuno*, je ne peux pas y aller, au reste, je n'ai à me justifier devant personne. ‖ **3.** [con valore avversativo] mais ; après tout, en somme, en définitive. | *ecco quanto ti darò io, tu spenderai poi quello che vorrai*, voilà ce que je te donnerai, mais tu dépenseras ce que tu voudras. | *non voglio darti altri consigli, e poi è denaro tuo*, je ne veux pas te donner d'autres conseils, après tout, c'est ton argent. | *e poi è venuto ?*, en somme, est-il venu ? | *che c'è poi di male a farlo ?*, en définitive, quel mal y a-t-il à le faire ? ‖ **4.** [con valore rafforzativo] *questa poi !*, ça, par exemple ! | *questa poi, no !*, ça non, par exemple ! ; ça, jamais ! | *questo poi è troppo !*, ça, alors, c'est trop ! | *e poi ha la sfrontatezza di parlare*, et encore il a le toupet de parler. | *tu poi*, quant à toi, toi par exemple. | *no e poi no*, non ; non et non. | *tu poi cosa puoi dire ?*, mais toi, qu'est-ce que tu peux dire ? ◆ m. *il poi*, le futur, l'avenir, le lendemain. | *avere il senno del poi*, avoir l'esprit de l'escalier (fam.). ‖ PROV. *del senno di poi son piene le fosse*, avec des si on mettrait Paris en bouteille.

poiché [poi'ke] cong. **1.** [con valore causale] puisque, car ; [solo all' inizio della frase] comme. | *poiché avete studiato, potete andare al cinema*, puisque vous avez travaillé, vous pouvez aller au cinéma. | *poiché bisogna, facciamolo*, puisqu'il le faut, faisons-le. | *poiché abbiamo perso l'autobus, prendiamo un tassì*, comme nous avons manqué l'autobus, prenons un taxi. | *posso partire poiché il lavoro è finito*, je peux partir car le travail est terminé. ‖ **2.** [con valore temporale] (lett.) après que (L.C.). | *poiché fu partito, comperai la sua casa*, après qu'il fut parti, j'achetai sa maison.

poker ['pɔker] m. GIOCHI [carte] poker.

polacca [po'lakka] f. **1.** MODA [giacca corta] polonaise. ‖ [stivaletto] bottine. ‖ **2.** MUS. polonaise.

polacco [po'lakko] agg. e n. polonais.

polare [po'lare] agg. ASTRON., GEOGR. polaire.

polarimetro [pola'rimetro] m. FIS. polarimètre.

polarità [polari'ta] f. FIS. polarité.

polarizzare [polarid'dzare] v. tr. FIS. e FIG. polariser. ◆ v. rifl. CHIM., FIS., FIG. se polariser.

polarizzazione [polariddzat'tsjone] f. FIS. polarisation.

polemica [po'lɛmika] f. polémique.

polemico [po'lɛmiko] (**-ci** m. pl.) agg. polémique.

polemista [pole'mista] (**-i** pl.) n. polémiste.

polemizzare [polemid'dzare] v. intr. polémiquer, faire de la polémique.

polena [po'lɛna] f. MAR. figure de proue.

polenta [po'lɛnta] f. CULIN. polenta (it.).

poliambulatorio [poliambula'tɔrjo] m. dispensaire.

poliandria [polian'dria] f. polyandrie.

poliandro [poli'andro] agg. polyandre.

policlinico [poli'kliniko] m. polyclinique f.

policromatico [polikro'matiko] (**-ci** m. pl.) agg. polychrome.

poliedrico [poli'ɛdriko] (**-ci** m. pl.) agg. GEOM. polyédrique.

poliedro [poli'ɛdro] m. GEOM. polyèdre.

polifonia [polifo'nia] f. MUS. polyphonie.

polifonico [poli'fɔniko] (**-ci** m. pl.) agg. polyphonique.

poligamia [poliga'mia] f. polygamie.

poligamico [poli'gamiko] (**-ci** m. pl.) agg. polygamique.

poligamo [po'ligamo] agg. e m. polygame.

poliglotta [poli'glɔtta] (**-i** m. pl.) agg. e n. polyglotte.

poligonale [poligo'nale] agg. GEOM. polygonal.

poligono [po'ligono] m. GEOM. polygone. ‖ MIL. *poligono di tiro*, polygone de tir.

poligrafare [poligra'fare] v. tr. TIP. [ciclostilare] polycopier.

poligrafia [poligra'fia] f. TIP. polycopie.

poligrafico [poli'grafiko] (**-ci** m. pl.) agg. polygraphique. | *Istituto poligrafico dello Stato* = Imprimerie nationale. ◆ m. pl. *i poligrafici*, les typographes, les imprimeurs.

polimero [po'limero] agg. e m. CHIM. polymère.

polimorfismo [polimor'fizmo] m. polymorphisme.

polimorfo [poli'mɔrfo] agg. polymorphe.

polinesiano [poline'zjano] agg. e n. polynésien, enne.

polinomio [poli'nɔmjo] m. MAT. polynôme.

poliomielite [poljomie'lite] f. MED. poliomyélite.

poliomielitico [poljomie'litiko] (**-ci** m. pl.) agg. e n. MED. poliomyélitique.

polipo ['pɔlipo] m. MED., ZOOL. polype.

polire [po'lire] v. tr. (lett.) polir.

polisillabo [poli'sillabo] agg. GRAMM. polysyllabe, polysyllabique. ◆ m. GRAMM. polysyllabe.

polistirolo [polisti'rɔlo] m. CHIM. polystyrolène, polystyrène.

politeama [polite'ama] (**-i** pl.) m. théâtre.

politecnico [poli'tɛkniko] (**-ci** m. pl.) agg. polytechnique. ◆ m. UNIV. École (f.) polytechnique, Polytechnique. | *gli allievi del politecnico*, les Polytechniciens.

politeismo [polite'izmo] m. RELIG. polythéisme.

politeista [polite'ista] (**-i** pl.) n. RELIG. polythéiste.

politica [po'litika] f. politique.

politicamente [politika'mente] avv. politiquement.

politicante [politi'kante] agg. e n. PEGGIOR. politicien, politicard.

politicizzare [polititʃid'dzare] v. tr. politiser.

politico [po'litiko] (**-ci** m. pl.) agg. e m. politique.

polittico [po'littiko] (**-ci** pl.) m. polyptyque.

politura [poli'tura] f. polissage m.

polivalente [poliva'lɛnte] agg. CHIM. polyvalent.

polivalenza [poliva'lɛntsa] f. CHIM. polyvalence.

polizia [polit'tsia] f. police.

poliziesco [polit'tsjesko] agg. policier. | *film, romanzo poliziesco*, film, roman policier.

poliziotto [polit'tsjɔtto] m. agent de police, policier ; limier. | *poliziotto privato*, détective privé. | *cane poliziotto*, chien policier.

polizza ['pɔlittsa] f. police. | *polizza d'assicurazione*, police d'assurance. | *polizza doganale*, certificat (m.) de douane. | *polizza di pegno*, reconnaissance, bulletin (m.) de gage. ‖ MAR. *polizza di carico*, police de chargement, connaissement m.

polla ['polla] f. source, veine d'eau.

pollaio [pol'lajo] m. poulailler. ‖ PER EST. [pollame] volaille f. ‖ FIG., PEGGIOR. porcherie f.

pollaiolo [polla'jɔlo] m. marchand de volailles, volailler (solo m.).

pollame [pol'lame] m. volaille f.

pollastra [pol'lastra] f. ZOOL. poularde. ‖ FIG., FAM. [ragazza] poulette.

pollastro [pol'lastro] m. ZOOL. poulet. ‖ FIG. [sempliciotto] pigeon.

polleria [polle'ria] f. magasin (m.) de volaille.

pollice ['pɔllitʃe] m. ANAT. [della mano] pouce ; [del piede] gros orteil. | *succhiare il pollice*, sucer son pouce. | *girare i pollici*, se tourner les pouces. ‖ PER EST. [misura] pouce.

pollicoltura [pollikol'tura] f. aviculture, élevage (m.) de volaille.

polline ['pɔlline] m. BOT. pollen.

pollo ['pollo] m. ZOOL. poulet. | *pollo ruspante*, poulet de ferme. ‖ CULIN. *pollo arrosto*, poulet rôti. | *brodo di pollo*, bouillon de poule. ‖ LOC. *andare a letto con i polli*, se coucher comme les poules. | *alzarsi con i polli*, se lever avec les poules, se lever matin, de bon matin. | *non far ridere i polli !*, laisse-moi rire !

pollone [pol'lone] m. BOT. [germoglio di un ramo] bourgeon ; [getto radicale] rejeton, drageon, jet, pousse f. ‖ FIG. (lett.) [discendente] rejeton.

polluzione [pollut'tsjone] f. pollution.
polmonare [polmo'nare] agg. pulmonaire.
polmone [pol'mone] m. ANAT. poumon. | *malato di polmoni*, poitrinaire (antiq.), malade des poumons. | *gridare a pieni polmoni*, crier à pleins poumons. || MED. *polmone d'acciaio*, poumon d'acier. || CULIN. *polmone di vitello*, mou de veau.
polmonite [polmo'nite] f. MED. pneumonie. | *polmonite doppia*, pneumonie double.
1. polo ['pɔlo] m. [in tutto i significati] pôle. || FIG. *essere ai poli opposti*, être à l'opposé l'un de l'autre.
2. polo ['pɔlo] m. SPORT polo.
polpa ['polpa] f. pulpe. || ANAT. *polpa dentaria*, pulpe dentaire. || CULIN. chair, viande. | *polpa di vitello*, viande de veau. || [di frutta] chair, pulpe. || FIG. substance.
polpaccio [pol'pattʃo] (**-ci** pl.) m. ANAT. mollet.
polpastrello [polpas'trɛllo] m. ANAT. bout du doigt.
polpetta [pol'petta] f. CULIN. boulette, croquette ; [di maiale] andouillette. || FIG., FAM. *far polpette di qlcu.*, *ridurre qlcu. in polpette*, réduire qn en chair à pâté, mettre qn en charpie, tailler qn en pièces. || [boccone di carne avvelenato] gobe, gobbe.
polpettone [polpet'tone] m. CULIN. hachis de viande. || FIG. [scritto] salmigondis ; [film] navet.
polposo [pol'poso] adj. pulpeux.
polputo [pol'puto] adj. charnu.
polsino [pol'sino] m. [di camicia] manchette f. ; [di altri indumenti] poignet.
polso ['polso] m. ANAT. poignet. | *orologio da polso*, montre-bracelet f., bracelet-montre. || FIG. *donna di polso*, maîtresse femme. | *avere polso*, avoir de la poigne. | *vino di polso*, vin corsé. || MED. pouls. | *tastare il polso*, prendre le pouls (anche fig.).
poltiglia [pol'tiʎʎa] f. bouillie. || FIG. *ridurre in poltiglia*, réduire en bouillie. || [fanghiglia] boue, bourbe, vase.
poltrire [pol'trire] v. intr. paresser, fainéanter.
poltrona [pol'trona] f. fauteuil m. | *poltrone di cuoio*, fauteuil de cuir. | *poltrone a rotelle*, fauteuil à roulettes. | *poltrona letto*, fauteuil-lit. | *poltrona a dondolo*, berceuse. | *occupare la poltrona presidenziale*, occuper le fauteuil présidentiel. || TEATRO fauteuil. | *poltrona di platea*, fauteuil d'orchestre.
poltronaggine [poltro'naddʒine] f. fainéantise, paresse.
poltrone [pol'trone] (**-a** f.) n. [pigro] fainéant, paresseux, euse. | *fare il poltrone*, fainéanter. || [vile] poltron, lâche. || ZOOL. paresseux, bradype.
poltroneggiare [poltroned'dʒare] v. intr. paresser, fainéanter.
poltroneria [poltrone'ria] f. paresse, fainéantise. || [viltà] poltronnerie.
poltronissima [poltro'nissima] f. TEATRO fauteuil (m.) de premier rang.
polvere ['polvere] f. **1.** [naturale] poussière. | *una strada coperta di polvere*, une route couverte de poussière, une route poussiéreuse. || FIG. *ridurre in polvere*, réduire en poussière. | *mordere la polvere*, mordre la poussière. | *la polvere del passato*, la poussière du passé. || **2.** [prodotta artificialmente] poudre. | *polvere di marmo, di ferro, d'oro, di zinco*, poudre de marbre, de fer, d'or, de zinc. | *zucchero, latte in polvere*, sucre, lait en poudre. || FIG. *gettare polvere negli occhi*, jeter de la poudre aux yeux. || **3.** [da sparo] poudre. | *polvere pirica*, poudre pyrique. | *polvere nera*, poudre noire. || FIG. *dar fuoco alle polveri*, mettre le feu aux poudres. | *c'è odor di polvere*, ça sent la poudre. || STOR. *la congiura delle Polveri*, la conspiration des Poudres.
polveriera [polve'rjɛra] f. MIL. poudrière.
polverificio [polveri'fitʃo] m. poudrerie f.
polverina [polve'rina] f. FARM. poudre.
polverino [polve'rino] m. [per asciugare l'inchiostro] poudre f. || [di carbone] poussier. || [polvere nera per armi] pulvérin.
polverio [polve'rio] m. nuage de poussière.
polverizzabile [polverid'dzabile] agg. pulvérisable.
polverizzare [polverid'dzare] v. tr. pulvériser, réduire en poudre, broyer. || [coprire di polvere] saupoudrer.
polverizzato [polverid'dzato] agg. pulvérisé.
polverizzatore [polveriddza'tore] m. [per solidi] broyeur ; [per liquidi] pulvérisateur, atomiseur. || AGR. [per spargere antiparassitari] poudreuse f. ; [erpice a dischi] pulvériseur.
polverizzazione [polveriddzat'tsjone] f. pulvérisation. || AGR. poudrage m.
polverone [polve'rone] m. nuage de poussière.
polveroso [polve'roso] agg. couvert de poussière, poussiéreux ; [di neve] (raro) poudreux.
pomata [po'mata] f. FARM. pommade.
pomellato [pomel'lato] agg. pommelé.
pomello [po'mɛllo] m. ANAT. pommette f. || [impugnatura a forma sferica] pommeau.
pomeridiano [pomeri'djano] agg. de l'après-midi.
pomeriggio [pome'riddʒo] m. après-midi (m. o f. invar.). | *un bel pomeriggio d'estate*, une belle après-midi d'été. | *verremo a trovarti nel pomeriggio*, nous viendrons te voir cet après-midi. | *nel primo pomeriggio*, l'après-midi de bonne heure. | *nel tardo pomeriggio*, tard dans l'après-midi. | *in un freddo pomeriggio d'inverno*, par une froide après-midi d'hiver.
pometo [po'meto] m. AGR. pommeraie f.
pomice ['pomitʃe] f. MINER. ponce. | *pietra pomice*, pierre ponce.
pomiciare [pomi'tʃare] v. tr. poncer. ◆ v. intr. POP. peloter, lutiner.
pomiciatura [pomitʃa'tura] f. TECN. ponçage m.
pomicione [pomi'tʃone] m. POP. peloteur.
pomicoltore [pomikol'tore] m. pomiculteur.
pomicoltura [pomikol'tura] f. culture des arbres fruitiers.
pomo ['pomo] m. BOT. [frutto di rosacee] fruit. || REGION. [mela] pomme f. ; [melo] pommier. || FIG. *pomo della discordia*, pomme de discorde. || ANAT. *pomo d'Adamo*, pomme d'Adam. || PER EST. pomme f., pommeau. | *pomo di bastone*, pomme de canne. | *pomo di spada*, pommeau d'épée.
pomodoro [pomo'dɔro] (**pomodori** o **pomidoro** pl.) m. BOT. tomate f. || CULIN. *succo di pomodoro*, jus de tomate. | *salsa di pomodoro*, sauce tomate. | *pomodori pelati*, tomates pelées en conserve. | *insalata di pomodori*, tomates en salade, salade de tomates. | *pomodori ripieni*, tomates farcies. || FIG. *rosso come un pomodoro*, rouge comme une tomate.
1. pompa ['pompa] f. TECN. pompe. | *pompa da incendio*, pompe à incendie. | *pompa di alimentazione*, pompe d'alimentation.
2. pompa ['pompa] f. [fasto] pompe, faste m. | *in pompa magna*, en grande pompe. || [servizi funebri] *pompe funebri*, pompes funèbres. || PER EST. [vanità, ostentazione] montre, parade. | *far pompa di sé*, se pavaner. | *far pompa di ricchezza*, faire montre de sa richesse.
pompare [pom'pare] v. tr. pomper. | *pompare acqua*, pomper l'eau. || PER EST. [gonfiare] gonfler. | *pompare una gomma*, gonfler un pneu. || FIG. [ingrandire] grossir, monter. | *notizie pompate ad arte*, nouvelles grossies, montées à dessein.
pompeiano [pompe'jano] agg. e n. pompéien, enne.
pompelmo [pom'pɛlmo] m. BOT. [albero] pamplemoussier, pamplemousse ; [frutto] pamplemousse.
pompiere [pom'pjɛre] m. pompier, sapeur-pompier.
pomposamente [pomposa'mente] avv. pompeusement.
pomposità [pomposi'ta] f. pompe, faste m.
pomposo [pom'poso] agg. pompeux.
ponce ['pɔntʃ] m. punch [ingl.].
ponderabile [ponde'rabile] agg. pondérable.
ponderabilità [ponderabili'ta] f. pondérabilité.
ponderare [ponde'rare] v. tr. peser, examiner, considérer. ◆ v. intr. réfléchir.
ponderatamente [ponderata'mente] avv. avec pondération, mûrement.
ponderato [ponde'rato] agg. pondéré, réfléchi, équilibré.
ponderazione [ponderat'tsjone] f. pondération, réflexion, équilibre m.
ponderoso [ponde'roso] agg. lourd, pondéreux. || FIG. très difficile, pénible.
pondo ['pɔndo] m. (lett.) poids (L.C.), charge f. (L.C.).
ponente [po'nɛnte] m. couchant, occident, ouest,

ponant (lett.). | *a ponente*, à l'ouest, au couchant. | *riviera di ponente*, riviera du Ponant.
ponte ['ponte] m. pont. | *ponte di ferro, di legno, di pietra*, pont en fer, en bois, en pierre. | *ponte a traverse metalliche*, pont métallique. | *ponte a bilico*, pont basculant. | *ponte levatoio*, pont-levis. | *ponte girevole*, pont tournant. | *ponte sospeso, pensile*, pont suspendu. | *ponte ferroviario*, pont de chemin de fer. | *ponte di barche*, pont de bateaux. | *ponte a pedaggio*, pont à péage. | *gettare un ponte su un fiume*, jeter un pont sur un fleuve. | *attraversare un ponte*, traverser, franchir un pont. | *dormire sotto i ponti*, dormir sous les ponts. || FIG. *bruciare i ponti dietro a sé*, brûler les ponts derrière soi. | *fare il ponte*, faire le pont. | *fare ponti d'oro*, faire un pont d'or. | *lasciare passare l'acqua sotto i ponti*, laisser couler l'eau sous les ponts. | *tagliare i ponti con qlcu.*, couper les ponts avec qn. || AUTOM. *ponte anteriore, posteriore*, pont avant, arrière. | *ponte elevatore*, pont élévateur. || ELETTR. pont. | *ponte di induzione*, pont d'induction. || GIOCHI *gioco del ponte*, bridge. || MAR. *ponte inferiore, superiore*, pont inférieur, supérieur. | *ponte di coperta*, pont principal. | *ponte di passeggiata*, pont promenade. | *ponte di comando*, pont passerelle. | *ponte di volo*, pont d'envol. || MED. [odontoiatria] pont, bridge. || MIL. *testa di ponte*, tête de pont. | *ponte aereo*, pont aérien. || SPORT *fare il ponte*, faire le pont.
pontefice [pon'tefitʃe] m. RELIG. *il Sommo Pontefice*, le souverain pontife. || STOR. *pontefice massimo*, grand pontife. || FIG. pontife.
ponteggio [pon'teddʒo] m. ARCHIT. échafaudage.
ponticello [ponti'tʃɛllo] m. petit pont, passerelle f. || MUS. [di violino] chevalet. || [di spada] quillon, branches f. pl.
pontiere [pon'tjɛre] m. MIL. pontonnier.
pontificale [pontifi'kale] agg. pontifical. ◆ m. messe pontificale ; [libro] pontifical.
pontificare [pontifi'kare] v. intr. RELIG. e FIG. pontifier.
pontificato [pontifi'kato] m. pontificat.
pontificio [pontifitʃo] agg. pontifical. | *Stato pontificio*, État pontifical. | *palazzi pontifici*, palais du pape.
pontile [pon'tile] m. MAR. embarcadère, débarcadère, appontement.
pontino [pon'tino] agg. GEOGR. pontin.
pontone [pon'tone] m. MAR. ponton.
pony ['pouni] m. [ingl.] ZOOL. poney.
pool ['pu:l] m. [ingl.] ECON. pool.
pope ['pɔpe] m. RELIG. pope.
poplite ['pɔplite] m. ANAT. muscle poplité ; jarret.
popolaccio [popo'lattʃo] (**-ci** pl.) m. PEGGIOR. populace f.
popolamento [popola'mento] m. peuplement.
popolano [popo'lano] agg. populaire. ◆ n. homme, femme du peuple.
1. popolare [popo'lare] agg. populaire. | *democrazia popolare*, démocratie populaire. | *case popolari*, habitations à loyer modéré (abbr. H. L. M.). | *biglietti a prezzi popolari*, billets à prix réduits. | *giudice popolare*, juré.
2. popolare [popo'lare] v. tr. peupler. | *popolare una regione*, peupler une région. ◆ v. rifl. se peupler. | *questo bosco s'è popolato di uccelli*, ce bois s'est peuplé d'oiseaux. || [riempirsi di gente] se remplir. | *il lunedì le scuole si popolano di ragazzi e di ragazze*, le lundi, les écoles se remplissent de garçons et de filles.
popolaresco [popola'resko] agg. populaire, du peuple.
popolarità [popolari'ta] f. popularité.
popolarizzare [popolarid'dzare] v. tr. populariser.
popolarmente [popolar'mente] avv. populairement.
popolato [popo'lato] agg. peuplé.
popolazione [popolat'tsjone] f. population.
popolino [popo'lino] m. PEGGIOR. bas peuple, menu peuple.
popolo ['pɔpolo] m. [popolazione] peuple. | *il popolo italiano*, le peuple italien. | *popolo nomade*, peuple nomade. || [categoria sociale] peuple. | *popolo minuto*, menu peuple, bas peuple. | *uomo del popolo*, homme du peuple. || [moltitudine] foule f., multitude f., monde. | *c'era grande concorso di popolo*, il y avait foule. | *c'è molto popolo sulla piazza*, la place est pleine de monde.
popoloso [popo'loso] agg. populeux.
popone [po'pone] m. BOT. melon.
1. poppa ['poppa] f. MAR. poupe, arrière m. | *castello di poppa*, gaillard de poupe. | *vele di poppa*, voiles de l'arrière. | *a poppa*, à l'arrière, sur l'arrière. || PR. e FIG. *avere il vento in poppa*, avoir le vent en poupe. || LETT. [nave] navire m. (L.C.).
2. poppa ['poppa] f. ANAT. mamelle, sein m. | *dare la poppa a un bambino*, donner le sein à un enfant.
poppante [pop'pante] n. enfant à la mamelle, nourrisson. || FIG., IRON. *che poppante !*, quel bébé !
poppare [pop'pare] v. tr. téter.
poppata [pop'pata] f. tétée.
poppatoio [poppa'tojo] m. biberon.
populismo [popu'lizmo] m. populisme.
populista [popu'lista] (**-i** m. pl.) agg. e n. populiste.
populistico [popu'listiko] (**-ci** m. pl.) agg. populiste.
porcaio [por'kajo] o **porcaro** [por'karo] m. porcher.
1. porcellana [portʃel'lana] f. porcelaine. | *porcellana di Sassonia*, porcelaine de Saxe. | *fabbrica di porcellana*, fabrique de porcelaine. | *industria della porcellana*, industrie porcelainière. || FIG. *occhi azzurro porcellana*, yeux bleu faïence.
2. porcellana [portʃel'lana] f. BOT. pourpier m.
porcellanare [portʃella'nare] v. tr. émailler.
porcellanato [portʃella'nato] agg. revêtu de porcelaine.
porcellane [portʃel'lane] f. ZOOL. porcellane.
porcellino [portʃel'lino] m. ZOOL. petit cochon, cochonnet, cochon de lait, porcelet, goret. | *porcellino d'India*, cochon d'Inde, cobaye. | *porcellino di terra*, cloporte. || FIG., SCHERZ. petit cochon.
porcello [por'tʃɛllo] m. ZOOL. jeune porc. || FIG. pourceau.
porcheria [porke'ria] f. [sporcizia] saleté, ordure, crasse. || FIG., FAM. [atto, parola immorale] cochonnerie, saleté ; [tiro birbone] vacherie, saleté, crasse (pop.) ; [cosa preparata male] cochonnerie, saloperie.
porchetta [por'ketta] f. CULIN. = porcelet entier rôti.
porcile [por'tʃile] m. PR. e FIG. porcherie f., bauge f.
porcino [por'tʃino] agg. porcin, de porc. | *occhi porcini*, yeux porcins. | *razza porcina*, race porcine. | *carne porcina*, viande de porc. ◆ m. BOT. bolet, cèpe. | *porcino malefico*, bolet satan.
porco ['pɔrko] (**-ci** pl.) m. porc, cochon, pourceau (lett.). | *carne di porco*, viande de porc. | *porco salato*, porc salé. || FIG. porc, cochon, pourceau. | *grasso, sporco come un porco*, gras, sale comme un cochon. | *mangiare come un porco*, manger comme un porc. | *gettare perle ai porci*, jeter des perles aux pourceaux. || [agg.] *porco mondo !, porca miseria !*, parbleu ! | *porco cane !*, nom d'un chien !
porcospino [porkos'pino] m. ZOOL. e FIG. porc-épic. || MAR. (gerg.) porc-épic.
porfido ['pɔrfido] m. MINER. porphyre.
porgere ['pɔrdʒere] v. tr. **1.** PR. [offrire, presentare, passare] offrir, tendre, présenter, passer. | *ti porge la matita*, il te tend, il te passe le crayon. | *ci ha porto la bottiglia*, il nous a passé la bouteille. | *porgere la mano*, tendre la main. | *porgere il braccio*, offrir le bras. | *porgere l'altra guancia*, tendre l'autre joue. || FIG. *porgere i propri saluti*, présenter ses salutations. | *porgere l'occasione*, présenter, fournir l'occasion. | *porgere ascolto*, prêter l'oreille. | *porgere aiuto*, prêter secours, aider. || **2.** [parlare, esporre, recitare] *l'oratore porge con garbo*, l'orateur parle avec bonne grâce.
pornografia [pornogra'fia] f. pornographie.
pornografico [porno'grafiko] (**-ci** m. pl.) agg. pornographique.
poro ['pɔro] m. ANAT. pore. || FIG. *sprizzar rabbia da tutti i pori*, écumer de rage. | *sprizzar salute da tutti i pori*, respirer la santé, jouir d'une santé éclatante. | *sprizzare veleno da tutti i pori*, cracher du venin.
porosità [porosi'ta] f. porosité.
poroso [po'roso] agg. poreux.
porpora ['porpora] f. [sostanza colorante e colore] pourpre. | *un manto di porpora*, un manteau de pourpre. | *una bella stoffa color porpora*, une belle étoffe pourpre. || RELIG. *porpora cardinalizia*, pourpre

romaine. | *essere elevato alla porpora*, recevoir le chapeau.
porporato [porpo'rato] agg. revêtu de pourpre. ◆ m. RELIG. cardinal.
porporino [porpo'rino] agg. pourpre, pourpré, purpurin (lett.).
porre ['porre] v. tr. **1.** [mettere] mettre ; [posare] poser ; [collocare, deporre] placer. | *porre delle carte in una cartella*, mettre des papiers dans une chemise. | *porre una mano sulla fronte*, mettre une main sur le front. | *porre sotto chiave*, mettre sous clé. | *porre in pericolo*, mettre en danger. | *porre un malato in osservazione*, mettre un malade en observation. | *porre in libertà*, mettre en liberté. | *porre ordine*, mettre bon ordre. | *porre mano a*, mettre la main à. | *porre la propria candidatura*, poser sa candidature. | *porre una domanda*, poser une question. | *porre dei fiori in un vaso*, placer, disposer des fleurs dans un vase. | *porre al comando di*, placer à la tête de. || **2.** [supporre] supposer, admettre. | *poniamo che abbiate vinto*, supposons, admettons que vous ayez gagné. || **3.** LOC. *porre a confronto*, comparer. | *porre a credito*, porter à crédit. | *porre cura di*, prendre garde à. | *porre fine*, finir, mettre fin. | *porre un freno alle spese*, mettre un frein aux dépenses. | *porre gli occhi, lo sguardo su qlcu.*, jeter les yeux sur qn. | *porre in essere, ad effetto*, effectuer, mettre à exécution. | *porre mente*, faire attention à, prendre garde à. | *porre rimedio, riparo*, porter remède, remédier à. | *porre silenzio*, faire taire, imposer le silence. | *senza por tempo in mezzo*, sans délai. ◆ v. rifl. se mettre, se poser. | *porsi al riparo*, se mettre à l'abri. | *porsi a tavola*, se mettre à table. | *porsi al posto di qlcu.*, se mettre dans la peau de qn. | *porsi in viaggio*, se mettre en voyage. | *porsi a sedere*, s'asseoir.
porro ['pɔrro] m. BOT. poireau. || ANAT. [verruca] verrue f.
porta ['pɔrta] f. **1.** ARCHIT. porte. | *porta blindata*, porte blindée. | *porta finta*, fausse porte. | *porta girevole*, porte tournante. | *porta murata*, porte condamnée. | *porta pieghevole, a soffietto*, porte pliante. | *porta scorrevole*, porte coulissante. | *porta segreta*, porte secrète, dérobée. | *porta vetrata, a vetri*, porte vitrée. | *porta a bilico*, porte basculante. | *porta a due battenti*, porte à deux battants. | *porta a giorno*, porte à claire-voie. | *porta di dietro*, porte de derrière. | *porta di disimpegno*, porte de dégagement. | *porta d'ingresso*, porte d'entrée. | *porta di servizio*, porte de service. | *porta di sicurezza*, porte de secours. | *porta di uscita*, porte de sortie. | *la porta dà sulla strada*, la porte donne sur la rue. | *la porta si chiude su qlcu.*, la porte tombe sur qn. || FIG. *la porta del cielo*, la porte du Ciel. || **2.** LOC. *abitare a porta a porta*, demeurer porte à porte. | *abitare alle porte della città*, habiter aux portes de la ville. | *andare di porta in porta*, faire du porte-à-porte. | *ascoltare alle porte*, écouter aux portes. | *bussare alla porta*, frapper à la porte. | *murare una porta*, condamner une porte. | *sbattere la porta*, claquer la porte. | *trovare la porta chiusa*, trouver porte close. || **3.** FIG. *bussare alla porta giusta*, frapper à la bonne porte. | *bussare alla porta sbagliata*, frapper à la mauvaise porte. | *bussare a tutte le porte*, frapper à toutes les portes. | *cacciatelo dalla porta, ritornerà dalla finestra*, chassez-le par la porte, il rentrera par la fenêtre. | *chiudere la porta in faccia a qlcu.*, fermer, claquer la porte au nez de qn. | *essere alle porte della morte*, être aux portes de la mort. | *il denaro apre tutte le porte*, l'argent ouvre toutes les portes. | *mettere alla porta*, mettre, flanquer à la porte. | *sfondare delle porte aperte*, enfoncer des portes ouvertes. | *trovare le porte chiuse*, trouver porte close. || **4.** GIUR. *processo a porte chiuse*, procès à huis clos. || MAR. *porta stagna*, porte étanche. || SPORT [calcio] but m. ; [sci] porte. | *tirare in porta*, tirer au but. | *area di porta*, surface de but. ◆ agg. invar. ANAT. *vena porta*, veine porte.
portabagagli [portaba'gaʎʎi] m. invar. [facchino] porteur ; [di veicoli] porte-bagages ; galerie f.
portabandiera [portaban'djɛra] m. invar. MIL. porte-drapeau, enseigne.
portabile [por'tabile] agg. portable.
portabiti [por'tabiti] m. invar. valet muet, valet (de nuit).
portacarte [porta'karte] m. invar. porte-carte(s), porte-documents.
portacenere [porta'tʃenere] m. invar. cendrier.
portachiavi [porta'kjavi] m. invar. porte-clefs.
portacipria [porta'tʃiprja] m. invar. poudrier.
portadischi [porta'diski] agg. *valigetta portadischi*, valise pour disques. ◆ m. invar. [mobiletto] discothèque f. ; [contenitore portatile] valise (f.) pour disques.
portaerei [porta'ɛrei] f. invar. MAR. porte-avions m. invar.
portaferiti [portafe'riti] m. invar. MIL. brancardier.
portafogli [porta'fɔʎʎi] m. invar. o **portafoglio** [porta'fɔʎʎo] m. portefeuille. | *avere un portafoglio ben fornito*, avoir un portefeuille bien garni. | *mettere mano al portafoglio*, mettre la main à la poche. || COMM. *portafoglio azionario*, portefeuille-titres, portefeuille de titres. | *portafoglio cambiario*, portefeuille-effets, portefeuille d'effets. || MODA *gonna a portafoglio*, jupe portefeuille. || POLIT. portefeuille. | *ministro senza portafoglio*, ministre sans portefeuille.
portafortuna [portafor'tuna] m. invar. porte-bonheur.
portafrutta [porta'frutta] m. invar. corbeille (f.), coupe (f.) à fruits.
portagioie [porta'dʒɔje] m. invar. coffret à bijoux, écrin m.
portaimmondizie [portaimmon'dittsje] m. invar. poubelle f.
portalampada [porta'lampada] m. invar. ELETTR. douille f.
portale [por'tale] m. portail.
portalettere [porta'lɛttere] n. invar. facteur m., factrice f. (raro) ; préposé.
portamento [porta'mento] m. port, allure f., maintien ; [modo di incedere] démarche f. | *avere un portamento regale*, avoir un port royal. | *quella ragazza ha un portamento elegante*, cette jeune fille a une allure élégante, une démarche élégante. || [contegno, condotta] (raro) comportement (L.C.), conduite f. (L.C.). || MUS. [di voce] port (de voix) ; [di strumento] glissé, glissade f.
portamonete [portamo'nete] m. invar. porte-monnaie.
portante [por'tante] agg. portant, porteur. || ARCHIT. *muro portante*, mur portant. | *trave portante*, porteuse. || ELETTR. *corrente portante*, courant porteur. ◆ m. [ambio del cavallo] amble.
portantina [portan'tina] f. chaise à porteurs. || PER EST. [barella] brancard m.
portaombrelli [portaom'brɛlli] m. invar. porte-parapluies.
portaordini [porta'ordini] m. invar. messager ; agent de liaison.
portapacchi [porta'pakki] m. invar. [fattorino delle poste] facteur ; [fattorino di negozio] garçon livreur, garçon de courses, coursier. || PAR ANAL. [di veicoli] porte-bagages.
portapenne [porta'penne] m. invar. porte-plume.
portare [por'tare] v. tr.

I. SENSO GENERALE. **1.** Sostenere, reggere. **2.** Di vestito, segno distintivo. **3.** Presentare, mostrare. **4.** FIG.
II. TRASFERIRE da un luogo all'altro. **1.** Trasportare. **2.** Accostare. **3.** Condurre, accompagnare. **4.** FIG. **5.** Concentrare, appuntare. **6.** Incitare. **7.** Procurare. **8.** Provare, nutrire. **9.** Trasmettere. **10.** AUTOM. **11.** MAT. **12.** POLIT.
III. CON AVVERBI.
◆ v. intr.
◆ v. rifl.

I. SENSO GENERALE. **1.** [sostenere, reggere] porter. | *porta una valigia*, il porte une valise. | *porta una grande cassa sulla schiena*, il porte une grande caisse sur son dos. | *quella ragazza porta un bambino in braccio*, cette jeune fille porte un enfant dans ses bras. | *portare un bimbo nel ventre,* porter un enfant dans son sein. | *il camion porta delle casse di pomodori,* le camion transporte des caisses de tomates. | *il melo porta molti frutti,* le pommier porte beaucoup de fruits. | *questo ponte può portare cento tonnellate,* ce pont peut supporter cent tonnes. || **2.** [avere su di sé] *porta un cappello, un impermeabile,* il porte un chapeau, un imperméable. | *portare un cappotto,* porter un manteau. | *porta il saio,* il porte le froc. | *portare dei guanti,* porter des gants. | *portare cappelli numero 50,* coiffer du 50. | *«che numero di scarpe porta?», «porto il 40»,* « quelle pointure faites-vous ? », « je chausse du 40 ». | *portare occhiali,* porter des lunettes. | *portare il lutto,* porter le deuil. | *portare la barba lunga, i capelli corti,* porter la barbe longue, les cheveux courts. | *portare la spada,* porter l'épée. || PER ANAL. [modo di atteggiare il corpo] *portare la testa alta, bassa,* porter la tête haute, basse. | *portare un braccio al collo,* porter un bras en écharpe. || **3.** [presentare, mostrare] *il testamento non porta data,* le testament ne porte aucune date. | *il testo non porta correzioni,* le texte ne porte aucune correction. || **4.** FIG. *porta bene i suoi anni,* il porte bien son âge, il ne paraît pas son âge. | *portare la croce,* porter sa croix. | *portare i pantaloni,* porter la culotte (fam.). | *portare un nome,* porter un nom. | *portare un ricordo nel proprio cuore,* porter un souvenir dans son cœur. | *portare qlcu. in palma di mano,* tenir qn en grande estime. | *il coraggio porta in sé una grande forza,* le courage porte en soi une grande force. | *portare pazienza,* être patient. | *portare la responsabilità,* porter la responsabilité. | *portare le conseguenze,* supporter les conséquences. | *portare il vino,* supporter le vin. | *il treno porta ritardo,* le train a du retard. || **II.** TRASFERIRE da un luogo all'altro. **1.** [trasportare] porter, apporter. | *il camion porta del pesce fresco al mercato,* le camion porte, transporte de la marée fraîche au marché. | *il falegname ha portato un armadio nuovo,* le menuisier a apporté une armoire neuve. | *abbiamo portato del denaro in banca,* nous avons porté de l'argent à la banque. || [farsi portare] apporter. | *portami un piatto,* apporte-moi une assiette. | *portami il caffè,* apporte-moi le café. || [portare con sé] apporter, prendre. | *hai portato l'impermeabile?,* est-ce que tu as pris ton imperméable ? | *abbiamo portato solo due panini,* nous n'avons apporté que deux sandwichs. || **2.** [accostare] porter. | *portare la forchetta alla bocca,* porter la fourchette à la bouche. | *portare una mano alla fronte,* porter une main à son front. || **3.** [condurre, accompagnare] mener, emmener, accompagner. | *vi posso portare in chiesa,* je peux vous emmener à l'église. | *portare un ragazzo a scuola,* mener, accompagner un garçon à l'école. || **4.** FIG. [addurre] apporter, fournir. | *portare delle prove,* apporter des preuves. | *portare testimonianza,* fournir un témoignage. || [dare, procurare] porter. | *portare soccorso, assistenza a qlcu.,* porter secours, assistance à qn. | *portare fortuna, sfortuna,* porter bonheur, malheur. | *la notte porta consiglio,* la nuit porte conseil. || **5.** [concentrare, appuntare] porter. | *portare i propri sforzi su,* porter ses efforts sur. | *portare il proprio sguardo su,* porter son regard sur. || **6.** [incitare] porter, pousser. | *portare qlcu. a fare qlco.,* porter qn à faire qch. | *tutto mi porta a pensare,* tout me porte, me pousse à penser. | *questo incidente lo porterà ad avere maggiore attenzione,* cet accident le portera à plus d'attention. || **7.** [procurare] apporter. | *il matrimonio porta dei cambiamenti alla vita,* le mariage apporte des changements à la vie. || **8.** [provare, nutrire] porter, avoir. | *portare invidia a qlcu.,* porter envie à qn. | *portare odio a qlcu.,* porter de la haine à qn, éprouver de la haine pour qn. | *portare rispetto a qlcu.,* avoir du respect pour qn. || **9.** [trasferire] porter. | *portare una causa davanti al tribunale,* porter une cause devant le tribunal. | *portare la lotta sul piano politico,* porter la lutte sur le plan politique. || PROV. *portar vasi a Samo,* porter de l'eau à la rivière. || [trasmettere] porter, apporter. | *portare un ordine, una notizia,* porter, apporter un ordre, une nouvelle. || **10.** AUTOM. [guidare] conduire. | *porta bene, porta male la macchina,* il conduit bien, il conduit mal. || **11.** MAT. [riportare] retenir. | *scrivo 5 e porto 1,* j'écris 5 et je retiens 1. || **12.** POLIT. [sostenere] soutenir, appuyer. | *portare un candidato,* soutenir un candidat. | *portare un partito politico,* appuyer un parti politique. || **III.** CON AVV. *portare avanti,* faire avancer, avancer, poursuivre. | *portare avanti le truppe,* faire avancer les troupes. | *portare avanti l'orologio,* avancer sa montre. | *portare avanti il proprio lavoro,* poursuivre son travail. || *portare giù, da basso,* descendre. || *portare in alto,* soulever, emporter. || *portare indietro,* reculer, faire reculer. | *portare indietro un muro,* reculer un mur. || *portare su,* monter. | *porti su i bagagli,* montez mes bagages. || *portare via :* [portare con sé] emporter ; [condurre via] emporter, emmener ; [strappare con forza] emporter, arracher; [far morire] emporter, enlever. | *portate via dei panini,* emportez des sandwichs. | *l'hanno portato via in macchina,* on l'a emmené en voiture. | *la bomba gli portò via la gamba,* la bombe lui arracha une jambe. | *l'acqua portò via il ponte,* l'eau emporta le pont. | *il vento portò via il tetto,* le vent emporta, arracha le toit. | *la morte lo portò via,* la mort l'emporta. | *che il diavolo se lo porti via!,* que le diable l'emporte !

◆ v. intr. [condurre] mener, conduire. | *questo sentiero porta in paese,* ce chemin mène, conduit au village. | *tutte le strade portano a Roma,* tous les chemins mènent à Rome. || [sostenere] porter. | *il ghiaccio non porta più,* la glace ne porte plus. || MAR. porter. | *le vele portano bene,* les voiles portent bien. || MIL. porter. | *la carabina porta a cinquecento metri,* la carabine porte à cinq cents mètres.

◆ v. rifl. [recarsi] aller, se rendre ; [di veicolo] se déplacer. | *si sono portati sul luogo dell'incidente,* ils se sont rendus sur le lieu de l'accident. | *l'auto si portò sul bordo della strada,* l'auto se déplaça au bord de la route. || [comportarsi] se conduire. | *si è portato bene,* il s'est bien conduit. || [presentarsi] se porter, se présenter. | *si è portato candidato,* il s'est porté candidat, il s'est présenté comme candidat. || [di salute] se porter. | *si porta bene,* il se porte bien.

portaritratti [portari'tratti] m. invar. porte-photos ; cadre.

portariviste [portari'viste] m. invar. porte-revues.

portasapone [portasa'pone] m. invar. porte-savon.

portata [por'tata] f. **1.** [capacità di carico] charge ; [di gru] force ; [di balancia] force. || ARCHIT. portée, charge. | *la portata di un ponte,* la portée d'un pont. || MAR. port m., portée. | *portata utile di una nave,* port en lourd utile d'un navire. || **2.** CULIN. service m., plat m. | *pranzo di tre portate,* déjeuner de trois plats, de trois services. | *prima portata,* entrée. || **3.** MIL. *cannone a lunga portata,* canon à longue portée. | *a portata di fuoco,* à portée de feu. || PER ANAL. [distanza] *a portata di mano,* à portée de la main. | *a portata di voce,* à portée de (la) voix. | *a portata di vista,* à portée de vue. | *portata di un binocolo,* portée d'une lunette. | *portata di una stazione radio,* portée d'une station (d'émission). || FIG. [possibilità, livello, importanza] portée. | *è alla mia portata,* c'est à ma portée. | *è fuori della mia portata,* c'est hors de ma portée. | *è alla portata di tutte le tasche,* c'est à la portée de toutes les bourses. | *è un fatto senza portata,* c'est un événement sans portée. || **4.** GEOGR. débit m. | *portata di un fiume,* débit d'un fleuve. || PER ANAL. [di una pompa] débit m.

portatessera [porta'tɛssera] m. invar. porte-cartes.

portatile [por'tatile] agg. portatif.

portato [por'tato] agg. [di vestito] usagé. || [dotato] doué. | *è portato per il disegno,* il est doué pour le dessin. || PER EST. [incline] porté. | *è portato alla collera,* il se met en colère facilement. ◆ m. (lett.) produit, résultat, fruit.

portatore [porta'tore] (**-trice** f.) m. porteur, euse.

portatovagliolo [portatovaʎ'ʎɔlo] m. rond de serviette.

portauovo [porta'wɔvo] m. invar. coquetier.

portavasi [porta'vazi] m. invar. cache-pot ; [per più vasi] jardinière f.

portavivande [portavi'vande] m. invar. porte-plats.

portavoce [porta'votʃe] m. invar. [megafono] porte-voix. || MAR. gueulard, braillard. || FIG. porte-parole.

portello [por'tɛllo] m. petite porte f. ; [da armadio]

porte f. || [sportello] guichet. || AER. trappe f. || MAR. sabord ; [di cannoniera] mantelet.
portellone [portel'lone] m. AER. trappe f. || MAR. sabord.
portento [por'tɛnto] m. prodige, miracle.
portentosamente [portentosa'mente] avv. prodigieusement.
portentoso [porten'toso] agg. prodigieux.
porticato [porti'kato] m. portique, arcades f. pl. ◆ agg. à arcades.
portico ['pɔrtiko] (**-ci** pl.) m. ARCHIT. portique ; [di edificio, di chiesa] porche ; [di casa colonica] hangar. ◆ pl. [di vie, di piazze] arcades f. pl.
portiera [por'tjɛra] f. **1.** [tenda e sportello di automobile] portière. || **2.** [portinaia] concierge.
portiere [por'tjɛre] m. [portinaio] concierge ; [di albergo] portier. || SPORT gardien de but.
portinaio [porti'najo] (**-a** f.) m. concierge. || [di conventi] frère portier.
portineria [portine'ria] f. loge (de concierge) ; [di edifici pubblici] conciergerie.
1. porto ['pɔrto] m. [autorizzazione a portare armi] port m. | *porto d'armi*, port d'armes. || TRASP. port. | *spese di porto*, frais de port. | *porto assegnato*, port dû. | *franco di porto*, franco de port. | *porto pagato*, port payé.
2. porto ['pɔrto] m. MAR. port. | *porto fluviale*, port fluvial. | *porto di mare*, port de mer, port maritime. | *porto d'imbarco*, port d'embarquement. | *porto di sbarco*, port de débarquement. | *porto franco*, port franc. | *porto militare*, port militaire. | *entrare in porto*, entrer dans un port. | *fare scalo in un porto*, toucher à un port, faire escale dans un port. || FIG. *arrivare in porto*, arriver à bon port. | *condurre in porto*, mener à bien. | *la sua casa è un porto di mare*, on entre chez lui comme dans un moulin.
3. porto ['pɔrto] m. [vino] porto.
portoghese [porto'gese] agg. e n. portugais. || FIG. resquilleur.
portone [por'tone] m. [porta d'ingresso] porte f. (d'entrée); [di vecchi edifici] porte cochère.
portoricano [portori'kano] agg. e n. portoricain, aine.
portuale [portu'ale] agg. portuaire. | *bacino portuale*, dock m. ◆ m. docker.
porzione [por'tsjone] f. portion, part.
posa ['pɔsa] f. **1.** [sosta] répit m., arrêt m., cesse (solo in loc.). | *non ha posa*, il n'a pas de répit. | *corre senza posa*, il court sans arrêt, sans répit. | *lavora senza posa*, il travaille sans cesse. | *non dare posa*, ne pas donner de répit, ne laisser aucun répit. || **2.** [collocazione, messa in opera] pose. | *posa di un cavo*, pose d'un câble. | *posa di un cavo sottomarino*, immersion d'un câble. | *posa della prima pietra*, pose de la première pierre. || MIL. *posa di un campo minato*, pose d'un champ de mines. || [in mare] *posa di mine*, mouillage de mines. || **3.** [in fotografia e pittura] pose. | *mettersi in posa*, se mettre en pose, poser. || FIG. pose, air m. | *assume una posa naturale*, il prend une pose naturelle. | *ha una posa affettata*, il a une pose affectée, un air affecté. | *è una posa*, c'est de la pose. || FOTO pose. | *tempo di posa*, temps de pose. | *pellicola con dieci pose*, rouleau de dix photos. | *ha scattato una bella posa*, il a réussi une belle photo.
posacenere [posa'tʃenere] m. invar. cendrier m.
posamine [posa'mine] f. invar. MAR. mouilleur (m.) de mines.
posare [po'sare] v. tr. poser. | *posare un giornale sulla tavola*, poser un journal sur la table. | *ti posò una mano sui capelli*, il posa une main sur tes cheveux. | *posare la prima pietra*, poser la première pierre. | *posare un cavo*, poser un câble. | *posare le armi*, déposer les armes. || FIG. *posare lo sguardo su qlcu.*, poser son regard sur qn. || MIL. *posare mine :* [in mare] mouiller des mines ; [per terra] poser des mines. ◆ v. intr. **1.** [poggiare] reposer. | *la chiesa posa su pilastri e colonne*, l'église repose sur des piliers et sur des colonnes. || FIG. *le sue dichiarazioni posano sulla verità*, ses déclarations reposent sur la vérité. || **2.** [stare in posa] poser. | *posare per un ritratto*, poser pour un portrait. || FIG. [mostrare, ostentare] poser, jouer. | *non fa che posare*, il ne fait que poser. | *posa ad intellettuale*, il se donne des airs d'intellectuel. || **3.** [di liquido] déposer. ◆ v. rifl. [fermarsi] PR. e FIG. se poser.
posata [po'sata] f. [cucchiaio, forchetta, coltello] couvert m. | *aggiungere una posata*, ajouter un couvert. | *togliere le posate*, enlever le couvert.
posatamente [posata'mente] avv. posément.
posateria [posate'ria] f. couverts m. pl.
posatezza [posa'tettsa] f. calme m.
posato [po'sato] agg. posé, calme.
posatore [posa'tore] (**-trice** f.) m. [operaio] poseur, euse. || FIG. poseur, euse.
poscia ['pɔʃʃa] avv. (lett.) ensuite (L.C.), puis (L.C.). ◆ cong. *poscia ché :* [dopo che] après que ; [poiché] puisque.
poscritto [pos'kritto] m. post-scriptum (lat.).
posdomani [pozdo'mani] avv. après-demain.
positiva [pozi'tiva] f. FOT. positif m.
positivamente [pozitiva'mente] avv. positivement.
positivismo [poziti'vizmo] m. FILOS. positivisme.
positivista [poziti'vista] (**-i** pl.) n. FILOS. positiviste.
positivistico [poziti'vistiko] (**-ci** m. pl.) agg. FILOS. positiviste.
positivo [pozi'tivo] agg. positif.
positone [pozi'tone] m. FIS. positon.
positura [pozi'tura] f. [posizione] position. || [atteggiamento particolare del corpo] posture.
posizione [pozit'tsjone] f. **1.** [situazione, collocazione di una cosa rispetto ad un'altra] position. | *costruire una casa in una bella posizione*, construire une maison sur un bel emplacement. | *posizione dei calciatori in un campo da gioco*, position des joueurs sur un terrain de football. || **2.** FIG. *posizione sociale*, position sociale. | *posizione dirigente*, position dirigeante. | *farsi una posizione*, se faire une position. | *posizione chiave*, position clef. | *posizione di fiducia*, position de confiance. | *essere in una posizione difficile, delicata*, être dans une position difficile, délicate. || **3.** ASTRON. position. || AUTOM. *luci di posizione*, feux de position. || GRAMM. position. || MAR. *segnalare la propria posizione*, signaler sa position. || MIL. *posizione di combattimento*, position de combat. | *essere in posizione di tiro*, être en position de tir. | *occupare una posizione*, occuper une position. | *guerra di posizione*, guerre de position. || MUS. *suonare in terza posizione*, jouer dans la troisième position. || **4.** [posizione del corpo o di parte di esso] *posizione sdraiata, prona, eretta*, position couchée, à plat ventre, debout. || FIG. *prendere posizione*, prendre position. | *una presa di posizione*, une prise de position.
posologia [pozolo'dʒia] f. posologie.
posporre [pos'porre] v. tr. placer, mettre après. | *posporre il nome al cognome*, mettre le prénom après le nom. || FIG. faire passer après, préférer. | *posporre le vacanze al lavoro*, faire passer les vacances après le travail. | *posporre il cinema al teatro*, préférer le théâtre au cinéma.
posposizione [pospozit'tsjone] f. postposition.
possanza [pos'santsa] f. (lett.) puissance (L.C.), force (L.C.).
possedere [posse'dere] v. tr. posséder.
possedimento [possedi'mento] m. propriété f. | *avere grandi possedimenti*, avoir de vastes propriétés. || POLIT., STOR. [colonia] possession f., établissement. || PER EST. (raro) [possesso] possession f.
posseduto [posse'duto] agg. e n. possédé.
possente [pos'sɛnte] agg. (lett.) puissant (L.C.).
possessione [posses'sjone] f. possession.
possessivo [posses'sivo] agg. possessif.
possesso [pos'sɛsso] m. PR. possession f. | *prendere possesso di qlco.*, prendre possession de qch. | *entrare, essere in possesso*, entrer, être en possession. | *autorizzare a prendere possesso*, envoyer en possession. || PER EST. [conoscenza] *essere in possesso di una lingua*, posséder, maîtriser une langue. || FIG. [padronanza] possession | *essere in possesso di sé*, être maître de soi. | *in possesso di tutte le sue facoltà*, jouissant de toutes ses facultés. || [proprietà] possession, propriété f.
possessore [posses'sore] m. possesseur.
possibile [pos'sibile] agg. possible. | *è possibilissimo*, c'est fort possible. | *se possibile*, si possible. | *per quanto possibile*, autant que possible. | *il più possibile*,

le plus possible. | *il più spesso possibile*, le plus souvent possible. ◆ m. possible. | *fare il possibile*, faire tout son possible. | *fare il possibile e l'impossibile*, faire des pieds et des mains.

possibilismo [possibi'lizmo] m. POLIT. possibilisme.

possibilista [possibi'lista] (**-i** pl.) agg. e n. POLIT. possibiliste.

possibilistico [possibi'listiko] (**-ci** m. pl.) agg. possibiliste.

possibilità [possibili'ta] f. possibilité. ◆ pl. [mezzi finanziari] moyens m.; [risorse] possibilités, ressources.

possibilmente [possibil'mente] avv. si cela est possible, si c'est possible, si possible.

possidente [possi'dɛnte] n. propriétaire.

posta ['pɔsta] f. **1.** [amministrazione] poste. | *Poste e Telecomunicazioni*, Postes et Télécommunications. | *posta aerea*, poste aérienne. | *gli impiegati delle poste*, les employés des postes. | *spedire per posta*, envoyer par la poste. || PER EST. [ufficio] poste. | *la posta centrale*, la poste centrale. | *fermo posta*, poste restante. || PER. ANAL. [corrispondenza] courrier m. | *spedire la posta*, expédier le courrier. | *rispondere a stretto giro di posta*, répondre par retour du courrier. | *sbrigare la posta*, faire son courrier. | *c'è posta ?*, y a-t-il du courrier ? || **2.** STOR. [servizio di corriera] poste. | *cavalli di posta*, chevaux de poste. | *stazione di posta*, relais m. || **3.** [caccia] affût m. | *fare la posta*, se mettre à l'affût. || FIG. *fare la posta a qlcu.*, épier, guetter qn. || **4.** GIOCHI mise; [di scommessa] enjeu m. | *raddoppiare la posta*, doubler la mise. || **5.** RELIG. *una posta del rosario*, une dizaine de chapelet. || LOC. *a bella posta*, tout exprès, à dessein.

postagiro [posta'dʒiro] m. virement postal.

postale [pos'tale] agg. postal. ◆ m. FERR. train postal. || MAR. paquebot.

postare [pos'tare] v. tr. MIL. poster. ◆ v. rifl. se poster.

postazione [postat'tsjone] f. MIL. emplacement m.

postbellico [post'bɛlliko] (**-ci** m. pl.) agg. de l'après-guerre. | *il periodo postbellico*, l'après-guerre m. o f.

postdatare [postda'tare] v. tr. postdater.

postdatato [postda'tato] agg. postdaté.

posteggiare [posted'dʒare] v. tr. parquer, garer.

posteggiatore [posteddʒa'tore] (**-trice** f.) m. AUTOM. gardien de parking. || [suonatore ambulante] musicien ambulant.

posteggio [pos'teddʒo] m. AUTOM. parking, parc de stationnement. | *divieto di posteggio*, stationnement interdit. | *posteggio autorizzato*, parcage autorisé.

postema [pos'tɛma] f. MED. abcès m.

posteriore [poste'rjore] agg. postérieur. ◆ m. SCHERZ. derrière (fam.), postérieur (fam.).

posteriori (a) [a poste'rjori] loc. avv. (lat.) a posteriori.

posteriorità [posterjori'ta] f. postériorité.

posteriormente [posterjor'mente] avv. [nel tempo] postérieurement; [nello spazio] dans la partie postérieure.

posterità [posteri'ta] f. postérité.

postero ['pɔstero] m. (spec. pl.) descendant. | *i nostri posteri*, nos descendants. | *passare ai posteri*, passer à la postérité.

posticcio [pos'tittʃo] agg. postiche, faux. | *capelli posticci*, cheveux postiches. ◆ m. postiche, chichi (fam.).

posticipare [postitʃi'pare] v. tr. retarder, renvoyer, différer, remettre. | *posticipare un pagamento*, différer un payement.

posticipatamente [postitʃipata'mente] avv. COMM. [dopo consegna] après livraison.

posticipato [postitʃi'pato] agg. différé, renvoyé. | *pagamento posticipato*, payement après livraison.

posticipazione [postitʃipat'tsjone] f. renvoi m.

postiglione [postiʎ'ʎone] m. postillon.

postilla [pos'tilla] f. annotation, note, renvoi m. || GIUR. apostille. || RELIG. [sul Vecchio Testamento] postille.

postillare [postil'lare] v. tr. annoter, noter en marge.

postino [pos'tino] m. facteur.

1. posto ['posto] m. **1.** [spazio] place f., espace. | *abbiamo carenza di posto*, nous manquons de place. | *avere posto per giocare*, avoir de la place pour jouer. | *fare economia di posto*, faire économie de place. | *fare posto*, faire de la place. | *guadagnare posto*, gagner de la place, de l'espace. | *occupare molto, poco posto*, tenir beaucoup, peu de place, d'espace. | *trovare posto*, trouver de la place. || [per qlco. o qlcu.] place. | *posto gratuito*, place gratuite. | *posto libero*, place libre, vide. | *posto numerato*, place numérotée. | *posto occupato*, place prise, occupée. | *posto prenotato*, place louée, réservée. | *posto a sedere*, place assise. | *posto in piedi*, place debout. | *posto d'onore*, place d'honneur. | *posto di platea*, place de parterre. | *posto di prima classe*, place de première classe. | *prenotazione dei posti*, réservation des places. | *macchina a quattro posti*, voiture à quatre places. | *teatro da quattrocento posti*, théâtre de quatre cents places. | *cambiare di posto qlco.*, changer de place qch. | *far posto a qlcu.*, faire place à qn. || FIG. *avere un posto al sole*, avoir sa place au soleil. | *trovare posto nel cuore di qlcu.*, trouver une place dans le cœur de qn. || **2.** LOC. *è una proposta fuori posto*, c'est une proposition déplacée. | *parla fuori posto*, il parle hors de propos. | *in qualsiasi posto*, n'importe où. | *in nessun posto*, nulle part. | *in nessun altro posto*, nulle part ailleurs. | *studiare una situazione sul posto*, étudier une situation sur place, sur les lieux. | *mettersi al posto di qlcu.*, se mettre à la place de qn. | *al suo posto, non parlerei*, à votre place, je ne parlerais pas. | *al posto di lavorare, si chiacchiera*, au lieu de travailler, on bavarde. || **3.** [impiego] place f., emploi, poste. | *posto di fiducia*, place, poste de confiance. | *posto direttivo*, poste de direction. | *cercare un posto*, chercher un emploi, une place. | *essere senza posto*, être sans emploi. | *offrire un posto*, offrir un emploi. | *perdere il posto*, perdre sa place. | *sollecitare un posto presso qlcu.*, solliciter une place auprès de qn. || **4.** [sito, località] endroit, lieu, site. | *è un bel posto*, c'est un bel endroit. | *posto di villeggiatura*, lieu de villégiature. | *la gente del posto*, les gens du pays. || **5.** [con riferimento a particolari funzioni] AER. *posto di pilotaggio*, poste de pilotage. || AMM. *posto di dogana*, poste de contrôle douanier. | *posto di frontiera*, poste frontière. | *posto di polizia*, poste (de police). | *posto di blocco*, barrage de police. || MED. *posto di guardia*, poste de garde. | *posto di pronto soccorso*, poste de secours. || MIL. *posto avanzato*, poste avancé. | *posto di comando*, poste de commandement. | *posto di guardia*, poste (de garde). ◆ loc. ***a posto*** : *mettere a posto una stanza*, ranger une chambre. | *il meccanico m'ha messo a posto la macchina*, le garagiste a réparé ma voiture. | *avere i capelli a posto*, être bien peigné, bien coiffé. | *essere a posto con se stesso*, être tranquille. | *essere a posto con la propria coscienza*, avoir la conscience tranquille. | *mettere a posto qlcu.*, mettre qn au pas. | *mettere la testa a posto*, se ranger. | *non avere la testa a posto*, battre la campagne, avoir un grain. | *tenere la lingua a posto*, tenir sa langue. | *è una persona a posto*, c'est une personne comme il faut. | *è tutto a posto*, tout est en ordre. | *i documenti sono a posto*, les documents sont en ordre. | *tutto andrà a posto*, tout s'arrangera.

2. posto ['posto] part. pass. di PORRE. ◆ loc. cong. ***posto che*** : [se] si, en supposant que. | *posto che tu parta*, si tu pars. || [dato che] puisque, étant donné que, du moment que. | *posto che ci andiamo*, puisque nous y allons.

postoperatorio [postopera'tɔrjo] agg. postopératoire.

postribolo [pos'tribolo] m. (lett.) bordel (L.C.), lupanar.

postulante [postu'lante] agg. e n. postulant.

postulare [postu'lare] v. tr. postuler.

postulato [postu'lato] m. FILOS., MAT., RELIG. postulat.

postumo ['pɔstumo] agg. posthume. ◆ m. pl. [conseguenze] conséquences f. || MED. séquelles f.

potabile [po'tabile] agg. potable.

potabilità [potabili'ta] f. potabilité.

potabilizzare [potabilid'dzare] v. tr. rendre potable, purifier.

potabilizzazione [potabiliddzat'tsjone] f. purification, stérilisation.
potare [po'tare] v. tr. AGR. tailler, émonder, élaguer.
potassa [po'tassa] f. CHIM. potasse.
potassico [po'tassiko] (**-ci** m. pl.) agg. CHIM. potassique.
potassio [po'tassjo] m. CHIM. potassium.
potatoio [pota'tojo] m. AGR. émondoir.
potatore [pota'tore] (**-trice** f.) m. AGR. émondeur, euse ; élagueur.
potatura [pota'tura] f. AGR. émondage m., élagage m., taille. | *potatura a spalliera*, taille en espalier. || [i rami potati] émondes pl. ; [delle viti] sarments m. pl.
potentato [poten'tato] m. potentat.
potente [po'tɛnte] agg. e n. puissant.
potentemente [potente'mente] avv. puissamment.
potentilla [poten'tilla] f. BOT. potentille.
potenza [po'tɛntsa] f. puissance. | *la potenza della parola*, la puissance de la parole. || AUTOM. *potenza fiscale, nominale di un motore*, puissance fiscale, nominale d'un moteur. || FILOS. puissance. | *in potenza*, en puissance. || FIS. *potenza minimale, massimale*, puissance minimale, maximale. | *potenza effettiva*, puissance effective. | *a grande potenza*, à grande puissance. || MAT. *alla seconda potenza*, à la deuxième puissance, à la puissance deux. | *elevare all'ennesima potenza*, élever à la puissance *n*. || POLIT. puissance. | *le potenze occidentali*, les puissances occidentales. || RELIG. *potenze infernali, celesti*, puissances infernales, célestes.
potenziale [poten'tsjale] agg. e m. potentiel.
potenzialità [potentsjali'ta] f. PR. e FILOS. potentialité. || MECC. puissance.
potenzialmente [potentsjal'mente] avv. potentiellement, en puissance.
potenziamento [potentsja'mento] m. augmentation (f.) de puissance, valorisation f.
potenziare [poten'tsjare] v. tr. augmenter la puissance (de), mettre en valeur.
1. potere [po'tere] v. intr. **1.** [servile] pouvoir. | *ci posso andare*, je peux y aller. | *glielo puoi dire*, tu peux le lui dire. | *non son potuto venire*, je n'ai (pas) pu venir. | *non gli ho potuto parlare*, je n'ai (pas) pu lui parler. | *non posso fare a meno di farlo*, je ne peux m'empêcher de le faire, je ne peux pas ne pas le faire. | *non posso fare a meno di questa medicina*, je ne peux me passer de ce médicament. | *posso chiedervi una cosa?*, puis-je vous demander une chose ? | *posso parlare con voi?*, puis-je parler avec vous ? | *dove possono essere?*, où peuvent-ils être ? | *ci possono essere delle lettere per noi*, il peut y avoir des lettres pour nous. | *potevano essere le sei*, il pouvait être six heures. | *potranno essere le cinque*, il est probablement cinq heures, il doit être cinq heures. | *non posso farci nulla*, je n'y puis rien, je ne peux rien y faire. | *può darsi che venga*, il se peut, il est possible qu'il vienne. | *può darsi*, c'est possible. | *puoi dirlo forte*, tu peux le dire. || **2.** [assoluto] pouvoir. | *ho fatto quanto potevo per calmarlo*, j'ai fait ce que je pouvais pour le calmer. | *farai come meglio potrai*, tu feras de ton mieux, tu feras tout ton possible. | *vorrei accontentarvi, ma non si può*, je voudrais vous contenter, mais ce n'est pas possible. | *non appena potete*, dès que vous pourrez. | *è una persona che può molto*, c'est une personne qui a de grands moyens, de grandes possibilités. | *lei può molto su tutti noi*, vous avez une grande influence sur nous tous. | *non ne posso più*, je n'en peux plus. | *non ne posso più di questi esercizi*, j'en ai plein le dos, par-dessus la tête (fam.) de ces exercices. | *gridare a più non posso*, crier à tue-tête. | *lamentarsi a più non posso*, pousser de grands « hélas ». | *correre a più non posso*, courir à toutes jambes, à perdre haleine. | *piovere a più non posso*, pleuvoir à verse. | *si salvi chi può*, sauve qui peut ! | *volere è potere*, vouloir c'est pouvoir.
2. potere [po'tere] m. pouvoir. || ECON. *potere d'acquisto*, pouvoir d'achat. || FIS. *potere calorico*, pouvoir calorifique. || GIUR. *potere discrezionale*, pouvoir discrétionnaire. || POLIT. *potere assoluto*, pouvoir absolu. | *potere centrale*, pouvoir central. | *potere esecutivo, giudiziario, legislativo*, pouvoir exécutif, judiciaire, législatif. | *pieni poteri*, pleins pouvoirs. | *poteri speciali*, pouvoirs spéciaux. | *impadronirsi del potere*, s'emparer du pouvoir. || RELIG. *potere spirituale, temporale*, pouvoir spirituel, temporel. || TECN. *potere assorbente*, pouvoir absorbant. | *potere colorante*, pouvoir colorant.
potestà [potes'ta] f. puissance, pouvoir m. || GIUR. *patria potestà*, puissance paternelle. || RELIG. *divina potestà*, puissance divine. | *le Potestà*, les Puissances.
poveraccio [pove'rattʃo] (**-ci** pl.) m. [misero] pauvre diable, pauvre hère. || [esclam.] le pauvre !
poveramente [povera'mente] avv. pauvrement.
poverello [pove'rɛllo] agg. e n. pauvre, pauvret, ette ; pauvre malheureux, euse.
poveretto [pove'retto] agg. pauvre. ◆ n. [misero] pauvre diable. || [infelice] malheureux, euse ; pauvre malheureux, euse. || [meschino] pauvre type.
povero ['pɔvero] agg. pauvre, besogneux, indigent, misérable. | *famiglia povera*, famille pauvre. | *suolo povero*, sol pauvre. | *lingua povera*, langue pauvre. | *nazione povera di grano*, nation pauvre en blé. | *povero diavolo*, pauvre hère. | *povero me!*, pauvre de moi ! | *in parole povere*, en bon français, pour parler tout simplement. || PER EST. [defunto] défunt, feu. | *il mio povero padre*, mon défunt père, feu mon père. ◆ n. pauvre. | *aiutare i poveri*, aider les pauvres. | *poveri di spirito*, pauvres en esprit.
povertà [pover'ta] f. pauvreté, indigence, misère. || PER EST. *povertà di idee*, pauvreté d'idées. || PROV. *povertà non è colpa*, pauvreté n'est pas vice.
poveruomo [pove'rwɔmo] m. solo sing. pauvre homme. || [sciocco] pauvre type (peggior.).
pozione [pot'tsjone] f. potion.
pozza ['pottsa] f. flaque, mare.
pozzanghera [pot'tsangera] f. flaque.
pozzo ['pottso] m. puits. | *pozzo artesiano*, puits artésien. || FIG. *pozzo di scienza*, puits de science. | *cercare la luna nel pozzo*, chercher midi à quatorze heures. || MAR. *pozzo delle catene*, puits aux chaînes. || MIN. *pozzo petrolifero*, puits de pétrole. | *pozzo d'estrazione*, puits d'extraction.
pragmatismo [pragma'tizmo] m. FILOS. pragmatisme.
pragmatista [pragma'tista] (**-i** pl.) n. pragmatiste.
pragmatistico [pragma'tistiko] (**-ci** m. pl.) agg. pragmatiste.
prammatica [pram'matika] f. règle, usage m. | *è di prammatica*, c'est la règle. | *discorso di prammatica*, discours d'usage.
prammatico [pram'matiko] (**-ci** m. pl.) agg. pragmatique. || STOR. *Prammatica Sanzione*, Pragmatique Sanction.
prammatismo [pramma'tizmo] e deriv. V. PRAGMATISMO e deriv.
pranzare [pran'dzare] v. intr. [a mezzogiorno] déjeuner ; [alla sera] dîner. | *all'ora di pranzare*, à l'heure du déjeuner. | *andare a pranzare*, aller déjeuner. | *invitare a pranzare*, inviter à déjeuner.
pranzo [pran'dzo] m. [a mezzogiorno] déjeuner ; [alla sera] dîner. | *sala da pranzo*, salle à manger. || [pasto abbondante per cerimonia] dîner. | *pranzo alla carta*, dîner à la carte. | *pranzo di cerimonia*, dîner de cérémonie. | *pranzo di nozze*, repas de noces. | *saltare il pranzo*, dîner par cœur.
prassi ['prassi] f. pratique, usage m. || FILOS. praxis.
prataiolo [prata'jɔlo] agg. des prés. ◆ m. BOT. psalliote (f.) des champs. | *prataiolo coltivato*, champignon de couche.
prateria [prate'ria] f. prairie.
pratica ['pratika] f. **1.** [esperienza] pratique, expérience. | *la teoria e la pratica*, la théorie et la pratique. | *mettere in pratica*, mettre en pratique. | *avere una lunga pratica degli affari*, avoir une longue pratique, une longue expérience des affaires. | *non ha pratica*, il manque de pratique, il est sans expérience. | *non ho pratica della regione*, je ne connais pas cette région. || LOC. *la pratica val più della grammatica*, expérience passe science. | *altro è la pratica, altro è la grammatica*, il y a loin de la théorie à la pratique. || **2.** [tirocinio] apprentissage m., stage m. | *è andato a far pratica dal falegname*, il est entré en apprentissage chez le menuisier. | *far pratica del proprio mestiere*, faire l'apprentissage de son métier. | *questi studenti*

hanno fatto tre mesi di pratica in una banca, ces étudiants ont fait trois mois de stage dans une banque. ‖ **3.** [relazione, rapporto] rapport m., relation. | *avere pratica con una persona*, avoir des rapports avec une personne, fréquenter une personne, être en relation avec une personne. ‖ **4.** [usanza, consuetudine] usage m., habitude, exercice m. | *è pratica generale*, c'est la pratique générale. | *pratica della carità, della virtù*, exercice de la charité, de la vertu. | *pratiche religiose*, pratiques religieuses. | *pratiche illecite*, pratiques illicites. ‖ **5.** AMM. affaire ; [documenti] dossier m. ; démarche. | *ho sbrigato due pratiche urgenti*, j'ai réglé deux affaires urgentes. | *evadere una pratica*, expédier une affaire. | *studiare, consultare una pratica*, étudier, consulter un dossier. | *fare le pratiche necessarie*, faire les démarches nécessaires. ◆ LOC. AVV. ***in pratica***, en pratique, pratiquement, en fait ; à peu près, quasiment (fam.). | *in pratica ha detto tutto*, il a à peu près tout dit.

praticabile [pratiˈkabile] agg. praticable. ◆ m. CIN., TEATRO praticable.

praticabilità [pratikabiliˈta] f. praticabilité.

praticaccia [pratiˈkattʃa] f. FAM. métier m. (L.C.).

praticamente [pratikaˈmente] avv. pratiquement, en pratique, en fait.

praticante [pratiˈkante] agg. RELIG. pratiquant. ◆ n. [di mestieri] apprenti ; [di professioni] stagiaire. ‖ RELIG. pratiquant.

praticare [pratiˈkare] v. tr. **1.** pratiquer, appliquer, suivre, faire. | *praticare un metodo*, appliquer une méthode. | *praticare una professione*, pratiquer une profession. | *praticare la virtù, la pazienza*, pratiquer la vertu, la patience. | *praticare uno sport*, pratiquer un sport. | *praticare il nuoto*, faire de la natation. | *praticare una cura*, suivre un traitement. ‖ **2.** [effettuare] pratiquer, faire. | *praticare un foro*, pratiquer une ouverture. ‖ **3.** [frequentare] pratiquer, fréquenter ; hanter. | *praticare una casa*, fréquenter une maison. | *praticare una cattiva compagnia*, pratiquer, fréquenter une mauvaise société. ‖ **4.** COMM. accorder, faire. | *praticare uno sconto*, accorder une réduction. ‖ **5.** RELIG. fréquenter (raro). | *praticare i sacramenti*, fréquenter les sacrements.

praticità [pratitʃiˈta] f. avantages (m. pl.) pratiques. | *è una macchina di grande praticità*, c'est une machine très pratique. | *ha una grande praticità di spirito*, c'est un esprit très pratique.

pratico [ˈpratiko] (**-ci** m. pl.) agg. **1.** [contrario di teorico] pratique. | *medicina pratica*, médecine pratique. ‖ **2.** [positivo] pratique, concret, positif. | *è un ragazzo molto pratico*, c'est un garçon très concret, très positif. | *senso pratico*, sens pratique, positif. ‖ **3.** [di tutti i giorni] pratique, quotidien. | *nella vita pratica*, dans la vie pratique, dans la vie de tous les jours, dans la pratique. ‖ **4.** [comodo] pratique, commode. ‖ **5.** [esperto] expert, expérimenté, habile. | *non sono pratico della materia*, je ne suis pas expert en la matière. | *è pratico di meccanica*, il est expert en mécanique. | *lavora con mano pratica*, il travaille d'une main habile. | *è un muratore molto pratico*, c'est un maçon très expérimenté. | *non sono pratico della città*, je ne connais pas cette ville. ‖ **6.** FILOS. pratique.

praticoltura [pratikolˈtura] f. AGR. culture des prés.

praticone [pratiˈkone] (**-a** f.) m. MED. (peggior.) guérisseur, euse ; rebouteur, rebouteux, euse.

prato [ˈprato] m. pré ; [terreno erboso] gazon, pelouse f. | *seminare a prato*, gazonner. ‖ SPORT *hockey su prato*, hockey sur gazon.

pratolina [pratoˈlina] f. BOT. pâquerette.

pravo [ˈpravo] agg. (lett.) méchant (L.C.), pervers (L.C.).

preallarme [prealˈlarme] m. alerte f.

preambolo [preˈambolo] m. préambule, avant-propos.

preannunziare [preannunˈtsjare] v. tr. annoncer (à l'avance).

preavvertire [preavverˈtire] v. tr. préavertir.

preavvisare [preavviˈzare] v. tr. aviser d'avance, préaviser.

preavviso [preavˈvizo] m. préavis. | *senza preavviso*, sans préavis.

prebarba [preˈbarba] m. invar. e agg. (lotion f.) avant-rasage.

prebellico [preˈbɛlliko] (**-ci** m. pl.) agg. d'avant-guerre. | *periodo prebellico*, avant-guerre (m. o f.).

prebenda [preˈbɛnda] f. RELIG. prébende. ‖ FIG. gain m.

precariamente [prekarjaˈmente] avv. précairement.

precarietà [prekarjeˈta] f. précarité.

precario [preˈkarjo] agg. précaire.

precauzionale [prekauttsjoˈnale] agg. de précaution.

precauzione [prekautˈtsjone] f. précaution.

prece [ˈprɛtʃe] f. (lett.) prière (L.C.).

precedente [pretʃeˈdɛnte] agg. précédent ; [part. pres. con valore verbale] précédant (qch.). | *il giorno precedente*, le jour précédent, le jour d'avant. | *il mese precedente le vacanze*, le mois précédant les vacances. ◆ m. précédent. | *senza precedenti*, sans précédent, sans exemple. | *creare, stabilire un precedente*, établir un précédent. ◆ pl. GIUR. antécédents. | *senza precedenti giudiziari*, sans antécédents judiciaires.

precedentemente [pretʃedenteˈmente] avv. précédemment.

precedenza [pretʃeˈdɛntsa] f. priorité, préséance. ‖ AUTOM. priorité. | *diritto di precedenza*, droit de priorité. | *precedenza a destra*, priorité à droite. | *dare la precedenza*, donner la priorité. ◆ LOC. AVV. ***in precedenza***, précédemment.

precedere [preˈtʃɛdere] v. tr. précéder, devancer, dépasser. | *precedere qlcu. di cinque minuti*, précéder, devancer qn de cinq minutes. ‖ FIG. devancer, prévenir, anticiper. | *precedere i desideri di qlcu.*, devancer, prévenir les désirs de qn.

precessione [pretʃesˈsjone] f. ASTRON. précession.

precettare [pretʃetˈtare] v. tr. MIL. rappeler sous les drapeaux.

precettistica [pretʃetˈtistika] f. théorie.

precetto [preˈtʃɛtto] m. [norma] précepte, commandement, règle f. | *i precetti della morale*, les préceptes de la morale. ‖ GIUR. injonction f., sommation f. ‖ MIL. *cartolina precetto*, ordre d'appel. ‖ RELIG. précepte, commandement. | *i precetti della Chiesa*, les préceptes de l'Église. | *i precetti divini*, les commandements de Dieu. | *festa di precetto*, fête d'obligation f. | *precetto pasquale*, communion (f.) pascale, devoir pascal.

precettore [pretʃetˈtore] (**-trice** f.) m. précepteur, trice.

precipitare [pretʃipiˈtare] v. tr. précipiter. ◆ v. intr. **1.** [cadere] tomber ; [crollare] s'écrouler. | *precipitare testa in giù*, tomber la tête la première. | *precipitare in acqua*, tomber à l'eau. | *l'aereo precipita in fiamme*, l'avion tombe en flammes. | *il ponte è precipitato*, le pont s'est écroulé. ‖ [alpinismo] dérocher. ‖ FIG. tomber. | *precipitare in rovina*, tomber en ruine. | *precipitare nell'errore*, tomber dans l'erreur. ‖ **2.** [accelerarsi] se précipiter. | *gli avvenimenti precipitano*, les événements se précipitent. ‖ **3.** CHIM. précipiter. ◆ v. rifl. se précipiter. | *precipitarsi nelle braccia di qlcu.*, se précipiter dans les bras de qn. | *precipitarsi dietro a qlcu.*, se précipiter sur les pas de qn.

precipitatamente [pretʃipitataˈmente] avv. précipitamment.

precipitato [pretʃipiˈtato] agg. précipité. ◆ m. CHIM. précipité.

precipitazione [pretʃipitatˈtsjone] f. précipitation.

precipitosamente [pretʃipitosaˈmente] avv. précipitamment.

precipitoso [pretʃipiˈtoso] agg. [impetuoso] impétueux. | *un fiume precipitoso*, un fleuve impétueux. ‖ FIG. précipité, hâtif, inconsidéré.

precipizio [pretʃiˈpittsjo] m. précipice. | *fermarsi sullo orlo del precipizio*, s'arrêter au bord du précipice. ‖ FIG. ruine f. | *essere sul bordo del precipizio*, être au bord de la ruine. ◆ LOC. AVV. ***a precipizio***, précipitamment. | *scendere a precipizio*, descendre précipitamment, dévaler, dégringoler. | *correre a precipizio*, courir à toutes jambes. | *la montagna scendeva a precipizio*, la montagne tombait à pic.

precipuamente [pretʃipuaˈmente] avv. (lett.) principalement (L.C.).

precipuo [preˈtʃipuo] agg. (lett.) principal (L.C.).

precisamente [pretʃizaˈmente] avv. précisément.

precisare [pretʃiˈzare] v. tr. préciser.

precisazione [pretʃizatˈtsjone] f. éclaircissement m.,

explication, précision. | *avrei una precisazione da aggiungere*, j'aurais une précision à ajouter.
precisione [pretʃi'zjone] f. précision, justesse.
preciso [pre'tʃizo] agg. **1.** précis, exact. | *alle tre precise*, à trois heures précises. | *calcolo preciso*, calcul exact. | *sono le sue precise parole*, ce sont ses propres mots. | *non c'è niente di preciso*, il n'y a rien de précis. | *lo sai di preciso ?*, est-ce que tu le sais au juste ? ‖ **2.** [esattamente corrispondente] identique.
precitato [pretʃi'tato] agg. précité.
preclaro [pre'klaro] agg. (lett.) illustre, éminent.
precludere [pre'kludere] v. tr. barrer, fermer, couper. | *precludere la via a qlcu.*, barrer le chemin à qn. ‖ GIUR. forclore.
preclusione [preklu'zjone] f. barrage m. ‖ GIUR. forclusion.
precluso [pre'kluzo] agg. barré, coupé. ‖ GIUR. forclos.
precoce [pre'kɔtʃe] agg. précoce, prématuré. | *bambino precoce*, enfant précoce. | *morte precoce*, mort prématurée. | *parto precoce*, accouchement prématuré. ‖ GIUR. *delinquenza precoce*, délinquance juvénile.
precocemente [prekotʃe'mente] avv. précocement, prématurément.
precocità [prekotʃi'ta] f. précocité f.
precompressione [prekompres'sjone] f. TECN. précontrainte.
precompresso [prekom'prɛsso] agg. TECN. précontraint. ◆ m. ciment précontraint.
preconcetto [prekon'tʃɛtto] agg. préconçu. | *idee preconcette*, idées toutes faites. ◆ m. préjugé ; jugement préconçu, opinion préconçue.
preconizzare [prekonid'dzare] v. tr. [predire] prédire. ‖ RELIG. préconiser.
preconizzazione [prekoniddzat'tsjone] f. RELIG. préconisation.
precorrere [pre'korrere] v. tr. devancer, prévenir. | *precorrere le intenzioni di qlcu.*, devancer les intentions de qn.
precorritore [prekorri'tore] (**-trice** f.) agg. e n. précurseur (solo m.) ; devancier, cière.
precostituire [prekostitu'ire] v. tr. constituer à l'avance.
precursore [prekur'sore] agg. e m. précurseur.
preda ['prɛda] f. proie. | *essere in preda alle fiamme*, être la proie des flammes. | *essere in preda alla paura*, être en proie à la peur. | *cadere in preda a*, devenir la proie de. | *darsi in preda alla collera*, se livrer à la colère. ‖ MAR. *preda di guerra*, prise. | *diritto di preda*, droit de prise. ‖ MIL. *preda di guerra*, butin (m.) de guerre.
predare [pre'dare] v. tr. piller ; faire du butin.
predatore [preda'tore] (**-trice** f.) agg. e m. pillard, prédateur, trice. | *uccello predatore*, oiseau de proie, oiseau prédateur.
predecessore [predetʃes'sore] m. prédécesseur, devancier. ◆ pl. [antenati] aïeux, ancêtres.
predella [pre'dɛlla] f. [piattaforma di legno] estrade. ‖ ARTI [di un polittico] prédelle. ‖ MIL. *predella di tiro*, banquette de tir. ‖ TRASP. [di carrozza] marchepied m.
predellino [predel'lino] m. [di carrozza] marchepied.
predestinare [predesti'nare] v. tr. prédestiner.
predestinato [predesti'nato] agg. e n. prédestiné.
predestinazione [predestinat'tsjone] f. prédestination.
predeterminare [predetermi'nare] v. tr. prédéterminer.
predeterminato [predetermi'nato] agg. prédéterminé.
predeterminazione [predeterminat'tsjone] f. prédétermination.
predetto [pre'detto] agg. susdit, susnommé. ‖ [preannunciato] prédit.
predica ['prɛdika] f. sermon m. ; [dei protestanti] prêche m. ‖ FAM. semonce.
predicare [predi'kare] v. tr. prêcher. | *predicare il Vangelo*, prêcher l'Évangile. | *predicare nel deserto*, prêcher dans le désert.
predicativo [predika'tivo] agg. GRAMM. e FILOS. prédicatif.
predicato [predi'kato] m. GRAMM. prédicat. ‖ LOC. *essere in predicato di essere nominato cavaliere*, être en passe d'être nommé chevalier.
predicatore [predika'tore] m. prédicateur.
predicazione [predikat'tsjone] f. prédication.
predicozzo [predi'kɔttso] m. IRON. petite semonce f., homélie f., capucinade f. (peggior.).
prediletto [predi'lɛtto] agg. e n. préféré, favori, chéri, bien-aimé.
predilezione [predilet'tsjone] f. prédilection.
prediligere [predi'lidʒere] v. tr. chérir, préférer, avoir une prédilection (pour), affecter.
predire [pre'dire] v. tr. prédire.
predisporre [predis'porre] v. tr. prédisposer, préparer. | *predisporre alla contemplazione*, prédisposer à la contemplation. | *predisporre un progetto*, préparer un projet. ◆ v. rifl. se préparer.
predisposizione [predispozit'tsjone] f. prédisposition, disposition.
predisposto [predis'posto] agg. préparé, disposé. | *esser ben predisposto nei confronti di qlcu.*, être bien disposé à l'égard de qn. ‖ MED. prédisposé.
predizione [predit'tsjone] f. prédiction.
predominante [predomi'nante] agg. prédominant.
predominare [predomi'nare] v. intr. prédominer, prévaloir, l'emporter. | *ciò che predomina nella sua opera*, ce qui prédomine dans son œuvre. ◆ v. tr. (raro) dominer.
predominio [predo'minjo] m. supériorité f., suprématie f.
predone [pre'done] m. pillard, brigand.
preesistente [preezis'tɛnte] agg. préexistant.
preesistenza [preezis'tɛntsa] f. préexistence.
preesistere [pree'zistere] v. intr. préexister.
prefabbricare [prefabbri'kare] v. tr. préfabriquer.
prefabbricato [prefabbri'kato] agg. préfabriqué.
prefabbricazione [prefabbrikat'tsjone] f. préfabrication.
prefazio [pre'fattsjo] m. RELIG. préface f.
prefazione [prefat'tsjone] f. préface, avant-propos m., avertissement m.
preferenza [prefe'rɛntsa] f. préférence.
preferenziale [preferen'tsjale] agg. préférentiel.
preferibile [prefe'ribile] agg. préférable.
preferibilmente [preferibil'mente] avv. de préférence, préférablement.
preferire [prefe'rire] v. tr. préférer, aimer mieux. | *preferire la montagna al mare*, préférer la montagne à la mer. | *ha preferito tacere*, il a préféré se taire.
preferito [prefe'rito] agg. e n. préféré.
prefettizio [prefet'tittsjo] agg. préfectoral.
prefetto [pre'fɛtto] m. préfet. | *prefetto di polizia*, préfet de police. ‖ UNIV. maître d'internat.
prefettura [prefet'tura] f. préfecture.
prefiggere [pre'fiddʒere] v. tr. fixer d'avance. ‖ GRAMM. préfixer. ◆ v. rifl. se fixer, se proposer.
prefigurare [prefigu'rare] v. tr. préfigurer.
prefisso [pre'fisso] agg. établi, déterminé, fixé. | *nel giorno prefisso*, au jour fixé. ◆ m. GRAMM. préfixe. ‖ TELECOM. [telefono] indicatif.
pregare [pre'gare] v. tr. prier. ‖ PER EST. [chiedere con cortesia] prier. | *ti prego di credermi*, je te prie de me croire. | *ti prego, fallo per me !*, fais-le pour moi, je t'en prie ! | *entri, la prego !*, entrez, je vous en prie ! | *si fa pregare*, il se fait prier. | *si prega di non fumare*, prière de ne pas fumer.
pregevole [pre'dʒevole] agg. estimable ; [di cose] précieux, de valeur.
pregevolezza [predʒevo'lettsa] f. (raro) valeur (L.C.).
pregevolmente [predʒevol'mente] avv. [preziosamente] précieusement. ‖ [con cura] fort bien, soigneusement.
preghiera [pre'gjɛra] f. RELIG. prière. | *dire le preghiere*, faire sa prière, dire ses prières. ‖ PER EST. prière. | *rivolgere una preghiera a qlcu.*, adresser une prière à qn. | *esaudire una preghiera*, exaucer une prière. | *su mia preghiera*, à ma demande. | *con preghiera di*, prière de.
pregiare [pre'dʒare] v. tr. (lett.) estimer (L.C.), apprécier (L.C.). ◆ v. rifl. avoir l'honneur de. | *mi pregio di essergli amico*, j'ai l'honneur d'être son ami.
pregiato [pre'dʒato] agg. **1.** [di valore] précieux, de prix, de valeur. | *metallo pregiato*, métal précieux. |

merce pregiata, marchandise de prix, de valeur. | *vino pregiato*, vin réputé supérieur. || FIN. *valuta pregiata*, devise forte. || **2.** [nel linguaggio burocratico] *pregiato Signore*, Monsieur. | *ho ricevuto la pregiata Vostra del*, j'ai reçu votre lettre du.
pregio ['prɛdʒo] m. **1.** [motivo di apprezzamento] qualité f., mérite. | *un lavoro che presenta molti pregi*, un travail qui présente beaucoup de qualités. | *ha il pregio di*, il a le mérite de. | *pittore di gran pregio*, peintre de grand mérite. | *questo libro non è senza pregi*, ce livre n'est pas sans mérites. || **2.** [valore] valeur f., prix. | *oggetto di pregio*, objet de prix, de valeur. || **3.** [stima, considerazione] estime f., considération f. | *essere in grande pregio*, jouir d'une grande considération. | *avere qlcu. in gran pregio*, tenir qn en grande estime.
pregiudicare [predʒudi'kare] v. tr. compromettre, nuire (à), porter préjudice (à), porter atteinte (à).
pregiudicato [predʒudi'kato] agg. compromis. ◆ n. GIUR. repris (m.) de justice.
pregiudiziale [predʒudit'tsjale] agg. préjudiciel.
pregiudizialità [predʒudittsjali'ta] f. caractère (m.) préjudiciel.
pregiudizialmente [predʒudittsjal'mente] avv. préalablement, avant tout.
pregiudizievole [predʒudit'tsjevole] agg. préjudiciable.
pregiudizio [predʒu'dittsjo] m. **1.** [idea preconcetta] préjugé, jugement préconçu. | *pieno di, esente da pregiudizi*, plein de, exempt de préjugés. | *pregiudizi di casta*, préjugés de caste. || **2.** [danno] préjudice, détriment. | *recar pregiudizio*, porter préjudice. | *con pregiudizio di qlcu.*, au préjudice de qn. | *con pregiudizio per la tua salute*, au détriment de ta santé.
pregnante [preɲ'ɲante] agg. [denso di significati] chargé de sens. ◆ agg. e f. [gravida] (raro) enceinte (L.C.).
pregnanza [preɲ'ɲantsa] f. [di parola] prégnance. || [gravidanza] (raro) grossesse (L.C.).
pregno ['preɲɲo] agg. [gravido] gravide. || PER EST. [impregnato] imprégné, imbibé. | *nubi pregne d'acqua*, nuages imprégnés d'eau. || FIG. chargé. | *parole pregne di significato*, mots chargés de sens.
prego ['prɛgo] interiez. [formula di cortesia] *entri, prego*, entrez, je vous en prie. | *grazie!, prego!*, merci ! ; (il n'y a) pas de quoi !, de rien ! || [quando non si è capito qlco.] vous dites ?, plaît-il ?
pregustare [pregus'tare] v. tr. goûter d'avance.
preistoria [preis'tɔrja] f. préhistoire.
preistorico [preis'tɔriko] (**-ci** m. pl.) agg. préhistorique.
prelatizio [prela'tittsjo] agg. de prélat.
prelato [pre'lato] m. RELIG. prélat.
prelatura [prela'tura] f. RELIG. prélature.
prelazione [prelat'tsjone] f. GIUR. préemption. | *diritto di prelazione*, droit de préemption.
prelevamento [preleva'mento] m. prélèvement. || [di denaro] retrait, prélèvement.
prelevare [prele'vare] v. tr. **1.** [ritirare] prélever, retirer. | *prelevare del denaro*, prélever de l'argent. | *prelevare da un conto*, prélever sur un compte. || MED. *prelevare del sangue*, faire un prélèvement de sang. || **2.** PER EST. [catturare, arrestare] arrêter.
prelibato [preli'bato] agg. exquis, excellent, délicieux.
prelievo [pre'ljɛvo] m. COMM., FIN. prélèvement, retrait. || MED. prélèvement. | *prelievo di sangue*, prélèvement, prise (f.) de sang.
preliminare [prelimi'nare] agg. préliminaire. | *colloqui preliminari*, entretiens préliminaires. ◆ m. préliminaire.
preliminarmente [preliminar'mente] avv. au préalable.
preludere [pre'ludere] v. intr. annoncer, préluder (à). | *la nebbia prelude all'inverno*, le brouillard annonce l'hiver, prélude à l'hiver. || [introdurre] introduire.
preludiare [prelu'djare] v. tr. MUS. préluder.
preludio [pre'ludjo] m. MUS. e FIG. prélude.
pre-maman [prema'mã] agg. pour futures mamans. ◆ m. invar. robe (f.) de grossesse.
prematrimoniale [prematrimo'njale] agg. prénuptial.
prematuramente [prematura'mente] avv. prématurément.
prematurità [prematuri'ta] f. prématurité.
prematuro [prema'turo] agg. e n. prématuré.
premeditare [premedi'tare] v. tr. préméditer.
premeditatamente [premeditata'mente] avv. avec préméditation.
premeditato [premedi'tato] agg. prémédité.
premeditazione [premeditat'tsjone] f. préméditation.
premente [pre'mɛnte] agg. TECN. *pompa premente*, pompe foulante.
premere ['prɛmere] v. tr. appuyer (sur), presser (sur). | *premere il grilletto*, appuyer sur, presser sur la détente. | *premere un pulsante*, appuyer sur un bouton. | *premere l'acceleratore*, appuyer sur l'accélérateur. | *la folla ci premeva contro il muro*, la foule nous pressait contre le mur. || [strizzare] presser, pressurer. | *premere un limone*, presser un citron. ◆ v. intr. [far forza su] appuyer, peser. | *premere con tutto il proprio peso*, peser de tout son poids. | *premere su una leva*, appuyer sur un levier. || FIG. **1.** [essere urgente] presser. | *niente preme*, rien ne presse. || **2.** [far pressione] exercer une pression (sur). || **3.** [importare] tenir (à), importer (de). | *mi preme (di) convincervi*, je tiens à vous convaincre. | *gli preme (di) partire*, il lui importe de partir.
premessa [pre'messa] f. **1.** [chiarimento preliminare] préambule m., préliminaire m. || **2.** [presupposto] prémisse, base. | *porre le premesse*, jeter les bases. | *ragionamento che muove da premesse sbagliate*, raisonnement fondé sur de fausses prémisses, qui pèche par la base. || **3.** [di un libro] préface, avant-propos m. || **4.** FILOS. prémisse.
premettere [pre'mettere] v. tr. **1.** [far precedere] placer avant, faire précéder. || **2.** [dire prima] déclarer, dire d'abord. || LOC. *ciò premesso*, cela dit. | *premesso che*, si l'on admet que.
premiare [pre'mjare] v. tr. récompenser. | *premiare una persona per i suoi sforzi*, récompenser une personne de ses efforts. || [dare un premio] accorder, décerner, donner un prix à ; [ad un animale] primer.
premiato [pre'mjato] agg. récompensé, couronné ; [animale] primé. ◆ n. lauréat. | *elenco dei premiati*, liste (f.) des lauréats ; palmarès m.
premiazione [premjat'tsjone] f. distribution des prix.
premilitare [premili'tare] agg. prémilitaire.
preminente [premi'nɛnte] agg. prééminent.
preminenza [premi'nɛntsa] f. prééminence.
premio ['prɛmjo] m. prix. | *gran premio di Francia*, grand prix de France. | *primo premio*, premier prix. || COMM. prime f. | *premio di produzione*, prime de production. | *premio di assicurazione*, prime d'assurance. | *premio all'esportazione*, prime à l'exportation. | *mercato a premio*, marché à prime. || GIOCHI [lotteria] lot. | *il primo premio*, le gros lot. || MIL. prime. | *premio di arruolamento*, prime d'engagement. | *premio di rafferma*, prime de rengagement. | *premio di smobilitazione, di congedo*, prime de démobilisation. || UNIV. prix. | *massimo premio* = prix d'excellence.
premistoppa [premis'toppa] m. invar. MECC. presse-étoupe(s).
premolare [premo'lare] agg. ANAT. prémolaire. ◆ m. ANAT. prémolaire f.
premonire [premo'nire] v. tr. (lett.) avertir (L.C.).
premonitore [premoni'tore] o **premonitorio** [premoni'tɔrjo] agg. prémonitoire.
premonizione [premonit'tsjone] f. prémonition.
premunire [premu'nire] v. tr. fortifier. || FIG. prémunir.
premunizione [premunit'tsjone] f. prémunition.
premura [pre'mura] f. **1.** [urgenza] hâte. | *ha premura di partire*, il a hâte de, il est pressé de partir. | *far premura a qlcu.*, hâter, presser, solliciter qn. | *farsi premura*, se hâter, se presser. || **2.** [sollecitudine, attenzione] égard m., sollicitude, obligeance. | *dimostrare premura*, s'empresser, faire preuve d'empressement. | *premura molesta*, importunité ; assiduité importune.
premurarsi [premu'rarsi] v. rifl. s'empresser (de).
premurosamente [premurosa'mente] avv. obligeamment, avec empressement.
premuroso [premu'roso] agg. empressé, obligeant, prévenant.

prenatale [prena'tale] agg. prénatal.
prendere ['prendere] v. tr.

I. Senso generale. **1.** Afferrare. **2.** Entrare in possesso. **3.** Utilizare, servirsi di. **4.** Sorprendere, fermare, arrestare. **5.** Andare, venire a prendere. **6.** Valore incoativo.
II. Relazione tra dare e ricevere. **1.** Ricevere. **2.** Subire, buscare. **3.** Assumere. **4.** Ingerire. **5.** Scegliere. **6.** Considerare, trattare. **7.** Confondere. **8.** Richiedere, esigere.
◆ v. intr.
◆ v. rifl.

I. Senso generale. **1.** [afferrare] prendre, saisir. | *prendere in mano un libro*, prendre en main un livre. | *prendere un bambino per mano*, prendre un enfant par la main. | *prendere a piene mani*, prendre à pleines mains. | *prendere qlco. dalle mani di qlcu.*, prendre qch. des mains de qn. | *prendere tra le dita*, prendre entre ses doigts. | *prendere fra le braccia*, prendre dans ses bras. | *prendere per le spalle*, saisir aux épaules. | *prendere per la collottola*, prendre par la peau du cou. | *prendere per il bavero*, prendre au collet. | *prendere per il collo*, saisir à la gorge. | *prendere per i capelli*, prendre, saisir aux cheveux. | *prendere un cavallo per le redini*, prendre un cheval par la bride. || Fig. *prendere in mano un affare*, prendre une affaire en main. | *prendere il coraggio a due mani*, prendre son courage à deux mains. | *prendere qlcu. per il bavero*, se moquer de qn, se payer la tête de qn. | *prendere la palla al balzo*, saisir la balle au bond. | *prendere le armi*, prendre les armes. | *prendere il toro per le corna*, prendre le taureau par les cornes. || **2.** [entrare in possesso, impossessarsi] prendre, emporter, acheter. | *prendere la penna*, prendre son stylo. | *prendere gli occhiali*, prendre ses lunettes. | *prendere delle provviste con sé*, emporter des provisions. | *prendere in affitto*, prendre en location. | *prendere a credito*, prendre à crédit. | *prendere in cambio*, prendre en échange. | *prendere posto*, prendre place. | *prendere il posto di qlcu.*, prendre la place de qn. | *prendere del denaro in banca*, prendre, retirer de l'argent à la banque. || [con l'astuzia, con la forza] prendre, attraper, s'emparer, voler. | *l'esercito nemico ha preso due città*, l'armée ennemie s'est emparée de deux villes, a pris deux villes. | *prendere una piazzaforte*, prendre, forcer une place. | *prendere di petto*, prendre de front. | *prendere d'assalto*, prendre d'assaut. | *gli hanno preso l'orologio*, on lui a volé, on lui a pris sa montre. | *prendere in trappola*, prendre au piège. || **3.** [utilizzare, servirsi di] prendre, utiliser. | *prendere un mezzo di trasporto*, prendre un moyen de transport. | *prendere la nave*, prendre le bateau. | *prendere l'aereo*, prendre l'avion. | *non siamo riusciti a prendere il treno*, nous avons manqué notre train. || **4.** [sorprendere, fermare, arrestare] prendre, surprendre, arrêter, capturer. | *prendere qlcu. in flagrante delitto*, prendre, surprendre, arrêter qn en flagrant délit. | *prendere qlcu. sul fatto*, prendre qn sur le fait. | *prendere qlcu. con le mani nel sacco*, surprendre qn la main dans le sac. | *prendere qlcu. alla sprovvista*, prendre qn au dépourvu. | *è stato preso dalla polizia*, il s'est fait arrêter par la police. || **5.** *andare, venire a prendere*, aller, venir chercher. | *va a prendere sua madre alla stazione*, il va chercher sa mère à la gare. | *vado a prendermi la pipa*, je vais chercher ma pipe. || **6.** [con valore incoativo] prendre, commencer à. | *prendere a parlare*, commencer à parler. | *prendere a fuggire*, prendre la fuite. | *prendere fuoco*, prendre feu, commencer à brûler. | *prendere contatto con qlcu.*, prendre contact avec qn. | *prendere il galoppo*, prendre le galop. | *prendere gusto*, prendre goût. | *prendere interesse*, prendre intérêt. | *prendere la parola*, prendre la parole. | *prendere il largo*, prendre le large. | *prendere peso*, prendre du poids. | *prendere congedo*, prendre congé. | *prendere forma*, prendre forme. | *prendere partito per qlcu.*, prendre parti pour qn. | *prendere sonno*, s'endormir. | *prendere il volo*, prendre son vol. || **II.** Relazione tra dare e ricevere. **1.** [ricevere] prendre, accepter. | *prendere una sigaretta*, prendre, accepter une cigarette. | *prendere un biglietto*, prendre un billet. | *prendere un regalo*, prendre, accepter un cadeau. | *prendere lezioni di francese*, prendre des leçons de français. | *prendere degli ordini*, prendre des ordres. | *prendere consiglio*, prendre conseil. | *prendere le cose ridendo*, prendre les choses en riant. | *prendere la vita dal lato buono*, prendre, accepter la vie du bon côté. | *prendere diletto a fare qlco.*, prendre, éprouver du plaisir à faire qch., aimer à faire qch. || **2.** [subire, buscare] prendre, contracter, attraper. | *prendere una malattia*, prendre, contracter une maladie. | *prendere un raffreddore*, attraper un rhume. | *prendere un colpo di sole*, prendre, attraper un coup de soleil. | *prendere freddo*, prendre froid. | *prendere un ceffone*, recevoir une gifle. | *prendere una sbornia*, se soûler. | *prendere una contravvenzione*, attraper une contravention. | *prendere un granchio*, se mettre le doigt dans l'œil (fam.). || **3.** [assumere] prendre, assumer ; [alle proprie dipendenze] embaucher, engager, employer. | *prendere un incarico*, prendre, assumer une charge. | *prendere una aria devota, misteriosa, minacciosa*, prendre un air dévot, mystérieux, menaçant. | *prendere un impegno*, prendre un engagement. | *prendere informazioni*, prendre des renseignements. | *prendere notizie*, prendre des nouvelles. | *prendere qlcu. a servizio*, prendre qn à son service. | *prendere una dattilografa*, engager une dactylo. | *prendere un operaio*, embaucher un ouvrier. || **4.** [ingerire] prendre, absorber. | *prendere i pasti al ristorante*, prendre ses repas au restaurant. | *prendere il caffè*, prendre son café. | *non prendere nulla*, ne rien prendre. || **5.** [scegliere] prendre. | *prendere moglie*, prendre femme. | *prendere una strada*, prendre, emprunter une route. | *prendere una direzione*, prendre une direction. | *prendere una scorciatoia*, prendre, emprunter un raccourci. || **6.** [considerare, trattare] prendre, considérer, traiter. | *prendere in considerazione*, prendre en considération. | *prendere a cuore*, prendre à cœur. | *prendere in buona, in cattiva parte*, prendre en bonne, en mauvaise part. | *prendere in parola*, prendre au mot. | *prendere a pretesto*, prendre pour prétexte. | *prendere sul serio*, prendre au sérieux. | *prendere sul tragico*, prendre au tragique. | *prendere in simpatia*, prendre en sympathie. | *prendere qlcu. dal suo punto debole*, prendre qn par son point faible. || **7.** [confondere] prendre, confondre. | *prendere una persona per un'altra*, prendre une personne pour une autre. | *prendere la bontà per indulgenza*, confondre la bonté avec l'indulgence. | *prendere qlcu. per un medico*, prendre qn pour un médecin. | *mi prende per un idiota !*, il me prend pour un idiot ! | *per chi mi prendi ?*, pour qui me prends-tu ? | *prendere per oro colato*, prendre pour argent comptant. | *prendere lucciole per lanterne*, prendre des vessies pour des lanternes (fam.). || **8.** [richiedere, esigere] prendre, demander. | *mi hanno preso duemila lire*, on m'a demandé deux mille lires. | *prendere tremila lire all'ora*, prendre, demander trois mille lires l'heure. | *questo lavoro prenderà due giornate*, ce travail prendra deux journées.
◆ v. intr. **1.** [girare] tourner. | *prendere a destra, a sinistra*, tourner, prendre à droite, à gauche. | *prendere attraverso campi*, prendre, couper à travers champs. || **2.** [prendere fuoco] prendre. | *la paglia prende bene*, la paille prend facilement. || **3.** [rapprendersi] prendre. | *il cemento ha preso*, le ciment a pris. || **4.** [assomigliare] tenir (de), ressembler (à). | *ha preso da sua madre*, il tient de sa mère, il ressemble à sa mère. || **5.** Bot. [attecchire] prendre. | *le piante non hanno preso*, les plantes n'ont pas pris.
◆ v. rifl. [afferrarsi] s'agripper. || Fig. *prendersi d'amicizia per qlcu.*, se prendre d'amitié pour qn. | *prendersi di passione*, se prendre de passion. || Loc. *prendersela*, s'en faire, se fâcher. | *prendersela comoda*, prendre son temps. || [v. rifl. recipr.] se prendre. | *prendersi per mano*, se prendre par la main. | *prendersi per i capelli*, se prendre aux cheveux.
prendisole [prendi'sole] m. inv. bain-de-soleil.
prenditore [prendi'tore] (**-trice** f.) m. Comm. bénéficiaire, preneur, euse. || Sport [base-ball] attrapeur.

prenome [pre'nome] m. prénom.
prenominato [prenomi'nato] agg. susnommé.
prenotare [preno'tare] v. tr. retenir, réserver, louer. ◆ v. rifl. s'inscrire.
prenotazione [prenotat'tsjone] f. réservation, location.
prenozione [prenot'tsjone] f. FILOS. prénotion.
prensile ['prɛnsile] agg. ZOOL. préhensile, prenant.
preoccupante [preokku'pante] agg. préoccupant, inquiétant.
preoccupare [preokku'pare] v. tr. préoccuper, inquiéter. ◆ v. rifl. se préoccuper, s'inquiéter, se faire du souci, s'en faire (fam.).
preoccupato [preokku'pato] agg. préoccupé, inquiet.
preoccupazione [preokkupat'tsjone] f. préoccupation, inquiétude, souci m.
preordinare [preordi'nare] v. tr. préordonner.
preordinazione [preordinat'tsjone] f. préordination.
preparare [prepa'rare] v. tr. préparer. | *preparare una sala*, préparer une salle. | *preparare una festa*, organiser une fête. | *preparare un piatto*, préparer, apprêter un plat. | *preparare il tè*, préparer le thé. | *preparare la tavola*, dresser, mettre la table. | *preparare una conferenza*, préparer une conférence. | *preparare un esame*, préparer un examen. | *preparare un complotto*, préparer, ourdir un complot. | *essere preparato a tutto*, être préparé à tout. ◆ v. rifl. se préparer. | *prepararsi alla guerra, al combattimento*, se préparer à la guerre, au combat. | *prepararsi per una festa*, se préparer pour une fête. ‖ [accingersi] se préparer, se disposer, s'apprêter. | *mi preparavo ad uscire*, je me disposais à sortir. ‖ FIG. [per indicare un fatto imminente] se préparer. | *si prepara una guerra*, une guerre se prépare, est imminente.
preparativo [prepara'tivo] m. préparatif.
preparato [prepa'rato] agg. préparé, apprêté, prêt. | *il pranzo è preparato*, le déjeuner est préparé, prêt. | *la tavola è preparata*, la table est dressée, mise. | *preparato a tutto*, prêt à tout. ‖ UNIV. préparé. | *studente ben preparato*, étudiant bien préparé. ‖ [competente] compétent. | *un ingegnere preparato*, un ingénieur compétent. ◆ m. ANAT. préparation f. ‖ FARM. préparation, produit, remède.
preparatore [prepara'tore] (**-trice** f.) m. préparateur, trice. ‖ ANAT. [tecnico] prosecteur, trice.
preparatorio [prepara'tɔrjo] agg. préparatoire.
preparazione [preparat'tsjone] f. préparation.
preponderante [preponde'rante] agg. prépondérant.
preponderanza [preponde'rantsa] f. prépondérance.
preponderare [preponde'rare] v. intr. prévaloir, l'emporter (sur).
preporre [pre'porre] v. tr. [far precedere] mettre, placer avant, faire précéder. | *preporre il soggetto al verbo*, mettre, placer le sujet avant le verbe, faire précéder le verbe du sujet. ‖ FIG. [mettere a capo] mettre à la tête, préposer. | *preporre alla difesa del paese*, mettre à la tête de la défense du pays, préposer à la défense du pays. ‖ [preferire] préférer.
prepositivo [prepozi'tivo] agg. GRAMM. prépositif.
preposizione [prepozit'tsjone] f. GRAMM. préposition.
preposto [pre'posto] m. RELIG. curé.
prepotente [prepo'tɛnte] agg. [tirannico] tyrannique, autoritaire, violent. | *carattere prepotente*, caractère tyrannique. ‖ [irresistibile] irrésistible, violent. | *un prepotente desiderio di ridere*, une envie irrésistible de rire. ◆ m. despote, tyran, violent.
prepotentemente [prepotente'mente] avv. violemment, impérieusement.
prepotenza [prepo'tentsa] f. [spirito di sopraffazione] violence. ‖ [sopruso] abus m., vexation.
prepuzio [pre'puttsjo] m. ANAT. prépuce.
prerogativa [preroga'tiva] f. **1.** prérogative. | *le prerogative del governo*, les prérogatives du gouvernement. ‖ **2.** [diritto, privilegio] droit m., privilège m. | *non rinuncio alla mia prerogativa*, je ne renonce pas à mon droit. ‖ **3.** [qualità] vertu, qualité.
preromanico [prero'maniko] (**-ci** m. pl.) agg. ARCHIT. préroman.
preromano [prero'mano] agg. préromain.
preromanticismo [preromanti'tʃizmo] m. préromantisme.
preromantico [prero'mantiko] (**-ci** m. pl.) agg. e n. préromantique.
presa ['presa] f. **1.** [azione concreta di afferrare] prise. | *stringere, mollare la presa*, serrer, lâcher la prise. ‖ FIG. *presa di contatto*, prise de contact. | *presa in giro*, raillerie, moquerie. | *avere presa su qlcu.*, avoir prise sur qn. | *dare presa alle chiacchiere*, donner prise aux bavardages. | *mollare la presa*, lâcher prise. | *venire alle prese con qlcu.*, en venir aux mains avec qn. ‖ **2.** [impugnatura] poignée. ‖ [presina per oggetti caldi] poignée. ‖ [pizzico] pincée. | *una presa di pepe*, une pincée de poivre. ‖ CIN. *macchina da presa*, caméra. | *operatore di presa*, opérateur de prises de vues. ‖ ELETTR. *presa di corrente*, prise de courant. | *presa multipla*, prise multiple. ‖ GIOCHI [carte] levée ; [scacchi] prise. ‖ MAR. *presa d'ormeggio*, bitte d'amarrage. ‖ RADIO, TV *presa diretta*, prise directe. | *in presa diretta*, en direct. ‖ SPORT prise. | *presa autorizzata*, prise autorisée. ‖ STOR. *presa della Bastiglia*, prise de la Bastille. ‖ TECN. *presa d'aria*, prise d'air, entrée d'air. | *presa d'acqua*, prise d'eau. | *cemento a presa rapida*, ciment à prise rapide.
presagio [pre'zadʒo] m. (lett.) [previsione] présage, augure, auspices pl. ‖ [presentimento] pressentiment, prémonition f.
presagire [preza'dʒire] v. tr. [prevedere] pressentir, présager, prévoir, deviner. | *non presagisco niente di buono*, je ne prévois rien de bon. | *presagire un avvenimento*, pressentir, présager un événement. ‖ [annunciare] annoncer, présager.
presago [pre'zago] agg. (lett.) prévoyant, pressentant.
presalario [presa'larjo] m. présalaire.
presame [pre'same] m. [caglio] présure f.
presbiopia [prezbjo'pia] f. MED. presbytie.
presbite ['prɛzbite] agg. e n. MED. presbyte.
presbiterale [prezbite'rale] agg. RELIG. presbytéral.
presbiterianesimo [prezbiterja'nezimo] m. o **presbiterianismo** [prezbiterja'nizmo] m. RELIG. presbytérianisme.
presbiteriano [prezbite'rjano] agg. e n. RELIG. presbytérien, enne.
presbiterio [prezbi'tɛrjo] m. o **presbitero** [prezbi'tɛro] m. RELIG. [residenza del parroco] presbytère, cure f. ‖ ARCHEOL. [collegio presbiteriale] presbyterium.
presbitismo [prezbi'tizmo] m. MED. presbytie.
prescegliere [preʃ'ʃeʎʎere] v. tr. choisir.
prescelto [preʃ'ʃelto] part. pass. e agg. choisi, élu. ◆ n. élu.
presciente [preʃ'ʃɛnte] agg. prescient.
prescienza [preʃ'ʃɛntsa] f. prescience.
prescindere [preʃ'ʃindere] v. intr. faire abstraction (de). ‖ LOC. *a prescindere da*, indépendamment de, abstraction faite de. | *a prescindere dal fatto che*, sans compter que.
prescolastico [presko'lastiko] (**-ci** m. pl.) agg. préscolaire.
prescrittibile [preskrit'tibile] agg. GIUR. prescriptible.
prescrittibilità [preskrittibili'ta] f. GIUR. prescriptibilité.
prescritto [pres'kritto] agg. GIUR. e MED. prescrit. | *entro i termini prescritti*, dans le délai prescrit. | *medicine prescritte*, médicaments prescrits. | *diritto prescritto*, droit prescrit.
prescrivere [pres'krivere] v. tr. prescrire. ◆ v. rifl. GIUR. [andare in prescrizione] se prescrire.
prescrizione [preskrit'tsjone] f. prescription. ‖ GIUR. *c'è la prescrizione della pena*, il y a prescription. ‖ MED. prescription, ordonnance.
preselettore [preselet'tore] m. TV présélecteur.
preselezione [preselet'tsjone] f. TV présélection.
presenile [prese'nile] agg. présénile.
presentabile [prezen'tabile] agg. présentable.
presentare [prezen'tare] v. tr. présenter. ◆ v. rifl. se présenter. | *presentarsi a qlcu.*, se présenter à qn. | *presentarsi in tribunale*, se présenter en justice. | *si presenta bene, male*, il se présente bien, mal. ‖ PAR ANAL. [apparire] se présenter, se montrer, apparaître. | *l'affare si presenta difficile*, l'affaire se montre, apparaît difficile.

presentatarm! [prezenta'tarm] interiez. MIL. présentez, armes!

presentatore [prezenta'tore] (**-trice** f.) m. présentateur, trice.

presentazione [prezentat'tsjone] f. présentation. | *fare le presentazioni,* faire les présentations. | *lettera di presentazione,* lettre d'introduction. ‖ FIN. *pagabile dietro, su presentazione,* payable sur présentation. ‖ RELIG. *presentazione di Maria Vergine,* présentation de la Vierge.

1. presente [pre'zɛnte] agg. présent. | *sono tutti presenti,* ils sont tous présents. | *noi presenti,* nous présents, en notre présence. | *era personalmente presente,* il était présent en personne. | *ho presente il tuo caso,* j'ai ton cas présent à l'esprit, ton cas m'est présent à l'esprit. | *far presente una cosa,* faire remarquer une chose. | *non ho più presenti i termini del problema,* je ne me souviens plus des termes du problème. | *esser presente a se stesso,* être lucide, être maître de soi. ‖ FIG. présent, actuel. | *il momento presente,* l'instant présent. | *il tempo presente,* le temps présent, l'époque actuelle. | *nel caso presente,* dans le cas présent. | *nelle presenti circostanze,* dans les circonstances actuelles. | *la presenta lettera,* cette lettre. | *con la presente lettera,* par cette lettre, par la présente. ◆ interiez. présent! | *gli alunni rispondono «presente!» all' appello,* les élèves répondent «présent!» à l'appel. ◆ m. présent. | *il presente e il passato,* le présent et le passé. ‖ GRAMM. présent. ‖ LOC. *al presente,* pour le moment, dans l'immédiat. ◆ f. COMM. présente. | *con la presente,* par la présente.

2. presente [pre'zɛnte] m. [regalo] présent, cadeau.

presentemente [prezente'mente] avv. présentement, à présent.

presentimento [presenti'mento] m. pressentiment.

presentire [presen'tire] v. tr. pressentir.

presenza [pre'zɛntsa] f. **1.** présence. | *foglio di presenza,* feuille, liste de présence. | *gettone di presenza,* jeton de présence. | *ammettere alla propria presenza,* admettre en sa présence. | *fare atto di presenza,* faire acte de présence. ‖ FIG. *presenza di spirito,* présence d'esprit. ‖ LOC. *in presenza di,* en présence de. | *in sua presenza,* en sa présence, lui présent. ‖ **2.** [aspetto] aspect m. | *è di buona presenza,* il présente bien.

presenziare [prezen'tsjare] v. intr. être présent (à), assister (à).

presepio [pre'zɛpjo] m. o **presepe** [pre'zɛpe] m. RELIG. crèche f.

preservare [preser'vare] v. tr. préserver.

preservativo [preserva'tivo] agg. e m. préservatif.

preservatore [preserva'tore] (**-trice** f.) agg. e m. préservateur, trice.

preservazione [preservat'tsjone] f. préservation.

preside ['prɛside] m. UNIV. [di liceo] proviseur. ‖ [di facoltà universitaria] doyen. ◆ f. directrice.

presidente [presi'dɛnte] m. président. ‖ GIUR. *presidente dell'ordine degli avvocati,* bâtonnier (de l'ordre des avocats).

presidentessa [presiden'tessa] f. présidente.

presidenza [presi'dɛntsa] f. présidence.

presidenziale [presiden'tsjale] agg. présidentiel.

presidiale [prezi'djale] agg. présidial.

presidiare [presi'djare] v. tr. MIL. doter d'une garnison, garnir (antiq.) [une place forte]. ‖ [essere di presidio] être de garnison à.

presidio [pre'sidjo] m. MIL. garnison f. | *essere di presidio,* être de garnison. ‖ FIG. (lett.) protection f. (L.C.), défense f. (L.C.).

presiedere [pre'sjɛdere] v. tr. e intr. présider.

preso ['preso] agg. [occupato] occupé, pris. | *è sempre molto preso,* il est toujours très pris, très occupé. ‖ LOC. *per partito preso,* par parti pris. ‖ FIG. saisi. | *preso da una violenta curiosità,* saisi par une curiosité violente. (V. PRENDERE.)

presocratico [preso'kratiko] (**-ci** pl.) agg. e n. FILOS. présocratique.

pressa ['prɛssa] f. MECC. presse. | *pressa a mano,* presse à main. | *pressa a bilanciere,* presse à balancier. ‖ ARC. [premura] hâte (L.C.), presse (L.C.). ‖ (raro) [folla] presse (L.C.), foule (L.C.). | *c'è pressa,* il y a foule.

pressacarte [pressa'karte] m. invar. presse-papier(s).

pressante [pres'sante] agg. pressant, urgent.

pressantemente [pressan'temente] avv. avec urgence.

pressappochismo [pressappo'kizmo] m. manque de précision.

pressappoco [pressa'ppɔko] avv. à peu près, environ. ◆ m. à-peu-près invar.

pressare [pres'sare] v. tr. [comprimere] presser. ‖ FIG. presser, solliciter.

pressatore [pressa'tore] m. TECN. pressier.

pressatura [pressa'tura] f. TECN. pressage m., pressurage m.

pressi ['prɛssi] m. pl. environs, alentours, abords. | *nei pressi della città,* aux alentours de la ville. | *l'ho incontrato nei pressi di Verona,* je l'ai rencontré aux abords de Vérone.

pressione [pressi'one] f. pression.

presso ['prɛsso] avv. près. | *abitiamo qui presso,* nous habitons près d'ici, tout près. | *fatevi più presso,* venez plus près. ◆ LOC. AVV. ***da presso,*** de près. | *molto da presso,* de très près. | *guardare qlco. più da presso,* regarder qch. de plus près. ‖ ***a un di presso,*** à peu près, à peu de chose près. | *guadagna a un di presso tremila lire,* il gagne trois mille lires à peu de chose près. | *dovremo aspettare a un di presso tre ore,* il nous faudra attendre à peu près trois heures. ◆ prep. **1.** [vicino a] près de, auprès de. | *abitiamo presso la chiesa,* nous habitons près de l'église. | *lo troverai presso l'uscita,* tu le trouveras près de la sortie. | *è sempre seduto presso il fuoco,* il est toujours assis près du feu. | *ho passato la notte presso mio padre ammalato,* j'ai passé la nuit auprès de mon père malade. | *c'è un droghiere presso la chiesa,* il y a un épicier auprès de l'église. ‖ FIG. *fare dei passi presso le autorità,* faire des démarches auprès des autorités. | *godere di grande stima presso qlcu.,* jouir d'une grande estime auprès de qn. ‖ **2.** [in casa di, nel luogo di lavoro] chez; [in un luogo] dans. | *vive presso i nonni,* il vit chez ses grands-parents. | *lavora presso un vicino,* il travaille chez un voisin. | *l'ho incontrato presso i miei amici,* je l'ai rencontré chez mes amis. | *è meccanico presso la Fiat,* il est mécanicien chez Fiat. | *lavora presso un negozio di generi alimentari,* il travaille dans un magasin d'alimentation. ‖ FIG. *presso i Romani,* chez les Romains. | *ambasciatore presso la Santa Sede,* ambassadeur près le Saint-Siège. ◆ LOC. PREP. ***presso a :*** [con valore temporale] près de; [con valore spaziale] près de. | *essere presso a morire,* être près de mourir. | *è presso a partire,* il est près de, sur le point de partir. | *s'è fermato presso al fiume,* il s'est arrêté près du fleuve. | *presso alla meta,* près du but.

pressoché [presso'ke] avv. [quasi] presque; [all'incirca] environ, à peu près, à peu de chose près.

pressurizzare [pressurid'dzare] v. tr. TECN. pressuriser.

pressurizzato [pressurit'tsato] agg. pressurisé.

pressurizzazione [pressuriddzat'tsjone] f. TECN. pressurisation.

prestabilire [prestabi'lire] v. tr. préétablir, prévoir.

prestabilito [prestabi'lito] agg. préétabli, prévu, fixé.

prestamente [presta'mente] avv. (raro) promptement (L.C.).

prestanome [presta'nome] m. prête-nom.

prestante [pres'tante] agg. bien portant, d'une belle prestance.

prestanza [pres'tantsa] f. prestance. | *essere di bella prestanza,* avoir une belle prestance.

prestare [pres'tare] v. tr. prêter. | *prestare del denaro su pegno,* prêter de l'argent sur gages. | *prestare a interesse,* prêter à intérêts. | *prestami l'ombrello,* prête-moi ton parapluie. ‖ FIG. *prestare aiuto a qlcu.,* prêter son aide à qn. | *prestare assistenza,* prêter assistance. | *prestare attenzione,* prêter attention. | *prestare fede,* ajouter foi. | *prestare il fianco alle critiche,* prêter le flanc aux critiques. | *prestare giuramento,* prêter serment. | *prestare obbedienza,* obéir. | *prestare orecchio,* prêter l'oreille. | *prestare servizio da qlcu.,* travailler chez qn. | *prestare servizio militare,* faire son service militaire. ◆ v. rifl. [adoperarsi] se prêter. | *prestarsi mutuo soccorso,* se prêter une mutuelle assistance. ◆ medio intr. *prestarsi a un compromesso,* se prêter à un compromis.

prestatore [presta'tore] (**-trice** f.) m. prêteur, euse. | *prestatore d'opera :* [operaio] ouvrier ; [impiegato] employé.

prestazione [prestat'tsjone] f. **1.** [di macchina, di atleta] performance. ‖ **2.** GIUR. prestation. | *prestazione in natura,* prestation en nature. ◆ f. pl. [di medico] soins (m.) médicaux ; [di avvocato] assistance f. sing.

prestezza [pres'tettsa] f. (raro) prestesse (L.C.).

prestidigiatore [prestidid'ʒa'tore] (**-trice** f.) o **prestigiatore** [prestidʒa'tore] (**-trice** f.) m. prestidigitateur, trice ; illusionniste.

prestidigitazione [prestididʒitat'tsjone] f. prestidigitation.

prestigio [pres'tidʒo] m. **1.** [posizione di rilievo, fama] prestige, réputation f. ‖ **2.** [prestidigitazione] prestidigitation f. | *fare giochi di prestigio,* faire des tours de prestidigitation.

prestigiosamente [prestidʒosa'mente] avv. prestigieusement.

prestigioso [presti'dʒoso] agg. prestigieux.

prestinaio [presti'najo] m. DIAL. [milanese] boulanger (L.C.).

prestino [pres'tino] avv. V. PRESTO.

prestissimo [pres'tissimo] avv. superl. [molto in fretta] très vite ; [di buonora] de très bonne heure. ‖ MUS. prestissimo.

prestito ['prɛstito] m. **1.** [dare a prestito] prêt. | *prestito ipotecario,* prêt hypothécaire. | *legge affitti e prestiti,* loi prêt-bail. | *chiedere in prestito,* demander à titre de prêt. | *accordare un prestito,* accorder un prêt. ‖ **2.** [il prestito accordato o da accordare] emprunt. | *prestito accordato,* emprunt accordé. | *prestito consolidato,* emprunt consolidé. | *prestito redimibile,* emprunt amortissable. | *emettere, lanciare un prestito,* émettre, lancer un emprunt. | *prendere in prestito qlco. da qlcu.,* emprunter qch. à qn. ‖ **3.** [in linguistica] emprunt.

presto ['prɛsto] avv. **1.** [in fretta] vite. | *far presto,* faire vite. | *il più presto possibile,* sans délai, au plus vite. | *è presto detto,* c'est vite dit. | *si fa presto a dirlo,* c'est facile à dire. ‖ **2.** [fra poco] bientôt, sous peu, vite. | *partiremo presto in vacanza,* nous partirons bientôt en vacances. | *saranno presto le sei,* il sera bientôt six heures. | *ritorna presto !,* rentre vite ! | *presto sarete ricevuti,* vous serez bientôt reçus. | *a presto !,* à bientôt ! | *presto o tardi,* tôt ou tard. ‖ **3.** [di buonora] de bonne heure, tôt. | *alzarsi presto,* se lever de bonne heure, tôt, de bon matin. ‖ **4.** [prima del tempo prefissato] tôt. | *è un po' presto,* c'est un peu tôt. | *è troppo presto per trovarlo,* il est trop tôt pour le voir. ‖ **5.** MUS. presto.

presule ['prɛzule] m. RELIG. prélat.

presumere [pre'zumere] v. tr. présumer, supposer. ◆ v. intr. présumer. | *presumere troppo delle proprie forze,* trop présumer de ses forces.

presumibile [prezu'mibile] agg. présumable, probable, vraisemblable. | *è presumibile che,* il est à présumer que.

presumibilmente [prezumibil'mente] avv. probablement.

presuntivo [prezun'tivo] agg. présomptif. | *erede presuntivo,* héritier présomptif. ‖ FIN. *bilancio presuntivo,* budget.

presunto [pre'zunto] agg. présumé.

presuntuosaggine [presuntwo'zaddʒine] f. V. PRESUNTUOSITÀ.

presuntuosamente [prezuntuoza'mente] avv. présomptueusement.

presuntuosità [prezuntuosi'ta] f. présomption.

presuntuoso [prezuntu'oso] agg. e n. présomptueux.

presunzione [prezun'tsjone] f. présomption.

presupporre [presup'porre] v. tr. [ammettere, comportare come condizione] supposer, présupposer (lett.). | *l'amicizia presuppone la fiducia,* l'amitié suppose la confiance. ‖ [immaginare, supporre] imaginer, supposer.

presupposizione [presuppozit'tsjone] f. supposition, présupposition (lett.).

presupposto [presup'posto] part. pass. e agg. V. PRESUPPORRE. ◆ m. prémisse f., condition (f.) nécessaire.

pretaglia [pre'taʎʎa] f. PEGGIOR. prêtraille (antiq.).

prete ['prɛte] m. RELIG. prêtre. | *prete operaio,* prêtre-ouvrier. ‖ LOC. *scherzo da prete,* mauvais tour. ‖ [scaldaletto] moine.

pretendente [preten'dɛnte] m. prétendant.

pretendere [pre'tɛndere] v. tr. [sostenere, asserire] prétendre, affirmer. | *pretende di aver detto la verità,* il prétend avoir dit la vérité. | *pretende di essere onesto,* il prétend qu'il est honnête. ‖ [esigere] exiger, prétendre. | *che pretendete da me ?,* que prétendez-vous de moi ? | *pretendo che lo facciano immediatamente,* j'exige qu'on le fasse immédiatement. | *pretendo la verità,* j'exige la vérité. ◆ v. intr. [aspirare] prétendre.

pretensione o **pretenzione** [preten'sjone] f. prétention.

pretensiosità o **pretenziosità** [pretensjosi'ta] f. ton prétentieux, caractère prétentieux.

pretensioso o **pretenzioso** [preten'sjoso] agg. prétentieux.

preterintenzionale [preterintentsjo'nale] agg. GIUR. sans préméditation.

preterintenzionalità [preterintentsjonali'ta] f. GIUR. non-préméditation.

preterito [pre'tɛrito] agg. (lett.) passé (L.C.). ◆ m. GRAMM. prétérit.

preterizione [preterit'tsjone] f. RET. prétérition.

pretesa [pre'tesa] f. prétention. | *avere delle grandi pretese,* avoir de grandes prétentions. | *avanzare delle pretese su qlco.,* élever des prétentions sur qch. | *miti pretese,* prétentions modestes. | *senza pretese,* sans prétentions. ‖ LOC. *calar di pretese,* mettre de l'eau dans son vin.

pretesco [pre'tesko] agg. de prêtre.

pretesta [pre'tɛsta] f. STOR. prétexte ; robe prétexte (agg.).

pretesto [pre'tɛsto] m. prétexte. | *addurre a pretesto,* prendre comme prétexte. | *addurre il primo pretesto,* prendre le premier prétexte venu. | *col pretesto di,* sous prétexte de. | *senza alcun pretesto,* sans aucun prétexte.

pretonzolo [pre'tontsolo] m. PEGGIOR. prêtre de quatre sous.

pretore [pre'tore] m. GIUR. juge de première instance. ‖ STOR. préteur.

pretoriano [preto'rjano] agg. e m. STOR. prétorien.

pretorio [pre'tɔrjo] agg. GIUR. du juge de première instance. | *albo pretorio,* tableau d'affichage public. ‖ STOR. du préteur, prétorien.

prettamente [pretta'mente] avv. typiquement, purement.

pretto ['prɛtto] agg. pur.

pretura [pre'tura] f. GIUR. tribunal (m.) de première instance. ‖ STOR. préture.

prevalente [preva'lɛnte] agg. dominant, prédominant, supérieur.

prevalentemente [prevalente'mente] avv. [per la maggior parte] pour la plupart, en majorité, en général ; [soprattutto] surtout ; [il più delle volte] le plus souvent.

prevalenza [preva'lɛntsa] f. priorité, majorité, prépondérance, supériorité. | *siamo in prevalenza ostili a questa idea,* nous sommes en majorité hostiles à cette idée. | *la prevalenza economica della Lombardia è evidente,* la prépondérance, la supériorité économique de la Lombardie est évidente. | *dare la prevalenza ai problemi economici,* donner la priorité aux problèmes économiques. ‖ TECN. [tubo dell'acqua piovana] hotte. ◆ LOC. AVV. ***in prevalenza,*** en majorité, pour la plupart.

prevalere [preva'lere] v. intr. [risultare superiore] prévaloir, prédominer, l'emporter (sur). | *far prevalere la propria opinione,* faire prévaloir son opinion. | *le sue idee hanno prevalso,* ses idées ont prédominé. | *l'intelligenza ha finito per prevalere sulla forza,* l'intelligence a fini par l'emporter sur la force. ‖ [essere in numero superiore] être en majorité, être les plus nombreux. | *nella sua classe prevalevano le ragazze,* dans sa classe les jeunes filles étaient en majorité. ◆ v. rifl. [aprofittare] se prévaloir, profiter (de).

prevaricamento [prevarika'mento] m. V. PREVARICAZIONE.
prevaricare [prevari'kare] v. intr. prévariquer.
prevaricatore [prevarika'tore] (**-trice** f.) m. prévaricateur, trice.
prevaricazione [prevarikat'tsione] f. prévarication.
prevedere [preve'dere] v. tr. prévoir.
prevedibile [preve'dibile] agg. prévisible. | *l'incidente era prevedibile*, l'accident était prévisible. | *era prevedibile che non venisse*, il était à prévoir qu'il ne viendrait pas.
preveggente [preved'dʒɛnte] agg. (lett.) prévoyant (L.C.).
preveggenza [preved'dʒɛntsa] f. (lett.) prévoyance.
prevenire [preve'nire] v. tr. **1.** [precedere] devancer, précéder. | *con la loro macchina ci prevennero di una mezz'ora*, avec leur voiture, ils nous devancèrent d'une demi-heure. || **2.** [provvedere con anticipo] prévenir. || **3.** [avvertire in precedenza] prévenir. | *prevenire qlcu. di un pericolo*, prévenir qn d'un danger. || **4.** [disporre qlcu.] *prevenire qlcu. in favore di qlcu.*, prévenir qn en faveur de qn.
preventivamente [preventiva'mente] avv. préventivement, préalablement.
preventivare [preventi'vare] v. tr. COMM., FIN. fixer d'avance, calculer à l'avance. || [stanziare] *preventivare una somma per*, allouer une somme à. || [stanziare in bilancio] inscrire au budget. || [fare un preventivo] établir un devis (de). || PER EST. [prevedere] prévoir.
preventivo [preven'tivo] agg. préventif. | *carcere preventivo*, détention préventive. | *vaccinazione preventiva*, vaccination préventive. || COMM., FIN. *bilancio preventivo*, budget. | *conto preventivo*, devis. | *stima preventiva*, devis estimatif. ◆ m. COMM. devis.
preventorio [preven'tɔrjo] m. préventorium.
prevenuto [preve'nuto] agg. prévenu. ◆ n. GIUR. prévenu.
prevenzione [preven'tsjone] f. prévention.
previamente [prevja'mente] avv. préalablement.
previdente [previ'dɛnte] agg. prévoyant.
previdentemente [previdente'mente] avv. avec prévoyance.
previdenza [previ'dɛntsa] f. prévoyance.
previdenziale [providen'tsjale] agg. de prévoyance.
previo ['prɛvjo] agg. préalable. || [prep.] *previo accordo*, après accord préalable. | *previa lettura*, après lecture. | *previo pagamento*, après, contre payement.
previsione [previ'zjone] f. prévision. | *previsioni meteorologiche*, prévisions météorologiques. | *secondo ogni previsione, potrà venire domani*, selon toute prévision, il pourra venir demain. || COMM., FIN. prévision. | *bilancio di previsione*, budget.
previsto [pre'visto] agg. prévu. | *secondo le condizioni previste*, selon les conditions prévues, comme prévu. ◆ m. prévu. | *il previsto e l'imprevisto*, le prévu et l'imprévu. | *prima del previsto*, plus tôt que prévu.
prevosto [pre'vɔsto] m. RELIG. curé. || STOR. prévôt.
preziosamente [prettsjosa'mente] avv. précieusement.
preziosismo [prettsjo'zismo] m. LETT. préciosité f.
preziosità [prettsjosi'ta] f. valeur, préciosité.
prezioso [pret'tsjoso] agg. précieux. ◆ m. bijou. ◆ m. LETT. précieux.
prezzario [pret'tsario] m. liste (f.) des prix.
prezzemolo [pret'tsemolo] m. BOT. persil.
prezzo ['prɛttso] m. prix. | *prezzo alto*, prix élevé. | *prezzo basso*, bas prix. | *prezzo calmierato*, prix taxé. | *prezzo convenuto*, prix convenu. | *prezzo corrente*, prix courant. | *prezzo fisso*, prix fixe. | *prezzo imposto*, prix imposé. | *prezzo indicativo*, prix indicatif. | *prezzo locale*, prix de place. | *prezzo lordo*, prix brut. | *prezzo maggiorato*, prix majoré. | *prezzo medio*, prix moyen. | *prezzo minimo*, prix minimal. | | *ultimo prezzo*, dernier prix. | *prezzo unitario*, prix unitaire. | *prezzo d'acquisto*, prix d'achat. | *prezzo di concorrenza*, prix concurrentiel. | *prezzo da convenirsi*, prix à débattre. | *prezzo di costo*, prix de revient. | *prezzo all'esportazione*, prix d'exportation. | *prezzo di fabbrica*, prix de fabrique. | *prezzo di favore*, prix d'ami. | *prezzo all'ingrosso*, prix de gros. | *prezzo di listino*, prix de catalogue. | *prezzo di saldo*, prix de fin de séries. | *prezzo di vendita*, prix de vente. || [alla Borsa] *prezzi di apertura, di chiusura*, cours d'ouverture, de clôture. | *prezzo per l'acquirente, per l'offerente*, cours acheteur, vendeur. | *blocco dei prezzi*, blocage des prix. | *caduta dei prezzi*, fléchissement des prix. | *controllo dei prezzi*, contrôle des prix. | *rialzo dei prezzi*, hausse des prix. | *ribasso dei prezzi*, baisse des prix. | *aumentare, calare di prezzo*, augmenter, baisser de prix. | *i prezzi aumentano, calano*, les prix montent, les prix baissent. | *comperare a buon prezzo*, acheter à bon marché, à bas prix. | *comperare a caro prezzo*, acheter cher. | *comperare a metà prezzo*, acheter à moitié prix. | *comperare a ogni prezzo*, acheter à tout prix. | *contrattare il prezzo*, débattre le prix. | *praticare buoni prezzi*, faire de bons prix. | *ribassare il prezzo*, rabattre de son prix. | *tirare sul prezzo*, marchander. | *vendere a prezzi ridotti*, vendre au rabais. || FIG. *la libertà non ha prezzo*, la liberté n'a pas de prix, est sans prix. | *abbiamo pagato a caro prezzo il nostro successo*, nous avons payé cher notre succès. | *ha studiato a prezzo di grandi sacrifici*, il a étudié au prix de grands sacrifices. | *tenere in gran prezzo*, accorder beaucoup de prix à.
prezzolare [prettso'lare] v. tr. soudoyer.
prezzolato [prettso'lato] agg. soudoyé, payé, gagé. | *sicario prezzolato*, tueur à gages.
priapeo [pria'pɛo] m. LETT. priapée f.
priapismo [pria'pizmo] m. MED. priapisme.
prigione [pri'dʒone] f. prison.
prigionia [pridʒo'nia] f. captivité, emprisonnement m., internement m.
prigioniero [pridʒo'njɛro] agg. e n. prisonnier, ère. | *prigioniero di guerra*, prisonnier de guerre. | *darsi prigioniero*, se constituer prisonnier. | *far prigioniero*, faire prisonnier. || FIG. prisonnier, esclave. | *prigioniero di pregiudizi*, prisonnier, esclave des préjugés. || GIOCHI *palla prigioniera*, ballon prisonnier.
1. prima ['prima] avv. **1.** [anteriorità] auparavant, avant. | *un giorno prima*, un jour avant. | *molto prima*, longtemps avant. | *poco (tempo) prima*, peu de temps avant. | *più di prima*, plus qu'avant. | *meno di prima*, moins qu'avant. | *quanto prima, come prima*, autant qu'avant. | *la notte prima*, la nuit d'avant. | *la sera prima*, la veille. | *la pagina prima*, la page d'avant. || **2.** [in correlazione con *poi, dopo*] d'abord, en premier lieu. | *prima prendi l'impermeabile, poi esci con me*, prends d'abord ton imperméable, puis sors avec moi. || LOC. *a tutta prima*, tout d'abord. | *sulle prime*, au premier abord, de prime abord. || **3.** [più presto] plus tôt. | *tre ore prima*, trois heures plus tôt. | *va a letto prima*, couche-toi plus tôt. | *quanto prima*, au plus tôt. | *prima o poi*, tôt ou tard. || **4.** [un tempo] auparavant, avant, autrefois, jadis (lett.). | *prima lavorava a Torino*, auparavant, autrefois il travaillait à Turin. | *Milano non è più la stessa città di prima*, Milan n'est plus la même ville qu'avant, qu'autrefois. ◆ LOC. PREP. **prima di**, avant. | *prima di me*, avant moi. | *prima di tutto*, avant tout. | *prima di domani*, avant demain. | *prima delle cinque*, avant cinq heures. | *prima del solito*, plus tôt que d'habitude. || [davanti al verbo all'infinito] avant de; [con valore di *piuttosto*] plutôt que (de). | *prima di partire*, avant de partir. | *si farebbe arrestare prima di parlare*, il se laisserait arrêter plutôt que de parler. ◆ LOC. CONG. **prima che**, avant que. | *l'ho visto prima che partisse*, je l'ai vu avant qu'il (ne) parte.
2. prima ['prima] f. AUTOM. *mettere la prima*, passer la première. || CIN., TEATRO première. || SPORT [alpinismo] première; [scherma] prime.
primariamente [primarja'mente] avv. principalement, en premier lieu.
primario [pri'marjo] agg. GEOL. *era primaria*, ère primaire. || UNIV. *scuola primaria*, école primaire. || [importante] premier. | *questioni di primaria importanza*, questions de première importance. ◆ m. MED. médecin chef.
primate [pri'mate] m. RELIG. primat.
primati [pri'mati] m. pl. ZOOL. primates.
primaticcio [prima'tittʃo] (**-ci** m. pl.) agg. précoce, hâtif.
primatista [prima'tista] n. SPORT recordman, recordwoman (ingl.).

primato [pri'mato] m. primauté f., suprématie f. ‖ SPORT record. | *a tempo di primato*, en un temps record. | *avere il primato*, détenir le record. | *battere, superare un primato*, battre un record.
primavera [prima'vεra] f. printemps m. ‖ PER EST. *la primavera della vita*, le printemps de la vie. | *ha trenta primavere*, il compte trente printemps. ‖ BOT. primevère. ‖ PROV. *una rondine non fa primavera*, une hirondelle ne fait pas le printemps.
primaverile [primave'rile] agg. printanier. | *fiori primaverili*, fleurs printanières. | *aria primaverile*, air printanier.
primazia [primat'tsia] f. RELIG. primatie. ‖ [superiorità] primauté, suprématie.
primeggiare [primed'dʒare] v. intr. exceller (en), dominer, l'emporter (sur), occuper la première place (en). | *primeggiare in storia*, exceller en histoire. | *un atleta che primeggia su tutti i concorrenti*, un athlète qui domine ses concurrents. | *ha primeggiato nella discussione*, il l'a emporté dans la discussion. | *ha primeggiato nei quattrocento metri*, il a eu la première place dans le quatre cents mètres.
primevo [pri'mεvo] agg. (lett.) premier (L.C.).
primigenio [primi'dʒεnjo] agg. (lett.) primitif (L.C.), primordial (L.C.).
primipara [pri'mipara] f. primipare.
primitivismo [primiti'vizmo] m. primitivisme.
primitività [primitivi'ta] f. primitivité.
primitivo [primi'tivo] agg. e n. primitif.
primizia [pri'mittsja] f. primeur. ◆ pl. RELIG. [offerte sacrali] prémices.
primo ['primo] agg. num. ord. **1.** premier. | *il primo amore*, le premier amour. | *avere il primo figlio*, avoir son premier enfant. | *figlio di primo letto*, enfant de premier lit. | *il primo quarto della luna*, le premier quartier de la Lune. | *la prima edizione*, la première édition. | *primo piano*, premier (étage). | *prendere la prima via a sinistra*, prendre la première rue sur la gauche. ‖ **2.** [principale, importante] premier. | *è il suo primo pensiero*, c'est sa première pensée. | *il primo cittadino*, le premier citoyen. | *materie prime*, matières premières. ‖ **3.** [prossimo] prochain, premier. | *scenderà alla prima fermata*, il descendra au prochain arrêt, à la prochaine station. ‖ FIG. *non è il primo venuto*, ce n'est pas le premier venu. ‖ **4.** [altri sensi] CIN., FOTO *primo piano*, premier plan, gros plan. ‖ CULIN. *costoletta di prima scelta*, côtelette première. | *prima colazione*, petit déjeuner. | *prima portata*, entrée. ‖ FILOS. *primo motore*, cause première. | *primo principio*, principe premier. ‖ GIOCHI e FIG. *vincere il primo premio*, gagner le gros lot. ‖ GRAMM. *prima persona*, première personne. ‖ MAR. *primo nostromo*, maître d'équipage. ‖ MAT. *numero primo*, nombre premier. ‖ MIL. *soldato di prima classe*, soldat de première classe. ‖ POLIT. *primo ministro*, Premier ministre. ‖ RELIG. *fare la prima comunione*, faire sa première communion. ‖ SPORT *primo round*, premier round. ‖ STOR. *il primo Impero*, le premier Empire. | *Napoleone primo*, Napoléon Ier. ‖ TEATRO *atto primo, scena prima*, acte premier, scène première. | *fare il primo attore*, jouer le premier rôle. | *primo amoroso*, jeune premier. ‖ TIP. *prima bozza*, première épreuve. ‖ TRASP. *prima classe*, première classe. ‖ UNIV. *insegnamento di primo grado*, enseignement de premier degré. | *primo premio*, prix d'excellence. ‖ **5.** LOC. *al primo colpo*, du premier coup. | *alla prima occasione*, à la première occasion. | *alla prima ora*, à la première heure. | *al primo posto*, à la première place. | *al primo tentativo*, à la première tentative. | *a prima vista*, à première vue. | *di prima mano*, de première main. | *di prima necessità*, de première nécessité. | *di prima scelta*, de premier choix. | *fin dal primo giorno*, dès le premier jour. | *fin dai primi passi*, dès ses premiers pas. | *in prima fila*, au premier rang. | *in primissimo luogo*, en tout premier lieu. | *nel primo pomeriggio*, au début de l'après-midi. | *in un primo tempo*, tout d'abord. | *per la prima volta*, pour la première fois. | *è alle prime armi*, ce sont ses premières armes. ◆ agg. sostant. premier, ère. | *sono arrivato per primo*, je suis arrivé le premier. | *il primo della classe*, le premier de la classe. | *il primo di tutti*, le premier de tous. | *essere sempre fra i primi*, être toujours dans les premiers. ◆ m. [minuto] minute f. ‖ CULIN. entrée f. ◆ avv. premièrement, primo. ◆ LOC. AVV. ***a tutta prima, sulle prime***, tout d'abord, de prime abord.
primogenita [primo'dʒεnita] f. aînée, fille aînée.
primogenito [primo'dʒεnito] agg. e n. aîné, premier-né, première-née. | *i primogeniti*, les premiers-nés.
primogenitore [primodʒeni'tore] m. notre père à tous, le père de l'humanité.
primogenitrice [primodʒeni'tritʃe] f. notre mère à tous, la mère de l'humanité.
primogenitura [primodʒeni'tura] f. primogéniture, aînesse.
primordiale [primor'djale] agg. primordial.
primordio [pri'mɔrdjo] m. début, principe, origine f.
primula ['primula] f. BOT. primevère.
primulacee [primu'latʃee] f. pl. BOT. primulacées.
principale [printʃi'pale] agg. principal. ◆ m. [proprietario] propriétaire ; [datore di lavoro] patron ; [capufficio] chef.
principalmente [printʃipal'mente] avv. principalement.
principato [printʃi'pato] m. [Stato indipendente] principauté f. | *il principato di Monaco*, la principauté de Monaco. ‖ STOR. principat. | *il principato di Augusto*, le principat d'Auguste. ◆ pl. RELIG. Principautés.
principe ['printʃipe] m. prince. | *principe consorte*, prince consort. ‖ PER EST. *principe azzurro*, prince charmant. ‖ FIG. *vivere da principe*, vivre en prince, comme un prince. ‖ LETT. *il Principe*, le Prince. ‖ MOD. *principe di Galles*, prince-de-galles. ‖ RELIG. *principi della Chiesa*, princes de l'Église. | *il principe delle tenebre*, le prince des ténèbres. ◆ agg. TIP. princeps. | *edizione principe*, édition princeps.
principescamente [printʃipeska'mente] avv. princièrement.
principesco [printʃi'pesko] agg. princier.
principessa [printʃi'pessa] f. princesse.
principiante [printʃi'pjante] n. débutant.
principiare [printʃi'pjare] v. tr. commencer. ◆ v. intr. commencer. | *principiare a mangiare*, commencer à manger. | *principia a piovere*, il commence à pleuvoir. ‖ LOC. *a principiare dal mese di maggio*, à partir du mois de mai. ◆ m. début. | *sul principiare dell'estate*, au début de l'été.
principino [printʃi'pino] m. petit prince, jeune prince.
principio [prin'tʃipjo] m. **1.** commencement, début. | *principio di incendio*, commencement d'incendie. | *al, sul principio dell'estate*, au début, au commencement de l'été. | *fin dal principio dell' inverno*, dès le début de l'hiver. | *leggere un libro dal principio alla fine*, lire un livre du commencement à la fin, de la première à la dernière page. | *c'è un principio per tutto*, il y a un commencement à tout. | *dar principio a*, commencer à. | *aver principio*, commencer. | *da principio*, tout d'abord. ‖ **2.** [origine, causa] commencement, début, origine f. ‖ **3.** [norma, regola] principe. | *uomo tutto principi*, homme à principes. | *è una questione di principio*, c'est une question de principe. | *non l'ho fatto per principio*, je ne l'ai pas fait par principe.
priora [pri'ora] f. RELIG. prieure, supérieure.
priorato [prio'rato] m. RELIG. prieuré.
priore [pri'ore] m. RELIG. prieur.
priori (a) [apri'ori] loc. avv. [lat.] a priori.
prioria [prio'ria] f. RELIG. prieuré m.
priorità [priori'ta] f. priorité.
prioritario [priori'tarjo] agg. prioritaire.
prisco ['prisko] (**-chi** m. pl.) agg. (lett.) ancien (L.C.).
prisma ['prizma] (**-i** pl.) m. FIS., MAT. prisme.
prismatico [priz'matiko] (**-ci** m. pl.) agg. FIS., MAT. prismatique.
pristino ['pristino] agg. (lett.) premier (L.C.), original (L.C.).
privare [pri'vare] v. tr. priver. | *privare qlcu. dei propri diritti*, priver qn de ses droits. | *fu privato della possibilità di parlare*, on l'empêcha de parler. ◆ v. rifl. se priver. | *non si priva di niente*, il ne se refuse rien.
privatamente [privata'mente] avv. [in privato] en particulier, en privé ; [a titolo privato] à titre privé ; [nell'intimità] dans l'intimité.
privatista [priva'tista] (**-i** m. pl.) m. e f. élève d'une école libre. ‖ [agli esami] candidat libre.

privatistico [priva'tistiko] (**-ci** m. pl.) agg. ECON., GIUR. privé.
privativa [priva'tiva] f. **1.** [monopolio] monopole m. ‖ **2.** [diritto esclusivo] droit exclusif. | *privativa industriale*, droit exclusif d'exploitation industrielle ; brevet m. ‖ FIG. exclusivité, monopole. | *crede di avere la privativa del buon senso*, il croit avoir le monopole du bon sens. ‖ **3.** [rivendita di tabacchi] bureau (m.) de tabac, débit (m.) de tabac, tabac m.
privativo [priva'tivo] agg. privatif.
privatizzare [privatit'tsare] v. tr. ECON. confier au secteur privé, privatiser.
privato [pri'vato] agg. privé ; [riservato, personale] particulier. | *scuola privata*, école privée. | *insegnamento privato*, enseignement libre. | *proprietà privata*, propriété privée. | *vita privata*, vie privée. | *interesse privato*, intérêt particulier. | *casa privata*, maison particulière. | *privato cittadino*, particulier m. | *lezioni private*, leçons particulières. ‖ GIUR. *diritto privato*, droit privé. | *scrittura privata*, acte sous seing privé. ‖ LOC. *in privato*, en privé. | *a titolo privato*, à titre privé. | *in forma privata*, dans le privé, dans l'intimité. ◆ m. particulier.
privazione [privat'tsjone] f. privation.
privilegiare [privile'dʒare] v. tr. privilégier.
privilegiato [privile'dʒato] agg. privilégié.
privilegio [privi'lɛdʒo] m. privilège.
privo ['privo] agg. privé ; [sprovvisto] dénué, dépourvu ; [mancante di] manquant de, sans. | *privo di interesse*, dénué, dépourvu d'intérêt. | *voci prive di fondamento*, rumeurs sans fondement. | *privo di mezzi*, dépourvu de ressources. | *privo di notizie*, sans nouvelles. | *privo di tutto*, manquant de tout.
1. pro [pro] m. [vantaggio, utilità] profit. | *a pro di*, au profit de. | *a che pro ?*, à quoi bon ? | *buon pro vi faccia !*, grand bien vous fasse ! | *è tutto a nostro pro*, c'est tout à notre profit.
2. pro [pro] prep. [lat.] pour, en faveur de. | *pro patria*, pour la patrie. | *offerta pro terremotati*, offre en faveur des victimes du tremblement de terre. ◆ m. pour. | *il pro e il contro*, le pour et le contre.
proavo [pro'avo] n. bisaïeul.
probabile [pro'babile] agg. probable. | *è probabile che lo faccia*, il est probable qu'il le fera.
probabilismo [probabi'lizmo] m. FILOS. probabilisme.
probabilistico [probabi'listiko] (**-ci** pl.) agg. probabiliste.
probabilità [probabili'ta] f. probabilité. | *calcolo delle probabilità*, calcul des probabilités. | *con ogni probabilità*, selon toute probabilité. ‖ [possibilità] chance. | *non ha nessuna probabilità di riuscita*, il n'a aucune chance de réussir.
probabilmente [probabil'mente] avv. probablement, sans doute.
probamente [proba'mente] avv. avec probité.
probante [pro'bante] agg. probant. | *ragione probante*, raison probante.
probatico [pro'batiko] (**-ci** pl.) agg. STOR. RELIG. probatique.
probatorio [proba'tɔrjo] agg. probatoire.
probità [probi'ta] f. probité, honnêteté, intégrité.
probiviri [probi'viri] m. pl. prud'hommes. | *collegio dei probiviri*, conseil des prud'hommes.
problema [pro'blɛma] (**-i** pl.) m. problème.
problematica [proble'matika] f. problématique.
problematico [proble'matiko] (**-ci** m. pl.) agg. problématique, douteux, incertain.
probo ['probo] agg. (lett.) probe, honnête (L.C.).
proboscidati [proboʃʃi'dati] m. pl. ZOOL. proboscidiens.
proboscide [pro'bɔʃʃide] f. ZOOL. trompe. ‖ FIG. (scherz.) grand nez.
procaccia [pro'kattʃa] m. facteur.
procacciamento [prokattʃa'mento] m. quête f. ; recherche fructueuse.
procacciare [prokat'tʃare] v. tr. procurer, obtenir. | *procacciare un vantaggio per qlcu.*, procurer, obtenir un avantage à qn. ◆ v. rifl. se procurer, trouver.
procacciatore [prokattʃa'tore] (**-trice** f.) m. pourvoyeur, euse ; racoleur, euse (fam.).
procace [pro'katʃe] agg. provocant.
procacemente [prokatʃe'mente] avv. d'une façon provocante.
procacia [pro'katʃja] f. o **procacità** [prokatʃi'ta] f. effronterie, impudence.
procedere [pro'tʃɛdere] v. intr. **1.** [avanzare] avancer, aller. | *procedere lentamente*, avancer lentement. | *procedere di buon passo*, aller bon train. | *procedere a passo d'uomo*, aller, avancer à pas d'homme. | *il cavallo procede al passo*, le cheval avance, va au pas. | *rifiuta di procedere oltre*, il refuse d'avancer, d'aller plus loin. ‖ **2.** [continuare] avancer, procéder. | *procedere nel tempo*, avancer dans le temps. | *procedere nel lavoro*, avancer dans le travail. | *far procedere un lavoro*, faire avancer un travail. ‖ **3.** [agire] agir. | *modo di procedere*, façon d'agir. | *bisogna procedere con prudenza*, il faut agir avec prudence. | *procedere d'ufficio*, agir d'office. ‖ **4.** [dare inizio] procéder à. | *procedere all'elezione*, procéder à l'élection. ‖ GIUR. *sentenza di non luogo a procedere*, ordonnance de non-lieu. | *procedere penalmente*, procéder au pénal. ‖ **5.** [derivare] procéder, provenir. | *questa debolezza procede dalla tua malattia*, cette faiblesse provient de ta maladie. ‖ RELIG. *il Figlio procede dal Padre*, le Fils procède du Père.
procedimento [protʃedi'mento] m. **1.** [metodo] procédé, méthode f. | *procedimento logico*, procédé logique. ‖ **2.** [modo di comportarsi] procédé, conduite f. | *procedimento prudente*, procédé prudent. ‖ **3.** [corso, svolgimento] cours, déroulement. | *la bomba atomica ha modificato il procedimento della guerra*, la bombe atomique a modifié le cours, le déroulement de la guerre. ‖ **4.** GIUR. procès, procédure f. | *procedimento penale*, procès criminel. | *procedimento sommario*, procédure sommaire. | *aprire un procedimento*, engager une procédure.
procedura [protʃe'dura] f. procédure.
procedurale [protʃedu'rale] agg. de procédure, procédurier.
procella [pro'tʃɛlla] f. (lett.) orage m. (L.C.), tempête (L.C.).
procellaria [protʃel'larja] f. ZOOL. pétrel m.
procelloso [protʃel'loso] agg. (lett.) orageux (L.C.).
processare [protʃes'sare] v. tr. poursuivre en justice ; [giudicare] juger.
processionale [protʃessjo'nale] agg. RELIG. processionnel.
processionalmente [protʃessjonal'mente] avv. processionnellement, en procession.
processionaria [protʃessjo'narja] f. ZOOL. (chenille) processionnaire.
processione [protʃes'sjone] f. RELIG. procession.
processo [pro'tʃɛsso] m. **1.** GIUR. procès. | *processo civile, penale*, procès civil, criminel. | *istruire un processo*, instruire un procès. | *atti di un processo*, pièces d'un procès. | *vincere, perdere un processo*, gagner, perdre un procès. | *intentare un processo*, intenter un procès. ‖ FIG. *fare il processo a qlcu.*, faire le procès de qn. ‖ **2.** AMM. *processo verbale*, procès-verbal. ‖ **3.** [sviluppo, evoluzione] processus. | *processo di crescita*, processus de croissance. | *processo biologico*, processus biologique. ‖ PER EST. *processo sociale, economico*, processus social, économique. ‖ **4.** TECN. [procedimento] procédé.
processuale [protʃessu'ale] agg. GIUR. de procès, de justice. | *le risultanze processuali*, les résultats du procès. | *spese processuali*, frais de justice.
procinto [pro'tʃinto] m. LOC. *in procinto di*, sur le point de.
procione [pro'tʃone] m. ZOOL. raton.
proclama [pro'klama] (**-i** pl.) m. manifeste, proclamation f.
proclamare [prokla'mare] v. tr. proclamer.
proclamazione [proklamat'tsjone] f. proclamation.
proclive [pro'klive] agg. enclin.
proclività [proklivi'ta] f. (lett.) inclination (L.C.).
procombere [pro'kombere] v. intr. (lett.) succomber (L.C.).
proconsole [pro'kɔnsole] m. STOR. proconsul.
procrastinare [prokrasti'nare] v. tr. (lett.) différer, ajourner, renvoyer.
procrastinato [prokrasti'nato] agg. différé, ajourné.
procrastinazione [prokrastinat'tsjone] f. renvoi m.

procreare [prokre'are] v. tr. procréer.
procreatore [prokrea'tore] (**-trice** f.) m. procréateur, trice.
procreazione [prokreat'tsjone] f. procréation.
procura [pro'kura] f. GIUR. [negozio giuridico] procuration. | *agire per procura,* agir par procuration. || [ufficio] parquet m.
procurabile [proku'rabile] agg. procurable.
procurare [proku'rare] v. tr. procurer. | *procurare un impiego,* procurer un emploi. | *procurare dei vantaggi,* procurer des avantages. || (lett.) [fare in modo di] faire en sorte de, tâcher de. | *procurerò di arrivare in tempo,* je tâcherai d'arriver à temps. ◆ v. rifl. se procurer.
procuratore [prokura'tore] (**-trice** f.) m. COMM. fondé de pouvoir. || GIUR. procureur. | *procuratore della Repubblica,* procureur de la République. | *procuratore generale,* procureur général. | *procuratore legale,* avoué. || RELIG. procureur. || SPORT manager (ingl.). || STOR. [a Venezia] procurateur.
proda ['prɔda] f. [riva] bord m., rivage m. ; [di fiume] rive, berge. || [margine di campo] lisière, bordure, talus m. || [orlo, bordo] (raro) bord (L.C.).
prode ['prɔde] agg. e m. (lett.) brave, preux.
prodezza [pro'dettsa] f. [valore, coraggio] courage m., vaillance. || [atto di valore] prouesse, exploit m. | *le prodezze di Orlando,* les prouesses, les hauts faits de Roland. || IRON. *bella prodezza !,* bel exploit !
prodiere [pro'djɛre] m. MAR. [marinaio] brigadier, gaffier.
prodigalità [prodigali'ta] f. prodigalité.
prodigalmente [prodigal'mente] o **prodigamente** [prodiga'mente] avv. avec prodigalité.
prodigare [prodi'gare] v. tr. prodiguer. ◆ v. rifl. se prodiguer, se dépenser. | *prodigarsi per gli altri,* se dévouer pour les autres. | *prodigarsi in lodi,* prodiguer ses louanges.
prodigio [pro'didʒo] m. prodige.
prodigiosamente [prodidʒosa'mente] avv. prodigieusement.
prodigiosità [prodidʒosi'ta] f. caractère prodigieux.
prodigioso [prodi'dʒoso] agg. prodigieux.
prodigo ['prɔdigo] agg. prodigue.
proditoriamente [proditorja'mente] avv. traîtreusement.
proditorio [prodi'torjo] agg. traître.
prodotto [pro'dotto] m. [risultato di un'attività] produit. | *prodotto industriale,* produit industriel. | *prodotto di bellezza,* produit de beauté. || COMM., ECON. produit. | *prodotto di capitale,* produit du capital. | *prodotto di lavoro,* produit du travail. || FIS., MAT. produit. | *prodotto di fissione,* produit de fission.
prodromo ['prɔdromo] m. prodrome. || MED. prodrome, symptôme.
producibile [produ'tʃibile] agg. productible.
producibilità [produtʃibili'ta] f. productibilité.
produrre [pro'durre] v. tr. **1.** [creare, costruire] produire. | *produrre frumento, uva, olio,* produire du blé, du raisin, de l'huile. | *produrre ferro, carbone, petrolio,* produire du fer, du charbon, du pétrole. | *produrre automobili,* produire, fabriquer des autos. || FIG. produire. | *l'Italia ha prodotto grandi artisti,* l'Italie a produit de grands artistes. || COMM. *produrre interessi,* produire, rapporter des intérêts. || **2.** [causare, provocare] produire, causer, provoquer. | *produrre un effetto,* produire un effet. || **3.** [esibire] produire, présenter, montrer. | *produrre delle prove,* produire des preuves. ◆ v. rifl. se produire.
produttivistico [produtti'vistiko] (**-ci** pl.) agg. de production. | *politica produttivistica,* politique de production.
produttività [produttivi'ta] f. productivité.
produttivo [produt'tivo] agg. productif. | *ciclo produttivo,* cycle de production.
produttore [produt'tore] (**-trice** f.) agg. producteur, trice. ◆ m. producteur. || [di una compagnia di assicurazione] agent d'assurances, courtier. || CIN. producteur.
produzione [produt'tsjone] f. production.
proemio [pro'ɛmjo] m. LETT. proème. || PER EST. [preambolo] préambule.
profanare [profa'nare] v. tr. profaner.
profanatore [profana'tore] (**-trice** f.) agg. e m. profanateur, trice.
profanazione [profanat'tsjone] f. profanation.
profanità [profani'ta] f. caractère profane. || [profanazione] profanation. || [bestemmia] blasphème m.
profano [pro'fano] agg. e n. profane.
proferibile [profe'ribile] agg. prononçable.
proferire [profe'rire] v. tr. proférer. | *proferire delle maledizioni,* proférer des malédictions. || [pronunciare] prononcer. || LOC. *senza proferire verbo,* sans mot dire.
professare [profes'sare] v. tr. **1.** [dichiarare apertamente] professer, déclarer. || RELIG. *professare i voti,* prononcer ses vœux. || **2.** [esercitare] exercer. | *professare la medicina, l'avvocatura,* exercer la médecine, la profession d'avocat. ◆ v. rifl. se déclarer ; faire profession de. | *professarsi ateo,* se déclarer athée, faire profession d'athéisme.
professionale [professjo'nale] agg. professionnel. | *scuola d'avviamento professionale,* école d'orientation professionnelle.
professionalità [professjonali'tà] f. professionnalisme m.
professione [profes'sjone] f. **1.** [attività] profession. | *esercitare una professione,* exercer une profession. | *le professioni liberali,* les professions libérales. | *di professione,* de profession. || **2.** [dichiarazione] profession. *far professione d'ateismo,* faire profession d'athéisme.
professionismo [professjo'nizmo] m. professionnalisme. || SPORT *darsi al professionismo,* passer professionnel.
professionista [professjo'nista] (**-i** m. pl.) n. professionnel, elle. | *è un lavoro da professionista,* c'est un travail de professionnel. | *è un libero professionista,* il exerce une profession libérale. || SPORT professionnel, pro (fam.).
professionistico [professjo'nistiko] (**-ci** m. pl.) agg. professionnel.
professo [pro'fɛsso] agg. e m. RELIG. profès.
professorale [professo'rale] agg. professoral, doctoral.
professore [profes'sore] m. professeur. | *professore universitario,* professeur de faculté. | *professore titolare, ordinario,* professeur titulaire, principal. | *professore incaricato,* (professeur) chargé de cours. || SCHERZ. *non fare il professore !,* ne fais pas le pédant !
professoressa [professo'ressa] f. professeur m. | *la signora Rossi è una buona professoressa,* madame Rossi est un bon professeur.
profeta [pro'fɛta] (**-i** pl.) m. prophète. | *falso profeta,* faux prophète. || PROV. *nessuno è profeta in patria,* nul n'est prophète en son pays.
profetare [profe'tare] v. tr. prophétiser.
profetessa [profe'tessa] f. prophétesse.
profeticamente [profetika'mente] avv. prophétiquement.
profetico [pro'fɛtiko] (**-ci** m. pl.) agg. prophétique.
profetizzare [profetid'dzare] v. tr. prophétiser.
profezia [profet'tsia] f. prophétie.
profferire [proffe'rire] v. tr. (lett.) offrir (L.C.).
profferta [prof'fɛrta] f. (lett.) offre (L.C.).
proficuamente [profikua'mente] avv. profitablement.
proficuo [pro'fikuo] agg. profitable, fructueux, avantageux.
profilare [profi'lare] v. tr. profiler. || FIG. esquisser. ◆ v. rifl. se profiler, se découper, se dessiner.
profilassi [profi'lassi] f. MED. prophylaxie.
profilato [profi'lato] agg. profilé. || FIG. esquissé. ◆ m. MECC. profilé.
profilatoio [profila'tɔjo] m. profileur.
profilattico [profi'lattiko] (**-ci** m. pl.) agg. prophylactique.
profilatura [profila'tura] f. MODA bordage m. ; [profilo] passepoil m. || MECC. étirage m., laminage m.
profilo [pro'filo] m. profil. | *un bel profilo,* un beau profil. | *di profilo,* de profil. || LETT. *profilo d'autore,* portrait d'auteur. | *profilo storico del Settecento,* aperçu historique du XVIIIe siècle.
profittare [profit'tare] v. intr. profiter, tirer profit.
profittatore [proffita'tore] (**-trice** f.) m. profiteur, euse.

profittevole [profit'tevole] agg. profitable, avantageux.
profitto [pro'fitto] m. profit, avantage. | *trarre profitto*, tirer profit. | *studiare con profitto*, étudier avec profit. | *ci trova un suo profitto*, il y trouve son profit. || COMM., FIN. profit, revenu, bénéfice. | *conto profitti e perdite*, compte de profits et pertes. | *partecipazione ai profitti*, participation aux bénéfices. || UNIV. *voto di profitto*, note de travail, de progrès. || LOC. *a profitto di*, au profit de.
profluvio [pro'fluvjo] m. flux, déluge.
profondamente [profonda'mente] avv. profondément.
profondare [profon'dare] v. tr. (lett.) [affondare] enfoncer (L.C.), plonger (L.C.); [approfondire] approfondir. ◆ v. intr. (lett.) s'enfoncer (L.C.), précipiter (L.C.). ◆ v. rifl. s'enfoncer, pénétrer.
profondere [pro'fondere] v. tr. prodiguer. ◆ v. rifl. se confondre.
profondità [profondi'ta] f. profondeur. | *a dieci metri di profondità*, à une profondeur de dix mètres. || FIG. *profondità di spirito*, profondeur d'esprit. || FOT. *profondità di campo*, profondeur de champ. || MAR., AER. *timone di profondità*, gouvernail de profondeur. | *bomba di profondità*, grenade sous-marine. || LOC. *in profondità*, en profondeur.
profondo [pro'fondo] agg. profond. | *acque profonde*, eaux profondes. | *un lago profondo cinquanta metri*, un lac profond de cinquante mètres, de cinquante mètres de profondeur. || PER ANAL. *ferita profonda*, blessure profonde. || PER EST. *respiro profondo*, profond soupir. | *voce profonda*, voix basse. | *fa profondi inchini*, il fait de grandes révérences. || FIG. *profondo dolore*, douleur profonde. | *sonno profondo*, profond sommeil. | *notte profonda*, nuit profonde, épaisse. | *profondo silenzio*, profond silence. || MUS. *basso profondo*, basse noble, contre. ◆ m. profondeur f. | *nel profondo degli oceani*, dans les profondeurs des océans. || FIG. profond. | *nel più profondo del cuore*, au plus profond du cœur, au tréfonds de son cœur. | *nel profondo della notte*, au cœur de la nuit. || PSICOL. profondeur. | *psicologia del profondo*, psychologie des profondeurs.
pro forma [pro'forma] loc. avv. [lat.] pour la forme. || COMM. pro forma. ◆ m. invar. formalité f.
profugo ['prɔfugo] m. réfugié, exilé.
profumare [profu'mare] v. tr. parfumer, embaumer. | *profumare la biancheria*, parfumer le linge. | *questi fiori profumano l'aria*, ces fleurs parfument, embaument l'air. ◆ v. intr. sentir; [avere un buon odore] sentir bon. | *profumare di violetta*, sentir la violette. ◆ v. rifl. se parfumer.
profumatamente [profumata'mente] avv. IRON. très cher, grassement.
profumato [profu'mato] agg. parfumé.
profumeria [profume'ria] f. parfumerie.
profumiera [profu'mjɛra] f. cassolette, boîte à parfum.
profumiere [profu'mjɛre] (**-a** f.) m. parfumeur, euse.
profumiero [profu'mjɛro] agg. des parfums, du parfum. | *industria profumiera*, industrie du parfum.
profumista [profu'mista] (**-i** pl.) n. parfumeur, euse.
profumo [pro'fumo] m. parfum, senteur f. || [di cibi] fumet. || [di vino] bouquet. || FIG. *profumo di antico*, parfum d'antiquité.
profusamente [profuza'mente] avv. abondamment, avec profusion.
profusione [profu'zjone] f. profusion.
profuso [pro'fuzo] agg. prolixe, diffus.
progenerare [prodʒene'rare] v. intr. (lett.) procréer (L.C.).
progenie [pro'dʒɛnje] f. descendants m. pl., lignée, génération. | *di progenie in progenie*, de génération en génération.
progenitore [prodʒeni'tore] (**-trice** f.) m. ancêtre; [fondatore di una famiglia] fondateur, trice.
progesterone [prodʒeste'rone] m. FISIOL. progestérone f.
progettare [prodʒet'tare] v. tr. projeter.
progettazione [prodʒettat'tsjone] f. projet m., plan m., étude.
progettista [prodʒet'tista] (**-i** pl.) m. auteur de projets; [edile] architecte; [industriale] ingénieur.
progetto [pro'dʒɛtto] m. projet, plan, étude f. | *progetto di una autostrada*, projet d'une autoroute. | *progetto di un edificio*, plans d'un immeuble. | *progetto di legge*, projet de loi. | *progetto preparatorio*, avant-projet. | *contro progetto*, contre-projet. | *fare un progetto, dei progetti*, faire un projet, des projets. | *essere in progetto*, être en projet, à l'étude.
prognatismo [proɲɲa'tizmo] m. prognathisme.
prognato ['proɲɲato] agg. prognathe.
prognosi ['prɔɲɲozi] f. MED. pronostic m.
programma [pro'gramma] m. programme. | *questa materia non è in programma*, cette matière n'est pas au programme. | *programma politico*, programme politique. | *programma di una festa*, programme d'une fête. | *fuori programma*, hors programme. | *avere in programma di*, avoir l'intention de. || TECN. [di macchina calcolatrice] programme. | *macchina utensile a programma*, machine-transfert f.
programmare [program'mare] v. tr. programmer.
programmatico [program'matiko] (**-ci** m. pl.) agg. selon le programme, relatif au programme.
programmatore [programma'tore] (**-trice** f.) programmateur, trice. || [calcolatore] programmeur, euse.
programmazione [programmat'tsjone] f. programmation.
progredire [progre'dire] v. intr. progresser, avancer. | *il male progredisce*, le mal progresse. || [migliorare] progresser, faire des progrès.
progredito [progre'dito] agg. évolué.
progressione [progres'sjone] f. progression. || MAT. *progressione aritmetica*, progression arithmétique.
progressismo [progres'sizmo] m. POLIT. progressisme.
progressista [progres'sista] (**-i** m. pl.) agg. e n. progressiste.
progressistico [progres'sistiko] (**-ci** m. pl.) agg. progressiste.
progressivamente [progressiva'mente] avv. progressivement, graduellement.
progressività [progressivi'ta] f. progressivité.
progressivo [progres'sivo] agg. progressif.
progresso [pro'grɛsso] m. progrès. | *progresso scientifico*, progrès des sciences. | *netto progresso*, net progrès. | *fare dei progressi*, faire des progrès.
proibire [proi'bire] v. tr. interdire, défendre, empêcher. || LOC. *proibire a qlcu. di parlare*, défendre à qn de parler. | *proibire la circolazione*, interdire la circulation. | *è proibito l'accesso*, il est interdit, il est défendu d'entrer. | *è proibito fumare*, défense de fumer, il est défendu de fumer. || [sbarrare] empêcher, barrer. | *proibire il passo*, empêcher, barrer le passage. || GIUR. prohiber.
proibitivo [proibi'tivo] agg. prohibitif.
proibito [proi'bito] agg. défendu, interdit. | *colpi proibiti*, coups défendus. | *proibito fumare*, défense de fumer. | *proibito ai minori di 16 anni*, interdit aux moins de 16 ans. | *armi proibite*, armes prohibées. || GIUR. prohibé.
proibizione [proibi'tsjone] f. défense, interdiction. || GIUR. prohibition.
proibizionismo [proibittsjo'nizmo] m. ECON. prohibitionnisme.
proiettare [projet'tare] v. tr. projeter. ◆ v. rifl. se projeter.
proiettile [pro'jɛttile] m. projectile; [di fucile] balle f.; [di cannone] obus. | *proiettile a percussione*, projectile percutant. | *proiettile tracciante*, obus traceur.
proiettivo [projet'tivo] agg. projectif.
proietto [pro'jɛtto] m. projectile. || [di vulcano] bombe (f.) volcanique. || MIL. obus, projectile.
proiettore [projet'tore] m. [riflettore] projecteur. | CIN. appareil de projection, projecteur.
proiezione [projet'tsjone] f. projection. || GEOGR., MAT. projection. | *proiezione orizzontale, verticale*, projection horizontale, verticale. || CIN. projection.
prolasso [pro'lasso] m. MED. prolapsus.
prolattina [prolat'tina] f. FISIOL. prolactine.
prole ['prɔle] f. enfants m. pl.; [progenie] descendance, progéniture. | *senza prole*, sans enfants.

prolegomeni [prole'gɔmeni] m. pl. LETT. prolégomènes.
prolessi [pro'lɛssi] f. RET. prolepse.
proletariato [proleta'rjato] m. prolétariat.
proletario [prole'tarjo] agg. prolétarien, enne. ◆ n. prolétaire.
proletarizzare [proletarid'dzare] v. tr. prolétariser.
proletarizzazione [proletariddzat'tsjone] f. prolétarisation.
proliferare [prolife'rare] v. intr. BIOL. proliférer. ‖ FIG. proliférer, foisonner, pulluler.
proliferazione [proliferat'tsjone] f. prolifération.
prolifero [pro'lifero] agg. prolifère.
prolificare [prolifi'kare] v. intr. proliférer. ‖ BOT. bourgeonner. ‖ FIG. [diffondersi] se répandre.
prolificazione [prolifikat'tsjone] f. prolifération. ‖ FIG. multiplication.
prolificità [prolifitʃi'ta] f. prolificité.
prolifico [pro'lifiko] (**-ci** m. pl.) agg. PR. e FIG. prolifique.
prolissamente [prolissa'mente] avv. prolixement.
prolissità [prolissi'ta] f. prolixité.
prolisso [pro'lisso] agg. prolixe.
pro loco [prɔ'lɔko] f. [lat.] syndicat (m.) d'initiative.
prologo ['prɔlogo] m. prologue.
prolunga [pro'lunga] f. prolonge, allonge, rallonge. ‖ MIL. prolonge.
prolungamento [prolunga'mento] m. [di spazio] prolongement ; [di tempo] prolongation f. ‖ MUS. prolongation.
prolungare [prolun'gare] v. tr. prolonger, allonger. | *prolungare la propria assenza,* prolonger son absence. | *prolungare un colloquio,* faire durer une entrevue. | *prolungare una seduta,* prolonger une séance. | *prolungare una via,* prolonger une rue. ◆ v. rifl. se prolonger. ‖ [dilungarsi] s'étendre.
prolungatamente [prolungata'mente] avv. longuement.
prolungato [prolun'gato] agg. prolongé.
prolusione [prolu'zjone] f. discours inaugural. ‖ UNIV. leçon inaugurale.
promanare [proma'nare] v. tr. et intr. émaner.
promemoria [prome'mɔrja] m. aide-mémoire, mémento, mémorandum.
promessa [pro'messa] f. [impegno] promesse, engagement m. | *promessa scritta,* engagement par écrit. | *promessa di matrimonio,* promesse de mariage. | *fare una promessa,* faire une promesse. | *tener fede a una promessa,* tenir sa promesse. | *onorare una promessa,* faire honneur à ses engagements. ‖ FIG. espoir m. | *è una promessa dello sport,* c'est un espoir du sport. ‖ LOC. *promessa da marinaio,* promesse d'ivrogne. ‖ PROV. *ogni promessa è debito,* chose promise, chose due.
promesso [pro'messo] agg. promis. | *promesso sposo,* fiancé. ‖ RELIG. *Terra promessa,* Terre promise. ◆ n. [fidanzato] fiancé.
prometeico [prome'tɛiko] (**-ci** m. pl.) agg. prométhéen.
promettente [promet'tɛnte] agg. prometteur, qui promet. | *degli inizi promettenti,* des débuts prometteurs. | *uno sguardo promettente,* un regard engageant. | *un giovane promettente,* un garçon qui promet.
promettere [pro'mettere] v. tr. promettre. | *promettere delle caramelle ai bambini,* promettre des bonbons aux enfants. | *promettere il proprio aiuto,* promettre son aide. ‖ LOC. *promettere la luna,* promettre la lune. | *promettere mari e monti,* promettre monts et merveilles. ◆ v. intr. *il tempo promette bene,* le temps promet d'être beau. | *è un ragazzo che promette bene,* c'est un garçon qui promet. ◆ v. rifl. *promettersi in matrimonio,* échanger une promesse de mariage.
prominente [promi'nɛnte] agg. proéminent, saillant. | *naso prominente,* nez proéminent. | *fronte prominente,* front bombé.
prominenza [promi'nɛntsa] f. proéminence.
promiscuità [promiskui'ta] f. promiscuité.
promiscuo [pro'miskuo] agg. [misto] mixte. | *scuola promiscua,* école mixte. | *matrimonio promiscuo,* mariage mixte. ‖ GRAMM. épicène.
promontorio [promon'tɔrjo] m. promontoire.
promosso [pro'mɔsso] agg. e n. reçu.
promotore [promo'tore] (**-trice** f.) agg. e m. promoteur, trice.
promozionale [promottsjo'nale] agg. de promotion ; promotionnel.
promozione [promot'tsjone] f. [avanzamento] promotion. ‖ UNIV. passage m. | *ottenere la promozione,* être reçu.
promulgare [promul'gare] v. tr. promulguer.
promulgazione [promulgat'tsjone] f. promulgation.
promuovere [pro'mwɔvere] v. tr. **1.** [fare avanzare] promouvoir. | *promuovere una politica sociale,* promouvoir une politique sociale. ‖ **2.** [organizzare] organiser. | *promuovere una manifestazione,* organiser une manifestation. ‖ GIUR. *promuovere una azione legale,* agir en justice. ‖ **3.** [conferire un grado superiore] promouvoir, nommer. | *è stato promosso capitano,* il a été promu, nommé capitaine. ‖ UNIV. admettre, recevoir. | *è stato promosso agli esami,* il a été reçu aux examens. | *promuovere uno studente in una classe superiore,* admettre, faire passer un élève dans une classe supérieure.
pronazione [pronat'sjone] f. ANAT. pronation.
pronipote [proni'pote] n. [di bisnonno] arrière-petit-fils, arrière-petite-fille ; [di prozio] arrière-neveu, petit-neveu, arrière-nièce, petite-nièce.
prono ['prɔno] agg. (lett.) penché (L.C.). ‖ FIG. soumis.
pronome [pro'nome] m. GRAMM. pronom.
pronominale [pronomi'nale] agg. GRAMM. pronominal.
pronosticare [pronosti'kare] v. tr. pronostiquer, prédire.
pronostico [pro'nɔstiko] (**-ci** pl.) m. pronostic.
prontamente [pronta'mente] avv. promptement.
prontezza [pron'tettsa] f. promptitude, rapidité. | *prontezza di parola,* facilité d'élocution.
pronto ['pronto] agg. **1.** prêt. | *essere pronto a tutto,* être prêt à tout. | *star pronto,* se tenir prêt. | *bello e pronto,* fin prêt. ‖ COMM. *a pronti contanti,* (au) comptant. ‖ **2.** [rapido] prompt, rapide. | *una pronta guarigione,* une guérison rapide, une prompte guérison. | *ha la risposta pronta,* il a la répartie prompte, il est prompt à la réplique. ‖ MED. *posto di pronto soccorso,* poste de secours. ‖ PROV. *lo spirito è pronto ma la carne è debole,* l'esprit est prompt, mais la chair est faible. ◆ interiez. [al telefono] *pronto !,* allô ! ‖ SPORT *pronti ! via !,* prêts ! partez !
prontuario [prontu'arjo] m. précis, manuel. | *prontuario di conti,* barême.
pronuncia [pro'nuntʃa] f. e deriv. V. PRONUNZIA e deriv.
pronunzia [pro'nuntsja] f. prononciation. | *difetto di pronunzia,* défaut de prononciation. | *pronunzia inglese,* prononciation anglaise. ‖ [accento] accent m. | *ha una pronunzia meridionale,* il a un accent du Midi. ‖ [dizione] diction. | *ha una pronunzia perfetta,* il a une diction parfaite.
pronunziabile [pronun'tsjabile] agg. prononçable.
pronunziare [pronun'tsjare] v. tr. prononcer. ◆ v. rifl. se prononcer.
pronunziato [pronun'tsjato] agg. prononcé. | *lineamenti pronunziati,* traits prononcés, marqués. | *naso pronunziato,* grand nez, nez fort. ‖ FIG. prononcé, accentué. | *gusto pronunziato,* goût prononcé. | *avversione pronunciata,* aversion prononcée. ◆ m. GIUR. arrêt.
propagabile [propa'gabile] agg. qu'on peut propager.
propagamento [propaga'mento] m. propagation f.
propaganda [propa'ganda] f. propagande. ‖ COMM. publicité. ‖ LOC. *far propaganda per un partito,* faire de la propagande pour un parti. | *è tutta propaganda !,* ce n'est que de la publicité !
propagandare [propagan'dare] v. tr. propager, diffuser. ‖ COMM. faire de la publicité. | *propagandare un nuovo prodotto,* lancer un nouveau produit.
propagandista [propagan'dista] (**-i** pl.) n. propagandiste. ‖ COMM. représentant, démarcheur, euse.
propagandistico [propagan'distiko] (**-ci** m. pl.) agg. publicitaire.
propagare [propa'gare] v. tr. propager ; [diffondere] diffuser, répandre. | *propagare delle voci,* propager des bruits. | *propagare una notizia,* diffuser une nouvelle. ◆ v. rifl. se propager, se répandre.

propagatore [propaga'tore] (**-trice** f.) n. propagateur, trice.
propaggine [pro'paddʒine] f. AGR. marcotte ; [di vite] provin m. ‖ GEOGR. [di montagne] contrefort m. ‖ FIG. ramification, subdivision, embranchement m.
propalare [propa'lare] v. tr. divulguer, ébruiter, répandre. | *propalare delle voci*, répandre des bruits.
propano [pro'pano] m. CHIM. propane.
propedeutico [prope'dɛutiko] (**-ci** m. pl.) agg. propédeutique. ◆ f. UNIV. propédeutique.
propellente [propel'lɛnte] agg. propulsif. ◆ m. CHIM. propergol.
propellere [pro'pɛllere] v. tr. propulser.
propendere [pro'pɛndere] v. intr. incliner, pencher. | *propendere per qlcu., per qlco.*, pencher vers qn, vers qch. | *propendere a pensare*, incliner à penser.
propensione [propen'sjone] f. inclination, penchant m. | *propensione al bene*, penchant au bien, inclination pour le bien. ‖ ECON. propension.
propenso [pro'pɛnso] part. pass. (V. PROPENDERE) e agg. enclin, porté à.
propergolo [proper'gɔlo] m. CHIM. propergol.
propilei [propi'lɛi] m. pl. STOR. propylées.
propilene [propi'lɛne] m. CHIM. propylène.
propina [pro'pina] f. UNIV. indemnité d'examen.
propinare [propi'nare] v. tr. administrer. | *propinare un veleno*, administrer un poison. ‖ FIG. débiter. | *propinare delle sciocchezze*, débiter des fadaises.
propinquità [propinkwi'ta] f. ARC. proximité (L.C.).
propinquo [pro'pinkwo] agg. ARC. proche (L.C.).
propiziamente [propittsja'mente] avv. d'une façon propice.
propiziare [propit'tsjare] v. tr. rendre propice, favorable. ‖ LOC. *propiziarsi il favore di qlcu.*, gagner la faveur de qn.
propiziatorio [propittsja'tɔrjo] agg. propitiatoire.
propiziazione [propittsja'tsjone] f. propitiation.
propizio [pro'pittsjo] agg. propice, favorable. | *vento propizio*, vent favorable. | *occasione propizia*, occasion favorable.
proponente [propo'nɛnte] agg. e n. proposant, qui propose. | *proponente di una legge*, promoteur (m.) d'une loi.
proponibile [propo'nibile] agg. proposable.
proponimento [proponi'mento] m. résolution f., intention f. | *fare il proponimento di*, prendre la résolution de.
proporre [pro'porre] v. tr. proposer. | *proporre una legge*, proposer une loi. | *proporre un problema*, proposer un problème. ‖ PROV. *l'uomo propone e Dio dispone*, l'homme propose et Dieu dispose. ◆ v. rifl. se proposer. | *proporsi (come) candidato*, se proposer candidat. | *proporsi di farlo in tempo*, se proposer de le faire à temps.
proporzionale [proportsjo'nale] agg. proportionnel.
proporzionalità [proportsjonali'ta] f. proportionnalité.
proporzionalmente [proportsjonal'mente] avv. proportionnellement.
proporzionare [proportjo'nare] v. tr. proportionner.
proporzionatamente [proportsjonata'mente] avv. proportionnément.
proporzionato [proportsjo'nato] agg. proportionné.
proporzione [propor'tsjone] f. proportion. | *proporzione aritmetica, geometrica*, proportion arithmétique, géométrique. | *proporzioni tra un elemento e un altro*, proportions d'un élément à un autre, entre un élément et un autre. | *mancare di proporzione*, manquer de proportions. | *assumere grandi proporzioni*, prendre de vastes proportions. | *fatte le debite proporzioni*, toute proportion gardée. | *in proporzione*, en proportion. ◆ LOC. PREP. ***in proporzione a***, en proportion à ; à proportion de. ‖ ***nella proporzione di***, dans la proportion de.
proposito [pro'pɔzito] m. **1.** [ferma intenzione] résolution f., détermination f. | *ha fatto buoni propositi*, il a pris de bonnes résolutions. | *si è messo al lavoro di buon proposito*, il s'est mis résolument au travail. | *è un uomo di proposito*, c'est un homme résolu, sérieux. ‖ **2.** [progetto, disegno, intenzione] projet, dessein, intention f., propos. | *il mio proposito è di invitarvi tutti*, mon intention, c'est de vous inviter tous. | *avere in proposito di fare qlco.*, former le propos de faire qch. | *l'abbiamo fatto di proposito*, nous l'avons fait délibérément, à dessein, exprès, avec intention. ‖ **3.** [argomento] propos. | *a questo proposito*, à ce propos. | *a che proposito ?, a proposito di che ?, a quale proposito ?*, à propos de quoi ?, à quel propos ? | *ad ogni proposito*, à tout propos. | *fuori proposito*, hors de propos. | *rispondere a proposito*, répondre à propos. | *capitare a proposito*, arriver à propos, tomber bien. | *a proposito e a sproposito*, à tort et à travers. | *a proposito !, domani non verrò*, à propos !, demain je ne viendrai pas.
proposizione [propozit'tsjone] f. GRAMM., FILOS., MAT. proposition.
proposta [pro'posta] f. proposition. | *su proposta di*, sur (la) proposition de. ‖ GIUR. *proposta di legge*, proposition de loi.
propriamente [proprja'mente] avv. [esattamente] exactement, précisément. | *non è propriamente la stessa cosa*, ce n'est pas exactement, précisément la même chose. ‖ [nel senso proprio] proprement. | *propriamente parlando*, à proprement parler. | *l'Europa propriamente detta*, l'Europe proprement dite. ‖ [con proprietà di linguaggio] *parlare, esprimersi propriamente*, parler, s'exprimer avec propriété.
proprietà [prɔprje'ta] f. [possedimento, qualità, correttezza] propriété.
proprietario [proprje'tarjo] n. propriétaire.
proprio ['prɔprjo] (**-ri** m. pl.) agg. **1.** [valore di agg. poss.] [suo] son (propre) ; [loro] leur (propre). | *ciascuno ha il diritto di difendere la propria opinione*, chacun a le droit de défendre son opinion. | *ognuno ascolta con le proprie orecchie*, chacun écoute de ses propres oreilles. | *l'ha visto con i propri occhi*, il l'a vu de ses yeux. | *ha firmato di proprio pugno*, il a signé de sa propre main. | *fare del proprio meglio*, faire de son mieux. | *vivono in casa propria*, ils vivent chez eux. | *hanno una casa propria*, ils ont une maison à eux. ‖ **2.** [rafforzativo dell'agg. poss.] propre. | *è venuto di sua propria iniziativa*, il est venu de sa propre initiative. | *l'ho visto con i miei propri occhi*, je l'ai vu de mes propres yeux. ‖ **3.** [caratteristico] propre (à). | *il dolore è proprio dell'uomo*, la douleur est propre à l'homme, est le propre de l'homme. | *la vecchiaia ha dei malanni che le sono propri*, la vieillesse a des infirmités qui lui sont propres. ‖ **4.** [appropriato] propre. | *significato proprio di un termine*, sens propre d'un terme. ‖ **5.** [rafforzativo di vero] véritable. | *è una disgrazia vera e propria*, c'est un véritable malheur. | *è un amico vero e proprio*, c'est un ami véritable. ‖ **6.** GRAMM. propre. | *nome proprio*, nom propre. ◆ pron. poss. [il suo] le sien ; [il loro] le leur. | *il lavoro degli altri è sempre più semplice del proprio*, le travail des autres est toujours plus simple que le sien (propre). ◆ m. le sien. | *metterci del proprio*, y mettre du sien. | *rimetterci del proprio*, y perdre de l'argent, en être pour son argent. | *mettersi in proprio*, se mettre à son compte. | *lavorare in proprio*, travailler à son compte. | *possedere dei beni in proprio*, posséder des biens en propre. ◆ avv. [esattamente] exactement, précisément, juste. | *è proprio il contrario*, c'est juste, exactement le contraire. | *è proprio quello che ho detto*, c'est précisément ce que j'ai dit. | *è arrivato proprio quando dovevo uscire*, il est arrivé juste au moment où je devais sortir. | *è proprio vero*, c'est bien vrai. | *è proprio lui che cercavo*, c'est bien lui que je cherchais. | *è proprio così*, c'est bien cela, c'est exactement cela. ‖ [veramente] vraiment. | *questa gonna è proprio rossa*, cette jupe est vraiment rouge. | *non ho proprio fame*, je n'ai vraiment pas faim. | *proprio ?*, vraiment ?
propugnare [propuɲ'ɲare] v. tr. défendre, soutenir, combattre pour.
propugnatore [propuɲɲa'tore] (**-trice** f.) m. apôtre, défenseur ; partisan, ane.
propugnazione [propuɲɲat'tsjone] f. (lett.) défense (L.C.).
propulsione [propul'sjone] f. propulsion.
propulsivo [propul'sivo] agg. propulsif.
propulsore [propul'sore] m. propulseur.
prora ['prɔra] f. MAR. proue, avant m. | *a prora*, à l'avant. | *castello di prora*, gaillard d'avant. | *vela di*

prora, voile de misaine. | *mettere la prora su*, mettre le cap sur. | *virare di prora*, changer de cap.
proravia (a) [aprora'via] loc. avv. MAR. à l'avant.
proroga ['prɔroga] f. prorogation, ajournement m., délai m. | *ottenere une proroga*, obtenir une prorogation. | *domandare una proroga di qualche giorno*, demander un délai de quelques jours. | *proroga di pagamento*, délai de paiement. | *proroga di un pagamento*, ajournement d'un paiement.
prorogabile [proro'gabile] agg. qu'on peut proroger, ajourner.
prorogabilità [prorogabili'ta] f. possibilité de proroger, d'ajourner.
prorogare [proro'gare] v. tr. proroger, ajourner. | *prorogare un pagamento*, proroger un paiement. | *prorogare la scadenza di una cambiale*, proroger une lettre de change. | *prorogare un processo, una seduta*, ajourner un procès, une séance.
prorompente [prorom'pεnte] agg. impétueux, débordant, violent.
prorompere [pro'rompere] v. intr. déborder, jaillir, éclater. | *il petrolio prorompeva dai pozzi*, le pétrole jaillissait des puits. | *prorompere in lacrime*, fondre en larmes. | *prorompere in singhiozzi*, éclater en sanglots.
prosa ['prɔza] f. prose. | *testo in prosa*, texte en prose. | *la prosa del Leopardi*, les ouvrages en prose de Leopardi. | *teatro di prosa*, théâtre m. || FIG. prosaïsme m., monotonie, platitude. | *la poesia dei sentimenti, la prosa degli affari*, la poésie des sentiments, le prosaïsme des affaires.
prosaicamente [prozaika'mente] avv. prosaïquement.
prosaicismo [prozai'tʃizmo] m. o **prosaicità** [prozaitʃi'ta] f. prosaïsme m.
prosaico [pro'zajko] (**-ci** pl.) agg. prosaïque.
prosapia [pro'zapja] f. (lett.) lignée (L.C.).
prosastico [pro'zastiko] (**-ci** m. pl.) agg. [in prosa] en prose; [di tono dimesso] prosaïque.
prosatore [proza'tore] (**-trice** f.) m. prosateur.
proscenio [proʃ'ʃεnjo] m. TEATRO avant-scène f.
prosciogliere [proʃ'ʃɔλλere] v. tr. **1.** GIUR. acquitter, absoudre, décharger. | *prosciogliere un accusato*, acquitter un accusé. | *prosciogliere qlcu. da un' accusa*, décharger, laver qn d'une accusation. || **2.** [liberare da un obbligo morale] délier, décharger. | *prosciogliere da un giuramento*, délier d'un serment.
proscioglimento [proʃʃoλλi'mento] m. [da un obbligo] dégagement. || GIUR. acquittement, absolution f.
prosciugamento [proʃʃuga'mento] m. AGR. assèchement, dessèchement.
prosciugare [proʃʃu'gare] v. tr. assécher, dessécher. | *prosciugare una palude*, dessécher un marais. ◆ v. rifl. se dessécher.
prosciutto [proʃ'ʃutto] m. jambon. | *prosciutto affumicato*, jambon fumé. | *prosciutto fresco*, jambon frais. | *una fetta di prosciutto*, une tranche de jambon. || LOC. FAM. *avere le orecchie foderate di prosciutto*, faire le sourd, faire la sourde oreille.
proscritto [pros'kritto] agg. e m. proscrit, banni, exilé.
proscrivere [pros'krivere] v. tr. proscrire, bannir, exiler.
proscrizione [proskrit'tsjone] f. proscription.
prosecuzione [prosekut'tsjone] f. continuation. || [seguito] suite.
proseguimento [prosegwi'mento] m. continuation f. || [seguito] suite f. | *proseguimento degli studi*, continuation des études. | *ascoltate il proseguimento del racconto*, écoutez la suite de l'histoire. || FAM. *buon proseguimento !*, bonne continuation !
proseguire [prose'gwire] v. tr. continuer, poursuivre. | *proseguire il viaggio*, continuer son voyage. | *proseguire la lotta*, poursuivre la lutte. ◆ v. intr. continuer, avancer. | *non possiamo più proseguire*, nous ne pouvons plus continuer. | *la seduta prosegue*, la séance continue, se poursuit. | *abbiamo proseguito per Milano*, nous avons continué sur Milan. | *il lavoro prosegue*, le travail avance. || [di lettera, di telegramma] *far proseguire*, faire suivre.
proselitismo [prozeli'tizmo] m. prosélytisme.
proselito [pro'zεlito] m. prosélyte.
prosieguo [pro'sjεgwo] m. AMM. suite f. | *in prosieguo di tempo*, par la suite.
prosodia [prozo'dia] f. POES. prosodie.
prosodico [pro'zɔdiko] (**-ci** m. pl.) agg. POES. prosodique.
prosopopea [prozopo'pεa] f. [in retorica] prosopopée. || FIG. morgue, suffisance.
prosperare [prospe'rare] v. intr. prospérer.
prosperità [prosperi'ta] f. prospérité. | *periodo di prosperità*, période de prospérité. ◆ interiez. *prosperità !*, à vos souhaits !
prospero ['prɔspero] agg. prospère, florissant, favorable, heureux. | *condurre una vita prospera*, mener une vie prospère, heureuse. | *avere una situazione prospera*, être dans une situation prospère, favorable. | *vento prospero*, vent favorable. | *avere una salute prospera*, jouir d'une santé prospère, florissante.
prosperosamente [prosperosa'mente] avv. d'une façon prospère.
prosperoso [prospe'roso] agg. prospère, florissant. || FIG. *donna prosperosa*, femme robuste, plantureuse.
prospettare [prospet'tare] v. tr. [presentare] exposer, représenter. | *prospettare le ragioni di un'azione*, exposer les raisons d'un acte. | *prospettare i pericoli di un'impresa*, représenter les dangers d'une entreprise. || [dare su] donner (sur). | *la finestra prospetta il cortile*, la fenêtre donne sur la cour. ◆ v. intr. [dare su] donner (sur). | *la casa prospetta sul fiume*, la maison donne sur le fleuve. ◆ v. rifl. s'annoncer, se présenter.
prospetticamente [prospettika'mente] avv. en perspective.
prospettico [pros'pεttiko] (**-ci** m. pl.) agg. perspectif.
prospettiva [prospet'tiva] f. perspective, vue. || FIG. perspective.
prospettivamente [prospettiva'mente] avv. en perspective.
prospettivo [prospet'tivo] agg. perspectif.
prospetto [pros'pεtto] m. **1.** [tabella riassuntiva] aperçu. || [foglietto pubblicitario] prospectus. || **2.** [veduta] vue f. | *un bel prospetto sul mare*, une belle vue sur la mer. || **3.** [fronte] façade f., face f. | *prospetto di una chiesa*, façade d'une église. | *ritratto di prospetto*, portrait de face. | *mettersi di prospetto*, se mettre de face. || GEOM. perspective f.
prospettore [prospet'tore] m. GEOL. prospecteur.
prospezione [prospet'tsjone] f. GEOL. prospection.
prospiciente [prospi'tʃεnte] agg. qui regarde; donnant sur.
prosseneta [prosse'nεta] (**-i** pl.) m. proxénète.
prossenetismo [prossene'tizmo] m. proxénétisme.
prossimamente [prossima'mente] avv. prochainement.
prossimità [prossimi'ta] f. [nello spazio] proximité, voisinage m.; [nel tempo] proximité, imminence, approche. | *l'immediata prossimità del mare*, l'immédiate proximité de la mer. | *rimpiango la prossimità della città*, je regrette le voisinage de la ville. | *la prossimità del temporale*, la proximité, l'approche de l'orage. || LOC. (prep.) *in prossimità di :* [spazio] à proximité de, près de; [tempo] à l'approche de.
prossimo ['prɔssimo] agg. **1.** [molto vicino nel tempo e nello spazio] proche. | *il suo paese è prossimo al mio*, son village est proche du mien. | *la scuola è prossima alla piazza*, l'école est proche de la place. | *l'inverno è prossimo*, l'hiver est proche. | *il momento della separazione è prossimo*, le moment de la séparation est proche, approche. | *la sua fine è prossima*, sa mort est proche, est imminente. | *in un prossimo futuro*, dans un proche avenir. | *essere prossimo a fare qlco.*, être sur le point de faire qch., aller faire qch. | *essere prossimo alla sessantina*, approcher de, friser la soixantaine. | *parente prossimo*, proche parent. || **2.** [che segue nel tempo e nello spazio] prochain. | *sabato prossimo*, samedi prochain. | *la prossima volta*, la prochaine fois. | *il mese prossimo*, le mois prochain. | *l'anno prossimo*, l'année prochaine. | *la prossima fermata*, le prochain arrêt, la prochaine station. | *alla prossima volta !*, à la prochaine ! (fam.) || **3.** GRAMM. *passato prossimo*, passé composé. | *trapassato prossimo*, plus-que-parfait. || **4.** FILOS.

prochain. | *causa prossima*, cause prochaine. ◆ m. prochain. | *amare il prossimo*, aimer son prochain.
prostata ['prɔstata] f. ANAT. prostate.
prostatectomia [prɔstatecto'mja] f. MED. prostatectomie.
prostatite [prosta'tite] f. MED. prostatite.
prosternare [proster'nare] v. tr. prosterner. ◆ v. rifl. se prosterner.
prosternazione [prosternat'tsjone] f. prosternation, prosternement m.
prostituire [prostitu'ire] v. tr. prostituer. ◆ v. rifl. se prostituer.
prostituta [prosti'tuta] f. prostituée.
prostituzione [prostitut'tsjone] f. prostitution.
prostramento [prostra'mento] m. V. PROSTRAZIONE.
prostrare [pros'trare] v. tr. abattre, accabler. ◆ v. rifl. se prosterner.
prostrato [pros'trato] agg. prosterné. ‖ FIG. abattu, accablé, prostré.
prostrazione [prostrat'tsjone] f. prostration, accablement m., abattement m.
protagonista [protago'nista] (**-i** m. pl.) m. e f. protagoniste.
proteggere [pro'tɛddʒere] v. tr. protéger. | *proteggere dal fuoco*, protéger du feu. | *proteggere gli occhi dal sole*, protéger ses yeux du soleil. | *proteggere le lettere e le arti*, protéger les lettres et les arts. ◆ v. rifl. se protéger. | *proteggersi dal freddo*, se protéger du froid.
proteico [pro'tɛiko] (**-ci** m. pl.) agg. CHIM. protéique.
proteide [pro'tɛide] f. CHIM. protéide.
proteiforme [protei'forme] agg. protéiforme.
proteina [prote'ina] f. CHIM. protéine.
proteinico [prote'iniko] (**-ci** m. pl.) agg. CHIM. protéique.
protendere [pro'tɛndere] v. tr. tendre. | *protendere le braccia*, tendre les bras. ◆ v. rifl. [piegarsi in avanti] se pencher; [avanzarsi] s'avancer. | *protendersi dalla finestra*, se pencher par la fenêtre. | *il promontorio si protende nel mare*, le promontoire s'avance dans la mer.
proteo ['prɔteo] m. ZOOL. protée.
protervamente [proterva'mente] avv. insolemment; [ostinatamente] opiniâtrement.
protervia [pro'tɛrvja] f. (lett.) insolence (L.C.), arrogance (L.C.); [ostinazione] opiniâtreté.
protervo [pro'tɛrvo] agg. (lett.) insolent (L.C.), arrogant (L.C.); [ostinato] opiniâtre.
protesi ['prɔtezi] f. MED. prothèse.
proteso [pro'teso] agg. tendu.
protesta [pro'tɛsta] f. protestation.
protestante [protes'tante] agg. e n. protestant.
protestantesimo [protestan'tezimo] m. RELIG. protestantisme.
protestare [protes'tare] v. intr. protester. | *protestare contro una ingiustizia*, protester contre une injustice. ◆ v. tr. protester de. | *protestare la propria stima*, protester de son estime. ‖ COMM. *protestare una cambiale*, protester une lettre de change.
protestatario [protesta'tarjo] agg. protestataire.
protesto [pro'tɛsto] m. COMM. protêt. | *protesto per mancato pagamento*, protêt faute d'acceptation.
protettivo [protet'tivo] agg. protecteur. | *involucro protettivo*, enveloppe protectrice. | *assumere un tono protettivo*, prendre un ton protecteur. ‖ FIN. *dazio protettivo*, droit protecteur.
protetto [pro'tɛtto] agg. e n. protégé.
protettorato [protetto'rato] m. protectorat.
protettore [protet'tore] (**-trice** f.) agg. e n. protecteur, trice. ‖ RELIG. *santo protettore*, patron.
protezione [protet'tsjone] f. protection. | *avere potenti protezioni*, avoir de puissantes protections. | *prendere sotto la propria protezione*, prendre sous sa protection. | *assumere un'aria di protezione*, prendre un air protecteur.
protezionismo [protettsjo'nizmo] m. ECON. protectionnisme.
protezionista [protettsjo'nista] (**-i** pl.) m. ECON. protectionniste.
protezionistico [protettsjo'nistiko] (**-ci** m. pl.) agg. protectionniste.
proto ['prɔto] m. TIP. prote.

1. protocollare [protokol'lare] agg. protocolaire.
2. protocollare [protokol'lare] v. tr. enregistrer.
protocollo [proto'kɔllo] m. **1.** AMM. [registro] registre. | *mettere a protocollo*, inscrire dans le registre, enregistrer. | *numero di protocollo*, numéro d'enregistrement. | *carta protocollo*, papier ministre. ‖ **2.** [cerimoniale] protocole. | *capo del protocollo*, chef du protocole. ‖ **3.** [documento] protocole. | *redigere il protocollo finale*, dresser le protocole final. ‖ PER EST. (iron.) *questioni di protocollo*, questions de protocole.
protomartire [proto'martire] m. RELIG. protomartyr.
protone [pro'tone] m. FIS. proton.
protonico [prɔ'tɔniko] agg. FIS. protonique.
protonotaio [prɔtono'taio] m. protonotaire.
protoplasma [proto'plazma] m. BIOL. protoplasme, protoplasma.
protossido [pro'tɔssido] m. CHIM. protoxyde.
protostoria [prɔtos'stɔria] f. protohistoire.
prototipo [pro'tɔtipo] m. prototype.
protozoi [protod'dzɔi] m. pl. ZOOL. protozoaires.
protozoico [protod'dzɔiko] agg. GEOL. archézoïque.
protrarre [pro'trarre] v. tr. prolonger; [differire] différer; [prorogare] proroger. | *protrarre la propria assenza*, prolonger son absence. | *protrarre la chiusura del negozio*, différer la fermeture du magasin. | *protrarre la scadenza di una cambiale*, proroger une lettre de change. ◆ v. rifl. se prolonger, traîner en longueur.
protuberante [protube'rante] agg. protubérant.
protuberanza [protube'rantsa] f. protubérance.
prova ['prɔva] f. **1.** [dimostrazione, testimonianza] preuve. | *dar prova di coraggio*, faire preuve de courage. | *ha dato una prova di onestà*, il a fourni une preuve d'honnêteté. | *ha fatto le sue prove*, il a fait ses preuves. ‖ GIUR. *prova materiale*, preuve matérielle. | *prova testimoniale*, preuve par témoin. | *addurre delle prove*, apporter, produire des preuves. | *assolto per insufficienza di prove*, acquitté faute de preuves. | *come prova di*, pour preuve de, à preuve de. ‖ MAT. preuve. | *prova del nove*, preuve par 9. ‖ **2.** [esperienza, tentativo, verifica] épreuve, essai m. | *fare la prova di qlco.*, faire l'épreuve, l'essai de qch. | *subire, sopportare una prova*, subir, supporter une épreuve. ‖ FIG. *subire delle dure prove*, subir de rudes épreuves. | *superare una dura prova*, surmonter une rude épreuve. ‖ MED. *prova del sangue*, analyse, examen (m.) du sang. ‖ MODA essayage m. | *prova di un vestito*, essayage d'un costume, d'une robe. | *sala di prova*, salon d'essayage. ‖ SPORT *prove d'atletica*, épreuves d'athlétisme. | *prove eliminatorie*, épreuves éliminatoires. ‖ TEATRO *prova generale*, générale. ‖ TECN. *fare la prova di un motore*, procéder à l'épreuve, à l'essai d'un moteur. | *banco di prova*, banc d'essai. | *stazione di prova*, station d'essai. | *prova su strada*, essai sur route. ‖ UNIV. *prove scritte, orali*, épreuves écrites, orales. ‖ **3.** LOC. *mettere alla prova*, mettre à l'épreuve. | *mettere a dura prova*, mettre à rude épreuve. | *una serratura a prova di bomba*, une serrure à toute épreuve. | *una porta a prova di fuoco*, une porte à l'épreuve du feu. | *l'ho visto alla prova*, je l'ai vu à l'œuvre. | *mettere qlcu. in prova*, mettre qn à l'essai.
provabile [pro'vabile] agg. prouvable.
provare [pro'vare] v. tr. **1.** [esperimentare, misurare, saggiare] essayer. | *provare una macchina*, essayer une auto. ‖ FIG. *provare le proprie forze*, essayer ses forces. | *provare il proprio talento*, essayer son talent. ‖ MAR. *provare le macchine*, balancer les machines. ‖ MODA *provare un vestito*, essayer un costume, une robe. ‖ TEATRO répéter, faire la répétition de. | *gli attori provano la commedia*, les acteurs sont en train de répéter la comédie. ‖ **2.** [tentare, cercare] essayer (de), tenter (de), tâcher (de). | *ho provato a chiamarlo*, j'ai tenté de l'appeler. | *provare a rispondere con chiarezza*, tâcher de répondre clairement. | *ho provato a mia volta*, j'ai essayé à mon tour. | *prova e riprova, ce l'ha fatta*, à force d'essayer, il a réussi. | *prova un po'!*, essaie un peu! ‖ **3.** [conoscere per esperienza, costatare] éprouver, connaître. | *provare l'utilità di un consiglio*, éprouver l'utilité d'un conseil. | *provare delle difficoltà*, éprouver, connaître des difficultés. ‖ **4.** [sentire dei sentimenti] éprouver, ressentir, [quelle

sensazioni] ressentir. | *provare simpatia per qlcu.*, éprouver, ressentir de la sympathie pour qn. | *provare un malessere*, ressentir un malaise. | *provare dei dolori*, ressentir des douleurs. | *provare fame*, avoir faim. | *provare la fame*, souffrir la faim. || **5.** [sottoporre, mettere alla prova] éprouver, mettre à l'épreuve. | *la corsa l'ha provato*, la course l'a éprouvé. | *ha voluto provare la mia pazienza*, il a voulu mettre ma patience à l'épreuve. || **6.** [dimostrare] prouver. | *provare l'innocenza di qlcu.*, prouver l'innocence de qn. | *provare la propria buona fede*, prouver sa bonne foi. | *questo prova poco*, cela ne prouve pas grand-chose. ◆ v. rifl. s'essayer (à), essayer (de). | *provarsi a fare qlco.*, s'essayer à faire qch. | *provati!*, essaie! || [gareggiare] se mesurer, se battre. | *provarsi con qlcu.*, se mesurer, se battre avec qn.

provato [pro'vato] agg. [sicuro] éprouvé, sûr. | *è un amico provato*, c'est un ami éprouvé, sûr. || [che ha sofferto] éprouvé. | *è un uomo molto provato*, c'est un homme très éprouvé || [dimostrato] prouvé.

proveniente [prove'njɛnte] agg. provenant. | *merci provenienti da Milano*, marchandises en provenance de Milan.

provenienza [prove'njɛntsa] f. provenance. | *luogo di provenienza*, lieu de provenance. | *merci di varia provenienza*, marchandises de toutes provenances. | *di dubbia provenienza*, de provenance douteuse.

provenire [prove'nire] v. tr. venir, provenir. | *questo treno proviene dal Brennero*, ce train vient du Brenner. || [essere originato] provenir, dériver.

provento [pro'vɛnto] m. gain, bénéfice, profit, rapport, revenu. | *ottenere dei proventi notevoli*, réaliser des gains, des bénéfices considérables. | *proventi leciti*, gains licites.

provenzale [proven'tsale] agg. e m. provençal.

proverbiale [prover'bjale] agg. proverbial.

proverbialmente [proverbjal'mente] avv. proverbialement.

proverbio [pro'vɛrbjo] m. proverbe.

provetta [pro'vetta] f. CHIM. éprouvette.

provetto [pro'vɛtto] agg. expérimenté, expert, exercé.

provincia [pro'vintʃa] f. province. | *in provincia*, en province. | *città di provincia*, ville de province. || [paese, regione] pays m., région.

provinciale [provin'tʃale] agg. provincial. | *vita provinciale*, vie provinciale. || LOC. *strada provinciale*, route départementale. ◆ n. [persona] provincial. | *è un, una provinciale*, c'est un, une provincial(e). ◆ m. RELIG. provincial. ◆ f. [strada] route départementale.

provincialismo [provintʃa'lizmo] m. provincialisme.

provincialmente [provintʃal'mente] avv. d'une manière provinciale.

provino [pro'vino] m. CHIM. éprouvette f. || CIN. bout d'essai.

provocante [provo'kante] agg. provocant.

provocare [provo'kare] v. tr. provoquer.

provocatore [provoka'tore] (**-trice** f.) agg. e n. provocateur, trice.

provocatorio [provoka'tɔrjo] agg. provocateur.

provocazione [provokat'tsjone] f. provocation.

provvedere [provve'dere] v. tr. pourvoir, fournir; [procurare] procurer. | *provvedere qlcu. di denaro*, fournir de l'argent à qn. | *provvedere qlcu. di una macchina*, pourvoir qn d'une voiture, procurer une voiture à qn. || FIG. pourvoir, doter. | *la natura l'ha provvisto di una grande memoria*, la nature l'a pourvu, l'a doté d'une grande mémoire. ◆ v. intr. pourvoir. | *provvedere ai bisogni*, pourvoir aux besoins. | *provvedere alle spese*, pourvoir aux dépenses. || [occuparsi di] s'occuper de. | *provvedere a un affare*, s'occuper d'une affaire. | *provvedere ai propri affari*, s'occuper de ses affaires. || [prendersi cura] veiller à, prendre soin de. | *ha provveduto al rifornimento*, il a veillé à l'approvisionnement. | *provvedere a che tutti arrivino in tempo*, veiller à ce que tout le monde arrive à temps. ◆ v. rifl. se pourvoir, se munir. | *provvedersi di denaro*, se pourvoir d'argent. | *provvedersi del passaporto*, se munir de son passeport.

provvedimento [provvedi'mento] m. mesure f., disposition f. | *prendere dei provvedimenti*, prendre des mesures, des dispositions. | *provvedimento precauzionale*, mesure de précaution. | *provvedimento disciplinare*, mesure disciplinaire. | *provvedimento urgente*, mesure d'urgence.

provveditorato [provvedito'rato] m. inspection f. || UNIV. *provveditorato agli studi*, inspection d'académie.

provveditore [provvedi'tore] (**-trice** f.) m. [fornitore] pourvoyeur, euse; fournisseur, euse. || UNIV. *provveditore agli studi*, inspecteur d'académie. | *vice provveditore*, inspecteur adjoint d'académie.

provvidamente [provvida'mente] avv. prudemment, sagement.

provvidenza [provvi'dɛntsa] f. providence. || [provvedimento] mesure.

provvidenziale [provviden'tsjale] agg. providentiel.

provvidenzialmente [provvidentsjal'mente] avv. providentiellement.

provvido ['prɔvvido] agg. (lett.) prévoyant (L.C.).

provvigione [provvi'dʒone] f. COMM. commission. | *ricevere una provvigione*, toucher une commission. | *abbuono di provvigione*, remise.

provvisoriamente [provvizorja'mente] avv. provisoirement.

provvisorietà [provvizorje'ta] f. caractère (m.) provisoire.

provvisorio [provvi'zɔrjo] agg. provisoire.

provvista [prov'vista] f. provision. | *fare provvista di qlco.*, faire provision de qch. | *andare a fare provviste*, aller faire des courses. | *far provvista di benzina*, se ravitailler en essence. || GIUR. provision.

provvisto [prov'visto] agg. pourvu, fourni. | *provvisto di denaro*, pourvu d'argent. | *provvisto di memoria*, pourvu de mémoire. | *un negozio ben provvisto*, un magasin bien fourni.

prozia [prot'tsia] f. grand-tante.

prozio [prot'tsio] m. grand-oncle.

prua ['prua] f. V. PRORA.

prudente [pru'dɛnte] agg. prudent.

prudentemente [prudente'mente] avv. prudemment.

prudenza [pru'dɛntsa] f. prudence. | *per prudenza*, par prudence. | *agire con prudenza*, agir avec prudence. | *usare prudenza nel parlare*, parler avec prudence. || RELIG. prudence.

prudenziale [pruden'tsjale] agg. (raro) prudent (L.C.).

prudere ['prudere] v. intr. démanger. || FIG. *mi sento prudere le mani*, la main me démange (fam.).

prugna ['pruɲɲa] f. BOT. prune. | *prugna secca*, pruneau m. | *prugna selvatica*, prunelle.

prugno ['pruɲɲo] m. BOT. prunier. | *prugno selvatico*, prunellier.

prugnola [pruɲ'ɲɔla] f. BOT. prunelle.

1. prugnolo ['pruɲɲolo] m. BOT. prunellier.

2. prugnolo [pruɲ'ɲɔlo] m. BOT. [fungo] morille f.

pruina [pru'ina] f. BOT. pruine.

prunaio [pru'najo] m. ronceraie f., terrain broussailleux.

prunella [pru'nɛlla] f. prunelle.

pruneto [pru'neto] m. ronceraie f., broussailles f. pl.

pruno ['pruno] m. BOT. ronce f. || [spina] épine f.

prurigine [pru'ridʒine] f. démangeaison. || MED. prurigo m.

pruriginoso [pruridʒi'noso] agg. MED. prurigineux. || FIG. excitant.

prurito [pru'rito] m. PR. prurit; PR. e FIG. démangeaison f.

prussiano [prus'sjano] agg. e n. prussien.

prussiato [prus'sjato] m. CHIM. prussiate.

prussico ['prussiko] (**-ci** m. pl.) agg. CHIM. prussique.

pseudonimo [pseu'dɔnimo] agg. e m. pseudonyme.

psicanalisi [psika'nalizi] f. psychanalyse.

psicanalista [psikana'lista] (**-ti** m. pl.) n. psychanalyste.

psicanalitico [psikana'litiko] (**-ci** m. pl.) agg. psychanalytique.

psicanalizzare [psikanalid'dzare] v. tr. psychanalyser.

psiche ['psike] f. [specchio] psyché. || [anima] psyché.

psichiatra [psi'kjatra] (**-i** m. pl.) n. MED. psychiatre.

psichiatria [psikja'tria] f. MED. psychiatrie.

psichiatrico [psi'kjatriko] (**-ci** m. pl.) agg. MED. psychiatrique.

psichico ['psikiko] (**-ci** m. pl.) agg. psychique.

psicoanalisi [psikoa'nalizi] f. e deriv. V. psicanalisi e deriv.

psicofisico [psiko'fiziko] agg. Med. psychophysique (antiq.), psychophysiologique.

psicofisiologia [psikofizjolo'dʒia] f. Med. psychophysiologie.

psicologia [psikolo'dʒia] f. psychologie. | *studia psicologia*, il fait de la psychologie.

psicologicamente [psikolodʒika'mente] avv. psychologiquement.

psicologico [psiko'lɔdʒiko] (**-ci** m. pl.) agg. psychologique.

psicologo [psi'kɔlogo] (**-gi** m. pl.) n. psychologue.

psicopatia [psikopa'tia] f. Med. psychopathie (antiq.).

psicopatico [psiko'patiko] (**-ci** m. pl.) agg. Med. psychopathique. ◆ n. Med. psychopathe.

psicopatologia [psikopatolo'dʒia] f. Med. psychopathologie.

psicopedagogia [psikopedago'dʒia] f. psychopédagogie.

psicosi [psi'kɔzi] f. psychose.

psicosomatico [psikoso'matiko] (**-ci** m. pl.) agg. psychosomatique.

psicotecnica [psiko'tɛnika] f. psychotechnique.

psicotecnico [psiko'tekniko] (**-ci** m. pl.) agg. psychotechnique. | *esame psicotecnico*, examen psychotechnique. ◆ m. psychotechnicien.

psicoterapia [psikotera'pia] f. Med. psychothérapie.

psicometro [psi'kɔmetro] m. Tecn. psychomètre.

pss, pst [ps, pst] onomat. psitt !, pst !

ptialina [ptia'lina] f. Chim. ptyaline.

puah! [pwah] interiez. pouah !

pubblicabile [pubbli'kabile] agg. publiable.

pubblicamente [pubblika'mente] avv. publiquement.

pubblicano [pubbli'kano] m. Stor. publicain.

pubblicare [pubbli'kare] v. tr. publier ; [un libro] publier, éditer, faire paraître. | *un libro appena pubblicato*, un livre qui vient de paraître. ‖ Per est. *pubblicare una notizia*, publier, divulguer, répandre une nouvelle.

pubblicazione [pubblikat'tsjone] f. **1.** [diffusione] publication. | *pubblicazione di un libro, di una rivista*, publication d'un livre, d'une revue. ‖ Loc. *pubblicazioni di matrimonio*, bans (m. pl.) de mariage. | *fare le pubblicazioni*, publier les bans. ‖ **2.** [opera] publication. | *pubblicazioni a fascicoli*, publications par fascicules.

pubblicismo [pubbli'tʃizmo] m. publicité f.

pubblicista [pubbli'tʃista] (**-i** pl.) m. e f. publiciste.

pubblicità [pubblitʃi'ta] f. **1.** [propaganda] publicité, réclame. | *fare molta pubblicità*, faire beaucoup de publicité, de réclame. | *farsi pubblicità*, se faire de la publicité, de la réclame. | *piccola pubblicità*, petites annonces. ‖ **2.** [diffusione] publicité. | *dare pubblicità a una notizia*, publier, divulguer une nouvelle. ‖ **3.** [il fatto di essere pubblico] publicité. | *pubblicità delle udienze*, publicité des audiences.

pubblicitario [pubblitʃi'tarjo] agg. e m. publicitaire. | *campagna pubblicitaria*, campagne de publicité.

pubblico ['pubbliko] (**-ci** m. pl.) agg. public. | *pubblico accusatore*, accusateur public. | *affari pubblici*, affaires publiques. | *pubblica amministrazione*, administration publique. | *bene pubblico*, bien public. | *pubblica confessione*, confession publique. | *cosa pubblica*, chose publique. | *diritto pubblico*, droit public. | *lavori pubblici*, travaux publics. | *luogo pubblico*, lieu public. | *pubblico ministero*, ministère public. | *pubblica opinione*, opinion publique. | *ordine pubblico*, ordre public. | *vita pubblica*, vie publique. | *rendere di pubblico dominio*, rendre de notoriété publique. ‖ [di un'opera] *diventare di pubblico dominio*, tomber dans le domaine public. ◆ m. public. | *c'era molto pubblico*, il y avait un public nombreux. | *avviso al pubblico*, avis au public. | *portare a conoscenza del pubblico*, porter à la connaissance du public. ◆ Loc. avv. ***in pubblico***, en public. | *mettere in pubblico*, rendre public, divulguer.

pube ['pube] m. Anat. pubis.

puberale [pube'rale] agg. pubertaire. | *età puberale*, âge de la puberté.

pubere ['pubere] agg. e n. pubère.

pubertà [puber'ta] f. puberté.

pudibondo [pudi'bondo] agg. (lett.) pudique (l.c.). ‖ Scherz. pudibond, bégueule.

pudicamente [pudika'mente] avv. pudiquement.

pudicizia [pudi'tʃittsja] f. pudicité.

pudico [pu'diko] agg. pudique.

pudore [pu'dore] m. pudeur f. | *senza pudore*, sans pudeur. ‖ Giur. *oltraggio al pudore*, attentat, outrage à la pudeur.

puericoltore [puerikol'tore] o **puericultore** [puerikul'tore] (**-trice** f.) m. puériculteur, trice.

puericoltura [puerikol'tura] o **puericultura** [puerikul'tura] f. puériculture.

puerile [pue'rile] agg. puéril, enfantin.

puerilità [puerili'ta] f. puérilité.

puerilmente [pueril'mente] avv. puérilement.

puerizia [pue'rittsja] f. (lett.) enfance (l.c.).

puerpera [pu'ɛrpera] f. accouchée.

puerperale [puerpe'rale] agg. puerpéral.

puerperio [puer'pɛrjo] m. puerpéralité f.

puf [puf] m. [sgabello] pouf.

pugilato [pudʒi'lato] m. Sport boxe f. | *fare del pugilato*, boxer. ‖ Per est. [rissa] pugilat. | *la seduta finì con un pugilato*, la séance se termina en pugilat.

pugilatore [pudʒila'tore], **pugile** ['pudʒile] m. Sport boxeur, pugiliste.

pugilistica [pudʒi'listika] f. Sport boxe.

pugliese [puʎ'ʎese] agg. des Pouilles. ◆ n. habitant des Pouilles.

pugna ['puɲɲa] f. (lett.) combat m. (l.c.).

pugnace [puɲ'ɲatʃe] agg. (lett.) combatif (l.c.).

pugnalare [puɲɲa'lare] v. tr. poignarder.

pugnalata [puɲɲa'lata] f. coup (m.) de poignard.

pugnalatore [puɲɲala'tore] (**-trice** f.) m. poignardeur.

pugnale [puɲ'ɲale] m. poignard. | *mettere il pugnale alla gola di qlcu.*, mettre le poignard sous la gorge de qn.

pugnare [puɲ'ɲare] v. intr. (lett.) combattre (l.c.).

pugnello [puɲ'ɲɛllo] m. (raro) poignée f. (l.c.).

pugno ['puɲɲo] m. **1.** [mano chiusa] poing. | *battere il pugno sulla tavola*, frapper du poing sur la table. | *combattere con la spada in pugno*, combattre l'épée au point. | *minacciare col pugno*, menacer du poing. | *mostrare il pugno*, montrer le poing. ‖ Fig. *avere un pugno di ferro*, avoir une poigne de fer. | *stringere i pugni*, serrer les poings. ‖ Per est. *di proprio pugno*, de sa main. | *tenere in pugno*, tenir dans sa main. ‖ **2.** [colpo inferto col pugno] coup de poing. | *dare un pugno a qlcu.*, donner, assener un coup de poing à qn. | *fare a pugni*, se battre à coups de poing. | *prendere a pugni*, donner des coups de poing. ‖ Fig. *questi due colori fanno a pugni*, ces deux couleurs jurent, hurlent. ‖ **3.** [manciata] poignée f. | *un pugno di sale*, une poignée de sel. ‖ Loc. *restare con un pugno di mosche*, se retrouver les mains vides.

pula ['pula] f. Bot. balle.

pulce ['pultʃe] f. Zool. puce. | *pulce d'acqua*, puce aquatique, puce d'eau. ‖ Fig. *mettere una pulce nell'orecchio*, mettre la puce à l'oreille. ‖ Giochi *gioco della pulce*, jeu de puces.

pulcinella [pultʃi'nɛlla] m. polichinelle. | *è il segreto di pulcinella*, c'est le secret de Polichinelle. ‖ Zool. *pulcinella di mare*, macareux, moine.

pulcino [pul'tʃino] m. Zool. poussin. ‖ Fig. *bagnato come un pulcino*, trempé comme un canard. ‖ Sport minime.

pulcioso [pul'tʃoso] agg. plein de puces.

puledra [pu'ledra] f. Zool. pouliche.

puledro [pu'ledro] m. Zool. poulain.

puleggia [pu'leddʒa] f. Mecc. poulie.

pulire [pu'lire] v. tr. **1.** nettoyer. | *pulire le scarpe*, nettoyer les chaussures. | *far pulire un vestito*, faire nettoyer un costume. | *pulirsi i denti*, se nettoyer les dents. | *pulire il camino*, ramoner. ‖ **2.** [con uno straccio] essuyer. | *pulirsi gli occhiali con un fazzoletto*, essuyer ses lunettes avec un mouchoir. | *pulirsi i piedi sullo zerbino*, essuyer ses pieds sur le tapis. | *pulirsi la bocca con un tovagliolo*, essuyer sa bouche avec une serviette. | *pulirsi il naso*, se moucher. ‖ **3.** Tecn. [polire] polir ; [pietre dure] égriser.

pulita [pu'lita] f. nettoyage m. | *dare una pulita*,

nettoyer, donner un coup de chiffon (de brosse, de balai, etc.). | *darsi una pulita,* faire un brin de toilette.
pulitamente [pulita'mente] avv. convenablement. | *se l'è cavata pulitamente,* il s'en est bien tiré.
pulitino [puli'tino] agg. propret.
pulito [pu'lito] agg. propre, net. | *tenere pulito,* tenir propre. || PER EST. *foglio pulito,* feuille blanche. || FIG. propre, net. | *è una persona pulita,* c'est un honnête homme, c'est une personne comme il faut. | *non fa niente di pulito,* il ne fait rien de propre. | *avere la coscienza pulita,* avoir la conscience nette. | *avere le mani pulite,* avoir les mains nettes. | *far piazza pulita,* faire place nette. | *avere la fedina penale pulita,* avoir un casier judiciaire vierge. | *raccontare una barzelletta pulita,* raconter une histoire convenable. | *non ho un soldo, sono pulito,* je suis complètement fauché (fam.). || SOSTANT. *al pulito,* au net. ◆ avv. *parlare pulito,* parler convenablement.
pulitore [puli'tore] (**-trice** f.) m. (raro) nettoyeur, euse (L.C.). || MECC. polisseur.
pulitrice [puli'tritʃe] f. AGR. vanneuse. || MECC. polisseuse, polissoir m. || METALL. ébarbeuse.
pulitura [puli'tura] f. nettoyage m. | *pulitura del camino,* ramonage m. || AGR. vannage m. || MECC. polissage m. ; [di pietre dure] égrisage m.
pulizia [pulit'tsia] f. **1.** [l'essere pulito] propreté, netteté. | *curare la pulizia,* soigner la propreté. || FIG. *ha una grande pulizia morale,* il possède une grande propreté morale. || **2.** [l'azione di pulire] nettoyage m., nettoiement m. | *pulizia generale,* nettoyage général. | *fare le pulizie,* faire le ménage. | *donna delle pulizie,* femme de ménage. || FIG. *fare pulizia,* faire place nette. | *fare pulizia generale in un ministero,* procéder à un nettoiement général dans un ministère.
pullman ['pulman] m. **1.** TRASP. [corriera] autocar, car (fam.). || **2.** [vagone ferroviario] pullman [ingl.].
pullover [pul'lɔver] m. [ingl.] MOD. pull-over, pull (fam.).
pullulante [pullu'lante] agg. PR. e FIG. pullulant.
pullulare [pullu'lare] v. intr. pulluler. || PER EST. pulluler, foisonner.
pullulazione [pullulat'tsjone] m. pullulation, pullulement m.
pulpito ['pulpito] m. RELIG. chaire f. | *dall'alto del pulpito,* du haut de la chaire. || FIG. *salire sul pulpito,* monter en chaire.
pulsante [pul'sante] agg. ELETTR. pulsatoire. ◆ m. poussoir, bouton. | *premere il pulsante,* appuyer sur le bouton.
pulsare [pul'sare] v. intr. battre, palpiter. || FIG. palpiter.
pulsazione [pulsat'tsjone] f. FIS., MED. pulsation.
pulsione [pul'sjone] f. PSICAN. pulsion.
pulsometro [pul'sɔmetro] m. FIS. pulsomètre.
pulsoreattore [pulsoreat'tore] m. AER. pulsoréacteur.
pulviscolo [pul'viskolo] m. poussière f. | *pulviscolo atmosferico,* poussières atmosphériques.
pulzella [pul'tsɛlla] f. pucelle. || STOR. *la Pulzella d'Orléans,* la Pucelle d'Orléans.
punch [pʌntʃ] m. [ingl.] punch.
punching-ball ['pʌntʃiŋbɔ:l] m. [ingl.] SPORT punching-ball.
pungente [pun'dʒɛnte] agg. PR. e FIG. piquant. | *il cardo è pungente,* le chardon est piquant. | *freddo pungente,* froid piquant, pénétrant. | *parole pungenti,* paroles piquantes, blessantes, caustiques. | *critica pungente,* critique piquante, à l'emporte-pièce.
pungere ['pundʒere] v. tr. piquer. | *pungere con uno spillo,* piquer avec une épingle. | *essere punto da una vespa,* être piqué par une guêpe. | *pungere i buoi,* piquer les bœufs. || PER EST. *questo odore mi punge il naso,* cette odeur me pique le nez. | *ha una barba che punge,* il a une barbe qui pique. || FIG. *è punto dal rimorso,* le remords le ronge. | *pungere sul vivo,* piquer au vif. ◆ v. rifl. se piquer.
pungiglione [pundʒiʎ'ʎone] m. aiguillon.
pungitopo [pundʒi'tɔpo] m. BOT. houx.
pungolo ['pungolo] m. aiguillon.
punibile [pu'nibile] agg. punissable.
punico ['puniko] (**-ci** m. pl.) agg. STOR. punique.
punire [pu'nire] v. tr. punir. | *punire un colpevole,* punir un coupable. | *punire con la prigione,* punir d'emprisonnement. | *punire con la pena di morte,* punir de mort. | *punire per un delitto,* punir d'un crime.
punitivo [puni'tivo] agg. punitif, ive.
punizione [punit'tsjone] f. punition. | *punizione corporale,* punition corporelle. | *infliggere una punizione,* infliger une punition, une sanction. || SPORT penalty m. [ingl.] ; coup franc. | *battere una punizione,* tirer un penalty.
1. punta ['punta] f. **1.** [parte terminale] pointe, bout m. | *punta di coltello,* pointe de couteau. | *punta di matita,* pointe de crayon. | *punta di spillo,* pointe d'épingle. | *la punta di un'isola,* la pointe d'une île. | *barba a punta,* barbe en pointe. | *scarpe a punta,* souliers pointus. | *punta delle dita, della lingua, del naso,* bout des doigts, de la langue, du nez. | *alzarsi sulla punta dei piedi,* se dresser sur la pointe des pieds. | *camminare in punta di piedi,* marcher sur la pointe des pieds. || **2.** LOC. *ora di punta,* heure de pointe. | *l'uomo di punta del governo,* l'homme de pointe du gouvernement. | *avere un nome sulla punta della lingua,* avoir un nom sur le bout de la langue. | *scrivere in punta di penna,* écrire dans un style recherché. | *mettersi di punta,* s'y mettre. | *prendere qlcu. di punta,* prendre qn de front. || **3.** CULIN. *punte di asparagi,* pointes d'asperges. | *punta di culaccio,* pointe de culotte. | *punta di petto,* poitrine. || **4.** SPORT *squadra di punta,* équipe de pointe. | *cavalli di punta,* chevaux de volée. || [calcio] *uomo di punta,* homme de pointe. || STOR. *colpire di punta e di taglio,* frapper d'estoc et de taille. || **5.** TECN. pointe, foret m. | *punta di diamante,* pointe de diamant. | *punta di trapano,* foret. | *punta a centro,* foret à centre. || **6.** [pizzico] pointe. | *mettere una punta di pepe nella minestra,* mettre une pointe de poivre dans le potage. || FIG. *una punta di malizia,* une pointe de malice.
2. punta ['punta] f. [di cani] arrêt m.
puntale [pun'tale] m. [di ombrello] embout ; [di spada] bouterolle f. ; [di stringhe] ferret. || MAR. épontille f.
puntamento [punta'mento] m. MIL. pointage.
puntare [pun'tare] v. tr. **1.** [appoggiare con forza] appuyer, planter. | *puntare i gomiti,* appuyer les coudes. | *puntare i piedi* : PR. s'arc-bouter ; FIG. s'entêter, s'obstiner. || **2.** [dirigere] pointer, braquer. | *puntare un cannone su qlco.,* pointer, braquer un canon sur qch. | *puntare un fucile su qlcu.,* coucher qn en joue. | *puntate ! fuoco !,* en joue ! feu ! || PER EST. braquer, pointer. | *puntare un binocolo,* braquer une lunette. | *puntare il dito su qlcu.,* montrer qn du doigt. | *puntare lo sguardo su qlco.,* braquer les yeux sur qch. || **3.** [scommettere] miser. | *puntare sul numero perdente,* miser sur le mauvais numéro. || **4.** [di cani] tomber en arrêt. | *il cane punta una starna,* le chien tombe en arrêt devant une perdrix. ◆ v. intr. se diriger. | *puntare su Roma,* se diriger vers Rome. || FIG. *puntare al successo,* viser au succès. || SPORT *puntare a rete,* tirer au but. ◆ v. rifl. s'arc-bouter. || FIG. s'entêter, s'obstiner.
puntasecca [punta'sekka] f. TIP. pointe-sèche.
puntaspilli [puntas'pilli] m. invar. pelote (f.) à épingles.
1. puntata [pun'tata] f. coup (m.) de pointe. || [breve visita] pointe. | *fare una puntata, una puntatina fino a Milano,* pousser une pointe jusqu'à Milan. || GIOCHI mise. || MIL. incursion.
2. puntata [pun'tata] f. épisode m., fascicule m. | *romanzo a puntate,* roman-feuilleton m. | *pubblicare un'opera a puntate,* publier une œuvre par fascicules.
punteggiare [punted'dʒare] v. tr. pointiller. || [picchiettare] moucheter. || GRAMM. ponctuer.
punteggiatura [punteddʒa'tura] f. GRAMM. ponctuation. || [il punteggiare] pointillage m. || [picchiettatura] mouchetage m.
punteggio [pun'teddʒo] m. ARTI point. || SPORT score. | *punteggio finale,* score final.
puntellamento [puntella'mento] m. étayage, étaiement.
puntellare [puntel'lare] v. tr. étayer, étançonner, contre-bouter, béquiller. || MAR. accorer.
puntellatura [puntella'tura] f. étayage m., étaiement m., étançonnement m. || MAR. accorage m.

puntello [pun'tɛllo] m. étai, étançon. | *mettere un puntello a un muro*, étayer un mur. || FIG. étai, soutien, aide f. | *è il puntello della famiglia*, c'est le soutien de la famille. || MAR. accore, béquille f.
punteria [punte'ria] f. MECC. poussoir m. || MIL. instruments (m. pl.) de pointage.
punteruolo [punte'rwɔlo] m. poinçon; [per cuoio] alêne f. || ZOOL. charançon.
puntiglio [pun'tiʎʎo] m. obstination f., entêtement. | *per puro puntiglio*, par pur entêtement. || [amor proprio] amour-propre.
puntigliosamente [puntiʎʎosa'mente] avv. avec obstination, avec entêtement.
puntiglioso [puntiʎ'ʎoso] agg. [suscettibile] chatouilleux, susceptible. || [ostinato] obstiné, pinailleur (fam.).
puntina [pun'tina] f. [da disegno] punaise. || [da grammofono] aiguille. || AUTOM. *puntine platinate*, vis platinées.
puntinismo [punti'nizmo] m. ARTI pointillisme.
puntino [pun'tino] m. point. | *puntini puntini*, points de suspension. || LOC. *cotto a puntino*, cuit à point. | *fatto a puntino*, fait à merveille.
punto ['punto] m.

I. SENSO GENERALE. **1.** [con un agg.]. **2** [con un compl.]. **3.** [compl. di un verbo].
II. SIGNIFICATI PARTICOLARI. CUCIT., FIS., FOT., GEOGR., GEOM., GIOCHI, GRAMM., MAR., MED., MIL., MUS., SPORT, TECN., UNIV.
◆ avv. ◆ loc. avv. ◆ loc. prep. ◆ loc. cong.

I. SENSO GENERALE point. **1.** [con un agg.] *punto critico*, point critique. | *punto debole*, point faible. | *punto finale*, point final. | *punto morto*, point mort. | *punto secondario*, point de détail. | *punto sensibile*, point sensible. | *punto strategico*, point stratégique. || **2.** [con un compl.] *punto e basta !*, un point c'est tout ! | *punto d'appoggio*, point d'appui. | *punto d'arresto*, point d'arrêt. | *punto d'arrivo*, point d'arrivée. | *punto di contatto*, point de contact. | *punto di disaccordo*, point de désaccord. | *punto di incontro*, point de rencontre. | *punto d'onore*, point d'honneur. | *punto di partenza*, point de départ. | *punto di riferimento*, point de repère. | *punto di ritrovo*, point de ralliement. | *dal punto di vista formale*, du point de vue de la forme. | *da un certo punto di vista*, d'un certain point de vue. | *sotto tutti i punti di vista*, à tout point de vue. || **3.** [compl. di un verbo] *dare dei punti a qlcu.*, en remontrer à qn, être supérieur à qn. | *essere allo stesso punto*, en être au même point. | *le cose sono a questo punto*, les choses en sont là. | *a che punto sei ?*, où en es-tu ? | *far punto*, s'arrêter. | *mettere i punti sulle «i»*, mettre les points sur les «i». | *venire al punto*, venir à l'essentiel.
II. SIGNIFICATI PARTICOLARI : CUCIT. *dare un punto*, faire un point. | *punto catenella*, point de chaînette. | *punto croce*, point de croix. | *punto erba*, *punto stelo*, point de tige. || FIS. *punto critico*, point critique. | *punto d'applicazione di una forza*, point d'application d'une force. | *punto d'appoggio*, point d'appui. | *punto di condensazione*, point de condensation. || FOT. *apparecchio di messa a punto*, appareil de mise au point. || GEOGR. *punti cardinali*, points cardinaux. || GEOM. *punto geometrico*, point géométrique. | *punto di tangenza*, point de tangence. || GIOCHI *questa carta vale cinque punti*, cette carte vaut cinq points. | *concedere dieci punti di vantaggio*, rendre dix points. || GRAMM. *due punti*, deux points. | *punto e virgola*, point-virgule. | *punto finale*, point final. | *punto e a capo*, point, à la ligne. | *punto esclamativo*, point d'exclamation. | *punto interrogativo*, point d'interrogation. || MAR. *fare il punto*, faire le point. | *punto d'attracco*, point d'attache. || MED. *punto di sutura*, point de suture. || MIL. *punto di caduta di un proiettile*, point de chute d'un projectile. | *punto di scoppio*, point d'éclatement. || MUS. *punto d'organo*, point d'orgue. || SPORT *segnare dieci punti*, marquer dix points. | *vincere ai punti*, gagner aux points. | *fare il punto della bandiera*, marquer le point de l'honneur. || TECN. *punto di rottura*, point de rupture. | *punto di raccordo*, point de raccord. | *punto di saldatura*, point de soudure. || UNIV. point, note f. | *riportare dei buoni punti*, avoir de bonnes notes, de bons points. ◆ avv. guère, point. | *poco o punto*, peu ou point. | *non ne ho punto*, je n'en ai point. ◆ loc. avv. ***punto per punto***, point par point, de point en point, entièrement. | ***a punto***, au point. | *essere a punto*, être au point. | *mettere a punto*, mettre au point. || ***al punto giusto***, à point. | *cotto al punto giusto*, cuit à point. | *arrivare al punto giusto*, arriver à point nommé. || ***a tal punto***, tellement. || ***di punto in bianco***, de but en blanc. || ***di tutto punto*** : *armato di tutto punto*, armé de pied en cap. || ***in punto*** : *alle cinque in punto*, à cinq heures précises. || ***su ogni punto***, en tout point. ◆ loc. prep. ***al punto di***, au point de. | *non fa caldo al punto di bere tutta quest'acqua*, il ne fait pas chaud au point de boire toute cette eau. || ***sul punto di***, sur le point de. | *essere sul punto di morire*, être mourant. ◆ loc. cong. ***a tal punto che***, à tel point que, au point que. | *era stanco a tal punto che dormiva in piedi*, il était fatigué au point qu'il dormait debout, au point de dormir debout.
puntuale [puntu'ale] agg. ponctuel, exact, à l'heure. | *essere puntuale agli appuntamenti*, être ponctuel aux rendez-vous. | *arriva sempre puntuale*, il arrive toujours à l'heure. || FIG. [preciso] précis, exact. || FIS., MAT. ponctuel.
puntualità [puntuali'ta] f. ponctualité.
puntualizzare [puntualid'dzare] v. tr. faire le point (de).
puntualmente [puntual'mente] avv. ponctuellement, exactement.
puntura [pun'tura] f. **1.** [di ago, di insetto] piqûre, morsure. || MED. piqûre. | *puntura endovenosa*, piqûre intraveineuse. | *puntura lombare*, ponction lombaire. || **2.** [fitta] élancement m., douleur aiguë. || **3.** FIG. [frizzo] trait m., pointe.
puntuto [pun'tuto] agg. pointu, aigu.
punzecchiamento [puntsekkja'mento] m. piqûre f. || FIG. taquinerie f.
punzecchiare [puntsek'kjare] v. tr. piquer. || FIG. taquiner. ◆ v. recipr. se taquiner.
punzecchiatura [puntsekkja'tura] f. piqûre. || FIG. taquinerie.
punzonare [puntso'nare] v. tr. poinçonner.
punzonatore [puntsona'tore] m. poinçonneur.
punzonatrice [puntsona'tritʃe] f. TECN. poinçonneuse.
punzonatura [puntsona'tura] f. poinçonnement m., poinçonnage m.
punzone [pun'tsjone] m. poinçon. || [per conficcare chiodi] chasse-clou. || [per monete, medaglie] coin.
pupa ['pupa] f. [bambola] poupée. || ZOOL. pupe.
pupazzetto [pupat'tsetto] m. petit bonhomme. | *pupazzetto di carta*, petit bonhomme en papier.
pupazzo [pu'pattso] m. [marionetta] marionnette f. | *pupazzo di neve*, bonhomme de neige. || FIG. pantin, fantoche.
pupilla [pu'pilla] f. ANAT. pupille. || PER EST. (lett.) œil m. (L.C.). | *avere le pupille asciutte*, avoir les yeux secs. || LOC. *tenere a qlco. come alla pupilla dei propri occhi*, tenir à qch. comme à la prunelle de ses yeux.
pupillare [pupil'lare] agg. ANAT. pupillaire. || GIUR. pupillaire.
pupillo [pu'pillo] n. GIUR. pupille. || FAM. protégé.
pupo ['pupo] m. [bambino] poupon. || [marionetta siciliana] marionnette sicilienne.
puramente [pura'mente] avv. purement.
purché [pur'ke] cong. [con valore avversativo] pourvu que, à condition que. || [con valore ottativo] pourvu que. | *purché non gli capiti una disgrazia !*, pourvu qu'il ne lui arrive aucun malheur. | *purché questa pioggia cessi !*, pourvu qu'il ne pleuve plus !, qu'il cesse de pleuvoir !
purchessia [purkes'sia] agg. indef. (raro). V. QUALUNQUE.
pure ['pure] avv. **1.** [rafforzativo] vraiment, bien [dopo un imperat.] donc. | *era pur vero*, c'était bien vrai. | *credetemi pure*, vous pouvez bien me croire. | *mangiate pure !*, mangez donc ! | *parla pure !*, parle

donc ! ‖ **2.** [anche] aussi ; [perfino] même ; [in frasi negative] non plus. | *pure suo fratello*, son frère aussi. | *Maria è venuta e lui pure*, Marie est venue et lui aussi. | *parleremo pure noi*, nous aussi, nous parlerons. | *qui, pure i bambini sono tristi*, ici, même les enfants sont tristes. | *pure mio padre non è voluto andarci*, mon père non plus n'a pas voulu y aller. ◆ cong. **1.** [valore concessivo] : [sebbene] tout en (part. pres.), bien que (cong.), quoique (cong.) ; [anche] même si (indic.). | *pur essendo povero, vive dignitosamente*, tout en étant pauvre, il vit avec dignité. | *pur avendo una macchina potente, va piano*, bien qu'il ait une voiture puissante, il roule lentement. | *pur lavorando molto, guadagna pochissimo*, quoiqu'il travaille beaucoup, il gagne très peu. | *dovessi pure lavorare tutta la notte, lo finirò*, même si je dois travailler toute la nuit, je le finirai. | *sia pure malato, verrò con voi*, même si je suis malade, je viendrai avec vous. | *lo farò, sia pure a malincuore*, je le ferai, bien qu'à regret, bien qu'à contrecœur. | *voglio comperare una macchina, sia pure piccola*, je veux acheter une voiture, même petite. | *fosse pure mio fratello, non lo aiuterei*, même si c'était mon frère, je ne l'aiderais pas. | *fosse pure acciaio, riusciremo a spezzarlo*, quand ce serait de l'acier, nous réussirons à le casser. | *pur con tutti i suoi soldi, non è felice*, malgré tout son argent, il n'est pas heureux. ‖ **2.** [con valore avversativo] mais, cependant, néanmoins, pourtant. | *lo aspettavo, pure non è venuto*, je l'attendais, mais il n'est pas venu. | *è povero, pure è contento*, il est pauvre, mais (il est) content. | *questo fatto sembra impossibile, pure è vero*, cet événement semble impossible, il est cependant vrai. | *ho molto da fare, pure verrò*, j'ai beaucoup à faire, néanmoins je viendrai. ◆ loc. cong. ***quando pure,*** quand (bien) même (+ cond.). | *quando pure volessero regalarmelo, non l'accetterei*, quand (bien) même ils voudraient m'en faire cadeau, je ne l'accepterais pas. ‖ ***pur se, se pur,*** même si (+ indic.). | *pur se partisse subito, non arriverebbe in tempo*, même s'il partait immédiatement, il n'arriverait pas à temps. ‖ ***pur di,*** pour. | *pur di aiutarti, venderei la mia casa*, pour t'aider, je vendrais ma maison.

purè [pu'rɛ] m. CULIN. purée f.

purezza [pu'rettsa] f. pureté.

purga ['purga] f. purge. ‖ MED. purgatif m., purge.

purgante [pur'gante] agg. purgatif. | *anima purgante*, âme du purgatoire. ‖ RELIG. *Chiesa purgante*, Église souffrante. ◆ m. purgatif., purge f., laxatif.

purgare [pur'gare] v. tr. purger. ‖ FIG. *purgare un libro*, expurger un livre. ‖ MED. *purgare un malato*, purger un malade. | *purgare una ferita*, nettoyer, curer une blessure. ‖ TESS. faire dégorger ; nettoyer. ◆ v. rifl. se purger.

purgativo [purga'tivo] agg. purgatif, laxatif.

purificare [purifi'kare] v. tr. purifier. ◆ v. rifl. se purifier.

purificatore [purifika'tore] (**-trice** f.) agg. e n. purificateur, trice.

purificazione [purifikat'tsjone] f. purification.

purina [pu'rina] f. CHIM. purine.

purismo [pu'rizmo] m. e f. purisme.

purista [pu'rista] (**-i** m. pl.) n. puriste.

puristico [pu'ristiko] (**-ci** m. pl.) agg. puriste.

puritanesimo [purita'nezimo] m. RELIG. e FIG. puritanisme.

puritano [puri'tano] agg. e m. RELIG. e FIG. puritain.

puro ['puro] agg. pur. | *aria pura*, air pur. | *cielo puro*, ciel pur. | *oro puro*, or pur. | *razza pura*, race pure. ‖ FIG. *coscienza pura*, conscience pure. | *puro e semplice*, pur et simple. ‖ FILOS. *atto puro*, acte pur. | *ragione pura*, raison pure. ‖ MAT. *matematica pura*, mathématiques pures. ◆ m. pur.

purosangue [puro'sangwe] m. invar. ZOOL. pur-sang. ‖ FIG. (scherz.) *è un francese purosangue*, c'est un vrai Français. | *è un vero purosangue*, c'est un vrai pur-sang, un vrai champion.

purpureo [pur'pureo] agg. pourpre, pourpré.

purtroppo [pur'trɔppo] avv. malheureusement.

purulento [puru'lɛnto] agg. MED. purulent.

purulenza [puru'lɛntsa] f. MED. purulence.

pus [pus] m. MED. pus.

pusillanime [puzil'lanime] agg. e n. pusillanime, lâche, poltron.

pusillanimità [puzillanimi'ta] f. pusillanimité, lâcheté.

pustola ['pustola] f. MED. pustule, bouton m.

pustoloso [pusto'loso] agg. MED. pustuleux.

putacaso [puta'kazo] avv. si par hasard, éventuellement. | *putacaso che lui non venga*, si par hasard il ne vient pas, en supposant qu'il ne vienne pas.

putativo [puta'tivo] agg. putatif.

puteale [pute'ale] m. [di pozzo] margelle f.

putiferio [puti'fɛrjo] m. vacarme, chambard (fam.), chahut (fam.). | *fare un putiferio*, soulever un tollé.

putredine [pu'trɛdine] f. [processo] putréfaction ; [cosa putrefatta] pourriture. ‖ FIG. corruption, pourriture.

putrefare [putre'fare] v. intr. pourrir. ◆ v. rifl. pourrir (v. intr.).

putrefatto [putre'fatto] agg. pourri.

putrefazione [putrefat'tsjone] f. putréfaction. ‖ FIG. corruption.

putrella [pu'trɛlla] f. poutrelle.

putrescente [putreʃ'ʃɛnte] agg. putrescent.

putrescenza [putreʃ'ʃɛntsa] f. putrescence.

putrido ['putrido] agg. putride. | *fermentazione putrida*, fermentation putride. | *odore putrido*, odeur putride. ‖ FIG. corrompu. ◆ m. pourri. ‖ FIG. louche.

putridume [putri'dume] m. pourriture f.

puttana [put'tana] f. VOLG. putain, grue (pop.).

puttino [put'tino] m. petit amour.

putto ['putto] m. ARTI putto (it.).

puzza ['puttsa] f. V. PUZZO.

puzzare [put'tsare] v. intr. puer, sentir mauvais. | *puzzare di bruciato*, sentir le brûlé. | *puzza di sudore*, il sent la sueur. ‖ FIG. *puzzare di eresia*, sentir le fagot.

puzzle [pʌzl] m. [ingl.] GIOCHI puzzle.

puzzo ['puttso] m. puanteur f., relent, mauvaise odeur f. | *c'è puzzo di rinchiuso*, ça sent le renfermé. | *che puzzo !*, quelle odeur ! | *c'è puzzo di bruciato*, ça sent le brûlé. ‖ FIG. *c'è puzzo d'imbroglio*, ça sent la tromperie. ‖ PROV. *avere il puzzo sotto il naso*, faire le dégoûté.

puzzola ['puttsola] f. ZOOL. putois m.

puzzolente [puttso'lɛnte] agg. puant, malodorant, infect ; fétide (lett.).

puzzone [put'tsone] m. VOLG. [rom.] salaud, salopard, saligaud.

Q

q [ku] m. o f. q m. ‖ Loc. [al telefono] *q come Quarto,* q comme quintal.

qua [kwa] avv. **1.** [stato] ici, là. | *sono qua nella mia stanza,* je suis ici, dans ma chambre. | *i tuoi libri sono qua, su questa sedia,* tes livres sont ici, sur cette chaise. | *siamo rimasti qua ad aspettarti,* nous sommes restés ici à t'attendre. | *è qua che bisogna firmare,* c'est ici qu'il faut signer. | *sono qua :* [per indicare la sola presenza] je suis là. ‖ Fig. *sono qua per aiutarti,* je suis là pour t'aider. ‖ **2.** [moto] ici. | *venite qua,* venez ici. | *dovete salire qua subito,* vous devez monter ici tout de suite. | *qua la mano,* donne-moi la main. | *dammi qua !,* donne ! | *ma guarda qua !,* mais regarde-moi ça ! ‖ **3.** [preceduto da prep.] ***di qua,*** d'ici. | *non si muoverà di qua,* il ne bougera pas d'ici. | *fuori di qua !,* sortez d'ici !, hors d'ici ! | *vieni di qua,* viens ici. ‖ Fig. *essere più di là che di qua,* avoir un pied dans la tombe, en être à son dernier souffle. | *il mondo di qua,* le monde d'ici-bas. ‖ ***(per) di qua,*** par ici. | *uscite (per) di qua,* sortez par ici. ‖ ***(al) di qua (di),*** en deçà (de). ‖ ***in qua,*** de ce côté. | *fatti in qua,* écarte-toi, pousse-toi. | *sta guardando in qua,* il est en train de regarder par ici, de ce côté. ‖ [in espressioni con valore temporale] *da quando in qua ?,* depuis quand ? | *da un mese in qua,* depuis un mois. | *da un pezzo in qua,* depuis un certain temps. ‖ **4.** [rafforzativo di *questo*] -ci. | *dammi questo libro qua,* donne-moi ce livre-ci. | *dammi questo qua,* donne-moi celui-ci. ‖ [rafforzativo di *ecco*] voilà, voici. | *eccolo qua,* le voilà, le voici. | *eccone qua degli altri,* en voici, en voilà d'autres. ‖ **5.** [in correlazione con *là*] ici. | *qua e là,* ici et là, çà et là. | *di qua e di là,* par-ci, par-là ; deçà, delà (lett.). | *di qua a là,* d'ici là. | *cerca di qua, cerca di là,* à force de chercher partout. ‖ **6.** [premesso a avv.] *qua sotto,* ci-dessous. | *qua sopra,* ci-dessus. | *qua su, qua giù,* v. *quassù, quaggiù.* | *qua dentro,* ici dedans. | *qua fuori,* ici dehors. | *qua dietro,* ici derrière. | *qua vicino,* près d'ici. | *qua intorno,* par ici, autour d'ici, aux alentours.

quaccherismo [kwakke'rismo] m. Stor. relig. quakérisme.

quacchero ['kwakkero] o **quacquero** ['kwakkwero] n. Stor. relig. quaker, quakeresse.

quadernario [kwader'narjo] (**-ri** m. pl.) agg. quaternaire. ◆ m. [metrica] quaternaire. ‖ Arc. [quartina] quatrain (l.c.).

quaderno [kwa'dɛrno] m. cahier. | *quaderno a righe, a quadretti,* cahier rayé, quadrillé. | *quaderno di brutta copia,* cahier de brouillon. | *quaderno per note,* carnet de notes. ‖ [fascicolo] cahier. ‖ Agr. carré, planche f. ‖ Comm. *quaderno di cassa,* registre, livre de caisse. | *quaderno d'oneri,* cahier des charges.

quadrabile [kwa'drabile] agg. Geom. carrable.

quadragenario [kwadradʒe'narjo] (**-ri** m. pl.) agg. e n. Lett. quadragénaire (l.c.).

quadragesima [kwadra'dʒɛzima] f. Relig. quadragésime. | *domenica di Quadragesima,* dimanche de la Quadragésime.

quadragesimale [kwadradʒezi'male] agg. (raro) quadragésimal (l.c.).

quadragesimo [kwadra'dʒɛzimo] agg. num. ord. Lett. V. quarantesimo.

quadrangolare [kwadrango'lare] agg. Geom., Sport. quadrangulaire.

quadrangolo [kwa'drangolo] agg. quadrangulaire. ◆ m. Geom. quadrilatère.

quadrante [kwa'drante] m. [di orologio, meridiana] cadran. ‖ [di bussola] quartier. ‖ Astr., Geom. quadrant.

quadrare [kwa'drare] v. tr. [ridurre ad un quadrato] carrer. | *quadrare un foglio,* carrer une feuille. ‖ Geom. réduire au carré équivalent. | *quadrare il cerchio,* faire la quadrature du cercle. ‖ Mat. élever au carré. ◆ v. intr. cadrer, s'accorder. | *le mie idee non quadrano con le tue,* mes idées ne s'accordent pas, ne cadrent pas avec les tiennes. | *questo nome gli quadra,* ce nom lui va bien. | *questi conti non quadrano,* ces comptes ne sont pas justes. | *c'è qualcosa che non quadra,* il y a quelque chose qui ne va pas, qui ne tourne pas rond, qui cloche (fam.). | *un ragionamento che non quadra,* un raisonnement qui ne tient pas debout. | *fare quadrare il bilancio,* équilibrer son budget. ‖ [piacere] plaire ; revenir (fam.).

quadratico [kwa'dratiko] (**-ci** m. pl.) agg. Mat. quadratique. | *equazione quadratica,* équation quadratique, du second degré.

quadratino [kwadra'tino] m. Pr. petit carré. ‖ Mar. carré des officiers subalternes. ‖ Tip. cadratin.

1. quadrato [kwa'drato] agg. carré. | *una stanza quadrata,* une pièce carrée. | *avere le spalle quadrate,* être carré d'épaules ; avoir les épaules solides (fig.). ‖ Fig. solide, ferme. | *una persona quadrata,* une personne sérieuse. ‖ Mat. carré. | *radice quadrata,* racine carrée. | *metro quadrato,* mètre carré.

2. quadrato [kwa'drato] m. Pr. carré. | *un quadrato di terra, di stoffa,* un carré de terre, de tissu. ‖ [pannolino per neonati] couche f. ‖ [recinto per bambini] parc. ‖ Mar. *quadrato ufficiali,* carré. ‖ Mil. *formare il quadrato,* former le carré. ‖ Sport ring (ingl.). ‖ Tip. cadrat.

quadratrice [kwadra'tritʃe] f. Geom. quadratrice.

quadratura [kwadra'tura] f. Pr. et fig. *la quadratura del cerchio,* la quadrature du cercle. ‖ Fig. *quadratura di mente,* solidité de jugement. ‖ [contabilità] apurement m.

quadrellatura [kwadrɛlla'tura] f. quadrillage m.

quadrelle [kwa'drɛlle] f. pl. Lett. [freccie] carreaux m. (arc.), traits m. (arc.), dards m. (l.c.).

quadrello [kwa'drɛllo] m. [mattonella] carreau. ‖ [ago da imballatore] carrelet. ‖ [riga, lima] carrelet. ‖ Culin. carré.

quadreria [kwadre'ria] f. galerie (de tableaux).

quadrettare [kwadret'tare] v. tr. quadriller.

quadrettato [kwadret'tato] agg. quadrillé ; [tessuto] à (petits) carreaux.

quadrettatura [kwadretta'tura] f. quadrillage m.

quadretto [kwa'dretto] m. (petit) carreau, petit carré. | *carta a quadretti,* papier quadrillé. | *zucchero a quadretti,* sucre en morceaux. ‖ [piccolo quadro] petit tableau. ‖ Fig. [scenetta] tableau, scène f.

quadrica ['kwadrika] f. Mat. quadrique.

quadricipite [kwadri'tʃipite] m. Anat. quadriceps.

quadrico ['kwadriko] (**-ci** m. pl.) agg. Mat. quadrique.

quadricromia [kwadrikro'mia] f. Fot., Tip. quadrichromie.

quadridimensionale [kwadridimentsjo'nale] agg. Fis. à quatre dimensions.

quadriennale [kwadrien'nale] agg. quadriennal. ◆ f. (exposition) quadriennale.

quadriennio [kwadri'ɛnnjo] m. (espace de) quatre ans.

quadrifido [kwadri'fido] agg. Bot. quadrifide.

quadrifogliato [kwadrifoʎ'ʎato] agg. Bot. quadrifolié.

quadrifoglio [kwadri'fɔʎʎo] agg. à quatre feuilles. ◆ m. trèfle à quatre feuilles. ‖ [strada] *raccordo a quadrifoglio,* embranchement, croisement en trèfle. ‖ Archit. quatre-feuilles.

quadriforo [kwa'driforo] agg. Archit. bigéminé. ◆ n. f. **(-a)** fenêtre bigéminée.

quadriforme [kwadri'forme] agg. quadriforme, carré.

quadrifronte [kwadri'fronte] agg. à quatre faces.

quadriga [kwa'driga] f. quadrige m.

quadrigario [kwadri'garjo] (**-ri** pl.) m. conducteur de quadrige.
quadrigemino [kwadri'dʒɛmino] agg. BIOL. *parto quadrigemino*, accouchement de quadruplé(e)s, de quadrijumeaux. ‖ ANAT. quadrijumeau.
quadriglia [kwa'driʎʎa] f. [gruppo, danza] quadrille m.
quadrilatero [kwadri'latero] agg. quadrilatéral, quadrilatère. ◆ m. GEOM., MECC., MIL. quadrilatère.
quadrilingue [kwadri'lingwe] agg. (écrit) en quatre langues.
quadrilione [kwadri'ljone] m. quatrillion, quadrillion.
quadrilobato [kwadrilo'bato] agg. ARCHIT., BOT. quadrilobe, quadrilobé.
quadrilobo [kwa'drilobo] m. ARCHIT. quatre-feuilles, quadrilobe.
quadriloculare [kwadriloku'lare] agg. BOT. quadriloculaire.
quadrilustre [kwadri'lustre] agg. LETT. de quatre lustres.
quadrimestrale [kwadrimes'trale] agg. de quatre mois. ‖ [di rivista] qui sort tous les quatre mois.
quadrimestre [kwadri'mɛstre] m. quadrimestre.
quadrimotore [kwadrimo'tore] agg. e m. AER. quadrimoteur.
quadrinomio [kwadri'nɔmjo] m. MAT. quadrinôme.
quadripartire [kwadripar'tire] v. tr. diviser en quatre parties, partager en quatre.
quadripartito [kwadripar'tito] agg. [diviso in quattro; formato da quattro parti o partiti] quadriparti, quadripartite. ◆ m. gouvernement quadripartite.
quadripartizione [kwadriparti'tsjone] f. (raro) quadripartition.
quadripetalo [kwadripe'talo] agg. BOT. quadripétale.
quadriplegia [kwadripled'ʒia] f. MED. quadriplégie.
quadripolare [kwadripo'lare] agg. quadripolaire.
quadriportico [kwadri'pɔrtiko] (**-ci** pl.) m. ARCHIT. portique à quatre arcades.
quadrireattore [kwadrireat'tore] agg. e m. quadriréacteur.
quadrireme [kwadri'reme] f. STOR. MAR. quadrirème.
quadrisillabo [kwadri'sillabo] agg. quadrisyllabique. ◆ m. [parola] quadrisyllabe ; [verso] vers quadrisyllabique.
quadrittongo [kwadrit'tɔngo] (**-ghi** pl.) m. = groupe de quatre voyelles contiguës (dans une seule syllabe).
quadrivio [kwadri'vio] m. carrefour. ‖ STOR. UNIV. quadrivium.
1. quadro ['kwadro] agg. PR. carré. | *metro quadro*, mètre carré. | *numero quadro*, nombre au carré. ‖ FIG. *spalle quadre*, épaules carrées, larges, solides. ‖ SPREG. IRON. *testa quadra*, tête carrée.
2. quadro ['kwadro] m. **1.** PR. [oggetto quadrato] carré. | *tessuto a quadri*, tissu à carreaux. ‖ [tabella] tableau. | *quadro sinottico*, tableau synoptique. ‖ ARCHIT. *soffitto a quadri*, plafond à caissons. ‖ CIN., FOT. [inquadratura] cadrage. | *fuori quadro*, hors cadre ; FIG. mal à l'aise. | *quadro !*, image ! ‖ ELETTR. *quadro di distribuzione*, tableau de distribution. ‖ MIN. *quadro comune*, cadre ordinaire. ‖ [ginnastica] *quadro svedese*, cadre. ‖ TEATRO tableau. ‖ TECN. tableau ; [pannello] panneau ; [telaio] cadre. | *quadro di manovra*, tableau de manœuvre. | *quadro di comando*, tableau de bord. | *quadro di controllo*, tableau de contrôle. **2.** PITT. tableau. | *un quadro di Renoir*, un tableau de Renoir. | *quadro d'autore*, tableau de maître. | *appendere un quadro*, accrocher un tableau. ‖ LOC. *quadri plastici*, tableaux vivants. ‖ **3.** FIG. tableau. | *il quadro della situazione*, le tableau de la situation. | *nel quadro del programma*, dans le cadre du programme. ◆ pl. [dirigenti; ufficiali] cadres. ‖ GIOCHI [carte] carreau (sing.). | *re di quadri*, roi de carreau.
quadrotta [kwa'drotta] f. papier (m.) carré.
quadruccio [kwa'druttʃo] m. CIN. viseur.
quadrumane [kwadru'mane] agg. e m. quadrumane.
quadrumviro [kwadrum'viro] m. e deriv. V. QUADRUNVIRO e deriv.
quadrunvirale [kwadrunvi'rale] agg. quatuorviral.
quadrunvirato [kwadrunvi'rato] m. quatuorvirat.
quadrunviro [kwadrun'viro] m. quatuorvir.
quadrupede [kwadru'pede] agg. e m. ZOOL. quadrupède.
quadruplicare [kwadrupli'kare] v. tr. quadrupler. ◆ v. rifl. quadrupler v. intr.
quadruplicazione [kwadruplikat'sjone] f. quadruplement m., quadruplication.
quadruplice [kwa'druplitʃe] agg. quadruple. | *in quadruplice copia*, en quatre exemplaires. ‖ STOR. *la Quadruplice Alleanza*, la Quadruple-Alliance.
quadruplo [kwa'druple] agg. e m. quadruple.
quagga ['kwagga] f. inv. ZOOL. couagga.
quaggiù [kwad'dʒu] avv. ici. | *scendi quaggiù*, descends ici. | *quaggiù nel Sud*, ici au Sud. | *le cose di quaggiù*, les choses d'ici-bas.
quaglia ['kwaʎʎa] f. ZOOL. caille.
quagliere [kwaʎ'ʎɛre] m. [richiamo per le quaglie] courcaillet.
quaglietta [kwaʎ'ʎetta] f. ZOOL. cailleteau m.
qualche ['kwalke] agg. indef. m. e f. **1.** [al singolare] un, quelque. | *se hai qualche amico, digli di venire*, si tu as un ami, dis-lui de venir. | *dobbiamo trovare qualche scusa per non andarci*, nous devons trouver une, quelque excuse pour ne pas y aller. | *qualche altra persona potrebbe farlo*, quelqu'un d'autre pourrait le faire. | *puoi darlo a qualche persona che conosci*, tu peux le donner à quelqu'un que tu connais. | *qualche cosa*, quelque chose. | *da qualche parte, in qualche luogo*, quelque part. | *qualche giorno verremo a trovarti*, un jour ou l'autre, nous viendrons te trouver. | *qualche volta, te lo dirò*, un beau jour, une fois, je te le dirai. | *in qualche modo bisognerà dirglielo*, d'une façon ou d'une autre il faudra le lui dire. | *qualche tempo dopo*, quelque temps après. ‖ **2.** [un certo] certain. | *un fatto di qualche interesse*, un fait d'un certain intérêt. | *ha qualche fascino*, il a un certain charme. ‖ **3.** [seguito da agg. poss.] *qualche mio, tuo amico*, quelqu'un de mes amis, de tes amis. | *qualche mia, tua amica*, quelqu'une de mes, de tes amies. ‖ **4.** [con valore di pl. : alcuni] quelques pl. | *dite qualche parola*, dites quelques mots. | *qualche giorno dopo partì per l'Africa*, quelques jours après, il partit pour l'Afrique. | *qualche centinaio di persone era presente*, quelques centaines de personnes étaient présentes. | *ci rivedremo tra qualche ora*, nous nous reverrons dans quelques heures. | *devo ancora invitare qualche amico*, je dois encore inviter quelques amis. | *dovrai darmi qualche altro libro*, tu devras me donner d'autres livres. | *ci sarà qualche altra persona ?*, y aura-t-il quelqu'un d'autre ? | *potete dirlo a qualche vostro amico ?*, pouvez-vous le dire à quelques-uns de vos amis ? ◆ loc. avv. ***qualche volta,*** quelquefois. ‖ ***in qualche modo,*** d'une façon ou d'une autre.
qualcheduno [kwalke'duno] pron. indef. (raro) V. QUALCUNO.
qualcosa [kwal'kosa] pron. indef. quelque chose. | *aspettavi qualcosa ?*, est-ce que tu attendais quelque chose ? | *non aspettavi qualcosa ?*, tu n'attendais rien ? | *c'è qualcosa che lo preoccupa*, il y a quelque chose qui l'inquiète. | *sarà ancora possibile fare qualcosa ?*, sera-t-il encore possible de faire quelque chose ? | *posso fare qualcosa per te ?*, puis-je faire quelque chose pour toi ?, puis-je t'être utile en quoi que ce soit ? | *se ti succede qualcosa, scrivimi*, s'il t'arrive quelque chose, écris-moi. | *bevete qualcosa ?*, vous prenez quelque chose ? | *qualcosa da bere, da mangiare*, quelque chose à boire, à manger. | *mangia qualcosa prima di partire*, mange quelque chose avant de partir. | *deve guadagnarsi qualcosa da vivere*, il doit gagner de quoi vivre, gagner sa vie. | *accade qualcosa di strano*, il se passe quelque chose d'étrange. | *è qualcosa di bello*, c'est quelque chose de beau. | *qualcosa di meglio, di peggio*, quelque chose de mieux, de pire. | *devo dirti qualcosa*, je dois te dire quelque chose, deux mots. | *ho già visto qualcosa del genere*, j'ai déjà vu quelque chose comme ça, de ce genre, d'approchant. | *costare qualcosa più, qualcosa meno*, coûter un peu plus, un peu moins (cher). | *sono le due e qualcosa*, il est deux heures passées, deux heures et quelque(s). | *credo che c'entri per qualcosa*, je crois qu'il y est pour quelque chose. | *è gia qualcosa !*, c'est déjà quelque chose !, c'est mieux que

rien ! ‖ ***qualcos'altro,*** autre chose, quelque chose d'autre. ◆ m. quelque chose. | *si crede qualcosa,* il se croit quelque chose, quelqu'un. | *è diventato qualcosa,* il est devenu quelqu'un. | *ha un certo qualcosa,* elle a un certain quelque chose, un je-ne-sais-quoi.

qualcuno [kwal'kuno] pron. indef. **1.** quelqu'un. | *c'è qualcuno nella stanza,* il y a quelqu'un dans la chambre. | *abbiamo sentito qualcuno camminare nel giardino,* nous avons entendu quelqu'un marcher dans le jardin. | *conosco qualcuno che sarà contento,* je connais quelqu'un, j'en connais un qui va être content. | *se venisse qualcuno,* si quelqu'un venait. | *c'è qualcuno ?,* y a-t-il quelqu'un ? | *non hai trovato qualcuno che possa aiutarti ?,* n'as-tu pas trouvé quelqu'un, n'as-tu trouvé personne qui puisse t'aider ? | *qualcuno di voi risponderà,* quelqu'un d'entre vous répondra. | *qualcuno di famiglia,* quelqu'un de la famille. ‖ **2.** [con valore di pl.] quelques-uns, certains. | *qualcuno di loro se ne andò,* quelques-uns, certains d'entre eux s'en allèrent. | *che bei libri !, ne comprerò qualcuno,* quels beaux livres !, j'en achèterai quelques-uns. ‖ **3.** [seguito da agg.] *qualcuno intelligente,* quelqu'un d'intelligent. | *troveremo qualcuno sicuro,* nous trouverons quelqu'un de sûr. ‖ **4.** ***qualcun'altro,*** quelqu'un d'autre ; [al pl.] quelques autres, d'autres. | *hai visto qualcun'altro ?,* as-tu vu quelqu'un d'autre ? | *qualcun'altro lo direbbe,* d'autres le diraient. ‖ **5.** Loc. *essere, diventare qualcuno,* devenir quelqu'un. | *crede di essere qualcuno,* il se croit quelqu'un. | *ne hai fatte qualcune delle tue !,* tu as encore fait des tiennes !

quale ['kwale] agg. m. e f. **1.** [interr. diretto o indiretto] quel, quelle. | *qual è il libro che mi dovevi dare ?,* quel est le livre que tu devais me donner ? | *mi chiedo quale sarà la sua reazione,* je me demande quelle sera sa réaction. | *qual è il più piccolo dei due ?,* quel est le plus petit des deux ? | *da quale parte andate ?,* de quel côté allez-vous ? | *quale film andrete a vedere ?,* quel film irez-vous voir ? | *non sappiamo in quale mese è nato,* nous ne savons pas quel mois il est né. | *abbiamo sentito un non so quale desiderio di rivedervi,* nous avons senti je ne sais quel désir de vous revoir. ‖ **2.** [esclamat.] *quale talento in quello scrittore !,* quel talent chez cet écrivain ! | *quale disgrazia !,* quel malheur ! | *dovreste vedere con quale energia lavora !,* vous devriez voir avec quelle énergie il travaille ! ‖ **3.** [equivalente di *come*] tel, telle que. | *alcuni paesi quali l'Italia e la Spagna hanno una forte emigrazione,* certains pays tels que l'Italie et l'Espagne ont une forte émigration. ‖ **4.** [in correlazione] ***tale e quale ; tal quale,*** tel quel, exactement comme, tout à fait comme. | *te lo restituirò tale e quale,* je te le rendrai tel quel. | *mi occorre una macchina tale e quale la tua,* il me faut une voiture exactement, tout à fait comme la tienne. | *è tal quale suo fratello,* il est comme son frère. | *è suo fratello tale e quale,* c'est exactement son frère, c'est son frère tout craché (fam.). ‖ **5.** [nelle similitudini] ***quale..., tale...,*** tel..., tel... | *quale padre tale figlio,* tel père tel fils. ‖ Lett. *quale..., quale...,* tel..., tel autre... ‖ **6.** [uso pleonastico] *lo disse con un certo quale rimpianto,* il le dit avec un certain regret. ‖ Loc. *l'osservava in un certo qual modo,* il l'observait d'une drôle de façon. | *in un certo qual modo ha ragione,* dans un certain sens il a raison. ‖ **7.** [indef. : qualunque] quel que. | *quali che siano i tuoi progetti,* quels que soient tes projets. ‖ **8.** Fam. *una persona non tanto per la quale,* une personne pas tout à fait comme il faut (l.c.). | *questo pranzo non è tanto per la quale,* ce repas n'est pas fameux. ◆ pr. m. e f. **1.** [interr.] lequel. | *quale volete ?,* lequel voulez-vous ? | *quale dei due hai visto ?,* laquelle des deux as-tu vu ? | *non sappiamo quali scegliere,* nous ne savons pas lesquels choisir. ‖ **2.** Lett. [indef.] *quale..., quale...,* l'un..., l'autre... (l.c.). ‖ [al pl.] *quali..., quali...,* les uns..., les autres... (l.c.). ◆ pr. rel. **1.** ***il, la quale :*** [sogg.] qui ; [per evitare ambiguità] lequel, laquelle. | *lo zio della mia amica, il quale arriva oggi,* l'oncle de mon amie, lequel arrive aujourd'hui. ‖ **2.** ***del quale,*** dont, duquel ; [riferito solo a persone] de qui ; [in espressioni partitive con ellissi del verbo] dont. | *i fatti dei quali si parlava,* les faits dont on parlait, desquels on parlait. | *la ragazza della quale ti ho parlato,* la fille dont, de laquelle, de qui je t'ai parlé. | *abbiamo comprato dei libri, alcuni dei quali d'occasione,* nous avons acheté des livres, dont quelques-uns d'occasion. ‖ **3.** ***al quale,*** auquel ; [riferito solo a persone] à qui. | *la lettera alla quale ho risposto,* la lettre à laquelle j'ai répondu. | *la persona alla quale ho risposto,* la personne à laquelle, à qui j'ai répondu. ‖ **4.** ***dal quale :*** [origine] dont, duquel ; [provenienza] dont, duquel ; [riferito solo a persona] de qui. | *la famiglia dalla quale discendo,* la famille dont, de laquelle je descends. | *la persona dalla quale ho avuto questa notizia,* la personne de qui je tiens cette nouvelle. | *la pianta dalla quale si estrae quell'essenza,* la plante de laquelle, dont on extrait cette essence. ‖ [luogo] d'où ; [con valore di *presso*] où ; [riferito solo a persona] chez qui, chez lequel. | *il paese dal quale proviene,* le pays d'où, duquel il provient. | *la città dalla quale siamo partiti,* la ville d'où, de laquelle nous sommes partis. | *l'avvocato dal quale sono andato,* l'avocat chez qui, chez lequel je suis allé. ‖ [compl. di agente, causa efficiente] par lequel ; [riferito solo a persona] par qui. | *le persone dalle quali sono stato aiutato,* les personnes par qui, par lesquelles j'ai été aidé, qui m'ont aidé. | *la malattia dalla quale è stato colpito,* la maladie dont il a été frappé, qui l'a frappé. ‖ **5.** [preceduto da altre prep.] lequel ; [riferito solo a persona] qui. | *la ragazza con la quale sono andato al cinema,* la jeune fille avec qui, avec laquelle je suis allé au cinéma. ‖ [nelle determinazioni di luogo e tempo] *nel quale,* où. | *per il quale,* par où. | *la città nella quale vivo,* la ville dans laquelle, où je vis. | *l'epoca nella quale visse,* l'époque où, à laquelle il vécut. ◆ avv. [in qualità di] en tant que, en qualité de, à titre de, comme. | *quale console d'Italia in Francia,* en tant que, en qualité de consul d'Italie en France. | *quale parente,* en qualité de parent.

qualifica [kwa'lifika] f. qualification ; [titolo] titre m. | *qualifica d'impiegato, d'operaio,* statut d'employé, d'ouvrier. | *con la qualifica di dottore in scienze naturali,* avec le titre de docteur en sciences naturelles. ‖ [giudizio sul rendimento] appréciation générale.

qualificabile [kwalifi'kabile] agg. qualifiable.

qualificare [kwalifi'kare] v. tr. qualifier ; [definire] définir. | *non so come qualificare il suo gesto,* je ne sais comment qualifier son geste. | *qualificare la manodopera,* qualifier la main-d'œuvre. ◆ v. rifl. se présenter comme ; [attribuirsi un titolo] se faire passer pour, se prétendre, se dire. ‖ [in un lavoro] se qualifier. ‖ Sport se qualifier.

qualificativo [kwalifi'kativo] agg. qualificatif.

qualificato [kwalifi'kato] agg. qualifié ; [competente] compétent. | *è una persona qualificata,* c'est une personne qualifiée. | *operaio qualificato,* ouvrier qualifié. | *medico qualificato,* médecin compétent. ‖ Giur. *furto qualificato,* vol qualifié.

qualificatore [kwalifika'tore] (**-trice** f.) agg. qualificatif, qui qualifie. ◆ m. Relig. qualificateur.

qualificazione [kwalifikat'tsjone] f. qualification.

qualità [kwali'ta] f. qualité. | *qualità fisiche, morali,* qualités physiques, morales. | *qualità scadente,* qualité inférieure. | *di prima qualità,* de première qualité. ‖ [specie] sorte, espèce. | *d'ogni qualità,* de toute sorte ; [di persone] de tout rang, de toute condition. | *dolci di tutte le qualità,* des gâteaux de toutes sortes. ◆ loc. prep. ***in qualità di,*** en qualité de, à titre de.

qualitativamente [kwalitativa'mente] avv. qualitativement.

qualitativo [kwalita'tivo] agg. qualitatif.

qualora [kwa'lora] cong. si [con indicat.] ; au cas où, dans le cas où [con condiz.]. | *qualora non venisse,* s'il ne venait pas, au cas où il ne viendrait pas. | *qualora fosse impossibile,* si c'était impossible, au cas où ce serait impossible.

qualsiasi [kwal'siasi] agg. indef. m. e f. **1.** n'importe quel, quelle ; [posposto] quelconque ; quelque... que ce soit [retto da verbi al pres. e al fut.] quelque... que ce fût [retto da verbi al pass. e al condiz.]. | *puoi venire in qualsiasi momento,* tu peux venir à n'importe quel moment, à quelque moment que ce soit. | *a qualsiasi prezzo,* à n'importe quel prix, à quelque prix que ce soit. ‖ **2.** [preceduto da un art. indef., partitivo o da un num.] quelconque ; n'importe lequel, laquelle. | *comprami un libro qualsiasi,* achète-moi n'importe quel livre, un livre, n'importe lequel. | *posso andarci qualsiasi giorno,* je peux y aller n'importe quel jour. || **3.** Spreg. quelconque. | *è una persona qualsiasi,* c'est une personne quelconque, insignifiante. || **4. *qualsiasi cosa,*** n'importe quoi, quoi que. | *qualsiasi cosa faccia,* quoi qu'il fasse. | *farebbe qualsiasi cosa,* il ferait n'importe quoi.

qualsisia [kwalsi'sia] agg. V. qualsiasi.

qualsivoglia [kwalsi'vɔʎʎa] agg. Lett. V. qualunque, qualsiasi.

qualunque [kwa'lunkwe] agg. indef. **1.** n'importe quel ; quelque... que ce soit [se retto da verbo al pres. e al fut.] ; quelque... que ce fût [se retto da verbi al pass. e al condiz.]. | *qualunque amico te lo direbbe,* n'importe quel ami te le dirait. | *puoi venire a qualunque ora,* tu peux venir à n'importe quelle heure, à quelque heure que ce soit. | *posso pagare qualunque somma,* je peux payer n'importe quelle somme. | *a qualunque costo,* à n'importe quel prix, à quelque prix que ce soit, coûte que coûte, à tout prix. | *con qualunque tempo,* par n'importe quel temps, par tous les temps, quelque temps qu'il fasse. | *in qualunque modo,* de n'importe quelle façon, d'une façon ou d'une autre. || **2.** [preceduto da un art. indef., partitivo e da un num.] quelconque, n'importe lequel. | *leggerò un libro qualunque,* je lirai n'importe quel livre, un livre, n'importe lequel. | *scegline uno qualunque,* choisis-en un, n'importe lequel. || **3.** Spreg. quelconque. | *è una persona qualunque,* c'est une personne quelconque, insignifiante, sans intérêt.

qualunquismo [kwalun'kwismo] m. Polit. = poujadisme.

qualunquista [kwalun'kwista] (**-i** m. pl.) agg. e n. Polit. = poujadiste.

quando ['kwando] avv. [interr.] quand. | *quando potrete venire?,* quand pourrez-vous venir, quand est-ce que vous pourrez venir? | *non so quando sarà libero,* je ne sais pas quand il sera libre. | *sapete quando sarà di ritorno?,* savez-vous quand il reviendra? || [preceduto da prep.] ***da quando,*** depuis quand. | *da quando è partito?,* depuis quand est-il parti? | *da quando in qua?,* depuis quand? | *da quando mai?,* depuis quand donc? || ***per quando,*** pour quand. | *per quando la prossima riunione?,* pour quand la prochaine réunion?, quand aura lieu la prochaine réunion? || ***fino a quando,*** jusqu'à quand. | *fino a quando questo negozio sarà chiuso?,* jusqu'à quand ce magasin sera fermé? || ***a quando,*** à quand. | *a quando la partenza?,* à quand le départ? || Loc. *quando..., quando...,* tantôt..., tantôt... | *quando a piedi, quando a cavallo,* tantôt à pied, tantôt à cheval. || *di quando in quando,* de temps en temps, de temps à autre ; [riferito a luogo] de loin en loin. ◆ cong. **1.** [con valore temporale] quand, lorsque. | *quando avrai letto questo libro me lo darai,* quand, lorsque tu auras lu ce livre, tu me le donneras. | *quando esce, prende sempre il cappello,* quand il sort, il prend toujours son chapeau. || *proprio quando,* juste au moment où. || *quando si dice aver fortuna!,* ce que c'est que d'avoir de la chance! || *quando meno ci se l'aspetta,* quand, au moment où l'on s'y attend le moins. || *quand'ecco (che),* lorsque tout à coup, quand tout à coup. || **2.** [preceduto da prep.] *questo fatto risale a quando eravamo bambini,* ce fait date de l'époque où nous étions enfants, de quand nous étions des enfants (fam.). || *da quando,* depuis que. | *da quando sei arrivato,* depuis que tu es arrivé, depuis ton arrivée. || *fino a quando :* [fino al momento in cui] jusqu'au moment où, jusqu'à ce que ; [per tutto il tempo che] tant que. | *non usciremo fino a quando la pioggia non cesserà,* nous ne sortirons pas jusqu'au moment où il cessera de pleuvoir, jusqu'à ce qu'il cesse de pleuvoir. | *fino a quando pioverà rimarremo qui,* tant qu'il pleuvra nous resterons ici. || **3.** [causale : poiché] puisque ; [dato che] quand. | *quando vi dico che non lo so,* puisque je vous dis que je l'ignore. | *quand'è così,* puisqu'il en est ainsi, s'il en est ainsi, puisque c'est comme ça (fam.). || **4.** [avversativo : invece, mentre] alors que, tandis que. | *accendere una lampada quando è ancora giorno,* allumer une lampe alors qu'il fait encore jour. || **5.** [con valore condizionale] si. | *quando volessi uscire, dillo,* si tu veux sortir, dis-le. | *quando accadesse questo,* si cela arrivait, au cas où cela arriverait. || *quand'anche ; quando pure,* quand même, quand bien même [con il condiz.] ; même si [con l'indicat.]. | *quand'anche lo sapessi,* quand même je le saurais, même si je le savais. ◆ m. *il come e il quando,* quand et comment, le pourquoi et le comment.

quantico ['kwantiko] (**-ci** m. pl.) agg. Fis. quantique.

quantificare [kwantifi'kare] v. tr. Filos., Fis. quantifier.

quantificatore [kwantifilka'tore] m. Fis. quantificateur.

quantificazione [kwantifika'tsjone] f. Fis. quantification.

quantistico [kwan'tistiko] (**-ci** m. pl.) agg. Fis. quantique.

quantità [kwanti'ta] f. quantité. | *ho una quantità di cose da dirti,* j'ai une quantité, beaucoup de choses à te dire. || Loc. *in quantità,* en quantité, à foison ; à gogo (fam.).

quantitativamente [kwantitativa'mente] avv. quantitativement.

quantitativo [kwantita'tivo] agg. quantitatif. ◆ m. quantité f.

quantizzare [kwantid'dzare] v. tr. Fis., Mat. quantifier.

quantizzato [kwantid'dzato] agg. Fis., Mat. quantifié.

quantizzazione [kwantiddza'tsjone] f. Fis., Mat. quantification.

1. quanto ['kwanto] avv. **1.** [interr.] combien ; [fino a che punto] à quel point, dans quelle mesure. | *quanto pesi?,* combien pèses-tu?, combien est-ce que tu pèses? | *mi chiedo quanto pesi,* je me demande combien tu pèses. || **2.** [esclam.] que, comme, combien. | *quanto è intelligente!,* qu'il est intelligent! | *quanto sei cambiato!,* que tu as changé!, combien tu as changé! | *quanto sono infelice!,* que je suis malheureux!, comme je suis malheureux! | *quanto parla bene!,* qu'il parle bien!, ce qu'il parle bien! (fam.) || **3.** [in correlazione con *tanto ;* nel comparat. di uguaglianza] aussi... que [con agg., avv. e part. pass. con valore di agg.] ; autant que [con il verbo] ; comme [nei compl. di paragone]. | *tanto bello quanto buono,* aussi beau que bon. | *questo libro è tanto interessante quanto il tuo,* ce livre est aussi intéressant que le tien. || *studia quanto te,* il étudie autant que toi. | *quanto è vero il sole,* aussi vrai que le soleil. | *è lento quanto una lumaca,* il est lent comme un, aussi lent qu'un escargot. || Loc. *non tanto..., quanto anche...,* non seulement..., mais encore... || *tanto o quanto,* tant soit peu. || *né tanto né quanto,* rien ; pas du tout ; ni peu ni prou. || *quanto meno..., tanto meno...,* moins..., moins... | *quanto più..., tanto più...,* plus..., plus... | *quanto più..., tanto meno...,* plus..., moins... | *quanto più invecchia, tanto più ingrassa,* plus il vieillit, plus il grossit. || **4.** [per ciò che riguarda] quant. | *quanto a uscire questa sera, dovrai avere il permesso di tuo padre,* quant à sortir ce soir, tu devras avoir la permission de ton père. | *(in) quanto a me, a te,* quant à moi, à toi. | *(in) quanto a ciò,* quant à cela. | *quanto agli altri,* quant aux autres, pour ce qui est des autres. || **5. *per quanto :*** [davanti ad agg. o avv.] quelque... que, si... que ; tout... que [con l'indicat.] ; [sebbene] quoique, bien que. | *per quanto intelligente sia,* quelque, si intelligent qu'il soit, tout intelligent qu'il est. | *per quanto lentamente tu possa farlo,* si lentement que tu puisses le faire. | *per quanto io non ti abbia visto,* bien que je ne t'aie pas vu. || **6.** [con il superl. relat.] *quanto più velocemente,* le plus vite possible. || **7.** Loc. *quanto prima,* au plus tôt, le plus tôt possible, sous peu. || *quanto meno,* au moins. || *se non quanto,* sauf, excepté. || *quanto mai,* extrêmement ; on ne peût plus. | *è quanto mai ridicolo,* c'est le comble du ridicule. || *in quanto medico,* en tant que médecin. || *in quanto che,* car, puisque, comme. || *quant'è vero Dio,* aussi vrai que Dieu existe, aussi vrai que Dieu est Dieu. ◆ agg. ***quanto, -i, -a, -e*** **1.** interr. combien de. | *quanti dolci hai mangiato?,* combien de gâteaux as-tu mangés? | *quanto tempo rimani?,* combien de temps restes-tu ? | *quanti anni hai ?*, quel âge as-tu ? | *quanta febbre ha ?*, quelle température a-t-il ? | *quanti ne abbiamo oggi ?*, le combien sommes-nous aujourd'hui ? | *non so quanti libri ho*, je ne sais pas combien j'ai de livres. || **2.** [riferito a tempo, denaro, distanza] combien ? | *quanto costa questo libro ?*, combien coûte ce livre ? | *quant'è ?*, c'est combien ?, ça fait combien ?, combien cela coûte-t-il ? | *quanto hai speso ?*, combien as-tu dépensé ? | *non so quanto c'è di qui alla stazione*, je ne sais pas combien il y a d'ici à la gare. || **3.** [esclamat. : davanti a nome] que de, combien de. | *quanto denaro hai speso !*, que d'argent tu as dépensé ! | *quanto tempo sprecato !*, que de temps perdu ! | *quanta gente !*, que de monde ! | *quanta abbondanza !*, quelle abondance ! | *quante me ne hai combinate !*, tu m'en as fait de belles ! | *quante gliene ho dette !*, je lui en ai dit de toutes les couleurs !, qu'est-ce que je ne lui ai pas dit ! (fam.). || **4.** [in correlazione con tanto : nel comparat. di uguaglianza] autant de... que (de)... | *ho tanti fratelli quante sorelle*, j'ai autant de frères que de sœurs. | *ho tanti amici quanti ne hai tu*, j'ai autant d'amis que toi. || **5.** *per quanto*, quelque... qui [sogg.] ; quelque... que [ogg.]. | *per quanti sforzi faccia*, quelques efforts qu'il fasse. || **6.** *tutto quanto*, tout, tout entier. | *tutta quanta la famiglia*, toute la famille. | *tutte quante le volte che...*, toutes les fois que... || *tutti quanti*, tous; tout le monde. | *faremo come tutti quanti*, nous ferons comme tout le monde. ◆ pron. **1.** [interr.] combien. | *quanti ne vedi ?*, combien en vois-tu ? | *quanti di noi ?*, combien d'entre nous ? | *quanti altri ?*, combien d'autres ? | *non so quanti possiamo vederne passare*, je ne sais pas combien nous pouvons en voir passer. | *quanto c'è di vero ?*, qu'y a-t-il de vrai ? || **2.** [esclamat.] combien. | *quante se ne vedono !*, combien on en voit ! | *quanto ne hai preso !*, combien tu en as pris ! || **3.** [relat.] tout ce qui [sogg.] ; tout ce que [ogg.] ; [ciò che] ce qui [sogg.] ; ce que [ogg.]. | *ti dirò quanto è capitato*, je te dirai tout ce qui est arrivé. | *ti darà quanto occorre*, il te donnera ce qu'il faut. | *faremo quanto è possibile*, nous ferons notre possible, tout ce qui est possible. | *è quanto di meglio tu possa trovare*, c'est tout ce que tu peux trouver de mieux. | *questo è quanto*, c'est tout, voilà tout. | *da quanto mi è stato detto*, d'après ce qu'on m'a dit. || [tutti quelli che] tous ceux qui [sogg.] ; tous ceux que [ogg.]. | *abbiamo risposto di no a quanti ce l'hanno chiesto*, nous avons répondu non à tous ceux qui nous l'ont demandé. | *ringrazio quanti sono venuti*, je remercie tous ceux qui sont venus. || **4.** [nelle prop. comparat.] *è meno ricco di quanto si creda*, il est moins riche qu'on ne le croit. | *è più intelligente di quanto si creda ?*, est-il plus intelligent qu'on ne le croit ? || **5.** ***per quanto :*** [davanti a verbo] quoi que ; (pour) autant que. | *per quanto tu dica*, quoi que tu dises. | *per quanto si ricorda*, autant qu'il s'en souvienne. | *per quanto è possibile*, autant que possible. | *per quanto riguarda*, en ce qui concerne..., pour ce qui est de... | *per quanto gridasse, nessuno lo udì*, il eut beau crier, personne ne l'entendit.

2. quanto ['kwanto] m. Fis. quantum. | *teoria dei quanti*, théorie des quanta.

quantunque [kwan'tunkwe] cong. quoique, bien que, encore que (raro). | *quantunque povero, vive con una certa diginità*, bien qu'il, quoiqu'il soit pauvre, il vit avec une certaine dignité. | *quantunque fosse stato avvisato*, bien qu'il eût été prévenu.

quaranta [kwa'ranta] agg. num. card. e m. quarante.

quarantamila [kwaranta'mila] agg. num. card. e m. quarante mille.

quarantena [kwaran'tɛna] f. Pr. e FIG. quarantaine.

quarantennale [kwarantɛn'nale] agg. quarantenaire.

quarantenne [kwaran'tɛnne] agg. (âgé) de quarante ans ; quadragénaire. ◆ n. quadragénaire.

quarantennio [kwaran'tɛnnjo] m. (espace de) quarante ans.

quarantesimo [kwaran'tɛsimo] agg. num. ord. e m. quarantième.

quarantia [kwaran'tia] f. Stor. [Venezia] quarantia (pl. quarantie).

quarantina [kwaran'tina] f. quarantaine.

quarantore [kwaran'tore] f. pl. Relig. quarante heures.

quarantotto [kwarant'otto] agg. num. card. e m. quarante-huit. || Fig. *fare un quarantotto*, faire le diable à quatre. | *che quarantotto !*, quelle pagaille ! || Fam. *mandare a carte quarantotto*, ficher, flanquer en l'air ; envoyer promener ; envoyer au diable, à tous les diables.

quaresima [kwa'resima] f. Relig. carême m. | *osservare la quaresima*, faire, observer le carême. | *rompere la quaresima*, rompre le carême. | *la mezza quaresima*, la mi-carême. | *la prima domenica di quaresima*, la quadragésime. || Fig. *essere lungo come la quaresima*, être lent comme un escargot, comme une tortue ; [di persona molto alta] être long comme un jour sans pain. | *faccia da quaresima*, face de carême.

quaresimale [kwaresi'male] agg. quadragésimal, de carême. ◆ m. Relig. [prediche] carême.

quaresimalista [kwaresima'lista] (**-i** pl.) m. Relig. prédicateur de carême.

quarta ['kwarta] f. [scuola] *quarta elementare*, cours moyen première année. || Astr. quart m. || Auto quatrième (vitesse). || Fig. *partire in quarta*, partir à toute vitesse, se lancer à fond. || Giur. quarte. || Mar. aire de vent, quart m., rhumb m., rumb m. || Mus., Sport quarte.

quartabuono [kwarta'bwɔno] m. [falegnameria] équerre f. | *a quartabuono*, en équerre.

quartana [kwar'tana] f. Med. fièvre quarte.

quartazione [kwartat'sjone] f. Metall. quartation, inquartation.

quartettista [kwartet'tista] (**-i** pl.) m. Mus. compositeur de quatuors. || membre d'un quatuor ; [jazz] quartettiste.

quartetto [kwar'tetto] m. Mus. e fig. quatuor, quartette. | *quartetto d'archi*, quatuor à cordes.

quartiere [kwar'tjɛre] m. quartier. | *un quartiere ricco, povero*, un quartier riche, pauvre. | *i quartieri alti*, les beaux quartiers. | *i quartieri bassi*, les bas quartiers. | *il quartiere latino*, le quartier latin. || [appartamento] appartement (l.c.). || [araldica] quartier. | *quartiere franco*, franc-quartier. || [di scarpe] quartier. || Mar. *quartiere di poppa*, phare de l'arrière. | *quartiere di prora*, phare de l'avant. | *gran quartiere*, panneau (d'écoutille). || Mil. quartier. | *tornare in quartiere*, rentrer au quartier. | *quartieri d'inverno*, quartiers d'hiver. | *il quartiere generale*, le quartier général. || Loc. fig. *lotta senza quartiere*, lutte sans quartier, sans merci. | *non dare quartiere*, ne pas donner de répit.

quartierino [kwartje'rino] m. petit appartement ; pied-à-terre ; garçonnière f.

quartiermastro [kwartjer'mastro] m. Stor. mil. quartier-maître.

quartile [kwar'tile] m. [statistica] quartile.

quartina [kwar'tina] f. Poet. quatrain m. || Mus. quartolet m., quadruplet m.

quartino [kwar'tino] m. [di vino] quart. || Mus. petite clarinette f. || Tip. encart.

quarto ['kwarto] agg. num. ord. quatrième. | *il quarto piano*, le quatrième étage. | *la quarta fila*, le quatrième rang. | *il quarto capitolo*, le quatrième chapitre, le chapitre quatre. | *Enrico IV*, Henri IV (quatre). | *il quarto atto*, l'acte quatre. | *parenti in quarto grado*, parents au quatrième degré. | *sono arrivato quarto*, je suis arrivé quatrième. || Loc. *il quarto stato*, le prolétariat. | *il quarto potere*, la presse. | *la quarta marcia*, la quatrième (vitesse). | *elevare un numero alla quarta potenza*, élever un nombre à la puissance quatre. ◆ m. [quarta parte] quart. | *il quarto degli studenti*, le quart des étudiants. | *un quarto di secolo*, un quart de siècle. | *un quarto di farina*, un quart de farine. | *una bottiglia di un quarto*, une bouteille d'un quart (de litre). | *un quarto d'ora*, un quart d'heure. | *sono le otto e un quarto*, il est huit heures et quart. | *le otto e tre quarti*, huit heures trois quarts. | *manca un quarto alle otto*, il est huit heures moins le quart. | *ti abbiamo aspettato un buon quarto d'ora*, nous t'avons attendu un bon quart d'heure. | *battere i quarti*, sonner les quarts. || Fig. *un brutto quarto d'ora*, un mauvais quart d'heure. | *avere un quarto d'ora di celebrità*, avoir son heure de célébrité. || Moda *un cappotto tre quarti*, un (manteau) trois-

quarts. ‖ [macelleria] *un quarto di manzo*, un quartier de bœuf. ‖ [araldica] quartier. ‖ [della ruota del carro] jante f. ‖ ASTR. quartier. | *primo, ultimo quarto*, premier, dernier quartier. ‖ MAR. quart. ‖ SPORT *i quarti di finale*, les quarts de finale. ‖ TIP. *in quarto*, in-quarto. ◆ avv. quatrièmement ; quarto (lat.).
quartodecimo [kwarto'dɛtʃimo] agg. num. ord. LETT. quatorzième (L.C.).
quartogenito [kwarto'dʒɛnito] agg. e n. quatrième (enfant).
quartultimo [kwart'ultimo] agg. e n. quatrième avant le dernier.
quarzifero [kwar'tsifero] agg. MIN. quartzifère.
quarzite [kwar'tsite] f. MIN. quartzite m.
quarzo ['kwartso] m. MIN. quartz.
quarzoso [kwar'tsoso] agg. MIN. quartzeux.
quasi ['kwazi] avv. presque; à peu près ; près de ; [circa] environ ; quasiment (fam.). | *siamo quasi arrivati*, nous sommes presque arrivés. | *sono quasi le otto*, il est presque huit heures. | *ho quasi finito*, j'ai quasiment fini. | *ti aspetto da quasi un'ora*, je t'attends depuis presque une heure, depuis à peu près une heure. | *sono quasi due anni che abito qua*, il y a à peu près, il y a presque, environ deux ans que j'habite ici. | *quasi mai*, presque jamais. | *quasi sempre*, presque toujours. | *quasi tutto, tutti*, presque tout, presque tous. | *quasi nessuno*, presque personne. | *quasi niente*, presque rien. | *quasi altrettanto*, presque autant. | *quasi subito*, presque aussitôt. ‖ [ripetuto] *quasi quasi lo faccio*, j'ai presque envie de le faire. ‖ [con valore attenuativo] *direi quasi che*, je dirais presque que. ‖ [usato da solo] *avete finito i vostri compiti? — quasi !*, avez-vous fini vos devoirs ? — presque ! | *la piazza era vuota o quasi*, la place était vide ou presque, ou peu s'en fallait. ‖ [con un verbo, con significato di « manca, mancava, mancò poco che »] *quasi cadeva*, il faillit tomber, il s'en fallut de peu qu'il ne tombât. ◆ cong. *quasi (che)*, comme si. | *quasi fosse vero*, comme si c'était vrai. | *grida quasi fossimo sordi*, il crie comme si nous étions sourds.
quasi-contratto ['kwazikon'tratto] m. GIUR. quasi-contrat.
quasi-delitto ['kwazide'litto] m. GIUR. quasi-délit.
quasi-possesso ['kwazipo'ssesso] m. GIUR. quasi-possession f.
quasi-rendita ['kwazi'rendita] f. GIUR. quasi-rente.
quasi-usufrutto ['kwaziusu'frutto] m. GIUR. quasi-usufruit.
quassia ['kwassja] f. BOT. quassia m., quassier m.
quassina [kwas'sina] f. CHIM. quassine.
quassio ['kwassjo] agg. de quassia. | *legno quassio*, bois de quassia.
quassù [kwas'su] avv. ici (en haut). | *quassù si sta bene*, on est bien ici. | *da quassù si vede tutta la valle*, d'ici on voit toute la vallée. | *quassù nel Nord*, ici au Nord.
quaterna [kwa'tɛrna] f. quaterne.
quaternario [kwater'narjo] (**-ri** m. pl.) agg. e m. quaternaire.
quaternione [kwater'njone] m. MAT. quaternion.
quattamente [kwatta'mente] avv. en tapinois, en catimini, en cachette, à la dérobée.
quatto ['kwatto] agg. blotti, accroupi. | *quatto quatto*, en douce, en tapinois, en catimini.
quattordicenne [kwattordi'tʃɛnne] agg. (âgé) de quatorze ans. ◆ n. garçon, fille [âgé(e)] de quatorze ans.
quattordicesimo [kwattordi'tʃɛzimo] agg. num. ord. quatorzième. | *Luigi XIV*, Louis XIV (quatorze). | *capitolo quattordicesimo*, quatorzième chapitre, chapitre quatorze. ◆ n. quatorzième.
quattordici [kwat'torditʃi] agg. num. card. e m. quatorze.
quattrinaio [kwattri'najo] m. SPREG. richard (fam.).
quattrinella [kwattri'nɛlla] f. BOT. nummulaire.
quattrino [kwat'trino] m. sou. | *sono rimasto senza un quattrino*, je suis resté sans un sou, sans le sou, sans un rond (pop.). | *senza il becco d'un quattrino*, sans un sou vaillant. | *ti restituiremo fino all'ultimo quattrino*, nous te rendrons jusqu'au dernier centime. ‖ [al pl.] argent. | *star bene a quattrini*, avoir de l'argent. | *essere a corto di quattrini*, être à court d'argent. | *far quattrini a palate*, gagner un argent fou. | *avere un sacco di quattrini*, rouler sur l'or, remuer l'argent à la pelle. | *bussare a quattrini*, demander de l'argent. | *senza quattrini*, sans argent, sans le sou; fauché (pop.). ‖ [antica moneta] quatrin. ‖ PROV. *a quattrino a quattrino si fa il fiorino*, les petits ruisseaux font les grandes rivières. | *senza quattrini l'orbo non canta*, point d'argent, point de Suisse.
quattro ['kwattro] agg. num. card. e m. quatre. | *il quattro febbraio*, le quatre février. | *oggi ne abbiamo quattro*, aujourd'hui nous sommes le quatre. | *ogni quattro ore*, toutes les quatre heures. | *sono le quattro*, il est quatre heures. | *tutti e quattro*, tous les quatre. | *siamo in quattro*, nous sommes quatre. | *in fila per quattro*, par rangs de quatre. ‖ LOC. *fare quattro passi*, faire deux pas, quelques pas. | *scendere le scale a quattro a quattro*, descendre l'escalier quatre à quatre. | *far quattro salti*, danser entre amis, faire une petite sauterie (fam.). | *fare quattro chiacchiere*, faire un brin de causette, échanger deux mots. | *gridare ai quattro venti*, crier aux quatre vents. | *farsi in quattro per qlcu.*, se mettre en quatre pour qn. | *fare il diavolo a quattro*, faire le diable à quatre. | *dirne quattro a qlcu.*, dire à qn ses quatre vérités, son fait. | *in quattro e quattr'otto*, en moins de deux, en un clin d'œil, en un tour de main, en cinq sec. | *a quattr'occhi*, entre quatre yeux. | *c'erano quattro gatti*, il y avait quatre pelés et un tondu. | *vero come due e due fanno quattro*, aussi vrai que deux et deux font quatre. ‖ [canottaggio] *quattro con, quattro senza*, quatre avec barreur, quatre sans barreur. ‖ PROV. *non dire quattro se non l'hai nel sacco*, il ne faut pas vendre la peau de l'ours avant de l'avoir tué.
quattrocchi [kwat'trɔkki] m. IRON. binoclard.
quattrocentesco [kwattrotʃen'tesko] (**-chi** m. pl.) agg. du XVe siècle. | *la prosa quattrocentesca*, la prose du XVe siècle. ‖ LETT. du Quattrocento.
quattrocentesimo [kwattrotʃen'tɛzimo] agg. num. ord. e m. quatre centième.
quattrocentino [kwattrotʃɛn'tino] agg. [arte e lett. it.] du XVe siècle.
quattrocentista [kwattrotʃɛn'tista] (**-i** pl.) m. écrivain, poète, artiste du XVe siècle ; [arte e lett. it.] quattrocentiste. ‖ [studioso del Quattrocento] spécialiste du XVe siècle. ‖ SPORT coureur de 400 mètres.
quattrocentistico [kwattrotʃɛn'tistiko] (**-ci** m. pl.) agg. du XVe siècle.
quattrocento [kwattro'tʃɛnto] agg. num. card. quatre cents. ◆ m. *il Quattrocento*, le quinzième siècle ; [arte e lett. it.] le Quattrocento.
quattrofoglie [kwattro'fɔʎʎe] m. [araldica] quatre-feuilles.
quattromila [kwattro'mila] agg. num. card. e m. quatre mille.
quattro tempora [kwattro'tɛmpora] f. pl. RELIG. quatre-temps m.
quebracho [kwe'brako] m. BOT. quebracho.
quegli ['kweʎʎi] agg. dimostr. m. pl. V. QUELLO. ◆ pron. dimostr. m. sing. LETT. celui-là (L.C.).
quei [kwei] agg. dimostr. m. pl. V. QUELLO. ◆ pron. dimostr. m. sing. LETT. V. QUEGLI.
quel [kwel] agg. dimostr. m. sing. V. QUELLO.
quella ['kwella] agg. e pron. dimostr. f. sing. V. QUELLO.
quelle ['kwelle] agg. e pron. dimostr. f. pl. V. QUELLO.
quello ['kwello] agg. dimostr. **1.** ce ; [davanti a vocale o h muta] cet ; f. cette ; m. e f. pl. ces. [Tali forme possono essere usate con il rafforzativo *-là* per sottolineare la lontananza nello spazio e nel tempo ; l'uso del rafforzativo *-là* è d'obbligo quando vi è opposizione o contrapposizione.] | *quel quaderno*, ce cahier. | *quell'albero*, cet arbre. | *quell'eroe*, ce héros. | *quella ragazza*, cette jeune fille. | *quei quaderni*, ces cahiers. | *quelle ragazze*, ces jeunes filles. | *parlo di quel libro, non di questo*, je parle de ce livre-là, non de celui-ci. | *quei due libri*, ces deux livres. | *quell'altro libro*, cet autre livre, l'autre livre. ‖ **2.** [con valore di art. determinat., soprattutto se seguito da una prop. relat.] le ; f. la ; m. e f. pl. les. | *quel ragazzo che vedi laggiù*, le garçon que tu vois là-bas. | *quella persona di cui ti ho parlato*, la personne dont je t'ai parlé. | *è quella stessa ragazza che ho visto ieri*, c'est la même jeune fille que j'ai vue hier. | *quel poco che hai*, le

peu que tu possèdes. ‖ **3.** [seguito da agg. poss.] *quella sua casa*, cette maison qui est la sienne, sa maison. | *quei suoi amici*, les amis qu'il a, ses amis. ‖ **4.** [in espressioni ellitt.] *ne ha fatte di quelle !*, il en a fait de belles ! | *ne abbiamo sentite di quelle !*, nous en avons entendu de toutes les couleurs !, de bien bonnes ! | *ne ha viste di quelle !*, il en a vu de belles ! ‖ **5.** [con valore enfat., in espressioni esclamat.] *abbiamo avuto una di quelle paure !*, nous avons eu une de ces peurs ! | *ha detto tante di quelle sciocchezze !*, les bêtises qu'il a pu dire !, ce qu'il a pu dire comme bêtises ! ‖ **6.** [in espressioni temporali] *in, a quel tempo*, en ce temps-là. | *in quell'anno*, cette année-là. | *in quella stagione*, dans cette saison-là. | *in quello stesso medesimo momento*, à ce moment-là, à ce moment même. | *quella stessa sera*, le soir même. | *quelle poche volte che...*, le peu de fois que..., les quelques fois que... ◆ pron. dimostr. **1.** celui-là ; f. celle-là ; m. pl. ceux-là ; f. pl. celles-là. | *questo libro e quello*, ce livre-ci et celui-là. | *voglio quella*, je veux celle-là. ‖ **2.** [seguito da prop. relat. o dalla prep. *di*] celui ; f. celle ; m. pl. ceux ; f. pl. celles. | *quelli che lo conoscono*, ceux qui le connaissent. | *prendi quella che vuoi*, prends celle que tu veux. | *quello di ieri era più interessante*, celui d'hier était plus intéressant. ‖ **3.** [seguito da agg. qualif. o loc. agg.] le ; f. la ; m. e f. pl. les. | *fra tutti i vini, quelli francesi sono i migliori*, parmi tous les vins, les français sont les meilleurs. | *ha scelto quello rosso*, il a choisi le rouge. | *scegliete quelli utili e buttate quelli inutili*, choisissez ceux qui sont utiles et jetez ceux qui sont inutiles. | *quello dai capelli neri*, l'homme aux cheveux noirs. | *quello del gas*, l'employé du gaz. | *quello del primo piano*, le locataire du premier étage. | *quelli del popolo*, les gens du peuple. | *quelli di Chiesa*, les gens d'Église. ‖ **4.** [seguito da part. pass., svolto in fr. in una prop. relat.] celui ; f. celle ; m. pl. ceux ; f. pl. celles. | *quello venduto ieri*, celui qui a été vendu hier. | *quelli arrivati oggi*, ceux qui sont arrivés aujourd'hui. ‖ **5.** [col verbo essere, valore enfat.] *sono quelle le sue idee*, ce sont là ses idées. | *è quello il tuo scopo ?*, est-ce là ton but ? | *era quella la mia intenzione*, c'était là mon intention. | *quello si chiama vivere*, voilà qui est vivre. | *quello è ragionare*, voilà qui s'appelle raisonner. | *quello è vino*, ça c'est du vin. ‖ **6.** *questo..., quello...*, l'un..., l'autre... ; f. l'une..., l'autre... ; m. pl. les uns..., les autres... ; f. pl. les unes..., les autres... | *non compro né questo né quello*, je n'achète ni l'un ni l'autre. ‖ **7.** [con valore di *egli, ella*] il ; f. elle ; m. pl. ils ; f. pl. elles. | *e quella disse*, et elle dit. ‖ **8.** [con valore di *lo stesso*] le même ; f. la même ; m. e f. pl. les mêmes. | *non è più quella*, ce n'est plus la même. ‖ **9.** [con valore di *ciò*] cela ; ça (fam.) ; [seguito da pron. relat.] ce. | *ti darò quello che vuoi*, je te donnerai ce que tu veux. | *quanto a quello*, quant à cela, à ça. | *quello a cui pensa*, ce à quoi il pense. | *quel che è peggio*, ce qu'il y a de pis. ‖ **10.** [con valore di *quanto*] *è più giovane di quello che pensavo*, il est plus jeune que je ne (le) pensais. | *per quel che ne so*, pour autant que je sache. ‖ **11.** Loc. *quelli di...*, les gens de..., les habitants de... | *in quel di...*, dans la province de..., dans la région de..., aux environs de... ‖ Arc. *in quella, in quello*, à ce moment-là (l.c.), là-dessus (l.c.), sur ces entrefaites (l.c.).

querceta [kwer'tʃeta] f. o **querceto** [kwer'tʃeto] m. chênaie f.

quercia ['kwertʃja] f. chêne m. | *quercia da sughero*, chêne-liège. ‖ Fig. *forte come una quercia*, solide comme un chêne.

quercino [kwer'tʃino] agg. (raro) de chêne (l.c.).

querciola [kwer'tʃɔla] f. o **querciolo** [kwer'tʃɔlo] m. Bot. chêneau m.

quercite [kwer'tʃite] f. Chim. quercite.

quercitrina [kwertʃi'trina] f. Chim. quercitrine.

quercitrone [kwertʃi'trone] m. Bot. quercitron.

querela [kwe'rɛla] f. Giur. plainte. | *querela per falso*, plainte en faux. | *sporgere querela contro qlcu.*, déposer une plainte, porter plainte contre qn. | *remissione di querela*, désistement d'instance.

querelante [kwere'lante] n. Giur. plaignant, e.

querelare [kwere'lare] v. tr. Giur. porter plainte (contre qn). ◆ v. rifl. Lett. se plaindre (l.c.).

querelato [kwere'lato] agg. e m. Giur. accusé, prévenu.

querimonia [kweri'monia] f. Lett. plainte (l.c.); [lamento] gémissement m. (l.c.). ‖ Arc. réclamation (l.c.).

querulo [kwe'rulo] agg. Lett. plaintif (l.c.).

quesito [kwe'zito] m. question f., demande f. ; [problema] problème. | *porre un quesito*, poser une question. | *risolvere un quesito*, résoudre un problème.

questa ['kwesta], **queste** ['kweste] agg. dimostr. f. sing. e pl. V. questo.

questi ['kwesti] agg. dimostr. m. pl. V. questo. ◆ pron. dimostr. m. sing. celui-ci.

questionabile [kwestjo'nabile] agg. discutable.

questionare [kwestjo'nare] v. intr. discuter ; [litigare] se disputer.

questionario [kwestjo'nario] (**-ri** pl.) m. questionnaire.

questione [kwes'tjone] f. **1.** question ; [problema] problème m. | *porre una questione*, poser une question. | *spostare la questione*, sortir de la question. | *è una questione di fiducia*, c'est une question de confiance. | *non fare questioni*, ne soulève pas de questions. | *non farne una questione*, n'en fais pas un problème. | *è questione di un'ora*, c'est une question d'une heure. | *la questione è che*, le problème est que. | *è questione di gusti*, c'est une affaire de goûts. | *una questione di soldi*, une question d'argent. | *questione di vita o di morte*, question de vie ou de mort. | *questione d'onore*, question, affaire d'honneur. | *in questione*, en question. ‖ **2.** [discussione] discussion. | *avere questioni con qlcu.*, avoir des discussions avec qn. | *venire a questione*, se disputer. ‖ **3.** [tortura] question.

questo ['kwesto] agg. dimostr. **1.** ce ; [davanti a vocale o h muta] cet ; f. cette ; m. e f. pl. ces. [Tali forme possono essere usate con il rafforzativo *-ci* per sottolineare la vicinanza nello spazio e nel tempo; l'uso del rafforzativo *-ci* è d'obbligo quando vi è contrapposizione o opposizione.] *questo quaderno*, ce cahier. | *quest'albero*, cet arbre. | *quest'eroe*, ce héros. | *questa ragazza*, cette jeune fille. | *questi quaderni*, ces cahiers. | *queste ragazze*, ces jeunes filles. | *parlo di questo libro, non di quello*, je parle de ce livre-ci, non de celui-là. | *questi due libri*, ces deux livres. | *quest'altro libro*, cet autre livre, l'autre livre. | *gli disse queste stesse parole*, il lui dit textuellement ces mots. ‖ **2.** [seguito da una prop. relat.] le ; f. la ; m. e f. les. | *questo ragazzo che vedi laggiù*, le garçon que tu vois là-bas. | *questa persona di cui ti ho parlato*, la personne dont je t'ai parlé. ‖ **3.** [seguito da agg. poss.] *questo tuo libro*, ton livre. | *questi suoi amici*, ses amis. ‖ **4.** [espressioni ellittiche] *questa non me l'aspettavo*, je ne m'attendais pas à ça. | *senti questa !*, écoute ça ! | *questa non te la perdonerò*, cette fois-ci je ne te pardonnerai pas. | *questa è grossa*, c'est un peu trop fort. ‖ **5.** [espressioni temporali] *uno di questi giorni*, un de ces jours. | *quest'oggi*, aujourd'hui. | *ci vedremo quest'estate*, nous nous reverrons cet été, l'été prochain. ◆ pron. dimostr. **1.** celui-ci ; f. celle-ci ; m. pl. ceux-ci ; f. pl. celles-ci. | *voglio questo e quello*, je veux celui-ci et celui-là. | *nessuno di questi*, aucun de ceux-ci. | *questo libro e quello*, ce livre-ci et celui-là. ‖ **2.** [seguito da prop. relat.] celui ; f. celle ; m. pl. ceux ; f. pl. celles. | *questi che vedi*, ceux que tu vois. | *questi di cui ti ho già parlato*, ceux dont je t'ai déjà parlé. ‖ **3.** [seguito da agg. qualif. o loc. agg.] le ; f. la ; m. e f. pl. les. | *questo rosso*, le rouge. | *questo vicino*, celui à côté. | *questo vicino a me*, celui qui est près de moi. ‖ **4.** [seguito da part. pass. svolto in fr. da una prop. relat.] celui ; f. celle ; m. pl. ceux ; f. pl. celles. | *vi daremo anche queste trovate ieri*, nous vous donnerons même celles que nous avons trouvées hier. ‖ **5.** [con il verbo essere, con valore enfatico] *questo sì che è vino*, voilà ce qui s'appelle du vin. | *è questo il mio libro preferito*, c'est là mon livre préféré. | *gran giorno è questo !*, c'est un grand jour que celui-ci. ‖ **6.** Loc. *questo..., quello...*, l'un..., l'autre... ; f. l'une..., l'autre... ; m. pl. les uns..., les autres... ; f. pl. les unes..., les autres... | *non compro né questo né quello*, je n'achète ni l'un ni l'autre. | *parlare di questo e di quello*, parler de choses et d'autres. ‖ **7.** [con valore di *egli, ella*] il ; f. elle ; m. pl. ils ; f. pl. elles. | *e questo* *disse*, et il dit. ‖ **8.** [con valore di *ciò*] ceci, cela, ça (fam.) ; [seguito da pron. relat.] ce. | *questo mi preoccupa*, cela, ça me préoccupe. | *ricordati di questo*, souviens-toi de ceci. | *questo è quanto dissero*, voilà ce qu'ils dirent. | *tutto questo è impossibile*, tout cela est impossible. | *questo è quanto !*, voilà tout !, c'est tout ! | *e con questo ?*, et alors ? | *questa poi !*, ça alors !, ça par exemple ! | *questo mai !*, ça jamais ! | *con questo vi saluto*, sur ce je vous salue. | *per questo*, c'est pourquoi, voilà pourquoi.

questore [kwes'tore] m. [capo della polizia] commissaire de police ; [a Parigi] préfet de police. ‖ [al Parlamento] questeur. ‖ STOR. questeur.

questorio [kwes'torjo] (**-ri** m. pl.) agg. [antica Roma] questorien.

questua [kwes'tua] f. quête.

questuante [kwestu'ante] agg. quêteur. ◆ n. quêteur, quêteuse.

questuare [kwestu'are] v. intr. quêter, faire la quête.

questura [kwes'tura] f. [sede del questore] police; [a Parigi] préfecture de police; [commissariato] commissariat (m.) de police. ‖ [servizio di polizia] police. | *chiamare la questura*, appeler la police. ‖ STOR., POLIT. questure.

questurino [kwestu'rino] m. agent de police; flic (pop.).

quetare [kwe'tare] v. tr. (lett.) V. QUIETARE.

queto ['kweto] agg. (lett.) V. QUIETO.

qui [kwi] avv. **1.** ici, là. | *vieni qui*, viens ici. | *stai qui*, reste ici. | *non saremo qui questa sera*, nous ne serons pas là ce soir. | *so che sei qui*, je sais que tu es là. | *siamo qui per aiutarti*, nous sommes là pour t'aider. | *qui e lì*, çà et là. | *qui giace*, ci-gît. ‖ **2.** [preceduto da prep.] *di qui, da qui*, d'ici. | *da qui a casa*, d'ici à la maison. | *via di qui !*, hors d'ici ! | *non muovetevi di qui*, ne bougez pas d'ici. ‖ *fin qui*, jusqu'ici, jusque-là. ‖ *(per) di qui*, par ici. | *bisogna salire (per) di qui*, il faut monter par ici. ‖ *di, da qui in avanti*, dorénavant. | *da qui a domenica*, d'ici à dimanche. | *di qui a poco*, d'ici peu, sous peu. ‖ *di qui* : [di questo luogo] d'ici. | *noi siamo di qui*, nous sommes d'ici. ‖ **3.** [seguito da avv.] *qui dentro*, ici dedans. | *qui fuori*, ici dehors. | *qui vicino*, près d'ici. | *qui dietro*, ici derrière. | *qui sopra*, ci-dessus. | *qui sotto*, ci-dessous. | *qui intorno*, par ici, autour d'ici, aux alentours. | *qui contro*, ci-contre. | *qui accanto*, à côté. ‖ **4.** [rafforzativo di *questo*] -ci. | *prenderò questo libro qui*, je prendrai ce livre-ci. ‖ **5.** [rafforzativo di *ecco*] voici, voilà. | *eccoti qui*, te voilà. ‖ FIG. ici, là. | *qui hai ragione tu*, ici c'est toi qui as raison. | *qui comincia il bello*, c'est là que commence le plus beau. ‖ COMM. *qui accluso*, ci-inclus. | *qui allegato*, ci-joint.

quid [kwid] m. (lat.) quelque chose, un je ne sais quoi.

quiddità [kwiddi'ta] f. FILOS. quiddité.

quiescente [kwjeʃ'ʃente] agg. LETT. endormi (L.C.). ‖ SCIENT. inactif. | *un vulcano quiescente*, un volcan inactif.

quiescenza [kwjeʃ'ʃentsa] f. ARC. o LETT. repos m. (L.C.). ‖ [burocrazia] retraite. | *fondo di quiescenza*, caisse (f.) de retraite. ‖ BOT. germination retardée.

quietamente [kwjeta'mente] avv. tranquillement, calmement.

quietanza [kwje'tantsa] f. quittance, acquit m.

quietanzare [kwjetan'tsare] v. tr. quittancer.

quietare [kwje'tare] v. tr. calmer, apaiser, tranquilliser.

quiete ['kwjete] f. calme m., tranquillité, paix. | *turbare la quiete pubblica*, troubler la tranquillité publique. | *la quiete dopo la tempesta*, le calme après la tempête. | *aver bisogno di quiete*, avoir besoin de tranquillité, de repos.

quietismo [kwje'tizmo] m. [apatia, inerzia] apathie f., indifférence f. ‖ STOR. RELIG. quiétisme.

quietista [kwje'tista] (**-i** m. pl.) m. e f. quiétiste.

quietistico [kwje'tistiko] (**-ci** m. pl.) agg. STOR. RELIG. quiétiste.

quieto ['kwjɛto] agg. calme, tranquille, paisible. | *un ragazzo quieto*, un garçon calme, sage. | *una vita quieta*, une vie paisible, tranquille, pépère (pop.). | *una città quieta*, une ville tranquille. | *il mare quieto*, la mer calme. | *acque quiete*, eaux dormantes. | *ama il quieto vivere*, il aime la vie tranquille. | *stare quieto*, être tranquille ; [di un bambino] être sage.

quinario [kwi'narjo] (**-ri** m. pl.) agg. MAT. quinaire. ‖ POES. de cinq syllabes. ◆ m. POES. vers de cinq syllabes ; [in fr.] tétrasyllabe.

quinci ['kwintʃi] avv. ARC. [da qui] d'ici (L.C.) ; [per qui] par ici (L.C.) ; [poi] ensuite (L.C.). | *quinci e quindi*, ici et là. | *da quinci innanzi*, dorénavant, désormais, à l'avenir. ‖ IRON. *parlare in quinci e quindi*, parler avec affectation (L.C.), avec préciosité (L.C.). | *stare sul quinci e quindi*, être affecté (L.C.), recherché (L.C.).

quinconce [kwin'kontʃe] m. e f. quinconce m.

quinconciale [kwinkon'tʃale] agg. quinconcial.

quindecenvirato [kwindetʃenvi'rato] m. STOR. quindecemvirat.

quindecenviro [kwinde'tʃɛnviro] m. STOR. quindecemvir.

quindecimo [kwin'dɛtʃimo] agg. num. ord. LETT. quinzième (L.C.).

quindi ['kwindi] cong. donc, par conséquent, c'est pourquoi. | *era qui un momento fa, quindi non è lontano*, il était ici il y a un instant, il n'est donc pas loin, par conséquent, il n'est pas loin. ◆ avv. puis, ensuite, après. | *mangiò in fretta, quindi uscì*, il mangea vite, puis il sortit.

quindicennale [kwinditʃɛn'nale] agg. [che dura 15 anni] de quinze ans, qui dure quinze ans. ‖ [che ricorre ogni 15 anni] qui a lieu tous les quinze ans. ◆ m. quinzième anniversaire.

quindicenne [kwindi'tʃɛnne] agg. (âgé) de quinze ans. ◆ n. garçon, fille [âgé(e)] de quinze ans.

quindicennio [kwindi'tʃɛnnjo] m. (espace de) quinze ans.

quindicesimo [kwindi'tʃɛzimo] agg. num. ord. quinzième. | *capitolo quindicesimo, quindicesimo capitolo*, chapitre quinze, quinzième chapitre. | *Luigi XV*, Louis XV (quinze).

quindici ['kwinditʃi] agg. num. card. e m. quinze. | *siamo al quindici di ottobre*, nous sommes le quinze octobre. | *di data ne abbiamo quindici*, nous sommes le quinze. | *oggi a quindici*, (d') aujourd'hui en quinze, dans quinze jours. | *il quindici di ogni mese*, tous les quinze du mois.

quindicimila [kwinditʃi'mila] agg. num. card. e m. quinze mille.

quindicina [kwindi'tʃina] f. quinzaine. | *una quindicina di persone*, une quinzaine de personnes. ‖ [paga] salaire (m.), paye de quinze jours ; quinzaine.

quindicinale [kwinditʃi'nale] agg. [che dura 15 giorni] qui dure quinze jours, de quinze jours. ‖ [bimensile] bimensuel. ◆ m. (journal) bimensuel.

quinoa [kwi'nɔa] m. BOT. quinoa.

quinquagenario [kwinkwadʒe'narjo] (**-ri** m. pl.) agg. e m. LETT. V. CINQUANTENNE.

quinquagesima [kwinkwa'dʒɛzima] f. RELIG. quinquagésime.

quinquagesimo [kwinkwa'dʒɛzimo] agg. num. ord. LETT. V. CINQUANTESIMO.

quinquennale [kwinkwen'nale] agg. quinquennal.

quinquenne [kwin'kwɛnne] agg. (raro) V. CINQUENNE.

quinquennio [kwin'kwɛnnjo] m. (espace de) cinq ans. ‖ [piano, carica] quinquennalité f. ‖ STOR. quinquennium.

quinquereme [kwinkwe'rɛme] f. STOR. quinquérème.

quinquerzio [kwin'kwɛrtsjo] m. STOR. quinquerce.

quinta ['kwinta] f. [scuola] *la quinta elementare*, la septième, la seconde année du cours moyen. ‖ MUS. quinte. ‖ TEATRO coulisse. | *star dietro, fra le quinte*, se tenir dans les coulisses, dans la coulisse (fig.).

quintale [kwin'tale] m. quintal.

1. quintana [kwin'tana] f. [giostra] quintaine. ‖ [dell'accampamento romano] voie quintaine.

2. quintana [kwin'tana] agg. e f. MED. fièvre quintane.

quinterno [kwin'tɛrno] m. cahier ; cinq copies f. pl.

quintessenza [kwintes'sɛntsa] f. PR. e FIG. quintessence.

quintessenziale [kwintessen'tsjale] o **quintessenziato** agg. (raro) quintessencié.

quintetto [kwin'tetto] m. MUS. quintette.

quintiglio [kwin'tiʎʎo] m. [antico gioco di carte] quintille.

quintile [kwin'tile] m. STOR. quintilis.
quintilione [kwinti'ljone] m. MAT. quintillion.
quintino [kwin'tino] m. cinquième de litre.
quinto ['kwinto] agg. num. ord. cinquième. | *capitolo quinto, quinto capitolo*, chapitre cinq, cinquième chapitre. | *Carlo V :* [di Francia] Charles V (cinq) ; [di Spagna] Charles Quint. | *abitiamo al quinto piano*, nous habitons au cinquième (étage). || MAT. *elevare un numero alla quinta potenza*, élever un nombre à la puissance cinq. || POLIT. *la quinta colonna*, la cinquième colonne. ◆ m. cinquième. | *i due quinti*, les deux cinquièmes. || MAR. couple. ◆ avv. cinquièmement.
quintodecimo [kwinto'dɛtʃimo] agg. num. ord. e m. LETT. quinzième (L.C.).
quintogenito [kwinto'dʒenito] agg. e m. cinquième (enfant).
quintultimo [kwint'ultimo] agg. e m. cinquième avant le dernier.
quintuplicare [kwintupli'kare] v. tr. quintupler. ◆ v. rifl. quintupler.
quintuplice [kwin'tuplitʃe] agg. quintuple.
quintuplo ['kwintuplo] agg. e m. quintuple.
quiproquo [kwipro'kwɔ] m. quiproquo.
quirite ['kwirite] m. STOR. quirite.
quiscalo [kwis'kalo] m. ZOOL. quiscale.
quisquilia [kwis'kwilja] f. bagatelle, vétille, futilité. | *hanno litigato per delle quisquilie*, ils se sont disputés pour une bagatelle, pour des riens. | *non perdete il vostro tempo in quisquilie*, ne perdez pas votre temps à des bagatelles, à des futilités.
quistione [kwis'tjone] f. e deriv. V. QUESTIONE e deriv.
quivi ['kwivi] avv. LETT. là (L.C.).
quiz [kwiz] m. invar. [ingl.] = jeu de questions pour tester la mémoire ou les informations.
quondam ['kwɔndam] avv. e agg. lat. [ex, già] ancien. || ARC. [defunto] feu (L.C.). | *Paolo Bianchi del quondam Giovanni*, Paul Bianchi, (fils) de feu Jean.
quorum ['kwɔrum] m. quorum.
quota ['kwɔta] f. [pagamento in una ripartizione] quote-part. | *deve ancora riscuotere la sua quota*, il doit encore recevoir sa quote-part. | *quota di partecipazione*, quote-part de participation. || [partecipazione ad un'associazione] cotisation. | *quota d'abbonamento*, cotisation (annuelle, mensuelle), frais (m. pl.) de souscription. | *quota d'iscrizione*, droits (m. pl.) d'inscription. || [parte] part. | *dividere in cinque quote*, partager en cinq parts. || [contingente] quota m. | *quota d'immigrazione*, quota d'immigration. || [ippica e topografia] cote. || [altitudine] altitude. | *raggiungere quota duemila*, atteindre deux mille mètres d'altitude, une altitude de deux mille mètres. || [livello] niveau m. || AER. *prendere, perdere quota*, prendre, perdre de la hauteur. | *volo ad alta quota*, vol de hauteur. | *quota di tangenza*, plafond m. || FIN. cote. || GIUR. *quota ereditaria*, part héréditaire. || MAR. *quota periscopica*, profondeur périscopique. || SPORT *quella squadra è a quota 40*, cette équipe a 40 points. || FIG. *essere a quota zero*, être à zéro, au point de départ.
quotare [kwo'tare] v. tr. [pagare] cotiser. || [topografia, disegno tecnico] coter. || COMM., FIN. coter. | *queste azioni non sono quotate*, ces actions ne sont pas cotées. || FIG. [valutare] coter, apprécier. ◆ v. rifl. se cotiser. | *ci siamo quotati per fargli un bel regalo*, nous nous sommes cotisés pour lui faire un beau cadeau.
quotato [kwo'tato] agg. FIN. coté. | *titolo quotato, non quotato*, titre coté, non coté. || FIG. [stimato] coté.
quotazione [kwota'tsjone] f. FIN. cote ; [atto del quotare] cotation. | *quotazione dei titoli*, cotation des titres. | *quotazione ufficiale*, cote officielle (de la Bourse). | *quotazione dei cambi*, cote des changes. | *quotazione di chiusura*, cote de clôture. | *la quotazione diminuisce*, la cote fléchit.
quotidianamente [kwotidjana'mente] avv. quotidiennement.
quotidiano [kwoti'djano] agg. quotidien. | *la vita quotidiana*, la vie quotidienne, de tous les jours. || MED. *febbre quotidiana*, fièvre quotidienne. ◆ m. [giornale] quotidien, journal.
quotità [kwoti'ta] f. GIUR. quotité.
quotizzare [kwotid'dʒare] v. tr. [dividere un terreno in lotti] lotir.
quoto ['kwoto] m. MAT. quotient.
quoziente [kwot'tsjɛnte] m. MAT. quotient. || POLIT. *quoziente elettorale*, quotient électoral. || PSIC. *quoziente d'intelligenza*, quotient intellectuel, mental, d'intelligence.

R

r ['ɛrre] f. o m. r m. | *r come Roma*, r comme Raoul. | *avere la r moscia*, grasseyer. | *r arrotata*, r roulé.
rabarbaro [ra'barbaro] m. BOT. rhubarbe f.
rabberciamento [rabbertʃa'mento] m. rafistolage (fam.) || [di indumenti] rapiéçage, rapiècement. || [azione] rapetassage (fam.). || FIG. [riparazione superficiale] replâtrage. || [riconciliazione] rabibochage (fam.).
rabberciare [rabber'tʃare] v. tr. PR. e FIG. rapetasser (fam.), rafistoler (fam.) ; rabibocher (fam.) || TECN. rapiécer, rapiéceter, repriser, ravauder, stopper. || [riparare grossolanamente] retaper.
rabberciatura [rabbertʃa'tura] f. PR. e FIG. rapetassage m. (fam.), rapiècement m., rapiéçage m.
rabbia ['rabbja] f. [malattia] rage. || FIG. [collera, ira violenta] rage. | *che rabbia !*, c'est rageant !, (fam.), c'est dégoûtant ! (fam.) | *rosso di rabbia*, rouge de colère. | *essere divorato dalla rabbia*, être en proie à la rage ; enrager. | *con i pugni chiusi, i denti stretti dalla rabbia*, les poings fermés, les dents serrées de rage. | *sfogare la propria rabbia su qlcu.*, passer sa rage sur qn. || PER EST. [furia] fureur f. | *la rabbia dei venti, delle onde*, la fureur, la rage des vents, des flots. || [accanimento] acharnement m.
rabbino [rab'bino] m. RELIG. rabbin.
rabbiosamente [rabbjosa'mente] avv. rageusement.
rabbioso [rab'bjoso] agg. PR. enragé. || FIG. enragé, furieux, en colère. | *uno sguardo rabbioso*, un regard furieux. | *una fame rabbiosa*, une faim enragée. | *una sete rabbiosa*, une soif dévorante. || [di persona abitualmente portata alla collera] rageur, euse. | *uomo rabbioso*, homme rageur. | *voce rabbiosa*, voix rageuse.
rabbonire [rabbo'nire] v. tr. amadouer. || [rendere meno rude, meno violento] adoucir, radoucir. ◆ v. rifl. se radoucir, se calmer, s'apaiser. || [unicamente in frasi negat.] décolérer v. intr. | *non si rabbonisce da questa mattina*, il ne décolère pas depuis ce matin. | *il mare non si rabboniva*, la mer ne décolérait pas.
rabbrividire [rabbrivi'dire] v. intr. PR. et FIG. frissonner. | *rabbrividisco per il freddo*, le froid me fait frissonner. | *rabbrividiva di timore, di orrore*, il

frissonnait de crainte, d'horreur. ‖ FIG. frémir, trembler. | *rabbrividire di spavento,* frémir d'effroi. ‖ LOC. *far rabbrividire,* donner le frisson.

rabbuffare [rabbuf'fare] v. tr. ARC. **1.** [rimproverare con severità] gronder (L.C.), réprimander (L.C.). ‖ **2.** [trattare rudemente] rabrouer (L.C.). ‖ **3.** [di capelli] ébouriffer. ‖ **4.** [di penne, di peli] hérisser. ◆ v. rifl. [di elementi naturali] se gâter. ‖ [di cielo] se couvrir. ‖ [di mare] grossir.

rabbuffo [rab'buffo] m. gronderie f., réprimande f.

rabbuiarsi [rabbu'jarsi] v. rifl. PR. e FIG. se rembrunir, s'obscurcir, s'assombrir. | *il cielo si sta rabbuiando,* le ciel est en train de s'assombrir.

rabdomante [rabdo'mante] n. rhabdomancien, enne. ‖ [scopritore di sorgenti] sourcier, ère.

rabdomanzia [rabdoman'tsia] f. rhabdomancie.

rabelaisiano, rabelesiano [rabele'zjano] agg. PR. e FIG. rabelaisien.

rabesco [ra'besko] m. ARCHIT. entrelacs, arabesque f. ‖ [per scrittura indecifrabile] barbouillage, barbouillis, gribouillis. (V. anche ARABESCO.)

rabico ['rabiko] agg. MED. rabique.

raccapezzare [rakkappet'tsare] v. tr. (raro) ramasser, rassembler. ‖ [capire] comprendre. ◆ v. rifl. y voir clair, s'y retrouver, s'y reconnaître. | *comincio a raccapezzarmi(ci),* je commence à y voir clair. | *ora mi (ci) raccapezzo,* maintenant je m'y reconnais, je m'y retrouve. ‖ LOC. *non raccapezzarsi,* être dans le cirage (fam.).

raccapricciante [rakkaprit'tʃante] agg. affreux, effroyable, épouvantable, horrible, à faire frémir, à faire trembler, à faire dresser les cheveux sur la tête, à donner la chair de poule. | *un massacro raccapricciante,* un effroyable massacre.

raccapricciare [rakkaprit'tʃare] v. intr. FIG. frémir (d'horreur, d'effroi, de répulsion) ; trembler d'horreur, frissonner. | *questo pensiero mi fa raccapricciare,* cette pensée me donne la chair de poule, me fait dresser les cheveux sur la tête, me fait trembler d'effroi. | *raccapricciò di ribrezzo,* il frémit de dégoût.

raccapriccio [rakka'prittʃo] m. effroi, horreur f., répulsion f.

raccattapalle [rakkatta'palle] m. invar. SPORT ramasseur (m.) de balles.

raccattare [rakkat'tare] v. tr. PR. e FIG. ramasser ; [di maglie] rattraper ; [di spighe e fig.] glaner. | *raccattare informazioni, notizie,* glaner des renseignements, des nouvelles.

racchetta [rak'ketta] f. SPORT raquette. | *racchetta da tennis, da ping-pong,* raquette de tennis, de Ping-Pong. ‖ [da neve] raquette. | *racchetta da sci,* bâton de ski.

racchio ['rakkjo] agg. e n. POP. e DIAL. laideron n. ; moche agg. (fam.). ◆ f. *sposare una racchia simile, è incredibile !,* épouser une pareille mocheté, c'est incompréhensible !

racchiudere [rak'kjudere] v. tr. PR. e FIG. [contenere] renfermer, contenir. ‖ [custodire gelosamente, tenere nascosto] renfermer, cacher. ‖ [rinchiudere ; tenere prigioniero] enfermer.

raccogliere [rak'kɔʎʎere] v. tr. **1.** [sollevare da terra] ramasser. | *raccogliere legna secca, sassi,* ramasser du bois mort, des cailloux. ‖ **2.** [radunare] recueillir, ramasser, rallier, rassembler, réunir. | *raccogliere le carte al gioco,* ramasser les cartes du jeu. | *raccogliere voti,* recueillir des voix. | *raccogliere doni,* recueillir des dons. | *raccogliere i propri amici,* réunir, rassembler ses amis. | *raccogliere le forze,* rassembler ses forces. ‖ **3.** [di prodotti della terra, frutti, fiori] récolter, cueillir, recueillir. | *raccogliere del grano, dell'uva, dei fiori,* récolter du blé, du raisin, des fleurs. | *raccogliere un frutto, un fiore,* cueillir un fruit, une fleur. ‖ **4.** [riunire in una raccolta, in una collezione] collectionner. | *raccogliere francobolli,* collectionner des timbres. ‖ **5.** FIG. *raccogliere una allusione perfida, un'offesa,* relever une allusion perfide, une offense. ‖ LOC. FIG. *raccogliere il guanto,* relever le gant. | *è da raccogliere col cucchiaino,* il est à ramasser à la petite cuillère. ◆ v. rifl. se ramasser ; [di persone] se rassembler, se rallier. ‖ FIG. se recueillir. | *entrare in una chiesa per raccogliersi,* entrer dans une église pour se recueillir.

raccoglimento [rakkoʎʎi'mento] m. recueillement. | *essere in profondo raccoglimento,* être dans un profond recueillement.

raccoglitore [rakkoʎʎi'tore] (**-trice** f.) n. **1.** [colui che raccoglie oggetti] ramasseur, euse. ‖ **2.** [collezionista] collectionneur, euse. ‖ **3.** [colui che raccoglie denaro] collecteur, trice. ◆ m. [cartella o porta documenti] classeur.

raccolta [rak'kɔlta] f. **1.** [riunione di cose o persone in uno stesso luogo] rassemblement m. ‖ **2.** [di prodotti della terra] récolte, ramassage m. ‖ **3.** [di frutti] cueillette. ‖ **4.** [collezione] collection. ‖ [di favole] fablier m. ‖ [di canzoni] chansonnier m. ‖ [di scritti, poesie] recueil m. ‖ **5.** [accumulo conseguente a ricerca] récolte. | *raccolta di fondi, di documenti,* récolte de fonds, rassemblement de documents. ‖ **6.** PER EST. [per portare via] enlèvement m. | *raccolta delle immondizie,* enlèvement des ordures. ‖ **7.** MIL. rassemblement m., ralliement m. ‖ LOC. FIG. e MIL. *chiamare a raccolta,* battre le rappel.

raccolto [rak'kɔlto] agg. [rannicchiato] blotti, pelotonné. | *capelli raccolti,* cheveux relevés. ‖ FIG. recueilli, contenu. | *un'aria raccolta,* un air recueilli. | *emozione raccolta,* émotion contenue. ‖ [intimo] intime. | *atmosfera raccolta,* atmosphère intime. ◆ m. [di prodotti della terra] récolte f.

raccomandabile [rakkoman'dabile] agg. recommandable. | *non è molto raccomandabile,* il n'est pas très recommandable. | *un individuo poco raccomandabile,* un individu peu recommandable. ‖ FIG. *una condotta poco raccomandabile,* une conduite pas très catholique (fam.).

raccomandare [rakkoman'dare] v. tr. **1.** recommander. | *il medico gli ha raccomandato il riposo,* le médecin lui a recommandé le repos. ‖ **2.** [affidare all'altrui custodia, attenzione, protezione] confier, recommander, patronner, pistonner (fam.). | *ti raccomando il mio bambino,* je te confie mon enfant. | *raccomandare un impiegato a un direttore,* recommander un employé à un directeur. | *è stato raccomandato per quel posto di lavoro,* il a été pistonné pour ce poste. ‖ **3.** [a Dio] recommander. | *raccomandare l'anima a Dio,* recommander son âme à Dieu. ‖ **4.** [consigliare] conseiller. | *mi hanno raccomandato questa scuola,* on m'a conseillé cette école. ‖ **5.** [di pacchi o lettere] recommander. ◆ v. rifl. se recommander. | *raccomandarsi a Dio, a qlcu.,* se recommander à Dieu, à qn.

raccomandata [rakkoman'data] f. lettre recommandée. | *fare una raccomandata,* recommander une lettre. | *spedire un pacco per raccomandata,* recommander un paquet. ‖ [con valore neutro] *spedizione per raccomandata,* envoi en recommandé. | *raccomandata con ricevuta di ritorno,* lettre recommandée avec accusé de réception.

raccomandato [rakkoman'dato] m. protégé.

raccomandazione [rakkomandat'tsjone] f. recommandation.

raccomodare [rakkomo'dare] v. tr. raccommoder, ajuster, arranger, réparer, rapiécer ; [calze, calzini] repriser ; [oggetti] remettre en état.

raccomodatura [rakkomoda'tura] f. raccommodage m., réparation ; [calze] reprisage m.

raccontabile [rakkon'tabile] agg. racontable.

raccontare [rakkon'tare] v. tr. raconter, conter. | *raccontare per filo e per segno,* raconter en détail.

racconto [rak'konto] m. récit, histoire f. | *ci ha commossi col racconto delle sue disgrazie,* il nous a touchés par le récit de ses malheurs. ‖ [immaginario] conte, nouvelle f. (lett.), histoire f., récit. | *racconto di fate,* conte de fées. ‖ [di avvenimenti] histoire, récit.

raccorciamento [rakkortʃa'mento] m. raccourcissement.

raccorciare [rakkor'tʃare] v. tr. raccourcir. ◆ v. rifl. raccourcir (v. intr.). | *dalla fine del mese di giugno i giorni cominciano a raccorciarsi,* dès la fin du mois de juin les jours commencent à raccourcir.

raccordare [rakkor'dare] v. tr. raccorder. ‖ ARCHIT. racheter.

raccordo [rak'kɔrdo] m. raccordement. | *raccordo di due edifici, di due strade,* raccordement de deux bâtiments, de deux routes. ‖ [di ferrovia] *tronco di*

raccordo, voie de raccordement. | *raccordo ferroviario*, rail de raccordement. || [di pezzo metallico] raccord.
raccostamento [rakkosta'mento] m. PR. e FIG. rapprochement.
raccozzamento [rakkottsa'mento] m. (raro) rassemblement (L.C.).
raccozzare [rakkot'tsare] v. tr. rassembler.
rachide ['rakide] f. ANAT., BOT. rachis m.
rachitico [ra'kitiko] agg. e m. PR. e FIG. rachitique.
rachitismo [raki'tizmo] m. MED. rachitisme.
racimolare [ratʃimo'lare] v. tr. PR. e FIG. grappiller, rassembler. | *racimolare ciliegie*, grappiller des cerises. | *racimolare notizie*, grappiller des nouvelles. | *racimolare denaro*, rassembler de l'argent.
racket ['rækit] m. [amer.] racket.
rada ['rada] f. rade.
radar ['radar] m. invar. radar m.
radarista [rada'rista] m. radariste.
raddensare [radden'sare] v. tr. V. ADDENSARE.
raddobbare [raddob'bare] v. tr. MAR. radouber.
raddobbo [rad'dɔbbo] m. MAR. radoub.
raddolcimento [raddoltʃi'mento] m. PR. e FIG. radoucissement.
raddolcire [raddol'tʃire] v. tr. PR. e FIG. radoucir, adoucir. ◆ v. rifl. se radoucir, s'adoucir.
raddoppiamento [raddoppja'mento] m. doublement, redoublement. | *raddoppiamento di una consonante*, doublement d'une consonne. | *raddoppiamento di gioia, di tristezza*, redoublement de joie, de tristesse. || LING. [ripetizione di una sillaba o di una parola] redoublement, réduplication f.
raddoppiare [raddop'pjare] v. tr. doubler, redoubler. | *raddoppiare la propria fortuna*, doubler sa fortune. | *raddoppiare una consonante*, doubler une consonne. | *raddoppiare una sillaba*, redoubler une syllabe. | *raddoppiare una conversazione telefonica*, prolonger une conversation téléphonique (de deux, trois unités). || [aumentare in gran misura, intensificare] redoubler. | *raddoppiare gli sforzi*, redoubler ses efforts. || GIOCHI [T. V.] *giocare a lascia o raddoppia*, jouer à quitte ou double. ◆ v. intr. doubler, redoubler. | *il valore di questa casa è raddoppiato*, cette maison a doublé de valeur. | *raddoppiare di cure, di attenzione, di coraggio*, redoubler de soins, d'attention, de courage.
raddoppio [rad'doppjo] m. doublement, redoublement. | *il raddoppio della posta*, le doublement de la mise. | *fare il raddoppio di una linea ferroviaria*, faire double voie. || GIOCHI [biliardo] doublé. || MUS. redoublement. || [equitazione] terre à terre. | *andare di raddoppio*, aller terre à terre, galoper terre à terre.
raddrizzabile [raddrit'tsabile] agg. redressable.
raddrizzamento [raddrittsa'mento] m. redressement.
raddrizzare [raddrit'tsare] v. tr. PR. e FIG. redresser. | *raddrizzare una lamiera contorta*, redresser une tôle tordue. | *raddrizzare un albero*, redresser un arbre. | *raddrizzare una frase*, arranger une phrase. | *raddrizzare gli abusi, le opinioni, i torti, le idee*, redresser les abus, les opinions, les torts, le jugement. || TECN. *raddrizzare una chiave, una lama, una serratura*, défausser une clef, une lame, une serrure. | *raddrizzare la ruota di una bicicletta*, dévoiler la roue d'une bicyclette. ◆ v. rifl. se redresser.
raddrizzatore [raddrittsa'tore] (**-trice** f.) agg. e n. redresseur, euse. || FIS. *raddrizzatore di corrente elettrica*, redresseur de courant électrique. | *valvola raddrizzatrice*, valve redresseuse.
raddrizzatura [raddrittsa'tura] f. redressement m.
radente [ra'dɛnte] agg. rasant. | *luce radente*, lumière rasante. || AER. en rase-mottes. | *volo radente*, vol en rase-mottes. | *fare un volo radente*, faire du rase-mottes, un rase-mottes. || MIL. rasant. | *tiro radente*, tir rasant. || FIS. *attrito radente*, frottement de glissement.
radere ['radere] v. tr. PR. e FIG. raser. | *radere la barba, i capelli di qlcu.*, raser la barbe, les cheveux de qn. | *radere a zero*, couper à ras. | *farsi radere*, se faire raser. | *radere al suolo un edificio*, raser un bâtiment. || [sfiorare] raser. | *radere i muri camminando*, raser les murs en marchant. ◆ v. rifl. se raser.
radezza [ra'dettsa] f. rareté.
radiale [ra'djale] agg. radial. || ANAT. *nervo radiale*, nerf radial. || FIS., MAT. radial. ◆ f. [strada] radiale. || [linea tramviari] ligne de banlieue. || MAT. ligne radiale.
radiante [ra'djante] agg. radiant, rayonnant. | *calore radiante*, chaleur radiante, rayonnante. || LETT. rayonnant. | *viso radiante di gioia, di soddisfazione*, visage rayonnant de joie, de satisfaction. ◆ m. ASTRON. radiant. || MAT. radian.
radiare [ra'djare] v. tr. radier, rayer, éliminer, exclure. | *avvocato radiato dall'albo per misura disciplinare*, avocat radié du barreau par mesure disciplinaire. | *ufficiale radiato dai quadri dell'esercito*, un officier rayé des cadres de l'armée. ◆ v. intr. (raro) [emettere energia] rayonner.
radiatore [radja'tore] m. radiateur.
radiazione [radjat'tsjone] f. [esclusione] radiation. | *radiazione dai quadri*, radiation des cadres. || FIS. radiation.
radica ['radika] f. REGION. racine. | *radica amara*, scorsonère m., salsifis (m.) noir. | *radica saponaria*, racine de saponaire. || [di erica] bruyère. | *pipa di radica*, pipe de bruyère. || [di noce] racine de noyer.
radicale [radi'kale] agg. PR. e FIG. radical (in tutti i significati). ◆ m. GRAMM., MAT., POLIT., STOR. radical. || CHIM. *radicali liberi*, radicaux libres.
radicaleggiante [radikaled'dʒante] agg. POLIT. favorable, enclin au radicalisme.
radicaleggiare [radikaled'dʒare] v. intr. POLIT. être favorable au, incliner au radicalisme, tendre vers le radicalisme.
radicalismo [radika'lizmo] m. POLIT. radicalisme.
radicalizzare [radikalid'dzare] v. tr. POLIT. exaspérer, radicaliser (neol.).
radicalizzazione [radikaliddzat'tsjone] f. radicalisation, exaspération.
radicalmente [radikal'mente] avv. radicalement.
radicamento [radika'mento] m. PR. e FIG. enracinement.
radicando [radi'kando] m. MAT. expression (f.) sous radical.
radicante [radi'kante] agg. BOT. radicant.
radicare [radi'kare] v. intr. PR. e FIG. [soprattutto al passivo] enraciner. | *un albero mal radicato*, un arbre mal enraciné. | *i pregiudizi che sono radicati nella nostra mente*, les préjugés qui sont enracinés dans notre esprit. ◆ v. rifl. PR. e FIG. s'enraciner, prendre racine. || FIG. s'enraciner, s'incruster (fam.), s'invétérer (lett.) [soprattutto al part. pass.]. | *radicarsi a casa di qlcu.*, s'incruster chez qn. | *radicarsi nella mente*, s'incruster dans l'esprit. | *abitudine radicata*, habitude invétérée.
radice [ra'ditʃe] f. **1.** PR. e FIG. racine. | *radice fascicolata, a fittone*, racine fasciculée, pivotante. | *radice del naso, di un dente, dei peli, dei capelli, di un nervo*, racine du nez, d'une dent, des poils, des cheveux, d'un nerf. || BOT. *radice secondaria*, radicelle. | *mettere radici*, prendre racine (anche fig.), s'enraciner. || **2.** REGION. [ravanello] radis. || **3.** FIG. *estirpare il male alla radice*, couper le mal dans sa racine. | *strappare dalle radici*, extirper. | *quell'uomo ha messo radici in casa nostra*, cet homme a pris racine, s'est enraciné, s'est incrusté (fam.) chez nous. || **4.** GRAMM. *radice di una parola*, racine d'un mot. || MAT. *radice quadrata, cubica di un numero*, racine carrée, cubique d'un nombre. | *estrarre una radice*, extraire une racine. || **5.** LOC. FIG. *fino alla radice dei capelli*, jusqu'au bout des doigts.
radichetta [radi'ketta] f. BOT. radicule.
1. radio ['radjo] f. radio ; [apparecchio] poste (m.) de radio. | *avere la radio e la televisione*, avoir la radio et la télévision. | *radio ricetrasmittente*, radio-récepteur-émetteur, poste récepteur-émetteur. | *stazione, programmi radio*, station, programmes de radiodiffusion. | *giornale radio*, radio-journal, journal parlé. | *la mia radio non funziona*, mon poste de radio, ma radio ne marche pas.
2. radio ['radjo] m. ANAT. radius. || CHIM. radium.
radioamatore [radjoama'tore] m. sans-filiste, sans-filiste amateur, radioamateur.
radioattività [radjoattivi'ta] f. FIS. radioactivité.
radioattivo [radjoat'tivo] agg. FIS. radioactif.
radiocomandare [radjokoman'dare] v. tr. radioguider.
radiocomando [radjoko'mando] m. radioguidage.

radiocomunicazione [radjokomunikat'tsjone] f. radiocommunication.
radioconduttore [radjokondut'tore] m. FIS. radioconducteur.
radioconversazione [radjokonversat'tsjone] f. conversation radiophonique.
radiocronaca [radjo'krɔnaka] f. radioreportage m.
radiocronista [radjokro'nista] m. e f. radioreporter.
radiodermite [radjoder'mite] f. MED. radiodermite.
radiodiffondere [radjodif'fondere] v. tr. radiodiffuser.
radiodiffusione [radjodiffu'zjone] f. radiodiffusion.
radiodramma [radjo'dramma] m. pièce (f.) radiophonique, drame radiophonique.
radioelettricità [radjoelettrici'ta] f. radioélectricité.
radioelettrico [radjoe'lɛttriko] agg. radioélectrique.
radioestesia [radjoeste'zia] f. radiesthésie.
radioestesista [radjoeste'zista] m. e f. radiesthésiste.
radiofaro [radjo'faro] m. radiophare, radiobalise f.
radiofonia [radjofo'nia] f. radiophonie.
radiofonico [radjo'fɔniko] agg. radiophonique.
radiofonografo [radjofo'nɔgrafo] m. combiné radiophono.
radiogoniometro [radjogo'njɔmetro] m. radiogoniomètre.
radiografare [radjogra'fare] v. tr. radiographier.
radiografia [radjogra'fia] f. radiographie, radio.
radiografico [radjo'grafiko] agg. radiographique. ‖ MED. *fare l'esame radiografico,* passer à la radio.
radiogramma [radjo'gramma] m. radiogramme.
radiogrammofono [radjogram'mɔfono] m. V. RADIOFONOGRAFO.
radioisotopo [radjoi'zɔtopo] m. CHIM. radioisotope.
radiolari [radjo'lari] m. pl. ZOOL. radiolaires.
radiologia [radjolo'dʒia] f. MED. radiologie.
radiologico [radjo'lɔdʒiko] agg. radiologique.
radiologo [ra'djɔlogo] m. radiologue, radiologiste.
radionavigazione [radjonavigat'tsjone] f. radionavigation.
radioonda [radjo'onda] f. onde radioélectrique, onde hertzienne.
radiooperatore [radjoopera'tore] m. AER., MAR. radionavigant.
radiopilota [radjopi'lota] m. AER. radioguidage.
radioricevente [radjoritʃe'vɛnte] agg. e f. radiorécepteur agg. e m.
radioscopia [radjosko'pia] f. radioscopie, radio, scopie.
radioscopico [radjos'kɔpiko] agg. radioscopique.
radiosegnalazione [radjoseɲɲalat'tsjone] f. radiosignalisation.
radiosegnale [radjoseɲ'ɲale] m. radiosignal.
radiosità [radjosi'ta] f. luminosité, éclat m., clarté. ‖ FIG. éclat m., luminosité.
radioso [ra'djoso] agg. PR. e FIG. radieux, éclatant. | *un tempo, un sole radioso,* un temps, un soleil radieux. | *una luce radiosa,* une lumière éclatante. | *un sorriso radioso illuminava il suo viso,* un sourire radieux illuminait son visage. | *una bellezza radiosa,* une éclatante beauté. ‖ LOC. *diventare radioso,* s'épanouir (v. rifl.).
radiosonda [radjo'sonda] f. METEOR. radiosonde.
radiosondaggio [radjoson'daddʒo] m. radiosondage.
radiotecnica [radjo'tɛknika] f. radiotechnique.
radiotecnico [radjo'tɛkniko] agg. radiotechnique. ◆ m. radiotechnicien.
radiotelecomando [radjoteleko'mando] m. radioguidage.
radiotelefonia [radjotelefo'nia] f. radiotéléphonie.
radiotelefonico [radjotele'fɔniko] agg. radiotéléphonique.
radiotelefonista [radjotelefo'nista] m. e f. radiotéléphoniste.
radiotelefono [radjote'lɛfono] m. radiotéléphone.
radiotelegrafare [radjotelegra'fare] v. tr. radiotélégraphier.
radiotelegrafia [radjotelegra'fia] f. radiotélégraphie.
radiotelegrafico [radjotele'grafiko] agg. radiotélégraphique.
radiotelegrafista [radjotelegra'fista] m. e f. radio (m.), radiotélégraphiste.
radiotelegramma [radjotele'gramma] m. radiotélégramme, radiogramme.
radiotelescopio [radjoteles'kɔpjo] m. radiotélescope.
radiotelescrivente [radjoteleskri'vɛnte] f. radiotélétype m.
radiotelevisione [radjotelevi'zjone] f. radiotélévision.
radiotelevisivo [radjotelevi'zivo] agg. [trasmesso per radio e televisione] radiotélévisé. | *apparecchiature radiotelevisive,* appareillage (m.) pour la radio et la télévision.
radioterapeutico [radjotera'pɛutiko] o **radioterapico** [radjote'rapiko] agg. MED. radiothérapeutique.
radioterapia [radjotera'pia] f. MED. radiothérapie.
radiotrasmettere [radjotraz'mettere] v. tr. radiodiffuser, émettre. ‖ [di messaggio indirizzato a pochi] envoyer par radio.
radiotrasmissione [radjotrazmis'sjone] f. [programma] émission (radiophonique). ‖ [di messaggio a poche persone] transmission par radio. ‖ [azione di trasmettere mediante radiofonia] radiodiffusion.
radiotrasmittente [radjotrazmit'tɛnte] agg. émetteur, transmetteur. | *apparecchio radiotrasmittente,* poste émetteur. | *stazione radiotrasmittente,* station d'émission. ◆ f. émetteur (radiophonique) m.
radiumterapia [radjumtera'pia] f. MED. radiumthérapie.
rado ['rado] agg. [non fitto, poco denso] clair, rare. ‖ [sparso] clairsemé. ‖ [poco frequente] rare. ‖ LOC. *di rado,* rarement (avv.).
radon ['radon] m. FIS. e CHIM. radon.
radunare [radu'nare] v. tr. [di cose] rassembler, ramasser ; [accumulare] amasser. | *radunare carte sparse,* rassembler des papiers épars. | *radunare denaro, ricchezze,* amasser de l'argent, des richesses. ‖ [di persone] réunir, rassembler (anche MIL.), rallier (anche MIL.). ◆ v. rifl. se rassembler, se réunir.
raduno [ra'duno] m. o **radunata** [radu'nata] f. rassemblement m. (anche MIL.), réunion f. ‖ POLIT., SPORT meeting m. (ingl.).
radura [ra'dura] f. clairière, éclaircie.
raffazzonamento [raffattsona'mento] m. retapage, rabibochage (fam.). ‖ FIG., FAM. rafistolage.
raffazzonare [raffattso'nare] v. tr. retaper, rabibocher (fam.). ‖ FIG., FAM. rafistoler.
raffermare [raffer'mare] v. tr. [riconfermare] confirmer, donner confirmation (de qch.). | *raffermare qlcu. nelle sue funzioni,* confirmer qn dans ses fonctions. ‖ [rinnovare] renouveler. ◆ v. rifl. MIL. se rengager. ‖ [di pane] rassir.
raffermo [raf'fermo] agg. rassis.
raffica ['raffika] f. rafale. | *il vento soffia a raffiche,* le vent souffle par rafales. ‖ MIL. rafale.
raffigurabile [raffigu'rabile] agg. représentable.
raffigurare [raffigu'rare] v. tr. figurer, représenter. | *questo quadro raffigura la Natività,* ce tableau représente la Nativité. | *l'artista ha voluto raffigurare una Vergine,* l'artiste a voulu figurer une Vierge. ‖ [riconoscere, antiq.] reconnaître.
raffilare [raffi'lare] v. tr. TECN. ébarber ; [di libri] rogner.
raffilatoio [raffila'tojo] m. TECN. ébarboir. ‖ [per libri] rognoir.
raffilatura [raffila'tura] f. TECN. [azione] ébarbage m., affilage m. ; [di libri] | rognage m. ‖ [residuo dell' azione] ébarbure, rognure.
raffinamento [raffina'mento] m. FIG. raffinement.
raffinare [raffi'nare] v. tr. PR. e FIG. raffiner, affiner. | *raffinare della carta, del petrolio,* raffiner du papier, du pétrole. | *raffinare dello zucchero,* raffiner, clarifier du sucre. | *raffinare del rame, del vetro,* affiner du cuivre, du verre. | *la lettura ha raffinato il suo spirito,* la lecture a affiné son esprit. | *raffinare il proprio linguaggio, le proprie maniere,* raffiner son langage, ses manières. ◆ v. rifl. s'affiner, se raffiner. | *si è raffinato con l'età,* il s'est affiné avec l'âge.
raffinatezza [raffina'tettsa] f. raffinement m. (anche peggior.). ‖ [eleganza] chic. | *la raffinatezza di questo vestito sta nell'armonia dei colori,* le chic de cette robe est dans l'harmonie des couleurs. ‖ LOC. *è il colmo della raffinatezza !,* c'est le fin du fin !

raffinato [raffi'nato] agg. Pr. e fig. raffiné. ‖ [elegante] chic (invar.). ◆ m. raffiné.
raffinatore [raffina'tore] (**-trice** f.) agg. e n. raffineur, euse.
raffinatura [raffina'tura] f. raffinage m.
raffinazione [raffinat'tsjone] f. raffinage m.
raffineria [raffine'ria] f. raffinerie.
rafforzamento [raffortsa'mento] m. Pr. e fig. renforcement, renforçage.
rafforzare [raffor'tsare] v. tr. Pr. e fig. renforcer, fortifier. ‖ [rendere più solido, più duro] Pr. e fig. raffermir. | *i massaggi rafforzano i muscoli*, les massages raffermissent les muscles.
raffreddamento [raffredda'mento] m. Pr. e fig. refroidissement. | *raffreddamento (di un motore) ad aria, ad acqua*, refroidissement (d'un moteur) par air, par eau.
raffreddare [raffred'dare] v. tr. Pr. e fig. refroidir. ◆ v. rifl. refroidir v. intr., se refroidir (anche fig.). ‖ [prendere il raffreddore] s'enrhumer.
raffreddore [raffred'dore] m. rhume. | *avere un bel raffreddore*, avoir un gros rhume, un bon rhume. | *buscarsi un raffreddore*, attraper un rhume.
raffrontare [raffron'tare] v. tr. confronter, comparer, rapprocher. ‖ [di testi, manoscritti, codici] collationner, confronter, comparer.
raffronto [raf'fronto] m. comparaison f., rapprochement, confrontation f. ; [di testi, codici] collation f. | *fare un raffronto tra*, faire, établir une comparaison entre.
rafia ['rafja] f. raphia m. ‖ Bot. raphia. | *tessuto in fibre di rafia*, rabane f.
raganella [raga'nɛlla] f. Mus. crécelle. ‖ Zool. rainette.
ragazza [ra'gattsa] f. jeune fille, fille. | *un bel pezzo di ragazza*, un beau brin de fille. | *cognome da ragazza*, nom de jeune fille. | *una ragazza madre*, une fille-mère, mère célibataire. | *le due sorelle sono restate ragazze*, les deux sœurs ne se sont pas mariées. | *quand'ero ragazza*, lorsque j'étais célibataire. ‖ [amica] petite amie.
ragazzata [ragat'tsata] f. enfantillage m., gaminerie.
ragazzetta [ragat'tsetta] f. fillette, petite fille.
ragazzetto [ragat'tsetto] m. petit garçon, jeune garçon ; [con valore affettivo] petit bonhomme.
ragazzo [ra'gattso] m. **1.** jeune homme, garçon, gars (fam.). | *un bel ragazzo*, un beau garçon. | *conosco bene questo ragazzo*, je connais bien ce jeune homme. | *ehi ragazzi !*, eh les gars ! (fam.). | *restare ragazzo*, rester garçon, célibataire. ‖ **2.** [innamorato] petit ami. ‖ **3.** [figlio] enfant, fils ; pl. [per maschi e femmine] enfants. ‖ **4.** [aiutante, garzone] garçon. | *ragazzo del fornaio, del macellaio, del droghiere*, garçon boulanger, garçon boucher, garçon épicier.
raggelare [raddʒe'lare] v. intr. (raro) geler ; fig. glacer ; [di sangue e fig.] se figer. ◆ v. rifl. geler intr. ; fig. se glacer, se figer. | *il sangue mi si raggela*, mon sang se glace, se fige.
raggiante [rad'dʒante] agg. Pr. e fig. rayonnant, éclatant, radieux, resplendissant, étincelant. | *essere raggiante di gioia, di felicità, di soddisfazione*, être rayonnant de joie, de bonheur, de satisfaction. ‖ Fis. radiant.
raggiera [rad'dʒɛra] f. [disposizione] éventail m. | *truppe disposte a raggiera*, troupes disposées en éventail. ‖ [cerchio luminoso] halo m., auréole.
raggio ['raddʒo] m. Pr. e fig. rayon. | *un raggio di sole, di luna*, un rayon de soleil, de lune. | *raggi X, infrarossi, ultravioletti*, rayons X, infrarouges, ultraviolets. ‖ Fig. *raggio di speranza*, rayon d'espoir, lueur (f.) d'espérance. ‖ [di ruota] rayon, rai. ‖ Geom. rayon. | *raggio vettore*, rayon vecteur. ‖ Per est. [zona] rayon. | *in un raggio di 10 km.*, dans un rayon de 10 km.
raggirare [raddʒi'rare] v. tr. attraper, duper, jouer, leurrer (fig.), rouler (fam.), abuser, emberlificoter (fig., fam.), entortiller (fig., fam.), embrouiller (fig.), embobiner (fam.), embobeliner (antiq., fig., fam.), dindonner (fam.), tromper, endormir (fig.), circonvenir (fig.). | *è riuscito a raggirarmi*, il a réussi à m'entortiller, à m'embobiner. | *ti ha raggirato proprio bene !*, il t'a bien attrapé !, il t'a bien eu ! (fam.). ‖ [per rubare] rouler (fam.), gruger (fig.), escroquer.
raggiratore [raddʒira'tore] m. trompeur, dupeur, emberlificoteur, enjôleur.
raggiro [rad'dʒiro] m. manigance f., duperie f. (lett.), tromperie f., supercherie f., imposture f., mystification f., manœuvre f. (fig.), machination f., manège, ruse f. | *i suoi raggiri duravano già da un anno*, ses manèges duraient depuis un an déjà. | *ci sono arrivati con una serie di raggiri*, ils y sont arrivés à force de manigances, de ruses.
raggiungere [rad'dʒundʒere] v. tr. **1.** [ricongiungersi a persone, inseguire] rattraper, rejoindre, atteindre, retrouver. | *ti raggiungerò all'ultimo giro*, je te rattraperai au dernier tour. ‖ **2.** [un luogo, un punto stabilito] arriver (à), gagner, rejoindre, atteindre, toucher ; [con sforzo] atteindre à. | *raggiungere un luogo*, atteindre, gagner un lieu. | *raggiungere una meta, uno scopo*, atteindre un but. | *raggiungerete Milano prima di mezzogiorno*, vous atteindrez Milan, vous arriverez à Milan avant midi. | *raggiungere i 90 anni*, atteindre 90 ans. | *raggiungere la cima di un monte*, atteindre le sommet, atteindre au sommet d'une montagne. | *raggiungere la frontiera, la riva*, gagner la frontière, le rivage. | *questa strada raggiunge la città*, cette route conduit à la ville. | *abbiamo raggiunto la nazionale*, nous avons rejoint la route nationale. ‖ **3.** [raggiungere un prezzo] atteindre ; aller chercher (fam.). | *raggiungerà un prezzo di 1 000 franchi*, ça va chercher dans les mille francs (fam.). ‖ **4.** [toccare, ferire, colpire, anche fig.] atteindre, toucher ; mil. coiffer. ‖ **5.** Fig. égaler, atteindre. ◆ v. recipr. se rejoindre. | *ci raggiungeremo a Nizza*, nous nous rejoindrons à Nice, on se retrouvera à Nice.
raggiungibile [raddʒun'dʒibile] agg. qu'on peut rejoindre, atteindre, rattraper.
raggiungimento [raddʒundʒi'mento] m. réalisation f., obtention f. | *abbiamo lottato per il raggiungimento del nostro scopo*, nous avons lutté pour atteindre notre but.
raggiustare [raddʒus'tare] v. tr. Pr. e fig. arranger, raccommoder, réparer, rabibocher (fam.), rapetasser (fam.), rafistoler (fam.), retaper. | *raggiustare delle scarpe*, rafistoler des chaussures. ‖ [mettere in una giusta posizione] rajuster, arranger. ◆ v. rifl. [rimettersi in ordine] se rajuster, s'arranger. | *le cose si raggiusteranno*, les choses s'arrangeront. ◆ v. rifl. recipr. se raccommoder, se réconcilier.
raggomitolare [raggomito'lare] v. tr. [avvolgere in gomitolo] peloter, pelotonner ; mettre, rouler en pelote. | *raggomitolare del filo, dello spago*, peloter, pelotonner du fil, de la ficelle. ‖ [avvolgere di nuovo] peloter, pelotonner à nouveau. ◆ v. rifl. se pelotonner, se blottir, se ramasser, se recroqueviller. | *aveva paura, si raggomitolava nel suo letto*, elle avait peur, elle se pelotonnait dans son lit. | *il gatto si raggomitola prima di lanciarsi sulla preda*, le chat se ramasse avant de bondir sur sa proie.
raggranellare [raggranel'lare] v. tr. Pr. e fig. ramasser (péniblement), ramasser (par-ci par-là), grappiller. | *raggranellare un po' di soldi*, ramasser, grappiller un peu d'argent. | *raggranellare notizie*, grappiller, ramasser des nouvelles.
raggrinzamento [raggrintsa'mento] m. crispation f., rides f. pl. ; [di stoffa ; di muscoli] froissement.
raggrinzare [raggrin'tsare] o **raggrinzire** [raggrin'tsire] v. tr. crisper, rider, plisser ; [di stoffa] froisser, plisser, friper, chiffonner. | *raggrinzare il proprio vestito*, froisser sa robe, plisser sa robe, friper sa robe. ‖ [di muscoli] froisser, plisser. | *raggrinzare la fronte, gli occhi, la bocca*, plisser le front, les yeux, la bouche. ◆ v. rifl. se rider, se crisper ; [di vestito] se froisser, se plisser, se chiffonner ; [di muscoli] se froisser. | *il suo viso si è raggrinzato a causa dell'età*, son visage s'est ridé à cause de son âge. ‖ [di foglie] se flétrir.
raggrumare [raggru'mare] v. tr. (raro) faire grumeler, mettre en grumeaux (l.c.) ◆ v. rifl. se grumeler, faire des grumeaux. | *il latte si raggruma*, le lait se grumelle. ‖ [di sangue] (se) coaguler, se figer.
raggruppamento [raggruppa'mento] m. regroupement, groupement, groupe. | *raggruppamento di*

uomini, di forze, regroupement d'hommes, de forces. | *raggruppamento tattico,* groupement tactique (MIL.). | *raggruppamento di partiti politici,* groupement de partis politiques.

raggruppare [raggru'pare] v. tr. grouper, rassembler, réunir. ◆ v. rifl. se grouper, se réunir, se rassembler.

raggruzzolare [raggruttso'lare] v. tr. mettre de côté, grappiller, ramasser (par-ci par-là).

ragguagliare [raggwaʎ'ʎare] v. tr. [pareggiare] niveler, égaliser, équilibrer, égaler (raro). ‖ COMM. (raro) balancer (L.C.). | *ragguagliare i conti,* balancer les comptes. ‖ [informare] fournir, donner des indications, des renseignements (à qn), renseigner, informer. ‖ [raffrontare] comparer, confronter, rapprocher. ◆ v. rifl. prendre des renseignements, se renseigner, s'informer, s'enquérir.

ragguaglio [rag'gwaʎʎo] m. [raffronto] comparaison f., rapprochement, confrontation f. ‖ [livellamento] égalisation f. ‖ [informazione] information f., renseignement, indication f. | *fornire un minuto ragguaglio di qlco,* fournir des informations détaillées, des renseignements détaillés sur qch.

ragguardevole [raggwar'devole] agg. [degno di considerazione e nota] remarquable, considérable, important, marquant, éminent, insigne, notable ; conséquent. | *una delle persone più ragguardevoli della nostra città,* une des personnes les plus remarquables de notre ville. ‖ [imponente] imposant, gros. | *somma, eredità ragguardevole,* grosse somme, gros héritage.

ragia ['radʒa] f. térébenthine. | *acqua ragia,* (essence de) térébenthine.

ragià [ra'dʒa] m. rajah, raja, radjah.

ragionamento [radʒona'mento] m. raisonnement. | *persuadere, convincere qlcu. col ragionamento,* persuader, convaincre qn par le raisonnement. ‖ LOC. *un ragionamento assurdo, balordo,* un raisonnement d'ivrogne (fam.). | *fare interminabili, inutili ragionamenti,* faire des raisonnements à perte de vue.

ragionare [radʒo'nare] v. intr. raisonner. | *ragionare in modo giusto, in modo sbagliato,* raisonner juste ; raisonner faux, comme une pantoufle (pop.). ‖ [lett., tosc.] parler, discuter. | *ragionar del più e del meno,* parler de la pluie et du beau temps, de choses et d'autres. ‖ LOC. *far ragionare qlcu. ; convincere qlcu. a ragionare,* raisonner qn. | *abbiamo avuto un bel farlo ragionare, non ha capito niente !,* nous avons eu beau le raisonner, il n'a rien compris ! ◆ v. tr. (lett.) raisonner. | *un poeta che ragiona la sua arte,* un poète qui raisonne son art.

ragionatamente [radʒonata'mente] avv. raisonnablement.

ragionatore [radʒona'tore] (**-trice** f.) m. raisonneur, euse ; [persona che ragiona con metodo] logicien, enne. ◆ agg. raisonneur.

ragione [ra'dʒone] f. **1.** [facoltà di pensare, saggezza] raison. | *l'età della ragione,* l'âge de raison. | *dotato, privo della ragione,* doué, privé de raison. | *perdere, recuperare la ragione,* perdre, recouvrer la raison. | *mancanza della ragione,* déraison. ‖ LOC. *riportar qlcu. alla ragione,* ramener qn à la raison. | *intender ragione,* entendre raison. | *fare intender ragione a qlcu., convincere qlcu. con la ragione, ridurre qlcu. alla ragione,* faire entendre raison à qn, raisonner qn, mettre qn à la raison. ‖ **2.** [opposta a torto] raison. | *aver ragione,* avoir raison. | *dare ragione a qlcu.,* donner raison à qn. | *a torto o a ragione,* à tort ou à raison. ‖ **3.** [motivo] raison. | *bisogna stabilire la ragione del suo comportamento,* il faut établir la raison de son comportement. | *a giusta ragione, a ragione veduta,* avec juste raison, en connaissance de cause. | *avere buone ragioni per pensare che,* avoir de bonnes, de fortes raisons de penser que, pour penser que. | *ho le mie ragioni,* j'ai mes raisons. | *per una ragione o per l'altra,* pour une raison ou pour une autre. | *esporre le proprie ragioni,* exposer ses raisons. | *far valere le proprie ragioni,* faire valoir ses droits. | *senza ragione, senza una ragione,* sans raison. | *non c'è ragione di,* il n'y a pas de raison pour. | *ragione di più per,* c'est une raison de plus pour. | *a maggior ragione,* à plus forte raison. | *per quale ragione ?,* pourquoi ?, pour quelle raison ? ‖ **4.** [causa, origine] raison, cause. | *la ragione di un fenomeno,* la cause d'un phénomène. ‖ **5.** [giustificazione] raison, compte m. | *chieder ragione di qlco. a qlcu.,* demander raison de qch. à qn. | *render ragione di qlco. a qlcu.,* rendre raison, compte de qch. à qn. ‖ **6.** [riparazione, soddisfazione] (arc.) raison, réparation. ‖ **7.** COMM. *ragione sociale,* raison sociale. ‖ **8.** GIUR., POLIT. raison, droit m. | *ragioni di fatto, di diritto,* raisons de fait, de droit. | *ragione di Stato,* raison d'État. | *ricorrere a chi di ragione,* avoir recours à qui de droit. ‖ **9.** MAT. [rapporto, proporzione] raison. | *in ragione diretta, inversa,* en raison directe, inverse. | *in ragione del 10 %,* à raison de 10 %. ‖ **10.** LOC. *farsene una ragione,* se faire une raison. ‖ [vincere] *aver ragione di qlco., di qlcu.,* avoir raison de qch., de qn. | *picchiare qlcu. di santa ragione,* battre qn comme plâtre (fam.), comme un sourd, cogner dur sur qn. | *darle a qlcu. di santa ragione,* rosser (fam.) qn comme il faut. | *una bastonata di santa ragione,* une raclée carabinée (fam.). | *non dar ragione a nessuno,* renvoyer dos à dos.

ragioneria [radʒone'ria] f. comptabilité. ‖ [corso di studi] études (f. pl.) de commerce.

ragionevole [radʒo'nevole] agg. raisonnable ; [prezzo] raisonnable, accessible, abordable. | *più di quanto sia ragionevole,* plus que de raison.

ragionevolezza [radʒonevo'lettsa] f. bon sens m., bien-fondé m. | *la ragionevolezza di un'opinione,* le bien-fondé d'une opinion. | *far discorsi privi di ragionevolezza,* tenir des propos dénués de bon sens, mal fondés.

ragionevolmente [radʒonevol'mente] avv. raisonnablement.

ragioniere [radʒo'njɛre] (**-a** f.) m. expert comptable. | *ragioniere capo,* chef comptable, chef de comptabilité.

raglan [ra'glan] m. e agg. invar. [ingl.] raglan. | *maniche (a) raglan,* manches raglan.

ragliare [raʎ'ʎare] v. intr. PR. e FIG. braire.

raglio ['raʎʎo] m. PR. e FIG. braiment.

ragnatela [raɲɲa'tela] f. toile d'araignée. | *filo di ragnatela,* filandre f., fil (m.) de la Vierge.

ragnato [raɲ'ɲato] agg. [di tessuto] TECN. éraillé.

ragnatura [raɲɲa'tura] f. TECN. [parte logora di stoffa] éraillure.

ragno ['raɲɲo] m. araignée f. ‖ LOC. FIG., FAM. *non cavare un ragno dal buco,* n'aboutir à rien (L.C.). ‖ TOSC. [spigola] bar.

ragù [ra'gu] m. sauce (f.) à la viande. | *spaghetti col ragù,* spaghetti en sauce à la viande.

raid ['reid] m. invar. [ingl.] raid. | *raid aereo,* raid aérien. ‖ SPORT raid.

ralla ['ralla] f. MECC., TECN. [supporto per perno ad asse verticale] crapaudine, couette. ‖ [deposito di morchia] cambouis m.

rallegramento [rallegra'mento] m. (raro) réjouissance f. ◆ pl. félicitations. | *vi faccio i miei rallegramenti per il vostro matrimonio,* je vous félicite (antiq.), je vous offre mes vœux à l'occasion de votre mariage.

rallegrare [ralle'grare] v. tr. [rendere allegro] réjouir, égayer, épanouir (fig.), ensoleiller (fig.). | *cose che rallegrano lo sguardo, il cuore,* choses qui réjouissent le regard, le cœur. | *questi colori rallegrano la stanza,* ces couleurs égayent la pièce. | *l'amore rallegrava la loro vita,* l'amour ensoleillait leur vie. | *nulla lo rallegra,* rien ne le déride. ◆ v. rifl. [provare gioia, essere contento] se dérider, se réjouir, s'égayer, s'épanouir (fig.). | *rallegratevi, vi porto una buona notizia,* réjouissez-vous, je vous apporte une bonne nouvelle. | *un viso che si rallegra,* un visage qui s'épanouit. ‖ [congratularsi con qlcu.] féliciter qn (de qch.). | *mi rallegro con te per il buon esito dei tuoi esami,* je te félicite de ton succès aux examens, d'avoir réussi tes examens. ‖ [con se stesso] se féliciter (de). | *mi rallegro di non aver seguito il loro consiglio,* je me félicite de ne pas avoir suivi leur conseil.

rallentamento [rallenta'mento] m. PR. e FIG. ralentissement.

rallentare [rallen'tare] v. tr. PR. e FIG. **1.** [diminuire la velocità, l'intensità] ralentir. | *rallentare il passo, il gioco,* ralentir le pas, le jeu. | *rallentare la produzione,* ralentir, diminuer la production. | *rallentare lo sforzo,*

ralentir son effort. ‖ **2.** [la frequenza] espacer. | *rallentare le visite*, espacer ses visites. ‖ **3.** [diminuire la tensione] relâcher. (V. ALLENTARE.) ‖ **4.** MUS. ralentir. | *rallentare il movimento, il tempo*, ralentir le mouvement, la mesure. ◆ v. intr. ralentir. ◆ v. rifl. se ralentir.
rallentatore [rallenta'tore] m. ralenti. ‖ CIN. *con il rallentatore*, au ralenti. ‖ TECN. ralentisseur. ‖ FIG. ralenti. | *camminare, agire, vivere, lavorare al rallentatore*, marcher, agir, vivre, travailler au ralenti.
rallo ['rallo] m. ZOOL. râle.
rally ['ræli] m. [ingl.] SPORT rallye.
ramadan [rama'dan] m. RELIG. ramadan.
ramaglia [ra'maʎʎa] f. [intrico di rami] branchage m. ‖ [rami tagliati o caduti] ramille, ramilles pl.
ramaio [ra'majo] m. chaudronnier.
ramaiolo [rama'jɔlo] o **ramaiuolo** [rama'jwɔlo] m. [tosc.] louche f., cuiller (f.) à pot, pochon (tecn. o region.).
ramanzina [raman'dzina] f. gronderie, semonce, réprimande, admonestation, reproche m., savon m. (fam.), engueulade (pop.). | *prendersi una ramanzina*, se faire gronder, se faire réprimander. | *ricevere una bella ramanzina*, recevoir un bon savon, une bonne engueulade. | *fare una ramanzina a qlcu.*, faire des réprimandes, des reproches à qn, engueuler qn.
ramare [ra'mare] v. tr. [ricoprire di rame] cuivrer. ‖ [irrorare con solfato di rame] sulfater.
ramarro [ra'marro] m. ZOOL. lézard vert. ‖ LOC. *verde ramarro*, vert très vif.
ramato [ra'mato] agg. PR. e FIG. cuivré. ‖ AGR. *acqua ramata*, eau sulfatée.
ramatura [rama'tura] f. cuivrage m. ‖ AGR. [con solfato di rame] sulfatage m. ‖ [insieme dei rami] (raro) branchage m. (L.C.), ramure (L.C.).
ramazza [ra'mattsa] f. GERG. MIL. balai m. (L.C.). ‖ MIL. *essere di ramazza*, être de corvée.
ramazzare [ramat'tsare] v. tr. balayer.
rame ['rame] m. cuivre. | *miniera di rame*, mine de cuivre. | *tegame di rame*, casserole en cuivre. | *vasi, utensili, oggetti di rame*, cuivres pl. ‖ CHIM. *solfato di rame*, sulfate de cuivre. ‖ AGR. *liquido a base di solfato di rame*, bouillie bordelaise, bouillie bourguignonne.
rameggiare [ramed'dʒare] v. tr. (raro) AGR. ramer (L.C.). ◆ v. intr. se ramifier.
rametto [ra'metto] m. V. RAMOSCELLO.
ramificare [ramifi'kare] v. intr. PR. e FIG. se ramifier v. rifl.
ramificazione [ramifikat'tsjone] f. PR. e FIG. ramification. ‖ ANAT., MED. rameau m., ramification. ‖ BOT. ramification, embranchement m. ‖ TECN. branchement m., ramification.
ramingo [ra'mingo] agg. errant.
1. ramino [ra'mino] m. [recipiente] bouilloire (f.) en cuivre.
2. ramino [ra'mino] m. [gioco a carte] rami.
rammagliare [rammaʎ'ʎare] v. tr. remailler, remmailler.
rammagliatrice [rammaʎʎa'tritʃe] f. remmailleuse.
rammagliatura [rammaʎʎa'tura] f. remaillage m., remmaillage m.
rammaricare [rammari'kare] v. tr. attrister. ◆ v. rifl. regretter v. tr. | *mi rammarico del mio gesto*, je regrette mon geste. | *mi rammarico di avervi fatto aspettare*, je regrette de vous avoir fait attendre. | *rammaricarsi di qlco.*, s'attrister de qch. ‖ [lamentarsi] se plaindre.
rammarico [ram'mariko] m. regret. | *con mio vivo rammarico*, à mon grand regret. | *accetto con rammarico*, j'accepte à regret. | *lasciare un luogo, una persona con rammarico*, quitter un lieu, une personne avec regret.
rammendare [rammen'dare] v. tr. raccommoder, repriser, stopper, ravauder. | *rammendare calze*, ravauder, repriser des bas. | *rammendare biancheria*, raccommoder, stopper du linge.
rammendatore [rammenda'tore] (**-trice** f.) m. raccommodeur, euse ; stoppeur, euse ; ravaudeur, euse.
rammendo [ram'mendo] m. reprise f., stoppage, raccommodage, ravaudage. ‖ TECN. rentraiture f., rentrayage. | *fare un rammendo ad una calza*, faire une reprise à un bas. | *un rammendo invisibile*, un stoppage, une reprise invisible.
rammentare [rammen'tare] v. tr. rappeler, se souvenir (de) v. rifl., remémorer. | *occorre rammentare che ?*, faut-il rappeler que ? | *rammentare a qlcu. qlco.*, rappeler à qn qch. ◆ v. rifl. se souvenir (de), se rappeler, se remémorer. | *rammentarsi qlco.*, se rappeler qch., se souvenir de qch.
rammollimento [rammolli'mento] m. PR. e FIG. ramollissement.
rammollire [rammol'lire] v. tr. ramollir. ‖ FIG. amollir. ◆ v. rifl. se ramollir. ‖ FIG. s'amollir. ‖ FIG., FAM. [perdere le proprie capacità mentali] se ramollir.
rammollito [rammol'lito] m. FIG. ramolli (fam.).
rammorbidire [rammorbi'dire] v. tr. PR. e FIG. assouplir. ◆ v. rifl. PR. e FIG. s'assouplir.
ramo ['ramo] m. **1.** PR. e FIG. branche f. | *spogliare un albero dei suoi rami*, dépouiller un arbre de ses branches. | *rami di un fiume*, branches d'un fleuve. | *i rami delle corna di un cervo*, la ramure d'un cerf, les bois d'un cerf. | *ramo di una famiglia*, branche d'une famille, rameau d'une famille. | *differenti rami della scienza, dell'economia, dell'industria*, différentes branches de la science, de l'économie, de l'industrie. ‖ **2.** [di strada, canale, tubo] branche, embranchement, rameau. ‖ **3.** FIG. brin, grain. | *in tutti c'è un ramo di pazzia*, tout le monde a un brin, un grain de folie. ‖ **4.** ANAT. branche, ramification f., rameau. ‖ **5.** MAT. branche. ‖ **6.** MIN. rameau.
ramolaccio [ramo'lattʃo] m. BOT. radis sauvage, ravenelle f.
ramoscello [ramoʃ'ʃɛllo] m. [piccolo ramo] branchette f., brindille f., rameau, petite branche, ramille f. ‖ [ramo nuovo] pousse f., rejet, rejeton, surgeon.
ramoso [ra'moso] agg. branchu. ‖ [di corna di cervo] rameux. ‖ BOT. rameux.
rampa ['rampa] f. rampe. ‖ AER. rampe.
rampante [ram'pante] agg. ARCHIT., ARALD. rampant. ◆ m. [parte inclinata] rampant, rampe f. ◆ m. pl. [di sci] peaux (f. pl.) de phoque.
rampata [ram'pata] f. raidillon m., rampe.
rampicante [rampi'kante] agg. grimpant. ◆ m. BOT. plante (f.) grimpante. ◆ m. pl. ZOOL. grimpeurs.
rampichino [rampi'kino] m. ZOOL. grimpereau.
rampino [ram'pino] m. croc, crochet, crampon. ‖ FIG. [pretesto] prétexte. ‖ MAR. grappin.
rampollare [rampol'lare] v. intr. (lett.) [di pianta] bouturer (L.C.), bourgeonner (L.C.). ‖ [di acqua] jaillir (L.C.). ‖ FIG. [discendere] descendre.
rampollo [ram'pollo] m. FIG. [discendente] rejeton.
rampone [ram'pone] m. crampon. ‖ MAR. harpon. ‖ [di scarpe] crampon.
ramponiere [rampo'njɛre] m. MAR. harponneur.
rana ['rana] f. grenouille. ‖ SPORT *(nuoto a) rana*, brasse. | *nuotare a rana*, nager la brasse. ‖ LOC. FIG. *salta come una rana*, il saute comme un cabri, comme une chèvre. ‖ ZOOL. *rana pescatrice*, baudroie ; lotte de mer.
ranch [ræntʃ, rantʃ] m. (pl. *ranches*) [ingl.] ranch.
rancidire [rantʃi'dire] v. intr. rancir.
rancido ['rantʃido] agg. rance ; [irrancidito] ranci. | *lardo rancido*, lard rance, ranci. ‖ FIG. ranci (antiq.), vieilli, dépassé, démodé, vieillot, suranné. ◆ m. rance. | *burro che sa di rancido*, beurre qui sent le rance, le ranci, qui a un goût de rance.
rancidume [rantʃi'dume] m. PEGGIOR. odeur f. (L.C.) de rance, de ranci, de moisi. ‖ [cose] choses rances, pourries. ‖ FIG. vieillerie f., vieilleries f. pl.
rancio ['rantʃo] m. MIL. ordinaire, soupe f. | *un buon rancio*, un bon ordinaire. | *l'ora del rancio*, l'heure de la soupe.
rancore [ran'kore] m. rancune f., rancœur f. | *provare, nutrire rancore per qlcu.*, nourrir de la rancune contre qn, avoir de la rancœur pour, contre qn. | *senza rancore !*, sans rancune ! | *persona che serba rancore*, rancunier, ère n.
randa ['randa] f. MAR. brigantine. ‖ TECN. [compasso rudimentale] simbleau m.
randagio [ran'dadʒo] agg. errant, vagabond. | *cane randagio*, chien errant.
randeggiare [randed'dʒare] v. intr. MAR. ranger la côte, la terre.

randellare [randel'lare] v. tr. matraquer.
randellata [randel'lata] f. coup (m.) de matraque. ‖ [insieme di colpi] bastonnade.
randello [ran'dɛllo] m. matraque f., rondin.
ranetta [ra'netta] f. V. RENETTA.
rango ['rango] m. PR. e FIG. rang. ‖ [ceto sociale] rang. ‖ MAR., MIL. rang. ‖ LOC. *serrare i ranghi*, serrer les rangs. | *rompere i ranghi*, rompre les rangs. | *uscire dai ranghi*, sortir des rangs. ‖ PR. e FIG. *rientrare nei ranghi*, rentrer dans les rangs. ‖ FIG. *ingrossare i ranghi*, grossir les rangs.
rannicchiarsi [rannik'kjarsi] v. rifl. se blottir, se recroqueviller, se pelotonner. | *rannicchiarsi in un cantuccio*, se blottir, se pelotonner dans un coin. | *rannicchiarsi in se stesso, nel proprio guscio*, se renfermer (fam.) en soi-même, dans sa coquille.
ranno ['ranno] m. lessive f.
rannodare [ranno'dare] v. tr. PR. e FIG. renouer.
rannuvolamento [rannuvola'mento] m. PR. assombrissement, obscurcissement. ‖ FIG. assombrissement.
rannuvolare [rannuvo'lare] v. tr. (raro) assombrir, obscurcir. ◆ v. rifl. PR. e FIG. s'assombrir, s'ennuager, se rembrunir. | *il cielo, il tempo si rannuvola*, le ciel, le temps s'assombrit, se rembrunit, s'ennuage. | *la sua fronte, il suo sguardo, il suo viso si rannuvolò*, son front, son regard, son visage s'assombrit, se rembrunit.
ranocchia [ra'nɔkkja] f. (e **-o** m.) ZOOL. grenouille.
rantolare [ranto'lare] v. intr. râler.
rantolo ['rantolo] m. râle, râlement.
ranula ['ranula] f. MED. grenouillette.
ranuncolacee [ranuko'latʃee] f. pl. BOT. renonculacées.
ranuncolo [ra'nunkolo] m. BOT. renoncule f. | *ranuncolo acquatico*, grenouillette f., renoncule des marais. | *ranuncolo terrestre a fiori gialli*, bouton d'or. | *ranuncolo delle Alpi*, renoncule des Alpes, bouton d'argent.
rapa ['rapa] f. BOT. rave, navet m., | *cavolo rapa*, chou-navet m., chou-rave m., rutabaga m. | *cime di rapa*, pousses de navet. ‖ LOC. FIG. *avere una testa di rapa*, avoir une tête de linotte, avoir une petite tête, être un idiot, un imbécile. | *vale quanto una rapa, non vale una rapa*, ça ne vaut pas un clou, un pet de lapin, ça ne vaut pas tripette (fam.). | *cavar sangue da una rapa*, tirer de l'huile d'un mur. | *aver la testa come una rapa*, avoir la tête tondue, rasée, avoir les cheveux coupés ras.
rapace [ra'patʃe] (**-i** pl.) agg. PR. e FIG. rapace. ◆ m. pl. ZOOL. rapaces.
rapacità [rapatʃi'ta] f. PR. e FIG. rapacité.
rapare [ra'pare] v. tr. tondre, couper les cheveux ras. ◆ v. rifl. se faire tondre, se (faire) couper les cheveux ras.
rapato [ra'pato] agg. tondu, rasé.
raperonzolo [rape'rontsolo] m. BOT. raiponce f.
rapida ['rapida] f. [di fiume] rapide m.
rapidamente [rapida'mente] avv. rapidement, vite.
rapidità [rapidi'ta] f. PR. e FIG. rapidité.
rapido ['rapido] agg. PR. e FIG. rapide. ◆ m. [treno] rapide.
rapimento [rapi'mento] m. enlèvement, rapt, kidnapping (ingl.). ‖ FIG. enchantement, ravissement.
rapina [ra'pina] f. rapine, vol m., cambriolage m. | *rapina a mano armata*, vol à main armée.
rapinare [rapi'nare] v. tr. voler, dévaliser, cambrioler, rapiner (arc.), détrousser. | *rapinare un viaggiatore*, détrousser un voyageur. | *rapinare una casa, un appartamento*, dévaliser, cambrioler une maison, un appartement.
rapinatore [rapina'tore] (**-trice** f.) m. détrousseur, euse ; voleur, euse ; cambrioleur, euse ; bandit.
rapire [ra'pire] v. tr. enlever, kidnapper. | *rapire un bambino*, kidnapper un enfant, enlever un enfant. | *la morte ce l'ha rapito*, la mort nous l'a enlevé. ‖ FIG. enchanter, charmer, ravir, enlever, transporter.
rapitore [rapi'tore] (**-trice** f.) m. ravisseur, euse ; kidnappeur, euse.
raponzolo [ra'pontsolo] m. BOT. V. RAPERONZOLO.
rappaciare [rappa'tʃare] v. tr. V. RAPPACIFICARE e deriv.
rappacificare [rappatʃifi'kare] v. tr. raccommoder, réconcilier. ◆ v. rifl. e recipr. se raccommoder, se réconcilier.
rappacificazione [rappatʃifikat'tsjone] f. réconciliation, raccommodement m.
rappattumare [rappattu'mare] v. tr. réconcilier, rabibocher (fam.), raccommoder. ◆ v. rifl. e recipr. se réconcilier, se raccommoder, se rabibocher (fam.).
rappezzamento [rappettsa'mento] m. [azione e risultato] rapiéçage, rapiècement. ‖ [azione] rapetassage (fam.), raccommodage.
rappezzare [rappet'tsare] v. tr. rapiécer, rapetasser (fam.). ‖ FIG. rapetasser (peggior.).
rappezzatura [rappettsa'tura] f. V. RAPPEZZAMENTO.
rappezzo [rap'pɛttso] m. [azione e risultato] rapiéçage, rapiècement. ‖ [azione] rapetassage (fam.), raccommodage. ‖ [pezza] pièce f.
rapportare [rappor'tare] v. tr. **1.** [mettere a confronto] comparer, rapporter. | *rapportare i diversi indici del costo della vita*, comparer les différents indices du coût de la vie. | *rapportare un avvenimento ad una certa epoca*, rapporter un événement à une certaine époque. ‖ **2.** [riferire] (raro) rapporter (L.C.), relater (L.C.), raconter (L.C.), répéter (L.C.), colporter (L.C.). ‖ **3.** [riferire indiscrezioni] (raro) rapporter (L.C.), moucharder (fam.). ‖ **4.** [riprodurre con ugual rapporto] rapporter. ◆ v. rifl. [riferirsi] se rapporter, se référer.
rapportatore [rapporta'tore] m. MAT. rapporteur.
rapporto [rap'pɔrto] m. **1.** [relazione di connessione tra cose] rapport. | *rapporto tra due avvenimenti*, rapport entre deux événements. ‖ LOC. *sotto tutti i rapporti, sotto ogni rapporto*, sous tous les rapports. **2.** [relazione tra persone] rapport. | *aver rapporti*, avoir des rapports. | *mantenere, stabilire buoni rapporti con qlcu.*, entretenir, établir de bons rapports avec qn. | *non avere buoni rapporti con*, avoir des rapports tendus avec. | *in quali rapporti siete con lei ?*, en quels termes êtes-vous avec elle ? ‖ **3.** [resoconto] rapport. | *esaminare, redigere, stendere un rapporto*, examiner, rédiger, dresser un rapport. | *persona incaricata di fare un rapporto*, personne chargée d'un rapport. ‖ **4.** MAT. rapport. | *in rapporto di uno a dieci*, dans le rapport de un à dix. | *considerare una grandezza in rapporto ad un'altra*, considérer une grandeur par rapport à une autre. ‖ **5.** MECC. [per cambio di velocità] braquet, multiplication f. | *mettere un rapporto basso per salire*, mettre un petit braquet pour monter. ‖ **6.** MIL. rapport. | *a rapporto !*, au rapport ! ‖ **7.** SPORT rapport. ◆ loc. prep. ***in rapporto a***, par rapport à.
rapprendere [rap'prɛndere] v. tr. e intr. [di latte] cailler, coaguler ; [di sangue] coaguler, figer ; [di liquidi] figer. | *il freddo ha rappreso l'olio*, le froid a figé l'huile. | *il caglio rapprende il latte*, la présure caille le lait. ◆ v. rifl. [di latte] se cailler, se coaguler, cailler v. intr., coaguler v. intr. ; [di sangue] se coaguler, se figer, coaguler v. intr., figer v. intr. ; [di liquidi] se figer, figer v. intr. ; [di crema] prendre, v. intr.
rappresaglia [rappre'saʎʎa] f. représailles pl. | *fare una rappresaglia*, user de, exercer des représailles. | *per rappresaglia*, par représailles.
rappresentabile [rapprezen'tabile] agg. représentable. ‖ TEATRO jouable.
rappresentante [rapprezen'tante] n. représentant.
rappresentanza [rapprezen'tantsa] f. représentation. | *rappresentanza diplomatica*, représentation diplomatique. | *in rappresentanza di*, comme représentant de. ‖ [delegazione] délégation.
rappresentare [rapprezen'tare] v. tr. représenter. | *rappresentare un'astrazione con un simbolo*, représenter, figurer une abstraction par un symbole. | *rappresentare fedelmente un oggetto*, représenter fidèlement un objet. | *scrittore che vuol rappresentare i costumi della società del suo tempo*, écrivain qui veut représenter les mœurs de la société de son temps. ‖ CIN. projeter, passer. ‖ COMM. représenter, faire de la représentation. ‖ TEATRO représenter, jouer. | *questa commedia si rappresenterà domenica sera*, cette pièce se donnera, sera jouée dimanche soir.
rappresentativo [rapprezenta'tivo] agg. représentatif.

rappresentatore [rapprezenta'tore] (**-trice** f.) m. PITT. (anche FIG.) peintre. ‖ TEATRO interprète.
rappresentazione [rapprezentat'tsjone] f. représentation, figuration. ‖ TEATRO représentation. | *prima rappresentazione*, première.
rapsodia [rapso'dia] f. MUS. rhapsodie.
rapsodico [rap'sɔdiko] agg. rhapsodique.
raptus ['raptus] m. PSICHIATR. raptus.
raramente [rara'mente] avv. rarement.
rarefare [rare'fare] v. tr. raréfier. ◆ v. rifl. se raréfier.
rarefazione [rarefat'tsjone] f. raréfaction.
rarità [rari'ta] f. rareté.
raro ['raro] agg. **1.** [poco frequente] rare. | *le sue visite diventano sempre più rare*, ses visites deviennent de plus en plus rares. | *rare volte*, de rares fois ; rarement avv. | *è raro che arrivi così in ritardo*, il est rare qu'il arrive si en retard. ‖ **2.** [poco comune, prezioso] rare. | *un libro molto raro*, un livre très rare. | *una donna di rara bellezza*, une femme d'une rare beauté. | *un esempio, un caso più unico che raro*, un exemple, un cas à peu près unique, un cas rarissime. ‖ **3.** [rado, poco compatto] rare, clairsemé. ‖ **4.** CHIM. rare. | *gas raro*, gaz rare.
ras [ras] m. (invar.) [capo etiopico] ras.
rasare [ra'zare] v. tr. raser. | *rasare la barba, i capelli a qlcu.*, raser la barbe, les cheveux à qn. | *rasare l'erba*, tondre le gazon. ◆ v. rifl. se raser.
rasatello [raza'tɛllo] m. TESS. satinette f.
rasato [ra'zato] agg. **1.** rasé, coupé (à) ras, tondu. | *barba, testa rasata*, barbe, tête rasée. | *capelli rasati*, cheveux ras. ‖ **2.** [di tessuto] ras. | *stoffa rasata*, étoffe rase. | *velluto rasato*, velours à poil ras. ‖ [maglieria] *maglia rasata*, point de jersey.
rasatrice [raza'tritʃe] f. TESS. tondeuse.
rasatura [raza'tura] f. PR e TECN. rasage m.
raschiamento [raskja'mento] m. raclage, raclement. ‖ MED. curetage ; [di osso] raclage.
raschiare [ras'kjare] v. tr. racler, gratter. ‖ PR. e FIG. décaper. | *raschiare una tavola*, racler une table. | *raschiare il fondo di un tegame*, racler le fond d'une casserole. | *raschiare un cancello prima di riverniciarlo*, décaper une grille avant de la repeindre. ‖ MED. cureter ; [di ossa] racler. ◆ v. rifl. *raschiarsi la gola*, se racler la gorge.
raschiata [ras'kjata] f. raclage m., raclement m.
raschiatoio [raskja'tojo] m. racloir, raclette f.
raschiatore [raskja'tore] m. (raro) racleur.
raschiatura [raskja'tura] f. raclage m., raclement m., grattage m. ‖ [residuo] raclure.
raschietto [ras'kjetto] o **raschino** [ras'kino] m. racloir, grattoir, raclette f. ; [per macchie o carta] grattoir ; [per scarpe] décrottoir, grattoir. ‖ MED. curette f. ‖ TECN. [per metalli] ébarboir.
raschìo [ras'kio] m. [rumore] raclage, raclement.
rasciugare [raʃʃu'jare] v. tr. essuyer.
rasentare [razen'tare] v. tr. PR. frôler, raser. ‖ FIG. friser, frôler, confiner (à), côtoyer, coudoyer. | *l'aereo rasentò il suolo*, l'avion rasa le sol. | *rasentare la morte*, frôler la mort, passer à deux doigts, à quelques doigts de la mort. | *rasentare la galera*, frôler, risquer la prison. | *ciò rasenta l'insolenza, il ridicolo*, cela frise l'insolence, le ridicule. | *ha un'aria di soddisfazione che rasenta l'impertinenza*, il a un air de satisfaction qui confine à, qui frise l'impertinence. | *rasenta la sessantina*, il frise la soixantaine.
rasente [ra'zɛnte] avv. e prep. (en) frisant, (en) rasant, tout près de, (en) frôlant, au ras de. | *rasente (al) l'acqua, al suolo*, au ras de l'eau, du sol. | *rasente terra*, à ras de terre. | *pallottola che passa rasente al viso*, balle qui frôle le visage, qui passe tout près du visage, qui effleure le visage. | *aereo che passa rasente al suolo*, avion qui rase le sol, qui fait du rase-mottes.
raso ['razo] agg. PR e FIG. ras. | *barba rasa*, barbe rase, rasée. | *dal pelo raso*, au poil ras. | *campagna rasa*, rase campagne. | *bicchiere raso*, verre plein à ras bords. | *un bicchiere raso di birra*, un verre de bière sans faux col (fig. fam.). | *far tabula rasa di*, faire table rase de. ◆ prep. *raso terra*, à ras de terre, au ras du sol. ‖ AER. *volo raso terra*, vol en rase-mottes. | *volare raso terra*, faire du rase-mottes. ◆ m. [tessuto] satin.
rasoio [ra'zojo] m. rasoir. | *rasoio elettrico, di sicurezza*, rasoir électrique, de sûreté. | *tagliente come un rasoio*, coupant comme un rasoir. ‖ FIG. *lingua tagliente come un rasoio*, langue de serpent, de vipère, langue empoisonnée. | *stare, camminare sul filo del rasoio*, être, marcher sur la corde raide, danser sur un volcan.
raspa ['raspa] f. TECN. râpe.
raspamento [raspa'mento] m. râpage.
raspare [ras'pare] v. tr. **1.** râper. | *raspare un pezzo di legno*, râper un morceau de bois. ‖ **2.** [irritare] racler, râper. | *vino ordinario che raspa la gola*, vin grossier qui racle, qui râpe la gorge. ‖ **3.** [di tessuto contro la pelle] gratter, piquer. ‖ **4.** FIG. POP. [rubare, sgraffignare] barboter, chiper (fam.), choper, piquer. ◆ v. intr. [di animali] gratter. | *il cane raspava alla porta*, le chien grattait à la porte. ‖ [cercare disordinatamente] farfouiller (fam.), fourgonner (fam.), fourrager (fam.). | *raspava nelle sue carte*, il farfouillait dans ses papiers.
raspatura [raspa'tura] f. IND. râpage m. ‖ [residuo] râpure.
raspo ['raspo] m. BOT. râpe f., rafle f.
raspollare [raspol'lare] v. tr. grappiller.
raspollatura [raspolla'tura] f. [azione] grappillage m. ‖ [raccolto] grappillons m pl.
raspollo [ras'pollo] m. petite grappe f., grappillon.
rasposo [ras'poso] agg. (raro) râpeux.
rassegna [ras'seɲɲa] f. **1.** [resoconto] revue, compte rendu m. | *ha fatto una rassegna dei problemi della società attuale*, il a fait la revue, le compte rendu des problèmes de la société actuelle. ‖ **2.** [mostra, esposizione] exposition. ‖ **3.** LETT. [recensione organica] revue, panorama m., compte rendu. | *rassegna della letteratura contemporanea*, panorama de la littérature contemporaine. ‖ **4.** MIL. [rivista] revue. | *passare in rassegna*, passer en revue (anche FIG.).
rassegnare [rasseɲ'ɲare] v. tr. [rinunciare ad una mansione] résigner (lett.). | *rassegnare le dimissioni*, démissionner v. intr., donner sa démission, résigner ses fonctions (lett.). | *rassegnare una carica*, résigner sa charge, se démettre. ‖ MIL. (arc.) [passare in rassegna] passer en revue. ◆ v. rifl. se résigner (à) ; [a fare qlco.] s'exécuter. | *le ho chiesto di andarsene, si è rassegnata senza farsi pregare troppo*, je lui ai demandé de s'en aller, elle s'est exécutée sans trop se faire prier.
rassegnazione [rasseɲɲat'tsjone] f. résignation.
rasserenamento [rasserena'mento] m. PR. e FIG. rassérénement.
rasserenante [rassere'nante] agg. rassérénant.
rasserenare [rassere'nare] v. tr. PR. e FIG. rasséréner. ‖ FIG. dérider. ◆ v. rifl. PR. e FIG. se rasséréner ; FIG. se dérider. | *l'atmosfera si rasserena*, l'atmosphère se détend. | *il suo viso si rasserenò*, son visage se rasséréna, se dérida.
rasserenatore [rasserena'tore] (**-trice** f.) m. apaisant (agg.).
rassettamento [rassetta'mento] m. rangement, mise (f.) en ordre.
rassettare [rasset'tare] v. tr. ranger, mettre en ordre. | *rassettare i vestiti, una stanza*, ranger les vêtements, une pièce. ‖ [accomodare in qualche modo] PR. arranger, remettre en état, raccommoder, réparer ; FIG. arranger. | *rassettare un vestito*, arranger une robe, remettre en état une robe. ◆ v. rifl. s'arranger.
rassicurante [rassiku'rante] agg. rassurant.
rassicurare [rassiku'rare] v. tr. rassurer. ◆ v. rifl. se rassurer.
rassicurazione [rassikurat'tsjone] f. assurance.
rassodamento [rassoda'mento] m. PR. e FIG. raffermissement.
rassodare [rasso'dare] v. tr. raffermir. | *rassodare i tessuti, i muscoli*, raffermir les tissus, les muscles. ‖ TECN. damer. ‖ FIG. consolider, fortifier, cimenter, raffermir. ◆ v. rifl. se raffermir. | *il suo viso ha cominciato a rassodarsi*, son visage a commencé à se raffermir. ‖ FIG. se consolider, se cimenter, se raffermir.
rassomigliante [rassomiʎ'ʎante] agg. ressemblant. | *due persone molto rassomiglianti*, deux personnes qui se ressemblent beaucoup. | *ritratto molto rassomigliante*, portrait très ressemblant.

rassomiglianza [rassomiʎ'ʎantsa] f. ressemblance.
rassomigliare [rassomiʎ'ʎare] v. intr. ressembler. ◆ v. recipr. se ressembler.
rastrellamento [rastrella'mento] m. [raccolta con rastrello] râtelage. ‖ [pulitura con rastrello] ratissage. ‖ MIL. ratissage, nettoyage. | *operazione di rastrellamento*, opération de ratissage.
rastrellare [rastrel'lare] v. tr. **1.** [raccogliere con un rastrello] râteler. | *rastrellare il fieno*, râteler le foin. ‖ **2.** [pulire con rastrello, spianare] ratisser. ‖ **3.** MIL. [frugare metodicamente] ratisser, nettoyer. | *rastrellare il terreno*, ratisser le terrain. ‖ **4.** [per la ricerca di mine] draguer.
rastrellata [rastrel'lata] f. râtelée. ‖ [pulitura] ratissage m.
rastrellatura [rastrella'tura] f. [raccolta] râtelage m. ; [pulitura] ratissage m.
rastrelliera [rastrel'ljɛra] f. [per bestie ; per armi od altri oggetti] râtelier m. ; [per stoviglie] égouttoir m.
rastrello [ras'trɛllo] m. râteau ; [di legno] fauchet. ‖ [per la protezione di porte di fortezze] herse f. ‖ [cancello] (region.) grille f. (L.C.).
rastremare [rastre'mare] v. tr. ARCHIT. diminuer. ◆ v. rifl. ARCHIT. diminuer v. intr.
rastremazione [rastremat'tsjone] f. ARCHIT. diminution, contracture.
rata ['rata] f. versement (m.) échelonné, échéance, acompte m. | *rata annuale*, annuité, paiement annuel. | *rata mensile*, mensualité, paiement mensuel, versement mensuel, échéance mensuelle. | *pagabile a rate mensili*, payable par mensualités. | *in due rate mensili*, en deux mensualités. | *pagare a rate*, payer par acomptes. | *vendita, acquisto a rate*, vente, achat à tempérament. | *devo ancora pagare tre rate da centomila lire l'una*, je dois encore effectuer trois versements de cent mille lires chacun.
rateale [rate'ale] agg. à tempérament. | *vendita, acquisto rateale*, vente, achat à tempérament. | *pagamento rateale*, paiement par échéances, à tempérament.
ratealmente [rateal'mente] avv. à tempérament.
rateazione [rateat'tsjone] f. o **rateizzazione** [rateiddzat'tsjone] f. [suddivisione in rate] échelonnement m. ; [pagamento a rate] paiement échelonné ; [scadenza] échéance. | *bisogna accordarsi per la rateazione*, il faut se mettre d'accord à propos des échéances.
rateizzare [rateid'dzare] v. tr. échelonner (des paiements), fixer des échéances.
rateo ['rateo] m. COMM. prorata (invar.). [V. RATEAZIONE.]
ratifica [ra'tifika] f. GIUR. ratification.
ratificare [ratifi'kare] v. tr. GIUR. ratifier.
ratificazione [ratifikat'tsjone] f. GIUR. ratification.
ratinare [rati'nare] v. tr. IND. TESS. ratiner.
ratinatura [ratina'tura] f. IND. TESS. ratinage m.
rato ['rato] agg. GIUR. ratifié.
rattizzare [rattid'dzare] v. tr. PR. e FIG. attiser.
1. ratto ['ratto] m. enlèvement, rapt.
2. ratto ['ratto] m. ZOOL. rat.
3. ratto ['ratto] agg. (lett.) rapide (L.C.). ◆ avv. (lett.) rapidement (L.C.).
rattoppare [rattop'pare] v. tr. rapiécer. | *rattoppare biancheria, scarpe*, rapiécer du linge, des chaussures. ‖ FIG. raccommoder, arranger.
rattoppatura [rattoppa'tura] f. rapiéçage m., rapiècement m.
rattoppo [rat'tɔppo] m. rapiéçage, rapiècement.
rattrappimento [rattrappi'mento] m. engourdissement. ‖ MED. rétraction f., contraction f.
rattrappire [rattrap'pire] v. tr. [deformare] déformer ; [intorpidire] engourdir. ‖ MED. rétracter, contracter. ◆ v. rifl. [deformarsi di membra] se déformer, se recroqueviller ; [intorpidirsi] s'engourdir. ‖ MED. se rétracter, se contracter, se retirer.
rattristante [rattris'tante] agg. attristant, chagrinant.
rattristare [rattris'tare] v. tr. chagriner, attrister, rendre triste, causer du chagrin (à). | *il suo rifiuto mi rattrista molto*, son refus me chagrine beaucoup, me cause un vif chagrin. ◆ v. rifl. se chagriner, s'attrister. | *non vale la pena rattristarsi per questo*, ce n'est pas la peine de s'attrister à cause de cela.
raucedine [rau'tʃɛdine] f. enrouement m. | *avere la raucedine*, être enroué, avoir un chat dans la gorge (fam.).
rauco ['rauko] agg. [di persona] enroué ; [di suoni, di voce] enroué, rauque.
ravanello [rava'nɛllo] m. BOT. radis.
ravioli [ra'vjɔli] m. pl. CULIN. ravioli.
ravvalorare [ravvalo'rare] v. tr. renforcer, appuyer. ‖ remettre en vigueur.
ravvedersi [ravve'dersi] v. rifl. revenir de son erreur, se repentir, revenir à de meilleurs sentiments.
ravviare [ravvi'are] v. tr. mettre en ordre, arranger, ranger. | *ravviare una stanza*, arranger, ranger, mettre en ordre une pièce. ‖ [il fuoco] attiser. ‖ FIG. [rimettere in sesto una faccenda imbrogliata] arranger. ◆ v. rifl. [rimettersi in ordine] s'arranger ; [i capelli] se donner un coup de peigne, se peigner, se coiffer.
ravviata [ravvi'ata] f. LOC. *darsi una ravviata ai capelli*, se donner un coup de peigne.
ravvicinamento [ravvitʃina'mento] m. PR. e FIG. rapprochement. ‖ [confronto] rapprochement.
ravvicinare [ravvitʃi'nare] v. tr. PR. e FIG. rapprocher. ‖ [confrontare] rapprocher. ◆ v. rifl. se rapprocher (de). ◆ v. recipr. se rapprocher.
ravvisabile [ravvi'zabile] agg. reconnaissable.
ravvisare [ravvi'zare] v. tr. reconnaître.
ravvivamento [ravviva'mento] m. [di colore] ravivage ; [di speranza] ranimation f.
ravvivare [ravvi'vare] v. tr. [di fuoco] raviver, attiser, ranimer, aviver. ‖ [di colori] raviver. ‖ PR. e FIG. ranimer. | *ravvivare l'ardore, il coraggio, l'entusiasmo*, ranimer l'ardeur, le courage, l'enthousiasme. ‖ FIG. raviver, aviver. | *ravvivare un vecchio ricordo*, raviver un vieux souvenir. | *ravvivare un dolore, dei rimpianti*, raviver, aviver une douleur, des regrets. ◆ rifl. PR. e FIG. se ranimer. ‖ FIG. se raviver.
ravvolgere [rav'vɔldʒere] v. tr. envelopper, enrouler. ◆ v. rifl. s'enrouler, s'envelopper.
ravvolgimento [ravvoldʒi'mento] m. enveloppement ; [a spirale] enroulement.
ravvoltolare [ravvolto'lare] v. tr. envelopper ; [avvolgere in coperta] enrouler, rouler. ◆ v. rifl. s'envelopper ; [in coperta] s'enrouler.
rayon ['rajon] m. rayonne f.
raziocinante [rattsjotʃi'nante] agg. raisonnable.
raziocinare [rattsjotʃi'nare] v. intr. ratiociner (lett. o peggior.), ergoter, épiloguer, raisonner.
raziocinio [rattsjo'tʃinjo] m. faculté (f.), capacité (f.) de raisonner. ‖ [senno, buon senso] jugement, bon sens. ‖ [ragionamento] (raro) raisonnement.
razionale [rattsjo'nale] agg. rationnel. ◆ m. (raro) rationnel.
razionalismo [rattsjona'lizmo] m. rationalisme.
razionalista [rattsjona'lista] m. e f. rationaliste.
razionalistico [rattsjona'listiko] **(-ci** pl.) agg. rationaliste.
razionalità [rattsjonali'ta] f. rationalité.
razionalizzare [rattsjonalid'dzare] v. tr. rationaliser.
razionalizzazione [rattsjonaliddzat'tsjone] f. rationalisation.
razionalmente [rattsjonal'mente] avv. rationnellement.
razionamento [rattsjona'mento] m. rationnement.
razionare [rattsjo'nare] v. tr. rationner.
razione [rat'tsjone] f. ration, portion. ‖ FIG. ration, quote-part.
1. razza ['rattsa] f. **1.** race. | *razze equine*, races chevalines. | *razza umana*, race humaine. | *incrocio di razze*, croisement entre races. | *animale di razza pura*, animal de race (pure). ‖ LOC. PR. e FIG. *di razza*, de race, racé (agg.). | *essere di razza*, avoir de la branche, de la race. | *di buona razza*, de bonne race. | *far razza*, se reproduire. | *animale da razza*, animal destiné à la reproduction, étalon. ‖ **2.** [famiglia, origine] souche. | *di vecchia razza*, de vieille souche. ‖ [insieme dei discendenti] lignée. | *l'ultimo della sua razza*, le dernier de sa lignée. ‖ **3.** PEGGIOR. espèce, sorte. | *che razza d'imbecille !*, quelle espèce d'imbécile ! | *merci di ogni razza*, toutes sortes de marchandises. | *che razza d'avventura !*, quelle drôle d'aventure ! | *razza di vipere !*, race de vipères !
2. razza ['raddza] f. [di ruota] rai m., rayon m.

3. razza ['raddza] f. ZOOL. raie.
razzia [rat'tsia] f. razzia, rafle, maraude, maraudage m. ‖ MIL. pillage m. | *far razzia*, marauder.
razziale [rat'tsjale] agg. racial.
razziare [rat'tsjare] v. tr. razzier, rafler, marauder, piller. | *razziare un villaggio*, razzier un village.
razziatore [rattsja'tore] m. pillard, maraudeur.
razzismo [rat'tsizmo] m. racisme.
razzista [rat'tsista] m. e f. raciste.
razzistico [rat'tsistiko] agg. raciste.
razzo ['raddzo] m. fusée f. | *razzi di segnalazione*, fusées de signalisation. ‖ LOC. FIG. *veloce come un razzo*, rapide comme l'éclair. | *partire a razzo, come un razzo*, partir comme une fusée, comme une flèche.
razzolare [rattso'lare] v. intr. [raspare nella terra] gratter. ‖ [rovistare] fouiller. ‖ LOC. FIG. *predicar bene e razzolare male*, être du genre : faites ce que je dis, mais ne faites pas ce que je fais. ‖ PROV. *chi nasce di gallina convien che razzoli*, la caque sent toujours le hareng.
1. re [re] m. inv. roi. | *re assoluto, costituzionale*, roi absolu, constitutionnel. | *il re Sole*, le roi Soleil. ‖ PER EST. *il re del petrolio, degli animali*, le roi du pétrole, des animaux. ‖ FIG. *felice come un re*, heureux comme un roi. | *essere vestito come un re*, être habillé comme un prince. | *parola di re*, parole d'honneur. ‖ [a carte] *il re di fiori*, le roi de trèfle. ‖ [a scacchi] *scacco al re*, échec au roi. ‖ RELIG. *il re dei cieli*, le roi des cieux. | *il re dei re*, le Roi des rois. | *i re magi*, les Rois Mages, les Rois. ‖ ZOOL. *re di macchia*, roitelet. | *re di quaglie*, râle des genêts. | *re delle arringhe*, roi des harengs. ‖ PROV. *in casa sua ciascuno è re*, charbonnier est maître chez soi.
2. re [rɛ] m. MUS. ré.
reagente [rea'dʒente] agg. e m. L.C., CHIM. réactif.
reagire [rea'dʒire] v. intr. L.C., CHIM. réagir.
1. reale [re'ale] agg. [che ha effettiva esistenza] réel, vrai. | *fatti reali*, faits réels, vrais. | *le sue reali intenzioni*, ses intentions réelles, ses véritables intentions. ‖ GIUR. *diritti reali*, droits réels. ‖ MAT. *numero reale*, nombre réel. ◆ m. *il reale*, le réel.
2. reale [re'ale] agg. [relativo al re] royal. | *palazzo reale*, palais royal. | *famiglia reale*, famille royale. | *guardia reale*, garde royale. ‖ MAR. *galera reale*, galère réale. ‖ ZOOL. *aquila reale*, aigle royal. ◆ m. pl. *i reali*, les souverains, la famille royale.
3. reale [re'ale] m. [moneta] réal, réale f.
realgar [real'gar] m. MIN. réalgar.
1. realismo [rea'lizmo] m. FILOS., LETT., ARTI réalisme.
2. realismo [rea'lizmo] m. POLIT. royalisme.
1. realista [rea'lista] (**-i** m. pl.) n. FILOS., LETT., ARTI réaliste.
2. realista [rea'lista] (**-i** m. pl.) n. POLIT. royaliste. | *essere più realista del re*, être plus royaliste que le roi.
realistico [rea'listiko] (**-ci** m. pl.) agg. réaliste.
realizzabile [realid'dzabile] agg. L.C., COMM. réalisable.
realizzare [realid'dzare] v. tr. réaliser. | *realizzare un progetto, un sogno*, réaliser un projet, un rêve. ‖ COMM., SPORT réaliser. ◆ v. rifl. se réaliser.
realizzatore [realid'dzatore] (**-trice** f.) m. réalisateur, trice.
realizzazione [realiddzat'tsjone] f. réalisation.
realizzo [rea'liddzo] m. COMM. réalisation f., revient. | *vendere a prezzi di realizzo*, vendre au prix de revient, de réalisation.
realmente [real'mente] avv. réellement.
realtà [real'ta] f. réalité. | *in realtà*, en réalité.
reame [re'ame] m. LETT. royaume (L.C.).
reato [re'ato] m. [violazione della legge] délit. | *reato politico*, délit politique. | *reato di stampa*, délit de presse. | *reato flagrante*, flagrant délit. ‖ [con pena afflittiva] crime. | *reato di lesa maestà*, crime de lèse-majesté. | *reato contro natura*, crime contre nature. ‖ [con pena di polizia] contravention f. ‖ LOC. *corpo del reato*, corps du délit. | *il fatto non costituisce reato*, le fait n'est pas puni par la loi.
reattanza [reat'tantsa] f. FIS. réactance.
reattino [reat'tino] m. ZOOL. roitelet.
reattività [reattivi'ta] f. FIS. réactivité.
reattivo [reat'tivo] agg. réactif. ◆ m. CHIM. réactif. ‖ PSIC. test (psychologique).
reattore [reat'tore] m. ELETTR., FIS. réacteur. | *reattore nucleare*, réacteur nucléaire. | *reattore a catena*, réacteur en chaîne. ‖ AER. avion à réacteur, à réaction ; jet (ingl.).
reazionario [reattsjo'narjo] (**-ri** m. pl.) agg. e n. réactionnaire.
reazionarismo [reattsjona'rismo] m. conservatisme.
reazione [reat'tsjone] f. [in tutti i significati] réaction. ‖ CHIM. *reazione acida*, réaction acide. ‖ FIS. *reazione a catena*, réaction en chaîne. ‖ PSIC. *tempo di reazione*, temps de réaction. ‖ TECN. *motore a reazione*, moteur à réaction. | *aereo a reazione*, avion à réaction ; réacteur. ‖ POLIT. réaction, parti de la réaction.
rebbio ['rebbjo] m. dent (f.) de fourche, de fourchette.
reboante [rebo'ante] agg. LETT. sonore (L.C.), retentissant (L.C.). ‖ FIG. ronflant (spreg.).
rebus ['rɛbus] m. (lat.) rébus. ‖ FIG. énigme f.
recalcitrare [rekaltʃi'trare] v. intr. e deriv. V. RICALCITRARE e deriv.
recapitare [rekapi'tare] v. tr. remettre ; faire parvenir. | *recapitare a domicilio*, livrer à domicile.
recapito [re'kapito] m. [indirizzo] adresse f. | *avere recapito presso qlcu.*, avoir son adresse chez qn. | *lettera senza recapito*, lettre sans adresse. | *per la posta fa recapito da sua zia*, il faut lui envoyer le courrier chez sa tante. ‖ [il recapitare] distribution f., livraison f. | *provvedere al recapito di una lettera*, remettre une lettre. ‖ COMM. *provvedere al recapito della merce*, faire parvenir, livrer les marchandises. | *recapito a domicilio*, livraison (f.) à domicile. | *pronto recapito*, livraison immédiate. ◆ pl. MAR. *recapiti marittimi*, papiers de bord.
recare [re'kare] v. tr. **1.** [portare] apporter. | *recare qlco. in dono*, apporter qch. comme, en cadeau. | *recare un mazzo di fiori*, offrir un bouquet de fleurs. | *recare una notizia*, être porteur d'une, apporter une nouvelle. ‖ **2.** [mostrare] porter. | *il tuo viso reca i segni della sofferenza*, ton visage porte les signes de la souffrance. ‖ **3.** [causare, arrecare] causer. | *recare offesa a qlcu.*, offenser qn, faire offense à qn. | *recare piacere*, faire plaisir. | *recare conforto*, consoler, apporter du réconfort, réconforter. | *recare danno*, porter préjudice. | *recare dispiacere*, causer du chagrin. | *recare disturbo a qlcu.*, déranger qn. | *recare fortuna, sfortuna*, porter bonheur, malheur. | *recare gioia*, donner de la joie. | *recare meraviglia*, étonner, causer de l'étonnement. | *recare noia*, ennuyer. | *recare noie a qlcu.*, causer des ennuis à qn. ‖ **4.** LETT. [ricondurre] ramener (L.C.), mener (L.C.). | *recare a buon fine*, mener à bonne fin. | *recare alla memoria*, rappeler. ‖ LETT. [attribuire] attribuer (L.C.). | *recare qlco. a biasimo, a lode di qlcu.*, blâmer, louer qn de qch. ◆ v. rifl. se rendre ; aller. | *recarsi da qlcu.*, se rendre, aller chez qn. | *recarsi di persona*, se déplacer soi-même, se rendre en personne.
recedere [re'tʃɛdere] v. intr. PR. reculer. | *non recedere d'un passo*, ne pas reculer d'un pas. ‖ FIG. renoncer (à), démordre (de), revenir (sur), abandonner (v. tr.). | *recedere da una decisione*, revenir sur une décision. | *recedere da una posizione*, abandonner une position. | *recedere da ogni pretesa*, abandonner toute prétention. ‖ GIUR. *recedere da un contratto*, résilier un contrat, se désister d'un contrat. | *recedere da una querela*, se désister d'une plainte.
recensione [retʃen'sjone] f. [di un libro] compte rendu m., critique. ‖ FILOL. recension.
recensire [retʃen'sire] v. tr. faire le compte rendu (de). ‖ FILOL. faire la recension (de).
recensore [retʃen'sore] m. critique.
recente [re'tʃɛnte] agg. récent. ‖ LOC. AVV. *di recente*, récemment (avv.).
recentemente [retʃente'mente] avv. récemment.
recentissime [retʃen'tisime] f. pl. dernières nouvelles.
recenziore [retʃen'tsjore] agg. LETT. plus récent.
recere ['retʃere] v. tr. [dial. tosc.] vomir (L.C.).
recessione [retʃes'sjone] f. recul m., abandon m. ‖ ASTR. récession. ‖ BIOL. récessivité. ‖ ECON. récession. ‖ GIUR. [di causa, querela] désistement m. ; [di contratto] résiliation.

recessivo [retʃes'sivo] agg. récessif. ‖ ECON. de récession.
recesso [re'tʃɛsso] m. LETT. (raro) [luogo appartato] asile (L.C.), retraite f. (L.C.). | *i recessi ombrosi*, les asiles ombragés. ‖ FIG. recoin, repli. | *i recessi della coscienza*, les replis de la conscience. ‖ [movimento a ritroso] (raro) recul (L.C.). | *recesso di un ghiacciaio*, recul d'un glacier. | *il recesso dell'onda*, le reflux de la vague. ‖ ANAT. repli. ‖ GIUR. renonciation f., désistement ; [ritiro] retrait. | *recesso da un contratto*, résiliation (f.) d'un contrat. ‖ MED. *recesso della febbre*, diminution (f.) de la fièvre.
recettivo [retʃet'tivo] agg. e deriv. V. RICETTIVO e deriv.
recettore [reʃet'tore] agg. e m. V. RICETTORE.
recezione [reʃet'tsjone] f. V. RICEZIONE.
recidere [re'tʃidere] v. tr. PR. couper ; [con un taglio netto] trancher. ‖ FIG. *recidere una relazione*, couper court à, interrompre une relation. ‖ CHIR. exciser ; [amputare] amputer.
recidiva [retʃi'diva] f. GIUR., MED. récidive.
recidivare [retʃidi'vare] v. tr. (raro) GIUR., MED. récidiver.
recidività [retʃidivi'ta] f. MED. récidivité.
recidivo [retʃi'divo] agg. e n. GIUR. récidiviste. | *essere un recidivo*, récidiver ; être en récidive. ‖ MED. [raro] (celui) qui a fait une rechute.
recingere [re'tʃindʒere] v. tr. entourer, ceindre. | *recingo il giardino con un muro*, j'entoure le jardin d'un mur.
recintare [retʃin'tare] v. tr. clôturer, entourer (de).
recinto [ret'ʃinto] m. [spazio circoscritto] enclos, enceinte f. ‖ [quanto serve a recingere] clôture f., enceinte f. | *recinto per i bambini*, parc. ‖ [alla Borsa] *recinto delle grida*, corbeille f. ‖ [ippica] pesage.
recinzione [retʃin'tsjone] f. action d'entourer ; installation d'une clôture. ‖ [palizzata, siepe] enceinte, clôture.
recipe ['rɛtʃipe] m. inv. ARC. (iron.) recette f. (L.C.), remède (L.C.).
recipiente [retʃi'pjɛnte] m. récipient.
reciprocamente [retʃiproka'mente] avv. réciproquement.
reciprocanza [retʃipro'kantsa] f. (raro) réciprocité.
reciprocare [retʃipro'kare] v. tr. retourner, échanger. ◆ v. rifl. GEOM. être en proportion inverse.
reciprocità [retʃiprotʃi'ta] f. réciprocité.
reciproco [re'tʃiproko] (**-ci** m. pl.) agg. réciproque.
recisamente [retʃiza'mente] avv. nettement, carrément.
recisione [retʃi'zjone] f. [di rami, alberi] taille ; [di capelli] coupe. ‖ FIG. (raro) [franchezza] franchise (L.C.). ‖ CHIR. excision ; [amputazione] amputation.
reciso [re'tʃizo] agg. PR. coupé, tranché. ‖ FIG. [risoluto] tranchant, sec, net. | *una risposta recisa*, une réponse nette, sèche. ‖ CHIR. excisé. (V. RECIDERE.)
recisura [retʃi'zura] f. [della pelle] gerçure, crevasse.
recita ['rɛtʃita] f. récitation. ‖ TEATRO spectacle m., représentation. | *tenere delle recite*, donner des représentations.
recitabile [retʃi'tabile] agg. représentable, jouable.
recital ['retʃital] m. (pl. **-s** o invar.) [ingl.] récital.
recitare [retʃi'tare] v. tr. réciter. | *recitare una poesia*, réciter, dire une poésie. ‖ PR. e FIG. *recitare bene la lezione*, bien réciter sa leçon. ‖ PR. *recitare le preghiere*, dire ses prières. ‖ TEATRO jouer. | *ha recitato la parte di Giulietta*, elle a joué le rôle de Juliette. | *recitare con naturalezza*, jouer avec naturel. | *recitare a soggetto*, improviser (d'après, sur un thème). | *il modo di recitare di un attore*, le jeu d'un acteur. ‖ FIG. *recitare la commedia*, jouer la comédie. | *recita la parte della vittima*, elle joue les victimes.
recitativo [retʃita'tivo] m. MUS. récitatif.
recitatore [retʃita'tore] (**-trice** f.) m. récitateur, trice (antiq.) ; récitant.
recitazione [retʃita'tsjone] f. récitation, diction. | *la recitazione d'una poesia*, la récitation d'une poésie. | *ha una buona recitazione*, il a une bonne diction. | *insegnante di recitazione*, professeur de diction. | *scuola di recitazione*, cours d'art dramatique. ‖ TEATRO jeu m. | *la recitazione degli attori era ottima*, le jeu des acteurs était excellent.
reciticcio [retʃi'tittʃo] m. [dial. tosc.] vomi (L.C.), vomissure f. (L.C.). ‖ FIG. [persona, cosa spregevole] ordure f., chose (f.) écœurante.
reclamare [rekla'mare] v. tr. réclamer. | *reclamare la propria parte*, réclamer sa part. ◆ v. intr. réclamer.
reclame [re'klam] f. (fr.) réclame.
reclamista [rekla'mista] (**-i** m. pl.) n. publicitaire.
reclamistico [rekla'mistiko] (**-ci** m. pl.) agg. publicitaire.
reclamizzare [reklamid'dzare] v. tr. faire de la réclame, de la publicité pour.
reclamo [re'klamo] m. réclamation f. | *ufficio reclami*, bureau des réclamations. | *presentare un reclamo*, déposer, faire une réclamation. | *esaminare la fondatezza di un reclamo*, examiner le bien-fondé d'une réclamation.
reclinare [rekli'nare] v. tr. LETT. baisser (L.C.), incliner (L.C.), pencher (L.C.). | *reclinare il capo*, baisser la tête.
reclinato [rekli'nato] agg. baissé.
reclino [re'klino] agg. LETT. baissé (L.C.).
recludere [re'kludere] v. tr. LETT. enfermer (L.C.), emprisonner (L.C.).
reclusione [reklu'zjone] f. réclusion, prison, isolement m. | *sopportava con coraggio questi anni di reclusione*, il supportait courageusement ces années d'isolement, de prison. ‖ GIUR. réclusion.
recluso [re'kluzo] agg. e n. reclus. (V. RECLUDERE.)
reclusorio [reklu'zɔrjo] (**-ri** pl.) m. pénitencier. | *reclusorio militare*, prison (f.) militaire.
recluta ['rɛkluta] f. MIL., SPORT, FIG. recrue.
reclutamento [rekluta'mento] m. MIL., FIG. recrutement. | *ufficio di reclutamento*, bureau de recrutement.
reclutare [reklu'tare] v. tr. recruter, engager.
reclutatore [rekluta'tore] m. MIL. recruteur.
recondito [re'kɔndito] agg. [appartato] écarté ; [nascosto] caché ; [segreto] secret. ‖ FIG. *un pensiero recondito*, une pensée cachée, secrète. | *scopo recondito*, but caché. | *senza scopi reconditi*, sans arrière-pensées. | *i sentimenti più reconditi*, les sentiments les plus intimes. | *cause recondite*, causes occultes. ◆ m. (raro) *nel recondito dell'anima*, dans les replis de l'âme (L.C.).
record ['rɛkord] m. [ingl.] record. | *battere un record*, battre un record. | *record di velocità*, record de vitesse. | *a tempo di record*, en un temps record.
recriminare [rekrimi'nare] v. intr. récriminer.
recriminazione [rekrimina'tsjone] f. récrimination.
recrudescenza [rekrudeʃ'ʃɛntsa] f. PR. e FIG. recrudescence.
recto ['rɛkto] m. [di foglio] recto (lat.) ; [di medaglia, moneta] face f.
recuperare [rekupe'rare] v. tr. e deriv. V. RICUPERARE e deriv.
recusare [reku'zare] v. tr. e deriv. V. RICUSARE e deriv.
redancia [re'dantʃa] (**-ce** pl.) f. TECN. cosse.
redarguibile [redar'gwibile] agg. réprimandable, blâmable.
redarguire [redar'gwire] v. tr. réprimander, gronder.
redatto [re'datto] part. pass. di REDIGERE.
redattore [redat'tore] (**-trice** f.) m. rédacteur, trice.
redazionale [redattsjo'nale] agg. rédactionnel. | *incarico redazionale*, charge rédactionnelle. | *ufficio redazionale*, bureau de rédaction.
redazione [redat'tsjone] f. [lo scrivere] rédaction. | *la redazione di un documento*, la rédaction d'un document. ‖ [ufficio ; insieme di redattori] rédaction. ‖ FILOL. version. | *le diverse redazioni di un antico poema*, les différentes versions d'un poème ancien.
redazza [re'dattsa] f. MAR. faubert m.
redde rationem ['rɛdderat'tsjɔnem] m. [lat.] reddition (f.) des comptes.
redditiere [reddi'tjɛre] n. (**-a** f.) rentier, ère.
redditività [redditivi'ta] f. rentabilité.
redditizio [reddi'tittsjo] agg. rentable ; [fruttuoso] fructueux. | *lavoro redditizio*, travail rentable, qui rapporte. | *un affare redditizio*, une affaire fructueuse, rentable.
reddito ['rɛddito] m. revenu. | *reddito lordo, netto*, revenu brut, net. | *reddito fisso*, revenu fixe. | *reddito*

pro capite, revenu individuel. | *reddito complessivo,* revenu d'ensemble, total. | *reddito agrario,* revenu agraire. | *reddito imponibile,* revenu imposable. | *dichiarazione, denuncia dei redditi,* déclaration (f.) des revenus. | *classe di reddito,* échelon de revenu. | *reddito nazionale,* revenu national. | *livello di reddito,* niveau de revenu. | *fonte di reddito,* source (f.) de revenus. | *imposta sul reddito,* impôt sur le revenu. | *livellamento dei redditi,* nivellement des revenus. | *gruppi di medio reddito,* groupes à revenus moyens. | *la politica dei redditi,* la politique des revenus. | *vivere di redditi,* vivre de ses rentes, de ses revenus.

redento [re'dɛnto] agg. racheté, libéré, délivré. | *redento dal vizio,* arraché au vice. ◆ m. pl. *i redenti,* ceux qui ont été rachetés. (V. REDIMERE.)

redentore [reden'tore] agg. e n. (**-trice** f.) rédempteur, trice. ◆ m. *il Redentore,* le Rédempteur.

redentorista [redento'rista] (**-i** pl.) m. RELIG. rédemptoriste.

redenzione [reden'tsjone] f. rédemption.

redibitorio [redibi'tɔrjo] (**-ri** m. pl.) agg. GIUR. rédhibitoire.

redibizione [redibi'tsjone] f. GIUR. rédhibition.

redigere [re'didʒere] v. tr. rédiger. | *redigere un verbale,* rédiger, dresser un procès-verbal.

redimere [re'dimere] v. tr. [riscattare] racheter. | *Cristo ha redento l'uomo col suo sangue,* le Christ a racheté l'homme par son sang. || [liberare] délivrer. | *redimere dalla tirannia,* délivrer de la tyrannie. || [affrancare] affranchir. | *redimere dalla schiavitù,* affranchir, délivrer de l'esclavage. || COMM. *redimere un'ipoteca,* racheter une hypothèque. ◆ v. rifl. se racheter.

redimibile [redi'mibile] agg. (lett.) rachetable (L.C.). || FIN. rachetable, remboursable. | *prestito redimibile,* emprunt amortissable.

redimibilità [redimibili'ta] f. FIN. fait (m.) d'être rachetable, remboursable, amortissable.

redingote [rədɛ̃'gɔt] f. (fr.) MODA redingote.

redini ['redini] f. pl. PR. e FIG. rênes. | *reggere le redini della famiglia,* tenir les rênes de la famille. | *allentare le redini,* lâcher les rênes. | *con le redini sul collo,* la bride sur le cou.

redintegrare [redinte'grare] v. tr. e deriv. V. REINTEGRARE e deriv.

redivivo [redi'vivo] agg. ressuscité. || FIG. *un Michelangelo redivivo,* un nouveau Michel-Ange. || LOC. *è suo padre redivivo,* c'est tout le portrait de son père, c'est son père (tout) craché (fam.).

reduce ['rɛdutʃe] agg. de retour. | *è reduce da un faticoso viaggio,* il revient d'un voyage fatigant. ◆ m. rescapé; vétéran; ancien combattant. | *i reduci dalla Russia,* les soldats revenus de Russie. | *raduno di reduci,* réunion d'anciens combattants. | *i reduci dalle trincee,* les survivants des tranchées. | *i reduci dei campi di concentramento,* les rescapés des camps de concentration.

reduplicare [redupli'kare] v. tr. doubler, redoubler.

reduplicazione [reduplika'tsjone] f. LING. réduplication.

reduvio [re'duvjo] m. ZOOL. réduve.

refe ['refe] m. fil.

referendario [referen'darjo] (**-ri** pl.) m. référendaire.

referendum [refe'rɛndum] m. (lat.) référendum.

referente [refe'rɛnte] agg. e n. GIUR. référendaire. ◆ m. LING. référent.

referenza [refe'rɛntsa] f. référence. | *dare referenze,* donner des références. || LING., MAT. référence. | *sistema di referenze,* système de références.

referenziare [referen'tsjare] v. tr. BUROCR. donner, fournir des références (sur qn). ◆ v. intr. présenter ses références.

referenziato [referen'tsjato] agg. BUROCR. référencé; muni de références. | *personale referenziato,* personnel muni, pourvu de références.

referto [re'fɛrto] m. rapport.

refettorio [refet'tɔrjo] (**-ri** pl.) m. réfectoire.

refezione [refet'tsjone] f. collation; repas (m.) léger. | *refezione scolastica,* repas, goûter scolaire.

refilare [refi'lare] v. tr. TIP. ébarber.

reflex ['rɛfleks] agg. e m. (ingl.) FOT. réflex.

reflusso [re'flusso] m. (lett., arc.) V. RIFLUSSO.

refolo ['rɛfolo] m. bouffée (f.) de vent.

refrattarietà [refrattarje'ta] f. TECN. nature réfractaire. || FIG., MED. insensibilité.

refrattario [refrat'tarjo] (**-ri** m. pl.) agg. TECN. réfractaire. || FIG. [insensibile] réfractaire, insensible. | *refrattario alla disciplina, alla legge,* réfractaire à la discipline, à la loi. | *è un individuo refrattario alla pietà,* c'est un individu insensible à la pitié. || MED. insensible. ◆ m. EDIL. réfractaire.

refrigeramento [refridʒera'mento] m. V. REFRIGERAZIONE.

refrigerante [refridʒe'rante] agg. [bevanda] rafraîchissant. || TECN. réfrigérant. | *miscela refrigerante,* mélange réfrigérant. | *cella refrigerante,* chambre froide. ◆ m. appareil réfrigérant. || CHIM. condensateur.

refrigerare [refridʒe'rare] v. tr. (lett.) rafraîchir (L.C.). || TECN. réfrigérer, congeler.

refrigerativo [refridʒera'tivo] agg. (raro) rafraîchissant (L.C.). || TECN. réfrigérant.

refrigerato [refridʒe'rato] agg. congelé. | *carne refrigerata,* viande congelée.

refrigeratore [refridʒera'tore] m. réfrigérateur; [di frigorifero] freezer (ingl.), compartiment de froid profond.

refrigerazione [refridʒerat'tsjone] f. réfrigération. || TECN. refroidissement m.

refrigerio [refri'dʒɛrjo] (**-ri** pl.) m. fraîcheur f. || FIG. soulagement. | *dare refrigerio,* soulager, réconforter.

refurtiva [refur'tiva] f. butin m.

refuso [re'fuzo] m. TIP. coquille f.

regalare [rega'lare] v. tr. offrir, faire cadeau de; [dare] donner. | *regalare un libro,* offrir un livre, faire cadeau d'un livre. | *regalarsi una settimana di vacanze,* s'offrir une semaine de vacances. | *un litro di vino a questo prezzo, è regalato!,* un litre de vin à ce prix, c'est donné, c'est pour rien!

1. regale [re'gale] agg. PR. e FIG. royal. | *dimora regale,* demeure royale. || STOR. *diritto regale,* droit régalien.

2. regale [re'gale] m. MUS. régale.

regalia [rega'lia] f. [donazione] gratification. || STOR. droit régalien; régale. ◆ f. pl. dons m. pl.

regalità [regali'ta] f. royauté. || FIG. majesté. | *la regalità del suo aspetto,* la majesté de son aspect.

regalmente [regal'mente] avv. royalement.

regalo [re'galo] m. **1.** cadeau, présent. | *fare un regalo a qlcu.,* faire un cadeau à qn. | *regalo di nozze,* cadeau de mariage. | *mi ha mandato un libro in regalo,* il m'a envoyé un livre comme cadeau. | *ricevere in regalo,* recevoir en cadeau. || **2.** plaisir. | *fammi questo regalo,* fais-moi ce plaisir.

regamo ['regamo] m. BOT. origan.

regata [re'gata] f. SPORT régate.

regesto [re'dʒɛsto] m. regeste.

reggente [re'dʒɛnte] agg. régent. | *il principe reggente,* le prince régent. || GRAMM. principal. | *proposizione reggente,* proposition principale. ◆ n. *il, la Reggente,* le Régent, la Régente.

reggenza [red'dʒɛntsa] f. régence. || GRAMM. complément m.; [di verbo] régime m.

reggere ['rɛddʒere] v. tr. **1.** [sostenere, tenere dritto] soutenir, supporter. | *non credo che tu possa reggere tutto questo peso,* je ne crois pas que tu puisses soutenir tout ce poids. || **2.** [tenere] tenir. | *lo reggeva per il braccio,* elle le tenait par le bras. | *reggimi questa borsa,* tiens-moi ce sac. || FIG. *reggere l'anima coi denti,* être à la dernière extrémité. || POP. *reggere il lume,* tenir la chandelle. || **3.** [portare] porter. | *reggere un bambino tra le braccia,* porter, tenir un enfant dans ses bras. || **4.** [resistere, sopportare] résister, supporter, tenir. | *reggere una prova,* résister à, soutenir une épreuve. | *reggere una scommessa,* tenir un pari. | *reggere la concorrenza,* supporter la concurrence. | *questa stoffa regge l'acqua,* ce tissu est imperméable. | *la barca regge il mare,* la barque tient la mer. | *reggere il vino,* supporter, tenir (bien) le vin. || **5.** [dirigere, guidare] diriger, gouverner; être à la tête de. | *reggere uno Stato,* gouverner un État. | *reggere un'azienda,* diriger une entreprise. | *reggere le sorti di un paese,* présider aux destinées d'un pays. | *reggere un cavallo imbizzarrito,* maîtriser un cheval emballé.

‖ Gramm. régir. | *preposizione che regge l'accusativo*, préposition qui régit l'accusatif. ◆ v. intr. **1.** [resistere ad un'azione contraria] résister, supporter. | *i nostri ressero all'assalto*, nos soldats résistèrent à l'assaut. | *reggere al freddo, alla fame*, résister au froid, à la faim; endurer le froid, la faim. | *questa scala non regge*, cette échelle ne tient pas, n'est pas stable. | *non reggere al confronto con qlcu.*, ne pas supporter, soutenir la comparaison avec qn. | *la memoria non ti regge*, ta mémoire est défaillante. | *non reggere alla vista di qlcu., di qlco.*, ne pas supporter la vue de qn, de qch. ‖ **2.** [mantenersi costante, durare] se maintenir, durer. | *se la salute regge*, si la santé se maintient. | *questa situazione regge da mesi*, cette situation dure depuis des mois. ◆ v. rifl. **1.** [sostenersi, star dritto] se tenir. | *reggersi in piedi*, se tenir debout. | *reggersi a galla*, flotter, se tenir à la surface. | *quest'impresa non si reggerà molto*, cette entreprise ne tiendra pas longtemps. ‖ Fig. *reggersi la pancia dalle risa*, se tenir les côtes de rire. ‖ **2.** [autogovernarsi] se gouverner, se régir. | *ogni popolo si regge con le proprie leggi*, chaque peuple se gouverne avec ses propres lois. ‖ Fig. *sa bene come reggersi*, il sait bien à quoi s'en tenir.

reggetta [red'dʒetta] f. feuillard m.

reggia ['reddʒa] (**-ge** pl.) f. palais m. (royal). ‖ [corte] cour.

reggiano [red'dʒano] agg. reggien; de Reggio Emilia. ◆ n. [abitante] Reggien. ◆ m. [formaggio] parmesan.

reggicalze [reddʒi'kaltse] m. inv. porte-jarretelles.

reggilibro [reddʒi'libro] m. serre-livres.

reggilume [reddʒi'lume] m. [a sospensione] tige f., chaîne f.; [a braccio] bras; [a piede] pied.

reggimentale [reddʒimen'tale] agg. régimentaire, de régiment. | *compagnia reggimentale*, compagnie régimentaire.

reggimento [reddʒi'mento] m. régiment. ‖ Fig. [moltitudine] régiment, ribambelle f. (fam.), foule f. ‖ Arc. [governo] régime (l.c.), gouvernement (l.c.).

reggino [red'dʒino] agg. reggien, de Reggio Calabria. ◆ n. [abitante] Reggien.

reggipancia [reddʒi'pantʃa] m. invar. Pop. ceinture (f.) élastique (l.c.). ‖ [di cavallo] sous-ventrière.

reggipenne [reddʒi'penne] m. invar. porte-plume.

reggipetto [reddʒi'pɛtto] m. soutien-gorge.

reggiposata [reddʒipo'zata] m. invar. porte-couteau.

reggiseno [reddʒi'seno] m. V. reggipetto.

reggispinta [reddʒi'spinta] agg. invar. Mecc. de butée. ◆ m. invar. Mecc. butée f.

reggitore [reddʒi'tore] (**-trice** f.) n. régisseur; celui, celle qui régit (l.c.), qui gouverne (l.c.). ◆ m. *i reggitori dello Stato*, les gouvernants, ceux qui gouvernent l'État.

regia [re'dʒia] f. [monopolio] régie. | *regia dei tabacchi*, régie des tabacs. ‖ Cin., Teatro, T. V. mise en scène. | *curare la regia di un film*, faire la mise en scène d'un, mettre en scène un film. | *per la regia di X*, mise en scène de X.

regicida [redʒi'tʃida] (**-i** m. pl.) n. régicide.

regicidio [redʒi'tʃidjo] m. régicide.

regime [re'dʒime] m. régime. ‖ Polit. *regime democratico*, régime démocratique. ‖ Med. régime. | *essere a regime*, être au régime. ‖ Bot. [di banane] régime. ‖ Econ. *regime preferenziale*, régime de faveur. ‖ Geogr. *il regime delle piogge*, le régime des pluies. | *fiume a regime torrentizio*, rivière à régime torrentiel. ‖ Mecc. *a pieno regime*, à plein régime.

regina [re'dʒina] f. reine. | *regina madre*, reine mère. | *la Regina dei cieli*, la Reine des cieux. ‖ Per est. *regina della festa*, reine du bal. | *un portamento da regina*, un port de reine. ‖ Bot. *regina dei prati*, reine-des-prés. | *regina claudia*, reine-claude. | *uva regina*, raisin de table. ‖ Giochi [carte] *regina di fiori*, dame de trèfle. ‖ Loc. *scacco alla regina*, échec à la reine.

reginetta [redʒi'netta] f. (petite) reine. | *reginetta di bellezza*, reine de beauté.

regio ['redʒo] (**-gie** f. pl.) agg. royal. | *autorità regia*, autorité royale. | *guardia regia*, garde royale. ‖ Chim. *acqua regia*, eau régale.

regionale ['redʒo'nale] agg. régional.

regionalismo [redʒona'lizmo] m. régionalisme.

regionalista [redʒona'lista] (**-i** m. pl.) n. régionaliste.

regionalistico [redʒona'listiko] (**-ci** m. pl.) agg. régionaliste.

regionalmente [redʒonal'mente] avv. par régions.

regione [re'dʒone] f. région. | *le regioni d'Italia*, les régions d'Italie. | *regione equatoriale*, région équatoriale. | *regione industriale*, région industrielle. ‖ Anat. *regione lombare*, région lombaire.

regista [re'dʒista] (**-i** m. pl.) n. Cin., Teatro, T. V., Fig. metteur (m.) en scène. | *aiuto regista*, assistant.

registrabile [redʒis'trabile] agg. enregistrable.

registrare [redʒis'trare] v. tr. [annotare] enregistrer. | *registrare un pagamento*, enregistrer un paiement. | *registrare la nascita, la morte di qlcu.*, enregistrer la naissance, la mort de qn. | *registrare un veicolo*, immatriculer un véhicule. | *il termometro registra una temperatura molto bassa*, le thermomètre marque une température très basse. | *registrare su nastro magnetico*, enregistrer sur bande magnétique. ‖ [segnalare] enregistrer. | *si registrano azioni esemplari*, on enregistre, on signale des actions exemplaires. ‖ Comm. *registrare a mastro*, porter au grand-livre. | *registrare a giornale*, inscrire au journal. | *registrare a saldo*, enregistrer pour solde. ‖ Mecc. *registrare le punterie*, régler les poussoirs. ‖ Mus. *registrare uno strumento*, accorder un instrument. ‖ Tecn. *registrare un orologio*, régler une montre.

registrato [redʒis'trato] agg. enregistré. ‖ Tecn. réglé.

registratore [redʒistra'tore] m. enregistreur; [magnetofono] magnétophone. | *registratore di cassa*, caisse enregistreuse.

registrazione [redʒistra'tsjone] f. Amm., Comm. enregistrement m. | *registrazione di un contratto*, enregistrement d'un contrat. | *tassa di registrazione*, droits (m. pl.) d'enregistrement. ‖ Mus. registration. ‖ Tecn. réglage m.

registro [re'dʒistro] m. **1.** registre. | *registro di stato civile*, registre d'état civil. ‖ Univ. *registro di classe*, cahier de classe. | *registro del professore*, registre du professeur. ‖ Comm. *registro di cassa*, livre de caisse. | *registro degli inventari*, livre, registre des inventaires. | *registro a matrice, a madre e figlia*, registre à souche. | *registro di carico e scarico*, registre d'entrée et de sortie. ‖ Mar. *registro di bordo*, journal de bord. ‖ **2.** [registrazione] ‖ Burocr. *(ufficio del) registro*, bureau de l'enregistrement. | *tassa di registro*, droit d'enregistrement. ‖ **3.** Mus. *registro di soprano*, registre de soprano. | *registro dell'organo*, registre de l'orgue. ‖ Fig. *cambiar registro*, changer de ton. ‖ **4.** Tecn. *registro per ventilazione*, registre d'aérage. | *registro di orologio*, rosette f. ‖ Tip. registre.

regnante [reɲ'ɲante] agg. Pr. e fig. régnant. ◆ m. pl. *i regnanti*, les rois, les souverains.

regnare [reɲ'ɲare] v. intr. régner. | *il re regna*, le roi règne. ‖ Fig. *il silenzio regnava nella stanza*, le silence régnait dans la pièce. | *qui regna la pace*, la paix règne ici.

regnicolo [reɲ'ɲikolo] agg. qui habite, est né dans un royaume. ◆ n. habitant d'un royaume.

regno ['reɲɲo] m. [stato retto a monarchia] royaume. | *regno d'Inghilterra*, royaume d'Angleterre. ‖ Per est. royaume. | *il regno di Dio, dei Cieli*, le royaume de Dieu, des Cieux. ‖ Fig. *il regno della donna*, le royaume de la femme. ‖ [durata del regno] règne. | *sotto il regno di Luigi XIV*, sous le règne de Louis XIV. ‖ [autorità e dignità di re] royauté f. | *aspirare al regno*, aspirer à la royauté. | *abdicare al regno*, abdiquer (v. intr.). ‖ [nella natura] *regno animale, vegetale*, règne animal, végétal.

regola ['rɛgola] f. **1.** [principio, norma] règle. | *fissare una regola*, fixer une règle. | *osservare una regola*, observer une règle. | *contravvenire a una regola*, enfreindre une règle. ‖ Loc. *mettersi in regola con*, se mettre en règle avec. | *farsi una regola di*, se faire une règle de. | *l'eccezione conferma la regola*, l'exception confirme la règle. | *è buona regola salutare chi s'incontra*, il est de règle de saluer les gens que l'on rencontre. | *avere le carte in regola* : Pr. avoir ses papiers en règle; fig. avoir tous les atouts (en main). | *essere in regola con la legge*, être en règle avec la loi. | *ha fatto tutto a regola d'arte*, il a tout fait selon les règles de l'art. | *per tua norma e regola*, pour ta gouverne. ‖ **2.** [moderazione] mesure, modération. |

non avere regola, ne pas avoir de mesure. | *beve e mangia senza regola,* il boit et mange immodérément. || [dieta] régime. | *stare alla regola,* être au régime. || **3.** GRAMM., MAT. règle. || RELIG. règle. | *la regola francescana,* la règle franciscaine.
regolabile [rego'labile] agg. réglable.
1. regolamentare [regolamen'tare] agg. réglementaire.
2. regolamentare [regolamen'tare] v. tr. réglementer.
regolamentazione [regolamenta'tsjone] f. réglementation. | *regolamentazione delle nascite,* régulation des naissances.
regolamento [regola'mento] m. [insieme di norme] règlement. | *regolamento di polizia,* règlement de police. | *regolamento d'igiene,* règlement sanitaire. | *secondo il regolamento,* selon le règlement. || [il regolare] régularisation f. | *regolamento d'un corso d'acqua,* régularisation d'un cours d'eau. || COMM. règlement. | *regolamento di un vecchio conto,* règlement d'un vieux compte. || FIG. *regolamento di conti,* règlement de comptes.
1. regolare [rego'lare] agg. [in tutti i significati] régulier. | *vita regolare,* vie régulière. | *scrittura regolare,* écriture régulière. | *lineamenti regolari,* traits réguliers. | *polso regolare,* pouls régulier. | *a intervalli regolari,* à intervalles réguliers. || GEOM. *poligono regolare* polygone régulier. || GRAMM. *verbo regolare,* verbe régulier. || MIL. *esercito regolare,* armée régulière. || RELIG. *clero regolare,* clergé régulier.
2. regolare [rego'lare] v. tr. **1.** [sistemare] régler. | *regolare i propri affari,* régler ses affaires. | *regolare un debito, una questione,* régler une dette, une question. || FIG. *regolare un conto,* régler un compte. || **2.** [rendere regolare] régulariser. | *regolare il traffico,* régulariser le trafic. | *regolare la propria situazione,* régulariser sa situation. || [controllare] régulariser, contrôler. | *regolare il corso del fiume,* régulariser le cours du fleuve. || **3.** [reggere, governare] régir. | *le leggi che regolano la vita del paese,* les lois qui régissent la vie du pays. || **4.** MECC., TECN. régler. | *regolare un orologio, un apparecchio,* régler une montre, un appareil. | *regolare il minimo,* régler le ralenti. ◆ v. rifl. [moderarsi] se modérer. | *regolarsi nelle spese,* modérer ses dépenses. | *regolarsi nel mangiare, nel bere,* boire, manger modérément. || [comportarsi] se comporter, se conduire. | *sa come deve regolarsi con lui,* il sait comment il doit se comporter avec lui. | *regolarsi con giudizio,* agir avec bon sens. || [prendere esempio] se régler. | *regolati su di lui,* règle-toi sur lui.
regolarità [regolari'ta] f. [in tutti i significati] régularité. | *regolarità dei pagamenti,* régularité des paiements. | *ci incontriamo con una certa regolarità,* nous nous rencontrons assez régulièrement. || SPORT *gara di regolarità,* épreuve de régularité.
regolarizzare [regolarid'dzare] v. tr. régulariser.
regolarizzazione [regolariddzat'sjone] f. régularisation.
regolarmente [regolar'mente] avv. régulièrement.
regolatamente [regolata'mente] avv. avec modération; modérément.
regolatezza [regola'tettsa] f. modération.
regolativo [regola'tivo] agg. qui règle.
regolato [rego'lato] agg. réglé. | *una vita regolata,* une vie réglée, rangée. | *orologio regolato,* montre réglée. | *regolato nel bere,* qui boit avec modération, modérément.
regolatore [regola'tore] (**-trice** f.) agg. régulateur, trice. | *meccanismo regolatore,* mécanisme régulateur. | *piano regolatore,* plan d'urbanisme, d'aménagement. ◆ m. régulateur. | *regolatore dell'aria,* régulateur de l'air. | *regolatore della temperatura,* thermostat. | *regolatore pneumatico,* régulateur pneumatique. | *regolatore della velocità,* réglage de marche.
regolazione [regola'tsjone] f. régulation. || [di un corso d'acqua] régularisation. || TECN. réglage m.
regolizia [rego'litsja] f. POP. [liquirizia] réglisse (L.C.).
1. regolo ['rɛgolo] m. règle f. | *regolo calcolatore,* règle à calcul. || TECN. [di finestra] meneau; [di cancello] barreau, montant.
2. regolo ['rɛgolo] m. ZOOL. roitelet.
regredire [regre'dire] v. intr. reculer. || FIG. rétrograder; être en régression.
regressione [regres'sjone] f. régression.
regressivamente [regressiva'mente] avv. régressivement.
regressivo [regre'ssivo] agg. régressif.
regresso [re'grɛsso] m. régression f., recul; retour en arrière. || FIN. recours. | *riservarsi il regresso,* se réserver le recours. || GIUR. recours. | *diritto di regresso,* droit de recours. || COMM. *regresso cambiario,* rechange. || MAR. recul. | *regresso dell'elica,* recul de l'hélice. | *regresso del vento,* recul du vent.
reietto [re'jɛtto] agg. repoussé, rejeté, renié. ◆ m. paria. | *i reietti della società,* les parias de la société.
reiezione [rejet'tsione] f. GIUR. rejet m.
reimbarcare [reimbar'kare] v. tr. rembarquer. ◆ v. rifl. se rembarquer.
reimbarco [reim'barko] (**-chi** pl.) m. rembarquement.
reimpiegare [reimpje'gare] v. tr. remployer, réemployer.
reimpiego [reim'pjɛgo] (**-ghi** pl.) m. remploi, réemploi.
reimportare [reimpor'tare] v. tr. réimporter.
reimportatore [reimporta'tore] (**-trice** f.) n. réimportateur, trice.
reimportazione [reimporta'tsjone] f. réimportation.
reincarico [rein'karico] (**-chi** pl.) m. [senza corrispondente in fr.] *ha ottenuto il reincarico di formare il governo,* il a de nouveau été chargé de former le gouvernement. | *ha avuto il reincarico di presidente della società,* il a été réélu président de la société. || [scuola] *reincarico al liceo,* renouvellement d'une nomination au lycée. | *ha ottenuto il reincarico al liceo,* on lui a renouvelé son poste au lycée. || UNIV. *gli è stato affidato il reincarico,* on lui a renouvelé sa nomination, son poste.
reincarnare [reinkar'nare] v. tr. réincarner. ◆ v. rifl. se réincarner.
reincarnazione [reinkarnat'tsjone] f. réincarnation.
reincrocio [rein'krotʃo] m. [genetica] recroisement.
reinfestazione [reinfestat'tsjone] f. AGR. réinfestation.
reinfettare [reinfet'tare] v. tr. réinfecter.
reingaggio [rein'gaddʒo] m. SPORT renouvellement de contrat.
reingresso [rein'grɛsso] m. nouvelle entrée; [ritorno] retour.
reinnestare [reinnes'tare] v. tr. AGR. regreffer.
reinnesto [rein'nɛsto] m. AGR. regreffage.
reinscrivere [rein'skrivere] v. tr. réinscrire.
reinserimento [reinseri'mento] m. réintégration f., réadaptation f.
reinserire [reinse'rire] v. tr. insérer de nouveau; réintégrer.
reintegrare [reinte'grare] v. tr. [ricostituire] rétablir, reconstituer. | *reintegrare un patrimonio,* rétablir un patrimoine. || FIG. *reintegrare le forze,* reprendre des forces. || AMM. réintégrer. | *reintegrare qlcu. nelle sue funzioni,* réintégrer qn dans ses fonctions. || [risarcire] indemniser, dédommager. ◆ v. rifl. ARC. [ritornare intero] se reconstituer (L.C.). || ARC. [riconciliarsi] se réconcilier (L.C.).
reintegrativo [reintegra'tivo] agg. propre à réintégrer.
reintegrazione [reintegrat'tsjone] f. AMM. réintégration. || [risarcimento] indemnisation, dédommagement m.
reinvestimento [reinvesti'mento] m. ECON. réinvestissement.
reinvestire [reinves'tire] v. tr. ECON. réinvestir.
reità [rei'ta] f. (raro) culpabilité (L.C.).
reiterabile [reite'rabile] agg. réitérable.
reiterare [reite'rare] v. tr. réitérer; [ripetere] répéter.
reiteratamente [reiterata'mente] avv. réitérativement; [più volte] plusieurs fois.
reiterato [reite'rato] agg. réitéré, répété.
reiterazione [reiterat'tsjone] f. réitération.
relais [rə'lɛ] m. [fr.] ELETTR. relais. | *relais a corrente continua,* relais à courant continu.
relativamente [relativa'mente] avv. relativement. || LOC. *relativamente a,* relativement à, pour ce qui est de, en ce qui concerne, quant à.

relativismo [relati'vismo] m. FILOS. relativisme.
relativista [relati'vista] (**-i** m. pl.) n. FILOS. relativiste.
relativistico [relati'vistiko] (**-ci** m. pl.) agg. FILOS., FIS. relativiste.
relatività [relativi'ta] f. relativité.
relativo [rela'tivo] agg. [che si riferisce a] relatif. | *relativo all'economia europea,* relatif à l'économie européenne. ‖ [contrario di assoluto] *valore relativo,* valeur relative. ‖ [corrispondente] relatif, correspondant. | *le spese relative al matrimonio,* les dépenses relatives, se rapportant au mariage. ‖ GRAMM. *pronome relativo,* pronom relatif. ‖ MAT. *numeri relativi,* nombres relatifs.
relatore [rela'tore] (**-trice** f.) agg. qui rapporte. ‖ GIUR. *giudice relatore,* juge rapporteur. ◆ m. rapporteur. ‖ UNIV. patron de thèse.
relax [re'laks] m. (ingl.) relaxation f. ‖ PER EST. repos, détente f.
relazionare [relattsjo'nare] v. tr. BUROCR. rapporter (L.C.).
relazione [relat'tsjone] f. [esposizione, resoconto] relation, rapport m., exposé m. | *fare una relazione,* rédiger un rapport, une relation. | *relazione orale, scritta,* rapport oral, écrit. ‖ [rapporto] relation, rapport. | *essere in relazione con qlco.,* être en relation avec qch. | *relazione di causa ed effetto,* relation de cause à effet. | *in stretta relazione,* en étroite relation. ‖ [legame tra persone] relation. | *avere una relazione,* avoir une relation. | *stringere una relazione con qlcu.,* entrer en relation avec qn. | *troncare una relazione,* briser, interrompre une relation. ◆ pl. *relazioni umane, pubbliche, economiche, internazionali,* relations humaines, publiques, économiques, internationales. | *essere in buone relazioni con qlcu.,* être en bonnes relations avec qn. ◆ loc. prep. ***in relazione a,*** par rapport à.
relazionismo [relattsjo'nizmo] m. FILOS. relationnisme.
relè [re'lɛ] m. V. RELAIS.
relegare [rele'gare] v. tr. reléguer.
relegazione [relegat'tsjone] f. relégation.
religione [reli'dʒone] f. religion. | *abbracciare, abiurare una religione,* embrasser, abjurer une religion. | *entrare in religione,* entrer en religion. | *religione di Stato,* religion d'État. | *pratiche di religione,* pratiques religieuses. | *morire con i conforti della religione,* mourir muni des sacrements de l'Église. ‖ IRON. *non c'é più religione,* il n'y a plus de religion, de moralité. ‖ FIG. [culto] *la religione della famiglia, della patria,* le culte de la famille, de la patrie.
religiosa [reli'dʒosa] f. religieuse, sœur.
religiosamente [relidʒosa'mente] avv. religieusement.
religiosità [relidʒosi'ta] f. religiosité.
religioso [reli'dʒoso] agg. religieux. | *matrimonio religioso,* mariage religieux, à l'église. ◆ m. religieux ; [frate] frère ; [monaco] moine.
reliquia [re'likwja] f. relique. | *conservare un oggetto come una reliquia,* conserver, garder un objet comme une relique. | *le reliquie del passato,* les reliques, les vestiges (m.) du passé.
reliquiario [reli'kwjarjo] (**-ri** pl.) m. reliquaire.
relitto [re'litto] m. PR. e FIG. épave f. | *relitti galleggianti,* épaves flottantes. | *è un relitto umano,* c'est une épave (humaine). ‖ [terreno] enclave f.
remaio [re'majo] m. MAR. avironnier.
remare [re'mare] v. intr. ramer.
remata [re'mata] f. coup (m.) de rame. ‖ LOC. *vado a fare una remata,* je vais ramer un peu.
rematore [rema'tore] (**-trice** f.) m. rameur, euse.
rembata [rem'bata] f. ARC., MAR. rambarde.
remeggiare [remed'dʒare] v. intr. LETT. ramer (L.C.). ‖ [di uccelli] battre des ailes.
remeggio [re'meddʒo] m. LETT. [azione di remare] action (f.) de ramer (L.C.), nage f. (L.C.). ‖ [insieme dei remi] rames f. pl. ‖ [di ali] battement d'ailes (L.C.).
remiera [re'mjɛra] f. SPORT râtelier (m.) à rames.
remiero [re'mjɛro] agg. SPORT de l'aviron.
remigante [remi'gante] agg. LETT. qui rame (L.C.). ‖ ZOOL. *penne remiganti,* rémiges (f. pl.). ◆ n. POES. rameur, euse (L.C.).
remigare [remi'gare] v. intr. LETT. ramer (L.C.). ‖ [di uccelli] battre des ailes (L.C.).
remigatore [remiga'tore] (**-trice** f.) m. LETT. [raro] rameur, euse (L.C.).
reminiscenza [reminiʃ'ʃɛntsa] f. réminiscence.
remissibile [remis'sibile] agg. rémissible.
remissione [remis'sjone] f. rémission, pardon m. | *remissione dei peccati,* rémission des péchés. | *senza remissione,* sans rémission. ‖ (raro) [sottomissione] soumission (L.C.). ‖ COMM. *remissione di un debito,* remise d'une dette. ‖ GIUR. *remissione di querela,* désistement (m.) d'instance. ‖ MED. rémission.
remissivamente [remissiva'mente] avv. avec soumission ; humblement.
remissività [remissivi'ta] f. soumission.
remissivo [remis'sivo] agg. soumis, accommodant. ‖ GIUR. de rémission. | *clausola remissiva,* clause de rémission.
remittente [remit'tɛnte] agg. [di febbre] rémittent.
remittenza [remit'tɛntsa] f. MED. rémittence.
remo ['rɛmo] m. rame f. ; [per canotaggio] aviron. | *barca a remi,* barque à rames. | *andare a remi,* aller à la rame. | *a forza di remi,* à force de rames. | *remi accoppiati,* avirons accouplés. | *remo a pagaia,* pagaie f. ‖ FIG. *tirare i remi in barca,* tirer son épingle du jeu.
remolo ['rɛmolo] m. (raro) remous (L.C.).
1. remora ['rɛmora] f. LETT. [indugio] délai m. (L.C.). ‖ [freno] frein m. (L.C.). | *porre una remora a,* mettre un frein à.
2. remora ['rɛmora] f. ZOOL. rémora m.
remoto [re'mɔto] agg. [nel tempo] lointain, reculé. | *un ricordo remoto,* un souvenir lointain. | *nei tempi più remoti,* dans les temps les plus reculés. ‖ [nello spazio] lointain, éloigné ; [solitario] solitaire. | *un luogo remoto,* un endroit éloigné. ‖ GRAMM. *passato remoto,* passé simple. | *trapassato remoto,* passé antérieur.
remunerare [remune'rare] v. tr. e deriv. V. RIMUNERARE e deriv.
rena ['rena] f. [tosc.] sable m. | *rena finissima,* sablon m. ‖ FIG. *costruire sulla rena,* bâtir sur le sable. | *portare rena al lido,* porter de l'eau à la rivière.
renaccio [re'nattʃo] m. terrain sablonneux.
renaio [re'najo] m. (tosc.) [banco di rena] banc de sable. ‖ [cava di rena] sablière f.
renaiola [rena'jɔla] f. BOT. spergule.
renaiolo [rena'jɔlo] m. = ouvrier qui travaille à l'extraction du sable.
renale [re'nale] agg. rénal. ‖ MED. *colica renale,* colique néphrétique.
renano [re'nano] agg. rhénan. ◆ n. [abitante] Rhénan, ane.
rendere ['rɛndere] v. tr. **1.** [restituire] rendre, redonner, restituer. | *rendere un libro, denaro,* rendre un livre, de l'argent. | *rendere l'anima a Dio,* rendre son âme à Dieu. | *rendere la parola a qlcu.,* rendre à qn sa parole. | *quello che è fatto è reso,* c'est un prêté pour un rendu. ‖ **2.** [contraccambiare] rendre. | *rendere il saluto,* rendre un salut, répondre au salut (de qn). | *Dio ve ne renda merito,* Dieu vous le rende. | *rendere pan per focaccia,* rendre (à qn) la monnaie de sa pièce. | *rendere la pariglia,* rendre la pareille. | *rendere bene per male,* rendre le bien pour le mal. ‖ **3.** [produrre, fruttare] rendre, rapporter. | *questo capitale rende 10 000 franchi al mese,* ce capital rend, rapporte 10 000 francs par mois. ‖ **4.** [tradurre, esprimere] rendre, exprimer. | *ha saputo rendere il senso della frase,* il a su rendre le sens de la phrase. | *il pittore ha reso bene l'espressione del viso,* le peintre a très bien rendu l'expression du visage. ‖ **5.** LOC. [con un nome] *rendere testimonianza,* rendre témoignage. | *rendere servizio a,* rendre service à. | *rendere giustizia,* rendre justice. | *rendere conto,* rendre compte. | *rendere grazia a,* rendre grâce à. | *rendere omaggio,* rendre hommage. | *rendere lode a qlcu.,* louer qn. | *rendere visita,* rendre visite. | *rendere l'ultimo respiro,* rendre le dernier soupir. ‖ [con un agg.] *rendere felice, infelice,* rendre heureux, malheureux. | *rendere possibile,* rendre possible. | *rendere pubblico,* rendre public. | *rendere triste,* rendre triste. ◆ v. intr. [produrre, fruttare] rendre, rapporter. | *questo motore non rende,* ce moteur ne rend pas. | *il suo commercio rende bene,* son commerce rend, rapporte bien. ◆ v. rifl. (raro)

[recarsi] se rendre (L.C.), aller (L.C.). ‖ [essere, diventare] se rendre, devenir. | *rendersi simpatico, colpevole,* se rendre sympathique, coupable.
rendiconto [rendi'konto] m. [relazione] compte rendu. ‖ [presentazione] reddition f. ‖ COMM. bilan.
rendimento [rendi'mento] m. [resa] rendement. | *rendimento di un capitale, di un motore,* rendement d'un capital, d'un moteur. | *licenziamento per scarso rendimento,* licenciement pour rendement insuffisant. ‖ [il rendere] reddition f. | *rendimento di conti,* reddition de comptes. | *rendimento di grazie,* actions (f. pl.) de grâces.
rendita ['rɛndita] f. rente. | *vivere di rendita,* vivre de ses rentes ; être rentier, ère. | *assegnare una rendita a,* renter, faire une rente à. | *rendita vitalizia,* rente viagère. | *rendita fondiaria,* rente foncière.
rene ['rɛne] m. ANAT. rein. | *rene artificiale,* rein artificiel. | *rene mobile,* rein flottant. (V. RENI.)
renella [re'nɛlla] f. [sabbia minuta] sable (m.) fin, sablon m. ‖ BOT. asaret m. ‖ MED. concrétion pierreuse ; gravelle (arc.).
renetta [re'netta] f. BOT. reinette.
reni ['reni] f. pl. [parte inferiore del dorso] reins m. | *avere mal di reni,* avoir mal aux reins. | *farsi male alle reni,* se donner un tour de reins. | *il filo delle reni,* l'épine dorsale. | *colpo di reni,* coup de reins. ‖ FIG. *spezzare le reni a qlcu.,* casser les reins à qn.
reniforme [reni'forme] agg. BOT. réniforme.
renio ['rɛnjo] m. CHIM. rhénium.
renitente [reni'tɛnte] agg. réfractaire, rétif. ◆ m. MIL. *renitente alla leva,* insoumis.
renitenza [reni'tɛntsa] f. refus m., résistance. | *renitenza a cedere,* refus de céder. ‖ MED. rénitence. ‖ MIL. [alla leva] insoumission.
renna ['rɛnna] f. ZOOL. renne m. ‖ [pelle] daim m.
renoso [re'noso] agg. sableux, sablonneux.
reo ['rɛo] agg. e n. coupable. | *reo presunto,* présumé coupable. | *è reo confesso,* il s'est reconnu coupable. | *reo d'omicidio,* coupable de meurtre. | *reo politico,* criminel politique. ‖ LETT. [malvagio] méchant (L.C.), mauvais (L.C.).
reoforo [reo'fɔro] m. ELETTR. rhéophore.
reografo [reɔ'grafo] m. ELETTR. rhéographe.
reologia [reolod'dʒia] f. CHIM., FIS. rhéologie.
reometro [reɔ'mɛtro] m. ELETTR. rhéomètre.
reoscopico [reɔ'skopico] (**-ci** m. pl.) agg. ELETTR. rhéoscopique.
reostatico [reɔ'statiko] (**-ci** m. pl.) agg. rhéostatique.
reostato [re'ɔstato] m. rhéostat.
reotomo [reɔ'tomo] m. ELETTR. rhéotome.
reotropismo [reɔtrɔ'pismo] m. BIOL. rhéotaxie f., rhéotropisme.
reparto [re'parto] m. [nella fabbrica] atelier. | *reparto di montaggio,* atelier de montage. | *capo reparto,* chef d'atelier. ‖ [in un grande magazzino] rayon. | *reparto confezioni,* rayon confection. | *reparto vendite,* rayon des ventes. ‖ [in un ospedale] service, pavillon. | *reparto chirurgico,* pavillon de chirurgie. ‖ (raro) [ripartizione] répartition f. (L.C.). ‖ MIL. subdivision f., unité f. ; [distaccamento] détachement. | *reparto d'artiglieria,* détachement d'artillerie. | *reparto d'assalto,* détachement d'assaut, troupes (f. pl.) de choc. | *reparti combattenti,* unités combattantes.
repellente [repel'lɛnte] agg. FIS. répulsif. ‖ FIG. repoussant, répugnant.
repellere [re'pɛllere] v. tr. LETT. (raro) repousser (L.C.).
repentaglio [repen'taʎʎo] m. danger, risque. | *mettere a repentaglio la propria vita, reputazione,* mettre sa vie, sa réputation en danger ; risquer sa vie, sa réputation.
repente [re'pɛnte] agg. LETT. subit (L.C.), soudain (L.C.). ◆ avv. *(di) repente,* soudain.
repentinamente [repentina'mente] avv. soudain, soudainement, subitement.
repentinità [repentini'ta] f. soudaineté.
repentino [repen'tino] agg. subit, soudain. | *un cambiamento repentino,* un brusque changement. | *un gesto repentino,* un geste soudain. | *morte repentina,* mort subite.
reperibile [repe'ribile] agg. trouvable. | *un libro facilmente reperibile,* un livre facile à trouver. | *oggi non é reperibile,* aujourd'hui on ne peut le trouver.
reperibilità [reperibili'ta] f. facilité à trouver.
reperimento [reperi'mento] m. découverte f.
reperire [repe'rire] v. tr. trouver, retrouver.
repertare [reper'tare] v. tr. GIUR. produire.
reperto [re'pɛrto] m. ARCHEOL., GIUR. pièce f. | *reperto giudiziario,* pièce à conviction. ‖ [relazione] rapport. | *reperto radiologico,* rapport radiologique.
repertorio [reper'tɔrjo] (**-ri** pl.) m. répertoire. | *repertorio di un attore, di una compagnia,* répertoire d'un acteur, d'une troupe. | *repertorio bibliografico,* répertoire bibliographique. | *repertorio di giurisprudenza,* répertoire de jurisprudence. | *mettere a repertorio,* répertorier. ‖ FIG. *un repertorio di insulti,* un répertoire d'injures.
repleto [re'plɛto] agg. LETT. plein (L.C.), rempli (L.C.).
replezione [replet'tsjone] f. MED. réplétion.
replica ['rɛplika] f. réponse, réplique. | *non ammettere replica,* ne pas admettre de réplique. | *avere la replica pronta,* avoir la repartie facile. ‖ COMM. *in replica a,* en réponse à. ‖ GIUR. *diritto di replica,* droit de réplique. ‖ [ripetizione] répétition. | *la replica di una cura,* la répétition d'un traitement. | *abbiamo una replica di quel quadro,* nous avons la réplique de ce tableau. ‖ TEATRO représentation, reprise ; [ripetizione di un brano] bis m. (lat.). | *ultime repliche,* dernières (représentations).
replicabile [repli'kabile] agg. que l'on peut répéter ; répétable. ‖ TEATRO qui peut être rejoué.
replicare [repli'kare] v. tr. [rispondere] répliquer, répondre, ajouter. | *non c'è nulla da replicare,* il n'y a rien à ajouter. | *obbedire senza replicare,* obéir sans répliquer. ‖ [ripetere] répéter, redire. ‖ TEATRO rejouer, reprendre.
replicatamente [replikata'mente] avv. à plusieurs reprises, plusieurs fois.
replicazione [replikat'tsjone] f. ARC. [retorica] répétition (L.C.).
reportage [repɔr'ta:ʒ] m. (fr.) reportage.
reporter [re'pɔrter] m. (ingl.) reporter.
repositorio [repozi'tɔrjo] (**-ri** pl.) m. RELIG. reposoir.
repressione [repres'sjone] f. répression.
repressivo [repres'sivo] agg. répressif.
represso [re'prɛsso] agg. réprimé, retenu, étouffé. | *istinti repressi,* instincts réprimés. ‖ PSIC. refoulé. (V. REPRIMERE.)
repressore [repres'sore] agg. répressif. ◆ m. oppresseur.
reprimenda [repri'mɛnda] f. réprimande.
reprimere [re'primere] v. tr. réprimer, contenir, étouffer. | *reprimere una rivolta, la violenza,* réprimer une révolte, la violence. | *reprimere uno sbadiglio,* réprimer un bâillement. | *reprimere le lacrime,* retenir ses larmes. | *reprimere un grido,* étouffer, réprimer un cri. | *reprimere un'emozione,* contenir une émotion. ‖ PROV. *è meglio prevenire che reprimere,* il vaut mieux prévenir que guérir. ◆ v. rifl. se maîtriser, se contenir.
reprobo ['rɛprobo] agg. e n. réprouvé.
reps [rɛps] m. (fr.) TESS. reps.
reptatorio [repta'tɔrjo] (**-ri** m. pl.) agg. reptatoire.
reptazione [reptat'tsjone] f. ZOOL. reptation.
repubblica [re'pubblika] f. république. | *repubblica popolare, democratica,* république populaire, démocratique. ‖ ARC. [Stato] État.
repubblicanamente [repubblikana'mente] avv. dans un esprit républicain.
repubblicanesimo [repubblika'nezimo] m. républicanisme.
repubblicano [repubbli'kano] agg. e n. républicain.
repubblichino [repubbli'kino] agg. STOR. de la, qui a rapport à la République Sociale Italienne (L.C.). ◆ m. soldat de la République Sociale Italienne.
repulisti [repu'listi] m. (lat.) nettoyage. | *fare un repulisti,* faire un grand nettoyage ; FIG. faire main basse (sur) ; nettoyer ; rafler (fam.). | *i ladri hanno fatto repulisti,* les voleurs ont tout raflé.
repulsione [repul'sjone] f. PR. e FIG. répulsion.
repulsivo [repul'sivo] agg. V. RIPULSIVO.
repulsore [repul'sore] m. V. RESPINGENTE.
reputare [repu'tare] v. tr. [ritenere] considérer. | *reputo necessario che tu venga,* je considère, j'estime

qu'il est nécessaire que tu viennes. || [pensare] penser, croire. | *reputo che tu sappia tutto,* je pense que tu sais tout. | *la reputavo onesta,* je la croyais honnête. || [stimare] estimer. | *lo reputavo indispensabile,* j'estimais que c'était indispensable. | *non la reputi abbastanza,* tu ne l'estimes pas assez. ◆ v. rifl. se croire, se considérer, s'estimer. | *si reputa felice,* il se croit heureux. | *reputati fortunato,* estime-toi heureux. | *si reputi licenziato,* considérez-vous comme renvoyé.

reputato [repu'tato] agg. renommé, réputé. | *un avvocato reputato,* un avocat réputé. | *è fra i più reputati,* il est des plus considérés.

reputazione [reputat'tsjone] f. réputation, renommée. | *godere di una buona, cattiva reputazione,* jouir d'une bonne, d'une mauvaise réputation. | *perdere la reputazione,* perdre sa réputation. | *ha la reputazione di essere bugiardo,* il a la réputation d'être menteur.

requie ['rekwje] f. tranquillité, repos m.; [tregua] répit m. | *ho bisogno di un po' di requie,* j'ai besoin d'un peu de tranquillité. | *senza requie,* sans répit, sans relâche, sans cesse. | *piove senza requie,* il pleut sans cesse, sans discontinuer.

requiem ['rekwjɛm] m. [lat.] RELIG. requiem. | *messa da, di requiem,* messe de requiem.

requisire [rekwi'zire] v. tr. réquisitionner.

requisito [rekwi'zito] agg. réquisitionné, requis. ◆ m. condition f., qualité requise. | *ha tutti i requisiti,* il a toutes les qualités requises. | *il primo requisito per riuscire,* la première condition pour réussir. | *avere i requisiti di legge,* avoir les qualités requises par la loi.

requisitoria [rekwizi'tɔrja] f. GIUR. e FIG. réquisitoire.

requisizione [rekwizit'tsjone] f. réquisition.

resa ['resa] f. **1.** [rendimento] rendement m. | *resa di una macchina, di un motore,* rendement d'une voiture, d'un moteur. | *resa poetica, pittorica,* valeur poétique, picturale. || COMM. [di merce invenduta] retour m., restitution. || [invenduti] invendus m. pl.; [giornali, libri] bouillons m. pl. || LOC. *resa dei conti,* reddition de comptes. || FIG. *è il momento della resa dei conti,* le moment est arrivé où il faut rendre les comptes. || **2.** MIL. reddition, capitulation. | *resa incondizionata,* reddition sans conditions. || FIG. *ha costretto l'avversario alla resa,* il a obligé son adversaire à capituler, à se déclarer vaincu.

rescindere [reʃ'ʃindere] v. tr. GIUR. rescinder; [di sentenze] casser, annuler.

rescindibile [reʃʃin'dibile] agg. GIUR. rescindable, rescisible.

rescindibilità [reʃʃindibili'ta] f. GIUR. condition donnant lieu à une rescision.

rescissione [reʃʃis'sjone] f. GIUR. [effetto] rescision. || [azione] rescindement. m. || [di contratti] résiliation.

rescisso [reʃ'ʃisso] part. pass. di RESCINDERE.

rescissorio [reʃʃis'sɔrjo] (**-ri** m. pl.) agg. GIUR. rescisoire.

rescritto [res'kritto] m. STOR. RELIG. rescrit.

resecare [rese'kare] v. tr. CHIR. réséquer.

reseda [re'zɛda] f. BOT. réséda m.

resedacee [reze'datʃee] f. pl. BOT. résédacées.

resezione [reset'tsjone] f. CHIR. résection.

residente [resi'dɛnte] agg. résidant (part. pres.). | *gli Italiani residenti in Africa,* les résidants italiens en Afrique. ◆ m. résident. | *residente generale,* résident général.

residenza [resi'dɛntsa] f. résidence. | *aver la residenza a,* résider à, avoir sa résidence à. | *avere l'obbligo della residenza,* être obligé à la résidence. | *residenza stabile,* résidence habituelle. | *cambiamento di residenza,* changement de résidence. | *certificato di residenza,* certificat de résidence.

residenziale [residen'tsjale] agg. résidentiel. | *quartiere residenziale,* quartier résidentiel.

residuale [residu'ale] agg. résiduel.

residuare [residu'are] v. intr. COMM. rester (en surplus).

residuato [residu'ato] agg. restant. ◆ m. reste. | *residuati di guerra,* matériel de guerre inutilisé; surplus m. pl.

residuo [re'siduo] agg. restant. | *le somme residue,* les sommes restantes. ◆ m. reste. | *i residui del pasto,* les restes du repas. | *un residuo di pudore, di onestà,* un reste de pudeur, d'honnêteté. || CHIM. résidu. | *residuo di combustione, di distillazione,* résidu de combustion, de distillation. || COMM. reliquat. | *il residuo ammonta a,* le reliquat s'élève à. ◆ m. pl. AGR. déchets. || MED. séquelles f.

resilienza [resi'ljɛntsa] f. MECC. résilience.

resina ['rɛzina] f. résine.

resinaceo [rezi'natʃeo] agg. résineux.

resinare [rezi'nare] v. tr. AGR. résiner, gemmer.

resinato [rezi'nato] agg. résiné. | *vino resinato,* vin résiné. ◆ m. CHIM. résinate.

resinatura [rezina'tura] f. AGR. gemmage m.

resinazione [rezinat'tsjone] f. AGR. gemmage m.

resinico [re'ziniko] (**-ci** m. pl.) agg. CHIM. *acido resinico,* acide résinique.

resiniere [rezi'njɛre] m. [operaio] résinier.

resinifero [rezi'nifero] agg. résinifère.

resinificare [rezinifi'kare] v. tr. CHIM. résinifier.

resinificazione [rezinifikat'tsjone] f. CHIM. résinification.

resinite [rezi'nite] f. MINER. résinite.

resinoso [rezi'noso] agg. résineux. | *albero resinoso,* arbre résineux. || FIS. *elettricità resinosa,* électricité résineuse.

resipiscente [rezipiʃ'ʃɛnte] agg. LETT. repentant (L.C.), repenti (L.C.).

resipiscenza [rezipiʃ'ʃɛntsa] f. LETT. résipiscence.

resipola [resi'pola] f. POP. érysipèle m. (L.C.), érésipèle m. (L.C.).

resistente [resis'tɛnte] agg. résistant, solide. | *resistente alla fatica,* résistant à la fatigue. | *colore resistente,* couleur résistante. ◆ n. résistant.

resistenza [resis'tɛntsa] f. PR. e FIG. résistance; [capacità di sopportare] endurance. | *fare resistenza,* résister, offrir de la résistance. | *avere resistenza,* avoir de la résistance. | *vincere la resistenza di qlcu.,* vaincre la résistance de qn. || AER. *resistenza aerodinamica,* traînée. || ELETTR. *resistenza elettrica,* résistance électrique. || PSIC. résistance. || SPORT *gara di resistenza,* épreuve d'endurance. || STOR. *la Resistenza,* la Résistance, le Maquis.

resistenziale [resisten'tsjale] agg. de la Résistance.

resistere [re'sistere] v. intr. résister, endurer, tenir (bon). | *resistere alla pioggia,* résister à la pluie. | *resistere alla tentazione, alla fatica, al dolore,* résister à la tentation, à la fatigue, à la douleur. | *non resisto più,* je n'y tiens plus, je n'en peux plus. | *un colore che resiste,* une couleur qui tient. || [tollerare, sopportare] supporter. | *queste piante non hanno resistito al calore,* ces plantes n'ont pas supporté la chaleur.

resistività [resistivi'ta] f. ELETTR., FIS. résistivité.

1. reso ['reso] part. pass. di RENDERE.

2. reso ['rɛzo] m. ZOOL. rhésus.

resocontista [resokon'tista] (**-i** m. pl.) n. chroniqueur, reporter m. (ingl.).

resoconto [reso'konto] m. compte rendu, relation f., rapport. | *ha presentato il resoconto della sua missione,* il a présenté un rapport sur sa mission.

resorcina [rezor'tʃina] f. CHIM. résorcine.

respingente [respin'dʒɛnte] m. [ferrovie] tampon.

respingere [res'pindʒere] v. tr. [allontanare] repousser, éloigner. | *respingere il nemico,* repousser l'ennemi. | *respingere uno spasimante,* évincer un soupirant. || FIG. *respingere una tentazione, una proposta,* repousser une tentation, une proposition. | *respingere un'accusa,* repousser une accusation. || [restituire] renvoyer. | *la lettera è stata respinta al mittente,* la lettre a été renvoyée, retournée à l'expéditeur. || [agli esami] recaler, renvoyer. || [non accogliere] rejeter. ◆ v. recipr. se repousser.

respinto [res'pinto] agg. repoussé, rejeté, refusé. ◆ agg. e n. UNIV. recalé, refusé.

respirabile [respi'rabile] agg. PR. e FIG. respirable.

respirabilità [respirabili'ta] f. respirabilité.

respirare [respi'rare] v. intr. PR. respirer. | *respirare con il naso, con la bocca,* respirer par le nez, par la bouche. | *respirare a pieni polmoni,* respirer à pleins poumons. | *respirare a fatica,* respirer difficilement; étouffer. || FIG. *lascialo respirare,* laisse-le souffler. | *non abbiamo avuto il tempo di respirare,* nous n'avons pas eu le temps de souffler. ◆ v. tr. respirer. | *respirare l'aria natia,* respirer l'air natal.

respiratore [respira'tore] m. TECN. masque à oxygène. ‖ [di maschera subacquea] tube de plongée. ‖ MED. inhalateur.
respiratorio [respira'tɔrjo] (**-ri** m. pl.) agg. respiratoire.
respirazione [respirat'tsjone] f. respiration. | *respirazione artificiale*, respiration artificielle.
respiro [res'piro] m. PR. respiration f. ; [fiato] souffle, haleine f. | *avere il respiro affannoso*, avoir la respiration difficile. | *ho il respiro corto*, j'ai le souffle court. | *riprendere respiro*, reprendre son souffle, son haleine. | *trattenere il respiro*, retenir son souffle. | *levare, mozzare il respiro*, ôter la respiration, couper le souffle. | *mi manca il respiro*, j'ai de la peine à respirer. | *rendere l'ultimo respiro*, rendre le dernier soupir. | *un respiro di sollievo*, un soupir de soulagement. | *fino all'ultimo respiro*, jusqu'au dernier souffle. ‖ FIG. [sollievo, riposo] répit, repos. | *un minuto di respiro*, un moment de répit. | *non mi dà respiro*, il ne me laisse pas souffler, pas un moment de répit. | *un'opera di ampio respiro*, une œuvre de longue haleine, de grande envergure. | *mi ha concesso un mese di respiro*, il m'a accordé un délai d'un mois.
responsabile [respon'sabile] agg. responsable ; [colpevole] coupable. | *non sono responsabile dei suoi debiti*, je ne suis pas responsable de ses dettes. | *è una persona responsabile*, il a le sens de ses responsabilités. | *si è reso responsabile di un delitto*, il s'est rendu coupable d'un crime. ‖ [d'un giornale] *direttore responsabile*, gérant. ◆ n. responsable.
responsabilità [responsabili'ta] f. responsabilité. | *prendersi, assumersi la responsabilità*, assumer la responsabilité. | *declinare ogni responsabilità*, se dégager de toute responsabilité. | *sotto la mia responsabilità*, sous ma responsabilité. ‖ GIUR. *responsabilità civile, penale, limitata, solidale*, responsabilité civile, pénale, limitée, solidaire.
responsabilmente [responsabil'mente] avv. d'une manière responsable, avec le sens des responsabilités.
responsione [respon'sjone] f. ARC. redevance (L.C.).
responsivo [respon'sivo] agg. LETT. (raro) responsif.
responso [res'pɔnso] m. réponse f. ; [verdetto] verdict. | *il responso dei periti*, le verdict des experts. ‖ IRON. *qual è il tuo responso ?*, quel est ton avis ? (L.C.). ◆ m. RELIG. répons.
responsoriale [responso'rjale] m. MUS. du répons.
responsorio [respon'sɔrjo] (**-ri** pl.) m. MUS. répons.
ressa ['rɛssa] f. foule, cohue. | *far ressa intorno a*, se presser autour de. ‖ ARC. rixe (L.C.).
1. resta ['rɛsta] f. V. ARISTA.
2. resta ['rɛsta] f. STOR. MIL. *lancia in resta*, lance en arrêt. ‖ ARC. [sosta] arrêt m. (L.C.), halte (L.C.).
3. resta ['rɛsta] f. câble m. ‖ [cipolle, agli intrecciati] chapelet m., glane.
restante [res'tante] agg. e m. restant, reste.
restare [res'tare] v. intr. [rimanere, mantenersi] rester. | *restare in paese*, rester au village. | *restare sul posto*, rester, demeurer sur place. | *restate con noi*, restez avec nous. | *restare seduto, in piedi*, rester assis, debout. | *sono restati amici*, ils sont restés amis. | *ci restano pochi chilometri da fare*, il nous reste peu de kilomètres à faire. | *restare vedovo*, rester veuf. ‖ LOC. *restare a bocca aperta*, rester bouche bée. | *restare a bocca asciutta*, rester le bec dans l'eau. | *restare di stucco*, rester baba (fam.). | *restare male*, être déçu. | *la cosa resterà fra noi*, la chose restera entre nous. | *restare intesi*, se mettre, être d'accord. | *restarci sul colpo*, mourir sur le coup. ‖ *restate comodi*, ne vous dérangez pas. | *resta il fatto che*, il reste que. | *non ci resta che*, il ne nous reste que. | *resta da vedere se*, (il) reste à savoir si. | *fermo restando che*, étant bien entendu que. ‖ [fermarsi] s'arrêter. | *restare a mezza strada*, s'arrêter à mi-chemin. ‖ [trovarsi] se trouver, être. | *la chiesa resta a sinistra*, l'église est à gauche.
restaurabile [restau'rabile] agg. réparable, que l'on peut restaurer.
restaurare [restau'rare] v. tr. restaurer ; remettre en état. | *restaurare un quadro*, restaurer un tableau. ‖ [ristabilire, ripristinare] rétablir. | *restaurare l'ordine*, rétablir l'ordre. | *restaurare la monarchia*, restaurer la monarchie.
restauratore [restaura'tore] (**-trice** f.) n. restaurateur, trice.
restaurazione [restaurat'tsjone] f. restauration. ‖ STOR. Restauration.
restauro [res'tauro] m. restauration f., réparation f., remise (f.) en état. | *restauro di un quadro*, restauration d'un tableau. | *chiuso per restauri*, fermé pour travaux (de restauration, de réparation). | *in restauro*, en restauration, en réparation.
restio [res'tio] agg. rétif, rebelle. | *è restio alla disciplina*, il est rétif, rebelle à la discipline. | *carattere restio*, caractère rétif. | *essere restio a lavorare, a spendere, a studiare*, ne pas aimer, être peu porté à travailler, dépenser, étudier.
restituibile [restitu'ibile] agg. restituable.
restituire [restitu'ire] v. tr. [rendere, riconsegnare] rendre, redonner. | *restituire un libro, del denaro*, rendre un livre, de l'argent. | *restituire alla vita*, ramener à la vie. ‖ [contraccambiare] *restituire un saluto, la parola a qlcu.*, rendre son salut, sa parole à qn. | *restituire una visita a qlcu.*, rendre sa visite à qn. ‖ [cose prese ingiustamente] restituer. | *dovrà restituirmi tutti i libri che mi ha preso*, il devra me restituer tous les livres qu'il m'a pris. ‖ LETT. [ristabilire] rétablir (L.C.). | *restituire il rispetto delle leggi*, rétablir le respect des lois. | *restituire l'equilibrio*, rétablir l'équilibre.
restitutore [restitu'tore] (**-trice** f.) n. restituteur, trice. ‖ LETT. restaurateur, trice (L.C.). ◆ m. GEOGR. appareil restituteur.
restitutorio [restitu'tɔrjo] (**-ri** m. pl.) agg. GIUR. restitutoire.
restituzione [restitut'tsjone] f. restitution. ‖ FILOL. *restituzione di un testo*, restitution d'un texte.
resto ['rɛsto] m. reste, restant. | *il resto della giornata*, le reste, le restant de la journée. | *farò io tutto il resto*, je ferai tout le reste. ‖ [denaro di resto] monnaie f. | *dare il resto*, rendre la monnaie. | *devi darmi un resto di 1 000 lire*, tu dois me rendre 1 000 lires. ‖ FIG. *ha avuto il suo resto*, il a eu son reste, son dû. ‖ LOC. *del resto*, du reste, au demeurant. | *per il resto*, pour le reste. ◆ pl. restes ; [di pranzo] reliefs. | *i resti mortali*, la dépouille mortelle.
restringente [restrin'dʒɛnte] agg. resserrant, restreignant. ◆ agg. e m. MED. restringent.
restringere [res'trindʒere] v. tr. rétrécir. | *devo restringere questa gonna*, je dois rétrécir cette jupe. ‖ FIG. [limitare] limiter, diminuer. | *dobbiamo restringere i nostri interessi*, nous devons limiter nos intérêts. | *restringere le spese*, diminuer, limiter les dépenses. ‖ MED. *questo sciroppo restringe (il corpo)*, ce sirop constipe. ◆ v. rifl. se resserrer, (se) rétrécir. | *il fiume si restringe*, le fleuve se resserre. | *è una stoffa che restringe*, c'est un tissu qui rétrécit. ‖ [stringersi] se serrer. | *restringiamoci un po'*, serrons-nous un peu. ‖ FIG. [limitarsi] se borner.
restringimento [restrindʒi'mento] m. rétrécissement.
restrittivamente [restrittiva'mente] avv. d'une façon restrictive, avec des restrictions.
restrittivo [restrit'tivo] agg. restrictif. | *condizione restrittiva*, condition restrictive.
restrizione [restrit'tsjone] f. [in tutti i significati] restriction.
resultare [resul'tare] v. intr. e deriv. V. RISULTARE e deriv.
resupino [resu'pino] agg. LETT. couché sur le dos (L.C.).
resurrezione [resurret'tsjone] f. V. RISURREZIONE.
resuscitare [resuʃʃi'tare] v. tr. e intr. V. RISUSCITARE.
retaggio [re'taddʒo] m. LETT. héritage (L.C.). ‖ FIG. lot, apanage.
retata [re'tata] f. PR. coup (m.) de filet. ‖ FIG. rafle.
rete ['rete] f. **1.** PR. filet m. | *rete da pesca*, filet de pêche. | *rete per i tonni*, combrière. | *rete per farfalle*, filet à papillons. | *rete per lepri*, panneau m. | *rete per capelli*, filet, résille. | *rete per la spesa*, filet à provisions. | *rete della bicicletta*, filet garde-jupe. | *rete del letto*, sommier m. | *rete metallica*, haie métallique. | *rete per i bagagli*, filet ; porte-bagages m. | *pescare con la rete*, pêcher au filet. | *prendere nella rete*, prendre au filet, au panneau. ‖ MAR. *rete parasiluri*, filet pare-torpilles. | *rete da sbarco*, filet de débar-

quement. ‖ **2.** Loc. *incappare nelle reti,* être pris dans un filet ; FIG. tomber dans le panneau. | *tendere le reti,* monter les filets ; FIG. tendre un piège. ‖ FIG. *essere preso nelle proprie reti,* être pris à son propre piège. ‖ **3.** [insieme di linee, reali o ideali] réseau m. | *rete aerea, ferroviaria, stradale,* réseau aérien, ferroviaire, routier. | *rete commerciale,* réseau commercial. | *rete telefonica,* réseau téléphonique. | *rete di spionaggio,* réseau d'espionnage. | *rete di vendita,* réseau de vente. ‖ **4.** CULIN. *rete di vitello,* fraise, crépine. ‖ **5.** [calcio] but m. | *fare rete, segnare una rete,* marquer un but. | *tirare a rete,* tirer au but. ‖ [pallavolo, tennis] filet. | *gettare la palla in rete,* envoyer la balle dans le filet. | *scendere a rete,* monter au filet.

retene [re'tɛne] m. CHIM. rétène.

reticella [reti'tʃɛlla] f. petit filet. ‖ [per capelli] filet (m.) à cheveux ; résille. ‖ [per i bagagli] filet (à bagages). ‖ [per lampada a combustione] manchon m.

reticente [retit'tʃɛnte] agg. réticent.

reticenza [retit'tʃɛntsa] f. réticence.

retico ['rɛtiko] (**-ci** m. pl.) agg. rhétique. | *Alpi Retiche,* Alpes Rhétiques. ‖ GEOL. rhétien. ◆ m. [lingua] rhétique. ‖ GEOL. rhétien.

1. reticolare [retiko'lare] agg. réticulaire.

2. reticolare [retiko'lare] v. tr. (raro) former un réseau (L.C.), grillager (L.C.).

reticolato [retiko'lato] agg. réticulé, réticulaire. ‖ ARCHEOL. *opera reticolata,* (appareil) réticulé. ‖ BIOL. *tessuto reticolato,* tissu réticulaire, réticulé. ◆ m. grillage, grille f. ‖ [tracciato di linee] réseau. | *reticolato geografico,* réseau des méridiens et des parallèles. ‖ [parole incrociate] grille f. ◆ m. pl. barbelés.

reticolatura [retikola'tura] f. FOT. réticulation.

reticolazione [retikolat'tsjone] f. formation d'un réseau.

reticolo [re'tikolo] m. réseau. | *reticolo geografico,* réseau géographique. ‖ MED. réticulum. ‖ OTT. réticule. ‖ ZOOL. bonnet.

retiforme [reti'forme] agg. (raro) rétiforme.

1. retina [re'tina] f. [per capelli] résille, filet m.

2. retina ['rɛtina] f. ANAT. rétine.

retinare [reti'nare] v. tr. FOT. tramer.

retinico [re'tiniko] (**-ci** m. pl.) agg. rétinien, de la rétine.

retinite [reti'nite] f. GEOL., MED. rétinite.

retino [re'tino] m. petit filet ; [da pesca] épuisette f. ; [per le farfalle] filet à papillons. ‖ TIP. trame f.

retore ['rɛtore] m. rhéteur.

retoriano [reto'rjano] agg. STOR. rhétorien. ◆ m. rhétorien.

retorica [re'tɔrika] f. rhétorique. ‖ FIG., SPREG. *uno stile pieno di retorica,* un style clinquant, ronflant.

retoricamente [retorika'mente] avv. rhétoriquement.

retorico [re'tɔriko] (**-ci** m. pl.) agg. de (la) rhétorique. | *figura retorica,* figure de rhétorique. ‖ PEGG. académique, emphatique.

retoricume [retori'kume] m. PEGG. rhétorique (f.) de mauvais goût ; discours pompeux.

retoromanzo [retoro'mandzo] agg. e m. rhétoroman.

retrarre [re'trarre] v. tr. (raro) retirer (L.C.), rentrer (L.C.).

retrattile [re'trattile] agg. rétractible. ‖ AER. *carrello d'atterraggio retrattile,* train d'atterrissage escamotable.

retrattilità [retrattili'ta] f. rétractilité.

retratto [re'tratto] part. pass. di RETRARRE.

retrazione [retrat'tsjone] f. V. RITRAZIONE.

retribuire [retribu'ire] v. tr. rétribuer.

retribuito [retribu'ito] agg. rétribué.

retributivo [retribu'tivo] agg. de la rétribution.

retribuzione [retribut'tsjone] f. rétribution.

retrivo [re'trivo] agg. rétrograde.

retro ['rɛtro] avv. LETT. derrière (L.C.). | *vedi retro,* voir au verso. ◆ m. derrière ; [rovescio : della medaglia] revers. | *sul retro della casa,* derrière la maison. ‖ [retrobottega] arrière-boutique f.

retroattivamente [retroattiva'mente] avv. rétroactivement.

retroattività [retroattivi'ta] f. rétroactivité.

retroattivo [retroat'tivo] agg. rétroactif.

retroazione [retroat'tsjone] f. rétroaction.

retrobocca [retro'bokka] m. arrière-bouche f.

retrobottega [retrobot'tega] m. e f. arrière-boutique f.

retrocamera [retro'kamera] f. débarras m.

retrocarica [retro'karika] f. chargement (m.) par la culasse. | *a retrocarica,* se chargeant par la culasse.

retrocedere [retro'tʃɛdere] v. intr. PR. reculer ; retourner, revenir en arrière ; rebrousser chemin. ‖ FIG. *retrocedere da una decisione,* revenir sur sa décision. ‖ GIUR. *retrocedere da un contratto,* dénoncer un contrat. ‖ SPORT être relégué. ◆ v. tr. COMM. bonifier, rembourser. ‖ GIUR. rétrocéder. ‖ MIL., SPORT rétrograder.

retrocessione [retrotʃes'sjone] f. recul m. ; [regressione] régression. ‖ COMM. remboursement m., bonification. ‖ GIUR. rétrocession. | *retrocessione di una terra,* restitution d'une terre. ‖ MIL. rétrogradation. ‖ SPORT relégation.

retrocesso [retro'tʃɛsso] part. pass. di RETROCEDERE.

retrocucina [retrokut'ʃina] m. e f. arrière-cuisine f.

retrodatare [retroda'tare] v. tr. antidater.

retrodatazione [retrodatat'tsjone] f. action d'antidater.

retroflessione [retrofles'sjone] f. MED. rétroflexion.

retrogradare [retrogra'dare] v. intr. ASTR. rétrograder.

retrogradazione [retrogradat'tsjone] f. ASTR. rétrogradation.

retrogrado [re'trɔgrado] agg. PR. rétrograde. ‖ FIG. rétrograde, arriéré. ‖ ASTR. *movimento retrogrado,* mouvement rétrograde. ‖ PSIC. *amnesia retrograda,* amnésie rétrograde. ◆ m. rétrograde. ‖ POLIT. réactionnaire.

retroguardia [retro'gwardja] f. arrière-garde. ‖ FIG. *restare alla retroguardia,* rester en arrière.

retroguida [retro'gwida] m. MIL. serre-file.

retromarcia [retro'martʃa] (**-ce** pl.) f. marche arrière. | *fare retromarcia,* faire marche arrière.

retropalco [retro'palko] (**-chi** pl.) m. TEATRO arrière-scène f.

retrorazzo [retro'raddzo] m. rétrofusée f.

retrosapore [retrosa'pore] m. arrière-goût.

retroscena [retroʃ'ʃɛna] f. inv. TEATRO arrière-scène. ◆ m. FIG. dessous ; côté caché. | *conoscere il retroscena di una situazione,* connaître les dessous, le côté caché d'une situation. ‖ coulisses f. | *rimanere nel retroscena,* rester dans la coulisse. | *il retroscena del mondo politico,* les coulisses du monde politique.

retrospettivamente [retrospettiva'mente] avv. rétrospectivement.

retrospettivo [retrospet'tivo] agg. rétrospectif. ‖ ARTI *(mostra) retrospettiva,* rétrospective f.

retrospezione [retrospet'tsjone] f. rétrospection.

retrostante [retros'tante] agg. (situé, placé) derrière (qch.). | *il viale retrostante la casa,* l'allée derrière la maison.

retroterra [retro'tɛrra] m. arrière-pays ; hinterland (ted.).

retrotreno [retro'trɛno] m. arrière-train.

retroversione [retrover'sjone] f. retraduction (dans la langue originale). ‖ MED. rétroversion.

retrovie [retro'vie] f. pl. MIL. arrière m. sing. | *nelle retrovie,* à l'arrière.

retrovisivo [retrovi'zivo] agg. *specchio retrovisivo,* rétroviseur m.

retrovisore [retrovi'zore] m. rétroviseur.

1. retta ['rɛtta] f. pension. | *retta mensile,* pension mensuelle. | *mezza retta,* demi-pension. | *stare a retta,* être en pension.

2. retta ['rɛtta] f. GEOM. (ligne) droite.

3. retta ['rɛtta] f. LOC. *dare retta a,* écouter, suivre les conseils de, obéir à. | *dammi retta un attimo,* écoute-moi un instant. | *se date retta a me,* si vous m'en croyez. | *non ha voluto darmi retta,* il n'a pas voulu m'écouter, suivre mes conseils. | *a dar retta a quello che si dice,* à en croire ce que l'on dit.

rettale [ret'tale] agg. ANAT. rectal.

rettamente [retta'mente] avv. [con rettitudine] avec droiture, droitement, loyalement, convenablement. ‖ [in modo esatto] exactement, rigoureusement.

rettangolare [rettango'lare] agg. GEOM. rectangulaire.

rettangolo [ret'tangolo] agg. e m. GEOM. rectangle.

rettifica [ret'tifika] f. rectification.
rettificabile [rettifi'kabile] agg. rectifiable.
rettificare [rettifi'kare] v. tr. rectifier.
rettificato [rettifi'kato] agg. CHIM. rectifié. | *alcool rettificato,* alcool rectifié. ◆ m. CHIM. produit rectifié.
rettificatore [rettifika'tore] (**-trice** f.) n. [operaio] rectifieur, euse. ◆ f. [macchina] rectifieuse ; machine à rectifier.
rettificazione [rettifikat'tsjone] f. V. RETTIFICA.
rettifilo [retti'filo] m. ligne (f.) droite. | *in rettifilo,* en ligne droite.
1. rettile ['rɛttile] m. PR. e FIG. reptile.
2. rettile ['rɛttile] agg. BOT. rampant.
rettilineo [retti'lineo] agg. PR. e FIG. rectiligne. | *percorso rettilineo,* parcours rectiligne. | *logica rettilinea,* logique rectiligne. || MAT. rectiligne. ◆ m. ligne (f.) droite. || SPORT *il rettilineo d'arrivo,* la ligne droite (qui précède l'arrivée).
rettite [ret'tite] f. MED. rectite.
rettitudine [retti'tudine] f. droiture, rectitude.
retto ['rɛtto] agg. [onesto] droit, honnête, bon, juste. | *la retta via,* le droit chemin. | *sentenza retta,* sentence juste. || [esatto] juste, exact, convenable. | *una pronuncia retta,* une bonne prononciation, une prononciation exacte. || ANAT. *intestino retto,* rectum (lat.). || GEOM. *angolo retto,* angle droit. || GRAMM. *caso retto,* cas sujet. ◆ m. juste. || ANAT. rectum.
rettocele [retto'tʃɛle] m. MED. rectocèle f.
rettocolite [rettoko'lite] f. MED. rectocolite.
rettorato [retto'rato] m. RELIG., UNIV. rectorat ; [di seminario] directorat ; [ufficio] bureau du recteur. || [collegio] provisorat ; [ufficio] bureau du proviseur.
rettore [ret'tore] m. RELIG. recteur. || UNIV. président ; [prima della Rivoluzione fr.] recteur ; [università libera] recteur ; [di seminario] directeur ; [di collegio] proviseur.
rettoria [retto'ria] f. RELIG. rectorat m.
rettorico [ret'tɔriko] agg. e deriv. V. RETORICO e deriv.
rettoscopia [rettosko'pia] f. MED. rectoscopie.
rettoscopio [rettos'kɔpjo] m. MED. rectoscope.
reucliniano [rɔicli'njano] agg. LING. reuchlinien.
reuma ['rɛuma] (**-i** pl.) m. MED. rhumatisme.
reumatalgia [reuma'talʒja] f. MED. rhumatalgie.
reumatico [reu'matiko] (**-ci** pl.) agg. rhumatismal. | *dolori reumatici,* rhumatismes ; douleurs rhumatismales.
reumatismo [reuma'tizmo] m. MED. rhumatisme.
reumatizzare [reumatid'dzare] v. tr. donner des rhumatismes (à). ◆ v. rifl. attraper des rhumatismes.
reumatizzato [reumatid'dzato] agg. rhumatisant ; atteint de rhumatismes.
reumatologia [reumatolo'dʒia] f. MED. rhumatologie.
reumatologo [reuma'tɔlogo] (**-gi** pl.) m. MED. rhumatologue, rhumatologiste.
revanscismo [revan'ʃizmo] m. POLIT. esprit revanchard.
revanscista [revan'ʃista] (**-i** pl.) n. revanchard.
revanscistico [revan'ʃistiko] (**-i** m. pl.) agg. revanchard.
reverendo [reve'rɛndo] agg. RELIG. révérend. | *il reverendo Padre,* le révérend Père. | *la reverenda Madre Superiora,* la révérende Mère Supérieure. || ARC., LETT. vénérable (L.C.). ◆ m. abbé ; [parroco] curé ; [vicario] vicaire ; [nelle apostrofi] Monsieur l'Abbé, le Curé, le Vicaire.
reverente [reve'rɛnte] agg. V. RIVERENTE.
reverenza [reve'rɛntsa] f. V. RIVERENZA.
reverenziale [reveren'tsjale] agg. révérenciel. | *silenzio reverenziale,* silence révérenciel, respectueux.
reversale [rever'sale] agg. AMMIN. réversal. ◆ f. récépissé m., bon m.
reversibile [rever'sibile] agg. réversible.
reversibilità [reversibili'ta] f. réversibilité.
reversione [rever'sjone] f. BIOL., GIUR. réversion.
revisionare [revisjo'nare] v. tr. réviser.
revisione [revi'sjone] f. révision. || COMM. *revisione dei conti,* révision, vérification des comptes.
revisionismo [revisjo'nismo] m. POLIT. révisionnisme.
revisionista [revisjo'nista] (**-i** pl.) n. POLIT. révisionniste.
revisionistico [revisjo'nistiko] (**-ci** m. pl.) agg. révisionniste.
revisore [revi'zore] m. réviseur. || TIP. *revisore di bozze,* correcteur d'épreuves. || COMM., GIUR. *revisore dei conti,* commissaire aux comptes.
reviviscente [revivi∫'∫ɛnte] agg. reviviscent.
reviviscenza [revivi∫'∫ɛntsa] f. reviviscence.
revoca ['rɛvoka] f. abrogation, révocation. | *revoca di un decreto,* abrogation d'un décret. | *revoca d'un funzionario,* révocation d'un fonctionnaire. || GIUR. révocation, mainlevée. | *revoca di sequestro,* mainlevée de saisie. | *revoca di un testamento,* révocation d'un testament.
revocabile [revo'kabile] agg. révocable, abrogeable.
revocabilità [revokabili'ta] f. révocabilité.
revocare [revo'kare] v. tr. révoquer, abroger, casser. | *revocare un testamento,* révoquer un testament. | *revocare un funzionario,* révoquer, destituer un fonctionnaire. || GIUR. *revocare una sentenza,* casser un jugement. || ARC. [richiamare] rappeler (L.C.).
revocativo [revoka'tivo] agg. AMMIN. révocatoire.
revocatorio [revoka'tɔrjo] (**-ri** m. pl.) agg. révocatoire.
revocazione [revokat'tsjone] f. révocation.
revoluto [revo'luto] agg. LETT. révolu (L.C.). || BOT. révoluté.
revolver [re'vɔlver] m. [ingl.] revolver. | *colpire, uccidere col revolver,* révolvériser (fam.).
revolverata [revolve'rata] f. coup (m.) de revolver.
revulsione [revul'sjone] f. MED. révulsion.
revulsivo [revul'sivo] agg. e m. MED. révulsif.
reziario [ret'tsjarjo] (**-ri** m. pl.) agg. STOR. ROM. rétiaire.
rezzo ['reddzo] m. POES. [ombra] ombre f. (L.C.), ombrage (L.C.) ; [fresco] frais (L.C.), fraîcheur f. (L.C.).
Rh ['ɛrre'akka] abbrev. MED. *fattore Rh,* (facteur) rhésus. | *avere un Rh positivo, negativo,* avoir un rhésus positif, négatif.
riabbassare [riabbas'sare] v. tr. baisser de nouveau. ◆ v. rifl. [chinarsi] se baisser de nouveau. || [diminuire] rebaisser. | *i prezzi si sono riabbassati,* les prix ont rebaissé.
riabbattere [riab'battere] v. tr. abattre de nouveau. ◆ v. rifl. se démoraliser de nouveau.
riabbonare [riabbo'nare] v. tr. réabonner. ◆ v. rifl. se réabonner.
riabbottonare [riabbotto'nare] v. tr. reboutonner. ◆ v. rifl. se reboutonner.
riabbracciare [riabbrat'tʃare] v. tr. PR. e FIG. embrasser de nouveau. || [rivedere] revoir. ◆ v. recipr. s'embrasser de nouveau. || [rivedersi] se revoir.
riabilitare [riabili'tare] v. tr. [reintegrare] réintégrer. || GIUR. e FIG. réhabiliter. ◆ v. rifl. se réhabiliter.
riabilitato [riabili'tato] agg. e n. GIUR. réhabilité.
riabilitazione [riabilitat'tsjone] f. GIUR. réhabilitation. | *chiedere la riabilitazione,* être en instance de réhabilitation. || [reintegrazione] réintégration.
riabitare [riabi'tare] v. tr. réhabiter. ◆ v. intr. habiter de nouveau.
riabituare [riabitu'are] v. tr. réhabituer, réaccoutumer. ◆ v. rifl. se réhabituer, se réaccoutumer.
riaccadere [riakka'dere] v. intr. arriver de nouveau.
riaccasare [riakka'sare] v. tr. remarier. ◆ v. rifl. se remarier.
riaccendere [riat'tʃɛndere] v. tr. PR. e FIG. rallumer. ◆ v. rifl. PR. e FIG. se rallumer.
riaccennare [riattʃen'nare] v. tr. indiquer de nouveau.
riaccettare [riattʃet'tare] v. tr. accepter de nouveau.
riacchiappare [riakkjap'pare] v. tr. FAM. rattraper (L.C.), ressaisir (L.C.).
riaccogliere [riak'kɔʎʎere] v. tr. accueillir de nouveau.
riaccomodare [riakkomo'dare] v. tr. réparer. ◆ v. recipr. se réconcilier.
riaccompagnare [riakkompaɲ'ɲare] v. tr. raccompagner, reconduire.
riaccordare [riakkor'dare] v. tr. accorder de nouveau. ◆ v. recipr. se remettre d'accord.
riaccostare [riakkos'tare] v. tr. rapprocher, rapprocher de nouveau. ◆ v. rifl. se rapprocher (de).

riaccreditare [riakkredi'tare] v. tr. accréditer de nouveau. ‖ COMM. créditer de nouveau.
riaccusare [riakku'zare] v. tr. accuser de nouveau.
riacquistabile [riakkwis'tabile] agg. PR. rachetable. ‖ FIG. recouvrable.
riacquistare [riakkwis'tare] v. tr. PR. racheter. ‖ FIG. recouvrer, regagner. | *riacquistare la vista, la salute,* recouvrer la vue, la santé. | *riacquistare il tempo perduto,* rattraper le temps perdu. | *riacquistare l'affetto, l'amicizia di qlcu.,* regagner l'affection, l'amitié de qn.
riacquisto [riak'kwisto] m. PR. rachat. ‖ FIG. recouvrement.
riacutizzare [riakkutid'dzare] v. tr. aggraver de nouveau. ◆ v. rifl. s'aggraver de nouveau.
riacutizzazione [riakutiddzat'tsjone] f. nouvelle aggravation.
riadagiare [riada'dʒare] v. tr. recoucher. ◆ v. rifl. se recoucher.
riadattamento [riadatta'mento] m. réadaptation f.
riadattare [riadat'tare] v. tr. réadapter. ◆ v. rifl. se réadapter.
riaddormentare [riaddormen'tare] v. tr. rendormir. ◆ v. rifl. se rendormir.
riadunare [riadu'nare] v. tr. assembler de nouveau. ◆ v. rifl. s'assembler de nouveau.
riaffacciare [riaffat'tʃare] v. tr. PR. remontrer, montrer de nouveau. ‖ FIG. présenter, avancer de nouveau. | *riaffacciare una proposta,* avancer de nouveau une proposition. ◆ v. rifl. PR. se remontrer. ‖ FIG. revenir (à l'esprit).
riaffermare [riaffer'mare] v. tr. réaffirmer. ◆ v. rifl. s'imposer de nouveau.
riafferrare [riaffer'rare] v. tr. ressaisir; saisir à nouveau.
riaffilare [riaffi'lare] v. tr. raffûter.
riaffittare [riaffit'tare] v. tr. relouer.
riaffogliare [riaffoʎ'ʎare] v. tr. FIN. recouponner.
riaffratellare [riaffratel'lare] v. tr. réconcilier. ◆ v. recipr. fraterniser de nouveau.
riaffrontare [riaffron'tare] v. tr. affronter de nouveau. ◆ v. recipr. s'affronter de nouveau.
riagganciare [riaggan'tʃare] v. tr. raccrocher; [un vestito] ragrafer; [il telefono] raccrocher. ◆ v. rifl. PR. se raccrocher. ‖ FIG. se rattacher.
riaggiustare [riaddʒus'tare] v. tr. rajuster, arranger de nouveau. ◆ v. rifl. s'arranger.
riaggravare [riaggra'vare] v. tr. aggraver de nouveau. ◆ v. rifl. s'aggraver de nouveau.
riagguantare [riaggwan'tare] v. tr. FAM. ressaisir (L.C.), empoigner de nouveau (L.C.).
rialesaggio [riale'zaddʒo] m. TECN. réalésage.
rialesare [riale'zare] v. tr. TECN. réaléser.
riallacciare [riallat'tʃare] v. tr. PR. lacer de nouveau; relacer; [riabbottonare] boutonner de nouveau, reboutonner. ‖ FIG. *riallacciare rapporti,* renouer des rapports. ◆ v. rifl. [ricollegarsi] se rattacher. ‖ [riferirsi] se référer, se rapporter (à).
riallargare [riallar'gare] v. tr. élargir de nouveau.
riallineamento [riallinea'mento] m. POLIT. réalignement.
riallungare [riallun'gare] v. tr. rallonger. ◆ v. rifl. se rallonger.
rialto [ri'alto] m. [altura] hauteur f., butte f., tertre. ‖ [rilievo] relief. ‖ *ricamo in rialto,* broderie en relief.
rialzamento [rialtsa'mento] m. relèvement, rehaussement.
rialzare [rial'tsare] v. tr. relever, rehausser, soulever. ‖ PR. e FIG. *rialzare la testa,* relever la tête. | *rialzare il bavero,* remonter, relever son col. | *rialzare qlcu. da terra,* relever, soulever qn de terre. ‖ [rendere più alto] relever, hausser, rehausser, exhausser. | *rialzare un soffitto,* rehausser un plafond. | *rialzare un muro,* exhausser un mur. | *rialzare il livello di vita dei lavoratori,* relever le niveau de vie des travailleurs. | *rialzare i prezzi,* hausser les prix. ◆ v. intr. remonter. | *l'oro rialza,* l'or remonte. ◆ v. rifl. PR. et FIG. se relever. | *il paese si rialzerà in fretta,* le pays se relèvera vite.
rialzato [rial'tsato] agg. relevé. | *piano rialzato,* rez-de-chaussée surélevé.
rialzista [rial'tsista] (-**i** pl.) m. [alla Borsa] spéculateur à la hausse; haussier.
rialzo [ri'altso] m. [di terreno] élévation f., hauteur f., tertre. ‖ [di scarpa] talonnette f. ‖ COMM., FIN. hausse f., relèvement, élévation f. | *rialzo dei prezzi,* hausse des prix. | *le sue azioni sono in rialzo,* ses actions remontent. | *giocare al rialzo,* jouer à la hausse. | *rialzo del tasso di sconto,* relèvement du taux d'escompte. | *rialzo dei salari,* augmentation, hausse des salaires. ‖ GIOCHI chat perché. ‖ TECN. support.
riamare [ria'mare] v. tr. aimer de nouveau. ‖ [contraccambiare] aimer de retour. | *amò riamato,* il aima et fut aimé.
riammalarsi [riamma'larsi] v. rifl. retomber malade.
riammettere [riam'mettere] v. tr. réadmettre, admettre de nouveau. | *è stato riammesso,* il a été admis une nouvelle fois.
riammissione [riammis'sjone] f. réadmission.
riammobiliare [riammobi'ljare] v. tr. remeubler.
riammogliare [riammoʎ'ʎare] v. tr. remarier. ◆ v. rifl. se remarier.
riandare [rian'dare] v. intr. [andare di nuovo] retourner. | *rivado in città,* je retourne en ville. ◆ v. tr. LETT. [ripercorrere] reparcourir (L.C.). ‖ LETT., FIG. remémorer; songer à (L.C.), repenser à (L.C.).
rianimare [riani'mare] v. tr. PR. ranimer. | *un bicchierino di liquore lo ha rianimato,* un petit verre de liqueur l'a ranimé, remonté. ‖ FIG. redonner du courage, réconforter, remonter, relever. | *quella notizia mi ha rianimato,* cette nouvelle m'a réconforté, m'a redonné du courage. ◆ v. rifl. se ranimer. ‖ FIG. reprendre courage. | *quando lo vide arrivare, si rianimò,* quand il le vit arriver, il reprit courage.
rianimazione [rianimat'tsjone] f. réanimation.
riannessione [riannes'sjone] f. réannexion.
riannettere [rian'nettere] v. tr. réannexer.
riannodare [rianno'dare] v. tr. PR. e FIG. renouer. | *riannodare un'amicizia,* renouer une amitié. ◆ v. rifl. se rattacher.
riannuvolare [riannuvo'lare] v. intr. e v. rifl. s'obscurcir de nouveau, se couvrir de nouveau de nuages.
riapertura [riaper'tura] f. réouverture. ‖ UNIV., POLIT. rentrée. | *riapertura della scuola,* rentrée des classes. | *riapertura del Parlamento,* rentrée parlementaire. ‖ [di caccia] ouverture.
riappaciare [riappa'tʃare] v. tr. V. RAPPACIARE.
riappacificare [riappatʃifi'kare] v. tr. V. RAPPACIFICARE.
riappaltare [riappal'tare] v. tr. réadjuger, adjuger de nouveau. ‖ [subappaltare] sous-traiter.
riappalto [riap'palto] m. réadjudication f.
riapparire [riappa'rire] v. intr. réapparaître, reparaître.
riapparizione [riapparit'tsjone] f. réapparition.
riappellare [riappel'lare] v. tr. GIUR. réappeler.
riappendere [riap'pendere] v. tr. raccrocher. | *riappendere il ricevitore del telefono,* raccrocher.
riappianare [riappja'nare] v. tr. aplanir de nouveau. ◆ v. rifl. FIG. se rasséréner.
riappiccicare [riappittʃi'kare] v. tr. recoller. ◆ v. rifl. FAM. être de nouveau aux trousses (de) [L.C.], s'accrocher de nouveau (à) [L.C.].
riappisolarsi [riappizo'larsi] v. rifl. s'assoupir de nouveau.
riaprire [ria'prire] v. tr. rouvrir. | *riaprire una porta,* rouvrir une porte. ‖ FIG. *riaprire una vecchia ferita,* rouvrir une vieille blessure. ◆ v. rifl. rouvrir (v. intr.). | *la scuola si riapre in ottobre,* la rentrée des classes a lieu en octobre.
riardere [ri'ardere] v. tr. brûler; [disseccare] dessécher. ◆ v. intr. brûler. (V. RIARSO.)
riarmamento [riarma'mento] m. V. RIARMO.
riarmare [riar'mare] v. tr. [armare di nuovo] réarmer. ‖ [rimettere in efficienza] *riarmare una linea ferroviaria,* rééquiper une ligne de chemin de fer. | *riarmare una nave,* réarmer un navire. ‖ EDIL. refaire l'armature (de), consolider. ◆ v. rifl. se réarmer.
riarmo [ri'armo] m. réarmement. | *corsa al riarmo,* course aux armements.
riarso [ri'arso] agg. desséché, brûlé. | *terreno riarso,* terrain desséché. | *gola riarsa,* gorge sèche. | *muro riarso dal sole,* mur calciné par le soleil.

riascoltare [riaskol'tare] v. tr. écouter de nouveau.
riassalire [riassa'lire] v. tr. assaillir de nouveau, attaquer de nouveau ; revenir à l'assaut (de).
riassaporare [riassapo'rare] v. tr. PR. e FIG. savourer de nouveau.
riassestamento [riassesta'mento] m. PR. redressement. ‖ FIG. renflouage, renflouement. | *il riassestamento di un affare*, le renflouage, le sauvetage d'une affaire.
riassestare [riasses'tare] v. tr. PR. redresser. ‖ FIG. renflouer. ◆ v. rifl. [di terreno] se tasser. ‖ FIG. se redresser.
riassettare [riasset'tare] v. tr. remettre en ordre, ranger. ◆ v. rifl. se rajuster.
riassetto [rias'sɛtto] m. PR. mise (f.) en ordre. | *dare un riassetto alla stanza*, mettre en ordre, ranger la chambre. ‖ [riorganizzazione] réorganisation f.
riassicurare [riassiku'rare] v. tr. COMM. réassurer, assurer de nouveau. ◆ v. rifl. COMM. se réassurer, s'assurer de nouveau.
riassicuratore [riassikura'tore] m. COMM. réassureur.
riassicurazione [riassikurat'tsjone] f. COMM. réassurance. | *riassicurazione in eccedente, a premio di rischio*, réassurance des excédents, à prime de risque.
riassopirsi [riasso'pirsi] v. rifl. s'assoupir de nouveau.
riassorbimento [riassorbi'mento] m. PR. réabsorption f. ‖ FIG. résorption f. | *riassorbimento dell'inflazione*, résorption de l'inflation. ‖ MED. résorption f.
riassorbire [riassor'bire] v. tr. PR. réabsorber. ‖ FIG. résorber. ‖ MED. *far riassorbire*, résorber. ◆ v. rifl. PR., MED. se résorber.
riassortimento [riassorti'mento] m. renouvellement de stock, nouvel assortiment.
riassumere [rias'sumere] v. tr. [assumere di nuovo] reprendre ; [une carica] assumer de nouveau. | *riassunse il cognome di ragazza*, elle reprit son nom de jeune fille. | *riassumere il potere*, reprendre le pouvoir. ‖ [in rapporti di lavoro] reprendre à son service ; rengager ; engager de nouveau ; réembaucher. ‖ [ricapitolare] résumer. | *riassumere un discorso*, résumer un discours. | *riassumere per sommi capi*, résumer à grands traits. | *riassumendo*, en résumé.
riassuntivo [riassun'tivo] agg. récapitulatif.
riassunto [rias'sunto] agg. [in rapporti di lavoro] rengagé, réembauché, repris. ‖ [riepilogato] résumé. ◆ m. résumé, abrégé. (V. RIASSUMERE.)
riassunzione [riassun'tsjone] f. [in rapporti di lavoro] rengagement m. ‖ GIUR. reprise.
riattaccare [riattak'kare] v. tr. PR. rattacher, raccrocher ; [di cavallo] réatteler. | *riattaccare un bottone*, recoudre un bouton. | *riattaccare il ricevitore del telefono*, raccrocher (le récepteur). | *riattaccare un francobollo*, recoller un timbre. ‖ FIG. *riattaccare (un discorso)*, reprendre le fil (d'un exposé). ‖ MIL. réattaquer. | *riattaccare battaglia*, rengager la bataille. ◆ v. intr. FAM. recommencer (L.C.). | *riattaccare a lavorare, a piovere*, recommencer à travailler, à pleuvoir. ‖ MIL. attaquer de nouveau. ◆ v. rifl. PR. se rattacher, se raccrocher. ‖ FIG. [riaffezionarsi] éprouver de nouveau de l'attachement (pour).
riattamento [riatta'mento] m. remise (f.) en état, réparation f.
riattare [riat'tare] v. tr. remettre en état, restaurer, réparer. | *riattare una strada*, réparer une route.
riatterrare [riatter'rare] v. intr. atterrir de nouveau.
riattivare [riatti'vare] v. tr. rétablir, réactiver, remettre en service. | *riattivare la circolazione*, rétablir la circulation.
riattivazione [riattivat'tsjone] f. remise en marche. | *riattivazione delle comunicazioni telefoniche*, rétablissement (m.) des communications téléphoniques. | *riattivazione di una fabbrica*, remise en activité d'une usine. ‖ MED. réactivation.
riattizzare [riattit'tsare] v. tr. PR. e FIG. attiser de nouveau, rallumer, ranimer.
riattraversare [riattraver'sare] v. tr. retraverser.
riavallare [riaval'lare] v. tr. COMM. renouveler l'aval, avaliser de nouveau.
riavallo [ria'vallo] m. COMM. renouvellement de l'aval, nouvel aval.
riavere [ria'vere] v. tr. [avere di nuovo] avoir de nouveau. ‖ [riacquistare] recouvrer. | *riò la salute, la vista*, je recouvre la santé, la vue. ‖ [avere indietro] récupérer, ravoir. | *ho riavuto il denaro che gli avevo dato*, j'ai récupéré l'argent que je lui avais donné. | *devo riavere il resto*, on doit me rendre la monnaie, j'attends ma monnaie. ◆ v. rifl. se remettre, se rétablir, se ranimer. | *riaversi dalla malattia, dal parto*, relever de maladie, de couches. | *riaversi da uno spavento*, se remettre d'une frayeur. ‖ [tornare in sé] revenir à soi, reprendre ses esprits.
riavolare [riavo'lare] v. tr. TECN. ringarder.
riavolo [ri'avolo] m. TECN. ringard, râble.
riavvampare [riavvam'pare] v. intr. PR. e FIG. s'enflammer, flamber de nouveau.
riavventare [riavven'tare] v. tr. relancer, rejeter. ◆ v. rifl. se jeter, se ruer de nouveau (sur).
riavvicinamento [riavvitʃina'mento] m. rapprochement.
riavvicinare [riavvitʃi'nare] v. tr. PR. rapprocher. | *riavvicinare il tavolo alla finestra*, rapprocher la table de la fenêtre. ‖ FIG. réconcilier, rapprocher. | *riavvicinare due amici*, réconcilier, rapprocher deux amis. ◆ v. rifl. se rapprocher. | *il rumore si riavvicinava*, le bruit se rapprochait.
riavvolgere [riav'vɔldʒere] v. tr. envelopper, enrouler de nouveau. | *riavvolgo un libro*, j'enveloppe de nouveau un livre. | *riavvolgere una bobina*, enrouler de nouveau une bobine. | *ho riavvolto il pacco*, j'ai refait le paquet.
riazzuffarsi [riattsuf'farsi] v. recipr. en venir de nouveau aux mains.
ribaciare [riba'tʃare] v. tr. embrasser de nouveau.
ribadire [riba'dire] v. tr. TECN. river. ‖ PR. e FIG. *ribadire le catene*, serrer la vis. ‖ FIG. [riaffermare] répéter, confirmer. | *ribadisco l'accusa*, je confirme l'accusation. | *ribadire un'idea*, insister sur une idée.
ribaditoio [ribadi'tojo] m. TECN. rivoir.
ribaditrice [ribadi'tritʃe] f. machine à river, riveuse.
ribaditura [ribadi'tura] f. TECN. [azione] rivetage m. ; [parte ribadita] rivure.
ribadocchino [ribadok'kino] m. STOR. MIL. ribaudequin.
ribalderia [ribalde'ria] f. canaillerie, scélératesse.
ribaldo [ri'baldo] m. scélérat, canaille f.
ribalenare [ribale'nare] v. intr. FIG. revenir à l'esprit.
ribalta [ri'balta] f. [di botola] trappe ; [di scrivania] abattant m. | *letto a ribalta*, lit pliant. ‖ TEATRO rampe. | *luci della ribalta*, feux de la rampe. | *chiamare alla ribalta*, appeler sur (le devant de) la scène. | *presentarsi alla ribalta*, se présenter sur la scène, entrer en scène ; FIG. faire son apparition. ‖ FIG. *essere alla ribalta*, être sous les feux de la rampe.
ribaltabile [ribal'tabile] agg. qu'on peut rabattre, basculant. | *tavola, seggiola ribaltabile*, table, siège qui se rabat. | *piano ribaltabile*, abattant. | *letto ribaltabile*, lit pliant, escamotable. | *scrivania con sportello ribaltabile*, secrétaire à abattant. ◆ m. MECC. basculeur.
ribaltamento [ribalta'mento] m. renversement, basculement. ‖ [di auto] capotage. ‖ MAT. rabattement. ‖ TECN. *a ribaltamento*, à bascule.
ribaltare [ribal'tare] v. tr. renverser, culbuter, basculer. ‖ MAT. rabattre. ◆ v. rifl. se renverser. ‖ [di auto] capoter (v. intr.).
ribassare [ribas'sare] v. tr. rabaisser, diminuer, baisser. | *ribassare i prezzi*, baisser les prix. ◆ v. intr. baisser. | *i prezzi ribassano*, les prix baissent.
ribassista [ribas'sista] (**-i** pl.) m. [alla Borsa] baissier ; spéculateur à la baisse.
ribasso [ri'basso] m. baisse f., diminution f. ; [sconto] rabais, remise f. | *ribasso dei prezzi*, baisse des prix. | *vendere con ribasso*, vendre au rabais. ‖ [alla Borsa] *giocare al ribasso*, jouer à la baisse. | *ribasso dei titoli*, baisse des valeurs. | *azione in ribasso*, action en baisse. ‖ PR. e FIG. *essere in ribasso*, être en baisse ; baisser.
ribattere [ri'battere] v. tr. **1.** [battere di nuovo] rebattre, refrapper. | *ribattere un tappeto*, rebattre un tapis. | *ribattere a macchina*, retaper (à la machine). | *ribattere un chiodo*, river un clou. ‖ MUS. *ribattere una nota*, répéter une note. ‖ SPORT *ribattere la palla*,

renvoyer la balle. || [scherma] *ribattere un colpo,* rabattre un coup. || [a caccia] rabattre. || [sartoria] rabattre. || **2.** [respingere] repousser. | *ribattere un assalto,* repousser une attaque. || FIG. réfuter. | *ribattere un'accusa,* réfuter, repousser une accusation. ◆ v. intr. [alla porta] frapper de nouveau, refrapper. || [insistere] insister. | *batti e ribatti,* à force d'insister. || [replicare] répliquer. | *ascoltò senza ribattere,* il écouta sans répliquer.

ribattezzare [ribatted'dzare] v. tr. rebaptiser.

ribattino [ribat'tino] m. rivet.

ribattitore [ribatti'tore] (**-trice** f.) m. SPORT celui, celle qui renvoie la balle. || TECN. [operaio] riveur.

ribattitura [ribatti'tura] f. [cucito] rabat m. || TECN. rivetage m., rivure.

ribattuta [ribat'tuta] f. rebattement m. || SPORT renvoi m.

ribeca [ri'bεka] f. MUS. rebec m.

ribellare [ribel'lare] v. tr. (raro) inciter à la révolte (L.C.). ◆ v. rifl. se révolter, se rebeller, se soulever, s'insurger. | *ribellarsi al re,* se révolter, se soulever contre le roi. | *il popolo si ribella,* le peuple se soulève. | *ribellarsi al destino,* se révolter contre le destin.

ribelle [ri'bεlle] agg. rebelle, insoumis. ◆ n. rebelle, révolté, insoumis.

ribellione [ribel'ljone] f. PR. e FIG. rébellion, révolte. | *ribellione contro lo Stato,* rébellion contre l'État. | *incitare qlcu. alla ribellione,* pousser qn à la révolte. | *domare una ribellione,* étouffer, réprimer, calmer une révolte. | *ribellione al destino,* révolte contre le destin. | *avere un moto di ribellione,* avoir un mouvement de révolte.

ribes ['ribes] m. BOT. [pianta] groseillier; [frutto] groseille f. | *ribes nero,* cassis.

ribobinare [ribobi'nare] v. tr. CIN. rebobiner.

ribobinatura [ribobina'tura] f. CIN. rebobinage m.

ribobolo [ri'bɔbolo] m. quolibet.

riboccante [ribok'kante] agg. débordant; [di gente] bondé. | *riboccante d'affetto,* débordant d'affection. | *la metropolitana era riboccante di gente,* le métro était bondé de gens.

riboccare [ribok'kare] v. intr. ARC. [fuoruscire] déborder (L.C.). || FIG. être bondé; déborder, éclater. | *il treno riboccava di gente,* le train était bondé (de gens). | *ribocchi di gioia, di salute, di vitalità,* tu débordes, tu éclates de joie, de santé, de vitalité.

ribollimento [ribolli'mento] m. bouillonnement, ébullition f. || [del fieno] fermentation f. || FIG. agitation f.

ribollio [ribol'lio] m. bouillonnement. || FIG. agitation f.

ribollire [ribol'lire] v. intr. [bollire di nuovo] rebouillir; [bollire forte] bouillonner; [fermentare] fermenter. || FIG. bouillonner, bouillir. | *il sangue gli ribolle nelle vene,* son sang bout dans ses veines. | *ribollire d'impazienza, di sdegno, di rabbia,* bouillonner, bouillir d'impatience, d'indignation, de rage. | *mi ribolle il sangue quando,* mon sang bout quand, je m'emporte quand.

ribollitura [ribolli'tura] f. seconde cuisson (à l'eau bouillante).

ribotta [ri'botta] f. ARC. O IRON. ribote (pop.), ripaille (fam.). | *fare ribotta,* faire ripaille, ripailler (fam.), faire la bombe (fam.). | *essere in ribotta,* être en ribote.

ribrezzo [ri'breddzo] m. dégoût, horreur f. | *provare ribrezzo,* éprouver, ressentir du dégoût. | *suscitare ribrezzo,* dégoûter, répugner. | *ribrezzo del peccato,* horreur du péché. || ARC. [brivido] frisson (L.C.).

ribussare [ribus'sare] v. tr. refrapper, frapper de nouveau.

ributtante [ribut'tante] agg. dégoûtant, repoussant, révoltant.

ributtare [ribut'tare] v. tr. [gettare di nuovo] rejeter, renvoyer. | *ributtare qlco. nell'acqua,* rejeter qch. dans l'eau. | *ributtare la palla,* renvoyer la balle. || [buttar fuori] rejeter. | *il mare ributtò il corpo,* la mer rejeta le corps. || PER EST. [vomitare] vomir, rendre, rejeter. || [respingere] rejeter, repousser. | *ributtare il nemico fuori dai confini,* repousser, rejeter l'ennemi hors des frontières. || FIG. *ributtare un'accusa,* repousser une accusation. ◆ v. intr. FIG. [ripugnare] répugner, dégoûter. | *la sua volgarità mi ributta,* sa vulgarité me répugne. || AGR. jeter de nouveau, rebourgeonner. | *il pero ha ributtato,* le poirier a rebourgeonné. ◆ v. rifl. se jeter de nouveau, se rejeter.

ricacciare [rikat'tʃare] v. tr. [cacciare di nuovo] chasser de nouveau. || [respingere indietro] repousser, refouler. | *ricacciare l'invasore,* repousser l'envahisseur. | *ricacciare indietro il fumo,* rabattre la fumée. || FIG. *ricacciare un grido,* étouffer un cri. | *ricacciare le lacrime,* ravaler ses larmes. | *gli ricacciò in gola le sue parole,* il lui fit ravaler ses mots (fam.). || [rimettere con forza] remettre. | *ricacciarsi il cappello in testa,* se remettre le chapeau sur la tête, renfoncer son chapeau. ◆ v. rifl. PR. e FIG. se refourrer.

ricadere [rika'dere] v. intr. PR. e FIG. retomber. | *è ricaduto sul letto,* il est retombé sur le lit. | *ricadere ammalato,* retomber malade. | *ricadere nello stesso errore, nello stesso vizio,* retomber dans la même erreur, dans le même vice. || [scendere giù] retomber. | *i suoi capelli ricadevano sulle spalle,* ses cheveux retombaient sur ses épaules. || FIG. *la colpa del padre è ricaduta su di lui,* la faute de son père est retombée sur lui.

ricaduta [rika'duta] f. PR. e FIG. rechute.

ricalare [rika'lare] v. tr. redescendre. ◆ v. intr. [scendere di nuovo] redescendre. || [di prezzi, acque] baisser de nouveau.

ricalcabile [rikal'kabile] agg. qu'on peut décalquer.

ricalcare [rikal'kare] v. tr. PR. décalquer. || FIG. [imitare] calquer, reproduire, imiter. | *ricalchi le orme del padre,* tu marches sur les traces de ton père. || [spingere in giù] renfoncer. || TECN. refouler, marteler.

ricalcatoio [rikalka'tojo] m. TECN. refouloir.

ricalcatura [rikalka'tura] f. PR. décalquage m., décalque m., calque m. || FIG. imitation, reproduction. || TECN. refoulement.

ricalcificante [rikaltʃifi'kante] agg. MED. recalcifiant.

ricalcificare [rikaltʃifi'kare] v. tr. MED. recalcifier. ◆ v. rifl. se recalcifier.

ricalcificazione [rikaltʃifikat'sjone] f. MED. recalcification.

ricalcitramento [rikaltʃitra'mento] m. PR. e FIG. regimbement, insoumission f.

ricalcitrante [rikaltʃi'trante] agg. récalcitrant, rétif; [di cavallo] regimbeur.

ricalcitrare [rikaltʃi'trare] v. intr. [di cavallo] ruer, regimber. || FIG. regimber. | *ricalcitra sempre quando gli si chiede un favore,* il regimbe toujours quand on lui demande de rendre un service.

ricalco [ri'kalko] (**-chi** pl.) m. décalquage, décalque. | *carta da ricalco,* papier carbone, à décalquer.

ricamare [rika'mare] v. tr. PR. e FIG. broder. | *ricamare a mano, a macchina,* broder à la main, à la machine.

ricamato [rika'mato] agg. brodé.

ricamatore [rikama'tore] (**-trice** f.) n. brodeur, euse.

ricamatura [rikama'tura] f. broderie.

ricambiare [rikam'bjare] v. tr. [cambiare di nuovo] rechanger. || [restituire in cambio] échanger. | *non si ricambia la merce,* on n'échange pas les articles. || FIG. rendre, échanger. | *ricambiare il saluto, la visita,* rendre le salut, la visite. | *ricambiare un amore,* partager un amour. | *ricambiare un servizio, una gentilezza,* rendre un service, une politesse. | *ricambiare gli auguri,* répondre aux vœux de qn. || [sostituire] changer. | *ricambiare i pezzi del motore,* changer les pièces du moteur.

ricambio [ri'kambjo] m. [nei rapporti umani] échange. || [sostituzione] *pezzi di ricambio,* pièces de rechange. | *ruota di ricambio,* roue de secours. | *cavalli di ricambio,* chevaux de relais. | *chiave di ricambio,* clé en double. | *ricambio d'inchiostro,* cartouche (f.) d'encre. || MED. *malattie del ricambio,* maladies de la nutrition. || LOC. *in ricambio,* en échange; [in compenso] en revanche.

ricamo [ri'kamo] m. broderie f. | *ricamo a mano, a macchina,* broderie à la main, à la machine. | *filo da ricamo,* fil à broder. || FIG. *un ricamo di marmo,* une dentelle de marbre.

ricancellare [rikantʃel'lare] v. tr. effacer de nouveau.

ricantare [rikan'tare] v. tr. chanter de nouveau. ||

FIG., FAM. rabâcher, répéter (L.C.), redire (L.C.). | *gliel'abbiamo ricantato su tutti i toni*, nous le lui avons répété sur tous les tons.
ricapitare [rikapi'tare] v. intr. [accadere di nuovo] arriver de nouveau. || [ritornare] revenir. | *se ricapitiamo a Verona*, si nous revenons à Vérone. || FIG. retomber. | *ricapitare nelle mani di qlcu.*, retomber entre les mains de qn.
ricapitolare [rikapito'lare] v. tr. récapituler, résumer. || LOC. *ricapitolando*, en résumé.
ricapitolazione [rikapitolat'tsjone] f. récapitulation, résumé m.
ricarica [ri'karika] f. recharge ; [di orologio] remontage m.
ricaricare [rikari'kare] v. tr. recharger ; [di orologio] remonter. | *ricaricare la pipa*, rebourrer sa pipe. ◆ v. rifl. se recharger.
ricascare [rikas'kare] v. intr. V. RICADERE.
ricattare [rikat'tare] v. tr. faire chanter ; exercer, pratiquer un chantage sur. ◆ v. rifl. LETT. se venger (L.C.).
ricattatore [rikatta'tore] (**-trice** f.) n. maître chanteur, personne qui fait du chantage.
ricattatorio [rikatta'torjo] (**-ri** m. pl.) agg. de chantage. | *mezzo ricattatorio*, moyen de chantage.
ricatto [ri'katto] m. chantage. | *essere vittima di un, subire un ricatto*, être victime d'un chantage, subir un chantage. | *fare un ricatto a qlcu.*, faire chanter qn.
ricavare [rika'vare] v. tr. **1.** [trarre] tirer, extraire. | *da questa pianta si ricava un'essenza preziosa*, de cette plante on tire, on extrait une essence précieuse. | *il film è stato ricavato da un noto romanzo*, le film a été tiré d'un roman célèbre. || **2.** [dedurre] déduire, tirer. | *ricavare delle conclusioni*, tirer des conclusions. | *ricavare una regola*, déduire, tirer une règle. | *da ciò si può ricavare che*, on peut en déduire que. || **3.** [guadagnare] gagner ; tirer profit ; [incassare] toucher. | *ricavare un bel guadagno*, tirer un gros profit. | *ricava denaro da tutto*, il fait argent de tout. || FIG. *non ricaverete nulla a comportarvi così*, vous ne gagnerez rien à vous conduire ainsi. | *che cosa ci ricavi ?*, qu'y as-tu gagné ?, à quoi cela t'a-t-il servi ?
ricavato [rika'vato] agg. tiré, gagné, obtenu. ◆ m. produit, profit. || FIG. fruit. | *il ricavato dei vostri sforzi*, le fruit de vos efforts.
ricavo [ri'kavo] m. produit, profit. | *ricavo netto, lordo*, produit net, brut. | *dare un buon ricavo*, donner un bon profit.
riccamente [rikka'mente] avv. richement.
ricchezza [rik'kettsa] f. richesse (en). | *ricchezza del suolo*, richesse du sol. | *ricchezza di materie prime*, richesse en matières premières. | *ricchezza di idee*, richesse d'idées. | *ricchezza d'ingegno*, fertilité d'esprit. | *ricchezza di particolari*, richesse, abondance de détails. | *fare mostra della propria ricchezza*, faire étalage de sa richesse. || [di abito] ampleur. || FIN. *ricchezza mobile*, revenus (m.) mobiliers. | *imposta di ricchezza mobile*, impôts sur les revenus mobiliers. || PROV. *il buon nome vale più della ricchezza*, bonne renommée vaut mieux que ceinture dorée.
1. riccio ['rittʃo] (**-ce** f. pl.) agg. frisé, bouclé. | *capelli ricci*, cheveux frisés. | *insalata riccia*, salade frisée. ◆ m. boucle f. | *farsi i ricci*, se friser, se boucler les cheveux, se faire des boucles. | *ferro da ricci*, fer à friser. || LOC. PROV. *ogni riccio un capriccio*, capricieux jusqu'à la racine des cheveux. || [di legno] copeau.
2. riccio ['rittʃo] m. BOT. [di castagna] bogue f. || CULIN. [di burro] coquille f. || MUS. [di violino] volute f., crosse f. || ZOOL. hérisson. | *riccio di mare*, oursin ; hérisson, châtaigne (f.) de mer.
ricciolo ['rittʃolo] m. boucle f. ◆ agg. (raro) bouclé (L.C.), frisé (L.C.).
ricciolutо [rittʃo'luto] agg. V. RICCIUTO.
ricciutello [rittʃu'tɛllo] agg. frisotté.
ricciuto [rit'tʃuto] agg. bouclé, frisé. | *capelli ricciuti*, cheveux bouclés, en boucles.
ricco ['rikko] (**-chi** m. pl.) agg. **1.** [fortunato] riche. | *essere ricco sfondato*, être cousu d'or, remuer l'argent à la pelle, rouler sur l'or. | *sono ricchi di famiglia*, ils appartiennent à une famille riche. || **2.** [abbondante] riche (en). | *nazione ricca di materie prime*, une nation riche en matières premières. | *un museo ricco di opere d'arte*, un musée riche en œuvres d'art. | *ricco di ingegno, di fantasia*, qui a beaucoup, qui est plein de talent, d'imagination. | *un futuro ricco di promesse*, un avenir plein de promesses. | *una ricca capigliatura*, une chevelure abondante. | *un ricco pasto*, un repas plantureux. | *fare una ricca dormita*, faire un bon somme. || **3.** [di grande valore] riche, précieux, important, abondant. | *un ricco compenso*, une généreuse rétribution. | *un ricco regalo*, un cadeau de valeur. || [di abiti, stoffa] ample, large, étoffé. ◆ n. riche. | *nuovo ricco :* nouveau riche ; parvenu.
riccone [rik'kone] m. FAM. richard (peggior.). | *è un riccone*, il est riche comme Crésus.
ricerca [ri'tʃerka] f. recherche. | *ricerca di un oggetto perduto*, recherche d'un objet perdu. | *fare una ricerca*, faire des recherches. | *ricerche scientifiche*, recherches scientifiques. || COMM. *ricerca operativa*, recherche opérationnelle. | *ricerca di mercato*, étude, analyse de marché. ◆ loc. prep. ***alla ricerca di***, à la recherche de, en quête de.
ricercare [ritʃer'kare] v. tr. rechercher, chercher. | *la polizia ricerca gli autori dell'attentato*, la police recherche les auteurs de l'attentat. | *ricerchi le cause del fenomeno*, tu recherches les causes du phénomène. | *ricercare la felicità*, chercher le bonheur. | *ricercare l'amicizia di qlcu.*, rechercher l'amitié de qn. | *ricercare le parole*, choisir ses mots. | *ricercare la perfezione nel proprio lavoro*, rechercher la perfection dans son travail. || CIN., TEATRO *ricercare una scrittura*, courir le cachet. || LOC. *cerca e ricerca*, à force de chercher.
ricercatamente [ritʃerkata'mente] avv. avec recherche.
ricercatezza [ritʃerka'tettsa] f. recherche. | *ricercatezza nel vestire*, recherche dans la façon de s'habiller. | *ricercatezze dello stile*, préciosités du style.
ricercato [ritʃer'kato] agg. recherché. | *essere ricercato dalla polizia*, être recherché par la police. | *è una persona ricercata da tutti*, c'est une personne que tout le monde recherche. || FIG. *essere ricercato nel vestire*, s'habiller avec recherche. | *avere maniere ricercate*, être guindé, se guinder. | *uno stile ricercato*, un style guindé, pompeux.
ricercatore [ritʃerka'tore] (**-trice** f.) n. chercheur, euse. ◆ m. TECN. [apparecchio] détecteur.
ricetrasmettitore [ritʃetrazmetti'tore] m. TECN. émetteur-récepteur.
ricetta [ri'tʃɛtta] f. MED. ordonnance. || PER EST. [rimedio] recette. | *ricetta per il mal di denti*, recette pour le mal aux dents. | *ricetta della felicità*, recette du bonheur. || CULIN. recette.
ricettacolo [ritʃet'takolo] m. repaire, nid. | *quel bar è un ricettacolo di malviventi*, ce bar est un repaire de malfaiteurs. | *ricettacolo di polvere*, nid à poussière. || BOT. réceptacle.
1. ricettare [ritʃet'tare] v. tr. receler. || LETT. [accogliere] accueillir (L.C.).
2. ricettare [ritʃet'tare] v. tr. (raro) prescrire (par ordonnance) [L.C.].
ricettario [ritʃet'tarjo] (**-ri** pl.) m. livre des recettes (de cuisine). || MED. bloc à ordonnances.
ricettatore [ritʃetta'tore] (**-trice** f.) n. receleur, euse.
ricettazione [ritʃettat'tsjone] f. recel m.
ricettività [ritʃettivi'ta] f. PR. e FIG. réceptivité.
ricettivo [ritʃet'tivo] agg. PR. e FIG. réceptif.
ricettizio [ritʃet'tittsjo] agg. GIUR. réceptice.
ricetto [ri'tʃetto] m. LETT. asile (L.C.), refuge (L.C.), abri (L.C.). | *dare ricetto*, donner asile ; abriter.
ricettore [ritʃet'tore] (**-trice** f.) agg. e n. récepteur, trice.
ricevente [ritʃe'vɛnte] agg. e n. récepteur, trice. || COMM. destinataire.
ricevere [ri'tʃevere] v. tr. **1.** recevoir. | *ricevere una lettera, notizie, denaro*, recevoir une lettre, des nouvelles, de l'argent. | *ricevere una ferita mortale*, recevoir un coup mortel. | *ricevere una buona, una cattiva educazione*, recevoir une bonne, une mauvaise éducation. | *ricevere elogi*, recevoir des éloges. | *ricevere il battesimo, l'estrema unzione*, recevoir le baptême, l'extrême-onction. | *ricevere una visita*, recevoir une visite. | *ricevere in dono*, recevoir (en

cadeau). | *ricevere in prestito,* se faire prêter ; emprunter. | *ricevere in consegna, in cambio,* recevoir en dépôt, en échange. | *la terra riceve energia dal sole,* la terre reçoit l'énergie du soleil. | *questa stanza riceve molta luce,* cette pièce reçoit beaucoup de lumière. || PR. e FIG. *ricevere un colpo,* encaisser un coup (fam.). || **2.** [accogliere] recevoir, accueillir. | *ricevere qlcu. a braccia aperte,* recevoir, accueillir qn à bras ouverts. | *il presidente è stato ricevuto da una folla di manifestanti,* le président a été accueilli par une foule de manifestants. || **3.** [ammettere nel proprio domicilio o studio] recevoir. | *ricevere qlcu. freddamente,* recevoir qn froidement, comme un chien dans un jeu de quilles (fam.). | *il presidente ha ricevuto i ministri,* le président a reçu les ministres. || [assol.] *riceve molto,* il reçoit beaucoup. | *la direttrice riceve tre volte alla settimana,* la directrice reçoit trois fois par semaine. || **4.** [trarre] tirer, recevoir. | *ricevere sollievo da,* trouver un soulagement dans.

ricevibile [ritʃe'vibile] agg. (raro) recevable (L.C.).

ricevimento [ritʃevi'mento] m. [il ricevere] réception f. | *il ricevimento di una lettera,* la réception d'une lettre. | *avviso di ricevimento,* avis de réception. || [trattenimento] réception. | *dare un ricevimento,* donner une réception. | *sala per ricevimenti,* salle de réceptions. | *un piccolo ricevimento (dalle cinque alle sette),* un cinq-à-sept. || [accoglienza] accueil ; [ammissione in un gruppo, in una società] réception.

ricevitore [ritʃevi'tore] (**-trice** f.) n. [persona che riscuote somme] receveur, euse. | *ricevitore delle imposte,* receveur des contributions. | *ricevitore del Registro,* receveur de l'Enregistrement. | *ricevitore postale,* receveur des postes. || SPORT [baseball] attrapeur, euse. ◆ m. [del telefono] récepteur. | *agganciare il ricevitore del telefono,* raccrocher le récepteur. || RAD. récepteur, écouteur. | *ricevitore acustico,* récepteur acoustique. | *ricevitore ad amplificazione diretta,* récepteur à amplification directe. | *ricevitore radar,* récepteur panoramique. | *ricevitore pilota,* récepteur de contrôle.

ricevitoria [ritʃevito'ria] f. recette ; bureau (m.) du receveur. | *ricevitoria delle finanze,* recette des finances.

ricevuta [ritʃe'vuta] f. **1.** reçu m. ; [di pagamento] quittance ; [di documenti] récépissé m. | *ricevuta dell'affitto,* quittance de loyer. | *ricevuta di carico,* reçu de charge. | *ricevuta a saldo,* reçu pour solde. | *ricevuta di deposito,* reçu, récépissé de dépôt. | *ricevuta di ritorno,* accusé m., avis (m.) de réception. | *rilasciare una ricevuta,* délivrer un reçu, une quittance. | *dietro ricevuta,* contre quittance. || **2.** [ricevimento] *accusare ricevuta di qlco.,* accuser réception de qch.

ricezione [ritʃet'tsjone] f. réception.

richiamabile [rikja'mabile] agg. rappelable.

richiamare [rikja'mare] v. tr. **1.** [chiamare di nuovo] rappeler. | *ti richiamerò domani,* je te rappellerai demain. | *richiamare alle armi,* rappeler sous les drapeaux. || **2.** [far tornare (indietro)] rappeler ; faire revenir. | *richiamare un esiliato,* rappeler un exilé. | *richiamare le truppe,* rappeler les troupes. | *richiamare un attore,* rappeler un acteur. | *richiamare un ambasciatore,* rappeler un ambassadeur. || FIG. *richiamare in vita,* rappeler à la vie. | *richiamare alla memoria,* rappeler à la mémoire. | *richiamare all'ordine,* rappeler à l'ordre. | *richiamare qlcu. al dovere, alla realtà,* rappeler qn à son devoir, à la réalité. | *gli affari lo richiamano a Milano,* ses affaires le rappellent à Milan. || **3.** [attrarre] attirer. | *la luce richiama le zanzare,* la lumière attire les moustiques. | *richiamare l'attenzione,* attirer l'attention. | *questo film richiamò molti spettatori,* ce film attira beaucoup de spectateurs. || **4.** [rimproverare] réprimander, gronder. || **5.** [citare] citer. | *richiamare un verso, una pagina,* citer un vers, une page. ◆ v. rifl. [riferirsi] se référer, se rapporter.

richiamata [rikja'mata] f. AER. ressource.

richiamato [rikja'mato] agg. e m. rappelé. || MIL. rappelé ; [in tempo di guerra] mobilisé.

richiamo [ri'kjamo] m. **1.** PR. e FIG. rappel. | *il richiamo di un ambasciatore,* le rappel d'un ambassadeur. | *richiamo alle armi,* rappel sous les drapeaux. | *richiamo al dovere, alla realtà, all'ordine,* rappel au devoir, à la réalité, à l'ordre. | *non ascoltava i richiami del professore,* il n'écoutait pas les observations (f.) du professeur. || GEOM. *linea di richiamo,* ligne de rappel. || **2.** [grido, gesto] appel. | *richiami disperati,* des appels désespérés. || **3.** [attrazione] attrait. | *un richiamo irresistibile,* un attrait irrésistible. | *il richiamo della natura,* la voix de la nature. || **4.** [segno di rimando] renvoi. || **5.** [caccia] *uccello da richiamo,* oiseau servant d'appeau ; chanterelle f.

richiedente [rikje'dɛnte] n. GIUR. requérant ; demandeur, demanderesse.

richiedere [ri'kjɛdere] v. tr. **1.** [chiedere di nuovo] demander de nouveau, redemander. || **2.** [sollecitare la restituzione] demander, réclamer. | *gli ho richiesto il libro che gli avevo dato,* je lui ai demandé le livre que je lui avais donné. | *richiedere con grande strepito,* demander à cor et à cri. || **3.** [esigere] demander, exiger. | *è un lavoro che richiede attenzione e calma,* c'est un travail qui exige, demande de l'attention et du calme. | *la sua condotta richiede una spiegazione,* sa conduite exige, demande une explication. | *richiedere tempo,* demander du temps. | *se le circostanze lo richiedono,* si les circonstances l'exigent. || **4.** [sinonimo di chiedere] demander. | *mi hanno richiesto nome e cognome,* on m'a demandé mon nom et mon prénom. | *richiedere consiglio,* demander un conseil. | *richiedere un favore,* demander un service. | *richiedere il passaporto,* faire une demande de passeport. || **5.** [ricercare] demander. | *è un articolo poco richiesto,* c'est un produit peu demandé. || **6.** GIUR. requérir.

richiesta [ri'kjɛsta] f. demande, sollicitation. | *la sua richiesta di spiegazione è rimasta senza risposta,* sa demande d'explication est restée sans réponse. | *richiesta di matrimonio,* demande en mariage. | *c'è poca richiesta di questo prodotto,* c'est un produit peu demandé. | *le sue richieste sono eccessive,* ses prétentions sont excessives. | *fare richiesta di qlco.,* demander, solliciter qch. | *richiesta di lavoro,* demande d'emploi. | *fermata a richiesta,* arrêt (m.) facultatif. | *a richiesta generale,* à la demande générale. || [linguaggio burocratico] requête. | *presentare, respingere una richiesta,* présenter, rejeter une requête. ◆ loc. prep. ***a richiesta di,*** à la demande de.

richiesto [ri'kjɛsto] agg. demandé, requis, exigé. | *condizioni richieste,* conditions requises. (V. RICHIEDERE.)

richiudere [ri'kjudere] v. tr. refermer. ◆ v. rifl. se refermer.

richiuso [ri'kjuzo] agg. refermé.

riciclare [ritʃi'klare] v. tr. CHIM. recycler.

riciclo [ri'tʃiklo] m. CHIM. recyclage.

ricinina [ritʃi'nina] f. CHIM. ricinine.

ricino ['ritʃino] m. BOT. ricin. | *olio di ricino,* huile de ricin.

ricinoleico [ritʃino'lɛiko] (**-ci** m. pl.) agg. ricinoléique.

rickettsia [rik'kɛtsja] f. MED. rickettsie.

rickettsiosi [rikketsi'ɔzi] f. MED. rickettsiose.

ricogliere [ri'kɔʎʎere] v. tr. LETT. recueillir (L.C.). || [sorprendere] reprendre. | *ti ricolgo a mentire,* je te reprends à mentir.

ricognitore [rikoɲɲi'tore] m. MIL. éclaireur. || AER. avion de reconnaissance, éclaireur.

ricognizione [rikoɲɲit'tsione] f. reconnaissance. | *aereo da ricognizione,* avion de reconnaissance. | *essere in ricognizione,* être en reconnaissance. || GIUR. *atto di ricognizione,* acte recognitif. | *ricognizione di debito,* reconnaissance de dette.

ricollegare [rikolle'gare] v. tr. rattacher ; relier (fig.) ; [riunire] réunir. | *ricollegare due fatti, due idee,* relier deux faits, deux idées. || TECN. raccorder. ◆ v. rifl. se rattacher, se relier.

ricollocare [rikollo'kare] v. tr. remettre (en place), replacer.

ricolmare [rikol'mare] v. tr. [colmare di nuovo] combler de nouveau, recombler. || [con sovrabbondanza] remplir à ras bords. || FIG. combler.

ricolmo [ri'kolmo] agg. plein à ras bords, bien rempli. || FIG. rempli, comblé. | *ricolmo d'onori,* comblé d'honneurs.

ricolorire [rikolo'rire] v. tr. recolorer. ◆ v. rifl. se recolorer.
ricoltivare [rikolti'vare] v. tr. recultiver.
ricominciare [rikomin'tʃare] v. tr. recommencer. ◆ v. intr. recommencer, reprendre. | *ricominciare a lavorare*, recommencer à travailler, reprendre son travail. | *ricomincia a piovere*, il recommence, il se remet à pleuvoir.
ricommettere [rikom'mettere] v. tr. commettre de nouveau. | *ha ricommesso lo stesso errore*, il est retombé dans, il a commis de nouveau la même erreur. ‖ [ricongiungere] réunir, assembler, rassembler.
ricommettitura [rikommetti'tura] f. jonction, raccord m., assemblage m.
ricomparire [rikompa'rire] v. intr. réapparaître, reparaître. | *ricompaio (ricomparisco), ricompari (ricomparisci)*, je fais ma, tu fais ta réapparition. | *è ricomparso*, il a reparu, le voilà de nouveau.
ricomparsa [rikom'parsa] f. réapparition.
ricompensa [rikom'pɛnsa] f. récompense, accessit m., prix m. | *promettere, dare una ricompensa*, promettre, donner une récompense. ‖ Loc. *in, per ricompensa*, en récompense.
ricompensabile [rikompen'sabile] agg. qu'on peut récompenser.
ricompensare [rikompen'sare] v. tr. récompenser. | *ricompensare qlcu. per i suoi servizi, per i suoi sforzi*, récompenser qn de ses services, de ses efforts. | *ricompensare il lavoro, la condotta di qlcu.*, récompenser le travail, la conduite de qn. | *ricompensare con*, récompenser par. ‖ Loc. *ricompensare ad usura*, récompenser au centuple.
ricomperare [rikompe'rare] v. tr. V. RICOMPRARE.
ricomporre [rikom'porre] v. tr. recomposer; [riordinare] remettre en ordre; [rimettere insieme] réunir, rassembler. | *ricompongo il viso*, je recompose mon visage. ◆ v. rifl. se redonner une contenance, reprendre son calme, reprendre la maîtrise de soi.
ricomposizione [rikompozit'tsjone] f. recomposition. ‖ GIUR. *ricomposizione fondiaria*, remembrement m.
ricomposto [rikom'posto] agg. recomposé; réuni; remis en ordre. (V. RICOMPORRE.)
ricomprabile [rikom'prabile] agg. rachetable.
ricomprare [rikom'prare] v. tr. racheter.
ricomunicare [rikomuni'kare] v. tr. communiquer de nouveau, recommuniquer. ‖ RELIG. donner de nouveau la communion. ◆ v. rifl. communier de nouveau.
riconciliabile [rikontʃi'ljabile] agg. réconciliable.
riconciliare [rikontʃi'ljare] v. tr. [rappacificare] réconcilier, mettre d'accord, raccommoder (fam.), rabibocher (fam.). ‖ [procurare di nuovo] regagner. | *la sua condotta gli riconciliò l'ammirazione dei suoi amici*, sa conduite lui regagna l'admiration de ses amis. ◆ v. recipr. se réconcilier.
riconciliatore [rikontʃilja'tore] (**-trice** f.) n. réconciliateur, trice.
riconciliazione [rikontʃiljat'tsjone] f. réconciliation, raccommodement m. (fam.).
ricondannare [rikondan'nare] v. tr. recondamner.
ricondotto [rikon'dotto] part. pass. di RICONDURRE.
ricondurre [rikon'durre] v. tr. [condurre di nuovo] reconduire. ‖ [condurre indietro] reconduire, ramener, remmener, raccompagner. | *bisogna ricondurli qui*, il faut les ramener, les reconduire ici. ‖ PR. e FIG. *ricondurre all'ovile*, ramener au bercail. | *è stato ricondotto sulla retta via*, on l'a ramené sur le droit chemin. | *ricondurre un amico a casa*, raccompagner un ami chez lui. ‖ FIG. [riportare, ristabilire] ramener, rétablir. | *ricondurre l'ordine*, rétablir l'ordre. | *ricondurre al dovere*, ramener au devoir.
riconduzione [rikondut'tsjone] f. GIUR. reconduction.
riconferma [rikon'ferma] f. confirmation. | *avere la riconferma*, avoir confirmation. | *chiedere la riconferma del proprio incarico*, demander le renouvellement de ses fonctions. ‖ Loc. *a riconferma di*, à l'appui de.
riconfermare [rikonfer'mare] v. tr. confirmer. | *riconfermare qlcu. nell'incarico*, confirmer qn dans ses fonctions.
riconfessare [rikonfes'sare] v. tr. reconfesser. ◆ v. rifl. se reconfesser.
riconfiscare [rikonfis'kare] v. tr. reconfisquer.
riconfortare [rikonfor'tare] v. tr. réconforter.
ricongiungere [rikon'dʒundʒere] v. tr. rejoindre. ‖ [riunire] réunir. ◆ v. rifl. se rejoindre. | *i due eserciti si ricongiunsero*, les deux armées se rejoignirent. | *ricongiungersi alla famiglia*, rejoindre sa famille. ‖ [riunirsi] se réunir. | *sono ricongiunti*, ils sont à nouveau réunis.
ricongiungimento [rikondʒundʒi'mento] m. [di persone] réunion f.; [di cose] jonction f. ‖ MIL. *il ricongiungimento delle truppe*, la jonction des troupes.
ricongiunto [rikon'dʒunto] part. pass. di RICONGIUNGERE.
riconiare [riko'njare] v. tr. frapper de nouveau.
riconnesso [rikon'nesso] part. pass. di RICONNETTERE.
riconnettere [rikon'nettere] v. tr. rapprocher (de), rattacher (à). | *ho riconnesso i due fatti*, j'ai rapproché les deux faits. ◆ v. rifl. se rattacher (à). | *questa affermazione si riconnette alla precedente*, cette affirmation se rattache à la précédente.
riconoscente [rikonoʃ'ʃɛnte] agg. reconnaissant. | *essere riconoscente a qlcu. di qlco.*, être gré, savoir gré à qn de qch.
riconoscenza [rikonoʃ'ʃɛntsa] f. reconnaissance, gratitude. | *mostrare, sentire riconoscenza per qlcu.*, manifester, témoigner, éprouver de la reconnaissance envers qn.
riconoscere [riko'noʃʃere] v. tr. **1.** reconnaître. | *riconoscere qlcu. dalla voce*, reconnaître qn à sa voix. | *farsi riconoscere*, se faire reconnaître. ‖ [distinguere] distinguer, discerner. | *riconoscere il vero dal falso*, discerner le vrai du faux. ‖ **2.** [ammettere] reconnaître, avouer, admettre. | *riconoscere i propri torti*, reconnaître ses torts. | *riconosco il mio errore*, je reconnais, j'admets mon erreur. | *riconosco che hai ragione*, j'avoue, j'admets que tu as raison. | *riconoscere l'innocenza di qlcu.*, reconnaître l'innocence de qn. ‖ **3.** [accettare come legittimo] reconnaître. | *riconoscere l'autorità di qlcu.*, reconnaître l'autorité de qn. | *riconoscere qlcu. come capo*, reconnaître qn pour chef. | *non ha voluto riconoscere suo figlio*, il n'a pas voulu reconnaître son fils. | *riconoscere le spese di trasporto*, reconnaître, prendre à son compte les frais de transport. ‖ **4.** MIL. [compiere una ricognizione] reconnaître. ◆ v. rifl. se reconnaître, s'avouer. | *riconoscersi colpevole*, se reconnaître, s'avouer coupable. ‖ PROV. *i villani si riconoscono anche rifatti*, la caque sent toujours le hareng.
riconoscibile [rikonoʃ'ʃibile] agg. reconnaissable.
riconoscimento [rikonoʃʃi'mento] m. reconnaissance f. | *segno di riconoscimento*, signe de reconnaissance. | *riconoscimento di un figlio naturale*, reconnaissance d'un enfant naturel. ‖ [premio] prix, récompense f. ‖ [identificazione, identità] identification f., identité f. | *documento, piastrina di riconoscimento*, pièce, plaque d'identité. | *riconoscimento di un cadavere*, identification d'un cadavre. ‖ COMM. *riconoscimento di debito*, reconnaissance de dette. ‖ MAR. *segnale di riconoscimento*, signal de reconnaissance. ‖ Loc. *in riconoscimento di*, en reconnaissance de.
riconquista [rikon'kwista] f. reconquête.
riconquistare [rikonkwis'tare] v. tr. reconquérir.
riconsacrare [rikonsa'krare] v. tr. consacrer à nouveau.
riconsacrazione [rikonsakrat'tsjone] f. RELIG. nouvelle consécration.
riconsegna [rikon'seɲɲa] f. [restituzione] restitution. ‖ COMM. nouvelle remise, nouvelle livraison.
riconsegnare [rikonseɲ'ɲare] v. tr. [un oggetto] rendre, restituer. ‖ [una persona] remettre, livrer. | *riconsegnare un prigioniero*, livrer un prisonnier. | *riconsegnare un colpevole alla giustizia*, remettre un coupable à la justice.
riconsiderare [rikonside'rare] v. tr. reconsidérer.
riconsolare [rikonso'lare] v. tr. reconsoler. ◆ v. rifl. se reconsoler, se réconforter.
riconsolidamento [rikonsolida'mento] m. reconsolidation f.
riconsolidare [rikonsoli'dare] v. tr. reconsolider.
ricontare [rikon'tare] v. tr. recompter.

riconvenire [rikonve'nire] v. tr. GIUR. faire une demande reconventionnelle (contre).
riconvenzionale [rikonventsjo'nale] agg. GIUR. reconventionnel. | *agire in riconvenzionale,* agir en reconventionnelle.
riconvenzione [rikonvent'tsjone] f. GIUR. reconvention.
riconversione [rikonver'sjone] f. reconversion. | *riconversione industriale,* reconversion industrielle.
riconvertire [rikonver'tire] v. tr. reconvertir. ◆ v. rifl. se reconvertir.
riconvocare [rikonvo'kare] v. tr. reconvoquer.
riconvocazione [rikonvokat'tsjone] f. nouvelle convocation.
ricoperto [riko'pɛrto] agg. recouvert, couvert; [di metallo] plaqué. | *dente ricoperto,* dent recouverte. | *ricoperto d'argento, d'oro,* plaqué argent, plaqué or. || [nascosto] caché, dissimulé. (V. RICOPRIRE.)
ricopertura [rikoper'tura] f. [il ricoprire] couverture; [di metallo] placage m. || [di sedie] housse. || COMM. recouvrement m.
ricopiare [riko'pjare] v. tr. [copiare di nuovo] recopier. | *ricopiare in bella,* recopier au propre, mettre au net. || [copiare] copier.
ricopiatura [rikopja'tura] f. [il copiare di nuovo] retranscription. || [copia] copie, retranscription.
ricoprimento [rikopri'mento] m. recouvrement.
ricoprire [riko'prire] v. tr. **1.** [coprire di nuovo, rivestire] recouvrir. | *la neve ricopre i tetti,* la neige recouvre les toits. | *ricoprire un libro,* recouvrir un livre. || FIG. [colmare] couvrir, combler. | *ricoprire di baci,* couvrir de baisers. | *ricoprire qlcu. di regali,* couvrir, combler qn de cadeaux. | *ricoprire d'ingiurie,* couvrir d'injures. | *ricoprire di cortesie,* combler de politesses. | *ricoprire una persona d'oro,* couvrir d'or une personne. || **2.** [occupare] occuper, remplir. | *ricoprire una carica,* occuper, remplir une charge. || **3.** [nascondere] cacher, couvrir, dissimuler. | *ricoprire le proprie intenzioni,* cacher, dissimuler ses intentions. || **4.** [proteggere] couvrir, protéger, défendre. | *la cavalleria ricopriva la ritirata,* la cavalerie couvrait la retraite. ◆ v. rifl. se recouvrir; se rhabiller. | *ricopriti!,* rhabille-toi!
ricordabile [rikor'dabile] agg. digne de mention, mémorable.
ricordanza [rikor'dantsa] f. ARC., LETT. souvenance, souvenir m. (L.C.). || [memoria] mémoire (L.C.). || LOC. *in ricordanza di,* en mémoire de. | *a ricordanza d'uomo,* de mémoire d'homme.
ricordare [rikor'dare] v. tr. **1.** [serbare ricordo] se souvenir de, se rappeler. | *non ricordo più il suo nome,* je ne me rappelle plus son nom. | *non ricordo nulla,* je ne me souviens de rien. | *per quanto ricordo,* autant qu'il m'en souvienne. | *se ben ricordo,* si j'ai bonne mémoire, si je me souviens bien. || **2.** [richiamare alla memoria] rappeler. | *vi faccio ricordare che,* je vous rappelle que. | *ti ricorderò la tua promessa,* je te rappellerai ta promesse. | *ricordami di passare a casa sua,* rappelle-moi de passer chez lui. | *questo fazzoletto non vi ricorda niente?,* ce mouchoir ne vous dit rien? | *quella ragazza mi ricorda sua madre,* cette fille me rappelle sa mère. | *questo paesaggio mi ricorda la Grecia,* ce paysage me rappelle la Grèce. | *ricordami ai tuoi,* rappelle-moi au bon souvenir de tes parents. || **3.** [menzionare] mentionner, citer. | *ricordare i meriti dello scolaro,* mentionner les mérites de l'écolier. ◆ v. rifl. se souvenir de, se rappeler. | *si ricorda di aver pianto in quell'occasione,* elle se rappelle avoir, elle se souvient d'avoir pleuré à cette occasion. | *non me ne ricordo,* je ne m'en souviens pas, je ne me le rappelle pas. | *me ne ricordo come se fosse ieri,* je m'en souviens comme si c'était hier. || FAM. *non ricordarsi dal naso alla bocca,* n'avoir aucune mémoire (L.C.).
ricordino [rikor'dino] m. petit souvenir. || [immaginetta sacra] image (pieuse) f.
ricordo [ri'kordo] m. souvenir. | *un ricordo vago, confuso,* un souvenir vague, confus. | *ricordo d'infanzia,* souvenir d'enfance. | *avere un buon, un cattivo ricordo,* avoir, garder un bon, un mauvais souvenir. | *se ne è perso anche il ricordo,* on en a perdu jusqu'au souvenir. | *fin dove arrivano i miei ricordi,* d'aussi loin qu'il me souvienne. | *lo terrò per ricordo,* je le garderai en souvenir. || LOC. *a ricordo di,* en souvenir de. | *al ricordo di,* au souvenir de. | *per ricordo,* en souvenir. || [oggetto] souvenir. | *è un ricordo di viaggio,* c'est un souvenir de voyage. ◆ pl. vestiges. | *i ricordi della civiltà romana,* les vestiges de la civilisation romaine.
ricoricare [rikori'kare] v. tr. recoucher. ◆ v. rifl. se recoucher.
ricorreggere [rikor'rɛddʒere] v. tr. recorriger, corriger à nouveau.
ricorrente [rikor'rɛnte] agg. qui revient. | *un fatto, un motivo ricorrente,* un fait, un motif qui revient. | *le feste ricorrenti nel mese,* les fêtes du mois. || ARCHIT. *cornice ricorrente,* corniche qui fait le tour de. || MAT. *serie ricorrente,* série récurrente. || MED. *febbre ricorrente,* fièvre récurrente, périodique. ◆ n. GIUR. appelant.
ricorrenza [rikor'rɛntsa] f. [ritorno periodico] répétition. | *la ricorrenza di certi fatti,* la répétition de certains faits. || [festa che ritorna] anniversaire m., fête. | *per la ricorrenza del tuo compleanno,* à l'occasion de ton anniversaire. | *in questa felice ricorrenza,* en cette heureuse circonstance. | *la ricorrenza del 2 novembre,* la commémoration des morts. | *la ricorrenza del 14 luglio,* la fête du 14 juillet.
ricorrere [ri'korrere] v. intr. **1.** [tornare indietro] retourner, revenir. | *devo ricorrere a casa,* je dois retourner à la maison. || FIG. [ripensare ad un fatto] *ricorrere con il pensiero all'infanzia,* retourner en pensée à son enfance. || **2.** [rivolgersi a qlcu., a qlco.] recourir, avoir recours (à). | *ricorrere al medico,* avoir recours, s'adresser au médecin. | *ricorrere al dizionario, alla grammatica,* se servir du dictionnaire, de la grammaire. | *ricorrere alla violenza, alla forza,* recourir à la violence, à la force. | *ricorrere a uno stratagemma,* recourir à un stratagème. || LOC. *non saper più a che santo ricorrere,* ne plus savoir à quel saint se vouer. || **3.** GIUR. *ricorrere in appello,* interjeter appel. | *ricorrere in Cassazione,* introduire un recours en cassation. | *ricorrere contro una sentenza,* introduire un recours contre un jugement. || **4.** [ripetersi periodicamente] se répéter, revenir; [di festa] avoir lieu, tomber. | *fatti che non ricorrono spesso,* des faits qui ne se répètent pas souvent. | *parole che ricorrono,* des mots qui reviennent souvent. | *la festa ricorre di domenica,* la fête tombe un dimanche. | *quest'anno ricorre il centenario di,* cette année on célèbre le centenaire de. || **5.** ARCHIT. courir tout autour de. | *una cornice che ricorre sulla facciata,* une corniche qui court tout le long de la façade.
1. ricorso [ri'korso] part. pass. di RICORRERE.
2. ricorso [ri'korso] m. recours. | *fare ricorso a qlcu., a qlco.,* avoir recours à qn, à qch.; se servir de qch. || [ritorno periodico] retour. | *il ricorso delle stagioni,* le retour des saisons. | *i ricorsi storici,* les cycles historiques. || GIUR. *ricorso in appello,* interjection (f.) en appel. | *ricorso in Cassazione,* recours, pourvoi en cassation. | *ricorso in grazia,* recours en grâce. || LOC. *dietro ricorso di,* sur pourvoi de.
ricostituente [rikostitu'ɛnte] agg. e m. MED. reconstituant, fortifiant.
ricostituire [rikostitu'ire] v. tr. reconstituer. | *ricostituire un partito, una società, un patrimonio,* reconstituer un parti, une société, un patrimoine. | *ricostituire le proprie forze,* reprendre des forces. ◆ v. rifl. se reconstituer, se reformer.
ricostituito [rikostitu'ito] agg. reconstitué. | *pietre ricostituite,* pierres synthétiques.
ricostituzione [rikostitut'tsjone] f. reconstitution.
ricostruire [rikostru'ire] v. tr. PR. reconstruire, rebâtir. | *ricostruisco la casa,* je reconstruis, je rebâtis la maison. || FIG. reconstituer. | *ricostruire una scena, un delitto,* reconstituer une scène, un crime. | *ricostruire un testo,* restituer le texte original.
ricostruttore [rikostrut'tore] (**-trice** f.) agg. e n. reconstructeur, trice.
ricostruzione [rikostrut'tsjone] f. PR. reconstruction. | *la ricostruzione di una casa,* la reconstruction d'une maison. || FIG. reconstitution. | *la ricostruzione di un delitto,* la reconstitution d'un crime.
ricotta [ri'kɔtta] f. [formaggio] ricotta; caillé m. || LOC. FIG. *avere le mani di ricotta,* avoir des mains de beurre. | *avere le gambe di ricotta,* avoir des jambes

de coton. | *è un uomo di ricotta*, c'est une chique molle (pop.).
ricottaio [rikɔt'tajo] m. vendeur de ricotta.
ricotto [ri'kɔtto] agg. recuit. | *metallo ricotto*, métal recuit. (V. RICUOCERE.)
ricottura [rikot'tura] f. recuisson. || METALL. recuit m. | *forno di ricottura*, four à cuire.
ricoverare [rikove'rare] v. tr. abriter, héberger ; offrir asile à. || [in ospedale] hospitaliser. | *ricoverare in un ospizio*, mettre à l'hospice. ◆ v. rifl. s'abriter, se réfugier.
ricoverato [rikove'rato] agg. hébergé ; [in ospedale] hospitalisé. ◆ n. [in ospedale] hospitalisé ; [in un ospizio] pensionnaire.
ricovero [ri'kovero] m. [rifugio] abri, refuge. | *dare ricovero a qlcu.*, donner abri, asile à qn. || [in ospedale] hospitalisation f., séjour à l'hôpital ; [in un ospedale psichiatrico] internement. | *ricovero d'urgenza*, hospitalisation d'urgence. || [ospizio] hospice ; maison (f.) de retraite.
ricreare [rikre'are] v. tr. PR. [creare di nuovo] recréer. || FIG. récréer. ◆ v. rifl. se récréer, se détendre.
ricreativo [rikrea'tivo] agg. récréatif.
ricreatorio [rikrea'torjo] (**-ri** pl.) m. patronage ; salle (f.) de récréation.
ricreazione [rikreat'tsjone] f. détente, repos m. ; [a scuola] récréation. | *lo sport è una buona ricreazione*, le sport est une bonne détente. | *gli scolari sono in ricreazione*, les écoliers sont en récréation. || PER EST. *prendersi un po' di ricreazione*, prendre une petite récréation, faire une pause.
ricredersi [rikre'dɛrsi] v. rifl. revenir sur son opinion, changer d'avis, se détromper. | *si sono ricreduti*, ils sont revenus sur leur opinion, ils ont changé d'avis.
ricrescere [ri'kreʃʃere] v. intr. [di barba, capelli, foglie] repousser ; [di persona] grandir de nouveau. || [aumentare] augmenter (de nouveau) ; [di prezzi] monter de nouveau.
ricrescita [ri'kreʃʃita] f. [capelli, foglie] repousse.
rictus ['riktus] m. MED. rictus (lat.).
ricucire [riku'tʃire] v. tr. PR. et FIG. recoudre.
ricucitura [rikutʃi'tura] f. (nouvelle) couture.
ricuocere [ri'kwɔtʃere] v. tr. recuire.
ricuperabile [rikupe'rabile] agg. récupérable.
ricuperare [rikupe'rare] v. tr. PR. récupérer. | *ricuperare una giornata di lavoro, una somma di denaro*, récupérer une journée de travail, une somme d'argent. || [nell'acqua] *ricuperare un oggetto, un corpo*, repêcher un objet, un corps. | *ricuperare un naufrago*, sauver un naufragé. || FIG. [riacquistare] recouvrer. | *ricuperare la vista, la salute*, recouvrer la vue, la santé. | *ricuperare i sensi*, revenir à soi, reprendre ses sens. | *ricuperare il tempo perduto*, rattraper le temps perdu. | *ricuperare qlcu. alla società*, récupérer qn pour la société. || MAR. *ricuperare una nave*, renflouer un navire. || SPORT [una partita] rattraper.
ricuperatore [rikupera'tore] (**-trice** f.) n. récupérateur, trice.
ricupero [ri'kupero] m. récupération f., recouvrement ; [di naufraghi] sauvetage ; [di rottame nell'acqua] repêchage. | *ricupero di una somma di denaro*, récupération d'une somme d'argent. | *ricupero della salute, delle forze*, recouvrement de la santé, des forces. || PR. e FIG. *ha molte capacità di ricupero*, il récupère facilement. || UNIV. *classi di ricupero*, cours de rattrapage. || COMM. *ricupero di un credito*, recouvrement d'une créance. || MAR. *ricupero di nave*, renflouement, renflouage d'un navire. || SPORT *partita di ricupero*, match en retard.
ricurvo [ri'kurvo] agg. [di persona] voûté ; [di cosa] courbé, recourbé.
ricusa [ri'kuza] f. refus m. || GIUR. récusation.
ricusabile [riku'zabile] agg. refusable. || GIUR. récusable.
ricusare [riku'zare] v. tr. refuser. | *ricusare una proposta*, refuser, rejeter une proposition. | *ricusare un favore a qlcu.*, refuser un service à qn. || GIUR. récuser. | *ricusare una testimonianza*, récuser un témoignage. || MAR. refuser. ◆ v. rifl. se refuser (à). || GIUR. se récuser.
ricusazione [rikuzat'tsjone] f. GIUR. récusation.
ridacchiare [ridak'kjare] v. intr. ricaner.
ridanciano [ridan'tʃano] agg. qui aime rire ; rieur, euse. || [che fa ridere] amusant, drôle, comique.
ridare [ri'dare] v. tr. redonner ; [restituire] rendre. | *ridare coraggio, speranza*, redonner du courage, de l'espoir ; rendre courage, espoir. | *ridammi del vino*, redonne-moi du vin. | *ti ridò questo libro*, je te rends ce livre. || LOC. FAM. *dagli e ridagli*, à force d'insister (L.C.). || [ripetere] repasser. | *ridare l'esame*, repasser son examen. ◆ v. intr. DIAL. réapparaître (L.C.). || (raro) [ricadere] retomber (L.C.).
ridarella [rida'rɛlla] f. FAM. fou rire m. (L.C.).
ridda ['ridda] f. ronde. | *ridda infernale*, ronde infernale. || FIG. flot m., foule ; tourbillon m. (pr. e fig.). | *ridda di macchine*, flot de voitures. | *ridda di emozioni*, tourbillon d'émotions. | *ridda di ricordi, di idee, di pensieri*, foule d'idées, de souvenirs, de pensées.
riddare [rid'dare] v. intr. LETT. tourbillonner (L.C.), danser en rond (L.C.).
ridente [ri'dɛnte] agg. PR. e FIG. riant.
ridere ['ridere] v. intr. rire. | *ridere di qlcu., di qlco.*, rire de qn, de qch. | *ridere alle spalle di qlcu.*, rire aux dépens de qn. | *ridere in faccia a qlcu.*, rire au nez, à la barbe de qn. | *ridere fragorosamente*, rire aux éclats, à gorge déployée. | *ho riso fino alle lacrime*, j'ai ri aux larmes. | *scoppiare a ridere*, éclater de rire ; s'esclaffer ; pouffer de rire. | *ridere di cuore, a crepapelle*, rire de bon cœur, à s'en tenir les côtes. | *ridere come un matto*, rire comme un fou, comme un bossu, comme une baleine (fam.). | *hanno riso a fior di labbra*, ils ont ri du bout des lèvres. | *ridere amaro, ridere verde*, rire jaune. | *ridere sotto i baffi*, rire dans sa barbe. | *ridere, ridersela sotto sotto*, rire sous cape. | *farsi ridere dietro*, prêter à rire. | *riderci su*, en rire. | *non c'è da ridere*, il n'y a pas de quoi rire. | *mi fate ridere !*, vous me faites rire ! | *l'ho detto per ridere*, je l'ai dit pour rire. | *non rido (parlo seriamente)*, je ne plaisante pas. || FAM. *far ridere i polli*, faire rire des pierres. || PROV. *ride bene chi ride ultimo*, rira bien qui rira le dernier. | *chi ride il venerdì piange la domenica*, qui rit vendredi dimanche pleurera. ◆ v. rifl. [beffarsi] (se) rire de, se moquer de. | *ridersi delle difficoltà*, se jouer des difficultés.
ridestare [rides'tare] v. tr. PR. e FIG. réveiller, ranimer, rallumer. ◆ v. rifl. se réveiller.
ridetto [ri'detto] part. pass. di RIDIRE.
ridevole [ri'devole] agg. (raro) risible (L.C.).
ridicolaggine [ridiko'laddʒine] f. ridicule m.
ridicolizzare [ridikolid'dzare] v. tr. ridiculiser.
ridicolmente [ridikol'mente] avv. ridiculement ; d'une manière ridicule.
ridicolo [ri'dikolo] agg. ridicule. | *è ridicolo*, c'est ridicule. | *un personaggio ridicolo*, un personnage cocasse, drôle, ridicule. ◆ m. *gettare il ridicolo su qlcu.*, couvrir qn de ridicule. | *mettere qlcu. in ridicolo*, tourner qn en ridicule. | *il ridicolo di una situazione*, le ridicule d'une situation. | *cadere nel ridicolo*, tomber dans le ridicule.
ridimensionamento [ridimensjona'mento] m. réorganisation f., remaniement ; [riduzione] réduction f.
ridimensionare [ridimensjo'nare] v. tr. réorganiser, remanier ; [ridurre] réduire ; [riportare a giuste dimensioni] ramener à de justes proportions.
ridipingere [ridi'pindʒere] v. tr. repeindre. | *ho ridipinto il soffitto*, j'ai refait la peinture du plafond.
ridire [ri'dire] v. tr. redire ; [riferire] répéter. | *trovare a ridire su tutto*, trouver à redire sur tout. | *dire e ridire*, dire et redire. | *se non ha nulla da ridire*, si vous n'y voyez pas d'inconvénient. | *non andare a ridire quello che ti ho raccontato*, ne va pas répéter ce que je t'ai raconté.
ridiscendere [ridiʃ'ʃendere] v. tr. e v. intr. redescendre. | *è appena ridisceso*, il vient de redescendre.
ridiscorrere [ridis'korrere] v. intr. reparler, recauser.
ridisegnare [ridiseɲ'ɲare] v. tr. redessiner.
ridisfare [ridis'fare] v. tr. redéfaire. | *ridisfaccio ciò che ho fatto*, je redéfais ce que j'ai fait.
ridistillare [ridistil'lare] v. tr. redistiller.
ridistribuire [ridistribu'ire] v. tr. redistribuer.
ridistribuzione [ridistribut'tsjone] f. redistribution.
ridivenire, ridiventare [ridive'nire, ridiven'tare] v. intr. redevenir.

ridividere [ridi'videre] v. tr. rediviser. | *la somma è stata ridivisa,* on a redivisé la somme.
ridomandare [ridoman'dare] v. tr. redemander.
ridonare [rido'nare] v. tr. redonner.
ridondante [ridon'dante] agg. redondant. | *stile ridondante,* style redondant, exubérant.
ridondantemente [ridondante'mente] avv. redondamment.
ridondanza [ridon'dantsa] f. redondance. || PER EST. exubérance.
ridondare [ridon'dare] v. intr. LETT. [sovrabbondare] surabonder (L.C.), déborder (L.C.). || (raro) [tornare] tourner (L.C.). | *ridonda a mio favore,* cela tourne à mon avantage.
ridosso [ri'dɔsso] m. abri. ◆ loc. avv. e prep. ***a ridosso (di),*** à l'abri (de). | *essere a ridosso del vento,* être à l'abri du vent. | *la chiesa è a ridosso della montagna,* l'église est adossée à la montagne. | *avere qlcu. a ridosso,* avoir qn à ses trousses.
ridotta [ri'dotta] f. MIL. redoute.
1. ridotto [ri'dotto] agg. réduit. | *prezzo ridotto,* prix réduit. | *vendere a prezzi ridotti,* vendre au rabais. | *ferrovia a scartamento ridotto,* chemin de fer à voie étroite. | *formato ridotto,* petit format. || FIG. *essere mal ridotto,* être mal en point, mal fichu (fam.). | *essere ridotto a mal partito,* être en piteux équipage. || CIN. *film a passo ridotto,* film de format réduit. || MAT. *frazione ridotta ai minimi termini,* fraction réduite à sa plus simple expression. (V. RIDURRE.)
2. ridotto (ri'dotto] m. [circolo] club (ingl.), cercle. || [riunione] réunion f. || MIL. redoute f. || TEATRO foyer.
riducente [ridu'tʃɛnte] agg. réducteur, trice. ◆ m. CHIM. réducteur.
riducibile [ridu'tʃibile] agg. réductible.
ridurre [ri'durre] v. tr. **1.** [diminuire] réduire, diminuer. | *ridurre le proprie spese,* réduire ses dépenses. | *ridurre una pena,* réduire une peine. | *ridurre il personale,* réduire le personnel. | *ridurre la velocità,* réduire la vitesse. || **2.** [trasformare] *ridurre in polvere, in cenere, in briciole,* réduire en poussière, en cendres, en miettes. | *ridurre in tedesco,* traduire en allemand. | *ridurre per lo schermo,* adapter à l'écran. || FIG. *è ridotto agli estremi,* il est à la dernière extrémité. || IRON. *siamo ridotti bene,* on est joli, on est frais. | *essere mal ridotto :* [nel fisico] être mal en point ; [nelle finanze] être à la misère. || **3.** [costringere] *ridurre in schiavitù, in miseria,* réduire à l'esclavage, à la misère. | *lo ridusse al silenzio,* il le réduisit au silence. || **4.** [ricondurre] ramener. | *ridurre alla ragione,* ramener à la raison. || CHIM., CHIR. réduire. || MAT. *ridurre allo stesso denominatore,* réduire au même dénominateur. ◆ v. rifl. se réduire ; [di persona] en être réduit (à). | *le spese si sono ridotte,* les frais se sont réduits. | *è una stoffa che non si riduce,* c'est un tissu qui ne rétrécit pas. | *ridursi al punto di,* (en) arriver au point de. | *non voleva ridursi a questo,* il ne voulait pas en arriver là. | *si è ridotto pelle e ossa,* il n'a plus que la peau sur les os.
riduttore [ridut'tore] (**-trice** f.) agg. réducteur, trice. ◆ m. CHIM. réducteur. || CIN. adaptateur. || ELETTR. abaisseur. || MECC. réducteur. || TECN. démultiplicateur. | *riduttore di pressione,* détendeur.
riduzione [ridut'tsjone] f. réduction, diminution. | *riduzione di personale,* réduction de personnel. | *riduzione di pena,* réduction de peine. || [adattamento] adaptation. || CHIM., CHIR. réduction. || COMM. remise, rabais m. || FIN. *riduzione di tassa,* détaxe. || MAT. réduction. || MUS. arrangement m. || TECN. *ingranaggio di riduzione,* démultiplicateur m.
riecco [ri'ɛkko] avv. revoici, revoilà. | *rieccoli,* les revoilà. | *rieccoci alle solite,* nous y voilà de nouveau. | *rieccoci a Torino,* nous voici de nouveau à Turin.
riecheggiamento [riekeddʒa'mento] m. LETT. écho (L.C.).
riecheggiare [rieked'dʒare] v. intr. résonner, retentir. ◆ v. tr. FIG. évoquer.
riedificare [riedifi'kare] v. tr. réédifier, rebâtir, reconstruire.
riedificazione [riedifikat'tsjone] f. réédification, reconstruction.
riedizione [riedit'tsjone] f. réédition.
rieducare [riedu'kare] v. tr. rééduquer.
rieducazione [riedukat'tsjone] f. rééducation.
rielaborare [rielabo'rare] v. tr. élaborer de nouveau.
rielaborazione [rielaborat'tsjone] f. nouvelle élaboration.
rieleggere [rie'lɛddʒere] v. tr. réélire. | *è stato rieletto,* il a été réélu.
rieleggibile [rieled'dʒibile] agg. rééligible.
rieleggibilità [rieleddʒibili'ta] f. rééligibilité.
rieletto [rie'letto] part. pass. di RIELEGGERE.
rielezione [rielet'tsjone] f. réélection.
riemergere [rie'mɛrdʒere] v. intr. remonter à la surface. || [di sommergibile] faire surface.
riemersione [riemer'sjone] f. remontée à la surface.
riempibile [riem'pibile] agg. qu'on peut remplir.
riempiere [ri'empjere] v. tr. V. RIEMPIRE.
riempimento [riempi'mento] m. remplissage. || EDIL. *materiale di riempimento,* remblai.
riempire [riem'pire] v. tr. PR. remplir. | *riempire un bicchiere fino all'orlo,* remplir un verre jusqu'au bord. || FIG. *riempire di gioia,* remplir, combler de joie. | *riempire il vuoto lasciato da qlcu.,* remplir le vide laissé par qn. | *riempire le orecchie a qlcu.,* casser la tête à qn. || [compilare] *riempire un questionario,* remplir un questionnaire. || CULIN. farcir. ◆ v. rifl. se remplir.
riempita [riem'pita] f. FAM. remplissage m. (L.C.). | *dare una riempita a qlco.,* remplir qch.
riempitivo [riempi'tivo] agg. PR. de remplissage, qui remplit. || GRAMM. *parola riempitiva,* mot explétif. ◆ m. remplissage. || GRAMM. explétif.
riempitrice [riempi'tritʃe] f. TECN. remplisseuse.
riempitura [riempi'tura] f. remplissage m., bourrage m. || CULIN. farce.
rientramento [rientra'mento] m. EDIL. niche f. || GEOGR. échancrure f. || TIP. renfoncement. || (raro) rentrée f. (L.C.).
rientrante [rien'trante] agg. rentrant, en retrait. | *guance rientranti,* joues creuses. ◆ m. [fortificazioni] rentrant.
rientranza [rien'trantsa] f. EDIL. niche, renfoncement m. || GEOGR. échancrure.
rientrare [rien'trare] v. intr. **1.** PR. [entrare di nuovo] rentrer. | *rientrare in casa,* rentrer chez soi. | *il direttore è rientrato ieri,* le directeur est rentré hier. || FIG. *rientrare in sé,* rentrer en soi-même. | *rientrare nelle grazie di qlcu.,* rentrer dans les bonnes grâces de qn. | *rientrare in possesso di qlco.,* rentrer en possession de qch. | *rientrare nelle spese,* rentrer dans ses frais. | *rientrare in gioco,* rentrer dans le jeu. || **2.** [far parte] entrer, rentrer, être compris (dans), s'inscrire. | *rientrare in una categoria,* rentrer dans une catégorie. | *ciò non rientra nelle mie intenzioni,* cela ne rentre pas dans mes intentions. | *rientrare nel campo di,* relever de, concerner. || **3.** [presentare una concavità] rentrer, être en retrait. || **4.** (raro) [restringersi] se rétrécir (L.C.). ◆ v. tr. (raro) [rimettere dentro] rentrer (L.C.).
rientrato [rien'trato] agg. MED. résorbé. || FIG. *una speranza rientrata,* un espoir évanoui.
rientro [ri'entro] m. rentrée f. || [ritorno] retour. | *il rientro dalle vacanze,* la rentrée des vacances. || [astronautica] *il rientro nell'atmosfera,* le retour dans l'atmosphère. || [di muro] retrait. || [di stoffa] rétrécissement.
riepilogare [riepilo'gare] v. tr. récapituler, résumer. || LOC. *riepilogando,* pour récapituler, en résumé.
riepilogazione [riepilogat'tsjone] f. (raro) o **riepilogo** [rie'pilogo] (**-ghi** pl.) m. récapitulation f., résumé m.
riesame [rie'zame] m. réexamen ; nouvel examen.
riesaminare [riezami'nare] v. tr. réexaminer.
riescire [rieʃ'ʃire] v. intr. V. RIUSCIRE.
riesercitare [riezertʃi'tare] v. tr. exercer de nouveau. ◆ v. rifl. s'exercer de nouveau.
riesporre [ries'porre] v. tr. réexposer, exposer de nouveau. | *la domanda è stata riesposta,* la question a été réexposée.
riesportare [riespor'tare] v. tr. réexporter.
riesportatore [riesporta'tore] (**-trice** f.) m. réexportateur, trice.
riesportazione [riesportat'tsjone] f. réexportation.
riesposto [ries'posto] part. pass. di RIESPORRE.

riessere [ri'ɛssere] v. intr. être de nouveau. ‖ FAM. *ci risiamo!*, nous y revoilà!
riesumare [riezu'mare] v. tr. PR. e FIG. exhumer, déterrer.
riesumazione [riezumat'tsjone] f. exhumation.
rievocare [rievo'kare] v. tr. évoquer. | *rievocare dei ricordi*, évoquer des souvenirs. ‖ [ricordare] rappeler; [commemorare] commémorer.
rievocazione [rievokat'tsjone] f. (nouvelle) évocation. ‖ [ricordo] rappel m; [commemorazione] commémoration.
rifacibile [rifa'tʃibile] agg. refaisable, que l'on peut refaire.
rifacimento [rifatʃi'mento] m. [di uno scritto] remaniement. ‖ [di costruzione, nave, ferrovia] réfection f. ‖ ARC. [risarcimento] dédommagement (L.C.), indemnisation f. (L.C.).
rifacitore [rifatʃi'tore] (**-trice** f.) n. remanieur, euse; restaurateur, trice.
rifalciare [rifal'tʃare] v. tr. refaucher.
rifare [ri'fare] v. tr. **1.** [fare di nuovo] refaire, recommencer; [ripetere] refaire, répéter; [uno scritto] refondre, remanier. | *bisogna rifare tutto*, il faut tout refaire. | *è tutto da rifare*, tout est à recommencer, à refaire. | *rifaccio lo stesso discorso*, je répète la même chose. | *rifare un articolo*, refaire, remanier un article. | *rifare di sana pianta*, refondre; refaire de toutes pièces. *rifare i mobili*, acheter d'autres meubles. ‖ **2.** [imitare] imiter, contrefaire. | *rifai il verso della civetta*, tu imites le cri de la chouette. | *rifare il verso a qlcu.*, imiter, singer qn. | *rifare la firma di qlcu.*, contrefaire la signature de qn. ‖ **3.** [riparare] refaire, réparer, arranger. | *rifare i tacchi delle scarpe*, refaire, réparer les talons des souliers. ‖ **4.** (raro) [compensare, indennizzare] dédommager (L.C.), indemniser (L.C.). ◆ v. rifl. **1.** [farsi nuovamente] se refaire. | *rifarsi una vita*, se refaire une vie. | *rifarsi il trucco*, refaire son maquillage. ‖ **2.** [ridiventare] redevenir, recommencer. | *rifarsi forte*, redevenir fort. ‖ [di tempo] *si è rifatto bello*, il recommence à faire beau. ‖ **3.** [rimettersi] se remettre (sur pied), se rétablir, refaire sa santé. | *si è rifatto in pochi giorni*, il s'est rétabli en peu de jours. ‖ **4.** [prendersi la rivincita, ricuperare] se remettre (d'une perte), se rattraper, se venger. | *rifarsi del tempo perso*, rattraper le temps perdu. | *rifarsela con i deboli*, se venger sur les faibles. ‖ **5.** [richiamarsi] *bisogna rifarsi all'ultima guerra*, il faut remonter à la dernière guerre. ‖ **6.** COMM. se remettre à flot.
rifasciare [rifaʃ'ʃare] v. tr. MED. remettre un bandage (à). ‖ [un neonato] langer de nouveau, remailloter.
rifatto [ri'fatto] agg. refait. ‖ LOC. *un villan rifatto*, un parvenu. (V. RIFARE.)
riferibile [rife'ribile] agg. qu'on peut raconter, répéter. | *parole riferibili*, des mots qu'on peut répéter. ‖ [che riguarda] qui concerne, qui se rapporte à. | *questi fenomeni sono riferibili alla storia*, ces phénomènes se rapportent à l'histoire.
riferimento [riferi'mento] m. référence f., allusion f. | *nelle sue opere ci sono molti riferimenti ad altri autori*, dans ses œuvres il y a de nombreuses références à d'autres auteurs. | *se fai riferimento a quei fatti*, si tu fais allusion à ces faits. | *punto di riferimento*, point de repère. | *fare riferimento a*, faire allusion à. ‖ COMM. *con riferimento alla stimata vostra del*, suite à votre lettre, votre honorée du. ‖ GEOM., FIS. système de référence.
riferire [rife'rire] v. tr. rapporter, répéter, dire; [raccontare] raconter. | *riferisco un fatto*, je rapporte un fait. | *gli ha riferito tutto quello che abbiamo detto*, il lui a rapporté, répété tout ce qu'on a dit. | *riferiremo senz'altro*, nous ne manquerons pas de le lui dire. | *il giornale riferisce che*, le journal rapporte, relate que. | *ci viene riferito che*, on nous informe que. ‖ [mettere in relazione] rapporter, ramener; mettre en rapport. | *non so a che cosa riferire questo fenomeno*, je ne sais pas à quoi ramener ce phénomène. | *riferire un effetto alla sua causa*, mettre un effet en rapport avec sa cause. ◆ v. intr. [fare una relazione] faire un rapport. ‖ GIUR. en référer. ◆ v. rifl. se référer (à); [alludere] faire allusion. | *mi riferisco a quanto è successo ieri*, je me réfère à ce qui est arrivé hier. | *per quanto si riferisce a me*, en ce qui me concerne. | *a chi ti riferisci?*, à qui fais-tu allusion? | *questa legge si riferisce solo agli stranieri*, cette loi concerne uniquement les étrangers. ‖ COMM. *riferendomi alla vostra del*, en me référant à votre lettre du. ‖ [essere in relazione] se rapporter, avoir rapport à. | *l'articolo concorda in genere e in numero con il nome a cui si riferisce*, l'article s'accorde en genre et en nombre avec le nom auquel il se rapporte.
1. riffa ['riffa] f. loterie.
2. riffa ['riffa] f. DIAL. violence (L.C.). ‖ LOC. *di riffa o di raffa*, de gré ou de force; bon gré mal gré.
rifiatare [rifja'tare] v. intr. LETT. respirer (L.C.). ‖ FIG. respirer, souffler; reprendre haleine. | *lasciatemi rifiatare un attimo*, laissez-moi souffler un instant. | *ha ascoltato senza rifiatare*, il a écouté sans broncher.
rificcare [rifik'kare] v. tr. PR., FAM. refourrer (L.C.). ‖ FIG. *rificcare il naso in qlco.*, refourrer son nez dans qch. ◆ v. rifl. se refourrer, se remettre. | *rificcarsi sotto le coperte*, se refourrer sous les couvertures.
rifilare [rifi'lare] v. tr. [tagliare a filo] ébarber, rogner. ‖ TIP. *rifilare le pagine di un libro*, ébarber, rogner les pages d'un livre. ‖ FAM. [riferire] rapporter (L.C.), répéter (L.C.), cafarder, moucharder.
rifilatore [rifila'tore] (**-trice** f.) n. [operaio] pareur, euse; [in legatoria] rogneur, euse. ◆ f. [macchina] pareuse; [legatoria] rogneuse.
rifilatura [rifila'tura] f. [il rifilare] ébarbage m.; [legatoria] rognage m. ‖ [ciò che si toglie] ébarbure.
rifiltrare [rifil'trare] v. tr. refiltrer.
rifinire [rifi'nire] v. tr. PR. (raro) [finire di nuovo] finir de nouveau (L.C.). ‖ [completare] mettre la dernière main à, achever, finir avec soin; [perfezionare] parachever; fignoler (fam.). | *rifinisco un romanzo*, je mets la dernière main à un roman. | *sta rifinendo il vestito*, elle met une dernière main à sa robe. ‖ REGION. [sfinire] éreinter (L.C.), épuiser (L.C.), achever (L.C.).
rifinitezza [rifini'tettsa] f. [qualità di ciò che è rifinito] fini m. ‖ REGION. [spossatezza] épuisement m. (L.C.), éreintement m. (L.C.), lassitude (L.C.).
rifinito [rifi'nito] agg. [finito con cura] (bien) fini. ‖ REGION. [esausto] éreinté (L.C.), épuisé (L.C.), claqué (pop.).
rifinitore [rifini'tore] (**-trice** f.) n. pareur, euse. ◆ f. [di sartoria] finisseuse.
rifinitura [rifini'tura] f. achèvement m.; parachèvement m. ‖ TECN. finissage m., dernière main. | *dare l'ultima rifinitura a*, mettre la dernière main à.
rifiorimento [rifjori'mento] m. PR. refleurissement. ‖ FIG. [rinascimento] renaissance f. | *rifiorimento delle arti*, renaissance des arts.
rifiorire [rifjo'rire] v. intr. PR. e FIG. refleurir. ‖ [di macchia] réapparaître, ressortir. ◆ v. tr. LETT. faire refleurir (L.C.).
rifiorita [rifjo'rita] f. nouvelle floraison.
rifioritura [rifjori'tura] f. PR. *rifioritura di una pianta*, refleurissement (m.) d'une plante. ‖ FIG. renouvellement m., renaissance. | *rifioritura delle arti*, renaissance des arts. ‖ [di macchia] réapparition. ‖ FIG. [ornamento] fioriture, enjolivure, enjolivement m. | *un discorso pieno di rifioriture*, un discours plein de fioritures.
rifischiare [rifis'kjare] v. tr. PR. siffler de nouveau. ‖ FIG., FAM. rapporter (L.C.), moucharder, cafarder.
rifiutabile [rifju'tabile] agg. refusable.
rifiutare [rifju'tare] v. tr. refuser. | *rifiutare un regalo*, refuser un cadeau. | *rifiutare l'amicizia di qlcu.*, refuser l'amitié de qn. | *rifiutare un invito*, décliner une invitation. | *rifiutare una proposta*, repousser une proposition. | *rifiutare un favore a qlcu.*, refuser un service à qn. | *rifiutare recisamente*, refuser net. ‖ LETT. [rinnegare] renier (L.C.), désavouer (L.C.). ‖ [ippica] *il cavallo rifiutò l'ostacolo*, le cheval refusa l'obstacle. ◆ v. intr. MAR. refuser. | *il vento rifiuta*, le vent refuse. ◆ v. rifl. se refuser (à), refuser (de).
rifiuto [ri'fjuto] m. **1.** refus. | *opporre un rifiuto*, refuser, opposer un refus. | *ricevere un rifiuto*, essuyer un refus. | *rifiuto di obbedienza*, refus d'obéissance. | *esporsi a un rifiuto*, s'exposer à un refus. ‖ **2.** [scarto] déchet, rebut; [immondizie] ordures f. pl. | *cassetta dei rifiuti*, poubelle; corbeille (à papiers). | *carro*

rifiuti, camion d'enlèvement des ordures. || FIG. *rifiuto della società,* rebut de la société.
riflessione [rifles'sjone] f. FIS. réflexion. | *riflessione della luce, del suono,* réflexion de la lumière, du son. || FIG. [osservazione, meditazione] réflexion. | *questo problema richiede molta riflessione,* ce problème demande beaucoup de réflexion. | *dopo matura riflessione,* après mûre réflexion, délibération. | *agire senza riflessione,* agir sans réfléchir. | *riflessioni filosofiche, morali,* réflexions philosophiques, morales.
riflessivamente [riflessiva'mente] avv. avec réflexion.
riflessivo [rifles'sivo] agg. réfléchi. | *una persona riflessiva,* une personne réfléchie. || GRAMM. réfléchi. | *pronome riflessivo,* pronom réfléchi.
1. riflesso [ri'flɛsso] m. reflet. || [riverbero] réverbération f. || [in uno specchio] image f. || [riflessi cangianti] chatoiement. | *i riflessi dei suoi capelli,* les reflets de ses cheveux. | *il riflesso del sole sul mare,* la réverbération du soleil sur la mer. | *quella pietra preziosa mandava riflessi,* cette pierre précieuse étincelait de tous ses feux. || LOC. *di riflesso,* par réflexion ; FIG. indirectement, par ricochet. || FISIOL. réflexe. | *avere i riflessi pronti, lenti,* avoir des réflexes rapides, lents. || PSIC. *riflessi condizionati,* réflexes conditionnés.
2. riflesso [ri'flɛsso] agg. réfléchi. | *raggio riflesso,* rayon réfléchi. | *azione riflessa,* action réfléchie. || FIG. *brillare di luce riflessa,* briller d'un éclat emprunté. (V. RIFLETTERE.)
riflessologia [riflessolo'dʒia] f. PSIC. réflexologie.
riflettente [riflet'tɛnte] agg. réfléchissant. || FIS. *potere riflettente,* pouvoir réfléchissant.
riflettere [ri'flɛttere] v. tr. réfléchir ; [di luce, colore, immagine] refléter. | *lo specchio riflette l'immagine,* le miroir reflète l'image. | *riflettere il calore,* réfléchir la chaleur. || FIG. refléter. | *il suo viso rifletteva la gioia,* son visage reflétait la joie. ◆ v. intr. réfléchir. | *bisogna riflettere prima di parlare,* il faut réfléchir avant de parler. | *senza riflettere,* sans réfléchir. ◆ v. rifl. se réfléchir ; [di luce, colore, immagine] se refléter. || FIG. se refléter. || [ripercuotersi] se répercuter.
riflettore [riflet'tore] m. réflecteur. || CIN. sunlight (ingl.).
rifluire [riflu'ire] v. intr. [fluire di nuovo] couler de nouveau ; [affluire di nuovo] affluer de nouveau. || [fluire indietro] refluer. | *far rifluire,* refouler.
riflusso [ri'flusso] m. reflux, jusant ; [della foce di un fiume] mascaret. | *il flusso e il riflusso,* le flux et le reflux. || FIG. [della folla] reflux.
rifocillamento [rifotʃilla'mento] m. restauration f.
rifocillare [rifotʃil'lare] v. tr. restaurer, remonter. ◆ v. rifl. se restaurer.
rifoderare [rifode'rare] v. tr. doubler de nouveau, recouvrir.
rifondere [ri'fondere] v. tr. PR. refondre. || FIG. refondre, remanier, refaire. || [rimborsare] rembourser. | *rifondere i danni,* dédommager, indemniser.
riforma [ri'forma] f. réforme. | *riforma sociale,* réforme sociale. | *riforma agraria, monetaria,* réforme agraire, monétaire. || GIUR. *riforma di una sentenza,* réformation d'un jugement. || MIL. réforme. || STOR. RELIG. Réforme, Réformation.
riformabile [rifor'mabile] agg. PR. e FIG. réformable.
riformare [rifor'mare] v. tr. [formare di nuovo] reformer. || [sottoporre a riforma] réformer. | *riformare la propria vita,* réformer sa vie. || MIL. réformer. ◆ v. rifl. [formarsi di nuovo] se reformer. || [correggersi] se réformer.
riformativo [riforma'tivo] agg. de réforme.
riformato [rifor'mato] agg. [in tutti i significati] réformé. | *Chiesa riformata,* Église réformée. ◆ n. MIL., RELIG. réformé.
riformatore [riforma'tore] (**-trice** f.) n. réformateur, trice.
riformatorio [riforma'torjo] (**-ri** pl.) m. maison (f.) de correction.
riformazione [riformat'tsjone] f. (raro) nouvelle formation (L.C.).
riformismo [rifor'mismo] m. réformisme.
riformista [rifor'mista] (**-i** m. pl.) agg. e n. réformiste.
riformistico [rifor'mistiko] (**-ci** m. pl.) agg. réformiste.
rifornimento [riforni'mento] m. ravitaillement, provision f., approvisionnement. | *far rifornimento d'acqua,* faire provision d'eau. | *far rifornimento di benzina,* faire le plein d'essence. | *posto di rifornimento,* centre de ravitaillement. || AER. *rifornimento in volo,* ravitaillement en (plein) vol.
rifornire [rifor'nire] v. tr. [fornire di nuovo] fournir de nouveau. || [provvedere] ravitailler, fournir ; [di viveri, di benzina] ravitailler, approvisionner. | *rifornire l'esercito di viveri e munizioni,* ravitailler les troupes en vivres et en munitions. | *rifornire del necessario,* fournir du nécessaire. | *rifornire una nave, un aereo di carburante,* ravitailler un bateau, un avion en carburant. | *rifornire di denaro,* remettre en fonds. | *mi rifornisco il guardaroba,* je remonte ma garde-robe. ◆ v. rifl. s'approvisionner (en), se ravitailler, se pourvoir (de), se fournir. | *rifornirsi di benzina,* faire son plein d'essence. | *rifornirsi di denaro,* se pourvoir d'argent. | *rifornirsi del necessario,* se pourvoir du nécessaire.
rifornitore [riforni'tore] (**-trice** f.) agg. e n. approvisionneur, euse. ◆ m. MIL. ravitailleur.
rifrangere [ri'frandʒere] v. tr. (raro) [frangere di nuovo] briser de nouveau (L.C.). || FIS. réfracter. ◆ v. rifl. [infrangersi] se briser. || [di luce] se réfracter ; [di suono] se répercuter.
rifratto [ri'fratto] agg. FIS. réfracté. (V. RIFRANGERE.)
rifrattometro [rifrat'tɔmetro] m. FIS. réfractomètre.
rifrattore [rifrat'tore] agg. e m. ASTR. réfracteur.
rifrazione [rifrat'tsjone] f. FIS. réfraction.
rifreddo [ri'freddo] m. CULIN. plat froid.
rifriggere [ri'friddʒere] v. tr. PR. remettre à frire, faire frire de nouveau. || FIG., FAM. rabâcher, ressasser (L.C.).
rifritto [ri'fritto] agg. PR. frit une seconde fois. || FIG., FAM. rabâché, ressassé (L.C.). | *idee fritte e rifritte,* idées ressassées, rebattues (L.C.). ◆ m. graillon.
rifrugare [rifru'gare] v. tr. e intr. fouiller de nouveau, fouiller encore.
rifuggire [rifud'dʒire] v. intr. PR. fuir de nouveau. || FIG. [provare avversione] avoir horreur de, éviter. | *rifugge dalla violenza,* il a horreur de la violence. | *rifuggo dal parlare di me,* j'ai horreur de parler de moi-même. ◆ v. tr. [raro] fuir (L.C.).
rifugiarsi [rifu'dʒarsi] v. rifl. PR. e FIG. se réfugier.
rifugiato [rifu'dʒato] n. réfugié.
rifugio [ri'fudʒo] m. PR. abri, refuge. | *cercare, offrire rifugio,* chercher, offrir un abri. | *rifugio di montagna,* refuge de montagne. | *rifugio antiatomico,* abri antiatomique. || FIG. refuge ; hâvre (lett.).
rifulgere [ri'fuldʒere] v. intr. PR. e FIG. briller, avoir de l'éclat, resplendir. | *i suoi occhi rifulgevano di gioia,* ses yeux brillaient de joie. | *la sua gloria rifulge ancora,* sa gloire resplendit encore.
rifusione [rifu'zjone] f. **1.** ECON. [rimborso] remboursement m. ; [risarcimento] dédommagement m., indemnisation. || **2.** METALL. refonte.
rifuso [ri'fuzo] agg. **1.** [rimborsato] remboursé. || **2.** [fuso di nuovo] refondu. (V. RIFONDERE.) ◆ loc. avv. (raro) ***a rifuso,*** à foison (L.C.), en abondance (L.C.).
riga ['riga] f. [strumento] règle. || [linea] ligne. | *tracciare, tirare una riga,* tracer, tirer une ligne. | *sono pagato a tanto la riga,* je suis payé (à) tant la ligne. | *scrivimi due righe,* écris-moi deux mots. | *carta a righe,* papier réglé. | *quaderno a righe,* cahier rayé. || FIG. *leggere tra le righe,* lire entre les lignes. || [di tessuto] rayure. | *tessuto a righe,* tissu à rayures. || [scriminatura] raie. | *farsi la riga a destra,* se faire la raie à droite. || [fila di persone] rang m., rangée. | *in prima riga,* au premier rang. | *essere in riga,* être en rang. | *mettersi in riga,* former les rangs. | *rompere le righe,* rompre les rangs. || PR. e FIG. *rimettersi in riga,* rentrer dans le rang. || [a maglia] rang m. || MUS. portée. ◆ pl. [nella segnaletica stradale] clous m. | *attraversare sulle righe,* traverser dans les clous, dans le passage clouté.
rigaglie [ri'gaʎʎe] f. pl. CULIN. abattis m.
rigagnolo [ri'gaɲɲolo] m. petit ruisseau ; [in città] rigole f., caniveau.
rigame [ri'game] m. ARCH. rainure f.
rigare [ri'gare] v. tr. rayer ; [con la riga] tirer des

lignes (sur), régler. | *hai rigato il tavolo,* tu as rayé la table. | *rigare un foglio,* régler une feuille. || FIG. *le lacrime rigavano il suo viso,* son visage ruisselait, était baigné de larmes. ◆ v. intr. LOC. FIG. *rigare diritto,* filer droit, marcher droit, filer doux.
rigatino [riga'tino] m. [tessuto] tissu à petites, fines rayures. ◆ pl. CULIN. macaronis cannelés.
rigato [ri'gato] agg. PR. rayé. | *tessuto rigato,* tissu rayé, à rayures. || FIG. *viso rigato di lacrime,* visage sillonné de larmes. || [di arma da fuoco] rayé. || MAR. *vento rigato,* vent sans rafales.
rigatrice [riga'tritʃe] f. TECN. régleuse.
rigattiere [rigat'tjɛre] m. brocanteur, marchand de bric-à-brac ; [di abiti] fripier.
rigatura [riga'tura] f. réglure, réglage m. || [di armi da fuoco] rayage m. || [insieme di righe] rayures pl.
rigelare [ridʒe'lare] v. tr. e intr. regeler. | *il fiume è rigelato,* la rivière a regelé.
rigelo [ri'dʒɛlo] m. regel.
rigeneramento [ridʒenera'mento] m. V. RIGENERAZIONE.
rigenerare [ridʒene'rare] v. tr. PR. régénérer. | *rigenerare un tessuto, il cuoio,* régénérer un tissu, le cuir. || FIG. *rigenerare la società, i costumi,* régénérer la société, les mœurs. | *rigenerare le forze,* rendre, redonner des forces. || [riparare] réparer. | *rigenerare un pneumatico,* rechaper un pneu. ◆ v. rifl. PR. e FIG. se régénérer.
rigenerativo [ridʒenera'tivo] agg. régénérateur, trice.
rigenerato [ridʒene'rato] agg. régénéré ; [di pneumatico] rechapé. ◆ m. produit régénéré.
rigeneratore [ridʒenera'tore] (**-trice** f.) agg. régénérateur, trice. ◆ m. régénérateur.
rigenerazione [ridʒenerat'tsjone] f. PR. e FIG. régénération. || [di pneumatico] rechapage m.
rigermogliare [ridʒermoʎ'ʎare] v. intr. PR. bourgeonner, germer de nouveau. || FIG. renaître.
rigettabile [ridʒet'tabile] agg. rejetable.
rigettare [ridʒet'tare] v. tr. PR. [gettare di nuovo o indietro] rejeter. || FIG. rejeter, repousser, refuser. || PER EST. [vomitare] rejeter, vomir. || BOT. repousser, jeter de nouveau.
rigetto [ri'dʒɛtto] m. PR. e FIG. rejet. || AGR., GEOL. rejet. || GIUR. *rigetto di un ricorso,* débouté. || MED. rejet. ◆ pl. [rifiuti] rebuts.
riggia [riddʒa] f. MAR. gambe.
righello [ri'gɛllo] m. règle f.
righettare [riget'tare] v. tr. régler (à petites lignes).
righettato [riget'tato] agg. [carta] réglé (à petites lignes) ; [di tessuto] à (petites) rayures, rayé.
righino [ri'gino] m. règle f. || TIP. ligne incomplète.
rigidamente [ridʒida'mente] avv. rigidement, avec rigidité. || FIG. sévèrement.
rigidezza [ridʒi'dettsa] f. PR. e FIG. rigidité. || [di clima] rigueur.
rigidità [ridʒidi'ta] f. PR. e FIG. rigidité, raideur. | *rigidità muscolare,* rigidité des muscles. | *rigidità cadaverica,* rigidité cadavérique. || FIG. sévérité. | *la rigidità dei suoi principi,* la sévérité de ses principes. || [clima] rigueur.
rigido ['ridʒido] agg. PR. e FIG. rigide, sévère. | *una disciplina molto rigida,* une discipline très sévère. | *essere rigido sui principi,* être à cheval sur les principes (fam.). || [irrigidito] raide. || FIG. inflexible, opiniâtre. || [di clima] dur, rigoureux.
rigiocare [ridʒio'kare] v. tr. e intr. rejouer.
rigirare [ridʒi'rare] v. tr. **1.** [girare di nuovo o ripetutamente] retourner. | *rigirare qlco. tra le dita,* retourner qch. entre ses doigts. || FIG. *rigirare il discorso,* fausser le sens d'un propos. | *rigirare i fatti,* déformer les faits. || LOC. *saperla rigirare,* savoir y faire. | *si è fatto rigirare,* il s'est fait mener par le bout du nez (fam.), il s'est fait avoir (fam.). || **2.** (raro) [percorrere] parcourir (L.C.) ; [circondare] contourner (L.C.). || COMM. revirer. | *rigirare un assegno,* revirer un chèque. ◆ v. intr. tourner ; aller et venir. | *rigirare per la città,* se promener dans la ville. ◆ v. rifl. se retourner. | *girarsi e rigirarsi nel letto,* se tourner et se retourner dans le lit. ◆ loc. **gira e rigira,** à force de. | *gira e rigira l'abbiamo trovato,* à force de le chercher nous l'avons trouvé. | *gira e rigira si parla sempre di lui,* on a beau faire on en revient toujours à lui.
rigiro [ri'dʒiro] m. PR. e FIG. détour, crochet. | *i giri e i rigiri di un fiume,* les tours et les détours d'une rivière. | *la strada fa un rigiro,* la route fait un crochet. || FIG. *con grandi rigiri di parole,* avec de longs détours, de longues circonlocutions. | *parlare senza rigiri,* parler sans détours. || [raggiro] manœuvre f., manigance f., tromperie f.
rigo ['rigo] (**-ghi** pl.) m. ligne f. || PER EST. *scrivere un rigo,* écrire un mot, quelques lignes. || MUS. portée f.
rigodone [rigo'done] m. MUS. rigaudon, rigodon.
rigoglio [ri'goʎʎo] m. [di vegetazione] luxuriance f., exubérance f., épanouissement (anche fig.), vigueur f. (anche fig.). | *il rigoglio della natura,* l'épanouissement de la nature. | *andare in rigoglio,* s'épanouir. | *nel rigoglio della giovinezza,* dans la pleine vigueur de la jeunesse. || (raro) [gorgoglio] bouillonnement (L.C.).
rigogliosamente [rigoʎ'ʎozamente] avv. avec luxuriance ; vigoureusement (anche fig.).
rigogliosità [rigoʎʎosi'ta] f. (raro) luxuriance (L.C.), épanouissement m. (L.C.) [anche fig.].
rigoglioso [rigoʎ'ʎoso] agg. [di vegetazione] luxuriant. || FIG. vigoureux, fort, exubérant. | *una mente rigogliosa,* un esprit vigoureux. | *salute rigogliosa,* santé florissante, belle santé. | *un talento rigoglioso,* un talent vigoureux. | *un'immaginazione rigogliosa,* une imagination fertile. | *in quel paese le industrie sono rigogliose,* dans ce pays l'industrie est en plein essor. | *crescere sano e rigoglioso,* pousser sain et vigoureux.
rigogolo [ri'gɔgolo] m. ZOOL. loriot.
rigonfiamento [rigonfja'mento] m. renflement.
rigonfiare [rigon'fjare] v. tr. e intr. regonfler. | *questa pasta rigonfia troppo,* ces pâtes gonflent trop. ◆ v. rifl. se regonfler ; renfler (raro).
rigonfio [ri'gonfjo] agg. renflé. || FIG. enflé. ◆ m. renflement.
rigore [ri'gore] m. [in tutti i significati] rigueur f. | *il rigore della legge, del clima,* la rigueur de la loi, du climat. || LOC. *di rigore,* de rigueur. | *a rigore,* à la rigueur. | *a rigore di termini,* strictement parlant. | *a rigore di logica,* en toute rigueur. || MIL. *arresti di rigore,* arrêts de rigueur. || SPORT *calcio di rigore,* penalty (ingl.).
rigorismo [rigo'rismo] m. rigorisme.
rigorista [rigo'rista] (**-i** m. pl.) n. rigoriste.
rigoristico [rigo'ristiko] (**-ci** m. pl.) agg. rigoriste.
rigorosamente [rigorosa'mente] avv. rigoureusement. | *rigorosamente vietato,* rigoureusement interdit. | *rigorosamente parlando,* à proprement parler.
rigorosità [rigorosi'ta] f. rigueur, sévérité.
rigoroso [rigo'roso] agg. rigoureux ; [severo] sévère ; [esatto] précis. | *un inverno rigoroso,* un hiver rigoureux. | *una punizione rigorosa,* une punition sévère.
rigovernare [rigover'nare] v. tr. laver, faire la vaisselle. || [di animali] panser, étriller.
rigovernata [rigover'nata] f. (raro) LOC. *dare una rigovernata,* faire la vaisselle (L.C.).
rigovernatura [rigoverna'tura] f. [azione] lavage (m.) de la vaisselle. || [acqua sporca] eau de vaisselle.
riguadagnare [rigwadaɲ'ɲare] v. tr. regagner. | *riguadagnare il denaro perduto al gioco,* regagner l'argent perdu au jeu. | *riguadagnare terreno,* regagner du terrain. | *riguadagnare il tempo perduto,* rattraper le temps perdu. | *riguadagnare la fiducia, la stima di qlcu.,* regagner la confiance, l'estime de qn.
riguardare [rigwar'dare] v. tr. **1.** [considerare con attenzione] regarder de nouveau, contrôler, revoir, vérifier. | *riguardare un esercizio,* revoir un exercice. | *riguardare i conti,* revoir, contrôler, vérifier les comptes. | *riguardare la lezione,* repasser sa leçon. || **2.** [concernere] regarder, concerner. | *questa storia non ti riguarda,* cette histoire ne te regarde pas. || LOC. *per quanto riguarda,* quant à, pour ce qui est de, pour ce qui se rapporte à. | *per quanto riguarda il suo stato,* en ce qui concerne son état, quant à son état. || **3.** [trattare con riguardo] prendre soin de, soigner. | *riguardalo bene, è molto fragile,* prends-en grand soin, il est très fragile. || **4.** [considerare] considérer. | *lo riguardano come un principe,* ils le considèrent comme un prince. ◆ v. rifl. se préserver, se ménager, se soigner. | *deve riguardarsi di più,* elle doit se ménager davantage. | *bisogna riguardarsi dal freddo,* il faut se préserver du froid. || [stare in guardia] prendre garde

(à), se méfier (de). | *riguardati dai pericoli*, prends garde aux dangers.

riguardata [rigwar'data] f. coup (m.) d'œil, regard m.

riguardo [ri'gwardo] m. **1.** [cautela] précaution f., attention f. || [cura] soin, ménagement. | *avere riguardo di qlco.*, prendre soin de qch., faire attention à qch. | *agire con riguardo*, agir avec précaution. | *dovete aver riguardo per il vostro corpo*, vous devez ménager, prendre soin de votre corps. | *abbiti riguardo*, ménage-toi. | *diglielo con tutti i riguardi possibili*, dis-le lui avec toutes les précautions possibles. | *maneggiare qlco. con riguardo*, manipuler qch. avec précaution. | *senza riguardi*, sans ménagement, sans façon (f.). | *spendere senza riguardo*, dépenser sans compter. | *senza riguardi alla spesa*, sans regarder à la dépense. || Loc. *nei riguardi di*, à l'endroit de. | *riguardo a*, par rapport à, quant à. || **2.** [premura, cortesia, rispetto] égard, considération f., respect, attention f. | *aver molti riguardi*, avoir beaucoup d'égards. | *mancare di riguardo verso qlcu.*, manquer d'égards, de respect envers qn. | *non avere riguardi*, ne pas se gêner. | *parlare senza riguardi*, parler franchement, à cœur ouvert. | *una persona di riguardo*, une personne importante. || Loc. *per riguardo verso*, en considération de, par égard pour. | *l'ho fatto per riguardo a tua madre*, je l'ai fait par égard pour ta mère. || **3.** [relazione] égard, rapport, sujet. | *è stato ingiusto nei miei riguardi*, il a été injuste à mon égard. | *non ho nulla da dire al riguardo*, je n'ai rien à dire à ce sujet. | *sotto tutti i riguardi*, sous tous les rapports, à tous (les) égards. | *riguardo a quella storia*, à propos de cette histoire. || **4.** Tip. garde f.

riguardosamente [rigwardosa'mente] avv. [rispettosamente] respectueusement, avec égard, avec considération. || [cautamente] prudemment.

riguardoso [rigwar'doso] agg. [rispettoso] plein d'égards; respectueux. || [cauto] prudent.

rigurgitante [rigurdʒi'tante] agg. Pr. débordant. || Fig. [brulicante] grouillant. | *una piazza rigurgitante di gente*, une place grouillante de monde.

rigurgitare [rigurdʒi'tare] v. intr. déborder; [di acqua] rejaillir. || Fig. regorger (de); [brulicare] grouiller, pulluler. | *questa stanza rigurgita di oggetti inutili*, cette chambre regorge d'objets inutiles. | *la via rigurgita di gente*, la rue grouille de monde. ◆ v. tr. rendre, rejeter. | *il neonato ha rigurgitato un po' di latte*, le bébé a rendu un peu de lait.

rigurgito [ri'gurdʒito] m. Pr. débordement. || Fig. sursaut. || Med. régurgitation f., renvoi (l.c.).

rilanciare [rilan'tʃare] v. tr. Pr. e fig. relancer. | *rilanciare una proposta, una moda*, relancer une proposition, une mode. || [ad un'asta; a poker] relancer.

rilancio [ri'lantʃo] m. Pr. e fig. relance f. || [ad un'asta] *fare un rilancio*, couvrir une enchère, relancer (sur). || [a poker] relance f. || Polit. *il rilancio delle sinistre*, la relance de la gauche.

rilasciamento [rilaʃʃa'mento] m. Pr. e fig. relâchement. | *rilasciamento dei costumi*, relâchement des mœurs. || Med. relâchement, relaxation f.

rilasciare [rilaʃ'ʃare] v. tr. Pr. laisser de nouveau. || [lasciare andare] relâcher, remettre en liberté. | *rilasciare un prigioniero*, relâcher un prisonnier. | *rilasciare un malato*, renvoyer un malade. || [consegnare] délivrer, accorder. | *rilasciare un passaporto, un certificato*, délivrer un passeport, un certificat. | *rilasciare un permesso*, accorder une permission. | *rilasciato da*, délivré par. || Med. relâcher, relaxer. ◆ v. rifl. se relâcher.

rilascio [ri'laʃʃo] m. [il mettere in libertà] relâchement, mise (f.) en liberté. || [consegna] délivrance f., remise f. || Giur. relaxe f. || Mar. *porto di rilascio*, relâche f. | *rilascio forzato*, relâche forcée. | *navigare di rilascio*, relâcher.

rilassamento [rilassa'mento] m. Med. relâchement, relaxation f., décontraction f. || Fig. relâchement, détente f. | *un attimo di rilassamento*, un moment de détente.

rilassante [rilas'sante] agg. qui détend.

rilassare [rilas'sare] v. tr. relaxer, détendre, décontracter. | *la musica rilassa i nervi*, la musique détend les nerfs. ◆ v. rifl. se relaxer, se détendre, se décontracter. || Fig. se relâcher. | *i costumi si sono rilassati*, les mœurs se sont relâchées.

rilassatamente [rilassata'mente] avv. d'une manière détendue.

rilassatezza [rilassa'tettsa] f. relâchement m.

rilassato [rilas'sato] agg. [muscolo] relaxé, décontracté. || Fig. détendu, décontracté. || Med. relâché.

rilavare [rila'vare] v. tr. relaver.

rilavatura [rilava'tura] f. Pr. relavage m., second lavage. || [acqua usata per lavare] rinçure; [di piatti] eau de vaisselle.

rilegare [rile'gare] v. tr. [legare di nuovo] attacher, lier, ficeler de nouveau. || [fare la rilegatura] relier, remboîter. || [incastonare] monter, sertir. | *rilegare una perla in oro*, monter une perle en or, sertir d'or une perle.

rilegatore [rilega'tore] (**-trice** f.) n. relieur, euse.

rilegatura [rilega'tura] f. reliure, remboîtage m., remboîtement m. | *rilegatura in pelle, in tela*, reliure en cuir, en toile.

rileggere [ri'lɛddʒere] v. tr. relire, lire de nouveau.

rilento (a) [arri'lɛnto] loc. avv. au ralenti, lentement. | *i lavori vanno a rilento*, les travaux avancent lentement, au ralenti. | *gli affari vanno a rilento*, les affaires vont doucement.

rilettura [rilɛt'tura] f. relecture, seconde lecture.

rilevamento [rileva'mento] m. relevé. | *rilevamento dei dati*, relevé des données. | *rilevamento statistico*, relevé des statistiques. | *rilevamento geografico*, relevé géographique. || [topografia] relèvement, levé. | *fare il rilevamento di un terreno*, faire le levé, le relèvement d'un terrain. || Mar. relèvement. | *rilevamento alla bussola*, relèvement au compas. || Mil. relève f.

rilevante [rile'vante] agg. considérable, important. | *danni rilevanti*, dégâts considérables. | *un argomento poco rilevante*, un sujet peu important. | *una differenza rilevante*, une grande, forte différence.

rilevanza [rile'vantsa] f. importance.

rilevare [rile'vare] v. tr. **1.** [mettere in evidenza] relever, faire ressortir; [notare] remarquer. | *rilevare i difetti*, relever, remarquer les défauts. | *rilevare un errore*, relever, remarquer une faute. || **2.** [andare a prendere] aller chercher, passer chercher. | *verrò a rilevarti a casa*, je viendrai te chercher chez toi. || **3.** [acquistare] reprendre, relever, acheter; [accollarsi] prendre à sa charge. | *rilevare un negozio*, relever un fonds de commerce. | *ho rilevato i suoi mobili*, j'ai racheté ses meubles. | *rilevare i debiti di un parente*, prendre à sa charge les dettes d'un parent. || [prendere] prendre. | *rilevare le impronte digitali*, prendre les empreintes digitales. || [ricavare] tirer. | *rilevare un beneficio*, tirer un bénéfice. || **4.** Fig. *rilevare una notizia da un giornale*, apprendre une nouvelle par le journal. || [dare il cambio] *rilevare qlcu.*, relayer, relever qn. || (raro) [togliere di nuovo] enlever de nouveau (l.c.). || Arc. [risollevare] relever (l.c.). || Mar. faire un relèvement, faire le point. || Mil. relever. | *rilevare una sentinella*, relever une sentinelle. || Tecn. lever, relever, faire le levé de. | *rilevare la pianta di un edificio*, relever le plan d'un édifice. ◆ v. intr. [stagliarsi] se détacher, ressortir; [sporgere] saillir. | *ricami che rilevano su una stoffa*, des broderies qui ressortent sur un tissu. || Fig. [importare] importer. | *questo non rileva nulla*, cela n'a pas d'importance. ◆ v. rifl. Arc. [rialzarsi] se relever (l.c.). || [riprendersi] *dategli la possibilità di rilevarsi*, donnez-lui la possibilité de se reprendre (l.c.).

rilevatario [rileva'tarjo] (**-a** f.; **-i** m. pl.) n. Comm. preneur, euse; acheteur, euse. || Giur. cessionnaire.

rilevato [rile'vato] agg. [in rilievo] en relief; [sporgente] saillant. ◆ m. [terreno] hauteur f.

rilevatura [rileva'tura] f. [sporgenza] saillie, protubérance.

rilevazione [rilevat'tsjone] f. relevé m.

rilievo [ri'ljevo] m. **1.** Pr. [cosa in rilievo] relief. | *rilievo di una moneta*, le relief d'une pièce (de monnaie). | *caratteri in rilievo*, caractères en relief. | *ricamo, fotografia in rilievo*, broderie, photographie en relief. || Geogr. relief. || Arti *basso rilievo*, bas-relief. | *alto rilievo*, haut-relief. | *tutto rilievo*, plein relief. || **2.** Fig. [importanza] importance f. | *di poco rilievo*, peu important. | *un fenomeno di rilievo*, un phénomène important. | *dare rilievo a qlco.*, donner de l'importance, du relief à qch. | *occupare una posizione di rilievo*, occuper une position de premier plan. | *mettere in rilievo*, mettre en évidence, en relief; donner de l'importance, faire ressortir. | *è l'opera di maggior rilievo della mostra*, c'est l'attraction principale, le clou (fam.) de l'exposition. || **3.** [osservazione] remarque f., observation f. || [topografia] levé, relèvement. | *fare, prendere un rilievo*, faire un levé. || COMM. reprise f. | *rilievo di un negozio*, reprise d'un magasin.

rilimare [rili'mare] v. tr. PR. relimer, polir de nouveau. || FIG. retoucher.

rilucente [rilu'tʃɛnte] agg. luisant, reluisant.

rilucere [ri'lutʃere] v. intr. LETT. reluire (L.C.), briller (L.C.). || PROV. *non è tutt'oro quel che riluce*, tout ce qui brille n'est pas or.

riluttante [rilut'tante] agg. réticent.

riluttanza [rilut'tantsa] f. réticence, hésitation. || LOC. *con riluttanza*, à regret, à contrecœur. || FIS. réluctance.

riluttare [rilut'tare] v. intr. LETT. être réticent (L.C.), hésiter (à) [L.C.].

1. rima ['rima] f. PR. rime. | *rima accoppiata, baciata*, rime plate, suivie. | *rima alternata*, rime croisée. | *rima chiusa, incrociata*, rime embrassée. | *rima incatenata*, rime enchaînée. | *rima ripetuta*, rime répétée. | *rima piana, tronca*, rime féminine, masculine. | *rime obbligate*, bouts (m. pl.) rimés. | *poema in terza, sesta, ottava rima*, poème en tercets, en sextines, en octaves. | *far rima*, rimer. | *mettere in rima*, mettre en vers. ◆ pl. [versi] rimes. || FIG. *rispondere per le rime*, riposter comme il faut, renvoyer la balle; river son clou à qn (fam.).

2. rima ['rima] f. ANAT. fente. || SPORT [alpinismo] rimaye.

rimacinare [rimatʃi'nare] v. tr. remoudre.

rimagliare [rimaʎ'ʎare] v. tr. remmailler, remailler, ramailler.

rimagliatrice [rimaʎʎa'tritʃe] f. [operaia] remmailleuse, remailleuse; [macchina] machine remmailleuse.

rimagliatura [rimaʎʎa'tura] f. remaillage m., remmaillage m., ramaillage, remmaillement.

rimalmezzo [rimal'mettso] f. POES. rime intérieure.

rimandare [riman'dare] v. tr. [mandare di nuovo, restituire] renvoyer. | *rimandami i miei libri*, renvoie-moi mes livres. || [differire] renvoyer, remettre, ajourner. | *rimandare una visita, una decisione*, renvoyer une visite, une décision. | *rimandare un pagamento*, ajourner, remettre un paiement. || [a un esame] refuser, recaler (fam.), ne pas recevoir, coller (fam.). | *sono stato rimandato a ottobre*, je dois repasser en octobre. || [fare riferimento] renvoyer. | *rimandare a un'altra pagina*, renvoyer à une autre page. || MIL. réformer. || PROV. *non rimandare a domani quello che puoi fare oggi*, il ne faut jamais remettre au lendemain ce qu'on peut faire le jour même.

rimandato [riman'dato] agg. [all'esame] refusé, recalé (fam.), collé (fam.).

rimando [ri'mando] m. renvoi. | SPORT *rimando della palla*, renvoi de la balle. || LOC. *di rimando*, en retour. || [rinvio] délai. | *abbiamo ottenuto un rimando di due giorni*, nous avons obtenu un délai de deux jours. || TIP. renvoi.

rimaneggiamento [rimaneddʒia'mento] m. remaniement; [di una commedia] adaptation f. || *rimaneggiamento ministeriale*, remaniement ministériel.

rimaneggiare [rimaned'dʒiare] v. tr. remanier. | *rimaneggiare un romanzo*, remanier un roman. || POLIT. *rimaneggiare un ministero*, remanier un ministère.

rimanente [rima'nente] agg. restant. | *con i soldi rimanenti, abbiamo comprato ricordi*, avec l'argent qu'il nous restait nous avons acheté des souvenirs. ◆ m. reste, restant. | *il rimanente della somma*, le reste de la somme. ◆ n. pl. *i rimanenti non possono entrare*, les autres ne peuvent pas entrer.

rimanenza [rima'nentsa] f. reste m. | *rimanenza di una merce*, reste d'une marchandise. | *rimanenze di cassa*, fonds (m.) de caisse. || FIS. rémanence.

rimanere [rima'nere] v. intr. **1.** [mantenere una posizione costante] rester. || [in un luogo] *rimango a casa*, je reste à la maison. | *rimanere al proprio posto*, rester à sa place. | *rimanere a cena*, rester (pour) dîner. | *rimanere a letto*, garder le lit. || [in uno stato, una condizione] *rimanere fedele a qlcu., a se stesso*, rester fidèle à qn, à soi-même. | *rimanere tranquillo*, rester tranquille. | *rimanere in carica*, rester en fonction. | *è rimasto bambino*, il est resté enfant. | *siamo rimasti indietro nel lavoro*, nous sommes en retard dans notre travail. || **2.** [divenire] rester. | *rimanere vedovo, orfano*, rester veuf, orphelin. | *sono rimasto solo*, je suis resté seul. || **3.** [avere] avoir. | *ti rimangono due giorni per decidere*, tu as deux jours pour prendre une décision. | *non ti rimane che andare via*, tu n'as plus qu'à partir. | *mi rimangono poche cose da dire*, j'ai peu de choses à ajouter. || **4.** [essere situato] se trouver. | *l'uscita rimane a destra*, la sortie est à droite. || **5.** [durare] rester. | *è un film che rimarrà*, c'est un film qui restera, qui fera date. | *il pericolo rimane*, il y a encore du danger. || **6.** [avanzare, restare] rester. | *mi rimane un solo libro*, il ne me reste qu'un livre. | *gli è rimasto solo una figlia*, il ne lui est resté qu'une fille. || **7.** FAM. [morire] *è caduto dal terzo piano e c'è rimasto*, il est tombé du troisième étage et il est mort (L.C.) || MAT. rester. | *da tre si toglie due, rimane uno*, deux ôtés de trois, reste un. || **8.** LOC. *rimanere a bocca aperta*, rester bouche bée. | *rimanere di stucco*, rester interdit, en être baba (fam.). | *rimanere senza parole*, rester muet. | *rimanere al verde, all'asciutto*, rester sans le sou. | *rimanere in asso*, rester en plan, en panne. | *rimanere in dubbio*, rester dans le doute. | *rimanere in forse*, rester en suspens; hésiter. | *rimanere per strada*, rester en chemin. | *rimanere lettera morta*, rester lettre morte. | *rimanere sullo stomaco*, rester sur l'estomac. | *rimanere male*, rester confus. | *rimanere con un palmo di naso*, faire une drôle de tête. | *rimanere con un pugno di mosche*, rester les mains vides. | *rimanere come un allocco*, rester tout bête. || [al telefono] *rimanga in ascolto*, ne quittez pas. ◆ v. rifl. ARC. [trattenersi] rester (L.C.), s'arrêter (L.C.). || [cessare] cesser (L.C.). || [astenersi] s'abstenir (de) [L.C.].

rimangiare [riman'dʒiare] v. tr. PR. remanger. ◆ v. rifl. FIG. rétracter, revenir (sur), retirer. | *si è rimangiato la promessa*, il est revenu sur sa promesse. | *si è rimangiato tutto*, il a tout rétracté.

rimarcabile [rimar'kabile] agg. V. RIMARCHEVOLE.

rimarcare [rimar'kare] v. tr. remarquer.

rimarchevole [rimar'kevole] agg. remarquable.

rimare [ri'mare] v. tr. rimer. ◆ v. intr. rimer (avec). | *parole che non rimano*, des mots qui ne riment pas.

rimarginare [rimardʒi'nare] v. tr. cicatriser. ◆ v. intr. e rifl. se cicatriser.

rimario [ri'marjo] (**-ri** pl.) m. dictionnaire de rimes.

rimaritare [rimari'tare] v. tr. remarier. ◆ v. rifl. se remarier.

rimasticare [rimasti'kare] v. tr. PR. remâcher. || FIG. ressasser, rabâcher (fam.). | *rimastichi le stesse cose*, tu rabâches les mêmes choses.

rimasticatura [rimastika'tura] f. PR. action de remâcher. || FIG. resucée, rabâchage m. (fam.).

rimasto [ri'masto] agg. restant. | *con i soldi rimasti*, avec l'argent qui reste. | *lo dirò alle persone rimaste*, je le dirai aux gens qui sont restés. | *una canzone rimasta celebre*, une chanson devenue célèbre. (V. RIMANERE.)

rimasuglio [rima'suʎʎo] m. reste, résidu.

rimatore [rima'tore] (**-trice** f.) n. rimeur, euse; rimailleur, euse (peggior.). || [poeta] poète.

rimbacuccare [rimbakuk'kare] v. tr. emmitoufler de nouveau. ◆ v. rifl. s'emmitoufler.

rimbaldanzire [rimbaldan'tsire] v. tr. donner du courage, enhardir. ◆ v. intr. e rifl. s'enhardir. | *mi rimbaldanzisco*, je reprends mon assurance.

rimbalzare [rimbal'dsare] v. intr. PR. rebondir; [di proiettile, pietra] ricocher. || FIG. se répercuter. | *il grido rimbalzò nella notte*, le cri retentit, se répercuta dans la nuit.

rimbalzello [rimbal'dsello] m. ricochet. | *giocare a rimbalzello*, faire des ricochets.

rimbalzo [rim'baldso] m. rebond, rebondissement, rejaillissement. || LOC. *di rimbalzo*, par ricochet, par contrecoup. || MIL. tir à ricochet. || SPORT *calcio di rimbalzo*, drop-goal (ingl.).

rimbambimento [rimbambi'mento] m. gâtisme.
rimbambire [rimbam'bire] v. intr. devenir gâteux, (se) ramollir (fam.). | *rimbambisci*, tu retombes en enfance.
rimbambito [rimbam'bito] agg. gâteux, gaga (fam.), ramolli (fam.). | *un vecchio rimbambito*, un vieux radoteur.
rimbarcare [rimbar'kare] v. tr. e deriv. V. REIMBARCARE e deriv.
rimbeccare [rimbek'kare] v. tr. riposter à, renvoyer la balle à (fam.). ◆ v. recipr. se prendre de bec.
rimbecco [rim'bekko] (**-chi** pl.) m. riposte f., repartie f. || LOC. *di rimbecco*, du tac au tac.
rimbecillimento [rimbɛtʃilli'mento] m. abêtissement.
rimbecillire [rimbɛtʃil'lire] v. tr. abêtir. ◆ v. intr. devenir imbécile, s'abêtir.
rimbecillito [rimbɛtʃil'lito] agg. [per vecchiaia] gâteux, gaga (fam.); [per stanchezza] abruti.
rimbellire [rimbel'lire] v. tr. e intr. embellir. | *rimbellisci*, tu gagnes en beauté.
rimbiancare [rimbjan'kare] v. tr. reblanchir. | *fare rimbiancare un muro*, faire reblanchir un mur.
rimbiondire [rimbjon'dire] v. tr. rendre plus bond, faire blondir. ◆ v. intr. devenir plus blond.
rimboccare [rimbok'kare] v. tr. [il letto] border; [maniche, pantaloni] retrousser. | *si rimboccò i pantaloni*, il retroussa son pantalon. || PR. e FIG. *rimboccarsi le maniche*, retrousser, relever ses manches.
rimboccatura [rimbokka'tura] f. [di letto] bordage m.; [di maniche, pantaloni] retroussement m. || [parte rimboccata] rebord m., retroussis m. | *la rimboccatura delle maniche*, le rebord des manches. || [cucito] ourlet m.
rimbocco [rim'bokko] (**-chi** pl.) m. V. RIMBOCCATURA.
rimbombante [rimbom'bante] agg. PR. tonnant, retentissant. || FIG. ronflant.
rimbombare [rimbom'bare] v. intr. gronder, tonner. | *il tuono, il cannone rimbomba*, le tonnerre, le canon gronde. || [risuonare] résonner, retentir. | *la sua voce rimbomba*, sa voix retentit.
rimbombo [rim'bombo] m. grondement; [il risuonare] retentissement.
rimborsabile [rimbor'sabile] agg. remboursable.
rimborsabilità [rimborsabili'ta] f. remboursabilité.
rimborsare [rimbor'sare] v. tr. rembourser. | *ti rimborserò le spese*, je te rembourserai les frais. | *rimborsare fino all'ultimo centesimo*, rembourser jusqu'au dernier centime. || GIUR. désintéresser. | *rimborsare i creditori*, désintéresser ses créanciers.
rimborso [rim'borso] m. remboursement. || GIUR. désintéressement.
rimboscamento [rimboska'mento] m. o **rimboschimento** [rimboski'mento] m. reboisement.
rimboscare [rimbos'kare] o **rimboschire** [rimbos'kire] v. tr. reboiser. ◆ v. intr. se recouvrir de forêts. ◆ v. rifl. LETT. rentrer dans le bois (L.C.).
rimbrottare [rimbrot'tare] v. tr. gronder, rabrouer, réprimander; tancer (lett.).
rimbrotto [rim'brotto] m. gronderie f., reproche.
rimediabile [rime'djabile] agg. réparable, remédiable.
rimediare [rime'djare] v. intr. remédier, réparer (v. tr.). | *rimediare a una situazione*, remédier à une situation. | *rimediare ad un'ingiustizia*, réparer un tort. | *rimediare a un danno*, réparer les dégâts. | *tutto si rimedia*, il y a remède à tout. | *come si può rimediare ?*, comment peut-on faire ? ◆ v. tr. FAM. trouver (L.C.), se procurer (L.C.). | *devo rimediare questi soldi*, je dois trouver cet argent. | *rimediare un invito*, se faire inviter. | *rimediare il necessario per vivere*, se procurer de quoi vivre. || [riferito ad indumenti] *rimediare una gonna da un vestito*, couper une jupe dans une robe.
rimedio [ri'mɛdjo] m. PR. e FIG. remède. | *porre rimedio a*, porter remède à, remédier à. || PROV. *a estremi mali, estremi rimedi*, aux grands maux les grands remèdes. | *spesso il rimedio è peggiore del male*, le remède est souvent pire que le mal. | *a tutto c'è rimedio*, il y a remède à tout.
rimeditare [rimedi'tare] v. tr. méditer de nouveau.
rimeggiare [rimed'dʒare] v. intr. (raro) rimailler.
rimembranza [rimem'brantsa] f. LETT. souvenir m. (L.C.).
rimembrare [rimem'brare] v. tr. LETT. remémorer, se souvenir (de) [L.C.], se rappeler (L.C.).
rimenare [rime'nare] v. tr. [ricondurre] ramener. || [rimescolare] remuer, brasser. || DIAL. *rimenare la pasta*, pétrir la pâte (L.C.).
rimeritare [rimeri'tare] v. tr. LETT. récompenser (L.C.).
rimescolamento [rimeskola'mento] m. PR. [il rimescolare] mélange, brassage. || FIG. [turbamento] trouble, bouleversement.
rimescolare [rimesko'lare] v. tr. PR. [mescolare di nuovo] mélanger de nouveau. || [mescolare energicamente] mélanger, remuer, brasser. | *rimescolare l'insalata*, remuer, tourner la salade. | *rimescolare le carte*, mélanger, battre les cartes. || FIG. [turbare] troubler, bouleverser. | *la notizia gli rimescolò il sangue*, la nouvelle le bouleversa. ◆ v. rifl. se troubler. | *il sangue gli si rimescolò dalla rabbia*, de colère, son sang ne fit qu'un tour.
rimescolata [rimesko'lata] f. LOC. *dare una rimescolata a*, mélanger. | *dare una rimescolata alle carte*, battre, mélanger les cartes.
rimescolio [rimesko'lio] m. PR. brassage; [confusione] remue-ménage. || FIG. [turbamento] trouble, bouleversement.
rimessa [ri'messa] f. PR. [il rimettere] remise. | *rimessa a posto*, remise en place. || [deposito di autoveicoli] remise, garage m.; [per aerei] hangar m. || COMM. [consegna] livraison. | *rimessa della merce*, livraison de la marchandise. || [invio di denaro] remise. | *rimessa in conto corrente*, remise en compte courant. || [perdita] perte. | *vendere a rimessa*, vendre à perte. | *vendita a rimessa*, mévente. || AGR. [raccolto] récolte. | *fare una buona rimessa di grano*, faire une bonne récolte de blé. || BOT. rejeton m., pousse. || SPORT *rimessa in gioco*, remise en jeu. | *rimessa della palla*, renvoi (m.) de la balle.
rimessiticcio [rimessi'tittʃo] m. BOT. rejeton, revenue f., rejet.
rimesso [ri'messo] agg. [messo di nuovo] remis. | *dente rimesso*, fausse dent, dent artificielle. || CUC. *orlo rimesso*, faux ourlet. || [ristabilito] remis, rétabli. | *mi sento quasi rimesso*, je me sens presque rétabli. || [perdonato] remis. | *peccato rimesso*, péché remis. | *debito rimesso*, dette remise. || (raro) [umile] humble (L.C.), modeste (L.C.). | *un tono rimesso*, un ton humble. (V. RIMETTERE.) ◆ m. CUC. ourlet.
rimestare [rimes'tare] v. tr. PR. remuer, brasser. || FIG. fouiller, ressasser.
rimestatore [rimesta'tore] (**-trice** f.) n. remueur, euse.
rimestio [rimes'tio] m. remue-ménage.
rimettaggio [rimet'taddʒo] m. TESS. remettage.
rimettere [ri'mettere] v. tr. **1.** [mettere di nuovo] remettre. | *rimettere un vestito*, remettre un vêtement. | *rimettere qlco. in tasca*, remettre qch. dans sa poche; rempocher qch. (fam.). | *rimettere il cappello*, remettre son chapeau. || LOC. *rimettere in buono stato*, remettre en bon état. | *rimettere a nuovo*, remettre à neuf; retaper (fam.). | *rimettere l'orologio*, remettre sa montre à l'heure. | *rimettere in moto*, remettre en marche. | *rimettere un oggetto al suo posto*, remettre un objet à sa place. | *non rimetteremo più piede in questa casa*, nous ne remettrons plus les pieds dans cette maison. | *rimettere a sedere*, rasseoir. | *rimettere a letto*, remettre au lit, recoucher. | *rimettere la spada nel fodero*, remettre l'épée au fourreau, rengainer. || FIG. *rimettere in discussione*, remettre en discussion. | *rimettere in gioco*, remettre en jeu. | *rimettere su casa*, remonter son ménage. | *rimettere in uso*, remettre en usage. | *rimettere in salute, in sesto*, rétablir, remettre d'aplomb. | *rimettere i denti*, refaire ses dents. || **2.** [dare, affidare] remettre. | *rimettere l'anima a Dio*, remettre, rendre son âme à Dieu. | *rimettere un prigioniero alla giustizia*, remettre, livrer un prisonnier aux mains de la justice. | *rimettere a qlcu. una somma di denaro*, remettre, confier à qn une somme d'argent. | *rimettere la merce*, remettre, livrer la marchandise. || **3.** [perdonare] *rimettere i peccati*, remettre les péchés. || **4.** [rinviare] remettre, renvoyer. | *possiamo rimettere questo a domani*, on peut remettre cela à demain. || **5.** [vomitare] rendre, rejeter, vomir. || **6.** [di

gemme, piante] donner (L.C.), rejeter (L.C.). | *l'albero ha rimesso le foglie*, l'arbre a donné ses nouvelles feuilles. || **7.** FAM. *rimetterci*, y perdre, perdre (L.C.). | *che cosa ci rimetti?*, qu'est-ce que tu y perds? | *rimetterci la salute*, y perdre, y laisser sa santé. | *rimetterci la pelle*, y laisser sa peau. | *rimetterci le penne*, y laisser ses plumes. | *rimetterci denaro*, en être de sa poche. | *rimetterci il posto*, perdre sa place. | *rimetterci la reputazione*, perdre sa réputation. | *rimetterci tempo e denaro*, travailler pour le roi de Prusse. || **8.** GIUR. *rimettere un debito*, remettre une dette. | *rimettere una pena*, remettre une peine. || MAR. *rimettere a galla*, renflouer, relever, remettre à flot. || FIG. *rimettere a galla un'azienda*, renflouer une entreprise. || SPORT *rimettere la palla*, renvoyer la balle. | *rimettere la palla in gioco*, remettre en jeu le ballon. ◆ v. rifl. **1.** [mettersi di nuovo, ricominciare] se remettre. | *rimettersi a sedere*, se rasseoir. | *rimettersi a letto*, se remettre au lit. | *si è rimesso a lavorare*, il s'est remis à travailler. | *si rimette a piovere*, il recommence à pleuvoir. | *il tempo si sta rimettendo*, le temps se remet au beau. | *rimettersi in viaggio*, se remettre en voyage, en route. || **2.** [guarire, rinvenire] se remettre, se remonter (fam.), reprendre ses sens. | *si è rimesso da una lunga malattia*, il s'est remis d'une longue maladie. | *rimettersi in forze, in salute*, se remettre d'aplomb. | *rimettersi dallo spavento*, se remettre (de sa frayeur), reprendre ses esprits. || **3.** [appellarsi] s'en remettre, s'en rapporter. | *mi rimetto a voi*, je m'en remets à vous. | *rimettersi alla discrezione di qlcu.*, compter sur la discrétion de qn.

rimettitura [rimetti'tura] f. MED. remboîtement m. || BOT. repousse.

1. rimirare [rimi'rare] v. tr. [con ammirazione] regarder avec admiration; [con stupore] regarder avec étonnement. ◆ v. rifl. s'admirer, se regarder avec complaisance.

2. rimirare [rimi'rare] v. intr. [prendere di nuovo la mira] viser de nouveau.

rimischiare [rimis'kjare] v. tr. mêler de nouveau.

rimisurare [rimisu'rare] v. tr. mesurer de nouveau, remesurer.

rimmel ['rimmel] m. Rimmel.

rimminchionito [rimminkjo'nito] agg. VOLG. V. RIMBECILLITO.

rimodellare [rimodel'lare] v. tr. modeler de nouveau, refaçonner.

rimodernamento [rimoderna'mento] m. modernisation f., remise (f.) à neuf.

rimodernare [rimoder'nare] v. tr. PR. moderniser, remettre à neuf. | *rimodernare un abito*, remettre à neuf un vêtement. || FIG. *rimodernare le proprie idee*, se remettre à la page.

rimodernatura [rimoderna'tura] f. V. RIMODERNAMENTO.

rimonda [ri'monda] f. V. RIMONDATURA.

rimondare [rimon'dare] v. tr. PR. émonder. || FIG. purifier.

rimondatura [rimonda'tura] f. AGR. émondage m. || [di pozzi] curage m.

rimonta [ri'monta] f. [di scarpe] remontage m. || MIL. remonte. || SPORT remontée. || FIG. *fare una bella rimonta*, faire une belle remontée. || MIN. remonte.

rimontante [rimon'tante] agg. BOT. remontant.

rimontare [rimon'tare] v. tr. [in tutti i significati] remonter. || MAR. *rimontare la corrente*, refouler le courant. | *rimontare nel vento*, remonter dans le vent. ◆ v. intr. remonter. | *rimontare a cavallo, in automobile*, remonter à cheval, en voiture. || FIG. remonter. | *tradizioni che rimontano al Medioevo*, traditions qui remontent au Moyen Âge.

rimontatura [rimonta'tura] f. TECN. remontage m.

rimorchiare [rimor'kjare] v. tr. PR. remorquer, prendre en remorque. || FIG. entraîner; draguer (pop.). | *si è fatto rimorchiare*, il s'est laissé entraîner.

rimorchiatore [rimorkja'tore] m. MAR. (bateau) remorqueur. | *rimorchiatore portuale*, remorqueur de port. | *rimorchiatore di salvataggio*, remorqueur de sauvetage. ◆ agg. remorqueur. | *aereo rimorchiatore*, avion remorqueur.

rimorchio [ri'morkjo] m. **1.** [il rimorchiare] remorquage. | *prendere una nave, un auto a rimorchio*, prendre un bateau, une voiture en remorque. | *rimorchio di fianco*, remorquage à couple. || PR. e FIG. *essere a rimorchio*, se faire remorquer. || **2.** [veicolo] remorque f. | *rimorchio di un camion*, remorque d'un camion. | *rimorchio ribaltabile*, remorque basculante. || **3.** MAR. [cavo] remorque; câble de remorque, de halage.

rimordere [ri'mɔrdere] v. tr. PR. remordre. || FIG. tourmenter, tenailler. | *mi rimorde la coscienza per non avere detto niente*, j'ai du remords de n'avoir rien dit.

rimordimento [rimordi'mento] m. LETT. V. RIMORSO.

1. rimorso [ri'mɔrso] part. pass. di RIMORDERE.

2. rimorso [ri'mɔrso] m. remords. | *sentire rimorso*, avoir des remords, du remords.

rimosso [ri'mɔsso] agg. [tolto dal suo posto] déplacé; [portato via] enlevé. | *quadri rimossi dalle pareti*, des tableaux enlevés, décrochés du mur. || [destituito] destitué. || PSIC. refoulé. (V. RIMUOVERE.)

rimostranza [rimos'trantsa] f. remontrance. | *fare rimostranze*, faire des remontrances, des observations. ◆ pl. STOR. doléances.

1. rimostrare [rimos'trare] v. tr. remontrer.

2. rimostrare [rimos'trare] v. intr. faire des remontrances, des observations. || STOR. remontrer.

rimovibile [rimo'vibile] agg. déplaçable, amovible. || [di un impiegato] destituable.

rimozione [rimo'tsjone] f. [spostamento] déplacement m. | *rimozione di un mobile*, déplacement d'un meuble. | *rimozione della spazzatura*, enlèvement des ordures. || [destituzione] destitution. | *rimozione di una carica*, destitution d'une charge. || GIUR. *rimozione del cadavere*, levée du corps. | *rimozione dei sigilli*, levée des scellés. || PSIC. refoulement m. || TECN. dépose.

rimpacchettare [rimpakket'tare] v. tr. rempaqueter.

rimpaginare [rimpadʒi'nare] v. tr. TIP. remettre en pages.

rimpaginatura [rimpadʒina'tura] f. TIP. nouvelle mise en pages, remise en pages.

rimpagliare [rimpaʎ'ʎare] v. tr. [di sedia] rempailler. || [di animale] empailler de nouveau.

rimpagliatore [rimpaʎʎa'tore] (**-trice** f.) n. rempailleur, euse.

rimpagliatura [rimpaʎʎa'tura] f. rempaillage m.

rimpallare [rimpal'lare] v. intr. [al biliardo] faire un contrecoup.

rimpallo [rim'pallo] m. [al biliardo] contrecoup.

rimpanare [rimpa'nare] v. tr. CULIN. paner de nouveau.

rimpannucciare [rimpannut'tʃare] v. tr. (raro) nipper (fam.). || FIG. remplumer (fam.). ◆ v. rifl. [rimettersi in sesto] se remonter, se refaire, se remplumer (fam.).

rimpastare [rimpas'tare] v. tr. PR. repétrir. || FIG. remanier, refaire. | *rimpastare un romanzo*, remanier un roman. | *rimpastare un ministero*, remanier un ministère.

rimpasto [rim'pasto] m. PR. action (f.) de repétrir. || FIG. remaniement. | *rimpasto ministeriale*, remaniement ministériel.

rimpatriare [rimpa'trjare] v. tr. rapatrier. ◆ v. intr. revenir dans son pays.

rimpatrio [rim'patrjo] m. rapatriement.

rimpegnare [rimpeɲ'ɲare] v. tr. rengager.

rimpetto [rim'pɛtto] avv. LETT. V. DIRIMPETTO.

rimpiangere [rim'pjandʒere] v. tr. regretter. | *ho rimpianto la tua assenza*, j'ai regretté ton absence.

rimpianto [rim'pjanto] m. regret. | *degno di rimpianto*, regrettable.

rimpiattare [rimpjat'tare] v. tr. cacher. ◆ v. rifl. se cacher; se planquer (pop.).

rimpiattino [rimpjat'tino] m. LOC. *giocare a rimpiattino*, jouer à cache-cache.

rimpiazzare [rimpjat'tsare] v. tr. remplacer.

rimpiazzo [rim'pjattso] m. remplacement.

rimpiccinire [rimpittʃi'nire] v. tr. rapetisser, amoindrir, diminuer. || [di immagini] réduire.

rimpicciolimento [rimpittʃoli'mento] o **rimpiccolimento** [rimpikkoli'mento] m. PR. rapetissement, diminution f. || FIG. amoindrissement.

rimpicciolire [rimpittʃo'lire] o **rimpiccolire** [rimpikko'lire] v. tr. e intr. rapetisser.

rimpiegare [rimpje'gare] v. tr. V. REIMPIEGARE.

rimpinguare [rimpin'gware] v. tr. PR. rengraisser. ||

FIG. renflouer. | *rimpinguare un affare*, renflouer une affaire. | *rimpinguare le proprie finanze*, renflouer ses finances. ◆ v. rifl. s'enrichir ; faire son beurre (fam.).
rimpinzare [rimpin'tsare] v. tr. PR. e FIG. bourrer, gaver, gorger. | *si è rimpinzato di dolci*, il s'est gavé de gâteaux. | *rimpinzare qlcu. di nozioni inutili*, bourrer qn de notions inutiles. ◆ v. rifl. se gaver, se bourrer, se gorger ; s'empiffrer (fam.), se caler les joues (pop.).
rimpolpare [rimpol'pare] v. tr. PR. engraisser. || FIG. enrichir, étoffer | *rimpolpare un discorso*, enrichir un discours. ◆ v. rifl. se remplumer (fam.).
rimproverabile [rimprove'rabile] agg. reprochable.
rimproverare [rimprove'rare] v. tr. reprocher ; [sgridare] gronder ; [ammonire] réprimander ; [biasimare] blâmer. | *mi fu rimproverata la mia impazienza*, on me reprocha mon impatience. | *gli rimprovero la sua ipocrisia*, je lui reproche son hypocrisie. | *fu rimproverato dal padre*, il fut grondé par son père. ◆ v. rifl. se reprocher. | *non ho nulla da rimproverarmi*, je n'ai rien à me reprocher.
rimprovero [rim'prɔvero] m. reproche, remontrance f., gronderie f. | *fare, muovere un rimprovero a qlcu.*, faire un reproche, des remontrances à qn. | *ricevere un rimprovero*, recevoir un reproche, se faire réprimander. | *non prendete queste mie parole come un rimprovero*, ne prenez pas ces mots pour un reproche. | *un aspro rimprovero*, une verte réprimande. | *uno sguardo di rimprovero*, un regard plein de reproche. | *coprire qlcu. di rimproveri*, accabler qn de reproches. | *farsi rimprovero di qlco.*, se reprocher qch. || MIL. réprimande f.
rimuginare [rimudʒi'nare] v. tr. FIG. ruminer, remâcher, ressasser. | *rimuginare il passato*, remâcher le passé. | *rimuginava vecchi progetti di vendetta*, il ruminait de vieux projets de vengeance. | *rimuginare rimpianti*, ressasser, remâcher des regrets.
rimunerare [rimune'rare] v. tr. [pagare] rémunérer ; [ricompensare] récompenser. | *rimunerare qlcu. per il suo lavoro, per la sua onestà*, récompenser qn de son travail, de son honnêteté.
rimunerativo [rimunera'tivo] agg. rémunérateur, trice. | *attività rimunerativa*, activité rémunératrice, rentable.
rimunerato [rimune'rato] agg. [pagato] rémunéré ; [ricompensato] récompensé.
rimuneratore [rimunera'tore] (**-trice** f.) adj. rémunérateur, trice.
rimuneratorio [rimunera'torjo] (**-ri** m. pl.) agg. rémunératoire.
rimunerazione [rimunerat'tsjone] f. rémunération.
rimuovere [ri'mwɔvere] v. tr. PR. (rare) remuer (L.C.). || [spostare] déplacer ; [togliere] enlever, supprimer, ôter, écarter. | *devo rimuovere questo mobile*, je dois déplacer ce meuble. | *bisogna rimuovere questo letto dalla stanza*, il faut enlever ce lit de la chambre. || FIG. *rimuovere gli ostacoli*, supprimer, surmonter les obstacles. | *rimuovere un dubbio, un sospetto*, écarter un doute, un soupçon. || [distogliere] détourner. | *rimuovere qlcu. da un'idea, da un progetto*, détourner qn d'une idée, d'un projet. | *non riuscirai a rimuoverlo*, tu n'arriveras pas à lui faire changer d'avis. || [destituire] destituer. | *rimuovere qlcu. da una carica*, destituer qn de ses fonctions. || GIUR. *rimuovere un cadavere*, lever un corps. || PSIC. refouler.
rimutare [rimu'tare] v. tr. e intr. changer de nouveau. ◆ v. rifl. changer d'avis. | *non mi rimuterò*, je ne changerai pas d'avis.
rinalgia [rinal'dʒia] f. MED. rhinalgie.
rinanto [ri'nanto] m. BOT. rhinanthe.
rinarrare [rinar'rare] v. tr. raconter de nouveau.
rinascente [rinaʃ'ʃɛnte] agg. renaissant.
rinascenza [rinaʃ'ʃɛntsa] f. V. RINASCIMENTO.
rinascere [ri'naʃʃete] v. intr. PR. renaître ; [di capelli, piante] repousser. | *gli sono rinati i capelli*, ses cheveux ont repoussé. | *le viole rinascono in primavera*, les violettes repoussent au printemps. || FIG. renaître, revivre, revenir à soi. | *si sentì rinascere*, il se sentit renaître, revivre. | *rinascere alla speranza, alla vita, alla felicità*, renaître à l'espoir, à la vie, au bonheur. | *l'aria di montagna mi fa rinascere*, l'air de la montagne me fait revivre. | *in quell'epoca rinacquero le arti*, à cette période on assista à une renaissance des arts. | *fare rinascere il passato*, faire revivre le passé. | *le tue parole mi hanno fatto rinascere*, tes paroles m'ont ressuscité. | *la fenice rinasce dalle sue ceneri*, le phénix renaît de ses cendres. | *i fiori rinascono nell'acqua*, les fleurs reviennent dans l'eau.
rinascimentale [rinaʃʃimen'tale] agg. de la Renaissance. | *mobili rinascimentali*, des meubles (de la) Renaissance. | *stile rinascimentale*, style Renaissance.
rinascimento [rinaʃʃi'mento] m. (raro) [rinascita] renaissance f. || ARTI, LETT. Renaissance. || [apposizione] *mobili Rinascimento*, des meubles Renaissance.
rinascita [ri'naʃʃita] f. renaissance, renouveau m. | *rinascita delle lettere*, renaissance des lettres.
rinato [ri'nato] part. pass. di RINASCERE.
rinavigare [rinavi'gare] v. intr. renaviguer, naviguer de nouveau.
rincagnato [rinkaɲ'ɲato] agg. PR. aplati. | *viso rincagnato*, visage aplati. | *naso rincagnato*, nez camus, aplati, écrasé. || FIG. renfrogné.
rincalzare [rinkal'tsare] v. tr. renforcer, caler. | *rincalzare un palo*, caler un poteau. | *rincalzare una sedia*, caler le pied d'une chaise. | *rincalzare un muro*, renforcer un mur. || LOC. *rincalzare il letto*, border le lit. || LETT. [inseguire] poursuivre (L.C.). || AGR. rechausser, buter.
rincalzatore [rincaltsa'tore] m. AGR. [aratro] butteur, buttoir, rechausseuse f.
rincalzatura [rincaltsa'tura] f. AGR. chaussage m., rechaussement m., buttage m.
rincalzo [rin'kaltso] m. PR. [che serve a rincalzare] cale f., renforcement ; [sostegno] appui, soutien. || FIG. *una posizione di rincalzo*, une position de soutien. || LOC. *a rincalzo*, à l'appui. || AGR. rechaussement, buttage. || MIL. renfort, soutien. | *truppe di rincalzo*, troupes de renfort. || SPORT *giocatore di rincalzo*, joueur de réserve.
rincamminarsi [rinkammi'narsi] v. rifl. se remettre en route, reprendre son chemin.
rincantucciare [rinkantut'ʃare] v. tr. pousser dans un coin, rencogner (fam.). ◆ v. rifl. se rencogner (fam.) ; [nascondersi] se cacher, se tapir.
rincantucciato [rinkantut'ʃato] agg. rencogné (fam.), tapi, blotti dans un coin.
rincarare [rinka'rare] v. tr. renchérir, enchérir ; [di prezzo] augmenter, hausser. | *rincarare l'affitto*, renchérir le loyer. | *rincarare il prezzo della merce*, hausser le prix de la marchandise. || FIG. *rincarare la dose*, forcer la dose, renchérir. ◆ v. intr. augmenter. | *il prezzo della benzina rincara continuamente*, le prix de l'essence augmente sans cesse.
rincarnare [rinkar'nare] v. tr. V. REINCARNARE.
rincarnazione [rinkarnat'tsjone] f. V. REINCARNAZIONE.
rincaro [rin'karo] m. [di prezzo] hausse f., augmentation f. | *rincaro del costo della vita*, renchérissement du coût de la vie. || COMM. renchérissement.
rincartare [rinkar'tare] v. tr. [incartare di nuovo] envelopper de nouveau (dans du papier).
rincasare [rinka'sare] v. intr. rentrer chez soi, rentrer à la maison.
rincassare [rinkas'sare] v. tr. rencaisser.
rincatenare [rinkate'nare] v. tr. renchaîner.
rincattivire [rinkatti'vire] v. intr. e rifl. devenir plus méchant.
rinchite [rin'kite] m. ZOOL. rhynchite.
rinchiudere [rin'kjudere] v. tr. enfermer, mettre sous clef ; [una persona] enfermer ; boucler (fam.) ; [in un monastero] cloîtrer. | *rinchiudere un prigioniero*, enfermer un prisonnier. | *rinchiudere qlcu. in una stanza*, enfermer qn dans une chambre, chambrer qn. | *rinchiudere fra quattro mura*, claquemurer. | *rinchiudere il denaro nella cassaforte*, enfermer l'argent dans le coffre-fort. ◆ v. rifl. s'enfermer ; [in un monastero] se cloîtrer. || FIG. *rinchiudersi in se stesso*, se renfermer en soi-même, rentrer dans sa coquille (fam.).
rinchiuso [rin'kjuso] agg. enfermé. (V. RINCHIUDERE.) ◆ m. *odore di rinchiuso*, odeur de renfermé. | *puzzare di rinchiuso*, sentir le renfermé. || [recinto] enclos, enceinte f.
rincitrullire [rintʃitrul'lire] v. tr. abêtir, abrutir. ◆ v. intr. e rifl. s'abêtir, devenir stupide ; [per la stanchezza] s'abrutir.

rincitrullito [rintʃitrul'lito] agg. gâteux. ‖ [per la stanchezza] abruti (de fatigue).
rincivilire [rintʃivil'lire] v. tr. civiliser; [dirozzare] dégrossir. ◆ v. rifl. se civiliser; [raffinarsi] s'affiner.
rincoforo [rin'kɔforo] m. ZOOL. rhynchophore.
rincollare [rinkol'lare] v. tr. recoller.
rincollo [rin'kɔllo] m. [di acque] regorgement.
rincominciare [rinkomin'tʃare] v. tr. e intr. V. RICOMINCIARE.
rinconellide [rinko'nɛllide] m. ZOOL. rhynchonelle f.
rincontrare [rinkon'trare] v. tr. rencontrer de nouveau. ◆ v. recipr. se rencontrer de nouveau.
rincontro [rin'kontro] m. [araldica] rencontre f. ◆ loc. prep. ***a rincontro, di rincontro*** : [dirimpetto] en face (de), vis-à-vis (de); [a paragone] en comparaison (de).
rincorare [rinko'rare] v. tr. encourager, redonner du courage (à), réconforter. ◆ v. rifl. reprendre courage.
rincorrere [rin'korrere] v. tr. poursuivre, courir après. | *l'ho rincorso,* je lui ai couru après. ◆ v. recipr. se poursuivre. ‖ GIOCHI *giocare a rincorrersi,* jouer à s'attraper, jouer à chat.
rincorsa [rin'korsa] f. élan m. | *prendere la rincorsa,* prendre son élan. | *salto con rincorsa,* saut avec élan.
rincoti [rin'kɔti] m. pl. ZOOL. rhynchotes.
rincrescere [rin'kreʃʃere] v. intr. **1.** regretter (de), avoir le regret de. ‖ [far dispiacere] *mi rincresce di non averlo visto,* je regrette de ne pas l'avoir vu. | *mi rincresce constatare che,* j'ai le regret de constater que. | *è un fatto che rincresce,* c'est fâcheux, c'est un fait regrettable. ‖ **2.** [in formule di cortesia] ennuyer, déranger. | *vi rincresce uscire un istante?,* est-ce que cela vous ennuie de sortir un instant? | *ti rincresce aprire la porta?,* est-ce que cela te dérange d'ouvrir la porte?
rincrescimento [rinkreʃʃi'mento] m. regret. | *provare un vivo rincrescimento,* regretter vivement. | *con rincrescimento,* à regret. | *con mio grande rincrescimento,* à mon grand regret. | *è con vero rincrescimento che,* c'est avec un vif regret que.
rincrudelire [rinkrude'lire] v. intr. devenir plus cruel.
rincrudimento [rinkrudi'mento] m. regain, recrudescence f. | *rincrudimento di una malattia,* recrudescence, aggravation (f.) d'une maladie.
rincrudire [rinkru'dire] v. tr. PR. (raro) irriter davantage (L.C.). ‖ FIG. envenimer, exaspérer. ◆ v. intr. e rifl. [di tempo] devenir plus froid, plus âpre; [di malattia] s'aggraver, empirer.
rinculare [rinku'lare] v. intr. reculer.
rinculata [rinku'lata] f. reculade. ‖ [artiglieria] recul m. ‖ TECN. reculement m.
rinculo [rin'kulo] m. [artiglieria] recul.
rincuorare [rinkwo'rare] v. tr. V. RINCORARE.
rincurvare [rinkur'vare] v. tr. e rifl. V. INCURVARE.
rinfacciare [rinfat'tʃare] v. tr. reprocher; jeter à la figure, au nez, à la face (fam.). | *gli ha rinfacciato il suo passato,* il lui a reproché son passé. | *gli rinfaccia sempre i suoi torti,* il ne cesse de lui jeter à la figure tous ses torts.
rinfagottare [rinfagot'tare] v. tr. rempaqueter. | *rinfagottò i suoi stracci,* il rempaqueta ses haillons. ‖ [imbacuccare] emmitoufler. ◆ v. rifl. s'accoutrer, se fagoter. | *si rinfagottò in una vecchia coperta,* il se fagota dans une vieille couverture.
rinfiammare [rinfjam'mare] v. tr. PR. e FIG. renflammer. ◆ v. rifl. se renflammer.
rinfiancare [rinfjan'kare] v. tr. ARCH. étayer, buter; [di volte] arc-bouter. ‖ FIG. renforcer, soutenir.
rinfianco [rin'fjanko] (**-chi** pl.) m. ARCH. soutènement, étaiement. | *lavori di rinfianco,* travaux d'étaiement. | *muro di rinfianco,* mur de soutènement. | *arco di rinfianco,* arc-boutant. ‖ FIG. soutien, aide f., appui.
rinfocolare [rinfoko'lare] v. tr. PR. attiser de nouveau. ‖ FIG. rallumer, ranimer. | *rinfocolare una guerra,* rallumer une guerre.
rinfoderare [rinfode'rare] v. tr. PR. e FIG. rengainer. | *rinfoderare la spada,* remettre l'épée au fourreau.
rinforzare [rinfor'tsare] v. tr. renforcer. | *rinforzare un muro,* renforcer un mur. | *rinforzare le truppe,* renforcer les troupes. | *rinforzare qlcu. in un'opinione,* renforcer qn dans une opinion. ‖ [rimettere in forze] fortifier. | *rinforzare i muscoli,* fortifier les muscles. ◆ v. intr. [di vento] augmenter, devenir plus fort. ◆ v. rifl. se renforcer, se fortifier.
rinforzato [rinfor'tsato] agg. PR. renforcé. ‖ [rinvigorito] fortifié. ‖ MIL. *tiro rinforzato,* tir renforcé.
rinforzo [rin'fortso] m. [il rinforzare] renforcement, consolidation f. | *il rinforzo di un muro,* le renforcement d'un mur. ‖ [ciò che rinforza] renfort. | *di rinforzo,* en renfort. ‖ FIG. aide f., soutien, appui, secours. ‖ FOT. renforcement. ‖ MIL. *truppe di rinforzo,* troupes de renfort.
rinfrancare [rinfran'kare] v. tr. rassurer. | *la sua presenza mi ha rinfrancato,* sa présence m'a rassuré. ‖ [il corpo, lo spirito] fortifier, raffermir. ◆ v. rifl. reprendre courage; se remonter; [di forze] se fortifier.
rinfrancato [rinfran'kato] agg. rassuré.
rinfrescante [rinfres'kante] agg. rafraîchissant. ◆ m. [bevanda lassativa] boisson laxative.
rinfrescare [rinfres'kare] v. tr. PR. rafraîchir. | *la pioggia ha rinfrescato la serata,* la pluie a rafraîchi la soirée. ‖ FIG. *rinfrescare i colori,* rafraîchir les couleurs. | *rinfrescare un abito,* remettre en état un vêtement. | *rinfrescare la memoria,* rafraîchir la mémoire. ‖ MED. rafraîchir. ◆ v. intr. se rafraîchir. ‖ MAR. *il vento rinfresca,* le vent fraîchit. ◆ v. rifl. se rafraîchir.
rinfrescata [rinfres'kata] f. PR. rafraîchissement m., fraîcheur. | *alla prima rinfrescata,* aux premières fraîcheurs, aux premiers froids. ‖ LOC. FIG. *dare una rinfrescata a un abito,* remettre en état un vêtement. | *dare una rinfrescata alla memoria di qlcu.,* rafraîchir la mémoire de qn. | *darsi una rinfrescata,* faire un brin de toilette.
rinfresco [rin'fresko] (**-chi** pl.) m. [bevanda] rafraîchissements pl., boissons f. pl. | *servire un rinfresco,* servir des boissons. ‖ [ricevimento] réception f., cocktail (ingl.). | *dare un rinfresco,* offrir, donner une réception, organiser un cocktail.
rinfusa (alla) [allarin'fuza] loc. avv. pêle-mêle, sens dessus-dessous, à la débandade. ‖ COMM. en vrac.
ring [riŋ] m. (ingl.) SPORT ring.
ringagliardire [ringaʎʎar'dire] v. tr. PR. fortifier, renforcer. ‖ FIG. redonner du courage (à), remonter. ◆ v. intr. e rifl. reprendre du courage. ‖ se fortifier.
ringalluzzire [ringallut'tsire] v. tr. ragaillardir. ◆ v. intr. e rifl. se rengorger.
ringalluzzito [ringallut'tsito] agg. ragaillardi.
ringentilire [rindʒenti'lire] v. tr. adoucir, affiner; rendre aimable. ◆ v. rifl. [di persona] devenir plus aimable; [di costumi] s'adoucir, se civiliser.
ringhiare [rin'gjare] v. intr. PR. e FIG. gronder, grogner; montrer les dents.
ringhiera [rin'gjɛra] f. [di balcone] balustrade, gardefou m.; [di scala] rampe.
ringhio ['ringjo] m. grondement.
ringhiosamente [ringjosa'mente] avv. en grondant, en grognant.
ringhioso [rin'gjoso] agg. PR. grondant. ‖ FIG. hargneux.
ringiallire [rindʒal'lire] v. tr. jaunir de nouveau. ‖ [ingiallire] jaunir. ◆ v. intr. e rifl. redevenir jaune.
ringiovanimento [rindʒovani'mento] m. rajeunissement.
ringiovanire [rindʒova'nire] v. tr. rajeunir. | *questa pettinatura ti ringiovanisce,* cette coiffure te rajeunit. ◆ v. intr. rajeunir. | *è ringiovanito,* il a rajeuni. | *trattamento per ringiovanire,* traitement rajeunissant. | *questo vestito ringiovanisce,* ce vêtement fait jeune.
ringiovanito [rindʒova'nito] agg. rajeuni.
ringoiare [ringo'jare] v. tr. PR. e FIG. ravaler.
ringorgarsi [ringor'garsi] v. rifl. s'engorger, se boucher de nouveau.
ringranare [ringra'nare] v. tr. AGR., TECN. rengréner, rengrener. ‖ [auto] *ringranare una marcia,* embrayer, passer de nouveau une vitesse.
ringrandire [ringran'dire] v. tr. agrandir de nouveau. ◆ v. intr. devenir plus grand.
ringraziamento [ringrattsja'mento] m. remerciement. | *porgere i propri ringraziamenti,* présenter ses remerciements. | *lettera, visita di ringraziamento,* lettre, visite de remerciement. | *perdersi in ringraziamenti,* se confondre en remerciements. | *molti ringraziamenti!,* mille remerciements!

ringraziare [ringra'ttsjare] v. tr. remercier. | *ringraziare qlcu. per qlco.*, remercier qn de qch. | *ringraziare con tutto il cuore*, remercier de tout (son) cœur. | *sia ringraziato il Cielo!*, le Ciel soit loué!
ringuainare [ringwai'nare] v. tr. rengainer, remettre dans le fourreau.
rinite [ri'nite] f. MED. rhinite.
rinnegabile [rinne'gabile] agg. reniable.
rinnegamento [rinnega'mento] m. reniement.
rinnegare [rinne'gare] v. tr. renier.
rinnegato [rinne'gato] agg. renié, désavoué. ◆ m. renégat.
rinnegatore [rinnega'tore] (**-trice** f.) n. celui, celle qui renie.
rinnestare [rinnes'tare] v. tr. e deriv. V. REINNESTARE e deriv.
rinnovabile [rinno'vabile] agg. renouvelable.
rinnovamento [rinnova'mento] m. renouvellement, remise (f.) en état, rénovation f.; [rinascita] renouveau. | *rinnovamento di una proposta*, renouvellement d'une proposition. | *un desiderio sublime di rinnovamento*, un désir sublime de rénovation. | *rinnovamento delle scienze e delle arti*, renouvellement, renouveau des sciences et des arts.
rinnovare [rinno'vare] v. tr. renouveler. | *rinnovare un contratto*, renouveler un contrat. | *rinnovare un passaporto*, renouveler un passeport. || [rimettere a nuovo] moderniser, rénover. | *rinnovare un negozio*, moderniser un magasin. || [ripetere] renouveler. | *rinnovare i ringraziamenti, le scuse*, renouveler ses remerciements, ses excuses. | *rinnovare una proposta*, renouveler une proposition. || MIL. *rinnovare la ferma di qlcu.*, rengager qn. ◆ v. rifl. se renouveler, se répéter. ◆ m. *il rinnovarsi della natura*, le renouveau de la nature.
rinnovatore [rinnova'tore] (**-trice** f.) agg. e n. rénovateur, trice.
rinnovazione [rinnovat'tsjone] f. V. RINNOVAMENTO.
rinnovellare [rinnovel'lare] v. tr. LETT. renouveler (L.C.).
rinnovo [rin'novo] m. renouvellement. | *rinnovo di un passaporto, di un contratto*, renouvellement d'un passeport, d'un contrat. | *rinnovo di cambiale*, renouvellement d'une lettre de change. || AGR. *rinnovo del terreno*, renouvellement du sol.
rinobilitare [rinobili'tare] v. tr. PR. anoblir de nouveau. || FIG. ennoblir de nouveau.
rinoceronte [rinotʃe'ronte] m. ZOOL. rhinocéros.
rinofaringe [rinofa'rindʒe] m. o f. ANAT. rhinopharynx m.
rinofaringite [rinofarin'dʒite] f. MED. rhino-pharyngite.
rinolalia [rinola'lia] f. MED. rhinophonie.
rinolaringite [rinolarin'dʒite] f. MED. rhinolaryngite.
rinolofo [ri'nɔlofo] m. ZOOL. rhinolophe.
rinologia [rinolo'dʒia] f. MED. rhinologie.
rinomanza [rino'mantsa] f. renommée, renom m.
rinomato [rino'mato] agg. renommé.
rinoplastica [rino'plastika] f. CHIR. rhinoplastie.
rinorragia [rinorra'dʒia] f. MED. rhinorragie.
rinorrea [rinor'rɛa] f. MED. rhinorrhée.
rinoscleroma [rinoskle'rɔma] m. MED. rhinosclérome.
rinoscopia [rinosko'pia] f. MED. rhinoscopie.
rinoscopio [rinos'kopjo] m. MED. rhinoscope.
rinquartare [rinkwar'tare] v. tr. (raro) [quadruplicare] quadrupler (L.C.); [dividere per quattro] diviser par quatre (L.C.). || AGR. quartager. ◆ v. intr. [biliardo] faire ricocher sur trois bandes.
rinquarto [rin'kwarto] m. [biliardo] ricochet sur trois bandes.
rinsaccare [rinsak'kare] v. tr. [insaccare di nuovo] remettre dans un sac, ensacher de nouveau. ◆ v. rifl. FIG. rentrer la tête dans ses épaules.
rinsaldamento [rinsalda'mento] m. raffermissement.
rinsaldare [rinsal'dare] v. tr. [rendere più saldo] raffermir, rendre plus solide. || (raro) [inamidare di nuovo] amidonner, empeser de nouveau (L.C.). ◆ v. rifl. FIG. *rinsaldarsi nelle proprie opinioni*, s'ancrer dans ses opinions.
rinsanguare [rinsan'gware] v. tr. FIG. fortifier, renforcer, ranimer. || ECON. renflouer, remettre à flot. | *rinsanguare l'Erario*, remettre à flot le Trésor public. ◆ v. rifl. PR. se fortifier, se remettre, se rétablir. || FIG. être renfloué, se refaire; se remplumer (fam.).
rinsanire [rinsa'nire] v. intr. DIAL. [ricuperare la ragione] recouvrer la raison (L.C.).
rinsavimento [rinsavi'mento] m. retour à la raison, assagissement.
rinsavire [rinsa'vire] v. intr. s'assagir; revenir à, recouvrer la raison. ◆ v. tr. (raro) ramener à la raison (L.C.).
rinsecchire [rinsek'kire] v. intr. PR. sécher. || FIG. maigrir.
rinselvare [rinsel'vare] v. tr. LETT. V. RIMBOSCHIRE.
rinselvatichire [rinselvati'kire] v. intr. redevenir sauvage, retourner à l'état sauvage. ◆ v. tr. rendre sauvage.
rinserrare [rinser'rare] v. tr. [chiudere di nuovo] refermer, renfermer. ◆ v. rifl. se renfermer. | *rinserrarsi in casa*, se cloîtrer chez soi.
rinsudiciare [rinsudi'tʃare] v. tr. salir de nouveau, resalir. ◆ v. rifl. se resalir.
rintanarsi [rinta'narsi] v. rifl. PR. rentrer dans sa tanière, se terrer. || FIG. se cloîtrer; [nascondersi] se cacher. | *rintanarsi sotto le coperte*, s'enfouir sous les couvertures. | *rintanarsi in casa*, se claquemurer, se calfeutrer chez soi.
rintasare [rinta'sare] v. tr. reboucher, obstruer de nouveau. ◆ v. rifl. se reboucher, s'obstruer de nouveau.
rintegrare [rinte'grare] v. tr. e deriv. V. REINTEGRARE e deriv.
rinterramento [rin'terramento] m. V. RINTERRO.
rinterrare [rinter'rare] v. tr. [riempire di terra] combler. || AGR. remblayer; [fioricoltura] rempoter. ◆ v. rifl. s'ensabler.
rinterro [rin'tɛrro] m. remblai, remblayage; [in un corso d'acqua] ensablement, atterrissement.
rinterzo [rin'tɛrtso] m. [biliardo] ricochet sur deux bandes.
rintiepidire [rintjepi'dire] v. tr. attiédir de nouveau. ◆ v. rifl. s'attiédir de nouveau.
rintoccare [rintok'kare] v. intr. [di orologio] sonner; [di campana] tinter, sonner.
rintocco [rin'tokko] (**-chi** pl.) m. [di orologio] coup; [di campana] tintement. | *rintocco funebre*, glas. | *suonare a rintocchi*, tinter.
rintonacare [rintona'kare] v. tr. recrépir, renduire; [con il gesso] replâtrer.
rintonare [rinto'nare] v. tr. entonner de nouveau.
rintontire [rinton'tire] v. tr. abrutir, rendre stupide; [assordare] abasourdir. ◆ v. rifl. s'abrutir.
rintorpidire [rintorpi'dire] v. tr. engourdir de nouveau. ◆ v. rifl. s'engourdir de nouveau.
rintracciabile [rintrat'tʃabile] agg. qu'on peut trouver. | *un libro facilmente rintracciabile*, un livre facile à trouver, disponible. | *un prodotto rintracciabile solo in farmacia*, un produit vendu exclusivement en pharmacie. | *una persona non rintracciabile*, une personne qu'on ne peut pas atteindre, trouver, joindre.
rintracciamento [rintrattʃa'mento] m. recherche f. || [scoperta] découverte f.
rintracciare [rintrat'tʃare] v. tr. [trovare] trouver, retrouver. | *devo rintracciarlo immediatamente*, je dois le trouver, le retrouver immédiatement. | *rintracciare un colpevole*, retrouver (la trace d') un coupable. || [cercare] rechercher. | *rintracciare le origini di un fenomeno*, rechercher les origines d'un phénomène. || [caccia] dépister.
rintristire [rintris'tire] v. intr. redevenir triste. || [deperire] dépérir, s'étioler, se consumer.
rintrodurre [rintro'durre] v. tr. réintroduire.
rintronamento [rintrona'mento] m. grondement, retentissement. || [assordamento] assourdissement; [rintontimento] abasourdissement.
rintronare [rintro'nare] v. tr. assourdir; [stordire] abasourdir. | *quel rumore mi ha rintronato*, ce bruit m'a assourdi. | *mi ha rintronato con i suoi discorsi*, ses discours m'ont abasourdi. | *rintronare il cervello*, marteler le cerveau. ◆ v. intr. retentir, résonner, gronder. | *il cannone rintronava*, le canon grondait.
rintrono [rin'trɔno] m. V. RINTRONAMENTO.
rintuzzamento [rintuttsa'mento] m. (raro) [replica]

réfutation f. (L.C.). ‖ [il respingere] opposition f., résistance f., frein.

rintuzzare [rintut'tsare] v. tr. [replicare] réfuter, riposter (à). | *rintuzzare le accuse di qlcu.*, réfuter les accusations de qn. ‖ [respingere, reprimere] rabattre, rabaisser, réprimer, contenir. | *rintuzzare l'orgoglio di qlcu.*, rabaisser, rabattre l'orgueil de qn. ‖ MIL. *rintuzzare l'assalto nemico*, repousser l'assaut ennemi. ‖ (raro) [smussare] émousser (L.C.).

rinunciare [rinun'tʃare] v. intr. e deriv. V. RINUNZIARE e deriv.

rinunzia [ri'nuntsja] f. renoncement m. | *la rinunzia di se stesso*, le renoncement à soi-même. | *la rinunzia alle proprie aspirazioni*, le renoncement à ses aspirations. ‖ [ad una carica, un diritto] renonciation. | *rinunzia a una eredità, al trono*, renonciation à un héritage, au trône. ‖ [sacrificio] renoncement m., privations pl. | *vivere una vita di rinunzie*, vivre dans les privations. ‖ GIUR. désistement m. | *rinunzia ad un'azione legale*, désistement d'action.

rinunziare [rinun'tsjare] v. intr. renoncer. | *rinunziare ad un progetto*, renoncer à un projet. | *rinunziare a una carica, ai poteri*, remettre une charge, ses pouvoirs ; se démettre d'une charge, de ses pouvoirs. | *rinunziare al trono*, abdiquer. ‖ GIOCHI *rinunzio ad indovinare ; ci rinunzio*, je donne ma langue au chat. ‖ GIUR. se désister. | *rinunziare in favore di qlcu.*, se désister en faveur de qn. | *rinunziare alla successione*, répudier la succession.

rinunziatario [rinuntsja'tario] (**-ri** m. pl.) agg. défaitiste. ◆ n. défaitiste. ‖ GIUR. renonciataire.

rinunziatore [rinuntsja'tore] (**-trice** f.) n. GIUR. renonciateur, trice.

rinvangare [rinvan'gare] v. tr. V. RIVANGARE.

rinvenibile [rinve'nibile] agg. trouvable, retrouvable.

rinvenimento [rinveni'mento] m. découverte f. ; [di reliquie] invention f. ‖ METALL. revenu.

rinvenire [rinve'nire] v. tr. [ritrovare] retrouver, trouver. | *rinvenire un libro smarrito*, retrouver un livre perdu. ‖ [scoprire] découvrir. | *è stato rinvenuto il corpo del reato*, on a découvert le corps du délit. | *rinvenire un antico dipinto*, découvrir un tableau ancien. ◆ v. intr. [riprendere i sensi] revenir à soi, reprendre ses esprits. | *rinvengo*, je reprends connaissance. ‖ [di fiori, di piante] reprendre ; [di cose secche] (se) gonfler.

rinverdire [rinver'dire] v. tr. e intr. PR. e FIG. reverdir.

rinviare [rin'vjare] v. tr. renvoyer. | *rinviare una lettera al mittente*, renvoyer une lettre à l'expéditeur. ‖ [differire] remettre, ajourner, différer. | *rinviare la partenza, una decisione*, remettre son départ, une décision. ‖ [rilanciare] renvoyer. ‖ SPORT *rinviare la palla*, renvoyer la balle. ‖ GIUR. renvoyer, ajourner. | *rinviare una causa*, ajourner un procès.

rinvigorimento [rinvigori'mento] m. reprise f., rétablissement des forces. ‖ FIG. raffermissement.

rinvigorire [rinvigo'rire] v. tr. PR. [ridare forza] redonner des forces (à) ; [rendere più forte] fortifier, ragaillardir (fam.). ‖ FIG. raffermir. | *l'aria di montagna lo ha rinvigorito*, l'air de la montagne lui a redonné des forces. | *sono medicine che rinvigoriscono l'organismo*, ce sont des médicaments qui fortifient l'organisme. ◆ v. intr. e rifl. reprendre ses forces ; [diventare più forte] se fortifier, se ragaillardir (fam.). ‖ FIG. se fortifier, se ranimer.

rinvilire [rinvi'lire] v. tr. e intr. (lett.) baisser.

rinvio [rin'vio] m. PR. renvoi. | *rinvio della merce*, renvoi de la marchandise. ‖ [il differire] renvoi, ajournement. | *rinvio di una decisione*, ajournement d'une décision. ‖ GIUR. renvoi, ajournement, sursis. | *rinvio di una causa*, ajournement d'un procès. | *rinvio a giudizio*, renvoi au jugement. | *rinvio dell'esecuzione di una condanna*, sursis de l'exécution d'une peine. | *cassazione senza rinvio*, cassation par voie de retranchement. ‖ MIL. sursis. | *rinvio della chiamata alle armi*, sursis d'appel. ‖ SPORT *calcio di rinvio*, coup de renvoi. ‖ TIP. renvoi.

rinvoltare [rinvol'tare] v. tr. renvelopper.

rinvoltura [rinvol'tura] f. enveloppement. ‖ [telone per ricoprire le merci] bâche.

rinzaffo [rin'tsaffo] m. crépi, crépissage.

rinzeppare [rintsep'pare] v. tr. FAM. bourrer (L.C.), gaver (L.C.), empiffrer. | *rinzeppare qlcu. di cibo*, gaver qn de nourriture. ‖ FIG. *rinzeppare un compito di errori*, farcir, bourrer un devoir de fautes.

1. rio ['rio] m. ruisseau ; [a Venezia] canal.

2. rio ['rio] agg. LETT. [malvagio] mauvais (L.C.), méchant (L.C.). ‖ [avverso] hostile (L.C.).

rioccupare [riokku'pare] v. tr. réoccuper. ◆ v. rifl. s'occuper de nouveau, s'occuper encore.

rioccupazione [riokkupat'tsjone] f. réoccupation.

riolite [rio'lite] f. GEOL. rhyolite, rhyolithe.

rionale [rio'nale] agg. du, de quartier. | *cinema rionale*, cinéma de quartier.

rione [ri'one] m. quartier. | *rioni periferici*, quartiers périphériques ; faubourgs.

rioperare [riope'rare] v. tr. opérer de nouveau.

riordinamento [riordina'mento] m. remise (f.) en ordre ; rangement. | *il riordinamento di una stanza*, la remise en ordre d'une chambre. ‖ [riorganizzazione] réorganisation f., réforme f. | *riordinamento dell'esercito*, réorganisation de l'armée. | *riordinamento della scuola*, réforme de l'instruction publique. | *riordinamento di un archivio*, reclassement des archives.

riordinare [riordi'nare] v. tr. PR. e FIG. [rimettere in ordine] ranger, mettre de l'ordre (dans). | *riordinare una stanza*, ranger une chambre. | *ho riordinato i miei appunti*, j'ai mis de l'ordre dans mes notes. | *riordinare le proprie idee*, mettre de l'ordre dans ses idées. ‖ [riorganizzare] réorganiser. ‖ COMM. faire, passer une nouvelle commande de. ◆ v. rifl. se remettre en ordre, s'arranger. | *devo riordinarmi i capelli*, je dois me recoiffer.

riordinatore [riordina'tore] (**-trice** f.) n. réorganisateur, trice.

riordinazione [riordina'tsjone] f. COMM. nouvelle commande. ‖ STOR. RELIG. réordination.

riordino [ri'ordino] m. V. RIORDINAMENTO.

riorganizzare [riorganid'dzare] v. tr. réorganiser. ◆ v. rifl. se réorganiser.

riorganizzatore [riorganiddza'tore] (**-trice** f.) n. réorganisateur, trice.

riorganizzazione [riorganiddzat'tsjone] f. réorganisation.

riosservare [riosser'vare] v. tr. réobserver.

riottosamente [riottosa'mente] avv. LETT. en récalcitrant (L.C.).

riottoso [riot'toso] agg. LETT. récalcitrant (L.C.), rétif (L.C.). ◆ m. frondeur.

ripa ['ripa] f. LETT. rive (L.C.), rivage m. (L.C.), bord m. (L.C.), berge (L.C.) ; [del mare] rivage m. (L.C.). | *uccelli di ripa*, oiseaux de rivage. ‖ [dirupo] talus m., escarpement m.

ripagare [ripa'gare] v. tr. [pagare di nuovo] repayer. ‖ [indennizzare] payer. | *se lo perdi, me lo ripaghi*, si tu le perds tu me le paies. ‖ FIG. [ricompensare] payer, récompenser. | *è stato ripagato della sua gentilezza*, il a été récompensé de sa gentillesse. | *ripagare con l'ingratitudine*, payer d'ingratitude. | *ripagare qlcu. con la stessa moneta*, rendre à qn la monnaie de sa pièce. | *il successo l'ha ripagato dei suoi sforzi*, son succès l'a dédommagé, payé de ses efforts.

riparabile [ripa'rabile] agg. réparable, raccommodable.

riparare [ripa'rare] v. tr. **1.** [proteggere] protéger. | *riparare dal freddo*, protéger du, contre le froid. | *riparare il capo dal sole*, protéger sa tête contre le soleil. | *riparare gli occhi con la mano*, se protéger les yeux de la main. ‖ **2.** [aggiustare] remettre en état, réparer ; [rammendare] raccommoder, rapiécer. | *riparare le scarpe*, réparer les souliers. | *riparare la macchina*, réparer la voiture. ‖ **3.** [rimediare, risarcire] *riparare un'ingiustizia, un torto*, réparer une injustice, un tort. | *riparare un esame*, repasser un examen. ◆ v. intr. remédier à. | *riparare a un inconveniente*, remédier à un inconvénient. ‖ [rifugiarsi] se réfugier ; chercher refuge, abri ; se sauver. | *riparare all'estero*, se réfugier, se sauver à l'étranger. ◆ v. rifl. [proteggersi] se protéger, se défendre. | *ripararsi dalla pioggia*, se protéger contre la pluie. ‖ [trovare riparo] s'abriter. | *ripararsi sotto un ponte*, s'abriter sous un pont.

riparato [ripa'rato] agg. réparé. ‖ [protetto] à l'abri, abrité. | *un luogo riparato,* un endroit à l'abri. (V. RIPARARE.)

riparatore [ripara'tore] (**-trice** f.) agg. e n. réparateur, trice.

riparazione [riparat'tsjone] f. PR. réparation. | *riparazione di un motore,* réparation d'un moteur. | *servizio di riparazioni per macchine,* service de dépannage (m.). | *in riparazione,* en réparation. | *strada in riparazione,* route en réfection. | *lavori di riparazione,* travaux de réfection. || FIG. [risarcimento] réparation, dédommagement m. | *chiedere riparazione,* demander réparation. | *riparazione di un torto,* redressement (m.) d'un tort. | *esami di riparazione,* examens de passage. | *riparazioni di guerra,* dédommagements de guerre.

ripario [ri'parjo] (**-ri** m. pl.) agg. LETT. riverain (L.C.).

riparlare [ripar'lare] v. intr. reparler. ◆ v. recipr. se reparler.

riparo [ri'paro] m. **1.** abri. | *al riparo dalla pioggia, dal vento,* à l'abri de la pluie, du vent. | *mettersi al riparo,* se mettre à l'abri. | *costruirsi un riparo,* se construire un abri. | *farsi riparo col braccio,* se protéger avec le bras. | *mettersi al riparo dalle sorprese,* se mettre à l'abri des surprises. || **2.** [rimedio] remède. | *porre, metter riparo a qlco.,* porter remède, remédier à qch. *correre ai ripari,* prendre des mesures (f.).

ripartibile [ripar'tibile] agg. partageable. || ECON. *utile ripartibile,* bénéfice distribuable.

ripartimento [riparti'mento] m. [amministrazione] division f., section f. || (raro) [distribuzione] répartition f. (L.C.), partage (L.C.), distribution f. (L.C.).

1. ripartire [ripar'tire] v. tr. répartir, partager. | *ripartire i guadagni,* partager les bénéfices. | *ripartire giustamente una somma,* répartir équitablement une somme.

2. ripartire [ripar'tire] v. intr. [partire di nuovo] repartir.

ripartito [ripar'tito] agg. réparti.

ripartitore [riparti'tore] m. répartiteur. || [alle poste] trieur. || TECN. régulateur, dispatcher (ingl.).

ripartizione [riparti'tsjone] f. [distribuzione] répartition. | *ripartizione degli utili, delle spese,* répartition des bénéfices, des frais. || [burocrazia] division, service m., secteur m., zone. | *le varie ripartizioni di una città,* les différentes zones d'une ville.

riparto [ri'parto] m. (raro) répartition f. (L.C.). || (raro) [reparto] section f. (L.C.), rayon (L.C.). || [alla Borsa] partage.

ripassare [ripas'sare] v. tr. **1.** [passare di nuovo] repasser. | *ripassare un fiume,* repasser un fleuve. | *ripassare la frontiera,* repasser, franchir la frontière. | *ripassare la vernice su un mobile,* repasser de la peinture sur un meuble. | *ripassare la farina,* repasser la farine. || **2.** [ridare] repasser, redonner, rendre. | *ripassami quel piatto,* repasse-moi ce plat. || **3.** [rivedere] réviser, revoir, repasser; [controllare] vérifier, contrôler. | *l'attore ripassava la sua parte,* l'acteur repassait son rôle. | *ripassare la lezione,* repasser, réviser sa leçon. | *ripassare un conto,* vérifier un compte. || **4.** [di macchina, motore] réviser. || **5.** IRON. [dare una lezione] passer un savon (fam.), donner une raclée (fam.), frotter les côtes (fam.) [à qn]. ◆ v. intr. repasser. | *ripasserò domani,* je repasserai demain.

ripassata, ripassatina [ripas'sata, ripassa'tina] f. [senza sost. corrispondente] *dare una ripassata alla lezione,* repasser, réviser sa leçon. | *dare una ripassata di vernice a un mobile,* repasser une couche de peinture sur un meuble. | *dare una ripassata a un vestito,* nettoyer une robe. | *dare una ripassata in una stanza,* passer un coup de balai dans une chambre. | *dara una ripassata al motore di una macchina,* réviser le moteur d'une voiture. || IRON. *dare una ripassata a qlcu.,* passer un savon à qn (fam.).

ripasso [ripas'so] m. **1.** [revisione] révision f. | *fare il ripasso di latino,* repasser le programme de latin. || **2.** [di uccelli] nouvelle passe.

ripatico [ri'patiko] m. STOR. GIUR. quaiage, quayage.

ripensamento [ripensa'mento] m. réflexion f. | *quella situazione esigeva un ripensamento,* cette situation exigeait de la réflexion. | *avere un ripensamento,* changer d'avis, se raviser après réflexion.

ripensare [ripen'sare] v. intr. **1.** repenser (à), réfléchir (à). | *bisogna ripensarci,* il faut y repenser. | *ripensate a quello che avete appena visto,* repensez, réfléchissez à ce que vous venez de voir. | *ora che ci ripenso,* maintenant que j'y pense. | *pensa e ripensa,* à force d'y penser. || **2.** [cambiar idea] changer d'avis. | *ci ho ripensato, non verrò,* j'ai changé d'avis, je ne viendrai pas. || **3.** [tornare con il pensiero] repenser (à), se rappeler, revenir en pensée. | *ripenso agli anni passati,* je repense aux années passées. | *ripensare al paese natio,* repenser au pays natal. || **4.** LETT. évoquer (L.C.), rappeler (L.C.).

ripense [ri'pense] agg. (raro) riverain (L.C.).

ripentimento [ripenti'mento] m. repentir. | *avere un ripentimento,* revenir sur sa décision, changer d'avis.

ripentirsi [ripen'tirsi] v. rifl. se repentir de nouveau, regretter de nouveau. || [ritornare su una decisione] revenir sur. | *non ti sarai già ripentito delle tue promesse,* tu ne vas pas revenir sur tes promesses.

ripercorrere [riperkor'rere] v. tr. PR. reparcourir. | *ho ripercorso il sentiero,* j'ai reparcouru le sentier. || FIG. *ripercorrere con il pensiero,* revivre en pensée.

ripercorso [riper'korso] part. pass. di RIPERCORRERE.

ripercosso [riper'kɔsso] part. pass. di RIPERCUOTERE.

ripercuotere [riper'kwɔtere] v. tr. PR. frapper de nouveau, refrapper, rebattre. || [di luci] refléter; [di suoni] renvoyer, répercuter. | *rumore ripercosso dalle montagne,* bruit répercuté par les montagnes. ◆ v. rifl. PR. e FIG. se répercuter.

ripercussione [riperkus'sjone] f. PR. répercussion. || FIG. contre-coup m., incidence. | *subire le ripercussioni di un'azione,* subir le contrecoup d'une action.

ripercussivo [riperkus'sivo] agg. (raro) qui se répercute.

riperdere [ri'pɛrdere] v. tr. reperdre. | *ho riperso la borsa,* j'ai reperdu mon sac.

ripesare [ripe'sare] v. tr. repeser.

ripescare [ripes'kare] v. tr. PR. e FIG. repêcher.

ripestare [ripes'tare] v. tr. PR. [pestare] piler de nouveau; [schiacciare] écraser de nouveau; [calpestare] marcher de nouveau sur. || [picchiare] battre de nouveau.

ripetente [ripe'tɛnte] agg. qui redouble une classe. ◆ n. redoublant.

ripetere [ri'pɛtere] v. tr. répéter. | *ripetere una domanda,* répéter une question. | *non me lo farò ripetere,* je ne me le ferai pas dire deux fois. | *ripetere a memoria,* répéter par cœur. | *ripetere parola per parola,* répéter mot à mot. | *ripetere la lezione,* réciter, réviser sa leçon. | *ripetere sempre le stesse cose,* répéter, rabâcher (fam.) toujours les mêmes choses. || [rifare] répéter. | *ripetere un errore, un'esperienza,* répéter une erreur, une expérience. | *ripetere una cura,* recommencer un traitement. | *ripetere un'istanza,* réitérer une demande. || [a scuola] redoubler. | *ripetere un anno,* redoubler une classe. || GIUR. répéter. | *ripetere i danni,* répéter les dommages. || TEATRO rejouer. | *questa sera si ripete,* ce soir on rejoue. ◆ v. rifl. se répéter. | *ripetersi continuamente,* radoter. ◆ m. *il ripetersi,* la répétition.

ripetibile [ripe'tibile] agg. répétable, qu'on peut répéter.

ripetitore [ripeti'tore] (**-trice** f.) agg. répétiteur, trice. ◆ n. [insegnante] répétiteur, trice. ◆ m. TECN. répétiteur. || RAD., TV *ripetitore televisivo,* relais de télévision. | *ripetitore telefonico,* relais téléphonique.

ripetizione [ripeti'tsjone] f. répétition. | *ripetizione di una parola, di un fatto,* répétition d'un mot, d'un fait. || [lezione privata] leçon particulière. | *dare ripetizioni,* donner des leçons particulières. | *andare a ripetizione,* prendre des leçons particulières. || GIUR. répétition. || TEATRO répétition. | *ripetizione generale,* (répétition) générale. || LOC. *a ripetizione,* à répétition. | *arma a ripetizione,* arme à répétition. | *dire sciocchezze a ripetizione,* dire bêtises sur bêtises.

ripetutamente [ripetuta'mente] avv. plusieurs fois, maintes fois.

ripetuto [ripe'tuto] agg. répété. | *fare ripetuti tentativi,* faire des tentatives répétées. || LOC. *ripetute volte,* plusieurs fois, à maintes reprises.

ripiangere [ri'pjandʒere] v. tr. se remettre à pleurer (sur), pleurer de nouveau (sur). ◆ v. intr. pleurer de nouveau.

ripiano [ri'pjano] m. [pianerottolo] palier. || [scaffale] étagère f. | *i ripiani di una biblioteca*, les rayons d'une bibliothèque. || AGR. terrasse f. | *terreno coltivato a ripiani*, terrain cultivé en terrasses. || GEOGR. plateau.
ripiantare [ripjan'tare] v. tr. replanter.
ripicca [ri'pikka] f. V. RIPICCO.
ripicchiare [ripik'kjare] v. tr. refrapper, rebattre. ◆ v. intr. frapper de nouveau. | *ripicchiare alla porta*, frapper de nouveau à la porte.
ripicco [ri'pikko] m. LOC. *per ripicco*, par dépit. | *di ripicco*, en retour, en revanche.
ripidamente [ripida'mente] avv. abruptement, raidement.
ripidezza [ripi'dettsa] f. raideur, escarpement m.
ripido ['ripido] agg. raide, abrupt, escarpé.
ripiegamento [ripjega'mento] m. PR. e FIG. repliement. || GEOL. repli. || MIL. *ripiegamento di truppe*, repliement de troupes.
ripiegare [ripje'gare] v. tr. replier. | *ripiegare un tovagliolo, un giornale*, replier une serviette, un journal. | *ripiegare le maniche*, retrousser ses manches. || MAR. *ripiegare le vele*, amener les voiles. ◆ v. intr. se replier. || FIG. se rabattre. | *ripiegare su una soluzione più semplice*, se rabattre sur une solution plus simple. ◆ v. rifl. se replier.
ripiegatura [ripjega'tura] f. repliement m.
ripiego [ri'pjɛgo] (**-ghi** pl.) m. expédient, remède. | *cercare, trovare un ripiego*, chercher, trouver un remède, un détour, un biais. | *vivere di ripieghi*, vivre d'expédients. | *una soluzione di ripiego*, un pis-aller. || LOC. *di ripiego*, de remplacement. | *per ripiego*, faute de mieux.
ripieno [ri'pjɛno] agg. PR. rempli, plein. || FIG. *il cuore ripieno di felicità*, le cœur gonflé, plein de joie. || CULIN. farci, fourré. | *patate ripiene*, pommes de terre farcies. | *dolci ripieni di crema*, gâteaux fourrés à la crème. ◆ m. rembourrage. || CULIN. farce f. || MUS. remplissage.
ripigliare [ripiʎ'ʎare] v. tr. reprendre. ◆ v. rifl. se reprendre.
ripiglino [ripʎ'ʎino] m. GIOCO jeu de la ficelle.
ripiombare [ripjom'bare] v. tr. **1.** [ricoprire di piombo] replomber, plomber de nouveau. || **2.** [far cadere di nuovo] plonger. | *la notizia lo rimpiombò in una grande tristezza*, la nouvelle le plongea dans une grande tristesse. ◆ v. intr. PR. e FIG. retomber. | *ripiombare nel vizio*, retomber dans le vice. || [avventarsi] fondre de nouveau. | *ripiombare sul nemico*, fondre de nouveau sur l'ennemi.
ripiovere [ri'pjɔvere] v. intr. repleuvoir.
ripopolamento [ripopola'mento] m. repeuplement.
ripopolare [ripopo'lare] v. tr. repeupler. || [di pesci] rempoissonner. ◆ v. rifl. se repeupler.
riporre [ri'porre] v. tr. **1.** [mettere a posto] remettre à sa place, ranger, mettre en ordre. | *riponi i libri*, range tes livres. | *riporre gli occhiali nell'astuccio*, remettre les lunettes dans l'étui. || [nascondere] mettre à l'écart, cacher. || FIG. *riporre le proprie speranze in qlcu.*, mettre tous ses espoirs en qn. | *riporre la propria fiducia in qlcu.*, donner sa confiance à qn, investir qn de sa confiance. || **2.** [porre di nuovo] reposer. | *ripongo la mia candidatura*, je représente ma candidature.
riportare [ripor'tare] v. tr. **I.** [ricreare lo stato precedente]. **1.** [portare di nuovo] porter de nouveau, reporter. | *riportare una commedia sulla scena*, représenter de nouveau une pièce. || **2.** [portare indietro] rapporter, ramener. | *mi ha riportato la macchina*, il m'a ramené la voiture. | *riportare qlcu. sano e salvo*, ramener qn sain et sauf. || **3.** [restituire] rapporter, rendre. | *riportami i libri che ti ho prestato*, rapportemoi, rends-moi les livres que je t'ai prêtés. || **4.** [ricondurre] ramener, reconduire. | *lo riportò a casa*, il le ramena, le reconduisit chez lui. || **5.** [rimettere] remettre. | *riporta quel libro sul tavolo*, remets ce livre sur la table. || **6.** LOC. *riportare via*, remporter, enlever. | *riportare dentro, fuori*, rentrer, sortir. | *riportare su*, monter. **II.** SIGNIFICATI DERIV. **1.** [indossare di nuovo] remettre. | *riporterò lo stesso vestito*, je remettrai la même robe. || **2.** [riferire, citare] rapporter. | *ti riporto le sue parole*, je te rapporte ses propres mots. | *riportare chiacchiere*, rapporter des on-dit. | *riportare un passo, una citazione*, rapporter un passage, une citation. || **3.** [conseguire] remporter, s'adjuger. | *riportare un trionfo*, remporter un grand succès. || **4.** [subire] subir. | *riportare una sconfitta*, essuyer une défaite. | *riportare un danno*, subir un dommage. | *riportare gravi ferite*, être grièvement blessé. || **5.** [ricevere] recevoir. | *riportare una buona, una cattiva impressione*, recevoir, rapporter une bonne, une mauvaise impression. || **6.** [riprodurre] rapporter, reproduire. || **7.** MAT. retenir. | *scrivo tre e riporto uno*, je pose trois et je retiens un. || [contabilità] reporter. | *riportare un conto*, reporter un compte. || **8.** MAR. *riportare a galla*, renflouer. ◆ v. rifl. **1.** [portarsi di nuovo] se remettre, revenir (v. intr.). | *riportati sulla sinistra*, remets-toi sur ta gauche. || **2.** [riferirsi] se rapporter, se référer.
riportato [ripor'tato] agg. [alla Borsa] reporté.
riportatore [riporta'tore] m. [alla Borsa] reporteur.
riporto [ri'pɔrto] m. COMM., FIN. report. | *operazione di riporto*, opération de report. || EDIL. *materiale da riporto*, remblai, remblayage. || [alla Borsa] report. | *operazione di riporto*, opération de report. || MAT. retenue f. || [caccia] *cane da riporto*, chien d'arrêt; retriever (ingl.). || TECN. pièce (f.) de rapport. || CUC. application f.
riposante [ripo'sante] agg. reposant.
riposare [ripo'sare] v. tr. reposer. | *riposare la vista*, reposer la vue. || [posare di nuovo] remettre. | *riposa il piatto sul tavolo*, remets le plat sur la table. ◆ v. intr. reposer, se reposer, prendre du repos. | *hai bisogno di riposare un po'*, tu as besoin de te reposer un peu. | *non dorme, riposa*, il ne dort pas, il repose. || [sulle lapidi] *qui riposa...*, ici repose..., ci-gît... | *riposare in pace*, reposer en paix. || FIG. *riposare sugli allori*, se reposer, s'endormir sur ses lauriers. || PR. e FIG. [poggiarsi] reposer, s'appuyer (sur). || AGR. *lasciare riposare un terreno*, laisser un terrain en jachère. || CULIN. *lasciare riposare il vino, la pasta*, laisser reposer le vin, la pâte. ◆ v. rifl. se reposer.
riposata [ripo'sata] f. repos m.
riposato [ripo'sato] part. pass. e agg. reposé. | *vino riposato*, vin qu'on a laissé reposer.
riposino [ripo'sino] m. FAM. petit somme (L.C.), roupillon (pop.).
riposo [ri'pɔso] m. **1.** repos. | *giorno di riposo*, jour de repos. | *riposo eterno*, repos éternel. | *lavorare senza riposo*, travailler sans relâche. | *non avere un attimo di riposo*, ne pas avoir un moment de répit. || AGR. friche f., jachère f., repos. | *lasciare un campo a riposo*, laisser un champ en jachère, en friche. || MIL. repos. | *attenti!, riposo!*, garde à vous!, repos! || TEATRO relâche f. || **2.** [pensione] retraite f. | *andare a riposo*, prendre sa retraite. | *casa di riposo*, maison de repos. | *mettere a riposo*, mettre à la retraite. | *ufficiale a riposo*, officier en retraite. || LOC. *di tutto riposo*, de tout repos.
ripostiglio [ripos'tiʎʎo] m. débarras.
riposto [ri'posto] part. pass. e agg. PR. rangé, placé. || FIG. *fiducia mal riposta*, confiance mal placée. || [nascosto] caché, secret, écarté. | *un luogo riposto*, un endroit écarté. | *pensieri riposti*, pensées secrètes. ◆ m. MAR. office de bord.
ripregare [ripre'gare] v. tr. prier de nouveau, prier encore. | *pregare e ripregare*, prier à plusieurs reprises.
riprendere [ri'prɛndere] v. tr. **1.** [prendere di nuovo] reprendre. | *riprendi posto!* reprends ta place! | *riprendere fiato*, reprendre haleine, son souffle. | *riprendere contatto*, reprendre contact. | *riprendere il mare*, reprendre la mer. | *riprendere in esame, in considerazione*, réexaminer, reconsidérer. | *riprendere gusto*, reprendre goût. | *riprendere l'abitudine*, reprendre l'habitude. | *riprendere moglie, marito*, se remarier. | *riprendere conoscenza*, reprendre connaissance. | *riprendere i sensi*, reprendre ses esprits. | *riprendere colore*, reprendre couleur. | *riprendere coraggio*, reprendre courage. | *riprendere sonno*, se rendormir. || **2.** [prendere indietro] reprendre, récupérer. || **3.** [ricominciare] *riprendere gli studi, il viaggio, la lettura*, reprendre ses études, son voyage, sa lecture. | *riprendere la propria attività, il lavoro*, reprendre son activité, son travail. | *riprendere la conversazione*, reprendre la conversation. | *riprendere le ostilità*, reprendre les hostilités. || **4.** [rimproverare] gronder, réprimander. | *il bambino fu seve-*

ramente ripreso dalla madre, l'enfant fut sévèrement grondé par sa mère. ‖ **5.** [richiamare] reprendre. | *questa canzone riprende un vecchio motivo,* cette chanson reprend, réutilise un vieux motif. ‖ **6.** [fotografare] prendre ; [filmare] tourner. ‖ **7.** Cuc. reprendre ; [di lavoro a maglia] relever. | *riprendere un punto, una maglia,* relever une maille. ◆ v. intr. **1.** [riavere vigore] reprendre, se remettre. | *il malatto riprende a vista d'occhio,* le malade se remet à vue d'œil. | *gli affari riprendono bene,* les affaires reprennent bien. ‖ **2.** [ricominciare] reprendre, se remettre (à), recommencer (à). | *... riprese l'oratore,* ... reprit l'orateur. | *il fuoco ha ripreso,* le feu a repris. ◆ v. rifl. **1.** [riaversi] se remettre, se reprendre, se relever. | *si riprende lentamente dalla malattia,* il se remet lentement de sa maladie. | *dopo la guerra il paese si riprese,* après la guerre le pays se releva. ‖ **2.** [correggersi] se reprendre. | *ha pronunciato male quella parola, ma si è ripreso subito,* il a mal prononcé ce mot, mais il s'est repris, corrigé immédiatement.

riprensibile [ripren'sibile] agg. Lett. répréhensible (l.c.), blamâble (l.c.).

riprensione [ripren'sjone] f. Lett. répréhension, réprimande (l.c.).

riprensivo [ripren'sivo] agg. Lett. répréhensif.

ripresa [ri'presa] f. **1.** reprise. | *ripresa di un' attività,* reprise d'une activité. | *ripresa delle lezioni,* reprise des cours. | *ripresa delle ostilità,* reprise des hostilités. | *ripresa economica,* reprise économique. ‖ Loc. *a più riprese,* à plusieurs reprises. | *a due, a tre riprese,* à deux, à trois reprises. ‖ **2.** [di auto] reprise. | *questa macchina ha una buona ripresa,* cette voiture a de bonnes reprises. ‖ **3.** Cuc. reprise, pince. ‖ **4.** Cin., Radio., Tv. *ripresa diretta,* émission, prise de vue en direct. | *macchina da ripresa,* caméra. ‖ **5.** Poes., Mus. reprise. ‖ **6.** [pugilato] reprise, round m. (ingl.) ; [calcio] deuxième mi-temps.

ripresentare [ripresen'tare] v. tr. représenter. ◆ v. rifl. se représenter.

ripreso [ri'preso] part. pass. e agg. repris. ‖ Cuc. *vestito ripreso in vita,* une robe serrée à la taille. ‖ [nei lavori a maglia] *un punto ripreso,* une maille reprise.

riprestare [ripres'tare] v. tr. prêter de nouveau.

ripristinamento [ripristina'mento] m. V. ripristino.

ripristinare [ripristi'nare] v. tr. Pr. rétablir, remettre en état. | *ripristinare un circuito,* rétablir un circuit. ‖ Fig. *ripristinare l'ordine,* rétablir l'ordre. | *ripristinare un testo,* restituer un texte. ‖ Giur. *ripristinare una legge,* remettre en vigueur une loi.

ripristino [ri'pristino] m. Pr. e fig. rétablissement. | *ripristino delle comunicazioni,* rétablissement des communications. | *ripristino dell'ordine,* rétablissement de l'ordre. ‖ Giur. *ripristino di una legge,* remise (f.) en vigueur d'une loi.

riprodotto [ripro'dotto] part. pass. di riprodurre.

riproducibile [riprodu'tʃibile] agg. reproductible.

riproducibilità [riprodutʃibili'ta] f. reproductibilité.

riprodurre [ripro'durre] v. tr. reproduire. | *ho riprodotto un quadro,* j'ai reproduit un tableau. ◆ v. rifl. se reproduire.

riproduttività [riproduttivi'ta] f. reproductivité.

riproduttivo [riprodut'tivo] agg. reproductif.

riproduttore [riprodut'tore] (**-trice** f.) agg. reproducteur, trice. ◆ m. [animale di riproduzione] reproducteur, raceur. ‖ Mecc. reproducteur.

riproduzione [riprodu'tsjone] f. [in tutti i significati] reproduction. | *riproduzione fedele,* image fidèle.

ripromettere [ripro'mettere] v. tr. promettre de nouveau. ◆ v. rifl. se promettre, se proposer, compter. | *mi ripromettevo di dimostrarvi che ha ragione,* je m'étais proposé de vous démontrer qu'il a raison. | *ripromettersi di partire all'alba,* compter partir à l'aube. | *mi riprometto il piacere di,* je me flatte d'avoir le plaisir de. ‖ [aspettarsi] attendre. | *mi ripromettevo un risultato migliore,* je m'attendais à, je comptais sur un meilleur résultat.

riproporre [ripro'porre] v. tr. reproposer, proposer de nouveau. ◆ v. rifl. se reproposer.

riprova [ri'prova] f. [dimostrazione] nouvelle preuve. | *la sua fuga è una riprova della sua colpevolezza,* sa fuite est une nouvelle preuve, une confirmation de sa culpabilité. ‖ Loc. *a riprova di,* pour prouver, en confirmation de. ‖ Mat. preuve. | *fare la riprova di un'operazione,* faire la preuve d'une opération.

1. riprovare [ripro'vare] v. tr. [tentare di nuovo] essayer de nouveau. | *riproverò a fare quell'esame,* j'essaierai de refaire cet examen. ‖ [sentire di nuovo] ressentir. | *riprovare le stesse sensazioni,* ressentir les mêmes sensations. ‖ [rifare la prova] essayer encore une fois, de nouveau. | *riprovare un vestito,* essayer de nouveau une robe. ‖ Loc. *provando e riprovando,* à force d'essayer.

2. riprovare [ripro'vare] v. tr. [biasimare] réprouver. | *riproviamo il tuo gesto,* nous réprouvons ton geste. ‖ [bocciare] refuser, recaler (fam.).

riprovazione [riprova'tsjone] f. réprobation, blâme m., désapprobation. | *sollevare la riprovazione generale,* encourir la réprobation générale.

riprovevole [ripro'vevole] agg. répréhensible, blâmable.

riprovevolmente [riprovevol'mente] avv. d'une façon répréhensible.

ripuario [ripu'arjo] agg. (raro) riverain (l.c.).

ripubblicare [ripubbli'kare] v. tr. republier, rééditer.

ripudiabile [ripu'djabile] agg. répudiable.

ripudiare [ripu'djare] v. tr. répudier. | *ripudiare la moglie,* répudier sa femme. ‖ Per est. renier. | *ripudiare la propria fede,* renier sa foi. | *ha ripudiato tutti i suoi principi,* il a renié, désavoué tous ses principes.

ripudio [ri'pudjo] m. répudiation f. ‖ Per est. reniement. | *ripudio della fede,* reniement de la foi. ‖ Giur. *ripudio di un'eredità,* répudiation d'un héritage.

ripugnante [ripuɲ'ɲante] agg. répugnant, repoussant, dégoûtant, écœurant. ‖ [contradditorio] (raro) contradictoire (l.c.).

ripugnanza [ripuɲ'ɲantsa] f. répugnance, dégoût m. | *fare ripugnanza,* répugner, dégoûter.

ripugnare [ripuɲ'ɲare] v. intr. répugner, dégoûter. | *dire bugie mi ripugna,* il me répugne de dire des mensonges. | *quest'odore mi ripugna,* cette odeur me dégoûte. ‖ Fig. (raro) être contraire (l.c.). | *ciò che hai fatto ripugna alla logica,* ce que tu as fait est contraire à la logique.

ripulimento [ripuli'mento] m. (raro) nettoyage (l.c.).

ripulire [ripu'lire] v. tr. Pr. nettoyer de nouveau. ‖ [pulire] *ripulisco la stanza,* je nettoie la chambre. ‖ Agr. *ripulire un campo,* nettoyer, sarcler un champ. | *ripulire un albero,* émonder un arbre. ‖ Per est., iron. *ripulire qlcu.,* nettoyer, ratisser qn. | *si è fatto ripulire a poker,* il s'est fait nettoyer, plumer, rincer au poker. ‖ Fig. polir, affiner. | *ripulire un testo,* polir, fignoler (fam.), lécher (fam.) un texte. ◆ v. rifl. Pr. se nettoyer, faire un brin de toilette. ‖ Fig. se polir, s'affiner.

ripulisti [ripu'listi] m. V. repulisti.

ripulita [ripu'lita] f. Pr. nettoyage m. | *questa stanza ha bisogno di una buona ripulita,* cette chambre a besoin d'un bon nettoyage, d'un bon coup de balai. | *dare una ripulita a qlco.,* nettoyer qch. | *darsi una ripulita,* faire un brin de toilette. ‖ Fig. *la polizia ha dato una ripulita al quartiere,* la police a ratissé le quartier.

ripulito [ripu'lito] part. pass. e agg. nettoyé, propre.

ripulitore [ripuli'tore] (**-trice** f.) n. nettoyeur, euse. ◆ m. Tecn. polisseur.

ripulitura [ripuli'tura] f. nettoyage m. ‖ [residuo di pulitura] détritus m. ‖ Tecn. [rifinitura] finissage m.

ripullulare [ripullu'lare] v. intr. pulluler de nouveau.

ripulsa [ri'pulsa] f. refus tranchant.

ripulsione [ripul'sjone] f. répulsion, aversion. | *suscitare ripulsione,* inspirer de la répulsion.

ripulsivo [ripul'sivo] agg. répulsif.

riputare [ripu'tare] v. tr. V. reputare.

riputazione [riputa'tsjone] f. V. reputazione.

riquadrare [rikwa'drare] v. tr. Pr. équarrir. | *riquadrare un blocco di marmo,* équarrir un bloc de marbre. ‖ Fig. *riquadrare la testa a qlcu.,* apprendre à raisonner à qn.

riquadrato [rikwa'drato] part. pass. e agg. équarri. ◆ m. Tip. (article de journal) encadré.

riquadratura [rikwadra'tura] f. équarrissage m., équarrissement m. ‖ Tip. filets (m. pl.) d'encadrement, cadre m. ‖ bordure.

riquadro [ri'kwadro] m. carré, compartiment, panneau. ‖ [riquadratura] bordure f. ; [cornice] cadre.
riqualificazione [rikwalifikat'tsjone] f. recyclage m.
risacca [ri'sakka] f. ressac m.
risaia [ri'saja] f. rizière.
risaiolo [risa'jɔlo], **risaiola** [risa'jɔla] n. ouvrier, ouvrière des rizières.
risaldare [risal'dare] v. tr. ressouder.
risaldatura [risalda'tura] f. ressoudure.
risalire [risa'lire] v. tr. remonter. | *risalire la corrente*, remonter le courant. ◆ v. intr. Pr. remonter. | *risalire sul trono*, remonter sur le trône. | *risalire a cavallo*, remonter à cheval. ‖ [aumentare] monter, augmenter. | *il prezzo del pane è risalito*, le prix du pain a augmenté. | *la temperatura risale*, la température monte. | *risalire di grado*, monter en grade, avoir de l'avancement. ‖ [nel tempo] remonter (à), dater (de). | *quell'incidente risale all'anno scorso*, cet accident remonte à l'année dernière. ‖ Loc. *risalire ad Adamo ed Eva*, remonter au Déluge (fam.).
risalita [risa'lita] f. remontée ; [di un corso d'acqua] remonte. ‖ [sci] *impianti di risalita*, remontée mécanique.
risaltare [risal'tare] v. tr. ressauter, sauter de nouveau. ◆ v. intr. ressortir, se détacher, trancher. | *il blu non risalta abbastanza sul nero*, le bleu ne tranche pas assez sur le noir. | *un fatto che risalta*, un fait saillant. ‖ [distinguersi] se distinguer, briller. | *fare risaltare qlco.*, mettre en évidence, faire ressortir, relever qch.
risalto [ri'salto] m. relief, éclat, évidence f. | *mettere in risalto*, mettre en relief, en évidence. | *fare risalto*, ressortir. | *dare risalto a*, faire ressortir qch., donner du relief, de l'évidence à qch. ; mettre l'accent sur qch. ‖ Archit. ressaut, saillie f., rebord. ‖ [alpinismo] saillie f.
risalutare [risalu'tare] v. tr. resaluer, saluer de nouveau.
risanabile [risa'nabile] agg. Pr. qu'on peut assainir. ‖ (raro) guérissable (l.c.).
risanamento [risana'mento] m. guérison f. ‖ [di luoghi, terreni] assainissement. | *risanamento di un vecchio quartiere*, assainissement d'un vieux quartier. ‖ Fin. assainissement, redressement. ‖ Fig. *risanamento dei costumi*, épuration (f.) des mœurs.
risanare [risa'nare] v. tr. [guarire] guérir. ‖ [rendere salubre] assainir. | *risanare un terreno*, assainir un terrain. | *risanare le proprie condizioni finanziarie*, redresser, assainir ses finances. | *risanare un'amministrazione*, assainir une administration. ‖ Fig. *risanare i costumi*, épurer les mœurs. ‖ Comm. *risanare un bilancio*, assainir un bilan.
risanatore [risana'tore] (**-trice** f.) agg. qui guérit, qui assainit. ◆ n. Lett. guérisseur, euse (l.c.).
risapere [risa'pere] v. tr. savoir, apprendre.
risaputo [risa'puto] part. pass. e agg. connu. | *è cosa risaputa*, c'est chose connue, c'est connu. | *è un fatto risaputo che*, tout le monde sait que.
risarcimento [risartʃi'mento] m. dédommagement, indemnisation f. | *chiedere un risarcimento di danni*, demander un dédommagement, demander des dommages-intérêts. | *a titolo di risarcimento*, à titre de dédommagement, d'indemnisation. | *a risarcimento di*, en dédommagement de. ‖ [rimborso] remboursement ; [pagamento] paiement. | *chiedere, ottenere il risarcimento delle spese*, demander, obtenir le remboursement des frais.
risarcire [risar'tʃire] v. tr. dédommager, indemniser. | *risarcire i danni a qlcu.*, dédommager, indemniser qn. | *risarcire le spese a qlcu.*, rembourser qn de ses frais. ‖ Per est. réparer. | *risarcire un'offesa*, réparer une offense. ‖ [restaurare] (raro) restaurer (l.c.).
risata [ri'sata] f. éclat (m.) de rire, rire m. | *una risata amara*, un rire jaune. | *una risata irrefrenabile*, un fou rire. | *fare malle risate*, rire comme des fous, rire aux éclats, se bidonner (pop.), se marrer (pop.), se poiler (pop.). | *scoppiare in una risata*, éclater de rire. | *fare una bella risata aperta*, rire de toutes ses dents. | *fu accolto con una risata*, il fut accueilli par un éclat de rire. | *fare una risata in faccia a qlcu.*, rire au nez de qn. ‖ Fam. *fare quattro risate*, rire de bon cœur (l.c.).
risatina [risa'tina] f. petit rire m., risette (fam.).
riscaldamento [riskalda'mento] m. Pr. échauffement. | *riscaldamento del suolo*, échauffement du sol. ‖ [apparecchio] chauffage. | *riscaldamento centrale*, chauffage central. | *riscaldamento a legna, a gas, elettrico*, chauffage au bois, au gaz, électrique. | *riscaldamento ad aria calda*, chauffage à circulation d'air chaud, par air chaud. | *riscaldamento a pannelli radianti*, chauffage par panneaux radiants. ‖ Fig. (raro) emportement, ardeur f. ‖ Agr. [del frumento] échaudement. ‖ Med. échauffement.
riscaldare [riskal'dare] v. tr. Pr. [scaldare di nuovo] réchauffer. ‖ [scaldare] chauffer. | *riscaldare l'acqua*, chauffer l'eau. ‖ Fig. échauffer, enflammer, exciter. | *riscaldare l'immaginazione*, exciter, échauffer l'imagination. ‖ [di cibi] échauffer. | *i cibi piccanti riscaldano*, les nourritures épicées échauffent. ◆ v. rifl. Pr. se chauffer, se réchauffer. | *si riscaldava al sole*, il se chauffait au soleil. ‖ Fig. s'échauffer, s'emporter. | *quando parla di politica, si riscalda sempre*, quand il cause politique, il s'emporte, il s'échauffe toujours. | *riscaldarsi a freddo*, s'emporter à froid. ‖ Agr. [del frumento] s'échauder. ‖ Med. s'échauffer.
riscaldata [riskal'data] f. *dare una riscaldata a*, chauffer, réchauffer.
riscaldato [riskal'dato] part. pass. e agg. Pr. [di ambiente] chauffé. ‖ [di cibo] réchauffé. ‖ Fig. *è una minestra riscaldata*, c'est du réchauffé.
riscaldatore [riskalda'tore] m. Tecn. réchauffeur.
riscaldo [ris'kaldo] m. [sartoria] ouatine f. ‖ Med. échauffement. ‖ Tecn. réchauffage.
riscattabile [riskat'tabile] agg. rachetable.
riscattare [riskat'tare] v. tr. racheter. | *riscattare un immobile*, racheter un immeuble. ‖ Fig. *riscattare la libertà di un popolo*, racheter la liberté d'un peuple. ‖ Giur. *riscattare un'ipoteca*, racheter, éteindre une hypothèque. ‖ Relig. *riscattare i peccati*, racheter les péchés. ◆ v. rifl. se racheter, se délivrer, se libérer.
riscattatore [riskatta'tore] (**-trice** f.) n. racheteur, euse.
riscatto [ris'katto] m. Pr. rachat. | *vendere con diritto di riscatto*, vendre avec faculté de rachat. ‖ [prezzo] rançon f. | *pagare un riscatto*, payer une rançon. | *esigere un riscatto da*, rançonner (v. tr.). ‖ Giur. réméré. | *clausola di riscatto*, clause de réméré. | *vendita a riscatto*, vente à réméré. ‖ Relig. rachat.
rischiaramento [riskjara'mento] m. Pr. éclairage. ‖ [di liquidi] clarification f. | *rischiaramento del vino*, clarification du vin.
rischiarare [riskja'rare] v. tr. Pr. [illuminare] éclairer. | *rischiarare una stanza*, éclairer une pièce. ‖ Fig. *la gioia gli rischiarava il volto*, la joie éclairait son visage. ‖ [schiarire] éclaircir. | *rischiarare le idee a qlcu.*, éclaircir les idées à qn. | *rischiarare la voce*, éclaircir la voix. ‖ [di liquidi] clarifier. ◆ v. intr. s'éclairer, devenir clair. | *comincia a rischiarare*, le jour commence à poindre, il commence à faire jour. ◆ v. rifl. s'éclaircir, devenir clair. | *il tempo si rischiara*, le temps s'éclaircit. | *rischiararsi la gola*, se racler la gorge, s'éclaircir la voix. ‖ Fig. s'éclairer. ‖ [di liquidi] se clarifier.
rischiare [ris'kjare] v. tr. risquer. | *rischiare la vita*, risquer sa vie. | *rischiare il tutto per tutto*, risquer le tout pour le tout. | *rischiare grosso*, jouer gros. ◆ v. intr. risquer. | *rischia di ammalarsi*, il risque de tomber malade. | *ha rischiato di cadere*, il a failli, manqué tomber ; il a risqué de tomber.
rischio ['riskjo] m. risque. | *correre il rischio di*, courir le risque de ; faillir. | *corse il rischio di cadere*, il faillit tomber. | *un viaggio pieno di rischi*, un voyage plein de risques, aventureux. | *l'ha fatto a suo rischio e pericolo*, il l'a fait à ses risques et périls. | *correre gravi rischi*, encourir de graves risques. | *senza rischio*, sans risques. | *non c'è rischio di sbagliare*, il n'y a pas de possibilité (f.) d'erreur. | *mettere a rischio la propria vita, il proprio onore*, risquer sa vie, son honneur. ‖ [assicurazioni] *rischio ordinario*, risque ordinaire. | *rischio marittimo*, risque de mer. | *polizza tutti rischi*, assurance tous risques. ◆ loc. prep. ***con rischio di***, au risque de. ‖ ***a rischio di***, quitte à. | Comm. *a rischio del committente*, aux risques et périls du client.

rischioso [ris'kjoso] agg. risqué, hasardeux, dangereux.
risciacquare [riʃʃa'kware] v. tr. rincer. | *risciacquare la biancheria,* rincer le linge. | *risciacquarsi la bocca,* se rincer la bouche. ◆ v. rifl. se rincer.
risciacquata [riʃʃa'kwata] f. rinçage m. | *dare una risciacquata a,* rincer. | *darsi una risciacquata alla bocca,* se rincer la bouche. || FIG. POP. *dare una risciacquata a qlcu.,* passer un savon à qn.
risciacquatura [riʃʃakwa'tura] f. [azione] rinçage m. || [acqua] rinçure, eau de rinçage. || FIG. FAM. *questo vino sembra risciacquatura,* ce vin, c'est de la rinçure. || [della lana] ébrouage m.
risciacquo [riʃ'ʃakkwo] m. rinçage. || MED. collutoire, gargarisme.
riscio [riʃ'ʃo] m. pousse-pousse.
risciogliere [riʃ'ʃoʎʎere] v. tr. dissoudre de nouveau. || [difare di nuovo] délier de nouveau.
riscontare [riskon'tare] v. tr. COMM. réescompter, escompter de nouveau.
risconto [ri'skonto] m. COMM. réescompte.
riscontrabile [riskon'trabile] agg. [che può essere trovato] qu'on peut relever, trouver. | *è un'indicazione difficilmente riscontrabile,* c'est une indication que l'on aura du mal à vérifier. || [che può essere controllato] contrôlable.
riscontrare [riskon'trare] v. tr. [trovare] relever. | *riscontrare un errore,* relever une faute. || [controllare] vérifier, contrôler. | *riscontrare il resto,* vérifier la monnaie. | *riscontrare i conti,* vérifier les comptes. | *riscontrare un motore,* vérifier un moteur. || [confrontare] comparer. | *riscontrare due copie,* comparer deux copies. ◆ v. intr. [corrispondere] correspondre. | *le vostre affermazioni non riscontrano con le mie,* vos affirmations ne correspondent pas aux miennes.
riscontro [ris'kontro] m. **1.** [controllo] contrôle, vérification f. | *fare il riscontro di qlco.,* contrôler, vérifier qch. || **2.** [confronto] confrontation f., comparaison f. | *dal riscontro di questi due fatti,* de la confrontation de ces deux faits. | *riscontro di testimoni,* confrontation de témoins. | *mettere a riscontro una cosa con un'altra,* confronter une chose avec une autre. || **3.** [simmetrico] pendant. | *fare riscontro,* faire pendant. || **4.** [corrente d'aria] courant d'air. || **5.** [scontrino] récépissé. || COMM. *fare il riscontro di cassa,* faire le contrôle, la vérification de caisse. | *in attesa di riscontro,* en attendant votre réponse. || **6.** TECN. assemblage. || **7.** LOC. *di riscontro,* en face (de). | *punto di riscontro,* point de repère. | *senza riscontro,* sans précédent, sans égal. | *una fatto senza riscontro nella storia,* un fait sans précédent, unique dans l'histoire.
riscoprire [risko'prire] v. tr. redécouvrir, découvrir de nouveau.
riscossa [ris'kɔssa] f. rescousse. | *alla riscossa !,* à la rescousse ! || PER EST. révolte, insurrection. | *il segnale della riscossa,* le signal de l'insurrection, du soulèvement.
riscossione [riskos'sjone] f. FIN. recouvrement m. ; [di imposta] perception, levée. | *riscossione di un assegno,* encaissement d'un chèque.
riscosso [ris'kosso] part. pass. e agg. **1.** recouvré, touché, encaissé ; [di imposta] perçu. || **2.** [scosso] secoué, réveillé.
riscotibile [riskot'tibile] agg. recouvrable, encaissable ; [di imposta] percevable.
riscotibilità [riskotibili'ta] f. perceptibilité.
riscotimento [riskoti'mento] m. **1.** PR. réveil, sursaut, tressaillement. || **2.** FIN. (raro) perception (L.C.), recouvrement (L.C.).
riscrivere [ris'krivere] v. tr. e intr. récrire, réécrire. | *ho riscritto tutto il testo,* j'ai récrit, réécrit le texte entier.
riscuotere [ris'kwɔtere] v. tr. **1.** PR. secouer de nouveau. || **2.** [destare] secouer, réveiller. | *riscuotere qlcu. dal sonno,* réveiller qn. || **3.** [ricevere denaro] toucher, percevoir, recouvrer, encaisser ; [di tassa] percevoir, lever. | *riscuotere l'importo di una fattura,* toucher le montant d'une facture. | *riscuotere lo stipendio,* toucher son salaire. | *riscuotere un credito,* recouvrer une créance. || **4.** [ottenere] recevoir. | *riscuotere un premio,* recevoir un prix. | *riscuotere simpatia,* éveiller de la sympathie. || **5.** [riscattare] ARC. racheter (L.C.). | *riscuotere un pegno,* retirer un gage. ◆ v. rifl. [destarsi] se réveiller, tressaillir. | *riscuotersi dal torpore,* secouer sa torpeur. | *a quel rumore, si riscosse,* à ce bruit, il tressaillit. || [riscattarsi] ARC. se racheter (L.C.).
risecare [rise'kare] v. tr. PR. e FIG. élaguer, réduire, couper.
risecchire [risek'kire] v. intr. e rifl. se dessécher ; [pane] rassir.
risecchito [risek'kito] part. pass. e agg. sec ; [pane] rassis.
risedere [rise'dere] v. intr. se rasseoir.
risega [ri'sega] f. [segno sulla pelle] (raro) marque (L.C.). || ARCHIT. redan m., saillie. || GEOGR. redan m.
risemina [ri'semina] f. nouveau semis m., réensemencement m.
riseminare [risemi'nare] v. tr. ressemer, réensemencer.
risentimento [risenti'mento] m. ressentiment, rancune f. | *provocare il risentimento di qlcu.,* susciter le ressentiment de qn. | *avere dei motivi di risentimento contro qlcu.,* avoir des griefs contre qn. || MED. séquelle f.
risentire [risen'tire] v. tr. **1.** réentendre ; entendre de nouveau. || **2.** [provare] ressentir, éprouver. | *risentire gli effetti di una medicina,* ressentir les effets d'un médicament. | *risentire danno,* subir un dommage. ◆ v. intr. se ressentir. | *il paese risente della guerra,* le pays se ressent, subit le contrecoup de la guerre. ◆ v. rifl. **1.** se sentir de nouveau. || **2.** [offendersi] se vexer, se fâcher. | *si risente di un nonnulla,* il se vexe d'un rien, il se fâche pour des riens. | *risentirsi con qlcu.,* se fâcher contre qn. ◆ v. recipr. *a risentirci !,* au revoir !. | *ci risentiamo !,* à bientôt !
risentitamente [risentita'mente] avv. avec ressentiment.
risentito [risen'tito] part. pass. e agg. [sentito di nuovo] entendu de nouveau. | *parole sentite e risentite,* des mots entendus mille fois. || [offeso] irrité, vexé, fâché. | *con tono risentito,* d'un ton irrité. | *dare una risposta risentita,* donner une réponse piquante. || MED. *polso risentito,* pouls fréquent, précipité, rapide. || [ippica] *trotto risentito,* trot rapide.
riseppellire [riseppel'lire] v. tr. enterrer de nouveau, réenterrer.
riserbare [riser'bare] v. tr. e deriv. V. RISERVARE e deriv.
riserbo [ri'sɛrbo] m. réserve f., discrétion f. ; [ritegno] retenue f. | *il riserbo femminile,* la pudeur féminine. | *senza riserbo,* sans réserve.
riseria [rise'ria] f. rizerie.
riserrare [riser'rare] v. tr. LETT. refermer (L.C.).
riserva [ri'sɛrva] f. **1.** COMM., ECON. réserve, stock m. | *riserva di zucchero,* réserve, provisions (pl.) de sucre. | *riserva aurea,* réserve en or, couverture en or. | *fondo di riserva,* fonds (pl.) de réserve. || **2.** LOC. *tenere di riserva,* tenir en réserve. | *pezzi di riserva,* pièces de rechange. || [vino] réserve. || [con un veicolo] *essere in riserva,* rouler sur la réserve. || **3.** [territorio] réserve. | *riserva di caccia, di pesca,* réserve de chasse, de pêche. || **4.** [limitazione] réserve. | *fatte le debite riserve,* toutes réserves faites. | *con le riserve d'uso,* avec les réserves d'usage. | *fare delle riserve,* faire des réserves. | *film per adulti con riserva,* film pour adultes avec réserves. || **5.** FIG. *riserva mentale,* restriction mentale. || GIUR. *riserva di un diritto,* réserve d'un droit. | *riserva ereditaria, legale,* réserve héréditaire, légale. || MIL. réserve. | *soldato, ufficiale della riserva,* soldat, officier de réserve. || SPORT *giocatore di riserva,* joueur de réserve ; remplaçant.
riservare [riser'vare] v. tr. [tenere in serbo] garder. | *ti abbiamo riservato una copia del libro,* nous t'avons gardé une copie du livre. || FIG. réserver. | *devo riservare le mie forze per domani,* je dois réserver mes forces pour demain. || [per uno spettacolo] *ho riservato due posti,* j'ai réservé deux places. || [destinare] *riservare una sorpresa a qlcu.,* réserver une surprise à qn. ◆ v. rifl. se réserver. || [ripromettersi] se proposer (de). | *mi riservo di fartelo vedere domani,* je me propose de te le montrer demain.
riservatamente [riservata'mente] avv. [con pru-

denza] avec réserve ; [con discrezione] avec discrétion, avec circonspection ; [con ritegno] avec retenue.
riservatezza [riserva'tettsa] f. [discrezione] discrétion. | *massima riservatezza,* discrétion assurée. | *con la massima riservatezza,* avec la plus grande discrétion. || [segretezza] *la riservatezza della notizia,* le caractère confidentiel de la nouvelle. || [moderazione] retenue, sobriété. | *riservatezza dei costumi,* retenue, sobriété des mœurs. | *riservatezza di stile,* style mesuré, sobre.
riservato [riser'vato] agg. [destinato a] réservé. | *posto riservato,* place réservée. | *caccia, pesca riservata,* chasse, pêche gardée. | *proprietà riservata,* propriété réservée. | *proprietà letteraria riservata,* tous droits réservés. || [discreto] réservé. | *una persona molto riservata,* une personne très réservée. || MED. *prognosi riservata,* pronostic réservé. || RELIG. *caso riservato,* cas réservé.
riservista [riser'vista] (**-i** pl.) m. MIL. réserviste.
riservo [ri'sɛrvo] m. V. RISERBO.
risgorgare [risgor'gare] v. intr. rejaillir.
risguardo [ris'gwardo] m. TIP. garde f. ; page (f.) de garde.
risibile [ri'sibile] agg. risible.
risibilità [risibili'ta] f. ridicule m., (caractère [m.]) comique m.
risicare [risi'kare] v. tr. e deriv. V. RISCHIARE e deriv.
risicolo [ri'sikolo] agg. rizier, rizicole.
risicoltore [risikol'tore] o **risicultore** [risikul'tore] m. riziculteur.
risicoltura [risikol'tura] o **risicultura** [risikul'tura] f. riziculture.
risiedere [ri'sjɛdere] v. intr. PR. e FIG. résider.
risiero [ri'sjɛro] agg. rizier.
risigillare [risidʒil'lare] v. tr. recacheter.
risipola [ri'zipola] f. V. ERISIPELA.
risma ['rizma] f. [carta] rame. || FIG. espèce, race, sorte, qualité, acabit m. | *gente d'ogni risma,* des gens de toute sorte. | *sono tutti della stessa risma,* ils sont tous de la même clique, du même acabit, de la même farine (fam.).
1. riso ['riso] m. BOT. riz. | *chicco di riso,* grain de riz. | *farina di riso,* farine di riz. | *riso perlato, soffiato,* riz perlé, soufflé. | *brillare il riso,* décortiquer le riz. | *acqua di riso,* eau de riz. || CULIN. *riso al latte,* riz au lait. | *minestra di riso,* soupe au riz. || [lavoro a maglia] *punto riso,* point de riz. || LOC. *carta di riso,* papier de Chine. | *polvere di riso,* poudre de riz.
2. riso ['riso] part. pass. di RIDERE.
3. riso ['riso] (**-a** pl. f.) m. [risata] rire. | *uno scoppio di risa,* un éclat de rire. | *riso a fior di labbra,* rire forcé, pincé. | *riso irrefrenabile,* fou rire. | *scoppiare dalle risa,* éclater de rire, rire à gorge déployée. | *trattenere le risa,* se retenir, s'empêcher de rire. | *morire dalle risa,* mourir de rire. | *sbellicarsi, sganasciarsi dalle risa,* rire aux larmes, se tordre de rire, se tenir les côtes (fam.), rire comme un bossu, comme une baleine (fam.). | *volgere qlco. in riso,* tourner qch. en plaisanterie. | *mettere tutto in riso,* rire de tout. || POES. sourire. | *il riso della primavera,* le sourire du printemps. || PROV. *il riso fa buon sangue,* rire aide à bien vivre. | *il riso abbonda sulla bocca degli sciocchi,* le rire abonde sur les lèvres des sots.
risolare [riso'lare] v. tr. ressemeler.
risolatura [risola'tura] f. ressemelage m.
risolino [riso'lino] m. petit rire ; risette f. (fam.).
risollevare [risolle'vare] v. tr. PR. soulever de nouveau. || FIG. relever, renflouer. | *risollevare l'economia,* relever l'économie. | *risollevare un'impresa,* renflouer une entreprise. | *risollevare le sorti di una famiglia, di un paese,* relever une famille, un pays. | *risollevare lo spirito a qlcu.,* remonter le moral à qn. | *risollevare una discussione,* reprendre une discussion. ◆ v. rifl. PR. se soulever de nouveau. || FIG. *risollevarsi da una malattia,* se remettre d'une maladie, se rétablir. || [ribellarsi] se soulever de nouveau.
risolto [ri'sɔlto] part. pass. e agg. résolu. | *una questione risolta,* une question résolue, réglée. || [di malattia] guéri.
risolubile [riso'lubile] agg. résoluble.
risolutamente [risoluta'mente] avv. résolument, carrément, courageusement, franchement.
risolutezza [risolu'tettsa] f. résolution, fermeté, détermination. | *con risolutezza,* résolument, carrément.
risolutivo [risolu'tivo] agg. décisif. || GIUR. résolutoire. | *clausola risolutiva,* clause résolutoire. || MAT. *formula risolutiva,* formule qui permet de résoudre le problème. || MED. *rimedio risolutivo,* remède résolutif.
risoluto [riso'luto] agg. résolu, décidé. | *sono risoluto a dire tutto quello che so,* je suis décidé, résolu à dire tout ce que je sais. | *è un uomo risoluto,* c'est un homme décidé, un homme de caractère. | *con tono risoluto,* d'un ton ferme, résolu, déterminé.
risolutore [risolu'tore] (**-trice** f.) n. celui, celle qui résout.
risoluzione [risolu'tsjone] f. PR. résolution. | *risoluzione di un'equazione,* résolution d'une équation. || [decisione] résolution, décision. | *prendere una risoluzione,* prendre une résolution. | *proporre una risoluzione,* proposer une résolution. || CHIM., FIS. résolution. || GIUR. résolution, résiliation. | *risoluzione di un contratto,* résolution, résiliation d'un contrat. || MED. guérison. || MUS. résolution.
risolvente [risol'vente] agg. résolvant. || FOT. *potere risolvente,* pouvoir résolvant. || MAT. *equazione risolvente,* équation résolvante. || MED. résolutif. ◆ f. MAT. résolvante.
risolvere [ri'sɔlvere] v. tr. **1.** [trovare la soluzione] résoudre. | *risolvere un problema, una situazione,* résoudre un problème, une situation. | *risolvere un dubbio,* dissiper un doute. || **2.** [decidere] résoudre, décider. | *ho risolto di continuare il viaggio,* j'ai résolu de continuer mon voyage. || **3.** CHIM., FIS. *risolvere un composto nei suoi elementi,* décomposer une substance en ses éléments constituants. || **4.** GIUR. résoudre, résilier. | *risolvere un contratto,* résoudre, résilier un contrat. || **5.** MED. *risolvere un ascesso,* résoudre un abcès. ◆ v. rifl. [sciogliersi, tramutarsi] PR. e FIG. se résoudre. | *la tensione si risolse in allegria,* la tension se résolut en gaieté. | *risolversi in nulla,* n'aboutir à rien, finir en queue de poisson (fam.). || [decidersi] se résoudre (à), se décider (à). | *si è risolto a sposarla,* il s'est résolu à l'épouser. | *bisogna risolversi,* il faut se décider, prendre une décision. || [di malattia] guérir. | *il tuo raffreddore si risolverà in pochi giorni,* ton rhume va guérir en quelques jours.
risolvibile [risol'vibile] agg. résoluble.
risolvibilità [risolvibili'ta] f. résolubilité.
risonante [riso'nante] agg. résonnant.
risonanza [riso'nantsa] f. PR. résonance, sonorité. | *cassa di risonanza,* caisse de résonance. || FIG. retentissement m., écho m. | *il suo discorso ha avuto grande risonanza,* son discours a eu un grand retentissement.
risonare [riso'nare] v. intr. PR. sonner de nouveau. || [rimbombare] résonner, retentir. | *la musica risonava nell'aria,* la musique retentissait dans l'air. | *i suoi passi risonavano nel silenzio,* ses pas résonnaient dans le silence. || FIG. *il suo pianto risuona ancora nelle mie orecchie,* ses pleurs retentissent encore à mes oreilles. ◆ v. tr. sonner de nouveau. || MUS. jouer de nouveau, rejouer.
risonatore [risona'tore] m. FIS. résonateur.
risone [ri'sone] m. rizon.
risorgere [ri'sordʒere] v. intr. PR. [di astro] se lever. || [tornare in vita] ressusciter. | *fare risorgere qlcu.,* ressusciter qn. || FIG. [rinascere] renaître, se relever. | *risorgere alla speranza, alla felicità,* renaître à l'espoir, au bonheur. | *risorgere dopo una crisi,* se relever d'une crise. | *l'industria è risorta,* l'industrie est de nouveau prospère, florissante. | *far risorgere il passato,* faire renaître le passé. | *far risorgere un desiderio,* réveiller un désir. | *far risorgere a nuova vita,* faire renaître ; ressusciter (v. tr.).
risorgimentale [risordʒimen'tale] agg. du Risorgimento. | *la letteratura risorgimentale,* la littérature du Risorgimento.
risorgimento [risordʒi'mento] m. [il risorgere] renaissance f. | *il risorgimento delle arti,* la renaissance, le renouveau des arts. || STOR. *il Risorgimento,* le Risorgimento.
risorgiva [risor'dʒiva] f. source résurgente.
risorgivo [risor'dʒivo] agg. GEOL. résurgent.

risorio [ri'sorjo] agg. ANAT. *muscolo risorio*, (muscle) risorius m.
risorsa [ri'sorsa] f. PR. e FIG. ressource. | *risorse naturali*, ressources naturelles. | *avere molte risorse*, avoir de la ressource. | *come ultima risorsa*, en désespoir de cause.
risorto [ri'sorto] part. pass. e agg. PR. ressuscité. ‖ FIG. ressuscité, refleuri.
risospingere [risos'pindʒere] v. tr. pousser de nouveau, repousser. ‖ [ributtare indietro] rejeter, refouler. | *ho risospinto la domanda*, j'ai rejeté la demande encore une fois.
risotterrare [risotter'rare] v. tr. enterrer, ensevelir de nouveau ; [tesoro ; semi] enfouir de nouveau.
risotto [ri'sɔtto] m. CULIN. risotto. | *risotto coi funghi*, risotto aux champignons.
risovvenire [risovve'nire] v. intr. e rifl. LETT. se ressouvenir (de) [L.C.], se rappeler (L.C.). | *mi risovviene che*, je me souviens que, il me revient en mémoire que.
risparmiare [rispar'mjare] v. tr. **1.** PR. économiser, épargner. | *risparmiare denaro*, économiser, mettre de côté de l'argent. ‖ **2.** FIG. ménager, épargner. | *risparmiare tempo, fatica*, épargner du temps, de la peine. | *risparmiare un affronto*, épargner un affront. | *risparmiare il motore, il cavallo*, ménager son moteur, son cheval. ‖ LOC. *risparmia il fiato*, ne dépense pas ta salive inutilement. | *se non lo vuoi, tanto di risparmiato*, si tu ne le veux pas, c'est autant de gagné. ‖ **3.** [evitare] épargner, éviter. | *risparmiami la fatica di andarci*, épargne-moi la peine d'y aller. | *risparmiami tutta quella storia*, épargne-moi toute cette histoire. | *risparmiaci la tua insolenza*, épargne-nous ton insolence. ‖ **4.** [di persone] ménager, épargner. | *il vincitore risparmi il vinto !*, que le vainqueur épargne le vaincu ! | *risparmiare la vita a qlcu.*, épargner la vie à qn, faire grâce de la vie à qn. ◆ v. intr. faire des économies. | *questo mese, devo risparmiare*, ce mois-ci, je dois mettre de l'argent de côté. ◆ v. rifl. se ménager. | *risparmiatevi*, ménagez-vous. | *risparmiarsi la fatica di*, ne pas se donner la peine de.
risparmio [ris'parmjo] m. économie f., épargne f. | *vivere dei propri risparmi*, vivre de ses économies. | *avere dei risparmi*, avoir de l'argent de côté, des économies. | *il piccolo risparmio*, la petite épargne. | *libretto di risparmio*, livret d'épargne. | *cassa di risparmio*, caisse d'épargne. ‖ LOC. *a risparmio di spese*, pour éviter les frais. ‖ FIG. économie f., gain. | *risparmio di tempo*, économie, gain de temps. | *risparmio di forze*, économie de force. | *lavorare senza risparmio*, travailler sans se ménager.
rispecchiare [rispek'kjare] v. tr. PR. e FIG. refléter. ◆ v. rifl. se refléter.
rispedire [rispe'dire] v. tr. [spedire di nuovo] réexpédier. | *il ladro fu rispedito in carcere*, le voleur fut réexpédié en prison. ‖ [spedire indietro] renvoyer. | *rispedisco il pacco, la lettera*, je renvoie le colis, la lettre. ‖ [far proseguire] faire suivre.
rispedizione [rispedi'tsjone] f. réexpédition ; [al mittente] renvoi m.
rispettabile [rispet'tabile] agg. respectable. | *è una famiglia rispettabile*, c'est une famille respectable. ‖ PER EST. [considerevole] respectable, considérable. | *una fortuna, un'età rispettabile*, une fortune, un âge considérable. ‖ IRON. *una pancia rispettabile*, un ventre imposant, important.
rispettabilità [rispettabili'ta] f. respectabilité.
rispettabilmente [rispettabil'mente] avv. respectablement.
rispettare [rispet'tare] v. tr. respecter ; [onorare] honorer. | *rispettare le donne*, respecter les femmes. | *rispettare se stesso*, se respecter. *rispettare la memoria degli eroi*, respecter la mémoire des héros. | *rispettare la tradizione*, respecter la tradition. | *rispetta tuo padre e tua madre*, respecte ton père et ta mère. | *so farmi rispettare*, je sais me faire respecter. | *rispettare le clausole di un contratto*, observer les clauses d'un contrat. | *rispettare la propria firma*, faire honneur à sa signature. | *rispettare una cambiale*, honorer une traite. ◆ v. rifl. se respecter.
rispettato [rispetta'to] part. pass. e agg. respecté.
rispettivamente [rispettiva'mente] avv. respectivement.
rispettivo [rispet'tivo] agg. respectif.
rispetto [ris'pɛtto] m. **1.** respect, considération f., égard. | *dover rispetto a qlcu.*, devoir le respect à qn. | *rispetto dei diritti, delle opinioni altrui*, respect des droits, des opinions d'autrui. | *rispetto della legge*, respect, observation (f.) de la loi. ‖ **2.** LOC. *inspirare, incutere rispetto*, inspirer, commander, imposer le respect. | *trattare qlcu. con rispetto*, traiter qn avec respect. | *salutare qlcu. con il dovuto rispetto*, saluer qn avec tout le respect qui lui est dû, avec le plus grand respect. | *mancare di rispetto a qlcu.*, manquer de respect à qn. | *avere, portare rispetto per qlcu.*, avoir du respect pour qn, envers qn. | *tenere in rispetto qlcu.*, tenir qn en respect. | *parlare con il massimo rispetto*, parler avec le plus grand respect. | *non l'abbiamo detto per rispetto alla tua famiglia*, nous ne l'avons pas dit par égard envers ta famille. | *con rispetto parlando*, sauf votre respect. ‖ **3.** [in espressioni di cortesia] *i miei rispetti*, mes respects ; [ad una donna] mes hommages. | *vi prego di porgere i miei rispetti a vostra madre*, veuillez présenter, je vous prie de présenter mes hommages à (madame) votre mère. ‖ **4.** [rapporto, riguardo] égard, rapport. | *sotto ogni rispetto*, sous tous les rapports, à tous égards. | *sotto più rispetti*, à plus d'un égard, à plus d'un titre. | *per molti rispetti*, pour plusieurs raisons. ‖ **5.** MAR. *ancora di rispetto*, ancre de réserve. ‖ POES. couplets pl., huitain. ‖ TIP. *foglio di rispetto*, avant-titre. ◆ loc. prep. **rispetto a** : [in confronto a] par rapport à, en comparaison de ; [in relazione a] quant à ; en ce qui concerne.
rispettosamente [rispettosa'mente] avv. respectueusement.
rispettoso [rispet'toso] agg. respectueux. | *a rispettosa distanza*, à distance respectueuse.
rispiegare [rispje'gare] v. tr. [spiegare di nuovo] réexpliquer, expliquer de nouveau. ‖ [distendere di nuovo] déplier de nouveau, redéployer.
rispingere [ris'pindʒere] v. tr. V. RESPINGERE.
risplendente [risplen'dɛnte] agg. resplendissant, brillant.
risplendere [ris'plɛndere] v. intr. PR. e FIG. resplendir, briller, étinceler. | *i tuoi occhi risplendono di gioia*, tes yeux brillent, rayonnent de joie. | *il suo viso risplende di bontà*, son visage resplendit de bonté.
rispogliare [rispoʎ'ʎare] v. tr. PR. déshabiller de nouveau. ‖ FIG. dépouiller de nouveau. ◆ v. rifl. se déshabiller de nouveau.
rispolverare [rispolve'rare] v. tr. PR. épousseter de nouveau. ‖ FIG. *rispolverare le proprie conoscenze*, rafraîchir ses connaissances.
rispondente [rispon'dɛnte] agg. qui répond (à), en rapport, en accord avec ; [corrispondente] correspondant, qui correspond (à). | *questa attività è più rispondente alle tue capacità*, cette activité est plus en accord avec tes capacités. | *le sue affermazioni non sono rispondenti al vero*, ses affirmations ne correspondent pas à la vérité.
rispondenza [rispon'dɛntsa] f. correspondance, rapport m. | *rispondenza di idee, di sentimenti*, correspondance d'idées, de sentiments.
rispondere [ris'pondere] v. tr. répondre. | *rispondere poche parole, poche righe*, répondre quelques mots, quelques lignes. | *non ha risposto una parola*, il n'a pas répondu un seul mot, il n'a rien répondu. | *rispondere sì o no*, répondre oui ou non. | *rispondere picche*, refuser net, carrément ; envoyer promener (fam.). ‖ [carte] *hai chiamato cuori e ho risposto*, tu as appelé cœur et j'ai répondu. ◆ v. intr. **1.** PR. e FIG. répondre. | *rispondere affermativamente, negativamente*, répondre affirmativement, négativement. | *rispondere con un sì, con un no*, répondre par un oui, par un non. | *rispondere per le rime*, répondre du tac au tac, renvoyer la balle ; river son clou (à qn) [fam.]. | *rispondere con due righe, con un esempio*, répondre en deux lignes, par un exemple. | *rispondere per iscritto*, répondre par écrit. ‖ [al telefono] *questo numero non risponde*, ce numero ne répond pas. ‖ **2.** LOC. *rispondere con un rifiuto*, répondre par un, opposer un refus. | *rispondere alla violenza con la*

violenza, répondre à la violence par la violence. | *rispondere al fuoco nemico*, répondre au feu de l'ennemi. | *rispondere al saluto di qlcu.*, répondre au salut de qn, rendre son salut à qn. | *rispondere con un sorriso, con un gesto*, répondre par un sourire, par un geste. | *rispondere con ingiurie*, répondre, répliquer par des injures. | *rispondere a voce*, répondre oralement. | *rispondere a proposito, a sproposito*, répondre à propos, de travers. | *rispondere secco secco*, répondre sèchement. | *non saper cosa rispondere*, rester le bec dans l'eau (fam.). | *rispondere al nome di*, répondre au nom de. | *non devi rispondere ai tuoi genitori*, tu ne dois pas répondre à tes parents. ‖ **3.** [corrispondere] *rispondere a*, répondre à, être en accord avec. | *rispondere all'attesa, alle speranze di qlcu.*, répondre à l'attente, à l'espoir de qn. ‖ **4.** [garantire per] *non rispondo di lui*, je ne réponds pas de lui. | *ne rispondo personalmente*, j'en réponds personnellement. | *non rispondo più di me stesso*, je ne réponds plus de moi-même. ‖ **5.** [essere esposto] donner (sur). ‖ **6.** AUTO *i freni non rispondono*, les freins ne répondent pas. ‖ [a carte] *rispondere a colore*, répondre à la couleur. ◆ v. recipr. se répondre.

risposare [rispo'sare] v. tr. remarier. ◆ v. rifl. se remarier.

risposta [ris'posta] f. PR. réponse. | *dare una risposta a qlcu.*, donner une réponse à qn. | *avere la risposta pronta*, avoir la riposte prompte, savoir quoi répondre. | *trovare una risposta a tutto*, avoir réponse à tout. | *per tutta risposta si mise a ridere*, pour toute réponse elle se mit à rire. ‖ LOC. FIG. *parlare a botta e risposta*, se répondre du tac au tac. ‖ COMM. *in risposta alla vostra del*, en réponse à votre lettre du. | *in attesa d'una sollecita risposta*, dans l'attente d'une prompte réponse. ‖ [posta] *risposta pagata*, réponse payée. | *buono risposta (internazionale)*, coupon-réponse (international). ‖ [scherma] riposte.

rispuntare [rispun'tare] v. intr. PR. repousser, renaître. | *in primavera rispuntano le gemme*, au printemps les bourgeons repoussent. ‖ FIG. [riapparire] reparaître. | *il sole rispunta dietro la collina*, le soleil reparaît derrière la colline. | *quel tuo amico rispunterà presto*, ton ami reparaîtra bientôt. | *il suo idealismo rispuntava fuori ad ogni momento*, son idéalisme ressortait à tout moment.

risputare [rispu'tare] v. tr. e intr. recracher.

rissa ['rissa] f. rixe, bagarre.

rissaiolo [rissa'jolo] agg. (raro) V. RISSOSO.

rissare [ris'sare] v. intr. se bagarrer, se battre.

rissoso [ris'soso] agg. bagarreur, querelleur. | *un sangue rissoso*, un sang chaud.

ristabilimento [ristabili'mento] m. rétablissement.

ristabilire [ristabi'lire] v. tr. rétablir. | *ristabilire la pace, l'equilibrio, il contatto*, rétablir la paix, l'équilibre, le contact. ◆ v. rifl. se rétablir, se remettre. | *il malato si sta ristabilendo*, le malade est en voie de guérison, est en train de se rétablir. ‖ [stabilirsi di nuovo] s'établir de nouveau.

ristagnamento [ristaɲɲa'mento] m. stagnation f. (pr. e fig.).

ristagnare [ristaɲ'ɲare] v. intr. PR. [di acque] stagner; [di fiume] cesser de couler. ‖ FIG. stagner, languir. | *gli affari ristagnano*, les affaires languissent.

ristagno [ris'taɲɲo] m. PR. e FIG. stagnation f. ‖ [degli affari] marasme.

ristampa [ris'tampa] f. réimpression; [edizione] nouvelle édition. | *ristampa dell'edizione del 1930*, réimpression de l'édition de 1930. | *seconda ristampa*, deuxième édition.

ristampabile [ristam'pabile] agg. réimprimable.

ristampare [ristam'pare] v. tr. réimprimer; rééditer.

ristare [ri'stare] v. intr. LETT. PR. s'arrêter (L.C.); FIG. cesser (L.C.).

ristorante [risto'rante] m. restaurant; [di stazione] buffet. | *carrozza ristorante*, wagon-restaurant, voiture-restaurant f.

ristorare [risto'rare] v. tr. PR. e FIG. restaurer, remonter, redonner des forces. | *quel caffè mi ha ristorato*, ce café m'a restauré, remonté. ‖ [restaurare] (lett.) restaurer (L.C.). ‖ [risarcire] (lett.) compenser (L.C.). ◆ v. rifl. se restaurer.

ristoratore [ristora'tore] (**-trice** f.) agg. réparateur, trice. | *sonno ristoratore*, sommeil réparateur. ◆ m. [ristorante] (raro) restaurant (L.C.). ◆ n. [restauratore] (lett.) restaurateur, trice (L.C.).

ristornare [ristor'nare] v. intr. ricocher, rebondir.

ristorno [ris'torno] m. ricochet, rebond.

ristoro [ris'tɔro] m. [cibo, bevanda] *trovar ristoro*, se restaurer. | *dare ristoro*, restaurer. | *un cibo che dà ristoro*, un aliment qui nourrit. | *una bevanda che dà ristoro*, une boisson qui désaltère, qui rafraîchit. | *ristoro ad ogni ora*, casse-croûte (fam.) à toute heure. ‖ LOC. *posto di ristoro (nella stazione)*, buffet (de la gare). ‖ MIL. *posto di ristoro del soldato*, foyer du soldat. ‖ FIG. *il ristoro della lettura*, la détente que donne la lecture. | *dare ristoro*, soulager, réconforter. | *che ristoro!*, que ça fait du bien!

ristrettezza [ristret'tettsa] f. **1.** PR. [di spazio] étroitesse. | *la ristrettezza di un alloggio*, l'étroitesse d'un logement. ‖ **2.** FIG. [scarsità] manque m., pénurie, insuffisance. | *ristrettezze economiche*, difficultés économiques. | *ristrettezza di tempo*, manque de temps. | *vivere nelle ristrettezze*, être dans la gêne. ‖ PER EST. [grettezza] étroitesse. | *ristrettezza di mente, di idee*, étroitesse d'esprit, de vues.

ristrettivo [ristret'tivo] agg. V. RESTRITTIVO.

ristretto [ris'tretto] part. pass. e agg. **1.** PR. [stretto] serré, étroit. | *un sentiero ristretto fra due muri*, un sentier encaissé entre deux murs. ‖ [limitato] restreint, limité, étroit. | *un ristretto numero di amici*, un nombre limité, restreint d'amis. | *un pubblico ristretto*, un public restreint. | *ha un vocabolario ristretto*, son vocabulaire est restreint, borné. ‖ **2.** FIG. [gretto] borné, étroit. | *una persona ristretta di mente*, une personne à l'esprit étroit, borné. | *conoscenza ristretta di un fatto*, connaissance limitée d'un fait. ‖ [concentrato] *caffè ristretto*, café fort. | *brodo ristretto*, consommé. ‖ [riassunto] condensé. | *nel senso più ristretto*, dans le sens le plus étroit, le plus strict.

ristringere [ris'trindʒere] v. tr. PR. e FIG. [stringere di nuovo] serrer de nouveau. ‖ [rendere più stretto] rétrécir de nouveau. ‖ CULIN. *ristringere una salsa*, (faire) réduire une sauce.

ristuccare [ristuk'kare] v. tr. PR. stuquer de nouveau. ‖ FIG. FAM. ennuyer (L.C.), embêter; [saziare fino alla nausea] écœurer (L.C.), dégoûter (L.C.).

ristuccatura [ristukka'tura] f. restucage m.

ristudiare [ristu'djare] v. tr. étudier de nouveau.

risucchiare [risuk'kjare] v. tr. PR. sucer de nouveau. ‖ [attirare nel risucchio] entraîner (dans un remous). | *la barca è stata risucchiata*, la barque a été entraînée dans le remous.

risucchio [ri'sukkjo] m. [acqua] remous, tourbillon. ‖ LOC. *risucchio d'aria*, appel d'air.

risultante [risul'tante] agg. résultant. ◆ f. FIS. résultante.

risultanza [risul'tantsa] f. résultat m. | *la risultanza di un' inchiesta*, le résultat d'une enquête.

risultare [risul'tare] v. intr. résulter. | *che ne è risultato?*, qu'en est-il résulté? | *ne risulta che*, il en résulte que, il s'ensuit que. | *donde risultò che*, d'où vint que. | *risulta chiaro che*, il est clair que, il est évident que. | *a quanto risulta*, à ce qu'il semble. | *da quanto mi risulta*, à ma connaissance, pour autant que je sache. ‖ [dimostrarsi, rivelarsi] se révéler. | *tutto quello che ho fatto è risultato inutile*, tout ce que j'ai fait s'est révélé inutile.

risultato [risul'tato] m. [in tutti i significati] résultat.

risuolare [riswo'lare] v. tr. e deriv. V. RISOLARE e deriv.

risuonare [riswo'nare] v. intr. e deriv. V. RISONARE e deriv.

risurrezione [risurret'tsjone] f. PR. e FIG. résurrection.

risuscitare [risuʃʃi'tare] v. tr. PR. ressusciter. ‖ FIG. ressusciter, faire revivre, ranimer. | *risuscitare antiche consuetudini*, ressusciter, faire revivre de vieux usages. ◆ v. intr. PR. ressusciter. ‖ FIG. ressusciter, revivre, se ranimer. | *a quelle parole, sembrò risuscitare*, à ces mots, il sembla ressusciter, revivre, reprendre vie.

risvegliare [risveʎ'ʎare] v. tr. PR. réveiller. | *fu risvegliato da un rumore insolito*, il fut réveillé par un bruit insolite. ‖ FIG. *risvegliare qlcu. dal torpore*, *dall'apatia*, tirer qn de sa torpeur, de son apathie. || PER EST. [stimolare, far nascere] éveiller, réveiller. | *risvegliare la memoria*, réveiller, rafraîchir la mémoire. | *risvegliare la curiosità*, éveiller, exciter la curiosité. | *risvegliare l'interesse di qlcu.*, éveiller l'intérêt de qn. | *risvegliare l'appetito*, aiguiser, exciter l'appétit. ◆ v. rifl. PR. e FIG. se réveiller. | *mi sono risvegliato in piena notte*, je me suis réveillé en pleine nuit. | *la natura si risveglia in primavera*, la nature se réveille au printemps. | *risvegliarsi dal torpore, dall'indifferenza*, se réveiller, sortir de sa torpeur, de son indifférence.

risveglio [ris'veʎʎo] m. PR. e FIG. réveil, éveil. | *al risveglio*, au réveil, au saut du lit. | *il risveglio della natura*, le réveil de la nature. | *il risveglio dei sensi*, l'éveil des sens. | *il risveglio del commercio*, la reprise du commerce.

risvolto [ris'vɔlto] m. [di abito] revers. || TIP. rabat, volet.

ritagliare [ritaʎ'ʎare] v. tr. **1.** découper. | *ritagliare figurine*, faire du découpage. || **2.** [tagliare di nuovo] recouper.

ritaglio [ri'taʎʎo] m. [di giornale] coupure f. (de journal, de presse). || [di stoffa] retaille f., recoupe f., chutes f. pl. || [di lamiera] rognures f. pl., chutes. || [di carne] déchets pl., rognures. || FIG. *ritagli di tempo*, des moments perdus, des moments de liberté.

ritardando [ritar'dando] m. MUS. ritardando (ital.).

ritardante [ritar'dante] agg. V. RITARDATIVO.

ritardare [ritar'dare] v. intr. tarder, être en retard, avoir du retard. | *perchè hai ritardato?*, pourquoi as-tu tardé?, pourquoi es-tu en retard? | *ritarderemo di due ore*, nous arriverons avec deux heures de retard. | *il treno ritarda*, le train a du retard. | *il tuo orologio ritarda*, ta montre retarde. ◆ v. tr. [differire] retarder. | *ritardare la consegna della merce*, différer la livraison de la marchandise. | *ritardare un pagamento*, retarder un paiement. || [far giungere in ritardo] retarder. | *mi hai fatto ritardare*, tu m'as mis en retard.

ritardatario [ritarda'tarjo] n. retardataire.

ritardativo [ritarda'tivo] agg. CHIM., FIS. retardateur, trice.

ritardato [ritar'dato] part. pass. e agg. retardé, différé. | *una partenza ritardata*, un départ retardé, repoussé à plus tard. | *una bomba a scoppio ritardato*, une bombe à retardement. || COMM. *pagamento ritardato*, paiement arriéré, retardé. || FIS. *moto ritardato*, mouvement retardé. || PSIC. *un bambino ritardato*, un enfant arriéré, retardé. ◆ n. retardé.

ritardatore [ritarda'tore] m. CHIM., TECN. retardateur. || MIL. engin à retardement.

ritardo [ri'tardo] m. retard. | *un ritardo di un'ora*, un retard d'une heure, une heure de retard. | *giungere in ritardo*, arriver en retard. | *essere in ritardo*, avoir du retard, être en retard. | *pagare in ritardo*, payer avec retard. || FIG. *è un paese in ritardo sui tempi*, c'est un pays en retard sur son temps. | *senza ritardo*, sans délai. || FARM. *insulina ritardo*, insuline retard. || MAR. *ritardo di marea*, retard des marées. || MUS. retard.

ritegno [ri'teɲɲo] m. [comportamento] retenue f. || LOC. *senza ritegno*, sans frein. | *ridere senza ritegno*, rire sans retenue. | *ha parlato senza ritegno*, il a parlé franchement, sans détours. | *spendere senza ritegno*, dépenser sans compter. || LOC. *non ha ritegno a chiedere ciò che gli serve*, il ne se gêne pas pour demander ce dont il a besoin. | *perdere il ritegno*, perdre le sens de la mesure. | *conservare un certo ritegno*, conserver une certaine retenue, une certaine décence. | *avere ritegno a*, avoir honte de. || [sostegno] (arc.) soutien (L.C.). || MECC. *valvola di ritegno*, soupape de retenue. || MAR. *cavo di ritegno*, câble de retenue.

ritelefonare [ritelefo'nare] v. tr. e intr. retéléphoner, rappeler.

ritelegrafare [ritelegra'fare] v. tr. retélégraphier.

ritemprare [ritem'prare] v. tr. [di metallo] retremper. | *ritemprare la lama di una spada*, retremper la lame d'une épée. || FIG. retremper, fortifier. | *l'aria di montagna mi ha ritemprato le forze*, l'air de la montagne m'a redonné des forces. | *ritemprare lo spirito*, fortifier, renforcer l'esprit. ◆ v. rifl. FIG. se retremper; reprendre des forces.

ritenere [rite'nere] v. tr. **1.** [pensare, credere] penser, croire, imaginer, estimer; [considerare] considérer, compter. | *ritengo che tu abbia ragione*, je pense que tu as raison. | *lo riteniamo necessario*, nous pensons que c'est nécessaire. | *lo ritenevo onesto*, je croyais qu'il était, je le croyais honnête. | *ho ritenuto fosse giusto agire così*, j'ai cru qu'il était juste d'agir de la sorte. | *ritenere qlcu. colpevole*, considérer qn comme coupable. | *lo ritiene uno stupido*, il le tient pour un sot. | *ritengo che sia così*, je crois qu'il en est ainsi. | *ritenere opportuno*, juger opportun. || **2.** [trattenere] retenir; [cibo, medicina] garder. | *ritenere le lacrime*, retenir ses larmes. | *non può ritenere il cibo*, il n'arrive pas à garder ce qu'il mange. || **3.** [prenotare] retenir, réserver. | *ritenere il posto*, retenir, réserver sa place. || **4.** [ricordare] retenir. | *ritenere qlco. a memoria*, retenir qch. par cœur. | *è facile da ritenere*, c'est facile à retenir. || **5.** [una somma] retenir. ◆ v. rifl. **1.** [considerarsi] se croire, se considérer, s'estimer; se prendre pour. | *si ritiene molto intelligente*, il se croit très intelligent. | *ritieniti felice*, estime-toi heureux. | *ritenersi sicuro di*, se faire fort de. | *si ritiene un genio*, il se prend pour un génie. | *ritenersi capace di*, se juger capable de. || **2.** [trattenersi] se retenir, se contenir. | *ritenersi dal piangere*, retenir ses larmes. | *ritenersi dal ridere*, se retenir de rire.

ritentare [riten'tare] v. tr. tenter de nouveau; [riprovare] ressayer. | *ritentare la sorte*, retenter le sort. | *tentare e ritentare*, essayer plusieurs fois, à maintes reprises.

ritentiva [riten'tiva] f. faculté de, aptitude à retenir.

ritentivo [riten'tivo] agg. rétenteur, trice.

ritenuta [rite'nuta] f. retenue, prélèvement m. | *le ritenute sulla paga*, les retenues, les précomptes (m.) sur le salaire. || MAR. retenue. | *cavo di ritenuta*, câble de retenue.

ritenuto [rite'nuto] part. pass. e agg. prudent, réservé. | *essere ritenuto nel parlare*, parler avec prudence, avec mesure.

ritenzione [riten'tsjone] f. [in tutti i significati] rétention.

ritidoma [riti'doma] m. BOT. rhytidome.

ritingere [ri'tindʒere] v. tr. reteindre. || TECN. biser.

ritinto [ri'tinto] part. pass. e agg. reteint.

ritirare [riti'rare] v. tr. **1.** [tirare indietro] retirer. | *ritirare la mano*, retirer sa main. | *ritirare la pentola dal fuoco*, retirer la marmite du feu. || **2.** [tirare su, dentro] *ritirare le reti*, tirer, lever les filets. | *ritirare il bucato*, rentrer le linge. || **3.** FIG. retirer. | *ritiro quello che ho detto*, je retire ce que j'ai dit. | *ritirare in ballo qlco.*, remettre en question, en cause qch. || **4.** [togliere, allontanare] *ritirare dalla circolazione*, retirer de la circulation. | *ritirare le truppe*, faire replier les troupes. | *ritirare un ambasciatore*, rappeler un ambassadeur. | *ritirare la patente*, retirer le permis de conduire. || **5.** [riscuotere, prelevare] *ritirare il passaporto*, retirer son passeport. | *ritirare lo stipendio*, toucher son traitement. || **6.** [sparare] tirer de nouveau. || **7.** [lanciare] *ritirare la palla*, relancer la balle. | *ritirare i dadi*, relancer les dés. ◆ v. rifl. **1.** PR. e FIG. se retirer. | *il fiume si ritira*, la rivière se retire. | *ritirarsi in camera*, se retirer dans sa chambre. | *si è ritirato dagli affari*, il s'est retiré des affaires. | *ritirarsi a vita privata*, se retirer. | *ritirarsi in se stesso*, se renfermer en soi-même. | *ritirarsi in casa*, rentrer chez soi. | *ritirarsi in campagna*, se retirer à la campagne; aller planter ses choux (fam.). | *ritirarsi da una gara*, se retirer d'une compétition. || **2.** [restringersi] (se) rétrécir. | *è una stoffa che non si ritira*, c'est un tissu qui ne rétrécit pas.

ritirata [riti'rata] f. MIL. e FIG. retraite. || [latrina] toilettes pl.

ritirato [riti'rato] part. pass. e agg. retiré. | *far vita ritirata*, mener une vie retirée.

ritiro [ri'tiro] m. **1.** [il ritirare] retrait, prélèvement. | *ritiro del passaporto*, retrait du passeport. | *ritiro delle truppe*, retrait des troupes. | *ritiro di una somma depositata in banca*, prélèvement d'une somme déposée à la banque. || **2.** [il ritirarsi] *ritiro di una candidatura*, retrait d'une candidature. | *ritiro spirituale*, retraite f. || SPORT défection f. || [di metallo] retrait. || [di acque, di ghiacciai] recul. || **3.** [luogo appartato] retraite f., lieu retiré. ‖ **4.** COMM. *ritiro di un'ordinazione*, annulation (f.) d'une commande. | *pagabile al ritiro della merce*, payable à la livraison de la marchandise.

ritmare [rit'mare] v. tr. rythmer. | *ritmare il passo*, marquer le pas.

ritmato [rit'mato] part. pass. e agg. rythmé. | *passo ritmato*, pas cadencé.

ritmica ['ritmika] f. MUS., POES. rythmique.

ritmicamente [ritmika'mente] avv. avec rythme.

ritmicità [ritmitʃi'ta] f. rythme m.

ritmico ['ritmico] (**-ci** m. pl.) agg. rythmique.

ritmo ['ritmo] m. PR. rythme. | *ritmo lento*, rythme lent. | *il ritmo di una frase, di una canzone*, le rythme, la cadence d'une phrase, d'une chanson. | *cambiare ritmo*, changer de rythme. | *il ritmo della produzione*, le rythme de la production. | *lavorare a pieno ritmo*, travailler à plein rendement. ‖ FIG. *il ritmo della vita moderna*, le rythme de la vie moderne. ‖ ARCHIT. harmonie f. ‖ MUS. musique f. | *suonare un ritmo indiano*, jouer une musique indienne, un air indien. ‖ POES. *ritmo giambico*, rythme ïambique.

rito ['rito] m. [cerimonia] rite, cérémonie f. | *rito funebre*, rite funèbre. | *sposarsi con rito civile*, faire un mariage civil. ‖ FIG. rite, usage. ‖ RELIG. rite. ‖ LOC. *di rito*, d'usage, de rigueur. | *secondo il rito*, selon l'usage.

ritoccare [ritok'kare] v. tr. PR. [toccare di nuovo] retoucher. ‖ FIG. *ritoccare un argomento*, revenir sur un sujet. | *ritocca a te*, c'est de nouveau à toi. | *mi è ritoccato ascoltare la sua storia*, j'ai dû écouter de nouveau son histoire. ‖ PER EST. [correggere] retoucher. | *ritoccare un quadro, un abito*, retoucher un tableau, une robe. | *ritoccare il prezzo di un prodotto*, changer le prix d'un produit. ‖ LOC. *ritoccarsi il viso*, se remaquiller, se refaire une beauté. | *ritoccarsi le labbra*, se remettre du rouge à lèvres ; faire un raccord (fam.).

ritoccata [ritok'kata] f. retouche. | *dare una ritoccata a un vestito*, retoucher, reprendre une robe. | *darsi una ritoccata ai capelli*, se donner un coup de peigne. | *darsi una ritoccata alle labbra*, se remettre du rouge à lèvres.

ritoccato [ritok'kato] part. pass. e agg. retouché.

ritoccatore [ritokka'tore] m. retoucheur. ‖ FOT. chromiste.

ritocco [ri'tokko] (**-chi** pl.) m. retouche f. | *apportare qualche ritocco ad un progetto*, retoucher un projet.

ritogliere [ri'tɔʎʎere] v. tr. [togliere di nuovo] enlever de nouveau. ‖ [riprendere] reprendre. | *mi ha ritolto tutto*, il m'a tout repris.

ritone [ri'tone] m. [archeologia] rhyton.

ritorcere [ri'tɔrtʃere] v. tr. PR. [torcere di nuovo] retordre. ‖ FIG. retourner. | *ritorcere un'accusa*, retourner une accusation. ◆ v. rifl. FIG. se retourner. | *l'accusa si è ritorta contro di lui*, l'accusation s'est retournée contre lui.

ritorcibile [ritor'tʃibile] agg. rétorquable.

ritorcitura [ritortʃi'tura] f. TESS. retordage m.

ritornare [ritor'nare] v. intr. **1.** [muoversi verso il punto da cui si è partiti] être de retour, revenir. | *quando pensi di ritornare ?*, quand penses-tu revenir, être de retour ? | *quando ritornerai da Parigi, andremo a trovarlo*, quand tu reviendras de Paris, nous irons le voir. | *fallo ritornare*, fais-le revenir. | *ritorno subito*, je reviens à l'instant. | *la lettera gli è ritornata*, la lettre lui est revenue. | *ritornare alla carica*, revenir à la charge. ‖ **2.** [tornare nel luogo dove si dovrebbe stare normalmente ; andare di nuovo] retourner. | *ritorno a casa tutte le sere*, je retourne, je rentre chez moi tous les soirs. | *ritornare al lavoro*, retourner à son travail. | *ritornare nel proprio paese*, retourner dans son pays. | *è arrivato da Parigi oggi, ma ci ritornerà domani*, il est arrivé aujourd'hui de Paris, mais il va y repartir demain. | *ritornerai al mare quest'estate ?*, retourneras-tu à la mer cet été ? | *devo ritornare dal medico*, il faut que je retourne chez le médecin. | *non ritornerò mai più a casa sua*, je ne retournerai jamais plus chez lui. | *ritornare sui propri passi*, retourner, revenir sur ses pas. | *devo ritornare a casa presto*, il faut que je rentre tôt. ‖ **3.** FIG. revenir. | *ritornare su qlco.*, revenir sur qch. | *ritornare su un argomento, su una decisione*, revenir sur un argument, une décision. | *ritornare su un affare*, revenir sur une affaire. | *ritornare in ballo*, revenir sur le tapis. | *ritornare in sé*, revenir à soi, reprendre ses esprits. | *ritornare alla ragione*, revenir à la raison. | *ritornare in salute*, recouvrer la santé ; guérir. | *ritornare in vita*, revenir à la vie. ‖ **4.** [ripetersi, accadere di nuovo] revenir. | *è una parola che ritorna spesso*, c'est un mot qui revient souvent. ‖ **5.** [ridiventare] redevenir. | *ritornare di moda*, être de nouveau à la mode. | *ritornare giovane*, redevenir jeune, rajeunir. ◆ v. tr. [restituire] rendre. | *ritornami i libri*, rends-moi mes livres. ◆ v. rifl. *ritornarsene*, s'en revenir, s'en retourner. | *me ne ritorno a casa*, je rentre chez moi.

ritornello [ritor'nɛllo] m. MUS., POES. refrain. ‖ FIG. refrain, rengaine f. (fam.), rabâchage (fam.). | *è il solito ritornello*, c'est le même refrain, la même chanson.

ritorno [ri'torno] m. retour. | *essere di ritorno*, être de retour. | *fare ritorno a casa*, rentrer à la maison. | *al mio ritorno*, à mon retour. | *viaggio di ritorno*, voyage de retour. | *biglietto di andata e ritorno*, billet aller et retour. | *sulla via del ritorno*, sur le chemin du retour. | *faremo ritorno il più presto possibile*, nous reviendrons le plus vite possible. | *ritorno di fiamma*, retour de flamme. | *il ritorno della primavera*, le retour du printemps. | *il ritorno della febbre*, le retour, la récurrence de la fièvre. ‖ ARCHIT. *muro di ritorno*, mur en retour. ‖ COMM. *conto di ritorno*, compte de retour. | *merce di ritorno*, rendu m. | *vuoti di ritorno*, bouteilles (f.) vides, verres perdus. | *ricevuta di ritorno*, accusé de réception. ‖ MAR. *bozzello di ritorno*, poulie (f.) de retour. ‖ SPORT *partita di ritorno*, match (de) retour ; revanche f. ‖ TECN. *tasto di ritorno*, touche de rappel.

ritorsione [ritor'sjone] f. [argomento, misura] rétorsion. ‖ TESS. retordage m., retordement m.

ritorta [ri'tɔrta] f. lien m. (pr. e fig.) ; hart m. (arc.).

ritorto [ri'tɔrto] part. pass. e agg. [contorto] tordu. ‖ TESS. retors. | *seta ritorta*, soie retorse. ◆ m. TESS. retors. ◆ m. pl. MUS. corps de rechange.

ritradurre [ritra'durre] v. tr. retraduire.

ritrarre [ri'trarre] v. tr. **1.** [trarre indietro] retirer. | *ritrarre il secchio dal pozzo*, retirer le seau du puits. ‖ LOC. *ritrarre le unghie*, rentrer ses griffes (pr. e fig.) ; faire patte de velours (fig.). ‖ **2.** [ricavare] tirer. | *ritrarre vantaggio da qlco.*, tirer profit de qch. | *ritrarre un insegnamento da qlco.*, tirer une leçon de qch. ‖ **3.** [riprodurre, rappresentare] représenter, reproduire. | *ritrarre dal vero*, représenter d'après nature. | *ritrarre una persona*, faire le portrait d'une personne ; [in fotografia] photographier une personne. | *farsi ritrarre*, faire faire son portrait. | *stile che ritrae fedelmente i fatti*, style qui reproduit les faits avec fidélité. ◆ v. intr. [assomigliare] ressembler (à), prendre (de), tenir (de). | *ritrae dal padre*, il ressemble à son père. ◆ v. rifl. PR. se retirer, reculer. | *si è ritratto per non essere investito dalla macchina*, il a reculé pour ne pas être heurté par la voiture. ‖ FIG. reculer, se dérober. | *non puoi più ritrarti*, tu ne peux plus te dérober. ‖ [farsi il ritratto] faire son (propre) portrait.

ritrasformare [ritrasfor'mare] v. tr. retransformer, transformer de nouveau. ◆ v. rifl. se retransformer.

ritrasmettere [ritras'mettere] v. tr. retransmettre. | *parola fedelmente ritrasmessa*, parole retransmise fidèlement.

ritrasmettitore [ritrasmetti'tore] m. retransmetteur.

ritrasmissione [ritrasmis'sjone] f. retransmission.

ritrattabile [ritrat'tabile] agg. rétractable.

ritrattare [ritrat'tare] v. tr. PR. retraiter, traiter de nouveau. ‖ [disdire] rétracter. | *ritrattare i propri errori*, désavouer ses erreurs. ◆ v. rifl. se rétracter.

ritrattazione [ritrattat'tsjone] f. rétractation, désaveu m.

ritrattista [ritrat'tista] (**-i** m. pl.) n. portraitiste.

ritrattistica [ritrat'tistika] f. art (m.) du portrait.

ritrattistico [ritrat'tistiko] (**-ci** m. pl.) agg. du portrait.

ritratto [ritrat'to] part. pass. e agg. [tratto indietro] rentré, retiré. ‖ [rappresentato] représenté, peint. ◆ m. portrait. | *ritratto di famiglia*, portrait de famille.

| *fare il ritratto a*, portraiturer. | *ritratto virile, femminile*, portrait d'homme, de femme. || FIG. *quel romanzo è il ritratto della società*, ce roman est un miroir de la société. | *è il ritratto della bontà*, c'est la bonté même.
ritraversare [ritraver'sare] v. tr. traverser de nouveau, retraverser.
ritrazione [ritrat'tsjone] f. MED. rétraction.
ritrito [ri'trito] agg. FIG. rebattu, ressassé, rebâché (fam.). | *sono temi triti e ritriti*, ce sont des thèmes ressassés. | *è una storia ritrita*, c'est une vieille histoire.
ritrosaggine [ritro'saddʒine] f. V. RITROSIA.
ritrosamente [ritrosa'mente] avv. [con timidezza] timidement, modestement. || [con riluttanza] avec réticence, de mauvaise grâce, à contre-cœur.
ritrosia [ritro'sia] f. o **ritrosità** [ritrosi'ta] f. [timidezza] timidité, modestie, réserve. || [riluttanza] répugnance, aversion ; manque (m.) d'empressement.
ritroso [ri'troso] agg. [timido] timide, sauvage. | *è ritrosa per natura*, elle est timide de nature. || [avverso] contraire (à), peu enclin (à), peu disposé (à). | *essere ritroso a ricevere consigli*, être peu enclin, peu disposé à recevoir des conseils. | *fare il ritroso*, se faire prier. || [rivolto all'indietro] rétrograde. || LOC. *a ritroso*, à reculons, à rebours.
ritrovabile [ritro'vabile] avv. qui peut être retrouvé.
ritrovamento [ritrova'mento] m. recouvrement (lett.) ; [scoperta] découverte f. | *il ritrovamento di un oggetto perduto*, le recouvrement d'un objet perdu.
ritrovare [ritro'vare] v. tr. **1.** [avere di nuovo] retrouver. | *ho ritrovato il mio ombrello*, j'ai retrouvé mon parapluie. | *ritrovare la strada*, retrouver son chemin. | *saprò ritrovarvi*, je saurai vous retrouver. || **2.** [ricuperare] recouvrer, retrouver. | *ritrovare le forze, la salute*, recouvrer ses forces, la santé. | *ritrovare la parola*, recouvrer (l'usage de) la parole. || **3.** [trovare, scoprire] trouver, découvrir. | *ritrovare una soluzione*, trouver une solution. | *ritrovare la differenza*, trouver la différence. | *ritrovare nuovi rimedi*, trouver de nouveaux remèdes. || **4.** [riconoscere] retrouver, reconnaître. | *non riesco a ritrovarti in questa vecchia fotografia*, je n'arrive pas à te reconnaître sur cette vieille photo. ◆ v. rifl. **1.** se retrouver, se trouver. | *ritrovarsi solo e senza risorse*, se retrouver seul et sans ressources. || **2.** [riconoscersi, raccapezzarsi] se reconnaître, se retrouver. | *non mi ci ritrovo più*, je ne m'y retrouve plus. ◆ v. recipr. se retrouver.
ritrovato [ritro'vato] m. nouveauté f., invention f., découverte f. | *un nuovo ritrovato*, une nouvelle découverte. || [espediente] expédient.
ritrovatore [ritrova'tore] (**-trice** f.) n. inventeur, trice.
ritrovo [ri'trɔvo] m. [riunione] réunion f., rencontre f., rendez-vous. | *sala di ritrovo*, salle de réunion. | *un ritrovo di cacciatori*, rendez-vous de chasseurs. || [locale] *ritrovo pubblico*, établissement public. | *ritrovo degli artisti*, rendez-vous des artistes. || MIL. *punto di ritrovo (delle truppe)*, point de ralliement.
ritto ['ritto] agg. [diritto] droit ; [alzato, tirato su] dressé. | *star ritto*, se tenir droit. | *il gatto era ritto sulle zampe di dietro*, le chat était dressé sur ses pattes de derrière. | *a coda ritta*, la queue en l'air. || [in piedi] debout. | *non riusciva più a stare ritto*, il n'arrivait plus à se tenir debout. | *sta ritta per miracolo*, elle tient debout par miracle.
rituale [ritu'ale] agg. RELIG. rituel. | *canto rituale*, chant rituel. || PER EST. rituel ; d'usage. | *gesti, azioni rituali*, des gestes rituels, des actions rituelles. ◆ m. RELIG. rituel. | *il rituale romano*, le rituel romain. || PER EST. *il rituale di corte*, le cérémonial de cour.
ritualista [ritua'lista] (**-i** pl.) m. STOR. RELIG. ritualiste.
ritualizzare [ritualid'dʒare] v. tr. rendre rituel.
ritualmente [ritual'mente] avv. selon le(s) rite(s), rituellement.
rituffare [rituf'fare] v. tr. replonger. ◆ v. rifl. (se) replonger.
riudire [riu'dire] v. tr. entendre de nouveau, réentendre.
riunione [riu'njone] f. réunion. | *riunione di studenti, di famiglia*, réunion d'étudiants, de famille. | *partecipare a una, tenere una riunione*, prendre part à, tenir une réunion. | *una riunione politica*, un meeting (ingl.), une réunion politique. | *riunione sportiva*, réunion sportive. || MIL. ralliement m.
riunire [riu'nire] v. tr. réunir. | *riunire i membri di una comunità*, réunir les membres d'une communauté. || [raccogliere] rassembler. | *riunisci i tuoi giocattoli in un angolo*, rassemble tes jouets dans un coin. || [riconciliare] réunir, réconcilier, rapprocher. | *la disgrazia li ha riuniti*, le malheur les a réunis. || MIL. *riunire le truppe*, réunir les troupes. ◆ v. rifl. se réunir. | *ci siamo riuniti in una stanza*, nous nous sommes réunis dans une chambre. | *il Parlamento si riunisce oggi*, les membres du Parlement se réunissent aujourd'hui. || MIL. se rallier.
riunito [riu'nito] part. pass. e agg. réuni.
riuscire [riuʃ'ʃire] v. intr. **1.** réussir. | *il nostro piano è riuscito*, notre plan a réussi. | *l'affare non è riuscito*, l'affaire a échoué, raté. | *il mio dolce non è riuscito*, mon gâteau est raté. | *riuscire bene, male in fotografia*, être, ne pas être photogénique. || **2.** [essere capace] réussir, arriver, parvenir. | *riuscì a dominarsi*, il réussit à se dominer. | *non riesco a capirlo*, je n'arrive pas à le comprendre. | *non ci riesco*, je n'y parviens pas. | *non riuscì a parlargli*, je ne parvins pas à, il me fut impossible de lui parler. | *non riesco a capire*, je n'arrive pas à comprendre ; ça me dépasse (fam.). | *non è riuscito a nulla*, il n'est arrivé à rien. | *non mi riesce di*, je n'arrive pas à. | *riuscire ad avere un buon posto*, décrocher (fam.) une bonne place. || **3.** [avere buon esito, successo] réussir. | *riesce bene in latino*, il réussit bien en latin, il est fort en latin. | *questo ragazzo riuscirà*, ce garçon ira loin. || **4.** [risultare] être. | *riuscire simpatico, gradito, utile*, être sympathique, agréable, utile. | *riesce sempre primo, ultimo*, il est toujours le premier, le dernier. | *questo compito mi riesce difficile*, ce devoir présente pour moi des difficultés. | *questo fatto mi riesce nuovo*, cela est tout à fait nouveau pour moi. | *il tuo nome non mi riesce nuovo*, ton nom me dit quelque chose. | *mi riesce impossibile dirlo*, il m'est impossible de le dire. | *mi riesce strano (che)*, je trouve étrange (que), il me paraît étrange (que). || **5.** [sboccare] déboucher, aboutir. || **6.** [uscire di nuovo] ressortir.
riuscita [riuʃ'ʃita] f. réussite ; [risultato] issue, aboutissement m. | *la conferenza ebbe una cattiva riuscita*, la conférence eut une issue malheureuse. | *non si può dire nulla sulla riuscita dell'affare*, on ne peut rien dire de l'issue de cette affaire. | *fare ottima riuscita*, très bien réussir. | *questo vestito ha fatto una buona riuscita*, cette robe a duré longtemps, a fait un bon usage.
riuscito [riuʃ'ʃito] part. pass. e agg. réussi. | *una festa riuscita*, une fête réussie. | *riuscito, bene, male*, bien, mal réussi. | *un affare, un dolce non riuscito*, une affaire ratée, un gâteau raté.
riutilizzare [riutilid'dzare] v. tr. utiliser de nouveau, réutiliser.
riva ['riva] f. [di mare] rivage m., bord m. | *in riva al mare*, au bord de la mer. || [lago, fiume] bord m., rive ; [di canale, fiume] berge. | *riva destra, sinistra di un fiume*, rive droite, gauche d'un fleuve. | *in riva al fiume, al lago*, au bord de la rivière, du lac. || [lungo fiume] quai m. | *le rive della Senna*, les quais de la Seine. || [a Venezia] quai. || MAR. *mantenersi a riva*, côtoyer. | *toccare la riva, venire a riva*, aborder au rivage, venir à quai ; [sbarcare] débarquer.
rivaccinare [rivattʃi'nare] v. tr. revacciner.
rivaccinazione [rivattʃinat'tsjone] f. revaccination.
rivale [ri'vale] agg. e n. rival. | *essere senza rivali*, être sans rival. | *rivali in lotta*, rivaux, rivales à la lutte.
rivaleggiare [rivaled'dʒare] v. intr. rivaliser. | *rivaleggiare in qlco. con qlcu.*, rivaliser de qch. avec qn.
rivalersi [riva'lersi] v. rifl. se rattraper, se refaire. | *rivalersi su qlcu.*, se refaire aux dépens de qn. || [valersi di nuovo] se servir de nouveau (de), profiter de nouveau (de). | *spero rivalermi del tuo aiuto*, j'espère profiter de nouveau de ton aide.
rivalicare [rivali'kare] v. tr. franchir de nouveau.
rivalità [rivali'ta] f. rivalité, compétition.
rivalsa [ri'valsa] f. compensation, dédommagement m. | *dopo il fallimento, ha cercato una rivalsa nell'attività commerciale*, après la faillite, il a cherché une compensation dans l'activité commerciale. || [rivincita]

revanche. | *prendersi la rivalsa su qlcu.*, prendre sa revanche sur qn. || COMM. retraite. | *spese di rivalsa*, frais de retraite. || GIUR. recours m. | *rivalsa contro terzi*, recours contre les tiers.
rivalso [ri'valso] part. pass. di RIVALERSI.
rivalutare [rivalu'tare] v. tr. [valutare di nuovo] réévaluer. || PER EST. [dare valore più forte] revaloriser, remettre en valeur. | *rivalutare la moneta*, revaloriser la monnaie. | *rivalutare i salari*, relever les salaires.
rivalutazione [rivalutat'tsjone] f. [nuova valutazione] réévaluation. || [nuovo valore] revalorisation ; remise en valeur. | *rivalutazione della moneta*, revalorisation de la monnaie. | *rivalutazione di un capitale*, réévaluation d'un capital. | *rivalutazione dei salari*, relèvement (m.) des salaires.
rivangare [rivan'gare] v. tr. AGR. bêcher de nouveau. || FIG. revenir (sur), remâcher, ressasser, remuer. | *rivangare una vecchia storia*, remâcher une vieille histoire. | *rivangare ricordi dolorosi*, ressasser des souvenirs douloureux. ◆ v. intr. fouiller. | *rivangare nei ricordi*, fouiller dans ses souvenirs.
rivedere [rive'dere] v. tr. **1.** PR. revoir. | *devo assolutamente rivederlo*, je dois absolument le revoir. | *spero di non rivedere mai più queste scene*, j'espère ne jamais plus revoir ces scènes. || **2.** [correggere, controllare] corriger, vérifier, réviser ; [ripassare] répéter, repasser, réviser. | *devo rivedere i compiti*, je dois corriger mes devoirs. | *rivedere le bozze*, corriger les épreuves. | *rivedere i conti*, vérifier les comptes. | *rivedere un motore*, réviser un moteur. || **3.** FIG. *rivedere le proprie opinioni*, revoir ses opinions. ◆ v. recipr. se revoir. | *ci rivedremo tra una settimana*, nous nous reverrons dans une semaine. | *a rivederci !*, *arrivederci !*, au revoir ! || [con idea di minaccia] *ci rivedremo ancora*, je t'attends au tournant, tu ne perds rien pour attendre.
rivedibile [rive'dibile] agg. PR. susceptible d'être revu. || GIUR. révisable. || MIL. ajourné.
riveduta [rive'duta] f. coup (m.) d'œil. | *dare una riveduta a*, donner un coup d'œil à, revoir. | *dare una riveduta al manoscritto*, revoir, corriger son manuscrit.
rivelabile [rive'labile] agg. qui peut être révélé.
rivelare [rive'lare] v. tr. révéler, dévoiler, confier. | *rivelare un segreto*, révéler, dévoiler un secret. || RELIG. révéler. || TECN. détecter. ◆ v. rifl. se révéler, se montrer.
rivelativo [rivela'tivo] agg. révélatif.
rivelatore [rivela'tore] (**-trice** f.) agg. révélateur, trice. | *uno sguardo rivelatore*, un regard révélateur. ◆ m. FIS. détecteur. | *rivelatore d'onde*, détecteur d'ondes. || FOT. révélateur. || MIL. détecteur.
rivelazione [rivelat'tsjone] f. révélation. || FIS. détection. || RELIG. révélation.
rivellino [rivel'lino] m. STOR. MIL. demi-lune f.
rivendere [ri'vendere] v. tr. PR. revendre. | *rivendere al minuto*, revendre au détail. || FIG. [essere superiore] surclasser.
rivendibile [riven'dibile] agg. qu'on peut revendre, revendable.
rivendica [ri'vendika] f. GIUR. revendication.
rivendicare [rivendi'kare] v. tr. revendiquer, réclamer. | *rivendicare la libertà, un'eredità*, revendiquer la liberté, réclamer un héritage. || [vendicare di nuovo] venger de nouveau. ◆ v. rifl. se venger de nouveau.
rivendicatore [rivendika'tore] (**-trice** f.) agg. e n. revendicateur, trice.
rivendicazione [rivendikat'tsjone] f. revendication. | *rivendicazioni sociali, sindacali*, revendications sociales, syndicales. || GIUR. *azione di rivendicazione*, action en revendication. | *rivendicazione di una proprietà*, revendication d'une propriété.
rivendita [ri'vendita] f. [il revendere] revente, vente. || [negozio] débit m. | *rivendita di tabacchi*, débit, bureau de tabac.
rivenditore [rivendi'tore] (**-trice** f.) n. revendeur, euse ; [al minuto] détaillant.
rivendugliolo [riven'duʎʎolo] m. SPREG. marchand ambulant (L.C.), camelot ; [di frutta e verdura] marchand des quatre-saisons (L.C.).
rivenire [rive'nire] v. intr. revenir. || [rinvenire] (arc.) revenir à soi (L.C.), reprendre ses esprits (L.C.).
riverberare [riverbe'rare] v. tr. [la luce] réverbérer ; [suono] réfléchir. ◆ v. rifl. PR. se réverbérer. || FIG. se refléter, rejaillir.
riverberatoio [riverbera'tojo] m. fourneau à réverbère.
riverberazione [riverberat'tsjone] f. [luce] réverbération ; [suono] réflexion.
riverbero [ri'vɛrbero] m. [luce] réverbération f. ; [suono] réflexion f. | *lampada a riverbero*, réverbère m. || LOC. FIG. *di riverbero*, indirectement.
riverente [rive'rɛnte] agg. respectueux, euse ; déférent. | *un riverente silenzio*, un silence respectueux.
riverentemente [riverente'mente] avv. respectueusement.
riverenza [rive'rɛntsa] f. [rispetto] respect m. | *parole di riverenza*, paroles respectueuses, déférentes. | *con riverenza*, avec respect. || [inchino] révérence. | *fare la riverenza*, faire la révérence.
riverenziale [riveren'tsjale] agg. V. REVERENZIALE.
riverire [rive'rire] v. tr. révérer. | *riverire le persone anziane*, honorer les, avoir du respect pour les personnes âgées. || [salutare con rispetto] présenter ses respects (à), saluer. | *riveritelo da parte mia*, saluez-le de ma part. | *la riverisco !*, (je vous présente) mes respects !
riverito [rive'rito] part. pass. e agg. honoré, respecté. | *nome riverito da tutti*, nom révéré de tout le monde. || [nello stile epistolare] *Riverito signore*, Monsieur.
riverniciare [riverni'tʃare] v. tr. revernir, repeindre.
riverniciatura [rivernitʃa'tura] f. revernissage m.
riversare [river'sare] v. tr. PR. verser de nouveau, reverser, verser encore. | *riversami un pò di vino*, verse-moi encore un peu de vin. | *il fiume riversa le sue acque nel mare*, le fleuve déverse ses eaux dans la mer, se jette dans la mer. || FIG. déverser, rejeter. | *riversare il proprio odio su qlcu.*, déverser sa haine sur qn. | *riversare la colpa su qlcu.*, rejeter la faute sur qn. ◆ v. rifl. PR. se répandre. | *il vino si è riversato sul pavimento*, le vin s'est répandu sur le plancher. || FIG. se déverser. | *i viaggiatori si riversarono sul marciapiedi*, les voyageurs se répandirent sur le quai.
riversibile [river'sibile] agg. e deriv. V. REVERSIBILE.
riverso [ri'vɛrso] agg. (lett.) renversé (L.C.). | *cader riverso*, tomber à la renverse. ◆ m. [rovescio] *colpire di riverso*, frapper de revers. || [rivolgimento] (raro) bouleversement (L.C.).
rivestimento [rivesti'mento] m. revêtement. | *rivestimento di legno*, revêtement en bois ; [di stanza] boiseries f. pl. ; [di pozzo, galleria] boisage. | *rivestimento di piastrelle*, carrelage. | *rivestimento di stucco*, lambris. || MIN. *rivestimento di un pozzo*, cuvelage.
rivestire [rives'tire] v. tr. PR. rhabiller. | *rivestire qlcu. dalla testa ai piedi*, rhabiller qn de la tête aux pieds. || [indossare] revêtir, endosser. | *rivestire l'uniforme*, endosser l'uniforme. || PER ANAL. [foderare] couvrir, recouvrir. | *rivestire in legno le pareti*, boiser les murs. | *rivestire con piastrelle*, carreler. | *rivestire le pareti*, tapisser. || FIG. *rivestire una carica*, exercer une charge. | *rivestire di una carica*, revêtir d'une charge. | *avvenimento che riveste grande importanza*, événement qui a, qui revêt une grande importance. ◆ v. rifl. PR. se rhabiller. || FIG. se revêtir. | *gli alberi si rivestono di foglie*, les arbres se couvrent de feuilles.
rivestito [rives'tito] part. pass. e agg. PR. rhabillé. | *rivestito di tutto punto*, rhabillé avec soin. || LOC. *un villano rivestito*, un (paysan) parvenu. || PER ANAL. [ricoperto] revêtu ; voilé (fig.). | *rivestito di tela*, revêtu de toile. | *muri rivestiti di carta*, des murs tendus de papier. | *un fatto rivestito di mistero*, un fait voilé de mystère. || FIG. *rivestito di una carica*, revêtu d'une charge.
rivestitura [rivesti'tura] f. V. RIVESTIMENTO.
rivetto [ri'vetto] m. TECN. rivet.
riviera [ri'vjɛra] f. bord (m.) de la mer. || GEOGR. *la Riviera di Levante, di Ponente*, la Riviera (ital.) du Levant, du Ponant.
rivierasco [rivje'rasko] (**-chi** pl.) agg. [di fiume] riverain ; [del mare] de la côte. ◆ n. riverain, habitant de la côte.

rivincere [ri'vintʃere] v. tr. [vincere di nuovo] vaincre de nouveau. ‖ [di denaro] regagner.
rivincita [ri'vintʃita] f. revanche. | *prendersi la rivincita,* prendre sa revanche.
rivinto [ri'vinto] part. pass. e agg. regagné.
rivirare [rivi'rare] v. intr. Mar. revirer.
rivirata [rivi'rata] f. Mar. revirement m.
rivisitare [rivisi'tare] v. tr. visiter de nouveau, revisiter. ‖ [rifare una visita] refaire une visite, rendre de nouveau visite à.
rivissuto [rivis'suto] part. pass. e agg. revécu.
rivista [ri'vista] f. **1.** [il rivedere] coup (m.) d'œil. | *dare una rivista alla lezione,* revoir sa leçon. ‖ **2.** [pubblicazione] revue. | *rivista letteraria,* revue littéraire. | *rivista a fumetti,* magazine (m.) de bandes dessinées. | *rivista illustrata,* illustré m., magazine. | *rivista di moda,* journal m., magazine de mode. ‖ **3.** Mil. revue. | *passare in rivista le truppe,* passer les troupes en revue. ‖ Fig. *passare in rivista diverse possibilità,* passer en revue plusieurs possibilités. ‖ Teatro *rivista di varietà,* revue ; spectacle (m.) de variétés.
rivisto [ri'visto] part. pass. di rivedere.
rivivere [ri'vivere] v. tr. revivre. ◆ v. intr. Pr. e fig. revivre. | *in lui rivive il coraggio del padre,* le courage de son père revit en lui.
reviviscenza [rivivi'ʃentsa] f. V. reviviscenza.
rivo ['rivo] m. (lett.) ruisseau (l.c.).
rivolare [rivo'lare] v. intr. voler de nouveau, revoler.
rivolere [rivo'lere] v. tr. vouloir de nouveau, revouloir. ‖ [chiedere la restituzione] réclamer, redemander. | *rivoglio il mio denaro,* je veux (récupérer) mon argent, rends-moi mon argent.
rivolgere [ri'vɔldʒere] v. tr. Pr. tourner. | *rivolgere gli occhi al cielo,* tourner les yeux vers le ciel. ‖ Fig. [indirizzare] adresser. | *rivolgere la parola a qlcu.,* adresser la parole à qn. | *rivolgere una domanda a qlcu.,* poser une question à qn. | *rivolgere l'attenzione a qlco.,* diriger son attention vers qch. | *rivolgere i propri pensieri a qlcu.,* concentrer ses pensées sur qn. ‖ [rovesciare] renverser. ◆ v. rifl. Pr. e fig. s'adresser. | *mi rivolgerò a lui,* je m'adresserai à lui. | *si è rivolto alla fede,* il s'est tourné vers la foi. | *rivolgersi amichevolmente la parola,* s'aborder amicalement.
rivolgimento [rivoldʒi'mento] m. Pr. e fig. bouleversement. ‖ Loc. *rivolgimento di stomaco,* haut le cœur, soulèvement de l'estomac. ‖ Med. *rivolgimento del feto,* version (f.) du fœtus.
rivolo ['rivolo] m. Pr. petit ruisseau ; [ai lati della strada] rigole f. ‖ Fig. *un rivolo di sudore,* de grosses gouttes de sueur.
rivolta [ri'vɔlta] f. révolte. | *incitare alla rivolta,* inciter à la révolte. ‖ [risvolto] revers m. ‖ [curva a gomito] (arc.) coude m. (l.c.).
rivoltamento [rivolta'mento] m. (raro) retournement (l.c.), renversement (l.c.).
rivoltante [rivol'tante] agg. révoltant. | *modi rivoltanti,* manières révoltantes. ‖ [ripugnante] dégoûtant, écœurant.
rivoltare [rivol'tare] v. tr. Pr. retourner. | *rivoltare una carta, un materasso,* retourner une carte, un matelas. | *rivoltare l'insalata,* remuer la salade. | *rivoltare le maniche :* [piegarle] retrousser ses manches ; [rovesciare] retourner les manches. | *voltare e rivoltare un oggetto,* tourner et retourner un objet. ‖ Par. anal. [ripugnare] écœurer. | *quella crema mi ha rivoltato lo stomaco,* cette crème m'a écœuré, m'a soulevé le cœur. ‖ Fig. *il suo egoismo mi ha rivoltato,* son égoïsme m'a écœuré. ◆ v. rifl. se retourner. | *voltarsi e rivoltarsi,* se tourner et se retourner. ‖ [ribellarsi] se révolter. | *il popolo si rivoltò contro il re,* le peuple se révolta contre le roi.
rivoltata [rivol'tata] f. retournement m. | *dare una rivoltata a qlco.,* retourner qch.
rivoltato [rivol'tato] part. pass. e agg. tourné, retourné. | *un abito rivoltato,* un vêtement retourné.
rivoltatura [rivolta'tura] f. retournement m. ; [di abito] retournage m.
rivoltella [rivol'tɛlla] f. revolver m. (ingl.).
rivoltellata [rivoltel'lata] f. coup (m.) de revolver.
rivolto [ri'vɔlto] part. pass. e agg. tourné. | *rivolto indietro,* tourné en arrière. | *un naso rivolto all'insù,* un nez retroussé. ◆ m. Mus. renversement.
rivoltolare [rivolto'lare] v. tr. rouler. ◆ v. rifl. se rouler. | *rivoltolarsi nel letto,* se retourner dans son lit. | *rivoltolarsi nel fango,* se vautrer dans la boue.
rivoltolone [rivolto'lone] m. culbute f.
rivoltoso [rivol'toso] agg. e n. rebelle, révolté.
rivoluzionare [rivolutsjo'nare] v. tr. Pr. e fig. révolutionner.
rivoluzionario [rivolutsjo'narjo] agg. e n. révolutionnaire.
rivoluzionarismo [rivolutsjona'rismo] m. esprit révolutionnaire.
rivoluzione [rivolu'tsjone] f. Pr. e fig. révolution. | *rivoluzione borghese, proletaria,* révolution bourgeoise, prolétaire. | *la rivoluzione industriale,* la révolution industrielle. ‖ Fig. *che rivoluzione !,* quelle confusion !, quelle pagaille (fam.) !, quel remue-ménage ! | *mettere rivoluzione dappertutto,* tout bouleverser, tout chambarder (fam.). ‖ Astr., Mat. révolution. | *la rivoluzione della Terra intorno al Sole,* la révolution de la Terre autour du Soleil.
rivomitare [rivomi'tare] v. tr. revomir.
rivularia [rivul'larja] f. Bot. rivulaire.
rivulsione [rivul'sjone] f. V. revulsione.
rivulsivo [rivul'sivo] agg. V. revulsivo.
rivuotare [rivwo'tare] v. tr. revider.
rizoatono [riddzo'atono] agg. [linguistica] = ne portant pas d'accent sur la racine.
rizobio [rid'dzɔbjo] m. Biol. rhizobium.
rizocarpico [riddzo'karpico] (**-ci** m. pl.) agg. Bot. rhizocarpé.
rizoctonia [riddzokto'nia] f. Bot. rhizoctone m., rhizoctonie.
rizofago [riddzo'fago] agg. rhizophage.
rizoma [rid'dzoma] m. Bot. rhizome.
rizomatoso [riddzoma'toso] agg. Bot. rhizomateux.
rizopodi [rid'dzɔpodi] m. pl. Zool. rhizopodes.
rizostoma [rid'dzɔstoma] m. Zool. rhizostome.
rizotomo [rid'dzɔtomo] m. rhizotome.
rizotonico [riddzo'tɔniko] (**-ci** m. pl.) [linguistica] accentué sur la racine.
rizza ['rittsa] f. Mar. saisine, risse.
rizzare [rit'tsare] v. tr. Pr. dresser. | *rizzare una scala contro il muro,* dresser une échelle contre le mur. | *rizzare la testa,* dresser la tête. | *rizzare le orecchie,* dresser les oreilles ; dresser l'oreille (fig.). | *rizzare la cresta,* dresser la crête ; se dresser sur ses ergots (fig.). | *rizzare il pelo,* hérisser le poil. ‖ Fig. *da far rizzare i capelli sul capo,* à faire dresser les cheveux sur la tête. ‖ [innalzare, erigere] élever, dresser. | *rizzare un monumento, una statua,* élever, dresser un monument, une statue. ‖ Mar. hisser. | *rizzare una vela,* hisser une voile. ◆ v. rifl. se lever, se dresser. | *rizzarsi sulla punta dei piedi,* se dresser sur la pointe des pieds. ‖ [cane] *rizzarsi sulle zampe posteriori,* faire le beau. ‖ [di capelli] se dresser, se hérisser. | *gli si rizzarono i capelli in testa,* ses cheveux se dressèrent, se hérissèrent sur sa tête.
roano [ro'ano] agg. e m. rouan.
roba ['rɔba] f. **I.** [oggetti materiali che costituiscono possesso o dotazione] **1.** [cose personali] affaires pl. | *è venuto a cercare la sua roba,* il est venu chercher ses affaires. | *metti a posto la tua roba,* range tes affaires. | *tutta la sua roba,* tout son fourbi (fam.). | *prendere la propria roba e andarsene,* prendre ses cliques et ses claques (pop.). ‖ **2.** [ogetti] objets m. pl., choses pl. | *roba di valore,* objets de valeur. | *la sua casa è piena di roba vecchia,* sa maison est pleine de vieilles choses. | *ho della roba da venderti,* j'ai des choses à te vendre. | *è roba rubata, trovata,* ce sont des objets volés, trouvés. ‖ **3.** [beni, fortuna] bien m., biens pl. | *gli lascerà tutta la sua roba,* il lui laissera tous ses biens. | *tutto questo è roba mia,* tout cela m'appartient, est à moi. | *disporre della propria roba,* disposer de ses biens. | *la roba altrui,* le bien d'autrui. ‖ **II.** [altri significati] **1.** [abiti] vêtements m. pl., affaires pl. ; [stoffa] étoffe, tissu m. | *roba usata,* vêtements usagés ; friperie. | *venditore di roba usata,* fripier. | *ho messo via la roba d'estate,* j'ai rangé mes vêtements d'été. | *prima di coricarsi, mette tutta la sua roba su una sedia,* avant de se coucher, il pose toutes ses affaires sur une chaise. | *roba di lana, di cotone,* étoffe de laine, de coton. | *è roba buona,* c'est un bon

tissu. | *roba da lavare, da stirare,* linge (m.) à laver, à repasser. | *si è messo della roba vecchia per andare a pescare,* il a mis de vieux effets, de vieux vêtements pour aller à la pêche. ‖ **2.** [merce] articles m. pl., marchandise. | *roba scadente,* marchandise de mauvaise qualité ; camelote (fam.). | *roba di prima qualità,* marchandise de première qualité. | *è roba buona,* c'est de la bonne marchandise. | *roba a buon mercato,* articles bon marché. | *roba d'occasione,* articles d'occasion. ‖ **3.** [cibi] vivres m. pl. | *non c'era più roba da mangiare,* il n'y avait plus de vivres, plus rien à manger. | *ha mangiato molta roba,* il a beaucoup mangé. | *roba dolce,* sucreries pl. | *la roba salata non mi piace,* je n'aime pas le salé, les choses salées. ‖ **III.** Loc. *di che roba è fatto?,* de quoi est-ce fait? | *cos'è questa roba?,* qu'est-ce (que c'est)?, qu'est-ce que c'est que ça? | *questa roba non mi piace,* je n'aime pas ça. | *è roba mia, tua,* c'est à moi, à toi. | *questo compito non è roba tua,* ce devoir n'est pas de toi. | *è roba da niente,* ce n'est rien, c'est une affaire sans importance, ce n'est pas grave. | *non è roba per voi!,* ce n'est pas pour vous! | *bella roba!,* c'est du propre!, c'est du joli! | *che roba!,* regarde-moi ça! | *roba da matti!,* c'est de la folie! | *roba da chiodi,* c'est inouï. | *è roba da ridere, da piangere,* c'est à mourir de rire, à pleurer. | *troppa roba!,* c'est trop! | *di questa roba non me ne intendo,* ce n'est pas mon affaire. | *è roba grave?,* quelque chose de grave? | *è roba del passato,* c'est du passé, ce sont des histoires du passé. | *è roba da ferrivecchi,* c'est bon pour la ferraille.

robaccia [ro'battʃa] f. marchandise de mauvaise qualité ; camelote (fam.).

robbia ['robbja] f. Bot. garance.

robinia [ro'binja] f. Bot. robinier m.

robivecchi [robi'vɛkki] m. brocanteur, fripier.

roboante [robo'ante] agg. V. REBOANTE.

robot [ro'bo] m. robot.

roburite [robu'rite] f. roburite.

robustamente [robusta'mente] avv. vigoureusement.

robustezza [robus'tettsa] f. Pr. e FIG. force, vigueur.

robusto [ro'busto] agg. Pr. robuste, fort, vigoureux, euse ; costaud (fam.) ; [di cose] solide. | *una donna robusta, un uomo robusto,* une femme, un homme robuste ; un homme bien campé. | *un motore robusto,* un moteur robuste, solide. | *una voce robusta,* une voix forte. | *stomaco robusto,* estomac robuste, d'autruche. ‖ Fig. fort, vigoureux. | *mente robusta,* esprit vigoureux. | *stile robusto,* style vigoureux. | *vino robusto,* vin fort.

rocaggine [ro'kaddʒine] f. enrouement m.

rocambolesco [rokambo'lesko] (**-chi** m. pl.) agg. rocambolesque.

1. rocca ['rokka] f. [fortezza] forteresse, citadelle, château fort. ‖ [rupe] rocher m. | *saldo come una rocca,* solide comme un roc. ‖ Anat. rocher. ‖ Geol. roche. | *cristallo di rocca,* cristal de roche.

2. rocca ['rokka] f. [conocchia] quenouille.

roccaforte [rokka'fɔrte] f. forteresse, citadelle, château fort.

1. rocchetto [rok'ketto] m. Tess. bobine f. ; [per la seta] rochet ; [di macchina da cucire] canette f. ‖ Mecc. pignon, couronne f. ‖ Cin. *rocchetto avvolgitore,* bobine enrouleuse, réceptrice. | *rocchetto svolgitore,* bobine dérouleuse, débitrice. ‖ Elettr. *rocchetto d'induzione,* bobine d'induction. | *rocchetto di resistenza,* bobine de résistance.

2. rocchetto [rok'ketto] m. Relig. rochet, surplis.

rocchio ['rɔkkio] m. [di albero, di colonna] tronçon. ‖ Culin. *un rocchio di salsiccia,* un morceau de saucisse.

roccia ['rottʃa] (**-ce** pl.) f. rocher m., roc m. | *scalare una roccia,* escalader un rocher. | *costruire sulla roccia,* bâtir sur le roc. ‖ Fig. *saldo come una roccia,* solide comme un roc. ‖ Geol. roche. | *roccia eruttiva,* roche éruptive. ‖ [alpinismo] rocher m., varappe. | *fare della roccia,* faire du rocher, de la varappe ; varapper. | *scarpe da roccia,* varappes.

rocciatore [rottʃa'tore] (**-trice** f.) n. [alpinismo] rochassier, ère.

roccioso [rot'tʃoso] agg. rocheux. | *le Montagne Rocciose,* les (Montagnes) Rocheuses.

rocco ['rɔkko] (**-chi** pl.) m. Arc. [bastone pastorale] crosse f. (L.C.). ‖ [torre degli scacchi] tour f.

roco ['rɔko] (**-chi** m. pl.) agg. rauque, enroué.

rococo [roko'ko] agg. e m. Arti rococo (invar.).

rodaggio [ro'daddʒo] m. Pr. e FIG. rodage. | *in rodaggio,* en rodage.

rodamina [roda'mina] f. Chim. rhodamine.

rodare [ro'dare] v. tr. Pr. e FIG. roder.

rodere ['rodere] v. tr. Pr. e FIG. ronger. | *rodere il freno,* ronger son frein. | *rodersi il fegato,* se faire du mauvais sang. ‖ Iron. [mangiare] se mettre (qch.) sous la dent, grignoter. ◆ v. rifl. Fig. se ronger. | *rodersi di rabbia,* être fou de rage. | *si rode per niente,* il se tourmente pour rien.

rodilegno [rodi'leɲɲo] m. Zool. ronge-bois.

rodimento [rodi'mento] m. Pr. rongement ; [erosione] érosion f. ‖ Fig. tourment, préoccupation f.

1. rodio ['rɔdjo] m. Chim. rhodium.

2. rodio ['rɔdjo] agg. [di Rodi] rhodien.

3. rodio ['rɔdjo] m. V. RODIMENTO.

1. rodite [ro'dite] f. Zool. rhodite m.

2. rodite [ro'dite] f. Min. rhodite.

roditore [rodi'tore] (**-trice** f.) agg. rongeur, euse. ◆ m. Zool. rongeur.

rododendro [rodo'dɛndro] m. Bot. rhododendron.

rodoficee [rodo'fitʃee] f. pl. Bot. rhodophycées.

rodomontata [rodomon'tata] f. rodomontade, fanfaronnade, vantardise.

rodomontesco [rodomon'tesko] (**chi** m. pl.) agg. rodomont, vantard, fanfaron.

roentgenterapia [roentgantera'pia] f. V. RÖNTGENTERAPIA.

rogare [ro'gare] v. tr. Giur. rédiger (un acte notarié).

rogatoria [roga'tɔrja] f. Giur. commission rogatoire. | *per rogatoria,* par voie rogatoire.

rogatorio [roga'tɔrjo] agg. Giur. rogatoire.

rogazione [rogat'tsjone] f. Relig. rogations pl.

roggia ['rɔddʒa] f. Dial. canal (m.) d'irrigation (L.C.).

rogito ['rɔdʒito] m. Giur. acte notarié.

rogna ['roɲɲa] f. Pr. [scabbia] gale ; [delle piante] teigne. ‖ Fig., FAM. embêtement m., ennui m. (L.C.). | *che rogna!,* quel ennui! | *non voglio darti delle rogne,* je ne veux pas te créer d'ennuis. | *cercare rogne,* chercher noise (L.C.), querelle (L.C.).

rognonata [roɲɲo'nata] f. Culin. rognonnade.

rognone [roɲ'ɲone] m. rognon.

rognoso [roɲ'ɲso] agg. Pr. galeux, euse ; [di piante] teigneux, euse. ‖ Fig., FAM. embêtant ; ennuyeux, euse (L.C.).

rogo ['rogo] (**-ghi** pl.) m. bûcher. ‖ Loc. *condannare al rogo,* condamner au bûcher, au feu. ‖ Per est. brasier. | *fare un rogo di qlco.,* brûler qch.

rollare [rol'lare] v. intr. Mar. rouler.

rollata [rol'lata] f. Mar. coup (m.) de roulis.

rollino [rol'lino] m. (petit) rouleau.

rollio [rol'lio] m. Mar. roulis. | *aletta di rollio,* aileron antiroulis.

rollometro [rol'lɔmetro] m. Mar. oscillographe, oscillomètre.

romagnolo [romaɲ'ɲolo] agg. romagnol. ◆ n. Romagnol.

romaico [ro'maiko] (**-ci** m. pl.) agg. romaïque.

romana [ro'mana] f. balance romaine.

romanamente [romana'mente] avv. à la romaine.

romancio [ro'mantʃo] agg. e m. romanche.

romando [ro'mando] agg. romand.

romanesco [roma'nesko] (**-chi** m. pl.) agg. romain. ◆ m. dialecte romain.

romanico [ro'maniko] (**-ci** m. pl.) agg. Arti roman.

romanismo [roma'nismo] m. Ling. idiotisme du dialecte romain. ‖ Relig. romanisme.

romanista [roma'nista] (**-i** m. pl.) n. romaniste.

romanistica [roma'nistika] f. philologie romane.

romanità [romani'ta] f. romanité, esprit romain.

romanizzare [romanid'dzare] v. tr. romaniser.

romano [ro'mano] agg. romain. | *l'Impero romano,* l'Empire romain. | *numeri romani,* chiffres romains. | *fare il saluto romano,* saluer à la romaine. ‖ Loc. *pagare alla romana,* payer chacun sa part. ‖ Relig. *Chiesa romana, rito romano,* Église romaine, rite romain. ‖ Tip. *caratteri romani,* caractères romains. ◆ n. Romain.

romanologo [roma'nɔlogo] (**-gi** pl.) m. romaniste.
romanticamente [romantika'mente] avv. romantiquement.
romanticheria [romantike'ria] f. affectation romanesque.
romanticismo [romanti'tʃismo] m. romantisme.
romantico [ro'mantiko] (**-ci** m. pl.) agg. STOR. LETT. romantique. ‖ FIG. romantique, romanesque. ◆ m. romantique.
romanticume [romanti'kume] m. SPREG. romantisme exagéré ; romanesque.
romanza [ro'mantsa] f. MUS., POES. romance.
romanzare [roman'dzare] v. tr. romancer. | *romanzare la realtà*, transformer la réalité en roman.
romanzato [roman'dzato] agg. romancé. | *storia romanzata*, histoire romancée, roman.
romanzeggiare [romandzed'dʒare] v. intr. LETT. faire du roman (L.C.). ◆ v. tr. (raro) romancer (L.C.).
romanzescamente [romandzeska'mente] avv. romanesquement, de manière romanesque.
romanzesco [roman'dzesko] (**-chi** m. pl.) agg. romanesque. | *scrittore romanzesco*, romancier, auteur de roman. | *la tecnica romanzesca*, la technique du roman. | *una vita romanzesca*, une vie romanesque. ◆ m. romanesque.
romanziere [roman'dzjɛre] m. romancier.
romanzina [roman'dzina] f. V. RAMANZINA.
1. romanzo [ro'mandzo] m. roman. | *romanzo d'avventure, di cappa e spada*, roman d'aventures, de cape et d'épée. | *romanzo d'appendice, a puntate*, roman-feuilleton, roman à épisodes. | *romanzo storico*, roman historique. | *romanzo cavalleresco*, roman de chevalerie. | *romanzo giallo*, roman policier. | *romanzo di fantascienza*, roman de science-fiction, d'anticipation. | *romanzo a fumetti*, roman en bandes dessinées. | *romanzo fiume*, roman-fleuve. ‖ FIG. *la sua vita è un romanzo*, sa vie est un roman, tient du roman.
2. romanzo [ro'mandzo] agg. roman. | *lingua romanza*, langue romane. ‖ GEOGR. *Svizzera Romanza*, Suisse Romande.
rombare [rom'bare] v. intr. [tuono, cannone] gronder ; [motore] vrombir.
rombetto [rom'betto] m. ZOOL. turbotin.
rombico ['rombiko] (**-ci** m. pl.) agg. GEOM. rhombique ; en forme de losange (L.C.).
1. rombo ['rombo] m. GEOM. losange. ‖ MAR. rhumb, rumb, quart.
2. rombo ['rombo] m. ZOOL. turbot.
3. rombo ['rombo] m. [uono, cannone] grondement ; [motore] vrombissement.
romboedrico [rombo'ɛdriko] (**-ci** m. pl.) agg. GEOM. rhomboédrique.
romboedro [rombo'ɛdro] m. GEOM. rhomboèdre.
romboidale [romboi'dale] agg. rhomboïdal.
romboide [rom'bɔide] agg. ANAT. rhomboïde. ◆ m. ANAT., GEOM. rhomboïde.
romeico [ro'mɛiko] agg. V. ROMAICO.
romeno [ro'mɛno] agg. e m. roumain. ◆ n. [abitante] Roumain.
romeo [ro'mɛo] m. ARC. pèlerin (L.C.). ◆ agg. *strada romea*, route qui mène à Rome.
romice ['romitʃe] f. BOT. rumex m.
romitaggio [romi'taddʒo] m. ARC. ermitage. ‖ PER EST. [luogo solitario] (lett.) ermitage, lieu solitaire (L.C.).
romito [ro'mito] agg. (lett.) solitaire (L.C.), retiré (L.C.). ◆ m. ARC. o POP. ermite (L.C.).
romitorio [romi'tɔrjo] m. ermitage.
rompere ['rompere] v. tr. **1.** casser. | *rompere un bicchiere*, casser un verre. | *ho rotto l'orologio*, j'ai cassé ma montre. | *quel ramo cadendo gli ha rotto una gamba*, cette branche en tombant lui a cassé la jambe. | *rompere con i denti*, casser avec les dents. | *rompere un uovo*, casser un œuf. | *rompere la legna*, casser du bois. ‖ LOC. *rompersi la testa*, se casser la tête (pr. e fig.). | *rompersi l'osso del collo*, se casser le cou. | *rompersi le corna contro un ostacolo*, se casser les dents sur un obstacle. | *rompere la faccia a qlcu.*, casser la figure (fam.), la gueule (pop.) à qn. | *rompere gli indugi*, se décider. | *rompere i timpani*, casser les oreilles. | *rompere l'anima, le scatole* (pop.), casser les pieds (fam.), empoisonner (fam.), enquiquiner (fam.), importuner (L.C.). | *quanto rompi!* (pop.), tu nous embêtes (fam.), tu nous les casses. ‖ **2.** [spezzare] rompre ; [mandare in pezzi] briser. | *rompere il ghiaccio*, rompre la glace (pr. e fig.). | *rompere gli argini*, rompre les digues. | *rompere uno specchio*, briser une glace. ‖ **3.** FIG. *rompere le catene*, briser ses chaînes. | *rompere un'amicizia*, rompre une amitié. | *rompere il fidanzamento*, rompre ses fiançailles. | *rompere un patto, un trattato*, rompre un pacte, un traité. | *rompere un contratto*, résilier un contrat. | *rompere ogni relazione con qlcu.*, rompre, briser avec qn. | *rompere i ponti con qlcu.*, se brouiller, se fâcher avec qn. | *rompere l'incanto*, rompre, briser l'enchantement. | *rompere il sonno*, interrompre, troubler le sommeil. | *rompere l'equilibrio*, rompre l'équilibre. ‖ **4.** [strappare] déchirer. | *rompere le calze*, déchirer ses bas. ‖ **5.** MIL. rompre. | *rompere le linee nemiche*, rompre les lignes ennemies. | *rompere il passo, le righe*, rompre le pas, les rangs. ‖ **6.** [ippica] *rompere il trotto*, passer du trot au galop. ◆ v. intr. [prorompere] *rompere in pianto*, fondre en larmes. ‖ [interrompere rapporti] *rompere con qlcu.*, rompre avec qn. ‖ MAR. faire naufrage. ‖ PROV. *chi rompe paga e i cocci sono suoi*, qui casse les verres les paie. | *meglio piegare che rompere*, qui plie ne rompt pas. ◆ v. rifl. **1.** [spezzarsi] se casser, se rompre. | *il filo si è rotto*, le fil s'est cassé. ‖ **2.** [andare in pezzi] se casser, se briser. | *questi bicchieri si rompono facilmente*, ces verres se cassent facilement. ‖ **3.** [guastarsi] se casser. | *si è rotta una molla*, un ressort s'est cassé.
rompicapo [rompi'kapo] m. inv. [fastidio] ennui, embêtement (fam.). ‖ [indovinello] casse-tête (chinois).
rompicollo [rompi'kollo] m. inv. [situazione] casse-cou, casse-gueule (fam.). ‖ LOC. *a rompicollo*, à bride abattue, à tombeau ouvert, à toute vitesse. ‖ [persona] casse-cou, risque-tout.
rompigetto [rompi'dʒetto] m. inv. brise-jet.
rompighiaccio [rompi'gjattʃo] m. inv. brise-glace.
rompimento [rompi'mento] m. cassement. | *rompimento di testa*, cassement de tête, ennui. ‖ POP. *rompimento di scatole*, embêtement, ennui (L.C.).
rompiscatole [rompis'katole] n. inv. FAM. importun (L.C.), casse-pieds ; raseur, euse ; empoisonneur, euse.
rompitore [rompi'tore] (**-trice** f.) n. (raro) briseur, euse.
rompitutto [rompi'tutto] n. inv. brise-tout.
romuleo [romu'lɛo] agg. (lett.) de Romulus. | *la città romulea*, Rome.
ronca ['ronka] f. V. RONCOLA.
roncare [ron'kare] v. tr. (raro) AGR. émonder (L.C.), élaguer (avec la serpe) [L.C.].
roncatura [ronka'tura] f. AGR. élagage m.
ronchetto [ron'ketto] m. V. RONCOLO.
ronco ['ronko] m. MED. rhonchus.
roncola ['ronkola] f. serpe.
roncolata [ronko'lata] f. coup (m.) de serpe.
roncolo ['ronkolo] m. serpette f.
roncone [ron'kone] m. AGR. vouge. ‖ STOR. MIL. pertuisane f.
ronda ['ronda] f. MIL. ronde. | *essere in servizio di ronda*, faire la, sa ronde. | *cammino di ronda*, chemin de ronde. ‖ FIG. *fare la ronda a una ragazza*, tourner autour d'une fille.
rondaccia [ron'dattʃa] f. STOR. MIL. rondache.
rondeau [rɔ̃:do] m. (fr.) V. RONDO 2.
rondella [ron'dɛlla] f. TECN. rondelle. | *rondella fusibile*, rondelle fusible.
rondello [ron'dɛllo] m. MUS., POES. rondeau, rondel. ‖ STOR. MIL. chemin de ronde, coursière f.
rondine ['rondine] f. hirondelle. ‖ LOC. *a coda di rondine*, en queue d'aronde. | *abito a coda di rondine*, habit, frac ; queue-de-morue f. (fam.), queue-de-pie (fam.). ‖ TECN. *incastro a coda di rondine*, queue d'aronde. ‖ PROV. *una rondine non fa primavera*, une hirondelle ne fait pas le printemps ; une fois n'est pas coutume.
rondinella [rondi'nella] f. hirondelle.
rondinotto [rondi'nɔtto] m. hirondeau.
1. rondo ['rondo] m. rond-point.
2. rondo [ron'dɔ] m. MUS., POES. rondeau, rondel.
rondone [ron'done] m. ZOOL. martinet.

ronfare [ron'fare] v. intr. FAM. ronfler (L.C.). ‖ [gatto] ronronner.
röntgen ['rœntgən] m. FIS. röntgen.
röntgenterapia [rœntgentera'pia] f. MED. röntgenthérapie.
ronzare [ron'dzare] v. intr. PR. [insetto] bourdonner ; [motore] ronfler. | *mi ronzano le orecchie*, mes oreilles bourdonnent, j'ai des bourdonnements d'oreilles. ‖ FIG. passer (par la tête). | *cosa ti ronza per il capo ?*, qu'est-ce qui te passe par la tête ? | *erano idee che mi ronzavano nella mente*, c'étaient des idées qui s'agitaient dans ma tête. ‖ [aggirarsi] rôder. | *ronzava intorno alla casa*, il rôdait autour de la maison. | *ronzare intorno a qlcu.*, tourner autour de qn.
ronzinante [rondzi'nante] m. rossinante f., haridelle f.
ronzino [ron'dzino] m. (peggior.) bidet, rosse f. (arc.), haridelle f. (L.C.), canasson (pop.).
ronzio [ron'dzio] m. [insetto] bourdonnement ; [motore] ronflement. | *ho un ronzio alle orecchie*, j'ai des bourdonnements d'oreilles.
ronzone [ron'dzone] m. POP. [moscone] bourdon (L.C.). ‖ FIG., (peggior.) soupirant (L.C.), prétendant (L.C.).
rorido ['rɔrido] agg. POET. humide de rosée (L.C.).
1. rosa ['rɔza] f. PR. [fiore] rose ; [pianta] rosier m. | *rosa tea*, rose thé. | *rosa selvatica, canina*, églantine ; [pianta] églantier m. | *rosa di macchia*, rose de bruyère. | *rosa di maggio*, rose pompon. | *rosa delle Alpi*, rhododendron m. | *rose di Natale*, rose de Noël. | *acqua di rosa*, eau de rose. | *legno di rosa*, bois de rose. ‖ LOC. *fresco come una rosa*, frais comme une rose. | *essere su un letto di rose*, être sur un lit de roses, couché sur des roses. | *non sono tutte rose*, ce n'est pas tout rose. | *un romanzo all'acqua di rose*, un roman à l'eau de rose. ‖ FIG. groupe m. | *la rosa dei candidati*, le groupe des candidats. ‖ [gioielleria] rose, rosette. ‖ ARCHIT. rose, rosace. ‖ GEOGR. *la rosa dei venti*, la rose des vents. ‖ MIL. *rosa di tiro*, rectangle (m.) de dispersion. | *fucile che spara a rosa*, fusil qui écarte. ‖ MIN. *rosa del deserto*, rose des sables. ‖ STOR. *la guerra delle Due Rose*, la guerre des Deux-Roses. ‖ PROV. *non c'è rosa senza spine*, il n'y a pas de roses sans épines. | *se son rose, fioriranno*, qui vivra verra.
2. rosa ['rɔza] agg. rose. | *un abito rosa*, une robe rose. ‖ FIG. *un romanzo rosa*, un roman rose. ‖ SPORT *la maglia rosa*, le maillot rose. ◆ m. [colore] rose. | *rosa antico*, vieux rose. | *vestirsi di rosa*, s'habiller en rose. ‖ FIG. *vedere tutto in rosa*, voir tout en rose, voir la vie en rose.
rosacea [ro'zatʃea] f. MED. rosacée.
rosacee [ro'zatʃee] f. pl. BOT. rosacées.
rosaceo [ro'zatʃeo] agg. rose, rosé, couleur rose.
rosaio [ro'zajo] m. rosier. ‖ [roseto] roseraie f.
rosanilina [rozani'lina] f. CHIM. rosaniline.
rosario [ro'zarjo] m. RELIG. chapelet ; [di quindici decine] rosaire. | *dire il rosario*, dire son chapelet, son rosaire. ‖ FIG. *un rosario di insulti*, un chapelet d'injures.
rosato [ro'zato] agg. rose. | *guance rosate*, des joues roses. | *vino rosato*, vin rosé. ‖ [con essenza di rose] rosat. ◆ m. [vino] rosé.
rosbif ['rɔzbif] m. e **rosbiffe** [ros'biffe] m. [dial. tosc.] CULIN. rosbif.
rosellina [rozel'lina] f. petite rose ; [selvatica] églantine.
roseo ['rɔzeo] agg. PR. e FIG. rose. | *prospettive rosee*, perspectives souriantes. | *vedere tutto roseo*, voir tout beau, tout en rose.
roseola [ro'zɛola] f. MED. roséole.
roseto [ro'zeto] m. roseraie f.
rosetta [ro'zetta] f. [decorazione] rosette. ‖ [in gioielleria] rose, rosette. | *tagliato a rosetta*, taillé en rose. ‖ [sulla fronte dei cavalli] étoile. ‖ BOT. rosette. ‖ TECN. rondelle.
rosicante [rosi'kante] agg. rongeur, euse. ◆ m. pl. ZOOL. rongeurs.
rosicare [rosi'kare] v. tr. ronger ; [mangiucchiare] grignoter. ‖ PROV. *chi non risica non rosica*, qui ne risque rien n'a rien.
rosicchiare [rosik'kjare] v. tr. V. ROSICARE. | *rosicchiare un osso*, ronger un os. | *rosicchiarsi le unghie*, se ronger les ongles. | *rosicchiare un pezzo di pane*, grignoter un morceau de pain. ‖ SPORT *rosicchiare qualche metro*, grignoter quelques mètres.
rosicoltore [rozikol'tore] (**-trice** f.) n. rosiériste.
rosicoltura [rosikol'tura] f. culture des roses.
rosignolo [rosiɲ'ɲolo] m. ARC. V. USIGNOLO.
rosmarino [rozma'rino] m. BOT. romarin.
rosminiano [rozm'njano] agg. e m. FILOS., RELIG. rosminien.
roso ['roso] part. pass. di RODERE.
rosolaccio [rozo'lattʃo] m. BOT. coquelicot, ponceau.
rosolare [rozo'lare] v. tr. CULIN. rissoler, dorer. | *rosolare l'arrosto nel forno*, faire dorer le rôti au four. ◆ v. rifl. se rissoler, roussir. ‖ FIG. *rosolarsi al sole*, se dorer au soleil.
rosolatura [rozola'tura] f. CULIN. *dare una rosolatura a*, rissoler ; faire prendre couleur à.
rosolato [rozo'lato] agg. CULIN. rissolé, doré.
rosolia [rozo'lia] f. MED. rubéole.
rosolida [ro'zolida] f. BOT. rossolis m., drosère.
rosoliera [rozo'ljɛra] f. porte-liqueurs m.
rosolio [ro'zɔljo] m. rossolis.
rosone [ro'zone] m. ARCHIT. rosace f.
rospo ['rɔspo] m. ZOOL. crapaud. ‖ FIG. *ingoiare un rospo*, avaler des couleuvres. | *brutto come un rospo*, laid comme un crapaud, un pou. ‖ [pesce] *coda di rospo*, baudroie f. ; crapaud, lotte (f.) de mer.
rossastro [ros'sastro] agg. rougeâtre ; [di capelli, di pelo] roussâtre, roux.
rosseggiante [rossed'dʒante] agg. rougeoyant, tirant sur le rouge.
rosseggiare [rossed'dʒare] v. intr. rougeoyer, tirer sur le rouge.
rossetta [ros'setta] f. ZOOL. roussette.
1. rossetto [ros'setto] m. rouge (à lèvres) ; [bastoncino] bâton de rouge.
2. rossetto [ros'setto] m. BOT. russule f. ‖ ZOOL. pagel, pageau.
rossiccio [ro'sittʃo] agg. rougeâtre ; [di capelli, di pelo] roussâtre, roux.
rossiniano [rossi'njano] agg. rossinien.
rossino [ros'sino] agg. VETER. *mal rossino*, rouget.
rosso ['rosso] agg. rouge. | *pesci rossi*, poissons rouges. | *vino rosso*, vin rouge. | *semaforo rosso*, feu rouge. | *farsi rosso in viso*, devenir rouge. | *essere rosso dalla vergogna*, être rouge de honte. | *avere gli occhi rossi*, avoir les yeux rouges. | *rosso come un papavero, un gambero, un pomodoro*, rouge comme un coquelicot, une écrevisse, une tomate. | *Cappuccetto Rosso*, le Petit Chaperon rouge. | *Croce rossa*, Croix-Rouge. ‖ [di capelli, di pelo] roux. | *avere i capelli rossi*, avoir les cheveux roux. | *un uomo, una donna dai capelli rossi*, un rouquin, une rouquine (fam.). ‖ [rossiccio] roux. ‖ BOT. *ginepro rosso*, cade m. ‖ COMM. *numeri rossi*, nombres rouges. | *clausola rossa*, red clause (ingl.). ‖ POLIT. [comunista] *una regione rossa*, une région rouge. ‖ STOR. *l'Armata Rossa*, l'Armée Rouge. ◆ m. *rosso per labbra*, rouge à lèvres. | *rosso d'uovo*, jaune d'œuf. ‖ FIG. *veder rosso*, voir rouge. ‖ [colore rossiccio] roux. ‖ [vino] rouge. | *bere un bicchiere di rosso*, boire un verre de rouge. ‖ ARALD. gueules f. pl. ‖ GIOCHI [roulette] *puntare sul rosso*, miser sur le rouge. ‖ POLIT. *i rossi*, les rouges. ‖ PROV. *rosso di sera, bel tempo si spera*, ciel rouge au soir présage le beau temps. ◆ n. roux, rousse ; rouquin, rouquine.
rossore [ros'sore] m. rougeur f., rouge. | *avere, sentir rossore di qlco.*, avoir honte de qch. | *lo disse senza rossore*, il le dit sans rougir.
rosta ['rɔsta] f. ARCHIT. fenêtre en éventail.
rosticceria [rostittʃe'ria] f. rôtisserie ; grill-room m. (ingl.).
rosticciere [rostit'tʃɛre] n. rôtisseur, euse.
rosticcio [ros'tittʃo] m. METALL. scories f. pl.
rostrato [ros'trato] agg. rostral.
rostro ['rɔstro] m. [becco di rapaci] bec. ‖ [delle navi antiche] rostre. ‖ AUTOM. *rostro di paraurti*, banane f. ‖ BOT., ZOOL. rostre. ◆ pl. STOR. *i Rostri*, les Rostres.
rotabile [ro'tabile] agg. carrossable. | *strada rotabile*, route carrossable. ‖ [ferrovia] *materiale rotabile*, matériel roulant. ◆ f. route carrossable.

rotacismo [rota'tʃizmo] m. LING. rhotacisme.
rotacizzare [rotatʃid'dzare] v. tr. LING. modifier par rhotacisme.
rotaia [ro'taja] f. rail m. | *rotaia per tranvia*, rail à ornière, rail plat. ‖ PR. e FIG. *uscire dalle rotaie*, dérailler. ‖ [solco lasciato dalla ruota] ornière.
rotang ['rɔtang] m. BOT. rotang.
rotante [ro'tante] agg. tournant, rotatif. | *movimento rotante*, mouvement rotatif. ‖ TECN. *campo rotante*, champ tournant.
rotare [ro'tare] v. intr. tourner. | *la Terra ruota intorno al Sole*, la Terre tourne autour du Soleil. ◆ v. tr. tourner. | *rotare gli occhi*, rouler les yeux.
rotariano [rota'rjano] m. rotarien.
rotativa [rota'tiva] f. TIP. rotative.
rotativista [rotati'vista] (**-i** pl.) m. rotativiste.
rotativo [rota'tivo] agg. rotatif. | *movimento rotativo*, mouvement rotatif. ‖ AGR. *sistema agrario rotativo*, rotation (f.) des cultures.
rotatorio [rota'tɔrjo] agg. rotatoire, giratoire. | *movimento rotatorio*, mouvement rotatoire. | *senso rotatorio*, sens giratoire. ‖ ANAT. *muscolo rotatorio*, muscle rotateur. ‖ CHIM. *potere rotatorio*, pouvoir rotatoire.
rotazionale [rotattsjo'nale] agg. rotatoire. ‖ FIS. rotationnel.
rotazione [rotat'tsjone] f. rotation. | *asse di rotazione*, axe de rotation. | *rotazione in senso orario, antiorario*, rotation à droite, à gauche. ‖ PER EST. [avvicendamento] roulement m. | *rotazione dei turni*, roulement des équipes de travail. | *rotazione dei capitali*, roulement des capitaux. ‖ AGR. assolement m., rotation des cultures.
roteare [rote'are] v. tr. [bastone] tourner. ‖ [occhi] rouler. ◆ v. intr. tournoyer. | *gli uccelli roteavano nel cielo*, les oiseaux tournoyaient dans le ciel.
rotella [ro'tɛlla] f. petite roue, roulette. | *pattini a rotelle*, patins à roulettes. | *poltrona a rotelle*, fauteuil roulant. | *rotella di sperone*, molette d'éperon. ‖ ANAT. rotule. ‖ STOR. MIL. rondelle. ‖ TECN. roulette. | *rotella da pasticciere*, roulette de pâtissier. ‖ FIG. FAM. *gli manca una rotella*, il a une case de vide, une case en moins.
rotellina [rotel'lina] f. roulette.
rotellista [rotel'lista] (**-i** pl.) m. SPORT hockeyeur sur roulettes.
rotenone [rote'none] m. CHIM. roténone f.
rotiferi [ro'tiferi] m. pl. ZOOL. rotifères.
rotismo [ro'tismo] m. MECC. rouage, train d'engrenages.
rotocalco [roto'kalko] (**-chi** pl.) m. [rivista] magazine, illustré, revue f. ‖ TIP. rotogravure f.
rotocalcografia [rotokalkogra'fia] f. TIP. rotogravure.
rotocalcografico [rotokalko'grafiko] (**-ci** m. pl.) agg. TIP. de rotogravure.
rotolamento [rotola'mento] m. roulement.
rotolare [roto'lare] v. tr. rouler. | *rotolare un tronco d'albero*, rouler, faire rouler un tronc d'arbre. ◆ v. intr. rouler. | *rotolò giù per le scale*, il tomba, dégringola dans l'escalier. ◆ v. rifl. PR. e FIG. se rouler. | *rotolarsi nel fango*, se vautrer dans la boue.
rotolio [roto'lio] m. roulement continu.
rotolo ['rɔtolo] m. rouleau. | *un rotolo di carta*, un rouleau de papier. ‖ LOC. *a rotoli*, à vau-l'eau. | *mandare a rotoli un affare*, faire échouer une affaire.
rotolone [roto'lone] m. roulade f. ; [caduta] dégringolade f., culbute f. | *fare rotoloni nell'erba*, se rouler dans l'herbe. | *ha fatto un rotolone per le scale*, il a dégringolé dans l'escalier.
rotoloni [roto'loni] avv. *cadere (a) rotoloni*, dégringoler, tomber. ‖ FIG. *andare a rotoloni*, aller à vau-l'eau, à la dérive.
rotonave [roto'nave] f. navire (m.) à rotors.
rotonda [ro'tonda] f. ARCHIT. rotonde ; [terrazza rotonda] terrasse ; [spartitraffico] rond-point m.
rotondamente [rotonda'mente] avv. circulairement, en rond.
rotondeggiante [rotonded'dʒante] agg. arrondi.
rotondeggiare [rotonded'dʒare] v. intr. s'arrondir.
rotondetto [roton'detto] agg. rondelet, grassouillet.
rotondezza [roton'dettsa] f. o **rotondità** [rotondi'tà] f. PR. e FIG. rondeur. | *la rotondità della Terra*, la rotondité de la Terre. ‖ GEOM. rotondité.
rotondo [ro'tondo] agg. rond. | *tavolino rotondo*, guéridon m. | *mento rotondo*, menton arrondi. | *scrittura rotonda*, écriture ronde. ‖ FIG. *fare una tavola rotonda*, tenir une table ronde. ‖ ANAT. *muscolo grande rotondo, piccolo rotondo*, muscle grand rond, petit rond. ‖ LETT. *i Cavalieri della Tavola Rotonda*, les Chevaliers de la Table Ronde.
rotore [ro'tore] m. AER., ELETTR. rotor.
1. rotta ['rotta] f. **1.** [rottura] rupture, brèche. ‖ **2.** [disfatta] défaite, débâcle ; [fuga] déroute. | *mettere in rotta un esercito*, mettre une armée en déroute. ‖ LOC. *essere in rotta con qlcu.*, être brouillé avec qn, être en brouille avec qn, avoir rompu avec qn. | *a rotta di collo*, à toute vitesse, à tombeau ouvert, à bride abattue. | *correre a rotta di collo*, courir comme un dératé.
2. rotta ['rɔtta] f. AER., MAR. route. | *giornale di rotta*, journal de bord (m.), de marche. | *ufficiale di rotta*, officier de route. | *far rotta per*, faire route vers, mettre le cap sur ; cingler vers. | *cambiar rotta*, changer de direction, changer de cap.
3. rotta ['rɔtta] f. MUS. [antico strumento] rote.
rottame [rot'tame] m. PR. débris pl. ; [di ferro] ferraille f. | *rottami d'acciaio*, chutes (f.) d'acier. ‖ FIG. *essere ridotto un rottame*, être une épave.
rotto ['rotto] part. pass. e agg. PR. cassé, brisé. | *una gamba rotta*, une jambe cassée. | *una calza rotta*, une chaussette trouée, un bas déchiré. | *scarpe rotte*, souliers troués, percés. ‖ FIG. *voce rotta*, voix brisée, cassée. | *una voce rotta dai singhiozzi*, une voix entrecoupée de sanglots. | *sentirsi le ossa rotte dalla stanchezza*, être rompu, moulu de fatigue ; être vanné (fam.). | *un patto rotto*, un pacte rompu. ‖ [abituato] rompu. | *rotto al lavoro*, rompu au travail. ◆ m. LOC. *per il rotto della cuffia*, de justesse. ◆ m. pl. *mille lire e rotti*, mille lires et des poussières, mille et quelques lires, mille lires et quelque (fam.).
rottura [rot'tura] f. PR. e FIG. rupture. | *la rottura di una diga*, la rupture d'une digue. | *la rottura di una gamba*, la fracture d'une jambe. | *rottura delle relazioni diplomatiche*, cessation des relations diplomatiques. | *rottura del fidanzamento*, rupture des fiançailles. ‖ VOLG. *rottura di scatole*, ennuis m. pl. (L.C.), embêtement m. (fam.), pépins m. pl. (fam.). ‖ FIS. *carico di rottura*, charge de rupture. ‖ GIUR. *rottura dei sigilli*, bris (m.) des scellés.
rotula ['rɔtula] f. ANAT., ZOOL. rotule.
rotuleo [ro'tuleo] agg. ANAT. rotulien.
roulette [ru'lɛt] f. [fr.] GIOCHI roulette.
roulotte [ru'lɔt] f. [fr.] roulotte. | [da campeggio] caravane.
round ['raund] m. [ingl.] SPORT round.
routine [ru'tin] f. [fr.] routine.
rovaio [ro'vajo] m. bise f. (L.C.), vent du nord (L.C.), aquilon.
rovello [ro'vɛllo] m. (lett.) tourment, obsession f.
rovente [ro'vɛnte] agg. PR. e FIG. brûlant. | *ferro rovente*, fer rouge.
rovere ['rovere] m. BOT. rouvre.
rovereto [rove'reto] m. rouvraie f.
rovescia (alla) ['allaro'vɛʃʃa] loc. avv. V. ROVESCIO.
rovesciamento [roveʃʃa'mento] m. PR. FIG. renversement ; [di barca] chavirement.
rovesciare [roveʃ'ʃare] v. tr. PR. retourner. | *rovesciare una carta*, retourner une carte. ‖ PR. e FIG. renverser ; [di imbarcazione] faire chavirer. | *rovesciare una situazione*, renverser une situation. | *rovesciare il latte*, renverser le lait. ‖ FIG. *rovesciare la colpa su qlcu.*, rejeter la faute sur qn. | *rovesciare insulti su qlcu.*, déverser des injures sur qn. | *rovesciare il sacco*, vider son sac. ◆ v. rifl. se renverser ; [di imbarcazione] chavirer. | *l'auto si è rovesciata*, la voiture s'est renversée, retournée, a capoté. ‖ [versarsi] se renverser. | *il latte si è rovesciato*, le lait s'est renversé. ‖ [di pioggia] s'abattre ; [di folla] se déverser, affluer.
rovesciata [roveʃ'ʃata] f. coup (m.) de revers.
rovesciato [roveʃ'ʃato] agg. renversé ; [di abito] retourné. ‖ ARALD. versé.
rovescio [ro'vɛʃʃo] agg. renversé. | *a man rovescia*, à gauche. ‖ [nei lavori a maglia] *punto rovescio*, maille

à l'envers. ◆ m. **1.** PR. [opposto a diritto] revers ; [di stoffa] envers. | *rovescio della medaglia*, revers de la médaille. ‖ PROV. *ogni diritto ha il suo rovescio*, toute médaille a son revers. ‖ **2.** [pioggia, grandine] averse f. ‖ FIG. *un rovescio di ingiurie*, une pluie, une bordée d'injures. | *un rovescio di bastonate*, une volée de coups de bâton. ‖ **3.** [infortunio economico] revers. ‖ **4.** [contrario] contraire. | *ha fatto esattamente il rovescio*, il a fait exactement le contraire. ‖ [tennis] revers. | *giocare di rovescio*, jouer en revers. ◆ loc. avv. ***a rovescio, alla rovescia***, à l'envers ; FIG. de travers. | *mettere una calza alla rovescia*, mettre un bas à l'envers. | *capisce tutto a rovescio*, il comprend tout de travers. | *conto alla rovescia*, compte à rebours. ‖ ***da rovescio***, à l'envers. | *stirare da rovescio*, repasser à l'envers.

rovescione [roveʃ'ʃone] m. [pioggia] averse f. ‖ [manrovescio] revers de main. ◆ avv. *rovescione ; rovescioni*, à la renverse.

roveto [ro'veto] m. ronceraie f. ‖ RELIG. *il roveto ardente*, le buisson ardent.

rovina [ro'vina] f. PR. e FIG. ruine. | *andare in rovina :* [di cosa] tomber en ruine, se délabrer ; [di persona] tomber dans la misère, se ruiner. | *mandare in rovina qlcu., qlco.*, ruiner qn, qch., causer la perte de qn. | *la passione del gioco sarà la sua rovina*, la passion du jeu le perdra. ‖ [crollo] écroulement m. ◆ pl. [ruderi] ruines ; [macerie] décombres m.

rovinare [rovi'nare] v. tr. ruiner. | *la crisi economica lo ha rovinato*, la crise économique l'a ruiné. ‖ [danneggiare] ruiner ; [sciupare] abîmer. | *rovinarsi la salute*, se détruire la santé ; délabrer, ruiner sa santé. | *rovinare un vestito*, abîmer une robe. ‖ PROV. *le acque chete rovinano i ponti*, il n'est pire eau que l'eau qui dort. ‖ FIG. *rovinare la propria vita*, gâcher sa vie. | *mi hai rovinato la giornata*, tu as gâché ma journée. ◆ v. intr. crouler, s'écrouler, s'abattre. | *la torre è rovinata al suolo*, la tour s'est écroulée. ◆ v. rifl. se ruiner ; [danneggiarsi] s'abîmer. | *rovinarsi al gioco*, se ruiner au jeu. | *la sua salute si è rovinata*, sa santé s'est détériorée.

rovinato [rovi'nato] part. pass. e agg. PR. ruiné ; [danneggiato] abîmé. ‖ FIG. *siamo rovinati*, nous sommes perdus.

rovinio [rovi'nio] m. [crollo] écroulement ; [frana] éboulement. ‖ [fracasso] fracas, vacarme.

rovinosamente [rovinosa'mente] avv. ruineusement. ‖ [con violenza] violemment, furieusement.

rovinoso [rovi'noso] agg. ruineux. | *una impresa rovinosa*, une entreprise ruineuse. ‖ [che arreca danni] désastreux, catastrophique. ‖ [violento] furieux, violent, impétueux. | *un torrente rovinoso*, un torrent furieux.

rovistare [rovis'tare] v. tr. e intr. PR. e FIG. fouiller, farfouiller (fam.).

rovistio [rovis'tio] m. fouille f. ‖ [rumore] froissement.

rovo ['rovo] m. ronce f.

rozza ['rɔttsa] f. ARC. rosse, haridelle.

rozzamente [rottsa'mente] avv. grossièrement, rudement.

rozzezza [rod'dzettsa] f. grossièreté, rudesse.

rozzo ['roddzo] agg. [non rifinito] brut. | *tela rozza*, toile écrue. ‖ FIG. fruste, grossier ; [di persona] mal dégrossi, grossier.

ruba ['ruba] f. LOC. *mettere a ruba*, piller, saccager. | *questo prodotto va a ruba*, ce produit se vend en un clin d'œil, part comme des petits pains (fam.).

rubacchiamento [rubakkja'mento] m. (raro) petit vol (L.C.), chapardage (fam.) ; [di prodotti della campagna] maraudage.

rubacchiare [rubak'kjare] v. tr. faire de petits vols, chaparder (fam.), chiper (fam.) ; [prodotti della campagna] marauder. | *rubacchiare sulla spesa*, faire danser l'anse du panier.

rubacuori [ruba'kwɔri] agg. enjôleur, euse ; charmant, ensorcelant. | *sguardo rubacuori*, regard ensorcelant, assassin (iron.). ◆ n. enjôleur, euse ; bourreau (m.) des cœurs (iron.). ◆ m. [ricciolo] accroche-cœur.

rubare [ru'bare] v. tr. voler, faucher (fam.). | *rubare denaro a qlcu.*, voler de l'argent à qn. | *rubare sul peso*, voler sur le poids, ne pas donner le poids. | *rubare sulla spesa*, faire danser l'anse du panier. | *rubare un'idea*, voler une idée. | *rubare un bacio*, dérober un baiser. | *mi hai rubato la parola di bocca*, j'allais le dire. ◆ v. recipr. s'arracher.

rubato [ru'bato] m. MUS. rubato (ital.).

rubber ['rʌbə] m. (ingl.) [bridge] rob, robre.

rubefacente [rubefa'tʃɛnte] agg. e m. MED. rubéfiant.

rubefazione [rubefat'tsjone] f. MED. rubéfaction.

rubellite [rubel'lite] f. MIN. rubellite.

rubeola [ru'bɛola] f. MED. rubéole.

rubeolico [rube'ɔliko] (**-ci** m. pl.) agg. MED. rubéoleux.

ruberia [rube'ria] f. vol m. | *è una ruberia*, c'est du vol, c'est un vol manifeste.

rubesto [ru'bɛsto] agg. ARC. V. ROBUSTO.

rubiacee [ru'bjatʃee] f. pl. BOT. rubiacées.

rubicello [rubi'tʃɛllo] m. MIN. rubicelle f.

rubicondo [rubi'kondo] agg. rubicond, vermeil.

rubidio [ru'bidjo] m. MIN. rudidium.

rubinetteria [rubinette'ria] f. robinetterie.

rubinetto [rubi'netto] m. robinet.

rubino [ru'bino] m. MIN. rubis.

rubizzo [ru'bittso] agg. bien portant, frais.

rublo ['rublo] m. rouble.

rubrica [ru'brika] f. [quaderno] répertoire m. | *rubrica telefonica*, répertoire téléphonique. | *mettere a rubrica*, répertorier. ‖ [in un giornale] rubrique. | *rubrica letteraria*, rubrique littéraire. ◆ pl. RELIG. rubriques.

rubricare [rubri'kare] v. tr. répertorier.

rubricista [rubri'tʃista] (**-i** pl.) m. rubricaire.

ruchetta [ru'ketta] f. BOT. roquette.

rudbekia [rud'bɛkja] f. BOT. rudbeckie.

rude ['rude] agg. rude, dur ; [severo] sévère. | *un clima rude*, un climat rude. | *modi rudi*, des manières rudes.

rudemente [rude'mente] avv. rudement, durement ; [severamente] sévèrement.

rudentato [ruden'tato] agg. ARCHIT. rudenté.

rudente [ru'dɛnte] m. o f. ARCHIT. rudenture f.

ruderale [rude'rale] agg. rudéral.

rudere ['rudere] m. ruine f., décombres pl. | *i ruderi di un castello*, les ruines d'un château. ‖ FIG. *quell'uomo è un rudere*, cet homme est une épave, une ruine.

rudezza [ru'dettsa] f. rudesse.

rudimentale [rudimen'tale] agg. rudimentaire.

rudimento [rudi'mento] m. [in tutti i significati] rudiment.

rudiste [ru'diste] f. pl. GEOL. rudistes m.

ruffa ['ruffa] f. (raro) mêlée (L.C.), foule (L.C.). ‖ LOC. *fare a ruffa*, voler à qui mieux mieux.

ruffiana [ruf'fjana] f. VOLG. entremetteuse (L.C.), maquerelle. ‖ [adulatrice] flagorneuse (L.C.).

ruffianata [ruffja'nata] f. VOLG. saleté (L.C.), saloperie.

ruffianeggiare [ruffjaned'dʒare] v. intr. VOLG. PR. faire l'entremetteur, l'entremetteuse (L.C.), le maquereau, la maquerelle. ‖ FIG. flagorner (L.C.), passer de la pommade (fam.).

ruffianeria [ruffjane'ria] f. VOLG. maquerellage m. ‖ [adulazione] flagornerie (L.C.).

ruffianesco [ruffja'nesko] (**-chi** m. pl.) agg. VOLG. de maquereau. ‖ [adulatore] flagorneur, euse (L.C.).

ruffiano [ruf'fjano] m. VOLG. entremetteur (L.C.), maquereau. ‖ [adulatore] flagorneur (L.C.).

ruga ['ruga] f. ride. | *fare scomparire le rughe*, dérider.

rugbista [rug'bista] (**-i** pl.) m. joueur de rugby ; rugbyman (ingl.).

rugby ['rʌgbi] m. SPORT rugby (ingl.).

ruggente [rud'dʒɛnte] agg. rugissant.

rugghiare [rug'giare] v. intr. e deriv. V. RUGGERE e deriv.

ruggine ['ruddʒine] f. rouille. | *prendere la ruggine*, se couvrir de rouille, se rouiller. | *color ruggine*, couleur rouille. ‖ BOT. *la ruggine della vite*, la rouille de la vigne. ‖ FIG. rancune. | *c'è una vecchia ruggine tra loro*, il y a de vieilles rancunes entre eux. | *avere della ruggine contro qlcu.*, avoir une dent contre qn, en vouloir à qn.

rugginosità [ruddʒinosi'ta] f. METALL., BOT. rouillure.

rugginoso [ruddʒi'noso] agg. rouillé.

ruggire [rud'dʒire] v. intr. PR. e FIG. rugir.

ruggito [rud'dʒito] m. PR. e FIG. rugissement.
rugiada [ru'dʒada] f. rosée.
rugiadoso [rudʒa'doso] agg. PR. humide de rosée. ‖ (lett.) [florido] frais (L.C.), florissant (L.C.).
rugliare [ruʎ'ʎare] v. intr. POP., DIAL. [di animale] grogner (L.C.); [di elemento naturale] gronder (L.C.), mugir (L.C.); [di intestini] gargouiller (L.C.).
rugosità [rugosi'ta] f. rugosité.
rugoso [ru'goso] agg. rugueux ; [di viso] ridé.
ruina [ru'ina] f. e deriv. V. ROVINA e deriv.
ruiniforme [ruini'forme] agg. GEOL. ruiniforme.
rullaggio [rul'laddʒo] m. [di aereo] roulement sur le sol.
rullare [rul'lare] v. intr. rouler. ‖ MAR. bourlinguer. ◆ v. tr. TECN. rouler. ‖ SOSTANT. *il rullare dei tamburi*, le roulement des tambours.
rullata [rul'lata] f. AER., MAR. roulement m.
rullatura [rulla'tura] f. AGR. roulage m.
rullino [rul'lino] m. V. ROLLINO.
rullio [rul'lio] m. roulement. ‖ MAR. roulis.
rullo ['rullo] m. [di tamburo] roulement. ‖ FOT. *rullo di pellicola*, rouleau, bobine (f.) de pellicule. ‖ TECN. *rullo compressore*, rouleau compresseur. | *catena a rulli*, chaîne à galets. | *rullo di macchina da scrivere*, rouleau. | *rullo massaggiatore*, rouleau masseur. ‖ TIP. *rullo inchiostratore*, rouleau encreur, d'imprimerie.
rum [rum] m. rhum.
rumba ['rumba] f. MUS. rumba.
rumeno [ru'mεno] agg. e m. V. ROMENO.
ruminale [rumi'nale] agg. STOR. *fico ruminale*, figuier ruminal.
ruminante [rumi'nante] agg. ruminant. ◆ m. pl. ZOOL. *i ruminanti*, les ruminants.
ruminare [rumi'nare] v. tr. PR. e FIG. ruminer.
ruminazione [ruminat'tsjone] f. rumination.
rumine ['rumine] m. ZOOL. rumen.
rumore [ru'more] m. PR. bruit ; [violento e confuso ; di persone] tapage, vacarme. | *rumore sordo*, bruit sourd. ‖ [rumorìo] rumeur f. | *il rumore del mare*, la rumeur de la mer. ‖ CIN., RADIO, TV. bruitage. ‖ LOC. *fare rumore* (pr. e fig.), faire du bruit. | *molto rumore per nulla*, beaucoup de bruit pour rien. | *mettersi a rumore*, se soulever. | *rumore di fondo*, bruit de fond.
rumoreggiamento [rumoreddʒa'mento] m. (raro). V. RUMORE.
rumoreggiante [rumored'dʒante] agg. grondant, bruyant.
rumoreggiare [rumored'dʒare] v. intr. gronder ; [di persone] chahuter.
rumorio [rumo'rio] m. rumeur f., bruit prolongé.
rumorista [rumo'rista] (**-i** pl.) m. TECN. bruiteur.
rumorosamente [rumorosa'mente] avv. bruyamment. | *ridere rumorosamente*, rire aux éclats.
rumorosità [rumorosi'ta] f. bruit m.
rumoroso [rumo'roso] agg. bruyant. | *città rumorosa*, ville bruyante. | *una risata rumorosa*, un rire sonore. | *un suono rumoroso*, un son éclatant.
runa ['runa] f. rune.
runico ['runiko] (**-ci** m. pl.) agg. runique. | *caratteri runici*, caractères runiques.
ruolino [rwo'lino] m. MIL. rôle. | *ruolino di marcia*, rôle de marche.
ruolo ['rwɔlo] m. **1.** [elenco] rôle. | *ruolo dei contribuenti*, rôle des contribuables. ‖ GIUR. *ruolo d'udienza*, rôle d'audience, rôle particulier. | *ruolo delle cause del tribunale*, rôle du tribunal. | *mettere a ruolo*, inscrire au rôle. ‖ MAR. *ruolo d'equipaggio*, rôle d'équipage. ‖ **2.** [nell'Amministrazione] cadre. | *ruolo organico*, cadre des fonctionnaires, des employés. | *essere di ruolo*, être titulaire (d'un poste). | *professore di ruolo*, professeur titulaire, en titre. | *passaggio in ruolo*, titularisation f. | *passare qlcu. in ruolo*, titulariser qn. | *impiegato fuori ruolo*, employé hors-cadre. ‖ **3.** TEATRO rôle. | *interpretare un ruolo tragico, comico*, interpréter, jouer un rôle tragique, comique. | *avere il ruolo principale*, avoir le rôle principal, le premier rôle. ‖ FIG. *ha un ruolo importante in quell'affare*, il a un rôle important dans cette affaire. | *un ruolo di primo piano*, un rôle de premier plan.
ruota ['rwɔta] f. **1.** PR. e FIG. roue. | *ruote anteriori, posteriori*, roues avant, arrière. | *ruota di scorta*, roue de secours. | *vincere di una ruota*, gagner d'une roue. | *ruota motrice*, roue motrice. | *fare la ruota*, faire la roue. ‖ [antico supplizio] *condannare qlcu. alla ruota*, condamner qn au supplice de la roue. ‖ [nei conventi] tour m. ‖ **2.** [sensi diversi] *gonna a ruota*, jupe cloche. ‖ MAR. *ruota di prua*, étrave. | *ruota del timone*, roue de gouvernail. ‖ MECC. *ruota di frizione*, roue de friction. | *ruota idraulica*, roue hydraulique. | *ruota dentata*, roue d'engrenage. | *ruota cingolata*, roue à chenilles. ‖ GIOCHI [lotto] roue. ‖ **3.** LOC. FIG. *fare la ruota a una ragazza*, faire la cour à une fille. | *la ruota della fortuna*, la roue de la fortune. | *mettere il bastone fra le ruote*, mettre des bâtons dans les roues. | *essere l'ultima ruota del carro*, être la cinquième roue du carrosse. | *ungere le ruote*, graisser la patte. | *seguire a ruota*, suivre de près. | *a ruota libera*, en roue libre.
ruotare [rwo'tare] v. intr. e tr. V. ROTARE.
ruotismo [rwo'tizmo] m. V. ROTISMO.
rupe ['rupe] f. rocher m., roc m. ‖ LOC. *la Rupe Tarpea*, la Roche Tarpéienne.
rupestre [ru'pεstre] agg. rupestre.
1. rupia [ru'pia] f. MED. rupia m.
2. rupia ['rupja] f. [moneta] roupie.
rupicola [ru'pikola] f. ZOOL. rupicole m.
rupicolo [ru'pikolo] agg. rupicole.
rurale [ru'rale] agg. rural. | *economia rurale*, économie rurale. | *Cassa rurale*, Caisse agricole, des agriculteurs. ◆ n. rural. | *i rurali*, les ruraux, les gens de la campagne.
ruscellamento [ruʃʃella'mento] m. ruissellement.
ruscelletto [ruʃʃel'letto] m. petit ruisseau ; ruisselet.
ruscello [ruʃ'ʃεllo] m. ruisseau.
rusignolo [ruziɲ'ɲɔlo] m. (lett.) V. USIGNOLO.
ruspa ['ruspa] f. décapeuse ; scraper m. (ingl.).
ruspante [rus'pante] agg. LOC. *pollo ruspante*, poulet de ferme, poulet fermier.
ruspare [rus'pare] v. intr. PR. [di pollo] gratter le sol. ‖ TECN. ratisser le terrain. ◆ v. tr. niveler.
russare [rus'sare] v. intr. ronfler.
russificare [russifi'kare] v. tr. russifier.
russificazione [russifikat'tsjone] f. russification.
russo ['russo] agg. russe. ‖ CULIN. *insalata russa*, salade russe. ◆ m. [lingua] russe. ◆ n. [abitante] Russe.
russofilo [rus'sɔfilo] agg. russophile.
rusticaggine [rusti'kaddʒine] f. rusticité.
rusticale [rusti'kale] agg. (lett.) rustique.
rusticamente [rustika'mente] avv. rustiquement.
rusticano [rusti'kano] agg. paysan.
rustichezza [rusti'kettsa] f. o **rusticità** [rustitʃi'ta] f. rusticité.
rustico ['rustiko] (**-ci** m. pl.) agg. rustique, campagnard, de la campagne. | *casa rustica*, maison campagnarde. | *mobili rustici*, meubles rustiques. | *stile rustico*, style rustique. | *vita rustica*, vie rurale, des champs, de la campagne. ‖ FIG. *modi rustici*, manières frustes, rustiques. ◆ n. (lett.) paysan (L.C.), campagnard (L.C.). | *i rustici*, les gens de la campagne. ◆ m. EDIL. hourdis, hourdage. ‖ [locale] remise f., hangar. ◆ f. TIP. *legare alla rustica*, brocher.
ruta ['ruta] f. BOT. rue.
rutabaga [ruta'baga] f. BOT. rutabage m.
rutacee [ru'tatʃee] f. pl. BOT. rutacées.
rutenico [ru'teniko] (**-ci** m. pl.) agg. CHIM. ruthénique.
rutenio [ru'tεnjo] m. CHIM. ruthénium.
ruteno [ru'tεno] agg. ruthène.
rutilante [ruti'lante] agg. (lett.) rutilant (L.C.), brillant (L.C.).
rutilare [ruti'lare] v. intr. (lett.) rutiler (L.C.), briller d'un vif éclat (L.C.).
1. rutilo ['rutilo] agg. V. RUTILANTE.
2. rutilo ['rutilo] m. CHIM. rutile.
rutina [ru'tina] f. CHIM. rutine, rutoside m.
ruttare [rut'tare] v. intr. VOLG. roter ; éructer (lett.).
rutto ['rutto] m. VOLG. rot ; éructation f. (lett.).
ruttore [rut'tore] m. interrupteur (automatique).
ruvidamente [ruvida'mente] avv. rudement, brusquement.
ruvidezza [ruvi'dettsa] f. o **ruvidità** [ruvidi'ta] f. PR. rugosité, aspérité. ‖ FIG. rudesse, brusquerie.
ruvido ['ruvido] agg. PR. rêche, râpeux. | *mani ruvide*, des mains rêches. ‖ FIG. rude, brusque.

ruzza ['ruddza] f. V. RUZZO.
ruzzare [rud'dzare] v. intr. s'ébattre, folâtrer.
ruzzo ['ruddzo] m. badinage ; jeu folâtre ; batifolage (fam.). ‖ PER EST. envie f., caprice.
ruzzola ['ruttsola] f. GIOCHI palet m.
ruzzolare [ruttso'lare] v. tr. rouler. ◆ v. intr. dévaler, rouler ; [cadere rotolando] dégringoler. | *ruzzolare giù per le scale*, dégringoler, débouler (fam.) dans l'escalier.
ruzzolata [ruttso'lata] f., **ruzzolio** [ruttso'lio] m. o **ruzzolone** [ruttso'lone] m. dégringolade f. (fam.), chute f., culbute f. | *fare un ruzzolone*, dégringoler, faire une culbute, prendre une bûche (fam.). ◆ loc. avv. ***(a) ruzzoloni***, en dégringolant.

S

s ['ɛsse] f. o m. s. TELECOM. *S come Savona*, S comme Suzanne. ‖ LOC. *curva a S*, virage en S.
sabato ['sabato] m. samedi. | *fare il sabato inglese*, faire la semaine anglaise.
sabaudo [sa'baudo] agg. de la maison de Savoie.
sabba ['sabba] m. sabbat.
sabbatico [sab'batiko] (**-ci** pl.) agg. (lett.) sabbatique (L.C.).
sabbia ['sabbja] f. sable m. | *sabbie mobili*, sables mouvants. | *color sabbia*, sable (agg. invar.).
sabbiare [sab'bjare] v. tr. TECN. sabler.
sabbiatrice [sabbja'tritʃe] f. TECN. sableuse.
sabbiatura [sabbja'tura] f. TECN. sablage m. ‖ MED. bain (m.) de sable.
sabbione [sab'bjone] m. (étendue [f.] de) gros sable.
sabbioso [sab'bjoso] agg. sablonneux, sableux.
sabeismo [sabe'izmo] m. RELIG. sabéisme.
sabelliano [sabel'ljano] agg. RELIG. sabellien.
sabellico [sa'bɛlliko] (**-ci** pl.) agg. STOR. sabellien.
sabino [sa'bino] agg. e n. sabin.
sabir [sa'bir] m. sabir.
sabotaggio [sabo'taddʒo] m. PR. e FIG. sabotage.
sabotare [sabo'tare] v. tr. PR. e FIG. saboter.
sabotatore [sabota'tore] (**-trice** f.) m. saboteur, euse.
sacca ['sakka] f. sac m. ‖ [bisaccia] besace. ‖ PER ANAL. [insenatura] anse. ‖ AER. trou (m.) d'air. ‖ BOT. sac m. ‖ MIL. poche.
saccarificazione [sakkarifikat'tsjone] f. CHIM. saccharification.
saccarina [sakka'rina] f. CHIM. saccharine.
saccarosio [sakka'rozjo] m. CHIM. saccharose.
saccata [sak'kata] f. sac m., sachée (raro). ‖ FAM. [grande quantità] tas m. (L.C.).
saccente [sat'tʃɛnte] agg. e m. pédant. ◆ f. pédante, bas-bleu m.
saccenteria [sattʃente'ria] f. pédantisme m., pédanterie (lett.).
saccentone [sattʃen'tone] (**-a** f.) agg. e n. pédant.
saccheggiamento [sakkeddʒa'mento] m. (raro) pillage (L.C.).
saccheggiare [sakked'dʒare] v. tr. piller, mettre à sac, saccager. ‖ PER EST. cambrioler, dévaliser. | *saccheggiare una banca*, dévaliser une banque. ‖ FIG. piller.
saccheggiatore [sakkeddʒa'tore] (**-trice** f.) m. pillard. ‖ PER EST. voleur, euse ; cambrioleur, euse. ‖ FIG. plagiaire.
saccheggio [sak'keddʒo] m. pillage, sac, saccage. ‖ PER EST. vol, cambriolage.
sacchetto [sak'ketto] m. sachet.
sacco ['sakko] m. **1.** sac. | *sacco postale*, sac postal. | *sacco custodia (per vestiti)*, housse (f.) à vêtements. ‖ [nella moda] *abito a sacco*, robe sac. ‖ [tela] toile à sac. ‖ PER EST. *sacco da montagna*, sac d'alpiniste. | *sacco a pelo*, duvet ; sac de couchage. | *colazione al sacco*, repas tiré du sac. ‖ PAR ANAL. POP. [stomaco, ventre] panse f. (fam.), ventre (L.C.). | *riempire il sacco*, s'en mettre plein la lampe, s'empiffrer (fam.). ‖ **2.** [saccheggio] sac. ‖ **3.** FIG. [grande quantità] tas, masse f. (fam.), flopée f. (pop.). | *guadagna un sacco di soldi*, il gagne un tas d'argent. | *un bel sacco di botte*, une drôle de raclée (fam.), une bonne volée (fam.). | *volere un sacco di bene*, aimer tout plein (fam.), aimer énormément. ‖ **4.** GERG. [biglietto da mille lire] sac (pop.). ‖ **5.** ANAT., BOT. sac. ‖ **6.** LOC. FIG. *a sacchi*, en quantité, à foison, énormément. | *dirne un sacco e una sporta*, en dire de toutes les couleurs. | *darne un sacco e una sporta*, flanquer une raclée (fam.). | *mettere qlcu. nel sacco*, rouler qn, avoir qn (fam.). | *vuotare il sacco*, vider son sac. | *colmare il sacco*, dépasser les bornes. | *reggere, tenere il sacco a qlcu.*, se faire le complice de qn. | *cogliere qlcu. colle mani nel sacco*, prendre qn la main dans le sac. | *agire con la testa nel sacco*, agir à l'aveuglette. | *non è farina del tuo sacco*, ce n'est pas de ton cru ; ce n'est pas de toi. | *è un sacco di cenci*, il est fagoté comme un sac. | *cadere come un sacco di patate*, tomber comme une masse.
saccone [sak'kone] m. paillasse f.
sacello [sa'tʃɛllo] m. chapelle f. ‖ STOR. sacellum.
sacerdotale [satʃerdo'tale] agg. sacerdotal.
sacerdote [satʃer'dɔte] (**-essa** f.) m. prêtre, prêtresse. | *sommo sacerdote*, grand(-)prêtre ; [nella religione cattolica] souverain pontife. ‖ FIG. *sacerdote delle muse*, nourrisson des muses.
sacerdozio [satʃer'dɔttsjo] m. PR. e FIG. sacerdoce. ‖ RELIG. [ordine sacro] prêtrise f.
sachem ['sakem] m. sachem.
1. sacrale [sa'krale] agg. sacral.
2. sacrale [sa'krale] agg. ANAT. sacré.
sacralità [sakrali'ta] f. caractère (m.) sacré.
sacralizzazione [sakraliddzat'tsjone] f. (raro) sacralisation.
sacramentale [sakramen'tale] agg. RELIG. sacramentel. ◆ m. sacramental.
sacramentare [sakramen'tare] v. tr. jurer. ‖ POP. [bestemmiare] jurer (L.C.), sacrer (fam.).
sacramentario [sakramen'tarjo] agg. e m. RELIG., STOR. sacramentaire.
sacramento [sakra'mento] m. RELIG. sacrement. ‖ ARC. O LETT. [giuramento] serment (L.C.).
sacrare [sa'krare] v. tr. (lett.) consacrer (L.C.). ◆ v. intr. (pop.) jurer (L.C.), sacrer (fam.).
sacrario [sa'krarjo] m. RELIG. sanctuaire. ‖ PER EST. monument. | *sacrario dei caduti*, monument aux morts. ‖ FIG. sanctuaire. ‖ STOR. sacrarium.
sacrato [sa'krato] agg. (arc. o lett.) sacré (L.C.). ‖ [consacrato] consacré.
sacrestano [sakres'tano] m., **sacrestia** [sakres'tia] f. V. SAGRESTANO, SAGRESTIA.
sacrificale [sakrifi'kale] agg. sacrificatoire, sacrificiel.
sacrificare [sakrifi'kare] v. tr. sacrifier. ‖ PER EST. sacrifier. | *sacrificare il piacere al dovere*, sacrifier le plaisir au devoir. ‖ FIG. [limitare le possibilità di qlco.]

ne pas mettre en valeur, en relief ; sacrifier. || [di qlcu.] diminuer, limiter, sacrifier. || ASSOL. RELIG. célébrer le saint sacrifice. ◆ v. rifl. se sacrifier.

sacrificato [sakrifi'kato] agg. sacrifié. || FIG. plein de sacrifices. | *vita sacrificata*, vie de sacrifices. | *impiegato sacrificato*, employé défavorisé.

sacrificatore [sakrifika'tore] (**-trice** f.) m. sacrificateur, trice.

sacrificio [sakri'fitʃo] m. PR. e FIG. sacrifice. | *far sacrificio di sé*, se sacrifier.

sacrilegamente [sakrilega'mente] avv. de manière sacrilège.

sacrilegio [sakri'lɛdʒo] m. PR. e FIG. sacrilège.

sacrilego [sa'krilego] agg. sacrilège.

sacripante [sakri'pante] m. malabar (gerg.), costaud (pop.), solide gaillard. || SCHERZ. sacripant (fam.).

1. sacro ['sakro] agg. sacré. || LOC. *morbo sacro*, mal sacré, haut mal. || LOC. PR. e FIG. *fuoco sacro*, feu sacré. || STOR. *Sacro Romano Impero*, Saint Empire romain. || RELIG. *Sacra Famiglia*, Sainte Famille. | *Sacra Scrittura*, Écriture sainte. | *musica sacra*, musique sacrée. | *sacro cuore*, sacré-cœur. ◆ m. sacré.

2. sacro ['sakro] m. ANAT. sacrum. ◆ agg. *osso sacro*, sacrum.

3. sacro ['sakro] m. ZOOL. sacre.

sacrosantamente [sakrosanta'mente] avv. indiscutablement.

sacrosanto [sakro'santo] agg. sacro-saint, sacré, très saint. || IPERB. *parole sacrosante*, sages paroles. | *è una sacrosanta verità*, c'est une vérité indiscutable. | *è la sacrosanta verità*, c'est la vérité pure, la pure vérité. | *un sacrosanto ceffone*, une claque bien méritée. || IRON. sacro-saint.

sadduceo [saddu'tʃɛo] m. RELIG., STOR. saducéen.

sadico ['sadiko] (**-ci** pl.) agg. e n. sadique.

sadismo [sa'dizmo] m. sadisme.

sadomasochismo [sadomazo'kizmo] m. sadomasochisme.

saetta [sa'etta] f. PR. LETT. trait m. (antiq.), flèche (L.C.). || FIG. LETT. rayon (m.) de soleil (L.C.). || [fulmine] foudre. | *è una saetta*, il est rapide comme l'éclair. || BOT. flèche d'eau, sagette.

saettamento [saetta'mento] m. tir, lancement de flèches.

saettare [saet'tare] v. tr. **1.** (lett.) lancer, darder des flèches (sur). || **2.** [colpire col fulmine] frapper de la foudre. || **3.** PER EST. darder, lancer. | *saettare sguardi feroci*, darder des regards féroces. || [del sole] darder ses rayons. || **4.** SPORT shooter. ◆ v. impers. *saetta*, il y a des éclairs.

saettone [saet'tone] m. ARCHIT. contre-fiche f. || ZOOL. couleuvre f.

safari [sa'fari] m. safari.

saffico ['saffiko] (**-ci** pl.) agg. saphique.

saga ['saga] f. LETT. saga.

sagace [sa'gatʃe] agg. sagace.

sagacia [sa'gatʃa] o **sagacità** [sagatʃi'ta] f. sagacité.

saggezza [sad'dʒɛttsa] f. sagesse.

saggiamente [saddʒa'mente] avv. sagement.

saggiare [sad'dʒare] v. tr. essayer. || FIG. essayer, éprouver. | *saggiare il terreno*, tâter le terrain.

saggiatore [saddʒa'tore] m. [persona] essayeur. || [bilancetta] trébuchet.

saggiatura [saddʒa'tura] f. essai m. || [segno sul metallo] poinçon m.

saggina [sad'dʒzina] f. BOT. sorgho m.

1. saggio ['saddʒo] agg. e n. sage.

2. saggio ['saddʒo] m. **1.** essai. | *fare il saggio dell'oro*, faire l'essai de l'or. || **2.** [campione] échantillon. || [libro, rivista] *copia di saggio*, spécimen. || **3.** FIG. [dimostrazione] aperçu, idée f., preuve f. || [prova scolastica] épreuve f. || **4.** CHIM. *tubo da saggio*, tube à essai. || **5.** ECON. *saggio d'interesse*, taux d'intérêt. || **6.** LETT. essai. | *saggio critico*, essai critique.

saggista [sad'dʒista] (**-i** pl.) m. e f. LETT. essayiste.

saggistica [sad'dʒistika] f. LETT. essais m. pl.

saggistico [sad'dʒistiko] (**-ci** pl.) agg. LETT. *la produzione saggistica di un autore*, les essais d'un auteur.

sagittale [sadʒit'tale] agg. ANAT. sagittal.

sagittaria [sadʒit'tarja] f. BOT. sagittaire, sagette, flèche d'eau.

sagittario [sadʒit'tarjo] m. ARC. archer. || ASTR. sagittaire.

sago ['sago] m. STOR. sagum, saie f.

sagola ['sagola] f. [per alzare] drisse. || [per calare in mare] ligne.

sagoma ['sagoma] f. **1.** [modello] gabarit m., forme, cerce (tecn.). || **2.** [profilo di un oggetto] profil m., forme, ligne, contour m. || **3.** PER EST. silhouette. || [bersaglio] silhouette de tir. || **4.** FAM. SCHERZ. numéro m., phénomène m. | *è proprio una sagoma!*, quel numéro !

sagomare [sago'mare] v. tr. donner une forme (à), façonner. | *sagomare al tornio*, façonner au tour, tourner. | *sagomare un blocco di pietra*, tailler un bloc de pierre. | *sagomare una colonna, un vaso*, galber une colonne, un vase. || [metallo] profiler.

sagomato [sago'mato] agg. façonné. || [dal profilo modellato] galbé, courbe. || [di pezzi metallici] profilé. ◆ m. profilé.

sagomatura [sagoma'tura] f. façonnage m. || [di pezzi metallici] réalisation d'un profil.

sagra ['sagra] f. ARC. fête paroissiale. || PER EST. fête (populaire), kermesse. | *sagra dell'uva*, fête du raisin.

sagrato [sa'grato] m. parvis. || ARC. cimetière.

sagrestano [sagres'tano] (**-a** f.) n. sacristain, sacristine. || FIG. VOLG. calotin (fam.).

sagrestia [sagres'tia] f. sacristie.

sagrì [sa'gri] m. chagrin.

sagrinato [sagri'nato] agg. chagriné.

sagù [sa'gu] m. sagou.

sahariana [saa'rjana] f. saharienne.

sahariano [saa'rjano] agg. saharien.

saia ['saja] f. serge.

saio ['sajo] m. [dei monaci] froc. || STOR. saie f.

1. sala ['sala] f. salle. | *sala da pranzo*, salle à manger. | *sala per riunioni*, salle de réunions. | *sala insegnanti*, salle des professeurs. || MAR. chambre. | *sala macchine*, chambre des machines, machinerie.

2. sala ['sala] f. TECN. essieu m.

salace [sa'latʃe] agg. LETT. [lascivo] lascif (L.C.), lubrique (L.C.). || L.C. [piccante] grivois, gaulois, salé, épicé.

salacità [salatʃi'ta] f. LETT. grivoiserie (L.C.), gauloiserie (L.C.).

salagione [sala'dʒone] f. salaison.

salamandra [sala'mandra] f. ZOOL. salamandre.

salame [sa'lame] m. saucisson. || FIG. cornichon (fam.), nouille f. (fam.), andouille f. (pop.).

salamelecco [salame'lɛkko] m. salamalec (fam.).

salamoia [sala'mɔja] f. saumure. | *olive in salamoia*, olives conservées dans la saumure.

salare [sa'lare] v. tr. saler.

salariale [sala'rjale] agg. salarial (neol.).

salariare [sala'rjare] v. tr. salarier (raro), rétribuer.

salariato [sala'rjato] agg. e n. salarié.

salario [sa'larjo] m. salaire.

salassare [salas'sare] v. tr. saigner. || FIG. tondre, estamper (fam.), saigner (raro). ◆ v. rifl. FIG. se saigner aux quatre veines.

salasso [sa'lasso] m. saignée f. || FIG. saignée, ruine f.

salatino [sala'tino] m. biscuit salé.

salato [sa'lato] agg. **1.** salé. || **2.** FIG. [caro] salé. | *conto salato*, note salée. || LOC. *pagarla, farla pagare salata*, le payer, le faire payer cher. || **3.** FIG. [arguto] mordant, cinglant. ◆ m. produit de charcuterie.

salatore [sala'tore] (**-trice** f.) m. saleur, euse.

salatura [sala'tura] f. salage m.

salciccia [sal'tʃittʃa] f. V. SALSICCIA.

salcrauti [sal'krauti] m. pl. choucroute f. sing.

salda ['salda] f. empois m., amidon m. | *dare la salda ad un colletto*, amidonner, empeser un col. || TECN. apprêt m.

saldamente [salda'mente] avv. solidement.

saldare [sal'dare] v. tr. **1.** souder. | *saldare a stagno*, souder à l'étain. || FIG. lier. || **2.** [pagare] solder, acquitter, régler. || LOC. FIG. *saldare una partita*, régler un compte. ◆ v. rifl. se souder.

saldatoio [salda'tojo] m. fer à souder.

saldatore [salda'tore] m. fer à souder. || [persona] soudeur.

saldatrice [salda'tritʃe] f. TECN. soudeur m. | *saldatrice ad arco*, arc (m.) à souder.

saldatura [salda'tura] f. soudure. ‖ MIL. jonction.
saldezza [sal'dettsa] f. solidité. ‖ FIG. fermeté.
1. saldo ['saldo] agg. PR. e FIG. solide. | *reggersi saldo sulle gambe*, être solide sur ses jambes. | *tenersi saldo*, se tenir solidement. ‖ PER EST. [fermo] ferme, constant. | *saldo nei suoi principi*, ferme dans ses principes. | *mano salda*, main ferme. ‖ LOC. FIG. *aver la testa ben salda sulle spalle*, avoir la tête sur les épaules.
2. saldo ['saldo] m. solde, règlement. | *a saldo*, pour solde. ‖ [liquidazione] solde. | *vendere a saldo*, vendre en solde. | *svendita di saldi*, braderie f. | *saldi di fine stagione*, soldes de fin de saison.
sale ['sale] m. **1.** sel. | *sale grosso*, gros sel. | *sale fino*, sel fin. | *giusto di sale*, salé à point. | *mettere sotto sale*, saler. ‖ **2.** FIG. sel, esprit. | *scherzo pieno di sale*, plaisanterie pleine de sel. | *fai un discorso senza sale*, tu dis des choses sans intérêt. ‖ **3.** CHIM. sel. ‖ **4.** LOC. FIG. *intendere con un grano di sale*, interpréter avec un peu de finesse, avec discernement. | *restare di sale*, en rester baba (fam.). ‖ FAM. *aver poco sale in zucca*, avoir une petite tête ; ne pas avoir grand-chose dans la tête (L.C.).
salentino [salen'tino] agg. e n. salentin.
salernitano [salerni'tano] agg. e n. salernitain.
salesiano [sale'zjano] agg. e n. RELIG. salésien.
salgemma [sal'dʒɛmma] m. sel gemme.
saliare [sa'ljare] agg. STOR. salien. | *carme saliare*, chant des Saliens.
salice ['salitʃe] m. BOT. saule.
saliceto [sali'tʃeto] m. saulaie f. (raro).
salicilato [salitʃi'lato] m. CHIM. salicylate.
salicilico [sali'tʃiliko] (**-ci** pl.) agg. CHIM. salicylique.
salico ['saliko] (**-ci** pl.) agg. salique.
saliente [sa'ljɛnte] agg. **1.** PR. [che si muove verso l'alto] (raro) montant. ‖ PER EST. [che forma un rilievo] saillant. ‖ **2.** FIG. saillant, remarquable, important. ◆ m. [sporgenza] saillie f. ‖ ARCHIT. MIL. saillant.
saliera [sa'ljɛra] f. salière.
salificare [salifi'kare] v. tr. CHIM. salifier.
salificazione [salifikat'tsjone] f. CHIM. salification.
saligno [sa'liɲɲo] agg. salin.
salina [sa'lina] f. marais (m.) salant, saline, salin m. (tecn.). ‖ [miniera] mine de sel.
salinaio [sali'najo] m. saunier, salinier.
salinità [salini'ta] f. salinité.
salino [sa'lino] agg. salin.
salire [sa'lire] v. intr. **1.** [persone] monter. | *salire in soffitta*, monter au grenier. | *salire sul treno*, monter dans le train. | *salire con l'ascensore*, monter en ascenseur. ‖ *salire per*, monter (tr.). | *salire (su) per le scale*, monter l'escalier. ‖ FIG. monter, s'élever. | *salire al trono*, monter sur le trône. | *salire in fama*, acquérir de la réputation. ‖ LOC. FIG. *salire in cattedra*, se mettre à pontifier, prendre un ton pontifiant. ‖ **2.** [cose] monter, s'élever. | *le fiamme salivano fino alle nostre finestre*, les flammes montaient, s'élevaient jusqu'à nos fenêtres. | *strada che sale*, route qui monte. ‖ FIG. [aumentare] monter, s'élever, augmenter. | *i prezzi salgono*, les prix montent, s'élèvent. | *il numero degli aderenti sale ogni anno*, le nombre des adhérents augmente chaque année. | *è salito a duemila il numero degli iscritti*, le nombre des inscrits s'élève maintenant à deux mille. ◆ v. tr. monter. | *salire le scale*, monter l'escalier.
saliscendi [saliʃ'ʃendi] m. invar. loquet. ‖ [susseguirsi di salite e discese] montées (f. pl.) et descentes (f. pl.). | *strada tutta saliscendi*, route qui ne fait que monter et descendre.
salita [sa'lita] f. [azione] montée. ‖ [tratto di terreno che sale] montée, côte. | *a metà salita*, à mi-côte. | *camminare in salita*, monter une côte. | *strada in salita*, route qui monte. ‖ FIG. (raro) ascension (L.C.).
saliva [sa'liva] f. salive.
1. salivare [sali'vare] o **salivale** [sali'vale] agg. salivaire.
2. salivare [sali'vare] v. intr. (raro) saliver (L.C.).
salivazione [salivat'tsjone] f. salivation.
salma ['salma] f. dépouille (mortelle) [lett.], corps m., cadavre m.
salmastro [sal'mastro] agg. saumâtre. ◆ m. odeur (f.), goût saumâtre.
salmeria [salme'ria] f. MIL. équipage m. (arc.), convoi (m.) de matériel ; matériel m., impedimenta m. pl. (lat.).
salmì [sal'mi] m. CULIN. civet, salmis. | *capriolo in salmì*, civet de chevreuil.
salmista [sal'mista] (**-i** pl.) m. psalmiste.
salmistrare [salmis'trare] v. tr. CULIN. saler. | *lingua salmistrata*, langue saumurée.
salmo ['salmo] m. MUS., RELIG. psaume.
salmodia [salmo'dia] f. psalmodie.
salmodiare [salmo'djare] v. intr. psalmodier.
salmone [sal'mone] m. ZOOL. saumon. ◆ agg. e m. saumon.
salnitro [sal'nitro] m. salpêtre, nitre (arc.), nitrate de potassium (chim.).
salomonico [salo'mɔniko] (**-ci** pl.) agg. de Salomon, digne de Salomon.
salone [sa'lone] m. salle f., (grand) salon. | *salone da ballo*, salle de bal. ‖ [mostra] salon.
salottiero [salot'tjɛro] agg. (lett.) salonnier (L.C.), mondain (L.C.). ‖ [che frequenta i salotti] qui fréquente les salons.
salottino [salot'tino] m. salon. ‖ [di signora] boudoir.
salotto [sa'lotto] m. salon. | *tenere salotto*, recevoir.
salpare [sal'pare] v. intr. lever l'ancre, appareiller, démarrer. ‖ *salpare da*, quitter (tr.). | *salpare da New York*, quitter New York. ◆ v. intr. lever.
salpinge [sal'pindʒe] f. ANAT. trompe.
1. salsa ['salsa] f. sauce. | *salsa di pomodoro*, sauce tomate. ‖ FIG. *condire in tutte le salse*, mettre à toutes les sauces.
2. salsa ['salsa] f. GEOL. salse.
salsapariglia [salsapa'riʎʎa] f. BOT. salsepareille.
salsedine [sal'sedine] f. salinité, salure. ‖ [sale] sel m.
salsiccia [sal'sittʃa] f. saucisse. ‖ FIG., SCHERZ. *far salsiccia di qlcu.*, réduire qn en bouillie.
salsicciaio [salsit'tʃajo] (**-a** f.) m. charcutier, ère.
salsicciotto [salsit'tʃɔtto] m. saucisson.
salsiera [sal'sjɛra] f. saucière.
salso ['salso] agg. salé. ◆ m. goût de sel.
saltamartino [saltamar'tino] m. (pop.) sauterelle f. (L.C.). ‖ FIG. [bambino vivace] diable, diablotin.
saltare [sal'tare] v. intr. **1.** sauter, bondir. | *saltare giù dal letto, in piedi*, sauter du lit, sur ses pieds. ‖ **2.** [cose] sauter. | *le valvole sono saltate*, les plombs ont sauté. ‖ **3.** [esplodere] sauter, exploser, éclater. | *farsi saltare le cervella*, se faire sauter la cervelle. ‖ LOC. *saltare in aria*, sauter, exploser, éclater. ‖ **4.** FIG. [passare da un punto all'altro] passer, sauter. | *salto a pagina 20*, je passe à la page 20. ‖ **5.** LOC. PR. e FIG. *saltare fuori* : PR. sortir ; FIG. [farsi avanti] intervenir ; [essere scoperto] être découvert, se savoir. | *da dove salti fuori ?*, d'où sors-tu ? | *è saltato fuori lui con una nuova idea*, il est intervenu en lançant une nouvelle idée. | *la verità salterà fuori un giorno*, on finira par découvrir la vérité. | *è saltato fuori un erede*, un héritier s'est présenté. | *bisogna far saltare fuori questo denaro*, il faut trouver cet argent. ‖ **6.** LOC. FIG. *saltare su (a dire)*, intervenir en disant, pour dire ; s'écrier, dire. | *saltare di palo in frasca*, passer du coq à l'âne. | *mi salta la mosca al naso*, la moutarde me monte au nez. | *che ti salta (in mente) ?*, qu'est-ce qui te prend ? | *far saltare qlcu.* : [escludere] faire sauter qn ; [di sdegno] faire bondir qn. ◆ v. tr. sauter. | *saltare una pagina*, sauter une page. | *l'autobus ha saltato una fermata*, l'autobus a brûlé un arrêt. | *saltare la corda*, sauter à la corde. ‖ CULIN. faire sauter.
saltatoio [salta'tojo] m. sautoir. ‖ [per gli uccelli] perchoir.
saltatore [salta'tore] (**-trice** f.) m. SPORT sauteur, euse. ‖ ARC. O LETT. acrobate (L.C.). ◆ agg. sauteur.
saltellamento [saltella'mento] m. sautillement.
saltellante [saltel'lante] agg. sautillant.
saltellare [saltel'lare] v. intr. sautiller.
saltellio [saltel'lio] m. (raro) sautillement (L.C.).
saltello [sal'tɛllo] m. petit saut. | *a saltelli*, en sautillant.
saltelloni [saltel'loni] avv. en sautillant.
salterellare [salterel'lare] v. intr. sautiller.
salterello [salte'rɛllo] m. petit saut. ‖ [danza] saltarelle f.

salterio [sal'tɛrjo] m. psautier. ‖ MUS. psaltérion.
saltimbanco [saltim'banko] m. saltimbanque.
saltimbocca [saltim'bokka] m. invar. CULIN. escalope (f.) roulée farcie de jambon ; saltimbocca.
salto ['salto] m. **1.** saut, bond. | *spiccare un salto,* faire un saut, sauter. | *con un salto,* d'un bond. | *avanzare a salti,* avancer par bonds. ‖ PER EST. *fare un salto a Roma,* faire un saut à Rome. ‖ FAM. *fare quattro salti tra amici,* organiser une petite sauterie entre amis. ‖ **2.** [caduta] saut, chute f., plongeon. ‖ [di acqua] chute f., saut, cascade f. | *l'acqua precipita con un salto di venti metri,* il y a une chute d'eau de vingt mètres de haut. | *la cascata fa un salto pauroso,* la cascade a une hauteur vertigineuse. ‖ PER EST. *dalla mia finestra al giardino c'è un bel salto,* de ma fenêtre au jardin, ça fait plutôt haut (fam.). ‖ **3.** FIG. différence f. ; [in bene] progrès ; [in male] chute f. | *salto di qualità,* différence de qualité. | *salto di temperatura,* saute de température. | *i prezzi hanno fatto un salto,* les prix ont fait un bond. ‖ [omissione] vide, lacune f. ‖ **4.** CULIN. *al salto,* sauté (agg.). ‖ **5.** SPORT [atletica] saut. | *salto mortale,* saut périlleux. ‖ **6.** LOC. FIG. *in un salto :* [in poco tempo] en un instant, en une minute. | *in un salto arrivo,* j'arrive dans une minute. ‖ *fare un salto nel buio,* faire le saut ; se lancer dans une tentative hasardeuse. ‖ *fare i salti mortali,* faire des pieds et des mains.
saltuariamente [saltuarja'mente] avv. de temps en temps, de temps à autre, par intermittence.
saltuarietà [saltuarje'ta] f. irrégularité, discontinuité, intermittence.
saltuario [saltu'arjo] agg. irrégulier, intermittent, discontinu.
salubre [sa'lubre] agg. salubre.
salubrità [salubri'ta] f. salubrité.
salumaio [salu'majo] (**-a** f.) m. charcutier, ère.
salume [sa'lume] m. charcuterie f. ◆ pl. charcuterie f. sing.
salumeria [salume'ria] f. charcuterie.
salumiere [salu'mjɛre] (**-a** f.) m. charcutier, ère.
salumificio [salumi'fitʃo] m. fabrique (f.) de charcuterie.
1. salutare [salu'tare] agg. PR. e FIG. salutaire.
2. salutare [salu'tare] v. tr. saluer. ‖ [in occasione dell'incontro] dire bonjour. | *sono andato a salutarlo al mio arrivo,* je suis allé lui dire bonjour quand je suis arrivé. ‖ [in occasione del commiato] dire au revoir. | *ti saluto !,* au revoir !, salut ! ‖ [trasmettere o far trasmettere saluti] dire bonjour, donner le bonjour. | *mi saluti sua sorella, i suoi,* (bien le) bonjour à votre sœur, chez vous. | *salutamelo (tanto),* dis-lui (bien) bonjour de ma part. | *ti saluta,* il te donne le bonjour. ‖ [nelle lettere] *ti saluto affettuosamente,* je t'embrasse affectueusement. | *distintamente vi salutiamo,* veuillez agréer, nous vous prions d'agréer nos sincères salutations, nos salutations distinguées. ‖ PER EST. saluer. | *fu salutato da applausi, con fischi,* il fut salué par des applaudissements, par des sifflets. ‖ (lett.) [proclamare] proclamer (L.C.). ‖ MIL. saluer. ◆ v. recipr. se saluer, se dire bonjour, se dire au revoir.
salutazione [salutat'tsjone] f. salutation.
salute [sa'lute] f. **1.** santé. | *essere in salute,* être en bonne santé. | *è il ritratto della salute,* il respire la santé. | *alla (vostra) salute !,* à votre santé !, à la vôtre ! ‖ FAM. *salute ! :* [per salutare] salut ! ; [per esprimere l'ammirazione] chapeau ! ; [a chi starnutisce] à tes, à vos souhaits ! ‖ **2.** (lett.) [salvezza] salut m.
salutevole [salu'tevole] agg. (lett.) salutaire (L.C.).
saluto [sa'luto] m. salut. | *togliere il saluto a qlcu.,* ne plus saluer qn. | *il suo saluto è stato alquanto freddo,* il m'a salué plutôt froidement. | *si scambiarono un saluto cordiale,* ils se dirent bonjour cordialement. | *saluto ossequioso,* salutation (f.) obséquieuse. ‖ MIL. salut. ◆ pl. [in formule di cortesia] bonjour sing., souvenir sing. | *i miei saluti a sua madre,* mon bon souvenir, bien des choses, bonjour à votre mère. | *portagli i miei saluti,* dis-lui bonjour de ma part. ‖ FAM. *tanti saluti a casa,* bonjour chez vous, chez toi. ‖ [nelle lettere] salutations f. ‖ [corrispondenza burocratica] *(porgo i miei più) distinti saluti,* veuillez agréer mes salutations distinguées.
salva ['salva] f. PR. e FIG. salve. ‖ LOC. *sparare a salva,* tirer à blanc.
salvabile [sal'vabile] agg. qui peut être sauvé, qu'on peut sauver. | *salvare il salvabile,* sauver ce qui peut l'être ; faire la part du feu.
salvacondotto [salvakon'dotto] m. sauf-conduit, laissez-passer.
salvadanaio [salvada'najo] m. tirelire f.
salvagente [salva'dʒɛnte] m. invar. bouée (f.) de sauvetage, ceinture (f.) de natation, de sauvetage ; [panciotto] gilet de sauvetage. ‖ [marciapiede] refuge.
salvagocce [salva'gottʃe] m. invar. bouchon verseur.
salvaguardare [salvagwar'dare] v. tr. sauvegarder.
salvaguardia [salva'gwardja] f. sauvegarde.
salvamento [salva'mento] m. [azione di salvare] sauvetage. ‖ [fatto di sfuggire ad un pericolo] salut. ‖ LOC. *trarre, condurre a salvamento,* sauver, mettre en sûreté.
salvamotore [salvamo'tore] m. [a fusibile] coupe-circuit ; [a interruttore] disjoncteur.
salvapunte [salva'punte] m. invar. capuchon.
salvare [sal'vare] v. tr. sauver. | *salvare qlcu. da sicura morte,* sauver qn d'une mort certaine. | *salvarsi l'anima,* sauver son âme. ‖ [preservare, proteggere] préserver, protéger, sauver. | *salvare i vestiti dalle tarme,* protéger les vêtements des mites. ‖ LOC. *salvare le apparenze,* sauver les apparences. ‖ FAM. *salvare la faccia,* sauver la face (L.C.). ‖ *Dio ci salvi !,* que Dieu nous protège, nous garde ! ◆ v. rifl. **1.** ASSOL. [scampare alla morte] en réchapper, (s')en sortir (vivant, indemne), s'en tirer, se tirer d'affaire, sauver sa peau (fam.). | *nessuno si è salvato,* personne n'en a, n'en est réchappé. ‖ LOC. *si salvi chi può !,* sauve qui peut ! ‖ [sottrarsi ad un danno] (s')en sortir, s'en tirer, se tirer d'affaire. ‖ [essere accettabile] être passable. | *questo film si salva appena,* ce film est à peine passable. | *questo film si salva grazie ai colori,* c'est la couleur qui sauve ce film. ‖ **2.** *salvarsi da,* échapper à, se sauver de, réchapper à, de (lett.). | *salvarsi dall' incendio,* échapper à l'incendie. ‖ [ripararsi] s'abriter. ‖ [evitare] échapper. | *nessuno si salva dalle sue calunnie,* personne n'échappe à ses calomnies. ‖ [difendersi] se protéger.
salvastrella [salvas'trɛlla] f. BOT. pimprenelle, sanguisorbe.
salvatacco [salva'takko] m. talon.
salvataggio [salva'taddʒo] m. PR. e FIG. sauvetage.
salvatore [salva'tore] (**-trice** f.) m. sauveur. ‖ [chi compie un salvataggio] sauveteur. ‖ RELIG. Sauveur. ◆ agg. (lett.) salvateur.
salvazione [salvat'tsjone] f. salut m.
1. salve ['salve] f. invar. V. SALVA.
2. salve ['salve] interiez. salut ! ‖ RELIG. salve, salvé.
salveregina [salvere'dʒina] (**-e** o **-a** pl.) f. RELIG. salve regina m. (lat.).
salvezza [sal'vettsa] f. salut m.
salvia ['salvja] f. BOT. sauge.
salvietta [sal'vjetta] f. serviette.
salvo ['salvo] agg. **1.** sauf (raro), sain et sauf, indemne, sauvé. | *i passeggeri sono salvi,* les passagers sont sains et saufs. | *il malato è salvo,* le malade est sauvé. | *l'onore è salvo,* l'honneur est sauf. ‖ **2.** [in costruzioni assolute] *deve prevalere l'interesse della comunità, salvi tuttavia i diritti dei singoli,* c'est l'intérêt de la communauté qui doit prévaloir, sans toutefois qu'il soit porté atteinte aux droits de l'individu. | *salvo restando il principio di,* tout en maintenant le principe de. ‖ **3.** LOC. *aver salva la vita,* avoir la vie sauve. | *a man salva,* impunément. | *in salvo,* en sûreté, en lieu sûr, à l'abri. | *condurre in salvo,* conduire en lieu sûr. ◆ prep. [tranne] sauf, excepté, à part, à l'exception de, hormis (lett.), hors (lett.). | *tutti salvo due,* tous sauf deux. | *salvo poche eccezioni,* à quelques exceptions près. ‖ [a meno che vi sia] sauf. | *salvo parere contrario,* sauf avis contraire. ◆ loc. prep. ***salvo a,*** quitte à, sauf à (lett.). | *difende bei principi salvo a non metterli in pratica,* il défend de beaux principes, quitte à ne pas les mettre en pratique. ◆ loc. cong. ***salvo che*** [+ indic.], sauf que, excepté que, à cette exception que. ‖ ***salvo (che)*** [+ cong.] o ***salvo se,*** à moins que [+ cong.], sauf si [+ indic.]. | *domani facciamo una gita salvo che*

piova, demain nous faisons une excursion, à moins qu'il ne pleuve, sauf s'il pleut.
samaritano [samari'tano] agg. e n. samaritain.
sambuca [sam'buka] f. [liquore] anisette.
sambuco [sam'buko] m. Bot. sureau.
samurai [samu'rai] m. samouraï, samurai.
san [san] agg. (troncamento) v. santo.
sanabile [sa'nabile] agg. guérissable, curable. ‖ Fig. qui peut être assaini, réparable.
sanamente [sana'mente] avv. Pr. e fig. sainement.
sanare [sa'nare] v. tr. Pr. e fig. guérir. ‖ Per est. assainir. ‖ [porre rimedio] remédier (à), porter remède (à). ‖ Fin. assainir. | *sanare il bilancio*, assainir le budget. ‖ Giur. régulariser, valider.
sanatoria [sana'tɔrja] f. Giur. régularisation, validation.
sanatoriale [sanato'rjale] agg. de sanatorium. | *ospedale sanatoriale*, sanatorium.
sanatorio [sana'tɔrjo] m. sanatorium, sana (fam.). ◆ agg. (lett.) (raro) Giur. de régularisation (l.c.).
sanbernardo [sanber'nardo] o **san bernardo** m. saint-bernard.
sancire [san'tʃire] v. tr. sanctionner.
sancta sanctorum ['sankta san'ktɔrum] m. [lat.] Pr. e fig. saint des saints.
sanculotto [sanku'lɔtto] m. sans-culotte.
1. sandalo ['sandalo] m. [scarpa] sandale f.
2. sandalo ['sandalo] m. [legno] santal.
3. sandalo ['sandalo] m. Mar. barque (f.) à fond plat.
sandolino [sando'lino] m. Mar. périssoire f.
sandwich ['sɛnduitʃ] m. [ingl.] sandwich. | *uomo sandwich*, homme-sandwich.
sangallo [san'gallo] m. broderie (f.) anglaise.
sangue ['sangwe] m. Pr. sang. | *cavar sangue*, saigner. | *battere, mordere a sangue*, battre, mordre jusqu'au sang. ‖ Pr. e fig. [valore simbolico] *versare il sangue per la patria*, verser son sang pour la patrie. | *mani lorde di sangue*, mains ensanglantées. | *duello all'ultimo sangue*, duel à mort. | *fatto di sangue*, crime sanglant. ‖ Fig. [parentela] sang. | *è sangue mio, è sangue del mio sangue*, c'est la chair de ma chair. | *vincoli, voce del sangue*, liens, voix du sang. ‖ Prov. *buon sangue non mente*, bon sang ne peut mentir ; bon chien chasse de race. ‖ Culin. *bistecca al sangue*, bifteck saignant. ‖ Zool. *puro sangue*, pur-sang. ‖ Loc. fig. *non avere sangue nelle vene*, ne pas avoir de sang dans les veines ; avoir du sang de navet (fam.). | *calma e sangue freddo !*, du sang-froid ! | *a sangue freddo*, de sang-froid. | *sudare, sputare sangue*, suer sang et eau. | *succhiare il sangue a qlcu.*, saigner qn (à blanc). | *cavar sangue da una rapa*, demander l'impossible à qn. | *mi sentii gelare il sangue*, mon sang se glaça, se figea dans mes veines. | *gli si rimescolò il sangue*, son sang ne fit qu'un tour. | *il sangue mi è andato alla testa*, j'ai vu rouge. | *farsi cattivo sangue*, se faire du mauvais sang, se ronger les sangs (fam.), se faire de la bile (fam.). | *il riso fa buon sangue*, ça fait du bien de rire.
sanguemisto [sangwe'misto] m. sang-mêlé, métis.
sanguifero [san'gwifero] agg. sanguin.
sanguigna [san'gwiɲɲa] f. Arti sanguine.
sanguigno [san'gwiɲɲo] agg. Pr. e fig. sanguin. | *circolazione sanguigna*, circulation du sang, circulation sanguine. ‖ [misto di sangue] sanguinolent.
sanguinaccio [sangwi'nattʃo] m. Culin. boudin.
sanguinante [sangwi'nante] agg. sanglant, saignant. ‖ Fig. [moralmente doloroso] saignant. ‖ Culin. saignant.
sanguinare [sangwi'nare] v. intr. Pr. e fig. saigner. | *mi sanguina il naso*, je saigne du nez. | *mi sanguina il cuore*, mon cœur saigne. ‖ Culin. être saignant.
sanguinario [sangwi'narjo] agg. e n. sanguinaire (lett.).
sanguinolento [sangwino'lɛnto] agg. [pieno di sangue] ensanglanté. ‖ [sanguinante] sanglant. ‖ [tinto di sangue] sanguinolent. ‖ Fig. sanglant.
sanguinosamente [sangwinosa'mente] avv. de façon sanglante.
sanguinoso [sangwi'noso] agg. ensanglanté. ‖ Per est. [con spargimento di sangue] sanglant. ‖ Fig. sanglant.
sanguisuga [sangwi'suga] f. Zool. e Fig. sangsue.
sanie ['sanje] f. Med. (lett.) sanie.
sanità [sani'ta] f. Pr. e fig. santé. | *è in perfetta sanità di mente*, il est parfaitement sain d'esprit. | *sanità morale*, santé morale. ‖ [di una collettività] santé. | *ministero della Sanità*, ministère de la Santé publique. | *reparto sanità*, service de santé. ‖ Per est. [salubrità] salubrité.
sanitario [sani'tarjo] agg. sanitaire. | *impianti sanitari*, installations sanitaires. ‖ [di salute] de santé. | *stato sanitario*, état de santé. ‖ [medico] médical. | *controllo sanitario*, visite médicale. | *assistenza sanitaria*, assistance médicale. ◆ m. médecin.
sannita [san'nita] (**-i** pl.) m. e f. Samnite.
sannitico [san'nitiko] (**-ci** pl.) agg. samnite.
sano ['sano] agg. **1.** sain. | *sano di mente*, sain d'esprit. ‖ [che non è ammalato] bien portant, qui se porte, qui va bien ; qui est en bonne santé ; sain (antiq.). | *bambino sano*, enfant bien portant. | *conservarsi sano*, rester en bonne santé. | *stia sano*, portez-vous bien. | *aspetto sano*, air de santé. | *colorito sano*, bonnes couleurs. ‖ [di organo] en bon état, qui fonctionne normalement, sain. | *denti sani*, dents en bon état. | *il cuore è sano*, le cœur fonctionne normalement. ‖ **2.** [che giova alla salute] sain. ‖ **3.** [di cibo] sain. ‖ [di oggetti] entier. | *non so come questo piatto sia ancora sano*, je ne sais pas comment il se fait que cette assiette soit encore entière. ‖ **4.** Fig. sain. | *divertimento sano*, distraction saine. ‖ Loc. *di sana pianta*, complètement, entièrement. | *ricominciare di sana pianta*, tout recommencer. | *inventato di sana pianta*, inventé de toutes pièces.
sansa ['sansa] f. marc (m.) d'olives.
sanscrito ['sanskrito] agg. e m. sanscrit, sanskrit.
sansimonismo [sansimo'nizmo] m. saint-simonisme.
sansone [san'sone] m. Fam. hercule (l.c.).
santabarbara [santa'barbara] f. Mar. sainte-barbe.
santerellina [santerel'lina] o **santarellina** [santarel'lina] f. sainte nitouche.
santerello [sante'rɛllo] m. tartuf(f)e.
santificante [santifi'kante] agg. Relig. sanctifiant.
santificare [santifi'kare] v. tr. Relig. sanctifier. ‖ [canonizzare] canoniser. ◆ v. rif. se sanctifier.
santificazione [santifikat'tsjone] f. Relig. sanctification.
santino [san'tino] m. Relig. image pieuse.
santità [santi'ta] f. Relig. sainteté. ‖ [titolo] *Sua, Vostra Santità*, Sa, Votre Sainteté.
santo ['santo] agg. **1.** saint. | *acqua santa*, eau bénite. | *olio santo*, saintes huiles. | *il Santo Padre*, le Saint-Père. ‖ **2.** [davanti a nome di persona] saint. | *san Giovanni*, saint Jean. ‖ [per designare il giorno della festa] *domani è San Giovanni*, demain c'est la Saint-Jean. ‖ [per designare un luogo] *chiesa di Santa Lucia*, église Sainte-Lucie. | *piazza San Marco*, place Saint-Marc. ‖ **3.** Per est. [onesto, pio, venerato] saint. ‖ **4.** Fig. [utilissimo] salutaire. | *santo consiglio*, conseil salutaire. | *sarebbe un'opera santa*, ce serait une action charitable. | *mano santa*, main providentielle. | *parole sante !*, sages paroles !, bien dit ! ‖ **5.** Loc. *darle, prenderle di santa ragione*, rosser, se faire rosser d'importance, comme il faut. | *tutti i santissimi giorni*, tous les jours que Dieu fait. | *in santa pace*, en paix. | *fatemi il santo piacere di*, faites-moi le plaisir de. ‖ **6.** interiez. *Dio santo !, santo cielo !, Madonna santa !*, bonté divine !, grand Dieu ! ◆ n. Pr. e fig. saint. ‖ Loc. fig. *non sapere a che santo votarsi*, ne pas savoir à quel saint se vouer. | *qualche santo ci aiuterà*, le ciel nous aidera. | *ha un santo dalla sua*, le ciel est avec lui. | *fare il santo*, faire le petit saint. | *non è un santo, uno stinco di santo*, ce n'est pas un saint. | *ci vorrebbero tutti i santi per...*, c'est le diable pour... ‖ Pop. *non c'è santi (che tengano)*, il n'y a rien à faire. ‖ Fam. *domani è il mio santo*, demain c'est ma fête.
santolo ['santolo] (**-a** f.) m. (dial.) parrain m. (l.c.), marraine f. (l.c.).
santone [san'tone] m. Relig. santon (arc.), ascète.
santoreggia [santo'reddʒa] f. Bot. sarriette.
santuario [santu'arjo] m. Pr. e fig. sanctuaire.
sanzionare [santsjo'nare] v. tr. sanctionner.
sanzione [san'tsjone] f. Pr., Fig. e Giur. sanction.
1. sapere [sa'pere] v. tr. **1.** [conoscere] savoir, con-

naître. | *sapere a memoria,* savoir par cœur. | *sapere il tedesco,* savoir, connaître l'allemand. | *sapere la matematica,* connaître les mathématiques. | *sai la strada,* tu connais le chemin. || [sapere di] *sapere di latino,* connaître le latin. || **2.** [venire a conoscenza di] apprendre. | *ho saputo che hai cambiato casa,* j'ai appris que tu as déménagé. || [sapere di] *hai saputo del Mario?,* tu sais, tu as appris ce qui est arrivé à Mario? | *ho saputo delle difficoltà che avete,* j'ai appris que vous avez des difficultés. || **3.** [essere capace] savoir. | *sapere guidare,* savoir conduire. | *non so dirle quanto le sono grato,* je ne trouve pas de mots pour, je ne sais comment vous exprimer ma reconnaissance. || **4.** LOC. *venire a sapere,* apprendre. || *far sapere,* informer (de qch.), faire savoir, mettre au courant (de qch.), apprendre, communiquer. | *fammi sapere qlco., sappimi dire qlco.,* donne-moi des nouvelles, tiens-moi au courant. | *sappimi dire se vieni o no,* fais-moi savoir si tu viens ou non. | *non volerne sapere di qlcu., di qlco.,* ne pas vouloir entendre parler de qn, de qch. | *chi sa, chissà dove si trova in questo momento,* je me demande où il est en ce moment. | *può anche darsi, chi (lo) sa?,* c'est possible, qui sait? | *e chi lo sa?,* va, allez savoir! | *saperlo!, averlo saputo!,* si j'avais su! | *ci sa fare; sa il fatto suo,* il sait s'y prendre, il connaît son affaire. | *non ci sa fare,* il s'y prend mal. | *saperla lunga,* être une fine mouche. | *saperne una più del diavolo,* être plus malin que le diable. || SOSTANT. *un certo non so che,* un je ne sais quoi. | *il sapere vivere,* le savoir-vivre. || LOC. *non so dove,* je ne sais où. ◆ v. intr. **1.** [aver sapore] avoir un goût (de). | *sapere di bruciato,* avoir un goût de brûlé. | *non sapere di nulla,* ne pas avoir de goût, n'avoir aucun goût. || **2.** [aver odore] sentir (tr.). | *qui dentro sa di stantio,* ça sent le renfermé là-dedans. || **3.** FIG. faire penser (à), avoir l'air (de). | *queste parole sanno di ricatto,* ces paroles ont l'air d'un chantage, frôlent le chantage. || **4.** LOC. FIG. *non sapere di nulla,* n'avoir aucun intérêt. ◆ v. impers. *mi sa che,* j'ai l'impression que.

2. sapere [sa'pere] m. savoir.

sapidità [sapidi'ta] f. (lett.) sapidité (raro).

sapido ['sapido] agg. sapide (raro), savoureux, qui a bon goût. || FIG. savoureux.

sapiente [sa'pjɛnte] agg. savant. || [competente] compétent, habile. || [saggio] sage. || [di animali] savant. ◆ n. sage.

sapientemente [sapjente'mente] avv. [con scienza] savamment. || [con saggezza] sagement.

sapientone [sapjen'tone] agg. e n. pédant. ◆ f. **(-a)** bas-bleu m.

sapienza [sa'pjɛntsa] f. [scienza] savoir m., science. || [saggezza] sagesse. || RELIG. *libro della Sapienza,* livre de la Sagesse.

sapienzale [sapjen'tsale] agg. RELIG. sapiential.

saponata [sapo'nata] f. eau savonneuse.

sapone [sa'pone] m. savon. || LOC. FIG. *bellezza ad acqua e sapone,* beauté naturelle. | *finire in bolla di sapone,* finir en queue de poisson.

saponeria [sapone'ria] f. savonnerie.

saponetta [sapo'netta] f. savonnette.

saponiera [sapo'njɛra] f. porte-savon m.

saponiere [sapo'njɛre] m. savonnier.

saponiero [sapo'njɛro] agg. savonnier.

saponificare [saponifi'kare] v. tr. saponifier.

saponificazione [saponifikat'tsjone] f. saponification.

saponificio [saponi'fitʃo] m. savonnerie f.

saponoso [sapo'noso] agg. savonneux.

sapore [sa'pore] m. goût, saveur f. | *senza sapore,* sans saveur, qui n'a pas de goût, insipide. || FIG. intonation, saveur. | *versi che hanno un sapore arcaico,* vers qui ont une intonation archaïque. || [interesse] intérêt. || LOC. SCHERZ. *far sentire a qlcu. il sapore del bastone,* caresser les côtes à qn.

saporitamente [saporita'mente] avv. avec délice, avec délectation. | *dormire saporitamente,* dormir sur ses deux oreilles.

saporito [sapo'rito] agg. **1.** savoureux, qui a bon goût, qui a du goût. || [salato] un peu salé. || **2.** FIG. savoureux. || [piccante] salé, épicé.

saporoso [sapo'roso] agg. savoureux.

saprofito [sa'profito] o **saprofita** [sa'profita] agg. e m. saprophyte.

saputamente [saputa'mente] avv. avec pédanterie, doctement.

saputello [sapu'tɛllo] agg. prétentieux. ◆ n. petit(e) prétentieux (euse), petit(e) présomptueux (euse).

saputo [sa'puto] agg. e m. pédant.

sarabanda [sara'banda] f. PR. e FIG. sarabande.

saraceno [sara'tʃɛno] agg. e m. sarrasin. || BOT. *grano saraceno,* sarrasin, blé noir.

saracinesca [saratʃi'neska] f. rideau (m.) de fer. || ARCHEOL. sarrasine, herse. || TECN. vanne.

sarcasmo [sar'kazmo] m. sarcasme.

sarcastico [sar'kastiko] **(-ci** pl.) agg. sarcastique.

sarchiare [sar'kjare] v. tr. biner, sarcler.

sarchiatore [sarkja'tore] **(-trice** f.) m. sarcleur, euse.

sarchiatrice [sarkja'tritʃe] f. TECN. bineuse, bineur m., binot m.

sarchiatura [sarkja'tura] f. binage m. sarclage m.

sarchiello [sar'kjɛllo] m. binette f., sarclette f.

sarchio ['sarkjo] m. sarcloir.

sarcofago [sar'kɔfago] **(-gi** o **-ghi** pl.) m. sarcophage.

sarcoma [sar'kɔma] **(-i** pl.) m. MED. sarcome.

sarcomatoso [sarkoma'toso] agg. MED. sarcomateux.

sardana [sar'dana] f. sardane.

sardanapalesco [sardanapa'lesko] agg. sardanapalesque (antiq.).

sardegnolo [sardeɲ'ɲɔlo] agg. e n. (pop.) sarde (L.C.).

sardella [sar'dɛlla] f. ZOOL. (pop.) sardine (L.C.).

sardina (sar'dina] f. ZOOL. sardine.

sardo ['sardo] agg. e n. sarde.

sardonicamente [sardonika'mente] avv. d'un air sardonique.

sardonico [sar'dɔniko] **(-ci** pl.) agg. sardonique.

sargasso [sar'gasso] m. BOT. sargasse f.

sarmento [sar'mento] m. sarment.

sarmentoso [sarmen'toso] agg. BOT. sarmenteux.

sarta ['sarta] f. couturière.

sartia [sar'tia] f. MAR. hauban m.

sartina [sar'tina] f. [apprendista] petite main, cousette (fam.). || [sarta modesta] petite couturière.

sarto ['sarto] m. tailleur. || [direttore di casa di moda] couturier. | *grande sarto,* grand courturier.

sartoria [sarto'ria] f. [laboratorio] atelier (m.) de couturière, de tailleur. || [casa di moda] maison de couture. || [lavoro del sarto] couture. || [produzione dei grandi sarti] haute couture.

sartorio [sar'tɔrjo] m. ANAT. muscle couturier.

sassaia [sas'saja] f. terrain (m.) pierreux, rocailleux, caillouteux; rocaille. || [argine] levée, remblai (m.) de pierres.

sassaiola [sassa'jɔla] f. [lancio di sassi] grêle de pierres. || [battaglia] bataille à coups de pierres.

sassaiolo [sassa'jɔlo] agg. saxatile.

sassata [sas'sata] f. coup (m.) de pierre. | *prendere a sassate,* poursuivre à coups de pierres.

sasseto [sas'seto] m. terrain pierreux, rocailleux, caillouteux; rocaille f.

sassifraga [sas'sifraga] f. BOT. saxifrage.

sasso ['sasso] m. [materia] pierre f. | *di sasso,* de pierre, en pierre. || [masso] pierre, roc, rocher. || [frammento, ciottolo] pierre, caillou. | *tirar sassi,* jeter des pierres. || LOC. FIG. *cuore di sasso,* cœur de pierre. | *non essere di sasso,* n'être pas de bois. | *rimanere di sasso,* rester pétrifié, médusé, cloué sur place. | *fa piangere i sassi,* c'est à vous fendre le cœur.

sassofonista [sassofo'nista] **(-i** pl.) m. e f. saxophoniste, saxo (fam.).

sassofono [sas'sɔfono] m. saxophone.

sassofrasso [sasso'frasso] m. BOT. sassafras.

sassone ['sassone] agg. e n. saxon, onne.

sassoso [sas'soso] agg. pierreux, caillouteux.

satanasso [sata'nasso] m. (pop.) satan (L.C.). || FIG. démon.

satanico [sa'taniko] **(-ci** pl.) agg. satanique. || FIG. satanique, démoniaque, diabolique.

satanismo [sata'nizmo] m. satanisme.

satellite [sa'tɛllite] m. e agg. (ogni senso) satellite.

satellizzare [satellid'dzare] v. tr. NEOL. satelliser.
satinare [sati'nare] v. tr. satiner.
satinatura [satina'tura] f. TECN. satinage m.
satira ['satira] f. LETT. e PER EST. satire.
satireggiare [satired'dʒare] v. tr. faire la satire (de).
satiresco [sati'resko] agg. satyrique.
satiriasi [sati'riazi] f. MED. satyriasis m.
satirico [sa'tiriko] **(-ci** pl.) agg. satirique.
satiro ['satiro] m. MIT. e FIG. satyre.
satollare [satol'lare] v. tr. rassasier. ◆ v. rifl. se rassasier.
satollo [sa'tollo] agg. rassasié.
satrapia [satra'pia] f. STOR. satrapie.
satrapo ['satrapo] m. satrape.
saturabile [satu'rabile] agg. saturable.
saturare [satu'rare] v. tr. CHIM. e FIG. saturer. || ARC. [saziare] bourrer (L.C.), remplir (L.C.).
saturatore [satura'tore] m. CHIM. saturateur.
saturazione [saturat'tsjone] f. PR. e FIG. saturation, rassasiement m. | *sono giunto a saturazione,* je n'en peux plus.
saturnali [satur'nali] m. pl. PR. e FIG. saturnales f. pl.
saturniano [satur'njano] agg. saturnien.
saturnino [satur'nino] agg. MED. saturnin. || [di Saturno] (raro) saturnien.
saturnio [sa'turnjo] agg. e m. LETT. vers saturnien.
saturnismo [satur'nizmo] m. MED. saturnisme.
saturno [sa'turno] m. FARM. e ARC. saturne.
saturo ['saturo] agg. saturé. || FIG. [sazio] saturé, rassasié. || [pieno] plein, chargé. | *parole sature di odio,* paroles pleines de haine. || CHIM. saturé.
sauna ['sauna] f. sauna m.
sauri ['sauri] m. pl. ZOOL. sauriens.
sauro ['sauro] agg. e m. alezan.
savana [sa'vana] f. savane.
saviamente [savja'mente] avv. sagement.
saviezza [sa'vjettsa] f. (raro) sagesse (L.C.).
savio ['savjo] agg. sage. ◆ n. sage. | *comportarsi da savio,* agir sagement. || *i sette Savi,* les Sept Sages.
savoiardo [savo'jardo] agg. e n. savoyard. ◆ m. [biscotto] biscuit à la cuiller.
sax [saks] m. saxophone.
saziare [sat'tsjare] v. tr. PR. rassasier. | *saziare gli affamati,* rassasier les affamés. | *saziare la fame,* rassasier. | *saziare la sete,* désaltérer ; étancher la soif, calmer la soif. || FIG. rassasier, assouvir. || ASSOL. rassasier, combler. || [annoiare] rassasier, lasser. ◆ v. rifl. se rassasier.
sazietà [sattsje'ta] f. PR. e FIG. satiété, rassasiement m. (raro). | *provare sazietà di qlco.,* être rassasié de qch. || LOC. *a sazietà,* à satiété.
sazio ['sattsjo] agg. rassasié, repu. || FIG. repu, rassasié, assouvi. || [stanco] rassasié, las. | *sono sazio di questa vita,* je suis las, j'en ai par-dessus la tête (fam.) de cette vie.
sbacellare [zbatʃel'lare] v. tr. écosser.
sbaciucchiamento [zbatʃukkya'mento] m. baisers pl., embrassades f. pl.
sbaciucchiare [zbatʃuk'kjare] v. tr. bécoter (fam.), baisoter (fam. antiq.). ◆ v. recipr. se bécoter.
sbadataggine [zbada'taddʒine] f. étourderie.
sbadatamente [zbadara'mente] avv. étourdiment.
sbadato [zba'dato] agg. étourdi, distrait.
sbadigliare [zbadiʎ'ʎare] v. intr. bâiller.
sbadiglio [zba'diʎʎo] m. bâillement.
sbafare [zba'fare] v. tr. FAM. écornifler, carotter, resquiller [intr. e (raro) tr.] (L.C.). || [mangiare con ingordigia] bâfrer (pop.), s'empiffrer (de) [fam.].
sbafata [zba'fata] f. FAM. gueuleton m.
sbafatore [zbafa'tore] **(-trice** f.) m. FAM. [di pasti] pique-assiette (L.C.), écornifleur, euse. || [di altro] profiteur, euse.
sbafo (a) [a'zbafo] loc. avv. à l'œil (fam.), sans payer.
sbagliare [zbaʎ'ʎare] v. tr. se tromper (dans). | *sbagliare i calcoli,* se tromper dans les calculs. | *sbagliare la pronuncia di una parola,* mal prononcer un mot. | *devo ricominciare il compito, l'ho sbagliato tutto,* je dois recommencer mon devoir, je l'ai fait complètement de travers. | *sbaglia tutto,* il fait tout à l'envers. | *ho sbagliato tutto nella vita,* j'ai raté ma vie. || PER EST. [fare confusione] se tromper (de). | *sbagliare porta, strada,* se tromper de porte, de route. | *sbagliar mestiere,* rater sa vocation. || FIG. *sbagliar strada,* faire fausse route. || PER ANAL. [non raggiungere un obiettivo] manquer, rater, louper (fam.). | *sbagliare il bersaglio,* manquer le but. || LOC. FAM. *sbagliarla (di grosso),* se mettre le doigt dans l'œil (jusqu'au coude). ◆ v. intr. o rifl. [commettere un errore] se tromper, faire erreur. | *se non sbaglio,* si je ne me trompe (pas), si je ne m'abuse. | *(si) sbaglia di grosso,* il se trompe lourdement. | *sbagliare a leggere,* mal lire, se tromper dans la lecture. || PER ANAL. [agire in modo ingiusto o inopportuno] avoir tort, mal faire, mal agir, se tromper. | *hai sbagliato a non ascoltarlo,* tu as eu tort, tu as mal fait de ne pas l'écouter. || PROV. *sbagliando si impara,* c'est en forgeant qu'on devient forgeron.
sbagliato [zbaʎ'ʎato] agg. faux, inexact, erroné, mauvais. | *risultato sbagliato,* résultat faux, inexact. | *calcolo sbagliato,* calcul inexact, erroné ; FIG. mauvais calcul. | *pronuncia sbagliata,* mauvaise prononciation. | *tiro sbagliato,* mauvais tir. | *è sbagliato agire così,* c'est une erreur d'agir ainsi. || [impostato male] raté, manqué, loupé (fam.), mal fait.
sbaglio ['zbaʎʎo] m. erreur f., faute f. | *sbagli giovanili,* erreurs de jeunesse. | *sbaglio di calcolo,* erreur de calcul. | *sbaglio di ortografia,* faute d'orthographe. | *per sbaglio,* par erreur.
sbalestramento [zbalestra'mento] m. bouleversement.
sbalestrare [zbales'trare] v. tr. **1.** PR. [spostare un oggetto] déplacer, déménager. || **2.** FIG. [persone] détraquer (fam.), retourner (fam.), secouer, bouleverser. || [cose] bouleverser, chambouler (fam.), chambarder (fam.). ◆ v. rifl. se démonter.
sbalestrato [zbales'trato] agg. [poco equilibrato] désaxé, détraqué (fam.), déphasé (fam.). || [disorientato] perdu, désorienté.
sballare [zbal'lare] v. tr. déballer. || FIG. sortir (fam.), débiter, conter, raconter, chanter (fam.). | *sballarle grosse,* en dire de belles. ◆ v. intr. [carte] perdre (en dépassant le maximum des points). || FIG. FAM. mourir (L.C.), passer l'arme à gauche.
sballato [zbal'lato] agg. déballé. || FIG. qui ne tient pas debout. || [inattuabile] irréalisable, voué à l'échec.
sballatura [zballa'tura] f. déballage m.
sballottamento [zballotta'mento] m. ballottement.
sballotare [zballot'tare] v. tr. **1.** [scuotere] ballotter, secouer, remuer ; [solo di veicolo] cahoter. | *non sballottare la bottiglia,* ne secoue pas, ne remue pas la bouteille. || **2.** [spostare] remuer, déplacer, bouger (fam.). || [persone] déplacer, ballotter.
sballottio [zballot'tio] m. ballottement.
sbalordimento [zbalordi'mento] m. [stupore] stupéfaction f., stupeur f., ahurissement, ébahissement, abasourdissement. || [stordimento] étourdissement.
sbalordire [zbalor'dire] v. tr. **1.** (raro) [tramortire] étourdir (L.C.) || **2.** [intontire] étourdir, abasourdir, ahurir. || **3.** [stupire] stupéfier, ébahir, épater (fam.). ◆ v. intr. être stupéfait, ahuri. V. SBALORDITO. | *una cosa da fare sbalordire,* une chose ahurissante, stupéfiante.
sbalorditaggine [zbalordi'taddʒine] f. stupidité, balourdise.
sbalorditivo [zbalordi'tivo] agg. stupéfiant, ahurissant, étourdissant. || [eccessivo] exorbitant.
sbalordito [zbalor'dito] agg. [stupito] stupéfait, ébahi, éberlué, médusé, baba (fam.). || [stordito] ahuri, abasourdi, abruti, étourdi.
sbalzare [zbal'tsare] v. intr. bondir. || [salire di colpo] faire un bond. || [sobbalzare] sursauter. ◆ v. tr. jeter, projeter. | *l'urto lo sbalzò fuori dalla macchina,* le choc le projeta hors de la voiture. || FIG. chasser. || TECN. repousser, bosseler, emboutir.
sbalzellare [zbaltsel'lare] v. intr. sautiller.
sbalzelloni [zbaltsel'loni] avv. par bonds, par petits sauts.
sbalzo ['zbaltso] m. **1.** bond. || FIG. [cambiamento] écart. | *sbalzo di temperatura,* écart, saute (f.) de température. || [aumento] bond. || LOC. *di sbalzo,* de but en blanc, d'un seul coup. | *a sbalzi :* PR. par bonds ; FIG. par à-coups, par bonds. || **2.** ARCHIT. encorbellement. || **3.** TECN. repoussé, bosselage. |

lavoro a sbalzo, repoussage, bosselage. | *lavorare a sbalzo,* repousser, bosseler.
1. sbancare [zban'kare] v. tr. GIOCHI faire sauter la banque. || FIG. ruiner, plumer (fam.). ◆ v. rifl. se ruiner.
2. sbancare [zban'kare] v. tr. déblayer.
1. sbandamento [zbanda'mento] m. embardée f., écart, déportement. || [slittamento] dérapage. || MAR. [inclinazione della nave] bande f.
2. sbandamento [zbanda'mento] m. MIL. e FIG. débandade f. || FIG. [disorientamento] désarroi.
1. sbandare [zban'dare] v. intr. faire une embardée, un écart, être déporté. | *far sbandare,* déporter (v. tr.). || [slittare] déraper. || FIG. dévier, glisser. || MAR. donner de la bande.
2. sbandare [zban'dare] v. tr. ARC. débander, disperser (L.C.). ◆ v. rifl. se débander. || FIG. se disperser.
sbandata [zban'data] f. embardée.
sbandato [zban'dato] agg. e n. isolé. || FIG. désaxé, déphasé (fam.).
sbandieramento [zbandjera'mento] m. pavoisement; drapeaux (pl.) agités. || FIG. étalage.
sbandierare [sbandje'rare] v. tr. agiter des drapeaux. || [esporre bandiere] pavoiser (intr.). || FIG. étaler; faire étalage (de).
sbaraccare [zbarak'kare] v. tr. FAM. [cose] éliminer (L.C.), flanquer en l'air. || [persone] déloger (L.C.), vider (pop.). ◆ v. intr. FAM. dégager, vider les lieux (L.C.).
sbaragliare [zbaraʎ'ʎare] v. tr. mettre en déroute, écraser. || FIG. écraser; battre à plate couture (fam.), enfoncer (fam.).
sbaraglio [zba'raʎʎo] m. (raro) écrasement. || LOC. L.C. *allo sbaraglio,* à la ruine, au massacre. | *andare allo sbaraglio,* courir à sa ruine. | *mandare le truppe allo sbaraglio,* envoyer les troupes au massacre. | *gettarsi allo sbaraglio,* risquer le tout pour le tout.
sbarazzare [zbarat'tsare] v. tr. débarrasser, dégager. ◆ v. rifl. PR. e FIG. se débarrasser.
sbarazzino [zbarat'tsino] (**-a** f.) m. petit coquin, (petit) brigand, fripon. ◆ agg. espiègle, malicieux.
sbarbare [zbar'bare] v. tr. PR. e FIG. déraciner. || [rasare] raser. ◆ v. rifl. se raser.
sbarbatello [zbarba'tɛllo] m. blanc-bec, béjaune (arc.).
sbarbato [zbar'bato] agg. rasé.
sbarbicare [zbarbi'kare] v. tr. PR. e FIG. déraciner.
sbarcare [zbar'kare] v. tr. [persone] débarquer; [cose] débarquer, décharger. || LOC. FIG. *sbarcare il lunario,* joindre les deux bouts. | *stentare a sbarcare il lunario,* tirer le diable par la queue. ◆ v. intr. débarquer.
sbarcatoio [zbarka'tojo] m. débarcadère.
sbarco ['zbarko] m. débarquement.
sbarra ['zbarra] f. barre. || [di finestra, gabbia] barreau m. | *dietro le sbarre,* derrière les barreaux. || [di passaggio a livello, dogana, ecc.] barrière. || [del tribunale] barre. || [segno grafico] barre. || ARALD. barre. || SPORT [ginnastica] barre fixe.
sbarramento [zbarra'mento] m. barrage.
sbarrare [zbar'rare] v. tr. PR. barricader; fermer avec une barre. | *sbarrare la porta,* barricader la porte. || PER EST. [costituire un ostacolo] barrer, bloquer. | *un camion sbarrava la strada,* un camion barrait la route. || PER ANAL. [vietare il passaggio] bloquer. | *la polizia sbarrò tutte le uscite,* la police bloqua toutes les issues. || [segnare con righe trasversali] barrer. || LOC. *sbarrare gli occhi,* écarquiller les yeux.
sbarrato [zbar'rato] agg. [sprangato] barricadé, fermé avec une barre. || [inaccessibile] barré, bloqué. || [segnato con righe] barré. || FIN. *assegno sbarrato,* chèque barré. || [degli occhi] écarquillé.
sbatacchiare [zbatak'kjare] v. tr. faire claquer, faire battre. | *sbatacchiare la porta,* claquer la porte. || PER EST. [una persona] envoyer, flanquer (fam.). | *lo sbatacchiò contro il muro,* il le flanqua contre le mur. || PER ANAL. [agitare] agiter violemment. | *sbatacchiare le ali,* battre des ailes. ◆ v. intr. claquer, battre.
sbatacchio [zbatak'kio] m. bruit de claquement. | *si udiva uno sbatacchio di porte,* on entendait des portes claquer.
sbattere ['zbattere] v. tr. **1.** battre. | *sbattere i tappeti,* battre les tapis. || [la porta] claquer. || *sbattere le ali,* battre des ailes. | *sbattere gli occhi,* cligner des yeux. || CULIN. *sbattere le uova, la panna,* battre, fouetter les œufs, la crème fraîche. || **2.** [urtare] (se) cogner, (se) heurter. | *ha sbattuto la testa contro l'angolo del tavolo,* il s'est cogné la tête sur le coin de la table. || LOC. FIG. *non saper dove sbattere la testa,* ne pas savoir où donner de la tête. || **3.** [gettare] jeter. | *la tempesta sbatti la nave contro gli scogli,* la tempête jeta le bateau contre les écueils. | *sbattere qlco. fuori dalla finestra,* flanquer (fam.), balancer (fam.) qch. par la fenêtre. | *sbattere via qlco.,* balancer (fam.), fiche(r) [fam.] qch. en l'air, jeter qch. | *sbattere qlcu. fuori,* flanquer (fam.), ficher (fam.), mettre, foutre (pop.) qn à la porte. || [trasferire] expédier. | *mi hanno sbattuto qui per vendetta,* ils m'ont expédié ici par vengeance. || **4.** FAM. [mettere] flanquer, fiche(r), foutre (pop.). ◆ v. intr. battre, claquer. || [urtare] se cogner (dans), se jeter (sur, dans [fam.]). | *il camion è andato a sbattere contro un albero,* le camion s'est jeté contre, est entré (fam.) dans un arbre.
sbattezzare [zbatted'dzare] v. tr. débaptiser. ◆ v. rifl. abjurer (sa foi).
sbattimento [zbatti'mento] m. battement. | *lo sbattimento delle onde,* le bruissement des vagues. || [azione di percuotere ripetutamente] battage.
sbattiuova [zbatti'wɔva] m. invar. fouet (à œufs).
sbattuto [zbat'tuto] agg. battu. || [scosso] ballotté. || [stanco] abattu. || [del viso] défait. || [degli occhi] battu.
sbavare [zba'vare] v. intr. baver. || TIP. bavocher. ◆ v. tr. baver (sur); salir, souiller (lett.) de bave. || TECN. ébarber, ébavurer.
sbavatura [zbava'tura] f. PR. bave. || [traccia] traînée de bave. || PER EST. [di colore, inchiostro] bavure. || FIG. LETT. [lungaggine] longueur (L.C.). || LOC. FIG. *senza sbavature,* sans bavures (pop.). || TECN. [bava] bavure. || [operazione di distaccare le bave] ébarbage m. || [bava staccata] ébarbure.
sbeccare [zbek'kare] v. tr. ébrécher.
sbeffeggiare [zbeffed'dzare] v. tr. bafouer, railler, ridiculiser, se moquer (de); [con parole o scritti] persifler.
sbellicarsi [zbelli'karsi] v. rifl. LOC. *sbellicarsi dalle risa,* se tordre (de rire); s'étrangler, étouffer, crever de rire.
sbendare [zben'dare] v. tr. débander.
sberla ['zbɛrla] f. REGION. baffe (pop.), tarte (pop), beigne (pop.), gifle, claque.
sberleffo [zber'lɛffo] m. grimace f.
sbevacchiare [zbevak'kjare] o **sbevazzare** [zbevat'tsare] v. intr. PEGGIOR. biberonner (fam.), picoler (pop.), lever le coude (fam.), boire.
sbiadire [zbja'dire] v. intr. passer, pâlir, se ternir (rifl.), se faner (rifl.); perdre son éclat, sa couleur; se décolorer (rifl.). || [solo di stoffa] déteindre, se défraîchir (rifl.). || FIG. s'effacer, perdre son éclat. ◆ v. tr. décolorer, faner (lett.) [les couleurs de].
sbiadito [zbja'dito] agg. passé, fané, éteint, décoloré. || FIG. terne, incolore.
sbianca ['bjanka] f. TECN. blanchiment m.
sbiancare [zbjan'kare] v. tr. blanchir. ◆ v. intr. blanchir, pâlir.
sbianchire [zbjan'kire] v. tr. e intr. blanchir.
sbiecare [zbje'kare] v. tr. disposer de biais. ◆ v. intr. [andare di sbieco] biaiser, obliquer. || [stare di sbieco] être (mis) de travers, en biais.
sbieco ['zbjeko] agg. oblique, biais (raro). || LOC. *di sbieco,* de biais, en biais, en oblique, de travers. || PR. e FIG. *guardare di sbieco :* PR. regarder de biais, jeter un regard oblique; FIG. regarder de travers. ◆ m. [cucito] biais.
sbigottimento [zbigotti'mento] m. émotion (f.) violente, trouble profond. || [spavento] terreur f., effroi, frayeur f. || [stupore] stupeur f.
sbigottire [zbigot'tire] v. tr. bouleverser, troubler, émouvoir; [spavento] remplir d'effroi (lett.), frapper de terreur, affoler, terroriser, effrayer, terrifier; [stupore] frapper de stupeur, stupéfier. ◆ v. intr. être bouleversé; [spavento] être saisi d'effroi (lett.); s'affoler, être terrifié, terrorisé; [stupore] être frappé de stupeur, stupéfié.
sbigottito [zbigot'tito] agg. bouleversé, égaré, profon-

dément troublé, éperdu. || [spavento] rempli d'effroi, frappé de terreur, terrifié, affolé. || [stupore] stupéfait, frappé de stupeur.
sbilanciamento [zbilantʃa'mento] m. déséquilibre.
sbilanciare [zbilan'tʃare] v. tr. Pr. e fig. déséquilibrer. || [di spesa] déséquilibrer le budget (de). ◆ v. intr. pencher. || [perdere l'equilibrio] perdre l'équilibre. ◆ v. rifl. se compromettre.
sbilancio [zbi'lantʃo] m. déséquilibre. || Fin. déficit.
sbilenco [zbi'lenko] agg. Pr. e fig. bancal, boiteux. | *cammina sbilenco*, il boite, il clopine (fam.).
sbirciare [zbir'tʃare] v. tr. lorgner, guigner, loucher [sur] (fam.), reluquer (fam.), regarder en coulisse.
sbirciata [zbir'tʃata] f. regard (m.) en coin, en coulisse ; coup (m.) d'œil furtif.
sbirraglia [zbir'raʎʎa] f. Peggior. flicaille (pop.). || Stor. hommes (m. pl.) de main, sbires m. pl.
sbirresco [zbir'resko] (**-chi** pl.) agg. Peggior. de flic (pop.), policier.
sbirro ['zbirro] m. Peggior. flic (pop.), flicard (pop.), cogne (pop.), sbire (raro). || Stor. sbire.
sbizzarrirsi [zbiddzar'rirsi] v. rifl. s'en donner à cœur joie, se donner du bon temps. || [soddisfare il proprio estro] donner libre cours à sa fantaisie.
sbloccare [zblok'kare] v. intr. débloquer, dégager. | *sbloccare una nave incagliata nei ghiacci*, dégager, libérer un navire immobilisé par les glaces. || Fin. débloquer, dégeler.
sblocco ['zblɔkko] m. déblocage.
sboccare [zbok'kare] v. intr. Pr. [corso d'acqua] se jeter (dans). || [di via, passaggio] aboutir (à), donner (sur), déboucher (sur). || [personne] déboucher (sur, dans), aboutir (à). || Fig. aboutir (à). ◆ v. tr. ébrécher.
sboccataggine [zbokka'taddʒine] f. grossièreté.
sboccatamente [zbokkata'mente] avv. grossièrement.
sboccato [zbok'kato] agg. grossier, mal embouché, mal élevé. || [di discorso] grossier, vulgaire. ◆ n. grossier personnage.
sbocciamento [zbottʃa'mento] m. V. sboccio.
1. sbocciare [zbot'tʃare] v. intr. éclore, s'épanouir. || Fig. éclore. || ◆ sostant. éclosion f.
2. sbocciare [zbot'tʃare] v. tr. Giochi. V. bocciare.
sboccio ['zbɔttʃo] m. éclosion f., épanouissement.
sbocco ['zbokko] m. **1.** débouché. | *strada senza sbocco*, route sans issue. || **2.** [di fiume] embouchure f. || **3.** [apertura] ouverture f., issue f. || **4.** Fig. possibilité (f.) d'emploi pour, mise (f.) en valeur. | *cercare uno sbocco alle proprie capacità*, chercher à employer ses capacités. || **5.** Econ. débouché. | *non trova sbocchi per la sua produzione*, il ne trouve pas de débouchés pour sa production. || **6.** Med. (pop.). *sbocco di sangue*, crachement de sang (l.c.).
sbocconcellare [zbokkontʃel'lare] v. tr. grignoter.
sboffo ['zbɔffo] m. Moda bouillon. | *maniche a sboffo*, manches ballon, manches bouffantes.
sbollentare [zbollen'tare] v. tr. Fam. ébouillanter (l.c.), échauder (l.c.). ◆ v. rifl. (raro) se brûler.
sbollire [zbol'lire] v. intr. Pr. (raro) cesser de bouillir (l.c.). || Fig. s'apaiser, se calmer, tomber.
sbolognare [zboloɲ'ɲare] v. tr. Fam. **1.** refiler (pop.), fourguer, coller. | *cercherò di sbolognare questo lavoro a qlcu. altro*, j'essaierai de coller, de refiler ce travail à qn d'autre. || [senza compl. di attribuzione] se débarrasser (de) [l.c.], refiler à qn (pop.). | *voleva sbolognare i fondi di magazzino*, il voulait se débarrasser des fonds de magasin. || **2.** [mandar via] se débarrasser (de) [l.c.], expédier (l.c.). || [da un posto] balancer, virer, vider, déboulonner. || **3.** Loc. *sbolognarsela*, filer à l'anglaise, prendre la tangente.
sbornia ['zbɔrnja] f. Pop. cuite (fam.). | *prendersi una sbornia (solenne)*, prendre une (bonne) cuite ; se cuiter (fam.) ; se soûler la gueule.
sborniare [zbor'njare] v. tr. Pop. soûler (fam.). ◆ v. rifl. Pop. se cuiter (fam.), se soûler (fam.).
sbornione [zbor'njone] (**-a** f.) m. Pop. soûlard, arde ; ivrogne (l.c.).
sborsare [zbor'sare] v. tr. débourser.
sborso ['zborso] m. débours, dépense f.
sboscamento [zboska'mento] m. déboisement.
sboscare [zbos'kare] v. tr. Pop. (raro) déboiser (l.c.).
sbottare [zbot'tare] v. intr. éclater. | *sbottare a ridere*, éclater de rire. | *sbottare a piangere*, fondre en larmes, éclater en sanglots. || Assol. éclater, exploser (fam.).
sbotto ['zbɔtto] m. éclat.
sbottonare [zbotto'nare] v. tr. déboutonner. ◆ v. rifl. Pr. l.c. e fig. fam. se déboutonner.
sbozzare [zbot'tsare] v. tr. ébaucher, dégrossir. || Per est. e fig. ébaucher.
sbozzato [zbot'tsato] agg. ébauché.
sbozzatore [zbottsa'tore] m. ébaucheur.
sbozzatura [zbottsa'tura] f. dégrossissage m., ébauchage m.
sbracare [zbra'kare] v. tr. (raro) déculotter. ◆ v. rifl. Pr. (raro) se déculotter (l.c.). || Per est. se débrailler (fam.), se mettre à l'aise. || Fig. *sbracarsi dal ridere*, rire à gorge déployée, comme un bossu, comme une baleine ; se tordre (de rire), se poiler (pop.).
sbracatamente [zbrakata'mente] avv. de façon débraillée. || Fig. avec inconvenance, grossièrement. || Loc. *ridere sbracatamente*, v. sbracarsi.
sbracato [zbra'kato] agg. débraillé, dépenaillé. || Fig. débraillé, grossier, vulgaire.
sbracciare [zbrat'tʃare] v. intr. (raro) gesticuler (l.c.). ◆ v. rifl. retrousser ses manches. || [agitare le braccia] gesticuler (intr.). || Fig. faire des pieds et des mains, se démener ; se décarcasser (fam.).
sbracciato [zbrat'tʃato] agg. sans manches. || [di persona] (les) bras nus.
sbraciare [zbra'tʃare] v. tr. tisonner.
sbraciatoio [zbratʃa'tojo] m. tisonnier.
sbraitamento [zbraita'mento] m. (raro) braillement (l.c.).
sbraitare [zbrai'tare] v. intr. brailler, beugler (fam.), gueuler (pop.).
sbraitio [zbrai'tio] m. braillements pl., cris pl., criailleries f. pl.
sbranare [zbra'nare] v. tr. déchiqueter, dévorer ; mettre, tailler en pièces. || Fig. [odio] déchirer. || [dolore] déchirer, fendre le cœur. ◆ v. recipr. Fig. se déchirer, s'entre-déchirer.
sbrancare [zbran'kare] v. tr. séparer du (reste du) troupeau. || [disperdere] disperser. ◆ v. rifl. s'égarer. || Per est. se disperser.
sbrandellare [zbrandel'lare] v. tr. (raro) mettre en lambeaux (l.c.), déchirer (l.c.).
sbrattare [zbrat'tare] v. tr. débarrasser. || [riordinare] ranger ; mettre en ordre. || [pulire] nettoyer.
sbratto ['zbratto] m. rangement. | *stanza da sbratto*, débarras.
sbreccare [zbrek'kare] v. tr. ébrécher.
sbreccato [zbrek'kato] agg. ébréché.
sbrecciare [zbret'tʃare] v. tr. ouvrir une brèche (dans). || [sbreccare] ébrécher.
sbrendolo ['zbrendolo] m. [tosc.] loque f., lambeau. | *vestito tutto sbrendoli*, haillons n. pl., vêtement qui tombe en loques.
sbriciolamento [zbritʃola'mento] m. émiettement.
sbriciolare [zbritʃo'lare] v. tr. émietter. || Per est. pulvériser. | *l'esplosione ha sbriciolato la casa*, l'explosion a pulvérisé la maison. ◆ v. rifl. s'émietter.
sbriciolatura [zbritʃola'tura] f. [azione] émiettement m. || [risultato] miettes pl.
sbrigare [zbri'gare] v. tr. **1.** faire (rapidement), expédier. | *sbrigare le faccende di casa*, faire le ménage. | *sbrigare la posta*, faire le courrier. | *sbrigare un affare*, expédier, régler une affaire. | *sbrigare in fretta le lezioni*, expédier ses devoirs en vitesse. || **2.** [sogg. : pers.] s'occuper (rapidement) [de]. | *venga dentro, la sbrigo io*, entrez, je m'occupe de vous. | *l'esaminatore mi ha sbrigato con due o tre domande*, l'examinateur s'est contenté de me poser deux ou trois questions. || [per liberarsi] expédier. | *questo medico sbriga i pazienti in due minuti*, ce médecin expédie ses malades en deux minutes. || **3.** Loc. *sbrigarsela*, régler une question ; [arrangiarsi] se débrouiller (fam.). | *me la sbrigo in un attimo*, je vais régler ça en un instant. | *cerca di sbrigartela da solo*, essaie de te débrouiller tout seul. | *sbrigarsela con qlco.*, s'occuper de qch., régler qch., arranger qch. | *sbrigarsela con qlcu.*, se charger de qn, s'occuper de qn. ◆ v. rifl. se dépêcher, se hâter, se presser ; se grouiller (pop.), se magner (pop.). | *sbrigarsi a fare qlco.*, se dépêcher de faire qch. || [liberarsi] se débarrasser (de).

sbrigativamente [zbrigativa'mente] avv. d'une façon expéditive.
sbrigativo [zbriga'tivo] agg. expéditif. ‖ [brusco] brusque.
sbrigliare [zbriʎ'ʎare] v. tr. débrider. ‖ FIG. déchaîner ; donner libre cours (à). ‖ CHIR. débrider. ◆ v. rifl. se déchaîner, se laisser aller.
sbrigliatamente [zbriʎʎata'mente] avv. de façon débridée, en se déchaînant, sans retenue.
sbrigliatezza [zbriʎʎa'tettsa] f. absence de retenue, déchaînement m.
sbrigliato [zbriʎ'ʎato] agg. débridé, déchaîné. ‖ [persone] déchaîné.
sbrinamento [zbrina'mento] m. dégivrage.
sbrinare [zbri'nare] v. tr. dégivrer.
sbrindellare [zbrindel'lare] v. intr. tomber en loques, en lambeaux. ‖ [pendere] pendouiller (fam.). ◆ v. tr. mettre en loques, en lambeaux, démolir.
sbrindellato [zbrindel'lato] agg. en loques, en lambeaux, dépenaillé. ‖ PER EST. [di persona] en haillons, loqueteux, déguenillé, dépenaillé.
sbrodolare [zbrodo'lare] v. tr. barbouiller, salir, tacher. ‖ FIG. [allungare] délayer. | *sbrodolare un discorso, un'idea,* délayer un discours, une idée. ‖ *sbrodolare una lunga storia,* raconter une histoire interminable. ◆ v. rifl. se salir, se tacher.
sbrodolato [zbrodo'lato] agg. sali, taché, barbouillé. ‖ FIG. délayé. | *discorso sbrodolato,* délayage, verbiage, bavardage, blablabla (fam.).
sbrodolone [zbrodo'lone] (**-a** f.) m. souillon f., cochon, onne (fam.).
sbrogliare [zbroʎ'ʎare] v. tr. **1.** démêler, débrouiller. | *sbrogliare una matassa,* débrouiller (les fils d')un écheveau. ‖ **2.** PER EST. débarrasser. ‖ **3.** FIG. débrouiller, démêler, éclaircir. | *sbrogliare un affare delicato,* débrouiller une affaire délicate. ‖ LOC. FIG. *sbrogliare la matassa,* tirer l'affaire au clair. ‖ **4.** MAR. larguer. ◆ v. rifl. se dépêtrer (de), se sortir (de), se tirer (de). ‖ LOC. *sbrogliarsela,* se tirer d'affaire, se débrouiller.
sbronza ['brondza] f. FAM. SCHERZ. cuite.
sbronzarsi [zbron'dzarsi] v. rifl. FAM. SCHERZ. prendre une cuite, se cuiter, se soûler.
sbronzo ['zbrondzo] agg. FAM. SCHERZ. soûl, plein, bourré, schlass (pop.), paf (pop.).
sbruffare [zbruf'fare] v. tr. **1.** éclabousser, asperger. | *ha sbruffato caffè sulla tovaglia,* il a éclaboussé la nappe de café. ‖ **2.** FIG. se vanter (de). ‖ ASSOL. se vanter, faire de l'esbroufe (fam.). ◆ v. rifl. (raro) s'asperger. | *sbruffarsi di profumo,* s'inonder de parfum.
sbruffo ['zbruffo] m. jet. ‖ FIG. [mancia] pot-de-vin.
sbruffonata [zbruffo'nata] f. fanfaronnade, vantardise, esbroufe (fam.).
sbruffone [zbruf'fone] (**-a** f.) m. fanfaron, onne ; vantard ; esbroufeur, euse (fam.).
sbucare [zbu'kare] v. intr. sortir, déboucher.
sbucciapatate [zbuttʃapa'tate] m. invar. éplucheur m., couteau économiseur.
sbucciare [zbut'tʃare] v. tr. éplucher. ‖ PER EST. écorcher, érafler, égratigner. | *sbucciarsi il gomito,* s'écorcher le coude. ‖ [liberare da un involucro] enlever l'enveloppe (de), ouvrir. ◆ v. rifl. [rettili] muer. ‖ [prodursi un'escoriazione] s'écorcher, s'érafler, s'égratigner.
sbucciatura [zbuttʃa'tura] f. épluchage m. ‖ FAM. [ferita] écorchure (L.C.), éraflure (L.C.), égratignure (L.C.).
sbudellare [zbudel'lare] v. tr. étriper. ‖ [ferire al ventre] éventrer ; crever la paillasse (à) [pop.]. ◆ v. rifl. FIG. *sbudellarsi dalle risa,* se tordre (de rire) [fam.], crever de rire, se bidonner (fam.).
sbuffante [zbuf'fante] agg. **1.** [persone] (en) soufflant, qui souffle. ‖ [ansimante] haletant. ‖ **2.** [animali] (en) renâclant, qui renâcle. ‖ PARTICOL. [cavalli] (en) s'ébrouant, qui s'ébroue.
sbuffare [zbuf'fare] v. intr. **1.** [persone] souffler (comme un phoque), haleter. ‖ [per impazienza, noia] soupirer. ‖ **2.** [animali] renâcler. ‖ PARTICOL. [cavalli] s'ébrouer. ‖ **3.** PER EST. [locomotiva] fumer, lancer des jets de fumée. ◆ v. tr. (raro) lancer des bouffées (de).
sbuffata [zbuf'fata] f. soupir m.
sbuffo ['zbuffo] m. **1.** bouffée f., souffle. ‖ **2.** [lo sbuffare] soupir. ‖ [di cavallo] ébrouement. ‖ **3.** PER EST. [nella moda] bouillon. | *manica a sbuffo,* manche ballon, manche bouffante.
sbugiardare [zbudʒar'dare] v. tr. confondre, démasquer.
sbullonare [zbullo'nare] v. tr. déboulonner.
sburocratizzare [zburokratid'dzare] v. tr. (raro) simplifier le règlement administratif de, limiter le bureaucratisme de.
sburrare [zbur'rare] v. tr. écrémer.
scabbia ['skabbja] f. MED. gale.
scabbioso [skab'bjoso] agg. galeux.
scabino [ska'bino] m. STOR. échevin.
scabrezza [ska'brettsa] f. rugosité. ‖ [di terreno] inégalité, irrégularité. ‖ FIG. rudesse.
scabro ['skabro] agg. rugueux, raboteux, râpeux, rude (au toucher). ‖ PER EST. [di terreno] raboteux, inégal. ‖ FIG. rude.
scabrosità [skabrosi'ta] f. **1.** PR. V. SCABREZZA. ‖ [sporgenza] aspérité. ‖ **2.** FIG. caractère scabreux. ‖ [difficoltà] complexité, difficulté, délicatesse (antiq.). ‖ [di stile] rudesse.
scabroso [ska'broso] agg. **1.** PR. (raro). V. SCABRO. ‖ **2.** FIG. scabreux. | *argomento scabroso,* sujet scabreux. ‖ [difficile] délicat, épineux, scabreux (lett.). | *problema scabroso,* problème délicat, question épineuse.
scaccato [skak'kato] agg. en damier, à carreaux.
scacchiera [skak'kjɛra] f. échiquier m. ; [per giocare a dama] damier m. | *a scacchiera,* en damier, en échiquier (raro). ‖ FIG. *sciopero a scacchiera,* grève tournante.
scacchiere [skak'kjɛre] m. **1.** ARC. échiquier (L.C.). ‖ **2.** MIL. zone f., région f. ‖ FIG. [luogo dove si oppongono diversi interessi] échiquier. | *scacchiere europeo,* échiquier européen. ‖ **3.** [in Inghilterra] *cancelliere dello Scacchiere,* chancelier de l'Échiquier.
scacchista [skak'kista] (**-i** pl.) m. e f. joueur, joueuse d'échecs.
scacchistico [skak'kistiko] (**-ci** pl.) agg. d'échecs, du jeu d'échecs, échiquéen.
scacciacani [skattʃa'kani] m. e f. pistolet (m.) factice, pistolet (m.) chargé à blanc.
scacciamosche [skattʃa'moske] m. invar. chasse-mouches.
scacciapensieri [skattʃapen'sjɛri] m. invar. MUS. guimbarde f.
scacciare [skat'tʃare] v. tr. chasser. ‖ FIG. chasser, dissiper, faire passer. ‖ PROV. *chiodo scaccia chiodo,* un clou chasse l'autre.
scaccino [skat'tʃino] m. bedeau.
scacco ['skakko] m. **1.** [pezzo] pièce (f.) de jeu d'échecs. ‖ [pl.] *giocare a scacchi,* jouer aux échecs. ‖ **2.** [mossa] échec. | *dare scacco,* faire échec, mettre en échec. | *scacco matto,* échec et mat. ‖ FIG. échec. | *tenere in scacco,* tenir en échec. | *dare scacco matto ad un avversario,* faire échec à un adversaire. | *ricevere uno scacco,* essuyer, subir un échec. ‖ **3.** [quadretto della scacchiera] case f. ◆ loc. avv. *a scacchi,* à carreaux, en damier. ‖ SCHERZ. *vedere il sole a scacchi,* être derrière les barreaux.
scaccomatto [skakko'matto] m. échec et mat.
scadente [ska'dɛnte] agg. mauvais. | *merce scadente,* marchandise de mauvaise qualité ; camelote f. (fam.). | *qualità scadente,* qualité inférieure, mauvaise qualité. | *film scadente,* mauvais film ; navet (fam.). | *voto scadente,* mauvaise note, note insuffisante. | *scadente in matematica,* mauvais, faible en mathématiques. ‖ COMM. [che scade] échéant.
scadenza [ska'dɛntsa] f. **1.** [termine prescritto] échéance. | *pagare un debito alla scadenza,* payer une dette à l'échéance. | *pagare l'affitto dopo la scadenza,* payer le loyer à terme échu. ‖ **2.** [fine della validità di qlco.] expiration. | *scadenza di un contratto,* expiration d'un contrat. ‖ **3.** PER EST. délai m. ‖ **4.** LOC. *a breve scadenza,* à bref délai, à court terme, à brève échéance. | *a lunga scadenza,* à long terme, à longue échéance.
scadenzario [skaden'tsarjo] m. COMM. échéancier, carnet d'échéances.
scadere [ska'dere] v. intr. **1.** [per un pagamento] arriver à échéance, échoir. | *la rata scade domani,* le versement arrive à échéance, échoit demain. ‖ **2.** [per

un limite di validità] expirer, échoir (raro). | *il contratto scade tra tre mesi*, le contrat expire dans trois mois. | *questo permesso scade domani a mezzanotte*, ce permis expire demain à minuit, est valable jusqu'à demain minuit. | *ho lasciato scadere il passaporto*, j'ai laissé périmer mon passeport ; je n'ai pas renouvelé mon passeport. ‖ **3.** [perdere di qualità] baisser, se dégrader, déchoir (lett., raro), décliner, faiblir. | *questi prodotti vanno scadendo*, la qualité de ces produits baisse. | *la produzione letteraria del paese sta scadendo*, le niveau de la production littéraire du pays baisse, décline. | *è scaduto nella mia stima*, il a baissé dans mon estime. | *scadere di valore*, perdre de sa valeur, diminuer de valeur.

scadimento [skadi'mento] m. déclin, déchéance f., décadence f.

scaduto [ska'duto] agg. périmé. ‖ [persona] déchu. ‖ COMM. échu. ‖ [di contratto] expiré.

scafandro [ska'fandro] m. scaphandre. ‖ PER EST. [di aviatore] combinaison f. ‖ [di cosmonauta] scaphandre.

scaffalatura [skaffala'tura] f. rayonnage m.

scaffale [skaf'fale] m. étagère f., rayon, rayonnage.

scafo ['skafo] m. coque f.

scafoide [ska'fɔide] agg. e m. ANAT. scaphoïde.

scagionare [skadʒo'nare] v. tr. disculper, innocenter, blanchir. ◆ v. rifl. se disculper, se blanchir.

scaglia ['skaʎʎa] f. ZOOL. écaille. ‖ PER ANAL. [di armatura] écaille, plate. ‖ PER EST. écaille. ‖ [legno] copeau m. ‖ [ferro, vetro] éclat m. ‖ [sapone, soda, mica] paillette. ‖ [forfora] pellicule. ‖ [di forma regolare] plaque. | *scaglia di ardesia*, plaque d'ardoise.

1. scagliare [skaʎ'ʎare] v. tr. PR. e FIG. jeter, lancer, flanquer (fam.). | *scagliare ingiurie*, lancer des injures. ◆ v. rifl. PR. se jeter, s'élancer, foncer. | *scagliarsi contro il nemico*, se jeter, foncer sur l'ennemi. ‖ FIG. invectiver, fulminer, se déchaîner, s'élever. | *si scagliava contro sua moglie*, il invectivait (contre) sa femme.

2. scagliare [skaʎ'ʎare] v. tr. [togliere le scaglie] écailler. ◆ v. rifl. s'écailler.

scaglionamento [skaʎʎona'mento] m. MIL. échelonnement.

scaglionare [skaʎʎo'nare] v. tr. MIL. échelonner. ‖ FIG. échelonner, étaler. ◆ v. rifl. s'échelonner.

scaglionato [skaʎʎo'nato] agg. ARALD. chevronné.

scaglione [skaʎ'ʎone] m. [ripiano] gradin, terrasse f. ‖ AMM. échelon. ‖ ARALD. chevron. ‖ FIN. *imposta a scaglioni*, impôt progressif. ‖ MIL. échelon. ‖ PER EST. groupe. | *a scaglioni*, par groupes.

scaglioso [skaʎ'ʎoso] agg. écailleux.

scagnozzo [skaɲ'ɲɔttso] m. PEGGIOR. homme de main. ‖ [persona priva di capacità] incapable, nullité f.

scala ['skala] f. **1.** escalier m. | *fare, salire le scale*, monter l'escalier, les escaliers. | *tromba delle scale*, cage d'escalier. | *scala mobile*, escalier mécanique, escalier roulant, Escalator. ‖ [a pioli] échelle. | *scala a libretto*, échelle double. | *scala romana*, échelle coulissante. ‖ **2.** FIG. échelle. | *scala dei valori*, échelle des valeurs. | *la scala dei colori*, l'échelle chromatique. | *una scala di colori*, une gamme de couleurs. | *disporre a scala*, étager, échelonner. | *a scala*, étagé, échelonné. ‖ **3.** [nel disegno, nella cartografia] échelle. ‖ FIG. *su vasta scala*, sur une grande échelle. | *su scala nazionale*, à l'échelle nationale, au plan national. ‖ **4.** [serie di divisioni] échelle, graduation. | *scala di un termometro*, échelle d'un thermomètre. ‖ PER ANAL. [di radioricevitore] *scala parlante*, cadran m. ‖ **5.** ECON. *scala mobile dei salari*, échelle mobile des salaires. ‖ **6.** [poker] séquence, quinte. | *scala reale*, flush m. (ingl.). ‖ **7.** MUS. gamme, échelle.

1. scalare [ska'lare] agg. PR. (raro) gradué (L.C.). ‖ FIG. graduel, progressif. ‖ COMM., ECON. dégressif. | *interesse scalare*, intérêt dégressif. ‖ MAT. scalaire. ◆ m. MAT. grandeur (f.) scalaire.

2. scalare [ska'lare] v. tr. PR. escalader. ‖ [disporre in scala] *scalare i salari*, échelonner les salaires. | *scalare i colori*, dégrader les couleurs. ‖ [diminuire] diminuer. ‖ [sottrarre] déduire, soustraire. ‖ LOC. *a scalare*, en ordre décroissant.

scalata [ska'lata] f. PR. escalade. | *dar la scalata*, escalader. ‖ ANTIQ. escalade (arc.), assaut m. ‖ FIG. *scalata al potere*, montée au pouvoir. | *dar la scalata al titolo mondiale*, ambitionner le titre mondial.

scalatore [skala'tore] (**-trice** f.) m. grimpeur, euse ; alpiniste. ‖ [ciclismo] grimpeur.

scalcagnato [skalkaɲ'ɲato] agg. éculé. ‖ PER EST. [di persona] débraillé. ‖ [di cosa] déglingué (fam.).

scalciare [skal'tʃare] v. intr. ruer.

scalciata [skal'tʃata] f. ruade.

scalcinare [skaltʃi'nare] v. tr. décrépir.

scalcinato [skaltɲi'nato] agg. décrépi. ‖ FIG. [di persona] débraillé, négligé. ‖ [di cosa] délabré, déglingué (fam.).

scalco ['skalko] m. STOR. écuyer tranchant.

scaldaacqua [skalda'akkwa] m. invar. o **scaldabagno** [skalda'baɲɲo] m. chauffe-bain, chauffe-eau.

scaldabanchi [skalda'banki] m. e f. invar. cancre m.

scaldacqua [skal'dakkwa] m. invar. V. SCALDABAGNO.

scaldaletto [skalda'lɛtto] (**-ti** o **-to** pl.) m. bassinoire f. (antiq.), chauffe-lit.

scaldapanche [skalda'panke] m. e f. invar. cancre m.

scaldapiatti [skalda'pjatti] m. invar. chauffe-plats.

scaldapiedi [skalda'pjɛdi] m. invar. [con brace] chauffe-pieds, chaufferette f. ‖ [con acqua bollente] bouillotte f.

scaldare [skal'dare] v. tr. PR. chauffer ; [riscaldare] réchauffer. | *bevi questo, ti scalderà*, bois ça, ça te réchauffera. ‖ FIG. échauffer, enflammer. | *scaldare la testa*, échauffer, exalter l'imagination. ◆ v. intr. chauffer. ◆ v. rifl. PR. se chauffer, se réchauffer. | *scaldarsi al sole*, se chauffer au soleil. | *scaldarsi correndo*, se réchauffer en courant. ‖ [di vivande] chauffer (intr.). ‖ FIG. s'animer, s'exalter. | *l'uditorio comincia a scaldarsi*, les auditeurs commencent à s'animer. ‖ [in senso deteriore] s'échauffer, s'exciter. | *scaldarsi la testa*, se monter la tête. ‖ SPORT s'échauffer.

scaldaseggiole [skalda'sɛddʒole] n. invar. auditeur (trice), spectateur (trice) passif (ive), distrait (e), inattentif (ive).

scaldata [skal'data] f. réchauffage m. (raro). | *dare una scaldata a qlco.*, réchauffer qch.

scaldino [skal'dino] m. chaufferette f.

scalea [ska'lɛa] f. escalier (m.) monumental.

scaleno [ska'lɛno] agg. ANAT., MAT. scalène.

scaleo [ska'lɛo] m. [tosc.] (scala a libretto) échelle (f.) double. ‖ [scaletta con pochi ripiani] escabeau, marchepied.

scaletta [ska'letta] f. (dimin.). V. SCALA. ‖ CIN. scénario m.

scalfire [skal'fire] v. tr. [cose] rayer, érafler, griffer. ‖ [persona] érafler, égratigner.

scalfittura [skalfit'tura] f. [su cose] rayure, éraflure, griffure. ‖ [su persone] éraflure, égratignure.

scaligero [ska'lidʒero] agg. **1.** (de la famille) des Della Scala. ‖ **2.** [relativo alla Scala di Milano] de la Scala.

scalinata [skali'nata] f. escalier m.

scalino [ska'lino] m. marche f., degré (lett.). ‖ FIG. degré, échelon.

scalmana [skal'mana] f. refroidissement m., chaud et froid m. (fam.). ‖ FIG. SCHERZ. engouement m. | *prendersi una scalmana per qlco.*, s'engouer de, s'enticher de, s'emballer pour qch.

scalmanarsi [skalma'narsi] v. rifl. se mettre en nage, courir. ‖ PER EST. s'échauffer, se donner du mal. ‖ [parlare in maniera concitata] s'échauffer, s'exciter.

scalmanato [skalma'nato] agg. en nage. ◆ agg. e n. FIG. excité, enragé, forcené.

scalmo ['skalmo] m. MAR. tolet.

scalo ['skalo] m. **1.** escale f. | *volo senza scali*, vol sans escale. ‖ [parte di porto] embarcadère. | *scalo merci*, quai de chargement. | *scalo passeggeri*, quai d'embarquement. ‖ **2.** FERR. *scalo merci*, gare (f.) des marchandises. ‖ **3.** MAR. cale f.

scalogna [ska'loɲɲa] f. guigne (fam.), poisse (pop.), déveine (fam.), malchance. | *aver scalogna*, avoir la guigne, la poisse, de la déveine, de la malchance ; jouer de malheur m.

scalognato [skaloɲ'ɲato] agg. qui a la guigne (fam.), la poisse (pop.). de la déveine (fam.), de la malchance ; malchanceux. | *è scalognato*, il n'a pas de chance ; il n'a pas de veine (fam.).

scalogno [ska'loɲɲo] m. Bot. échalote f.
scalone [ska'lone] m. escalier monumental.
scaloppa [ska'lɔppa] f. Culin. escalope.
scalpare [skal'pare] v. tr. scalper.
scalpellare [skalpel'lare] v. tr. tailler, sculpter, travailler au ciseau, ciseler. || Chir. faire une incision au scalpel. || [ossi] trépaner.
scalpellatore [skalpella'tore] m. Metall. burineur.
scalpellatura [skalpella'tura] f. Tecn. taille. || Chir. incision au scalpel; [in un osso] trépanation. || Metall. burinage m.
scalpellino [skalpel'lino] m. tailleur de pierres.
scalpello [skal'pɛllo] m. Tecn. ciseau, burin. || Chir. scalpel; [per incidere gli ossi] trépan. || Miner. trépan, foreuse f.
scalpicciare [skalpit'tʃare] v. intr. e tr. piétiner.
scalpiccio [skalpit'tʃio] m. piétinement. || [rumore di passi] bruit de pas.
scalpitante [skalpi'tante] agg. piaffant.
scalpitare [skalpi'tare] v. intr. piaffer. || Per est. *scalpitare di impazienza*, piaffer d'impatience.
scalpitio [skalpi'tio] m. piaffement.
scalpo ['skalpo] m. scalp.
scalpore [skal'pore] m. bruit, éclat, retentissement. | *avvenimento che farà scalpore*, événement qui fera grand bruit, du bruit. || [reazione rumorosa] bruit, tapage, éclat.
scaltramente [skaltra'mente] avv. astucieusement, avec adresse.
scaltrezza [skal'trettsa] f. adresse, habileté, ruse, finesse; débrouillardise (fam.).
scaltrire [skal'trire] v. tr. dégourdir, dessaler (fam.), délurer (raro). || [rendere più capace] perfectionner. ◆ v. rifl. se dégourdir, se dessaler (fam.), devenir (plus) malin, astucieux. || [divenire più abile] se perfectionner.
scaltrito [skal'trito] agg. adroit, habile, capable, bon. || [furbo] V. scaltro.
scaltro ['skaltro] agg. malin, rusé, astucieux, dégourdi, déluré, futé, adroit, habile, débrouillard (fam.). || [improntato a scaltrezza] astucieux, adroit, habile.
scalzacane [skaltsa'kane] m. Pr. minable (fam.), miteux (fam.), misérable. || Fig. [incompetente] incapable, nullité f., zéro, nullard (fam.), tocard (pop.). || [di chirurgo, dentista] boucher.
scalzamento [skaltsa'mento] m. [di muro] déchaussement, sapement (raro). || [di dente] déchaussement. || [di pianta] déchaussage.
scalzare [skal'tsare] v. tr. déchausser. || [muro] déchausser, saper. || Fig. saper, miner. || [soppiantare] évincer, faire sauter. || Fam. [circuire] tirer les vers du nez. ◆ v. rifl. se déchausser.
scalzo ['skaltso] agg. [senza scarpe] déchaussé. || [senza calze] pieds nus, nu-pieds. | *a piedi scalzi*, pieds nus, nu-pieds. || Relig. *carmelitani scalzi*, carmes déchaussés, déchaux.
scambiare [skam'bjare] v. tr. [permutare] échanger, changer. | *scambiare due parole con qlcu.*, échanger quelques mots avec qn. || Fin. changer. || Per est. [confondere] prendre, confondre. | *scambiare una persona per un'altra*, prendre une personne pour une autre, confondre une personne avec une autre. || [prendere per equivoco] prendre par erreur, se tromper (de). | *qlcu. mi ha scambiato il paltò*, qn s'est trompé de manteau et a pris le mien, qn a pris mon manteau par erreur. ◆ v. recipr. échanger (tr.). | *scambiarsi lettere, impressioni*, échanger des lettres, des impressions.
scambiatore [skambja'tore] m. échangeur.
scambievole [skam'bjevole] agg. réciproque, mutuel.
scambio ['skambjo] m. échange. || Econ. *valore di scambio*, valeur d'échange. | *libero scambio*, libre-échange. || [errore] confusion f., erreur f. || Ferr. aiguillage, aiguille f., dérailleur.
scambista [skam'bista] (**-i** pl.) m. Econ. *(libero) scambista*, libre-échangiste. || Ferr. aiguilleur.
scamiciarsi [skami'tʃarsi] v. rifl. se mettre en bras de chemise.
scamiciato [skami'tʃato] agg. en bras de chemise. || Per est. débraillé. ◆ m. Fig. extrémiste. || [vestito] robe-chasuble f., chasuble f.
scamosciare [skamoʃ'ʃare] v. tr. chamoiser.
scamosciatura [skamoʃʃa'tura] f. chamoisage m.
scampagnata [skampaɲ'ɲata] f. partie de campagne, promenade, excursion; balade (fam.) à la campagne.
scampanare [skampa'nare] v. intr. carillonner, sonner à toute volée. || [di gonna] (raro) s'évaser (rifl.).
scampanata [skampa'nata] f. carillon m. || [chiassata] charivari m.
scampanato [skampa'nato] agg. évasé.
scampanellare [skampanel'lare] v. intr. carillonner, sonner bruyamment, avec insistance.
scampanellata [skampanel'lata] f. sonnerie insistante, bruyant coup de sonnette.
scampanellio [skampanel'lio] m. V. scampanellata.
scampanio [skampa'nio] m. carillon, sonnerie f. (de cloches).
scampare [skam'pare] v. intr. échapper. | *scampare a una malattia* : [non prenderla] échapper à une maladie; [guarirne] réchapper d'une maladie. ◆ v. tr. [evitare] échapper (à). | *scampare alla morte*, échapper à la mort. || [salvare] sauver. | *lo scamparono dal fallimento*, ils le sauvèrent de la faillite. || Loc. *scamparla*, en réchapper, s'en tirer (fam.), s'en sortir (fam.). | *l'ha scampata bella*, il l'a échappé belle, il revient de loin, il a eu chaud (fam.). | *Dio ci scampi (e liberi) da...*, Dieu, le ciel nous préserve de...!
scampato [skam'pato] agg. rescapé, survivant. | *i soldati scampati dal massacro*, les soldats qui ont échappé au massacre. || [evitato] évité, écarté, conjuré. ◆ n. rescapé, survivant.
1. scampo ['skampo] m. salut. | *cercare scampo nella fuga*, chercher son salut dans la fuite. | *cercare, trovare scampo in un luogo*, chercher, trouver refuge en un lieu. || [il modo per scampare] issue f.; moyen d'en sortir (fam.), de s'en tirer (fam.). | *non c'è scampo*, il n'y a pas d'issue; il n'y a aucun moyen d'en sortir. | *via di scampo*, issue; [scappatoia] échappatoire f. || [iperb.] *contro certi chiacchieroni non c'è scampo!*, il n'y a pas moyen d'échapper à certains bavards!
2. scampo ['skampo] m. Zool. langoustine f.
scampolo ['skampolo] m. coupon. || Fig. *negli scampoli di tempo*, à mes (tes, ses) moments perdus. || Peggior. *scampolo d'uomo*, avorton, demi-portion f. (fam.), bout d'homme.
scanalare [skana'lare] v. tr. [pietra, marmo, legno, metallo] canneler. || [legno, metallo] rainer, rainurer. ◆ v. intr. (raro) déborder (l.c.).
scanalato [skana'lato] agg. cannelé.
scanalatura [skanala'tura] f. Archit. cannelure; canal m. (raro). || Tecn. [in legno o metallo] rainure. || [in qualsiasi materiale] cannelure. || [dove si inserisce un pezzo] feuillure, coulisse.
scandagliamento [skandaʎʎa'mento] m. sondage.
scandagliare [skandaʎ'ʎare] v. tr. Pr. e fig. sonder.
scandaglio [skan'daʎʎo] m. [a piombo] sonde f. || [di altro tipo] sondeur. || [lo scandagliare] sondage. || Fig. (raro) sondage (l.c.).
scandalistico [skanda'listiko] (**-ci** pl.) agg. de scandales, à scandales, à sensation, scandaleux. | *campagna scandalistica*, campagne de scandales. | *stampa scandalistica*, presse à sensation, à scandales.
scandalizzare [skandalid'dzare] v. tr. scandaliser. ◆ v. rifl. se scandaliser.
scandalo ['skandalo] m. scandale. | *dare scandalo*, faire scandale. || [in senso attenuato] scandale, esclandre, éclat. || Loc. *la pietra dello scandalo*, le responsable de tout le mal.
scandalosamente [skandalosa'mente] avv. scandaleusement.
scandaloso [skanda'loso] agg. scandaleux. || [iperb.] scandaleux (fam.), incroyable.
scandinavo [skan'dinavo] agg. e n. scandinave.
scandire [skan'dire] v. tr. Metr., Mus. scander. | *scandire il tempo*, battre la mesure. || Per est. scander, marteler. | *scandire le parole*, scander, marteler les mots. || TV. balayer.
1. scannare [skan'nare] v. tr. [animali] égorger, saigner. || [uomini] égorger. || Per est. [trucidare] massacrer. || Fig. assassiner, écorcher. | *in questo ristorante ti scannano*, dans ce restaurant c'est le coup de fusil, de barre.

2. scannare [skan'nare] v. tr. TESS. dévider.
scannatoio [skanna'tojo] m. abattoir.
scannellare [skannel'lare] v. tr. canneler. ‖ TESS. dévider.
scanno ['skanno] m. siège. ‖ [in una chiesa] stalle f.
scansafatiche [skansafa'tike] n. invar. fainéant, flemmard (fam.), tire-au-flanc (fam.), feignant (pop.).
scansare [skan'sare] v. tr. déplacer, bouger (fam.). ‖ PR. e FIG. éviter, esquiver. | *scansare un pedone*, éviter un piéton. | *scansare un colpo*, esquiver, éviter un coup. | *scansare una persona*, éviter, fuir une personne. ◆ v. rifl. s'écarter. | *scansatevi !*, écartez-vous ! ; ôtez-vous de là !
scansia [skan'sia] f. étagère.
scansione [skan'sjone] f. METR. scansion. ‖ TV. balayage m.
scanso ['skanso] m. LOC. *a scanso di*, pour éviter, pour prévenir. | *a scanso di equivoci*, pour éviter tout malentendu.
scantinare [skanti'nare] v. intr. MUS. détonner. ‖ FIG. gaffer, faire une gaffe (fam.).
scantinato [skanti'nato] m. sous-sol, cave f.
scantonare [skanto'nare] v. intr. tourner le coin, au coin de la rue, d'une rue. ‖ PER EST. s'esquiver, filer à l'anglaise (fam.). ‖ FIG. s'écarter du sujet. ◆ v. tr. (raro) écorner (L.C.).
scanzonato [skantso'nato] agg. désinvolte, décontracté.
scapaccione [skapat'tʃone] m. calotte f. (fam.), taloche f. (fam.), gifle f., claque f.| *prendere a scapaccioni*, calotter (fam.), claquer, gifler. ‖ LOC. FIG. *essere promosso a scapaccioni*, être reçu grâce à l'indulgence des examinateurs.
scapataggine [skapa'taddʒine] f. étourderie.
scapestrataggine [skapestra'taddʒine] f. inconduite, dévergondage m., désordre m. (lett.), dérèglement m. (antiq.). ‖ [azione] frasque, fredaine ; écart (m.) de conduite.
scapestrato [skapes'trato] agg. e n. dissolu, dissipé, dévergondé, débauché ; voyou (m.), arsouille (m., pop.). | *condurre una vita da scapestrato*, faire les quatre cents coups (fam.) ; mener une vie de bâton de chaise (fam.).
scapezzare [skapet'tsare] v. tr. étêter.
scapigliare [skapiʎ'ʎare] v. tr. écheveler (lett.), ébouriffer, décoiffer, dépeigner. ◆ v. rifl. se décoiffer, se dépeigner.
scapigliato [skapiʎ'ʎato] agg. échevelé, ébouriffé, décoiffé, dépeigné. ‖ FIG. dissolu, dissipé. ◆ agg. e n. FIG. bohème. ‖ LETT. scapigliato (ital.).
scapigliatura [skapiʎʎa'tura] f. inconduite, désordre (lett.). ‖ LETT. scapigliatura (ital.).
scapitare [skapi'tare] v. intr. perdre. ‖ FIG. n'y rien gagner (de bon), ne pas y avoir avantage, intérêt.
scapito [s'kapito] m. perte f. | *vendere a scapito*, vendre à perte. ‖ FIG. désavantage, préjudice, détriment (arc.). ‖ LOC. *a scapito di*, au détriment de.
scapo ['skapo] m. ARCHIT. escape f., fût. | *imo scapo*, escape. ‖ BOT. hampe f.
scapocchiare [skapok'kjare] v. tr. étêter.
scapola [s'kapola] f. ANAT. omoplate.
1. scapolare [skapo'lare] agg. ANAT. scapulaire.
2. scapolare [skapo'lare] m. RELIG. scapulaire.
scapolo ['skapolo] agg. e m. célibataire.
scappamento [skappa'mento] m. échappement.
scappare [skap'pare] v. intr. **1.** PR. se sauver (rifl.), s'enfuir (rifl.), fuir ; [da una prigione] s'échapper. | *scappa se ci tieni alla pelle !*, sauve-toi, si tu tiens à ta peau ! | *il prigioniero è scappato*, le prisonnier s'est échappé, s'est enfui. | *scappare di prigione*, s'échapper de prison, s'évader. ‖ LOC. FIG. *di qui non si scappa*, on ne sort pas de là ; il n'y a pas à sortir de là. ‖ **2.** PER EST. courir, se sauver. | *scappo a prepararmi*, je cours me préparer. | *ora devo proprio scappare*, il faut vraiment que je me sauve maintenant. ‖ **3.** [sfuggire] échapper. | *non lasciarti scappare l'occasione*, ne laisse pas échapper l'occasion. | *gli scappò un grido*, il laissa échapper un cri ; un cri lui échappa. | *mi è scappato di mente*, cela m'est sorti de la tête ; cela m'a échappé ; je l'ai oublié. | *ti è scappato un errore di ortografia*, tu as fait une faute d'orthographe. | *far scappare la pazienza*, faire perdre la patience. | *nel caricare il fucile gli è scappato un colpo*, il chargeait son fusil et un coup est parti. ‖ **4.** [fuoriuscire] sortir, dépasser. | *la camicia gli scappa dai pantaloni*, sa chemise dépasse de son pantalon. | *di dove scappi fuori ?*, d'où sors-tu ? ‖ **5.** [di stimoli fisiologici] *mi scappava da ridere*, j'avais envie de rire. ‖ FAM. *mi scappa la pipì*, je dois, j'ai envie de faire pipi. ‖ **6.** [di maglia] filer.
scappata [skap'pata] f. saut m. | *fare una scappata a Parigi*, faire un saut à Paris. ‖ [battuta] sortie. | *ha certe scappate !*, il a de ces sorties ! ‖ [errore] incartade, frasque, équipée, écart m. ‖ [nei fuochi artificiali] bouquet final.
scappatella [skappa'tella] f. escapade, fredaine, écart m.
scappatina [skappa'tina] f. saut m.
scappatoia [skappa'toja] f. échappatoire.
scappellare [skappel'lare] v. tr. ôter, enlever le chapeau (de, à). ‖ [scappucciare] décapuchonner. ‖ [falcone] déchaperonner.
scappellata [skappel'lata] f. coup (m.) de chapeau.
scappellotto [skappel'lɔtto] m. calotte f. (fam.), taloche f. (fam.), claque f. | *prendere qlcu. a scappellotti*, donner des claques à qn ; calotter (fam.), claquer qn. ‖ LOC. FIG. *passare a scappellotti*, passer par faveur.
scappucciare [skapput'tʃare] v. tr. décapuchonner.
scapricciarsi [skaprit'tʃarsi] v. rifl. donner libre cours à son désir, à son envie (de). ‖ ASSOL. se passer ses caprices, ses fantaisies.
scarabeidi [skara'bɛidi] m. pl. ZOOL. scarabéidés.
scarabeo [skara'bɛo] m. ZOOL. scarabée. | *scarabeo stercorario*, bousier. ‖ [pietra] scarabée. ‖ GIOCHI scrabble (ingl.).
scarabocchiare [skarabok'kjare] v. tr. gribouiller, griffonner, barbouiller. | *scarabocchiare un quaderno*, gribouiller, griffonner sur un cahier ; barbouiller un cahier. | *scarabocchiare una lettera*, griffonner, gribouiller une lettre. ‖ FIG. barbouiller.
scarabocchiatura [skarabokkja'tura] f. o **scarabocchio** [skara'bɔkkjo] m. gribouillis m., gribouillage m., griffonnage m., barbouillage m. ‖ FIG. [di persona] avorton m.
scarabocchione [skarabok'kjone] (**-a** f.) m. gribouilleur, euse.
scarafaggio [skara'faddʒo] m. cafard, blatte f., cancrelat.
scaramanzia [skaraman'tsia] f. conjuration, exorcisme m.| *dire, fare qlco. per scaramanzia*, dire, faire qch. pour éloigner le mauvais sort. | *toccar ferro per scaramanzia*, toucher du bois.
scaramazza [skara'mattsa] agg. f. o n. f. *(perla) scaramazza*, perle baroque.
scaramuccia [skara'muttʃa] f. escarmouche, accrochage m., échauffourée. ‖ FIG. escarmouche.
scaraventare [skaraven'tare] v. tr. flanquer (fam.), envoyer, lancer, jeter. ‖ FIG. expédier. ◆ v. rifl. se ruer, se jeter, se précipiter, foncer (sur). | *scaraventarsi giù per le scale*, se précipiter en bas de l'escalier. | *scaraventarsi contro qlcu.*, se ruer, se précipiter sur qn.
scarcassato [skarkas'sato] agg. FAM. déglingué, esquinté, démoli (L.C.).
scarceramento [skartʃera'mento] m. V. SCARCERAZIONE.
scarcerare [skartʃe'rare] v. tr. GIUR. élargir, relaxer ; (re)mettre en liberté, libérer, relâcher.
scarcerazione [skartʃerat'sjone] f. GIUR. élargissement m., levée d'écrou ; mise en liberté, libération.
scardassare [skardas'sare] v. tr. TESS. carder.
scardassatore [skardassa'tore] (**-trice** f.) m. TESS. cardeur, euse.
scardassatura [skardassa'tura] f. TESS. cardage m.
scardasso [skar'dasso] m. TESS. carde f.
scardinare [skardi'nare] v. tr. faire sortir de ses gonds.
scarica ['skarika] f. décharge. | *scarica di fucileria*, fusillade. ‖ PER EST. *scarica di botte*, volée de coups ; dégelée (pop.), raclée (fam.). | *scarica di bastonate*, volée de coups de bâton. ‖ FIG. *scarica di insulti*, bordée d'injures. | *scarica di grandine*, averse de grêle. ‖ [feci] évacuation. ‖ ELETTR. décharge.

scaricabarili [skarikaba'rili] m. jeu de bascule. || FIG. *fare a scaricabarili*, se renvoyer la balle.
scaricamento [skarika'mento] m. déchargement.
scaricare [skari'kare] v. tr. décharger. || [fiume] *scaricare le acque*, se jeter. || [svuotare di un contenuto] faire sortir, déverser. | *scaricare il vapore della caldaia*, faire sortir la vapeur de la chaudière. || [un'arma] décharger. || [colpi] envoyer ; flanquer (fam.). || FIG. (se) décharger. | *scaricare un lavoro sulle spalle di qlcu.*, se décharger d'un travail sur qn. | *scarica le responsabilità sugli altri*, il se décharge sur les autres des responsabilités. || [sfogare] exhaler, épancher, déverser. | *scaricare la propria ira*, exhaler sa colère. | *scaricare l'ira, il malumore su qlcu.*, passer sa colère, sa mauvaise humeur sur qn. ◆ v. rifl. PR. e FIG. se décharger, se libérer, se délivrer. | *scaricarsi da una responsabilità*, se décharger d'une responsabilité. | *scaricarsi la coscienza*, se libérer la conscience. || [acqua] se déverser ; [fiumi] se jeter. || ELETTR. se décharger. || [fulmine] tomber.
scaricatoio [skarika'tojo] m. (raro) dépôt (L.C.). || [per spazzature] décharge f., dépôt. || [tubo] tuyau d'évacuation.
scaricatore [skarika'tore] m. [persona] débardeur, déchargeur (arc.). | *scaricatore di porto*, docker, débardeur. || [idraulica] conduit d'évacuation. || ELETTR. excitateur.
1. scarico ['skariko] agg. [scaricato] déchargé ; [vuoto] vide ; [sgombro] dégagé. | *fucile scarico*, fusil déchargé. | *autobus scarico*, autobus vide. || [orologio] arrêté. || [accumulatore elettrico] déchargé, à plat. || LOC. FIG. *aver le batterie scariche*, être à plat (fam.). || FIG. libre. | *mente scarica di preoccupazioni*, esprit libre de préoccupations.
2. scarico ['skariko] (**-chi** pl.) m. déchargement. | *nave sotto scarico*, navire en déchargement. || [per lo scarico dei rifiuti] décharge (f.) publique, dépotoir, dépôt d'ordures. || [rifiuti] ordures f. pl. | *divieto di scarico*, défense de déposer des ordures. || [detto di acque] écoulement, évacuation f., déversement. || [nei motori a scoppio] échappement. || FIG. décharge. | *testimoni a scarico*, témoins à décharge. | *per scarico di coscienza*, par acquit de conscience. || ARCHIT. *arco di scarico*, arc de décharge. || COMM. sortie f. | *bolletta di scarico*, décharge.
scarificare [skarifi'kare] v. tr. AGR., MED. scarifier.
scarificatura [skarifika'tura] f. AGR., MED. scarification.
scariola [ska'rjɔla] f. BOT. scarole.
scarlattina [skarlat'tina] f. MED. scarlatine.
scarlatto [skar'latto] agg. e m. écarlate f.
scarmigliare [skarmiʎ'ʎare] v. tr. décoiffer, dépeigner, ébouriffer ; écheveler (lett.). ◆ v. rifl. se décoiffer, se dépeigner.
scarmigliato [skarmiʎ'ʎato] agg. échevelé, décoiffé, dépeigné ; [detto dei capelli] ébouriffé.
scarnare [skar'nare] v. tr. écharner.
scarnificato [skarnifi'kato] agg. décharné. || FIG. LETT. dépouillé.
scarnire [skar'nire] v. tr. PR. décharner (antiq.). || FIG. rendre plus sobre, plus dépouillé.
scarno ['skarno] agg. décharné, émacié. || FIG. pauvre, maigre. || [in senso positivo] sobre, dépouillé.
scarogna [ska'roɲɲa] f. e deriv. V. SCALOGNA.
scarola [ska'rɔla] f. BOT. scarole.
scarpa ['skarpa] f. **1.** chaussure, soulier m., godasse (pop.). | *scarpe con i tacchi alti*, chaussures à hauts talons. | *scarpe alte*, chaussures montantes. | *infilarsi le scarpe*, mettre ses chaussures, se chausser. | *levarsi le scarpe*, enlever ses chaussures, se déchausser. || **2.** LOC. FAM. *avere il giudizio sotto la suola delle scarpe*, ne pas avoir pour deux sous de jugeote. | *fare le scarpe a qlcu.*, agir en sous-main contre qn. | *non essere degno di legare le scarpe a qlcu.*, ne pas arriver à la cheville de qn. | *rimetterci anche la suola delle scarpe*, y laisser jusqu'à sa dernière chemise. | *morire con le scarpe ai piedi*, ne pas mourir dans son lit. | *è una scarpa vecchia*, c'est un vieux débris (pop.). || **3.** [scarpata] talus m., escarpement m. || **4.** [cuneo] cale. || **5.** ARCHIT. fruit m.
scarpaio [skar'pajo] (**-a** f.) m. marchand de chaussures.
scarpata [skar'pata] f. escarpement m., talus m., berge. || ARCHIT. fruit m.
scarpetta [skar'petta] f. dimin. V. SCARPA. | *scarpette da tennis*, tennis m. pl., chaussures de tennis. | *scarpette da ginnastica*, espadrilles. | *scarpette da ballerina*, chaussons (m.) de danse.
scarpiera [skar'pjɛra] f. armoire à chaussures. || [borsa] sac (m.) à chaussures.
scarpinare [skarpi'nare] v. intr. (fam.) trotter (L.C.), courir (L.C.).
scarpinata [skarpi'nata] f. FAM. trotte.
scarpino [skar'pino] m. escarpin.
scarpone [skar'pone] m. gros soulier, brodequin, godillot (pop.), croquenot (pop.). | *scarpone da soldato*, brodequin militaire, godillot. | *scarpone da montagna, da sci*, chaussure (f.) de montagne, de ski.
scarroccio [skar'rɔttʃo] m. dérive f.
scarrozzare [skarrot'tsare] v. tr. promener, balader (fam.) en voiture. ◆ v. intr. se promener, se balader (fam.) en voiture.
scarrozzata [skarrot'tsata] f. promenade, balade (fam.) en voiture.
scarsamente [skarsa'mente] avv. peu, médiocrement, insuffisamment.
scarseggiare [skarsed'dʒare] v. intr. [essere scarso] manquer, être rare, faire défaut. || [divenire scarso] commencer à manquer ; devenir, se faire rare. || [avere in misura insufficiente] manquer (de), être à court (de). | *scarseggiamo di denaro, d'idee*, nous manquons, nous sommes à court d'argent, d'idées.
scarsella [skar'sɛlla] f. escarcelle.
scarsezza [skar'settsa] f. o **scarsità** [skarsi'ta] f. manque m., pénurie, défaut m., rareté, insuffisance. | *scarsezza di mezzi*, manque de moyens. | *scarsezza di viveri*, manque, pénurie de vivres. | *scarsezza del raccolto*, insuffisance de la récolte. | *scarsezza d'ingegno*, manque d'intelligence.
scarso ['skarso] agg. **1.** insuffisant, maigre, médiocre. | *raccolto scarso*, maigre récolte. || **2.** faible. | *scarsa altezza*, faible hauteur. || **3.** peu nombreux. | *scarso pubblico*, public peu nombreux, clairsemé. || **4.** rare. || **5.** [leggermente inferiore ad una data misura] *tre chili scarsi*, trois petits kilos, à peine trois kilos, tout juste trois kilos. || **6.** [poco] *ha scarso entusiasmo*, il a peu d'enthousiasme ; il n'a pas beaucoup d'enthousiasme. | *uomo di scarse capacità*, homme qui n'a pas de grandes capacités. || **7.** faible, médiocre. | *intelligenza scarsa*, intelligence médiocre. | *scarso in latino*, faible en latin. || **8.** pauvre. | *paese scarso di divertimenti*, village pauvre en distractions. || LOC. *essere scarso di*, manquer de, être à court de.
scartabellare [skartabel'lare] v. tr. feuilleter, compulser.
scartafaccio [skarta'fattʃo] m. cahier de brouillon, de notes. || COMM. brouillard ; main (f.) courante.
scartamento [skarta'mento] m. écartement, écart.
1. scartare [skar'tare] v. tr. **1.** [un pacco] défaire, développer. || [il contenuto] déballer, dépaqueter. | *scartare la merce*, déballer les marchandises. || **2.** [eliminare] écarter, rejeter. | *scartare un progetto*, écarter, rejeter, repousser un projet. || [buttare via] jeter. || **3.** GIOCHI [carte] se défausser (de), écarter.
2. scartare [skar'tare] v. intr. faire un écart, une embardée. || SPORT [calcio] dribbler.
scartata [skar'tata] f. écart m. || FIG. FAM. savon m.
scartina [skar'tina] f. GIOCHI mauvaise carte. || FIG. loque, lavette.
1. scarto ['skarto] m. **1.** élimination f. || [cosa scartata] rebut m., déchets m. pl. | *scarto di carne*, déchets de viande. || LOC. *di scarto*, de rebut, bon à jeter. | *mi ha venduto roba di scarto*, il m'a vendu de la camelote (fam.). || **2.** FIG. [persona] bon à rien ; incapable, nouille f. (fam.). || **3.** [carte] écart. || **4.** TIP. maculature f.
2. scarto ['skarto] m. écart. || [anticipo] avance f.
scartocciare [skartot'tʃare] v. tr. déballer, dépaqueter. || [granoturco] décortiquer.
scartocciatura [skartottʃa'tura] f. décorticage m.
scartoffia [skar'tɔffja] f. paperasse.
scassaquindici [skassa'kwinditʃi] m. invar. mourre f.
1. scassare [skas'sare] v. tr. décaisser, déballer.

2. scassare [skas'sare] v. tr. AGR. défoncer. || PER EST. POP. bousiller, esquinter (fam.), démolir (L.C.). || FIG. [di persona] démolir (fam.), mettre à plat (fam.). ◆ v. rifl. FIG. POP. se bousiller, s'esquinter (fam.), se démolir (L.C.).
scassato [skas'sato] agg. AGR. défoncé. || PER EST. POP. bousillé, esquinté (fam.), démoli (L.C.). || FIG. [persona] démoli (fam.).
scassatura [skassa'tura] f. déballage m.
scassinamento [skassina'mento] m. effraction f.
scassinare [skassi'nare] v. tr. crocheter, fracturer.
scassinatore [skassina'tore] (**-trice** f.) m. cambrioleur, euse ; casseur, euse (gerg.).
scassinatura [skassina'tura] f. effraction.
scasso ['skasso] m. effraction f. | *furto con scasso,* vol avec effraction, cambriolage ; casse (gerg.). || AGR. défonçage, défoncement.
scatenamento [skatena'mento] m. déchaînement.
scatenare [skate'nare] v. tr. PR. ARC. désenchaîner (L.C.). || FIG. déchaîner. ◆ v. rifl. se déchaîner. || SOSTANT. *lo scatenarsi,* déclenchement, déchaînement.
scatenato [skate'nato] agg. déchaîné.
scatola ['skatola] f. **1.** boîte. || LOC. FIG. *comperare a scatola chiusa,* acheter chat en poche. | *scritto a lettere di scatola,* écrit en lettres énormes. || VOLG. *rompere le scatole,* casser les pieds (fam.), embêter (fam.), emmerder (pop.). | *levarsi dalle scatole,* foutre le camp (pop.). || **2.** ANAT. *scatola cranica,* boîte crânienne. || **3.** ELETTR. *scatola dell'accumulatore,* bac (m.) de l'accumulateur. || **4.** AUTOM. *scatola del cambio,* boîte de vitesses, carter (m.) du changement de vitesse.
scatolame [skato'lame] m. boîtes f. pl. || [cibi in scatola] boîtes (f. pl.) de conserve.
scatoletta [skato'letta] f. boîte (de conserve).
scatolificio [skatoli'fitʃo] m. fabrique (f.) de boîtes.
scatologia [skatolo'dʒia] f. scatologie.
scatologico [skato'lɔdʒiko] (**-ci** pl.) agg. scatologique.
scattante [skat'tante] agg. agile.
scattare [skat'tare] v. intr. **1.** [di molla] se détendre. | *far scattare una molla,* détendre un ressort. || [di pezzi meccanici] se déclencher ; [funzionare] fonctionner, jouer. | *l'interruttore non scatta,* l'interrupteur ne fonctionne pas. | *far scattare un meccanismo,* déclencher, actionner, faire jouer, faire fonctionner un mécanisme. | *far scattare la chiave nella serratura,* faire tourner la clé dans la serrure. | *far scattare il grilletto,* appuyer sur la détente. || FIG. se déclencher, commencer. | *l'offensiva scattò alle undici,* l'offensive se déclencha, fut déclenchée à 11 heures. || **2.** [di persona] sauter, bondir, s'élancer. | *scattare in piedi,* sauter sur ses pieds. | *i corridori erano pronti a scattare,* les coureurs étaient prêts à s'élancer. || [incitamento] *scattare !,* du nerf ! (fam.). || FIG. s'emporter, s'énerver. || AMM. avancer en grade, avoir de l'avancement. || SPORT [accelerare] sprinter. ◆ v. tr. *scattare una fotografia,* prendre une photo.
scattista [skat'tista] (**-i** pl.) m. e f. SPORT sprinter m. (ingl.).
scatto ['skatto] m. **1.** déclenchement. | *scatto del percussore, dell'otturatore,* déclenchement du percuteur, de l'obturateur. || [di molla] détente f. || **2.** PER EST. [congegno che scatta] déclencheur, déclic. | *cronometro a scatto,* chronomètre à déclic. || [pulsante] bouton. || [rumore] déclic. || **3.** [di persona] mouvement brusque, sursaut. | *ebbe uno scatto,* il eut un sursaut ; il sursauta. || LOC. *di scatto,* brusquement. | *a scatti,* par saccades, par à-coups. || FIG. accès, mouvement. | *scatto di malumore,* accès de mauvaise humeur. | *avere uno scatto (d'ira),* avoir un mouvement de colère. || SPORT détente f ; [nella corsa] démarrage, sprint (ingl.). || **4.** AMM. [del personale] avancement, promotion f. || [degli stipendi] augmentation f.
scaturire [skatu'rire] v. intr. **1.** PR. jaillir, s'échapper. || [di sorgente] naître. || [di corso d'acqua] prendre sa source. || **2.** FIG. dériver, découler, naître, avoir son origine (dans). | *le consequenze che ne scaturiscono,* les conséquences qui en découlent, qui en dérivent. | *bene che scaturisce da un male,* bien qui naît d'un mal.
scautismo [skau'tizmo] m. V. SCOUTISMO.
scavalcare [skaval'kare] v. tr. **1.** enjamber ; [saltando] sauter. || **2.** PR. e FIG. [superare] dépasser. | *scavalcare un superiore,* passer par-dessus la tête d'un supérieur. || **3.** [sbalzare di sella] désarçonner, démonter. ◆ v. intr. (arc.) descendre de cheval (L.C.).
scavare [ska'vare] v. tr. creuser. | *scavare una trincea,* creuser une tranchée. | *scavare un tronco d'albero,* creuser, évider un tronc d'arbre. || [in cerca di qlco.] fouiller. || MODA *scavare il collo,* échancrer l'encolure, évider le col, creuser l'encolure. || FIG. creuser, approfondir. || LOC. FIG. *scavare il terreno sotto i piedi a qlcu.,* couper l'herbe sous le pied de qn. || [dissotterrare] déterrer. || FIG. trouver.
scavatore [skava'tore] (**-trice** f.) agg. qui creuse. | *macchina scavatrice,* excavatrice f. ◆ m. terrassier. || [macchina] excavateur, excavatrice f.
scavatura [skava'tura] f. MODA échancrure. || (raro) [lo scavare] creusement m. || [materiale] déblais m. pl.
scavezzacollo [skavettsa'kɔllo] (**-i** pl. o raro invar.) m. casse-cou, casse-gueule (pop.). | *a scavezzacollo,* à tombeau ouvert. || [persona] casse-cou (fam.).
scavo ['skavo] m. [azione] creusement, creusage, excavation f. (raro). || [risultato] creux, excavation f. || MODA échancrure. ◆ pl. [per il reperimento di oggetti] fouilles f.
scazzottare [skattsot'tare] v. tr. POP. cogner, dérouiller, rosser (L.C.), bourrer de coups (L.C.). ◆ v. recipr. se tabasser (pop.), se battre à coups de poing (L.C.).
scazzottata [skattsot'tata] f. (pop.) bagarre [fam.] (à coups de poing).
scegliere ['ʃeʎʎere] v. tr. choisir. | *abbiamo da scegliere,* nous avons le choix. | *c'è da scegliere,* il y a du choix. | *c'è poco da scegliere,* je n'ai, tu n'as, il n'a pas le choix. || [separare il migliore] trier, sélectionner.
sceicco [ʃe'ikko] m. cheik, scheik.
scelleratаggine [ʃellera'taddʒine] f. crime m., scélératesse (lett. o arc.).
scelleratamente [ʃellerata'mente] avv. criminellement, d'une manière criminelle.
scelleratezza [ʃellera'tettsa] f. LETT. scélératesse.
scellerato [ʃelle'rato] agg. criminel, scélérat (lett.), infâme, odieux, mauvais. ◆ n. scélérat (lett.), criminel.
scellino [ʃel'lino] m. [in Austria] schilling, schelling. || [in Inghilterra] shilling.
scelta ['ʃelta] f. choix m. | *fanno la scelta dei pezzi migliori,* ils choisissent les meilleurs morceaux. | *c'è molta scelta,* il y a du choix. || LOC. *a scelta,* au choix. || [cose scelte] choix, sélection. || AMM. *promozione a scelta,* promotion au choix.
sceltamente [ʃelta'mente] avv. élégamment.
scelto ['ʃelto] agg. choisi. | *pubblico scelto,* public choisi. || [di merce] de premier choix, de première qualité. || [bene addestrato, specie MIL.] d'élite. | *tiratore scelto,* tireur d'élite.
scemare [ʃe'mare] v. intr. baisser, diminuer, décroître, décliner ; [perdere forza] faiblir, s'affaiblir. | *il fiume sta scemando,* le niveau du fleuve baisse. | *le sue forze scemano,* ses forces déclinent. | *il vento comincia a scemare,* le vent commence à faiblir. ◆ v. tr. diminuer.
scemenza [ʃe'mɛntsa] f. bêtise, imbécillité, idiotie, ineptie, stupidité.
scemo ['ʃemo] agg. bête, idiot, stupide, imbécile. || (raro) [ridotto] diminué ; faible ; [che si riduce] décroissant. ◆ n. idiot, imbécile.
scempiaggine [ʃem'pjaddʒine] f. V. SCEMENZA. || [inezia] bagatelle, fadaise, niaiserie.
1. scempiare [ʃem'pjare] v. tr. dédoubler, simplifier.
2. scempiare [ʃem'pjare] v. tr. (raro) massacrer (L.C.). || FIG. abîmer, saccager, massacrer (fam.).
1. scempio ['ʃempjo] agg. simple. || FIG. ANTIQ. sot, niais (L.C.), bête (L.C.), idiot (L.C.).
2. scempio ['ʃempjo] m. (lett.) massacre (L.C.). | *far scempio di qlcu.,* massacrer qn. | *far scempio di un cadavere,* s'acharner sur un cadavre. || FIG. massacre, gâchis. | *i cartelloni pubblicitari fanno scempio del paesaggio,* les affiches publicitaires gâchent, détruisent le paysage.
scena ['ʃɛna] f. **1.** TEATRO scène. | *è di scena,* il va entrer en scène. | *questa sera va in scena una*

commedia di Goldoni, ce soir on joue, on représente une comédie de Goldoni. | *portare in scena una commedia*, jouer, représenter une comédie. | *direttore di scena*, régisseur (de théâtre). ‖ PER EST. *le scene*, la scène, les planches. | *calcare le scene*, monter sur les planches ; paraître en scène. ‖ FIG. *la scena politica*, la scène politique. | *essere di scena*, occuper le devant de la scène. | *uscire dalla scena del mondo*, quitter ce monde. ‖ **2.** [ambiente] scène, décor m. | *la scena cambia*, la scène, le décor change. ‖ PR. e FIG. *cambiamento di scena*, changement de décor. ‖ CIN. e FIG. décor. ‖ **3.** [agire dei personaggi] *avere scena*, avoir de la présence (sur la scène). | *scena muta*, scène muette. ‖ FIG. *far scena muta*, ne pas savoir répondre ; [a scuola, ad un esame] sécher. ‖ **4.** [divisione] scène. | *scena madre*, grande scène. ‖ PR. e FIG. *colpo di scena*, coup de théâtre. ‖ **5.** FIG. scène. | *scena di caccia*, scène de chasse. ‖ [manifestazione esagerata] scène, esclandre m., histoire. | *scena di gelosia*, scène de jalousie. | *non fare tante scene*, ne fais pas tant d'histoires. | *far la scena*, jouer la comédie.

scenario [ʃe'narjo] m. PR. e FIG. décor. ‖ [nella commedia dell'arte] canevas. ‖ CIN. scénario.

scenarista [ʃena'rista] (**-i** pl.) m. e f. CIN. scénariste.

scenata [ʃe'nata] f. scène.

scendere ['ʃendere] v. intr. **1.** descendre. | *scendere dalla macchina, dal treno*, descendre de voiture, du train. | *scesero nel migliore albergo*, ils descendirent dans le meilleur hôtel. | *scende la notte*, la nuit descend, tombe. ‖ **2.** [ricadere] descendre, tomber. | *i capelli gli scendono sulle spalle*, ses cheveux tombent sur ses épaules. ‖ **3.** [diminuire, calare] descendre, baisser, diminuer, tomber. | *la febbre è scesa*, la fièvre a diminué, est tombée. | *la temperatura è scesa di quattro gradi*, la température a baissé de quatre degrés, le thermomètre est descendu de quatre degrés. ‖ **4.** LETT. [discendere] descendre (L.C.). ‖ **5.** FIG. descendre. | *come hai potuto scendere così in basso ?*, comment as-tu pu tomber si bas ? ‖ **6.** LOC. *scendere in piazza*, descendre dans la rue. | *scendere a patti*, transiger. | *scendere a una transazione*, accepter une transaction. | *scendere nei particolari*, descendre dans le détail, entrer dans les détails. | *scendere a vie di fatto*, en venir aux mains. | *scendere agli insulti*, aller jusqu'aux insultes. | *scendere in campo, in lizza*, entrer en lice ; SPORT entrer sur le terrain. ◆ v. tr. descendre. | *scendere le scale*, descendre l'escalier. | *scendere un pendio a precipizio*, dévaler, dégringoler, débouler (fam.) une pente.

scendiletto [ʃendi'lɛtto] m. invar. descente (f.) de lit, carpette f. ‖ [vestaglia] robe (f.) de chambre.

sceneggiare [ʃened'dʒare] v. tr. [un'opera letteraria] adapter (pour le cinéma, la radio, la télévision, le théâtre). ‖ [un soggetto originale] faire le découpage (de).

sceneggiato [ʃened'dʒato] agg. adapté (pour le cinéma, la radio, la télévision). ◆ m. NEOL. TV. téléfilm.

sceneggiatore [ʃeneddʒa'tore] (**-trice** f.) m. CIN. scénariste.

sceneggiatura [ʃeneddʒa'tura] f. CIN. découpage m. ; [risultato] scénario m. ‖ adaptation théâtrale, radiophonique, pour la télévision.

scenicamente [ʃenika'mente] avv. scéniquement.

scenico ['ʃɛniko] (**-ci** pl.) agg. TEATRO scénique. | *arco scenico*, arc de scène.

scenografia [ʃenogra'fia] f. [arte e tecnica] scénographie, scénologie. ‖ [oggetti] décors m. pl.

scenografico [ʃeno'grafiko] (**-ci** pl.) agg. du décor, des décors.

scenografo [ʃe'nɔgrafo] m. décorateur. | *lo scenografo è lui*, c'est lui qui a fait les décors.

scenotecnica [ʃeno'tɛknika] f. scénographie, scénologie, art (m.) scénique. ‖ [organizzazione macchinistica] machinerie.

scenotecnico [ʃeno'tɛkniko] (**-ci** pl.) agg. de la scénographie. ◆ m. [realizzatore di particolari effetti] spécialiste des effets spéciaux. ‖ [addetto alla manovra dei meccanismi di scena] machiniste.

sceriffo [ʃe'riffo] m. [Inghilterra, Irlanda, Stati Uniti] shérif. ‖ [mondo arabo] chérif.

scernere ['ʃɛrnere] v. tr. (arc. o lett.) PR. e FIG. discerner (L.C.).

scervellarsi [ʃervel'larsi] v. rifl. FAM. se creuser la cervelle, la tête, le ciboulot (pop.) ; se casser la tête.

scervellato [ʃervel'lato] agg. écervelé ; braque (fam.). ◆ m. écervelé, hurluberlu.

scespiriano [ʃespi'rjano] agg. shakespearien.

scetticamente [ʃettika'mente] avv. sceptiquement (raro), d'une manière sceptique, avec incrédulité.

scetticismo [ʃetti'tʃizmo] m. scepticisme.

scettico ['ʃɛttiko] (**-ci** pl.) agg. e n. sceptique.

scettro ['ʃɛttro] m. PR. e FIG. sceptre.

sceverare [ʃeve'rare] v. tr. (lett.) discerner (L.C.), distinguer (L.C.).

scevro ['ʃevro] agg. (lett.) exempt (L.C.), dépourvu (L.C.).

scheda ['skɛda] f. fiche. ‖ AMM. *scheda elettorale*, bulletin (m.) de vote. | *scheda bianca*, bulletin blanc.

schedare [ske'dare] v. tr. ficher, mettre sur fiches. | *essere schedato dalla polizia*, avoir sa fiche, être fiché à la police.

schedario [ske'darjo] m. fichier.

schedarista [skeda'rista] (**-i** pl.) n. fichiste.

schedato [ske'dato] agg. fiché.

schedatore [skeda'tore] (**-trice** f.) m. fichiste.

schedatura [skeda'tura] f. mise sur, en fiches.

scheggia ['skeddʒa] f. éclat m. ; [di legno] écharde. ‖ MED. *scheggia di osso*, esquille.

scheggiare [sked'dʒare] v. tr. ébrécher. ◆ v. rifl. s'ébrécher.

scheggiatura [skeddʒa'tura] f. ébréchure.

scheletrico [ske'lɛtriko] (**-ci** pl.) agg. PR. e FIG. squelettique.

scheletrire [skele'trire] v. tr. rendre squelettique, décharner, dessécher. ◆ v. rifl. devenir squelettique, se décharner, se dessécher.

scheletrito [skele'trito] agg. squelettique.

scheletro ['skɛletro] m. PR. e FIG. squelette.

schema ['skɛma] (**-i** pl.) m. schéma. ‖ [abbozzo] plan, canevas, charpente f. ‖ [progetto] projet. | *schema di legge*, projet de loi. ‖ [elemento normativo] règle f., canon. ‖ FILOS. schème.

schematicamente [skematika'mente] avv. schématiquement.

schematicità [skematitʃi'ta] f. schématisme m.

schematico [ske'matiko] (**-ci** pl.) agg. schématique.

schematismo [skema'tizmo] m. schématisme.

schematizzare [skematid'dzare] v. tr. schématiser.

schematizzazione [skematiddzat'tsjone] f. schématisation.

scherma ['skerma] f. escrime. | *tirare di scherma*, faire de l'escrime. | *maestro di scherma*, maître d'armes.

schermaglia [sker'maʎʎa] f. duel m. ‖ FIG. joute (oratoire), duel (oratoire), discussion.

schermare [sker'mare] v. tr. [una luce] voiler, masquer. ‖ ELETTR. isoler. ‖ RADIO antiparasiter (neol.). ‖ TECN. protéger par un écran.

schermatura [skerma'tura] f. protection (par un écran). ‖ [schermo] écran m. ‖ ELETTR. isolation, blindage m. ‖ RADIO antiparasitage m.

schermire [sker'mire] v. tr. (raro) protéger (L.C.). ◆ v. rifl. (L.C.), se défendre ; éluder, esquiver (tr.).

schermistico [sker'mistiko] (**-ci** pl.) agg. d'escrime.

schermitore [skermi'tore] (**-trice** f.) m. escrimeur, euse.

schermo ['skermo] m. **1.** [per proteggere] écran. | *si fece schermo con la mano*, il fit un écran de sa main. | *schermo elettromagnetico*, écran électromagnétique. ‖ RAD. (dispositif) antiparasite. ‖ FIG. abri, protection f. | *farsi schermo col nome di qlcu.*, s'abriter derrière le nom de qn. ‖ **2.** CIN., TV. (petit) écran. | *adattare un romanzo per lo schermo*, porter un roman à l'écran.

schermografia [skermogra'fia] f. radiographie.

schermografico [skermo'grafiko] (**-ci** pl.) agg. radiographique.

schernire [sker'nire] v. tr. railler, bafouer, tourner en dérision, en ridicule.

schernitore [skerni'tore] (**-trice** f.) m. railleur, euse. ◆ agg. railleur, moqueur.

scherno ['skerno] m. dérision f., moquerie f. | *farsi scherno*, tourner en dérision, en ridicule, railler, bafouer. | *per scherno*, par dérision. || [motivo di derisione] risée f.

scherzando [sker'tsando] m. Mus. scherzando avv. (ital.).

scherzare [sker'tsare] v. intr. plaisanter, badiner, blaguer (fam.). | *su certe cose non bisogna scherzare*, il y a des choses dont, sur lesquelles il ne faut pas plaisanter. | *ma vuole scherzare?*, vous plaisantez!, vous voulez rire! | *scherzo*, je plaisante, c'est pour rire. | *è uno che non scherza*, c'est un homme qui ne plaisante pas. | *scherzare con qlco.*, plaisanter, jouer. | *non scherzare con la tua salute*, ne joue pas, ne plaisante pas avec ta santé. || Pr. e fig. *scherzare col fuoco*, jouer avec le feu.

scherzo ['skertso] m. [burla] plaisanterie f., blague f. (fam.). | *prende tutto in scherzo*, il ne prend rien au sérieux; il prend tout à la blague. | *non sa stare allo scherzo*, il n'entend pas, il ne comprend pas la plaisanterie. | *per scherzo*, pour rire, par jeu, par plaisanterie. | *scherzi a parte, senza scherzi*, sans rire, sérieusement, blague à part, sans blague. || [cosa fatta o detta per scherzo] farce f., plaisanterie, blague (fam.), tour. | *voglio fargli uno scherzo*, je veux lui faire une farce. || Volg. *scherzo da prete*, plaisanterie de mauvais goût (l.c.), sinistre plaisanterie (l.c.). | *brutto scherzo*, sale tour. || [cosa facile] plaisanterie, jeu. | *per lui è uno scherzo*, c'est un jeu pour lui. || [iperb.] *scherzo di natura*, caprice de la nature. || Mus. scherzo (ital.). ◆ pl. [effetti] jeux. | *scherzi d'acqua, di luce*, jeux d'eau, de lumière.

scherzosamente [skertsosa'mente] avv. [in tono scherzoso] en plaisantant; [in modo scherzoso] plaisamment, de façon amusante.

scherzoso [sker'tsoso] agg. [persone] qui aime la plaisanterie, blagueur (fam.), enjoué, facétieux, plaisantin. || [cose] plaisant, amusant, badin. | *in tono scherzoso*, en plaisantant. | *umore scherzoso*, humeur badine.

schettinaggio [sketti'naddʒo] m. skating (raro) [ingl.], patinage à roulettes.

schettinare [sketti'nare] v. intr. patiner à roulettes (fam.), faire du patin à roulettes.

schettino [sket'tino] m. patin à roulettes.

schiacciamento [skjattʃa'mento] m. écrasement. || [appiattimento] aplatissement. | *schiacciamento polare*, aplatissement polaire.

schiaccianoci [skjattʃa'notʃi] m. invar. casse-noix, casse-noisettes.

schiacciante [skjat'tʃante] agg. écrasant. || Fig. écrasant, accablant. | *schiacciante superiorità*, supériorité écrasante. | *testimonianza schiacciante*, témoignage accablant.

schiacciapatate [skjattʃapa'tate] m. invar. presse-purée.

schiacciare [skjat'tʃare] v. tr. **1.** écraser, écrabouiller (fam.). | *farsi schiacciare da una macchina*, se faire écraser (par une voiture). || [rompere] casser. | *schiacciare noci*, casser des noix. || **2.** Fig. [far sembrare piccolo] écraser, accabler. | *schiacciare l'avversario*, écraser l'adversaire, battre l'adversaire à plate couture. || Loc. *schiacciare un pisolino*, faire un petit somme (fam.), piquer un roupillon (pop.). || Sport *schiacciare la palla*, smasher. ◆ v. rifl. s'écraser.

schiacciasassi [skjattʃa'sassi] m. invar. rouleau compresseur.

schiacciata [skjat'tʃata] f. Loc. *dare una schiacciata col martello*, donner un coup de marteau. | *dare una schiacciata*, écraser. | *mi sono preso una schiacciata ad un piede*, on m'a écrasé le pied. || Culin. galette. || Sport smash (ingl.).

schiacciato [skjat'tʃato] agg. écrasé. || [appiattito] aplati. || [di naso] écrasé, aplati, camus.

schiacciatura [skjattʃa'tura] f. écrasement m. || [parte appiattita] aplatissement m. || [ammaccatura] bosse.

schiaffare [skjaf'fare] v. tr. Fam. [mettere] fourrer, coller, flanquer, fiche(r), foutre (pop.). | *ha schiaffato tutto nel cassetto*, il a tout fourré, collé, flanqué dans le tiroir. || Loc. *schiaffare dentro qlcu.*, fourrer, flanquer, coller qn en prison; coffrer qn. || [gettare] flanquer, foutre (pop.). | *schiaffare qlco. fuori dalla finestra*, flanquer qch. par la fenêtre.

schiaffeggiare [skjaffed'dzare] v. tr. gifler, claquer, calotter (fam.). || Per est. fouetter, battre.

schiaffo ['skjaffo] m. gifle f., claque f., calotte f. (fam.), baffe f. (pop.), beigne f. (pop.), soufflet (arc. o lett.). || Fam. *mollare uno schiaffo*, flanquer une claque. | *avere lo schiaffo facile*, avoir la main leste. || Fig. gifle f., soufflet. | *schiaffo morale*, humiliation f. || Loc. fig. fam. *faccia da schiaffi*, tête à claques, à gifles.

schiamazzare [skjamat'tsare] v. intr. Pr. crier; [galline] caqueter; [anatre] cancaner; [oche] cacarder. || Fig. brailler, gueuler (pop.), chahuter; faire du chahut, du tapage, du boucan (pop.).

schiamazzatore [skjamattsa'tore] (**-trice** f.) m. braillard, brailleur, euse; gueulard, e (fam.), tapageur, euse (raro).

schiamazzo [skja'mattso] m. chahut, tapage, ramdam (fam.), boucan (pop.). | *che è questo schiamazzo?*, qu'est-ce que c'est que ce boucan? | *schiamazzi notturni*, tapage nocturne. || [volatili] cri.

schiantare [skjan'tare] v. tr. Pr. abattre. | *il fulmine ha schiantato l'albero*, la foudre a abattu l'arbre. || [in due pezzi] briser (lett.), casser. || Per est. fracasser, casser, briser (lett.). || [far scoppiare] faire éclater, crever. || Fig. *schiantare il cuore*, briser, fendre le cœur. ◆ v. intr. Fam. claquer, crever (pop.), clamser (pop.). || Fig. crever. | *schiantare dalla rabbia*, crever de rage. ◆ v. rifl. [albero] s'abattre, se briser (lett.); [altri oggetti] s'écraser, se fracasser. | *l'automobile si è schiantata contro un albero*, la voiture s'est écrasée contre un arbre. || [scoppiare] éclater, crever. || Fig. se briser.

schianto ['skjanto] m. rupture f. || [scoppio] éclatement. || [rumore] fracas. || Fig. déchirement. | *davanti a quello spettacolo, provai uno schianto al cuore*, ce spectacle me brisa le cœur. || Gerg. *uno schianto di ragazza*, une fille splendide (l.c.). ◆ loc. avv. ***di schianto***, tout d'un coup, soudainement.

schiappa ['skjappa] f. nullité, incapable n., nouille (fam.).

schiarimento [skjari'mento] m. [delucidazione] éclaircissement, clarification f., élucidation f. || [informazione] renseignement.

schiarire [skja'rire] v. tr. Pr. e fig. éclaircir. | *schiarire i capelli*, éclaircir les cheveux. || Loc. *schiarirsi la voce*, s'éclaircir la voix, la gorge (fam.). ◆ v. intr. s'éclaircir, devenir plus clair. || [di colore] passer, pâlir. ◆ v. rifl. s'éclaircir. ◆ v. impers. commencer à faire jour.

schiarita [skja'rita] f. éclaircie, embellie. || Fig. éclaircie.

schiaritura [skjari'tura] f. [di liquido] clarification. || [dei capelli] décoloration.

schiatta ['skjatta] f. (lett.) lignée (l.c.).

schiattare [skjat'tare] v. intr. (raro) éclater (l.c.), crever (l.c.). | *schiattare dalla rabbia*, crever de rage.

schiavesco [skja'vesko] agg. d'esclave.

schiavismo [skja'vizmo] m. esclavagisme.

schiavista [skja'vista] (**-i** pl.) m. e f. esclavagiste.

schiavistico [skja'vistiko] (**-ci** pl.) agg. esclavagiste.

schiavitù [skjavi'tu] f. Pr. e fig. esclavage m.

schiavo ['skjavo] (**-a** f.) m. Pr. e fig. esclave. || Arc. *schiavo vostro!*, (je suis votre) serviteur! ◆ agg. esclave.

schiavone [skja'vone] (**-a** f.) agg. e m. Arc. esclavon.

schiena ['skjɛna] f. dos m. | *ho mal di schiena*, j'ai mal au dos, dans le dos. | *schiena contro schiena*, dos à dos. || Pr. e fig. *curvare la schiena*, courber le dos. | *colpire alla schiena*, frapper dans le dos. || Fig. *rompersi la schiena*, s'esquinter (fam.), s'échiner (fam.). || Loc. *ponte a schiena d'asino*, pont en dos d'âne.

schienale [skje'nale] m. dossier. || [parte di armatura] dossière f. || [macelleria] échine f. ◆ pl. Culin. amourettes f.

schiera ['skjɛra] f. Mil. troupe; [disposta in linea] ligne. | *raccogliere le schiere*, rassembler ses troupes. | *prima, seconda schiera*, première, deuxième ligne. | *sbaragliare le schiere*, enfoncer les lignes. || Per est. troupe (antiq.), foule, multitude, armée, régiment m. || Loc. *a schiera*, en troupe. | *a schiere*, en foule.

schieramento [skjera'mento] m. Mil. disposition f.;

[in fila] alignement. ‖ [truppa schierata] formation f. | *schieramento in quadrato*, formation en carré. ‖ [spiegamento] déploiement. ‖ SPORT *schieramento di una squadra*, disposition d'une équipe ; [composizione] composition (f.) d'une équipe. ‖ FIG. forces f. pl., bloc, coalition f.

schierare [skje'rare] v. tr. MIL. disposer, ranger. | *schierare le truppe attorno ad una piazza*, disposer ses troupes autour d'une place. ‖ [in fila] aligner. ‖ [spiegare] déployer. | *schierare un esercito*, déployer une armée. ‖ PER EST. aligner. ◆ v. rifl. MIL. se ranger ; [in fila] s'aligner ; [spiegarsi] se déployer. ‖ PER EST. s'aligner. ‖ FIG. se ranger. | *schierarsi dalla parte di qlcu.*, se ranger du côté de qn. ‖ [aderire] se rallier, rejoindre (tr.). | *schierarsi con l'opposizione*, rejoindre l'opposition ; se rallier à l'opposition.

schiettamente [skjetta'mente] avv. franchement, sincèrement.

schiettezza [skjet'tettsa] f. PR. pureté. ‖ FIG. franchise, sincérité.

schietto ['skjetto] agg. pur. | *oro schietto*, or pur. ‖ FIG. franc, sincère. | *a dirla schietta*, à parler franc, pour parler franchement, pour être franc.

schifare [ski'fare] v. tr. PR. e FIG. dégoûter. ◆ v. rifl. se dégoûter, prendre (tr.) en dégoût.

schifato [ski'fato] agg. PR. e FIG. dégoûté, écœuré.

schifezza [ski'fettsa] f. aspect (m.) répugnant, dégoûtant. ‖ [concreto] horreur, dégoûtation (fam.), saloperie (pop.). | *questo vino è una schifezza*, ce vin est infect. ‖ FIG. *un film che è una schifezza*, un film lamentable, complètement nul.

schifiltosamente [skifiltosa'mente] avv. en faisant des chichis (fam.), des simagrées (fam.), des embarras (fam.).

schifiltoso [skifil'toso] agg. e n. délicat, dégoûté, difficile, chichiteux (fam.), faiseur (m.) d'embarras. | *fare lo schifiltoso*, faire le dégoûté, le difficile ; des chichis (fam.).

1. schifo ['skifo] m. dégoût, répugnance f. | *avere, provare schifo*, éprouver du dégoût. ‖ LOC. *far schifo (a qlcu.)*, dégoûter (qn), répugner (à qn), faire horreur (à qn). | *far schifo* [senza compl.], *essere uno schifo*, être dégoûtant, répugnant, horrible. | *un individuo che fa schifo*, un individu répugnant, un ignoble individu. | *questo mobile fa schifo, è uno schifo*, ce meuble est horrible. | *la nostra squadra ha fatto schifo*, notre équipe a été lamentable. | *che schifo !*, quelle horreur !, c'est dégoûtant !

2. schifo ['skifo] m. MAR. esquif.

schifosamente [skifosa'mente] avv. d'une façon dégoûtante.

schifoso [ski'foso] agg. dégoûtant, répugnant, écœurant, ignoble, infect, innommable, immonde ; dégueulasse (pop.). ‖ [qualitativamente scadente] lamentable, pitoyable, exécrable, horrible, affreux. ‖ FIG. [inconcepibile] écœurant, incroyable.

schiniere [ski'njɛre] m. MIL. jambière f.

schioccare [skjok'kare] v. intr. claquer. ◆ v. tr. faire claquer. | *schioccare la lingua*, faire claquer sa langue ; clapper (intr.) de la langue. | *schioccare un bacio*, donner, appliquer un gros baiser.

schioccata [skjok'kata] f. claquement m.

schiocco ['skjɔkko] m. claquement. | *schiocco di dita*, claquement de doigts. | *schiocco di lingua*, clappement. | *(bacio con lo) schiocco*, gros baiser.

schiodare [skjo'dare] v. tr. déclouer.

schioppettata [skjoppet'tata] f. coup (m.) de fusil. | *prendere qlcu. a schioppettate*, tirer des coups de fusil sur qn. | *a una schioppettata*, à une portée de fusil.

schioppo ['skjɔppo] m. fusil (de chasse).

schiribizzo [skiri'biddzo] m. V. GHIRIBIZZO.

schitarrare [skitar'rare] v. intr. PEGGIOR. racler, gratter de la guitare.

schiudere ['skjudere] v. tr. [aprire in parte] entrouvrir. ‖ [porta, finestra] entrouvrir, entrebâiller. ‖ FIG. ouvrir. ◆ v. rifl. s'entrouvrir. ‖ PER EST. [fiori] éclore (intr.), s'ouvrir, s'épanouir. ‖ [uova] éclore (intr.), s'ouvrir. ‖ FIG. s'ouvrir. | *una nuova vita ti si schiude*, une vie nouvelle s'ouvre devant toi. ‖ [sorgere] naître.

schiudimento [skjudi'mento] m. (raro) ouverture f. (L.C.). ‖ [di fiori, uova] éclosion f. (L.C.).

schiuma ['skjuma] f. [acqua agitata] écume, mousse. ‖ [brodo] écume. ‖ [birra, sapone] mousse. ‖ LOC. *estintore a schiuma*, extincteur à mousse carbonique. ‖ [bava] écume. ‖ LOC. *schiuma (di mare)*, écume (de mer). | *pipa di schiuma*, pipe en écume. ‖ FIG. lie, écume.

schiumare [skju'mare] v. tr. écumer. ‖ FIG., ARC. *schiumare il mare*, écumer les mers (L.C.). ◆ v. intr. [acqua] écumer, mousser. ‖ [birra, sapone] mousser.

schiumarola [skjuma'rɔla] f. écumoire.

schiumogeno [skju'mɔdʒeno] agg. qui produit de l'écume ; producteur d'écume. ◆ m. extincteur à mousse carbonique.

schiumoso [skju'moso] agg. écumeux, mousseux.

schiuso ['skjuso] agg. entrouvert, ouvert.

schivare [ski'vare] v. tr. esquiver, éviter. | *schivare un colpo*, esquiver un coup. | *schivare qlcu.*, éviter qn. ‖ FIG. esquiver, éluder. | *schivare una difficoltà*, éluder, esquiver, escamoter une difficulté.

schivata [ski'vata] f. SPORT esquive.

schivo ['skivo] agg. (lett.) qui fuit (L.C.), se dérobe (L.C.), évite (L.C.). | *essere schivo di lodi*, fuir les, se dérober aux compliments. | *è schivo di mostrarsi al pubblico*, il évite de, il n'aime pas se montrer en public. ‖ [ritroso] réservé.

schizofrenia [skiddzofre'nia] f. MED. schizophrénie.

schizofrenico [skiddzo'frɛniko] (**-ci** pl.) agg. e n. MED. schizophrène.

schizoide [skid'dzɔide] m. schizoïde.

schizoidia [skiddzoi'dia] f. schizoïdie.

schizzare [skit'tsare] v. intr. gicler, jaillir. ‖ [sogg. : penna] cracher. ‖ PER EST. sauter, bondir. | *pesce che schizza fuori dall'acqua*, poisson qui saute hors de l'eau. | *schizzare via*, partir comme une flèche ; [scappare] se sauver ; glisser des mains, entre les doigts. ‖ FIG. *gli occhi gli schizzavano fuori dalle orbite*, les yeux lui sortaient de la tête. ◆ v. tr. éclabousser. ‖ [provocare uno spruzzo] faire gicler. | *l'automobile ha schizzato fango su di noi*, la voiture a fait gicler de la boue sur nous. ‖ FIG. *schizzare veleno*, cracher, distiller son venin. | *schizza fuoco dagli occhi*, ses yeux lancent des éclairs. ‖ [abbozzare] esquisser, ébaucher, croquer.

schizzata [skit'tsata] f. [getto] giclée. ‖ [macchia] éclaboussure.

schizzato [skit'tsato] agg. éclaboussé. ‖ [abbozzato] esquissé, ébauché.

schizzettare [skittset'tare] v. tr. éclabousser.

schizzetto [skit'tsetto] m. [giocattolo] pistolet à eau. ‖ FIG. PEGGIOR. pétoire f. ‖ MED. seringue f.

schizzinoso [skittsi'noso] agg. e n. délicat, dégoûté, difficile ; chichiteux (fam.). | *fare la schizzinosa*, faire la petite bouche, des manières, des chichis (fam.), faire la chichiteuse.

schizzo ['skittso] m. [proiezione di liquido] giclée f. ‖ [macchia] éclaboussure f. ‖ [piccola quantità di liquore] goutte (f.) d'alcool. | *caffè con lo schizzo*, café arrosé. ‖ [balzo] bond. ‖ [abbozzo] esquisse f., croquis.

sci [ʃi] m. invar. ski.

scia ['ʃia] f. sillage m. ‖ FIG. *sulla scia di*, dans le sillage de. | *mettersi sulla scia, seguire la scia di qlcu.*, suivre la trace, être dans le sillage de qn.

scià [ʃa] m. chāh, shāh.

sciabile [ʃi'abile] agg. skiable.

sciabola ['ʃabola] f. sabre m.

sciabolare ['ʃabo'lare] v. tr. sabrer. ‖ LOC. FIG. *sciabolare giudizi*, critiquer âprement.

sciabolata [ʃabo'lata] f. coup (m.) de sabre. ‖ FIG. critique acerbe.

sciabolatore [ʃabola'tore] m. sabreur.

sciabordare [ʃabor'dare] v. tr. agiter. ◆ v. intr. clapoter.

sciabordio [ʃabor'dio] m. clapotis, clapotement.

sciacallo [ʃa'kallo] m. ZOOL. chacal. ‖ FIG. charognard, chacal. ‖ [saccheggiatore di rovine] pillard.

sciacquabudella [ʃakkwabu'dɛlla] m. invar. SCHERZ. lavasse f. (fam.).

sciacquare [ʃak'kware] v. tr. PR. rincer. ‖ LOC. *sciacquare il gargarozzo, l'ugola*, s'humecter le gosier (fam.) ; se rincer la dalle (pop.). ‖ FIG. *sciacquarsi la bocca sul conto di qlcu.*, casser du sucre sur le dos de qn (fam.).

sciacquata [ʃak'kwata] f. rinçage (m.) rapide. | *dare una sciacquata a,* passer à l'eau, rincer.
sciacquatura [ʃakkwa'tura] f. rinçage m. ‖ [acqua] rinçure f. (fam.). ‖ FIG. PEGGIOR. *sciacquatura di piatti,* lavasse (fam.), eau de vaisselle (fam.). | *sciacquatura di bicchieri,* rinçure (fam.), vinasse (fam.).
sciacquio [ʃak'kwio] m. clapotis, clapotement.
sciaquo ['ʃakkwo] m. rinçage (de bouche).
sciacquone [ʃak'kwone] m. chasse (f.) d'eau.
sciagura [ʃa'gura] f. catastrophe, désastre m., malheur m.
sciagurataggine [ʃagura'taddʒine] f. (raro) indignité (lett.), méchanceté (L.C.), noirceur (lett.).
sciaguratamente [ʃagurata'mente] avv. [sventuramente] malheureusement, par malheur. ‖ [con malvagità] indignement, méchamment.
sciagurato [ʃagu'rato] agg. [disgraziato] malheureux, misérable, infortuné. | *aiutare gli sciagurati,* aider les malheureux. ‖ [che è causa di disgrazia] malheureux. | *sciagurata coincidenza,* malheureuse coïncidence. ‖ [malvagio] mauvais, méchant. ◆ n. *sciagurato!, che hai fatto?,* malheureux!, qu'as-tu fait?
scialacquamento [ʃalakkwa'mento] m. gaspillage.
scialacquare [ʃalak'kware] v. tr. gaspiller, dissiper, dilapider.
scialacquatore [ʃalakkwa'tore] (**-trice** f.) m. gaspilleur, euse; dissipateur, trice.
scialacquio [ʃalak'kwio] m. gaspillage.
scialacquo [ʃa'lakkwo] m. gaspillage.
scialacquone [ʃalak'kwone] (**-a** f.) m. gaspilleur, euse.
scialare [ʃa'lare] v. tr. e intr. gaspiller.
scialatore [ʃala'tore] (**-trice** f.) m. (raro) gaspilleur, euse (L.C.).
scialbo ['ʃalbo] agg. pâle, blafard, blême. ‖ FIG. fade, terne; [di persona] falot.
scialbore [ʃal'bore] m. pâleur f. ‖ FIG. fadeur f.
scialitico [ʃa'litiko] agg. scialytique. | *lampada scialitica,* Scialytique m.
scialle ['ʃalle] m. châle. | *collo a scialle,* col châle.
scialo ['ʃalo] m. gaspillage, prodigalité f. ‖ LOC. *a scialo,* en quantité. ‖ PR. e FIG. *far scialo di,* gaspiller. ‖ PER EST. [lusso] luxe.
scialone [ʃa'lone] (**-a** f.) m. gaspilleur, euse.
scialuppa [ʃa'luppa] f. chaloupe, canot m.
sciamanismo [ʃama'nismo] m. chamanisme.
sciamano [ʃa'mano] m. RELIG. chaman.
sciamare [ʃa'mare] v. intr. PR. e FIG. essaimer.
sciamatura [ʃama'tura] f. essaimage m.
sciame ['ʃame] m. PR. e FIG. essaim.
sciampagna [ʃam'paɲɲa] m. invar. champagne m.
sciampo ['ʃampo] m. shampooing.
sciancare [ʃan'kare] v. tr. estropier. ◆ v. rifl. s'estropier.
sciancato [ʃan'kato] agg. e n. boiteux, euse; bancal, estropié.
sciancrato [ʃan'krato] agg. MODA cintré.
sciangai [ʃan'gai] m. GIOCHI jonchets pl., mikado.
sciantung ['ʃantung] m. shantoung, chantoung.
sciarada [ʃa'rada] f. charade. ‖ FIG. énigme, devinette.
sciare [ʃi'are] v. intr. skier.
sciarpa ['ʃarpa] f. écharpe, cache-nez m., cache-col m. ‖ [insegna] écharpe.
sciata [ʃi'ata] f. promenade, randonnée, descente à skis. | *fare una sciata,* skier.
sciatica ['ʃatika] f. MED. sciatique.
sciatico ['ʃatiko] (**-ci** pl.) agg. ANAT. sciatique.
sciatore [ʃia'tore] (**-trice** f.) m. skieur, euse.
sciatorio [ʃia'tɔrjo] agg. de ski.
sciattaggine [ʃat'taddʒine] f. V. SCIATTERIA.
sciattamente [ʃatta'mente] avv. négligemment.
sciatteria [ʃatte'ria] f. négligence, laisser-aller m. | *lavoro fatto con sciatteria,* travail fait avec négligence. ‖ [nel vestirsi] négligé m., débraillé m., laisser-aller m.
sciattezza [ʃat'tettsa] f. V. SCIATTERIA.
sciatto ['ʃatto] agg. négligé; [nel vestire] débraillé.
sciattone [ʃat'tone] m. (**-a** f.) souillon m. e f.
scibile ['ʃibile] agg. connaissable. ◆ m. savoir.
sciccheria [ʃikke'ria] f. (pop.) chic m. (L.C.).
sciente ['ʃɛnte] agg. (lett.) conscient (L.C.).
scientemente [ʃente'mente] avv. sciemment, consciemment.
scientificità [ʃentifitʃi'ta] f. caractère (m.) scientifique, scientificité.
scientifico [ʃen'tifiko] (**-ci** pl.) agg. scientifique.
scientismo [ʃen'tizmo] m. scientisme.
scientista [ʃen'tista] (**-i** pl.) m. scientiste.
scienza ['ʃɛntsa] f. science. ‖ LOC. *pozzo di scienza,* puits de science. | *avere la scienza infusa,* avoir la science infuse.
scienziato [ʃen'tsjato] m. savant.
sciistico [ʃi'istiko] (**-ci** pl.) agg. de ski.
scilinguagnolo [ʃilin'gwaɲɲolo] m. caquet (fam.), bagou(t) [fam.]. | *avere lo scilinguagnolo sciolto,* avoir la langue bien pendue, avoir du bagout.
scimitarra [ʃimi'tarra] f. cimeterre m.
scimmia ['ʃimmja] f. singe m.; [femmina] guenon. ‖ FIG. *far la scimmia a qlcu.,* singer qn. ‖ REGION. [sbornia] cuite (pop.).
scimmiesco [ʃim'mjesko] agg. simiesque.
scimmione [ʃim'mjone] m. gros singe. ‖ FIG. macaque, babouin.
scimmiottare [ʃimmjot'tare] v. tr. singer.
scimmiottata [ʃimmjot'tata] f. (raro) singerie (L.C.).
scimmiottatura [ʃimmjotta'tura] f. singerie.
scimmiotto [ʃim'mjɔtto] m. petit singe. ‖ [in senso affettivo] (petit) lapin, (petit) poulet, (petit) chou, poussin.
scimpanzé [ʃimpan'tse] m. ZOOL. chimpanzé.
scimunito [ʃimu'nito] agg. e n. imbécile, idiot.
scindere ['ʃindere] v. tr. (lett.) scinder (L.C.), diviser (L.C.). ◆ v. rifl. se scinder, se diviser.
scintilla [ʃin'tilla] f. PR. e FIG. étincelle.
scintillamento [ʃintilla'mento] m. V. SCINTILLAZIONE.
scintillante [ʃintil'lante] agg. étincelant, scintillant.
scintillare [ʃintil'lare] v. intr. scintiller, étinceler.
scintillazione [ʃintillat'tsjone] f. ASTR., FIS. scintillation. ‖ PER EST. (lett.) scintillement m. (L.C.), étincellement m. (L.C.), scintillation (L.C.).
scintillio [ʃintil'lio] m. scintillement, étincellement.
scintoismo [ʃinto'izmo] m. shintoïsme, shintō.
scintoista [ʃinto'ista] (**-i** pl.) m. e f. shintoïste.
sciò! [ʃɔ] interiez. [per cacciare i polli] psch!; [per cacciare qlcu.] ouste!
scioccamente [ʃokka'mente] avv. bêtement, sottement.
scioccare [ʃok'kare] v. tr. PSIC. choquer, traumatiser.
sciocchezza [ʃok'kettsa] f. bêtise, sottise, stupidité, niaiserie. ‖ [cosa da nulla] bêtise, niaiserie, bagatelle, babiole, broutille. | *costare una sciocchezza,* coûter deux fois rien.
sciocchino [ʃok'kino] m. bêta.
sciocco ['ʃɔkko] agg. bête, stupide, niais, sot, idiot, imbécile. ◆ n. sot, idiot, imbécile, niais.
scioccone [ʃok'kone] m. grand sot, gros bêta.
sciogliere ['ʃɔʎʎere] v. tr. **1.** [liquefare] faire fondre. | *sciogliere lo zucchero nel caffè,* faire fondre le sucre dans le café. ‖ FAM. *sciogliere il corpo,* relâcher l'intestin (L.C.). ‖ **2.** [slegare] défaire, délier, dénouer. | *sciogliere un nodo,* défaire un nœud. | *sciogliere i capelli,* dénouer les cheveux. | *sciogliere le mani del prigioniero,* délier les mains du prisonnier. | *sciogliere un sacco,* ouvrir un sac. ‖ [riferito a persone o ad animali] délivrer, libérer, détacher. | *sciogliere un prigioniero dalle catene,* délivrer, libérer un prisonnier de ses chaînes. | *sciogliere i cani,* détacher, lâcher les chiens. ‖ MAR. *sciogliere gli ormeggi,* larguer les amarres. ‖ SPORT *sciogliere i muscoli,* s'échauffer. ‖ LOC. FIG. *sciogliere la lingua a qlcu.,* délier la langue à qn. ‖ (lett.) *sciogliere un canto,* entonner un chant. ‖ **3.** [liberare] délier, relever, dégager, libérer. | *sciogliere qlcu. da una promessa,* délier, dégager qn d'une promesse. ‖ **4.** [rendere inoperante] rompre. | *sciogliere un fidanzamento,* rompre des fiançailles. | *sciogliere un contratto,* résilier un contrat. ‖ **5.** [adempiere] accomplir, s'acquitter (de). ‖ **6.** [licenziare, dichiarare decaduto] dissoudre; [provvisoriamente] mettre fin (à). | *sciogliere la seduta,* lever la séance. | *sciogliere una riunione,* mettre fin à une réunion. ‖ **7.** [disperdere] disperser. | *sciogliere un assembramento,* disperser un rassemblement. ‖ **8.** [risolvere] résoudre. |

sciogliere un problema, résoudre un problème. | *sciogliere un dubbio*, dissiper un doute. || **9.** POLIT. *sciogliere la riserva*, accepter de former le gouvernement. ◆ v. rifl. fondre (intr.). | *il ghiaccio si è sciolto*, la glace a fondu. || FIG. *sciogliersi in lacrime*, fondre en larmes. | *nodo che si scioglie*, nœud qui se défait. || [liberarsi] se libérer. || FIG. [finire] se terminer.

scioglilingua [ʃoʎʎi'lingua] m. invar. exercice de prononciation.

scioglimento [ʃoʎʎi'mento] m. [fusione] fonte f. || [il porre fine] dissolution f. | *scioglimento di una assemblea*, dissolution d'une assemblée. | *scioglimento di un contratto*, résiliation (f.) d'un contrat. || (lett.) [epilogo] dénouement.

sciolina [ʃio'lina] f. fart m.

sciolinare [ʃioli'nare] v. tr. farter.

sciolinatura [ʃiolina'tura] f. fartage m.

scioltezza [ʃol'tettsa] f. aisance, souplesse, agilité. | *camminare con scioltezza*, marcher avec aisance, d'un pas souple. || FIG. aisance, facilité.

sciolto ['ʃɔlto] agg. **1.** [liquefatto] fondu. || [disciolto] dissous. || **2.** [non legato] délié, dénoué, détaché. | *vestito sciolto*, robe vague, floue. || **3.** [detto dei movimenti] souple, aisé, dégagé. | *passo sciolto*, pas dégagé. || **4.** [non confezionato] en vrac. || **5.** FIG. dégagé, aisé, désinvolte. | *un fare sciolto*, des manières désinvoltes, un air dégagé, aisé. | *aver la parola sciolta*, avoir la parole facile. || [libero] libre, délivré, libéré. || **6.** MUS. *note sciolte*, notes détachées. || **7.** POES. *verso sciolto*, vers blanc. || **8.** LOC. *aver la lingua sciolta*, avoir la langue bien pendue. | *a briglia sciolta*, à bride abattue.

scioperante [ʃope'rante] agg. e n. gréviste.

scioperare [ʃope'rare] v. intr. faire grève, débrayer (pop.).

scioperataggine [ʃopera'taddʒine] f. o **scioperatezza** [ʃopera'tettsa] f. fainéantise, paresse ; flemme (fam.).

scioperato [ʃope'rato] agg. e n. fainéant, paresseux, euse ; flemmard (fam.), feignant (pop.).

sciopero ['ʃɔpero] m. grève f., débrayage. | *sciopero bianco*, grève sur le tas. || PER EST. *sciopero della fame*, grève de la faim.

sciorinare [ʃori'nare] v. tr. étendre. || [mettere in mostra] étaler. || FIG. étaler, faire étalage (de). || [continuare a ripetere] débiter ; dégoiser (pop.).

sciovia [ʃio'via] f. remonte-pente m.

sciovinismo [ʃovi'nizmo] m. chauvinisme.

sciovinista [ʃovi'nista] (**-i** pl.) n. chauvin ; cocardier, ère ; patriotard.

sciovinistico [ʃovi'nistiko] (**-ci** pl.) agg. chauvin, cocardier, patriotard.

scipitaggine [ʃipi'taddʒine] f. o **scipitezza** [ʃipi'tettsa] f. PR. e FIG. fadeur, insipidité.

scipito [ʃi'pito] agg. PR. e FIG. fade, insipide, fadasse (fam.).

scippare [ʃip'pare] v. tr. voler à l'arraché.

scippatore [ʃippa'tore] (**-trice** f.) m. (raro) voleur, euse (à l'arraché).

scippo ['ʃippo] m. *(furto con) scippo*, vol à l'arraché.

sciroccale [ʃirok'kale] f. agg. de, du sirocco.

sciroccata [ʃirok'kata] f. coup (m.) de sirocco.

scirocco [ʃi'rɔkko] m. sirocco. || [sud-est] sud-est.

sciroppare [ʃirop'pare] v. tr. mettre dans du sirop. | *sciroppare pesche*, préparer des pêches au sirop. || FIG. FAM. *sciropparsi qlcu., qlco.*, se farcir qn, qch. (pop.) ; se taper qn, qch. (fam.).

sciroppato [ʃirop'pato] agg. au sirop.

sciroppo [ʃi'rɔppo] m. sirop.

sciropposo [ʃirop'poso] agg. sirupeux. || FIG. à l'eau de rose ; sirupeux.

scisma ['ʃizma] (**-i** pl.) m. schisme.

scismatico [ʃiz'matiko] (**-ci** pl.) agg. e m. schismatique.

scissile ['ʃissile] agg. (raro) GEOL. scissile (antiq.), fissile (L.C.).

scissione [ʃis'sjone] f. PR. e FIG. scission.

scissionismo [ʃissjo'nizmo] m. tendance (f.) scissionniste.

scissionista [ʃissjo'nista] (**-i** pl.) m. e f. scissionniste.

scissionistico [ʃissjo'nistiko] (**-ci** pl.) agg. scissionniste.

scissiparo [ʃis'siparo] agg. BIOL. scissipare.

scisso ['ʃisso] agg. divisé, scindé.

scissura [ʃis'sura] f. (raro) fente (L.C.). || FIG. division (L.C.), désaccord m. (L.C.). || ANAT. scissure.

scisto ['ʃisto] m. MINER. schiste.

scistosità [ʃistosi'ta] f. MINER. schistosité (raro).

scistoso [ʃis'toso] agg. MINER. schisteux.

scitico ['ʃitiko] (**-ci** pl.) agg. scythe, scythique.

sciupare [ʃu'pare] v. tr. **1.** abîmer ; [consumare] user ; [sgualcire] froisser, friper. || PER EST. abîmer. | *sciuparsi la vista*, s'abîmer la vue, les yeux. | *sciuparsi la salute*, détruire sa santé. | *sciuparsi l'appetito*, se couper l'appétit. || **2.** [usare male] gâcher, gâter, gaspiller, perdre. | *sciupare il proprio ingegno*, gâcher son talent. | *sciupare il fiato*, perdre sa peine. ◆ v. rifl. **1.** [di oggetti] s'abîmer ; [sgualcirsi] se froisser ; [perdere i colori] se faner. || **2.** [di persona] se faner. || [rovinarsi la salute] détruire, user sa santé. || FAM. (specie iron.) se fatiguer (L.C.), se fouler ; faire un effort, des efforts. | *è uno che non si sciupa*, il ne se foule pas.

sciupato [ʃu'pato] agg. **1.** abîmé ; [consumato] usé ; [sgualcito] froissé, fripé. | *mani sciupate*, mains abîmées. | *viso sciupato*, visage fané. | *ti trovo un aspetto sciupato, ti trovo un pò sciupato*, je trouve que tu as mauvaise mine, que tu n'as pas bonne mine. || **2.** [usato male, sprecato] gâché, perdu.

sciupio [ʃu'pio] m. gaspillage.

sciuscià [ʃuʃ'ʃa] m. NEOL. gamin des rues.

scivolamento [ʃivola'mento] m. glissement.

scivolare [ʃivo'lare] v. intr. glisser. | *il bicchiere mi è scivolato di mano*, le verre m'a glissé des mains. || FIG. *scivolar via*, s'esquiver.

scivolata [ʃivo'lata] f. glissade. || AER. *scivolata d'ala, di coda*, glissade sur l'aile, sur la queue.

scivolo ['ʃivolo] m. toboggan, glissière f. || GIOCHI toboggan.

scivolone [ʃivo'lone] m. glissade f. | *fare uno scivolone*, glisser.

scivolosità [ʃivolosi'ta] f. caractère (m.) glissant, nature glissante. | *caduta provocata dalla scivolosità del terreno*, chute provoquée par le terrain glissant.

scivoloso [ʃivo'loso] agg. glissant. || FIG. visqueux, répugnant.

sclera ['sklɛra] f. ANAT. sclérotique.

sclerosare [sklero'zare] v. tr. MED. provoquer la sclérose (de). ◆ v. rifl. se scléroser.

sclerosi [skle'rozi] f. sclérose.

sclerotica [skle'rɔtika] f. ANAT. sclérotique.

sclerotico [skle'rɔtiko] (**-ci** pl.) agg. MED. sclérosé.

scocca ['skɔkka] f. AUTOM. coque.

scoccare [skok'kare] v. tr. décocher. | *scoccare una freccia*, décocher une flèche. || PER EST. *scoccare un arco*, détendre, débander un arc. || [suonare] sonner. || FIG. décocher, jeter, envoyer. | *scoccare degli sguardi severi*, décocher des regards sévères. | *scoccare baci, sorrisi*, envoyer des baisers, des sourires. ◆ v. intr. [di ore] sonner. || [di arco] se détendre, se débander. || [guizzare] jaillir. | *scoccò una scintilla*, une étincelle jaillit. || SOSTANT. *allo scoccare di mezzogiorno*, sur le coup de midi.

scocciante [skot'tʃante] agg. FAM. embêtant, empoisonnant, barbant, assommant (L.C.).

scocciare [skot'tʃare] v. tr. REGION. casser. || FAM. embêter, barber, raser, faire suer (pop.), assommer (L.C.), ennuyer (L.C.), emmerder (volg.). | *mi avete scocciato !*, vous m'embêtez à la fin ! ◆ v. rifl. s'embêter, se raser, se faire suer, s'emmerder.

scocciato [skot'tʃato] agg. FAM. embêté, ennuyé (L.C.), contrarié (L.C.), emmerdé (volg.).

scocciatore [skottʃa'tore] (**-trice** f.) m. FAM. raseur, euse ; casse-pieds ; importun (L.C.) ; fâcheux, euse (lett.).

scocciatura [skottʃa'tura] f. FAM. embêtement m., ennui m. (L.C.). | *che scocciatura !*, quelle barbe ! (pop.), quel ennui !

scodella [sko'dɛlla] f. [piatto fondo] assiette creuse, écuelle (raro). || [ciotola] bol m., jatte (raro).

scodellare [skodel'lare] v. tr. verser (dans les assiettes), servir. || FIG. servir, sortir.

scodellata [skodel'lata] f. [contenuto] assiettée, assiette, bol m.
scodellato [skodel'lato] agg. servi. ‖ Loc. FIG. FAM. *vuole la pappa (bell'e) scodellata,* il veut qu'on lui mâche la besogne.
scodinzolare [skodintso'lare] v. intr. remuer la queue, frétiller de la queue. ‖ Fig. SCHERZ. [di donna] tortiller des hanches. ‖ Peggior. [con idee di servilismo] faire des courbettes.
scodinzolio [skodintso'lio] m. frétillement de la queue.
scoglia ['skɔʎʎa] f. Zool. [di rettile] dépouille.
scogliera [skoʎ'ʎɛra] f. récifs m. pl., récif m., écueils m. pl. | *scogliera corallina,* récif corallien. ‖ [accumulo di massi] rochers m. pl.
scoglio ['skɔʎʎo] m. Pr. e FIG. écueil.
scoglioso [skoʎ'ʎoso] agg. (par)semé d'écueils.
scoiare [sko'jare] v. tr. dépouiller, écorcher, dépiauter (fam.).
scoiattolo [sko'jattolo] m. Zool. écureuil.
scolafritto [skola'fritto] m. invar. égouttoir, panier à friture.
scolapiatti [skola'pjatti] m. invar. égouttoir.
1. scolare [sko'lare] agg. Loc. *età scolare,* âge scolaire.
2. scolare [sko'lare] v. tr. égoutter. ‖ [vuotare] vider. ‖ [bere] s'envoyer (pop.) ; [bere tutto] vider, sécher (fam.). ◆ v. intr. s'égoutter, égoutter. | *mettere a scolare,* mettre à égoutter.
scolaresca [skola'reska] f. élèves m. e f. pl. ‖ [allievi di una classe] classe.
scolaresco [skola'resko] agg. scolaire.
scolarizzare [skolarid'dzare] v. tr. Neol. scolariser.
scolarizzazione [skolariddzat'tsjone] f. Neol. scolarisation.
scolaro [sko'laro] (**-a** f.) m. [di scuola elementare] écolier, ère ; [di qualsiasi scuola] élève. ‖ [discepolo] élève. | *scolaro di Giotto,* élève de Giotto. ‖ Arc. [studente] écolier, ère.
scolastica [sko'lastika] f. Filos. scolastique.
scolasticamente [skolastika'mente] avv. scolairement (raro), de façon scolaire. ‖ [dal punto di vista scolastico] du point de vue scolaire.
scolasticismo [skolasti'ʃizmo] m. caractère scolaire. ‖ Filos. caractère scolastique, aspects scolastiques.
scolasticità [skolastitʃi'ta] f. caractère (m.) scolaire.
scolastico [sko'lastiko] (**-ci** pl.) agg. [della scuola] scolaire. | *aula scolastica,* salle de classe. | *libri scolastici,* livres de classe, scolaires. | *diario scolastico,* cahier de textes. | *obbligo scolastico,* obligation scolaire, scolarité obligatoire. ‖ Fig. PEGGIOR. scolaire. ‖ Filos. e FIG. scolastique. ◆ m. scolastique.
scolatoio [skola'tojo] m. égouttoir.
scolatura [skola'tura] f. égouttage m., égouttement m. ‖ [liquido] égoutture.
scoliaste [sko'ljaste] o **scolliasta** [sko'ljasta] m. (lett.) scoliaste, scholiaste.
scolio ['skɔljo] m. scolie f., scholie f.
scoliosi [sko'ljɔzi] f. Med. scoliose.
scollacciarsi [skollat'tʃarsi] v. rifl. se décolleter (trop).
scollacciato [skollat'tʃato] agg. très, trop décolleté ; dépoitraillé (fam.). ‖ Fig. leste, licencieux, égrillard, grivois.
scollacciatura [skollattʃa'tura] f. décolleté (m.) audacieux.
scollamento [skolla'mento] m. décollement, décollage. ‖ Med. décollement.
1. scollare [skol'lare] v. tr. décolleter, échancrer. ◆ v. rifl. se décolleter.
2. scollare [skol'lare] v. tr. décoller. ◆ v. rifl. se décoller.
1. scollatura [skolla'tura] f. décolleté m.
2. scollatura [skolla'tura] f. décollement m.
scollegare [skolle'gare] v. tr. séparer.
scollettatura [skolletta'tura] f. Agr. décolletage m.
scollo ['skɔllo] m. décolleté.
scolo ['skolo] m. écoulement. ‖ [concreto] liquide qui s'écoule. ‖ Pop. blennorragie f. (med.), chaude-pisse f. (volg.).
scolopendra [skolo'pɛndra] f. Zool. scolopendre.
scolorare [skolo'rare] v. tr. e rifl. V. SCOLORIRE.
scolorimento [skolori'mento] m. décoloration f. ‖ [del viso] pâleur f.
scolorina [skolo'rina] f. Corrector m.
scolorire [skolo'rire] v. tr. décolorer. ‖ Fig. atténuer, faire pâlir, estomper. ◆ v. rifl. se décolorer. ‖ [del viso] pâlir. ‖ Fig. pâlir, s'estomper.
scolorito [skolo'rito] agg. décoloré. ‖ [di viso] pâle, exsangue. ‖ Fig. affaibli, pâle.
scolpare [skol'pare] v. tr. disculper. ◆ v. rifl. se disculper.
scolpire [skol'pire] v. tr. sculpter. ‖ [incidere] graver. ‖ Fig. graver.
scombaciare [skomba'tʃare] v. tr. disjoindre.
scombinare [skombi'nare] v. tr. [mettere in disordine] déranger, bouleverser. ‖ [mandare a monte] faire échouer. | *scombinare un affare,* faire échouer une affaire. ‖ [disdire] annuler.
scombinato [skombi'nato] agg. [di cose] manqué, raté. ‖ [di persone] brouillon. ◆ n. brouillon, onne.
scombro ['skombro] m. Zool. maquereau.
scombussolamento [skombussola'mento] m. bouleversement.
scombussolare [skombusso'lare] v. tr. Pr. e FIG. bouleverser, mettre sens dessus dessous, retourner (fam.), chambouler (fam.). | *scombussolare la casa,* mettre la maison sens dessus dessous ; tout bouleverser, tout retourner dans la maison. | *la notizia lo ha scombussolato,* la nouvelle l'a bouleversé. | *scombussolare la testa, il cervello,* bouleverser ; mettre la tête, la cervelle à l'envers. | *scombussolare le idee,* troubler, confondre les idées. | *scombussolare un piano, un progetto,* bouleverser un plan, un projet. | *scombussolare lo stomaco,* déranger l'estomac.
scombussolio [skombusso'lio] m. bouleversement.
scommessa [skom'messa] f. pari m. ‖ [posta] enjeu m. ‖ Loc. FIG. *stare in piedi per scommessa,* tenir debout par miracle.
1. scommettere [skom'mettere] v. tr. disjoindre, séparer.
2. scommettere [skom'mettere] v. tr. parier. | *scommettiamo ?,* on parie ? | *ci scommetterei la testa,* j'en donnerais ma tête à couper.
scommettitore [skommetti'tore] (**-trice** f.) m. parieur, euse.
scommettitura [skommetti'tura] f. (raro) séparation (L.C.), rupture (L.C.).
scomodamente [skomoda'mente] avv. inconfortablement, incommodément.
scomodare [skomo'dare] v. tr. déranger. ◆ v. rifl. se déranger.
scomodità [skomodi'ta] f. inconfort m., incommodité. | *viaggiare in questo modo è una grande scomodità,* il est très peu commode de voyager de cette façon.
1. scomodo ['skɔmodo] agg. **1.** inconfortable, incommode (lett.). | *avere una casa scomoda,* avoir une maison peu confortable ; être mal installé. | *si sta scomodi su questa sedia,* on est mal, on n'est pas bien sur cette chaise. ‖ **2.** [che si usa con difficoltà] incommode, malcommode, peu commode, peu pratique. | *questo attrezzo è molto scomodo,* cet outil n'est pas pratique du tout. ‖ **3.** [che non risponde alle esigenze] peu commode, peu pratique, gênant, désagréable, incommode, malcommode.
2. scomodo ['skɔmodo] m. dérangement.
scompaginamento [skompadʒina'mento] m. bouleversement. ‖ [sconnessione] dislocation f.
scompaginare [skompadʒi'nare] v. tr. [rovinare la struttura] disloquer, démantibuler (fam.). | *la tempesta ha scompaginato lo scafo,* la tempête a disloqué la coque. ‖ [guastare l'ordine, l'equilibrio] ébranler, bouleverser, troubler. ‖ Fig. ébranler, troubler. | *scompaginare l'unità nazionale,* ébranler l'unité nationale. ‖ Particol. [guastare la legatura] abîmer, endommager la reliure (de). ‖ Tip. défaire la mise en pages.
scompaginato [skompadʒi'nato] agg. [sfasciato] disloqué, démantibulé. ‖ [in disordine] bouleversé. ‖ [rovinato] abîmé.
scompagnare [skompaɲ'ɲare] v. tr. dépareiller, désassortir.
scomparire [skompa'rire] v. intr. disparaître. ‖ Fig. [sfigurare] faire piètre figure.

scomparsa [skom'parsa] f. disparition.
scomparso [skom'parso] agg. e n. disparu.
scompartimento [skomparti'mento] m. compartiment, case f. ‖ [in un treno] compartiment. ‖ [suddivisione] (raro) distribution f. (L.C.), répartition f. (L.C.).
scomparto [skom'parto] m. compartiment, case f. ‖ ARCHIT. compartiment.
scompensare [skompen'sare] v. tr. déséquilibrer.
scompenso [skom'pɛnso] m. insuffisance f., déséquilibre. | *scompenso cardiaco,* insuffisance cardiaque.
scompiacente [skompja'tʃɛnte] agg. désobligeant, désagréable.
scompiacere [skompja'tʃere] v. intr. désobliger (tr.).
scompigliamento [skompiʎʎa'mento] m. (raro). V. SCOMPIGLIO.
scompigliare [skompiʎ'ʎare] v. tr. PR. e FIG. bouleverser, mettre sens dessus dessous, chambouler (fam.), chambarder (fam.), déranger, mettre en désordre. | *scompigliare i piani di qlcu.,* bouleverser les plans de qn. ‖ [i capelli] ébourriffer. ‖ [le idee] troubler, confondre, brouiller, embrouiller.
scompigliatamente [skompiʎʎata'mente] avv. de façon désordonnée, sans ordre.
scompigliato [skompiʎ'ʎato] agg. en désordre, sens dessus dessous, désordonné. ‖ [arruffato] PR. e FIG. embrouillé ; FIG. confus. ‖ [dei capelli] ébouriffé. ‖ [concitato] agité.
scompiglio [skom'piʎʎo] m. [lo scompigliare] bouleversement, chambardement (fam.). ‖ [disordine] pagaille f. (fam.), pagaïe f. (fam.), désordre, fouillis (fam.), pêle-mêle, fatras. | *portare lo scompiglio in casa,* mettre la pagaille dans la maison. | *uno scompiglio di sentimenti e di idee,* un fouillis, un pêle-mêle, un fatras de sentiments et d'idées. ‖ [agitazione] agitation f., remue-ménage, branle-bas. ‖ [turbamento interiore] trouble, agitation f.
scomponibile [skompo'nibile] agg. décomposable. ‖ [smontabile] démontable.
scomponibilità [skomponibili'ta] f. possibilité d'être démonté, décomposé.
scomporre [skom'porre] v. tr. décomposer. ‖ [smontare] démonter, désassembler. | *scomporre una impalcatura,* démonter un échafaudage. ‖ [scompigliare] mettre en désordre, déranger. | *scomporre i capelli,* ébouriffer, déranger les cheveux. ‖ [con riferimento al viso] décomposer, altérer. ‖ [turbare] troubler, démonter. ‖ TIP. distribuer. ◆ v. rifl. se troubler, se démonter, perdre contenance.
scomposizione [skompozit'tsjone] f. décomposition. ‖ [smontaggio] démontage m. ‖ TIP. distribution.
scompostamente [skomposta'mente] avv. de façon désordonnée, sans ordre, en désordre. ‖ [in modo poco corretto] de façon inconvenante, avec inconvenance, sans aucune tenue.
scompostezza [skompos'tettsa] f. inconvenance, incorrection, absence de tenue, mauvaise tenue. ‖ [disordine] désordre m.
scomposto [skom'posto] agg. décomposé. ‖ [disordinato] en désordre, désordonné. ‖ [dei capelli] décoiffé, ébouriffé. ‖ [del viso] altéré, décomposé. ‖ [poco decente] incorrect, inconvenant. | *stare scomposto,* se tenir mal.
scomputare [skompu'tare] v. tr. décompter, déduire.
scomputo ['skɔmputo] m. déduction f.
scomunica [sko'munika] f. RELIG. excommunication.
scomunicare [skomuni'kare] v. tr. RELIG. excommunier.
scomunicato [skomuni'kato] agg. RELIG. excommunié. ‖ FIG. inhumain. ‖ [losco] louche. ◆ m. excommunié. ‖ FIG. sinistre individu.
sconcatenato [skonkate'nato] agg. (raro) incohérent (L.C.), décousu (L.C.).
sconcertante [skontʃer'tante] agg. déconcertant, déroutant.
sconcertare [skontʃer'tare] v. tr. déconcerter, dérouter, désorienter, décontenancer, démonter. ‖ [disturbare] déranger, bouleverser. ◆ v. rifl. se décontenancer, se démonter, perdre contenance.
sconcertato [skontʃer'tato] agg. déconcerté, décontenancé, dérouté, désemparé, désorienté.
sconcerto [skon'tʃɛrto] m. trouble, confusion f.
sconcezza [skon'tʃettsa] f. obscénité, saleté, grossièreté, indécence. ‖ [cosa, parola sconcia] obscénité, saleté, grossièreté, ordure, cochonnerie (pop.).
sconciamente [skontʃa'mente] avv. de façon obscène, grossièrement.
sconciare [skon'tʃare] v. tr. abîmer.
sconcio ['skontʃo] agg. obscène, sale, ordurier, grossier, indécent. ‖ [fisicamente repellente] dégoûtant, repoussant, immonde. ◆ m. honte f. ‖ [cosa malfatta] horreur f.
sconclusionatezza [skonkluzjona'tettsa] f. incohérence.
sconclusionato [skonkluzjo'nato] agg. incohérent, décousu. ‖ [di persona] incohérent, inconséquent.
sconcordante [skonkor'dante] agg. (raro) discordant (L.C.).
sconcordanza [skonkor'dantsa] f. discordance.
sconcordia [skon'kɔrdja] f. (raro) discorde (L.C.).
scondito [skon'dito] agg. non assaisonné, sans assaisonnement, nature.
sconfessare [skonfes'sare] v. tr. désavouer.
sconfessione [skonfes'sjone] f. désaveu m.
sconficcare [skonfik'kare] v. tr. arracher. ‖ [schiodare] déclouer.
sconfiggere [skon'fiddʒere] v. tr. battre, vaincre, défaire (lett.). ‖ PER EST. battre, enfoncer (fam.).
sconfinamento [skonfina'mento] m. franchissement des limites.
sconfinare [skonfi'nare] v. intr. franchir les limites (de). ‖ [oltrepassare una frontiera] franchir, passer la frontière (de). ‖ FIG. déborder (tr.), s'écarter (de). ‖ ASSOL. exagérer, abuser.
sconfinatamente [skonfinata'mente] avv. immensément, infiniment.
sconfinato [skonfi'nato] agg. PR. e FIG. immense, infini, illimité, sans limites, sans borne(s).
sconfitta [skon'fitta] f. défaite.
sconfitto [skon'fitto] agg. vaincu, battu. ◆ n. vaincu.
sconfortante [skonfor'tante] agg. décourageant, démoralisant.
sconfortare [skonfor'tare] v. tr. décourager, démoraliser, abattre. ◆ v. rifl. se décourager, se démoraliser, se laisser abattre.
sconfortato [skonfor'tato] agg. découragé, démoralisé, abattu, accablé.
sconforto [skon'fɔrto] m. découragement, abattement. | *non lasciamoci prendere dallo sconforto,* ne nous laissons pas abattre.
scongiurare [skondʒu'rare] v. tr. conjurer. ‖ [supplicare] conjurer, implorer.
scongiuro [skon'dʒuro] m. [esorcismo] conjuration f., exorcisme. ‖ LOC. *fare gli scongiuri,* conjurer le mauvais sort. ‖ [preghiera] (raro) supplication f. (L.C.). ‖ [giuramento] (raro) serment (L.C.).
sconnessamente [skonnessa'mente] avv. de façon incohérente.
sconnessionne [skonnes'sjone] f. incohérence.
sconnesso [skon'nesso] agg. PR. disjoint. ‖ FIG. incohérent, décousu, sans suite.
sconnessura [skonnes'sura] f. fente, interstice m.
sconnettere [skon'nɛttere] v. tr. disjoindre. ‖ ASSOL. FIG. divaguer, déraisonner (lett.), déménager (fam.), dérailler (fam.).
sconoscente [skonoʃ'ʃɛnte] agg. ingrat.
sconosciuto [skonoʃ'ʃuto] agg. e n. inconnu.
sconquassamento [skonkwassa'mento] m. dislocation f., rupture f.
sconquassare [skonkwas'sare] v. tr. [fare a pezzi] fracasser. ‖ [rendere sconnesso] disloquer, démantibuler (fam.), déglinguer (fam.). ‖ [rovinare gravemente] démolir, abîmer, casser, esquinter (fam.), bousiller (pop.). ‖ PER EST. [stancare] éreinter, épuiser, démolir (fam.), esquinter (fam.). ◆ v. rifl. se fracasser.
sconquasso [skon'kwasso] m. fracas. ‖ FIG. [disastro] désastre, malheur. ‖ [confusione] bouleversement, chambardement (fam.), remue-ménage.
sconsacrare [skonsa'krare] v. tr. désaffecter.
sconsacrato [skonsa'krato] agg. désaffecté.
sconsacrazione [skonsakrat'tsjone] f. désaffectation.
sconsideratamente [skonsiderata'mente] avv. inconsidérément, à la légère.

sconsideratezza [skonsidera'tettsa] f. légèreté, inconséquence, irréflexion.
sconsiderato [skonside'rato] agg. [di persona] léger, irréfléchi, inconséquent, inconsidéré (antiq.), étourdi. ‖ [di cosa] inconsidéré, irréfléchi, imprudent. ◆ n. étourdi, inconscient.
sconsigliabile [skonsiʎ'ʎabile] agg. à déconseiller.
sconsigliare [skonsiʎ'ʎare] v. tr. déconseiller.
sconsigliatezza [skonsiʎʎa'tettsa] f. légèreté, inconséquence, étourderie.
sconsigliato [skonsiʎ'ʎato] agg. léger, étourdi, irréfléchi.
sconsolante [skonso'lante] agg. désolant, désespérant, décourageant.
sconsolare [skonso'lare] v. tr. (lett.) décourager (L.C.), désespérer (L.C.).
sconsolatamente [skonsolata'mente] avv. désespérément.
sconsolato [skonso'lato] agg. désespéré, inconsolable, abattu, accablé, découragé.
scontabile [skon'tabile] agg. FIN. escomptable.
scontante [skon'tante] agg. e m. FIN. escompteur.
scontare [skon'tare] v. tr. FIN. escompter. ‖ [detrarre] déduire, décompter. ‖ PER EST. [una colpa] expier ; [una pena, una condanna] purger. ‖ [subire le conseguenze] payer. | *la sconterai !*, tu le paieras (cher) ! ‖ LETT. [prevedere] prévoir (L.C.), savoir d'avance (L.C.).
scontato [skon'tato] agg. [previsto] prévu. | *dare qlco. per scontato*, tenir qch. pour sûr, être sûr de qch. ‖ [di colpa] expié ; [di pena] purgé. ‖ COMM. réduit. ‖ FIN. escompté.
scontatore [skonta'tore] m. FIN. escompteur.
scontentare [skonten'tare] v. tr. mécontenter.
scontentezza]skonten'tettsa] f. mécontentement m.
scontento [skon'tɛnto] agg. mécontent. ◆ m. mécontentement.
scontista [skon'tista] (**-i** pl.) m. e f. FIN. escompteur.
sconto ['skonto] m. COMM. remise f., rabais, réduction f. | *mi hanno fatto lo sconto*, ils m'ont fait un rabais, une remise, une réduction. ‖ FIN. escompte. | *tasso di sconto, saggio di sconto*, taux d'escompte. ‖ [deduzione] déduction f. ‖ LOC. *a sconto di* : PR. en paiement de ; FIG. pour réparer, en réparation de.
scontrare [skon'trare] v. tr. (raro) rencontrer (L.C.), tomber sur (L.C.). ‖ (arc.) [combattere] combattre [contre] (L.C.). ◆ v. rifl. (raro) rencontrer (tr.). ‖ [combattere] se battre (contre). ‖ [urtare] entrer en collision (avec), heurter (tr.), tamponner (tr.), foncer (dans) [fam.]. | *il camion si è scontrato con il tram*, le camion est entré en collision avec le tram. ◆ v. recipr. [incontrarsi] (raro) se rencontrer (L.C.). ‖ [urtarsi] se tamponner, entrer en collision, se heurter, se télescoper. | *le due macchine si sono scontrate*, les deux voitures se sont heurtées, sont entrées en collision. ‖ [combattere] se battre, s'affronter, livrer bataille, se rencontrer. ‖ FIG. s'opposer, entrer en conflit, se heurter, s'affronter.
scontrino [skon'trino] m. ticket, bulletin. | *scontrino dei bagagli*, bulletin de bagages. ‖ [ricevuta] reçu, récépissé.
scontro ['skontro] m. [urto] collision f., accident, heurt, choc ; [non grave] accrochage ; [tra molti veicoli] carambolage. ‖ [combattimento] combat, rencontre f. (raro) ; [di breve durata] engagement, échauffourée f., accrochage. ‖ [duello] rencontre. ‖ FIG. heurt, accrochage. ‖ MAR. coin.
scontrosaggine [skontro'saddʒine] f. o **scontrosità** [skontrosi'ta] f. maussaderie, caractère (m.) revêche.
scontroso [skon'troso] agg. maussade, grincheux, revêche, hargneux. ‖ [poco socievole] sauvage, farouche.
sconvenevole [skonve'nevole] agg. (lett.) inconvenant (L.C.), déplacé (L.C.), malséant.
sconvenevolezza [skonvenevo'lettsa] f. (lett.) inconvenance (L.C.).
sconveniente [skonve'njɛnte] agg. inconvenant, déplacé, incorrect. ‖ [non vantaggioso] désavantageux.
sconvenientemente [skonvenjente'mente] avv. d'une manière inconvenante, de façon déplacée. ‖ [in modo poco vantaggioso] désavantageusement.
sconvenienza [skonve'njentsa] f. inconvenance, incorrection. ‖ [il non offrire vantaggio] désavantage m.
sconvenire [skonve'nire] v. intr. LETT. ne pas être convenable [pour] (L.C.).
sconvolgente [skonvol'dʒɛnte] agg. bouleversant.
sconvolgere [skon'vɔldʒere] v. tr. [mettere sossopra] bouleverser, mettre sens dessus dessous, chambouler (fam.). | *sconvolgere un piano*, bouleverser un plan. ‖ [devastare] ravager, dévaster. ‖ [provocare disturbo fisico] déranger, détraquer (fam.). | *sconvolgere lo stomaco*, déranger l'estomac. ‖ FIG. bouleverser. | *sconvolgere la mente*, troubler, déranger l'esprit ; détraquer le cerveau (fam.).
sconvolgimento [skonvoldʒi'mento] m. PR. e FIG. bouleversement.
sconvolto [skon'volto] agg. PR. e FIG. bouleversé, sens dessus dessous. ‖ [devastato] ravagé, dévasté.
scooter ['sku:tə] m. [ingl.] scooter.
scooterista [skute'rista] (**-i** pl.) m. e f. scootériste (neol.).
1. scopa ['skopa] f. balai m. | *manico di scopa*, manche à balai. ‖ LOC. FIG. *ha mangiato il manico della scopa*, il a avalé son parapluie.
2. scopa ['skopa] f. BOT. bruyère.
3. scopa ['skopa] f. GIOCHI [carte] scopa (ital.).
scopare [sko'pare] v. tr. balayer.
scopata [sko'pata] f. coup (m.) de balai.
scopatore [skopa'tore] (**-trice** f.) m. balayeur, euse.
scopatura [skopa'tura] f. balayage m. ‖ [spazzatura] balayures pl.
scoperchiare [skoper'kjare] v. tr. découvrir ; ôter le couvercle (de). ‖ [togliere il tetto] arracher le toit (de).
scoperta [sko'pɛrta] f. découverte. ‖ MIL. reconnaissance.
scoperto [sko'pɛrto] agg. découvert. | *a capo scoperto*, nu-tête, tête nue. | *cielo scoperto*, ciel dégagé. ‖ COMM. *conto corrente scoperto*, compte courant à découvert. ‖ LOC. FIG. *giocare a carte scoperte*, jouer cartes sur table, ne pas cacher son jeu, jouer franc jeu. ◆ m. [luogo scoperto] (raro) découvert. ‖ COMM. découvert. ‖ LOC. *allo scoperto*, à découvert. | *dormire allo scoperto*, dormir à la belle étoile.
scopetta [sko'petta] f. balayette, petit balai.
scopiazzare [skopjat'tsare] v. tr. [a scuola] copier (sottement). ‖ [di autore] piller.
scopiazzatore [skopjattsa'tore] (**-trice** f.) m. [allievo] copieur, euse. ‖ [autore] plagiaire m. e f.
scopiazzatura [skopjattsa'tura] f. copie, plagiat m.
scopino [sko'pino] m. REGION. balayeur, éboueur.
scopo ['skɔpo] m. but. | *questo bambino è l'unico scopo della mia vita*, cet enfant est ma seule raison de vivre. ‖ LOC. *a che scopo ?*, dans quel but ?, pour quoi faire ? | *non c'è scopo*, c'est inutile, cela ne sert à rien. | *serve, non serve allo scopo*, cela fait, cela ne fait pas l'affaire. ◆ loc. prep. ***allo scopo di***, afin de, dans le but de, pour. ‖ ***a scopo di***, pour. | *a scopo di lucro*, pour de l'argent. | *a scopo di rapina*, pour voler.
scopone [sko'pone] m. GIOCHI [carte] scopone (ital.).
scoppiare [skop'pjare] v. intr. éclater, crever. | *ascesso che scoppia*, abcès qui crève, qui perce. ‖ [esplodere] éclater, exploser.‖ [manifestarsi improvvisamente] éclater. | *incendio che scoppia*, incendie qui éclate. | *scoppiare a ridere*, éclater de rire, s'esclaffer. | *scoppiare a piangere*, éclater en sanglots, fondre en larmes. | *scoppiare dall'invidia, dalla rabbia*, crever de jalousie, de rage. ‖ SPORT céder, flancher (fam.).
scoppiettante [skoppjet'tante] agg. crépitant.
scoppiettare [skoppjet'tare] v. intr. crépiter, pétiller. ‖ FIG. fuser, jaillir. ‖ [schioccare] claquer.
scoppiettio [skoppjet'tio] m. crépitement.
scoppietto [skop'pjetto] m. escopette f.
scoppio ['skɔppjo] m. PR. éclatement. | *scoppio di uno pneumatico*, éclatement d'un pneu, crevaison f. ‖ [esplosione] éclatement, explosion f. | *bomba a scoppio ritardato*, bombe à retardement. | *scoppi di arma da fuoco*, coups de feu. | *motore a scoppio*, moteur à explosion. ‖ [rumore] bruit. | *scoppio di mortaretti, del fulmine*, bruit de pétards, de la foudre. ‖ FIG. [inizio] début, déclenchement. | *allo scoppio della guerra*, quand la guerre éclata. ‖ PER EST. [manifestarsi di un

sentimento] explosion f., éclat. | *scoppio di collera*, explosion de colère. | *scoppio di risa*, éclat de rire.
scoprimento [skopri'mento] m. [di monumento] dévoilement. || [scoperta] (raro) découverte f. (L.C.).
scoprire [sko'prire] v. tr. découvrir. | *scoprire il capo*, se découvrir. || LOC. FIG. *scoprire gli altarini*, découvrir les petits secrets (de qn). || [esporre] découvrir, exposer. | *scoprire il fianco agli attacchi*, prêter le flanc aux attaques. || [palesare] découvrir, dévoiler, révéler. | *scoprire le proprie intenzioni*, découvrir ses intentions. || [arrivare a conoscenza di] découvrir. | *scoprire una stella*, découvrir une étoile. | *scoprire il colpevole*, découvrir le coupable. ◆ v. rifl. PR. e FIG. se découvrir.
scopritore [skopri'tore] (**-trice** f.) m. découvreur, euse. | *lo scopritore dell'America*, celui qui a, l'homme qui a découvert l'Amérique. || GIUR. inventeur, trice.
scoraggiamento [skoraddʒa'mento] m. découragement.
scoraggiante [skorad'dʒante] agg. décourageant, démoralisant.
scoraggiare [skorad'dʒare] v. tr. décourager, démoraliser. ◆ v. rifl. se décourager, se démoraliser, se laisser abattre.
scoraggiato [skorad'dʒato] agg. découragé, démoralisé.
scoramento [skora'mento] m. LETT. découragement (L.C.), abattement (L.C.).
scorare [sko'rare] v. tr. LETT. décourager (L.C.), démoraliser (L.C.).
scorbacchiato [skorbak'kjato] agg. ridiculisé.
scorbutico [skor'butiko] (**-ci** pl.) agg. MED. scorbutique. || FIG. grincheux, hargneux, grognon. | *donna scorbutica*, femme acariâtre. ◆ n. grincheux, euse; grognon, onne.
scorbuto [skor'buto] m. MED. scorbut.
scorciare [skor'tʃare] v. tr. raccourcir. || ARTI représenter en raccourci. || LETT. croquer. ◆ v. rifl. raccourcir (intr.).
scorciatoia [skortʃa'toja] f. raccourci m. || FIG. biais m.
scorcio ['skortʃo] m. [periodo finale] fin f. | *sullo scorcio dell'estate*, vers la fin de l'été. || [momento] moment, échappée f. || ARTI, LETT. raccourci.
1. scordare [skor'dare] v. tr. o **scordarsi** [skor'darsi] v. rifl. oublier (tr.). | *mi sono scordato di dirglielo*, j'ai oublié de le lui dire. || LOC. FAM. *puoi scordartene*, tu peux en faire ton deuil.
2. scordare [skor'dare] v. tr. MUS. désaccorder. ◆ v. rifl. se désaccorder.
scordatura [skorda'tura] f. MUS. désaccord m. (raro). || PR. e FIG. [suono] fausse note.
scoreggia [sko'reddʒa] f. VOLG. pet m., vent m. (L.C.).
scoreggiare [skored'dʒare] v. intr. VOLG. péter.
scorfano ['skɔrfano] m. ZOOL. rascasse f., scorpène f. || FIG. mocheté f. (fam.), monstre, horreur f.
scorgere ['skɔrdʒere] v. tr. [cosa inaspettata] apercevoir; [dopo uno sforzo] distinguer, apercevoir. || [vedere] voir. | *farsi scorgere*, être vu. | *non voglio farmi scorgere dal direttore*, je ne veux pas que le directeur me voie. || FIG. apercevoir, voir. | *non scorgo nessuna soluzione*, je ne vois pas de solution.
scoria ['skɔrja] f. (specie pl.) PR. e FIG. scorie, déchet m. | *scorie radioattive*, déchets radioactifs. || GEOL. *scorie vulcaniche*, scories volcaniques.
scornare [skor'nare] v. tr. décorner, écorner (raro). || FIG. ridiculiser, railler. ◆ v. rifl. se casser les cornes, une corne. || FIG. se casser le nez.
scornato [skor'nato] agg. décorné. || FIG. déconfit, penaud. | *restare scornato*, rester tout déconfit.
scorno ['skɔrno] m. humiliation f., honte f., ridicule, camouflet (lett.). | *subire uno scorno*, subir une humiliation, se couvrir de ridicule. | *a scorno di qlcu.*, pour humilier qn. | *con scorno di qlcu.*, à la honte de qn.
scorpacciata [skorpat'tʃata] f. gueuleton (fam.). | *far(si) una scorpacciata (di)*, se gaver (de), s'empiffrer (de) [fam.], se bourrer (de) [fam.].
scorpena [skor'pɛna] f. ZOOL. scorpène, rascasse.
scorpione [skor'pjone] m. ZOOL. scorpion. || FIG. vipère f. || ASTR. scorpion.
scorporare [skorpo'rare] v. tr. retrancher. || [espropriare] exproprier.
scorrazzare [skorat'tsare] v. intr. courir çà et là. || [percorrere] parcourir (tr.), arpenter (tr.). || ARC. [far scorrerie] faire des incursions (L.C.). ◆ v. tr. parcourir, arpenter en tous sens. || FIG. toucher (tr.), s'intéresser (à).
scorrazzata [skorrat'tsata] f. excursion, randonnée.
scorrere ['skorrere] v. intr. **1.** [di liquido] couler. || **2.** [di corpo solido] glisser. | *la fune scorre nella carrucola*, la corde glisse dans la poulie. | *la sua penna scorreva sulla carta*, sa plume courait, glissait sur le papier. | *penna che non scorre*, plume qui gratte. || FIG. *frasi che scorrono*, phrases coulantes, aisées. || **3.** [del tempo] s'écouler, passer, couler (lett.). | *le ore scorrono*, les heures passent. || **4.** [sfilare] défiler. || **5.** [vagare] errer, vagabonder. ◆ v. tr. parcourir. | *scorrere il giornale*, parcourir le journal. || PER EST. LETTER. (raro) [rievocare] évoquer (L.C.), repenser (à) (L.C.).
scorreria [skorre'ria] f. incursion, raid m.
scorrettamente [skorretta'mente] avv. incorrectement.
scorrettezza [skorret'tettsa] f. incorrection, faute, erreur.
scorretto [skor'rɛtto] agg. incorrect. fautif. || [poco educato, poco onesto] incorrect.
scorrevole [skor'revole] agg. PR. [su rulli] roulant. | *nastro scorrevole*, tapis roulant. || [lungo guide] coulissant. | *porta scorrevole*, porte coulissante, à coulisses. || FIG. qui glisse facilement. | *biro scorrevole*, stylo qui écrit bien. | *traffico scorrevole*, circulation fluide. || [stile, parlare] fluide, coulant, aisé, facile. ◆ m. coulant.
scorrevolezza [skorrevo'lettsa] f. aisance, facilité, fluidité.
scorribanda [skorri'banda] f. PR. e FIG. incursion.
scorrimento [skorri'mento] m. [di liquido] écoulement; [di fune, cavo, di pezzi meccanici] glissement. || [slittamento] glissement.
scorsa ['skorsa] f. coup (m.) d'œil. | *dare una scorsa a*, parcourir (des yeux), jeter un coup d'œil sur.
scorso ['skorso] agg. dernier. | *l'anno scorso*, l'an dernier, l'an passé. | *il mese scorso*, le mois dernier. | *martedì scorso*, mardi dernier. || (lett.) [trascorso] passé (L.C.), écoulé (L.C.).
scorsoio [skor'sojo] agg. coulant. | *nodo scorsoio*, nœud coulant.
scorta ['skɔrta] f. escorte. | *fare da scorta, la scorta a qlcu.*, escorter qn, faire escorte à qn. | *nave scorta*, navire d'escorte; escorteur m. || LOC. FIG. *con la scorta di, sotto la scorta di*, avec l'aide de, sous la direction de. || [provvista] réserve, provision, stock m. | *far scorta di zucchero*, faire des réserves de sucre, faire provision de sucre. || AUTOM. *ruota di scorta*, roue de secours. || AGR. *scorte vive, morte*, cheptel vif, mort.
scortare [skor'tare] v. tr. escorter. || MIL. convoyer, escorter.
scortecciare [skortet'tʃare] v. tr. écorcer, décortiquer. || [vernice] écailler. || [intonaco] décrépir.
scortese [skor'teze] agg. impoli, discourtois.
scortesia [skorte'zia] f. impolitesse.
scorticamento [skortika'mento] m. écorchement.
scorticare [skorti'kare] v. tr. écorcher, dépouiller, dépiauter (fam.). || PER EST. écorcher, égratigner. | *si è scorticato il ginocchio*, il s'est écorché le genou. || FIG. [far pagare troppo] écorcher, plumer. || [interrogare con severità] cuisiner (fam.).
scorticatore [skortika'tore] m. PR. e FIG. écorcheur.
scorticatura [skortika'tura] f. écorchement m. || PER EST. [sbucciatura] écorchure, égratignure.
scorza ['skɔrtsa] f. écorce. || PER EST. [di animali] peau. || FIG. apparence, écorce.
scorzare [skor'tsare] v. tr. écorcer.
scorzatura [skortsa'tura] f. écorçage m.
scorzonera [skortso'nera] f. BOT. salsifis noir, scorsonère.
scoscendere [skoʃ'ʃendere] v. tr. (lett.) fendre (L.C.). ◆ v. intr. o rifl. (lett.) [franare] s'écrouler (L.C.). || [essere scosceso] être abrupt (L.C.), être escarpé (L.C.). || [fendersi] se fendre (L.C.).

scoscendimento [skoʃʃendi'mento] m. [terreno scosceso] escarpement, abrupt. ‖ [frana] éboulement.
scosceso [skoʃ'ʃeso] agg. escarpé, abrupt.
scoscio ['skɔʃʃo] m. [danza] grand écart.
scossa ['skɔssa] f. secousse. | *andare avanti a scosse,* avancer par secousses, par à-coups. ‖ [di veicolo] cahot m., secousse. ‖ Loc. *scossa sismica,* secousse sismique. | *scossa elettrica,* décharge électrique. | *prendere la scossa,* recevoir une décharge (électrique). ‖ Fig. secousse, choc m.
scosso ['skɔsso] part. pass. e agg. secoué, ébranlé. | *siamo rimasti scossi,* nous avons été secoués. | *ho i nervi un po' scossi,* je suis un peu secoué ; j'ai les nerfs un peu tendus.
scossone [skos'sone] m. forte secousse f., choc violent ; [di veicolo] cahot. | *svegliare qlcu. con uno scossone,* réveiller qn en le secouant, d'une secousse.
scostamento [skosta'mento] m. éloignement, écartement. ‖ [distanza] écart, écartement. ‖ Fis., Mat. écart.
scostante [skos'tante] agg. distant.
scostare [skos'tare] v. tr. écarter, éloigner. ‖ Fig. fam. éviter (l.c.). ‖ Mar. déborder. ◆ v. rifl. Pr. e fig. s'écarter, s'éloigner. | *scostatevi!,* écartez-vous ! | *scostarsi da un modello,* s'écarter d'un modèle. ‖ Mar. déborder (intr.).
scostumatamente [skostumata'mente] avv. d'une façon débauchée, dévergondée.
scostumatezza [skostuma'tettsa] f. débauche, dévergondage m., dérèglement m., dissolution (lett.).
scostumato [skostu'mato] agg. [persona] débauché, dévergondé, dissolu (lett.) ‖ [cosa] déréglé, dévergondé, dissolu (lett.). ◆ n. débauché, dévergondé.
scotennare [skoten'nare] v. tr. [un animale] écorcher, dépouiller, dépiauter (fam.). ‖ [il lardo] enlever la couenne (de). ‖ [scalpare] scalper.
scotennatura [skotenna'tura] f. scalp m.
scotimento [skoti'mento] m. secouement (lett.).
scotismo [sko'tizmo] m. Filos. scotisme.
scotista [sko'tista] (**-i** pl.) agg. e n. Filos. scotiste.
scotistico [sko'tistiko] (**-ci** pl.) agg. Filos. scotiste.
scotta ['skɔtta] f. Mar. écoute.
scottante [skot'tante] agg. Pr. brûlant. ‖ Fig. *offesa scottante,* grave insulte.
scottare [skot'tare] v. tr. brûler. | *la minestra mi ha scottato la lingua,* je me suis brûlé la langue en mangeant ma soupe. ‖ Fig. blesser, piquer au vif. ‖ Culin. échauder, ébouillanter ; [di verdure] blanchir. ◆ v. intr. brûler, être brûlant. | *non toccare, scotta!,* ne touche pas, ça brûle !, c'est brûlant ! | *gli scotta la fronte,* son front est brûlant. ‖ Fig. être brûlant. | *problemi che scottano,* problèmes brûlants. ‖ Loc. fig. *merce che scotta,* marchandise qui brûle les doigts. | *la terra gli scotta sotto i piedi,* le pavé lui brûle les pieds. ◆ v. rifl. se brûler. ‖ Fig. se faire échauder, être échaudé.
scottata [skot'tata] f. ébouillantage m. (raro). | *dare una scottata,* passer à l'eau bouillante, ébouillanter, échauder.
scottato [skot'tato] agg. brûlé. ‖ Fig. échaudé, déçu. ‖ Culin. ébouillanté, échaudé ; [di verdure] blanchi ; [di bistecca] bleu.
scottatura [skotta'tura] f. brûlure. ‖ Fig. mésaventure, déception.
1. scotto ['skɔtto] agg. trop cuit.
2. scotto ['skɔtto] m. Loc. *pagare lo scotto,* expier, payer, subir les conséquences (de).
scout [skaut] m. [ingl.] scout.
scoutismo [skau'tizmo] m. scoutisme.
scoutistico [skau'tistiko] (**-ci** pl.) agg. scout.
scovare [sko'vare] v. tr. débusquer. ‖ Fig. dénicher, découvrir ; dégot(t)er (fam.).
scovolo ['skovolo] m. écouvillon.
scozia ['skɔttsja] f. Archit. scotie.
scozzare [skot'tsare] v. tr. Giochi [carte] battre.
scozzese [skot'tsese] agg. e n. écossais. ‖ Moda *stoffa scozzese,* tissu écossais. ‖ Pr. e fig. *doccia scozzese,* douche écossaise. ‖ Filos. *scuola scozzese,* école écossaise. ◆ f. [danza] scottish (ingl.).
scranna ['skranna] f. (raro) chaise à haut dossier (l.c.).
screanzatamente [skreantsata'mente] avv. impoliment, de façon mal élevée.
screanzato [skrean'tsato] agg. mal élevé ; impoli. ◆ n. malappris, goujat m., malotru, mufle m., impoli, mal élevé.
screditare [skredi'tare] v. tr. discréditer, déconsidérer ; jeter le discrédit (sur). ◆ v. rifl. se discréditer, se déconsidérer.
scredito ['skredito] m. discrédit.
scremare [skre'mare] agg. écrémer.
scrematrice [skrema'tritʃe] f. écrémeuse.
scrematura [skrema'tura] f. écrémage m.
screpolare [skrepo'lare] v. tr. fendiller, craqueler, crevasser, fissurer. ‖ [la pelle] gercer, crevasser. ◆ v. rifl. se fendiller, se crevasser, se fissurer. ‖ [pelle] se gercer, se crevasser.
screpolatura [skrepola'tura] f. craquelure, fissure, crevasse. ‖ [della pelle] gerçure, crevasse.
screziare [skret'tsjare] v. tr. bigarrer, barioler.
screziato [skret'tsjato] agg. [variopinto] bigarré, bariolé, multicolore, diapré ; [di tessuto] chiné. ‖ [cosparso di macchie di colore diverso dal fondo] moucheté, tigré. ‖ [di striature] tigré, zébré.
screziatura [skrettsja'tura] f. bigarrure, bariolage m., diaprure.
screzio ['skrɛttsjo] m. désaccord, différend, mésentente f., brouille f. | *hanno avuto degli screzi,* ils ont eu des différends.
scriba ['skriba] (**-i** pl.) m. Antiq. stor. scribe. ‖ l.c. peggior. plumitif, écrivassier.
scribacchiare [skribak'kjare] v. tr. griffonner. | *scribacchiare un articolo,* griffonner, bâcler un article. ‖ [scrivere opere di poco conto] écrivailler (intr.) [fam.], écrivasser (intr.) [fam.].
scribacchino [skribak'kino] m. gratte-papier (fam.), scribe, scribouillard (fam.). ‖ [scrittore da quattro soldi] plumitif (fam.), écrivassier (fam.), écrivaillon (fam.).
scricchiolamento [skrikkjola'mento] m. craquement, crissement. ‖ [cigolio] grincement.
scricchiolare [skrikkjo'lare] v. intr. craquer, crisser ; [ripetutamente] craqueter ; [cigolare] grincer.
scricchiolio [skrikkjo'lio] m. craquement, crissement ; [cigolio] grincement.
scricciolo ['skrittʃolo] m. Zool. roitelet. ‖ Fig. [bambino] puceron (fam.), puce f. (fam.).
scrigno ['skriɲɲo] m. coffret, écrin.
scriminatura [skrimina'tura] f. raie.
scristianizzare [skristjanid'dzare] v. tr. déchristianiser. ◆ v. rifl. cesser d'être chrétien.
scristianizzazione [skristjaniddzat'tsjone] f. déchristianisation.
scriteriato [skrite'rjato] agg. Fam. qui manque de jugement, de bon sens, irréfléchi, malavisé (lett.). ◆ n. Fam. sans-cervelle m. et f., écervelé.
scritta ['skritta] f. inscription. | *un cartello con una scritta,* un écriteau. ‖ [contratto] contrat m.
scritto ['skritto] agg. écrit. ‖ Fig. *era scritto,* c'était écrit. ◆ m. écrit.
scrittoio [skrit'tojo] m. bureau. ‖ Antiq. (raro) [stanza] bureau (l.c.).
scrittore [skrit'tore] m. écrivain, auteur.
scrittorio [skrit'tɔrjo] agg. (lett.) relatif à l'écriture (l.c.). | *strumenti scrittori,* instruments servant à écrire. ‖ Loc. *materiale scrittorio,* matériel de bureau.
scrittrice [skrit'tritʃe] f. (femme) écrivain, auteur. | *fa la scrittrice,* elle est écrivain.
scrittura [skrit'tura] f. écriture. ‖ [testo scritto] (raro) écrit m. (l.c.). ‖ [capacità nell'arte di scrivere] écriture (lett.), style m. ‖ Amm. écritures pl. ‖ Cin., Teatro. engagement m. ‖ Giur. écriture. ‖ Relig. *Sacra Scrittura,* Écriture sainte.
scritturale [skrittu'rale] agg. Econ. scriptural. ◆ m. copiste, employé de bureau, commis aux écritures ; [da un notaio] clerc. ‖ Mil. secrétaire.
scritturare [skrittu'rare] v. tr. Cin., Teatro engager.
scritturazione [skritturat'tsjone] f. [trascrizione] transcription. ‖ Cin., Teatro engagement m.
scritturista [skrittu'rista] (**-i** pl.) m. spécialiste des études bibliques.
scrivania [skriva'nia] f. bureau m.
scrivano [skri'vano] m. copiste ; scribe (antiq.). ‖

[impiegato di ufficio] employé de bureau, commis aux écritures ; [da un notaio] clerc.

scrivente [skri'vɛnte] agg. qui écrit. ◆ n. celui, celle qui écrit. | *lo scrivente dichiara...*, je soussigné(e) déclare...

scrivere ['skrivere] v. tr. écrire. | *macchina da scrivere*, machine à écrire. | *scrivere a macchina*, taper à la machine. || [lettere] *mi scrive tutti i giorni*, il m'écrit tous les jours. || [comporre] *scrivere una sonata*, écrire une sonate. || [stile] *scrivere bene*, bien écrire. || FIG. (lett.) [fissare] graver, imprimer. | *scrivere qlco. nel cuore*, graver qch. dans le cœur. || (raro) AMM. inscrire (L.C.).

scrivibile [skri'vibile] agg. (raro) qu'on peut écrire.

scroccare [skrok'kare] v. tr. FAM. carotter, escroquer (L.C.), extorquer (L.C.), soutirer (L.C.) ; [denaro] taper (de). | *gli ho scroccato mille lire*, je lui ai soutiré mille lires, je l'ai tapé de mille lires. | *scroccare una promozione*, obtenir de l'avancement sans le mériter.

scrocchiare [skrok'kjare] v. intr. craquer.

scrocchio ['skrɔkkjo] m. craquement.

1. scrocco ['skrɔkko] m. carottage, escroquerie f. | *mangiare a scrocco*, écornifler (fam., antiq.). | *vivere a scrocco*, vivre aux crochets des autres, vivre en parasite. || GIUR. escroquerie f.

2. scrocco ['skrɔkko] m. déclic. | *coltello a scrocco*, couteau à cran d'arrêt.

scroccone [skrok'kone] (**-a** f.) m. carotteur, euse ; parasite ; [di pranzi] parasite, pique-assiette, écornifleur (antiq.).

scrofa ['skrɔfa] f. ZOOL. truie.

scrofolosi [skrofo'lɔzi] f. MED. scrofule, écrouelles pl. (antiq.).

scrofoloso [skrofo'loso] agg. e n. scrofuleux.

scrofularia [skrofu'larja] f. BOT. scrofulaire.

scrollamento [skrolla'mento] m. (raro) [azione] secouement (lett.). || [risultato] ébranlement (L.C.), secousse f. (L.C.). || LOC. *scrollamento di capo*, hochement de tête.

scrollare [skrol'lare] v. tr. secouer. | *scrollare il capo*, secouer, hocher la tête. | *scrollare le spalle*, hausser les épaules. || FIG. *scrollarsi di dosso la paura*, chasser sa peur. | *scrollarsi di dosso la pigrizia*, secouer sa paresse. ◆ v. rifl. s'ébrouer. || FIG. se secouer, réagir.

scrollata [skrol'lata] f. secousse. | *scrollata di testa*, hochement (m.) de tête. | *scrollata di spalle*, haussement (m.) d'épaule.

scrollone [skrol'lone] m. secousse f., ébranlement.

scrosciante [skroʃ'ʃante] agg. bruyant, sonore, assourdissant. | *pioggia scrosciante*, pluie battante. | *applausi scroscianti*, tonnerre d'applaudissements.

scrosciare [skroʃ'ʃare] v. intr. [della pioggia] tomber à verse, à torrents. || [di cascata e simili] gronder. || PER EST. éclater. | *gli applausi, le risa scrosciarono*, les applaudissements, les rires éclatèrent. || [crepitare] crépiter. || [con un rumore sordo] gronder.

scroscio ['skrɔʃʃo] m. bruit, vacarme. || [di pioggia] bruit, crépitement. || [di cascata e simili] grondement, vacarme. || [di applausi] tonnerre. || [di risa] éclat. || LOC. *scroscio di pioggia*, averse f. | *piovere a scroscio*, pleuvoir à verse, à torrents.

scrostamento [skrosta'mento] m. V. SCROSTATURA.

scrostare [skros'tare] v. tr. écroûter, enlever la croûte (de). || PER EST. écailler ; [di muro intonacato] décrépir. ◆ v. rifl. perdre sa croûte. || PER EST. s'écailler ; [di muro intonacato] se décrépir.

scrostato [skros'tato] agg. écaillé ; décrépi.

scrostatura [skrosta'tura] f. [di vernice] écaillage m. ; [di muro intonacato] décrépissage m. (raro). || [parte scrostata] écaille, éraflure.

scroto ['skrɔto] m. ANAT. scrotum ; bourses f. pl.

scrupolo ['skrupolo] m. scrupule. | *farsi scrupolo di*, se faire scrupule de. || [in senso attenuato] peur f., hésitation f., doute. | *mi è preso lo scrupolo che si offendesse*, j'ai eu peur de le vexer. | *non si faccia scrupolo di telefonarmi*, n'hésitez pas à me téléphoner. || [diligenza] scrupule. || [antica misura] scrupule.

scrupolosamente [skrupolosa'mente] avv. scrupuleusement.

scrupolosità [skrupolosi'ta] f. méticulosité (lett.), conscience, scrupule m.

scrupoloso [skrupo'loso] agg. scrupuleux.

scrutare [skru'tare] v. tr. scruter. | *scrutare qlcu. in volto*, scruter le visage de qn.

scrutatore [skruta'tore] (**-trice** f.) agg. e m. scrutateur, trice.

scrutinare [skruti'nare] v. tr. dépouiller le scrutin. || [nella scuola] faire les moyennes.

scrutinio [skru'tinjo] m. AMM. scrutin. || UNIV. [nella scuola] délibération f. (du conseil des professeurs, du jury d'examen). || [determinazione dei voti] calcul des moyennes.

scucire [sku'tʃire] v. tr. PR. découdre. || FIG., SCHERZ. débourser, cracher (fam.), lâcher (fam.), abouler (gerg.). | *gli ho fatto scucire diecimila lire*, je lui ai fait cracher, lâcher dix mille lires. | *essere obbligato a scucire la grana*, être obligé de casquer (pop.). | *scucimi mille lire*, passe-moi mille lires. ◆ v. rifl. PR. se découdre.

scucito [sku'tʃito] agg. PR. e FIG. décousu.

scucitura [skutʃi'tura] f. action de découdre. || [parte scucita] partie décousue. | *ho una scucitura nei pantaloni*, mon pantalon est décousu.

scuderia [skude'ria] f. écurie.

scudetto [sku'detto] m. écusson. || SPORT [calcio] titre de champion (d'Italie). | *vincere lo scudetto*, gagner le championnat.

scudiero [sku'djɛro] m. écuyer.

scudisciare [skudiʃ'ʃare] v. tr. cravacher.

scudiscio [sku'diʃʃo] m. cravache f.

scudo ['skudo] m. bouclier, écu (antiq.). || FIG. bouclier (lett.), rempart, protection f. | *farsi scudo di qlcu.*, se retrancher derrière qn. || LOC. FIG. *alzata, levata di scudi*, levée de boucliers. || [moneta] écu. || ARALD. écu. || MIL. [artiglieria] masque. || ZOOL. écusson.

scuffia ['skuffja] f. POP. e ARC. V. CUFFIA. || POP. [sbornia] cuite (fam.). || PER EST. [cotta] béguin m. (fam.). | *prendere una scuffia per qlcu.*, s'enticher de qn (L.C.). | *avere una scuffia per qlcu.*, avoir le béguin pour qn.

scugnizzo [skuɲ'ɲittso] m. gamin.

sculacciare [skulat'tʃare] v. tr. fesser, donner une fessée (à).

sculacciata [skulat'tʃata] f. fessée.

sculaccione [skulat'tʃone] m. claque f. ; coup sur le derrière, sur les fesses. | *prendere a sculaccioni*, fesser.

sculettare [skulet'tare] v. intr. tortiller des hanches ; balancer, rouler les hanches, se déhancher.

scultore [skul'tore] m. sculpteur.

scultoreo [skul'tɔreo] o **scultorio** [skul'tɔrjo] agg. sculptural.

scultrice [skul'triʃe] f. (femme) sculpteur.

scultura [skul'tura] f. sculpture.

sculturale [skultu'rale] agg. sculptural.

scuocere ['skwɔtʃere] v. intr. o **scuocersi** ['skwɔtʃersi] v. rifl. trop cuire, cuire trop longtemps.

scuoiare [skwo'jare] v. tr. V. SCOIARE.

scuola ['skwɔla] f. **1.** [stabilimento] école ; [struttura educativa] enseignement m., école (raro). | *scuola maschile, femminile, mista*, école de garçons, de filles, mixte. | *una riforma della scuola elementare, media*, une réforme de l'enseignement primaire, secondaire. | *scuola media inferiore :* [istituzione] premier cycle de l'enseignement secondaire ; [stabilimento] collège (m.) d'enseignement secondaire (abbr. C. E. S.). | *scuola media superiore :* [istituzione] deuxième cycle de l'enseignement secondaire ; [stabilimento] lycée m. | *scuola magistrale*, école normale primaire. | *scuola dell'obbligo*, scolarité obligatoire. || **2.** [attività educativa] enseignement m., classe, cours m., école. | *maestro di scuola*, maître d'école. | *far scuola*, faire la classe, faire un cours. | *libri per la scuola*, livres de classe. | *andare a scuola*, aller à l'école. | *cinque ore di scuola*, cinq heures de classe. | *scuola serale*, cours du soir. || PER ANAL. *scuola di ballo*, école, cours de danse. || **3.** [strutture educative di un paese] enseignement m. | *la scuola italiana*, l'enseignement italien. || [orientamento pedagogico] enseignement, pédagogie, méthode, école. | *scuola attiva*, méthode, pédagogie active. || **4.** [personale ed alunni] école. | *andare in gita con la scuola*, aller en excursion avec l'école. || **5.** PER EST. *dipinto della scuola di Raffaello*, tableau de l'école de Raphaël. | *fare scuola,* faire école. || PEGGIOR. *saper di scuola,* sentir l'école. || **6.** FIG. école. | *la scuola del dolore,* l'école de la douleur. | *è stato a una dura scuola,* il a été à rude école. || [ammaestramento] leçon. || **7.** STOR. corporation.

scuotere ['skwɔtere] v. tr. PR. secouer ; [far tremare, vibrare] ébranler. | *l'esplosione scosse i vetri,* l'explosion ébranla les vitres. | *scuotere la testa,* secouer, hocher la tête. || FIG. [indurre all'azione] secouer, réveiller. || [turbare] remuer, impressionner, bouleverser. || LOC. *scuotere il giogo,* secouer le joug. ◆ v. rifl. s'ébrouer. || [sobbalzare] sursauter. || FIG. se secouer.

scure ['skure] f. hache.

scuretto [sku'retto] m. volet.

scurire [sku'rire] v. tr. foncer. || [la pelle] brunir, bronzer. ◆ v. intr. foncer. || [del tempo, del cielo] s'assombrir, s'obscurcir. ◆ v. impers. *scrurisce,* la nuit tombe.

scuro ['skuro] agg. PR. foncé, sombre. | *occhi scuri,* yeux sombres. | *vestito scuro,* vêtement foncé, sombre. | *notte scura,* nuit noire. | *stanza scura,* pièce sombre. || FIG. *era scuro in volto,* son visage était sombre. || [difficilmente comprensibile] obscur. || [funesto] triste, sombre, malheureux. | *tempi scuri,* triste époque. ◆ m. **1.** PR. obscurité f. || LOC. FIG. *essere allo scuro di qlco.,* ignorer qch., ne rien savoir de qch. | *tenere qlcu. allo scuro di qlco.,* laisser qn dans l'ignorance de qch., cacher qch. à qn, ne rien dire de qch. à qn. || **2.** [colore scuro] couleur (f.) sombre. | *vestito di scuro,* habillé de couleurs sombres ; en vêtements sombres. || **3.** ARTI obscur. || **4.** [imposta] volet.

scurrile [skur'rile] agg. obscène, grossier, ordurier, trivial.

scurrilità [skurrili'ta] f. (lett.) obscénité (L.C.), grossièreté (L.C.), trivialité (L.C.).

scurrilmente [skurril'mente] avv. grossièrement, trivialement, de façon obscène.

scusa ['skuza] f. **1.** excuse. | *le faccio le mie scuse,* je vous fais mes excuses. || **2.** [perdono] pardon m. | *chiedere scusa,* demander pardon. | *chiedo scusa !,* excusez-moi !, pardon ! || **3.** [discolpa] excuse ; [motivo fittizio] excuse, prétexte m. | *ha sempre la scusa pronta,* il a toujours une excuse. | *con la scusa che,* sous prétexte que.

scusabile [sku'zabile] agg. excusable.

scusante [sku'zante] f. excuse. | *non avere scusanti,* n'avoir aucune excuse.

scusare [sku'zare] v. tr. **1.** excuser, justifier. | *non cercare di scusarlo,* n'essaie pas de l'excuser, de le justifier. || [perdonare] excuser, pardonner. | *scusate il mio errore,* excusez, pardonnez mon erreur. | *scusami con loro,* présente-leur mes excuses. || **2.** [formule di cortesia] *scusi !, scusate !, scusino !,* excusez-moi ; (je vous demande) pardon ! | *scusi Signora, che ore sono ?,* pardon Madame, quelle heure est-il ? | *scusi, ma lei si sbaglia,* je vous demande pardon, mais vous faites erreur. | *ma scusa, non è possibile !,* mais enfin, mais voyons, ce n'est pas possible ! || [per far ripetere qlco.] *scusa ?,* pardon ? || LOC. IRON. *scusate se è poco,* excusez du peu (fam.). ◆ v. rifl. s'excuser, présenter ses excuses, demander pardon. | *mi scuso per il ritardo,* je m'excuse d'être en retard. | *devo scusarmi con voi,* je dois vous présenter mes excuses, je dois vous prier de m'excuser. | *si è scusato con me,* il m'a demandé pardon, il s'est excusé.

scusato [sku'zato] agg. excusé, justifié.

scuter ['skuter] m. e deriv. V. SCOOTER e deriv.

sdaziare [zdat'tsjare] v. tr. payer l'octroi (de).

sdebitare [zdebi'tare] v. tr. (raro) libérer d'une dette (L.C.). ◆ v. rifl. PR. e FIG. s'acquitter. | *non so proprio come sdebitarmi,* je ne sais vraiment pas comment vous remercier.

sdegnare [zdeɲ'ɲare] v. tr. [disprezzare] dédaigner. || [irritare] indigner. ◆ v. rifl. s'indigner.

sdegnato [zdeɲ'ɲato] agg. indigné, outré.

sdegno ['zdeɲɲo] m. indignation f. | *sguardo di sdegno,* regard indigné. | *muovere a sdegno,* remplir d'indignation. || [in senso attenuato] irritation f., colère f. || LETT. [disprezzo] dédain (L.C.).

sdegnosamente [zdeɲɲosa'mente] avv. dédaigneusement.

sdegnoso [zdeɲ'ɲoso] agg. dédaigneux, méprisant. | *sdegnoso di ogni compromesso,* qui méprise les compromis, dédaigneux des compromis. || [altero] hautain.

sdentare [zden'tare] v. tr. édenter. ◆ v. rifl. perdre ses dents. | *si è quasi sdentato,* il a perdu presque toutes ses dents.

sdentato [zden'tato] agg. édenté. ◆ m. pl. ZOOL. édentés.

sdilinquimento [zdilinkwi'mento] m. minauderie f., simagrées f. pl.

sdilinquire [zdilin'kwire] v. tr. (raro) affaiblir (L.C.). || FIG. attendrir (L.C.). ◆ v. rifl. s'affaiblir. || [andare in deliquio] défaillir, s'évanouir ; se pâmer (antiq.). || FIG. s'attendrir, faire du sentiment.

sdoganamento [zdogana'mento] m. dédouanement.

sdoganare [zdoga'nare] v. tr. dédouaner.

sdolcinatezza [zdoltʃina'tettsa] f. sensiblerie, sentimentalisme m., mièvrerie, fadeur. || [atto, parola] mièvrerie, minauderie ; simagrées pl.

sdolcinato [zdoltʃi'nato] agg. douceâtre. || FIG. douceâtre, mièvre ; [con idea di ipocrisia] doucereux, douceâtre, sucré ; [solo di persona] minaudier. | *poesia sdolcinata,* poésie mièvre, à la guimauve, à l'eau de rose.

sdolcinatura [zdoltʃina'tura] f. V. SDOLCINATEZZA.

sdoppiamento [zdoppja'mento] m. dédoublement. || PSICAN. *sdoppiamento della personalità,* dédoublement de la personnalité.

sdoppiare [zdop'pjare] v. tr. dédoubler. ◆ v. rifl. se dédoubler.

sdottorare [zdotto'rare] o **sdottoreggiare** [zdottɔred'dʒare] v. intr. pontifier, prendre un ton pontifiant, doctoral.

sdraia ['zdraja] f. chaise longue, transatlantique m., transat m. (fam.).

sdraiare [zdra'jare] v. tr. étendre, coucher. ◆ v. rifl. s'allonger, s'étendre, se coucher.

sdraiato [zdra'jato] agg. allongé, étendu, couché.

sdraio ['zdrajo] m. LOC. *a sdraio,* allongé, étendu. | *sedia a sdraio,* V. SDRAIA.

sdrammatizzare [zdrammatid'dzare] v. tr. ramener à ses proportions véritables, à ses justes proportions ; dédramatiser.

sdrucciolare [zdruttʃo'lare] v. intr. PR. e FIG. glisser. | *sdrucciolare nel male,* glisser sur une mauvaise pente.

sdrucciolevole [zdruttʃo'levole] agg. PR. e FIG. glissant.

1. sdrucciolo ['zdruttʃolo] agg. LING. accentué sur l'antépénultième ; proparoxyton agg. e m. || METR. *(verso) sdrucciolo,* vers qui se termine par un mot accentué sur l'antépénultième.

2. sdrucciolo ['druttʃolo] m. **1.** descente (f.) rapide, pente (f.) raide. || [per far scendere il legname] glissoir. || **2.** (raro) [sdrucciolone] glissade f. || LOC. FIG. *mettersi su uno sdrucciolo,* s'embarquer dans une entreprise hasardeuse.

sdrucciolone [zdruttʃo'lone] m. glissade f., chute f.

sdruccioloni [zdruttʃo'loni] avv. en glissant.

sdruccioloso [zdruttʃo'loso] agg. glissant.

sdrucire [zdru'tʃire] v. tr. découdre. || PER EST. déchirer.

sdrucitura [zdrutʃi'tura] f. déchirure, accroc m.

1. se [se] cong.

I. CONDIZIONE : si. **1.** Introduce la protasi nel periodo ipotetico. **2.** Rafforzato da avv. o loc. avv. **3.** In incise : valore attenuato. **4.** Senza apodosi : valori enfatico, desiderativo. **5.** Come se : con prop. compar. ipotetiche. **6.** Valore causale. **7.** Valore concessivo ; se anche, se pure. **8.** SOSTANT.
II. DUBBIO : si.

I. CONDIZIONE : si [+ indic.]. **1.** [introduce la protasi nel periodo ipotetico] *se verrai con me, ti sarò riconoscente,* si tu viens avec moi, je te serai reconnaissant. | *se lo avessi saputo, te lo avrei detto,* si je l'avais su, je te l'aurais dit. || POP. *se facevi attenzione non* *succedeva,* si tu avais fait attention, cela ne serait pas arrivé (L.C.) ; tu aurais fait attention, ça ne serait pas arrivé (fam.). ‖ **2.** [rafforzato da avv. o loc. avv.] *se poi volete conoscere tutti i particolari,* maintenant, si vous voulez connaître tous les détails. ‖ *se mai,* V. SEMMAI. ‖ *se non,* si ce n'est, sauf. ‖ *se non che,* V. SENNONCHÉ. ‖ *se non altro,* V. ALTRO. ‖ *se no, sennò,* sinon, autrement, ou. ‖ **3.** [in incise : valore attenuato] *se ben ricordo,* si mes souvenirs sont exacts. | *se Dio vuole,* finalement ; Dieu merci. | *se vogliamo,* si on veut ; au fond. ‖ *se è lecito,* s'il vous plaît, s'il te plaît. | *ma, se è lecito, perché devo sempre occuparmi io di queste cose ?,* mais enfin, est-ce que je pourrais savoir pourquoi c'est toujours moi qui dois m'occuper de ces choses-là ? ‖ **4.** [senza apodosi : valore enfatico] *se sapeste !,* si vous saviez ! | *se ti prendo !,* si je t'attrape ! ‖ [valore desiderativo] *se solo potessi !,* si seulement je pouvais ! ‖ **5. come se :** comme si. ‖ [con una prop. compar. ipotet.] *mi guardavano come se fossi stato matto,* ils me regardaient comme si j'avais été fou. ‖ [con prop. princ. sottintesa] *come se non avessi altro da fare !,* comme si je n'avais rien d'autre à faire ! ‖ **6.** [valore causale] puisque, si. | *ma perché non glielo hai impedito se eri presente ?,* mais pourquoi ne l'en as-tu pas empêché, puisque tu étais présent ? ‖ [senza principale, enfatico] *ma se non faccio altro !,* mais enfin, si je ne fais que ça ! | *ma se non capisce niente !,* mais puisqu'il ne comprend rien ! | *se lo dici tu,* si c'est toi qui le dis. ‖ **7.** [valore concessivo] si, s'il est vrai que. | *se ha fatto un errore ci ha anche rimediato,* s'il (est vrai qu'il) a fait une erreur, il y a aussi porté remède. ‖ **se anche ; se pure, seppure,** même si (+ indic.) ; quand (bien même) [+ cond.]. | *se anche volessi, non potrei,* même si je voulais, je ne pourrais pas. ‖ **8.** SOSTANT. *lui e i suoi « se » !,* lui, avec ses « si ! » ‖ [condizione] condition f. | *c'è un se,* il y a une condition.

II. DUBBIO : si [+ indic.]. **1.** *mi chiedevo se fosse una buona soluzione,* je me demandais si c'était une bonne solution. | *non so se sia arrivato,* je ne sais pas s'il est arrivé. ‖ **2.** [valore enfatico] *non so se mi spiego !,* je ne sais pas si je me fais bien comprendre ! | *se è vero ?,* (tu me demandes, vous me demandez) si c'est vrai ? ‖ **3.** [equivale a quanto, come] si, comme, combien. | *pensa tu se era contento !,* tu penses s'il était content, comme il était content ! | *so io se è difficile !,* je sais combien c'est difficile !

2. se [se] pron. pers. m. e f. 3ª pers. sing. e pl. [variante di SI, forma atona del pron. rifl. ; v. anche SI] se. | *se lo è fatto fare da un amico,* il se l'est fait faire par un ami. | *se ne andarono,* ils s'en allèrent.

sé [se] pron. pers. rifl. m. e f. 3ª pers. sing. e pl. [forma tonica ; spesso rafforzato da « stesso » o « medesimo »].

I. RAPPRESENTA UNA PERSONA O UN ANIMALE. **1.** [un sogg. determ.] lui m. sing., eux m. pl., elle f. sing., elles f. pl. ; [se l'uso di « lui, eux, elles » può generare confusione] soi m. e f. sing. e pl. (raro) ; lui-même m. sing., eux-mêmes m. pl., elle-même f. sing., elles-mêmes f. pl. | *ha fatto molto parlare di sé,* il a beaucoup fait parler de lui. | *guardano davanti a sé,* ils regardent devant eux. | *vedeva solo sé (stesso),* il ne voyait que lui-même. | *è soddisfatto di sé,* il est content de soi, de lui, de lui-même. ‖ **2.** [un sogg. indeterm.] soi(-même) sing. | *attirare a sé,* attirer à soi. | *fiducia in sé,* confiance en soi. | *nessuno aveva con sé il necessario,* personne n'avait le nécessaire avec soi. | *ingannare sé, ingannare sé stessi, sé stesso,* se tromper soi-même. ‖ **3.** LOC. *ha molte persone sotto di sé,* il a beaucoup de monde sous ses ordres. | *essere chiuso in sé,* être renfermé. | *tenere qlco. per sé,* garder qch. pour soi. | *dentro di sé ; fra sé (e sé),* en soi-même, à part soi. | *non è in sé,* il n'est pas dans son bon sens. | *uscire di sé,* sortir de ses gonds. ‖ **da sé,** soi-même, tout seul. | *fanno tutto da sé,* ils font tout eux-mêmes. | *essa ci penserà da sé,* elle y pensera toute seule.

II. RAPPRESENTA UNA COSA. **1.** soi ; lui(-même), elle(-même), eux(-mêmes), elles(-mêmes). | *il camion alzava dietro di sé una nuvola di polvere,* le camion soulevait derrière lui un nuage de poussière. | *la virtù porta in sé la ricompensa,* la vertu porte en soi, porte en elle-même sa récompense. ‖ **2.** LOC. *in sé (stesso), in sé e per sé, di per sé, (di) per sé stesso,* en soi, par lui (elle, eux, elles)-même(s). | *la vita in sé è bella,* la vie est belle par elle-même. | *la cosa in sé non avrebbe importanza,* la chose n'aurait pas d'importance par elle-même, cette chose en soi n'aurait pas d'importance. ‖ **a sé,** à part ; particulier (agg.). | *questo fatto va considerato a sé,* ce fait doit être examiné à part. | *un caso a sé,* un cas particulier. | *a sé stante,* indépendant (agg.). ‖ **da sé,** tout seul. | *procede da sé,* il continue tout seul. | *va da sé che,* il va de soi que.

sebaceo [se'batʃeo] agg. sébacé.

sebbene [seb'bɛne] cong. bien que, quoique. | *sebbene sia tardi,* bien qu'il soit tard. | *è un gioco divertente sebbene difficile,* c'est un jeu amusant bien que difficile, quoique difficile. | *essa non mi credette, sebbene le giurassi che ero innocente,* j'eus beau lui jurer que j'étais innocent, elle ne me crut pas ; elle ne me crut pas malgré mes protestations d'innocence. | *parlai, sebbene volessi tacere,* je parlai, alors que j'aurais voulu me taire, bien que j'eusse voulu me taire (lett.).

sebo ['sebo] m. sébum.

seborrea [sebor'rɛa] f. MED. séborrhée.

secante [se'kante] agg. GEOM. sécant. ◆ f. sécante.

secca ['sekka] f. bas-fond m., haut-fond m., banc m. ; [di roccia o corallo] basse ; [scoperta durante la bassa marea] sèche. | *andare, dare in secca,* s'échouer sur un bas-fond. ‖ LOC. FIG. *trovarsi nelle secche,* être en difficulté, avoir des ennuis, être dans le pétrin (fam.). | *trovarsi, restare in secca,* être à sec (fam.), fauché (fam.). ‖ [siccità] sécheresse. | *il torrente è in secca,* le torrent est à sec.

seccamente [sekka'mente] avv. sèchement.

seccante [sek'kante] agg. ennuyeux, embêtant (fam.), empoisonnant (fam.) ; [solo di cosa] fâcheux.

seccare [sek'kare] v. tr. sécher, dessécher. | *seccare fichi al sole,* sécher des figues au soleil. | *il sole secca l'erba,* le soleil dessèche l'herbe. ‖ FIG. [contrariare] ennuyer, embêter (fam.), empoisonner (fam.), enquiquiner (fam.), faire suer (fam.), casser les pieds (pop.) ; [disturbare] déranger. | *mi seccherebbe arrivare in ritardo,* ça m'ennuierait d'arriver en retard. | *finiscila di seccarmi,* arrête de m'embêter. | *mi hai seccato con le tue storie !,* tu commences à m'embêter avec tes histoires ! ; j'en ai soupé (fam.) de tes histoires ! ◆ v. intr. sécher. ◆ v. rifl. sécher, se dessécher. ‖ FIG. se fâcher, s'irriter ; être contrarié, ennuyé, embêté (fam.). | *mi è sembrato che si seccasse,* j'ai eu l'impression qu'il était contrarié.

seccato [sek'kato] agg. séché. ‖ FIG. [infastidito] contrarié, ennuyé, embêté (fam.). ‖ [irritato] fâché, irrité, contrarié.

seccatoio [sekka'tojo] m. sécherie f., séchoir. ‖ MAR. râteau de pont.

seccatore [sekka'tore] (**-trice** f.) m. casse-pieds invar. (fam.), raseur, euse (fam.), empoisonneur, euse (fam.), importun.

seccatura [sekka'tura] f. embêtement m. (fam.), ennui m. ‖ PR. (raro) séchage m.

secchezza [sek'kettsa] f. PR. e FIG. sécheresse.

secchia ['sekkja] f. seau m. ‖ LOC. FIG. *piove a secchie,* il pleut à seaux. ‖ GERG. UNIV. bûcheur, euse, piocheur, euse (fam.).

secchiaio [sek'kjajo] m. REGION. évier.

secchiata [sek'kjata] f. seau m. ‖ FIG. GERG. UNIV. piochage m., pioche, bachotage m.

secchiello [sek'kjɛllo] m. (petit) seau. | *secchiello per il ghiaccio,* seau à glace. ‖ [borsetta] sac à main.

secchio ['sekkjo] m. seau. | *secchio delle spazzature,* poubelle f.

secchione [sek'kjone] (**-a** f.) m. GERG. UNIV. bûcheur, euse (fam.), piocheur, euse (fam.).

secco ['sekko] agg. **1.** sec. | *frutta secca,* fruits secs. | *carne secca,* viande séchée. | *pane secco,* pain rassis, pain sec, pain dur. | *vino secco,* vin sec. ‖ MED. *tosse secca,* toux sèche. ‖ **2.** [magro] maigre, sec. | *secco come un chiodo, come un'acciuga,* sec comme un coup de trique, comme un échalas, maigre comme un clou. ‖ **3.** FIG. sec. | *colpo secco,* coup sec. | *curva secca,* virage brusque. | *risposta secca,* réponse sèche. | *stile secco,* style sec. ‖ **4.** LOC. POP. *restarci secco,* mourir sur le coup (L.C.) ; y rester (fam.). | *far secco qlcu.*, tuer qn (L.C.) ; zigouiller qn. ◆ m. **1.** [siccità] sécheresse f., sec (raro). || **2.** [luogo secco] endroit sec, sec (raro). || MAR. *tirare in secco una barca*, tirer une barque sur le rivage. | *mettere la nave in secco :* [per aggiustarla] mettre un navire en cale sèche. | *rimanere in secco*, s'échouer ; FIG. être à sec (fam.), être fauché (fam.). || LOC. PR. e FIG. *a secco*, à sec. | *lavatura a secco*, nettoyage à sec. | *murare a secco*, construire (un mur) en pierres, en briques sèches. | *mi trovo a secco*, je suis à sec (fam.) ; je suis sans le sou. ◆ avv. sèchement.

secentesco [setʃen'tesko] agg. du XVIIe siècle.

secentesimo [setʃen'tɛzimo] agg. six centième.

secentista [setʃen'tista] (**-i** pl.) m. e f. écrivain, artiste du XVIIe siècle.

secentistico [setʃen'tistiko] (**-ci** pl.) agg. du XVIIe siècle (L.C.).

secernere [se'tʃɛrnere] v. tr. sécréter.

secessione [setʃes'sjone] f. sécession.

secessionismo [setʃessjo'nizmo] m. séparatisme.

secessionista [setʃessjo'nista] (**-i** pl.) agg. e n. sécessionniste, séparatiste.

secessionistico [setʃessjo'nistiko] (**-ci** pl.) agg. sécessionniste, séparatiste.

seco ['seko] pron. (lett.) V. SÉ (CON SÉ).

secolare [seko'lare] agg. séculaire. || ASTR. séculaire. || [laico] séculier. ◆ m. séculier.

secolarizzazione [sekolariddzat'tsjone] f. sécularisation.

secolo ['sɛkolo] m. siècle. | *verso la metà del secolo scorso*, vers le milieu du siècle dernier. | *il secolo dei lumi*, le siècle des lumières. | *due secoli fa*, il y a deux siècles. | *mezzo secolo*, un demi-siècle. || [lungo periodo] *i secoli passati, futuri*, les siècles passés, futurs. | *nella notte dei secoli*, dans la nuit des temps. | *nei secoli dei secoli*, dans les siècles des siècles. || LOC. *è un secolo che non ti vedo*, il y a des siècles que je ne t'ai pas vu. || RELIG. siècle. | *al secolo, nel secolo*, pour le siècle.

seconda [se'konda] f. UNIV. deuxième année. || AUTOM. seconde, deuxième. | *mettere la seconda*, passer, mettre en seconde. || FERR. seconde (classe), deuxième (classe). || MUS. seconde. || SPORT [scherma] seconde. ◆ loc. avv. ***in seconda***, en second. | *comandante in seconda*, commandant en second. || MAR. *ufficiale in seconda*, second m. ◆ loc. prep. ***a seconda di***, suivant, selon. | *a seconda dei casi*, suivant le cas. | *a seconda dei bisogni*, selon les besoins. (V. SECONDO 2.)

secondare [sekon'dare] v. tr. V. ASSECONDARE.

secondariamente [sekondarja'mente] avv. [in modo secondario] secondairement. || [in secondo luogo] deuxièmement, secondement.

secondarietà [sekondarje'ta] f. caractère (m.) secondaire.

secondario [sekon'darjo] agg. secondaire. | *scuole secondarie*, (enseignement) secondaire ; (enseignement du) second degré. || CHIM., FIS., GEOL. secondaire. || GRAMM. *proposizione secondaria*, proposition subordonnée. ◆ m. GEOL. secondaire.

secondino [sekon'dino] m. gardien de prison ; geôlier (arc. o lett.).

1. secondo [se'kondo] agg. **1.** deuxième, second. | *in secondo luogo*, en second lieu ; deuxièmement. | *seconda colazione*, déjeuner. | *passare a seconde nozze*, se remarier, se marier en secondes noces. | *di secondo letto*, du deuxième lit. | *cugini di secondo grado*, cousins issus de germains, cousins au second degré. | *minuto secondo*, seconde f. || **2.** [sovrani e papi ; capitolo, atto, scena, tomo] deux, II. | *secondo capitolo*, chapitre deux. | *Federico secondo*, Frédéric II. || **3.** [per indicare una distinzione cronologica] *il secondo ottocento*, la deuxième partie du XIXe siècle. | *il secondo romanticismo*, les romantiques de la seconde génération. || **4.** [minore, inferiore] second, deuxième. | *di seconda scelta*, de second, de deuxième choix. | *passare in seconda linea*, passer au second plan. | *non essere secondo a nessuno*, être sans pareil, inégalable, sans rival. | *informazioni di seconda mano*, informations de seconde main. | *comperare una macchina di seconda mano*, acheter une voiture d'occasion. || **5.** [altro] autre, second, deuxième. | *non pare che ci sia una seconda possibilità*, il ne semble pas y avoir d'autre possibilité. | *avere un secondo fine*, avoir une idée derrière la tête, une arrière-pensée. || [nuovo] nouveau, second, deuxième. | *un secondo Napoleone*, un nouveau Napoléon. || **6.** [favorevole] (lett.) favorable (L.C.). || MAR. *secondo ufficiale*, second. || MAT. *elevare alla seconda potenza*, élever à la puissance deux. || MUS. *secondo violino*, second violon. ◆ m. **1.** deuxième, second. || **2.** [minuto secondo] seconde f. || **3.** [seconda portata di vivande] plat de résistance, second plat. || **4.** [in un duello] témoin. || **5.** [assistente] second. || MAR. second. || **6.** SPORT [pugilato] entraîneur.

2. secondo [se'kondo] prep. **1.** selon, suivant ; conformément à. | *secondo le regole*, selon, suivant les règles ; conformément aux règles. | *parlare secondo coscienza*, parler selon, suivant sa conscience. | *a ciascuno secondo i suoi bisogni*, à chacun selon, suivant ses besoins. || **2.** [stando a] d'après, selon, suivant. | *secondo quanto mi hanno riferito*, d'après, à ce qu'on m'a dit. | *secondo l'opinione dei medici*, d'après les médecins, selon l'avis des médecins. | *secondo la sua opinione*, à son avis, d'après lui, selon lui. || **3.** [dipende da] suivant, selon ; cela, ça (fam.) dépend (de). | *secondo l'ora in cui arriveremo*, suivant l'heure à laquelle nous arriverons. | *« vieni ? »* — *« secondo come si metteranno le cose »*, « tu viens ? » — « ça dépend de la tournure que prendront les choses. » | *« accetti ? »* — *« secondo »*, « tu acceptes ? » — « ça dépend ».

secondogenito [sekondo'dʒɛnito] agg. second, deuxième, cadet. ◆ n. second (deuxième) enfant, (fils) cadet, (fille) cadette.

secretivo [sekre'tivo] agg. [atto alla secrezione] sécréteur. || [relativo alla secrezione] sécrétoire.

secreto [se'kreto] m. sécrétion f.

secretore [sekre'tore] agg. sécréteur.

secretorio [sekre'tɔrjo] agg. sécrétoire.

secrezione [sekret'tsjone] f. sécrétion.

sedano ['sɛdano] m. BOT. céleri. | *sedano di costa*, céleri à côtes. | *sedano rapa*, céleri-rave.

sedare [se'dare] v. tr. (lett.) calmer (L.C.), apaiser (L.C.).

sedativo [seda'tivo] agg. e m. sédatif, calmant.

sede ['sɛde] f. **1.** siège m. | *le Nazioni Unite hanno la sede a New York*, les Nations unies ont leur siège à New York. || *sede d'esame*, centre d'examen. || **2.** [dove un funzionario esercita le sue funzioni] poste m. | *raggiungere la sede*, rejoindre son poste. | *sede di prima nomina*, premier poste. || **3.** [localizzazione di un fenomeno] siège (lett.). | *il cervello è la sede dell'intelligenza*, le cerveau est le siège de l'intelligence. || **4.** LOC. *sede stradale*, route. || **5.** FIG. lieu m., moment m. | *in altra sede*, en un autre lieu, ailleurs. || LOC. *in sede (di) :* [al momento di] pendant, au moment (de) ; [dal punto di vista] du point de vue (de). | *in sede d'esame*, pendant l'examen. | *in sede di revisione*, au moment de la révision. | *in sede politica, giuridica*, du point de vue politique, juridique. || **6.** COMM. établissement m., filiale. || **7.** GIUR. domicile m. || LOC. GIUR. e FIG. *in separata sede*, séparément, à part ; FIG. [privatamente] en tête à tête, entre quatre yeux (fam.). || **8.** RELIG. *Santa Sede*, Saint-Siège m.

sedentarietà [sedentarje'ta] f. sédentarité.

sedentario [seden'tarjo] agg. e n. sédentaire.

1. sedere [se'dere] v. intr. **1.** [mettersi a sedere] s'asseoir. | *siedi pure*, assieds-toi donc. | *lo fece sedere su una poltrona*, il le fit asseoir dans un fauteuil. | *mettere a sedere*, asseoir. | *mettersi a sedere*, s'asseoir. | *rimettersi a sedere*, se rasseoir. | *trovare da sedere*, trouver une place assise. | *posti a sedere*, places assises. || **2.** [stare seduto] être assis. | *sedeva su un cuscino*, il était assis sur un coussin. | *rimanere a sedere*, rester assis. || **3.** [avere seggio] siéger. || LOC. *sedere in cattedra*, être titulaire d'une chaire. | *sedere in trono*, régner, être sur un trône. | *sedere sulla cattedra di San Pietro*, occuper le trône de saint Pierre. || FIG. *sedere su due poltrone*, manger à deux râteliers. || **4.** [essere in funzione, tenere seduta] siéger.

2. sedere [se'dere] m. derrière, postérieur (fam.),

fessier (fam.), cul (volg.). | *battere il sedere,* tomber sur le derrière.

sedia ['sɛdja] f. chaise. | *sedia a braccioli,* fauteuil m. | *sedia a dondolo,* berceuse, rocking-chair m. (ingl.), fauteuil à bascule. | *sedia a sdraio,* v. SDRAIA.

sediaio [se'djajo] m. V. SEGGIOLAIO.

sedicenne [sedi'tʃɛnne] agg. (âgé) de seize ans. ◆ n. garçon, jeune homme de seize ans ; (jeune) fille de seize ans.

sedicente [sedi'tʃɛnte] agg. soi-disant (invar.).

sedicesimo [sedi'tʃɛzimo] agg. num. ord. seizième. | *sedicesimo secolo,* seizième siècle. || [sovrani e papi ; capitolo, atto, scena, tomo] seize, XVI. | *sedicesimo tomo,* tome seize. | *Luigi sedicesimo,* Louis XVI. || TIP. *in sedicesimo,* in-16. || LOC. FIG. *artista in sedicesimo,* artiste au rabais. ◆ m. seizième.

sedici ['seditʃi] agg. num. card. e m. seize. ◆ f. pl. *alle sedici,* à seize heures, à quatre heures de l'après-midi.

sedile [se'dile] m. siège. | *sedile anteriore, posteriore,* siège avant, arrière. | *sedile a ribalta,* strapontin. || [per più di una persona, nei treni] banquette f. || [panca] banc. || TECN. [della botte] chantier.

sedimentare [sedimen'tare] v. intr. [di liquido] déposer. || [di sostanze che si depositano] se déposer.

sedimentario [sedimen'tarjo] agg. GEOL. sédimentaire.

sedimentazione [sedimentat'tsjone] f. CHIM., FIS., GEOL. sédimentation.

sedimento [sedi'mento] m. sédiment.

sedizione [sedit'tsjone] f. sédition.

sediziosamente [sedittsjosa'mente] avv. séditieusement (raro).

sedizioso [sedit'tsjoso] agg. e n. séditieux, euse.

sedotto [se'dotto] agg. séduit.

seducente [sedu'tʃɛnte] agg. séduisant.

sedurre [se'durre] v. tr. séduire.

seduta [se'duta] f. séance. || LOC. PR. e FIG. *seduta stante,* séance tenante.

seduttore [sedut'tore] (**-trice** f.) agg. séduisant, séducteur. ◆ n. séducteur, trice.

seduzione [sedut'tsjone] f. [fascino] séduction, charme m., attrait m. || [istigazione alla colpa] (colpa) séduction (antiq.), corruption. || GIUR. séduction.

sega ['sega] f. scie. || MUS. scie musicale. || ZOOL. *pesce sega,* poisson-scie m.

segala ['segala] o **segale** ['segale] f. seigle m. || *segala cornuta,* seigle ergoté, blé cornu.

segaligno [sega'liɲɲo] agg. PR. (raro) de seigle. || FIG. maigre, sec.

segantino [segan'tino] m. scieur.

segare [se'gare] v. tr. scier. || REGION. [mietere] moissonner.

segatore [sega'tore] m. scieur.

segatrice [sega'tritʃe] f. TECN. scie mécanique, scieuse.

segatura [sega'tura] f. [il segare] sciage m. || [residui] sciure.

seggetta [sed'dʒetta] f. chaise percée.

seggio ['sɛddʒo] m. fauteuil, siège. | *il seggio presidenziale,* le fauteuil présidentiel. || PER EST. [carica, funzione] siège. | *seggio episcopale,* siège épiscopal. || POLIT. siège. | *il partito comunista ha conquistato venti seggi,* le parti communiste a gagné vingt sièges. || LOC. *seggio elettorale,* bureau de vote.

seggiola ['sɛddʒola] f. chaise.

seggiolaio [seddʒo'lajo] m. menuisier en sièges. || [chi impaglia sedie] rempailleur.

seggiolino [seddʒo'lino] m. siège ; [per bambini] petite chaise f. || [sgabello] tabouret. | *seggiolino ribaltabile,* strapontin.

seggiolone [seddʒo'lone] m. chaise (f.) haute ; chaise d'enfant.

seggiovia [seddʒo'via] f. télésiège m. (neol.).

segheria [sege'ria] f. scierie.

seghettare [seget'tare] v. tr. denteler.

seghettato [seget'tato] agg. dentelé, en dents de scie. | *coltello seghettato,* couteau-scie.

seghetto [se'getto] m. scie f.

segmentale [segmen'tale] agg. segmental.

segmentare [segmen'tare] v. tr. segmenter. || FIG. subdiviser, fractionner.

segmentazione [segmentat'tsjone] f. segmentation.

segmento [seg'mento] m. segment.

segnacarte [seɲɲa'karte] m. invar. signet.

segnacolo [seɲ'ɲakolo] m. (lett.) symbole.

segnalamento [seɲɲala'mento] m. V. SEGNALAZIONE. || MAR. balise f.

segnalare [seɲɲa'lare] v. tr. signaler. ◆ v. intr. MAR. faire des signaux. ◆ v. rifl. se distinguer, se signaler.

segnalato [seɲɲa'lato] agg. remarquable, insigne.

segnalatore [seɲɲala'tore] (**-trice** f.) m. [persona] signaleur. || [chi denuncia qlcu.] informateur, trice ; indicateur, trice. || [strumento] signal. ◆ agg. de signalisation ; signalisateur, trice.

segnalazione [seɲɲalat'tsjone] f. [comunicazione] information, renseignement m., communication. | *dare la segnalazione di un ciclone,* signaler un cyclone. | *ricevettero in ritardo la segnalazione,* ils furent informés trop tard. | *la segnalazione è arrivata in tempo,* l'information est arrivée à temps. || [messaggio trasmesso] signal m. | *segnalazioni ottiche,* signaux optiques. || [mezzo con cui si segnala qlco.] *segnalazioni di allarme,* signaux d'alarme. | *segnalazioni stradali,* signalisation routière, signaux routiers. || [richiamo sul merito di una persona] mention.

segnale [seɲ'ɲale] m. signal.

segnaletica [seɲɲa'lɛtika] f. signalisation.

segnaletico [seɲɲa'lɛtiko] (**-ci** pl.) agg. signalétique.

segnalibro [seɲɲa'libro] m. signet.

segnalinee [seɲɲa'linee] m. invar. SPORT juge de touche.

segnapunti [seɲɲa'punti] m. invar. [persona] marqueur. || [oggetto, specie nel biliardo] marqueur ; [nei giochi di carte] marque f.

segnare [seɲ'ɲare] v. tr. **1.** [distinguere con un segno] marquer. | *segnare con una croce,* marquer d'une croix. | *segnare una pagina,* marquer une page. || [stabilire o delineare un tracciato] tracer. | *segnare una strada,* tracer une route. || FIG. *la nostra strada è già segnata,* notre route est toute tracée. || **2.** [annotare] marquer (fam.), noter, inscrire, écrire. || GIOCHI *segnare i punti,* marquer les points. || SPORT *segnare (una rete),* marquer (un but). || **3.** [provocare un'alterazione] marquer, laisser une trace, la trace de. | *bambino che segna il muro con le dita sporche,* enfant qui marque le mur de ses doigts sales, qui laisse sur le mur la trace de ses doigts sales. | *mi ha segnato la faccia con le unghie,* il m'a griffé le visage et on en voit les marques. || **4.** [indicare] marquer, indiquer. | *il termometro segna quattro gradi,* le thermomètre marque 4 °C. || FIG. *quell'insuccesso segnò la fine della sua carriera,* cet échec marqua la fin de sa carrière. || LOC. *segnare a dito,* montrer du doigt. || **5.** PR. e FIG. *segnare il passo,* marquer le pas. ◆ v. rifl. RELIG. se signer.

segnatamente [seɲɲata'mente] avv. (lett.) notamment (L.C.), particulièrement (L.C.), surtout (L.C.).

segnatasse [seɲɲa'tasse] m. invar. timbre-taxe.

segnato [seɲ'ɲato] agg. marqué. || [deciso] décidé.

segnatura [seɲɲa'tura] f. marquage m. || [sui libri di biblioteche] cote. || GIOCHI score m. || TIP. signature. || [firma] signature.

segnavento [seɲɲa'vɛnto] m. invar. girouette f.

segno ['seɲɲo] m. **1.** [indizio] signe. | *brutto segno !,* c'est mauvais signe ! || [prova] marque f. | *segno di stima, d'amore,* marque d'estime, d'amour. || **2.** [gesto, cenno] signe, geste. | *esprimersi a segni,* s'exprimer par signes, par gestes. || **3.** [simbolo] signe. | *segno di interpunzione,* signe de ponctuation. || [in astrologia] *segni dello zodiaco,* signes du zodiaque. || **4.** [traccia visibile] marque, trace f. || PR. e FIG. *lasciare il segno,* laisser une marque ; FIG. laisser des traces, marquer. || [per riconoscere una cosa] signe, marque. | *fare un segno su un registro,* faire une marque, un signe sur un registre. | *segno di riconoscimento,* signe de reconnaissance. || LOC. *ho perso il segno,* je ne sais plus où j'en étais. || RELIG. *segno della croce,* signe de la croix. || **5.** [bersaglio] cible f., but. | *tiro a segno,* tir au but, à la cible. || LOC. PR. e FIG. *colpire nel segno, andare a segno,* faire mouche, mettre dans le mille. || FIG. *essere fatto segno a :* [in senso negat.] servir de cible à, être en butte à ; [in senso posit.] être l'objet de. || **6.** [punto, limite] point. | *a tal segno che,* au point que,

à tel point que. | *passare il segno,* dépasser les bornes, les limites. ‖ **7.** Loc. *per filo e per segno,* par le menu, en détail. ‖ Mar. *a segno,* à bloc.
sego ['sego] m. suif.
segoso [se'goso] agg. suiffeux.
segregare [segre'gare] v. tr. isoler. ◆ v. rifl. s'isoler.
segregato [segre'gato] agg. isolé.
segregazione [segregat'tsjone] f. isolement m. | *vivere in segregazione,* vivre dans l'isolement. | *segregazione razziale,* ségrégation raciale.
segreta [se'greta] f. cachot m., basse-fosse (arc.). | *mettere in segreta,* mettre au secret. ‖ Relig. secrète.
segretamente [segreta'mente] avv. secrètement.
segretariato [segreta'rjato] m. secrétariat.
segretario [segre'tarjo] **(-a** f.) m. secrétaire.
segreteria [segrete'ria] f. secrétariat m. ‖ [della Curia romana] secrétairerie. ‖ [mobile] secrétaire m.
segretezza [segre'tettsa] f. secret m. ; caractère secret. | *con segretezza, in segretezza,* en secret, dans le secret. ‖ [discrezione] discrétion. | *conto sulla vostra segretezza,* je compte sur votre discrétion.
1. segreto [se'greto] agg. secret. ‖ [di persona, discreto] secret (lett.), réservé.
2. segreto [se'greto] m. secret. | *mettere qlcu. a parte di un segreto,* mettre qn dans le secret. ‖ Loc. *in segreto,* en secret. | *nel segreto di,* dans le secret de.
seguace [se'gwatʃe] m. partisan, adepte, tenant. ‖ Filos., Relig. disciple. ◆ pl. [persone che seguono] suite f. sing.
seguente [se'gwɛnte] agg. suivant.
segugio [se'gudʒo] m. Pr. e fig. limier.
seguire [se'gwire] v. tr. suivre. ‖ Fig. *seguire qlcu. con lo sguardo,* suivre qn du regard. | *seguire un corso,* suivre un cours. ‖ Loc. *seguire la corrente* : pr. suivre le courant ; fig. suivre le mouvement. | *seguire le orme di qlcu.,* marcher sur les traces de qn. ◆ v. intr. suivre. ‖ *seguire a,* suivre (tr.). | *alla tempesta segue la calma,* le calme suit la tempête. ‖ [continuare] *l'articolo segue a pagina 2,* suite de l'article en page 2. | *segue a pagina 5,* suite page 5. ◆ v. impers. *ne segue che,* il s'ensuit que ; il s'en suit que (raro). | *ne è seguito che,* il s'en est suivi que. ‖ Loc. *con quel che segue,* et tout ce qui s'ensuit, et ainsi de suite.
seguitare [segwi'tare] v. tr. continuer. ‖ Arc. [seguire] suivre. ◆ v. intr. continuer.
seguito ['segwito] m. **1.** [gruppo di persone] suite f. ‖ [adesione] succès. | *un' idea che ha trovato molto seguito,* une idée qui a eu beaucoup de succès. ‖ [sostenitori] partisans pl. ‖ **2.** [continuazione] suite f. | *ascoltate il seguito,* écoutez la suite. ‖ [risultato] suite f. [general. pl.]. | *l'affare non dovrebbe avere seguito,* l'affaire ne devrait pas avoir de suites. ‖ **3.** [successione] suite f. | *un seguito di menzogne,* une suite de mensonges. ‖ **4.** [caccia] *cane da seguito,* chien courant. ‖ **5.** Comm. *far seguito a,* donner suite à. | *facciamo seguito alla Vostra del,* suite à votre lettre du. ◆ loc. avv. ***in seguito,*** par la suite, ensuite, plus tard. ‖ ***di seguito,*** de suite, d'affilée. | *e via di seguito,* et ainsi de suite, et tout ce qui s'ensuit. ◆ loc. prep. ***in seguito a, a seguito di,*** par suite de. | *è morto in seguito alle ferite riportate,* il est mort des suites de ses blessures.
sei ['sei] agg. num. card. e m. invar. six. | *siete in sei,* vous êtes six. ◆ f. pl. *le sei,* six heures.
seicento [sei'tʃɛnto] agg. num. card. e m. invar. six cents. ◆ m. *il Seicento,* le dix-septième siècle, le XVIIe siècle.
seigiorni [sei'dʒorni] f. Sport Six Jours m. pl.
seimila [sei'mila] agg. num. card. e m. invar. six mille.
selaci [se'latʃi] m. pl. Zool. sélaciens.
selce ['seltʃe] f. Miner. silex m. ◆ m. o f. pl. pavés m.
selciare [sel'tʃare] v. tr. paver.
selciato [sel'tʃato] agg. e n. pavé.
selciatore [seltʃa'tore] m. paveur.
selciatura [seltʃa'tura] f. pavage m.
selenico [se'lɛniko] **(-ci** pl.) agg. (lett.) lunaire (l.c.). ‖ Chim. sélénique.
selenio [se'lɛnjo] m. Chim. sélénium.
selenita [sele'nita] **(-i** pl.) m. e f. (lett.) sélénite (antiq.).
selenite [sele'nite] f. Chim. sélénite m.
selenografia [selenogra'fia] f. sélénographie.
selenografico [seleno'grafiko] **(-ci** pl.) agg. sélénographique.
selettività [selettivi'ta] f. sélectivité.
selettivo [selet'tivo] agg. sélectif. ‖ Chim., Radio sélectif.
selettore [selet'tore] m. [apparecchio] sélecteur. ‖ [persona] sélectionneur.
selezionamento [selettsjona'mento] m. (raro) V. selezione.
selezionare [selettsjo'nare] v. tr. sélectionner.
selezionatore [selettsjona'tore] **(-trice** f.) m. sélectionneur, euse. ◆ agg. sélectif.
selezionatrice [selettsjona'tritʃe] f. trieuse.
selezione [selet'tsjone] f. sélection.
self-control ['self'kantroul] m. [ingl.] V. autocontrollo.
self-service ['self'sɜːvis] m. [ingl.] self-service ; libre-service.
sella ['sɛlla] f. **1.** selle. | *montare in sella,* monter en selle. | *scendere di sella,* descendre de cheval. | *non saper stare in sella,* ne pas savoir monter (à cheval). | *cavallo da sella,* cheval de selle. ‖ Loc. fig. *sbalzare qlcu. di sella,* mettre qn à pied. | *rimettersi in sella,* se remettre en selle. ‖ **2.** [valico] col m. ‖ **3.** Archeol. siège m. ‖ **4.** Tecn. selle, chevalet m.
sellaio [sel'lajo] m. sellier, bourrelier.
sellare [sel'lare] v. tr. seller.
selleria [selle'ria] f. sellerie.
sellino [sel'lino] m. selle f.
selva ['selva] f. Pr. e fig. forêt. ‖ [grande quantità] masse.
selvaggiamente [selvaddʒa'mente] avv. sauvagement.
selvaggina [selvad'dʒina] f. gibier m.
selvaggio [sel'vaddʒo] agg. e n. sauvage. ‖ [primitivo] sauvage (antiq.), primitif.
selvatichezza [selvati'kettsa] f. sauvagerie.
selvatico [sel'vatiko] **(-ci** pl.) agg. e n. sauvage. | *coniglio selvatico,* lapin de garenne. ◆ m. [odore] sauvagin.
selvicoltore [selvikol'tore] m. sylviculteur.
selvicoltura [selvikol'tura] f. sylviculture.
selvoso [sel'voso] agg. boisé.
selz [sɛlts] m. invar. *(acqua di) selz,* eau (f.) de Seltz.
semaforico [sema'fɔriko] **(-ci** pl.) agg. sémaphorique. ‖ [dei semafori stradali] des feux tricolores, des feux rouges.
semaforo [se'maforo] m. [stradale] feu (tricolore), feu rouge. ‖ Ferr., Mar. sémaphore.
semantema [seman'tɛma] **(-i** pl.) m. Ling. sémantème.
semantica [se'mantika] f. Ling. sémantique.
semantico [se'mantiko] **(-ci** pl.) agg. sémantique.
semasiologia [semazjolo'dʒia] f. Ling. sémasiologie, sémantique.
semasiologico [semazjo'lɔdʒiko] **(-ci** pl.) agg. sémantique.
sembiante [sem'bjante] m. Letter., Poet. visage (l.c.). ‖ [espressione] expression f. (l.c.). ‖ [aspetto] aspect (l.c.).
sembianza [sem'bjantsa] f. Letter. aspect m. (l.c.). ‖ [espressione del viso] expression (l.c.). ‖ [apparenza] apparence (l.c.). ‖ [somiglianza] ressemblance (l.c.). | *a sembianza di,* à la ressemblance de, à l'image de.
sembrare [sem'brare] v. intr. sembler, paraître, avoir l'air. | *mi sembra difficile,* cela me semble, me paraît, m'a l'air difficile. | *preferisco essere che sembrare onesto,* je préfère être honnête que le paraître. | *sembrava una persona normale,* il avait l'air d'une personne normale. | *non sembri più tu,* tu ne te ressembles plus. ◆ v. impers. sembler. | *mi sembra necessario agire,* il me semble (qu'il est) nécessaire d'agir. | *fate come meglio vi sembra,* faites comme vous jugerez bon. | *sembra di essere in Italia,* on se dirait, on se croirait en Italie. | *le è sembrato che tu non la volessi vedere,* il lui a semblé, elle a eu l'impression que tu ne voulais pas la voir. ‖ [per indicare opinione diffusa] paraître. | *sembra che abbiano già*

scelto il nuovo direttore, il paraît que le nouveau directeur a déjà été choisi.
seme ['seme] m. BOT. graine f. ‖ [dell'uva, degli agrumi, delle mele, pere] pépin. ‖ [nocciolo] noyau. ‖ [contenuto nel nocciolo] amande f. ‖ [semente] semence f. | *grano da seme*, blé de semence. ‖ FIG. source f., germe, semence. | *gettare il seme della discordia*, semer la discorde. ‖ PER EST. (lett. o pop.) [sperma] semence (L.C.). ‖ PER ANAL. (lett.) [stirpe] race f. ‖ GIOCHI [carte] couleur f.
semeiotica [seme'jɔtika] f. MED. séméiotique (arc.), sémiotique, séméiologie (arc.), sémiologie. ‖ LING. V. SEMIOTICA.
semente [se'mente] f. AGR. semence.
semenza [se'mɛntsa] f. semence. ‖ FIG. (lett.) descendance (L.C.), race (L.C.). ‖ PER EST. [chiodino] semence. ‖ [perle] semence.
semenzaio [semen'tsajo] m. pépinière f.
semestrale [semes'trale] agg. semestriel.
semestralità [semestrali'ta] f. semestre m.
semestralmente [semestral'mente] avv. semestriellement, tous les six mois.
semestre [se'mɛstre] m. semestre.
semiaperto [semia'pɛrto] agg. entrouvert.
semiasse [semi'asse] m. AUTOM. demi-essieu. ‖ GEOM. demi-droite f.
semiautomatico [semiauto'matiko] (**-ci** pl.) agg. semi-automatique.
semibiscroma [semibis'krɔma] f. MUS. quadruple croche.
semibreve [semi'brɛve] f. MUS. ronde.
semicerchio [semi'tʃerkjo] m. demi-cercle.
semichiuso [semi'kjuso] agg. entrouvert.
semicircolare [semitʃirko'lare] agg. semi-circulaire, demi-circulaire.
semicircolo [semi'tʃirkolo] m. demi-cercle.
semicirconferenza [semitʃirkonfe'rentsa] f. GEOM. demi-circonférence.
semiconduttore [semikondut'tore] m. semi-conducteur.
semiconsonante [semikonso'nante] f. semi-consonne.
semiconvitto [semikon'vitto] m. demi-pension f.
semiconvittore [semikonvit'tore] (**-trice** f.) m. demi-pensionnaire.
semicoperto [semiko'pɛrto] agg. à demi couvert.
semicotto [semi'kɔtto] agg. à moitié cuit.
semicroma [semi'krɔma] f. MUS. double croche.
semicrudo [semi'krudo] agg. à moitié cru.
semicupio [semi'kupjo] m. bain de siège. ‖ [vaschetta] bidet.
semideponente [semidepo'nɛnte] agg. LING. semi-déponent.
semidiametro [semi'djametro] m. demi-diamètre.
semidio [semi'dio] m. demi-dieu.
semidisteso [semidis'teso] agg. à demi étendu.
semidistrutto [semidis'trutto] agg. à moitié détruit.
semifinale [semifi'nale] f. SPORT demi-finale.
semifinalista [semifina'lista] (**-i** pl.) m. e f. SPORT demi-finaliste.
semifluido [semi'fluido] agg. presque fluide.
semifreddo [semi'freddo] m. crème glacée.
semilavorato [semilavo'rato] agg. semi-ouvré. ◆ m. demi-produit, produit semi-fini.
semilibero [semi'libero] agg. partiellement libre.
semiluna [semi'luna] f. (raro) demi-lune (L.C.).
semilunare [semilu'nare] agg. ANAT. semi-lunaire.
semiminima [semi'minima] f. MUS. noire.
semimorto [semi'mɔrto] agg. à demi mort.
semina ['semina] f. semailles pl. ; [in orticoltura] semis m. ‖ [della terra, del campo] ensemencement m.
seminabile [semi'nabile] agg. qu'on peut ensemencer.
seminagione [semina'dʒone] f. LETT. V. SEMINA.
seminale [semi'nale] agg. séminal.
seminare [semi'nare] v. tr. semer ; [un terreno] ensemencer, semer (raro). ‖ FIG. semer. | *seminare zizzania fra i parenti*, semer la zizanie dans la famille. ‖ FIG. *seminare sulla, nella sabbia*, semer sur le sable. ‖ PROV. *chi semina vento raccoglie tempesta*, qui sème le vent récolte la tempête.
seminarile [semina'rile] agg. de séminaire.
seminario [semi'narjo] m. séminaire.
seminarista [semina'rista] (**-i** pl.) m. séminariste.
seminaristico [semina'ristiko] (**-ci** pl.) agg. de séminaire.
seminativo [semina'tivo] agg. qu'on peut ensemencer.
seminato [semi'nato] agg. ensemencé. ‖ FIG. semé, plein. ◆ m. terrain semé. ‖ LOC. FIG. *uscire dal seminato*, s'écarter du sujet.
seminatore [semina'tore] (**-trice** f.) m. PR. e FIG. semeur, euse.
seminatura [semina'tura] f. (raro) V. SEMINA.
seminfermità [seminfermi'ta] f. infirmité partielle.
seminfermo [semin'fermo] agg. e n. partiellement infirme.
seminomade [semi'nɔmade] agg. e n. semi-nomade.
seminterrato [seminter'rato] m. sous-sol.
seminudo [semi'nudo] agg. à moitié nu, à demi nu.
semiocclusivo [semiokklu'zivo] agg. semi-occlusif.
semiologia [semjolo'dʒia] f. LING., MED. sémiologie.
semiopaco [semio'pako] agg. translucide ; [di vetro] dépoli.
semioscurità [semioskuri'ta] f. pénombre, demi-obscurité.
semioscuro [semios'kuro] agg. un peu sombre.
semiotica [se'mjɔtika] f. LING. sémiotique.
semiperiferia [semiperife'ria] f. proche périphérie.
semiperimetro [semipe'rimetro] m. demi-périmètre.
semipermeabile [semiperme'abile] agg. semi-perméable.
semipiano [semi'pjano] m. GEOM. demi-plan.
semipieno [semi'pjɛno] agg. à moitié plein.
semiretta [semi'rɛtta] f. GEOM. demi-droite.
semirigido [semi'ridʒido] agg. semi-rigide.
semiselvaggio [semisel'vaddʒo] agg. à demi sauvage, à moitié sauvage.
semiserio [semi'sɛrjo] agg. entre le sérieux et le plaisant ; mi-figue, mi-raisin (fam.).
semisfera [semis'fɛra] f. hémisphère m.
semisferico [semis'fɛriko] (**-ci** pl.) agg. hémisphérique.
semispento [semis'pento] agg. à demi éteint, à moitié éteint. ‖ [di voce] presque éteint.
semita [se'mita] (**-i** pl.) n. sémite. ◆ agg. sémite, sémitique.
semitico [se'mitiko] (**-ci** pl.) agg. sémitique.
semitista [semi'tista] (**-i** pl.) n. sémitisant ; sémitiste.
semitono [semi'tɔno] m. MUS. demi-ton.
semitrasparente [semitraspa'rɛnte] agg. translucide.
semiufficiale [semiuffi'tʃale] agg. presque officiel.
semivivo [semi'vivo] agg. à moitié mort, à demi mort.
semivocale [semivo'kale] f. LING. semi-voyelle.
semmai [sem'mai] cong. si par hasard, si jamais. | *semmai passassi da queste parti*, si par hasard tu passais par ici. ‖ [con verbo sottinteso] au besoin, si nécessaire, le cas échéant, éventuellement. | *semmai ti chiamerò*, au besoin je t'appellerai. | *telefonami semmai*, éventuellement, au besoin, téléphone-moi ; tu peux toujours me téléphoner. ‖ [nel senso di tutt'al più] à la rigueur, tout au plus. | *non ne sarebbe capace, tu semmai potresti provare*, il n'en serait pas capable, toi, à la rigueur, tu pourrais essayer. | *sono io semmai che ho bisogno d'aiuto*, s'il y a quelqu'un qui a besoin d'aide, c'est moi. | *non ne ho più neanche una copia da dare, semmai posso prestarti la mia*, je n'en ai plus un seul exemplaire à donner ; tout ce que je peux faire, c'est te prêter le mien.
semola ['semola] f. [crusca] son m. ‖ FIG., POP. taches (pl.) de son (L.C.), de rousseur (L.C.). ‖ [farina granulosa] semoule.
semolato [semo'lato] agg. *zucchero semolato*, sucre semoule.
semolino [semo'lino] m. semoule f.
semovente [semo'vɛnte] agg. automoteur, automobile. ◆ m. MIL. autocanon.
sempiterno [sempi'tɛrno] agg. (lett.) sempiternel (L.C.).
semplice ['semplitʃe] agg. **1.** simple. ‖ CHIM., GIUR., GRAMM. simple. | *corpi semplici*, corps simples. | *tempi semplici*, temps simples. ‖ **2.** [privo di complessità] simple. | *metodo semplice*, méthode simple. | *vestitino molto semplice*, petite robe toute simple. ‖ **3.** [soltanto]

una semplice supposizione, une simple supposition. | *la verità pura e semplice,* la pure vérité. | *accettazione pura e semplice,* acceptation pure et simple. || **4.** [di persona] simple. || [troppo ingenuo] (anche sostant.) naïf, simple. | *è abbastanza semplice per crederci,* il est assez naïf pour y croire. || [del grado più basso] simple. | *soldato semplice,* simple soldat. ◆ m. pl. FARM. simples.

semplicemente [semplitʃe'mente] avv. simplement. | *volevo semplicemente aiutarlo,* je voulais simplement, seulement l'aider. | *è semplicemente meraviglioso,* c'est tout simplement, tout bonnement merveilleux.

semplicetto [sempli'tʃetto] agg. V. SEMPLICIOTTO.

semplicione [sempli'tʃone] (**-a** f.) m. e agg. naïf, ïve ; gobeur, euse (fam.). ◆ agg. naïf, crédule.

semplicioneria [semplitʃone'ria] f. naïveté, crédulité.

sempliciotto [sempli'tʃɔtto] agg. simplet, niais, innocent. ◆ m. innocent, niais, nigaud, benêt.

semplicismo [sempli'tʃizmo] m. (lett.) simplisme.

semplicista [sempli'tʃista] (**-i** pl.) agg. e n. simpliste. ◆ m. FARM. (antiq.) herboriste (L.C.).

semplicistico [sempli'tʃistiko] (**-ci** pl.) agg. simpliste.

semplicità [semplitʃi'ta] f. simplicité. || [dabbenaggine] simplicité, naïveté.

semplificare [semplifi'kare] v. tr. simplifier. ◆ v. rifl. se simplifier.

semplificazione [semplifikat'tsjone] f. simplification.

sempre ['sɛmpre] avv. **1.** toujours. | *sei sempre il solito chiacchierone,* tu es toujours aussi bavard. || **2.** [soltanto] seulement, toujours. | *devo mangiare sempre brodo,* je ne dois manger que du bouillon. || **3.** [tuttavia] toujours, quand même, cependant, pourtant. | *sono pur sempre uomini,* ils restent quand même des hommes. || **4.** [con comparativo, più, meno] *sempre più difficile,* de plus en plus difficile, toujours plus difficile. | *sempre meno potente,* de moins en moins puissant, toujours moins puissant. | *sempre meglio,* de mieux en mieux. | *sempre peggio,* de pis en pis, de mal en pis. || **5.** LOC. *da sempre,* depuis toujours. | *per sempre,* pour toujours ; à jamais. | *di sempre,* habituel, de toujours. | *mi accolse col sorriso triste di sempre,* il m'accueillit avec le sourire triste qui lui était habituel. | *le difficoltà di sempre,* les difficultés habituelles. | *gli amici di sempre,* les amis de toujours. | *è quello di sempre,* il est toujours le même. ◆ loc. cong. **sempre che,** à condition que, pourvu que ; [ammesso che] si toutefois ; en admettant que, si on admet que ; [ogni qualvolta] chaque fois que. | *sempre che tu voglia,* à condition que, pourvu que tu veuilles. | *sempre che sia vero,* en admettant que cela soit vrai ; si toutefois c'est vrai.

sempreverde [sempre'verde] agg. BOT. à feuillage persistant ; semper virens. ◆ m. e f. plante (f.) à feuillage persistant, semper virens (m. invar.).

sena ['sɛna] f. BOT. séné m.

senape ['sɛnape] f. moutarde. ◆ agg. invar. [colore] moutarde.

senario [se'narjo] m. e agg. METR. sénaire.

senato [se'nato] m. POLIT., STOR. sénat. || UNIV. *senato accademico,* conseil des doyens (d'une université).

senatoconsulto [senatokon'sulto] m. STOR. sénatus-consulte.

senatore [sena'tore] (**-trice** f.) m. POLIT., STOR. sénateur.

senatoriale [senato'rjale] agg. sénatorial.

senatorio [sena'tɔrjo] agg. (lett.) sénatorial (L.C.).

senegalese [senega'lese] agg. e n. sénégalais.

senescente [seneʃ'ʃɛnte] agg. (lett., raro) vieillissant (L.C.), sénescent.

senescenza [seneʃ'ʃɛntsa] f. sénescence.

senese [se'nese] agg. e n. siennois.

senile [se'nile] agg. sénile.

senilismo [seni'lizmo] m. sénilité (f.) précoce.

senilità [senili'ta] f. sénilité.

senior ['sɛnjor] agg. e m. SPORT senior.

sennò [sen'nɔ] o **se no** [se'nɔ] cong. sinon, ou autrement. | *parla sennò ti uccido,* parle, ou je te tue.

senno ['senno] m. bon sens, jugement, discernement, jugeote f. (fam.). | *uomo di senno,* homme de jugement, homme plein de bon sens. || [ragione] raison f. | *perdere il senno, uscire di senno,* perdre la raison. || LOC. FIG. *il senno di poi,* l'esprit de l'escalier (fam.).

sennonché [sennon'ke] cong. **1.** [avversativo] mais. || **2.** [eccettuativo] sauf que, excepté que. || [con infinito] sauf, excepté, sinon, à part.

seno ['seno] m. **1.** [petto, specie femminile] sein (lett.), poitrine f. | *stringere al seno,* serrer contre, sur son sein, sur sa poitrine. | *seno scoperto,* poitrine découverte. | *allattare al seno,* nourrir au sein. | *nascose la lettera in seno,* elle cacha la lettre dans son corsage. || FAM. (pl.) [mammelle] seins (L.C.). || LOC. *portare un figlio in seno,* porter un enfant dans son sein (antiq. o lett.). || **2.** FIG. [parte interna] sein (lett.), profondeurs f. pl. | *il seno della terra,* le sein, les profondeurs de la terre. || **3.** (lett.) [animo] sein (lett.), cœur. || **4.** LOC. PR. e FIG. *in seno a, nel seno di,* dans le sein de, au sein de. | *in seno alla Chiesa,* dans le sein de l'Église. | *in seno alla famiglia,* au sein de sa famille. || **5.** ANAT. sinus. || **6.** GEOGR. [insenatura] crique f., anse f. || **7.** MAT. sinus.

senofobia [senofo'bia] f. e **senofobo** [se'nɔfobo] agg. V. XENOFOBIA, XENOFOBO.

senonché [senon'ke] cong. V. SENNONCHÉ.

sensale [sen'sale] m. COMM. intermédiaire, courtier. | *sensale di vini,* courtier en vins. | *sensale di cavalli,* maquignon.

sensatamente [sensata'mente] avv. d'une manière sensée, sensément (arc.), raisonnablement.

sensatezza [sensa'tettsa] f. bon sens.

sensato [sen'sato] agg. sensé.

sensazionale [sensattsjo'nale] agg. sensationnel.

sensazione [sensat'tsjone] f. sensation. || [impressione] sensation, impression. || LOC. *far sensazione,* faire sensation. | *a sensazione,* à sensation.

senseria [sense'ria] f. courtage m.

sensibile [sen'sibile] agg. sensible. ◆ f. MUS. sensible.

sensibilità [sensibili'ta] f. sensibilité.

sensibilizzare [sensibilid'dzare] v. tr. PR. e FIG. sensibiliser.

sensibilizzazione [sensibiliddzat'tsjone] f. sensibilisation.

sensismo [sen'sizmo] m. FILOS. sensualisme.

sensista [sen'sista] (**-i** pl.) m. e f. FILOS. sensualiste.

sensistico [sen'sistiko] (**-ci** pl.) agg. FILOS. sensualiste.

sensitiva [sensi'tiva] f. BOT. sensitive.

sensitività [sensitivi'ta] f. sensibilité.

sensitivo [sensi'tivo] agg. sensitif (antiq.), sensoriel. || [che trasmette la sensazione] sensitif (L.C.). || [sensibile] sensible, sensitif (lett.). ◆ n. [persona sensibile] sensitif (lett.). || [medium] médium.

senso ['sɛnso] m. **1.** sens. | *perdere i sensi, perdere l'uso dei sensi,* perdre les sens, perdre connaissance. | *riprendere i sensi,* reprendre (l'usage de) ses sens ; reprendre ses esprits, reprendre connaissance. || PER EST. [capacità di sentire] sens. | *senso dell'orientamento,* sens de l'orientation. | *senso critico,* sens critique, esprit critique. | *discorsi senza senso,* discours qui n'ont pas le sens commun. | *buon senso,* bon sens. || **2.** [sensazione] sensation f., impression f. | *senso di vuoto,* sensation de vide. || [sentimento] sentiment, impression f. | *senso di tristezza, di pietà,* sentiment de tristesse, de pitié. || LOC. *far senso :* [suscitare repulsione] répugner, dégoûter ; [fare impressione] impressionner. || [nell'uso epistolare] *coi sensi del mio profondo rispetto,* avec l'expression de mon profond respect. || **3.** [significato] sens. | *frasi prive di senso,* phrases dénuées de sens. | *tradurre a senso,* traduire en donnant le sens général. || **4.** [modo] sens, manière f., façon f. | *agiremo in questo senso,* nous agirons dans ce sens. | *mi ha risposto in senso affermativo,* il m'a répondu affirmativement, de façon affirmative. || **5.** [direzione] sens. || DIR. *ai sensi della legge,* aux termes de la loi.

sensoriale [senso'rjale] agg. sensoriel.

sensorio [sen'sɔrjo] agg. sensoriel.

sensuale [sensu'ale] agg. sensuel.

sensualismo [sensua'lizmo] m. ARTI, FILOS. sensualisme.

sensualista [sensua'lista] (**-i** pl.) m. e f. ARTI, FILOS. sensualiste.
sensualistico [sensua'listiko] (**-ci** pl.) agg. sensualiste.
sensualità [sensuali'ta] f. sensualité (lett.).
sensualmente [sensual'mente] avv. d'une manière sensuelle.
sentenza [sen'tɛntsa] f. sentence, jugement m. ‖ [massima] sentence (antiq.), maxime, adage m. ‖ LOC. FIG. *sputare sentenze*, pontifier.
sentenziare [senten'tsjare] v. tr. décider, décréter, juger. ◆ v. intr. FIG. pontifier.
sentenzioso [senten'tsjoso] agg. sentencieux.
sentiero [sen'tjɛro] m. sentier, chemin. ‖ FIG. chemin, sentier (lett.).
sentimentale [sentimen'tale] agg. sentimental.
sentimentalismo [sentimenta'lizmo] m. sentimentalisme.
sentimentalità [sentimentali'ta] f. sentimentalité.
sentimentalmente [sentimental'mente] avv. sentimentalement.
sentimento [senti'mento] m. **1.** sentiment. ‖ [consapevolezza] sentiment, sens. | *sentimento del dovere*, sentiment, sens du devoir. ‖ **2.** [affettività] sentiment. | *toccare la corda del sentimento*, faire du sentiment (fam.), faire vibrer la corde sensible. | *cantare con sentimento*, chanter avec sensibilité, avec sentiment. ‖ **3.** [coscienza] conscience f. | *sentimento di sè*, conscience de soi. | *perdere i sentimenti*, perdre les sens, perdre connaissance. ‖ LOC. FAM. *uscire di sentimento*, perdre ses esprits (L.C.). | *fare una cosa con tutti i sentimenti*, faire une chose avec le plus grand soin (L.C.). | *ha poco sentimento*, il n'a pas beaucoup de jugeote.
sentina [sen'tina] f. MAR., FIG. (lett.) sentine.
sentinella [senti'nɛlla] f. MIL. sentinelle. | *essere di sentinella*, être de faction. ‖ PR. e FIG. *fare la sentinella*, être en sentinelle.
sentire [sen'tire] v. tr. **1.** [avere una percezione o una sensazione] sentir, percevoir. | *sentire un profumo*, sentir un parfum. | *non sento più le gambe dalla stanchezza*, je suis si fatigué que je ne sens plus mes jambes. | *sentire il fresco*, sentir la fraîcheur. | *sentire freddo, sonno, fame, male*, avoir froid, sommeil, faim, mal. ‖ [assaggiare] goûter. ‖ [tastare] tâter, toucher. | *sentire il polso*, tâter le pouls. ‖ [riconoscere] reconnaître. ‖ LOC. FAM. *sentirsi addosso la tremarella*, avoir la tremblote. ‖ **2.** [udire] entendre. | *l'ho sentito gridare*, je l'ai entendu crier. | *sentirci bene*, bien entendre, avoir l'oreille fine. | *non ci sente bene, ci sente male*, il n'entend pas bien, il entend mal, il est dur d'oreille. ‖ [ascoltare] écouter. | *senti !*, écoute ! | *stammi a sentire*, écoute-moi (bien). ‖ LOC. *non sente ragione*, il ne veut pas entendre raison. ‖ [assistere] assister à, entendre. | *sentire Messa*, assister à la messe, entendre la messe. ‖ **3.** [consultare] consulter, (aller) voir. | *dovresti sentire un medico*, tu devrais (aller) voir, tu devrais consulter un médecin. ‖ PER EST. [venire informato] (aller) voir, apprendre, entendre, savoir. | *va a sentire che cosa vuole*, va voir ce qu'il veut. | *ho sentito che*, j'ai appris, je me suis laissé dire que. | *avete sentito la notizia ?*, vous avez appris, vous avez entendu la nouvelle ? | *vorrei sentire il tuo parere*, je voudrais savoir ton avis. ‖ **4.** [avvertire, presentire] sentir. | *sentiva di doverlo fare*, il sentait qu'il devait le faire. ‖ **5.** [provare] éprouver, ressentir, sentir. | *sentire simpatia per qlcu.*, éprouver de la sympathie pour qn. | *sentire pietà*, ressentir, éprouver de la pitié. | *sentirò la tua mancanza*, tu me manqueras. ‖ [essere sensibili a qlco.] être sensible (à). | *sentire la natura*, être sensible à la nature. ‖ ASSOL. être sensible. | *un ragazzo che sente molto*, un garçon très sensible. ‖ **6.** [pensare] voir, penser. | *dico le cose come le sento*, je dis les choses comme je les vois. ◆ v. intr. (raro) [avere un odore di] sentir. | *stanza che sente di chiuso*, pièce qui sent le renfermé. ‖ [avere un sapore di] avoir un goût (de). ‖ FIG. sentir. ◆ v. rifl. se sentir. | *sentirsi male*, se sentir mal. | *sentirsi dalla parte del torto*, sentir qu'on a tort. ‖ LOC. *sentirsela*, avoir le courage, se sentir capable ; [aver voglia] avoir envie. | *non me la sento di parlare davanti a tutti*, je n'ai pas le courage de parler devant tout le monde. | *te la senti di farlo ?*, te sens-tu capable de le faire ? | *non se la sente di deluderla*, il n'a pas le cœur de la décevoir. ◆ m. (lett.) sentiment (L.C.).
sentitamente [sentita'mente] avv. vivement.
sentito [sen'tito] agg. entendu. | *per sentito dire*, par ouï-dire. ‖ [sincero] sincère.
sentore [sen'tore] m. bruit, connaissance f. ‖ LOC. *avere sentore di qlco.*, avoir vent de qch. ‖ (lett.) [odore] parfum (L.C.), odeur f. (L.C.).
senza ['sɛntsa] prep. **1.** sans. | *senza rimpianti*, sans regrets. | *senza di te*, sans toi. | *senza piangere*, sans pleurer. | *senza volere*, sans le vouloir. | *questa casa ci costerà dieci milioni senza il terreno*, cette maison nous coûtera 10 millions, sans compter le terrain. ‖ **2.** LOC. *uomo senza scrupoli*, homme sans scrupules. | *senza tregua*, sans cesse. | *senza indugio*, sans attendre. | *senza confronto*, sans pareil. | *senza dubbio*, sans aucun doute. | *senz'altro*, V. ALTRO. | *non senza fatica*, non sans peine. | *senza batter ciglio*, sans sourciller. | *senza contare che*, sans compter que. | *far senza qlco., qlcu.*, se passer de qch., de qn. | *essere, rimaner senza qlco.*, ne pas, ne plus avoir qch. | *siamo rimasti senza zucchero*, nous n'avons plus, il n'y a plus de sucre. | *senza complimenti*, avec simplicité. | *senza il servizio*, service non compris. ◆ loc. cong. ***senza che***, sans que. | *non può uscire senza che tu lo veda*, il ne peut pas sortir sans que tu le voies.
senzadio [sentsa'dio] n. invar. athée, impie. ‖ PER EST. sans foi ni loi.
senzapatria [sentsa'patrja] n. invar. apatride. ‖ PEGGIOR. renégat.
senzatetto [sentsa'tetto] n. invar. sans-abri, sans-logis.
senziente [sen'tsjɛnte] agg. (lett.) qui sent.
sepalo ['sɛpalo] m. BOT. sépale.
separabile [sepa'rabile] agg. séparable.
separare [sepa'rare] v. tr. séparer. ‖ [distinguere] séparer, distinguer, isoler. ◆ v. rifl. e recipr. se séparer.
separatamente [separata'mente] avv. séparément.
separatismo [separa'tizmo] m. séparatisme.
separatista [separa'tista] (**-i** pl.) n. e agg. séparatiste.
separatistico [separa'tistiko] (**-ci** pl.) agg. séparatiste.
separato [sepa'rato] agg. séparé.
separatore [separa'tore] (**-trice** f.) agg. e n. séparateur, trice.
separazione [separat'tsjone] f. séparation. ‖ GIUR. *separazione di fatto*, séparation de fait, séparation à l'amiable. | *separazione legale*, séparation de corps.
sepolcrale [sepol'krale] agg. funéraire, sépulcral (arc.). ‖ FIG. sépulcral, funèbre.
sepolcreto [sepol'kreto] m. nécropole f. ‖ [cappella funeraria] chapelle (f.) funéraire. ‖ [per le reliquie] châsse f., reliquaire.
sepolcro [se'polkro] m. sépulcre (lett.), tombeau. ‖ LOC. FIG. *scendere nel sepolcro*, descendre au tombeau. | *essere con un piede nel sepolcro*, avoir un pied dans la tombe.
sepolto [se'polto] agg. enterré, enseveli (lett.). | *morto e sepolto*, mort et enterré. ‖ FIG. enseveli.
sepoltura [sepol'tura] f. [azione] sépulture (lett.), ensevelissement m. (lett.), inhumation, enterrement m. ‖ [luogo] sépulture.
seppellimento [seppelli'mento] m. enterrement, inhumation f.
seppellire [seppel'lire] v. tr. enterrer, inhumer, ensevelir (lett.). ‖ PER EST. [nascondere sotto terra] enterrer. ‖ [ricoprire] ensevelir. | *la valanga ha sepolto il paese*, l'avalanche a enseveli le village. ‖ FIG. enterrer. ◆ v. rifl. s'enterrer, s'ensevelir.
seppellitore [seppelli'tore] m. (raro) fossoyeur (L.C.).
seppia ['seppja] f. ZOOL. seiche. ‖ [colore] sépia. ◆ agg. invar. couleur sépia.
seppure [sep'pure] cong. [anche se] même si [+ indic.], quand (même) [+ condiz.], quand bien même [+ condiz.]. | *seppure fosse vero*, même si c'était vrai, quand bien même ce serait vrai. | *seppure arriva*, même s'il arrive, quand bien même il arriverait. ‖ [ammesso che] si toutefois [+ indic.], en admettant que [+ cong.].
sepsi ['sɛpsi] f. MED. septicémie.
sequela [se'kwɛla] f. suite, série, kyrielle.

sequenza [se'kwɛntsa] f. suite, série. ‖ CIN., MUS., RELIG. séquence. ‖ GIOCHI [carte] séquence. ‖ ELETTR., TECN. série.
sequenziale [sekwen'tsjale] agg. séquentiel. ‖ RELIG. de séquences. ◆ m. RELIG. livre de séquences.
sequestrabile [sekwes'trabile] agg. GIUR. saisissable.
sequestrante [sekwes'trante] agg. e n. GIUR. saisissant.
sequestrare [sekwes'trare] v. tr. **1.** GIUR. saisir; mettre, placer sous séquestre; séquestrer (raro). | *sequestrare i mobili a un debitore,* saisir les meubles d'un débiteur. ‖ PER EST. saisir. | *sequestrare un giornale,* saisir un journal. | *sequestrare merci di contrabbando,* confisquer des marchandises de contrebande. ‖ **2.** [una persona] séquestrer.
sequestrato [sekwes'trato] agg. saisi, mis, placé sous séquestre, séquestré. ◆ agg. e n. [di persona] séquestré.
sequestro [se'kwɛstro] m. séquestre, saisie f. ‖ [confisca] saisie. ‖ [di persona] séquestration f., enlèvement.
sequoia [se'kwɔja] f. séquoia m.
ser [sɛr] m. V. SERE.
sera ['sera] f. soir m. | *viene la sera, si fa sera,* le soir tombe, descend. | *sul fare della sera,* à la tombée du soir, de la nuit. | *tutta la sera,* toute la soirée. | *questa sera, ieri sera, giovedì sera,* ce soir, hier soir, jeudi soir. | *la sera prima,* la veille au soir. | *la sera dopo,* le lendemain soir. | *di sera,* le soir. | *ogni sera,* tous les soirs, chaque soir. | *le undici di sera,* onze heures du soir. | *buona sera,* bonsoir; [detto durante il pomeriggio] bonjour. | *abito da sera,* robe du soir, de soirée; [da uomo] tenue de soirée. ‖ FIG., POET. soir.
serafico [se'rafiko] (**-ci** pl.) agg. RELIG. e FIG. séraphique. ‖ FIG. [impassibile] impassible.
serafino [sera'fino] m. RELIG. séraphin.
serale [se'rale] agg. du soir.
serata [se'rata] f. soirée. | *passerò in serata,* je passerai dans la soirée.
serbare [ser'bare] v. tr. garder, conserver, mettre de côté. | *serbare per la fine,* garder pour la fin. ‖ FIG. garder. | *serbare il ricordo di qlco.,* garder, conserver le souvenir de qch. | *serbare rancore,* garder rancune. ‖ [mantenere] tenir. | *serbare la parola data,* tenir sa parole. ◆ v. rifl. se garder, rester. | *serbarsi giovane,* rester jeune.
serbatoio [serba'tojo] m. réservoir. | *serbatoio della acqua,* citerne f.; [per una città] château d'eau. ‖ MIL. [artiglieria] magasin.
1. serbo ['sɛrbo] m. LOC. *tenere, avere in serbo,* garder, avoir (de côté). | *vi ho tenuto in serbo una sorpresa,* j'ai une surprise pour vous. | *mettere in serbo,* mettre de côté.
2. serbo ['sɛrbo] agg. e n. serbe.
serbocroato [serbokro'ato] agg. e n. serbo-croate.
sere ['sɛre] m. ARC. messire, messer.
serenamente [serena'mente] avv. sereinement.
serenata [sere'nata] f. sérénade. ‖ PER EST. sérénade (fam.), charivari m., chahut (fam.). ‖ MUS. sérénade.
serenella [sere'nɛlla] f. BOT. [region.] lilas m.
serenissimo [sere'nissimo] agg. sérénissime. ‖ STOR. *la Serenissima,* la sérénissime République.
serenità [sereni'ta] f. [del cielo] clarté, limpidité, sérénité (poet.). ‖ FIG. sérénité. | *ritrovare la serenità,* retrouver la sérénité.
sereno [se'reno] agg. [del cielo] serein (lett.), beau, pur, limpide. ‖ LOC. FIG. *un fulmine a ciel sereno,* un coup de tonnerre dans un ciel serein. ‖ FIG. serein. | *critica serena,* critique sereine. ◆ m. ciel serein (lett.), ciel clair. ‖ PER EST. [aria aperta] plein air.
sergente [ser'dʒɛnte] m. MIL. sergent. | *sergente maggiore,* sergent-chef. ‖ [nella cavalleria, l'artiglieria] maréchal des logis. | *sergente maggiore,* maréchal des logis-chef. ‖ FIG. adjudant.
seriale [se'rjale] agg. sériel. ‖ MUS. sériel.
seriamente [serja'mente] avv. sérieusement.
seriare [se'rjare] v. tr. sérier.
seriazione [serja'tsjone] f. distribution.
sericeo [se'ritʃeo] agg. (lett.) [simile alla seta] soyeux (L.C.). ‖ [relativo alla seta] de la soie.
1. serico ['sɛriko] (**-ci** pl.) agg. de la soie. ‖ (lett.) [di seta] de soie.
2. serico ['sɛriko] (**-ci** pl.) agg. [del siero] sérique.
sericoltore [serikol'tore] (**-trice** f.) m. sériciculteur.
sericoltura [serikol'tura] f. sériciculture.
serie ['sɛrje] f. invar. série. ‖ [assortimento] jeu m. ‖ ELETTR., MAT., MUS., SPORT série. ‖ [calcio] division. | *serie A, serie B,* première, deuxième division. ‖ LOC. *in serie,* en série. | *di serie,* de série. | *fuori serie,* hors série.
serietà [serje'ta] f. [senso di responsabilità] sérieux m. ‖ [aspetto imponente] sérieux, gravité. ‖ [di costumi] moralité. ‖ [gravità] gravité.
serigrafia [serigra'fia] f. sérigraphie.
serio ['sɛrjo] agg. [di persona] sérieux; [severo] grave; [preoccupato] soucieux. | *è una ragazza poco seria,* ce n'est pas une jeune fille sérieuse. | *non riuscivo a stare serio,* je n'arrivais pas à garder mon sérieux. | *aveva la faccia seria,* son visage était grave. | *farsi serio,* devenir grave. ‖ PER EST. [di cosa] sérieux; [preoccupante] grave. | *non è una cosa seria,* ce n'est pas sérieux. | *libro serio,* livre sérieux. | *musica seria,* grande musique. | *un affare molto serio,* une affaire très sérieuse, très importante, de la plus haute importance. | *la situazione si fa seria,* la situation devient grave. ‖ MUS. *opera seria,* opéra sérieux, grand opéra. ◆ m. sérieux. | *tra il serio e il faceto,* mi-figue mi-raisin; mi-sérieux mi-plaisant. ‖ *sul serio:* [con serietà] avec sérieux, sérieusement; [davvero] sérieusement, vraiment, pour de bon, pour de vrai (fam.), sans blague (fam.); [senza scherzo] sérieusement, sans rire, sans blague (fam.). | *bisognerebbe cominciare a lavorare sul serio,* il faudrait commencer à travailler sérieusement. | *se n'è andato sul serio,* il est parti pour de bon. | *fa sul serio,* il ne plaisante pas. | *dici sul serio?,* tu parles sérieusement? ‖ (iron.) *sul serio?,* sans blague?
sermone [ser'mone] m. PR. e LETT. sermon, homélie f., prêche (antiq.). ‖ FIG., PEGGIOR. sermon, prêche. ‖ [discorso prolisso] verbiage.
serotino [se'rɔtino] agg. (lett.) [serale] vespéral, du soir (L.C.). ‖ BOT. tardif.
serpaio [ser'pajo] m. terrain infesté de serpents, nid de serpents. | chasseur de serpents.
serpe ['sɛrpe] f. serpent m. | *serpe acquaiola,* serpent d'eau. ‖ LOC. *fatto a serpe,* en spirale. ‖ FIG. serpent, vipère. ‖ LOC. FIG. *scaldarsi la serpe in seno,* réchauffer un serpent dans son sein.
serpeggiamento [serpeddʒa'mento] m. serpentement (raro), ondulation f.
serpeggiante [serped'dʒante] agg. sinueux, tortueux, onduleux, serpentin.
serpeggiare [serped'dʒare] v. intr. serpenter. ‖ FIG. [insinuarsi] se répandre, se propager.
serpentaria [serpen'tarja] f. BOT. serpentaire, arum m.
serpentario [serpen'tarjo] m. ZOOL. serpentaire, messager, secrétaire.
serpente [ser'pɛnte] m. serpent. ‖ FIG. serpent, vipère f. ‖ MUS. [strumento] (antiq.) serpent. ‖ TECN. *carta serpente,* serpente f., papier de soie.
serpentello [serpen'tɛllo] m. serpenteau. ‖ FIG. petit serpent, petite vipère f. ‖ [fuochi artificiali] serpenteau.
serpentina [serpen'tina] f. zigzag m. | *a serpentina,* en zigzag. ‖ [tubo a spirale] serpentin m. ‖ MINER. serpentine.
serpentino [serpen'tino] agg. serpentin. ◆ m. spirale f. ‖ [tubo] serpentin. ‖ MINER. serpentine f.
serpentone [serpen'tone] m. MUS. ANTIQ. serpent.
serpollino [serpol'lino] m. BOT. serpolet.
serqua ['serkwa] f. douzaine. ‖ FIG. tas.
serra ['sɛrra] f. serre. ‖ PR. e FIG. *è un fiore di serra,* c'est une plante de serre. ‖ [nelle costruzioni idrauliche] barrage m.
serradadi [serra'dadi] m. clé anglaise.
serrafilo [serra'filo] m. ELETTR. serre-fils.
serraggio [ser'raddʒo] m. TECN. serrage.
serraglia [ser'raʎʎa] f. ARCHIT. clef de voûte.
1. serraglio [ser'raʎʎo] m. ménagerie f. ‖ FIG. cirque.
2. serraglio [ser'raʎʎo] m. [del sultano] sérail.
serramanico [serra'maniko] m. LOC. *coltello a serramanico,* couteau à cran d'arrêt.
serrame [ser'rame] m. serrure f.

serramento [serra'mento] (**-i** pl.) m. fermeture f. ◆ f. pl. *le serramenta,* la serrurerie.

serranda [ser'randa] f. [di negozio] rideau m. (de fer). ‖ [di finestra, in una casa] persienne.

serrare [ser'rare] v. tr. **1.** [chiudere] fermer. ‖ Pr. e fig. *serrare bottega,* fermer boutique. ‖ Per est. [stringere] serrer. ‖ Fig. *sentirsi serrare il cuore,* avoir le cœur serré. | *l'emozione gli serrava la gola,* l'émotion lui serrait la gorge. ‖ Mar. *serrare le vele,* serrer les voiles. | *serrare il vento,* serrer le vent. ‖ Mil. *serrare le file,* serrer les rangs. ‖ **2.** [affrettare] presser. | *serrare l'andatura,* presser le pas. ◆ v. intr. fermer.

serra serra ['sɛrra'sɛrra] m. invar. bousculade f., cohue f., presse f. (lett.).

serrata [ser'rata] f. lock-out m. (ingl.). ‖ Arc. [sbarramento] barrage m. (l.c.).

serratamente [serrata'mente] avv. de façon serrée.

serrato [ser'rato] agg. Pr. [chiuso] fermé. ‖ Per est. [compatto] serré. ‖ Fig. [rapido] soutenu. | *galoppo serrato,* galop soutenu. ‖ [stringato, rigoroso] serré. | *ragionamento serrato,* raisonnement serré, rigoureux.

serratura [serra'tura] f. serrure.

serretta [ser'retta] f. Bot. sarrette, serratule.

serto ['sɛrto] m. (lett.) guirlande f. (l.c.); [corona] couronne f. (l.c.). | *serto d'alloro,* couronne de lauriers.

serva ['sɛrva] f. (antiq. o peggior.) servante, bonne. ‖ Loc. fig. *è peggio di una serva,* c'est une vraie concierge. (V. anche servo.)

servaggio [ser'vaddʒo] m. (lett.) servage (l.c.).

serval [ser'val] o **servalo** [ser'valo] m. Zool. serval.

servente [ser'vɛnte] agg. Arc. obligeant (l.c.). ‖ *cavalier servente,* chevalier servant. ◆ n. (antiq.) serviteur, servante. ◆ m. Mil. servant.

serventese [serven'tese] m. V. sirventese.

servetta [ser'vetta] f. petite bonne, bon(n)iche (peggior.). ‖ Teatro soubrette.

servibile [ser'vibile] agg. utilisable.

serviente [ser'vjɛnte] m. servant (de messe).

servigio [ser'vidʒo] m. (lett.) service (l.c.).

servile [ser'vile] agg. Pr. e fig. servile. ‖ Gramm. *verbi servili,* (verbes) auxiliaires. ‖ Stor. *guerre servili,* guerres serviles.

servilismo [servi'lizmo] m. servilité f.

servilità [servili'ta] f. servilité, obséquiosité.

servilmente [servil'mente] avv. servilement.

servire [ser'vire] v. tr. **1.** [essere schiavo, servo] être esclave (de). | *servire lo straniero,* être esclave de l'étranger. ‖ **2.** [espletare un dovere, un obbligo] servir. | *servire Dio, la patria,* servir Dieu, la patrie. ‖ Assol. *servire in marina,* servir dans la marine. ‖ **3.** [essere domestico] servir. | *servire in una casa signorile,* servir dans une bonne maison. ‖ **4.** [dar da mangiare] servir. | *servire gli aperitivi,* servir l'apéritif. | *le servo un po' di caffè?,* je vous verse un peu de café? | *servire a tavola,* servir à table. ‖ **5.** [occuparsi di un cliente] servir, s'occuper (de). ‖ Per est. [avere come cliente] être le fournisseur (de). ‖ **6.** [essere di utilità, di aiuto] servir, aider, être utile (à), favoriser. | *servire gli interessi di qlcu.,* servir les intérêts de qn. ‖ [formule di cortesia] *in che posso servirla?,* que puis-je faire pour vous?, en quoi puis-je vous être utile? ‖ Antiq. *per servirla,* pour vous servir, à votre service (l.c.). ‖ **7.** [di un servizio] desservir. | *l'autobus che serve la nostra via,* l'autobus qui dessert notre rue. | *zona non servita dalla TV.,* zone qui ne reçoit pas la TV. ‖ **8.** Relig. *servire (la) messa,* servir la messe. ‖ **9.** Assol. sport [tennis] servir (la balle). ‖ **10.** Loc. scherz. *servire qlcu. di barba e capelli,* régler son compte à qn. | *ora lo servo io!,* je vais lui apprendre à vivre! ◆ v. intr. **1.** servir. | *la penna serve per, serve a scrivere,* la plume sert à écrire. ‖ [giovare] servir. | *non serve (a nulla) lamentarsi,* cela ne sert à rien de se plaindre. ‖ **2.** [occorrere] *mi serve qlco.,* j'ai besoin de qch., il me faut qch. ◆ v. rifl. **1.** se servir. ‖ [essere cliente abituale] se servir, se fournir. ‖ **2.** *servirsi di,* se servir de, utiliser (v. tr.), employer (tr.). | *non sa servirsi di un martello,* il ne sait pas se servir d'un marteau. | *servirsi di un interprete,* utiliser les services d'un interprète.

servitore [servi'tore] (**-tora** f.; lett. **-trice** f.) m. **1.** Antiq. serviteur, domestique (l.c.). ‖ Fig. serviteur. | *un fedele servitore dello Stato,* un fidèle serviteur de l'État. ‖ **2.** Per est. [tavolino] desserte; [carrello] table roulante.

servitù [servi'tu] f. **1.** Pr. e fig. esclavage m., servitude (lett. o antiq.). ‖ [riferito ad animali] captivité. ‖ Stor. *servitù (della gleba),* servage m. ‖ **2.** [complesso dei domestici] domestiques m. pl., domesticité. ‖ **3.** Giur. servitude. | *servitù di passaggio,* servitude de passage.

servizievole [servit'tsjevole] agg. serviable.

servizio [ser'vittsjo] m. **1.** [prestazione di lavoro domestico] service. | *persone di servizio,* employés, gens de maison; domestiques. | *donna di servizio,* bonne, employée de maison. | *donna a mezzo servizio,* femme de ménage. | *scala, porta di servizio,* escalier, porte de service. ‖ [retribuzione del personale di servizio in ristoranti e simili] service. ‖ **2.** [nella amministrazione] service. ‖ Particol. *servizio (militare),* service (militaire). | *prestare servizio in marina,* faire son service dans la marine. | *servizio civile,* service civil. ‖ Loc. *gli agenti in servizio non bevono alcolici,* les agents ne boivent pas d'alcool pendant le service. ‖ **3.** [atto utile o gradito] service. | *fammi questo servizio,* rends-moi ce service. ‖ Iron. *gli hai fatto un bel servizio davvero!,* tu lui as rendu un bien mauvais service! ‖ Fam. o pop. affaire f. (l.c.). ‖ Loc. fig. *fare un viaggio e due servizi,* faire d'une pierre deux coups. ‖ **4.** [complesso di mezzi che soddisfano a un bisogno pubblico] service. | *il servizio postale,* le service des postes. ‖ Mil. *servizio di sanità,* service de santé. ‖ Partic. [di trasporti pubblici] *autobus che fa il servizio in un quartiere,* autobus qui dessert un quartier. ‖ **5.** [insieme di uffici] service. | *il servizio del personale,* le service du personnel. ‖ **6.** [insieme di oggetti] service. | *servizio da tè,* service à thé. ‖ Loc. *tre stanze e servizi,* trois pièces avec cuisine et salle de bains. | *con doppi servizi,* avec deux salles de bains. ‖ **7.** [sulle autostrade] *area di servizio,* aire f.; station de service; zone de stationnement. ‖ **8.** [funzionamento] service, usage. | *in servizio,* en service. | *fuori servizio,* hors service, hors d'usage. ‖ **9.** Econ. service. ‖ **10.** Giorn. reportage. ‖ **11.** Relig. service. ‖ **12.** Sport [tennis] service.

servo ['sɛrvo] m. Pr. e fig. [schiavo] esclave. ‖ Stor. *servo della gleba,* serf. ‖ Antiq. [domestico] serviteur. ‖ [in formule di cortesia] *servo vostro,* (je suis votre) serviteur (arc.). ‖ Relig. *servo di Dio,* serviteur de Dieu. ◆ agg. esclave. ‖ [servile] servile.

servocomando [servoko'mando] m. Tecn. servocommande f.

servofreno [servo'freno] m. Tecn. servofrein.

servomeccanismo [servomekka'nizmo] m. Tecn. servomécanisme.

servomotore [servomo'tore] m. Tecn. servomoteur.

servosterzo [servos'tɛrtso] m. Tecn. servocommande (f.) de direction, servodirection f.

sesamo ['sɛzamo] m. Bot. sésame. ‖ Loc. fig. *apriti Sesamo!,* Sésame, ouvre-toi!

sessa ['sɛssa] f. Geogr. seiche.

sessagenario [sessadʒe'narjo] (**-i** pl.) agg. e n. (lett.) sexagénaire (l.c.).

sessagesima [sessa'dʒɛzima] f. Relig. sexagésime.

sessagesimale [sessadʒezi'male] agg. Fis., Mat. sexagésimal.

sessagesimo [sessa'dʒɛsimo] agg. Letter. V. sessantesimo.

sessanta [ses'santa] agg. num. card. invar. e m. invar. soixante. | *nel sessanta,* en soixante.

sessantenario [sessante'narjo] m. soixantième anniversaire.

sessantenne [sessan'tɛnne] agg. e n. sexagénaire.

sessantennio [sessan'tɛnnjo] m. période (f.) de soixante ans; soixante ans.

sessantesimo [sessan'tɛzimo] agg. num. ord. e m. soixantième. | *capitolo sessantesimo,* chapitre soixante.

sessantina [sessan'tina] f. soixantaine. | *è sulla sessantina,* il a la soixantaine.

sessile ['sɛssile] agg. Bot. sessile.

sessione [ses'sjone] f. session. ‖ Univ. *sessione estiva, autunnale,* session de juin, d'octobre.

sesso ['sɛsso] m. sexe. | *d'ambo i sessi,* des deux

sexes. | *sesso debole, gentil sesso,* sexe faible, beau sexe. || [organi genitali] sexe.
sessuale [sessu'ale] agg. sexuel. | *riproduzione sessuale,* reproduction sexuée.
sessualità [sessuali'ta] f. sexualité.
sessualizzazione [sessualiddzat'tsjone] f. BIOL. sexualisation.
sessuato [sessu'ato] agg. BIOL. sexué.
sessuologia [sessuolo'dʒia] f. sexologie.
1. sesta ['sɛsta] f. RELIG. sexte. || MUS. sixte.
2. sesta ['sɛsta] f. (arc.) [anche pl.] compas m. sing. (L.C.). ◆ pl. SCHERZ., REGION. longues jambes (L.C.). || MAR. gabarit m.
sestante [ses'tante] m. sextant.
sesterzio [ses'tɛrtsjo] m. STOR. sesterce.
sestetto [ses'tetto] m. MUS. sextuor.
sestiere [ses'tjɛre] m. quartier.
sestina [ses'tina] f. LETT., POES. [strofa di sei versi] sizain m. || [canzone di sei strofe e mezzo] sextine. || MUS. sextolet m.
1. sesto ['sɛsto] agg. num. ord. e m. sixième ; [con nomi di papi e di sovrani ; con sostantivi : atto, scena, libro, volume] six. | *scena sesta,* scène six. || SPORT. *sesto grado,* sixième degré. || POES. *sesta rima,* V. SESTINA.
2. sesto ['sɛsto] m. **1.** ordre, disposition f. || LOC. *mettere in sesto,* mettre en ordre. | *rimettersi in sesto :* [economicamente] remettre de l'ordre dans ses affaires ; [fisicamente] se remettre ; [i vestiti] rajuster sa toilette. | *essere fuori (di) sesto :* [persone] se sentir mal à l'aise, ne pas être dans son assiette (fam.) ; [cose] être en désordre. || **2.** ARCHIT. cintre. | *arco a tutto sesto,* arc en plein cintre. | *sesto ribassato,* cintre surbaissé. || **3.** TIP. format.
sestultimo [ses'tultimo] agg. sixième en partant de la fin.
sestuplicare [sestupli'kare] v. tr. sextupler. ◆ v. rifl. sextupler (intr.).
sestuplice [ses'tuplitʃe] agg. (lett.) sextuple (L.C.).
sestuplo ['sɛstuplo] agg. e m. sextuple.
set [set] m. [ingl.] set.
seta ['seta] f. soie. || PER ANAL. *carta seta,* papier de soie. || FIG. *capelli di seta,* cheveux soyeux.
setacciare [setat'tʃare] v. tr. tamiser ; passer au crible. || FIG. [esaminare, scegliere] passer au crible, filtrer ; [ricercare] passer au peigne fin.
setaccio [se'tattʃo] m. tamis, crible. || LOC. FIG. *passare al setaccio :* [per scegliere] passer au crible ; filtrer, passer au tamis ; [per trovare qlcu. o qlco.] passer au peigne fin, fouiller, filtrer.
setaiolo [seta'jɔlo] m. ouvrier de la soierie. || [industriale] industriel de la soierie. || [commerciante] commerçant en soieries.
sete ['sete] f. soif. | *sentire sete,* avoir soif. | *soffrire la sete,* souffrir de la soif. | *far venir sete,* donner soif. || FIG. soif.
seteria [sete'ria] f. fabrique de soie. ◆ pl. *le seterie lombarde,* la soierie lombarde. || [i tessuti] soieries.
setificio [seti'fitʃo] m. [industria] soierie f. || [stabilimento] fabrique (f.) de soie.
setola ['setola] f. BOT., ZOOL. soie. || [spazzola] brosse.
setoloso [seto'loso] agg. hérissé.
setta ['sɛtta] f. secte.
settanta [set'tanta] agg. num. card. invar. e m. invar. soixante-dix, septante (arc. o dial.). | *nato nel settanta,* né en soixante-dix. | *la versione (della Bibbia) dei settanta,* la version (de la Bible) des Septante.
settantenne [settan'tɛnne] agg. e n. septuagénaire.
settantennio [settan'tɛnnjo] m. période (f.) de soixante-dix ans ; soixante-dix ans.
settantesimo [settan'tɛzimo] agg. num. ord. e m. soixante-dixième. | *capitolo settantesimo,* chapitre soixante-dix.
settantina [settan'tina] f. environ soixante-dix, à peu près soixante-dix, dans les soixante-dix. | *deve avere la settantina,* il doit avoir à peu près, dans les soixante-dix ans.
settario [set'tarjo] agg. e n. sectaire.
settarismo [setta'rizmo] m. sectarisme.
sette ['sɛtte] agg. num. card. e m. invar. sept. | *erano in sette,* ils étaient sept. || LOC. FIG. *portare qlcu. ai sette cieli,* porter qn aux nues. || FAM. *farsi un sette nei pantaloni,* faire un accroc à ses pantalons. ◆ f. pl. *sono le sette,* il est sept heures.
settebello [sette'bɛllo] m. [carte] sept de carreau.
settecentesco [settetʃen'tesko] agg. du dix-huitième siècle.
settecentesimo [settetʃen'tɛzimo] agg. num. ord. e m. sept centième.
settecentista [settetʃen'tista] (**-i** pl.) n. [scrittore] écrivain du dix-huitième siècle ; [artista] artiste du dix-huitième siècle. ◆ agg. du dix-huitième siècle.
settecentistico [settetʃen'tistiko] (**-ci** pl.) agg. caractéristique du XVIIIe siècle.
settecento [sette'tʃɛnto] agg. num. card. invar. e m. invar. sept cents. || [secolo XVIII] *il Settecento,* le dix-huitième, le XVIIIe siècle.
settembre [set'tɛmbre] m. septembre. | *a settembre,* en septembre, au mois de septembre.
settembrino [settem'brino] agg. de septembre ; septembral (raro).
settemila [sette'mila] agg. num. card. e m. invar. sept mille.
settenario [sette'narjo] m. [nella metrica italiana] vers de sept pieds. || [nella metrica latina] septénaire. ◆ agg. (formé) de vers de sept pieds.
settennale [setten'nale] agg. septennal.
settennato [setten'nato] m. V. SETTENNIO.
settenne [set'tɛnne] agg. (âgé) de sept ans. || [che dura sette anni] septennal. ◆ n. enfant de sept ans.
settennio [set'tɛnnjo] m. durée (f.) de sept ans. || [durata di un incarico] septennat.
settentrionale [settentrjo'nale] agg. GEOGR. du Nord, septentrional ; nord (invar.). | *Africa, America settentrionale,* Afrique, Amérique du Nord. | *la costa settentrionale,* la côte nord. | *la facciata settentrionale dell'edificio,* la façade nord du bâtiment. ◆ n. personne du Nord. | *è una settentrionale,* elle est du Nord.
settentrionalismo [settentrjona'lizmo] m. idiotisme des régions septentrionales de l'Italie.
settentrione [setten'trjone] m. nord ; septentrion (poet. e antiq.).
setter ['setə] m. [ingl.] ZOOL. setter.
setticemia [settitʃe'mia] f. MED. septicémie.
setticemico [setti'tʃɛmiko] (**-ci** pl.) agg. septicémique.
setticlavio [setti'klavjo] m. MUS. les sept clés (f. pl.).
settico ['sɛttiko] (**-ci** pl.) agg. septique.
settile ['sɛttile] agg. coupé en lamelles. || [suscettibile di essere tagliato] qu'on peut couper. || ARTI *opera settile,* mosaïque murale.
settima ['sɛttima] f. MUS. septième.
settimana [setti'mana] f. semaine. | *nella prossima settimana,* la semaine prochaine. | *verso metà settimana,* vers le milieu de la semaine. | *una volta alla settimana,* une fois par semaine. | *per tre settimane,* pendant trois semaines. | *settimana corta,* semaine anglaise. | *riscuotere la settimana,* toucher sa semaine. | *il fine settimana,* le week-end. || GIOCHI marelle.
settimanale [settima'nale] agg. [che ricorre ogni settimana] hebdomadaire. || [della settimana] de la semaine. | *orario settimanale,* horaire de la semaine. ◆ m. hebdomadaire ; hebdo (fam.).
settimanalmente [settimanal'mente] avv. hebdomadairement, chaque semaine, toutes les semaines, une fois par semaine.
settimino [setti'mino] agg. né à sept mois, prématuré. ◆ n. enfant né à sept mois. || MUS. septuor.
settimo ['sɛttimo] agg. num. ord. e m. septième ; [con nomi di papi e di sovrani ; con i sostantivi atto, scena, libro, volume] sept. | *Carlo settimo,* Charles VII. || LOC. FIG. *essere al settimo cielo,* être au septième ciel, être aux anges.
setto ['sɛtto] m. ANAT., BOT. cloison f.
1. settore [set'tore] m. PR. e FIG. secteur.
2. settore [set'tore] m. disséqueur (raro). || PARTIC. *settore anatomico,* prosecteur. | *perito settore,* médecin légiste.
settoriale [setto'rjale] agg. sectoriel.
settuagenario [settuadʒe'narjo] agg. e n. (lett.) septuagénaire (L.C.).

settuagesima [settua'dʒɛzima] f. RELIG. septuagésime.
settuagesimo [settua'dʒɛzimo] agg. LETTER. V. SETTANTESIMO.
settuplicare [settupli'kare] v. tr. (raro) septupler.
settuplo ['settuplo] agg. e m. septuple.
severamente [severa'mente] avv. sévèrement.
severità [severi'ta] f. sévérité. ‖ PER EST. [austerità] sévérité (lett.), austérité. ‖ [entità] importance.
severo [se'vɛro] agg. sévère. ‖ [austero] sévère, austère. ‖ [ingente] sévère, lourd, très important.
sevizia [se'vittsja] f. sévices m. pl.
seviziare [sevit'tsjare] v. tr. torturer ; exercer des sévices (sur). ‖ [violentare] violer.
seviziatore [sevittsja'tore] (**-trice** f.) m. tortionnaire n.
sevo ['sɛvo] m. suif.
sex-appeal [seksə'pi:l] m. invar. [ingl.] sex-appeal.
sexy ['seksi] agg. invar. [ingl.] sexy (fam.).
sezionamento [settsjona'mento] m. sectionnement. ‖ ANAT. dissection f.
sezionare [settsjo'nare] v. tr. sectionner. ‖ ANAT. disséquer.
sezionatore [settsjona'tore] m. ELETTR. sectionneur.
sezione [set'tsjone] f. **1.** [suddivisione] section. | *libro diviso in due sezioni,* livre divisé en deux sections, en deux parties. | *sezione elettorale,* section électorale. ‖ MIL. section. ‖ MUS. *sezione ritmica,* section rythmique. ‖ **2.** [il sezionare] (raro) sectionnement m. ‖ **3.** GEOM. section. | *sezione conica,* section conique. ‖ [nel disegno] section, coupe. ‖ MAR. *sezione maestra di una nave,* maîtresse section, maître-couple d'un navire. ‖ MAT. *sezione aurea,* nombre d'or.
sfaccendare [sfattʃen'dare] v. intr. travailler avec ardeur, activement ; [con idea di fatica spiacevole] trimer, besogner.
sfaccendato [sfattʃen'dato] agg. e n. désœuvré, oisif.
sfaccettare [sfattʃet'tare] v. tr. facetter, tailler à facettes. ‖ FIG. examiner tous les aspects (de).
sfaccettato [sfattʃet'tato] agg. taillé à facettes, facetté. ‖ FIG. complexe.
sfaccettatura [sfattʃetta'tura] f. taille (à facettes). ‖ [faccia] facette. ‖ [insieme delle facce] facettes pl.
sfacchinare [sfakki'nare] v. intr. trimer, peiner, besogner, s'échiner, s'éreinter.
sfacchinata [sfakki'nata] f. tâche épuisante ; travail, boulot (pop.) épuisant, éreintant, tuant, crevant (pop.) ; [con idea di lavoro fatto malvolentieri] corvée. | *questo lavoro è stato una sfacchinata,* ce travail a été quelque chose d'éreintant. | *arrivare fin lassù è una sfacchinata,* c'est vraiment épuisant de monter jusque là-haut.
sfacciataggine [sfattʃa'taddʒine] f. impudence, effronterie, audace, aplomb m., toupet m. (fam.), culot m. (pop.).
sfacciatamente [sfattʃata'mente] avv. impudemment, effrontément.
sfacciato [sfat'tʃato] agg. **1.** effronté, impudent, éhonté, insolent, culotté (pop.). ‖ [cose] impudent, insolent, effronté. ‖ **2.** [di colore] criard, voyant. ◆ m. effronté, impudent.
sfacelo [sfa'tʃɛlo] m. délabrement, détérioration f., dégradation f. ‖ FIG. [crollo] écroulement, décomposition f., désagrégation f. | *lo sfacelo dell'Impero,* l'écroulement de l'Empire. ‖ [rovina] ruine f. | *portare il paese allo sfacelo,* mener le pays à sa ruine. ‖ LOC. *in sfacelo,* en ruine.
sfaldabile [sfal'dabile] agg. fissible, fissile ; clivable.
sfaldamento [sfalda'mento] m. [lo sfaldarsi] clivage, exfoliation f. ‖ [lo sfaldare] clivage, délitement, délitage, délitation f. ; [di vernice] écaillage.
sfaldare [sfal'dare] v. tr. cliver, déliter, exfolier. ◆ v. rifl. se cliver, s'exfolier ; [di vernice] s'écailler.
sfaldatura [sfalda'tura] f. clivage m. | *superficie di sfaldatura,* plan de clivage.
sfalsamento [sfalsa'mento] m. décalage.
sfalsare [sfal'sare] v. tr. décaler.
sfamare [sfa'mare] v. tr. rassasier. ‖ [nutrire] nourrir. | *sfamare la famiglia,* nourrir sa famille. ◆ v. rifl. se rassasier, manger à sa faim. ‖ [mangiare] se nourrir, manger.
sfangamento [sfanga'mento] m. TECN. débourbage.
sfangare [sfan'gare] v. tr. (arc.) décrotter (L.C.). ‖ TECN. débourber. ◆ v. intr. sortir de la boue.
sfare ['sfare] v. tr. V. DISFARE.
sfarfallamento [sfarfalla'mento] m. éclosion f. ‖ [lo svolazzare] (raro) voltigement (L.C.), volettement (raro). ‖ FIG. papillonnement, papillonnage. ‖ [di luce] papillottement.
sfarfallare [sfarfal'lare] v. intr. sortir du cocon, éclore. ‖ [svolazzare] voleter, voltiger, papillonner. ‖ FIG. FAM. papillonner. ‖ FAM. faire des bourdes, des gaffes, des erreurs (L.C.), commettre une bévue (L.C.). ‖ [di luce] papilloter.
sfarfallio [sfarfal'lio] m. voltigement, volettement (raro).
sfarfallone [sfarfal'lone] m. FAM. gaffe f., bourde f., erreur f. (L.C.), bévue f. (L.C.).
sfarinamento [sfarina'mento] m. mouture f. ‖ PER EST. pulvérisation f.
sfarinare [sfari'nare] v. tr. moudre. ‖ PER. EST. pulvériser, réduire en poudre. ◆ v. intr. o v. rifl. être réduit en poudre, se pulvériser.
sfarzo ['sfartso] m. faste, magnificence f., luxe, éclat, pompe f. (antiq. o lett.).
sfarzosamente [sfartsosa'mente] avv. fastueusement, luxueusement, somptueusement.
sfarzosità [sfartsosi'ta] f. faste m., magnificence.
sfarzoso [sfar'tsoso] agg. fastueux, somptueux, luxueux, magnifique, pompeux (antiq.).
sfasamento [sfaza'mento] m. FIS. déphasage. ‖ FIG. [difetto di corrispondenza] décalage. ‖ [mancanza di coerenza] incohérence f. ‖ FIG. FAM. trouble (L.C.), déphasage, désorientation f. (L.C.).
sfasare [sfa'zare] v. tr. déphaser. ‖ FIG. désorienter, troubler, désaxer.
sfasato [sfa'zato] agg. FIS. déphasé. ‖ FIG. déphasé, désorienté. | *sentirsi sfasato,* se sentir (tout) drôle.
sfasatura [sfaza'tura] f. V. SFASAMENTO.
sfasciamento [sfaʃʃa'mento] m. destruction f., dislocation f. ; [sotto un peso, contro un ostacolo] écrasement ; [con caduta] effondrement.
1. sfasciare [sfaʃ'ʃare] v. tr. débander ; enlever, ôter le pansement, les bandes (de). ‖ [un bambino] démailloter.
2. sfasciare [sfatʃ'ʃare] v. tr. démolir, casser, briser (lett.), mettre en pièces. | *sfasciò la sedia contro il muro,* il brisa la chaise en la jetant contre le mur. | *hai sfasciato questo libro,* tu as complètement abîmé ce livre. ◆ v. rifl. se briser, se casser, se disloquer ; [sotto un peso] s'effondrer ; [contro un ostacolo] s'écraser. ‖ FAM. [di persona] s'avachir. ‖ FIG. se décomposer, se désagréger, s'effondrer.
sfasciato [sfaʃ'ʃato] agg. démoli, cassé ; [di libro] tout abîmé, tout déchiré ; [del corpo] flasque, avachi.
sfasciatura [sfaʃʃa'tura] f. enlèvement (m.) d'une bande, d'un pansement.
sfasciume [sfaʃ'ʃume] m. débris.
sfatamento [sfata'mento] m. démystification f., démythification f., destruction f.
sfatare [sfa'tare] v. tr. démythifier, démystifier, détruire.
sfaticato [sfati'kato] agg. e n. fainéant.
sfatto ['sfatto] agg. PR. e FIG. défait. ‖ [disciolto] fondu. ‖ [guasto] pourri, gâté.
sfavillante [sfavil'lante] agg. PR. e FIG. étincelant. | *viso sfavillante,* visage rayonnant.
sfavillare [sfavil'lare] v. intr. PR. e FIG. étinceler. | *il volto gli sfavillava di gioia,* son visage rayonnait (de joie).
sfavillio [sfavil'lio] m. étincellement.
sfavore [sfa'vore] m. défaveur f. ‖ [svantaggio] désavantage.
sfavorevole [sfavo'revole] agg. défavorable.
sfavorevolmente [sfavorevol'mente] avv. défavorablement.
sfavorire [sfavo'rire] v. tr. défavoriser, desservir, désavantager.
sfebbrare [sfeb'brare] v. intr. guérir de la fièvre. | *è sfebbrato,* sa fièvre est tombée, il n'a plus de fièvre.
sfegatarsi [sfega'tarsi] v. rifl. FAM. se décarcasser ; se démener (L.C.).

sfegatato [sfega'tato] agg. e n. enragé, exalté, fanatique.
sfenisco [sfe'nisko] m. ZOOL. manchot.
sfenoide [sfe'nɔide] m. ANAT. sphénoïde.
sfera ['sfɛra] f. **1.** sphère, globe m., boule. | *sfera celeste,* sphère céleste. | *sfera terrestre,* sphère terrestre, globe (terrestre). | *una sfera di vetro,* une boule de verre. ‖ TECN. *cuscinetto a sfere,* roulement à billes. | *penna a sfera,* crayon, stylo à bille. ‖ GEOM. sphère. ‖ SPORT *la sfera di cuoio,* le ballon. ‖ **2.** [lancetta] aiguille. ‖ **3.** FIG. sphère, milieu m., domaine m. | *le alte sfere,* les hautes sphères. | *la sfera politica,* le milieu politique. | *sfera di attività,* sphère d'activité.
sfericità [sferitʃi'ta] f. sphéricité.
sferico ['sfɛriko] (**-ci** pl.) agg. sphérique.
sferoidale [sferoi'dale] agg. sphéroïdal.
sferoide [sfe'rɔide] m. sphéroïde.
sferometro [sfe'rɔmetro] m. sphéromètre.
sferragliamento [sferraʎʎa'mento] m. bruit de ferraille.
sferragliare [sferraʎ'ʎare] v. intr. faire un bruit de ferraille.
sferrare [sfer'rare] v. tr. déferrer. ‖ FIG. *sferrare un calcio,* lâcher un coup de pied. ‖ [dare inizio] déclencher. | *sferrare un attacco,* déclencher une attaque. ◆ medio intr. se déferrer. ‖ FIG. s'élancer. ◆ v. rifl. *sferrarsi calci,* se prendre à coups de pieds.
sferruzzare [sferrut'tsare] v. intr. tricoter.
sferza ['sfɛrtsa] f. fouet m. ‖ FIG. *la sferza del sole,* le soleil brûlant. | *la sferza del gelo,* la morsure du gel. | *la sferza della critica,* les attaques de la critique.
sferzante [sfer'tsante] agg. cinglant.
sferzare [sfer'tsare] v. tr. fouetter, cingler. ‖ FIG. cingler, fustiger (lett.), flageller (lett.).
sferzata [sfer'tsata] f. coup (m.) de fouet. ‖ FIG. critique.
sfiancamento [sfjanka'mento] m. (raro) éreintement. ‖ PR. rupture f.
sfiancare [sfjan'kare] v. tr. éreinter, harasser, épuiser, claquer (fam.). ‖ PR. briser, faire éclater ; [una nave] ouvrir une voie d'eau (dans). ‖ [in sartoria] ajuster à la taille.
sfiancato [sfjan'kato] agg. éreinté, épuisé, harassé, claqué (fam.), flapi (fam.). ‖ [in sartoria] *abito sfiancato,* robe ajustée à la taille.
sfiatamento [sfjata'mento] m. sortie f., évacuation f., expulsion f., échappement. ‖ [perdita] fuite f.
sfiatare [sfja'tare] v. intr. fuir, perdre. | *tubazione che sfiata,* tuyau qui fuit, qui perd. ‖ [uscire] être expulsé, fuir, s'échapper. ◆ v. rifl. [di strumento a fiato] perdre sa sonorité. ‖ FIG. s'époumoner, s'égosiller, s'essouffler.
sfiatato [sfja'tato] agg. [senza voce] aphone, sans voix. ‖ [senza fiato] essoufflé.
sfiatatoio [sfjata'tojo] m. TECN., ZOOL. évent.
sfibbiare [sfib'bjare] v. tr. déboucler, dégrafer.
sfibrante [sfi'brante] agg. épuisant, exténuant ; crevant (fam.).
sfibrare [sfi'brare] v. tr. épuiser, exténuer ; vider (fam.), crever (fam.). ‖ TECN. défibrer.
sfibratura [sfibra'tura] f. TECN. défibrage m.
sfida ['sfida] f. défi m. | *accettare la sfida,* relever le défi.
sfidante [sfi'dante] agg. qui défie, qui a défié (qn). | *la squadra sfidante,* l'équipe qui a lancé le défi. ◆ m. [duello] celui qui défie, qui provoque (qn) ; offenseur. ‖ SPORT challenger, challengeur.
sfidare [sfi'dare] v. tr. [a duello] défier, provoquer. ‖ PER EST. e SPORT défier. | *ti sfido a fare altrettanto,* je te défie d'en faire autant. ‖ FIG. défier, braver, narguer. ‖ LOC. FAM. *sfido (io)!,* je crois, je pense bien ! ; je comprends !, dame !, pardi !
sfiducia [sfi'dutʃa] f. [sconforto] découragement m. ‖ [mancanza di fiducia] manque (m.) de confiance. ‖ [diffidenza] méfiance, défiance. | *aver sfiducia,* se méfier (de). ‖ POLIT. *dare il voto di sfiducia,* refuser la confiance.
sfiduciare [sfidu'tʃare] v. tr. décourager. ◆ v. rifl. se décourager, se laisser abattre.
sfiduciato [sfidu'tʃato] agg. découragé.
sfigmomanometro [sfigmoma'nɔmetro] m. MED. sphygmomanomètre, sphygmotensiomètre, tensiomètre.
sfigurare [sfigu'rare] v. tr. défigurer. ◆ v. intr. faire mauvaise, piètre, triste figure ; faire mauvaise impression. ‖ [stonare] détonner.
sfigurato [sfigu'rato] agg. défiguré.
sfilacciare [sfilat'tʃare] v. tr. effilocher, effiler. ‖ TECN. défiler. ◆ v. rifl. s'effilocher, s'effiler.
sfilacciato [sfilat'tʃato] agg. effiloché. ◆ m. effilochure f., effilure f.
sfilacciatrice [sfilattʃa'tritʃe] f. effilocheuse.
sfilacciatura [sfilattʃa'tura] f. effilochage m., effilage m., défilage m. ‖ [parte sfilacciata] effilochure, effilure.
1. sfilare [sfi'lare] v. tr. [ago, collana] défiler, désenfiler ; [vestiti, anelli] enlever, ôter. | *sfilarsi le scarpe, la camicia,* enlever, ôter ses chaussures, sa chemise. ‖ LOC. *sfilare il rosario,* égrener son chapelet. ‖ [togliere i fili] effiler, défiler ; [la carne] enlever les nerfs (de), dénerver. ◆ v. rifl. [ago, collana] se désenfiler ; [altri oggetti] s'enlever, glisser. | *il manico del martello si è sfilato,* le manche du marteau s'est enlevé. | *mi si è sfilato l'anello,* ma bague a glissé de mon doigt. ‖ [sfilacciarsi] s'effilocher. ‖ [smagliarsi] *mi si è sfilata una calza,* j'ai une maille qui file.
2. sfilare [sfi'lare] v. intr. PR. e FIG. défiler.
sfilata [sfi'lata] f. défilé m. ‖ [fila] file, rangée. ‖ [serie] série.
sfilato [sfi'lato] m. [cucito] jour.
sfilatura [sfila'tura] f. effilage m., défilage m. ‖ [lo sfilarsi] effilochage m. ‖ [parte sfilata] effilochure, effilure ; [di una calza] maille filée.
sfilza ['sfiltsa] f. (longue) file. ‖ [gran quantità] flopée (pop.), masse, tas m.
sfinge ['sfindʒe] f. MIT. e FIG., ZOOL. sphinx.
sfinimento [sfini'mento] m. épuisement.
sfinire [sfi'nire] v. tr. épuiser, exténuer, harasser, vider (fam.), claquer (fam.), crever (pop.). ◆ v. rifl. s'épuiser.
sfinitezza [sfini'tettsa] f. épuisement m.
sfinito [sfi'nito] agg. épuisé, exténué, harassé, fourbu, vidé (fam.), claqué (fam.), flapi (fam.), crevé (pop.). | *sono sfinito,* je suis vidé, je n'en peux plus, je suis à bout de forces.
sfintere [sfin'tɛre] m. ANAT. sphincter.
sfioccare [sfjok'kare] v. tr. effilocher. ◆ v. rifl. s'effilocher.
sfioramento [sfjora'mento] m. effleurement, frôlement.
sfiorare [sfjo'rare] v. tr. effleurer, frôler, raser. ‖ FIG. effleurer. | *abbiamo solo sfiorato l'argomento,* nous n'avons fait qu'effleurer le sujet. ‖ [arrivare vicino] frôler. | *sfiorare la morte,* frôler la mort, voir la mort de près, passer à deux doigts de la mort. | *sfiorare l'indecenza,* frôler, friser l'indécence.
sfiorire [sfjo'rire] v. intr. PR. e FIG. se faner, se flétrir. | *far sfiorire,* faner, flétrir.
sfiorito [sfjo'rito] agg. fané, flétri.
sfioritura [sfjori'tura] f. (raro) flétrissure.
sfirena [sfi'rɛna] f. ZOOL. sphyrène.
sfittare [sfit'tare] v. tr. laisser libre, libérer. ◆ v. rifl. devenir libre. | *la camera si sfitterà in luglio,* la chambre sera libre en juillet.
sfitto ['sfitto] agg. libre.
sfocare [sfo'kare] v. tr. (raro) FOT. voiler.
sfocato [sfo'kato] agg. FOT. e FIG. flou, voilé.
sfocatura [sfoka'tura] f. flou m., voile m.
sfociare [sfo'tʃare] v. intr. [di corso d'acqua] se jeter (dans) ; [di via] déboucher (sur), aboutir (à). ‖ FIG. entraîner (tr.), aboutir (à).
sfocio ['sfotʃo] m. [di fiume] embouchure f. ; [di conduttura] orifice d'évacuation. ‖ FIG. issue f.
1. sfoderare [sfode'rare] v. tr. **1.** dégainer. ‖ FIG. révéler ; faire montre (de), preuve (de). | *sfoderare una grande abilità,* faire montre, faire preuve d'une grande habileté. | *sfoderare un sorriso,* arborer un sourire. ‖ **2.** [dare fondo] avoir recours (à), faire appel (à). | *sfoderare tutta la propria eloquenza,* avoir recours à toute son éloquence. ‖ **3.** [ostentare] étaler, exhiber.
2. sfoderare [sfode'rare] v. tr. dédoubler.
sfoderato [sfode'rato] agg. non doublé, sans doublure.

sfogare [sfo'gare] v. tr. donner libre cours (à), exhaler (lett.), épancher. | *sfogare il proprio istinto*, donner libre cours à son instinct. | *sfogare il proprio dolore*, épancher sa douleur. | *sfogare la collera*, exhaler sa colère. | *sfogare la rabbia su qlcu.*, passer sa colère sur qn. ◆ v. intr. PR. sortir, s'échapper. ‖ FIG. éclater. ◆ v. rifl. s'épancher, se confier. | *sfogarsi con un amico*, se confier à un ami, ouvrir son cœur à un ami. ‖ LOC. *sfogarsi contro qlcu.*, dire tout ce qu'on a contre qn. | *sfogarsi su qlcu.*, passer sa mauvaise humeur, ses nerfs (fam.) sur qn. ‖ ASSOL. se soulager, se laisser aller. | *lascialo piangere, ha bisogno di sfogarsi*, laisse-le pleurer, il a besoin de se soulager. ‖ [liberare i propri istinti] se défouler. ‖ LOC. *sfogarsi a fare qlco.*, faire qch. tout son soûl, à satiété, à cœur joie. | *si è sfogato a correre*, il a couru tout son soûl.

sfoggiare [sfod'dʒare] v. intr. faire étalage (de), déployer (v. tr.), étaler (v. tr.). | *sfoggiare nel vestire*, faire (un grand) étalage de ses toilettes. ‖ ASSOL. faire étalage de luxe, mener grand train. ◆ v. tr. [mostrare] arborer. ‖ [ostentare] exhiber, étaler, afficher, faire étalage (de). | *sfoggiare la propria cultura*, étaler sa culture.

sfoggio ['sfɔddʒo] m. étalage. | *far sfoggio di*, faire étalage de, afficher, exhiber. | *senza sfoggio*, sans ostentation ; [senza lusso] sans luxe.

sfoglia ['sfɔʎʎa] f. feuille. ‖ CULIN. abaisse. | *pasta sfoglia*, pâte feuilletée.

1. sfogliare [sfoʎ'ʎare] v. tr. [foglie, fiori] effeuiller ; [solo foglie] défeuiller (lett.). ◆ v. rifl. s'effeuiller, se défeuiller (lett.).

2. sfogliare [sfoʎ'ʎare] v. tr. [libro] feuilleter. ◆ v. rifl. s'effriter.

1. sfogliata [sfoʎ'ʎata] f. [lo scorrere] coup (m.) d'œil. | *ho dato una sfogliata al tuo libro*, j'ai feuilleté ton livre, j'ai jeté un coup d'œil sur ton livre.

2. sfogliata [sfoʎ'ʎata] f. [dolce] tarte (en pâte feuilletée).

sfogliatrice [sfoʎʎa'tritʃe] f. TECN. dérouleuse.

sfogliatura [sfoʎʎa'tura] f. AGR. effeuillage m.

sfogo ['sfogo] m. **1.** [fuoriuscita] sortie f., expulsion f., évacuation f., échappement. | *apertura per lo sfogo del gas*, ouverture permettant la sortie, l'expulsion du gaz. | *valvola per lo sfogo del vapore*, soupape d'échappement de la vapeur. ‖ **2.** [apertura] ouverture f., issue f. | *ci vuole uno sfogo per il fumo*, il faut une ouverture pour la fumée. ‖ PER EST. *cortile senza sfogo*, cour sans dégagement. ‖ [sbocco] débouché. ‖ FIG. épanchement. | *aver bisogno di uno sfogo*, avoir besoin de se soulager, de s'épancher. | *sfogo di collera*, explosion (f.) de colère. | *ho ascoltato i suoi sfoghi*, je l'ai écouté me dire tout ce qu'il avait sur le cœur. | *dare sfogo a*, donner libre cours à ; laisser déborder. ‖ [sollievo] soulagement. | *cerca uno sfogo al suo dolore*, il cherche un soulagement à sa douleur. ‖ [ciò che permette di liberarsi] exutoire. | *scrivere è per lui uno sfogo*, écrire lui sert d'exutoire. ‖ **3.** [eruzione cutanea] éruption f.

sfolgorante [sfolgo'rante] agg. fulgurant, éclatant, étincelant.

sfolgorare [sfolgo'rare] v. intr. étinceler, resplendir, briller, fulgurer.

sfolgoreggiare [sfolgored'dʒare] v. intr. LETT. (raro) étinceler, resplendir.

sfolgorio [sfolgo'rio] m. scintillement, étincellement.

sfollagente [sfolla'dʒɛnte] m. invar. matraque f.

sfollamento [sfolla'mento] m. évacuation f. ‖ [in selvicultura] éclaircissage, éclaircie f.

sfollare [sfol'lare] v. intr. **1.** quitter (v. tr.), partir (de), s'en aller (de). | *la gente sfolla dallo stadio*, les gens quittent le stade. | *sfollare dalla città*, évacuer la ville, s'enfuir de la ville. | *sfollare in campagna*, se réfugier à la campagne. ‖ ASSOL. se disperser, partir ; [in tempo di guerra] quitter les centres habités, s'éloigner des centres habités ; effectuer un exode. ‖ [in massa] évacuer (v. tr.). ◆ v. tr. quitter, partir (de), s'en aller (de), vider. ‖ [in massa] évacuer. | *sfollare la sala*, évacuer la salle. | *sfollare la popolazione*, évacuer la population. ◆ v. rifl. se vider.

sfollato [sfol'lato] agg. e n. évacué, réfugié. | *le popolazioni sfollate*, les populations évacuées. | *il paese accoglie molti sfollati*, le village accueille de nombreux réfugiés.

sfoltimento [sfolti'mento] m. éclaircissage, éclaircie f.

sfoltire [sfol'tire] v. tr. éclaircir.

sfoltita [sfol'tita] f. LOC. *dare una sfoltita (ai capelli)*, (se faire) éclaircir (les cheveux).

sfondamento [sfonda'mento] m. défoncement, défonçage, enfoncement. ‖ MIL. enfoncement, percée f.

sfondare [sfon'dare] v. tr. défoncer, enfoncer. | *sfondare una sedia*, défoncer une chaise. ‖ MIL. enfoncer. ‖ LOC. FIG. *sfondare una porta aperta*, enfoncer une porte ouverte. ◆ v. intr. FIG. percer. | *non è ancora riuscito a sfondare*, il n'a pas encore réussi à percer. ◆ v. rifl. s'enfoncer, se défoncer, se percer.

sfondato [sfon'dato] agg. défoncé, enfoncé ; [bucato] percé. ‖ FIG. *ricco sfondato*, riche comme Crésus, riche à millions, plein aux as (pop.). ‖ FAM. [insaziabile] insatiable (L.C.), vorace (L.C.). ◆ m. PITT. lointain.

sfondo ['sfondo] m. PITT. fond ; [ultimo piano] arrière-plan, fond. ‖ TEATRO fond, toile (f.) de fond. ‖ PER EST. e FIG. fond, arrière-plan, toile de fond. | *il dramma ha per sfondo la prima guerra mondiale*, le drame a comme toile de fond la Première Guerre mondiale. | *a sfondo politico, sentimentale*, d'inspiration politique, sentimentale.

sfondone [sfon'done] m. énormité f.

sforacchiare [sforak'kjare] v. tr. cribler de (petits) trous.

sforbiciare [sforbi'tʃare] v. tr. couper (avec des ciseaux).

sforbiciata [sforbi'tʃata] f. coup (m.) de ciseau.

sformare [sfor'mare] v. tr. déformer. ‖ [togliere dalla forma] démouler. ◆ v. rifl. se déformer.

sformato [sfor'mato] agg. (raro) déformé. ◆ m. CULIN. gâteau (moulé). | *sformato di riso*, gâteau de riz. ‖ [a base di latte, uova e farina] flan.

sformatura [sforma'tura] f. démoulage m.

sfornare [sfor'nare] v. tr. retirer du four. ‖ TECN. défourner. ‖ FIG. pondre (fam.), produire.

sfornire [sfor'nire] v. tr. (raro) démunir. ◆ v. rifl. se démunir.

sfornito [sfor'nito] agg. dépourvu. | *sfornito di denari*, dépourvu, démuni d'argent. ‖ LOC. *negozio sfornito*, magasin mal fourni, mal approvisionné.

sfortuna [sfor'tuna] f. malchance, déveine (fam.). | *ha avuto sfortuna*, il a eu de la malchance. | *è una vera sfortuna !*, c'est vraiment de la malchance ! ‖ [disgrazia] malheur m. | *sfortuna volle che*, le malheur a voulu que.

sfortunatamente [sfortunata'mente] avv. malheureusement.

sfortunato [sfortu'nato] agg. qui n'a pas de chance, malchanceux, malheureux. | *sei stato sfortunato*, tu n'as pas eu de chance. | *sfortunato al gioco*, malheureux au jeu. ‖ [di cose] malheureux. | *amore sfortunato*, amour malheureux. | *periodo sfortunato*, mauvaise période. | *libro sfortunato*, livre qui n'a pas de succès.

sforzando [sfor'tsando] m. MUS. sforzando avv. (ital.).

sforzare [sfor'tsare] v. tr. forcer. | *lo sforzarono a partire*, ils le forcèrent, l'obligèrent à partir. ◆ v. rifl. s'efforcer.

sforzatamente [sfortsata'mente] avv. en se forçant ; à contrecœur.

sforzato [sfor'tsato] agg. contraint, forcé. | *atteggiamento sforzato*, attitude contrainte. | *riso, sorriso sforzato*, rire, sourire forcé. ‖ [troppo sottile] alambiqué ; tiré par les cheveux ; forcé.

sforzatura [sfortsa'tura] f. déformation.

sforzesco [sfor'tsesko] agg. des Sforza.

sforzo ['sfɔrtso] m. effort. | *con uno sforzo*, avec effort. | *con uno sforzo notevole, riuscì ad alzarlo*, il fit un violent effort et réussit à le soulever. | *ha richiesto molto sforzo*, cela a demandé beaucoup d'efforts. | *fare ogni sforzo per*, faire tous ses efforts pour. | *senza sforzo, con sforzo*, sans effort, avec effort. ‖ FIS. effort.

sfottere ['sfottere] v. tr. POP. se foutre, se fiche, se ficher de (fam.), se payer la tête de (fam.), se moquer de (L.C.). ◆ v. recipr. se taquiner (L.C.).

sfottimento [sfotti'mento] m. Pop. moquerie f. (L.C.).

sfottitore [sfotti'tore] m. Pop. railleur (L.C.).

sfottitura [sfotti'tura] f. Pop. moquerie f. (L.C.).

sfottò [sfot'tɔ] m. Fam. moquerie f. (L.C.).

sfracellare [sfratʃel'lare] v. tr. fracasser, écraser, écrabouiller (fam.). ◆ v. rifl. se fracasser.

sfragistica [sfra'dʒistika] f. sigillographie, sphragistique.

sfrangiare [sfran'dʒare] v. tr. effranger.

sfrangiatura [sfrandʒa'tura] f. frange.

sfratarsi [sfra'tarsi] v. rifl. se défroquer.

sfratato [sfra'tato] agg. e m. défroqué.

sfrattare [sfrat'tare] v. tr. expulser. ◆ v. intr. vider les lieux.

sfrattato [sfrat'tato] agg. expulsé. ◆ n. personne expulsée.

sfratto ['sfratto] m. expulsion f. | *dare lo sfratto a qlcu.*, expulser qn. | *subire uno sfratto*, être expulsé, se faire expulser.

sfrecciare [sfret'tʃare] v. intr. filer.

sfregamento [sfrega'mento] m. frottement.

sfregare [sfre'gare] v. tr. frotter. ‖ [urtare, strisciare] rayer.

sfregatura [sfrega'tura] f. frottement m.

sfregiare [sfre'dʒare] v. tr. défigurer ; [con un taglio] balafrer, faire une estafilade (à). ‖ [un oggetto] taillader ; [in modo superficiale] rayer. ‖ Fig. (raro) déshonorer (L.C.). ◆ v. rifl. se faire une estafilade.

sfregiato [sfre'dʒato] agg. balafré.

sfregio ['sfrɛdʒo] m. balafre f., estafilade f., entaille f., taillade f. ; [cicatrice] balafre f. ; [taglio superficiale] coupure f., estafilade f. ‖ [su un oggetto] rayure f., éraflure f., entaille f. ‖ Fig. affront.

sfrenare [sfre'nare] v. tr. enlever le frein (de, à). ‖ Fig. donner libre cours (à), lâcher la bride (à). | *sfrenare la fantasia*, donner libre cours à sa fantaisie. ◆ v. rifl. se libérer du frein. ‖ Fig. se déchaîner.

sfrenatamente [sfrenata'mente] avv. de façon effrénée.

sfrenatezza [sfrena'tettsa] f. manque (m.) de modération, démesure, immodération (lett.), emportement m. (antiq.), dérèglement m. (antiq.).

sfrenato [sfre'nato] agg. effréné.

sfrigolare [sfrigo'lare] v. intr. grésiller.

sfrigolio [sfrigo'lio] m. grésillement.

sfringuellare [sfringwel'lare] v. intr. (raro) chanter. ‖ Fig. bavarder. ‖ [ridire] cafarder (fam.), rapporter (fam.). ◆ v. tr. rapporter, raconter.

sfrittellare [sfrittel'lare] v. tr. Fam. tacher (L.C.). ◆ v. rifl. se tacher (L.C.).

sfrondare [sfron'dare] v. tr. Pr. e fig. élaguer. ◆ v. rifl. se dégarnir.

sfrondatura [sfronda'tura] f. élagage m., élaguement m. (raro).

sfrontataggine [sfronta'taddʒine] f. V. SFRONTATEZZA.

sfrontatamente [sfrontata'mente] avv. effrontément.

sfrontatezza [sfronta'tettsa] f. effronterie, impudence, hardiesse (lett.), toupet m. (fam.), culot m. (pop.).

sfrontato [sfron'tato] agg. effronté, impudent, culotté (pop.), gonflé (pop.). ‖ [di cose] effronté, impudent, éhonté. ◆ n. effronté, impudent. | *che sfrontato !*, quel effronté !, il a un sacré culot !

sfruttabile [sfrut'tabile] agg. exploitable.

sfruttamento [sfrutta'mento] m. exploitation f.

sfruttare [sfrut'tare] v. tr. Pr. e fig. exploiter. ‖ [utilizzare] (bien) utiliser. | *ha saputo sfruttare tutto lo spazio disponibile*, il a su utiliser toute la place disponible. ‖ [trarre vantaggio] profiter (de), tirer profit (de), exploiter. | *sfruttare l'occasione*, profiter de l'occasion.

sfruttato [sfrut'tato] agg. e n. exploité.

sfruttatore [sfrutta'tore] (**-trice** f.) m. exploiteur, euse. ◆ agg. qui exploite, exploiteur.

sfuggente [sfud'dʒɛnte] agg. fuyant.

sfuggevole [sfud'dʒevole] agg. confus, indistinct. ‖ Per est. [breve] fugitif.

sfuggire [sfud'dʒire] v. intr. échapper (à). ‖ [a obbligo, dovere] se dérober (à), esquiver (v. tr.), éluder (v. tr.). ‖ [uscire inavvertitamente] échapper. | *il bicchiere gli sfuggì di mano*, le verre lui échappa des mains. | *si lasciò sfuggire un grido*, il laissa échapper un cri, un cri lui échappa. | *mi sfugge il suo nome*, son nom m'échappe. ‖ Loc. *mi era sfuggito che*, je n'avais pas remarqué que. ◆ v. tr. éviter.

sfuggita [sfud'dʒita] f. saut m. ‖ Loc. *di sfuggita*, fugitivement, en passant. | *l'ho visto appena di sfuggita*, je n'ai fait que l'entrevoir.

sfumare [sfu'mare] v. intr. se dissiper, s'évaporer. ‖ Fig. s'évanouir (en fumée), s'en aller en fumée. ‖ [di colore] se dégrader. ‖ [perdere la nitidezza dei contorni] s'estomper. ‖ [di suono] s'évanouir. ◆ v. tr. [colori] dégrader, nuancer. ‖ [disegno] estomper. ‖ Fig. (lett.) nuancer (L.C.). ‖ [suoni] atténuer.

sfumato [sfu'mato] agg. [di colore] dégradé, fondu. ‖ [di disegno] estompé. ‖ [di figura] estompé, flou. ‖ [di luce] tamisé. ‖ [di stile] nuancé. ‖ [di suono] feutré. ‖ Fig. évanoui, parti en fumée. ◆ m. [dei colori] fondu, dégradé. ‖ [dei contorni] estompage. ‖ Fot. flou.

sfumatura [sfuma'tura] f. [passaggio graduale da una tonalità all'altra] dégradé m., fondu m. ‖ Pr. e fig., Mus. [tonalità] nuance. ‖ [nel disegno] estompage m. ‖ [dei capelli] *avere la sfumatura alta*, avoir les cheveux coupés courts (sur la nuque), avoir la nuque dégagée.

sfumo ['sfumo] m. estompage.

sfuriata [sfu'rjata] f. (crise de) colère ; explosion, accès (m.) de colère ; emportement m. | *fare una sfuriata*, piquer (fam.) une colère, se mettre en colère.

sfuso ['sfuzo] agg. Pr. fondu. ‖ Comm. en vrac.

sgabello [zga'bɛllo] m. tabouret, escabeau.

sgabuzzino [zgabut'tsino] m. cagibi (fam.), réduit ; [ripostiglio] débarras.

sgambare [zgam'bare] v. intr. ou rifl. courir, cavaler (pop.).

sgambata [zgam'bata] f. trotte (fam.).

sgambettare [zgambet'tare] v. intr. gigoter. ‖ Per est. [camminare] trottiner. ◆ v. tr. faire un croc-en-jambe, un croche-pied (à).

sgambetto [zgam'betto] m. croche-pied, croc-en-jambe. ‖ Loc. pr. e fig. *fare lo sgambetto a qlcu.*, faire un croc-en-jambe à qn.

sganasciare [zganaʃ'ʃare] v. tr. décrocher la mâchoire (à). ◆ v. rifl. se décrocher la mâchoire. | *sganasciarsi dalle risa*, se tordre de rire ; rire à gorge déployée, comme un bossu (fam.), se gondoler (pop.). | *sganasciarsi dagli sbadigli*, bâiller à se décrocher la mâchoire.

sganasciata [zganaʃ'ʃata] f. (raro) éclat (m.) de rire (L.C.). | *ci siamo fatti una sganasciata*, nous avons bien ri, on a bien rigolé (fam.), on s'est bien marré (pop.).

sganciabile [zgan'tʃabile] agg. qu'on peut décrocher.

sganciamento [zgantʃa'mento] m. décrochage.

sganciare [zgan'tʃare] v. tr. décrocher, détacher. ‖ (fam.) [vestiti] dégrafer (L.C.). ‖ [bombe] lâcher, larguer. ‖ Assol. lâcher des bombes, bombarder. ‖ Fig. débourser, casquer (fam.), cracher (pop.). ◆ v. rifl. se décrocher, se détacher. ‖ Fig. se débarrasser (de), se libérer (de), se dépêcher de faire. ‖ Mil. décrocher (v. intr.).

sgancio ['zgantʃo] m. décrochage. ‖ Mil. *sgancio (di bombe)*, lâchage de bombes, bombardement.

sgangherare [zgange'rare] v. tr. arracher de ses gonds. ‖ Per est. démolir, disloquer, démantibuler (fam.). ‖ [aprire] ouvrir tout grand. ◆ v. rifl. se décrocher la mâchoire. | *sgangherarsi dalle risa*, V. SGANASCIARSI.

sgangheratamente [zgangerata'mente] avv. vulgairement, avec vulgarité ; de façon vulgaire, grossière.

sgangherato [zgange'rato] agg. Pr. sorti de ses gonds. ‖ [che sta appena insieme] démoli, disloqué, démantibulé (fam.), déglingué (fam.) ; [che sta appena in piedi] branlant. ‖ Fig. boiteux. ‖ [scomposto] grossier, vulgaire. | *riso sgangherato*, rire énorme.

sgarbataggine [zgarba'taddʒine] f. V. SGARBATEZZA.

sgarbatamente [zgarbata'mente] avv. impoliment, grossièrement.
sgarbatezza [zgarba'tettsa] f. impolitesse, grossièreté, incivilité. ‖ [azione, parola] V. SGARBO.
sgarbato [sgar'bato] agg. impoli, discourtois, incivil, incorrect, grossier. ‖ [privo di grazia] disgracieux. ◆ n. impoli, malappris ; grossier personnage.
sgarberia [zgarbe'ria] f. V. SGARBATEZZA.
sgarbo ['zgarbo] m. impolitesse f. | *fare uno sgarbo a qlcu.*, commettre une impolitesse envers qn, se montrer grossier envers qn. ‖ LOC. *non fatemi lo sgarbo di rifiutare*, ne me faites pas l'affront de refuser.
sgarbugliare [zgarbuʎ'ʎare] v. tr. PR. e FIG. débrouiller, démêler.
sgargiante [zgar'dʒante] agg. voyant.
sgarrare [zgar'rare] v. intr. être inexact, se tromper, dévier, s'écarter. | *orologio che non sgarra un minuto*, montre qui ne varie pas d'une minute. | *impiegato che non sgarra mai*, employé à qui on ne peut rien reprocher.
sgarro ['zgarro] m. négligence f.
sgarza ['zgardza] f. ZOOL. héron cendré.
sgattaiolare [zgattajo'lare] v. intr. se glisser, se faufiler. | *sgattaiolare via*, s'esquiver, s'éclipser, filer à l'anglaise, prendre la tangente (fam.), la poudre d'escampette (fam.).
sgelare [zdʒe'lare] v. tr. dégeler. ◆ v. intr. o rifl. dégeler, se dégeler.
sgelo ['zdʒɛlo] m. dégel.
sghembo ['zgembo] agg. oblique biais, penché. | *muro sghembo*, mur qui penche. ‖ GEOM. oblique. ◆ loc. avv. ***(a) sghembo,*** de travers, en biais, en oblique, de guingois (fam.). | *camminare (a) sghembo*, marcher de travers, de guingois. | *tagliato a sghembo*, coupé en biais.
sgherro ['zgɛrro] m. ANTIQ. homme d'armes. ‖ PER EST., PEGGIOR. sbire.
sghiacciare [zgjat'tʃare] v. tr. dégeler. ◆ v. rifl. se dégeler.
sghignazzamento [zgiɲɲattsa'mento] m. ricanement.
sghignazzare [zgiɲɲat'tsare] v. intr. ricaner.
sghignazzata [zgiɲɲat'tsata] f. ricanement m.
sghimbescio [zgim'bɛʃʃo] agg. oblique, penché. ◆ loc. avv. ***a sghimbescio, di sghimbescio,*** de travers, en biais, en oblique, de guingois (fam.).
sgnaccare [zɲak'kare] v. tr. GERG. MIL. ficher (fam.), foutre (pop.). | *sgnaccare dentro*, foutre, coller au trou ; coffrer.
sgobbare [zgob'bare] v. intr. FAM. [lavoro] trimer, travailler dur (L.C.), bûcher, boulonner, bosser (pop.) dur, marner (pop.). ‖ [studio] bûcher, piocher.
sgobbata [zgob'bata] f. FAM. *ha fatto una sgobbata*, il a drôlement bûché, il a donné un sérieux coup de collier.
sgobbo ['zgɔbbo] m. FAM. effort (L.C.), travail (L.C.), boulot (pop.).
sgobbone [zgob'bone] (**-a** f.) m. [lavoro] bûcheur, euse (fam.), bourreau de travail ; [studio] bûcheur, piocheur, euse (fam.).
sgocciolamento [zgottʃola'mento] m. (raro) égouttage (L.C.), égouttement (L.C.).
sgocciolare [zgottʃo'lare] v. intr. [liquidi] goutter, dégouliner, couler. | *l'acqua sgocciola dal rubinetto*, l'eau goutte du robinet. | *l'acqua sgocciolava dal tetto*, l'eau dégoulinait du toit. | *la candela sgocciola*, la bougie coule. ‖ [recipienti] s'égoutter, goutter. | *mettere i piatti a sgocciolare*, mettre la vaisselle à égoutter. ◆ v. tr. [far cadere a gocce] faire goutter. ‖ [per asciugare] égoutter.
sgocciolatoio [zgottʃola'tojo] m. égouttoir.
sgocciolatura [zgottʃola'tura] f. égouttage m., égouttement m. ‖ [macchia] goutte. ‖ [ultime gocce] égoutture.
sgocciolio [zgottʃo'lio] m. bruit de gouttes qui tombent. | *lo sgocciolio del rubinetto*, le bruit du robinet qui goutte.
sgocciolo ['zgottʃolo] m. dernières gouttes ; fond du récipient ; égoutture f. ‖ LOC. FIG. *essere agli sgoccioli*, toucher à sa fin. | *con la scuola siamo agli sgoccioli*, l'année scolaire touche à sa fin.
sgolarsi [zgo'larsi] v. rifl. s'égosiller.
sgomberare [zgombe'rare] v. tr. V. SGOMBRARE.
sgombero ['zgombero] m. déménagement. ‖ [evacuazione] évacuation f. ‖ [di oggetti] déblaiement, déblayage.
sgombrare [zgom'brare] v. tr. **1.** [oggetti] débarrasser, déblayer. | *sgombrare la cantina*, débarrasser la cave. | *il vento sgombra il cielo dalle nuvole*, le vent chasse les nuages. ‖ **2.** [persone] évacuer. | *sgombrare la piazza*, évacuer la place. | *sgombrare gli abitanti della valle*, évacuer les habitants de la vallée. ‖ **3.** [lasciare libero] quitter. | *devo sgombrare l'appartamento alla fine del mese*, je dois quitter, libérer l'appartement à la fin du mois. ‖ ASSOL. déménager. ‖ SCHERZ. vider les lieux. | *sgombrare !*, dehors ! ‖ **4.** FIG. *sgombrare la mente da un ricordo*, chasser un souvenir de son esprit (L.C.), libérer son esprit d'un souvenir (L.C.).
1. sgombro ['zgombro] agg. vide. ‖ FIG. libre. | *sgombro di pregiudizi*, libre de préjugés. ◆ m. [di persone] évacuation f. ‖ [di oggetti] déblaiement, déblayage.
2. sgombro ['zgombro] m. ZOOL. (pop.) maquereau.
sgomentare [zgomen'tare] v. tr. effrayer, affoler, effarer. | *non mi sgomenta*, cela ne m'effraie pas, cela ne me fait pas peur. | *non sgomentiamo gli altri*, n'affolons pas, n'effrayons pas les autres. ◆ v. rifl. s'affoler, s'effrayer, s'effarer, avoir peur. | *non si sgomenta di nulla*, rien ne l'effraye.
sgomentato [zgomen'tato] agg. V. SGOMENTO agg.
sgomento [zgo'mento] agg. affolé, effaré, effrayé. | *lo guardava sgomento*, il le regardait d'un air effaré. ◆ m. affolement, effroi, frayeur f., effarement. | *si lasciava prendere dallo sgomento*, l'affolement le gagnait. | *riaversi dallo sgomento*, retrouver son sang-froid.
sgominare [zgomi'nare] v. tr. mettre en déroute. ‖ FIG. [in una competizione] battre, enfoncer (fam.).
sgomitolare [zgomito'lare] v. tr. dérouler, dévider.
sgommare [zgom'mare] v. tr. dégommer. ◆ v. rifl. se dégommer, se décoller.
sgommato [zgom'mato] agg. dégommé. ‖ [di veicolo] qui n'a plus de pneus, sans pneus.
sgonfiamento [zgonfja'mento] m. dégonflement.
1. sgonfiare [zgon'fjare] v. tr. PR. dégonfler. ‖ FIG. rabattre, rabaisser le caquet (à qn), remettre (qn) à sa place. ‖ FAM. [seccare] embêter, casser les pieds (à, de). ◆ v. intr. désenfler. ◆ v. rifl. PR. se dégonfler. ‖ PER EST. désenfler (v. intr.). | *ascesso che si sgonfia*, abcès qui désenfle. ‖ FIG. [perdere la presunzione] en rabattre. ‖ [perdere la baldanza iniziale] se dégonfler.
2. sgonfiare [zgon'fjare] v. intr. [di indumenti] bouffer.
sgonfiato [zgon'fjato] agg. dégonflé. ‖ LOC. FIG. FAM. *un pallone sgonfiato*, un dégonflé.
sgonfiatura [zgonfja'tura] f. dégonflement m.
sgonfio ['zgonfjo] agg. dégonflé. ‖ PER EST. [di parte del corpo] désenflé.
sgonnellare [zgonnel'lare] v. intr. se pavaner.
sgorbia ['zgorbja] f. gouge.
sgorbiare [zgor'bjare] v. tr. gribouiller (sur), barbouiller.
sgorbio ['zgorbjo] m. [macchia] tache f. (d'encre). ‖ [scarabocchio] gribouillage, gribouillis, griffonnage. ‖ FIG. avorton, monstre.
sgorgare [zgor'gare] v. intr. jaillir. ‖ FIG. *parole che sgorgano dal cuore*, paroles qui viennent droit du cœur.
sgorgo ['zgorgo] m. (raro) jaillissement (L.C.), jet (L.C.). ‖ FIG. flot (L.C.).
sgozzamento [zgottsa'mento] m. égorgement.
sgozzare [zgot'tsare] v. tr. égorger. ‖ FIG. étrangler, assassiner.
sgradevole [zgra'devole] agg. désagréable.
sgradevolmente [zgradevol'mente] avv. désagréablement.
sgradire [zgra'dire] v. tr. ne pas apprécier, ne pas agréer, mal accueillir. | *ha dato l'impressione di sgradire il tuo regalo*, il n'a pas eu l'air d'apprécier ton cadeau.
sgradito [zgra'dito] agg. désagréable, déplaisant, inopportun, importun, peu apprécié.
sgraffiare [zgraf'fjare] v. tr. (pop.) V. GRAFFIARE.

sgraffignare [zgraffiɲ'ɲare] v. tr. FAM. escamoter (L.C.), subtiliser, chiper, faucher, piquer (pop.)
sgraffio ['zgraffjo] m. égratignure f., éraflure f., griffure f.
sgrammaticare [zgrammati'kare] v. intr. faire des fautes (de grammaire).
sgrammaticato [zgrammati'kato] agg. [di persona] qui fait des fautes (de grammaire). ‖ [di testo] plein de fautes (de grammaire). | *in modo sgrammaticato,* en faisant des fautes.
sgrammaticatura [zgrammatika'tura] f. faute de grammaire.
sgranare [zgra'nare] v. tr. [piselli, fave, fagioli] écosser ; [granturco, cotone] égrener. ‖ LOC. FIG. *sgranare il rosario,* égrener son chapelet. | *sgranare gli occhi,* écarquiller les yeux. ‖ TECN. désengrener.
sgranato [zgra'nato] agg. écossé, égrené. ‖ FIG. écarquillé.
sgranatrice [zgrana'tritʃe] f. AGR., TESS. égreneuse.
sgranatura [zgrana'tura] f. égrenage m.
sgranchire [zgran'kire] v. tr. dégourdir, dérouiller. | *sgranchirsi le gambe,* se dégourdir, se dérouiller les jambes.
sgranellare [zgranel'lare] v. tr. égrener, égrainer.
sgranocchiare [zgranok'kjare] v. tr. croquer, grignoter.
sgrassare [zgras'sare] v. tr. dégraisser. ‖ TESS. dessuinter.
sgrassatura [zgrassa'tura] f. dégraissage m. ‖ TESS. dessuintage m.
sgravare [zgra'vare] v. tr. décharger. ‖ [alleggerire] alléger. ‖ FIG. décharger, libérer. | *sgravare qlcu. da un debito,* décharger qn d'une dette. | *sgravare la coscienza da un rimorso,* décharger, libérer, soulager sa conscience d'un remords. ‖ FIN. dégrever, décharger. ◆ v. intr. FAM. accoucher (L.C.) ; [animale] mettre bas. ◆ v. rifl. PR. e FIG. se décharger. ‖ accoucher ; mettre bas.
sgravio ['zgravjo] m. allégement. ‖ FIN. *sgravio fiscale,* dégrèvement, détaxe f. ‖ FIG. *a suo sgravio,* à sa décharge. | *per sgravio di coscienza,* par acquit de conscience, pour décharger sa conscience.
sgraziataggine [zgrattsja'taddʒine] f. gaucherie.
sgraziatamente [zgrattsjata'mente] avv. [senza grazia] de façon disgracieuse, sans grâce ; [goffamente] gauchement.
sgraziato [zgrat'tsjato] agg. disgracieux, malgracieux (lett.), sans grâce ; [di voce] désagréable ; [goffo] gauche.
sgretolamento [zgretola'mento] m. PR. e FIG. désagrégation f., effritement.
sgretolare [zgreto'lare] v. tr. PR. e FIG. désagréger, effriter. ◆ v. rifl. se désagréger, s'effriter.
sgretolato [zgreto'lato] agg. PR. e FIG. effrité.
sgretolio [zgreto'lio] m. effritement, désagrégation f.
sgridare [zgri'dare] v. tr. gronder, attraper, disputer (fam.), enguirlander (fam.), engueuler (pop.).
sgridata [zgri'data] f. réprimande, savon m. (fam.), engueulade (pop.). | *prendersi una sgridata,* se faire attraper, gronder, disputer (fam.), engueuler (pop.).
sgrinfia ['zgrinfja] f. (pop.) V. GRINFIA.
sgrommare [zgrom'mare] v. tr. détartrer.
sgrommatura [zgromma'tura] f. détartrage m.
sgrondare [zgron'dare] v. tr. égoutter. ◆ v. intr. [perdere gocce di liquido] goutter ; [perdere a gocce tutto il liquido] s'égoutter. | *mettere a sgrondare,* mettre à égoutter. ‖ [dell'acqua nelle grondaie] s'écouler.
1. sgroppare [zgrop'pare] v. tr. dénouer.
2. sgroppare [zgrop'pare] v. tr. éreinter. ◆ v. rifl. s'éreinter, s'échiner (fam.), s'esquinter (fam.).
sgroppata [zgrop'pata] f. galopade. ‖ [del cavallo] ruade.
sgroppato [zgrop'pato] agg. efflanqué.
sgrossamento [zgrossa'mento] m. dégrossissement, dégrossissage.
sgrossare [zgros'sare] v. tr. dégrossir, ébaucher. ‖ PER EST. ébaucher. | *sgrossare un articolo,* ébaucher un article. ‖ FIG. dégrossir. | *sgrossare qlcu. nella grammatica latina,* enseigner à qn les rudiments de la grammaire latine. ◆ v. rifl. se dégrossir.
sgrossatura [zgrossa'tura] f. dégrossissement m., dégrossissage m.
sgrovigliare [zgroviʎ'ʎare] v. tr. PR. e FIG. démêler, débrouiller.
sgrugnata [zgruɲ'ɲata] f. POP. beigne, châtaigne, marron m.
sguaiataggine [zgwaja'taddʒine] f. grossièreté, vulgarité.
sguaiatamente [zgwajata'mente] avv. grossièrement, de façon vulgaire, vulgairement.
sguaiato [zgwa'jato] agg. [ineducato] grossier ; [volgare] vulgaire, canaille. ◆ n. grossier personnage.
sguainare [zgwai'nare] v. tr. dégainer. ‖ LOC. FIG. *sguainare le unghie,* sortir ses griffes.
sgualcire [zgwal'tʃire] v. tr. froisser, chiffonner, friper. ◆ v. rifl. se froisser, se chiffonner, se friper.
sgualcito [zgwal'tʃito] agg. chiffonné, froissé, fripé.
sgualcitura [zgwaltʃi'tura] f. (faux) pli, mauvais pli, froissure.
sgualdrina [zgwal'drina] f. garce (pop.), putain (pop.), poule (pop.), cocotte, créature, catin (antiq.).
sgualdrinella [zgwaldri'nɛlla] f. VOLG. petite garce.
sguanciare [zgwan'tʃare] v. tr. ébraser.
sguardo ['zgwardo] m. regard ; [occhiata] regard ; coup d'œil. | *seguire con lo sguardo,* suivre du regard, des yeux. | *lanciare uno sguardo di odio,* jeter un regard haineux. | *dare uno sguardo ad un libro,* jeter un coup d'œil sur un livre. ‖ [occhi] yeux pl. | *alzare, abbassare lo sguardo,* lever, baisser les yeux. ‖ [veduta] coup d'œil. | *un bellissimo sguardo sulla valle,* une vue magnifique sur la vallée. ‖ [capacità visiva] vue f. | *fin dove arriva lo sguardo,* à perte de vue.
sguarnire [zgwar'nire] v. tr. dégarnir.
sguarnito [zgwar'nito] agg. nu. ‖ MIL. dégarni.
sguattera ['zgwattera] f. plongeuse ; fille de cuisine. ‖ FIG. *sono stufa di fare la tua sguattera,* j'en ai assez de te servir de domestique.
sguattero ['zgwattero] m. marmiton ; [lavapiatti] plongeur.
sguazzare [zgwat'tsare] v. intr. PR. barboter ; [in poca acqua] patauger. ‖ FIG. [trovarsi a proprio agio] prendre plaisir (à), se faire (à), se trouver à son aise (dans). ‖ [disporre di grandi quantità] *sguazzare nel benessere ;* nager dans l'opulence. | *sguazzare nell'oro,* rouler sur l'or. ‖ [in un vestito] nager, flotter (dans).
sguinzagliare [zgwintsaʎ'ʎare] v. tr. lâcher. | *sguinzagliare i cani,* lâcher les chiens. ‖ FIG. *molti poliziotti gli sono stati sguinzagliati dietro,* de nombreux policiers ont été lancés à sa poursuite.
1. sgusciare [zguʃ'ʃare] v. intr. glisser. | *sgusciare di mano,* glisser des mains. ‖ FIG. éluder (v. tr.), esquiver (v. tr.), se dérober. | *sguscia sulle questioni importanti,* il élude les questions importantes. | *quando gli fai delle domande, ti sguscia via,* quand on lui pose des questions, il se dérobe. ‖ [andarsene] s'esquiver, filer. | *il topo gli è sgusciato tra i piedi,* la souris a filé entre ses pieds.
2. sgusciare [zguʃ'ʃare] v. tr. éplucher ; [legumi] écosser ; [arachidi, noci] décortiquer ; [noci acerbe] cerner. | *sgusciare un uovo sodo,* éplucher, écailler un œuf dur. ◆ v. intr. REGION. éclore.
sgusciatura [zguʃʃa'tura] f. épluchage m.
sguscio ['zguʃʃo] m. moulure f.
shakespeariano [ʃeikspi'rjano] agg. shakespearien.
shampoo [ʃaem'pu:] m. [ingl.] shampooing.
shantung [ʃæn'taŋ] m. [ingl.] shant(o)ung, chantoung.
sherry ['ʃeri] m. [ingl.] xérès, sherry.
shock [ʃɔk] m. [ingl.] choc.
short [ʃɔ:t] m. [ingl.] short.
show [ʃou] m. [ingl.] show.
1. si [si] avv. **1.** oui ; [per rispondere ad una domanda negativa] si. | *« lo vuoi ? » — « sì »,* « tu le veux ? » — « oui ». | *« non lo vuoi ? » — « sì »,* « tu ne le veux pas ? » — « si ». ‖ **2.** [rinforza un'affermazione] vraiment. | *lui sì che è buono,* il est vraiment gentil, lui. | *a casa tua sì che ci si diverte !,* on peut (vraiment) dire qu'on s'amuse, chez toi ! | *questa sì che è bella ! :* [divertimento] elle est vraiment bien bonne ! ; [indignazione] c'est (vraiment) du beau, du propre, du joli ! ‖ **3.** [contrapposto a no] *un giorno sì e un giorno no,* tous les

deux jours. || *sì e no,* oui et non ; [circa] peut-être, environ, à peu près. | *ci sarò andato sì e no quattro volte,* j'y suis peut-être allé quatre fois. || **4.** [corrisponde ad una proposizione] *dire di sì :* [accettare] dire oui ; [dire che è così] dire que oui. | *è un debole, dice sempre di sì,* c'est un faible, il dit toujours oui. | *io non so se sia vero, ma mio fratello dice di sì,* je ne sais pas si c'est vrai, mais mon frère dit que oui. | *speriamo di sì,* espérons que oui, espérons-le. || *se sì,* si oui. || **5.** Loc. *e sì che,* et pourtant, et dire que. | *e sì che è ben visibile!,* et pourtant, il est bien visible ! | *e sì che avevo preparato tutto!,* et dire que j'avais tout préparé ! ◆ m. oui. | *milioni di sì,* des millions de oui. || Loc. *stare tra il sì e il no,* hésiter.

2. sì [si] avv. (arc.). V. così. ◆ loc. cong. ***sì che,*** de sorte que. (V. sicché.) | *far sì che,* faire en sorte que. || ***sì da,*** de façon à. | *far sì da,* faire en sorte de.

1. si [si] pron. pers. rifl. m. e f. 3ª pers. sing. e pl. **1.** [con v. rifl., recipr. o di costruzione pron.] se. | *si amano,* ils s'aiment. | *si pente,* il se repent. || **2.** [con valore di poss., se il compl. è una parte della persona] se. | *ornarsi lo spirito,* s'orner l'esprit. || [se il compl. è una parte dell'abbigliamento, un oggetto si usa il poss.] *levarsi le scarpe,* enlever ses chaussures. | *si mise in tasca i cerini,* il mit les allumettes dans sa poche. || **3.** [con un inf., se è sogg. dell'inf.] se. | *si lasciò morire,* il se laissa mourir. || [se è compl. ogg. dell'inf.] le m. sing., la f. sing., les m. o f. pl. | *si sentì chiamare,* il entendit qu'on l'appelait. || [in funzione di dativo] lui m. e f. sing., leur m. e f. pl. | *la bestia si vide sfuggire la preda,* la bête vit sa proie lui échapper. || **4.** [compl. preceduto da prep.] lui m. sing., elle f. sing., eux m. pl., elles f. pl. | *si erano nascosti la droga addosso,* ils avaient caché la drogue sur eux. || **5.** [si passivante] *cose che non si fanno,* des choses qui ne se font pas, qu'on ne fait pas. | *così si puniscono i traditori,* c'est ainsi qu'on punit les traîtres. | *la mostra si è inaugurata domenica,* l'exposition a été inaugurée dimanche. || Loc. *affittasi, vendesi,* à louer, à vendre. || **6.** [particella impersonale] on. | *si dice che sia morto,* on dit qu'il est mort. | *mi si chiede di,* on me demande de. | *non ci si capisce niente,* on n'y comprend rien. || Region. (tosc.) [1ª pers. pl.] on. | *noi si credeva di fare bene,* on croyait (fam.) bien faire. | *(noi) si va via,* on s'en va. || **7.** [dativo etico] *si è goduto le sue vacanze,* il a bien profité de ses vacances. | *si è bevuto tutta la bottiglia,* il a bu, il s'est envoyé (fam.) toute la bouteille.

2. si [si] m. Mus. si.

sia ['sia] cong. **1.** [ripetuto o in correlazione con che] aussi bien... que ; (et...,) et ; comme. | *criticato sia dalla destra che dalla sinistra, sia dalla destra, sia dalla sinistra,* critiqué aussi bien par la droite que par la gauche ; critiqué et par la droite, et par la gauche. | *aperto sia di giorno sia di notte, sia di giorno che di notte,* ouvert jour et nuit, de jour comme de nuit. || **2.** [ripetuto o in correlazione con o] soit... soit ; (ou...) ou. | *sia oggi o domani, sia oggi sia domani,* soit aujourd'hui, soit demain ; ou aujourd'hui, ou demain. || **3.** *sia che... o che... ; sia che... sia che,* que... ou que ; soit que... soit que... ; soit que... ou que. | *sia che piova o che faccia bello,* qu'il pleuve ou qu'il fasse beau ; soit qu'il pleuve, soit qu'il fasse beau. | *sia che voglia o che non voglia, sia che voglia o no,* qu'il (le) veuille ou non. ◆ avv. soit, bien. | *e sia, faremo quello che volete,* soit, nous ferons ce que vous voulez.

siamese [sia'mese] agg. e n. siamois.

sibarita [siba'rita] m. e f. sybarite (lett.).

sibaritico [siba'ritiko] (**-ci** pl.) agg. sybaritique (raro).

siberiano [sibe'rjano] agg. Pr. e fig. sibérien.

sibilante [sibi'lante] agg. Fon. sifflant. ◆ f. sifflante.

sibilare [sibi'lare] v. intr. siffler.

sibilla [si'billa] f. Stor. sibylle.

sibillino [sibil'lino] agg. Pr. e fig. sibyllin.

sibilo ['sibilo] m. sifflement.

sicario [si'karjo] m. tueur à gages, homme de main ; sicaire (arc. o lett.).

siccativo [sikka'tivo] agg. siccatif.

sicché [sik'ke] cong. de sorte que, si bien que ; [perciò] c'est pourquoi. | *mi sono ammalato, sicché non ho potuto partire,* je suis tombé malade, si bien que je n'ai pas pu partir. || [con valore conclusivo] donc. | *sicché non ti sei ancora deciso!,* donc, tu ne t'es pas encore décidé ! || [con valore interrogativo] alors. | *sicché, ti decidi?,* alors, tu te décides ?

siccità [sittʃi'ta] f. sécheresse ; [stato di una cosa asciutta] siccité (raro).

siccome [sik'kome] cong. comme, étant donné que ; [per insistere sulla incontestabilità del rapporto di causa ad effetto] puisque, du moment que. | *siccome era già notte l'ho accompagnata a casa,* comme il faisait déjà nuit, je l'ai raccompagnée chez elle. | *siccome insisti, accetto,* puisque tu insistes, j'accepte. ◆ avv. (arc.). V. come.

siciliano [sitʃi'ljano] agg. e n. sicilien.

sicofante [siko'fante] m. Stor. sycophante. || Fig. délateur, mouchard ; sycophante (lett. e antiq.).

sicomoro [siko'mɔro] m. Bot. sycomore.

siculo ['sikulo] agg. des Sicules. || (lett. o schez.) [siciliano] sicilien (l.c.). ◆ n. Sicule. || (lett. o scherz.) [siciliano] Sicilien.

sicura [si'kura] f. dispositif (m.) de sûreté, de sécurité. || [di arma da fuoco] cran (m.) d'arrêt, de sûreté, de sécurité ; sûreté, sécurité. | *mettere la sicura ad un'arma,* mettre le cran de sûreté à une arme, mettre une arme à la sûreté.

sicuramente [sikura'mente] avv. sûrement.

sicurezza [siku'rettsa] f. [condizione esente da pericoli] sécurité, sûreté (raro). | *il ponte non offre sicurezza,* le pont n'est pas sûr. | *la sicurezza dello impiego,* la sécurité de l'emploi. | *agenti di pubblica sicurezza,* agents de police. | *Sicurezza sociale,* Sécurité sociale. | *Consiglio di sicurezza,* Conseil de sécurité. || Loc. *per maggiore sicurezza,* pour plus de sûreté, de sécurité. || *di sicurezza,* de sûreté, de sécurité. | *cassetta di sicurezza,* coffre de sûreté. | *valvola di sicurezza,* soupape de sûreté. | *margine di sicurezza,* marge de sécurité. || Per est. [decisione, abilità] assurance, sûreté. | *guidare, parlare con sicurezza,* conduire, parler avec assurance. | *sicurezza di sé,* confiance en soi, assurance. | *sicurezza di giudizio,* sûreté dans le jugement. || Per anal. [certezza] certitude. | *ho la sicurezza che riusciremo,* j'ai la certitude que nous réussirons. || [fiducia] confiance.

sicuro [si'kuro] agg. **1.** [che non presenta pericolo] sûr. | *in un posto sicuro,* en lieu sûr, dans un endroit sûr. || **2.** [che non corre pericolo] en sécurité, à l'abri, en sûreté. | *qui mi sento sicuro,* ici je me sens en sécurité, à l'abri. || **3.** [che si realizzerà immancabilmente] certain, sûr. | *va incontro ad una morte sicura,* il va à une mort certaine. | *non è ancora sicuro,* ce n'est pas encore sûr. | *è sicuro che,* il est certain que. | *dare per sicuro qlco.,* tenir qch. pour sûr ; être sûr, certain de qch. || **4.** [convinto, certo] sûr, certain. | *state sicuri che non si fermerà qui,* vous pouvez être sûrs qu'il ne s'en tiendra pas là. || **5.** [che dà affidamento] sûr. | *amico sicuro,* ami sûr. | *mezzo sicuro,* moyen sûr. || Loc. *andare a colpo sicuro,* être sûr de son coup. || **6.** [che agisce con efficacia, senza errori] sûr. | *gusto sicuro,* goût sûr. || [che è sicuro di sè] assuré, sûr (de soi), qui a de l'assurance. | *un'aria sicura,* un air assuré. | *salì sicuro sul palcoscenico,* il monta sur la scène avec assurance. | *non sei abbastanza sicuro di te,* tu n'es pas assez sûr de toi, tu n'as pas assez d'assurance. ◆ loc. avv. ***di sicuro,*** à coup sûr, sûrement, certainement, sans aucun doute. ◆ avv. sûrement. || [nelle risposte] bien sûr !, sûr ! (pop.). ◆ m. sécurité f., sûreté f. | *mettere qlco. al sicuro,* mettre qch. en sûreté, en sécurité. | *camminare, andare sul sicuro,* ne pas courir de risque. | *al sicuro,* en sûreté. | *al sicuro di ogni pericolo,* à l'abri de tout danger.

side-car ['saidkaː] m. [ingl.] side-car.

siderale [side'rale] agg. Astron. sidéral.

siderazione [siderat'tsjone] f. électrocution.

sidereo [si'dɛreo] agg. Astron. sidéral.

siderurgia [siderur'dʒia] f. sidérurgie.

siderurgico [side'rurdʒiko] (**-ci** pl.) agg. sidérurgique. ◆ m. (ouvrier) sidérurgiste, métallurgiste ; métallo (fam.).

sidro ['sidro] m. cidre.

siepaglia [sje'paʎʎa] f. (raro) haie (l.c.) touffue.

siepe ['sjɛpe] f. Pr. e fig. haie. || Loc. (raro) *far siepe,* faire la haie (l.c.).

sierico ['sjɛriko] (**-ci** pl.) agg. sérique.
siero ['sjɛro] m. [del sangue] sérum. ‖ [del latte] petit-lait, sérum (arc.), lactosérum (raro). ‖ MED. sérum. | *siero antitetanico*, sérum antitétanique. | *siero della verità*, sérum de vérité.
sierologia [sjerolo'dʒia] f. sérologie.
sierosità [sjerosi'ta] f. sérosité.
sieroso [sje'roso] agg. MED. séreux.
sieroterapia [sjerotera'pia] f. sérothérapie.
sierra ['sjɛrra] f. sierra.
siesta ['sjɛsta] f. sieste.
siffatto [sif'fatto] agg. pareil, tel.
sifilide [si'filide] f. MED. syphilis.
sifilitico [sifi'litiko] (**-ci** pl.) agg. e n. syphilitique.
sifone [si'fone] m. siphon.
sigaraio [siga'rajo] (**-a** f.) m. ouvrier, ouvrière de l'industrie du tabac. ‖ ZOOL. rhynchite.
sigaretta [siga'retta] f. cigarette. ‖ TECN. bobine, fusette.
sigaro ['sigaro] m. cigare.
sigillare [sidʒil'lare] v. tr. cacheter, sceller. | *sigillare un plico*, cacheter un pli. | *sigillare una bottiglia*, cacheter une bouteille. ‖ PER EST. fermer hermétiquement.
sigillato [sidʒil'lato] agg. cacheté, scellé. ‖ PER EST. [chiuso] fermé. ‖ FIG. *teneva le labbra sigillate*, ses lèvres étaient scellées.
sigillatura [sidʒilla'tura] f. cachetage m.
sigillo [si'dʒillo] m. cachet ; [di carattere ufficiale] sceau. | *il sigillo dello Stato*, le grand sceau de l'État. ‖ PER EST. (pl.) scellés. | *rimozione dei sigilli*, levée des scellés. ‖ FIG. *avere il sigillo alle labbra*, avoir les lèvres scellées. | *il sigillo della confessione*, le secret de la confession. ‖ BOT. *sigillo di Salomone*, sceau-de-salomon.
sigillografia [sidʒillogra'fia] f. sigillographie.
sigla ['sigla] f. sigle m. ‖ [firma abbreviata] paraphe m. ‖ RADIO, T.V. *sigla musicale*, indicatif m.
siglare [si'glare] v. tr. parafer, parapher.
siglario [si'glarjo] m. recueil de sigles.
siglatura [sigla'tura] f. signature.
sigma ['sigma] m. invar. sigma. ‖ ANAT. côlon sigmoïde.
sigmatico [sig'matiko] (**-ci** pl.) agg. GRAMM. sigmatique.
significante [siɲɲifi'kante] agg. significatif. ‖ [importante] important. ◆ m. LING. signifiant.
significare [siɲɲifi'kare] v. tr. signifier ; vouloir dire. | *non significa nulla*, cela ne veut rien dire.
significativamente [siɲɲifikativa'mente] avv. de façon significative.
significativo [siɲɲifika'tivo] agg. significatif.
significato [siɲɲifi'kato] m. sens, signification f. | *significato figurato di una parola*, sens figuré d'un mot. | *non capisco il significato del suo rifiuto*, je ne comprends pas ce que signifie son refus, ce que son refus veut dire. ‖ [valore] valeur f. | *il suo silenzio assunse il significato di una protesta*, son silence prit la valeur d'une protestation. ‖ [importanza] importance f. ‖ LING. signifié.
significazione [siɲɲifikat'tsjone] f. signification.
signora [siɲ'ɲora] f. **1.** [appellativo] madame. | *buongiorno signora*, bonjour Madame. | *la signora desidera?*, vous désirez, Madame?, Madame désire? | *seguitemi signore*, suivez-moi, Mesdames. | *se le signore vogliono seguirmi*, si ces dames veulent bien me suivre. | *la signora Rossi*, madame Rossi. | *la signora direttrice*, Madame la directrice. | *la signora maestra*, la maîtresse. | *sì signora maestra*, oui Madame. | *mi saluti la sua signora madre*, saluez de ma part Madame votre mère. | *gentili signore e signori*, Mesdames et Messieurs. ‖ [in una lettera] *gentile signora*, Madame. ‖ **2.** [donna] dame. | *chi è questa signora*, qui est cette dame? | *parrucchiere per signore*, coiffeur pour dames. ‖ [donna raffinata, benestante] (grande) dame ; madame (fam.). | *è una vera signora*, c'est une vraie dame. | *comportarsi da signora*, agir en grande dame. | *darsi arie da signora*, jouer à la dame, à la madame. ‖ LOC. *adesso fa la signora*, elle a la belle vie, maintenant. ‖ **3.** [padrona di casa] Madame. | *la signora l'aspetta*, Madame vous attend. ‖ [padrona] patronne. ‖ **4.** [moglie] femme, épouse. | *come sta la sua signora?*, comment va (Madame) votre femme? ‖ [per annunciarla] Madame. | *il dottor X e signora*, Monsieur le docteur X et Madame. | *il signor Rossi e signora*, Monsieur et Madame Rossi. ‖ **5.** FIG. reine, maîtresse. | *Venezia, la signora dei mari*, Venise, la reine des mers. ‖ **6.** RELIG. *Nostra Signora*, Notre-Dame.
signore [siɲ'ɲore] m. **1.** [appellativo] monsieur. | *il Signore desidera dare un'occhiata?*, vous désirez jeter un coup d'œil, Monsieur? | *credetemi signori!*, croyez-moi, Messieurs! | *il signore Tal dei Tali*, monsieur Untel. | *il signore conte*, Monsieur le Comte. | *il suo signore padre*, Monsieur votre père. ‖ MIL. *signor tenente*, *signor generale*, mon lieutenant, mon général. ‖ **2.** [uomo] monsieur. | *il signore che è venuto*, le monsieur qui est venu. ‖ [uomo raffinato] gentleman (ingl.) ; grand seigneur. ‖ [uomo benestante] riche ; grand seigneur. | *non mi conosce più ora che è diventato un signore*, il ne me connaît plus depuis qu'il est devenu riche. | *il popolo e i signori*, le peuple et les nantis, les riches. ‖ LOC. *far la vita del signore*, vivre en grand seigneur, mener une vie de château, avoir la belle vie. ‖ **3.** [padrone di casa] Monsieur. | *il signore ha suonato?*, Monsieur a sonné? | *i signori sono serviti*, ces messieurs sont servis. ‖ **4.** STOR. seigneur. | *il signore di queste terre*, le seigneur de ces terres. ‖ **5.** RELIG. Seigneur. ◆ pl. includendo anche le signore [come appellativo, ad un gruppo di persone dei due sessi] Mesdames et Messieurs ; Messieurs Dames (pop.) ; [per indicarli a terzi o parlando alla 3ª persona] les, ces Messieurs et les, ces Dames ; ces Messieurs Dames (pop.). ‖ [come appellativo, ad una coppia] Monsieur et Madame, Madame et Monsieur ; Messieurs Dames (pop.). [per indicarli a terzi] le, ce monsieur et la, cette dame.
signoreggiare [siɲɲored'dʒare] v. tr. e intr. PR. e FIG. dominer (tr.).
signoria [siɲɲo'ria] f. **1.** [dominio] domination. | *avere la signoria di qlco.*, avoir le commandement de qch. **2.** STOR. seigneurie. ‖ **3.** ARC. *Vostra Signoria*, Votre Seigneurie. ‖ **4.** L.C. [nell'uso burocratico] *la Signoria Vostra è pregata di presentarsi*, vous êtes prié de vous présenter. | *la signoria Vostra è pregata di intervenire alla conferenza*, nous avons l'honneur, le plaisir de vous inviter à la conférence.
signorile [siɲɲo'rile] agg. **1.** [distinto] distingué, raffiné, aristocratique. ‖ **2.** [degno di un signore] seigneurial, princier, somptueux, luxueux. | *dimora signorile*, logis princier. | *casa signorile*, maison de maître. ‖ **3.** [elegante] de grand standing. | *appartamento signorile*, appartement de grand standing. | *zona signorile*, quartier résidentiel, bourgeois.
signorilità [siɲɲorili'ta] f. distinction.
signorilmente [siɲɲoril'mente] avv. de façon distinguée, avec distinction, élégamment.
signorina [siɲɲo'rina] f. **1.** [appellativo] mademoiselle. | *di che colore lo vuole la signorina?*, de quelle couleur le voulez-vous, Mademoiselle? | *un po' di serietà, signorine*, un peu de sérieux, Mesdemoiselles. | *la signorina Bianchi*, mademoiselle Bianchi. ‖ **2.** [ragazza] jeune fille ; [cortese o iron.] demoiselle. | *non è un posto adatto per una signorina*, ce n'est pas un endroit pour une jeune fille. | *giovanotti e signorine*, des jeunes gens et des jeunes filles. | *ha telefonato una signorina*, une demoiselle a téléphoné. ‖ LOC. *le signorine del telefono*, les demoiselles du téléphone. ‖ [donna nubile ma non più giovane] demoiselle. | *è rimasta signorina*, elle est restée demoiselle. ‖ **3.** [figlia della casa] Mademoiselle. | *la Signorina è fuori*, Mademoiselle est sortie.
signorino [siɲɲo'rino] m. [appellativo] Monsieur.
signornò [siɲɲor'nɔ] loc. avv. MIL. non.
signorone [siɲɲo'rone] (**-a** f.) m. richard (fam. e spreg.) ; grand seigneur.
signorotto [siɲɲo'rɔtto] m. hobereau.
signorsì [siɲɲor'si] loc. avv. MIL. oui.
silente [si'lɛnte] agg. (lett.) silencieux (L.C.).
silenziatore [silentsja'tore] m. silencieux.
silenzio [si'lɛntsjo] m. PR. silence. | *rimanere in silenzio*, garder le silence. | *fate silenzio!*, taisez-vous!, faites silence! | *passare qlco. sotto silenzio*, passer qch. sous silence. ‖ FIG. [oblio] oubli. | *cadere*

nel silenzio, tomber dans l'oubli. ‖ MIL. extinction des feux. | *silenzio radio*, silence radio.
silenziosamente [silentsjosa'mente] avv. silencieusement.
silenziosità [silentsjosi'ta] f. silence m.
silenzioso [silen'tsjoso] agg. silencieux.
silfide ['silfide] f. MIT. e FIG. sylphide.
silfo ['silfo] m. MIT. sylphe.
silhouette [sil'lwɛt] f. [fr.] silhouette.
silicato [sili'kato] m. silicate.
silice ['silitʃe] f. silice.
siliceo [si'litʃeo] agg. silicieux.
silicio [si'litʃo] m. CHIM. silicium.
silicone [sili'kone] m. silicone f.
silicosi [sili'kɔzi] f. MED. silicose.
sillaba ['sillaba] f. syllabe. ‖ LOC. *non capire una sillaba*, ne pas comprendre un (traître) mot.
sillabare [silla'bare] v. tr. diviser en syllabes ; détacher les syllabes de. ‖ PER EST. articuler.
sillabario [silla'barjo] m. syllabaire.
sillabazione [sillabat'tsjone] f. syllabation (ling.), division (d'un mot) en syllabes.
sillabico [sil'labiko] (**-ci** pl.) agg. syllabique.
sillessi [sil'lɛssi] f. GRAMM. syllepse.
silloge ['sillodʒe] f. (lett.) recueil m. (L.C.).
sillogismo [sillo'dʒizmo] m. syllogisme.
sillogistica [sillo'dʒistika] f. FILOS. syllogistique.
sillogisticamente [sillodʒistika'mente] avv. en forme de syllogisme, par syllogisme.
sillogistico [sillo'dʒistiko] (**-ci** pl.) agg. syllogistique.
sillogizzare [sillodʒid'dzare] v. intr. raisonner par syllogismes. ‖ FIG. subtiliser. ◆ v. tr. déduire par syllogisme.
silo ['silo] m. silo.
silofonista [silofo'nista] (**-i** pl.) m. e f. joueur, euse de xylophone.
silofono [si'lɔfono] m. xylophone.
silografia [silogra'fia] f. xylographie.
siluramento [silura'mento] m. torpillage. ‖ FIG. [il far fallire un'impresa] torpillage. ‖ [rimozione da un incarico] limogeage.
silurante [silu'rante] agg. e f. torpilleur m.
silurare [silu'rare] v. tr. torpiller. ‖ FIG. [far fallire] torpiller, saboter. ‖ [rimuovere] limoger.
siluriano [silu'rjano] agg. e m. GEOL. silurien.
silurista [silu'rista] (**-i** pl.) m. torpilleur.
1. siluro [si'luro] m. torpille f.
2. siluro [si'luro] m. ZOOL. silure.
silvano [sil'vano] agg. (lett.) des bois (L.C.), des forêts (L.C.), sylvestre (L.C.), forestier (L.C.).
silvestre [sil'vɛstre] agg. des bois, des forêts, sylvestre, forestier. ‖ PER EST. sauvage.
silvia ['silvja] f. BOT. anémone des bois. ‖ ZOOL. fauvette.
silvicolo [sil'vikolo] agg. sylvicole.
silvicoltura [silvikol'tura] f. V. SELVICOLTURA.
sima ['sima] m. GEOL. sima.
simbiosi [sim'bjɔzi] f. BIOL. e FIG. symbiose.
simbiotico [sim'bjɔtiko] (**-ci** pl.) agg. symbiotique.
simboleggiare [simboled'dʒare] v. tr. symboliser.
simbolicamente [simbolika'mente] avv. symboliquement.
simbolicità [simbolitʃi'ta] f. valeur symbolique, caractère (m.) symbolique.
simbolico [sim'bɔliko] (**-ci** pl.) agg. symbolique.
simbolismo [simbo'lizmo] m. symbolisme.
simbolista [simbo'lista] (**-i** pl.) m. e f. symboliste.
simbolistico [simbo'listiko] (**-ci** pl.) agg. symboliste.
simbolizzare [simbolid'dzare] v. tr. interpréter symboliquement. ‖ [simboleggiare] (raro) symboliser (L.C.).
simbolizzazione [simboliddzat'tsjone] f. symbolisation.
simbolo ['simbolo] m. symbole.
simbologia [simbolo'dʒia] f. symbolique.
similare [simi'lare] agg. similaire.
similarità [similari'ta] f. (raro) analogie (L.C.).
simile ['simile] agg. qui ressemble (à) ; (presque) le, la même (que) ; semblable (à), pareil (à). | *ho un braccialetto molto simile al tuo*, j'ai un bracelet qui ressemble beaucoup au tien, j'ai presque le même bracelet que toi, j'ai un bracelet presque pareil, très semblable au tien. | *è una camera esattamente simile alle altre*, c'est une chambre exactement semblable, exactement pareille aux autres. | *hanno una voce simile*, leurs voix se ressemblent ; ils ont presque la même voix. | *ho già assistito a una scena simile*, j'ai déjà assisté à une scène de ce genre, comme celle-ci, semblable. ‖ [paragone] semblable, pareil. | *simile ad una dea*, semblable, pareille à une déesse. ‖ [siffatto] pareil, semblable, tel. | *ad un'ora simile !*, à une heure pareille ! | *non dire simili sciocchezze*, ne dis pas de pareilles sottises. | *un successo simile non si era mai visto*, on n'avait jamais vu un succès pareil, un tel succès, un semblable succès. ‖ GEOM. semblable. ◆ m. semblable. | *i nostri simili*, nos semblables. ‖ [valore neutro] une chose pareille, la même chose f. | *non ho mai visto niente di simile*, je n'ai jamais vu une chose pareille, jamais rien vu de pareil. ◆ m. pl. choses du même genre ; [prodotti industriali] produits similaires.
similitudine [simili'tudine] f. (raro) ressemblance (L.C.), similitude (L.C.). ‖ GEOM. similitude. ‖ RET. comparaison, similitude (arc.).
similmente [simil'mente] avv. de même ; de la même façon.
similoro [simi'lɔro] m. similor.
simmetria [simme'tria] f. symétrie.
simmetrico [sim'mɛtriko] (**-ci** pl.) agg. symétrique.
simonia [simo'nia] f. RELIG. simonie.
simoniaco [simo'niako] (**-ci** pl.) agg. e m. simoniaque (lett.).
simpatia [simpa'tia] f. sympathie. | *avere simpatia per qlcu.*, avoir de la sympathie pour qn. ‖ LOC. *andare a simpatie*, suivre ses inclinations. ‖ MED. sympathie.
simpaticamente [simpatika'mente] avv. de façon sympathique, sympathiquement. ‖ [piacevolmente] agréablement.
simpatico [sim'patiko] (**-ci** pl.) agg. sympathique ; sympa (fam.). ‖ PER EST. [gentile] gentil, sympa (fam.), chic (fam.), sympathique. | *non è simpatico da parte sua*, ce n'est pas gentil, sympa de sa part. ‖ [piacevole] agréable, sympathique, sympa (fam.), chouette (pop.). | *serata simpatica*, agréable soirée ; soirée sympathique. ‖ [bello] joli, mignon, gentil, chouette (pop.). ‖ LOC. *inchiostro simpatico*, encre sympathique. ‖ ANAT., MED. sympathique. ◆ m. ANAT. (grand) sympathique.
simpatizzante [simpatid'dzante] agg. e n. sympathisant.
simpatizzare [simpatid'dzare] v. intr. sympathiser.
simposio [sim'pɔzjo] m. symposium.
simulacro [simu'lakro] m. (lett.) PR. simulacre (arc.), image f. (L.C.). ‖ FIG. simulacre.
simulare [simu'lare] v. tr. simuler, feindre. ◆ v. rifl. *simularsi malato*, feindre, faire semblant d'être malade.
simulato [simu'lato] agg. simulé, feint. ‖ GIUR. simulé.
simulatore [simula'tore] (**-trice** f.) m. simulateur, trice.
simulatorio [simula'tɔrjo] agg. trompeur.
simulazione [simulat'tsjone] f. simulation.
simultaneamente [simultanea'mente] avv. simultanément.
simultaneismo [simultane'izmo] m. simultanéisme.
simultaneità [simultanei'ta] f. simultanéité.
simultaneo [simul'taneo] agg. simultané.
sinagoga [sina'goga] f. synagogue.
sinaitico [sina'itiko] (**-ci** pl.) agg. du Sinaï.
sinalefe [sina'lefe] f. FON., GRAMM. synalèphe.
sinantropo [si'nantropo] m. sinanthrope.
sinapsi [si'napsi] f. ANAT., BIOL. synapse.
sinartrosi [sinar'trɔzi] f. ANAT. synarthrose.
sinceramente [sintʃera'mente] avv. sincèrement.
sincerare [sintʃe'rare] v. tr. (lett.) convaincre (L.C.), assurer (L.C.). ◆ v. rifl. s'assurer.
sincerità [sintʃeri'ta] f. sincérité. ‖ [genuinità] authenticité.
sincero [sin'tʃɛro] agg. sincère. ‖ [franco] franc. ‖ [genuino] pur, naturel.
sinché [sin'ke] cong. V. FINCHÉ.
sinclinale [sinkli'nale] f. GEOL. synclinal m.
sincopale [sinko'pale] agg. MED. syncopal.
sincopare [sinko'pare] v. tr. LING., MUS. syncoper. | *ritmo sincopato*, rythme syncopé.

sincope ['sinkope] f. LING., MED., MUS. syncope.
sincrasi [sin'krazi] f. LING. contraction.
sincretico [sin'krɛtiko] (**-ci** pl.) agg. syncrétique.
sincretismo [sinkre'tizmo] m. syncrétisme.
sincretista [sinkre'tista] (**-i** pl.) m. e f. syncrétiste.
sincretistico [sinkre'tistiko] (**-ci** pl.) agg. syncrétiste.
sincronia [sinkro'nia] f. synchronisme m. | *in perfetta sincronia,* avec un synchronisme parfait, de façon parfaitement synchronisée. || LING. synchronie.
sincronico [sin'krɔniko] (**-ci** pl.) agg. synchronisé ; synchrone [termine scientifico] ; synchronique (arc.). || LING. synchronique.
sincronismo [sinkro'nizmo] m. synchronisme.
sincronizzare [sinkronid'dzare] v. tr. synchroniser.
sincronizzato [sinkronid'dzato] agg. synchronisé.
sincronizzatore [sinkroniddza'tore] m. synchroniseur.
sincronizzazione [sinkroniddzat'tsjone] f. synchronisation.
sincrono ['sinkrono] agg. synchrone. || (lett.) [contemporaneo] contemporain (L.C.).
sincrotrone [sinkro'trone] m. FIS. synchrotron.
sindacabile [sinda'kabile] agg. contrôlable. || [criticabile] critiquable, discutable.
1. sindacale [sinda'kale] agg. [dei sindacati] syndical.
2. sindacale [sinda'kale] agg. [del sindaco] du maire.
sindacalismo [sindaka'lizmo] m. syndicalisme.
sindacalista [sindaka'lista] (**-i** pl.) m. e f. syndicaliste.
sindacalistico [sindaka'listiko] (**-ci** pl.) agg. syndicaliste.
sindacare [sinda'kare] v. tr. contrôler. || FIG. [criticare] critiquer.
1. sindacato [sinda'kato] m. syndicat.
2. sindacato [sinda'kato] m. GIUR. contrôle.
sindaco ['sindako] m. maire. || COMM., ECON. commissaire.
sindone ['sindone] f. suaire m. | *sacra sindone,* saint suaire.
sindrome ['sindrome] f. syndrome m.
sinecura [sine'kura] f. sinécure.
sineddoche [si'nɛddoke] f. RET. synecdoque.
sine die ['sine'die] loc. avv. [lat.] sine die.
sinedrio [si'nɛdrjo] m. STOR. sanhédrin. || FIG. SCHERZ. assemblée f.
sineresi [si'nɛrezi] f. CHIM., FON. synérèse.
sinestesi [sines'tɛzi] f. PSIC. synesthésie.
sinfonia [sinfo'nia] f. MUS. symphonie ; [prima del secolo XVIII] symphonie, sinfonia ; [nell'opera lirica] ouverture. || FIG. symphonie. || FAM. SCHERZ. [rumori sgradevoli] sérénade, charivari m ; [tiritera] litanie.
sinfonico [sin'fɔniko] (**-ci** pl.) agg. symphonique.
sinfonista [sinfo'nista] (**-i** pl.) m. e f. symphoniste.
singalese [singa'lese] agg. e n. cingalais.
singhiozzare [singjot'tsare] v. intr. sangloter. || PER EST. [avere il singhiozzo] avoir le hoquet, hoqueter. || FIG. avancer avec des soubresauts, par secousses.
singhiozzo [sin'gjottso] m. hoquet. | *avere il singhiozzo,* avoir le hoquet. || [nel pianto] sanglot. || FIG. secousse f., soubresaut. | *a singhiozzo, a singhiozzi,* par secousses, par à-coups, avec des soubresauts.
singolare [singo'lare] agg. [unico] singulier (lett.), particulier. || [straordinario] singulier, rare, curieux. || ARC. [individuale] singulier. || LOC. L.C. *singolar tenzone,* combat singulier. || GRAMM. singulier. ◆ m. GRAMM. singulier. || [tennis] simple. | *singolare maschile,* simple messieurs.
singolarità [singolari'ta] f. singularité (lett.), originalité, étrangeté.
singolarmente [singolar'mente] avv. [individualmente] individuellement. || [particolarmente] particulièrement, notamment, principalement, singulièrement. || [preminentemente] surtout. || [in modo strano] bizarrement, singulièrement (lett.).
singolo ['singolo] agg. **1.** [considerato individualmente] chaque (sempre sing.) ; [tous, toutes (m., f. pl.)] un par un, une par une. | *studiare le singole possibilità,* étudier chaque possibilité, étudier une par une toutes les possibilités. | *cercare di risolvere i singoli problemi,* essayer de résoudre les problèmes un par un. || **2.** [isolato] particulier, individuel, isolé. | *caso singolo,* cas isolé. || [unico] seul, unique. | *mi basta una singola copia,* un seul exemplaire me suffit. || **3.** [per una sola persona] individuel. | *stanza singola,* chambre individuelle. | *letto singolo,* lit à une place. ◆ m. **1.** individu. | *la libertà del singolo,* la liberté de l'individu. || **2.** (specie pl.) [ciascuno] chacun (sing.) en particulier. | *non potrò rispondere ai singoli,* je ne pourrai pas répondre à chacun en particulier. || **3.** [imbarcazione] skiff. || **4.** [tennis] simple.
singulto [sin'gulto] m. (lett.) hoquet (L.C.). || [nel pianto] sanglot.
siniscalco [sinis'kalko] m. STOR. sénéchal.
sinistra [si'nistra] f. gauche. | *voltare a sinistra,* tourner à gauche. || [mano sinistra] main gauche. | *scrivere con la sinistra,* écrire de la main gauche. || MAR. bâbord m. || MIL. *fronte a sinistra,* demi-tour à gauche. || POLIT. gauche.
sinistramente [sinistra'mente] avv. de façon sinistre, sinistrement. | *rise sinistramente,* il eut un rire sinistre.
sinistrare [sinis'trare] v. tr. [danneggiare] endommager ; [distruggere] détruire.
sinistrato [sinis'trato] agg. [danneggiato] endommagé ; [distrutto] détruit. | *case sinistrate dai bombardamenti,* maisons détruites par les bombardements. || [da catastrofe naturale] sinistré. | *zona sinistrata,* région sinistrée. ◆ n. sinistré.
sinistrismo [sinis'trizmo] m. V. MANCINISMO. || POLIT. [piuttosto moderato] progressisme, tendances (f. pl.) gauchisantes ; [estremismo] gauchisme.
sinistro [si'nistro] agg. gauche. | *occhio sinistro,* œil gauche. || FIG. sinistre. | *rumore sinistro,* bruit sinistre. ◆ m. [catastrofe naturale] sinistre, catastrophe f. || [incidente] (grave) accident. | *gli è capitato un sinistro,* il a eu un grave accident. || [nel linguaggio assicurativo] sinistre. || SPORT crochet du gauche.
sinistroide [sinis'trɔide] agg. POLIT. [che inclina verso la sinistra] gauchisant. || [di estrema sinistra] gauchiste. ◆ n. gauchiste.
sinistrorso [sinis'trɔrso] agg. orienté de droite à gauche, orienté vers la gauche. || FIG. V. SINISTROIDE.
sino ['sino] prep. e avv. V. FINO.
sinodale [sino'dale] agg. synodal. || FIG. SCHERZ. *età sinodale,* âge canonique.
sinodico [si'nɔdiko] (**-ci** pl.) agg. synodique.
sinodo ['sinodo] m. RELIG. synode.
sinologia [sinolo'dʒia] f. sinologie.
sinologo [si'nɔlogo] (**-a** f., **-gi** o **-ghi** pl.) m. sinologue.
sinonimia [sinoni'mia] f. synonymie.
sinonimico [sino'nimiko] (**-ci** pl.) agg. synonymique.
sinonimo [si'nɔnimo] agg. e m. synonyme.
sinora [si'nora] avv. V. FINORA.
sinossi [si'nɔssi] f. (lett.) synopsis. || RELIG. synopse.
sinottico [si'nɔttiko] (**-ci** pl.) agg. synoptique.
sinovia [si'nɔvja] f. FISIOL., MED. synovie.
sinoviale [sino'vjale] agg. synovial.
sinovite [sino'vite] f. MED. synovite.
sintagma [sin'tagma] (**-i** pl.) m. LING. syntagme.
sintagmatico [sintag'matiko] (**-ci** pl.) agg. syntagmatique.
sintassi [sin'tassi] f. syntaxe.
sintattico [sin'tattiko] (**-ci** pl.) agg. syntaxique, syntactique.
sintesi ['sintezi] f. synthèse. || LOC. *in sintesi,* en résumé.
sinteticamente [sintetika'mente] avv. synthétiquement ; de façon synthétique, concise. || CHIM. synthétiquement, par synthèse.
sinteticità [sintetitʃi'ta] f. concision.
sintetico [sin'tɛtiko] (**-ci** pl.) agg. synthétique. || PER EST. concis.
sintetizzare [sintetid'dzare] v. tr. synthétiser. || [riassumere] résumer.
sintomatico [sinto'matiko] (**-ci** pl.) agg. symptomatique. || FIG. symptomatique, significatif.
sintomatologia [sintomatolo'dʒia] f. MED. symptomatologie.
sintomo ['sintomo] m. symptôme.
sintonia [sinto'nia] f. syntonie. | *scala di sintonia,* cadran m. | *mettere in sintonia un apparecchio,* régler un appareil. || FIG. concordance, accord m., harmonie.

sintonico [sin'tɔniko] (**-ci** pl.) agg. en syntonie ; syntone (raro).
sintonizzare [sintonid'dzare] v. tr. syntoniser (raro), régler. ‖ FIG. harmoniser.
sintonizzatore [sintoniddza'tore] m. dispositif de syntonisation.
sintonizzazione [sintoniddzat'tsjone] f. syntonisation, réglage m.
sinuosità [sinuosi'ta] f. sinuosité (raro).
sinuoso [sinu'oso] agg. sinueux.
sinusite [sinu'zite] f. MED. sinusite.
sinusoidale [sinuzoi'dale] agg. sinusoïdal.
sinusoide [sinu'zɔide] f. MAT. sinusoïde.
sionismo [sio'nizmo] m. sionisme.
sionista [sio'nista] (**-i** pl.) m. e f. sioniste.
sionistico [sio'nistiko] (**-ci** pl.) agg. sioniste.
sipario [si'parjo] m. TEATRO rideau.
sire ['sire] m. sire.
1. sirena [si'rɛna] f. MIT. e FIG. sirène.
2. sirena [si'rɛna] f. sirène.
sireni [si'rɛni] m. pl. ZOOL. siréniens.
siriaco [si'riako] (**-ci** pl.) agg. syrien. ◆ m. LING. syriaque.
siriano [si'rjano] agg. e n. syrien.
siringa [si'ringa] f. BOT. seringa m. ‖ MED. seringue. ‖ [catetere] sonde, cathéter m. ‖ MUS. syrinx ; flûte de Pan.
siringare [sirin'gare] v. tr. introduire une sonde.
siringe [si'rindʒe] f. ZOOL. syrinx.
siro ['siro] agg. e m. (lett.) syrien (L.C.).
sirte ['sirte] f. (lett.) bas-fond m. (L.C.). ‖ FIG. piège m. (L.C.).
sirtico ['sirtiko] (**-ci** pl.) agg. des Syrtes.
sirventese [sirven'tese] m. LETT. sirvente, sirventès, serventois.
sisal ['sizal] f. BOT., TESS. sisal m.
sisma ['siasma] (**-i** pl.) m. V. SISMO.
sismico ['sizmiko] (**-ci** pl.) agg. sismique, séismique.
sismo ['sizmo] m. séisme.
sismografo [siz'mografo] m. sismographe, séismographe.
sismogramma [sizmo'gramma] (**-i** pl.) m. sismogramme.
sismologia [sizmolo'dʒia] f. sismologie, séismologie.
sissignore [sissiɲ'ɲore] loc. avv. oui, Monsieur. ‖ IRON. parfaitement !
sistema [sis'tɛma] (**-i** pl.) m. **1.** [complesso di elementi, insieme di idee, organizzazione] système. | *sistema solare*, système solaire. | *sistema di pulegge*, système de poulies. | *sistema economico*, système économique. ‖ GEOGR. *il sistema alpino*, la chaîne des Alpes. ‖ **2.** [insieme di mezzi] système, méthode f. | *il nostro sistema di lavoro*, notre méthode, notre système de travail. ‖ **3.** FAM. [mezzo] système, moyen (L.C.). | *conosco il sistema per non pagare*, je connais le système, le truc, la combine (pop.) pour ne pas payer. ‖ [modo] manière f. (L.C.), façon f. (L.C.). | *il sistema forte*, la manière forte. | *ti pare il sistema di trattare la gente ?*, est-ce que (tu trouves que) c'est une façon de traiter les gens ? | *non è con questo sistema che ti farai degli amici*, ce n'est pas comme ça, en agissant ainsi que tu te feras des amis. ‖ **4.** LOC. *avere per sistema di fare qlco.*, avoir pour habitude de faire qch., faire qch. systématiquement. | *per sistema*, par système, systématiquement, de parti pris.
sistemare [siste'mare] v. tr. **1.** [disporre in un certo modo] arranger, aménager, installer. | *hanno sistemato molto bene la loro casa*, ils ont très bien arrangé leur maison. ‖ [mettere in ordine] ranger, mettre en ordre. | *sistemare delle carte*, ranger des papiers. ‖ [piazzare] placer. | *sistemare i vasi sul poggiolo*, placer les vases sur le balcon. ‖ [risolvere] régler, arranger. | *sistemare una lite*, régler une querelle. | *abbiamo sistemato tutto*, nous avons tout arrangé. ‖ **2.** [una persona] installer. | *sistemare qlcu. in un appartamento*, installer qn dans un appartement. ‖ [trovare un lavoro a qlcu.] placer, établir, caser (fam.), trouver du travail (à, pour). ‖ [maritare] caser (fam.), établir. ‖ FAM. [maltrattare, punire] corriger, apprendre à vivre (à), donner une leçon (à). | *lo sistemo io !*, je vais lui apprendre à vivre !, il va avoir affaire à moi ! ◆ v. rifl. [mettersi a posto] s'installer. ‖ [trovare alloggio] s'installer, s'établir. ‖ [trovare lavoro] trouver du travail, une situation. ‖ [maritarsi] trouver un mari, se caser (fam.), s'établir (antiq.). ‖ [sposarsi] se marier.
sistematica [siste'matika] f. systématique.
sistematicamente [sistematika'mente] avv. systématiquement.
sistematico [siste'matiko] (**-ci** pl.) agg. systématique.
sistemazione [sistemat'tsjone] f. **1.** [disposizione] aménagement m., agencement m., disposition. | *sistemazione di un appartamento*, aménagement, agencement d'un appartement. | *sistemazione dei mobili*, disposition des meubles. ‖ **2.** [il mettere in ordine] rangement m. ‖ **3.** [composizione] règlement m., arrangement m. | *sistemazione di una vertenza*, règlement d'un différend. ‖ **4.** [organizzazione] organisation. ‖ **5.** [il sistemarsi in un luogo] installation ; [il luogo dove ci si sistema] logement m., endroit m. ‖ **6.** [lavoro] situation, emploi m., place. | *trovare una buona sistemazione*, trouver une bonne situation. ‖ **7.** [il trovare lavoro per qlcu.] établissement m. ‖ **8.** [collocazione matrimoniale] établissement m. (antiq.), mariage m. ‖ **9.** [organizzazione] systématisation.
sistole ['sistole] f. FISIOL. systole.
sistro ['sistro] m. sistre.
1. sito ['sito] agg. (lett.) situé (L.C.).
2. sito ['sito] m. (lett.) lieu (L.C.). ‖ ARC. [ubicazione] site (L.C.). ‖ MIL. *linea di sito*, ligne de site.
situare [situ'are] v. tr. (raro) placer (L.C.).
situato [situ'ato] agg. situé, placé.
situazione [situat'tsjone] f. situation. ‖ [documento] état m. ‖ FIN. situation. ‖ ARC. [collocazione] position (L.C.) ; situation (raro).
sizigia [sid'dzidʒa] f. ASTRON. syzygie.
ski lift ['ski:lift] m. [ingl.] remonte-pente (fr.), téléski.
slabbrare [zlab'brare] v. tr. ébrécher. ‖ [una ferita] ouvrir, élargir, débrider. ◆ v. rifl. s'ébrécher. ‖ [di ferita] s'ouvrir.
slabbratura [zlabbra'tura] f. ébréchure. ‖ [di una ferita] débridement m.
slacciare [zlat'tʃare] v. tr. délacer, détacher, dénouer, délier. | *slacciare un busto*, délacer un corset. ‖ PER EST. [aprire qualsiasi chiusura] ouvrir, défaire ; [bottoni] déboutonner ; [ganci] dégrafer ; [fibbie] déboucler.
slacciato [zlat'tʃato] agg. délacé, dénoué. ‖ PER EST. ouvert, défait.
slalom ['zlalom] m. SPORT slalom.
slam [slæm] m. [ingl.] GIOCHI [bridge] chelem.
slanciare [zlan'tʃare] v. tr. (raro) lancer (L.C.), ◆ v. rifl. PR. e FIG. s'élancer.
slanciato [zlan'tʃato] agg. PR. e FIG. élancé.
slancio ['zlantʃo] m. PR. e FIG. élan. | *con uno slancio*, d'un élan. | *prendere lo slancio*, prendre son élan. ‖ [salto] bond. ‖ SPORT épaulé-jeté.
slargamento [zlarga'mento] m. élargissement.
slargare [zlar'gare] v. tr. élargir. ‖ LOC. FIG. (raro) *sentirsi slargare il cuore*, se sentir soulagé. ◆ v. rifl. s'élargir. (V. ALLARGARE.)
slargatura [zlarga'tura] f. élargissement m.
slattamento [zlatta'mento] m. sevrage.
slattare [zlat'tare] v. tr. sevrer.
slavato [zla'vato] agg. délavé. ‖ FIG. fade, incolore ; [inespressivo] inexpressif, insignifiant.
slavina [zla'vina] f. avalanche.
slavismo [zla'vizmo] m. slavisme. ‖ POLIT. panslavisme.
slavista [zla'vista] n. slavisant.
slavizzare [zlavid'dzare] v. tr. slaviser.
slavo ['zlavo] agg. e m. slave.
sleale [zle'ale] agg. déloyal.
slealmente [zleal'mente] avv. de façon déloyale, déloyalement (raro).
slealtà [zleal'ta] f. déloyauté.
slegamento [zlega'mento] m. PR. (raro) déliement. ‖ FIG. incohérence f. (L.C.).
slegare [zle'gare] v. tr. PR. délier, détacher ; [animali] détacher, lâcher ; [un nodo] défaire. ‖ FIG. (lett.) libérer (L.C.). ◆ v. rifl. PR. se délier, se détacher ; [nodo] se défaire. ‖ FIG. (lett.) se libérer (L.C.).
slegatamente [zlegata'mente] avv. de façon décousue.

slegato [zle'gato] agg. délié, détaché ; [animale] détaché, lâché ; [nodo] défait. ‖ FIG. décousu, incohérent.
slegatura [zlega'tura] f. déliement m. (raro). ‖ FIG. incohérence.
slip [slip] m. [ingl.] slip.
slippino [zlip'pino] m. cache-sexe.
slitta ['zlitta] f. traîneau m. ; [per la legna] schlitte. ‖ SPORT luge. ‖ MECC. chariot m.
slittamento [zlitta'mento] m. glissement ; [di veicolo] dérapage ; [di ruota che gira a vuoto] patinage. ‖ FIG. glissement. ‖ [di moneta] dévaluation f., baisse.
slittare [zlit'tare] v. intr. **1.** glisser ; [di veicolo] déraper, glisser [di ruota che gira a vuoto] patiner, chasser. ‖ **2.** [andare in slitta] aller en traîneau ; [su uno slittino] luger, faire de la luge. ‖ **3.** FIG. glisser. ‖ FIN. baisser, perdre de sa valeur.
slittino [zlit'tino] m. luge f.
slittovia [zlitto'via] f. remontée mécanique.
slogamento [zloga'mento] m. V. SLOGATURA.
slogan ['zlɔgan] m. slogan.
slogare [zlo'gare] v. tr. démettre, déboîter, disloquer ; [in modo non grave] fouler ; [in modo permanente] luxer. ◆ v. rifl. *gli si è slogato il piede,* il s'est démis le pied.
slogato [zlo'gato] agg. démis, déboîté.
slogatura [zloga'tura] f. déboîtement m., dislocation, entorse ; [leggera] foulure ; [di carattere permanente] luxation.
sloggiare [zlod'dʒare] v. tr. déloger, chasser, expulser, vider (pop.). ◆ v. intr. déloger, vider les lieux. ‖ FAM. déguerpir (L.C.), décamper (L.C.).
slombare [zlom'bare] v. tr. éreinter, esquinter (fam.). ◆ v. rifl. s'éreinter, s'échiner, s'esquinter (fam.).
slombato [zlom'bato] agg. éreinté. ‖ FIG. mou, sans énergie.
slovacco [zlo'vakko] agg. e n. slovaque.
sloveno [zlo'vɛno] agg. e n. slovène.
slow [slou] m. [ingl.] slow.
smaccato [zmak'kato] agg. exagéré, outré. | *fortuna smaccata,* chance incroyable ; veine de pendu (fam.).
smacchiare [zmak'kjare] v. tr. détacher ; [togliere macchie di grasso] dégraisser.
smacchiatore [zmakkja'tore] m. [persona] teinturier. ‖ [prodotto] détachant.
smacchiatoria [zmakkjato'ria] f. teinturerie.
smacchiatrice [zmakkja'tritʃe] f. teinturière.
smacchiatura [zmakkja'tura] f. détachage m., nettoyage m.
smacco ['zmakko] m. [umiliazione] humiliation f., mortification f. ; [offesa] affront, camouflet (lett.) ; [scacco] échec.
smagliante [zmaʎ'ʎante] agg. éclatant, étincelant, éblouissant, resplendissant.
smagliare [zmaʎ'ʎare] v. tr. démailler. ◆ v. rifl. se démailler ; [calza] se démailler, filer (intr.). | *la mia calza si è smagliata,* j'ai une maille qui a filé ; mon bas a filé, s'est démaillé. ‖ MED. avoir des vergetures.
smagliato [zmaʎ'ʎato] agg. démaillé ; [calza] démaillé, filé.
smagliatura [zmaʎʎa'tura] f. démaillage m. ; [in una calza] maille filée, échelle. ‖ MED. vergeture.
smagnetizzare [zmaɲɲetid'dzare] v. tr. démagnétiser, désaimanter.
smagnetizzazione [zmaɲɲetiddzat'tsjone] f. démagnétisation.
smagrire [zma'grire] v. tr. amaigrir. ◆ v. rifl. o v. intr. maigrir (intr.).
smaliziare [zmalit'tsjare] v. tr. dégourdir, dessaler (fam.), délurer (raro), déniaiser (antiq.). ◆ v. rifl. se dégourdir, se dessaler (fam.).
smaliziato [zmalit'tsjato] agg. dégourdi, déluré, dessalé (fam.).
smaltare [zmal'tare] v. tr. [metalli] émailler. ‖ [le unghie] mettre du vernis (sur). ‖ [fotografie] glacer. ‖ [ceramica] émailler, glacer. ‖ FIG. émailler (lett.).
smaltato [zmal'tato] agg. [metallo] émaillé ; [unghie] verni ; [fotografia] glacé ; [ceramica] émaillé, glacé.
smaltatore [zmalta'tore] m. émailleur.
smaltatrice [zmalta'tritʃe] f. émailleuse. ‖ TECN. *(pressa) smaltatrice,* calandre, glaceuse (neol.).
smaltatura [zmalta'tura] f. [del metallo] émaillage m. ; [delle fotografie] glaçage m. ; [della ceramica] émaillage, glaçage. ‖ [il rivestimento] glaçure.
smaltimento [zmalti'mento] m. digestion f. ‖ LOC. *aspettare lo smaltimento della sbornia,* attendre d'avoir cuvé son vin (fam.). ‖ [deflusso] écoulement, évacuation f. ‖ COMM. écoulement, vente f.
smaltire [zmal'tire] v. tr. digérer, faire passer, faire descendre (fam.). ‖ LOC. *smaltire la sbornia,* cuver son vin (fam.). | *smaltire la rabbia,* cuver sa colère (fam.), faire passer sa colère. ‖ [di acqua] évacuer, faire écouler, faire couler. ‖ COMM. écouler. ‖ [nel lavoro] en finir (avec), liquider (fam.).
smaltista [zmal'tista] (**-i** pl.) m. émailleur.
smalto ['zmalto] m. émail. | *decorare a smalto,* émailler. | *fa bellissimi smalti,* il fait de très beaux émaux. ‖ LOC. *smalto per le unghie,* vernis à ongles. ‖ ANAT. *smalto dei denti,* émail des dents. ‖ ARALD. émail.
smammare [zmam'mare] v. intr. REGION. filer (fam.), décamper.
smanceria [zmantʃe'ria] f. [specie pl.] manières pl., chichi m. (fam.), minauderie.
smanceroso [zmantʃe'roso] agg. qui fait des manières, du chichi (fam.), chichiteux (fam.), minaudier, grimacier.
smania ['zmanja] f. **1.** agitation, énervement m., nervosité, frénésie. | *mettere la smania (addosso),* agiter, énerver. | *dare in smanie,* être agité, énervé, être dans tous ses états. ‖ **2.** [desiderio intenso] fureur, rage ; désir ardent, frénétique ; manie. | *smania di avventure,* fureur, rage d'aventures. | *ha la smania di muoversi,* il a la bougeotte (fam.).
smaniare [zma'njare] v. intr. s'agiter. | *smania per la febbre,* il s'agite parce qu'il a la fièvre. ‖ [desiderare] brûler d'envie (de), brûler du désir (de), mourir d'envie (de), désirer ardemment (tr.). | *smaniava di vederla,* il brûlait du désir de la voir.
smaniosamente [zmanjosa'mente] avv. avec violence.
smanioso [zma'njoso] agg. agité. ‖ LOC. *smanioso di,* avide de ; [con infinito] avide de, impatient de, qui brûle de. ‖ [che causa smania] angoissant. ‖ FAM. [noioso] ennuyeux (L.C.)
smantellamento [zmantella'mento] m. démantèlement, démolition f.
smantellare [zmantel'lare] v. tr. démanteler, démolir. ‖ MAR. désemparer.
smarcare [zmar'kare] v. tr. SPORT démarquer. ◆ v. rifl. se démarquer.
smargiassare [zmardʒas'sare] v. intr. (raro) fanfaronner (antiq.).
smargiassata [zmardʒas'sata] f. fanfaronnade, rodomontade.
smargiasso [zmar'dʒasso] m. fanfaron, bravache, mariol(le) [pop.], m'as-tu-vu (fam.), grande gueule (pop.).
smarginare [zmardʒi'nare] v. tr. rogner, émarger.
smarginatura [zmardʒina'tura] f. rognage m.
smarrimento [zmarri'mento] m. PR. perte f. ‖ FIG. défaillance f. ‖ [confusione] désarroi, trouble, égarement.
smarrire [zmar'rire] v. tr. perdre. ‖ FIG. *smarrire il senno,* perdre la raison. ◆ v. rifl. se perdre, s'égarer. ‖ FIG. se troubler.
smarrito [zmar'rito] agg. perdu, égaré. ‖ FIG. troublé, égaré, désorienté.
smascellare [zmaʃʃel'lare] v. tr. (raro) décrocher la mâchoire. ◆ v. rifl. se décrocher la mâchoire. ‖ LOC. FIG. (L.C.) *smascellarsi dalle risa,* rire à gorge déployée.
smascheramento [zmaskera'mento] m. découverte f.
smascherare [zmaske'rare] v. tr. PR. e FIG. démasquer. ◆ v. rifl. PR. e FIG. ôter son masque, se démasquer.
smash [smæʃ] m. [ingl.] SPORT [tennis] smash.
smaterializzare [zmaterjalid'dzare] v. tr. rendre immatériel. ◆ v. rifl. devenir immatériel.
smembramento [zmembra'mento] m. PR. (raro) dépeçage (L.C.), dépècement (L.C.). ‖ FIG. (L.C.) démembrement, dépècement (raro), dislocation f.
smembrare [zmem'brare] v. tr. PR. (raro) démembrer (L.C.), dépecer (L.C.). ‖ FIG. démembrer, disloquer.

smemorataggine [zmemora'taddʒine] f. manque (m.) de mémoire ; [disattenzione] étourderie, distraction. || [azione] oubli m., distraction, étourderie.
smemoratezza [zmemora'tettsa] f. V. SMEMORATAGGINE.
smemorato [zmemo'rato] agg. qui n'a pas de mémoire. | *è proprio smemorato*, il n'a aucune mémoire. || [disattento] distrait, étourdi. || MED. amnésique.
smentire [zmen'tire] v. tr. démentir. || [una persona] démentir, contredire. || [ritrattare] rétracter (lett.), retirer. | *l'accusato ha smentito la confessione*, l'accusé a rétracté ses aveux. || [venir meno] démentir, manquer (à). | *smentire la propria fama*, manquer à sa réputation. ◆ v. rifl. se démentir. || LOC. *non ti smentisci mai*, tu es toujours le même.
smentita [zmen'tita] f. démenti m.
smeraldino [zmeral'dino] agg. d'émeraude ; [colore] émeraude.
smeraldo [zme'raldo] m. émeraude f.
smerciabile [zmer'tʃabile] agg. vendable.
smerciare [zmer'tʃare] v. tr. vendre, écouler ; [al minuto] débiter. | *prodotto difficile da smerciare*, produit difficile à écouler.
smercio ['zmɛrtʃo] m. écoulement, vente f. ; [con vendita al minuto] débit. | *prodotto di poco, di molto smercio*, article d'un faible, d'un bon débit.
smerdare [zmer'dare] v. tr. VOLG. salir, remplir de merde. || PER EST. salir (L.C.). || FIG. déshonorer (L.C.).
smergo ['zmɛrgo] m. ZOOL. harle.
smerigliare [zmeriʎ'ʎare] v. tr. [levigare] polir (à l'émeri) ; [di vetro, renderlo traslucido] dépolir. || MECC. *smerigliare le valvole di un motore*, roder les soupapes d'un moteur.
smerigliato [zmeriʎ'ʎato] agg. poli (à l'émeri). || [traslucido] dépoli. | *tappo smerigliato*, bouchon à l'émeri. || [ricoperto di polvere di smeriglio] *carta, tela smerigliata*, papier, toile (d') émeri.
smerigliatrice [zmeriʎʎa'tritʃe] f. polissoir m.
smerigliatura [zmeriʎʎa'tura] f. polissage m. || MECC. *smerigliatura delle valvole*, rodage (m.) des soupapes.
smeriglio [zme'riʎʎo] m. émeri.
smerlare [zmer'lare] v. tr. festonner.
smerlatura [zmerla'tura] f. feston m.
smerlettare [zmerlet'tare] v. tr. V. SMERLARE.
smerlo ['zmɛrlo] m. feston.
smesso ['zmesso] agg. qu'on ne porte plus, qu'on ne met plus. | *regalare i vestiti smessi*, donner ses vieux vêtements.
smettere ['zmettere] v. intr. cesser, arrêter. || [impers.] *ha smesso di piovere*, la pluie a cessé, il a cessé de pleuvoir. || [con « la » indeterminato] *smettila con questa storia*, cesse, arrête de nous, de m'ennuyer avec cette histoire. | *smettetela !*, cessez !, arrêtez ! ◆ v. tr. cesser, arrêter. | *smettere il lavoro*, cesser le travail. | *smettere una discussione*, interrompre une discussion. || [di indumento] ne plus porter, ne plus mettre ; cesser de porter, de mettre.
smezzare [zmed'dzare] v. tr. partager, diviser en deux ; [tagliando] couper en deux. || [consumare a metà] utiliser la moitié (de).
smidollare [zmidol'lare] v. tr. enlever la moelle (de) ; [il pane] enlever la mie (de). || FIG. (raro) ramollir, amollir (antiq.), affaiblir. ◆ v. rifl. FIG. s'affaiblir, perdre sa vigueur, se ramollir (fam.).
smidollato [zmidol'lato] agg. PR. sans moelle. || FIG. ramolli, mollasse (peggior.) ◆ n. ramolli, mollasse f., mollasson (fam.), mollusque (fam.), lavette f. (fam.).
smielare [zmje'lare] v. tr. démieller.
smilitarizzare [zmilitarid'dzare] v. tr. démilitariser.
smilitarizzazione [zmilitariddzat'tsjone] f. démilitarisation.
smilzo ['zmiltso] agg. fluet, mince. || FIG. maigre, pauvre.
sminare [zmi'nare] v. tr. déminer.
sminatore [zmina'tore] m. démineur.
sminuire [zminu'ire] v. tr. PR. e FIG. diminuer, amoindrir ; [solo fig.] rabaisser.
sminuito [zminu'ito] agg. PR. (raro) e FIG. diminué ; frustré (solo fig.).
sminuzzare [zminut'tsare] v. tr. couper en petits morceaux ; émietter ; [tritare] hacher. ◆ v. rifl. s'émietter.
smistamento [zmista'mento] m. tri, triage. | *smistamento della corrispondenza*, tri du courrier. | *centro di smistamento*, centre de tri. | *stazione di smistamento*, gare de triage. || [calcio] passe f.
smistare [zmis'tare] v. tr. trier. || [calcio] passer, faire une passe.
smisuratezza [zmizura'tettsa] f. énormité, immensité.
smisurato [zmizu'rato] agg. démesuré, immense, infini, énorme, incommensurable.
smitizzare [zmitid'dzare] v. tr. démythifier.
smobilitare [zmobili'tare] v. tr. démobiliser. || FIG. *smobilitare l'industria*, reconvertir l'industrie (de guerre en industrie de paix).
smobilitazione [zmobilitat'tsjone] f. démobilisation. || FIG. *smobilitazione di una fabbrica d'armi*, reconversion d'une usine d'armements.
smoccolare [zmokko'lare] v. tr. moucher. ◆ v. intr. [di candela] couler. || FIG. (volg.) jurer (L.C.)
smoccolatoio [zmokkola'tojo] m. [candela] mouchettes f. pl.
smoccolatura [zmokkola'tura] f. mouchure.
smodatamente [zmodata'mente] avv. immodérément, excessivement, avec excès.
smodato [zmo'dato] agg. immodéré, démesuré, excessif, outré. | *desideri smodati*, désirs immodérés. | *ambizione smodata*, ambition démesurée.
smoderatamente [zmoderata'mente] avv. immodérément, démesurément.
smoderatezza [zmodera'tettsa] f. immodération (lett.), intempérance, manque (m.) de mesure, de modération. || [nel mangiare, nel bere] intempérance. || [azione] excès m.
smoderato [zmode'rato] agg. [di persona] qui manque de modération, de mesure, intempérant (antiq.) ; [nel mangiare, nel bere] intempérant. || [di cose] immodéré, excessif, démesuré.
smog [zmog] m. [ingl.] air pollué ; smog (néol.).
smoking ['smoukiŋ] m. [ingl.] smoking.
smollicare [zmolli'kare] v. tr. émietter.
smonacare [zmona'kare] v. tr. défroquer. ◆ v. rifl. se défroquer.
smontabile [zmon'tabile] agg. démontable.
smontaggio [zmon'taddʒo], m. démontage (L.C.).
smontante [zmon'tante] agg. descendant.
smontare [zmon'tare] v. tr. démonter. | *smontare un motore*, démonter un moteur. | *smontare una pietra preziosa*, dessertir une pierre précieuse. | *smontare un quadro*, enlever un tableau de son cadre. || [da un veicolo] faire descendre. || CULIN. *smontare la panna montata*, laisser retomber la crème fouettée. || FIG. démonter. ◆ v. intr. descendre. || [finire il turno] finir son service. || MIL. [della guardia] être relevé. || CULIN. *le uova sbattute smontano*, les œufs battus retombent. || [di colori] passer. ◆ v. rifl. se démonter.
smorfia ['zmɔrfja] f. grimace. || FIG. mine, simagrée. || [specie pl.] manières, grimaces, mines, simagrées, minauderies, chichis m. (fam.).
smorfioso [zmor'fjoso] agg. e n. chichiteux, euse, (fam.) ; minaudier, ère ; bêcheur, euse.
smorto ['zmɔrto] agg. blême, blafard, pâle. | *occhi smorti*, yeux éteints. || FIG. pâle, terne, fade.
smorzamento [zmortsa'mento] m. amortissement.
smorzare [zmor'tsare] v. tr. [i suoni] amortir, étouffer ; [la luce] affaiblir, tamiser, voiler ; [i colori] affaiblir. || [spegnere] éteindre. || FIG. apaiser. || FIS. amortir.
smorzato [zmor'tsato] agg. e m. amorti. || [spento] éteint.
smosso ['zmɔsso] agg. déplacé, remué. | *dente smosso*, dent qui bouge.
smottamento [zmotta'mento] m. éboulement.
smottare [zmot'tare] v. intr. s'ébouler.
smozzicare [zmottsi'kare] v. tr. réduire, couper en petits morceaux ; [sbriciolare] émietter. || FIG. hacher. | *smozzicare le parole*, hacher, manger ses mots.
smozzicato [zmottsi'kato] agg. en petits morceaux, en miettes ; [sbriciolato] émietté. || FIG. haché.
smunto ['zmunto] agg. hâve, livide, émacié, décharné.
smuovere ['zmwɔvere] v. tr. **1.** déplacer, remuer. ||

PER EST. [rimuovere in superficie] remuer. | *smuovere la terra,* remuer la terre. || FAM. *smuovere il corpo,* relâcher l'intestin (L.C.). || **2.** [indurre qlcu. a muoversi] faire bouger. | *da qui nessuno mi smuove,* personne ne me fera bouger d'ici. || FIG. *nessuno è riuscito a smuoverlo,* personne n'a réussi à l'ébranler, à lui faire changer d'avis. | *smuovere qlcu. da un proposito,* détourner qn d'un projet. | *cerca di smuoverlo dalla sua intransigenza,* essaie de l'amener à renoncer à son intransigeance. | *smuovere qlcu. dalle sue convinzioni,* ébranler les convictions de qn. || [far uscire da uno stato di apatia] secouer. ◆ v. rifl. se déplacer ; bouger (v. intr.) || FIG. [cambiare opinione] changer d'avis, être ébranlé. || [uscire dal torpore] se secouer, se remuer.

smussamento [zmussa'mento] m. PR. [di angoli e spigoli] arrondissage ; [di punte] épointage. || FIG. adoucissement.

smussare [zmus'sare] v. tr. PR. [angoli] arrondir ; [oggetti taglienti, punte] émousser. || ARCHIT. chanfreiner. || FIG. adoucir, atténuer, arrondir. | *smussare gli angoli,* arrondir les angles. ◆ v. rifl. s'émousser.

smussato [zmus'sato] agg. PR. [angolo] arrondi ; [oggetto tagliente, punta] émoussé. || FIG. adouci, atténué.

smusso ['zmusso] m. V. SMUSSAMENTO.

snack bar [snækba:] m. [ingl.] snack(-bar).

snaturare [znatu'rare] v. tr. dénaturer, déformer, fausser. || [una persona] dégrader, pervertir.

snaturatezza [znatura'tettsa] f. dépravation, perversion. || [crudeltà] atrocité.

snaturato [znatu'rato] agg. dénaturé, déformé, faussé. ◆ n. dénaturé, dégénéré.

snazionalizzare [znattsjonalid'dzare] v. tr. dénationaliser.

snebbiare [zneb'bjare] v. tr. débarrasser de la brume, éclaicir. || FIG. éclaircir, clarifier. | *snebbiare la mente,* clarifier les idées.

snellezza [znel'lettsa] f. sveltesse, minceur. || FIG. souplesse ; [di stile] aisance, élégance.

snellimento [znelli'mento] m. assouplissement. || [il rendere più rapido] accélération f.

snellire [znel'lire] v. tr. amincir. || FIG. assouplir ; [rendere più veloce] accélérer, rendre plus rapide, plus fluide ; [dello stile] rendre plus fluide. ◆ v. rifl. s'amincir, devenir (plus) svelte. || FIG. s'assouplir ; [divenire più rapido] s'accélérer, devenir plus rapide.

snello ['znɛllo] agg. svelte, élancé, mince. | *vita snella,* taille mince. || [cose] svelte, élancé. || [agile] souple, agile. || FIG. souple, aisé, vif.

snervamento [znerva'mento] m. [infiacchimento] abattement, épuisement ; énervement (arc.). || [irritazione] énervement.

snervante [zner'vante] agg. [che fiacca] déprimant, épuisant, énervant (arc.). || [che fa venire i nervi] énervant, agaçant.

snervare [zner'vare] v. tr. [fiaccare] déprimer, abattre, épuiser ; énerver (arc. o lett.), priver de nerf (raro). || [innervosire] énerver. ◆ v. rifl. [perdere l'energia] être (de plus en plus) déprimé, abattu ; s'épuiser. || [innervosirsi] s'énerver.

snervatezza [znerva'tettsa] f. abattement m., épuisement m., énervement m. (arc.). || FIG. mollesse, manque (m.) de nerf.

snervato [zner'vato] agg. déprimé, abattu, épuisé, énervé (arc.). || FIG. mou, qui manque de nerf.

snidare [zni'dare] v. tr. débusquer, déloger, dénicher.

snob [znɔb] agg. e n. [ingl.] snob.

snobbare [znob'bare] v. tr. snober.

snobismo [zno'bizmo] m. snobisme.

snobistico [zno'bistiko] (**-ci** pl.) agg. snob.

snocciolare [znottʃo'lare] v. tr. PR. (raro) dénoyauter (L.C.). || **2.** FIG. raconter ; [dire di seguito] débiter, dégoiser (pop.). | *snocciolare bestemmie,* dévider un chapelet de jurons. || FAM. [pagare] débourser (L.C.), casquer.

snodabile [zno'dabile] agg. articulé.

snodare [zno'dare] v. tr. PR. dénouer. || PER EST. assouplir, dégourdir, dérouiller. || [rendere articolato] articuler.

snodato [zno'dato] agg. articulé. | *bambola snodata,* poupée articulée. || [di persona] agile, souple. || [di parte del corpo] délié.

snodatura [znoda'tura] f. articulation.

snodo ['znɔdo] m. TECN. rotule f. || [di via, ferrovia] embranchement.

snudare [znu'dare] v. tr. dégainer.

soave [so'ave] agg. suave, doux.

soavemente [soave'mente] avv. suavement, d'une manière suave.

soavità [soavi'ta] f. suavité, douceur.

sobbalzare [sobbal'tsare] v. intr. [veicolo] cahoter, tressauter. || [persona] sursauter, tressaillir, tressauter.

sobbalzo [sob'baltso] m. cahot, secousse f. | *avanzare a sobbalzi,* avancer par à-coups, par secousses. || sursaut. | *di sobbalzo,* en sursaut.

sobbarcare [sobbar'kare] v. tr. (raro) faire supporter qch. à qn. ◆ v. rifl. se charger (de) ; prendre sur soi, assumer, accepter de supporter. | *sobbarcarsi una responsabilità,* prendre sur soi, assumer une responsabilité. | *sobbarcarsi un sacrificio,* accepter de supporter un sacrifice.

sobborgo [sob'borgo] m. faubourg. ◆ pl. faubourgs, banlieue f. sing.

sobillare [sobil'lare] v. tr. *sobillare a,* exciter, pousser, inciter. || [contro qn] dresser, monter. | *sobilla il figlio contro la moglie,* il dresse son fils contre sa femme. || [un gruppo di persone] inciter, pousser, exciter à se révolter, à la révolte.

sobillatore [sobilla'tore] (**-trice** f.) m. agitateur, trice ; fauteur, trice de troubles.

sobillazione [sobillat'tsjone] f. instigation, incitation.

sobrietà [sobrje'ta] f. sobriété. || FIG. sobriété (lett.), modération. | *vestire con sobrietà,* s'habiller sobrement.

sobrio ['sɔbrjo] agg. PR. e FIG. sobre.

socchiudere [sok'kjudere] v. tr. entrouvrir ; [porta, finestra] entrouvrir, entrebâiller.

socchiuso [sok'kjuso] agg. entrouvert.

socco ['sɔkko] m. STOR. socque.

soccombere [sok'kombere] v. intr. (lett.) succomber (L.C.). || GIUR. *soccombere in giudizio,* perdre un procès.

soccorrere [sok'korrere] v. tr. secourir, aider, assister. ◆ v. intr. (lett.) revenir à l'esprit (L.C.).

soccorrevole [sokkor'revole] agg. (lett.) secourable (L.C.).

soccorritore [sokkorri'tore] m. sauveteur. ◆ agg. secourable.

soccorso [sok'korso] m. secours. | *dare soccorso,* porter, prêter secours. | *correre in soccorso di qlcu.,* courir au secours de qn. | *(posto di) pronto soccorso,* poste de secours. || COMM. *società di mutuo soccorso,* association de secours mutuel. ◆ pl. [mezzi di soccorso] secours.

socialcomunista [sotʃalkomu'nista] (**-i** pl.) agg. e n. POLIT. social-communiste.

socialdemocratico [sotʃaldemo'kratiko] (**-ci** pl.) agg. e m. POLIT. social-démocrate.

socialdemocrazia [sotʃaldemokrat'tsia] f. POLIT. social-démocratie.

sociale [so'tʃale] agg. social. || PER EST. [tendente a vivere in società] sociable, social (raro).

socialismo [sotʃa'lizmo] m. socialisme.

socialista [sotʃa'lista] (**-i** pl.) agg. e n. socialiste.

socialistico [sotʃa'listiko] (**-ci** pl.) agg. socialiste.

socialità [sotʃali'ta] f. caractère social. || PER EST. [inclinazione a vivere in società] sociabilité.

socializzare [sotʃalid'dzare] v. tr. socialiser.

socializzatore [sotʃaliddza'tore] agg. de socialisation.

socializzazione [sotʃaliddzat'tsjone] f. socialisation.

socialmente [sotʃal'mente] avv. socialement.

socialproletario [sotʃalprole'tarjo] (**-i** pl.) agg. socialiste (et) prolétarien.

società [sotʃe'ta] f. [insieme organizzato di individui ; ceto sociale] société. | *l'alta società,* la haute, la bonne société ; la haute (pop.). | *essere presentato in società,* être introduit dans la société. || PER EST. [organizzazione di persone riunite per un fine comune] société, association. | *società sportiva,* société, association sportive. || IRON. *l'onorata società,* la mafia. || PER ANAL. [compagnia] société, compagnie (L.C.). || ECON.,

GIUR. (lett.) société, compagnie. | *contratto di società*, contrat de société. | *società di navigazione*, compagnie de navigation. | *società anonima, per azioni*, société anonyme, par actions. || LOC. *mettersi in società con qlcu.*, s'associer à qn. | *far società*, s'associer, former société. | *avere qlco. in società*, posséder qch. en commun. || FAM. *fare società di qlco.*, mettre qch. en commun (L.C.).
societario [sotʃe'tarjo] agg. GIUR. de société, social.
socievole [so'tʃevole] agg. sociable. || PER EST. sociable, aimable, cordial.
socievolezza [sotʃevo'lettsa] f. sociabilité. || PER EST. sociabilité, amabilité, cordialité.
socievolmente [sotʃevol'mente] avv. aimablement, cordialement.
socinianesimo [sotʃinja'nɛzimo] m. RELIG. socinianisme.
sociniano [sotʃi'njano] agg. e m. RELIG. socinien.
socio ['sɔtʃo] n. associé ; [di società per azioni] actionnaire. || TEATRO sociétaire.
sociologia [sotʃolo'dʒia] f. sociologie.
sociologico [sotʃo'lɔdʒiko] (**-ci** pl.) agg. sociologique.
sociologismo [sotʃolo'dʒizmo] m. sociologisme.
sociologo [so'tʃɔlogo] (**-a** f. ; **-gi** pl. ; pop. **-ghi** pl.) m. sociologue n.
socioterapia [sotʃotera'pia] f. psychothérapie de groupe.
socratico [so'kratiko] (**-ci** pl.) agg. socratique.
soda ['sɔda] f. CHIM. soude. || [bevanda] soda m.
sodalizio [soda'littsjo] m. association f. || [confraternità] confrérie f. || [amicizia] amitié f. || ARC. [compagnia] compagnie f. (L.C.).
soddisfacente [soddisfa'tʃɛnte] agg. satisfaisant.
soddisfacimento [soddisfatʃi'mento] m. satisfaction f. || LETT. [compenso] compensation f. (L.C.).
soddisfare [soddis'fare] v. tr. satisfaire. || [adempiere] s'acquitter (de), remplir, accomplir, satisfaire (à). | *soddisfare un obbligo*, s'acquitter d'une obligation. | *soddisfare i propri impegni*, remplir ses engagements, satisfaire à ses engagements. || [riparare] réparer. ◆ v. intr. satisfaire. | *soddisfare a una preghiera, alla propria ambizione*, satisfaire à une prière, satisfaire son ambition. || [rispondere esattamente] satisfaire (à), remplir, répondre (à). | *soddisfare a una condizione*, satisfaire à, remplir une condition. | *soddisfare a una necessità*, répondre à une nécessité. || [adempiere] satisfaire (à), remplir (v. tr.), s'acquitter (de). | *soddisfare a una promessa*, s'acquitter d'une promesse. || [riparare] réparer tr.
soddisfatto [soddis'fatto] agg. satisfait. || [pagato] réglé, payé, remboursé. || [adempiuto] rempli, accompli.
soddisfazione [soddisfat'tsjone] f. **1.** [il soddisfare] satisfaction. || [adempimento] accomplissement m. || [pagamento] paiement m., remboursement m. || [riparazione] satisfaction, réparation. || **2.** [piacere] satisfaction, plaisir m., contentement m. || LOC. *è stata per lui una bella soddisfazione*, cela lui a fait très plaisir. | *il mio lavoro mi dà molte soddisfazioni*, mon travail me plaît beaucoup. | *non volevo dargli anche la soddisfazione di vedermi piangere*, je ne voulais pas qu'il ait en plus la satisfaction de me voir pleurer. | *mi son tolto la soddisfazione di dirglielo*, je me suis payé le luxe de le lui dire. | *non c'è soddisfazione a giocare con lui*, ce n'est pas amusant de jouer avec lui.
sodezza [so'dettsa] f. fermeté.
sodico ['sɔdiko] (**-ci** pl.) agg. CHIM. sodique.
sodio ['sɔdjo] m. CHIM. sodium.
sodo ['sɔdo] agg. PR. [compatto] ferme ; [duro] dur. | *muscoli sodi*, muscles fermes. | *carne soda*, viande ferme (dure). | *uova sode*, œufs durs. || [denso] épais. | *minestra soda*, soupe épaisse. || FIG. solide. | *argomento sodo*, argument solide. || LOC. *darle, prenderle sode*, donner, recevoir une bonne raclée (fam.). ◆ m. terrain solide. || FIG. concret. || LOC. *venire al sodo*, en venir au fait. ◆ avv. dur (fam.), ferme. | *picchiar sodo*, taper dur, ferme. | *lavorar sodo*, travailler dur. | *tener sodo*, tenir ferme, tenir bon. | *dormir sodo*, dormir à poings fermés, comme une souche.
sodomia [sodo'mia] f. sodomie.
sodomita [sodo'mita] (**-i** pl.) m. sodomite. || STOR. Sodomite.
sodomitico [sodo'mitiko] (**-ci** pl.) agg. de sodomie, homosexuel.
sofà [so'fa] m. sofa.
sofferente [soffe'rɛnte] agg. qui souffre, souffrant (lett.). || [ammalato] souffrant, malade. | *sofferente di, per*, qui souffre de. | *è sofferente per una crisi reumatica*, il souffre d'une crise de rhumatismes. | *essere sofferente di cuore*, avoir le cœur malade, avoir une maladie de cœur. || [che esprime sofferenza] douloureux.
sofferenza [soffe'rɛntsa] f. souffrance.
soffermare [soffer'mare] v. tr. arrêter, suspendre. | *soffermare il passo*, s'arrêter, suspendre sa marche. || FIG. arrêter, fixer. | *soffermare l'attenzione su qlco.*, arrêter son attention sur qch. ◆ v. rifl. PR. e FIG. s'arrêter (un instant).
sofferto [sof'fɛrto] agg. enduré. || FIG. (lett.) senti.
soffiare [sof'fjare] v. intr. souffler. || LOC. FIG. *soffiare sul fuoco*, souffler sur le feu, jeter de l'huile sur le feu. ◆ v. tr. souffler. | *non soffiarmi in faccia il fumo*, ne m'envoie pas la fumée dans la figure. | *soffiare il fumo dal naso*, faire sortir la fumée par son nez. || PARTICOL. *soffiare via la polvere*, souffler sur la poussière (pour qu'elle s'envole). | *soffiarsi il naso*, se moucher, moucher son nez. | *soffiare il naso di un bambino*, moucher (le nez d') un enfant. || FIG., ASSOL., GERG. [spiare] moucharder (fam.), cafarder (L.C.). || [suggerire] (raro) souffler (L.C.). || GIOCHI [dama] souffler. || FIG. souffler (fam.), prendre. | *mi ha soffiato il posto*, il m'a pris ma place.
soffiata [sof'fjata] f. action de souffler. || FIG., GERG. mouchardage m. (fam.), cafardage m. (L.C.), délation (L.C.).
soffiato [sof'fjato] agg. soufflé. ◆ m. CULIN. soufflé.
soffiatore [soffja'tore] m. TECN. souffleur. || FIG., GERG. mouchard (fam.), donneur (pop.).
soffiatura [soffja'tura] f. TECN. soufflage m.
soffice ['sɔffitʃe] agg. [cedevole alla pressione] moelleux, mou, tendre. | *letto soffice*, lit moelleux. | *pane soffice*, pain tendre. | *neve soffice*, neige fraîche. || **2.** [al tatto] doux. | *pelle soffice*, peau douce. | *capelli soffici*, cheveux doux, soyeux. | *erba soffice*, herbe tendre.
soffieria [soffje'ria] f. soufflerie. || [fabbrica di oggetti in vetro] verrerie.
soffietto [sof'fjetto] m. soufflet. || GIORN. communiqué.
soffio ['soffjo] m. PR. e MED. souffle. | *spegnere la candela con un soffio*, souffler la bougie. | *ha spento tutte le candeline con un solo soffio*, il a éteint toutes les bougies d'un seul souffle. || FIG. *soffio animatore, divino*, souffle créateur, divin. || LOC. FIG. *d'un soffio*, en un clin d'œil.
soffione [sof'fjone] m. BOT. pissenlit. || GEOL. soufflard. || ARC. soufflet (L.C.). || GERG. mouchard (fam.). ◆ pl. soffioni (ital.).
soffitta [sof'fitta] f. grenier m. ; [stanza abitabile] mansarde. | *abitare in una soffitta*, habiter sous les combles. || TEATRO cintre m.
soffittare [soffit'tare] v. tr. plafonner.
soffittatura [soffitta'tura] f. plafonnage m.
soffitto [sof'fitto] m. plafond.
soffocamento [soffoka'mento] m. étouffement.
soffocante [soffo'kante] agg. PR. e FIG. étouffant, suffocant, oppressant.
soffocare [soffo'kare] v. tr. PR. étouffer. || PER EST. étouffer, suffoquer. || FIG. étouffer. | *soffocare uno scandalo*, étouffer un scandale. ◆ v. intr. étouffer.
soffocazione [soffokat'tsjone] f. PR. e FIG. étouffement m.
soffoco ['sɔffoco] m. chaleur étouffante.
soffondere [sof'fondere] v. tr. (lett.) teindre (L.C.), colorer (L.C.).
soffregare [soffre'gare] v. tr. (raro) frotter (L.C.).
soffribile [sof'fribile] agg. qu'on peut endurer, endurable, supportable.
soffriggere [sof'friddʒere] v. tr. CULIN. faire revenir à feu doux. ◆ v. intr. revenir à feu doux. || FIG. se ronger les sangs (fam.).

soffrire [sof'frire] v. tr. **1.** [dolori fisici o morali] endurer, supporter, souffrir. | *soffrire tormenti atroci*, endurer d'atroces souffrances. || [iperb.] *soffrire le pene dell'inferno*, souffrir mille morts, le martyre. || [privazioni, sacrifici] souffrir (de). | *soffrire la fame, il caldo*, souffrir de la faim, de la chaleur. || **2.** [essere particolarmente sensibile a] ne pas (bien) supporter. | *soffro molto il caldo*, je supporte très mal la chaleur. || [andare soggetto a] être sujet (à), avoir facilement. | *soffrire il mal di mare*, être sujet au mal de mer. || **3.** [sopportare] supporter, subir, endurer, souffrir (lett.). | *soffrire un'ingiustizia*, subir une injustice. || LOC. *non poter soffrire qlcu.*, ne pas pouvoir souffrir, sentir (fam.) qn. | *non poter soffrire che*, ne pas pouvoir supporter, souffrir que. || **4.** LETT. [permettere] permettre (L.C.), souffrir. ◆ v. intr. **1.** [dolore fisico o morale] souffrir. | *soffrire per la solitudine*, souffrir de la solitude. || **2.** [disturbo, malattia] souffrir, avoir mal, être malade. | *soffrire di mal di testa*, avoir mal à la tête. | *soffre di fegato*, il est malade du foie. | *soffro di cuore*, j'ai une maladie de cœur. || [con nome di malattia] avoir (v. tr.), souffrir. | *soffrire di ernia*, avoir une hernie. | *soffrire di reumatismi*, avoir des, souffrir de rhumatismes.

soffritto [sof'fritto] agg. CULIN. revenu. ◆ m. *preparare un soffritto*, faire revenir des oignons et d'autres légumes émincés.

soffuso [sof'fuzo] agg. LETT. coloré (L.C.), teinté (L.C.). || FIG. *soffuso di tristezza*, voilé de tristesse.

sofisma [so'fizma] (**-i** pl.) m. sophisme.

sofista [so'fista] (**-i** pl.) m. sophiste.

sofistica [so'fistika] f. FILOS. sophistique.

sofisticare [sofisti'kare] v. tr. sophistiquer (antiq.), frelater, dénaturer, falsifier, altérer, trafiquer (fam.). ◆ v. intr. ergoter, user de sophismes.

sofisticato [sofisti'kato] agg. [di prodotto alimentare] sophistiqué (antiq.), frelaté, dénaturé, falsifié, altéré, trafiqué (fam.). || NEOL. [di una persona o dei suoi modi] sophistiqué.

sofisticatore [sofistika'tore] (**-trice** f.) m. falsificateur, trice.

sofisticazione [sofistikat'tsjone] f. sophistication, frelatage m., falsification, altération.

sofisticheria [sofistike'ria] f. ergoterie, ergotage m. || [pedanteria] pédantisme m. || [sofisma] sophisme m.

sofistico [so'fistiko] (**-ci** pl.) agg. sophistiqué. || PER EST. [cavilloso] sophistique, captieux. || FIG. [troppo esigente] ergoteur, pointilleux, chichiteux (fam.). || [pedante] pédant.

soggettista [soddʒet'tista] (**-i** pl.) n. CIN. scénariste.

soggettivamente [soddʒettiva'mente] avv. subjectivement.

soggettivare [soddʒetti'vare] v. tr. représenter subjectivement.

soggettivismo [soddʒetti'vizmo] m. subjectivisme.

soggettivista [soddʒetti'vista] (**-i** pl.) m. e f. subjectiviste.

soggettivistico [soddʒetti'vistiko] (**-ci** pl.) agg. subjectiviste.

soggettività [soddʒettivi'ta] f. subjectivité.

soggettivo [soddʒet'tivo] agg. subjectif. || GRAMM. *proposizione soggettiva*, proposition sujet.

1. soggetto [sod'dʒɛtto] agg. [sottomesso] soumis ; sujet (antiq.). | *soggetto al tiranno*, soumis au tyran. || [sottoposto a obblighi o condizioni] astreint, soumis, obligé (de). || [passibile] passible (de). || [predisposto, esposto] sujet. | *soggetto alle vertigini*, sujet au vertige. || [di cose] exposé.

2. soggetto [sod'dʒɛtto] m. [argomento] sujet. || CIN. scénario. || MUS. sujet. || TEATRO canevas. | *recitare a soggetto*, improviser. || [persona] sujet. | *soggetto pensante, parlante*, sujet pensant, parlant. || FAM. *cattivo soggetto*, mauvais sujet (L.C.). | *bel soggetto !*, drôle de type ! || GRAMM., LING. sujet.

soggezione [soddʒet'tsjone] f. soumission, sujétion, assujettissement m. || [timidezza] timidité, gêne, embarras m. | *mettere soggezione a*, intimider, embarrasser. | *stare in soggezione*, être intimidé, embarrassé, gêné.

sogghignare [soggiɲ'ɲare] v. intr. ricaner.

sogghigno [sog'giɲɲo] m. ricanement.

soggiacere [soddʒa'tʃere] v. intr. (lett.) [azione] se soumettre (L.C.), se placer (L.C.) ; [stato] être soumis (L.C.).

soggiogamento [soddʒoga'mento] m. (raro) asservissement (L.C.).

soggiogare [soddʒo'gare] v. tr. asservir, soumettre, mettre sous le joug, subjuguer (antiq.). || FIG. dominer, soumettre, subjuguer (lett.).

soggiornare [soddʒor'nare] v. intr. séjourner.

soggiorno [sod'dʒorno] m. séjour. | *far soggiorno*, séjourner. | *imposta di soggiorno*, taxe de séjour. | *azienda di soggiorno*, syndicat d'initiative. || [luogo] séjour (lett.). || [stanza] salle (f.) de séjour, living(-room) [ingl.].

soggiungere [sod'dʒundʒere] v. tr. ajouter.

sogguardare [soggwar'dare] v. tr. regarder furtivement, du coin de l'œil.

soglia ['sɔʎʎa] f. PR. e FIG. seuil m. | *fermarsi sulla soglia*, s'arrêter sur le seuil, sur le pas de la porte. | *soglia d'udibilità*, seuil d'audibilité.

soglio ['sɔʎʎo] m. (lett.) trône (L.C.). || LOC. *Soglio pontificio*, Saint-Siège.

sogliola ['sɔʎʎola] f. ZOOL. sole.

sognabile [soɲ'ɲabile] agg. imaginable.

sognante [soɲ'ɲante] agg. rêveur. || [da sogno] de rêve.

sognare [soɲ'ɲare] v. tr. e intr. [(fam.) v. rifl.] rêver (de). | *ho sognato, mi sono sognato mio padre*, j'ai rêvé de mon père. | *ho sognato di essere sulla luna*, j'ai rêvé que j'étais sur la lune. | *sognare strani sogni*, faire de drôles de rêves. || LOC. *mi pareva di sognare*, je croyais rêver. || PER EST. [vagheggiare] rêver (de). | *sognare una vita facile*, rêver d'une vie facile. || PER ANAL. [immaginare] imaginer (tr.), penser (tr.), rêver (intr.). | *non me lo sarei mai sognato*, je ne l'aurais jamais pensé. | *che ti sogni ?*, qu'est-ce que tu vas imaginer ? || LOC. *te lo devi essere sognato*, tu as dû rêver.

sognatore [soɲɲa'tore] (**-trice** f.) agg. e n. rêveur, euse.

sogno ['soɲɲo] m. PR. e FIG. rêve ; songe (arc. o lett.). | *vedere in sogno*, voir en rêve, en songe. | *libro dei sogni*, clef des songes. | *mi pareva un sogno*, je croyais rêver. | *sogni di gloria*, rêves de gloire. || LOC. *neanche per sogno !*, jamais de la vie !, (il n'en est) pas question !, rien à faire !

soia ['sɔja] f. BOT. soja m., soya m.

1. sol [sɔl] m. MUS. sol (invar.)

2. sol [sɔl] m. CHIM. sol.

solaio [so'lajo] m. grenier. || [piano orizzontale] plancher.

solamente [sola'mente] avv. seulement, ne ... que. V. anche SOLO (avv.).

solare [so'lare] agg. solaire. | *orologio solare*, cadran solaire. || ANAT. *plesso solare*, plexus solaire. || FIG. évident, manifeste, lumineux.

solario [so'larjo] m. ARCHIT. solarium.

solatio [sola'tio] agg. (lett.) ensoleillé (L.C.).

solatura [sola'tura] f. (raro) ressemelage m. (L.C.). || [suola] semelle (L.C.).

solcabile [sol'kabile] agg. (lett.) labourable (L.C.).

solcare [sol'kare] v. tr. labourer. || PER EST. sillonner, creuser un sillon (dans), laisser des ornières (dans). || FIG. fendre, sillonner. | *solcare le onde*, fendre les flots.

solcato [sol'kato] agg. labouré. || PER EST. e FIG. sillonné.

solcatura [solka'tura] f. labourage m.

solco ['solko] m. sillon. || PER EST. sillon, ornière f. || [di disco] sillon. || [scia] sillage. || [ruga] sillon, ride f. || FIG. trace f. || LOC. FIG. *uscire dal solco*, sortir du sujet.

solcometro [sol'kɔmetro] m. MAR. loch.

soldanella [solda'nɛlla] f. BOT. soldanelle.

soldataglia [solda'taʎʎa] f. soldatesque.

soldatesca [solda'teska] f. soldatesque. || [insieme di soldati] soldats m. pl.

soldatesco [solda'tesko] agg. soldatesque.

soldatino [solda'tino] m. petit soldat. || [giocattolo] soldat de plomb.

soldato [sol'dato] m. PR. e FIG. soldat. | *fare il soldato*,

être soldat, faire son service militaire. | *soldato di ventura,* mercenaire.
soldo ['sɔldo] m. sou ; rond (pop.). || Loc. *non vale un soldo,* cela ne vaut pas un sou, pas un clou (fam.). | *non ha un soldo, è senza un soldo,* il n'a pas un sou, pas le rond, il est sans le sou. | *senza spendere un soldo,* sans bourse délier, pour pas un rond. ◆ pl. [denaro] argent sing., sous (fam.), ronds (pop.), fric sing. (pop.). | *fare soldi,* gagner de l'argent. | *è pieno di soldi,* il est très riche, il est plein aux as (pop.). | *quattro soldi, pochi soldi,* quelques sous. | *da pochi soldi,* bon marché. || [paga, spec. Mil.] solde f.
sole ['sole] m. Pr. soleil. | *c'è sole,* il y a, il fait du soleil. | *prendere il sole,* prendre un bain de soleil. || Loc. fig. *avere qlco. al sole,* avoir des biens au soleil. | *vedere il sole a scacchi,* être derrière les barreaux. | *bello come il sole,* beau comme le jour. | *chiaro come il sole,* clair comme le jour, comme de l'eau de roche. | *alla luce del sole,* au grand jour, ouvertement. || Poet. [giorno] jour (l.c.) ; [anno] année f. (l.c.). || Astron. Soleil.
solecismo [sole'tʃizmo] m. Gramm. solécisme.
soleggiare [soled'dʒare] v. tr. mettre, exposer au soleil, insoler (raro).
soleggiato [soled'dʒato] agg. ensoleillé.
solenne [so'lɛnne] agg. solennel. || Fig. formidable, extraordinaire. || Loc. *schiaffo solenne,* bonne gifle, gifle magistrale. | *solenne bugiardo,* fieffé menteur. | *imbecille solenne,* parfait imbécile. | *solenne influenza,* grippe carabinée (fam.), bonne grippe.
solennemente [solenne'mente] avv. solennellement.
solennità [solenni'ta] f. solennité.
solennizzare [solennid'dzare] v. tr. célébrer solennellement ; solenniser (lett.).
solenoide [sole'nɔide] m. Elettr. solénoïde.
solere [so'lere] v. intr. avoir l'habitude (de), coutume (de). | *soleva passeggiare dopo cena,* il avait l'habitude, il avait coutume de se promener après le dîner. | *soleva dirmi,* il me disait toujours. | *come si suol dire,* comme on dit.
solerte [so'lɛrte] agg. consciencieux, actif ; diligent (lett.).
solerzia [so'lɛrtsja] f. activité, soin m., zèle m. ; diligence (lett.).
soletta [so'letta] f. semelle. || [nelle costruzioni] dalle.
soletto [so'letto] agg. seul. | *solo soletto,* tout seul.
solfa ['sɔlfa] f. (antiq.) solfège m. (l.c.). || Fig. (l.c.). refrain m., rengaine (fam.), scie (fam.), chanson, antienne (fam.). | *sempre la solita solfa,* toujours le même refrain. || [rumore] chahut m. (fam.).
solfara [sol'fara] f. soufrière.
solfare [sol'fare] v. tr. V. solforare.
solfatara [solfa'tara] f. Geol. solfatare (it.).
solfatato [solfa'tato] agg. Chim. sulfaté.
solfato [sol'fato] m. Chim. sulfate.
solfatura [solfa'tura] f. V. solforatura.
solfeggiare [solfed'dʒare] v. tr. Mus. solfier.
solfeggio [sol'feddʒo] m. Mus. solfège.
solfidrico [sol'fidriko] (**-ci** pl.) agg. Chim. sulfhydrique.
solfito [sol'fito] m. Chim. sulfite.
solfo ['solfo] m. (arc., lett.) V. zolfo.
solfonico [sol'fɔniko] (**-ci** pl.) agg. Chim. sulfoné.
solforare [solfo'rare] v. tr. Agr. [con zolfo] soufrer ; [con solfato di rame] sulfater ; [con solfuro di carbonio] sulfurer. || Chim. sulfurer.
solforato [solfo'rato] agg. Chim. sulfuré.
solforatrice [solfora'tritʃe] f. Agr. sulfateuse, soufreuse.
solforatura [solfora'tura] f. Agr. [con zolfo] soufrage m. ; [con solfato di rame] sulfatage m. ; [con solfuro di carbonio] sulfurage m.
solforazione [solforat'tsjone] f. Chim. sulfuration.
solforico [sol'fɔriko] (**-ci** pl.) agg. Chim. sulfurique.
solforoso [solfo'roso] agg. Chim. sulfureux.
solfuro [sol'furo] m. Chim. sulfure.
solidale [soli'dale] agg. solidaire.
solidalmente [solidal'mente] avv. solidairement.
solidamente [solida'mente] avv. solidement.
solidarietà [solidarje'ta] f. solidarité.
solidarismo [solida'rizmo] m. (lett.) esprit de solidarité (l.c.) ; solidarisme.
solidaristico [solida'ristiko] (**-ci** pl.) agg. de solidarité, solidariste.
solidarizzare [solidarid'dzare] v. intr. se solidariser (rifl.).
solidificare [solidifi'kare] v. tr. solidifier. ◆ v. rifl. se solidifier.
solidificazione [solidifikat'tsjone] f. solidification.
solidità [solidi'ta] f. Pr. e fig. solidité.
solido ['sɔlido] agg. Pr. e fig., solide. || Loc. *geometria solida,* géométrie dans l'espace. || Giur. *in solido,* solidairement. ◆ m. solide.
soliloquio [soli'lɔkwjo] m. soliloque.
solingo [so'lingo] agg. Poet. solitaire (l.c.).
solipsismo [solip'sizmo] m. Filos. solipsisme.
solista [so'lista] (**-i** pl.) agg. e n. soliste.
solistico [so'listiko] (**-ci** pl.) agg. de soliste.
solitamente [solita'mente] avv. habituellement.
solitario [soli'tarjo] agg. solitaire. || [di luogo] solitaire, désert, isolé. || Zool. (pop.) *verme solitario,* ver solitaire (l.c.). ◆ m. solitaire. || Giochi [carte] réussite f.
solito ['sɔlito] agg. habituel, accoutumé. | *il solito posto,* l'endroit habituel. | *con la sua solita goffaggine,* avec sa maladresse habituelle, ordinaire. | *è la solita storia,* c'est toujours la même histoire. | *vedo sempre la solita gente,* je vois toujours les mêmes personnes. | *è sempre il solito bugiardo,* il est toujours aussi menteur. | *c'erano i soliti imbecilli che disturbavano,* comme d'habitude, il y avait des imbéciles qui dérangeaient. || Loc. *essere solito,* avoir l'habitude (de), être habitué (à). ◆ n. *sei il solito,* tu es toujours le même. | *siamo alle solite,* nous y revoilà. | *ne ha fatta una delle sue solite,* il a encore fait des siennes. ◆ m. Loc. *come il solito ; come al solito,* (pop.) comme d'habitude, comme à l'ordinaire. | *contro il suo solito,* contrairement à son habitude. | *di solito, per solito,* d'habitude, d'ordinaire. | *al suo solito,* suivant, à, selon son habitude ; comme à son habitude.
solitudine [soli'tudine] f. solitude. || [luogo isolato] solitude (lett.), lieu (m.) solitaire.
sollazzare [sollat'tsare] v. tr. amuser, divertir, réjouir. ◆ v. rifl. s'amuser, se divertir, se distraire.
sollazzevole [sollat'tsevole] agg. (lett.) amusant (l.c.), divertissant (l.c.). || [che ama sollazzarsi] qui aime s'amuser (l.c.).
sollazzo [sol'lattso] m. (lett.) amusement (l.c.), distraction f., divertissement, plaisir. | *dare sollazzo,* amuser, divertir, distraire, réjouir, donner du plaisir.
sollecitamente [solletʃita'mente] avv. promptement (lett.), rapidement.
sollecitamento [solletʃita'mento] m. V. sollecitazione.
sollecitare [solletʃi'tare] v. tr. **1.** [persona] presser, insister (auprès de), relancer. | *sollecitare i debitori,* presser, relancer ses débiteurs. | *sollecitare qlcu. perché rispetti i suoi impegni,* presser qn de respecter ses engagements. | *abbiamo sollecitato il direttore perché ci dia l'aumento promesso,* nous avons insisté auprès du directeur pour qu'il nous donne l'augmentation qu'il nous a promise. || **2.** [cosa] réclamer (avec insistance), insister pour obtenir. | *sollecitare la consegna della merce,* réclamer la livraison de la marchandise. | *sollecitare il pagamento,* insister pour obtenir le paiement. || [accelerare] activer, presser, hâter. | *sollecitare i lavori,* activer les travaux. | *sollecitare l'andatura,* presser, hâter l'allure. | *gli ho scritto per sollecitare il suo ritorno,* je lui ai écrit de hâter son retour. || **3.** [chiedere la concessione di qlco.] solliciter. | *sollecitare un incarico, un'udienza,* solliciter un emploi, une audience. || **4.** [stimolare, eccitare] solliciter (lett.), stimuler, exciter. | *sollecitare la curiosità,* solliciter, stimuler, exciter la curiosité. | *sollecitare a,* exciter, inciter à. || **5.** Mecc. fatiguer.
sollecitatore [solletʃita'tore] (**-trice** f.) agg. e n. solliciteur, euse.
sollecitazione [solletʃitat'tsjone] f. [preghiera] sollicitation, requête ; instance (arc. salvo al pl.). || [invito, incitamento] sollicitation (lett.). || [richiamo, insistenza] insistance, démarche, pression. | *malgrado le mie sollecitazioni,* malgré mon insistance. | *sollecitazioni popolari alle riforme,* pressions du peuple pour obtenir des réformes. || Mecc. tension. | *sollecitazione esterna,* contrainte.

sollecito [sol'letʃito] agg. [veloce] rapide, prompt. | *aspettare una sollecita risposta,* attendre une réponse rapide. || [diligente] empressé, zélé, diligent (antiq. o lett.), plein de zèle. || [preoccupato di] soucieux (de). ◆ m. COMM. rappel.
sollecitudine [solletʃi'tudine] f. [premura] sollicitude. || [diligenza] empressement m., zèle m. ; diligence (arc. o lett.). | *ubbidire con sollecitudine,* obéir avec empressement. || [prontezza] rapidité. || COMM. *Vi preghiamo di risponderci con cortese sollecitudine,* nous vous prions de bien vouloir nous répondre dans les plus brefs délais.
solleone [solle'one] m. canicule f.
solleticamento [solletika'mento] m. chatouillement. || FIG. flatterie f., titillation f. (lett. o scherz.).
solleticare [solleti'kare] v. tr. chatouiller. || FIG. exciter, chatouiller, titiller. | *solleticare l'appetito,* exciter, aiguiser l'appétit. | *solleticare la curiosità,* exciter, piquer la curiosité. | *solleticare l'amor proprio,* chatouiller l'amour-propre.
solletico [sol'letiko] m. chatouillement, chatouille f. (fam.). | *fare il solletico,* chatouiller. | *soffrire il solletico,* être chatouilleux. || LOC. *i tuoi pugni non gli farebbero neanche il solletico,* il ne sentirait même pas tes coups de poing. || FIG. aiguillon, stimulant. | *il solletico della vanità,* l'aiguillon de la vanité. | *le tue minacce mi fanno il solletico,* tes menaces me font rire, ne me font aucun effet.
sollevabile [solle'vabile] agg. qu'on peut soulever.
sollevamento [solleva'mento] m. soulèvement, élévation f. || [parte rialzata] élévation f. || SPORT *sollevamento pesi,* haltérophilie f. || TECN. levage. | *apparecchio di sollevamento,* appareil de levage.
sollevare [solle'vare] v. tr. PR. soulever, lever. | *sollevare un peso,* soulever un poids. | *sollevare il bicchiere,* lever son verre. | *sollevare il braccio,* lever le bras. || FIG. [dall'inferiorità] sauver, sortir, tirer. | *l'ho sollevato dalla miseria,* je l'ai sauvé, sorti, tiré de la misère. || [da un peso, un onere] décharger, soulager. | *sollevare qlcu. da un lavoro, da una responsabilità,* décharger, soulager qn d'un travail, d'une responsabilité. || [destituire] relever. | *è stato sollevato dall'incarico,* il a été relevé de ses fonctions. || [da un'oppressione fisica o morale] soulager. | *l'iniezione di morfina lo ha un po' sollevato,* la piqûre de morphine l'a un peu soulagé. | *bevi questo, ti solleverà,* bois ceci, cela te fera du bien, cela te soulagera. || LOC. *sollevare il morale,* remonter le moral. || [provocare] soulever. || [far sorgere] soulever. || [far insorgere] soulever. || SPORT *sollevare pesi,* faire des haltères. ◆ v. rifl. PR. [persone] se lever ; [alzarsi appena] se soulever ; [cose] s'élever. || FIG. [levarsi] s'élever. | *grida che si sollevano,* cris qui s'élèvent. || [riprendersi] se remettre. || [insorgere] se soulever, se révolter, s'insurger.
sollevato [solle'vato] agg. soulagé.
sollevatore [solleva'tore] (**-trice** f.) agg. e n. FIG. libérateur, trice. || SPORT *sollevatore di pesi,* haltérophile m.
sollevazione [sollevat'tsjone] f. révolte, soulèvement m.
sollievo [sol'ljɛvo] m. soulagement. | *sospiro di sollievo,* soupir de soulagement. || [conforto] réconfort.
sollucchero [sol'lukkero] m. LOC. *andare in sollucchero,* être aux anges, au septième ciel, dans le ravissement ; se pâmer. | *mandare in sollucchero,* plonger dans le ravissement, ravir.
1. solo ['solo] agg. **1.** [senza compagnia] seul. || LOC. *solo soletto,* tout seul. || *da solo,* (tout) seul. | *parlare da solo,* parler tout seul. || *da solo a solo ; a solo a solo,* seul à seul. || **2.** [unico] seul. | *il mio solo amore,* mon seul amour. | *ad una sola voce,* d'une seule voix. | *di uomini come lui ce n'è uno solo,* des hommes comme lui, il n'y en a pas deux. || **3.** [equivale a « soltanto »] seul ; ne... que ; seulement (avv.). | *sono io sola a saperlo,* je suis la seule à le savoir, il n'y a que moi qui le sache. | *erano tre soli,* ils n'étaient que trois, ils étaient seulement trois. | *possono entrare i soli soci,* seuls les membres peuvent entrer. | *libro destinato ai soli specialisti,* livre qui n'est destiné qu'aux spécialistes, livre destiné aux seuls spécialistes. | *fumetto per soli adulti,* bande dessinée réservée aux adultes. | *metti la sola firma,* ne mets que la signature. | *l'uomo non vive di solo pane,* l'homme ne vit pas seulement de pain. | *ho una parola sola,* je n'ai qu'une parole. | *ci sono stato una volta sola, due sole volte,* je n'y suis allé qu'une (seule) fois, que deux fois. ◆ m. *il solo,* le seul. | *noi siamo stati i soli a protestare,* nous avons été les seuls à protester. || MUS. solo (ital.). || LOC. *a solo di violino,* solo de violon.
2. solo ['solo] avv. **1.** ne... que ; seulement. | *gli ho solo detto di stare attento,* je lui ai seulement, simplement dit de faire attention. | *l'ho detto solo a te,* je ne l'ai dit qu'à toi. | *solo adesso me ne accorgo,* ce n'est que maintenant que je m'en aperçois. | *solo allora,* alors seulement. | *non solo... ma anche...,* non seulement... mais encore, mais aussi. | *se solo...,* si seulement... || LOC. *ci mancava solo questo,* il ne manquait plus que ça. || **2.** [con un pron. sogg.] seul (agg.), seulement, ne... que. | *solo voi potete aiutarmi,* vous seuls pouvez m'aider. || **3.** [come cong.] mais, seulement. | *il tuo vestito è bellissimo, solo un po' corto,* ta robe est très belle, mais un peu courte, seulement elle est un peu courte. ◆ loc. cong. **solo che,** mais. | *ti aiuterei volentieri, solo che devo andare via,* je t'aiderais volontiers, mais je dois m'en aller. || [basta che] que... seulement ; ne... que. | *solo che si muova...,* qu'il bouge seulement..., il n'a qu'à bouger...
solstiziale [solstit'tsjale] agg. ASTRON. solsticial.
solstizio [sols'tittsjo] m. solstice.
soltanto [sol'tanto] avv. seulement, ne... que. V. SOLO (avv.).
solubile [so'lubile] agg. soluble. || FIG. soluble, résoluble.
solubilità [solubili'ta] f. solubilité.
solubilizzare [solubilid'dzare] v. tr. solubiliser.
soluto [so'luto] agg. (arc.) dissous (L.C.). ◆ m. CHIM. soluté.
soluzione [solut'tsjone] f. solution. || [scioglimento] dissolution. || CHIM. solution. || COMM. *pagare in una sola soluzione,* payer en une seule fois. || LOC. *soluzione di continuità,* solution de continuité.
solvente [sol'vɛnte] m. CHIM. solvant. ◆ agg. (arc.) solvable (L.C.).
solvere ['solvere] v. tr. [sciogliere] (lett. o arc.) dissoudre. || FIG. [risolvere] résoudre. || [liberare] libérer. || [pagare] payer.
solvibile [sol'vibile] agg. solvable. || LETT. V. RISOLVIBILE.
solvibilità [solvibili'ta] f. solvabilité.
1. soma ['sɔma] f. fardeau m., charge. | *bestia da soma,* bête de somme. || FIG. fardeau m.
2. soma ['sɔma] (**-i** pl.) m. BIOL. soma.
somalo ['sɔmalo] agg. e n. somalien.
somarello [soma'rɛllo] m. ânon, bourricot, bourrique f. (fam.). || FIG. petit âne, bêta (fam.).
somaro [so'maro] (**-a** f.) m. âne, ânesse. || FIG. âne, idiot.
somatico [so'matiko] (**-ci** pl.) agg. somatique.
someggiare [somed'dʒare] v. tr. transporter à dos de mulet.
somigliante [somiʎ'ʎante] agg. ressemblant. | *sono somiglianti,* ils se ressemblent. || (raro) [simile] semblable (L.C.). ◆ m. (lett.) la même chose (L.C.).
somiglianza [somiʎ'ʎantsa] f. ressemblance.
somigliare [somiʎ'ʎare] v. intr. ressembler. || (arc.) sembler (L.C.). ◆ v. tr. (raro) ressembler (à) [L.C.]. || (lett.) [paragonare] comparer (à) [L.C.]. ◆ v. recipr. se ressembler.
somma ['somma] f. MAT. somme. || LOC. *tirare le somme :* PR. faire le total ; FIG. tirer les conclusions. || PER EST. total m., somme. || [di denaro] somme. || [sostanza] substance. | *la somma del discorso,* la substance du discours. || LOC. *in somma,* V. INSOMMA. || LETT. [compendio] somme.
sommacco [som'makko] m. BOT. sumac.
sommamente [somma'mente] avv. extrêmement, plus que tout, souverainement.
sommare [som'mare] v. tr. additionner, totaliser, sommer. || [aggiungere] ajouter. || FIG. peser, considérer. || LOC. *tutto sommato,* tout compte fait, au bout du compte, en fin de compte, somme toute, tout bien considéré, tout bien pesé, en définitive. ◆ v. intr. monter.

sommariamente [sommarja'mente] avv. sommairement.
sommarietà [sommarje'ta] f. (raro) caractère (m.) sommaire ; [brevità] brièveté.
sommario [som'marjo] agg. sommaire. ◆ m. abrégé, résumé, sommaire. ‖ [in forma di indice] sommaire.
sommergere [som'mɛrdʒere] v. tr. submerger, inonder, noyer. ‖ [mandare a fondo] submerger, engloutir. ‖ FIG. couvrir. | *le grida sommersero la sua voce,* les cris couvrirent sa voix. | *essere sommerso dall'oblio,* tomber dans l'oubli. ◆ v. rifl. couler.
sommergibile [sommer'dʒibile] agg. submersible. ◆ m. submersible. ‖ [destinato a navigare esclusivamente sott'acqua] sous-marin.
sommergibilista [sommerdʒibi'lista] (**-i** pl.) m. sous-marinier.
sommersione [sommer'sjone] f. (raro) submersion.
sommerso [som'mɛrso] agg. PR. e FIG. submergé.
sommessamente [sommessa'mente] avv. doucement, à voix basse, tout bas.
sommesso [som'messo] agg. bas, léger, étouffé. | *parlare con voce sommessa,* parler à voix basse, parler (tout) bas. | *pianto sommesso,* sanglots étouffés.
somministrare [somminis'trare] v. tr. administrer. ‖ SCHERZ. *somministrare due ceffoni,* administrer une paire de gifles. ‖ [fornire] donner, fournir, distribuer.
somministrazione [somministrat'tsjone] f. administration. | *somministrazione di un farmaco, di un sacramento,* administration d'un remède, d'un sacrement. ‖ [distribuzione] distribution.
sommità [sommi'ta] f. PR. e FIG. sommet m., faîte m., haut m. | *sommità di una casa,* faîte, haut d'une maison.
sommo ['sommo] agg. PR. (superl. di alto grande) le plus haut. | *le somme vette delle Alpi,* les plus hauts sommets des Alpes. ‖ FIG. le plus grand, très grand, le plus haut, très haut ; [eccellente] supérieur ; [massimo] extrême. | *il sommo poeta,* le plus grand poète. | *un sommo scienziato,* un très grand savant. | *sommo ingegno,* intelligence supérieure, très haute intelligence. | *questione di somma importanza,* question de la plus haute importance, d'une extrême importance. ‖ LOC. *sommo sacerdote,* grand(-)prêtre. | *sommo pontefice,* souverain pontife. | *Essere sommo,* Être suprême. | *in sommo grado,* au plus haut degré, au plus haut point. | *per sommi capi,* dans les, dans ses grandes lignes ; grosso modo (lat.) ; en gros.
sommossa [som'mɔssa] f. émeute, soulèvement m., insurrection.
sommovimento [sommovi'mento] m. (raro) bouleversement (L.C.), agitation f. (L.C.). ‖ [agitazione popolare] émeute f., soulèvement.
sommozzatore [sommottsa'tore] m. plongeur.
sommuovere [som'mwɔvere] v. tr. remuer, agiter. ‖ FIG. bouleverser. ‖ [istigare alla ribellione] soulever, ameuter.
sonagliera [sonaʎ'ʎɛra] f. collier (m.) à grelots.
sonaglio [so'naʎʎo] m. grelot. ‖ ZOOL. *serpente a sonagli,* serpent à sonnette ; crotale.
sonante [so'nante] agg. PR. résonnant, sonnant (raro). ‖ LOC. *moneta sonante,* espèces, pièces sonnantes et trébuchantes (fam.). ‖ FON. sonore.
sonare [so'nare] v. tr. **1.** MUS. jouer (de), sonner (de), sonner (v. tr.). | *sonare il pianoforte, il violino, il flauto,* jouer du piano, du violon, de la flûte. | *sonare il corno,* jouer, sonner du cor ; sonner le cor. ‖ [eseguire] jouer, interpréter, exécuter. | *sonare Bach,* jouer du Bach. | *sonare splendidamente la nona sinfonia,* interpréter magnifiquement la neuvième symphonie. ‖ ASSOL. jouer. ‖ **2.** [azionare dispositivo acustico] sonner. | *sonare una campana,* sonner une cloche. | *sonare l'allarme,* sonner l'alarme. | *l'orologio suona le tre,* l'horloge sonne trois heures. | *sonare il campanello,* sonner. | *sonare il clacson,* klaxonner. ‖ **3.** FAM. *sonare qlcu., sonarle a qlcu. :* [picchiare] flanquer une raclée à qn, assaisonner (pop.) qn ; [giocare un tiro] rouler, duper (L.C.), avoir qn. | *sonarle a qlcu. :* [rimproverare] sonner (les cloches à) qn. ◆ v. intr. [strumento musicale o acustico] sonner ; [strumento musicale altro che i fiati] jouer. | *sonare a morto,* sonner le glas. ‖ [altri oggetti] sonner. | *il muro suona vuoto,* le mur sonne creux. ‖ FIG. *sonare bene, male,* sonner bien, mal. | *come ti suona questo verso ?,* est-ce que ce vers sonne bien ?, que dis-tu de ce vers ?, comment trouves-tu ce vers ? ‖ PR. e FIG. *sonare falso,* sonner faux. ‖ [produrre un' impressione soggettiva] faire une impression de, faire l'effet de, faire une impression (+ agg.), un effet (+ agg.). | *parole che suonano strane,* paroles qui font une impression étrange, qui font un drôle d'effet. | *questo nome non mi suona nuovo,* ce nom me rappelle quelque chose. ‖ LETT. [risonare] résonner (L.C.).
sonata [so'nata] f. sonnerie. | *sonata di campanello,* coup (m.) de sonnette. ‖ MUS. *fare una sonata di violino,* jouer un morceau au violon, jouer quelque chose au violon. ‖ ASSOL. sonate ‖ FAM. [bastonatura] raclée. ‖ [imbroglio] *prendere una sonata,* se faire rouler. | *dare una sonata a qlcu.,* rouler qn. ‖ [conto molto caro] coup (m.) de barre, de fusil. | *che sonata !,* c'est le coup de barre !
sonatina [sona'tina] f. MUS. sonatine.
sonato [so'nato] agg. PR. sonné, passé. | *sono le tre sonate,* il est trois heures (bien) sonnées, passées. ‖ [di anni] *quarant'anni sonati,* quarante ans bien sonnés. ‖ FIG. [di pugile] sonné ; groggy (ingl.). ‖ [persona stramba] sonné (fam.), cinglé (fam.).
sonatore [sona'tore] (**-trice** f.) m. musicien. | *sonatore ambulante,* musicien ambulant. | *sonatore di,* joueur de. | *sonatore di flauto,* joueur de flûte ; flûtiste. | *sonatore di violino,* violoniste. | *sonatrice d'arpa,* harpiste. ‖ LOC. FAM. *buonanotte sonatori,* un point, c'est tout.
sonda ['sonda] f. sonde.
sondaggio [son'daddʒo] m. PR. e FIG. sondage.
sondare [son'dare] v. tr. PR. et FIG. sonder. | *sondare qlcu., l'opinione di qlcu.,* sonder qn.
sondatore [sonda'tore] m. TECN. sondeur.
soneria [sone'ria] f. sonnerie.
sonetto [so'netto] m. sonnet.
sonnacchiosamente [sonnakkjosa'mente] avv. d'un air ensommeillé.
sonnacchioso [sonnak'kjoso] agg. ensommeillé, (à moitié) endormi.
sonnambolico [sonnam'bɔliko] (**-ci** pl.) agg. somnambulique.
sonnambulismo [sonnambu'lizmo] m. somnambulisme.
sonnambulo [son'nambulo] (**-a** f.) agg. e m. somnambule.
sonnecchiare [sonnek'kjare] v. intr. PR. e FIG. sommeiller, somnoler.
sonnellino [sonel'lino] m. (petit) somme, roupillon (pop.). | *sonnellino pomeridiano,* sieste f.
sonnifero [son'nifero] agg. soporifique, somnifère (raro). ◆ m. somnifère, soporifique. ‖ FIG. soporifique.
sonno ['sonno] m. **1.** [stato di chi dorme] sommeil ; [azione di dormire] somme. | *primo sonno,* premier sommeil. | *parlare nel sonno,* parler en dormant. | *prendere sonno,* s'endormir. | *ho fatto tutto un sonno,* je n'ai fait qu'un somme. | *fare un lungo sonno,* dormir longtemps. | *ha fatto un sonno di pochi minuti,* il a fait un somme de quelques minutes, il a dormi quelques minutes. ‖ LOC. *rubare le ore al sonno,* prendre sur ses heures de sommeil. | *dormire sonni tranquilli,* dormir sur ses deux oreilles. ‖ **2.** [desiderio di dormire] sommeil. | *cadere dal sonno,* tomber de sommeil, dormir debout. | *mi viene sonno,* je commence à avoir sommeil. ‖ LOC. FIG. *far venire sonno,* endormir, assommer. ‖ FAM. *un morto di sonno,* un endormi, un mollasson. ‖ **3.** FIG. sommeil.
sonnolento [sonno'lɛnto] agg. somnolent.
sonnolenza [sonno'lɛntsa] f. somnolence.
sonorità [sonori'ta] f. sonorité.
sonorizzare [sonorid'dzare] v. tr. sonoriser.
sonorizzazione [sonoriddzat'tsjone] f. sonorisation.
sonoro [so'nɔro] agg. PR. sonore. ‖ CIN. *film sonoro,* film sonore, parlant. | *colonna sonora,* bande, piste sonore. ‖ FON. sonore. ‖ FIG. [particolarmente rumoroso] sonore, éclatant, bruyant. ‖ [forte, intenso] bon, fort, vif. | *sonoro ceffone,* bonne gifle, gifle retentissante. | *sonora lezione,* bonne leçon. ‖ [altisonante] ronflant, emphatique, sonore.

sontuosamente [sontuosa'mente] avv. somptueusement.
sontuosità [sontuosi'ta] f. somptuosité, magnificence.
sontuoso [sontu'oso] agg. somptueux, magnifique.
sopimento [sopi'mento] m. (lett.) apaisement (L.C.).
sopire [so'pire] v. tr. apaiser. ‖ LETT. assoupir, endormir.
sopore [so'pore] m. assoupissement. ‖ MED. sopor.
soporifero [sopo'rifero] agg. soporifique. ‖ FIG. soporifique, endormant, assommant (fam.).
soppalco [sop'palko] m. soupente f. ‖ [sotto il tetto] mansarde f.
sopperire [soppe'rire] v. intr. [provvedere] pourvoir, subvenir. | *sopperire ai bisogni di qlcu.*, pourvoir aux besoins de qn. ‖ [far fronte] faire front, faire face. ‖ [supplire] suppléer.
soppesare [soppe'sare] v. tr. soupeser. ‖ FIG. peser.
soppiantare [soppjan'tare] v. tr. supplanter.
soppiatto (di) [dissop'pjatto] loc. agg. furtivement, en cachette, à la dérobée.
sopportabile [soppor'tabile] agg. supportable ; [possibile] possible ; [decente] passable, supportable.
sopportabilmente [sopportabil'mente] avv. d'une façon supportable ; passablement.
sopportare [soppor'tare] v. tr. supporter, endurer. | *non sopportare il freddo*, ne pas supporter le froid. ‖ [tollerare] supporter, tolérer, admettre. ‖ LOC. *non sopportare qlcu.*, ne pas pouvoir supporter, sentir (fam.), blairer (pop.) qn. ‖ [reggere] PR. e FIG. supporter. | *sopportare un peso*, supporter un poids.
sopportazione [sopportat'tsjone] f. tolérance, patience. ‖ [sufficienza] suffisance, condescendance. ‖ (raro) [il sopportare] fait (m.) de supporter (L.C.). ‖ [capacità di sopportare] endurance.
soppressa [sop'prɛssa] f. REGION. saucisson m.
soppressione [soppres'sjone] f. suppression. ‖ [uccisione] suppression, élimination.
sopprimere [sop'primere] v. tr. supprimer. ‖ [uccidere] supprimer, tuer.
sopra ['sopra] prep. [anche « sopra di » (+ pron. pers.) e raramente « sopra a »] **1.** [riferito a cose che sono o vengono a contatto] sur. (V. anche SU.) | *salire sopra una sedia*, monter sur une chaise. ‖ MAR. *sopra coperta*, sur le pont. ‖ [con le particelle avv. « ci », « vi »] dessus (avv.) ; [con i pron. pers.] dessus (avv.), sur. | *ci ha camminato sopra*, il a marché dessus. | *gli piombò sopra*, il lui sauta dessus, il sauta sur lui. ‖ **2.** [riferito a cose sovrastanti ma non a contatto tra di loro] au-dessus de, sur (raro). | *ritratto appeso sopra il letto*, portrait accroché au-dessus du lit. | *abita sopra di noi*, il habite au-dessus de chez nous. ‖ [molto vicino] *villa sopra il lago*, villa juste au-dessus du lac, qui surplombe le lac. ‖ **3.** FIG. sur. | *la responsabilità cadrà sopra di voi*, la responsabilité retombera sur vous. | *mettiamoci una pietra sopra*, oublions toute cette histoire, tout cela. | *è meglio dormirci sopra*, la nuit porte conseil. | *non dormirci sopra*, ne perds pas de temps. | *passar sopra a qlco.*, passer sur qch. | *averne fin sopra i capelli*, en avoir par-dessus la tête. | *essere sopra pensiero*, penser à autre chose. ‖ **4.** [oltre] au-dessus de. | *bambini sopra i cinque anni*, enfants au-dessus de cinq ans. | *sopra (lo) zero*, au-dessus de zéro. ‖ **5.** [più che] par-dessus, plus que. | *amare sopra ogni cosa*, aimer par-dessus tout, plus que tout. ‖ **6.** [intorno a, riguardo a] sur. | *il tuo parere sopra quella questione*, ton avis sur cette question. ‖ **7.** [dopo] sur, après. | *bere vino sopra la birra*, boire du vin sur de la bière. ‖ LOC. *beviamoci sopra*, buvons un coup (fam.) pour oublier, et oublions tout ça. ◆ avv. [anche « di sopra »] **1.** [riferito a cose che sono a contatto] dessus ; [quando non c'è contatto] au-dessus ; en haut. | *un comodino con sopra un portacenere*, une table de nuit avec un cendrier dessus. | *vedi le camicie ?, i maglioni sono proprio sopra*, tu vois les chemises ?, les pulls sont juste au-dessus. | *bianco sopra e nero sotto*, blanc au-dessus, en dessus (raro) et noir en dessous. ‖ *qui, lì sopra :* [su quello] là-dessus ; [lì in alto] là-haut. ‖ *da sopra*, d'en haut. ‖ *per di sopra*, par en haut. ‖ *un pò più sopra*, un peu plus (vers le) haut. ‖ [riferito a cosa precedentemente citata] ci-dessus, plus haut ; supra (lat.). | *citato sopra*, cité ci-dessus. | *vedi sopra*, voir plus haut, voir *supra*. ‖ **2.** [al piano superiore] en haut, au-dessus. | *mi figlio è di sopra*, mon fils est en haut. | *abita di sopra*, il habite au-dessus, en haut. | *vado di sopra*, je monte. | *vieni un momento di sopra*, monte un moment. ◆ loc. avv. e prep. PR. e FIG. ***al di sopra (di)***, au-dessus (de). | *al di sopra di ogni sospetto*, au-dessus de tout soupçon. ◆ loc. agg. [anche « di sopra »] du dessus, au-dessus ; précédent (agg.). | *il piano, il ripiano di sopra*, l'étage, le rayon du dessus, au-dessus. | *la riga di sopra*, la ligne au-dessus, précédente. ◆ m. *il (di) sopra*, le dessus. | *il di sopra del tavolo*, le dessus de la table.
soprabito [so'prabito] m. [da uomo] pardessus ; [da donna] manteau (de demi-saison).
sopraccennato [soprattʃen'nato] agg. susmentionné, susdit.
sopraccigliare [soprattʃiʎ'ʎare] agg. ANAT. sourcilier.
sopracciglio [soprat'tʃiʎʎo] m. sourcil.
sopraccitato [soprattʃi'tato] agg. cité plus haut, cité ci-dessus, cité *supra*.
sopraccoperta [soprakko'pɛrta] f. couvre-lit m., dessus-de-lit m. ‖ [di libro] jaquette. ‖ MAR. *andare sopraccoperta*, aller sur le pont.
sopracuto [sopra'kuto] agg. suraigu.
sopraddetto [soprad'detto] agg. susdit.
sopraddote [soprad'dɔte] f. GIUR. douaire m.
sopradominante [sopradomi'nante] f. MUS. sus-dominante.
sopraelencato [sopraelen'kato] agg. énuméré ci-dessus, plus haut.
sopraelevare [sopraele'vare] e deriv. V. SOPRELEVARE e deriv.
sopraesposto [sopraes'pɔsto] agg. exposé plus haut, ci-dessus.
sopraffare [sopraf'fare] v. tr. écraser, accabler.
sopraffazione [sopraffat'tsjone] f. abus m., injustice.
sopraffilo [sopraf'filo] m. surfil.
sopraffino [sopraf'fino] agg. surfin, superfin, extra-fin. ‖ FIG. (scherz.) raffiné.
sopraggittare [sopraddʒit'tare] v. tr. surjeter.
sopraggiungere [soprad'dʒundʒere] v. intr. survenir.
sopraggiunta [soprad'dʒunta] f. surcroît m. ‖ LOC. *per sopraggiunta*, par surcroît, de surcroît.
sopraindicato [sopraindi'kato] agg. indiqué précédemment, susdit.
soprallodato [soprallo'dato] agg. dont l'éloge vient d'être fait, susnommé.
sopralluogo [sopral'lwɔgo] m. inspection f. ‖ GIUR. descente (f.) de justice, enquête (f.) sur place ; [del magistrato istruttore] descente sur les lieux.
sopralzo [so'praltso] m. surélévation f.
soprammanica [sopram'manika] f. [protezione] fausse manche, manchette. ‖ [ornamento] manchette.
soprammenzionato [soprammentsjo'nato] agg. mentionné ci-dessus, plus haut.
soprammercato [soprammer'kato] m. LOC. *per soprammercato*, par-dessus le marché.
soprammettere [sopram'mettere] v. tr. superposer.
soprammobile [sopram'mɔbile] m. bibelot.
sopranazionale o **soprannazionale** [sopranattsjo'nale] agg. supranational.
sopranista [sopra'nista] m. sopraniste.
soprannaturale [soprannatu'rale] agg. e m. surnaturel.
soprannome [sopran'nome] m. surnom.
soprannominare [soprannomi'nare] v. tr. surnommer.
soprannominato [soprannomi'nato] agg. surnommé. ‖ [precedentemente nominato] susnommé.
soprannumerario [suprannume'rarjo] agg. surnuméraire.
soprannumero [sopran'numero] m. LOC. *(in) soprannumero*, en surnombre.
soprano [so'prano] agg. MUS. soprano (it.). ◆ m. e f. [persona] soprano.
soprappaga [soprap'paga] f. indemnité, paye supplémentaire, gratification, surpaye (antiq.).
soprappensiero [soprappen'sjɛro] avv. distrai-

tement, sans réfléchir. ◆ agg. invar. distrait, perdu dans ses pensées. ‖ préoccupé, soucieux.
soprappeso [soprap'peso] m. (raro) surcharge f. (L.C.).
soprappetto [soprap'pɛtto] m. STOR. plastron.
soprappiù [soprap'pju] m. supplément, surplus, surcroît (de). | *un soprappiù di lavoro,* un surcroît de travail. | *il giornalaio ci ha dato una biro in soprappiù,* le marchand de journaux nous a fait cadeau d'un stylo à bille. | *gli ho dato qlco. in soprappiù,* je lui ai donné qch. en plus. ‖ LOC. *per soprappiù, in soprappiù,* par surcroît, au surplus, de plus.
soprapprezzo [soprap'prɛttso] m. supplément ; majoration (f.) de prix.
soprapprofitto [soprappro'fitto] m. ECON. superprofit, superbénéfice.
soprasaturazione [soprasaturat'tsjone] f. sursaturation.
soprasaturo [sopra'saturo] agg. sursaturé.
soprascarpa [sopras'karpa] f. caoutchouc m.
soprascritta [sopras'kritta] f. suscription. ‖ (raro) [scritta] inscription.
soprascritto [sopras'kritto] agg. exposé ci-dessus.
soprasensibile [soprasen'sibile] agg. suprasensible.
soprassalto [sopras'salto] m. sursaut. | *di soprassalto,* en sursaut.
soprassedere [soprasse'dere] v. intr. surseoir, remettre (à plus tard), différer (v. tr.), renvoyer (v. tr.). | *meglio soprassedere,* il vaut mieux remettre la chose à plus tard.
soprassoldo [sopras'sɔldo] m. indemnité (f.) supplémentaire, gratification f. ; surpaye f. (antiq.).
soprassuola [sopras'swɔla] f. double semelle.
soprassuolo [sopras'swɔlo] m. surface f. ‖ [vegetazione] végétation f.
soprastruttura [soprastrut'tura] f. V. SOVRASTRUTTURA.
sopratonica [sopra'tɔnika] f. MUS. sus-tonique.
soprattacco [soprat'takko] m. talonnette f.
soprattassa [soprat'tassa] f. surtaxe.
soprattassare [soprattas'sare] v. tr. surtaxer.
soprattutto [soprat'tutto] avv. surtout.
sopravalore [soprava'lore] m. ECON. plus-value f.
sopravalutare [sopravalu'tare] e deriv. V. SOPRAVVALUTARE e deriv.
sopravanzare [sopravan'tsare] v. tr. (raro) dépasser (L.C.), surpasser (L.C.). ◆ v. intr. (raro) dépasser (L.C.). ‖ [rimanere] rester, être en plus.
sopravanzo [sopra'vantso] m. surplus, excédent, reste.
sopravvalutare [sopravvalu'tare] v. tr. surestimer.
sopravvalutazione [sopravvalutat'tsjone] f. surestimation.
sopravvenienza [sopravve'njɛntsa] f. survenue (lett.), apparition. ‖ GIUR. survenance.
sopravvenire [sopravve'nire] v. intr. survenir, intervenir.
sopravvento [soprav'vɛnto] m. supériorité f., avantage. | *avere il sopravvento su qlcu.,* avoir le dessus sur qn, l'emporter sur qn. ◆ avv., MAR. au vent.
sopravveste [soprav'vɛste] f. (raro) surtout m. (antiq.). ‖ STOR. soubreveste.
sopravvissuto [sopravvis'suto] agg. e n. PR. e FIG. survivant. ‖ FIG. *tuo padre è veramente un sopravvissuto,* ton père est vraiment un homme d'un autre temps.
sopravvitto [soprav'vitto] m. supplément ; rabiot (fam., spec. MIL.).
sopravvivenza [sopravvi'vɛntsa] f. survie, survivance (lett.). ‖ [quello che rimane di una cosa superata] survivance.
sopravvivere [soprav'vivere] v. intr. survivre. ‖ FIG. [cose] survivre, demeurer, se conserver. ‖ [persone] se survivre (v. rifl.). | *sopravvivere nei figli,* se survivre dans ses enfants.
sopreccedenza [soprettʃe'dɛntsa] f. excès m.
sopreccedere [sopret'tʃɛdere] v. tr. dépasser. ◆ v. intr. abonder.
sopredificare [sopredifi'kare] v. tr. surélever.
sopredificazione [sopredifikat'tsjone] f. surélévation.
soprelevare [soprele'vare] v. tr. surélever, exhausser. ◆ v. rifl. s'élever.
soprelevato [soprele'vato] agg. surélevé.
soprelevazione [soprelevat'tsjone] f. surélévation, exhaussement m.
soprindicato [soprindi'kato] agg. V. SOPRAINDICATO.
soprintendente [soprinten'dɛnte] m. directeur, inspecteur. | *soprintendente delle belle arti,* directeur des beaux-arts.
soprintendenza [soprinten'dɛntsa] f. direction (générale). | *soprintendenza alle belle arti,* direction générale des beaux-arts.
soprintendere [soprin'tɛndere] v. intr. diriger tr.
sopruso [so'pruzo] m. abus, injustice f., vexation f. | *fare un sopruso,* faire un abus. | *ricevere un sopruso,* subir une injustice, une vexation, une brimade.
soqquadro [sok'kwadro] m. bouleversement, désordre, fouillis (fam.), pagaïe, pagaille f. (fam.). ‖ LOC. *mettere a soqquadro,* bouleverser, mettre sens dessus dessous, chambouler (fam.), chambarder (fam.), mettre la pagaïe.
sor [sor] m. FAM. m'sieur, monsieur (L.C.). V. anche SIGNORE.
sora ['sora] f. FAM. madame (L.C.). V. anche SIGNORA.
sorba ['sɔrba] f. BOT. sorbe. ‖ FIG., FAM. coup m. (L.C.), beigne (pop.).
sorbettiera [sorbet'tjɛra] f. sorbetière.
sorbetto [sor'betto] m. (antiq.) sorbet (L.C). ‖ [gelato] glace f., sorbet. ‖ LOC. FIG. *diventare un sorbetto,* se geler.
sorbire [sor'bire] v. tr. savourer, déguster, siroter (fam.) ; [un uovo] gober. ‖ FIG. subir (fam.), supporter. | *mi sono dovuto sorbire il suo amico tutta la domenica,* j'ai dû subir son ami tout le dimanche.
sorbo ['sɔrbo] m. BOT. sorbier.
sorcino [sor'tʃino] m. souriceau. ◆ agg. (raro) de souris. ‖ [colore] gris souris.
sorcio ['sortʃo] m. souris f. ‖ LOC. FIG. *far vedere i sorci verdi,* donner du fil à retordre, en faire voir de toutes les couleurs ; [sbalordire] stupéfier, sidérer.
sordamente [sorda'mente] avv. sourdement.
sordastro [sor'dastro] agg. dur d'oreille.
sordidamente [sordida'mente] avv. sordidement.
sordidezza [sordi'dettsa] f. sordidité (lett.).
sordido ['sɔrdido] agg. PR. e FIG. sordide. | *stanza sordida,* pièce sordide. ‖ [avaro] mesquin, sordide.
sordina [sor'dina] f. MUS. sourdine. ‖ LOC. PR. e FIG. *in sordina,* en sourdine.
sordità [sordi'ta] f. surdité.
sordo ['sordo] agg. e n. PR. e FIG. sourd. | *mezzo sordo,* à moitié sourd. | *sordo come una campana,* sourd comme un pot (fam.). ‖ FIG. *sordo alle preghiere,* sourd aux prières. ‖ LOC. *fare il sordo,* faire la sourde oreille. ◆ agg. [di cose] sourd. | *rumore sordo,* bruit sourd. | *sordo rancore,* sourde rancune. ‖ FON. *consonante sorda,* consonne sourde.
sordomutismo [sordomu'tizmo] m. MED. surdimutité f.
sordomuto [sordo'muto] agg. e n. sourd-muet. | *è sordomuta,* elle est sourde-muette.
sorella [so'rɛlla] f. sœur. | *sorella maggiore,* sœur aînée ; grande sœur (fam.). | *sorella minore,* sœur cadette ; petite sœur (fam.). | *sembrano sorelle,* elles se ressemblent comme des sœurs. | *sorella di latte,* sœur de lait. ‖ FIG. *lingue sorelle,* langues sœurs. ‖ [monaca] sœur. V. SUORA.
sorellanza [sorel'lantsa] f. fraternité (raro). ‖ FIG. fraternité, parenté.
sorellastra [sorel'lastra] f. demi-sœur.
1. sorgente [sor'dʒɛnte] agg. naissant, levant. | *luna sorgente,* lune naissante. | *sole sorgente,* soleil levant.
2. sorgente [sor'dʒɛnte] f. PR. e FIG. source. ‖ LETT. source (L.C.), origine (L.C), principe m.
sorgere ['sordʒere] v. intr. **1.** [uomini ; sole ed altri astri] se lever. ‖ PER EST. *sta per sorgere l'alba,* l'aube point. ‖ FIG. [assurgere] parvenir ; acquérir tr. | *sorgere a gran fama,* parvenir à une grande célébrité. ‖ **2.** [luoghi, cose] s'élever, se dresser. | *la montagna sorge all' orizzonte,* la montagne s'élève, se dresse à l'horizon. ‖ [stare] se trouver. | *la casa sorgeva su una collina,* la maison se trouvait sur une colline. ‖ PER EST. s'élever. | *sorsero grida,* des cris s'élevèrent. ‖

3. [acque] jaillir, sortir, sourdre. | *l'acqua sorgeva dalla roccia,* l'eau jaillissait de la roche. || [detto di fiume] prendre sa source. || **4.** FIG. [verificarsi come conseguenza] naître, dériver, découler. | *spesso dall'invidia sorge l'odio,* la haine naît souvent de l'envie. || [apparire] surgir, naître, apparaître, sourdre (lett.), se manifester (v. rifl.). | *ogni giorno sorgono nuove difficoltà,* chaque jour, de nouvelles difficultés surgissent, se manifestent. | *sta sorgendo un nuovo mondo,* un monde nouveau est en train de naître. | *mi sorge un dubbio,* il me vient un doute. || **5.** LETT. [spuntare] pousser (L.C.). ◆ m. *il sorgere del sole,* le lever du soleil.

sorgivo [sor'dʒivo] agg. de source.

sorgo ['sorgo] m. sorgho.

soriano [so'rjano] agg. tigré. ◆ m. chat tigré.

sormontare [sormon'tare] v. tr. dépasser. || FIG. surmonter. || (arc.) surpasser (L.C.).

sornione [sor'njone] agg. e n. sournois. | *mi guardava sornione,* il me regardait d'un air sournois, sournoisement (avv.).

sororale [soro'rale] agg. ETNOL., GIUR. sororal.

sorpassare [sorpas'sare] v. tr. dépasser. || [veicolo] dépasser, doubler ; gratter (fam.). || FIG. dépasser. | *sorpassare la misura,* dépasser la mesure. || [sopravanzare] surpasser, dépasser.

sorpassato [sorpas'sato] agg. dépassé.

sorpasso [sor'passo] m. dépassement. | *divieto di sorpasso,* interdiction de dépasser, de doubler.

sorprendente [sorpren'dɛnte] agg. surprenant, étonnant.

sorprendere [sor'prɛndere] v. tr. [cogliere] surprendre. || LOC. FIG. *sorprendere la buona fede di qlcu.,* surprendre la bonne foi de qn. || [meravigliare] surprendre, étonner. | *la notizia mi sorprese,* la nouvelle me surprit. ◆ v. impers. *mi sorprende che,* je suis surpris que. | *non mi sorprenderebbe se,* je ne serais pas surpris si, cela ne m'étonnerait pas que. ◆ v. rifl. [accorgersi di] se surprendre. | *mi sorprendo a parlare da solo,* je me surprends à parler tout seul. || [meravigliarsi] s'étonner, être surpris.

sorpresa [sor'presa] f. [evento e cosa che sorprende] surprise. || LOC. *di sorpresa,* par surprise. || [meraviglia, stupore] surprise, étonnement m. | *con mia grande sorpresa,* à ma grande surprise. | *grido di sorpresa,* cri de surprise.

sorpreso [sor'preso] agg. surpris, étonné.

sorra ['sorra] f. CULIN. [tonno] thon m. (à l'huile). || [taglio di carne] épaule.

sorreggere [sor'rɛddʒere] v. tr. soutenir. || FIG. soutenir, encourager. | *sorreggere con dei consigli,* encourager de ses conseils.

sorrentino [sorren'tino] agg. de Sorrente.

sorridente [sorri'dɛnte] agg. PR. souriant. || FIG. riant.

sorridere [sor'ridere] v. intr. PR. e FIG. sourire.

sorriso [sor'riso] m. sourire. | *abbozzare un sorriso,* esquisser un sourire. || LOC. *ha un sorriso per tutti,* il est très cordial.

sorsata [sor'sata] f. gorgée ; lampée (fam.).

sorseggiare [sorsed'dʒare] v. tr. siroter (fam.) ; boire à petits coups, à petites gorgées, en savourant.

sorso ['sorso] m. gorgée f., coup ; trait [usato solo in certe espressioni]. | *bere a piccoli sorsi,* boire à petits coups, à petites gorgées. | *a lunghi sorsi,* à longs traits. | *in un sorso,* d'un trait, d'un coup. | *sorso a sorso,* à petits coups. || PER EST. [piccola quantità] goutte f.

sorta ['sɔrta] f. sorte. | *libri di tutte le sorte,* livres de toutes sortes, de tous les genres. | *ogni sorta di disavventure,* toutes sortes de mésaventures. | *una sorta di timidezza,* une sorte, une espèce de timidité. || LOC. *di sorta,* d'aucune sorte. | *non ci sono difficoltà di sorta,* il n'y a aucune (espèce de) difficulté. | *non c'è scusa di sorta,* il n'y a aucune excuse (possible).

sorte ['sɔrte] f. [destino] sort m., destin m., fortune (arc. o lett.). | *cattiva sorte,* mauvais sort. | *buona sorte,* destin favorable, chance. | *essere in balia della sorte,* être le jouet (des caprices) du sort, de la fortune. || LOC. *tentare la sorte,* tenter sa chance. | *per buona sorte,* par bonheur, par chance. | *per cattiva sorte,* par malheur. || PER EST. [condizione] sort m., destin m., destinée. | *non mi lamento della mia sorte,* je ne me plains pas de mon sort. || [risultato] (spec. pl.) issue f. sing., résultat m. sing., sort m. sing. || LOC. *far buon viso a cattiva sorte,* faire contre mauvaise fortune bon cœur. | *avere in sorte,* avoir, recevoir en partage. | *gli è toccata in sorte un' intelligenza molto viva,* il a reçu en partage une intelligence très vive. | *reggere le sorti di un paese,* présider aux destinées d'un pays, gouverner un pays. || PER ANAL. [caso] hasard m. ; [fortuna] chance. | *per sorte,* par hasard. | *ebbe la sorte di incontrare un vero amico,* il eut la chance de rencontrer un véritable ami. || LOC. *a sorte,* au hasard. | *tirare a sorte,* tirer au sort.

sorteggiabile [sorted'dʒabile] agg. tiré au sort, qu'on peut tirer au sort.

sorteggiare [sorted'dʒare] v. tr. tirer au sort.

sorteggio [sor'teddʒo] m. tirage au sort.

sortilegio [sorti'lɛdʒo] m. sortilège. || [divinazione] divination f.

1. sortire [sor'tire] v. tr. (lett.) avoir, recevoir en partage (L.C.) ; être doué (de) [L.C.]. || PER EST. [ottenere, produrre] obtenir (L.C.), produire (L.C.). | *tentativo che non sorte alcun risultato,* tentative qui n'obtient aucun résultat. | *all'esame non sortì buon esito,* il n'obtint pas un bon résultat à l'examen.

2. sortire [sor'tire] v. intr. sortir. || POP. [uscire] sortir (L.C.).

sortita [sor'tita] f. MIL. sortie. || TEATRO entrée en scène. || FIG. boutade, plaisanterie.

sorvegliante [sorveʎ'ʎante] n. surveillant. | *sorvegliante ai lavori,* surveillant des travaux.

sorveglianza [sorveʎ'ʎantsa] f. surveillance.

sorvegliare [sorveʎ'ʎare] v. tr. surveiller.

sorvolare [sorvo'lare] v. tr. survoler. ◆ v. tr. o intr. FIG. survoler (v. tr.), passer (sur), glisser (sur). | *sorvolare su una questione,* survoler une question. | *sorvolare i particolari, sui particolari,* passer, glisser sur les détails. | *sorvoliamo !,* passons !

sorvolo [sor'volo] m. survol.

soscrizione [soskrit'tsjone] f. V. SOTTOSCRIZIONE.

sosia ['sɔzja] m. sosie.

sospendere [sos'pɛndere] v. tr. **1.** (lett.) [appendere] suspendre (L.C.). | *sospendere un lampadario al soffitto,* suspendre un lustre au plafond. || **2.** [interrompere] suspendre, interrompre. | *sospendere la seduta, i pagamenti,* suspendre, interrompre la séance, les paiements. | *sospendere un treno,* supprimer temporairement un train. || [differire] remettre, différer. | *sospendere la partenza,* remettre son départ. || **3.** [una persona] suspendre. | *sospendere un funzionario,* suspendre un fonctionnaire. || [un allievo] exclure (temporairement).

sospensione [sospen'sjone] f. [fatto o modo di essere appeso] suspension. | *lampada a sospensione,* suspension. || CHIM., MECC. suspension. | *sospensione di un'automobile,* suspension d'une automobile. || GIUR. *sospensione di udienza,* suspension d'audience. || [sanzione] suspension. || [di un allievo dalla scuola] exclusion (temporaire). || RET. suspension (arc.).

sospensiva [sospen'siva] f. ajournement m.

sospensivo [sospen'sivo] agg. suspensif.

sospensore [sospen'sore] m. support.

sospensorio [sospen'sɔrjo] agg. ANAT. suspenseur. ◆ m. suspensoir.

sospeso [sos'peso] agg. suspendu. | *la nostra vita è sospesa ad un filo,* notre vie ne tient qu'à un fil. || [interrotto, revocato] suspendu. || RELIG. *prete sospeso a divinis,* prêtre suspens. || LOC. *col fiato sospeso,* en retenant son souffle. || *in sospeso,* en suspens. | *tenere in sospeso un affare,* laisser une affaire en suspens. || [nell'incertezza] en suspens, irrésolu. | *tiene gli animi sospesi,* il tient les esprits en suspens, en haleine. | *stare con l'animo sospeso,* être dans l'incertitude. | *col cuore sospeso,* le cœur battant.

sospettabile [sospet'tabile] agg. soupçonnable.

sospettare [sospet'tare] v. tr. soupçonner ; suspecter (peggior.). | *nessuno lo sospetta,* personne ne le soupçonne. | *tutti sospettano che sia lui il colpevole,* tout le monde le soupçonne d'être le coupable. || [intuire una cosa spiacevole] craindre, soupçonner, pressentir, se douter (de). | *sospettava un tradimento,* il craignait une trahison. | *non sospetta nulla,* il ne se doute de rien. || PER EST. [credere] croire, penser, soupçonner, se douter (de), imaginer. | *non sospettavo* *che fosse così pigra,* je ne croyais pas qu'elle fût si paresseuse. ◆ v. intr. [di qlcu.] soupçonner (v. tr.), se méfier (de). ‖ [di qlco.] se méfier (de).

1. sospetto [sos'pεtto] agg. suspect, soupçonné. | *sospetto di tradimento,* soupçonné, suspect de trahison. ‖ PER EST. suspect, douteux, louche. | *testimonianza sospetta,* témoignage suspect, douteux. ◆ n. suspect.

2. sospetto [sos'pεtto] m. soupçon, ‖ [dubbio] doute. | *ho sospetti circa la sua sincerità,* j'ai des doutes sur sa sincérité. | *ho il vago sospetto che voglia imbrogliarmi,* j'ai comme l'impression (f.) qu'il veut me duper. ‖ [fatto di sospettare, diffidenza] suspicion f., méfiance f. | *mettere in sospetto qlcu.,* éveiller les soupçons, la méfiance de qn, intriguer qn, alerter qn. | *guardare qlcu. con sospetto,* considérer qn avec suspicion, avec méfiance, se méfier de qn. | *venire in sospetto di qlco.,* (commencer à) soupçonner qch. | *venire, cadere in sospetto di qlcu.,* devenir suspect à qn. | *gli sono venuto in sospetto,* il s'est mis à me soupçonner. ‖ FAM. [piccola quantità] soupçon (L.C.).

sospettosamente [sospettosa'mente] avv. d'une manière soupçonneuse, soupçonneusement (lett.).

sospettosità [sospettosi'ta] f. méfiance.

sospettoso [sospet'toso] agg. soupçonneux, méfiant.

sospingere [sos'pindʒere] v. tr. PR. e FIG. pousser.

sospinto [sos'pinto] agg. LOC. *ad ogni piè sospinto,* à tout bout de champ, à chaque instant.

sospirare [sospi'rare] v. intr. soupirer. ◆ v. tr. attendre avec impatience, désirer ; soupirer après (antiq.). | *sospirare le vacanze,* attendre les vacances avec impatience. | *sospirare il paese natio,* regretter son pays natal. ‖ SCHERZ. *si fa sospirare!,* il se fait désirer ! | *gliela fanno sospirare questa promozione!,* ils la lui font attendre, cette promotion !

sospiro [sos'piro] m. soupir. | *fare un sospiro di sollievo,* pousser un soupir de soulagement. ‖ (lett.) [soffio] souffle. ‖ LOC. FIG. *a sospiri,* par intervalles. | *pagare a sospiri,* payer peu à peu.

sospirosamente [sospirosa'mente] avv. (lett.) en soupirant ; tristement.

sospiroso [sospi'roso] agg. mélancolique, triste ; [languido] langoureux.

sossopra [sos'sopra] avv. ARC. O REGION. V. SOTTOSOPRA.

sosta ['sɔsta] f. arrêt m., halte. | *un'ora di sosta,* une heure d'arrêt, une halte d'une heure. | *fare sosta,* faire halte, s'arrêter. | *senza una sosta,* sans un arrêt, sans s'arrêter. ‖ [arresto di un veicolo sul bordo della strada o su un parcheggio] stationnement m. | *divieto di sosta,* stationnement interdit. ‖ PER EST. O FIG. [interruzione] pause ; [di cosa difficile o pericolosa] répit m., trêve. | *il male non gli dà sosta,* son mal ne lui laisse pas un moment de répit. ‖ LOC. *senza sosta,* sans trêve, sans relâche, sans répit, sans cesse.

sostantivamente [sostantiva'mente] avv. substantivement.

sostantivare [sostanti'vare] v. tr. substantiver.

sostantivato [sostanti'vato] agg. substantivé.

sostantivo [sostan'tivo] agg. e m. GRAMM. substantif.

sostanza [sos'tantsa] f. FILOS. substance. ‖ [essenza] substance, essentiel m. | *la sostanza della discussione,* la substance, l'essentiel de la discussion. ‖ [materia] substance, matière. ‖ [parte nutritiva] partie nourrissante. | *cibo di molta, di poca sostanza,* aliment très nourrissant, substantiel ; aliment peu nourrissant. ‖ [beni posseduti] fortune, avoir m., bien m. | *dilapidare le proprie sostanze,* gaspiller tous ses biens. | *è tutta la sua sostanza,* c'est toute sa fortune. ‖ LOC. *in sostanza :* [nelle grandi linee] en substance ; [insomma] en conclusion, en définitive, en fin de compte.

sostanziale [sostan'tsjale] agg. FILOS. substantiel. ‖ [essenziale] essentiel, principal. | *la parte sostanziale di un discorso,* l'essentiel, la partie principale d'un discours. | *esiste tra loro una sostanziale identità di vedute,* ils ont pour l'essentiel, en gros la même façon de voir les choses. ‖ [importante] substantiel, important.

sostanzialismo [sostantsja'lizmo] m. FILOS. substantialisme.

sostanzialistico [sostantsja'listiko] (**-ci** pl.) agg. substantialiste.

sostanzialità [sostantsjali'ta] f. FILOS. substantialité. ‖ [importanza] importance fondamentale.

sostanzialmente [sostantsjal'mente] avv. FILOS. substantiellement. ‖ L.C. substantiellement (raro), en substance, au fond, foncièrement, fondamentalement.

sostanzioso [sostan'tsjoso] agg. PR. e FIG. substantiel.

sostare [sos'tare] v. intr. s'arrêter, faire (une) halte. ‖ [di veicoli, fermarsi sulla pubblica via] stationner. ‖ [interrompere] interrompre (v. tr.). | *sostare dal lavoro,* interrompre le travail.

sostegno [sos'teɲɲo] m. soutien, appui. | *muro di sostegno,* mur d'appui, de soutien, de soutènement. ‖ [per le piante] tuteur. ‖ FIG. soutien, appui. | *è il sostegno della famiglia,* c'est le soutien de sa famille. | *gli darà il suo sostegno,* il lui apportera son soutien, il lui prêtera son appui. ‖ LOC. (prep.) *a sostegno di,* à l'appui de.

sostenere [soste'nere] v. tr. **1.** soutenir. ‖ **2.** FIG. [rinvigorire] soutenir, remonter. | *iniezione per sostenere il cuore,* piqûre pour soutenir le cœur. ‖ **3.** [aiutare] réconforter, encourager, soutenir. | *mi sostiene solo questa speranza,* cet espoir est mon seul réconfort. | *sostenere un candidato,* soutenir un candidat. ‖ **4.** [asserire] soutenir, maintenir, affirmer. ‖ **5.** [assolvere ad un impegno] supporter ; faire face (à). | *sostenere una responsabilità, un rischio,* supporter une responsabilité, un risque. | *sostenere una spesa,* supporter, faire face à une dépense. | *sostenere il carico di una famiglia,* avoir une famille à sa charge. ‖ LOC. *sostenere una parte,* jouer un rôle. ‖ **6.** [resistere a] soutenir, supporter. | *sostenere l'urto,* soutenir le choc. | *sostenere lo sguardo di qlcu.,* soutenir le regard de qn. | *sostenere un esame,* passer un examen. ‖ **7.** MUS. *sostenere una nota,* tenir une note. ◆ v. rifl. se soutenir, tenir debout. ‖ FIG. [conservarsi in forze] soutenir ses forces. ‖ [reggere] tenir, résister. | *il governo si sosteneva sulle forze di occupazione,* le gouvernement tenait grâce à l'appui des forces d'occupation. ‖ [essere convincente] être vraisemblable, pouvoir se soutenir, tenir debout.

sostenibile [soste'nibile] agg. [di opinione] soutenable. ‖ [sopportabile] soutenable (arc.), supportable.

sostenimento [sosteni'mento] m. PR. (raro) e ARC. soutien (L.C.), appui (L.C.). ‖ FIG. subsistance f. ; [nutrimento] nourriture f.

sostenitore [sosteni'tore] (**-trice** f.) m. partisan, défenseur. ‖ [di una squadra sportiva] supporter (ingl.), supporteur. ◆ agg. *socio sostenitore,* membre bienfaiteur.

sostentamento [sostenta'mento] m. subsistance f., entretien. ‖ [mezzi di sostentamento] moyens de subsistance, nécessaire. ‖ FIG. (raro) [sostegno] soutien (L.C.). ‖ AER. sustentation f.

sostentare [sosten'tare] v. tr. entretenir, subvenir aux besoins (de). ‖ PER EST. [nutrire] sustenter (antiq., raro), nourrir. ‖ FIG. (raro) nourrir. ◆ v. rifl. se sustenter (fam.), se nourrir.

sostentazione [sostentat'tsjone] f. AER., FIS. sustentation.

sostenutezza [sostenu'tettsa] f. réserve, froideur ; quant-à-soi m. ‖ [alterigia] hauteur.

sostenuto [soste'nuto] agg. [stile, discorso] soutenu, élevé. ‖ [persona] réservé, froid ; [altero] hautain. | *fare il sostenuto,* se tenir sur la réserve, rester sur son quant-à-soi. ‖ [di prezzi] élevé. ‖ MUS. sostenuto (ital.).

sostituibile [sostitu'ibile] agg. remplaçable.

sostituibilità [sostituibili'ta] f. possibilité de remplacer.

sostituire [sostitu'ire] v. tr. remplacer, substituer. | *sostituire una cosa con un'altra,* remplacer une chose par une autre. | *sostituire lo zucchero con la saccarina, sostituire la saccarina allo zucchero,* remplacer le sucre par de la saccharine ; substituer la saccharine au sucre (raro). ‖ [mettere una cosa nuova al posto di una vecchia o guasta] remplacer, changer. | *sostituire un vetro rotto,* remplacer, changer un carreau cassé. ◆ v. rifl. remplacer (v. tr.) ; [con idea di frode o di identificazione perfetta] se substituer (à).

sostitutivo [sostitu'tivo] agg. qui remplace ; substitutif, ive.

sostituto [sosti'tuto] m. remplaçant. ‖ GIUR. substitut.

sostituzione [sostitut'tsjone] f. remplacement m., substitution (raro). | *sostituzione di una cosa con un'altra*, remplacement d'une chose par une autre. || LOC. *in sostituzione di*, en remplacement de, pour remplacer. || AUTOM. *sostituzione olio*, vidange. || CHIM., GIUR. MAT. substitution.
sostrato [sos'trato] m. FILOS., GEOL., LING. substrat ; substratum (antiq.). || FIG. fond.
sottacere [sotta'tʃere] v. tr. passer sous silence, taire.
sottaceto [sotta'tʃeto] avv. dans le vinaigre. | *conservare qlco. sottaceto*, conserver qch. dans le vinaigre. ◆ agg. au vinaigre. | *cetrioli sottaceto*, cornichons (confits) au vinaigre. ◆ m. pl. pickles (ingl.).
sott'acqua o **sottacqua** [sot'takkwa] avv. sous l'eau.
sottalimentazione [sottalimentat'tsjone] f. sous-alimentation.
sottana [sot'tana] f. [gonna] jupe. || [sottoveste] combinaison ; [che va dalla vita in giù] jupon m. || LOC. FIG. *sta sempre attaccato alla sottana della mamma*, il est toujours dans les jupes de sa mère. | *correre dietro alle sottane*, courir le jupon, le cotillon. || [veste talare] soutane.
sottanino [sotta'nino] m. tutu.
sottarco [sot'tarko] m. ARCHIT. intrados.
sottecchi (di) [disot'tekki] loc. avv. en dessous, à la dérobée. | *guardare di sottecchi*, regarder en dessous, à la dérobée. | *sguardo di sottecchi*, regard en coin.
sottendere [sot'tɛndere] v. tr. GEOM. sous-tendre.
sottentrare [sotten'trare] v. tr. prendre la place (de), remplacer.
sotterfugio [sotter'fudʒo] m. [per raggiungere un fine] subterfuge, artifice, détour ; combine f. (pop.) ; [per trarsi d'impaccio] subterfuge, faux-fuyant, échappatoire f., détour.
sotterra [sot'tɛrra] avv. sous terre.
sotterramento [sotterra'mento] m. enfouissement, ensevelissement. || [seppellimento di un morto] enterrement, ensevelissement (lett.).
sotterranea [sotter'ranea] f. métropolitain m. ; métro m. (L.C.).
sotterraneo [sotter'raneo] agg. e m. souterrain.
sotterrare [sotter'rare] v. tr. enterrer, enfouir, ensevelir. || [un morto] enterrer, ensevelir (lett.). || LOC. FIG. *sotterrare un progetto*, enterrer un projet.
sotteso [sot'teso] agg. GEOM. e FIG. sous-tendu.
sottigliezza [sottiʎ'ʎettsa] f. finesse, minceur. || FIG. finesse, subtilité. | *sottigliezza d'ingegno*, finesse d'esprit. | *sottigliezza di un ragionamento*, subtilité d'un raisonnement. || [questione, argomentazione cavillosa] subtilité.
sottile [sot'tile] agg. **1.** mince, fin. | *strato sottile*, mince, fine couche. | *figura, vita sottile*, silhouette, taille mince, fine. || PER EST. *aria sottile*, air léger. || POP. *mal sottile*, phtisie, tuberculose (L.C.). || **2.** [di suono] grêle, léger. || [di odore] subtil, pénétrant. || [di facoltà sensoriale] sensible. | *orecchio sottile*, oreille fine, sensible. || **3.** [facoltà, manifestazione intellettuale] subtil, fin. | *analisi molto sottile*, analyse très subtile, fine. | *sottile ironia*, fine ironie. ◆ m. LOC. *andare per il sottile*, se perdre dans des subtilités, des arguties (f.) ; raffiner. | *non guardare troppo per il sottile*, ne pas y regarder de trop près, ne pas trop raffiner.
sottilizzare [sottilid'dzare] v. intr. raffiner, ergoter.
sottilmente [sottil'mente] avv. subtilement. || [con cura] soigneusement.
sottinsù (di) [disottin'su] loc. avv. de bas en haut.
sottintendere [sottin'tɛndere] v. tr. sous-entendre. || [implicare] impliquer. | *i diritti sottintendono dei doveri*, les droits impliquent des devoirs. || [comprendere da allusioni] (raro) comprendre à demi-mot (L.C.), deviner (L.C.). || LOC. *è sottinteso, si sottintende*, bien entendu, cela va sans dire, on le devine. | *è sottinteso che, si sottintende che*, il est sous-entendu que, il va sans dire que.
sottinteso [sottin'teso] agg. e m. sous-entendu.
sotto ['sotto] prep. [anche «sotto di» (+ pron.), «sotto a» (raro).] **1.** [rapporto di contatto] sous. | *sotto terra, sott'acqua*, sous (la) terre, sous l'eau. | *tirare qlcu. da sotto le macerie*, extraire qn de dessous les décombres. | *è uscito passando sotto la rete*, il est sorti en passant par-dessous la clôture. || LOC. *finire sotto un'automobile*, passer sous une voiture. | *sotto le armi*, sous les armes. | *dormire sotto le stelle*, dormir à la belle étoile. | *ho quel testo sotto gli occhi*, j'ai ce texte sous les yeux. | *lo tengo sott'occhio*, je l'ai à l'œil (fam.), je le surveille. | *lo cercavo dappertutto e ce l'avevo sotto il naso*, je le cherchais partout et il me crevait les yeux, et j'avais le nez dessus. | *ridere sotto i baffi*, rire dans sa barbe, sous cape. || [con le particelle «ci», «vi»] (en) dessous. | *mettici sotto un pezzo di legno*, mets un morceau de bois en dessous. | *sollevò il libro e ci mise sotto un biglietto*, il souleva le livre et mit un billet (en) dessous. || **2.** [al piano inferiore ; più giù di ; al di sotto di un certo limite] au-dessous de. | *abita sotto di me*, il habite au-dessous de chez moi. | *bambini sotto i dieci anni*, enfants au-dessous de dix ans. | *venti gradi sotto (lo) zero*, vingt degrés au-dessous de zéro. | *sotto la media*, au-dessous de la moyenne. || **3.** [imminenza] vers, à l'époque de. | *sotto Natale*, vers Noël. | *siamo sotto Natale*, Noël approche. | *sotto (gli) esami*, en période d'examens. | *siamo sotto gli esami*, les examens sont pour bientôt. || **4.** FIG. sous. | *combatté sotto Garibaldi*, il combattit sous Garibaldi. | *ho servito sotto di lui*, j'ai servi sous ses ordres. | *sotto (la guida di) un buon maestro*, sous la direction d'un bon maître. | *sotto vigilanza*, sous surveillance. | *è vissuto sotto Napoleone*, il a vécu sous Napoléon. | *sotto forma di*, sous forme de. | *sotto uno pseudonimo*, sous un pseudonyme. | *sotto pressione*, sous pression. | *vive sotto un continuo incubo*, il vit dans un cauchemar perpétuel. | *sotto l'effetto della droga*, sous l'effet de la drogue. | *sotto condizione*, sous condition. | *sotto obbligo di*, sous réserve de, avec l'obligation de. | *sotto questo rapporto*, sous ce rapport. | *mettere sotto processo* : PR. intenter un procès ; FIG. faire le procès (de), mettre en cause. | *essere sotto accusa* : PR. être inculpé ; FIG. être en cause, incriminé, accusé. | *essere arrestato sotto l'accusa di*, être arrêté sous l'inculpation de. ◆ avv. [anche «di sotto»] **1.** [rapporto di contatto] dessous. | *alza il libro, il biglietto è sotto*, soulève le livre, le billet est dessous, en dessous. || LOC. *qui sotto, lì sotto*, là-dessous. | *per sotto*, par-dessous. | *da sotto*, d'en dessous. || [ellittico] *vai sotto che prendi freddo*, couvre-toi, tu vas prendre froid. || **2.** [giù] en bas, au-dessous. | *mettilo nell'armadio, sotto*, mets-le dans l'armoire, en bas. | *più sotto*, plus bas. | *è bianco sopra e nero sotto*, le dessus est blanc et le dessous noir. | *guardare di sotto in su*, regarder de bas en haut. || **3.** [al piano inferiore] en bas, au-dessous. | *sono (di) sotto*, je suis en bas. | *abita di sotto*, il habite au-dessous. | *vado di sotto*, je descends. || **4.** [in uno scritto : «oltre»] ci-dessous, ci-après, plus bas, infra (lat.). | *vedi sotto*, voir ci-dessous, ci-après, plus bas. || **5.** LOC. *sotto sotto* : PR. tout en bas ; FIG. [in fondo] au fond ; [di nascosto] en cachette, en sous-main, sans en avoir l'air, en douce (fam.). || *farsi sotto*, s'approcher, s'avancer. | *fatevi sotto !*, allez-y ! || [ellittico] *sotto !*, allons !, allez ! | *sotto a chi tocca !*, au suivant ! | *c'è sotto qlco.*, il y a qch. (de louche) là-dessous. || [con un veicolo] *mettere sotto*, renverser, écraser. || *mettere un operaio sotto ad un lavoro*, mettre un ouvrier à un travail. || *mettere sotto qlcu.*, l'emporter sur qn, vaincre qn. || *mettersi sotto*, s'y mettre, se mettre au travail. || LOC. FIG. (volg.) *farsela sotto (dalla paura)*, serrer les fesses. ◆ loc. avv. e prep. ***al di sotto (di)***, au-dessous (de). | *al di sotto della media*, au-dessous de la moyenne. ◆ loc. agg. [anche «di sotto»] au-dessous, du dessous ; inférieur (agg.). | *il piano di sotto*, l'étage au-dessous, du dessous. | *la parte sotto*, la partie inférieure. | *il cassetto di sotto*, le tiroir du dessous. ◆ m. *il (di) sotto*, le dessous. | *il di sotto è tutto rovinato*, le dessous est tout abîmé.
sottobanco [sotto'banko] avv. sous le manteau, en sous-main, en cachette, en secret. | *libro venduto sottobanco*, livre vendu sous le manteau. | *gli ha passato il compito sottobanco*, il lui a passé son devoir en cachette.
sottobicchiere [sottobik'kjɛre] m. dessous-de-verre ; [piattino] soucoupe f.

sottobosco [sotto'bɔsko] m. sous-bois. ‖ FIG. [persone] parasites pl.
sottobraccio [sotto'brattʃo] avv. bras dessus, bras dessous. | *cammina sottobraccio con lui,* ils marchent bras dessus, bras dessous (solo con sogg. al pl.). | *prendere, tenere qlcu. sottobraccio,* prendre, tenir le bras de qn.
sottocalza [sotto'kaltsa] f. sous-bas m.
sottocapo [sotto'kapo] m. sous-chef ; [vicedirettore] sous-directeur. ‖ FERR. sous-chef de gare. ‖ MAR. quartier-maître.
sottocchio [sot'tɔkkjo] avv. sous les yeux. | *tenere sottocchio i bambini,* surveiller les enfants.
sottoccupato [sottokku'pato] agg. en chômage partiel. ◆ m. chômeur partiel.
sottoccupazione [sottokkupat'tsjone] f. [lavoro ridotto] chômage partiel. ‖ [numero ridotto di lavoratori] sous-emploi m.
sottochiave [sotto'kjave] avv. sous clé, sous clef.
sottocipria [sotto'tʃiprja] m. o f. invar. base (f.) de maquillage, crème (f.) de jour.
sottocoda [sotto'koda] m. invar. aileron.
sottocommissione [sottokommis'sjone] f. sous-commission.
sottoconsumo [sottokon'sumo] m. ECON. sous-consommation f.
sottocoperta [sottoko'pɛrta] avv. dans l'entrepont.
sottocoppa [sotto'koppa] f. soucoupe. ‖ AUTOM. carter m.
sottocosto [sotto'kɔsto] avv. au-dessous du prix coûtant.
sottocuoco [sotto'kwɔko] m. aide-cuisinier.
sottocutaneo [sottoku'taneo] agg. sous-cutané.
sottodominante [sottodomi'nante] f. MUS. sous-dominante.
sottoesporre [sottoes'porre] v. tr. FOT. sous-exposer.
sottofamiglia [sottofa'miʎʎa] f. sous-famille, genre m.
sottofascia [sotto'faʃʃa] avv. sous bande. ◆ m. invar. imprimé.
sottofondazione [sottofondat'tsjone] f. renforcement m.
sottofondo [sotto'fondo] m. base f., fond. ‖ FIG. fond. ‖ [rumori, musica] fond sonore.
sottogamba [sotto'gamba] avv. FIG. par-dessous la jambe, avec désinvolture.
sottogola [sotto'gola] f. jugulaire. ‖ [di cavallo] sous-gorge.
sottogonna [sotto'gɔnna] f. jupon m.
sottogruppo [sotto'gruppo] m. sous-groupe.
sottolineare [sottoline'are] v. tr. souligner. ‖ FIG. souligner, insister sur (le fait que).
sottolineatura [sottolinea'tura] f. soulignage m., soulignement m.
sottolinguale [sottolin'gwale] agg. ANAT. sublingual.
sott'olio [sot'tɔljo] o **sottolio** [sot'tɔljo] avv. dans l'huile, à l'huile. ◆ agg. invar. à l'huile.
sottomano [sotto'mano] avv. sous la main. | *capitare sottomano a qlcu.,* tomber entre les mains de qn. ‖ FIG. en sous-main, sous le manteau, en secret, en cachette. ◆ m. sous-main.
sottomarino [sottoma'rino] agg. e m. sous-marin.
sottomascellare [sottomaʃʃel'lare] agg. ANAT. sous-maxillaire.
sottomento [sotto'mento] m. (pop.) double menton (L.C.).
sottomesso [sotto'messo] agg. asservi. ‖ [docile] soumis, docile.
sottomettere [sotto'mettere] v. tr. soumettre. ‖ [posporre] subordonner. ‖ PR. (raro) mettre sous (L.C.).
sottomissione [sottomis'sjone] f. [il sottomettere, il sottomettersi] soumission. ‖ [stato di chi subisce il dominio altrui] sujétion, oppression. ‖ [docilità] soumission, docilité.
sottomultiplo [sotto'multiplo] agg. e m. MAT. sous-multiple.
sottonotato [sottono'tato] agg. mentionné, indiqué ci-dessous.
sottopalco [sotto'palko] m. TEATRO dessous.
sottopancia [sotto'pantʃa] m. invar. sous-ventrière f.
sottopassaggio [sottopas'saddʒo] m. [per i pedoni] passage souterrain ; [per i veicoli] tunnel.
sottopiatto [sotto'pjatto] m. dessous-de-plat.
sottopiede [sotto'pjɛde] m. sous-pied.
sottoporre [sotto'porre] v. tr. soumettre. | *sottoporre un problema a qlcu.,* soumettre un problème à qn. ‖ [assoggettare] soumettre (L.C.). ◆ v. rifl. se soumettre.
sottoportico [sotto'pɔrtiko] m. portique, galerie f. (à arcades). ‖ [che ripara la porta di un edificio] porche.
sottoposto [sotto'posto] agg. soumis (à), exposé (à). ‖ *essere sottoposto ad un esame accurato,* être l'objet d'un examen attentif. | *essere sottoposto ad un allenamento intensivo,* être soumis à un entraînement intensif. ◆ m. subordonné.
sottoprefetto [sottopre'fetto] m. sous-préfet.
sottoprefettura [sottoprefet'tura] f. sous-préfecture.
sottoprezzo [sotto'prɛttso] avv. à bas prix, au-dessous du prix normal.
sottoprodotto [sottopro'dotto] m. PR. e FIG. sous-produit.
sottoproduzione [sottoprodut'tsjone] f. sous-production.
sottoproletariato [sottoproleta'rjato] m. sous-prolétariat.
sottoproletario [sottoprole'tarjo] agg. e n. sous-prolétaire.
sottordine [sot'tordine] m. BIOL. sous-ordre. ‖ LOC. *in sottordine,* d'une importance secondaire. | *è in sottordine a tutti,* il vient après tous les autres.
sottoregno [sotto'reɲɲo] m. sous-règne.
sottoscala [sottos'kala] m. invar. soupente f., réduit ; [a ripostiglio] débarras.
sottoscarpa [sottos'karpa] f. TECN. *muro di sottoscarpa,* mur de soutènement (m.).
sottoscena [sottoʃ'ʃɛna] m. invar. TEATRO premier dessous.
sottoscritto [sottos'kritto] n. soussigné. | *il sottoscritto dichiara,* je soussigné déclare. | *i sottoscritti s'impegnano,* les soussignés s'engagent ; nous soussignés nous engageons. ‖ POP., SCHERZ. moi (L.C.), bibi (fam. raro), ma pomme. | *il sottoscritto non ha paura di parlare!,* je n'ai pas peur de parler, moi ! ◆ agg. signé.
sottoscrittore [sottoskrit'tore] (**-trice** f.) m. [di un manifesto] signataire. ‖ [di un movimento] promoteur, trice (lett.), animateur, trice. ‖ [di iniziativa finanziaria o commerciale] souscripteur, trice.
sottoscrivere [sottos'krivere] v. tr. **1.** [firmare] signer. ‖ [scrivere sotto] écrire (en bas), soussigner. | *sottoscrivere il proprio nome,* écrire son nom, signer. ‖ **2.** [impegnarsi a pagare una somma] souscrire (à), s'engager à verser. | *sottoscrivere un prestito pubblico,* souscrire à un emprunt public. | *sottoscrivere un effetto a ordine,* souscrire un billet à ordre. | *sottoscrivere (per) una cifra a favore dei sinistrati,* (s'engager à) verser une somme en faveur des sinistrés. ‖ PER EST. [aderire] souscrire (à).
sottoscrizione [sottoskrit'tsjone] f. [firma] signature, souscription (raro). ‖ TIP. achevé (m.) d'imprimer. ‖ [adesione] souscription. | *sottoscrizione a un prestito,* souscription à un emprunt.
sottosegretariato [sottosegreta'rjato] m. sous-secrétariat.
sottosegretario [sottosegre'tarjo] m. sous-secrétaire.
sottosopra [sotto'sopra] avv. PR. sens dessus dessous. ‖ FIG. *quella notizia ci mise tutti sottosopra,* cette nouvelle nous mit tous sens dessus dessous, nous bouleversa tous. ◆ agg. invar. *era ancora sottosopra,* il était encore tout bouleversé. ◆ m. désordre, fouillis (fam.) ; pagaïe, pagaille f. (fam.).
sottospecie [sottos'pɛtʃe] f. invar. race, sous-espèce. ‖ FIG. variété. ‖ SPREG. sous-produit m.
sottostante [sottos'tante] agg. situé, qui se trouve au-dessous (de). ‖ FIG. subordonné.
sottostare [sottos'tare] v. intr. PR. (raro) être, se trouver plus bas (que), au-dessous (de). ‖ FIG. être soumis (à), dépendre (de) ; [piegarsi] se soumettre, se plier, obéir. | *queste cose sottostanno al caso,* ces choses sont soumises au hasard, dépendent du hasard. | *non voglio sottostare a nessuno,* je ne veux dépendre

de personne. | *sottostare a un esame*, se soumettre à un examen. | *sottostare a tutti*, obéir à tout le monde.
sottosuolo [sotto'swɔlo] m. sous-sol.
sottosviluppato [sottozvilup'pato] agg. sous-développé.
sottosviluppo [sottozvi'luppo] m. sous-développement.
sottotangente [sottotan'dʒɛnte] f. GEOM. sous-tangente.
sottotenente [sottote'nɛnte] m. MIL. sous-lieutenant. || MAR. *sottotenente di vascello*, enseigne de vaisseau.
sottoterra [sotto'tɛrra] avv. sous (la) terre, dans la terre. | *mettere sottoterra*, enterrer. || LOC. FIG. *andare sottoterra*, mourir, descendre au tombeau. | *stare, essere sottoterra*, être à six pieds sous terre, être sous la terre.
sottotetto [sotto'tetto] m. grenier, comble ; combles pl.
sottotipo [sotto'tipo] m. ZOOL. embranchement.
sottotitolo [sotto'titolo] m. sous-titre.
sottovalutare [sottovalu'tare] v. tr. sous-estimer.
sottovalutazione [sottovalutat'tsjone] f. sous-estimation.
sottovaso [sotto'vazo] m. dessous-de-pot (raro).
sottovento [sotto'vɛnto] avv. MAR. sous le vent. ◆ agg. invar. *lato sottovento*, bord de vent, lof. ◆ m. MAR. lof ; bord de vent.
sottoveste [sotto'vɛste] f. combinaison ; [che parte dalla vita] jupon m.
sottovia [sotto'via] f. pont m., tunnel m.
sottovoce [sotto'votʃe] avv. (tout) bas, à voix basse, doucement.
sottraendo [sottra'ɛndo] m. MAT. terme à soustraire, terme soustractif.
sottrarre [sot'trarre] v. tr. soustraire, retrancher. || [prendere] soustraire, faire disparaître ; [solo di denaro] détourner, voler, dérober. | *sottrarre documenti*, soustraire, faire disparaître des documents. || MAT. soustraire, retrancher. ◆ v. rifl. se soustraire, se dérober, échapper (intr.).
sottrattivo [sottrat'tivo] agg. soustractif.
sottrazione [sottrat'tsjone] f. détournement m., vol m. || GIUR. *sottrazione di documenti*, soustraction de documents. || MAT. soustraction.
sottufficiale [sottuffi'tʃale] m. sous-officier.
soubrette [su'brɛt] f. invar. [fr.] TEATRO [servetta] soubrette. || [danzatrice] actrice de variétés.
sovente [so'vɛnte] avv. souvent.
soverchiamente [soverkja'mente] avv. excessivement, trop.
soverchiante [sover'kjante] avv. supérieur.
soverchiare [sover'kjare] v. tr. dépasser. || FIG. dépasser, surpasser. || [di suono, impedire di udirne un altro] couvrir. || [sopraffare] accabler, écraser.
soverchiato [sover'kjato] agg. accablé, écrasé.
soverchiatore [soverkja'tore] (**-trice** f.) m. oppresseur. ◆ agg. accablant.
soverchieria [soverkje'ria] f. [prepotenza] violence ; [sopruso] abus m. ; [oppressione] oppression.
soverchio [so'vɛrkjo] agg. (lett.) excessif (L.C.), surabondant (L.C.). ◆ m. ANTIQ. excès (L.C.).
soviet [so'vjɛt] (**soviet** o **sovieti** pl.) m. soviet.
sovietico [so'vjɛtiko] (**-ci** pl.) agg. e n. soviétique.
sovietizzare [sovjetid'dzare] v. tr. soviétiser.
sovietizzazione [sovjetiddzat'tsjone] f. soviétisation.
sovrabbondante [sovrabbon'dante] agg. surabondant. || FIG. (lett.) exubérant (L.C.).
sovrabbondare [sovrabbon'dare] v. intr. surabonder. | *sovrabbondare di*, surabonder de, regorger de, déborder de.
sovraccaricare [sovrakkari'kare] v. tr. surcharger. || FIG. surcharger, accabler.
sovraccarico [sovrak'kariko] agg. surchargé. || FIG. surchargé, accablé, écrasé. | *sovraccarico di lavoro*, surchargé de travail. ◆ m. surcharge f. || FIG. surcharge f., surplus, surcroît, excès.
sovraccoperta [sovrakko'pɛrta] V. SOPRACCOPERTA.
sovracorrente [sovrakor'rɛnte] f. ELETTR. surintensité.
sovraesporre [sovraes'porre] v. tr. FOT. surexposer.
sovraesposizione [sovraespozit'tsjone] f. FOT. surexposition.
sovraffaticare [sovraffati'kare] v. tr. (raro) épuiser (L.C.), éreinter (L.C.). ◆ v. rifl. (trop) se fatiguer, s'épuiser.
sovraffollato [sovraffol'lato] agg. plein de monde, surpeuplé ; [di veicolo o stanza] bondé, bourré, comble. | *spiagge sovraffollate*, plages surpeuplées.
sovraimporre [sovraim'porre] e deriv. V. SOVRIMPORRE e deriv.
sovraintendente [sovrainten'dɛnte] e deriv. V. SOPRINTENDENTE e deriv.
sovraintensità [sovraintensi'ta] f. ELETTR. surintensité.
sovralimentazione [sovralimentat'tsjone] f. MECC. suralimentation.
sovrana [so'vrana] f. [moneta] souverain m. ◆ f. e agg. [persona] souveraine.
sovranamente [sovrana'mente] avv. souverainement.
sovraneggiare [sovraned'dʒare] v. intr. (raro) régner (en maître) [L.C.], dominer (L.C.). ◆ v. tr. (raro) dominer (L.C.).
sovranità [sovrani'ta] f. souveraineté. || FIG. souveraineté (lett.), supériorité.
sovrannaturale [sovrannatu'rale] agg. surnaturel.
sovrano [so'vrano] m. e agg. souverain. | *stato sovrano*, état souverain.
sovrappassaggio [sovrapas'saddʒo] m. pont.
sovrappasso [sovrap'passo] m. pont.
sovrappiù [sovrap'pju] m. V. SOPRAPPIÙ.
sovrapponibile [sovrappo'nibile] agg. superposable.
sovrappopolare [sovrappopo'lare] v. tr. surpeupler.
sovrappopolato [sovrappopo'lato] agg. surpeuplé.
sovrappopolazione [sovrappopolat'tsjone] f. surpopulation, surpeuplement m.
sovrapporre [sovrap'porre] v. tr. superposer. | *sovrapporre un libro ad un altro*, superposer deux livres, poser un livre sur un autre. | *sovrapporre due figure*, superposer deux figures. || FIG. faire prévaloir, faire prédominer, faire passer avant. ◆ v. rifl. se superposer. || FIG. se superposer, s'ajouter.
sovrapposizione [sovrappozit'tsjone] f. PR. e FIG. superposition.
sovrapposto [sovrap'posto] agg. superposé.
sovrapprezzo [sovrap'prɛttso] m. V. SOPRAPPREZZO.
sovrapproduzione [sovrapprodut'tsjone] f. surproduction.
sovrastampare [sovrastam'pare] v. tr. surcharger.
sovrastante [sovras'tante] agg. PR. situé au-dessus, qui est au-dessus, qui domine, qui surplombe. || FIG. imminent, menaçant.
sovrastare [sovras'tare] v. intr. o tr. dominer (tr.), surplomber (tr.). || FIG. dominer, être supérieur (à), surpasser (v. tr.). | *sovrasta tutti i suoi compagni*, il domine, il surpasse tous ses camarades. || FIG. [incombere] menacer.
sovrastruttura [sovrastrut'tura] f. PR. e FIG. superstructure.
sovratensione [sovraten'sjone] f. ELETTR. surtension, survoltage m. || FIS. surtension.
sovreccitabile [sovrettʃi'tabile] agg. surexcitable.
sovreccitare [sovrettʃi'tare] v. tr. surexciter.
sovreccitato [sovrettʃi'tato] agg. surexcité.
sovreccitazione [sovrettʃitat'tsjone] f. surexcitation.
sovresporre [sovres'porre] V. SOVRAESPORRE.
sovrimporre [sovrim'porre] v. tr. surimposer.
sovrimposizione [sovrimpozit'tsjone] f. surimposition.
sovrimposta [sovrim'pɔsta] f. surimposition. || PARTICOL. centimes additionnels.
sovrimpressione [sovrimpres'sjone] f. FOT. surimpression.
sovrintendere [sovrin'tɛndere] e deriv. V. SOPRINTENDERE e deriv.
sovrumano [sovru'mano] agg. surhumain.
sovvenire [sovve'nire] v. tr. (lett.) secourir (L.C.), venir au secours (de) [L.C.], venir à l'aide (de) [L.C.]. || ◆ v. intr. (lett.) pourvoir (à) [L.C.], subvenir (à) [L.C.], accorder son aide (à) [L.C.]. || [tornare alla memoria] revenir à l'esprit (L.C.).

sovvenzionare [sovventsjo'nare] v. tr. subventionner.
sovvenzione [sovven'tsjone] f. subvention.
sovversione [sovver'sjone] f. (raro) subversion (L.C.).
sovversivismo [sovversi'vizmo] m. idées, tendances subversives ; esprit subversif.
sovversivo [sovver'sivo] agg. e n. subversif, ive.
sovvertimento [sovverti'mento] m. subversion f. ‖ [rovesciamento] renversement, bouleversement. | *sovvertimento delle istituzioni, dei valori,* renversement des institutions, des valeurs.
sovvertire [sovver'tire] v. tr. renverser, bouleverser, subvertir (antiq.). | *sovvertire l'ordine pubblico,* troubler l'ordre public.
sovvertitore [sovverti'tore] (**-trice** f.) m. e agg. destructeur, trice ; [solo senza compl.] subversif. | *idee sovvertitrici,* idées subversives. | *sovvertitore dell' ordine pubblico,* agitateur, factieux.
sozzamente [sottsa'mente] avv. salement. ‖ FIG. de façon répugnante.
sozzo ['sottso] agg. **1.** crasseux, dégoûtant, sordide, sale. | *è sozzo di fango,* il est couvert de boue, plein de boue. ‖ FIG. *mani sozze di sangue,* mains souillées de sang. ‖ **2.** PER EST. e FIG. dégoûtant, répugnant, écœurant, abject, laid. | *libro sozzo,* livre répugnant, dégoûtant. | *sozzo ricatto,* chantage abject. | *azione sozza,* action laide. | *sozzo individuo,* sale individu.
sozzume [sot'tsume] m. o **sozzura** [sot'tsura] f. crasse, saleté ; [cosa sozza] ordure, saleté. ‖ FIG. saleté, laideur ; [cosa sozza] saleté, ordure (lett.). | *la sozzura del vizio,* la laideur du vice.
spaccalegna [spakka'leɲɲa] m. invar. bûcheron.
spaccamento [spakka'mento] m. (raro) TECN. cassement, fendage ; [lo spaccarsi] éclatement (L.C.), rupture f. (L.C.).
spaccamonti [spakka'monti] m. invar. vantard, fanfaron, hâbleur.
spaccapietre [spakka'pjɛtre] m. invar. cantonnier ; casseur de pierres.
spaccare [spak'kare] v. tr. [con oggetto tagliente] fendre, casser, couper ; [con corpo contundente] casser, briser (lett.). | *spaccare un ceppo con l'ascia,* fendre une bûche à la hache, avec une hache. | *spaccare legna,* casser, couper du bois. | *dovettero spaccare il ghiaccio,* ils durent casser, briser la glace. | *spaccare la testa a qlcu.,* fendre, fracasser le crâne de qn. ‖ FAM. *ti spacco il muso,* je vais te casser la figure, la gueule (pop.). ‖ LOC. FIG. *un sole che spacca le pietre,* un soleil de plomb. | *spaccare il cuore,* fendre le cœur. | *spacca il centesimo in due,* il est très près de ses sous. | *spaccare un capello in quattro,* couper les cheveux en quatre. | *orologio che spacca il minuto,* montre d'une précision absolue. ‖ FAM. *o la va o la spacca,* ça marchera ou ça pétera (pop.). ◆ v. rifl. se fendre, (se) casser, se briser.
spaccasassi [spakka'sassi] m. invar. V. SPACCAPIETRE.
spaccata [spak'kata] f. [danza, ginnastica] grand écart m. ‖ [nell'alpinismo] *fare una scalata a spaccata,* ramoner. ‖ LOC. *dare una spaccata alla legna,* casser un peu de bois.
spaccatamente [spakkata'mente] avv. de façon évidente ; clairement, nettement.
spaccato [spak'kato] agg. **1.** fendu, cassé. | *cranio spaccato,* crâne fendu. | *vetro spaccato,* vitre cassée. ‖ **2.** FIG. [vero e proprio] véritable, vrai, authentique, parfait ; [solo in male] fieffé. | *un Siciliano spaccato,* un véritable, un vrai Sicilien, un Sicilien authentique. | *bugiardo spaccato,* fieffé, parfait menteur. ‖ [molto somigliante] tout craché (fam.). | *è lui spaccato,* c'est lui tout craché. ◆ m. coupe f.
spaccatura [spakka'tura] f. [azione] action de fendre ; TECN. fendage m. ‖ [risultato] fente, crevasse, fissure. ‖ [della pelle] crevasse, gerçure.
spacchettare [spakket'tare] v. tr. déballer, dépaqueter.
spacciare [spat'tʃare] v. tr. **1.** écouler. ‖ PARTICOL. *spacciare moneta falsa,* écouler, mettre en circulation de la fausse monnaie. | *spacciare droga,* vendre de la drogue. ‖ FIG. [diffondere] colporter, répandre, diffuser, propager, faire courir (le bruit, la nouvelle). | *spacciare menzogne,* colporter des mensonges. ‖ **2.** PER EST. *spacciare qlco. per,* vendre qch. pour ; faire passer qch. pour. ‖ **3.** (raro) [sbrigare] expédier (L.C.). ‖ FAM. *spacciare un malato,* condamner un malade (L.C.). ◆ v. rifl. se faire passer (pour). | *si spacciava per straniero,* il se faisait passer pour un étranger.
spacciato [spat'tʃato] agg. perdu, fichu (fam.), foutu (pop.).
spacciatore [spattʃa'tore] (**-trice** f.) m. *spacciatore di biglietti falsi, di merce rubata,* celui qui, personne (f.) qui écoule, qui met en circulation de faux billets, de la marchandise volée. ‖ *spacciatore di droga,* trafiquant de drogue. ‖ *spacciatore di notizie false,* personne qui, celui, celle qui répand de fausses nouvelles.
spaccio ['spattʃo] m. COMM. écoulement, vente f. | *articoli che hanno uno spaccio limitato,* articles difficiles à écouler. ‖ LOC. *spaccio di moneta falsa,* mise (f.) en circulation, écoulement de fausse monnaie. | *spaccio di stupefacenti,* trafic de stupéfiants. | *spaccio di notizie false,* diffusion (f.) de fausses nouvelles. ‖ [negozio] magasin ; [di tabacchi, di bevande] débit. | *lo spaccio del campeggio,* le magasin du camping. ‖ *spaccio di una caserna,* bar d'une caserne.
spacco ['spakko] m. fente f. | *spacco nel piano del tavolo,* fente sur le dessus de la table. | *spacchi di una gonna,* fentes d'une jupe. | *gonna a spacco,* jupe fendue. ‖ [strappo] accroc, déchirure f. | *farsi uno spacco alla gonna,* faire un accroc à sa jupe.
spacconata [spakko'nata] f. vantardise, fanfaronnade.
spaccone [spak'kone] (**-a** f.) n. vantard, fanfaron ; hâbleur, euse.
spada ['spada] f. épée. ‖ LOC. *passare a fil di spada,* passer au fil de l'épée. ‖ FIG. *difendere a spada tratta,* défendre avec acharnement, à la pointe de l'épée (lett.). | *la spada della giustizia,* le glaive de la justice. | *una buona spada,* une fine lame. ‖ GIOCHI (pl.) [carte napoletane] épées. ‖ ZOOL. *pesce spada,* espadon m.
spadaccino [spadat'tʃino] m. spadassin (arc.).
spadaio [spa'dajo] m. armurier.
spadino [spa'dino] m. dague f. ; courte épée. ‖ [degli allievi di accademie militari] épée de cérémonie.
spadona [spa'dona] agg. e f. [varietà di pera] bon-chrétien m.
spadone [spa'done] m. STOR. espadon.
spadroneggiare [spadroned'dʒare] v. intr. faire la loi, commander ; agir, se comporter en maître. | *mia suocera vuole spadroneggiare in casa mia,* ma belle-mère veut faire la loi, tout régenter chez moi. | *spadroneggiavano sulla città,* ils régnaient en maîtres sur la ville.
spaesato [spae'zato] agg. dépaysé.
spaghettata [spaget'tata] f. LOC. *farsi una spaghettata,* se taper (pop.), s'envoyer (pop.), manger une bonne assiette de spaghetti.
spaghetto [spa'getto] m. V. SPAGO (dimin.). ◆ pl. CULIN. spaghetti (it.).
spaginare [spadʒi'nare] v. tr. changer la mise en pages de.
spagliare [spaʎ'ʎare] v. tr. dépailler.
spagliato [spaʎ'ʎato] agg. dépaillé.
spagliatura [spaʎʎa'tura] f. dépaillage m.
spagnoleggiare [spaɲɲoled'dʒare] v. intr. avoir une attitude hautaine, prendre des airs de grand seigneur.
spagnoletta [spaɲɲo'letta] f. [serramento] espagnolette. ‖ [mantiglia] mantille. ‖ [rocchetto] fusette, bobine. ‖ [nocciolina americana] cacahouète.
spagnolismo [spaɲɲo'lizmo] m. LING. hispanisme. ‖ [imitazione del gusto spagnolo] espagnolisme.
spagnolo [spaɲ'ɲolo] agg. e n. espagnol. ‖ MED. *la (febbre) spagnola,* la grippe espagnole. ◆ m. [lingua] espagnol.
1. spago ['spago] m. ficelle f. | *legare con lo spago,* ficeler ; lier, attacher avec de la ficelle. ‖ PARTICOL. [dei calzolai] ligneul, fil. ‖ LOC. *tirare lo spago,* être cordonnier. ‖ FIG. *dare spago a qlcu.,* laisser faire, laisser dire qn.
2. spago ['spago] m. FAM., SCHERZ. frousse f., trouille f. (pop.).
spahi [spa'i] m. [fr.] MIL. spahi.
spaiare [spa'jare] v. tr. dépareiller.

spaiato [spa'jato] agg. dépareillé ; [solo] isolé.
spalancamento [spalanka'mento] m. (raro) ouverture f. (L.C.).
spalancare [spalan'kare] v. tr. ouvrir tout grand. | *spalancare la finestra*, ouvrir tout grand la fenêtre, ouvrir la fenêtre toute grande. || Loc. *spalancare gli occhi*, écarquiller les yeux, ouvrir de grands yeux. | *spalancare le braccia*, ouvrir les bras. | *spalancare gli orecchi*, bien ouvrir ses oreilles (fam.) ; être tout oreilles, tout ouïe (fam., scherz.). ◆ v. rifl. s'ouvrir (tout grand).
spalancato [spalan'kato] agg. grand ouvert. || Particol. *occhi spalancati*, yeux écarquillés. || Loc. FIG. *stare con gli occhi spalancati*, regarder de tous ses yeux. | *stare con gli orecchi spalancati*, écouter de toutes ses oreilles. | *restare a bocca spalancata*, (en) rester bouche bée.
spalare [spa'lare] v. tr. déblayer, pelleter.
spalata [spa'lata] f. déblayage m. (rapide), pelletage m.
spalatore [spala'tore] m. pelleteur.
spalatura [spala'tura] f. déblayage m., pelletage m.
spalla ['spalla] f. **1.** Anat. épaule ; spec. al pl. [schiena] dos m. sing. | *battere sulla spalla di qlcu.*, taper sur l'épaule de qn. | *alzare le spalle, stringersi nelle spalle*, hausser les épaules. | *portare a spalla :* [su una spalla] porter sur l'épaule ; [sulla schiena] porter sur le dos. | *trasporto a spalla (d'uomo)*, transport à dos d'homme. || Scherz. *accarezzare le spalle di qlcu.*, rosser qn. || **2.** Moda épaule. | *ripieno della spalla*, épaulette. | *giacca stretta di spalle*, veste étroite de carrure. || **3.** Fig. [di una montagna] flanc m., versant m. ; [contrafforte montuoso] contrefort m. ; [di argine] talus m. || Archit. [di ponte] butée, culée. || Mil. (spec. pl.) arrières m. pl. | *proteggere le spalle*, protéger ses arrières. || Teatro faire-valoir m., compère m. || **4.** Loc. *lavorare di spalle*, jouer des coudes. || **5.** Loc. PR. e FIG. *aver buone spalle, aver le spalle grosse*, avoir les reins solides. | *aver qlco. sulle spalle*, avoir la charge, la responsabilité de qch. ; avoir qch. sur le dos. | *prendersi qlco. sulle spalle*, prendre qch. sur soi. | *buttare qlco. sulle spalle di qlcu.*, mettre qch. sur le dos de qn. | *campare alle spalle di qlcu.*, vivre aux crochets de qn. | *far da spalla a qlcu., essere la spalla di qlcu.*, épauler qn, donner un coup d'épaule à qn. || [idea di collocazione posteriore] *alle spalle*, derrière, par-derrière. | *abbiamo la chiesa alle nostre spalle*, l'église est derrière nous, nous tournons le dos à l'église, nous avons l'église derrière nous. | *attaccare alle spalle*, attaquer par-derrière, prendre à revers. | *colpire alle spalle*, frapper par-derrière, dans le dos. | *sparlare alle spalle di qlcu.*, dire du mal de qn parderrière, derrière son dos. || [nel tempo] *abbiamo un brutto periodo alle spalle*, nous avons passé de mauvais moments. || [luogo o tempo] *lasciarsi alle spalle*, laisser derrière soi. | *guardarsi alle spalle :* PR. regarder derrière soi ; FIG. protéger ses arrières. | *mettere qlcu. con le spalle al muro*, mettre qn au pied du mur. | *buttarsi qlco. dietro le spalle*, ne plus se soucier de qch. | *aver le spalle coperte*, être couvert, être protégé.
spallarm'! [spal'larm] interiez. Mil. arme sur l'épaule !
spallata [spal'lata] f. [urto] coup (m.) d'épaule. || [alzata di spalla] haussement (m.) d'épaules.
spalleggiamento [spalleddʒa'mento] m appui, soutien, aide f.
spalleggiare [spalled'dʒare] v. tr. épauler, appuyer, aider, soutenir.
spalletta [spal'letta] f. [di ponte] parapet m. || [argine] berge, talus m., remblai m. || [di finestra] montant m.
spalliera [spal'ljɛra] f. dossier m. || Per anal. [sponda del letto dalla parte della testa] tête ; [dalla parte dei piedi] pied m. || Agr. [in frutticoltura] espalier m. | *a spalliera*, en espalier. || Sport *spalliera (svedese)*, espalier m.
spallina [spal'lina] f. [che sostiene un indumento] bretelle. || [imbottitura della spalla] épaulette. || [ornamento militare] épaulette.
spallone [spal'lone] m. Gerg. contrebandier (L.C.).
spalluccia [spal'luttʃa] f. Loc. *far spallucce*, hausser les épaules.
spallucciata [spallut'tʃata] f. haussement (m.) d'épaules.
spalmare [spal'mare] v. tr. enduire ; étendre, étaler sur. | *spalmare di colla un manifesto*, enduire une affiche de colle. | *spalmare brillantina sui capelli*, enduire ses cheveux de brillantine. | *spalmarsi il viso con crema*, s'enduire le visage de crème, se mettre de la crème sur la figure. | *spalmare il burro sul pane, spalmare di burro il pane*, étendre, étaler, tartiner du beurre sur du pain.
spalmata [spal'mata] f. o **spalmatura** [spalma'tura] f. application (d'un enduit).
spalto ['spalto] m. glacis. ◆ pl. [di stadio] gradins.
spampanare [spampa'nare] v. tr. Agr. épamprer.
spanare [spa'nare] v. tr. abîmer, fausser un pas de vis. ◆ v. rifl. *il rubinetto si è spanato*, le pas de vis du robinet est faussé.
spanato [spa'nato] agg. faussé.
spanciare [span'tʃare] v. intr. [di tuffatore] faire un plat (fam.). ◆ v. rifl. Loc. FIG. *spanciarsi dalle risa*, crever de rire.
spanciata [span'tʃata] f. [di tuffatore] plat m. (fam.). || Fam. [scorpacciata] gueuleton m.
spandere ['spandere] v. tr. **1.** [stendere] étendre, étaler ; [gettare, disseminare] répandre. || Agr. *spandere il letame*, épandre le fumier. || **2.** Per est. [liquido] répandre, verser ; [facendo cadere il recipiente] renverser. | *spandere il brodo sulla tovaglia*, répandre, renverser le potage sur la nappe. | *spandere lacrime, sangue*, verser des larmes, le sang. || Fam. *spandere acqua*, faire pipi. || Assol., Fam. *il rubinetto spande*, le robinet fuit (L.C.). || **3.** [diffondere] répandre, diffuser. | *spandere una luce debole*, répandre une faible clarté. || Fig. (lett.) [diffondere, divulgare] répandre, divulguer, faire connaître. || **4.** Loc. *spendere e spandere*, V. SPENDERE. ◆ v. rifl. [versarsi] se répandre. || [allargarsi] s'élargir, s'étendre. || Pr. e FIG. [diffondersi] se répandre. | *la sua fama si spande dappertutto*, sa renommée se répand partout.
spandicera [spandi'tʃera] m. invar. cireuse f.
spandiconcime [spandikon'tʃime] m. invar. Agr. distributeur, épandeur d'engrais.
spandimento [spandi'mento] m. [lo stendere] étalement. || [di concime, letame, catrame, asfalto] épandage. || [il versare] action (f.) de répandre.
spanna ['spanna] f. [misura di lunghezza] empan m. || Fig. (petit) bout, (petit) morceau. | *una spanna di stoffa*, un petit bout de tissu. || Loc. FIG. *alto quattro spanne, alto una spanna*, haut comme trois pommes.
spannare [span'nare] v. tr. (raro) écrémer (L.C.).
spannocchiare [spannok'kjare] v. tr. décortiquer.
spantanare [spanta'nare] v. tr. (raro) débourber. || Fig. tirer d'un mauvais pas.
spappolamento [spappola'mento] m. écrasement, écrabouillement (fam.).
spappolare [spappo'lare] v. tr. écraser ; réduire en bouillie, en marmelade (fam.), en capilotade (fam.) ; écrabouiller (fam.). ◆ v. rifl. s'écraser ; être réduit en bouillie, en capilotade, en marmelade ; être écrabouillé (fam.). || Fig. *il mio cervello si spappola*, mon cerveau se ramollit.
sparare [spa'rare] v. tr. tirer. | *sparare un colpo contro qlcu.*, tirer un coup de feu sur qn. || [azionare un'arma] tirer [intr. o, raro, tr.]. | *sparare il fucile*, tirer au fusil. | *sparare il cannone*, tirer le canon. || Loc. FIG. *sparare le ultime cartucce*, brûler ses dernières cartouches. || Per est. envoyer, lancer, décocher ; flanquer (fam.). | *sparare un pugno sul mento*, envoyer, flanquer un coup de poing au menton. || Fig. raconter, dire. | *spararle grosse*, raconter des énormités. || Loc. *qui sparano prezzi impossibili*, c'est le coup de barre, le coup de fusil ici. ◆ v. intr. tirer ; faire feu. | *non sa sparare*, il ne sait pas tirer. | *sparare a qlcu.*, tirer sur qn. | *ci sparano addosso*, ils nous tirent dessus. | *sparare alle gambe, alla testa*, tirer dans les jambes, à la tête. | *alt o sparo !*, halte ou je tire ! || Loc. FIG. *sparare a zero su qlcu., su qlco.*, se déchaîner contre qn, contre qch. || Sport [calcio] tirer, shooter. | *sparare in rete*, tirer au but. ◆ v. rifl. [alla testa] se tirer une balle dans la tête, se brûler la cervelle. || [con compl. di luogo] *si era sparato in pieno cuore*, il s'était tiré une balle en plein cœur. || [con

compl. ogg.] *si è sparato un colpo di pistola,* il s'est suicidé, il s'est tué d'un coup de pistolet. ‖ LOC. FIG. *c'è da spararsi,* c'est à se cogner la tête contre les murs.

sparata [spa'rata] f. PR. (raro) coups (m. pl.) de feu (L.C.), fusillade (L.C.). ‖ FIG. vantardise, fanfaronnade.

1. sparato [spa'rato] m. plastron.

2. sparato [spa'rato] agg. à toute vitesse (loc. avv.). | *rispondere sparato,* répondre du tac au tac.

sparatore [spara'tore] (**-trice** f.) m. tireur, euse.

sparatoria [spara'torja] f. [scambio di colpi] échange (m.) de coups de feu; [successione] coups (m. pl.) de feu. ‖ [di fucile] fusillade.

sparecchiare [sparek'kjare] v. tr. desservir, débarrasser.

spareggio [spa'reddʒo] m. (raro) déséquilibre (L.C.), inégalité f. (L.C.). ‖ [disavanzo] déficit. ‖ GIOCHI belle f. ‖ SPORT (match de) barrage.

spargere ['spardʒere] v. tr. **1.** répandre sur; parsemer. | *spargere fiori su una tomba,* répandre des fleurs sur une tombe, parsemer une tombe de fleurs. ‖ [di polvere] saupoudrer. | *spargere zucchero sul dolce,* saupoudrer le gâteau de sucre. ‖ [di persone] disséminer, disperser, répartir. | *spargere poliziotti tra i manifestanti,* disséminer des policiers parmi les manifestants. ‖ LOC. (lett.) *spargere i capelli,* dénouer ses cheveux. ‖ **2.** [di liquidi] répandre, verser. | *spargere lacrime, sangue,* répandre, verser des larmes; verser du, le sang. ‖ **3.** [diffondere] répandre, diffuser. | *spargere luce, calore,* répandre de la lumière, de la chaleur. ‖ **4.** FIG. [diffondere, propagare] répandre, propager, divulguer. | *spargere benefici,* répandre des bienfaits. ◆ v. rifl. [di persone] se disperser, s'éparpiller, se disséminer. ‖ [di cose] se répandre, se propager.

spargimento [spardʒi'mento] m. (raro) écoulement (L.C.). ‖ LOC. (L.C.) *spargimento di sangue,* effusion (f.) de sang.

sparire [spa'rire] v. intr. disparaître. | *sparire tra la folla,* disparaître, se perdre dans la foule. | *non è sparito da solo!,* il n'a pas disparu tout seul!, il ne s'est pas envolé!

sparizione [sparit'tsjone] f. disparition.

sparlare [spar'lare] v. intr. médire (de), dire du mal (de), débiner (v. tr.) pop. ‖ ASSOL. [parlare male] être grossier; dire des gros mots, des grossièretés. ‖ [parlare a sproposito] bavarder (à tort et à travers); être (un) bavard.

sparo ['sparo] m. coup de feu, détonation f. ‖ [azione di sparare] décharge f.

sparpagliamento [sparpaʎʎa'mento] m. éparpillement, dispersion f.

sparpagliare [sparpaʎ'ʎare] v. tr. éparpiller, disperser, disséminer. ◆ v. rifl. s'éparpiller, se disperser; [solo di persone] s'égailler.

sparpagliato [sparpaʎ'ʎato] agg. éparpillé, dispersé, disséminé.

sparso ['sparso] agg. éparpillé, dispersé, disséminé. | *giocattoli sparsi dappertutto,* jouets éparpillés, qui traînent partout. ‖ [dei capelli] dénoué. ‖ (lett.) [cosparso] parsemé, semé (de) [L.C.]. | *prato sparso di fiori,* pré parsemé, semé, jonché de fleurs. ‖ [versato] répandu, versé. ‖ MIL. *ordine sparso,* ordre dispersé.

spartachista [sparta'kista] (**-i** pl.) m. e f. STOR. spartakiste.

spartanamente [spartana'mente] avv. austèrement; à la spartiate. | *educato spartanamente,* élevé durement, à la dure.

spartano [spar'tano] (**-a** f.) agg. e n. PR. e FIG. spartiate. | *educazione alla spartana,* éducation à la spartiate.

spartiacque [sparti'akkwe] m. invar. ligne (f.) de partage des eaux.

spartiata [spar'tjata] (**-i** pl.) m. STOR. spartiate.

spartibile [spar'tibile] agg. partageable.

spartineve [sparti'neve] m. invar. chasse-neige.

spartire [spar'tire] v. tr. partager, répartir. ‖ LOC. FIG. *non aver nulla da spartire con qlcu.,* n'avoir rien de commun avec qn. ‖ [separare] séparer, diviser.

spartito [spar'tito] m. MUS. transcription (f.) pour le piano. ‖ [partitura] partition f.

spartitraffico [sparti'traffiko] m. invar. [in muratura] banquette centrale, terre-plein central; [salvagente] refuge. ‖ PER EST. bande (f.) médiane.

spartizione [spartit'tsjone] f. partage m., répartition.

sparto ['sparto] m. BOT. spart, sparte.

sparuto [spa'ruto] agg. [persona] maigre, fluet; [viso] maigre, émacié. | *omino sparuto,* gringalet (fam.). ‖ FIG. (très) petit, restreint, infime; exigu (antiq.). | *eravamo uno sparuto gruppo di volontari,* nous étions un tout petit groupe, un nombre restreint de volontaires.

sparviere [spar'vjɛre] m. ZOOL. épervier. ‖ TECN. [del muratore] taloche f. ‖ [attrezzo da pesca] épervier.

spasimante [spazi'mante] m. SCHERZ. soupirant.

spasimare [spazi'mare] v. intr. souffrir (atrocement), être torturé, tourmenté. | *non sopporto di vederlo spasimare così,* je ne supporte pas de le voir souffrir ainsi. ‖ PER EST. *spasimava per la fame,* la faim le torturait, le tenaillait. ‖ FIG. brûler (de), aspirer (à), languir (après). ‖ [spec. scherz.] *spasimare per qlcu.,* brûler pour qn (antiq.), languir, brûler, mourir d'amour pour qn.

spasimo ['spazimo] m. [dolore] (atroce) souffrance f., torture f., tourment (lett.), martyre (solo sing.), affres f. pl. (lett.). | *morì tra gli spasimi,* il mourut dans d'atroces souffrances. | *la malattia gli procurava forti spasimi,* la maladie lui faisait souffrir le martyre. | *gli spasimi dell'agonia,* les affres de l'agonie. ‖ PER EST. [morale] *gli spasimi dell'assenza,* le(s) tourment(s) de l'absence. ‖ MED. V. SPASMO.

spasmo ['spazmo] m. MED. spasme, convulsion f.

spasmodicamente [spazmodika'mente] avv. spasmodiquement.

spasmodico [spaz'mɔdiko] (**-ci** pl.) agg. MED. spasmodique, convulsif. ‖ [tormentoso] atroce; [moralmente] torturant.

spassare [spas'sare] v. tr. amuser, divertir. ◆ v. rifl. s'amuser, se divertir. ‖ LOC. *spassarsela,* se donner, se payer du bon temps; s'amuser.

spassionatamente [spassjonata'mente] avv. sans passion, avec impartialité, objectivement.

spassionatezza [spassjona'tettsa] f. objectivité, impartialité.

spassionato [spassjo'nato] agg. objectif, impartial.

spasso ['spasso] m. **1.** [divertimento] amusement, divertissement, distraction f. | *prendersi un po' di spasso ogni tanto,* se distraire un peu de temps en temps. | *prendersi spasso di qlcu.,* rire de qn, se moquer de qn; se payer la tête de qn (fam.). | *per spasso,* pour rire, pour s'amuser, par jeu. | *darsi agli spassi,* se payer du bon temps. | *è uno spasso sentirlo parlare,* c'est un vrai plaisir de l'entendre parler. | *questo ragazzo è uno spasso,* ce garçon est irrésistible. ‖ **2.** [passeggiata] promenade f., balade f. (fam.). | *andare a spasso,* (aller) se promener, se balader (fam.), faire une balade (fam.). | *condurre a spasso,* emmener promener. ‖ LOC. FIG. *mandare a spasso,* envoyer promener, envoyer paître (fam.). | *va a spasso!,* va te promener!, va te faire pendre! | *portare a spasso,* faire marcher. ‖ PARTICOL. *essere a spasso,* être en chômage.

spassoso [spas'soso] agg. amusant, drôle, rigolo (fam.), marrant (pop.).

spastico ['spastiko] (**-ci** pl.) agg. spasmodique. | *colite spastica,* colique spasmodique. ‖ LOC. *bambini spastici,* enfants handicapés. ◆ n. handicapé.

spatola ['spatola] f. spatule. ‖ ZOOL. spatule.

spatolato [spato'lato] agg. BOT. spatulé.

spauracchio [spau'rakkjo] m. épouvantail. ‖ FIG. épouvantail, croquemitaine.

spaurire [spau'rire] v. tr. effrayer, faire peur (à). ◆ v. rifl. s'effrayer.

spaurito [spau'rito] agg. effrayé, apeuré.

spavalderia [spavalde'ria] f. aplomb m., crânerie (antiq.); [millanteria] forfanterie, fanfaronnade. ‖ [azione da spavaldo] bravade, fanfaronnade.

spavaldo [spa'valdo] agg. fanfaron; [impudente] effronté, impudent, arrogant. ◆ n. fanfaron, onne; crâneur, euse (fam.).

spaventapasseri [spaventa'passeri] m. invar. PR. e FIG. épouvantail.

spaventare [spaven'tare] v. tr. effrayer; faire

peur (à). ◆ v. rifl. s'effrayer, avoir peur. | *si è spaventato,* il a eu peur.
spaventato [spaven'tato] agg. effrayé, apeuré.
spaventevole [spaven'tevole] agg. V. SPAVENTOSO.
spavento [spa'vento] m. peur f., frayeur f., effroi (lett.). | *mi hai fatto prendere uno di quegli spaventi!,* tu m'as fait une de ces peurs ! | *riaversi dallo spavento,* se remettre de sa frayeur. || LOC. [di persona o cosa] *essere uno spavento,* être laid à faire peur.
spaventosamente [spaventosa'mente] avv. PR. e FIG. terriblement ; FIG. effroyablement.
spaventoso [spaven'toso] agg. effrayant, terrible, effroyable, épouvantable. | *tempo spaventoso,* temps épouvantable.
spaziale [spat'tsjale] agg. spatial. || GEOM. *geometria spaziale,* géométrie dans l'espace.
spazialità [spattsjali'ta] f. spatialité.
spaziamento [spattsja'mento] m. espacement.
spaziare [spat'tsjare] v. intr. [uccelli] planer librement. || PER ANAL. [della vista] embrasser (tr.). || FIG. embrasser (tr.), se mouvoir (à travers). ◆ v. tr. espacer.
spaziatura [spattsja'tura] f. espacement m.
spazieggiare [spattsjed'dʒare] v. tr. espacer.
spazieggiatura [spattsjeddʒa'tura] f. espacement m.
spazientire [spattsjen'tire] v. intr. s'impatienter rifl. ◆ v. rifl. s'impatienter. ◆ v. tr. impatienter.
spazientito [spattsjen'tito] agg. impatienté.
spazio ['spattsjo] m. espace. || [estensione limitata] espace, place f. | *spazio vuoto,* espace vide. | *fare spazio a qlcu.,* faire de la place à qn. | *per mancanza di spazio,* faute de place. || LOC. *spazio pubblico,* domaine public. | *spazio vitale,* espace vital. || [distanza] distance f. || [tra le lettere] espacement ; [tra le parole] blanc. || MUS. interligne. || [tempo] espace, laps (de temps). | *nello spazio di un anno,* en l'espace d'un an.
spaziosamente [spattsjosa'mente] avv. spacieusement (raro).
spaziosità [spattsjosi'ta] f. étendue. | *quello che mi piace in questa casa è la sua spaziosità,* ce que j'aime dans cette maison, c'est qu'elle est spacieuse.
spazioso [spat'tsjoso] agg. spacieux, vaste, grand. || *fronte spaziosa,* front haut.
spazio-tempo ['spattsio'tɛmpo] m. espace-temps.
spazio-temporale [spattsjotempo'rale] agg. spatio-temporel.
spazzacamino [spattsaka'mino] m. ramoneur.
spazzaforno [spattsa'forno] m. écouvillon.
spazzamine [spattsa'mine] m. invar. dragueur de mines.
spazzaneve [spattsa'neve] m. invar. chasse-neige.
spazzare [spat'tsare] v. tr. [luogo] balayer. | *spazzare la scala,* balayer l'escalier. || PARTICOL. *spazzare il camino,* ramoner (la cheminée). || PER ANAL. *le mitragliatrici spazzavano la pianura,* les mitrailleuses balayaient la plaine. || FIG. débarrasser, nettoyer. | *spazzare la città dagli elementi sovversivi,* débarrasser la ville des éléments subversifs. || [materiale asportato] balayer. | *spazzare la neve,* balayer la neige. || PER ANAL. balayer, chasser. | *il vento spazza via le nuvole,* le vent balaie, chasse les nuages. || FIG. balayer, éliminer, chasser. | *spazzare via i pregiudizi, gli ostacoli,* balayer les préjugés, les obstacles. | *spazzare la malattia dalla città,* éliminer, chasser la maladie de la ville, débarrasser la ville de la maladie.
spazzata [spat'tsata] f. coup (m.) de balai.
spazzatore [spattsa'tore] m. balayeur.
spazzatrice [spattsa'tritʃe] f. [persona ; macchina] balayeuse.
spazzatura [spattsa'tura] f. **1.** ordures pl. | *cassetta della, per la spazzatura,* poubelle ; boîte à ordures. || [ciò che si raccoglie con la scopa] balayures pl. || FIG. ordure. || **2.** [lo spazzare] balayage m. || PARTICOL. *spazzatura del camino,* ramonage (m.) [de la cheminée].
spazzino [spat'tsino] m. balayeur. || [chi ritira le immondizie] éboueur ; boueux (fam.), boueur (raro).
spazzola ['spattsola] f. brosse. | *spazzola per le scarpe, per i capelli,* brosse à chaussures, à cheveux. | *capelli a spazzola,* cheveux en brosse. || ELETTR. balai m.
spazzolare [spattso'lare] v. tr. brosser. | *spazzolarsi i capelli,* se brosser les cheveux. | *spazzolarsi i pantaloni,* brosser son pantalon.
spazzolata [spattso'lata] f. coup (m.) de brosse.
spazzolificio [spattsoli'fitʃo] m. brosserie f.
spazzolino [spattso'lino] m. brosse f. | *spazzolino da denti,* brosse à dents.
spazzolone [spattso'lone] m. balai-brosse.
speaker ['spi:kə] m. [ingl.] speaker, annonceur, présentateur.
specchiarsi [spek'kjarsi] v. rifl. se regarder (dans un miroir, dans une glace) ; se mirer (antiq. o lett.). || [riferito a cose] se refléter, se mirer (lett.). || FIG. prendre (v. tr.) pour modèle. ◆ v. tr. ARC. refléter (L.C.).
specchiato [spek'kjato] agg. exemplaire.
specchiera [spek'kjɛra] f. [specchio] glace. || [mobile] coiffeuse.
specchietto [spek'kjetto] m. miroir, glace f. | *specchietto (retrovisore),* rétroviseur. || PR. e FIG. *specchietto per le allodole,* miroir aux alouettes. || [prospetto riassuntivo] tableau.
specchio ['spɛkkjo] m. **1.** glace f., miroir. | *guardarsi allo specchio,* se regarder dans une glace, dans un miroir. | *specchio retrovisivo, retroscopico,* rétroviseur. || LOC. FIG. *un pavimento che è uno specchio,* un plancher d'une propreté éblouissante, reluisante. | *gli occhi sono lo specchio dell'anima,* les yeux sont le miroir de l'âme. | *uno specchio di virtù,* un modèle de vertu. || **2.** *specchio d'acqua,* nappe (f.) d'eau ; [di forma geometrica] miroir d'eau. | *specchio freatico,* nappe phréatique. || **3.** [prospetto] tableau.
speciale [spe'tʃale] agg. spécial. | *con uno speciale prodotto,* avec un produit spécial. | *inviato speciale,* envoyé spécial. | *una cosa un po' speciale,* une chose un peu spéciale, un peu particulière. || LOC. *in modo speciale, in special modo,* en particulier, spécialement.
specialista [spetʃa'lista] (**-i** pl.) m. e f. spécialiste.
specialistico [spetʃa'listiko] (**-ci** pl.) agg. de spécialiste. | *gli occorre un'assistenza specialistica,* il a besoin des soins d'un spécialiste.
specialità [spetʃali'ta] f. spécialité.
specializzare [spetʃalid'dzare] v. tr. spécialiser. ◆ v. rifl. se spécialiser.
specializzato [spetʃalid'dzato] agg. spécialisé. || LOC. *operaio specializzato,* ouvrier qualifié, professionnel.
specializzazione [spetʃaliddzat'tsjone] f. spécialisation.
specialmente [spetʃal'mente] avv. spécialement, en particulier, surtout.
specie ['spɛtʃe] f. invar. espèce. | *specie animali,* espèces animales. || PER EST. espèce, sorte, genre m. | *che specie di libro vuoi?,* quel genre de livre veux-tu ? | *oggetti della stessa specie, di ogni specie,* des objets du même genre, de toute(s) sorte(s). | *gente di ogni specie,* toutes sortes de gens ; des gens de toutes sortes, de toute espèce. || LOC. *una specie di,* une espèce de, une sorte de. | *non è proprio questo, ma è una specie,* ce n'est pas exactement cela, mais c'est quelque chose de ce genre, mais ça (fam.) y ressemble. || (raro) [apparenza] espèce (arc. o relig.), apparence (L.C.), forme (L.C.). | *sotto specie di,* sous forme de (L.C.), sous les espèces de. || RELIG. *specie eucaristiche,* saintes espèces. || LOC. *mi fa specie,* je suis surpris, je suis étonné, cela me surprend, cela m'étonne. ◆ avv. en particulier, surtout. ◆ loc. avv. (lett.) ***in specie,*** en particulier (L.C.), particulièrement (L.C.).
specifica [spe'tʃifika] f. description détaillée, détail m.
specificamente [spetʃifika'mente] avv. particulièrement, spécifiquement.
specificare [spetʃifi'kare] v. tr. spécifier, préciser. || [pronunziare con chiarezza] (raro) articuler.
specificatamente [spetʃifikata'mente] avv. en détail, d'une façon détaillée.
specificato [spetʃifi'kato] agg. précis.
specificazione [spetʃifikat'tsjone] f. spécification. || GRAMM. *complemento di specificazione,* complément déterminatif.
specificità [spetʃifitʃi'ta] f. spécificité.
specifico [spe'tʃifiko] (**-ci** pl.) agg. LOG., TECN. spécifique. | *peso specifico,* poids spécifique. | *rimedio*

specifico, remède spécifique. ‖ [particolare] particulier, spécial. | *competenza specifica*, compétence particulière. | *ci vuole una formazione specifica*, il faut une formation spéciale. ‖ [determinato] précis, déterminé. | *accuse specifiche*, accusations précises. | *fare qlco. con uno scopo specifico*, faire qch. dans un but précis, déterminé. ◆ m. remède spécifique. ‖ PER EST. médicament.

specillare [spetʃil'lare] v. tr. MED. sonder.

specillo [spe'tʃillo] m. MED. sonde f.

specimen ['spɛtʃimen] m. spécimen.

speciosamente [spetʃosa'mente] avv. spécieusement.

speciosità [spetʃosi'ta] f. (lett.) spéciosité (L.C.).

specioso [spe'tʃoso] agg. (lett.) spécieux (L.C.).

specola ['spɛkola] f. observatoire m.

1. speculare [speku'lare] agg. spéculaire. ‖ [di, da specchio] de miroir. | *superficie speculare*, surface d'un miroir. | *immagine speculare*, image reflétée.

2. speculare [speku'lare] v. intr. FILOS. spéculer, méditer. ‖ ECON., FIN. e FIG. spéculer. | *speculare sulla stoltezza di qlcu.*, spéculer sur la sottise de qn. ◆ v. tr. (raro) spéculer (sur), méditer (sur).

speculativo [spekula'tivo] agg. FILOS. spéculatif.

speculatore [spekula'tore] (**-trice** f.) m. spéculateur, trice.

speculatorio [spekula'tɔrjo] agg. de spéculation.

speculazione [spekulat'tsjone] f. LETT., COMM. spéculation. ‖ PEGGIOR. exploitation.

spedalità [spedali'ta] f. hospitalisation.

spedire [spe'dire] v. tr. PR. envoyer, expédier. ‖ [persone] envoyer. ‖ FAM. *l'ho spedito dal dottore*, je l'ai expédié chez le docteur. ‖ LOC. SCHERZ. *spedire qlcu. all'altro mondo*, expédier, envoyer qn dans l'autre monde.

speditamente [spedita'mente] avv. [con prontezza] rapidement, promptement; [con facilità] avec aisance. | *camminava speditamente*, il marchait rapidement. | *parlare speditamente*, parler avec aisance. | *parla l'inglese speditamente*, il parle couramment l'anglais.

speditezza [spedi'tettsa] f. rapidité; [nell'esecuzione] célérité (lett.), promptitude; [nei gesti] agilité, prestesse. ‖ [facilità] aisance, facilité.

spedito [spe'dito] agg. [nell'esecuzione] rapide, prompt; [nei gesti] agile, leste. | *essere spedito nel fare un lavoro*, faire un travail rapidement. | *passo spedito*, pas rapide, leste. ‖ [facile] aisé, clair, net. ‖ FAM. [spacciato] condamné (L.C.), perdu (L.C.), fichu. ◆ avv. V. SPEDITAMENTE.

speditore [spedi'tore] (**-trice** f.) m. expéditeur, trice.

spedizione [spedit'tsjone] f. expédition, envoi m. ‖ [trasporto] expédition, transport m. | *casa di spedizione*, entreprise de transports, de messageries. ‖ TECN., MIL. expédition.

spedizioniere [spedittsjo'njɛre] m. commissionnaire de transport.

spegnare [speɲ'ɲare] v. tr. dégager.

spegnere ['spɛɲɲere] v. tr. PR. éteindre. ‖ PER EST. *spegnere la radio, la luce*, éteindre, fermer la radio, la lumière. | *spegnere il motore*, arrêter le moteur. ‖ FIG. [calmare] calmer, apaiser, éteindre. | *spegnere la sete*, calmer, étancher la soif. ‖ [distruggere] effacer, détruire; [attenuare] affaiblir, diminuer. | *il tempo spegne i ricordi*, le temps efface les souvenirs. | *spegnere l'intelligenza*, affaiblir l'intelligence. | *spegnere l'entusiasmo*, refroidir l'enthousiasme. ‖ [estinguere] éteindre. | *spegnere un debito*, éteindre une dette. ◆ v. rifl. PR. s'éteindre. ‖ [motore] s'arrêter. ‖ FIG. s'éteindre, s'affaiblir; diminuer (v. intr.). ‖ [morire] s'éteindre.

spegnimento [speɲɲi'mento] m. o **spegnitura** [speɲɲi'tura] f. extinction.

spelacchiare [spelak'kjare] v. tr. abîmer le poil (de), arracher des touffes de poils (à). ◆ v. rifl. perdre son poil, des poils; se déplumer (fam.).

spelacchiato [spelak'kjato] agg. pelé. ‖ [di cappotto, tappeto] pelé, élimé. ‖ [di persona] pelé; déplumé (fam.).

spelare [spe'lare] v. tr. arracher les poils (de). ‖ TECN. peler. ◆ v. rifl. perdre son poil, ses poils. ‖ PER EST. [perdere i capelli] perdre ses cheveux, se déplumer (fam.).

speleologia [speleolo'dʒia] f. spéléologie.

speleologico [speleo'lɔdʒiko] (**-ci** pl.) agg. spéléologique.

speleologo [spele'ɔlogo] (**-a** f.; **-gi** pl.; pop. **-ghi** pl.) n. spéléologue.

spellare [spel'lare] v. tr. écorcher, dépouiller; dépiauter (fam.). ‖ PER EST. [produrre un'escoriazione] écorcher. ‖ FIG. SCHERZ. écorcher, estamper, plumer. ◆ v. rifl. [di rettile] muer (v. intr.), perdre sa peau, changer de peau. ‖ [di persone] peler (v. intr.). ‖ [prodursi un'escoriazione] s'écorcher.

spellatura [spella'tura] f. écorchement m. ‖ PER EST. [escoriazione] écorchure.

spelonca [spe'lonka] f. caverne, grotte. ‖ FIG. taudis m.

spelta ['spɛlta] f. BOT. épeautre m.

spendaccione [spendat'tʃone] (**-a** f.) m. panier percé; dépensier, ère.

spendere ['spɛndere] v. tr. PR. dépenser. | *spende poco*, il dépense peu. ‖ [con la causa] *quanto spendi d'affitto?*, combien paies-tu de loyer? | *ho speso cinquemila lire per questo libro*, j'ai payé ce livre cinq mille lires. ‖ LOC. *quanto spendo?*, ça fait combien? | *spendere un capitale*, dépenser une fortune, un argent fou. | *spendere e spandere*, jeter l'argent par les fenêtres, gaspiller son argent, dépenser sans compter. ‖ FIG. dépenser, prodiguer. | *spendere le proprie energie, le proprie forze*, dépenser, prodiguer son énergie, ses forces. | *spendere molto tempo per qlco.*, dépenser beaucoup de temps pour qch. | *spendere la gioventù sui libri*, passer sa jeunesse sur les livres. ‖ [impiegare] employer. | *spendere bene, male il proprio tempo*, bien employer, mal employer son temps. ‖ [sprecare] gaspiller, perdre. | *non spendere i tuoi sforzi con un simile individuo*, ne gaspille pas tes efforts avec un individu de ce genre. | *sta spendendo tempo per niente*, il perd son temps. ‖ LOC. FIG. *spendere una parola per qlcu.*, dire un mot en faveur de qn.

spendereccio [spende'rettʃo] agg. dépensier, ère.

spendibile [spen'dibile] agg. qu'on peut dépenser. ‖ [di moneta] qui a cours.

spennacchiare [spennak'kjare] v. tr. PR. (raro) déplumer (partiellement). ‖ FIG. FAM. plumer. ◆ v. rifl. se déplumer.

spennacchiato [spennak'kjato] agg. déplumé. ‖ FAM. [senza capelli] déplumé.

spennare [spen'nare] v. tr. PR. e FIG. plumer. ◆ v. rifl. se déplumer.

spennata [spen'nata] f. plumée (raro). | *dare una spennata ad una gallina*, plumer une poule.

spennellare [spennel'lare] v. tr. badigeonner. ‖ [applicare colore] peindre.

spennellata [spennel'lata] f. coup (m.) de pinceau.

spensierataggine [spensjera'taddʒine] f. étourderie, légèreté, insouciance.

spensieratamente [spensjerata'mente] avv. de façon insouciante; sans s'en faire (fam.).

spensieratezza [spensjera'tettsa] f. insouciance.

spensierato [spensje'rato] agg. insouciant, léger; insoucieux (lett.), sans-souci invar. | *essere spensierato*, être insouciant, ne pas s'en faire.

spento ['spento] agg. PR. e FIG. éteint. ‖ [di motore] arrêté.

sperabile [spe'rabile] agg. souhaitable.

speranza [spe'rantsa] f. espoir m. | *avere, nutrire una speranza*, avoir, nourrir, caresser un espoir. | *infondere speranza*, donner de l'espoir, donner confiance. | *il successo è andato oltre ogni (nostra) speranza*, le succès a dépassé nos plus belles espérances, notre espoir, notre attente. | *contro ogni speranza*, contre toute espérance, tout espoir, toute attente. | *un filo di speranza*, une lueur d'espoir. | *non c'è più speranza*, il n'y a plus d'espoir, c'est sans espoir. | *giovane di belle speranze*, jeune homme qui donne de grandes espérances. ‖ [con complemento] espoir m.; [possibilità] chance. | *aver speranza che*, espérer que. | *ha speranza di vincere*, il espère gagner. | *ho la ferma speranza di riuscire*, j'espère fermement réussir, j'ai le ferme espoir de réussir. | *con la speranza di vederti*, dans l'espoir de te voir. | *ho una mezza speranza di farcela*, j'ai encore un espoir, une chance d'y arriver. | *non ho speranza di finire oggi*, je n'ai aucune chance de, je n'espère pas terminer aujourd'hui. ‖ [concreto] espoir m., espérance (lett.). | *sei la mia unica speranza,* tu es mon seul espoir. | *una speranza del calcio italiano,* un espoir du football italien. ‖ MAR. e FIG. *ancora di speranza,* ancre de salut, de miséricorde (antiq.). ‖ RELIG. espérance.

speranzoso [speran'tsoso] agg. plein d'espoir, confiant.

sperare [spe'rare] v. tr. espérer. | *sperava di parlarti,* il espérait te parler. | *speri ancora che lo faccia?,* tu espères encore qu'il le fera? | *speravo che lo facesse,* j'espérais qu'il le ferait. | *non sperare che lo faccia,* n'espère pas qu'il le fasse. ‖ LOC. *spero di sì,* j'espère que oui, je l'espère. | *spero di no,* j'espère que non. | *spero bene!,* je l'espère!, j'espère bien! | *speriamo bene,* espérons que tout ira bien. | *speriamo!,* espérons-le! | *ci spero poco,* je n'ai pas grand espoir, j'y compte peu. ◆ v. intr. espérer (intr. e tr.). | *sperare in Dio, nel futuro,* espérer en Dieu, en l'avenir. | *sperare nel successo,* espérer le succès.

sperdere ['spɛrdere] v. tr. (lett.) disperser (L.C.). ◆ v. rifl. se perdre, s'égarer.

sperduto [sper'duto] agg. [persona] perdu, dépaysé. ‖ [luogo] perdu, isolé.

sperequazione [sperekwat'tsjone] f. inégalité, disparité; répartition inégale. ‖ [squilibrio] disproportion.

spergiurare [sperdʒu'rare] v. tr. jurer faussement. ‖ FAM. [intensivo di giurare] juger ses grands dieux. ‖ LOC. FAM. *giurare e spergiurare,* jurer ses grands dieux. ◆ v. intr. se parjurer (v. rifl.), faire un parjure.

spergiuratore [sperdʒura'tore] (**-trice** f.) m. parjure m. e f.

spergiuro [sper'dʒuro] agg. e n. parjure. ◆ m. parjure, faux serment.

spericolato [speriko'lato] agg. téméraire, imprudent. ◆ n. téméraire, casse-cou (fam.), risque-tout (fam.).

sperimentabile [sperimen'tabile] agg. qu'on peut expérimenter, expérimentable.

sperimentale [sperimen'tale] agg. expérimental.

sperimentalismo [sperimenta'lizmo] m. méthode expérimentale.

sperimentalmente [sperimental'mente] avv. expérimentalement.

sperimentare [sperimen'tare] v. tr. expérimenter. | *sperimentare un nuovo rimedio,* expérimenter un nouveau remède. ‖ [una persona, un sentimento] éprouver, mettre à l'épreuve. | *sperimentare l'amicizia di qlcu.,* éprouver, mettre à l'épreuve l'amitié de qn. ‖ [provare su di sé] faire l'expérience (de), expérimenter.

sperimentato [sperimen'tato] agg. expérimenté.

sperimentatore [sperimenta'tore] (**-trice** f.) m. expérimentateur, trice.

sperimentazione [sperimentat'tsjone] f. expérimentation.

sperma ['spɛrma] (**-i** pl.) m. sperme.

spermaceti [sperma'tʃɛti] m. spermaceti; blanc de baleine (L.C.).

spermatico [sper'matiko] (**-ci** pl.) agg. spermatique.

spermatofite [sperma'tɔfite] f. pl. BOT. spermatophytes.

spermatogenesi [spermato'dʒɛnezi] f. BIOL. spermatogenèse.

spermatozoo [spermatod'dzɔo] m. BIOL. spermatozoïde.

speronare [spero'nare] v. tr. MAR. éperonner.

sperone [spe'rone] m. [del cavaliere, di montagna o di costruzione] éperon. (V. SPRONE.) ‖ BOT., MAR., ZOOL. éperon. ‖ BOT. *sperone del cavaliere,* V. SPERONELLA.

speronella [spero'nɛlla] f. BOT. pied (m.) d'alouette; dauphinelle.

sperperamento [sperpera'mento] m. dissipation f., gaspillage.

sperperare [sperpe'rare] v. tr. dissiper, gaspiller, dilapider; claquer (pop.). ‖ PER EST. e FIG. gaspiller. | *sperperare le proprie forze, il proprio tempo,* gaspiller ses forces, son temps.

sperperatore [sperpera'tore] (**-trice** f.) m. dissipateur, trice; gaspilleur, euse; prodigue (agg.).

sperpero ['spɛrpero] m. gaspillage, dilapidation f. | *far sperpero di denaro,* gaspiller son argent. | *sperpero di forze,* gaspillage de forces.

sperso ['spɛrso] agg. perdu. ‖ [disorientato] dépaysé, perdu.

spersonalizzare [spersonalid'dzare] v. tr. dépersonnaliser. ◆ v. rifl. se dépersonnaliser.

spersonalizzazione [spersonaliddzat'tsjone] f. PSICH. dépersonnalisation.

sperticarsi [sperti'karsi] v. rifl. prodiguer (v. tr.), se confondre. | *sperticarsi in complimenti,* prodiguer des compliments, louer (v. tr.) outrageusement.

sperticatamente [spertikata'mente] avv. de façon exagérée, d'une manière outrée, outrageusement, avec excès.

sperticato [sperti'kato] agg. PR. démesuré. ‖ FIG. exagéré, démesuré, outré, excessif.

spesa ['spesa] f. **1.** dépense; frais m. pl. | *una spesa di diecimila lire,* une dépense de dix mille lires. | *con una spesa di centomila lire, con una spesa minima,* pour cent mille lires, pour une somme minime. | *sarebbe una spesa eccessiva,* cela coûterait trop cher. | *comprare con molta spesa,* acheter à grands frais, acheter cher. | *comprare con poca spesa,* acheter à peu de frais, à bon marché. | *dividere la spesa,* partager les frais. | *far fronte ad una spesa,* faire face à une dépense. | *essere di poca spesa,* dépenser peu. | *spese minute,* menues dépenses, menus frais. | *denaro per le minute spese,* argent de poche. | *spese pubbliche,* dépenses publiques. | *spese di rappresentanza,* frais de représentation. | *spesa d'impianto, di manutenzione,* frais d'installation, d'entretien. ‖ LOC. *stare sulle spese,* être à ses frais. ‖ **2.** LOC. PR. e FIG. *non badare a spese:* PR. ne pas regarder à la dépense; FIG. employer tous les moyens. | *fare le spese di,* faire les frais de. ‖ *a spese di:* PR. aux frais de, à la charge de, aux dépens de; FIG. aux dépens de. | *a spese dello stato,* aux frais de l'État. | *vive a spese del fratello,* il vit aux dépens de son frère, il est à la charge de son frère; [peggior.] il vit aux crochets de son frère. | *lo ho imparato a spese mie,* je l'ai appris à mes dépens. ‖ **3.** [acquisto] achat m., dépense. | *una buona, una cattiva spesa,* un bon, un mauvais achat. | *fare la spesa di una poltrona,* faire l'achat, la dépense d'un fauteuil. | *fare delle spese,* faire des achats. | *vado in centro a fare spese,* je vais en ville faire des courses. ‖ [acquisto giornaliero] courses pl., commissions pl., marché m.; [merce comperata] provisions pl., commissions pl. | *fare la spesa,* faire les courses, faire son marché. | *borsa della spesa,* sac à provisions. ‖ **4.** GIUR. *condannato alle spese,* condamné aux dépens, aux frais.

spesare [spe'sare] v. tr. payer les frais (de, à), défrayer, décharger des frais. | *spesare qlcu. di tutto,* payer tous les frais de qn, décharger qn de tous les frais. ‖ [in contabilità] enregistrer.

spesato [spe'sato] agg. remboursé (des frais).

spessamente [spessa'mente] avv. V. SPESSO 2.

spessezza [spes'settsa] f. épaisseur. ‖ [frequenza] fréquence.

1. spesso ['spesso] agg. épais, gros. | *muro spesso,* mur épais. | *tela spessa,* grosse toile. | *tavola spessa due centimetri,* planche de deux centimètres d'épaisseur, planche épaisse de deux centimètres. ‖ [fitto, denso] épais, dense. | *poltiglia spessa,* bouillie épaisse. | *nebbia spessa,* brouillard épais, dense. | *foresta spessa,* forêt épaisse. ‖ LOC. *spesse volte,* souvent.

2. spesso ['spesso] avv. souvent. | *spesso e volentieri,* bien souvent.

spessore [spes'sore] m. épaisseur f. | *muro dallo spessore di cinquanta centimetri,* mur de cinquante centimètres d'épaisseur.

spettabile [spet'tabile] agg. COMM. *spettabile Signore,* Monsieur. | *alla spettabile Direzione,* à la Direction. | *spettabile Ditta X:* [nell'indirizzo] Société X; [all'inizio di una lettera] Messieurs.

spettacolare [spettako'lare] agg. spectaculaire.

spettacolo [spet'takolo] m. spectacle. | *spettacolo di varietà,* spectacle de variétés. | *spettacolo teatrale,* représentation (théâtrale). | *la domenica ci sono due spettacoli,* le dimanche il y a deux représentations. | *spettacolo cinematografico,* séance (f.) de cinéma. | *andare al cinema per lo spettacolo delle otto,* aller au cinéma à la séance de vingt heures. ‖ Loc. *dare spettacolo di sè*, se donner en spectacle; se faire remarquer, s'exhiber. ‖ Per anal. [visita] spectacle. | *spettacolo terrificante*, spectacle terrifiant. | *è uno spettacolo!*, cela vaut la peine d'être vu!

spettacoloso [spettako'loso] agg. spectaculaire. ‖ Per est. formidable, extraordinaire.

spettanza [spet'tantsa] f. compétence. ‖ [quanto è dovuto] dû m.; [per le prestazioni di un professionista] honoraires m. pl.

spettare [spet'tare] v. intr. [toccare] être, appartenir. | *non spetta a te giudicarmi*, ce n'est pas à toi de me juger. | *spetta a voi decidere*, (c'est) à vous de décider, il vous appartient de décider. ‖ [essere della competenza di] appartenir (à), être du ressort (de), être de la compétence (de). | *la decisione finale spetta alla assemblea*, la décision finale appartient à l'assemblée, est du ressort de l'assemblée. ‖ [appartenere per diritto] revenir, être dû. | *la somma che mi spetta*, la somme qui me revient, qui m'est due, à laquelle j'ai droit.

spettatore [spetta'tore] (**-trice** f.) m. spectateur, trice.

spettegolare [spettego'lare] v. intr. potiner, cancaner, faire des commérages.

spettinare [spetti'nare] v. tr. dépeigner, décoiffer. ◆ v. rifl. se dépeigner, se décoiffer.

spettinato [spetti'nato] agg. dépeigné, décoiffé.

spettrale [spet'trale] agg. spectral. ‖ Fis. spectral.

spettro ['spettro] m. spectre. ‖ Fig. *lo spettro della guerra civile*, le spectre de la guerre civile. ‖ Fis. spectre. | *spettro magnetico*, spectre magnétique.

spettrografo [spet'trɔgrafo] m. Fis. spectrographe.

spettroscopia [spettrosko'pia] f. Fis. spectroscopie.

spettroscopico [spettros'kɔpiko] (**-ci** pl.) agg. Fis. spectroscopique.

spettroscopio [spettros'kɔpjo] m. Fis. spectroscope.

speziale [spet'tsjale] m. Arc., region. o Pop. épicier (arc.), pharmacien (l.c.).

spezie ['spettsje] f. pl. épices.

spezzare [spet'tsare] v. tr. **1.** casser (l.c.), briser. | *spezzare un ramo*, casser une branche. | *spezzare il pane*, rompre le pain. | *spezzarsi il collo*, se rompre le cou. | *spezzarsi una gamba, un braccio*, se casser une jambe, un bras. ‖ Loc. *se non la smetti, ti spezzo le ossa*, si tu ne cesses pas, je te démolis. ‖ Pr. e fig. *spezzare le catene*, briser, rompre les chaînes. ‖ Fig. *spezzare il cuore*, briser le cœur. | *spezzare una lancia in favore di qlcu.*, soutenir qn. ‖ **2.** [interrompere] interrompre, couper. | *spezzare un viaggio in tante tappe*, interrompre un voyage par plusieurs étapes. | *uscire a quest'ora mi spezza il pomeriggio*, sortir à cette heure-ci, cela coupe mon après-midi. | *spezzare un periodo*, couper une phrase.

spezzatino [spettsa'tino] m. Culin. ragoût.

spezzato [spet'tsato] agg. cassé. | *braccio spezzato*, bras cassé. ‖ Loc. *sentirsi tutte le ossa spezzate*, être brisé. ‖ Fig. *cuore spezzato*, cœur brisé. | *orario di lavoro spezzato*, horaire de travail non continu. | *un periodare spezzato*, des phrases hachées. ‖ Geom. *linea spezzata*, ligne brisée. ◆ m. [abito] costume sport. ‖ Culin. V. spezzatino. ‖ Teatro ferme f.

spezzatura [spettsa'tura] f. **1.** [lo spezzare] rupture, bris m. (raro), action de casser; [parte rotta, rottura] cassure, brisure. ‖ **2.** [volume scompagnato] volume, tome dépareillé.

spezzettamento [spettsetta'mento] m. fragmentation f., division f., morcellement; [il tagliare in pezzi legno o altro materiale] débitage; [sbriciolamento] émiettement.

spezzettare [spettset'tare] v. tr. fragmenter, morceler, diviser; [tagliare in pezzi, specialmente il legno] débiter; [ridurre in briciole] émietter. | *spezzettare un blocco di pietra*, fragmenter un bloc de pierre. | *spezzettare una proprietà*, morceler une propriété. ‖ Fig. *spezzettare il discorso*, parler d'une façon fragmentée, faire des phrases sans suite.

spezzettato [spettset'tato] agg. fragmenté, morcelé.

spezzettatura [spettsetta'tura] f. V. spezzettamento.

spezzone [spet'tsone] m. Mil. grenade f. ‖ Cin. morceau de pellicule.

spia ['spia] f. **1.** [di potenza straniera o di industria] espion m., espionne. ‖ [pagata dalla polizia] indicateur, trice; espion; mouchard m. (fam.), mouton m. (pop.), indic m. (pop.). | *fare la spia*: [osservare] espionner; [riferire] dénoncer, cafarder (fam.), moucharder (fam.). ‖ [chi riferisce ai superiori, specialmente a scuola] rapporteur, euse; mouchard m., cafard m., cafteur m. (pop.). | *far la spia*, cafarder (fam.), moucharder (fam.), rapporter (fam.), cafter (pop.). ‖ **2.** Fig. indice m. | *il modo di parlare è una spia della personalità*, la façon de parler est un indice de la personnalité. ‖ **3.** Tecn. voyant m. | *spia dell'olio, della benzina*, voyant d'huile, d'essence. ‖ [dispositivo acustico] signal (m.) sonore. ‖ **4.** [apertura] judas m.; [con una lente] œil m., espion m.

spiaccicare [spjattʃik'kare] v. tr. Region. (tosc.) écraser; écrabouiller (fam.). ◆ v. rifl. s'écraser.

spiaccichio [spjattʃi'kio] m. Region. (tosc.) écrasement; écrabouillage (fam.). ‖ [cose spiaccicate] bouillie f., marmelade f.

spiacente [spja'tʃɛnte] agg. désolé, fâché. | *sono molto spiacente dell'accaduto*, je suis désolé de, je regrette beaucoup ce qui est arrivé. | *sono spiacente ma devo andarmene*, je regrette, mais je dois m'en aller.

spiacere [spja'tʃere] v. intr. **1.** [causare rammarico, contrarietà] *mi spiace che* (cong.), *mi spiace* (infin.), je regrette, je suis désolé, je suis fâché (que, cong., de, infin.). | *mi spiace che non siate arrivati a tempo*, je regrette que vous ne soyez pas arrivés à temps. | *gli è spiaciuto non poterti aiutare*, il a été désolé de ne pas pouvoir t'aider. | *mi spiace contraddirla*, je regrette de vous contredire. ‖ [ellittico, in formule di cortesia] *mi spiace ma non posso*, je regrette, je suis désolé, mais je ne peux pas. ‖ [con un sostant. come sogg.] déplaire. | *mi spiace il suo modo di fare*, sa façon de faire me déplaît, ne me plaît pas; je n'aime pas sa façon de faire. ‖ **2.** [disturbare] ennuyer, déranger. | *ti spiace se accendo la radio?*, (est-ce que) cela (ne) t'ennuie (pas) que j'allume la radio? | *se non ti spiace*, si cela ne te dérange pas, si cela ne t'ennuie pas. | *ti spiace prestarmi questo libro?*, est-ce que tu veux bien me prêter ce livre? ‖ **3.** [causare profonda amarezza e delusione] être désolant, être regrettable. | *spiace dover constatare*, il est bien regrettable, il est désolant de constater.

spiacevole [spja'tʃevole] agg. déplaisant, désagréable. ‖ [fastidioso, noioso] ennuyeux, fâcheux.

spiacevolezza [spjatʃevo'lettsa] f. caractère désagréable, déplaisant.

spiacevolmente [spjatʃevol'mente] avv. désagréablement.

spiaggia ['spjaddʒa] f. plage. | *spiaggia ghiaiosa, sabbiosa*, plage de galets, de sable. | *andare in spiaggia*, aller à la plage. ‖ [riva di fiume, di lago] rive, grève.

spianamento [spjana'mento] m. aplanissement, nivellement.

spianare [spja'nare] v. tr. Pr. [rendere piano] aplanir, niveler, égaliser. ‖ Loc. fig. *spianare la via*, aplanir la voie, le chemin. | *spianare le difficoltà*, aplanir les difficultés. ‖ Per est. [rendere piatto, schiacciare] aplatir. | *spianare una piega, una cucitura*, aplatir, rabattre un pli, une couture. ‖ Culin. *spianare la pasta*, étendre, abaisser la pâte. ‖ Loc. *spianare la fronte*, se dérider. | *spianare le costole a qlcu.*, rosser qn. ‖ [di arma] braquer. | *spianare la rivoltella contro qlcu.*, braquer son revolver sur qn, mettre qn en joue avec son revolver. ‖ [radere al suolo] raser.

spianata [spja'nata] f. aplanissement m.; [lo schiacciare] aplatissement m. ‖ [spazio piano] esplanade.

spianato [spja'nato] agg. aplani, nivelé, plat. ‖ [di arma] braqué, en joue. ◆ m. esplanade f., terrain plat.

spianatoio [spjana'tojo] m. rouleau à pâtisserie.

spiano ['spjano] m. **1.** (raro) aplanissement. ‖ [luogo piano] terrain plat, nivelé; esplanade f. ‖ **2.** Stor. [misura] mesure f. (de blé). ◆ loc. avv. ***a tutto spiano***, le plus possible, énormément. | *lavorare a tutto spiano*, travailler d'arrache-pied, sans relâche. | *produrre a tutto spiano*, produire à plein rendement. | *correre a tutto spiano*, courir à toute vitesse. | *spendere a tutto spiano*, dépenser sans compter.

spiantare [spjan'tare] v. tr. déplanter, arracher. ‖ PER EST. détruire. ‖ FIG. ruiner. ◆ v. rifl. se ruiner.
spiantato [spjan'tato] agg. ruiné, flambé (fam.), décavé (fam.), désargenté (fam.). ◆ n. sans-le-sou, homme ruiné ; décavé (fam.).
spiare [spi'are] v. tr. épier, espionner ; [per aspettare qlco., sorprendrere qlcu.] épier, guetter, surveiller ; [per riferire] espionner. | *spiare i sentimenti di qlcu.*, épier les sentiments de qn. | *gatto che spia un topo*, chat qui guette une souris. | *spiare i movimenti del nemico*, surveiller, épier les mouvements de l'ennemi. | *fa spiare la moglie*, il fait espionner, surveiller sa femme. | *spiare l'occasione*, guetter l'occasion.
spiata [spi'ata] f. cafardage m. (fam.), mouchardage m. (fam.), délation.
spiattellare [spjattel'lare] v. tr. [riferire quello che si dovrebbe tacere] rapporter, raconter, dégoiser (pop.) ; [dire francamente] raconter, dire carrément, déballer (fam.).
spiazzo ['spjattso] m. terrain nu, esplanade f. ‖ [radura] clairière f.
spiccare [spik'kare] v. tr. **1.** détacher, séparer. | *spiccare un frutto dal ramo*, cueillir un fruit. | *spiccare le parole*, articuler, détacher les mots. ‖ **2.** [di movimento] *spiccare un salto, un balzo*, faire un saut, un bond. ‖ PR. e FIG. *spiccare il volo*, prendre son vol, s'envoler. ‖ **3.** [emettere] émettre, lancer. | *spiccare un mandato di cattura*, émettre, lancer un mandat d'arrêt. ◆ v. intr. ressortir, se détacher, trancher, se remarquer. | *una spilla d'oro spiccava sul suo vestito nero*, une broche en or se détachait, ressortait sur sa robe noire. | *colore che spicca sullo sfondo*, couleur qui se détache, qui tranche sur le fond. | *il verde spicca*, le vert est voyant, se remarque. ‖ FIG. se distinguer, ressortir. | *spiccava per la sua eleganza*, il se distinguait par son élégance. | *far spiccare*, accentuer. ◆ v. rifl. se détacher.
spiccatamente [spikkata'mente] avv. distinctement. ‖ [in modo caratteristico] typiquement. | *accento spiccatamente meridionale*, accent typiquement méridional.
spiccato [spik'kato] agg. **1.** [distinto, nitido] net, clair, tranché. | *immagine dai contorni spiccati*, image aux contours nets. | *pronuncia ben spiccata*, prononciation claire. | *colori spiccati*, couleurs tranchées. ‖ **2.** [forte] prononcé, marqué, fort. | *gusto spiccato per qlco.*, goût (très) prononcé, (très) marqué pour qch. | *spiccato accento americano*, fort accent américain ; accent américain très prononcé, très marqué. ‖ **3.** [non comune] remarquable. | *spiccata intelligenza*, intelligence remarquable. ◆ m. MUS. [staccato] détaché agg., spiccato (it.) avv., staccato (it.) avv.
spicchio ['spikkjo] m. [degli agrumi e per est. di altri frutti] quartier ; [di aglio] gousse f. ‖ PER ANAL. [di torta] tranche f. | *spicchio di luna*, croissant de lune. ‖ LOC. *a spicchi*, en quartiers. ‖ [preti] *berretta a spicchi*, barrette. ‖ GEOM. *spicchio sferico*, secteur sphérique.
spicciare [spit'tʃare] v. tr. (raro) expédier (L.C.) ; [con ogg. di persona] s'occuper (de) [L.C.]. ‖ REGION. [sgomberare] débarrasser. ◆ v. rifl. (L.C.) se dépêcher, se magner (pop.), se grouiller (pop.).
spicciativo [spittʃa'tivo] agg. expéditif.
spiccicare [spittʃi'kare] v. tr. décoller, détacher. | *spiccicare le parole*, détacher les mots, articuler. | *non spiccicare parola*, ne pas articuler un mot, ne pas prononcer un mot. ◆ v. rifl. se décoller, se détacher.
spiccio ['spittʃo] agg. expéditif ; [svelto] rapide. | *modi spicci*, manières expéditives. | *spero che sia una cosa spiccia*, j'espère que ce sera vite fait. ‖ LOC. *andare per le spicce*, ne pas y aller par quatre chemins, aller vite en besogne. ‖ *denaro spiccio*, monnaie f. ◆ m. pl. monnaie f. sing.
spicciolame [spittʃo'lame] m. monnaie f. ; mitraille f. (fam.).
spicciolare [spittʃo'lare] v. tr. changer, faire la monnaie (de).
spicciolato [spittʃo'lato] agg. (raro) isolé. ‖ LOC. (L.C.) *alla spicciolata*, un par un ; [a gruppetti] par petits groupes.
spicciolo ['spittʃolo] agg. en monnaie. | *diecimila lire spicciole*, dix mille lires en monnaie. | *denaro spicciolo*, monnaie f. ‖ [semplice] simple, ordinaire, commun. ‖ [di poco valore] à bon marché. ◆ m. monnaie f. | *essere senza spiccioli*, ne pas avoir de monnaie.
spicco ['spikko] m. LOC. *far spicco*, se détacher, trancher, ressortir ; [persona] se distinguer, se faire remarquer.
spicconare [spikko'nare] v. tr. abattre, démolir au pic.
spiciforme [spitʃi'forme] agg. BOT. spiciforme.
spider ['spaidə] m. o f. invar. [ingl.] spider (antiq.).
spidocchiare [spidok'kjare] v. tr. épouiller. ◆ v. rifl. s'épouiller.
spiedino [spje'dino] m. brochette f.
spiedo ['spjɛdo] m. broche f. | *allo spiedo*, à la broche. ‖ STOR. [arma] épieu.
spiegabile [spje'gabile] agg. explicable.
spiegamento [spjega'mento] m. MILIT. déploiement. ‖ PER EST. *spiegamento di forze*, déploiement de forces.
spiegare [spje'gare] v. tr. **1.** [svolgere] déployer, déplier, étendre ; [srotolare] dérouler. | *spiegare le vele*, déployer les voiles ; [salpare] lever l'ancre. | *spiegare le ali*, déployer ses ailes. ‖ LOC. *spiegare il volo*, prendre son vol. | *spiegare la voce*, élever la voix. | *un uccello spiegò il suo canto*, le chant d'un oiseau s'éleva. ‖ [disporre] déployer. | *spiegare truppe*, déployer des troupes. ‖ **2.** [far comprendere] expliquer. | *spiegare un teorema*, expliquer un théorème. | *non riesco a spiegarmi perché*, je n'arrive pas à m'expliquer pourquoi. ◆ v. rifl. s'expliquer. | *mi spiego ?*, est-ce que tu comprends ?, est-ce que vous comprenez ? | *mi sono spiegato ?*, c'est compris ?, tu as compris ?, vous avez compris ? | *dieci milioni, non so se mi spiego !*, dix millions, tu te rends compte !, vous vous rendez compte ! | *mia moglie non è al corrente, non so se mi spiego*, ma femme n'est pas au courant, vous comprenez, tu comprends. ◆ v. recipr. s'expliquer.
spiegato [spje'gato] agg. [svolto] déplié, déployé. ‖ LOC. FIG. *a voce spiegata*, à pleine voix. ‖ [chiarito] expliqué.
spiegazione [spjegat'tsjone] f. explication. | *la spiegazione del suo ritardo*, l'explication, la raison de son retard. | *esigo una spiegazione*, j'exige une explication. | *venire ad una spiegazione con qlcu.*, avoir une explication, s'expliquer avec qn.
spiegazzare [spjegat'tsare] v. tr. froisser, chiffonner.
spiegazzatura [spjegattsa'tura] f. faux plis.
spietatamente [spjetata'mente] avv. impitoyablement, sans pitié.
spietatezza [spjeta'tettsa] f. cruauté.
spietato [spje'tato] agg. impitoyable, inflexible, implacable. ‖ LOC. *concorrenza spietata*, concurrence acharnée. | *fare une corte spietata*, faire une cour pressante.
spifferare [spiffe'rare] v. tr. raconter, colporter, rapporter. ‖ [dire apertamente] dire franchement, carrément ; déballer (fam.). | *gliene ho spifferate quattro*, je lui ai dit ce que j'avais sur le cœur. ◆ v. intr. s'infiltrer, pénétrer, passer, souffler. | *senti che aria spiffera da questa finestra*, tu ne sens pas l'air qui pénètre, qui s'infiltre par cette fenêtre ?
spiffero ['spiffero] m. filet, courant, coulis d'air ; vent coulis.
spiga ['spiga] f. épi m. ‖ LOC. *a spiga*, en épi.
spigato [spi'gato] agg. à chevrons.
spigatura [spiga'tura] f. AGR. épiaison, épiage m.
spighetta [spi'getta] f. **1.** BOT. épillet m. ‖ **2.** [cordoncino] cordon m. ; [per rinforzi] extra-fort m. ; [per le scarpe] lacet m., cordon m.
spigliatamente [spiʎʎata'mente] avv. avec aisance.
spigliatezza [spiʎʎa'tettsa] f. aisance, assurance.
spigliato [spiʎ'ʎato] agg. plein d'aisance, dégagé, sûr de soi, aisé, désinvolte.
spignoramento [spiɲɲora'mento] m. GIUR. levée (f.) d'une saisie, de la saisie ; libération f.
spignorare [spiɲɲo'rare] v. tr. lever une saisie, la saisie ; libérer. ‖ [spegnare] dégager.
spigolamento [spigola'mento] m. AGR. glanage, glane f.
spigolare [spigo'lare] v. tr. PR. e FIG. glaner.

spigolatore [spigola'tore] (**-trice** f.) m. glaneur, euse.
spigolatura [spigola'tura] f. glane, glanage m. | *uso di spigolatura,* droit de glane.
spigolo ['spigolo] m. coin, angle. | *urtare contro lo spigolo del tavolo,* se cogner au coin de la table. | *viso tutto spigoli,* visage anguleux. ‖ FIG. aspérité f., angle. | *uomo tutto spigoli,* homme d'un caractère difficile. | *smussare gli spigoli,* arrondir les angles. ‖ GEOM. arête f., angle.
spigoloso [spigo'loso] agg. anguleux. ‖ FIG. difficile, anguleux.
spigrire [spi'grire] v. tr. secouer (fam.); guérir de sa paresse. ◆ v. rifl. se secouer; secouer sa paresse; se guérir de sa paresse.
spilla ['spilla] f. broche, clip m., agrafe, épingle. | *spilla da cravatta,* épingle de cravate. ‖ REGION. V. SPILLO.
1. spillare [spil'lare] v. tr. épingler.
2. spillare [spil'lare] v. tr. [una botte] mettre en perce, percer. ‖ PER EST. [vino] tirer. ‖ FIG. soutirer, carotter (fam.). ◆ v. intr. couler goutte à goutte.
spillatura [spilla'tura] f. mise en perce.
spillo ['spillo] m. épingle f. ‖ LOC. *spillo di sicurezza, da balia,* épingle de sûreté, de nourrice. ‖ PER EST. *tacchi a spillo,* talons aiguilles. ‖ FIG. *colpo di spillo,* pointe; coup d'épingle. ‖ [ornamento] V. SPILLA.
spilluzzicare [spilluttsi'kare] v. tr. grignoter, picorer, grappiller. ‖ FIG. grignoter.
spilorceria [spilortʃe'ria] f. pingrerie, avarice, ladrerie (arc. o lett.), lésine (antiq. o lett.).
spilorcio [spi'lortʃo] agg. e n. pingre, avare, grippe-sou, radin (fam.), rapiat (fam.), ladre (arc. o lett.), grigou (fam., solo m.).
spilungone [spilun'gone] (**-a** f.) m. (grande) perche (fam.).
spina ['spina] f. épine. ‖ FIG. souci m., tourment m. (lett.). | *vita seminata di spine,* vie pleine de soucis. ‖ LOC. *avere una spina nel cuore,* avoir une épine dans le cœur (lett.), avoir un gros souci. | *togliere a qlcu. una spina dal cuore,* ôter, enlever à qn une épine du pied. | *stare sulle spine,* être sur des charbons ardents. ‖ BOT. épine; (pl.) [piante spinose] ronces. | *corona di spine,* couronne d'épines. ‖ [di animali] piquant m., épine; [lisca] arête. ‖ LOC. *a spina di pesce :* [motivo ornamentale] à chevrons; [disposizione di mattoni] en épi. ‖ TECN. *ingranaggio a spina di pesce,* engrenage à chevrons. ‖ ANAT. *spina dorsale,* épine dorsale. ‖ FIG. *non aver spina dorsale,* être mou, être une chiffe molle, manquer de nerf. ‖ [cannella di botte] cannelle, robinet m., chantepleure. | *birra alla spina,* bière (à la) pression. ‖ ELETTR. fiche. ‖ TECN. cheville. ‖ CUC. *punto a spina,* point d'épine.
spinacio [spi'natʃo] m. épinard.
spinale [spi'nale] agg. ANAT. spinal. | *midollo spinale,* moelle épinière.
spinare [spi'nare] v. tr. enlever les arêtes (de).
spinarello [spina'rɛllo] m. ZOOL. épinoche f.
spinato [spi'nato] agg. LOC. *filo spinato,* fil de fer barbelé. ‖ V. anche SPINA *(a spina di pesce).*
spineto [spi'neto] m. ronceraie f.
spinetta [spi'netta] f. épinette.
spingarda [spin'garda] f. [antica arma] espingole. ‖ [fucile da caccia] canardière.
spingere ['spindʒere] v. tr. **1.** pousser. | *spingere fuori qlcu.,* pousser qn dehors. ‖ **2.** [far penetrare] appuyer (sur), presser. | *spingere un pulsante,* appuyer sur, presser un bouton. | *spingere l'acceleratore,* appuyer sur l'accélérateur. | *gli spinse il pugnale nel petto,* il lui enfonça le poignard dans la poitrine. ‖ **3.** FIG. [andare fino a] pousser. | *spingere la delicatezza fino a fare qlco.,* pousser la délicatesse jusqu'à faire qch. | *spingere lo sguardo lontano,* regarder au loin. ‖ [incitare] pousser. | *mi ha spinto a partire,* il m'a poussé à partir. ◆ v. rifl. aller (v. intr.), pousser (v. intr.); [inoltrarsi] pénétrer. | *ci siamo spinti fino al fiume,* nous avons poussé, nous sommes allés jusqu'à la rivière. | *spingersi nel bosco,* pénétrer dans le bois. | *spingersi avanti,* avancer. ‖ FIG. aller. | *non credevo che si sarebbe spinto a tanto,* je ne pensais pas qu'il irait jusque-là. | *le cose si sono spinte al punto che,* les choses en sont arrivées, en sont venues au point que. ◆ v. recipr. se pousser, se bousculer.
spino ['spino] m. BOT. ronce f.; [prugno selvatico] prunellier; [moro selvatico] ronce f., mûrier sauvage. | *spino cervino,* épine (f.) de cerf, nerprun, bourdaine f. ◆ agg. *uva spina,* groseille. ‖ *porco spino,* V. PORCOSPINO.
spinone [spi'none] m. ZOOL. griffon.
spinoso [spi'noso] agg. PR. e FIG. épineux.
spinotto [spi'nɔtto] m. ELETTR. fiche f. ‖ TECN. goujon, goupille f., axe.
spinozismo [spinod'dzizmo] m. FILOS. spinosisme, spinozisme.
spinta ['spinta] f. **1.** poussée; [piccola] bourrade. | *dare una spinta a qlcu.,* pousser qn. | *ricevere una spinta,* subir une poussée, être poussé. | *con una spinta,* d'une poussée. | *cacciare fuori a spinte,* pousser dehors. ‖ [impulso, scatto] élan. | *darsi una spinta in avanti,* prendre un élan vers l'avant, se lancer en avant. ‖ FIS. poussée. ‖ **2.** FIG. impulsion, encouragement m. | *la spinta dei sentimenti,* l'impulsion des sentiments. | *avrebbe bisogno di una spinta,* il aurait besoin d'un encouragement. | *ha sempre bisogno di spinte,* il faut toujours qu'on le pousse. ‖ **3.** [raccomandazione] coup (m.) de pouce; piston m. (fam.). | *dare una spinta a qlcu.,* donner un coup de pouce à qn, pistonner qn. | *a furia di spinte,* par (le) piston.
spintarella [spinta'rɛlla] f. petit coup de pouce, de piston.
spinterogeno [spinte'rɔdʒeno] m. MECC. allumeur, Delco, distributeur d'allumage.
spinto ['spinto] agg. disposé (à), enclin (à), attiré (par), poussé (à [infin.], vers [sostant.]). ‖ [estremistico] extrémiste. ‖ [scabroso] osé, scabreux. ‖ [di motore] poussé.
spintone [spin'tone] m. poussée violente. | *dare uno spintone,* pousser fort. ‖ FIG. piston (fam.). | *a forza di spintoni,* par (le) piston.
spiombare [spjom'bare] v. tr. déplomber. ◆ v. rifl. [di dente] se déplomber.
spionaggio [spio'naddʒo] m. espionnage.
spioncino [spion'tʃino] m. judas. ‖ [con lente] œil, espion.
spione [spi'one] (**-a** f.) m. mouchard (fam.), cafard (fam.); [specialmente a scuola] rapporteur, euse.
spionistico [spio'nistiko] (**-ci** pl.) agg. d'espionnage.
spiovente [spjo'vɛnte] agg. tombant, pendant. | *capelli spioventi,* cheveux qui pendent. ‖ [inclinato] incliné, en pente. | *tetto spiovente,* toit en pente. ‖ SPORT plongeant. | *tiro spiovente,* tir plongeant. ◆ m. [di tetto] versant, pente f. ‖ [di monte] versant. ‖ SPORT balle plongeante.
spiovere ['spjɔvere] v. intr. couler. | *l'acqua spiove dal tetto,* l'eau coule du toit. ‖ FIG. retomber, tomber. | *capelli che spiovono sulle spalle,* cheveux qui retombent, qui tombent sur les épaules. ◆ v. impers. cesser de pleuvoir.
spira ['spira] f. [tour (m.) de] spire, spirale. | *le spire di una scala,* la spirale d'un escalier. | *spire di fumo,* spirale de fumée. | *a spire,* en spirale. ‖ ZOOL. [di serpente] anneau m., nœud m.
spiraglio [spi'raʎʎo] m. ouverture f., fente f. ‖ LOC. *spiraglio di aria,* filet d'air. | *spiraglio di luce,* rayon de lumière. ‖ FIG. lueur f.
1. spirale [spi'rale] agg. spiral (raro).
2. spirale [spi'rale] f. spirale. ‖ LOC. *a spirale,* en spirale; [di scala] en colimaçon, en spirale, en vrille; AER. en vrille. ‖ TECN. *molla a spirale,* ressort à boudin. ‖ [di orologio] spiral m. ‖ AER. vrille. ‖ [pattinaggio] pirouette.
spirante [spi'rante] agg. e n. f. FON. spirante, fricative, constrictive.
spirare [spi'rare] v. intr. PR. souffler. | *non spira un alito di vento,* il n'y a pas un souffle de vent. ‖ FIG. *qui non spira buon vento per noi,* l'air est malsain pour nous ici. ‖ [esalare] s'exhaler (v. pr.), monter, émaner. | *un profumo delizioso spirava dal giardino,* un parfum délicieux s'exhalait, montait du jardin. ‖ [morire] expirer. ‖ PER EST. expirer, se terminer, finir. | *il termine spira domani,* le délai expire demain. | *le vacanze sono ormai spirate,* les vacances sont mainte-

nant terminées. ◆ v. tr. (lett.) inspirer (L.C.). ‖ [emanare] exhaler (L.C.). ‖ FIG. *un volto che spira dolcezza*, un visage qui respire la douceur. ◆ m. expiration f.

spirillo [spi'rillo] m. BIOL. spirille.

spiritaccio [spiri'tattʃo] m. vivacité (f.) d'esprit, esprit brillant.

spiritatamente [spiritata'mente] avv. comme un possédé.

spiritato [spiri'tato] agg. e n. possédé. ‖ FIG. *occhi spiritati*, yeux exorbités. | *viso spiritato*, visage altéré, bouleversé.

spiritico [spi'ritiko] (**-ci** pl.) agg. spirite ; relatif au spiritisme. | *seduta spiritica*, séance de spiritisme.

spiritismo [spiri'tizmo] m. spiritisme.

spiritista [spiri'tista] (**-i** pl.) n. spirite.

spiritistico [spiri'tistiko] (**-ci** pl.) agg. spirite.

spirito ['spirito] m. **1.** [principio o essere immateriale] esprit. | *spirito umano*, esprit humain. ‖ LOC. *in spirito*, en esprit. ‖ RELIG. *Spirito Santo*, Saint-Esprit, Esprit-Saint. | *gli spiriti beati*, les âmes des bienheureux. ‖ [nell'occultismo] *evocare gli spiriti*, évoquer les esprits. ‖ MITOL. *spiriti dell'acqua, dell'aria*, esprits de l'eau, de l'air. ‖ **2.** [condizione, disposizione, qualità interiore] esprit. | *condizioni di spirito*, état d'esprit. | *con spirito sereno, turbato*, avec sérénité, avec trouble. | *risollevare lo spirito*, remonter le moral. | *grandezza, meschinità di spirito*, largeur, étroitesse d'esprit. | *spirito pratico, di sacrificio, di contraddizione*, esprit pratique, de sacrifice, de contradiction. | *spirito di parte*, partialité f. | *calmare i bollenti spiriti*, calmer les esprits. ‖ *spirito di una società, del tempo*, esprit d'une société, du temps. | *spirito di corpo*, esprit de corps. ‖ [senso profondo] esprit. ‖ **3.** [ingegno pronto, vivace] esprit, intelligence f. | *spirito superiore*, esprit supérieur, haute intelligence. | *uomo di spirito*, homme d'esprit. | *povero di spirito*, pauvre d'esprit. ‖ **4.** [arguzia] esprit, humour. | *avere, fare dello spirito*, avoir, faire de l'esprit. | *battuta di spirito*, mot, trait d'esprit ; plaisanterie f. ‖ FAM. *che spirito di patata che fai !*, tu te crois drôle ?, il faut rire ? ‖ **5.** alcool. | *fornello a spirito*, réchaud à alcool. | *ciliege sotto spirito*, cerises à l'eau-de-vie. | *imposta sugli spiriti*, taxe sur les spiritueux. ‖ FARM. *spirito canforato*, alcool camphré.

spiritosaggine [spirito'saddʒine] f. [l'essere spiritoso] esprit m. ‖ [atto, detto spiritoso] plaisanterie, trait (m.) d'esprit. ‖ PEGGIOR. *dire spiritosaggini*, dire des sottises.

spiritosamente [spiritosa'mente] avv. spirituellement.

spiritoso [spiri'toso] agg. spirituel. | *battuta spiritosa*, plaisanterie spirituelle. ‖ IRON. *quanto sei spiritoso !*, (est-ce que) tu te crois drôle, marrant (pop.) ? ‖ SOSTANT. *fare lo spiritoso*, faire le malin, vouloir faire de l'esprit. ‖ (raro) [di bevande] spiritueux.

spiritual ['spiritjuəl] m. negro-spiritual [ingl.].

spirituale [spiritu'ale] agg. spirituel. | *direttore spirituale*, directeur de conscience. ‖ MUS. *canti spirituali, musica spirituale*, chants religieux, musique religieuse.

spiritualismo [spiritua'lizmo] m. spiritualisme.

spiritualista [spiritua'lista] (**-i** pl.) agg. e n. spiritualiste.

spiritualistico [spiritua'listiko] (**-ci** pl.) agg. spiritualiste.

spiritualità [spirituali'ta] f. spiritualité.

spiritualizzare [spiritualid'dzare] v. tr. spiritualiser (lett.).

spiritualizzazione [spiritualiddzat'tsjone] f. spiritualisation (lett.).

spiritualmente [spiritual'mente] avv. spirituellement.

spirocheta [spiro'kɛta] f. BIOL. spirochète m.

spiroidale [spiroi'dale] agg. spiroïdal.

spiumare [spju'mare] v. tr. PR. e FIG. plumer.

spizzico ['spittsiko] m. LOC. *a spizzico*, peu à peu.

spleen ['spli:n] m. spleen [ingl.].

splendente [splen'dɛnte] agg. PR. e FIG. resplendissant, rayonnant, radieux.

splendere ['splɛndere] v. intr. resplendir, étinceler, briller, rayonner (lett.).

splendidamente [splendida'mente] avv. splendidement.

splendidezza [splendi'dettsa] f. splendeur.

splendido ['splɛndido] agg. splendide, magnifique. ‖ [generoso] généreux, magnifique (antiq.), munificent (lett.).

splendore [splen'dore] m. [luminosità] splendeur f. (lett.), éclat. ‖ [magnificenza] splendeur f. | *è uno splendore di ragazza*, c'est une fille splendide.

spocchia ['spɔkkja] f. morgue.

spodestamento [spodesta'mento] m. (raro) dépossession f. ‖ [da una carica] évincement, éviction f. ; [di un re] déposition f.

spodestare [spodes'tare] v. tr. [rimuovere da una carica] évincer, déposséder. | *spodestare un re*, détrôner, déposer un roi. ‖ [privare di un bene] déposséder.

spoetizzare [spoetid'dzare] v. tr. [privare del carattere poetico] dépoétiser. ‖ [deludere] décevoir. ‖ [disgustare] écœurer, dégoûter.

spoglia ['spɔʎʎa] f. enveloppe. ‖ [pelle di animale] dépouille. ‖ POET. [specialmente al pl.] vêtements m. pl. (L.C.). ‖ LOC. *sotto mentite spoglie*, sous de fausses apparences ; [sotto falso nome] sous un faux nom. ◆ pl. [salma] dépouille (mortelle). ‖ [armatura di nemico vinto, trofeo] dépouilles.

spogliamento [spoʎʎa'mento] m. (raro) [lo svestire] déshabillage. ‖ [il privare di qlco.] dépouillement, spoliation f.

spogliare [spoʎ'ʎare] v. tr. PR. déshabiller, dévêtir. ‖ LOC. *spogliare l'abito sacerdotale*, se défroquer (v. rifl.). ‖ PER EST. dépouiller, dégarnir. | *il vento spoglia gli alberi (delle foglie)*, le vent dépouille les arbres (de leurs feuilles). | *spogliare una parete dei quadri*, enlever les tableaux d'un mur. ‖ [liberare da una cosa non essenziale] débarrasser. ‖ FIG. dépouiller ; [di un bene] dépouiller, spolier ; [saccheggiare] piller. | *spogliare qlcu. dei suoi diritti*, dépouiller qn de ses droits. | *spogliare qlcu. di tutto*, dépouiller qn. ‖ [fare lo spoglio] dépouiller. ◆ v. rifl. [svestirsi] se déshabiller, se dévêtir. ‖ [perdere] se dépouiller ; perdre (v. tr.). ‖ FIG. [rinunciare] se dépouiller, renoncer (à).

spogliarellista [spoʎʎarel'lista] f. strip-teaseuse ; effeuilleuse (fam.).

spogliarello [spoʎʎa'rɛllo] m. strip-tease [ingl.]. | *fare lo spogliarello*, faire du strip-tease.

spogliatoio [spoʎʎa'tojo] m. vestiaire. ‖ [di una piscina] cabine f. ‖ [in una casa privata] penderie f.

spogliatore [spoʎʎa'tore] (**-trice** f.) m. spoliateur, trice. ‖ LOC. *spogliatore di sepolcri*, pilleur de tombes.

spogliazione [spoʎʎat'tsjone] f. V. SPOLIAZIONE.

1. spoglio ['spɔʎʎo] agg. PR. dépouillé, nu. ‖ FIG. dépouillé.

2. spoglio ['spɔʎʎo] m. dépouillement. | *fare lo spoglio di qlco.*, dépouiller qch. ‖ GIUR. spoliation f.

spola ['spɔla] f. TESS. bobine de trame, canette. ‖ PER EST. [navetta] navette. ‖ [di macchina da cucire] canette. ‖ LOC. FIG. *fare la spola*, faire la navette.

spolatrice [spola'tritʃe] f. TESS. bobineuse ; [meccanica] bobinoir m.

spolatura [spola'tura] f. TESS. bobinage m.

spoletta [spo'letta] f. [di macchina da cucire] canette. ‖ [congegno esplosivo] fusée.

spoliazione [spoljat'tsjone] f. (lett.) spoliation (L.C.).

spoliticizzare [spolititʃid'dzare] v. tr. dépolitiser.

spollonare [spollo'nare] v. tr. AGR. ébourgeonner.

spolmonarsi [spolmo'narsi] v. rifl. s'époumoner.

spolpamento [spolpa'mento] m. dépouillement.

spolpare [spol'pare] v. tr. [un osso] ôter la viande, la chair (de) ; [un frutto] ôter la pulpe (de). ‖ FIG. dépouiller ; tondre, plumer (fam.).

spolpato [spol'pato] agg. PR. e FIG. décharné.

spoltroneggiare [spoltroned'dʒare] v. intr. paresser, fainéanter ; flemmarder (pop.).

spoltronire [spoltro'nire] v. tr. secouer (fam.), réveiller ; secouer les puces (à) [fam.]. ◆ v. rifl. se secouer, se réveiller.

spolverare [spolve'rare] v. tr. PR. épousseter. ‖ FIG. faire disparaître. ‖ LOC. FIG. *spolverare le spalle a qlcu.*, frotter les oreilles à qn. ‖ [cospargere] saupoudrer. ‖ ARTI *spolverare un disegno*, poncer un dessin.

spolverata [spolve'rata] f. PR. coup (m.) de chiffon, de brosse. ‖ FIG. *dare una spolverata alle proprie* *cognizioni,* rafraîchir ses connaissances. ‖ Loc. *dare una spolverata di zucchero al dolce,* saupoudrer le gâteau de sucre.

spolveratura [spolvera'tura] f. Pr. [rimozione della polvere] époussetage m. ; [spargimento] saupoudrage m. ‖ Fig. [conoscenza sommaria] teinture, vernis m.

1. spolverino [spolve'rino] m. plumeau. ‖ Culin. saupoudroir.

2. spolverino [spolve'rino] m. (antiq.) [soprabito] cache-poussière. ‖ [impermeabile] imperméable.

spolverio [spolve'rio] m. (nuage de) poussière f.

spolverizzare [spolverid'dzare] v. tr. pulvériser. ‖ [cospargere] saupoudrer. ‖ Arti poncer.

spolvero ['spolvero] m. (raro) [rimozione di polvere] époussetage. ‖ [spargimento] saupoudrage. ‖ Fig. [conoscenza superficiale] teinture f., vernis. ‖ Arti reproduction (f.) au moyen d'un poncif. ‖ [sacchetto] ponce f.

sponda ['sponda] f. bord m., rive, rivage m. | *le sponde del mare,* les bords de la mer. | *le sponde del lago,* les rives du lac. ‖ Per est. (lett. o poet.) [regione] rive (arc. o poet.), contrée (l.c.). ‖ [margine, limite] bord m., rebord m. | *sponde del letto,* bords du lit. ‖ Particol. *sponda del pozzo,* margelle du puits. | *sponda di un tavolo da biliardo,* bande d'un billard.

spondaico [spon'daiko] (**-ci** pl.) agg. Metr. spondaïque.

spondeo [spon'dɛo] m. Metr. spondée.

spongiari [spon'dʒari] m. pl. Zool. spongiaires.

sponsale [spon'sale] agg. (lett.) conjugal (l.c.). ◆ m. pl. (lett.) [fidanzamento] fiançailles f. (l.c.). ‖ [nozze] noce(s) f. (l.c.), mariage sing. (l.c.), épousailles f. (arc. o scherz.).

spontaneamente [spontanea'mente] avv. spontanément.

spontaneità [spontanei'ta] f. spontanéité.

spontaneo [spon'taneo] agg. spontané. | *di sua spontanea volontà,* spontanément, volontairement, de son plein gré.

spopolamento [spopola'mento] m. dépeuplement, dépopulation f.

spopolare [spopo'lare] v. tr. dépeupler. ◆ v. rifl. se dépeupler. ◆ v. intr. Scherz. faire fureur, avoir beaucoup de succès.

spopolato [spopo'lato] agg. dépeuplé.

spoppare [spop'pare] v. tr. (raro) sevrer (l.c.).

spora ['spɔra] f. Biol. spore.

sporadicità [sporaditʃi'ta] f. sporadicité.

sporadico [spo'radiko] (**-ci** pl.) agg. sporadique.

sporangio [spo'randʒo] m. Bot. sporange.

sporcaccione [sporkat'tʃone] (**-a** f.) agg. e n. [fisicamente o moralmente] cochon, cochonne (fam.) ; dégoûtant, sale, malpropre. ‖ [moralmente] salaud (pop.), salope (pop.).

sporcamente [sporka'mente] avv. salement.

sporcare [spor'kare] v. tr. salir. | *sporcarsi le mani,* se salir les mains. | *sporcarsi i vestiti,* salir ses vêtements. ‖ Fig. salir, souiller (lett.), flétrir, abaisser. ◆ v. rifl. se salir. ‖ Fig. se salir, se déshonorer, se flétrir, s'abaisser.

sporcheria [sporke'ria] f. V. porcheria.

sporcizia [spor'tʃittsja] f. saleté, malpropreté. ‖ Fig. saleté, obscénité.

sporco ['spɔrko] agg. Pr. sale, malpropre. ‖ Loc. fam. *aver la lingua sporca,* avoir la langue chargée. | *avere la fedina penale sporca,* avoir un casier judiciaire chargé. ‖ Fig. sale, dégoûtant ; [licenzioso] sale (antiq.), obscène, cochon (fam.). | *sporco individuo,* sale individu. | *sporca faccenda,* sale histoire. | *barzelletta sporca,* histoire cochonne. | *aver la coscienza sporca,* ne pas avoir la conscience tranquille. ‖ Loc. *me l'ha fatta sporca,* il m'a joué un sale tour, un tour de cochon. | *l'hai fatta sporca !,* tu as fait du joli ! ◆ m. Pr. saleté f., crasse f., ordure f., saloperie f. (pop.). ‖ Fig. saleté f., ordure f.

sporgente [spor'dʒɛnte] agg. saillant, proéminent. | *zigomi sporgenti,* pommettes saillantes. | *fronte sporgente,* front proéminent. | *denti sporgenti,* dents en avant. | *cornicione sporgente,* corniche saillante.

sporgenza [spor'dʒɛntsa] f. aspérité, saillie, protubérance.

sporgere ['spɔrdʒere] v. tr. avancer, allonger, tendre. | *sporgere la mano,* tendre la main. | *sporgere la testa dalla finestra,* passer la tête à la fenêtre. ‖ Fig. *sporgere querela,* porter plainte. ◆ v. intr. dépasser, faire saillie, avancer, saillir (solo infin. e 3ª pers.). | *ci sono chiodi che sporgono dalla tavola di legno,* il y a des clous qui dépassent de la planche. | *balcone che sporge,* balcon en saillie. ◆ v. rifl. se pencher. | *sporgersi dalla finestra,* se pencher par la fenêtre.

sporofito [spo'rɔfito] m. Bot. sporophyte.

sporozoi [sporod'dzɔi] m. pl. sporozoaires.

sport ['spɔrt] m. invar. [ingl.] sport. | *sport invernali,* sports d'hiver. ‖ Loc. fig. *fare qlco. per sport,* faire qch. pour le plaisir.

sporta ['spɔrta] f. [di vimini, di paglia] panier m. ; [di tela] sac m. ; [di qualsiasi materiale] cabas m. ‖ Loc. *un sacco ed una sporta,* v. sacco.

sportellista [sporte'lista] (**-i** pl.) m. guichetier.

sportello [spor'tɛllo] m. [di armadio o simili] porte f. ; [di vagone ferroviario, autovettura] portière f. ; [imposta] volet. ‖ [per le comunicazioni tra impiegati e pubblico] guichet.

sportivamente [sportiva'mente] avv. sportivement.

sportività [sportivi'ta] f. sportivité.

sportivo [spor'tivo] agg. sportif. ‖ [che serve per praticare lo sport] de sport. | *campo sportivo,* terrain de sport. | *articoli sportivi,* articles de sport. ‖ [detto di indumenti, di scarpe] sport (fam.), de sport. | *camicia sportiva,* chemise sport. ◆ n. sportif, ive.

1. sporto ['spɔrto] part. pass. di sporgere.

2. sporto ['spɔrto] m. contrevent.

sportsman ['spɔ:tsman] m. sportif, sportsman [ingl.] (antiq.).

sportula ['spɔrtula] f. Stor. sportule.

sposa ['spɔza] f. mariée. | *vestito da sposa,* robe de mariée. ‖ [moglie] épouse (lett. o giur.), femme. | *dare in sposa sua figlia,* donner sa fille en mariage. | *andare sposa a,* se marier avec, épouser (tr.), devenir l'épouse de. | *promessa sposa,* fiancée.

sposalizio [spoza'littsjo] m. mariage, noces f. pl.

sposare [spo'zare] v. tr. [contrarre matrimonio] épouser ; se marier (avec). ‖ [unire, dare in matrimonio] marier. ‖ Fig. [sostenere] épouser, embrasser. ‖ [unire] joindre. ◆ v. rifl. se marier. ◆ v. recipr. se marier ; s'épouser (lett. raro).

sposato [spo'zato] agg. marié.

sposina [spo'zina] f. mariée ; [donna sposata da poco] jeune mariée.

sposini [spo'zini] m. pl. jeunes mariés.

sposo ['spɔzo] m. marié. ‖ [marito] époux (lett. o giur.), mari. | *promesso sposo,* fiancé. ◆ pl. *gli sposi :* [novelli] les jeunes mariés ; [i coniugi] les époux.

spossamento [spossa'mento] m. épuisement, éreintement.

spossante [spos'sante] agg. épuisant, exténuant, éreintant, harassant ; crevant (pop.).

spossare [spos'sare] v. tr. épuiser, éreinter, harasser, exténuer ; claquer (fam.), crever (pop.). ◆ v. rifl. s'éreinter, s'exténuer ; se claquer (fam.), se crever (pop.).

spossatezza [spossa'tettsa] f. épuisement m., éreintement m.

spossato [spos'sato] agg. épuisé, harassé, exténué ; claqué (fam.), crevé (pop.).

spossessare [sposses'sare] v. tr. déposséder.

spostamento [sposta'mento] m. déplacement. ‖ [nel tempo] *spostamento della data, dell'ora,* changement de la date, de l'heure. ‖ Fig. *spostamento dello interesse del pubblico,* déplacement de l'intérêt du public.

spostare [spos'tare] v. tr. déplacer, changer de place ; bouger (fam.). | *spostare tutti i mobili,* déplacer tous les meubles, changer tous les meubles de place. | *spostare un impiegato,* déplacer un employé. ‖ [nel tempo] changer ; [differire] remettre. | *spostare l'ora della conferenza,* changer l'heure de la conférence. | *ha spostato ancora la sua partenza,* il a encore remis son départ. ‖ Fig. *spostare il problema,* déplacer le problème. ◆ v. rifl. se déplacer ; [con complemento di luogo] se rendre, aller (v. intr.). ‖ Fig. se tourner, se diriger.

spostato [spos'tato] agg. déplacé. ‖ Fig. (anche sostant.) déséquilibré, déphasé.

spranga ['spranga] f. barre.
sprangare [spran'gare] v. tr. barricader, barrer.
sprangatura [spranga'tura] f. fermeture, barrage m.
spratto ['spratto] m. sprat, harenguet.
spray ['sprai] m. [ingl.] spray, vaporisateur, atomiseur. | *bomboletta spray*, vaporisateur, atomiseur. | *lacca spray*, laque en vaporisateur.
sprazzo ['sprattso] m. Pr. [di acqua] jet, gerbe f. ; [di luce] jet, rayon ; [di sole] rayon. | *a sprazzi*, par jets. || Fig. *sprazzo d'ingegno*, éclair de génie. | *sprazzo di allegria*, moment de joie. || Loc. *a sprazzi*, par moments, par instants, par éclairs.
sprecare [spre'kare] v. tr. gaspiller, gâcher, perdre. | *sprecare le forze*, gaspiller ses forces. | *sprecare il proprio tempo*, perdre son temps. | *sprecare il proprio ingegno*, gâcher son talent. | *sprecare un'occasione*, rater, louper (pop.) une occasion. || Loc. fig. *sprecare il fiato*, perdre sa peine. ◆ v. rifl. perdre sa peine, perdre son temps. || Iron. *ti sei davvero sprecato! :* [non ti sei dato molto da fare] tu ne t'es vraiment pas fatigué, foulé ! (pop.) ; [non sei stato generoso] tu veux te ruiner !
sprecato [spre'kato] agg. gaspillé, gâché, perdu. || Loc. *è tutto fiato sprecato*, c'est peine perdue. || [di persona] *è sprecato in quest'ufficio*, ses capacités ne sont pas utilisées dans ce bureau.
spreco ['sprɛko] m. gaspillage. | *basta con gli sprechi!*, assez de gaspillage ! | *far spreco di*, gaspiller. | *a spreco*, à foison, en quantité.
sprecone [spre'kone] (**-a** f.) agg. e n. gaspilleur, euse.
spregevole [spre'dʒevole] agg. méprisable.
spregiare [spre'dʒare] v. tr. (lett.) mépriser (l.c.).
spregiativo [spredʒa'tivo] agg. méprisant. || [di parola, espressione, elemento grammaticale] péjoratif.
spregiato [spre'dʒato] agg. (lett.) méprisé.
spregiatore [spredʒa'tore] (**-trice** f.) m. contempteur.
spregio ['spredʒo] m. [azione] affront. || (lett.) [sentimento] mépris (l.c.), dédain (l.c.).
spregiudicatamente [spredʒudikata'mente] avv. sans préjugé(s).
spregiudicatezza [spredʒudika'tettsa] f. indépendance d'esprit, non-conformisme m., anticonformisme m. || [assenza di scrupoli] absence, manque (m.) de scrupules.
spregiudicato [spredʒudi'kato] agg. indépendant, non conformiste, anticonformiste, sans préjugés, affranchi, émancipé. || [senza scrupoli] sans scrupules.
spremere ['sprɛmere] v. tr. presser. || Per est. *spremere il succo di un limone*, extraire le jus d'un citron, presser un citron. || Fig. *spremere qlcu.*, *spremere denaro a qlcu.*, pressurer qn, exploiter qn. || Loc. *spremere lacrime*, tirer, arracher des larmes. | *spremersi il cervello, le meningi*, se pressurer le cerveau (fam.), se casser la tête (fam.), se creuser la cervelle.
spremiagrumi [spremia'grumi] m. invar. o **spremilimoni** [spremili'moni] m. invar. presse-citron.
spremitura [spremi'tura] f. Tecn. pressurage m.
spremuta [spre'muta] f. jus m. (de fruits).
spretarsi [spre'tarsi] v. rifl. se défroquer.
spretato [spre'tato] agg. e m. défroqué.
sprezzante [spret'tsante] agg. méprisant, dédaigneux. | *sprezzante del pericolo*, méprisant le danger.
sprezzantemente [sprettsante'mente] avv. dédaigneusement, avec mépris.
sprezzare [spret'tsare] v. tr. (lett.). V. disprezzare.
sprezzo ['sprettso] m. (raro) mépris (l.c.).
sprigionare [spridʒo'nare] v. tr. Pr. (raro) libérer (l.c.), mettre en liberté (l.c.) ; giur. élargir. || Fig. dégager. ◆ v. rifl. se dégager.
sprint [sprint] m. [ingl.] Sport sprint. || [riferito ad automobile] reprise f. || [con valore attributivo] *vettura sprint*, voiture de sport.
sprinter ['sprintə] m. [ingl.] Sport sprinter.
sprizzare [sprit'tsare] v. intr. gicler, jaillir. || Fig. *la felicità gli sprizzava dagli occhi*, ses yeux étincelaient de bonheur. ◆ v. tr. faire gicler, faire jaillir. | *la ferita sprizzava sangue*, le sang giclait de la blessure. | *sprizzare scintille, faville*, étinceler, faire des étincelles. || Fig. *sprizzava gioia da tutti i pori*, il rayonnait de joie. | *sprizzare salute da tutti i pori*, respirer la santé.
sprizzo ['sprittso] m. jet.
sprofondamento [sprofonda'mento] m. effondrement. || [parte sprofondata] dépression f.
sprofondare [sprofon'dare] v. intr. s'effondrer. | *il pavimento è sprofondato*, le plancher s'est effondré. || [penetrare, affondare] s'enfoncer ; [inabissarsi] s'abîmer, s'ensevelir ; [andare a fondo] sombrer. || Fig. sombrer. | *sprofondare nella disperazione*, sombrer dans le désespoir. ◆ v. rifl. s'affaler, se laisser tomber. || Fig. se plonger, s'enfoncer, s'absorber. ◆ v. tr. précipiter.
sprofondato [sprofon'dato] agg. enfoncé. || Fig. plongé.
sproloquiare [sprolo'kwjare] v. intr. parler pour ne rien dire, parler à tort et à travers ; laïusser (fam.).
sproloquio [spro'lɔkwjo] m. verbiage ; laïus (fam.).
spronare [spro'nare] v. tr. éperonner. || Fig. pousser, encourager, stimuler, aiguillonner.
spronata [spro'nata] f. coup (m.) d'éperon. || Fig. encouragement m.
sprone ['sprone] m. Pr. éperon. || Fig. encouragement, incitation f., aiguillon. || Loc. *a spron battuto :* pr. à bride abattue ; fig. tambour battant. || Moda empiècement. || Zool. éperon, ergot. (V. anche sperone.)
sproporzionatamente [sproportsjonata'mente] avv. sans proportion. || [eccessivamente] démesurément.
sproporzionato [sproportsjo'nato] agg. disproportionné.
sproporzione [spropor'tsjone] f. disproportion.
spropositare [spropozi'tare] v. intr. dire des bêtises.
spropositatamente [spropozitata'mente] avv. démesurément.
spropositato [spropozi'tato] agg. plein d'erreurs, de fautes ; complètement faux. || [troppo grande] démesuré, énorme. || [sproporzionato] disproportionné.
sproposito [spro'pɔzito] m. bêtise f., sottise f. ; [errore] erreur f., faute f., bévue f., bourde f., boulette f. | *non dire spropositi*, ne dis pas de bêtises. | *se non la smetti, faccio uno sproposito*, si tu n'arrêtes pas, je fais un malheur. || Fam. [quantità eccessiva] énorme quantité (f.) [l.c.], quantité industrielle ; une tonne, des tonnes ; [di denaro] une somme folle, un argent fou, une fortune. | *ne ha comperato uno sproposito*, il en a acheté des tonnes. | *ha mangiato uno sproposito*, il a mangé beaucoup trop. | *spendere uno sproposito*, dépenser un argent fou. ◆ loc. avv. ***a sproposito***, mal à propos, hors de propos. | *sei arrivato a sproposito*, tu es arrivé au mauvais moment, mal à propos. | *parlare a sproposito*, parler à tort et à travers.
sprovincializzare [sprovintʃalid'dzare] v. tr. faire perdre à qn son air, son allure, ses manières de provincial. ◆ v. rifl. perdre son allure, ses manières, son air de provincial.
sprovvedere [sprovve'dere] v. tr. démunir. ◆ v. rifl. se démunir.
sprovvedutezza [sprovvedu'tettsa] f. [mancanza di preparazione] ignorance, inexpérience. || [ingenuità] naïveté.
sprovveduto [sprovve'duto] agg. [di qlco.] dépourvu. || Assol. [impreparato] peu averti, inexpérimenté ; [ingenuo] naïf ; [di scarse doti intellettuali] pas très malin, pas bien dégourdi, limité (peggior.). | *i lettori più sprovveduti*, les lecteurs les moins avertis. ◆ n. *è uno sprovveduto*, il n'est pas très malin, il n'a pas inventé la poudre. | *è uno sprovveduto di fronte alla vita*, il n'est pas préparé à la vie, il est désarmé devant la vie.
sprovvisto [sprov'visto] agg. dépourvu (de), sans (qch.), qui n'a pas (qch.). | *siamo sprovvisti di pane*, nous n'avons pas de pain. | *sprovvisto di fantasia*, dépourvu d'imagination, sans imagination. ◆ loc. avv. ***alla sprovvista***, au dépourvu, à l'improviste. | *preso alla sprovvista*, pris au dépourvu. | *arrivò alla sprovvista*, il arriva à l'improviste.
spruzzamento [spruttsa'mento] m. (raro) V. spruzzatura.
spruzzare [sprut'tsare] v. tr. [bagnare con gocce di un liquido] asperger ; [inzaccherare] éclabousser ; [cospargere di una polvere] saupoudrer ; [proiettare con spruzzatore o simili] pulvériser, vaporiser. | *spruzzarsi il viso con acqua fredda*, *spruzzarsi acqua fredda sul*

viso, s'asperger le visage d'eau froide. | *spruzzare acqua sulle foglie di una pianta*, asperger d'eau les feuilles d'une plante. | *spruzzare qlcu. di fango, spruzzare fango su qlcu.*, éclabousser qn de boue. | *spruzzare una torta di cioccolato in polvere, spruzzare cioccolato in polvere su una torta*, saupoudrer un gâteau de chocolat en poudre. | *spruzzare profumo, insetticida*, vaporiser, pulvériser du parfum, de l'insecticide.

spruzzata [sprut'tsata] f. [spruzzo] jet m., giclée, éclaboussure. || [pioggia] petite pluie, bruine. || Loc. *dare una spruzzata ai panni prima di stirarli*, mouiller un peu, humecter le linge avant de le repasser. | *darsi una spruzzata d'acqua sul viso*, se passer de l'eau sur le visage. | *darsi una spruzzata di profumo*, se mettre un peu de parfum. | *dare una spruzzata di zucchero*, saupoudrer de sucre.

spruzzatore [spruttsa'tore] m. pulvérisateur, vaporisateur, atomiseur.

spruzzatura [spruttsa'tura] f. aspersion, arrosage m. ; [con spruzzatore] pulvérisation, vaporisation ; [di una polvere] saupoudrage m. || [traccia che rimane] éclaboussure, tache.

spruzzo ['spruttso] m. jet, giclée f., gouttes f. pl., éclaboussement. | *uno spruzzo di acqua, di fango*, une giclée d'eau, de boue. | *gli spruzzi delle onde*, les embruns. | *verniciatura a spruzzo*, peinture au pistolet. || [traccia] éclaboussure f.

spudoratamente [spudorata'mente] avv. effrontément, impudemment, d'une façon éhontée.

spudoratezza [spudora'tettsa] f. [impudenza] effronterie, impudence, impudeur ; [impudicizia, inverecondia] impudeur, dévergondage m.

spudorato [spudo'rato] agg. [sfrontato, insolente] effronté, impudent, éhonté ; [impudico] impudique, dévergondé. | *contegno spudorato*, attitude effrontée. | *menzogna spudorata*, mensonge éhonté. ◆ n. effronté, impudent, dévergondé.

spugna ['spuɲɲa] f. éponge. || Loc. FIG. *dare un colpo di spugna a qlco.*, passer l'éponge sur qch. | *bere come una spugna*, boire comme une éponge, avoir une éponge dans le gosier ; boire comme un trou (fam.). | *gettare la spugna*, renoncer. || Per est. [tessuto] tissu-éponge m. | *asciugamano di spugna*, serviette-éponge. || Zool. éponge.

spugnare [spuɲ'ɲare] v. tr. éponger ; laver (avec une éponge).

spugnata [spuɲ'ɲata] f. coup (m.) d'éponge.

spugnatura [spuɲɲa'tura] f. tapotements (m. pl.) avec une éponge.

spugnola [spuɲ'ɲɔla] f. Bot. morille.

spugnosita [spuɲɲosi'ta] f. spongiosité (raro).

spugnoso [spuɲ'ɲoso] agg. spongieux.

spulciare [spul'tʃare] v. tr. épucer. || Fig. éplucher, examiner, passer au peigne fin.

spulciatore [spultʃa'tore] m. (raro) éplucheur.

spulciatura [spultʃa'tura] f. épluchage m., examen minutieux.

spuma ['spuma] f. écume, mousse. | *spuma delle onde*, écume des vagues. | *spuma della birra*, mousse de la bière. || [bibita] soda m., limonade. || Culin. mousse.

spumante [spu'mante] agg. e m. mousseux.

spumare [spu'mare] v. intr. mousser ; [fiume, lago, mare] écumer. || Fig. (raro) *spumare di rabbia*, écumer de rage (l.c.).

spumeggiante [spumed'dʒante] agg. mousseux ; [distesa di acqua] écumeux, écumant, mousseux. || Fig. [vaporoso] vaporeux ; [vivace] pétillant.

spumeggiare [spumed'dʒare] v. intr. [bevanda] mousser. || [distesa d'acqua] écumer.

spumiglia [spu'miʎʎa] f. o **spumino** [spu'mino] m. meringue f.

spumone [spu'mone] m. Culin. spumone (it.), mousse f. (raro).

spumosità [spumosi'ta] f. spumosité, spoom.

spumoso [spu'moso] agg. [bevanda] mousseux ; [mare, lago, fiume] écumeux, écumant, mousseux ; spumeux (raro). || [soffice] moelleux.

spunta ['spunta] f. pointage m. || [segno] marque.

1. spuntare [spun'tare] v. tr. épointer, casser la pointe (de), émousser. | *spuntare una matita*, casser la pointe d'un crayon. || Per est. [togliere le estremità] couper la pointe (de), couper le bout (de), raccourcir. | *spuntare i capelli*, raccourcir, rafraîchir les cheveux. || Fig. triompher (de), vaincre, surmonter. | *spuntare una difficoltà*, vaincre une difficulté. || Loc. *spuntarla*, l'emporter, avoir gain de cause, emporter le morceau, y arriver, en venir à bout. | *spuntarla contro qlcu.*, l'emporter sur qn, avoir gain de cause contre qn. ◆ v. rifl. perdre sa pointe. | *la matita si è spuntata*, la pointe du crayon s'est cassée. || Fig. s'émousser. ◆ v. intr. **1.** [di piante] pousser, poindre (lett.), pointer ; [uscire di terra] lever. | *le prime gemme cominciano a spuntare*, les premiers bourgeons commencent à pousser, à pointer. | *il grano spunta*, le blé lève. || **2.** [capelli, denti] pousser. | *gli sono spuntati i primi dentini*, il a fait, poussé ses premières dents. || **3.** [sorgere] se lever. | *spunta il sole, la luna*, le soleil, la lune se lève. | *spuntano le prime stelle*, les premières étoiles paraissent. | *spunta il giorno, l'alba*, le jour, l'aube point. || **4.** [apparire, venir fuori all'improvviso] sortir, se montrer, paraître. | *di dove spunti?*, d'où sors-tu ? | *gli spuntarono le lacrime agli occhi*, des larmes lui vinrent aux yeux. ◆ m. *allo spuntare del giorno, dell'alba*, au point, au lever du jour.

2. spuntare [spun'tare] v. tr. pointer.

spuntato [spun'tato] agg. sans pointe, épointé.

1. spuntatura [spunta'tura] f. [taglio] coupe. || [della punta] épointage m. ; [di albero] étêtage m., étêtement m., écimage m. || [parte tagliata] pointe, bout m. || [taglio di carne] bavette.

2. spuntatura [spunta'tura] f. [controllo] pointage m.

spuntino [spun'tino] m. casse-croûte (fam.), en-cas. | *fare uno spuntino*, casser la croûte (fam.).

spunto ['spunto] m. **1.** Teatro premiers mots d'une réplique. || Per est. [avvio] idée f., inspiration f., occasion f., prétexte. | *ha preso spunto dalle memorie di Casanova*, il s'est inspiré des mémoires de Casanova. | *un articolo di giornale mi ha dato lo spunto per questo lavoro*, c'est un article de journal qui m'a donné l'idée de ce travail. | *le mie parole gli hanno offerto lo spunto per spiegarci la sua teoria*, mes paroles lui ont donné l'occasion de nous expliquer sa théorie. || [trovata] trouvaille f. | *spunti comici*, trouvailles comiques. || **2.** Sport sprint. || **3.** [acidità] acidité. | *il vino ha lo spunto*, le vin est piqué.

spuntone [spun'tone] m. pointe f. || [arma] pique f. || [sporgenza di roccia] saillie f.

spurgare [spur'gare] v. tr. [ripulire] curer, nettoyer ; [stasare] dégorger ; [scaricare] vidanger. | *spurgare un canale*, curer un canal. | *spurgare una fogna*, dégorger un égout. || [espellere dalla bocca] expectorer, expulser. || Fig. (raro) expurger (l.c.). ◆ v. rifl. expectorer (v. tr. e intr.).

spurgo ['spurgo] m. [pulitura] curage, nettoyage ; [svuotamento] vidange f. || [il fatto di vuotarsi] dégorgement. || [il materiale rimosso] vidange f. | *gli spurghi della fogna*, les vidanges. || Med. [espulsione di umori] dégorgement, évacuation f. || [espettorazione] expectoration f. || [materia espettorata] crachat. ◆ pl. Fig. fonds de librairie.

spurio ['spurjo] agg. (lett.) [di scritto] apocryphe. || [illegittimo] illégitime. || Anat. *costole spurie*, fausses côtes.

sputacchiare [sputak'kjare] v. intr. crachoter. || [spruzzare saliva parlando] postillonner. ◆ v. tr. (raro) cracher (sur) [l.c.].

sputacchiera [sputak'kjɛra] f. crachoir m.

sputacchio [spu'takkjo] m. crachat.

sputare [spu'tare] v. tr. cracher. | *sputare in faccia a qlcu.*, cracher au visage de qn. || Fig. *sputare nel piatto in cui si mangia*, se montrer ingrat. ◆ v. tr. cracher. || Per est. e fig. cracher, vomir. | *sputare ingiurie*, cracher, vomir des injures. || Loc. fig. *sputare veleno, fiele*, cracher, jeter son venin. | *sputare sangue*, suer sang et eau. | *sputare sentenze*, pontifier (v. intr.), faire la leçon aux autres. || Fam. *sputare l'osso* : [restituire] rendre ce qu'on a pris ; [confessare] vider son sac ; manger, casser le morceau (pop.), se mettre à table (pop.), avouer (l.c.). | *sputare il rospo*, dire ce qu'on a sur le cœur (l.c.), vider son sac. || Pop. *far sputar soldi a qlcu.*, faire cracher qn.

sputasenno [sputa'senno] m. invar. o **sputasen-**

tenze [sputasen'tɛntse] m. e f. invar. monsieur je-sais-tout (raro, fam.); pédant, cuistre (lett.).
sputnik ['sputnik] m. spoutnik.
sputo ['sputo] m. crachat, salive f.; [azione] crachement. ‖ Loc. FIG. *ricoprire qlcu. di sputi*, cracher sur qn, couvrir qn d'injures. | *essere appiccicato con lo sputo*, ne pas tenir, ne pas coller.
sputtanare [sputta'nare] v. tr. Volg. démasquer (L.C.), couvrir de honte (L.C.), ruiner la réputation (de) [L.C.], déshonorer (L.C.). ◆ v. rifl. Volg. montrer son vrai visage (L.C.), se couvrir de honte (L.C.), perdre, ruiner sa réputation (L.C.), se déshonorer (L.C.).
squadernare [skwader'nare] v. tr. étaler. | *squadernare documenti davanti a qlcu.*, mettre, étaler des documents devant qn. ‖ Fig. démontrer, révéler.
squadra ['skwadra] f. Geom. équerre. | *a squadra*, d'équerre. | *in squadra*, à l'équerre, en équerre. ‖ Loc. *essere fuori squadra* : PR. ne pas être d'équerre; FIG. être bizarre. ‖ [quantità di persone] équipe. | *lavoro a squadre*, travail en équipe. ‖ [nella polizia] *squadra mobile*, police secours. | *squadra del buon costume*, police des mœurs. ‖ Mar. escadre. ‖ Mil. groupe m., escouade. ‖ Sport équipe.
squadrare [skwa'drare] v. tr. Geom. vérifier à l'équerre, mesurer à l'équerre. | *squadrare un foglio da disegno*, délimiter un carré sur une feuille de papier à dessin. ‖ Per est. [ridurre a forma quadrata] équarrir. | *squadrare un blocco di marmo*, équarrir un bloc de marbre. ‖ Per anal. [misurare] mesurer. ‖ Fig. [guardare] dévisager; mesurer du regard, des yeux, toiser. | *squadrare qlcu. dall'alto in basso*, toiser qn avec mépris.
squadrato [skwa'drato] agg. carré. ‖ [blocco di legno, di pietra] équarri.
squadratura [skwadra'tura] f. équarrissage m.
squadriglia [skwa'driʎʎa] f. Aer., Mar. escadrille.
squadrismo [skwa'drizmo] m. violence (f.) fasciste.
squadro ['skwadro] m. équarrissage. ‖ [squadra] équerre f. ‖ [strumento topografico] équerre (f.) d'arpenteur.
squadrone [skwa'drone] m. Mil. escadron.
squagliamento [skwaʎʎa'mento] m. fonte f., fusion f. ‖ Fig. scherz. fuite f. | *lo squagliamento generale*, le sauve-qui-peut général, la débandade.
squagliare [skwaʎ'ʎare] v. tr. faire fondre. ◆ v. rifl. fondre (v. intr.). ‖ Fig. *squagliarsi, squagliarsela*, s'esquiver, filer à l'anglaise (fam.), s'éclipser (fam.), prendre la tangente (fam.), se sauver.
squalifica [skwa'lifika] f. disqualification.
squalificare [skwalifi'kare] v. tr. disqualifier. ◆ v. rifl. se disqualifier.
squalificato [skwalifi'kato] agg. disqualifié. ‖ Fig. discrédité.
squallidezza [skwalli'dettsa] f. V. squallore.
squallido ['skwallido] agg. [deprimente] morne, lugubre, sinistre, triste; [misero] sordide, misérable; [desolato] désolé. | *vita squallida*, vie morne. | *viso squallido*, visage lugubre. | *periferia squallida*, banlieue morne, sinistre. | *casa squallida*, maison lugubre. | *tuguri squallidi*, masures sordides. | *nella più squallida miseria*, dans le pire dénuement, dans la misère la plus noire. ‖ [moralmente ripugnante] sordide, abject. | *vicenda squallida*, histoire sordide.
squallore [skwal'lore] m. tristesse f.; [miseria] misère f., dénuement. | *che squallore questa vita!*, quelle triste vie!
squalo ['skwalo] m. Zool. squale.
squama ['skwama] f. Bot., Zool. écaille. ‖ Per est. [piastra] plaque. ‖ Med. squame.
squamare [skwa'mare] v. tr. écailler. ◆ v. rifl. Med. se desquamer, peler (v. intr.).
squamato [skwa'mato] agg. écailleux, couvert d'écailles. ‖ Biol. squamifère.
squamoso [skwa'moso] agg. écailleux. ‖ Med. squameux.
squarciagola (a) [askwartʃa'gola] loc. avv. à tue-tête. | *gridare, cantare a squarciagola*, crier, chanter à tue-tête. | *chiamare qlcu. a squarciagola*, appeler qn à grands cris.
squarciamento [skwartʃa'mento] m. [azione] déchirement. ‖ [risultato] déchirure f.
squarciare [skwar'tʃare] v. tr. Pr. e FIG. déchirer, lacérer; [il corpo] déchiqueter, déchirer. | *un grido squarciò il silenzio*, un cri déchira le silence. | *squarciare il (velo) del mistero*, déchirer le voile (du mystère).
squarciato [skwar'tʃato] agg. déchiré, déchiqueté. | *voce squarciata*, voix éraillée.
squarcio ['skwartʃo] m. déchirure f. | *attraverso gli squarci delle nuvole*, entre les nuages. ‖ [ferita] blessure f. ‖ [brano di opera scritta] passage.
squartamento [skwarta'mento] m. [di animali macellati] dépeçage, dépècement; [di animali non commestibili] équarrissage. ‖ [supplizio] écartèlement.
squartare [skwar'tare] v. tr. dépecer, équarrir. ‖ [supplizio] écarteler.
squartatore [skwarta'tore] (**-trice** f.) m. dépeceur, équarrisseur. | *Jack lo squartatore*, Jack l'Éventreur.
squartatura [skwarta'tura] f. V. squartamento.
squarto ['skwarto] m. équarrissage.
squassare [skwas'sare] v. tr. secouer, agiter.
squattrinato [skwattri'nato] agg. sans le sou, fauché (fam.), raide (pop.). ◆ n. sans-le-sou (fam.).
squilibrare [skwili'brare] v. tr. déséquilibrer. ‖ Fig. *tutte queste spese ci hanno squilibrato*, tous ces achats ont déséquilibré notre budget. ◆ v. rifl. perdre l'équilibre.
squilibrato [skwili'brato] (**-a** f.) agg. e n. Pr. e FIG. déséquilibré.
squilibrio [skwi'librjo] m. Pr. e FIG. déséquilibre.
squilla ['skwilla] f. clochette.
squillante [skwil'lante] agg. [suono] éclatant, claironnant. ‖ [colore] éclatant, vif.
squillare [skwil'lare] v. intr. retentir, résonner; [tromba, campanello] sonner; [campane] tinter, sonner. | *il telefono squilla*, le téléphone sonne. | *ha squillato il campanello (della porta)*, on a sonné (à la porte).
squillo ['skwillo] m. sonnerie f.; [campanello] coup de sonnette. ‖ Loc. *squilli di risa*, éclats de rire. | *ragazza squillo*, call-girl f. (ingl.).
squinternare [skwinter'nare] v. tr. défaire, démantibuler (fam.). ‖ Fig. perturber, désaxer, déranger, bouleverser, détraquer (fam.).
squinternato [skwinter'nato] agg. défait, démantibulé (fam.). ‖ Fig. dérangé, détraqué, bizarre. ◆ n. *è uno squinternato*, c'est un détraqué, un déséquilibré.
squisitamente [skwizita'mente] avv. d'une manière exquise, délicieusement. ‖ Per est. [particolarmente] spécifiquement, typiquement.
squisitezza [skwizi'tettsa] f. délicatesse (lett.), finesse. ‖ [cibo squisito] mets exquis.
squisito [skwi'zito] agg. exquis, délicieux, délicat. | *vino squisito*, vin exquis. ‖ Fig. *gentilezza squisita*, gentillesse exquise. | *un pensiero squisito*, une attention très délicate.
squittire [skwit'tire] v. intr. crier; pousser de petits cris. ‖ [di cani] japper.
sradicamento [zradika'mento] m. Pr. e FIG. déracinement.
sradicare [zradi'kare] v. tr. Pr. e FIG. déraciner, arracher. | *sradicare un dente*, arracher une dent. | *sradicare i pregiudizi*, déraciner, extirper (lett.) les préjugés.
sradicatore [zradika'tore] m. Agr. arrachoir, arracheuse f.
sragionamento [zradʒona'mento] m. (raro) divagation f. (L.C.), incohérence f. (L.C.), absurdité f. (L.C.)
sragionare [zradʒo'nare] v. intr. déraisonner, divaguer, dérailler (fam.), débloquer (pop.).
sragionevole [zradʒo'nevole] agg. (raro) déraisonnable (L.C.).
sregolatezza [zregola'tettsa] f. désordre m. (lett.), dérèglement m. (antiq.). ‖ [azione] excès m.
sregolato [zrego'lato] agg. déréglé, dissolu.
srotolare [zroto'lare] v. tr. dérouler.
st! [st] interiez. chut!
stabbiare [stab'bjare] v. intr. [del bestiame, permanere all'addiaccio] parquer. ◆ v. tr. parquer. ‖ [concimare] fumer, engraisser.
stabbiatura [stabbja'tura] f. Agr. parcage m.
stabbio ['stabbjo] m. [recinto] parc. ‖ [sterco, letame] fumier.
stabile ['stabile] agg. Pr. [ben fermo] stable, solide. |

fondamenta stabili, des fondations solides. ‖ Loc. *beni stabili*, biens immobiliers. ‖ Fig. [destinato a durare nel tempo] stable, ferme, durable. | *essere stabile nei propri propositi*, être ferme dans ses résolutions. | *pace stabile*, paix durable. ‖ [permanente] fixe, permanent. | *compagnia stabile di teatro*, troupe de théâtre. | *in pianta stabile*, en permanence. | *in modo stabile*, à demeure. ‖ [costante] stable. | *temperatura stabile*, température stable, constante. ‖ Econ., Fis. stable. ◆ m. immeuble.

stabilimento [stabili'mento] m. [edificio o complesso di edifici] établissement. | *stabilimento balneare*, établissement de bains. ‖ [fabbrica] établissement, usine f. | *stabilimento siderurgico*, usine sidérurgique. | *gli stabilimenti della Fiat*, les usines, les établissements Fiat. ‖ [installazione] établissement, installation f. ‖ [lo stabilire] établissement. ‖ Mar. établissement. ◆ pl. [possedimenti coloniali] établissements.

stabilire [stabi'lire] v. tr. [istituire] établir. ‖ [fissare] fixer, déterminer. | *stabilire le condizioni*, fixer les conditions. | *stabilire la propria dimora in un luogo*, fixer, établir sa demeure dans un lieu. ‖ [decidere] décider, arrêter. | *stabilire di fare qlco.*, décider de faire qch. | *abbiamo stabilito la data della partenza*, nous avons fixé, arrêté la date du départ. ◆ v. rifl. s'établir, se fixer, s'installer, s'implanter.

stabilità [stabili'ta] f. Pr. e fig. stabilité, fermeté.

stabilito [stabi'lito] agg. établi, fixé. | *l'ordine stabilito*, l'ordre établi. | *nel dì stabilito*, à jour nommé, fixé. | *in un luogo stabilito*, en un lieu donné.

stabilizzante [stabilid'dzante] agg. e m. Chim. stabilisant, stabilisateur.

stabilizzare [stabilid'dzare] v. tr. Pr. e fig. stabiliser. ◆ v. rifl. se stabiliser.

stabilizzatore [stabiliddza'tore] m. stabilisateur.

stabilizzazione [stabiliddzat'tsjone] f. stabilisation.

stabilmente [stabil'mente] avv. d'une manière stable, durable. | *installarsi stabilmente*, s'installer à demeure.

stabulare [stabu'lare] v. intr. vivre dans une étable. ◆ v. tr. mettre en stabulation.

stabulario [stabu'larjo] m. fourrière f.

stabulazione [stabulat'tsjone] f. stabulation.

stacanovismo [stakano'vizmo] m. stakhanovisme.

stacanovista [stakano'vista] m. e f. stakhanoviste.

staccabile [stak'kabile] agg. détachable, amovible. | *tagliando staccabile*, coupon détachable.

staccare [stak'kare] v. intr. **1.** détacher. | *staccare un cerotto*, détacher un sparadrap. | *staccare un francobollo*, détacher, décoller un timbre. | *gli staccò la testa con un colpo di spada*, il lui trancha la tête d'un coup d'épée. ‖ Fig. *distogliere lo sguardo*, détacher son regard. ‖ **2.** [quadri o cose appese] décrocher, dépendre. ‖ **3.** [di animali, carrozze] dételer. | *il contadino staccò i cavalli*, le paysan détela les chevaux. ‖ **4.** [scostare] éloigner. | *staccare un mobile dalla parete*, éloigner un meuble du mur. ‖ **5.** [separare] séparer. ‖ **6.** [scandire] détacher. | *staccare le parole*, détacher les mots, articuler. ‖ **7.** [emettere, spiccare] émettre. | *staccare un assegno*, émettre un chèque. ‖ **8.** Sport distancer, lâcher. ◆ v. intr. [spiccare, risaltare] se détacher, trancher, ressortir. ‖ Fam. [cessare da un turno di lavoro] débrayer, décrocher. ◆ v. rifl. se détacher. ‖ Fig. se détacher, se déprendre (lett.). ‖ Sport (neol.) prendre du champ.

staccato [stak'kato] agg. détaché. | *pezzo staccato*, pièce détachée. ‖ Mus. staccato, piqué. ◆ m. Mus. staccato (it.).

stacciare [stat'tʃare] v. tr. sasser, tamiser. ‖ Fig. passer au crible.

stacciata [stat'tʃata] f. tamisage m., sassage m.

stacciatura [stattʃa'tura] f. [lo stacciare] sassage m., tamisage m. ‖ [residui nello staccio] criblure.

staccio ['stattʃo] m. sas, tamis.

staccionata [stattʃo'nata] f. palissade. ‖ Sport [ippica] haie.

stacco ['stakko] m. [lo staccare] détachement. ‖ [nella tecnica del restauro] détachement, décollement. ‖ [per tagliare un vestito] coupon. ‖ Fig. [intervallo] espace. ‖ [risalto] contraste. | *fare stacco*, contraster, ressortir. ‖ Cin. découpage. ‖ Sport *stacco da terra*, détachement du sol.

stadera [sta'dera] f. (balance) romaine.

stadia ['stadja] f. Agr., Top. stadia m., mire.

stadio ['stadjo] m. stade. ‖ Fig. [grado] stade, degré. | *a uno stadio avanzato*, dans une phase avancée. ‖ Astron. étage.

staff [stɑ:f] m. Neol. [ingl.] [personale direttivo] staff (fam.), comité directeur, équipe (f.) de direction.

staffa ['staffa] f. étrier m. ‖ [sottopiede] sous-pied m. ‖ [parte delle calze] talon m. ‖ Edil., Tecn. étrier. | *staffa di puleggia*, chape de poulie. ‖ Anat. étrier. ‖ Loc. Pr. e fig. *essere con il piede nella staffa*, avoir le pied à l'étrier. | *perdere le staffe* : pr. perdre, vider les étriers ; fig. sortir de ses gonds, prendre le mors aux dents. ‖ Fig. *bere il bicchiere della staffa*, boire le coup de l'étrier. | *tenere il piede in due staffe*, jouer double jeu, nager entre deux eaux.

staffetta [staf'fetta] f. estafette ; agent (m.) de liaison. ‖ Sport relais m.

staffettista [staffet'tista] m. Sport coureur de relais.

staffiere [staf'fjɛre] m. palefrenier. ‖ Per est. [servitore] estafier, laquais.

staffilare [staffi'lare] v. tr. [sferzare] fouetter. ‖ Fig. cingler.

staffilata [staffi'lata] f. Pr. e Fig. coup (m.) de fouet.

staffile [staf'file] m. étrivière f. ‖ Per est. [frusta] martinet, fouet.

stafilococco [stafilo'kokko] m. Med. staphylocoque.

staggiare [stad'dʒare] v. tr. Agr. étayer (les arbres fruitiers).

staggio ['staddʒo] m. montant. ‖ [di gabbia] barreau.

stagionale [stadʒo'nale] agg. e n. saisonnier, ère.

stagionalità [stadʒonali'ta] f. caractère (m.) saisonnier.

stagionamento [stadʒona'mento] m. V. stagionatura.

stagionare [stadʒo'nare] v. tr. [formaggio] affiner, faire mûrir. | *aspettare che il formaggio sia stagionato*, attendre que le fromage soit fait. ‖ [vino] faire, laisser vieillir. ‖ [legna] faire sécher.

stagionato [stadʒo'nato] agg. [formaggio, prosciutto] fait ; [vino] vieilli, vieux ; [legname] sec. ‖ Fig. scherz. fait ; d'un certain âge.

stagionatura [stadʒona'tura] f. [formaggio, salumi] maturation. | *la stagionatura dei formaggi*, l'affinage (m.) des fromages. ‖ [vino] vieillissement m. ‖ [grano, legno] séchage m.

stagione [sta'dʒone] f. saison. | *la nuova stagione*, la saison nouvelle, le renouveau. | *saldi di fine stagione*, soldes de fin de saison. | *durante l'alta stagione*, pendant la (pleine) saison. | *nella bassa stagione*, en basse saison, hors saison. | *la morta stagione*, la morte-saison, la saison creuse. | *fuori stagione*, hors (de) saison. | *mezza stagione*, demi-saison.

stagliare [staʎ'ʎare] v. tr. coupailler. ◆ v. rifl. [risaltare] se découper (sur), se détacher (sur), se profiler (sur). | *il castello si stagliava con le sue torri contro il cielo*, le château découpait ses tours sur le ciel.

stagnaio [staɲ'ɲajo] m. étameur, rétameur, soudeur à l'étain.

stagnamento [staɲɲa'mento] m. stagnation f.

stagnante [staɲ'ɲante] agg. stagnant, croupissant. | *acqua stagnante*, eau dormante, croupissante, stagnante. ‖ Per est. *aria stagnante*, air confiné. ‖ Fig. stagnant.

1. stagnare [staɲ'ɲare] v. intr. Pr. e fig. stagner. | *acqua che stagna*, eau qui dort, qui stagne. ‖ [di sangue] cesser de couler. ◆ v. tr. [soprattutto Med.] étancher.

2. stagnare [staɲ'ɲare] v. tr. étamer, rétamer. ‖ Per est. [chiudere ermeticamente] rendre étanche, étancher. | *stagnare il fondo di una barca*, rendre étanche le fond d'un bateau.

stagnato [staɲ'ɲato] agg. étamé. | *posate stagnate*, couverts étamés.

stagnatura [staɲɲa'tura] f. étamage m.

stagnazione [staɲɲat'tsjone] f. [ristagno] stagnation.

stagnino [staɲ'ɲino] m. V. stagnaio.

1. stagno ['staɲɲo] agg. étanche. | *l'essere stagno*, étanchéité f. | *paratia stagna*, cloison étanche. | *compartimenti stagni*, compartiments étanches ; fig.

cloisons (f.) étanches. ‖ REGION. [robusto, ben piantato] robuste, ferme ; costaud (fam.).
2. stagno ['staɲɲo] m. étang.
3. stagno ['staɲɲo] m. étain.
stagnola [staɲ'ɲɔla] f. papier (m.) d'étain. | *carta stagnola*, papier d'étain, d'argent. ‖ REGION. bidon m.
staio ['stajo] m. [unità di misura : f. pl. « staia »] boisseau. ‖ FIG. *contare i soldi a staia*, compter l'argent à foison. ‖ [recipiente cilindrico : m. pl. « stai »] boisseau. | *cappello a staio*, (chapeau) haut de forme.
staiata [sta'jata] f. boisselée.
stalagmite [stalag'mite] f. GEOL. stalagmite.
stalagmometro [stalag'mɔmetro] m. FIS. stalagmomètre.
stalattite [stalat'tite] f. GEOL. stalactite.
staliniano [stali'njano] agg. e m. V. STALINISTA.
stalinismo [stali'nizmo] m. stalinisme.
stalinista [stali'nista] agg. e n. stalinien, enne.
stalla ['stalla] f. étable ; [per cavalli] écurie. ‖ FIG. écurie. | *questa stanza è ridotta a una stalla*, cette pièce est devenue une vraie écurie.
stallaggio [stal'laddʒo] m. écurie f., étable f. ‖ [costo] établage.
stallatico [stal'latiko] (**-ci** pl.) agg. d'étable. ◆ m. AGR. [letame] fumier. ‖ V. anche STALLAGGIO.
stallia [stal'lia] f. MAR. estarie, starie, jours (m. pl.) de planches.
stalliere [stal'ljɛre] m. garçon d'écurie, palefrenier.
stallino [stal'lino] agg. d'écurie. ‖ élevé à l'écurie. | *allevamento stallino*, élevage à l'écurie.
1. stallo ['stallo] m. [in chiesa] stalle f. ‖ [in parlamento] banc, siège. ‖ GIOCHI [scacchi] pat.
2. stallo ['stallo] m. AER. perte (f.) de vitesse.
stallone [stal'lone] m. ZOOL. étalon.
stamane [sta'mane] (lett.). o **stamani** [sta'mani] avv. ce matin.
stamattina [stamat'tina] avv. V. STAMANI.
stambecco [stam'bekko] m. ZOOL. bouquetin.
stamberga [stam'bɛrga] f. taudis m., masure, galetas m. ; cambuse (pop.).
stambugio [stam'budʒo] m. [tosc.] trou (L.C.), réduit (L.C.), cagibi (fam.), bouge (L.C.).
stamburamento [stambura'mento] m. (raro) tambourinage, tambourinement.
stamburare [stambu'rare] v. intr. tambouriner. ◆ v. tr. FIG. [strombazzare] tambouriner.
stamburata [stambu'rata] f. V. STAMBURAMENTO.
stame ['stame] m. IND., TESS. étaim. ‖ fil. ‖ FIG. (lett.) *lo stame della vita*, le fil de la vie. ‖ BOT. étamine f.
stamigna [sta'miɲɲa] o **stamina** [sta'mina] f. [stoffa] étamine.
stampa ['stampa] f. **1.** TIP. [arte] imprimerie. | *la stampa è stata inventata nel 400*, l'imprimerie a été inventée au XVe siècle. ‖ [atto e risultato] impression. | *stampa a colori*, impression en couleurs. | *errore di stampa*, faute d'impression. | *autorizzazione di stampa*, permis d'imprimer. | *in corso di stampa*, sous presse, à l'impression. | *curare la stampa di un'opera*, veiller à la publication, à l'impression d'un ouvrage. | *dare un libro alle stampe*, faire imprimer un livre. ‖ **2.** TESS. impression. | *stampa su seta*, impression sur soie. ‖ **3.** [insieme di quanto viene pubblicato ; i giornalisti] presse. | *la stampa estera*, la presse étrangère. | *libertà di stampa*, liberté de la presse. | *conferenza stampa*, conférence de presse. | *ufficio stampa*, service de presse. ‖ [libro, stampato] imprimé m. ‖ **4.** ARTI [riproduzione, incisione] estampe, gravure. | *stampa a colori*, gravure en couleurs. | *collezione di stampe del 700*, collection d'estampes du XVIIIe siècle. | *produzione di stampe popolari*, imagerie. ‖ **5.** FOT. tirage m. ‖ **6.** [stampo] moule m. ‖ FIG. trempe, qualité.
stampabile [stam'pabile] agg. imprimable.
stampaggio [stam'paddʒo] m. TECN. estampage. ‖ TESS. impression f.
stampare [stam'pare] v. tr. **1.** TESS., TIP. imprimer. | *stampare un libro in duemila copie*, imprimer un livre à deux mille exemplaires. ‖ PER EST. [pubblicare] imprimer, publier, éditer. | *stampare alla macchia*, imprimer clandestinement. | *si è deciso a stampare il suo romanzo*, il s'est décidé à publier son roman. LOC. *visto, si stampi*, bon à tirer. ‖ **2.** ARTI [riprodurre su metalli, cuoio, legno] estamper. ‖ **3.** TECN. [ferri da cavallo] étamper. ‖ **4.** FOT. tirer. | *stampare una copia*, tirer une épreuve. ‖ **5.** [lasciare un'impronta] imprimer, graver. | *stampare orme sulla sabbia*, laisser des empreintes sur le sable. ‖ FIG. graver. | *stampatelo bene in mente !*, mets-toi bien ça dans la tête !
stampatello [stampa'tɛllo] m. lettre moulée, caractère moulé. | *scrivere in, scrivere a stampatello*, écrire en caractères d'imprimerie.
stampato [stam'pato] agg. TIP. imprimé, édité. ‖ TESS. imprimé. ‖ ARTI estampé. ‖ FIG. gravé. ◆ m. TIP., TESS. imprimé.
stampatore [stampa'tore] (**-trice** f.) m. TIP. imprimeur. ‖ [stampaggio] estampeur.
stampatrice [stampa'tritʃe] f. CIN. tireuse. ‖ ELETTRON. imprimante.
stampatura [stampa'tura] f. TIP. impression. ‖ TECN. estampage m.
stampella [stam'pɛlla] f. béquille. ‖ [attaccapanni] cintre m.
stamperia [stampe'ria] f. imprimerie.
stampiglia [stam'piʎʎa] f. [timbro] estampille, griffe. ‖ (raro) [foglietto stampato, modulo] tract m., prospectus m.
stampigliare [stampiʎ'ʎare] v. tr. estampiller.
stampigliatrice [stampiʎʎa'tritʃe] f. [macchina] estampeur m.
stampigliatura [stampiʎʎa'tura] f. estampillage m.
stampinare [stampi'nare] v. tr. imprimer au pochoir.
stampinatura [stampina'tura] f. impression au pochoir.
stampino [stam'pino] m. pochoir. ‖ [per fare buchi nel cuoio] poinçon.
stampo ['stampo] m. **1.** CULIN., TECN. moule, forme f. | *stampo per cialde*, gaufrier. ‖ FIG. *sembrano fatti con lo stampo*, on dirait qu'ils ont été coulés dans le même moule. | *di tipi simili se ne è perso lo stampo*, des gens comme ça, on n'en fait plus. ‖ FIG. PEGGIOR. catégorie f., espèce f., acabit, calibre (fam.). | *una persona di stampo antico*, une personne de la vieille école. | *dello stesso stampo*, du même acabit, de même calibre, de même farine (fam.). | *far vedere di che stampo si è fatti*, montrer de quel bois on se chauffe. ‖ **2.** TECN. estampe f., étampe f. ‖ **3.** [uccello da richiamo] leurre.
stampone [stam'pone] m. TIP. épreuve f.
stanare [sta'nare] v. tr. débusquer, débucher. ‖ [caccia] *stanare una volpe*, lancer un renard. ‖ FIG. dénicher.
stanca ['stanka] f. [della marea] étale m.
stancamente [stanka'mente] avv. péniblement.
stancante [stan'kante] agg. lassant, fatigant.
stancare [stan'kare] v. tr. PR. e FIG. fatiguer, lasser. | *stancare gli occhi*, fatiguer les yeux. | *stancare i cavalli*, crever les chevaux. ◆ v. rifl. se fatiguer, se lasser.
stanchevole [stan'kevole] agg. (raro) fatigant (L.C.).
stanchezza [stan'kettsa] f. fatigue, lassitude. | *essere vinto, sfinito dalla stanchezza*, être mort, tomber de fatigue ; être vanné (fam.). ‖ AGR. *stanchezza del terreno*, fatigue du sol.
stanco ['stanko] agg. fatigué, las. | *essere stanco morto*, être mort, brisé de fatigue ; PR. être claqué (fam.), moulu (fam.) ; être sur les genoux (fam.). | *sono stanco morto*, je n'en peux plus. | *parlare con voce stanca*, parler d'une voix lasse. ‖ FIG. [tediato] las. | *essere stanco della vita*, être dégoûté de la vie. | *essere stanco di vivere*, en avoir assez de vivre (fam.). ‖ [privo di vitalità] épuisé. ‖ AGR. *terreno stanco*, terrain fatigué. ‖ ECON. *mercato stanco*, marché languissant.
stand ['stænd] m. [ingl.] stand.
standard ['standard] agg. invar. e m. invar. [ingl.] standard. | *misura standard*, étalon m. ‖ ECON. *conforme allo standard*, conforme aux normes (f. pl.). ‖ FIN. *moneta standard*, étalon m.
standardizzare [standardid'dzare] v. tr. standardiser.
standardizzazione [standardidzat'tsjone] f. standardisation. ‖ ECON. normalisation.
stanga ['stanga] f. [sbarra] barre. ‖ [per chiudere l'uscio] bâcle. ‖ [del carro] limon m., brancard m. | *le*

stanghe, la limonière. ‖ [dell'aratro] age m. (region.). ‖ FIG. POP. [persona alta e magra] grande perche (fam.), grand échalas (L.C.), dépendeur d'andouilles.
stangare [stan'gare] v. tr. PR. [sprangare] bâcler, barricader. ‖ [colpire] donner des coups de barre (à). ‖ FIG. échauder, écorcher, étriller, estamper (fam.), faire payer des prix fous (à). ‖ GERG. UNIV. [bocciare] coller. | *farsi stangare a un esame*, se faire coller, étendre (fam.) à un examen.
stangata [stan'gata] f. PR. coup (m.) de barre. ‖ FIG. coup de barre, coup de fusil, estampage m. (fam.). | *dare una stangata a qlcu.*, écorcher, estamper qn. ‖ GERG. UNIV. *prendere una stangata*, ramasser une veste.
stanghetta [stan'getta] f. petite barre. ‖ [di serratura] pêne m. | *stanghetta a scatto*, bec-de-cane m. ‖ [di occhiali] branche. ‖ MUS. barre (de mesure).
stangona [stan'gona] f. FIG. grande perche.
stangone [stan'gone] m. grosse barre. ‖ METALL. râble. ‖ FIG. grand échalas, grand diable.
stanotte [sta'nɔtte] avv. cette nuit.
stante ['stante] agg. *seduta stante*, séance tenante, illico avv. (fam.). | *a sé stante*, indépendant. | *a sé stanti*, indépendants les uns des autres. ◆ prep. (lett.) [a causa di] vu ; à cause de, en raison de, à la suite de. | *stante le numerose richieste*, vu les nombreuses demandes. ◆ loc. cong. ***stante che***, vu que, attendu que.
stantio [stan'tio] agg. rance. ‖ FIG. [vecchio] dépassé, vieilli, suranné ; rance (antiq.). | *idee stantie*, idées périmées, surannées.
stantuffo [stan'tuffo] m. MECC. piston.
stanza ['stantsa] f. **1.** pièce. | *appartamento di quattro stanze*, (appartement [m.] de) quatre pièces m. ‖ [sala] salle. | *stanza da pranzo*, salle à manger. | *stanza di soggiorno*, salle de séjour, living(-room) m. (ingl.). | *stanza da bagno*, salle de bains. ‖ [camera] chambre. | *stanza da letto*, chambre à coucher. | *la stanza dei ragazzi*, la chambre des enfants. | *stanza mortuaria*, chambre mortuaire. | *ritirarsi nelle proprie stanze*, se retirer dans ses appartements. ‖ **2.** ECON. *stanza di compensazione*, chambre de compensation. ‖ **3.** MIL. garnison. | *essere di stanza a*, être en garnison à, tenir garnison à. ‖ **4.** LETT. stance.
stanzetta [stan'tsetta] f. chambrette.
stanziabile [stan'tsjabile] agg. qui peut être affecté, alloué.
stanziale [stan'tsjale] agg. permanent, sédentaire. | *uccelli stanziali*, oiseaux non migrateurs.
stanziamento [stantsja'mento] m. FIN. [lo stanziare] affectation f. ; [somma stanziata] allocation f. ; somme allouée, affectée ; crédit. ‖ ECON. [iscrizione nel bilancio] inscription (f.) au budget.
stanziare [stan'tsjare] v. tr. FIN. affecter, allouer. ‖ ECON. inscrire au budget. ‖ ANTIQ. [ordinare] établir. ◆ v. rifl. s'établir, s'installer, se fixer.
stanziatore [stantsja'tore] m. bailleur de fonds.
stanzino [stan'tsino] m. chambrette f., cabinet. ‖ [ripostiglio] débarras. ‖ [spogliatoio] penderie f.
stappare [stap'pare] v. tr. déboucher.
star [sta:r] f. [ingl.] CIN. star.
starare [sta'rare] v. tr. TECN. dérégler. ◆ v. rifl. se dérégler.
staratura [stara'tura] f. TECN. dérèglement m.
star del credere [stardel'kredere] m. COMM. ducroire.
stare ['stare] v. intr. **1.** [rimanere immobile] rester, se tenir. | *stare fermo*, se tenir tranquille. | *stare ritto*, se tenir droit. | *sta'fermo !*, tiens-toi tranquille, reste tranquille ! | *sta'dove sei*, reste où tu es. | *non sta fermo un minuto*, il ne demeure pas en place. | *star in casa*, rester à la maison. | *stare con le mani in mano*, rester sans rien faire, se tourner les pouces (fam.). | *stare al proprio posto*, rester à sa place. ‖ **2.** [trattenersi] rester. | *non stare troppo al sole*, ne reste pas trop au soleil. | *sta'pure ma io me ne vado*, reste si tu veux, mais moi je m'en vais. | *è stato sù tutta la notte*, il est resté debout toute la nuit. ‖ PER EST. [indugiare] tarder. | *stette un po' prima di rispondere*, il tarda un peu à répondre. | *starà poco a tornare*, il ne va pas tarder à revenir. ‖ **3.** [essere] être. | *sta'buono*, sois sage. | *stare seduto*, être assis. | *starà via tre giorni*, il sera absent pendant trois jours. | *stare a dieta*, être au régime. | *stare all'aperto*, être en plein air. | *stare in compagnia*, être avec des amis. | *si sta bene qui*, on est bien ici, il fait bon ici. | *stare a proprio agio*, être à son aise. ‖ REGION. [al posto di essere] être. | *dove stai ?*, où es-tu ? | *sta scritto qui*, c'est écrit ici. ‖ **4.** [essere situato] être situé, se trouver. | *l'albergo sta vicino alla stazione*, l'hôtel se trouve, est situé près de la gare. ‖ **5.** [abitare, vivere] habiter, demeurer, loger. | *stare di casa*, demeurer. | *sto a Parigi*, je vis, j'habite à Paris. | *sto in piazza Garibaldi*, j'habite place Garibaldi. | *stare con i genitori*, habiter avec, loger, vivre chez ses parents. | *stare a pensione da qlcu.*, être en pension chez qn. ‖ **6.** [resistere] résister, rester. | *non può stare senza combinare guai*, il ne peut s'empêcher de faire des bêtises. | *può stare digiuno tutto un giorno*, il est capable de rester à jeun toute une journée. ‖ **7.** [attenersi] s'en tenir. | *stare alle apparenze*, s'en tenir aux apparences. | *stare ai patti*, s'en tenir aux accords, à ce qui a été décidé. | *stando a quel che si dice*, d'après ce qu'on dit. | *stando ai fatti*, si l'on s'en tient aux faits. ‖ **8. stare a** (con verbo all'infin.) : indicat. del v. *cosa stai a raccontare ?*, qu'est-ce que tu racontes ? | *staremo a vedere*, nous verrons (bien) ! | *sta'a vedere che*, tu vas voir que. | *ora stammi a sentire*, écoute-moi maintenant. | *non mi stia a dire che*, n'allez pas me dire que. ‖ **9. stare per** (con verbo all'infin.) : aller (v. infin.), être sur le point (de). | *stava per partire, dire, fare*, il allait, il était sur le point de partir, dire, faire. | *stavo per uscire quando*, j'allais sortir quand. | *sta per cominciare*, ça va bientôt commencer. ‖ **10.** [con verbo al gerundio] être en train (de). | *stava studiando quando sua madre l'ha chiamato*, il était en train d'étudier quand sa mère l'a appelé. | *il malato sta morendo*, le malade est en train de mourir. ‖ **11. starci** [contenere, entrarci] tenir, contenir. | *ci stanno almeno duemila persone in quel cinema*, ce cinéma peut contenir au moins deux mille personnes. | *ci si sta in sei in questa macchina*, on tient à six dans cette voiture. | *i miei vestiti non ci stanno in quest'armadio*, mes habits ne tiennent pas dans cette armoire. ‖ [essere d'accordo] être d'accord, marcher (fam.). | *ci sto*, je suis d'accord. | *non ci sto*, je ne marche pas (fam.). | *sta bene, d'accordo*, ça va, c'est bon, d'accord. ‖ **12. *lasciar stare*** [non toccare] ne pas toucher (à). | *lascia stare quel libro*, ne touche pas à ce livre. ‖ [abbandonare] *lascia stare, non importa*, laisse tomber (fam.), ça n'a pas d'importance. | *lasciami stare*, laisse-moi tranquille. ‖ [prescindendo dal fatto che] *lasciamo stare che anche lui ha la sua parte di responsabilità*, à part le fait que, sans compter que lui aussi a sa part de responsabilité. ‖ **13.** LOC. *fatto sta che, sta di fatto che*, le fait est que, c'est un fait que, toujours est-il que. | *ecco come stanno le cose, le cose stanno così*, voici ce qu'il en est. | *a questo punto, così stanno le cose*, voilà où nous en sommes, les choses en sont là. | *so come stanno le cose*, je sais ce qu'il en est. | *se le cose stanno così, stando così le cose ; le cose stando a questo modo*, s'il en est ainsi, puisqu'il en est ainsi ; cela étant ; dans l'état où en sont les choses. | *stare zitto*, se taire. | *stare in forse*, être perplexe, ne pas savoir si... | *stai fresco !*, tu peux toujours courir (fam.) ; bernique ! (fam.). | *adesso sto fresco !*, me voilà frais à présent ! | *non c'è da stare allegri*, il n'y a pas de quoi rire, ce n'est pas très drôle. | *stare in guardia, stare all'erta*, être sur ses gardes, sur le qui-vive ; se tenir à carreau (fam.). | *sta'attento !*, prends garde ! | *stare agli scherzi*, comprendre la plaisanterie. | *stare dietro a qlcu.*, relancer qn (fig.). | *stagli dietro*, suis-le. ‖ FIG. *stare addosso a qlcu.*, être sur (le dos de) qn. | *non starmi così addosso*, écarte-toi un peu. | *mi sta sempre addosso*, il est toujours sur mon dos, il ne me lâche pas. | *mi sta sempre alle calcagna*, il ne me quitte pas d'une semelle. | *stare sulle sue*, se tenir sur la réserve. ‖ *stare alla larga*, éviter (qn, qch.). ‖ **14.** [riferito alla salute] *stare bene, male*, se porter, aller bien, mal. | *come sta ?*, comment allez-vous, comment vous portez-vous ? | *sto bene*, je vais bien, je me porte bien ; ça va (fam.), ça gaze (pop.). | *stare come un papa*, être comme un coq en pâte. ‖ [riferito a vestiario,

acconciature] *stare bene*, aller, s'accorder, s'adapter. | *questo colore ti sta bene, male*, cette couleur te va bien, ne te va pas. | *vestito che sta bene*, robe seyante, qui habille bien. | *il bianco sta bene con il blu*, le blanc fait (fam.) bien avec le bleu. | *queste scarpe ti stanno bene*, ces souliers te chaussent bien. || *si sta comodi in questa poltrona*, on est bien, on est à l'aise dans ce fauteuil. | *state comodi!*, ne vous dérangez pas! | *come stai a soldi?*, quelle est ta situation financière? | *stare male a quattrini*, être fauché (fam.). | *non sono ricchissimi ma stanno bene*, ils ne sont pas richissimes mais ils sont aisés, mais ils s'en tirent bien. || [convenienze] *non sta bene (fare questo)*, ça ne se fait pas; ce n'est pas beau, ce n'est pas bien (de faire ça). | *ben gli sta; gli sta bene*, c'est bien fait (pour lui). || **15.** [consistere] *tutto sta nel non prendersela*, le tout est de ne pas s'en faire (fam.). | *tutto sta nel vedere se*, le tout est de savoir si. || [spettare, dipendere] *sta in, sta a lui decidere*, c'est à lui de décider. | *se stesse in me*, si cela ne dépendait que de moi, si cela ne tenait qu'à moi. | *per quanto sta in me*, en ce qui me concerne. | *non sta in sé dalla gioia*, il ne se tient plus, il ne se sent pas de joie. || [parteggiare] *stare per qlcu.*, tenir pour qn. | *con chi stai?*, de quel côté es-tu? | *stare a cuore*, tenir à cœur. ◆ v. rifl. rester. | *se ne stava imbronciato in disparte*, il boudait dans son coin. | *starsene appartato*, se tenir à l'écart.

starlet ['sta:lit] f. [ingl.] CIN. starlette.

starna ['starna] f. ZOOL. perdrix grise.

starnazzare [starnat'tsare] v. intr. battre des ailes, s'ébrouer. || FIG. SCHERZ. jacasser, piailler, criailler.

starnutamento [starnuta'mento] m. éternuement; sternutation f. (raro).

starnutare [starnu'tare] v. intr. éternuer.

starnutatorio [starnuta'tɔrjo] agg. starnutatoire (raro). | *sostanza starnutatoria*, poudre à éternuer.

starnutire [starnu'tire] v. intr. éternuer.

starnuto [star'nuto] m. éternuement. | *fare uno starnuto*, éternuer. || FIG. *è lo stesso che fare uno starnuto*, c'est simple comme bonjour.

starter ['sta:tə] m. [ingl.] SPORT starter. || AUTOM. starter.

stasare [sta'zare] v. tr. déboucher, dégorger, désengorger, désobstruer.

stasera [sta'sera] avv. ce soir.

stasi ['stazi] f. stagnation, marasme m. | *stasi economica*, stagnation économique. || MED. stase.

statale [sta'tale] agg. d'État, national, étatique. | *liceo statale*, lycée d'État. | *strada statale*, route nationale. | *impiegato, dipendente statale*, fonctionnaire. ◆ n. fonctionnaire. | *gli statali*, les fonctionnaires, la fonction publique.

statalismo [stata'lizmo] m. étatisme.

statalista [stata'lista] m. e f. étatiste.

statalistico [stata'listiko] (**-ci** pl.) agg. étatiste.

statalizzare [statalid'dzare] v. tr. étatiser, nationaliser, fonctionnariser.

statalizzazione [stataliddzat'tsjone] f. étatisation.

staticità [statitʃi'ta] f. statisme m., caractère (m.) statique. || FIG. immobilisme m. | *staticità del mercato*, stagnation du marché.

statico ['statiko] agg. PR. e FIG. statique.

statino [sta'tino] m. [estratto] relevé, état. | *statino degli incassi*, relevé des recettes. || [ricevuta d'iscrizione all'università] fiche f., reçu.

statista [sta'tista] m. homme d'État.

statistica [sta'tistika] f. statistique.

statisticamente [statistika'mente] avv. selon les statistiques, statistiquement. | *questo è vero statisticamente*, du point de vue de la statistique, cela est vrai.

statistico [sta'tistiko] (**-ci** pl.) agg. statistique. ◆ m. statisticien.

1. stativo [sta'tivo] agg. (raro) [permanente] permanent. || [stanziale] *uccello stativo*, oiseau non migrateur.

2. stativo [sta'tivo] m. [sostegno] support.

statizzare [statid'dzare] v. tr. V. STATALIZZARE.

1. stato ['stato] part. pass. V. STARE.

2. stato ['stato] m. **1.** [modo di essere] état. | *stato di salute*, état de santé. | *stato d'animo*, état d'âme. | *stato d'emergenza*, état d'urgence. | *stato d'assedio*, état de siège. | *in cattivo stato*, en mauvais état, mal en point, délabré (agg.), en état de délabrement. | *rimettere nello stato di prima*, remettre en l'état. | *essere in stato d'incoscienza*, être inconscient, être dans un état d'inconscience. | *essere in stato di colpa*, se sentir fautif. | *essere in stato di gravidanza, in stato interessante* (pop.), attendre un enfant, être enceinte, être dans un état intéressant (fam.). | *essere in stato di fare qlco.*, être en état de faire qch. | *non essere in stato di fare qlco.*, être hors d'état, ne pas être à même, ne pas être en état de faire qch. | *essere in pessimo stato*, être en piteux état, en piteux équipage (lett.). | *si è ridotto in uno stato pietoso*, il s'est mis dans un état pitoyable, dans un piteux état. | *mettere in stato d'arresto*, mettre en état d'arrestation. || **2.** [posizione, condizione] état, situation f. | *stato civile*, état civil. | *stato libero, stato di celibe*, état de célibataire; célibat. | *stato di famiglia*, état de famille. | *stato giuridico*, statut légal. | *migliorare il proprio stato*, améliorer sa situation, son état. || **3.** COMM. état, situation. | *stato fallimentare*, situation de faillite. || **4.** CHIM., FIS. état. | *stato gassoso*, état gazeux. || **5.** GRAMM. état. | *complemento di stato in luogo*, complément de lieu. || **6.** MIL. *stato maggiore*, état-major. || **7.** POLIT. État. | *colpo di stato*, coup d'État. | *impiegati dello stato*, fonctionnaires (de l'État). || FIG. *è un affare di stato*, c'est tout un événement!, c'est une affaire d'État! || **8.** STOR. *il terzo stato*, le tiers état. | *stati generali*, états généraux.

statolatria [statola'tria] f. culte (m.) de l'État.

statolder [sta'tɔlder] m. invar. STOR. stathouder.

statore [sta'tore] m. TECN. stator.

statua ['statua] f. statue. | *statua di cera*, figure de cire.

statuale [statu'ale] agg. de l'État, étatique.

statuario [statu'arjo] agg. statuaire. | *bellezza statuaria*, beauté sculpturale. ◆ m. statuaire.

statuetta [statu'etta] o **statuina** [statu'ina] f. statuette. || FIG. *giocare alle belle statuine*, jouer à la pose.

statuire [statu'ire] v. tr. (lett.) décréter (L.C.), édicter (L.C.), statuer (antiq.).

statunitense [statuni'tɛnse] agg. américain, des États-Unis.

statu quo ['statu kwo] m. invar. [lat.] statu quo.

statura [sta'tura] f. taille, stature. | *basso di statura*, de petite taille. || FIG. stature, élévation.

statutario [statu'tarjo] agg. statutaire.

statuto [sta'tuto] m. POLIT. statut. || [regolamento] statuts pl.

stavolta [sta'vɔlta] avv. (fam.) cette fois-ci (L.C.).

stazionale [stattsjo'nale] agg. RELIG. stationnale.

stazionamento [stattsjona'mento] m. stationnement.

stazionare [stattsjo'nare] v. intr. stationner.

stazionarietà [stattsjonarje'ta] f. état (m.) stationnaire. || [ristagno] stagnation.

stazionario [stattsjo'narjo] agg. stationnaire. || MAR. *nave stazionaria*, stationnaire m. || FIG. stationnaire, étale. | *gli affari sono stazionari*, les affaires sont calmes.

stazione [stat'tsjone] f. **1.** gare. | *stazione ferroviaria*, gare de chemin de fer. | *stazione merci*, gare de marchandises. | *stazione di smistamento*, gare de triage. | *stazione di frontiera*, gare frontière. | *stazione della metropolitana*, station de métro. | *stazione d'autolinee*, gare routière. || **2.** [per un determinato servizio] poste m., station. | *stazione sanitaria*, poste de secours. | *stazione dei carabinieri*, gendarmerie. | *stazione di servizio*, station-service. | *stazione di monta*, haras m. | *stazione spaziale*, station spatiale. | *stazione trasmittente*, station émettrice. || **3.** [luogo di soggiorno] station. | *stazione termale*, station thermale. | *stazione invernale*, station de sports d'hiver. || **4.** [sosta] station. | *i taxi sono di stazione davanti alla stazione*, les taxis stationnent, sont en station devant la gare. || **5.** [posizione del corpo] station. | *stazione eretta*, station debout, verticale.

stazza ['stattsa] f. MAR. jauge. | *tonnellate di stazza*, tonneaux m. pl. (de jauge).

stazzamento [stattsa'mento] m. V. STAZZATURA.

stazzare [stat'tsare] v. tr. MAR. jauger.

stazzatore [stattsa'tore] m. MAR. jaugeur.

stazzatura [stattsa'tura] f. MAR. jaugeage m. V. anche STAZZA.
stazzo ['stattso] m. enclos, parc.
stazzonare [stattso'nare] v. tr. (raro) froisser (L.C.), friper (L.C.), chiffonner (L.C.). || [palpeggiare accarezzando] (raro) tripoter (fam.), peloter (fam.).
stearico [ste'ariko] agg. CHIM. stéarique.
stearina [stea'rina] f. CHIM. stéarine.
steatite [stea'tite] f. MINER. stéatite.
steatosi [stea'tɔzi] f. MED. stéatose.
stecca ['stekka] f. baguette, latte. | *stecca di ventaglio,* branche d'éventail. | *stecca di ombrello,* baleine de parapluie. | *stecca di busto,* baleine, busc (m.) de corset. || [per scultori] ébauchoir m. || CHIR. clisse, éclisse, attelle. || [biliardo] queue. || [hockey] crosse. || FIG. fausse note, couac m., canard m. (fam.). || PER EST. [di sigarette] cartouche. || *stecca di cioccolata,* barre de chocolat.
steccare [stek'kare] v. tr. palissader, clôturer. || CHIR. éclisser, mettre entre deux attelles. || CULIN. larder, piquer. ◆ v. intr. [a bigliardo] donner un coup de queue. || FIG. faire des canards, canarder (fam.), chanter faux. || [suonando uno strumento] faire une fausse note, faire des canards, jouer faux.
steccata [stek'kata] f. [recinzione] V. STECCATO, STECCONATA. || (raro) [a bigliardo] coup (m.) de queue.
steccato [stek'kato] m. [recinzione] barrière f., palissade f., estacade f., lice f. (antiq.). || SPORT [ippica] *correre allo steccato,* tenir la corde, courir à la corde. || [spazzo recintato] lice f., enclos, enceinte f.
steccherino [stekke'rino] m. BOT. hydne, pied-de-mouton (L.C.).
stecchetto [stek'ketto] m. (petite) brindille, brochette f. || LOC. *stare a stecchetto,* n'avoir rien à se mettre sous la dent, danser devant le buffet (fam.). | *tenere a stecchetto qlcu.,* rationner qn.
stecchiera [stek'kjɛra] f. [per le stecche da bigliardo] râtelier m.
stecchino [stek'kino] m. cure-dents. || LOC. FIG. *avere le gambe come due stecchini,* avoir les jambes en fuseau.
stecchire [stek'kire] v. tr. dessécher. || [uccidere sul colpo] tuer sur le coup. ◆ v. intr. e rifl. se dessécher.
stecchito [stek'kito] agg. [rinsecchito] desséché. || [estremamente magro] sec, décharné. | *gambe stecchite,* jambes en fuseau. || *morto stecchito,* raide mort, mort sur le coup. || FIG. [sbalordito] abasourdi, stupéfié, médusé, sidéré (fam.).
stecco ['stekko] m. [ramoscello privo di foglie] brindille f. || [fuscello appuntito] palis, broche f. || FIG. *magro come uno stecco,* maigre comme un clou, sec comme un coup de trique, comme un cotret (antiq.). | *è ridotto uno stecco,* c'est un vrai sac d'os. | *avere le gambe che sembrano stecchi,* avoir les jambes comme des allumettes (fam.).
stecconare [stekko'nare] v. tr. (raro) palissader.
stecconata [stekko'nata] f. o **stecconato** [stekko'nato] m. palissade f., palis m., clôture f.
steccone [stek'kone] m. (raro) planche f., palis.
steeple-chase ['sti:pl'tʃeis] m. [ingl.] steeple (-chase).
stegola ['stegola] f. [stanga di ferro] mancheron m.
stele ['stɛle] f. ARCHIT. stèle.
stella ['stella] f. **1.** ASTRON. étoile. || LOC. *dormire sotto le stelle,* coucher à la belle étoile. || LOC. FIG. *vedere le stelle,* (en) voir trente-six chandelles. | *portare qlcu. alle stelle,* porter qn aux nues. || [di prezzi] *andare, salire, giungere alle stelle,* monter d'une façon vertigineuse. || **2.** FIG. [destino] étoile. | *nato sotto (una) buona stella, cattiva stella,* né sous une bonne, sous une mauvaise étoile. || **3.** [oggetto a forma di stella] étoile. | *a stella,* en forme d'étoile. | *stella filante,* serpentin m. || [macchia bianca sulla testa del cavallo] étoile. || [rotellina dello sperone] molette. || BOT. *stella alpina,* edelweiss m. || TECN. *motore, disposizione a stella,* moteur, montage en étoile. | *incrinare a stella,* étoiler. || ZOOL. *stella di mare,* étoile de mer. || **4.** CIN. étoile, star (ingl.).
stellaggio [stel'laddʒo] m. FIN. stellage.
1. stellare [stel'lare] agg. ASTRON. stellaire. || [simile a una stella] étoilé, en étoile. || TECN. *motore, disposizione stellare,* moteur, montage en étoile.
2. stellare [stel'lare] v. tr. étoiler. ◆ v. rifl. se couvrir d'étoiles, s'étoiler.
stellaria [stel'larja] f. BOT. stellaire.
stellato [stel'lato] agg. étoilé; parsemé, criblé d'étoiles. | *bandiera stellata,* bannière étoilée. || PER EST. [a forma di stella] étoilé, en étoile. | *disposizione stellata,* montage en étoile.
stelletta [stel'letta] f. TIP. astérisque m. || MIL. étoile. | *guadagnarsi le stellette,* monter en grade. | *portare le stellette,* porter l'uniforme (de soldat italien).
stellina [stel'lina] f. CIN. starlette.
stelloncino [stellon'tʃino] m. [trafiletto] entrefilet.
stelo ['stelo] m. tige f. | *lampada a stelo,* lampadaire m. || BOT. tige, hampe f.
stemma ['stɛmma] (**-i** pl.) m. blason, armoiries f. pl., armes f. pl., écusson. | *stemma gentilizio,* armoiries.
stemmato [stem'mato] agg. armorié.
stemperamento [stempera'mento] m. (raro) délayage, délayement.
stemperare [stempe'rare] v. tr. PR. e FIG. délayer. || ARTI, TECN. détremper. ◆ v. rifl. PR. se détremper. || FIG. *stemperarsi in lagrime,* fondre en larmes.
stemperato [stempe'rato] agg. [diluito] fondu, délayé. || [di metalli] détrempé. || [privo di punta] épointé.
stemperatura [stempera'tura] f. (raro) délayage m., détrempe.
stempiarsi [stem'pjarsi] v. rifl. se dégarnir (sur les tempes), devenir chauve, se déplumer (fam.).
stempiatura [stempja'tura] f. calvitie. | *presentare una stempiatura pronunciata,* avoir les tempes dégarnies.
stemprare [stem'prare] v. tr. V. STEMPERARE.
sten ['stɛn] m. MIL. mitraillette f.
stendardiere [stendar'djɛre] m. porte-étendard.
stendardo [sten'dardo] m. MIL. étendard. || [nelle processioni] bannière f. || BOT. étendard. || FIG. bannière f., étendard.
stendere ['stɛndere] v. tr. [distendere] étendre, étaler. | *stendere la biancheria,* étendre le linge. | *stendere dei giornali sul tavolo,* étaler des journaux sur la table. | *stendere le gambe,* étendre, allonger les jambes. | *stendere le braccia,* allonger les bras. | *stendere la mano,* tendre la main. || PER EST. *stendere qlcu. a terra,* étendre, coucher, laisser qn sur le carreau (fam.). | *con un pugno solo lo stese,* il l'étala d'un seul coup de poing. | *lo stese con una revolverata,* il le descendit (pop.) d'un coup de revolver. || [spalmare] étendre, étaler. || FIG. [redigere] dresser, libeller, formuler, rédiger, écrire, coucher qch. par écrit. | *stendere un verbale, un inventario,* dresser un procès-verbal, un inventaire. ◆ v. rifl. [sdraiarsi] s'étendre, s'allonger, se coucher, s'étaler. | *stendersi comodamente in una poltrona,* s'étaler dans un fauteuil. || [estendersi] s'étendre, s'étaler, s'épandre, se dérouler. | *un'ampia pianura si stende nella valle,* une vaste plaine s'étend, s'étale dans la vallée. | *uno splendido paesaggio si stendeva ai nostri piedi,* un paysage splendide se déroulait à nos pieds. || FIG. [dilungarsi] s'étendre.
stenditoio [stendi'tojo] m. étendoir, séchoir.
stenditura [stendi'tura] f. étendage m.
stenebrare [stene'brare] v. tr. (raro) éclairer. | *stenebrare la mente,* éclairer l'esprit.
stenico ['stɛniko] (**-ci** pl.) agg. MED. sthénique.
steno ['stɛno] m. FIS. sthène.
stenodattilografia [stenodattilogra'fia] f. sténodactylographie.
stenodattilografo [stenodatti'lɔgrafo] (**-a** f.) m. sténodactylographe n., sténodactylo n., sténo n.
stenografare [stenogra'fare] v. tr. sténographier.
stenografia [stenogra'fia] f. sténographie.
stenografico [steno'grafiko] (**-ci** pl.) agg. sténographique.
stenografo [ste'nɔgrafo] (**-a** f.) m. sténographe n.
stenogramma [steno'gramma] m. sténogramme.
stenosi [ste'nɔzi] f. MED. sténose. | *stenosi mitralica,* rétrécissement mitral.
stenotipia [stenoti'pia] f. sténotypie.
stenotipista [stenoti'pista] n. sténotypiste.
stentacchiare [stentak'kjare] v. intr. FAM. avoir du mal (à) (L.C.).
stentare [sten'tare] v. intr. avoir du mal (à), avoir de

la peine (à), avoir des difficultés (à). | *stento a crederlo,* j'ai (de la) peine à le croire. | *stenta sempre a pagare,* il est dur à la détente (fam.). ◆ v. tr. être dans la gêne. | *stentare la vita, il pane,* vivre dans la gêne.

stentatamente [stentata'mente] avv. péniblement, avec peine, avec bien du mal, malaisément. | *il lavoro procede stentamente,* le travail avance péniblement.

stentatezza [stenta'tettsa] f. difficulté.

stentato [sten'tato] agg. **1.** [ottenuto con sforzo e fatica] difficile, pénible. | *vittoria stentata,* victoire difficile. | *lavoro stentato,* travail pénible. | *ottenere una promozione stentata,* être reçu de justesse. || **2.** [sforzato, non naturale] forcé. | *sorriso stentato,* sourire forcé. | *prosa stentata,* prose laborieuse. || **3.** [venuto su a stento] rabougri, chétif, grêle. | *pianta stentata,* plante rabougrie. | *ragazzo stentato,* enfant chétif. || **4.** [contrassegnato da sacrifici e privazioni] de misère, difficile. | *fare una vita stentata,* mener une vie de misère, manger de la vache enragée (fam.).

1. stento ['stɛnto] agg. REGION. (tosc.). V. STENTATO.

2. stento ['stɛnto] m. [esperienza di privazioni e disagi] privation f., gêne f. | *volto segnato dagli stenti,* visage marqué par les privations. | *vita piena di stenti,* vie de misère. || [sforzo continuato] peine f., difficulté f. | *senza stento,* sans effort. ◆ loc. avv. ***a stento,*** avec peine, à grand-peine, difficilement, laborieusement. | *cammina a stento,* il marche clopin-clopant, il a des difficultés à marcher. | *a stento posso crederlo,* j'ai peine à le croire. | *contenersi a stento,* se tenir à quatre (fam.), se retenir à grand-peine.

stentoreo [sten'tɔreo] agg. retentissant, de stentor, tonitruant (fam.). | *voce stentorea,* voix de stentor.

steppa ['steppa] f. steppe.

steppico ['steppiko] (**-ci** pl.) o **stepposo** [step'poso] agg. steppique.

sterco ['stɛrko] m. excrément. || [equino] crottin, crotte f. || [bovino] bouse f. || [di uccelli] fiente f.

stercoraceo [sterko'ratʃeo] agg. stercoral.

stercorario [sterko'rarjo] agg. e m. ZOOL. stercoraire. | *scarabeo stercorario,* bousier.

stereobate [stere'ɔbate] m. ARCHIT. stéréobate.

stereofonia [stereofo'nia] f. stéréophonie.

stereofonico [stereo'fɔniko] (**-ci** pl.) agg. stéréophonique.

stereometria [stereome'tria] f. GEOM. stéréométrie.

stereoscopia [stereosko'pia] f. stéréoscopie.

stereoscopico [stereos'kɔpiko] (**-ci** pl.) agg. stéréoscopique.

stereoscopio [stereos'kɔpjo] m. stéréoscope.

stereotipare [stereoti'pare] v. tr. stéréotyper. || FIG. *frasi stereotipate,* phrases stéréotypées. | *sorriso stereotipato,* sourire figé.

stereotipia [stereoti'pia] f. stéréotypie, clichage m. || [lastra] stéréotype m., cliché m.

stereotipo [stere'ɔtipo] agg. TIP. stéréotype (antiq.). || FIG. stéréotypé. | *sorriso stereotipo,* sourire stéréotypé, figé.

sterile ['stɛrile] agg. stérile. | *cavalla sterile,* jument bréhaigne. | *albero sterile,* arbre infructueux. || FIG. *ingegno sterile,* esprit infertile, stérile. | *discussione sterile,* discussion stérile. || MED. [sterilizzato] stérile. | *ambiente sterile,* milieu stérile.

sterilire [steri'lire] v. tr. stériliser. || FIG. rendre stérile.

sterilità [sterili'ta] f. PR. e FIG. stérilité.

sterilizzare [sterilid'dzare] v. tr. stériliser, aseptiser. | *sterilizzare alla fiamma,* flamber.

sterilizzato [sterilid'dzato] agg. stérilisé.

sterilizzatore [steriliddza'tore] (**-trice** f.) agg. stérilisant. ◆ m. stérilisateur.

sterilizzazione [steriliddzat'tsjone] f. stérilisation.

sterlina [ster'lina] f. livre sterling.

sterminare [stermi'nare] v. tr. exterminer, détruire.

sterminatamente [sterminata'mente] avv. à l'infini, à perte de vue.

sterminatezza [stermina'tettsa] f. immensité.

sterminato [stermi'nato] agg. illimité, infini, immense. | *pianura sterminata,* plaine immense. || FIG. [smisurato] démesuré. | *è di una presunzione sterminata,* il est d'un orgueil démesuré.

sterminatore [stermina'tore] (**-trice** f.) agg. e m. exterminateur, trice.

sterminio [ster'minjo] m. extermination f. | *fu un vero sterminio,* ce fut un véritable carnage. || FIG., FAM. [quantità enorme] tas, infinité (L.C.). | *uno sterminio di gente,* un tas de monde, un monde fou.

sterna ['stɛrna] f. ZOOL. sterne.

sternale [ster'nale] agg. ANAT. sternal.

sterno ['stɛrno] m. ANAT. sternum. || [di uccelli] bréchet.

sternutare [sternu'tare] v. intr. V. STARNUTIRE.

sternutire [sternu'tire] v. intr. V. STARNUTIRE.

sternuto [ster'nuto] m. V. STARNUTO.

stero ['stɛro] m. stère.

sterolo [ste'rɔlo] m. CHIM. stérol.

sterpaglia [ster'paʎʎa] f. [groviglio di sterpi] broussailles pl. || [terreno coperto di sterpi] terrain broussailleux, brousse.

sterpaia [ster'paja] f. o **sterpaio** [ster'pajo] m. terrain embroussaillé, broussailleux.

sterpame [ster'pame] m. broussailles f. pl.

sterpare [ster'pare] v. tr. (lett.) débroussailler. || [le erbacce] désherber.

sterpeto [ster'peto] m. terrain embroussaillé, broussailles f. pl.

sterpigno [ster'piɲɲo] agg. broussailleux, embroussaillé.

sterpo ['stɛrpo] m. [ramoscello secco] brindille f. || [ramoscello spinoso] ronce f., broussaille f.

sterposo [ster'poso] agg. broussailleux, embroussaillé, couvert de broussailles, de ronces.

sterramento [sterra'mento] m. déblaiement.

sterrare [ster'rare] v. tr. déblayer, terrasser.

sterratore [sterra'tore] m. terrassier.

sterro ['stɛrro] m. terrassement, déblai, déblaiement. || [terra asportata] déblais pl.

stertore [ster'tore] m. MED. stertor.

sterzare [ster'tsare] v. tr. AUTOM. braquer, tourner, donner un coup de volant. | *sterzare a destra,* tourner à droite. || FIG. donner un coup de barre.

sterzata [ster'tsata] f. AUTOM. braquage m., coup (m.) de volant. || CICL. coup de guidon. || FIG. coup (m.) de barre. | *una sterzata a sinistra,* un coup de barre à gauche.

sterzatura [stertsa'tura] f. braquage m.

sterzo ['stɛrtso] m. AUTOM. volant, direction f. | *tirante di sterzo,* barre de direction. || CICL. guidon.

stesa ['stesa] f. étendage m., étalement m.

steso ['steso] agg. étendu, étalé, déplié. || PER EST. [sdraiato] étendu.

stesso ['stesso] agg. [identico, uguale] même. | *la stessa forma,* la même forme. | *nello stesso modo,* de la même façon. | *nello stesso tempo ; al tempo stesso,* en même temps. | *è sempre la stessa cosa,* c'est toujours la même chose. || [sostantiv.] *siamo sempre alle stesse !,* c'est toujours la même histoire ! || [rafforzativo] même. | *egli stesso me lo disse,* lui-même me l'a dit. | *la cosa (di) per sé stessa non è grave,* la chose en elle-même n'est pas grave. | *con i miei stessi occhi, con le mie stesse mani,* de mes (propres) yeux, de mes (propres) mains. | *in questo luogo stesso,* ici même. | *oggi stesso,* aujourd'hui même. | *i suoi stessi amici lo disapprovano,* ses amis mêmes, même ses amis le désapprouvent. || [in persona] même, en personne. | *è la bellezza stessa (fatta persona),* c'est la beauté même (en personne). | *ne rispondo io stesso,* j'en réponds personnellement. | *verrà il direttore stesso,* le directeur en personne viendra. ◆ pron. le même, la même, les mêmes. | *è sempre lo stesso,* il est toujours le même. | *non è più la stessa,* ce n'est plus la même. | *vengono sempre gli stessi,* ce sont toujours les mêmes qui viennent. || [neutro] la même chose. | *fa lo stesso, è lo stesso,* c'est la même chose, cela revient au même, c'est égal. ◆ avv. FAM. *lo stesso,* tout de même, quand même, malgré tout.

stesura [ste'sura] f. rédaction, libellé m. ; [ciascuna delle redazioni] version. || [applicazione di una sostanza] couche.

stetoscopio [stetos'kɔpjo] m. MED. stéthoscope.

stevola ['stevola] f. V. STEGOLA.

steward ['stjuəd] m. [ingl.] steward.

stia ['stia] f. cage à poules, épinette, mue. ‖ [per pulcini] poussinière.
stiacciato [stjat'tʃato] m. ARTI méplat.
stibina [sti'bina] f. CHIM. stibine.
stick [stik] m. [ingl.] stick.
stiepidire [stjepi'dire] v. tr. attiédir.
stiffelius [stif'fɛljus] m. redingote f.
stigio ['stidʒo] agg. MITOL. du Styx. ‖ PER EST. infernal.
stigliare [stiʎ'ʎare] v. tr. TECN. teiller, tiller.
stigma ['stigma] (**-i** pl.) m. PR. e FIG. stigmate. | *porta sulla faccia lo stigma della stoltezza,* il porte sur le visage les stigmates de la stupidité. ‖ BOT., ZOOL. stigmate.
stigmate ['stigmate] f. pl. V. STIMMATE.
stigmatismo [stigma'tizmo] m. FIS. stigmatisme.
stigmatizzare [stigmatid'dzare] v. tr. PR. e FIG. stigmatiser.
stigmatizzazione [stigmatiddzat'tsjone] f. stigmatisation.
stilare [sti'lare] v. tr. rédiger, dresser, formuler.
stile ['stile] m. ARTI, GRAMM., LETT. style. | *mobili (di) stile Luigi XIII,* meubles (de style) Louis XIII. ‖ [caratteristica personale] style, cachet, élégance f. | *avere stile,* avoir du style, de la classe, du cachet. | *è una persona che ha molto stile,* c'est une personne qui a beaucoup de classe. | *domestico che ha stile,* domestique stylé. | *veste senza stile,* il s'habille sans élégance. | *un ricevimento in grande stile,* une réception de grand style, fastueuse. | *essere vecchio stile,* être vieux jeu. ‖ SPORT *stile libero,* nage (f.) libre ; crawl. ‖ ANTIQ. V. STILO.
stilè [sti'lɛ] agg. [raffinato] stylé.
stilema [sti'lɛma] (**-i** pl.) m. procédé stylistique.
stilettare [stilet'tare] v. tr. (raro) poignarder (L.C.).
stilettata [stilet'tata] f. coup (m.) de stylet, de poignard. ‖ FIG. [dolore acuto] élancement m. ‖ [grave colpo] coup m. | *quella notizia fu per me una stilettata al cuore,* cette nouvelle a été pour moi comme un coup de poignard.
stiletto [sti'letto] m. stylet.
stilismo [sti'lizmo] m. LETT. stylisme.
stilista [sti'lista] m. e f. styliste.
stilistica [sti'listika] f. stylistique.
stilistico [sti'listiko] (**-ci** pl.) agg. stylistique ; du, de style. | *effetti stilistici,* effets de style.
stilita [sti'lita] o **stilite** [sti'lite] m. stylite.
stilizzare [stilid'dzare] v. tr. styliser.
stilizzazione [stiliddzat'tsjone] f. stylisation.
stilla ['stilla] f. LETT. goutte (L.C.).
stillamento [stilla'mento] m. (raro) suintement.
stillare [stil'lare] v. intr. suinter, découler (antiq.), s'écouler, perler. ‖ [di piante] pleurer. ◆ v. tr. (raro) [distillare] distiller. ‖ FIG. FAM. *stillarsi il cervello,* se creuser la cervelle, se casser la tête. ‖ LETT. [versare lentamente] laisser tomber goutte à goutte (L.C.). | *il tronco del pino stilla resina,* le tronc du pin exsude de la résine. | *stillare sudore,* ruisseler de sueur.
stillazione [stillat'tsjone] f. suintement m. ‖ (raro) distillation.
stillicidio [stilli'tʃidjo] m. stillation f., suintement, égouttement. ‖ FIG. succession f., suite f., répétition continuelle, harcèlement. | *uno stillicidio di visite,* une succession, un défilé ininterrompu de visiteurs. | *uno stillicidio di critiche,* un harcèlement de critiques.
stilnovo [stil'nɔvo] m. [scuola poetica italiana del '200 e '300] « stilnovo ».
stilo ['stilo] m. [ago della meridiana] style. ‖ [stiletto] stylet. ‖ [braccio della stadera] fléau. ‖ BOT. style. ‖ ZOOL. stylet. ‖ ANTIQ. [asticciola aguzza per scrivere] style.
stilobate [sti'lɔbate] m. ARCHIT. stylobate.
stilografica [stilo'grafika] f. stilographe m., stylo m. (L.C.).
stilografico [stilo'grafiko] (**-ci** pl.) agg. stylographique. | *penna stilografica,* stylo m.
stiloide [sti'lɔide] agg. ANAT. styloïde.
stima ['stima] f. [considerazione] estime. | *avere stima di qlcu.,* avoir de l'estime pour qn, estimer qn. | *avere molta stima di qlcu.,* avoir qn en haute estime. | *godere di molta stima,* jouir d'un grand crédit. ‖ [determinazione del valore] estimation, évaluation, expertise. | *stima preventiva,* devis estimatif. ‖ MAR. estime.
stimabile [sti'mabile] agg. estimable.
stimare [sti'mare] v. tr. [valutare] estimer, évaluer, juger, expertiser. | *stimare un quadro,* expertiser un tableau. ‖ [tenere in buona considerazione] estimer. ‖ [ritenere] croire, juger, estimer. | *stimo che sia meglio,* j'estime qu'il vaut mieux. ◆ v. rifl. s'estimer. | *stimarsi capace di,* s'estimer, se juger capable de.
stimato [sti'mato] agg. [considerato] estimé, considéré. ‖ COMM. *la vostra stimata (V/S) del,* votre honorée du. ‖ [valutato] estimé, évalué. ‖ MAR. estimé.
stimatore [stima'tore] (**-trice** f.) m. expert, estimateur (raro). ‖ [ammiratore] estimateur (antiq., lett.), appréciateur.
stimma ['stimma] m. V. STIGMA.
stimmate ['stimmate] f. pl. stigmates m. pl.
stimolante [stimo'lante] agg. e m. PR. e FIG. stimulant.
stimolare [stimo'lare] v. tr. PR. aiguillonner. ‖ FIG. [eccitare, spingere] stimuler, exciter, éveiller, encourager, aiguillonner. | *i viaggi stimolano l'intelligenza,* les voyages éveillent l'intelligence. | *lo stimolarono a reagire,* ils l'encouragèrent à réagir. | *era stimolato dall'invidia,* il était éperonné par l'envie. ‖ FIG. stimuler. | *stimolare l'appetito,* stimuler, aiguiser l'appétit.
stimolatore [stimola'tore] (**-trice** f.) agg. stimulant. ◆ n. [provocatore] provocateur, trice.
stimolazione [stimolat'tsjone] f. stimulation.
stimolo ['stimolo] m. [incitamento] stimulant, aiguillon, coup de fouet. | *ha bisogno di uno stimolo per continuare,* il a besoin d'un coup de pouce pour continuer. ‖ [impulso] impulsion f. ‖ ANTIQ. [pungolo] aiguillon. ‖ FISIOL. stimulus.
stinco ['stinko] m. tibia. ‖ FIG. *non è uno stinco di santo,* ce n'est pas un petit saint. ‖ ANAT., ZOOL. canon. ‖ CULIN. *stinco di vitello,* jarret de veau.
stingere ['stindʒere] v. tr. déteindre. ◆ v. intr. e rifl. déteindre, se décolorer.
stinto ['stinto] agg. déteint. ‖ [sbiadito] défraîchi, fané.
stipa ['stipa] f. [legname da ardere] petit bois sec, menu bois, brindilles pl. ‖ FIG. entassement m. ‖ BOT. V. ALFA.
1. stipare [sti'pare] v. tr. entasser. ◆ v. rifl. s'entasser, s'amasser, se presser.
2. stipare [sti'pare] v. tr. débroussailler.
stipato [sti'pato] agg. [accalcato] entassé, serré ; encaqué (fam.). ‖ [zeppo] bondé, archibondé, archicomble, archiplein.
stipendiare [stipen'djare] v. tr. [assumere] engager. ‖ (raro) [corrispondere uno stipendio] rétribuer, payer.
stipendiato [stipen'djato] agg. salarié, à gages. ◆ n. salarié.
stipendio [sti'pɛndjo] m. [retribuzione fissa] appointements pl. ‖ [di impiegati] traitement. ‖ [di pubblico ufficiale] émoluments pl. ‖ LOC. *avere al proprio stipendio,* avoir à sa dépendance.
stipettaio [stipet'tajo] m. ébéniste.
stipetto [sti'petto] m. petit meuble.
stipite ['stipite] m. EDIL. chambranle, montant, jambage. ‖ BOT. stipe. ‖ FIG. [ceppo] (raro) souche f. (L.C.).
stipo ['stipo] m. [mobile] chiffonnier, cabinet.
stipola ['stipola] o **stipula** ['stipula] f. BOT. stipule.
stipsi ['stipsi] f. MED. constipation.
stipula ['stipula] f. stipulation. (V. anche STIPOLA.)
stipulante [stipu'lante] agg. e n. GIUR. stipulant.
stipulare [stipu'lare] v. tr. stipuler.
stipulazione [stipulat'tsjone] f. (raro) V. STIPULA.
stiracchiamento [stirakkja'mento] m. étirement. ‖ FIG. marchandage.
stiracchiare [stirak'kjare] v. tr. étirer. | *stiracchiare le braccia,* étirer ses bras. ‖ FIG., FAM. [lesinare] rogner sur les dépenses, calculer à un sou près. | *stiracchiare la vita,* tirer le diable par la queue. ‖ [discutere su un prezzo] marchander. ‖ [forzare il significato] forcer. ◆ v. rifl. s'étirer.
stiracchiatamente [stirakkjata'mente] avv. avec difficulté.
stiracchiato [stirak'kjato] agg. [stentato, forzato] forcé ; tiré par les cheveux ; à la noix (fam.). | *riso stiracchiato,* rire forcé.

stiracchiatura [stirakkja'tura] f. (raro) étirement m. ‖ FIG. [forzatura] expression forcée. | *spiegazione che è tutta una stiracchiatura*, explication tirée par les cheveux.
stiramento [stira'mento] m. étirement. ‖ TESS. étirage. ‖ MED., SPORT élongation f., claquage. | *farsi uno stiramento muscolare*, se claquer un muscle.
stirare [sti'rare] v. tr. [distendere] étirer, allonger. ‖ [col ferro da stiro] repasser. | *ferro per stirare*, fer à repasser. ‖ TECN., TESS. étirer. ◆ v. rifl. FAM. s'étirer, s'étendre. ‖ SPORT se faire une élongation, se claquer un muscle.
stirata [sti'rata] f. coup (m.) de fer.
stiratoio [stira'tojo] m. IND. TESS. étireuse f., banc d'étirage. ‖ [tavolo da disegno] table (f.) à dessin.
stiratore [stira'tore] m. [operaio] étireur.
stiratrice [stira'tritʃe] f. [macchina] étireuse, banc (m.) d'étirage. ‖ [donna che stira la biancheria] repasseuse.
stiratura [stira'tura] f. [dei panni] repassage m. ‖ MED. élongation, claquage m. ‖ TECN. étirage m.
stireria [stire'ria] f. blanchisserie.
stiro ['stiro] m. LOC. *ferro da stiro*, fer à repasser.
stirolo [sti'rɔlo] m. CHIM. styrène, styrolène.
stirpe ['stirpe] f. [origine] origine, souche. | *di antica stirpe*, de vieille souche. | *popoli di stirpe diversa*, peuples d'origine différente. ‖ [discendenza] lignée, race, descendants m. pl. | *una stirpe di eroi*, une race de héros.
stiticheria [stitike'ria] f. FAM. avarice.
stitichezza [stiti'kettsa] f. MED. constipation. ‖ FIG. avarice.
stitico ['stitiko] (**-ci** pl.) agg. MED. constipé. ‖ FIG. avare, radin (fam.).
1. stiva ['stiva] f. MAR. cale.
2. stiva ['stiva] f. AGR. (lett.) [manico dell'aratro] mancheron m.
stivaggio [sti'vaddʒo] m. MAR. arrimage.
stivalaio [stiva'lajo] m. bottier.
stivalata [stiva'lata] f. coup (m.) de botte.
stivalato [stiva'lato] agg. (raro) botté.
stivale [sti'vale] m. botte f. | *mettersi gli stivali*, mettre ses bottes, se botter. ‖ LOC. FIG. *lustrare gli stivali a qlcu.*, cirer, lécher (fam.) les bottes de, à qn. ‖ PEGGIOR. *dei miei stivali*, de quatre sous, à la noix (fam.), de pacotille. ‖ LETT. *il gatto con gli stivali*, « le Chat botté ».
stivaletto [stiva'letto] m. bottillon, bottine f., botte f.
stivamento [stiva'mento] m. MAR. arrimage.
stivare [sti'vare] v. tr. MAR. arrimer. | *stivare le merci*, arrimer les marchandises (dans la cale). ‖ (raro) [ammucchiare] entasser, empiler.
stivatore [stiva'tore] m. MAR. arrimeur. | *capo stivatore*, calier.
stizza ['stittsa] f. dépit m., colère. | *atto di stizza*, geste de dépit. | *moto di stizza*, mouvement d'humeur. | *pieno di stizza*, irrité, dépité, courroucé.
stizzire [stit'tsire] v. tr. dépiter, causer du dépit, irriter, agacer. ◆ v. rifl. s'emporter, s'irriter.
stizzito [stit'tsito] agg. irrité, dépité.
stizzosamente [stittsosa'mente] avv. avec dépit, rageusement.
stizzoso [stit'tsoso] agg. hargneux, irritable, emporté, grincheux, rageur. | *vecchio stizzoso*, vieillard grincheux. | *carattere stizzoso*, caractère emporté, hargneux. | *parole stizzose*, mots rageurs.
sto [sto] agg. POP. V. QUESTO.
stoccafisso [stokka'fisso] m. stockfisch, merluche f. ‖ FIG. FAM. grande perche, échalas (L.C.), dépendeur d'andouilles (pop.), escogriffe (fam.).
stoccaggio [stok'kaddʒo] m. COMM. stockage.
stoccata [stok'kata] f. estocade, coup (m.) d'épée. ‖ FIG. [dolore improvviso] coup d'épée. ‖ FIG. [battuta pungente] pointe, brocard m. ‖ SPORT [calcio] shoot m. (ingl.).
1. stocco ['stɔkko] m. STOR. estoc.
2. stocco ['stɔkko] m. BOT. (raro) quenouille (de maïs).
stock [stɔk] m. [ingl.] stock.
stoffa ['stɔffa] f. étoffe, tissu m. | *stoffa di lana*, lainage m., drap m. ‖ FIG. FAM. *avere della stoffa*, avoir de l'étoffe.
stoicismo [stoi'tʃizmo] m. FILOS. stoïcisme.
stoico ['stɔiko] (**-ci** pl.) agg. FILOS. stoïcien. ‖ FIG. stoïque. ◆ m. PR. e FIG. stoïcien.
stoino [sto'ino] m. paillasson. ‖ [da finestra] store.
stola ['stɔla] f. RELIG. étole. ‖ PER EST. [striscia di pelliccia] étole. ‖ [a Roma] épitoge.
stolidezza [stoli'dettsa] f. LETT. V. STOLTEZZA.
stolidità [stolidi'ta] f. V. STOLTEZZA.
stolido ['stɔlido] agg. LETT. V. STOLTO.
stollo ['stollo] m. mât, poteau.
stolone [sto'lone] m. BOT. stolon, coulant.
stoltamente [stolta'mente] avv. sottement, stupidement.
stoltezza [stol'tettsa] f. sottise, bêtise, imbécillité.
stoltiloquio [stolti'lɔkwjo] m. LETT. galimatias (L.C.), verbiage (L.C.).
stoltizia [stol'tittsja] f. (antiq.) V. STOLTEZZA.
stolto ['stolto] agg. sot, imbécile.
stomacale [stoma'kale] agg. stomacal. ‖ ANTIQ. [stomachico] stomachique.
stomacare [stoma'kare] v. tr. PR. e FIG. écœurer, dégoûter. | *essere stomacato*, avoir le cœur barbouillé.
stomachevole [stoma'kevole] agg. PR. e FIG. écœurant, dégoûtant, dégueulasse (volg.).
stomachico [sto'makiko] (**-ci** pl.) agg. stomachique.
stomaco ['stɔmako] m. estomac ; buffet (pop.). | *stomaco forte*, estomac solide. | *avere mal di stomaco*, avoir mal à l'estomac, avoir des maux d'estomac. | *avere lo stomaco vuoto*, avoir l'estomac creux. | *sentire un vuoto nello stomaco*, avoir un creux à l'estomac. | *a stomaco pieno*, après manger, après les repas. | *riempirsi lo stomaco*, se remplir l'estomac, s'en mettre plein la panse (fam.), s'en coller plein la lampe (pop.). | *dare di stomaco*, vomir. ‖ PR. e FIG. *rivoltare lo stomaco*, retourner l'estomac, soulever le cœur. | *avere qlco. sullo stomaco*, avoir qch. sur l'estomac. ‖ FIG. *stomaco di ferro, di struzzo*, estomac d'autruche (fam.). | *le sue parole mi sono rimaste sullo stomaco*, ses paroles me sont restées sur le cœur. | *fare qlco. contro stomaco*, faire qch. à contre-cœur. | *mi sta sullo stomaco*, je ne peux pas l'encaisser, le sentir, le souffrir, le piffer (pop.). ‖ FAM. [capacità di sopportare] estomac, courage. | *ci vuole un bello stomaco a*, il faut un certain courage, il faut avoir de l'estomac pour.
stomatico [sto'matiko] (**-ci** pl.) agg. BOT., MED. stomatique. V. anche STOMACHICO.
stomatite [stoma'tite] f. MED. stomatite.
stomatologia [stomatolo'dʒia] f. MED. stomatologie.
stomatologico [stomato'lɔdʒiko] (**-ci** pl.) agg. MED. stomatologique.
stomatologo [stoma'tɔlogo] m. MED. stomatologiste, stomatologue.
stonare [sto'nare] v. tr. MUS. fausser (antiq.), ne pas réussir. ‖ FIG. [sconcertare] troubler, bouleverser. ◆ v. tr. assol. MUS. détonner ; chanter, jouer faux. | *cantante che stona*, chanteur qui détonne, qui chante faux. ◆ v. intr. [contrastare] détonner, jurer, dissoner, être déplacé, n'être pas dans la note. | *quello oggetto stonava con il resto*, cet objet n'était pas dans la note.
stonata [sto'nata] f. FAM. V. STONATURA.
stonato [sto'nato] agg. MUS. faux. | *nota stonata*, fausse note, canard m. (fam.), couac m. | *pianoforte stonato*, piano désaccordé. | *cantante stonato*, chanteur qui chante faux. ‖ FIG. [che non si armonizza] déplacé. | *un discorso stonato*, des propos déplacés. | *cravatta stonata*, cravate qui jure. | *la sua presenza era una nota stonata*, sa présence était une fausse note. ‖ FIG. [stordito] étourdi, ahuri, abruti.
stonatura [stona'tura] f. MUS. fausse note, faux accord, canard m. (fam.), couac m. ‖ FIG. [discordanza] fausse note.
stop [stɔp] m. stop. ‖ [con valore verbale] *stop !*, halte ! ‖ SPORT [calcio] blocage.
stoppa ['stoppa] f. étoupe. ‖ PER EST. filasse. | *capelli di stoppa*, cheveux filasse. | *carne che sembra stoppa*, viande filandreuse. ‖ LOC. FIG. *mi sento le gambe di stoppa*, j'ai les jambes en coton (fam.).
stoppaccio [stop'pattʃo] m. bourre f.
stoppaccioso [stoppat'tʃoso] agg. FAM. filandreux (L.C.), fibreux (L.C.).

1. stoppare [stop'pare] v. tr. SPORT [calcio] bloquer.
2. stoppare [stop'pare] v. tr. étouper (L.C.), calfater (L.C.).
stoppata [stop'pata] f. SPORT blocage m.
stoppia ['stoppja] f. éteule, chaume m.
stoppino [stop'pino] m. [di candela, accendino] mèche f. || [miccia ricoperta di cera per illuminare] rat-de-cave. || MIL. étoupille f.
stopposo [stop'poso] agg. *capelli stopposi,* cheveux filasse. || [frutta] fibreux, cotonneux. || [carne] fibreux, filandreux.
storace [sto'ratʃe] m. BOT. storax, styrax.
storcere ['stɔrtʃere] v. tr. tordre, distordre. | *storcere un chiodo,* tordre un clou. | *storcersi un polso,* se tordre, se fouler un poignet. | *storcere il naso, la bocca,* faire la grimace. | *storcere gli occhi,* loucher. || TECN. tordre, bistourner. || FIG. [alterare il senso] forcer, fausser. ◆ v. rifl. se tordre. || TECN. se tordre, se gauchir, se déjeter, gauchir (intr.).
storcimento [stortʃi'mento] m. gauchissement, torsion f.
stordimento [stordi'mento] m. étourdissement. || [sbigottimento] ahurissement, abasourdissement.
stordire [stor'dire] v. tr. [con un colpo] étourdir, assommer. || [intontire] étourdir, assourdir. || [di vino] monter à la tête. | *vino che stordisce,* vin capiteux. || FIG. [sbalordire] ahurir, abasourdir, sidérer (fam.). ◆ v. rifl. s'étourdir.
storditaggine [stordi'taddʒine] f. étourderie.
storditamente [stordita'mente] avv. étourdiment, à l'étourdie.
storditezza [stordi'tettsa] f. V. STORDITAGGINE.
stordito [stor'dito] agg. [intontito, frastornato] étourdi. | *essere stordito,* être étourdi, être dans le cirage (fam.). || SPORT sonné (fam.). || [sbadato] étourdi, évaporé. ◆ m. étourdi, écervelé.
storia ['stɔrja] f. **1.** histoire. | *la storia di Francia,* l'histoire de France. | *la storia sacra,* l'histoire sainte. || [racconto] histoire, récit m. | *delle storie strampalate,* des histoires à dormir debout. || **2.** FIG. [successione di vicende] histoire. | *è una lunga storia,* c'est toute une histoire. | *è sempre la stessa storia, la solita storia,* c'est toujours la même histoire, la même chose, la même chanson (fam.), la même comédie (fam.). || [complicanze] histoire. | *fare delle storie,* faire des histoires, des difficultés. | *quante storie!,* en voilà des histoires! || [fandonia] histoire. | *son tutte storie!,* ce sont des histoires!, ce ne sont que des prétextes! | *poche storie!,* pas d'histoires!, il n'y a pas à tortiller (fam.).
storicismo [stori'tʃizmo] m. FILOS. historisme.
storicista [stori'tʃista] (**-i** pl.) m. historien.
storicistico [stori'tʃistiko] (**-ci** pl.) agg. du point de vue historique.
storicità [storitʃi'ta] f. historicité.
storicizzare [storitʃid'dzare] v. tr. historiciser.
storico ['stɔriko] (**-ci** pl.) agg. historique. ◆ n. historien, enne.
storiella [sto'rjɛlla] f. historiette. || [barzelletta] histoire drôle, bonne histoire. || [fandonia] histoire, blague.
storiografia [storjogra'fia] f. historiographie.
storiografo [sto'rjɔgrafo] n. historiographe.
storione [sto'rjone] m. ZOOL. esturgeon.
stormire [stor'mire] v. intr. LETT. bruire. ◆ m. *lo stormire delle foglie,* le bruissement, le murmure, le friselis des feuilles.
stormo ['stormo] m. [di uccelli] vol, bande f. | *uno stormo di perniciotti,* une compagnie de perdreaux. || [di ragazzi] bande f. || AER. groupe. || LOC. *suonare a stormo,* sonner le tocsin.
stornare [stor'nare] v. tr. [allontanare] éloigner, écarter. || [dissuadere] détourner. || COMM. [annullare] ristourner, résilier. || [in contabilità, rettificare] contre-passer. || [trasferire] virer.
stornellare [stornel'lare] v. intr. chanter des refrains. || [improvvisare] improviser des refrains.
stornellata [stornel'lata] f. improvisation de refrains.
stornellatore [stornella'tore] (**-trice** f.) improvisateur, trice de refrains.
1. stornello [stor'nɛllo] m. refrain.
2. stornello [stor'nɛllo] m. ZOOL. étourneau.
1. storno ['storno] agg. pie.
2. storno ['storno] m. ZOOL. étourneau.
3. storno ['storno] m. [uso contabile, rettifica] contre-passation f. || [assicurazioni] ristourne f. || AMM. [trasferimento] virement, détournement.
storpiare [stor'pjare] v. tr. PR. e FIG. estropier. | *storpiare le parole,* estropier, écorcher les mots. ◆ v. rifl. s'estropier.
storpiatura [storpja'tura] f. PR. e FIG. déformation.
storpio ['stɔrpjo] agg. e n. estropié, éclopé.
1. storta ['stɔrta] f. [torsione] torsion. | *dare una storta a qlco.,* tordre qch. || MED. FAM. [distorsione] entorse, foulure. | *ho preso una storta,* je me suis fait une entorse. || (raro) [svolta] détour m., coude m.
2. storta ['storta] f. CHIM. cornue.
storto ['stɔrto] agg. [che non è diritto] tordu, tortu (lett.). | *gambe storte,* des jambes tordues, cagneuses, torses. | *avere gli occhi storti,* loucher, bigler; avoir un œil qui dit merde à l'autre (pop.), avoir les yeux qui se croisent les bras (pop.). || [sbilenco] bancal. || [di traverso] de travers avv. | *guardar storto,* regarder de travers. || FIG. [falso, sbagliato] faux. || [aberrante] biscornu.
stortura [stor'tura] f. déformation.
stovigliaio [stoviʎ'ʎajo] m. (raro) potier (L.C.).
stoviglie [sto'viʎʎe] f. pl. vaisselle sing.
stoviglieria [stoviʎʎe'ria] f. (raro) [vasellame] vaisselle. || [fabbrica] poterie.
stozzare [stot'tsare] v. tr. MECC. [sagomare] emboutir. || [produrre scanalature] rainer, mortaiser.
stozzatore [stottsa'tore] m. [operaio] emboutisseur.
stozzatrice [stottsa'tritʃe] f. [macchina] emboutisseuse, mortaiseuse.
stozzatura [stottsa'tura] f. [esecuzione di scanalature] mortaisage m. || [sagomatura di lastre] emboutissage m.
stozzo ['stɔttso] m. MECC. emboutissoir.
strabenedire [strabene'dire] v. tr. POP. maudire (L.C.). || LOC. *che Dio lo strabenedica!,* que le diable l'emporte!
strabere [stra'bere] v. intr. trop boire.
strabico ['strabiko] (**-ci** pl.) agg. strabique, bigleux (fam.), bigle (antiq.), louche (antiq.). | *è strabico, ha gli occhi strabici,* il louche, il est atteint de strabisme. ◆ n. strabique, louchon (fam.). | *è uno strabico, una strabica,* il (elle) louche, il (elle) est strabique.
strabiliante [strabi'ljante] agg. extraordinaire, étourdissant, ébouriffant (fam.), faramineux (fam.). | *successo strabiliante,* succès ébouriffant, étourdissant. | *bellezza strabiliante,* beauté extraordinaire.
strabiliare [strabi'ljare] v. intr. s'émerveiller rifl., s'ébahir rifl., s'étonner (rifl.) fortement, être stupéfait, s'ébaubir (lett.). | *tu mi fai strabiliare,* tu m'épates, tu me stupéfies. ◆ v. tr. stupéfier, ébahir, épater (fam.), estomaquer (fam.), ébouriffer (fam.), sidérer (fam.).
strabiliato [strabi'ljato] agg. ébahi, stupéfait, éberlué (fam.), ébaubi (fam.).
strabismo [stra'bizmo] m. MED. strabisme, loucherie f.
straboccare [strabok'kare] v. intr. V. TRABOCCARE.
strabocchevole [strabok'kevole] agg. débordant, regorgeant.
strabuzzare [strabut'tsare] v. tr. LOC. *strabuzzare gli occhi,* rouler les yeux.
stracannaggio [straka'naddʒo] m. IND. TESS. bobinage.
stracannare [strakan'nare] v. tr. IND. TESS. bobiner, envider.
stracarico [stra'kariko] agg. surchargé. | *stracarico di lavoro,* accablé, débordé de travail.
stracca ['strakka] f. (raro) fatigue, épuisement m., lassitude.
straccaggine [strak'kaddʒine] f. (raro) V. STRACCA.
straccale [strak'kale] m. avaloire f.
straccamento [strakka'mento] m. fatigue f.
straccare [strak'kare] v. tr. POP. (raro) crever, claquer, éreinter (L.C.). ◆ v. rifl. se claquer, s'éreinter (L.C.).
stracceria [strattʃe'ria] f. friperie.
stracchezza [strak'kettsa] f. POP. (raro) épuisement m. (L.C.), harassement m. (L.C.).

stracchino [strak'kino] m. [formaggio] stracchino (it.).
stracciaiolo [strattʃa'jɔlo] m. chiffonnier.
stracciare [strat'tʃare] v. tr. déchirer, lacérer. | *che non si può stracciare*, indéchirable. || FIG. *stracciare gli avversari*, écraser les adversaires. || IND. TESS. carder. ◆ v. rifl. se déchirer.
stracciatella [strattʃa'tɛlla] f. [minestra] stracciatella (it.).
stracciato [strat'tʃato] agg. déchiré. || [di chi usa abiti laceri] dépenaillé (fam.).
stracciatura [strattʃa'tura] f. déchirement m. || [effetto] déchirure. || IND. TESS. cardage m.
1. straccio ['strattʃo] agg. déchiré, en loques, en lambeaux. | *carta straccia*, chiffon de papier, vieux papiers, papier-brouillon.
2. straccio ['strattʃo] m. [cencio] chiffon, guenille f., lambeau. | *straccio per la polvere*, chiffon à poussière, essuie-meubles. | *passare lo straccio a terra*, passer la serpillière. || LOC. FIG. *si è ridotto uno straccio*, ce n'est plus qu'une loque. | *non ho nemmeno uno straccio di vestito*, je n'ai plus rien à me mettre. || TESS. strasse f. || (raro) [strappo] déchirure f. ◆ pl. [vestiti logori] haillons, hardes f., vêtements en loques, guenilles f., nippes f. (fam., peggior.), oripeaux, frusques f. (pop.).
straccione [strat'tʃone] (**-a** f.) m. va-nu-pieds invar., loqueteux, euse ; déguenillé, gueux, gueuse.
straccioso [strat'tʃoso] agg. (raro) loqueteux, déguenillé, dépenaillé.
straccivendolo [strattʃi'vendolo] m. chiffonnier.
stracco ['strakko] agg. fatigué, épuisé, éreinté, fourbu, vanné (fam.), claqué (fam.), flapi (fam.), crevé (pop.). | *andatura stracca*, allure fatiguée. || FIG. fatigué, qui manque d'entrain. | *terreno stracco*, terre fatiguée, épuisée. | *sentimento stracco*, sentiment mourant. || LOC. *alla stracca*, sans entrain.
stracollare [strakol'lare] v. tr. FAM. V. SLOGARE.
stracolmo [stra'kolmo] agg. archicomble.
stracotto [stra'kɔtto] agg. trop cuit, archicuit. || FAM. [innamorato] mordu, fou (L.C.). | *è innamorato stracotto*, il est bien mordu. ◆ m. CULIN. bœuf en daube ; daube f.
stracuocere [stra'kwɔtʃere] v. tr. faire trop cuire ; cuire trop longtemps.
strada ['strada] f. **1.** [fra paesi o città] route. | *strada statale*, route nationale. | *strada di circonvallazione*, route de ceinture. | *strada panoramica*, route en corniche. | *strada maestra*, grand-route. | *strada camionabile*, route pour poids lourds. | *strada traversa*, route transversale, chemin de traverse. | *strada mulattiera*, chemin muletier. | *strada ferrata*, voie ferrée, rail m. | *strada senza uscita*, voie sans issue, cul-de-sac m. | *macchina che ha una buona tenuta di strada*, voiture qui tient bien la route. | *uscire di strada*, sortir de la route ; entrer dans le décor (fam.). | *il fondo della strada*, la chaussée. | *a livello della strada*, au niveau de la chaussée. || **2.** [in città] rue. | *all'angolo della strada*, au coin de la rue. | *in strada, per strada*, dans la rue. | *per le strade*, dans les rues. | *in mezzo alla strada*, au milieu de la rue. || FIG. *essere in mezzo alla strada*, être à la rue. | *mettere qlcu. in mezzo alla strada*, mettre qn sur le pavé. | *raccogliere qlcu. dalla strada*, ramasser qn dans le ruisseau. | *l'uomo della strada*, l'homme de la rue. | *donna di strade*, fille des rues. || **3.** PR. e FIG. [direzione, itinerario] chemin m., route. | *mettere sulla buona strada*, mettre dans le bon chemin. | *tutte le strade portano a Roma*, tous les chemins mènent à Rome (prov.). | *sapere la strada*, connaître le chemin. | *insegnare a qlcu. la strada, fare strada a qlcu.*, montrer le chemin à qn. | *che strada fai ?*, quel chemin, quelle route prends-tu ? | *faremo la strada insieme*, nous ferons route ensemble. | *un pezzo di strada*, un bout de chemin. | *sulla mia strada*, sur mon chemin. | *sbagliare la strada*, se tromper de chemin, de route. | *chiedere la strada*, demander son chemin. | *essere sulla strada giusta*, être sur la bonne route, sur le bon chemin, dans la bonne voie. | *ci sono due ore di strada*, c'est à deux heures de route. | *a mezza, a metà strada*, à mi-chemin. | *c'è ancora molta strada ?*, est-ce encore loin ? | *rimanere per strada*, rester en chemin, en rade (fam.). | *fare molta strada*, faire du chemin. | *strada facendo*, chemin faisant, en cours de route. || **4.** [passaggio, varco] PR. e FIG. chemin m. | *aprirsi una strada*, se frayer un chemin. | *farsi strada*, faire son chemin, se faire jour. | *farsi strada nella vita*, faire du chemin. | *trovare la strada fatta*, trouver son chemin tout fait. || **5.** [modo di comportarsi] voie. | *cercare, trovare la propria strada*, chercher, trouver sa voie. | *andare per la propria strada*, faire son chemin (sans s'occuper de rien ni de personne). | *sbagliare strada*, faire fausse route. || LOC. FIG. *mettere fuori strada*, induire en erreur, fourvoyer. || **6.** [mezzo] moyen. | *tentare ogni strada*, tout essayer, recourir à tous les moyens.
stradale [stra'dale] agg. routier, de la route. | *rete stradale*, réseau routier. | *carta stradale*, carte routière. | *codice stradale*, Code de la route. | *incidente stradale*, accident de la route. | *manutenzione stradale*, voirie f. | *fondo stradale*, chaussée f. | *rompere il fondo stradale*, défoncer une route. ◆ f. police de la route.
stradare [stra'dare] v. tr. e intr. V. INSTRADARE.
stradario [stra'darjo] m. annuaire des rues.
stradina [stra'dina] f. petite route. | *stradina incassata*, chemin creux.
stradino [stra'dino] m. cantonnier.
stradista [stra'dista] m. SPORT [corridore] routier.
stradivario [stradi'varjo] m. MUS. [vidino] stradivarius.
stradone [stra'dɔne] m. grand-route f., grande route.
straducola [stra'dukola] f. chemin m.
strafalcione [strafal'tʃone] m. perle f., énormité f.
strafare [stra'fare] v. intr. en faire trop, faire du zèle.
strafatto [stra'fatto] agg. blet, blette f.
straforo (di) [distra'foro] loc. avv. à la dérobée, en cachette. | *l'ho saputo di straforo*, je l'ai su indirectement.
strafottente [strafot'tɛnte] agg. e n. VOLG. insolent (L.C.).
strafottenza [strafot'tɛntsa] f. insolence.
strafottersi [stra'fottersi] v. rifl. VOLG. se foutre, se contrefoutre ; se contreficher, se ficher (fam.). | *me ne strafotto*, je m'en fous, je m'en contrefous. | *e chi se ne strafotte !*, qu'est-ce que ça peut me foutre ! ◆ LOC. AVV. ***a strafottere***, en abondance (L.C.).
strafregarsi [strafre'garsi] v. rifl. VOLG. se contreficher (fam.). | *me ne strafrego*, je m'en moque éperdument (fam.).
strage ['stradʒe] f. massacre m., carnage m., boucherie, tuerie. | *fare una strage*, faire un massacre. || [caccia] *fare strage di*, tuer un grand nombre de, faire une hécatombe de. || PER EST. [di epidemia] *fare strage*, faire des ravages. || FIG. [bocciatura generale] hécatombe. || POP. [grande quantità] grande quantité, tas m.
straglio ['straʎʎo] m. MAR. étai.
stragrande [stra'grande] agg. très grand, immense. | *la stragrande maggioranza*, l'immense majorité.
stralciare [stral'tʃare] v. tr. [eliminare] supprimer. || [separare] extraire. || PER EST. [liquidare] liquider. | *stralciare un'azienda*, liquider une entreprise. || AGR. [potare] tailler.
stralciatura [straltʃa'tura] f. AGR. taille.
stralcio ['straltʃo] m. [separazione da un insieme] extrait. | *legge stralcio*, loi provisoire. || COMM. liquidation f. | *ufficio stralcio*, bureau de liquidation. | *vendere a stralcio*, vendre à prix de liquidation. || LOC. *a stralcio*, jusqu'à liquidation.
strale ['strale] m. (lett.) PR. e FIG. trait, flèche (L.C.).
strallo ['strallo] m. MAR. étai.
stralunare [stralu'nare] v. tr. LOC. *stralunare gli occhi*, rouler les yeux.
stralunato [stralu'nato] agg. hagard. | *un'aria stralunato*, un air égaré.
stramaledire [stramale'dire] v. tr. maudire.
stramazzare [stramat'tsare] v. intr. s'abattre, s'écrouler. | *con un pugno lo fece stramazzare*, il l'étala d'un seul coup de poing. ◆ v. tr. abattre, terrasser.
stramazzata [stramat'tsata] f. chute.
stramazzo [stra'mattso] m. écroulement. || [in idraulica] déversoir.

stramazzone [stramat'tsone] m. écroulement. | *diede uno stramazzone,* il s'écroula par terre.
stramberia [strambe'ria] f. [bizzarria] bizarrerie, extravagance, loufoquerie. || [azione insolita] extravagance, bizarrerie, lubie.
strambo ['strambo] agg. bizarre, baroque, biscornu, farfelu, extravagant, saugrenu ; louf(oque) [fam.]. | *un tipo strambo,* un drôle de type. | *idea stramba,* idée saugrenue, farfelue, baroque. || [storto] [di occhi] bigleux, louche. || [di gambe] cagneux, tors.
strambotto [stram'bɔtto] m. LETT. strambotto. || FIG. [sproposito] bourde f.
strame ['strame] m. [foraggio] fourrage. || [lettiera] litière f.
strampalato [strampa'lato] agg. [di persona] farfelu, extravagant. || [di idee, discorsi] biscornu, saugrenu, abracadabrant (fam.), cocasse (fam.). | *storia strampalata,* histoire délirante, à dormir debout.
strampaleria [strampale'ria] f. bizarrerie, extravagance. | *smetti di dire simili strampalerie,* cesse de dire de telles absurdités.
stranamente [strana'mente] avv. étrangement. | *è vestita stranamente,* elle est drôlement habillée.
stranezza [stra'nettsa] f. étrangeté, bizarrerie, excentricité, extravagance.
strangolamento [strangola'mento] m. étranglement. || MED. strangulation f. | *morte per strangolamento,* mort par strangulation.
strangolare [strango'lare] v. tr. PR. e FIG. étrangler. | *rimanere strangolato,* s'étrangler. || MAR. *strangolare una vela,* étrangler une voile.
strangolatore [strangola'tore] (**-trice** f.) m. étrangleur, euse.
strangolazione [strangolat'tsjone] f. V. STRANGOLAMENTO.
stranguglione [stranguʎ'ʎone] m. VETER. gourme f. || [singulto] hoquet.
straniare [stra'njare] v. tr. écarter, éloigner, détourner, débaucher. ◆ v. rifl. s'éloigner, s'écarter, se détourner.
stranito [stra'nito] agg. égaré, hagard, inquiet ; vaseux (fam.).
strano ['strano] agg. étrange, bizarre, curieux, drôle. | *una strana idea,* une drôle d'idée, une idée bizarre. | *fa una faccia strana,* il fait une drôle de tête, une drôle de figure. | *è vestita in modo strano,* elle est drôlement habillée. | *che strana storia !,* quelle drôle d'histoire ! | *una strana coincidenza,* une curieuse coïncidence.
straordinariato [straordina'rjato] m. NEOL. fonction (f.) de chargé de cours. || surnumérariat (antiq.).
straordinarietà [straordinarje'ta] f. (caractère) [m.] extraordinaire m.
straordinario [straordi'narjo] agg. **1.** extraordinaire. | *avvenimento straordinario,* événement extraordinaire. | *treno straordinario,* train supplémentaire. | *edizione straordinaria,* édition spéciale. | *impiegato straordinario,* (employé) surnuméraire ; extra m. | *fare ore straordinarie,* faire des heures supplémentaires. | *professore straordinario,* professeur agrégé (chargé de cours). || **2.** [insolito] extraordinaire, étonnant, formidable. | *film straordinario,* film à tout casser (fam.). | *niente di straordinario,* rien de rare (fam.). | *non ha niente di straordinario,* ça ne casse rien (fam.). | *per un caso straordinario,* par extraordinaire. ◆ m. extra. | *pagare uno straordinario,* payer un extra. | *fare una ora di straordinario,* faire une heure supplémentaire.
strapagare [strapa'gare] v. tr. payer trop cher, trop payer.
straparlare [strapar'lare] v. intr. parler trop. || [farneticare] divaguer, déraisonner, radoter.
strapazzamento [strapattsa'mento] m. [lo strapazzare] rudoiement (lett.). || [lo strapazzarsi] surmenage.
strapazzare [strapat'tsare] v. tr. [trattare duramente] rudoyer, brusquer, bousculer, malmener, maltraiter. || [rimproverare] houspiller, rabrouer, enguirlander (fam.), engueuler (pop.). || [sciupare] abîmer, esquinter, gâcher. ◆ v. rifl. se surmener, se fatiguer.
strapazzata [strapat'tsata] f. **1.** [rimprovero] réprimande, semonce, savon m. (fam.), engueulade (pop.). | *gli ha dato una bella strapazzata,* il lui a passé un bon savon. || **2.** [affaticamento] surmenage m., grande fatigue. | *è una strapazzata arrivare fin qui,* c'est crevant (pop.), c'est tuant, c'est une vraie corvée que d'arriver jusqu'ici.
strapazzato [strapat'tsato] agg. [in malo stato] en mauvais état. || [affaticato] mal en point, mal fichu (fam.). | *fare una vita strapazzata,* mener une vie de chien. || CULIN. *uova strapazzate,* œufs brouillés.
strapazzo [stra'pattso] m. excès de fatigue, surmenage. | *vita piena di strapazzi,* vie éreintante, tuante, vie de bâton de chaise (fam.). || LOC. *da strapazzo,* de quatre sous, de rien du tout, de pacotille, au rabais (fam.). | *poeta da strapazzo,* rimailleur. | *guidatore da strapazzo,* chauffeur du dimanche. | *chirurgo da strapazzo,* boucher (fam.), charcutier (fam.).
strapazzoso [strapat'tsoso] agg. fatigant, éreintant, tuant, crevant (pop.).
strapieno [stra'pjɛno] agg. archiplein, plein à craquer, bondé, bourré. | *il libro è strapieno di errori,* le livre est bourré, fourmille de fautes. || [assol.] gavé, plein comme un œuf (fam.).
strapiombare [strapjom'bare] v. intr. surplomber (generalmente tr.).
strapiombo [stra'pjombo] m. surplombement. | *precipitare da uno strapiombo,* tomber dans un précipice. || LOC. *a strapiombo,* en surplomb.
strapotente [strapo'tɛnte] agg. tout-puissant, extrêmement puissant.
strapotenza [strapo'tɛntsa] f. o **strapotere** [strapo'tere] m. puissance énorme, écrasante ; toute-puissance f.
strappamento [strappa'mento] m. arrachement, arrachage.
strappare [strap'pare] v. tr. [portar via con violenza] arracher. | *strappare una pagina da un libro,* arracher une page d'un livre. || PR. e FIG. *strapparsi i capelli,* s'arracher les cheveux. || FIG. *strappare un segreto,* arracher, dérober un secret. | *strappare le lacrime,* arracher les larmes, tirer les larmes des yeux. || [lacerare] déchirer. | *strappare una lettera,* déchirer une lettre. | *è tutto strappato,* il est tout déchiré. || *strappare gli angoli di un libro,* écorner un livre. || [assol.] AUTOM. *la frizione strappa,* l'embrayage broute (v. intr.). ◆ v. rifl. s'arracher, se déchirer. || SPORT se claquer un muscle.
strappata [strap'pata] f. violente secousse, coup sec.
strappato [strap'pato] agg. déchiré. | *vestito tutto strappato,* vêtement en lambeaux.
strappatura [strappa'tura] f. déchirure, accroc m.
strappo ['strappo] m. [strattone] coup sec, secousse f. | *a strappi,* par à-coups, par saccades. || [lacerazione] accroc, déchirure f. || MED. *strappo muscolare,* déchirure musculaire. | *farsi uno strappo muscolare,* se claquer, se froisser un muscle. || FIG. entorse f., infraction f. | *fare uno strappo alla regola,* faire une entorse au règlement. | *fare uno strappo alla dieta,* faire un écart de régime. || [passaggio] *mi dai uno strappo fino a casa ?,* est-ce que tu peux m'accompagner jusqu'à la maison ?
strapuntino [strapun'tino] m. strapontin.
strapunto [stra'punto] m. paillasse f. || [coperta] courtepointe f.
straricco [stra'rikko] agg. richissime, très riche ; plein aux as (pop.).
straripamento [straripa'mento] m. débordement.
straripare [strari'pare] v. intr. déborder. | *il fiume è straripato,* la rivière est sortie de son lit, a débordé.
strascicamento [straʃʃika'mento] m. traînement.
strascicare [straʃʃi'kare] v. tr. e intr. traîner. | *strascicare i piedi,* traîner les pieds. || FIG. *strascicare le parole,* traîner sur les mots. || [protrarre a lungo] faire traîner. | *strascicare un lavoro,* faire traîner un travail.
strascicato [straʃʃi'kato] agg. traînant. | *voce strascicata,* voix traînante.
strascichio [straʃʃi'kio] m. traînement.
strascico ['straʃʃiko] m. [scia] traînée f. | *pesca a strascico,* pêche à la traîne. || [abbigliamento] traîne f. | *abito con lo strascico,* robe à traîne. || FIG. conséquence f., suite f., séquelle f., répercussion f. | *gli strascichi di una malattia,* les séquelles, les reliquats

(antiq.) d'une maladie. | *gli strascichi di un affare*, les conséquences malheureuses d'une affaire.
strascinare [straʃʃi'nare] v. tr. traîner. ‖ FIG. *strascinare la vita*, traîner sa vie. ◆ v. rifl. se traîner. ‖ FIG. [protrarsi a lungo] traîner (v. intr.).
strass [stras] m. strass, stras.
stratagemma [strata'dʒɛmma] m. stratagème, ruse (f.) de guerre.
stratega [stra'tɛga] (**-ghi** pl.) m. stratège.
strategia [strate'dʒia] f. PR. e FIG. stratégie.
strategico [stra'tɛdʒiko] (**-ci** pl.) agg. PR. e FIG. stratégique.
stratego [stra'tɛgo] m. V. STRATEGA.
stratificare [stratifi'kare] v. tr. stratifier. ◆ v. rifl. se stratifier.
stratificazione [stratifikat'tsjone] f. PR. e FIG. stratification.
stratigrafia [stratigra'fia] f. stratigraphie.
stratigrafico [strati'grafiko] (**-ci** pl.) agg. stratigraphique.
strato ['strato] m. couche f., enduit. | *uno strato di polvere*, une couche de poussière. | *strato di foglie*, lit, jonchée (f.) de feuilles. ‖ EDIL. *strato di colmo*, faîtage. ‖ GEOL. couche f., strate f. | *strato di sabbia*, lit de sable. ‖ METEOR. *gli strati atmosferici*, les couches atmosphériques. ‖ [tipo di nubi] stratus. ‖ FIG. couche. | *gli strati sociali*, les couches sociales. ‖ LOC. *a strati*, par couches.
stratocumulo [strato'kumulo] m. METEOR. cumulo-stratus, strato-cumulus.
stratosfera [stratos'fɛra] f. stratosphère.
stratosferico [stratos'fɛriko] agg. stratosphérique. ‖ FIG. [esorbitante] astronomique.
stratta ['stratta] f. secousse, saccade. ‖ PR. e FIG. *a stratte*, par saccades.
strattone [strat'tone] m. secousse f., à-coup. | *si liberò con uno strattone*, il se libéra en tirant d'un coup sec.
stravaccarsi [stravak'karsi] v. rifl. se vautrer.
stravaccato [stravak'kato] agg. vautré.
stravagante [strava'gante] agg. extravagant, funambulesque (lett.), excentrique, farfelu, abracadabrant, loufoque (fam.), invraisemblable (fam.). | *un tipo stravagante*, un type excentrique, invraisemblable, farfelu. | *discorsi stravaganti*, des propos abracadabrants. | *progetto stravagante*, projet funambulesque. ◆ n. extravagant, excentrique.
stravaganza [strava'gantsa] f. extravagance, excentricité.
stravaso [stra'vazo] m. V. TRAVASO.
stravecchio [stra'vɛkkjo] agg. très vieux. | *cognac stravecchio*, cognac qui a vieilli.
stravedere [strave'dere] v. tr. [sbagliare] voir mal. ‖ [travedere] *stravedere per qlcu.*, être en adoration devant qn.
stravincere [stra'vintʃere] v. tr. écraser, battre à plate couture (fam.), remporter une victoire écrasante.
stravizio [stra'vittsjo] m. débauche f., excès. ‖ FAM. *darsi agli stravizi*, faire la noce (fam.), se débaucher (L.C.). | *si è rovinato per gli stravizi*, les excès l'ont ruiné.
stravolgere [stra'vɔldʒere] v. tr. altérer, tordre. ‖ FIG. [sconvolgere] bouleverser. | *la notizia gli ha stravolto la mente*, la nouvelle lui a dérangé l'esprit. ‖ FIG. [modificare] déformer, dénaturer, fausser. | *stravolgere la verità*, déformer la vérité. ◆ v. rifl. se tordre.
stravolgimento [stravoldʒi'mento] m. altération f., déformation f.
stravolto [stra'vɔlto] agg. bouleversé, chaviré, hagard. | *occhi stravolti*, yeux hagards. | *mente stravolta*, esprit dérangé. | *viso stravolto*, visage défait.
straziante [strat'tsjante] agg. déchirant, poignant, navrant. | *grida strazianti*, des cris déchirants. | *scena straziante*, spectacle navrant. | *dolore straziante*, douleur épouvantable.
straziare [strat'tsjare] v. tr. torturer, martyriser. ‖ [senso morale] torturer, déchirer, meurtrir. | *il rimorso lo strazia*, il est déchiré par le remords, bourrelé de remords. | *mi si strazia il cuore*, mon cœur se déchire. ‖ [senso uditivo] *musica che strazia gli orecchi*, musique qui écorche les oreilles. ‖ FIG. [sciupare] massacrer. | *straziare un lavoro*, massacrer un travail. | *straziare una canzone*, beugler (fam.) une chanson. | *straziare una lingua*, écorcher une langue.
straziato [strat'tsjato] agg. [senso fisico] martyrisé. ‖ [senso morale] déchiré, torturé, navré, tourmenté. | *straziato dai rimorsi*, déchiré par les remords, bourrelé de remords. | *cuore straziato*, cœur meurtri.
strazio ['strattsjo] m. martyre, supplice, torture f. | *fecero strazio del suo cadavere*, ils massacrèrent, ils mutilèrent son cadavre ; ils s'acharnèrent sur son cadavre. ‖ FIG. déchirement, arrachement ; brisement de cœur. | *è uno strazio vederlo soffrire*, c'est une pitié que de le voir souffrir. | *quel ragazzo è un vero strazio*, ce garçon est une véritable calamité. ‖ LOC. *fare strazio di :* [sciupare] gaspiller ; [di un autore, musica] massacrer. ‖ FAM. supplice, calamité f.
strega ['strega] f. sorcière. ‖ LOC. FIG. *caccia alle streghe*, chasse aux sorcières. ‖ FIG. sorcière, mégère, fée Carabosse. | *una vecchia strega*, une vieille sorcière, une vieille bique (fam.).
stregamento [strega'mento] m. ensorcellement.
stregare [stre'gare] v. tr. ensorceler. ‖ FIG. ensorceler, envoûter, jeter un sort (à).
stregato [stre'gato] agg. ensorcelé, envoûté. | *casa stregata*, maison hantée, ensorcelée.
stregone [stre'gone] m. sorcier. ‖ PER EST. guérisseur ; rebouteux (fam.), rebouteur (fam.).
stregoneria [stregone'ria] f. sorcellerie. ‖ [operazione magica] ensorcellement m., maléfice m.
stregonesco [strego'nesko] agg. relatif aux sorciers, à la sorcellerie.
stregua ['stregwa] f. LOC. *alla stregua di*, comme, à la manière de. | *alla stessa stregua*, de la même manière.
stremare [stre'mare] v. tr. épuiser.
stremato [stre'mato] agg. épuisé, éreinté, fourbu, à bout de forces.
stremo ['strɛmo] m. bout, extrémité f. ‖ LOC. *essere ridotti allo stremo*, être à bout de forces.
strenna ['strɛnna] f. étrennes pl.
strenuo ['strɛnuo] agg. [valoroso] vaillant, brave. ‖ PER EST. infatigable.
strepitare [strepi'tare] v. intr. faire du vacarme. | *il treno passò strepitando*, le train passa dans un grand fracas. ‖ PER EST. [gridare] pester, tempêter, crier.
strepitio [strepi'tio] m. vacarme, fracas.
strepito ['strɛpito] m. vacarme, fracas, tapage. | *richiedere con grande strepito*, réclamer à cor et à cri. ‖ FIG. éclat. | *fare strepito*, faire du bruit, de l'éclat.
strepitosamente [strepitosa'mente] avv. bruyamment. ‖ FIG. avec retentissement, d'une manière éblouissante, éclatante.
strepitoso [strepi'toso] agg. bruyant. ‖ FIG. éclatant, retentissant, fracassant. | *successo strepitoso*, succès fou.
streptococco [strepto'kɔkko] m. MED. streptocoque.
streptomicina [streptomi'tʃina] f. FARM. streptomycine.
stretta ['stretta] f. **1.** PR. étreinte, serrement m. | *stretta di mano*, poignée de main. | *dare una stretta di vite*, donner un tour de vis. | *dare una stretta ai freni*, resserrer les freins. ‖ [abbraccio] étreinte, enlacement m. ‖ **2.** FIG. [fitta] serrement m. | *stretta al cuore*, serrement au cœur. ‖ **3.** [calca] presse. ‖ **4.** [momento culminante] point culminant. | *giungere alla stretta finale*, arriver à la fin. ‖ **5.** LOC. mauvaise passe. | *essere alle strette*, être aux abois. | *mettere qlcu. alle strette*, mettre qn au pied du mur, coincer qn. | *venire alle strette*, arriver à la conclusion. ‖ **6.** GEOGR. défilé m., étranglement m. ‖ MUS. strette.
strettamente [stretta'mente] avv. étroitement. | *cingere strettamente*, enserrer. ‖ [rigorosamente] strictement.
strettezza [stret'tettsa] f. étroitesse. ‖ [scarsità] *strettezza di tempo*, limitation de temps. ◆ pl. [indigenza] gêne (sing.), besoin (m. sing.), embarras (m. sing.), débine (sing., pop.). | *vivere nelle strettezze*, vivre à l'étroit. | *vivere in strettezze*, vivre dans la gêne, dans le besoin.
1. stretto ['stretto] agg. **1.** [angusto] étroit. | *vicolo stretto*, rue étroite. | *scarpe strette*, chaussures étroites. | *vestito stretto*, vêtement étriqué. | *giacca stretta di*

spalle, veste (trop) étroite de carrure. | *giacca stretta in vita*, veste cintrée. | *questo vestito mi va stretto*, cette robe me serre. | *di stretta misura*, de justesse. | *prendere una curva stretta*, prendre un virage un peu court, à la corde. ‖ **2.** [serrato] serré. | *essere stretto in un vestito*, être boudinée dans une robe. | *legare un involto ben stretto*, ficeler un paquet bien serré. | *tienti stretto*, tiens-toi bien. ‖ Loc. *a denti stretti* : Pr. les dents serrées ; FIG. du bout des lèvres, à contrecœur. | *sopportare qlco. a denti stretti, a bocca stretta*, supporter qch. en serrant les dents. | *ridere a denti stretti*, rire jaune. ‖ **3.** [molto vicino] serré, pressé. | *stare stretti*, être à l'étroit. | *stretti l'uno all'altro*, serrés l'un contre l'autre. | *tenere qlcu. stretto a sé*, serrer qn contre soi. ‖ Per est. [intimo] proche, intime. | *parenti stretti*, proches parents. | *in stretti rapporti con qlcu.*, étroitement lié à qn, en rapports étroits avec qn. ‖ **4.** Fig. [rigoroso] strict, rigoureux. | *regola stretta*, règle stricte. | *vigilanza stretta*, étroite surveillance. | *lutto stretto*, grand deuil. | *nel senso stretto*, au sens strict ; stricto sensu (loc. avv. lat.). | *lo stretto indispensabile*, le strict nécessaire. ‖ **5.** Fon. fermé. | *sillaba stretta*, syllabe fermée.

2. stretto ['stretto] m. Geogr. détroit. ‖ Mar. chenal. ‖ Mus. strette f.

strettoia [stret'toja] f. chaussée rétrécie. ‖ Fig. mauvaise passe, difficulté.

stria ['stria] f. strie, rayure. ‖ Archit. cannelure.

striare [stri'are] v. tr. strier, rayer.

striato [stri'ato] agg. strié.

striatura [striat'tura] f. striure, strie, rayure. ‖ [insieme di strie] striation, striures pl., rayures pl. ‖ Archit. cannelure, striure.

stricnina [strik'nina] f. Farm. strychnine.

stridente [stri'dɛnte] agg. Pr. strident. ‖ Fig. [contrastante] discordant, criard, grinçant. | *colori stridenti*, couleurs criardes, qui jurent, inharmonieuses, discordantes. | *contrasto stridente*, contraste saisissant, frappant.

stridere ['stridere] v. intr. [cigolare] grincer. ‖ [di sabbia, gomme] crisser. ‖ [uccelli notturni] hululer, ululer, huer. ‖ [pipistrello, cicala] grincer. ‖ [grillo] grésiller, striduler. ‖ Fig. [stonare] détonner, jurer, hurler.

stridio [stri'dio] m. grincement. ‖ [di uccelli] cris pl. ‖ [del grillo] grésillement.

strido ['strido] m. cri ; éclat de voix.

stridore [stri'dore] m. grincement. | *stridore di denti*, grincement, crissement de dents.

stridulante [stridu'lante] agg. stridulant.

stridulare [stridu'lare] v. intr. striduler.

stridulazione [stridulat'tsjone] f. stridulation.

stridulo ['stridulo] agg. strident, perçant, criard. | *voce stridula*, voix perçante, aigre, de crécelle.

strigare [stri'gare] v. tr. démêler, débrouiller. ◆ v. rifl. se démêler, se débrouiller.

striglia ['striʎʎa] f. étrille.

strigliare [striʎ'ʎare] v. tr. Pr. étriller. ‖ Fig. réprimander, rembarrer (fam.), remiser (fam., antiq.), rabrouer, passer un savon (fam.). ◆ v. rifl. Scherz. s'étriller.

strigliata [striʎ'ʎata] f. Pr. coup (m.) d'étrille. ‖ Fig. fam. savon m. (fam.), douche (fam.). | *mi ha dato una bella strigliata !*, il m'a passé un de ces savons !, il m'a passé quelque chose !, qu'est-ce qu'il m'a passé ! | *dare una strigliata a qlcu.*, sonner les cloches à qn (fam.), passer un savon à qn.

strigliatura [striʎʎa'tura] f. pansage m.

strillare [stril'lare] v. intr. crier, brailler, criailler. ‖ Fig. pousser, jeter les hauts cris. ◆ v. tr. crier. ‖ Fam. [sgridare] crier (après). | *strillare qlcu.*, disputer qn, crier après qn.

strillata [stril'lata] f. Pr. cri m. ‖ Fig. fam. attrapade, attrapage m., engueulade (pop.), savon m.

strillo ['strillo] m. cri aigu, perçant. ‖ Per est. *con due strilli li ridusse al silenzio*, d'un coup de gueule (pop.) il les réduisit au silence.

strillone [stril'lone] m. Fam. [chi strilla molto] brailleur, braillard, gueulard (pop.). ‖ [venditore ambulante di giornali] crieur de journaux.

striminzire [strimin'tsire] v. tr. [stringere] serrer, comprimer ; [rendere più sottile] rétrécir ; [far sembrare troppo magro] étriquer. ◆ v. rifl. se serrer, se comprimer. ‖ [diventare troppo magro] s'amaigrir.

striminzito [strimin'tsito] agg. [abito] étriqué. ‖ [persona] maigre.

strimpellamento [strimpella'mento] m. [di strumenti a corda] raclement. ‖ [di strumenti a tastiera] tapotement ; [pianoforte] pianotage.

strimpellare [strimpel'lare] v. tr. [strumenti a corda] racler. ‖ [strumenti a tastiera] tapoter, taper (sur) ; [pianoforte] pianoter (v. intr.), taper (sur).

strimpellatore [strimpella'tore] (**-trice** f.) m. racleur, euse.

strimpellio [strimpel'lio] m. V. strimpellamento.

stringa ['stringa] f. lacet m.

stringare [strin'gare] v. tr. serrer ; [con stringhe o lacci] lacer. ‖ Fig. condenser, rendre concis.

stringatamente [stringata'mente] avv. avec concision, d'une façon concise.

stringatezza [stringa'tettsa] f. concision.

stringato [strin'gato] agg. concis. ‖ Pr. (raro) serré.

stringente [strin'dʒɛnte] agg. [incalzante] pressant. ‖ [serrato] serré.

stringere ['strindʒere] v. tr. **1.** serrer. | *stringere le labbra*, serrer les lèvres. | *stringere la mano a qlcu.*, serrer la main à qn. | *la strinse al cuore*, il la serra contre son cœur, il l'étreignit. ‖ Fig. *mi stringe il cuore*, cela me serre le cœur. ‖ Loc. fig. *stringi stringi*, en fin de compte. | *stringere la cinghia*, se serrer la ceinture. ‖ Prov. *chi troppo vuole nulla stringe*, qui trop embrasse mal étreint. ‖ **2.** [circondare da vicino] serrer. | *stringere d'assedio*, assiéger. ‖ Assol. *stringere a destra*, serrer à droite. ‖ **3.** [incalzare] presser (tr. e intr.). | *il tempo stringe*, le temps presse. ‖ **4.** [rendere più breve] abréger. | *stringi !*, abrège !, au fait ! | *stringere i tempi*, se presser, faire vite, réduire les délais. ‖ **5.** [restringere] rétrécir. ‖ **6.** [stipulare] conclure, faire. | *stringere un patto*, conclure, faire un pacte. | *stringere amicizia con qlcu.*, se lier d'amitié avec qn. ◆ v. rifl. se serrer. | *stringersi a qlcu.*, se serrer contre qn. ‖ Loc. *stringersi nelle spalle*, hausser les épaules. ◆ v. recipr. se serrer.

stringimento [strindʒi'mento] m. Pr. e fig. serrement.

strip-tease [stripti:z] m. [ingl.] strip-tease.

striscia ['striʃʃa] f. bande. | *striscia di stoffa*, bande de tissu. ‖ [tracciata su qlco.] rayure, raie. | *stoffa a strisce*, tissu à rayures, à raies, tissu rayé. ‖ Loc. *striscia di luce*, rai m., rais m. (antiq.), rayon (m.) de lumière. ‖ [nella segnaletica stradale] *striscia continua*, ligne continue. | *strisce pedonali*, passage (m. sing.) pour piétons, passage clouté.

strisciamento [striʃʃa'mento] m. reptation f., rampement (raro). ‖ Fig. bassesse f., servilité f.

strisciante [striʃ'ʃante] agg. Pr. e fig. rampant.

strisciare [striʃ'ʃare] v. intr. [rettile] ramper. ‖ Per est. [scivolare] glisser. ‖ Fig. ramper. ‖ [passare rasente a qlco.] raser (tr.), frôler (tr.). | *strisciare contro il muro*, raser le mur. ‖ [entrare in attrito] racler (tr.), frotter (contre). ◆ v. tr. traîner. ‖ [rasentare] raser, frôler. ‖ [produrre un segno] érafler. ◆ v. rifl. se frotter (contre). ‖ Fig. ramper (devant qn), s'abaisser (devant qn).

strisciata [striʃ'ʃata] o **strisciatura** [striʃʃa'tura] f. [lo strisciare] reptation. ‖ [rapido spostamento] glissement m. ‖ [segno] éraflure ; [lasciato da un animale che striscia] trace.

striscio ['striʃʃo] m. **1.** V. strisciata. ‖ **2.** Loc. *ballo con lo striscio*, danse à pas glissés. ◆ loc. avv. ***di striscio***, *prendere, colpire di striscio*, érafler, égratigner. | *ferita di striscio*, éraflure f., égratignure f.

striscione [striʃ'ʃone] m. banderole f. ‖ Sport *striscione del traguardo*, ligne (f.) d'arrivée.

stritolamento [stritola'mento] m. broyage, écrasement.

stritolare [strito'lare] v. tr. broyer, écraser. ‖ Fig. pulvériser, écraser.

strizzalimoni [strittsali'moni] m. invar. presse-citron.

strizzare [strit'tsare] v. tr. [frutti] presser ; [biancheria] essorer. ‖ Loc. *strizzare l'occhio*, cligner de l'œil.

strizzata [strit'tsata] f. Loc. *dare una strizzata al limone*, presser le citron. | *dare una strizzata alla*

biancheria, tordre, essorer le linge. | *una strizzata d'occhio*, un clin d'œil.
strizzatoio [strittsa'tojo] m. essoreuse f.
strizzatura [strittsa'tura] f. [di biancheria] essorage m. ‖ [di frutta] pressage m.
stroboscopio [strobos'kɔpjo] m. stroboscope.
strofa ['strɔfa] o **strofe** ['strɔfe] f. POES. strophe. | *strofa libera*, vers (m.) libre. ‖ [di canzone] strophe, couplet m.
strofinaccio [strofi'nattʃo] m. torchon ; [per spolverare] chiffon ; [per lavare i pavimenti] serpillière f.
strofinamento [strofina'mento] m. frottement.
strofinare [strofi'nare] v. tr. frotter. ◆ v. rifl. se frotter. ‖ FIG. passer de la pommade (à qn), passer la main dans le dos (de qn).
strofinata [strofi'nata] f. coup (m.) de chiffon.
strofinio [strofi'nio] m. frottement.
strombare [strom'bare] v. tr. ARCHIT. ébraser.
strombatura [stromba'tura] f. ARCHIT. ébrasement m.
strombazzamento [strombattsa'mento] m. tapage, bruit, vacarme.
strombazzare [strombat'tsare] v. tr. FIG. claironner, trompeter, crier sur les toits. ◆ v. intr. (raro) jouer de la trompette. ‖ [suonare il clacson] klaxonner, corner.
strombazzata [strombat'tsata] f. coup (m.) de trompette. ‖ [suono di clacson] coup de Klaxon, d'avertisseur. ‖ FIG. tapage m., bruit m., vacarme m.
strombettare [strombet'tare] v. intr. mal jouer de la trompette. ‖ [suonare il clacson] klaxonner, corner. ◆ v. tr. claironner, trompeter, crier sur les toits.
strombettio [strombet'tio] m. beuglements (pl.) d'une trompette. ‖ [di clacson] coups (pl.) de Klaxon.
stroncamento [stronka'mento] m. V. STRONCATURA.
stroncare [stron'kare] v. tr. **1.** casser, briser. | *la salita mi ha stroncato le gambe*, après cette montée je n'ai plus de jambes. | *questo peso mi ha stroncato le braccia*, ce poids m'a cassé, m'a coupé les bras. ‖ **2.** FIG. [stancare molto] briser, éreinter, épuiser ; [abbattere moralmente] briser, accabler. ‖ **3.** [interrompere brutalmente] briser, réprimer. ‖ [detto di malattia] couper. ‖ LOC. *la sua vita è stata stroncata ; è stato stroncato :* [da una malattia] il a été emporté (par...) ; [in un incidente] il a perdu la vie (dans...). ‖ **4.** [criticare spietatamente] démolir, éreinter, esquinter (fam.).
stroncatore [stronka'tore] (**-trice** f.) m. [critico] éreinteur, euse.
stroncatura [stronka'tura] f. [critica negativa] éreintement m. ‖ PR. (raro) rupture.
stronzio ['strontsjo] m. CHIM. strontium.
stronzo ['strontso] m. crotte f., étron.
stropicciamento [stropittʃa'mento] m. frottement.
stropicciare [stropit'tʃare] v. tr. frotter. ‖ LOC. FAM. *stropicciarsene*, s'en fiche(r). ‖ [sgualcire] froisser, chiffonner.
stropicciata [stropit'tʃata] f. frottement m. | *dare una stropicciata a*, frotter.
stropiccio [stropit'tʃio] m. frottement. ‖ [di carta] froissement.
stroppiare [strop'pjare] v. tr. POP. V. STORPIARE. ‖ LOC. *il troppo stroppia*, trop c'est trop ; l'excès nuit en tout.
strozza ['strɔttsa] f. POP. o SCHERZ. gorge (L.C.).
strozzamento ['strottsa'mento] m. [lo strozzare qlcu.] strangulation f., étranglement (raro). ‖ [soffocamento] étouffement. ‖ [restringimento] étranglement. ‖ MED. étranglement.
strozzare [strot'tsare] v. tr. étrangler. ‖ [di cibo difficile da inghiottire] étouffer. ‖ [restringere] resserrer, étrangler ; [ostruire] obstruer. ‖ FIG. écorcher, étrangler. ◆ v. rifl. s'étrangler. ‖ [restringersi] se rétrécir, se resserrer.
strozzato [strot'tsato] agg. étranglé.
strozzatore [strottsa'tore] (**-trice** f.) m. étrangleur, euse.
strozzatura [strottsa'tura] f. étranglement m.
strozzinaggio [strottsi'naddʒo] m. usure f.
strozzinesco [strottsi'nesko] agg. usuraire.
strozzino [strot'tsino] n. usurier, ère. ‖ FIG. écorcheur, euse ; voleur, euse.
struccare [struk'kare] v. tr. démaquiller. ◆ v. rifl. se démaquiller.
strudel ['strudel] m. invar. [ted.] roulé aux pommes.
struggente [strud'dʒɛnte] agg. torturant, déchirant, poignant.
struggere ['struddʒere] v. tr. [fondere] fondre. ‖ FIG. [consumare] consumer (lett.) ; [far soffrire] tourmenter, torturer. ◆ v. rifl. [sciogliersi] fondre (intr.). ‖ FIG. [consumarsi] se consumer, dépérir ; [ardere] brûler (de) ; [soffrire] être tourmenté (par). | *struggersi dal dolore*, se consumer de douleur. | *struggersi d'amore*, brûler d'amour. | *struggersi di gelosia*, être tourmenté, dévoré, rongé par la jalousie.
struggimento [struddʒi'mento] m. [passione] passion f. ‖ [tormento] tourment, déchirement. ‖ PR. (raro) fonte f.
strumentale [strumen'tale] agg. instrumental. ‖ ECON. *beni strumentali*, biens d'équipement.
strumentalismo [strumenta'lizmo] m. FILOS. instrumentalisme.
strumentalizzare [strumentalid'dzare] v. tr. MUS. orchestrer, instrumenter (intr.). ‖ FIG. exploiter, se servir (de).
strumentalizzazione [strumentaliddzat'tsjone] f. NEOL. exploitation.
strumentare [strumen'tare] v. tr. MUS. orchestrer, instrumenter (intr.).
strumentario [strumen'tarjo] m. outillage, instruments pl.
strumentatore [strumenta'tore] (**-trice** f.) m. auteur (solo m.) d'une orchestration, d'une instrumentation ; auteur d'orchestrations, d'instrumentations.
strumentazione [strumentat'tsjone] f. MUS. instrumentation, orchestration. ‖ TECN. instruments m. pl., appareils m. pl., appareillage m.
strumentista [strumen'tista] (**-i** pl.) m. e f. instrumentaliste.
strumento [stru'mento] m. instrument. ‖ FIG. *diventare lo strumento di qlcu.*, devenir l'instrument de qn. ‖ GIUR. instrument. ‖ MUS. *strumento (musicale)*, instrument (de musique).
strusciare [struʃ'ʃare] v. tr. [strascicare per terra] traîner. | *strusciare i piedi per terra*, traîner les pieds. ‖ [strofinare] frotter. ‖ ASSOL. *strusciare contro il muro col parafango*, érafler l'aile de sa voiture contre le mur. ◆ v. rifl. ‖ FIG. flatter (tr.) ; passer la main dans le dos (de).
strusciata [struʃ'ʃata] f. frottement m. | *ho dato una strusciata contro la parete*, je me suis frotté contre le mur.
struscio [struʃ'ʃio] m. frottement.
1. strutto ['strutto] part. pass. di STRUGGERE.
2. strutto ['strutto] m. saindoux.
struttura [strut'tura] f. [ossatura di una costruzione] charpente, structure. | *struttura metallica*, charpente métallique. ‖ [forma, organizzazione] structure.
strutturale [struttu'rale] agg. structural.
strutturalismo [struttura'lizmo] m. structuralisme.
strutturalista [struttura'lista] (**-i** pl.) m. e f. structuraliste.
strutturalistico [struttura'listiko] (**-ci** pl.) agg. structuraliste.
strutturalmente [struttural'mente] avv. structurellement.
strutturare [struttu'rare] v. tr. structurer.
strutturato [struttu'rato] agg. structuré.
strutturazione [strutturat'tsjone] f. structuration.
struzzo ['struttso] m. ZOOL. autruche f.
stuccamento [stukka'mento] m. masticage. ‖ FIG. ennui.
1. stuccare [stuk'kare] v. tr. [chiudere con lo stucco] mastiquer. ‖ [ricoprire di uno strato di stucco] stuquer. ‖ [decorare con stucchi] orner de stucs.
2. stuccare [stuk'kare] v. tr. [nauseare] écœurer. ‖ FIG. lasser, ennuyer, fatiguer.
stuccatore [stukka'tore] m. ouvrier chargé du masticage. ‖ [decoratore] stucateur, staffeur.
stuccatura [stukka'tura] f. [otturazione] masticage m. ‖ [decorazione] stucage m.
stucchevole [stuk'kevole] agg. PR. écœurant. ‖ FIG. [fastidioso] lassant, fastidieux, ennuyeux, fatigant. | *sentimentalismo stucchevole*, sentimentalisme écœu-

rant, répugnant. | *discorso stucchevole*, discours fastidieux.
stucchevolezza [stukkevo'lettsa] f. goût écœurant. || FIG. ennui m.
1. stucco ['stukko] agg. (lett.) fatigué (L.C.), excédé (L.C.), lassé (L.C.).
2. stucco ['stukko] m. [per turare fessure] mastic. || [per rivestire] stuc. || [per ornamenti in rilievo] stuc, staff. || [ornamento di stucco] stuc. || LOC. FIG. *essere di stucco*, être de bois. | *restare di stucco*, en rester baba (fam.); en rester, en être comme deux ronds de flan (pop.).
studente [stu'dɛnte] (**-tessa** f.) m. [universitario] étudiant; [liceale] lycéen; [medio] élève. | *studente di lettere*, étudiant en lettres.
studentesco [studen'tesko] agg. des étudiants, d'étudiant; estudiantin; étudiant (neol.).
studiacchiare [studjak'kjare] v. tr. étudier sans entrain. ◆ v. intr. travailloter (fam.).
studiare [stu'djare] v. tr. **1.** [acquisire la conoscenza di] étudier; [imparare] apprendre, étudier; [esercitarsi] travailler, étudier. | *studiare la storia, il pianoforte*, étudier l'histoire, le piano. | *studiare a memoria*, apprendre par cœur. | *studiare la propria parte*, étudier, travailler son rôle. || [seguire un corso di studi] (anche ASSOL.) faire des études (de). | *studiare legge*, faire des études de droit. | *non ha potuto studiare*, il n'a pas pu faire d'études. | *studiare al liceo*, aller au lycée, fréquenter le lycée. | *studiare all'università*, être à l'université. || ASSOL. [applicarsi allo studio] travailler. | *non disturbarlo, sta studiando*, ne le dérange pas, il travaille. | *studia poco*, il ne travaille pas assez. || **2.** [cercare di capire, esaminare] étudier. | *studiare un autore*, étudier un auteur. | *studiare il carattere di qlcu.*, étudier le caractère de qn. | *studiare le mosse dell'avversario*, étudier son adversaire. || [cercare] étudier, rechercher, chercher. || LOC. *le studia tutte*, il ne sait plus quoi inventer. || **3.** [controllare] étudier, composer. | *studiare le proprie parole*, étudier ses paroles. | *studiare il proprio atteggiamento*, composer son attitude. ◆ v. rifl. [sforzarsi di] s'efforcer (de). || [osservarsi] s'étudier. ◆ v. recipr. s'étudier.
studiatamente [studjata'mente] avv. avec affectation, d'une façon étudiée. || [di proposito] exprès.
studiato [stu'djato] agg. étudié.
studio ['studjo] m. **1.** [lo studiare] étude f. | *viaggio di studio*, voyage d'études. | *allo studio*, à l'étude. | *fare gli studi*, faire ses études. || **2.** [opera, saggio] étude f., essai. || [rappresentazione grafica] étude. || MUS. étude. || **3.** [stanza] cabinet de travail, bureau. || [ufficio] bureau; [di medico, avvocato] cabinet; [di notaio] étude; [di artista] atelier, studio. || CIN., RADIO, TV. studio. || **4.** LETT. [cura] soin (L.C.). | *mettere ogni studio per*, mettre tous ses soins à. || [desiderio] désir (L.C.).
studiolo [stu'djɔlo] m. petit bureau, (petit) cabinet de travail.
studiosamente [studjosa'mente] avv. studieusement.
studioso [stu'djoso] agg. studieux. || LETT. [desideroso] désireux (L.C.). ◆ n. savant; chercheur, euse. | *studioso di*, spécialiste de, en.
stufa ['stufa] f. poêle m. | *stufa a legna*, poêle à bois. || [radiatore] radiateur m. | *stufa elettrica*, radiateur électrique.
stufare [stu'fare] v. tr. FAM. embêter, raser, barber, assommer (L.C.), ennuyer (L.C.). | *adesso mi hai proprio stufato!*, tu m'embêtes, à la fin! || CULIN. cuire à l'étouffée. ◆ v. rifl. se lasser.
stufato [stu'fato] m. CULIN. daube f. | *stufato di manzo*, bœuf en daube.
stufo ['stufo] agg. POP. crevé; fatigué (L.C.), las (lett.). | *essere stufo di*, en avoir assez (L.C.), marre de (pop.).
stuoia ['stwɔja] f. natte. || [usata come tenda] store m. || *tessuto a stuoia*, natté m.
stuolo ['stwɔlo] m. foule f., multitude f., bande f. || [di animali] bande f., horde f.
stupefacente [stupefa'tʃɛnte] agg. e m. stupéfiant.
stupefare [stupe'fare] v. tr. stupéfier.
stupefatto [stupe'fatto] agg. stupéfait.
stupefazione [stupefat'tsjone] f. stupéfaction.
stupendamente [stupenda'mente] avv. superbement, magnifiquement, merveilleusement.
stupendo [stu'pɛndo] agg. superbe, splendide, merveilleux, magnifique.
stupidaggine [stupi'daddʒine] f. stupidité, bêtise. || FAM. *è una stupidaggine*, ce n'est rien du tout (L.C.).
stupidamente [stupida'mente] avv. stupidement, bêtement.
stupidata [stupi'data] f. REGION. (sett.) bêtise, stupidité.
stupidità [stupidi'ta] f. V. STUPIDAGGINE.
stupido ['stupido] agg. stupide, bête, idiot, imbécile. ◆ n. *sei uno stupido*, tu es stupide, bête; tu es un idiot, un imbécile.
stupire [stu'pire] v. tr. étonner, surprendre. ◆ v. rifl. s'étonner.
stupito [stu'pito] agg. étonné.
stupore [stu'pore] m. stupeur f., étonnement.
stuprare [stu'prare] v. tr. violer.
stupro ['stupro] m. viol, stupre (lett., raro).
stura ['stura] f. débouchage m. || LOC. PR. e FIG. *dare la stura a*: PR. déboucher (tr.); FIG. laisser libre cours (à).
sturabottiglie [sturabot'tiʎʎe] m. invar. tire-bouchon (pl. tire-bouchons).
sturalavandini [sturalavan'dini] m. débouchoir.
sturare [stu'rare] v. tr. déboucher. || LOC. FIG. *sturare le orecchie a qlcu.*, dire à qn ses quatre vérités.
stuzzicadenti [stuttsika'dɛnti] m. invar. cure-dents.
stuzzicante [stuttsi'kante] agg. [stimolante] stimulant, excitant; [interessante] intéressant. || [irritante] agaçant. || [appetitoso] appétissant.
stuzzicare [stuttsi'kare] v. tr. [punzecchiare] piquer, picoter; [solleticare] chatouiller; [grattare] gratter; [toccare e ritoccare] tripoter. || *stuzzicarsi i denti*, se curer les dents. || FIG. [molestare, punzecchiare] taquiner, faire enrager, agacer, asticoter (fam.). || FIG. [eccitare] exciter, piquer; [l'appetito] aiguiser.
su [su]

---

prep. **1.** Valore locale, senza movimento. **2.** Valore locale, con movimento. **3.** Idea di base. **4.** Concetto di dominio, superiorità. **5.** Compl. d'argomento. **6.** Espressioni di tempo. **7.** Espressioni di quantità e di età. **8.** LOC. ◆ avv. **1.** Sopra. **2.** In alto, verso l'alto. **3.** Contrapposto a giù. **4.** LOC. VERB. ◆ loc. avv.

---

prep. [anche «su di» + pron. pers.] **1.** [valore locale senza movimento: riferito a cose appoggiate l'una all'altra] sur. | *scritto sulla porta*, écrit sur la porte. || [riferito a cose non in contatto] sur, au-dessus de. | *un ponte sul fiume*, un pont sur la rivière. | *mille metri sul livello del mare*, mille mètres au-dessus du niveau de la mer. || [immediata vicinanza] près de. | *una casa sul mare*, une maison au bord de, près de la mer. | *sulla destra*, sur la droite. || [astratto] *la minaccia che incombe su di te*, la menace qui pèse sur toi. || **2.** [valore locale con movimento] sur. | *cadere sui sassi*, tomber sur les cailloux. | *dirigersi su una città*, se diriger vers, sur une ville. | *scaricare su qlcu. la responsabilità*, rejeter la responsabilité sur qn. | *puntare su*, miser sur. || **3.** [idea di base] sur. | *fondarsi su qlco.*, se fonder sur qch. | *giurare su qlco.*, jurer sur qch. || *su modello*, sur modèle. | *su richiesta*, sur demande. | *sull'esempio di*, sur l'exemple de. || **4.** [concetto di dominio, superiorità] sur. | *regnare su*, régner sur. || **5.** [compl. di argomento] sur, de, à propos. | *riflessioni su qlco.*, réflexions sur qch. | *ha parlato sul libro*, il a parlé du livre. || **6.** [espressioni di tempo] vers, sur. | *sul mezzogiorno*, vers midi. | *sull' imbrunire*, vers, sur le soir; à la tombée de la nuit. | *sul far del giorno*, au petit jour. | *sul tardi*, assez tard, plutôt tard. || **7.** [espressioni di quantità e di età] dans les; environ, à peu près. | *sui venti chili*, dans les vingt kilos, à peu près, environ vingt kilos. | *è sui cinquanta (anni)*, il a dans les cinquante ans, il a environ cinquante ans. || **8.** LOC. *nove volte su dieci*, neuf fois sur dix. ◆ avv. **1.** [sopra] dessus. | *un ripiano con su molti libri*, une étagère avec beaucoup de livres dessus. ‖ **2.** [in alto, verso l'alto] haut, en haut; [al piano superiore] en haut. | *un po' più (in) su*, un peu plus haut. | *guarda (in) su e lo vedrai*, regarde en haut, en l'air, et tu le verras. | *sempre più su*, de plus en plus haut. | *abita su, due piani più su*, il habite en haut, deux étages plus haut. | *volava su su*, il volait très haut. | *su su nel cielo*, tout là-haut dans le ciel. | *abita su al secondo piano*, il habite au deuxième étage. ‖ FIG. *risalire su (su) fino all'origine*, remonter jusqu'à l'origine. ‖ **3.** [contrapposto a giù] *vieni giù o resti su?*, tu descends ou tu restes (en haut)? | *andare su e giù*, marcher de long en large. | *andare su e giù per il corso*, arpenter le boulevard. | *questo dolce non mi va né su né giù*, je n'arrive pas à digérer ce gâteau. ‖ **4.** LOC. VERB. *andare su*, monter. | *i prezzi vanno su*, les prix montent, augmentent. ‖ *venire su*, monter; [piante] pousser; [persone] grandir, pousser (fam.); [cibo] ne pas passer, ne pas être digéré. ‖ *vieni su da me*, monte chez moi. ‖ LOC. *è venuto su dal nulla*, il est parti de rien. ‖ *tornar su*, remonter. ‖ *portar su la valigia*, monter la valise. ‖ *me lo mandi su*, dites-lui de monter, faites-le monter (chez moi); envoyez-le-moi. ‖ *saltar su*, sauter sur ses pieds. | *a queste parole saltò su*, ces mots le firent bondir. | *saltò su a dire*, tout d'un coup, il dit. ‖ *tirar su un pezzo di carta*, ramasser un morceau de papier. | *tirar su qlcu. che è caduto*, relever qn qui est tombé. | *sei figli da tirar su*, six enfants à élever. | *sono riuscito a tirargli su il morale, a tirarlo su*, j'ai réussi à lui remonter le moral, à le remonter. | *tirarsi su*, se lever; [dopo una caduta] se relever; [salute] se remettre; [condizioni economiche] se relever; [morale] reprendre courage; reprendre du poil de la bête (fam.). | *tirar su col naso*, renifler. ‖ *mettere su l'acqua*, mettre l'eau à chauffer. | *mettere su un disco*, mettre un disque. | *metter su casa*, s'installer; monter son ménage. | *metter su famiglia*, fonder une famille. | *metter su un negozio*, ouvrir un magasin. | *una casa messa su bene*, une maison bien installée, bien arrangée. | *metter su superbia*, devenir orgueilleux. | *ti ha messo su contro di me*, il t'a monté contre moi. ‖ *è su*, il est en haut. | *è su (di morale)*, il a bon moral, il a le moral (fam.). ‖ *star su* : [in piedi] tenir debout; [di persona, star diritto] se tenir droit. ‖ rimanere su : [sveglio] rester debout, rester éveillé, veiller. ‖ *se non sei contento, prendi su e te ne vai*, si tu n'es pas content, prends tes cliques et tes claques (fam.) et va-t'en. ◆ m. *un su e giù continuo*, un va-et-vient continuel. ◆ loc. avv. **su per giù**, à peu près, plus ou moins, environ; dans les (+ sost. al pl.). ‖ **qui su, lì su**, là-haut; [qui sopra] là-dessus. ‖ **su di là**, par là-haut. ‖ **da su, di su** : *guardare da su*, regarder d'en haut. | *vengo di su*, je viens d'en haut. ‖ **in su**, en haut, vers le haut. | *veniva in su verso di me*, il montait vers moi. | *dalla cintola in su*, au-dessus de la ceinture. | *da mille lire in su*, à partir de mille lires. | *da sotto in su*, de bas en haut. ‖ **su per** : *andare su per il pendio*, monter la côte. | *l'ho incontrato su per le scale*, je l'ai rencontré en montant l'escalier.

suaccennato [suattʃen'nato] agg. susdit, susmentionné.

suadente [sua'dɛnte], **suasivo** [sua'zivo] o **suasorio** [sua'zɔrjo] agg. (lett.) persuasif (L.C.).

sub [sub] m. FAM. pêcheur sous-marin (L.C.).

subacqueo [su'bakkweo] agg. sous-marin.

subaffittare [subaffit'tare] v. tr. sous-louer.

subaffitto [subaf'fitto] m. sous-location f.

subaffittuario [subaffittu'arjo] **(-a** f.) m. sous-locataire.

subalpino [subal'pino] agg. subalpin.

subalterno [subal'tɛrno] agg. e n. subalterne.

subappaltare [subappal'tare] v. tr. [dare in subappalto] concéder à un sous-traitant, à un sous-entrepreneur. ‖ [prendere in subappalto] sous-traiter.

subappaltatore [subappalta'tore] **(-trice** f.) m. sous-traitant m., sous-entrepreneur m.

subappalto [subap'palto] m. concession (f.) à un sous-traitant, à un sous-entrepreneur.

subappenninico [subappen'niniko] **(-ci** pl.) agg. du pied de l'Apennin.

subbuglio [sub'buʎʎo] m. émoi (lett.), effervescence f., remue-ménage, agitation f. | *mettere in subbuglio la città*, mettre la ville en effervescence, en ébullition. ‖ [disordine] *mettere, essere in subbuglio*, mettre, être sens dessus dessous (fam.).

subconscio [sub'kɔnʃo] o **subcosciente** [subkoʃ'ʃɛnte] agg. e m. PSICOL. subconscient.

subcoscienza [subkoʃ'ʃɛntsa] f. PSICOL. subconscient m., subconscience (antiq.).

subdelegare [subdele'gare] v. tr. subdéléguer.

subdolamente [subdola'mente] avv. sournoisement.

subdolo ['subdolo] agg. sournois.

subeconomo [sube'kɔnomo] m. sous-économe.

subentrante [suben'trante] agg. remplaçant. ‖ MED. subintrant.

subentrare [suben'trare] v. intr. remplacer (v. tr.); succéder (à).

subentro [su'bentro] m. AMM. entrée (f.) en fonctions, arrivée f.

subinquilino [subinkwi'lino] **(-a** f.) n. sous-locataire.

subire [su'bire] v. tr. subir.

subissare [subis'sare] v. tr. anéantir, détruire. ‖ FIG. accabler, couvrir. | *subissare qlcu. di applausi*, applaudir qn à tout rompre. ◆ v. intr. (raro) sombrer, s'écrouler.

subisso [su'bisso] m. anéantissement, ruine f., destruction f. ‖ FIG. foule f., masse f. | *subisso di gente*, foule énorme. | *subisso di applausi*, tonnerre, tempête (f.) d'applaudissements. | *subisso di lodi*, déluge de compliments.

subitamente [subita'mente] avv. soudain.

subitaneamente [subitanea'mente] avv. soudainement, subitement, soudain.

subitaneità [subitanei'ta] f. soudaineté.

subitaneo [subi'taneo] agg. soudain, brusque, subit.

1. subito ['subito] agg. (lett.) subit (L.C.), soudain (L.C.).

2. subito ['subito] avv. **1.** tout de suite, immédiatement; illico (fam.). | *torno subito*, je reviens tout de suite. ‖ *subito (dopo)*, aussitôt; tout de suite après, juste après. | *andai a letto e mi addormentai subito*, je me mis au lit et je m'endormis aussitôt. ‖ *subito prima*, juste avant, immédiatement avant, tout de suite avant. ‖ **2.** [in poco tempo] vite, rapidement. | *è subito fatto*, c'est vite fait, c'est fait en un instant. ‖ **3.** (lett.) [all' improvviso] soudain (L.C.). ◆ m. *in un subito*, en un instant.

sublimare [subli'mare] v. tr. élever. ‖ CHIM. sublimer, gazéifier. ‖ PSICAN. sublimer. ◆ v. intr. CHIM. passer à l'état gazeux. ◆ v. rifl. s'élever. ‖ PSICAN. se sublimer.

sublimato [subli'mato] agg. e m. CHIM. sublimé.

sublimazione [sublimat'tsjone] f. élévation, sublimation (lett.). ‖ CHIM., PSICANAL. sublimation.

sublime [su'blime] agg. sublime. ‖ IRON. *idea sublime*, brillante idée. ◆ m. sublime.

subliminale [sublimi'nale] agg. PSICOL. subliminal, subliminaire.

sublimità [sublimi'ta] f. sublimité (lett.).

sublinguale [sublin'gwale] agg. sublingual.

sublocare [sublo'kare] v. tr. sous-louer.

sublocatario [subloka'tarjo] n. sous-locataire.

sublocazione [sublokat'tsjone] f. sous-location.

subnormale [subnor'male] agg. arriéré, attardé, anormal.

subodorare [subodo'rare] v. tr. subodorer (fam.), flairer (fam.), pressentir, soupçonner.

subordinamento [subordina'mento] m. V. SUBORDINAZIONE.

subordinare [subordi'nare] v. tr. subordonner.

subordinativo [subordina'tivo] agg. de subordination.

subordinatamente [subordinata'mente] avv. *subordinatamente a*, suivant (prep.).

subordinato [subordi'nato] agg. e n. subordonné. ‖ GRAMM. *(proposizione) subordinata*, (proposition) subordonnée.

subordinazione [subordinat'tsjone] f. subordination.

subordine [su'bordine] m. LOC. *essere, trovarsi in subordine*, être subordonné (à), dépendre (de). ‖ LOC. *in subordine a*, suivant (prep.).

subornare [subor'nare] v. tr. suborner, corrompre.

subornazione [subornat'tsjone] f. subornation, corruption.

subsonico [sub'sɔniko] **(-ci** pl.) agg. subsonique.

substrato [subs'trato] m. substrat, substratum.
subtropicale [subtropi'kale] agg. GEOGR. subtropical.
suburbano [subur'bano] agg. suburbain.
suburbio [su'burbjo] m. faubourg, banlieue f.
suburra [su'burra] f. (lett.) quartier mal famé (L.C.).
succedaneo [suttʃe'daneo] agg. e m. succédané. ‖ [prodotto alimentare] succédané, ersatz (ted.).
succedere [sut'tʃɛdere] v. intr. succéder. | *succedere al padre,* succéder à son père. ‖ [venire dopo, nel tempo o nello spazio] succéder, suivre (tr.). ‖ [accadere] arriver; [senza compl. di termine] arriver, se produire, se passer. | *gli è successo qlco.,* il lui est arrivé qch. | *è successa una disgrazia,* il est arrivé un malheur. | *a quella notizia successe il caos,* à cette nouvelle, ça a été un chaos, la pagaille (fam.). | *è successo ieri,* c'est arrivé, cela s'est produit, ça s'est passé hier. | *che cosa succede?,* que se passe-t-il?, qu'arrive-t-il?, qu'est-ce qu'il y a? (fam.). | *succede che,* il se passe que. | *è successo che mi sono ammalato,* je suis tombé malade. ◆ v. recipr. se succéder. | *si sono succeduti,* ils se sont succédé.
successibile [suttʃes'sibile] agg. GIUR. successible.
successione [suttʃes'sjone] f. succession. ‖ [serie] succession, suite.
successivamente [suttʃessiva'mente] avv. ensuite, par la suite, plus tard.
successivo [suttʃes'sivo] agg. [che segue] suivant. | *la domenica successiva,* le dimanche suivant. | *la notizia e la successiva smentita,* la nouvelle et le démenti qui a suivi. ‖ [che si sussegue] successif. | *due tentativi successivi,* deux tentatives successives.
1. successo [sut'tʃɛsso] part. pass. di SUCCEDERE.
2. successo [sut'tʃɛsso] m. succès. | *riportare successo,* avoir du succès. | *di successo,* à succès.
successore [suttʃes'sore] m. successeur.
successorio [suttʃes'sɔrjo] agg. GIUR. successoral.
succhiamento [sukkja'mento] m. sucement (raro), succion f.
succhiare [suk'kjare] v. tr. sucer. | *succhiare il latte,* téter. ‖ LOC. FIG. *succhiare col latte,* sucer avec le lait. | *succhiare il sangue a qlcu.,* sucer qn jusqu'à la moelle.
succhiata [suk'kjata] f. succion. | *dare una succhiata,* sucer.
succhiatore [sukkja'tore] (**-trice** f.) m. suceur, euse.
succhiellare [sukkjel'lare] v. tr. vriller.
succhiello [suk'kjɛllo] m. vrille f.
succhietto [suk'kjetto] m. sucette f.
succhio ['sukkjo] m. succion f., sucement (raro). ‖ BOT. sève f.
succhiotto [suk'kjɔtto] m. V. SUCCHIETTO.
succintamente [suttʃinta'mente] avv. succinctement, brièvement, sommairement. | *succintamente vestito,* peu vêtu.
succinto [sut'tʃinto] agg. succinct, concis, bref, sommaire. ‖ [di vestito molto corto] très court; [molto scollato] très décolleté. ‖ LETT. [di veste stretta in vita] serré à la taille (L.C.), cintré (L.C.).
succitato [suttʃi'tato] agg. susmentionné, susnommé; cité plus haut.
succo ['sukko] m. jus. ‖ BIOL. suc. | *succo gastrico,* suc gastrique. ‖ FIG. suc, substance f.
succosamente [sukkosa'mente] avv. d'une façon substantielle. ‖ [in modo gustoso] de façon savoureuse.
succosità [sukkosi'ta] f. fait (m.) d'être juteux. ‖ FIG. densité, richesse. ‖ [gustosità] saveur, succulence.
succoso [suk'koso] agg. juteux. ‖ FIG. substantiel, dense, riche (de contenu). ‖ [gustoso] savoureux, succulent.
succube ['sukkube] m. e f. esclave, jouet m. | *è succube di suo marito,* elle est esclave, le jouet de son mari.
succulento [sukku'lɛnto] agg. [succoso] juteux; succulent (arc.). ‖ PER EST. [gustoso] succulent, savoureux.
succulenza [sukku'lɛntsa] f. [succosità] fait (m.) d'être juteux. ‖ PER EST. [gustosità] succulence.
succursale [sukkur'sale] f. succursale. ◆ agg. *chiesa succursale,* église succursale.
sucido ['sutʃido] agg. (arc.) V. SUDICIO. ‖ TESS. (L.C.) *lana sucida,* laine en suint, laine brute.
sud [sud] m. sud. | *a sud (di),* au sud (de). ◆ agg. *la parte sud,* la partie sud.
sudafricano [sudafri'kano] agg. e n. sud-africain.
sudamericano [sudameri'kano] agg. e n. sud-américain.
sudanese [suda'nese] agg. e n. soudanais; soudanien.
sudare [su'dare] v. intr. PR. transpirer, suer. | *sudava per lo sforzo,* l'effort le faisait transpirer, suer. | *sudare freddo,* avoir des sueurs froides. | *gli sudano i piedi,* il sue, il transpire des pieds. ‖ FIG. suer, peiner, trimer, transpirer (fam.). | *ha sudato per tutta la vita,* il a trimé toute sa vie. ◆ v. tr. PR. suer, transpirer. ‖ LOC. FIG. *sudare sangue, sudare sette camicie,* suer sang et eau. ‖ [guadagnare con fatica] gagner à la sueur de son front, gagner durement. | *questo l'ho sudato!,* cela m'a coûté (bien) du mal!
sudario [su'darjo] m. suaire.
sudata [su'data] f. suée (fam.). | *fare una sudata,* prendre une suée, suer beaucoup. ‖ [sforzo] effort m., boulot m. (fam.).
sudaticcio [suda'tittʃo] agg. moite, un peu en sueur. ◆ m. sueur f.
sudato [su'dato] agg. en sueur, mouillé de sueur, suant. | *tutto sudato, sudato fradicio,* trempé, inondé de sueur; en nage. ‖ FIG. durement gagné, gagné à la sueur de mon (ton, son) front. ‖ [che è costato fatica] qui a coûté bien des efforts, de la peine.
suddetto [sud'detto] agg. susdit, susnommé. ‖ GIUR. *il suddetto,* ledit.
suddiacono [sud'djakono] m. RELIG. sous-diacre.
suddistinguere [suddis'tingwere] v. tr. faire une distinction supplémentaire.
suddistinzione [suddistin'tsjone] f. distinction supplémentaire.
sudditanza [suddi'tantsa] f. sujétion.
suddito ['suddito] n. sujet. ◆ agg. (lett.) sujet, soumis (L.C.).
suddividere [suddi'videre] v. tr. subdiviser. ‖ [ripartire] répartir, partager. ◆ v. rifl. se subdiviser. ◆ v. recipr. se partager.
suddivisione [suddivi'zjone] f. subdivision. ‖ [ripartizione] répartition, partage m.
sud-est [su'dɛst] m. sud-est.
sudiceria [suditʃe'ria] f. PR. e FIG. saleté.
sudiciamente [suditʃa'mente] avv. salement.
sudicio ['suditʃo] agg. sale. ‖ FIG. dégoûtant, honteux, sale. | *azione sudicia,* action honteuse. | *individuo sudicio,* sale individu. ◆ m. saleté f.
sudicione [sudi'tʃone] (**-a** f.) n. personne (f.) sale; souillon; cochon, cochonne (fam.); dégoûtant (fam.). ‖ FIG. salaud (pop.), salop (pop.), salope f. (pop.), cochon (fam.); sale individu.
sudiciume [sudi'tʃume] m. PR. e FIG. saleté f., crasse f., saloperie (pop.).
sudista [su'dista] agg. e n. STOR. sudiste.
sudorazione [sudorat'tsjone] f. transpiration, sudation.
sudore [su'dore] m. sueur f. | *in un bagno di sudore,* en nage. | *sudori dell' agonia,* sueur de l'agonie. ‖ FIG. sueur, effort, travail. | *col sudore della fronte,* à la sueur de son (mon, ton) front. | *mi costa sudore,* cela me coûte bien des efforts. | *mi viene il sudore freddo,* cela me donne des sueurs froides.
sudorifero [sudo'rifero] o **sudorifico** [sudo'rifiko] (**-ci** pl.) agg. sudorifique, sudorifère.
sudoriparo [sudo'riparo] agg. sudoripare, sudorifère.
sud-ovest [su'dɔvest] m. sud-ouest.
suesposto [sues'posto] agg. exposé ci-dessus, exposé plus haut.
sufficiente [suffi'tʃɛnte] agg. **1.** [che basta : predicato] suffisant (pour), assez important (pour), assez grand (pour). | *essere sufficiente,* suffire (pour, à); être suffisant (pour). | *questo armadio non è sufficiente per me,* cette armoire ne me suffit pas, n'est pas assez grande pour moi. ‖ [attributo con pl. o partitivo] assez de, suffisamment de, suffisant. | *non abbiamo stanze sufficienti per tutti,* nous n'avons pas assez, pas suffisamment de chambres pour tout le monde. ‖ [attributo con sing. non partitivo] suffisant; assez important, assez grand. | *abbiamo un esercito suffi-*

ciente per la difesa del territorio, nous avons une armée suffisante, assez importante pour la défense du territoire. ‖ **2.** UNIV. moyen. | *questo compito è appena sufficiente, non è sufficiente*, ce devoir est à peine moyen, est au-dessous de la moyenne. | *risultati sufficienti*, résultats suffisants. ‖ **3.** FILOS. suffisant. ‖ **4.** FIG. [presuntuoso] suffisant, vaniteux. ◆ m. *il sufficiente*, le nécessaire, ce qui suffit, ce qu'il faut ; assez. | *avere il sufficiente per vivere*, avoir assez pour vivre, avoir ce qu'il faut pour vivre. ◆ n. fat m., suffisant, vaniteux, euse.

sufficientemente [suffitʃente'mente] avv. suffisamment, assez.

sufficienza [suffi'tʃɛntsa] f. quantité suffisante ; suffisance (antiq.). ‖ LOC. *a sufficienza*, assez, suffisamment ; en suffisance. | *ne ho più che a sufficienza*, j'en ai plus qu'assez. ‖ UNIV. moyenne. ‖ FIG. [alterigia] suffisance, présomption, vanité, fatuité.

suffisso [suf'fisso] m. LING. suffixe.

suffragare [suffra'gare] v. tr. appuyer, étayer, soutenir. | *suffragare una tesi con un esempio*, appuyer une thèse sur un exemple, étayer une thèse d'un exemple. ‖ RELIG. prier (pour).

suffragetta [suffra'dʒetta] f. suffragette.

suffragio [suf'fradʒo] m. suffrage. ‖ [voto] suffrage, voix f. ‖ RELIG. *preghiera, messa in suffragio di*, prière, messe pour (le repos de) l'âme de, à l'intention de. | *messa di suffragio*, messe de requiem.

suffragista [suffra'dʒista] f. suffragette. ◆ n. partisan du vote des femmes.

suggellamento [suddʒella'mento] m. cachetage, scellage.

suggellare [suddʒel'lare] v. tr. sceller, cacheter. ‖ FIG. sceller.

suggellazione [suddʒellat'tsjone] f. cachetage m., scellage m.

suggello [sud'dʒɛllo] m. LETT. sceau (L.C.), cachet (L.C.). ‖ FIG. sceau. ‖ LOC. *a suggello di*, pour sceller.

suggerimento [suddʒeri'mento] m. suggestion f.

suggerire [suddʒe'rire] v. tr. suggérer. ‖ [a teatro, a scuola] souffler.

suggeritore [suddʒeri'tore] (**-trice** f.) m. PR. auteur d'une suggestion. ‖ LOC. *non ho bisogno di suggeritori*, je n'ai besoin des conseils de personne. ‖ TEATRO souffleur.

suggestionabile [suddʒestjo'nabile] agg. influençable, suggestible.

suggestionabilità [suddʒestjonabili'ta] f. suggestibilité.

suggestionare [suddʒestjo'nare] v. tr. suggestionner, influencer. ◆ v. rifl. se suggestionner.

suggestionato [suddʒestjo'nato] agg. suggestionné, influencé. ‖ [affascinato] charmé, captivé.

suggestione [suddʒes'tjone] f. suggestion. ‖ [influenza] influence. | *sottrarre qlcu. alla suggestione di qlcu.*, soustraire qn à l'influence de qn. ‖ [fascino] charme m.

suggestivamente [suddʒestiva'mente] avv. d'une manière suggestive.

suggestività [suddʒestivi'ta] f. suggestivité, pouvoir évocateur.

suggestivo [suddʒes'tivo] agg. suggestif, évocateur.

sughereto [suge'reto] m. bois de chênes-lièges.

sughero ['sugero] m. [albero] chêne-liège. ‖ [sostanza] liège. | *i sugheri di una rete*, les flotteurs (en liège) d'un filet. | *sughero della lenza*, bouchon de la ligne.

sugli ['suʎʎi] prep. articol. V. SU.

sugna ['suɲɲa] f. lard m. (gras). ‖ [strutto] saindoux.

sugo ['sugo] (**-ghi** pl.) m. **1.** jus. | *sugo di carne*, jus de viande. ‖ [salsa] sauce f. | *sugo di pomodoro*, sauce tomate. | *sugo di carne*, sauce à la viande, jus de viande. ‖ **2.** FIG. [sostanza] suc, substance f. ; essentiel. | *il sugo del suo discorso*, la substance de son discours. ‖ [piacere, gusto] plaisir, intérêt. | *non vedo che sugo si può trovare a...*, je ne vois pas quel plaisir on peut trouver à... | *non c'è sugo ad andarci da solo*, il n'y a aucun intérêt à y aller seul. | *senza sugo*, sans intérêt, qui ne rime à rien, insipide.

sugosità [sugosi'ta] f. fait (m.) d'être juteux. ‖ V. SUCCOSITÀ.

sugoso [su'goso] agg. juteux. ‖ FIG. V. SUCCOSO.

suicida [sui'tʃida] n. suicidé. ◆ agg. suicidaire. | *a scopo suicida*, dans le but de se suicider.

suicidarsi [suitʃi'darsi] v. rifl. se suicider.

suicidio [sui'tʃidjo] m. suicide.

suidi ['suidi] m. pl. ZOOL. suidés.

suindicato [suindi'kato] agg. susmentionné, susdit.

suino [su'ino] m. porcin. ‖ [maiale] porc, cochon ; [carne] porc. ◆ agg. de porc, porcin. | *carne suina*, viande de porc. | *razza suina*, race porcine.

sulfamidico [sulfa'midiko] (**-ci** pl.) agg. e m. sulfamide.

sulfureo [sul'fureo] agg. sulfureux.

sullodato [sullo'dato] agg. cité plus haut, précité.

sultana [sul'tana] f. sultane. ‖ [divano] divan bas ; sultane.

sultanato [sulta'nato] m. sultanat.

sultano [sul'tano] m. sultan. ‖ FIG. *vita da sultano*, vie de pacha (fam.).

sumerico [su'mɛriko] (**-ci** pl.) agg. STOR. sumérien.

sumero [su'mɛro] agg. e m. STOR. sumérien.

summa ['summa] f. LETT. somme.

summentovato [summento'vato] (lett.) o **summenzionato** [summentsjo'nato] agg. susmentionné.

sunna ['sunna] f. RELIG. sunna.

sunnita [sun'nita] agg. e n. RELIG. sunnite.

sunnominato [sunnomi'nato] agg. susnommé.

sunto ['sunto] m. résumé, abrégé.

suntuario [suntu'arjo] agg. somptuaire.

suntuoso [suntu'oso] agg. e deriv. V. SONTUOSO e deriv.

suo ['suo] agg. poss. di 3ª pers. m. sing. (**sua** f. sing. ; **suoi** m. pl. ; **sue** f. pl.) **1.** [uso generale] son m. sing. ; [davanti a consonante] sa f. sing. ; [davanti a vocale o h muta] son f. sing. ; ses m. e f. pl. | *sua zia*, sa tante. | *la sua idea*, son idée. | *alla sua vista*, à sa vue. | *per ricordo suo*, en souvenir de lui, d'elle (f.) | *per amor suo*, pour lui, pour elle ; pour lui faire plaisir. ‖ **2.** [preceduto da art. indet., agg. num. o agg. indef.] à lui, à elle ; de lui, d'elle. | *ha una casa sua*, il a une maison à lui, qui lui appartient. | *gli ho chiesto un suo consiglio*, je lui ai demandé (de me donner) un conseil. | *sarà qualche suo capriccio*, c'est sans doute un de ses caprices. | *ha un modo tutto suo di*, il a une façon bien à lui de. | *un suo amico dentista*, un de ses amis, un ami à lui, qui est dentiste ; un dentiste de ses amis. | *ho letto qualche suo articolo, un suo libro*, j'ai lu quelques-uns de ses articles, un livre de lui, d'elle. | *ho ancora a casa un suo libro*, j'ai encore chez moi un livre à lui, qui lui appartient. ‖ **3.** [con essere] à lui, à elle ; de lui, d'elle. | *questo libro è suo :* [gli appartiene] ce livre est à lui ; [l'ha scritto lui] ce livre est de lui. ‖ **4.** [preceduto da « di »] à lui, à elle ; de lui, d'elle ; personnel. | *egli non ha niente di suo*, il n'a rien à lui, il ne possède rien. | *egli ha ancora qlco. di suo*, il a encore quelques biens (personnels) ; il possède encore qch. | *non c'è molto di suo nel suo tema*, il n'y a pas grand-chose de personnel, qui vienne de lui (d'elle) dans sa rédaction. | *non è rimasto niente di suo*, il ne reste plus rien de lui (d'elle). ‖ **5.** [in frasi ellittiche] *la sua (lettera) del 10 maggio*, sa lettre du 10 mai. | *ha voluto dire la sua (opinione)*, il a voulu placer son mot, dire son avis. | *cerca di tirarti dalla sua (parte)*, il essaie de t'entraîner de son côté. | *ha fatto anche lui le sue (scappatelle)*, il en a fait lui aussi ! | *ne ha fatta un'altra delle sue*, il a encore fait des siennes, il en a encore fait de belles. | *ne ha detta una delle sue :* [sciocchezza] il en a encore dit de belles ! ; [battuta, scherzo] il en a dit une bien bonne ! ‖ LOC. *star sulle sue*, être réservé, se tenir sur la réserve, se tenir sur son quant-à-soi. ‖ **6.** [forma di cortesia] votre m. e f. sing. ; vos m. e f. pl. ; [preceduto da art. indet. ; col verbo essere ; preceduto da « di »] à vous ; de vous. | *suo figlio*, votre fils. | *ho letto un suo libro :* [che ha scritto] j'ai lu un livre de vous. | *ho ancora un suo libro :* [che Le appartiene] j'ai encore un livre à vous. ◆ pron. poss. le sien m. sing. ; la sienne f. sing. ; les siens m. pl. ; les siennes f. pl. | *questo è più grande del suo*, celui-ci est plus grand que le sien. ‖ [forma di cortesia] le vôtre m. sing. ; la vôtre f. sing. ; les vôtres m. e f. pl. ◆ n. **1.** [uso generale] *il suo*. | *ha pagato del suo*, il a payé de sa poche (fam.) ; il a payé avec son argent.

| *vive del suo,* il vit de ses (propres) ressources. | *ha lasciato alla figlia tutto il suo,* il a laissé tous ses biens à sa fille. | *pretendere il suo,* exiger son dû. | *dare ad ognuno il suo,* donner à chacun son dû. || *i suoi* : [genitori] ses parents ; [parenti, amici] les siens. || [forma di cortesia] vos parents, les vôtres.

suocera ['swɔtʃera] f. belle-mère.

suocero ['swɔtʃero] m. beau-père. ◆ pl. beaux-parents.

suola ['swɔla] f. semelle. | *mezze suole,* semelles. || PER ANAL. semelle, patin m. | *suola di una rotaia,* semelle, patin d'un rail. | *suola degli sci,* plat (m.) des skis. || ZOOL. sole.

suolo ['swɔlo] m. sol. | *cadere, giacere al suolo,* tomber, être étendu sur le sol, par terre. || [terreno] sol, terrain, terre f. || [terra, paese] sol, territoire, terre f.

suonare [swo'nare] e deriv. V. SONARE e deriv.

suono ['swɔno] m. son. | *al suono di trombe,* au son des trompettes. | *tecnico del suono,* ingénieur du son. | *muro del suono,* mur du son. || LOC. FIG. SCHERZ. *gliel' ha fatto capire a suon di legnate,* il le lui a fait comprendre à coups de bâtons. | *lo hanno accolto a suon di fischi,* il a été accueilli par des sifflets.

suora ['swɔra] f. RELIG. sœur. | *si è fatta suora,* elle a pris le voile. || ARC., POET. [sorella] sœur.

super- ['super] prefisso super-.

super ['super] agg. FAM. super. ◆ f. FAM. [benzina] super m.

superabile [supe'rabile] agg. surmontable.

superaffollato [superaffol'lato] agg. très encombré ; [di veicolo] bondé, surchargé ; [di locale] bondé.

superalcolico [superal'kɔliko] (**-ci** pl.) agg. e m. spiritueux.

superalimentazione [superalimentat'tsjone] f. suralimentation.

superallenamento [superallena'mento] m. surentraînement.

superamento [supera'mento] m. PR. franchissement, passage. | *superamento di un ostacolo,* franchissement d'un obstacle. || [sorpasso] dépassement. || FIG. [abbandono, svalutazione] dépassement, abandon. || [il sormontare] dépassement, franchissement. | *superamento di una difficoltà,* résolution (f.) d'une difficulté. | *superamento dell'esame,* réussite (f.) à l'examen.

superare [supe'rare] v. tr. **1.** [essere superiore per dimensioni o quantità] dépasser. | *la sua casa supera le altre,* sa maison dépasse les autres, est plus grande que les autres. | *ormai mia figlia mi supera in altezza,* maintenant ma fille est plus grande que moi. | *superare qlco. in larghezza,* être plus large que qch., dépasser qch. en largeur. | *supera le diecimila lire,* cela dépasse dix mille lires. || **2.** [andare oltre] franchir, passer. || **3.** [sorpassare un veicolo] dépasser, doubler. || **4.** [percorrere] parcourir, franchir, traverser. | *superare grandi distanze,* parcourir, franchir de longues distances. | *superare la piazza,* traverser, franchir la place. || **5.** [eccedere] dépasser, passer. | *ha superato i sessanta anni,* il a passé, il a dépassé soixante ans. | *superare ogni limite,* passer, dépasser les limites, les bornes. | *questo supera le mie forze,* cela dépasse mes, est au-dessus de mes forces. || **6.** [essere più valente] surpasser, dépasser. | *superare qlcu. per coraggio,* surpasser, dépasser qn en courage. | *superare se stesso,* se surpasser. || **7.** [dominare] surmonter, dominer. | *superare la paura,* surmonter, dominer sa peur. || **8.** [affrontare vittoriosamente] surmonter, triompher (de), venir à bout (de), vaincre. || [uscire vittoriosamente] *superare un periodo critico,* sortir d'une période critique. | *superare una malattia,* sortir, guérir d'une maladie. *superare un esame,* être reçu à un examen.

superato [supe'rato] agg. dépassé.

superbamente [superba'mente] avv. orgueilleusement, avec orgueil. || [con disprezzo] avec dédain. || [magnificamente] superbement, magnifiquement.

superbia [su'pɛrbja] f. orgueil m., superbe (lett.). | *montare in superbia, gonfiarsi di superbia,* se gonfler d'orgueil, devenir orgueilleux. | *trattare qlcu. con superbia,* traiter qn avec hauteur, avec dédain (m.).

superbo [su'pɛrbo] agg. [vanitoso] orgueilleux, vaniteux. || [altezzoso, arrogante] hautain. || [giustamente orgoglioso] fier, orgueilleux. | *andar superbo di,* être fier de, s'enorgueillir de. || [splendido] superbe, magnifique, splendide. || LETT. [impetuoso] impétueux (L.C.), fougueux (L.C.).

supercarburante [superkarbu'rante] m. supercarburant.

supercolosso [superko'lɔsso] m. CIN. superproduction f.

superconduttività [superkonduttivi'ta] f. FIS. supraconductivité.

superdecorato [superdeko'rato] agg. couvert de médailles.

superdonna [super'dɔnna] f. femme supérieure ; femme hors (de) pair, hors ligne.

superdotato [superdo'tato] agg. surdoué (neol.).

superfetazione [superfetat'tsjone] f. FISIOL. e FIG. superfétation.

superficiale [superfi'tʃale] agg. PR. e FIG. superficiel. ◆ n. esprit superficiel, homme superficiel.

superficialmente [superfitʃal'mente] avv. superficiellement.

superficialità [superfitʃali'ta] f. superficialité.

superficie [super'fitʃe] f. surface, superficie. | *non è ancora risalito in superficie,* il n'est pas encore remonté à la surface. | *calcolare la superficie di un terreno,* calculer la surface, la superficie d'un terrain. || GEOM. surface. || FIG. surface, superficie (lett.), extérieur m., apparence. | *resta sempre alla superficie, in superficie,* il reste toujours superficiel. | *fermarsi alla superficie,* s'arrêter aux apparences.

superfluità [superflui'ta] f. superfluité (antiq. ; pl. lett.).

superfluo [su'pɛrfluo] agg. e m. superflu.

superfortezza [superfor'tettsa] f. superforteresse.

superfosfato [superfos'fato] m. CHIM. superphosphate.

super-io ['super'io] m. PSICANAL. sur-moi.

superiora [supe'rjora] f. e agg. f. RELIG. supérieure.

superiore [supe'rjore] agg. **1.** supérieur ; [con punto di riferimento, anche implicito] au-dessus (de) ; supérieur (à). | *parte superiore dell' edificio,* partie supérieure de l'édifice. | *la parte superiore della pagina,* le haut de la page. | *abita al piano superiore,* il habite à l'étage au-dessus. | *i piani superiori hanno subito danni,* les étages supérieurs ont subi des dégâts. || **2.** [più grande, maggiore] *statura superiore alla media,* taille supérieure à la, au-dessus de la moyenne. | *temperatura superiore allo zero,* température supérieure à, au-dessus de zéro. | *lo vende ad un prezzo superiore,* il le vend à un prix supérieur, plus élevé. | *nemico superiore per numero,* ennemi supérieur en nombre. || **3.** FIG. [maggiore, che oltrepassa] *un lavoro superiore alle mie forze,* un travail qui dépasse mes forces, au-dessus de mes forces. || **4.** [riferimento al valore] *si sente superiore agli altri,* il se sent supérieur aux autres, au-dessus des autres. | *è superiore a questi pettegolezzi,* il est au-dessus de ces bavardages. | *qualità superiore,* qualité supérieure. || **5.** MIL. *ufficiale superiore,* officier supérieur. | *ordine superiore,* ordre venu d'en haut. || UNIV. *scuola media superiore,* deuxième cycle d'enseignement secondaire ; lycée. || BOT., ZOOL. *animali superiori,* animaux supérieurs. ◆ m. supérieur.

superiorità [superjori'ta] f. supériorité. | *darsi arie di superiorità,* prendre un air supérieur.

superiormente [superjor'mente] avv. en haut, dans la partie supérieure.

superlativamente [superlativa'mente] avv. extrêmement, au plus haut point.

superlativo [superla'tivo] agg. extrême, exceptionnel, superlatif (antiq.). || GRAMM. *grado superlativo,* superlatif m. || LOC. *in modo superlativo,* extrêmement, au plus haut point. ◆ m. GRAMM. superlatif.

superlavoro [superla'voro] m. surmenage.

supermercato [supermer'kato] m. o **supermarket** [super'market] m. [ingl.] supermarché.

superno [su'pɛrno] agg. (lett.) supérieur (L.C.). || [celeste] céleste ; [divino] divin.

supernova [super'nɔva] f. ASTR. supernova.

supernutrizione [supernutrit'tsjone] f. suralimentation.

superproduzione [superprodut'tsjone] f. superproduction.

supersonico [super'sɔniko] (**-ci** pl.) agg. supersonique.
superstite [su'pɛrstite] agg. survivant. || [riferito a cosa] qui reste, qui a survécu, qui a résisté. ◆ n. survivant.
superstizione [superstit'tsjone] f. superstition.
superstiziosamente [superstittsjosa'mente] avv. superstitieusement.
superstiziosità [superstittsjosi'ta] f. caractère superstitieux ; tendance à la superstition.
superstizioso [superstit'tsjoso] agg. e n. superstitieux, euse.
superstrada [super'strada] f. route à quatre voies.
superstrato [super'strato] m. LING. superstrat.
superuomo [super'wɔmo] m. surhomme.
supervisione [supervi'zjone] f. supervision.
supervisore [supervi'zore] m. superviseur.
supinamente [supina'mente] avv. servilement ; [passivamente] passivement.
1. supino [su'pino] agg. (couché) sur le dos. | *dormire supino*, dormir sur le dos. || LOC. *tenere le mani supine*, tenir les paumes de la main (tournées) vers le haut. || FIG. [passivo] passif ; [servile] servile.
2. supino [su'pino] m. GRAMM. supin.
suppellettile [suppel'lɛttile] f. o **suppellettili** [suppel'lɛttili] f. pl. [mobili] mobilier m. sing. ; [oggetti] objets m. pl. (de la maison) ; [utensili] ustensiles m. pl. ; [ninnoli] bibelots m. pl. || LOC. *suppellettile sacra*, objets sacrés. | *suppellettile scolastica*, mobilier scolaire.
suppergiù [supper'dʒu] avv. à peu près, environ.
supplementare [supplemen'tare] agg. supplémentaire. || GEOM. *angoli supplementari*, angles supplémentaires. || SPORT *tempo supplementare*, prolongation f.
supplemento [supple'mento] m. supplément. | *supplemento illustrato di un giornale*, supplément illustré à un journal. || GEOM. supplément. || MIL. forces (f. pl.) supplétives.
supplentato [supplen'tato] m. AMM. remplacement.
supplente [sup'plɛnte] agg. e n. remplaçant ; suppléant.
supplenza [sup'plɛntsa] f. remplacement m., suppléance.
suppletivo [supple'tivo] o **suppletorio** [supple'tɔrio] agg. [supplementare] supplémentaire. | *sessione suppletiva (di esami)*, session (d'examens) supplémentaire. || [che supplisce] supplétif. || GIUR. supplétoire.
supplica ['supplika] f. [atto] supplication, prière. | *in tono di supplica*, d'un ton suppliant. || [scritto o parole] supplique.
supplicante [suppli'kante] agg. e n. suppliant.
supplicare [suppli'kare] v. tr. supplier, implorer, conjurer. | *supplicò il perdono da sua madre*, il supplia sa mère de lui pardonner, il implora le pardon de sa mère.
supplicatore [supplika'tore] (**-trice** f.) m. (raro) suppliant (L.C.).
supplicatorio [supplika'tɔrjo] agg. de supplication, suppliant.
supplice ['supplitʃe] agg. e n. lett. suppliant.
supplichevole [suppli'kevole] agg. suppliant, implorant.
supplichevolmente [supplikevol'mente] avv. d'une façon suppliante.
supplire [sup'plire] v. intr. suppléer. | *supplire con lo studio alla mancanza di memoria*, suppléer par l'étude au manque de mémoire. ◆ v. tr. [sostituire] remplacer ; suppléer (lett.).
suppliziare [supplit'tsjare] v. tr. supplicier.
supplizio [sup'plittsjo] m. PR. e FIG. supplice.
supponibile [suppo'nibile] agg. supposable, imaginable.
supporre [sup'porre] v. tr. **1.** [porre come ipotesi] supposer, admettre (seguiti dal cong.). | *supponiamo che non voglia pagare*, supposons qu'il ne veuille pas payer. | *supponendo che il suo calcolo sia esatto*, en admettant que son calcul soit exact. || [immaginare] *supponga di avere cinque figli da mantenere*, imaginez que, supposez que vous ayez cinq enfants à élever. || **2.** [congetturare, pensare] supposer, imaginer, penser, croire (seguiti dall'indic. nelle frasi affermative, dal cong. nelle frasi interrogative o negative). | *suppongo che abbia voluto scherzare*, je suppose, j'imagine, je pense qu'il a voulu plaisanter. | *supponevo che avrebbe protestato*, je pensais bien qu'il protesterait. | *non supponevo di riuscire*, je n'imaginais pas que je réussirais. | *supponi che sia già arrivato ?*, est-ce que tu penses, penses-tu, crois-tu qu'il soit déjà arrivé ?
supporto [sup'pɔrto] m. support. || MECC. palier.
suppositorio [suppozi'tɔrjo] m. FARM. suppositoire.
supposizione [suppozit'tsjone] f. supposition.
supposta [sup'posta] f. FARM. suppositoire m.
supposto [sup'posto] agg. supposé, présumé. || LOC. (cong.) *supposto che*, supposé que.
suppuramento [suppura'mento] m. suppuration f.
suppurare [suppu'rare] v. intr. suppurer.
suppurazione [suppurat'tsjone] f. suppuration.
supputare [suppu'tare] v. tr. (raro) calculer, supputer.
supremamente [suprema'mente] avv. suprêmement.
supremazia [supremat'tsia] f. suprématie.
supremo [su'prɛmo] agg. **1.** [il più alto] suprême, souverain. | *comandante supremo*, commandant en chef. | *corte suprema*, cour suprême. | *potere supremo*, autorité suprême, souveraine. || **2.** [grandissimo] immense, suprême, souverain. | *supremo disprezzo*, souverain mépris. | *con mia suprema soddisfazione*, à mon immense satisfaction. | *con supremo sforzo*, d'un, dans un suprême effort. || **3.** [ultimo] suprême.
sura ['sura] f. RELIG. sourate, surate.
surclassare [surklas'sare] v. tr. surclasser.
surcompressione [surkompres'sjone] f. surcompression.
surgelato [surdʒe'lato] agg. surgelé.
surreale [surre'ale] agg. surréel.
surrealismo [surrea'lizmo] m. ARTI, LETT. surréalisme.
surrealista [surrea'lista] (**-i** pl.) agg. e n. surréaliste.
surrealistico [surrea'listiko] (**-ci** pl.) agg. surréaliste.
surrenale [surre'nale] agg. ANAT. surrénal.
surrettizio [surret'tittsjo] agg. GIUR. subreptice.
surricordato [surrikor'dato] agg. cité plus haut, rappelé ci-dessus.
surriferito [surrife'rito] agg. rapporté ci-dessus, plus haut.
surriscaldamento [surriskalda'mento] m. surchauffe f.
surriscaldare [surriskal'dare] v. tr. surchauffer. ◆ v. rifl. (trop) chauffer (v. intr.).
surriscaldatore [surriskalda'tore] m. TECN. surchauffeur.
surrogabile [surro'gabile] agg. remplaçable.
surrogare [surro'gare] v. tr. remplacer (par), substituer (à). || GIUR. subroger. || [subentrare] remplacer ; prendre la place (de).
surrogato [surro'gato] agg. succédané. ◆ m. PR. e FIG. succédané, ersatz.
surrogatorio [surroga'tɔrjo] agg. GIUR. subrogatoire, subrogatif.
surrogazione [surrogat'tsjone] f. remplacement m., substitution. || GIUR. subrogation.
survoltare [survol'tare] v. tr. ELETTR. survolter.
suscettibile [suʃʃet'tibile] agg. susceptible. || [permaloso] susceptible, ombrageux.
suscettibilità [suʃʃettibili'ta] f. susceptibilité.
suscitare [suʃʃi'tare] v. tr. provoquer, susciter. | *suscitare un profondo interesse*, susciter, éveiller un profond intérêt. | *suscitare la curiosità*, éveiller la curiosité. | *suscitare uno scandalo*, soulever, provoquer un scandale. | *suscitare proteste*, soulever, provoquer des protestations.
susina [su'zina] f. prune.
susino [su'zino] m. BOT. prunier.
suspense [səs'pens] f. [ingl.] suspense m.
suspicione [suspi'tʃone] f. ARC. suspicion (L.C.). || GIUR. *legittima suspicione*, suspicion légitime.
susseguente [susse'gwɛnte] agg. suivant.
susseguentemente [susseguente'mente] avv. par la suite ; [di conseguenza] par suite.
susseguire [susse'gwire] v. intr. succéder, suivre (tr.). | *all'amore sussegue l'odio*, la haine succède à l'amour. ◆ v. tr. suivre. ◆ v. rifl. se suivre, se succéder. ◆ m. *un susseguirsi di*, une succession, une suite de.

sussidiare [sussi'djare] v. tr. subventionner.
sussidiario [sussi'djarjo] agg. subsidiaire, auxiliaire, supplémentaire. | *truppe sussidiarie,* troupes auxiliaires. ◆ m. [a scuola] manuel.
sussidio [sus'sidjo] m. [aiuto in denaro] subside, subvention f. | *sussidio di disoccupazione,* allocation (f.) de chômage. ‖ (lett.) [aiuto] aide f. (L.C.), secours (L.C.). | *truppe mandate in sussidio di,* troupes envoyées en renfort à, au secours de. | *sussidi bibliografici,* matériel bibliographique. | *sussidi audiovisivi, didattici,* matériel audiovisuel, didactique. ◆ pl. MIL. (lett.) renforts.
sussiego [sus'sjɛgo] m. dignité f., réserve f.; [alterigia] hauteur f., condescendance f., suffisance f.
sussiegoso [sussje'goso] agg. digne, réservé; [altezzoso] hautain, condescendant, suffisant.
sussistente [sussis'tɛnte] agg. existant. ‖ [valido] valable.
sussistenza [sussis'tɛntsa] f. [quanto occorre al sostentamento] subsistance. | *mezzi di sussistenza,* moyens de subsistance. ‖ MIL. *sussistenza militare,* service des subsistances. ‖ [esistenza] existence. ‖ [persistenza] persistance. ‖ [sostanza] substance.
sussistere [sus'sistere] v. intr. [esistere] exister. | *non sussistono prove,* il n'y a pas de preuves, il n'existe aucune preuve. ‖ [perdurare] subsister, persister. ‖ [avere fondamento] être valable, tenir debout, avoir un fondement.
sussultare [sussul'tare] v. intr. [avere un sobbalzo] sursauter, tressaillir, tressauter. ‖ [essere agitato da scosse] tressauter, tressaillir. ‖ [detto di cose] trembler, être secoué, tressaillir.
sussulto [sus'sulto] m. sursaut, soubresaut, haut-le-corps. | *avere un sussulto,* sursauter, avoir un sursaut. ‖ [scossa] secousse f.
sussurrare [sussur'rare] v. tr. susurrer, chuchoter, murmurer. ‖ [dire nascostamente] murmurer, susurrer. ◆ v. intr. chuchoter, murmurer, susurrer. ‖ [protestare, criticare] murmurer. ‖ [detto di vento, foglie, acqua] murmurer (lett.), bruire.
sussurrio [sussur'rio] m. chuchotements continuels, murmures; [delle foglie, del vento] murmure incessant.
sussurro [sus'surro] m. murmure, chuchotement, chuchotis; susurrement, susurration f. (raro). ‖ [del vento, dell'acqua] murmure, bruissement, chuchotis, chuchotement (poet.).
sutura [su'tura] f. ANAT., MED. suture.
suturare [sutu'rare] v. tr. MED. suturer.
suvvia [suv'via] interiez. allons!, allez!
suzione [sut'tsjone] f. succion.
svagare [zva'gare] v. tr. [divertire] distraire, divertir, amuser, délasser. ‖ [distrarre, distogliere] distraire. ◆ v. rifl. [divertirsi] se distraire, se divertir, se détendre, se délasser, se récréer, s'amuser. ‖ [distrarsi] se distraire, avoir des distractions, avoir une distraction.
svagatezza [zvaga'tettsa] f. distraction.
svagato [zva'gato] agg. distrait.
svago ['zvago] m. distraction f., détente f., délassement. | *ha bisogno di un po' di svago,* il a besoin d'un peu de distraction, de se distraire un peu. ‖ [ciò che svaga] distraction f., divertissement, passe-temps.
svaligiamento [zvalidʒa'mento] m. cambriolage.
svaligiare [zvali'dʒare] v. tr. cambrioler, dévaliser.
svaligiatore [zvalidʒa'tore] (**-trice** f.) m. cambrioleur, euse.
svalutare [zvalu'tare] v. tr. [merci] déprécier, dévaloriser. ‖ [moneta] dévaloriser; [legalmente] dévaluer. ‖ [persone, opere, qualità] déprécier, mésestimer, rabaisser, dévaloriser. | *svalutare i meriti di qlcu.,* déprécier, rabaisser les mérites de qn. ◆ v. rifl. [merci, moneta] se déprécier, se dévaloriser. ‖ [deprezzare se stessi] se déprécier, se mésestimer, se rabaisser.
svalutazione [zvalutat'tsjone] f. dévalorisation, dépréciation. ‖ [di una moneta] dévaluation.
svampare [zvam'pare] v. intr. [divampare] jaillir, flamber. ‖ [diminuire, cessare] se calmer, s'évanouir, tomber. | *l'ira gli svampò,* sa colère tomba.
svampire [zvam'pire] v. intr. REGION. s'évaporer, s'éventer. ‖ FIG. s'évaporer, s'évanouir, disparaître.
svampito [zvam'pito] agg. e n. REGION. gâteux, euse. ‖ [superficiale, sbadato] évaporé.
svanire [zva'nire] v. intr. [immagini] disparaître, s'évanouir, s'effacer. | *la visione svanì,* la vision s'évanouit, s'effaça. ‖ [fumo, nebbia, odore] se dissiper, disparaître, s'évaporer. ‖ [rumori] s'éteindre, diminuer. ‖ [sentimenti] s'évanouir, se dissiper, s'effacer, disparaître. | *le mie speranze sono svanite,* mes espoirs se sont évanouis. | *i suoi timori svanirono,* ses craintes se dissipèrent. ‖ [facoltà] s'affaiblir, diminuer. | *la sua memoria svanisce,* sa mémoire s'affaiblit. ‖ [perdere l'odore, il sapore] s'éventer.
svanito [zva'nito] agg. [di aroma, vino, liquore] éventé. ‖ [indebolito] affaibli. ‖ [scomparso, sfumato] évanoui. ‖ FIG. (anche SOSTANT.) gâteux, euse; gaga (fam.). | *è un po' svanito ormai!,* il n'a plus toute sa tête! | *del tutto svanito,* complètement gâteux, gaga. ‖ [scervellato] écervelé, évaporé, sans cervelle. | *un giovane svanito,* un jeune écervelé.
svantaggiato [zvantad'dʒato] agg. désavantagé, handicapé.
svantaggio [zvan'taddʒo] m. désavantage. | *essere in svantaggio,* être désavantagé. | *è per me un grave svantaggio,* c'est très désavantageux pour moi, c'est pour moi un sérieux handicap. | *comportare svantaggi,* présenter des désavantages, des inconvénients. ‖ *a svantaggio di,* au détriment de, au désavantage de. ‖ SPORT retard. | *con uno svantaggio di un minuto,* avec une minute de retard.
svantaggiosamente [zvantaddʒosa'mente] avv. désavantageusement.
svantaggioso [zvantad'dʒoso] agg. désavantageux, défavorable.
svanzica ['zvantsika] f. livre autrichienne. ◆ pl. SCHERZ. sous m., fric m. sing. (pop.), ronds m. (pop.).
svaporamento [zvapora'mento] m. évaporation f.
svaporare [zvapo'rare] v. intr. s'évaporer. | *l'acqua è svaporata,* l'eau s'est évaporée. ‖ [perdere il profumo, il sapore] s'éventer. ‖ FIG. se dissiper, s'évanouir.
svaporato [zvapo'rato] agg. évaporé. ‖ [che ha perso l'aroma, il sapore] éventé. ‖ FIG. [svanito] évaporé, évanoui.
svariatezza [zvarja'tettsa] f. variété.
svariato [zva'rjato] agg. varié. ◆ pl. différents, divers, plusieurs, (de) nombreux.
svarione [zva'rjone] m. bévue f., faute (grossière), grosse erreur; ânerie f. ‖ TIP. coquille f.
svasare [zva'zare] v. tr. [togliere una pianta da un vaso] dépoter. ‖ [rendere svasato] évaser.
svasato [zva'zato] agg. évasé.
svasatura [zvaza'tura] f. évasement m. ‖ ARCHIT. évasement m., embrasure, ouverture. ‖ MODA ampleur.
svastica ['zvastika] f. svastika m., swastika m.
svecchiamento [zvekkja'mento] m. rajeunissement, modernisation f., renouvellement.
svecchiare [zvek'kjare] v. tr. rajeunir, renouveler, moderniser. | *svecchiare un appartamento,* rajeunir, moderniser un appartement. | *svecchiare il proprio guardaroba,* renouveler sa garde-robe.
svedese [zve'dese] agg. e n. suédois.
sveglia ['zveʎʎa] f. réveil m. | *la sveglia è alle sei,* le réveil est à six heures. | *sveglia!,* debout!; secouetoi!, secouez-vous! ‖ [segnale] réveil m.; MIL., LETT. diane. ‖ [orologio] réveil; réveille-matin.
svegliare [zveʎ'ʎare] v. tr. PR. réveiller, éveiller. ‖ FIG. [scuotere dall'inerzia] réveiller, secouer. ‖ [scaltrire] dégourdir. ‖ FIG. [stimolare] éveiller, exciter, stimuler. | *svegliare la curiosità,* éveiller la curiosité. | *svegliare l'ira,* exciter la colère. ◆ v. rifl. PR. se réveiller, s'éveiller. ‖ FIG. [uscire dal torpore] se réveiller, se secouer. ‖ [scaltrirsi] se dégourdir. ‖ FIG. [manifestarsi] s'éveiller, se manifester.
svegliarino [zveʎʎa'rino] m. (fam.) savon, réprimande f. (L.C.), engueulade f. (pop.).
sveglio ['zveʎʎo] agg. [che non dorme] éveillé; [che non dorme più] réveillé. ‖ FIG. [di persona] éveillé, dégourdi. ‖ [di mente, intelligenza] éveillé, vif.
svelare [zve'lare] v. tr. PR. (raro) dévoiler (L.C.). ‖ FIG. dévoiler, découvrir, révéler. ◆ v. rifl. se révéler.
svelenire [zvele'nire] v. tr. PR. (raro) enlever le

poison (de); assainir (L.C.). || FIG. apaiser, calmer, rasséréner. ◆ v. rifl. FIG. se rasséréner, se calmer.
svellere ['zvɛllere] v. tr. (lett.) PR. e FIG. arracher (L.C.).
sveltamente [zvelta'mente] avv. vite, rapidement.
sveltezza [zvel'tettsa] f. [rapidità] rapidité; [agilità] agilité; [snellezza] sveltesse. || FIG. [di mente] vivacité (d'esprit), agilité (d'esprit), rapidité (d'esprit).
sveltimento [zvelti'mento] m. accélération f. | *il nuovo ponte permetterà lo sveltimento del traffico*, le nouveau pont rendra la circulation plus rapide, plus fluide; le nouveau pont facilitera la circulation.
sveltire [zvel'tire] v. tr. [rendere più rapido] activer, accélérer, rendre plus rapide. | *sveltire i lavori*, activer, accélérer les travaux. | *sveltire il traffico*, faciliter la circulation. || [rendere più disinvolto] dégourdir. || [rendere snello] amincir. ◆ v. rifl. [divenire più rapido] devenir plus rapide. || [più disinvolto] se dégourdir. || [più snello] s'amincir, mincir intr.
svelto ['zvɛlto] agg. **1.** [pronto] rapide, prompt; [veloce] rapide; [agile] leste, alerte, agile. | *è molto svelto nel suo lavoro*, il est très rapide dans son travail. | *camminare (con passo) svelto*, marcher vite, d'un pas rapide. | *svelto!*, vite!, dépêche-toi!, dépêchez-vous! || LOC. *è svelto di mano*, il a la main leste; [ruba] il est un peu voleur. | *è svelto di lingua*, il a la langue bien pendue, il n'a pas sa langue dans sa poche. || **2.** [snello] svelte, mince. | *aver una figura svelta*, être svelte. || **3.** FIG. [di mente, di intelligenza] rapide, agile, vif, éveillé. || [di persona] éveillé, vif; [disinvolto] dégourdi. || **4.** LOC. *alla svelta*, en vitesse (fam.), à la hâte, vite, rapidement. | *fare alla svelta*, se dépêcher, faire vite.
svenamento [zvena'mento] m. (raro) ouverture (f.) des veines. || FIG. saignée f.
svenare [zve'nare] v. tr. ouvrir les veines (à). || FIG. saigner. ◆ v. rifl. s'ouvrir les veines. || FIG. se saigner aux quatre veines.
svendere ['zvendere] v. tr. brader, solder; vendre à perte.
svendita ['zvendita] f. vente au rabais, liquidation, solde m., soldes m. pl.
svenevole [zve'nevole] agg. maniéré, affecté, minaudier, chichiteux (fam.), qui fait des manières; [sdolcinato] mièvre, doucereux.
svenevolezza [zvenevo'lettsa] f. affectation, minauderie, mièvrerie.◆ pl. [atti, discorsi] manières, simagrées (fam.), minauderies, chichis m. (fam.).
svenevolmente [zvenevol'mente] avv. avec affectation.
svenimento [zveni'mento] m. évanouissement, défaillance f.
svenire [zve'nire] v. intr. s'évanouir, se trouver mal; tomber dans les pommes (fam.), tourner de l'œil (fam.), défaillir (lett.). | *svenire per la paura*, s'évanouir de peur. | *al solo pensiero mi sento svenire*, je me sens mal rien que d'y penser.
sventagliare [zventaʎ'ʎare] v. tr. éventer. || [agitare qlco. con la mano] agiter. ◆ v. rifl. s'éventer.
sventagliata [zventaʎ'ʎata] f. coup (m.) d'éventail. | *darsi una sventagliata*, s'éventer. || [raffica] rafale.
sventare [zven'tare] v. tr. [far fallire] déjouer; [scoprire] éventer; [evitare] conjurer, éviter, écarter. | *sventare un complotto*, éventer, déjouer un complot. | *sventare un pericolo*, conjurer, écarter un danger.
sventataggine [zventa'taddʒine] f. V. SVENTATEZZA.
sventatamente [zventata'mente] avv. étourdiment.
sventatezza [zventa'tettsa] f. étourderie, légèreté.
sventato [zven'tato] agg. étourdi, irréfléchi, léger, écervelé. || LOC. *alla sventata*, à la légère.
sventola ['zvɛntola] f. éventail m. || LOC. *orecchie a sventola*, oreilles décollées, en feuilles de chou (fam.). || PER EST. gifle, claque, baffe (pop.).
sventolare [zvento'lare] v. tr. agiter. | *sventolare un ventaglio, bandiere*, agiter un éventail, des drapeaux. || [far vento] éventer. ◆ v. intr. flotter (au vent). ◆ v. rifl. s'éventer.
sventolio [zvento'lio] m. flottement.
sventramento [zventra'mento] m. fait d'éventrer; [di un animale] étripage. || FIG. démolition f. || MED. éventration f.
sventrare [zven'trare] v. tr. [togliere le interiora] étriper, éventrer. || [uccidere] éventrer. || FIG. [demolire] démolir, abattre; [sfondare] éventrer, défoncer. | *sventrare un quartiere insalubre*, démolir un quartier insalubre. | *gli obici sventravano il suolo*, les obus éventraient le sol.
sventura [zven'tura] f. [sfortuna, sorte avversa] malheur m., malchance. | *la sventura mi perseguita*, la malchance me poursuit, je joue de malchance. | *portare sventura*, porter malheur. || [disgrazia] malheur, infortune (lett.). | *per sua sventura*, pour son malheur. | *compagni di sventura*, compagnons d'infortune.
sventuratamente [zventurata'mente] avv. malheureusement, par malheur.
sventurato [zventu'rato] agg. [sfortunato] qui n'a pas de chance, malheureux, malchanceux; [di cose] malheureux. | *è davvero sventurato, non gli va bene niente*, il n'a vraiment pas de chance, rien ne lui réussit. | *giorno sventurato*, jour malheureux. | *nella sventurata eventualità che...*, si par malheur... || [che ha disgrazie] malheureux, infortuné (lett.). || PEGGIOR. malheureux. ◆ n. malheureux, euse.
svenuto [zve'nuto] agg. évanoui.
sverginamento [zverdʒina'mento] m. défloration f.
sverginare [zverdʒi'nare] v. tr. déflorer; dépuceler (volg.).
svergognare [zvergoɲ'ɲare] v. tr. couvrir de honte. || [smascherare] démasquer.
svergognatamente [zvergoɲɲata'mente] avv. effrontément, sans vergogne.
svergognatezza [zvergoɲɲa'tettsa] f. effronterie, impudence, impudeur.
svergognato [zvergoɲ'ɲato] agg. [sfrontato] effronté, impudent, éhonté. || [dissoluto] dévergondé. ◆ n. *è una svergognata*, c'est une dévergondée. | *svergognato (che sei)!*, tu n'as pas honte?
svernamento [zverna'mento] m. fait de passer l'hiver (quelque part), fait d'hiverner. || [di navi] hivernage. || [di bestiame] hivernage. || BIOL. hibernation f.
svernare [zver'nare] v. intr. hiverner. || BIOL. hiberner.
svestire [zves'tire] v. tr. déshabiller, dévêtir. || PER EST. e FIG. débarrasser, dépouiller. ◆ v. rifl. se déshabiller, se dévêtir (lett.). || PER EST. e FIG. se dépouiller.
svettare [zvet'tare] v. tr. AGR. étêter, écimer. ◆ v. intr. [di alberi] s'agiter rifl. | *gli alberi svettano*, les cimes des arbres s'agitent. || [stagliarsi contro lo sfondo] se découper, se détacher; [slanciarsi] pointer.
svettatura [zvetta'tura] f. AGR. étêtage m., étêtement m., écimage m.
svevo ['zvɛvo] agg. e n. souabe.
svezzamento [zvettsa'mento] m. perte (f.) d'une habitude; fait de se désaccoutumer, de se déshabituer. || [di un lattante] sevrage.
svezzare [zvet'tsare] v. tr. désaccoutumer, déshabituer. || [un lattante] sevrer.
sviamento [zvia'mento] m. déviation f. || GIUR. *sviamento di potere*, détournement de pouvoir. || TECN. déraillement.
sviare [zvi'are] v. tr. détourner, dévier, faire dévier. | *sviare l'attenzione, il discorso*, détourner l'attention, la conversation. | *sviare un colpo*, faire dévier un coup. || FIG. détourner. || ASSOL. *lo ha sviato*, il l'a détourné du droit chemin, il l'a dévoyé (lett.). ◆ v. rifl. s'égarer, se perdre, se fourvoyer. || FIG. sortir, s'écarter du droit chemin, se dévoyer (lett.).
svicolare [zviko'lare] v. intr. s'esquiver; filer par une petite rue, prendre la tangente (fam.). || FIG. prendre la tangente (fam.), chercher des faux-fuyants. | *rispondi, non svicolare!*, réponds, pas de faux-fuyants!
svignarsela [zviɲ'ɲarsela] v. intr. FAM. filer à l'anglaise, se débiner, se carapater (pop.), prendre la tangente, s'esquiver (L.C.), décamper, déguerpir.
svigorimento [zvigori'mento] m. affaiblissement.
svigorire [zvigo'rire] v. tr. affaiblir. ◆ v. rifl. s'affaiblir.
svilire [zvi'lire] v. tr. PR. e FIG. dévaloriser, déprécier.
svillaneggiamento [zvillaneddʒa'mento] m. manières grossières; [insulti] injures f. pl; insultes f. pl.
svillaneggiare [zvillaned'dʒare] v. tr. se conduire avec grossièreté, avec muflerie (envers qn); traiter qn

grossièrement. || [offendere] injurier, insulter. ◆ v. recipr. s'injurier, s'insulter.
sviluppabile [zvilup'pabile] agg. développable.
sviluppare [zvilup'pare] v. tr. [far crescere] développer. | *sviluppare il turismo,* développer le tourisme. || [provocare] provoquer. || LETT. [aprire distendendo] développer (raro), déployer (L.C.), dérouler (L.C.). || [sprigionare] dégager, produire. || FOT. développer. || MAT. développer. ◆ v. rifl. [crescere] se développer. || [formarsi] se former. | *il frutto si sviluppa dal fiore,* le fruit se forme à partir de la fleur. || [estendersi] se propager, s'étendre. | *bisogna evitare che l'epidemia si sviluppi,* il faut éviter que l'épidémie ne se propage, ne s'étende. || SOSTANT. *lo svilupparsi dell'incendio verso ovest,* la propagation de l'incendie vers l'ouest. || [prodursi, manifestarsi] se produire, se déclarer. | *potrebbe svilupparsi un'epidemia,* une épidémie pourrait se produire, se déclarer. || [sprigionarsi] se dégager. || LETT. [aprirsi] se développer (L.C.).
sviluppato [zviluppa'to] agg. développé.
sviluppatore [zviluppa'tore] m. FOT. révélateur.
sviluppo [zvi'luppo] m. BIOL. développement, croissance f. | *l'età dello sviluppo,* l'âge de la croissance. || BOT. développement. || [espansione] développement, essor, croissance f., progrès. | *in pieno sviluppo,* en plein essor. | *politica di sviluppo,* politique de croissance. || [svolgimento di un argomento] développement. || CHIM., FIS. [lo sprigionarsi] dégagement. || FOT. développement. | *(bagno di) sviluppo,* révélateur. || MAT., MUS. développement.
svinatura [zvina'tura] f. décuvaison, décuvage m.
svincolare [zvinko'lare] v. tr. dégager. || [ritirare] retirer. | *svincolare i bagagli,* retirer les bagages. || [sdoganare] dédouaner. ◆ v. rifl. se dégager, se libérer.
svincolo ['zvinkolo] m. dégagement. || [sdoganamento] dédouanement. || CIRCOL. échangeur, raccordement, voie (f.) de raccordement.
sviolinare [zvjoli'nare] v. tr. FAM. SCHERZ. passer de la pommade, encenser (L.C.).
sviolinata [zvjoli'nata] f. FAM. encens m. (lett.), flagornerie (lett.).
svisamento [zviza'mento] m. déformation f.
svisare [zvi'zare] v. tr. déformer.
sviscerare [zviʃʃe'rare] v. tr. étudier à fond, approfondir, creuser, fouiller, disséquer, éplucher. || PR. (raro) éventrer. ◆ v. rifl. *sviscerarsi per qlcu.,* tenir qn en grande estime, faire de qn son idole.
svisceratamente [zviʃʃerata'mente] avv. passionnément.
svisceratezza [zviʃʃera'tettsa] f. idolâtrie, adoration ; [eccesso] outrance, exagération.
sviscerato [zviʃʃe'rato] agg. passionné, idolâtrique ; [eccessivo] outré, exagéré. | *passione sviscerata,* folle passion.
svista ['zvista] f. erreur, méprise, bévue. | *per una svista,* par inadvertance, à cause d'une erreur.
svitamento [zvita'mento] m. dévissage.
svitare [zvi'tare] v. tr. dévisser.
svitato [zvi'tato] agg. dévissé. || FIG. (anche SOSTANT.) timbré (fam.), piqué (fam.), cinglé (pop.), dingue (pop.). | *è uno svitato,* il lui manque une case (pop.) ; il a une araignée dans le plafond (fam.) ; il est dingue.
svitatura [zvita'tura] f. dévissage m.
sviticchiare [zvitik'kjare] v. tr. désentortiller, détortiller, démêler.
svizzera ['zvittsera] f. (neol.) CULIN. bifteck haché.
svizzero ['zvittsero] agg. e n. suisse.
svogliare [zvoʎ'ʎare] v. tr. (raro) ôter (à qn) l'envie (de qch). ◆ v. rifl. perdre l'envie (de), se dégoûter (de).
svogliataggine [zvoʎʎa'taddʒine] f. V. SVOGLIATEZZA.
svogliatamente [zvoʎʎata'mente] avv. sans enthousiasme, nonchalamment ; [pigramente] paresseusement.
svogliatezza [zvoʎʎa'tettsa] f. nonchalance, indolence, mollesse ; [pigrizia] paresse.
svogliato [zvoʎ'ʎato] agg. nonchalant, indolent, mou, sans enthousiasme ; [pigro] paresseux, fainéant.
svolazzante [zvolat'tsante] agg. flottant.
svolazzare [zvolat'tsare] v. intr. [uccelli, insetti] voleter, voltiger. || [essere agitato dal vento] flotter. || FIG. voltiger, papillonner.
svolazzo [zvo'lattso] m. [di uccelli, insetti] voletement. || [il muoversi al vento] flottement. || MODA volant. || TIP. paraphe, parafe. || FIG. fioriture f.
svolgere ['zvɔldʒere] v. tr. **1.** PR. dérouler. || [togliere l'involucro] défaire, développer (raro). || **2.** FIG. développer ; [trattare] traiter. || UNIV. *svolgere un tema,* faire une rédaction. | *l'alunno non ha svolto il tema proposto,* l'élève n'a pas traité le sujet (proposé). | *è un tema difficile, non si sa come svolgerlo,* c'est un sujet difficile, on ne sait pas comment, par quel bout le prendre, on ne sait pas comment le traiter. || **3.** [attuare] exécuter, réaliser. | *svolgere un programma,* exécuter, réaliser un programme. | *svolgere un lavoro,* exécuter un travail. || [condurre] mener, faire. | *svolgere un'indagine :* [di polizia] mener, faire une enquête ; [di mercato] faire une enquête. || [esercitare, praticare] exercer. | *svolgere una professione,* exercer une profession. || [adempiere] remplir, accomplir, s'acquitter (de). || **4.** (raro) [distogliere] détourner. ◆ v. rifl. PR. se dérouler ; [da un involucro] se défaire. || FIG. [sfilare] se dérouler, défiler. || [svilupparsi] se développer. || [compiersi] s'effectuer, s'accomplir, se faire. | *il traffico si svolge regolarmente,* la circulation est régulière. || [avvenire] se passer, se produire. | *raccontare come si sono svolti i fatti,* raconter comment les choses se sont passées. || [trascorrere] se dérouler, s'écouler. | *la vita si svolge monotona,* la vie se déroule monotone. || (raro) [liberarsi da un impaccio] se tirer (fam.), se dépêtrer (fam.), se délivrer (L.C.).
svolgimento [zvoldʒi'mento] m. FIG. développement. || UNIV. rédaction f., composition f. || [attuazione] réalisation f., exécution f. | *svolgimento di un programma,* réalisation d'un programme. || [successione] déroulement. | *lo svolgimento dei fatti,* le déroulement des faits. || PR. (raro) [lo svolgere] déroulement. || MUS. développement.
svolta ['zvɔlta] f. virage m. | *divieto di svolta a destra,* interdiction de tourner à droite. || FIG. virage, tournant m. | *una svolta nella sua carriera,* un tournant de sa carrière. | *fu una grave svolta della sua vita,* sa vie changea de face. || POLIT. *svolta a destra, a sinistra,* coup (m.) de barre à droite, à gauche.
svoltare [zvol'tare] v. intr. tourner. ◆ v. tr. (raro) dérouler ; [togliere l'involucro] défaire.
svoltata [zvol'tata] f. virage m.
svolto ['zvɔlto] agg. développé. || LOC. *temi svolti,* rédactions toutes faites.
svoltolare [zvolto'lare] v. tr. dérouler. || [togliere un involucro] défaire.
svuotamento ['zvwota'mento] m. action (f.) de vider, vidage (raro), vidange f.
svuotare [zvwo'tare] v. tr. vider. || [di un serbatoio] vidanger. || FIG. *svuotare una frase di ogni significato,* priver une phrase de sens.
swing [swiŋ] m. [ingl.] swing.

T

t [ti] m. e f. t m. | *ferro a T, a doppia T,* fer en T, à double T.
tabaccaio [tabak'kajo] **(-ai** pl.) m. **(-aia** f.) buraliste n., débitant, e (de tabac), marchand, e de tabac. | *insegna del tabaccaio* [in Francia], carotte f.
tabaccare [tabak'kare] v. intr. priser.
tabaccheria [tabakke'ria] f. débit (m.) de tabac, (bureau m. de) tabac m.
tabacchicoltore [tabakkikol'tore] m. planteur de tabac.
tabacchicoltura [tabakkikol'tura] f. culture du tabac.
tabacchiera [tabak'kjɛra] f. tabatière.
tabacchificio [tabakki'fitʃo] **(-ci** pl.) m. manufacture (f.) de tabac.
tabacchino [tabak'kino] m. [region.] buraliste, débitant (de tabac), marchand de tabac.
tabacco [ta'bakko] **(-chi** pl.) m. tabac. | *tabacco da fiuto, da naso, in polvere,* tabac à priser. | *tabacco da masticare,* tabac à mâcher, à chiquer. | *presa di tabacco,* prise de tabac. | *bar-tabacchi,* café-tabac. | *rivendita di sali e tabacchi,* (bureau de) tabac, débit de tabac. ◆ agg. invar. *color tabacco,* couleur tabac.
tabaccone [tabak'kone] m. Peggior. priseur invétéré.
tabaccoso [tabak'koso] agg. Peggior. [che puzza di tabacco] qui pue le tabac; [macchiato di tabacco] taché de tabac.
tabagico [ta'badʒiko] **(-ci** m. pl.) agg. Med. tabagique.
tabagismo [taba'dʒismo] m. Med. tabagisme.
tabarin [taba'rɛ̃] m. [fr.] boîte (f.) de nuit.
tabarro [ta'barro] m. manteau.
tabe ['tabe] f. Med. tabès m.
tabella [ta'bɛlla] f. [prospetto] tableau m., panneau m. | *tabella cronologica,* panneau chronologique. | *tabella dell' orario ferroviario,* tableau indicateur des chemins de fer. | *tabella delle partenze, degli arrivi,* tableau des départs, des arrivées. | *tabella dei prezzi,* barème (m.) des prix. || Comm. état m. || Mar. *tabella di deviazione,* table de déviation. || Med. *tabella della temperatura,* feuille de température. || Sport e fig. *tabella di marcia,* tableau de marche. || Stor. [Roma] tablette. || Tecn. [strumente di legno] crécelle.
tabellare [tabel'lare] agg. [della forma di una tabella] tabulaire. || Tip. tabellaire.
tabellione [tabel'ljone] m. Stor. tabellion.
tabellone [tabel'lone] m. [per affissioni] tableau, panneau. | *tabellone elettorale,* panneau électoral. || Sport [pallacanestro] panneau.
tabernacolo [taber'nakolo] m. Relig. tabernacle. || Per est. [nicchia per immagini sacre] petite chapelle. || Stor. *festa dei Tabernacoli,* fête des Tabernacles.
tabetico [ta'bɛtiko] **(-ci** m. pl.) agg. Med. tabétique.
tabico ['tabiko] **(-ci** m. pl.) agg. Med. tabétique.
tabloide [ta'blɔide] m. Giorn. tabloïd(e).
tabouret [tabu'rɛ] m. [fr.] tabouret.
tabù [ta'bu] agg. e m. invar. Pr. e fig. tabou.
tabula rasa ['tabula'raza] loc. invar. [lat.] Filos. *fare tabula rasa,* faire table rase.
tabulare [tabu'lare] agg. Geogr., Miner. tabulaire.
tabulatore [tabula'tore] m. Tecn. tabulateur.
tabulatrice [tabula'tritʃe] f. [macchina] tabulatrice.
tac [tak] onomat. tac.
tacca ['takka] **(-che** pl.) f. [macchia] tache. || [intaccatura] entaille, encoche, coche. | *segnare con una tacca,* cocher (v. tr.). | *fare una tacca ad un coltello,* ébrécher un couteau. | *fare delle tacche a,* cranter (v. tr.) || [di serratura, chiave] bouterelle. || Fig. [difetto morale] défaut m. || Bot. tacca m. || Mil. *tacca di mira,* cran (m.) de mire. || [alpinismo] col m. || Tip. cran m. || Loc. fig. [statura] *uomo, donna di mezza tacca,* homme, femme de taille moyenne. | *merce di mezza tacca,* pacotille. | *persone della stessa tacca,* gens de la même farine (fam.), du même acabit (fam.), du même genre.
taccagneria [takkaɲɲe'ria] f. Fam. avarice (l.c.), pingrerie (fam.), ladrerie (lett.), lésine (antiq.).
taccagno [tak'kaɲɲo] agg. e m. Fam. avare (l.c.), chien, chienne; rapiat; grigou m.; grippe-sou m., radin; rat agg. m. | *essere taccagno,* être dur à la desserre, à la détente, les lâcher avec un élastique (gerg.). | *quanto è taccagno!,* ce qu'il est rat!
taccheggiare [takked'dʒare] v. tr. e intr. voler (v. tr.) à l'étalage, chaparder v. tr. (fam.). ◆ v. tr. Tip. taquer.
taccheggiatore [takkeddʒa'tore] **(-trice** f.) m. chapardeur, euse (fam.); voleur, euse à l'étalage.
taccheggio [tak'keddʒo] **(-gi** pl.) m. vol à l'étalage, chapardage (fam.). || Tip. taquage.
tacchete ['takkete] onomat. pan!
tacchettio [takket'tio] m. bruit de talons.
tacchetto [tak'ketto] m. [di scarpa da donna] petit talon. || [di scarpe da calciatore] crampon. || Mar. taquet.
tacchina [tak'kina] f. Zool. dinde.
tacchino [tak'kino] m. Zool. dindon.
taccia ['tattʃa] **(-ce** pl.) f. (raro) réputation (l.c.).
tacciabile [tat'tʃabile] agg. *quell' uomo non è tacciabile di avarizia,* on ne peut pas taxer cet homme d'avarice.
tacciare [tat'tʃare] v. tr. taxer. | *tacciare qlcu. di avarizia,* taxer qn d'avarice.
tacco ['takko] **(-chi** pl.) m. talon. | *tacchi a spillo,* talons aiguilles. | *scarpe senza tacco,* chaussures à talons plats. | *hai già consumato i tacchi,* tes chaussures sont déjà éculées. | *mezzo tacco di rinforzo,* talonnette f. || Tip. taquet, taquoir. || Loc. fig. *alzare, battere i tacchi,* tourner, montrer les talons.
1. taccola ['takkola] f. Zool. choucas m., corneille.
2. taccola ['takkola] f. Fam. défaut m. (l.c.).
taccuino [takku'ino] m. calepin, carnet.
tacere [ta'tʃere] v. intr. se taire (v. rifl.). | *quando ci siamo avvicinati, esse hanno taciuto,* quand nous nous sommes approchés, elles se sont tues. | *lo ha messo a tacere con uno sguardo,* il l'a réduit au silence d'un regard. | *non sapendo cosa rispondere, ha taciuto,* ne sachant que répondre, il a gardé le silence. | *insomma, taci!,* tais-toi donc! | *vuoi tacere?,* vas-tu te taire?, la tairas-tu? (pop.). | *mettere a tacere qlcu.,* réduire qn au silence. | *mettere a tacere qlco.,* étouffer qch. | *far tacere,* faire taire. ◆ v. tr. taire, cacher, celer. | *tacere la verità, il nome di qlcu.,* taire la vérité, le nom de qn. || Fig. *tacere il proprio nome,* cacher son jeu. || Prov. *un bel tacer non fu mai scritto,* la parole est d'argent, le silence est d'or.
tacheometria [takeome'tria] f. Tecn. tachéométrie.
tacheometro [take'metro] m. Tecn. tachéomètre.
tachicardia [takikar'dia] f. Med. tachycardie.
tachigrafia [takigra'fia] f. tachygraphie.
tachimetro [ta'kimetro] m. tachymètre. || Autom. compteur de vitesse.
tachina [ta'kina] f. Zool. tachine m. o f., tachina m.
tachisme [ta'ʃizm] m. [fr.] Pitt. tachisme.
tacitamente [tatʃita'mente] avv. [silenziosamente] silencieusement. || [senza parole] tacitement.
tacitamento [tatʃita'mento] m. Giur. désintéressement.
tacitare [tatʃi'tare] v. tr. Giur. désintéresser.
tacito ['tatʃito] agg. [silenzioso] silencieux. || [senza parole] tacite. | *con il suo tacito consenso,* avec son consentement tacite.
taciturnità [tatʃiturni'ta] f. taciturnité (lett.).
taciturno [tatʃi'turno] agg. taciturne.
tadorna [ta'dorna] f. Zool. tadorne m.
tafanario [tafa'narjo] **(-ri** pl.) m. Scherz. (gros) derrière.

tafano [ta'fano] m. ZOOL. taon.
tafferuglio [taffe'ruʎʎo] (**-gli** pl.) m. bagarre f., échauffourée f., coup de torchon ; chamaillerie f.
taffetas [taf'ta] m. [fr.] MODA taffetas.
taffettà [taffet'ta] m. MODA taffetas. ‖ FARM. *taffettà adesivo*, taffetas anglais, gommé.
tagete [ta'dʒete] m. BOT. tagète, tagetes.
taglia ['taʎʎa] f. taille. | *di mezza taglia*, de taille moyenne. ‖ PER EST. [misura di vestito] taille. ‖ [ricompensa] prix m. | *mettere una taglia su qlcu.*, mettre à prix la tête de qn. ‖ STOR. [imposta] rançon.
tagliabile [taʎ'ʎabile] agg. STOR. taillable.
tagliaborse [taʎʎa'borse] m. invar. pickpocket m. (ingl.), voleur à la tire (fam.), coupeur (m.) de bourses (fam.).
tagliaboschi [taʎʎa'bɔski] m. invar. abatteur m., bûcheron m.
tagliacarte [taʎʎa'karte] m. invar. coupe-papier.
tagliafilo [taʎʎa'filo] m. *pinza tagliafilo*, bec-de-corbeau.
tagliafuoco [taʎʎa'fwɔko] m. invar. coupe-feu.
taglialegna [taʎʎa'leɲɲa] m. invar. fendeur m. (de bois), abatteur m., bûcheron m.
tagliamare [taʎʎa'mare] m. invar. MAR. étrave f.
tagliando [taʎ'ʎando] m. coupon.
tagliapietre [taʎʎa'pjɛtre] m. invar. tailleur (m.) de pierre(s).
tagliare [taʎ'ʎare] v. intr. [essere tagliente] couper. ‖ [passare direttamente] couper. | *tagliare per i campi*, couper à travers champs. ‖ FIG. *tagliare corto*, couper court. | *tagliare corto ad una discussione*, trancher une discussion. ◆ v. tr. **1.** [dividere, separare] couper. | *tagliare di netto*, trancher. | *tagliare in due*, couper en deux. | *tagliare il pane, le pagine di un libro*, couper le pain, les pages d'un livre. | *tagliare a fette sottili*, émincer. | *tagliare a pezzi*, détailler. | *tagliare a pezzi un vitello*, détailler un veau. | *tagliare un articolo da un giornale*, découper un article dans un journal. | *tagliare campioni*, échantillonner. | *tagliare campioni di velluti*, échantillonner des velours. | *tagliare la prima fetta, il primo pezzo*, entamer. | *tagliare un abito secondo un cartamodello*, tailler un vêtement sur un patron. ‖ [lavorare con uno strumento tagliente] tailler. | *tagliare a punta*, tailler en pointe. ‖ PER ANAL. [scalfire] entamer. | *il barbiere gli ha tagliato il viso*, le barbier lui a entamé le visage. ‖ FIG. *freddo che taglia il viso*, froid qui coupe le visage. | *nebbia da tagliare con il coltello*, brouillard à couper au couteau. | *tagliare fuori da*, couper de. ‖ **2.** [passare in mezzo] couper, traverser. | *strada che ne taglia un'altra*, route qui en coupe une autre. | *retta che taglia una circonferenza*, droite qui coupe un cercle. ‖ **3.** [interrompere] PR. e FIG. couper, rompre, interrompre. | *tagliare le comunicazioni*, couper les communications. | *tagliare i viveri a qlcu.*, couper les vivres à qn. | *tagliare la strada, la ritirata*, couper le chemin, la retraite. ‖ **4.** [abbreviare] couper, abréger, retrancher. | *tagliare un articolo troppo lungo*, couper, tronquer, écourter un article trop long. | *tagliare dei passi di un testo*, retrancher des passages d'un texte. ‖ **5.** [mescolare due liquidi] couper. ‖ **6.** GEOGR. *tagliare un istmo*, percer un isthme. ‖ **7.** GIOCHI [carte] couper. ‖ **8.** MED. entailler. ‖ **9.** MINER. tailler. ‖ **10.** [tennis, Ping-Pong] *tagliare la palla, la pallina*, couper une balle. ‖ [di traguardo] franchir, passer. ‖ **11.** TECN. découper. | *tagliare col cannello, alla fiamma ossidrica*, découper au chalumeau. ‖ [con cesoie o trancia] cisailler. ‖ [legno] débiter. | *tagliare male del legno*, mâcher du bois. ‖ LOC. FIG. FAM. *tagliare la corda*, se sauver (L.C.), prendre la clef des champs, mettre les bouts (pop.), se débiner (pop.), ficher le camp (pop.), se barrer (pop.), se tailler (pop.) ; se calter, calter, caleter (gerg.). | *tagliare i panni addosso a qlcu.*, casser du sucre sur le dos de qn, dauber (lett., raro) sur qn, débiner qn (pop.). | *tagliare i ponti*, couper les ponts. | *tagliare la testa al toro*, trancher le nœud de la question. ◆ v. rifl. se taillader, s'entailler, se couper. ‖ TECN. se découper.
tagliarete [taʎʎa'rete] m. invar. coupe-filet.
tagliasigari [taʎʎa'sigari] m. invar. coupe-cigares.
tagliata [taʎ'ʎata] f. coupe. | *farsi dare una tagliata ai capelli*, se faire couper les cheveux. ‖ AGR. [alberi] abattis m. ‖ MIL. abattis m. ‖ SPORT [scherma, tennis] coupé m. ‖ TECN. [costruzioni] lit m.
tagliatelle [taʎʎa'tɛlle] f. pl. CULIN. nouilles ; tagliatelle [it.].
tagliato [taʎ'ʎato] agg. coupé. | *legna tagliata*, bois fendu. | *pietra ben tagliata*, pierre bien taillée. | *questa gonna sembra tagliata per te*, on dirait que cette jupe est faite sur mesure pour toi. ‖ FIG. *ero tagliato per questo lavoro*, j'étais fait pour ce métier. ‖ ARALD. taillé. ‖ [tennis, Ping-Pong] *palla tagliata*, balle coupée. ‖ LOC. FIG. *piangere come una vite tagliata*, pleurer comme une madeleine (fam.). | *uomo tagliato con l'accetta*, homme taillé à la serpe.
tagliatore [taʎʎa'tore] (**-trice** f.) m. [tranciatore] découpeur. ‖ IND. [abbigliamento] coupeur, euse. ‖ MINER. [di pietre dure] tailleur.
tagliatrice [taʎʎa'tritʃe] f. [macchina] découpeuse. ‖ MIN. haveuse.
tagliatubi [taʎʎa'tubi] m. invar. coupe-tubes.
tagliatura [taʎʎa'tura] f. [azione] coupe.
tagliavento [taʎʎa'vɛnto] m. invar. coupe-vent.
tagliavetro [taʎʎa'vetro] m. invar. coupe-verre.
taglieggiare [taʎʎed'dʒare] v. tr. *taglieggiare un paese*, mettre un pays en coupe réglée. | *taglieggiare qlcu.*, mettre qn à rançon. ‖ (antiq.) rançonner.
tagliente [taʎ'ʎɛnte] agg. tranchant, acéré, coupant. | *lama tagliente*, lame tranchante. ‖ PER EST. *vento tagliente*, vent cinglant. ‖ FIG. tranchant, cinglant, acéré, coupant. | *con un tono tagliente*, d'un ton tranchant. ◆ m. tranchant, fil, coupant. ‖ TECN. taillant.
tagliere [taʎ'ʎɛre] m. CULIN. hachoir ; [region.] tailloir.
taglierina [taʎʎe'rina] f. TECN. massicot m., coupeuse.
taglierini [taʎʎe'rini] m. pl. CULIN. = nouilles (f. pl.) fines.
taglio ['taʎʎo] (**-gli** pl.) m. **1.** [maniera di tagliare e risultato] coupe f. | *abito di buon taglio*, vêtement de bonne coupe. | *avere un taglio di capelli moderno*, avoir une coupe de cheveux moderne. | *seguire corsi di taglio*, suivre des cours de coupe. | *taglio di stoffa in svendita*, coupe d'étoffe en solde. | *taglio in pezzi*, découpage, découpe f. ‖ PER EST. [soppressione] coupure f., retranchement. | *fare dei tagli ad un articolo*, faire des coupures dans un article ; tronquer, écourter un article. ‖ FIG. *dare un taglio a una discussione*, trancher une discussion. ‖ POP. *dagli un taglio!* ta gueule ! (volg.). ‖ **2.** [intaglio, incisione] entaille f., coupure f. ‖ **3.** [filo di lama] tranchant, coupant, fil. | *armi da taglio*, armes de taille. ‖ LOC. PR. e FIG. *a doppio taglio*, à double tranchant. ‖ **4.** PER ANAL. [di libro] tranche f. | *libro dal taglio dorato*, livre doré sur tranche. ‖ [mattone] chant. | *mattone messo di taglio*, brique mise de chant. ‖ FIG. *cadere, venire di taglio*, tomber à pic, à propos. ‖ **5.** AGR. coupe, taille f., abattage. | *taglio di un albero con la sega*, abattage d'un arbre à la scie. | *taglio di sfollo ; di semina*, coupe claire, sombre ; d'ensemencement. | *taglio sistematico*, coupe réglée. | *taglio del legname*, débit. | *taglio raso*, blanc-étoc, blanc-estoc. | *operare tagli periodici in un bosco*, mettre un bois en coupe réglée. ‖ EDIL. *pietra da taglio*, pierre de taille. ‖ FIN. *banconota di piccolo taglio, grosso taglio*, petite, grosse coupure. ‖ GEOGR. *taglio di un istmo*, percement d'un isthme. ‖ GIOCHI [carte] coupe f. ‖ MED. [ferita] coupure f., entaille f., taillade f., estafilade f. | *fare un taglio*, entailler (v. tr.). | *si è fatto un taglio ad un dito*, il s'est fait une coupure au doigt. | *taglio cesareo*, césarienne (f. e agg.) | *taglio di un braccio*, amputation (f.) d'un bras. ‖ MIN. taille, abattage. | *fronte di taglio*, front de taille. | *taglio dei minerali*, abattage des minerais. ‖ [di pietre preziose] taille f. ‖ [tennis, Ping-Pong] *colpire la palla, la pallina di taglio*, couper la balle. ‖ [fioretto] *colpire di punta e di taglio*, frapper d'estoc et de taille. ‖ TECN. découpage, découpure f. | *taglio delle lamiere con cannello*, découpage des tôles au chalumeau.
tagliola [taʎ'ʎɔla] f. traquenard m., traquet m.
tagliolo [taʎ'ʎɔlo] m. TECN. [di fucinatore] tranchet. | *tagliolo a freddo*, ciseau à froid.
taglione [taʎ'ʎone] m. talion. | *legge del taglione*, loi du talion.

tagliuzzare [taʎʎut'tsare] v. tr. [fare dei tagli] taillader. ‖ [ridurre in piccole parti] coupailler, déchiqueter. | *tagliuzzare grossolanamente della carne,* coupailler de la viande. | *tagliuzzare minutamente della carne,* hacher de la viande.
taier [ta'jœ:r] m. MODA tailleur.
taiga ['taiga] f. GEOGR. taïga.
tahitiano [tai'tjano] agg. e n. GEOGR. tahitien, enne.
tailandese [tailan'dese] agg. e n. GEOGR. thaïlandais.
tailleur [ta'jœ:r] m. invar. [fr.] MODA tailleur m.
talaltro [ta'laltro] pron. indef. m. sing. d'autres pl. | *taluno preferisce il mare, talaltro la montagna,* certains préfèrent la mer, d'autres la montagne. | *talvolta..., talaltra,* parfois..., parfois.
talamo ['talamo] m. (lett. o poet.) couche nuptiale. ‖ ANAT. *talamo ottico,* thalamus. ‖ BOT. réceptacle.
talare ta'lare] agg. *abito, veste talare,* soutane f. | *indossare, vestire l'abito talare,* prendre la soutane.
talari ta'lari] m. pl. MIT. talonnières f. pl.
talassoterapia [talassotera'pia] f. MED. thalassothérapie.
talché [tal'ke] cong. (lett.) de sorte que.
talco ['talko] m. talc. | *cospargere di talco,* talquer.
talcoso [tal'koso] agg. talqueux.
tale ['tale] agg. **1.** [simile] tel, pareil. | *tali episodi non si devono ripetere,* de tels épisodes, des épisodes pareils ne doivent pas se répéter. | *tale il padre, tale il figlio,* tel père, tel fils. | *anche se non sei intelligente, passi per tale,* même si tu n'es pas intelligent, tu passes pour tel. ‖ **2.** [questo] ce. | *ho già sentito tal discorso,* j'ai déjà entendu ce discours. ‖ **3.** [uguale] *è tale e quale suo padre,* c'est son père tout craché (fam.), c'est le portrait de son père ; [in senso morale] il est tel que son père. | *ne ho comperato uno tale e quale,* j'en ai acheté un exactement pareil. | *lascia il passo tale e quale,* laisse le passage tel quel. ‖ IRON. FAM. *tale quale !,* textuel ! ‖ **4.** [intensità] tel. | *non ho mai provato una tal gioia,* je n'ai jamais éprouvé une telle joie, une joie si grande. | *a tal punto, a tal segno,* à tel point. | *c'era una tale confusione !,* il y avait un tel brouhaha ! ‖ **5.** [conseguenza] *tale... che, da,* tel... que. | *avevo una tal voglia di vederti da chiederti di venire subito,* j'avais une telle envie de te voir que je t'ai demandé de venir tout de suite. | *ha avuto una tale paura che è fuggito,* il a eu une telle peur qu'il s'est enfui. ‖ **6.** [rafforzativo] *e quel tal viaggio che dovevi fare ?,* et le voyage que tu devais faire ? ◆ agg. indef. tel. | *tal legge o talaltra,* telle ou telle loi. | *ha avuto tal qual paura, tal qual presentimento,* il a eu une certaine peur, un certain pressentiment. ◆ pron. indef. *un tale,* un quidam. | *il tal dei tali,* Un tel. | *tal Dupont,* le dénommé Dupont. | *vai da quel tale,* va chez cet homme. | *c'è una tale che non conosco,* il y a une dame que je ne connais pas.
talea [ta'lɛa] f. BOT. bouture. | *riprodurre per mezzo di talee,* bouturer (v. tr.). | *riproduzione per mezzo di talee,* bouturage m.
talentare [talen'tare] v. intr. (solo alla 3ª pers. sing.) LETT., SCHERZ. plaire. | *fa solo quel che gli talenta,* il ne fait que ce qui lui plaît.
1. talento [ta'lɛnto] m. [moneta] STOR. talent. | *parabola dei talenti,* parabole des talents.
2. talento [ta'lɛnto] m. [dono] talent, capacité f., aptitude f., don. | *aver talento,* avoir du talent. | *ha un talento particolare per la musica,* il a des aptitudes pour la musique. | *fai vedere i tuoi talenti !,* montrenous tes talents !
talent scout ['tælənt'skaut] m. [ingl.] découvreur de talents.
talismano [taliz'mano] m. PR. e FIG. talisman.
tallero ['tallero] m. FIN. thaler.
tallio ['talljo] m. CHIM. thallium.
tallire [tal'lire] v. intr. BOT. taller.
tallo ['tallo] m. BOT. thalle.
tallofite [tal'lɔfite] f. pl. BOT. thallophytes.
tallonamento [tallona'mento] m. [di un cavallo] talonnement. ‖ SPORT talonnage.
tallonare [tallo'nare] v. tr. SPORT e FIG. talonner. ◆ v. intr. MAR. talonner.
tallonatore [tallona'tore] m. SPORT talonneur.
talloncino [tallon'tʃino] m. talon, coupon.
tallone [tal'lone] m. ANAT. talon. ‖ PR. e FIG. *tallone di Achille,* talon d'Achille ; défaut de la cuirasse (fig.). ‖ [parte di calza] talon. ‖ [di arco, pugnale] talon. ‖ AUTOM. *tallone del copertone,* talon du bandage. ‖ FIN. étalon. ‖ GIOCHI [carte] talon. ‖ MAR. *tallone di chiglia,* talon de quille.
talmente [tal'mente] avv. [intensità] tellement ; [davanti ad agg. e avv. : anche] si. | *era talmente felice !,* il était si heureux ! | *aveva talmente sofferto !,* il avait tellement souffert ! ‖ [consecutivo] *talmente... da, che,* tellement... que. | *sono talmente felice da non poter dormire,* je suis tellement heureux que je ne peux pas dormir.
talmudico [tal'mudiko] (**-ci** m. pl.) agg. RELIG. talmudique.
talmudista [talmu'dista] (**-i** pl.) m. RELIG. talmudiste.
talo ['talo] agg. m. ANAT. *piede talo,* pied talus.
talora [ta'lora] avv. parfois, quelquefois. | *talora ci penso,* j'y pense parfois.
talpa ['talpa] f. ZOOL. taupe. | *simile alla pelliccia della talpa,* taupé agg. (raro). | *trappola per talpe,* taupière. ‖ LOC. *cieco come una talpa,* myope comme une taupe.
talpaia [tal'paja] f. (raro) taupinière (L.C.), taupinée (L.C.).
taluno [ta'luno] pron. indef. quelqu'un, certains pl. | *taluno piange, talaltro ride,* certains pleurent, d'autres rient. ◆ pl. agg. certains, quelques. | *talune citazioni sono inesatte,* certaines citations sont inexactes.
talvolta [tal'vɔlta] avv. parfois, quelquefois. | *talvolta..., talaltra,* parfois..., parfois.
talweg ['ta:lvek] m. [ted.] GEOGR. t(h)alweg.
tamarice [tama'ritʃe] (**-ci** pl.) f. BOT. tamaris m.
tamarindo [tama'rindo] m. BOT. [pianta] tamarinier. ‖ [frutto] tamarin.
tamarino [tama'rino] m. ZOOL. tamarin.
tamarisco [tama'risko] (**-chi** pl.) m. BOT. tamaris.
tamaro ['tamaro] m. BOT. tamier.
tambucio [tam'butʃo] (**-ci** pl.) o **tambugio** [tam'budʒo] (**-gi** pl.) m. MAR. capot (d'échelle).
tamburato [tambu'rato] agg. TECN. [falegnameria] en contre-plaqué.
tambureggiamento [tambureddʒa'mento] m. tambourinage, tambourinement. ‖ MIL. crépitement.
tambureggiante [tambured'dʒante] agg. MIL. *fuoco tambureggiante,* feu roulant.
tambureggiare [tambured'dʒare] v. intr. tambouriner. ‖ MIL. crépiter.
tamburellare [tamburel'lare] v. tr. e intr. tambouriner.
tamburello [tambu'rɛllo] m. MUS. tambourin, tambour de basque. ‖ GIOCHI tambourin. ‖ MODA [per ricamo] tambour.
tamburino [tambu'rino] m. petit tambour. ‖ [suonatore] tambour.
tamburo [tam'buro] m. MUS. tambour. | *tamburo basco,* tambour de basque. | *rullo di tamburo,* roulement de tambour. ‖ [suonatore] tambour. | *tamburo maggiore, primo tamburo,* tambour-majeur. ‖ ARCHIT. tambour. ‖ AUTOM. *freno a tamburo,* frein à tambour. ‖ MIL. *tamburo di pistola,* barillet. ‖ TECN., ZOOL. tambour. ‖ LOC. FIG. *a tamburo battente,* tambour battant, en fanfare.
tamerice [tame'ritʃe] f. BOT. tamaris m.
tamil ['tamil] agg. invar. e n. invar. tamil, tamoul. ◆ m. LING. tamil, tamoul.
tampoco [tam'pɔko] avv. ARC., SCHERZ. même pas. | *non ci sono andato, né tampoco ho intenzione di andarci,* je n'y suis pas allé et je n'ai même pas l'intention d'y aller.
tamponamento [tampona'mento] m. [occlusione] bouchage, colmatage. ‖ AUTOM. télescopage, collision f. ‖ FERR. tamponnement. ‖ MED. tamponnement.
tamponare [tampo'nare] v. tr. PR. boucher, colmater. ‖ PR. e FIG. *tamponare una falla,* colmater une voie d'eau (pr.), boucher un trou (fig.), colmater la situation (fig.). ‖ AUTOM. télescoper, tamponner. ‖ MED. tamponner. ◆ v. rifl. se tamponner, se télescoper.
tampone [tam'pone] m. tampon, bouchon. ‖ PER EST. *verniciare con il tampone,* vernir au tampon. ‖ [cuscinetto per timbri] tampon (encreur), coussin. ‖ [cuscinetto assorbente] tampon buvard. ‖ CHIM. *soluzione*

tampone, solution tampon, système tampon. ‖ FERR. tampon. ‖ MED. tampon.
tam-tam, tamtam [tam'tam] m. invar. PR. e FIG. tam-tam m.
tana ['tana] f. PR. tanière, repaire m. ; [di lepre] gîte m. ; [a galleria] terrier m. ‖ FIG. [nascondiglio] nid m., repaire. | *tana di briganti*, repaire de brigands. ‖ PER EST. taudis m., tanière, galetas m. ‖ GIOCHI *fare, toccare tana*, toucher le but.
tanaglia [ta'naʎʎa] f. [region.] tenaille.
tanagliare [tanaʎ'ʎare] v. tr. [antiq.] tenailler (L.C.).
tanagra [ta'nagra] f. ARCHEOL. tanagra m. o f.
tanatologia [tanatolo'dʒia] f. MED. thanatologie.
tanca ['tanka] f. MAR. tank m. (ingl.).
tandem ['tandem] m. PR. e FIG. tandem.
tanfo ['tanfo] m. relent. | *tanfo di alcool*, relent d'alcool. | *c'è tanfo di rinchiuso*, ça sent le renfermé.
1. tangente [tan'dʒɛnte] agg. GEOM. tangent. ◆ f. GEOM. tangente. ‖ FIG. *filare per la tangente*, prendre la, s'échapper par la tangente (fam.).
2. tangente [tan'dʒɛnte] f. [quota] cote. ‖ COMM. pourcentage m.
tangenza [tan'dʒɛntsa] f. GEOM. tangence. ‖ AER. *quota di tangenza*, plafond. | *tangenza di crociera*, plafond (m.) de croisière.
tangenziale [tandʒen'tsjale] agg. GEOM. tangentiel.
tangenzialmente [tandʒentsjal'mente] avv. tangentiellement.
tangere ['tandʒere] v. tr. (quasi solo alla 3ª pers.) LETT. toucher (L.C.). | *le sue critiche non mi tangono*, ses critiques ne me touchent pas.
tanghero ['tangero] m. malotru, butor, lourdaud.
tangibile [tan'dʒibile] agg. PR. e FIG. tangible.
tangibilità [tandʒibili'ta] f. tangibilité.
tangibilmente [tandʒibil'mente] avv. tangiblement.
tango ['tango] (**-ghi** pl.) m. [danza] tango. ◆ agg. invar. [colore] tango.
tangone [tan'gone] m. MAR. tangon.
tanica ['tanika] (**-che** pl.) f. MAR. tank m. (ingl.).
tank [tæŋk] m. [ingl.] MIL. tank.
tanker ['tæŋker] m. [ingl.] MAR. tanker.
tannante [tan'nante] agg. TECN. tannant.
tannare [tan'nare] v. tr. tanner.
tannico ['tanniko] (**-ci** m. pl.) agg. CHIM. *acido tannico*, acide tannique ; tanin m.
tannino [tan'nino] m. CHIM. tan(n)in. | *aggiungere tannino*, tan(n)iser v. tr.
tanno ['tanno] m. (arc.) tan (L.C.). | *aggiungere tanno*, tan(n)iser v. tr.
tantalio [tan'taljo] m. CHIM. tantale.
tantalo ['tantalo] m. ZOOL. tantale.
tan-tan [tan'tan] m. invar. V. TAM-TAM.
tantinino [tanti'nino] pron. indef. *tantinino di*, un tantinet (de), un tout petit peu [de].
tantino [tan'tino] pron. indef. tout petit peu. | *vorrei assaggiarne un tantino*, je voudrais en goûter un tout petit peu. | *un tantino di salsa*, un tantinet, un tout petit peu de sauce. ◆ avv. *sei un tantino ridicola*, tu es un tantinet ridicule. | *se è solo un tantino sensibile, capirà*, s'il est tant soit peu sensible, il comprendra.
tanto ['tanto]

◆ agg. 1. molto. 2. intensità e in frase consecutiva. 3. comparativo. 4. altrettanto.
◆ avv. 1. molto. 2. troppo. 3. intensità e in frase consecutiva. 4. comparativo. 5. coordinazione. 6. LOC.
◆ pron.
◆ m.

◆ agg. **1.** [molto : davanti ad agg. e avv.] très (avv.), fort (avv.), fortement (avv.), bien (avv.). | *sei tanto gentile a dirmi ciò*, tu es bien aimable de me dire ça. ‖ [davanti a sostant.] beaucoup (avv.) de, bien (avv.) de, force (avv.) [antiq.]. | *non ha tanti soldi*, il n'a pas beaucoup d'argent. | *ho sempre tanto sonno, freddo, caldo*, j'ai toujours très sommeil, froid, chaud. | *da tanto (tempo)*, depuis longtemps. | *tanti auguri*, mes meilleurs vœux. | *tante grazie*, merci beaucoup. | *tanti saluti ai tuoi*, bien des choses aux tiens. ‖ **2.** [intensità e in frase consecutiva : davanti ad agg. e avv.] *tanto... (da, che)*, si... que, tellement... (que). | *era tanto buono !*, il était si bon ! | *è tanto generoso da dare tutto ai poveri*, il est tellement généreux qu'il donne tout aux pauvres. ‖ [davanti a sostant.] *tanto... (da, che)*, tant, tellement de... (que). | *ha tanto denaro da non saper che farsene*, il a tellement d'argent qu'il ne sait qu'en faire. | *c'era tanta (di quella) gente !*, il y avait tant de monde ! | *non fare tante smorfie !*, ne fais pas tant de simagrées ! ‖ [in frasi negative] assez (avv.)... pour. | *non sono tanto stupido da chiederti di aiutarmi*, je ne suis pas assez sot pour te demander de m'aider. ‖ **3.** [comparativo : davanti ad agg. e avv.] aussi (avv.) ; [in frasi neg.] si (avv.). | *tanto bella quanto cattiva*, aussi belle que méchante ; belle autant que méchante. ‖ [davanti a sostant.] autant de ; [in frasi neg.] tant de. | *ha scritto tante lettere quanti sono i suoi amici*, il a écrit autant de lettres qu'il a d'amis. ‖ **4.** [altrettanto] *tanto (... tanto)*. | autant de (... autant de) loc. avv. | *tanti partiti, tante ideologie*, autant de partis, autant d'idéologies.
◆ avv. **1.** [molto] beaucoup. | *mi è costato tanto*, cela m'a coûté beaucoup. | *avrà tanto da fare per convincermi*, il aura beaucoup à faire pour me convaincre. | *questo poema mi piace tanto*, ce poème me plaît beaucoup. | *«cos'hai bevuto ?» «mica tanto, una birra»*, «qu'est-ce que tu as bu ?» «pas grand-chose, une bière.» ‖ **2.** [troppo] trop. | *non dargliene tanto !*, ne lui en donne pas trop ! ‖ **3.** [intensità e in frase consecutiva] *tanto... (da, che)*, tellement, si..., tant... (que). | *abbiamo studiato tanto da imparare a memoria il brano*, nous avons tellement étudié, tant étudié, que nous avons appris le morceau par cœur. | *nessuno gli bada tanto è stupido*, personne ne l'écoute, tellement il est sot. | *morirono tutti, tanto lo scontro fu violento*, ils moururent tous tant la collision fut violente. | *fare tanto che*, faire tant et si bien que. | *tant'è vero che*, tant il est vrai que. | *come puoi mangiare tanto ?*, comment peux-tu manger autant ? ‖ [in frasi neg.] assez... pour. | *non è nevicato tanto da poter sciare*, il n'a pas assez neigé pour qu'on puisse skier. ‖ **4.** [comparativo] *tanto... quanto*, autant... que ; [in frasi neg.] tant... que. | *guadagna tanto quanto te*, il gagne autant que toi. ‖ *tanto più, tanto meno..., quanto*, d'autant plus... que, d'autant moins... que. | *sarai tanto più stimato quanto più sarai ricco*, tu seras d'autant plus considéré que tu seras plus riche. ‖ *quanto più, quanto meno..., tanto più, tanto meno*, plus..., plus... ; moins..., moins. | *quanto più osservi, tanto più impari*, plus tu observes, plus tu apprends. ‖ **5.** [coordinazione] *tanto la musica quanto la poesia sono espressioni di uno stato d'animo*, tant la musique que la poésie sont l'expression d'un état d'âme. | *tanto è gentile con te quanto altezzoso con me*, autant il est gentil avec toi, autant il est hautain avec moi. | *non è tanto una critica quanto un' accusa !*, ce n'est pas tant une critique qu'une accusation ! | *tanto di giorno quanto di notte*, tant de jour que de nuit. ‖ **6.** LOC. *tanto meglio, tanto peggio per te*, tant mieux, tant pis pour toi. | *tanto più che*, d'autant plus que. | *ho accettato tanto per fargli piacere*, j'ai accepté, question de lui faire plaisir. | *tanto per ridere*, histoire de rire. | *tanto di guadagnato*, toujours ça de gagné. | *ogni tanto*, de temps en temps, de temps à autre, par instants. | *non vado alla stazione, tanto sono sicuro che non arriva oggi*, je ne vais pas à la gare, je suis sûr qu'il n'arrive pas aujourd'hui. | *se tanto mi da tanto*, si ça continue comme ça. | *due volte tanto*, deux fois autant. | *tanto vale partire subito*, autant partir tout de suite. | *una volta tanto*, pour une fois. ‖ PROV. *tanto va la gatta al lardo che ci lascia lo zampino*, tant va la cruche à l'eau qu'à la fin elle (se) casse. ‖ FAM. *lungo tanto così*, long comme ça. | *rimase con tanto di naso*, il fit un drôle de nez.
◆ pron. beaucoup, tant. | *è un film come ce ne sono tanti*, c'est un film comme il y en a tant. | *avrà cinquant'anni, a dire tanto*, il peut avoir cinquante ans tout au plus. | *gliene ho dette tante !* (fam.), je lui ai dit ses quatre vérités. | *me ne dica tante !*, vous m'en direz tant ! ‖ (pl.) [tante persone] beaucoup (de gens). | *tanti non lo riconoscono più*, beaucoup de gens ne le reconnaissent plus.

◆ m. *sono pagato un tanto alla settimana*, je suis payé (à) tant par semaine. | *un tanto per il vitto, un tanto per l'alloggio*, tant pour le gîte, tant pour le couvert. | *un tanto per cento*, tant pour cent.
taoismo [tao'izmo] m. RELIG. taoïsme.
taoista [tao'ista] (**-i** m. pl.) agg. e n. RELIG. taoïste.
tapino ta'pino] agg. (lett. o scherz.) pitoyable (L.C.), misérable (L.C.). ◆ m. *povero tapino*, pauvre hère.
tapioca [ta'pjɔka] f. tapioca m.
tapiro [ta'piro] m. ZOOL. tapir.
tapis roulant [ta'pi ru'lɑ̃] m. [fr.] tapis roulant.
tappa ['tappa] f. [sosta, interruzione] halte. | *far tappa da qualche parte*, faire halte quelque part. | *fare una tappa durante il lavoro*, faire une halte pendant le travail. ‖ [luogo] halte, étape. ‖ [percorso] étape, traite. | *fare una lunga tappa*, faire une longue traite. | *in tre tappe*, en trois étapes. ‖ FIG. étape. | *le tappe della vita*, les étapes de la vie. | *bruciare le tappe*, brûler les étapes. ‖ MIL. étape. ‖ [ciclismo] étape. | *tappa a cronometro*, étape contre la montre. | *corsa a tappe*, course par étapes.
tappabuchi [tappa'buki] m. invar. SCHERZ. bouche-trou m.
tappare [tap'pare] v. tr. [occludere] boucher, obturer, colmater. | *tappare i buchi di un muro, una falla, una bottiglia*, boucher les trous d'un mur, une voie d'eau, une bouteille. | *tappare le fessure di*, calfeutrer. ‖ FIG., FAM. *tappare la bocca a qlcu.*, fermer la bouche à qn. | *tappati la bocca!*, ta gueule! (pop.). ◆ v. rifl. se boucher, s'obstruer, se colmater. ‖ FIG. se boucher, se calfeutrer, se cloîtrer. | *tapparsi in casa*, se calfeutrer, s'enfermer chez soi.
tapparella [tappa'rɛlla] f. [region.] ARCHIT. jalousie, persienne.
tappato [tap'pato] agg. FIG. cloîtré, enfermé. | *vivere tappato in casa*, vivre comme un cloporte, vivre en vase clos.
tappettino [tappet'tino] m. carpette f.
tappeto [tap'peto] m. PR. e FIG. tapis. | *tappeto volante*, tapis volant. | *tappeto erboso*, tapis d'herbe. ‖ MIL. *bombardamento a tappeto*, pilonnage. ‖ SPORT [pugilato] *mandare al tappeto*, envoyer au tapis. ‖ LOC. FIG. *mettere sul tappeto*, mettre sur le tapis.
tappezzare [tappet'tsare] v. tr. PR. e FIG. tapisser.
tappezzato [tappet'tsato] agg. PR. e FIG. tapissé.
tappezzeria [tappettse'ria] f. tapisserie. ‖ LOC. FIG., FAM. *fare da tappezzeria*, faire tapisserie.
tappezziere [tappet'tsjɛre] m. tapissier.
tappo ['tappo] m. bouchon. | *vino che sa di tappo*, vin qui sent le bouchon. ‖ PER EST. *tappo di cerume*, bouchon de cérumen. ‖ FIG. SCHERZ. *è un tappo*, c'est un pot à tabac (fam.). ‖ TECN. bouchon.
tara ['tara] f. COMM. tare. | *determinare la tara di*, tarer v. tr. | *determinazione della tara*, tarage m. ‖ FIG. *bisogna farci la tara*, il faut en rabattre. ‖ MED. tare.
tarabuso [tara'buzo] m. ZOOL. butor.
tarantella [taran'tɛlla] f. [danza] tarentelle.
tarantola [ta'rantola] f. ZOOL. tarentule. ‖ FIG. *morso dalla tarantola*, piqué, mordu de la tarentule. ‖ [rettile] tarente.
tarare [ta'rare] v. tr. COMM. tarer. ‖ FIS. [graduare] étalonner, graduer.
tarato [ta'rato] agg. COMM., MED. e FIG. taré. ‖ FIS. étalonné, gradué.
taratore [tara'tore] m. (raro) étalonneur (L.C.).
taratura [tara'tura] f. étalonnage m., graduation.
tarchiato [tar'kjato] agg. [persona] râblé, trapu, ramassé, boulot.
tardare [tar'dare] v. intr. [far tardi] tarder. | *non tardare!*, ne tarde pas! | *tardare ad un appuntamento*, être en retard à un rendez-vous. | *ho tardato per causa sua*, je me suis mis en retard à cause de lui. ‖ PER EST. *ha tardato a rispondere*, il a tardé à répondre. ◆ v. tr. retarder. ◆ v. impers. (lett.) *mi tarda di*, il me tarde de (L.C.).
tardi ['tardi] avv. tard. | *presto o tardi*, tôt ou tard. | *è tardi, si fa tardi*, il est tard, il se fait tard. | *non andare a letto tardi*, ne te couche pas tard. | *non fare tardi*: [ritornare a casa] ne rentre pas tard; [andare a letto] ne te couche pas tard; [a un appuntamento] ne sois pas en retard. ‖ PROV. *meglio tardi che mai*, mieux vaut tard que jamais. ◆ m. *sul tardi*, tard dans l'après-midi. | *al più tardi*, au plus tard.
tardigradi [tar'digradi] m. pl. ZOOL. tardigrades.
tardità [tardi'ta] f. (raro) lenteur (L.C.).
tardivamente [tardiva'mente] avv. tardivement.
tardivo [tar'divo] agg. tardif. ‖ FIG. [ritardato] retardé.
tardo ['tardo] agg. [inoltrato nel tempo] *nel tardo pomeriggio, nella tarda notte*, tard dans l'après-midi, tard dans la nuit. | *visse sereno fino a tarda età*, il vécut heureux jusqu'à un âge avancé, jusque sur le tard. ‖ [più avanzato nel tempo] bas. | *tardo impero*, bas empire. | *tarda latinità*, basse latinité. | *il tardo Settecento*, le XVIIIe siècle vieillissant. ‖ [tardivo] tardif. ‖ FIG. [ritardato] retardé. | *è tardo nell' imparare*, il est lent à apprendre. | *mente tarda*, esprit bouché.
tardona [tar'dona] f. FAM. vieux tableau (pop.), rombière.
targa ['targa] (**-ghe** pl.) f. plaque. ‖ AUTOM. plaque d'immatriculation. | *(numero di) targa*, numéro d'immatriculation. ‖ STOR. MIL. [scudo] targe.
targare [tar'gare] v. tr. AUTOM. immatriculer.
targatura [targa'tura] f. AUTOM. immatriculation.
targhetta [tar'getta] f. plaquette.
tariffa [ta'riffa] f. tarif m.
tariffale [tarif'fale] agg. tarifaire.
tariffare [tarif'fare] v. tr. tarifer.
tariffario [tarif'farjo] (**-ri** pl.) agg. tarifaire. ◆ m. [repertorio delle tariffe] barème.
tariffazione [tarrifat'tsjone] f. tarification.
tarlarsi [tar'larsi] v. rifl. e intr. se vermouler.
tarlatana [tarla'tana] f. TESS. tarlatane.
tarlatura [tarla'tura] f. vermoulure.
tarlo ['tarlo] m. ZOOL. ver rongeur. ‖ FIG. *roso dal tarlo di*, rongé par.
tarma ['tarma] f. ZOOL. mite.
tarmarsi [tar'marsi] v. rifl. e intr. se miter.
tarmicida [tarmi'tʃida] (**-i** pl.) m. e agg. antimite.
tarocco [ta'rɔkko] (**-chi** pl.) m. GIOCHI tarot, tarots (pl.). ‖ [arancia] orange sanguine.
tarpare [tar'pare] v. tr. LOC. FIG. *tarpare le ali a qlcu.*, rogner les ailes à qn.
tarsia [tar'sia] f. marqueterie.
tarsio ['tarsjo] m. ZOOL. tarsier.
tarso ['tarso] m. ANAT., ZOOL. tarse.
tartagliamento [tartaʎʎa'mento] m. bégaiement.
tartagliare [tartaʎ'ʎare] v. intr. bégayer, bafouiller (fam.), cafouiller (pop.). ◆ v. tr. bredouiller, marmonner, marmotter.
tartaglione [tartaʎ'ʎone] (**-a** f.) m. bègue m. e f.
tartan ['tartan] m. TESS. tartan.
tartana [tar'tana] f. MAR. tartane.
tartaresco [tarta'resko] (**-chi** m. pl.) agg. tartare, relatif aux Tartars. ‖ MIT. tartaréen.
tartanico [tar'taniko] agg. CHIM. *acido tartanico*, acide tartrique.
1. tartaro ['tartaro] agg. CULIN. *salsa tartara*, sauce tartare. | *carne alla tartara*, steak tartare.
2. tartaro ['tartaro] m. tartre. | *con aggiunta di tartaro*, tartré agg. | *della natura del tartaro*, tartreux agg. | *ricoprire di tartaro*, entartrer v. tr. | *togliere il tartaro (ai denti)*, détartrer (les dents). ‖ FARM. *cremore di tartaro*, crème (f.) de tartre.
tartaruga [tarta'ruga] (**-ghe** pl.) f. ZOOL. e FIG. tortue. | *camminare come una tartaruga*, avancer à pas de tortue. ‖ FIG. FAM. [lento, pigro] traînard. ‖ CULIN. *brodo di tartaruga*, soupe à la tortue. ‖ PER EST. [materiale] écaille. | *montatura di tartaruga*, monture d'écaille.
tartassare [tartas'sare] v. tr. FAM. houspiller, malmener. | *tartassare qlcu. agli esami*, malmener qn aux examens. | *lo hanno tartassato per un' ora*, on l'a tenu sur la sellette pendant une heure.
tartina [tar'tina] f. tartine.
tartrato [tar'trato] m. CHIM. tartrate.
tartufaio [tartu'fajo] (**-aia** f., **-ai** pl.) m. truffier.
tartufare [tartu'fare] v. tr. CULIN. truffer.
tartuferia [tartufe'ria] f. (raro) tartuf(f)erie (L.C.).
tartuficoltura [tartufikol'tura] f. trufficulture.
tartufo [tar'tufo] m. BOT. truffe f. | *cane da tartufi*, chien truffier. ‖ ZOOL. *tartufo di mare*, praire f. ‖ FIG. [ipocrita] tartuf(f)e.

tasca ['taska] (**-che** pl.) f. poche. | *con le mani in tasca*, les mains dans les poches. | *rimettere in tasca*, rempocher v. tr. † *avere in tasca*, avoir en poche. | *vuotare le tasche*, vider, retourner ses poches. | *orologio da tasca*, montre de poche. || Loc. FIG. *pagare di tasca (propria)*, payer de sa poche. | *conoscere un luogo come le proprie tasche*, connaître un endroit comme sa poche. | *ha le lacrime in tasca*, elle a la larme facile. | *non me ne viene niente in tasca*, cela ne me rapporte rien. | *ne ho piene le tasche!* (fam.), j'en ai plein le dos, j'en ai ras le bol (pop.), j'en ai marre (pop.). | *non rompere le tasche!* (volg.), ne me casse pas les pieds ! (fam.), ne me cavale pas ! (pop.). || ANAT. poche. || CULIN. poche. || ZOOL. poche.
tascabile [tas'kabile] agg. de poche. | *(libro) tascabile*, livre de poche.
tascapane [taska'pane] m. invar. musette f.
taschino [tas'kino] m. [di gilet] gousset. | *orologio da taschino*, montre de gousset. || [di giacca, di borse] poche f.
tassa ['tassa] f. FIN. taxe, droit m. | *tassa d'iscrizione*, droit d'inscription. | *tassa di successione*, droit de succession, taxe successorale. | *tassa di registrazione*, droit d'enregistrement. | *tassa di soggiorno*, taxe de séjour. || PER ANAL. [imposta] impôt m., contribution, imposition (antiq.). | *pagare le tasse*, payer ses impôts. | *riscuotere le tasse*, recouvrer les impôts. | *sottoposto a tassa*, imposé ; soumis à impôt. | *soppressione, riduzione di tassa*, détaxe. | *togliere, ridurre le tasse*, détaxer. | *agente delle tasse*, taxateur.
tassabile [tas'sabile] agg. FIN. imposable, taxatif.
tassacee [tas'satʃee] f. pl. BOT. taxacées, taxinées.
tassametro [tas'sametro] m. taximètre. | *tassametro di parcheggio*, parc(o)mètre.
tassare [tas'sare] v. tr. FIN. taxer, imposer ; frapper d'impôts. | *tassare una merce*, imposer une marchandise.
tassativamente [tassativa'mente] avv. formellement.
tassativo [tassa'tivo] agg. péremptoire.
tassato [tas'sato] agg. FIN. imposé, taxé.
tassatore [tassa'tore] m. FIN. (raro) taxateur (L.C.).
tassazione [tassat'tsjone] f. FIN. taxation. | *tassazione d'ufficio*, taxation d'office.
tassellare [tassel'lare] v. tr. TECN. tamponner.
tassello [tas'sɛllo] m. TECN. tampon ; [di pietra o legno] goujon.
tassì [tas'si] m. invar. taxi.
tassidermia [tassider'mia] f. taxidermie.
tassidermista [tassider'mista] (**-i** m. pl.) m. e f. taxidermiste.
tassista [tas'sista] (**-i** m. pl.) chauffeur (m.) de taxi. | *fa la tassista*, elle est chauffeur de taxi.
1. tasso ['tasso] m. BOT. if.
2. tasso ['tasso] m. ZOOL. blaireau ; taisson (région.). || Loc. *dormire come un tasso*, dormir comme un loir.
3. tasso ['tasso] m. FIN. taux. | *tasso di sconto, d'interesse*, taux d'escompte, d'intérêt, loyer de l'argent. | *tasso di ammortamento*, taux d'amortissement. | *tasso di natalità, di mortalità*, taux de natalité, de mortalité. | *al tasso di*, au taux de. || MED. *tasso di urea*, taux d'urée.
4. tasso ['tasso] m. TECN. [incudine] tas.
tassonomia [tassono'mia] f. taxonomie, taxinomie.
tassonomico [tasso'nɔmiko] (**-ci** m. pl.) agg. taxonomique.
tastare [tas'tare] v. tr. tâter, manier (antiq.), palper. | *tastare un oggetto*, palper un objet. | *tastare una stoffa*, tâter une étoffe. || FIG. *tastare il terreno*, donner un coup de sonde, tâter le terrain. || MED. *tastare il polso*, tâter le pouls. || [assaggiare] tâter (de), goûter. | *tastare un vino*, tâter d'un vin. ◆ v. rifl. PR. e FIG. se tâter.
tastata [tas'tata] f. touche.
tastiera [tas'tjera] f. MUS. clavier m. || [di violino, chitarra] touche. || PER ANAL. [di macchina da scrivere] clavier.
tasto ['tasto] m. **1.** MUS. touche f. || PER EST. *tasto di una macchina da scrivere*, touche d'une machine à écrire. || FIG. *è un tasto delicato*, c'est un sujet délicat. | *è meglio non toccare certi tasti*, il vaut mieux ne pas toucher à certains sujets. || T.V. bouton. || **2.** [tatto] toucher. | *morbido al tasto*, souple au toucher. || Loc. *a tasto*, à tâtons. | *andare a tasto*, aller à tâtons, tâtonner v. intr. || **3.** [prelievo di materiale] échantillon.
tastoni (a) [atas'toni] loc. avv. à tâtons. | *andare a tastoni*, tâtonner v. intr. | *procede a tastoni nelle sue ricerche*, il tâtonne dans ses recherches.
tata ['tata] f. FAM. nounou.
tataro ['tataro] agg. e m. STOR. tatar. ◆ m. LING. tatar.
tattica ['tattika] (**-che** pl.) f. PR. e FIG. tactique. || FAM. [diplomazia] doigté m., diplomatie.
tattico ['tattiko] (**-ci** m. pl.) agg. PR. e FIG. tactique. ◆ m. tacticien.
tatticone tatti'kone] m. FIG., FAM. tacticien.
tattile ['tattile] agg. tactile.
tattismo [tat'tizmo] m. BIOL. tactisme.
tatto ['tatto] m. PR. toucher. | *molle al tatto*, mou au toucher. | *aspro al tatto*, râpeux agg. || FIG. tact, doigté. | *aver tatto*, avoir du doigté. | *non aver tatto*, manquer de tact.
tatù [ta'tu] m. ZOOL. tatou.
tatuaggio [tatu'addʒo] (**-gi** pl.) m. tatouage. | *che, chi fa i tatuaggi*, tatoueur.
tatuare [tatu'are] v. tr. tatouer.
tau ['tau] m. o f. invar. tau m. || ARALD. *croce a tau*, tau.
taumaturgia [taumatur'dʒia] f. LETT. thaumaturgie.
taumaturgo [tauma'turgo] (**-gi** pl.) m. thaumaturge.
taurino [tau'rino] agg. taurin. || FIG. *collo taurino*, cou très fort, cou de taureau.
taurobolio [tauro'bɔljo] m. ANTIQ. taurobole.
tauromachia [tauroma'kia] f. tauromachie. | *della tauromachia, relativo alla tauromachia*, tauromachique agg.
tautologia [tautolo'dʒia] f. tautologie.
tautologico [tauto'lɔdʒiko] (**-ci** m. pl.) agg. tautologique.
tavella [ta'vɛlla] f. EDIL. brique plate.
tavellone [tavel'lone] m. EDIL. brique creuse.
taverna [ta'vɛrna] f. taverne, cabaret m.
tavernaccia [taver'nattʃa] (**-ce** pl.) f. PEGGIOR. bouge m.
tavernaio [taver'najo] (**-ai** pl.) m. (ant.) tavernier, cabaretier (L.C.).
taverniere [taver'njɛre] m. (lett.) cabaretier (L.C.), tavernier (antiq.).
tavola ['tavola] f. **1.** [mobile] table. | *tavola pieghevole, girevole*, table pliante, pivotante. | *tavola a rotelle, tavola ribaltabile, a ribalta, tavola allungabile*, table à roulettes, table à abattants, table à rallonges. | *apparecchiare, sparecchiare la tavola*, dresser, mettre la table, desservir (la table). | *da tavola*, de table. | *a capo tavola*, au haut bout de la table. | *ne riparleremo a tavola*, on en reparlera pendant le repas. | *il pranzo è in tavola*, le dîner est servi. | *tener tavola*, tenir table ouverte. | *a tavola!* (fam.), à table. || PER EST. *tavola da lavare, tavola da stirare, da stiro*, table à laver, table à repasser. | *tavola da disegno*, table à dessin. || [riunione] *tavola rotonda*, table ronde. || Loc. *fare tavola rasa*, faire table rase. || [cibo] table, chère. | *gli piace la buona tavola*, il aime la bonne chère, la bonne table. | *tavola calda, fredda*, buffet chaud, froid, snack-bar. || **2.** [pezzo di legno piatto] planche, ais m. (antiq.). || PR. e FIG. *tavola di salvezza*, planche de salut. || TECN. *tavola d'impalcatura*, planche d'échafaudage. | *grossa tavola*, madrier m. || Loc. *calcare le tavole del palcoscenico*, monter sur les planches. || **3.** [tabella] table, tableau m., panneau m. | *tavola pitagorica*, table de multiplication, de Pythagore. | *tavola cronologica*, panneau chronologique. | *tavole statistiche*, tableaux statistiques. || **4.** [pagina di libro illustrata] planche. | *tavole fuori testo*, planches en hors texte ; hors-texte invar. || **5.** ARTI *pittura su tavola*, peinture sur panneau, tableau sur bois. || **6.** CHIR. *tavola operatoria*, table d'opération. || **7.** GIOCHI *tavola reale*, tric-trac, jacquet m. || **8.** LETT. *Tavola Rotonda*, Table Ronde. || **9.** MIL. *tavola di tiro*, table de tir. || **10.** MUS. *tavola armonica*, table d'harmonie. || **11.** RELIG. *Tavole della Legge*, Tables de la Loi. || **12.** STOR. GIUR. *Le Dodici Tavole*, les Douze Tables.
tavolaccio [tavo'lattʃo] (**-ci** pl.) m. [di dormitorio] bat-flanc. || [di cella di punizione] planche f. | *mate-*

rasso duro come un tavolaccio, matelas plat comme une galette.
tavolata [tavo'lata] f. tablée.
tavolato [tavo'lato] m. [pavimento] plancher. ‖ [tramezzo] cloison f. ‖ GEOL. plateau.
tavoletta [tavo'letta] f. [di mobile] *tavoletta estensibile,* tirette. ‖ [assicella] tablette, planchette ; [di legno] étagère. ‖ FARM. tablette, plaque. ‖ PER EST. *tavoletta di cioccolato,* tablette, plaque de chocolat. ‖ ARCHIT. lame. ‖ STOR. *tavoletta cerata,* tablette de cire. ‖ TOP. *tavoletta pretoriana,* planchette. ‖ LOC. [autom.] *andare a tavoletta,* appuyer à fond sur le champignon.
tavoliere [tavo'ljɛre] m. table (f.) de jeu (avec échiquier, damier).
tavolino [tavo'lino] m. table (f.), guéridon. | *tavolino da caffè, da notte,* table de café, de nuit. | *stare tutto il giorno a tavolino,* passer la journée à sa table de travail. | *tavolino parlante,* table tournante. | *tavolino rotondo,* guéridon.
tavolo ['tavolo] m. table f. | *tavolo da gioco,* table de jeu. | *tavolo da disegno,* table de dessin. | *da tavolo,* de table. ‖ CHIR. *tavolo operatorio,* table d'opération. | *andare sul tavolo operatorio,* passer sur le billard (fam.). ‖ TELECOM. *tavolo di commutazione,* table de distribution.
tavolozza [tavo'lɔttsa] f. palette. ‖ FIG. FAM. e IRON. *sembra una tavolozza,* c'est un vrai pot de peinture.
tazza ['tattsa] f. [recipiente] tasse, bol m. | *bere una tazza di caffelatte,* boire un bol de café au lait. | *tazza da caffè, da tè,* tasse à café, à thé. | *tazza di caffè,* tasse de café. ‖ [vaso di latrina] cuvette de cabinet. ‖ ARCHIT. [vasca] bassin m. ‖ TECN. godet m.
tazzina [tat'tsina] f. (petite) tasse. | *tazzina di caffè,* tasse de café.
tbc [tibit∫i] f. [abbrev. di « tubercolosi polmonare »] tuberculose pulmonaire.
te [te] pron. pers., 2ª pers. sing. [forma tonica] **1.** [preceduto da prep. ; non dipendente da verbo] toi. | *si parla di te,* on parle de toi. | *lavora per te,* il travaille pour toi. | *ne so quanto te,* j'en sais autant que toi. | *se fossi (in) te,* si j'étais toi. ‖ **2.** [a te] te [prima del verbo]. | *parli a te stesso ?,* est-ce que tu te parles à toi-même ? ‖ **3.** [oggetto] *voglio te,* c'est toi que je veux. | *hanno chiamato te,* c'est toi qu'on a appelé. | *pareva te,* c'était tout ton portrait, c'était toi tout craché (fam.). ‖ **4.** [da solo] tout seul. | *fallo da te,* fais-le tout seul. ◆ [forma atona] te. | *te l'ho portato,* je te l'ai apporté. | *te lo aspettavi, vero ?,* tu t'y attendais, n'est-ce pas ? | *vattene !,* va-t'en ! | *che cosa te ne importa ?,* qu'est-ce que cela te fait ? ‖ [rinforzativo] *te lo chiamo io,* je vais l'appeler moi-même.
tè [te] m. BOT. théier, thé, arbre à thé. | *bustina di tè,* sachet de thé. | *sala da tè,* salon de thé ; tea-room (ingl.). | *industria del tè,* industrie théière. ‖ [riunione] *tè danzante,* thé dansant.
tea ['tɛa] agg. f. BOT. *rosa tea,* rose thé (invar.).
team [tiːm] m. [ingl.] team.
teak [tiːk] m. [ingl.] BOT. [albero e legno] te(c)k.
tea-room [tiːrɔːm] m. [ingl.] tea-room, salon de thé.
teatino [tea'tino] agg. e m. RELIG. théatin.
teatrale [tea'trale] agg. PR. e FIG. PEGGIOR. théâtral. | *lavoro teatrale,* pièce (f.) de théâtre.
teatralità [teatrali'ta] f. théâtralisme m.
teatralmente [teatral'mente] avv. théâtralement.
teatrante [tea'trante] n. [attore] (antiq.) acteur (L.C.), actrice f. (L.C.). ‖ PER EST. [persona artificiosa] cabot, cabotin.
teatro [te'atro] m. PR. e FIG. théâtre. | *andare a teatro,* aller au théâtre. | *gente di teatro,* gens de théâtre. | *teatro verde,* théâtre de verdure. ‖ PER ANAL. [cornice, luogo] théâtre. ‖ PER EST. [pubblico] salle f. ‖ CHIR. *teatro anatomico,* amphithéâtre d'anatomie. ‖ CIN. *teatro di posa,* studio. ‖ MIL. *teatro d'operazioni,* théâtre des opérations.
teatrucolo [tea'trukolo] m. PEGGIOR. boui-boui (pop.).
tebaico [te'baiko] (**-ci** m. pl.) agg. FARM. thébaïque.
tebaina [teba'ina] f. CHIM. thébaïne.
tebaismo [teba'izmo] m. MED. thébaïsme.
tebano [te'bano] agg. e m. GEOGR. thébain.
tec [tɛk] m. V. TEAK.
teca ['tɛka] (**-che** pl.) f. [astuccio] étui m. ‖ RELIG. custode.
teck [tɛk] m. V. TEAK.
tecneto [tek'neto] o **tecnezio** [tek'nɛttsjo] m. CHIM. technétium.
tecnica ['tɛknika] (**-che** pl.) f. technique.
tecnicamente [teknika'mente] avv. techniquement.
tecnicismo [tekni't∫izmo] m. terme technique.
tecnicità [teknit∫i'ta] f. technicité.
tecnico ['tɛkniko] (**-ci** m. pl.) agg. technique. ‖ LING. *termine tecnico,* terme technique. ◆ m. technicien.
tecnocrate [tek'nɔkrate] m. NEOL. technocrate.
tecnocratico [tekno'kratiko] (**-ci** m. pl.) agg. technocratique.
tecnocrazia [teknokrat'tsia] f. technocratie.
tecnologia [teknolo'dʒia] f. technologie.
tecnologico [tekno'lɔdʒiko] (**-ci** m. pl.) agg. technologique.
teco ['teko] pron. pers. (2ª pers. sing.) avec toi.
tectonica [tek'tɔnika] f. tectonique.
tectonico [tek'tɔniko] (**-ci** m. pl.) agg. tectonique.
teda ['tɛda] f. (lett.) flambeau m. (L.C.). ‖ BOT. (lett.) pin (m.) sauvage (L.C.).
tedescheria [tedeske'ria] f. POP., PEGGIOR. *la tedescheria,* les Boches.
tedesco [te'desko] (**-chi** m. pl.) agg. e m. allemand.
te deum [te'dɛum] m. invar. (lat.) MUS., RELIG. Te Deum.
tediare [te'djare] v. tr. (lett.) ennuyer (L.C.), lasser (L.C.).
tedio ['tɛdjo] m. (lett.) ennui (L.C.), lassitude f. (L.C.). | *provare tedio,* s'ennuyer, éprouver de l'ennui.
tediosità [tedjosi'ta] f. (lett.) ennui m. (L.C.).
tedioso [te'djoso] agg. (lett.) ennuyeux (L.C.).
tedoforo [te'dɔforo] m. (lett.) porte-flambeau invar. (L.C.).
tegame [te'game] m. poêle f., poêlon, plat creux. | *uova al tegame,* œufs au plat.
tegamino [tega'mino] m. ramequin.
tegenaria [tedʒe'narja] f. ZOOL. tégénaire.
teglia ['teʎʎa] f. tourtière, moule (m.) à tarte.
tegola ['tegola] f. tuile. | *tegola piana, curva,* tuile plate, ronde. | *tegola di colmo,* (tuile) faîtière agg. e f. | *coccio di tegola,* tuileau m. | *fabbrica di tegole,* tuilerie. ‖ FIG., FAM. tuile.
tegumentale [tegumen'tale] o **tegumentario** [tegumen'tarjo] (**-ri** m. pl.) agg. tégumentaire.
tegumento [tegu'mento] m. ANAT. tégument.
teiera [te'jɛra] f. théière.
teina [te'ina] f. CHIM. théine.
1. teismo [te'izmo] m. FILOS. théisme.
2. teismo [te'izmo] m. MED. théisme.
teista [te'ista] (**-i** pl.) m. e f. FILOS. théiste.
teistico [te'istiko] (**-ci** pl.) agg. théiste.
tek ['tɛk] m. V. TEAK.
tela ['tela] f. TESS. toile. | *tela di cotone, di canapa,* toile de coton, de chanvre. | *tela (in)cerata,* toile cirée. | *tela carta,* papier-toile m. | *negoziante, fabbricante di tele,* toilier m. | *industria della tela,* industrie toilière. | *camiciotto di tela,* bourgeron m. | *tela per rivestimenti,* entoilage m. | *armare di tela,* entoiler. | *l'armare di tela,* entoilage m. | *grossa tela da imballaggio,* serpillière. ‖ PER EST. *tela di ragno,* toile d'araignée. ‖ PER ANAL. [sipario] rideau m., toile (antiq.). ‖ FIG. trame. ‖ ARTI toile, tableau m., peinture. | *imbrattare tele,* barbouiller (fam.). ‖ BOT. toile. ‖ MIT. e FIG. *tela di Penelope,* tapisserie de Pénélope.
telaietto [tela'jetto] m. FOT. châssis.
telaio [te'lajo] (**-ai** pl.) m. métier (à tisser). | *telaio meccanico,* métier mécanique. | *telaio di Jacquard,* (métier) Jacquard. | *telaio da ricamo,* métier à broder. ‖ TECN. [di porta, finestra] châssis, croisée f., huissière f. ‖ [di quadro] châssis. ‖ [di bicicletta] cadre. ‖ AUTOM. châssis, carcasse f. ‖ FOT. *telaio d'ingrandimento,* margeur. ‖ ZOOL. *telaio d'alveare,* cadre de ruche.
telamone [tela'mone] m. ARCHIT. télamon.
telato [te'lato] agg. *carta telata,* papier-toile m.
teleabbonato [teleabbo'nato] m. abonné à la télévision.
teleautografo [teleauto'grafo] m. télautographe.
telecabina [teleka'bina] f. télébenne, télécabine.

telecamera [tele'kamera] f. caméra de télévision.
telecinemá [tele'tʃinema] m. télécinéma.
telecinesi [teletʃi'nɛzi] f. télékinésie.
telecinetico [teletʃi'nɛtiko] (**-ci** m. pl.) agg. relatif à la télékinésie.
telecomandare [telekoman'dare] v. tr. télécommander.
telecomando [teleko'mando] m. télécommande f.
telecomunicazione [telekomunikat'tsjone] f. télécommunication.
telecontrollo [telekon'trɔllo] m. télécontrôle.
telecronaca [tele'krɔnaka] (**-che** pl.) f. reportage télévisé, téléreportage m. | *telecronaca diretta,* reportage télévisé en direct, direct m.
telecronista [telekro'nista] (**-i** m. pl.) m. reporter (ingl.) de la télévision.
teledinamico [teledi'namiko (**-ci** m. pl.) agg. télédynamique.
teleferica [tele'fɛrika] (**-che** pl.) f. téléphérique m. | *trasporto per mezzo di teleferica,* téléphérage m. || Costr. [su un cantiere] aérocâble m.
telefilm [tele'film] m. film télévisé ; téléfilm (neol.).
telefonare [telefo'nare] v. tr. e intr. téléphoner. ◆ v. rifl. recipr. se téléphoner.
telefonata [telefo'nata] f. coup (m.) de téléphone, de fil (fam.). | *dammi, fammi una telefonata,* donne-moi, passe-moi un coup de fil, un coup de tube (fam., raro). || [chiamata] appel (m.) téléphonique. | *c'è una telefonata per te,* il y a un appel téléphonique pour toi. || [conversazione] *interrompere una telefonata,* interrompre une conversation téléphonique. | *costo della telefonata,* prix de la communication.
telefonia [telefo'nia] f. téléphonie.
telefonicamente [telefonika'mente] avv. par téléphone ; téléphoniquement (raro).
telefonico [tele'fɔniko] (**-ci** m. pl.) agg. téléphonique. | *la linea telefonica è guasta,* la ligne téléphonique est en dérangement. | *elenco telefonico,* annuaire téléphonique ; Bottin (fam.). | *numero, gettone telefonico,* numéro, jeton de téléphone. | *centralino telefonico,* standard.
telefonista [telefo'nista] (**-i** m. pl.) m. e f. téléphoniste.
telefono [te'lɛfono] m. téléphone. | *dare, fare un colpo di telefono* (fam.), donner, passer un coup de fil. | *(al) telefono!,* (au) téléphone ! | *telefono pubblico (a gettoni),* taxiphone. | *telefono interurbano,* interurbain. || [apparecchio] *il telefono è guasto,* l'appareil est en dérangement. || Mil. *telefono da campo,* téléphone de campagne.
telefoto [tele'fɔto] f. invar. téléphoto, bélinogramme m.
telefotografia [telefotogra'fia] f. téléphotographie, bélinogramme m. | *apparecchio per telefotografia,* bélinographe m.
telegenico [tele'dʒɛniko (**-ci** m. pl.) agg. télégénique.
telegiornale [teledʒor'nale] m. journal télévisé.
telegoniometro [telego'njɔmetro] m. télégoniomètre.
telegrafare [telegra'fare] v. tr. e intr. télégraphier. || [per cavo sottomarino] câbler.
telegrafia [telegra'fia] f. télégraphie.
telegraficamente [telegrafika'mente] avv. télégraphiquement, par dépêche.
telegrafico [tele'grafiko] (**-ci** m. pl.) agg. télégraphique. | *dispaccio telegrafico,* dépêche f. | *vaglia telegrafico,* mandat télégraphique.
telegrafista [telegra'fista] (**-i** m. pl.) m. e f. télégraphiste.
telegrafo [te'lɛgrafo] m. [dispositivo e ufficio] télégraphe.
telegramma [tele'gramma] (**-i** pl.) m. télégramme, dépêche f. || [per cavo sottomarino] câble.
teleguida [tele'gwida] f. téléguidage m.
teleguidare [telegwi'dare] v. tr. téléguider.
telemeccanica [telemek'kanika] f. télémécanique.
telemeccanico [telemek'kaniko] (**-ci** pl.) agg. télémécanique. | *operaio telemeccanico,* télémécanicien m.
telemetria [teleme'tria] f. télémétrie.
telemetrico [tele'mɛtriko] (**-ci** pl.) agg. télémétrique.
telemetrista [teleme'trista] m. télémétreur.
telemetro [te'lɛmetro] m. télémètre.
telemisura [telemi'zura] f. télémesure.
teleobbiettivo [teleobbjet'tivo] m. téléobjectif.
teleologia [teleolo'dʒia] f. Filos. téléologie.
teleologico [teleo'lɔdʒiko] (**-ci** pl.) agg. Filos. téléologique.
teleosauro [teleo'sauro] m. Zool. téléosaure.
teleostei [tele'ɔstei] m. pl. Zool. téléostéens.
telepatia [telepa'tia] f. télépathie, télesthésie. | *che, chi pratica la telepatia,* télépathe.
telepatico [tele'patiko] (**-ci** pl.) agg. télépathique.
telequiz [tele'kwits] m. jeu télévisé.
teleradiografia [teleradjogra'fia] f. téléradiographie.
teleria [tele'ria] f. toilerie. | *negozio, fabbrica di telerie,* toilerie, magasin (m.) de blanc.
telericevente [teleritʃe'vɛnte] agg. Radio, TV. de réception. ◆ f. poste (m.) de réception.
teleripresa [teleri'presa] f. prise de vue.
teleromanzo [telero'mandzo] m. feuilleton télévisé.
teleruttore [telerut'tore] m. Elettr. télérupteur.
teleschermo [teles'kermo] m. (petit) écran.
telescopico [teles'kɔpiko] (**-ci** pl.) agg. Ott. télescopique.
telescopio [teles'kɔpjo] m. Ott. télescope.
telescrivente [teleskri'vɛnte] f. téléimprimeur m., téléscripteur m., télétype m.
telescrittore [teleskrit'tore] m. V. telescrivente.
telescuola [teles'kwɔla] f. cours (m.) télévisés.
telespettacolo [telespet'takolo] m. spectacle télévisé.
telespettatore [telespetta'tore] (**-trice** f.) m. téléspectateur, trice.
telestesia [teleste'zia] f. télesthésie, télépathie.
teletrasmesso [teletraz'messo] agg. télévisé, émis.
teletrasmettere [teletraz'mettere] v. tr. téléviser, émettre.
teletrasmettitore [teletrazmetti'tore] m. émetteur.
teletrasmissione [teletrazmis'sjone] f. transmission par télévision, émission télévisée. | *fine della teletrasmissione,* fin de l'émission.
teletrasmittente [teletrazmit'tɛnte] agg. d'émission. ◆ f. station émettrice, poste (m.) d'émission.
teletta [te'letta] f. Moda triplure ; [più spessa] bougran m.
televisione [televi'zjone] f. télévision. || Fam. [apparecchio] télévision, télé.
televisivo [televi'zivo] agg. [della televisione] de télévision. || [trasmesso] télévisé. || [espresso con la televisione] télévisuel.
televisore [televi'zore] m. téléviseur.
telex ['tɛleks] m. invar. télex.
tell [tɛll] m. Archeol. tell.
tellina [tel'lina] f. Zool. coque.
tellurico [tel'luriko] (**-ci** pl.) agg. tellurique, tellurien.
telluridrico [tellu'ridriko] (**-ci** pl.) agg. Chim. tellurhydrique.
tellurio [tel'lurjo] m. Chim. tellure.
telluroso [tellu'roso] agg. Chim. tellureux.
tellururo [tellu'ruro] m. Chim. tellurure.
1. telo ['telo] m. Moda lé. | *gonna a sei teli,* jupe à six lés. || [pezzo di tela da usarsi separatamente] toile f. | *telo da tenda,* toile de tente. || [di copertura] bâche f., prélart. | *coprire con un telo,* bâcher.
2. telo ['tɛlo] m. (lett.) dard, trait.
telone [te'lone] m. bâche f., banne f., prélart. | *coprire con un telone,* bâcher. || [sipario] rideau.
teloneo [telo'nɛo] m. Feud. tonlieu.
telson ['tɛlson] m. Zool. telson.
1. tema ['tɛma] f. (lett.) crainte (l.c.). || Loc. *per tema di,* de crainte de. | *senza tema di,* sans crainte de.
2. tema ['tɛma] (**-i** pl.) m. [argomento] thème, sujet. || Ling., mus. thème. || Astrol. thème. || Lett. donnée f., thème. | *i temi di un romanzo,* les données d'un roman. | *poesia che sviluppa il tema della morte,* poésie qui développe le thème de la mort. || Univ. [compito] devoir, composition (française), compo f. (fam.) ; [a livello elementare] rédaction f. ; [a livello superiore] dissertation f. | *correggere i temi,* corriger les compositions. | *raccogliere i temi (fatti in classe),* ramasser les copies. || Loc. *ritornare in tema,* revenir à son sujet, à ses moutons (fam.).
tematica [te'matika] f. thèmes m. pl.
tematico [te'matiko] (**-ci** pl.) agg. thématique.

temerariamente [temerarja'mente] avv. témérairement.
temerarietà [temerarje'ta] f. témérité.
temerario [teme'rarjo] agg. téméraire.
temere [te'mere] v. tr. [essere in ansia] craindre. | *temere il peggio,* craindre le pire. ‖ [aver paura] craindre, redouter, appréhender. | *temere Dio, qlcu., qlco.,* craindre Dieu, qn, qch. | *temeva di fargli del male,* elle appréhendait de lui faire du mal. | *teme che lo si sfrutti,* il redoute qu'on ne l'exploite. | *non temere di fare qlco.,* ne pas se gêner pour faire qch. | *temo che abbia ragione,* je crains qu'il n'ait raison. | *teme che tu non obbedisca,* il craint que tu n'obéisses pas. | *non temete che se ne vada?,* ne craignez-vous pas qu'il (ne) s'en aille? ◆ v. intr. craindre, avoir peur. | *non temere, ti aiuterà,* ne crains rien, il va t'aider. | *si vendicherà, non temere,* il se vengera, n'aie pas peur. ‖ [diffidare] (lett.) se méfier (L.C.). ‖ [dubitare] douter.
temerità [temeri'ta] f. témérité.
temibile [te'mibile] agg. redoutable.
temolo ['tɛmolo] m. ZOOL. ombre.
tempaccio [tem'pattʃo] m. FAM., PEGGIOR. mauvais temps, sale temps, fichu temps.
tempera ['tɛmpera] f. ARTI détrempe. | *dipingere a tempera,* peindre en, à la détrempe. ‖ PER EST. [dipinto] détrempe. ‖ FIS. trempe.
temperalapis [tempera'lapis] o **temperamatite** [temperama'tite] m. invar. taille-crayon(s).
temperamento [tempera'mento] m. MED. tempérament. ‖ [carattere] caractère, tempérament, naturel, nature f., complexion f. (antiq.). | *avere un temperamento romantico,* être d'un naturel romantique. | *per temperamento,* par nature. ‖ [originalità] tempérament, caractère. | *è un uomo pieno, una donna piena di temperamento,* c'est un tempérament. ‖ FIG. adoucissement. ‖ MUS. tempérament.
temperante [tempe'rante] agg. tempérant.
temperanza [tempe'rantsa] f. RELIG. tempérance, continence. ‖ PER EST. modération, mesure.
temperare [tempe'rare] v. tr. [moderare] modérer, adoucir, affaiblir. | *temperare l'ardore delle passioni,* adoucir l'ardeur de ses passions. | *temperare le proprie esigenze,* mettre de l'eau dans son vin (fam.). | *temperare un rimprovero con un sorriso,* adoucir un reproche par un sourire. ‖ [affilare una punta] tailler. ‖ [di vino] couper. ‖ ARTI détremper. ‖ FIS. tremper. ‖ MUS. accorder. ◆ v. rifl. se tempérer, se modérer.
temperato [tempe'rato] agg. FIG. tempéré, modéré. ‖ [di matita] taillé. ‖ [di vino] coupé. ‖ ARTI détrempé. ‖ FIS. trempé. ‖ GEOGR. tempéré. ‖ MUS. tempéré.
temperatura [tempera'tura] f. [dell'atmosfera] température. | *portare un vino a temperatura ambiente,* chambrer un vin. ‖ [del corpo] température. ‖ MED. *avere un po' di temperatura,* avoir un peu de température.
temperie [tem'pɛrje] f. invar. PR. e FIG. climat m.
temperino [tempe'rino] m. canif.
tempesta [tem'pesta] f. tempête, orage m. | *tempesta di neve, di sabbia,* tempête de neige, de sable. | *il tempo minaccia tempesta,* le temps est à l'orage. | *tempesta (in mare),* tempête en mer. | *mare, cielo in tempesta,* mer orageuse, ciel orageux. ‖ PER EST. *lo spettacolo scatenò una tempesta di applausi,* le spectacle déchaîna une tempête d'applaudissements. ‖ FIG. [agitazione] bouillonnement m., tumulte m. ‖ LOC. FIG. *c'è aria di tempesta,* il y a de l'orage dans l'air. | *una tempesta in un bicchiere,* un orage dans un verre d'eau. ‖ FIS. *tempesta magnetica,* orage magnétique. ‖ MAR. *tempo da tempesta,* gros temps. ‖ ZOOL. *uccello delle tempeste,* oiseau des tempêtes. ‖ PROV. *chi semina vento raccoglie tempesta,* qui sème le vent récolte la tempête.
tempestare [tempes'tare] v. intr. impers. grêler. | *tempesterà,* il va y avoir, il va faire de l'orage. ‖ FIG. s'agiter. | *tempestare contro,* tempêter contre. ◆ v. tr. harceler, accabler, cribler. | *tempestare qlcu. di ingiurie,* accabler qn d'injures.
tempestato [tempes'tato] agg. accablé, harcelé, criblé. | *tempestato dalle domande,* harcelé de questions. ‖ [ornato] *tempestato di diamanti,* diamanté. | *tempestato di lustrini,* pailleté.
tempestivamente [tempestiva'mente] avv. en temps utile, au bon moment, au moment opportun, promptement.
tempestività [tempestivi'ta] f. *la tempestività dell'ordine ha salvato la situazione,* l'ordre donné au moment opportun a sauvé la situation. | *agire con tempestività,* agir en temps utile, au bon moment.
tempestivo [tempes'tivo] agg. *bisogna essere tempestivi nell'azione,* il faut savoir agir au bon moment. | *il tuo aiuto è stato tempestivo,* ton aide est tombée à propos, au moment opportun.
tempestoso [tempes'toso] agg. orageux, tempétueux (lett.). ‖ FIG. orageux, houleux.
tempia ['tɛmpja] f. ANAT. tempe.
tempiale [tem'pjale] m. TESS. tempe f., templet.
tempio ['tɛmpjo] (**-i** o **templi** pl.) m. temple. ‖ STOR. *Ordine del tempio,* ordre du Temple.
tempismo [tem'pizmo] m. *agire con tempismo,* agir au bon moment, au moment opportun.
tempista [tem'pista] (**-i** pl.) n. MUS. *è un tempista,* il suit bien la mesure. ‖ FIG. *in politica bisogna essere tempisti,* en politique il faut avoir le sens de l'opportunité.
templare [tem'plare] m. STOR. templier.
tempo ['tɛmpo] m. **1.** [durata] temps. | *il tempo stringe,* le temps presse; la chandelle brûle. | *mi manca il tempo per,* je manque de temps pour. | *guadagnare tempo,* gagner du temps, filer du câble (fam.). | *perdere tempo, sprecare il proprio tempo,* perdre, gaspiller son temps. | *non perdere tempo,* ne pas s'endormir (fam.). | *senza por tempo in mezzo,* sans perdre de temps. | *che sfugge al tempo,* intemporel agg. | *ingannare, ammazzare il tempo,* tuer le temps. | *darsi bel tempo, buon tempo,* se donner du bon temps, faire la fête. | *ha fatto il suo tempo,* il a fait son temps. | *avere ancora tempo,* avoir encore du temps devant soi. | *dar tempo al tempo; il tempo è buon medico; il tempo risana ogni piaga,* laisser le temps faire son œuvre. | *il tempo non mi passa mai,* je trouve le temps long. | *in due ore di tempo,* dans l'intervalle de deux heures. | *riguadagnare il tempo perduto,* mettre les bouchées doubles (fam.). ‖ [tempo libero o sufficiente] loisir. | *avere molto tempo libero,* avoir des loisirs, avoir beaucoup de loisirs. | *dedicare il proprio tempo libero alla musica,* dédier ses loisirs à la musique. | *non mi dà neppure il tempo di rispondergli,* il ne me donne même pas le loisir de lui répondre. | *non avrà il tempo di capirlo,* il n'aura pas le loisir de le comprendre. ‖ SPORT *fare, realizzare il miglior tempo,* réaliser le meilleur temps. ‖ [parte di gara] mi-temps f. ‖ **2.** LOC. *ad un tempo,* à la fois, en même temps. | *in ogni tempo,* de tout temps. | *per qualche tempo,* quelque temps. | *poco tempo fa,* à peu de temps de là. | *molto tempo fa,* il y a longtemps. | *in un primo tempo,* d'abord. | *per tempo,* de bonne heure. | *molto per tempo,* de très bonne heure, de bon matin. | *a tempo perso,* à ses heures perdues. | *con l'andar del tempo,* à la longue. | *primo in ordine di tempo,* premier en date. | *a tempo,* à temps. ‖ **3.** [divisione] MUS. temps. | *battuta a tre tempi,* mesure à trois temps. | *battere il tempo,* battre la mesure. | *tempo in battere,* temps frappé. ‖ [ritmo] cadence f. | *affrettare il tempo,* presser la cadence. ‖ [movimento] tempo (it.). | *tempo adagio,* temps adagio. ‖ TECN. temps. | *motore a due tempi,* (moteur à) deux temps. ‖ **4.** [epoca] temps, époque f. | *nel tempo che fu,* au temps jadis. | *nel buon tempo andato, nel buon tempo antico,* au bon vieux temps. | *negli ultimi tempi della dittatura franchista,* dans les derniers temps de la dictature franquiste. | *nella notte dei tempi,* dans la nuit des temps. | *in, a quei tempi,* à cette époque. | *altri tempi!,* autres temps, autres mœurs! | *ai miei tempi,* de mon temps. | *adeguarsi ai tempi,* marcher avec son temps. | *i bei tempi!,* les beaux jours! | *un tempo,* jadis. ‖ **5.** [momento preciso] temps, moment. | *in tempo,* en temps voulu, à temps. | *a suo tempo, a tempo debito,* en temps utile, opportun. | *a tempo e luogo,* en temps et lieu. | *i tempi non sono maturi,* le temps n'est pas encore venu. | *ogni cosa a suo tempo,* chaque chose en son temps. ‖ **6.** METEOR. temps. ‖ **7.** MAR. *tempo da tempesta,* gros temps. ‖ LOC. FIG. *fare il bello e il brutto tempo,* faire

la pluie et le beau temps. ‖ **8.** GRAMM. temps. ‖ **9.** TEATRO *unità di tempo,* unité de temps.
tempora ['tempora] f. pl. RELIG. *le Quattro, le Sante Tempora,* les Quatre-Temps.
1. temporale [tempo'rale] agg. FILOS., GRAMM., RELIG. temporel.
2. temporale [tempo'rale] agg. ANAT. temporal.
3. temporale [tempo'rale] m. orage. | *sta per scoppiare un temporale,* il va y avoir, il va faire de l'orage. | *minaccia un temporale,* l'orage menace. ‖ FIG. *c'è aria, tira aria di temporale,* il y a de l'orage dans l'air.
temporalesco [tempora'lesko] agg. orageux.
temporalità [temporali'ta] f. temporalité.
temporaneamente [temporanea'mente] avv. temporairement.
temporaneità [temporanei'ta] f. caractère (m.) temporaire.
temporaneo [tempo'raneo] agg. temporaire.
temporeggiamento [temporeddʒa'mento] m. temporisation f.
temporeggiare [tempored'dʒare] v. intr. temporiser. ‖ SOSTANT. temporisation f.
temporeggiatore [temporeddʒa'tore] **(-trice** f.) agg. e n. temporisateur, trice.
temporibus illis [tem'pɔribus 'illis] loc. lat. jadis.
temporizzare [temporid'dzare] v. intr. TECN. temporiser.
temporizzatore [temporiddza'tore] m. TECN. temporisateur.
temporizzazione [temporiddzat'tsjone] f. TECN. temporisation.
tempra ['tɛmpra] f. PR. e FIG. trempe. | *è una buona tempra di soldato,* c'est un bon soldat. ‖ [di voce] timbre m. | *una bella tempra di voce,* une voix bien timbrée. ‖ [filo] aiguisage m.
temprare [tem'prare] v. tr. PR. e FIG. tremper. | *temprare l'acciaio, un carattere,* tremper l'acier, un caractère. ◆ v. medio intr. se fortifier, s'endurcir.
temprato [tem'prato] agg. PR. e FIG. trempé.
temuto [te'muto] agg. redouté. | *la tanto temuta vecchiaia!,* la vieillesse tant redoutée!
tenace [te'natʃe] agg. PR. e FIG. tenace ; accrocheur (fam.).
tenacemente [tenatʃe'mente] avv. tenacement.
tenacia [te'natʃa] f. ténacité, acharnement m.
tenacolo [te'nakolo] m. CHIR. érigne f.
tenaglie [te'naʎʎe] f. pl. tenailles. ‖ FIG. *bisogna tirargli fuori le parole con le tenaglie,* il faut lui arracher les mots. ‖ MIL. *manovra a tenaglia,* manœuvre en tenaille. ‖ STOR. *supplizio delle tenaglie,* tenaillement m. ‖ TECN. [per bottai] davier m. ; [per maniscalco] tricoises. ‖ ZOOL. pinces f. pl.
tenar ['tɛnar] m. ANAT. thénar.
tenda ['tɛnda] f. [da finestra] rideau m. ‖ [da negozio] banne, store m. ‖ MAR. taud m., taude f. ‖ MIL. tente ; guitoune f. (gerg.). | *alzare, piantare le tende,* dresser les tentes. | *tenda da campo,* tente militaire. | *tenda leggera da campo,* tente-abri. ‖ [camping] tente. ‖ MED. *tenda a ossigeno,* tente à oxygène. ‖ LOC. FIG., FAM. *ritirarsi sotto la tenda,* se retirer sous sa tente. | *piantare le tende,* rester plus que de raison (L.C.), s'incruster. | *levar le tende,* plier bagage, décamper. | *piantar le tende all'osteria,* être un pilier de cabaret.
tendaggio [ten'daddʒo] m. tenture f.
tendenza [ten'dɛntsa] f. tendance. | *le nuove tendenze del cinema, della moda,* les nouvelles tendances du cinéma, de la mode. | *aver tendenza a,* avoir tendance à. ‖ PER ANAL. [orientamento] *a che tendenza politica appartieni?,* à quelle tendance politique appartienstu? ‖ FIG. [inclinazione] tendance, inclination, penchant m. | *avere una tendenza per qlco.,* avoir un penchant pour qch. ‖ COMM. FIN. tendance. | *tendenza al rialzo,* tendance à la hausse. ‖ PSICANAL. tendance, pulsion.
tendenziale [tenden'tsjale] agg. tendanciel.
tendenzialmente [tendentsjal'mente] avv. fondamentalement.
tendenziosamente [tendentsjosa'mente] avv. tendancieusement.
tendenziosità [tendentsjosi'ta] f. caractère tendancieux.
tendenzioso [tenden'tsjoso] agg. tendancieux.
tender ['tɛnder] m. [ingl.] FERR. tender.
tendere ['tɛndere] v. tr. tendre. | *tendere le braccia, la mano, le orecchie,* tendre les bras, la main, les oreilles. | *tendere i muscoli,* raidir ses muscles. | *tendere un arco,* bander un arc. | *tendere esageratamente,* distendre. ‖ [caccia] *tendere lacci,* colleter v. intr. | *chi tende lacci,* colleteur m. ‖ [pesca] *tendere le reti,* tendre les filets. ‖ FIG. *tendere una trappola, insidie,* dresser un piège, tendre des pièges. | *tendere la mano,* tendre la perche. ◆ v. intr. [avere per scopo] *tendere a,* tendre (à, vers), viser (à). | *a che scopo tendi?,* à quoi vises-tu? | *tendere alla perfezione,* tendre à la perfection. ‖ [colori e sapori] tirer sur. | *tendere al giallo,* tirer sur le jaune. | *tendere al grigio,* grisonner v. intr. | *che tende al grigio,* grisonnant. ‖ [modificarsi] tendre à. | *la malattia tende a peggiorare,* la maladie va empirant. | *il barometro tende al bello,* le baromètre tend au beau. ‖ [aver tendenza] avoir tendance (à). | *tende a criticare più che a giustificare,* il a tendance à critiquer plutôt qu'à justifier. ‖ POLIT. *tendere a sinistra,* être à gauche. ◆ v. rifl. se tendre. ‖ [distendersi] s'allonger. ‖ [irritarsi] s'irriter.
tendicatena [tendika'tena] m. invar. TECN. tendeur.
tendicinghia [tendi'tʃingja] m. invar. tendeur m.
tendicollo [tendi'kɔllo] m. invar. baleine (f.) de col.
tendina [ten'dina] f. rideau m. | *mezza tendina,* brise-bise m.
tendine ['tɛndine] m. ANAT. tendon, nerf (pop.). | *tendine d'Achille,* tendon d'Achille.
tendineo [ten'dineo] agg. ANAT. tendineux.
tendinoso [tendi'noso] agg. [carne] tendineux.
tenditore [tendi'tore] m. TECN. tendeur, raidisseur.
tendone [ten'done] m. banne f., bâche f. ‖ PER EST. chapiteau (de cirque).
tendopoli [ten'dɔpoli] f. invar. NEOL. village (m.) de toile.
tenebre ['tɛnebre] f. pl. PR. e FIG. ténèbres. ‖ RELIG. *angelo, principe delle tenebre,* ange, prince des ténèbres. | *uffizio delle tenebre,* office des ténèbres.
tenebrione [tene'brjone] m. ZOOL. ténébrion.
tenebrosamente [tenebrosa'mente] avv. ténébreusement.
tenebroso [tene'broso] agg. PR. e FIG. ténébreux. | *bel tenebroso,* beau ténébreux. | *brano tenebroso,* tunnel (fam.).
tenente [te'nɛnte] m. MAR., MIL. lieutenant. | *tenente colonnello,* lieutenant-colonel. | *signor tenente!,* mon lieutenant! ‖ ARALD. tenant.
tenenza [te'nɛntsa] f. *tenenza dei carabinieri,* section de gendarmerie.
teneramente [tenera'mente] avv. tendrement, affectueusement, chèrement. | *amare teneramente,* chérir v. tr.
tenere [te'nere] v. tr. **1.** [avere, avere con sé, reggere] tenir. | *tenere un mazzo di fiori in mano,* tenir un bouquet à la main, dans sa main. | *tenere per mano,* tenir par la main. | *tienimi questo un momento,* tiens-moi ça un instant. ‖ PER EST. *capelli che tengono la piega,* cheveux qui tiennent la frisure. ‖ FIG. FAM. *tenersi la pancia dalle risate, dal gran ridere,* se tenir le ventre de rire. ‖ MAR. *tenere il mare,* tenir la mer. ‖ **2.** [mantenere, conservare] garder, tenir. | *tenere il cappello, i guanti,* garder son chapeau, ses gants. | *tenere gli occhi bassi,* garder les yeux baissés. | *tenere occupato,* tenir occupé. | *tenere il broncio, il muso a qlcu.,* faire la tête à qn., bouder qn. | *tenere fede alla parola data,* tenir sa parole. | *tenere rinchiuso,* tenir enfermé ; claustrer. | *tenere una cosa nascosta, segreta,* cacher qch. | *tenere un segreto,* garder un secret. | *tenere sotto pressione un candidato, un allievo,* chauffer un candidat, un élève. | *tenere le distanze,* conserver, garder ses distances. | *tenere al freddo,* tenir, garder au froid. ‖ MUS. *tenere una nota,* tenir une note. ‖ FIG. *tenere per ultimo,* garder pour la bonne bouche. | *tenere qlcu. a stecchetto,* tenir qn serré. ‖ **3.** [essere padrone di] tenir. | *tenere la scolaresca,* tenir sa classe. | *macchina che tiene la strada,* voiture qui tient la route. | *tenere testa a,* tenir tête à. | *tenere a freno,* tenir en bride. *tener a freno la lingua,* tenir sa langue. | *tenere su la conversazione,* défrayer la conversation. | *tenere d'occhio,* tenir à l'œil ; guetter. ‖ **4.** [occupare] tenir. | *tenere la destra,* tenir la droite.

| *tienti al largo,* tiens-toi au large. || FIG. *tenere il proprio rango,* tenir son rang. || MAR. *tenere il largo,* tenir le large. || MIL. *tenere una posizione,* tenir une position. || **5.** [gestire, dirigere] tenir. | *tenere la cassa, la contabilità,* tenir la caisse, la comptabilité. || LOC. *tenere consiglio,* tenir conseil. | *tenere conto di,* tenir compte de, faire état de. || **6.** [fare] *tenere una conferenza,* faire une conférence. || **7.** [reputare] *tenere per,* considérer (comme), tenir (pour), juger. | *lo tengo per il mio peggior nemico,* je le considère comme mon pire ennemi. || **8.** LOC. *tenere in poco conto, tenere in gran conto,* ne pas estimer, beaucoup estimer. | *tenere a bada,* tenir en respect. | *tenere in serbo,* garder. | *tenere insieme,* (ré)unir. ◆ v. intr. [cose : essere solido] tenir. | *questo nodo tiene,* ce nœud tient. || FIG., FAM. *questa storia non tiene,* cette histoire ne tient pas (debout). | *non c'è scusa che tenga,* il n'y a pas de raison qui tienne. || [persone : resistere] *tenere duro, tenere saldo,* tenir bon, ferme. || [importare] tenir à. | *tengo a dichiarare che,* je tiens à déclarer que. | *non ci tengo,* je n'y tiens pas. || PARTICOL. *tenere da,* tenir de. | *tenere per,* tenir pour. ◆ v. medio intr. [stare] *tenersi in ginocchio,* rester à genoux. | *tenersi in disparte,* rester, se tenir à l'écart. | *tenersi pronto,* se tenir prêt. | *tenersi sulla difensiva,* se tenir sur la défensive, sur ses gardes. | *tenersi ai fatti,* s'en tenir aux faits. ◆ v. rifl. [appoggiarsi] se tenir. | *tenersi al muro,* se tenir au mur. || FIG. [ritenersi] *tenersi onorato per qlco.,* être honoré de qch. ◆ v. recipr. *tenersi per mano,* se tenir par la main.

tenerezza [tene'rettsa] f. PR. tendreté. || ARTI morbidesse, langueur. || FIG. tendresse. | *che fa tenerezza,* attendrissant agg. | *mi ha fatto un mucchio di tenerezze,* il m'a comblé de tendresses.

tenero ['tɛnero] agg. tendre, mou. | *carne tenera,* viande tendre. | *formaggio a pasta tenera,* fromage à pâte molle. || PER EST. *verde tenero,* vert tendre. || PER ANAL. *tenera età,* jeune âge. | *in tenera età,* en bas âge. || FIG. tendre, affectueux. ◆ m. LETT. *la Carta del Tenero,* la Carte du Tendre. || FAM. *c'è del tenero tra quei due,* il y a du tendre entre ces deux-là.

tenerume [tene'rume] m. FIG. PEGGIOR. mièvreries f. pl. || CULIN. *tenerume di vitello,* tendrons (m. pl.) de veau.

tenia ['tɛnja] f. ténia m. || ARCHIT. bandelette.

tenibile [te'nibile] agg. MIL. [solo in frasi neg.] *questa posizione non è tenibile,* cette position n'est pas tenable.

tenicida [teni'tʃida] o **tenifugo** [te'nifugo] agg. e m. ténicide, ténifuge.

tennis ['tɛnnis] m. invar. SPORT tennis. | *giocare al tennis,* jouer au tennis. | *campo, scarpe da tennis,* court, chaussures de tennis. | *tennis da tavolo,* tennis de table, Ping-Pong.

tennista [ten'nista] (**-i** pl.) m. e f. SPORT joueur, joueuse de tennis ; tennisman m.

tenone [te'none] m. [falegnameria] tenon, languette f.

tenore [te'nore] m. [tono] teneur f. | *tenore di una risposta,* teneur d'une réponse. || GIUR. *a tenore di,* aux termes de. || [livello di vita] *tenore di vita,* train de vie, de maison. | *tenore di vita di un paese,* niveau de vie d'un pays. || TECN., MINER. teneur. || MUS. ténor. | *tenore leggero,* ténorino (it.). ◆ agg. MUS. *sassofono tenore,* saxophone ténor.

tenoreggiare [tenored'dʒare] v. intr. MUS. ténoriser.

tenorile [teno'rile] agg. MUS. de ténor. | *baritono dal timbro tenorile,* baryton ténorisant.

tenorino [teno'rino] m. MUS. ténorino.

tenotomia [tenoto'mia] f. CHIR. ténotomie.

tensioattivo [tensjoat'tivo] agg. FIS. tensio-actif. ◆ m. agent tensio-actif.

tensiometro [ten'sjɔmetro] m. FIS. tensiomètre.

tensione [ten'sjone] f. tension. | *tensione di una corda,* raideur d'une corde. | *tensione eccessiva,* distension. || FIG. tension. | *tensione dell'animo,* tension d'esprit. | *essere in tensione,* avoir les nerfs tendus. | *le nostre relazioni attraversano un periodo di tensione,* nos relations se sont tendues. | *tensione internazionale, sociale,* tension internationale, sociale. || ELETTR., FIS. tension. | *tensione arteriosa,* tension artérielle. | *avere la tensione alta,* avoir de la tension.

tensore [ten'sore] m. ANAT., MAT. tenseur.

tensoriale [tenso'rjale] agg. MAT. tensoriel.

tentacolare [tentako'lare] agg. ZOOL. e FIG. tentaculaire.

tentacolo [ten'takolo] m. ZOOL. e FIG. tentacule.

tentare [ten'tare] v. tr. [provare] tenter, essayer, expérimenter. || LOC. *tentare il tutto per il tutto,* tenter le tout pour le tout. | *le ha tentate tutte,* il a tout essayé. | *ha tentato ogni mezzo,* il a fait flèche de tout bois. | *tentare la sorte,* tenter sa chance. | *tentare un nuovo procedimento,* expérimenter un nouveau procédé. || [indurre in tentazione] tenter, éprouver. || [allettare] tenter, séduire, allécher. || FAM. *sarei tentato di,* je serais tenté de. || *tentare di,* tenter (de), essayer (de), chercher (à). | *tentare di fare qlco.,* essayer de faire qch. | *tentare di sedurre una donna,* entreprendre (fam.) une femme. | *tentare di violare i diritti di qlcu.,* entreprendre (lett.) sur les droits de qn. | *tentare con la persuasione di,* essayer la persuasion pour.

tentativo [tenta'tivo] m. tentative f., essai, démarche f. | *fare ancora un tentativo presso qlcu.,* tenter une dernière démarche auprès de qn.

tentato [ten'tato] agg. GIUR. *tentato furto, tentato omicidio,* tentative (f.) de vol, de meurtre.

tentatore [tenta'tore] (**-trice** f.) agg. e m. tentateur, trice. || [diavolo] *il tentatore,* le tentateur.

tentazione [tentat'tsjone] f. tentation. || FIG. tentation, désir m., envie. | *far venire la tentazione di,* donner envie de.

tentennamento [tentenna'mento] m. hésitation f. | *obbedire senza tentennamenti,* obéir sans hésitation, sans barguigner (fam., antiq.).

tentennante [tenten'nante] agg. hésitant.

tentennare [tenten'nare] v. intr. PR. branler, osciller, vaciller. | *camminare tentennando,* marcher en chancelant. || FIG. hésiter. | *senza tentennare,* sans hésitation. | *dopo tanto tentennare, si decise,* après tant de balancements (lett.), il prit une décision. ◆ v. tr. *tentennare il capo,* dodeliner de la tête ; [per esprimere dissenso] hocher la tête.

tentone [ten'tone] o **tentoni** [ten'toni] avv. à tâtons. | *andare tentoni,* tâtonner, aller à tâtons.

tentredine [ten'trɛdine] f. ZOOL. tenthrède.

tenue ['tɛnue] agg. [sottile] mince, fin, léger, ténu. | *nebbia tenue,* brouillard léger, brume ténue. | *luce tenue,* lumière délicate. || FIG. mince, faible, frêle, grêle. | *con voce tenue,* d'une voix frêle. || ANAT. *intestino tenue,* intestin grêle.

tenuità [tenui'ta] f. (lett.) ténuité.

tenuta [te'nuta] f. **1.** [riferito a chiusura] étanchéité. | *a tenuta stagna,* à étanche d'eau. || PER EST. [capacità] capacité. || **2.** [modo di tenere] *tenuta dei libri, della contabilità,* tenue des livres, de la comptabilité. || [di macchina] *tenuta di strada,* tenue de route. || **3.** [abbigliamento] tenue. | *in tenuta sportiva,* en tenue de sport. || MIL. *tenuta da combattimento, di servizio,* tenue de combat, de service. || **4.** [proprietà] propriété, domaine m. || STOR. [Medio Evo] tenure. || **5.** [resistenza] tenue. || SPORT [equitazione] tenue.

tenutario [tenu'tarjo] (**-a** f.) m. tenancier. | *tenutaria di una casa chiusa,* maquerelle (pop.) ; tenancière d'une maison close.

tenuto [te'nuto] agg. [obbligato] tenu (à, de), obligé (à, de). | *sei tenuto a obbedire,* tu es tenu d'obéir. | *non siamo tenuti a sapere,* nous ne sommes pas censés savoir. || [conservato] tenu, conservé. || AGR. *campo tenuto a,* champ planté de. || MUS. *nota tenuta,* note tenue. ◆ m. MUS. tenuto avv. (it.).

tenzone [ten'tsone] f. *a singolar tenzone,* en combat (m.) singulier. || LETT. *tenzoni oratorie,* joutes oratoires.

teobromina teobro'mina] f. CHIM. théobromine.

teocratico [teo'kratiko] (**-ci** pl.) agg. théocratique.

teocrazia [teokrat'tsia] f. théocratie.

teodicea [teodi'tʃɛa] f. FILOS., TEOL. théodicée.

teodolite [teodo'lite] f. OTT. théodolite.

teofania [teofa'nia] f. FILOS. théophanie.

teofilantropia [teofilantro'pia] f. STOR. théophilanthropie.

teofilantropo [teofi'lantropo] m. STOR. théophilanthrope.

teofillina [teofil'lina] f. CHIM. théophylline.

teogonia [teogo'nia] f. RELIG. théogonie.

teogonico [teo'gɔniko] (**-ci** pl.) agg. RELIG. théogonique.
teologale [teolo'gale] agg. RELIG. théologal.
teologia [teolo'dʒia] f. RELIG. théologie.
teologicamente [teolodʒika'mente] avv. théologiquement.
teologico [teo'lɔdʒiko] (**-ci** pl.) agg. RELIG. théologique. ‖ FILOS. *stato teologico*, état théologique.
teologo [te'ɔlogo] m. RELIG. théologien. | *canonico teologo*, théologal.
teorema [teo'rɛma] (**-i** pl.) m. MAT. théorème.
teorematico [teore'matiko] (**-ci** pl.) agg. théorématique.
teoresi [teo'rɛzi] f. FILOS. activité théorétique.
teoretica [teo'rɛtika] f. FILOS. théorétique.
teoretico [teo'rɛtiko] (**-ci** pl.) agg. FILOS. théorétique.
1. teoria [teo'ria] f. théorie. | *in teoria*, en théorie.
2. teoria [teo'ria] f. [sfilata] théorie.
teorica [te'rɔika] f. théorie. | *in teorica*, en théorie.
teoricamente [teorika'mente] avv. théoriquement.
teorico [te'ɔriko] (**-ci** pl.) agg. théorique. ‖ PEGGIOR. théorique, abstrait. ◆ n. théoricien.
teorizzare [teorid'dzare] v. tr. théoriser.
teosofia [teozo'fia] f. théosophie.
teosofico [teo'zɔfiko] (**-ci** pl.) agg. théosophique.
teosofo [te'ɔzofo] m. théosophe.
tepalo ['tɛpalo] m. BOT. tépale.
tepidario [tepi'darjo] m. ARCHEOL. tépidarium.
tepido ['tɛpido] agg. V. TIEPIDO.
tepore [te'pore] m. tiédeur f.
teppa ['teppa] o **teppaglia** [tep'paʎʎa] f. pègre, racaille.
teppismo [tep'pizmo] m. banditisme.
teppista [tep'pista] (**-i** pl.) m. voyou, frappe f. (pop.), truand.
terapeuta [tera'peuta] (**-i** pl.) m. MED. thérapeute. ◆ m. pl. ANTICH. thérapeutes.
terapeutica [tera'pɛutika] f. MED. thérapeutique, thérapie.
terapeutico [tera'pɛutiko] (**-ci** pl.) agg. MED. thérapeutique.
terapia [tera'pia] f. thérapie, thérapeutique.
teratogenico [terato'dʒɛniko] (**-ci** pl.) agg. BIOL. tératogène.
teratologia [teratolo'dʒia] f. BIOL. tératologie.
teratologico [terato'lɔdʒiko] (**-ci** pl.) agg. BIOL. tératologique.
terbio ['tɛrbjo] m. CHIM. terbium.
terebella [tere'bɛlla] f. ZOOL. térébelle, térébellum m.
terebentene [tereben'tɛne] m. CHIM. térébenthène.
terebentina [tereben'tina] f. térébentine.
terebico [te'rɛbiko] (**-ci** pl.) agg. CHIM. térébique.
terebinto [tere'binto] m. BOT. térébinthe.
terebra ['tɛrebra] f. ZOOL. tarière.
terebratula [tere'bratula] f. ZOOL. térébratule.
terebrante [tere'brante] agg. MED., ZOOL. térébrant.
teredine [te'rɛdine] f. ZOOL. taret m.
terga ['tɛrga] f. V. TERGO 1.
tergal ['tɛrgal] m. TESS. Tergal.
tergale [ter'gale] m. dossier.
tergere ['tɛrdʒere] v. tr. (lett.) essuyer (L.C.). | *tergersi il sudore dalla fronte*, s'éponger le front.
tergicristallo [terdʒikris'tallo] m. AUTOM. essuie-glace. | *asta del tergicristallo*, balai d'essuie-glace.
tergiversare [terdʒiver'sare] v. intr. tergiverser, louvoyer.
tergiversazione [terdʒiversat'tsjone] f. tergiversation, louvoiement m.
tergo ['tɛrgo] (**-ghi** pl.) m. **1.** LETT. [dorso] dos (L.C.). | *volgere le terga a qlcu.*, tourner le dos à qn. ‖ **2.** [faccia posteriore di foglio] verso (lat.). | *a tergo*, au verso. | *vedere a tergo*, suite au verso. ‖ [di medaglia] revers. ‖ LOC. *a tergo*, derrière. | *da tergo*, de, par derrière.
t(e)riaca [te'rjaka] f. FARM., STOR. thériaque.
terital ['tɛrital] m. TESS. Tergal.
termale [ter'male] agg. thermal. | *stabilimento termale*, thermes m. pl., établissement thermal. | *città termale*, ville d'eaux. | *andare a fare una cura termale*, aller aux eaux. | *proprietà specifica di un'acqua termale* thermalité f. | *organizzazione e sfruttamento delle stazioni termali*, thermalisme m.
terme ['tɛrme] f. pl. thermes m. pl.
termia [ter'mia] f. FIS. thermie.
termicamente [termika'mente] avv. *isolare termicamente*, calorifuger v. tr.
termico ['tɛrmiko] (**-ci** pl.) agg. thermique. | *isolamento termico*, calorifugeage m. ‖ FIS. *scambio termico*, thermicité f.
termidoriano [termido'rjano] agg. e n. STOR. thermidorien.
termidoro [termi'dɔro] m. STOR. thermidor.
terminale [termi'nale] agg. terminal. ◆ m. ELETTR. borne f.; boîte terminale.
terminare [termi'nare] v. tr. terminer, achever, finir; mener à terme. | *terminare un racconto*, achever un conte. ◆ v. intr. finir, s'achever, se terminer. | *terminare a punta*, finir, se terminer en pointe. | *verbi che terminano in «are»*, verbes qui se terminent en «are». | *terminare con*, finir, s'achever, se terminer par.
terminazione [terminat'tsjone] f. terminaison.
termine ['tɛrmine] m. **1.** [limite estremo, di spazio o tempo] fin f., limite f., terme, bout. | *essere al termine della carriera, della vita*, être au bout de sa carrière, de sa vie. | *por termine a*, mettre fin à, mettre un terme à. | *al termine della strada*, au bout de la route. | *termine del mese*, fin du mois. | *condurre a termine qlco.*, mener à terme qch., achever qch. | *volgere al termine*, toucher à sa fin, à son terme, s'achever. ‖ **2.** [tempo accertato] terme, délai. | *scaduto questo termine*, passé ce terme. | *entro i termini prescritti*, dans les délais. | *nel termine di un mese*, dans le délai d'un mois. | *è giunto al termine del suo mandato*, son mandat vient à expiration. ‖ COMM., délai, terme, échéance f. | *termine di garanzia, di consegna*, délai de garantie, de livraison. | *rispettare i termini*, respecter les échéances. ‖ FIN. terme. | *mercato, operazione a termine*, marché, opération à terme. | *a corto, a lungo, a medio termine*, à court, à long, à moyen terme. ‖ GIUR. *scadenza di un termine*, expiration d'un terme. ‖ MAT. *ridurre ai minimi termini*, réduire à sa plus simple expression. ‖ LOC. FIG. *la sua resistenza è ridotta ai minimi termini*, sa résistance est épuisée. ‖ **3.** [confine] borne f. ‖ **4.** [parola] terme. | *termine tecnico*, terme technique. | *in altri termini*, en d'autres termes, autrement dit. | *a rigor di termini*, à la rigueur. | *a' termini di, della legge, del contratto*, aux termes de la loi, du contrat. | *esprimersi per mezzi termini*, s'exprimer à demi-mot. | *senza mezzi termini*, sans demi-mesures. | *moderare i termini*, modérer son langage. ‖ PER EST. *essere in buoni termini con qlcu.*, être en bons termes avec qn. ‖ GRAMM. *secondo termine di paragone*, second terme de comparaison. | *complemento di termine*, complément d'attribution. ‖ FIG. *termine di paragone*, pierre (f.) de touche. ‖ LOG., MAT. terme.
terminologia [terminolo'dʒia] f. terminologie.
termistanza [termis'tantsa] f. FIS. thermistance, thermistor m.
termistore [termis'tore] m. ELETTR. thermistor.
termitaio [termi'tajo] m. termitière f.
1. termite ['tɛrmite] f. ZOOL. termite m. ‖ *termiti*, fourmis blanches.
2. termite [ter'mite] f. TECNOL. thermite.
termoanestesia [termoaneste'zia] f. thermo-anesthésie.
termocauterio [termokau'tɛrjo] m. thermocautère.
termochimica [termo'kimika] f. thermochimie.
termochimico [termo'kimiko] (**-ci** pl.) agg. thermochimique.
termocoperta [termoko'pɛrta] f. (neol.) couverture chauffante.
termocoppia [termo'kɔppja] f. ELETTR. thermocouple.
termodinamica [termodi'namika] f. FIS. thermodynamique.
termodinamico [termodi'namiko] (**-ci** pl.) agg. FIS. thermodynamique.
termoelettricità [termoelettritʃi'ta] f. thermoélectricité.
termoelettrico [termoe'lɛttriko] (**-ci** pl.) agg. thermoélectrique.
termofilo [ter'mɔfilo] agg. BIOL. thermophile.

termogenesi [termo'dʒɛnezi] f. BIOL. thermogenèse.
termogeno [ter'mɔdʒeno] agg. thermogène.
termografo [ter'mɔgrafo] m. TECN. thermographe.
termoindurente [termoindu'rɛnte] agg. TECN. thermodurcissable.
termolabile [termo'labile] agg. BIOL. thermolabile.
termolisi [termo'lizi] f. CHIM. thermolyse.
termologia [termolo'dʒia] f. thermique.
termoluminescenza [termolumineʃ'ʃɛntsa] f. thermoluminescence.
termometria [termome'tria] f. FIS. thermométrie.
termometrico [termo'mɛtriko] (**-ci** pl.) agg. thermométrique.
termometro [ter'mɔmetro] m. PR. e FIG. thermomètre. | *termometro clinico,* thermomètre médical.
termonucleare [termonukle'are] agg. FIS. thermonucléaire.
termoplastico [termo'plastiko] (**-ci** pl.) agg. TECNOL. thermoplastique.
termopompa [termo'pompa] f. TECN. thermopompe ; pompe à chaleur.
termopropellente [termopropel'lɛnte] agg. FIS. thermopropulsif.
termopropulsione [termopropul'sjone] f. FIS. thermopropulsion.
termopropulso [termopro'pulso] agg. thermopropulsé.
termoregolatore [termoregola'tore] m. appareil thermorégulateur.
termoregolazione [termoregolat'tsjone] f. thermorégulation.
termoresistente [termoresis'tɛnte] agg. thermorésistant.
termos ['tɛrmos] m. invar. Thermos m. o f.
termoscopio [termos'kɔpjo] m. FIS. thermoscope.
termosensibile [termosen'sibile] agg. sensible à la chaleur.
termosfera [termos'fɛra] f. thermosphère.
termosifone [termosi'fone] m. TECN. thermosiphon ; chauffage central. || PER EST. [radiatore] radiateur (de chauffage central), calorifère à eau chaude.
termostabile [termos'tabile] agg. thermostable.
termostato [ter'mɔstato] m. thermostat.
termoterapia [termotera'pia] f. MED. thermothérapie.
terna ['tɛrna] f. groupe (m.) de trois (éléments, personnes). || ELETTR. terne m.
ternare [ter'nare] v. tr. inclure dans le groupe des trois premiers. | *quel candidato non è stato ternato,* ce candidat n'est pas dans les trois premiers.
ternario [ter'narjo] agg. ternaire.
terno ['tɛrno] m. GIOCHI terne. | *terno secco,* terne sec. || FIG. *ha vinto un terno al lotto,* il a gagné le gros lot. | *vincere un terno al lotto,* décrocher la timbale (fam.).
terpene [ter'pɛne] m. CHIM. terpène.
terpina [ter'pina] f. CHIM. terpine, terpinol m.
terpineolo [terpine'ɔlo] m. CHIM. terpinéol.
terra ['tɛrra] f. **1.** terre. | *mani sporche di terra,* mains terreuses. | *sapore di terra,* goût terreux. || **2.** [suolo] sol m., terre. | *sulla (nuda) terra,* à même le sol. | *a fior di terra,* à fleur, à ras de terre, au ras du sol. | *a terra, in terra, per terra,* à terre, en terre, par terre. | *cadere, sedersi in terra,* tomber, s'asseoir par terre. | *dormono per terra,* ils dorment sur la dure. | *buttare a terra,* jeter par terre. | *terra battuta,* terre battue. || PER EST. *la terra natale,* le pays, le sol natal. || GEOGR., RELIG. Terre. | *in terra,* ici-bas. || LOC. FIG. *storie che non stanno né in cielo né in terra,* histoires qui ne tiennent pas debout. || **3.** [sensi particol.] AUTOM. *avere una gomma a terra,* avoir un pneu à plat. || GEOGR. *lingua di terra,* bec m. || MAR. *sbarcare a terra,* débarquer. || MIL. *forze di terra,* forces terrestres. | *personale di terra,* rampants m. pl. (gerg.). || FIS. masse, terre. | *mettere, collegare a terra,* mettre à la masse. || LOC. FIG. *terra terra,* terre à terre. | *rimettere i piedi in terra* revenir sur terre. | *voler nascondersi sotto terra,* vouloir rentrer sous terre (de honte). | *cercare per mare e per terra,* chercher par monts et par vaux. || **4.** [humus] sol m., terre, terrain m., humus m. | *in terra,* en pleine terre. | *sfruttamento della terra,* exploitation (f.) du sol. | *mettere sotto terra,* mettre sous terre. || AGR. *ricoprire di terra,* terrer v. tr. || **5.** [proprietà] terre, terrain m., domaine m., propriété. | *vivere sulle proprie terre,* vivre sur ses terres. | *acquistare due ettari di terra,* acheter deux hectares de terrain. | *le terre contigue,* les tenants et les aboutissants. || RELIG. *la Terra promessa,* la Terre promise. || **6.** [materia prima] terre. | *terra da porcellana,* terre à porcelaine. || [colorante] terre.
terracotta [terra'kɔtta] f. terre cuite. || PER EST. [manufatto] poterie. || ARCHEOL. cérame m.
terracqueo o **terraqueo** [ter'rakkweo] agg. terraqué (lett.).
terraferma [terra'ferma] f. GEOGR. terre ferme.
terraglia [ter'raʎʎa] f. poterie vernissée. ◆ pl. vaisselle f. sing.
terragnolo [ter'raɲɲolo] agg. terricole.
terramara [terra'mara] f. ARCHEOL. terramare f. e agg.
terranova [terra'nɔva] m. invar. ZOOL. [cane] terre-neuve.
terrapieno [terra'pjɛno] m. terre-plein.
terratico [ter'ratiko] (**-ci** pl.) m. FEUD. terrage.
terrazza [ter'rattsa] f. terrasse. | *tetto a terrazza,* toiture en terrasse. | *giardino a terrazze,* jardin en terrasses. || AGR. *disposizione a terrazze,* étagement m. || GEOL. terrasse.
terrazzamento [terrattsa'mento] m. AGR., GEOL. étagement.
terrazzare [terrat'tsare] v. tr. AGR. étager.
terrazzato [terrat'tsato] agg. AGR. étagé. || ARALD. terrassé.
terrazziere [terrat'tsjere] m. terrassier.
terrazzino [terrat'tsino] m. balcon.
terrazzo [ter'rattso] m. terrasse f. | *terrazzo coperto,* terrasse couverte. || [terrazzino] balcon. || ARALD. terrasse. || GEOL. terrasse.
terremotato [terremo'tato] agg. dévasté par un tremblement de terre. ◆ n. victime (f.) d'un tremblement de terre.
terremoto [terre'mɔto] m. tremblement de terre. || FIG. FAM. *questo bambino è un terremoto,* cet enfant est bien turbulent, est un vrai diable.
1. terreno [ter'reno] agg. terrestre. || LOC. *piano terreno,* rez-de-chaussée m.
2. terreno [ter'reno] m. sol, terrain. | *ondulazione del terreno,* ondulation du sol. | *terreno calcareo, argilloso,* sol calcaire, argileux. | *terreno incolto,* champ en friche. | *veicolo adatto a qualsiasi (tipo di) terreno,* véhicule tout terrain. || [pezzo di terra] terrain, terre f. | *terreno edificabile, fabbricabile,* terrain à bâtir, emplacement. | *vendere un (pezzo di) terreno,* vendre une (pièce de) terre. | *terreno piantato a ciliegi,* cerisaie f. | *terreno tutto d'un pezzo,* terrain d'un seul tenant. | *terreno da bocce,* jeu de boules. || PR. e FIG. *studiare, sondare, tastare il terreno,* reconnaître, sonder, tâter le terrain ; FIG. donner un coup de sonde. || FIG. *terreno neutro, infido,* terrain neutre, glissant. | *scavare il terreno sotto i piedi a qlcu.,* couper l'herbe sous le pied à qn. || [duello] *scendere sul terreno,* aller sur le terrain. | *restare sul terreno,* rester sur le carreau. || BIOL., GEOGR., GEOL. terrain. || GIUR. *delimitazione di un terreno,* délimitation d'un terrain ; cantonnement. | *terreno delimitato,* terrain délimité ; cantonnement.
terreo ['tɛrreo] agg. terreux. | *volto terreo,* figure terreuse. | *farsi terreo,* devenir blême.
terrestre [ter'rɛstre] agg. PR. e FIG. terrestre. || MIL. *forze terrestri,* forces de terre, terrestres. ◆ n. terrien.
terribile [ter'ribile] agg. terrible, effrayant, terrifiant. || NEOL. FAM. terrible, affreux, effroyable. | *ho un terribile mal di testa,* j'ai une migraine affreuse. || [eccezionale] terrible, formidable.
terribilmente [terribil'mente] avv. terriblement. || NEOL. FAM. affreusement, terriblement. || [eccezionalmente] drôlement, diablement. | *storia terribilmente interessante,* histoire drôlement intéressante. | *è terribilmente difficile,* c'est diablement difficile.
terricciato [territ'tʃato] m. AGR. compost.
terriccio [ter'rittʃo] m. terreau. || AGR. *ricoprire con terriccio,* terreauter.
terricolo [ter'rikolo] agg. ZOOL. terricole.
terrier ['terjə] m. [fr.] ZOOL. terrier.
terriero [ter'rjɛro] agg. terrien. | *proprietario terriero,* propriétaire terrien.

terrificante [terrifi'kante] agg. terrifiant, horrifiant.
terrifico [ter'rifiko] (**-ci** pl.) agg. (lett.) terrifiant (L.C.), horrifiant (L.C.).
terrigeno [ter'ridʒeno] agg. GEOL. terrigène.
terrina [ter'rina] f. terrine.
territoriale [territo'rjale] agg. territorial. | *milizia territoriale*, territoriale f. | *soldati della milizia territoriale*, territoriaux m. pl.
territorialità [territorjali'ta] f. GIUR. territorialité.
territorio [terri'tɔrjo] m. territoire.
terrone [ter'rone] m. SCHERZ. O PEGGIOR. cul-terreux, bouseux.
terrore [ter'rore] m. terreur f., épouvante f., effroi, horreur f. | *rimanere inchiodato dal terrore*, rester cloué d'épouvante. ‖ STOR. Terreur.
terrorismo [terro'rizmo] m. terrorisme.
terrorista [terro'rista] (**-i** pl. m.) agg. e n. terroriste.
terroristico [terro'ristiko] (**-ci** pl.) agg. terroriste.
terrorizzare [terrorid'dzare] v. tr. terroriser, terrifier, effrayer ; frapper de terreur.
terroso [ter'roso] agg. terreux.
tersezza [ter'settsa] f. limpidité, transparence.
terso ['tɛrso] part. pass. V. TERGERE. ◆ agg. limpide, transparent, clair, pur. | *cielo terso*, ciel pur. ‖ PER EST. [trasparente] transparent. ‖ FIG. *linguaggio terso*, langage soigné.
terza ['tɛrtsa] f. troisième. ‖ AUTOM. *innestare la terza*, passer en troisième. ‖ GIOCHI, MUS., RELIG., SPORT [scherma] tierce. ‖ UNIV. *frequenta la terza (elementare)*, il est en neuvième.
terzana [ter'tsana] agg. e f. MED. *(febbre) terzana*, fièvre tierce.
terzarolare [tertsaro'lare] v. intr. MAR. ariser, arriser.
terzarolo [tertsa'rɔlo] o **terzerolo** [terste'rɔlo] m. MAR. ris. | *prendere, serrare i terzaroli*, ariser v. intr. | *sciogliere, mollare i terzaroli*, larguer les ris.
terzetto [ter'tsetto] m. MUS. [voce], FIG. [gruppo] trio. ‖ POES. [di un sonetto] tercet.
terziario [ter'tsjarjo] agg. ECON., GEOL., MED. tertiaire. ◆ m. RELIG. tertiaire.
terzifoglia [tertsi'fɔʎa] f. ARALD. tiercefeuille.
tierziglia [ter'tsiʎʎa] f. MIL. rangée de trois (soldats). | *disporsi per terziglie*, se ranger par trois.
terzina [ter'tsina] f. POES. [di un sonetto] tercet m. ‖ MUS. triolet m.
terzino [ter'tsino] m. SPORT [calcio] arrière.
terzo ['tɛrtso] agg. num. ord. [in una serie] troisième, tiers (lett.). | *terza Repubblica*, Troisième République. | *terzo centenario*, tricentenaire m. | *terza copia*, triplicata m. invar. | *abitare al terzo (piano)*, habiter au troisième (étage). | *una terza persona*, une tierce personne. | *come terzo amico, socio*, en tiers (m.). | *in terzo luogo*, tertio avv. (lat.), troisièmement avv. ‖ [riferito a re, papi e dopo le parole : libro, capitolo, atto] trois. | *Napoleone terzo*, Napoléon III. ‖ GIUR. *terzo arbitro*, tiers arbitre. | *terzo opponente*, tiers opposant. ‖ LETT. *il terzo libro di Rabelais*, le Tiers Livre de Rabelais. ‖ RELIG. *terzo ordine*, tiers ordre. ‖ STOR. *terzo stato*, tiers état. ‖ MAT. *B'''(terzo)*, B'''(tierce). ‖ UNIV. *frequenta la terza elementare*, il est en neuvième. ◆ pron. troisième. ◆ m. tiers. | *sentire il parere di un terzo*, écouter l'avis d'un tiers, d'une tierce personne. | *in terzo*, en tiers. ‖ [frazione] tiers. | *per due terzi*, aux deux tiers. ‖ FILOS. *principio del terzo escluso*, principe du tiers exclu. ‖ GIUR. *a danno di terzi*, au préjudice de tiers. | *per conto terzi*, au compte de tiers. ◆ avv. tertio, troisièmement.
terzogenito [tertso'dʒɛnito] agg. né le troisième ; [ultimo nato] cadet. | *figlio terzogenito*, fils cadet. ◆ n. troisième ; [ultimo nato] cadet ; cadette f.
terzultimo [ter'tsultimo] agg. troisième avant le dernier. ‖ GRAMM. antépénultième. ◆ m. troisième avant le dernier. ◆ f. (**-a**) GRAMM. antépénultième.
terzuolo [ter'tswɔlo] m. ZOOL. tiercelet.
tesa ['tesa] f. [reti] tendue. ‖ [di cappello] bord m. (d'un chapeau). ‖ ARC. [misura] toise.
tesare [te'sare] v. tr. tendre. ‖ MAR. [cordame] tendre, embrayer, raidir ; [vela] rider.
tesaurizzare [tezaurid'dzare] v. tr. e intr. thésauriser.
tesaurizzazione [tezauriddzat'tsjone] f. thésaurisation.
teschio ['tɛskjo] m. tête (f.) de mort. ‖ ANAT. crâne (de squelette).
tesi ['tɛzi] f. thèse. | *romanzo a tesi*, roman à thèse. | *porre, enunciare, confutare una tesi*, avancer, énoncer, réfuter une thèse. ‖ FILOL. thésis. ‖ FILOS., UNIV. thèse.
tesina [te'zina] f. thèse complémentaire.
teso ['teso] part. pass. V. TENDERE. ◆ agg. PR. e FIG. tendu. | *muscoli tesi nello sforzo*, muscles tendus dans l'effort. | *corda ben tesa*, corde bien raide. | *diventare troppo teso*, se distendre. | *avere i nervi tesi*, être tendu, contracté. ‖ [con la prep. « a »] *tutti i suoi sforzi erano tesi alla vittoria*, tous ses efforts visaient à la victoire. ‖ MAR. *brezza tesa*, bonne brise. ‖ MIL. *tiro teso*, tir tendu.
tesoreggiare [tezored'dʒare] v. tr. e intr. thésauriser.
tesoreggiatore [tezoreddʒa'tore] (**-trice** f.) m. thésauriseur, euse.
tesoreria [tezore'ria] f. trésorerie. | *disavanzo, deficit di tesoreria*, déficit de trésorerie.
tesoriere [tezo'rjɛre] (**-a** f.) m. trésorier, ère.
tesorizzare [tezorid'dzare] v. tr. e intr. thésauriser.
tesorizzazione [tezoriddzat'tsjone] f. thésaurisation.
tesoro [te'zɔro] m. PR. e FIG. trésor. ‖ AMM. *direzione generale del tesoro*, direction générale du Trésor. ‖ FIN. *buoni del tesoro*, bons du Trésor. ‖ GIOCHI *caccia al tesoro*, cache-tampon. ‖ FAM. [termine affettuoso] *tesoro mio*, mon trésor, mon (petit) chou, mon trognon (pop.). (mon) chéri, (ma) chérie. ‖ LOC. *far tesoro di qlco.*, profiter de qch., faire son profit de qch.
tessalico [tes'saliko] (**-ci** pl.) agg. e n. thessalien. ◆ m. LING. thessalien.
tessalo ['tɛssalo] agg. e n. thessalien.
tessera ['tɛssera] f. carte. | *formato tessera*, format carte d'identité. ‖ ARTI [mosaico] tesselle. ‖ [antich. romana] tessère.
tesseramento [tessera'mento] m. [iscrizione] inscription f. ‖ [razionamento] rationnement.
tesserare [tesse'rare] v. tr. inscrire. ‖ [razionare] rationner. ◆ v. rifl. s'inscrire.
tesserato [tesse'rato] m. [di un partito] membre.
tessere ['tɛssere] v. tr. PR. e FIG. tisser. | *tessere le lodi del vincitore*, chanter, célébrer les louanges du vainqueur, tresser des couronnes au vainqueur. ‖ PER ANAL. [di ragno] filer.
tesserino [tesse'rino] m. carte f. | *tesserino di studente*, carte d'étudiant.
tessile ['tɛssile] agg. e m. textile.
tessitore [tessi'tore] (**-trice** f. L.C., **-tora** f. pop.) m. tisseur, euse ; [su telaio a mano] tisserand. ‖ ZOOL. tisserin.
tessitoria [tessito'ria] f. [stabilimento tessile] tissage m.
tessitura [tessi'tura] f. [azione] tissage m. ‖ [risultato] tissu m., tissure (antiq.), texture (antiq.). ‖ [stabilimento] tissage m. ‖ FIG. [struttura] structure, texture, contexture. ‖ MUS. tessiture.
tessutale [tessu'tale] agg. BIOL. tissulaire.
tessuto [tes'suto] m. TESS. tissu, étoffe f. | *tessuto di lana*, lainage. | *tessuti di lana*, draperie f. sing. | *tessuto a maglia*, jersey. | *tessuto operato*, façonné. | *tessuto di (fibre di) rafia*, rabane f. | *tessuti fantasia*, étoffes fantaisie, façonnées. | *fabbricante, negoziante di tessuti di lana*, drapier. ‖ FIG. tissu. ‖ BIOL. tissu.
test [test] m. invar. [ingl.] test. | *sottomettere a uno o più test*, tester.
testa ['tɛsta] f. **1.** tête, chef m. (lett., antiq.), cap m. (antiq.), cafetière (pop.), ciboulot m. (pop.), citron m. (pop.), tirelire (fam.). | *dalla testa ai piedi*, des pieds à la tête, de la tête aux pieds, de pied en cap. | *a testa nuda*, nu-tête (invar.), la tête nue. | *fazzoletto da testa*, foulard, fanchon (region.). | *testa pelata, calva*, crâne pelé, chauve. | *avere un cerchio alla testa*, avoir la gueule de bois (pop.), avoir mal aux cheveux (pop.). | *dormire l'uno da testa e l'altro da piedi*, coucher têtebêche. ‖ **2.** FIG. *colpo di testa*, coup de tête. ‖ ANAT. *raffreddore di testa*, rhume de cerveau. ‖ LOC. FIG. *far rizzare i capelli in testa*, faire dresser les cheveux sur la tête. | *tagliare la testa al toro*, trancher une question. | *mettersi, ficcarsi qlco. in testa*, se mettre qch. dans l'esprit, dans la cervelle (fam.). | *rompersi*

la testa, se creuser le cerveau, la cervelle, la tête. | *mettere la testa a partito,* se mettre du plomb dans la tête, se ranger. | *non sapere dove sbattere la testa,* ne savoir où donner de la tête, être aux cent coups. | *perdo la testa,* j'en perds la tête. | *tenere testa,* tenir tête. | *avere un'idea in testa,* avoir une idée en tête, dans la tête. ‖ **3.** [parte vitale] tête. | *giurare sulla testa dei propri figli,* jurer sur la tête de ses enfants. | *mettere una taglia sulla testa di qlcu.,* mettre à prix la tête de qn. | *scommetterci la testa che,* parier sa tête que. ‖ [di animali] *testa mozza,* hure. ‖ [raffigurazione di una testa] *testa di Turco,* tête de Turc. | *giocare, fare a testa e croce,* jouer à pile ou face. ‖ Loc. fig. *essere la testa di Turco di qlcu.,* être la tête de Turc de qn, servir de tête de Turc à qn. ‖ [misura] *essere più alto di una testa,* dépasser d'une tête. ‖ [corse] *vincere per una (corta) testa,* gagner d'une (courte) tête. ‖ [calcio] *giocare, tirare di testa,* faire une tête. ‖ **4.** [sede del raziocinio, della volontà] tête, cerveau m., cervelle (fam.). | *avere la testa vuota,* avoir une petite tête, n'avoir rien dans la tête. | *sentirsi la testa vuota,* avoir la tête vide. | *è una gran testa,* c'est un (grand) cerveau. | *ha poca testa,* il n'a pas de cervelle. | *testa matta,* cerveau brûlé. | *è una testa dura,* il a une sacrée caboche (fam.). | *testa di cavolo, di rapa,* tête de linotte. | *rimuginare qlco. per la testa,* rouler qch. dans sa tête. ‖ Fam. *cosa ti passa per la testa !,* quelle idée te passe par la tête ! ‖ [sede degli stati psichici] tête, cerveau m. | *essere una testa calda,* avoir la tête chaude. | *testa dura,* tête dure, de cochon, de mule, de lard (pop.). | *montare la testa a qlcu.,* monter la tête, le coup à qn (pop.). | *montarsi la testa,* se monter la tête. | *avere la testa nelle nuvole,* avoir la tête dans les nuages, la tête ailleurs. | *far perdere la testa,* faire devenir chèvre (fam.). ‖ Fig. *far di testa propria,* n'en faire qu'à sa tête, faire de son (propre) chef (lett.). | *dare alla testa,* entêter, étourdir. | *è un vino che dà alla testa,* c'est un vin capiteux, qui monte à la tête, qui tape sur la cocarde (pop.). ‖ [stato mentale] *testa matta,* tête fêlée, folle. ‖ **5.** [persona] *testa coronata,* tête couronnée, front couronné. | *tale colpa ricade sulla sua testa,* cette faute retombe sur sa tête. ‖ [unità] *tanto a testa,* tant par tête, par tête de pipe (fam.). ‖ **6.** [parte superiore] Anat. *testa del femore,* tête du fémur. ‖ Autom. [di cilindro] tête. | *il motore batte in testa,* le moteur cogne. ‖ Giochi [biliardo] *colpire di testa,* masser v. tr. ‖ Tecn. [giunto] about m. ‖ **7.** [parte anteriore] *fare un testa coda,* faire un tête-à-queue. | *testa di treno, di corteo,* tête de train, de cortège. ‖ Cin. *titoli di testa,* générique m. ‖ Giorn. *articolo di testa,* article de tête. ‖ Mil. tête. | *testa di ponte, di sbarco,* tête de pont. ‖ Per est. *mettersi alla testa di un movimento,* prendre la tête d'un mouvement. | *essere alla testa di un'azienda,* être à la tête d'une entreprise. ‖ Tecn. *testa a testa,* bout à bout. ◆ agg. *color testa di moro,* couleur tête-de-nègre.

testacella [testa'tʃɛlla] f. Zool. testacelle.

testaceo [tes'tatʃeo] agg. e m. Zool. testacé.

testamentario [testamen'tarjo] agg. testamentaire.

testamento [testa'mento] m. testament. | *fare testamento,* faire un, son testament. | *ricordarsi di qlcu. nel testamento,* coucher qn sur son testament. ‖ Fig. *testamento spirituale,* testament spirituel. ‖ Relig. Testament.

testante [tes'tante] m. e f. (raro) testateur, trice (l.c.).

testardaggine [testar'daddʒine] f. entêtement m., opiniâtreté (ant.).

testardo [tes'tardo] agg. entêté, têtu, cabochard (fam.), tête (f.) de lard (pop.). ◆ n. entêté, têtu.

testare [tes'tare] v. intr. Giur. tester.

testata [tes'tata] f. [colpo di testa] coup (m.) de tête. ‖ [parte del letto] tête de lit. ‖ Aer. nez m. ‖ Archit. *testata di ponte,* culée. ‖ Autom. culasse. ‖ Mar. [di diga, molo] musoir m. ‖ Mil. *testata di missile,* tête, ogive de missile. ‖ Tip. en-tête m.

testatico [tes'tatiko] m. Stor. capitation f.

testatore [testa'tore] (**-trice** f.) m. Giur. testateur, trice.

teste ['tɛste] m. e f. Giur. témoin (solo m.). | *teste d'accusa, di difesa ; teste a carico, a discarico,* témoin de la défense ; témoin à charge, à décharge. | *escussione dei testi,* audition des témoins.

testé [tes'te] avv. (lett.) naguère.

testicolare [testiko'lare] agg. Anat. testiculaire.

testicolo [tes'tikolo] m. Anat. testicule.

testiera [tes'tjɛra] f. [pezzo d'armatura] têtière. ‖ Stor. mil. [armatura del cavallo] chanfrein m. ‖ [di modista, parrucchiere] marotte, tête. ‖ [di letto] tête de lit. ‖ Mar. têtière.

testificare [testifi'kare] v. tr. Giur. témoigner.

testimone [testi'mɔne] m. e f. témoin (solo m.). | *fare da testimone,* servir de témoin. | *è stata testimone di una scena pietosa,* elle a été témoin d'une scène pénible. ‖ Giur. *testimone a carico, a discarico,* témoin à charge, à décharge. | *essere chiamato come testimone,* être appelé en témoignage. ‖ Relig. *Testimoni di Geova,* Témoins de Jéhovah. ‖ Loc. *prendere, chiamare a testimone,* prendre à témoin ; jurer v. tr. | *chiama Dio a testimone che,* il jure Dieu que.

testimoniale [testimo'njale] agg. Giur. testimonial. | *prova testimoniale,* preuve testimoniale, par témoins.

testimonianza [testimo'njantsa] f. Giur. témoignage m., déposition. | *falsa testimonianza,* faux témoignage. ‖ [prova, attestato] témoignage, preuve, gage m. | *come testimonianza di,* en témoignage de. | *secondo la testimonianza di,* d'après le témoignage de. | *costituire una testimonianza di,* témoigner de. | *è una testimonianza di simpatia,* c'est un gage de sympathie.

testimoniare [testimo'njare] v. tr. Giur. *testimoniare che,* témoigner que. ‖ Assol. témoigner, déposer. | *essere chiamato a testimoniare,* être appelé à témoigner. | *testimoniare contro qlcu.,, a carico di qlcu.,* témoigner, déposer contre qn, charger qn. ◆ v. tr. e intr. témoigner (de). | *testimoniare la, della verità di un fatto,* témoigner de la vérité d'un fait. | *è onesto, posso testimoniarlo,* il est honnête, je peux en témoigner. | *monumenti che testimoniano la, della grandezza di una civiltà,* monuments qui sont des témoins de, qui témoignent de la grandeur d'une civilisation.

testimonio [testi'mɔnjo] m. V. testimone.

testina [tes'tina] f. Pr. jolie petite tête. ‖ [di modista, parrucchiere] marotte, tête. ‖ Tecn. tête. | *testina di un fonografo,* tête de lecture d'un phonographe.

testo ['tɛsto] m. texte. | *storcere, forzare l'interpretazione di un testo,* tirer un texte à soi. | *testo di un contratto, di una legge,* libellé d'un contrat, d'une loi. ‖ Tip. *fuori testo,* hors-texte. ‖ Univ. *testi scolastici, libri di testo,* manuels scolaires. ‖ Loc. fig. *far testo,* faire autorité (f.). ‖ [teglia di terracotta] plat de terre cuite. ‖ Per est. [coperchio] couvercle.

testone [tes'tone] m. Pr. grosse tête, caboche f. (fam.). ‖ Fig. tête de pioche (fam.), de lard (pop.), de mule. ‖ [moneta] teston.

testosterone [testoste'rone] m. Biol. testostérone f.

testuale [testu'ale] agg. textuel. ‖ Fam. *testuale !,* textuel !

testualmente [testual'mente] avv. textuellement.

testuggine [tes'tuddʒine] f. Zool. tortue. ‖ Stor. mil. tortue.

tetania [teta'nia] f. Med. tétanie.

tetanico [te'taniko] (**-ci** pl.) agg. tétanique.

tetano ['tɛtano] m. Med. tétanos.

tetico ['tɛtico] (**-ci** pl.) agg. Filos. thétique.

tetracloruro [tetraklo'ruro] m. Chim. tétrachlorure.

tetracordo [tetra'kɔrdo] m. Mus. tétracorde.

tetradattilo [tetra'dattilo] agg. Zool. tétradactyle.

tetradinamo [tetra'dinamo] agg. Bot. tétradyname.

tetraedrico [tetra'ɛdriko] (**-ci** pl.) agg. Geom. tétraèdre, tétraédrique.

tetraedro [tetra'ɛdro] m. Geom. tétraèdre.

tetraggine [te'traddʒine] f. obscurité. ‖ Fig. tristesse, maussaderie (raro), humeur chagrine.

tetragonale [tetrago'nale] agg. [cristallografia] quadratique.

tetragonia [tetrago'nia] f. Bot. tétragone.

tetragono [te'tragono] agg. Geom. (raro) tétragone, quadrangulaire (l.c.). ‖ Fig. inébranlable. ◆ m. Geom. tétragone.

tetralogia [tetralo'dʒia] f. Lett., Mus. tétralogie.

tetramero [te'tramero] agg. tétramère.

tetrametro [te'trametro] m. Filol. tétramètre.

tetraone [tetra'one] m. Zool. tétras ; coq de bruyère.

tetrapode [te'trapode] agg. e m. ZOOL. tétrapode.
tetrarca [te'trarka] (**-i** pl.) m. STOR. tétrarque.
tetrarcato [tetrar'kato] m. STOR. tétrarchat.
tetrarchia [tetrar'kia] f. STOR. tétrarchie.
tetrastilo [te'trastilo] agg. ARCHIT. tétrastyle.
tetravalente [tetrava'lɛnte] agg. CHIM. tétravalent.
tetro ['tɛtro] agg. sombre, obscur, sinistre. || FIG. sombre, morne, chagrin, maussade, morose.
tetrossido [te'trɔssido] m. CHIM. tétraoxyde.
tetta ['tetta] f. FAM. téton m. ◆ pl. nichons (pop.), lolos (pop.).
tettarella [tetta'rɛlla] f. tétine.
tetto ['tetto] m. PR. e FIG. toit. | *abitare sotto i tetti*, habiter sous les combles, sous les toits. | *essere senza tetto*, n'avoir ni feu ni lieu. | *i senza tetto*, les sans-logis. || PER EST. [di macchina] toit. || EDIL. toiture f. | *(copertura del) tetto*, comble. || GEOGR. toit. || SPORT [alpinismo] toit.
tettoia [tet'toja] f. hangar m. ; [appoggiata a un muro] appentis m. ; [sopra una porta, una scalinata] marquise, auvent m. || TRASP. halle.
tettonica [tet'tɔnika] f. tectonique.
tettonico [tet'tɔniko] (**-ci** pl.) agg. tectonique.
tettuccio [tet'tuttʃo] m. PR. petit toit. || AER. toit.
teurgia [teur'dʒia] f. théurgie.
teurgico [te'urdʒiko] (**-ci** pl.) agg. théurgique.
teutone ['teutone] m. STOR. Teuton. || PEGGIOR. teuton, boche.
teutonico [teu'tɔniko] (**-ci** pl.) agg. STOR. e PEGGIOR. teuton, teutonique. | *ordine teutonico*, ordre teutonique.
texano [tek'sano] agg. e n. texan.
the [tɛ] m. V. TÈ 2.
thermos ['tɛrmos] m. invar. Thermos.
ti [ti] pron. pers. compl. (2ª pers. m. e f. sing.) te [prima del verbo]. | *ti ci porto*, je t'y amène. | *eccoti*, te voilà. | *ti sei pettinato male*, tu t'es mal peigné. | *non portarti dietro quel bambino !*, n'emmène pas cet enfant ! | *ti ho detto di metterti i guanti*, je t'ai dit de mettre tes gants. || [imperativo affermativo] toi. | *lavati !*, lave-toi ! || [uso pleonastico] *ti fumi una sigaretta*, tu fumes une cigarette.
tiara ['tjara] f. tiare ; triple couronne. | *tiara papale*, tiare pontificale.
tibetano [tibe'tano] agg. e n. tibétain, aine. ◆ m. LING. tibétain.
tibia ['tibja] f. ANAT. tibia m.
tibiale [ti'bjale] agg. ANAT. tibial.
tic [tik] onomat. clac. ◆ m. MED. tic. | *chi ha un tic nervoso*, tiqueur. || VETER. *affetto da tic*, tiqueur. | *essere affetto da tic*, tiquer v. intr. (raro).
ticchettare [tikket'tare] v. intr. (raro) [di oggetti metallici] cliqueter ; [di orologio] faire tic tac, tictaquer ; [di pioggia] crépiter.
ticchettio [tikket'tio] m. [di oggetti metallici] cliquetis, cliquettement ; [di orologio] tic tac ; [di pioggia, macchina da scrivere] crépitement.
1. ticchio ['tikkjo] m. caprice, fantaisie f. | *gli è saltato il ticchio di partire*, il lui a pris la fantaisie de partir. | *se gli salta il ticchio di*, s'il lui vient le caprice de. || VETER. tic. | *affetto da ticchio*, tiqueur. | *essere affetto da ticchio*, tiquer v. intr. (raro).
2. ticchio ['tikkjo] m. BOT. tavelure f.
ticchiolato [tikkjo'lato] agg. BOT. tavelé.
ticchiolatura [tikkjola'tura] f. BOT. tavelure.
tictac [tik'tak] onomat. tic tac, tictac. | *fare tictac*, tictaquer v. intr.
tientibene [tjenti'bɛne] m. invar. MAR. (raro) tire-veille(s).
tiepidamente [tjepida'mente] avv. PR. e FIG. tièdement.
tiepidezza [tjepi'dettsa] o **tiepidità** [tjepidi'ta] f. PR. e FIG. tiédeur. | *di una tiepidezza sgradevole*, tiédasse agg.
tiepido ['tjɛpido] agg. PR. e FIG. tiède. | *bere bevande tiepide*, boire tiède (avv.).
tifa ['tifa] f. BOT. typha m., massette (pop.).
tifare [ti'fare] v. intr. *tifare per*, tenir pour, soutenir (v. tr.).
tifico ['tifiko] (**-ci** pl.) agg. MED. typhique.
tiflite [ti'flite] f. MED. typhlite.
tifo ['tifo] m. MED. typhus (exanthématique). | *tifo addominale*, typhoïde f. || VETER. *tifo del cane, del gatto*, typhus. | *ammalato di tifo*, typhique. || FIG. *fare il tifo per*, être un supporter (ingl.), un fana(tique) de.
tifobacillosi [tifobatʃil'lɔzi] f. MED. typho-bacillose.
tifoide [ti'fɔide] agg. MED. *febbre tifoide*, fièvre typhoïde. | *stato tifoide*, état typhoïde ; typhose f.
tifoideo [tifoi'dɛo] agg. MED. V. TIFOIDE. ◆ f. (**-a**) MED. typhoïde. | *relativo alla tifoidea*, typhoïdique agg.
tifone [ti'fone] m. METEOR. typhon.
tifosi [ti'fɔzi] f. VETER. *tifosi aviaria*, typhose.
tifoso [ti'foso] agg. MED. typhoïde. | *stato tifoso*, état typhoïde ; typhose f. || FIG. SPORT *essere tifoso di*, supporter, être un supporter, un fana(tique) de. ◆ m. MED. typhique. || FIG. SPORT supporter, enragé, fana(tique), mordu (fam.). || PER EST. *è un tifoso della pesca*, il est toqué de pêche.
tigliacee [tiʎ'ʎatʃee] f. pl. BOT. tiliacées.
tiglio ['tiʎʎo] m. BOT. tilleul. | *infusione di tiglio*, tilleul m. || TESS. [fibra di tiglio] teille f., tille f. || PER EST. fibre f.
tiglioso [tiʎ'ʎoso] agg. fibreux ; [di carne] tendineux.
tigna ['tiɲɲa] f. MED., VETER. teigne. || FIG. FAM. [grana] ennui m., embêtement m. || [persona avara] avare n., ladre n., rat m. (pop.).
tignola [tiɲ'ɲɔla] f. ZOOL. teigne, mite. | *tignola dei raccolti*, rouget m.
tignosa [tiɲ'ɲosa] f. BOT. amanite.
tignoso [tiɲ'ɲoso] agg. MED. teigneux. || FIG. POP. ladre, chiche, rat.
tigrato [ti'grato] agg. tigré.
tigre ['tigre] f. (raramente m.) ZOOL. *tigre maschio*, tigre m. | *tigre femmina*, tigresse f. | *tappeto, scendiletto di pelle di tigre*, peau de tigre. || FIG. [crudeltà] tigre m.
tigresco [ti'gresko] agg. de tigre.
tigrotto [ti'grɔtto] m. ZOOL. jeune tigre.
tilacino [tila'tʃino] m. ZOOL. thylacine.
tilde ['tilde] m. o f. tilde m.
timballo [tim'ballo] m. MUS. timbale f. || CULIN. timbale f.
timbrare [tim'brare] v. tr. timbrer ; [perforare] composter. || ARALD. timbrer.
timbratura [timbra'tura] f. timbrage m.
timbro ['timbro] m. [marchio] timbre, cachet, tampon. | *timbro postale*, cachet de la poste. | *apporre un timbro ad una lettera*, apposer un tampon, un timbre sur une lettre ; timbrer une lettre. | *cuscinetto per timbri*, tampon. | *timbro postale di obliterazione*, cachet d'oblitération de la poste. | *timbro a secco*, timbre sec. || [di uno strumento, di una voce] timbre. | *voce che ha un bel timbro*, voix bien timbrée. || FIG. [di opera letteraria] ton. || ARALD. timbre.
timidamente [timida'mente] avv. timidement.
timidezza [timi'dettsa] o **timidità** [timidi'ta] (lett.) f. timidité (L.C.).
timido ['timido] agg. timide.
1. timo ['timo] m. ANAT. thymus.
2. timo ['timo] m. BOT. thym.
timolo [ti'mɔlo] m. CHIM. thymol.
timone [ti'mone] m. [di carro] timon, flèche f. | *cavallo da timone*, timonier. || [di aratro] haie f., flèche f., age. || MAR. barre f., gouvernail. | *dritto del timone*, étambot. | *manovrare il timone*, barrer v. intr. | *casotto del timone*, timonerie f. || PR. e FIG. *essere al timone*, à la barre ; tenir la barre, le gouvernail. || AER. gouvernail.
timonella [timo'nɛlla] f. (region.) [calesse] limonière.
timoniera [timo'njɛra] f. MAR. timonerie.
timoniere [timo'njɛre] m. MAR. timonier, barreur, homme de barre.
timoniero [timo'njɛro] agg. ZOOL. *penne timoniere*, plumes rectrices.
timorato [timo'rato] agg. timoré.
timore [ti'more] m. crainte f., peur f. | *aver timore di qlco.*, craindre qch. | *non abbiate timore, verrà*, n'ayez crainte, il viendra. | *hanno timore di lui*, ils le craignent. | *sono in gran timore per la sua salute*, je suis inquiet pour sa santé. | *timore panico*, terreur (f.) panique. || LOC. *per timore di*, dans la crainte de, de crainte de. | *parlava a bassa voce per timore di svegliarlo*, il parlait bas de crainte, dans la crainte de

le réveiller. | *per timore di essere visto*, de crainte qu'on ne le vît. || [rispetto] crainte f. | *timore di Dio*, crainte de Dieu. | *timore reverenziale*, crainte révérencielle.
timorosamente [timorosa'mente] avv. craintivement.
timoroso [timo'roso] agg. craintif, timoré.
timpanico [tim'paniko] (**-ci** pl.) agg. ANAT. tympanique. | *cavità timpanica*, barillet m.
timpanismo [timpa'nizmo] m. MED., VETER. tympanisme.
timpanista [timpa'nista] (**-i** pl.) m. MUS. timbalier.
timpanite [timpa'nite] f. MED. tympanite.
timpano ['timpano] m. MUS. timbale f. || ANAT., ARCHIT., MED. tympan. || LOC. FIG. FAM. *rompere i timpani a qlcu.*, casser les oreilles à qn.
tinaia [ti'naja] f. cellier m., cuvier m.
tinca ['tinka] f. ZOOL. tanche.
tindalizzazione [tindaliddzat'tsjone] f. TECN. tyndalisation.
tinello [ti'nɛllo] m. cuveau. || [stanza da pranzo] petite salle à manger.
tingere ['tindʒere] v. tr. teindre. | *tingersi i capelli*, teindre ses cheveux ; se teindre les cheveux. | *tingere con il brasile*, brésiller. | *tingere di carminio*, carminer. || PER EST. [colorare] (lett.) teindre, colorer (L.C.), teinter (L.C.). || PER ANAL. [macchiare] tacher, déteindre (sur) v. intr. | *fazzoletto che tinge la biancheria*, mouchoir qui déteint sur le linge. | *quella foglia mi ha tinto le dita*, cette feuille m'a taché les doigts. ◆ v. medio intr. [trascolorare] (lett.) se teinter (L.C.), se teindre. | *il cielo si tingeva di rosa*, le ciel se teintait de rose. || FIG. *tingersi di rossore*, rougir v. intr. ◆ v. rifl. [di capelli] se teindre. || [di trucco] se maquiller, se peinturlurer (peggior.).
tingitura [tindʒi'tura] f. (raro) teinture (L.C.).
tinnire [tin'nire] v. intr. (lett.) tinter (L.C.).
tino ['tino] cuve f. | *contenuto di un tino*, cuvée f. | *fermentare nei tini*, fermenter v. intr. | *far fermentare nei tini*, faire fermenter v. tr.
tinozza [ti'nɔttsa] f. [per uva e mosto] baquet m., cuveau m. ; [per il bucato] bac m., cuvier m., cuve ; [per escrementi] tinette ; [vasca da bagno] baignoire.
tinta ['tinta] f. [colore ottenuto con la tintura] teint m. | *stoffa dalla tinta solida*, étoffe bon teint, grand teint. || PER EST. [colorazione] teinte, couleur. | *vestito dalle tinte vivaci*, robe aux teintes vives. || [pittura] teinte, couleur, ton m., coloris m. | *mezza tinta*, demi-teinte. | *una bella gamma di tinte*, une belle gamme de coloris. || PR. e FIG. *a forti tinte*, en couleurs. || FIG. couleur, nuance. | *dipingere la situazione a fosche tinte*, faire un tableau bien noir de la situation. | *vedere tutto a tinte fosche*, voir tout en noir, broyer du noir. || [cosmetica] *fondo tinta*, fond de teint. || MODA *repertorio delle tinte alla moda*, teintier m. (neol.). | *abito in tinta unita*, costume uni. || [sostanza colorante] couleur, peinture. | *barattoli di tinta*, pots de peinture. | *dare la tinta alle pareti*, peindre les murs.
tintarella [tinta'rɛlla] f. FAM. bronzage m. | *avere la tintarella*, avoir le teint hâlé. | *prendere la tintarella*, se bronzer.
tinteggiare [tinted'dʒare] v. tr. [di edifici] peindre. | *tinteggiare a nuovo una facciata*, repeindre une façade.
tinteggiatura [tintedd͡ʒa'tura] f. peinture. | *rifare la tinteggiatura di un appartamento*, refaire les peintures d'un appartement.
tin tin o **tintin** [tin'tin] onomat. [di campanello] drelin drelin (antiq.), dring dring.
tintinnante [tintin'nante] agg. tintinnabulant (lett.).
tintinnare [tintin'nare] v. intr. tinter, tintinnabuler (lett.). ◆ m. tintement, bruit.
tintinnio [tintin'nio] m. [di campanello] tintement, carillonnement, bruit ; [di vetri, armi] tintement, bruit. | *tintinnio di bicchieri*, cliquetis de verres.
tintinnire [tintin'nire] v. intr. tinter.
tinto ['tinto] part. pass. V. TINGERE. ◆ agg. teint. | *lana tinta*, laine teinte. | *capelli tinti*, cheveux teints. | *labbra tinte*, lèvres maquillées. || FAM. *quella donna è tinta*, cette femme est teinte. || PER EST. [colorato], teinté. | *bianco tinto di rosa*, blanc teinté de rose. || PER ANAL. [macchiato] taché, souillé. || FIG. teinté. | *ironia tinta di acredine*, ironie teintée d'aigreur.
tintore [tin'tore] (**-a** f.) m. teinturier, ère. | *tintore di lavaggio a secco*, dégraisseur.
tintoria [tinto'ria] f. teinturerie, boutique de teinturier.
tintoriale [tinto'rjale] agg. tinctorial.
tintorio [tin'tɔrjo] agg. tinctorial.
tintura [tin'tura] f. [azione, risultato, prodotto] teinture. || FARM. *tintura di iodio*, teinture d'iode. || FIG. (raro) teinture.
tionico ['tjɔniko] (**-ci** pl.) agg. CHIM. thionique.
tionina [tio'nina] f. CHIM. thionine.
tiorba ['tjɔrba] f. MUS. t(h)éorbe m.
tiorbista [tjor'bista] (**-i** pl. m.) m. e f. MUS. joueur, euse de t(h)éorbe.
tipaccio [ti'pattʃo] m. FAM. bougre (pop.). ◆ f. **(-a)** bougresse, typesse (peggior.).
tipetto [ti'petto] m. (solo riferito a donna) FAM. *quella ragazza è un bel tipetto*, cette jeune fille a un genre, a son caractère.
tipicamente [tipika'mente] avv. typiquement.
tipicità [tipitʃi'ta] f. caractéristique.
tipicizzare [tipitʃid'dzare] v. tr. V. TIPIZZARE.
tipico ['tipiko] (**-ci** pl.) agg. typique, caractéristique.
tipificare [tipifi'kare] v. tr. V. TIPIZZARE.
tipizzare [tipid'dzare] v. tr. [dare una caratteristica] caractériser. || [unificare] normaliser, standardiser. || LETT. typer.
tipizzazione [tipiddzat'tsjone] f. normalisation, standardisation.
tipo ['tipo] m. **1.** [esempio, modello] type. | *un certo tipo di bellezza*, un certain type de beauté. || [come agg.] *famiglia tipo*, famille standard, type. | *errore tipo*, erreur type. || **2.** [genere] genre, sorte f. | *abbiamo qualsiasi tipo di vino*, nous avons toutes sortes de vins. || COMM. *vorrei un tipo di macchina più sportivo*, je voudrais un modèle de voiture plus sportif. | *i diversi tipi di organizzazione industriale*, les différents modèles d'organisation industrielle. || LOC. *taglio d'abito (di) tipo inglese*, coupe du type anglais. || **3.** FAM. [originale] *ma guarda che tipo !*, quel type !, quel être ! | *è un bel tipo*, c'est un beau numéro. || [individuo] type, individu, coco. | *chi è quel tipo ?*, qui est ce type ? | *tipo sospetto, pericoloso*, individu suspect, dangereux. | *è un tipo duro*, c'est une forte tête. | *che razza di tipo !*, quel drôle de coco ! | *è un bravo tipo*, c'est un chic type. | *è un tipo bizzarro*, c'est un fantaisiste. | *non è tipo da tacere*, il n'est pas homme à se taire. || LOC. FAM. [donna] type. | *è un tipo*, c'est un type. | *non è il mio tipo, non è il tipo che fa per me*, ce n'est pas mon genre. || LETT. [stilizzazione] type, modèle. || RELIG. [prefigurazione] type. || BOT., ZOOL. type. || TECN. [moneta, carattere di stampa] type.
tipografia [tipogra'fia] f. [processo di stampa] typographie. || [arte e stabilimento] imprimerie.
tipografico [tipo'grafiko] (**-ci** pl.) agg. typographique. | *veste tipografica*, typographie f. | *caratteri tipografici*, caractères d'imprimerie. | *cooperativa tipografica*, commandite f.
tipografo [ti'pɔgrafo] m. [operaio] typo(graphe), imprimeur. || [proprietario di una tipografia] imprimeur. | *tipografo editore*, imprimeur-éditeur. | *tipografo libraio*, imprimeur-libraire.
tipologia [tipolo'dʒia] f. typologie.
tipologico [tipo'lɔdʒiko] (**-ci** pl.) agg. typologique.
tipometro [ti'pɔmetro] m. typomètre.
tip tap [tiptap] onomat. tip tap. || [danza] claquettes f. pl.
tiptologia [tiptolo'dʒia] f. typtologie.
tipula [ti'pula] f. ZOOL. tipule.
tirabaci [tira'batʃi] m. invar. accroche-cœur, guiches f. pl.
tirabozze [tira'bɔttse] m. invar. presse (f.) à épreuves.
tirabrace [tira'bratʃe] m. invar. tire-braise.
tiracatena [tiraka'tena] m. invar. MECC. tendeur m.
tirafondo [tira'fondo] m. TECN. tire-fond.
tiraggio [ti'raddʒo] m. tirage.
tiralatte [tira'latte] agg. e f. *(pompetta) tiralatte*, tire-lait m., téterelle f.
tiralinee [tira'linee] m. invar. tire-ligne m.
tiraloro [tira'lɔro] m. invar. fileur (m.) d'or.

tiramolla [tira'mɔlla] m. invar. V. TIREMMOLLA.
tiranneggiamento [tiranneddʒa'mento] m. tyrannie f.
tiranneggiare [tiranned'dʒare] v. tr. PR. e FIG. tyranniser.
tirannello [tiran'nɛllo] m. tyranneau.
tirannescamente [tiranneska'mente] avv. tyranniquement.
tirannesco [tiran'nesko] agg. tyrannique.
tirannia [tiran'nia] f. STOR. (raro), PR. e FIG. tyrannie.
tirannicamente [tirannika'mente] avv. tyranniquement.
tirannicida [tiranni'tʃida] (**-i** pl.) m. tyrannicide.
tirannicidio [tiranni'tʃidjo] m. tyrannicide.
tirannico [ti'ranniko] (**-ci** pl.) agg. PR. e FIG. tyrannique.
tirannide [ti'rannide] f. STOR. PR. e FIG. tyrannie.
1. tiranno [ti'ranno] m. PR. e FIG. tyran.
2. tiranno [ti'ranno] m. ZOOL. tyran.
tirannosauro [tiranno'sauro] m. ZOOL. tyrannosaure.
tirante [ti'rante] m. [di stivale] tirant. ‖ AUTOM. *tirante di sterzo*, barre (f.) de direction. | *tirante di comando*, tringle (f.) de commande. | *tirante di unione a gomito*, entretoise (f.) coudée (f.) d'assemblage. ‖ MECC. tirant. | *tirante di caldaia*, tirant de chaudière. ‖ TECN. entretoise ; [di antenna] hauban. | *fissare con tiranti*, entretoiser v. tr., haubaner v. tr.
tirapiedi [tira'pjɛdi] m. invar. sous-fifre (fam.). ‖ ANTICH. aide du bourreau.
tirapugni [tira'puɲɲi] m. invar. coup-de-poing américain.
tirare [ti'rare]

◆ v. tr. **1.** Trazione. **2.** Ricavare. **3.** Lanciare, scagliare. **4.** Tracciare. **5.** TIP. **6.** Con prep.
◆ v. intr. **1.** Di auto, camino. **2.** Stringere. **3.** Spirare. **4.** Di arma da fuoco. **5.** Con prep.
◆ v. rifl.

---

v. tr. **1.** [trazione] tirer. | *tirare il freno, il campanello d'allarme*, tirer le frein, la sonnette d'alarme. | *tirare a strappi*, tirailler. | *tirare le tende*, tirer les rideaux. | *tirare indietro le braccia*, ramener les bras en arrière. | *tirarsi lo scialle sulle spalle*, ramener son châle sur les épaules. ‖ PER EST. [trascinare] traîner, entraîner, emmener. | *tirare un amico ad uno spettacolo*, entraîner un ami à un spectacle. | *tirarsi in casa qlcu.*, prendre qn avec soi. | *come una ciliegia tira l'altra*, de fil en aiguille. | *una parola tira l'altra*, une parole en entraîne une autre. | *una disgrazia tira l'altra*, un malheur ne vient jamais seul. ‖ LOC. *tirare in lungo, per le lunghe*, faire traîner en longueur, éterniser v. tr. | *tirare per le lunghe una discussione*, éterniser une discussion. | *tirare in ballo un problema*, soulever un problème. | *tirare di nuovo in ballo*, remettre en cause. | *non tirarla tanto per le lunghe !*, sois bref ! (L.C.). ‖ LOC. FIG. *tirare la carretta*, tirer la charrue. | *tirare il fiato*, reprendre haleine. | *tirare le fila*, tirer les ficelles. | *tirare il collo a qlcu.*, serrer le cou à qn. | *tirare le briglia a qlcu.*, serrer la bride à qn. | *tirare l'acqua al proprio mulino*, tirer la couverture à soi. | *tirare la cinghia*, se serrer la ceinture, se mettre la tringle (pop). | *tirare le cuoia* (fam.), claquer v. intr. (pop.), caner v. intr. (pop.), casser sa canne (pop.), casser sa pipe (pop.), claboter v. intr. (gerg.). ‖ MAR. *tirare in secca una nave*, tirer un navire au sec. | *tirare in una sacca*, ensabler. ‖ **2.** [ricavare] *tirare profitto da qlco.*, tirer profit de qch., profiter de qch. | *tirare le conclusioni*, tirer les conclusions. | *tirare le somme*, faire le point. ‖ FAM. [guadagnare] gagner (L.C.). | *quanto tiri al mese ?*, combien gagnes-tu par mois ? ‖ **3.** [lanciare, scagliare] jeter, lancer, envoyer, décocher. | *tirare una palla*, jeter, envoyer une balle. | *tirare una pietra contro qlco.*, lancer une pierre contre qch. | *tirare un calcio nel sedere a qlcu.*, botter le derrière à qn. | *il mulo gli ha tirato un calcio*, le mulet lui a décoché un coup de sabot. ‖ PER EST. [di armi da fuoco] tirer. | *tirare un colpo di fucile*, tirer un coup de fusil. | *tirare il grilletto di una rivoltella*, lâcher la détente d'un revolver. | *tirare bombe su una città*, lâcher des bombes sur une ville. | *tirare cannonate*, tirer le canon. ‖ LOC. FIG. FAM. *tirare moccoli, bestemmie*, jurer v. intr., sacrer v. intr., pester v. intr., lâcher des jurons. ‖ SPORT *tirare un pallone in rete*, envoyer un ballon au but. ‖ **4.** [tracciare] *tirare una linea*, tracer une ligne. ‖ MAT. *tirare la perpendicolare a*, abaisser la perpendiculaire à. ‖ **5.** TIP. *sono state tirate cinquantamila copie di questa rivista*, cette revue a été tirée à cinquante mille exemplaires. ‖ **6.** [con prep.] **(a)** : *tirare a lustro*, astiquer v. tr. | *tirare a cera*, cirer v. tr. | *tirare a nuovo qlco.*, remettre qch. à neuf. ‖ GIOCHI *tirare a sorte*, tirer au sort. ‖ **(addosso)** : *quell'azione gli ha tirato addosso molte critiche*, cette action lui a attiré beaucoup de critiques. | *tirarsi addosso dei guai*, s'attirer des ennuis. ‖ **(avanti)** : *tirare avanti la baracca*, faire bouillir la marmite, faire marcher la baraque (fam.). ‖ **(dentro)** : *tirare dentro la pancia*, rentrer son ventre. ‖ **(dietro)** : lancer. ‖ FAM. *tirarsi dietro qlcu.*, remorquer qn, trimbaler qn. | *il tirare dietro*, trimbalage m., trimbalement m. ‖ **(fuori)** : *tirare fuori la lingua*, tirer la langue. | *tirare fuori qlcu. dall'acqua*, repêcher qn. | *tirare fuori il portafogli*, sortir son portefeuille. ‖ FIG. FAM. *tirare fuori qlcu. da un impiccio*, sortir qn d'un embarras, d'un mauvais pas. | *tirare fuori le castagne dal fuoco*, tirer les marrons du feu. | *tirare fuori qlcu. di prigione*, sortir qn de prison. | *tirare fuori scuse*, alléguer des prétextes. ‖ **(giù)** : *tirare giù la gonna*, tirer sa jupe. | *tirare giù un libro da uno scaffale*, descendre un livre d'une étagère. | *tirare giù il velo*, rabattre son voile. ‖ FAM. *tirare giù un bicchiere di vino*, avaler un verre de vin. ‖ **(su)** : *tirar su le calze !*, remonte tes bas ! | *tirare su le maniche*, retrousser ses manches. | *tirare su con il naso*, renifler v. intr. | *il tirare su con il naso*, le reniflement. | *chi tira su con il naso*, renifleur. | *tirare su un muro*, exhausser un mur. | *non stare in ginocchio, tirati su !*, ne reste pas à genoux, relève-toi !, mets-toi debout ! | *tirare su le spalle*, hausser les épaules. ‖ FIG. FAM. *tirare su il morale a qlcu.*, remonter le moral à qn. | *è molto abbattuto, cerca di tirarlo su*, il est très déprimé, essaie de le remonter. ‖ **(via)** : *tirare via un oggetto da un mobile*, enlever un objet d'un meuble. ‖ FIG. *tirare via un lavoro*, bâcler un travail. ◆ v. intr. **1.** [di auto, camino] tirer. ‖ **2.** [stringere] tirer, serrer. | *questa cintura mi tira troppo*, cette ceinture serre trop. | *vestito che tira in vita*, robe qui tire à la taille. ‖ PER ANAL. *mi tira la pelle*, la peau me tire. ‖ **3.** [spirare] *tira vento*, il fait du vent. | *tirava un vento gelido*, il soufflait un vent glacial. ‖ FIG. FAM. *con l'aria che tira*, par les temps qui courent. | *tira un'aria pericolosa*, il y a de l'eau dans le gaz, il y a de l'orage dans l'air. ‖ **4.** [di armi da fuoco] tirer. ‖ PER EST. [caccia] *tirare a un uccello, alla selvaggina*, tirer un oiseau, le gibier. ‖ **5.** [con prep.] **(a)** : *macchina che tira a destra*, voiture qui tire à droite. ‖ [di colore] tirer (sur). | *tirare al rosso*, tirer sur le rouge. | *tirare al grigio*, grisonner v. intr. | *che tira al grigio*, grisonnant. ‖ LOC. FIG. FAM. *tira a piovere*, la pluie menace. | *tirare a indovinare*, essayer de, tâcher de, chercher à deviner. | *tirare a campare*, vivoter v. intr. | *«comme stai ?»*, *«si tira a campare»*, «ça va ?», «on vit, on vivote». | *tirare a campare !*, laisse-toi vivre ! ‖ **(avanti)** : *è molto ammalato, non tira avanti per molto*, il est très malade, il n'en a pas pour longtemps. | *tirare avanti piano piano*, aller son petit bonhomme de chemin. | *bisogna pure tirare avanti*, il faut bien vivre. | *riesce appena appena a tirare avanti*, il arrive à peine à joindre les deux bouts. ‖ **(di)** : *tirare di coltello*, jouer du couteau. | *tirare di scherma*, escrimer v. intr., ferrailler v. intr., faire des armes. | *tirare di boxe*, faire de la boxe. | *tirare di fionda*, fronder v. intr. e tr. (antiq.). | *tirare di fionda agli uccelli*, fronder les oiseaux. ‖ **(dritto)** : [senza voltarsi] aller droit devant soi ; [non curvare] aller tout droit ; [passare oltre] passer son chemin. ‖ **(su)** : *tirare sul prezzo, sul conto*, marchander v. intr. | *pagare senza tirare sul conto*, payer sans marchander. ‖ **(via)** : passer (sur). | *tirare via su un argomento*, passer sur un sujet. ◆ v. rifl. *tirarsi da parte, in disparte*, se ranger, s'écarter, se mettre de côté, s'effacer, se cantonner. ‖ FIG. *tirarsi indietro*, se dérober. | *il tirarsi indietro*, dérobade f. ‖

FAM. [di salute] *tirarsi su*, se remplumer. ‖ [di morale] se remonter.
tirassegno [tiras'seɲɲo] m. SPORT tir à la cible. ‖ [luogo] stand, tir forain.
tirastivali [tirasti'vali] m. invar. tire-bottes.
tirata [ti'rata] f. [trazione] *dare una tirata a*, tirer v. tr. | *dare una tirata alle briglie*, tirer, serrer les brides. ‖ FIG. *dare una tirata d'orecchi a qlcu.*, frotter les oreilles à qn, taper sur les doigts à qn. ‖ PER EST. [di sigaretta] bouffée. ‖ TECN. tirage m. ‖ [senza soste] *andare da Milano a Napoli in una sola tirata*, aller de Milan à Naples d'une seule traite, tout d'une trotte (fam.). | *fare tutta una tirata (di sonno)*, dormir à poings fermés. ‖ [di lavoro] *fare una bella tirata*, donner un coup de collier. ‖ TEATRO couplet m., tirade. ‖ PER EST. PEGGIOR. tirade.
tirato [ti'rato] agg. *conclusione tirata per i capelli*, conclusion tirée par les cheveux. | *sorriso tirato*, sourire contraint. ‖ FAM. [teso, stanco] *sei molto tirato in volto*, tu as un air fatigué. ‖ [avaro] chiche. | *è tirato nello spendere*, il est dur à la détente, à la desserre ; il les lâche avec un élastique (pop.).
tiratore [tira'tore] (**-trice** f.) m. tireur, euse ; fusil (fam.). | *mio padre è un ottimo tiratore*, mon père est un excellent fusil. | *tiratore scelto*, tireur d'élite. ‖ STOR. POLIT. *franco tiratore*, franc-tireur.
tiratrone [tira'trone] m. FIS. thyratron.
tiratura [tira'tura] f. TIP. tirage m., édition. ‖ PER EST. [numero di copie] tirage m. | *giornale ad alta tiratura*, journal à fort, à gros tirage. | *avere una tiratura di*, tirer à.
tirchieria [tirkje'ria] f. ladrerie, chiennerie, avarice.
tirchio ['tirkjo] agg. e n. FAM. rapiat, radin (pop.), grigou, grippe-sou, rat, avare (L.C.). | *è tirchio nello spendere*, il est dur à la desserre (fam.), à la détente (fam.) ; il les lâche avec un élastique (pop.). | *quanto è tirchio !*, ce qu'il est rat !
tirella [ti'rɛlla] f. trait m.
tiremmolla [tirem'mɔlla] m. (fam.) tergiversation f. (L.C.), atermoiement (L.C.). ◆ n. FIG. indécis.
tiretto [ti'retto] m. [sett.] tiroir.
tiritera [tiri'tɛra] f. FAM., FIG., PEGGIOR. litanie, tirade, radotage m., rabâchage m., rabâchement m., harangue. | *che tiritera !*, quelle litanie ! | *è sempre la solita tiritera*, c'est toujours le même topo.
tiro ['tiro] m. **1.** [trazione] trait. | *cavallo da tiro*, cheval de harnais, de trait. | *buon cavallo da tiro*, cheval franc du collier. ‖ PER EST. *tiro a quattro*, attelage à quatre (chevaux). ‖ **2.** [di armi] tir. | *tiro con l'arco ; al piccione, al piattello ; a segno, al bersaglio*, tir à l'arc, au pigeon, à la cible. | *gioco del tiro a segno*, jeu de fléchettes. ‖ MIL. *tiro diretto*, tir de plein fouet. | *tiro di accompagnamento*, barrage roulant. ‖ [biliardo, bocce] coup. ‖ [calcio] *tiro in porta*, tir au but. ‖ [scherma] *tiro mancino*, coup fourré. ‖ LOC. *a un tiro di schioppo*, à un tir de fusil. ‖ FAM. *venire a tiro di qlcu.*, venir à la portée de qn. | *essere fuori tiro* (pr. e fig.), être hors d'atteinte. ‖ **3.** FAM. [inganno, burla] tour. | *tiro mancino, brutto tiro*, crasse f. | *giocare un brutto tiro a qlcu.*, faire des niches à qn ; duper qn (L.C.) ; jouer un mauvais tour à qn (L.C.) ; jouer un tour de cochon, un tour pendable à qn ; servir à qn un plat de sa façon. | *mi ha giocato un tiro mancino*, il m'a tiré dans le dos.
tirocinante [tirotʃi'nante] agg. e n. [di mestiere] apprenti ; [professione] stagiaire.
tirocinio [tiro'tʃinjo] m. [di mestiere] apprentissage ; [di professione] stage. ‖ FIG. *ha fatto un brutto tirocinio*, il a été à rude école.
tiroide [ti'rɔide] f. ANAT. thyroïde.
tiroidectomia [tiroidekto'mia] f. CHIR. thyroïdectomie.
tiroideo [tiroi'dɛo] agg. ANAT. thyroïde. ‖ ANAT., MED. thyroïdien.
tirolese [tiro'lese] agg. e n. tyrolien. ‖ SOSTANT. *cantare alla Tirolese*, jodler v. intr. ◆ f. [danza] tyrolienne.
tironiano [tiro'njano] agg. *note tironiane*, notes tironiennes.
tirosina [tiro'sina] f. CHIM. tyrosine.
tirotricina [tirotri'tʃina] f. FARM. tyrothricine.
tiroxina [tirok'sina] f. CHIM. thyroxine.
tirrenico [tir'rɛniko] (**-ci** pl.) o **tirreno** [tir'rɛno] agg. tyrrhénien. ◆ m. [mare] mer Tyrrhénienne.
tirso ['tirso] m. ANTICH. thyrse. ‖ BOT. thyrse.
tisana [ti'zana] f. tisane.
tisanuri [tiza'nuri] m. pl. ZOOL. thysanoures.
tisi ['tizi] f. MED. pthisie.
tisichezza [tizi'kettsa] f. MED. pthisie.
tisico ['tiziko] (**-ci** pl.) agg. MED. pthisique, poitrinaire (antiq.). | *essere tisico*, s'en aller de la caisse (pop.). ‖ FIG. étique, squelettique, décharné, desséché. ◆ n. pthisique, tuberculeux, poitrinaire (antiq.).
tisiologo [ti'zjɔlogo] m. pthisiologue.
tissotropia [tissotro'pia] f. CHIM. thixotropie.
tissulare [tissu'lare] agg. BIOL. tissulaire.
titanico [ti'taniko] (**-ci** pl.) agg. FIG. titanique, titanesque.
titanio [ti'tanjo] m. CHIM. titan.
titano [ti'tano] m. FIG. titan.
titillamento [titilla'mento] m. titillation f.
titillare [titil'lare] v. tr. (lett. o scherzo.) PR. e FIG. chatouiller (légèrement), titiller.
1. titolare [tito'lare] agg. GIUR., RELIG. titulaire. | *essere (professore) titolare*, être (professeur) titulaire, en titre. ◆ n. GIUR., UNIV. titulaire. | *titolare di una rendita vedovile*, douairière f. | *nomina a titolare*, titularisation f. | *rendere titolare*, titulariser v. tr. ‖ PER EST. [padrone] propriétaire.
2. titolare [tito'lare] v. tr. [nobiltà] titrer. ‖ CHIM. titrer.
titolato [tito'lato] agg. titré. ◆ n. noble. | *la società dei titolati*, les gens titrés.
titolazione [titolat'tsjone] f. CHIM. titrage m.
titolo ['titolo] m. [intitolazione] titre, intitulé. | *i titoli degli articoli sono stati modificati*, on a modifié l'intitulé des articles. | *titolo corrente*, titre courant. ‖ [dignità] titre. ‖ CIN. *comporre i titoli*, titrer. | *formulazione dei titoli*, titrage m. | *titoli di testa*, générique (m. sing.). ‖ [qualifica] titre, qualification f., nom (lett.). | *a titolo di cittadino italiano*, en qualité de citoyen italien. ‖ PEGGIOR. épithète f. ‖ CHIM., GIUR., SPORT titre. ‖ UNIV. titre. ‖ [requisito] qualité requise. | *non ha i titoli per occupare quel posto*, il n'a pas les qualités requises pour ce poste. ‖ LOC. *a titolo di*, à titre de. | *a titolo di prova*, à titre d'essai. | *a titolo d'amicizia, eccezionale*, à titre amical, exceptionnel. | *a che titolo ?*, à quel titre ? ‖ [di moneta] titre, aloi (antiq.). ‖ FIN., COMM. titre. | *titolo di credito, al portatore, all'ordine*, titre de crédit, au porteur, à ordre. | *titoli di Stato*, valeurs d'Etat.
titubante [titu'bante] agg. hésitant, flottant.
titubanza [titu'bantsa] f. hésitation, flottement m.
titubare [titu'bare] v. intr. hésiter, flotter.
tixotropia [tiksotro'pia] f. CHIM. thixotropie.
tizio ['tittsjo] m. type (fam.), mec (pop.), lascar (fam.). | *un tizio qualunque*, Tartempion.
tizzonato [tittso'nato] agg. [cavallo] tisonné.
tizzone [tit'tsone] m. tison. ‖ LOC. FIG. *tizzone d'inferno*, tison d'enfer (antiq.).
tlaspi ['tlaspi] m. BOT. thlaspi.
tmesi ['tmɛzi] f. GRAMM. tmèse.
to' [to] interiez. tiens, tenez ; [merid.] té. | *to' eccoli !*, tiens, tenez, les voilà !
toast ['toust] m. [ingl.] toast.
tocai [to'kai] m. tokai, tokay.
tocarico [to'kariko] (**-ci** pl.) o **tocario** [tokarjo] agg. e m. LING. tokharien.
toccare [tok'kare] v. tr. **1.** PR. e FIG. toucher ; [senza riferimento alla sensazione del tatto] toucher (à). | *toccare con mano*, toucher de la main. | *toccare il fondo :* (pr. e fig.) toucher le fond ; (assol.) avoir pied. | *si prega di non toccare le piante*, prière de ne pas toucher aux plantes. | *chi tocca si scotta*, qui s'y frotte s'y pique. | *i bambini toccano tutto*, les enfants sont des touche-à-tout. | *non toccare !*, n'y touche pas !, pas touche ! (fam.). ‖ PER EST. *la strada tocca molti paesi*, la route traverse beaucoup de villages. | *lo ho appena toccato e si è messo a piangere*, je l'ai effleuré qu'il s'est mis à pleurer. | *non vuole toccare il suo capitale*, il ne veut pas entamer son capital. ‖ FIG. *toccare un argomento*, aborder un sujet. ‖ MAR. *toccare terra*, toucher terre. ‖ LOC. FIG. *oggi non ho toccato cibo*, aujourd'hui je n'ai pas touché à la nourriture. | *non ha*

mai toccato vino, il n'a jamais touché un verre de vin. | *toccare il cielo con un dito,* être au septième ciel, être aux anges. || **2.** [commuovere] toucher, émouvoir. | *la sua generosità mi ha profondamente toccato,* je suis très touché de sa générosité. || [ferire] affecter, toucher (antiq.). || **3.** [concernere] toucher, concerner, regarder. | *è un affare che non mi tocca,* c'est une affaire qui ne me regarde pas. | *la cosa lo tocca da vicino,* cela le concerne de près. ◆ v. intr. échoir (en partage). | *qualsiasi sorte gli sia toccata,* quelque sort qui lui soit échu. | *gli è toccato il pezzo migliore,* il lui est échu le meilleur morceau. || [capitare] arriver. | *mi è toccata una disgrazia,* il m'est arrivé un malheur. | *tutte le sfacchinate toccano a me,* c'est moi qui écope les corvées. || [di diritto] avoir droit. | *il premio è toccato a lui,* c'est lui qui a eu droit au prix. | *tocca a lei, signore,* c'est votre tour, monsieur. | *non tocca a te criticare,* ce n'est pas à toi de critiquer. || GIOCHI *tocca a te,* c'est à toi de jouer. || GIUR. *toccare a qlcu.,* être dévolu à qn. ◆ v. impers. [dovere] devoir, être contraint, forcé, obligé (à, de). | *gli toccò pagare e tacere,* il dut payer et se taire. | *mi è toccato andarci,* j'ai été forcé d'y aller. ◆ v. rifl. se toucher. | *gli estremi si toccano,* les extrêmes se touchent.

toccasana [tokka'sana] m. invar. remède sûr (L.C.), panacée f. (L.C.).

toccata [tok'kata] f. touche. || MUS. toccata (it.). || SPORT [scherma] touche.

toccato [tok'kato] agg. SPORT [scherma] touché. || PER EST. FIG. *toccato !,* piqué ! || FIG. FAM. V. TOCCO 1.

toccatutto [tokka'tutto] m. invar. FAM. touche-à-tout.

1. tocco ['tokko] agg. FAM. toqué, sonné, timbré, cinglé (pop.), cintré (pop.), dingo (pop.), dingue (pop.), maboul (pop.). | *è un po' tocco nel cervello,* il est malade du cerveau (pop.), il a la cloche fêlée (gerg.), le timbre fêlé (pop.).

2. tocco ['tokko] (**-chi** pl.) m. [pressione] coup. | *con un leggero tocco delle dita,* d'un coup léger des doigts. | *con un tocco di penna,* d'un trait de plume. || PER EST. *in quest'opera si riconosce il tocco del maestro,* dans cet ouvrage on reconnaît la main du maître. | *dare l'ultimo tocco a qlco.,* mettre la dernière main à qch. || PER ANAL. *un tocco di rossetto,* un peu de, un soupçon de rouge à lèvres. || ARTI e FIG. touche f. || MUS. toucher, doigté, doigt. | *è il tocco di un grande pianista,* c'est le doigt d'un grand pianiste. || [rintocco] *contare i tocchi :* [di orologio] compter les coups ; [di campana] compter les tintements. || [tosc.] *è il tocco,* il est une heure.

3. tocco ['tɔkko] m. [pezzo] morceau. || FIG. FAM. *un bel tocco di ragazza,* un beau brin de fille.

4. tocco ['tɔkko] m. STOR., MODA toque f. | *piccolo tocco,* toquet.

toeletta [toe'lɛtta] f. V. TOLETTA.

tofo ['tɔfo] m. MED. tophus.

toga ['tɔga] f. toge, robe. || ANTICH. toge. || STOR. *nobiltà di toga,* noblesse de robe.

togato [to'gato] agg. e m. *i togati,* les gens de robe.

togliere ['tɔʎʎere] v. tr. **1.** PR. enlever, ôter, retirer. | *togliere il pane di bocca a qlcu.,* retirer à qn le pain de la bouche. | *togliere le pietre, i sassi,* épierrer. | *togliere l'orlatura a,* déborder. | *togliere le scarpe a,* déchausser. | *togliersi le scarpe,* se déchausser. | *togliti gli stivali !,* débotte-toi ! | *togliersi il cappello,* ôter son chapeau, se découvrir, se décoiffer. | *togliere il sudiciume,* décrasser, décrotter. | *togliere i calzoni,* déculotter. | *togliersi i calzoni,* se déculotter. | *togliersi i guanti,* se déganter. | *togliere lo spago a,* déficeler. | *togliersi il trucco,* se démaquiller. | *togliere il tartaro,* détartrer. | *togliersi i vestiti,* se déshabiller. | *togliere un dolce dallo stampo,* démouler un gâteau. || [per strappo] enlever, arracher. | *farsi togliere un dente,* se faire arracher une dent. | *togliere un chiodo,* enlever un clou. || [spostare, portar via] *togliere una sedia,* déplacer une chaise. | *togliere di mezzo,* écarter. || **2.** FIG. *non gli toglie gli occhi di dosso,* elle ne le quitte pas des yeux. | *togliere qlcu. d'impiccio,* débourber qn (antiq.). || [interrompere] enlever, lever. | *togliere la seduta,* lever la séance. | *togliere il contatto, la corrente,* couper le contact, le courant. | *togliere la parola a,* couper la parole à. || [far scomparire] enlever, éliminer. | *togliere un difetto,* éliminer un défaut. | *togliere una macchia,* enlever une tache. || FIG. *togliersi gli anni,* se rajeunir. | *toglitelo dalla testa,* raie cela de tes tablettes (fam.). | *togliersi un capriccio,* se passer une fantaisie. || **3.** [privare] enlever. | *la morte ce lo ha tolto,* la mort nous l'a enlevé. | *quella storia mi ha tolto la voglia di lavorare,* cette histoire m'a dégoûté de travailler. | *togliere la sete di dosso, di corpo,* calmer sa soif. || [sottrarre] enlever, ôter, soustraire. | *togline la metà,* ôtes-en la moitié. || [impedire] *ciò non toglie che,* (cela) n'empêche (pas) que. || CHIR. *togliere mediante escissione,* exciser. || MAR. *togliere la doppiatura a,* dédoubler. || MED. *togliere l'ingessatura a,* déplâtrer. || SPORT [fioretto] *togliere il bottone,* démoucheter. || TECN. *togliere la calamina,* décalaminer. | *togliere i cerchi a una botte,* décercler un tonneau. ◆ v. rifl. FAM. *togliti dai piedi !,* fiche le camp d'ici ! (pop.), fiche-moi le camp ! (pop.).

toh [tɔ] interiez. V. TO'.

toilette [twa'lɛt] f. V. TOLETTA.

tolda ['tɔlda] f. MAR. pont m.

tolemaico [tole'maiko] (**-ci** pl.) agg. ASTRON. *sistema tolemaico,* système de Ptolémée. || STOR. ptolémaïque.

toletta [to'lɛtta] f. toilette. | *essere, stare alla toletta,* être à sa toilette. | *fare toletta, un po' di toletta,* faire sa toilette, un brin de toilette. || [vestito femminile] toilette. | *sfoggiare una toletta elegantissima,* être en grande toilette. || [W.-C.] toilettes f. pl.

tollerabile [tolle'rabile] agg. tolérable, endurable, supportable.

tollerabilità [tollerabili'ta] f. FARM. [a un farmaco] tolérance.

tollerante [tolle'rante] agg. tolérant.

tolleranza [tolle'rantsa] f. tolérance. | *casa di tolleranza,* maison de tolérance. || RELIG. *tolleranza religiosa,* tolérantisme m.

tollerare [tolle'rare] v. tr. tolérer, endurer, supporter, accepter, admettre. | *tollerare degli affronti,* endurer des affronts. | *tollera tutto, ma non la maleducazione,* il admet tout, mais non l'incivilité.

tolto ['tɔlto] part. pass. V. TOGLIERE. ◆ m. *il mal tolto,* le bien mal acquis. | *fu costretto a rendere il mal tolto,* il fut obligé de rendre ce qu'il avait mal acquis. ◆ avv. sauf, excepté. | *tolto ciò,* à part cela.

tolù [to'lu] m. FARM. *balsamo di tolù,* tolu.

toluene [to'lwene] m. CHIM. toluène.

toluolo [to'lwɔlo] m. CHIM. toluol.

tomahawk ['tɔməhɔːk] m. tomahawk.

tomaia [to'maja] (**-a** o **-e** pl.) o **tomaio** [to'majo] (**-ai** pl.) m. empeigne f.

tomba ['tomba] f. [luogo] tombe, fosse. | *andare sulla tomba di qlcu.,* aller sur la tombe de qn. | *mettere fiori sulla tomba di qlcu.,* fleurir la tombe de qn. || [monumento] tombeau m. || [sotterranea] caveau m. | *tomba di famiglia,* caveau de famille. || FIG. *avere già un piede nella tomba,* être au bord de la fosse, de la tombe ; avoir un pied dans la fosse, dans la tombe. | *rivoltarsi nella tomba,* se retourner dans sa tombe. | *muto come una tomba,* muet comme une tombe.

tombacco [tom'bakko] m. TECN. tombac.

tombale [tom'bale] agg. tombal, tumulaire.

tombarello [tomba'rɛllo] m. tombereau.

tombino [tom'bino] m. bouche (f.) d'égout. || [di fogna] tampon.

1. tombola ['tombola] f. GIOCHI loto m., tombola. | *giocare a tombala,* jouer au loto.

2. tombola ['tombola] f. FAM. culbute.

1. tombolo ['tombolo] m. [per il ricamo a fuselli] carreau. || FIG. FAM. boulot.

2. tombolo ['tombolo] m. GEOGR. tombolo.

tombolone [tombo'lone] m. FAM. culbute f.

tombolotto [tombo'lɔtto] (**-a** f.) agg. e n. FAM. boulot, otte.

tomentoso [tomen'toso] agg. BOT. tomenteux.

tomismo [to'mizmo] m. FILOS., TEOL. thomisme.

tomista [to'mista] (**-i** m. pl.) agg. e n. thomiste.

tomitico [to'mitiko] (**-ci** pl.) agg. thomiste.

tommy ['tommi] m. [ingl.] tommy.

1. tomo ['tomo] m. tome. || PER EST. tome, livre. || TIP. *dividere in tomi, segnare il tomo,* tomer v. tr. | *indicazione del tomo,* tomaison f.

2. tomo ['tomo] m. FIG. FAM. type. | *chi è quel tomo ?,*

qui est ce type ? | *ma sai che sei un bel tomo !*, tu es un drôle de type !
tomografia [tomogra'tia] f. tomographie.
tonaca ['tɔnaka] f. RELIG. froc m. || PER EST. soutane. | *mettere, indossare, prendere la tonaca*, prendre la soutane. | *lasciare, abbandonare, gettare la tonaca ; gettare la tonaca alle ortiche*, jeter le froc aux orties, se défroquer. || ANAT. tunique.
tonacella [tona'tʃɛlla] f. RELIG. tunicelle.
tonale [to'nale] agg. MUS. tonal.
tonalità [tonali'ta] f. MUS. tonalité.
tonante [to'nante] agg. PR. e CHIM. tonnant. || FIG. tonnant, tonitruant (lett.).
tonare [to'nare] v. impers. tonner. ◆ v. intr. PR. [tuono, cannone] tonner, gronder. || FIG. tonner, fulminer, gronder, tonitruer (lett.). | *tonare contro gli abusi*, fulminer contre les abus.
tonchio ['tonkjo] m. ZOOL. charançon.
tondeggiante [tonded'dʒante] agg. arrondi. || GEOGR. *cima tondeggiante*, ballon m.
tondello [ton'dɛllo] m. TECN. [dischetto] rondeau. || [di legna da ardere] rondin. || [di zecca] flan. || ARCHIT. rond à béton.
tondino [ton'dino] m. ARCHIT. baguette f.
tondo ['tondo] agg. [rotondo] rond. | *bicchiere a pancia tonda*, verre ballon. | *fare il bocchino tondo*, faire la bouche en cœur. | *avere i fianchi tondi*, avoir les hanches pleines. || PER EST. *cifra tonda*, chiffre rond. || PER ANAL. FAM. *un mese tondo*, un mois net. ◆ m. rond, cercle. | *danzare in tondo*, danser en rond. | *sedersi in tondo*, s'asseoir en cercle. || ARTI [scultura] *tutto tondo*, ronde-bosse f. || TECN. [disco] rondeau. || TIP. *in tondo*, en caractère romain. || LOC. *parlare chiaro e tondo*, parler clair et net, de façon claire, haut et clair, franc et net, en bon français, carrément. | *dire chiaro e tondo*, dire carrément, ne pas mâcher ses mots.
tonfare [ton'fare] v. intr. (raro) tomber (L.C.).
tonfete ['tonfete] onomat. patatras !
tonfo ['tonfo] m. bruit sourd.
tonica ['tɔnika] f. MUS. tonique, finale.
tonicità [tonitʃi'ta] f. FARM., MED. tonicité.
tonico ['tɔniko] (**-ci** pl.) agg. FARM., LING., MUS. tonique. ◆ m. FARM. tonique.
tonificante [tonifi'kante] agg. e m. tonifiant.
tonificare [tonifi'kare] v. tr. tonifier.
tonitruante [tonitru'ante] agg. (lett. o fam.) tonitruant (lett.).
tonnara [ton'nara] f. thon(n)aire m., madrague.
tonnato [ton'nato] agg. CULIN. *vitello tonnato*, veau au thon.
tonneggiare [tonned'dʒare] v. tr. MAR. déhaler, touer. ◆ v. rifl. se déhaler, se touer.
tonneggio [ton'neddʒo] m. MAR. *(lunghezza del) cavo da tonneggio*, touée f.
tonnellaggio [tonnel'laddʒo] m. MAR. tonnage.
tonnellata [tonnel'lata] f. [misura] tonne. || MAR. *tonnellata di stazza*, tonneau m.
tonnetto [ton'netto] m. o **tonnina** [ton'nina] f. ZOOL. thonine f.
tonno ['tonno] m. ZOOL. thon. | *tonno sott'olio*, thon à l'huile. | *battello per la pesca del tonno*, thonier m.
tono ['tɔno] m. [della voce] ton. | *abbassare il tono*, baisser le ton, le diapason (peggior.). || PER EST. [intonazione] ton, intonation f. | *voce dai toni sguaiati*, voix aux intonations canailles. | *parlare in tono appassionato*, parler d'un ton passionné. || FIG. ton. | *se la prendi su questo tono*, si tu le prends sur ce ton. | *dire, ripetere su tutti i toni*, dire, répéter sur tous les tons. || [di uno scritto] ton, style. || PER EST. *caffè che ha un certo tono*, café qui a un certain style. || ARTI [colore] ton, nuance f., teinte f. | *toni caldi*, nuances chaudes. || LING. ton. || MED. ton (antiq.), tonus, tonicité f. || MUS. ton. || PR. e FIG. *dare il tono*, donner le ton. || FIG. *darsi un tono*, se donner un genre. || LOC. FAM. *rispondere a tono*, répondre convenablement. | *non rispondere a tono*, ne pas répondre à propos.
tonometria [tonome'tria] f. tonométrie.
tonometro [to'nɔmetro] m. tonomètre.
tonsilla [ton'silla] f. ANAT. amygdale.
tonsillectomia [tonsillekto'mia] f. CHIR. tonsillectomie.
tonsillite [tonsil'lite] f. MED. amygdalite.
tonsura [ton'sura] f. tonsure.
tonsurare [tonsu'rare] v. tr. tonsurer.
tonsurato [tonsu'rato] m. tonsuré.
tontina [ton'tina] f. FIN. tontine.
tonto ['tonto] agg. FAM. nigaud, niais, bête, bêta, benêt. | *ragazzo tonto*, enfant encroûté. | *mente tonta*, esprit bouché. ◆ n. niais, nigaud, benêt, dadais. | *fare il tonto*, faire le Jacques. | *fare il finto tonto*, faire le niais, le bêta ; faire l'innocent (iron.) ; prendre un air innocent (iron.).
topaia [to'paja] f. [tana per topi] nid (m.) de rats. || FIG. masure, cabane (à lapins), cambuse (pop.).
topazio [to'pattsjo] m. MINER. topaze f.
1. topica ['tɔpika] f. RET. topique.
2. topica ['tɔpika] f. gaffe, bévue, brioche (fam. et VX), bourde (fam.), impair m. (fam.), boulette (pop.). | *fare una topica*, commettre un impair ; gaffer v. intr. | *fa frequenti topiche*, c'est un gaffeur, une gaffeuse.
topicida [topi'tʃida] (**-i** pl.) agg. qui tue les rats. ◆ m. mort-aux-rats f.
topico ['tɔpiko] (**-ci** pl.) agg. MED., RET. topique. | *luogo topico*, topique m. ◆ m. MED. topique.
topinambur [topinam'bur] m. BOT. topinambour.
topino [to'pino] m. ZOOL. souriceau. || [rondina] hirondelle (f.) de rivage.
topo ['topo] m. ZOOL. rat ; [più piccolo] souris f. | *topo campagnolo*, campagnol, rat des champs. | *topo di chiavica*, rat d'égout. | *topo bianco*, souris blanche. | *topo muschiato*, rat musqué. || LETT. *i topi*, la gent trotte-menu. || FIG. *topo d'albergo, di biblioteca*, rat d'hôtel, de bibliothèque. || LOC. FIG. *fare la fine del topo*, être fait comme un rat. || TECN. *lima a coda di topo*, queue-de-rat f. ◆ agg. *grigio topo*, gris (de) souris.
topografia [topogra'fia] f. topographie.
topografico [topo'grafiko] (**-ci** pl.) agg. topographique.
topografo [to'pɔgrafo] m. topographe.
topolino [topo'lino] m. ZOOL. souriceau. || FAM. [termine affettuoso] *topolino mio*, mon rat, mon (petit) coco, mon chou.
topologia [topolo'dʒia] f. MAT. topologie.
topologico [topo'lɔdʒiko] (**-ci** pl.) agg. MAT. topologique.
toponimia [toponi'mia] f. LING. toponymie.
toponimico [topo'nimiko] (**-ci** pl.) agg. toponymique.
toponimo [to'pɔnimo] m. LING. toponyme.
toponomastica [topono'mastika] f. LING. [scienza] toponymie. || [complesso di nomi di luogo] toponymie. | *specialista di toponomastica*, toponymiste n.
toponomastico [topono'mastiko] (**-ci** pl.) agg. toponymique.
toporagno [topo'raɲɲo] m. ZOOL. musaraigne f.
topos ['tɔpos] (**topoi** pl.) m. RET. topique.
toppa ['tɔppa] f. [serratura] serrure. || [rattoppo] pièce. | *abito pieno di toppe*, vêtement tout rapiécé. | *mettere una toppa a* : PR. rapiécer v. tr. ; FIG. remédier à.
toppete ['tɔppete] onomat. patatras !
toppo ['tɔppo] m. BOT. chicot. || TECN. poupée f.
tora(h) [to'ra] f. RELIG. T(h)ora, Torah.
torace [to'ratʃe] m. ANAT. thorax.
toracentesi [toratʃen'tɛzi] f. CHIR. thoracentèse.
toracico [to'ratʃiko] (**-ci** pl.) agg. ANAT. thoracique.
toracocentesi [torakotʃen'tɛzi] f. V. TORACENTESI.
toracoplastica [torako'plastika] f. CHIR. thoracoplastie.
torba ['torba] f. tourbe, bousin m.
torbidezza [torbi'dettsa] o **torbidità** [torbidi'ta] (raro) f. turbidité.
torbido ['torbido] agg. PR. trouble, louche, turbide (lett.). || PER EST. *cielo torbido*, ciel brouillé. || FIG. trouble, louche. | *sguardo torbido*, regard louche. ◆ m. louche. | *c'è del torbido in questa storia*, il y a quelque chose de louche dans cette histoire. || LOC. *pescare nel torbido*, pêcher en eau trouble. ◆ m. pl. [sommossa] troubles. | *tempi di torbidi*, temps troublés.
torbiera [tor'bjɛra] f. tourbière.
torboso [tor'boso] agg. tourbeux.
torcere ['tɔrtʃere] v. tr. PR. tordre. | *torcere la biancheria*, essorer le linge. || [curvare] tordre, gauchir. | *torcere una barra di ferro*, gauchir une barre de

fer. ‖ FIG. *torcere il naso*, faire la grimace ; [in materia di gusto] faire le difficile. | *torcere il naso davanti a qlcu.*, renâcler à qch. ‖ LOC. FIG. *dare del filo da torcere a qlcu.*, donner du fil à retordre à qn. | *non torcere un capello a*, ne pas toucher un cheveu de la tête à. ‖ TESS. *torcere (il filo)*, boudiner. | *torcere (la seta)*, mouliner. ‖ TECN. [corda] *mettere insieme e torcere*, commettre. | *macchina per torcere i fili di ferro*, tordeuse f. ◆ v. rifl. [dolore, risa] se tordre. | *c'è da torcersi dalle risa*, c'est tordant (fam.).

torchiare [tor'kjare] v. tr. AGR. pressurer. ‖ FIG. FAM. [agli esami] cuisiner.

torchiatore [torkja'tore] m. TECN. pressureur.

torchiatura [torkja'tura] f. TECN. pressurage m.

torchietto [tor'kjetto] m. FOT. châssis-presse.

torchio ['tɔrkjo] m. AGR. pressoir. ‖ TIP. presse f. | *mandare sotto i torchi*, mettre sous presse. ‖ LOC. FIG. *tenere sotto (il) torchio*, tenir sur la sellette.

torcia ['tɔrtʃa] f. [fiaccola] torche. | *torcia elettrica*, torche électrique. | *torcia umana*, torche vivante. ‖ [grosso cero] cierge m.

torcicollo [tortʃi'kɔllo] m. MED. torticolis. ‖ ZOOL. torticolis, torcol.

torciera [tor'tʃɛra] f. o **torciere** [tor'tʃɛre] m. torchère f.

torciglione [tortʃiʎ'ʎone] m. tortillon. ‖ [torcinaso] tord-nez.

torcinaso [tortʃi'naso] m. tord-nez.

torcitoio [tortʃi'tojo] m. V. TORCITRICE.

torcitore [tortʃi'tore] (**-trice** f.) m. TESS. (re)tordeur, euse. ‖ [della seta] moulineur, euse.

torcitrice [tortʃi'tritʃe] f. TESS. retordoir m., tordeuse.

torcitura [tortʃi'tura] f. [di fune] câblage m. ‖ TESS. tordage m.

torcoliere [torko'ljɛre] m. TIP. pressier.

tordela [tor'dela] f. ZOOL. grive draine.

tordo ['tordo] m. ZOOL. grive f., tourd (antiq.). | *tordo sassello*, grive commune, musicienne. ‖ LOC. *grasso come un tordo*, gras comme un chanoine. ‖ FIG. PEGGIOR. [balordo] benêt, niais.

toreador [torea'dor] m. [sp.] toréador, torero.

toreare [tore'are] v. intr. toréer.

torello [to'rɛllo] m. ZOOL. taurillon. ‖ LOC. *forte come un torello*, fort comme un taureau.

torero [to'rɛro] m. [sp.] torero.

toreutica [to'rɛutika] f. ARTI toreutique.

torinese [tori'nese] agg. e n. turinois.

torio ['tɔrjo] m. CHIM. thorium.

torma ['torma] f. [folla] horde, bande. ‖ [di animali] bande.

tormalina [torma'lina] f. MINER. tourmaline.

tormenta [tor'menta] f. tourmente.

tormentare [tormen'tare] v. tr. [dolore fisico] martyriser, lanciner, tenailler. ‖ [dolore morale] tourmenter, torturer, lanciner, tracasser, angoisser, tenailler, turlupiner (fam.), ronger. | *un pensiero mi tormenta*, une pensée me lancine. | *era tormentato dai rimorsi*, il était bourrelé de remords. ‖ PER EST. [infastidire] tourmenter, tarabuster, tracasser. | *tormentare qlcu.*, faire endêver qn (antiq.), faire enrager qn. ◆ v. rifl. se tourmenter, se tracasser, s'inquiéter, se faire du souci.

tormentato [tormen'tato] agg. [rilievo] tourmenté. ‖ FIG. *condurre un'esistenza tormentata*, mener une existence tiraillée. | *tempi tormentati*, temps tourmentés. | *stile tormentato*, style tourmenté. | *tormentato dalla febbre*, travaillé par la fièvre.

tormentatore [tormenta'tore] (**-trice** f.) m. (lett.) tourmenteur, euse.

tormentilla [tormen'tilla] f. BOT. tormentille.

tormento [tor'mento] m. [dolore fisico] bourrèlement (lett.), souffrance f. | *morire tra atroci tormenti*, mourir dans d'atroces souffrances. ‖ FIG. [pena morale] tourment, torture f., bourrèlement, déchirement, arrachement, affres f. pl. (lett.). | *tormento assillante*, harcèlement. ‖ PER EST. [cruccio] souci, tracas, peine f. ‖ FAM. [fastidio] ennui, embêtement, torture f. ‖ [di persona] *sei un tormento !*, tu es une vraie plaie !

tormentoso [tormen'toso] agg. torturant, obsédant.

tornaconto [torna'konto] m. intérêt, profit, avantage. | *trovarci il proprio tornaconto*, y trouver son compte. | *cercare solo il proprio tornaconto*, ne chercher que son profit, que son avantage.

tornado [tor'nado] m. invar. tornade f.

tornante [tor'nante] m. lacet, virage en épingle à cheveux. | *strada a tornanti*, chemin en lacet.

tornare [tor'nare] v. intr. **1.** [nel luogo da cui si è giunti] retourner, revenir, regagner v. tr. | *tornare a casa tardi*, rentrer tard. | *tornare in città in macchina*, regagner la ville en voiture. | *tornare indietro*, rebrousser chemin. | *tornare al proprio posto*, regagner sa place, revenir à sa place. | *sono tornato a prendere l'ombrello*, je suis retourné chercher mon parapluie. ‖ PR. e FIG. *tornare sui propri passi*, revenir sur ses pas. ‖ FIG. *tornarsene con le pive nel sacco*, en être pour son argent, pour ses frais. ‖ **2.** [nel luogo in cui si è] revenir. | *torno subito !*, je reviens dans un instant, tout de suite ! ‖ [andare di nuovo] retourner. | *torneremo a Parigi appena potremo*, nous retournerons à Paris dès que nous pourrons. | *non ci tornerò più*, je n'y retournerai jamais plus, je n'y remettrai plus les pieds. ‖ [farsi di nuovo] *improvvisamente tornò il silenzio*, soudain, le silence se rétablit. | *è tornato il bel tempo*, le beau temps est revenu. ‖ **3.** [seguito da agg. o sost.] redevenir. | *tornare bambino*, retomber en enfance. | *tornare triste*, redevenir triste. ‖ LOC. *tornare utile*, être utile. | *lo farò quando mi tornerà comodo*, je le ferai quand je voudrai. | *talvolta torna comodo avere un amico*, parfois il est commode d'avoir un ami. | *non è un discorso che mi torna nuovo*, ce discours n'est pas nouveau pour moi. ‖ **(a) :** [seguito da infinito] recommencer à, se remettre à. | *torna a piovere*, il recommence à pleuvoir. | *torno a dire che*, je repète que. ‖ LOC. *ciò torna a dire che*, cela revient à dire que. ‖ [seguito da sost.] *tornare a proposito*, tomber à propos. | *tornare a vantaggio di qlcu.*, tourner au profit de qn. | *tutto ciò torna a suo vantaggio*, tout cela tourne à votre profit. | *è un gesto che torna a tuo onore*, c'est une action qui est à ton honneur. ‖ PR. e FIG. *tornare a galla*, revenir à la surface. ‖ **(in) :** *tornare in mente*, revenir à l'esprit, à la mémoire. | *mi tornerà in mente quel nome*, ce nom me reviendra. | *tornare in sé*, reprendre ses esprits, revenir à soi. ‖ FAM. *tornare in salute*, se remettre, se rétablir. | *tornare in carne*, se remplumer. ‖ *tornare indietro :* rendre ; [per posta] renvoyer, réexpédier. ‖ **(su) :** revenir sur, retourner sur. | *tornare su una decisione, su un argomento*, revenir sur une décision, sur un sujet. | *ci torneremo su*, nous reviendrons là-dessus. ‖ **4.** FAM. [quadrare] être juste. | *i conti non tornano*, les comptes ne sont pas justes. | *c'è qlco. che non torna nel tuo ragionamento*, il y a qch. qui ne marche pas dans ton raisonnement. ‖ FIG. FAM. [essere di gradimento] aller, plaire. | *è una proposta che non mi torna*, c'est une proposition qui ne me va pas. | *quel tipo non mi torna*, ce type ne me plaît pas, ne me revient pas.

tornasole [torna'sole] m. CHIM. tournesol. | *cartina al tornasole*, papier (m.) au tournesol.

tornata [tor'nata] f. [seduta] session. ‖ POES. envoi m.

tornello [tor'nɛllo] m. porte (f.) à tambour, tourniquet, moulinet.

torneo [tor'nɛo] m. tournoi.

tornese [tor'nese] m. STOR. denier, livre tournois.

tornio ['tornjo] m. TECN. tour. | *piccolo tornio*, touret. | *lavorare al tornio*, façonner v. tr., charioter v. tr.

tornire [tor'nire] v. tr. TECN. [rifinire con il tornio] dresser (au tour) ; [fabbricare] faire au tour. ‖ LETT. polir.

tornito [tor'nito] agg. FIG. *essere ben tornito*, être fait au moule. | *braccia ben tornite*, bras bien moulés. ‖ LETT. *versi ben torniti*, vers bien frappés.

tornitore [torni'tore] m. TECN. tourneur.

tornitura [torni'tura] f. TECN. tournage m., chariotage m. | *tornitura piana*, dressage m. ‖ [trucioli] copeaux m. pl.

torno ['torno] m. [spazio di tempo] ARC. laps (L.C.). | *in quel torno di tempo*, en ce laps de temps. ‖ LOC. FAM. *levati di torno !*, fiche-moi le camp ! (pop.). ‖ LOC. [avv.] *torno torno*, tout autour. ‖ [prep.] *torno torno a*, tout autour de.

1. toro ['tɔro] m. ZOOL. taureau. | *infilare un anello nel naso di un toro*, boucler un taureau. | *mandare la*

vacca al toro, mener la vache au taureau. | *forte come un toro,* fort comme un Turc, un taureau. || LOC. FIG. *prendere il toro per le corna,* prendre le taureau par les cornes. | *tagliare la testa al toro,* trancher le nœud de la question. || ASTRON. Taureau.
2. toro ['tɔro] m. ARCHIT. boudin, tore. || GEOM. tore.
torpedine [tor'pɛdine] f. ZOOL. torpille. || MIL. torpille. | *bomba torpedine a getto,* grenade sous-marine.
torpediniera [torpedi'njɛra] f. MIL. [nave] torpilleur m.
torpediniere [torpedi'njɛre] m. MIL. torpilleur.
torpedo [tor'pɛdo] f. AUTOM. (antiq.) torpédo.
torpedone [torpe'done] m. TRASP. [per gita] (auto)car.
torpidezza [torpi'dettsa] f. o **torpidità** [torpidi'ta] f. torpeur.
torpido ['tɔrpido] agg. [intorpidito] PR. e FIG. engourdi. || MED. torpide.
torpore [tor'pore] m. torpeur f., engourdissement. || PER EST. [insensibilità] engourdissement. || FIG. [mente] engourdissement.
torraiolo [torra'jɔlo] agg. ZOOL. *colombo torraiolo,* pigeon biset.
torre ['torre] f. ARCHIT. tour. | *torre campanaria,* clocher m. | *torre campanaria comunale,* beffroi m. || AER. *torre di controllo,* tour de contrôle. || ARALD. tour. || GIOCHI [scacchi] tour. || TECN. *torre di trivellazione,* derrick [ingl.] m. || LOC. *chiudersi in una torre d'avorio,* s'enfermer dans une tour d'ivoire.
torrefare [torre'fare] v. tr. torréfier, griller. | *caffè ben torrefatto,* café bien grillé.
torrefattrice [torrefat'tritʃe] f. TECN. torréfacteur m.
torrefazione [torrefat'tsjone] f. torréfaction, grillage m. | *torrefazione di caffè,* brûlerie (de café). || PER EST. [locale] maison de café.
torreggiare [torred'dʒare] v. intr. dominer v. tr.
torrente [tor'rɛnte] m. PR. e FIG. torrent. | *piovere a torrenti,* pleuvoir à torrents, à verse, dru. || GEOGR. *torrente (dei Pirenei),* gave.
torrentizio [torren'tittsjo] agg. torrentiel.
torrenziale [torren'tsjale] agg. torrentiel. | *pioggia torrenziale,* trombe d'eau.
torretta [to'retta] f. tourelle. || ARCHIT. campanile m. || CIN. tourelle. || MAR. [di sottomarino] kiosque m. || MIL. tourelle.
torricella [torri'tʃɛlla] f. tourelle.
torrido ['tɔrrido] agg. torride.
torrione [tor'rjone] m. STOR., MAR. donjon.
torrone [tor'rone] m. nougat.
torsione [tor'sjone] f. MAT., MECC. torsion. | *barra di torsione,* barre de torsion. || TESS. tors m.
torso ['torso] m. [torsolo] trognon. || ANAT. torse.
torsolo ['torsolo] m. trognon. || LOC. FAM. *non vale un torsolo,* ça ne vaut pas tripette.
torta ['torta] f. CULIN. tarte, gâteau m. | *torta di mele,* tarte aux pommes. | *torta di pastafrolla alla mandorla,* gâteau à la frangipane. | *torta farcita,* gâteau fourré. || [di carne, di pesce] tourte. || ARALD. tourteau m. || FIG. *dividersi la torta,* se partager le gâteau.
tortellini [tortel'lini] m. pl. CULIN. tortellini (it.).
tortello [tor'tɛllo] m. CULIN. tartelette f. ◆ pl. [involti di pasta] tortelli (it.).
tortiera [tor'tjɛra] f. moule (m.) à tarte, tourtière.
tortiglio [tor'tiʎʎo] m. ARALD. tortil.
tortiglione [tortiʎ'ʎone] m. tortillon. || ARCHIT. torsade f. | *colonna a tortiglione,* colonne torse. || PER EST. [capelli] *a tortiglione,* en torsade. | *avvolti a tortiglione,* torsadés. | *avvolgere a tortiglione,* torsader v. tr. || VETER. tord-nez.
tortile ['tɔrtile] agg. ARCHIT. tors. | *colonna tortile,* colonne torse.
tortino [tor'tino] m. CULIN. tartelette f.
1. torto ['tɔrto] agg. [ritorto] tors. | *filo torto,* fil tors. | *seta torta,* soie torse. || [storto] tordu, tors. | *avere le gambe torte,* avoir les jambes torses, tordues. || MED. *piede torto,* pied-bot. || TECN. [deformato] gauche. ◆ m. TESS. fil tors.
2. torto ['tɔrto] m. tort, injustice f., grief (antiq.). | *riparare i torti fatti a qlcu.,* réparer l'injustice commise envers qn. | *fare torto a qlcu.,* faire du tort à qn. | *essere in torto,* être en tort, dans son tort. | *avere torto marcio,* avoir tout à fait tort. | *non ha tutti i torti quando sostiene che,* il n'a pas tout à fait tort quand il prétend que. | *è accusato a torto,* il est accusé à faux. || [errore] tort. | *ho il solo torto di; il mio unico torto è di,* mon seul tort est de. || LOC. *a torto o a ragione,* à tort ou à raison.
tortora ['tortora] f. ZOOL. tourterelle. | *color tortora,* gris tourterelle.
tortore [tor'tore] m. TECN. (reg.) tordoir.
tortorella [torto'rɛlla] f. ZOOL. e FIG. tourtereau m.
tortoro ['tortoro] m. bouchon. | *strofinare col tortoro,* bouchonner v. tr.
tortuosità [tortuosi'ta] f. PR. e FIG. tortuosité.
tortuoso [tortu'oso] agg. PR. e FIG. tortueux. || FIG. entortillé, compliqué; [di animo] sournois, ambigu.
tortura [tor'tura] f. torture, question (antiq. o stor.). | *stivale da tortura,* brodequin m. || [dolore fisico o morale] torture, bourrèlement m., martyre m.
torturare [tortu'rare] v. tr. torturer; mettre à la torture; donner la question (antiq. o stor.). || [dolore fisico o morale] torturer, mettre à la torture, bourreler, tourmenter, martyriser. ◆ v. rifl. se torturer, se tourmenter, être à la torture. | *torturarsi il cervello,* se torturer le cerveau, l'esprit.
torvo ['torvo] agg. torve, farouche. | *guardare torvo,* regarder de travers, avoir le regard torve.
tosacani [toza'kani] n. tondeur, tondeuse de chiens. || IRON. mauvais coiffeur.
tosaerba [toza'ɛrba] m. invar. tondeuse (f.) à gazon.
tosaprato [toza'prato] m. invar. V. TOSAERBA.
tosare [to'zare] v. tr. tondre. || *tosare una siepe,* ébarber, tailler une haie. || FIG., FAM. *tosare qlcu. come una pecora,* tondre la laine sur le dos de qn.
tosatore [toza'tore] m. tondeur.
tosatrice [toza'tritʃe] f. TESS. tondeuse.
tosatura [toza'tura] f. [azione] tonte, tondage m.. | *nel periodo della tosatura,* pendant la tonte. || IRON. o SCHERZ. [di capelli] coupe (de cheveux) [L.C.]. || [effetto] tonte.
toscano [tos'kano] agg. e n. toscan. || ARTI *ordine toscano,* ordre toscan. ◆ m. LING. toscan. || [sigaro] toscan.
tosone [to'zone] m. ARC. toison f. || LETT., STOR. *toson d'oro,* Toison d'or.
tosse ['tosse] f. MED. toux. | *accesso, attacco di tosse,* quinte (f.) [de toux]. | *nodo di tosse,* quinte violente.
tossicchiare [tossik'kjare] v. intr. toussoter, toussailler. ◆ m. toussotement.
tossicità [tossitʃi'ta] f. toxicité.
tossico ['tɔssiko] (**-ci** pl.) agg. e m. toxique.
tossicologia [tossikolo'dʒia] f. MED. toxicologie.
tossicologico [tossiko'lɔdʒiko] (**-ci** pl.) agg. MED. toxicologique.
tossicologo [tossi'kɔlogo] m. toxicologue.
tossicoloso [tossiko'loso] agg. FAM. tousseur.
tossicomane [tossi'kɔmane] MED. toxicomane.
tossicomania [tossikoma'nia] f. MED. toxicomanie.
tossicosi [tossi'kɔzi] f. MED. toxicose.
tossiemia [tossie'mia] f. MED. toxémie.
tossilaggine [tossi'laddʒine] f. BOT. tussilage m.
tossina [tos'sina] f. toxine.
tossire [tos'sire] v. intr. tousser. | *che tossisce spesso,* tousseur, euse.
tostacaffè [tostakaf'fɛ] m. invar. brûloir, grilloir m.
tostapane [tosta'pane] m. invar. grille-pain, toasteur m.
tostare [tos'tare] v. tr. [caffè] torréfier, griller, brûler. || [pane] griller.
tostato [tos'tato] agg. [caffè] grillé, torréfié, brûlé. || [pane] *fetta di pane tostato,* toast m. (ingl.).
tostatura [tosta'tura] f. [caffè] torréfaction, grillage m. || [pane] grillage m.
tostino [tos'tino] m. brûloir, grilloir.
1. tosto ['tɔsto] agg. PEGGIOR. *faccia tosta,* toupet m., culot m., effronterie (L.C.). | *che faccia tosta!,* quel toupet! | *ha una bella faccia tosta,* il ne doute de rien.
2. tosto ['tɔsto] avv. (antiq.) tout de suite (L.C.). || LOC. *tosto o tardi,* tôt ou tard. ◆ loc. conj. LETT. *tosto che,* aussitôt que (L.C.).
3. tosto ['tɔsto] m. CULIN. toast (ingl.). | *tosto ripieno di prosciutto e formaggio,* croque-monsieur invar.
tot ['tɔt] agg. indef. | *spendere una somma tot,* dépenser une somme *x*. ◆ m. tant. | *ricevere un tot alla settimana,* recevoir un tant par semaine.

totale [to'tale] agg. PR. e FIG. total, entier, intégral, complet. | *importo totale*, montant total. || FIG. complet, inconditionnel. | *mi ha garantito il suo appoggio totale*, il m'a garanti son appui inconditionnel. ◆ m. total, montant, somme f. | *in totale*, au total. || MAT. total.
totalità [totali'ta] f. PR. e FIG. totalité. || FIG. intégralité, ensemble m., entier m. | *disporre della totalità di un'opera*, disposer de l'intégralité d'une œuvre.
totalitario [totali'tarjo] agg. totalitaire.
totalitarismo [totalita'rizmo] m. totalitarisme.
totalizzare [totalid'dzare] v. tr. totaliser.
totalizzatore [totaliddza'tore] m. totalisateur.
totalizzazione [totaliddzat'tsjone] f. totalisation.
totano ['tɔtano] m. ZOOL. [mollusco] calmar. || [uccello] chevalier.
totem ['tɔtɛm] m. invar. totem.
totemico [to'tɛmiko] (**-ci** pl.) agg. totémique.
totemismo [tote'mizmo] m. totémisme.
totip [to'tip] m. GIOCHI tiercé. | *vincere una bella somma al totip*, toucher un beau tiercé.
totocalcio [toto'kaltʃo] m. GIOCHI [concorso settimanale di pronostici sugli incontri di calcio] totocalcio (it.).
toupet [tu'pɛ] m. [fr.] PR. e FIG. toupet.
tournedos [turnə'do] m. [fr.] CULIN. tournedos.
tournée [tur'ne] f. [fr.] tournée.
tovaglia [to'vaʎʎa] f. nappe. | *stendere, togliere la tovaglia*, mettre, ôter la nappe. || RELIG. nappe d'autel.
tovaglietta [tovaʎ'ʎetta] f. napperon m.
tovagliolo [tovaʎ'ʎɔlo] m. serviette f.
1. tozzo ['tɔttso] agg. trapu, ramassé; [di persona anche] râblé, boulot. | *forma di pane tozza e cilindrica*, boulot m.
2. tozzo ['tɔttso] m. morceau. | *tozzo di pane*, quignon. || LOC. FIG. *per un tozzo di pane*, pour une bouchée de pain.
tra [tra] prep. (sinon. di FRA) **1.** [in mezzo a] parmi, au milieu de, dans. | *perdersi tra la folla*, se perdre, s'égarer dans la foule. | *trovarsi tra conoscenti*, se trouver au milieu de gens de connaissance. | *camminare tra i fiori*, marcher parmi les fleurs. | *si è seduto tra di noi*, il s'est assis parmi nous, à côté de nous. | *ha finito di parlare tra le risa*, il a achevé de parler au milieu des rires. | *la casa crollò tra le fiamme*, la maison s'écroula dans les flammes. || **2.** [intervallo di spazio e di tempo] entre. | *tra Parigi e Roma*, entre Paris et Rome. | *tra le dieci e le undici*, entre dix et onze heures. | *deve essere tra i trenta e i quarant'anni*, il doit avoir trente à quarante ans. | *il periodo tra le due guerre*, l'entre-deux-guerres. || LOC. *leggere tra le righe*, lire entre les lignes. | *tra me e te (a quattr'occhi)*, entre quatre yeux, quatre'z-yeux (fam.). | *parlare tra i denti*, parler entre les dents. | *cadere tra le braccia di qlcu.*, tomber dans les bras de qn. || **3.** [rapporto di reciprocità tra due o più gruppi, paragone] entre. | *che cosa c'è tra di voi?*, qu'est-ce qu'il y a entre vous? | *tra me e lui ci sono molte somiglianze*, entre moi et lui il y a beaucoup de ressemblances. | *disse tra sé e sé*, il se dit en lui-même, à part lui. | *dicevo tra me e me che*, je me disais que. | *tra le due l'una*, de deux choses l'une. | *sia detto tra noi*, entre nous soit dit. || **4.** [dipendente da un superlativo relat. o da solo, unico] d'entre, de. | *è il solo a saperlo tra noi*, c'est le seul d'entre nous qui le sache. | *tra le tante soluzioni ha scelto la più facile*, des nombreuses solutions il a choisi la plus facile. | *tra l'altro, tra le altre cose*, entre autres (choses). || **5.** [riferito al futuro] dans. | *tra un mese, tra un anno*, dans un mois, dans un an. | *tra non molto*, sous peu. || **6.** *tra amici e conoscenti eravamo un centinaio*, entre les amis et les connaissances nous étions une centaine. | *discorso tra l'amaro e il faceto*, discours aigre-doux. | *tra gli Africani*, chez les Africains. | *tra tutti noi, abbiamo costruito una barca*, à nous tous, nous avons construit une barque.
traballante [trabal'lante] agg. [persona] chancelant, vacillant, branlant, titubant. | *avere una andatura traballante*, avoir une démarche chancelante. || PER EST. [cosa] branlant, bancal, boiteux, instable. | *questo mobile è traballante*, ce meuble est boiteux. || PER ANAL. *luce traballante*, lumière clignotante. | *posseggo un macinino tutto traballante*, je possède une guimbarde toute cahotante, bringuebalante (fam.). || FIG. instable, faible, chancelant.
traballare [trabal'lare] v. intr. [persona] chanceler, tituber, vaciller; [cosa] branler. || PER ANAL. *questa luce traballa*, cette lumière clignote. | *come traballa, fa traballare questo macinino!*, que cette guimbarde brimbale, brinquebale, cahote! || FIG. chanceler, hésiter; branler dans le manche (fam.).
traballio [trabal'lio] m. cahotage, cahotement. | *traballio delle ruote*, cahotement des pneus.
trabalzare [trabal'tsare] v. intr. [traballare] cahoter. | *far trabalzare*, cahoter v. tr. | *il trabalzare*, le cahotage, cahotement. || FIG. sursauter, tressaillir, tressauter. ◆ v. tr. (raro) [sbalzare] jeter (L.C.). | *trabalzare a terra*, jeter à terre. || FIG. ballotter.
trabalzo(ne) [trabal'tsone] m. [scossone] secousse f., saccade f., soubresaut. || [auto] cahot, cahotement. || FIG. soubresaut.
trabea ['trabea] f. STOR. [rom.] trabée, trabea (lat.).
trabeazione [trabeat'tsjone] f. ARCHIT. entablement m. || STOR. [rom.] trabéation.
trabiccolo [tra'bikkolo] m. FAM. [oggetto meccanico consunto] patraque f. (antiq.). || [vecchia auto] guimbarde f., tacot; [vecchio aereo] coucou, zinc; [vecchia bicicletta] clou; [vecchia nave] rafiot, rafiau.
traboccamento [trabokka'mento] m. débordement.
traboccante [trabok'kante] agg. PR. e FIG. débordant.
traboccare [trabok'kare] v. intr. [liquido] déborder. || LOC. *è la goccia che fa traboccare il vaso*, c'est la goutte d'eau qui fait déborder le vase. || PER EST. [pullulare] foisonner. || FIG. déborder. || [di bilancia] pencher, trébucher.
trabocchetto [trabok'ketto] m. traquenard, piège, trappe f., embûches f. pl. | *domanda trabocchetto*, question traquenard. || FIG. piège, traquet. | *cadere in un trabocchetto*, tomber, donner dans un piège. | *cadere nel trabocchetto*, donner dans le traquet (fam.).
trabocchevole [trabok'kevole] agg. PR. e FIG. débordant.
trabocco [tra'bokko] m. débordement. || [di bilancia] trébuchet. | *pesare col trabocco*, trébucher v. intr.
trac(c)agnotto [trakkaɲ'ɲɔtto] agg. e m. courtaud, boulot, râblé, trapu.
tracannare [trakan'nare] v. tr. POP. avaler (L.C.), engloutir (L.C.), lamper (fam.), s'envoyer (fam.). | *tracannare d'un fiato*, faire cul sec. | *tracannare una bottiglia*, licher une bouteille. | *tracannare un bicchiere*, s'envoyer un verre (fam.), s'en jeter un derrière la cravate.
traccagnotto [trakkaɲ'ɲɔtto] agg. e m. V. TRAC(C)AGNOTTO.
traccia ['trattʃa] f. [segno] trace, empreinte, piste. | *falsa traccia*, fausse piste. | *seguire le tracce, essere sulle tracce di qlcu.*, être sur la piste de qn. | *far perdere le tracce a*, faire perdre la trace à; dérouter (antiq.), dépister. || [caccia] trace, foulée, passée, erres f. pl. | *seguire le tracce di una volpe*, suivre un renard à la trace. || FIG. trace, reste m., vestige m. | *non resta più traccia di*, il ne reste plus trace de. || [schema] schéma m., plan m., canevas m. || TECN. [scanalatura] cannelure.
tracciamento [trattʃa'mento] m. (raro) TECN. traçage, tracement. | *tracciamento con picchetti*, jalonnement, bornage.
tracciante [trat'tʃante] agg. MIL. *proiettile tracciante*, balle traçante. ◆ m. FIS., MED. traceur.
tracciare [trat'tʃare] v. tr. [tirare linee] tracer. || [strada] tracer. | *tracciare un itinerario*, tracer un itinéraire. || FIG. tracer, esquisser, ébaucher. || TECN. *punta a tracciare*, traceret m., traçoir m., tracelet m. || TOPOG. *tracciare con picchetti*, aborner. | *traciare un allineamento con picchetti*, jalonner.
tracciato [trat'tʃato] agg. m. tracé.
tracciatore [trattʃa'tore] m. TECN. traceur.
tracciatura [trattʃa'tura] f. TECN. traçage m.
trachea [tra'kɛa] f. ANAT., BOT., ZOOL. trachée, trachée-artère.
tracheale [trake'ale] agg. ANAT. trachéal.
tracheidale [trakei'dale] agg. ZOOL. trachéen.
tracheite [trake'ite] f. MED. trachéite.
tracheotomia [trakeoto'mia] f. CHIR. trachéotomie.

trachite [tra'kite] f. MINER. trachyte m.
tracimare [tratʃi'mare] v. intr. déborder.
tracimazione [tratʃimat'tsjone] f. débordement m.
tracio ['tratʃo] agg. thrace.
tracolla [tra'kɔlla] f. bandoulière. | *a tracolla*, en bandoulière, en écharpe. ‖ MIL. [di fucile] bretelle.
tracollare [trakol'lare] v. intr. [bilancia] pencher, trébucher. ‖ [prezzi] baisser vertigineusement.
tracollo [tra'kɔllo] m. [bilancia] penchement, trébuchement. ‖ FIN. krach ; débâcle (financière). ‖ PER EST. *la malattia gli ha dato il tracollo*, la maladie l'a épuisé. ‖ FIG. effondrement.
tracoma [tra'koma] m. MED. trachome.
tracotante [trako'tante] agg. outrecuidant, insolent, effronté.
tracotanza [trako'tantsa] f. outrecuidance, effronterie, insolence.
tradimento [tradi'mento] m. trahison f. ‖ PER EST. [atto sleale] traîtrise f. ‖ GIUR. *alto tradimento*, haute trahison. ‖ LOC. *a tradimento*, par trahison, traîtreusement. | *attaccare qlcu. a tradimento*, attaquer qn en traître, par traîtrise. ‖ FIG., FAM. *mangiare il pane a tradimento*, voler le pain qu'on mange. | *prendere a tradimento*, prendre à l'improviste.
tradire [tra'dire] v. tr. trahir. | *tradire un segreto*, livrer un secret. | *le forze lo hanno tradito*, ses forces l'ont lâché. | *se la memoria non mi tradisce*, si la mémoire ne me trahit pas. ◆ *la memoria mi tradisce*, j'ai un trou de mémoire (fam.). | *tradire il pensiero di qlcu.*, dénaturer la pensée de qn. ‖ PER ANAL. *tradire il marito*, tromper son mari. ‖ FIG. [rivelare] trahir, déceler, dénoncer, révéler, manifester. ◆ v. rifl. se trahir, se couper (fam.).
traditore [tradi'tore] (**-trice** f. L.C., **-ora** f. pop. o scherz.) agg. e traître, traîtresse. | *è un traditore della patria*, il est traître à sa patrie. | *alla traditora* traîtreusement avv., en traître. | *vino traditore*, vin traître. | *è un'acqua traditora*, c'est une eau traîtresse.
tradizionale [tradittsjo'nale] agg. traditionnel. ‖ FAM. [abituale] habituel, usuel. | *dopo il pasto fuma la tradizionale sigaretta*, après le repas il fume sa cigarette habituelle.
tradizionalismo [tradittsjona'lizmo] m. traditionalisme.
tradizionalista [tradittsjona'lista] (**-i** m. pl.) agg. e n. traditionaliste.
tradizionalistico [tradittsjona'listiko] (**-ci** pl.) agg. traditionaliste.
tradizionario [tradittsjo'narjo] agg. RELIG. traditionnaire.
tradizione [tradit'tsjone] f. tradition. ‖ FAM. [consuetudine] tradition, coutume, habitude, usage m. | *è la tradizione*, il est de tradition.
tradotta [tra'dotta] f. convoi (m.) militaire.
traducibile [tradu'tʃibile] agg. traduisible.
tradurre [tra'durre] v. tr. traduire. | *tradurre alla lettera*, traduire à la lettre, au pied de la lettre, mot à mot. | *tradurre a senso*, traduire librement. ‖ FIG. [esprimere] traduire, rendre, exprimer. ‖ GIUR. traduire.
traduttore [tradut'tore] (**-trice** f.) m. traducteur, trice.
traduzione [tradut'tsjone] f. traduction ; [in lingua materna] version ; [in lingua straniera] thème m. | *traduzione dal greco*, traduction du grec, version grecque. | *le traduzioni della Bibbia sono numerose*, les versions de la Bible sont nombreuses. | *traduzione in tedesco, in spagnolo*, thème allemand, espagnol. ‖ GIUR. transfert m., transfèrement m.
traente [tra'ɛnte] m. e f. COMM. tireur, euse ; émetteur, trice.
trafelato [trafe'lato] agg. hors d'haleine, haletant, essoufflé.
trafficante [traffi'kante] n. PEGGIOR. trafiquant ; trafiqueur, euse ; maquignon, onne (raro).
trafficare [traffi'kare] v. intr. PEGGIOR. *trafficare in*, trafiquer de, faire trafic de. ‖ ASSOL. trafiquer. ‖ FAM. *che cosa traffichi ?*, qu'est-ce que tu trafiques ? ‖ FIG., FAM. [brigare] maquignonner v. tr., tripoter.
traffichino [traffi'kino] n. V. TRAFFICANTE.
traffico ['traffiko] m. [movimento di merci e persone] trafic. | *traffico aereo*, trafic aérien. ‖ [circolazione stradale] circulation f., trafic. | *sviare il traffico*, détourner la circulation. | *il traffico stradale è molto intenso oggi*, la circulation automobile est très intense aujourd'hui. ‖ GIUR. *traffico d'influenza*, trafic d'influence. ‖ FIG., FAM. maquignonnage. | *traffici elettorali*, manipulations électorales ; magouilles f. (fam.).
trafficone [traffi'kone] n. V. TRAFFICANTE.
trafiggere [tra'fiddʒere] v. tr. [trapassare] enferrer, enfiler, transpercer, embrocher (fam.). ‖ [dolore] lanciner, percer. ‖ [mistici] transverbérer.
trafila [tra'fila] f. TECN. filière, tréfileuse. ‖ FIG. filière. | *seguire la trafila*, passer par, suivre la filière.
trafilare [trafi'lare] v. tr. TECN. affiler, tréfiler, fileter. | *banco a trafilare*, tréfileuse f.
trafilato [trafi'lato] agg. *oro trafilato*, or trait.
trafilatore [trafila'tore] m. TECN. tréfileur.
trafilatrice [trafila'tritʃe] f. TECN. tréfileuse, filière, étireuse.
trafilatura [trafila'tura] f. TECN. tréfilage m., étirage m., écrouissage m., écrouissement m. | *banco di trafilatura*, tréfileuse f.
trafileria [trafile'ria] f. TECN. tréfilerie.
trafiletto [trafi'letto] m. entrefilet.
trafitta [tra'fitta] o **trafittura** [trafit'tura] f. [ferita] blessure. ‖ PER EST. [fitta] élancement m.
traforare [trafo'rare] v. tr. percer. | *traforare una montagna*, percer une montagne. ‖ [con una sega] découper, chantourner. ‖ [ricamare] ajourer. ‖ TECN. évider.
traforato [trafo'rato] agg. [con una sega] découpé, chantourné. ‖ PER EST. *calze traforate*, bas (m. pl.) à jour. ‖ [ricamato] ajouré.
traforatrice [trafora'tritʃe] f. MECC. perceuse.
traforo [tra'foro] m. [scavo di galleria] percement. ‖ PER EST. [galleria] tunnel. ‖ [su legno] découpage, chantournage. | *seghetta da traforo*, scie à découper. ‖ [ricamo] *ricamo, orli a traforo*, broderie f., ourlets à jour.
trafugamento [trafuga'mento] m. enlèvement, vol. ‖ GIUR. soustraction f.
trafugare [trafu'gare] v. tr. enlever, voler, dérober. ‖ GIUR. soustraire.
tragedia [tra'dʒɛdja] f. LETT. e FIG. tragédie.
tragediante [tradʒe'djante] n. (antiq. o iron.) [autore] (auteur) tragique ; [attore] tragédien, enne. ‖ FIG. personne qui prend tout au tragique, qui dramatise.
tragediografo [tradʒe'djɔgrafo] m. (auteur) tragique.
tragedo [tra'dʒɛdo] m. [autore] LETT. (auteur) tragique (L.C.). ‖ [attore] (lett., raro) tragédien.
traghettare [traget'tare] v. tr. passer en bac, traverser. ‖ [trasportare] passer.
traghettatore [tragetta'tore] m. passeur.
traghetto [tra'getto] m. [azione] passage. ‖ *(nave) traghetto*, ferry-boat m. (ingl.). | *barca di traghetto*, bac m., bachot m., barque traversière.
tragicamente [tradʒika'mente] avv. tragiquement. | *finire tragicamente*, tourner au tragique.
tragicità [tradʒitʃi'ta] f. tragique m.
tragico ['tradʒiko] (**-ci** pl.) agg. PR. e FIG. tragique. ◆ m. [autore di tragedie] (auteur) tragique ; [attore] tragédien. ‖ FIG., FAM. *prendere sul tragico, in modo tragico*, prendre au tragique, dramatiser.
tragicomico [tradʒi'kɔmiko] (**-ci** pl.) agg. LETT. e FIG. tragi-comique.
tragicommedia [tradʒikom'mɛdja] f. LETT. e FIG. tragi-comédie.
tragittare [tradʒit'tare] v. tr. (lett.) passer (L.C.), traverser (L.C.).
tragitto [tra'dʒitto] m. trajet, parcours, chemin, voyage.
trago ['trago] m. ANAT. tragus.
traguardare [tragwar'dare] v. tr. OTT. regarder à travers l'alidade. ‖ FIG. regarder du coin de l'œil.
traguardo [tra'gwardo] m. SPORT (ligne) d'arrivée f. | *tagliare il traguardo*, franchir, passer la ligne d'arrivée. ‖ [ippica] poteau. | *tagliare il traguardo*, doubler le poteau. ‖ FIG. *giungere al traguardo dei dieci milioni, dei settant'anni*, arriver à dix millions, atteindre soixante-dix ans. ‖ OTT. alidade f. | *linea di traguardo*, visée f.
traiettoria [trajet'tɔrja] f. trajectoire.
traina ['traina] f. corde, câble (m.) de remorque. ‖ [lenza] traîne. ‖ VETER. aubin m.

trainare [trai'nare] v. tr. traîner, tirer ; [rimorchiare] remorquer.
traino ['traino] m. [azione] tirage, traînage. | *cavallo da traino*, cheval de harnais, de trait. || [riferito al mezzo di trazione] traction f. | *traino a motore*, traction à moteur. || [veicolo con pattini] traîneau. || [carico] charge f. || [l'insieme di ciò che è trainato] train. | *traino di legname*, train de bois. || VETER. aubin.
tralasciare [tralaʃ'ʃare] v. tr. [dimenticare] oublier, négliger. || [trascurare] négliger. | *è stato tralasciato l'aspetto più importante*, on a négligé l'aspect le plus important. || [interrompere] interrompre, suspendre. || ASSOL., FAM. *« non vuoi dirlo ?, allora tralascia »*, « tu ne veux pas le dire ?, alors laisse tomber ». ◆ v. intr. *tralasciare di dire, di fare*, négliger de dire, de faire.
tralcio ['traltʃo] m. sarment.
traliccio [tra'littʃo] m. TESS. coutil, treillis. || TECN. [intelaiatura di sostegno] treillis. || [graticcio] treillis, treillage. || ELETTR. pylône.
tralice [tra'litʃe] loc. avv. *in, di tralice*, en, de biais. | *tagliare in tralice un tessuto*, couper en biais une étoffe. | *guardare in tralice*, regarder à la dérobée, lancer un regard en coin (sur).
tralignamento [traliɲɲa'mento] m. abâtardissement, dégénérescence f.
tralignare [traliɲ'ɲare] v. intr. s'abâtardir, dégénérer. ◆ m. abâtardissement, dégénérescence f.
tralucere [tra'lutʃere] v. intr. (lett.) briller (L.C.), reluire (L.C.). || FIG. transparaître.
tram [tram] m. [ingl.] tram(way).
trama ['trama] f. TESS., TELECOM. trame. | *tessuto a trama rada*, tissu à claire-voie. | *operaio, operaia che trama*, trameur, trameuse. || [complotto] intrigue, complot m., trame (ant.). || FIG. [intreccio] trame, entrelacement m., intrigue. || [piano, schema] canevas m. || LETT. intrigue, affabulation, fable.
tramaglio [tra'maʎʎo] m. MAR. tramail, trémail.
tramandare [traman'dare] v. tr. léguer, transmettre. | *tramandare ai posteri*, léguer à la postérité.
tramare [tra'mare] v. tr. e intr. FIG. comploter, conjurer v. tr., entrelacer v. tr., ourdir v. tr. | *tramare imbrogli*, cabaler v. intr.
trambustare [trambus'tare] v. tr. FAM., PR. e FIG. bouleverser (L.C.).
trambusto [tram'busto] m. remue-ménage, branle-bas, bouleversement, agitation f. | *ci fu un po' di trambusto nella sala*, il y eut des remous dans la salle.
tramestare [trames'tare] v. intr. *tramestare tra*, fouiller dans. || [affacendarsi] s'affairer.
tramestio [trames'tio] m. remue-ménage.
tramezza [tra'mɛddza] f. [tramezzo] cloison. || [di scarpa] trépointe.
tramezzare [tramed'dzare] v. tr. cloisonner. || FIG. [intercalare] intercaler, interpoler. ◆ m. cloisonnage, cloisonnement.
tramezzatura [trameddza'tura] f. cloisonnage m., cloisonnement m.
tramezzino [tramed'dzino] m. sandwich (ingl.). || PER EST. [persona] homme-sandwich.
tramezzo [tra'mɛddzo] m. cloison f. | *(muro di) tramezzo*, cloison f. || [ricamo] entre-deux.
tramite ['tramite] m. PR. e FIG. intermédiaire. | *servire di tramite tra due persone*, servir d'intermédiaire entre deux personnes. | *(per il) tramite (di)*, par le truchement, l'entremise, le canal de ; par ; au moyen de. | *tramite loro*, par leur entremise. || [sbocco] débouché m.
tramoggia [tra'mɔddʒa] f. TECN. trémie.
tramontana [tramon'tana] f. bise, vent (m.) du nord. || LOC. FIG. FAM. *perdere la tramontana*, perdre la boussole, perdre la boule (fam.).
tramontare [tramon'tare] v. intr. ASTRON. décliner, baisser ; [sole] se coucher. | *quando tramonta il sole*, au coucher du soleil, au soleil couchant. || SOSTANT. *al tramontare del sole*, au coucher du soleil, au soleil couchant. || FIG. *mode che tramontano presto*, modes qui passent vite.
tramonto [tra'monto] m. ASTRON. déclin ; [sole] coucher de soleil. | *al tramonto*, au coucher du soleil, au soleil couchant. || FIG. déclin. | *scrittore al tramonto*, écrivain sur son déclin.
tramortimento [tramorti'mento] m. évanouissement.
tramortire [tramor'tire] v. tr. étourdir. | *tramortire qlcu. con una bastonata*, étourdir qn d'un coup de bâton. ◆ v. intr. s'évanouir.
tramortito [tramor'tito] agg. étourdi. || [svenuto] évanoui.
trampoliere [trampo'ljɛre] m. ZOOL. échassier.
trampolino [tranpo'lino] m. SPORT e FIG. tremplin.
trampolo ['trampolo] m. échasse f. | *camminare sui trampoli*, marcher avec des échasses. || FIG., SCHERZ. [gambe lunghe] *che trampoli ha quella ragazza !*, cette jeune fille est montée sur des échasses ! || FIG., FAM. *ragionamento che si regge sui trampoli*, raisonnement boiteux.
tramutamento [tramuta'mento] m. [spostamento] déplacement. || [cambiamento] changement, transformation f. || [travaso] transvasement, soutirage. || [trapianto] transplantation f.
tramutare [tramu'tare] v. tr. [spostare] déplacer. || [cambiare] changer, transformer, convertir. || [travasare] transvaser, soutirer. || [trapiantare] transplanter. ◆ v. intr. [in] se changer (en), se transformer (en).
tramutazione [tramutat'tsjone] f. V. TRAMUTAMENTO.
tramvai [tram'vai] m. V. TRANVAI.
tramvia [tram'via] f. V. TRANVIA.
trance ['tra:ns] f. [ingl.] PSICOL. transe. | *essere, entrare in trance*, être, entrer en transe.
trancia ['trantʃa] f. TECN. cisaille, machine à cisailler ; [carta] coupeuse. || [pezzo, fetta] tranche.
tranciare [tran'tʃare] v. tr. trancher, cisailler. | *tranciare a stampo*, découper.
tranciatrice [trantʃa'tritʃe] f. machine à cisailler ; [carta] coupeuse.
tranciatura [trantʃa'tura] f. cisaillement m., découpage m., découpure. | *reparto tranciatura barbabietole*, râperie f.
tranello [tra'nɛllo] m. piège, embûche f., embuscade f., chausse-trappe f. (fam.), guet-apens. | *cadere in un tranello*, donner, tomber dans un piège. | *attirare qlcu. in un tranello*, attirer qn dans un guet-apens. | *cadere nel tranello*, donner dans le panneau (fam.).
trangugiare [trangu'dʒare] v. tr. PR. e FIG. avaler, engloutir. | *trangugiare bocconi amari*, avaler des couleuvres.
tranne ['tranne] prep. excepté, sauf, hormis (lett.), fors (antiq.), à l'exception de, à l'exclusion de. | *tranne loro, nessuno ha sentito nulla*, eux exceptés, personne n'a rien entendu. ◆ loc. cong. ***tranne che***, excepté que, si ce n'est que, sauf que. | *le due auto sono uguali, tranne che questa è più pesante dell'altra*, les deux voitures sont semblables si ce n'est que celle-ci est plus lourde que l'autre. || [a meno che] à moins que. | *ti aiuterò, tranne che ti comporti male*, je t'aiderai à moins que tu ne te conduises mal.
tranquillamente [trankwilla'mente] avv. tranquillement. || [placidamente] tranquillement, béatement, gentiment.
tranquillante [trankwil'lante] m. FARM. calmant.
tranquillare [trankwil'lare] v. tr. tranquilliser, calmer. || [rassicurare] rassurer. ◆ v. rifl. se tranquilliser, se calmer, se rassurer.
tranquillità [trankwilli'ta] f. tranquillité, calme m., quiétude. | *lavorare in tranquillità*, travailler dans le, au calme.
tranquillo [tran'kwillo] agg. tranquille, calme. | *è un uomo tranquillo*, c'est un homme paisible, c'est un père tranquille (fam.). | *dorme tranquillo*, il dort tranquillement. | *stai tranquillo !*, tiens-toi coi ! | *la giornata è passata tranquilla*, la journée s'est passée calmement.
transafricano [transafri'kano] agg. transafricain.
transahariano [transaa'rjano] agg. transsaharien.
transalpino [transal'pino] agg. transalpin.
transatlantico [transa'tlantiko] agg. AER., MAR. transatlantique, long-courrier. ◆ m. MAR. long-courrier, paquebot, transatlantique.
transattivo [transat'tivo] agg. transactionnel.
transazione [transat'tsjone] f. transaction, accommodement m. | *venire a una transazione con qlcu.*, transiger avec qn, venir à composition avec qn. || PROV. *val meglio una cattiva transazione che un buon processo*, il vaut mieux transiger que plaider.
transcaspiano [transkas'pjano] agg. transcaspien.

transcaspico [trans'kaspiko] (**-ci** pl.) agg. transcaspien.
transcaucasico [transkau'kaziko] (**-ci** pl.) agg. transcaucasien.
transcodifica [transko'difika] f. transcodage m.
transcodificare [transkodifi'kare] v. tr. transcoder.
transcontinentale [transkontinen'tale] agg. transcontinental.
transeat ['transeat] avv. [lat.] passe encore !
transenna [tran'sɛnna] f. ARCHIT. transenne. ‖ [struttura mobile] barrière.
transetto [tran'sɛtto] m. ARCHIT. transept, croisillon.
transeunte [transe'unte] agg. (lett.) provisoire (L.C.), passager (L.C.).
transfert ['transfert] m. [ingl.] PSICAN. transfert.
transfinito [transfi'nito] agg. MAT. transfini.
transfrastico [trans'frastiko] (**-ci** pl.) agg. LING. transphrastique.
transfuga ['transfuga] (**-ghi** pl.) m. (lett.) PR. e FIG. transfuge.
transgiordano [transdʒor'dano] agg. transjordanien.
transiberiano [transibe'rjano] agg. transsibérien.
transigere [tran'sidʒere] v. intr. PR. e FIG. transiger. ‖ FIG. pactiser (peggior.), composer. | *non transigere con la propria coscienza,* ne pas composer avec sa conscience.
transilvanico [transil'vaniko] (**-ci** pl.) agg. transylvain, transylvanien.
transistor [tran'sistor] m. invar. [ingl.] FIS. transistor. ‖ PER EST. [radiolina] transistor, poste portatif.
transistore [transis'tore] m. FIS. transistor.
transistorizzato [transistorid'dzato] agg. transistorisé.
transitabile [transi'tabile] agg. [a] praticable (pour). | *transitabile con catene,* chaînes obligatoires. ‖ [aperto] ouvert.
transitabilità [transitabili'ta] f. viabilité. | *bollettino della transitabilità delle strade,* état des routes.
transitare [transi'tare] v. intr. transiter. | *far transitare,* transiter v. tr.
transitario [transi'tarjo] m. COMM. transitaire.
transitività [transitivi'ta] f. transitivité.
transitivo [transi'tivo] agg. transitif.
transito ['transito] m. [passaggio] *vietato il transito,* défense de circuler. | *luogo di transito,* lieu de passage. ‖ COMM. transit. | *in transito,* en transit. | *bolletta di transito,* acquit-à-caution. | *paese di transito,* pays transitaire.
transitorietà [transitorje'ta] f. caractère (m.) transitoire, provisoire. ‖ FIG. caractère fugitif.
transitorio [transi'tɔrjo] agg. transitoire, provisoire. ‖ FIG. fugitif.
transizione [transit'tsjone] f. transition, passage m. | *epoca di transizione,* époque de transition, de passage. ‖ FIS. transition.
translucidità [translutʃidi'ta] f. translucidité.
translucido [trans'lutʃido] agg. translucide.
transmodulazione [transmodulat'tsjone] f. RADIO transmodulation.
transoceanico [transotʃe'aniko] (**-ci** pl.) agg. transocéanique.
transonico [tran'sɔniko] (**-ci** pl.) agg. FIS. transsonique.
transpadano [transpa'dano] agg. transpadan.
transpirenaico [transpire'naiko] (**-ci** pl.) agg. transpyrénéen.
transpolare [transpo'lare] agg. transpolaire.
transubstanziarsi [transubstan'tsjarsi] v. intr. e deriv. V. TRANSUSTANZIARSI e deriv.
transumanare [transuma'nare] V. TRASUMANARE.
transumante [transu'mante] agg. transhumant.
transumanza [transu'mantsa] f. transhumance.
transumare [transu'mare] v. tr. e intr. transhumer.
transuranico [transu'raniko] (**-ci** pl.) agg. CHIM. transuranien.
transustanziarsi [transustan'tsjarsi] v. medio intr. RELIG. se transsubstantier (raro).
transustanziazione [transustantsjat'tsjone] f. RELIG. transsubstantiation.
transvestitismo [tranzvesti'tizmo] m. PSICAN. travestisme.
tran tran o **trantran** [tran'tran] m. train-train.
tranvai [tran'vai] m. tram(way) [ingl.].
tranvia [tran'via] f. ligne de tram(way).
tranviario [tran'vjarjo] agg. de tramway(s). | *linea tranviaria,* ligne de tramway.
tranviere [tran'vjɛre] m. traminot. ‖ [conduttore] conducteur.
trapanare [trapa'nare] v. tr. CHIR. trépaner. ‖ [dentista] fraiser. ‖ TECN. forer, percer.
trapanatore [trapana'tore] m. [operaio] foreur.
trapanatrice [trapana'tritʃe] f. TECN. [macchina] foreuse, perceuse ; [di rocce] trépan m.
trapanatura [trapana'tura] f. forage m., perçage m.
trapanazione [trapanat'tsjone] f. CHIR. trépanation. ‖ [dentista] fraisure.
trapano ['trapano] m. CHIR. trépan ; [di dentista] fraise f., roulette f. ‖ TECN. [macchina] foreuse f., perceuse f. ; [per rocce] trépan ; [per orologiaio] drille f. | *punta da trapano,* foret, mèche f. | *trapano a manovella,* vilebrequin. | *trapano a mano, elettrico,* chignole (f.) à main, électrique.
trapassare [trapas'sare] v. tr. transpercer, perforer, enferrer, enfiler, embrocher (fam.). ‖ PER EST. *l'acqua gli ha trapassato l'ombrello,* l'eau a transpercé son parapluie. ‖ PER ANAL. *trapassare i limiti,* dépasser les limites. ‖ ASSOL. (lett.) trépasser, passer de vie à trépas.
trapassato [trapas'sato] n. [defunto] trépassé. ◆ m. GRAMM. *trapassato prossimo,* plus-que-parfait. | *trapassato remoto,* passé antérieur.
trapasso [tra'passo] m. [passaggio] passage. ‖ (lett.) [morte] trépas. ‖ FIG. [transizione] transition f. ‖ GIUR. transfert. ‖ RET. transition f. | *con brusco trapasso,* sans transition.
trapelare [trape'lare] v. intr. PR. filtrer, suinter. ‖ PER ANAL. filtrer, transpirer, s'ébruiter. ‖ FIG. affleurer, transparaître, transpirer.
trapelo [tra'pelo] m. [cavallo] (cheval) côtier (antiq.).
trapezio [tra'pɛttsjo] m. ANAT., GEOM., SPORT trapèze. | *lavorare al trapezio,* faire du trapèze.
trapezista [trapet'tsista] (**-i** m. pl.) n. trapéziste.
trapezoedro [trapeddzo'edro] m. GEOM., MINER. trapézoèdre.
trapiantabile [trapjan'tabile] agg. transplantable.
trapiantare [trapjan'tare] v. tr. AGR. transplanter, repiquer. ‖ CHIR. [organo] transplanter ; [tessuto] greffer. ‖ FIG. transplanter. ◆ v. rifl. se transplanter.
trapiantatoio [trapjanta'tojo] m. AGR. déplantoir, bêche f., houlette f.
trapianto [tra'pjanto] m. AGR. transplantation f., repiquage. ‖ CHIR. *trapianto del cuore,* transplantation cardiaque. | *trapianto osseo,* greffe osseuse.
trappa ['trappa] f. RELIG. trappe.
trappista [trap'pista] (**-i** pl.) m. RELIG. trappiste. | *liquore fabbricato dai trappisti,* trappistine f.
trappola ['trappola] f. trappe, chausse-trappe, piège m., traquet m. ; [per animali nocivi] traquenard m. | *trappola per gatti,* chatière. | *trappola per topi,* ratière, souricière. | *trappola per uccelli,* trébuchet m. ‖ FIG. piège m., chausse-trappe (fam.), guet-apens m., traquenard m., embûche. | *cadere in una trappola,* donner, tomber dans un piège. | *attirare qlcu. in una trappola,* attirer qn dans un guet-apens. ‖ FIG., FAM. [cianfrusaglia] pacotille, camelote. | *è una trappola,* c'est du toc. ‖ [vecchio oggetto che funziona male] patraque ; [macinino] tacot m., guimbarde.
trappoleria [trappole'ria] f. FAM. machination (L.C.), manigance (L.C.), tromperie (L.C.).
trappolone [trappo'lone] m. FAM. trompeur (L.C.).
trapunta [tra'punta] f. courtepointe.
trapuntare [trapun'tare] v. tr. matelasser, piquer. ‖ [ricamare] broder.
trapunto [tra'punto] agg. brodé. ‖ FIG. *cielo trapunto di stelle,* ciel parsemé, constellé d'étoiles.
trarre ['trarre] v. tr. [tirare] (lett.) tirer. ‖ FIG. *trarre vantaggio,* tirer profit. | *trarre in inganno,* induire en erreur, tromper. | *trarre d'impaccio,* dépêtrer, tirer d'embarras. ‖ PER EST. [estrarre] extraire. | *trarre un passo da Michelet,* extraire un passage de Michelet. ‖ PER ANAL. [ricevere] *musica che trae dalla pittura il senso del colore,* musique qui emprunte à la peinture le sens de la couleur. ‖ COMM. *trarre a vista,* tirer à

vue. ◆ v. rifl. *trarsi d'impaccio,* se tirer d'embarras, se dépêtrer.
trasalimento [trasali'mento] m. tressaillement.
trasalire [trasa'lire] v. intr. tressaillir, avoir un haut-le-corps.
trasandato [trazan'dato] agg. négligé, débraillé. | *modi trasandati,* manières débraillées. || FIG. *stile trasandato,* style relâché.
trasandatezza [trazanda'tettsa] f. négligé m., débraillé m.
trasbordare [trazbor'dare] v. tr. transborder.
trasbordatore [trazborda'tore] agg. e m. transbordeur. | *ponte trasbordatore,* (pont) transbordeur.
trasbordo [traz'bordo] m. transbordement.
trascendentale [traʃʃenden'tale] agg. FILOS., MUS. transcendantal. || FIG. transcendant, sublime. | *non ha nulla di trascendentale,* ça n'a rien de transcendant.
trascendentalismo [traʃʃendenta'lizmo] m. FILOS. transcendantalisme.
trascendente [traʃʃen'dɛnte] agg. FILOS., MAT. transcendant.
trascendere [traʃ'ʃendere] v. tr. FILOS. transcender. | *che trascende,* transcendant. || PER EST. [superare] dépasser. || ASSOL. excéder ; dépasser les bornes. ◆ v. intr. *trascendere a ingiurie,* se laisser aller à proférer des injures.
trascinare [traʃʃi'nare] v. tr. **1.** PR. tirer, traîner. | *trascinare una gamba,* traîner la jambe. || PR. e FIG. *trascinare uno nel fango,* traîner qn dans la boue. || **2.** [condurre] traîner, entraîner, trimbaler (fam.). | *si trascina sempre dietro un codazzo di bambini,* il traîne toujours avec lui une cohorte d'enfants. | *la corrente trascinava tronchi d'albero e corpi,* le courant charriait des troncs d'arbres et des corps. || **3.** FIG. entraîner. | *lasciarsi trascinare dall'entusiasmo,* se laisser entraîner par l'enthousiasme. | *trascinare le folle,* mener les foules. || [coinvolgere] embringuer (fam.). | *lo hanno trascinato in un brutto affare,* on l'a embringué dans une sale affaire. ◆ v. medio intr. *trascinarsi a stento, a fatica,* avancer cahin-caha. | *riuscì a trascinarsi fino all'uscio,* il réussit à se traîner jusqu'à la porte. || PER EST. [andare per le lunghe] traîner, se traîner (fam.).
trascinatore [traʃʃina'tore] (**-trice** f.) agg. entraînant. ◆ m. *trascinatore di folle,* meneur de foules, entraîneur d'hommes.
trascolorare [traskolo'rare] v. intr. e medio intr. changer de couleur. || [impallidire] pâlir.
trascorrere [tras'korrere] v. tr. passer. | *abbiamo trascorso ore piacevoli assieme,* nous avons passé des heures agréables ensemble. || [leggere rapidamente] parcourir. ◆ v. intr. [ausiliare essere] s'écouler, passer. | *sono trascorsi parecchi anni (da allora),* il y a plusieurs années de ça. || FIG. [andare rapidamente da un argomento all'altro] passer. || [ausiliare avere] *trascorrere ad atti di violenza,* se laisser aller à des actes de violence.
trascorso [tras'korso] part. pass. di TRASCORRERE. ◆ m. frasque f., fredaine f., erreurs f. pl. | *sono trascorsi di gioventù,* ce sont des frasques de jeunesse.
trascrittore [traskrit'tore] (**-trice** f.) m. transcripteur.
trascrivere [tras'krivere] v. tr. transcrire.
trascrizione [traskrit'tsjone] f. transcription.
trascurabile [trasku'rabile] agg. négligeable.
trascuranza [trasku'rantsa] f. V. TRASCURATEZZA.
trascurare [trasku'rare] v. tr. [non occuparsi] négliger, délaisser, abandonner, se désintéresser (de). | *non è una proposta da trascurare,* ce n'est pas une proposition à écarter. | *ha trascurato tutti i miei consigli,* il a dédaigné tous mes conseils. || [omettere] négliger, omettre. || UNIV. *trascurare una parte del programma,* faire une impasse. ◆ v. rifl. se négliger, se laisser aller (fam.).
trascurataggine [traskura'taddʒine] f. V. TRASCURATEZZA.
trascuratezza [traskura'tettsa] f. [sciatteria] négligé m., débraillé m., laisser-aller m. | *la trascuratezza del suo abbigliamento è proverbiale,* le laisser-aller de sa tenue est proverbiale. || FIG. négligence. | *lavorare con trascuratezza,* travailler avec négligence. || PER EST. [dimenticanza] négligence, omission, oubli m.
trascurato [trasku'rato] agg. [di cose] négligé. | *ha una casa molto trascurata,* elle a une maison très mal (entre)tenue. | *lavoro trascurato,* travail négligé. || [di abbigliamento] négligé, débraillé. || [negligente] négligent. || FIG. *stile trascurato,* style relâché.
trasecolare [traseko'lare] v. intr. s'ébahir, s'ébaubir (antiq.), s'émerveiller, être ahuri. | *far trasecolare,* ahurir, ébouriffer (fam.).
trasferibile [trasfe'ribile] agg. COMM. transférable.
trasferibilità [trasferibili'ta] f. COMM. transférabilité.
trasferimento [trasferi'mento] m. [viaggio] déplacement. || [trasloco] transfert, translation f. || AMM. [personale] déplacement ; [funzionario, professore] mutation f. | *trasferimento d'ufficio,* mutation d'office. | *chiedere il trasferimento,* demander sa mutation. || COMM. transport. || ECON. *trasferimento di fondi,* transfert de fonds. || GIUR. transfèrement, transfert, translation f. | *trasferimento di proprietà,* transfert de propriété. || PSICAN. transfert. || SPORT mutation.
trasferire [trasfe'rire] v. tr. [trasportare] déplacer, transférer. || [personale, impresa] déplacer. | *la sede è stata trasferita a Milano,* le siège a été transféré à Milan. || [funzionari, professori] muter. | *è stato trasferito per misura punitiva,* il a été muté par mesure de sanction. || [prigionieri] transporter. || ECON., GIUR. transférer, transmettre, transporter. | *trasferire un diritto di proprietà,* transporter un droit de propriété. ◆ v. rifl. [personale, impresa] se transférer, se transporter. || [andare ad abitare] aller s'établir.
trasferta [tras'fɛrta] f. AMM. déplacement m. || [indennità] indemnité, frais (m. pl.) de déplacement ; indemnité de transport.
trasfigurare [trasfigu'rare] v. tr. transfigurer. ◆ v. rifl. se transfigurer.
trasfigurazione [trasfigurat'tsjone] f. transfiguration.
trasfondere [tras'fondere] v. tr. [liquidi] (raro) infuser, transvaser, transfuser. || MED. e FIG. transfuser (raro). || FIG. infuser (lett.).
trasformabile [trasfor'mabile] agg. transformable, convertible. || [auto] (raro) décapotable (L.C.).
trasformare [trasfor'mare] v. tr. transformer, changer, modifier. || PR. e FIG. *trasformare (in),* transformer (en), transmu(t)er (en) [lett.], convertir (en), changer (en). | *trasformare il piombo in oro,* convertir le plomb en or. || MAT. transformer, convertir. || SPORT [rugby] *trasformare una meta,* transformer un essai. ◆ v. rifl. se transformer, se changer, se modifier. || FIG. se transformer. || LOC. *trasformarsi (in) :* PR. se transformer (en) ; FIG. tourner (à). | *genio che si trasforma in follia,* génie qui tourne à la folie.
trasformatore [trasforma'tore] (**-trice** f.) agg. transformateur, trice. ◆ m. ELETTR. transformateur, transfo (fam.), convertisseur.
trasformazionale [trasformattsjo'nale] agg. LING. transformationnel.
trasformazione [trasformat'tsjone] f. PR. e FIG. transformation, modification, changement m. || CHIM., LING., SPORT transformation. || MAT. conversion, transformation.
trasformismo [trasfor'mizmo] m. BIOL., POLIT. transformisme.
trasformista [trasfor'mista] (**-i** pl.) m. BIOL., MAT. transformiste.
trasformistico [trasfor'mistiko] (**-ci** pl.) agg. BIOL., MAT. transformiste.
trasfusionale [trasfuzjo'nale] agg. MED. *centro trasfusionale,* centre de transfusion.
trasfusione [trasfu'zjone] f. MED. transfusion, perfusion. | *fare una trasfusione (di sangue) a qlcu.,* faire une transfusion de sang à qn.
trasfusionista [trasfuzjo'nista] (**-i** pl.) m. MED. transfuseur.
trasgredimento [trazgredi'mento] m. V. TRASGRESSIONE.
trasgredire [trazgre'dire] v. tr. e intr. [a] transgresser tr., enfreindre tr., violer tr., contrevenir (à).
trasgressione [trazgres'sjone] f. transgression, violation, infraction, entorse (fig.). | *fare una trasgressione a un regolamento,* faire une entorse à un règlement. || GEOL. transgression.
trasgressivo [trazgres'sivo] agg. GEOL. transgressif.

trasgressore [trazgres'sore] (**trasgreditrice** f.) m. transgresseur (solo m.) [lett.].

trasla(ta)re [trazla'tare] v. tr. (lett.) transférer (L.C.).

traslativo [trazla'tivo] agg. GIUR. translatif.

traslato [traz'lato] agg. transféré. ‖ LING. *uso traslato di una parola,* emploi métaphorique d'un mot. ◆ m. trope, métaphore f.

traslazione [trazlat'tsjone] f. translation. ‖ GIUR. transfert m. ‖ PSICAN. transfert m.

traslitterare [trazlitte'rare] v. tr. LING. translit(t)érer.

traslitterazione [trazlitterat'tsjone] f. LING. translit(t)ération.

traslocare [trazlo'kare] v. tr. [mobili] déplacer, transbahuter (fam.). ‖ [personale, imprese] déplacer, transférer. ◆ v. intr. déménager. ◆ v. rifl. déménager v. intr. ‖ [cambiare sede] se transférer.

trasloco [traz'lɔko] m. [personale, imprese] déplacement. ‖ [abitazione] déménagement. | *imprenditore di traslochi,* déménageur. | *fare il trasloco,* déménager v. intr.

traslucidità [trazlutʃidi'ta] f. V. TRANSLUCIDITÀ.

traslucido [traz'lutʃido] agg. V. TRANSLUCIDO.

trasmesso [traz'messo] agg. émis.

trasmettere [traz'mettere] v. tr. transmettre, communiquer. | *trasmettere un'informazione, una malattia,* communiquer une information, une maladie. ‖ GIUR. e FIG. transmettre, léguer, transfuser (fig.). | *trasmettere un'eredità,* léguer une hérédité. ‖ TELECOM. diffuser, passer. ‖ RADIO, T. V. émettre. ◆ v. rifl. se communiquer, se transmettre.

trasmettitore [trazmetti'tore] (**-trice** f.) m. MAR., TELECOM. transmetteur. ‖ RADIO émetteur. | *trasmettitore televisivo portatile,* émetteur portatif de télévision. ◆ agg. qui transmet.

trasmettitrice [trazmetti'tritʃe] f. V. TRASMITTENTE.

trasmigramento [trazmigra'mento] m. V. TRASMIGRAZIONE.

trasmigrare [trazmi'grare] v. intr. émigrer. ‖ RELIG. transmigrer.

trasmigrazione [trazmigrat'tsjone] f. [persone] émigration ; [animali] migration. ‖ RELIG. (trans)migration.

trasmissibile [trazmis'sibile] agg. transmissible.

trasmissione [trazmis'sjone] f. [azione] transmission, communication. | *trasmissione di un'informazione, di una malattia,* communication d'une nouvelle, transmission d'une maladie. ‖ GIUR. *trasmissione di un diritto,* cession d'un droit. | *trasmissione dei poteri,* passation des pouvoirs. ‖ ELETTR., FIS., MECC., TELECOM. transmission. | *cinghia di trasmissione,* courroie de transmission. | *albero di trasmissione,* arbre d'entraînement m. ‖ PSIC. *trasmissione del pensiero,* transmission de pensée. ‖ RADIO, T. V. émission. | *fine delle trasmissioni,* nos émissions sont terminées. ◆ pl. MIL. transmissions.

trasmittente [trazmit'tente] agg. RADIO, T. V. émetteur. | *stazione trasmittente,* station émettrice. ◆ f. émetteur m.

trasmodare [trazmo'dare] v. intr. exagérer. | *trasmodare nel bere, nel mangiare,* boire, manger outremesure, à l'excès.

trasmutabile [trazmu'tabile] agg. (raro) transmu(t)able (L.C.).

trasmutante [trazmu'tante] agg. FIS. transmuant.

trasmutare [trazmu'tare] v. tr. CHIM., FILOS., FIS. transmu(t)er. ◆ v. rifl. se transmu(t)er.

trasmutazione [trazmutat'tsjone] f. CHIM., FILOS., FIS. transmutation.

trasognare [trasoɲ'ɲare] v. intr. (raro) rêvasser (L.C.). ‖ [strabiliare] *far trasognare uno,* ahurir, ébouriffer qn.

trasognato [trasoɲ'ɲato] agg. [assorto] rêveur, absorbé. ‖ [sbalordito] ahuri, ébahi, éberlué, ébouriffé (fam.), ébaubi (fam.).

traspadano [traspa'dano] agg. V. TRANSPADANO.

trasparente [traspa'rɛnte] agg. PR. e FIG. transparent. ◆ m. transparent.

trasparenza [traspa'rɛntsa] f. PR. e FIG. transparence.

trasparire [traspa'rire] v. intr. PR. e FIG. transparaître.

traspirare [traspi'rare] v. tr. transpirer. ‖ FIG. transpirer, exprimer, traduire. | *il suo volto traspirava una grande gioia,* une grande joie s'exhalait de son visage. ‖ ASSOL. transpirer, suer, éliminer.

traspirato [traspi'rato] agg. [sudato] sué.

traspirazione [traspirat'tsjone] f. BOT., FISIOL. transpiration. | *traspirazione cutanea,* exhalation cutanée. | *traspirazione abbondante,* sudation.

trasponimento [trasponi'mento] m. V. TRASPOSIZIONE.

trasporre [tras'porre] v. tr. LING. transposer, intervertir. ‖ MUS. transposer. | *che può essere trasposto,* transposable.

trasportabile [traspor'tabile] agg. transportable. ‖ MUS. transposable.

trasportamento [trasporta'mento] m. V. TRASPORTO.

trasportare [traspor'tare] v. tr. PR. e FIG. transporter. | *trasportare sulle spalle,* coltiner. | *trasportare con autocarro,* camionner. | *il fiume trasportava molto fango,* la rivière charriait beaucoup de limon. ‖ PER EST. [procastinare] remettre, ajourner, retarder. ‖ FIG. entraîner, emporter. | *lasciarsi trasportare dall'immaginazione,* se laisser emporter par l'imagination. | *lasciarsi trasportare dalla collera, dall' ira,* s'emporter v. rifl. ‖ PER EST. *la narrazione ci trasporta al tempo delle crociate,* la narration nous ramène au temps des croisades. ‖ MAT., MUS. transposer. ‖ TECN. *trasportare per condotto, per oleodotto,* canaliser v. tr. ◆ v. rifl. *trasportarsi nel passato,* se transporter dans le passé.

trasportato [traspor'tato] agg. e n. *i trasportati,* les personnes transportées.

trasportatore [trasporta'tore] m. transporteur. ‖ BIOL., CHIM., MECC. transporteur. ‖ MECC., MIL. convoyeur.

trasportatrice [trasporta'tritʃe] f. MECC. chaîne transporteuse.

trasporto [tras'pɔrto] m. **1.** PR. transport. | *mezzi di trasporto,* transports m. pl. | *aereo da trasporto, nave (da) trasporto,* avion, navire de transport. | *trasporto su strada,* transport routier. | *trasporto con camion,* camionnage. | *(prezzo del) trasporto,* camionnage. | *trasporto con slitte,* traînage. | *trasporto di alunni,* ramassage scolaire. ‖ [carro] *trasporto funebre,* convoi funèbre. ‖ COMM. *trasporto a domicilio, in consegna,* factage. ‖ ELETTR. transport. ‖ **2.** FIG. enthousiasme, transport (lett.), élan, élancement. | *trasporto di collera, d'ira,* emportement. | *amare con trasporto,* aimer avec passion. | *avere un trasporto d'affetto,* avoir un élan d'affection. ‖ MUS. transposition f.

traspositore [traspozi'tore] (**-trice** f.) agg. e m. MUS. transpositeur.

trasposizione [trasposit'tsjone] f. transposition.

trassato [tras'sato] agg. e n. COMM. tiré.

trasteverino [trasteve'rino] agg. transtévérin.

trastullamento [trastulla'mento] m. V. TRASTULLO.

trastullare [trastul'lare] v. tr. amuser. ‖ FIG. [lusingare] flatter. ◆ v. rifl. PR. e FIG. s'amuser. ◆ m. amusement.

trastullo [tras'tullo] m. amusement, jeu. ‖ PER EST. [distrazione] passe-temps, divertissement. ‖ FIG. [zimbello] jouet.

trasudamento [trasuda'mento] m. transsudation f., exsudation f. (antiq.).

trasudare [trasu'dare] v. intr. PR. suinter, suer. ‖ PR. e FIG. transsuder. ◆ m. transsudation f. ◆ v. tr. PR. e FIG. suinter, suer, transsuder, exsuder.

trasudato [trasu'dato] agg. baigné de sueur. ◆ m. MED. transsudat.

trasudazione [trasudat'tsjone] f. transsudation, exsudation (antiq.).

trasumanare [trazuma'nare] v. intr. (lett.) se dégager de la matérialité, se spiritualiser.

trasversale [trazver'sale] agg. transversal. | *barra trasversale,* barre transversale ; traverse f. ◆ f. MAT. transversale.

trasverso [traz'vɛrso] agg. (raro) transversal (L.C.). ‖ ANAT., MED. transverse.

trasvolare [trazvo'lare] v. tr. PR. e FIG. survoler, passer (sur). | *trasvolare un argomento,* passer sur un sujet. ◆ v. intr. FIG. passer.

trasvolata [trazvo'lata] f. traversée en avion. | *trasvo-*

lata dell'Atlantico, traversée de l'Atlantique en avion, survol (m.) de l'Atlantique.
trasvolatore [trazvola'tore] (**-trice** f.) m. aviateur, aviatrice (qui fait une traversée). | *i trasvolatori del Polo*, les aviateurs qui ont survolé le pôle, qui ont fait la traversée du pôle.
tratta ['tratta] f. COMM. traite ; lettre de change. || [traffico] *tratta dei negri, delle bianche*, traite des Noirs, des Blanches.
trattabile [trat'tabile] agg. [cose] que l'on peut traiter, traitable. || [prezzo] qui peut être marchandé, à marchander. || FIG. [persona] avec qui l'on peut traiter ; accommodant, maniable. | *essere di un umore trattabile*, être d'une humeur accommodante.
trattabilità [trattabili'ta] f. FIG. affabilité.
trattamento [tratta'mento] m. [modo di agire] traitement. | *godere di un trattamento di favore*, jouir d'un traitement de faveur. || [di albergo] service. || [di domestica] *ottimo trattamento*, conditions excellentes. || [remunerazione] traitement ; appointements m. pl. || MED. traitement, soin(s), cure f. || TECN. traitement. || PER EST. *trattamento della pelle*, soins du visage.
trattare [trat'tare] v. tr. **1.** [agire] traiter. | *trattare bene, male*, bien traiter, mal traiter. | *trattare uno come un cane, dall'alto in basso*, traiter qn comme un chien, de haut en bas. | *trattare qlcu. da ignorante*, traiter qn d'ignorant. || [al ristorante] *mi hanno trattato come un signore*, j'ai eu un service excellent. || **2.** [maneggiare] manier. | *saper trattare il pennello, il bisturi*, savoir manier le pinceau, le bistouri. | *tratta la lingua da maestro*, il manie sa langue en maître. || PER EST. *trattare un oggetto con cura*, prendre soin d'un objet. || **3.** FIG. [discutere, svolgere] traiter (de). | *trattare un problema*, traiter un problème. | *trattare completamente un argomento*, épuiser un sujet. | *accingersi a trattare un argomento*, aborder un sujet. | *trattare la pace, la tregua*, traiter de la paix, de la trêve. | *trattare un affare*, traiter une affaire. | *trattare affari*, faire des affaires. | *trattare più affari*, brasser des affaires. || **4.** [sensi particol.] AGR. *trattare un terreno con concimi artificiali*, engraisser un terrain. || COMM. *trattare pellami*, s'occuper de peaux, avoir un commerce de peaux, acheter et vendre des peaux. | *non trattiamo questo articolo*, nous ne faisons pas cet article. || MED. soigner, traiter. || TECN. *trattare un minerale*, traiter un minerai. ◆ v. intr. [di] parler (de), traiter (de), avoir pour objet. | *articolo che tratta di politica*, article qui parle de politique. || [negoziare] traiter, négocier. | *non sono disposto a trattare*, je ne suis pas disposé à négocier. | *trattare con uno*, faire affaire avec qn. || [discutere] discuter. ◆ v. rifl. [vivere] *si tratta da signore*, il mène grand train. || [cibo] *trattarsi bene*, se régaler. ◆ v. recipr. [da] *si sono trattati da ladri*, ils se sont traités de voleurs. ◆ v. impers. [di] s'agir (de), être question (de). | *di che si tratta ?*, de quoi est-il question ? | *il libro di cui si tratta*, le livre en question. | *trattandosi di lui*, s'agissant de lui. | *si tratta della tua salute*, il y va de ta santé.
trattario [trat'tarjo] (**-ri** pl.) m. COMM. tiré.
trattatista [tratta'tista] (**-i** m. pl.) n. auteur (m.) de traité.
trattativa [tratta'tiva] f. négociation, pourparlers m. pl., tractation (peggior.). | *essere in trattative con uno*, être en pourparlers, en affaires avec qn.
trattato [trat'tato] m. traité.
trattazione [trattat'tsjone] f. [di un argomento] développement m. || COMM. tractation.
tratteggiare [tratted'dʒare] v. tr. [disegnare a tratti] hacher, hachurer. || PER EST. [abbozzare] brosser, peindre, ébaucher. || FIG. esquisser.
tratteggiato [tratted'dʒato] agg. *disegno tratteggiato*, dessin haché, hachuré. || PER EST. [abbozzato] brossé. || FIG. esquissé.
tratteggiatura [tratteddʒa'tura] f. trait m. || [disegno] hachure.
tratteggio [trat'teddʒo] (**-gi** pl.) m. hachure f.
trattenere [tratte'nere] v. tr. **1.** PR. retenir. | *è stato trattenuto in ufficio*, on l'a retenu au bureau. | *non ti trattengo*, je ne te retiens pas. || [fermare] retenir. | *quel muro serve a trattenere la terra*, ce mur sert à maintenir la terre. | *sarebbe caduto se non lo avessi trattenuto*, il serait tombé si je ne l'avais pas retenu. || **2.** [tenere per sé] garder. | *trattenga pure il resto*, gardez la monnaie. || FIG. retenir, réprimer, contenir, comprimer, étouffer. | *trattenere le lacrime, la collera*, comprimer ses larmes, sa colère. | *trattenere un moto d'impazienza*, réprimer un mouvement d'impatience. | *trattenere un singhiozzo*, réprimer un sanglot. | *trattenere il respiro*, retenir son souffle. || **3.** FIN. [defalcare] retenir, retrancher, prélever. | *trattenere una somma sul salario di uno*, retrancher une somme sur le salaire de qn. ◆ v. medio intr. [restare] rester. | *ti trattieni a colazione con noi oggi ?*, est-ce que tu restes déjeuner chez nous aujourd'hui ? | *quanti mesi ti trattieni in Francia ?*, combien de mois vas-tu rester en France ? ◆ v. rifl. [dominarsi] se retenir, se contenir. || [da] se retenir (de), s'empêcher (de). | *non può trattenersi dal ridere*, il ne peut se défendre de rire.
trattenimento [tratteni'mento] m. [festa] réception f. ; [serata] soirée f. | *dare un trattenimento*, donner une réception.
trattenuta [tratte'nuta] f. FIN. retenue, précompte m.
trattino [trat'tino] m. TIP. tiret ; trait d'union.
1. tratto ['tratto] agg. PR. e FIG. tiré. || COMM. tiré. || LOC. *il dado è tratto*, le sort en est jeté. | *a spada tratta* : PR. l'épée à la main ; FIG. résolument. | *difendere uno a spada tratta*, prendre fait et cause pour qn.
2. tratto ['tratto] m. [linea] trait, ligne f. | *cancellare con un tratto di penna*, effacer d'un trait de plume. | *dipingere con un tratto sicuro*, peindre d'un trait sûr. | *a grandi tratti*, à grands traits. || [segmento] bout, morceau, segment, tronçon. | *abbiamo già percorso un buon tratto di strada*, nous avons déjà parcouru un bon bout de chemin. | *quel tratto di strada non è asfaltato*, ce tronçon de route n'est pas goudronné. | *gli hanno tolto un tratto d'intestino*, on lui a ôté un segment d'intestin. | *percorrere il tratto Milano Torino in un'ora*, parcourir la distance Milan-Turin en une heure. | *a tratti*, par endroits. || PER EST. *tradurre un tratto di Cicerone*, traduire un passage de Cicéron. || [periodo, spazio] *tacere per un lungo tratto*, se taire longtemps. || FIG. [modo di comportarsi] manière. || ANAT. tractus. || LING., MUS., RELIG., TIP. trait. ◆ pl. [di volto] traits, physionomie f. sing. || PER EST. [caratteristiche] *i tratti più notevoli del suo carattere*, les traits les plus remarquables de son caractère. ◆ loc. avv. ***tutt'a un tratto***, tout à coup, soudain, soudainement, tout à trac. || ***a tratti; di tratto in tratto***, de loin en loin, de temps en temps, de temps à autre, par instants, par moments.
1. trattore [trat'tore] m. AGR. tracteur.
2. trattore [trat'tore] m. [oste] traiteur.
trattoria [tratto'ria] f. trattoria (it.) ; petit restaurant.
trattrice [trat'tritʃe] f. AGR. tracteur m. || MAT. tractrice.
trattura [trat'tura] f. TESS. tirage m.
tratturo [trat'turo] m. [sentiero] draille f.
trauma ['trauma] (**-i** pl.) m. MED., PSICOL. trauma, traumatisme. | *trauma cranico*, traumatisme crânien. || PSICOL. *provocare un trauma a*, commotionner v. tr.
traumatico [trau'matiko] (**-ci** m. pl.) agg. MED., PSICOL. traumatique.
traumatizzante [traumatid'dzante] agg. MED., PSICOL. traumatisant.
traumatizzare [traumatid'dzare] v. tr. MED., PSICOL. traumatiser ; PSICOL. commotionner. | *è rimasto traumatizzato dall'incidente*, il a été commotionné par l'accident.
traumatologia [traumatolo'dʒia] f. MED. traumatologie.
traumatologico [traumato'lɔdʒiko] (**-ci** m. pl.) agg. MED. traumatologique. | *centro traumatologico*, service de traumatologie.
travagliare [travaʎ'ʎare] v. tr. (lett.) tourmenter (L.C.), tracasser (L.C.), préoccuper (L.C.), travailler (L.C.). ◆ v. rifl. (lett.) se préoccuper (L.C.), s'inquiéter (L.C.), se tracasser (L.C.).
travagliato [travaʎ'ʎato] agg. tourmenté. | *travagliato dalla febbre, dall'ambizione*, travaillé par la fièvre, par l'ambition. | *condurre un'esistenza travagliata*, mener une existence tiraillée. | *ha avuto una vita molto*

travagliata, il a eu une vie pleine de traverses (antiq.), pleine de revers, d'épreuves.
travaglio [tra'vaʎʎo] (**-gli** pl.) m. (lett.) [lavoro penoso] labeur. || [dolore fisico] bourrèlement. | *travaglio del parto*, douleurs (f. pl.) de l'enfantement. | *donna nel travaglio del parto*, femme en travail, en douleurs. || PER EST. [sconvolgimento] *epoca di travaglio*, époque tourmentée. || FIG. bourrèlement, angoisse f. || TECN. [strumento da maniscalco] travail.
travaglioso [travaʎ'ʎoso] agg. [tormentoso] tourmentant. || [travagliato] tourmenté.
travalicamento [travalika'mento] m. (raro) franchissement (L.C.).
travalicare [travali'kare] v. tr. franchir. || FIG. [trascendere] dépasser, excéder. ◆ v. intr. FIG. [passare i limiti] dépasser les bornes.
travasamento [travaza'mento] m. V. TRAVASO.
travasare [trava'zare] v. tr. TECN. [liquidi] transvaser, dépoter ; [vino] soutirer, décuver. || FIG. déverser, répandre. ◆ v. medio intr. se répandre.
travaso [tra'vazo] m. TECN. [liquidi] transvasement, dépotage, dépotement ; [vino] soutirage, décuvage. || FIG. *travaso delle idee*, diffusion (f.) des idées. || MED. extravasation f., extravasion f. | *travaso di sangue*, épanchement de sang. | *travaso di bile*, débordement de bile.
travata [tra'vata] f. o **travatura** [trava'tura] f. TECN. poutrage m., poutraison.
trave ['trave] f. ARCHIT., TECN. poutre. | *trave metallica*, poutrelle métallique. | *trave d'abete*, sapine. | *trave di colmo*, faîtage m. | *trave maestra, principale* : [di ferro] longeron m. ; [pavimento] doubleau m. | *trave di collegamento*, chevêtre m.
travedere [trave'dere] v. intr. [avere le traveggole] avoir la berlue (fam.). || [equivocare] se méprendre. || FIG. *travede per il figlio*, elle est en admiration devant son fils. ◆ v. tr. PR. e FIG. entrevoir.
traveggole [tra'veggole] f. pl. LOC. *avere le traveggole*, avoir la berlue (fam.).
traversa [tra'vɛrsa] f. [sbarra] traverse, traversine. | [di croce, finestra] croisillon m. ; [di sedia] barreau m. || [lenzuolo piegato] alaise, alèze. || ARCHIT. [di ponte, di collegamento] entretoise. | *traversa di rinforzo*, moise. || ARALD., FERR., MIL. traverse. || [strada] (chemin [m.] de) traverse.
traversale [traver'sale] agg. V. TRASVERSALE.
traversare [traver'sare] v. tr. traverser. || [passare da parte a parte] traverser, percer. || FIG. (lett.) se mettre à la traverse (de), s'opposer (à) [L.C.]. || SPORT, MAR. traverser.
traversata [traver'sata] f. traversée.
traversie [traver'sie] f. pl. FIG. traverses (antiq.), adversité (sing.), tribulations, malheur m.
traversina [traver'sina] f. FERR. traverse.
traversino [traver'sino] m. MAR. [cavo] embossure f. ; [di boccaporto] galiote f. || [cuscino] (sett.) traversin.
traverso [tra'vɛrso] agg. transversal. | *strada traversa*, chemin de traverse. || (raro) *alto quattro dita traverse*, haut de quatre travers (m.) de doigts. || FIG. *per vie traverse*, par des moyens détournés, des voies détournées. | *ottenere per vie traverse*, obtenir par combine (pop.). || MUS. *flauto traverso*, flûte traversière. ◆ m. ARCHIT. traverse f. ◆ loc. avv. ***di traverso, per traverso, in traverso,*** de guingois (lett.), de travers, de traviole (pop.). | *mettersi il cappello di traverso*, mettre son chapeau de travers. | *prendere per il traverso*, prendre en travers, transversalement. || [cibo] *gli è andato di traverso, per traverso*, il a avalé de travers. || FIG. de travers, de guingois, mal. | *va tutto di traverso*, tout va de travers. | *avere la luna di traverso*, être mal luné (fam.). | *si è alzato con la luna di traverso*, il s'est levé du pied gauche (fam.). | *per diritto e per traverso*, en long et en large. || ***al traverso,*** par le travers, en travers (MAR.).
traversone [traver'sone] m. SPORT [calcio] passe transversale ; [scherma] fendant à la poitrine. || TECN. traverse f.
travertino [traver'tino] m. travertin.
travestimento [travesti'mento] m. PR. e FIG. déguisement, travestissement. || FIG. camouflage, travesti.
travestire [traves'tire] v. tr. [da] travestir (en), costumer (en), déguiser (en). | *travestire da donna*, déguiser en femme. || LETT. travestir. ◆ v. rifl. se travestir, se costumer, se déguiser.
travestito [traves'tito] agg. travesti, déguisé, costumé. | *attore travestito*, travesti m. | *persona travestita e mascherata*, carême-prenant (lett., antiq.) m. || LETT. travesti. ◆ m. PSICAN. travesti.
travet [tra'vɛt] m. invar. (fam.) rond-de-cuir (pl. ronds-de-cuir).
travetto [tra'vetto] m. poutrelle f., solive f., madrier.
traviare [travi'are] v. tr. FIG. dévoyer, détourner (du droit chemin), dépraver, débaucher, déranger (antiq.). ◆ v. medio intr. se dévoyer, se débaucher.
traviato [travi'ato] agg. FIG. dévoyé, dépravé, débauché.
travicello [travi'tʃɛllo] m. ARCHIT. chevron, soliveau. || FIG., FAM. [uomo] soliveau.
travisamento [traviza'mento] m. déguisement, travestissement, déformation f.
travisare [travi'zare] v. tr. PR. e FIG. déformer, travestir, déguiser, estropier, défigurer. | *travisare le parole di uno riferendole*, estropier les paroles de qn (en les rapportant). | *hai travisato il mio pensiero*, tu as défiguré ma pensée. | *traduzione che travisa il significato di un testo*, traduction qui trahit un texte.
travolgente [travol'dʒɛnte] agg. impétueux, irrésistible. || FIG. bouleversant, irrésistible, entraînant.
travolgere [tra'vɔldʒere] v. tr. [portar via] emporter, balayer, arracher, entraîner. | *la piena ha travolto ogni cosa*, la crue a tout emporté. || PER EST. [mandare in rovina] entraîner. || PER ANAL. écraser, culbuter ; [senso più debole] renverser, heurter. || MIL. *travolgere il nemico*, culbuter l'ennemi. || FIG. [sentimenti] bouleverser. || [tempo] détruire.
travolgimento [travoldʒi'mento] m. PR. dévastation f. || FIG. bouleversement.
trazione [trat'tsjone] f. FIS., MECC., MED. traction. | *di trazione*, tractif agg.
trazzera [trat'tsɛra] f. [region.] draille.
tre [tre] agg. num. card. invar. e m. invar. trois. | *pagina tre*, page 3, page trois. | *tre volte tanto*, trois fois autant. | *essere in tre*, être trois. | *bicicletta a tre posti*, triplette f. | *tre turni di otto ore*, trois-huit m. pl. || MAT. *regola del tre*, règle de trois. | *tre più tre dà 6*, 3 et 3 font 6. || [indicazione dell'ora] *le tre e un quarto, e venti, e mezzo*, trois heures et quart, trois heures vingt, trois heures et demie. || BOT. *a tre nervature*, trinervé. || LETT. *L'Opera da tre soldi*, « l'Opéra de quat'sous ». || MUS. *tre quarti*, trois-quatre. | *tre ottavi*, trois-huit. || [da eseguire] *tre volte*, ter. || LOC. *e tre !*, et de trois ! | *di tre cotte*, fieffé agg. | *un furbo di tre cotte*, un fieffé fripon. | *hai tre volte ragione*, tu as trois fois raison. || PROV. *non c'è due senza tre*, jamais deux sans trois. | *chi fa da sé fa per tre*, on n'est jamais si bien servi que par soi-même.
trealberi [tre'alberi] m. invar. MAR. trois-mâts.
trebbia ['trebbja] f. AGR. batteuse. || (region.) [trebbiatura] battage m.
trebbiare [treb'bjare] v. tr. AGR. battre.
trebbiatore [trebbja'tore] (**-trice** f.) m. AGR. batteur, euse.
trebisonda [trebi'zonda] f. LOC. *perdere la trebisonda*, perdre le nord, la boussole, la boule (pop.).
treccia ['trettʃa] (**-ce** pl.) f. [cordone] tresse. || [di capelli] tresse, natte. || PER ANAL. *una treccia di cipolle*, un chapelet d'oignons. || [ricamo] *punto treccia, maglia a trecce*, point à torsades. || ARCHIT. tresse.
trecciatura [trettʃa'tura] f. tressage m.
trecentesco [tretʃen'tesko] (**-chi** m. pl.) agg. du XIVe siècle.
trecentista [tretʃen'tista] (**-i** m. pl.) m. [scrittore] auteur du XIVe siècle. ◆ n. [studioso] spécialiste du XIVe siècle.
trecento [tre'tʃɛnto] agg. num. card. invar. e m. invar. trois cents. || [secolo] *nel trecento*, au XIVe siècle.
tredicenne [tredi'tʃɛnne] agg. (âgé) de treize ans. ◆ n. garçon, fillette de treize ans.
tredicesimo [tredi'tʃɛzimo] agg. num. ord. e m. treizième. || [papi, re, e dopo capitolo, libro, atto] treize. | *Luigi tredicesimo*, Louis XIII. || FIN. *la tredicesima (mensilità)*, le treizième mois.

tredici ['treditʃi] agg. num. card. e m. treize. | *tredici uova al prezzo di una dozzina,* treize œufs à la douzaine. || [indicazione dell'ora] *sono le tredici,* il est treize heures.
trefolo ['trefolo] m. TECN. toron, brin (de câble). | *trefolo centrale,* toron du milieu. | *macchina per torcere i trefoli,* toronneuse f.
tregenda [tre'dʒɛnda] f. MIT. sabbat m.
treggia ['treddʒa] (**-ge** pl.) f. AGR. traîneau m.
tregua ['tregwa] f. PR. e FIG. trêve. || FIG. accalmie, répit m., relâche. | *l'emicrania non gli dà tregua,* sa migraine ne lui laisse pas de répit. | *senza un momento di tregua,* sans relâche. || FEUD. *tregua di Dio,* trêve de Dieu. ◆ loc. avv. ***senza tregua,*** sans trêve, sans arrêt, sans relâche, sans cesse, continuellement. | *lavorare senza tregua,* travailler sans relâche. | *piove senza tregua da ieri,* il pleut sans discontinuer depuis hier.
tremante [tre'mante] agg. tremblant; [leggermente] tremblotant; [di freddo, paura] grelottant, frissonnant. || PER ANAL. *voce tremante,* voix chevrotante, qui chevrote. | *scrittura tremante,* écriture tremblée. || STOR. RELIG. *quacchero tremante,* trembleur m.
tremare [tre'mare] v. intr. PR. e FIG. trembler. || PR. trépider. | *tremare leggermente,* trembloter. | *pavimento che trema,* plancher trépidant. || [di freddo, paura] grelotter, frissonner. | *tremava tutto dalla paura,* il était tout tremblant de peur. || [di debolezza] flageoler. | *gli tremano le gambe,* ses jambes flageolent. || PER ANAL. *voce che trema,* voix chevrotante. | *scrittura che trema,* écriture tremblée. || *far tremare,* ébranler. | *l'esplosione ha fatto tremare i vetri,* l'explosion a ébranlé les vitres.
tremarella [trema'rɛlla] f. (fam.) trac m., tremblote, frousse (pop.). | *quando penso agli esami mi viene la tremarella,* j'ai le frisson rien que de penser aux examens.
trematodi [trema'tɔdi] m. pl. ZOOL. trématodes.
tremebondo [treme'bondo] agg. SCHERZ. tremblant, craintif, apeuré.
tremella [tre'mɛlla] f. BOT. trémelle.
tremendamente [tremenda'mente] avv. terriblement, affreusement, furieusement (scherz.), horriblement.
tremendo [tre'mɛndo] agg. [che incute timore] terrible, terrifiant. || PER EST. [spaventoso] effroyable, horrible, horrifiant. | *ha fatto un quadro tremendo della situazione,* il a fait un tableau horrifiant de la situation. | *abbiamo avuto una paura tremenda,* nous avons eu une peur horrible. | *che tempo tremendo!,* quel temps épouvantable! || FAM. [insopportabile] insupportable, atroce, affreux; accablant. | *fa un caldo tremendo,* la chaleur est insupportable. | *hanno fatto un rumore tremendo,* ils ont fait un furieux tapage. || [di persona] terrible, turbulent. | *quel bambino è tremendo,* cet enfant est un vrai petit diable.
trementina [tremen'tina] f. CHIM. térébenthine. | *essenza di trementina,* essence de térébenthine.
tremila [tre'mila] agg. num. card. invar. e m. invar. trois mille.
tremito ['trɛmito] m. tremblement, trépidation f.; [di freddo, paura] grelottement, frisson. | *tremito delle foglie,* frémissement des feuilles. || PER ANAL. *tremito della voce,* chevrotement de la voix. || SCHERZ. *declamare con dei tremiti nella voce,* déclamer avec des trémolos dans la voix.
tremolamento [tremola'mento] m. (raro) tremblement (L.C.).
tremolante [tremo'lante] agg. tremblant, tremblotant; trépidant. || PER ANAL. *fiamma tremolante,* flamme tremblante. | *voce tremolante,* voix qui chevrote. | *ho le gambe tremolanti,* mes jambes flageolent. | *suono, scrittura tremolante,* son tremblé, écriture tremblée.
tremolare [tremo'lare] v. intr. trembler, trembloter; trépider. ◆ m. MUS. trémolo.
tremolìo [tremo'lio] m. tremblement, tremblotement, trépidation f. | *tremolio dei vetri,* trépidation des vitres. || PER ANAL. *tremolio delle foglie,* frémissement des feuilles. | *tremolio della voce,* trémolo de la voix. | *tremolio di una fiamma,* tremblement d'une flamme. || POET. *il tremolìo della marina,* le scintillement de la marine.
tremolo ['trɛmolo] agg. V. TREMULO 1. ◆ m. MUS. trémolo, tremolo.
tremore [tre'more] m. tremblement. || FIG. [timore] peur f., crainte f., agitation f., appréhension f.
1. tremulo ['trɛmulo] agg. tremblant, tremblotant. | *parlare con voce tremula,* parler d'une voix chevrotante. | *fiamma tremula,* flamme tremblante. | *suono tremulo,* son tremblé.
2. tremulo ['trɛmulo] m. BOT. tremble. | *luogo piantato a tremuli,* tremblaie f.
trench [trentʃ] m. [ingl.] trench-coat (pl. trench-coats).
trenino [tre'nino] m. GIOCHI *trenino elettrico,* chemin de fer, train électrique.
1. treno ['trɛno] m. **1.** FERR. train; dur (gerg.); [di metropolitana] rame f. | *viaggiare in treno,* voyager par le train. | *treno merci, passeggeri,* train de marchandises, de voyageurs. | *(treno) direttissimo,* (train) express. || AUTOM. *treno di gomme,* train de gommes. || MECC. *treno dentato,* train d'engrenages. || FIS. *treno d'onde,* train d'ondes. || MIL. train, affût. || GIOCHI *treno elettrico,* train électrique. || **2.** [equipaggio, servitù] (arc.) train, équipage. || PER EST. *treno di vita,* train de vie. || **3.** ANAT. *treno anteriore, posteriore,* train de devant, de derrière. || PER. ANAL., AER. *treno di atterraggio,* train d'atterrissage. || AUTOM. *treno anteriore, posteriore,* train avant, arrière.
2. treno ['trɛno] m. [antich. gr.] thrène.
trenodia [treno'dia] f. V. TRENO 2.
trenta ['trenta] agg. num. card. invar. e m. invar. trente. | *pagina trenta,* page trente. | *la guerra dei trent'anni,* la guerre de Trente Ans. | *essere sui trent'anni, avere circa trent'anni,* avoir la trentaine. || GIOCHI *trenta e quaranta,* trente-et-quarante.
trentennale [trenten'nale] agg. trentenaire, tricennal. ◆ m. tricennales f. pl.
trentenne [tren'tɛnne] agg. (âgé) de trente ans. ◆ n. homme, femme âgé(e) de trente ans.
trentennio [tren'tɛnnjo] (**-ni** pl.) m. espace de trente ans. | *nell'ultimo trentennio,* pendant les trente dernières années.
trentesimo [tren'tɛzimo] agg. num. ord. e m. trentième. | *capitolo trentesimo,* chapitre trente.
trentina [tren'tina] f. trentaine. | *essere sulla trentina,* avoir la trentaine.
trepestio [trepes'tio] m. trépignement, piétinement.
trepidante [trepi'dante] agg. anxieux, inquiet.
trepidare [trepi'dare] v. intr. [per] trembler [pour].
trepidazione [trepidat'tsjone] f. anxiété, inquiétude, appréhension. | *stare in trepidazione per uno,* trembler pour qn.
trepido ['trɛpido] agg. (lett.) anxieux (L.C.), inquiet (L.C.). | *essere in trepida attesa,* attendre avec anxiété.
treponema [trepo'nɛma] m. MED. tréponème.
treppiede [trep'pjede] o **treppiedi** [trep'pjedi] m. invar. trépied. || [per pentole] chevrette f.
trepponti [trep'ponti] m. invar. MAR. trois-ponts.
trequarti [tre'kwarti] m. invar. CHIR. trocart m., trois-quarts. || MODA trois-quarts. || SPORT [rugby] trois-quarts.
tresca ['treska] (**-che** pl.) f. FIG. [intrigo] intrigue, machination, agissement m., menée. || [legame amoroso] liaison. || [antica danza] tresca (it.).
trescare [tres'kare] v. intr. machiner v. tr., manigancer v. tr. || [amoreggiare] avoir une liaison.
trescone [tres'kone] m. [antica danza] trescone (it.).
tresette [tre'sette] m. V. TRESSETTE.
trespolo ['trespolo] m. tréteau.
tressette [tres'sɛtte] m. invar. GIOCHI tré-sept.
triaca [tri'aka] f. V. TERIACA.
triacido [tri'atʃido] m. CHIM. triacide.
triade ['triade] f. RELIG. triade, trinité. || LETT. triade.
1. triangolare [triango'lare] agg. GEOM. triangulaire. || ANAT. *muscolo triangolare,* triangulaire m.
2. triangolare [triango'lare] v. intr. SPORT [calcio] faire un une-deux.
triangolazione [triangolat'tsjone] f. triangulation. | *eseguire la triangolazione di,* trianguler v. tr.
triangolo [tri'angolo] m. GEOM., LING., MUS. triangle. || [pannolino] pointe f. || MODA cache-sexe.
trias ['trias] m. GEOL. trias.

triassico [tri'assiko] (**-ci** m. pl.) agg. GEOL. triassique. ◆ m. GEOM. trias.
triatomico [tria'tɔmiko] (**-ci** m. pl.) agg. CHIM. triatomique.
tribadismo [triba'dizmo] m. tribadisme.
tribale [tri'bale] agg. tribal.
tribalismo [triba'lizmo] m. tribalisme.
tribasico [tri'baziko] (**-ci** m. pl.) agg. CHIM. tribasique.
triboelettricità [triboelettritʃi'ta] f. FIS. tribo-électricité.
tribolamento [tribola'mento] m. tribulation f.
tribolare [tribo'lare] v. intr. souffrir, peiner. ◆ v. tr. tourmenter. | *quel lavoro mi ha fatto tribolare*, ce travail m'a donné bien de la peine.
tribolato [tribo'lato] agg. *vita tribolata*, vie de tribulations.
tribolazione [tribolat'tsjone] f. tribulation.
tribolo ['tribolo] m. STOR. MIL. chausse-trappe f. || FIG. tribulation f.
triboluminescenza [tribolumineʃ'ʃɛntsa] f. FIS. triboluminescence.
tribometro [tri'bɔmetro] m. FIS. tribomètre.
tribordo [tri'bordo] m. MAR. tribord.
tribraco ['tribrako] (**-chi** pl.) m. POES. tribraque.
tribù [tri'bu] f. STOR. tribu. || [piante] tribu. || SCHERZ. [famiglia] tribu, smala(h).
tribuna [tri'buna] f. tribune. || ARCHIT. *tribuna dell'organo, dei cantori*, tribune d'orgue, des chantres.
tribunale [tribu'nale] m. GIUR., RELIG. e FIG. tribunal. || GIUR. palais de justice. | *tribunale per minorenni*, tribunal pour enfants. | *presentarsi al tribunale di Dio*, comparaître devant le tribunal suprême.
tribunato [tribu'nato] m. SPORT tribunat.
tribunizio [tribu'nittsjo] (**-zi** m. pl.) agg. de tribun. | *oratoria tribunizia*, éloquence de tribun.
tributare [tribu'tare] v. tr. rendre. | *tributare onori a qlcu.*, rendre les honneurs à qn.
tributario [tribu'tarjo] (**-ri** m. pl.) agg. AMM. GIUR. [fiscale] fiscal. | *sistema tributario*, système fiscal. || STOR., GEOGR. e FIG. tributaire.
tributo [tri'buto] m. [imposta] contribution f., impôt. | *tributi diretti, indiretti*, contributions directes, indirectes. || STOR. e FIG. tribut.
tricefalo [tri'tʃɛfalo] agg. tricéphale.
tricheco [tri'kɛko] (**-chi** pl.) m. ZOOL. morse.
trichiasi [tri'kiazi] f. MED. trichiasis m.
trichina [tri'kina] o **trichinella** [triki'nɛlla] f. ZOOL. trichine.
trichinosi [triki'nɔzi] f. MED., VETER. trichinose.
triciclo [tri'tʃiklo] m. [da bambino] tricycle. || [veicolo da trasporto] triporteur.
tricipite [tri'tʃipite] agg. (lett.) tricéphale. ◆ agg. e m. ANAT. triceps.
triclinio [tri'klinjo] (**-ni** pl.) m. [antich. rom.] triclinium.
triclino [tri'klino] agg. MINER. triclinique. ◆ m. système triclinique.
tricloroacetico [trikloroa'tʃɛtiko] (**-ci** m. pl.) agg. CHIM. trichloracétique.
tricloroetilene [trikloroeti'lɛne] m. CHIM. trichloréthylène.
tricocefalo [triko'tʃɛfalo] m. ZOOL. trichocéphale.
tricofito [tri'kɔfito] m. BOT. trichophyton.
tricolore [triko'lore] agg. tricolore. ◆ m. drapeau tricolore.
tricoma [tri'kɔma] m. MED. trichome, trichoma.
tricorde [tri'kɔrde] agg. (lett.) MUS. à trois cordes.
tricorno [tri'kɔrno] m. tricorne. || [di prete] barrette f.
tricot [tri'ko] m. [fr.] tricot.
tricromia [trikro'mia] f. TECN. trichromie.
tric trac [trik'trak] m. invar. GIOCHI trictrac, jacquet.
tricuspidale [trikuspi'dale] agg. ARCHIT. tricuspidé. || ANAT. *valvola tricuspidale*, valvule tricuspide.
tricuspidato [trikuspi'dato] agg. tricuspide.
tricuspide [tri'kuspide] agg. tricuspide.
tridacna [tri'dakna] f. ZOOL. tridacne m.
tridattilo [tri'dattilo] agg. tridactyle.
tridentato [triden'tato] agg. BOT. tridenté.
tridente [tri'dɛnte] m. trident.
tridentino [triden'tino] agg. STOR. RELIG. *Concilio tridentino*, concile de Trente.
tridimensionale [tridimensjo'nale] agg. tridimensionnel.
triduo ['triduo] m. RELIG. triduum.
triedro [tri'ɛdro] agg. e m. GEOM. trièdre.
trielina [trie'lina] f. CHIM. trichloréthylène m.
triennale [trien'nale] agg. [che dura tre anni] triennal. || BOT. *pianta triennale*, plante trisannuelle. || [che ha luogo ogni tre anni] triennal, trisannuel (raro). ◆ f. triennale.
triennio [tri'ɛnnjo] (**-ni** pl.) m. espace de trois ans. | *il corso ha la durata di un triennio*, le cours est triennal, le cours dure trois ans.
triera [tri'ɛra] o **triere** [tri'ɛre] f. ANTICH. trière, trirème.
trierarco [trie'rarko] (**-chi** pl.) m. ANTICH. triérarque.
trifase [tri'faze] agg. ELETTR. triphasé.
trifido ['trifido] agg. BOT. trifide.
trifogliaio [trifoʎ'ʎajo] (**-ai** pl.) m. tréflière f.
trifogliato [trifoʎ'ʎato] agg. BOT. trifoliolé. || ARALD. *croce trifogliata*, croix tréflée.
trifoglio [tri'fɔʎʎo] (**-gli** pl.) m. BOT. trèfle. | *trifoglio d'acqua*, trèfle d'eau.
trifogliolato [trifoʎʎo'lato] agg. V. TRIFOGLIATO.
trifola ['trifola] f. REGION. [sett.] truffe.
trifolato [trifo'lato] agg. CULIN. *zucchine trifolate*, courgettes sautées persillées.
trifora ['trifora] f. ARCHIT. fenêtre trilobée, triplet m.
triforcuto [trifor'kuto] agg. trifide.
triforio [tri'fɔrjo] (**-ri** pl., **-rii** pl. lett.) m. ARCHIT. triforium.
trigemellare [tridʒemel'lare] agg. trigémellaire.
trigemino [tri'dʒɛmino] agg. [parto] trigémellaire. | *parto trigemino*, triple accouchement. | *gemello trigemino*, triplet. | *gemelli trigemini*, triplés. ◆ agg. e m. ANAT. *(nervo) trigemino*, nerf trifacial, (nerf) trijumeau.
trigesima [tri'dʒezima] f. RELIG. *messa di trigesima*, trentain m.
trigesimo [tri'dʒezimo] agg. num. ord. (lett.) trentième. ◆ m. *nel trigesimo della morte*, trente jours après la mort, à trente jours de la mort.
triglia ['triʎʎa] f. ZOOL. rouget m., grondin m., trigle. || LOC. FIG. *fare l'occhio di triglia*, faire des yeux de carpe pâmée (fam.), faire les yeux doux.
triglifo ['triglifo] m. ARCHIT. triglyphe.
trigonella [trigo'nɛlla] f. BOT. trigonelle.
trigono ['trigono] agg. (raro) trigone. ◆ m. ANAT. trigone.
trigonocefalo [trigono'tʃɛfalo] m. ZOOL. trigonocéphale.
trigonometria [trigonome'tria] f. MAT. trigonométrie.
trigonometrico [trigono'mɛtriko] (**-ci** m. pl.) agg. MAT. trigonométrique.
trilaterale [trilate'rale] agg. GEOM. trilatéral. || PER EST. *accordo trilaterale*, accord trilatéral.
trilatero [tri'latero] agg. GEOM. trilatéral.
trilinguaggio [trilin'gwaddʒo] (**-gi** pl.) m. MAR. *trilinguaggio delle sartie*, trélingage.
trilingue [tri'lingwe] agg. LING. trilingue.
trilinguismo [trilin'gwizmo] m. LING. trilinguisme.
trilione [tri'ljone] m. MAT. trillion.
trilittero [tri'littero] agg. LING. trili(t)tère.
trillare [tril'lare] v. intr. gazouiller; [dell'allodola] grisoller, grisoler. || PER EST. [telefono] sonner.
trillo ['trillo] m. MUS. trille. || PER EST. [di uccelli] gazouillement; [di campanello] tintement.
trilobato [trilo'bato] agg. ARCHIT., BOT. trilobé; ARCHIT. tréflé.
trilobiti [trilo'biti] m. pl. ZOOL. trilobites.
trilobo ['trilobo] agg. ARCHIT., BOT. trilobé; ARCHIT. tréflé. | *ornamento trilobo*, trèfle.
triloculare [triloku'lare] agg. BOT. triloculaire.
trilogia [trilo'dʒia] f. trilogie.
trimestrale [trimes'trale] agg. trimestriel. | *prova, esame trimestrale*, composition trimestrielle.
trimestralmente [trimestral'mente] avv. trimestriellement.
trimestre [tri'mɛstre] m. trimestre.
trimetro ['trimetro] m. POES. trimètre.
trimotore [trimo'tore] m. AER. trimoteur.
trina ['trina] f. TESS. guipure, dentelle; [in pezzo] laize. || FIG. guipure, dentelle.

trinaia [tri'naja] f. dentellière.
trinca ['trinka] (**-che** pl.) f. MAR. rousture. ‖ LOC. [region.] *nuovo di trinca*, flambant neuf (L.C.).
1. trincare [trin'kare] v. tr. MAR. rouster.
2. trincare [trin'kare] v. tr. FAM. lamper, trinquer. ‖ ASSOL. boire sec.
trincata [trin'kata] f. FAM. *fare una trincata*, boire un coup, un pot. | *in una sola trincata*, d'une seule lampée.
trincea [trin'tʃea] f. tranchée. ‖ MIL. tranchée, retranchement m. (creusé). | *guerra di trincea*, guerre de tranchée.
trinceramento [trintʃera'mento] m. MIL. retranchement (creusé).
trincerare [trintʃe'rare] v. tr. MIL. retrancher. ◆ v. medio intr. PR. e FIG. [in, dietro] se retrancher (dans, derrière).
trincerato [trintʃe'rato] agg. PR. e FIG. retranché.
trincetto [trin'tʃetto] m. TECN. tranchet.
trinchettina [trinket'tina] f. MAR. trinquette ; petit foc m. | *trinchettina di fortuna*, tourmentin m.
trinchetto [trin'ketto] m. MAR. *(albero di) trinchetto*, mât de misaine ; [di navi con vela latina] trinquet.
trinciaforaggi [trintʃafo'raddʒi] m. invar. AGR. hache-paille.
trinciante [trin'tʃante] agg. tranchant. ◆ m. [coltello] tranchoir. ‖ [scalco] ARC. écuyer tranchant.
trinciapaglia [trintʃa'paʎʎa] m. invar. AGR. hache-paille.
trinciapollo [trintʃa'pollo] m. CULIN. sécateur, ciseaux (m. pl.) à volailles.
trinciare [trin'tʃare] v. tr. hacher, trancher (antiq.). ‖ CULIN. découper. ‖ LOC. FIG. *trinciare i panni addosso a qlcu.*, casser du sucre sur le dos de qn, dauber (lett.) sur qn, débiner (pop.) qn. | *trinciare sentenze*, trancher sur tout. ◆ v. medio intr. se déchirer.
trinciato [trin'tʃato] agg. haché ; [carne] découpé. ◆ m. [tabacco] tabac râpé, haché. | *trinciato di qualità ordinaria*, caporal ordinaire. ◆ agg. e m. ARALD. *(scudo) trinciato*, écu tranché.
trinciatore [trintʃa'tore] m. ouvrier qui hache le tabac ; [di carne] découpeur.
trinciatura [trintʃa'tura] f. hachage m. ‖ CULIN. découpage m.
trincone [trin'kone] m. FAM. trinqueur (antiq.).
trinità [trini'ta] f. RELIG. trinité, triade.
trinitario [trini'tarjo] (**-ri** m. pl.) agg. RELIG. trinitaire. ◆ m. RELIG. trinitaire.
trino ['trino] agg. RELIG. trin. | *Dio uno e trino*, Dieu en trois personnes.
trinomio [tri'nɔmjo] (**-mi** pl.) m. MAT. trinôme.
trio ['trio] m. MUS. trio. ‖ FIG. trio, brelan.
triodo ['triodo] m. FIS. triode f.
trionfale [trion'fale] agg. triomphal.
trionfante [trion'fante] agg. triomphant. | *aria trionfante*, air de triomphe. ‖ RELIG. *Chiesa trionfante*, Église triomphante.
trionfare [trion'fare] v. intr. triompher. ‖ [esultare] triompher, jubiler, exulter. ‖ PR. e FIG. *trionfare su*, triompher de, l'emporter sur, surmonter v. tr., vaincre v. tr.
trionfatore [trionfa'tore] (**-trice** f.) m. triomphateur, trice.
trionfo [tri'onfo] m. PR. e FIG. triomphe. | *portare uno in trionfo*, porter qn en triomphe. ‖ STOR. *ottenere il trionfo*, obtenir le triomphe.
trionice [tri'ɔnitʃe] f. ZOOL. trionyx m.
tripala [tri'pala] agg. f. AER. *elica tripala*, hélice tripale.
tripanosoma [tripano'sɔma] m. MED. trypanosome.
tripano(somia)si [tripanoso'miazi] f. MED. trypanosomiase, trypanosomose.
tripartire [tripar'tire] v. tr. diviser, partager en trois parties.
tripartitico [tripar'titiko] (**-ci** m. pl.) agg. triparti, tripartite.
tripartitismo [triparti'tizmo] m. POLIT. tripartisme.
tripartito [tripar'tito] agg. triparti, tripartite. ◆ m. POLIT. gouvernement tripartite.
tripartizione [tripartit'tsjone] f. tripartition.
triplano [tri'plano] m. AER. triplan.
tripletta [tri'pletta] f. triplette.
triplicare [tripli'kare] v. tr. e intr. tripler. ◆ m. triplement m.
triplicazione [triplikat'tsjone] f. triplement m.
triplice ['triplitʃe] agg. triple. | *triplice scopo*, triple but. | *in triplice copia*, en trois exemplaires. ‖ STOR. POLIT. *la Triplice Alleanza, Intesa*, la Triple Alliance, Entente.
triplo ['triplo] agg. triple. | *prendere tripla dose*, prendre triple dose. ‖ SPORT *salto triplo*, triple saut. ◆ m. triple.
tripode ['tripode] m. (antiq.) trépied (L.C.). ‖ MAR. mât tripode.
tripodia [tripo'dia] f. POES. tripodie.
tripoli ['tripoli] m. GEOL. tripoli.
triposto [tri'posto] agg. invar. AER. triplace agg. e m.
trippa ['trippa] f. CULIN. tripes pl. ‖ FIG. (pop.) [pancia] ventre m. (L.C.), panse. | *mettere su trippa*, prendre de la brioche (pop.), bedonner v. intr. (fam.). | *non pensa che alla trippa*, il ne pense qu'à s'en mettre plein la panse (pop.).
trippaio [trip'pajo] (**-ai** pl.) m. o **trippaiolo** [trippa'jɔlo] m. tripier.
tripperia [trippe'ria] f. triperie.
trippone [trip'pone] (**-a** f.) m. POP. [pancia] panse f., bide, bedaine f., bedon (fam.). ‖ PER EST. [individuo] bedon, patapouf.
tripsina [trip'sina] f. BIOL. trypsine.
triptofano [tripto'fano] m. BIOL. tryptophane.
tripudiare [tripu'djare] v. intr. exulter, jubiler, être en liesse.
tripudio [tri'pudjo] (**-di** pl.) m. allégresse f., jubilation f., liesse f., exultation f. (lett.). ‖ FIG. fête.
triregno [tri'reɲɲo] m. RELIG. trirègne ; tiare pontificale.
trireme [tri'rɛme] f. STOR. MAR. trière, trirème.
trirettangolo [triret'tangolo] m. GEOM. trirectangle.
tris [tris] m. GIOCHI [carte] brelan. ‖ [ippica] tiercé.
trisavolo [tri'zavolo] (**-a** f.) m. trisaïeul.
trisettrice [triset'tritʃe] f. GEOM. trisectrice.
trisezione [triset'tsjone] f. GEOM. trisection.
trisillabico [trisil'labiko] (**-ci** m. pl.) agg. tris(s)yllabique, tris(s)yllabe.
trisillabo [tri'sillabo] agg. e m. tris(s)yllabe.
trisma ['trizma] (**-i** pl.) m. MED. trisme, trismus.
trismegisto [trizme'dʒisto] agg. trismégiste.
tristamente [trista'mente] avv. PR. e PEGGIOR. tristement.
triste ['triste] agg. [addolorato] triste, affligé, chagrin (lett.). | *con uno sguardo triste*, d'un regard chagrin. | *essere triste*, avoir du chagrin, être chagriné. ‖ [penoso] triste, pénible. | *vivere tristi momenti*, vivre des moments pénibles. ‖ LOC. *avere il vino triste*, avoir le vin triste. | *triste come un giorno senza sole*, triste comme un bonnet de nuit.
tristezza [tris'tettsa] f. tristesse. | *soffuso di tristezza*, baigné de tristesse.
tristizia [tris'tittsja] f. (lett. o arc.) V. TRISTEZZA.
tristo ['tristo] agg. [di persone] triste, cruel, méchant. | *tristo figuro*, triste individu, triste personnage, triste sire. ‖ [di cose : cattivo] mauvais. | *trista azione*, mauvaise action. ‖ [meschino] piètre. | *ha fatto una trista figura*, il a fait une piètre figure.
tritacarne [trita'karne] m. invar. hache-viande, hachoir m.
tritaghiaccio [trita'gjattʃo] m. invar. appareil à broyer la glace.
tritare [tri'tare] v. tr. [in filamenti] hacher. | *tritare fino*, hacher menu. ‖ [in un mortaio] broyer, piler. | *tritare mandorle*, piler des amandes.
tritato [tri'tato] agg. haché. | *carne tritata, pesce tritato*, hachis (m.) [de viande, de poisson]. | *polpetta di carne tritata*, boulette de viande. ‖ [in un mortaio] broyé, pilé.
tritatura [trita'tura] f. hachage m.
tritatutto [trita'tutto] m. invar. hachoir m.
tritaverdure [tritaver'dure] m. invar. coupe-légumes.
tritello [tri'tɛllo] m. remoulage.
tritio ['tritjo] m. CHIM. tritium.
trito ['trito] agg. haché. | *carne trita*, hachis m. ‖ [in un mortaio] broyé, pilé. ‖ FIG. banal, éculé, ressassé, rebattu. | *immagine (letteraria) trita*, image (littéraire)

éculée. | *sono argomenti triti,* ce sont des sujets rebattus.
tritolo [tri'tolo] m. CHIM. tolite f., trinitrotoluène.
tritone [tri'tone] m. CHIM., MIT. triton. || ZOOL. triton, trompette f.
tritono ['tritono] m. MUS. triton.
trittico ['trittiko] (**-ci** pl.) m. ARTI, LETT. triptyque.
trittongo [trit'tɔngo] (**-ghi** pl.) m. FON. triphtongue f.
tritume [tri'tume] m. [residui] débris (spesso pl.). || [briciole] miettes f. pl.
triturabile [tritu'rabile] agg. triturable.
trituramento [tritura'mento] m. V. TRITURAZIONE.
triturare [tritu'rare] v. tr. hacher (menu). || [spappolare] broyer, triturer. | *triturare pepe,* égruger du poivre.
trituratore [tritura'tore] m. TECN. triturateur.
triturazione [triturat'tsjone] f. trituration, broyage m., broiement m.
triumviro [tri'umviro] m. e deriv. V. TRIUNVIRO e deriv.
triunvirale [triunvi'rale] agg. STOR. triumviral.
triunvirato [triunvi'rato] m. STOR. triumvirat.
triunviro [tri'unviro] m. STOR. triumvir.
trivalente [triva'lɛnte] agg. CHIM. trivalent.
trivella [tri'vɛlla] f. TECN. vrille. || MIN. tarière, sonde, sondeuse, foreuse. | *trivella a cucchiaio,* mèche à cuiller. || CULIN. sonde (à fromage, à jambon).
trivellamento [trivella'mento] m. MIN. forage.
trivellare [trivel'lare] v. tr. MIN. forer.
trivellatore [trivella'tore] m. MIN. foreur.
trivellatura [trivella'tura] f. MIN. forage m. | *trivellatura di un pozzo,* forage d'un puits.
trivellazione [trivellat'tsjone] f. MIN. forage m. | *torre di trivellazione,* derrick m. (ingl.).
trivello [tri'vɛllo] m. V. TRIVELLA.
triviale [tri'viale] agg. trivial, grossier, ordurier, poissard (antiq.). | *comico triviale,* comique troupier. || [banale] (raro) banal, trivial.
trivialità [trivjali'ta] f. trivialité. || [banalità] (raro) banalité, trivialité.
trivio ['trivjo] (**-vi** pl.) m. carrefour. || LOC. FIG. *linguaggio da trivio,* langage trivial. || LETT. trivium (lat.).
trobadorico [troba'dɔriko] agg. V. TROVADORICO.
trocaico [tro'kaiko] (**-ci** m. pl.) agg. POES. trochaïque.
trocantere [trokan'tɛre] m. ANAT., ZOOL. trochanter.
trocheo [tro'kɛo] m. POES. trochée.
trochilidi [tro'kilidi] m. pl. ZOOL. trochilidés.
trochite [tro'kite] m. ANAT. trochiter.
troclea ['troklea] f. ANAT. trochlée.
trofeo [tro'fɛo] m. trophée. || [segno di vittoria] *trofeo di caccia,* trophée de chasse. || [decorazione] trophée.
trofico ['trɔfiko] (**-ci** m. pl.) agg. BIOL. trophique.
trofoneurosi [trofoneu'rɔzi] f. MED. trophonévrose.
troglodita [troglo'dita] (**-i** m. pl.) m. e f. troglodyte. || FIG. rustre, goujat, butor, pignouf (pop.).
trogloditico [troglo'ditiko] (**-ci** m. pl.) agg. troglodytique.
trogolo ['trɔgolo] m. [vasca per lavare i panni] bassin. || [per maiali] auge f.
troia ['trɔja] f. ZOOL. truie.
troiaio [tro'jajo] (**-ai** pl.) m. FIG., VOLG. bordel.
troiano [tro'jano] agg. e m. troyen.
troica ['trɔika] (**-che** pl.) f. troïka.
troll ['trɔll] m. MIT. troll.
trolley ['trɔli] m. [ingl.] trolley.
tromba ['tromba] f. MUS. [strumento] trompe, trompette; MIL. clairon m. | *suonare la tromba,* jouer de la trompette; MIL. claironner v. intr. || PER EST. [trombettista] trompette m., trompettiste m.; MIL. clairon m. || PER ANAL. [di stivale] tige. || ANAT. trompe. || ARCHIT. *tromba delle scale,* cage d'escalier. || AUTOM. *tromba d'automobile,* trompe (antiq.). || LOC. FIG. *partire in tromba,* partir en trombe (fam.). || METEOR. *tromba d'aria, d'acqua, marina,* trombe d'air, d'eau, marine. || TECN. *tromba ad acqua,* trompe à eau. || ZOOL. trompe.
trombaio [trom'bajo] (**-ai** pl.) m. [tosc.] plombier.
trombare [trom'bare] v. tr. e intr. PR. transvaser. || FIG., VOLG. [possedere] se taper. || GERG. [bocciare agli esami] coller, blackbouler; [alle elezioni] blackbouler.
1. trombetta [trom'betta] f. MUS. trompette. || [giocattolo] trompette. || BOT. *trombetta dei morti,* trompette de la mort, trompette-des-morts, craterelle. || ZOOL. *trombetta (di mare),* trompette.
2. trombetta [trom'betta] (**-i** pl.) m. MUS. trompette; MIL. clairon.
trombettiere [trombet'tjɛre] m. MUS. trompette; MIL. clairon.
trombettista [trombet'tista] (**-i** pl.) m. MUS. trompette, trompettiste.
trombidio [trom'bidjo] m. ZOOL. trombidion.
trombidiosi [trombi'djosi] f. VETER. trombidiose.
trombina [trom'bina] f. BIOL. thrombine.
trombo ['trombo] m. MED. thrombus.
tromboflebite [tromboflе'bite] f. MED. thrombophlébite.
tromboncino [trombon'tʃino] m. MIL. tromblon.
trombone [trom'bone] m. MUS. trombone; MIL. tromblon. || PER EST. [musicista] trombone, tromboniste.
trombonista [trombo'nista] (**-i** pl.) m. MUS. trombone, tromboniste.
trombosi [trom'bɔzi] f. MED. thrombose.
troncamento [tronka'mento] m. AGR. taille f. || FIG. [rottura] (raro) rupture f. || GRAMM. apocope f.
troncare [tron'kare] v. tr. PR. e FIG. couper, tronquer, trancher, rompre. | *la sega gli ha troncato di netto la mano destra,* la scie lui a tranché la main droite. | *troncare la febbre,* couper la fièvre. | *troncare le trattative,* rompre les négociations. | *troncare un articolo,* écourter, tronquer un article. || FIG. interrompre. | *troncare una conversazione,* mettre fin à, couper court à, interrompre une conversation. | *troncare una carriera, una relazione sentimentale,* briser une carrière, une liaison. || FAM. *tronchiamola!,* tranchons là!, demeurons-en là! || LOC. FIG. *quella notizia gli ha troncato le gambe,* cette nouvelle lui a coupé bras et jambes. || GRAMM. retrancher.
troncato [tron'kato] agg. ARALD. coupé.
troncatura [tronka'tura] f. coupure.
tronchese [tron'kese] m. o f. TECN. tricoises f. pl., triquoises f. pl.
tronchesina [tronke'sina] f. coupe-ongles m. invar.
1. tronco ['tronko] (**-chi** pl.) agg. [mutilo] tronqué. | *citazione tronca,* citation tronquée. || GEOM. *cono tronco,* cône tronqué. || [tagliato] coupé. || GRAMM. *parola tronca,* mot accentué sur la dernière syllabe. ◆ loc. avv. ***in tronco,*** inachevé agg., à moitié, en plan (fam.). | *lasciare in tronco un discorso,* laisser un discours en plan. || PER EST. FAM. [su due piedi] *licenziare in tronco,* congédier sur-le-champ.
2. tronco ['tronko] (**-chi** pl.) m. ANAT., ARCHIT., BOT., GEOM. tronc. | *tronco con la corteccia,* bois en grume. | *produzione di legname in tronchi,* production de grumes. | *tronco di colonna,* tronçon. | *tronco di cono,* tronc de cône, cône tronqué. | *a tronco di cono,* tronconique agg. || PER EST. [di strada] tronçon. || FIG. tronc, souche f.
troncoconico [tronko'kɔniko] (**-ci** m. pl.) agg. GEOM. tronconique.
troncone [tron'kone] m. tronçon. | *segare in tronconi,* tronçonner v. tr. | *il segare in tronconi,* tronçonnage, tronçonnement. || ANAT. moignon. || BOT. [di albero] chicot; [di ramo] poignon.
troneggiare [troned'dʒare] v. intr. trôner.
tronfiezza [tron'fjettsa] f. morgue, arrogance. || FIG. enflure.
tronfio ['tronfjo] (**-fi** m. pl.) agg. bouffi d'orgueil, enflé d'orgueil; plein de morgue. || FIG. *stile tronfio,* style boursouflé. | *rendere tronfio,* boursoufler v. tr.
trono ['trɔno] m. trône. | *salire, abdicare al trono,* monter sur le trône, abdiquer le trône. | *erede al trono,* héritier du trône. ◆ pl. TEOL. Trônes.
tropario [tro'parjo] (**-ri** pl.) m. MUS. RELIG. tropaire.
tropicale [tropi'kale] agg. GEOGR. tropical.
tropicalizzazione [tropikaliddzat'tsjone] f. tropicalisation.
tropico ['trɔpiko] (**-ci** pl.) agg. e m. tropique.
tropismo [tro'pizmo] m. BIOL. tropisme.
tropo ['trɔpo] m. RET. trope.
tropologia [tropolo'dʒia] f. RET. tropologie.
tropologico [tropo'lɔdʒiko] (**-ci** m. pl.) agg. RET. tropologique.

tropopausa [tropo'pauza] f. METEOR. tropopause.
troposfera [tropos'fɛra] f. METEOR. troposphère.
troppo ['trɔppo] avv. [in misura eccessiva ; con agg., verbo, avv.] trop. | *(un po') troppo stupido, troppo tardi,* (un peu) trop bête, trop tard. | *parla troppo !,* il parle trop, de trop (fam.) ! | *tenerci troppo,* y tenir trop. | *davvero troppo spesso !,* beaucoup, bien trop souvent ! | *è dir troppo,* c'est trop dire. | *troppo per, perché,* trop pour, pour que. || [molto ; davanti ad agg.] trop. | *troppo gentile !,* vous êtes trop aimable ! | *non sono troppo soddisfatto,* je ne suis pas trop satisfait. | *è troppo esigente,* il est trop, par trop (lett.) exigeant. || [davanti a n.] trop de. | *hai troppi quattrini,* tu as trop d'argent. | *troppa gente,* trop de monde. | *la sua troppa fretta,* son trop de hâte. | *i libri che hai comperato sono troppi,* tu as acheté trop de livres. ◆ pron. trop. | *hai speso troppo,* tu as trop dépensé. | *troppi pensano che,* trop de monde pense que. | *sono troppi,* ils sont trop. | *cinque non siamo troppi per questo lavoro,* nous ne sommes pas trop de cinq pour ce travail. || LOC. *di troppo,* de trop, en trop. | *essere di troppo,* être de trop. | *non troppo,* pas trop. | *questo è troppo !* c'en est trop ! ; [duro, penoso] c'est trop fort !, c'est un peu fort ! | *è stato fin troppo, anche troppo generoso,* il n'a été que trop généreux. ◆ m. trop. | *il troppo stroppia,* trop c'est trop.
trota ['trɔta] f. ZOOL. truite. | *trota salmonata,* truite saumonée.
troticoltura [trotikol'tura] f. trut(t)iculture.
trottapiano [trotta'pjano] m. invar. (fam.) lambin m.
trottare [trot'tare] v. intr. [cavallo] trotter. || FAM. [uomo] trotter.
trottata [trot'tata] f. [passeggiata a cavallo] promenade au trot. || FAM. [camminata] trotte.
trottatoio [trotta'tojo] (**-oi** pl.) m. piste (f.) de trot.
trottatore [trotta'tore] (**-trice** f.) m. [cavallo, persona] trotteur, euse. | *allevamento di trottatori,* trotting m. (ingl.).
trotterellare [trotterel'lare] v. intr. PR. e FIG. trottiner. ◆ m. trottinement.
trotto ['trɔtto] m. trot. | *andare al trotto,* aller au trot. | *corsa al trotto,* course de trot. || FAM. *andare al, di trotto,* aller au trot.
trottola ['trɔttola] f. toupie. | *piccola trottola,* toton m.
trottolare [trotto'lare] v. intr. tourner comme une toupie.
trotzkismo [trots'kizmo] m. POLIT. trotskisme.
trotzkista [trots'kista] (**-i** m. pl.) n. POLIT. trotskiste.
troupe [trup] f. [fr.] CIN., TEATRO troupe.
trousse [trus] f. [fr.] [astuccio] trousse. || [borsetta] pochette.
trovabile [tro'vabile] agg. trouvable.
trovadore [trova'dore] m. V. TROVATORE.
trovadorico [trova'dɔriko] (**-ci** m. pl.) agg. des troubadours.
trovare [tro'vare] v. tr. [scoprire dopo ricerca] trouver. | *non trovo più gli occhiali,* je ne trouve plus mes lunettes. | *trovare le parole,* trouver les mots. | *trovare un impiego, una sistemazione,* trouver un emploi ; se caser (fam.). || [per caso] trouver ; tomber (sur). | *trovare un oggetto smarrito,* trouver un objet égaré. || PER EST. *dove posso trovarlo ?,* où puis-je le joindre ? || [far visita a] voir, trouver. || [inventare] trouver, imaginer, inventer ; mijoter (scherz.). | *trovare un pretesto, una scusa,* inventer un prétexte, une excuse. || PER ANAL. *trovare da ridire su tutto,* trouver à redire à tout. || [costatare, ritenere] trouver, estimer, juger. | *trovo che ha una brutta faccia,* je lui trouve mauvaise mine. | *la trovo stanca,* je vous trouve fatiguée. | *trovare qlcu. gentile,* trouver qn gentil. | *trovare giusto, trovare a proposito che,* trouver bon, trouver convenable que. || FAM. *trovi ?,* tu trouves ? || LOC. *ha trovato chi gli tiene testa,* il a trouvé son maître. | *ha trovato pane per i suoi denti,* il a affaire à forte partie. | *trovare il mezzo, il modo di,* trouver (le) moyen de. | *rinunciare a trovare,* donner sa langue au chat. ◆ v. medio intr. [essere collocato] se trouver, être. | *articolo che si trova in vendita,* article qui se trouve au marché. || PER EST. *in quel tempo mi trovavo a Milano,* à cette époque j'étais à Milan. | *mi trovavo proprio a passare di là quando...,* je passais justement par là quand... || FIG. *trovarsi in una situazione instabile, malsicura,* être assis entre deux chaises (fam.). | *trovarsi nei pasticci,* être dans le pétrin (fam.). | *si trova in pericolo,* il est en danger. | *mi trovo bene con te,* je suis bien avec toi. | *in campagna non si trova bene,* il se déplaît à la campagne. ◆ v. recipr. se retrouver. || [per caso] se rencontrer. | *di solito ci troviamo al caffè,* d'habitude nous nous rencontrons au café. | *trovarsi d'accordo,* tomber d'accord, se rencontrer.
trovarobe [trova'rɔbe] n. invar. TEATRO accessoiriste.
trovata [tro'vata] f. idée, trouvaille. || IRON. *che bella trovata !,* voilà qui est bien trouvé ! || CIN., TEATRO [battuta] gag m. (ingl.).
trovatello [trova'tɛllo] (**-a** f.) m. enfant trouvé.
trovatore [trova'tore] m. troubadour.
trov(i)ero [tro'vjɛro] m. trouvère.
truccare [truk'kare] v. tr. maquiller, farder. || [travestire] déguiser. || PER EST. [falsificare] maquiller, falsifier. | *truccare un documento,* maquiller un document. | *truccare un motore,* trafiquer un moteur. | *truccare un cavallo,* maquignonner un cheval. | *truccare i dadi,* truquer, piper les dés. || CIN., TEATRO grimer, farder. || FIG. farder, maquiller, masquer. ◆ v. rifl. se maquiller. || CIN., TEATRO se grimer.
truccato [truk'kato] agg. maquillé. | *occhi truccati,* yeux faits. || [travestito] déguisé. || PER EST. [falsificato] maquillé, falsifié, truqué.
truccatore [trukka'tore] (**-trice** f.) m. CIN., TEATRO maquilleur, euse.
truccatura [trukka'tura] f. PR. e FIG. maquillage m. || CIN., TEATRO maquillage m., grimage m.
trucco ['trukko] (**-chi** pl.) m. maquillage, fard. | *trucco leggero,* maquillage léger. | *trucco per la sera,* fard pour le soir. | *togliersi il trucco,* se démaquiller. || CIN., TEATRO maquillage, grimage. || FIG. [imbroglio] truc, astuce f., combine f. (pop.). | *ha trovato il trucco per non pagare,* il a trouvé la combine, le système pour ne pas payer. | *conoscere i trucchi del mestiere,* connaître les ficelles, les trucs du métier. | *chi conosce i trucchi,* combinard m. || CIN. truquage. | *tecnico addetto al trucco,* truqueur m. || LOC. *il trucco c'è, ma non si vede,* il y a un truc, mais il faut le savoir.
truce ['trutʃe] agg. farouche, cruel. | *sguardo truce,* regard farouche.
trucidare [trutʃi'dare] v. tr. massacrer, égorger ; trucider (fam.).
truciolo ['trutʃolo] m. copeau ; [di legno, carta] frison. | *trucioli di metallo,* rognures f. pl., tournure f., riblons.
truculento [truku'lɛnto] agg. truculent.
truffa ['truffa] f. escroquerie, filoutage m., filouterie, carambouillage m.
truffaldino [truffal'dino] m. escroc. ◆ agg. *impresa truffaldina,* escroquerie f.
truffare [truf'fare] v. tr. [persone, cose] escroquer ; [denaro] soutirer, carotter. | *gli ha truffato centomila lire,* il lui a carotté cent mille lires. || [al gioco] filouter (pop.).
truffatore [truffa'tore] (**-trice** f.) m. escroc, filou, carotteur, aigrefin, estampeur (fam.).
trufferia [truffe'ria] f. V. TRUFFA.
truismo [tru'izmo] m. truisme.
trumeau [try'mo] m. [fr.] trumeau.
truppa ['truppa] f. [di persone] troupe, groupe m., bande. | *in truppa,* en troupe, en troupeau (scherz.). | *a truppe,* par troupes. || MIL. troupes pl. | *passare in rivista la truppa,* passer les troupes en revue. || [bassa forza] troupe.
truschino [trus'kino] m. TECN. trusquin, troussequin.
tse-tse [tsɛ'tsɛ] f. invar. *(mosca) tse-tse,* (mouche) tsé-tsé.
tu [tu] pron. pers. sogg. 2ª pers. sing. [davanti al verbo, anche quando in it. è sottinteso] tu. | *hai torto,* tu as tort. || [con funzione rafforzativa ; non riferito al verbo] toi. | *e tu, lo hai visto ?,* et toi, est-ce que tu l'as vu ? | *lasciarci, tu ?,* toi, nous quitter ? | *partirai anche tu,* tu partiras toi aussi. | *tu e i tuoi fratelli siete invitati,* toi et tes frères vous êtes invités. | *uscito tu, nessuno parlò,* toi sorti, personne ne parla. | *sei stato tu a dirlo,* c'est toi qui l'as dit. | *sei tu ?,* est-ce toi ? | *non sei più tu,* tu n'es plus le même. || LOC. *darsi del*

tu, se tutoyer. | *il darsi del tu*, tutoiement m. | *a tu per tu*, face à face. | *trovarsi a tu per tu con qlcu.*, se trouver face à face avec qn.
tuareg [tu'areg] agg. e n. targui (pl. touareg).
tub ['tœb] m. [ingl.] tub. | *fare il bagno a qlcu. in un tub*, tuber (fam., antiq.) qn. | *fare il bagno in un tub*, prendre un tub.
tuba ['tuba] f. [cappello] haut-de-forme m., tube (antiq.), gibus. ‖ MUS. tuba m. ‖ ANAT. trompe. ‖ GERG. MIL. bleu m.
tubare [tu'bare] v. intr. PR. e FIG. roucouler.
tubarico [tu'bariko] (**-ci** m. pl.) agg. MED. tubaire.
tubatura [tuba'tura] f. TECN. tuyauterie, canalisation, tubulure. | *tubature di alimentazione*, canalisations d'alimentation. ‖ [tubo] conduite.
tubazione [tubat'tsjone] f. V. TUBATURA. ◆ pl. conduites.
tubercolare [tuberko'lare] agg. MED. tuberculeux.
tubercolina [tuberko'lina] f. MED. tuberculine.
tubercoli(ni)zzare [tuberkoli(ni)d'dzare] v. tr. MED. e VETER. tuberculin(is)er.
tubercoli(ni)zzazione [tuberkoli(ni)ddzat'tsjone] f. tuberculin(is)ation.
tubercolinico [tuberko'liniko] (**-ci** m. pl.) agg. tuberculinique.
tubercolo [tu'bɛrkolo] m. ANAT., BOT., MED. tubercule. | *produrre tubercoli*, se tuberculiser v. rifl.
tubercolosario [tuberkolo'sarjo] (**-ri** pl.) m. sanatorium ; sana (fam.).
tubercolosi [tuberko'lɔzi] f. MED. tuberculose.
tubercoloso [tuberko'loso] agg. e m. MED. tuberculeux ; tubard (pop.).
tubercolotico [tuberko'lɔtiko] (**-ci** m. pl.) agg. e m. V. TUBERCOLOSO.
tubercoluto [tuberko'luto] agg. BOT. tuberculeux.
tuberiforme [tuberi'forme] agg. BOT. tubériforme.
tuberizzato [tuberid'dzato] agg. BOT. tubérisé.
tuberizzazione [tuberiddzat'tsjone] f. BOT. tubérisation.
tubero ['tubero] m. BOT. [rizoma] tubercule.
tuberosa [tube'rosa] f. BOT. tubéreuse.
tuberosità [tuberosi'ta] f. ANAT., BOT. tubérosité.
tuberoso [tube'roso] agg. BOT. tubéreux.
tubetto [tu'betto] m. tube. | *tubetto di aspirina, di dentifricio*, tube d'aspirine, de dentrifrice.
tubicolo [tu'bikolo] m. ZOOL. tubicole.
tubifex ['tubifeks] m. ZOOL. tubifex.
tubino [tu'bino] m. [bombetta] chapeau melon. ‖ [abito stretto] fourreau.
tubipora [tu'bipora] f. ZOOL. tubipore m.
tubista [tu'bista] (**-i** pl.) m. TECN. tubiste. ‖ [idraulico] plombier.
tubo ['tubo] m. ANAT., BOT., ELETTR., ELETTRON., FIS., MIL. tube. | *tubo digerente*, tube digestif. | *tubo di lancio*, tube lance-torpilles. ‖ AGR. *tubo di drenaggio*, drain. ‖ AUTOM. *tubo di scappamento*, tube, tuyau d'échappement. | *tubo di circolazione dell'acqua di raffreddamento*, durit f. ‖ MODA *pantaloni a tubo*, pantalon fuseau ; fuseau(x). ‖ TECN. tube, tuyau. | *tubo di scarico :* [acque di rifiuto] tuyau de descente ; [di canale, diga] tuyau de décharge. | *munire di tubi*, tuber v. tr. | *posa dei tubi, rafforzamento con tubi*, tubage m.
tubolare [tubo'lare] agg. TECN. tubulaire. ◆ m. [pneumatico] boyau.
tubolato [tubo'lato] agg. tubulé. ‖ [a forma di tubo, composto di tubi] (raro) tubulaire.
tuboloso [tubo'loso] agg. tubuleux.
tubolare [tubo'lare] agg. BOT. tubuleux.
tubolaria [tubo'larja] f. ZOOL. tubulaire.
tubolato [tubo'lato] agg. tubulé. ‖ BOT. V. TUBOLARE.
tucano [tu'kano] m. ZOOL. toucan.
tucùl [tu'kul] m. paillote f.
tufaceo [tu'fatʃeo] agg. GEOL. tufier.
tuffare [tuf'fare] v. tr. plonger, immerger. | *tuffare i piedi in acqua*, tremper les pieds dans l'eau. | *tuffare nell'acqua bollente*, plonger dans l'eau bouillante ; échauder v. tr. ‖ FIG. plonger. ◆ v. rifl. PR. plonger v. intr., piquer une tête (pop.). | *tuffarsi dal trampolino*, plonger du tremplin. ‖ AER. [su] plonger (sur), piquer (sur). ‖ FIG. se plonger, s'enfoncer, s'absorber, s'abîmer.
tuffata [tuf'fata] f. plongeon m.
tuffatore [tuffa'tore] (**-trice** f.) m. SPORT plongeur, euse.
tuffetto [tuf'fetto] m. ZOOL. grèbe.
tuffista [tuf'fista] (**-i** pl. m.) m. e f. SPORT plongeur, euse.
tuffo ['tuffo] m. plongeon. | *tuffo con doppio salto mortale*, plongeon avec double saut périlleux. ‖ FIG. *buttarsi a tuffo su qlco.*, se jeter sur qch. ‖ AER. piqué. | *bombardamento a tuffo*, bombardement en piqué. ‖ SPORT [calcio] plongeon. ‖ FIG. *tuffo al cuore*, coup au cœur.
tuffolo ['tuffolo] m. ZOOL. plongeon.
tufo ['tufo] m. GEOL. tuf.
tufoso [tu'foso] agg. V. TUFACEO.
tuga ['tuga] (**-ghe** pl.) f. MAR. rouf m.
tugurio [tu'gurjo] (**-ri** pl.) m. masure f., taudis, cabane f., bouge, cambuse f. (pop.), turne f. (pop.).
tuia ['tuja] f. BOT. thuya m.
tularemia [tulare'mia] f. VETER. tularémie.
tulio ['tuljo] m. CHIM. thulium.
tulipano [tuli'pano] m. BOT. tulipe f. ‖ PER EST. [oggetto di vetro] tulipe f.
tulle ['tulle] m. tulle.
tumefare [tume'fare] v. tr. tuméfier, boursoufler. ◆ v. medio intr. se tuméfier.
tumefatto [tume'fatto] agg. tuméfié.
tumefazione [tumefat'tsjone] f. MED. tuméfaction.
tumescente [tumeʃ'ʃɛnte] agg. tumescent.
tumescenza [tumeʃ'ʃɛntsa] f. MED. tumescence.
tumidezza [tumi'dettsa] f. V. TUMESCENZA.
tumido ['tumido] agg. tumescent, boursouflé. | *labbra tumide*, lèvres lippues. ‖ FIG. boursouflé.
tumolo ['tumolo] m. V. TUMULO.
tumorale [tumo'rale] agg. MED. tumoral.
tumore [tu'more] m. MED. tumeur f., grosseur f. ‖ ZOOL. loupe f.
tumulare [tumu'lare] v. tr. (lett.) ensevelir (L.C.).
tumulazione [tumulat'tsjone] f. (lett.) ensevelissement m. (L.C.).
tumulo ['tumulo] m. (lett.) tombeau (L.C.). | *piccolo tumulo*, tombelle f. ‖ ARCHEOL. tertre (funéraire), tumulus, tombelle.
tumulto [tu'multo] m. tumulte ; [sommossa] émeute f. | *in tumulto*, en tumulte. ‖ FIG. tumulte, agitation f., trouble. | *avere l'animo in tumulto*, être troublé par une tempête intérieure.
tumultuante [tumultu'ante] agg. PR. e FIG. en tumulte.
tumultuare [tumultu'are] v. intr. faire du tumulte. ‖ FIG. bouillonner.
tumultuoso [tumultu'oso] agg. PR. e FIG. tumultueux ; FIG. bouillonnant.
tundra ['tundra] f. GEOGR. toundra.
tungar ['tungar] m. ELETTRON. tungar.
tungstato [tungs'tato] m. CHIM. tungstate.
tungsteno [tungs'tɛno] m. CHIM. tungstène.
tungstico ['tungstiko] (**-ci** m. pl.) agg. CHIM. tungstique.
tungstite [tungs'tite] f. CHIM. tungstite.
tunica ['tunika] (**-che** pl.) f. tunique. ‖ ANAT., BOT. tunique. ‖ RELIG. [di Gesù Cristo] tunique.
tunicati [tuni'kati] m. pl. ZOOL. tuniciers.
tunicato [tuni'kato] agg. ANAT., BOT. tuniqué.
tunicella [tuni'tʃɛlla] f. RELIG. tunique, tunicelle.
tunisino [tuni'zino] agg. e m. tunisien ; tunisois.
tunnel ['tunnel] m. tunnel.
tuo ['tuo] agg. poss. 2ª pers. sing. ton, ta, tes. | *il tuo passaporto*, ton passeport. | *la tua macchina*, ta voiture. | *la tua anima*, ton âme. | *i tuoi genitori*, tes parents. | *è amico tuo, non mio*, c'est un ami à toi, non (pas, fam.) à moi. | *un tuo impiegato*, un de tes employés, un employé à toi. | *questo è affar tuo*, ça, c'est ton affaire. | *a casa tua*, chez toi. | *quel libro è tuo*, ce livre-là est à toi. | *quei libri sono tuoi*, ces livres-là sont à toi. | *le mie e le tue intenzioni*, mes intentions et les tiennes (pron.). | *c'è qlco. di tuo in quella valigia*, il y a qch. à toi, qch. qui t'appartient dans cette valise. ◆ pron. poss. le tien, la tienne, les tiens, les tiennes. | *prendi la tua, non la mia*, prends la tienne, non la mienne. | *i tuoi sono questi*, voilà les tiens. ◆ m. [avere] *il tuo è tuo*, ce qui t'appartient est

à toi. | *rimetterci del tuo sarebbe troppo,* en être de ta poche, ce serait un peu trop. ◆ pl. *tanti saluti ai tuoi,* bien des choses aux tiens. ◆ f. [lettera] *con la tua del 12 marzo,* par ta lettre du 12 mars. ‖ Loc. *sei riuscito a tirarlo dalla tua,* tu as réussi à le gagner à ta cause.

tuonare [two'nare] v. intr. V. TONARE.

tuono ['twɔno] m. tonnerre. | *sentire un tuono,* entendre un coup de tonnerre. | *rombo del tuono,* grondement du tonnerre. ‖ PER EST. [cannone] grondement.

tuorlo ['twɔrlo] m. jaune d'œuf.

tupaia [tu'paja] f. ZOOL. tupaïa m., tupaja m.

tup(p)è [tu'pɛ] m. toupet.

tura ['tura] f. COSTR. batardeau m.

turabuchi [tura'buki] m. invar. bouche-trou m. (pl. bouche-trous).

turacciolo [tu'rattʃolo] m. bouchon.

turamento [tura'mento] m. (raro) [bottiglia] bouchage. ‖ [finestra, porta] calfeutrage, calfeutrement.

turanico [tu'raniko] (**-ci** m. pl.) agg. e m. ETNOGR., LING. touranien, enne.

turare [tu'rare] v. tr. boucher. | *turare un buco,* boucher un trou. | *turare le fessure di una porta, di una finestra,* calfeutrer une porte, une fenêtre. | *il turare le fessure (di una porta, di una finestra),* calfeutrage, calfeutrement m. | *turare una falla,* colmater, aveugler, boucher une voie d'eau. | *turarsi il naso,* se boucher le nez. | *turarsi le orecchie,* se boucher les oreilles. ‖ FIG. *turare la bocca a qlcu.,* fermer la bouche à qn. ◆ v. medio intr. *il lavello si è turato,* l'évier s'est engorgé.

1. turba ['turba] f. foule, multitude ; tourbe (peggior. o antiq.). ‖ PEGGIOR. *turba di politicanti,* ramassis (m.) de politicards.

2. turba ['turba] f. MED. trouble m.

turbamento [turba'mento] m. perturbation f. | *turbamento dell'ordine pubblico,* perturbation de l'ordre public. ‖ FIG. embarras, trouble, émotion f. | *nascondere il proprio turbamento,* cacher son émotion.

turbante [tur'bante] m. turban.

turbare [tur'bare] v. tr. PR. troubler. ‖ FIG. *turbare l'ordine pubblico,* troubler, déranger l'ordre public. | *turbare un colloquio,* troubler un entretien. ‖ [agitare] troubler, déconcerter, inquiéter, bouleverser, embarrasser, tournebouler (fam.). | *turbare lo spirito di qlcu.,* troubler l'esprit de qn. | *il candidato non era per niente turbato dalle domande fattegli,* les questions qu'on lui avait posées n'avaient nullement embarrassé le candidat. | *nulla può turbare la sua sicurezza,* rien ne peut ébranler son assurance. | *la notizia lo ha turbato profondamente,* la nouvelle l'a bouleversé. | *quell'obiezione turbò l'oratore,* cette objection démonta l'orateur. ◆ v. medio intr. [tempo] se gâter. ‖ FIG. se troubler, s'émouvoir, s'embarrasser, s'agiter, se démonter.

turbativa [turba'tiva] f. GIUR. *turbativa del possesso,* trouble (m.) de la possession.

turbato [tur'bato] agg. PR. troublé. ‖ FIG. troublé, embarrassé, déconcerté. | *essere turbato,* avoir la tête à l'envers (fam.).

turbatore [turba'tore] m. GIUR. perturbateur.

turbellari [turbel'lari] m. pl. ZOOL. turbellariés.

turbina [tur'bina] f. MECC. turbine.

turbinare [turbi'nare] v. intr. PR. tourbillonner, tournoyer. ‖ FIG. tourbillonner.

turbinato [turbi'nato] agg. turbiné.

turbine ['turbine] m. PR. e FIG. tourbillon. ‖ PER EST. [nugolo] nuée f.

turbinio [turbi'nio] m. tourbillonnement.

turbinoso [turbi'noso] agg. PR. e FIG. tourbillonnant.

turboalternatore [turboalterna'tore] m. MECC. turboalternateur.

turbocisterna [turbotʃis'tɛrna] f. MAR. pétrolier (m.) à turbines.

turbocompressore [turbokompres'sore] m. MECC. turbocompresseur.

turbodinamo [turbo'dinamo] f. invar. MECC. turbodynamo f.

turboelettrico [turboe'lɛttriko] (**-ci** m. pl.) agg. turboélectrique.

turboelica [turbo'ɛlika] (**-che** pl.) m. AER. turbopropulseur.

turbogeneratore [turbodʒenera'tore] m. MECC. turbogénérateur.

turbogetto [turbo'dʒɛtto] m. AER. turboréacteur.

turbolento [turbo'lɛnto] agg. turbulent.

turbolenza [turbo'lɛntsa] f. turbulence.

turbomotore [turbomo'tore] m. MECC. turbomoteur.

turbonave [turbo'nave] f. MAR. navire (m.) à turbines.

turbopompa [turbo'pompa] f. MECC. turbopompe.

turbopropulsore [turbopropul'sore] m. AER. [turbogetto] turboréacteur. ‖ [turboelica] turbopropulseur.

turbosoffiante [turbosof'fjante] m. MECC. turbosoufflante f.

turcasso [tur'kasso] m. carquois.

turchese [tur'kese] f. MINER. turquoise. ◆ agg. invar. *(color) turchese,* (couleur) bleu turquoise. ◆ m. bleu turquoise.

turchiniccio [turki'nittʃo] (**-ci** pl.) agg. bleuté ; bleuâtre.

turchino [tur'kino] agg. bleu turquoise.

turcimanno [turtʃi'manno] m. SCHERZ. drogman.

turco ['turko] (**-chi** pl.) agg. e m. turc, turque f. | *caffè turco,* café turc. | *bagno turco,* bain turc ; étuve f. ‖ FIG. *essere in un bagno turco,* être (comme) dans une étuve. | *alla turca,* à la turque. | *gabinetto alla turca,* cabinets, latrines (f. pl.) à la turque. | *opera artistica o letteraria d'ispirazione o di gusto turco,* turquerie f. ‖ *Il Gran Turco,* le Grand Turc. ‖ MUS. *rondò alla turca,* marche turque. ‖ LOC. FAM. *fumare come un Turco,* fumer comme une locomotive. | *bestemmiare come un Turco,* jurer comme un charretier. ◆ m. LING. turc. ‖ FIG., FAM. *ma questo è turco !,* c'est du chinois !

turcomanno [turko'manno] agg. e m. turcoman, turkmène. ◆ m. LING. turcoman, turkmène.

turdidi ['turdidi] m. pl. ZOOL. turdidés.

turf [tə:f] m. [ingl.] turf, hippodrome. ‖ [ippica] turf, hippisme.

turgescente [turdʒeʃ'ʃɛnte] agg. BIOL., BOT. turgescent.

turgescenza [turdʒeʃ'ʃɛntsa] f. V. TURGIDEZZA.

turgidezza [turdʒi'dettsa] f. BIOL., BOT. turgescence.

turgido ['turdʒido] agg. (lett.) turgide.

turgore [tur'gore] m. V. TURGIDEZZA.

turibolo [tu'ribolo] m. RELIG. encensoir.

turiferario [turife'rarjo] (**-ri** pl.) m. RELIG. e FIG. thuriféraire.

turione [tu'rjone] m. BOT. turion.

turismo [tu'rizmo] m. tourisme.

turista [tu'rista] (**-i** m. pl.) n. touriste.

turistico [tu'ristiko] (**-ci** m. pl.) agg. touristique. | *agenzia turistica, ufficio turistico,* agence f., bureau (m.) de tourisme. | *classe turistica,* classe touriste. | *Ente Nazionale Industrie Turistiche* (E. N. I. T.), Office du tourisme italien.

turkmeno [turk'mɛno] agg. e m. V. TURCOMANNO.

turlupinare [turlupi'nare] v. tr. duper, rouler, gruger.

turlupinatore [turlupina'tore] (**-trice** f.) m. (lett.) dupeur, euse.

turlupinatura [turlupina'tura] f. duperie, tromperie, supercherie.

turno ['turno] m. [avvicendamento] roulement. | *lavorare a turno,* travailler par roulement. | *vegliare a turno,* veiller à tour de rôle. ‖ [periodo di tempo] service. | *medico, farmacia di turno,* médecin, pharmacie de garde. | *fare turni di tre ore,* se relayer toutes les trois heures. ‖ FERR. *primo, secondo turno,* premier, second service. ‖ MAR. *essere di turno,* être de quart. ‖ MIN. *turno di notte, di giorno,* poste de nuit, de jour. | *lavoro a turni,* travail en équipes par roulement. ‖ LOC. PR. e FIG. *a turno,* à tour de rôle, tour à tour. | *è il mio turno,* c'est (à) mon tour.

turoniano [turo'njano] agg. e m. GEOL. turonien.

turpe ['turpe] agg. ignoble, honteux ; inavouable, déshonorant. | *è un turpe ricatto,* c'est un chantage abject. | *parola turpe,* mot vulgaire.

turpiloquio [turpi'lɔkwjo] (**-qui** pl.) m. langage obscène.

turpitudine [turpi'tudine] f. turpitude, obscénité, indécence, scélératesse. | *fare, dire delle turpitudini,* faire, dire des obscénités.

turrito [tur'rito] agg. garni de tours. ‖ ARALD. tourelé.

tuscanico [tus'kaniko] (**-ci** m. pl.) agg. ARTI *ordine tuscanico,* ordre toscan.
tuta ['tuta] f. salopette, bleu (m.) de travail, cotte, combinaison. ‖ MIL. *tuta da lavoro,* treillis m. | *tuta mimetica,* tenue léopard.
tutela [tu'tɛla] f. GIUR. tutelle. | *essere sotto tutela,* être en tutelle. ‖ PER EST. tutelle, protection, sauvegarde. | *mettersi sotto la tutela della giustizia,* se mettre sous la sauvegarde de la justice. ‖ LOC. *a tutela di,* pour la défense de.
1. tutelare [tute'lare] agg. tutélaire.
2. tutelare [tute'lare] v. tr. protéger, sauvegarder, défendre. ◆ v. medio intr. [contro] se prémunir (contre), se défendre (contre), se protéger (contre).
tutolo ['tutolo] m. BOT. rafle f.
tutore [tu'tore] (**-trice** f.) m. GIUR. tuteur, tutrice. ‖ PER EST. *i tutori dell'ordine,* les gardiens de la paix. ‖ AGR. [sostegno] tuteur, échalas.
tutorio [tu'tɔrjo] (**-ri** m. pl.) agg. GIUR. *autorità tutoria,* autorité de tutelle.
tutt'al più ['tuttal'pju] loc. avv. (tout) au plus.
tuttavia [tutta'via] cong. mais, cependant avv., toutefois avv., pourtant avv., néanmoins avv. | *aveva avuto successo, tuttavia era irritato con tutti,* il avait eu du succès, il était pourtant irrité contre tout le monde. | *ha dovuto sottomettersi, tuttavia aveva ragione lui,* il a dû se soumettre, n'empêche que c'était lui qui avait raison. | *tutto ciò è terribile, tuttavia non sappiamo ancora tutto,* tout ceci est terrible, encore ne sait-on pas tout.
tuttavolta [tutta'vɔlta] cong. V. TUTTAVIA.
tutto ['tutto] agg. **1.** [intero] tout, toute, tous, toutes. | *tutto il mio lavoro,* tout mon travail. | *tutta la serata,* toute la soirée. | *in tutt(a l')Europa,* dans toute l'Europe. | *tutto (quanto) Proust,* tout Proust. | *tutta Parigi,* tout Paris. | *il « tout Paris »,* le Tout-Paris. | *è piovuto tutta la notte,* il a plu toute la nuit (durant). | *la casa tremò tutta,* toute la maison trembla. | *si contorceva tutto,* il se tordait de douleur. | *avere tutto il tempo,* avoir tout son temps. | *avere tutto il tempo per,* avoir tout le temps de. | *la differenza è tutta nel,* toute la différence consiste dans. ‖ FAM. *metticela tutta !,* fonce ! ‖ LOC. *di tutto cuore, con tutto il cuore,* de tout (mon, ton, son) cœur. | *con tutta l'anima,* du fond de l'âme. | *con tutta forza,* à bras raccourcis. | *spendere a tutto spiano,* dépenser sans calculer. | *a tutta velocità,* à toute vitesse, allure. | *in tutta semplicità, umiltà,* en toute simplicité, humilité. | *per tutta risposta,* pour toute réponse. | *a tutte lettere,* en toutes lettres. ‖ **2.** [apposizione] *una vita tutta sofferenze,* une existence toute de malheurs. | *era tutta dedita al suo lavoro,* elle était toute à son travail. | *essere tutta dolcezza,* être toute douceur. | *coraggio, intelligenza, autorità, tutte qualità molto rare,* courage, intelligence, autorité, toutes qualités très rares. ‖ **3.** [seguito da « altro »] *è caro ? — tutt'altro !,* est-ce cher ? — pas du tout ! | *non è intelligente, tutt'altro,* il n'est pas intelligent, tant s'en faut. | *è tutt'altra cosa,* c'est une tout autre chose. ‖ **4.** LOC. *avere tutte le caratteristiche, tutte le qualità di una madre,* avoir tout d'une mère. | *da tutte le parti,* de tous côtés, de tout côté. | *con tutte le mie forze,* de toutes mes forces. | *tutti e cinque, e sei,* tous les cinq, les six. | *e tutti quanti,* et tutti quanti (it.), et tous les autres, et tout le tremblement (fam.). | *tutta (quanta) la gente,* tout le monde. | *tutte (quante) queste smancerie,* toutes ces simagrées. | *tutto quello che, tutto quanto,* tout ce qui (que). | *tutti gli uomini sono soggetti a sbagliare,* tout homme est sujet à l'erreur, tous les hommes sont sujets à l'erreur. | *in tutti i casi,* en tout cas. | *tutto d'un colpo,* tout d'un coup. | *tutt'intorno,* tout autour. | *tutte le volte che,* chaque fois que. | *una volta per tutte,* une fois pour toutes. | *a tutti i costi,* coûte que coûte. ◆ pron. indef. [persone] *tutti,* tout le monde ; tous. ‖ [cose] *tutto,* tout. ‖ LOC. [con « tutti »] *tutti quanti siamo,* tous tant que nous sommes. | *ci siamo tutti ?,* sommes-nous au complet ? | *fermi tutti !,* ne bougez pas ! | *interesse di tutti,* intérêt général. | *tutti sanno che,* tout le monde sait que. | *sono venuti tutti,* ils sont tous venus. | *abbiamo tutti i nostri difetti,* nous avons tous, nous avons chacun nos défauts. | *ciascuno per sé e Dio per tutti,* chacun pour soi et Dieu pour tous. ‖ LOC. [con « tutto »] *questo è tutto,* voilà tout, c'est tout. | *non è tutto,* ce n'est pas tout, ce n'est pas fini, il y a autre chose. | *ha comprato tutto quanto,* il a acheté tout. | *o tutto o niente,* c'est tout ou rien. | *fare di tutto per,* faire tout son possible pour, ne rien épargner pour, faire tout au monde pour. | *assaggiare un po' di tutto,* goûter à tous les plats. | *infischiarsene di tutto e di tutti,* se moquer, se ficher du tiers comme du quart. | *tutto sta a,* le tout est de. | *dopo tutto, tutto considerato,* après tout, tout bien considéré. | *tutto compreso,* tout compris. | *tutto sommato,* au demeurant, au bout du compte ; MAT. e FIG. tout calcul fait. | *nonostante tutto,* (il) n'empêche que. | *nonostante tutto ha fatto fiasco,* pourtant il a échoué. | *è tutt'uno,* c'est la même chose. | *con tutto che,* bien que. ◆ m. invar. tout. | *il (gran) tutto,* le (grand) tout. | *rischiare il tutto per il tutto,* risquer le tout pour le tout. ◆ avv. *(tutto) intero,* tout entier. | *tutta intera,* tout entière. | *tutta preoccupata,* toute préoccupée. | *tutte pensierose,* toutes pensives. | *erano tutte felici,* elles étaient tout heureuses. | *non è tutta lana,* ce n'est pas tout laine. | *essere tutt' occhi, tutt' orecchi,* être tout yeux, tout ouïe, tout oreilles. | *ha tutta l'aria di divertirsi,* il a tout l'air de s'amuser. | *bere tutto d'un sorso,* boire d'une seule gorgée. ◆ loc avv. ***del tutto,*** tout à fait. | *trasformarsi del tutto,* changer du tout au tout, complètement. | *non sono del tutto contento,* je ne suis pas tout à fait content. ‖ ***in tutto,*** en tout. ‖ ***in tutto e per tutto,*** tout à fait. ‖ ***tutt'a un tratto,*** tout d'un coup, soudain(ement).
tuttofare [tutto'fare] agg. invar. *persona tuttofare,* factotum ; personne qui se prête à tous les travaux. | *una domestica tuttofare,* une bonne à tout faire. | *un impiegato tuttofare,* un employé à tout faire.
tuttora [tut'tora] avv. encore, toujours. | *è tuttora ammalata,* elle est toujours malade.
tuttotondo [tutto'tondo] m. ARTI ronde-bosse f. | *a, in tuttotondo,* en ronde-bosse.
tutù [tu'tu] m. tutu.
tuzia ['tuttsja] f. CHIM. tut(h)ie.
tweed [twi:d] m. TESS. [ingl.] tweed.
twist [twist] m. [ingl.] twist.
tze-tze [tsɛ'tsɛ] f. V. TSE-TSE.
tzigano [tsi'gano] agg. e m. V. ZIGANO.

U

u [u] f. o m. u m.
uadi ['wadi] m. Geogr. oued.
ubbia [ub'bia] f. lubie, fantaisie, chimère. | *ha talvolta delle ubbie,* il lui prend parfois des lubies. | *vive di ubbie,* il vit de chimères. ‖ [fissazione] idée fixe. | *ha l'ubbia che tutti vogliano nuocergli,* il a l'idée fixe que tout le monde lui veut du mal.
ubbidiente [ubbi'djɛnte] agg. obéissant. ‖ Mar. facile à gouverner.
ubbidienza [ubbi'djɛntsa] f. obéissance. | *una ubbidienza cieca,* une obéissance aveugle. ‖ Arc. [sudditanza politica] sujétion (l.c.). | *tenere a ubbidienza un popolo,* tenir un peuple dans la sujétion. ‖ Stor. allégeance. | *il giuramento d'ubbidienza al signore,* le serment d'allégeance. ◆ loc. avv. ***in ubbidienza a,*** conformément à. | *in ubbidienza alla legge,* conformément à la loi.
ubbidire [ubbi'dire] v. intr. obéir. | *ubbidire agli ordini,* obéir aux ordres. ‖ [seguire, ascoltare] obéir à, écouter, suivre. | *ubbidire ai consigli del medico,* obéir aux conseils, suivre les conseils du médecin. ‖ Assol. [cedere a pressioni] s'exécuter (v. rifl.). | *era molto seccato, ma alla fine ubbidì,* il était très contrarié, mais il finit par s'exécuter. ‖ [con soggetto di cosa] obéir. | *la mano non ubbidiva più,* ma main ne m'obéissait plus.
ubbioso [ubbi'oso] agg. (raro) plein de lubies. ‖ [sospettoso] ombrageux, soupçonneux.
ubbriacare [ubbria'kare] e deriv. V. ubriacare e deriv.
ubertà [uber'ta] f. Lett. [fertilità] fertilité (l.c.), fécondité (l.c.). ‖ [abbondanza] abondance, richesse. | *l'ubertà delle messi,* l'abondance des moissons.
ubertosità [ubertosi'ta] f. (lett.) fertilité, fécondité (l.c.).
ubertoso [uber'toso] agg. (lett.) fécond (l.c.), fertile (l.c.). ‖ [abbondante] abondant, copieux. ‖ [riferito a donna] plantureux.
ubicare [ubi'kare] v. tr. (raro) situer.
ubicato [ubi'kato] agg. situé ; sis (giur. o lett.). | *l'edificio ubicato in via Carducci,* l'édifice situé rue Carducci.
ubicazione [ubikat'tsjone] f. emplacement m., position. | *l'ubicazione della palestra,* l'emplacement du gymnase.
ubiquista [ubi'kwista] (**-i** pl.) agg. e n. ubiquiste.
ubiquità [ubikwi'ta] f. ubiquité. | *avere il dono dell'ubiquità,* avoir le don d'ubiquité.
ubiquitario [ubikwi'tarjo] (**-i** pl.) agg. e m. Relig. ubiquiste.
ubriacare [ubria'kare] v. tr. Pr. e fig. enivrer, soûler (fam.), griser. | *questo vinello l'ha ubriacato,* ce petit vin l'a enivré, soûlé, grisé. ‖ Fig. griser, enivrer, soûler (fam.). | *la velocità lo ubriaca,* la vitesse le grise. ◆ v. rifl. Pr. e fig. s'enivrer, se soûler, se griser. | *si ubriaca ogni sera,* il s'enivre, il se soûle chaque soir. | *si ubriaca di paroloni,* il se soûle, il se grise de grands mots.
ubriacatura [ubriaka'tura] f. Pr. cuite (fam.). | *si è preso un'ubriacatura solenne,* il a pris une cuite mémorable. ‖ Fig. enivrement m., ivresse, griserie, exaltation. | *la sua ubriacatura politica passò presto,* son exaltation, son enivrement, sa griserie politique sombra rapidement.
ubriachezza [ubria'kettsa] f. ivresse, griserie. | *stato di ubriachezza,* état d'ivresse. ‖ [stile amministrativo] ébriété. | *in stato di ubriachezza,* en état d'ébriété.
ubriaco [ubri'ako] (**-chi** pl.) agg. Pr. ivre, soûl (fam.), plein (fam.), bourré (fam.), noir (pop.). | *era ubriaco fradicio,* il était ivre mort, soûl comme une bourrique. ‖ Fig. ivre, soûl, grisé.
ubriacone [ubria'kone] (**-a** f.) m. ivrogne, esse, soûlard (pop.), poivrot (pop.), pochard (pop.).

uccellagione [uttʃella'dʒone] f. chasse aux oiseaux, capture des oiseaux.
uccellaio [uttʃel'lajo] m. oiselier.
uccellame [uttʃel'lame] m. gibier à plume.
uccellanda [uttʃel'landa] f. lieu aménagé pour oiseler.
uccellare [uttʃel'lare] v. intr. oiseler. ◆ v. tr. (raro) [raggirare] attraper (l.c.), rouler (fam.).
uccellatore [uttʃella'tore] m. oiseleur. ‖ Fig. (antiq. e lett.) [ingannatore] trompeur (l.c.).
uccelliera [uttʃel'ljɛra] f. volière.
uccellino [uttʃel'lino] m. oisillon, oiselet. ‖ Loc. fam. *me l'ha detto l'uccellino,* c'est mon petit doigt qui me l'a dit.
uccello [ut'tʃɛllo] m. Pr. oiseau. | *uccello lira,* oiseau-lyre, ménure. | *uccello mosca,* oiseau-mouche, colibri. | *uccello del paradiso,* paradisier, oiseau de paradis. ‖ [caccia] *uccello da richiamo,* chanterelle f. ‖ Fig., Volg. [pene] bite f. ; verge f. (l.c.). ‖ Loc. fig. *vispo come un uccello,* gai comme un pinson. | *uccello di malaugurio,* oiseau de mauvais augure. | *uccello di primo pelo,* blanc-bec, béjaune (arc.). | *essere uccel di bosco,* être libre comme l'air. | *farsi uccel di bosco,* prendre la clé des champs. | *stare come l'uccello sulla frasca,* être comme l'oiseau sur la branche. ‖ Loc. *a volo d'uccello,* à vol d'oiseau ; [superficialmente] dans les grandes lignes, en gros. | *vedere la città a volo d'uccello,* voir la ville à vol d'oiseau. | *trattare un argomento a volo d'uccello,* traiter un sujet dans ses grandes lignes.
uccidere [ut'tʃidere] v. tr. tuer. | *è stato ucciso da un proiettile,* il a été tué par une balle. | *fu ucciso dal colera,* il est mort du choléra. | *l'eccessivo lavoro l'ha ucciso,* il est mort d'avoir trop travaillé. ‖ [animali] tuer, abattre. | *uccidere un cane,* tuer un chien. | *uccidere un cavallo, un bue,* tuer, abattre un cheval, un bœuf. ‖ Per est. [distruggere] tuer, détruire. ‖ [fiaccare] tuer. | *questo caldo mi uccide,* cette chaleur me tue, m'accable. ◆ v. rifl. se tuer, se suicider. ◆ v. recipr. s'entretuer.
uccisione [uttʃi'zjone] f. [assassinio] meurtre m., assassinat m. ‖ [massacro] massacre m. ‖ [esecuzione] exécution. | *si procedette all'uccisione dei criminali,* on procéda à l'exécution des criminels. ‖ [atto e modo di uccidere] *la Bibbia narra l'uccisione di Golia da parte di David,* la Bible raconte comment David tua Goliath. ‖ [animali] abattage m.
ucciso [ut'tʃizo] agg. tué. ‖ [animali] abattu. ◆ n. victime f. | *i parenti dell'ucciso,* les parents de la victime.
uccisore [uttʃi'zore] m. meurtrier, homicide (lett.).
ucraino [u'kraino] agg. e n. ukrainien.
udibile [u'dibile] agg. audible, perceptible.
udibilità [udibili'ta] f. audibilité.
udienza [u'djɛntsa] f. audience. | *chiedere udienza,* demander audience. | *concedere un'udienza,* accorder une audience. ‖ Giur. audience.
udire [u'dire] v. tr. entendre, ouïr (antiq. e raro). | *udire un rumore,* entendre un bruit. ‖ [sentir dire] entendre dire. ‖ [venire a sapere] apprendre. | *ho udito del matrimonio di tuo figlio,* j'ai appris le mariage de ton fils. ‖ [ascoltare] écouter. | *udite !,* écoutez !, oyez ! (antiq.). ‖ Per est. [dare ascolto, esaudire] écouter. | *Dio ha udito le sue preghiere,* Dieu a écouté, exaucé ses prières.
uditivo [udi'tivo] agg. auditif.
udito [u'dito] m. ouïe f. | *perdere l'udito,* devenir sourd. | *riacquistare l'udito,* guérir de sa surdité.
uditore [udi'tore] (**-trice** f.) m. auditeur, trice. ‖ Univ. *uditore libero,* auditeur libre. ‖ Giur. auditeur.
uditorio [udi'tɔrjo] m. auditoire.
uè ! [wɛ] onomat. ouin ! ouin !

uff! [uf:] o **uffa!** ['uffa] interiez. [soffocamento] ouf !; [impazienza] pff !

1. ufficiale [uffi'tʃale] agg. officiel. | *visita ufficiale*, visite officielle. | *la Gazzetta ufficiale*, le Journal officiel.

2. ufficiale [uffi'tʃale] m. officier. | *pubblico ufficiale*, officier public. | *ufficiale di stato civile*, officier d'état civil. | *ufficiale sanitario*, officier de santé. | *ufficiale postale*, employé des postes. || [titolo onorifico] officier. | *Grand'Ufficiale*, grand officier. || GIUR. *ufficiale giudiziario*, huissier. || AER., MAR., MIL. officier. | *ufficiale di rotta*, navigateur. | *ufficiale di carriera*, officier de carrière. | *allievo ufficiale*, élève officier. | *ufficiale di complemento*, officier de réserve. | *ufficiale di picchetto*, officier de garde. | *mensa ufficiali*, mess des officiers. | *ufficiale d'amministrazione*, major. | *ufficiale medico*, médecin-major.

ufficialità [uffitʃali'ta] f. caractère officiel. || [insieme degli ufficiali] officiers m. pl.

ufficialmente [uffitʃal'mente] avv. officiellement.

ufficiante [uffi'tʃante] agg. e m. RELIG. officiant.

ufficiare [uffi'tʃare] v. intr. e tr. RELIG. officier.

ufficiatura [uffitʃa'tura] f. célébration, office m.

ufficio [uf'fitʃo] m. **1.** [obbligo morale, sociale] devoir, rôle. | *è ufficio dei genitori educare i figli*, les parents ont le devoir d'élever leurs enfants. | *è ufficio delle leggi prevenire i reati*, le rôle des lois est de prévenir les crimes. || **2.** [funzione, carica] fonction f., charge f., office. | *esercitare l'ufficio di direttore*, remplir la fonction de directeur. | *accettare un ufficio*, accepter une charge. | *ricusare un ufficio*, résigner un office. || LOC. FIG. *far l'ufficio di*, faire office de, faire fonction de. || **3.** [organismo, servizio pubblico] bureau, service, office. | *ufficio d'igiene*, bureau de l'hygiène. | *ufficio delle imposte*, bureau des contributions. | *ufficio stampa*, bureau de presse. | *ufficio di collocamento*, bureau, agence de placement. | *ufficio di pubblicità*, service de publicité. | *uffici amministrativi*, services administratifs. | *ufficio commerciale*, office commercial. || **4.** [locale] bureau. | *andare in ufficio*, aller au bureau. || **5.** RELIG. office. || **6.** LOC. *buoni uffici*, bons offices. ◆ loc. avv. ***d'ufficio,*** d'office. | *è stato nominato, trasferito d'ufficio*, il a été nommé, muté d'office. || GIUR. *difensore d'ufficio*, avocat nommé, commis d'office.

ufficiosamente [uffitʃosa'mente] avv. officieusement.

ufficiosità [uffitʃosi'ta] f. caractère officieux.

ufficioso [uffi'tʃoso] agg. officieux.

uffiziare [uffit'tsjare] e deriv. V. UFFICIARE e deriv.

uffizio [uf'fittsjo] m. RELIG. office. || STOR. *il Sant'Uffizio*, le Saint-Office. || [Firenze] *la Galleria degli Uffizi*, les Offices.

ufo (a) [a'ufo] loc. avv. à l'œil (fam.). | *mangiare a ufo*, manger à l'œil, sans payer.

ugandese [ugan'dese] agg. e n. ougandais.

ugello [u'dʒɛllo] m. TECN. gicleur, buse f. || [di turbine, aerei, razzi] tuyère f.

uggia ['uddʒa] f. ennui m., cafard m. (fam.). | *questo tempo mi fa venir l'uggia*, ce temps me donne le cafard. || LOC. *venir in uggia*, ennuyer. | *prender in uggia qlcu., qlco.*, prendre en grippe qn, qch. | *venir in uggia a qlcu.*, devenir, être antipathique à qn (L.C.), commencer à taper sur les nerfs à qn (fam.).

uggiolamento [uddʒola'mento] m. jappement.

uggiolare [uddʒo'lare] v. intr. japper.

uggiolio [uddʒo'lio] m. jappement.

uggiosamente [uddʒosa'mente] avv. d'une manière ennuyeuse.

uggiosità [uddʒosi'ta] f. ennui m.

uggioso [ud'dʒoso] agg. maussade, ennuyeux, embêtant (fam.). | *un tempo uggioso*, un temps maussade. || [di carattere o umore] maussade, morose, chagrin (lett.). || [di discorsi] ennuyeux, rébarbatif.

ugnare [uɲ'ɲare] v. tr. biseauter.

ugnatura [uɲɲa'tura] f. biseau m. | *a ugnatura*, en biseau. | *taglio a ugnatura*, biseautage m. | *tagliare a ugnatura*, biseauter.

ugola ['ugola] f. ANAT. luette. || FIG. *un'ugola d'oro*, une voix d'or. || SCHERZ. *bagnarsi, rinfrescarsi l'ugola*, s'humecter le gosier; se rincer la dalle (pop.).

ugonotto [ugo'nɔtto] agg. e m. STOR. RELIG. huguenot.

ugro-finnico [ugro'finniko] agg. finno-ougrien.

uguagliamento [ugwaʎʎa'mento] m. égalisation f.

uguaglianza [ugwaʎ'ʎantsa] f. égalité. || [di un terreno] régularité. || FIG. [di stile] uniformité.

uguagliare [ugwaʎ'ʎare] v. tr. PR. e FIG. [livellare] égaliser. | *uguagliare i redditi*, égaliser les revenus. || [riferito a persone] rendre égal. | *la morte uguaglia tutti gli uomini*, la mort rend tous les hommes égaux. || FIG. [essere o diventare uguale] égaler. | *lo scolaro ha uguagliato il maestro*, l'élève a égalé son maître. || SPORT. *uguagliare un primato*, égaler un record. || FIG. [paragonare] comparer. | *non lo si può uguagliare a nessuno*, on ne peut le comparer à personne. ◆ v. rifl. PR. être de la même hauteur, longueur, largeur. | *quei due muri si uguagliano*, ces deux murs sont de la même hauteur. || FIG. être aussi [con agg.] l'un que l'autre; avoir autant de [con sost.] l'un que l'autre; être égal; se valoir; être l'égal de qn. | *le loro qualità si uguagliano*, leurs qualités se valent, sont égales. | *per coraggio, si uguagliano*, ils sont aussi courageux l'un que l'autre. | *quanto a volontà, questi ragazzi si uguagliano*, ces garçons ont autant de volonté l'un que l'autre. | *ha preteso uguagliarsi a Raffaello*, il a prétendu être l'égal de Raphaël.

uguale [u'gwale] agg. **1.** [pari] égal. | *l'uomo e la donna sono uguali*, l'homme et la femme sont égaux. || **2.** [simile, lo stesso] pareil, le même, égal, identique. | *queste due case sono uguali*, ces deux maisons sont pareilles, identiques. | *la mia macchina è uguale alla tua*, j'ai la même voiture que toi, ma voiture est pareille à la tienne. | *due ragazzi uguali d'età*, deux garçons du même âge. | *un uomo sempre uguale a se stesso*, un homme toujours égal à lui-même. | *gli innamorati sono tutti uguali*, les amoureux sont tous les mêmes, tous pareils. || **3.** [uniforme] égal, uniforme, régulier. | *parlava con voce uguale*, il parlait d'une voix égale. | *una regione piatta, tutta uguale*, un pays plat, uniforme. || FIG. *uno stile uguale*, un style uniforme. || **4.** MAT. égal. | *angoli uguali*, angles égaux. | *due più tre uguale cinque*, deux plus trois égalent, font cinq. ◆ n. **1.** [pari] égal. | *la donna è l'uguale dell'uomo*, la femme est l'égale de l'homme. | *trattare qlcu. da uguale a uguale*, traiter qn d'égal à égal. || [in frasi negative] *uno scrittore che non ha l'uguale*, un écrivain qui n'a pas d'égal, sans égal. || LOC. *senza uguali*, sans égal. | *un'imprudenza senza uguali*, une imprudence sans égale. || **2.** [con valore neutro : indifferente] égal. | *se non vuoi andarci, per me è uguale*, si tu ne veux pas y aller, ça m'est égal. || [con valore avv.] *sono alti uguale*, ils sont de la même taille. | *io sono stupido, ma tu sei stupido uguale*, je suis bête, mais tu l'es tout autant.

ugualitario [ugwali'tarjo] agg. égalitaire.

ugualitarismo [ugwalita'rizmo] m. égalitarisme.

ugualmente [ugwal'mente] avv. **1.** [parimenti] également. | *sono due cose ugualmente importanti*, ce sont deux choses également importantes. || [con agg.] aussi... l'un que l'autre. | *sono due romanzi ugualmente interessanti*, ce sont deux romans aussi intéressants l'un que l'autre. || **2.** [nello stesso modo] de la même manière, façon. | *tratta ugualmente il ricco e il povero*, il traite le riche et le pauvre de la même manière. || **3.** [in modo equo] équitablement. | *distribuì ugualmente le sue ricchezze tra i suoi figli*, il partagea équitablement ses richesses entre ses fils. || **4.** [uniformemente] uniformément, d'une manière uniforme. | *la cera va spalmata ugualmente sul pavimento*, la cire s'étale uniformément sur le plancher. || **5.** [valore avversativo : lo stesso] quand même. | *lo farò ugualmente*, je le ferai quand même. | *Le sono ugualmente grato*, je vous suis quand même reconnaissant.

uh! [u] interiez. [dolore] ouïe !, ouille !; [fastidio] hou !; [meraviglia] oh !

uhi! ['ui] interiez. ouïe !, ouille !

uhm! [m] interiez. [reticenza] hum !; [dubbio] heu !

uistiti [wisti'ti] m. invar. ZOOL. ouistiti.

ukase [u'kaze] m. invar. PR. e FIG. ukase m., oukase m.

ukulele [uku'lɛle] m. o f. guitare (f.) hawaïenne.

ulama ['ulama] o **ulema** ['ulema] m. invar. RELIG. uléma m., ouléma m.

ulano [u'lano] m. MIL. uhlan.

ulcera ['ultʃera] f. MED. ulcère m. ‖ [in alcune malattie infettive] chancre m.
ulcerare [ultʃe'rare] v. tr. MED. ulcérer. ◆ v. rifl. s'ulcérer.
ulcerativo [ultʃera'tivo] agg. MED. ulcératif.
ulcerato [ultʃe'rato] agg. MED. e FIG. ulcéré.
ulcerazione [ultʃerat'tsjone] f. MED. ulcération.
ulceroso [ultʃe'roso] agg. MED. ulcéreux.
ulivo [u'livo] e deriv. V. OLIVO e deriv.
ulna ['ulna] f. ANAT. cubitus m.
ulnare [ul'nare] agg. ANAT. ulnaire.
ulteriore [ulte'rjore] agg. [futuro, posteriore] ultérieur, postérieur. ‖ [successivo, aggiuntivo] autre, supplémentaire, nouveau, ultérieur (raro). | *senza ulteriori precisazioni,* sans autres précisions, sans précisions supplémentaires. | *attendere un'ulteriore comunicazione,* attendre un nouvel avis. ‖ LOC. *senza ulteriore perdita di tempo,* sans plus tarder. ‖ GEOGR. [opposto a citeriore] ultérieur.
ulteriormente [ulterjor'mente] avv. ultérieurement.
ultimamente [ultima'mente] avv. [recentemente] dernièrement. | *ho avuto ultimamente sue notizie,* j'ai eu dernièrement de ses nouvelles. ‖ [negli ultimi tempi] ces derniers temps. | *l'ho visto poco, ultimamente,* je l'ai peu vu, ces derniers temps. ‖ ARC. [infine] enfin (L.C.).
ultimare [ulti'mare] v. tr. achever, terminer, finir.
ultimato [ulti'mato] agg. achevé, terminé, fini.
ultimatum [ulti'matum] m. [lat.] ultimatum.
ultimazione [ultimat'tsjone] f. achèvement m.
ultimissima [ulti'missima] f. GIORN. dernière édition, dernières nouvelles pl. | *ultimissima!, l'assassino è stato identificato!,* dernière heure!, l'assassin a été identifié!
ultimissimo [ulti'missimo] agg. tout dernier.
ultimo ['ultimo] agg. **1.** [nello spazio : lontananza più remota] le plus lointain, le plus éloigné, le plus reculé ; [estremo] extrême. | *gli ultimi territori abitati,* les territoires habités les plus éloignés, les plus reculés. | *l'ultimo limite,* l'extrême limite. | *le ultime propaggini delle Alpi,* les derniers contreforts des Alpes. ‖ **2.** [nel tempo : più recente] dernier. | *le ultime notizie,* les dernières nouvelles. | *la vostra lettera del 10 giugno ultimo scorso,* votre lettre du 10 juin dernier. | *la vostra lettera del 10 ultimo scorso corrente mese,* votre lettre du 10 courant. | *vestirsi all'ultima moda,* s'habiller à, selon la dernière mode. | *la sai l'ultima?,* tu connais la dernière? ‖ [più lontano nel passato ; PER EST. fondamentale] premier. | *l'ultima origine della decadenza della città,* l'origine première de la décadence de la ville. ‖ [più lontano nel futuro] dernier. | *fino agli ultimi secoli, alle ultime generazioni,* jusqu'aux derniers siècles, aux dernières générations. ‖ [estremo, irrevocabile] dernier, ultime. | *gli ultimi addii,* les derniers adieux. | *furono le sue ultime parole,* ce furent ses dernières, ses ultimes paroles. | *è la tua ultima parola?,* c'est ton dernier mot? ‖ LOC. *non è ancora detta l'ultima parola,* rien n'est encore dit. | *in ultima analisi,* en dernière analyse, en conclusion. ‖ RELIG. *l'ultima Cena,* la Cène. ‖ **3.** [finale di una serie] dernier. | *l'ultimo nato,* le dernier-né. | *l'ultimo arrivato,* le dernier arrivé. | *è arrivato ultimo, buon ultimo,* il est arrivé le dernier, bon dernier. | *ha parlato per ultimo,* il a parlé le dernier. | *gli ultimi (giorni) del mese,* les derniers jours du mois, la fin du mois. | *spendere fino all'ultimo centesimo,* dépenser jusqu'à son dernier sou. ‖ LOC. *dare l'ultima mano :* PR. passer la dernière couche ; FIG. mettre la dernière main. ‖ **4.** FIG. [di scarsa importanza, inferiore e anche peggiore] dernier. | *è l'ultimo posto dove vorrei andare,* c'est bien le dernier endroit où je voudrais aller. | *è tra gli ultimi della classe,* il est à la queue de la classe, il est dans les derniers. | *è l'ultimo degli imbecilli,* c'est le dernier, le roi des imbéciles. ‖ LOC. *è l'ultimo dei miei pensieri,* c'est le cadet de mes soucis. | *è l'ultima ruota del carro,* c'est la cinquième roue de la charrette, du carrosse. ‖ [in frasi negative usato come litote] le, la moindre. | *ha molte qualità, non ultima la modestia,* il a bien des qualités, dont la moindre n'est pas la modestie. | *non è il suo ultimo difetto,* ce n'est pas son moindre défaut. ‖ **5.** FIG. [di sommo valore] le plus haut, extrême. | *l'ultimo grado del sapere,* le plus haut degré du savoir, les limites extrêmes du savoir. ◆ m. dernier. | *gli ultimi saranno i primi,* les derniers seront les premiers. ◆ loc. avv. ***in ultimo, da ultimo, all'ultimo,*** enfin, à la fin. | *in ultimo si pentì,* à la fin il se repentit. | *da ultimo si seppe la verità,* enfin on apprit la vérité. | *all'ultimo decise di partire,* au dernier moment il décida de partir. | *fino all'ultimo,* jusqu'au bout, jusqu'à la fin.
ultimogenito [ultimo'dʒɛnito] agg. (le) plus jeune, (le) plus petit, benjamin. ◆ n. dernier-né, dernière-née ; dernier, dernière ; benjamin, benjamine.
ultore [ul'tore] agg. POET. vengeur (L.C.).
ultra ['ultra] avv. [lat.] *et ultra,* et plus encore, encore davantage.
ultracentenario [ultratʃente'narjo] agg. e m. plus que centenaire.
ultracentrifuga [ultratʃen'trifuga] f. CHIM., FIS. ultracentrifugeuse.
ultracorto [ultra'korto] agg. ultracourt.
ultramicroscopia [ultramikrosko'pia] f. ultramicroscopie.
ultramicroscopico [ultramikros'kɔpiko] agg. ultramicroscopique.
ultramicroscopio [ultramikros'kɔpjo] m. ultramicroscope.
ultramoderno [ultramo'dɛrno] agg. ultramoderne.
ultramontanismo [ultramonta'nizmo] m. RELIG. ultramontanisme.
ultramontano [ultramon'tano] agg. RELIG. ultramontain. ‖ [situato al di là dei monti] ultramontain (antiq.).
ultrapotente [ultrapo'tɛnte] agg. très puissant.
ultrarapido [ultra'rapido] agg. très rapide.
ultrarealista [ultrarea'lista] m. STOR. ultraroyaliste, ultra.
ultrarosso [ultra'rosso] agg. e m. V. INFRAROSSO.
ultrasensibile [ultrasen'sibile] agg. ultrasensible.
ultrasonico [ultra'sɔniko] agg. FIS. [relativo agli ultrasuoni] ultrasonique. ‖ [riferito alla velocità] supersonique.
ultrasonoro [ultraso'nɔro] agg. V. ULTRASONICO.
ultrasuono [ultra'swɔno] m. FIS. ultrason.
ultraterreno [ultrater'reno] agg. supraterrestre, de l'au-delà.
ultravioletto [ultravjo'letto] agg. FIS. ultraviolet.
ultravirus [ultra'virus] m. MED. ultravirus.
ululare [ulu'lare] v. intr. [di uccelli notturni] (h)ululer. ‖ [di cani e lupi] hurler. ‖ PER EST. [emettere un lamento] hurler. ‖ FIG. [in particolare del vento] hurler.
ululato [ulu'lato] m. PR. e FIG. hurlement.
ululo ['ululo] m. V. ULULATO.
ulva ['ulva] f. BOT. ulve.
ulvacee [ul'vatʃee] f. pl. BOT. ulvacées.
umanamente [umana'mente] avv. humainement.
umanarsi [uma'narsi] v. rifl. (raro) se faire homme.
umanazione [umanat'tsjone] f. (raro) incarnation (L.C.).
umanesimo [uma'nezimo] m. humanisme.
umanista [uma'nista] n. e agg. humaniste.
umanistico [uma'nistiko] (**-ci** m. pl.) agg. humaniste. | *studi umanistici,* humanités f. pl.
umanità [umani'ta] f. PR. e FIG. humanité. ‖ [studi letterari] humanités pl.
umanitario [umani'tarjo] agg. humanitaire.
umanitarismo [umanita'rizmo] m. humanitarisme.
umanizzare [umanid'dzare] v. tr. humaniser. ◆ v. rifl. s'humaniser.
umanizzazione [umaniddzat'tsjone] f. humanisation.
umano [u'mano] agg. humain. | *il rispetto umano,* le respect humain. | *le umane lettere,* les belles-lettres. ◆ m. pl. [uomini] humains.
umbellato [umbel'lato] agg. BOT. ombellé.
umbertino [umber'tino] agg. STOR. = de l'époque du roi Humbert Ier.
umbilico [umbi'liko] e deriv. V. OMBELICO e deriv.
umbratile [um'bratile] agg. PR. (lett.) ombreux. ‖ FIG. secret, solitaire.
umbro ['umbro] agg. e n. ombrien.
umettare [umet'tare] v. tr. humecter.
umettazione [umettat'tsjone] f. humectation.
umidezza [umi'dettsa] f. humidité.
umidiccio [umi'dittʃo] agg. moite, légèrement humide.

umidificare [umidifi'kare] v. tr. humidifier.
umidificazione [umidifikat'tsjone] f. humidification.
umidità [umidi'ta] f. humidité. ‖ Loc. *teme l'umidità*, craint l'humidité.
umido ['umido] agg. humide. | *panno umido*, linge humide. | *occhi umidi di pianto*, des yeux humides, mouillés de larmes. | *tempo caldo e umido*, temps mou. ◆ m. humidité f. ‖ Culin. ragoût. | *in umido*, en sauce.
umidore [umi'dore] m. (lett.) moiteur f. (l.c.).
umile ['umile] agg. [mite, sottomesso] humble, modeste. ‖ [per nascita e condiz. sociale] modeste, humble. ‖ (antiq. o scherz.) [formula di cortesia] *il vostro servitore umilissimo*, votre très humble serviteur. ◆ m. humble.
umiliante [umi'ljante] agg. humiliant, mortifiant.
umiliare [umi'ljare] v. tr. humilier, rabaisser. | *Dio umilia i superbi*, Dieu humilie les superbes. ◆ v. rifl. s'humilier, s'abaisser. | *chi s'umilia sarà esaltato*, celui qui s'abaisse sera élevé.
umiliato [umi'ljato] agg. humilié.
umiliazione [umiljat'tsjone] f. humiliation. ‖ [affronto] camouflet m.
umilmente [umil'mente] avv. humblement.
umiltà [umil'ta] f. humilité.
umo ['umo] m. V. humus.
umorale [umo'rale] agg. humoral.
umore [u'more] m. Anat. humeur f. ‖ Fig. humeur f. | *è di buon, di cattivo umore*, il est de bonne, de mauvaise humeur. | *sbalzi di umore*, sautes d'humeur. ‖ (lett.) [umorismo] humour (l.c.).
umorismo [umo'rizmo] m. humour. ‖ (antiq.) Med. humorisme.
umorista [umo'rista] (**-i** pl.) n. e agg. humoriste. ‖ Med. (antiq.) humoriste.
umoristico [umo'ristiko] agg. [cose] humoristique. | *disegno umoristico*, dessin humoristique. | *una storiella umoristica*, une histoire drôle. ‖ [persone] humoriste. | *scrittore umoristico*, écrivain humoriste.
umoroso [umo'roso] agg. (antiq.) riche en humeurs.
un ['un] agg., art., pron. V. uno.
unanime [u'nanime] agg. unanime. | *consenso unanime*, consentement unanime. ‖ Loc. *con voto unanime*, à l'unanimité.
unanimemente [unanime'mente] avv. unanimement, à l'unanimité.
unanimismo [unani'mizmo] m. Lett. unanimisme.
unanimista [unani'mista] (**-i** pl.) m. e f. Lett. unanimiste.
unanimità [unanimi'ta] f. unanimité.
una tantum ['una'tantum] loc. [lat.] impôt (m.) extraordinaire.
uncinare [untʃi'nare] v. tr. [prendere con un uncino] accrocher. ‖ [piegare ad uncino] recourber en forme de croc, de crochet. ‖ [nella pesca] ferrer, harponner. | *uncinare una balena*, harponner une baleine.
uncinato [untʃi'nato] agg. [piegato ad uncino] crochu. ‖ Bot. [munito di uncino] unciné. ‖ Loc. *croce uncinata*, croix gammée.
uncinello [untʃi'nɛllo] m. agrafe f.
uncinetto [untʃi'netto] m. crochet. | *lavorare all'uncinetto*, faire du crochet. | *lavoro all'uncinetto*, (ouvrage au) crochet.
uncino [un'tʃino] m. croc, crochet. | *afferrare qlco. con l'uncino*, accrocher qch. ‖ Per anal. *dita ad uncino*, doigts crochus. ‖ Fig. [cavillo] prétexte. ‖ Sport [pugilato] crochet.
undecimo [un'dɛtʃimo] agg. num. (lett.). V. undicesimo.
undicenne [undi'tʃɛnne] agg. (âgé) de onze ans. ◆ n. enfant (âgé) de onze ans ; garçon, fillette de onze ans.
undicesimo [undi'tʃɛzimo] agg. num. ord. e m. onzième ; [papi, sovrani ; atto, scena, libro, volume] onze (scritto XI) ; onzième (raro). | *Luigi undicesimo*, Louis XI. | *undicesimo capitolo*, chapitre onze, onzième chapitre.
undici ['unditʃi] agg. num. card. e m. onze.
ungarico [un'gariko] (**-ci** m. pl.) agg. V. ungherese.
ungaro ['ungaro] agg. e m. V. ungherese.
ungere ['undʒere] v. tr. Pr. graisser ; [con olio] huiler. | *ungere un paio di stivali*, graisser une paire de bottes. | *ungere una serratura*, huiler, graisser une serrure. ‖ Loc. fig. *ungere le ruote*, graisser la patte (à qn). ‖ [sporcare] graisser. | *ungere la tovaglia*, graisser la nappe. ‖ Assol. *questa crema non unge*, cette crème ne graisse pas. ‖ Relig. oindre. ◆ v. rifl. [spalmarsi] se mettre de la crème, de l'huile. ‖ [sporcarsi] se graisser. | *ungersi le mani*, se graisser les mains. | *ungersi la camicia*, faire une tache de graisse sur sa chemise, graisser sa chemise.
ungherese [unge'rese] agg. e n. hongrois.
unghia ['ungja] f. Anat. ongle m. | *unghie orlate di nero*, ongles sales, noirs. | *smalto per unghie*, vernis à ongles. | *dipingersi le unghie*, se mettre du vernis à ongles. ‖ Pr. e fig. *mangiarsi le unghie*, se ronger les ongles. ‖ Fig. *tirar fuori le unghie*, sortir ses griffes. | *difendersi con le unghie e coi denti*, se défendre du bec et des ongles. | *cadere sotto le unghie di qlcu.*, tomber sous la griffe de qn. ‖ [di animali] griffe, ongle m. (raro) ; [di rapaci] serre ; [di equini e bovini] sabot m. ; [di ruminanti] onglon m. ‖ Fig. [piccola quantità] brin m., cheveu m., once, grain m. ‖ Loc. *ci manca un'unghia*, il s'en faut d'un cheveu, c'est à un poil près (fam.). ‖ Mar. *unghia dell'ancora*, bec (m.) [de l'ancre]. ‖ Tecn. [taglio obliquo di arnese] biseau m. ; [intaccatura in una lama] onglet m.
unghiata [un'gjata] f. coup (m.) de griffe. | *dare un'unghiata a qlcu.*, griffer qn. ‖ [graffio] égratignure, griffure. | *aveva il volto pieno di unghiate*, il avait le visage couvert d'égratignures. ‖ Tecn. [intaccatura di una lama] onglet m.
unghiato [un'gjato] agg. onglé.
unghiello [un'gjɛllo] m. griffe f.
unghione [un'gjone] m. [zoccolo] sabot. ‖ [artiglio] griffe f.
unghiuto [un'gjuto] agg. (raro) onglé.
ungitore [undʒi'tore] (**-trice** f.) m. graisseur.
ungitura [undʒi'tura] f. graissage m.
ungueale [ungwe'ale] agg. Anat. de l'ongle, unguéal.
unguento [un'gwento] m. Farm. onguent, crème f., pommade f., embrocation f.
ungulati [ungu'lati] m. pl. Zool. ongulés.
uniate [u'njate] agg. e m. Relig. uniate.
unicamente [unika'mente] avv. uniquement, seulement, simplement, exclusivement. | *parlava così unicamente per farlo arrabbiare*, il parlait ainsi uniquement pour, dans le seul but de le faire enrager. | *lo dirò unicamente per farti piacere*, je le dirai rien que pour te faire plaisir.
unicameralismo [unikamera'lizmo] m. Polit. monocaméralisme, monocamérisme.
unicellulare [unitʃellu'lare] agg. Biol. unicellulaire.
unicità [unitʃi'ta] f. unicité.
unico ['uniko] (**-ci** m. pl.) agg. **1.** unique. | *figlio unico*, enfant, fils unique. | *via a senso unico*, rue à sens unique. | *è un modello unico*, c'est un modèle exclusif. ‖ Giur. *testo unico*, recueil de dispositions légales. ‖ **2.** [equivalente di solo] seul, unique. | *è il mio unico amico*, c'est mon seul ami. | *è l'unica via d'uscita*, c'est le seul moyen de s'en sortir. | *siamo gli unici a saperlo*, nous sommes les seuls à le savoir. ‖ **3.** [rafforzativo di solo] seul et unique. | *è la sua sola ed unica preoccupazione*, c'est son seul et unique souci. ‖ **4.** [incomparabile] unique, d'exception. | *è un artista unico*, c'est un artiste unique, d'exception. ‖ Loc. *è un tipo più unico che raro*, c'est un merle blanc. ◆ f. *l'unica*, la seule chose, le mieux. | *è l'unica !*, c'est la seule chose à faire ! | *l'unica è parlargli francamente*, le mieux est de lui parler franchement.
unicorno [uni'kɔrno] agg. unicorne. ◆ m. Mit. licorne f.
unicum ['unikum] (**-ca** pl.) m. [lat.] exemplaire unique.
unidirezionale [unidirettsjo'nale] agg. unidirectionnel.
unificabile [unifi'kabile] agg. qu'on peut unifier.
unificare [unifi'kare] v. tr. unifier, normaliser, uniformiser. | *unificare l'Europa*, unifier l'Europe. | *unificare dei programmi scolastici*, unifier des programmes scolaires. ‖ [nell'industria] standardiser.
unificatore [unifika'tore] (**-trice** f.) agg. e m. unificateur, trice.
unificazione [unifikat'tsjone] f. unification. ‖ [nell'industria] standardisation.

uniformare [unifor'mare] v. tr. [livellare] uniformiser, égaliser, niveler. | *la moda uniforma i gusti,* la mode uniformise les goûts. || [adattare] adapter, conformer, régler (sur). | *uniformare la propria condotta alle circostanze,* adapter sa conduite aux circonstances. ◆ v. rifl. se conformer, s'adapter.

1. uniforme [uni'forme] agg. uniforme.

2. uniforme [uni'forme] f. uniforme m., tenue. | *uniforme militare,* uniforme, tenue militaire. | *in alta uniforme,* en grand uniforme. | *uniforme di gala,* uniforme de cérémonie, tenue de gala.

uniformemente [uniforme'mente] avv. uniformément.

uniformità [uniformi'ta] f. uniformité. | *uniformità di un terreno,* uniformité d'un terrain. | *uniformità di costumi,* uniformité de mœurs. || [unanimità] conformité.

unigenito [uni'dʒɛnito] agg. unique. | *figlio unigenito,* fils unique. ◆ m. RELIG. *l'Unigenito,* le Fils de Dieu.

unilabiato [unilabi'ato] agg. BOT. unilabié.

unilaterale [unilate'rale] agg. unilatéral.

unilateralità [unilaterali'ta] f. unilatéralité, caractère (m.) unilatéral.

unilateralmente [unilateral'mente] avv. unilatéralement.

uninominale [uninomi'nale] agg. POLIT. uninominal.

unione [u'njone] f. PR. e FIG. union. || [legame sia affettivo che fisico] union. | *unione coniugale,* union conjugale. || [associazione] union. | *unione doganale,* union douanière. | *Unione sovietica,* Union soviétique. || TECN. assemblage, jonction.

unionismo [unjo'nizmo] m. POLIT. unionisme.

unionista [unjo'nista] (**-i** m. pl.) n. POLIT. unioniste.

uniparo [u'niparo] agg. BIOL. unipare.

unipolare [unipo'lare] agg. FIS. unipolaire.

unire [u'nire] v. tr. **1.** [mettere insieme] joindre, unir. | *unire le mani,* joindre les mains. | *unire il gesto alla parola,* joindre le geste à la parole. | *l'amore per la musica li unisce,* ils sont unis par l'amour de la musique. | *una lunga amicizia li unisce,* une longue amitié les unit. || [in matrimonio] unir, joindre par les liens du mariage. || [fissare] assembler. | *unire due assi,* assembler deux planches. || **2.** [avvicinare] réunir, rapprocher. | *unire due tavoli,* réunir, rapprocher deux tables. || FIG. *la sventura unisce gli uomini,* le malheur rapproche les hommes. || **3.** [collegare cose distanti] relier, joindre, unir. | *un'ampia strada unisce la città al mare,* une large route relie la ville à la mer. || **4.** [allegare] joindre. | *unire un documento ad una domanda,* joindre un document à une demande. ◆ v. rifl. se joindre, s'unir (à). | *si è unito al movimento di liberazione,* il s'est uni au, il a rejoint le mouvement de libération. || [collegarsi] se relier. ◆ v. recipr. s'unir. | *unitevi e vincerete!,* unissez-vous et vous vaincrez ! | *unirsi in matrimonio,* se marier ; s'unir par les liens du mariage. || [collegarsi] se joindre, se relier.

unisessuale [unisessu'ale] o **unisessuato** [unisessu'ato] agg. BIOL. unisexué.

unisono [u'nisono] agg. PR. e FIG. à l'unisson (loc. avv.). | *voci unisone,* des voix qui chantent à l'unisson. | *le loro risposte furono unisone,* ils répondirent à l'unisson. ◆ m. unisson. || LOC. *all'unisono,* à l'unisson.

unità [uni'ta] f. unité. | *unità politica,* unité politique. | *regola delle tre unità,* règle des trois unités. || MAT., ECON. unité. | *le unità di un numero,* les unités d'un nombre. | *unità di misura,* unité de mesure. | *unità monetaria,* unité monétaire. || MIL. unité.

unitamente [unita'mente] avv. [in modo unito, compatto] ensemble. || FIG. d'un commun accord. || [congiuntamente] *unitamente a,* en même temps que. | *riceverete il libro unitamente al catalogo,* vous recevrez le livre en même temps que le catalogue.

unitario [uni'tarjo] (**-i** m. pl.) agg. unitaire. | *direzione unitaria,* direction unitaire. || [coerente] *poema unitario,* poème qui a de l'unité. || COMM. *prezzo unitario,* prix unitaire. || RELIG. unitaire. ◆ m. RELIG. unitaire.

unitarismo [unita'rizmo] m. RELIG. unitarisme.

unito [u'nito] agg. [messo insieme] uni, réuni. | *dei fogli uniti,* des feuilles réunies. || [compatto] uni. || FIG. uni. | *è una coppia molto unita,* c'est un couple très uni. || [accluso] joint.

univalve [uni'valve] agg. BOT., ZOOL. univalve.

universale [univer'sale] agg. universel. | *suffragio universale,* suffrage universel. | *il giudizio universale,* le jugement dernier. || GIUR. *legatario universale,* légataire universel. ◆ m. universel. ◆ pl. FILOS. *gli universali,* les universaux.

universalismo [universa'lizmo] m. universalisme.

universalista [universa'lista] (**-i** m. pl.) n. universaliste.

universalistico [universa'listiko] (**-ci** m. pl.) agg. universaliste.

universalità [universali'ta] f. universalité.

universalizzare [universalid'dzare] v. tr. universaliser. ◆ v. rifl. s'universaliser.

universalizzazione [universaliddzat'tsjone] f. universalisation.

universalmente [universal'mente] avv. universellement.

università [universi'ta] f. université. | *università privata,* université libre. | *fa, frequenta l'università,* il va à l'université, il fréquente l'université. | *aveva fatto l'università,* il avait fait des études universitaires. | *università popolare,* université populaire. || (arc.) [universalità, totalità] universalité, ensemble m. (L.C.), totalité (L.C.).

universitario [universi'tarjo] (**-ri** m. pl.) agg. universitaire. ◆ n. [studente] étudiant universitaire. || [docente] universitaire, professeur de faculté.

1. universo [uni'vɛrso] agg. (raro) entier (L.C.). | *l'universo mondo,* le monde entier, tout entier.

2. universo [uni'vɛrso] m. univers. || [mondo, terra] monde entier. || FIG. univers. | *universo poetico,* univers poétique.

univocamente [univoka'mente] avv. de manière univoque.

univocità [univotʃi'ta] f. univocité, univocation.

univoco [u'nivoko] (**-ci** m. pl.) agg. univoque.

unnico ['uniko] (**-ci** m. pl.) agg. hunnique.

1. uno ['uno] agg. num. card. **1.** un. | *un metro,* un mètre. | *le Mille e Una Notte,* les Mille et Une Nuits. | *sono le dieci e un quarto, meno un quarto,* il est dix heures et quart, moins le quart. | *una volta per tutte,* une fois pour toutes. | *una volta sì ed una no,* une fois sur deux. || **2.** SOSTANT. un. | *uno e uno fanno due,* un et un font deux. | *abita all'uno di via Monti,* il habite au numéro un de la rue Monti. | *ne riceveranno uno a testa,* ils en recevront chacun un, un par personne. | *l'uno per cento,* le un pour cent. | *vuoi sentirne una?,* tu veux savoir la dernière ? | *ve ne racconto una (bella)!,* je vais vous raconter une drôle d'histoire ! | *delle due l'una : o restare o partire,* de deux choses l'une : ou rester ou partir. | *più d'uno,* plus d'un. || LOC. *essere tutt'uno con qlcu., qlco. :* [essere una sola cosa, molto uniti] ne faire qu'un avec qn, qch. | *è tutt'uno :* [la stessa cosa] c'est tout un, c'est la même chose. || [simultaneamente] *vederlo e scappare, per me fu tutt'uno,* je ne l'eus pas plutôt vu que je pris la fuite ; dès que je le vis, je pris la fuite. | *contare per uno,* ne compter que pour un. || FAM. [nelle enumerazioni] *e uno..., e due...,* et d'un... et de deux... || **3.** [in funzione di num. ord.] un. | *capitolo uno, pagina uno,* chapitre un, page un. | *alle ore una, all'una,* à une heure. | *l'uno del mese di novembre,* le premier novembre. || LOC. *è il nemico pubblico numero uno,* c'est l'ennemi public numéro un. ◆ agg. **1.** [un unico] un, un seul. *basterebbe una parola per,* il suffirait d'un (seul) mot pour. | *non ha (neanche) un amico,* il n'a pas un (seul) ami. || LOC. *a una voce,* d'une seule voix. | *a un modo,* de la même façon. | *a un tempo,* en même temps. || **2.** [indivisibile] un. | *il Dio uno ed indivisibile,* le Dieu un et indivisible. || [unito, concorde] un. | *nazione una e libera,* nation une et libre.

2. uno ['uno] art. indef. solo sing. **1.** un. | *un albero,* un arbre. || [in espressioni di tempo] *un giorno,* un jour. | *c'era una volta,* il était une fois. || [in espressioni enfatiche] *ho una sete!,* j'ai une de ces soifs ! | *lui sì che è un amico!,* c'est un véritable ami, lui ! | *ma è un bambino, non può capire!,* mais ce n'est qu'un enfant, il ne peut pas comprendre ! || **2.** [seguito da agg. poss.] un, une de mes (tes, ses). | *un tuo parente,* un de tes parents, un parent à toi. | *un suo amico giornalista,* un journaliste de ses amis, un de ses amis qui est journaliste. | *ho ricevuto una loro lettera*, j'ai reçu une lettre d'eux. || **3.** [con valore avv. : circa] environ, à peu près, dans les [+ sost. al pl.]. | *costa un diecimila lire*, ça coûte environ dix mille lires, dans les dix mille lires.

3. uno [uno] pron. indef. **1.** un. | *uno di loro, una di loro*, (l')un d'(entre) eux, (l')une d'(entre) elles. | *uno di questi giorni*, (l')un de ces jours. || Loc. *è uno dei tanti*, c'est un homme, une personne comme les autres. || **2.** [un certo, un tale] quelqu'un, une personne. | *è uno che sa il fatto suo*, c'est quelqu'un qui connaît son affaire. | *ho parlato con uno che ti conosce bene*, j'ai parlé avec une personne, avec quelqu'un qui te connaît bien. || **3.** [ciascuno] chacun, l'un, l'unité, la pièce. | *costano venti lire l'uno*, ils coûtent chacun vingt lires. | *libri a duemila lire l'uno*, livres à deux mille lires le volume, l'exemplaire. | *saponette a cento lire l'una*, savonnettes à cent lires la pièce. || **4.** *l'uno l'altro ; l'uno..., l'altro*, V. ALTRO. || **5.** [con valore impers.] quelqu'un, on. | *uno potrebbe anche sostenere il contrario*, quelqu'un pourrait tout aussi bien soutenir le contraire. | *quando uno dice solo sciocchezze, è meglio che stia zitto*, quand on n'ouvre la bouche que pour dire des bêtises, il vaudrait mieux se taire.

unticcio [un'tittʃo] (**-ce** f. pl.) agg. graisseux. ◆ m. graisse f.

1. unto ['unto] agg. huilé. || [anche sporco] graisseux. || Relig. [anche sostant.] oint.

2. unto ['unto] m. graisse f. || [sporcizia] crasse f.

untore [un'tore] m. Stor. semeur (de peste).

untume [un'tume] m. crasse f.

untuosamente [untuosa'mente] avv. onctueusement.

untuosità [untuosi'ta] f. Pr. onctuosité. || Fig. caractère onctueux, mielleux ; manières onctueuses ; onctuosité (raro).

untuoso [untu'oso] agg. Pr. onctueux, huileux, gras. || Fig. onctueux, mielleux, doucereux, patelin (fam.).

unzione [un'tsjone] f. Relig. onction. | *estrema unzione*, extrême-onction. || Fig. manières onctueuses, patelines (fam.).

uomo ['wɔmo] (**uomini** pl.) m. **1.** homme. | *scarpe da uomo*, chaussures pour hommes. | *comportarsi da uomo*, se conduire en homme. || **2.** [accompagnato da agg. e da determinazioni varie] homme. | *un pover' uomo*, un pauvre homme. | *un uomo povero*, un homme pauvre. | *uomo di Stato, di Chiesa, di legge*, homme d'État, d'Église, de loi. | *uomo d'affari, di lettere*, homme d'affaires, de lettres. | *uomo di mondo*, homme du monde. | *uomo di corte*, courtisan. | *uomo d'arme* (arc.), homme d'armes. | *uomo d'azione*, homme d'action. | *uomo di parola, d'onore*, homme de parole, d'honneur. | *uomo di poche parole*, homme qui parle peu. | *uomo di coscienza*, homme consciencieux. | *uomo di fiducia*, homme de confiance. | *uomo di fatica*, homme de peine. | *uomo del momento, del giorno*, homme du jour. | *uomo della strada*, homme de la rue. | *uomo di paglia*, homme de paille. | *un pezzo d'uomo*, un grand gaillard. || Loc. *essere, non essere uomo da...*, être, ne pas être homme à... | *non è uomo da tollerare un affronto*, il n'est pas homme à souffrir un affront. | *come un sol uomo*, comme un seul homme. || Pop. [marito, amante] homme. | *attendeva il ritorno del suo uomo*, elle attendait le retour de son homme. || **3.** [essere umano, persona] homme. | *il primo uomo, l'uomo delle caverne*, le premier homme, l'homme des cavernes. || Loc. *da uomo ad uomo*, d'homme à homme. | *procedere a passo d'uomo*, avancer à pas d'homme. | *a memoria d'uomo*, de mémoire d'homme. || Prov. *uomo avvisato è mezzo salvato*, un homme averti en vaut deux. | *l'uomo propone e Dio dispone*, l'homme propose et Dieu dispose. || **4.** [persona addetta ad un servizio] homme, employé, garçon. | *uomo del gas*, employé du gaz. | *uomo del pane*, garçon boulanger. | *uomo del latte*, laitier. || **5.** [in funzione di pron. pers. o dimostr. o indef.] homme. | *è l'uomo che fa per noi !*, voilà notre homme ! | *quando un uomo è disperato, può fare qualsiasi cosa*, quand un homme est au désespoir, il peut faire n'importe quoi ; quand on est au désespoir, on peut faire n'importe quoi. || [preceduto da possessivo] homme. | *sono il vostro uomo, fidatevi di me*, je suis votre homme, comptez sur moi. || **6.** [per designare oggetti o dispositivi meccanici] *uomo meccanico*, automate. | *uomo morto*, sabot. || **7.** Relig. *il figlio dell'uomo, l'Uomo-Dio*, le Fils de l'homme, l'Homme-Dieu.

uomo-rana ['wɔmo'rana] (**uomini-rana** pl.) m. homme-grenouille.

uomo-sandwich ['wɔmo'sɛnduitʃ] (**uomini-sandwich** pl.) m. homme-sandwich.

uopo ['wɔpo] m. lett. (raro) besoin (L.C.). || (lett.) Loc. *essere d'uopo*, être nécessaire (L.C.). | *all'uopo*, au besoin.

uosa ['w'za] f. guêtre ; houseaux m. pl.

uovo ['wɔvo] (**uova** f. pl.) m. **1.** œuf. | *uovo di giornata*, œuf du jour. | *chiara d'uovo*, blanc d'œuf. | *deporre le uova*, pondre des œufs. || Culin. *uovo sodo, al guscio, bazzotto*, œuf dur, à la coque, mollet. | *uova strapazzate*, œufs brouillés. | *uova al tegame, all'occhio di bue*, œufs sur le plat. | *uovo affogato, in camicia*, œuf poché. | *uovo sbattuto*, œuf battu. | *uovo all'ostrica*, œuf cru avec du sel et du jus de citron. || **2.** Loc. *a (forma d')uovo*, en forme d'œuf. || Fam. *pieno come un uovo*, plein comme un œuf, plein à craquer. || Fig. *la gallina dalle uova d'oro*, la poule aux œufs d'or. | *è l'uovo di Colombo*, c'est comme l'œuf de Colomb ; il fallait y penser. | *è come bere un uovo*, c'est simple comme bonjour. | *cercare il pelo nell'uovo*, chercher la petite bête. | *rompere le uova nel paniere*, faire rater l'affaire. | *camminare sulle uova*, marcher sur des œufs. || Prov. *meglio un uovo oggi che una gallina domani*, un tiens vaut mieux que deux tu l'auras. || **3.** Per anal. *uovo di Pasqua*, œuf de Pâques. | *uovo per rammendare*, œuf à repriser.

upas ['upas] m. Bot. upas.

uppercut ['ʌpəkʌt] m. [ingl.] uppercut.

upupa ['upupa] f. Zool. huppe.

uragano [ura'gano] m. ouragan. || Fig. tempête f. | *un uragano di applausi*, une tempête d'applaudissements.

uralico [u'raliko] (**-ci** m. pl.) agg. ouralien.

urango [u'rango] m. V. ORANGO.

uraniano [ura'njano] agg. Astron. d'Uranus.

uranico [u'raniko] (**-ci** m. pl.) agg. Chim. uranique.

uranifero [ura'nifero] agg. uranifère.

uranio [u'ranjo] m. Chim. uranium.

uranite [ura'nite] f. Min. uranite.

uranografia [uranogra'fia] o **uranometria** [uranome'tria] f. Astron. uranographie (antiq.).

uranoplastica [urano'plastika] f. Chir. uranoplastie.

uranoscopo [ura'nɔskopo] m. Zool. uranoscope.

urbanamente [urbana'mente] avv. civilement (lett.), poliment ; avec urbanité (lett.).

urbanesimo [urba'nezimo] m. urbanisation f.

urbanista [urba'nista] (**-i** m. pl.) n. urbaniste.

urbanistica [urba'nistika] f. urbanisme m.

urbanistico [urba'nistiko] (**-ci** m. pl.) agg. urbaniste.

urbanità [urbani'ta] f. urbanité. | *con urbanità*, avec courtoisie, avec politesse, civilement (antiq.).

urbanizzare [urbanid'dzare] v. tr. urbaniser. || [incivilire] civiliser.

urbanizzazione [urbaniddzat'tsjone] f. urbanisation.

urbano [ur'bano] agg. urbain. | *nettezza urbana, trasporti urbani*, voirie urbaine, transports urbains. | *agglomerato urbano*, agglomération f., grand ensemble m. || [civile, educato] urbain (lett.), poli, courtois.

urbe ['urbe] f. (lett.) ville (L.C.). || Loc. *l'Urbe*, Rome.

urbi et orbi ['urbiet'ɔrbi] loc. avv. [lat.] urbi et orbi.

urbinate [urbi'nate] agg. e m. urbinate. | *l'Urbinate (Raffaello Sanzio)*, l'Urbinate.

urdu ['urdu] agg. invar. e m. ourdou, urdu.

urea [u'rɛa] f. Chim. urée.

uremia [ure'mia] f. Med. urémie.

uremico [u'rɛmiko] (**-ci** m. pl.) agg. urémique.

urente [u'rɛnte] agg. Med. brûlant.

ureo [u'rɛo] m. Archeol. uræus.

ureterale [urete'rale] agg. Anat. urétéral.

uretere [ure'tɛre] m. Anat. uretère.

ureterite [urete'rite] f. Med. urétérite.

uretra [u'rɛtra] f. Anat. urètre m.

uretrale [ure'trale] agg. Anat. urétral.

uretrite [ure'trite] f. Med. urétrite.

urgente [ur'dʒɛnte] agg. urgent. | *necessità urgente*,

besoin urgent, pressant. | *è urgente,* c'est urgent ; ça urge (fam.). || [di malati] *un caso urgente,* une urgence.

urgentemente [urdʒente'mente] avv. d'urgence, de toute urgence.

urgenza [ur'dʒɛntsa] f. urgence. | *non c'è urgenza,* ça ne presse pas. || GIUR. *procedura d'urgenza,* procédure d'urgence. || LOC. *fare urgenza a qlcu.,* presser qn. ◆ loc. avv. *d'urgenza,* d'urgence.

urgere ['urdʒere] v. intr. [essere urgente] être urgent. | *urge la tua presenza,* ta présence s'impose d'urgence. || ASSOL. se presser. | *la folla urgeva all'ingresso dello stadio,* la foule se pressait à l'entrée du stade.

uri ['uri] f. [nel paradiso maomettano] houri.

uricemia [uritʃe'mia] f. MED. uricémie.

uricemico [uri'tʃɛmiko] (**-ci** m. pl.) agg. MED. d'uricémie. ◆ m. malade atteint d'uricémie.

urico ['uriko] (**-ci** m. pl.) agg. CHIM. urique.

urina [u'rina] f. urine.

urinare [uri'nare] v. intr. uriner.

urinario [uri'narjo] agg. urinaire.

urlare [ur'lare] v. intr. [di persone ed animali ; del vento] hurler. | *urlare di rabbia,* hurler de rage. || [gridare forte] crier, brailler, gueuler (pop.). ◆ v. tr. hurler, crier, brailler, gueuler (pop.). | *urlare delle ingiurie,* hurler des injures.

urlata [ur'lata] f. hurlement m. || [di riprovazione e derisione] huée.

urlatore [urla'tore] (**-trice** f.) agg. hurleur, euse. ◆ m. hurleur. || [cantante] chanteur yé-yé.

urlio [ur'lio] m. hurlements (pl.), brouhaha.

urlo ['urlo] (**-i** pl. ; **-a** f. pl. collettivo) m. hurlement, cri. | *urlo del cane,* hurlement du chien. | *un urlo di dolore, di gioia,* un hurlement, un cri de douleur, de joie. | *mandare un urlo,* pousser un cri. | *accogliere con urla un oratore,* huer un orateur. || FIG. *urlo del vento,* hurlement du vent. | *urlo di una sirena,* beuglement d'une sirène.

urlone [ur'lone] (**-a** f.) m. FAM. gueulard, braillard.

urna ['urna] f. urne. | *urna cineraria,* urne cinéraire, funéraire. || [per le votazioni] urne. || PER EST. *andare alle urne,* aller aux urnes, aller voter. | *il responso delle urne,* le résultat du scrutin.

uro ['uro] m. ZOOL. aurochs, urus, ure.

urobilina [urobi'lina] f. MED. urobiline.

urogenitale [urodʒeni'tale] agg. ANAT. urogénital.

urologia [urolo'dʒia] f. urologie.

urologico [uro'lɔdʒiko] (**-ci** m. pl.) agg. urologique.

urologo [u'rɔlogo] (**-a** f. ; **-gi** pl.) m. urologique.

urrà ! [ur'ra] interiez. hourra !, hurrah ! ◆ m. hourra, hurrah.

urtante [ur'tante] agg. choquant.

urtare [ur'tare] v. tr. heurter. | *passando lo urtò,* en passant il le heurta. || [dare una spinta a qlcu.] bousculer. || FIG. [irritare] heurter, choquer, froisser. | *il suo atteggiamento mi urta,* son attitude me heurte, me choque. | *urtare la suscettibilità di qlcu.,* froisser la susceptibilité de qn. | *mi urta i nervi,* il me tape sur les nerfs. ◆ v. intr. [cozzare contro] heurter, se heurter (contre, à), se cogner (à). | *la macchina ha urtato contro un muro,* la voiture a heurté un mur. | *ho urtato contro uno spigolo della tavola,* je me suis cogné à un coin de la table. | *i bicchieri urtavano l'uno contro l'altro,* les verres s'entrechoquaient. ◆ v. rifl. se fâcher. ◆ v. recipr. [scontrarsi] se heurter, entrer en collision ; [spingersi] se bousculer. || FIG. se brouiller. | *si sono urtati per un nonnulla,* ils se sont brouillés pour un rien.

urticante [urti'kante] agg. V. ORTICANTE.

urticaria [urti'karja] f. V. ORTICARIA.

urto ['urto] m. [colpo violento, collisione] heurt, choc. | *l'urto di una macchina contro un albero,* le heurt, le choc d'une voiture contre un arbre. || [spinta] V. URTONE. || MIL. choc. | *soccombere all'urto del nemico,* succomber, plier sous le choc de l'ennemi. || MED. *dose d'urto,* dose de choc. || FIG. [contrasto, dissenso] heurt, conflit, contraste. || LOC. *essere in urto con qlcu.,* être mal avec qn. | *mettersi in urto con qlcu.,* se mettre mal avec qn. | *prendere in urto qlcu.,* prendre qn en grippe.

urtone [ur'tone] m. coup. || [spinta] bousculade f. || [colpo] bourrade f.

uruguaiano [urugwa'jano] agg. e n. uruguayen.

usabile [u'zabile] agg. employable, utilisable.

usanza [u'zantsa] f. coutume, usage m. | *una vecchia usanza,* une vieille, une ancienne coutume. | *bisogna adeguarsi alle usanze locali,* il faut se conformer aux usages du pays. || LOC. *c'è l'usanza di...,* il est d'usage de... | *all'usanza di,* selon la coutume de. || [consuetudine, moda] *quest'anno è invalsa l'usanza dei capelli lunghi,* cette année la mode est aux cheveux longs. || [abitudine] habitude.

usare [u'zare] v. tr. employer, utiliser, se servir de. | *usare uno strumento,* employer, utiliser un instrument. | *usare ogni mezzo,* employer tous les moyens. | *posso usare la tua macchina ?,* est-ce que je peux me servir de ta voiture ? | *usare le buone maniere,* employer les bonnes manières. | *usare la maniera forte,* recourir à la manière forte. || [con compl. ogg. astratto, in loc.] user (de). | *usare pazienza, violenza ; usare mezzi coercitivi,* user de patience, de violence ; user de coercition. | *usare attenzione,* faire attention. | *usare delle attenzioni a qlcu.,* entourer d'attentions qn, être aux petits soins (fam.) pour qn. | *usare violenza ad una donna,* abuser d'une femme. | *usare violenza a se stessi,* se faire violence. | *usami la cortesia di avvertirmi,* aie l'obligeance de me prévenir. | *vorresti usargli una cortesia ?,* est-ce que tu voudrais bien lui rendre un service ? ◆ v. intr. [valersi, servirsi di qlco.] user (de), faire usage (de), se servir (de). | *usare di un diritto, di un privilegio,* user d'un droit, d'un privilège. | *ne ha usato ed abusato,* il en a usé et abusé. || [con l'infin. : aver l'abitudine] avoir l'habitude, avoir coutume de ; [aver una usanza] avoir la coutume (de). | *usa coricarsi molto presto,* il a l'habitude de se coucher très tôt. | *gli Antichi usavano sacrificare agli dei,* les Anciens avaient la coutume de sacrifier aux dieux. || ASSOL. *in quella regione si usava così,* c'était l'habitude, la coutume de cette région. | *questo non si usa più,* cela ne se fait plus. | *gli ho fatto, come si usa, le mie congratulazioni,* je lui ai adressé, selon l'usage, mes félicitations. || [essere in uso] être en usage. | *queste feste oggi non usano più,* ces fêtes ne sont plus en usage aujourd'hui. || [essere di moda] être à la mode. | *quest'anno usa questo tipo di cappotto,* ce genre de manteau est à la mode cette année. || [essere adoperato] être employé. | *sono formule che non (s')usano più,* ce sont des formules qui ne s'emploient plus, qu'on n'emploie plus, qui sont tombées en désuétude. ◆ v. rifl. (raro) *usarsi a qlco., a qlcu.,* se faire, s'accoutumer à qch., à qn (L.C.).

usato [u'zato] agg. usagé. | *vestiti usati,* vêtements usagés. || [vecchio] vieux. | *mobili usati,* de vieux meubles. || [d'occasione] d'occasion. | *libri usati, automobile usata,* livres d'occasion, voiture d'occasion. || LING. [in uso] usité, courant. | *una parola poco usata,* un mot peu usité. || (lett.) [consueto] habituel (L.C.) ; [avvezzo, abituato] accoutumé (L.C.), habitué (L.C.), rompu à (L.C.). ◆ m. [con valore neutro : consuetudine] habitude f. || COMM. occasions f. pl. | *il mercato dell'usato,* le marché des occasions.

usbeco [uz'bɛko] (**-chi** m. pl.) agg. e m. ouzbek, uzbek.

usbergo [uz'bɛrgo] (**-ghi** pl.) m. (lett.) haubert. || FIG. (lett.) égide f., bouclier.

uscente [uʃ'ʃɛnte] agg. LOC. *segretario uscente,* secrétaire sortant. | *l'anno uscente,* l'année qui va finir, qui se termine. | *parola uscente in vocale,* mot qui se termine par une voyelle.

usciere [ut'ʃɛre] m. huissier.

uscio ['uʃʃo] m. porte f. | *uscio di casa,* porte d'entrée. | *accostare, sbattere l'uscio,* pousser, claquer la porte. || LOC. *farsi sull'uscio,* se mettre sur le pas de la porte.

uscire [uʃ'ʃire] v. intr. **1.** [da luogo definito] sortir. | *uscire dall'albergo,* sortir de l'hôtel. | *uscire di casa,* sortir de chez soi. | *uscire dal dentista,* sortir de chez le dentiste. | *uscire da, attraverso,* sortir (par). | *uscire dalla finestra,* sortir par la fenêtre. || FIG. *uscire dall'inverno,* sortir de l'hiver. || LOC. *uscire dal guscio,* sortir de l'œuf ; éclore. || FIG. *uscire dal proprio guscio,* sortir de sa coquille. || PER EST. [allontanarsi da] sortir. | *uscire da un'assemblea,* sortir d'une assemblée. | *uscire dalla mischia,* sortir de la mêlée.

‖ **2.** [andar fuori] sortir. | *uscire fuori,* sortir ; aller dehors. | *uscire in macchina,* sortir en auto. | *uscire in piazza, sulla strada,* sortir sur la place, sur la route. | *uscire all'aperto,* sortir au grand air. ‖ Loc. *uscire a passeggio,* aller se promener. | *uscire in mare,* prendre la mer. | *uscire in campo :* MIL. aller combattre ; SPORT entrer sur le terrain. | *qui c'è sempre chi entra e chi esce,* ici il y a un va-et-vient continuel. ‖ Loc. *uscire a* (con l'inf.), sortir (et l'inf.). | *uscire a fare la spesa,* sortir faire des courses. ‖ **3.** [uscire per distrarsi] sortir. | *noi usciamo molto spesso la sera,* nous sortons très souvent le soir. ‖ **4.** [di oggetti] sortir. | *il fumo esce dal camino,* la fumée sort de, sort par la cheminée. | *il sangue gli usciva dal naso,* il saignait du nez. ‖ Fig. e fam. *gli occhi gli escono dalla testa,* les yeux lui sortent de la tête. ‖ [straripare, deviare] sortir. | *fiume che esce dal proprio alveo,* rivière qui sort de son lit. | *veicolo che esce di strada,* véhicule qui sort de la route. | *uscire di strada,* quitter la route. ‖ Loc. fig. *uscire dai gangheri,* sortir de ses gonds. | *uscire di sé,* s'emporter. | *uscire di senno,* perdre la raison, devenir fou. | *uscire dai limiti,* dépasser les limites. | *uscire dal seminato,* sortir du sujet, battre la campagne (fam.). ‖ [di strade, fiumi : sfociare] déboucher. ‖ [sporgere] dépasser. | *la sottoveste le esce dal vestito,* sa combinaison dépasse de sa robe. ‖ **5.** [apparire all'esterno] sortir. | *piante che escono da terra,* plantes qui sortent de terre. ‖ [di pubblicazione] sortir, paraître. | *libro appena uscito,* livre qui vient de paraître. | *rivista che esce settimanalmente,* revue qui sort, qui paraît toutes les semaines. ‖ **6.** [in un sorteggio o classifica] sortir. ‖ **7.** [cessare di essere in una determinata condizione] sortir. | *uscire dall'infanzia,* sortir de l'enfance. | *uscire di minorità,* devenir majeur. | *uscire dal riserbo,* sortir de sa réserve. | *uscire di moda,* passer de mode. | *vestito uscito di moda,* robe démodée. ‖ **8.** [sfuggire ; scampare a] sortir ; échapper (à). | *quella parolaccia gli è uscita di bocca,* ce gros mot lui a échappé. | *uscire illeso da un incidente,* sortir indemne d'un accident. | *uscire da un pericolo,* échapper à un danger. ‖ [uscirne, cavarsela] s'en tirer, s'en sortir. ‖ Loc. *uscirne per il rotto della cuffia,* s'en tirer de justesse. ‖ **9.** [provenire] sortir. | *uscire da un'antica famiglia,* sortir, être issu d'une ancienne famille. ‖ [derivare, risultare] sortir. | *da quel pezzo di stoffa non può uscire una gonna,* on ne peut pas faire une jupe avec ce morceau d'étoffe. | *non ne uscirà niente di buono,* il n'en sortira rien de bon. ‖ Ling. [di parole] se terminer par. ‖ **10.** Loc. *far uscire,* faire sortir. | *far uscire di strada una macchina,* faire quitter la route à une voiture. | *far uscire un libro,* publier un livre. | *far uscire in mare una nave,* mettre à la mer un navire. ‖ Fig. *far uscire dai gangheri qlcu.,* pousser qn à bout, faire sortir qn de ses gonds. ◆ m. sortie f. | *nell'uscire dal giardino,* en sortant, à la sortie du jardin.

uscita [uʃ'ʃita] f. [azione] sortie. | *l'uscita degli scolari,* la sortie des élèves. | *l'uscita di un attore,* la sortie d'un acteur. | *libera uscita,* jour de sortie ; [di militari] quartier (m.) libre. ‖ Fig. *via d'uscita,* issue, échappatoire. | *non abbiamo via d'uscita,* nous sommes dans une impasse, il n'y a pas moyen de s'en tirer. ‖ *buono uscita,* indemnité de sortie. ‖ [luogo] sortie, issue. | *uscita secondaria,* sortie secondaire. | *uscita di sicurezza,* sortie de secours. | *strada senza uscita,* voie sans issue ; cul-de-sac m. ‖ [spesa] sortie, dépense. ‖ [battuta imprevedibile] sortie. | *ha avuto una delle sue uscite,* il en a dit une bien bonne. ‖ Ling. terminaison.

usignolo [uziɲ'ɲɔlo] m. rossignol.

usitato [uzi'tato] agg. (lett.) usité (l.c.). | *locuzione molto usitata,* locution très usitée, courante.

1. uso ['uzo] agg. (lett.) habitué (l.c.), rompu à (l.c.). | *uso alla fatica,* habitué à l'effort.

2. uso ['uzo] m. **1.** emploi, usage. | *l'uso dell'arsenico in molte medicine,* l'emploi de l'arsenic dans plusieurs médicaments. | *l'uso di certi termini,* l'emploi de certains termes. | *l'uso improprio di certe parole,* l'usage impropre de certains mots. | *conoscere l'uso di uno strumento,* connaître l'usage d'un instrument, savoir se servir d'un instrument. | *coltello che serve a più usi,* couteau qui sert à divers usages. | *con questo tempo è necessario l'uso delle catene,* par ce temps-là, il faut se servir des chaînes. ‖ **2.** [capacità di usare qlco.] usage. | *l'uso della ragione,* l'usage de la raison. | *perdere, riacquistare l'uso della parola, di un braccio,* perdre, recouvrer l'usage de la parole, d'un bras. ‖ **3.** Giur. *diritto d'uso,* droit d'usage. | *camera con uso di cucina,* pièce avec jouissance (f.) de la cuisine. ‖ **4.** Ling. usage. | *l'uso letterario, corrente,* l'usage littéraire, courant. | *l'uso dei buoni scrittori,* la langue des bons écrivains. ‖ Assol. *voce entrata nell'uso,* terme en usage. | *seguire l'uso,* suivre l'usage. ‖ **5.** [usanza, tradizione] coutume f., tradition f., habitude f. | *gli usi dei popoli primitivi,* les coutumes des peuples primitifs. | *usi e costumi,* les us et coutumes. | *è un uso molto diffuso nelle campagne,* c'est une coutume très répandue à la campagne. | *consacrato dall'uso,* consacré par l'usage. | *secondo l'uso,* suivant la coutume, la tradition. | *l'uso vuole che si faccia così,* la tradition veut que l'on fasse ainsi. | *presso molti popoli c'è l'uso di, è d'uso scambiarsi gli auguri per Natale,* chez plusieurs peuples il est d'usage d'échanger des vœux pour Noël. ‖ Loc. *d'uso :* [conforme all'uso] d'usage ; [abitualmente] d'habitude, de coutume. | *formule, frasi d'uso,* formules, phrases d'usage. | *è arrivato la sera, come d'uso,* il est arrivé le soir, comme d'habitude. | *all'uso francese,* à la (mode) française. | *era in uso la paglietta,* le canotier était à la mode. ◆ loc. prep., agg. e avv. ***(a) uso (di),*** à l'usage de. | *classici ad uso della gioventù,* classiques à l'usage de, destinés à, pour la jeunesse. | *locali (ad) uso abitazione,* locaux à usage d'habitation. | *stoffa uso pelle,* tissu façon cuir. | *fotografia uso tessera,* photographie format passeport. ‖ ***per (l')uso,*** à usage de. | *medicine per uso esterno, interno,* médicaments à usage externe, interne. | *istruzioni per l'uso,* mode d'emploi. | *per mio uso personale,* à mon usage personnel. | *per mio, suo uso e consumo,* pour mon, son usage exclusif. ‖ ***in uso,*** en usage. | *parola in uso,* mot en usage, mot usité. | *questo libro non è più in uso,* ce livre n'est plus employé. | *mettere in uso un consiglio,* suivre un conseil. ‖ ***d'uso (corrente),*** d'usage courant, d'emploi courant, de pratique courante. | *moneta d'uso nel secolo scorso,* monnaie qui avait cours au siècle dernier. ‖ Econ. *valore d'uso,* valeur d'usage. ‖ ***fuori uso,*** hors d'usage. | *questa macchina è fuori uso,* cette machine est hors d'usage. | *parola fuori uso,* mot tombé en désuétude. | *andar fuori uso,* tomber en désuétude. | *tecniche fuori uso,* techniques qui n'ont plus cours. ‖ ***con l'uso :*** [con l'adoperare] à l'usage ; [con l'esercizio] par l'usage, par la pratique. | *questa stoffa si è rovinata con l'uso,* cette étoffe s'est abîmée à l'usage. | *una lingua non s'impara che con l'uso,* une langue ne s'apprend que par l'usage, par la pratique. ◆ loc. verb. ***far uso di,*** employer ; faire usage (de), user (de), se servir (de). | *far uso della propria autorità,* faire usage, user de son autorité. | *fare un buon, un cattivo uso di qlco.,* faire un bon, un mauvais emploi de qch. | *far cattivo uso delle proprie ricchezze,* faire mauvais usage de ses richesses. ‖ *far molto uso di :* [adoperare] employer, se servir de ; [consumare] consommer. | *autore che fa molto uso di frasi ellittiche,* auteur qui emploie beaucoup les propositions elliptiques. | *fanno molto uso di latte,* ils consomment beaucoup de lait. ‖ ***aver uso di :*** *aver pieno uso delle proprie facoltà,* jouir de toutes ses facultés.

ussaro ['ussaro] m. Mil. hussard.

ussita [us'sita] (**-i** m. pl.) agg. e n. Stor. relig. hussite.

usta ['usta] f. fumet m.

ustionare [ustjo'nare] v. tr. brûler. ‖ [con liquidi] échauder. ◆ v. rifl. se brûler. ‖ [con liquidi] s'échauder.

ustionato [ustjo'nato] agg. brûlé. ‖ [con liquidi] échaudé.

ustione [us'tjone] f. brûlure.

ustorio [us'tɔrjo] (**-ri** m. pl.) agg. *specchio ustorio,* miroir ardent.

usuale [uzu'ale] agg. usuel. ‖ [mediocre] ordinaire.

usualmente [uzual'mente] avv. usuellement, d'ordinaire, couramment.

usufruire [uzufru'ire] v. intr. jouir (de), bénéficier (de).

usufrutto [uzu'frutto] m. GIUR. usufruit. | *avere qlco. in usufrutto,* avoir la jouissance, l'usufruit de qch.
usufruttuario [uzufruttu'arjo] (**-ri** m. pl.) n. e agg. usufruitier, ère.
1. usura [u'zura] f. usure. | *prestare a usura,* prêter à usure. ‖ LOC. FIG. *a usura,* avec usure.
2. usura [u'zura] f. [logorio] usure.
usuraio [uzu'rajo] m. usurier. ◆ agg. usuraire.
usurpare [uzur'pare] v. tr. usurper. | *usurpare il potere, il trono,* usurper le pouvoir, le trône. | *usurpare il nome di poeta,* s'arroger le nom de poète.
usurpatore [uzurpa'tore] (**-trice** f.) agg. e n. usurpateur, trice.
usurpatorio [uzurpa'tɔrjo] (**-ri** m. pl.) agg. usurpatoire.
usurpazione [uzurpat'tsjone] f. usurpation.
ut [ut] m. MUS. ut.
1. utensile [u'tɛnsile] agg. *macchina utensile,* machine-outil f.
2. utensile [uten'sile] m. outil. | *cassa per utensili,* boîte à outils. | *utensili di cucina,* ustensiles de cuisine.
utensileria [utensile'ria] f. outillage m. ‖ [reparto di officina] salle des outils.
utente [u'tɛnte] m. usager.
utenza [u'tɛntsa] f. usage m. ‖ les usagers (pl.).
uterino [ute'rino] agg. utérin.
utero ['utero] m. ANAT. utérus.
uticense [uti'tʃɛnse] agg. *Catone l'Uticense,* Caton d'Utique.
1. utile ['utile] agg. **1.** [che serve, funzionale] utile. | *oggetti, regali utili,* objets, cadeaux utiles. | *lo spazio utile è di dieci metri quadrati,* l'espace utilisable est de dix mètres carrés. ‖ GIUR. *tempo utile, giorni utili,* temps utile, jours utiles. | *bisogna presentare la domanda in tempo utile,* il faut présenter la demande dans le délai prescrit, en temps utile. ‖ **2.** [vantaggioso, proficuo] utile, bon. | *esercizio utile per la salute,* exercice utile à la santé. | *medicina utile per la gola,* remède bon pour la gorge. ‖ [con valore neutro, generalmente + inf. o prop. ogg.] utile, bon. | *penso che sia utile avvertirlo,* je pense qu'il est utile de le prévenir. | *è utile che Lei lo sappia,* il est bon que vous le sachiez. | *è utile a sapersi,* c'est bon à savoir. ‖ **3.** [di persona] utile, précieux. | *è un collaboratore veramente utile,* c'est un collaborateur vraiment utile, précieux. | *rendersi utile a qlcu.,* se rendre utile à qn. ‖ [di animali] *animali utili,* animaux utiles.
2. utile ['utile] m. [cosa utile] utile. | *unire l'utile al dilettevole,* joindre l'utile à l'agréable. ‖ [vantaggio] avantage, profit. | *a noi non ne verrà nessun utile,* nous n'en tirerons aucun avantage. | *non ricava nessun utile dai tuoi insegnamenti,* il ne tire aucun profit de tes enseignements. ‖ ECON. bénéfice, profit. | *utile lordo, netto,* bénéfice, profit brut, net.
utilità [utili'ta] f. [funzionalità, proficuità] utilité. | *utilità di un metodo, della stampa,* utilité d'une méthode, de la presse. ‖ [vantaggio] utilité. | *pensare alla propria utilità,* penser à son utilité personnelle. | *essere di grande utilità,* être d'une grande utilité. | *ciò mi è stato di grande utilità, di poca utilità,* cela m'a été très utile, ne m'a pas servi à grand-chose. ‖ GIUR. *per pubblica utilità,* pour cause d'utilité publique. ‖ ECON. utilité.
utilitaria [utili'tarja] f. AUTOM. voiture utilitaire.
utilitario [utili'tarjo] agg. e m. utilitaire.
utilitarismo [utilita'rizmo] m. utilitarisme.
utilitarista [utilita'rista] (**-i** m. pl.) m. e f. utilitariste.
utilitaristico [utilita'ristiko] (**-ci** m. pl.) agg. utilitariste.
utilizzabile [utilid'dzabile] agg. utilisable.
utilizzare [utilid'dzare] v. tr. utiliser. | *utilizzare gli avanzi,* utiliser les restes.
utilizzazione [utiliddzat'tsjone] f. utilisation.
utilizzo [uti'liddzo] m. COMM. utilisation f.
utilmente [util'mente] avv. utilement.
utopia [uto'pia] f. utopie.
utopico [u'tɔpiko] (**-ci** m. pl.) agg. V. UTOPISTICO.
utopista [uto'pista] (**-i** m. pl.) m. e f. utopiste.
utopistico [uto'pistiko] (**-ci** m. pl.) agg. utopique.
uva ['uva] f. raisin m. | *grappolo, acino d'uva,* grappe, grain de raisin. | *uva passa, sultanina,* raisin sec. | *uva spina,* groseille à maquereau.
uvetta [u'vetta] f. raisin sec.
uvulare [uvu'lare] agg. ANAT. e LING. uvulaire agg. e f.
uxoricida [uksori'tʃida] (**-i** m. pl.) n. meurtrier (m.) de sa femme ; meurtrière (f.) de son mari. ◆ agg. *nutriva propositi uxoricidi,* il nourrissait le projet de tuer sa femme.
uxoricidio [uksori'tʃidjo] m. meurtre de son mari, de sa femme ; uxoricide.
uxorio [uk'sɔrio] agg. GIUR. uxorien. ‖ LOC. (lat.) *more uxorio,* maritalement.
uzzolo ['uddzolo] m. [tosc.] FAM. fantaisie f. (L.C.), caprice (L.C.).

v [vu] f. o m. v m. | *scollatura a V,* décolleté en V.
va' [va] interiez. tiens !
vacante [va'kante] agg. vacant.
vacanza [va'kantsa] f. [sospensione del lavoro] congé m. | *fare un giorno di vacanza,* prendre un jour de congé. | *domani è, domani si fa vacanza,* demain on ne travaille pas ; [a scuola] demain il n'y a pas classe. ‖ [mancanza del titolare] vacance. ◆ pl. vacances. | *vacanze pasquali ; vacanze estive,* vacances de Pâques ; grandes vacances.
vacare [va'kare] v. intr. être vacant, vaquer (ammin., antiq.).
vacazione [vakat'tsjone] f. GIUR. vacation.
vacca ['vakka] f. vache. ‖ FIG. [in espressioni ingiuriose] garce (volg.).
vaccaio [vak'kajo] o **vaccaro** [vak'karo] m. vacher.
vaccata [vak'kata] f. VOLG. connerie.
vaccheria [vakke'ria] f. étable à vaches ; vacherie (raro).
vacchetta [vak'ketta] f. vachette.
vaccinabile [vattʃi'nabile] agg. vaccinable.
vaccinare [vattʃi'nare] v. tr. PR. e FIG. vacciner.
vaccinatore [vattʃina'tore] (**-trice** f.) m. vaccinateur, trice.
vaccinazione [vattʃinat'tsjone] f. vaccination.
vaccinico [vat'tʃiniko] (**-ci** m. pl.) agg. vaccinal.
1. vaccino [vat'tʃino] agg. bovin, de vache. ◆ m. VETER. vaccine f.
2. vaccino [vat'tʃino] m. MED. vaccin.
vaccinoterapia [vattʃinotera'pia] f. MED. vaccinothérapie.
vacillamento [vatʃilla'mento] m. vacillement.
vacillante [vatʃil'lante] agg. PR. e FIG. vacillant, chancelant ; [nel camminare] titubant.

vacillare [vatʃil'lare] v. intr. vaciller ; [persona] vaciller, chanceler, tituber. ‖ FIG. [essere minacciato] chanceler. ‖ [venir meno] vaciller.
vacillazione [vatʃillat'tsjone] f. (raro) PR. e FIG. vacillation (L.C.).
vacuità [vakui'ta] f. PR. e FIG. vacuité.
vacuo ['vakuo] agg. (lett.) PR. e FIG. vide (L.C.). ‖ [vano] vain. ◆ m. vide.
vacuolare [vakuo'lare] agg. BIOL. vacuolaire.
vademecum [vade'mɛkum] m. invar. [lat.] vademecum (lett.).
va e vieni [vae'vjɛni] m. invar. va-et-vient.
vafer ['vafer] m. gaufrette f.
vagabondaggine [vagabon'daddʒine] f. vagabondage m.
vagabondaggio [vagabon'daddʒo] m. PR. e FIG. vagabondage.
vagabondare [vagabon'dare] v. intr. PR. e FIG. vagabonder, errer.
vagabondo [vaga'bondo] agg. vagabond, errant. | *vita vagabonda,* vie errante, vagabonde. | *cane vagabondo,* chien errant. ◆ m. (**-a** f.) vagabond ; clochard ; chemineau. ‖ [chi viaggia molto] vagabond. ‖ [fannullone] fainéant.
vagante [va'gante] agg. PR. e FIG. errant. | *mina vagante,* mine flottante.
vagare [va'gare] v. intr. PR. e FIG. errer.
vagheggiamento [vageddʒa'mento] m. (lett.) contemplation f. ‖ [desiderio] désir (ardent).
vagheggiare [vaged'dʒare] v. tr. contempler. ‖ [corteggiare] courtiser. ‖ [desiderare] rêver (de), aspirer (à) ; soupirer (après) [antiq.].
vagheggino [vaged'dʒino] m. damoiseau (scherz.).
vaghezza [va'gettsa] f. charme m., grâce, agrément m. ‖ [imprecisione] imprécision. ‖ (lett. o scherz.) [voglia] envie (L.C.).
vagina [va'dʒina] f. ANAT. vagin m.
vaginale [vadʒi'nale] agg. vaginal.
vaginismo [vadʒi'nizmo] m. MED. vaginisme.
vaginite [vadʒi'nite] f. MED. vaginite.
vagire [va'dʒire] v. intr. vagir.
vagito [va'dʒito] m. vagissement. ‖ FIG. *i primi vagiti della civiltà,* l'aube (f. sing.) de la civilisation.
1. vaglia ['vaʎʎa] f. (raro) valeur (L.C.).
2. vaglia ['vaʎʎa] m. invar. mandat m. | *vaglia postale,* mandat postal, mandat-poste. | *pagare a mezzo vaglia,* payer par mandat. | *vaglia cambiario,* chèque bancaire.
vagliare [vaʎ'ʎare] v. tr. cribler ; [grano] vanner, cribler. ‖ FIG. passer au crible, examiner en détail, peser. | *vagliare ogni parola,* peser chaque mot.
vagliatore [vaʎʎa'tore] (**-trice** f.) m. cribleur, euse.
vagliatrice [vaʎʎa'tritʃe] f. [macchina] cribleuse.
vagliatura [vaʎʎa'tura] f. criblage m. ‖ [residui] criblure. ‖ FIG. examen m.
vaglio ['vaʎʎo] m. crible ; [per il grano] van. ‖ FIG. examen. ‖ LOC. *passare al vaglio,* passer au crible.
vagamente [vaga'mente] avv. vaguement. ‖ [in modo grazioso] joliment.
vago ['vago] agg. vague. | *ricordo vago,* vague souvenir, souvenir flou. ‖ [attraente] charmant, gracieux, joli, beau. ‖ POET. [desideroso] désireux (L.C.). ◆ m. vague. ‖ ANAT. nerf vague.
vagolare [vago'lare] v. intr. errer.
vagoncino [vagon'tʃino] m. wagonnet ; [nelle mine, sui cantieri] benne f.
vagone [va'gone] m. wagon, voiture f. | *vagone letto,* voiture-lit. | *vagone merci,* wagon de marchandises.
vagonista [vago'nista] (**-i** pl.) m. wagonnier. ‖ [nelle miniere] her(s)cheur.
vagotonico [vago'tɔniko] (**-ci** pl.) agg. FISIOL. vagotonique.
vaio ['vajo] m. vair (antiq.), petit-gris. ‖ ARALD. vair. ‖ [colore] gris. ◆ agg. (lett.) gris.
vaiolo [va'jɔlo] m. MED. variole f., petite vérole. | *vaiolo acquaiolo,* varicelle f.
vaioloide [vajo'lɔide] f. MED. varioloïde.
vaioloso [vajo'loso] agg. variolique. ‖ [di persona] varioleux.
vairone [vai'rone] m. ZOOL. vairon.
val [val] f. V. VALLE.
valanga [va'langa] f. PR. e FIG. avalanche.
valchiria [val'kirja] f. MIT. o SCHERZ. walkyrie, valkyrie.
valdese [val'dese] agg. e n. RELIG. vaudois.
valdismo [val'dizmo] m. secte vaudoise.
valdostano [valdos'tano] agg. e m. valdôtain.
valente [va'lɛnte] agg. de valeur, de (grand) mérite, éminent, remarquable, habile. | *valente chirurgo,* chirurgien de valeur. | *valente attore,* acteur remarquable. ‖ [coraggioso] valeureux (lett.). ‖ [virtuoso] vertueux (L.C.).
valentia [valen'tia] f. valeur, compétence, habileté. ‖ (antiq.) valeur (lett.), vaillance (lett.), bravoure (L.C.).
valentino [valen'tino] agg. e m. valentinois.
valentuomo [valen'twɔmo] m. homme de valeur. ‖ [brav'uomo] brave homme.
valenza [va'lɛntsa] f. CHIM. valence. ‖ ARC. valeur (lett.), vaillance (lett.), bravoure (L.C.).
valere [va'lere] v. intr. **1.** [avere valore, pregio] valoir [raro, salvo in espressioni negative] ; avoir de la valeur ; [nell'ambito professionale] être bon, être habile ; [avere importanza] avoir de l'importance, compter. | *uomo che vale,* homme de valeur. | *vale più di me,* il vaut plus, il vaut mieux que moi. | *meccanico che vale (molto),* très bon mécanicien. | *nel suo lavoro vale,* il fait bien, il fait remarquablement son métier. | *vale più come pianista che come direttore,* il est meilleur comme pianiste que comme chef d'orchestre. | *come giornalista vale poco,* comme journaliste il ne vaut pas grand chose, il n'est pas très fort. | *qui lui non vale nulla,* ici il ne compte pas. ‖ [cose] avoir de l'intérêt, des qualités, être intéressant, être remarquable ; [in espressioni negative] valoir. | *scultura, poesia che vale (molto),* sculpture, poésie (très) intéressante, remarquable, valable. | *i tuoi quadri non valgono,* tes tableaux n'ont aucun intérêt, ne valent rien. ‖ **2.** [aver prezzo, costare] valoir, coûter. | *il mio braccialetto vale 50 000 lire,* mon bracelet vaut 50 000 lires. ‖ FIG. valoir. | *vale tant'oro quanto pesa,* il vaut son pesant d'or. | *non valere un'acca, un fico secco,* ne pas valoir un clou, un pet (pop.) de lapin, tripette (fam.). ‖ LOC. *dare una cosa per quello che vale* : PR. donner une chose au prix coûtant ; FIG. donner une chose pour ce qu'elle vaut, sous toutes réserves. ‖ **3.** [equivalere a] valoir. | *il franco francese vale circa 200 lire,* le franc français vaut environ 200 lires. | *uno vale l'altro* : [persone] ils se valent ; [cose] *uno vale l'altro, una cosa vale l'altra,* c'est la même chose ; ça se vaut (fam.) ; [non importa] cela, ça n'a pas d'importance. | *un uomo che vale per due,* un homme qui en vaut deux, qui compte pour deux. ‖ [sul piano espressivo] équivaloir (à), signifier, avoir le sens (de). | *questo silenzio vale un rifiuto,* ce silence équivaut à un refus. | *in questa frase «cuore» vale «coraggio»,* dans cette phrase, «cœur» équivaut à, signifie «courage». ‖ LOC. *valere la pena,* valoir la peine. | *il gioco non vale la candela,* le jeu n'en vaut pas la chandelle. ‖ *tanto vale,* autant (vaut). | *tanto vale dire la verità,* autant dire la vérité. ‖ *vale a dire,* c'est-à-dire, autrement dit. ‖ **4.** [aver efficacia, essere preso in considerazione] compter. | *partita che vale per il campionato,* partie qui compte pour le championnat. ‖ [essere valido] être valable. | *queste disposizioni valgono solo nel caso che...,* ces dispositions ne sont valables que dans le cas où... ‖ [servire] servir. | *le nostre proteste non valsero (a nulla),* nos protestations ne servirent à rien. | *che vale correre ?,* à quoi sert de courir ? | *che vale ?,* à quoi bon ?, à quoi cela sert-il ?, à quoi ça sert ? (fam.). ‖ [bastare, riuscire] suffire, arriver, réussir. | *le mie lacrime non valsero a calmarlo,* mes larmes ne suffirent pas à le calmer, ne le calmèrent pas. ‖ LOC. *far valere,* faire valoir. ◆ v. tr. (lett.) valoir (L.C.). | *quel gesto gli valse l'ammirazione di tutti,* ce geste lui valut l'admiration de tous. ◆ v. rifl. se servir (de), utiliser (tr.), profiter (de).
valeriana [vale'rjana] f. BOT. valériane.
valerianella [valerja'nɛlla] f. BOT. mâche, doucette ; valérianelle (raro).
valevole [va'levole] agg. valable.
valgo ['valgo] agg. MED. déformé, dévié. | *piede valgo,* valgus.
valicabile [vali'kabile] agg. franchissable.
valicare [vali'kare] v. tr. franchir, passer.

valico ['valiko] m. col. ‖ [il valicare] passage, franchissement.
validamente [valida'mente] avv. valablement; [con efficacia] efficacement. ‖ GIUR. valablement, validement.
validità [validi'ta] f. validité. ‖ [valore] valeur.
valido ['valido] agg. **1.** [accettato come vero e buono; fondato] valable. ‖ [efficace] efficace, valable. | *valido aiuto*, aide efficace. ‖ **2.** [in regola] valable, valide. | *passaporto valido*, passeport valable, valide. ‖ **3.** [che ha valore, interesse] intéressant, remarquable; valable (abusiv.). | *scrittore valido*, écrivain intéressant. ‖ **4.** [vigoroso] valide, robuste, vigoureux. | *vecchio ancora valido*, vieillard encore vert. ‖ [intellettualmente] vigoureux.
valigeria [validʒe'ria] f. maroquinerie. ‖ [fabbrica] fabrique de valises.
valigetta [vali'dʒetta] f. mallette.
valigia [va'lidʒa] f. valise. ‖ PR. e FIG. *far le valigie*, faire ses valises.
valigiaio [vali'dʒajo] m. maroquinier.
vallata [val'lata] f. vallée.
valle ['valle] f. vallée, val m. (arc. o in certe espressioni). ‖ LOC. FIG. *per monti e per valli*, par monts et par vaux. ‖ [depressione paludosa] lagune. | *valle da pesca*, vivier m. ‖ [di onda] creux m. ◆ loc. avv. *a valle*, en bas, vers le bas. ◆ loc. prep. *a valle di*, en aval de.
valletto [val'letto] m. valet; [paggio] page. | *valletto d'armi*, écuyer.
valligiano [valli'dʒano] agg. de la vallée. ◆ m. habitant de la vallée.
vallivo [val'livo] agg. [di valle] des vallées. ‖ [delle lagune] lagunaire.
vallo ['vallo] m. STOR. vallum. ‖ PER EST. (lett.) rempart (L.C.); [trincea] tranchée f. (L.C.). | *il vallo atlantico*, le mur de l'Atlantique. ‖ ANAT. repli cutané.
1. vallone [val'lone] agg. e m. wallon.
2. vallone [val'lone] m. vallon.
vallonea [vallo'nɛa] f. BOT. vélani m.
valore [va'lore] m. **1.** valeur f. | *di valore*, de valeur. **2.** [efficacia, validità] valeur, validité f. ‖ [significato, funzione] valeur. | *valore di un vocabolo*, valeur d'un mot. ‖ *aver valore di*, équivaloir à. | *con valore di*, qui équivaut à. | *parole che hanno valore di promessa*, paroles qui équivalent à une promesse. | *disposizioni con valore di legge*, dispositions qui ont force de loi. | *participio con valore di aggettivo*, participe employé comme adjectif. ‖ **3.** [ciò che è vero, buono, bello] valeur. | *valori morali*, valeurs morales. ‖ **4.** [coraggio] valeur (lett.), vaillance f. (lett.), bravoure f. | *medaglia al valore militare*, médaille militaire. ‖ **5.** ECON. valeur. | *gioiello, quadro di valore incalcolabile*, bijou, tableau d'une valeur incalculable. ‖ **6.** MAT., MUS., PITT. valeur. ◆ pl. [titoli] valeurs; [oggetti preziosi] objets de valeur.
valorizzare [valorid'dzare] v. tr. mettre en valeur. ‖ ECON. mettre en valeur, valoriser.
valorizzazione [valoriddzat'tsjone] f. mise en valeur. ‖ ECON. mise en valeur, valorisation.
valoroso [valo'roso] agg. valeureux (lett.), vaillant (lett.), courageux, brave; [di cosa] courageux. ‖ [bravo, abile] remarquable, excellent, bon, habile.
valuta [va'luta] f. espèces pl., monnaie. | *pagamento in valuta*, paiement en espèces. | *valuta nazionale*, monnaie nationale. ‖ PARTICOL. *valuta estera*, devise (specie al pl.). | *cambiare valuta*, changer des devises. ‖ [valore della moneta] cours m.
valutabile [valu'tabile] agg. évaluable, estimable.
valutare [valu'tare] v. tr. **1.** [determinare il valore, calcolare approssimativamente] estimer, évaluer. | *questo anello è stato valutato centomila lire*, cette bague a été estimée (à) cent mille lires. | *valutare una distanza, i danni*, évaluer une distance, les dégâts. | *far valutare un quadro*, faire expertiser un tableau. ‖ FIG. apprécier, estimer. | *non avete valutato abbastanza la vostra fortuna*, vous n'avez pas assez apprécié votre chance. ‖ **2.** [tener conto ai fini di un calcolo] compter. | *valutando gli interessi*, en comptant les intérêts. ‖ FIG. tenir compte (de); [vagliare] peser.
valutario [valu'tarjo] agg. monétaire. ‖ [della valuta estera] des devises.
valutativo [valuta'tivo] agg. d'évaluation.
valutazione [valutat'tsjone] f. évaluation, estimation. ‖ [ai fini di un giudizio o di una classifica] appréciation.
valva ['valva] f. BOT., ZOOL. valve.
valvare [val'vare] agg. valvaire.
valvassino [valvas'sino] m. STOR. FEUD. vassal du vavasseur.
valvassore [valvas'sore] m. STOR. FEUD. vavasseur, arrière-vassal.
valvola ['valvola] f. soupape; [specie nelle camere d'aria] valve. ‖ AUTOM. *valvola a farfalla*, papillon (m.) des gaz. ‖ ELETTR. fusible m. ‖ RADIO, T. V. lampe. ‖ ANAT. valvule.
valvolare [valvo'lare] agg. ANAT. valvulaire.
valzer ['valtser] m. valse f.
vamp [vamp] f. [ingl.] vamp.
vampa ['vampa] f. flamme; [aria calda] chaleur; [ondata di calore] souffle brûlant; bouffée d'air chaud. | *vampe dell'incendio*, flammes de l'incendie. | *vampa del sole*, chaleur du soleil. ‖ FIG. ardeur, feu m., fièvre. ‖ MED. *vampe al viso*, bouffées de chaleur.
vampata [vam'pata] f. jet (m.) de flammes, hautes flammes. ‖ [ondata di aria calda] bouffée d'air brûlant, souffle brûlant. | *vampata di rossore*, rougeur subite. ‖ FIG. explosion.
vampeggiare [vamped'dʒare] v. intr. (raro) flamboyer (L.C.).
vampirismo [vampi'rizmo] m. MED. e FIG. vampirisme.
vampiro [vam'piro] m. vampire. ‖ FIG. vampire (antiq.), suceur de sang. ‖ ZOOL. vampire.
vampo ['vampo] m. (lett.) V. VAMPA. ‖ [splendore] éclat.
vanadio [va'nadjo] m. CHIM. vanadium.
vanagloria [vana'glɔrja] f. vanité, gloriole.
vanaglorioso [vanaglo'rjoso] agg. vaniteux.
vanamente [vana'mente] avv. vainement.
vandalico [van'daliko] (**-ci** pl.) agg. vandale; relatif au vandalisme. | *atto vandalico*, acte de vandalisme.
vandalismo [vanda'lizmo] m. vandalisme.
vandalo ['vandalo] m. PR. e FIG. vandale.
vandeano [vande'ano] agg. e n. vendéen.
vaneggiamento [vaneddʒa'mento] m. délire, divagations f. pl.
vaneggiare [vaned'dʒare] v. intr. délirer. ‖ [vagabondare col pensiero] rêver, rêvasser. ‖ PER EST. [dire cose assurde] délirer, divaguer, déraisonner, dérailler (fam.).
vanesio [va'nɛzjo] agg. vaniteux, fat, faraud (antiq.).
vanessa [va'nessa] f. ZOOL. vanesse.
vanga ['vanga] f. bêche.
vangare [van'gare] v. tr. bêcher.
vangata [van'gata] f. coup (m.) de bêche. ‖ [contenuto di una vanga] pelletée.
vangatore [vanga'tore] m. laboureur.
vangatura [vanga'tura] f. bêchage m.
vangelo [van'dʒɛlo] m. RELIG. e FIG. évangile. | *tutto quello che dice sua madre è vangelo*, tout ce que dit sa mère est parole d'évangile.
vanghetto [van'getto] m. houe f.
vanificare [vanifi'kare] v. tr. (raro) rendre vain (L.C.).
vaniglia [va'niʎʎa] f. BOT. [pianta] vanillier m., vanille. ‖ [frutto, essenza, polvere] vanille.
vanigliato [vaniʎ'ʎato] agg. vanillé.
vaniglina [vaniʎ'ʎina] o **vanillina** [vanil'lina] f. vanilline.
vaniloquio [vani'lɔkwjo] m. (lett.) bavardage, radotage.
vanità [vani'ta] f. vanité. ‖ [futilità] vanité (antiq.), futilité, frivolité, inconsistance. ‖ [inutilità] vanité (antiq.), inanité, inutilité.
vanitosamente [vanitosa'mente] avv. vaniteusement, avec vanité.
vanitoso [vani'toso] agg. vaniteux.
1. vano ['vano] agg. **1.** [inutile] vain, inutile, infructueux. | *vane fatiche*, vains efforts. ‖ [senza fondamento, irrealizzabile] vain, chimérique, illusoire. | *vane speranze*, vains espoirs. ‖ **2.** [di persona] vain (lett.), léger, frivole. ‖ **3.** PR. (raro) [privo di consi-

stenza] inconsistant (L.C.), vain (antiq.). || [vuoto] vide (L.C.).
2. vano ['vano] m. ouverture f., espace vide ; [di porta, finestra] embrasure f., baie f. ; [rientranza in un muro] enfoncement, niche f. ; [delle scale] cage f. (d'escalier). || [stanza] pièce f. || POET. [spazio] espace.
vantaggio [van'taddʒo] m. **1.** [superiorità] avantage. || **2.** [ciò che è utile] avantage, profit. | *trarre vantaggio da qlco.*, tirer avantage, profit de qch. | *volgere qlco. a proprio vantaggio*, tourner qch. à son profit. | *non ho nessun vantaggio a farlo*, je n'ai aucun intérêt à le faire. || **3.** [distacco spaziale o temporale] avance f. | *avere venti metri, cinque minuti, due punti di vantaggio*, avoir vingt mètres, cinq minutes, deux points d'avance.
vantaggiosamente [vantaddʒosa'mente] avv. avantageusement.
vantaggioso [vantad'dʒoso] agg. avantageux.
vantare [van'tare] v. tr. vanter, exalter. || [andar fiero] s'enorgueillir (de), se glorifier (de), se vanter (de). | *città che vanta molti figli illustri*, ville qui s'enorgueillit d'avoir donné le jour à de nombreux grands hommes. | *vanta la sua amicizia con il sindaco*, il se vante d'être l'ami du maire. ◆ v. rifl. se vanter. | *non faccio per vantarmi*, (soit dit) sans me vanter, ce n'est pas pour me vanter.
vanteria [vante'ria] f. vantardise, vanterie (antiq.).
vanto ['vanto] m. vantardise f. | *menar vanto*, se vanter. || [pregio] mérite. | *ha il vanto di*, il a le mérite de. || [motivo di gloria] sujet d'orgueil.
vanvera (a) [a'vanvera] loc. avv. sans réfléchir, inconsidérément, à la légère. | *parlare a vanvera*, parler sans réfléchir, à tort et à travers ; dire n'importe quoi.
vapiti ['vapiti] m. ZOOL. wapiti.
vaporare [vapo'rare] v. intr. V. EVAPORARE. ◆ v. tr. exhaler. || FIG. voiler.
vapore [va'pore] m. **1.** vapeur f. | *vapore acqueo, di benzina*, vapeur d'eau, d'essence. | *macchina a vapore*, machine à vapeur. | *cuocere al vapore*, cuire à la vapeur. | *bagno a vapore*, bain de vapeur. || [vapore condensato] buée f. | *parete umida di vapore*, mur embué. || LOC. FAM. *a tutto vapore*, à toute vapeur (L.C.), à toute vitesse (L.C.), à toute pompe (pop.). || **2.** *(nave a) vapore*, vapeur m., bateau à vapeur. || **3.** PER EST. [nebbia] vapeur f., brume f. || [qualsiasi esalazione] vapeur f. (antiq.), fumée f., exhalaison f. ◆ pl. FIG. *i vapori del vino*, les vapeurs (lett.) de l'alcool. || MED. (antiq. o fam.) *avere i vapori*, avoir des vapeurs.
vaporetto [vapo'retto] m. (bateau à) vapeur. || [sulla Senna] bateau-mouche.
vaporiera [vapo'rjɛra] f. locomotive à vapeur.
vaporizzare [vaporid'dzare] v. tr. vaporiser. ◆ v. intr. s'évaporer.
vaporizzatore [vaporiddza'tore] m. vaporisateur.
vaporizzazione [vaporiddzat'tsjone] f. vaporisation. || [evaporazione] évaporation.
vaporosamente [vaporosa'mente] avv. vaporeusement (raro).
vaporosità [vaporosi'ta] f. transparence, légèreté. || [vaghezza] imprécision.
vaporoso [vapo'roso] agg. vaporeux. || FIG. [indeterminato] vague, imprécis.
varamento [vara'mento] m. mise (f.) en place. || MAR. V. VARO 1.
varano [va'rano] m. ZOOL. varan.
varare [va'rare] v. tr. MAR. [facendo scivolare la nave su un piano inclinato] lancer ; [con altro metodo] mettre à l'eau. || FIG. *varare un'impresa*, lancer une entreprise. | *varare un libro*, publier un livre. | *varare un'opera teatrale*, représenter une pièce de théâtre. | *varare una legge*, approuver une loi.
varcabile [var'kabile] agg. franchissable.
varcare [var'kare] v. tr. franchir, passer. | *varcare la soglia*, franchir, passer le seuil. || FIG. dépasser, passer. | *ha varcato la cinquantina*, il a dépassé la cinquantaine. | *varcare i limiti*, dépasser, passer les limites.
varco ['varko] **(-chi** pl.) m. passage. | *aprirsi un varco tra la folla*, se frayer un passage, un chemin dans la foule. || LOC. FIG. *aspettare al varco*, attendre au tournant. || [valico] col.
varechina [vare'kina] o **varecchina** [varek'kina] f. eau de Javel.
variabile [va'rjabile] agg. variable. | *umore variabile*, humeur changeante, instable, variable. ◆ f. MAT. variable.
variabilità [varjabili'ta] f. variabilité.
variabilmente [varjabil'mente] avv. variablement.
variamente [varja'mente] avv. diversement.
variante [va'rjante] f. FILOL., LING., MUS. variante. || [modifica] changement m., modification. || [tipo] version.
variare [va'rjare] v. tr. varier. | *variare i cibi, le letture*, varier la nourriture, ses lectures. || [cambiare] changer. | *ho variato un po' il testo*, j'ai un peu changé le texte. | *mi piace variare*, j'aime le changement. ◆ v. intr. varier. | *i costumi variano a seconda dei paesi*, les coutumes varient suivant les pays. || [cambiare] changer. | *il tempo varia*, le temps change.
variato [va'rjato] agg. varié.
variatore [varja'tore] m. TECN. variateur.
variazione [varjat'tsjone] f. changement m., variation. | *variazioni di temperatura*, variations de température. || ASTRON. *variazioni della luna*, variations de la lune. || MUS. variation.
varice [va'ritʃe] f. MED. varice.
varicella [vari'tʃɛlla] f. MED. varicelle.
varicoso [vari'koso] agg. MED. variqueux. | *vene varicose*, varices.
variegato [varje'gato] agg. bariolé, bigarré, multicolore.
variegatura [varjega'tura] f. bigarrure.
1. varietà [varje'ta] f. [in tutti i sensi] variété. | *teatro, spettacolo di varietà*, théâtre, spectacle de variétés (pl.).
2. varietà [varje'ta] m. variétés f. pl.
vario ['varjo] agg. [che presenta varietà] varié. | *programma vario*, programme varié. | *stile vario*, style varié. | *tempo vario*, temps variable. | *spettacolo d'arte varia*, spectacle de variétés. || [molteplice] différent, divers. | *persone di varia condizione sociale*, des personnes de différentes, diverses classes sociales. | *oggetti di vario genere*, objets de toutes sortes. || [pl.] [parecchi] plusieurs, différents, divers. | *varie volte*, plusieurs fois. | *in vari modi*, de différentes, de plusieurs façons. | *varie specie di*, différentes, diverses sortes de. || [con idea di diversità] *lanciò contro di me accuse varie*, il lança contre moi des accusations variées, diverses accusations. ◆ m. variété f. ◆ f. pl. [miscellance] variétés f. pl. ◆ pron. pl. divers, plusieurs.
variolato [varjo'lato] agg. bariolé, bigarré.
variopinto [varjo'pinto] agg. multicolore, bariolé, bigarré.
1. varo ['varo] m. MAR. lancement. || FIG. *varo di un libro*, publication (f.) d'un livre. | *varo di una tragedia*, première (représentation) d'une tragédie. | *varo di una legge*, approbation (f.) d'une loi.
2. varo ['varo] agg. MED. varus, vara ; [di ginocchio] cagneux.
vasaio [va'zajo] m. potier.
vasale [va'zale] agg. ANAT., BOT. vasculaire.
vasca ['vaska] f. bassin m. ; [fontana ornamentale] bassin, vasque. || [per il nuoto] bassin, piscine. | *fare due vasche*, faire deux fois la longueur du bassin. || [negli impianti industriali] cuve, bac m. || PARTICOL. *vasca dei pesci*, aquarium m. | *vasca (da bagno)*, baignoire. | *vasca da bucato*, cuve à laver, bac (m.) à lessive.
vascello [vaʃ'ʃɛllo] m. vaisseau. | *sottotenente di vascello*, enseigne de vaisseau.
vaschetta [vas'ketta] f. bassine, cuvette. || FOT. cuve, bac m.
vascolare [vasko'lare] agg. ARTI [relativo ai vasi] des vases. | *pittura vascolare*, peinture sur vases. || ANAT., BOT. vasculaire.
vascolarizzato [vaskolarid'dzato] agg. ANAT. vascularisé.
vascolarizzazione [vaskolariddzat'tsjone] f. BIOL. vascularisation.

vaselina [vaze'lina] f. vaseline.
vasellame [vazel'lame] m. vaisselle f.
vasetto [va'zetto] m. (petit) vase ; [per creme, conserve] (petit) pot.
vaso ['vazo] m. vase. | *mettere rose in un vaso,* mettre des roses dans un vase. ‖ [che si riempie di terra] pot (de fleurs). ‖ [barattolo] pot. ‖ *vaso da notte,* vase de nuit, pot de chambre. ‖ ANAT., BOT. vaisseau. ‖ ARCHIT. corbeille f. ‖ MAR. couette f., coitte f.
vasocostrittore [vazokostrit'tore] agg. FISIOL. vasoconstricteur.
vasodilatatore [vazodilata'tore] agg. FISIOL. vasodilatateur.
vasomotore [vazomo'tore] agg. FISIOL. vasomoteur.
vassallaggio [vassal'laddʒo] m. vassalité f., vasselage (arc.). ‖ FIG. vassalité f.
vassallatico [vassal'latiko] (**-ci** pl.) agg. vassal, vassalique.
vassallesco [vassal'lesko] (**-chi** pl.) agg. vassal. ‖ FIG. servile.
vassallo [vas'sallo] m. PR. e FIG. vassal.
vassoio [vas'sojo] m. plateau. ‖ TECN. [da muratore] taloche f.
vastità [vasti'ta] f. PR. immensité ; [di superficie piana] étendue. ‖ FIG. étendue, ampleur, immensité.
vasto ['vasto] agg. PR. vaste ; [in superficie] étendu. | *vasto territorio,* vaste territoire, territoire étendu. ‖ FIG. vaste, étendu, ample, large, grand. | *vaste conoscenze,* vastes connaissances, connaissances étendues. | *vasto pubblico,* large public. | *di vaste proporzioni,* de grandes proportions, de proportions amples. | *su vasta scala,* sur une grande échelle.
vate ['vate] m. (lett.) prophète (L.C.). ‖ [poeta] poète (L.C.).
vaticano [vati'kano] agg. du Vatican ; vaticane agg. f. | *giardini vaticani,* jardins du Vatican.
vaticinare [vatitʃi'nare] v. tr. (lett.) prédire (L.C.). ‖ ASSOL. vaticiner (intr. ; spesso peggior.).
vaticinatore [vatitʃina'tore] m. (lett.) vaticinateur, prophète (L.C.).
vaticinazione [vatitʃinat'tsjone] f. (lett.) vaticination.
vaticinio [vati'tʃinjo] (**-i** pl.) m. (lett.) vaticination.
vattelapesca [vattela'peska] loc. (fam.) va savoir ! ; allez savoir ! ; je ne sais quoi, où (L.C.) ; Dieu sait quoi, où (L.C.). | *quanti eravamo ?, vattelapesca !,* combien nous étions ?, va (le) savoir !, qu'est-ce que j'en sais ?, est-ce que je sais ? ; Dieu sait combien nous étions ! | *il signor, la signora vattelapesca,* monsieur, madame Machin ; monsieur, madame je ne sais qui.
ve' [ve] interiez. hein ! ‖ ARC. [esprime meraviglia] oh !
ve [ve] pr. pers. 2ª pers. pl. vous. | *ve lo dico,* je vous le dis. | *dicendovelo,* en vous le disant. | *ve ne stupite ?,* vous vous en étonnez ? ◆ avv. y. | *ve l'ho messo io stesso,* je l'y ai mis moi-même. | *ve ne sono,* il y en a.
vecchia ['vɛkkja] f. vieille (femme). ‖ FAM. [madre] vieille.
vecchiaccia [vek'kjattʃa] f. PEGGIOR. vieille sorcière.
vecchiaia [vek'kjaja] f. vieillesse. ‖ LOC. FIG. *è il bastone della mia vecchiaia,* c'est mon bâton de vieillesse.
vecchierello [vekkje'rɛllo] n. o **vecchietto** [vek'kjetto] n. petit vieux, petite vieille.
vecchiezza [vek'kjettsa] f. vieillesse.
1. vecchio ['vɛkkjo] agg. **1.** [contrapposto a giovane] vieux ; [anziano] âgé. | *uomo vecchio,* vieil homme, homme âgé. | *la sua vecchia mamma,* sa vieille mère. | *sentirsi, diventar vecchio,* se sentir, devenir, se faire vieux. | *vecchio come, vecchio più di Matusalemme, come il cucco* (pop.), vieux comme Mathusalem (fam.), vieux comme tout. ‖ [con valore relativo] âgé, vieux (raro). | *sono più vecchia di te,* je suis plus âgée que toi. | *è più vecchio di quattro anni,* il a quatre ans de plus. ‖ [posposto ad un nome illustre] ancien. | *Catone il Vecchio,* Caton l'Ancien. ‖ **2.** [contrapposto a nuovo] vieux. | *la città vecchia,* la vieille ville. ‖ [usato, consumato] *libri vecchi,* vieux livres. | *ferri vecchi,* ferraille f. | *vecchie abitudini,* vieilles habitudes. ‖ **3.** [che ha perso ogni interesse] vieux, usé. | *è una storia vecchia,* c'est une vieille histoire. | *scherzo vecchio,* plaisanterie usée. ‖ [antiquato] dépassé, démodé, vieux. | *procedimento vecchio,* procédé dépassé. ‖ LOC. *vecchio stile,* vieux jeu. ‖ **4.** [stagionato] vieux. | *vino vecchio,* vin vieux. | *formaggio vecchio,* fromage (bien) fait. | *pane vecchio,* vieux pain, pain rassis. ‖ **5.** [provato, che ha esperienza] vieux, expérimenté. | *essere vecchio nel mestiere,* être vieux dans le métier. ‖ **6.** [indica familiarità] vieux. | *vecchio cliente,* vieux client. | *vecchio amico,* vieil ami. ‖ SCHERZ. *vecchio mio,* mon vieux, vieille branche. ‖ **7.** [precedente] ancien, vieux, précédent. | *la vecchia segretaria era più competente della nuova,* l'ancienne secrétaire était plus compétente que la nouvelle. | *la mia nuova macchina è peggio della vecchia,* ma nouvelle voiture ne vaut pas la vieille, l'ancienne. ◆ m. [con valore neutro] *il vecchio ed il nuovo,* le vieux et le neuf. ◆ n. vieillard, vieux. | *un rispettabile vecchio,* un respectable vieillard. | *vecchio rimbambito,* vieillard, vieux gâteux. | *i vecchi,* les vieux, les croulants (pop.). ‖ FAM. [genitore] vieux (pop.). | *i miei vecchi,* mes vieux, mes viocs (pop.), vioques (pop.).
2. vecchio ['vekkjo] m. (arc.) LOC. *vecchio marino,* phoque (L.C.).
vecchiotto [vek'kjɔtto] agg. [antiquato] vieillot ; [piuttosto vecchio] plutôt vieux.
vecchiume [vek'kjume] m. vieilleries f. pl.
veccia ['vettʃa] f. BOT. vesce.
vece ['vetʃe] f. (al pl.) fonction (sing.). | *fare le veci di,* remplacer, faire fonction de, tenir lieu de. | *fa le veci del sindaco,* il remplace le maire, il fait fonction de maire. | *il padre o chi ne fa le veci,* le père ou la personne qui en tient lieu. ◆ loc. prep. e avv. ***in vece di,*** à la place de. ‖ ***in vece mia, tua,*** à ma place, à ta place. (V. anche INVECE.)
veda ['vɛda] m. invar. veda.
vedente [ve'dɛnte] agg. [che ci vede] clairvoyant. ◆ m. voyant. | *i non vedenti,* les aveugles.
vedere [ve'dere] v. **1.** voir. | *sono lieto di vederti guarito,* je suis content de te voir guéri. | *far vedere,* faire voir ; montrer. ‖ [esprime stupore, ammirazione] *vedessi com'è cambiato,* tu devrais voir comme il a changé. ‖ ASSOL. *vedere bene, male,* voir bien, mal. | *ci vedo doppio,* je vois double. ‖ [soggetto di cosa] *la casa che lo ha visto nascere,* la maison qui l'a vu naître. | *il paese che lo vide bambino,* le pays où il passa son enfance. ‖ [incontrare] *sono lieto di vederla,* je suis content de vous voir. | *guarda chi si vede !,* tiens !, c'est toi, c'est vous ? | *entro, e chi ti vedo ?,* j'entre, et devine qui je vois ? | *si faccia vedere,* venez me voir. ‖ **2.** [intenzionalmente] voir. | *andare a vedere una commedia,* aller voir une comédie. | *vedere una mostra,* visiter une exposition. ‖ [esaminare per valutare o controllare] voir, examiner, vérifier. | *bisogna vedere meglio tutto questo,* il faut examiner, il faut voir tout cela de plus près. | *vedere i conti,* vérifier les comptes. | *farsi vedere da un dottore,* aller voir un docteur, consulter un docteur. ‖ [esprime incredulità] *vorrei vedere anche questa !,* je voudrais bien voir çà ! ‖ [con tono di sfida] *questo è da vedere !,* c'est à voir ! | *vuoi vedere che...,* tu veux parier que... ‖ **3.** [conoscere, riconoscere, comprendere, giudicare] voir, comprendre. | *si vide perso,* il comprit qu'il était perdu, il se vit perdu. | *vedremo !,* nous verrons (plus tard) ! ‖ [decidere] *vedi un po', vedi tu,* fais à ton idée. | *cercate di vedere voi,* essayez de décider vous-même. | *vedetevela voi,* débrouillez-vous. ‖ [cercare] essayer. | *vedrò di darti un aiuto,* j'essaierai de t'aider. ‖ [per assicurare, rassicurare] *vedrai che tutto andrà bene,* tout ira bien, tu verras. ‖ [come richiamo] *vedi, veda, vedete,* tu vois, vous voyez. ‖ **4.** LOC. *lo vedrebbe anche un cieco ; si vedrebbe anche ad occhi chiusi,* cela saute aux yeux. | *vedere per credere,* il faut le voir pour le croire. | *chi s'è visto s'è visto,* ni vu ni connu. | *vedere la luce,* voir le jour, venir au jour. | *vedere le stelle,* en voir trente-six chandelles. | *vedersela brutta,* être en mauvaise posture. | *non vedo l'ora di,* il me tarde de, j'ai hâte de, je suis impatient de. | *si vede che,* on voit bien que, il est clair que. ‖ *avere a che vedere con,* avoir un rapport avec. | *aver poco, non aver niente a che vedere con,* avoir peu, ne rien avoir à voir avec, dans. | *dare da vedere,* faire croire. | *gliela farò vedere,* je vais lui montrer comment je m'appelle. | *non poter vedere qlcu.,* ne pas pouvoir voir, ne pas pouvoir supporter, ne pas pouvoir sentir (fam.) qn. |

modo di vedere, façon de voir. ‖ [nei rinvii] *vedi sopra, sotto*, voir plus haut, plus bas. ‖ **5.** GIOCHI [poker] *vedo*, je vois. ◆ m. vue f. ‖ [opinione] avis, opinion f., façon (f.) de voir. | *a mio vedere*, à mon avis, selon moi. ‖ LOC. *fare un bel vedere*, être beau à voir. | *far un gran brutto vedere*, être très laid. ◆ v. rifl. se voir. | *vedersi costretto a*, se voir contraint à. ◆ v. recipr. se voir. | *non ci vediamo più*, nous ne nous voyons plus. | *ci vediamo!*, à bientôt ! ◆ loc. cong. ***visto che***, puisque ; étant donné que.

vedetta [ve'detta] f. poste (m.) d'observation. ‖ [persona] vedette, guetteur m. ‖ LOC. *stare, mettere di vedetta*, être, mettre en vedette. ‖ MAR. [luogo] vigie. ‖ [persona] vigie. ‖ [nave] vedette.

vedico ['vɛdiko] (**-ci** pl.) agg. védique.

vedova ['vedova] f. veuve. ‖ ZOOL. veuve.

vedovanza [vedo'vantsa] f. veuvage m., viduité (raro ; giur.).

vedovare [vedo'vare] v. tr. (raro) laisser veuve, veuf (più raro). ‖ FIG. priver.

vedovile [vedo'vile] agg. de veuf, de veuve, de veuvage. ◆ m. douaire.

vedovo ['vedovo] agg. e m. veuf. | *restare vedovo*, rester veuf. ‖ FIG. *vedovo di*, veuf de (lett.), privé de, dépourvu de.

veduta [ve'duta] f. vue. | *di quassù si gode una bellissima veduta*, on a une très belle vue d'ici. ‖ ARTI vue. | *veduta di Venezia*, vue de Venise. ‖ FIG. (spec. pl.) vue, idée, façon de penser, point (m.) de vue. | *larghezza di vedute*, largeur de vues, d'esprit. | *è largo di vedute*, il a l'esprit large. ‖ GIUR. vue.

veduto [ve'duto] agg. LOC. *a ragion veduta*, après réflexion.

veemente [vee'mɛnte] agg. violent, impétueux, déchaîné. | *urto veemente*, choc violent. ‖ [di sentimenti e delle loro manifestazioni] impétueux, passionné, violent, véhément. ‖ [espressivo] véhément, enflammé. | *discorso veemente*, discours véhément.

veementemente [veemente'mente] avv. violemment ; [riferito a sentimenti, parole] avec véhémence, véhémentement (raro).

veemenza [vee'mɛntsa] f. violence. ‖ [di sentimenti, discorsi] véhémence, impétuosité, violence.

vegetale [vedʒe'tale] agg. e m. végétal. | *olio vegetale*, huile végétale. | *brodo vegetale*, bouillon de légumes.

vegetare [vedʒe'tare] v. intr. [piante o animali] végéter (arc.) ; [di pianta, crescere] pousser. | *pianta che vegeta bene*, plante qui pousse bien. ‖ FIG. [persone] végéter.

vegetarianismo [vedʒetarja'nizmo] m. végétarisme.

vegetariano [vedʒeta'rjano] agg. e n. végétarien.

vegetativo [vedʒeta'tivo] agg. végétatif.

vegetazione [vedʒetat'tsjone] f. végétation. ‖ MED. *vegetazioni adenoidi*, végétations adénoïdes.

vegeto ['vɛdʒeto] agg. gaillard, alerte, vigoureux. | *essere sano e vegeto*, être en parfaite santé, avoir bon pied bon œil. ‖ [di pianta] vigoureux.

vegeto-minerale [vedʒetomine'rale] agg. *acqua vegeto-minerale*, eau blanche.

veggente [ved'dʒɛnte] n. [chi non è cieco] voyant. ‖ FIG. prophète, voyant (arc.). ‖ [indovino] voyant.

veggenza [ved'dʒɛntsa] f. (raro) voyance (L.C.).

veglia ['veʎʎa] f. veille. | *tra la veglia ed il sonno*, entre la veille et le sommeil. ‖ [il fatto di vegliare un morto, un malato] veillée. | *far la veglia ad un ammalato*, veiller un malade. ‖ [serata] soirée ; [specie in campagna] veillée. | *veglia danzante*, soirée dansante. ‖ STOR. *veglia d'armi*, veillée d'armes.

vegliardo [veʎ'ʎardo] m. (lett.) vieillard (L.C.) ◆ f. (raro) *vegliarda*, vieille dame (L.C.).

vegliare [veʎ'ʎare] v. tr. e intr. veiller.

veglio ['vɛʎʎo] m. (lett.) vieillard (L.C.).

veglione [veʎ'ʎone] m. bal. | *veglione di carnevale*, bal de carnaval. | *veglione di capodanno*, réveillon du jour de l'an.

veh [ve] interiez. V. VE'.

veicolare [veiko'lare] v. tr. MED. transmettre, véhiculer.

veicolo [ve'ikolo] m. [mezzo di trasporto e diffusione] véhicule. ‖ MED. agent de transmission.

vela ['vela] f. voile. | *vela di maestra*, grand-voile. | *spiegare le vele*, mettre les voiles. | *far vela*, faire voile. | *calare, ammainare le vele*, larguer les voiles. | *a gonfie vele*, toutes voiles dehors. ‖ LOC. FIG. *calare, ammainare, mollare le vele*, abandonner la lutte. | *i suoi affari vanno a gonfie vele*, il a le vent dans les voiles, ses affaires vont à merveille. ‖ POET. [per metonimia] voile, voilier m. (L.C.). ‖ AER. *volo a vela*, vol à voile. ‖ SPORT voile. ‖ ARCHIT. *volta a vela*, voûte biaise.

velaccino [velat'tʃino] m. MAR. cacatois.

velaccio [ve'lattʃo] m. MAR. perroquet.

velaio [ve'lajo] m. MAR. voilier.

1. velame [ve'lame] m. (lett.) PR. e FIG. voile (L.C.).

2. velame [ve'lame] m. MAR. [vele] voilure f.

1. velare [ve'lare] v. tr. voiler. | *velare una statua*, voiler une statue. ‖ PER EST. [rendere meno visibile] voiler, estomper, cacher. | *nubi che velano il sole*, nuages qui voilent le soleil. | *le lacrime le velavano gli occhi*, ses yeux étaient voilés de larmes. ‖ [un suono] étouffer, couvrir, assourdir. ‖ FIG. voiler, masquer. | *velava la sua commozione sotto una lieve ironia*, il masquait, il voilait son émotion sous une ironie légère. ◆ v. rifl. PR. e FIG. se voiler. | *gli occhi gli si velarono*, ses yeux se voilèrent. ‖ [farsi monaca] prendre le voile.

2. velare [ve'lare] agg. du voile du palais. ◆ agg. e m. FON. vélaire.

velario [ve'larjo] m. [sipario] rideau. ‖ STOR. [nei teatri romani] velarium.

velarizzazione [velariddzat'tsjone] f. FON. vélarisation.

velatamente [velata'mente] avv. à mots couverts, de façon voilée.

velato [ve'lato] agg. PR. e FIG. voilé. | *luce velata*, lumière voilée.

1. velatura [vela'tura] f. voile m. ‖ PITT. glacis m.

2. velatura [vela'tura] f. [vele] voilure.

veleggiamento [veleddʒa'mento] m. navigation (f.) à voile.

veleggiare [veled'dʒare] v. intr. MAR. naviguer (à la voile). ‖ [in una direzione] faire voile (vers, sur), cingler (vers). ‖ AER. planer.

veleggiatore [veleddʒa'tore] m. voilier, bateau à voile. ‖ [aliante] planeur.

veleggio [ve'leddʒo] m. navigation (f.) à voile. ‖ [uccelli] vol plané. ‖ [alianti] vol à voile.

velenifero [vele'nifero] agg. [animali] venimeux. ‖ [piante] vénéneux, venimeux (raro).

veleno [ve'leno] m. PR. poison ; [prodotto da animali] venin. ‖ LOC. *amaro come il veleno*, amer comme le fiel. ‖ [di cibo] *andare in veleno*, rester sur l'estomac. ‖ FIG. fiel, poison, venin, haine f., aigreur f. | *parole piene di veleno*, paroles pleines de fiel. | *il veleno della gelosia*, le poison de la jalousie. | *è pieno di veleno contro di me*, il est plein d'aigreur contre moi. | *mangiare, masticare veleno*, étouffer de rage. | *avere il veleno in corpo*, avoir la rage au cœur.

velenosamente [velenosa'mente] avv. venimeusement.

velenosità [velenosi'ta] f. venimosité (raro), toxicité, nocivité. ‖ FIG. aigreur, acidité ; [pericolosità] nocivité. | *velenosità di una risposta*, aigreur d'une réponse. | *velenosità di una dottrina*, nocivité d'une doctrine.

velenoso [vele'noso] agg. toxique, nocif ; [avvelenato] empoisonné ; [di animali] venimeux ; [di piante] vénéneux. | *sostanza velenosa*, substance toxique. ‖ FIG. [moralmente dannoso] nocif, pernicieux, néfaste, vénéneux (lett.), délétère (raro). | *insegnamento velenoso*, enseignement nocif, pernicieux. ‖ [pieno di odio] venimeux, empoisonné, fielleux, haineux. | *risposta velenosa*, réponse venimeuse. | *lingua velenosa*, langue venimeuse, de vipère. | *persona velenosa*, personne venimeuse.

veleria [vele'ria] f. voilerie.

veletta [ve'letta] f. voilette.

velico ['vɛliko] (**-ci** m. pl.) agg. MAR. de (la) voilure, vélique. | *punto velico*, point vélique ; centre de voilure. | *sport velico*, sport nautique, yachting.

veliero [ve'ljɛro] m. voilier, bateau à voile(s).

velina [ve'lina] f. double m. (sur papier de soie).

velino [ve'lino] agg. [carta velina per edizioni di lusso] papier vélin ; [carta sottile per copie, imballaggi] papier de soie. ◆ m. vélin.

velismo [ve'lizmo] m. yachting, sport nautique.
velite ['velite] m. STOR. MIL. vélite.
velivolo [ve'livolo] m. [aereo] avion ; [idrovolante] hydravion ; [aliante] planeur.
velleità [vellei'ta] f. velléité.
velleitario [vellei'tarjo] agg. velléitaire.
vellicamento [vellika'mento] m. chatouillement.
vellicare [velli'kare] v. tr. Pr. e FIG. chatouiller.
vellicazione [vellikat'tsjone] f. chatouillement m.
vello ['vɛllo] m. toison f. ‖ (lett.) [bioccolo di lana] flocon de laine (L.C.).
velloso [vel'loso] agg. V. VILLOSO.
vellutato [vellu'tato] agg. velouté.
vellutino [vellu'tino] m. (raro) veloutine f. ; tissu de velours léger. ‖ [nastro] ruban de velours.
velluto [vel'luto] m. velours. | *velluto a coste*, velours côtelé. ‖ FIG. velours. | *di velluto*, velouté, de velours. ‖ LOC. *camminare sul velluto* : [a passi silenziosi] marcher à pas de loup ; [agire senza rischi] jouer sur du velours.
velo ['velo] m. PR. voile. | *vestito di velo*, robe de voile. ‖ LOC. *prendere il velo*, prendre le voile. ‖ [lieve strato steso su una superficie] pellicule f., (fine) couche, voile. | *velo di ghiaccio*, pellicule de glace. | *un velo di cipria*, un peu de poudre. | *cospargere un dolce di un velo di zucchero*, saupoudrer un gâteau de sucre. | *zucchero a velo*, sucre glace. ‖ [quanto impedisce la vista] voile, nuage. | *velo di nebbia*, voile de brume. | *davanti ai suoi occhi c'era un velo di lacrime*, ses yeux étaient voilés de larmes. ‖ FIG. [ostacolo alla conoscenza della verità] voile, masque. | *è caduto il velo*, le voile a été levé. | *il velo dell'ignoranza*, les ténèbres de l'ignorance. | *un cuore di pietra dietro un velo di dolcezza*, un cœur de pierre sous un masque de douceur. ‖ LOC. *gli è caduto il velo dagli occhi*, ses yeux se sont dessillés, les écailles lui sont tombées des yeux. | *togliti il velo dagli occhi !*, ouvre les yeux ! ‖ *far velo a*, aveugler. ‖ ANAT., BOT. voile. | *velo palatino*, voile du palais.
veloce [ve'lotʃe] agg. rapide. | *mano veloce*, main rapide. | *i giorni scorrono veloci*, les jours passent vite, rapidement. | *un'automobile sfrecciò veloce*, une voiture passa à toute vitesse. ‖ PER EST. [di mente] rapide, vif.
velocipede [velo'tʃipede] m. (arc.) vélocipède.
velocista [velot'ʃista] (-i pl.) n. sprinter m. [ingl.].
velocità [velotʃi'ta] f. vitesse. | *procedevo a velocità molto ridotta*, j'allais à une vitesse très réduite. | *acquistare, perdere velocità*, prendre, perdre de la vitesse. | *superare in velocità*, prendre de vitesse. ‖ AUTOM. *cambio di velocità*, changement de vitesse. ‖ SPORT *gara di velocità*, course de vitesse. ‖ LOC. *correre con la velocità del vento*, courir aussi vite que le vent.
velodromo [ve'lɔdromo] m. vélodrome.
veltro ['vɛltro] m. (lett.) lévrier (L.C.).
vena ['vena] f. ANAT. veine. | *tagliarsi le vene*, s'ouvrir les veines. | *vene varicose*, varices. ‖ LOC. FIG. *sentirsi bollire il sangue nelle vene*, bouillir. ‖ MINER. veine. ‖ [di acqua] *vena d'acqua*, rivière, nappe d'eau souterraine. | *acqua di vena*, eau de source. ‖ BOT. veine, nervure. ‖ GEOL. veine. | *vena di carbone*, veine de houille. ‖ LOC. FIG. *trovare una vena d'oro*, trouver une mine d'or, un bon filon (fam.). ‖ LITTER. veine. | *vena poetica*, veine poétique. ‖ FIG. *essere, sentirsi in vena*, être en forme. | *non sono in vena*, je ne suis pas dans mon assiette (fam.), en forme. | *essere in vena di*, avoir envie de, être d'humeur à, en veine de.
venale [ve'nale] agg. PR. de vente ; [che si può vendere] à vendre. | *prezzo venale*, prix de vente. | *merce venale*, marchandise à vendre. ‖ ECON. *valore venale*, valeur vénale. ‖ PEGGIOR. vénal. | *funzionario venale*, fonctionnaire vénal.
venalità [venali'ta] f. vénalité.
venare [ve'nare] v. tr. (raro) veiner (L.C.).
venato [ve'nato] agg. veiné. ‖ FIG. teinté, voilé.
venatorio [vena'tɔrjo] (-i pl.) agg. de (la) chasse.
venatura [vena'tura] f. veines pl. ‖ FIG. teinte, ombre, pointe.
vendemmia [ven'demmja] f. vendange ; vendanges pl. | *fare la vendemmia*, faire les vendanges. ‖ [epoca della vendemmia] vendanges pl. ‖ [raccolto] vendange. ‖ POET. [uva] raisin m. (L.C.).
vendemmiaio [vendem'mjajo] m. STOR. vendémiaire.
vendemmiale [vendem'mjale] agg. des vendanges.
vendemmiare [vendem'mjare] v. tr. vendanger. ‖ FIG. gagner (gros).
vendemmiatore [vendemmja'tore] (**-trice** f.) m. vendangeur, euse.
vendere ['vendere] v. tr. PR. vendre. | *vendere una bicicletta per ventimila lire*, vendre une bicyclette vingt mille lires. | *per quanto lo vendi ?*, (à) combien le vends-tu ? ‖ PEGGIOR. vendre. | *vendere la propria penna*, vendre sa plume. ‖ [tradire] vendre, trahir, donner. | *vendere i propri compagni alla polizia*, vendre ses camarades à la police. ‖ LOC. FIG. *sa vendere bene la sua merce*, il sait se faire valoir. | *vendere cara la pelle*, vendre chèrement sa peau (fam.). | *venderebbe l'anima pur di arrivare*, il vendrait père et mère, il vendrait son âme pour réussir. | *vendere fumo*, raconter des histoires, des bobards (fam.). | *ve la vendo come l'ho comperata*, je vous le donne pour ce que ça vaut. | *ce n'è da vendere*, il y en a à revendre, à foison. ◆ v. rifl. se vendre.
vendetta [ven'detta] f. vengeance. | *far vendetta di un'offesa*, tirer vengeance d'un affront, venger un affront, se venger d'un affront. | *giurare di far vendetta, le vendette del padre*, jurer de venger son père. | *ricevere vendetta*, être vengé. | *si è preso la sua vendetta*, il s'est vengé. ‖ LOC. *gridar vendetta* : PR. crier vengeance ; FIG. (scherz.) [riferito a cose mal fatte] être abominable, être épouvantable.
vendibile [ven'dibile] agg. vendable.
vendicabile [vendi'kabile] agg. qui peut être vengé.
vendicare [vendi'kare] v. tr. venger. ◆ v. rifl. se venger.
vendicativo [vendika'tivo] agg. vindicatif.
vendicatore [vendika'tore] (**-trice** f.) m. e agg. vengeur. | *ira vendicatrice*, colère vengeresse.
vendifrottole [vendi'frɔttole] n. invar. bluffeur, euse ; charlatan m., fumiste n.
vendifumo [vendi'fumo] m. V. VENDIFROTTOLE.
vendita ['vendita] f. vente. | *in vendita*, en vente. | *vendita all'asta*, vente aux enchères. | *concludere una vendita*, conclure un marché. | *c'è poca vendita oggi*, les affaires ne vont pas fort aujourd'hui. ‖ [bottega] magasin m. | *vendita di sali e tabacchi*, tabac m. ‖ STOR. [riunione di carbonari] vente.
venditore [vendi'tore] (**-trice** f.) m. [chi fa una vendita] vendeur, euse. | *il compratore ed il venditore*, l'acheteur et le vendeur. ‖ [chi possiede o gestisce un negozio] marchand, vendeur. | *venditore al minuto*, détaillant. | *venditore di scarpe*, marchand de chaussures. | *venditore ambulante*, marchand, vendeur ambulant ; [che va di casa in casa] colporteur, euse (antiq.) ; voyageur, euse de commerce. ‖ [commesso] vendeur. ‖ FIG. *venditore di fumo*, V. VENDIFROTTOLE.
venduto [ven'duto] agg. e n. vendu. | *venduto al nemico*, vendu à l'ennemi.
veneficio [vene'fitʃo] m. empoisonnement.
venefico [ve'nɛfiko] (**-ci** pl.) agg. empoisonné, toxique ; [di piante] vénéneux. ‖ FIG. néfaste, pernicieux, nocif, vénéneux.
venerabile [vene'rabile] agg. vénérable.
venerabilità [venerabili'ta] f. respectabilité.
venerando [vene'rando] agg. vénérable.
venerare [vene'rare] v. tr. vénérer.
venerazione [venerat'tsjone] f. vénération.
venerdì [vener'di] m. vendredi. | *venerdì santo*, vendredi saint. ‖ LOC. SCHERZ. *non ha tutti i venerdì ; gli manca qualche venerdì*, il a une araignée dans le plafond (fam.), il lui manque une case (pop.), il est un peu dérangé.
venereo [ve'nɛreo] agg. vénérien. | *malattie veneree*, maladies vénériennes. ‖ [sessuale] sexuel.
venetico [ve'nɛtiko] (**-ci** pl.) agg. des Vénètes.
veneto ['vɛneto] agg. [del Veneto] de la Vénétie ; [della repubblica di Venezia ; dell'attuale città di Venezia] vénitien, de Venise ; [venetico] des Vénètes. ◆ m. [abitante del Veneto] habitant de la Vénétie. ‖ [dialetto] dialecte de la Vénétie, vénitien.
venetta [ve'netta] f. veinule.
veneziana [venet'tsjana] f. [persiana] store vénitien.

veneziano [venet'tsjano] (**-a** f.) agg. e n. vénitien. | *alla veneziana*, à la vénitienne, à la mode de Venise. | *lampioncini alla veneziana*, lanternes vénitiennes.

venezuelano [venettsue'lano] (**-a** f.) agg. e n. vénézuélien, enne ; vénézolan, ane.

venia ['vɛnja] f. (lett.) pardon m. (L.C.).

veniale [ve'njale] agg. véniel (lett.), excusable. || RELIG. *peccato veniale*, péché véniel.

venire [ve'nire] v. intr.

I. MOVIMENTO CHE SI AVVICINA : venir. **II.** ORIGINE, PROVENIENZA : venir, arriver. **III.** GIUNGERE : venir, arriver. **IV.** MANIFESTARSI : venir. **V.** SENSI PARTICOLARI. **VI.** AUSILIARE. **VII.** VENIRSENE.

I. MOVIMENTO CHE SI AVVICINA : venir. | *sono venuto a piedi*, je suis venu à pied. | *vado e vengo*, je ne fais qu'aller et venir. || SOSTANT. *un continuo andare e venire, un continuo va e vieni*, un continuel va-et-vient (m. invar.), des allées et venues continuelles. || LOC. PR. e FIG. *far venire* : [una persona] faire venir, appeler ; [una cosa] faire venir ; FIG. [provocare] donner. | *si è fatto venire questo disco dall'America*, il a fait venir ce disque d'Amérique. | *far venire la nausea, i brividi*, donner la nausée, le frisson. | *mi fa venire l'acquolina in bocca*, j'en ai l'eau à la bouche. || [con avv. o prep.] *venir giù*, descendre. || *venir su*, monter. (FIG. : v. SU.) || *venir via*, partir. || *vienimi dietro*, suis-moi. || *venir meno*, s'évanouir ; FIG. manquer, faillir. | *venir meno al proprio dovere*, manquer à son devoir. || Per altri esempi : v. l'avv. o la prep.

II. ORIGINE, PROVENIENZA : venir, arriver ; [solo di cose] provenir. | *viene da Napoli*, il vient, il arrive de Naples. | *pomodori che vengono dal Marocco*, tomates qui viennent, qui proviennent du Maroc. || FIG. *parola che viene dal latino*, mot qui vient du latin. | *da dove le viene tanto coraggio ?*, où prend-elle tant de courage ?, d'où lui vient tout ce courage ? || LOC. *ufficiale venuto dalla gavetta*, officier sorti du rang. || *da qui viene che*, de là vient que, d'où vient que ; c'est pourquoi ; il en résulte que.

III. GIUNGERE. **1.** [senso temporale] venir, arriver. | *è venuto il momento*, le moment est venu, est arrivé. | *qui l'inverno viene presto*, l'hiver arrive tôt ici, est précoce ici. | *è venuta la posta ?*, est-ce que le courrier est arrivé ? | *quando venne in tavola il dolce*, quand on apporta le gâteau. || [fenomeni naturali] *viene il temporale*, il va faire de l'orage, l'orage va éclater. | *venne la pioggia*, il se mit à pleuvoir. || [fatti storici] *poi venne la guerra*, puis il y eut la guerre ; puis la guerre éclata. || **2.** [ricorrere] tomber. | *Natale viene di sabato*, Noël tombe un samedi. || **3.** [esprime uno sviluppo logico] venir. | *venire al fatto, al dunque, all'ergo*, venir au fait. || [arrivare ad una certa conclusione] en venir, (en) arriver. | *venire alle mani*, en venir aux mains. | *verranno ad un accordo*, ils arriveront à un accord. | *venire a patti*, composer, transiger. | *venire a parole*, avoir des mots (fam.), se disputer. || **4.** LOC. *venire al mondo, alla luce* : [nascere] venir au monde, voir le jour ; PR. e FIG. [essere scoperto] être découvert. | *sono venute alla luce nuove prove*, on a découvert de nouvelles preuves. | *venire a noia*, ennuyer, assommer. | *gli son venuto in odio*, il s'est mis à me détester. | *venire a capo di qlco.*, venir à bout de qch. | *venire in chiaro di qlco.*, tirer qch. au clair. | *m'è venuto agli orecchi*, j'ai entendu dire, il m'est arrivé aux oreilles. | *venire a proposito, a pennello*, bien tomber, tomber à pic (fam.). | *a venire ; di là da venire*, à venir. | *è ancora di là da venire*, ce n'est pas pour demain.

IV. MANIFESTARSI. **1.** venir. | *mi viene un'idea, un dubbio*, il me vient une idée, un doute. | *ma che ti è venuto in mente ?*, mais qu'est-ce qui t'a pris ? | *gli vennero le lacrime agli occhi*, ses yeux se remplirent de larmes. || FAM. *non mi viene*, ça ne me revient pas, je n'arrive pas à me rappeler. || **2.** [malattie] *gli è venuto il raffreddore*, il a attrapé un rhume. | *gli è venuto un infarto*, il a eu un infarctus. || PER EST. [imprecazioni] *ti venga un accidente !*, va au diable ! || **3.** LOC. [impers.] *mi viene da*, j'ai envie de. | *mi viene da piangere, da vomitare*, j'ai envie de pleurer, de vomir.

V. SENSI PARTICOLARI. **1.** [crescere] pousser, venir. | *qui il grano non viene*, le blé ne pousse pas, ne vient pas ici. || *venir su* : [di pianta] pousser ; [di bambino] grandir, pousser. || **2.** [riuscire] *venir bene, male*, être réussi, raté. | *foto che viene bene*, photo réussie. | *il vestito è venuto un po' stretto*, la robe est un peu trop serrée. | *non mi viene il problema, il solitario*, je n'arrive pas à faire mon problème, cette réussite. || LOC. *fare qlco. come viene (viene)*, faire qch. n'importe comment. | *come viene, viene*, ça donnera ce que ça pourra. || **3.** [ottenere come risultato] faire, donner. | *mi viene 3250*, cela fait 3250. || **4.** FAM. [costare] coûter (L.C.). | *quanto viene ?*, combien ça fait ?, c'est combien ?

VI. AUSILIARE. **1.** [con gerundio] *veniva dicendo che*, il répétait que. | *viene trattando argomenti sempre più complessi*, il traite des sujets de plus en plus complexes. || **2.** [con part. pass.] *verrà punito*, il sera puni. | *se vengono seguite le istruzioni*, si on suit les instructions. | *questo viene indicato con un asterisco*, c'est indiqué, cela s'indique par un astérisque. || LOC. *mi venne fatto di passare per di là*, je me trouvai à passer par là à ce moment. | *sul momento mi venne da dire di no*, ma première réaction fut de répondre non.

VII. LOC. *venirsene*, arriver. | *se ne veniva a piccoli passi*, il arrivait à petits pas. | *venirsene a casa*, rentrer à la maison.

venoso [ve'noso] agg. veineux.

ventagliaio [ventaʎ'ʎajo] (**-a** f.) m. éventailliste.

ventagliarsi [ventaʎ'ʎarsi] v. rifl. s'éventer.

ventaglio [ven'taʎʎo] m. éventail. || FIG. *ventaglio degli stipendi*, éventail des salaires. || LOC. *a ventaglio*, en éventail. || ZOOL. coquille (f.) Saint-Jacques.

ventata [ven'tata] f. coup (m.) de vent. || FIG. vague.

ventennale [venten'nale] agg. [che dura vent'anni] vicennal (raro), qui dure vingt ans, de vingt ans. || [che ricorre ogni vent'anni] qui revient tous les vingt ans ; vicennal (raro). ◆ m. vingtième anniversaire.

ventenne [ven'tɛnne] agg. (âgé) de vingt ans, qui a vingt ans. ◆ n. jeune homme, garçon, jeune fille (âgé[e]) de vingt ans ; [sposata] jeune femme de vingt ans.

ventennio [ven'tɛnnjo] m. période (f.) de vingt ans ; vingt ans. | *durò un ventennio*, cela dura vingt ans. | *il ventennio (fascista)*, la dictature fasciste, la période fasciste, le régime fasciste. | *visse all'estero durante il ventennio*, il vécut à l'étranger pendant la dictature fasciste.

ventesimo [ven'tɛzimo] agg. num. ord. vingtième ; [davanti al nome di sovrani e papi ; atto, libro, capitolo, volume] vingt [scritto : XX ; secolo : xx]. | *il ventesimo secolo*, le vingtième (xxe) siècle. | *capitolo ventesimo*, chapitre vingt, vingtième chapitre. ◆ m. *un ventesimo*, un vingtième.

venti ['venti] agg. num. card. e m. vingt. | *le cinque e venti*, cinq heures (et) vingt (minutes). | *oggi ne abbiamo venti*, aujourd'hui nous sommes le vingt. | *gli anni venti*, les années vingt. ◆ f. *le venti*, vingt heures.

venticello [venti'tʃɛllo] m. brise f.

ventilabro [venti'labro] m. van.

ventilare [venti'lare] v. tr. aérer, ventiler. || AGR. vanner. || FIG. [proporre] proposer, lancer. || [esaminare] discuter, débattre. || POET. éventer (L.C.), faire du vent (L.C.).

ventilatore [ventila'tore] m. ventilateur.

ventilazione [ventilat'tsjone] f. ventilation. || MED. *ventilazione polmonare*, ventilation pulmonaire.

ventina [ven'tina] f. vingtaine. | *ragazzo sulla ventina*, jeune homme d'une vingtaine d'années.

ventino [ven'tino] m. pièce (f.) de vingt centimes.

ventiquattr'ore [ventikwat'trore] f. invar. [valigetta] attaché-case m. || SPORT *la ventiquattr'ore di Le Mans*, les Vingt-Quatre Heures du Mans.

ventisette [venti'sɛtte] agg. num. card. vingt-sept. ◆ m. le jour de paye ; la sainte-touche (pop.). || LOC. (FAM.) *faticare ad arrivare al ventisette*, avoir du mal à joindre les deux bouts.

ventitré [venti'tre] agg. num. card. vingt-trois. ◆ Loc. *cappello sulle ventitré*, chapeau (incliné) sur l'oreille.

vento ['vɛnto] m. Pr. vent. | *tira vento*, il fait du vent, il y a du vent. | *vento di tramontana*, vent du nord. | *vento di acqua*, vent qui apporte la pluie. | *mulino a vento*, moulin à vent. ‖ Moda *giacca a vento*, anorak. ‖ [gas intestinale] vent. ‖ Geogr. *rosa dei venti*, rose des vents. ‖ Mar. *vento di poppa*, vent arrière. | *vento di prua*, vent devant. | *vento contrario*, vent contraire. | *sotto vento, sopra vento*, sous le vent, au vent. ‖ Loc. fig. *avere il vento in poppa*, avoir le vent en poupe. | *qual buon vento (ti porta)?*, quel bon vent t'amène? | *vento di fronda*, vent de fronde. | *gridare a tutti i venti*, crier sur les toits. | *voltarsi a tutti i venti*, changer à tous les vents, au moindre vent. | *secondo il vento che tira*, suivant les circonstances. | *parlare al vento*, parler à un mur. | *sono fatiche gettate al vento*, c'est peine perdue. | *rimanere con le mani piene di vento*, rester les mains vides. | *è pieno di vento*, il est bouffi d'orgueil. | *pascersi di vento*, se faire des illusions. | *correre come il vento*, courir comme le vent.

ventola ['vɛntola] f. éventoir m. (raro, antiq.). ‖ Loc. *orecchie a ventola*, oreilles en feuille de chou, en chou-fleur. ‖ [schermo] écran m. ‖ [di ventilatore] hélice. ‖ [di motore] rotor m. ‖ Loc. *muro a ventola*, cloison.

ventolare [vento'lare] v. tr. (raro) V. ventilare. ◆ v. intr. (raro) V. sventolare.

ventosa [ven'tosa] f. ventouse. | *applicare ventose*, poser des ventouses.

ventosità [ventosi'ta] f. caractère venteux. ‖ [flatulenza] flatulence, ventosité (arc.).

ventoso [ven'toso] agg. [esposto al vento] venteux (raro), venté. | *questo mese è stato molto ventoso*, il y a eu beaucoup de vent ce mois-ci. ◆ m. Stor. [mese] ventôse.

ventrale [ven'trale] agg. ventral.

ventre ['vɛntre] m. **1.** Anat. ventre. | *basso ventre*, bas-ventre. | *ho mal di ventre*, j'ai mal au ventre. ‖ Loc. fig. *correre ventre a terra*, courir ventre à terre. ‖ **2.** [grembo materno] ventre. | *benedetto il frutto del ventre tuo*, le fruit de tes entrailles (f. pl.) est béni. ‖ **3.** Fig. ventre, panse f., renflement. | *ventre di una brocca*, ventre, panse d'une cruche. ‖ **4.** Fis. ventre.

ventresca [ven'treska] f. Culin. thon (blanc) à l'huile. ‖ [pancetta] lard m.

ventricolare [ventriko'lare] agg. Anat. ventriculaire.

ventricolo [ven'trikolo] m. Anat., Zool. ventricule. ‖ Pop. [stomaco] estomac (l.c.), buffet, bide, panse f.

ventriera [ven'trjɛra] f. ceinture (orthopédique); [abbigliamento femminile] gaine. ‖ Arc. [borsa portata alla vita] ceinture.

ventriglio [ven'triʎʎo] m. gésier.

ventriloquio [ventri'lɔkwjo] m. ventriloquie f.

ventriloquo [ven'trilokwo] (**-a** f.) n. e agg. ventriloque.

ventuno [ven'tuno] agg. num. card. e m. vingt et un.

ventura [ven'tura] f. sort m., fortune (antiq. o lett.), aventure (antiq.); [caso] hasard m. | *buona ventura*, chance. | *cattiva ventura*, malchance, mauvais sort. ‖ Assol. [fortuna] chance. ‖ Loc. *predire, indovinare la ventura*, dire la bonne aventure. | *alla ventura*, à l'aventure. | *per ventura* (antiq.), par hasard (l.c.). ‖ Loc. mil. *compagnie di ventura*, (grandes) compagnies (arc.), troupes de mercenaires. | *soldato di ventura*, mercenaire m. | *capitano di ventura*, condottiere (it.).

venturo [ven'turo] agg. à venir. ‖ [prossimo] prochain. | *mercoledì venturo*, mercredi prochain. | *prossimo venturo*, prochain. ‖ [che segue il prossimo] suivant, d'après. | *parto domenica prossima e tornerò domenica ventura*, je pars dimanche prochain et je reviendrai le dimanche d'après, le dimanche suivant.

venturoso [ventu'roso] agg. (poet.) heureux (l.c.).

venusiano [venu'zjano] agg. e m. vénusien.

venustà [venus'ta] f. (lett.) vénusté, grâce (l.c.).

venusto [ve'nusto] agg. (lett.) beau (l.c.), charmant (l.c.).

venuta [ve'nuta] f. venue, arrivée. | *prima, dopo la venuta di Cristo*, avant, après Jésus-Christ.

venuto [ve'nuto] agg. e n. *nuovo venuto*, nouveau venu. | *il primo venuto*, le premier venu. (V. Venire.)

vepraio [ve'prajo] m. (lett.) ronceraie f. (l.c.).

vepre ['vɛpre] m. e f. (lett.) ronce f. (l.c.).

vera ['vera] f. **1.** [sett.] alliance. ‖ **2.** [di pozzo] margelle.

verace [ve'ratʃe] agg. (lett.) vrai (l.c.). ‖ [reale] réel. ‖ [veritiero] véridique.

veracemente [veratʃe'mente] avv. véridiquement.

veracità [veratʃi'ta] f. véracité, véridicité (lett.).

veramente [vera'mente] avv. [realmente] vraiment. ‖ [per esprimere riserva, opposizione] à vrai dire, en réalité.

veranda [ve'randa] f. véranda.

verbale [ver'bale] agg. [espresso con parole] verbal; [non scritto] verbal, oral. ‖ Gramm. [del verbo] verbal. ◆ m. procès-verbal. | *redigere un verbale*, dresser un procès-verbal, verbaliser. | *redigere il verbale della seduta*, faire, rédiger le procès-verbal de la séance. | *mettere a verbale*, mentionner, faire figurer dans le procès-verbal.

verbalismo [verba'lizmo] m. verbalisme.

verbalizzare [verbalid'dzare] v. tr. mentionner, mettre dans le procès-verbal. ‖ Assol. verbaliser (intr.).

verbalmente [verbal'mente] avv. verbalement.

verbena [ver'bɛna] f. Bot. verveine.

verbenacee [verbe'natʃee] f. pl. verbénacées.

verbigrazia ['vɛrbi'grattsja] avv. (antiq. o scherz.) par exemple (l.c.).

verbo ['vɛrbo] m. [parte del discorso] verbe. ‖ Relig. Verbe. ‖ Arc. [espressione del pensiero] verbe (lett. o arc.). ‖ Loc. (l.c.) *non dire verbo*, ne (pas) dire mot.

verbosamente [verbosa'mente] avv. verbeusement.

verbosità [verbosi'ta] f. verbosité.

verboso [ver'boso] agg. verbeux.

verdastro [ver'dastro] agg. verdâtre.

verdazzurro [verdad'dzurro] agg. e m. bleu-vert.

verde ['verde] agg. Pr. vert. | *zona verde*, espace vert. | *verde di paura*, vert de peur. | *verde di rabbia*, bleu de colère. ‖ [non maturo, non secco] vert. | *legno verde*, bois vert. ‖ Fig. (lett.) vert (l.c.). ‖ Fig. (poet.) [intenso] fort (l.c.), intense (l.c.). ◆ m. vert. | *vestito di verde*, vêtu, habillé de vert. ‖ [del semaforo] feu vert. ‖ [vegetazione] verdure f., végétation f. | *un filo di verde*, un brin d'herbe. ‖ [di una città] espace vert. ‖ [parte verde dei vegetali] vert. ‖ Loc. fig. *essere al verde*, être fauché (comme les blés) [fam.], être raide (pop.), être sans un (pop.). ‖ Fig. verdeur f., vigueur f. ◆ avv. (fam.) *ridere verde*, rire jaune (l.c.).

verdeggiamento [verdeddʒa'mento] m. verdoiement.

verdeggiare [verded'dʒare] v. intr. verdoyer. ‖ (raro) [diventare verde] verdir (l.c.).

verdello [ver'dɛllo] m. citron d'été. ‖ Zool. V. verdone.

verderame [verde'rame] m. invar. vert-de-gris.

verdesca [ver'deska] f. Zool. requin m. (bleu).

verdetto [ver'detto] m. Giur. e fig. verdict. | *emettere il verdetto*, rendre le verdict.

verdezza [ver'dettsa] f. (raro) couleur verte (l.c.).

verdiccio [ver'dittʃo] agg. verdâtre, vert pâle.

verdino [ver'dino] agg. vert pâle.

verdognolo [ver'doɲɲolo] agg. verdâtre.

verdolino [verdo'lino] agg. vert tendre. ◆ m. Zool. serin.

verdone [ver'done] agg. vert foncé. ◆ m. Zool. verdier.

verdura [ver'dura] f. [ortaggi] légumes m. pl., verdure. | *zuppa di verdura*, soupe de légumes. | *verdura cruda*, crudités pl. ‖ (raro) [vegetazione] verdure (l.c.).

verecondamente [verekonda'mente] avv. pudiquement.

verecondia [vere'kondja] f. pudeur.

verecondo [vere'kondo] agg. pudique. ‖ [timido] timide.

verga ['verga] f. baguette; [per picchiare] verge; [bastone] bâton m. | *verga del rabdomante*, baguette du sourcier. | *verghe dei littori*, verges des licteurs. | *verga del pastore*, bâton, houlette du berger. ‖ [di

metallo] barre. | *verga di ferro*, barre de fer. | *verga d'oro*, lingot (m.) d'or. || [scettro] sceptre m. || [di vescovo] crosse. || ANAT. verge.
vergare [ver'gare] v. tr. (raro) frapper avec des verges (L.C.). || [scrivere] écrire (à la main) [L.C.]. || *vergare carta*, noircir du papier (fam.) ; écrire (L.C.). || [segnare carta e stoffa con strisce] rayer (L.C.).
vergatino [verga'tino] agg. *carta vergatina*, papier vergé. | *stoffa vergatina*, étoffe rayée. ◆ m. tissu rayé.
vergato [ver'gato] agg. rayé. | *carta vergata*, papier vergé ; vergé m. ◆ m. ARC. étoffe rayée, tissu rayé.
vergatura [verga'tura] f. vergeures pl.
vergella [ver'dʒɛlla] f. TECN. fil (m.) métallique. || [nella fabbricazione della carta] vergeure. || LETT. [piccola verga] vergette.
vergere ['vɛrdʒere] v. intr. (lett.) se tourner (rifl.) [L.C.].
vergheggiare [verged'dʒare] v. tr. frapper avec une verge. || [materasso] battre.
verginale [verdʒi'nale] agg. virginal.
vergine ['verdʒine] agg. vierge. | *pellicola vergine*, pellicule vierge. | *foresta vergine*, forêt vierge. ◆ f. vierge. || RELIG. *la Vergine*, la (Sainte) Vierge. || PER EST. [fanciulla] jeune fille. || ASTR. Vierge.
verginella [verdʒi'nɛlla] f. jeune fille.
vergineo [ver'dʒineo] agg. V. VERGINALE.
verginità [verdʒini'ta] f. virginité.
vergogna [ver'goɲɲa] f. honte. | *provare, sentire, avere vergogna*, avoir honte. | *pieno di vergogna*, tout honteux. | *è una vergogna!*, c'est une honte ! | *vergogna!*, quelle honte ! || [con significato attenuato] gêne, timidité. | *ho vergogna di chiederglielo*, cela me gêne de le lui demander. | *ha vergogna di cantare in pubblico*, il est trop timide pour chanter en public, cela le gêne de chanter en public. ◆ pl. (pop.) ANAT. *le vergogne*, les parties (honteuses, génitales) [L.C.].
vergognarsi [vergoɲ'ɲarsi] v. rifl. **1.** avoir honte, être honteux. | *mi vergognavo come un ladro*, j'avais terriblement honte. | *si vergogni!*, vous n'avez pas honte ?, vous devriez avoir honte ! | *far vergognarsi qlcu.*, faire honte à qn. || **2.** [con significato attenuato] être gêné, être intimidé, être timide. | *si vergogna di parlare davanti a te*, cela l'intimide, le gêne de parler devant toi. | *si vergogna di tutto e di tutti*, il est très timide.
vergognosamente [vergoɲɲosa'mente] avv. honteusement.
vergognoso [vergoɲ'ɲoso] agg. [di persona] honteux. | *vergognoso!*, tu n'as pas honte ? || [timido] timide, honteux (antiq.). || [di cosa] honteux.
vergola ['vergola] f. cordonnet m.
veridicità [veriditʃi'ta] f. véridicité.
veridico [ve'ridiko] (**-ci** pl.) agg. véridique.
verifica [ve'rifika] f. vérification, contrôle m. | *verifica dei conti*, vérification des comptes. | *verifica dei prodotti, dei documenti*, contrôle des produits, des documents. | *verifica dei poteri*, vérification des pouvoirs.
verificabile [verifi'kabile] agg. vérifiable.
verificare [verifi'kare] v. tr. vérifier, contrôler. ◆ v. rifl. **1.** se vérifier ; s'avérer exact, se révéler. || **2.** [accadere] se produire, arriver. | *si è verificato un incidente*, un accident s'est produit.
verificatore [verifika'tore] (**-trice** f.) m. vérificateur, trice.
verificazione [verifikat'tsjone] f. vérification.
verina [ve'rina] f. MAR. vérine.
verisimiglianza [verisimiʎ'ʎantsa] f. V. VEROSIMIGLIANZA.
verismo [ve'rizmo] m. ARTI, LETT. vérisme. || [generi camente] réalisme.
verista [ve'rista] (**-i** pl.) agg. e n. ARTI, LETT. vériste.
veristico [ve'ristiko] (**-ci** pl.) agg. vériste.
verità [veri'ta] f. vérité. | *è la sacrosanta verità, la pura verità*, c'est la pure vérité, l'entière vérité. || [rispondenza con la realtà] vérité, exactitude. | *controllare la verità di una testimonianza*, vérifier l'exactitude d'un témoignage. || LOC. *per dire, a dire la verità*, à vrai dire. | *in verità* : [con funzione attenuativa] à la vérité ; [con funzione rafforzativa] en vérité. || *dì la verità che sei geloso*, dis-le franchement, tu es jaloux.
veritiero [veri'tjɛro] agg. véridique.
verme ['vɛrme] m. PR. ver. || FAM. *nudo come un verme*, nu comme un ver. || FIG. ver de terre (arc.), individu méprisable, ignoble individu, misérable. | *strisciare come un verme*, ramper. || LOC. *mi sentivo un verme*, j'aurais voulu rentrer sous terre. || FIG. (raro) [passione divoratrice] poison (lett.).
vermena [ver'mɛna] f. (raro) branchette (L.C.).
vermicaio [vermi'kajo] m. grouillement de vers.
vermicello [vermi'tʃɛllo] m. (raro) [piccolo verme] vermisseau (L.C.). ◆ pl. CULIN. vermicelle sing.
vermicolare [vermiko'lare] agg. vermiculé. || MED. vermiculaire.
vermiforme [vermi'forme] agg. vermiculaire, vermiforme (antiq.).
vermifugo [ver'mifugo] (**-ghi** pl.) agg. e m. vermifuge.
vermiglio [ver'miʎʎo] agg. [rosso vivo ma leggero] (rouge) vermeil ; [rosso acceso, scarlatto] vermillon. ◆ m. rouge vermeil, vermillon.
verminoso [vermi'noso] agg. véreux. || MED. de, des vers intestinaux, vermineux (antiq.).
vermocane [vermo'kane] m. LOC. *ti venisse il vermocane!*, que le diable t'emporte !
vermut ['vɛrmut] m. vermout(h).
vernaccia [ver'nattʃa] f. [vino bianco, sardo, toscano] vernaccia.
vernacolare [vernako'lare] agg. V. VERNACOLO.
vernacolo [ver'nakolo] agg. vernaculaire ; [dialettale] dialectal. | *linguaggio vernacolo*, langue vernaculaire ; dialecte m. | *espressione, poesia vernacola*, expression, poésie dialectale. ◆ m. dialecte, langue (f.) vernaculaire.
1. vernale [ver'nale] agg. (lett.) [primaverile] vernal, printanier (L.C.). || ASTRON. *punto vernale*, point vernal.
2. vernale [ver'nale] agg. (poet. ; raro) [invernale] hivernal (L.C.).
vernalizzazione [vernaliddzat'tsjone] f. AGR. vernalisation, printanisation.
vernare [ver'nare] v. intr. (lett.) hiverner (L.C.).
vernice [ver'nitʃe] f. **1.** vernis m. ; [colore] peinture. | *dare una mano di vernice a un vaso di ceramica*, passer une couche de vernis sur un vase de faïence. | *la porta ha bisogno di una mano di vernice*, la porte a besoin d'une couche de peinture. || SCHERZ. fard m. (L.C.). | *ha uno strato di vernice sul viso*, c'est un pot de peinture. || **2.** [pelle lucida] cuir verni. | *scarpe di vernice*, chaussures vernies. || **3.** FIG. vernis m. || **4.** PITT. [inaugurazione] vernissage m.
verniciare [verni'tʃare] v. tr. vernir ; [ceramica] vernisser ; [dare il colore] peindre. | *verniciare un quadro*, vernir un tableau. | *verniciare la carrozzeria di un'automobile*, peindre la carrosserie d'une voiture.
verniciata [verni'tʃata] f. couche de vernis ; couche de peinture.
verniciatore [vernitʃa'tore] m. vernisseur. || [apparecchio] *verniciatore a spruzzo*, pistolet.
verniciatura [vernitʃa'tura] f. vernissage m. ; [applicazione del colore] peinture. | *verniciatura a spruzzo*, vernissage, peinture au pistolet. | *verniciatura di un quadro*, vernissage d'un tableau. | *verniciatura di una carrozzeria*, peinture d'une carrosserie. || FIG. vernis m.
verniero [ver'njɛro] m. (antiq.) TECN. vernier (L.C.).
verno ['vɛrno] m. (arc., poet.) hiver (L.C.). || [freddo] froid (L.C.), froidure f. (L.C.). || [tempesta] tempête f. (L.C.).
vero ['vero] agg. **1.** [reale, effettivo ; esatto, giusto] vrai, véritable. | *il suo vero nome*, son vrai nom. | *il vero colpevole*, le vrai coupable. | *non ne è il vero autore*, ce n'est pas lui le véritable auteur. | *storia vera*, histoire vraie. || LOC. *com'è vero Iddio*, c'est la pure vérité, la vraie vérité (fam.). | *fosse vero!*, si cela pouvait être vrai !, si seulement c'était vrai ! | *non mi par vero!*, c'est trop beau pour être vrai ! | *non mi par vero di essere fuori pericolo*, j'ai peine à croire que je suis vraiment hors de danger. || *è vero?, non è vero?, vero?*, n'est-ce pas ? | *c'eri anche tu, vero?*, tu y étais

aussi, n'est-ce pas ? ‖ *è vero che...*, il est vrai que... | *tant'è vero che...*, la preuve en est que..., c'est si vrai que... ‖ **2.** [schietto, genuino, autentico] vrai, véritable. | *perle vere*, vraies perles, perles véritables. | *vero cuoio*, cuir véritable. | *vero amore*, véritable amour. | *è un vero (e proprio) tradimento*, c'est une véritable trahison, c'est vraiment une trahison. | *ha fatto una vera follia*, il a vraiment fait une folie. | *un mascalzone vero (e proprio)*, une véritable canaille. ‖ [per rinforzare una metafora] *sua moglie è una vera strega*, sa femme est une vraie sorcière. ◆ m. vrai, vérité f. | *il vero ed il falso*, le vrai et le faux. | *c'è qlco. di vero in questa storia*, il y a quelque chose de vrai dans cette histoire. | *dire, cercare il vero*, dire, chercher la vérité. ‖ Loc. *dipingere dal vero*, peindre d'après nature. ‖ *a (voler) dire il vero, per dire il vero, ad onor del vero*, à vrai dire, pour dire la vérité. ‖ *se gli occhi mi dicono il vero*, si mes yeux ne me trompent pas.

veronal [vero'nal] m. Farm. Véronal.

verone [ve'rone] m. (lett.) balcon (l.c.).

1. veronica [ve'rɔnika] f. Bot. véronique. | *veronica maschio*, véronique officinale.

2. veronica [ve'rɔnika] f. [tauromachia] véronique.

verosimigliante [verosimiʎ'ʎante] agg. (raro). V. verosimile.

verosimiglianza [verosimiʎ'ʎantsa] f. vraisemblance.

verosimile [vero'simile] agg. e m. vraisemblable.

verosimilmente [verosimil'mente] avv. vraisemblablement.

verricello [verri'tʃɛllo] m. Tecn. treuil.

verrina [ver'rina] f. Tecn. tarière.

verro ['vɛrro] m. Zool. verrat.

verruca [ver'ruka] f. Med. verrue.

verrucoso [verru'koso] agg. verruqueux.

versaccio [ver'sattʃo] m. grimace f.

versamento [versa'mento] m. [di liquidi] action (f.) de verser; [il versarsi] écoulement. ‖ [di denaro] versement. ‖ Med. épanchement.

1. versante [ver'sante] n. celui, celle qui verse de l'argent; personne (f.) qui fait un versement, le versement; [chi fa un deposito] déposant.

2. versante [ver'sante] m. Geogr. versant.

versare [ver'sare] v. tr. **1.** Pr. verser. | *versare vino nel bicchiere*, verser du vin dans le verre. ‖ [per sbaglio] renverser, répandre, faire tomber. | *versare acqua sul pavimento*, renverser, répandre de l'eau sur le plancher. ‖ [riversare] déverser, répandre. | *il canale versa la sua acqua in un bacino*, l'eau du canal se déverse dans un bassin, le canal déverse son eau dans un bassin. ‖ **2.** Per est. [spargere] verser, répandre. | *versare il proprio sangue per la patria*, verser son sang pour la patrie. ‖ Fig. épancher, confier. | *versare le proprie pene in seno ad un amico*, épancher ses peines dans le sein d'un ami ; confier ses peines à un ami. ‖ Loc. fig. *versare fiumi d'inchiostro*, noircir des tonnes de papier, répandre des flots d'encre. ‖ **3.** Comm. verser. | *versare una somma*, verser une somme. ◆ v. intr. être, se trouver. | *versare in pessime condizioni*, être dans de très mauvaises conditions. ‖ (raro) [vertere] porter (sur), rouler (sur), avoir trait (à), avoir (tr.) pour objet. ◆ v. rifl. se renverser, se répandre. ‖ Fig. *la folla si versa per le strade*, la foule se répand dans les rues. ‖ [di corso d'acqua] se jeter.

versatile [ver'satile] agg. qui a de multiples intérêts ; qui a de nombreuses aptitudes ; universel. ‖ (lett.) [incostante] versatile (l.c.).

versatilità [versatili'ta] f. capacité de s'intéresser à tout, de réussir dans des domaines variés. | *avere una grande versatilità d'ingegno*, avoir un esprit universel.

versato [ver'sato] agg. versé (dans) [lett.], fort (en).

verseggiare [versed'dʒare] v. intr. faire des vers, versifier ; rimer. ◆ v. tr. mettre en vers, versifier, rimer.

verseggiatore [verseddʒa'tore] (**-trice** f.) m. versificateur, trice

verseggiatura [verseddʒa'tura] f. versification.

versetto [ver'setto] m. verset. ‖ petit vers.

versicolore [versiko'lore] agg. versicolore.

versiera [ver'sjɛra] f. [tosc. o lett.] diablesse (l.c.).

versificare [versifi'kare] v. tr. e intr. V. verseggiare.

versificatore [versifika'tore] (**-trice** f.) m. versificateur, trice.

versificatorio [versifika'tɔrjo] agg. de la versification, des vers.

versificazione [versifikat'tsjone] f. versification.

versiliberista [versilibe'rista] (**-i** pl.) m. e f. Lett. vers-libriste.

versione [ver'sjone] f. **1.** [traduzione] traduction. ‖ [di un testo antico o particolare] version. | *versioni della Bibbia*, versions de la Bible. ‖ [nell' ambito scolastico] traduction ; [nella lingua materna] version ; [dalla lingua materna] thème m. | *esercizio di versione*, exercice de traduction. | *versione dal latino*, version latine. | *versione in latino*, thème latin. ‖ **2.** [modo di narrare un fatto] version. | *versione originale, versione italiana (di un film)*, version originale, version italienne (d'un film). ‖ **3.** [di un oggetto] variante, modèle m. ‖ **4.** Med. version.

1. verso ['vɛrso] prep. **1.** [in direzione di] vers. | *andare verso sud*, aller vers le sud. | *veniva verso di me*, il venait vers moi. | *verso dove siete diretti ?*, de quel côté allez-vous ? | *guardare verso sinistra*, regarder à gauche. ‖ **2.** [nei pressi di] du côté de ; dans les ; aux environs de ; vers. | *abitava verso Torino*, il habitait du côté de Turin, aux environs de Turin. | *verso la città ci sono molte fabbriche*, vers la ville, aux abords de la ville, à proximité de la ville, il y a de nombreuses usines. ‖ **3.** [in espressioni temporali] vers, aux environs de. | *verso le dieci*, vers dix heures, aux environs de dix heures. | *verso mattino*, vers le matin. | *verso la fine della sua vita*, vers la fin de sa vie. | *verso i trent'anni*, vers la trentaine. ‖ [con movimento] sur. | *si avvia verso i vent'anni*, il va sur ses vingt ans. ‖ **4.** [riguardo a] envers, pour, à l'égard de. | *comportarsi bene verso qlcu.*, bien se conduire envers, avec qn. | *amore verso i genitori*, amour envers, pour ses parents. | *la sua diffidenza verso gli amici*, sa méfiance à l'égard de ses amis, envers ses amis. ‖ **5.** Comm. contre. | *verso pagamento di*, contre paiement de.

2. verso ['vɛrso] m. **1.** Poes. vers. | *verso endecasillabo*, vers de onze pieds ; (vers) hendécasyllabe. | *raccolta di versi*, recueil de poèmes, de vers. ‖ Arc. [strofa] strophe f. ‖ Relig. [di salmo] verset. ‖ **2.** [grido di animale] cri. | *verso delle rondini, del cane*, cri des hirondelles, du chien. ‖ **3.** [riferito all'uomo : particolare inflessione o cadenza] accent. ‖ [suono inarticolato] bruit, grognement, cri. | *non fare questi versi disgustosi*, ne fais pas ce bruit dégoûtant. | *rispondere con un verso di disprezzo*, répondre par un grognement de mépris. ‖ [gesto] contorsion f., geste ; [smorfia] grimace f. ‖ Loc. *rifare il verso a qlcu.*, singer qn, imiter qn. ‖ **4.** [senso] côté, direction f., sens. | *andando per quel verso*, en allant de ce côté, dans cette direction. | *per un altro verso*, dans une autre direction, d'un autre côté. | *per l'altro verso*, dans l'autre sens, de l'autre côté. ‖ [orientamento] sens. | *verso del pelo, del legno*, sens du poil, du bois. ‖ Loc. fig. *prendere una persona per il suo verso, per il verso del pelo*, savoir prendre une personne. | *andare a verso a qlcu.*, plaire à qn. | *non si sa per che verso prenderlo*, on ne sait pas par quel bout le prendre. | *la cosa procede per il suo verso*, l'affaire suit son cours. | *prendere una cosa per il suo verso, per il verso giusto*, prendre une chose du bon côté. | *per un verso*, d'un côté, dans un sens. | *per ogni verso*, à tous points de vue. | *mi rispose per il verso*, il me répondit sur le même ton. | *a verso*, comme il faut. ‖ **5.** Fig. [mezzo] moyen. | *cercare, trovare il verso*, chercher, trouver le moyen. | *non c'è verso di*, il n'y a pas moyen de. ‖ **6.** Fis., Mat. sens.

3. verso ['vɛrso] m. [di foglio] verso. ‖ [di medaglia, moneta] revers.

versoio [ver'sojo] m. Agr. versoir.

versta ['vɛrsta] f. verste.

vertebra ['vɛrtebra] f. vertèbre.

vertebrale [verte'brale] agg. vertébral.

vertebrato [verte'brato] agg. vertébré. ◆ m. pl. *i vertebrati*, les vertébrés.

vertenza [ver'tɛntsa] f. différend m., litige m., controverse, débat m., contestation. | *definire una vertenza*, régler un différend.

vertere ['vɛrtere] v. intr. porter (sur), avoir (tr.) pour objet, avoir trait (à), rouler (sur).
verticale [verti'kale] agg. PR. e FIG. vertical. ◆ f. verticale.
verticalmente [vertikal'mente] avv. verticalement.
verticalità [vertikali'ta] f. verticalité.
vertice ['vɛrtitʃe] m. PR. e FIG. sommet.
verticillo [verti'tʃillo] m. BOT. verticille.
vertigine [ver'tidʒine] f. PR. e FIG. [usato spec. al pl.] vertige m. | *avere le vertigini*, avoir le vertige. | *mi vengono le vertigini*, j'ai le vertige. | *soffrire di vertigini*, souffrir de vertiges. | *spettacolo che fa venire le vertigini*, spectacle qui donne le vertige.
vertiginosamente [vertidʒinosa'mente] avv. vertigineusement.
vertiginoso [vertidʒi'noso] agg. PR. e FIG. vertigineux. || MED. vertigineux.
veruno [ve'runo] agg. (antiq.) V. NESSUNO.
verza ['verdza] f. chou (m.) de Milan, chou frisé.
verzellino [verdzel'lino] m. ZOOL. serin.
verzicare [verdzi'kare] v. intr. (poet.) verdoyer (L.C.).
verziere [ver'dzjɛre] m. (lett.) jardin (L.C.); [orto] potager (L.C.); [frutteto] verger (L.C.). || DIAL. marché aux légumes.
verzura [ver'dzura] f. (antiq.) verdure (L.C.).
vescia ['veʃʃa] (**-sce** pl.) f. vesse-de-loup (pl. vesses-de-loup).
vescica [veʃ'ʃika] f. **1.** ANAT. vessie. | *vescica biliare*, vésicule biliaire. || [di pesci] *vescica natatoria*, vessie natatoire. || FIG. *vescica gonfiata*, vantard m. || **2.** [lesione della pelle] ampoule, cloque, vésicule.
vescicale [veʃʃi'kale] agg. ANAT. vésical.
vescicante [veʃʃi'kante] agg. vésicant, vésicatoire. ◆ m. vésicatoire, vésicant.
vescicaria [veʃʃi'karja] f. BOT. baguenaudier m.
vescicatorio [veʃʃika'tɔrjo] agg. e m. V. VESCICANTE.
vescicazione [veʃʃikat'tsjone] f. vésication.
vescichetta [veʃʃi'ketta] f. ampoule, cloque, vésicule. || ANAT. vésicule.
vescicola [veʃ'ʃikola] f. ANAT. vésicule.
vescicolare [veʃʃiko'lare] agg. ANAT. vésiculaire.
vescicoloso [veʃʃiko'loso] agg. BIOL. vésiculeux.
vescovado [vesko'vado] o **vescovato** [vesko'vato] m. [residenza, territorio] évêché. || [dignità] épiscopat, évêché. || [durata] épiscopat.
vescovile [vesko'vile] agg. épiscopal.
vescovo ['veskovo] m. évêque.
vespa ['vɛspa] f. guêpe. || LOC. *vitino di vespa*, taille de guêpe. | *fastidioso come una vespa*, insupportable. || [motoscooter] vespa.
vespaio [ves'pajo] m. guêpier, nid de guêpes. || LOC. FIG. *suscitare un vespaio*, provoquer de vives réactions, soulever un tollé général.
vespasiano [vespa'zjano] m. vespasienne f.
vesperale [vespe'rale] agg. (lett.) vespéral. ◆ m. RELIG. vespéral.
vespero ['vɛspero] m. V. VESPRO.
vespertilio [vesper'tiljo] m. (antiq.) V. PIPISTRELLO.
vespertino [vesper'tino] agg. (lett.) du soir (L.C.), du couchant (L.C.).
vespidi ['vɛspidi] m. pl. ZOOL. vespidés.
vespiere [ves'pjɛre] m. ZOOL. guêpier.
vespro ['vɛspro] m. (antiq. o lett.) soir (L.C.), crépuscule (L.C.). || RELIG. vêpres f. pl. | *sonare a vespro*, sonner les vêpres. || STOR. *Vespri siciliani*, Vêpres siciliennes.
vessare [ves'sare] v. tr. (lett.) maltraiter (L.C.), tourmenter (L.C.), brimer (L.C.), vexer (antiq.).
vessatore [vessa'tore] (**-trice** f.) m. vexateur, trice.
vessatorio [vessa'tɔrjo] (**-i** pl.) agg. vexatoire.
vessazione [vessat'tsjone] f. vexation (antiq.), brimade, exaction.
vessillario [vessil'larjo] m. STOR. vexillaire.
vessillifero [vessil'lifero] m. STOR. vexillaire. || MIL. porte-drapeau. || FIG. pionnier, porte-drapeau.
vessillo [ves'sillo] m. **1.** STOR. vexille. || MIL. drapeau. || FIG. drapeau, bannière f. || **2.** ZOOL. vexille.
vestaglia [ves'taʎʎa] f. [per uomo o donna] robe de chambre; [per donna] peignoir m., déshabillé m.
vestaglietta [vestaʎ'ʎetta] f. [da casa] robe d'intérieur. || [da mare] robe de plage.
vestale [ves'tale] f. STOR. vestale.
veste ['vɛste] f. **1.** vêtement m. || PARTICOL. *veste talare*, soutane. | *veste da camera*, robe de chambre. || ASSOL. [abito femminile] robe; [tonaca] tunique. || **2.** PER EST. revêtement m. || [di fiasco] paille, clisse. || PARTICOL. *veste tipografica*, présentation typographique. || LOC. POET. *la frondosa veste degli alberi*, le feuillage des arbres. || **3.** LOC. FIG. *in veste di*, en qualité de; à titre (de); en; [in modo ingannevole] sous l'apparence de. | *in veste di plenipotenziario*, en qualité de plénipotentiaire. | *in veste ufficiale*, à titre officiel.
vestiario [ves'tjarjo] m. [insieme di vestiti] garde-robe f.; [assortimento di vestiti] vêtements pl. | *capo di vestiario*, vêtement. | *negozio, articoli di vestiario*, magasin, articles d'habillement. || TEATRO costumes pl.
vestiarista [vestja'rista] (**-i** pl.) m. e f. TEATRO costumier, ère.
vestibolare [vestibo'lare] agg. ANAT. vestibulaire.
vestibolo [ves'tibolo] m. vestibule. || ANAT. vestibule.
vestigio [ves'tidʒo] (**-i** pl. m.; **-gia** pl. f.) m. (lett.) trace f. (L.C.). || [resto] vestige (L.C.), reste (L.C.).
vestire [ves'tire] v. tr. **1.** habiller, vêtir (lett.). | *il vestire*, l'habillement. || **2.** [avere addosso] porter; [mettersi] mettre; [un abbigliamento particolare] revêtir, endosser. || **3.** [di abito che veste] mouler. || **4.** FIG. [ricoprire] recouvrir, envelopper, revêtir, habiller. || [ornare] orner. ◆ v. intr. être habillé, être vêtu, s'habiller. | *vestire di bianco*, être vêtu de blanc. | *vestire a lutto*, être en deuil. | *vestire bene*, être bien habillé; [abitualmente] bien s'habiller. ◆ v. rifl. s'habiller. | *vestirsi a lutto*, se mettre en deuil. | *vestirsi da festa*, mettre ses habits de fête. | *vestirsi da sera* : [uomini] se mettre en tenue de soirée; [donne] mettre une robe du soir. | *vestirsi da contadina*, s'habiller en paysanne. || PER EST. *vestirsi da una brava sarta*, s'habiller chez une bonne couturière. || FIG. se couvrir.
1. vestito [ves'tito] agg. habillé, vêtu. | *ben vestito*, bien habillé. | *essere vestito da inverno*, avoir, porter ses vêtements d'hiver. | *vestito da lavoro*, en habits de travail. | *vestito da casa*, en négligé. | *vestito da sera* : [uomini] en tenue de soirée; [donne] en robe du soir. | *vestito a festa*, en habits du dimanche, endimanché. || FIG. couvert, recouvert.
2. vestito [ves'tito] m. [qualsiasi indumento esterno] vêtement. | *i vestiti*, les vêtements, les habits. || [da donna] robe f. || [da uomo : giacca e calzoni assortiti] complet, costume.
vestitura [vesti'tura] f. (raro) habillage m. (L.C.). || [di fiasco] habillage.
vestizione [vestit'tsjone] f. RELIG. prise d'habit, prise de voile, vêture. || FEUD. [dei cavalieri] adoubement m.
veterano [vete'rano] m. PR. e FIG. vétéran.
veterinaria [veteri'narja] f. médecine vétérinaire.
veterinario [veteri'narjo] agg. e m. vétérinaire.
veto ['vɛto] m. [lat.] PR. e FIG. veto. | *porre il veto*, mettre son veto.
vetraio [ve'trajo] m. [chi fabbrica o lavora il vetro] verrier. || [chi vende, taglia, applica lastre di vetro] vitrier.
vetrame [ve'trame] m. [insieme di oggetti di vetro] verrerie f. || [quantità di lastre] vitrerie f.
vetrario [ve'trarjo] agg. du verre, verrier.
vetrata [ve'trata] f. **1.** [decorata] vitrail m.; [di dimensioni superiori al comune] verrière. | *le vetrate del duomo*, les vitraux de la cathédrale. || **2.** [trasparente] vitrage m.; [di grandi dimensioni] verrière; [grande finestra] baie vitrée; [porta a vetri] porte vitrée. || **3.** [insieme dei vetri di un edificio] vitrage.
vetrato [ve'trato] agg. vitré. | *carta vetrata*, papier de verre. ◆ m. verglas.
vetreria [vetre'ria] f. [fabbrica, commercio di vetro e di oggetti un vetro] verrerie. || [fabbricazione, commercio delle lastre di vetro] vitrerie. || [oggetti di vetro] verrerie.
vetriata [ve'trjata] f. V. VETRATA.
vetriato [ve'trjato] agg. [lucido] vernissé. || (raro) V. VETRATO.
vetrice ['vetritʃe] f. o m. BOT. saule m., osier m.
vetrificabile [vetrifi'kabile] agg. vitrifiable.
vetrificare [vetrifi'kare] v. tr. vitrifier. ◆ v. intr. se vitrifier. ◆ v. rifl. se vitrifier.
vetrificazione [vetrifikat'tsjone] f. vitrification.

1. vetrina [ve'trina] f. [per la ceramica] glaçure.
2. vetrina [ve'trina] f. [di negozio] vitrine, devanture, étalage m. || [mobile a vetri] vitrine. || Loc. FIG. *mettersi in vetrina*, s'exhiber.
vetrinista [vetri'nista] (**-i** m. pl.) m. e f. étalagiste.
vetrino [ve'trino] m. plaquette (f.) de verre ; [di microscopio] lamelle f. ; [di orologio] verre (de montre).
vetrioleggiare [vetrioled'dʒare] v. tr. vitrioler.
vetriolo [vetri'ɔlo] m. vitriol.
vetro ['vetro] m. **1.** verre. | *di vetro*, en verre, de verre. | *lastra di vetro*, plaque (f.), feuille (f.) de verre ; [delle finestre o simili] vitre f. || Loc. FIG. *essere di vetro*, être fragile comme du verre. || **2.** [oggetto in vetro] objet en verre, bibelot de verre, verrerie f., verre. | *vetro d'ottica*, verre optique, d'optique. | *vetro d'orologio*, verre de montre. || **3.** [lastra di vetro di finestra, di porta o simili] vitre f., carreau. || [di una carrozza ferroviaria o simili] glace f. || PER EST. (al pl.) [finestra] fenêtre f. sing. | *chiudere i vetri*, fermer la fenêtre. || **4.** [frammento di vetro] morceau, bout de verre ; verre.
vetrone [ve'trone] m. verglas.
vetroso [ve'troso] agg. vitreux.
vetta ['vetta] f. **1.** sommet m., cime, faîte m. || **2.** [ramoscello] branchette. || [estremità di un ramo] bout (m.), extrémité d'une branche. || **3.** [parte del correggiato] battoir m. (du fléau).
vettore [vet'tore] (**-trice** f.) m. transporteur, entrepreneur de transports. || [razzo] vecteur. || BIOL., FIS., MAT. vecteur. ◆ agg. porteur. || FIS., GEOM. vecteur.
vettoriale [vetto'rjale] agg. FIS., MAT. vectoriel.
vettovaglia [vetto'vaʎʎa] f. (soprattutto al pl.) vivres m. pl., provisions pl., ravitaillement m.
vettovagliamento [vettovaʎʎa'mento] m. ravitaillement.
vettovagliare [vettovaʎ'ʎare] v. tr. ravitailler.
vettura [vet'tura] f. voiture ; [automobile] voiture, auto ; [di treno] voiture, wagon m. | *vettura di piazza :* [a cavalli] fiacre m. ; [automobile] taxi m. | *vettura letto*, wagon-lit m. | *in vettura !*, en voiture ! || [trasporto] (antiq.) transport m. (L.C.). || Loc. COMM. *lettera di vettura*, lettre de voiture.
vetturale [vettu'rale] m. voiturier.
vetturino [vettu'rino] m. cocher.
vetustà [vetus'ta] f. (lett.) antiquité (L.C.), ancienneté (L.C.).
vetusto [ve'tusto] agg. antique, ancien.
vezzeggiamento [vettseddʒa'mento] m. cajolerie f., câlinerie f.
vezzeggiare [vettsed'dʒare] v. tr. cajoler, câliner, choyer.
vezzeggiativo [vettseddʒa'tivo] agg. cajoleur, câlin. || GRAMM. diminutif. ◆ m. GRAMM. diminutif.
vezzo ['vettso] m. habitude f. | *brutto vezzo*, mauvaise habitude. || [atto affettuoso] cajolerie f., câlinerie f., caresse f. || [collana] collier. || pl. PEGGIOR. [smancerie] manières f., mines f., minauderies f. || [grazia] grâce f. sing., charme sing.
vezzosamente [vettsosa'mente] avv. avec grâce.
vezzosità [vettsosi'ta] f. grâce, charme m.
vezzoso [vet'tsoso] agg. gracieux, charmant. || [carezzevole] caressant. || [lezioso] minaudier, affecté.
vi [vi] pron. pers. 2ª pers. pl. m. e f. vous. | *vestitevi*, habillez-vous. | *lavatevi le mani*, lavez-vous les mains. | *levatevi le scarpe*, enlevez vos chaussures. || [dativo etico] *godetevi le vacanze !*, profitez bien de vos vacances ! | *vi prenderete un accidente*, vous allez attraper mal. || [con valore di pron. dimostr.] y. | *non vi capisco nulla*, je n'y comprends rien. ◆ avv. [stato in luogo, moto a luogo] y. | *vi sono rimasto un mese*, j'y suis resté un mois. | *vi ritorno subito*, j'y retourne tout de suite. | *vi andrò*, j'irai. || [moto per luogo] par là ; y. | *vi sono passato tante volte*, j'y suis passé souvent, je suis passé par là souvent. || Loc. *esservi*, V. ESSERE. (V. anche VE, CI.)
1. via ['via] f. **1.** [in centro abitato] rue ; [extra-urbana] route ; [specialmente nel linguaggio amministrativo] voie. | *abitare in via Verdi, in via Milano*, habiter rue Verdi, rue de Milan. | *via di campagna*, route de campagne. | *via nazionale*, route nationale. | *via a senso unico, con diritto di precedenza*, voie, rue à sens unique, prioritaire. || [strada, nell'antichità] voie. | *via Appia*, voie Appienne. || [passaggio] voie, chemin m., passage m. | *aprirsi una via nella boscaglia*, se frayer un chemin, une voie, un passage dans les broussailles. || [nell'alpinismo] *tracciare una nuova via*, tracer une nouvelle voie. || Loc. *via libera !*, la voie est libre ! (pr. e fig.) | *il semaforo segna via libera*, le feu est vert. | *il poliziotto ti dà via libera*, le policier te fait signe de passer, que la voie est libre. | *il ministro ci ha dato via libera*, le ministre nous a donné le feu vert. | *questo dà via libera ai peggiori abusi*, c'est la porte ouverte aux pires abus. || **2.** [percorso] ligne, voie. | *vie aeree, marittime*, lignes aériennes, maritimes. | *via d'acqua*, voie navigable. | *per via aerea*, par avion. | *(per) via (di) mare*, par mer. | *via radio*, par radio. || [stile burocratico] *per via gerarchica*, par la voie hiérarchique. || [equivale a prep.] via (it.), en passant par. | *andare da Parigi a Venezia via Milano*, aller de Paris à Venise via Milan. || **3.** [cammino, viaggio] route, chemin. | *in via, per via*, en route, en chemin, en cours de route. | *essere, mettersi per via*, être, se mettre en route, en chemin. | *parleremo per via*, nous parlerons en cours de route. || MIL. *foglio di via*, feuille de route. || Loc. FIG. *in via di*, en voie de. || **4.** FIG. voie, chemin m. | *preparare la via (a)*, préparer la voie (à). | *sulla retta via*, sur le droit chemin. | *trovare la propria via*, trouver sa voie. | *trovare la via del cuore di qlcu.*, trouver le moyen d'émouvoir qn. | *prendere la via degli affari, dello studio*, se lancer dans les affaires, dans l'étude. || **5.** [mezzo] moyen m., voie. | *non vedo altra via*, je ne vois pas d'autre moyen. | *tentare ogni via per ottenere qlco.*, essayer d'obtenir qch. par tous les moyens. | *per vie traverse*, par des voies détournées, par des moyens détournés. || Loc. *via di scampo, via d'uscita*, chance de salut ; issue ; moyen (m.) de s'en sortir, de s'en tirer. | *non c'è via d'uscita*, il n'y a pas d'issue, aucune chance de salut, aucun moyen de s'en sortir. || *via di mezzo*, milieu m. ; compromis m. ; [in senso positivo] juste milieu m. ; [in senso negativo] demi-mesure. | *non c'è via di mezzo*, il n'y a pas de moyen terme. | *trovare una via di mezzo*, trouver un compromis. || *in via provvisoria, eccezionale*, provisoirement, à titre provisoire ; exceptionnellement, de façon exceptionnelle. || **6.** ANAT. voie. | *vie respiratorie*, voies respiratoires. | *per via orale*, par voie orale. || ASTRON. *via lattea*, Voie lactée. || GIUR. *vie di fatto*, voie (sing.) de fait. | *adire le vie legali*, recourir à la justice. ◆ loc. prep. **per via di** [a causa di] à cause de ; [in seguito a] à la suite de ; [per mezzo di] par, au moyen de. | *per via di mia madre*, à cause de ma mère. | *per via del suo incidente*, à cause de son accident. | *per via di esempi*, par des exemples.
2. via ['via] avv. **1.** [usato con verbo, specialmente di moto] v. il verbo. | *andare via*, s'en aller, partir. | *correre via*, partir en courant, se sauver (en courant). | *volar via*, s'envoler. | *buttar via*, jeter. | *dar via*, donner, faire cadeau (de). | *portar via*, emporter ; [rubare] voler ; [condurre con sé] emmener ; [tempo] prendre. | *tirar via*, enlever ; [fare in fretta] se dépêcher ; [far male] bâcler (fam.). | *essere via*, être absent, ne pas être là. || **2.** ASSOL. [con verbo sottinteso] *prese il cappello, e via di corsa*, il prit son chapeau et partit en courant. || (andiamo) *via di corsa !*, sauvons-nous, filons vite ! | *via di qui, e non tornare*, sors d'ici, va-t-en, et ne reviens pas. | *via !*, va-t-en !, allez-vous-en ! || [segnale di partenza] partez. | *pronti, via !*, prêts, partez ! || [incitamento] allons, voyons, allez. | *via, non è poi così difficile !*, allons, voyons, ce n'est pas si difficile que ça ! | *un po' di coraggio, via !*, allons, un peu de courage !, un peu de courage, voyons ! | *via, Lei si è inventato tutto*, allons donc, vous avez tout inventé. || **3.** Loc. *e così via ; e via dicendo ; e via discorrendo ; e via di questo passo*, et ainsi de suite ; et cætera (lat.), et cetera (lat.) [abbr. etc.]. ◆ m. (signal du) départ. | *dare il via*, donner le départ. | *al via*, au signal (du départ). || FIG. *dare il via agli applausi*, donner le signal des applaudissements. | *dare il via ai lavori, alla costruzione di qlco.*, commencer les travaux, la construction de qch. | *dare il via al dibattito*, ouvrir le débat. ◆ loc. avv. **via via**, de plus en plus. | *la situazione va via via migliorando*, la situation

s'améliore de plus en plus, ne cesse de s'améliorer. ◆ loc. cong. ***via via che,*** (au fur et) à mesure que.
viabilità [viabili'ta] f. [possibilità di transito] viabilité. ‖ [rete stradale] réseau routier. ‖ [norme] réglementation de la construction et de l'entretien des routes.
via crucis ['via'krutʃis] loc. lat. (usata come f. invar.) RELIG. chemin (m.) de (la) croix. ‖ FIG. croix, calvaire m.
viadotto [via'dotto] m. viaduc.
viaggiante [viadd'dʒante] agg. LOC. *personale viaggiante :* [navi, aerei] personnel navigant, navigants m. pl. (fam.); [treni] personnel roulant, roulants m. pl. (fam.). ‖ *casa viaggiante,* roulotte f.
viaggiare v. intr. voyager. | *il treno viaggia con trenta minuti di ritardo,* le train a trente minutes de retard.
viaggiatore [viaddʒa'tore] (**-trice** f.) m. voyageur, euse. | *viaggiatore (di commercio), commesso viaggiatore,* voyageur (de commerce), commis voyageur (antiq.). | *piccione viaggiatore,* pigeon voyageur.
viaggio [vi'addʒo] m. voyage. ‖ LOC. FIG. *l'estremo viaggio,* la mort, le grand voyage. | *fare un viaggio e due servizi,* faire d'une pierre deux coups, faire coup double.
viale [vi'ale] m. boulevard, avenue f. ‖ [in un parco] avenue, allée f.
viandante [vian'dante] n. voyageur; [passante] passant; [vagabondo] chemineau, vagabond.
viario [vi'arjo] (**-i** pl.) agg. routier.
viatico [vi'atiko] m. PR. e FIG. viatique.
viavai [via'vai] m. invar. va-et-vient, allées et venues (f. pl.). | *un gran viavai di gente,* un va-et-vient continuel, des allées et venues continuelles, des gens qui vont et viennent sans cesse. ‖ [di meccanismo] va-et-vient, course f., oscillation f.
vibrafonista [vibrafo'nista] m. e f. vibraphoniste.
vibrafono [vi'brafono] m. vibraphone.
vibrante [vi'brante] agg. PR. e FIG. vibrant. ◆ f. FON. vibrante.
vibrare [vi'brare] v. intr. PR. e FIG. vibrer. ‖ [fremere] frémir, palpiter. ◆ v. tr. [dare] donner; [scagliare] lancer, envoyer; [scuotere] secouer. | *vibrare una coltellata,* donner un coup de couteau. | *vibrare una freccia,* lancer une flèche.
vibratile [vi'bratile] agg. BIOL. vibratile.
vibrato [vi'brato] agg. [energico] énergique, vigoureux; [appassionato] vibrant, passionné. | *fare una vibrata protesta,* protester énergiquement. | *tono vibrato,* ton passionné. ◆ m. MUS. vibrato.
vibratore [vibra'tore] m. TECN. vibrateur. ‖ ELETTR. vibreur.
vibratorio [vibra'tɔrjo] agg. vibratoire.
vibrazione [vibrat'tsjone] f. vibration. ‖ FIG. vibration, tremblement m. ‖ TECN. vibrage m.
vibrione [vibri'one] m. BIOL. vibrion.
vibrissa [vi'brissa] f. ANAT., ZOOL. vibrisse.
viburno [vi'burno] m. BOT. viorne f.
vicaria [vi'karja] f. vicariat m.
vicariale [vika'rjale] agg. vicarial.
vicariante [vika'rjante] agg. FISIOL. vicariant.
vicariato [vika'rjato] m. vicariat.
vicario [vi'karjo] m. vicaire.
vice- ['vitʃe] primo membro invar. di parole composte : vice-. ‖ [usato come m.] adjoint.
viceammiraglio [vitʃeammi'raʎʎo] m. vice-amiral.
vicecancelliere [vitʃekantʃel'ljɛre] m. vice-chancelier.
vicecommissario [vitʃekommis'sarjo] m. commissaire adjoint.
viceconsole [vitʃe'kɔnsole] m. vice-consul.
vicedirettore [vitʃediret'tore] m. sous-directeur, directeur adjoint.
vicemadre [vitʃe'madre] f. gouvernante; femme qui sert de mère (à qn.).
vicenda [vi'tʃɛnda] f. [avvicendamento] alternance, suite. ‖ [evento] événement m. | *vicende storiche,* événements historiques. ‖ LOC. *(alterne) vicende,* vicissitudes. | *con alterne vicende,* avec des hauts et des bas. ‖ (antiq.) [faccenda] affaire (L.C.). ◆ loc. avv. ***a vicenda,*** réciproquement, l'un l'autre, les uns les autres; [a turno] alternativement, tour à tour, chacun (à) son tour.
vicendevole [vitʃen'devole] agg. mutuel, réciproque.
vicendevolezza [vitʃendevo'lettsa] f. réciprocité.
vicendevolmente [vitʃendevol'mente] avv. réciproquement.
vicennale [vitʃen'nale] agg. (lett.). V. VENTENNALE.
vicepadre [vitʃe'padre] m. personne (f.) qui tient lieu, qui sert de père.
viceparroco [vitʃe'parroko] m. vicaire (paroissial).
viceprefetto [vitʃpre'fɛtto] m. sous-préfet.
vicepreside [vitʃe'prɛside] m. e f. sous-directeur, trice.
vicepresidente [vitʃepresi'dɛnte] (**-essa** f.) m. vice-président, ente.
vicepretore [vitʃepre'tore] m. adjoint au juge de première instance.
vicequestore [vitʃekwes'tore] m. adjoint au préfet de police.
viceré [vitʃe're] m. vice-roi.
vicereale [vitʃere'ale] agg. de, du vice-roi.
vicereame [vitʃere'ame] m. vice-royauté f.
viceregina [vitʃere'dʒina] f. vice-reine.
vicesegretario [vitʃesegre'tarjo] (**-i** pl.) m. sous-secrétaire.
vicesindaco [vitʃe'sindako] m. adjoint au maire.
viceversa [vitʃe'vɛrsa] avv. vice(-)versa. | *e non viceversa,* et non le contraire. | *fare viceversa,* changer, faire le contraire. ‖ FAM. [e invece] mais. | *doveva venire, viceversa non ha potuto,* il devait venir, mais il n'a pas pu.
vichiano [vi'kjano] agg. de Vico. ◆ n. partisan de Vico.
vichingo [vi'kingo] (**-ghi** pl.) agg. viking invar., des Vikings. ◆ m. Viking.
vicinale [vitʃi'nale] agg. vicinal. | *strada vicinale,* chemin vicinal.
viciname [vitʃi'name] m. SPREG. voisinage, voisins pl.
vicinanza [vitʃi'nantsa] f. proximité, voisinage m. | *la vicinanza del mare,* la proximité de la mer. ‖ [nel tempo] approche, proximité. | *la vicinanza delle vacanze,* l'approche des vacances. ‖ LOC. *in vicinanza di,* à proximité de, dans le voisinage de, près de. ‖ [viciname] voisinage m. ◆ pl. environs m., alentours m., voisinage m. sing., proximité sing. | *si trova nelle vicinanze,* il est dans les environs. | *nelle vicinanze di Pavia,* aux environs, du côté de Pavie.
vicinare [vitʃi'nare] v. intr. ARC. avoisiner v. tr. (L.C.).
vicino [vi'tʃino] agg. **1.** [nello spazio] voisin, proche, avoisinant, à côté (loc. avv.), (tout) près (loc. avv.). | *la casa vicina,* la maison voisine, attenante, la maison à côté. | *un luogo molto vicino,* un lieu tout proche. ‖ [col verbo essere] *la città è vicina,* la ville est tout près. | *eravamo tanto vicini che avrei potuto toccarla,* nous étions si près l'un de l'autre que j'aurais pu la toucher. ‖ [con compl. che indica il termine di riferimento] près de (loc. prep.). | *la loro casa è vicina alla ferrovia,* leur maison est près du chemin de fer. ‖ **2.** [nel tempo] proche. | *la notte è vicina,* la nuit est proche, il fera bientôt nuit. ‖ [con compl. che indica il termine di riferimento] près de (loc. prep.). | *è vicina alla pensione,* elle est près de la retraite. | *lo spettacolo è vicino alla fine,* le spectacle touche à sa fin. ‖ **3.** FIG. [rapporti di parentela] proche. | *parenti vicini,* proches parents. ‖ [rapporti di amicizia] intime, uni, lié. | *mia figlia è molto vicina alla tua,* ma fille est très liée avec la tienne. ‖ [idea di partecipazione] *ci sentiamo vicini a te,* nous sommes avec toi par la pensée. | *vi siamo vicini nel vostro dolore,* nous prenons part à votre douleur. | *mi è stato molto vicino in questo frangente,* il m'a beaucoup aidé dans ces moments difficiles. ‖ [idea di somiglianza] proche. | *colore vicino al verde,* couleur proche du vert, qui tire sur le vert. ◆ m. voisin. ◆ avv. (tout) près. | *abitava vicino,* il habitait tout près. | *più vicino,* plus près. | *qui vicino, lì vicino,* (tout) près d'ici, (tout) près de là. | *vicino vicino,* tout près. ‖ PR. e FIG. *da vicino,* de près. ◆ loc. prep. ***vicino a,*** près de, à côté de. | *stammi vicino,* reste près de moi. | *sedeva vicino a lei, le sedeva vicino,* il était assis à côté d'elle, près d'elle. ‖ FIG. *non ho vinto, ma ci sono andato vicino,* je n'ai pas gagné, mais il s'en est fallu de peu.
vicissitudine [vitʃissi'tudine] f. événement m., accident m. ◆ pl. vicissitudes.

vico ['viko] (**-chi** pl.) m. (arc. o lett.) village (L.C.), hameau (L.C.). ‖ (arc. o dial.) [vicolo] ruelle f. (L.C.).
vicolo ['vikolo] m. ruelle f. ‖ PR. e FIG. *vicolo cieco*, impasse f., cul-de-sac.
video ['video] m. e agg. invar. (o **videi** pl.) [schermo] (petit) écran, vidéo f. ‖ [parte visiva della trasmissione] image (f.) vidéo.
vidimare [vidi'mare] v. tr. [autenticare] vidimer ; [apporre un timbro o simili] viser.
vidimazione [vidimat'tsjone] f. [autenticazione] vidimus m. (lat.) ; [apposizione di timbro, sigillo o simili] visa m.
viella [vi'ɛlla] f. vielle.
viennese [vjen'nese] agg. e n. viennois, e.
viepiù [vie'pju] o **vieppiù** [viep'pju] avv. (antiq. o lett.) [sempre più] de plus en plus (L.C.). ‖ [ancor più] encore plus (L.C.), bien plus (L.C.).
vietare [vje'tare] v. tr. défendre, interdire ; [impedire] empêcher. | *mio padre mi vieta di uscire la sera*, mon père me défend de sortir le soir. | *vietare una manifestazione*, interdire une manifestation. | *nulla vieta che*, rien n'empêche que. ‖ (lett.) *vietare un luogo a qlcu.*, interdire à qn l'accès d'un lieu.
vietato [vje'tato] agg. interdit, défendu. | *senso vietato*, sens interdit. | *(è) vietato fumare*, défense de fumer.
vietnamita [vjetna'mita] (**-i** pl.) agg. e n. vietnamien, enne.
vieto ['vjɛto] agg. SPREG. vieux, dépassé, suranné, désuet. ‖ DIAL. [stantio] rance.
vigente [vi'dʒɛnte] agg. en vigueur.
vigere ['vidʒere] v. intr. être en vigueur ; [di usanza] être en usage, en vigueur ; exister. | *questa legge vige ancora*, cette loi est encore en vigueur. | *vigeva allora l'uso di...*, il était d'usage, à cette époque, de... | *vigevano leggi molto severe*, les lois étaient très sévères.
vigesimale [vidʒezi'male] agg. MAT. vicésimal.
vigesimo [vi'dʒɛzimo] agg. (lett.) V. VENTESIMO.
vigilante [vidʒi'lante] agg. vigilant.
vigilanza [vidʒi'lantsa] f. vigilance, surveillance.
vigilare [vidʒi'lare] v. intr. veiller. | *vigilare che nessuno esca*, veiller à ce que personne ne sorte. | *vigilare sull'ordine pubblico*, veiller à l'ordre public. ◆ v. tr. surveiller.
vigilatore [vidʒila'tore] (**-trice** f.) m. surveillant.
vigile ['vidʒile] agg. (lett.) vigilant (L.C.). ◆ m. *vigile (urbano)*, agent (de police) ; flic (pop. e peggior.). | *chiamare un vigile, i vigili*, appeler un agent, la police, les flics (pop.). | *l'automobile dei vigili urbani*, la voiture de la police. ‖ *vigile del fuoco*, pompier ; sapeur-pompier.
vigilia [vi'dʒilja] f. veille. ‖ RELIG. vigile. ‖ [digiuno] jeûne m. ‖ (lett.) V. VEGLIA.
vigliaccamente [viʎʎakka'mente] avv. lâchement.
vigliaccata [viʎʎak'kata] f. lâcheté.
vigliaccheria [viʎʎakke'ria] f. lâcheté.
vigliacco [viʎ'ʎakko] (**-chi** pl.) agg. e m. lâche ; [pauroso] poltron, peureux, froussard (pop.), trouillard (pop.).
vigna ['viɲɲa] f. vigne, vignoble m. | *mettere un terreno a vigna*, planter un terrain de vignes. ‖ LOC. FIG. *la vigna del Signore*, la vigne du Seigneur (antiq.), l'Église. ‖ SCHERZ. (pop.) *la vigna (di Cristo)*, une mine d'or, la poule aux œufs d'or.
vignaiolo [viɲɲa'jɔlo] m. vigneron.
vigneto [viɲ'ɲeto] m. vignoble, vigne f.
vignetta [viɲ'ɲetta] f. [motivo ornamentale] vignette. ‖ PER EST. [illustrazione] vignette (antiq.), illustration, dessin m., image, gravure. | *vignetta umoristica*, dessin humoristique.
vignettista [viɲɲet'tista] (**-i** pl.) m. dessinateur.
vigogna [vi'goɲɲa] f. ZOOL. e TESS. vigogne.
vigore [vi'gore] m. vigueur f., force f., énergie f. ‖ AMM. *in vigore*, en vigueur.
vigoreggiare [vigored'dʒare] v. intr. (lett.) être florissant (L.C.).
vigoria [vigo'ria] f. vigueur, énergie, force.
vigorosamente [vigorosa'mente] avv. vigoureusement.
vigorosità [vigorosi'ta] f. vigueur, robustesse.
vigoroso [vigo'roso] agg. vigoureux, fort, robuste. ‖ FIG. vigoureux, énergique, ferme.
vile ['vile] agg. [che manca di coraggio] lâche ; [basso e spregevole] vil. | *vile seduttore*, vil séducteur. ‖ SOSTANT. *è un vile*, c'est un lâche. ‖ [che denota viltà] lâche, vil, bas. | *vile vendetta*, basse vengeance. ‖ (arc. o lett.) [di scarso valore] vil, sans valeur (L.C.). ‖ [di umile nascita] vil, de basse condition (L.C.). | *di vili natali*, de basse condition.
vilipendere [vili'pɛndere] v. tr. vilipender (lett.), bafouer, outrager ; [disprezzare] mépriser.
vilipendio [vili'pɛndjo] m. [disprezzo] mépris ; [infamia] infamie f., honte f. ‖ PARTICOL., GIUR. outrage, injure f. | *vilipendio della bandiera*, outrage au drapeau.
villa ['villa] f. villa, maison de plaisance. ‖ [dimora signorile di campagna] villa, maison de campagne. ‖ [abitazione signorile in città] villa, hôtel particulier. ‖ ARC. [campagna] campagne (L.C.) ; [podere] domaine rural (L.C.). ‖ POET. (raro) [città] ville.
villaggio [vil'laddʒo] m. village. ‖ PER EST. *villaggio olimpico*, village olympique. | *villaggio del fanciullo*, cité (f.) de l'enfance. | *villaggio universitario*, cité universitaire.
villanamente [villana'mente] avv. grossièrement, impoliment.
villanata [villa'nata] f. goujaterie, muflerie, impolitesse.
villanella [villa'nɛlla] f. jeune paysanne. ‖ MUS., POES. villanelle.
villanesco [villa'nesko] (**-chi** pl.) agg. campagnard, rustique, paysan. ‖ PEGGIOR. grossier, de rustre, de paysan.
villania [villa'nia] f. grossièreté, goujaterie, muflerie, impolitesse, rustrerie. | *mi ha fatto una villania*, il s'est montré grossier envers moi.
villano [vil'lano] (**-a** f.) m. grossier personnage, mufle, goujat, malotru, rustre, mal élevé (agg.). ‖ ARC. paysan (L.C.) ; [nel Medioevo] vilain, aine. ‖ LOC. *è un villano rifatto*, c'est un parvenu. ◆ agg. grossier, ère, mal élevé, impoli.
villanoviano [villano'vjano] agg. de Villanova.
villanzone [villan'tsone] (**-a** f.) m. mufle, malotru, goujat.
villeggiante [villed'dʒante] m. e f. vacancier, ère ; [d'estate] estivant ; villégiateur m. (raro).
villeggiare [villed'dʒare] v. intr. être en vacances, passer ses vacances, aller en vacances ; villégiaturer (raro). | *andremo a villeggiare al mare*, nous irons passer nos vacances, nous irons en vacances à la mer.
villeggiatura [villeddʒa'tura] f. vacances pl., villégiature. | *fare una villeggiatura tranquilla*, passer des vacances tranquilles. | *andare in villeggiatura*, partir en vacances. ‖ [luogo] villégiature, lieu (m.), séjour (m.) des vacances.
villereccio [ville'rettʃo] (**-ce** f. pl.) agg. (lett.) campagnard (L.C.), champêtre (L.C.), rustique (L.C.), paysan (L.C.), villageois (L.C.).
villetta [vil'letta] f. (petite) villa ; [in montagna] chalet m.
villico ['villiko] (**-ci** pl.) m. (lett.) paysan (L.C.).
villino [vil'lino] m. pavillon, villa f., maisonnette f.
villo ['villo] m. ANAT. villosité f. ‖ BOT. poil.
villosità [villosi'ta] f. ANAT. villosité.
villoso [vil'loso] agg. velu, poilu. ‖ BOT. villeux, velu.
viltà [vil'ta] f. [carattere] lâcheté ; [azione] lâcheté, bassesse.
vilucchio [vi'lukkjo] m. BOT. liseron.
viluppo [vi'luppo] m. enchevêtrement, fouillis, emmêlement. ‖ FIG. enchevêtrement, embrouillamini (fam.), fouillis (fam.).
vimine ['vimine] m. (sing. o pl.) osier. | *cesta di vimini*, panier en, d'osier.
vinaccia [vi'nattʃa] (**-ce** pl.) f. marc m. (de raisin). ‖ *acquavite di vinaccia*, marc.
vinacciolo [vinat'tʃɔlo] m. pépin (de raisin).
vinaio [vi'najo] m. marchand de vin.
vinario [vi'narjo] (**-i** pl.) agg. relatif au vin ; vinaire (raro).
vincaia [vin'kaja] f. V. VINCHETO.
vincente [vin'tʃɛnte] agg. e n. gagnant.
vincere ['vintʃere] v. tr. **1.** [essere vincitore in battaglia, competizione, gioco] gagner. | *vincere la guerra*,

una partita a scacchi, gagner la guerre, une partie d'échecs. | *vincere una causa in tribunale*, gagner un procès. || [ottenere] gagner, remporter. | *vincere un premio*, gagner, remporter un prix. | *vincere il campionato*, remporter le championnat. | *vincere un milione al lotto*, gagner un million à la loterie. || **2.** [sopraffare in battaglia] vaincre, battre. | *vincere il nemico*, vaincre, battre l'ennemi. || ASSOL. *dobbiamo vincere o morire*, il faut vaincre ou mourir. || **3.** [sopraffare in competizioni, giochi] battre, vaincre (raro), gagner (raro), l'emporter (sur). | *vincere un avversario a scacchi*, battre un adversaire aux échecs. || ASSOL. gagner. | *vinca il migliore!*, que le meilleur gagne! || **4.** ASSOL. [prevalere, in un'assemblea o simili] l'emporter, prévaloir (lett.). | *ha vinto il mio parere*, c'est mon avis qui l'a emporté. | *vince la maggioranza*, la majorité fait loi. || **5.** [dimostrarsi superiore] dépasser, surpasser, l'emporter (sur), battre, être supérieur (à). | *vincere le altre in bellezza*, dépasser les autres en beauté, être plus belle que les autres. | *ci vince tutti in abilità*, il nous surpasse, nous bat tous en habileté. || **6.** FIG. [superare un ostacolo] vaincre, surmonter, triompher (de). | *vincere mille difficoltà*, vaincre, surmonter mille difficultés. | *vincere l'indifferenza generale*, triompher de l'indifférence générale. || [dominare, tenere a freno] vaincre, dominer, triompher (de). | *vincere gli elementi*, vaincre, dominer les éléments. | *vincere la propria timidezza*, vaincre, dominer sa timidité; triompher de sa timidité. | *vincere se stesso*, se vaincre, se dominer. || [di cosa, specie astratta] vaincre, avoir raison (de), gagner. | *la stanchezza lo vinse e si addormentò*, la fatigue eut raison de lui et il s'endormit; vaincu par la fatigue, il s'endormit. || **7.** LOC. *lasciarsi vincere*, céder (à), se laisser aller (à), se laisser dominer (par). | *lasciarsi vincere dallo sconforto*, céder, se laisser aller au découragement. | *lasciarsi vincere dalle preghiere*, céder aux prières. | *lasciarsi vincere dall'ira*, céder à la colère, se laisser emporter par la colère. || FAM. *vincerla*, avoir gain de cause (L.C.). ◆ v. rifl. se dominer, se vaincre, se maîtriser.

vincheto [vin'keto] m. oseraie f.; saulaie f., saussaie f.

vinciglio [vin'tʃiʎʎo] m. osier.

vinciperdi [vintʃi'pɛrdi] m. LOC. *fare a vinciperdi*, jouer à qui perd gagne.

vincita ['vintʃita] f. gain m. | *fare una vincita*, gagner. | *fare una grossa vincita*, gagner une grosse somme. | *fare tre vincite di seguito*, gagner trois fois de suite.

vincitore [vintʃi'tore] (**-trice** f.) n. [in guerra] vainqueur m., triomphateur, trice. || [in competizioni, giochi] gagnant, vainqueur. ◆ agg. [in guerra] victorieux, euse, triomphant. || [in competizioni, giochi] victorieux, gagnant.

vinco ['vinko] m. BOT. osier.

vincolante [vinko'lante] agg. qui engage, qui lie.

vincolare [vinko'lare] v. tr. entraver, gêner. | *vincolare qlcu. nei movimenti*, gêner qn dans ses mouvements, gêner les mouvements de qn. || FIG. lier, engager, obliger. | *vincolare qlcu. con promesse*, lier qn par des promesses. | *il contratto ci vincola a*, le contrat nous oblige à. | *questo non vi vincola*, cela ne vous engage à rien. || FIN. bloquer. | *vincolare un capitale*, bloquer un capital. ◆ v. rifl. s'engager, se lier. | *ci siamo vincolati con un contratto ad eseguire il lavoro*, nous nous sommes engagés par contrat à exécuter le travail.

vincolativo [vinkola'tivo] agg. qui engage, qui lie.

vincolato [vinko'lato] agg. lié, engagé, obligé. || COMM. bloqué. || FIN. à échéance fixe.

vincolo ['vinkolo] m. PR. e FIG. lien. | *vincolo coniugale*, lien conjugal. || LOC. *essere sotto il vincolo di un giuramento*, être lié par un serment. | *dire sotto il vincolo del giuramento*, dire sous la foi, sous le sceau du serment. || [obbligo] obligation f. || MECC. frein.

vindice ['vinditʃe] agg. (lett.) vengeur, eresse. (L.C.).

vinello [vi'nɛllo] m. petit vin. || [tratto dalle vinacce] piquette f.

vinicolo [vi'nikolo] agg. vinicole.

vinifero [vi'nifero] agg. (lett.) vinifère (L.C.).

vinificare [vinifi'kare] v. tr. vinifier.

vinificazione [vinifikat'tsjone] f. vinification.

vinile [vi'nile] m. CHIM. vinyle.

vinilico [vi'niliko] (**-ci** pl.) agg. vinylique.

vino ['vino] m. vin. || PER ANAL. *vino di mele*, cidre. | *vino di pere*, poiré. | *vino di palme*, vin de palme. | *vino di miele*, hydromel. || LOC. *dir vino al vino e pane al pane*, appeler les choses par leur nom, appeler un chat un chat.

vinolento [vino'lɛnto] agg. (lett.) pris de boisson (L.C.). || [che beve troppo, abitualmente] alcoolique (L.C.).

vinoso [vi'noso] agg. vineux.

vinto ['vinto] agg. [sconfitto] vaincu; [in gioco, competizione] battu, vaincu. || [portato a compimento con successo] gagné. | *causa vinta*, procès gagné. || LOC. *averla vinta*, avoir le dernier mot, gagner la partie. | *dar causa, partita vinta a qlcu., darla vinta a qlcu.*, céder à qn, donner gain de cause à qn. ◆ n. vaincu. (V. VINCERE.)

1. viola [vi'ɔla] f. MUS. [oggi] alto m. || [strumento antico] viole. | *viola da gamba*, viole de gambe. | *viola d'amore*, viole d'amour.

2. viola [vi'ɔla] f. BOT. *viola (mammola)*, violette. | *viola del pensiero*, pensée. ◆ m. invar. [colore] violet m. ◆ agg. invar. violet, ette.

violaciocca [viola'tʃɔkka] f. BOT. giroflée.

violacee [vio'latʃee] f. pl. BOT. violacées.

violaceo [vio'latʃeo] agg. violacé.

violare [vio'lare] v. tr. violer. || [trasgredire] violer, enfreindre.

violatore [viola'tore] (**-trice** f.) m. violateur, trice.

violazione [violat'tsjone] f. violation. || [profanazione] violation, profanation.

violentare [violen'tare] v. tr. [una donna] violer, violenter. || [la coscienza di qlcu.] violer. || [costringere qlcu. a qlco.] faire violence (à), violenter (lett.).

violentazione [violentat'tsjone] f. violence.

violentemente [violente'mente] avv. violemment, avec violence.

violento [vio'lɛnto] agg. e n. violent.

violenza [vio'lɛntsa] f. violence. | *usare, fare violenza a qlcu.*, faire violence à qn. || PARTICOL. *usare violenza ad una donna*, violer, violenter une femme. | *violenza carnale*, viol m.

violetta [vio'letta] f. BOT. violette.

violetto [vio'letto] agg. e m. violet.

violinaio [violi'najo] m. luthier.

violinista [violi'nista] (**-i** pl.) m. e f. MUS. violoniste.

violinistico [violi'nistiko] (**-ci** pl.) agg. de violon.

violino [vio'lino] m. MUS. violon. || LOC. *violino di spalla*: PR. second violon; FIG. bras droit.

violista [vio'lista] (**-i** pl.) m. e f. MUS. altiste. || STOR. [suonatore di viola, strumento antico] violiste.

violoncellista [violontʃel'lista] (**-i** pl.) m. e f. MUS. violoncelliste.

violoncello [violon'tʃɛllo] m. MUS. violoncelle.

viottola [vi'ɔttola] f. o **viottolo** [vi'ɔttolo] m. sentier m.

vipera ['vipera] f. ZOOL. e FIG. vipère.

viperaio [vipe'rajo] m. nid de vipères. || [cercatore di vipere] chasseur de vipères.

viperidi [vi'pɛridi] m. pl. ZOOL. vipéridés.

viperina [vipe'rina] f. BOT. vipérine.

viperino [vipe'rino] agg. vipérin. || FIG. de vipère, vipérin (arc.), venimeux.

viraggio [vi'raddʒo] m. AER., CHIM., FOT., MAR. virage.

virago [vi'rago] f. (lett. o scherz.) virago (L.C. o fam.).

virale [vi'rale] agg. MED. viral.

virare [vi'rare] v. intr. AER., MAR. virer. || FIG. changer d'idée. || CHIM., FOT. virer. ◆ v. tr. MAR. virer.

virata [vi'rata] f. AER., MAR. virage m.; MAR. virement m.

virelai [vire'lai] m. [fr.] POES. virelai.

virente [vi'rɛnte] agg. (lett., raro) verdoyant (L.C.).

virgiliano [virdʒi'ljano] agg. virgilien.

1. virginale [virdʒi'nale] m. MUS. virginal.

2. virginale [virdʒi'nale] agg. V. VERGINALE.

virgineo [vir'dʒineo] agg. (lett.) virginal.

virginia [vir'dʒinja] m. invar. virginie. || [sigaro] cigare (de Virginie).

virgola ['virgola] f. virgule. | *punto e virgola*, point-virgule m. | *doppie virgole*, guillemets m. ‖ Loc. *senza cambiare neanche una virgola*, sans changer une virgule. ‖ Per anal. accroche-cœur m. ‖ Biol. *bacillo virgola*, bacille virgule.

virgolare [virgo'lare] v. tr. mettre entre guillemets. ‖ (raro) [fornire di virgole] ponctuer (l.c.) [en marquant les virgules], virguler (raro).

virgoletta [virgo'letta] f. guillemet m.

virgolettare [virgolet'tare] v. tr. mettre entre guillemets, guillemeter.

virgulto [vir'gulto] m. (lett.) rejeton (l.c.), pousse f. (l.c.). ‖ Fig. [spesso scherz.] rejeton.

virile [vi'rile] agg. Pr. e fig. viril.

virilismo [viri'lizmo] m. Med. virilisme.

virilità [virili'ta] f. virilité.

virilizzare [virilid'dzare] v. tr. viriliser.

virilizzazione [viriliddzat'tsjone] f. Biol. virilisation.

virilmente [viril'mente] avv. virilement.

virtù [vir'tu] f. vertu. ‖ Per est. [pregio] qualité, vertu. | *avere la virtù di essere discreto*, avoir le mérite d'être discret. | *pieno di virtù*, plein de qualités. ‖ Loc. *fare di necessità virtù*, faire de nécessité vertu. ‖ (lett.) [valore, coraggio] vertu, vaillance (l.c.). ‖ [potere attivo] vertu (lett. o arc.), pouvoir m., propriété. | *virtù terapeutiche*, vertus thérapeutiques. ‖ Loc. *per virtù di, in virtù di* : [per il potere di, in nome di] en vertu de ; [per merito di, grazie a] grâce à. | *in virtù della legge*, en vertu de la loi. | *in virtù del tuo intervento*, grâce à ton intervention. ◆ pl. [coro angelico] vertus.

virtuale [virtu'ale] agg. virtuel.

virtualità [virtuali'ta] f. virtualité.

virtualmente [virtual'mente] avv. virtuellement.

virtuosismo [virtuo'sizmo] m. virtuosité f.

virtuosistico [virtuo'sistiko] (**-ci** pl.) agg. brillant ; de virtuose. | *pezzo virtuosistico*, morceau de bravoure.

virtuosità [virtuosi'ta] f. (raro) virtuosité (l.c.). ‖ [disposizione al bene] vertu (l.c.).

virtuoso [virtu'oso] agg. vertueux. ‖ Arc. valeureux (lett.). ◆ m. virtuose.

virulento [viru'lɛnto] agg. virulent. ‖ Fig. virulent, violent, âpre.

virulenza [viru'lɛntsa] f. Pr. e fig. virulence.

virus ['virus] m. Biol. virus.

visagista [viza'dʒista] f. visagiste.

viscaccia [vis'kattʃa] f. Zool. viscache.

viscerale [viʃʃe'rale] agg. Pr. e fig. viscéral. | *odio viscerale*, haine viscérale. | *anticomunismo viscerale*, anticommunisme primaire.

viscere ['viʃʃere] (pr. **-i** m. pl. raro ; pr. e fig. **-e** f. pl.) m. (raro al sing.) [qualsiasi organo interno] viscère. ◆ f. pl. [organi interni dell'addome] viscères m., entrailles. ‖ Fig. entrailles.

vischio ['viskjo] m. Bot. gui. ‖ [pania] glu f. ‖ Fig. (lett.) piège (l.c.) ; [catena] chaîne f.

vischiosità [viskjosi'ta] f. viscosité.

vischioso [vis'kjoso] agg. visqueux, gluant.

viscidità [viʃʃidi'ta] f. viscosité.

viscido ['viʃʃido] agg. Pr. gluant, poisseux, visqueux. ‖ Fig. visqueux, répugnant.

viscidume [viʃʃi'dume] m. matière poisseuse ; masse gluante, visqueuse.

visciola ['viʃʃola] f. Bot. griotte.

visco ['visko] m. V. Vischio.

viscontado [viskon'tado] m. vicomté f.

visconte [vis'konte] m. vicomte.

viscontea [viskon'tɛa] f. vicomté.

viscontessa [viskon'tessa] f. vicomtesse.

viscosa [vis'kosa] f. viscose.

viscosità [viskosi'ta] f. Fis. viscosité.

viscoso [vis'koso] agg. Fis., tecn. visqueux.

visdominato [visdomi'nato] m. vidamé, vidamie f.

visdomino [vis'dɔmino] m. vidame.

visibile [vi'zibile] agg. visible. ‖ [manifesto] visible, évident, manifeste, flagrant. | *un errore visibile*, une erreur flagrante. ‖ [che si può vedere] *film visibile solo per adulti*, film réservé aux adultes.

visibilio [vizi'biljo] m. quantité f., masse f., foule f. ‖ Loc. *andare in visibilio*, être aux anges, être transporté, s'extasier. | *mandare in visibilio*, enthousiasmer, transporter, ravir.

visibilità [vizibili'ta] f. visibilité.

visiera [vi'zjɛra] f. [parte dell'elmo, di berretto] visière. ‖ [maschera da scherma] masque m.

visigotico [vizi'gɔtiko] (**-ci** pl.) agg. wisigoth, wisigothique.

visigoto [vizi'gɔto] agg. e n. wisigoth.

visionare [vizjo'nare] v. tr. Cin. visionner.

visionario [vizjo'narjo] (**-a** f. ; **-i** pl.) agg. e n. visionnaire, illuminé.

visione [vi'zjone] f. [percezione] vision. ‖ Loc. *prendere visione di un documento*, prendre connaissance d'un document. | *mi hanno mandato questo libro in visione*, ils m'ont envoyé ce livre pour que je voie s'il m'intéresse. | *ricevere un apparecchio in visione*, recevoir un appareil à l'essai. ‖ Cin. *film in prima, seconda visione*, film en première, en seconde exclusivité. ‖ [apparizione, allucinazione] vision. | *gli apparve una visione*, il eut une vision. ‖ Per est. [spettacolo] spectacle m.

visir [vi'zir] m. invar. Stor. vizir m.

visirato [vizi'rato] m. Stor. vizirat.

visita ['vizita] f. **1.** [il recarsi in casa di qlcu.] visite. | *far visita a qlcu.*, rendre visite à qn. | *visita di cortesia*, visite de politesse. | *biglietto da visita*, carte de visite. ‖ [persona] visite, visiteur m. ‖ **2.** [esame medico] examen m. | *visita schermografica, ginecologica*, examen radiologique, gynécologique. | *fare una visita accurata ad un paziente*, examiner soigneusement un malade. | *sottoporsi ad una visita specialistica*, se faire examiner par un spécialiste. ‖ [il fatto di andare a casa del paziente] visite. ‖ [in un ospedale o in una collettività] visite (médicale). | *passare la visita (medica)*, passer à la visite médicale. ‖ Mil. *passare la visita*, passer au conseil de révision. | *marcar visita*, se faire porter malade. ‖ **3.** [di un luogo] visite. | *visita di un museo*, visite d'un musée. ‖ **4.** [ispezione] visite. | *visita doganale dei bagagli*, visite douanière des bagages.

visitandina [vizitan'dina] f. Relig. visitandine.

visitare [vizi'tare] v. tr. **1.** [andare a trovare] rendre visite (à) ; aller, venir voir. ‖ [per adempiere ad un dovere di carità] visiter. ‖ **2.** Med. [esaminare un paziente] examiner ; [andare a casa del paziente] visiter. | *mi sono fatto visitare da uno specialista*, je me suis fait examiner par un spécialiste. | *il dottore visita dalle 15 alle 18*, le docteur fait la consultation, reçoit de 15 heures à 18 heures. ‖ **3.** [un luogo] visiter. | *visitare un museo, Napoli*, visiter un musée, Naples. ‖ [ispezionare] visiter. | *visitare i bagagli*, visiter les bagages.

visitatore [vizita'tore] (**-trice** f.) m. visiteur, euse.

visitazione [vizitat'tsjone] f. Arc. visite (l.c.). ‖ Relig. Visitation.

visivo [vi'zivo] agg. visuel.

viso ['vizo] m. visage, figure f. | *viso rotondo, magro*, visage rond, maigre. | *lavarsi il viso*, se laver le visage. | *guardare in viso*, regarder en face. | *questo viso non mi è nuovo*, j'ai déjà vu cette tête-là quelque part. ‖ Loc. *dire, spiattellare qlco. sul viso a qlcu.*, jeter qch. à la figure de qn. | *a viso aperto*, à visage découvert. | *far buon viso a qlcu.*, faire bon visage à qn. | *far buon viso a cattivo gioco, a cattiva sorte*, faire contre mauvaise fortune bon cœur. | *fare il viso dell'armi*, prendre un air menaçant. ‖ Per. est. *i visi pallidi*, les visages pâles.

visone [vi'zone] m. Zool. vison.

visore [vi'zore] m. visionneuse f.

vispo ['vispo] agg. vif, plein d'entrain, plein de vivacité. | *bambino vispo*, enfant vif, plein d'entrain. | *occhi vispi*, yeux vifs. | *vecchietto vispo*, vieillard alerte.

vissuto [vis'suto] agg. vécu ; [riferito a persone] qui a vécu. | *uomo vissuto*, homme qui connaît la vie. | *aria vissuta*, air blasé. ◆ m. sing. vécu ; expérience vécue. (V. vedere.)

vista ['vista] f. **1.** [senso ; percezione ; spettacolo] vue. | *a quella vista impallidì*, à cette vue, il pâlit. ‖ **2.** [sguardo, occhiata] coup (m.) d'œil, regard m. | *dare una vista a un libro*, jeter un coup d'œil sur un livre. ‖ **3.** lett. [apertura] vue, ouverture (l.c.), fenêtre (l.c.). ‖ **4.** Loc. *far vista di*, faire semblant de. ‖ *far bella, bellissima vista*, être d'un bel effet, du plus bel effet. ‖ Pr. e fig. *punto di vista*, point de vue. ‖ *a prima*

vista, à première vue. ‖ *a vista*, à vue (de). | *a vista d'occhio* : PR. [per quanto l'occhio può spaziare] à perte de vue ; FIG. [rapidamente, vistosamente] à vue d'œil. ‖ *in vista*, en vue. ‖ *in vista di*, en vue de.
vistare [vis'tare] v. tr. viser.
visto ['visto] agg. *ben, mal visto*, bien, mal vu. | *mai visto*, qu'on n'a jamais vu, incroyable, invraisemblable. | *visto di profilo non è brutto*, vu de profil il n'est pas laid. ‖ [in costruzioni assol.] *viste le difficoltà*, vu (prep.) les difficultés, étant donné (loc. prep.) les difficultés. ◆ loc. cong. ***visto che***, étant donné que ; puisque. ◆ m. visa. | *apporre un visto*, apposer un visa. (V. VEDERE.)
vistosamente [vistosa'mente] avv. de façon voyante, de façon évidente.
vistosità [vistosi'ta] f. éclat tapageur ; caractère voyant.
vistoso [vis'toso] agg. voyant, tapageur. ‖ [rilevante] considérable, important, gros. | *somma vistosa*, somme considérable. | *errore vistoso*, erreur grossière.
visuale [vizu'ale] agg. visuel. ‖ LOC. *angolo visuale* : PR. angle visuel ; FIG. point de vue. ◆ f. vue, perspective. ‖ FIG. point (m.) de vue. ‖ OTT. axe (m.) visuel.
visualizzare [vizualid'dzare] v. tr. visualiser.
visualizzazione [vizualiddzat'tsjone] f. visualisation.
visualmente [vizual'mente] avv. visuellement.
1. vita ['vita] f. **1.** [il fatto di vivere] vie. | *essere in vita*, être en vie. | *venire alla vita*, venir au monde. | *togliersi la vita*, se donner la mort. | *privo di vita*, sans vie ; mort. | *essere in fin di vita*, être mourant. | *l'avevano ridotto in fin di vita*, ils l'avaient presque tué, ils l'avaient à moitié tué. | *dare la vita per qlco.* : [morire] donner sa vie pour qch. ; [dedicare le energie] consacrer sa vie à qch. | *aver sette vite*, avoir la vie dure. | *pena la vita*, sous peine de mort. ‖ [di organismo vegetale o animale] vie. | *vita vegetativa*, vie végétative. ‖ [di cose] *dar vita ad un partito*, créer un parti. ‖ **2.** [la durata della vita] vie, existence. ‖ LOC. *vita natural durante*, pour toute la vie, toute l'existence. | *a vita*, à vie ; [di condanna] à perpétuité. ‖ FIG. [riferito a cose] *vita di un popolo, di una parola*, vie d'un peuple, d'un mot. | *aver vita lunga*, durer longtemps. | *aver vita breve*, ne pas durer. ‖ RELIG. *passare a miglior vita*, partir pour un monde meilleur. ‖ **3.** [avvenimenti della vita, modo di vivere] vie, existence. | *vita comoda*, vie, existence facile. | *far bella vita, vita allegra*, mener la belle vie, mener joyeuse vie. | *mi rendi la vita difficile*, tu me compliques la vie, l'existence. | *che vita!*, quelle vie!, quelle existence! (fam.). | *livello, tenore di vita*, niveau, train de vie. | *è la vita!*, c'est la vie! | *su con la vita!*, courage! ‖ LOC. *far la vita*, faire la vie (pop.), se prostituer. | *donna di vita*, femme de mauvaise vie. | *ragazzi di vita*, jeunes dévoyés. ‖ [biografia] vie. | *devo conoscere vita, morte e miracoli di Cicerone*, je dois connaître tous les détails de la vie de Cicéron. ‖ **4.** [attività] vie. | *vita economica*, vie économique. ‖ **5.** [vitalità] vie, vitalité. | *bambina piena di vita*, petite fille pleine de vie. | *città piena di vita*, ville très animée. ‖ **6.** [mezzi di sostentamento] vie. | *guadagnarsi la vita*, gagner sa vie. ‖ **7.** [persona] vie. | *la costruzione del ponte è costata troppe vite umane*, la construction du pont a coûté trop de vies humaines.
2. vita ['vita] f. taille. | *vita sottile, da vespa*, taille fine, de guêpe. | *giro di vita*, tour de taille. | *vestito stretto in vita*, robe serrée à la taille. | *abito con la vita alta, bassa*, robe à taille haute, basse. | *essere corto di vita*, avoir la taille courte.
vitaccia [vi'tattʃa] f. vie de chien, sale vie.
vitacee [vi'tatʃee] f. pl. BOT. ampélidacées.
vitaiolo [vita'jɔlo] m. viveur.
vitalba [vi'talba] f. BOT. clématite ; vigne blanche.
vitale [vi'tale] agg. PR. e FIG. [della vita, necessario alla vita] vital. ‖ [capace di vivere] viable.
vitalismo [vita'lizmo] m. BIOL., FILOS. vitalisme.
vitalistico [vita'listiko] (**-ci** pl.) agg. vitaliste.
vitalità [vitali'ta] f. vitalité.
vitalizio [vita'littsjo] agg. viager. ◆ m. viager ; rente viagère.
vitamina [vita'mina] f. vitamine.
vitaminico [vita'miniko] (**-ci** pl.) agg. vitaminique. ‖ [che contiene vitamine] vitaminé.

1. vite ['vite] f. vigne. | *vite del Canada*, vigne vierge.
2. vite ['vite] f. vis. | *a vite*, à vis. | *vite senza fine, di Archimede*, vis sans fin, d'Archimède. ‖ LOC. FIG. *dare un giro di vite*, serrer la vis. ‖ AER. vrille.
vitella [vi'tɛlla] f. génisse. | *vitella da latte*, veau (m.) de lait. ‖ [carne] veau.
vitellino [vitel'lino] agg. BIOL. vitellin.
1. vitello [vi'tɛllo] m. ZOOL. veau. ‖ *vitello marino, vitello di mare*, veau marin.
2. vitello [vi'tello] m. BIOL. vitellus.
vitellone [vitel'lone] m. veau. ‖ FIG. « vitellone » (it.).
viticcio [vi'tittʃo] m. vrille f. ‖ [motivo ornamentale] volute f., rinceau.
viticolo [vi'tikolo] agg. viticole.
viticoltore [vitikol'tore] m. viticulteur.
viticoltura [vitikol'tura] f. viticulture.
vitifero [vi'tifero] agg. viticole.
vitigno [vi'tiɲɲo] m. cépage.
vitino [vi'tino] m. taille fine, taille de guêpe.
vitivinicolo [vitivi'nikolo] agg. viticole, vinicole.
vitreo ['vitreo] agg. [di vetro] de verre. ‖ [simile al vetro] vitreux. | *occhi vitrei*, yeux vitreux. ‖ ANAT. vitré. | *corpo vitreo*, corps vitré.
vitriolo [vitri'ɔlo] m. (arc. o pop.). V. VETRIOLO.
vittima ['vittima] f. PR. e FIG. victime. | *rimanere vittima di un incidente*, être victime d'un accident. ‖ LOC. *far la vittima*, jouer les martyrs, se prendre pour une victime.
vittimismo [vitti'mizmo] m. manie (f.) de la persécution.
vitto ['vitto] m. nourriture f. | *il vitto e l'alloggio*, la nourriture et le logement, le vivre et le couvert, le gîte et le couvert. | *mi danno centomila lire al mese più vitto ed alloggio*, ils me donnent cent mille lires par mois, nourri(e) et logé(e).
vittore [vit'tore] (**-trice** f.) m. POET. V. VINCITORE.
vittoria [vit'tɔrja] f. victoire. ‖ LOC. *cantar vittoria*, chanter victoire. | *vittoria di Pirro*, victoire à la Pyrrhus.
vittoriano [vitto'rjano] agg. victorien.
vittoriosamente [vittorjosa'mente] avv. victorieusement.
vittorioso [vitto'rjoso] agg. victorieux.
vituperabile [vitupe'rabile] agg. blâmable, condamnable.
vituperando [vitupe'rando] agg. (lett.) blâmable (L.C.).
vituperare [vitupe'rare] v. tr. vitupérer (lett.), blâmer, condamner. ‖ (raro) [disonorare] déshonorer (L.C.).
vituperatore [vitupera'tore] (**-trice** f.) m. (raro) vitupérateur, trice (lett.).
vituperazione [vituperat'tsjone] f. (raro) vitupération (lett.).
vituperevole [vitupe'revole] agg. blâmable, condamnable, infâmant.
vituperio [vitu'pɛrjo] (**-i** pl.) m. injure f., insulte f. ‖ (raro) [disonore] infamie f., déshonneur. ‖ [persona, cosa che arreca vergogna] honte f., déshonneur.
vituperoso [vitupe'roso] agg. infâme, déshonoré. ‖ [vergognoso] honteux, infamant.
viuzza [vi'uttsa] f. ruelle.
viva! ['viva] interiez. vive ; [con nome al pl.] vive, vivent. | *viva la Repubblica!*, vive la République! | *viva i lavoratori!*, vive(nt) les travailleurs!
vivacchiare [vivak'kjare] v. intr. vivoter. ‖ SCHERZ. *si vivacchia*, ça se maintient.
vivace [vi'vatʃe] agg. plein de vivacité, vif, vivant. ‖ [brioso] vif, alerte. | *stile vivace*, style vif, alerte. ‖ [risentito] vif. | *discussione vivace*, discussion vive. ‖ [intenso, vivido] vif. | *colori vivaci*, couleurs vives. ‖ [di piante] vivace.
vivacità [vivatʃi'ta] f. vivacité.
vivaddio! [vivad'dio] interiez. parbleu!, pardi!; pardieu! (antiq.).
vivagno [vi'vaɲɲo] m. lisière f.
vivaio [vi'vajo] m. [di pesci] vivier. ‖ [terreno per alberi] pépinière f. ‖ FIG. pépinière.
vivaista [viva'ista] (**-i** pl.) n. pépiniériste. ‖ [di pesci] pisciculteur, trice.
vivanda [vi'vanda] f. plat m., mets m. | *preparare le vivande*, faire la cuisine.

vivandiere [vivan'djɛre] (**-a** f.) m. STOR. vivandier, ère.
vivente [vi'vɛnte] agg. e n. vivant.
vivere ['vivere] v. intr. vivre. | *viveva ancora*, il était encore en vie. | *ha cessato di vivere*, il a cessé de vivre. | *lasciarsi vivere*, se laisser vivre. | *vivono in miseria*, ils vivent dans la misère. | *vivere da gran signore*, mener une vie de grand seigneur. | *vivere d'aria*, vivre de l'air du temps. | *si deve pur vivere*, il faut bien vivre. | *questo non è vivere*, ce n'est pas une vie. | *uomo che ha vissuto*, homme qui a vécu, qui connaît la vie. ‖ FIG. [di cose] *il suo ricordo vive in me*, son souvenir vit en moi. ‖ TIP. *vive*, bon. ◆ v. tr. vivre. | *vivere brutti momenti*, vivre des moments difficiles. ◆ m. vie f.
viveri ['viveri] m. pl. vivres, nourriture f. sing., aliments ; produits alimentaires. | *tagliare i viveri*, couper les vivres. | *costo dei viveri*, coût des produits alimentaires.
viverra [vi'vɛrra] f. ZOOL. civette.
viveur [vi'vœr] m. [fr.] viveur, fêtard, noceur.
vivezza [vi'vettsa] f. vivacité.
vivido ['vivido] agg. vif. ‖ (lett.) [di piante] vivace (L.C.).
vivificante [vivifi'kante] agg. vivifiant.
vivificare [vivifi'kare] v. tr. PR. e FIG. vivifier. | *vivificare l'anima*, vivifier l'âme. ‖ [conferire maggiore interesse o efficacia] rendre (plus) vivant ; animer, stimuler. | *vivificare l'insegnamento*, rendre l'enseignement plus vivant. | *l'artista ha saputo vivificare quella materia*, l'artiste a su animer cette matière. | *vivificare lo sviluppo della produzione*, stimuler le développement de la production. ‖ (raro) [dotare di vita] vivifier (lett.), animer (L.C.).
vivificatore [vivifika'tore] (**-trice** f.) m. vivificateur, trice (lett. raro). ◆ agg. vivifiant, vivificateur.
vivificazione [vivifikat'tsjone] f. vivification.
vivifico [vi'vifiko] (**-ci** pl.) agg. V. VIVIFICATORE.
viviparità [vivipari'ta] f. BIOL. viviparité.
viviparo [vi'viparo] (**-a** f.) agg. e n. vivipare.
vivisezione [viviset'tsjone] f. vivisection.
vivo ['vivo] agg. **1.** [di uomo, animale in vita] vivant ; en vie ; vif (solo in alcune espressioni). | *pesce vivo*, poisson vivant. | *è vivo*, il est vivant, il est en vie. | *finché sono vivo*, tant que je vivrai ; de mon vivant. | *o vivo o morto*, mort ou vif. | *sepolta viva*, enterrée vivante. | *bruciato vivo*, brûlé vif. ‖ [in costruzioni assolute] *lui vivo*, de son vivant. | *viva sua madre*, du vivant de sa mère. ‖ LOC. *farsi vivo (con qlcu.)*, donner de ses nouvelles (à qn) ; [andar a trovare qlcu.] aller, venir voir (qn). ‖ [iperb.] *più morto che vivo*, plus mort que vif. | *non c'è anima viva*, il n'y a pas un chat, il n'y a pas âme qui vive. | *non dirlo ad anima viva*, ne le dis à âme qui vive, à personne. ‖ FIG. *mangiarsi vivo qlcu.* : [superarlo con facilità] ne faire qu'une bouchée de qn ; [sopraffarlo, picchiarlo] mettre qn en bouillie (fam.). ‖ FAM. *è ancora vivo e vegeto*, il a encore bon pied, bon œil ; il est encore vert. ‖ **2.** [di cosa] *carne viva*, chair vive. | *roccia viva*, pierre vive. ‖ [che appartiene ad un essere vivente] *peso vivo*, poids vif. | *a viva voce*, de vive voix. | *lo sentirete dalla sua viva voce*, vous l'entendrez de sa propre bouche. ‖ PER EST. [che dura ancora] *lingua viva*, langue vivante. ‖ FIS. *forza viva*, force vive. ‖ **3.** [vivace] vif, vivant, plein de vivacité ; [che ha grande efficacia espressiva] vivant. | *vivo ingegno*, vive intelligence. | *descrizione viva*, description vivante. | *ritratto, personaggio vivo*, portrait, personnage vivant. ‖ **4.** [intenso] vif, grand, fort. | *a fuoco vivo*, à feu vif. | *vivo dolore*, vive douleur. | *vivi rallegramenti*, vives félicitations. | *a viva forza*, de vive force. | *vivissimi auguri*, meilleurs vœux. ◆ m. [persona viva] vivant. ‖ [con valore neutro] *la lama penetrò nel vivo della carne*, la lame pénétra dans la chair vive. ‖ FIG. *colpire, pungere nel vivo*, piquer au vif. | *entrare nel vivo della questione*, entrer dans le vif du sujet. | *nel vivo del cuore*, au plus profond du cœur.
vivucchiare [vivuk'kjare] v. intr. vivoter.
viziare [vit'tsjare] v. tr. [riferito a persone] gâter. | *i nonni viziano i nipoti*, les grands-parents gâtent les petits-enfants. ‖ PER EST. [corrompere] corrompre. ‖ CHIM. vicier. ‖ FIG., GIUR. vicier.
viziato [vit'tsjato] agg. [persone] gâté. ‖ [cose] vicié, pollué.
vizio ['vittsjo] m. vice. | *essere carico di vizi*, être pourri de vices. | *il vizio del bere*, (le vice de) la boisson, l'ivrognerie. | *il vizio della lussuria, della gola*, la luxure, la gourmandise. | *ha il vizio del bere e quello del gioco*, il boit et il joue. | *i vizi capitali*, les péchés capitaux. ‖ [abitudine riprovevole] mauvaise habitude f., défaut. | *il vizio di fumare, di mangiarsi le unghie*, la mauvaise habitude de fumer, de se ronger les ongles. | *prendere, perdere un vizio*, prendre, perdre une mauvaise habitude. ‖ [imperfezione fisica] malformation f., défaut, vice. ‖ [in un oggetto] défaut. | *vizio di lavorazione*, défaut de fabrication. ‖ GIUR. vice. | *vizio di forma*, vice de forme.
viziosamente [vittsjosa'mente] avv. d'une manière vicieuse, vicieusement (raro).
viziosità [vittsjosi'ta] f. vice m.
vizioso [vit'tsjoso] agg. vicieux (lett.), corrompu, dépravé. | *vita viziosa*, vie dissolue. ‖ [difettoso] vicieux. | *posizione viziosa del corpo*, position vicieuse du corps. ‖ [errato] vicieux, fautif. | *pronuncia viziosa*, prononciation vicieuse, fautive. | *circolo vizioso*, cercle vicieux.
vizzo ['vittso] agg. fané, flétri ; [di frutto] ridé, ratatiné. | *viso vizzo*, visage fané, flétri.
vocabolario [vokabo'larjo] (**-i** pl.) m. [libro] dictionnaire ; [succinto o specializzato] vocabulaire. ‖ [complesso di vocaboli] vocabulaire.
vocabolarista [vokabola'rista] (**-i** pl.) n. lexicographe.
vocabolo [vo'kabolo] m. mot, terme, vocable.
1. vocale [vo'kale] agg. vocal.
2. vocale [vo'kale] f. voyelle.
vocalico [vo'kaliko] (**-ci** pl.) agg. vocalique.
vocalismo [voka'lizmo] m. FON. vocalisme.
vocalizzare [vokalid'dzare] v. tr. FON. vocaliser. ◆ v. intr. MUS. vocaliser. ◆ v. rifl. FON. se vocaliser.
vocalizzazione [vokaliddzat'tsjone] f. FON., MUS. vocalisation.
vocalizzo [voka'liddzo] m. MUS. vocalise f.
vocativo [voka'tivo] m. vocatif.
vocazione [vokat'tsjone] f. vocation.
voce ['votʃe] f. **1.** PR. voix. | *con voce chiara, spenta*, d'une voix claire, éteinte, blanche. | *parlare ad alta, a bassa voce*, parler à voix haute, à voix basse. | *a mezza voce*, à mi-voix. | *gridare con quanta voce si ha in corpo*, crier de toutes ses forces. | *avere un bel volume di voce*, avoir de la voix. | *perdere la voce, restare senza voce*, perdre sa voix, rester sans voix ; [divenire muto] perdre la parole. | *mutar voce*, changer de voix. ‖ FIG. [suggerimento interiore] voix. | *la voce della coscienza*, la voix de la conscience. ‖ [insegnamento] conseil m., avis m. | *ascolta la voce di tuo padre*, écoute les conseils de ton père. ‖ LOC. *a voce*, oralement avv. | *a gran voce*, à cor et à cri. | *a viva voce*, de vive voix. | *sotto voce*, à voix basse. | *a una voce*, d'une seule voix. | *voce !*, plus fort ! ; [al cinema] le son ! | *rifar la voce a qlcu.*, imiter la voix de qn. | *dar sulla voce a qlcu.*, contredire qn. ‖ FAM. *darsi voce*, se donner le mot. | *passare la voce*, faire circuler un mot d'ordre. | *dare una voce a qlcu.*, appeler qn (L.C.). ‖ **2.** PER EST. *la voce del violino*, la voix (lett.), le chant du violon. | *la voce del tuono*, la voix (lett.), le bruit du tonnerre. ‖ [di animali] cri m., voix. ‖ **3.** [notizia] bruit m. | *corre voce che*, le bruit court que. | *corrono strane voci*, on raconte de drôles de choses. | *circolano voci allarmanti*, des nouvelles alarmantes circulent. ‖ (lett.) [fama] réputation (L.C.). ‖ **4.** [parola, termine] mot m., terme m. | *voce antiquata*, mot vieilli. | *voce tecnica*, terme technique. ‖ **5.** [elemento] article m. | *una voce dell'Enciclopedia*, un article de l'Encyclopédie. ‖ [uso burocratico] *le voci del bilancio*, les articles du budget. ‖ **6.** GRAMM. forme. | *è voce del verbo andare*, c'est une forme du verbe aller. | *voce attiva, passiva*, voix, forme active, passive. ‖ **7.** MUS. voix. ‖ **8.** ARC. o RELIG. [voto] voix (L.C.). ‖ LOC. (L.C.) *aver voce in capitolo*, avoir voix au chapitre.
vocero ['votʃero] m. [canto funebre corso] vocero (pl. voceri).
vociare [vo'tʃare] v. intr. crier, hurler.

vociferare [votʃife'rare] v. tr. faire courir le bruit (que, de). ◆ v. intr. parler fort, crier, vociférer.
vociferatore [votʃifera'tore] (**-trice** f.) m. bavard ; personne cancanière. ‖ (raro) [chi grida] vociférateur, trice.
vociferazione [votʃiferat'tsjone] f. divulgation de nouvelles ; cancans m. pl., commérages m. pl.
vocio [vo'tʃio] m. brouhaha.
vodka ['vɔdka] f. vodka.
1. voga ['voga] f. nage.
2. voga ['voga] f. ardeur, enthousiasme m. ‖ [successo] vogue, mode. | *in voga*, en vogue, à la mode. | *acquistar voga*, avoir du succès, devenir à la mode.
vogare [vo'gare] v. intr. MAR. nager, ramer. | *voga !*, nage !
vogata [vo'gata] f. coup (m.) de rame. | *fare una vogata*, ramer. | *una bella vogata*, une belle promenade en barque.
vogatore [voga'tore] (**-trice** f.) m. rameur, euse ; nageur, euse.
voglia ['vɔʎʎa] f. envie. | *che voglia di uscire !*, comme j'ai, ce que (fam.) j'ai envie de sortir ! | *cavarsi la voglia*, contenter, passer son envie. | *cavarsi tutte le voglie*, satisfaire tous ses caprices. | *far venire la voglia di qlco.*, donner envie de qch. | *restare con la voglia in corpo*, rester sur sa faim. | *mi è passata la voglia*, je n'en ai plus envie. | *se ne hai voglia*, si tu en as envie, si ça te dit, si le cœur t'en dit. ‖ [buona o cattiva disposizione] *ha molta voglia di lavorare*, il est très travailleur. | *non ha voglia di lavorare*, c'est un paresseux, un fainéant. | *buona voglia*, bonne volonté. | *fare qlco. di buona voglia*, faire qch. de bon cœur, volontiers, avec plaisir. | *di mala voglia, contro voglia*, à contrecœur (loc. avv.), à regret. ‖ MED. envie ; [segno sulla pelle] envie.
voglioso [voʎ'ʎoso] agg. capricieux. ‖ (lett.) [desideroso] désireux [de] (L.C.).
voi ['voi] pr. pers. 2ª pers. pl. m. e f. vous. ‖ [sogg.] *questo lo dite voi*, c'est vous qui le dites. | *ci andate voi ?*, c'est vous qui y allez ? | *voi ci andate ?*, vous y allez, vous ? | *andateci voi !*, allez-y, vous ! | *siete voi ?*, c'est vous ? | *voi stessi*, vous-mêmes. | *voi Romani*, vous, les Romains, vous autres Romains. ‖ [compl.] *guarda voi*, c'est vous qu'il regarde. | *da voi*, chez vous. ‖ [valore impersonale] on, vous. ‖ ARC., DIAL. o COMM. [forma di cortesia] vous. | *dare del voi a*, vouvoyer, dire vous (à).
voialtri [vo'jaltri] (**-e** f.) pron. m. pl. vous (autres). | *voialtri resterete qui*, vous resterez ici, vous autres. | *voialtri medici*, vous, les médecins ; vous autres médecins.
voivoda [voi'vɔda] (**-i** pl.) m. voïvode, voïévode.
volano [vo'lano] m. GIOCHI, MECC., TECN. volant.
volant [vo'lɑ̃] m. [fr.] MODA volant.
1. volante [vo'lante] agg. volant. | *cervo volante*, cerf-volant. | *squadra volante*, police secours. ‖ MAR. *manovre volanti*, manœuvres volantes. | *gabbia volante*, petit volant. | *contromezzana volante*, volant d'artimon. ‖ ZOOL. *pesce volante*, poisson volant. ◆ f. police secours.
2. volante [vo'lante] m. AUTOM., MECC. volant.
volantinaggio [volanti'naddʒo] m. distribution (f.) de tracts.
volantino [volan'tino] m. [politico, sindacale] tract. ‖ [pubblicitario] prospectus.
volantino [volan'tino] m. MECC. volant.
volapük [vola'pyk] m. volapük.
volare [vo'lare] v. intr. **1.** voler. | *volare via*, s'envoler (v. rifl.). ‖ [persone] *era pilota ma non vola più*, il était pilote mais il ne vole plus. | *è la prima volta che volo*, c'est la première fois que je prends l'avion. ‖ LOC. *non si sentiva volare una mosca*, on aurait entendu une mouche voler. ‖ FIG. *la sua anima è volata in cielo*, son âme est montée au ciel. ‖ **2.** PER EST. [di cose leggere] voler, flotter. ‖ [essere lanciato] voler, être projeté. | *volarono pugni*, des coups de poing furent échangés, ce fut une pluie de coups de poing. ‖ **3.** FIG. [muoversi rapidamente] courir, filer, voler. | *volò alla stazione*, il courut, il fila à la gare. ‖ [di pensieri] *il suo pensiero volava agli amici di un tempo*, sa pensée allait à ses amis d'autrefois. | *volare di bocca in bocca*, voler de bouche en bouche.
volata [vo'lata] f. (raro) [il volare di uccelli] volée. ‖ [stormo] volée, vol m. ‖ [corsa rapida] *se fai una volata, puoi arrivare in tempo*, si tu te dépêches, tu peux arriver à temps. | *fare una volata a casa di qlcu.*, faire un saut chez qn. | *di volata*, en courant. ‖ SPORT sprint m. (ingl.). | *battere in volata*, battre au sprint. ‖ [tennis] volée. ‖ TECN. volée.
volatile [vo'latile] agg. CHIM. volatil. ‖ (raro) [alato] ailé. ◆ m. oiseau, volatile.
volatilità [volatili'ta] f. CHIM. volatilité.
volatilizzare [volatilid'dʒare] v. tr. volatiliser. ◆ v. rifl. se volatiliser. ‖ FIG. se volatiliser, s'évaporer, disparaître (v. intr.). ◆ v. intr. (raro) se volatiliser (v. rifl.).
volatilizzazione [volatiliddʒat'tsjone] f. volatilisation.
volatore [vola'tore] (**-trice** f.) m. animal qui vole ; volatile (lett.). | *questo uccello è un buon volatore*, cet oiseau vole bien.
volente [vo'lɛnte] agg. LOC. *volente o nolente*, de gré ou de force, bon gré mal gré.
volenteroso [volente'roso] agg. V. VOLONTEROSO.
volentieri [volen'tjɛri] avv. volontiers, avec plaisir. | *accetto volentieri*, j'accepte avec plaisir. | *studia volentieri*, il aime l'étude. | *mangia volentieri i gelati*, il aime les glaces. | *spesso e volentieri*, un peu trop souvent, très souvent.
1. volere [vo'lere] v. tr. **1.** [avere una volontà o un desiderio] vouloir. | *non vuole cibo*, il ne veut rien manger. | *non voglio nessuno*, je ne veux voir personne. | *suo padre lo vuole medico*, son père veut qu'il soit médecin. | *ce n'è quanto ne volete*, il y en a autant qu'on veut. | *come vuoi*, comme tu veux. | *mi vuole con sé a Roma*, il veut que je l'accompagne à Rome. | *ti vorrebbero a casa loro per qualche giorno*, ils t'invitent à passer quelques jours chez eux. ‖ [chiedere di una persona] demander, vouloir voir, vouloir parler (à). | *La vogliono al telefono*, on vous demande au téléphone. ‖ [essere disposto ad accettare, ad accontentarsi di] vouloir (de). | *nessuno vuole quest'articolo*, personne ne veut de cet article. | *nessuno mi vuole*, personne ne veut de moi. ‖ PARTICOL. [condizionale] *vorrei*, je voudrais. | *vorrebbe parlarti*, il voudrait te parler. ‖ [senso indebolito] *non volevo credere ai miei occhi*, je n'en croyais pas mes yeux. | *vuoi sapere una cosa ?*, tu veux que je te dise une chose ? | *vuoi vedere che ?*, tu veux parier que ?, je parie que. | *non vorrei sbagliare, ma*, je peux me tromper, mais. | *vogliamo andare ?*, on y va ?, on s'en va ? ‖ LOC. *senza volere*, sans le vouloir, sans le faire exprès. | *neanche a volere*, même exprès, même si on (le) voulait. | *te lo sei voluto tu !*, tu l'as cherché !, tu l'as bien voulu ! | *volere o no, volere o volare* (fam.), de gré ou de force. | *è qui che ti voglio !*, c'est maintenant qu'on va voir ce que tu sais faire ! | *vorrei vedere te !*, je voudrais t'y voir ! | *che vuole ?, che volete ?*, que veux-tu ?, que voulez-vous ? | *voler piuttosto*, préférer. | *volevo ben dire !*, je me disais bien, aussi ! ‖ PROV. *chi troppo vuole, nulla stringe*, qui trop embrasse mal étreint. ‖ **2.** [con sogg. di cosa] vouloir. | *il caso volle che*, le hasard a voulu que. | *la macchina non vuole partire*, la voiture ne veut pas démarrer. ‖ [imminenza, probabilità] aller. | *vuole piovere*, il va pleuvoir. ‖ **3.** [permettere] vouloir (bien), permettre. | *se la tua mamma vuole, ti porto al cinema*, si ta mère veut bien, le permet, je t'emmène au cinéma. ‖ [per esprimere un ordine] *volete smettere !*, voulez-vous cesser ! ‖ LOC. *Dio voglia che non sia tardi !*, Dieu veuille qu'il ne soit pas trop tard ! | *Dio volesse !*, plût à Dieu ! | *Dio non voglia !*, espérons que non ! ‖ **4.** [richiedere, pretendere, esigere] vouloir, demander, exiger. | *cosa vuole da me ?*, que me voulez-vous ?, que voulez-vous de moi ? | *vuole troppo da questo ragazzo*, il exige trop de ce garçon ; il lui en demande trop, à ce garçon (fam.). | *vuole molto dai suoi impiegati*, il exige beaucoup de ses employés. | *quanto vuole di questo appartamento ?*, combien voulez-vous, demandez-vous pour cet appartement ? ‖ [aver bisogno] avoir besoin. | *malato che vuole cure attente*, malade qui a besoin de soins attentifs. | *pianta che vuole molta luce*, plante qui a besoin de beaucoup de lumière. ‖ LOC. *volerci*, falloir. | *quel che ci vuole*

ci vuole, il faut ce qu'il faut. | *ci vuole pazienza,* il faut (avoir) de la patience. | *questo non ci voleva,* ça tombe mal ; on n'avait pas besoin de ça. | *c'è voluto molto!, ce n'è voluto!,* cela n'a pas été facile ! | *ci vuole altro,* ce n'est pas suffisant, ce n'est pas ce qu'il faut, c'est inutile. | *ci vuol altro che parole!,* les paroles ne servent à rien ! || **5.** (lett.) [tramandare] *una antica leggenda vuole che,* une ancienne légende veut que. | *vogliono che,* on dit que (L.C.). || **6.** LOC. *voler bene,* aimer (tr.). | *gli voglio molto bene,* je l'aime beaucoup. | *voler male,* vouloir du mal (à), détester (tr.). | *volerne a qlcu.,* en vouloir à qn. | *voler dire,* vouloir dire, signifier. | *ecco cosa vuol dire fare l'imbecille,* voilà ce que c'est de faire l'imbécile. | *cosa vuol dire per te questo?,* qu'est-ce que cela, ça (fam.) peut te faire ?, quelle importance cela a-t-il pour toi ? | *non vuol dire,* cela, ça ne fait rien. | *volendo,* si on veut, si on le désire. || **7.** (arc.) LOC. *vuoi..., vuoi... :* [correlativo] et..., et... (L.C.) ; [alternativo] soit..., soit... (L.C.).

2. volere [vo'lere] m. volonté f., vouloir (raro). | *buon volere,* bonne volonté, bon vouloir. || LOC. *a tuo volere,* à ton gré ; selon ta volonté. | *di mio volere,* de mon propre gré ; spontanément. | *di buon volere,* avec bonne volonté.

volgare [vol'gare] agg. vulgaire, populaire. | *latino volgare,* latin vulgaire. || [comune] vulgaire, banal, quelconque. || [grossolano] vulgaire, grossier. | *non essere volgare,* ne sois pas vulgaire, grossier. ◆ m. langue (f.) vulgaire.

volgarismo [volga'rizmo] m. LING. vulgarisme.

volgarità [volgari'ta] f. vulgarité. || [parole, azioni grossolane] grossièreté.

volgarizzamento [volgariddza'mento] m. (lett.) traduction f. (en langue vulgaire) [L.C.], populaire (L.C.).

volgarizzare [volgarid'dzare] v. tr. vulgariser. || (lett.) traduire (en langue vulgaire) [L.C.].

volgarizzatore [volgariddza'tore] (**-trice** f.) m. vulgarisateur, trice. || [traduttore] traducteur, trice.

volgarizzazione [volgariddzat'tsjone] f. vulgarisation. || [traduzione] traduction (en langue vulgaire).

volgarmente [volgar'mente] avv. vulgairement.

volgata [vol'gata] f. V. VULGATA.

volgere ['vɔldʒere] v. tr. **1.** tourner, diriger. | *volgere il viso verso qlco.,* tourner la tête vers qch. | *volgere i passi verso,* tourner ses pas vers, se diriger vers. | *volgere i propri pensieri a,* tourner, diriger ses pensées vers. | *volgere la mente a qlco.,* appliquer son esprit à qch. | *volgere le proprie cure a,* porter ses soins à. || LOC. PR. e FIG. *volgere le spalle,* tourner le dos. || **2.** [determinare un cambiamento] tourner, transformer. | *volgere in ridicolo, in scherzo,* tourner en ridicule, en plaisanterie. | *volgeremo la cosa a nostro vantaggio,* nous tournerons la chose à notre avantage. | *volgere una cosa ad altro uso,* faire d'une chose un autre usage. | *volgere in dubbio,* rendre douteux. || [tradurre] traduire. || **3.** (lett.) [girare] tourner (L.C.). || LOC. *volgere nella mente,* tourner dans son esprit, ruminer. | *volgere in fuga il nemico,* mettre l'ennemi en fuite. ◆ v. intr. [piegare] tourner ; [essere orientato] être (orienté). | *la strada volge a sinistra,* la route tourne à droite. | *la valle volge a mezzogiorno,* la vallée est orientée au sud. || [avvicinarsi, evolvere] approcher (de), tourner (à). | *il sole volge al tramonto,* le soleil descend sur l'horizon. | *il lavoro volge alla fine,* le travail approche de, touche à sa fin. | *un azzurro che volge al viola,* un bleu qui se rapproche du violet, qui tire sur le violet. | *il tempo volge al bello,* le temps tourne au beau. | *la faccenda volge al peggio,* la chose tourne au vilain, tourne mal. || [del tempo] passer. || SOSTANT. *col volgere degli anni,* avec le temps. ◆ v. rifl. se tourner. | *volgersi indietro,* se retourner. | *volgersi intorno,* regarder autour de soi. || FIG. se tourner (vers), se consacrer (à).

volgo ['volgo] (**-ghi** pl.) m. peuple ; vulgaire (lett.).

voliera [vo'ljɛra] f. volière.

volitare [voli'tare] v. intr. (lett.) voleter (L.C.).

volitivo [voli'tivo] agg. [che ha o dimostra volontà] volontaire. || [relativo alla volontà] volitif.

volizione [volit'tsjone] f. PSICOL. volition.

volo ['volo] m. PR. [uccello, insetto] vol. | *volo planato,* vol plané. | *tiro a volo,* tir au vol. || AER. *alzarsi in volo,* décoller. | *volo radente,* (vol en) rase-mottes. || PER EST. *la palla fece un volo di parecchi metri,* la balle alla retomber à plusieurs mètres de distance. || [caduta] chute f. || [spostamento rapido] saut. | *fare un volo in un posto,* faire un saut quelque part. | *vado e torno in un volo,* je ne fais qu'aller et venir. || [lo spaziare liberamente] élan, essor, envolée f. | *volo della fantasia,* essor de l'imagination. | *volo lirico,* envolée lyrique. || LOC. *prendere il volo :* PR. [di uccello] prendre son vol, s'envoler ; [di aereo] décoller, s'envoler ; FIG. s'envoler, s'évaporer, disparaître. | *dare il volo :* [ad un uccello] donner la volée, lâcher (tr.) ; FIG. [a una persona] rendre la liberté. | *al volo,* au vol. | *a volo d'uccello :* [dall'alto] d'en haut ; [in linea diritta] à vol d'oiseau ; [per sommi capi] dans les grandes lignes. | *di volo,* en passant. | *fare qlco. in un volo,* faire qch. en un clin d'œil.

volontà [volon'ta] f. volonté. | *uomo di una volontà ferrea,* homme qui a une volonté de fer. | *avere forza di volontà,* avoir de la volonté. | *non ha forza di volontà,* il manque de volonté, il n'a aucune volonté. | *buona volontà,* bonne volonté. | *di mia volontà,* de mon plein gré. | *non ho volontà di studiare,* je n'ai pas envie de travailler.

volontariamente [volontarja'mente] avv. volontairement.

volontariato [volonta'rjato] m. [prestazione di lavoro non pagata] service volontaire. || [che serve come formazione professionale] stage (non rétribué). || MIL. volontariat.

volontarietà [volontarje'ta] f. caractère (m.) volontaire.

volontario [volon'tarjo] agg. volontaire. || UNIV. *assistente volontario,* assistant non rétribué. ◆ m. (**-a** f.) volontaire. || MIL. (engagé) volontaire.

volontarismo [volonta'rizmo] m. FILOS., PSICOL. volontarisme.

volontaristico [volonta'ristiko] (**-ci** pl.) agg. FILOS., PSICOL. volontariste.

volonteroso [volonte'roso] agg. plein de bonne volonté, qui veut bien faire.

volontieri [volon'tjɛri] avv. V. VOLENTIERI.

volovelismo [volove'lizmo] m. SPORT vol à voile.

volpacchiotto [volpak'kjɔtto] (**-a** f.) m. renardeau ; petit, jeune renard. || FIG. fin renard, malin.

volpaia [vol'paja] f. (raro) renardière, terrier m. (L.C.) de renard. || FIG. tanière.

volpare [vol'pare] v. intr. AGR. avoir la nielle. | *grano volpato,* blé niellé.

volpe ['volpe] f. ZOOL. renard m. ; [femmina] renarde. || [pelliccia] renard. || FIG. *vecchia volpe,* vieux renard. || LOC. FIG. *fa come la volpe con l'uva,* il trouve que les raisins sont trop verts ! || AGR. nielle. || MED. pelade.

volpino [vol'pino] agg. PR. e FIG. de renard. | *cane volpino,* loulou. ◆ m. loulou.

volpone [vol'pone] (**-a** f.) m. vieux renard. || FIG. vieux renard, malin, débrouillard, fin matois (lett.).

volt [vɔlt] m. invar. ELETTR. volt. m.

1. volta ['vɔlta] f. **1.** fois. | *centomila volte,* mille fois. | *due volte al dì,* deux fois par jour. | *due volte tre fa sei,* deux fois trois six. | *tante volte,* souvent, bien des fois. | *poche volte,* rarement. | *un paio di volte,* une ou deux fois. | *certe volte, alle volte, delle volte* (fam.), parfois, quelquefois, des fois (pop.). | *se a volte, se alle volte,* si jamais. | *una volta tanto,* pour une fois. | *ho fretta, me lo dirai un'altra volta,* je suis pressé, tu me le diras une autre fois. | *prova un'altra volta, ancora una volta,* essaie encore (une fois). | *c'era una volta,* il était une fois. | *una volta ero felice,* autrefois j'étais heureux. | *ai tempi di una volta,* dans le temps. || [distributivo] *uno o due per volta,* un ou deux à la fois. | *un po' per volta,* petit à petit. | *volta per volta,* chaque fois. | *tutto in una volta,* tout à la fois, en même temps. || LOC. *non pensarci su due volte,* ne faire ni une ni deux. || LOC. CONG. *una volta che :* [dopo che] une fois que ; [giacché] du moment que, puisque. | *una volta che lo sai, perché lo chiedi?,* du moment que, puisque tu le sais, pourquoi le demandes-tu ? || **2.** [turno] tour m. | *è la tua volta,* c'est ton tour. | *a volta a volta,* chacun son tour. | *questa è la volta buona,* cette fois-ci ça y est (fam.). || **3.** [direzione] direction. || LOC. PREP. *alla volta di,* vers, dans la direction de. | *partire alla volta di Milano,* partir pour

Milan. | *viene alla nostra volta*, il vient vers nous. || **4.** (arc., lett.) [cambiamento di direzione] changement (m.) de direction ; [di strada] tournant m. || Loc. (L.C.) *gli ha dato di volta il cervello*, il a perdu l'esprit, il est devenu fou. || Aer. *gran volta*, looping m. (ingl.), boucle. || Comm. *a volta di corriere*, par retour de courrier. || Tip. verso m. || **5.** [danza] volte.

2. volta ['vɔlta] f. Archit. voûte. | *volta celeste*, voûte céleste. || Anat. *volta palatina, cranica*, voûte palatine, crânienne. || Arc. [cantina] cave (L.C.).

voltafaccia [volta'fattʃa] m. invar. volte-face f. invar., demi-tour m. || Loc. *fare un voltafaccia* : PR. faire volte-face, demi-tour ; FIG. faire volte-face, opérer un revirement, retourner sa veste (fam.), tourner casaque (fam.).

voltafieno [volta'fjɛno] m. invar. Agr. faneuse f.

voltagabbana [voltagab'bana] m. e f. invar. girouette f. || Fig. *è un voltagabbana*, il change d'idée comme de chemise (fam.).

voltaggio [vol'taddʒo] m. Elettr. voltage, tension.

1. voltaico [vol'taiko] (**-ci** pl.) agg. Elettr. voltaïque.

2. voltaico [vol'taiko] (**-ci** pl.) agg. Geogr., Ling. voltaïque.

voltametro [vol'tametro] m. Tecn. voltamètre.

voltapietre [volta'pjɛtre] m. invar. Zool. tournepierre m.

voltare [vol'tare] v. tr. **1.** [volgere] tourner. | *voltare la testa, gli occhi*, tourner la tête, les yeux. | *voltare gli occhi per non vedere una cosa*, détourner les yeux pour ne pas voir qch. || Pr. e fig. *voltare le spalle*, tourner le dos. |*voltare in burla*, tourner en plaisanterie. || [dirigere] diriger. | *voltare la prua verso la riva*, diriger le navire vers la rive. || **2.** [muovere una cosa in modo che presenti il lato opposto] retourner, tourner. | *voltare un ritratto contro il muro*, retourner un tableau contre le mur. | *voltare la frittata*, retourner l'omelette. | *voltare le pagine*, tourner les pages. || Fig. *voltare pagina*, tourner la page. | *voltare casacca, gabbana, mantello*, retourner sa veste (fam.), changer son fusil d'épaule, tourner casaque (fam.), tourner bride. || **3.** Lett. [tradurre] traduire (L.C.). || **4.** [girare] tourner. | *voltare l'angolo*, tourner le coin. ◆ v. intr. tourner. | *voltare a destra, a sinistra*, tourner à droite, à gauche. || Fig. *il tempo volta al bello*, le temps tourne, se met au beau. ◆ v. rifl. se tourner, se retourner. | *voltati da questa parte*, tourne-toi par ici. | *voltarsi indietro*, se retourner. || Fig. *voltarsi contro qlcu.*, se (re)tourner contre qn. | *non so più dove voltarmi*, je ne sais plus à quel saint me vouer.

voltastomaco [voltas'tɔmako] m. invar. nausée f., haut-le-cœur. | *avere il voltastomaco*, avoir mal au cœur, la nausée, des haut-le-cœur. || Fig. nausée. | *mi fa venire, mi dà il voltastomaco*, ça me soulève le cœur.

voltata [vol'tata] f. action de tourner, de retourner. | *dare una voltata alla carne*, retourner la viande. | *si allontanò con una voltata di spalle*, il me tourna le dos et s'éloigna. || [curva di una strada] tournant m., virage m. ; [di autoveicolo] virage. | *ha fatto la voltata troppo brusca*, il a pris son virage, son tournant trop brusquement, il a tourné trop brusquement.

volteggiare [volted'dʒare] v. intr. [uccelli] voltiger, tourbillonner. || Sport [equitazione e ginnastica] faire de la voltige. || [a cavallo] volter. ◆ v. tr. [equitazione] faire volter.

volteggiatore [volteddʒa'tore] (**-trice** f.) m. voltigeur, euse. || Mil. voltigeur.

volteggio [vol'teddʒo] m. Sport voltige f.

volteriano [volte'rjano] agg. Lett. voltairien.

voltmetro ['vɔltmetro] m. voltmètre.

1. volto ['volto] m. Pr. e fig. visage. | *era acceso, triste in volto*, son visage était animé, triste. | *il suo vero volto*, son vrai visage.

2. volto ['vɔlto] part. pass. V. volgere.

voltolare [volto'lare] v. tr. (faire) rouler. ◆ v. rifl. se rouler, se vautrer.

voltoloni [volto'loni] avv. (raro) en roulant (L.C.).

voltometro [vol'tɔmetro] m. voltmètre.

voltura [vol'tura] f. Amm. = inscription au cadastre d'un changement de propriété. || [del telefono, della radio] = communication du changement d'utilisateur.

volubile [vo'lubile] agg. variable, changeant. || [del carattere] inconstant, changeant, volage. || Lett. [sempre in moto] mouvant. || Bot. volubile.

volubilità [volubili'ta] f. inconstance.

volubilmente [volubil'mente] avv. d'une façon inconstante, avec inconstance.

volume [vo'lume] m. Geom. volume. || Per est. [spazio occupato] volume, place f. | *baule di grande volume*, malle volumineuse. | *occupa molto volume*, cela fait beaucoup de volume, cela prend beaucoup de place. | *il volume della produzione, degli investimenti*, le volume de la production, des investissements. | *il volume degli affari*, le chiffre d'affaires. || Arti volume. || Fis. *volume sonoro*, volume sonore. || Mus. *volume della voce*, volume, ampleur (f.) de la voix. || [libro] volume, livre. || [che costituisce parte di un'opera] volume, tome. || Filol. volume, rouleau de papyrus.

volumetrico [volu'mɛtriko] (**-ci** pl.) agg. volumétrique.

voluminosità [voluminosi'ta] f. encombrement m.

voluminoso [volumi'noso] agg. volumineux, encombrant.

voluta [vo'luta] f. volute.

volutamente [voluta'mente] avv. exprès, délibérément, volontairement, intentionnellement.

voluttà [volut'ta] f. volupté.

voluttuario [voluttu'arjo] (**-i** pl.) agg. voluptuaire.

voluttuosità [voluttuosi'ta] f. sensualité.

voluttuoso [voluttu'oso] agg. voluptueux.

volva ['vɔlva] f. Bot. volve.

volvaria [vol'varja] f. Bot. volvaire.

volvolo ['vɔlvolo] m. Med. volvulus.

vomere ['vɔmere] m. soc. || Anat. vomer.

vomica ['vɔmika] f. Med. vomique.

vomico ['vɔmiko] (**-ci** pl.) agg. vomitif. | *noce vomica*, noix vomique ; [albero] vomiquier.

vomitare [vomi'tare] v. tr. vomir, rendre. | *mi viene da vomitare*, j'ai envie de vomir. || Fam. *vomitare l'anima*, rendre tripes et boyaux (pop.). || Pr. e fig. *far da vomitare*, donner envie de vomir ; soulever le cœur ; écœurer, dégoûter. || Fig. cracher, vomir (lett.). | *il vulcano vomita lava*, le volcan crache, vomit de la lave. | *vomitare ingiurie*, vomir des, se répandre en injures.

vomitativo [vomita'tivo] agg. e m. Med. vomitif.

vomitatorio [vomita'tɔrjo] agg. vomitif.

vomitivo [vomi'tivo] agg. V. vomitativo.

vomito ['vɔmito] m. vomissement. | *avere il vomito*, vomir, rendre. | *dare il vomito*, faire vomir. | *conati di vomito*, haut-le-cœur. || Fig. *mi fa venire il vomito*, ça me soulève le cœur, me donne envie de vomir, cela m'écœure. || [materiale vomitato] vomissure f., vomi (fam.), vomissement.

vomitorio [vomi'tɔrjo] (**-i** pl.) m. Stor. vomitoire.

vongola ['vongola] f. coque, palourde, clovisse.

vorace [vo'ratʃe] agg. Pr. e fig. vorace.

voracità [voratʃi'ta] f. Pr. e fig. voracité.

voragine [vo'radʒine] f. Pr. e fig. gouffre m.

vorticale [vorti'kale] agg. circulaire ; rotatoire, rotatif.

vorticare [vorti'kare] v. intr. (raro) tourbillonner (L.C.).

vortice ['vɔrtitʃe] m. Pr. e fig. tourbillon.

vorticosamente [vortikosa'mente] avv. en tourbillonnant.

vorticoso [vorti'koso] agg. Pr. tourbillonnant, qui tourbillonne. || Fig. frénétique.

vossignoria [vossiɲɲo'ria] f. Votre Seigneurie.

vostro ['vɔstro] agg. poss. di 2ª pers. pl. **1.** [con art. det. o anche senza art.] votre m. e f. sing. ; vos m. e f. pl. | *al vostro arrivo*, à votre arrivée. | *ai vostri tempi*, de votre temps. | *per amor vostro*, pour vous (faire plaisir). | *per vostro ricordo*, en souvenir de vous. | *in casa vostra, a casa vostra*, chez vous. || **2.** [con art. indet.] *avrete finalmente una casa vostra*, vous aurez enfin une maison à vous. | *un vostro libro* : [che vi appartiene] un livre à vous, un de vos livres ; [scritto da voi] un livre de vous. | *vorrei un vostro consiglio*, je voudrais (avoir) votre avis. | *un vostro amico*, un de vos amis, un ami à vous. | *un vostro amico antiquario*, un antiquaire de vos amis. || **3.** [senza art., con agg. dimostr. o indef.] *non mi piace questo vostro atteggiamento*, je n'aime pas votre attitude, cette attitude. | *qualche vostro amico*, quelques-uns de vos amis, quelques amis à vous ; [uno] un de vos amis. | *nessun vostro amico*, aucun de vos amis. ‖ **4.** [senza art. col verbo « essere »] *questa macchina è vostra ?*, cette voiture est à vous ? | *questa lettera è vostra* : [scritta da voi] cette lettre est de vous ; [vi appartiene] cette lettre est à vous. ‖ **5.** [ellittico] *la vostra del tre febbraio*, votre lettre du trois février. | *è dalla vostra (parte)*, il est avec vous, de votre côté. | *eccone un'altra delle vostre*, vous avez encore fait des vôtres. ‖ [n. m.] *il vostro*, ce qui vous appartient, votre bien, votre argent. ‖ [m. pl.] *i vostri*, les vôtres ; [genitori] vos parents. ◆ pron. poss. *il vostro*, le vôtre. | *la vostra*, la vôtre. | *i vostri, le vostre*, les vôtres. ‖ [compl. di un pron. indef.] *c'è qui qlco. di vostro*, il y a ici qch. qui vous appartient. | *qui non c'è nulla di vostro*, il n'y a rien ici qui vous appartienne. | *in questo testo non c'è niente di vostro*, il n'y a rien qui soit de vous dans ce texte. | *non ci avete messo molto di vostro*, vous n'y avez pas mis grand-chose de personnel. | *non avete più niente di vostro*, vous ne possédez plus rien. | *per fortuna avete qualcosa di vostro*, heureusement, vous possédez quelques biens.

votante [vo'tante] agg. e n. votant.

1. votare [vo'tare] v. tr. V. VUOTARE.

2. votare [vo'tare] v. intr. voter. ◆ v. tr. [approvare mediante votazione] voter. ‖ [consacrare] vouer, consacrer. ◆ v. rifl. se vouer.

votazione [votat'tsjone] f. [operazione o risultato del votare] vote m. ; [con riferimento al sistema adottato] vote, scrutin m. | *fare la votazione*, voter. | *votazione favorevole*, vote favorable. | *votazione segreta*, vote, scrutin secret. ‖ [voti di uno studente] notes pl.

votivo [vo'tivo] agg. votif.

voto ['voto] m. **1.** [promessa fatta a Dio] vœu. ‖ LOC. *pronunciare i voti*, prononcer ses vœux, entrer en religion. ‖ [la cosa che si offre per voto] ex-voto invar. ‖ **2.** FIG. (lett.) [preghiera, augurio] vœu (L.C.). | *formulare voti per*, former des vœux pour. | *ciò è nei voti di tutti*, c'est le vœu de tout le monde, c'est ce que tout le monde souhaite. ‖ **3.** [espressione della propria volontà ; votazione] vote. | *diritto di voto*, droit de vote. | *dare voto favorevole, contrario*, voter pour, contre. | *contare i voti favorevoli*, compter les votes favorables, les votes pour. ‖ [ogni singolo suffragio] voix f. | *dare il proprio voto ad un candidato*, donner sa voix à un candidat. | *mettere ai voti*, mettre aux voix. | *cinquanta voti favorevoli e trenta contrari*, cinquante voix pour et trente contre. ‖ [diritto di esprimere la propria volontà] voix. | *voto consultivo, deliberativo*, voix consultative, délibératrice. ‖ **4.** [valutazione di un merito] note f. | *un bel voto*, une bonne note. | *brutti voti, voti scadenti*, mauvaises notes. | *voti sufficienti*, notes moyennes. | *a pieni voti*, avec le maximum des points.

vulcaniano [vulka'njano] agg. GEOL. vulcanien.

vulcanico [vul'kaniko] (**-ci** pl.) agg. PR. e FIG. volcanique.

vulcanismo [vulka'nizmo] m. volcanisme.

vulcanizzare [vulkanid'dzare] v. tr. CHIM. vulcaniser.

vulcanizzazione [vulkaniddzat'tsjone] f. CHIM. vulcanisation.

vulcano [vul'kano] m. PR. e FIG. volcan. ‖ LOC. *aver la testa come un vulcano*, avoir le cerveau en ébullition (fam.).

vulcanologia [vulkanolo'dʒia] f. volcanologie, vulcanologie.

vulcanologico [vulkano'lɔdʒiko] (**-ci** pl.) agg. volcanologique, vulcanologique.

vulcanologo [vulka'nɔlogo] (**-gi** pl.) m. volcanologue, vulcanologue.

vulgata [vul'gata] f. RELIG. vulgate.

vulgo ['vulgo] m. V. VOLGO.

vulnerabile [vulne'rabile] agg. PR. e FIG. vulnérable.

vulnerabilità [vulnerabili'ta] f. vulnérabilité.

vulnerare [vulne'rare] v. tr. LETT. blesser (L.C.). ‖ FIG. blesser, violer.

vulneraria [vulne'rarja] f. BOT. vulnéraire.

vulnerario [vulne'rarjo] agg. e m. vulnéraire (arc.), cicatrisant.

vulva ['vulva] f. ANAT. vulve.

vulvare [vul'vare] agg. ANAT. vulvaire.

vulvaria [vul'varja] f. BOT. vulvaire.

vulvite [vul'vite] f. MED. vulvite.

vuotacessi [vwota'tʃɛssi] m. invar. vidangeur m.

vuotaggine [vwo'taddʒine] f. sensation de vide, vide m. ‖ [sciocchezza] sottise, manque (m.) de cervelle, insignifiance.

vuotamele [vwota'mele] m. invar. vide-pomme.

vuotare [vwo'tare] v. tr. vider. ‖ [iperb.] *gli hanno vuotato la casa*, on l'a dévalisé, on l'a cambriolé. ‖ LOC. FIG. *vuotare il sacco*, vider son sac. ◆ v. rifl. se vider.

vuotezza [vwo'tettsa] f. insignifiance.

vuoto ['vwɔto] agg. vide. ‖ LOC. *essere a stomaco vuoto*, avoir l'estomac vide. | *venire a mani vuote*, venir les mains vides. ‖ [libero] vide, inoccupé. | *questa sera il teatro è vuoto*, ce soir le théâtre est vide, désert. ‖ FIG. *sentirsi la testa vuota*, avoir la tête vide. | *che testa vuota !, che cervello vuoto !*, il n'a pas de tête !, il est sans cervelle ! | *vuoto di*, vide de. | *parole vuote di senso*, paroles vides de sens. ◆ m. vide. | *gettarsi nel vuoto*, se jeter dans le vide. ‖ [cavità] espace vide, creux, cavité f. | *nel muro c'è un vuoto*, le mur est creux. ‖ [recipiente vuoto] récipient vide, bouteille (f.) vide. ‖ FIG. *la sua partenza ha lasciato un gran vuoto*, son départ a laissé un grand vide. | *mi sento un vuoto nella testa*, j'ai la tête vide. ‖ FILOS., FIS. vide. ‖ TECN. *sotto vuoto*, sous vide. ‖ LOC. *fare il vuoto intorno a sé*, faire le vide autour de soi. | *cadere nel vuoto*, tomber dans le vide. ◆ loc. avv. ***a vuoto***, à vide. ‖ FIG. *andare a vuoto*, échouer ; tomber à l'eau. | *assegno a vuoto*, chèque sans provision.

w [vud'doppjo] f. o m. w m. ‖ TELECOM. *W come Washington*, W comme William.

wafer ['vafer] m. invar. [cialda] gaufrette f.

wagneriano [vagne'rjano] agg. e m. wagnérien.

warrant ['wɔrənt] m. invar. [ingl.] COMM. warrant.

water-closet ['wɔ:tə'klɔzit] m. [ingl.] waters pl., water-closet, W.-C.

water-polo ['wɔ:tə'poulou] m. invar. [ingl.] SPORT water-polo.

watt [vat] m. invar. ELETTR. watt.

wattmetro ['vatmetro] m. ELETTR. wattmètre m.

watt-ora [vat'tora] f. ELETTR. watt-heure.

weber ['ve:bər] m. invar. [ted.] ELETTR. weber m.

week-end ['wi:kend] m. [ingl.] week-end.

welter ['wɛlter] m. invar. [ingl.] SPORT welter.
western ['westən] m. invar. [ingl.] western m.
whig [wig] (**whigs** pl.) m. [ingl.] POLIT. whig.
whisky ['wiski] m. invar. [ingl.] whisky (pl. whiskies).
whist [wist] m. [ingl.] GIOCHI whist.
wolframio [vol'framjo] m. CHIM. wolfram.
würstel ['vyrstəl] m. invar. [ted.] saucisse (f.) de Francfort.

x [iks] f. o m. x m. ‖ TELECOM. *X come Xantia*, X comme Xavier.
xeno ['ksɛno] m. CHIM. xénon.
xenofobia [ksenofo'bia] f. xénophobie.
xenofobo [kse'nɔfobo] agg. xénophobe.
xeres ['ksɛres] m. xérès.
xerocopia [ksero'kɔpja] f. xérocopie (neol.).
xerofito [kse'rɔfito] agg. BOT. xérophile. | *piante xerofite*, xérophytes (f. pl.).
xeroftalmia [kseroftal'mia] f. MED. xérophtalmie.
xerografia [kserogra'fia] f. TECNOL. Xérographie.
xi [ksi] m. e f. V. KSI o CSI.
xifoide [ksi'fɔide] agg. ANAT. xiphoïde.
xilene [ksi'lɛne] m. CHIM. xylène.
xilofago [ksi'lɔfago] agg. ZOOL. xylophage.
xilofono [ksi'lɔfono] m. MUS. xylophone.
xilografia [ksilogra'fia] f. ARTI, TIP. xylographie.
xilografico [ksilo'grafiko] agg. xylographique.
xilografo [ksi'lografo] m. xylographe.
xilolo [ksi'lolo] m. CHIM. xylène, xilol.

y ['ipsilon] f. o m. y m. ‖ TELECOM. *Y come York*, Y comme Yvonne.
yacht [jɔt] m. [ingl.] MAR. yacht.
yachting ['jɔtiɲ] m. [ingl.] SPORT yachting.
yak [jæk] m. [ingl.] ZOOL. yack, yak.
yankee ['jæŋki] agg. invar. e m. invar. [ingl.] yankee agg. e n.
yard [ja:d] m. V. IARDA.
yemenita [jeme'nita] (**-i** pl.) agg. e n. yéménite.
yen [jen] m. invar. yen m.
yeti ['jɛti] m. yéti.
yé-yé [jɛ'jɛ] m. invar. [fr.] yé-yé (fam.).
yiddish ['jidiʃ] m. invar. e agg. invar. yiddish.
yoga ['jɔga] m. invar. yoga. ◆ agg. invar. de, du yoga. | *esercizi yoga*, exercices de yoga.
yogurt ['jɔgurt] m. V. IOGURT.
yole ['jɔle] f. V. IOLE.
yo-yo ['jo'jo] m. invar. GIOCHI yo-yo.

Z

z ['dzɛta] f. o m. z m. | *dall' A alla Z*, de A à Z, depuis A jusqu'à Z.
zabaione [dzaba'jone] m. CULIN. sabayon.
zabro ['dzabro] m. ZOOL. zabre.
zac! [dzak] interiez. clac !
zacchera ['tsakkera] f. éclaboussure. ‖ FIG. (raro) bagatelle (L.C.).
zaccherone [tsakke'rone] (**-a** f.) m. (fam.) cochon, cochonne ; malpropre (L.C.), sale (L.C.).
zacchete! ['dzakkete] interiez. pan !
zaffare [tsaf'fare] v. tr. [di botte] boucher la bonde (d'un tonneau). ‖ [di ferita] tamponner.
zaffata [tsaf'fata] f. [ondata di cattivo odore] relent m. ‖ [getto] jet m.

zaffe! ['dzaffe] interiez. paf !
zaffera ['dzaffera] f. CHIM. smalt m., safre m.
zafferanato [dzaffera'nato] agg. safrané.
zafferano [dzaffe'rano] m. BOT. e CULIN. safran. ‖ [colore] safran (invar.).
zaffete ['dzaffete] interiez V. ZAFFE.
zaffirino [dzaffi'rino] agg. [colore] de saphir.
zaffiro [dzaf'firo] m. saphir. | *cielo di zaffiro*, ciel de saphir.
zaffo ['tsaffo] m. [di botte] bonde f. ‖ CHIR. [batuffolo] tampon.
zagaglia [dza'gaʎʎa] f. sagaie.
zagagliata [dzagaʎ'ʎata] f. coup (m.) de sagaie.
zagara ['dzagara] f. BOT. fleur d'oranger.
1. zaino ['dzaino] m. sac. ‖ [di alpinisto, escursionista] sac à dos. ‖ [di soldato] sac, havresac (arc.).
2. zaino ['dzaino] agg. zain.
zampa ['tsampa] f. **1.** patte. | *zampe anteriori, posteriori*, pattes de devant, de derrière. | *alzare, piegare le zampe*, lever, plier les pattes. ‖ LOC. FIG. *camminare a quattro zampe*, marcher à quatre pattes. | *pantaloni a zampa d'elefante*, pantalon à patte d'éléphant. ‖ **2.** SCHERZ, POP. [mano] patte. | *giù le zampe!*, bas les pattes ! | *stringere la zampa a qlcu.*, serrer la pince, la cuillère à qn. ‖ **3.** FIG. *zampe di gallina* : [scrittura illeggibile] pattes de mouche ; [rughe] pattes-d'oie. ‖ **4.** [di mobile] pied m.
zampare [tsam'pare] v. intr. PR. piaffer. ‖ FIG., SCHERZ. piaffer, trépigner.
zampata [tsam'pata] f. coup (m.) de patte, de griffe. ‖ [traccia] trace.
zampettare [tsampet'tare] v. intr. [di animali] trottiner. ‖ [di persone] trottiner, sautiller.
zampetto [tsam'petto] m. [particol. di maiale] pied (de porc).
zampillante [tsampil'lante] agg. jaillissant.
zampillare [tsampil'lare] v. intr. jaillir, gicler. ◆ m. *lo zampillare*, le jaillissement.
zampillio [tsampil'lio] m. jaillissement.
zampillo [tsam'pillo] m. jet. | *gli zampilli della fontana*, les jets d'eau de la fontaine.
zampino [tsam'pino] m. PR. petite patte f. ‖ LOC. FIG. *quando il diavolo ci mette lo zampino*, quand le diable s'en mêle. | *mettere lo zampino in una faccenda*, s'immiscer, s'ingérer dans une affaire.
zampirone [dzampi'rone] m. fumigène (contre les moustiques). ‖ SCHERZ. cigarette (f.) de mauvaise qualité.
zampogna [tsam'poɲɲa] f. musette, cornemuse. ‖ [in Bretagna] biniou m.
zampognaro [tsampoɲ'ɲaro] m. cornemuseur, cornemuseux, joueur de musette.
zampone [tsam'pone] m. CULIN. zampone (it.) ; = pied de porc farci.
zana ['tsana] f. [tosc.] panier m., manne f. ‖ [culla] berceau m.
zangola ['tsangola] f. baratte.
zanna ['tsanna] f. [di elefante, cinghiale, tricheco] défense. ‖ [dente canino] croc m. ‖ SCHERZ. O SPREG. [di persona] croc. ‖ LOC. FIG. *mostrar le zanne*, montrer les dents, les griffes.
zannata [tsan'nata] f. [colpo di zanna] coup (m.) de croc. ‖ [segno lasciato da zanna] marque d'un coup de croc.
zanni ['dzanni] m. invar. TEATRO zan(n)i. ‖ FIG. pitre, bouffon.
zanzara [dzan'dzara] f. moustique m. ‖ FIG. *quel bambino è una vera zanzara*, cet enfant est agaçant comme un moustique.
zanzariera [dzandza'rjɛra] f. moustiquaire.
zappa ['tsappa] f. pioche, houe. ‖ LOC. FIG. *darsi la zappa sui piedi*, se nuire à soi-même, donner des verges pour se faire fouetter. ‖ [trincea] sape.
zappare [tsap'pare] v. tr. piocher, houer.
zappata [tsap'pata] f. coup (m.) de pioche.
zappaterra [tsappa'tɛrra] m. invar. SPREG. culterreux m.
zappatore [tsappa'tore] (**-trice** f.) m. piocheur, euse. ‖ MIL. sapeur.
zappatrice [tsappa'tritʃe] f. AGR. bineuse.
zappatura [tsappa'tura] f. piochage m.
zappettare [tsappet'tare] v. tr. biner.
zappettatura [tsappetta'tura] f. binage m.
zar [dzar] m. invar. tsar, tzar.
zarevic [tsa'rɛvitʃ] m. tsarévitch, tzarévitch.
zarina [dza'rina] f. tsarine, tzarine.
zarismo [dza'rizmo] m. tsarisme.
zarista [dza'rista] (**-i** pl.) agg. e n. tsariste. | *la Russia zarista*, la Russie des tsars.
zattera ['dzattera] f. MAR. radeau m. ‖ [nella fluitazione del legname] train (m.) de flottage, radeau m.
zatterone [dzatte'rone] m. radeau (m.) de débarquement.
zavorra [dza'vɔrra] f. AER., MAR. lest m. ‖ LOC. [di nave] *essere in zavorra*, être sur son lest. | *caricare, scaricare la zavorra da una nave*, lester, délester un navire. ‖ FIG. *quanta zavorra in quest'ufficio!*, que de choses inutiles dans ce bureau ! | *teniamo solo questo libro, il resto è zavorra*, nous ne gardons que ce livre, le reste est inutile, ne vaut rien. ‖ [merce senza valore] pacotille, camelote.
zavorramento [dzavorra'mento] m. AER., MAR. lestage.
zavorrare [dzavor'rare] v. tr. AER., MAR. e FIG. lester.
zazzera ['tsattsera] f. longue chevelure ; PEGGIOR. tignasse.
zazzeruto [tsattse'ruto] agg. chevelu.
zebra ['dzɛbra] f. ZOOL. zèbre m. ‖ FIG. [passaggio pedonale] passage (m.) clouté, pour piétons.
zebrato [dze'brato] agg. zébré. | *passaggio zebrato*, passage clouté.
zebratura [dzebra'tura] f. zébrure.
zebù [dze'bu] m. ZOOL. zébu.
1. zecca ['tsekka] f. invar. ZOOL. tique.
2. zecca ['tsekka] f. hôtel (m.) de la Monnaie. ‖ FIG. *nuovo di zecca*, flambant (avv.) neuf.
zecchinetta [tsekki'netta] f. GIOCHI lansquenet m.
zecchino [tsek'kino] m. sequin. | *oro zecchino*, or pur.
zefir [dze'fir] m. TESS. zéphyr.
zefiro ['dzɛfiro] o **zeffiro** ['dzeffiro] m. (lett.) zéphyr.
zelandese [dzelan'dese] agg. e n. zélandais.
zelante [dze'lante] agg. zélé, diligent. ‖ LOC. *fare lo zelante*, faire du zèle. | *non far lo zelante!*, ne fais pas de zèle !
zelatore [dzela'tore] (**-trice** f.) m. zélateur, trice.
zelo ['dzelo] m. zèle.
zelota [dze'lɔta] (**-i** pl.) m. STOR. zélote.
zen [dzɛn] m. invar. RELIG. zen.
zendo ['dzɛndo] agg. e m. LING. zend.
zenit ['dzɛnit] m. ASTRON. zénith.
zenitale [dzeni'tale] agg. ASTRON. zénithal.
zenzero ['dzendzero] m. BOT. gingembre.
zeppa ['tseppa] f. cale, coin m. | *mettere una zeppa ad un mobile*, caler un meuble. ‖ MECC. cale. ‖ FIG., LETT. cheville.
zeppelin ['tsɛppəli:n] m. AER. zeppelin.
zeppo ['tseppo] agg. bourré, bondé, plein, comble. | *pieno zeppo*, bondé, archiplein, archicomble. | *treno pieno zeppo di gente*, train plein à craquer. | *un libro pieno zeppo di errori*, un livre farci de fautes.
1. zerbino [dzer'bino] m. paillasson.
2. zerbino [dzer'bino] o **zerbinotto** [dzerbi'nɔtto] m. IRON. O PEGGIOR. gandin, beau, damoiseau.
zero ['dzɛro] m. zéro. | *dieci gradi sopra, sotto zero*, dix degrés au-dessus, au-dessous de zéro. | *ora zero*, zéro heure ; minuit. | *zero assoluto*, zéro absolu. | *zero gradi*, zéro degré. | *grado zero*, degré zéro. ‖ FIG. *l'ora zero*, l'heure H. | *la sua opinione vale zero*, son opinion compte pour zéro. | *è uno zero, è un uomo che vale zero*, c'est un zéro (fam.). | *ridurre a zero, partire da zero*, réduire à zéro, partir de zéro. | *tagliare a zero i capelli a qlcu.*, raser le crâne à qn, tondre qn.
zeta ['dzɛta] (le **zete,** le **zeta,** gli **zeta** pl.) f. o m. z m. ‖ FIG. *dall'A alla zeta*, de A à Z. ‖ [nell'alfabeto greco] zêta m.
zeugma ['dzɛugma] (**-i** pl.) m. RET. zeugma, zeugme.
zia ['tsia] f. tante.
zibaldone [dzibal'done] m. LETT. [miscellanea] mélanges (pl.) littéraires. ‖ SPREG. [insieme confuso] fouillis, fatras.
zibellino [dzibel'lino] m. ZOOL. zibeline f.
zibetto [dzi'betto] m. ZOOL. civette f. ‖ [in profumeria] civette f.

zibibbo [dzi'bibbo] m. raisin de Damas ; damas.
zietta [tsi'etta] f. tantine, tata (fam.).
zigano [tsi'gano] agg. e m. tzigane, tsigane.
zigomatico [dzigo'matiko] (**-ci** pl.) agg. zygomatique.
zigomiceti [dzigomi'tʃɛti] m. pl. BOT. zygomycètes.
zigomo ['dzigomo] m. ANAT. zygoma ; [pomello] pommette f.
zigomorfo [dzigo'mɔrfo] agg. BOT. zygomorphe.
zigote [dzi'gɔte] m. BIOL. zygote.
zigrinare [dzigri'nare] v. tr. TECN. [di pelli] chagriner. ‖ [di monete] créneler.
zigrinato [dzigri'nato] agg. TECN. [di pelli, carta] chagriné. ‖ [di moneta] crénelé.
zigrinatura [dzigrina'tura] f. TECN. [di monete] crénelage m.
zigrino [dzi'grino] m. chagrin. ‖ [strumento] outil qui sert à chagriner.
zig-zag [dzig'dzag] m. invar. zigzag m. | *camminare a zigzag*, marcher en zigzag.
zigzagare [dzigdza'gare] v. intr. zigzaguer.
zimarra [dzi'marra] f. simarre.
zimasi [dzi'mazi] f. CHIM., BIOL. zymase.
zimbellare [dzimbel'lare] v. tr. [caccia] piper. ‖ FIG. leurrer.
zimbellatore [dzimbella'tore] (**-trice** f.) m. PR. [caccia] chasseur, chasseresse à l'appeau. ‖ FIG. trompeur, euse.
zimbello [dzim'bɛllo] m. [uccello] appeau. ‖ FIG. appât. ‖ [persona oggetto di scherno] souffre-douleur invar., tête (f.) de Turc, jouet, risée f. | *è lo zimbello dei suoi compagni*, il est le souffre-douleur de ses camarades. | *nazione che è diventata lo zimbello di tutta Europa*, nation qui est la risée de toute l'Europe.
zincare [dzin'kare] v. tr. zinguer.
zincato [dzin'kato] agg. zingué.
zincatura [dzinka'tura] f. METALL. zingage m., zincage m.
zinco ['dzinko] m. zinc.
zingaresca [tsinga'reska] f. MUS. musique tzigane.
zingaresco [tsinga'resko] (**-chi** pl.) agg. tsigane, gitan, de bohémien.
zingaro ['tsingaro] (**-a** f.) m. bohémien, enne ; gitan, gitane ; romanichel, elle (spess. peggior.).
zinnia ['dzinnja] f. BOT. zinnia m.
zinzino [dzin'dzino] m. FAM. (tout) petit peu, brin. ‖ [di liquido] goutte f. ‖ FIG. petit peu, goutte f.
zio ['tsio] m. oncle ; tonton (fam.).
zipolo ['tsipolo] m. TECN. fausset.
zircone [dzir'kone] m. MINER. zircon.
zirconio [dzir'kɔnjo] m. CHIM. zirconium.
zitella [tsi'tɛlla] f. vieille fille (spess. peggior.).
zittio [tsit'tio] m. chut ! (interiez.).
zittire [tsit'tire] v. tr. faire taire.
zitto ['tsitto] agg. silencieux. ‖ LOC. *restare zitto*, se taire, garder le silence. | *è stato zitto per tutto il tempo della lezione*, il n'a pas soufflé mot pendant toute la leçon. | *far star zitto qlcu.*, faire taire qn ; FIG. réduire qn au silence. ‖ FIG. [ripetuto] *starsene zitto zitto, zitto e cheto*, se tenir coi. ‖ [non farsi notare] *avvicinarsi zitto zitto*, s'approcher en douce. | *svignarsela zitto zitto*, filer à l'anglaise, partir en douce. ‖ [nelle esclamazioni] *zitto !*, silence !, (la) paix !, ta gueule ! (volg.). | *zitti !*, silence !, taisez-vous ! ‖ FIG. motus !
zizzania [dzid'dzanja] f. BOT. ivraie. ‖ FIG. [discordia] zizanie. | *seminar zizzania*, semer la zizanie.
zizzola ['dziddzola] f. BOT. jujube.
zizzolo ['dziddzolo] m. BOT. jujubier.
zoccola ['tsɔkkola] f. rat m. ‖ FIG. (pop., volg.) putain.
zoccolaio [tsokko'lajo] m. sabotier.
zoccolio [tsokko'lio] m. bruit de sabots.
zoccolo ['tsɔkkolo] m. sabot. ‖ FIG. [persona rozza, inetta] péquenaud (pop.). ‖ [di animali] sabot. ‖ [basamento di colonna] socle, plinthe f. ‖ [di muro o parete] plinthe f. ‖ [di lampada] culot. ‖ GEOGR. e GEOL. socle.
zodiacale [dzodia'kale] agg. zodiacal.
zodiaco [dzo'diako] m. zodiaque. | *segni dello zodiaco*, signes du zodiaque.
zolfanello [tsolfa'nɛllo] m. allumette f. ‖ LOC. FIG. *accendersi come uno zolfanello*, prendre feu comme de l'amadou. ‖ [stoppino] mèche f.
zolfara [tsol'fara] f. V. SOLFARA.
zolfatara [tsolfa'tara] f. V. SOLFATARA.
zolfo ['tsolfo] m. soufre.
zolla ['dzɔlla] f. motte. | *aver quattro zolle*, avoir un lopin de terre. ‖ [di zucchero] morceau m.
zolletta [dzol'letta] f. morceau m. | *zolletta di zucchero*, morceau de sucre.
zompare [tsom'pare] v. intr. [rom.] sauter, bondir.
zompo ['tsompo] m. [rom.] saut, bond.
zona ['dzɔna] f. [parte di superficie limitata] zone. | *zona d'ombra*, zone d'ombre. ‖ [porzione di territorio fornita di particolari caratteristiche] zone, région. | *zona montagnosa*, zone, région montagneuse. | *zona depressa*, zone sous-développée. ‖ [in agglomerato urbano] *zona industriale*, zone industrielle. | *zona residenziale*, quartier résidentiel. | *zona verde*, zone verte, espace vert. | *zona disco*, zone bleue. ‖ GEOGR., GEOL., FIS. zone. | *zona glaciale, torrida*, zone glaciale, torride.
zonatura [dzona'tura] f. division en zones. ‖ MINER. structure d'un cristal zoné.
zonzo (a) [a 'dzondzo] loc. avv. *andare a zonzo*, se balader, flâner. | *l'andare a zonzo*, la flânerie.
zoo ['dzɔo] m. invar. zoo m.
zoochimica [dzoo'kimika] f. zoochimie.
zoofilia [dzoofi'lia] f. zoophilie.
zoofilo [dzo'ɔfilo] agg. protecteur des animaux. | *società zoofila*, société protectrice des animaux.
zoofito [dzo'ɔfito] m. zoophyte.
zoofobia [dzoofo'bia] f. zoophobie.
zooforo [dzo'ɔforo] m. ARCHIT. zoophore.
zoografia [dzoogra'fia] f. zoographie.
zoolatra [dzoo'latra] m. RELIG. zoolâtre.
zoolatria [dzoola'tria] f. zoolâtrie.
zoologia [dzoolo'dʒia] f. zoologie.
zoologico [dzoo'lɔdʒiko] (**-ci** pl.) agg. zoologique.
zoologo [dzo'ɔlogo] (**-a** f., **-gi** pl.) m. zoologiste n., zoologue n.
zoom [zu:m] m. [ingl.] FOT. zoom.
zootecnia [dzootek'nia] f. zootechnie.
zootecnico [dzoo'tɛkniko] (**-ci** pl.) agg. zootechnique. | *patrimonio zootecnico d'un paese*, cheptel national. ◆ n. zootechnicien, enne.
zoppaggine [tsop'paddʒine] f. (raro) claudication (lett.).
zoppia [tsop'pia] f. boiterie.
zoppicamento [tsoppika'mento] m. (raro) claudication f. (lett.); boitement.
zoppicante [tsoppi'kante] agg. boiteux. | *andatura zoppicante*, démarche claudicante, boitillante. ‖ FIG. boiteux. | *frase, verso zoppicante*, phrase boiteuse, vers boiteux. | *ragionamento zoppicante*, raisonnement boiteux.
zoppicare [tsoppi'kare] v. intr. boiter, claudiquer (lett.). ‖ [di mobili] être boiteux. ‖ FIG. clocher, être boiteux. | *nel tuo ragionamento c'è qlco. che zoppica*, il y a qch. qui cloche dans ton raisonnement. | *va bene in tutto, ma zoppica in latino*, il est bon en tout, mais il est faible en latin.
zoppicatura [tsoppika'tura] f. boiterie.
zoppicone [tsoppi'kone] o **zoppiconi** [tsoppi'koni] avv. en boitant, en clopinant (fam.), en boitillant (raro), clopin-clopant.
zoppo ['tsɔppo] agg. boiteux. | *è zoppo della gamba sinistra*, il boite du pied gauche. ‖ LOC. *correre a piè zoppo*, marcher à cloche-pied. ‖ [di mobili] boiteux. ‖ FIG. boiteux.
zoroastriano [dzoroas'trjano] agg. e m. RELIG. zoroastrien, enne.
zoroastrismo [dzoroas'trizmo] m. RELIG. zoroastrisme.
zoticaggine [dzoti'kaddʒine] f. grossièreté.
zoticamente [dzotika'mente] avv. grossièrement ; d'une manière incivile, impolie.
zotichezza [dzoti'kettsa] f. grossièreté, manque (m.) de courtoisie, de manières ; incivilité, rustrerie.
zotico ['dzɔtiko] (**-ci** pl.) agg. grossier, incivil, rustre, mufle. ◆ m. rustre, malotru, mufle (fam.), butor (fam.), lourdaud.
zoticone [dzoti'kone] m. rustre, rustaud (fam.), butor (fam.).
zuavo [dzu'avo] m. MIL. zouave. ‖ LOC. *calzoni alla*

zuava, culotte de golf, pantalon de golf, knickerbockers, knicker(s).
zucca ['tsukka] f. courge, citrouille, potiron m. ‖ Scherz., fam. [testa] caboche, citron m. (pop.), citrouille (pop.), cafetière (pop.). | *ha preso un colpo sulla zucca*, il a reçu un coup sur la cafetière. | *ha battuto la zucca*, il s'est cogné la caboche. ‖ Loc. fig. *non ha sale in zucca*, il n'a pas un brin de jugeote, il n'a pas pour deux sous de jugeote. | *che zucca !*, quelle nouille !, quelle andouille !
zuccaia [tsuk'kaja] f. champ (m.) de courges.
zuccata [tsuk'kata] f. Scherz. fam. coup (m.) de tête (l.c.). | *prendere una zuccata*, se cogner la tête (l.c.), recevoir un coup sur la cafetière (pop.).
zuccherare [tsukke'rare] v. tr. sucrer.
zuccherato [tsukke'rato] agg. sucré. ‖ Fig. sucré, mielleux, doucereux. | *paroline zuccherate*, paroles mielleuses.
zuccheriera [tsukke'rjɛra] f. sucrier m.
zuccheriero [tsukke'rjɛro] agg. sucrier. | *industria zuccheriera*, industrie sucrière.
zuccherificio [tsukkeri'fitʃo] m. sucrerie f.
1. zuccherino [tsukke'rino] agg. Fisiol. de sucre. | *percentuale zuccherina del sangue*, pourcentage de sucre dans le sang. ‖ [di sapore dolce] sucré.
2. zuccherino [tsukke'rino] m. morceau de sucre, sucre (fam.), sucrerie f., bonbon. ‖ Fig. *per dargli uno zuccherino lo hanno nominato socio onorario*, comme (prix de) consolation, pour le consoler, on l'a nommé membre honoraire. | *in confronto, questo lavoro è uno zuccherino*, en comparaison, ce travail est un délice. ‖ Iron. *ancora due anni di prigione, uno zuccherino !*, encore deux ans de prison, une bagatelle !
zucchero ['tsukkero] m. sucre. | *canna da zucchero*, canne à sucre. | *zucchero in polvere, in zollette*, sucre en poudre, en morceaux. | *zucchero filato*, barbe (f.) à papa. ‖ Fig. [di carattere mite] *sua madre è severa, ma suo padre è uno zucchero*, sa mère est sévère, mais son père est une bonne pâte (fam.). ‖ [eccesso di amabilità] *il giorno dopo era diventato tutto zucchero e miele*, le jour suivant, il était tout sucre tout miel.
zuccheroso [tsukke'roso] agg. Pr. e fig. sucré.
zucchetto [tsuk'ketto] m. calotte f.
zucchina [tsuk'kina] f. o **zucchino** [tsuk'kino] m. courgette f.
zucconaggine [tsukko'naddʒine] f. [stupidità] bêtise. ‖ [testardaggine] obstination, opiniâtreté.
zuccone [tsuk'kone] (**-a** f.) m. tête dure ; têtu, | *essere uno zuccone*, avoir la tête dure, être un cabochard (fam.).
zuffa ['tsuffa] f. [rissa] bagarre (fam.), mêlée. ‖ [combattimento] échauffourée, accrochage m. ‖ [litigio violento] bagarre, dispute.
zufolamento [tsufola'mento] m. sifflement.
zufolare [tsufo'lare] v. intr. jouer du pipeau, du flûteau. ◆ v. intr. e tr. [fischiare] siffler, siffloter.
zufolata [tsufo'lata] f. [fischiata] sifflement m.
zufolio [tsufo'lio] m. sifflement. ‖ [ronzio] bourdonnement.
zufolo ['tsufolo] m. pipeau, flûteau.
zulù [dzu'lu] agg. e n. zoulou.
zumare [dzu'mare] v. tr. = effectuer une prise de vue avec le zoom sur.
zumata [dzu'mata] f. Cin., T.V. prise de vues avec le zoom.
zuppa ['tsuppa] f. soupe. | *zuppa di verdura*, soupe de légumes. | *zuppa di pesce*, soupe de poissons ; [alla marsigliese] bouillabaisse. ‖ [dolce] *zuppa inglese*, charlotte russe, soupe anglaise. ‖ Loc. fig. *se non è zuppa è pan bagnato*, c'est bonnet blanc et blanc bonnet. ‖ Fig. [miscuglio] mélange m., gâchis m. ‖ [cosa noiosa] *che zuppa !*, quelle barbe !
zuppiera [tsup'pjɛra] f. soupière.
zuppo ['tsuppo] agg. trempé.
zurighese [tsuri'gese] agg. e m. zurichois.
zuzzerellone [dzuddzerel'lone] o **zuzzurullone** [dzuddzurul'lone] m. grand enfant, écervelé.

— Édition 1994 —
AUBIN IMPRIMEUR - Poitiers/Ligugé
Dépôt légal : Avril 1987. N° d'Éditeur : 17824
Imprimé en France *(Printed in France)*. — 451334 L Janvier 1994
N° d'impression : L 44382